THE
PARALLEL BIBLE
HEBREW-ENGLISH OLD TESTAMENT

THE
PARALLEL BIBLE
HEBREW-ENGLISH OLD TESTAMENT

*With the Biblia Hebraica Leningradensia
and the King James Version*

HENDRICKSON
PUBLISHERS

Copyright © 2003 Hendrickson Publishers, Inc.
P. O. Box 3473
Peabody, Massachusetts 01961-3473

ISBN 1-56563-692-9

This version of the Old Testament is the King James Version of the Bible, standard text edition, in the public domain.

This version of the Hebrew Bible is the Biblia Hebraica Leningradensia: Prepared According to the Vocalization, Accents, and Masorah of Aaron ben Moses ben Asher in the Leningrad Codex, edited by Aron Dotan (Peabody, Mass.: Hendrickson, 2001), and used by permission.

Printed in the United States of America

First printing—October 2003

Library of Congress Cataloging-in-Publication Data

Bible. O.T. English. Authorized. 2003.
    The parallel Bible : Hebrew-English Old Testament.
    p. cm.
    English and vocalized Hebrew text on facing pages.
    Includes the Biblia Hebraica Leningradensia prepared according to the vocalization, accents, and masorah of Aaron ben Moses Ben-Asher, edited by Aron Dotan, and the Old Testament in the Authorized version.
    ISBN 1-56563-692-9 (alk. paper)
    I. Title: Hebrew-English Old Testament. II. Ben-Asher, Aaron ben Moses, 10th cent.
III. Dotan, Aron, 1928– IV. Bible. O.T. Hebrew. Leningrad Codex. 2003. V. Title.
    BS8852003 .P43
    221.4′4—dc22

                                                2003056602

THE NAMES OF THE OLD TESTAMENT BOOKS, ARRANGED IN THEIR ORDER WITH PAGE AND NUMBER OF CHAPTERS

ꜱH	HEBREW	PAGE	CHAPS.	ENGLISH	HEBREW	PAGE	CHAPS.
is	בראשית	2	50	Ecclesiastes	קהלת	1362	12
ᴜs	שמות	116	40	Song of Solomon	שיר השירים	1380	8
:us	ויקרא	214	27	Isaiah	ישעיהו	1388	66
»ers	במדבר	284	36	Jeremiah	ירמיהו	1496	52
ronomy	דברים	384	34	Lamentations	איכה	1622	5
a	יהושע	470	24	Ezekiel	יחזקאל	1634	48
s	שופטים	530	21	Daniel	דניאל	1748	12
	רות	588	4	Hosea	הושע	1782	14
.uel	שמואל א	596	31	Joel	יואל	1798	3 (4)
ıuel	שמואל ב	672	24	Amos	עמוס	1804	9
gs	מלכים א	736	22	Obadiah	עובדיה	1818	1
gs	מלכים ב	810	25	Jonah	יונה	1820	4
onicles א	דברי הימים א	878	29	Micah	מיכה	1824	7
onicles ב	דברי הימים ב	946	36	Nahum	נחום	1832	3
	עזרא	1026	10	Habakkuk	חבקוק	1838	3
niah	נחמיה	1052	13	Zephaniah	צפניה	1842	3
	אסתר	1086	10	Haggai	חגי	1846	2
	איוב	1104	42	Zechariah	זכריה	1850	14
s	תהלים	1164	150	Malachi	מלאכי	1870	4
rbs	משלי	1312	31	*Appendix: Manuscript Variants*		1877	

THE NAMES OF THE OLD TESTAMENT BOOKS, ALPHABETICALLY ARRANGED

ꜱH	HEBREW	PAGE	ENGLISH	HEBREW	PAGE
	עמוס	1804	Judges	שופטים	530
nicles (1)	דברי הימים א	878	Kings (1)	מלכים א	736
nicles (2)	דברי הימים ב	946	Kings (2)	מלכים ב	810
l	דניאל	1748	Lamentations	איכה	1622
ronomy	דברים	384	Leviticus	ויקרא	214
iastes	קהלת	1362	Malachi	מלאכי	1870
r	אסתר	1086	Micah	מיכה	1824
ᴜs	שמות	116	Nahum	נחום	1832
el	יחזקאל	1634	Nehemiah	נחמיה	1052
	עזרא	1026	Numbers	במדבר	284
is	בראשית	2	Obadiah	עובדיה	1818
kkuk	חבקוק	1838	Proverbs	משלי	1312
ai	חגי	1846	Psalms	תהלים	1164
	הושע	1782	Ruth	רות	588
	ישעיהו	1388	Samuel (1)	שמואל א	596
iah	ירמיהו	1496	Samuel (2)	שמואל ב	672
	איוב	1104	Song of Solomon	שיר השירים	1380
	יואל	1798	Zechariah	זכריה	1850
	יונה	1820	Zephaniah	צפניה	1842
a	יהושע	470			

his parallel Old Testament/Hebrew Bible presents the original-language text and English
anslation on facing pages. The English translation of the Old Testament is the venerable King
ames Version, standard text edition, carefully proofed for accuracy and designed for readability.
he Hebrew text is adapted from the(Biblia Hebraica Leningradensia: Prepared According to the
'ocalization, Accents, and Masorah of Aaron ben Moses ben Asher in the Leningrad Codex,)edited
y Aron Dotan (Peabody, Mass.: Hendrickson, 2001), and the preface and appendixes contained
erein provide a detailed description of the principles, purposes, and features of that Hebrew
ible.

he King James Version

he text has been set, for the sake of convenience, according the Authorized Version, that is,
ollowing the order of books in the Old Testament and with pagination from left to right.

he only changes to the traditional layout are in those places were the Hebrew Bible differs in
hapter and verse numbers. In these instances, the Hebrew verse differences are set in square
rackets, directly following the English verse number. For example, the English translation of
ienesis 31:55 corresponds the Hebrew text of Genesis 32:1, and so the verse number is written
s 55[32:1]. When the only difference is the verse number, the English verse number adds only
hat distinction, as in the very next verse: 1[2], where Genesis 32:1 in English corresponds to
ienesis 32:2 in Hebrew. When the English verse represents only part of a Hebrew verse, the
Iebrew verse is assigned letters, as in Exodus 20: 13[12a], 14[12b], 15[12c], and 16[12d]. In
ther cases, the English verse may represent more than one Hebrew verse, as in 1 Kings 22:
3[43–44]. In this way, the reader can easily relate the Hebrew and English texts.

special case arises in the Book of Psalms, where 116 psalms contain titles or superscriptions,
uch as, "A Psalm of David, when he fled from Absalom his son" (Psalm 3). The Hebrew
radition treats these as verses, while the English tradition does not. So, for instance, Psalm 3
ncludes [1] before the title of the psalm, and the subsequent English verses indicate the different
inglish-Hebrew verse numbers: 1[2], 2[3], etc. In some cases, an English verse may correspond
o the Hebrew title and the rest of the Hebrew verse (for example, Psalm 11). In this case the
itle is preceded by [1a] and the first English verse corresponds to the second half of the first
Iebrew verse, and this is indicated as 1[1b].

nother special case arises in Joshua 21 and Nehemiah 7, where the specific medieval Hebrew
nanuscript tradition (the Leningrad Codex) does not contain a verse that is translated in English.
n these situations, the English verse number adds [–], and the Hebrew text includes a footnote
or that verse as it appears in other Hebrew manuscripts.

Biblia Hebraica Leningradensia

The Biblia Hebraica Leningradensia is a diplomatic edition of the Hebrew Bible, that is, an
dition based upon one manuscript. That manuscript is commonly known as the Leningrad
Codex (Firkovitch B19ᵃ in the Russian National Library), the oldest complete Hebrew Bible,
nd in the Tiberian masoretic tradition of the Ben Asher family. The distinctive feature of
nasoretic manuscripts is the Masorah, which refers to the system of proper reading and
ronunciation, as well as the marginal notes that transmit generations of oral and written rules
nd traditions that govern the copying of the Hebrew Bible. The Ben Asher masoretic scholars
vere highly respected, and, in particular, the work of Aaron ben Moses ben Asher in the early
enth century, the last of the Ben Asher Masoretes, was generally considered as having great
recision and authority. The Leningrad Codex is directly related to his work: it was produced
n Old Cairo (Fustat) by Samuel ben Jacob in 1009. While Samuel ben Jacob was not a masoretic
cholar himself, he carefully followed the masoretic tradition, adding the vowels, accents, and
Masorah from books that were made by Aaron ben Moses ben Asher.

everal features of the Biblia Hebraica Leningradensia deserve comment. The text is divided into
he ancient paragraphing, the open and closed paragraphs (petuhot and setumot). Verse numbers

are set in the margin, so as not to disturb the appearance of the text. The traditional Weekl Portions, the *Parashiyot*, divide the Torah (Genesis–Deuteronomy). The *ketib* is left unvocalize in the text, and the *qere* is fully pointed in the margin.

An appendix lists readings or apparent readings found in the Leningrad Codex but not adopte in the text of this Bible edition. The reasons for not including them involve obvious error: blurred readings, unusual though possible readings, and so forth. A verse number with th siglum A in the inside margin of the Hebrew text, such as 23A in Genesus 7:23, alerts the reade to a variant reading that appears in the Appendix.

The text of the Bible has not been altered from the original edition. However, for the reader' convenience and for practical purposes of the Parallel Bible, this edition of the *Biblia Hebraic Leningradensia* has been modified in several ways. First, the order of books follows that c standard English Bibles. Second, certain books in the Hebrew Bible have no break betwee them, and this is maintained in this edition: the books of Samuel, Kings, Chronicles, an Ezra-Nehemiah are each treated as one. In other cases, however, the books run together followin the King James Version. This has been followed also for the Book of The Twelve (the so-calle Minor Prophets)—while tradition treats these as one book, they have been divided into separat books. Not only does this format better align the text and translation, and it involves littl genuine modification since the manuscript includes several blank lines between each prophe Lastly, several elements have been removed: the masoretic colophons, the *Sedarim* divisions i the margin, and marginal notes and footnotes alerting the reader to distinctive paragraphs an forms of some songs. All of these details and features can be found in the original edition bu serve no practical purposes for the parallel presentation.

THE FIRST BOOK OF MOSES, CALLED

GENESIS

CHAPTER 1

1 In the beginning God created the heaven and the earth.

2 And the earth was without form, and void; and darkness *was* upon the face of the deep. And the Spirit of God moved upon the face of the waters.

3 And God said, Let there be light: and there was light.

4 And God saw the light, that *it was* good: and God divided the light from the darkness.

5 And God called the light Day, and the darkness he called Night. And the evening and the morning were the first day.

6 ¶ And God said, Let there be a firmament in the midst of the waters, and let it divide the waters from the waters.

7 And God made the firmament, and divided the waters which *were* under the firmament from the waters which *were* above the firmament: and it was so.

8 And God called the firmament Heaven. And the evening and the morning were the second day.

9 ¶ And God said, Let the waters under the heaven be gathered together unto one place, and let the dry *land* appear: and it was so.

10 And God called the dry *land* Earth; and the gathering together of the waters called he Seas: and God saw that *it was* good.

11 And God said, Let the earth bring forth grass, the herb yielding seed, *and* the fruit tree yielding fruit after his kind, whose seed *is* in itself, upon the earth: and it was so.

12 And the earth brought forth grass, *and* herb yielding seed after his kind, and the tree yielding fruit, whose seed *was* in itself, after his kind: and God saw that *it was* good.

13 And the evening and the morning were the third day.

14 ¶ And God said, Let there be light in the firmament of the heaven to divide the day from the night; and let them b for signs, and for seasons, and for days and years:

15 And let them be for lights in the firmament of the heaven to give light upon the earth: and it was so.

16 And God made two great lights; the greater light to rule the day, and the lesse light to rule the night: *he made* the star also.

17 And God set them in the firmament of the heaven to give light upon the earth

18 And to rule over the day and over the night, and to divide the light from the darkness: and God saw that *it was* good

19 And the evening and the morning were the fourth day.

20 And God said, Let the waters bring forth abundantly the moving creature that hath life, and fowl *that* may fly abov the earth in the open firmament o heaven.

21 And God created great whales, and every living creature that moveth, which the waters brought forth abundantly, after their kind, and every winged fowl after hi kind: and God saw that *it was* good.

22 And God blessed them, saying, B fruitful, and multiply, and fill the water in the seas, and let fowl multiply in th earth.

23 And the evening and the morning were the fifth day.

24 ¶ And God said, Let the earth bring forth the living creature after his kind, cat tle, and creeping thing, and beast of the earth after his kind: and it was so.

25 And God made the beast of the earth after his kind, and cattle after their kind and every thing that creepeth upon the earth after his kind: and God saw that *i was* good.

26 ¶ And God said, Let us make man in our image, after our likeness: and le

REV. 1:8, 1:11, 21:6, 22:13
CP. JOHN 1:1f

THE LARGE BET - HOUSE
SHOWS THAT HASHEM INTENDS
TO BUILD A DWELLING PLACE
IN HEAVEN TO BUILD ONE'S HOUSE
IS ALSO TO TAKE A WIFE.

ספר בראשית

1 בְּרֵאשִׁ֖ית בָּרָ֣א אֱלֹהִ֑ים אֵ֥ת הַשָּׁמַ֖יִם וְאֵ֥ת הָאָֽרֶץ: וְהָאָ֗רֶץ הָיְתָ֥ה

2 תֹ֙הוּ֙ וָבֹ֔הוּ וְחֹ֖שֶׁךְ עַל־פְּנֵ֣י תְה֑וֹם וְר֣וּחַ אֱלֹהִ֔ים מְרַחֶ֖פֶת עַל־פְּנֵ֥י

3 הַמָּֽיִם: וַיֹּ֥אמֶר אֱלֹהִ֖ים יְהִ֣י א֑וֹר וַֽיְהִי־אֽוֹר: וַיַּ֧רְא אֱלֹהִ֛ים אֶת־הָא֖וֹר

4 כִּי־ט֑וֹב וַיַּבְדֵּ֣ל אֱלֹהִ֔ים בֵּ֥ין הָא֖וֹר וּבֵ֥ין הַחֹֽשֶׁךְ: וַיִּקְרָ֙א אֱלֹהִ֤ים ׀ לָאוֹר֙

5 י֔וֹם וְלַחֹ֖שֶׁךְ קָ֣רָא לָ֑יְלָה וַֽיְהִי־עֶ֥רֶב וַֽיְהִי־בֹ֖קֶר י֥וֹם אֶחָֽד:

6 וַיֹּ֣אמֶר אֱלֹהִ֔ים יְהִ֥י רָקִ֖יעַ בְּת֣וֹךְ הַמָּ֑יִם וִיהִ֣י מַבְדִּ֔יל בֵּ֥ין מַ֖יִם לָמָֽיִם:

7 וַיַּ֣עַשׂ אֱלֹהִים֮ אֶת־הָֽרָקִיעַ֒ וַיַּבְדֵּ֗ל בֵּ֤ין הַמַּ֙יִם֙ אֲשֶׁר֙ מִתַּ֣חַת לָֽרָקִ֔יעַ

8 וּבֵ֣ין הַמַּ֔יִם אֲשֶׁ֖ר מֵעַ֣ל לָרָקִ֑יעַ וַֽיְהִי־כֵֽן: וַיִּקְרָ֧א אֱלֹהִ֛ים לָֽרָקִ֖יעַ

שָׁמָ֑יִם וַֽיְהִי־עֶ֥רֶב וַֽיְהִי־בֹ֖קֶר י֥וֹם שֵׁנִֽי:

9 וַיֹּ֣אמֶר אֱלֹהִ֗ים יִקָּו֨וּ הַמַּ֜יִם מִתַּ֤חַת הַשָּׁמַ֙יִם֙ אֶל־מָק֣וֹם אֶחָ֔ד וְתֵרָאֶ֖ה

10 הַיַּבָּשָׁ֑ה וַֽיְהִי־כֵֽן: וַיִּקְרָ֨א אֱלֹהִ֤ים ׀ לַיַּבָּשָׁה֙ אֶ֔רֶץ וּלְמִקְוֵ֥ה הַמַּ֖יִם קָרָ֣א

11 יַמִּ֑ים וַיַּ֥רְא אֱלֹהִ֖ים כִּי־טֽוֹב: וַיֹּ֣אמֶר אֱלֹהִ֗ים תַּֽדְשֵׁ֤א הָאָ֙רֶץ֙ דֶּ֔שֶׁא

עֵ֚שֶׂב מַזְרִ֣יעַ זֶ֔רַע עֵ֣ץ פְּרִ֞י עֹ֤שֶׂה פְּרִי֙ לְמִינ֔וֹ אֲשֶׁ֥ר זַרְעוֹ־ב֖וֹ עַל־הָאָ֑רֶץ

12 וַֽיְהִי־כֵֽן: וַתּוֹצֵ֨א הָאָ֜רֶץ דֶּ֠שֶׁא עֵ֣שֶׂב מַזְרִ֤יעַ זֶ֙רַע֙ לְמִינֵ֔הוּ וְעֵ֧ץ

13 עֹֽשֶׂה־פְּרִ֛י אֲשֶׁ֥ר זַרְעוֹ־ב֖וֹ לְמִינֵ֑הוּ וַיַּ֥רְא אֱלֹהִ֖ים כִּי־טֽוֹב: וַֽיְהִי־עֶ֥רֶב

וַֽיְהִי־בֹ֖קֶר י֥וֹם שְׁלִישִֽׁי:

14 וַיֹּ֣אמֶר אֱלֹהִ֗ים יְהִ֤י מְאֹרֹת֙ בִּרְקִ֣יעַ הַשָּׁמַ֔יִם לְהַבְדִּ֕יל בֵּ֥ין הַיּ֖וֹם וּבֵ֣ין

15 הַלָּ֑יְלָה וְהָי֤וּ לְאֹתֹת֙ וּלְמ֣וֹעֲדִ֔ים וּלְיָמִ֖ים וְשָׁנִֽים: וְהָי֤וּ לִמְאוֹרֹת֙ בִּרְקִ֣יעַ

16 הַשָּׁמַ֔יִם לְהָאִ֖יר עַל־הָאָ֑רֶץ וַֽיְהִי־כֵֽן: וַיַּ֣עַשׂ אֱלֹהִ֔ים אֶת־שְׁנֵ֥י הַמְּאֹרֹ֖ת

הַגְּדֹלִ֑ים אֶת־הַמָּא֤וֹר הַגָּדֹל֙ לְמֶמְשֶׁ֣לֶת הַיּ֔וֹם וְאֶת־הַמָּא֤וֹר הַקָּטֹן֙

17 לְמֶמְשֶׁ֣לֶת הַלַּ֔יְלָה וְאֵ֖ת הַכּוֹכָבִֽים: וַיִּתֵּ֥ן אֹתָ֛ם אֱלֹהִ֖ים בִּרְקִ֣יעַ הַשָּׁמָ֑יִם

18 לְהָאִ֖יר עַל־הָאָֽרֶץ: וְלִמְשֹׁל֙ בַּיּ֣וֹם וּבַלַּ֔יְלָה וּֽלֲהַבְדִּ֔יל בֵּ֥ין הָא֖וֹר וּבֵ֣ין

19 הַחֹ֑שֶׁךְ וַיַּ֥רְא אֱלֹהִ֖ים כִּי־טֽוֹב: וַֽיְהִי־עֶ֥רֶב וַֽיְהִי־בֹ֖קֶר י֥וֹם רְבִיעִֽי:

20 וַיֹּ֣אמֶר אֱלֹהִ֔ים יִשְׁרְצ֣וּ הַמַּ֔יִם שֶׁ֖רֶץ נֶ֣פֶשׁ חַיָּ֑ה וְעוֹף֙ יְעוֹפֵ֣ף עַל־הָאָ֔רֶץ

21 עַל־פְּנֵ֖י רְקִ֥יעַ הַשָּׁמָֽיִם: וַיִּבְרָ֣א אֱלֹהִ֔ים אֶת־הַתַּנִּינִ֖ם הַגְּדֹלִ֑ים וְאֵ֣ת

כָּל־נֶ֣פֶשׁ הַֽחַיָּ֣ה ׀ הָֽרֹמֶ֡שֶׂת אֲשֶׁר֩ שָׁרְצ֨וּ הַמַּ֜יִם לְמִֽינֵהֶ֗ם וְאֵ֤ת כָּל־ע֣וֹף

22 כָּנָף֙ לְמִינֵ֔הוּ וַיַּ֥רְא אֱלֹהִ֖ים כִּי־טֽוֹב: וַיְבָ֧רֶךְ אֹתָ֛ם אֱלֹהִ֖ים לֵאמֹ֑ר

23 פְּר֣וּ וּרְב֗וּ וּמִלְא֤וּ אֶת־הַמַּ֙יִם֙ בַּיַּמִּ֔ים וְהָע֖וֹף יִ֥רֶב בָּאָֽרֶץ: וַֽיְהִי־עֶ֥רֶב

וַֽיְהִי־בֹ֖קֶר י֥וֹם חֲמִישִֽׁי:

24 וַיֹּ֣אמֶר אֱלֹהִ֗ים תּוֹצֵ֤א הָאָ֙רֶץ֙ נֶ֣פֶשׁ חַיָּה֙ לְמִינָ֔הּ בְּהֵמָ֥ה וָרֶ֛מֶשׂ

25 וְחַֽיְתוֹ־אֶ֖רֶץ לְמִינָ֑הּ וַֽיְהִי־כֵֽן: וַיַּ֣עַשׂ אֱלֹהִים֩ אֶת־חַיַּ֨ת הָאָ֜רֶץ לְמִינָ֗הּ

וְאֶת־הַבְּהֵמָה֙ לְמִינָ֔הּ וְאֵ֛ת כָּל־רֶ֥מֶשׂ הָֽאֲדָמָ֖ה לְמִינֵ֑הוּ וַיַּ֥רְא אֱלֹהִ֖ים

26 כִּי־טֽוֹב: וַיֹּ֣אמֶר אֱלֹהִ֔ים נַֽעֲשֶׂ֥ה אָדָ֛ם בְּצַלְמֵ֖נוּ כִּדְמוּתֵ֑נוּ וְיִרְדּוּ֩ בִדְגַ֨ת

יהוה
DEEP
מְרַחֶפֶת
FLUTTER.

EXPANSE/FIRMAMENT
MIDST *תָוֶךְ*

ALSO

DRY LAND

them have dominion over the fish of the sea, and over the fowl of the air, and over the cattle, and over all the earth, and over every creeping thing that creepeth upon the earth.

27 So God created man in his *own* image, in the image of God created he him; male and female created he them.

28 And God blessed them, and God said unto them, Be fruitful, and multiply, and replenish the earth, and subdue it: and have dominion over the fish of the sea, and over the fowl of the air, and over every living thing that moveth upon the earth.

29 ¶ And God said, Behold, I have given you every herb bearing seed, which *is* upon the face of all the earth, and every tree, in the which *is* the fruit of a tree yielding seed; to you it shall be for meat.

30 And to every beast of the earth, and to every fowl of the air, and to every thing that creepeth upon the earth, wherein *there is* life, *I have given* every green herb for meat: and it was so.

31 And God saw every thing that he had made, and, behold, *it was* very good. And the evening and the morning were the sixth day.

CHAPTER 2

1 Thus the heavens and the earth were finished, and all the host of them.

2 And on the seventh day God ended his work which he had made; and he rested on the seventh day from all his work which he had made.

3 And God blessed the seventh day, and sanctified it: because that in it he had rested from all his work which God created and made.

4 ¶ These *are* the generations of the heavens and of the earth when they were created, in the day that the Lord God made the earth and the heavens,

5 And every plant of the field before it was in the earth, and every herb of the field before it grew: for the Lord God had not caused it to rain upon the earth, and *there was* not a man to till the ground.

6 But there went up a mist from th earth, and watered the whole face of th ground.

7 And the Lord God formed man *of* th dust of the ground, and breathed into hi nostrils the breath of life; and man be came a living soul.

8 ¶ And the Lord God planted a garde eastward in Eden; and there he put th man whom he had formed.

9 And out of the ground made the Lor God to grow every tree that is pleasant t the sight, and good for food; the tree c life also in the midst of the garden, an the tree of knowledge of good and evil.

10 And a river went out of Eden to wate the garden; and from thence it was parte and became into four heads.

11 The name of the first *is* Pison: tha *is* it which compasseth the whole land c Havilah, where *there is* gold;

12 And the gold of that land *is* good there *is* bdellium and the onyx stone.

13 And the name of the second river Gihon: the same *is* it that compasseth th whole land of Ethiopia.

14 And the name of the third river Hiddekel: that *is* it which goeth towar the east of Assyria. And the fourth rive *is* Euphrates.

15 And the Lord God took the man, an put him into the garden of Eden to dres it and to keep it.

16 And the Lord God commanded th man, saying, Of every tree of the garde thou mayest freely eat:

17 But of the tree of the knowledge o good and evil, thou shalt not eat of it: fo in the day that thou eatest thereof thou shalt surely die.

18 ¶ And the Lord God said, *It is* no good that the man should be alone; I wil make him an help meet for him.

19 And out of the ground the Lord Goc formed every beast of the field, and ever fowl of the air; and brought *them* unto Adam to see what he would call them: anc whatsoever Adam called every living crea ture, that *was* the name thereof.

20 And Adam gave names to all cattle

הַיָּם וּבְעוֹף הַשָּׁמַיִם וּבַבְּהֵמָה וּבְכָל־הָאָרֶץ וּבְכָל־הָרֶמֶשׂ הָרֹמֵשׂ

27 עַל־הָאָרֶץ: וַיִּבְרָא אֱלֹהִים ׀ אֶת־הָאָדָם בְּצַלְמוֹ בְּצֶלֶם אֱלֹהִים בָּרָא

28 אֹתוֹ זָכָר וּנְקֵבָה בָּרָא אֹתָם: וַיְבָרֶךְ אֹתָם אֱלֹהִים וַיֹּאמֶר לָהֶם

אֱלֹהִים פְּרוּ וּרְבוּ וּמִלְאוּ אֶת־הָאָרֶץ וְכִבְשֻׁהָ וּרְדוּ בִּדְגַת הַיָּם וּבְעוֹף

29 הַשָּׁמַיִם וּבְכָל־חַיָּה הָרֹמֶשֶׂת עַל־הָאָרֶץ: וַיֹּאמֶר אֱלֹהִים הִנֵּה נָתַתִּי

לָכֶם אֶת־כָּל־עֵשֶׂב ׀ זֹרֵעַ זֶרַע אֲשֶׁר עַל־פְּנֵי כָל־הָאָרֶץ וְאֶת־כָּל־הָעֵץ

30 אֲשֶׁר־בּוֹ פְרִי־עֵץ זֹרֵעַ זָרַע לָכֶם יִהְיֶה לְאָכְלָה: וּלְכָל־חַיַּת הָאָרֶץ

וּלְכָל־עוֹף הַשָּׁמַיִם וּלְכֹל ׀ רוֹמֵשׂ עַל־הָאָרֶץ אֲשֶׁר־בּוֹ נֶפֶשׁ חַיָּה

31 אֶת־כָּל־יֶרֶק עֵשֶׂב לְאָכְלָה וַיְהִי־כֵן: וַיַּרְא אֱלֹהִים אֶת־כָּל־אֲשֶׁר

עָשָׂה וְהִנֵּה־טוֹב מְאֹד וַיְהִי־עֶרֶב וַיְהִי־בֹקֶר יוֹם הַשִּׁשִּׁי:

2 1 וַיְכֻלּוּ הַשָּׁמַיִם וְהָאָרֶץ וְכָל־צְבָאָם: וַיְכַל אֱלֹהִים בַּיּוֹם הַשְּׁבִיעִי
2 מְלַאכְתּוֹ אֲשֶׁר עָשָׂה וַיִּשְׁבֹּת בַּיּוֹם הַשְּׁבִיעִי מִכָּל־מְלַאכְתּוֹ אֲשֶׁר

3 עָשָׂה: וַיְבָרֶךְ אֱלֹהִים אֶת־יוֹם הַשְּׁבִיעִי וַיְקַדֵּשׁ אֹתוֹ כִּי בוֹ שָׁבַת

מִכָּל־מְלַאכְתּוֹ אֲשֶׁר־בָּרָא אֱלֹהִים לַעֲשׂוֹת:

SMALL ה IN SCROLL

4 שני אֵלֶּה תוֹלְדוֹת הַשָּׁמַיִם וְהָאָרֶץ בְּהִבָּרְאָם בְּיוֹם עֲשׂוֹת יְהוָה אֱלֹהִים

5 אֶרֶץ וְשָׁמָיִם: וְכֹל ׀ שִׂיחַ הַשָּׂדֶה טֶרֶם יִהְיֶה בָאָרֶץ וְכָל־עֵשֶׂב הַשָּׂדֶה

טֶרֶם יִצְמָח כִּי לֹא הִמְטִיר יְהוָה אֱלֹהִים עַל־הָאָרֶץ וְאָדָם אַיִן

6 לַעֲבֹד אֶת־הָאֲדָמָה: וְאֵד יַעֲלֶה מִן־הָאָרֶץ וְהִשְׁקָה אֶת־כָּל־פְּנֵי־

7 הָאֲדָמָה: וַיִּיצֶר יְהוָה אֱלֹהִים אֶת־הָאָדָם עָפָר מִן־הָאֲדָמָה וַיִּפַּח

8 בְּאַפָּיו נִשְׁמַת חַיִּים וַיְהִי הָאָדָם לְנֶפֶשׁ חַיָּה: וַיִּטַּע יְהוָה אֱלֹהִים

9 גַּן־בְּעֵדֶן מִקֶּדֶם וַיָּשֶׂם שָׁם אֶת־הָאָדָם אֲשֶׁר יָצָר: וַיַּצְמַח יְהוָה

אֱלֹהִים מִן־הָאֲדָמָה כָּל־עֵץ נֶחְמָד לְמַרְאֶה וְטוֹב לְמַאֲכָל וְעֵץ

10 הַחַיִּים בְּתוֹךְ הַגָּן וְעֵץ הַדַּעַת טוֹב וָרָע: וְנָהָר יֹצֵא מֵעֵדֶן לְהַשְׁקוֹת

11 אֶת־הַגָּן וּמִשָּׁם יִפָּרֵד וְהָיָה לְאַרְבָּעָה רָאשִׁים: שֵׁם הָאֶחָד פִּישׁוֹן

12 הוּא הַסֹּבֵב אֵת כָּל־אֶרֶץ הַחֲוִילָה אֲשֶׁר־שָׁם הַזָּהָב: וּזֲהַב הָאָרֶץ

13 הַהִוא טוֹב שָׁם הַבְּדֹלַח וְאֶבֶן הַשֹּׁהַם: וְשֵׁם־הַנָּהָר הַשֵּׁנִי גִּיחוֹן

14 הוּא הַסּוֹבֵב אֵת כָּל־אֶרֶץ כּוּשׁ: וְשֵׁם הַנָּהָר הַשְּׁלִישִׁי חִדֶּקֶל הוּא

15 הַהֹלֵךְ קִדְמַת אַשּׁוּר וְהַנָּהָר הָרְבִיעִי הוּא פְרָת: וַיִּקַּח יְהוָה אֱלֹהִים

16 אֶת־הָאָדָם וַיַּנִּחֵהוּ בְגַן־עֵדֶן לְעָבְדָהּ וּלְשָׁמְרָהּ: וַיְצַו יְהוָה אֱלֹהִים

17 עַל־הָאָדָם לֵאמֹר מִכֹּל עֵץ־הַגָּן אָכֹל תֹּאכֵל: וּמֵעֵץ הַדַּעַת טוֹב

18 18A וָרָע לֹא תֹאכַל מִמֶּנּוּ כִּי בְּיוֹם אֲכָלְךָ מִמֶּנּוּ מוֹת תָּמוּת: וַיֹּאמֶר

יְהוָה אֱלֹהִים לֹא־טוֹב הֱיוֹת הָאָדָם לְבַדּוֹ אֶעֱשֶׂה־לּוֹ עֵזֶר כְּנֶגְדּוֹ:

19 וַיִּצֶר יְהוָה אֱלֹהִים מִן־הָאֲדָמָה כָּל־חַיַּת הַשָּׂדֶה וְאֵת כָּל־עוֹף

הַשָּׁמַיִם וַיָּבֵא אֶל־הָאָדָם לִרְאוֹת מַה־יִּקְרָא־לוֹ וְכֹל אֲשֶׁר יִקְרָא־לוֹ

20 שלישי הָאָדָם נֶפֶשׁ חַיָּה הוּא שְׁמוֹ: וַיִּקְרָא הָאָדָם שֵׁמוֹת לְכָל־הַבְּהֵמָה

and to the fowl of the air, and to every beast of the field; but for Adam there was not found an help meet for him.

21 And the LORD God caused a deep sleep to fall upon Adam, and he slept: and he took one of his ribs, and closed up the flesh instead thereof;

22 And the rib, which the LORD God had taken from man, made he a woman, and brought her unto the man.

23 And Adam said, This *is* now bone of my bones, and flesh of my flesh: she shall be called Woman, because she was taken out of Man.

24 Therefore shall a man leave his father and his mother, and shall cleave unto his wife: and they shall be one flesh.

25 And they were both naked, the man and his wife, and were not ashamed.

CHAPTER 3

1 Now the serpent was more subtil than any beast of the field which the LORD God had made. And he said unto the woman, Yea, hath God said, Ye shall not eat of every tree of the garden?

2 And the woman said unto the serpent, We may eat of the fruit of the trees of the garden:

3 But of the fruit of the tree which *is* in the midst of the garden, God hath said, Ye shall not eat of it, neither shall ye touch it, lest ye die.

4 And the serpent said unto the woman, Ye shall not surely die:

5 For God doth know that in the day ye eat thereof, then your eyes shall be opened, and ye shall be as gods, knowing good and evil.

6 And when the woman saw that the tree *was* good for food, and that it *was* pleasant to the eyes, and a tree to be desired to make *one* wise, she took of the fruit thereof, and did eat, and gave also unto her husband with her; and he did eat.

7 And the eyes of them both were opened, and they knew that they *were* naked; and they sewed fig leaves together, and made themselves aprons.

8 And they heard the voice of the LORD God walking in the garden in the cool of the day: and Adam and his wife hid themselves from the presence of the LORD God amongst the trees of the garden.

9 And the LORD God called unto Adam and said unto him, Where *art* thou?

10 And he said, I heard thy voice in the garden, and I was afraid, because I *was* naked; and I hid myself.

11 And he said, Who told thee that thou *wast* naked? Hast thou eaten of the tree whereof I commanded thee that thou shouldest not eat?

12 And the man said, The woman whom thou gavest *to be* with me, she gave me of the tree, and I did eat.

13 And the LORD God said unto the woman, What *is* this *that* thou hast done? And the woman said, The serpent beguiled me, and I did eat.

14 And the LORD God said unto the serpent, Because thou hast done this, thou *art* cursed above all cattle, and above every beast of the field; upon thy belly shalt thou go, and dust shalt thou eat all the days of thy life:

15 And I will put enmity between thee and the woman, and between thy seed and her seed; it shall bruise thy head, and thou shalt bruise his heel.

16 Unto the woman he said, I will greatly multiply thy sorrow and thy conception; in sorrow thou shalt bring forth children; and thy desire *shall be* to thy husband, and he shall rule over thee.

17 And unto Adam he said, Because thou hast hearkened unto the voice of thy wife, and hast eaten of the tree, of which I commanded thee, saying, Thou shalt not eat of it: cursed *is* the ground for thy sake; in sorrow shalt thou eat *of* it all the days of thy life;

18 Thorns also and thistles shall it bring forth to thee; and thou shalt eat the herb of the field;

19 In the sweat of thy face shalt thou eat bread, till thou return unto the ground; for out of it wast thou taken: for dust thou *art,* and unto dust shalt thou return.

20 And Adam called his wife's name Eve; because she was the mother of all living.

וּלְעוֹף הַשָּׁמַיִם וּלְכֹל חַיַּת הַשָּׂדֶה וּלְאָדָם לֹא־מָצָא עֵזֶר כְּנֶגְדּוֹ:

21 וַיַּפֵּל יְהֹוָה אֱלֹהִים ׀ תַּרְדֵּמָה עַל־הָאָדָם וַיִּישָׁן וַיִּקַּח אַחַת מִצַּלְעֹתָיו

22 וַיִּסְגֹּר בָּשָׂר תַּחְתֶּנָּה: וַיִּבֶן יְהֹוָה אֱלֹהִים ׀ אֶת־הַצֵּלָע אֲשֶׁר־לָקַח

23 מִן־הָאָדָם לְאִשָּׁה וַיְבִאֶהָ אֶל־הָאָדָם: וַיֹּאמֶר הָאָדָם זֹאת הַפַּעַם עֶצֶם מֵעֲצָמַי וּבָשָׂר מִבְּשָׂרִי לְזֹאת יִקָּרֵא אִשָּׁה כִּי מֵאִישׁ

24 לֻקֳחָה־זֹּאת: עַל־כֵּן יַעֲזָב־אִישׁ אֶת־אָבִיו וְאֶת־אִמּוֹ וְדָבַק בְּאִשְׁתּוֹ

25 וְהָיוּ לְבָשָׂר אֶחָד: וַיִּהְיוּ שְׁנֵיהֶם עֲרוּמִּים הָאָדָם וְאִשְׁתּוֹ וְלֹא

3 1 יִתְבֹּשָׁשׁוּ: וְהַנָּחָשׁ הָיָה עָרוּם מִכֹּל חַיַּת הַשָּׂדֶה אֲשֶׁר עָשָׂה יְהֹוָה אֱלֹהִים וַיֹּאמֶר אֶל־הָאִשָּׁה אַף כִּי־אָמַר אֱלֹהִים לֹא תֹאכְלוּ מִכֹּל

2 עֵץ הַגָּן: וַתֹּאמֶר הָאִשָּׁה אֶל־הַנָּחָשׁ מִפְּרִי עֵץ־הַגָּן נֹאכֵל: וּמִפְּרִי

3 הָעֵץ אֲשֶׁר בְּתוֹךְ־הַגָּן אָמַר אֱלֹהִים לֹא תֹאכְלוּ מִמֶּנּוּ וְלֹא תִגְּעוּ

4 בּוֹ פֶּן־תְּמֻתוּן: וַיֹּאמֶר הַנָּחָשׁ אֶל־הָאִשָּׁה לֹא־מוֹת תְּמֻתוּן: כִּי יֹדֵעַ

5 אֱלֹהִים כִּי בְּיוֹם אֲכָלְכֶם מִמֶּנּוּ וְנִפְקְחוּ עֵינֵיכֶם וִהְיִיתֶם כֵּאלֹהִים

6 יֹדְעֵי טוֹב וָרָע: וַתֵּרֶא הָאִשָּׁה כִּי טוֹב הָעֵץ לְמַאֲכָל וְכִי תַאֲוָה־הוּא לָעֵינַיִם וְנֶחְמָד הָעֵץ לְהַשְׂכִּיל וַתִּקַּח מִפִּרְיוֹ וַתֹּאכַל וַתִּתֵּן

7 גַּם־לְאִישָׁהּ עִמָּהּ וַיֹּאכַל: וַתִּפָּקַחְנָה עֵינֵי שְׁנֵיהֶם וַיֵּדְעוּ כִּי עֵירֻמִּם

8 הֵם וַיִּתְפְּרוּ עֲלֵה תְאֵנָה וַיַּעֲשׂוּ לָהֶם חֲגֹרֹת: וַיִּשְׁמְעוּ אֶת־קוֹל יְהֹוָה אֱלֹהִים מִתְהַלֵּךְ בַּגָּן לְרוּחַ הַיּוֹם וַיִּתְחַבֵּא הָאָדָם וְאִשְׁתּוֹ

9 מִפְּנֵי יְהֹוָה אֱלֹהִים בְּתוֹךְ עֵץ הַגָּן: וַיִּקְרָא יְהֹוָה אֱלֹהִים אֶל־הָאָדָם

10 וַיֹּאמֶר לוֹ אַיֶּכָּה: וַיֹּאמֶר אֶת־קֹלְךָ שָׁמַעְתִּי בַּגָּן וָאִירָא כִּי־עֵירֹם

11 אָנֹכִי וָאֵחָבֵא: וַיֹּאמֶר מִי הִגִּיד לְךָ כִּי עֵירֹם אָתָּה הֲמִן־הָעֵץ אֲשֶׁר

12 צִוִּיתִיךָ לְבִלְתִּי אֲכָל־מִמֶּנּוּ אָכָלְתָּ: וַיֹּאמֶר הָאָדָם הָאִשָּׁה אֲשֶׁר

13 נָתַתָּה עִמָּדִי הִוא נָתְנָה־לִּי מִן־הָעֵץ וָאֹכֵל: וַיֹּאמֶר יְהֹוָה אֱלֹהִים לָאִשָּׁה מַה־זֹּאת עָשִׂית וַתֹּאמֶר הָאִשָּׁה הַנָּחָשׁ הִשִּׁיאַנִי וָאֹכֵל:

14 וַיֹּאמֶר יְהֹוָה אֱלֹהִים ׀ אֶל־הַנָּחָשׁ כִּי עָשִׂיתָ זֹּאת אָרוּר אַתָּה מִכָּל־הַבְּהֵמָה וּמִכֹּל חַיַּת הַשָּׂדֶה עַל־גְּחֹנְךָ תֵלֵךְ וְעָפָר תֹּאכַל

15 כָּל־יְמֵי חַיֶּיךָ: וְאֵיבָה ׀ אָשִׁית בֵּינְךָ וּבֵין הָאִשָּׁה וּבֵין זַרְעֲךָ וּבֵין

16 זַרְעָהּ הוּא יְשׁוּפְךָ רֹאשׁ וְאַתָּה תְּשׁוּפֶנּוּ עָקֵב: אֶל־הָאִשָּׁה אָמַר הַרְבָּה אַרְבֶּה עִצְּבוֹנֵךְ וְהֵרֹנֵךְ בְּעֶצֶב תֵּלְדִי בָנִים וְאֶל־אִישֵׁךְ

17 תְּשׁוּקָתֵךְ וְהוּא יִמְשָׁל־בָּךְ: וּלְאָדָם אָמַר כִּי־שָׁמַעְתָּ לְקוֹל אִשְׁתֶּךָ וַתֹּאכַל מִן־הָעֵץ אֲשֶׁר צִוִּיתִיךָ לֵאמֹר לֹא תֹאכַל מִמֶּנּוּ

18 אֲרוּרָה הָאֲדָמָה בַּעֲבוּרֶךָ בְּעִצָּבוֹן תֹּאכֲלֶנָּה כֹּל יְמֵי חַיֶּיךָ: וְקוֹץ

19 וְדַרְדַּר תַּצְמִיחַ לָךְ וְאָכַלְתָּ אֶת־עֵשֶׂב הַשָּׂדֶה: בְּזֵעַת אַפֶּיךָ תֹּאכַל לֶחֶם עַד שׁוּבְךָ אֶל־הָאֲדָמָה כִּי מִמֶּנָּה לֻקָּחְתָּ כִּי־עָפָר אַתָּה

20 וְאֶל־עָפָר תָּשׁוּב: וַיִּקְרָא הָאָדָם שֵׁם אִשְׁתּוֹ חַוָּה כִּי הִוא הָיְתָה

21 Unto Adam also and to his wife did the LORD God make coats of skins, and clothed them.

22 ¶ And the LORD God said, Behold, the man is become as one of us, to know good and evil: and now, lest he put forth his hand, and take also of the tree of life, and eat, and live for ever:

23 Therefore the LORD God sent him forth from the garden of Eden, to till the ground from whence he was taken.

24 So he drove out the man; and he placed at the east of the garden of Eden Cherubims, and a flaming sword which turned every way, to keep the way of the tree of life.

CHAPTER 4

1 And Adam knew Eve his wife; and she conceived, and bare Cain, and said, I have gotten a man from the LORD.

2 And she again bare his brother Abel. And Abel was a keeper of sheep, but Cain was a tiller of the ground.

3 And in process of time it came to pass, that Cain brought of the fruit of the ground an offering unto the LORD.

4 And Abel, he also brought of the firstlings of his flock and of the fat thereof. And the LORD had respect unto Abel and to his offering:

5 But unto Cain and to his offering he had not respect. And Cain was very wroth, and his countenance fell.

6 And the LORD said unto Cain, Why art thou wroth? and why is thy countenance fallen?

7 If thou doest well, shalt thou not be accepted? and if thou doest not well, sin lieth at the door. And unto thee *shall be* his desire, and thou shalt rule over him.

8 And Cain talked with Abel his brother: and it came to pass, when they were in the field, that Cain rose up against Abel his brother, and slew him.

9 ¶ And the LORD said unto Cain, Where *is* Abel thy brother? And he said, I know not: *Am* I my brother's keeper?

10 And he said, What hast thou done? the voice of thy brother's blood crieth unto me from the ground.

11 And now *art* thou cursed from the earth, which hath opened her mouth to receive thy brother's blood from thy hand;

12 When thou tillest the ground, it shall not henceforth yield unto thee her strength; a fugitive and a vagabond shalt thou be in the earth.

13 And Cain said unto the LORD, My punishment *is* greater than I can bear.

14 Behold, thou hast driven me out this day from the face of the earth; and from thy face shall I be hid; and I shall be a fugitive and a vagabond in the earth; and it shall come to pass, *that* every one that findeth me shall slay me.

15 And the LORD said unto him, Therefore whosoever slayeth Cain, vengeance shall be taken on him sevenfold. And the LORD set a mark upon Cain, lest any finding him should kill him.

16 ¶ And Cain went out from the presence of the LORD, and dwelt in the land of Nod, on the east of Eden.

17 And Cain knew his wife; and she conceived, and bare Enoch: and he builded a city, and called the name of the city, after the name of his son, Enoch.

18 And unto Enoch was born Irad: and Irad begat Mehujael: and Mehujael begat Methusael: and Methusael begat Lamech.

19 ¶ And Lamech took unto him two wives: the name of the one *was* Adah, and the name of the other Zillah.

20 And Adah bare Jabal: he was the father of such as dwell in tents, and *of such as have* cattle.

21 And his brother's name *was* Jubal: he was the father of all such as handle the harp and organ.

22 And Zillah, she also bare Tubal-cain, an instructor of every artificer in brass and iron: and the sister of Tubal-cain *was* Naamah.

23 And Lamech said unto his wives Adah and Zillah, Hear my voice; ye wives of Lamech, hearken unto my speech: for I have slain a man to my wounding, and a young man to my hurt.

24 If Cain shall be avenged sevenfold, truly Lamech seventy and sevenfold.

25 ¶ And Adam knew his wife again; and she bare a son, and called his name Seth:

אֵם כָּל־חָי: וַיַּעַשׂ יְהוָה אֱלֹהִים לְאָדָם וּלְאִשְׁתּוֹ כָּתְנוֹת עוֹר
וַיַּלְבִּשֵׁם: 21

רביעי וַיֹּאמֶר ׀ יְהוָה אֱלֹהִים הֵן הָאָדָם הָיָה כְּאַחַד מִמֶּנּוּ לָדַעַת טוֹב וָרָע
וְעַתָּה ׀ פֶּן־יִשְׁלַח יָדוֹ וְלָקַח גַּם מֵעֵץ הַחַיִּים וְאָכַל וָחַי לְעֹלָם: 22

וַיְשַׁלְּחֵהוּ יְהוָה אֱלֹהִים מִגַּן־עֵדֶן לַעֲבֹד אֶת־הָאֲדָמָה אֲשֶׁר לֻקַּח 23

מִשָּׁם: וַיְגָרֶשׁ אֶת־הָאָדָם וַיַּשְׁכֵּן מִקֶּדֶם לְגַן־עֵדֶן אֶת־הַכְּרֻבִים וְאֵת 24

4 1 לַהַט הַחֶרֶב הַמִּתְהַפֶּכֶת לִשְׁמֹר אֶת־דֶּרֶךְ עֵץ הַחַיִּים: וְהָאָדָם

יָדַע אֶת־חַוָּה אִשְׁתּוֹ וַתַּהַר וַתֵּלֶד אֶת־קַיִן וַתֹּאמֶר קָנִיתִי אִישׁ
אֶת־יְהוָה: וַתֹּסֶף לָלֶדֶת אֶת־אָחִיו אֶת־הָבֶל וַיְהִי־הֶבֶל רֹעֵה צֹאן 2

וְקַיִן הָיָה עֹבֵד אֲדָמָה: וַיְהִי מִקֵּץ יָמִים וַיָּבֵא קַיִן מִפְּרִי הָאֲדָמָה 3

מִנְחָה לַיהוָה: וְהֶבֶל הֵבִיא גַם־הוּא מִבְּכֹרוֹת צֹאנוֹ וּמֵחֶלְבֵהֶן וַיִּשַׁע 4

יְהוָה אֶל־הֶבֶל וְאֶל־מִנְחָתוֹ: וְאֶל־קַיִן וְאֶל־מִנְחָתוֹ לֹא שָׁעָה וַיִּחַר 5

לְקַיִן מְאֹד וַיִּפְּלוּ פָּנָיו: וַיֹּאמֶר יְהוָה אֶל־קָיִן לָמָּה חָרָה לָךְ וְלָמָּה 6

נָפְלוּ פָנֶיךָ: הֲלוֹא אִם־תֵּיטִיב שְׂאֵת וְאִם לֹא תֵיטִיב לַפֶּתַח חַטָּאת 7

רֹבֵץ וְאֵלֶיךָ תְּשׁוּקָתוֹ וְאַתָּה תִּמְשָׁל־בּוֹ: וַיֹּאמֶר קַיִן אֶל־הֶבֶל אָחִיו 8

וַיְהִי בִּהְיוֹתָם בַּשָּׂדֶה וַיָּקָם קַיִן אֶל־הֶבֶל אָחִיו וַיַּהַרְגֵהוּ: וַיֹּאמֶר 9

יְהוָה אֶל־קַיִן אֵי הֶבֶל אָחִיךָ וַיֹּאמֶר לֹא יָדַעְתִּי הֲשֹׁמֵר אָחִי אָנֹכִי:

וַיֹּאמֶר מֶה עָשִׂיתָ קוֹל דְּמֵי אָחִיךָ צֹעֲקִים אֵלַי מִן־הָאֲדָמָה: וְעַתָּה 10 11
אָרוּר אָתָּה מִן־הָאֲדָמָה אֲשֶׁר פָּצְתָה אֶת־פִּיהָ לָקַחַת אֶת־דְּמֵי

אָחִיךָ מִיָּדֶךָ: כִּי תַעֲבֹד אֶת־הָאֲדָמָה לֹא־תֹסֵף תֵּת־כֹּחָהּ לָךְ נָע 12

וָנָד תִּהְיֶה בָאָרֶץ: וַיֹּאמֶר קַיִן אֶל־יְהוָה גָּדוֹל עֲוֹנִי מִנְּשֹׂא: הֵן 13 14
גֵּרַשְׁתָּ אֹתִי הַיּוֹם מֵעַל פְּנֵי הָאֲדָמָה וּמִפָּנֶיךָ אֶסָּתֵר וְהָיִיתִי נָע

וָנָד בָּאָרֶץ וְהָיָה כָל־מֹצְאִי יַהַרְגֵנִי: וַיֹּאמֶר לוֹ יְהוָה לָכֵן כָּל־הֹרֵג 15

קַיִן שִׁבְעָתַיִם יֻקָּם וַיָּשֶׂם יְהוָה לְקַיִן אוֹת לְבִלְתִּי הַכּוֹת־אֹתוֹ

כָּל־מֹצְאוֹ: וַיֵּצֵא קַיִן מִלִּפְנֵי יְהוָה וַיֵּשֶׁב בְּאֶרֶץ־נוֹד קִדְמַת־עֵדֶן: 16

וַיֵּדַע קַיִן אֶת־אִשְׁתּוֹ וַתַּהַר וַתֵּלֶד אֶת־חֲנוֹךְ וַיְהִי בֹּנֶה עִיר וַיִּקְרָא 17

18A שֵׁם הָעִיר כְּשֵׁם בְּנוֹ חֲנוֹךְ: וַיִּוָּלֵד לַחֲנוֹךְ אֶת־עִירָד וְעִירָד יָלַד 18

אֶת־מְחוּיָאֵל וּמְחִיָּיאֵל יָלַד אֶת־מְתוּשָׁאֵל וּמְתוּשָׁאֵל יָלַד אֶת־לָמֶךְ:

חמישי וַיִּקַּח־לוֹ לֶמֶךְ שְׁתֵּי נָשִׁים שֵׁם הָאַחַת עָדָה וְשֵׁם הַשֵּׁנִית צִלָּה: 19

וַתֵּלֶד עָדָה אֶת־יָבָל הוּא הָיָה אֲבִי יֹשֵׁב אֹהֶל וּמִקְנֶה: וְשֵׁם 20 21

אָחִיו יוּבָל הוּא הָיָה אֲבִי כָּל־תֹּפֵשׂ כִּנּוֹר וְעוּגָב: וְצִלָּה גַם־הִוא 22

יָלְדָה אֶת־תּוּבַל קַיִן לֹטֵשׁ כָּל־חֹרֵשׁ נְחֹשֶׁת וּבַרְזֶל וַאֲחוֹת תּוּבַל־קַיִן

נַעֲמָה: וַיֹּאמֶר לֶמֶךְ לְנָשָׁיו עָדָה וְצִלָּה שְׁמַעַן קוֹלִי נְשֵׁי לֶמֶךְ 23 (ששי)

הַאְזֵנָּה אִמְרָתִי כִּי אִישׁ הָרַגְתִּי לְפִצְעִי וְיֶלֶד לְחַבֻּרָתִי: כִּי שִׁבְעָתַיִם 24

יֻקַּם־קָיִן וְלֶמֶךְ שִׁבְעִים וְשִׁבְעָה: וַיֵּדַע אָדָם עוֹד אֶת־אִשְׁתּוֹ וַתֵּלֶד 25

For God, *said she,* hath appointed me another seed instead of Abel, whom Cain slew.

26 And to Seth, to him also there was born a son; and he called his name Enos: then began men to call upon the name of the LORD.

CHAPTER 5

1 This *is* the book of the generations of Adam. In the day that God created man, in the likeness of God made he him;

2 Male and female created he them; and blessed them, and called their name Adam, in the day when they were created.

3 ¶ And Adam lived an hundred and thirty years, and begat *a son* in his own likeness, after his image; and called his name Seth:

4 And the days of Adam after he had begotten Seth were eight hundred years: and he begat sons and daughters:

5 And all the days that Adam lived were nine hundred and thirty years: and he died.

6 And Seth lived an hundred and five years, and begat Enos:

7 And Seth lived after he begat Enos eight hundred and seven years, and begat sons and daughters:

8 And all the days of Seth were nine hundred and twelve years: and he died.

9 ¶ And Enos lived ninety years, and begat Cainan:

10 And Enos lived after he begat Cainan eight hundred and fifteen years, and begat sons and daughters:

11 And all the days of Enos were nine hundred and five years: and he died.

12 ¶ And Cainan lived seventy years, and begat Mahalaleel:

13 And Cainan lived after he bega Mahalaleel eight hundred and forty years and begat sons and daughters:

14 And all the days of Cainan were nin hundred and ten years: and he died.

15 ¶ And Mahalaleel lived sixty and fiv years, and begat Jared:

16 And Mahalaleel lived after he bega Jared eight hundred and thirty years, an begat sons and daughters:

17 And all the days of Mahalaleel wer eight hundred ninety and five years: an he died.

18 ¶ And Jared lived an hundred sixt and two years, and he begat Enoch:

19 And Jared lived after he begat Enoc eight hundred years, and begat sons an daughters:

20 And all the days of Jared were nin hundred sixty and two years: and he die

21 ¶ And Enoch lived sixty and five years and begat Methuselah:

22 And Enoch walked with God after h begat Methuselah three hundred years and begat sons and daughters:

23 And all the days of Enoch were thre hundred sixty and five years:

24 And Enoch walked with God: and h *was* not; for God took him.

25 And Methuselah lived an hundre eighty and seven years, and begat Lamech

26 And Methuselah lived after he bega Lamech seven hundred eighty and tw years, and begat sons and daughters:

27 And all the days of Methuselah wer nine hundred sixty and nine years: and h died.

28 ¶ And Lamech lived an hundre eighty and two years, and begat a son:

29 And he called his name Noah, saying This *same* shall comfort us concerning our work and toil of our hands, because

בֵּן וַתִּקְרָא אֶת־שְׁמוֹ שֵׁת כִּי שָׁת־לִי אֱלֹהִים זֶרַע אַחֵר תַּחַת

26 הֶבֶל כִּי הֲרָגוֹ קָיִן: וּלְשֵׁת גַּם־הוּא יֻלַּד־בֵּן וַיִּקְרָא אֶת־שְׁמוֹ אֱנוֹשׁ

ששי 5 1 אָז הוּחַל לִקְרֹא בְּשֵׁם יְהֹוָה: זֶה סֵפֶר תּוֹלְדֹת אָדָם

2 בְּיוֹם בְּרֹא אֱלֹהִים אָדָם בִּדְמוּת אֱלֹהִים עָשָׂה אֹתוֹ: זָכָר וּנְקֵבָה

3 בְּרָאָם וַיְבָרֶךְ אֹתָם וַיִּקְרָא אֶת־שְׁמָם אָדָם בְּיוֹם הִבָּרְאָם: וַיְחִי

אָדָם שְׁלֹשִׁים וּמְאַת שָׁנָה וַיּוֹלֶד בִּדְמוּתוֹ כְּצַלְמוֹ וַיִּקְרָא אֶת־שְׁמוֹ

4 שֵׁת: וַיִּהְיוּ יְמֵי־אָדָם אַחֲרֵי הוֹלִידוֹ אֶת־שֵׁת שְׁמֹנֶה מֵאֹת שָׁנָה

5 וַיּוֹלֶד בָּנִים וּבָנוֹת: וַיִּהְיוּ כָּל־יְמֵי אָדָם אֲשֶׁר־חַי תְּשַׁע מֵאוֹת

6 שָׁנָה וּשְׁלֹשִׁים שָׁנָה וַיָּמֹת: וַיְחִי־שֵׁת חָמֵשׁ שָׁנִים וּמְאַת

7 שָׁנָה וַיּוֹלֶד אֶת־אֱנוֹשׁ: וַיְחִי־שֵׁת אַחֲרֵי הוֹלִידוֹ אֶת־אֱנוֹשׁ שֶׁבַע

8 שָׁנִים וּשְׁמֹנֶה מֵאוֹת שָׁנָה וַיּוֹלֶד בָּנִים וּבָנוֹת: וַיִּהְיוּ כָּל־יְמֵי־שֵׁת

9 שְׁתֵּים עֶשְׂרֵה שָׁנָה וּתְשַׁע מֵאוֹת שָׁנָה וַיָּמֹת: וַיְחִי אֱנוֹשׁ

10 תִּשְׁעִים שָׁנָה וַיּוֹלֶד אֶת־קֵינָן: וַיְחִי אֱנוֹשׁ אַחֲרֵי הוֹלִידוֹ אֶת־קֵינָן

11 חָמֵשׁ עֶשְׂרֵה שָׁנָה וּשְׁמֹנֶה מֵאוֹת שָׁנָה וַיּוֹלֶד בָּנִים וּבָנוֹת: וַיִּהְיוּ

12 כָּל־יְמֵי אֱנוֹשׁ חָמֵשׁ שָׁנִים וּתְשַׁע מֵאוֹת שָׁנָה וַיָּמֹת: וַיְחִי

13 קֵינָן שִׁבְעִים שָׁנָה וַיּוֹלֶד אֶת־מַהֲלַלְאֵל: וַיְחִי קֵינָן אַחֲרֵי הוֹלִידוֹ

אֶת־מַהֲלַלְאֵל אַרְבָּעִים שָׁנָה וּשְׁמֹנֶה מֵאוֹת שָׁנָה וַיּוֹלֶד בָּנִים

14 וּבָנוֹת: וַיִּהְיוּ כָּל־יְמֵי קֵינָן עֶשֶׂר שָׁנִים וּתְשַׁע מֵאוֹת שָׁנָה

15 וַיָּמֹת: וַיְחִי מַהֲלַלְאֵל חָמֵשׁ שָׁנִים וְשִׁשִּׁים שָׁנָה וַיּוֹלֶד

16 אֶת־יָרֶד: וַיְחִי מַהֲלַלְאֵל אַחֲרֵי הוֹלִידוֹ אֶת־יֶרֶד שְׁלֹשִׁים שָׁנָה

17 וּשְׁמֹנֶה מֵאוֹת שָׁנָה וַיּוֹלֶד בָּנִים וּבָנוֹת: וַיִּהְיוּ כָּל־יְמֵי מַהֲלַלְאֵל

18 חָמֵשׁ וְתִשְׁעִים שָׁנָה וּשְׁמֹנֶה מֵאוֹת שָׁנָה וַיָּמֹת: וַיְחִי־

19 יֶרֶד שְׁתַּיִם וְשִׁשִּׁים שָׁנָה וּמְאַת שָׁנָה וַיּוֹלֶד אֶת־חֲנוֹךְ: וַיְחִי־יֶרֶד

אַחֲרֵי הוֹלִידוֹ אֶת־חֲנוֹךְ שְׁמֹנֶה מֵאוֹת שָׁנָה וַיּוֹלֶד בָּנִים וּבָנוֹת:

20 וַיִּהְיוּ כָּל־יְמֵי־יֶרֶד שְׁתַּיִם וְשִׁשִּׁים שָׁנָה וּתְשַׁע מֵאוֹת שָׁנָה

21 וַיָּמֹת: וַיְחִי חֲנוֹךְ חָמֵשׁ וְשִׁשִּׁים שָׁנָה וַיּוֹלֶד אֶת־

22 מְתוּשָׁלַח: וַיִּתְהַלֵּךְ חֲנוֹךְ אֶת־הָאֱלֹהִים אַחֲרֵי הוֹלִידוֹ אֶת־מְתוּשֶׁלַח

23 שְׁלֹשׁ מֵאוֹת שָׁנָה וַיּוֹלֶד בָּנִים וּבָנוֹת: וַיְהִי כָּל־יְמֵי חֲנוֹךְ חָמֵשׁ

24 וְשִׁשִּׁים שָׁנָה וּשְׁלֹשׁ מֵאוֹת שָׁנָה: וַיִּתְהַלֵּךְ חֲנוֹךְ אֶת־הָאֱלֹהִים

25 וְאֵינֶנּוּ כִּי־לָקַח אֹתוֹ אֱלֹהִים: וַיְחִי מְתוּשֶׁלַח שֶׁבַע   שביעי

26 וּשְׁמֹנִים שָׁנָה וּמְאַת שָׁנָה וַיּוֹלֶד אֶת־לָמֶךְ: וַיְחִי מְתוּשֶׁלַח אַחֲרֵי

הוֹלִידוֹ אֶת־לֶמֶךְ שְׁתַּיִם וּשְׁמוֹנִים שָׁנָה וּשְׁבַע מֵאוֹת שָׁנָה וַיּוֹלֶד

27 בָּנִים וּבָנוֹת: וַיִּהְיוּ כָּל־יְמֵי מְתוּשֶׁלַח תֵּשַׁע וְשִׁשִּׁים שָׁנָה וּתְשַׁע

28 מֵאוֹת שָׁנָה וַיָּמֹת: וַיְחִי־לֶמֶךְ שְׁתַּיִם וּשְׁמֹנִים שָׁנָה וּמְאַת

29 שָׁנָה וַיּוֹלֶד בֵּן: וַיִּקְרָא אֶת־שְׁמוֹ נֹחַ לֵאמֹר זֶה יְנַחֲמֵנוּ מִמַּעֲשֵׂנוּ

of the ground which the LORD hath cursed.

30 And Lamech lived after he begat Noah five hundred ninety and five years, and begat sons and daughters:

31 And all the days of Lamech were seven hundred seventy and seven years: and he died.

32 And Noah was five hundred years old: and Noah begat Shem, Ham, and Japheth.

CHAPTER 6

1 And it came to pass, when men began to multiply on the face of the earth, and daughters were born unto them,

2 That the sons of God saw the daughters of men that they *were* fair; and they took them wives of all which they chose.

3 And the LORD said, My spirit shall not always strive with man, for that he also *is* flesh: yet his days shall be an hundred and twenty years.

4 There were giants in the earth in those days; and also after that, when the sons of God came in unto the daughters of men, and they bare *children* to them, the same *became* mighty men which *were* of old, men of renown.

5 ¶ And GOD saw that the wickedness of man *was* great in the earth, and *that* every imagination of the thoughts of his heart *was* only evil continually.

6 And it repented the LORD that he had made man on the earth, and it grieved him at his heart.

7 And the LORD said, I will destroy man whom I have created from the face of the earth; both man, and beast, and the creeping thing, and the fowls of the air; for it repenteth me that I have made them.

8 But Noah found grace in the eyes of the LORD.

9 ¶ These *are* the generations of Noah: Noah was a just man *and* perfect in his generations, *and* Noah walked with God.

10 And Noah begat three sons, Shem, Ham, and Japheth.

11 The earth also was corrupt before God, and the earth was filled with violence.

12 And God looked upon the earth, and behold, it was corrupt; for all flesh had corrupted his way upon the earth.

13 And God said unto Noah, The end of all flesh is come before me; for the earth is filled with violence through them; and behold, I will destroy them with the earth.

14 ¶ Make thee an ark of gopher wood; rooms shalt thou make in the ark, and shalt pitch it within and without with pitch.

15 And this *is the fashion* which thou shalt make it *of:* The length of the ark *shall be* three hundred cubits, the breadth of it fifty cubits, and the height of it thirty cubits.

16 A window shalt thou make to the ark, and in a cubit shalt thou finish it above; and the door of the ark shalt thou set in the side thereof; *with* lower, second, and third *stories* shalt thou make it.

17 And, behold, I, even I, do bring a flood of waters upon the earth, to destroy all flesh, wherein *is* the breath of life, from under heaven; *and* every thing that *is* in the earth shall die.

18 But with thee will I establish my covenant; and thou shalt come into the ark, thou, and thy sons, and thy wife, and thy sons' wives with thee.

19 And of every living thing of all flesh, two of every *sort* shalt thou bring into the ark, to keep *them* alive with thee; they shall be male and female.

20 Of fowls after their kind, and of cattle after their kind, of every creeping thing of the earth after his kind, two of every *sort* shall come unto thee, to keep *them* alive.

21 And take thou unto thee of all food that is eaten, and thou shalt gather *it* to thee; and it shall be for food for thee, and for them.

22 Thus did Noah; according to all that God commanded him, so did he.

CHAPTER 7

1 And the LORD said unto Noah, Come thou and all thy house into the ark; for

30 וּמֵעִצְּב֣וֹן יָדֵ֔ינוּ מִן־הָ֣אֲדָמָ֔ה אֲשֶׁ֥ר אֵרְרָ֖הּ יְהוָ֑ה: וַֽיְחִי־לֶ֗מֶךְ אַֽחֲרֵי֙
הוֹלִיד֣וֹ אֶת־נֹ֔חַ חָמֵ֤שׁ וְתִשְׁעִים֙ שָׁנָ֔ה וַֽחֲמֵ֥שׁ מֵא֖וֹת שָׁנָ֑ה וַיּ֥וֹלֶד בָּנִ֖ים

31 וּבָנֽוֹת: וַֽיְהִ֣י כָּל־יְמֵי־לֶ֔מֶךְ שֶׁ֤בַע וְשִׁבְעִים֙ שָׁנָ֔ה וּשְׁבַ֥ע מֵא֖וֹת שָׁנָ֑ה

32 וַיָּמֹֽת: וַֽיְהִי־נֹ֕חַ בֶּן־חֲמֵ֥שׁ מֵא֖וֹת שָׁנָ֑ה וַיּ֣וֹלֶד נֹ֔חַ אֶת־שֵׁ֖ם

6 1 אֶת־חָ֖ם וְאֶת־יָֽפֶת: וַֽיְהִי֙ כִּֽי־הֵחֵ֣ל הָֽאָדָ֔ם לָרֹ֖ב עַל־פְּנֵ֣י הָֽאֲדָמָ֑ה

2 וּבָנ֖וֹת יֻלְּד֥וּ לָהֶֽם: וַיִּרְא֤וּ בְנֵֽי־הָֽאֱלֹהִים֙ אֶת־בְּנ֣וֹת הָֽאָדָ֔ם כִּ֥י טֹבֹ֖ת

3 הֵ֑נָּה וַיִּקְח֤וּ לָהֶם֙ נָשִׁ֔ים מִכֹּ֖ל אֲשֶׁ֥ר בָּחָֽרוּ: וַיֹּ֣אמֶר יְהוָ֗ה לֹֽא־יָד֨וֹן
רוּחִ֤י בָֽאָדָם֙ לְעֹלָ֔ם בְּשַׁגַּ֖ם ה֣וּא בָשָׂ֑ר וְהָי֣וּ יָמָ֔יו מֵאָ֥ה וְעֶשְׂרִ֖ים

4 שָׁנָֽה: הַנְּפִלִ֞ים הָי֣וּ בָאָ֘רֶץ֮ בַּיָּמִ֣ים הָהֵם֒ וְגַ֣ם אַֽחֲרֵי־כֵ֗ן אֲשֶׁ֨ר יָבֹ֜אוּ
בְּנֵ֤י הָֽאֱלֹהִים֙ אֶל־בְּנ֣וֹת הָֽאָדָ֔ם וְיָֽלְד֖וּ לָהֶ֑ם הֵ֧מָּה הַגִּבֹּרִ֛ים אֲשֶׁ֥ר
מֵֽעוֹלָ֖ם אַנְשֵׁ֥י הַשֵּֽׁם:

מפטיר 5 וַיַּ֣רְא יְהוָ֔ה כִּ֥י רַבָּ֛ה רָעַ֥ת הָֽאָדָ֖ם בָּאָ֑רֶץ וְכָל־יֵ֨צֶר֙ מַחְשְׁבֹ֣ת לִבּ֔וֹ

6 רַ֥ק רַ֖ע כָּל־הַיּֽוֹם: וַיִּנָּ֣חֶם יְהוָ֔ה כִּֽי־עָשָׂ֥ה אֶת־הָֽאָדָ֖ם בָּאָ֑רֶץ וַיִּתְעַצֵּ֖ב

7 אֶל־לִבּֽוֹ: וַיֹּ֣אמֶר יְהוָ֗ה אֶמְחֶ֨ה אֶת־הָֽאָדָ֤ם אֲשֶׁר־בָּרָ֨אתִי֙ מֵעַל֙ פְּנֵ֣י
הָֽאֲדָמָ֔ה מֵֽאָדָם֙ עַד־בְּהֵמָ֔ה עַד־רֶ֖מֶשׂ וְעַד־ע֣וֹף הַשָּׁמָ֑יִם כִּ֥י נִחַ֖מְתִּי

8 כִּ֥י עֲשִׂיתִֽם: וְנֹ֕חַ מָ֥צָא חֵ֖ן בְּעֵינֵ֥י יְהוָֽה:

נח 9 אֵ֚לֶּה תּֽוֹלְדֹ֣ת נֹ֔חַ נֹ֗חַ אִ֥ישׁ צַדִּ֛יק תָּמִ֥ים הָיָ֖ה בְּדֹֽרֹתָ֑יו אֶת־הָֽאֱלֹהִ֖ים

10 הִֽתְהַלֶּךְ־נֹֽחַ: וַיּ֥וֹלֶד נֹ֖חַ שְׁלֹשָׁ֣ה בָנִ֑ים אֶת־שֵׁ֖ם אֶת־חָ֥ם וְאֶת־יָֽפֶת:

11
12 וַתִּשָּׁחֵ֥ת הָאָ֖רֶץ לִפְנֵ֣י הָֽאֱלֹהִ֑ים וַתִּמָּלֵ֥א הָאָ֖רֶץ חָמָֽס: וַיַּ֧רְא אֱלֹהִ֛ים
אֶת־הָאָ֖רֶץ וְהִנֵּ֣ה נִשְׁחָ֑תָה כִּֽי־הִשְׁחִ֧ית כָּל־בָּשָׂ֛ר אֶת־דַּרְכּ֖וֹ עַל־

13 הָאָֽרֶץ: וַיֹּ֨אמֶר אֱלֹהִ֜ים לְנֹ֗חַ קֵ֤ץ כָּל־בָּשָׂר֙ בָּ֣א לְפָנַ֔י

14 כִּֽי־מָלְאָ֥ה הָאָ֛רֶץ חָמָ֖ס מִפְּנֵיהֶ֑ם וְהִנְנִ֥י מַשְׁחִיתָ֖ם אֶת־הָאָֽרֶץ: עֲשֵׂ֤ה
לְךָ֙ תֵּבַ֣ת עֲצֵי־גֹ֔פֶר קִנִּ֖ים תַּֽעֲשֶׂ֣ה אֶת־הַתֵּבָ֑ה וְכָֽפַרְתָּ֤ אֹתָהּ֙ מִבַּ֣יִת

15 וּמִח֖וּץ בַּכֹּֽפֶר: וְזֶ֕ה אֲשֶׁ֥ר תַּֽעֲשֶׂ֖ה אֹתָ֑הּ שְׁלֹ֧שׁ מֵא֣וֹת אַמָּ֗ה אֹ֚רֶךְ

16A
16 הַתֵּבָ֔ה חֲמִשִּׁ֤ים אַמָּה֙ רָחְבָּ֔הּ וּשְׁלֹשִׁ֥ים אַמָּ֖ה קֽוֹמָתָֽהּ: צֹ֣הַר ׀ תַּֽעֲשֶׂ֣ה
לַתֵּבָ֗ה וְאֶל־אַמָּה֙ תְּכַלֶּ֣נָּה מִלְמַ֔עְלָה וּפֶ֥תַח הַתֵּבָ֖ה בְּצִדָּ֣הּ תָּשִׂ֑ים תַּחְתִּיִּ֛ם

17 שְׁנִיִּ֥ם וּשְׁלִשִׁ֖ים תַּֽעֲשֶֽׂהָ: וַֽאֲנִ֗י הִנְנִי֩ מֵבִ֨יא אֶת־הַמַּבּ֥וּל מַ֨יִם֙
עַל־הָאָ֔רֶץ לְשַׁחֵ֣ת כָּל־בָּשָׂ֗ר אֲשֶׁר־בּוֹ֙ ר֣וּחַ חַיִּ֔ים מִתַּ֖חַת הַשָּׁמָ֑יִם

18 כֹּ֥ל אֲשֶׁר־בָּאָ֖רֶץ יִגְוָֽע: וַֽהֲקִֽמֹתִ֥י אֶת־בְּרִיתִ֖י אִתָּ֑ךְ וּבָאתָ֙ אֶל־הַתֵּבָ֔ה

19 אַתָּ֕ה וּבָנֶ֛יךָ וְאִשְׁתְּךָ֥ וּנְשֵֽׁי־בָנֶ֖יךָ אִתָּֽךְ: וּמִכָּל־הָ֠חַי מִֽכָּל־בָּשָׂ֞ר שְׁנַ֧יִם

20 מִכֹּ֛ל תָּבִ֥יא אֶל־הַתֵּבָ֖ה לְהַֽחֲיֹ֣ת אִתָּ֑ךְ זָכָ֥ר וּנְקֵבָ֖ה יִֽהְי֑וּ: מֵֽהָע֣וֹף
לְמִינֵ֗הוּ וּמִן־הַבְּהֵמָה֙ לְמִינָ֔הּ מִכֹּ֛ל רֶ֥מֶשׂ הָֽאֲדָמָ֖ה לְמִינֵ֑הוּ שְׁנַ֧יִם

21 מִכֹּ֛ל יָבֹ֥אוּ אֵלֶ֖יךָ לְהַֽחֲיֽוֹת: וְאַתָּ֣ה קַח־לְךָ֗ מִכָּל־מַֽאֲכָל֙ אֲשֶׁ֣ר יֵֽאָכֵ֔ל

22 וְאָֽסַפְתָּ֖ אֵלֶ֑יךָ וְהָיָ֛ה לְךָ֥ וְלָהֶ֖ם לְאָכְלָֽה: וַיַּ֖עַשׂ נֹ֑חַ כְּ֠כֹל אֲשֶׁ֨ר צִוָּ֥ה

שני **7** 1 אֹת֛וֹ אֱלֹהִ֖ים כֵּ֥ן עָשָֽׂה: וַיֹּ֤אמֶר יְהוָה֙ לְנֹ֔חַ בֹּֽא־אַתָּ֥ה וְכָל־בֵּֽיתְךָ֖

thee have I seen righteous before me in this generation.

2 Of every clean beast thou shalt take to thee by sevens, the male and his female: and of beasts that *are* not clean by two, the male and his female.

3 Of fowls also of the air by sevens, the male and the female; to keep seed alive upon the face of all the earth.

4 For yet seven days, and I will cause it to rain upon the earth forty days and forty nights; and every living substance that I have made will I destroy from off the face of the earth.

5 And Noah did according unto all that the LORD commanded him.

6 And Noah *was* six hundred years old when the flood of waters was upon the earth.

7 ¶ And Noah went in, and his sons, and his wife, and his sons' wives with him, into the ark, because of the waters of the flood.

8 Of clean beasts, and of beasts that *are* not clean, and of fowls, and of every thing that creepeth upon the earth,

9 There went in two and two unto Noah into the ark, the male and the female, as God had commanded Noah.

10 And it came to pass after seven days, that the waters of the flood were upon the earth.

11 ¶ In the six hundredth year of Noah's life, in the second month, the seventeenth day of the month, the same day were all the fountains of the great deep broken up, and the windows of heaven were opened.

12 And the rain was upon the earth forty days and forty nights.

13 In the selfsame day entered Noah, and Shem, and Ham, and Japheth, the sons of Noah, and Noah's wife, and the three wives of his sons with them, into the ark;

14 They, and every beast after his kind, and all the cattle after their kind, and every creeping thing that creepeth upon the earth after his kind, and every fowl after his kind, every bird of every sort.

15 And they went in unto Noah into the ark, two and two of all flesh, wherein *i* the breath of life.

16 And they that went in, went in male and female of all flesh, as God had commanded him: and the LORD shut him in

17 And the flood was forty days upon the earth; and the waters increased, and bare up the ark, and it was lift up above the earth.

18 And the waters prevailed, and were increased greatly upon the earth; and the ark went upon the face of the waters.

19 And the waters prevailed exceedingly upon the earth; and all the high hills, that *were* under the whole heaven, were covered.

20 Fifteen cubits upward did the waters prevail; and the mountains were covered.

21 And all flesh died that moved upon the earth, both of fowl, and of cattle, and of beast, and of every creeping thing that creepeth upon the earth, and every man:

22 All in whose nostrils *was* the breath of life, of all that *was* in the dry *land,* died.

23 And every living substance was destroyed which was upon the face of the ground, both man, and cattle, and the creeping things, and the fowl of the heaven; and they were destroyed from the earth: and Noah only remained *alive,* and they that *were* with him in the ark.

24 And the waters prevailed upon the earth an hundred and fifty days.

CHAPTER 8

1 And God remembered Noah, and every living thing, and all the cattle that *was* with him in the ark: and God made a wind to pass over the earth, and the waters asswaged;

2 The fountains also of the deep and the windows of heaven were stopped, and the rain from heaven was restrained;

3 And the waters returned from off the earth continually: and after the end of the hundred and fifty days the waters were abated.

4 And the ark rested in the seventh

אֶל־הַתֵּבָה כִּי־אֹתְךָ רָאִיתִי צַדִּיק לְפָנַי בַּדּוֹר הַזֶּה: מִכֹּל ׀ הַבְּהֵמָה 2

הַטְּהוֹרָה תִּקַּח־לְךָ שִׁבְעָה שִׁבְעָה אִישׁ וְאִשְׁתּוֹ וּמִן־הַבְּהֵמָה אֲשֶׁר

לֹא טְהֹרָה הִוא שְׁנַיִם אִישׁ וְאִשְׁתּוֹ: גַּם מֵעוֹף הַשָּׁמַיִם שִׁבְעָה 3

שִׁבְעָה זָכָר וּנְקֵבָה לְחַיּוֹת זֶרַע עַל־פְּנֵי כָל־הָאָרֶץ: כִּי לְיָמִים עוֹד 4

שִׁבְעָה אָנֹכִי מַמְטִיר עַל־הָאָרֶץ אַרְבָּעִים יוֹם וְאַרְבָּעִים לַיְלָה

וּמָחִיתִי אֶת־כָּל־הַיְקוּם אֲשֶׁר עָשִׂיתִי מֵעַל פְּנֵי הָאֲדָמָה: וַיַּעַשׂ נֹחַ 5

כְּכֹל אֲשֶׁר־צִוָּהוּ יְהֹוָה: וְנֹחַ בֶּן־שֵׁשׁ מֵאוֹת שָׁנָה וְהַמַּבּוּל הָיָה מַיִם 6

עַל־הָאָרֶץ: וַיָּבֹא נֹחַ וּבָנָיו וְאִשְׁתּוֹ וּנְשֵׁי־בָנָיו אִתּוֹ אֶל־הַתֵּבָה מִפְּנֵי 7

מֵי הַמַּבּוּל: מִן־הַבְּהֵמָה הַטְּהוֹרָה וּמִן־הַבְּהֵמָה אֲשֶׁר אֵינֶנָּה טְהֹרָה 8

וּמִן־הָעוֹף וְכֹל אֲשֶׁר־רֹמֵשׂ עַל־הָאֲדָמָה: שְׁנַיִם שְׁנַיִם בָּאוּ אֶל־נֹחַ 9

אֶל־הַתֵּבָה זָכָר וּנְקֵבָה כַּאֲשֶׁר צִוָּה אֱלֹהִים אֶת־נֹחַ: וַיְהִי לְשִׁבְעַת 10

הַיָּמִים וּמֵי הַמַּבּוּל הָיוּ עַל־הָאָרֶץ: בִּשְׁנַת שֵׁשׁ־מֵאוֹת שָׁנָה לְחַיֵּי־נֹחַ 11

בַּחֹדֶשׁ הַשֵּׁנִי בְּשִׁבְעָה־עָשָׂר יוֹם לַחֹדֶשׁ בַּיּוֹם הַזֶּה נִבְקְעוּ כָּל־מַעְיְנֹת

תְּהוֹם רַבָּה וַאֲרֻבֹּת הַשָּׁמַיִם נִפְתָּחוּ: וַיְהִי הַגֶּשֶׁם עַל־הָאָרֶץ אַרְבָּעִים 12

יוֹם וְאַרְבָּעִים לָיְלָה: בְּעֶצֶם הַיּוֹם הַזֶּה בָּא נֹחַ וְשֵׁם־וְחָם וָיֶפֶת 13

בְּנֵי־נֹחַ וְאֵשֶׁת נֹחַ וּשְׁלֹשֶׁת נְשֵׁי־בָנָיו אִתָּם אֶל־הַתֵּבָה: הֵמָּה 14

וְכָל־הַחַיָּה לְמִינָהּ וְכָל־הַבְּהֵמָה לְמִינָהּ וְכָל־הָרֶמֶשׂ הָרֹמֵשׂ

עַל־הָאָרֶץ לְמִינֵהוּ וְכָל־הָעוֹף לְמִינֵהוּ כֹּל צִפּוֹר כָּל־כָּנָף: וַיָּבֹאוּ 15

אֶל־נֹחַ אֶל־הַתֵּבָה שְׁנַיִם שְׁנַיִם מִכָּל־הַבָּשָׂר אֲשֶׁר־בּוֹ רוּחַ חַיִּים:

וְהַבָּאִים זָכָר וּנְקֵבָה מִכָּל־בָּשָׂר בָּאוּ כַּאֲשֶׁר צִוָּה אֹתוֹ אֱלֹהִים 16

שלישי וַיִּסְגֹּר יְהֹוָה בַּעֲדוֹ: וַיְהִי הַמַּבּוּל אַרְבָּעִים יוֹם עַל־הָאָרֶץ וַיִּרְבּוּ 17

הַמַּיִם וַיִּשְׂאוּ אֶת־הַתֵּבָה וַתָּרָם מֵעַל הָאָרֶץ: וַיִּגְבְּרוּ הַמַּיִם וַיִּרְבּוּ 18

מְאֹד עַל־הָאָרֶץ וַתֵּלֶךְ הַתֵּבָה עַל־פְּנֵי הַמָּיִם: וְהַמַּיִם גָּבְרוּ מְאֹד 19

מְאֹד עַל־הָאָרֶץ וַיְכֻסּוּ כָּל־הֶהָרִים הַגְּבֹהִים אֲשֶׁר־תַּחַת כָּל־הַשָּׁמָיִם:

חֲמֵשׁ עֶשְׂרֵה אַמָּה מִלְמַעְלָה גָּבְרוּ הַמָּיִם וַיְכֻסּוּ הֶהָרִים: וַיִּגְוַע 20/21

כָּל־בָּשָׂר ׀ הָרֹמֵשׂ עַל־הָאָרֶץ בָּעוֹף וּבַבְּהֵמָה וּבַחַיָּה וּבְכָל־הַשֶּׁרֶץ

הַשֹּׁרֵץ עַל־הָאָרֶץ וְכֹל הָאָדָם: כֹּל אֲשֶׁר נִשְׁמַת־רוּחַ חַיִּים בְּאַפָּיו 22

23A מִכֹּל אֲשֶׁר בֶּחָרָבָה מֵתוּ: וַיִּמַח אֶת־כָּל־הַיְקוּם ׀ אֲשֶׁר ׀ עַל־פְּנֵי 23

הָאֲדָמָה מֵאָדָם עַד־בְּהֵמָה עַד־רֶמֶשׂ וְעַד־עוֹף הַשָּׁמַיִם וַיִּמָּחוּ

מִן־הָאָרֶץ וַיִּשָּׁאֶר אַךְ־נֹחַ וַאֲשֶׁר אִתּוֹ בַּתֵּבָה: וַיִּגְבְּרוּ הַמַּיִם 24

8 עַל־הָאָרֶץ חֲמִשִּׁים וּמְאַת יוֹם: וַיִּזְכֹּר אֱלֹהִים אֶת־נֹחַ וְאֵת כָּל־הַחַיָּה 1

וְאֶת־כָּל־הַבְּהֵמָה אֲשֶׁר אִתּוֹ בַּתֵּבָה וַיַּעֲבֵר אֱלֹהִים רוּחַ עַל־הָאָרֶץ

וַיָּשֹׁכּוּ הַמָּיִם: וַיִּסָּכְרוּ מַעְיְנֹת תְּהוֹם וַאֲרֻבֹּת הַשָּׁמָיִם וַיִּכָּלֵא הַגֶּשֶׁם 2

מִן־הַשָּׁמָיִם: וַיָּשֻׁבוּ הַמַּיִם מֵעַל הָאָרֶץ הָלוֹךְ וָשׁוֹב וַיַּחְסְרוּ הַמַּיִם 3

מִקְצֵה חֲמִשִּׁים וּמְאַת יוֹם: וַתָּנַח הַתֵּבָה בַּחֹדֶשׁ הַשְּׁבִיעִי 4

month, on the seventeenth day of the month, upon the mountains of Ararat.

5 And the waters decreased continually until the tenth month: in the tenth *month,* on the first *day* of the month, were the tops of the mountains seen.

6 ¶ And it came to pass at the end of forty days, that Noah opened the window of the ark which he had made:

7 And he sent forth a raven, which went forth to and fro, until the waters were dried up from off the earth.

8 Also he sent forth a dove from him, to see if the waters were abated from off the face of the ground;

9 But the dove found no rest for the sole of her foot, and she returned unto him into the ark, for the waters *were* on the face of the whole earth: then he put forth his hand, and took her, and pulled her in unto him into the ark.

10 And he stayed yet other seven days; and again he sent forth the dove out of the ark;

11 And the dove came in to him in the evening; and, lo, in her mouth *was* an olive leaf pluckt off: so Noah knew that the waters were abated from off the earth.

12 And he stayed yet other seven days; and sent forth the dove; which returned not again unto him any more.

13 ¶ And it came to pass in the six hundredth and first year, in the first *month,* the first *day* of the month, the waters were dried up from off the earth: and Noah removed the covering of the ark, and looked, and, behold, the face of the ground was dry.

14 And in the second month, on the seven and twentieth day of the month, was the earth dried.

15 ¶ And God spake unto Noah, saying,

16 Go forth of the ark, thou, and thy wife, and thy sons, and thy sons' wives with thee.

17 Bring forth with thee every living thing that *is* with thee, of all flesh, *both* of fowl, and of cattle, and of every creeping thing that creepeth upon the earth; that they may breed abundantly in the earth, and be fruitful, and multiply upon the earth.

18 And Noah went forth, and his sons, and his wife, and his sons' wives with him:

19 Every beast, every creeping thing, and every fowl, *and* whatsoever creepeth upon the earth, after their kinds, went forth out of the ark.

20 ¶ And Noah builded an altar unto the LORD; and took of every clean beast, and of every clean fowl, and offered burnt offerings on the altar.

21 And the LORD smelled a sweet savour; and the LORD said in his heart, I will not again curse the ground any more for man's sake; for the imagination of man's heart *is* evil from his youth; neither will I again smite any more every thing living, as I have done.

22 While the earth remaineth, seedtime and harvest, and cold and heat, and summer and winter, and day and night shall not cease.

CHAPTER 9

1 And God blessed Noah and his sons, and said unto them, Be fruitful, and multiply, and replenish the earth.

2 And the fear of you and the dread of you shall be upon every beast of the earth, and upon every fowl of the air, upon all that moveth *upon* the earth, and upon all the fishes of the sea; into your hand are they delivered.

3 Every moving thing that liveth shall be meat for you; even as the green herb have I given you all things.

4 But flesh with the life thereof, *which is* the blood thereof, shall ye not eat.

5 And surely your blood of your lives will I require; at the hand of every beast will I require it, and at the hand of man; at the hand of every man's brother will I require the life of man.

6 Whoso sheddeth man's blood, by man shall his blood be shed: for in the image of God made he man.

7 And you, be ye fruitful, and multiply; bring forth abundantly in the earth, and multiply therein.

8 ¶ And God spake unto Noah, and to his sons with him, saying,

5 בְּשִׁבְעָה־עָשָׂר יוֹם לַחֹדֶשׁ עַל הָרֵי אֲרָרָט: וְהַמַּיִם הָיוּ הָלוֹךְ וְחָסוֹר
עַד הַחֹדֶשׁ הָעֲשִׂירִי בָּעֲשִׂירִי בְּאֶחָד לַחֹדֶשׁ נִרְאוּ רָאשֵׁי הֶהָרִים:

6 וַיְהִי מִקֵּץ אַרְבָּעִים יוֹם וַיִּפְתַּח נֹחַ אֶת־חַלּוֹן הַתֵּבָה אֲשֶׁר עָשָׂה:

7 וַיְשַׁלַּח אֶת־הָעֹרֵב וַיֵּצֵא יָצוֹא וָשׁוֹב עַד־יְבֹשֶׁת הַמַּיִם מֵעַל הָאָרֶץ:

8 וַיְשַׁלַּח אֶת־הַיּוֹנָה מֵאִתּוֹ לִרְאוֹת הֲקַלּוּ הַמַּיִם מֵעַל פְּנֵי הָאֲדָמָה:

9 וְלֹא־מָצְאָה הַיּוֹנָה מָנוֹחַ לְכַף־רַגְלָהּ וַתָּשָׁב אֵלָיו אֶל־הַתֵּבָה כִּי־מַיִם
עַל־פְּנֵי כָל־הָאָרֶץ וַיִּשְׁלַח יָדוֹ וַיִּקָּחֶהָ וַיָּבֵא אֹתָהּ אֵלָיו אֶל־הַתֵּבָה:

10 וַיָּחֶל עוֹד שִׁבְעַת יָמִים אֲחֵרִים וַיֹּסֶף שַׁלַּח אֶת־הַיּוֹנָה מִן־הַתֵּבָה:

11 וַתָּבֹא אֵלָיו הַיּוֹנָה לְעֵת עֶרֶב וְהִנֵּה עֲלֵה־זַיִת טָרָף בְּפִיהָ וַיֵּדַע
12 נֹחַ כִּי־קַלּוּ הַמַּיִם מֵעַל הָאָרֶץ: וַיִּיָּחֶל עוֹד שִׁבְעַת יָמִים אֲחֵרִים
13 וַיְשַׁלַּח אֶת־הַיּוֹנָה וְלֹא־יָסְפָה שׁוּב־אֵלָיו עוֹד: וַיְהִי בְּאַחַת
וְשֵׁשׁ־מֵאוֹת שָׁנָה בָּרִאשׁוֹן בְּאֶחָד לַחֹדֶשׁ חָרְבוּ הַמַּיִם מֵעַל הָאָרֶץ
14 וַיָּסַר נֹחַ אֶת־מִכְסֵה הַתֵּבָה וַיַּרְא וְהִנֵּה חָרְבוּ פְּנֵי הָאֲדָמָה: וּבַחֹדֶשׁ
15 הַשֵּׁנִי בְּשִׁבְעָה וְעֶשְׂרִים יוֹם לַחֹדֶשׁ יָבְשָׁה הָאָרֶץ: רביעי   וַיְדַבֵּר
16 אֱלֹהִים אֶל־נֹחַ לֵאמֹר: צֵא מִן־הַתֵּבָה אַתָּה וְאִשְׁתְּךָ וּבָנֶיךָ
17 וּנְשֵׁי־בָנֶיךָ אִתָּךְ: כָּל־הַחַיָּה אֲשֶׁר־אִתְּךָ מִכָּל־בָּשָׂר בָּעוֹף וּבַבְּהֵמָה
וּבְכָל־הָרֶמֶשׂ הָרֹמֵשׂ עַל־הָאָרֶץ הוצא   הוֹצֵא אִתָּךְ וְשָׁרְצוּ בָאָרֶץ וּפָרוּ
18 וְרָבוּ עַל־הָאָרֶץ: וַיֵּצֵא־נֹחַ וּבָנָיו וְאִשְׁתּוֹ וּנְשֵׁי־בָנָיו אִתּוֹ: כָּל־הַחַיָּה
19 כָּל־הָרֶמֶשׂ וְכָל־הָעוֹף כֹּל רוֹמֵשׂ עַל־הָאָרֶץ לְמִשְׁפְּחֹתֵיהֶם יָצְאוּ
20 מִן־הַתֵּבָה: וַיִּבֶן נֹחַ מִזְבֵּחַ לַיהוָה וַיִּקַּח מִכֹּל הַבְּהֵמָה הַטְּהוֹרָה
21 וּמִכֹּל הָעוֹף הַטָּהֹר וַיַּעַל עֹלֹת בַּמִּזְבֵּחַ: וַיָּרַח יְהוָה אֶת־רֵיחַ הַנִּיחֹחַ
וַיֹּאמֶר יְהוָה אֶל־לִבּוֹ לֹא־אֹסִף לְקַלֵּל עוֹד אֶת־הָאֲדָמָה בַּעֲבוּר
הָאָדָם כִּי יֵצֶר לֵב הָאָדָם רַע מִנְּעֻרָיו וְלֹא־אֹסִף עוֹד לְהַכּוֹת
22 אֶת־כָּל־חַי כַּאֲשֶׁר עָשִׂיתִי: עֹד כָּל־יְמֵי הָאָרֶץ זֶרַע וְקָצִיר וְקֹר
9 1 וָחֹם וְקַיִץ וָחֹרֶף וְיוֹם וָלַיְלָה לֹא יִשְׁבֹּתוּ: וַיְבָרֶךְ אֱלֹהִים אֶת־נֹחַ
2 וְאֶת־בָּנָיו וַיֹּאמֶר לָהֶם פְּרוּ וּרְבוּ וּמִלְאוּ אֶת־הָאָרֶץ: וּמוֹרַאֲכֶם
וְחִתְּכֶם יִהְיֶה עַל כָּל־חַיַּת הָאָרֶץ וְעַל כָּל־עוֹף הַשָּׁמָיִם בְּכֹל אֲשֶׁר
3 תִּרְמֹשׂ הָאֲדָמָה וּבְכָל־דְּגֵי הַיָּם בְּיֶדְכֶם נִתָּנוּ: כָּל־רֶמֶשׂ אֲשֶׁר
הוּא־חַי לָכֶם יִהְיֶה לְאָכְלָה כְּיֶרֶק עֵשֶׂב נָתַתִּי לָכֶם אֶת־כֹּל:
4 5 אַךְ־בָּשָׂר בְּנַפְשׁוֹ דָמוֹ לֹא תֹאכֵלוּ: וְאַךְ אֶת־דִּמְכֶם לְנַפְשֹׁתֵיכֶם
אֶדְרֹשׁ מִיַּד כָּל־חַיָּה אֶדְרְשֶׁנּוּ וּמִיַּד הָאָדָם מִיַּד אִישׁ אָחִיו אֶדְרֹשׁ
6 אֶת־נֶפֶשׁ הָאָדָם: שֹׁפֵךְ דַּם הָאָדָם בָּאָדָם דָּמוֹ יִשָּׁפֵךְ כִּי בְּצֶלֶם
7 אֱלֹהִים עָשָׂה אֶת־הָאָדָם: וְאַתֶּם פְּרוּ וּרְבוּ שִׁרְצוּ בָאָרֶץ
8 וּרְבוּ־בָהּ:   חמישי   וַיֹּאמֶר אֱלֹהִים אֶל־נֹחַ וְאֶל־בָּנָיו אִתּוֹ לֵאמֹר:

9 And I, behold, I establish my covenant with you, and with your seed after you;

10 And with every living creature that *is* with you, of the fowl, of the cattle, and of every beast of the earth with you; from all that go out of the ark, to every beast of the earth.

11 And I will establish my covenant with you; neither shall all flesh be cut off any more by the waters of a flood; neither shall there any more be a flood to destroy the earth.

12 And God said, This *is* the token of the covenant which I make between me and you and every living creature that *is* with you, for perpetual generations:

13 I do set my bow in the cloud, and it shall be for a token of a covenant between me and the earth.

14 And it shall come to pass, when I bring a cloud over the earth, that the bow shall be seen in the cloud:

15 And I will remember my covenant, which *is* between me and you and every living creature of all flesh; and the waters shall no more become a flood to destroy all flesh.

16 And the bow shall be in the cloud; and I will look upon it, that I may remember the everlasting covenant between God and every living creature of all flesh that *is* upon the earth.

17 And God said unto Noah, This *is* the token of the covenant, which I have established between me and all flesh that *is* upon the earth.

18 ¶ And the sons of Noah, that went forth of the ark, were Shem, and Ham, and Japheth: and Ham *is* the father of Canaan.

19 These *are* the three sons of Noah: and of them was the whole earth overspread.

20 And Noah began *to be* an husbandman, and he planted a vineyard:

21 And he drank of the wine, and was drunken; and he was uncovered within his tent.

22 And Ham, the father of Canaan, saw the nakedness of his father, and told his two brethren without.

23 And Shem and Japheth took a garment, and laid *it* upon both their shoulders, and went backward, and covered the nakedness of their father; and their faces *were* backward, and they saw not their father's nakedness.

24 And Noah awoke from his wine, and knew what his younger son had done unto him.

25 And he said, Cursed *be* Canaan; a servant of servants shall he be unto his brethren.

26 And he said, Blessed *be* the LORD God of Shem; and Canaan shall be his servant.

27 God shall enlarge Japheth, and he shall dwell in the tents of Shem; and Canaan shall be his servant.

28 ¶ And Noah lived after the flood three hundred and fifty years.

29 And all the days of Noah were nine hundred and fifty years: and he died.

CHAPTER 10

1 Now these *are* the generations of the sons of Noah, Shem, Ham, and Japheth: and unto them were sons born after the flood.

2 The sons of Japheth; Gomer, and Magog, and Madai, and Javan, and Tubal, and Meshech, and Tiras.

3 And the sons of Gomer; Ashkenaz, and Riphath, and Togarmah.

4 And the sons of Javan; Elishah, and Tarshish, Kittim, and Dodanim.

5 By these were the isles of the Gentiles divided in their lands; every one after his tongue, after their families, in their nations.

6 ¶ And the sons of Ham; Cush, and Mizraim, and Phut, and Canaan.

7 And the sons of Cush; Seba, and Havilah, and Sabtah, and Raamah, and Sabtecha: and the sons of Raamah; Sheba, and Dedan.

8 And Cush begat Nimrod: he began to be a mighty one in the earth.

9 He was a mighty hunter before the LORD: wherefore it is said, Even as Nimrod the mighty hunter before the LORD.

10 And the beginning of his kingdom was Babel, and Erech, and Accad, and Calneh, in the land of Shinar.

11 Out of that land went forth Asshur,

וַאֲנִ֕י הִנְנִ֥י מֵקִ֛ים אֶת־בְּרִיתִ֖י אִתְּכֶ֑ם וְאֶֽת־זַרְעֲכֶ֖ם אַחֲרֵיכֶֽם: וְאֵ֣ת 9
כָּל־נֶ֤פֶשׁ הַֽחַיָּה֙ אֲשֶׁ֣ר אִתְּכֶ֔ם בָּע֧וֹף בַּבְּהֵמָ֛ה וּֽבְכָל־חַיַּ֥ת הָאָ֖רֶץ 10
אִתְּכֶ֑ם מִכֹּל֙ יֹצְאֵ֣י הַתֵּבָ֔ה לְכֹ֖ל חַיַּ֥ת הָאָֽרֶץ: וַהֲקִמֹתִ֤י אֶת־בְּרִיתִי֙ 11
אִתְּכֶ֔ם וְלֹֽא־יִכָּרֵ֧ת כָּל־בָּשָׂ֛ר ע֖וֹד מִמֵּ֣י הַמַּבּ֑וּל וְלֹֽא־יִהְיֶ֥ה ע֛וֹד מַבּ֖וּל
לְשַׁחֵ֥ת הָאָֽרֶץ: וַיֹּ֣אמֶר אֱלֹהִ֗ים זֹ֤את אֽוֹת־הַבְּרִית֙ אֲשֶׁר־אֲנִ֣י נֹתֵ֔ן 12
בֵּינִי֙ וּבֵ֣ינֵיכֶ֔ם וּבֵ֛ין כָּל־נֶ֥פֶשׁ חַיָּ֖ה אֲשֶׁ֣ר אִתְּכֶ֑ם לְדֹרֹ֖ת עוֹלָֽם:
אֶת־קַשְׁתִּ֕י נָתַ֖תִּי בֶּֽעָנָ֑ן וְהָֽיְתָה֙ לְא֣וֹת בְּרִ֔ית בֵּינִ֖י וּבֵ֥ין הָאָֽרֶץ: וְהָיָ֕ה 13
14
בְּעַֽנְנִ֥י עָנָ֖ן עַל־הָאָ֑רֶץ וְנִרְאֲתָ֥ה הַקֶּ֖שֶׁת בֶּעָנָֽן: וְזָכַרְתִּ֣י אֶת־בְּרִיתִ֗י 15
אֲשֶׁ֤ר בֵּינִי֙ וּבֵ֣ינֵיכֶ֔ם וּבֵ֛ין כָּל־נֶ֥פֶשׁ חַיָּ֖ה בְּכָל־בָּשָׂ֑ר וְלֹֽא־יִֽהְיֶ֨ה ע֜וֹד
הַמַּ֤יִם לְמַבּוּל֙ לְשַׁחֵ֣ת כָּל־בָּשָֽׂר: וְהָיְתָ֥ה הַקֶּ֖שֶׁת בֶּֽעָנָ֑ן וּרְאִיתִ֗יהָ 16
לִזְכֹּר֙ בְּרִ֣ית עוֹלָ֔ם בֵּ֣ין אֱלֹהִ֔ים וּבֵין֙ כָּל־נֶ֣פֶשׁ חַיָּ֔ה בְּכָל־בָּשָׂ֖ר אֲשֶׁ֥ר
עַל־הָאָֽרֶץ: וַיֹּ֥אמֶר אֱלֹהִ֖ים אֶל־נֹ֑חַ זֹ֤את אֽוֹת־הַבְּרִית֙ אֲשֶׁ֣ר הֲקִמֹ֔תִי 17
בֵּינִ֕י וּבֵ֥ין כָּל־בָּשָׂ֖ר אֲשֶׁ֥ר עַל־הָאָֽרֶץ:

ששי

וַיִּֽהְי֣וּ בְנֵי־נֹ֗חַ הַיֹּֽצְאִים֙ מִן־הַתֵּבָ֔ה שֵׁ֖ם וְחָ֣ם וָיָ֑פֶת וְחָ֕ם ה֖וּא אֲבִ֥י 18
כְנָֽעַן: שְׁלֹשָׁ֥ה אֵ֖לֶּה בְּנֵי־נֹ֑חַ וּמֵאֵ֖לֶּה נָֽפְצָ֥ה כָל־הָאָֽרֶץ: וַיָּ֥חֶל נֹ֖חַ 19
20
אִ֣ישׁ הָֽאֲדָמָ֑ה וַיִּטַּ֖ע כָּֽרֶם: וַיֵּ֥שְׁתְּ מִן־הַיַּ֖יִן וַיִּשְׁכָּ֑ר וַיִּתְגַּ֖ל בְּת֥וֹךְ 21
אָהֳלֹֽה: וַיַּ֗רְא חָ֚ם אֲבִ֣י כְנַ֔עַן אֵ֖ת עֶרְוַ֣ת אָבִ֑יו וַיַּגֵּ֥ד לִשְׁנֵֽי־אֶחָ֖יו 22
בַּחֽוּץ: וַיִּקַּח֩ שֵׁ֨ם וָיֶ֜פֶת אֶת־הַשִּׂמְלָ֗ה וַיָּשִׂ֨ימוּ֙ עַל־שְׁכֶ֣ם שְׁנֵיהֶ֔ם וַיֵּֽלְכוּ֙ 23
אֲחֹ֣רַנִּ֔ית וַיְכַסּ֕וּ אֵ֖ת עֶרְוַ֣ת אֲבִיהֶ֑ם וּפְנֵיהֶם֙ אֲחֹ֣רַנִּ֔ית וְעֶרְוַ֥ת אֲבִיהֶ֖ם
לֹ֥א רָאֽוּ: וַיִּ֥יקֶץ נֹ֖חַ מִיֵּינ֑וֹ וַיֵּ֕דַע אֵ֛ת אֲשֶׁר־עָֽשָׂה־ל֖וֹ בְּנ֥וֹ הַקָּטָֽן: 24
וַיֹּ֖אמֶר אָר֣וּר כְּנָ֑עַן עֶ֥בֶד עֲבָדִ֖ים יִֽהְיֶ֥ה לְאֶחָֽיו: וַיֹּ֕אמֶר בָּר֥וּךְ יְהֹוָ֖ה 25
26
אֱלֹ֣הֵי שֵׁ֑ם וִיהִ֥י כְנַ֖עַן עֶ֥בֶד לָֽמוֹ: יַ֤פְתְּ אֱלֹהִים֙ לְיֶ֔פֶת וְיִשְׁכֹּ֖ן 27
בְּאָֽהֳלֵי־שֵׁ֑ם וִיהִ֥י כְנַ֖עַן עֶ֥בֶד לָֽמוֹ: וַֽיְחִי־נֹ֖חַ אַחַ֣ר הַמַּבּ֑וּל שְׁלֹ֤שׁ 28
מֵאוֹת֙ שָׁנָ֔ה וַחֲמִשִּׁ֖ים שָׁנָֽה: וַיִּֽהְיוּ֙ כָּל־יְמֵי־נֹ֔חַ תְּשַׁ֤ע מֵאוֹת֙ שָׁנָ֔ה 29
וַחֲמִשִּׁ֖ים שָׁנָ֑ה וַיָּמֹֽת:

וְאֵ֙לֶּה֙ תּֽוֹלְדֹ֣ת בְּנֵי־נֹ֔חַ שֵׁ֖ם חָ֣ם וָיָ֑פֶת וַיִּוָּלְד֥וּ לָהֶ֛ם בָּנִ֖ים אַחַ֥ר 1 **10**
הַמַּבּֽוּל: בְּנֵ֣י יֶ֔פֶת גֹּ֣מֶר וּמָג֔וֹג וּמָדַ֖י וְיָוָ֣ן וְתֻבָ֑ל וּמֶ֖שֶׁךְ וְתִירָֽס: וּבְנֵ֖י 2
3
גֹּ֑מֶר אַשְׁכֲּנַ֥ז וְרִיפַ֖ת וְתֹֽגַרְמָֽה: וּבְנֵ֥י יָוָ֖ן אֱלִישָׁ֣ה וְתַרְשִׁ֑ישׁ כִּתִּ֖ים 4
וְדֹֽדָנִֽים: מֵ֠אֵ֠לֶּה נִפְרְד֞וּ אִיֵּ֤י הַגּוֹיִם֙ בְּאַרְצֹתָ֔ם אִ֖ישׁ לִלְשֹׁנ֑וֹ 5
לְמִשְׁפְּחֹתָ֖ם בְּגֽוֹיֵהֶֽם: וּבְנֵ֖י חָ֑ם כּ֥וּשׁ וּמִצְרַ֖יִם וּפ֥וּט וּכְנָֽעַן: וּבְנֵ֣י 6
7
כ֔וּשׁ סְבָא֙ וַֽחֲוִילָ֔ה וְסַבְתָּ֥ה וְרַעְמָ֖ה וְסַבְתְּכָ֑א וּבְנֵ֣י רַעְמָ֔ה שְׁבָ֖א
וּדְדָֽן: וְכ֖וּשׁ יָלַ֣ד אֶת־נִמְרֹ֑ד ה֣וּא הֵחֵ֔ל לִֽהְי֥וֹת גִּבֹּ֖ר בָּאָֽרֶץ: הֽוּא־הָיָ֥ה 8
9
גִבֹּֽר־צַ֖יִד לִפְנֵ֣י יְהֹוָ֑ה עַל־כֵּן֙ יֵֽאָמַ֔ר כְּנִמְרֹ֛ד גִּבּ֥וֹר צַ֖יִד לִפְנֵ֥י יְהֹוָֽה:
וַתְּהִ֨י רֵאשִׁ֤ית מַמְלַכְתּוֹ֙ בָּבֶ֔ל וְאֶ֖רֶךְ וְאַכַּ֣ד וְכַלְנֵ֑ה בְּאֶ֖רֶץ שִׁנְעָֽר: 10
מִן־הָאָ֥רֶץ הַהִ֖וא יָצָ֣א אַשּׁ֑וּר וַיִּ֙בֶן֙ אֶת־נִ֣ינְוֵ֔ה וְאֶת־רְחֹבֹ֥ת עִ֖יר 11

and builded Nineveh, and the city Rehoboth, and Calah,

12 And Resen between Nineveh and Calah: the same *is* a great city.

13 And Mizraim begat Ludim, and Anamim, and Lehabim, and Naphtuhim,

14 And Pathrusim, and Casluhim, (out of whom came Philistim,) and Caphtorim.

15 ¶ And Canaan begat Sidon his firstborn, and Heth,

16 And the Jebusite, and the Amorite, and the Girgasite,

17 And the Hivite, and the Arkite, and the Sinite,

18 And the Arvadite, and the Zemarite, and the Hamathite: and afterward were the families of the Canaanites spread abroad.

19 And the border of the Canaanites was from Sidon, as thou comest to Gerar, unto Gaza; as thou goest, unto Sodom, and Gomorrah, and Admah, and Zeboim, even unto Lasha.

20 These *are* the sons of Ham, after their families, after their tongues, in their countries, *and* in their nations.

21 ¶ Unto Shem also, the father of all the children of Eber, the brother of Japheth the elder, even to him were *children* born.

22 The children of Shem; Elam, and Asshur, and Arphaxad, and Lud, and Aram.

23 And the children of Aram; Uz, and Hul, and Gether, and Mash.

24 And Arphaxad begat Salah; and Salah begat Eber.

25 And unto Eber were born two sons: the name of one *was* Peleg; for in his days was the earth divided; and his brother's name *was* Joktan.

26 And Joktan begat Almodad, and Sheleph, and Hazarmaveth, and Jerah,

27 And Hadoram, and Uzal, and Diklah,

28 And Obal, and Abimael, and Sheba,

29 And Ophir, and Havilah, and Jobab: all these *were* the sons of Joktan.

30 And their dwelling was from Mesha, as thou goest unto Sephar a mount of the east.

31 These *are* the sons of Shem, after their families, after their tongues, in their lands, after their nations.

32 These *are* the families of the sons of Noah, after their generations, in their nations: and by these were the nations divided in the earth after the flood.

CHAPTER 11

1 And the whole earth was of one language, and of one speech.

2 And it came to pass, as they journeyed from the east, that they found a plain in the land of Shinar; and they dwelt there.

3 And they said one to another, Go to, let us make brick, and burn them throughly. And they had brick for stone, and slime had they for morter.

4 And they said, Go to, let us build us a city and a tower, whose top *may reach* unto heaven; and let us make us a name, lest we be scattered abroad upon the face of the whole earth.

5 And the LORD came down to see the city and the tower, which the children of men builded.

6 And the LORD said, Behold, the people *is* one, and they have all one language; and this they begin to do: and now nothing will be restrained from them, which they have imagined to do.

7 Go to, let us go down, and there confound their language, that they may not understand one another's speech.

8 So the LORD scattered them abroad from thence upon the face of all the earth: and they left off to build the city.

9 Therefore is the name of it called Babel; because the LORD did there confound the language of all the earth: and from thence did the LORD scatter them abroad upon the face of all the earth.

10 ¶ These *are* the generations of Shem: Shem *was* an hundred years old, and begat Arphaxad two years after the flood:

11 And Shem lived after he begat Arphaxad five hundred years, and begat sons and daughters.

12 And Arphaxad lived five and thirty years, and begat Salah:

13 And Arphaxad lived after he begat

וְאֶת־כָּלַח: וְאֶת־רֶסֶן בֵּין נִינְוֵה וּבֵין כֶּלַח הִוא הָעִיר הַגְּדֹלָה: 12

וּמִצְרַיִם יָלַד אֶת־לוּדִים וְאֶת־עֲנָמִים וְאֶת־לְהָבִים וְאֶת־נַפְתֻּחִים: 13

וְאֶת־פַּתְרֻסִים וְאֶת־כַּסְלֻחִים אֲשֶׁר יָצְאוּ מִשָּׁם פְּלִשְׁתִּים וְאֶת־ 14

כַּפְתֹּרִים: וּכְנַעַן יָלַד אֶת־צִידֹן בְּכֹרוֹ וְאֶת־חֵת: וְאֶת־ 15 16

הַיְבוּסִי וְאֶת־הָאֱמֹרִי וְאֵת הַגִּרְגָּשִׁי: וְאֶת־הַחִוִּי וְאֶת־הַעַרְקִי 17

וְאֶת־הַסִּינִי: וְאֶת־הָאַרְוָדִי וְאֶת־הַצְּמָרִי וְאֶת־הַחֲמָתִי וְאַחַר נָפֹצוּ 18

מִשְׁפְּחוֹת הַכְּנַעֲנִי: וַיְהִי גְּבוּל הַכְּנַעֲנִי מִצִּידֹן בֹּאֲכָה גְרָרָה עַד־עַזָּה 19

בֹּאֲכָה סְדֹמָה וַעֲמֹרָה וְאַדְמָה וּצְבֹיִם עַד־לָשַׁע: אֵלֶּה בְנֵי־חָם 20

לְמִשְׁפְּחֹתָם לִלְשֹׁנֹתָם בְּאַרְצֹתָם בְּגוֹיֵהֶם: וּלְשֵׁם יֻלַּד 21

גַּם־הוּא אֲבִי כָּל־בְּנֵי־עֵבֶר אֲחִי יֶפֶת הַגָּדוֹל: בְּנֵי שֵׁם עֵילָם וְאַשּׁוּר 22

וְאַרְפַּכְשַׁד וְלוּד וַאֲרָם: וּבְנֵי אֲרָם עוּץ וְחוּל וְגֶתֶר וָמַשׁ: וְאַרְפַּכְשַׁד 23 24

יָלַד אֶת־שָׁלַח וְשֶׁלַח יָלַד אֶת־עֵבֶר: וּלְעֵבֶר יֻלַּד שְׁנֵי בָנִים שֵׁם 25

הָאֶחָד פֶּלֶג כִּי בְיָמָיו נִפְלְגָה הָאָרֶץ וְשֵׁם אָחִיו יָקְטָן: וְיָקְטָן יָלַד 26

אֶת־אַלְמוֹדָד וְאֶת־שָׁלֶף וְאֶת־חֲצַרְמָוֶת וְאֶת־יָרַח: וְאֶת־הֲדוֹרָם 27

וְאֶת־אוּזָל וְאֶת־דִּקְלָה: וְאֶת־עוֹבָל וְאֶת־אֲבִימָאֵל וְאֶת־שְׁבָא: 28

וְאֶת־אוֹפִר וְאֶת־חֲוִילָה וְאֶת־יוֹבָב כָּל־אֵלֶּה בְּנֵי יָקְטָן: וַיְהִי מוֹשָׁבָם 29 30

מִמֵּשָׁא בֹּאֲכָה סְפָרָה הַר הַקֶּדֶם: אֵלֶּה בְנֵי־שֵׁם לְמִשְׁפְּחֹתָם 31

לִלְשֹׁנֹתָם בְּאַרְצֹתָם לְגוֹיֵהֶם: אֵלֶּה מִשְׁפְּחֹת בְּנֵי־נֹחַ לְתוֹלְדֹתָם 32

בְּגוֹיֵהֶם וּמֵאֵלֶּה נִפְרְדוּ הַגּוֹיִם בָּאָרֶץ אַחַר הַמַּבּוּל:

שביעי 11 וַיְהִי כָל־הָאָרֶץ שָׂפָה אֶחָת וּדְבָרִים אֲחָדִים: וַיְהִי בְּנָסְעָם מִקֶּדֶם 1 2

וַיִּמְצְאוּ בִקְעָה בְּאֶרֶץ שִׁנְעָר וַיֵּשְׁבוּ שָׁם: וַיֹּאמְרוּ אִישׁ אֶל־רֵעֵהוּ 3

הָבָה נִלְבְּנָה לְבֵנִים וְנִשְׂרְפָה לִשְׂרֵפָה וַתְּהִי לָהֶם הַלְּבֵנָה לְאָבֶן

וְהַחֵמָר הָיָה לָהֶם לַחֹמֶר: וַיֹּאמְרוּ הָבָה נִבְנֶה־לָּנוּ עִיר וּמִגְדָּל 4

וְרֹאשׁוֹ בַשָּׁמַיִם וְנַעֲשֶׂה־לָּנוּ שֵׁם פֶּן־נָפוּץ עַל־פְּנֵי כָל־הָאָרֶץ: וַיֵּרֶד 5

יְהוָה לִרְאֹת אֶת־הָעִיר וְאֶת־הַמִּגְדָּל אֲשֶׁר בָּנוּ בְּנֵי הָאָדָם: וַיֹּאמֶר 6

יְהוָה הֵן עַם אֶחָד וְשָׂפָה אַחַת לְכֻלָּם וְזֶה הַחִלָּם לַעֲשׂוֹת וְעַתָּה 7

לֹא־יִבָּצֵר מֵהֶם כֹּל אֲשֶׁר יָזְמוּ לַעֲשׂוֹת: הָבָה נֵרְדָה וְנָבְלָה שָׁם

שְׂפָתָם אֲשֶׁר לֹא יִשְׁמְעוּ אִישׁ שְׂפַת רֵעֵהוּ: וַיָּפֶץ יְהוָה אֹתָם 8

מִשָּׁם עַל־פְּנֵי כָל־הָאָרֶץ וַיַּחְדְּלוּ לִבְנֹת הָעִיר: עַל־כֵּן קָרָא שְׁמָהּ 9

בָּבֶל כִּי־שָׁם בָּלַל יְהוָה שְׂפַת כָּל־הָאָרֶץ וּמִשָּׁם הֱפִיצָם יְהוָה

עַל־פְּנֵי כָּל־הָאָרֶץ:

אֵלֶּה תּוֹלְדֹת שֵׁם שֵׁם בֶּן־מְאַת שָׁנָה וַיּוֹלֶד אֶת־אַרְפַּכְשָׁד שְׁנָתַיִם 10

אַחַר הַמַּבּוּל: וַיְחִי־שֵׁם אַחֲרֵי הוֹלִידוֹ אֶת־אַרְפַּכְשַׁד חֲמֵשׁ מֵאוֹת 11

שָׁנָה וַיּוֹלֶד בָּנִים וּבָנוֹת: וְאַרְפַּכְשַׁד חַי חָמֵשׁ וּשְׁלֹשִׁים 12

שָׁנָה וַיּוֹלֶד אֶת־שָׁלַח: וַיְחִי אַרְפַּכְשַׁד אַחֲרֵי הוֹלִידוֹ אֶת־שֶׁלַח שָׁלֹשׁ 13

Salah four hundred and three years, and begat sons and daughters.

14 And Salah lived thirty years, and begat Eber:

15 And Salah lived after he begat Eber four hundred and three years, and begat sons and daughters.

16 And Eber lived four and thirty years, and begat Peleg:

17 And Eber lived after he begat Peleg four hundred and thirty years, and begat sons and daughters.

18 And Peleg lived thirty years, and begat Reu:

19 And Peleg lived after he begat Reu two hundred and nine years, and begat sons and daughters.

20 And Reu lived two and thirty years, and begat Serug:

21 And Reu lived after he begat Serug two hundred and seven years, and begat sons and daughters.

22 And Serug lived thirty years, and begat Nahor:

23 And Serug lived after he begat Nahor two hundred years, and begat sons and daughters.

24 And Nahor lived nine and twenty years, and begat Terah:

25 And Nahor lived after he begat Terah an hundred and nineteen years, and begat sons and daughters.

26 And Terah lived seventy years, and begat Abram, Nahor, and Haran.

27 ¶ Now these *are* the generations of Terah: Terah begat Abram, Nahor, and Haran; and Haran begat Lot.

28 And Haran died before his father Terah in the land of his nativity, in Ur of the Chaldees.

29 And Abram and Nahor took them wives: the name of Abram's wife *was* Sarai; and the name of Nahor's wife, Milcah, the daughter of Haran, the father of Milcah, and the father of Iscah.

30 But Sarai was barren; she *had* no child.

31 And Terah took Abram his son, and Lot the son of Haran his son's son, and Sarai his daughter in law, his son Abram's wife; and they went forth with them from Ur of the Chaldees, to go into the land of Canaan; and they came unto Haran, and dwelt there.

32 And the days of Terah were two hundred and five years: and Terah died in Haran.

CHAPTER 12

1 Now the LORD had said unto Abram, Get thee out of thy country, and from thy kindred, and from thy father's house, unto a land that I will shew thee:

2 And I will make of thee a great nation, and I will bless thee, and make thy name great; and thou shalt be a blessing:

3 And I will bless them that bless thee, and curse him that curseth thee: and in thee shall all families of the earth be blessed.

4 So Abram departed, as the LORD had spoken unto him; and Lot went with him: and Abram *was* seventy and five years old when he departed out of Haran.

5 And Abram took Sarai his wife, and Lot his brother's son, and all their substance that they had gathered, and the souls that they had gotten in Haran; and they went forth to go into the land of Canaan; and into the land of Canaan they came.

6 ¶ And Abram passed through the land unto the place of Sichem, unto the plain of Moreh. And the Canaanite *was* then in the land.

7 And the LORD appeared unto Abram, and said, Unto thy seed will I give this land: and there builded he an altar unto the LORD, who appeared unto him.

8 And he removed from thence unto a mountain on the east of Beth-el, and pitched his tent, *having* Beth-el on the west, and Hai on the east: and there he builded an altar unto the LORD, and called upon the name of the LORD.

9 And Abram journeyed, going on still toward the south.

שָׁנִים וְאַרְבַּע מֵאוֹת שָׁנָה וַיּוֹלֶד בָּנִים וּבָנוֹת: וְשֶׁלַח חַי 14

שְׁלֹשִׁים שָׁנָה וַיּוֹלֶד אֶת־עֵבֶר: וַיְחִי־שֶׁלַח אַחֲרֵי הוֹלִידוֹ אֶת־עֵבֶר 15

שָׁלֹשׁ שָׁנִים וְאַרְבַּע מֵאוֹת שָׁנָה וַיּוֹלֶד בָּנִים וּבָנוֹת: וַיְחִי־ 16

עֵבֶר אַרְבַּע וּשְׁלֹשִׁים שָׁנָה וַיּוֹלֶד אֶת־פָּלֶג: וַיְחִי־עֵבֶר אַחֲרֵי 17

הוֹלִידוֹ אֶת־פֶּלֶג שְׁלֹשִׁים שָׁנָה וְאַרְבַּע מֵאוֹת שָׁנָה וַיּוֹלֶד בָּנִים

וּבָנוֹת: וַיְחִי־פֶלֶג שְׁלֹשִׁים שָׁנָה וַיּוֹלֶד אֶת־רְעוּ: וַיְחִי־פֶלֶג 18 19

אַחֲרֵי הוֹלִידוֹ אֶת־רְעוּ תֵּשַׁע שָׁנִים וּמָאתַיִם שָׁנָה וַיּוֹלֶד בָּנִים

וּבָנוֹת: וַיְחִי רְעוּ שְׁתַּיִם וּשְׁלֹשִׁים שָׁנָה וַיּוֹלֶד אֶת־שְׂרוּג: 20

וַיְחִי רְעוּ אַחֲרֵי הוֹלִידוֹ אֶת־שְׂרוּג שֶׁבַע שָׁנִים וּמָאתַיִם שָׁנָה וַיּוֹלֶד 21

בָּנִים וּבָנוֹת: וַיְחִי שְׂרוּג שְׁלֹשִׁים שָׁנָה וַיּוֹלֶד אֶת־נָחוֹר: 22

וַיְחִי שְׂרוּג אַחֲרֵי הוֹלִידוֹ אֶת־נָחוֹר מָאתַיִם שָׁנָה וַיּוֹלֶד בָּנִים 23

וּבָנוֹת: וַיְחִי נָחוֹר תֵּשַׁע וְעֶשְׂרִים שָׁנָה וַיּוֹלֶד אֶת־תָּרַח: 24

וַיְחִי נָחוֹר אַחֲרֵי הוֹלִידוֹ אֶת־תֶּרַח תְּשַׁע־עֶשְׂרֵה שָׁנָה וּמְאַת שָׁנָה 25

וַיּוֹלֶד בָּנִים וּבָנוֹת: וַיְחִי־תֶרַח שִׁבְעִים שָׁנָה וַיּוֹלֶד 26

אֶת־אַבְרָם אֶת־נָחוֹר וְאֶת־הָרָן: וְאֵלֶּה תּוֹלְדֹת תֶּרַח תֶּרַח הוֹלִיד 27

אֶת־אַבְרָם אֶת־נָחוֹר וְאֶת־הָרָן וְהָרָן הוֹלִיד אֶת־לוֹט: וַיָּמָת הָרָן 28

עַל־פְּנֵי תֶּרַח אָבִיו בְּאֶרֶץ מוֹלַדְתּוֹ בְּאוּר כַּשְׂדִּים: וַיִּקַּח אַבְרָם 29 מפטיר

וְנָחוֹר לָהֶם נָשִׁים שֵׁם אֵשֶׁת־אַבְרָם שָׂרָי וְשֵׁם אֵשֶׁת־נָחוֹר מִלְכָּה

בַּת־הָרָן אֲבִי־מִלְכָּה וַאֲבִי יִסְכָּה: וַתְּהִי שָׂרַי עֲקָרָה אֵין לָהּ וָלָד: 30

וַיִּקַּח תֶּרַח אֶת־אַבְרָם בְּנוֹ וְאֶת־לוֹט בֶּן־הָרָן בֶּן־בְּנוֹ וְאֵת שָׂרַי 31

כַּלָּתוֹ אֵשֶׁת אַבְרָם בְּנוֹ וַיֵּצְאוּ אִתָּם מֵאוּר כַּשְׂדִּים לָלֶכֶת אַרְצָה

כְּנַעַן וַיָּבֹאוּ עַד־חָרָן וַיֵּשְׁבוּ שָׁם: וַיִּהְיוּ יְמֵי־תֶרַח חָמֵשׁ שָׁנִים 32

וּמָאתַיִם שָׁנָה וַיָּמָת תֶּרַח בְּחָרָן:

וַיֹּאמֶר יְהוָה אֶל־אַבְרָם לֶךְ־לְךָ מֵאַרְצְךָ וּמִמּוֹלַדְתְּךָ וּמִבֵּית אָבִיךָ 1 12 לך לך

אֶל־הָאָרֶץ אֲשֶׁר אַרְאֶךָּ: וְאֶעֶשְׂךָ לְגוֹי גָּדוֹל וַאֲבָרֶכְךָ וַאֲגַדְּלָה שְׁמֶךָ 2

וֶהְיֵה בְּרָכָה: וַאֲבָרֲכָה מְבָרְכֶיךָ וּמְקַלֶּלְךָ אָאֹר וְנִבְרְכוּ בְךָ כֹּל 3

מִשְׁפְּחֹת הָאֲדָמָה: וַיֵּלֶךְ אַבְרָם כַּאֲשֶׁר דִּבֶּר אֵלָיו יְהוָה וַיֵּלֶךְ אִתּוֹ 4

לוֹט וְאַבְרָם בֶּן־חָמֵשׁ שָׁנִים וְשִׁבְעִים שָׁנָה בְּצֵאתוֹ מֵחָרָן: וַיִּקַּח 5

אַבְרָם אֶת־שָׂרַי אִשְׁתּוֹ וְאֶת־לוֹט בֶּן־אָחִיו וְאֶת־כָּל־רְכוּשָׁם אֲשֶׁר

רָכָשׁוּ וְאֶת־הַנֶּפֶשׁ אֲשֶׁר־עָשׂוּ בְחָרָן וַיֵּצְאוּ לָלֶכֶת אַרְצָה כְּנַעַן וַיָּבֹאוּ

אַרְצָה כְּנָעַן: וַיַּעֲבֹר אַבְרָם בָּאָרֶץ עַד מְקוֹם שְׁכֶם עַד אֵלוֹן מוֹרֶה 6

וְהַכְּנַעֲנִי אָז בָּאָרֶץ: וַיֵּרָא יְהוָה אֶל־אַבְרָם וַיֹּאמֶר לְזַרְעֲךָ אֶתֵּן 7

אֶת־הָאָרֶץ הַזֹּאת וַיִּבֶן שָׁם מִזְבֵּחַ לַיהוָה הַנִּרְאֶה אֵלָיו: וַיַּעְתֵּק 8

מִשָּׁם הָהָרָה מִקֶּדֶם לְבֵית־אֵל וַיֵּט אָהֳלֹה בֵּית־אֵל מִיָּם וְהָעַי

מִקֶּדֶם וַיִּבֶן־שָׁם מִזְבֵּחַ לַיהוָה וַיִּקְרָא בְּשֵׁם יְהוָה: וַיִּסַּע אַבְרָם 9

10 ¶ And there was a famine in the land: and Abram went down into Egypt to sojourn there; for the famine *was* grievous in the land.

11 And it came to pass, when he was come near to enter into Egypt, that he said unto Sarai his wife, Behold now, I know that thou *art* a fair woman to look upon:

12 Therefore it shall come to pass, when the Egyptians shall see thee, that they shall say, This *is* his wife: and they will kill me, but they will save thee alive.

13 Say, I pray thee, thou *art* my sister: that it may be well with me for thy sake; and my soul shall live because of thee.

14 ¶ And it came to pass, that, when Abram was come into Egypt, the Egyptians beheld the woman that she *was* very fair.

15 The princes also of Pharaoh saw her, and commended her before Pharaoh: and the woman was taken into Pharaoh's house.

16 And he entreated Abram well for her sake: and he had sheep, and oxen, and he asses, and menservants, and maidservants, and she asses, and camels.

17 And the LORD plagued Pharaoh and his house with great plagues because of Sarai Abram's wife.

18 And Pharaoh called Abram, and said, What *is* this *that* thou hast done unto me? why didst thou not tell me that she *was* thy wife?

19 Why saidst thou, She *is* my sister? so I might have taken her to me to wife: now therefore behold thy wife, take *her,* and go thy way.

20 And Pharaoh commanded *his* men concerning him: and they sent him away, and his wife, and all that he had.

CHAPTER 13

1 And Abram went up out of Egypt, he, and his wife, and all that he had, and Lot with him, into the south.

2 And Abram *was* very rich in cattle, in silver, and in gold.

3 And he went on his journeys from the south even to Beth-el, unto the place where his tent had been at the beginning between Beth-el and Hai;

4 Unto the place of the altar, which h had made there at the first: and ther Abram called on the name of the LORD

5 ¶ And Lot also, which went with Abram, had flocks, and herds, and tents

6 And the land was not able to bea them, that they might dwell together: fo their substance was great, so that the could not dwell together.

7 And there was a strife between the herdmen of Abram's cattle and the herdmen of Lot's cattle: and the Canaanite and the Perizzite dwelled then in the land.

8 And Abram said unto Lot, Let there be no strife, I pray thee, between me and thee, and between my herdmen and thy herdmen; for we *be* brethren.

9 *Is* not the whole land before thee? separate thyself, I pray thee, from me: if *thou wilt take* the left hand, then I will go to the right; or if *thou depart* to the right hand, then I will go to the left.

10 And Lot lifted up his eyes, and beheld all the plain of Jordan, that it *was* well watered every where, before the LORD destroyed Sodom and Gomorrah, *even* as the garden of the LORD, like the land of Egypt, as thou comest unto Zoar.

11 Then Lot chose him all the plain of Jordan; and Lot journeyed east: and they separated themselves the one from the other.

12 Abram dwelled in the land of Canaan, and Lot dwelled in the cities of the plain, and pitched *his* tent toward Sodom.

13 But the men of Sodom *were* wicked and sinners before the LORD exceedingly.

14 ¶ And the LORD said unto Abram, after that Lot was separated from him, Lift up now thine eyes, and look from the place where thou art northward, and southward, and eastward, and westward:

15 For all the land which thou seest, to thee will I give it, and to thy seed for ever.

16 And I will make thy seed as the dust of the earth: so that if a man can number the dust of the earth, *then* shall thy seed also be numbered.

17 Arise, walk through the land in the

הָלוֹךְ וְנָסוֹעַ הַנֶּגְבָּה:

10 וַיְהִי רָעָב בָּאָרֶץ וַיֵּרֶד אַבְרָם מִצְרַיְמָה לָגוּר שָׁם כִּי־כָבֵד הָרָעָב

11 בָּאָרֶץ: וַיְהִי כַּאֲשֶׁר הִקְרִיב לָבוֹא מִצְרָיְמָה וַיֹּאמֶר אֶל־שָׂרַי אִשְׁתּוֹ

12 הִנֵּה־נָא יָדַעְתִּי כִּי אִשָּׁה יְפַת־מַרְאֶה אָתְּ: וְהָיָה כִּי־יִרְאוּ אֹתָךְ

13 הַמִּצְרִים וְאָמְרוּ אִשְׁתּוֹ זֹאת וְהָרְגוּ אֹתִי וְאֹתָךְ יְחַיּוּ: אִמְרִי־נָא

14 אֲחֹתִי אָתְּ לְמַעַן יִיטַב־לִי בַעֲבוּרֵךְ וְחָיְתָה נַפְשִׁי בִּגְלָלֵךְ: וַיְהִי

כְּבוֹא אַבְרָם מִצְרָיְמָה וַיִּרְאוּ הַמִּצְרִים אֶת־הָאִשָּׁה כִּי־יָפָה הִוא

15 מְאֹד: וַיִּרְאוּ אֹתָהּ שָׂרֵי פַרְעֹה וַיְהַלְלוּ אֹתָהּ אֶל־פַּרְעֹה וַתֻּקַּח

16 הָאִשָּׁה בֵּית פַּרְעֹה: וּלְאַבְרָם הֵיטִיב בַּעֲבוּרָהּ וַיְהִי־לוֹ צֹאן־וּבָקָר

17 וַחֲמֹרִים וַעֲבָדִים וּשְׁפָחֹת וַאֲתֹנֹת וּגְמַלִּים: וַיְנַגַּע יְהוָה אֶת־פַּרְעֹה

18 נְגָעִים גְּדֹלִים וְאֶת־בֵּיתוֹ עַל־דְּבַר שָׂרַי אֵשֶׁת אַבְרָם: וַיִּקְרָא פַרְעֹה

לְאַבְרָם וַיֹּאמֶר מַה־זֹּאת עָשִׂיתָ לִּי לָמָּה לֹא־הִגַּדְתָּ לִּי כִּי אִשְׁתְּךָ

19 הִוא: לָמָה אָמַרְתָּ אֲחֹתִי הִוא וָאֶקַּח אֹתָהּ לִי לְאִשָּׁה וְעַתָּה הִנֵּה

20 אִשְׁתְּךָ קַח וָלֵךְ: וַיְצַו עָלָיו פַּרְעֹה אֲנָשִׁים וַיְשַׁלְּחוּ אֹתוֹ וְאֶת־אִשְׁתּוֹ

שני

13 1 וְאֶת־כָּל־אֲשֶׁר־לוֹ: וַיַּעַל אַבְרָם מִמִּצְרַיִם הוּא וְאִשְׁתּוֹ וְכָל־אֲשֶׁר־לוֹ

2 וְלוֹט עִמּוֹ הַנֶּגְבָּה: וְאַבְרָם כָּבֵד מְאֹד בַּמִּקְנֶה בַּכֶּסֶף וּבַזָּהָב: וַיֵּלֶךְ

3 לְמַסָּעָיו מִנֶּגֶב וְעַד־בֵּית־אֵל עַד־הַמָּקוֹם אֲשֶׁר־הָיָה שָׁם אָהֳלֹה

4 בַּתְּחִלָּה בֵּין בֵּית־אֵל וּבֵין הָעָי: אֶל־מְקוֹם הַמִּזְבֵּחַ אֲשֶׁר־עָשָׂה שָׁם

5 בָּרִאשֹׁנָה וַיִּקְרָא שָׁם אַבְרָם בְּשֵׁם יְהוָה: וְגַם־לְלוֹט הַהֹלֵךְ

שלישי

6 אֶת־אַבְרָם הָיָה צֹאן־וּבָקָר וְאֹהָלִים: וְלֹא־נָשָׂא אֹתָם הָאָרֶץ לָשֶׁבֶת

7 יַחְדָּו כִּי־הָיָה רְכוּשָׁם רָב וְלֹא יָכְלוּ לָשֶׁבֶת יַחְדָּו: וַיְהִי־רִיב בֵּין

רֹעֵי מִקְנֵה־אַבְרָם וּבֵין רֹעֵי מִקְנֵה־לוֹט וְהַכְּנַעֲנִי וְהַפְּרִזִּי אָז יֹשֵׁב

8 בָּאָרֶץ: וַיֹּאמֶר אַבְרָם אֶל־לוֹט אַל־נָא תְהִי מְרִיבָה בֵּינִי וּבֵינֶיךָ

9 וּבֵין רֹעַי וּבֵין רֹעֶיךָ כִּי־אֲנָשִׁים אַחִים אֲנָחְנוּ: הֲלֹא כָל־הָאָרֶץ

לְפָנֶיךָ הִפָּרֶד נָא מֵעָלָי אִם־הַשְּׂמֹאל וְאֵימִנָה וְאִם־הַיָּמִין

10 וְאַשְׂמְאִילָה: וַיִּשָּׂא־לוֹט אֶת־עֵינָיו וַיַּרְא אֶת־כָּל־כִּכַּר הַיַּרְדֵּן כִּי

כֻלָּהּ מַשְׁקֶה לִפְנֵי שַׁחֵת יְהוָה אֶת־סְדֹם וְאֶת־עֲמֹרָה כְּגַן־יְהוָה

11 כְּאֶרֶץ מִצְרַיִם בֹּאֲכָה צֹעַר: וַיִּבְחַר־לוֹ לוֹט אֵת כָּל־כִּכַּר הַיַּרְדֵּן

12 וַיִּסַּע לוֹט מִקֶּדֶם וַיִּפָּרְדוּ אִישׁ מֵעַל אָחִיו: אַבְרָם יָשַׁב בְּאֶרֶץ־כְּנָעַן

13 וְלוֹט יָשַׁב בְּעָרֵי הַכִּכָּר וַיֶּאֱהַל עַד־סְדֹם: וְאַנְשֵׁי סְדֹם רָעִים

14 וְחַטָּאִים לַיהוָה מְאֹד: וַיהוָה אָמַר אֶל־אַבְרָם אַחֲרֵי הִפָּרֶד־לוֹט

מֵעִמּוֹ שָׂא נָא עֵינֶיךָ וּרְאֵה מִן־הַמָּקוֹם אֲשֶׁר־אַתָּה שָׁם צָפֹנָה

15 וָנֶגְבָּה וָקֵדְמָה וָיָמָּה: כִּי אֶת־כָּל־הָאָרֶץ אֲשֶׁר־אַתָּה רֹאֶה לְךָ אֶתְּנֶנָּה

16 וּלְזַרְעֲךָ עַד־עוֹלָם: וְשַׂמְתִּי אֶת־זַרְעֲךָ כַּעֲפַר הָאָרֶץ אֲשֶׁר אִם־יוּכַל

17 אִישׁ לִמְנוֹת אֶת־עֲפַר הָאָרֶץ גַּם־זַרְעֲךָ יִמָּנֶה: קוּם הִתְהַלֵּךְ בָּאָרֶץ

length of it and in the breadth of it; for I will give it unto thee.

18 Then Abram removed *his* tent, and came and dwelt in the plain of Mamre, which *is* in Hebron, and built there an altar unto the LORD.

CHAPTER 14

1 And it came to pass in the days of Amraphel king of Shinar, Arioch king of Ellasar, Chedorlaomer king of Elam, and Tidal king of nations;

2 *That these* made war with Bera king of Sodom, and with Birsha king of Gomorrah, Shinab king of Admah, and Shemeber king of Zeboiim, and the king of Bela, which is Zoar.

3 All these were joined together in the vale of Siddim, which is the salt sea.

4 Twelve years they served Chedorlaomer, and in the thirteenth year they rebelled.

5 And in the fourteenth year came Chedorlaomer, and the kings that *were* with him, and smote the Rephaims in Ashteroth Karnaim, and the Zuzims in Ham, and the Emims in Shaveh Kiriathaim,

6 And the Horites in their mount Seir, unto El-paran, which *is* by the wilderness.

7 And they returned, and came to En-mishpat, which *is* Kadesh, and smote all the country of the Amalekites, and also the Amorites, that dwelt in Hazezontamar.

8 And there went out the king of Sodom, and the king of Gomorrah, and the king of Admah, and the king of Zeboiim, and the king of Bela (the same *is* Zoar;) and they joined battle with them in the vale of Siddim;

9 With Chedorlaomer the king of Elam, and with Tidal king of nations, and Amraphel king of Shinar, and Arioch king of Ellasar; four kings with five.

10 And the vale of Siddim *was full of* slimepits; and the kings of Sodom and Gomorrah fled, and fell there; and they that remained fled to the mountain.

11 And they took all the goods of Sodom and Gomorrah, and all their victuals, and went their way.

12 And they took Lot, Abram's brother's son, who dwelt in Sodom, and his goods, and departed.

13 ¶ And there came one that had escaped, and told Abram the Hebrew; for he dwelt in the plain of Mamre the Amorite, brother of Eshcol, and brother of Aner: and these *were* confederate with Abram.

14 And when Abram heard that his brother was taken captive, he armed his trained *servants,* born in his own house, three hundred and eighteen, and pursued *them* unto Dan.

15 And he divided himself against them, he and his servants, by night, and smote them, and pursued them unto Hobah, which *is* on the left hand of Damascus.

16 And he brought back all the goods, and also brought again his brother Lot, and his goods, and the women also, and the people.

17 ¶ And the king of Sodom went out to meet him after his return from the slaughter of Chedorlaomer, and of the kings that *were* with him, at the valley of Shaveh, which *is* the king's dale.

18 And Melchizedek king of Salem brought forth bread and wine: and he *was* the priest of the most high God.

19 And he blessed him, and said, Blessed *be* Abram of the most high God, possessor of heaven and earth:

20 And blessed be the most high God, which hath delivered thine enemies into thy hand. And he gave him tithes of all.

21 And the king of Sodom said unto Abram, Give me the persons, and take the goods to thyself.

22 And Abram said to the king of Sodom, I have lift up mine hand unto the LORD, the most high God, the possessor of heaven and earth,

23 That I will not *take* from a thread even to a shoelatchet, and that I will not take any thing that *is* thine, lest thou shouldest say, I have made Abram rich:

24 Save only that which the young men have eaten, and the portion of the men

לָאָרְכָּהּ וּלְרָחְבָּהּ כִּי לְךָ אֶתְּנֶנָּה: וַיֶּאֱהַל אַבְרָם וַיָּבֹא וַיֵּשֶׁב בְּאֵלֹנֵי 18
מַמְרֵא אֲשֶׁר בְּחֶבְרוֹן וַיִּבֶן־שָׁם מִזְבֵּחַ לַיהוָה:

רביעי 14 1 וַיְהִי בִּימֵי אַמְרָפֶל מֶלֶךְ־שִׁנְעָר אַרְיוֹךְ מֶלֶךְ אֶלָּסָר כְּדָרְלָעֹמֶר מֶלֶךְ
עֵילָם וְתִדְעָל מֶלֶךְ גּוֹיִם: עָשׂוּ מִלְחָמָה אֶת־בֶּרַע מֶלֶךְ סְדֹם 2
וְאֶת־בִּרְשַׁע מֶלֶךְ עֲמֹרָה שִׁנְאָב ׀ מֶלֶךְ אַדְמָה וְשֶׁמְאֵבֶר מֶלֶךְ צְבֹיִים

וּמֶלֶךְ בֶּלַע הִיא־צֹעַר: כָּל־אֵלֶּה חָבְרוּ אֶל־עֵמֶק הַשִּׂדִּים הוּא יָם 3
הַמֶּלַח: שְׁתֵּים עֶשְׂרֵה שָׁנָה עָבְדוּ אֶת־כְּדָרְלָעֹמֶר וּשְׁלֹשׁ־עֶשְׂרֵה 4
שָׁנָה מָרָדוּ: וּבְאַרְבַּע עֶשְׂרֵה שָׁנָה בָּא כְדָרְלָעֹמֶר וְהַמְּלָכִים אֲשֶׁר 5
אִתּוֹ וַיַּכּוּ אֶת־רְפָאִים בְּעַשְׁתְּרֹת קַרְנַיִם וְאֶת־הַזּוּזִים בְּהָם וְאֵת
הָאֵימִים בְּשָׁוֵה קִרְיָתָיִם: וְאֶת־הַחֹרִי בְּהַרְרָם שֵׂעִיר עַד אֵיל פָּארָן 6
אֲשֶׁר עַל־הַמִּדְבָּר: וַיָּשֻׁבוּ וַיָּבֹאוּ אֶל־עֵין מִשְׁפָּט הִוא קָדֵשׁ וַיַּכּוּ 7
אֶת־כָּל־שְׂדֵה הָעֲמָלֵקִי וְגַם אֶת־הָאֱמֹרִי הַיֹּשֵׁב בְּחַצְצֹן תָּמָר: וַיֵּצֵא 8
מֶלֶךְ־סְדֹם וּמֶלֶךְ עֲמֹרָה וּמֶלֶךְ אַדְמָה וּמֶלֶךְ צְבֹיִים וּמֶלֶךְ בֶּלַע

הִוא־צֹעַר וַיַּעַרְכוּ אִתָּם מִלְחָמָה בְּעֵמֶק הַשִּׂדִּים: אֵת כְּדָרְלָעֹמֶר 9
מֶלֶךְ עֵילָם וְתִדְעָל מֶלֶךְ גּוֹיִם וְאַמְרָפֶל מֶלֶךְ שִׁנְעָר וְאַרְיוֹךְ מֶלֶךְ
10A אֶלָּסָר אַרְבָּעָה מְלָכִים אֶת־הַחֲמִשָּׁה: וְעֵמֶק הַשִּׂדִּים בֶּאֱרֹת בֶּאֱרֹת 10
חֵמָר וַיָּנֻסוּ מֶלֶךְ־סְדֹם וַעֲמֹרָה וַיִּפְּלוּ־שָׁמָּה וְהַנִּשְׁאָרִים הֶרָה נָּסוּ:
וַיִּקְחוּ אֶת־כָּל־רְכֻשׁ סְדֹם וַעֲמֹרָה וְאֶת־כָּל־אָכְלָם וַיֵּלֵכוּ: וַיִּקְחוּ 11
12
אֶת־לוֹט וְאֶת־רְכֻשׁוֹ בֶּן־אֲחִי אַבְרָם וַיֵּלֵכוּ וְהוּא יֹשֵׁב בִּסְדֹם: וַיָּבֹא 13
הַפָּלִיט וַיַּגֵּד לְאַבְרָם הָעִבְרִי וְהוּא שֹׁכֵן בְּאֵלֹנֵי מַמְרֵא הָאֱמֹרִי אֲחִי
אֶשְׁכֹּל וַאֲחִי עָנֵר וְהֵם בַּעֲלֵי בְרִית־אַבְרָם: וַיִּשְׁמַע אַבְרָם כִּי נִשְׁבָּה 14
אָחִיו וַיָּרֶק אֶת־חֲנִיכָיו יְלִידֵי בֵיתוֹ שְׁמֹנָה עָשָׂר וּשְׁלֹשׁ מֵאוֹת וַיִּרְדֹּף
עַד־דָּן: וַיֵּחָלֵק עֲלֵיהֶם ׀ לַיְלָה הוּא וַעֲבָדָיו וַיַּכֵּם וַיִּרְדְּפֵם עַד־חוֹבָה 15
אֲשֶׁר מִשְּׂמֹאל לְדַמָּשֶׂק: וַיָּשֶׁב אֵת כָּל־הָרְכֻשׁ וְגַם אֶת־לוֹט אָחִיו 16
17A וּרְכֻשׁוֹ הֵשִׁיב וְגַם אֶת־הַנָּשִׁים וְאֶת־הָעָם: וַיֵּצֵא מֶלֶךְ־סְדֹם לִקְרָאתוֹ 17
אַחֲרֵי שׁוּבוֹ מֵהַכּוֹת אֶת־כְּדָרְלָעֹמֶר וְאֶת־הַמְּלָכִים אֲשֶׁר אִתּוֹ
אֶל־עֵמֶק שָׁוֵה הוּא עֵמֶק הַמֶּלֶךְ: וּמַלְכִּי־צֶדֶק מֶלֶךְ שָׁלֵם הוֹצִיא 18
לֶחֶם וָיָיִן וְהוּא כֹהֵן לְאֵל עֶלְיוֹן: וַיְבָרְכֵהוּ וַיֹּאמַר בָּרוּךְ אַבְרָם 19
לְאֵל עֶלְיוֹן קֹנֵה שָׁמַיִם וָאָרֶץ: וּבָרוּךְ אֵל עֶלְיוֹן אֲשֶׁר־מִגֵּן צָרֶיךָ 20
בְּיָדֶךָ וַיִּתֶּן־לוֹ מַעֲשֵׂר מִכֹּל: וַיֹּאמֶר מֶלֶךְ־סְדֹם אֶל־אַבְרָם תֶּן־לִי 21

הַנֶּפֶשׁ וְהָרְכֻשׁ קַח־לָךְ: וַיֹּאמֶר אַבְרָם אֶל־מֶלֶךְ סְדֹם הֲרִימֹתִי יָדִי 22
אֶל־יְהוָה אֵל עֶלְיוֹן קֹנֵה שָׁמַיִם וָאָרֶץ: אִם־מִחוּט וְעַד שְׂרוֹךְ־נַעַל 23
וְאִם־אֶקַּח מִכָּל־אֲשֶׁר־לָךְ וְלֹא תֹאמַר אֲנִי הֶעֱשַׁרְתִּי אֶת־אַבְרָם: 24
בִּלְעָדַי רַק אֲשֶׁר אָכְלוּ הַנְּעָרִים וְחֵלֶק הָאֲנָשִׁים אֲשֶׁר הָלְכוּ אִתִּי

which went with me, Aner, Eshcol, and Mamre; let them take their portion.

CHAPTER 15

1 After these things the word of the LORD came unto Abram in a vision, saying, Fear not, Abram: I *am* thy shield, *and* thy exceeding great reward.

2 And Abram said, Lord GOD, what wilt thou give me, seeing I go childless, and the steward of my house *is* this Eliezer of Damascus?

3 And Abram said, Behold, to me thou hast given no seed: and, lo, one born in my house is mine heir.

4 And, behold, the word of the LORD *came* unto him, saying, This shall not be thine heir; but he that shall come forth out of thine own bowels shall be thine heir.

5 And he brought him forth abroad, and said, Look now toward heaven, and tell the stars, if thou be able to number them: and he said unto him, So shall thy seed be.

6 And he believed in the LORD; and he counted it to him for righteousness.

7 And he said unto him, I *am* the LORD that brought thee out of Ur of the Chaldees, to give thee this land to inherit it.

8 And he said, Lord GOD, whereby shall I know that I shall inherit it?

9 And he said unto him, Take me an heifer of three years old, and a she goat of three years old, and a ram of three years old, and a turtledove, and a young pigeon.

10 And he took unto him all these, and divided them in the midst, and laid each piece one against another: but the birds divided he not.

11 And when the fowls came down upon the carcases, Abram drove them away.

12 And when the sun was going down, a deep sleep fell upon Abram; and, lo, an horror of great darkness fell upon him.

13 And he said unto Abram, Know of a surety that thy seed shall be a stranger in a land *that is* not theirs, and shall serve them; and they shall afflict them four hundred years;

14 And also that nation, whom they shall serve, will I judge: and afterward shall they come out with great substance.

15 And thou shalt go to thy fathers in peace; thou shalt be buried in a good old age.

16 But in the fourth generation they shall come hither again: for the iniquity of the Amorites *is* not yet full.

17 And it came to pass, that, when the sun went down, and it was dark, behold a smoking furnace, and a burning lamp that passed between those pieces.

18 In the same day the LORD made a covenant with Abram, saying, Unto thy seed have I given this land, from the river of Egypt unto the great river, the river Euphrates:

19 The Kenites, and the Kenizzites, and the Kadmonites,

20 And the Hittites, and the Perizzites, and the Rephaims,

21 And the Amorites, and the Canaanites, and the Girgashites, and the Jebusites.

CHAPTER 16

1 Now Sarai Abram's wife bare him no children: and she had an handmaid, an Egyptian, whose name *was* Hagar.

2 And Sarai said unto Abram, Behold now, the LORD hath restrained me from bearing: I pray thee, go in unto my maid; it may be that I may obtain children by her. And Abram hearkened to the voice of Sarai.

3 And Sarai Abram's wife took Hagar her maid the Egyptian, after Abram had dwelt ten years in the land of Canaan, and gave her to her husband Abram to be his wife.

4 ¶ And he went in unto Hagar, and she conceived: and when she saw that she had conceived, her mistress was despised in her eyes.

5 And Sarai said unto Abram, My wrong *be* upon thee: I have given my maid into thy bosom; and when she saw that she had conceived, I was despised in her eyes: the LORD judge between me and thee.

6 But Abram said unto Sarai, Behold, thy maid *is* in thy hand; do to her as it pleaseth thee. And when Sarai dealt hardly with her, she fled from her face.

15 אָנֵר אֶשְׁכֹּל וּמַמְרֵא הֵם יִקְחוּ חֶלְקָם: אַחַר ׀ הַדְּבָרִים 1

הָאֵלֶּה הָיָה דְבַר־יְהוָה אֶל־אַבְרָם בַּמַּחֲזֶה לֵאמֹר אַל־תִּירָא אַבְרָם

2A אָנֹכִי מָגֵן לָךְ שְׂכָרְךָ הַרְבֵּה מְאֹד: וַיֹּאמֶר אַבְרָם אֲדֹנָי יְהוִה 2

מַה־תִּתֶּן־לִי וְאָנֹכִי הוֹלֵךְ עֲרִירִי וּבֶן־מֶשֶׁק בֵּיתִי הוּא דַּמֶּשֶׂק אֱלִיעֶזֶר:

וַיֹּאמֶר אַבְרָם הֵן לִי לֹא נָתַתָּה זָרַע וְהִנֵּה בֶן־בֵּיתִי יוֹרֵשׁ אֹתִי: 3

וְהִנֵּה דְבַר־יְהוָה אֵלָיו לֵאמֹר לֹא יִירָשְׁךָ זֶה כִּי־אִם אֲשֶׁר יֵצֵא 4

מִמֵּעֶיךָ הוּא יִירָשֶׁךָ: וַיּוֹצֵא אֹתוֹ הַחוּצָה וַיֹּאמֶר הַבֶּט־נָא הַשָּׁמַיְמָה 5

וּסְפֹר הַכּוֹכָבִים אִם־תּוּכַל לִסְפֹּר אֹתָם וַיֹּאמֶר לוֹ כֹּה יִהְיֶה זַרְעֶךָ:

ששי 6 וְהֶאֱמִן בַּיהוָה וַיַּחְשְׁבֶהָ לּוֹ צְדָקָה: וַיֹּאמֶר אֵלָיו אֲנִי יְהוָה אֲשֶׁר 7

הוֹצֵאתִיךָ מֵאוּר כַּשְׂדִּים לָתֶת לְךָ אֶת־הָאָרֶץ הַזֹּאת לְרִשְׁתָּהּ:

וַיֹּאמַר אֲדֹנָי יְהוִה בַּמָּה אֵדַע כִּי אִירָשֶׁנָּה: וַיֹּאמֶר אֵלָיו קְחָה לִי 8 9

10A עֶגְלָה מְשֻׁלֶּשֶׁת וְעֵז מְשֻׁלֶּשֶׁת וְאַיִל מְשֻׁלָּשׁ וְתֹר וְגוֹזָל: וַיִּקַּח־לוֹ 10

אֶת־כָּל־אֵלֶּה וַיְבַתֵּר אֹתָם בַּתָּוֶךְ וַיִּתֵּן אִישׁ־בִּתְרוֹ לִקְרַאת רֵעֵהוּ

וְאֶת־הַצִּפֹּר לֹא בָתָר: וַיֵּרֶד הָעַיִט עַל־הַפְּגָרִים וַיַּשֵּׁב אֹתָם אַבְרָם: 11

וַיְהִי הַשֶּׁמֶשׁ לָבוֹא וְתַרְדֵּמָה נָפְלָה עַל־אַבְרָם וְהִנֵּה אֵימָה חֲשֵׁכָה 12

גְדֹלָה נֹפֶלֶת עָלָיו: וַיֹּאמֶר לְאַבְרָם יָדֹעַ תֵּדַע כִּי־גֵר ׀ יִהְיֶה זַרְעֲךָ 13

בְּאֶרֶץ לֹא לָהֶם וַעֲבָדוּם וְעִנּוּ אֹתָם אַרְבַּע מֵאוֹת שָׁנָה: וְגַם אֶת־הַגּוֹי 14

אֲשֶׁר יַעֲבֹדוּ דָּן אָנֹכִי וְאַחֲרֵי־כֵן יֵצְאוּ בִּרְכֻשׁ גָּדוֹל: וְאַתָּה תָּבוֹא 15

אֶל־אֲבֹתֶיךָ בְּשָׁלוֹם תִּקָּבֵר בְּשֵׂיבָה טוֹבָה: וְדוֹר רְבִיעִי יָשׁוּבוּ הֵנָּה 16

כִּי לֹא־שָׁלֵם עֲוֹן הָאֱמֹרִי עַד־הֵנָּה: וַיְהִי הַשֶּׁמֶשׁ בָּאָה וַעֲלָטָה הָיָה 17

וְהִנֵּה תַנּוּר עָשָׁן וְלַפִּיד אֵשׁ אֲשֶׁר עָבַר בֵּין הַגְּזָרִים הָאֵלֶּה: בַּיּוֹם 18

הַהוּא כָּרַת יְהוָה אֶת־אַבְרָם בְּרִית לֵאמֹר לְזַרְעֲךָ נָתַתִּי אֶת־הָאָרֶץ

הַזֹּאת מִנְּהַר מִצְרַיִם עַד־הַנָּהָר הַגָּדֹל נְהַר־פְּרָת: אֶת־הַקֵּינִי וְאֶת־ 19

20 הַקְּנִזִּי וְאֵת הַקַּדְמֹנִי: וְאֶת־הַחִתִּי וְאֶת־הַפְּרִזִּי וְאֶת־הָרְפָאִים: וְאֶת־ 21

הָאֱמֹרִי וְאֶת־הַכְּנַעֲנִי וְאֶת־הַגִּרְגָּשִׁי וְאֶת־הַיְבוּסִי: וְשָׂרַי 16 1

אֵשֶׁת אַבְרָם לֹא יָלְדָה לוֹ וְלָהּ שִׁפְחָה מִצְרִית וּשְׁמָהּ הָגָר: וַתֹּאמֶר 2

שָׂרַי אֶל־אַבְרָם הִנֵּה־נָא עֲצָרַנִי יְהוָה מִלֶּדֶת בֹּא־נָא אֶל־שִׁפְחָתִי

אוּלַי אִבָּנֶה מִמֶּנָּה וַיִּשְׁמַע אַבְרָם לְקוֹל שָׂרָי: וַתִּקַּח שָׂרַי 3

אֵשֶׁת־אַבְרָם אֶת־הָגָר הַמִּצְרִית שִׁפְחָתָהּ מִקֵּץ עֶשֶׂר שָׁנִים לְשֶׁבֶת

אַבְרָם בְּאֶרֶץ כְּנָעַן וַתִּתֵּן אֹתָהּ לְאַבְרָם אִישָׁהּ לוֹ לְאִשָּׁה: וַיָּבֹא 4

אֶל־הָגָר וַתַּהַר וַתֵּרֶא כִּי הָרָתָה וַתֵּקַל גְּבִרְתָּהּ בְּעֵינֶיהָ: וַתֹּאמֶר 5

שָׂרַי אֶל־אַבְרָם חֲמָסִי עָלֶיךָ אָנֹכִי נָתַתִּי שִׁפְחָתִי בְּחֵיקֶךָ וַתֵּרֶא

כִּי הָרָתָה וָאֵקַל בְּעֵינֶיהָ יִשְׁפֹּט יְהוָה בֵּינִי וּבֵינֶיךָ: וַיֹּאמֶר אַבְרָם 6

אֶל־שָׂרַי הִנֵּה שִׁפְחָתֵךְ בְּיָדֵךְ עֲשִׂי־לָהּ הַטּוֹב בְּעֵינָיִךְ וַתְּעַנֶּהָ שָׂרַי

7 ¶ And the angel of the LORD found her by a fountain of water in the wilderness, by the fountain in the way to Shur.

8 And he said, Hagar, Sarai's maid, whence camest thou? and whither wilt thou go? And she said, I flee from the face of my mistress Sarai.

9 And the angel of the LORD said unto her, Return to thy mistress, and submit thyself under her hands.

10 And the angel of the LORD said unto her, I will multiply thy seed exceedingly, that it shall not be numbered for multitude.

11 And the angel of the LORD said unto her, Behold, thou *art* with child, and shalt bear a son, and shalt call his name Ishmael; because the LORD hath heard thy affliction.

12 And he will be a wild man; his hand *will be* against every man, and every man's hand against him; and he shall dwell in the presence of all his brethren.

13 And she called the name of the LORD that spake unto her, Thou God seest me: for she said, Have I also here looked after him that seeth me?

14 Wherefore the well was called Beer-lahai-roi; behold, *it is* between Kadesh and Bered.

15 ¶ And Hagar bare Abram a son: and Abram called his son's name, which Hagar bare, Ishmael.

16 And Abram *was* fourscore and six years old, when Hagar bare Ishmael to Abram.

CHAPTER 17

1 And when Abram was ninety years old and nine, the LORD appeared to Abram, and said unto him, I *am* the Almighty God; walk before me, and be thou perfect.

2 And I will make my covenant between me and thee, and will multiply thee exceedingly.

3 And Abram fell on his face: and God talked with him, saying,

4 As for me, behold, my covenant *is* with thee, and thou shalt be a father of many nations.

5 Neither shall thy name any more be called Abram, but thy name shall be Abraham; for a father of many nations have I made thee.

6 And I will make thee exceeding fruitful, and I will make nations of thee, and kings shall come out of thee.

7 And I will establish my covenant between me and thee and thy seed after thee in their generations for an everlasting covenant, to be a God unto thee, and to thy seed after thee.

8 And I will give unto thee, and to thy seed after thee, the land wherein thou art a stranger, all the land of Canaan, for an everlasting possession; and I will be their God.

9 ¶ And God said unto Abraham, Thou shalt keep my covenant therefore, thou, and thy seed after thee in their generations.

10 This *is* my covenant, which ye shall keep, between me and you and thy seed after thee; Every man child among you shall be circumcised.

11 And ye shall circumcise the flesh of your foreskin; and it shall be a token of the covenant betwixt me and you.

12 And he that is eight days old shall be circumcised among you, every man child in your generations, he that is born in the house, or bought with money of any stranger, which *is* not of thy seed.

13 He that is born in thy house, and he that is bought with thy money, must needs be circumcised: and my covenant shall be in your flesh for an everlasting covenant.

14 And the uncircumcised man child whose flesh of his foreskin is not circumcised, that soul shall be cut off from his people; he hath broken my covenant.

15 ¶ And God said unto Abraham, As for Sarai thy wife, thou shalt not call her name Sarai, but Sarah *shall* her name *be*.

16 And I will bless her, and give thee a son also of her: yea, I will bless her, and she shall be *a mother* of nations; kings of people shall be of her.

17 Then Abraham fell upon his face, and laughed, and said in his heart, Shall *a child* be born unto him that is an hundred years

וַתִּבְרַח מִפָּנֶיהָ: וַיִּמְצָאָהּ מַלְאַךְ יְהוָה עַל־עֵין הַמַּיִם בַּמִּדְבָּר 7

עַל־הָעַיִן בְּדֶרֶךְ שׁוּר: וַיֹּאמַר הָגָר שִׁפְחַת שָׂרַי אֵי־מִזֶּה בָאת וְאָנָה 8

תֵלֵכִי וַתֹּאמֶר מִפְּנֵי שָׂרַי גְּבִרְתִּי אָנֹכִי בֹּרַחַת: וַיֹּאמֶר לָהּ מַלְאַךְ 9

יְהוָה שׁוּבִי אֶל־גְּבִרְתֵּךְ וְהִתְעַנִּי תַּחַת יָדֶיהָ: וַיֹּאמֶר לָהּ מַלְאַךְ 10

יְהוָה הַרְבָּה אַרְבֶּה אֶת־זַרְעֵךְ וְלֹא יִסָּפֵר מֵרֹב: וַיֹּאמֶר לָהּ מַלְאַךְ 11

יְהוָה הִנָּךְ הָרָה וְיֹלַדְתְּ בֵּן וְקָרָאת שְׁמוֹ יִשְׁמָעֵאל כִּי־שָׁמַע יְהוָה

אֶל־עָנְיֵךְ: וְהוּא יִהְיֶה פֶּרֶא אָדָם יָדוֹ בַכֹּל וְיַד כֹּל בּוֹ וְעַל־פְּנֵי 12

כָל־אֶחָיו יִשְׁכֹּן: וַתִּקְרָא שֵׁם־יְהוָה הַדֹּבֵר אֵלֶיהָ אַתָּה אֵל רֳאִי כִּי 13

אָמְרָה הֲגַם הֲלֹם רָאִיתִי אַחֲרֵי רֹאִי: עַל־כֵּן קָרָא לַבְּאֵר בְּאֵר לַחַי 14

רֹאִי הִנֵּה בֵין־קָדֵשׁ וּבֵין בָּרֶד: וַתֵּלֶד הָגָר לְאַבְרָם בֵּן וַיִּקְרָא אַבְרָם 15

שֶׁם־בְּנוֹ אֲשֶׁר־יָלְדָה הָגָר יִשְׁמָעֵאל: וְאַבְרָם בֶּן־שְׁמֹנִים שָׁנָה וְשֵׁשׁ 16

שָׁנִים בְּלֶדֶת־הָגָר אֶת־יִשְׁמָעֵאל לְאַבְרָם: וַיְהִי אַבְרָם 17 1

בֶּן־תִּשְׁעִים שָׁנָה וְתֵשַׁע שָׁנִים וַיֵּרָא יְהוָה אֶל־אַבְרָם וַיֹּאמֶר אֵלָיו

אֲנִי־אֵל שַׁדַּי הִתְהַלֵּךְ לְפָנַי וֶהְיֵה תָמִים: וְאֶתְּנָה בְרִיתִי בֵּינִי וּבֵינֶךָ 2

וְאַרְבֶּה אוֹתְךָ בִּמְאֹד מְאֹד: וַיִּפֹּל אַבְרָם עַל־פָּנָיו וַיְדַבֵּר אִתּוֹ 3

אֱלֹהִים לֵאמֹר: אֲנִי הִנֵּה בְרִיתִי אִתָּךְ וְהָיִיתָ לְאַב הֲמוֹן גּוֹיִם: 4

וְלֹא־יִקָּרֵא עוֹד אֶת־שִׁמְךָ אַבְרָם וְהָיָה שִׁמְךָ אַבְרָהָם כִּי אַב־הֲמוֹן 5

גּוֹיִם נְתַתִּיךָ: וְהִפְרֵתִי אֹתְךָ בִּמְאֹד מְאֹד וּנְתַתִּיךָ לְגוֹיִם וּמְלָכִים 6

מִמְּךָ יֵצֵאוּ: וַהֲקִמֹתִי אֶת־בְּרִיתִי בֵּינִי וּבֵינֶךָ וּבֵין זַרְעֲךָ אַחֲרֶיךָ 7 שביעי

לְדֹרֹתָם לִבְרִית עוֹלָם לִהְיוֹת לְךָ לֵאלֹהִים וּלְזַרְעֲךָ אַחֲרֶיךָ: וְנָתַתִּי 8

לְךָ וּלְזַרְעֲךָ אַחֲרֶיךָ אֵת אֶרֶץ מְגֻרֶיךָ אֵת כָּל־אֶרֶץ כְּנַעַן לַאֲחֻזַּת

עוֹלָם וְהָיִיתִי לָהֶם לֵאלֹהִים: וַיֹּאמֶר אֱלֹהִים אֶל־אַבְרָהָם וְאַתָּה 9

אֶת־בְּרִיתִי תִשְׁמֹר אַתָּה וְזַרְעֲךָ אַחֲרֶיךָ לְדֹרֹתָם: זֹאת בְּרִיתִי אֲשֶׁר 10

תִּשְׁמְרוּ בֵּינִי וּבֵינֵיכֶם וּבֵין זַרְעֲךָ אַחֲרֶיךָ הִמּוֹל לָכֶם כָּל־זָכָר:

וּנְמַלְתֶּם אֵת בְּשַׂר עָרְלַתְכֶם וְהָיָה לְאוֹת בְּרִית בֵּינִי וּבֵינֵיכֶם: 11

וּבֶן־שְׁמֹנַת יָמִים יִמּוֹל לָכֶם כָּל־זָכָר לְדֹרֹתֵיכֶם יְלִיד בָּיִת 12

וּמִקְנַת־כֶּסֶף מִכֹּל בֶּן־נֵכָר אֲשֶׁר לֹא מִזַּרְעֲךָ הוּא: הִמּוֹל ׀ יִמּוֹל 13

יְלִיד בֵּיתְךָ וּמִקְנַת כַּסְפֶּךָ וְהָיְתָה בְרִיתִי בִּבְשַׂרְכֶם לִבְרִית עוֹלָם:

וְעָרֵל ׀ זָכָר אֲשֶׁר לֹא־יִמּוֹל אֶת־בְּשַׂר עָרְלָתוֹ וְנִכְרְתָה הַנֶּפֶשׁ הַהִוא 14

מֵעַמֶּיהָ אֶת־בְּרִיתִי הֵפַר: וַיֹּאמֶר אֱלֹהִים אֶל־אַבְרָהָם 15

שָׂרַי אִשְׁתְּךָ לֹא־תִקְרָא אֶת־שְׁמָהּ שָׂרָי כִּי שָׂרָה שְׁמָהּ: וּבֵרַכְתִּי 16

אֹתָהּ וְגַם נָתַתִּי מִמֶּנָּה לְךָ בֵּן וּבֵרַכְתִּיהָ וְהָיְתָה לְגוֹיִם מַלְכֵי עַמִּים

מִמֶּנָּה יִהְיוּ: וַיִּפֹּל אַבְרָהָם עַל־פָּנָיו וַיִּצְחָק וַיֹּאמֶר בְּלִבּוֹ הַלְּבֶן 17

מֵאָה־שָׁנָה יִוָּלֵד וְאִם־שָׂרָה הֲבַת־תִּשְׁעִים שָׁנָה תֵּלֵד: וַיֹּאמֶר אַבְרָהָם 18

old? and shall Sarah, that is ninety years old, bear?

18 And Abraham said unto God, O that Ishmael might live before thee!

19 And God said, Sarah thy wife shall bear thee a son indeed; and thou shalt call his name Isaac: and I will establish my covenant with him for an everlasting covenant, *and* with his seed after him.

20 And as for Ishmael, I have heard thee: Behold, I have blessed him, and will make him fruitful, and will multiply him exceedingly; twelve princes shall he beget, and I will make him a great nation.

21 But my covenant will I establish with Isaac, which Sarah shall bear unto thee at this set time in the next year.

22 And he left off talking with him, and God went up from Abraham.

23 ¶ And Abraham took Ishmael his son, and all that were born in his house, and all that were bought with his money, every male among the men of Abraham's house; and circumcised the flesh of their foreskin in the selfsame day, as God had said unto him.

24 And Abraham *was* ninety years old and nine, when he was circumcised in the flesh of his foreskin.

25 And Ishmael his son *was* thirteen years old, when he was circumcised in the flesh of his foreskin.

26 In the selfsame day was Abraham circumcised, and Ishmael his son.

27 And all the men of his house, born in the house, and bought with money of the stranger, were circumcised with him.

CHAPTER 18

1 And the LORD appeared unto him in the plains of Mamre: and he sat in the tent door in the heat of the day;

2 And he lift up his eyes and looked, and, lo, three men stood by him: and when he saw *them*, he ran to meet them from the tent door, and bowed himself toward the ground,

3 And said, My Lord, if now I have found favour in thy sight, pass not away, I pray thee, from thy servant:

4 Let a little water, I pray you, be fetched,

and wash your feet, and rest yourselves under the tree:

5 And I will fetch a morsel of bread, and comfort ye your hearts; after that ye shall pass on: for therefore are ye come to your servant. And they said, So do, as thou hast said.

6 And Abraham hastened into the tent unto Sarah, and said, Make ready quickly three measures of fine meal, knead *it*, and make cakes upon the hearth.

7 And Abraham ran unto the herd, and fetcht a calf tender and good, and gave *it* unto a young man; and he hasted to dress it.

8 And he took butter, and milk, and the calf which he had dressed, and set *it* before them; and he stood by them under the tree, and they did eat.

9 ¶ And they said unto him, Where *is* Sarah thy wife? And he said, Behold, in the tent.

10 And he said, I will certainly return unto thee according to the time of life; and, lo, Sarah thy wife shall have a son. And Sarah heard *it* in the tent door, which *was* behind him.

11 Now Abraham and Sarah *were* old *and* well stricken in age; *and* it ceased to be with Sarah after the manner of women.

12 Therefore Sarah laughed within herself, saying, After I am waxed old shall I have pleasure, my lord being old also?

13 And the LORD said unto Abraham, Wherefore did Sarah laugh, saying, Shall I of a surety bear a child, which am old?

14 Is any thing too hard for the LORD? At the time appointed I will return unto thee, according to the time of life, and Sarah shall have a son.

15 Then Sarah denied, saying, I laughed not; for she was afraid. And he said, Nay; but thou didst laugh.

16 ¶ And the men rose up from thence, and looked toward Sodom: and Abraham went with them to bring them on the way.

17 And the LORD said, Shall I hide from Abraham that thing which I do;

18 Seeing that Abraham shall surely become a great and mighty nation, and all the nations of the earth shall be blessed in him?

אֶל־הָאֱלֹהִ֔ים ל֥וּ יִשְׁמָעֵ֖אל יִחְיֶ֥ה לְפָנֶֽיךָ: וַיֹּ֣אמֶר אֱלֹהִ֗ים אֲבָל֙ שָׂרָ֣ה 19
אִשְׁתְּךָ֜ יֹלֶ֤דֶת לְךָ֙ בֵּ֔ן וְקָרָ֥אתָ אֶת־שְׁמ֖וֹ יִצְחָ֑ק וַהֲקִמֹתִ֨י אֶת־בְּרִיתִ֥י
אִתּ֛וֹ לִבְרִ֥ית עוֹלָ֖ם לְזַרְע֥וֹ אַחֲרָֽיו: וּֽלְיִשְׁמָעֵאל֮ שְׁמַעְתִּיךָ֒ הִנֵּ֣ה ׀ 20
בֵּרַ֣כְתִּי אֹת֗וֹ וְהִפְרֵיתִ֥י אֹת֛וֹ וְהִרְבֵּיתִ֥י אֹת֖וֹ בִּמְאֹ֣ד מְאֹ֑ד שְׁנֵים־עָשָׂ֤ר
נְשִׂיאִם֙ יוֹלִ֔יד וּנְתַתִּ֖יו לְג֥וֹי גָּדֽוֹל: וְאֶת־בְּרִיתִ֖י אָקִ֣ים אֶת־יִצְחָ֑ק אֲשֶׁר֩ 21
תֵּלֵ֨ד לְךָ֤ שָׂרָה֙ לַמּוֹעֵ֣ד הַזֶּ֔ה בַּשָּׁנָ֖ה הָאַחֶֽרֶת: וַיְכַ֖ל לְדַבֵּ֣ר אִתּ֑וֹ וַיַּ֣עַל 22
אֱלֹהִ֔ים מֵעַ֖ל אַבְרָהָֽם: וַיִּקַּ֨ח אַבְרָהָ֜ם אֶת־יִשְׁמָעֵ֣אל בְּנ֗וֹ וְאֵ֨ת 23
כָּל־יְלִידֵ֤י בֵיתוֹ֙ וְאֵת֙ כָּל־מִקְנַ֣ת כַּסְפּ֔וֹ כָּל־זָכָ֕ר בְּאַנְשֵׁ֖י בֵּ֣ית אַבְרָהָ֑ם
וַיָּ֜מָל אֶת־בְּשַׂ֣ר עָרְלָתָ֗ם בְּעֶ֨צֶם֙ הַיּ֣וֹם הַזֶּ֔ה כַּֽאֲשֶׁ֛ר דִּבֶּ֥ר אִתּ֖וֹ אֱלֹהִֽים:
מפטיר וְאַ֨בְרָהָ֔ם בֶּן־תִּשְׁעִ֥ים וָתֵ֖שַׁע שָׁנָ֑ה בְּהִמֹּל֖וֹ בְּשַׂ֥ר עָרְלָתֽוֹ: וְיִשְׁמָעֵ֣אל 24
25
בְּנ֔וֹ בֶּן־שְׁלֹ֥שׁ עֶשְׂרֵ֖ה שָׁנָ֑ה בְּהִ֨מֹּל֔וֹ אֵ֖ת בְּשַׂ֥ר עָרְלָתֽוֹ: בְּעֶ֨צֶם֙ הַיּ֣וֹם 26
הַזֶּ֔ה נִמּ֖וֹל אַבְרָהָ֑ם וְיִשְׁמָעֵ֖אל בְּנֽוֹ: וְכָל־אַנְשֵׁ֤י בֵיתוֹ֙ יְלִ֣יד בָּ֔יִת 27
וּמִקְנַת־כֶּ֖סֶף מֵאֵ֣ת בֶּן־נֵכָ֑ר נִמֹּ֖לוּ אִתּֽוֹ:

וירא וַיֵּרָ֤א אֵלָיו֙ יְהוָ֔ה בְּאֵלֹנֵ֖י מַמְרֵ֑א וְה֛וּא יֹשֵׁ֥ב פֶּֽתַח־הָאֹ֖הֶל כְּחֹ֥ם הַיּֽוֹם: 18 1
וַיִּשָּׂ֤א עֵינָיו֙ וַיַּ֔רְא וְהִנֵּה֙ שְׁלֹשָׁ֣ה אֲנָשִׁ֔ים נִצָּבִ֖ים עָלָ֑יו וַיַּ֗רְא וַיָּ֤רָץ 2
לִקְרָאתָם֙ מִפֶּ֣תַח הָאֹ֔הֶל וַיִּשְׁתַּ֖חוּ אָֽרְצָה: וַיֹּאמַ֑ר אֲדֹנָ֗י אִם־נָ֨א 3
מָצָ֤אתִי חֵן֙ בְּעֵינֶ֔יךָ אַל־נָ֥א תַעֲבֹ֖ר מֵעַ֥ל עַבְדֶּֽךָ: יֻקַּֽח־נָ֣א מְעַט־מַ֔יִם 4
וְרַחֲצ֖וּ רַגְלֵיכֶ֑ם וְהִֽשָּׁעֲנ֖וּ תַּ֥חַת הָעֵֽץ: וְאֶקְחָ֨ה פַת־לֶ֜חֶם וְסַעֲד֤וּ 5
לִבְּכֶם֙ אַחַ֣ר תַּעֲבֹ֔רוּ כִּֽי־עַל־כֵּ֥ן עֲבַרְתֶּ֖ם עַֽל־עַבְדְּכֶ֑ם וַיֹּ֣אמְר֔וּ כֵּ֥ן
תַּעֲשֶׂ֖ה כַּאֲשֶׁ֥ר דִּבַּֽרְתָּ: וַיְמַהֵ֧ר אַבְרָהָ֛ם הָאֹ֖הֱלָה אֶל־שָׂרָ֑ה וַיֹּ֗אמֶר 6
מַהֲרִ֞י שְׁלֹ֤שׁ סְאִים֙ קֶ֣מַח סֹ֔לֶת ל֖וּשִׁי וַעֲשִׂ֥י עֻגֽוֹת: וְאֶל־הַבָּקָ֖ר רָ֣ץ 7
אַבְרָהָ֑ם וַיִּקַּ֨ח בֶּן־בָּקָ֜ר רַ֤ךְ וָטוֹב֙ וַיִּתֵּ֣ן אֶל־הַנַּ֔עַר וַיְמַהֵ֖ר לַעֲשׂ֥וֹת
אֹתֽוֹ: וַיִּקַּ֨ח חֶמְאָ֜ה וְחָלָ֗ב וּבֶן־הַבָּקָר֙ אֲשֶׁ֣ר עָשָׂ֔ה וַיִּתֵּ֖ן לִפְנֵיהֶ֑ם 8
וְהֽוּא־עֹמֵ֧ד עֲלֵיהֶ֛ם תַּ֥חַת הָעֵ֖ץ וַיֹּאכֵֽלוּ: וַיֹּאמְר֣וּ אֵלָ֔יו אַיֵּ֖ה שָׂרָ֣ה 9
אִשְׁתֶּ֑ךָ וַיֹּ֖אמֶר הִנֵּ֥ה בָאֹֽהֶל: וַיֹּ֗אמֶר שׁ֣וֹב אָשׁ֤וּב אֵלֶ֨יךָ֙ כָּעֵ֣ת חַיָּ֔ה 10
וְהִנֵּה־בֵ֖ן לְשָׂרָ֣ה אִשְׁתֶּ֑ךָ וְשָׂרָ֤ה שֹׁמַ֨עַת֙ פֶּ֣תַח הָאֹ֔הֶל וְה֖וּא אַחֲרָֽיו:
וְאַבְרָהָ֤ם וְשָׂרָה֙ זְקֵנִ֔ים בָּאִ֖ים בַּיָּמִ֑ים חָדַל֙ לִהְי֣וֹת לְשָׂרָ֔ה אֹ֖רַח 11
כַּנָּשִֽׁים: וַתִּצְחַ֥ק שָׂרָ֖ה בְּקִרְבָּ֣הּ לֵאמֹ֑ר אַחֲרֵ֤י בְלֹתִי֙ הָֽיְתָה־לִּ֣י עֶדְנָ֔ה 12
וַֽאדֹנִ֖י זָקֵֽן: וַיֹּ֥אמֶר יְהוָ֖ה אֶל־אַבְרָהָ֑ם לָ֣מָּה זֶּה֩ צָחֲקָ֨ה שָׂרָ֜ה לֵאמֹ֗ר 13
הַאַ֥ף אֻמְנָ֛ם אֵלֵ֖ד וַאֲנִ֥י זָקַֽנְתִּי: הֲיִפָּלֵ֥א מֵיְהוָ֖ה דָּבָ֑ר לַמּוֹעֵ֞ד אָשׁ֥וּב 14
אֵלֶ֛יךָ כָּעֵ֥ת חַיָּ֖ה וּלְשָׂרָ֥ה בֵֽן: שני וַתְּכַחֵ֨שׁ שָׂרָ֧ה ׀ לֵאמֹ֛ר לֹ֥א צָחַ֖קְתִּי 15
כִּ֣י ׀ יָרֵ֑אָה וַיֹּ֥אמֶר ׀ לֹ֖א כִּ֥י צָחָֽקְתְּ: וַיָּקֻ֤מוּ מִשָּׁם֙ הָֽאֲנָשִׁ֔ים וַיַּשְׁקִ֖פוּ 16
עַל־פְּנֵ֣י סְדֹ֑ם וְאַ֨בְרָהָ֔ם הֹלֵ֥ךְ עִמָּ֖ם לְשַׁלְּחָֽם: וַֽיהוָ֖ה אָמָ֑ר הַֽמְכַסֶּ֤ה 17
אֲנִי֙ מֵֽאַבְרָהָ֔ם אֲשֶׁ֖ר אֲנִ֣י עֹשֶֽׂה: וְאַ֨בְרָהָ֔ם הָי֧וֹ יִהְיֶ֛ה לְג֥וֹי גָּד֖וֹל 18
וְעָצ֑וּם וְנִ֨בְרְכוּ־ב֔וֹ כֹּ֖ל גּוֹיֵ֥י הָאָֽרֶץ: כִּ֣י יְדַעְתִּ֗יו לְמַ֨עַן֙ אֲשֶׁ֣ר יְצַוֶּ֗ה 19

33

19 For I know him, that he will command his children and his household after him, and they shall keep the way of the LORD, to do justice and judgment; that the LORD may bring upon Abraham that which he hath spoken of him.

20 And the LORD said, Because the cry of Sodom and Gomorrah is great, and because their sin is very grievous;

21 I will go down now, and see whether they have done altogether according to the cry of it, which is come unto me; and if not, I will know.

22 And the men turned their faces from thence, and went toward Sodom: but Abraham stood yet before the LORD.

23 ¶ And Abraham drew near, and said, Wilt thou also destroy the righteous with the wicked?

24 Peradventure there be fifty righteous within the city: wilt thou also destroy and not spare the place for the fifty righteous that *are* therein?

25 That be far from thee to do after this manner, to slay the righteous with the wicked: and that the righteous should be as the wicked, that be far from thee: Shall not the Judge of all the earth do right?

26 And the LORD said, If I find in Sodom fifty righteous within the city, then I will spare all the place for their sakes.

27 And Abraham answered and said, Behold now, I have taken upon me to speak unto the Lord, which *am but* dust and ashes:

28 Peradventure there shall lack five of the fifty righteous: wilt thou destroy all the city for *lack of* five? And he said, If I find there forty and five, I will not destroy *it.*

29 And he spake unto him yet again, and said, Peradventure there shall be forty found there. And he said, I will not do *it* for forty's sake.

30 And he said *unto him,* Oh let not the Lord be angry, and I will speak: Peradventure there shall thirty be found there. And he said, I will not do *it,* if I find thirty there.

31 And he said, Behold now, I have taken upon me to speak unto the Lord: Peradventure there shall be twenty found there.

And he said, I will not destroy *it* for twenty's sake.

32 And he said, Oh let not the Lord be angry, and I will speak yet but this once: Peradventure ten shall be found there. And he said, I will not destroy *it* for ten's sake.

33 And the LORD went his way, as soon as he had left communing with Abraham: and Abraham returned unto his place.

CHAPTER 19

1 And there came two angels to Sodom at even; and Lot sat in the gate of Sodom: and Lot seeing *them* rose up to meet them; and he bowed himself with his face toward the ground;

2 And he said, Behold now, my lords, turn in, I pray you, into your servant's house, and tarry all night, and wash your feet, and ye shall rise up early, and go on your ways. And they said, Nay; but we will abide in the street all night.

3 And he pressed upon them greatly; and they turned in unto him, and entered into his house; and he made them a feast, and did bake unleavened bread, and they did eat.

4 ¶ But before they lay down, the men of the city, *even* the men of Sodom, compassed the house round, both old and young, all the people from every quarter:

5 And they called unto Lot, and said unto him, Where *are* the men which came in to thee this night? bring them out unto us, that we may know them.

6 And Lot went out at the door unto them, and shut the door after him,

7 And said, I pray you, brethren, do not so wickedly.

8 Behold now, I have two daughters which have not known man; let me, I pray you, bring them out unto you, and do ye to them as *is* good in your eyes: only unto these men do nothing; for therefore came they under the shadow of my roof.

9 And they said, Stand back. And they said *again,* This one *fellow* came in to sojourn, and he will needs be a judge: now will we deal worse with thee, than with them. And they pressed sore upon the

אֶת־בָּנָיו וְאֶת־בֵּיתוֹ אַחֲרָיו וְשָׁמְרוּ דֶּרֶךְ יְהוָה לַעֲשׂוֹת צְדָקָה

20 וּמִשְׁפָּט לְמַעַן הָבִיא יְהוָה עַל־אַבְרָהָם אֵת אֲשֶׁר־דִּבֶּר עָלָיו: וַיֹּאמֶר
יְהוָה זַעֲקַת סְדֹם וַעֲמֹרָה כִּי־רָבָּה וְחַטָּאתָם כִּי כָבְדָה מְאֹד:

21 אֵרֲדָה־נָּא וְאֶרְאֶה הַכְּצַעֲקָתָהּ הַבָּאָה אֵלַי עָשׂוּ׀ כָּלָה וְאִם־לֹא

22 אֵדָעָה: וַיִּפְנוּ מִשָּׁם הָאֲנָשִׁים וַיֵּלְכוּ סְדֹמָה וְאַבְרָהָם עוֹדֶנּוּ עֹמֵד

23 לִפְנֵי יְהוָה: וַיִּגַּשׁ אַבְרָהָם וַיֹּאמַר הַאַף תִּסְפֶּה צַדִּיק עִם־רָשָׁע:

24 אוּלַי יֵשׁ חֲמִשִּׁים צַדִּיקִם בְּתוֹךְ הָעִיר הַאַף תִּסְפֶּה וְלֹא־תִשָּׂא

25A 25 לַמָּקוֹם לְמַעַן חֲמִשִּׁים הַצַּדִּיקִם אֲשֶׁר בְּקִרְבָּהּ: חָלִלָה לְּךָ מֵעֲשֹׂת׀
כַּדָּבָר הַזֶּה לְהָמִית צַדִּיק עִם־רָשָׁע וְהָיָה כַצַּדִּיק כָּרָשָׁע חָלִלָה

26 לָּךְ הֲשֹׁפֵט כָּל־הָאָרֶץ לֹא יַעֲשֶׂה מִשְׁפָּט: וַיֹּאמֶר יְהוָה אִם־אֶמְצָא
בִסְדֹם חֲמִשִּׁים צַדִּיקִם בְּתוֹךְ הָעִיר וְנָשָׂאתִי לְכָל־הַמָּקוֹם בַּעֲבוּרָם:

27 וַיַּעַן אַבְרָהָם וַיֹּאמַר הִנֵּה־נָא הוֹאַלְתִּי לְדַבֵּר אֶל־אֲדֹנָי וְאָנֹכִי עָפָר

28 וָאֵפֶר: אוּלַי יַחְסְרוּן חֲמִשִּׁים הַצַּדִּיקִם חֲמִשָּׁה הֲתַשְׁחִית בַּחֲמִשָּׁה
אֶת־כָּל־הָעִיר וַיֹּאמֶר לֹא אַשְׁחִית אִם־אֶמְצָא שָׁם אַרְבָּעִים וַחֲמִשָּׁה:

29 וַיֹּסֶף עוֹד לְדַבֵּר אֵלָיו וַיֹּאמַר אוּלַי יִמָּצְאוּן שָׁם אַרְבָּעִים וַיֹּאמֶר

30 לֹא אֶעֱשֶׂה בַּעֲבוּר הָאַרְבָּעִים: וַיֹּאמֶר אַל־נָא יִחַר לַאדֹנָי וַאֲדַבֵּרָה
אוּלַי יִמָּצְאוּן שָׁם שְׁלֹשִׁים וַיֹּאמֶר לֹא אֶעֱשֶׂה אִם־אֶמְצָא שָׁם

31 שְׁלֹשִׁים: וַיֹּאמֶר הִנֵּה־נָא הוֹאַלְתִּי לְדַבֵּר אֶל־אֲדֹנָי אוּלַי יִמָּצְאוּן

32 שָׁם עֶשְׂרִים וַיֹּאמֶר לֹא אַשְׁחִית בַּעֲבוּר הָעֶשְׂרִים: וַיֹּאמֶר אַל־נָא
יִחַר לַאדֹנָי וַאֲדַבְּרָה אַךְ־הַפַּעַם אוּלַי יִמָּצְאוּן שָׁם עֲשָׂרָה וַיֹּאמֶר

33 לֹא אַשְׁחִית בַּעֲבוּר הָעֲשָׂרָה: וַיֵּלֶךְ יְהוָה כַּאֲשֶׁר כִּלָּה לְדַבֵּר

שלישי 19 1 אֶל־אַבְרָהָם וְאַבְרָהָם שָׁב לִמְקֹמוֹ: וַיָּבֹאוּ שְׁנֵי הַמַּלְאָכִים סְדֹמָה
בָּעֶרֶב וְלוֹט יֹשֵׁב בְּשַׁעַר־סְדֹם וַיַּרְא־לוֹט וַיָּקָם לִקְרָאתָם וַיִּשְׁתַּחוּ

2 אַפַּיִם אָרְצָה: וַיֹּאמֶר הִנֶּה נָּא־אֲדֹנַי סוּרוּ נָא אֶל־בֵּית עַבְדְּכֶם
וְלִינוּ וְרַחֲצוּ רַגְלֵיכֶם וְהִשְׁכַּמְתֶּם וַהֲלַכְתֶּם לְדַרְכְּכֶם וַיֹּאמְרוּ לֹּא

3 כִּי בָרְחוֹב נָלִין: וַיִּפְצַר־בָּם מְאֹד וַיָּסֻרוּ אֵלָיו וַיָּבֹאוּ אֶל־בֵּיתוֹ וַיַּעַשׂ
לָהֶם מִשְׁתֶּה וּמַצּוֹת אָפָה וַיֹּאכֵלוּ: טֶרֶם יִשְׁכָּבוּ וְאַנְשֵׁי הָעִיר אַנְשֵׁי

4 5 סְדֹם נָסַבּוּ עַל־הַבַּיִת מִנַּעַר וְעַד־זָקֵן כָּל־הָעָם מִקָּצֶה: וַיִּקְרְאוּ
אֶל־לוֹט וַיֹּאמְרוּ לוֹ אַיֵּה הָאֲנָשִׁים אֲשֶׁר־בָּאוּ אֵלֶיךָ הַלָּיְלָה הוֹצִיאֵם

6 אֵלֵינוּ וְנֵדְעָה אֹתָם: וַיֵּצֵא אֲלֵהֶם לוֹט הַפֶּתְחָה וְהַדֶּלֶת סָגַר אַחֲרָיו:

7 8 וַיֹּאמַר אַל־נָא אַחַי תָּרֵעוּ: הִנֵּה־נָא לִי שְׁתֵּי בָנוֹת אֲשֶׁר לֹא־יָדְעוּ
אִישׁ אוֹצִיאָה־נָּא אֶתְהֶן אֲלֵיכֶם וַעֲשׂוּ לָהֶן כַּטּוֹב בְּעֵינֵיכֶם רַק

9 לָאֲנָשִׁים הָאֵל אַל־תַּעֲשׂוּ דָבָר כִּי־עַל־כֵּן בָּאוּ בְּצֵל קֹרָתִי: וַיֹּאמְרוּ׀
גֶּשׁ־הָלְאָה וַיֹּאמְרוּ הָאֶחָד בָּא־לָגוּר וַיִּשְׁפֹּט שָׁפוֹט עַתָּה נָרַע לְךָ

10 מֵהֶם וַיִּפְצְרוּ בָאִישׁ בְּלוֹט מְאֹד וַיִּגְּשׁוּ לִשְׁבֹּר הַדָּלֶת: וַיִּשְׁלְחוּ

man, *even* Lot, and came near to break the door.

10 But the men put forth their hand, and pulled Lot into the house to them, and shut to the door.

11 And they smote the men that *were* at the door of the house with blindness, both small and great: so that they wearied themselves to find the door.

12 ¶ And the men said unto Lot, Hast thou here any besides? son in law, and thy sons, and thy daughters, and whatsoever thou hast in the city, bring *them* out of this place:

13 For we will destroy this place, because the cry of them is waxen great before the face of the LORD; and the LORD hath sent us to destroy it.

14 And Lot went out, and spake unto his sons in law, which married his daughters, and said, Up, get you out of this place; for the LORD will destroy this city. But he seemed as one that mocked unto his sons in law.

15 ¶ And when the morning arose, then the angels hastened Lot, saying, Arise, take thy wife, and thy two daughters, which are here; lest thou be consumed in the iniquity of the city.

16 And while he lingered, the men laid hold upon his hand, and upon the hand of his wife, and upon the hand of his two daughters; the LORD being merciful unto him: and they brought him forth, and set him without the city.

17 ¶ And it came to pass, when they had brought them forth abroad, that he said, Escape for thy life; look not behind thee, neither stay thou in all the plain; escape to the mountain, lest thou be consumed.

18 And Lot said unto them, Oh, not so, my Lord:

19 Behold now, thy servant hath found grace in thy sight, and thou hast magnified thy mercy, which thou hast shewed unto me in saving my life; and I cannot escape to the mountain, lest some evil take me, and I die:

20 Behold now, this city *is* near to flee unto, and it *is* a little one: Oh, let me escape thither, (*is* it not a little one?) and my soul shall live.

21 And he said unto him, See, I have accepted thee concerning this thing also, that I will not overthrow this city, for the which thou hast spoken.

22 Haste thee, escape thither; for I cannot do any thing till thou be come thither. Therefore the name of the city was called Zoar.

23 ¶ The sun was risen upon the earth when Lot entered into Zoar.

24 Then the LORD rained upon Sodom and upon Gomorrah brimstone and fire from the LORD out of heaven;

25 And he overthrew those cities, and all the plain, and all the inhabitants of the cities, and that which grew upon the ground.

26 ¶ But his wife looked back from behind him, and she became a pillar of salt.

27 ¶ And Abraham gat up early in the morning to the place where he stood before the LORD:

28 And he looked toward Sodom and Gomorrah, and toward all the land of the plain, and beheld, and, lo, the smoke of the country went up as the smoke of a furnace.

29 ¶ And it came to pass, when God destroyed the cities of the plain, that God remembered Abraham, and sent Lot out of the midst of the overthrow, when he overthrew the cities in the which Lot dwelt.

30 ¶ And Lot went up out of Zoar, and dwelt in the mountain, and his two daughters with him; for he feared to dwell in Zoar: and he dwelt in a cave, he and his two daughters.

31 And the firstborn said unto the younger, Our father *is* old, and *there is* not a man in the earth to come in unto us after the manner of all the earth:

32 Come, let us make our father drink wine, and we will lie with him, that we may preserve seed of our father.

33 And they made their father drink wine that night: and the firstborn went in, and lay with her father; and he perceived not when she lay down, nor when she arose.

34 And it came to pass on the morrow, that the firstborn said unto the younger,

הָאֲנָשִׁים אֶת־יָדָם וַיָּבִיאוּ אֶת־לוֹט אֲלֵיהֶם הַבָּיְתָה וְאֶת־הַדֶּלֶת

11 סָגָרוּ: וְאֶת־הָאֲנָשִׁים אֲשֶׁר־פֶּתַח הַבַּיִת הִכּוּ בַּסַּנְוֵרִים מִקָּטֹן

12 וְעַד־גָּדוֹל וַיִּלְאוּ לִמְצֹא הַפָּתַח: וַיֹּאמְרוּ הָאֲנָשִׁים אֶל־לוֹט עֹד

מִי־לְךָ פֹה חָתָן וּבָנֶיךָ וּבְנֹתֶיךָ וְכֹל אֲשֶׁר־לְךָ בָּעִיר הוֹצֵא

13 מִן־הַמָּקוֹם: כִּי־מַשְׁחִתִים אֲנַחְנוּ אֶת־הַמָּקוֹם הַזֶּה כִּי־גָדְלָה צַעֲקָתָם

14 אֶת־פְּנֵי יְהוָה וַיְשַׁלְּחֵנוּ יְהוָה לְשַׁחֲתָהּ: וַיֵּצֵא לוֹט וַיְדַבֵּר אֶל־חֲתָנָיו

לֹקְחֵי בְנֹתָיו וַיֹּאמֶר קוּמוּ צְּאוּ מִן־הַמָּקוֹם הַזֶּה כִּי־מַשְׁחִית יְהוָה

15 אֶת־הָעִיר וַיְהִי כִמְצַחֵק בְּעֵינֵי חֲתָנָיו: וּכְמוֹ הַשַּׁחַר עָלָה וַיָּאִיצוּ

הַמַּלְאָכִים בְּלוֹט לֵאמֹר קוּם קַח אֶת־אִשְׁתְּךָ וְאֶת־שְׁתֵּי בְנֹתֶיךָ

16 הַנִּמְצָאֹת פֶּן־תִּסָּפֶה בַּעֲוֹן הָעִיר: וַיִּתְמַהְמָהּ וַיַּחֲזִקוּ הָאֲנָשִׁים בְּיָדוֹ

וּבְיַד־אִשְׁתּוֹ וּבְיַד שְׁתֵּי בְנֹתָיו בְּחֶמְלַת יְהוָה עָלָיו וַיֹּצִאֻהוּ וַיַּנִּחֻהוּ

17 מִחוּץ לָעִיר: וַיְהִי כְהוֹצִיאָם אֹתָם הַחוּצָה וַיֹּאמֶר הִמָּלֵט עַל־נַפְשֶׁךָ

אַל־תַּבִּיט אַחֲרֶיךָ וְאַל־תַּעֲמֹד בְּכָל־הַכִּכָּר הָהָרָה הִמָּלֵט פֶּן־תִּסָּפֶה:

18 וַיֹּאמֶר לוֹט אֲלֵהֶם אַל־נָא אֲדֹנָי: הִנֵּה־נָא מָצָא עַבְדְּךָ חֵן בְּעֵינֶיךָ
19

וַתַּגְדֵּל חַסְדְּךָ אֲשֶׁר עָשִׂיתָ עִמָּדִי לְהַחֲיוֹת אֶת־נַפְשִׁי וְאָנֹכִי לֹא

20 אוּכַל לְהִמָּלֵט הָהָרָה פֶּן־תִּדְבָּקַנִי הָרָעָה וָמַתִּי: הִנֵּה־נָא הָעִיר

הַזֹּאת קְרֹבָה לָנוּס שָׁמָּה וְהִיא מִצְעָר אִמָּלְטָה נָּא שָׁמָּה הֲלֹא

21 מִצְעָר הִוא וּתְחִי נַפְשִׁי: וַיֹּאמֶר אֵלָיו הִנֵּה נָשָׂאתִי פָנֶיךָ גַּם לַדָּבָר
רביעי

22 הַזֶּה לְבִלְתִּי הָפְכִּי אֶת־הָעִיר אֲשֶׁר דִּבַּרְתָּ: מַהֵר הִמָּלֵט שָׁמָּה כִּי

לֹא אוּכַל לַעֲשׂוֹת דָּבָר עַד־בֹּאֲךָ שָׁמָּה עַל־כֵּן קָרָא שֵׁם־הָעִיר

23 צוֹעַר: הַשֶּׁמֶשׁ יָצָא עַל־הָאָרֶץ וְלוֹט בָּא צֹעֲרָה: וַיהוָה הִמְטִיר
24

25 עַל־סְדֹם וְעַל־עֲמֹרָה גָּפְרִית וָאֵשׁ מֵאֵת יְהוָה מִן־הַשָּׁמָיִם: וַיַּהֲפֹךְ

אֶת־הֶעָרִים הָאֵל וְאֵת כָּל־הַכִּכָּר וְאֵת כָּל־יֹשְׁבֵי הֶעָרִים וְצֶמַח

26 הָאֲדָמָה: וַתַּבֵּט אִשְׁתּוֹ מֵאַחֲרָיו וַתְּהִי נְצִיב מֶלַח: וַיַּשְׁכֵּם אַבְרָהָם
27

28 בַּבֹּקֶר אֶל־הַמָּקוֹם אֲשֶׁר־עָמַד שָׁם אֶת־פְּנֵי יְהוָה: וַיַּשְׁקֵף עַל־פְּנֵי

סְדֹם וַעֲמֹרָה וְעַל־כָּל־פְּנֵי אֶרֶץ הַכִּכָּר וַיַּרְא וְהִנֵּה עָלָה קִיטֹר

29 הָאָרֶץ כְּקִיטֹר הַכִּבְשָׁן: וַיְהִי בְּשַׁחֵת אֱלֹהִים אֶת־עָרֵי הַכִּכָּר וַיִּזְכֹּר

אֱלֹהִים אֶת־אַבְרָהָם וַיְשַׁלַּח אֶת־לוֹט מִתּוֹךְ הַהֲפֵכָה בַּהֲפֹךְ

30 אֶת־הֶעָרִים אֲשֶׁר־יָשַׁב בָּהֵן לוֹט: וַיַּעַל לוֹט מִצּוֹעַר וַיֵּשֶׁב בָּהָר

וּשְׁתֵּי בְנֹתָיו עִמּוֹ כִּי יָרֵא לָשֶׁבֶת בְּצוֹעַר וַיֵּשֶׁב בַּמְּעָרָה הוּא וּשְׁתֵּי

31 בְנֹתָיו: וַתֹּאמֶר הַבְּכִירָה אֶל־הַצְּעִירָה אָבִינוּ זָקֵן וְאִישׁ אֵין בָּאָרֶץ

32 לָבוֹא עָלֵינוּ כְּדֶרֶךְ כָּל־הָאָרֶץ: לְכָה נַשְׁקֶה אֶת־אָבִינוּ יַיִן וְנִשְׁכְּבָה

33 עִמּוֹ וּנְחַיֶּה מֵאָבִינוּ זָרַע: וַתַּשְׁקֶיןָ אֶת־אֲבִיהֶן יַיִן בַּלַּיְלָה הוּא וַתָּבֹא

34 הַבְּכִירָה וַתִּשְׁכַּב אֶת־אָבִיהָ וְלֹא־יָדַע בְּשִׁכְבָהּ וּבְקוּמָהּ: וַיְהִי

מִמָּחֳרָת וַתֹּאמֶר הַבְּכִירָה אֶל־הַצְּעִירָה הֵן־שָׁכַבְתִּי אֶמֶשׁ אֶת־אָבִי

Behold, I lay yesternight with my father: let us make him drink wine this night also; and go thou in, *and* lie with him, that we may preserve seed of our father.

35 And they made their father drink wine that night also: and the younger arose, and lay with him; and he perceived not when she lay down, nor when she arose.

36 Thus were both the daughters of Lot with child by their father.

37 And the firstborn bare a son, and called his name Moab: the same *is* the father of the Moabites unto this day.

38 And the younger, she also bare a son, and called his name Ben-ammi: the same *is* the father of the children of Ammon unto this day.

CHAPTER 20

1 And Abraham journeyed from thence toward the south country, and dwelled between Kadesh and Shur, and sojourned in Gerar.

2 And Abraham said of Sarah his wife, She *is* my sister: and Abimelech king of Gerar sent, and took Sarah.

3 But God came to Abimelech in a dream by night, and said to him, Behold, thou *art but* a dead man, for the woman which thou hast taken; for she *is* a man's wife.

4 But Abimelech had not come near her: and he said, Lord, wilt thou slay also a righteous nation?

5 Said he not unto me, She *is* my sister? and she, even she herself said, He *is* my brother: in the integrity of my heart and innocency of my hands have I done this.

6 And God said unto him in a dream, Yea, I know that thou didst this in the integrity of thy heart; for I also withheld thee from sinning against me: therefore suffered I thee not to touch her.

7 Now therefore restore the man *his* wife; for he *is* a prophet, and he shall pray for thee, and thou shalt live: and if thou restore *her* not, know thou that thou shalt surely die, thou, and all that *are* thine.

8 Therefore Abimelech rose early in the morning, and called all his servants, and told all these things in their ears: and the men were sore afraid.

9 Then Abimelech called Abraham, and said unto him, What hast thou done unto us? and what have I offended thee, that thou hast brought on me and on my kingdom a great sin? thou hast done deeds unto me that ought not to be done.

10 And Abimelech said unto Abraham, What sawest thou, that thou hast done this thing?

11 And Abraham said, Because I thought, Surely the fear of God *is* not in this place; and they will slay me for my wife's sake.

12 And yet indeed *she is* my sister; she *is* the daughter of my father, but not the daughter of my mother; and she became my wife.

13 And it came to pass, when God caused me to wander from my father's house, that I said unto her, This *is* thy kindness which thou shalt shew unto me; at every place whither we shall come, say of me, He *is* my brother.

14 And Abimelech took sheep, and oxen, and menservants, and womenservants, and gave *them* unto Abraham, and restored him Sarah his wife.

15 And Abimelech said, Behold, my land *is* before thee: dwell where it pleaseth thee.

16 And unto Sarah he said, Behold, I have given thy brother a thousand *pieces* of silver: behold, he *is* to thee a covering of the eyes, unto all that *are* with thee, and with all *other*: thus she was reproved.

17 ¶ So Abraham prayed unto God: and God healed Abimelech, and his wife, and his maidservants; and they bare *children*.

18 For the LORD had fast closed up all the wombs of the house of Abimelech, because of Sarah Abraham's wife.

CHAPTER 21

1 And the LORD visited Sarah as he had said, and the LORD did unto Sarah as he had spoken.

2 For Sarah conceived, and bare Abraham a son in his old age, at the set time of which God had spoken to him.

3 And Abraham called the name of his

35 נַשְׁקֶה גַּם־הַלַּיְלָה יַיִן וּבֹאִי שִׁכְבִי עִמּוֹ וּנְחַיֶּה מֵאָבִינוּ זָרַע: וַתַּשְׁקֶיןָ
גַם בַּלַּיְלָה הַהוּא אֶת־אֲבִיהֶן יָיִן וַתָּקָם הַצְּעִירָה וַתִּשְׁכַּב עִמּוֹ
36
37 וְלֹא־יָדַע בְּשִׁכְבָהּ וּבְקֻמָהּ: וַתַּהֲרֶיןָ שְׁתֵּי בְנוֹת־לוֹט מֵאֲבִיהֶן: וַתֵּלֶד
38 הַבְּכִירָה בֵּן וַתִּקְרָא שְׁמוֹ מוֹאָב הוּא אֲבִי־מוֹאָב עַד־הַיּוֹם: וְהַצְּעִירָה
גַם־הִוא יָלְדָה בֵּן וַתִּקְרָא שְׁמוֹ בֶּן־עַמִּי הוּא אֲבִי בְנֵי־עַמּוֹן עַד־
20 1 הַיּוֹם: וַיִּסַּע מִשָּׁם אַבְרָהָם אַרְצָה הַנֶּגֶב וַיֵּשֶׁב בֵּין־קָדֵשׁ
2 וּבֵין שׁוּר וַיָּגָר בִּגְרָר: וַיֹּאמֶר אַבְרָהָם אֶל־שָׂרָה אִשְׁתּוֹ אֲחֹתִי הִוא
3 וַיִּשְׁלַח אֲבִימֶלֶךְ מֶלֶךְ גְּרָר וַיִּקַּח אֶת־שָׂרָה: וַיָּבֹא אֱלֹהִים
אֶל־אֲבִימֶלֶךְ בַּחֲלוֹם הַלָּיְלָה וַיֹּאמֶר לוֹ הִנְּךָ מֵת עַל־הָאִשָּׁה
4 אֲשֶׁר־לָקַחְתָּ וְהִוא בְּעֻלַת בָּעַל: וַאֲבִימֶלֶךְ לֹא קָרַב אֵלֶיהָ וַיֹּאמַר
5 אֲדֹנָי הֲגוֹי גַּם־צַדִּיק תַּהֲרֹג: הֲלֹא הוּא אָמַר־לִי אֲחֹתִי הִוא
וְהִיא־גַם־הִוא אָמְרָה אָחִי הוּא בְּתָם־לְבָבִי וּבְנִקְיֹן כַּפַּי עָשִׂיתִי
6 זֹאת: וַיֹּאמֶר אֵלָיו הָאֱלֹהִים בַּחֲלֹם גַּם אָנֹכִי יָדַעְתִּי כִּי בְתָם־לְבָבְךָ
עָשִׂיתָ זֹּאת וָאֶחְשֹׂךְ גַּם־אָנֹכִי אוֹתְךָ מֵחֲטוֹ־לִי עַל־כֵּן לֹא־נְתַתִּיךָ
7 לִנְגֹּעַ אֵלֶיהָ: וְעַתָּה הָשֵׁב אֵשֶׁת־הָאִישׁ כִּי־נָבִיא הוּא וְיִתְפַּלֵּל בַּעַדְךָ
וֶחְיֵה וְאִם־אֵינְךָ מֵשִׁיב דַּע כִּי־מוֹת תָּמוּת אַתָּה וְכָל־אֲשֶׁר־לָךְ:
8 וַיַּשְׁכֵּם אֲבִימֶלֶךְ בַּבֹּקֶר וַיִּקְרָא לְכָל־עֲבָדָיו וַיְדַבֵּר אֶת־כָּל־הַדְּבָרִים
9 הָאֵלֶּה בְּאָזְנֵיהֶם וַיִּירְאוּ הָאֲנָשִׁים מְאֹד: וַיִּקְרָא אֲבִימֶלֶךְ לְאַבְרָהָם
וַיֹּאמֶר לוֹ מֶה־עָשִׂיתָ לָּנוּ וּמֶה־חָטָאתִי לָךְ כִּי־הֵבֵאתָ עָלַי וְעַל־
10 מַמְלַכְתִּי חֲטָאָה גְדֹלָה מַעֲשִׂים אֲשֶׁר לֹא־יֵעָשׂוּ עָשִׂיתָ עִמָּדִי: וַיֹּאמֶר
11 אֲבִימֶלֶךְ אֶל־אַבְרָהָם מָה רָאִיתָ כִּי עָשִׂיתָ אֶת־הַדָּבָר הַזֶּה: וַיֹּאמֶר
אַבְרָהָם כִּי אָמַרְתִּי רַק אֵין־יִרְאַת אֱלֹהִים בַּמָּקוֹם הַזֶּה וַהֲרָגוּנִי
12 עַל־דְּבַר אִשְׁתִּי: וְגַם־אָמְנָה אֲחֹתִי בַת־אָבִי הִוא אַךְ לֹא בַת־אִמִּי
13 וַתְּהִי־לִי לְאִשָּׁה: וַיְהִי כַּאֲשֶׁר הִתְעוּ אֹתִי אֱלֹהִים מִבֵּית אָבִי וָאֹמַר
לָהּ זֶה חַסְדֵּךְ אֲשֶׁר תַּעֲשִׂי עִמָּדִי אֶל כָּל־הַמָּקוֹם אֲשֶׁר נָבוֹא שָׁמָּה
14 אִמְרִי־לִי אָחִי הוּא: וַיִּקַּח אֲבִימֶלֶךְ צֹאן וּבָקָר וַעֲבָדִים וּשְׁפָחֹת
15 וַיִּתֵּן לְאַבְרָהָם וַיָּשֶׁב לוֹ אֵת שָׂרָה אִשְׁתּוֹ: וַיֹּאמֶר אֲבִימֶלֶךְ הִנֵּה
16 אַרְצִי לְפָנֶיךָ בַּטּוֹב בְּעֵינֶיךָ שֵׁב: וּלְשָׂרָה אָמַר הִנֵּה נָתַתִּי אֶלֶף
כֶּסֶף לְאָחִיךְ הִנֵּה הוּא־לָךְ כְּסוּת עֵינַיִם לְכֹל אֲשֶׁר אִתָּךְ וְאֵת כֹּל
17 וְנֹכָחַת: וַיִּתְפַּלֵּל אַבְרָהָם אֶל־הָאֱלֹהִים וַיִּרְפָּא אֱלֹהִים אֶת־אֲבִימֶלֶךְ
18 וְאֶת־אִשְׁתּוֹ וְאַמְהֹתָיו וַיֵּלֵדוּ: כִּי־עָצֹר עָצַר יְהוָה בְּעַד כָּל־רֶחֶם
21 1 לְבֵית אֲבִימֶלֶךְ עַל־דְּבַר שָׂרָה אֵשֶׁת אַבְרָהָם: וַיהוָה פָּקַד
2 אֶת־שָׂרָה כַּאֲשֶׁר אָמָר וַיַּעַשׂ יְהוָה לְשָׂרָה כַּאֲשֶׁר דִּבֵּר: וַתַּהַר
וַתֵּלֶד שָׂרָה לְאַבְרָהָם בֵּן לִזְקֻנָיו לַמּוֹעֵד אֲשֶׁר־דִּבֶּר אֹתוֹ אֱלֹהִים:
3 וַיִּקְרָא אַבְרָהָם אֶת־שֶׁם־בְּנוֹ הַנּוֹלַד־לוֹ אֲשֶׁר־יָלְדָה־לּוֹ שָׂרָה יִצְחָק:

son that was born unto him, whom Sarah bare to him, Isaac.

4 And Abraham circumcised his son Isaac being eight days old, as God had commanded him.

5 And Abraham was an hundred years old, when his son Isaac was born unto him.

6 ¶ And Sarah said, God hath made me to laugh, *so that* all that hear will laugh with me.

7 And she said, Who would have said unto Abraham, that Sarah should have given children suck? for I have born *him* a son in his old age.

8 And the child grew, and was weaned: and Abraham made a great feast the *same* day that Isaac was weaned.

9 ¶ And Sarah saw the son of Hagar the Egyptian, which she had born unto Abraham, mocking.

10 Wherefore she said unto Abraham, Cast out this bondwoman and her son: for the son of this bondwoman shall not be heir with my son, *even* with Isaac.

11 And the thing was very grievous in Abraham's sight because of his son.

12 ¶ And God said unto Abraham, Let it not be grievous in thy sight because of the lad, and because of thy bondwoman; in all that Sarah hath said unto thee, hearken unto her voice; for in Isaac shall thy seed be called.

13 And also of the son of the bondwoman will I make a nation, because he *is* thy seed.

14 And Abraham rose up early in the morning, and took bread, and a bottle of water, and gave *it* unto Hagar, putting *it* on her shoulder, and the child, and sent her away: and she departed, and wandered in the wilderness of Beer-sheba.

15 And the water was spent in the bottle, and she cast the child under one of the shrubs.

16 And she went, and sat her down over against *him* a good way off, as it were a bowshot: for she said, Let me not see the death of the child. And she sat over against *him,* and lift up her voice, and wept.

17 And God heard the voice of the lad;

and the angel of God called to Hagar ou of heaven, and said unto her, What ailet thee, Hagar? fear not; for God hath hear the voice of the lad where he *is.*

18 Arise, lift up the lad, and hold him in thine hand; for I will make him a grea nation.

19 And God opened her eyes, and sh saw a well of water; and she went, an filled the bottle with water, and gave th lad drink.

20 And God was with the lad; and h grew, and dwelt in the wilderness, and be came an archer.

21 And he dwelt in the wilderness o Paran: and his mother took him a wife ou of the land of Egypt.

22 ¶ And it came to pass at that time that Abimelech and Phichol the chief cap tain of his host spake unto Abraham, say ing, God *is* with thee in all that thou doest

23 Now therefore swear unto me here by God that thou wilt not deal falsely with me, nor with my son, nor with my son' son: *but* according to the kindness that have done unto thee, thou shalt do unto me, and to the land wherein thou hast sojourned.

24 And Abraham said, I will swear.

25 And Abraham reproved Abimelech because of a well of water, which Abimelech's servants had violently taken away.

26 And Abimelech said, I wot not who hath done this thing: neither didst thou tell me, neither yet heard I *of it,* but to day.

27 And Abraham took sheep and oxen, and gave them unto Abimelech; and both of them made a covenant.

28 And Abraham set seven ewe lambs of the flock by themselves.

29 And Abimelech said unto Abraham, What *mean* these seven ewe lambs which thou hast set by themselves?

30 And he said, For *these* seven ewe lambs shalt thou take of my hand, that they may be a witness unto me, that I have digged this well.

31 Wherefore he called that place Beer-sheba; because there they sware both of them.

וַיָּ֤מָל אַבְרָהָם֙ אֶת־יִצְחָ֣ק בְּנ֔וֹ בֶּן־שְׁמֹנַ֖ת יָמִ֑ים כַּאֲשֶׁ֛ר צִוָּ֥ה אֹת֖וֹ 4
אֱלֹהִֽים׃ וְאַ֨בְרָהָ֔ם בֶּן־מְאַ֖ת שָׁנָ֑ה בְּהִוָּ֣לֶד ל֔וֹ אֵ֖ת יִצְחָ֥ק בְּנֽוֹ׃ וַתֹּ֣אמֶר 5 6 חמישי
שָׂרָ֔ה צְחֹ֕ק עָ֥שָׂה לִ֖י אֱלֹהִ֑ים כָּל־הַשֹּׁמֵ֖עַ יִֽצְחַק־לִֽי׃ וַתֹּ֗אמֶר מִ֤י מִלֵּל֙ 7
לְאַבְרָהָ֔ם הֵינִ֥יקָה בָנִ֖ים שָׂרָ֑ה כִּֽי־יָלַ֥דְתִּי בֵ֖ן לִזְקֻנָֽיו׃ וַיִּגְדַּ֥ל הַיֶּ֖לֶד 8
וַיִּגָּמַ֑ל וַיַּ֤עַשׂ אַבְרָהָם֙ מִשְׁתֶּ֣ה גָד֔וֹל בְּי֖וֹם הִגָּמֵ֥ל אֶת־יִצְחָֽק׃ וַתֵּ֨רֶא 9
שָׂרָ֜ה אֶֽת־בֶּן־הָגָ֧ר הַמִּצְרִ֛ית אֲשֶׁר־יָלְדָ֥ה לְאַבְרָהָ֖ם מְצַחֵֽק׃ וַתֹּ֙אמֶר֙ 10
לְאַבְרָהָ֔ם גָּרֵ֛שׁ הָאָמָ֥ה הַזֹּ֖את וְאֶת־בְּנָ֑הּ כִּ֣י לֹ֤א יִירַשׁ֙ בֶּן־הָאָמָ֣ה
הַזֹּ֔את עִם־בְּנִ֖י עִם־יִצְחָֽק׃ וַיֵּ֧רַע הַדָּבָ֛ר מְאֹ֖ד בְּעֵינֵ֣י אַבְרָהָ֑ם עַ֖ל 11
אוֹדֹ֥ת בְּנֽוֹ׃ וַיֹּ֨אמֶר אֱלֹהִ֜ים אֶל־אַבְרָהָ֗ם אַל־יֵרַ֤ע בְּעֵינֶ֙יךָ֙ עַל־הַנַּ֣עַר 12
וְעַל־אֲמָתֶ֔ךָ כֹּל֩ אֲשֶׁ֨ר תֹּאמַ֥ר אֵלֶ֛יךָ שָׂרָ֖ה שְׁמַ֣ע בְּקֹלָ֑הּ כִּ֣י בְיִצְחָ֔ק
יִקָּרֵ֥א לְךָ֖ זָֽרַע׃ וְגַ֥ם אֶת־בֶּן־הָאָמָ֖ה לְג֣וֹי אֲשִׂימֶ֑נּוּ כִּ֥י זַרְעֲךָ֖ הֽוּא׃ 13
וַיַּשְׁכֵּ֣ם אַבְרָהָ֣ם ׀ בַּבֹּ֡קֶר וַיִּֽקַּֽח־לֶחֶם֩ וְחֵ֨מַת מַ֜יִם וַיִּתֵּ֣ן אֶל־הָ֠גָר שָׂ֧ם 14
עַל־שִׁכְמָ֛הּ וְאֶת־הַיֶּ֖לֶד וַֽיְשַׁלְּחֶ֑הָ וַתֵּ֣לֶךְ וַתֵּ֔תַע בְּמִדְבַּ֖ר בְּאֵ֥ר שָֽׁבַע׃
וַיִּכְל֥וּ הַמַּ֖יִם מִן־הַחֵ֑מֶת וַתַּשְׁלֵ֣ךְ אֶת־הַיֶּ֔לֶד תַּ֖חַת אַחַ֥ד הַשִּׂיחִֽם׃ 15
וַתֵּלֶךְ֩ וַתֵּ֨שֶׁב לָ֜הּ מִנֶּ֗גֶד הַרְחֵק֙ כִּמְטַחֲוֵ֣י קֶ֔שֶׁת כִּ֣י אָֽמְרָ֔ה אַל־אֶרְאֶ֖ה 16
בְּמ֣וֹת הַיָּ֑לֶד וַתֵּ֣שֶׁב מִנֶּ֔גֶד וַתִּשָּׂ֥א אֶת־קֹלָ֖הּ וַתֵּֽבְךְּ׃ וַיִּשְׁמַ֣ע אֱלֹהִים֮ 17
אֶת־ק֣וֹל הַנַּעַר֒ וַיִּקְרָא֩ מַלְאַ֨ךְ אֱלֹהִ֤ים ׀ אֶל־הָגָר֙ מִן־הַשָּׁמַ֔יִם וַיֹּ֥אמֶר
לָ֖הּ מַה־לָּ֣ךְ הָגָ֑ר אַל־תִּ֣ירְאִ֔י כִּֽי־שָׁמַ֧ע אֱלֹהִ֛ים אֶל־ק֥וֹל הַנַּ֖עַר בַּאֲשֶׁ֥ר
הוּא־שָֽׁם׃ ק֚וּמִי שְׂאִ֣י אֶת־הַנַּ֔עַר וְהַחֲזִ֥יקִי אֶת־יָדֵ֖ךְ בּ֑וֹ כִּֽי־לְג֥וֹי גָּד֖וֹל 18
אֲשִׂימֶֽנּוּ׃ וַיִּפְקַ֤ח אֱלֹהִים֙ אֶת־עֵינֶ֔יהָ וַתֵּ֖רֶא בְּאֵ֣ר מָ֑יִם וַתֵּ֜לֶךְ וַתְּמַלֵּ֤א 19
אֶת־הַחֵ֙מֶת֙ מַ֔יִם וַתַּ֖שְׁקְ אֶת־הַנָּֽעַר׃ וַיְהִ֧י אֱלֹהִ֛ים אֶת־הַנַּ֖עַר וַיִּגְדָּ֑ל 20
וַיֵּ֙שֶׁב֙ בַּמִּדְבָּ֔ר וַיְהִ֖י רֹבֶ֥ה קַשָּֽׁת׃ וַיֵּ֖שֶׁב בְּמִדְבַּ֣ר פָּארָ֑ן וַתִּֽקַּֽח־ל֥וֹ אִמּ֛וֹ 21
אִשָּׁ֖ה מֵאֶ֥רֶץ מִצְרָֽיִם׃
וַֽיְהִי֙ בָּעֵ֣ת הַהִ֔וא וַיֹּ֣אמֶר אֲבִימֶ֗לֶךְ וּפִיכֹל֙ שַׂר־צְבָא֔וֹ אֶל־אַבְרָהָ֖ם 22 ששי
לֵאמֹ֑ר אֱלֹהִ֣ים עִמְּךָ֔ בְּכֹ֥ל אֲשֶׁר־אַתָּ֖ה עֹשֶֽׂה׃ וְעַתָּ֗ה הִשָּׁ֥בְעָה לִּ֤י 23
בֵֽאלֹהִים֙ הֵ֔נָּה אִם־תִּשְׁקֹ֣ר לִ֔י וּלְנִינִ֖י וּלְנֶכְדִּ֑י כַּחֶ֜סֶד אֲשֶׁר־עָשִׂ֤יתִי
עִמְּךָ֙ תַּעֲשֶׂ֣ה עִמָּדִ֔י וְעִם־הָאָ֖רֶץ אֲשֶׁר־גַּ֥רְתָּה בָּֽהּ׃ וַיֹּ֙אמֶר֙ אַבְרָהָ֔ם 24
אָנֹכִ֖י אִשָּׁבֵֽעַ׃ וְהוֹכִ֥חַ אַבְרָהָ֖ם אֶת־אֲבִימֶ֑לֶךְ עַל־אֹדוֹת֙ בְּאֵ֣ר הַמַּ֔יִם 25
אֲשֶׁ֥ר גָּזְל֖וּ עַבְדֵ֥י אֲבִימֶֽלֶךְ׃ וַיֹּ֣אמֶר אֲבִימֶ֔לֶךְ לֹ֣א יָדַ֔עְתִּי מִ֥י עָשָׂ֖ה 26
אֶת־הַדָּבָ֣ר הַזֶּ֑ה וְגַם־אַתָּ֞ה לֹא־הִגַּ֣דְתָּ לִּ֗י וְגַ֧ם אָנֹכִ֛י לֹ֥א שָׁמַ֖עְתִּי
בִּלְתִּ֥י הַיּֽוֹם׃ וַיִּקַּ֤ח אַבְרָהָם֙ צֹ֣אן וּבָקָ֔ר וַיִּתֵּ֖ן לַאֲבִימֶ֑לֶךְ וַיִּכְרְת֥וּ 27
שְׁנֵיהֶ֖ם בְּרִֽית׃ וַיַּצֵּ֣ב אַבְרָהָ֗ם אֶת־שֶׁ֛בַע כִּבְשֹׂ֥ת הַצֹּ֖אן לְבַדְּהֶֽן׃ וַיֹּ֥אמֶר 28 29
אֲבִימֶ֖לֶךְ אֶל־אַבְרָהָ֑ם מָ֣ה הֵ֗נָּה שֶׁ֤בַע כְּבָשֹׂת֙ הָאֵ֔לֶּה אֲשֶׁ֥ר הִצַּ֖בְתָּ
לְבַדָּֽנָה׃ וַיֹּ֕אמֶר כִּ֚י אֶת־שֶׁ֣בַע כְּבָשֹׂ֔ת תִּקַּ֖ח מִיָּדִ֑י בַּעֲב֙וּר֙ תִּֽהְיֶה־לִּ֣י 30
לְעֵדָ֔ה כִּ֥י חָפַ֖רְתִּי אֶת־הַבְּאֵ֥ר הַזֹּֽאת׃ עַל־כֵּ֗ן קָרָ֛א לַמָּק֥וֹם הַה֖וּא 31

32 Thus they made a covenant at Beer-sheba: then Abimelech rose up, and Phichol the chief captain of his host, and they returned into the land of the Philistines.

33 ¶ And *Abraham* planted a grove in Beer-sheba, and called there on the name of the LORD, the everlasting God.

34 And Abraham sojourned in the Philistines' land many days.

CHAPTER 22

1 And it came to pass after these things, that God did tempt Abraham, and said unto him, Abraham: and he said, Behold, *here* I *am.*

2 And he said, Take now thy son, thine only *son* Isaac, whom thou lovest, and get thee into the land of Moriah; and offer him there for a burnt offering upon one of the mountains which I will tell thee of.

3 ¶ And Abraham rose up early in the morning, and saddled his ass, and took two of his young men with him, and Isaac his son, and clave the wood for the burnt offering, and rose up, and went unto the place of which God had told him.

4 Then on the third day Abraham lifted up his eyes, and saw the place afar off.

5 And Abraham said unto his young men, Abide ye here with the ass; and I and the lad will go yonder and worship, and come again to you.

6 And Abraham took the wood of the burnt offering, and laid *it* upon Isaac his son; and he took the fire in his hand, and a knife; and they went both of them together.

7 And Isaac spake unto Abraham his father, and said, My father: and he said, Here *am* I, my son. And he said, Behold the fire and the wood: but where *is* the lamb for a burnt offering?

8 And Abraham said, My son, God will provide himself a lamb for a burnt offering: so they went both of them together.

9 And they came to the place which God had told him of; and Abraham built an altar there, and laid the wood in order, and bound Isaac his son, and laid him on the altar upon the wood.

10 And Abraham stretched forth his hand, and took the knife to slay his son.

11 And the angel of the LORD called unto him out of heaven, and said, Abraham, Abraham: and he said, Here *am* I.

12 And he said, Lay not thine hand upon the lad, neither do thou any thing unto him: for now I know that thou fearest God, seeing thou hast not withheld thy son, thine only *son* from me.

13 And Abraham lifted up his eyes, and looked, and behold behind *him* a ram caught in a thicket by his horns: and Abraham went and took the ram, and offered him up for a burnt offering in the stead of his son.

14 And Abraham called the name of that place Jehovah-jireh: as it is said *to* this day, In the mount of the LORD it shall be seen.

15 ¶ And the angel of the LORD called unto Abraham out of heaven the second time,

16 And said, By myself have I sworn, saith the LORD, for because thou hast done this thing, and hast not withheld thy son, thine only *son:*

17 That in blessing I will bless thee, and in multiplying I will multiply thy seed as the stars of the heaven, and as the sand which *is* upon the sea shore; and thy seed shall possess the gate of his enemies;

18 And in thy seed shall all the nations of the earth be blessed; because thou hast obeyed my voice.

19 So Abraham returned unto his young men, and they rose up and went together to Beer-sheba; and Abraham dwelt at Beer-sheba.

20 ¶ And it came to pass after these things, that it was told Abraham, saying, Behold, Milcah, she hath also born children unto thy brother Nahor;

בְּאֵ֣ר שֶׁ֑בַע כִּ֛י שָׁ֥ם נִשְׁבְּע֖וּ שְׁנֵיהֶֽם׃ וַיִּכְרְת֥וּ בְרִ֖ית בִּבְאֵ֥ר שָֽׁבַע 32

וַיָּ֣קָם אֲבִימֶ֗לֶךְ וּפִיכֹל֙ שַׂר־צְבָא֔וֹ וַיָּשֻׁ֖בוּ אֶל־אֶ֥רֶץ פְּלִשְׁתִּֽים׃ וַיִּטַּ֥ע 33

אֶ֖שֶׁל בִּבְאֵ֣ר שָׁ֑בַע וַיִּ֨קְרָא־שָׁ֔ם בְּשֵׁ֥ם יְהוָ֖ה אֵ֥ל עוֹלָֽם׃ וַיָּ֧גָר אַבְרָהָ֛ם 34

בְּאֶ֥רֶץ פְּלִשְׁתִּ֖ים יָמִ֥ים רַבִּֽים׃

שביעי וַיְהִ֗י אַחַר֙ הַדְּבָרִ֣ים הָאֵ֔לֶּה וְהָ֣אֱלֹהִ֔ים נִסָּ֖ה אֶת־אַבְרָהָ֑ם וַיֹּ֣אמֶר 22 1

אֵלָ֛יו אַבְרָהָ֖ם וַיֹּ֥אמֶר הִנֵּֽנִי׃ וַיֹּ֡אמֶר קַח־נָ֠א אֶת־בִּנְךָ֙ אֶת־יְחִ֣ידְךָ֤ 2

אֲשֶׁר־אָהַ֨בְתָּ֙ אֶת־יִצְחָ֔ק וְלֶךְ־לְךָ֔ אֶל־אֶ֖רֶץ הַמֹּרִיָּ֑ה וְהַעֲלֵ֤הוּ שָׁם֙

לְעֹלָ֔ה עַ֚ל אַחַ֣ד הֶֽהָרִ֔ים אֲשֶׁ֖ר אֹמַ֥ר אֵלֶֽיךָ׃ וַיַּשְׁכֵּ֨ם אַבְרָהָ֜ם בַּבֹּ֗קֶר 3 3A

וַֽיַּחֲבֹשׁ֙ אֶת־חֲמֹר֔וֹ וַיִּקַּ֞ח אֶת־שְׁנֵ֤י נְעָרָיו֙ אִתּ֔וֹ וְאֵ֖ת יִצְחָ֣ק בְּנ֑וֹ וַיְבַקַּע֙

עֲצֵ֣י עֹלָ֔ה וַיָּ֣קָם וַיֵּ֔לֶךְ אֶל־הַמָּק֖וֹם אֲשֶׁר־אָֽמַר־ל֥וֹ הָאֱלֹהִֽים׃ בַּיּ֣וֹם 4

הַשְּׁלִישִׁ֗י וַיִּשָּׂ֨א אַבְרָהָ֧ם אֶת־עֵינָ֛יו וַיַּ֥רְא אֶת־הַמָּק֖וֹם מֵרָחֹֽק׃ וַיֹּ֨אמֶר 5

אַבְרָהָ֜ם אֶל־נְעָרָ֗יו שְׁבוּ־לָכֶ֥ם פֹּה֙ עִֽם־הַחֲמ֔וֹר וַאֲנִ֣י וְהַנַּ֔עַר נֵלְכָ֖ה

עַד־כֹּ֑ה וְנִֽשְׁתַּחֲוֶ֖ה וְנָשׁ֥וּבָה אֲלֵיכֶֽם׃ וַיִּקַּ֨ח אַבְרָהָ֜ם אֶת־עֲצֵ֣י הָעֹלָ֗ה 6

וַיָּ֨שֶׂם֙ עַל־יִצְחָ֣ק בְּנ֔וֹ וַיִּקַּ֣ח בְּיָד֔וֹ אֶת־הָאֵ֖שׁ וְאֶת־הַֽמַּאֲכֶ֑לֶת וַיֵּלְכ֥וּ

שְׁנֵיהֶ֖ם יַחְדָּֽו׃ וַיֹּ֨אמֶר יִצְחָ֜ק אֶל־אַבְרָהָ֤ם אָבִיו֙ וַיֹּ֣אמֶר אָבִ֔י וַיֹּ֖אמֶר 7

הִנֶּ֣נִּֽי בְנִ֑י וַיֹּ֗אמֶר הִנֵּ֤ה הָאֵשׁ֙ וְהָ֣עֵצִ֔ים וְאַיֵּ֥ה הַשֶּׂ֖ה לְעֹלָֽה׃ וַיֹּ֗אמֶר 8

אַבְרָהָ֕ם אֱלֹהִ֞ים יִרְאֶה־לּ֥וֹ הַשֶּׂ֛ה לְעֹלָ֖ה בְּנִ֑י וַיֵּלְכ֥וּ שְׁנֵיהֶ֖ם יַחְדָּֽו׃

וַיָּבֹ֗אוּ אֶֽל־הַמָּקוֹם֮ אֲשֶׁ֣ר אָֽמַר־ל֣וֹ הָאֱלֹהִים֒ וַיִּ֨בֶן שָׁ֤ם אַבְרָהָם֙ 9

אֶת־הַמִּזְבֵּ֔חַ וַֽיַּעֲרֹ֖ךְ אֶת־הָעֵצִ֑ים וַֽיַּעֲקֹד֙ אֶת־יִצְחָ֣ק בְּנ֔וֹ וַיָּ֤שֶׂם אֹתוֹ֙

עַל־הַמִּזְבֵּ֔חַ מִמַּ֖עַל לָעֵצִֽים׃ וַיִּשְׁלַ֤ח אַבְרָהָם֙ אֶת־יָד֔וֹ וַיִּקַּ֖ח 10

אֶת־הַֽמַּאֲכֶ֑לֶת לִשְׁחֹ֖ט אֶת־בְּנֽוֹ׃ וַיִּקְרָ֨א אֵלָ֜יו מַלְאַ֤ךְ יְהוָה֙ מִן־הַשָּׁמַ֔יִם 11

וַיֹּ֖אמֶר אַבְרָהָ֣ם ׀ אַבְרָהָ֑ם וַיֹּ֖אמֶר הִנֵּֽנִי׃ וַיֹּ֗אמֶר אַל־תִּשְׁלַ֤ח יָֽדְךָ֙ 12 12A

אֶל־הַנַּ֔עַר וְאַל־תַּ֥עַשׂ ל֖וֹ מְא֑וּמָה כִּ֣י ׀ עַתָּ֣ה יָדַ֗עְתִּי כִּֽי־יְרֵ֤א אֱלֹהִים֙

אַ֔תָּה וְלֹ֥א חָשַׂ֛כְתָּ אֶת־בִּנְךָ֥ אֶת־יְחִֽידְךָ֖ מִמֶּֽנִּי׃ וַיִּשָּׂ֨א אַבְרָהָ֜ם 13

אֶת־עֵינָ֗יו וַיַּרְא֙ וְהִנֵּה־אַ֔יִל אַחַ֕ר נֶאֱחַ֥ז בַּסְּבַ֖ךְ בְּקַרְנָ֑יו וַיֵּ֤לֶךְ אַבְרָהָם֙

וַיִּקַּ֣ח אֶת־הָאַ֔יִל וַיַּעֲלֵ֥הוּ לְעֹלָ֖ה תַּ֥חַת בְּנֽוֹ׃ וַיִּקְרָ֧א אַבְרָהָ֛ם 14

שֵֽׁם־הַמָּק֥וֹם הַה֖וּא יְהוָ֣ה ׀ יִרְאֶ֑ה אֲשֶׁר֙ יֵאָמֵ֣ר הַיּ֔וֹם בְּהַ֥ר יְהוָ֖ה

יֵרָאֶֽה׃ וַיִּקְרָ֛א מַלְאַ֥ךְ יְהוָ֖ה אֶל־אַבְרָהָ֑ם שֵׁנִ֖ית מִן־הַשָּׁמָֽיִם׃ וַיֹּ֕אמֶר 15 16

בִּ֥י נִשְׁבַּ֖עְתִּי נְאֻם־יְהוָ֑ה כִּ֗י יַ֚עַן אֲשֶׁ֤ר עָשִׂ֙יתָ֙ אֶת־הַדָּבָ֣ר הַזֶּ֔ה וְלֹ֥א

חָשַׂ֖כְתָּ אֶת־בִּנְךָ֥ אֶת־יְחִידֶֽךָ׃ כִּֽי־בָרֵ֣ךְ אֲבָרֶכְךָ֗ וְהַרְבָּ֨ה אַרְבֶּ֤ה 17

אֶֽת־זַרְעֲךָ֙ כְּכוֹכְבֵ֣י הַשָּׁמַ֔יִם וְכַח֕וֹל אֲשֶׁ֖ר עַל־שְׂפַ֣ת הַיָּ֑ם וְיִרַ֣שׁ זַרְעֲךָ֔

אֵ֖ת שַׁ֥עַר אֹיְבָֽיו׃ וְהִתְבָּרֲכ֣וּ בְזַרְעֲךָ֔ כֹּ֖ל גּוֹיֵ֣י הָאָ֑רֶץ עֵ֕קֶב אֲשֶׁ֥ר 18

שָׁמַ֖עְתָּ בְּקֹלִֽי׃ וַיָּ֤שָׁב אַבְרָהָם֙ אֶל־נְעָרָ֔יו וַיָּקֻ֛מוּ וַיֵּלְכ֥וּ יַחְדָּ֖ו אֶל־בְּאֵ֣ר 19

שָׁ֑בַע וַיֵּ֥שֶׁב אַבְרָהָ֖ם בִּבְאֵ֥ר שָֽׁבַע׃

וַיְהִ֗י אַחֲרֵי֙ הַדְּבָרִ֣ים הָאֵ֔לֶּה וַיֻּגַּ֥ד לְאַבְרָהָ֖ם לֵאמֹ֑ר הִ֠נֵּה יָלְדָ֨ה מִלְכָּ֥ה 20 מפטיר

21 Huz his firstborn, and Buz his brother, and Kemuel the father of Aram,

22 And Chesed, and Hazo, and Pildash, and Jidlaph, and Bethuel.

23 And Bethuel begat Rebekah: these eight Milcah did bear to Nahor, Abraham's brother.

24 And his concubine, whose name was Reumah, she bare also Tebah, and Gaham, and Thahash, and Maachah.

CHAPTER 23

1 And Sarah was an hundred and seven and twenty years old: these were the years of the life of Sarah.

2 And Sarah died in Kirjath-arba; the same is Hebron in the land of Canaan: and Abraham came to mourn for Sarah, and to weep for her.

3 ¶ And Abraham stood up from before his dead, and spake unto the sons of Heth, saying,

4 I am a stranger and a sojourner with you: give me a possession of a buryingplace with you, that I may bury my dead out of my sight.

5 And the children of Heth answered Abraham, saying unto him,

6 Hear us, my lord: thou art a mighty prince among us: in the choice of our sepulchres bury thy dead; none of us shall withhold from thee his sepulchre, but that thou mayest bury thy dead.

7 And Abraham stood up, and bowed himself to the people of the land, even to the children of Heth.

8 And he communed with them, saying, If it be your mind that I should bury my dead out of my sight; hear me, and intreat for me to Ephron the son of Zohar,

9 That he may give me the cave of Machpelah, which he hath, which is in the end of his field; for as much money as it is worth he shall give it me for a possession of a buryingplace amongst you.

10 And Ephron dwelt among the children of Heth: and Ephron the Hittite answered Abraham in the audience of the children of Heth, even of all that went in at the gate of his city, saying,

11 Nay, my lord, hear me: the field give I thee, and the cave that is therein, I give it thee; in the presence of the sons of my people give I it thee: bury thy dead.

12 And Abraham bowed down himself before the people of the land.

13 And he spake unto Ephron in the audience of the people of the land, saying, But if thou wilt give it, I pray thee, hear me: I will give thee money for the field; take it of me, and I will bury my dead there.

14 And Ephron answered Abraham, saying unto him,

15 My lord, hearken unto me: the land is worth four hundred shekels of silver; what is that betwixt me and thee? bury therefore thy dead.

16 And Abraham hearkened unto Ephron; and Abraham weighed to Ephron the silver, which he had named in the audience of the sons of Heth, four hundred shekels of silver, current money with the merchant.

17 ¶ And the field of Ephron, which was in Machpelah, which was before Mamre, the field, and the cave which was therein, and all the trees that were in the field, that were in all the borders round about, were made sure

18 Unto Abraham for a possession in the presence of the children of Heth, before all that went in at the gate of his city.

19 And after this, Abraham buried Sarah his wife in the cave of the field of Machpelah before Mamre: the same is Hebron in the land of Canaan.

20 And the field, and the cave that is therein, were made sure unto Abraham for a possession of a buryingplace by the sons of Heth.

CHAPTER 24

1 And Abraham was old, and well stricken in age: and the LORD had blessed Abraham in all things.

2 And Abraham said unto his eldest servant of his house, that ruled over all that he had, Put, I pray thee, thy hand under my thigh:

3 And I will make thee swear by the LORD, the God of heaven, and the God

44

גַּם־הִוא בָּנִים לְנָחוֹר אָחִיךָ: אֶת־עוּץ בְּכֹרוֹ וְאֶת־בּוּז אָחִיו 21

וְאֶת־קְמוּאֵל אֲבִי אֲרָם: וְאֶת־כֶּשֶׂד וְאֶת־חֲזוֹ וְאֶת־פִּלְדָּשׁ וְאֶת־יִדְלָף 22

וְאֵת בְּתוּאֵל: וּבְתוּאֵל יָלַד אֶת־רִבְקָה שְׁמֹנָה אֵלֶּה יָלְדָה מִלְכָּה 23

לְנָחוֹר אֲחִי אַבְרָהָם: וּפִילַגְשׁוֹ וּשְׁמָהּ רְאוּמָה וַתֵּלֶד גַּם־הִוא 24
אֶת־טֶבַח וְאֶת־גַּחַם וְאֶת־תַּחַשׁ וְאֶת־מַעֲכָה:

וַיִּהְיוּ חַיֵּי שָׂרָה מֵאָה שָׁנָה וְעֶשְׂרִים שָׁנָה וְשֶׁבַע שָׁנִים שְׁנֵי חַיֵּי 23 1 חיי שרה
שָׂרָה: וַתָּמָת שָׂרָה בְּקִרְיַת אַרְבַּע הִוא חֶבְרוֹן בְּאֶרֶץ כְּנָעַן וַיָּבֹא 2

אַבְרָהָם לִסְפֹּד לְשָׂרָה וְלִבְכֹּתָהּ: וַיָּקָם אַבְרָהָם מֵעַל פְּנֵי מֵתוֹ 3

וַיְדַבֵּר אֶל־בְּנֵי־חֵת לֵאמֹר: גֵּר־וְתוֹשָׁב אָנֹכִי עִמָּכֶם תְּנוּ לִי 4

אֲחֻזַּת־קֶבֶר עִמָּכֶם וְאֶקְבְּרָה מֵתִי מִלְּפָנָי: וַיַּעֲנוּ בְנֵי־חֵת אֶת־אַבְרָהָם 5

לֵאמֹר לוֹ: שְׁמָעֵנוּ ׀ אֲדֹנִי נְשִׂיא אֱלֹהִים אַתָּה בְּתוֹכֵנוּ בְּמִבְחַר 6
קְבָרֵינוּ קְבֹר אֶת־מֵתֶךָ אִישׁ מִמֶּנּוּ אֶת־קִבְרוֹ לֹא־יִכְלֶה מִמְּךָ מִקְּבֹר

מֵתֶךָ: וַיָּקָם אַבְרָהָם וַיִּשְׁתַּחוּ לְעַם־הָאָרֶץ לִבְנֵי־חֵת: וַיְדַבֵּר אִתָּם 7 8
לֵאמֹר אִם־יֵשׁ אֶת־נַפְשְׁכֶם לִקְבֹּר אֶת־מֵתִי מִלְּפָנַי שְׁמָעוּנִי וּפִגְעוּ־לִי

בְּעֶפְרוֹן בֶּן־צֹחַר: וְיִתֶּן־לִי אֶת־מְעָרַת הַמַּכְפֵּלָה אֲשֶׁר־לוֹ אֲשֶׁר 9

בִּקְצֵה שָׂדֵהוּ בְּכֶסֶף מָלֵא יִתְּנֶנָּה לִּי בְּתוֹכְכֶם לַאֲחֻזַּת־קָבֶר: וְעֶפְרוֹן 10
יֹשֵׁב בְּתוֹךְ בְּנֵי־חֵת וַיַּעַן עֶפְרוֹן הַחִתִּי אֶת־אַבְרָהָם בְּאָזְנֵי בְנֵי־חֵת

לְכֹל בָּאֵי שַׁעַר־עִירוֹ לֵאמֹר: לֹא־אֲדֹנִי שְׁמָעֵנִי הַשָּׂדֶה נָתַתִּי לָךְ 11
וְהַמְּעָרָה אֲשֶׁר־בּוֹ לְךָ נְתַתִּיהָ לְעֵינֵי בְנֵי־עַמִּי נְתַתִּיהָ לָּךְ קְבֹר

מֵתֶךָ: וַיִּשְׁתַּחוּ אַבְרָהָם לִפְנֵי עַם הָאָרֶץ: וַיְדַבֵּר אֶל־עֶפְרוֹן בְּאָזְנֵי 12 13
עַם־הָאָרֶץ לֵאמֹר אַךְ אִם־אַתָּה לוּ שְׁמָעֵנִי נָתַתִּי כֶּסֶף הַשָּׂדֶה

קַח מִמֶּנִּי וְאֶקְבְּרָה אֶת־מֵתִי שָׁמָּה: וַיַּעַן עֶפְרוֹן אֶת־אַבְרָהָם לֵאמֹר 14

לוֹ: אֲדֹנִי שְׁמָעֵנִי אֶרֶץ אַרְבַּע מֵאֹת שֶׁקֶל־כֶּסֶף בֵּינִי וּבֵינְךָ מַה־הִוא 15

וְאֶת־מֵתְךָ קְבֹר: וַיִּשְׁמַע אַבְרָהָם אֶל־עֶפְרוֹן וַיִּשְׁקֹל אַבְרָהָם לְעֶפְרֹן 16
אֶת־הַכֶּסֶף אֲשֶׁר דִּבֶּר בְּאָזְנֵי בְנֵי־חֵת אַרְבַּע מֵאוֹת שֶׁקֶל כֶּסֶף

עֹבֵר לַסֹּחֵר: וַיָּקָם ׀ שְׂדֵה עֶפְרוֹן אֲשֶׁר בַּמַּכְפֵּלָה אֲשֶׁר לִפְנֵי מַמְרֵא 17 שני
הַשָּׂדֶה וְהַמְּעָרָה אֲשֶׁר־בּוֹ וְכָל־הָעֵץ אֲשֶׁר בַּשָּׂדֶה אֲשֶׁר בְּכָל־גְּבֻלוֹ

סָבִיב: לְאַבְרָהָם לְמִקְנָה לְעֵינֵי בְנֵי־חֵת בְּכֹל בָּאֵי שַׁעַר־עִירוֹ: 18

וְאַחֲרֵי־כֵן קָבַר אַבְרָהָם אֶת־שָׂרָה אִשְׁתּוֹ אֶל־מְעָרַת שְׂדֵה הַמַּכְפֵּלָה 19

עַל־פְּנֵי מַמְרֵא הִוא חֶבְרוֹן בְּאֶרֶץ כְּנָעַן: וַיָּקָם הַשָּׂדֶה וְהַמְּעָרָה 20

אֲשֶׁר־בּוֹ לְאַבְרָהָם לַאֲחֻזַּת־קָבֶר מֵאֵת בְּנֵי־חֵת: 24 1 וְאַבְרָהָם

זָקֵן בָּא בַּיָּמִים וַיהוָה בֵּרַךְ אֶת־אַבְרָהָם בַּכֹּל: וַיֹּאמֶר אַבְרָהָם 2
אֶל־עַבְדּוֹ זְקַן בֵּיתוֹ הַמֹּשֵׁל בְּכָל־אֲשֶׁר־לוֹ שִׂים־נָא יָדְךָ תַּחַת יְרֵכִי:

וְאַשְׁבִּיעֲךָ בַּיהוָה אֱלֹהֵי הַשָּׁמַיִם וֵאלֹהֵי הָאָרֶץ אֲשֶׁר לֹא־תִקַּח 3

of the earth, that thou shalt not take a wife unto my son of the daughters of the Canaanites, among whom I dwell:

4 But thou shalt go unto my country, and to my kindred, and take a wife unto my son Isaac.

5 And the servant said unto him, Peradventure the woman will not be willing to follow me unto this land: must I needs bring thy son again unto the land from whence thou camest?

6 And Abraham said unto him, Beware thou that thou bring not my son thither again.

7 ¶ The LORD God of heaven, which took me from my father's house, and from the land of my kindred, and which spake unto me, and that sware unto me, saying, Unto thy seed will I give this land; he shall send his angel before thee, and thou shalt take a wife unto my son from thence.

8 And if the woman will not be willing to follow thee, then thou shalt be clear from this my oath: only bring not my son thither again.

9 And the servant put his hand under the thigh of Abraham his master, and sware to him concerning that matter.

10 ¶ And the servant took ten camels of the camels of his master, and departed; for all the goods of his master were in his hand: and he arose, and went to Mesopotamia, unto the city of Nahor.

11 And he made his camels to kneel down without the city by a well of water at the time of the evening, even the time that women go out to draw water.

12 And he said, O LORD God of my master Abraham, I pray thee, send me good speed this day, and shew kindness unto my master Abraham.

13 Behold, I stand here by the well of water; and the daughters of the men of the city come out to draw water:

14 And let it come to pass, that the damsel to whom I shall say, Let down thy pitcher, I pray thee, that I may drink; and she shall say, Drink, and I will give thy camels drink also: let the same be she that thou hast appointed for thy servant Isaac; and thereby shall I know that thou hast shewed kindness unto my master.

15 ¶ And it came to pass, before he had done speaking, that, behold, Rebekah came out, who was born to Bethuel, son of Milcah, the wife of Nahor, Abraham's brother, with her pitcher upon her shoulder.

16 And the damsel was very fair to look upon, a virgin, neither had any man known her: and she went down to the well, and filled her pitcher, and came up.

17 And the servant ran to meet her, and said, Let me, I pray thee, drink a little water of thy pitcher.

18 And she said, Drink, my lord: and she hasted, and let down her pitcher upon her hand, and gave him drink.

19 And when she had done giving him drink, she said, I will draw water for thy camels also, until they have done drinking.

20 And she hasted, and emptied her pitcher into the trough, and ran again unto the well to draw water, and drew for all his camels.

21 And the man wondering at her held his peace, to wit whether the LORD had made his journey prosperous or not.

22 And it came to pass, as the camels had done drinking, that the man took a golden earring of half a shekel weight, and two bracelets for her hands of ten shekels weight of gold;

23 And said, Whose daughter art thou? tell me, I pray thee: is there room in thy father's house for us to lodge in?

24 And she said unto him, I am the daughter of Bethuel the son of Milcah, which she bare unto Nahor.

25 She said moreover unto him, We have both straw and provender enough, and room to lodge in.

26 And the man bowed down his head, and worshipped the LORD.

27 And he said, Blessed be the LORD God of my master Abraham, who hath not left destitute my master of his mercy and his truth: I being in the way, the LORD led me to the house of my master's brethren.

28 And the damsel ran, and told them of her mother's house these things.

29 ¶ And Rebekah had a brother, and

אִשָּׁה֙ לִבְנִ֣י מִבְּנ֣וֹת הַֽכְּנַעֲנִ֔י אֲשֶׁ֥ר אָנֹכִ֖י יוֹשֵׁ֣ב בְּקִרְבּֽוֹ: כִּ֣י אֶל־אַרְצִ֞י 4

וְאֶל־מוֹלַדְתִּ֖י תֵּלֵ֑ךְ וְלָקַחְתָּ֥ אִשָּׁ֖ה לִבְנִ֥י לְיִצְחָֽק: וַיֹּ֤אמֶר אֵלָיו֙ הָעֶ֔בֶד 5

אוּלַי֙ לֹא־תֹאבֶ֣ה הָֽאִשָּׁ֔ה לָלֶ֥כֶת אַחֲרַ֖י אֶל־הָאָ֣רֶץ הַזֹּ֑את הֶֽהָשֵׁ֤ב 6

אָשִׁיב֙ אֶת־בִּנְךָ֔ אֶל־הָאָ֖רֶץ אֲשֶׁר־יָצָ֥אתָ מִשָּֽׁם: וַיֹּ֥אמֶר אֵלָ֖יו אַבְרָהָ֑ם 7

הִשָּׁ֣מֶר לְךָ֔ פֶּן־תָּשִׁ֥יב אֶת־בְּנִ֖י שָֽׁמָּה: יְהוָ֣ה ׀ אֱלֹהֵ֣י הַשָּׁמַ֗יִם אֲשֶׁ֨ר 7

לְקָחַ֜נִי מִבֵּ֣ית אָבִי֮ וּמֵאֶ֣רֶץ מֽוֹלַדְתִּי֒ וַאֲשֶׁ֨ר דִּבֶּר־לִ֜י וַאֲשֶׁ֤ר נִֽשְׁבַּֽע־לִי֙

לֵאמֹ֔ר לְזַ֨רְעֲךָ֔ אֶתֵּ֖ן אֶת־הָאָ֣רֶץ הַזֹּ֑את ה֗וּא יִשְׁלַ֤ח מַלְאָכוֹ֙ לְפָנֶ֔יךָ

וְלָקַחְתָּ֥ אִשָּׁ֖ה לִבְנִ֥י מִשָּֽׁם: וְאִם־לֹ֨א תֹאבֶ֤ה הָֽאִשָּׁה֙ לָלֶ֣כֶת אַחֲרֶ֔יךָ 8

וְנִקִּ֕יתָ מִשְּׁבֻעָתִ֖י זֹ֑את רַ֚ק אֶת־בְּנִ֔י לֹ֥א תָשֵׁ֖ב שָֽׁמָּה: וַיָּ֤שֶׂם הָעֶ֨בֶד֙ 9

אֶת־יָד֔וֹ תַּ֛חַת יֶ֥רֶךְ אַבְרָהָ֖ם אֲדֹנָ֑יו וַיִּשָּׁ֣בַֽע ל֔וֹ עַל־הַדָּבָ֖ר הַזֶּֽה: וַיִּקַּ֣ח 10 שלישי

הָ֠עֶבֶד עֲשָׂרָ֨ה גְמַלִּ֜ים מִגְּמַלֵּ֤י אֲדֹנָיו֙ וַיֵּ֔לֶךְ וְכָל־ט֥וּב אֲדֹנָ֖יו בְּיָד֑וֹ

וַיָּ֗קָם וַיֵּ֛לֶךְ אֶל־אֲרַ֥ם נַֽהֲרַ֖יִם אֶל־עִ֥יר נָחֽוֹר: וַיַּבְרֵ֧ךְ הַגְּמַלִּ֛ים מִח֥וּץ 11

לָעִ֖יר אֶל־בְּאֵ֣ר הַמָּ֑יִם לְעֵ֣ת עֶ֔רֶב לְעֵ֖ת צֵ֥את הַשֹּׁאֲבֹֽת: וַיֹּאמַ֓ר ׀ 12

יְהוָ֗ה אֱלֹהֵי֙ אֲדֹנִ֣י אַבְרָהָ֔ם הַקְרֵה־נָ֥א לְפָנַ֖י הַיּ֑וֹם וַעֲשֵׂה־חֶ֕סֶד עִ֖ם

אֲדֹנִ֥י אַבְרָהָֽם: הִנֵּ֛ה אָנֹכִ֥י נִצָּ֖ב עַל־עֵ֣ין הַמָּ֑יִם וּבְנוֹת֙ אַנְשֵׁ֣י הָעִ֔יר 13

יֹצְאֹ֖ת לִשְׁאֹ֥ב מָֽיִם: וְהָיָ֣ה הַֽנַּעֲרָ֗ אֲשֶׁ֨ר אֹמַ֤ר אֵלֶ֨יהָ֙ הַטִּי־נָ֤א כַדֵּךְ֙ 14

וְאֶשְׁתֶּ֔ה וְאָמְרָ֣ה שְׁתֵ֔ה וְגַם־גְּמַלֶּ֖יךָ אַשְׁקֶ֑ה אֹתָ֤הּ הֹכַ֨חְתָּ֙ לְעַבְדְּךָ֣

לְיִצְחָ֔ק וּבָ֣הּ אֵדַ֔ע כִּי־עָשִׂ֥יתָ חֶ֖סֶד עִם־אֲדֹנִֽי: וַֽיְהִי־ה֗וּא טֶרֶם֮ כִּלָּ֣ה 15

לְדַבֵּר֒ וְהִנֵּ֧ה רִבְקָ֣ה יֹצֵ֗את אֲשֶׁ֤ר יֻלְּדָה֙ לִבְתוּאֵ֔ל בֶּן־מִלְכָּ֔ה אֵ֖שֶׁת

נָח֖וֹר אֲחִ֣י אַבְרָהָ֑ם וְכַדָּ֖הּ עַל־שִׁכְמָֽהּ: וְהַֽנַּעֲרָ֗ טֹבַ֤ת מַרְאֶה֙ מְאֹ֔ד 16

בְּתוּלָ֕ה וְאִ֖ישׁ לֹ֣א יְדָעָ֑הּ וַתֵּ֣רֶד הָעַ֔יְנָה וַתְּמַלֵּ֥א כַדָּ֖הּ וַתָּֽעַל: וַיָּ֥רָץ 17

הָעֶ֖בֶד לִקְרָאתָ֑הּ וַיֹּ֕אמֶר הַגְמִיאִ֥ינִי נָ֛א מְעַט־מַ֖יִם מִכַּדֵּֽךְ: וַתֹּ֖אמֶר 18

שְׁתֵ֣ה אֲדֹנִ֑י וַתְּמַהֵ֗ר וַתֹּ֧רֶד כַּדָּ֛הּ עַל־יָדָ֖הּ וַתַּשְׁקֵֽהוּ: וַתְּכַ֖ל לְהַשְׁקֹת֑וֹ 19

וַתֹּ֗אמֶר גַּ֤ם לִגְמַלֶּ֨יךָ֙ אֶשְׁאָ֔ב עַ֥ד אִם־כִּלּ֖וּ לִשְׁתֹּֽת: וַתְּמַהֵ֗ר וַתְּעַ֤ר 20

כַּדָּהּ֙ אֶל־הַשֹּׁ֔קֶת וַתָּ֥רָץ ע֛וֹד אֶל־הַבְּאֵ֖ר לִשְׁאֹ֑ב וַתִּשְׁאַ֖ב לְכָל־גְּמַלָּֽיו:

וְהָאִ֥ישׁ מִשְׁתָּאֵ֖ה לָ֑הּ מַחֲרִ֕ישׁ לָדַ֗עַת הַֽהִצְלִ֧יחַ יְהוָ֛ה דַּרְכּ֖וֹ אִם־לֹֽא: 21

וַיְהִ֗י כַּאֲשֶׁ֨ר כִּלּ֤וּ הַגְּמַלִּים֙ לִשְׁתּ֔וֹת וַיִּקַּ֤ח הָאִישׁ֙ נֶ֣זֶם זָהָ֔ב בֶּ֖קַע 22

מִשְׁקָל֑וֹ וּשְׁנֵ֤י צְמִידִים֙ עַל־יָדֶ֔יהָ עֲשָׂרָ֥ה זָהָ֖ב מִשְׁקָלָֽם: וַיֹּ֨אמֶר֙ בַּת־מִ֣י 23

אַ֗תְּ הַגִּ֤ידִי נָא֙ לִ֔י הֲיֵ֧שׁ בֵּית־אָבִ֛יךְ מָק֥וֹם לָ֖נוּ לָלִֽין: וַתֹּ֣אמֶר אֵלָ֔יו 24

בַּת־בְּתוּאֵ֖ל אָנֹ֑כִי בֶּן־מִלְכָּ֕ה אֲשֶׁ֥ר יָלְדָ֖ה לְנָחֽוֹר: וַתֹּ֣אמֶר אֵלָ֔יו 25

גַּם־תֶּ֥בֶן גַּם־מִסְפּ֖וֹא רַ֣ב עִמָּ֑נוּ גַּם־מָק֖וֹם לָלֽוּן: וַיִּקֹּ֣ד הָאִ֔ישׁ וַיִּשְׁתַּ֖חוּ 26

לַֽיהוָֽה: וַיֹּ֗אמֶר בָּר֤וּךְ יְהוָה֙ אֱלֹהֵי֙ אֲדֹנִ֣י אַבְרָהָ֔ם אֲשֶׁ֛ר לֹֽא־עָזַ֥ב 27 רביעי

חַסְדּ֛וֹ וַאֲמִתּ֖וֹ מֵעִ֣ם אֲדֹנִ֑י אָנֹכִ֗י בַּדֶּ֨רֶךְ֙ נָחַ֣נִי יְהוָ֔ה בֵּ֖ית אֲחֵ֥י אֲדֹנִֽי:

וַתָּ֨רָץ֙ הַֽנַּעֲרָ֔ וַתַּגֵּ֖ד לְבֵ֣ית אִמָּ֑הּ כַּדְּבָרִ֖ים הָאֵֽלֶּה: וּלְרִבְקָ֥ה אָ֖ח וּשְׁמ֣וֹ 28
29

his name *was* Laban: and Laban ran out unto the man, unto the well.

30 And it came to pass, when he saw the earring and bracelets upon his sister's hands, and when he heard the words of Rebekah his sister, saying, Thus spake the man unto me; that he came unto the man; and, behold, he stood by the camels at the well.

31 And he said, Come in, thou blessed of the LORD; wherefore standest thou without? for I have prepared the house, and room for the camels.

32 ¶ And the man came into the house: and he ungirded his camels, and gave straw and provender for the camels, and water to wash his feet, and the men's feet that *were* with him.

33 And there was set *meat* before him to eat: but he said, I will not eat, until I have told mine errand. And he said, Speak on.

34 And he said, I *am* Abraham's servant.

35 And the LORD hath blessed my master greatly; and he is become great: and he hath given him flocks, and herds, and silver, and gold, and menservants, and maidservants, and camels, and asses.

36 And Sarah my master's wife bare a son to my master when she was old: and unto him hath he given all that he hath.

37 And my master made me swear, saying, Thou shalt not take a wife to my son of the daughters of the Canaanites, in whose land I dwell:

38 But thou shalt go unto my father's house, and to my kindred, and take a wife unto my son.

39 And I said unto my master, Peradventure the woman will not follow me.

40 And he said unto me, The LORD, before whom I walk, will send his angel with thee, and prosper thy way; and thou shalt take a wife for my son of my kindred, and of my father's house:

41 Then shalt thou be clear from *this* my oath, when thou comest to my kindred; and if they give not thee *one,* thou shalt be clear from my oath.

42 And I came this day unto the well, and said, O LORD God of my master Abra-

ham, if now thou do prosper my way which I go:

43 Behold, I stand by the well of water; and it shall come to pass, that when the virgin cometh forth to draw *water,* and I say to her, Give me, I pray thee, a little water of thy pitcher to drink;

44 And she say to me, Both drink thou, and I will also draw for thy camels: *let* the same *be* the woman whom the LORD hath appointed out for my master's son.

45 And before I had done speaking in mine heart, behold, Rebekah came forth with her pitcher on her shoulder; and she went down unto the well, and drew *water:* and I said unto her, Let me drink, I pray thee.

46 And she made haste, and let down her pitcher from her *shoulder,* and said, Drink, and I will give thy camels drink also: so I drank, and she made the camels drink also.

47 And I asked her, and said, Whose daughter *art* thou? And she said, The daughter of Bethuel, Nahor's son, whom Milcah bare unto him: and I put the earring upon her face, and the bracelets upon her hands.

48 And I bowed down my head, and worshipped the LORD, and blessed the LORD God of my master Abraham, which had led me in the right way to take my master's brother's daughter unto his son.

49 And now if ye will deal kindly and truly with my master, tell me: and if not, tell me; that I may turn to the right hand, or to the left.

50 Then Laban and Bethuel answered and said, The thing proceedeth from the LORD: we cannot speak unto thee bad or good.

51 Behold, Rebekah *is* before thee, take *her,* and go, and let her be thy master's son's wife, as the LORD hath spoken.

52 And it came to pass, that, when Abraham's servant heard their words, he worshipped the LORD, *bowing himself* to the earth.

53 And the servant brought forth jewels of silver, and jewels of gold, and raiment, and gave *them* to Rebekah: he gave also

לָבָן וַיָּרָץ לָבָן אֶל־הָאִישׁ הַחוּצָה אֶל־הָעָיִן: וַיְהִי כִּרְאֹת אֶת־הַנֶּזֶם 30

וְאֶת־הַצְּמִדִים עַל־יְדֵי אֲחֹתוֹ וּכְשָׁמְעוֹ אֶת־דִּבְרֵי רִבְקָה אֲחֹתוֹ

לֵאמֹר כֹּה־דִבֶּר אֵלַי הָאִישׁ וַיָּבֹא אֶל־הָאִישׁ וְהִנֵּה עֹמֵד עַל־הַגְּמַלִּים

עַל־הָעָיִן: וַיֹּאמֶר בּוֹא בְּרוּךְ יְהוָה לָמָּה תַעֲמֹד בַּחוּץ וְאָנֹכִי פִּנִּיתִי 31

הַבַּיִת וּמָקוֹם לַגְּמַלִּים: וַיָּבֹא הָאִישׁ הַבַּיְתָה וַיְפַתַּח הַגְּמַלִּים וַיִּתֵּן 32

תֶּבֶן וּמִסְפּוֹא לַגְּמַלִּים וּמַיִם לִרְחֹץ רַגְלָיו וְרַגְלֵי הָאֲנָשִׁים אֲשֶׁר

אִתּוֹ: וַיּוּשַׂם לְפָנָיו לֶאֱכֹל וַיֹּאמֶר לֹא אֹכַל עַד אִם־דִּבַּרְתִּי דְּבָרָי 33   וַיּוּשַׂם

וַיֹּאמֶר דַּבֵּר: וַיֹּאמַר עֶבֶד אַבְרָהָם אָנֹכִי: וַיהוָה בֵּרַךְ אֶת־אֲדֹנִי 34
35

מְאֹד וַיִּגְדָּל וַיִּתֶּן־לוֹ צֹאן וּבָקָר וְכֶסֶף וְזָהָב וַעֲבָדִם וּשְׁפָחֹת וּגְמַלִּים

וַחֲמֹרִים: וַתֵּלֶד שָׂרָה אֵשֶׁת אֲדֹנִי בֵן לַאדֹנִי אַחֲרֵי זִקְנָתָהּ וַיִּתֶּן־לּוֹ 36

אֶת־כָּל־אֲשֶׁר־לוֹ: וַיַּשְׁבִּעֵנִי אֲדֹנִי לֵאמֹר לֹא־תִקַּח אִשָּׁה לִבְנִי מִבְּנוֹת 37

הַכְּנַעֲנִי אֲשֶׁר אָנֹכִי יֹשֵׁב בְּאַרְצוֹ: אִם־לֹא אֶל־בֵּית־אָבִי תֵּלֵךְ 38

וְאֶל־מִשְׁפַּחְתִּי וְלָקַחְתָּ אִשָּׁה לִבְנִי: וָאֹמַר אֶל־אֲדֹנִי אֻלַי לֹא־תֵלֵךְ 39

הָאִשָּׁה אַחֲרָי: וַיֹּאמֶר אֵלָי יְהוָה אֲשֶׁר־הִתְהַלַּכְתִּי לְפָנָיו יִשְׁלַח 40

מַלְאָכוֹ אִתָּךְ וְהִצְלִיחַ דַּרְכֶּךָ וְלָקַחְתָּ אִשָּׁה לִבְנִי מִמִּשְׁפַּחְתִּי וּמִבֵּית

אָבִי: אָז תִּנָּקֶה מֵאָלָתִי כִּי תָבוֹא אֶל־מִשְׁפַּחְתִּי וְאִם־לֹא יִתְּנוּ לָךְ 41

וְהָיִיתָ נָקִי מֵאָלָתִי: וָאָבֹא הַיּוֹם אֶל־הָעָיִן וָאֹמַר יְהוָה אֱלֹהֵי אֲדֹנִי 42

אַבְרָהָם אִם־יֶשְׁךָ־נָּא מַצְלִיחַ דַּרְכִּי אֲשֶׁר אָנֹכִי הֹלֵךְ עָלֶיהָ: הִנֵּה 43

אָנֹכִי נִצָּב עַל־עֵין הַמָּיִם וְהָיָה הָעַלְמָה הַיֹּצֵאת לִשְׁאֹב וְאָמַרְתִּי

אֵלֶיהָ הַשְׁקִינִי־נָא מְעַט־מַיִם מִכַּדֵּךְ: וְאָמְרָה אֵלַי גַּם־אַתָּה שְׁתֵה 44

וְגַם לִגְמַלֶּיךָ אֶשְׁאָב הִוא הָאִשָּׁה אֲשֶׁר־הֹכִיחַ יְהוָה לְבֶן־אֲדֹנִי: אֲנִי 45

טֶרֶם אֲכַלֶּה לְדַבֵּר אֶל־לִבִּי וְהִנֵּה רִבְקָה יֹצֵאת וְכַדָּהּ עַל־שִׁכְמָהּ

וַתֵּרֶד הָעַיְנָה וַתִּשְׁאָב וָאֹמַר אֵלֶיהָ הַשְׁקִינִי נָא: וַתְּמַהֵר וַתּוֹרֶד 46

כַּדָּהּ מֵעָלֶיהָ וַתֹּאמֶר שְׁתֵה וְגַם־גְּמַלֶּיךָ אַשְׁקֶה וָאֵשְׁתְּ וְגַם הַגְּמַלִּים

הִשְׁקָתָה: וָאֶשְׁאַל אֹתָהּ וָאֹמַר בַּת־מִי אַתְּ וַתֹּאמֶר בַּת־בְּתוּאֵל 47

בֶּן־נָחוֹר אֲשֶׁר יָלְדָה־לּוֹ מִלְכָּה וָאָשִׂם הַנֶּזֶם עַל־אַפָּהּ וְהַצְּמִידִים

עַל־יָדֶיהָ: וָאֶקֹּד וָאֶשְׁתַּחֲוֶה לַיהוָה וָאֲבָרֵךְ אֶת־יְהוָה אֱלֹהֵי אֲדֹנִי 48

אַבְרָהָם אֲשֶׁר הִנְחַנִי בְּדֶרֶךְ אֱמֶת לָקַחַת אֶת־בַּת־אֲחִי אֲדֹנִי לִבְנוֹ:

וְעַתָּה אִם־יֶשְׁכֶם עֹשִׂים חֶסֶד וֶאֱמֶת אֶת־אֲדֹנִי הַגִּידוּ לִי וְאִם־לֹא 49

הַגִּידוּ לִי וְאֶפְנֶה עַל־יָמִין אוֹ עַל־שְׂמֹאל: וַיַּעַן לָבָן וּבְתוּאֵל וַיֹּאמְרוּ 50

מֵיְהוָה יָצָא הַדָּבָר לֹא נוּכַל דַּבֵּר אֵלֶיךָ רַע אוֹ־טוֹב: הִנֵּה־רִבְקָה 51

לְפָנֶיךָ קַח וָלֵךְ וּתְהִי אִשָּׁה לְבֶן־אֲדֹנֶיךָ כַּאֲשֶׁר דִּבֶּר יְהוָה: וַיְהִי 52

כַּאֲשֶׁר שָׁמַע עֶבֶד אַבְרָהָם אֶת־דִּבְרֵיהֶם וַיִּשְׁתַּחוּ אַרְצָה לַיהוָה:

וַיּוֹצֵא הָעֶבֶד כְּלֵי־כֶסֶף וּכְלֵי זָהָב וּבְגָדִים וַיִּתֵּן לְרִבְקָה וּמִגְדָּנֹת 53   חמישי
53A

to her brother and to her mother precious things.

54 And they did eat and drink, he and the men that *were* with him, and tarried all night; and they rose up in the morning, and he said, Send me away unto my master.

55 And her brother and her mother said, Let the damsel abide with us *a few* days, at the least ten; after that she shall go.

56 And he said unto them, Hinder me not, seeing the LORD hath prospered my way; send me away that I may go to my master.

57 And they said, We will call the damsel, and enquire at her mouth.

58 And they called Rebekah, and said unto her, Wilt thou go with this man? And she said, I will go.

59 And they sent away Rebekah their sister, and her nurse, and Abraham's servant, and his men.

60 And they blessed Rebekah, and said unto her, Thou *art* our sister, be thou *the mother* of thousands of millions, and let thy seed possess the gate of those which hate them.

61 ¶ And Rebekah arose, and her damsels, and they rode upon the camels, and followed the man: and the servant took Rebekah, and went his way.

62 And Isaac came from the way of the well Lahai-roi; for he dwelt in the south country.

63 And Isaac went out to meditate in the field at the eventide: and he lifted up his eyes, and saw, and, behold, the camels *were* coming.

64 And Rebekah lifted up her eyes, and when she saw Isaac, she lighted off the camel.

65 For she *had* said unto the servant, What man *is* this that walketh in the field to meet us? And the servant *had* said, It *is* my master: therefore she took a vail, and covered herself.

66 And the servant told Isaac all things that he had done.

67 And Isaac brought her into his mother Sarah's tent, and took Rebekah, and she became his wife; and he loved her:

and Isaac was comforted after his mother's *death*.

CHAPTER 25

1 Then again Abraham took a wife, and her name *was* Keturah.

2 And she bare him Zimran, and Jokshan, and Medan, and Midian, and Ishbak, and Shuah.

3 And Jokshan begat Sheba, and Dedan. And the sons of Dedan were Asshurim, and Letushim, and Leummim.

4 And the sons of Midian; Ephah, and Epher, and Hanoch, and Abida, and Eldaah. All these *were* the children of Keturah.

5 ¶ And Abraham gave all that he had unto Isaac.

6 But unto the sons of the concubines, which Abraham had, Abraham gave gifts, and sent them away from Isaac his son, while he yet lived, eastward, unto the east country.

7 And these *are* the days of the years of Abraham's life which he lived, an hundred threescore and fifteen years.

8 Then Abraham gave up the ghost, and died in a good old age, an old man, and full *of years*; and was gathered to his people.

9 And his sons Isaac and Ishmael buried him in the cave of Machpelah, in the field of Ephron the son of Zohar the Hittite, which *is* before Mamre;

10 The field which Abraham purchased of the sons of Heth: there was Abraham buried, and Sarah his wife.

11 ¶ And it came to pass after the death of Abraham, that God blessed his son Isaac; and Isaac dwelt by the well Lahai-roi.

12 ¶ Now these *are* the generations of Ishmael, Abraham's son, whom Hagar the Egyptian, Sarah's handmaid, bare unto Abraham:

13 And these *are* the names of the sons of Ishmael, by their names, according to their generations: the firstborn of Ishmael, Nebajoth; and Kedar, and Adbeel, and Mibsam,

נָתַן לְאָחִיהָ וּלְאִמָּהּ וַיֹּאכְלוּ וַיִּשְׁתּוּ הוּא וְהָאֲנָשִׁים אֲשֶׁר־עִמּוֹ 54

וַיָּלִינוּ וַיָּקוּמוּ בַבֹּקֶר וַיֹּאמֶר שַׁלְּחֻנִי לַאדֹנִי: וַיֹּאמֶר אָחִיהָ וְאִמָּהּ 55

תֵּשֵׁב הַנַּעֲרָ אִתָּנוּ יָמִים אוֹ עָשׂוֹר אַחַר תֵּלֵךְ: וַיֹּאמֶר אֲלֵהֶם 56

אַל־תְּאַחֲרוּ אֹתִי וַיהֹוָה הִצְלִיחַ דַּרְכִּי שַׁלְּחוּנִי וְאֵלְכָה לַאדֹנִי:

וַיֹּאמְרוּ נִקְרָא לַנַּעֲרָ וְנִשְׁאֲלָה אֶת־פִּיהָ: וַיִּקְרְאוּ לְרִבְקָה וַיֹּאמְרוּ אֵלֶיהָ 57 58

הֲתֵלְכִי עִם־הָאִישׁ הַזֶּה וַתֹּאמֶר אֵלֵךְ: וַיְשַׁלְּחוּ אֶת־רִבְקָה אֲחֹתָם 59

וְאֶת־מֵנִקְתָּהּ וְאֶת־עֶבֶד אַבְרָהָם וְאֶת־אֲנָשָׁיו: וַיְבָרֲכוּ אֶת־רִבְקָה 60

וַיֹּאמְרוּ לָהּ אֲחֹתֵנוּ אַתְּ הֲיִי לְאַלְפֵי רְבָבָה וְיִירַשׁ זַרְעֵךְ אֵת שַׁעַר

שֹׂנְאָיו: וַתָּקָם רִבְקָה וְנַעֲרֹתֶיהָ וַתִּרְכַּבְנָה עַל־הַגְּמַלִּים וַתֵּלַכְנָה 61

אַחֲרֵי הָאִישׁ וַיִּקַּח הָעֶבֶד אֶת־רִבְקָה וַיֵּלַךְ: וְיִצְחָק בָּא מִבּוֹא בְּאֵר 62

לַחַי רֹאִי וְהוּא יוֹשֵׁב בְּאֶרֶץ הַנֶּגֶב: וַיֵּצֵא יִצְחָק לָשׂוּחַ בַּשָּׂדֶה 63

לִפְנוֹת עָרֶב וַיִּשָּׂא עֵינָיו וַיַּרְא וְהִנֵּה גְמַלִּים בָּאִים: וַתִּשָּׂא רִבְקָה 64

אֶת־עֵינֶיהָ וַתֵּרֶא אֶת־יִצְחָק וַתִּפֹּל מֵעַל הַגָּמָל: וַתֹּאמֶר אֶל־הָעֶבֶד 65

מִי־הָאִישׁ הַלָּזֶה הַהֹלֵךְ בַּשָּׂדֶה לִקְרָאתֵנוּ וַיֹּאמֶר הָעֶבֶד הוּא אֲדֹנִי

וַתִּקַּח הַצָּעִיף וַתִּתְכָּס: וַיְסַפֵּר הָעֶבֶד לְיִצְחָק אֵת כָּל־הַדְּבָרִים 66

אֲשֶׁר עָשָׂה: וַיְבִאֶהָ יִצְחָק הָאֹהֱלָה שָׂרָה אִמּוֹ וַיִּקַּח אֶת־רִבְקָה 67

וַתְּהִי־לוֹ לְאִשָּׁה וַיֶּאֱהָבֶהָ וַיִּנָּחֵם יִצְחָק אַחֲרֵי אִמּוֹ:

ששי 25 וַיֹּסֶף אַבְרָהָם וַיִּקַּח אִשָּׁה וּשְׁמָהּ קְטוּרָה: וַתֵּלֶד לוֹ אֶת־זִמְרָן 1 2

וְאֶת־יָקְשָׁן וְאֶת־מְדָן וְאֶת־מִדְיָן וְאֶת־יִשְׁבָּק וְאֶת־שׁוּחַ: וְיָקְשָׁן יָלַד 3

אֶת־שְׁבָא וְאֶת־דְּדָן וּבְנֵי דְדָן הָיוּ אַשּׁוּרִם וּלְטוּשִׁם וּלְאֻמִּים: וּבְנֵי 4

מִדְיָן עֵיפָה וָעֵפֶר וַחֲנֹךְ וַאֲבִידָע וְאֶלְדָּעָה כָּל־אֵלֶּה בְּנֵי קְטוּרָה:

6A וַיִּתֵּן אַבְרָהָם אֶת־כָּל־אֲשֶׁר־לוֹ לְיִצְחָק: וְלִבְנֵי הַפִּילַגְשִׁים אֲשֶׁר 5 6

לְאַבְרָהָם נָתַן אַבְרָהָם מַתָּנֹת וַיְשַׁלְּחֵם מֵעַל יִצְחָק בְּנוֹ בְּעוֹדֶנּוּ

חַי קֵדְמָה אֶל־אֶרֶץ קֶדֶם: וְאֵלֶּה יְמֵי שְׁנֵי־חַיֵּי אַבְרָהָם אֲשֶׁר־חָי 7

מְאַת שָׁנָה וְשִׁבְעִים שָׁנָה וְחָמֵשׁ שָׁנִים: וַיִּגְוַע וַיָּמָת אַבְרָהָם 8

בְּשֵׂיבָה טוֹבָה זָקֵן וְשָׂבֵעַ וַיֵּאָסֶף אֶל־עַמָּיו: וַיִּקְבְּרוּ אֹתוֹ יִצְחָק 9

וְיִשְׁמָעֵאל בָּנָיו אֶל־מְעָרַת הַמַּכְפֵּלָה אֶל־שְׂדֵה עֶפְרֹן בֶּן־צֹחַר הַחִתִּי

אֲשֶׁר עַל־פְּנֵי מַמְרֵא: הַשָּׂדֶה אֲשֶׁר־קָנָה אַבְרָהָם מֵאֵת בְּנֵי־חֵת 10

שָׁמָּה קֻבַּר אַבְרָהָם וְשָׂרָה אִשְׁתּוֹ: וַיְהִי אַחֲרֵי מוֹת אַבְרָהָם וַיְבָרֶךְ 11

אֱלֹהִים אֶת־יִצְחָק בְּנוֹ וַיֵּשֶׁב יִצְחָק עִם־בְּאֵר לַחַי רֹאִי:

שביעי וְאֵלֶּה תֹּלְדֹת יִשְׁמָעֵאל בֶּן־אַבְרָהָם אֲשֶׁר יָלְדָה הָגָר הַמִּצְרִית 12

שִׁפְחַת שָׂרָה לְאַבְרָהָם: וְאֵלֶּה שְׁמוֹת בְּנֵי יִשְׁמָעֵאל בִּשְׁמֹתָם 13

לְתוֹלְדֹתָם בְּכֹר יִשְׁמָעֵאל נְבָיֹת וְקֵדָר וְאַדְבְּאֵל וּמִבְשָׂם: וּמִשְׁמָע 14

14 And Mishma, and Dumah, and Massa,

15 Hadar, and Tema, Jetur, Naphish, and Kedemah:

16 These *are* the sons of Ishmael, and these *are* their names, by their towns, and by their castles; twelve princes according to their nations.

17 And these *are* the years of the life of Ishmael, an hundred and thirty and seven years: and he gave up the ghost and died; and was gathered unto his people.

18 And they dwelt from Havilah unto Shur, that *is* before Egypt, as thou goest toward Assyria: *and* he died in the presence of all his brethren.

19 ¶ And these *are* the generations of Isaac, Abraham's son: Abraham begat Isaac:

20 And Isaac was forty years old when he took Rebekah to wife, the daughter of Bethuel the Syrian of Padan-aram, the sister to Laban the Syrian.

21 And Isaac intreated the LORD for his wife, because she *was* barren: and the LORD was intreated of him, and Rebekah his wife conceived.

22 And the children struggled together within her; and she said, If *it be* so, why *am* I thus? And she went to enquire of the LORD.

23 And the LORD said unto her, Two nations *are* in thy womb, and two manner of people shall be separated from thy bowels; and *the one* people shall be stronger than *the other* people; and the elder shall serve the younger.

24 ¶ And when her days to be delivered were fulfilled, behold, *there were* twins in her womb.

25 And the first came out red, all over like an hairy garment; and they called his name Esau.

26 And after that came his brother out, and his hand took hold on Esau's heel; and his name was called Jacob: and Isaac *was* threescore years old when she bare them.

27 And the boys grew: and Esau was a cunning hunter, a man of the field; and Jacob *was* a plain man, dwelling in tents.

28 And Isaac loved Esau, because he did eat of *his* venison: but Rebekah loved Jacob.

29 ¶ And Jacob sod pottage: and Esau came from the field, and he *was* faint:

30 And Esau said to Jacob, Feed me, I pray thee, with that same red *pottage;* for I *am* faint: therefore was his name called Edom.

31 And Jacob said, Sell me this day thy birthright.

32 And Esau said, Behold, I *am* at the point to die: and what profit shall this birthright do to me?

33 And Jacob said, Swear to me this day; and he sware unto him: and he sold his birthright unto Jacob.

34 Then Jacob gave Esau bread and pottage of lentiles; and he did eat and drink, and rose up, and went his way: thus Esau despised *his* birthright.

CHAPTER 26

1 And there was a famine in the land, beside the first famine that was in the days of Abraham. And Isaac went unto Abimelech king of the Philistines unto Gerar.

2 And the LORD appeared unto him, and said, Go not down into Egypt; dwell in the land which I shall tell thee of:

3 Sojourn in this land, and I will be with thee, and will bless thee; for unto thee, and unto thy seed, I will give all these countries, and I will perform the oath which I sware unto Abraham thy father;

4 And I will make thy seed to multiply as the stars of heaven, and will give unto thy seed all these countries; and in thy seed shall all the nations of the earth be blessed;

5 Because that Abraham obeyed my voice, and kept my charge, my commandments, my statutes, and my laws.

6 ¶ And Isaac dwelt in Gerar:

7 And the men of the place asked *him* of his wife; and he said, She *is* my sister: for he feared to say, She *is* my wife; lest, *said he,* the men of the place should kill me for Rebekah; because she *was* fair to look upon.

8 And it came to pass, when he had been there a long time, that Abimelech king of

וּדוּמָה וּמַשָּׂא: חֲדַד וְתֵימָא יְטוּר נָפִישׁ וָקֵדְמָה: אֵלֶּה הֵם בְּנֵי 15
יִשְׁמָעֵאל וְאֵלֶּה שְׁמֹתָם בְּחַצְרֵיהֶם וּבְטִירֹתָם שְׁנֵים־עָשָׂר נְשִׂיאִם 16
לְאֻמֹּתָם: וְאֵלֶּה שְׁנֵי חַיֵּי יִשְׁמָעֵאל מְאַת שָׁנָה וּשְׁלֹשִׁים שָׁנָה וְשֶׁבַע 17
שָׁנִים וַיִּגְוַע וַיָּמָת וַיֵּאָסֶף אֶל־עַמָּיו: וַיִּשְׁכְּנוּ מֵחֲוִילָה עַד־שׁוּר אֲשֶׁר 18
עַל־פְּנֵי מִצְרַיִם בֹּאֲכָה אַשּׁוּרָה עַל־פְּנֵי כָל־אֶחָיו נָפָל:

וְאֵלֶּה תּוֹלְדֹת יִצְחָק בֶּן־אַבְרָהָם אַבְרָהָם הוֹלִיד אֶת־יִצְחָק: וַיְהִי 19
יִצְחָק בֶּן־אַרְבָּעִים שָׁנָה בְּקַחְתּוֹ אֶת־רִבְקָה בַּת־בְּתוּאֵל הָאֲרַמִּי 20
מִפַּדַּן אֲרָם אֲחוֹת לָבָן הָאֲרַמִּי לוֹ לְאִשָּׁה: וַיֶּעְתַּר יִצְחָק לַיהוָה 21
לְנֹכַח אִשְׁתּוֹ כִּי עֲקָרָה הִוא וַיֵּעָתֶר לוֹ יְהוָה וַתַּהַר רִבְקָה אִשְׁתּוֹ:
וַיִּתְרֹצֲצוּ הַבָּנִים בְּקִרְבָּהּ וַתֹּאמֶר אִם־כֵּן לָמָּה זֶּה אָנֹכִי וַתֵּלֶךְ 22
לִדְרֹשׁ אֶת־יְהוָה: וַיֹּאמֶר יְהוָה לָהּ שְׁנֵי גיים בְּבִטְנֵךְ וּשְׁנֵי לְאֻמִּים 23
מִמֵּעַיִךְ יִפָּרֵדוּ וּלְאֹם מִלְאֹם יֶאֱמָץ וְרַב יַעֲבֹד צָעִיר: וַיִּמְלְאוּ יָמֶיהָ 24
לָלֶדֶת וְהִנֵּה תוֹמִם בְּבִטְנָהּ: וַיֵּצֵא הָרִאשׁוֹן אַדְמוֹנִי כֻּלּוֹ כְּאַדֶּרֶת 25
שֵׂעָר וַיִּקְרְאוּ שְׁמוֹ עֵשָׂו: וְאַחֲרֵי־כֵן יָצָא אָחִיו וְיָדוֹ אֹחֶזֶת בַּעֲקֵב 26
עֵשָׂו וַיִּקְרָא שְׁמוֹ יַעֲקֹב וְיִצְחָק בֶּן־שִׁשִּׁים שָׁנָה בְּלֶדֶת אֹתָם: וַיִּגְדְּלוּ 27
הַנְּעָרִים וַיְהִי עֵשָׂו אִישׁ יֹדֵעַ צַיִד אִישׁ שָׂדֶה וְיַעֲקֹב אִישׁ תָּם
יֹשֵׁב אֹהָלִים: וַיֶּאֱהַב יִצְחָק אֶת־עֵשָׂו כִּי־צַיִד בְּפִיו וְרִבְקָה אֹהֶבֶת 28
אֶת־יַעֲקֹב: וַיָּזֶד יַעֲקֹב נָזִיד וַיָּבֹא עֵשָׂו מִן־הַשָּׂדֶה וְהוּא עָיֵף: וַיֹּאמֶר 29
עֵשָׂו אֶל־יַעֲקֹב הַלְעִיטֵנִי נָא מִן־הָאָדֹם הָאָדֹם הַזֶּה כִּי עָיֵף אָנֹכִי 30
עַל־כֵּן קָרָא־שְׁמוֹ אֱדוֹם: וַיֹּאמֶר יַעֲקֹב מִכְרָה כַיּוֹם אֶת־בְּכֹרָתְךָ 31
לִי: וַיֹּאמֶר עֵשָׂו הִנֵּה אָנֹכִי הוֹלֵךְ לָמוּת וְלָמָּה־זֶּה לִי בְּכֹרָה: 32
וַיֹּאמֶר יַעֲקֹב הִשָּׁבְעָה לִּי כַּיּוֹם וַיִּשָּׁבַע לוֹ וַיִּמְכֹּר אֶת־בְּכֹרָתוֹ 33
לְיַעֲקֹב: וְיַעֲקֹב נָתַן לְעֵשָׂו לֶחֶם וּנְזִיד עֲדָשִׁים וַיֹּאכַל וַיֵּשְׁתְּ וַיָּקָם 34
וַיֵּלַךְ וַיִּבֶז עֵשָׂו אֶת־הַבְּכֹרָה:

וַיְהִי רָעָב בָּאָרֶץ מִלְּבַד הָרָעָב הָרִאשׁוֹן אֲשֶׁר הָיָה בִּימֵי אַבְרָהָם 26 1
וַיֵּלֶךְ יִצְחָק אֶל־אֲבִימֶלֶךְ מֶלֶךְ־פְּלִשְׁתִּים גְּרָרָה: וַיֵּרָא אֵלָיו יְהוָה 2
וַיֹּאמֶר אַל־תֵּרֵד מִצְרָיְמָה שְׁכֹן בָּאָרֶץ אֲשֶׁר אֹמַר אֵלֶיךָ: גּוּר בָּאָרֶץ 3
הַזֹּאת וְאֶהְיֶה עִמְּךָ וַאֲבָרֲכֶךָּ כִּי־לְךָ וּלְזַרְעֲךָ אֶתֵּן אֶת־כָּל־הָאֲרָצֹת
הָאֵל וַהֲקִמֹתִי אֶת־הַשְּׁבֻעָה אֲשֶׁר נִשְׁבַּעְתִּי לְאַבְרָהָם אָבִיךָ:
וְהִרְבֵּיתִי אֶת־זַרְעֲךָ כְּכוֹכְבֵי הַשָּׁמַיִם וְנָתַתִּי לְזַרְעֲךָ אֵת כָּל־הָאֲרָצֹת 4
הָאֵל וְהִתְבָּרֲכוּ בְזַרְעֲךָ כֹּל גּוֹיֵי הָאָרֶץ: עֵקֶב אֲשֶׁר־שָׁמַע אַבְרָהָם 5
בְּקֹלִי וַיִּשְׁמֹר מִשְׁמַרְתִּי מִצְוֹתַי חֻקּוֹתַי וְתוֹרֹתָי: וַיֵּשֶׁב יִצְחָק בִּגְרָר: 6
וַיִּשְׁאֲלוּ אַנְשֵׁי הַמָּקוֹם לְאִשְׁתּוֹ וַיֹּאמֶר אֲחֹתִי הִוא כִּי יָרֵא לֵאמֹר 7
אִשְׁתִּי פֶּן־יַהַרְגֻנִי אַנְשֵׁי הַמָּקוֹם עַל־רִבְקָה כִּי־טוֹבַת מַרְאֶה הִיא:
וַיְהִי כִּי אָרְכוּ־לוֹ שָׁם הַיָּמִים וַיַּשְׁקֵף אֲבִימֶלֶךְ מֶלֶךְ פְּלִשְׁתִּים בְּעַד 8

the Philistines looked out at a window, and saw, and, behold, Isaac *was* sporting with Rebekah his wife.

9 And Abimelech called Isaac, and said, Behold, of a surety she *is* thy wife: and how saidst thou, She *is* my sister? And Isaac said unto him, Because I said, Lest I die for her.

10 And Abimelech said, What *is* this thou hast done unto us? one of the people might lightly have lien with thy wife, and thou shouldest have brought guiltiness upon us.

11 And Abimelech charged all *his* people, saying, He that toucheth this man or his wife shall surely be put to death.

12 Then Isaac sowed in that land, and received in the same year an hundredfold: and the LORD blessed him.

13 And the man waxed great, and went forward, and grew until he became very great:

14 For he had possession of flocks, and possession of herds, and great store of servants: and the Philistines envied him.

15 For all the wells which his father's servants had digged in the days of Abraham his father, the Philistines had stopped them, and filled them with earth.

16 And Abimelech said unto Isaac, Go from us; for thou art much mightier than we.

17 ¶ And Isaac departed thence, and pitched his tent in the valley of Gerar, and dwelt there.

18 And Isaac digged again the wells of water, which they had digged in the days of Abraham his father; for the Philistines had stopped them after the death of Abraham: and he called their names after the names by which his father had called them.

19 And Isaac's servants digged in the valley, and found there a well of springing water.

20 And the herdmen of Gerar did strive with Isaac's herdmen, saying, The water *is* ours: and he called the name of the well Esek; because they strove with him.

21 And they digged another well, and strove for that also: and he called the name of it Sitnah.

22 And he removed from thence, and digged another well; and for that they strove not: and he called the name of it Rehoboth; and he said, For now the LORD hath made room for us, and we shall be fruitful in the land.

23 And he went up from thence to Beer-sheba.

24 And the LORD appeared unto him the same night, and said, I *am* the God of Abraham thy father: fear not, for I *am* with thee, and will bless thee, and multiply thy seed for my servant Abraham's sake.

25 And he builded an altar there, and called upon the name of the LORD, and pitched his tent there: and there Isaac's servants digged a well.

26 ¶ Then Abimelech went to him from Gerar, and Ahuzzath one of his friends, and Phichol the chief captain of his army.

27 And Isaac said unto them, Wherefore come ye to me, seeing ye hate me, and have sent me away from you?

28 And they said, We saw certainly that the LORD was with thee: and we said, Let there be now an oath betwixt us, *even* betwixt us and thee, and let us make a covenant with thee;

29 That thou wilt do us no hurt, as we have not touched thee, and as we have done unto thee nothing but good, and have sent thee away in peace: thou *art* now the blessed of the LORD.

30 And he made them a feast, and they did eat and drink.

31 And they rose up betimes in the morning, and sware one to another: and Isaac sent them away, and they departed from him in peace.

32 And it came to pass the same day, that Isaac's servants came, and told him concerning the well which they had digged, and said unto him, We have found water.

33 And he called it Shebah: therefore the name of the city *is* Beer-sheba unto this day.

34 ¶ And Esau was forty years old when he took to wife Judith the daughter of Beeri the Hittite, and Bashemath the daughter of Elon the Hittite:

35 Which were a grief of mind unto Isaac and to Rebekah.

9 הַחַלֹּון וַיַּרְא וְהִנֵּה יִצְחָק מְצַחֵק אֵת רִבְקָה אִשְׁתֹּו: וַיִּקְרָא אֲבִימֶלֶךְ
לְיִצְחָק וַיֹּאמֶר אַךְ הִנֵּה אִשְׁתְּךָ הִוא וְאֵיךְ אָמַרְתָּ אֲחֹתִי הִוא

10 וַיֹּאמֶר אֵלָיו יִצְחָק כִּי אָמַרְתִּי פֶּן־אָמוּת עָלֶיהָ: וַיֹּאמֶר אֲבִימֶלֶךְ
מַה־זֹּאת עָשִׂיתָ לָּנוּ כִּמְעַט שָׁכַב אַחַד הָעָם אֶת־אִשְׁתֶּךָ וְהֵבֵאתָ

11 עָלֵינוּ אָשָׁם: וַיְצַו אֲבִימֶלֶךְ אֶת־כָּל־הָעָם לֵאמֹר הַנֹּגֵעַ בָּאִישׁ הַזֶּה

12 וּבְאִשְׁתֹּו מֹות יוּמָת: וַיִּזְרַע יִצְחָק בָּאָרֶץ הַהִוא וַיִּמְצָא בַּשָּׁנָה

13 הַהִוא מֵאָה שְׁעָרִים וַיְבָרֲכֵהוּ יְהוָה: וַיִּגְדַּל הָאִישׁ וַיֵּלֶךְ הָלֹוךְ וְגָדֵל

14 עַד כִּי־גָדַל מְאֹד: וַיְהִי־לֹו מִקְנֵה־צֹאן וּמִקְנֵה בָקָר וַעֲבֻדָּה רַבָּה

15 וַיְקַנְאוּ אֹתֹו פְּלִשְׁתִּים: וְכָל־הַבְּאֵרֹת אֲשֶׁר חָפְרוּ עַבְדֵי אָבִיו בִּימֵי

16 אַבְרָהָם אָבִיו סִתְּמוּם פְּלִשְׁתִּים וַיְמַלְאוּם עָפָר: וַיֹּאמֶר אֲבִימֶלֶךְ

17 אֶל־יִצְחָק לֵךְ מֵעִמָּנוּ כִּי־עָצַמְתָּ־מִמֶּנּוּ מְאֹד: וַיֵּלֶךְ מִשָּׁם יִצְחָק וַיִּחַן

18 בְּנַחַל־גְּרָר וַיֵּשֶׁב שָׁם: וַיָּשָׁב יִצְחָק וַיַּחְפֹּר ׀ אֶת־בְּאֵרֹת הַמַּיִם אֲשֶׁר
חָפְרוּ בִּימֵי אַבְרָהָם אָבִיו וַיְסַתְּמוּם פְּלִשְׁתִּים אַחֲרֵי מֹות אַבְרָהָם

19 וַיִּקְרָא לָהֶן שֵׁמֹות כַּשֵּׁמֹת אֲשֶׁר־קָרָא לָהֶן אָבִיו: וַיַּחְפְּרוּ עַבְדֵי־יִצְחָק

20 בַּנָּחַל וַיִּמְצְאוּ־שָׁם בְּאֵר מַיִם חַיִּים: וַיָּרִיבוּ רֹעֵי גְרָר עִם־רֹעֵי יִצְחָק
לֵאמֹר לָנוּ הַמָּיִם וַיִּקְרָא שֵׁם־הַבְּאֵר עֵשֶׂק כִּי הִתְעַשְּׂקוּ עִמֹּו:

21
22 וַיַּחְפְּרוּ בְּאֵר אַחֶרֶת וַיָּרִיבוּ גַּם־עָלֶיהָ וַיִּקְרָא שְׁמָהּ שִׂטְנָה: וַיַּעְתֵּק
מִשָּׁם וַיַּחְפֹּר בְּאֵר אַחֶרֶת וְלֹא רָבוּ עָלֶיהָ וַיִּקְרָא שְׁמָהּ רְחֹבֹות

23 וַיֹּאמֶר כִּי־עַתָּה הִרְחִיב יְהוָה לָנוּ וּפָרִינוּ בָאָרֶץ: וַיַּעַל מִשָּׁם בְּאֵר

24 שָׁבַע: וַיֵּרָא אֵלָיו יְהוָה בַּלַּיְלָה הַהוּא וַיֹּאמֶר אָנֹכִי אֱלֹהֵי אַבְרָהָם
אָבִיךָ אַל־תִּירָא כִּי־אִתְּךָ אָנֹכִי וּבֵרַכְתִּיךָ וְהִרְבֵּיתִי אֶת־זַרְעֲךָ בַּעֲבוּר

25 אַבְרָהָם עַבְדִּי: וַיִּבֶן שָׁם מִזְבֵּחַ וַיִּקְרָא בְּשֵׁם יְהוָה וַיֶּט־שָׁם אָהֳלֹו

26 וַיִּכְרוּ־שָׁם עַבְדֵי־יִצְחָק בְּאֵר: וַאֲבִימֶלֶךְ הָלַךְ אֵלָיו מִגְּרָר וַאֲחֻזַּת

27 מֵרֵעֵהוּ וּפִיכֹל שַׂר־צְבָאֹו: וַיֹּאמֶר אֲלֵהֶם יִצְחָק מַדּוּעַ בָּאתֶם אֵלָי

28 וְאַתֶּם שְׂנֵאתֶם אֹתִי וַתְּשַׁלְּחוּנִי מֵאִתְּכֶם: וַיֹּאמְרוּ רָאֹו רָאִינוּ כִּי־הָיָה
יְהוָה ׀ עִמָּךְ וַנֹּאמֶר תְּהִי נָא אָלָה בֵּינֹותֵינוּ בֵּינֵינוּ וּבֵינֶךָ וְנִכְרְתָה

29 בְרִית עִמָּךְ: אִם־תַּעֲשֵׂה עִמָּנוּ רָעָה כַּאֲשֶׁר לֹא נְגַעֲנוּךָ וְכַאֲשֶׁר
עָשִׂינוּ עִמְּךָ רַק־טֹוב וַנְּשַׁלֵּחֲךָ בְּשָׁלֹום אַתָּה עַתָּה בְּרוּךְ יְהוָה:

30
31 וַיַּעַשׂ לָהֶם מִשְׁתֶּה וַיֹּאכְלוּ וַיִּשְׁתּוּ: וַיַּשְׁכִּימוּ בַבֹּקֶר וַיִּשָּׁבְעוּ אִישׁ

32 לְאָחִיו וַיְשַׁלְּחֵם יִצְחָק וַיֵּלְכוּ מֵאִתֹּו בְּשָׁלֹום: וַיְהִי ׀ בַּיֹּום הַהוּא
וַיָּבֹאוּ עַבְדֵי יִצְחָק וַיַּגִּדוּ לֹו עַל־אֹדֹות הַבְּאֵר אֲשֶׁר חָפָרוּ וַיֹּאמְרוּ

33 לֹו מָצָאנוּ מָיִם: וַיִּקְרָא אֹתָהּ שִׁבְעָה עַל־כֵּן שֵׁם־הָעִיר בְּאֵר שֶׁבַע

34 עַד הַיֹּום הַזֶּה: וַיְהִי עֵשָׂו בֶּן־אַרְבָּעִים שָׁנָה וַיִּקַּח אִשָּׁה

35 אֶת־יְהוּדִית בַּת־בְּאֵרִי הַחִתִּי וְאֶת־בָּשְׂמַת בַּת־אֵילֹן הַחִתִּי: וַתִּהְיֶיןָ

27 1 מֹרַת רוּחַ לְיִצְחָק וּלְרִבְקָה: וַיְהִי כִּי־זָקֵן יִצְחָק וַתִּכְהֶיןָ

CHAPTER 27

1 And it came to pass, that when Isaac was old, and his eyes were dim, so that he could not see, he called Esau his eldest son, and said unto him, My son: and he said unto him, Behold, *here am* I.

2 And he said, Behold now, I am old, I know not the day of my death:

3 Now therefore take, I pray thee, thy weapons, thy quiver and thy bow, and go out to the field, and take me *some* venison;

4 And make me savoury meat, such as I love, and bring *it* to me, that I may eat; that my soul may bless thee before I die.

5 And Rebekah heard when Isaac spake to Esau his son. And Esau went to the field to hunt *for* venison, *and* to bring *it.*

6 ¶ And Rebekah spake unto Jacob her son, saying, Behold, I heard thy father speak unto Esau thy brother, saying,

7 Bring me venison, and make me savoury meat, that I may eat, and bless thee before the LORD before my death.

8 Now therefore, my son, obey my voice according to that which I command thee.

9 Go now to the flock, and fetch me from thence two good kids of the goats; and I will make them savoury meat for thy father, such as he loveth:

10 And thou shalt bring *it* to thy father, that he may eat, and that he may bless thee before his death.

11 And Jacob said to Rebekah his mother, Behold, Esau my brother *is* a hairy man, and I *am* a smooth man:

12 My father peradventure will feel me, and I shall seem to him as a deceiver; and I shall bring a curse upon me, and not a blessing.

13 And his mother said unto him, Upon me *be* thy curse, my son: only obey my voice, and go fetch me *them.*

14 And he went, and fetched, and brought *them* to his mother: and his mother made savoury meat, such as his father loved.

15 And Rebekah took goodly raiment of her eldest son Esau, which *were* with her in the house, and put them upon Jacob her younger son:

16 And she put the skins of the kids of the goats upon his hands, and upon the smooth of his neck:

17 And she gave the savoury meat and the bread, which she had prepared, into the hand of her son Jacob.

18 ¶ And he came unto his father, and said, My father: and he said, Here *am* I who *art* thou, my son?

19 And Jacob said unto his father, I *am* Esau thy firstborn; I have done according as thou badest me: arise, I pray thee, sit and eat of my venison, that thy soul may bless me.

20 And Isaac said unto his son, How *is* *it* that thou hast found *it* so quickly, my son? And he said, Because the LORD thy God brought *it* to me.

21 And Isaac said unto Jacob, Come near, I pray thee, that I may feel thee, my son, whether thou *be* my very son Esau or not.

22 And Jacob went near unto Isaac his father; and he felt him, and said, The voice *is* Jacob's voice, but the hands *are* the hands of Esau.

23 And he discerned him not, because his hands were hairy, as his brother Esau's hands: so he blessed him.

24 And he said, *Art* thou my very son Esau? And he said, I *am.*

25 And he said, Bring *it* near to me, and I will eat of my son's venison, that my soul may bless thee. And he brought *it* near to him, and he did eat: and he brought him wine, and he drank.

26 And his father Isaac said unto him, Come near now, and kiss me, my son.

27 And he came near, and kissed him: and he smelled the smell of his raiment, and blessed him, and said, See, the smell of my son *is* as the smell of a field which the LORD hath blessed:

28 Therefore God give thee of the dew of heaven, and the fatness of the earth, and plenty of corn and wine:

29 Let people serve thee, and nations bow down to thee: be lord over thy brethren, and let thy mother's sons bow down to thee: cursed *be* every one that curseth thee, and blessed *be* he that blesseth thee.

30 ¶ And it came to pass, as soon as Isaac had made an end of blessing Jacob, and

עֵינָיו מֵרְאֹת וַיִּקְרָא אֶת־עֵשָׂו ׀ בְּנוֹ הַגָּדֹל וַיֹּאמֶר אֵלָיו בְּנִי וַיֹּאמֶר

אֵלָיו הִנֵּנִי: וַיֹּאמֶר הִנֵּה־נָא זָקַנְתִּי לֹא יָדַעְתִּי יוֹם מוֹתִי: וְעַתָּה ‏₃²

שָׂא־נָא כֵלֶיךָ תֶּלְיְךָ וְקַשְׁתֶּךָ וְצֵא הַשָּׂדֶה וְצוּדָה לִּי צידה: וַעֲשֵׂה־לִי ‏⁴

מַטְעַמִּים כַּאֲשֶׁר אָהַבְתִּי וְהָבִיאָה לִּי וְאֹכֵלָה בַּעֲבוּר תְּבָרֶכְךָ נַפְשִׁי

בְּטֶרֶם אָמוּת: וְרִבְקָה שֹׁמַעַת בְּדַבֵּר יִצְחָק אֶל־עֵשָׂו בְּנוֹ וַיֵּלֶךְ עֵשָׂו ‏⁵

הַשָּׂדֶה לָצוּד צַיִד לְהָבִיא: וְרִבְקָה אָמְרָה אֶל־יַעֲקֹב בְּנָהּ לֵאמֹר ‏⁶

הִנֵּה שָׁמַעְתִּי אֶת־אָבִיךָ מְדַבֵּר אֶל־עֵשָׂו אָחִיךָ לֵאמֹר: הָבִיאָה לִּי ‏⁷

צַיִד וַעֲשֵׂה־לִי מַטְעַמִּים וְאֹכֵלָה וַאֲבָרֶכְכָה לִפְנֵי יְהוָה לִפְנֵי מוֹתִי:

וְעַתָּה בְנִי שְׁמַע בְּקֹלִי לַאֲשֶׁר אֲנִי מְצַוָּה אֹתָךְ: לֶךְ־נָא אֶל־הַצֹּאן ‏₉⁸

וְקַח־לִי מִשָּׁם שְׁנֵי גְּדָיֵי עִזִּים טֹבִים וְאֶעֱשֶׂה אֹתָם מַטְעַמִּים לְאָבִיךָ

כַּאֲשֶׁר אָהֵב: וְהֵבֵאתָ לְאָבִיךָ וְאָכָל בַּעֲבֻר אֲשֶׁר יְבָרֶכְךָ לִפְנֵי ‏¹⁰

מוֹתוֹ: וַיֹּאמֶר יַעֲקֹב אֶל־רִבְקָה אִמּוֹ הֵן עֵשָׂו אָחִי אִישׁ שָׂעִר וְאָנֹכִי ‏¹¹

אִישׁ חָלָק: אוּלַי יְמֻשֵּׁנִי אָבִי וְהָיִיתִי בְעֵינָיו כִּמְתַעְתֵּעַ וְהֵבֵאתִי ‏¹²

עָלַי קְלָלָה וְלֹא בְרָכָה: וַתֹּאמֶר לוֹ אִמּוֹ עָלַי קִלְלָתְךָ בְּנִי אַךְ ‏¹³

שְׁמַע בְּקֹלִי וְלֵךְ קַח־לִי: וַיֵּלֶךְ וַיִּקַּח וַיָּבֵא לְאִמּוֹ וַתַּעַשׂ אִמּוֹ ‏¹⁴

מַטְעַמִּים כַּאֲשֶׁר אָהֵב אָבִיו: וַתִּקַּח רִבְקָה אֶת־בִּגְדֵי עֵשָׂו בְּנָהּ ‏¹⁵

הַגָּדֹל הַחֲמֻדֹת אֲשֶׁר אִתָּהּ בַּבָּיִת וַתַּלְבֵּשׁ אֶת־יַעֲקֹב בְּנָהּ הַקָּטָן:

וְאֵת עֹרֹת גְּדָיֵי הָעִזִּים הִלְבִּישָׁה עַל־יָדָיו וְעַל חֶלְקַת צַוָּארָיו: ‏¹⁶

וַתִּתֵּן אֶת־הַמַּטְעַמִּים וְאֶת־הַלֶּחֶם אֲשֶׁר עָשָׂתָה בְּיַד יַעֲקֹב בְּנָהּ: ‏¹⁷

וַיָּבֹא אֶל־אָבִיו וַיֹּאמֶר אָבִי וַיֹּאמֶר הִנֶּנִּי מִי אַתָּה בְּנִי: וַיֹּאמֶר יַעֲקֹב ‏₁₉¹⁸

אֶל־אָבִיו אָנֹכִי עֵשָׂו בְּכֹרֶךָ עָשִׂיתִי כַּאֲשֶׁר דִּבַּרְתָּ אֵלָי קוּם־נָא

שְׁבָה וְאָכְלָה מִצֵּידִי בַּעֲבוּר תְּבָרֲכַנִּי נַפְשֶׁךָ: וַיֹּאמֶר יִצְחָק אֶל־בְּנוֹ ‏²⁰

מַה־זֶּה מִהַרְתָּ לִמְצֹא בְּנִי וַיֹּאמֶר כִּי הִקְרָה יְהוָה אֱלֹהֶיךָ לְפָנָי:

וַיֹּאמֶר יִצְחָק אֶל־יַעֲקֹב גְּשָׁה־נָּא וַאֲמֻשְׁךָ בְּנִי הַאַתָּה זֶה בְּנִי עֵשָׂו ‏²¹

אִם־לֹא: וַיִּגַּשׁ יַעֲקֹב אֶל־יִצְחָק אָבִיו וַיְמֻשֵּׁהוּ וַיֹּאמֶר הַקֹּל קוֹל ‏²²

יַעֲקֹב וְהַיָּדַיִם יְדֵי עֵשָׂו: וְלֹא הִכִּירוֹ כִּי־הָיוּ יָדָיו כִּידֵי עֵשָׂו אָחִיו ‏²³

שְׂעִרֹת וַיְבָרֲכֵהוּ: וַיֹּאמֶר אַתָּה זֶה בְּנִי עֵשָׂו וַיֹּאמֶר אָנִי: וַיֹּאמֶר ‏₂₅²⁴

הַגִּשָׁה לִּי וְאֹכְלָה מִצֵּיד בְּנִי לְמַעַן תְּבָרֶכְךָ נַפְשִׁי וַיַּגֶּשׁ־לוֹ וַיֹּאכַל

וַיָּבֵא לוֹ יַיִן וַיֵּשְׁתְּ: וַיֹּאמֶר אֵלָיו יִצְחָק אָבִיו גְּשָׁה־נָּא וּשְׁקָה־לִּי ‏²⁶

בְּנִי: וַיִּגַּשׁ וַיִּשַּׁק־לוֹ וַיָּרַח אֶת־רֵיחַ בְּגָדָיו וַיְבָרֲכֵהוּ וַיֹּאמֶר רְאֵה ‏²⁷

רֵיחַ בְּנִי כְּרֵיחַ שָׂדֶה אֲשֶׁר בֵּרֲכוֹ יְהוָה: וְיִתֶּן־לְךָ הָאֱלֹהִים מִטַּל ‏²⁸

הַשָּׁמַיִם וּמִשְׁמַנֵּי הָאָרֶץ וְרֹב דָּגָן וְתִירֹשׁ: יַעַבְדוּךָ עַמִּים וישתחו ‏²⁹

לְךָ לְאֻמִּים הֱוֵה גְבִיר לְאַחֶיךָ וְיִשְׁתַּחֲווּ לְךָ בְּנֵי אִמֶּךָ אֹרְרֶיךָ אָרוּר

וּמְבָרֲכֶיךָ בָּרוּךְ: וַיְהִי כַּאֲשֶׁר כִּלָּה יִצְחָק לְבָרֵךְ אֶת־יַעֲקֹב וַיְהִי אַךְ ‏³⁰

Jacob was yet scarce gone out from the presence of Isaac his father, that Esau his brother came in from his hunting.

31 And he also had made savoury meat, and brought it unto his father, and said unto his father, Let my father arise, and eat of his son's venison, that thy soul may bless me.

32 And Isaac his father said unto him, Who *art* thou? And he said, I *am* thy son, thy firstborn Esau.

33 And Isaac trembled very exceedingly, and said, Who? where *is* he that hath taken venison, and brought *it* me, and I have eaten of all before thou camest, and have blessed him? yea, *and* he shall be blessed.

34 And when Esau heard the words of his father, he cried with a great and exceeding bitter cry, and said unto his father, Bless me, *even* me also, O my father.

35 And he said, Thy brother came with subtilty, and hath taken away thy blessing.

36 And he said, Is not he rightly named Jacob? for he hath supplanted me these two times: he took away my birthright; and, behold, now he hath taken away my blessing. And he said, Hast thou not reserved a blessing for me?

37 And Isaac answered and said unto Esau, Behold, I have made him thy lord, and all his brethren have I given to him for servants; and with corn and wine have I sustained him: and what shall I do now unto thee, my son?

38 And Esau said unto his father, Hast thou but one blessing, my father? bless me, *even* me also, O my father. And Esau lifted up his voice, and wept.

39 And Isaac his father answered and said unto him, Behold, thy dwelling shall be the fatness of the earth, and of the dew of heaven from above;

40 And by thy sword shalt thou live, and shalt serve thy brother; and it shall come to pass when thou shalt have the dominion, that thou shalt break his yoke from off thy neck.

41 ¶ And Esau hated Jacob because of the blessing wherewith his father blessed him: and Esau said in his heart, The days of mourning for my father are at hand; then will I slay my brother Jacob.

42 And these words of Esau her elder son were told to Rebekah: and she sent and called Jacob her younger son, and said unto him, Behold, thy brother Esau, as touching thee, doth comfort himself, *purposing* to kill thee.

43 Now therefore, my son, obey my voice; and arise, flee thou to Laban my brother to Haran;

44 And tarry with him a few days, until thy brother's fury turn away;

45 Until thy brother's anger turn away from thee, and he forget *that* which thou hast done to him: then I will send, and fetch thee from thence: why should I be deprived also of you both in one day?

46 And Rebekah said to Isaac, I am weary of my life because of the daughters of Heth: if Jacob take a wife of the daughters of Heth, such as these *which are* of the daughters of the land, what good shall my life do me?

CHAPTER 28

1 And Isaac called Jacob, and blessed him, and charged him, and said unto him, Thou shalt not take a wife of the daughters of Canaan.

2 Arise, go to Padan-aram, to the house of Bethuel thy mother's father; and take thee a wife from thence of the daughters of Laban thy mother's brother.

3 And God Almighty bless thee, and make thee fruitful, and multiply thee, that thou mayest be a multitude of people;

4 And give thee the blessing of Abraham, to thee, and to thy seed with thee; that thou mayest inherit the land wherein thou art a stranger, which God gave unto Abraham.

5 And Isaac sent away Jacob: and he went to Padan-aram unto Laban, son of Bethuel the Syrian, the brother of Rebekah, Jacob's and Esau's mother.

6 ¶ When Esau saw that Isaac had blessed Jacob, and sent him away to Padan-aram, to take him a wife from thence; and that as he blessed him he gave him a charge, saying, Thou shalt not take a wife of the daughters of Canaan;

יָצֹא יָצָא יַעֲקֹב מֵאֵת פְּנֵי יִצְחָק אָבִיו וְעֵשָׂו אָחִיו בָּא מִצֵּידֽוֹ:

31 וַיַּעַשׂ גַּם־הוּא מַטְעַמִּים וַיָּבֵא לְאָבִיו וַיֹּאמֶר לְאָבִיו יָקֻם אָבִי וְיֹאכַל

32 מִצֵּיד בְּנוֹ בַּעֲבוּר תְּבָרֲכַנִּי נַפְשֶׁךָ: וַיֹּאמֶר לוֹ יִצְחָק אָבִיו מִי־אָתָּה

33 וַיֹּאמֶר אֲנִי בִּנְךָ בְכֹרְךָ עֵשָׂו: וַיֶּחֱרַד יִצְחָק חֲרָדָה גְּדֹלָה עַד־מְאֹד

וַיֹּאמֶר מִי־אֵפוֹא הוּא הַצָּד־צַיִד וַיָּבֵא לִי וָאֹכַל מִכֹּל בְּטֶרֶם תָּבוֹא

34 וָאֲבָרֲכֵהוּ גַּם־בָּרוּךְ יִהְיֶה: כִּשְׁמֹעַ עֵשָׂו אֶת־דִּבְרֵי אָבִיו וַיִּצְעַק

צְעָקָה גְּדֹלָה וּמָרָה עַד־מְאֹד וַיֹּאמֶר לְאָבִיו בָּרֲכֵנִי גַם־אָנִי אָבִי:

35 וַיֹּאמֶר בָּא אָחִיךָ בְּמִרְמָה וַיִּקַּח בִּרְכָתֶךָ: וַיֹּאמֶר הֲכִי קָרָא שְׁמוֹ
36 יַעֲקֹב וַיַּעְקְבֵנִי זֶה פַעֲמַיִם אֶת־בְּכֹרָתִי לָקָח וְהִנֵּה עַתָּה לָקַח בִּרְכָתִי

37 וַיֹּאמַר הֲלֹא־אָצַלְתָּ לִּי בְּרָכָה: וַיַּעַן יִצְחָק וַיֹּאמֶר לְעֵשָׂו הֵן גְּבִיר

שַׂמְתִּיו לָךְ וְאֶת־כָּל־אֶחָיו נָתַתִּי לוֹ לַעֲבָדִים וְדָגָן וְתִירֹשׁ סְמַכְתִּיו

38 וּלְכָה אֵפוֹא מָה אֶעֱשֶׂה בְּנִי: וַיֹּאמֶר עֵשָׂו אֶל־אָבִיו הַבְרָכָה אַחַת

39 הִוא־לְךָ אָבִי בָּרֲכֵנִי גַם־אָנִי אָבִי וַיִּשָּׂא עֵשָׂו קֹלוֹ וַיֵּבְךְּ: וַיַּעַן יִצְחָק

אָבִיו וַיֹּאמֶר אֵלָיו הִנֵּה מִשְׁמַנֵּי הָאָרֶץ יִהְיֶה מוֹשָׁבֶךָ וּמִטַּל הַשָּׁמַיִם

40 מֵעָל: וְעַל־חַרְבְּךָ תִחְיֶה וְאֶת־אָחִיךָ תַּעֲבֹד וְהָיָה כַּאֲשֶׁר תָּרִיד

41 וּפָרַקְתָּ עֻלּוֹ מֵעַל צַוָּארֶךָ: וַיִּשְׂטֹם עֵשָׂו אֶת־יַעֲקֹב עַל־הַבְּרָכָה

אֲשֶׁר בֵּרֲכוֹ אָבִיו וַיֹּאמֶר עֵשָׂו בְּלִבּוֹ יִקְרְבוּ יְמֵי אֵבֶל אָבִי וְאַהַרְגָה

42 אֶת־יַעֲקֹב אָחִי: וַיֻּגַּד לְרִבְקָה אֶת־דִּבְרֵי עֵשָׂו בְּנָהּ הַגָּדֹל וַתִּשְׁלַח

וַתִּקְרָא לְיַעֲקֹב בְּנָהּ הַקָּטָן וַתֹּאמֶר אֵלָיו הִנֵּה עֵשָׂו אָחִיךָ מִתְנַחֵם

43 לְךָ לְהָרְגֶךָ: וְעַתָּה בְנִי שְׁמַע בְּקֹלִי וְקוּם בְּרַח־לְךָ אֶל־לָבָן אָחִי

44 חָרָנָה: וְיָשַׁבְתָּ עִמּוֹ יָמִים אֲחָדִים עַד אֲשֶׁר־תָּשׁוּב חֲמַת אָחִיךָ:

45 עַד־שׁוּב אַף־אָחִיךָ מִמְּךָ וְשָׁכַח אֵת אֲשֶׁר־עָשִׂיתָ לּוֹ וְשָׁלַחְתִּי

46 וּלְקַחְתִּיךָ מִשָּׁם לָמָה אֶשְׁכַּל גַּם־שְׁנֵיכֶם יוֹם אֶחָד: וַתֹּאמֶר רִבְקָה

אֶל־יִצְחָק קַצְתִּי בְחַיַּי מִפְּנֵי בְּנוֹת חֵת אִם־לֹקֵחַ יַעֲקֹב אִשָּׁה

28 1 מִבְּנוֹת־חֵת כָּאֵלֶּה מִבְּנוֹת הָאָרֶץ לָמָה לִּי חַיִּים: וַיִּקְרָא יִצְחָק

אֶל־יַעֲקֹב וַיְבָרֶךְ אֹתוֹ וַיְצַוֵּהוּ וַיֹּאמֶר לוֹ לֹא־תִקַּח אִשָּׁה מִבְּנוֹת

2 כְּנָעַן: קוּם לֵךְ פַּדֶּנָה אֲרָם בֵּיתָה בְתוּאֵל אֲבִי אִמֶּךָ וְקַח־לְךָ מִשָּׁם

3 אִשָּׁה מִבְּנוֹת לָבָן אֲחִי אִמֶּךָ: וְאֵל שַׁדַּי יְבָרֵךְ אֹתְךָ וְיַפְרְךָ וְיַרְבֶּךָ

4 וְהָיִיתָ לִקְהַל עַמִּים: וְיִתֶּן־לְךָ אֶת־בִּרְכַּת אַבְרָהָם לְךָ וּלְזַרְעֲךָ אִתָּךְ

שביעי

5 לְרִשְׁתְּךָ אֶת־אֶרֶץ מְגֻרֶיךָ אֲשֶׁר־נָתַן אֱלֹהִים לְאַבְרָהָם: וַיִּשְׁלַח יִצְחָק

אֶת־יַעֲקֹב וַיֵּלֶךְ פַּדֶּנָה אֲרָם אֶל־לָבָן בֶּן־בְּתוּאֵל הָאֲרַמִּי אֲחִי רִבְקָה

6 אֵם יַעֲקֹב וְעֵשָׂו: וַיַּרְא עֵשָׂו כִּי־בֵרַךְ יִצְחָק אֶת־יַעֲקֹב וְשִׁלַּח אֹתוֹ

פַּדֶּנָה אֲרָם לָקַחַת־לוֹ מִשָּׁם אִשָּׁה בְּבָרֲכוֹ אֹתוֹ וַיְצַו עָלָיו לֵאמֹר

מפטיר

7 לֹא־תִקַּח אִשָּׁה מִבְּנוֹת כְּנָעַן: וַיִּשְׁמַע יַעֲקֹב אֶל־אָבִיו וְאֶל־אִמּוֹ

7 And that Jacob obeyed his father and his mother, and was gone to Padan-aram;

8 And Esau seeing that the daughters of Canaan pleased not Isaac his father;

9 Then went Esau unto Ishmael, and took unto the wives which he had Mahalath the daughter of Ishmael Abraham's son, the sister of Nebajoth, to be his wife.

10 ¶ And Jacob went out from Beer-sheba, and went toward Haran.

11 And he lighted upon a certain place, and tarried there all night, because the sun was set; and he took of the stones of that place, and put *them for* his pillows, and lay down in that place to sleep.

12 And he dreamed, and behold a ladder set up on the earth, and the top of it reached to heaven: and behold the angels of God ascending and descending on it.

13 And, behold, the LORD stood above it, and said, I *am* the LORD God of Abraham thy father, and the God of Isaac: the land whereon thou liest, to thee will I give it, and to thy seed;

14 And thy seed shall be as the dust of the earth, and thou shalt spread abroad to the west, and to the east, and to the north, and to the south: and in thee and in thy seed shall all the families of the earth be blessed.

15 And, behold, I *am* with thee, and will keep thee in all *places* whither thou goest, and will bring thee again into this land; for I will not leave thee, until I have done *that* which I have spoken to thee of.

16 ¶ And Jacob awaked out of his sleep, and he said, Surely the LORD is in this place; and I knew *it* not.

17 And he was afraid, and said, How dreadful *is* this place! this *is* none other but the house of God, and this *is* the gate of heaven.

18 And Jacob rose up early in the morning, and took the stone that he had put *for* his pillows, and set it up *for* a pillar, and poured oil upon the top of it.

19 And he called the name of that place Beth-el: but the name of that city *was* called Luz at the first.

20 And Jacob vowed a vow, saying, If God will be with me, and will keep me in this way that I go, and will give m bread to eat, and raiment to put on,

21 So that I come again to my father' house in peace; then shall the LORD be my God:

22 And this stone, which I have set *fo* a pillar, shall be God's house: and of al that thou shalt give me I will surely giv the tenth unto thee.

CHAPTER 29

1 Then Jacob went on his journey, and came into the land of the people of the east.

2 And he looked, and behold a well in the field, and, lo, there *were* three flocks of sheep lying by it; for out of that well they watered the flocks: and a great stone *was* upon the well's mouth.

3 And thither were all the flocks gathered: and they rolled the stone from the well's mouth, and watered the sheep, and put the stone again upon the well's mouth in his place.

4 And Jacob said unto them, My brethren, whence *be* ye? And they said, Of Haran *are* we.

5 And he said unto them, Know ye Laban the son of Nahor? And they said, We know *him*.

6 And he said unto them, *Is* he well? And they said, *He is* well: and, behold, Rachel his daughter cometh with the sheep.

7 And he said, Lo, *it is* yet high day, neither *is it* time that the cattle should be gathered together: water ye the sheep, and go *and* feed *them*.

8 And they said, We cannot, until all the flocks be gathered together, and *till* they roll the stone from the well's mouth; then we water the sheep.

9 ¶ And while he yet spake with them, Rachel came with her father's sheep: for she kept them.

10 And it came to pass, when Jacob saw Rachel the daughter of Laban his mother's brother, and the sheep of Laban his mother's brother, that Jacob went near, and rolled the stone from the well's mouth, and watered the flock of Laban his mother's brother.

8 וַיֵּ֣לֶךְ פַּדֶּ֑נָה אֲרָ֑ם וַיַּ֣רְא עֵשָׂ֗ו כִּ֤י רָעוֹת֙ בְּנ֣וֹת כְּנָ֔עַן בְּעֵינֵ֖י יִצְחָ֥ק

9 אָבִֽיו׃ וַיֵּ֥לֶךְ עֵשָׂ֖ו אֶל־יִשְׁמָעֵ֑אל וַיִּקַּ֡ח אֶֽת־מָחֲלַ֣ת ׀ בַּת־יִשְׁמָעֵ֣אל

10 בֶּן־אַבְרָהָ֗ם אֲח֧וֹת נְבָי֛וֹת עַל־נָשָׁ֖יו ל֥וֹ לְאִשָּֽׁה׃ ויצא וַיֵּצֵ֥א יַעֲקֹ֖ב

11 מִבְּאֵ֣ר שָׁ֑בַע וַיֵּ֖לֶךְ חָרָֽנָה׃ וַיִּפְגַּ֨ע בַּמָּק֜וֹם וַיָּ֤לֶן שָׁם֙ כִּי־בָ֣א הַשֶּׁ֔מֶשׁ

12 וַיִּקַּח֙ מֵאַבְנֵ֣י הַמָּק֔וֹם וַיָּ֖שֶׂם מְרַֽאֲשֹׁתָ֑יו וַיִּשְׁכַּ֖ב בַּמָּק֥וֹם הַהֽוּא׃ וַֽיַּחֲלֹ֗ם

13 וְהִנֵּ֤ה סֻלָּם֙ מֻצָּ֣ב אַ֔רְצָה וְרֹאשׁ֖וֹ מַגִּ֣יעַ הַשָּׁמָ֑יְמָה וְהִנֵּה֙ מַלְאֲכֵ֣י

אֱלֹהִ֔ים עֹלִ֥ים וְיֹרְדִ֖ים בּֽוֹ׃ וְהִנֵּ֨ה יְהוָ֜ה נִצָּ֣ב עָלָיו֮ וַיֹּאמַר֒ אֲנִ֣י יְהוָ֗ה

אֱלֹהֵי֙ אַבְרָהָ֣ם אָבִ֔יךָ וֵאלֹהֵ֖י יִצְחָ֑ק הָאָ֗רֶץ אֲשֶׁ֤ר אַתָּה֙ שֹׁכֵ֣ב עָלֶ֔יהָ

14 לְךָ֥ אֶתְּנֶ֖נָּה וּלְזַרְעֶֽךָ׃ וְהָיָ֤ה זַרְעֲךָ֙ כַּעֲפַ֣ר הָאָ֔רֶץ וּפָרַצְתָּ֛ יָ֥מָּה וָקֵ֖דְמָה

15 וְצָפֹ֣נָה וָנֶ֑גְבָּה וְנִבְרֲכ֥וּ בְךָ֛ כָּל־מִשְׁפְּחֹ֥ת הָאֲדָמָ֖ה וּבְזַרְעֶֽךָ׃ וְהִנֵּ֨ה

אָנֹכִ֜י עִמָּ֗ךְ וּשְׁמַרְתִּ֙יךָ֙ בְּכֹ֣ל אֲשֶׁר־תֵּלֵ֔ךְ וַהֲשִׁ֣בֹתִ֔יךָ אֶל־הָאֲדָמָ֖ה

הַזֹּ֑את כִּ֚י לֹ֣א אֶֽעֱזָבְךָ֔ עַ֚ד אֲשֶׁ֣ר אִם־עָשִׂ֔יתִי אֵ֥ת אֲשֶׁר־דִּבַּ֖רְתִּי לָֽךְ׃

16 וַיִּיקַ֣ץ יַעֲקֹב֮ מִשְּׁנָתוֹ֒ וַיֹּ֕אמֶר אָכֵן֙ יֵ֣שׁ יְהוָ֔ה בַּמָּק֖וֹם הַזֶּ֑ה וְאָנֹכִ֖י לֹ֥א

17 יָדָֽעְתִּי׃ וַיִּירָא֙ וַיֹּאמַ֔ר מַה־נּוֹרָ֖א הַמָּק֣וֹם הַזֶּ֑ה אֵ֣ין זֶ֗ה כִּ֚י אִם־בֵּ֣ית

18 אֱלֹהִ֔ים וְזֶ֖ה שַׁ֥עַר הַשָּׁמָֽיִם׃ וַיַּשְׁכֵּ֨ם יַעֲקֹ֜ב בַּבֹּ֗קֶר וַיִּקַּ֤ח אֶת־הָאֶ֙בֶן֙

אֲשֶׁר־שָׂ֣ם מְרַֽאֲשֹׁתָ֔יו וַיָּ֥שֶׂם אֹתָ֖הּ מַצֵּבָ֑ה וַיִּצֹ֥ק שֶׁ֖מֶן עַל־רֹאשָֽׁהּ׃

19 וַיִּקְרָ֛א אֶת־שֵֽׁם־הַמָּק֥וֹם הַה֖וּא בֵּֽית־אֵ֑ל וְאוּלָ֛ם ל֥וּז שֵׁם־הָעִ֖יר

20 לָרִאשֹׁנָֽה׃ וַיִּדַּ֥ר יַעֲקֹ֖ב נֶ֣דֶר לֵאמֹ֑ר אִם־יִהְיֶ֨ה אֱלֹהִ֜ים עִמָּדִ֗י וּשְׁמָרַ֙נִי֙

בַּדֶּ֤רֶךְ הַזֶּה֙ אֲשֶׁ֣ר אָנֹכִ֣י הוֹלֵ֔ךְ וְנָֽתַן־לִ֥י לֶ֛חֶם לֶאֱכֹ֖ל וּבֶ֥גֶד לִלְבֹּֽשׁ׃

21 וְשַׁבְתִּ֥י בְשָׁל֖וֹם אֶל־בֵּ֣ית אָבִ֑י וְהָיָ֧ה יְהוָ֛ה לִ֖י לֵֽאלֹהִֽים׃ וְהָאֶ֣בֶן
22

הַזֹּ֗את אֲשֶׁר־שַׂ֙מְתִּי֙ מַצֵּבָ֔ה יִהְיֶ֖ה בֵּ֣ית אֱלֹהִ֑ים וְכֹל֙ אֲשֶׁ֣ר תִּתֶּן־לִ֔י

שני 29 1 עַשֵּׂ֖ר אֲעַשְּׂרֶ֥נּוּ לָֽךְ׃ וַיִּשָּׂ֥א יַעֲקֹ֖ב רַגְלָ֑יו וַיֵּ֖לֶךְ אַ֥רְצָה בְנֵי־קֶֽדֶם׃

2 וַיַּ֞רְא וְהִנֵּ֧ה בְאֵ֣ר בַּשָּׂדֶ֗ה וְהִנֵּה־שָׁ֞ם שְׁלֹשָׁ֤ה עֶדְרֵי־צֹאן֙ רֹבְצִ֣ים עָלֶ֔יהָ

כִּ֚י מִן־הַבְּאֵ֣ר הַהִ֔וא יַשְׁק֖וּ הָעֲדָרִ֑ים וְהָאֶ֥בֶן גְּדֹלָ֖ה עַל־פִּ֥י הַבְּאֵֽר׃

3 וְנֶאֶסְפוּ־שָׁ֣מָּה כָל־הָעֲדָרִ֗ים וְגָלֲל֤וּ אֶת־הָאֶ֙בֶן֙ מֵעַל֙ פִּ֣י הַבְּאֵ֔ר וְהִשְׁק֖וּ

4 אֶת־הַצֹּ֑אן וְהֵשִׁ֧יבוּ אֶת־הָאֶ֛בֶן עַל־פִּ֥י הַבְּאֵ֖ר לִמְקֹמָֽהּ׃ וַיֹּ֤אמֶר לָהֶם֙

5 יַעֲקֹ֔ב אַחַ֖י מֵאַ֣יִן אַתֶּ֑ם וַיֹּ֣אמְר֔וּ מֵחָרָ֖ן אֲנָֽחְנוּ׃ וַיֹּ֣אמֶר לָהֶ֔ם הַיְדַעְתֶּ֖ם

6 אֶת־לָבָ֣ן בֶּן־נָח֑וֹר וַיֹּאמְר֖וּ יָדָֽעְנוּ׃ וַיֹּ֤אמֶר לָהֶם֙ הֲשָׁל֣וֹם ל֔וֹ וַיֹּאמְר֣וּ

7 שָׁל֔וֹם וְהִנֵּה֙ רָחֵ֣ל בִּתּ֔וֹ בָּאָ֖ה עִם־הַצֹּֽאן׃ וַיֹּ֗אמֶר הֵ֥ן עוֹד֙ הַיּ֣וֹם

8 גָּד֔וֹל לֹא־עֵ֖ת הֵאָסֵ֣ף הַמִּקְנֶ֑ה הַשְׁק֥וּ הַצֹּ֖אן וּלְכ֥וּ רְעֽוּ׃ וַיֹּאמְרוּ֮ לֹ֣א

נוּכַל֒ עַ֣ד אֲשֶׁ֤ר יֵאָֽסְפוּ֙ כָּל־הָ֣עֲדָרִ֔ים וְגָֽלֲלוּ֙ אֶת־הָאֶ֔בֶן מֵעַ֖ל פִּ֣י

9 הַבְּאֵ֑ר וְהִשְׁקִ֖ינוּ הַצֹּֽאן׃ עוֹדֶ֖נּוּ מְדַבֵּ֣ר עִמָּ֑ם וְרָחֵ֣ל ׀ בָּ֗אָה עִם־הַצֹּאן֙

10 אֲשֶׁ֣ר לְאָבִ֔יהָ כִּ֥י רֹעָ֖ה הִֽוא׃ וַיְהִ֡י כַּאֲשֶׁר֩ רָאָ֨ה יַעֲקֹ֜ב אֶת־רָחֵ֗ל

בַּת־לָבָן֙ אֲחִ֣י אִמּ֔וֹ וְאֶת־צֹ֥אן לָבָ֖ן אֲחִ֣י אִמּ֑וֹ וַיִּגַּ֣שׁ יַעֲקֹ֗ב וַיָּ֤גֶל

11 אֶת־הָאֶ֙בֶן֙ מֵעַל֙ פִּ֣י הַבְּאֵ֔ר וַיַּ֕שְׁקְ אֶת־צֹ֥אן לָבָ֖ן אֲחִ֣י אִמּֽוֹ׃ וַיִּשַּׁ֥ק

11 And Jacob kissed Rachel, and lifted up his voice, and wept.

12 And Jacob told Rachel that he *was* her father's brother, and that he *was* Rebekah's son: and she ran and told her father.

13 And it came to pass, when Laban heard the tidings of Jacob his sister's son, that he ran to meet him, and embraced him, and kissed him, and brought him to his house. And he told Laban all these things.

14 And Laban said to him, Surely thou *art* my bone and my flesh. And he abode with him the space of a month.

15 ¶ And Laban said unto Jacob, Because thou *art* my brother, shouldest thou therefore serve me for nought? tell me, what *shall* thy wages *be?*

16 And Laban had two daughters: the name of the elder *was* Leah, and the name of the younger *was* Rachel.

17 Leah *was* tender eyed; but Rachel was beautiful and well favoured.

18 And Jacob loved Rachel; and said, I will serve thee seven years for Rachel thy younger daughter.

19 And Laban said, *It is* better that I give her to thee, than that I should give her to another man: abide with me.

20 And Jacob served seven years for Rachel; and they seemed unto him *but* a few days, for the love he had to her.

21 ¶ And Jacob said unto Laban, Give *me* my wife, for my days are fulfilled, that I may go in unto her.

22 And Laban gathered together all the men of the place, and made a feast.

23 And it came to pass in the evening, that he took Leah his daughter, and brought her to him; and he went in unto her.

24 And Laban gave unto his daughter Leah Zilpah his maid *for* an handmaid.

25 And it came to pass, that in the morning, behold, it *was* Leah: and he said to Laban, What *is* this thou hast done unto me? did not I serve with thee for Rachel? wherefore then hast thou beguiled me?

26 And Laban said, It must not be so done in our country, to give the younger before the firstborn.

27 Fulfil her week, and we will give thee this also for the service which thou shal serve with me yet seven other years.

28 And Jacob did so, and fulfilled he week: and he gave him Rachel his daughter to wife also.

29 And Laban gave to Rachel his daughter Bilhah his handmaid to be her maid

30 And he went in also unto Rachel, and he loved also Rachel more than Leah, and served with him yet seven other years.

31 ¶ And when the Lord saw that Leah *was* hated, he opened her womb: bu Rachel *was* barren.

32 And Leah conceived, and bare a son and she called his name Reuben: for she said, Surely the Lord hath looked upon my affliction; now therefore my husband will love me.

33 And she conceived again, and bare a son; and said, Because the Lord hath heard that I *was* hated, he hath therefore given me this *son* also: and she called his name Simeon.

34 And she conceived again, and bare a son; and said, Now this time will my husband be joined unto me, because I have born him three sons: therefore was his name called Levi.

35 And she conceived again, and bare a son: and she said, Now will I praise the Lord: therefore she called his name Judah; and left bearing.

CHAPTER 30

1 And when Rachel saw that she bare Jacob no children, Rachel envied her sister; and said unto Jacob, Give me children, or else I die.

2 And Jacob's anger was kindled against Rachel: and he said, *Am* I in God's stead, who hath withheld from thee the fruit of the womb?

3 And she said, Behold my maid Bilhah, go in unto her; and she shall bear upon my knees, that I may also have children by her.

4 And she gave him Bilhah her handmaid to wife: and Jacob went in unto her.

5 And Bilhah conceived, and bare Jacob a son.

יַעֲקֹב לְרָחֵל וַיִּשָּׂא אֶת־קֹלוֹ וַיֵּבְךְּ: וַיַּגֵּד יַעֲקֹב לְרָחֵל כִּי אֲחִי אָבִיהָ 12

הוּא וְכִי בֶן־רִבְקָה הוּא וַתָּרָץ וַתַּגֵּד לְאָבִיהָ: וַיְהִי כִשְׁמֹעַ לָבָן 13
אֶת־שֵׁמַע ׀ יַעֲקֹב בֶּן־אֲחֹתוֹ וַיָּרָץ לִקְרָאתוֹ וַיְחַבֶּק־לוֹ וַיְנַשֶּׁק־לוֹ

וַיְבִיאֵהוּ אֶל־בֵּיתוֹ וַיְסַפֵּר לְלָבָן אֵת כָּל־הַדְּבָרִים הָאֵלֶּה: וַיֹּאמֶר 14
לוֹ לָבָן אַךְ עַצְמִי וּבְשָׂרִי אָתָּה וַיֵּשֶׁב עִמּוֹ חֹדֶשׁ יָמִים: וַיֹּאמֶר 15
לָבָן לְיַעֲקֹב הֲכִי־אָחִי אַתָּה וַעֲבַדְתַּנִי חִנָּם הַגִּידָה לִּי מַה־מַּשְׂכֻּרְתֶּךָ:

וּלְלָבָן שְׁתֵּי בָנוֹת שֵׁם הַגְּדֹלָה לֵאָה וְשֵׁם הַקְּטַנָּה רָחֵל: וְעֵינֵי 16
17
לֵאָה רַכּוֹת וְרָחֵל הָיְתָה יְפַת־תֹּאַר וִיפַת מַרְאֶה: וַיֶּאֱהַב יַעֲקֹב 18 שלישי
אֶת־רָחֵל וַיֹּאמֶר אֶעֱבָדְךָ שֶׁבַע שָׁנִים בְּרָחֵל בִּתְּךָ הַקְּטַנָּה: וַיֹּאמֶר 19
לָבָן טוֹב תִּתִּי אֹתָהּ לָךְ מִתִּתִּי אֹתָהּ לְאִישׁ אַחֵר שְׁבָה עִמָּדִי:

וַיַּעֲבֹד יַעֲקֹב בְּרָחֵל שֶׁבַע שָׁנִים וַיִּהְיוּ בְעֵינָיו כְּיָמִים אֲחָדִים 20
בְּאַהֲבָתוֹ אֹתָהּ: וַיֹּאמֶר יַעֲקֹב אֶל־לָבָן הָבָה אֶת־אִשְׁתִּי כִּי מָלְאוּ 21
יָמָי וְאָבוֹאָה אֵלֶיהָ: וַיֶּאֱסֹף לָבָן אֶת־כָּל־אַנְשֵׁי הַמָּקוֹם וַיַּעַשׂ מִשְׁתֶּה: 22
וַיְהִי בָעֶרֶב וַיִּקַּח אֶת־לֵאָה בִתּוֹ וַיָּבֵא אֹתָהּ אֵלָיו וַיָּבֹא אֵלֶיהָ: 23
וַיִּתֵּן לָבָן לָהּ אֶת־זִלְפָּה שִׁפְחָתוֹ לְלֵאָה בִתּוֹ שִׁפְחָה: וַיְהִי בַבֹּקֶר 24
25
וְהִנֵּה־הִוא לֵאָה וַיֹּאמֶר אֶל־לָבָן מַה־זֹּאת עָשִׂיתָ לִּי הֲלֹא בְרָחֵל
עֲבַדְתִּי עִמָּךְ וְלָמָּה רִמִּיתָנִי: וַיֹּאמֶר לָבָן לֹא־יֵעָשֶׂה כֵן בִּמְקוֹמֵנוּ 26
לָתֵת הַצְּעִירָה לִפְנֵי הַבְּכִירָה: מַלֵּא שְׁבֻעַ זֹאת וְנִתְּנָה לְךָ 27
גַּם־אֶת־זֹאת בַּעֲבֹדָה אֲשֶׁר תַּעֲבֹד עִמָּדִי עוֹד שֶׁבַע־שָׁנִים אֲחֵרוֹת:
וַיַּעַשׂ יַעֲקֹב כֵּן וַיְמַלֵּא שְׁבֻעַ זֹאת וַיִּתֶּן־לוֹ אֶת־רָחֵל בִּתּוֹ לוֹ לְאִשָּׁה: 28
וַיִּתֵּן לָבָן לְרָחֵל בִּתּוֹ אֶת־בִּלְהָה שִׁפְחָתוֹ לָהּ לְשִׁפְחָה: וַיָּבֹא גַּם 29
30
אֶל־רָחֵל וַיֶּאֱהַב גַּם־אֶת־רָחֵל מִלֵּאָה וַיַּעֲבֹד עִמּוֹ עוֹד שֶׁבַע־שָׁנִים
אֲחֵרוֹת: וַיַּרְא יְהוָה כִּי־שְׂנוּאָה לֵאָה וַיִּפְתַּח אֶת־רַחְמָהּ וְרָחֵל 31
עֲקָרָה: וַתַּהַר לֵאָה וַתֵּלֶד בֵּן וַתִּקְרָא שְׁמוֹ רְאוּבֵן כִּי אָמְרָה 32
כִּי־רָאָה יְהוָה בְּעָנְיִי כִּי עַתָּה יֶאֱהָבַנִי אִישִׁי: וַתַּהַר עוֹד וַתֵּלֶד 33
בֵּן וַתֹּאמֶר כִּי־שָׁמַע יְהוָה כִּי־שְׂנוּאָה אָנֹכִי וַיִּתֶּן־לִי גַּם־אֶת־זֶה
וַתִּקְרָא שְׁמוֹ שִׁמְעוֹן: וַתַּהַר עוֹד וַתֵּלֶד בֵּן וַתֹּאמֶר עַתָּה הַפַּעַם 34
יִלָּוֶה אִישִׁי אֵלַי כִּי־יָלַדְתִּי לוֹ שְׁלֹשָׁה בָנִים עַל־כֵּן קָרָא־שְׁמוֹ לֵוִי:
וַתַּהַר עוֹד וַתֵּלֶד בֵּן וַתֹּאמֶר הַפַּעַם אוֹדֶה אֶת־יְהוָה עַל־כֵּן קָרְאָה 35

שְׁמוֹ יְהוּדָה וַתַּעֲמֹד מִלֶּדֶת: וַתֵּרֶא רָחֵל כִּי לֹא יָלְדָה לְיַעֲקֹב 1 **30**
וַתְּקַנֵּא רָחֵל בַּאֲחֹתָהּ וַתֹּאמֶר אֶל־יַעֲקֹב הָבָה־לִּי בָנִים וְאִם־אַיִן
מֵתָה אָנֹכִי: וַיִּחַר־אַף יַעֲקֹב בְּרָחֵל וַיֹּאמֶר הֲתַחַת אֱלֹהִים אָנֹכִי 2
אֲשֶׁר־מָנַע מִמֵּךְ פְּרִי־בָטֶן: וַתֹּאמֶר הִנֵּה אֲמָתִי בִלְהָה בֹּא אֵלֶיהָ 3
וְתֵלֵד עַל־בִּרְכַּי וְאִבָּנֶה גַם־אָנֹכִי מִמֶּנָּה: וַתִּתֶּן־לוֹ אֶת־בִּלְהָה 4
שִׁפְחָתָהּ לְאִשָּׁה וַיָּבֹא אֵלֶיהָ יַעֲקֹב: וַתַּהַר בִּלְהָה וַתֵּלֶד לְיַעֲקֹב 5

6 And Rachel said, God hath judged me, and hath also heard my voice, and hath given me a son: therefore called she his name Dan.

7 And Bilhah Rachel's maid conceived again, and bare Jacob a second son.

8 And Rachel said, With great wrestlings have I wrestled with my sister, and I have prevailed: and she called his name Naphtali.

9 When Leah saw that she had left bearing, she took Zilpah her maid, and gave her Jacob to wife.

10 And Zilpah Leah's maid bare Jacob a son.

11 And Leah said, A troop cometh: and she called his name Gad.

12 And Zilpah Leah's maid bare Jacob a second son.

13 And Leah said, Happy am I, for the daughters will call me blessed: and she called his name Asher.

14 ¶ And Reuben went in the days of wheat harvest, and found mandrakes in the field, and brought them unto his mother Leah. Then Rachel said to Leah, Give me, I pray thee, of thy son's mandrakes.

15 And she said unto her, *Is it* a small matter that thou hast taken my husband? and wouldest thou take away my son's mandrakes also? And Rachel said, Therefore he shall lie with thee to night for thy son's mandrakes.

16 And Jacob came out of the field in the evening, and Leah went out to meet him, and said, Thou must come in unto me; for surely I have hired thee with my son's mandrakes. And he lay with her that night.

17 And God hearkened unto Leah, and she conceived, and bare Jacob the fifth son.

18 And Leah said, God hath given me my hire, because I have given my maiden to my husband: and she called his name Issachar.

19 And Leah conceived again, and bare Jacob the sixth son.

20 And Leah said, God hath endued me *with* a good dowry; now will my husband dwell with me, because I have born hir six sons: and she called his name Zebulur

21 And afterwards she bare a daughte and called her name Dinah.

22 ¶ And God remembered Rachel, an God hearkened to her, and opened he womb.

23 And she conceived, and bare a sor and said, God hath taken away my re proach:

24 And she called his name Joseph; an said, The LORD shall add to me anothe son.

25 ¶ And it came to pass, when Rache had born Joseph, that Jacob said unto La ban, Send me away, that I may go unt mine own place, and to my country.

26 Give *me* my wives and my children for whom I have served thee, and let m go: for thou knowest my service which have done thee.

27 And Laban said unto him, I pray thee if I have found favour in thine eyes, *tarry for* I have learned by experience that th LORD hath blessed me for thy sake.

28 And he said, Appoint me thy wages and I will give *it*.

29 And he said unto him, Thou knowes how I have served thee, and how thy cattl was with me.

30 For *it was* little which thou hadst before I *came,* and it is *now* increased unto a multitude; and the LORD hath blessec thee since my coming: and now when shall I provide for mine own house also

31 And he said, What shall I give thee And Jacob said, Thou shalt not give m any thing: if thou wilt do this thing fo me, I will again feed *and* keep thy flock

32 I will pass through all thy flock to day removing from thence all the speckled and spotted cattle, and all the brown cattle among the sheep, and the spotted and speckled among the goats: and *of such* shall be my hire.

33 So shall my righteousness answer for me in time to come, when it shall come for my hire before thy face: every one that *is* not speckled and spotted among the goats, and brown among the sheep, that shall be counted stolen with me.

6 בֵּן: וַתֹּאמֶר רָחֵל דָּנַנִּי אֱלֹהִים וְגַם שָׁמַע בְּקֹלִי וַיִּתֶּן־לִי בֵּן עַל־כֵּן

7 קָרְאָה שְׁמוֹ דָּן: וַתַּהַר עוֹד וַתֵּלֶד בִּלְהָה שִׁפְחַת רָחֵל בֵּן שֵׁנִי

8 לְיַעֲקֹב: וַתֹּאמֶר רָחֵל נַפְתּוּלֵי אֱלֹהִים ׀ נִפְתַּלְתִּי עִם־אֲחֹתִי גַּם־יָכֹלְתִּי

9 וַתִּקְרָא שְׁמוֹ נַפְתָּלִי: וַתֵּרֶא לֵאָה כִּי עָמְדָה מִלֶּדֶת וַתִּקַּח אֶת־זִלְפָּה

10 שִׁפְחָתָהּ וַתִּתֵּן אֹתָהּ לְיַעֲקֹב לְאִשָּׁה: וַתֵּלֶד זִלְפָּה שִׁפְחַת לֵאָה

11 לְיַעֲקֹב בֵּן: וַתֹּאמֶר לֵאָה בָּגָד וַתִּקְרָא אֶת־שְׁמוֹ גָּד: וַתֵּלֶד זִלְפָּה
12

13 שִׁפְחַת לֵאָה בֵּן שֵׁנִי לְיַעֲקֹב: וַתֹּאמֶר לֵאָה בְּאָשְׁרִי כִּי אִשְּׁרוּנִי

14 בָּנוֹת וַתִּקְרָא אֶת־שְׁמוֹ אָשֵׁר: וַיֵּלֶךְ רְאוּבֵן בִּימֵי קְצִיר־חִטִּים וַיִּמְצָא

דוּדָאִים בַּשָּׂדֶה וַיָּבֵא אֹתָם אֶל־לֵאָה אִמּוֹ וַתֹּאמֶר רָחֵל אֶל־לֵאָה

15 תְּנִי־נָא לִי מִדּוּדָאֵי בְּנֵךְ: וַתֹּאמֶר לָהּ הַמְעַט קַחְתֵּךְ אֶת־אִישִׁי

וְלָקַחַת גַּם אֶת־דּוּדָאֵי בְּנִי וַתֹּאמֶר רָחֵל לָכֵן יִשְׁכַּב עִמָּךְ הַלַּיְלָה

16 תַּחַת דּוּדָאֵי בְנֵךְ: וַיָּבֹא יַעֲקֹב מִן־הַשָּׂדֶה בָּעֶרֶב וַתֵּצֵא לֵאָה

לִקְרָאתוֹ וַתֹּאמֶר אֵלַי תָּבוֹא כִּי שָׂכֹר שְׂכַרְתִּיךָ בְּדוּדָאֵי בְּנִי וַיִּשְׁכַּב

17 עִמָּהּ בַּלַּיְלָה הוּא: וַיִּשְׁמַע אֱלֹהִים אֶל־לֵאָה וַתַּהַר וַתֵּלֶד לְיַעֲקֹב

18 בֵּן חֲמִישִׁי: וַתֹּאמֶר לֵאָה נָתַן אֱלֹהִים שְׂכָרִי אֲשֶׁר־נָתַתִּי שִׁפְחָתִי

19 לְאִישִׁי וַתִּקְרָא שְׁמוֹ יִשָּׂשכָר: וַתַּהַר עוֹד לֵאָה וַתֵּלֶד בֵּן־שִׁשִּׁי

20 לְיַעֲקֹב: וַתֹּאמֶר לֵאָה זְבָדַנִי אֱלֹהִים ׀ אֹתִי זֵבֶד טוֹב הַפַּעַם יִזְבְּלֵנִי

21 אִישִׁי כִּי־יָלַדְתִּי לוֹ שִׁשָּׁה בָנִים וַתִּקְרָא אֶת־שְׁמוֹ זְבֻלוּן: וְאַחַר

22 יָלְדָה בַּת וַתִּקְרָא אֶת־שְׁמָהּ דִּינָה: וַיִּזְכֹּר אֱלֹהִים אֶת־רָחֵל וַיִּשְׁמַע

23 אֵלֶיהָ אֱלֹהִים וַיִּפְתַּח אֶת־רַחְמָהּ: וַתַּהַר וַתֵּלֶד בֵּן וַתֹּאמֶר אָסַף

24 אֱלֹהִים אֶת־חֶרְפָּתִי: וַתִּקְרָא אֶת־שְׁמוֹ יוֹסֵף לֵאמֹר יֹסֵף יְהוָה לִי

25 בֵּן אַחֵר: וַיְהִי כַּאֲשֶׁר יָלְדָה רָחֵל אֶת־יוֹסֵף וַיֹּאמֶר יַעֲקֹב אֶל־לָבָן

26 שַׁלְּחֵנִי וְאֵלְכָה אֶל־מְקוֹמִי וּלְאַרְצִי: תְּנָה אֶת־נָשַׁי וְאֶת־יְלָדַי אֲשֶׁר

עָבַדְתִּי אֹתְךָ בָּהֵן וְאֵלֵכָה כִּי אַתָּה יָדַעְתָּ אֶת־עֲבֹדָתִי אֲשֶׁר

27 עֲבַדְתִּיךָ: וַיֹּאמֶר אֵלָיו לָבָן אִם־נָא מָצָאתִי חֵן בְּעֵינֶיךָ נִחַשְׁתִּי

28 וַיְבָרֲכֵנִי יְהוָה בִּגְלָלֶךָ: וַיֹּאמַר נָקְבָה שְׂכָרְךָ עָלַי וְאֶתֵּנָה: וַיֹּאמֶר
29

אֵלָיו אַתָּה יָדַעְתָּ אֵת אֲשֶׁר עֲבַדְתִּיךָ וְאֵת אֲשֶׁר־הָיָה מִקְנְךָ אִתִּי:

30 כִּי מְעַט אֲשֶׁר־הָיָה לְךָ לְפָנַי וַיִּפְרֹץ לָרֹב וַיְבָרֶךְ יְהוָה אֹתְךָ לְרַגְלִי

31 וְעַתָּה מָתַי אֶעֱשֶׂה גַם־אָנֹכִי לְבֵיתִי: וַיֹּאמֶר מָה אֶתֶּן־לָךְ וַיֹּאמֶר

יַעֲקֹב לֹא־תִתֶּן־לִי מְאוּמָה אִם־תַּעֲשֶׂה־לִּי הַדָּבָר הַזֶּה אָשׁוּבָה

32 אֶרְעֶה צֹאנְךָ אֶשְׁמֹר: אֶעֱבֹר בְּכָל־צֹאנְךָ הַיּוֹם הָסֵר מִשָּׁם כָּל־שֶׂה ׀

נָקֹד וְטָלוּא וְכָל־שֶׂה־חוּם בַּכְּשָׂבִים וְטָלוּא וְנָקֹד בָּעִזִּים וְהָיָה

33 שְׂכָרִי: וְעָנְתָה־בִּי צִדְקָתִי בְּיוֹם מָחָר כִּי־תָבוֹא עַל־שְׂכָרִי לְפָנֶיךָ

כֹּל אֲשֶׁר־אֵינֶנּוּ נָקֹד וְטָלוּא בָּעִזִּים וְחוּם בַּכְּשָׂבִים גָּנוּב הוּא אִתִּי:

34 And Laban said, Behold, I would it might be according to thy word.

35 And he removed that day the he goats that were ringstraked and spotted, and all the she goats that were speckled and spotted, *and* every one that had *some* white in it, and all the brown among the sheep, and gave *them* into the hand of his sons.

36 And he set three days' journey betwixt himself and Jacob: and Jacob fed the rest of Laban's flocks.

37 ¶ And Jacob took him rods of green poplar, and of the hazel and chestnut tree; and pilled white strakes in them, and made the white appear which *was* in the rods.

38 And he set the rods which he had pilled before the flocks in the gutters in the watering troughs when the flocks came to drink, that they should conceive when they came to drink.

39 And the flocks conceived before the rods, and brought forth cattle ringstraked, speckled, and spotted.

40 And Jacob did separate the lambs, and set the faces of the flocks toward the ringstraked, and all the brown in the flock of Laban; and he put his own flocks by themselves, and put them not unto Laban's cattle.

41 And it came to pass, whensoever the stronger cattle did conceive, that Jacob laid the rods before the eyes of the cattle in the gutters, that they might conceive among the rods.

42 But when the cattle were feeble, he put *them* not in: so the feebler were Laban's, and the stronger Jacob's.

43 And the man increased exceedingly, and had much cattle, and maidservants, and menservants, and camels, and asses.

CHAPTER 31

1 And he heard the words of Laban's sons, saying, Jacob hath taken away all that *was* our father's; and of *that* which *was* our father's hath he gotten all this glory.

2 And Jacob beheld the countenance of Laban, and, behold, it *was* not toward him as before.

3 And the LORD said unto Jacob, Return unto the land of thy fathers, and to the kindred; and I will be with thee.

4 And Jacob sent and called Rachel and Leah to the field unto his flock,

5 And said unto them, I see your father's countenance, that it *is* not toward me as before; but the God of my father hath been with me.

6 And ye know that with all my power I have served your father.

7 And your father hath deceived me, and changed my wages ten times; but God suffered him not to hurt me.

8 If he said thus, The speckled shall be thy wages; then all the cattle bare speckled: and if he said thus, The ringstraked shall be thy hire; then bare all the cattle ringstraked.

9 Thus God hath taken away the cattle of your father, and given *them* to me.

10 And it came to pass at the time that the cattle conceived, that I lifted up mine eyes, and saw in a dream, and, behold, the rams which leaped upon the cattle *were* ringstraked, speckled, and grisled.

11 And the angel of God spake unto me in a dream, *saying,* Jacob: And I said, Here *am* I.

12 And he said, Lift up now thine eyes, and see, all the rams which leap upon the cattle *are* ringstraked, speckled, and grisled: for I have seen all that Laban doeth unto thee.

13 I *am* the God of Beth-el, where thou anointedst the pillar, *and* where thou vowedst a vow unto me: now arise, get thee out from this land, and return unto the land of thy kindred.

14 And Rachel and Leah answered and said unto him, *Is there* yet any portion or inheritance for us in our father's house?

15 Are we not counted of him strangers? for he hath sold us, and hath quite devoured also our money.

16 For all the riches which God hath taken from our father, that *is* ours, and our children's: now then, whatsoever God hath said unto thee, do.

וַיֹּאמֶר לָבָן הֵן לוּ יְהִי כִדְבָרֶךָ: וַיָּסַר בַּיּוֹם הַהוּא אֶת־הַתְּיָשִׁים 34
הָעֲקֻדִּים וְהַטְּלֻאִים וְאֵת כָּל־הָעִזִּים הַנְּקֻדּוֹת וְהַטְּלֻאֹת כֹּל אֲשֶׁר־לָבָן 35
בּוֹ וְכָל־חוּם בַּכְּשָׂבִים וַיִּתֵּן בְּיַד־בָּנָיו: וַיָּשֶׂם דֶּרֶךְ שְׁלֹשֶׁת יָמִים 36
בֵּינוֹ וּבֵין יַעֲקֹב וְיַעֲקֹב רֹעֶה אֶת־צֹאן לָבָן הַנּוֹתָרֹת: וַיִּקַּח־לוֹ יַעֲקֹב 37
מַקַּל לִבְנֶה לַח וְלוּז וְעַרְמוֹן וַיְפַצֵּל בָּהֵן פְּצָלוֹת לְבָנוֹת מַחְשֹׂף
הַלָּבָן אֲשֶׁר עַל־הַמַּקְלוֹת: וַיַּצֵּג אֶת־הַמַּקְלוֹת אֲשֶׁר פִּצֵּל בָּרְהָטִים 38
בְּשִׁקֲתוֹת הַמָּיִם אֲשֶׁר תָּבֹאןָ הַצֹּאן לִשְׁתּוֹת לְנֹכַח הַצֹּאן וַיֵּחַמְנָה
בְּבֹאָן לִשְׁתּוֹת: וַיֶּחֱמוּ הַצֹּאן אֶל־הַמַּקְלוֹת וַתֵּלַדְןָ הַצֹּאן עֲקֻדִּים 39
נְקֻדִּים וּטְלֻאִים: וְהַכְּשָׂבִים הִפְרִיד יַעֲקֹב וַיִּתֵּן פְּנֵי הַצֹּאן אֶל־עָקֹד 40
וְכָל־חוּם בְּצֹאן לָבָן וַיָּשֶׁת־לוֹ עֲדָרִים לְבַדּוֹ וְלֹא שָׁתָם עַל־צֹאן
לָבָן: וְהָיָה בְּכָל־יַחֵם הַצֹּאן הַמְקֻשָּׁרוֹת וְשָׂם יַעֲקֹב אֶת־הַמַּקְלוֹת 41
לְעֵינֵי הַצֹּאן בָּרְהָטִים לְיַחְמֵנָּה בַּמַּקְלוֹת: וּבְהַעֲטִיף הַצֹּאן לֹא יָשִׂים 42
וְהָיָה הָעֲטֻפִים לְלָבָן וְהַקְּשֻׁרִים לְיַעֲקֹב: וַיִּפְרֹץ הָאִישׁ מְאֹד מְאֹד 43
וַיְהִי־לוֹ צֹאן רַבּוֹת וּשְׁפָחוֹת וַעֲבָדִים וּגְמַלִּים וַחֲמֹרִים: וַיִּשְׁמַע 31 1
אֶת־דִּבְרֵי בְנֵי־לָבָן לֵאמֹר לָקַח יַעֲקֹב אֵת כָּל־אֲשֶׁר לְאָבִינוּ וּמֵאֲשֶׁר
לְאָבִינוּ עָשָׂה אֵת כָּל־הַכָּבֹד הַזֶּה: וַיַּרְא יַעֲקֹב אֶת־פְּנֵי לָבָן וְהִנֵּה 2
אֵינֶנּוּ עִמּוֹ כִּתְמוֹל שִׁלְשׁוֹם: וַיֹּאמֶר יְהֹוָה אֶל־יַעֲקֹב שׁוּב אֶל־אֶרֶץ 3
אֲבוֹתֶיךָ וּלְמוֹלַדְתֶּךָ וְאֶהְיֶה עִמָּךְ: וַיִּשְׁלַח יַעֲקֹב וַיִּקְרָא לְרָחֵל 4
וּלְלֵאָה הַשָּׂדֶה אֶל־צֹאנוֹ: וַיֹּאמֶר לָהֶן רֹאֶה אָנֹכִי אֶת־פְּנֵי אֲבִיכֶן 5
כִּי־אֵינֶנּוּ אֵלַי כִּתְמֹל שִׁלְשֹׁם וֵאלֹהֵי אָבִי הָיָה עִמָּדִי: וְאַתֵּנָה יְדַעְתֶּן 6
כִּי בְּכָל־כֹּחִי עָבַדְתִּי אֶת־אֲבִיכֶן: וַאֲבִיכֶן הֵתֶל בִּי וְהֶחֱלִף 7
אֶת־מַשְׂכֻּרְתִּי עֲשֶׂרֶת מֹנִים וְלֹא־נְתָנוֹ אֱלֹהִים לְהָרַע עִמָּדִי: אִם־כֹּה 8
יֹאמַר נְקֻדִּים יִהְיֶה שְׂכָרֶךָ וְיָלְדוּ כָל־הַצֹּאן נְקֻדִּים וְאִם־כֹּה יֹאמַר
עֲקֻדִּים יִהְיֶה שְׂכָרֶךָ וְיָלְדוּ כָל־הַצֹּאן עֲקֻדִּים: וַיַּצֵּל אֱלֹהִים 9
אֶת־מִקְנֵה אֲבִיכֶם וַיִּתֶּן־לִי: וַיְהִי בְּעֵת יַחֵם הַצֹּאן וָאֶשָּׂא עֵינַי 10
וָאֵרֶא בַּחֲלוֹם וְהִנֵּה הָעַתֻּדִים הָעֹלִים עַל־הַצֹּאן עֲקֻדִּים נְקֻדִּים
וּבְרֻדִּים: וַיֹּאמֶר אֵלַי מַלְאַךְ הָאֱלֹהִים בַּחֲלוֹם יַעֲקֹב וָאֹמַר הִנֵּנִי: 11
וַיֹּאמֶר שָׂא־נָא עֵינֶיךָ וּרְאֵה כָּל־הָעַתֻּדִים הָעֹלִים עַל־הַצֹּאן עֲקֻדִּים 12
נְקֻדִּים וּבְרֻדִּים כִּי רָאִיתִי אֵת כָּל־אֲשֶׁר לָבָן עֹשֶׂה לָּךְ: אָנֹכִי הָאֵל 13
בֵּית־אֵל אֲשֶׁר מָשַׁחְתָּ שָּׁם מַצֵּבָה אֲשֶׁר נָדַרְתָּ לִּי שָׁם נֶדֶר עַתָּה
קוּם צֵא מִן־הָאָרֶץ הַזֹּאת וְשׁוּב אֶל־אֶרֶץ מוֹלַדְתֶּךָ: וַתַּעַן רָחֵל 14
וְלֵאָה וַתֹּאמַרְנָה לוֹ הַעוֹד לָנוּ חֵלֶק וְנַחֲלָה בְּבֵית אָבִינוּ: הֲלוֹא 15
נָכְרִיּוֹת נֶחְשַׁבְנוּ לוֹ כִּי מְכָרָנוּ וַיֹּאכַל גַּם־אָכוֹל אֶת־כַּסְפֵּנוּ: כִּי 16
כָל־הָעֹשֶׁר אֲשֶׁר הִצִּיל אֱלֹהִים מֵאָבִינוּ לָנוּ הוּא וּלְבָנֵינוּ וְעַתָּה
כֹּל אֲשֶׁר אָמַר אֱלֹהִים אֵלֶיךָ עֲשֵׂה: וַיָּקָם יַעֲקֹב וַיִּשָּׂא אֶת־בָּנָיו 17 ששי

37A

17 ¶ Then Jacob rose up, and set his sons and his wives upon camels;

18 And he carried away all his cattle, and all his goods which he had gotten, the cattle of his getting, which he had gotten in Padan-aram, for to go to Isaac his father in the land of Canaan.

19 And Laban went to shear his sheep: and Rachel had stolen the images that *were* her father's.

20 And Jacob stole away unawares to Laban the Syrian, in that he told him not that he fled.

21 So he fled with all that he had; and he rose up, and passed over the river, and set his face *toward* the mount Gilead.

22 And it was told Laban on the third day that Jacob was fled.

23 And he took his brethren with him, and pursued after him seven days' journey; and they overtook him in the mount Gilead.

24 And God came to Laban the Syrian in a dream by night, and said unto him, Take heed that thou speak not to Jacob either good or bad.

25 ¶ Then Laban overtook Jacob. Now Jacob had pitched his tent in the mount: and Laban with his brethren pitched in the mount of Gilead.

26 And Laban said to Jacob, What hast thou done, that thou hast stolen away unawares to me, and carried away my daughters, as captives *taken* with the sword?

27 Wherefore didst thou flee away secretly, and steal away from me; and didst not tell me, that I might have sent thee away with mirth, and with songs, with tabret, and with harp?

28 And hast not suffered me to kiss my sons and my daughters? thou hast now done foolishly in *so* doing.

29 It is in the power of my hand to do you hurt: but the God of your father spake unto me yesternight, saying, Take thou heed that thou speak not to Jacob either good or bad.

30 And now, *though* thou wouldest needs be gone, because thou sore longedst after thy father's house, *yet* wherefore hast thou stolen my gods?

31 And Jacob answered and said to Laban, Because I was afraid: for I said, Peradventure thou wouldest take by force thy daughters from me.

32 With whomsoever thou findest thy gods, let him not live: before our brethren discern thou what *is* thine with me, and take *it* to thee. For Jacob knew not that Rachel had stolen them.

33 And Laban went into Jacob's tent, and into Leah's tent, and into the two maidservants' tents; but he found *them* not. Then went he out of Leah's tent, and entered into Rachel's tent.

34 Now Rachel had taken the images, and put them in the camel's furniture, and sat upon them. And Laban searched all the tent, but found *them* not.

35 And she said to her father, Let it not displease my lord that I cannot rise up before thee; for the custom of women *is* upon me. And he searched, but found not the images.

36 ¶ And Jacob was wroth, and chode with Laban: and Jacob answered and said to Laban, What *is* my trespass? what *is* my sin, that thou hast so hotly pursued after me?

37 Whereas thou hast searched all my stuff, what hast thou found of all thy household stuff? set *it* here before my brethren and thy brethren, that they may judge betwixt us both.

38 This twenty years *have* I *been* with thee; thy ewes and thy she goats have not cast their young, and the rams of thy flock have I not eaten.

39 That which was torn *of beasts* I brought not unto thee; I bare the loss of it; of my hand didst thou require it, *whether* stolen by day, or stolen by night.

40 *Thus* I was; in the day the drought consumed me, and the frost by night; and my sleep departed from mine eyes.

41 Thus have I been twenty years in thy house; I served thee fourteen years for thy two daughters, and six years for thy cattle: and thou hast changed my wages ten times.

42 Except the God of my father, the God of Abraham, and the fear of Isaac, had been with me, surely thou hadst sent me

וְאֶת־נָשָׁיו עַל־הַגְּמַלִּים: וַיִּנְהַג אֶת־כָּל־מִקְנֵהוּ וְאֶת־כָּל־רְכֻשׁוֹ אֲשֶׁר 18

רָכָשׁ מִקְנֵה קִנְיָנוֹ אֲשֶׁר רָכַשׁ בְּפַדַּן אֲרָם לָבוֹא אֶל־יִצְחָק אָבִיו

אַרְצָה כְּנָעַן: וְלָבָן הָלַךְ לִגְזֹז אֶת־צֹאנוֹ וַתִּגְנֹב רָחֵל אֶת־הַתְּרָפִים 19

אֲשֶׁר לְאָבִיהָ: וַיִּגְנֹב יַעֲקֹב אֶת־לֵב לָבָן הָאֲרַמִּי עַל־בְּלִי הִגִּיד לוֹ 20

כִּי בֹרֵחַ הוּא: וַיִּבְרַח הוּא וְכָל־אֲשֶׁר־לוֹ וַיָּקָם וַיַּעֲבֹר אֶת־הַנָּהָר 21

וַיָּשֶׂם אֶת־פָּנָיו הַר הַגִּלְעָד: וַיֻּגַּד לְלָבָן בַּיּוֹם הַשְּׁלִישִׁי כִּי בָרַח 22

יַעֲקֹב: וַיִּקַּח אֶת־אֶחָיו עִמּוֹ וַיִּרְדֹּף אַחֲרָיו דֶּרֶךְ שִׁבְעַת יָמִים וַיַּדְבֵּק 23

אֹתוֹ בְּהַר הַגִּלְעָד: וַיָּבֹא אֱלֹהִים אֶל־לָבָן הָאֲרַמִּי בַּחֲלֹם הַלָּיְלָה 24

וַיֹּאמֶר לוֹ הִשָּׁמֶר לְךָ פֶּן־תְּדַבֵּר עִם־יַעֲקֹב מִטּוֹב עַד־רָע: וַיַּשֵּׂג 25

לָבָן אֶת־יַעֲקֹב וְיַעֲקֹב תָּקַע אֶת־אָהֳלוֹ בָּהָר וְלָבָן תָּקַע אֶת־אֶחָיו

בְּהַר הַגִּלְעָד: וַיֹּאמֶר לָבָן לְיַעֲקֹב מֶה עָשִׂיתָ וַתִּגְנֹב אֶת־לְבָבִי 26

וַתְּנַהֵג אֶת־בְּנֹתַי כִּשְׁבֻיוֹת חָרֶב: לָמָּה נַחְבֵּאתָ לִבְרֹחַ וַתִּגְנֹב אֹתִי 27

וְלֹא־הִגַּדְתָּ לִּי וָאֲשַׁלֵּחֲךָ בְּשִׂמְחָה וּבְשִׁרִים בְּתֹף וּבְכִנּוֹר: וְלֹא 28

נְטַשְׁתַּנִי לְנַשֵּׁק לְבָנַי וְלִבְנֹתָי עַתָּה הִסְכַּלְתָּ עֲשׂוֹ: יֶשׁ־לְאֵל יָדִי 29

לַעֲשׂוֹת עִמָּכֶם רָע וֵאלֹהֵי אֲבִיכֶם אֶמֶשׁ ׀ אָמַר אֵלַי לֵאמֹר הִשָּׁמֶר

לְךָ מִדַּבֵּר עִם־יַעֲקֹב מִטּוֹב עַד־רָע: וְעַתָּה הָלֹךְ הָלַכְתָּ כִּי־נִכְסֹף 30

נִכְסַפְתָּה לְבֵית אָבִיךָ לָמָּה גָנַבְתָּ אֶת־אֱלֹהָי: וַיַּעַן יַעֲקֹב וַיֹּאמֶר 31

לְלָבָן כִּי יָרֵאתִי כִּי אָמַרְתִּי פֶּן־תִּגְזֹל אֶת־בְּנוֹתֶיךָ מֵעִמִּי: עִם אֲשֶׁר 32

תִּמְצָא אֶת־אֱלֹהֶיךָ לֹא יִחְיֶה נֶגֶד אַחֵינוּ הַכֶּר־לְךָ מָה עִמָּדִי וְקַח־לָךְ

וְלֹא־יָדַע יַעֲקֹב כִּי רָחֵל גְּנָבָתַם: וַיָּבֹא לָבָן ׀ בְּאֹהֶל יַעֲקֹב ׀ וּבְאֹהֶל 33

לֵאָה וּבְאֹהֶל שְׁתֵּי הָאֲמָהֹת וְלֹא מָצָא וַיֵּצֵא מֵאֹהֶל לֵאָה וַיָּבֹא

בְּאֹהֶל רָחֵל: וְרָחֵל לָקְחָה אֶת־הַתְּרָפִים וַתְּשִׂמֵם בְּכַר הַגָּמָל וַתֵּשֶׁב 34

עֲלֵיהֶם וַיְמַשֵּׁשׁ לָבָן אֶת־כָּל־הָאֹהֶל וְלֹא מָצָא: וַתֹּאמֶר אֶל־אָבִיהָ 35

אַל־יִחַר בְּעֵינֵי אֲדֹנִי כִּי לוֹא אוּכַל לָקוּם מִפָּנֶיךָ כִּי־דֶרֶךְ נָשִׁים

לִי וַיְחַפֵּשׂ וְלֹא מָצָא אֶת־הַתְּרָפִים: וַיִּחַר לְיַעֲקֹב וַיָּרֶב בְּלָבָן וַיַּעַן 36

יַעֲקֹב וַיֹּאמֶר לְלָבָן מַה־פִּשְׁעִי מַה חַטָּאתִי כִּי דָלַקְתָּ אַחֲרָי:

כִּי־מִשַּׁשְׁתָּ אֶת־כָּל־כֵּלַי מַה־מָּצָאתָ מִכֹּל כְּלֵי־בֵיתֶךָ שִׂים כֹּה נֶגֶד 37

אַחַי וְאַחֶיךָ וְיוֹכִיחוּ בֵּין שְׁנֵינוּ: זֶה עֶשְׂרִים שָׁנָה אָנֹכִי עִמָּךְ רְחֵלֶיךָ 38

וְעִזֶּיךָ לֹא שִׁכֵּלוּ וְאֵילֵי צֹאנְךָ לֹא אָכָלְתִּי: טְרֵפָה לֹא־הֵבֵאתִי 39

אֵלֶיךָ אָנֹכִי אֲחַטֶּנָּה מִיָּדִי תְּבַקְשֶׁנָּה גְּנֻבְתִי יוֹם וּגְנֻבְתִי לָיְלָה:

הָיִיתִי בַיּוֹם אֲכָלַנִי חֹרֶב וְקֶרַח בַּלָּיְלָה וַתִּדַּד שְׁנָתִי מֵעֵינָי: זֶה־לִּי 40
                                                                                    41

עֶשְׂרִים שָׁנָה בְּבֵיתֶךָ עֲבַדְתִּיךָ אַרְבַּע־עֶשְׂרֵה שָׁנָה בִּשְׁתֵּי בְנֹתֶיךָ

וְשֵׁשׁ שָׁנִים בְּצֹאנֶךָ וַתַּחֲלֵף אֶת־מַשְׂכֻּרְתִּי עֲשֶׂרֶת מֹנִים: לוּלֵי אֱלֹהֵי 42

אָבִי אֱלֹהֵי אַבְרָהָם וּפַחַד יִצְחָק הָיָה לִי כִּי עַתָּה רֵיקָם שִׁלַּחְתָּנִי

away now empty. God hath seen mine affliction and the labour of my hands, and rebuked *thee* yesternight.

43 ¶ And Laban answered and said unto Jacob, *These* daughters *are* my daughters, and *these* children *are* my children, and *these* cattle *are* my cattle, and all that thou seest *is* mine: and what can I do this day unto these my daughters, or unto their children which they have born?

44 Now therefore come thou, let us make a covenant, I and thou; and let it be for a witness between me and thee.

45 And Jacob took a stone, and set it up *for* a pillar.

46 And Jacob said unto his brethren, Gather stones; and they took stones, and made an heap: and they did eat there upon the heap.

47 And Laban called it Jegarsahadutha: but Jacob called it Galeed.

48 And Laban said, This heap *is* a witness between me and thee this day. Therefore was the name of it called Galeed;

49 And Mizpah; for he said, The LORD watch between me and thee, when we are absent one from another.

50 If thou shalt afflict my daughters, or if thou shalt take *other* wives beside my daughters, no man *is* with us; see, God *is* witness betwixt me and thee.

51 And Laban said to Jacob, Behold this heap, and behold *this* pillar, which I have cast betwixt me and thee;

52 This heap *be* witness, and *this* pillar *be* witness, that I will not pass over this heap to thee, and that thou shalt not pass over this heap and this pillar unto me, for harm.

53 The God of Abraham, and the God of Nahor, the God of their father, judge betwixt us. And Jacob sware by the fear of his father Isaac.

54 Then Jacob offered sacrifice upon the mount, and called his brethren to eat bread: and they did eat bread, and tarried all night in the mount.

55[32:1] And early in the morning Laban rose up, and kissed his sons and his daughters, and blessed them: and Laban departed, and returned unto his place.

CHAPTER 32

1[2] And Jacob went on his way, and the angels of God met him.

2[3] And when Jacob saw them, he said, This *is* God's host: and he called the name of that place Mahanaim.

3[4] And Jacob sent messengers before him to Esau his brother unto the land of Seir, the country of Edom.

4[5] And he commanded them, saying, Thus shall ye speak unto my lord Esau; Thy servant Jacob saith thus, I have sojourned with Laban, and stayed there until now:

5[6] And I have oxen, and asses, flocks, and menservants, and womenservants: and I have sent to tell my lord, that I may find grace in thy sight.

6[7] ¶ And the messengers returned to Jacob, saying, We came to thy brother Esau, and also he cometh to meet thee, and four hundred men with him.

7[8] Then Jacob was greatly afraid and distressed: and he divided the people that *was* with him, and the flocks, and herds, and the camels, into two bands;

8[9] And said, If Esau come to the one company, and smite it, then the other company which is left shall escape.

9[10] ¶ And Jacob said, O God of my father Abraham, and God of my father Isaac, the LORD which saidst unto me, Return unto thy country, and to thy kindred, and I will deal well with thee:

10[11] I am not worthy of the least of all the mercies, and of all the truth, which thou hast shewed unto thy servant; for with my staff I passed over this Jordan; and now I am become two bands.

11[12] Deliver me, I pray thee, from the hand of my brother, from the hand of Esau: for I fear him, lest he will come and smite me, *and* the mother with the children.

12[13] And thou saidst, I will surely do thee good, and make thy seed as the sand of the sea, which cannot be numbered for multitude.

13[14] ¶ And he lodged there that same night; and took of that which came to his hand a present for Esau his brother;

שביעי   43   אֶת־עָנְיִ֗י וְאֶת־יְגִ֣יעַ כַּפַּ֛י רָאָ֥ה אֱלֹהִ֖ים וַיּ֥וֹכַח אָֽמֶשׁ: וַיַּ֨עַן לָבָ֜ן וַיֹּ֣אמֶר
        אֶֽל־יַעֲקֹ֗ב הַבָּנ֨וֹת בְּנֹתַ֜י וְהַבָּנִ֤ים בָּנַי֙ וְהַצֹּ֣אן צֹאנִ֔י וְכֹ֛ל אֲשֶׁר־אַתָּ֥ה
        רֹאֶ֖ה לִי־ה֑וּא וְלִבְנֹתַ֞י מָֽה־אֶֽעֱשֶׂ֤ה לָאֵ֨לֶּה֙ הַיּ֔וֹם א֥וֹ לִבְנֵיהֶ֖ן אֲשֶׁ֥ר
   44   יָלָֽדוּ: וְעַתָּ֗ה לְכָ֛ה נִכְרְתָ֥ה בְרִ֖ית אֲנִ֣י וָאָ֑תָּה וְהָיָ֥ה לְעֵ֖ד בֵּינִ֥י וּבֵינֶֽךָ:
   45
   46   וַיִּקַּ֥ח יַעֲקֹ֖ב אָ֑בֶן וַיְרִימֶ֖הָ מַצֵּבָֽה: וַיֹּ֨אמֶר יַעֲקֹ֤ב לְאֶחָיו֙ לִקְט֣וּ אֲבָנִ֔ים
   47   וַיִּקְח֣וּ אֲבָנִ֔ים וַיַּֽעֲשׂוּ־גָ֑ל וַיֹּ֥אכְלוּ שָׁ֖ם עַל־הַגָּֽל: וַיִּקְרָא־ל֣וֹ לָבָ֔ן יְגַ֖ר
   48   שָׂהֲדוּתָ֑א וְיַֽעֲקֹ֔ב קָ֥רָא ל֖וֹ גַּלְעֵֽד: וַיֹּ֣אמֶר לָבָ֔ן הַגַּ֨ל הַזֶּ֥ה עֵ֛ד בֵּינִ֥י
   49   וּבֵינְךָ֖ הַיּ֑וֹם עַל־כֵּ֥ן קָרָֽא־שְׁמ֖וֹ גַּלְעֵֽד: וְהַמִּצְפָּה֙ אֲשֶׁ֣ר אָמַ֔ר יִ֥צֶף
   50   יְהוָ֖ה בֵּינִ֣י וּבֵינֶ֑ךָ כִּ֥י נִסָּתֵ֖ר אִ֥ישׁ מֵרֵעֵֽהוּ: אִם־תְּעַנֶּ֣ה אֶת־בְּנֹתַ֗י
        וְאִם־תִּקַּ֤ח נָשִׁים֙ עַל־בְּנֹתַ֔י אֵ֥ין אִ֖ישׁ עִמָּ֑נוּ רְאֵ֕ה אֱלֹהִ֥ים עֵ֖ד בֵּינִ֥י
   51   וּבֵינֶֽךָ: וַיֹּ֥אמֶר לָבָ֖ן לְיַעֲקֹ֑ב הִנֵּ֣ה ׀ הַגַּ֣ל הַזֶּ֗ה וְהִנֵּה֙ הַמַּצֵּבָ֔ה אֲשֶׁ֥ר
   52   יָרִ֖יתִי בֵּינִ֣י וּבֵינֶֽךָ: עֵ֚ד הַגַּ֣ל הַזֶּ֔ה וְעֵדָ֖ה הַמַּצֵּבָ֑ה אִם־אָ֗נִי לֹֽא־אֶעֱבֹ֤ר
        אֵלֶ֨יךָ֙ אֶת־הַגַּ֣ל הַזֶּ֔ה וְאִם־אַ֠תָּה לֹא־תַעֲבֹ֨ר אֵלַ֜י אֶת־הַגַּ֥ל הַזֶּ֛ה
   53   וְאֶת־הַמַּצֵּבָ֥ה הַזֹּ֖את לְרָעָֽה: אֱלֹהֵ֨י אַבְרָהָ֜ם וֵֽאלֹהֵ֤י נָחוֹר֙ יִשְׁפְּט֣וּ
   54   בֵינֵ֔ינוּ אֱלֹהֵ֖י אֲבִיהֶ֑ם וַיִּשָּׁבַ֣ע יַעֲקֹ֔ב בְּפַ֖חַד אָבִ֥יו יִצְחָֽק: וַיִּזְבַּ֨ח יַעֲקֹ֥ב
        זֶ֨בַח֙ בָּהָ֔ר וַיִּקְרָ֥א לְאֶחָ֖יו לֶאֱכָל־לָ֑חֶם וַיֹּ֣אכְלוּ לֶ֔חֶם וַיָּלִ֖ינוּ בָּהָֽר:

מפטיר 32 1 וַיַּשְׁכֵּ֨ם לָבָ֜ן בַּבֹּ֗קֶר וַיְנַשֵּׁ֧ק לְבָנָ֛יו וְלִבְנוֹתָ֖יו וַיְבָ֣רֶךְ אֶתְהֶ֑ם וַיֵּ֛לֶךְ וַיָּ֥שָׁב
   2   לָבָ֖ן לִמְקֹמֽוֹ: וְיַעֲקֹ֖ב הָלַ֣ךְ לְדַרְכּ֑וֹ וַיִּפְגְּעוּ־ב֖וֹ מַלְאֲכֵ֥י אֱלֹהִֽים: וַיֹּ֤אמֶר
   3   יַעֲקֹב֙ כַּאֲשֶׁ֣ר רָאָ֔ם מַחֲנֵ֥ה אֱלֹהִ֖ים זֶ֑ה וַיִּקְרָ֛א שֵֽׁם־הַמָּק֥וֹם הַה֖וּא
         מַחֲנָֽיִם:

וישלח   4   וַיִּשְׁלַ֨ח יַעֲקֹ֤ב מַלְאָכִים֙ לְפָנָ֔יו אֶל־עֵשָׂ֖ו אָחִ֑יו אַ֥רְצָה שֵׂעִ֖יר שְׂדֵ֥ה
   5   אֱדֽוֹם: וַיְצַ֤ו אֹתָם֙ לֵאמֹ֔ר כֹּ֣ה תֹאמְר֔וּן לַֽאדֹנִ֖י לְעֵשָׂ֑ו כֹּ֤ה אָמַר֙
   6   עַבְדְּךָ֣ יַעֲקֹ֔ב עִם־לָבָ֣ן גַּ֔רְתִּי וָאֵחַ֖ר עַד־עָֽתָּה: וַֽיְהִי־לִי֙ שׁ֣וֹר וַחֲמ֔וֹר
         צֹ֥אן וְעֶ֖בֶד וְשִׁפְחָ֑ה וָֽאֶשְׁלְחָה֙ לְהַגִּ֣יד לַֽאדֹנִ֔י לִמְצֹא־חֵ֖ן בְּעֵינֶֽיךָ:
   7   וַיָּשֻׁ֨בוּ֙ הַמַּלְאָכִ֔ים אֶֽל־יַעֲקֹ֖ב לֵאמֹ֑ר בָּ֤אנוּ אֶל־אָחִ֨יךָ֙ אֶל־עֵשָׂ֔ו וְגַם֙
   8   הֹלֵ֣ךְ לִקְרָֽאתְךָ֔ וְאַרְבַּע־מֵא֥וֹת אִ֖ישׁ עִמּֽוֹ: וַיִּירָ֧א יַעֲקֹ֛ב מְאֹ֖ד וַיֵּ֣צֶר
         ל֑וֹ וַיַּ֜חַץ אֶת־הָעָ֣ם אֲשֶׁר־אִתּ֗וֹ וְאֶת־הַצֹּ֧אן וְאֶת־הַבָּקָ֛ר וְהַגְּמַלִּ֖ים
   9   לִשְׁנֵ֥י מַחֲנֽוֹת: וַיֹּ֕אמֶר אִם־יָב֥וֹא עֵשָׂ֛ו אֶל־הַמַּחֲנֶ֥ה הָאַחַ֖ת וְהִכָּ֑הוּ
   10   וְהָיָ֛ה הַמַּחֲנֶ֥ה הַנִּשְׁאָ֖ר לִפְלֵיטָֽה: וַיֹּאמֶר֮ יַעֲקֹב֒ אֱלֹהֵי֙ אָבִ֣י אַבְרָהָ֔ם
         וֵאלֹהֵ֖י אָבִ֣י יִצְחָ֑ק יְהוָ֞ה הָאֹמֵ֣ר אֵלַ֗י שׁ֤וּב לְאַרְצְךָ֙ וּלְמֽוֹלַדְתְּךָ֔
   11   וְאֵיטִ֖יבָה עִמָּֽךְ: קָטֹ֜נְתִּי מִכֹּ֤ל הַחֲסָדִים֙ וּמִכָּל־הָ֣אֱמֶ֔ת אֲשֶׁ֥ר עָשִׂ֖יתָ
         אֶת־עַבְדֶּ֑ךָ כִּ֣י בְמַקְלִ֗י עָבַ֨רְתִּי֙ אֶת־הַיַּרְדֵּ֣ן הַזֶּ֔ה וְעַתָּ֥ה הָיִ֖יתִי לִשְׁנֵ֥י
   12   מַחֲנֽוֹת: הַצִּילֵ֥נִי נָ֛א מִיַּ֥ד אָחִ֖י מִיַּ֣ד עֵשָׂ֑ו כִּֽי־יָרֵ֤א אָֽנֹכִי֙ אֹת֔וֹ פֶּן־יָב֣וֹא
   13   וְהִכַּ֖נִי אֵ֥ם עַל־בָּנִֽים: וְאַתָּ֣ה אָמַ֔רְתָּ הֵיטֵ֥ב אֵיטִ֖יב עִמָּ֑ךְ וְשַׂמְתִּ֤י
   14   אֶֽת־זַרְעֲךָ֙ כְּח֣וֹל הַיָּ֔ם אֲשֶׁ֥ר לֹא־יִסָּפֵ֖ר מֵרֹֽב: וַיָּ֥לֶן שָׁ֖ם בַּלַּ֣יְלָה הַה֑וּא   שני

71

14[15] Two hundred she goats, and twenty he goats, two hundred ewes, and twenty rams,

15[16] Thirty milch camels with their colts, forty kine, and ten bulls, twenty she asses, and ten foals.

16[17] And he delivered *them* into the hand of his servants, every drove by themselves; and said unto his servants, Pass over before me, and put a space betwixt drove and drove.

17[18] And he commanded the foremost, saying, When Esau my brother meeteth thee, and asketh thee, saying, Whose *art* thou? and whither goest thou? and whose *are* these before thee?

18[19] Then thou shalt say, *They be* thy servant Jacob's; it *is* a present sent unto my lord Esau: and, behold, also he *is* behind us.

19[20] And so commanded he the second, and the third, and all that followed the droves, saying, On this manner shall ye speak unto Esau, when ye find him.

20[21] And say ye moreover, Behold, thy servant Jacob *is* behind us. For he said, I will appease him with the present that goeth before me, and afterward I will see his face; peradventure he will accept of me.

21[22] So went the present over before him: and himself lodged that night in the company.

22[23] And he rose up that night, and took his two wives, and his two womenservants, and his eleven sons, and passed over the ford Jabbok.

23[24] And he took them, and sent them over the brook, and sent over that he had.

24[25] ¶ And Jacob was left alone; and there wrestled a man with him until the breaking of the day.

25[26] And when he saw that he prevailed not against him, he touched the hollow of his thigh; and the hollow of Jacob's thigh was out of joint, as he wrestled with him.

26[27] And he said, Let me go, for the day breaketh. And he said, I will not let thee go, except thou bless me.

27[28] And he said unto him, What *is* thy name? And he said, Jacob.

28[29] And he said, Thy name shall be called no more Jacob, but Israel: for as a prince hast thou power with God and with men, and hast prevailed.

29[30] And Jacob asked *him*, and said, Tell *me*, I pray thee, thy name. And he said, Wherefore *is* it *that* thou dost ask after my name? And he blessed him there.

30[31] And Jacob called the name of the place Peniel: for I have seen God face to face, and my life is preserved.

31[32] And as he passed over Penuel the sun rose upon him, and he halted upon his thigh.

32[33] Therefore the children of Israel eat not *of* the sinew which shrank, which *is* upon the hollow of the thigh, unto this day: because he touched the hollow of Jacob's thigh in the sinew that shrank.

CHAPTER 33

1 And Jacob lifted up his eyes, and looked, and, behold, Esau came, and with him four hundred men. And he divided the children unto Leah, and unto Rachel, and unto the two handmaids.

2 And he put the handmaids and their children foremost, and Leah and her children after, and Rachel and Joseph hindermost.

3 And he passed over before them, and bowed himself to the ground seven times, until he came near to his brother.

4 And Esau ran to meet him, and embraced him, and fell on his neck, and kissed him: and they wept.

5 And he lifted up his eyes, and saw the women and the children; and said, Who *are* those with thee? And he said, The children which God hath graciously given thy servant.

6 Then the handmaidens came near, they and their children, and they bowed themselves.

7 And Leah also with her children came near, and bowed themselves: and after came Joseph near and Rachel, and they bowed themselves.

8 And he said, What *meanest* thou by all this drove which I met? And he said, *These are* to find grace in the sight of my lord.

15 וַיִּקַּח מִן־הַבָּא בְיָד֖וֹ מִנְחָ֑ה לְעֵשָׂ֖ו אָחִ֑יו: עִזִּ֣ים מָאתַ֔יִם וּתְיָשִׁ֖ים

16 עֶשְׂרִ֑ים רְחֵלִ֤ים מָאתַ֙יִם֙ וְאֵילִ֣ים עֶשְׂרִ֔ים: גְּמַלִּ֧ים מֵינִיק֛וֹת וּבְנֵיהֶ֖ם
שְׁלֹשִׁ֑ים פָּר֣וֹת אַרְבָּעִים֙ וּפָרִ֣ים עֲשָׂרָ֔ה אֲתֹנֹ֣ת עֶשְׂרִ֔ים וַעְיָרִ֖ם עֲשָׂרָֽה:

17 וַיִּתֵּן֙ בְּיַד־עֲבָדָ֔יו עֵ֥דֶר עֵ֖דֶר לְבַדּ֑וֹ וַיֹּ֤אמֶר אֶל־עֲבָדָיו֙ עִבְר֣וּ לְפָנַ֔י

18A 18 וְרֶ֣וַח תָּשִׂ֔ימוּ בֵּ֥ין עֵ֖דֶר וּבֵ֣ין עֵ֑דֶר: וַיְצַ֥ו אֶת־הָרִאשׁ֖וֹן לֵאמֹ֑ר כִּ֣י
יִֽפְגָשְׁךָ֙ עֵשָׂ֣ו אָחִ֔י וּשְׁאֵֽלְךָ֙ לֵאמֹ֔ר לְמִי־אַ֖תָּה וְאָ֣נָה תֵלֵ֑ךְ וּלְמִ֥י אֵ֖לֶּה

19 לְפָנֶֽיךָ: וְאָ֣מַרְתָּ֔ לְעַבְדְּךָ֣ לְיַעֲקֹ֔ב מִנְחָ֥ה הִוא֙ שְׁלוּחָ֣ה לַֽאדֹנִ֖י לְעֵשָׂ֑ו

20 וְהִנֵּ֥ה גַם־ה֖וּא אַחֲרֵֽינוּ: וַיְצַ֞ו גַּ֣ם אֶת־הַשֵּׁנִ֗י גַּ֚ם אֶת־הַשְּׁלִישִׁ֔י גַּ֕ם
אֶת־כָּל־הַהֹֽלְכִ֔ים אַחֲרֵ֖י הָעֲדָרִ֣ים לֵאמֹ֑ר כַּדָּבָ֤ר הַזֶּה֙ תְּדַבְּר֣וּן

21 אֶל־עֵשָׂ֔ו בְּמֹצַאֲכֶ֖ם אֹתֽוֹ: וַאֲמַרְתֶּ֕ם גַּ֗ם הִנֵּ֛ה עַבְדְּךָ֥ יַעֲקֹ֖ב אַחֲרֵ֑ינוּ
כִּֽי־אָמַ֞ר אֲכַפְּרָ֣ה פָנָ֗יו בַּמִּנְחָה֙ הַהֹלֶ֣כֶת לְפָנָ֔י וְאַחֲרֵי־כֵן֙ אֶרְאֶ֣ה פָנָ֔יו

22 אוּלַ֖י יִשָּׂ֥א פָנָֽי: וַתַּעֲבֹ֥ר הַמִּנְחָ֖ה עַל־פָּנָ֑יו וְה֛וּא לָ֥ן בַּלַּֽיְלָה־הַה֖וּא

23 בַּֽמַּחֲנֶֽה: וַיָּ֣קָם ׀ בַּלַּ֣יְלָה ה֗וּא וַיִּקַּ֞ח אֶת־שְׁתֵּ֤י נָשָׁיו֙ וְאֶת־שְׁתֵּ֣י שִׁפְחֹתָ֔יו

24A 24 וְאֶת־אַחַ֥ד עָשָׂ֖ר יְלָדָ֑יו וַֽיַּעֲבֹ֔ר אֵ֖ת מַעֲבַ֥ר יַבֹּֽק: וַיִּקָּחֵ֔ם וַיַּֽעֲבִרֵ֖ם

25 אֶת־הַנָּ֑חַל וַֽיַּעֲבֵ֖ר אֶת־אֲשֶׁר־לֽוֹ: וַיִּוָּתֵ֥ר יַעֲקֹ֖ב לְבַדּ֑וֹ וַיֵּאָבֵ֥ק אִישׁ֙

26 עִמּ֔וֹ עַ֖ד עֲל֥וֹת הַשָּֽׁחַר: וַיַּ֗רְא כִּ֣י לֹ֤א יָכֹל֙ ל֔וֹ וַיִּגַּ֖ע בְּכַף־יְרֵכ֑וֹ וַתֵּ֙קַע֙
כַּף־יֶ֣רֶךְ יַעֲקֹ֔ב בְּהֵֽאָבְק֖וֹ עִמּֽוֹ:

27 וַיֹּ֣אמֶר שַׁלְּחֵ֔נִי כִּ֥י עָלָ֖ה הַשָּׁ֑חַר וַיֹּ֙אמֶר֙

28 לֹ֣א אֲשַֽׁלֵּחֲךָ֔ כִּ֖י אִם־בֵּֽרַכְתָּֽנִי: וַיֹּ֥אמֶר אֵלָ֖יו מַה־שְּׁמֶ֑ךָ וַיֹּ֖אמֶר יַעֲקֹֽב:

29 וַיֹּ֗אמֶר לֹ֤א יַעֲקֹב֙ יֵאָמֵ֥ר עוֹד֙ שִׁמְךָ֔ כִּ֖י אִם־יִשְׂרָאֵ֑ל כִּֽי־שָׂרִ֧יתָ

30 עִם־אֱלֹהִ֛ים וְעִם־אֲנָשִׁ֖ים וַתּוּכָֽל: וַיִּשְׁאַ֣ל יַעֲקֹ֗ב וַיֹּ֙אמֶר֙ הַגִּֽידָה־נָּ֣א

שלישי 31 שְׁמֶ֔ךָ וַיֹּ֕אמֶר לָ֥מָּה זֶּ֖ה תִּשְׁאַ֣ל לִשְׁמִ֑י וַיְבָ֥רֶךְ אֹת֖וֹ שָֽׁם: וַיִּקְרָ֧א יַעֲקֹ֛ב
שֵׁ֥ם הַמָּק֖וֹם פְּנִיאֵ֑ל כִּֽי־רָאִ֤יתִי אֱלֹהִים֙ פָּנִ֣ים אֶל־פָּנִ֔ים וַתִּנָּצֵ֖ל נַפְשִֽׁי:

32 וַיִּֽזְרַֽח־ל֣וֹ הַשֶּׁ֔מֶשׁ כַּאֲשֶׁ֥ר עָבַ֖ר אֶת־פְּנוּאֵ֑ל וְה֥וּא צֹלֵ֖עַ עַל־יְרֵכֽוֹ:

33 עַל־כֵּ֡ן לֹֽא־יֹאכְל֨וּ בְנֵֽי־יִשְׂרָאֵ֜ל אֶת־גִּ֣יד הַנָּשֶׁ֗ה אֲשֶׁר֙ עַל־כַּ֣ף הַיָּרֵ֔ךְ

33 1 עַ֖ד הַיּ֣וֹם הַזֶּ֑ה כִּ֤י נָגַע֙ בְּכַף־יֶ֣רֶךְ יַעֲקֹ֔ב בְּגִ֖יד הַנָּשֶֽׁה: וַיִּשָּׂ֨א יַעֲקֹ֜ב
עֵינָ֗יו וַיַּרְא֙ וְהִנֵּ֣ה עֵשָׂ֣ו בָּ֔א וְעִמּ֕וֹ אַרְבַּ֥ע מֵא֖וֹת אִ֑ישׁ וַיַּ֣חַץ

2 אֶת־הַיְלָדִ֗ים עַל־לֵאָה֙ וְעַל־רָחֵ֔ל וְעַ֖ל שְׁתֵּ֣י הַשְּׁפָח֑וֹת: וַיָּ֧שֶׂם
אֶת־הַשְּׁפָח֛וֹת וְאֶת־יַלְדֵיהֶ֖ן רִֽאשֹׁנָ֑ה וְאֶת־לֵאָ֤ה וִֽילָדֶ֙יהָ֙ אַחֲרֹנִ֔ים

3 וְאֶת־רָחֵ֥ל וְאֶת־יוֹסֵ֖ף אַחֲרֹנִ֑ים: וְה֖וּא עָבַ֣ר לִפְנֵיהֶ֑ם וַיִּשְׁתַּ֤חוּ אַ֙רְצָה֙

4 שֶׁ֣בַע פְּעָמִ֔ים עַד־גִּשְׁתּ֖וֹ עַד־אָחִֽיו: וַיָּ֨רָץ עֵשָׂ֤ו לִקְרָאתוֹ֙ וַֽיְחַבְּקֵ֔הוּ

5 וַיִּפֹּ֥ל עַל־צַוָּארָ֖ו וַ֣יִּשָּׁקֵ֑הוּ וַיִּבְכּֽוּ: וַיִּשָּׂ֣א אֶת־עֵינָ֗יו וַיַּ֤רְא אֶת־הַנָּשִׁים֙
וְאֶת־הַיְלָדִ֔ים וַיֹּ֖אמֶר מִי־אֵ֣לֶּה לָּ֑ךְ וַיֹּאמַ֕ר הַיְלָדִ֕ים אֲשֶׁר־חָנַ֥ן אֱלֹהִ֖ים

רביעי 6
7 אֶת־עַבְדֶּֽךָ: וַתִּגַּ֧שְׁןָ הַשְּׁפָח֛וֹת הֵ֥נָּה וְיַלְדֵיהֶ֖ן וַתִּֽשְׁתַּחֲוֶֽיןָ: וַתִּגַּ֤שׁ גַּם־

8 לֵאָה֙ וִֽילָדֶ֔יהָ וַיִּֽשְׁתַּחֲו֑וּ וְאַחַ֗ר נִגַּ֥שׁ יוֹסֵ֛ף וְרָחֵ֖ל וַיִּֽשְׁתַּחֲוֽוּ: וַיֹּ֕אמֶר
מִ֥י לְךָ֛ כָּל־הַמַּחֲנֶ֥ה הַזֶּ֖ה אֲשֶׁ֣ר פָּגָ֑שְׁתִּי וַיֹּ֕אמֶר לִמְצֹא־חֵ֖ן בְּעֵינֵ֥י

9 And Esau said, I have enough, my brother; keep that thou hast unto thyself.

10 And Jacob said, Nay, I pray thee, if now I have found grace in thy sight, then receive my present at my hand: for therefore I have seen thy face, as though I had seen the face of God, and thou wast pleased with me.

11 Take, I pray thee, my blessing that is brought to thee; because God hath dealt graciously with me, and because I have enough. And he urged him, and he took *it.*

12 And he said, Let us take our journey, and let us go, and I will go before thee.

13 And he said unto him, My lord knoweth that the children *are* tender, and the flocks and herds with young *are* with me: and if men should overdrive them one day, all the flock will die.

14 Let my lord, I pray thee, pass over before his servant: and I will lead on softly, according as the cattle that goeth before me and the children be able to endure, until I come unto my lord unto Seir.

15 And Esau said, Let me now leave with thee *some* of the folk that *are* with me. And he said, What needeth it? let me find grace in the sight of my lord.

16 ¶ So Esau returned that day on his way unto Seir.

17 And Jacob journeyed to Succoth, and built him an house, and made booths for his cattle: therefore the name of the place is called Succoth.

18 ¶ And Jacob came to Shalem, a city of Shechem, which *is* in the land of Canaan, when he came from Padan-aram; and pitched his tent before the city.

19 And he bought a parcel of a field, where he had spread his tent, at the hand of the children of Hamor, Shechem's father, for an hundred pieces of money.

20 And he erected there an altar, and called it El-elohe-Israel.

CHAPTER 34

1 And Dinah the daughter of Leah, which she bare unto Jacob, went out to see the daughters of the land.

2 And when Shechem the son of Hamor the Hivite, prince of the country, saw her, he took her, and lay with her, and defiled her.

3 And his soul clave unto Dinah the daughter of Jacob, and he loved the damsel, and spake kindly unto the damsel.

4 And Shechem spake unto his father Hamor, saying, Get me this damsel to wife.

5 And Jacob heard that he had defiled Dinah his daughter: now his sons were with his cattle in the field: and Jacob held his peace until they were come.

6 ¶ And Hamor the father of Shechem went out unto Jacob to commune with him.

7 And the sons of Jacob came out of the field when they heard *it:* and the men were grieved, and they were very wroth, because he had wrought folly in Israel in lying with Jacob's daughter; which thing ought not to be done.

8 And Hamor communed with them, saying, The soul of my son Shechem longeth for your daughter: I pray you give her him to wife.

9 And make ye marriages with us, *and* give your daughters unto us, and take our daughters unto you.

10 And ye shall dwell with us: and the land shall be before you; dwell and trade ye therein, and get you possessions therein.

11 And Shechem said unto her father and unto her brethren, Let me find grace in your eyes, and what ye shall say unto me I will give.

12 Ask me never so much dowry and gift, and I will give according as ye shall say unto me: but give me the damsel to wife.

13 And the sons of Jacob answered Shechem and Hamor his father deceitfully, and said, because he had defiled Dinah their sister:

14 And they said unto them, We cannot do this thing, to give our sister to one that is uncircumcised; for that *were* a reproach unto us:

15 But in this will we consent unto you: If ye will be as we *be,* that every male of you be circumcised;

‫9 אֲדֹנִי: וַיֹּאמֶר עֵשָׂו יֶשׁ־לִי רָב אָחִי יְהִי לְךָ אֲשֶׁר־לָךְ: וַיֹּאמֶר יַעֲקֹב‬
‫10 אַל־נָא אִם־נָא מָצָאתִי חֵן בְּעֵינֶיךָ וְלָקַחְתָּ מִנְחָתִי מִיָּדִי כִּי עַל־כֵּן‬
‫11 רָאִיתִי פָנֶיךָ כִּרְאֹת פְּנֵי אֱלֹהִים וַתִּרְצֵנִי: קַח־נָא אֶת־בִּרְכָתִי אֲשֶׁר‬
‫12 הֻבָאת לָךְ כִּי־חַנַּנִי אֱלֹהִים וְכִי יֶשׁ־לִי־כֹל וַיִּפְצַר־בּוֹ וַיִּקָּח: וַיֹּאמֶר‬
‫13 נִסְעָה וְנֵלֵכָה וְאֵלְכָה לְנֶגְדֶּךָ: וַיֹּאמֶר אֵלָיו אֲדֹנִי יֹדֵעַ כִּי־הַיְלָדִים‬
‫רַכִּים וְהַצֹּאן וְהַבָּקָר עָלוֹת עָלָי וּדְפָקוּם יוֹם אֶחָד וָמֵתוּ כָּל־הַצֹּאן:‬
‫14 יַעֲבָר־נָא אֲדֹנִי לִפְנֵי עַבְדּוֹ וַאֲנִי אֶתְנָהֲלָה לְאִטִּי לְרֶגֶל הַמְּלָאכָה‬
‫15 אֲשֶׁר־לְפָנַי וּלְרֶגֶל הַיְלָדִים עַד אֲשֶׁר־אָבֹא אֶל־אֲדֹנִי שֵׂעִירָה: וַיֹּאמֶר‬
‫עֵשָׂו אַצִּיגָה־נָּא עִמְּךָ מִן־הָעָם אֲשֶׁר אִתִּי וַיֹּאמֶר לָמָּה זֶּה אֶמְצָא־חֵן‬
‫16 בְּעֵינֵי אֲדֹנִי: וַיָּשָׁב בַּיּוֹם הַהוּא עֵשָׂו לְדַרְכּוֹ שֵׂעִירָה: וְיַעֲקֹב נָסַע‬
‫17 סֻכֹּתָה וַיִּבֶן לוֹ בָּיִת וּלְמִקְנֵהוּ עָשָׂה סֻכֹּת עַל־כֵּן קָרָא שֵׁם־הַמָּקוֹם‬
‫18 סֻכּוֹת: וַיָּבֹא יַעֲקֹב שָׁלֵם עִיר שְׁכֶם אֲשֶׁר בְּאֶרֶץ כְּנַעַן‬
‫19 בְּבֹאוֹ מִפַּדַּן אֲרָם וַיִּחַן אֶת־פְּנֵי הָעִיר: וַיִּקֶן אֶת־חֶלְקַת הַשָּׂדֶה‬
‫אֲשֶׁר נָטָה־שָׁם אָהֳלוֹ מִיַּד בְּנֵי־חֲמוֹר אֲבִי שְׁכֶם בְּמֵאָה קְשִׂיטָה:‬
‫20 וַיַּצֶּב־שָׁם מִזְבֵּחַ וַיִּקְרָא־לוֹ אֵל אֱלֹהֵי יִשְׂרָאֵל:‬   ‫חמישי 34 1 וַתֵּצֵא‬
‫2 דִּינָה בַּת־לֵאָה אֲשֶׁר יָלְדָה לְיַעֲקֹב לִרְאוֹת בִּבְנוֹת הָאָרֶץ: וַיַּרְא‬
‫אֹתָהּ שְׁכֶם בֶּן־חֲמוֹר הַחִוִּי נְשִׂיא הָאָרֶץ וַיִּקַּח אֹתָהּ וַיִּשְׁכַּב אֹתָהּ‬
‫3 וַיְעַנֶּהָ: וַתִּדְבַּק נַפְשׁוֹ בְּדִינָה בַּת־יַעֲקֹב וַיֶּאֱהַב אֶת־הַנַּעֲרָ וַיְדַבֵּר‬
‫4 עַל־לֵב הַנַּעֲרָ: וַיֹּאמֶר שְׁכֶם אֶל־חֲמוֹר אָבִיו לֵאמֹר קַח־לִי‬
‫5 אֶת־הַיַּלְדָּה הַזֹּאת לְאִשָּׁה: וְיַעֲקֹב שָׁמַע כִּי טִמֵּא אֶת־דִּינָה בִתּוֹ‬
‫6 וּבָנָיו הָיוּ אֶת־מִקְנֵהוּ בַּשָּׂדֶה וְהֶחֱרִשׁ יַעֲקֹב עַד־בֹּאָם: וַיֵּצֵא חֲמוֹר‬
‫7 אֲבִי־שְׁכֶם אֶל־יַעֲקֹב לְדַבֵּר אִתּוֹ: וּבְנֵי יַעֲקֹב בָּאוּ מִן־הַשָּׂדֶה‬
‫כְּשָׁמְעָם וַיִּתְעַצְּבוּ הָאֲנָשִׁים וַיִּחַר לָהֶם מְאֹד כִּי־נְבָלָה עָשָׂה‬
‫8 בְיִשְׂרָאֵל לִשְׁכַּב אֶת־בַּת־יַעֲקֹב וְכֵן לֹא יֵעָשֶׂה: וַיְדַבֵּר חֲמוֹר אִתָּם‬
‫לֵאמֹר שְׁכֶם בְּנִי חָשְׁקָה נַפְשׁוֹ בְּבִתְּכֶם תְּנוּ נָא אֹתָהּ לוֹ לְאִשָּׁה:‬
‫9 וְהִתְחַתְּנוּ אֹתָנוּ בְּנֹתֵיכֶם תִּתְּנוּ־לָנוּ וְאֶת־בְּנֹתֵינוּ תִּקְחוּ לָכֶם: וְאִתָּנוּ‬
‫10 תֵּשֵׁבוּ וְהָאָרֶץ תִּהְיֶה לִפְנֵיכֶם שְׁבוּ וּסְחָרוּהָ וְהֵאָחֲזוּ בָהּ: וַיֹּאמֶר‬
‫11 שְׁכֶם אֶל־אָבִיהָ וְאֶל־אַחֶיהָ אֶמְצָא־חֵן בְּעֵינֵיכֶם וַאֲשֶׁר תֹּאמְרוּ אֵלַי‬
‫12 אֶתֵּן: הַרְבּוּ עָלַי מְאֹד מֹהַר וּמַתָּן וְאֶתְּנָה כַּאֲשֶׁר תֹּאמְרוּ אֵלָי‬
‫13 וּתְנוּ־לִי אֶת־הַנַּעֲרָ לְאִשָּׁה: וַיַּעֲנוּ בְנֵי־יַעֲקֹב אֶת־שְׁכֶם וְאֶת־חֲמוֹר‬
‫14 אָבִיו בְּמִרְמָה וַיְדַבֵּרוּ אֲשֶׁר טִמֵּא אֵת דִּינָה אֲחֹתָם: וַיֹּאמְרוּ אֲלֵיהֶם‬
‫לֹא נוּכַל לַעֲשׂוֹת הַדָּבָר הַזֶּה לָתֵת אֶת־אֲחֹתֵנוּ לְאִישׁ אֲשֶׁר־לוֹ‬
‫15 עָרְלָה כִּי־חֶרְפָּה הִוא לָנוּ: אַךְ־בְּזֹאת נֵאוֹת לָכֶם אִם תִּהְיוּ כָמֹנוּ‬
‫16 לְהִמֹּל לָכֶם כָּל־זָכָר: וְנָתַנּוּ אֶת־בְּנֹתֵינוּ לָכֶם וְאֶת־בְּנֹתֵיכֶם נִקַּח־לָנוּ‬

16 Then will we give our daughters unto you, and we will take your daughters to us, and we will dwell with you, and we will become one people.

17 But if ye will not hearken unto us, to be circumcised; then will we take our daughter, and we will be gone.

18 And their words pleased Hamor, and Shechem Hamor's son.

19 And the young man deferred not to do the thing, because he had delight in Jacob's daughter: and he *was* more honourable than all the house of his father.

20 ¶ And Hamor and Shechem his son came unto the gate of their city, and communed with the men of their city, saying,

21 These men *are* peaceable with us; therefore let them dwell in the land, and trade therein; for the land, behold, *it is* large enough for them; let us take their daughters to us for wives, and let us give them our daughters.

22 Only herein will the men consent unto us for to dwell with us, to be one people, if every male among us be circumcised, as they *are* circumcised.

23 *Shall* not their cattle and their substance and every beast of theirs *be* ours? only let us consent unto them, and they will dwell with us.

24 And unto Hamor and unto Shechem his son hearkened all that went out of the gate of his city; and every male was circumcised, all that went out of the gate of his city.

25 ¶ And it came to pass on the third day, when they were sore, that two of the sons of Jacob, Simeon and Levi, Dinah's brethren, took each man his sword, and came upon the city boldly, and slew all the males.

26 And they slew Hamor and Shechem his son with the edge of the sword, and took Dinah out of Shechem's house, and went out.

27 The sons of Jacob came upon the slain, and spoiled the city, because they had defiled their sister.

28 They took their sheep, and their oxen, and their asses, and that which *was* in the city, and that which *was* in the field,

29 And all their wealth, and all their little ones, and their wives took they captive, and spoiled even all that *was* in the house.

30 And Jacob said to Simeon and Levi, Ye have troubled me to make me to stink among the inhabitants of the land, among the Canaanites and the Perizzites: and I *being* few in number, they shall gather themselves together against me, and slay me; and I shall be destroyed, I and my house.

31 And they said, Should he deal with our sister as with an harlot?

CHAPTER 35

1 And God said unto Jacob, Arise, go up to Beth-el, and dwell there: and make there an altar unto God, that appeared unto thee when thou fleddest from the face of Esau thy brother.

2 Then Jacob said unto his household, and to all that *were* with him, Put away the strange gods that *are* among you, and be clean, and change your garments:

3 And let us arise, and go up to Beth-el; and I will make there an altar unto God, who answered me in the day of my distress, and was with me in the way which I went.

4 And they gave unto Jacob all the strange gods which *were* in their hand, and *all their* earrings which *were* in their ears; and Jacob hid them under the oak which *was* by Shechem.

5 And they journeyed: and the terror of God was upon the cities that *were* round about them, and they did not pursue after the sons of Jacob.

6 ¶ So Jacob came to Luz, which *is* in the land of Canaan, that *is,* Beth-el, he and all the people that *were* with him.

7 And he built there an altar, and called the place El-beth-el: because there God appeared unto him, when he fled from the face of his brother.

8 But Deborah Rebekah's nurse died, and she was buried beneath Beth-el under an oak: and the name of it was called Allon-bachuth.

9 ¶ And God appeared unto Jacob again, when he came out of Padan-aram, and blessed him.

וְיָשַׁבְנוּ אִתְּכֶם וְהָיִינוּ לְעַם אֶחָד: וְאִם־לֹא תִשְׁמְעוּ אֵלֵינוּ לְהִמּוֹל 17

וְלָקַחְנוּ אֶת־בִּתֵּנוּ וְהָלָכְנוּ: וַיִּיטְבוּ דִבְרֵיהֶם בְּעֵינֵי חֲמוֹר וּבְעֵינֵי 18

שְׁכֶם בֶּן־חֲמוֹר: וְלֹא־אֵחַר הַנַּעַר לַעֲשׂוֹת הַדָּבָר כִּי חָפֵץ בְּבַת־יַעֲקֹב 19

וְהוּא נִכְבָּד מִכֹּל בֵּית אָבִיו: וַיָּבֹא חֲמוֹר וּשְׁכֶם בְּנוֹ אֶל־שַׁעַר 20

עִירָם וַיְדַבְּרוּ אֶל־אַנְשֵׁי עִירָם לֵאמֹר: הָאֲנָשִׁים הָאֵלֶּה שְׁלֵמִים הֵם 21

אִתָּנוּ וְיֵשְׁבוּ בָאָרֶץ וְיִסְחֲרוּ אֹתָהּ וְהָאָרֶץ הִנֵּה רַחֲבַת־יָדַיִם לִפְנֵיהֶם

אֶת־בְּנֹתָם נִקַּח־לָנוּ לְנָשִׁים וְאֶת־בְּנֹתֵינוּ נִתֵּן לָהֶם: אַךְ־בְּזֹאת יֵאֹתוּ 22

לָנוּ הָאֲנָשִׁים לָשֶׁבֶת אִתָּנוּ לִהְיוֹת לְעַם אֶחָד בְּהִמּוֹל לָנוּ כָּל־זָכָר

כַּאֲשֶׁר הֵם נִמֹּלִים: מִקְנֵהֶם וְקִנְיָנָם וְכָל־בְּהֶמְתָּם הֲלוֹא לָנוּ הֵם 23

אַךְ נֵאוֹתָה לָהֶם וְיֵשְׁבוּ אִתָּנוּ: וַיִּשְׁמְעוּ אֶל־חֲמוֹר וְאֶל־שְׁכֶם בְּנוֹ 24

כָּל־יֹצְאֵי שַׁעַר עִירוֹ וַיִּמֹּלוּ כָּל־זָכָר כָּל־יֹצְאֵי שַׁעַר עִירוֹ: וַיְהִי בַיּוֹם 25

הַשְּׁלִישִׁי בִּהְיוֹתָם כֹּאֲבִים וַיִּקְחוּ שְׁנֵי־בְנֵי־יַעֲקֹב שִׁמְעוֹן וְלֵוִי אֲחֵי

דִינָה אִישׁ חַרְבּוֹ וַיָּבֹאוּ עַל־הָעִיר בֶּטַח וַיַּהַרְגוּ כָּל־זָכָר: וְאֶת־חֲמוֹר 26

וְאֶת־שְׁכֶם בְּנוֹ הָרְגוּ לְפִי־חָרֶב וַיִּקְחוּ אֶת־דִּינָה מִבֵּית שְׁכֶם וַיֵּצֵאוּ:

בְּנֵי יַעֲקֹב בָּאוּ עַל־הַחֲלָלִים וַיָּבֹזּוּ הָעִיר אֲשֶׁר טִמְּאוּ אֲחוֹתָם: 27

אֶת־צֹאנָם וְאֶת־בְּקָרָם וְאֶת־חֲמֹרֵיהֶם וְאֵת אֲשֶׁר־בָּעִיר וְאֶת־אֲשֶׁר 28

28A

בַּשָּׂדֶה לָקָחוּ: וְאֶת־כָּל־חֵילָם וְאֶת־כָּל־טַפָּם וְאֶת־נְשֵׁיהֶם שָׁבוּ וַיָּבֹזּוּ 29

וְאֵת כָּל־אֲשֶׁר בַּבָּיִת: וַיֹּאמֶר יַעֲקֹב אֶל־שִׁמְעוֹן וְאֶל־לֵוִי עֲכַרְתֶּם 30

אֹתִי לְהַבְאִישֵׁנִי בְּיֹשֵׁב הָאָרֶץ בַּכְּנַעֲנִי וּבַפְּרִזִּי וַאֲנִי מְתֵי מִסְפָּר

וְנֶאֶסְפוּ עָלַי וְהִכּוּנִי וְנִשְׁמַדְתִּי אֲנִי וּבֵיתִי: וַיֹּאמְרוּ הַכְזוֹנָה יַעֲשֶׂה 31

אֶת־אֲחוֹתֵנוּ:

וַיֹּאמֶר אֱלֹהִים אֶל־יַעֲקֹב קוּם עֲלֵה בֵית־אֵל וְשֶׁב־שָׁם וַעֲשֵׂה־שָׁם 35 1

מִזְבֵּחַ לָאֵל הַנִּרְאֶה אֵלֶיךָ בְּבָרְחֲךָ מִפְּנֵי עֵשָׂו אָחִיךָ: וַיֹּאמֶר יַעֲקֹב 2

אֶל־בֵּיתוֹ וְאֶל כָּל־אֲשֶׁר עִמּוֹ הָסִרוּ אֶת־אֱלֹהֵי הַנֵּכָר אֲשֶׁר בְּתֹכְכֶם

וְהִטַּהֲרוּ וְהַחֲלִיפוּ שִׂמְלֹתֵיכֶם: וְנָקוּמָה וְנַעֲלֶה בֵּית־אֵל וְאֶעֱשֶׂה־שָּׁם 3

מִזְבֵּחַ לָאֵל הָעֹנֶה אֹתִי בְּיוֹם צָרָתִי וַיְהִי עִמָּדִי בַּדֶּרֶךְ אֲשֶׁר הָלָכְתִּי:

וַיִּתְּנוּ אֶל־יַעֲקֹב אֵת כָּל־אֱלֹהֵי הַנֵּכָר אֲשֶׁר בְּיָדָם וְאֶת־הַנְּזָמִים 4

אֲשֶׁר בְּאָזְנֵיהֶם וַיִּטְמֹן אֹתָם יַעֲקֹב תַּחַת הָאֵלָה אֲשֶׁר עִם־שְׁכֶם:

וַיִּסָּעוּ וַיְהִי חִתַּת אֱלֹהִים עַל־הֶעָרִים אֲשֶׁר סְבִיבֹתֵיהֶם וְלֹא רָדְפוּ 5

אַחֲרֵי בְּנֵי יַעֲקֹב: וַיָּבֹא יַעֲקֹב לוּזָה אֲשֶׁר בְּאֶרֶץ כְּנַעַן הִוא בֵּית־אֵל 6

הוּא וְכָל־הָעָם אֲשֶׁר־עִמּוֹ: וַיִּבֶן שָׁם מִזְבֵּחַ וַיִּקְרָא לַמָּקוֹם אֵל 7

בֵּית־אֵל כִּי שָׁם נִגְלוּ אֵלָיו הָאֱלֹהִים בְּבָרְחוֹ מִפְּנֵי אָחִיו: וַתָּמָת 8

דְּבֹרָה מֵינֶקֶת רִבְקָה וַתִּקָּבֵר מִתַּחַת לְבֵית־אֵל תַּחַת הָאַלּוֹן וַיִּקְרָא

שְׁמוֹ אַלּוֹן בָּכוּת:

וַיֵּרָא אֱלֹהִים אֶל־יַעֲקֹב עוֹד בְּבֹאוֹ מִפַּדַּן אֲרָם וַיְבָרֶךְ אֹתוֹ: 9

10 And God said unto him, Thy name *is* Jacob: thy name shall not be called any more Jacob, but Israel shall be thy name: and he called his name Israel.

11 And God said unto him, I *am* God Almighty: be fruitful and multiply; a nation and a company of nations shall be of thee, and kings shall come out of thy loins;

12 And the land which I gave Abraham and Isaac, to thee I will give it, and to thy seed after thee will I give the land.

13 And God went up from him in the place where he talked with him.

14 And Jacob set up a pillar in the place where he talked with him, *even* a pillar of stone: and he poured a drink offering thereon, and he poured oil thereon.

15 And Jacob called the name of the place where God spake with him, Beth-el.

16 ¶ And they journeyed from Beth-el; and there was but a little way to come to Ephrath: and Rachel travailed, and she had hard labour.

17 And it came to pass, when she was in hard labour, that the midwife said unto her, Fear not; thou shalt have this son also.

18 And it came to pass, as her soul was in departing, (for she died) that she called his name Ben-oni: but his father called him Benjamin.

19 And Rachel died, and was buried in the way to Ephrath, which *is* Beth-lehem.

20 And Jacob set a pillar upon her grave: that *is* the pillar of Rachel's grave unto this day.

21 ¶ And Israel journeyed, and spread his tent beyond the tower of Edar.

22 And it came to pass, when Israel dwelt in that land, that Reuben went and lay with Bilhah his father's concubine: and Israel heard *it*. Now the sons of Jacob were twelve:

23 The sons of Leah; Reuben, Jacob's firstborn, and Simeon, and Levi, and Judah, and Issachar, and Zebulun:

24 The sons of Rachel; Joseph, and Benjamin:

25 And the sons of Bilhah, Rachel's handmaid; Dan, and Naphtali:

26 And the sons of Zilpah, Leah's handmaid; Gad, and Asher: these *are* the sons of Jacob, which were born to him in Padan-aram.

27 ¶ And Jacob came unto Isaac his father unto Mamre, unto the city of Arbah, which *is* Hebron, where Abraham and Isaac sojourned.

28 And the days of Isaac were an hundred and fourscore years.

29 And Isaac gave up the ghost, and died, and was gathered unto his people, *being* old and full of days: and his sons Esau and Jacob buried him.

CHAPTER 36

1 Now these *are* the generations of Esau, who *is* Edom.

2 Esau took his wives of the daughters of Canaan; Adah the daughter of Elon the Hittite, and Aholibamah the daughter of Anah the daughter of Zibeon the Hivite;

3 And Bashemath Ishmael's daughter, sister of Nebajoth.

4 And Adah bare to Esau Eliphaz; and Bashemath bare Reuel;

5 And Aholibamah bare Jeush, and Jaalam, and Korah: these *are* the sons of Esau, which were born unto him in the land of Canaan.

6 And Esau took his wives, and his sons, and his daughters, and all the persons of his house, and his cattle, and all his beasts, and all his substance, which he had got in the land of Canaan; and went into the country from the face of his brother Jacob.

7 For their riches were more than that they might dwell together; and the land wherein they were strangers could not bear them because of their cattle.

8 Thus dwelt Esau in mount Seir: Esau *is* Edom.

9 ¶ And these *are* the generations of Esau the father of the Edomites in mount Seir:

10 These *are* the names of Esau's sons; Eliphaz the son of Adah the wife of Esau, Reuel the son of Bashemath the wife of Esau.

10 וַיֹּאמֶר־לֹ֧ו אֱלֹהִ֛ים שִׁמְךָ֥ יַעֲקֹ֖ב לֹא־יִקָּרֵא֩ שִׁמְךָ֨ ע֜וֹד יַעֲקֹ֗ב כִּ֤י

11 אִם־יִשְׂרָאֵל֙ יִהְיֶ֣ה שְׁמֶ֔ךָ וַיִּקְרָ֥א אֶת־שְׁמ֖וֹ יִשְׂרָאֵֽל׃ וַיֹּאמֶר֩ ל֨וֹ אֱלֹהִ֜ים

אֲנִ֨י אֵ֤ל שַׁדַּי֙ פְּרֵ֣ה וּרְבֵ֔ה גּ֛וֹי וּקְהַ֥ל גּוֹיִ֖ם יִהְיֶ֣ה מִמֶּ֑ךָּ וּמְלָכִ֖ים

ששי 12 מֵחֲלָצֶ֥יךָ יֵצֵֽאוּ׃ וְאֶת־הָאָ֗רֶץ אֲשֶׁ֥ר נָתַ֛תִּי לְאַבְרָהָ֥ם וּלְיִצְחָ֖ק לְךָ֣

13 אֶתְּנֶ֑נָּה וּֽלְזַרְעֲךָ֥ אַחֲרֶ֖יךָ אֶתֵּ֥ן אֶת־הָאָֽרֶץ׃ וַיַּ֥עַל מֵעָלָ֖יו אֱלֹהִ֑ים

14 בַּמָּק֖וֹם אֲשֶׁר־דִּבֶּ֣ר אִתּֽוֹ׃ וַיַּצֵּ֨ב יַעֲקֹ֜ב מַצֵּבָ֗ה בַּמָּק֛וֹם אֲשֶׁר־דִּבֶּ֥ר

15 אִתּ֖וֹ מַצֶּ֣בֶת אָ֑בֶן וַיַּסֵּ֤ךְ עָלֶ֙יהָ֙ נֶ֔סֶךְ וַיִּצֹ֥ק עָלֶ֖יהָ שָֽׁמֶן׃ וַיִּקְרָ֨א יַעֲקֹ֜ב

16 אֶת־שֵׁ֣ם הַמָּק֗וֹם אֲשֶׁר֩ דִּבֶּ֨ר אִתּ֥וֹ שָׁ֛ם אֱלֹהִ֖ים בֵּֽית־אֵֽל׃ וַיִּסְעוּ֙

מִבֵּ֣ית אֵ֔ל וַֽיְהִי־ע֥וֹד כִּבְרַת־הָאָ֖רֶץ לָב֣וֹא אֶפְרָ֑תָה וַתֵּ֥לֶד רָחֵ֖ל וַתְּקַ֥שׁ

17 בְּלִדְתָּֽהּ׃ וַיְהִ֥י בְהַקְשֹׁתָ֖הּ בְּלִדְתָּ֑הּ וַתֹּ֨אמֶר לָ֤הּ הַֽמְיַלֶּ֙דֶת֙ אַל־תִּ֣ירְאִ֔י

18 כִּי־גַם־זֶ֥ה לָ֖ךְ בֵּֽן׃ וַיְהִ֞י בְּצֵ֤את נַפְשָׁהּ֙ כִּ֣י מֵ֔תָה וַתִּקְרָ֥א שְׁמ֖וֹ בֶּן־אוֹנִ֑י

19 וְאָבִ֖יו קָֽרָא־ל֥וֹ בִנְיָמִֽין׃ וַתָּ֖מָת רָחֵ֑ל וַתִּקָּבֵר֙ בְּדֶ֣רֶךְ אֶפְרָ֔תָה הִ֖וא

20 בֵּ֥ית לָֽחֶם׃ וַיַּצֵּ֧ב יַעֲקֹ֛ב מַצֵּבָ֖ה עַל־קְבֻרָתָ֑הּ הִ֛וא מַצֶּ֥בֶת קְבֻרַת־רָחֵ֖ל

21 עַד־הַיּֽוֹם׃ וַיִּסַּ֖ע יִשְׂרָאֵ֑ל וַיֵּ֣ט אָֽהֳלֹ֔ה מֵהָ֖לְאָה לְמִגְדַּל־עֵֽדֶר׃ 22A וַיְהִ֗י

22 בִּשְׁכֹּ֤ן יִשְׂרָאֵל֙ בָּאָ֣רֶץ הַהִ֔וא וַיֵּ֣לֶךְ רְאוּבֵ֔ן וַיִּשְׁכַּ֕ב֙ אֶת־בִּלְהָ֖ה֙ פִּילֶ֣גֶשׁ

אָבִ֑יו וַיִּשְׁמַ֖ע יִשְׂרָאֵֽל

23 וַיִּֽהְי֥וּ בְנֵֽי־יַעֲקֹ֖ב שְׁנֵ֣ים עָשָֽׂר׃ בְּנֵ֣י לֵאָ֔ה בְּכ֥וֹר יַעֲקֹ֖ב רְאוּבֵ֑ן וְשִׁמְעוֹן֙

24 וְלֵוִ֣י וִֽיהוּדָ֔ה וְיִשָּׂשכָ֖ר וּזְבוּלֻֽן׃ בְּנֵ֣י רָחֵ֔ל יוֹסֵ֖ף וּבִנְיָמִֽן׃ וּבְנֵ֣י בִלְהָ֗ה

25

26 שִׁפְחַ֥ת רָחֵ֖ל דָּ֣ן וְנַפְתָּלִֽי׃ וּבְנֵ֥י זִלְפָּ֛ה שִׁפְחַ֥ת לֵאָ֖ה גָּ֣ד וְאָשֵׁ֑ר אֵ֚לֶּה

27 בְּנֵ֣י יַעֲקֹ֔ב אֲשֶׁ֥ר יֻלַּד־ל֖וֹ בְּפַדַּ֥ן אֲרָֽם׃ וַיָּבֹ֤א יַעֲקֹב֙ אֶל־יִצְחָ֣ק אָבִ֔יו

מַמְרֵ֖א קִרְיַ֣ת הָֽאַרְבַּ֑ע הִ֣וא חֶבְר֔וֹן אֲשֶׁר־גָּֽר־שָׁ֥ם אַבְרָהָ֖ם וְיִצְחָֽק׃

28 וַיִּֽהְי֖וּ יְמֵ֣י יִצְחָ֑ק מְאַ֥ת שָׁנָ֖ה וּשְׁמֹנִ֥ים שָׁנָֽה׃ וַיִּגְוַ֨ע יִצְחָ֤ק וַיָּ֙מָת֙

29

וַיֵּאָ֣סֶף אֶל־עַמָּ֔יו זָקֵ֖ן וּשְׂבַ֣ע יָמִ֑ים וַיִּקְבְּר֣וּ אֹת֔וֹ עֵשָׂ֥ו וְיַעֲקֹ֖ב

בָּנָֽיו׃

36 1 וְאֵ֛לֶּה תֹּלְד֥וֹת עֵשָׂ֖ו ה֥וּא אֱדֽוֹם׃ עֵשָׂ֛ו לָקַ֥ח אֶת־נָשָׁ֖יו מִבְּנ֣וֹת כְּנָ֑עַן

2 אֶת־עָדָ֗ה בַּת־אֵילוֹן֙ הַֽחִתִּ֔י וְאֶת־אָהֳלִֽיבָמָה֙ בַּת־עֲנָ֔ה בַּת־צִבְע֖וֹן

3 הַֽחִוִּֽי׃ וְאֶת־בָּשְׂמַ֥ת בַּת־יִשְׁמָעֵ֖אל אֲח֥וֹת נְבָיֽוֹת׃ וַתֵּ֧לֶד עָדָ֛ה לְעֵשָׂ֖ו

4 אֶת־אֱלִיפָ֑ז וּבָ֣שְׂמַ֔ת יָלְדָ֖ה אֶת־רְעוּאֵֽל׃ וְאָהֳלִֽיבָמָה֙ יָלְדָ֔ה אֶת־יְע֥וּשׁ

5 יעוש

וְאֶת־יַעְלָ֖ם וְאֶת־קֹ֑רַח אֵ֚לֶּה בְּנֵ֣י עֵשָׂ֔ו אֲשֶׁ֥ר יֻלְּדוּ־ל֖וֹ בְּאֶ֥רֶץ כְּנָֽעַן׃

6 וַיִּקַּ֣ח עֵשָׂ֡ו אֶת־נָ֠שָׁיו וְאֶת־בָּנָ֣יו וְאֶת־בְּנֹתָיו֮ וְאֶת־כָּל־נַפְשׁ֣וֹת בֵּיתוֹ֒

וְאֶת־מִקְנֵ֣הוּ וְאֶת־כָּל־בְּהֶמְתּ֗וֹ וְאֵת֙ כָּל־קִנְיָנ֔וֹ אֲשֶׁ֥ר רָכַ֖שׁ בְּאֶ֣רֶץ

7 כְּנָ֑עַן וַיֵּ֣לֶךְ אֶל־אֶ֔רֶץ מִפְּנֵ֖י יַעֲקֹ֣ב אָחִֽיו׃ כִּֽי־הָיָ֧ה רְכוּשָׁ֛ם רָ֖ב מִשֶּׁ֣בֶת

8 יַחְדָּ֑ו וְלֹ֨א יָֽכְלָ֜ה אֶ֤רֶץ מְגֽוּרֵיהֶם֙ לָשֵׂ֣את אֹתָ֔ם מִפְּנֵ֖י מִקְנֵיהֶֽם׃ וַיֵּ֤שֶׁב

9 עֵשָׂו֙ בְּהַ֣ר שֵׂעִ֔יר עֵשָׂ֖ו ה֥וּא אֱד֑וֹם׃ וְאֵ֣לֶּה תֹּלְד֧וֹת עֵשָׂ֛ו אֲבִ֥י אֱד֖וֹם

10 בְּהַ֣ר שֵׂעִֽיר׃ אֵ֖לֶּה שְׁמ֣וֹת בְּנֵֽי־עֵשָׂ֑ו אֱלִיפַ֗ז בֶּן־עָדָה֙ אֵ֣שֶׁת עֵשָׂ֔ו

11 And the sons of Eliphaz were Teman, Omar, Zepho, and Gatam, and Kenaz.

12 And Timna was concubine to Eliphaz Esau's son; and she bare to Eliphaz Amalek: these *were* the sons of Adah Esau's wife.

13 And these *are* the sons of Reuel; Nahath, and Zerah, Shammah, and Mizzah: these were the sons of Bashemath Esau's wife.

14 ¶ And these were the sons of Aholibamah, the daughter of Anah the daughter of Zibeon, Esau's wife: and she bare to Esau Jeush, and Jaalam, and Korah.

15 ¶ These *were* dukes of the sons of Esau: the sons of Eliphaz the firstborn *son* of Esau; duke Teman, duke Omar, duke Zepho, duke Kenaz,

16 Duke Korah, duke Gatam, *and* duke Amalek: these *are* the dukes *that came* of Eliphaz in the land of Edom; these *were* the sons of Adah.

17 ¶ And these *are* the sons of Reuel Esau's son; duke Nahath, duke Zerah, duke Shammah, duke Mizzah: these *are* the dukes *that came* of Reuel in the land of Edom; these *are* the sons of Bashemath Esau's wife.

18 ¶ And these *are* the sons of Aholibamah Esau's wife; duke Jeush, duke Jaalam, duke Korah: these *were* the dukes *that came* of Aholibamah the daughter of Anah, Esau's wife.

19 These *are* the sons of Esau, who *is* Edom, and these *are* their dukes.

20 ¶ These *are* the sons of Seir the Horite, who inhabited the land; Lotan, and Shobal, and Zibeon, and Anah,

21 And Dishon, and Ezer, and Dishan: these *are* the dukes of the Horites, the children of Seir in the land of Edom.

22 And the children of Lotan were Hori and Hemam; and Lotan's sister *was* Timna.

23 And the children of Shobal *were* these; Alvan, and Manahath, and Ebal, Shepho, and Onam.

24 And these *are* the children of Zibeon; both Ajah, and Anah: this *was* that Anah that found the mules in the wilderness, as he fed the asses of Zibeon his father.

25 And the children of Anah *were* these; Dishon, and Aholibamah the daughter of Anah.

26 And these *are* the children of Dishon; Hemdan, and Eshban, and Ithran, and Cheran.

27 The children of Ezer *are* these; Bilhan, and Zaavan, and Akan.

28 The children of Dishan *are* these; Uz, and Aran.

29 These *are* the dukes *that came* of the Horites; duke Lotan, duke Shobal, duke Zibeon, duke Anah,

30 Duke Dishon, duke Ezer, duke Dishan: these *are* the dukes *that came* of Hori, among their dukes in the land of Seir.

31 ¶ And these *are* the kings that reigned in the land of Edom, before there reigned any king over the children of Israel.

32 And Bela the son of Beor reigned in Edom: and the name of his city *was* Dinhabah.

33 And Bela died, and Jobab the son of Zerah of Bozrah reigned in his stead.

34 And Jobab died, and Husham of the land of Temani reigned in his stead.

35 And Husham died, and Hadad the son of Bedad, who smote Midian in the field of Moab, reigned in his stead: and the name of his city *was* Avith.

36 And Hadad died, and Samlah of Masrekah reigned in his stead.

37 And Samlah died, and Saul of Rehoboth *by* the river reigned in his stead.

38 And Saul died, and Baal-hanan the son of Achbor reigned in his stead.

39 And Baal-hanan the son of Achbor died, and Hadar reigned in his stead: and the name of his city *was* Pau; and his wife's name *was* Mehetabel, the daughter of Matred, the daughter of Mezahab.

40 And these *are* the names of the dukes *that came* of Esau, according to their families, after their places, by their names; duke Timnah, duke Alvah, duke Jetheth,

41 Duke Aholibamah, duke Elah, duke Pinon,

11 רְעוּאֵל בֶּן־בָּשְׂמַת אֵשֶׁת עֵשָׂו: וַיִּהְיוּ בְּנֵי אֱלִיפָז תֵּימָן אוֹמָר צְפוֹ

12 וְגַעְתָּם וּקְנַז: וְתִמְנַע ׀ הָיְתָה פִילֶגֶשׁ לֶאֱלִיפַז בֶּן־עֵשָׂו וַתֵּלֶד לֶאֱלִיפַז

13A 13 אֶת־עֲמָלֵק אֵלֶּה בְּנֵי עָדָה אֵשֶׁת עֵשָׂו: וְאֵלֶּה בְּנֵי רְעוּאֵל נַחַת

14 וָזֶרַח שַׁמָּה וּמִזָּה אֵלֶּה הָיוּ בְּנֵי בָשְׂמַת אֵשֶׁת עֵשָׂו: וְאֵלֶּה הָיוּ

בְּנֵי אָהֳלִיבָמָה בַת־עֲנָה בַּת־צִבְעוֹן אֵשֶׁת עֵשָׂו וַתֵּלֶד לְעֵשָׂו

15 אֶת־יְעִישׁ וְאֶת־יַעְלָם וְאֶת־קֹרַח: אֵלֶּה אַלּוּפֵי בְנֵי־עֵשָׂו בְּנֵי אֱלִיפַז

בְּכוֹר עֵשָׂו אַלּוּף תֵּימָן אַלּוּף אוֹמָר אַלּוּף צְפוֹ אַלּוּף קְנַז:

16 אַלּוּף־קֹרַח אַלּוּף גַּעְתָּם אַלּוּף עֲמָלֵק אֵלֶּה אַלּוּפֵי אֱלִיפַז בְּאֶרֶץ

17 אֱדוֹם אֵלֶּה בְּנֵי עָדָה: וְאֵלֶּה בְּנֵי רְעוּאֵל בֶּן־עֵשָׂו אַלּוּף נַחַת

אַלּוּף זֶרַח אַלּוּף שַׁמָּה אַלּוּף מִזָּה אֵלֶּה אַלּוּפֵי רְעוּאֵל בְּאֶרֶץ

18 אֱדוֹם אֵלֶּה בְּנֵי בָשְׂמַת אֵשֶׁת עֵשָׂו: וְאֵלֶּה בְּנֵי אָהֳלִיבָמָה אֵשֶׁת

עֵשָׂו אַלּוּף יְעוּשׁ אַלּוּף יַעְלָם אַלּוּף קֹרַח אֵלֶּה אַלּוּפֵי אָהֳלִיבָמָה

19 בַּת־עֲנָה אֵשֶׁת עֵשָׂו: אֵלֶּה בְנֵי־עֵשָׂו וְאֵלֶּה אַלּוּפֵיהֶם הוּא

20 אֱדוֹם: אֵלֶּה בְנֵי־שֵׂעִיר הַחֹרִי יֹשְׁבֵי הָאָרֶץ לוֹטָן וְשׁוֹבָל

21 וְצִבְעוֹן וַעֲנָה: וְדִשׁוֹן וְאֵצֶר וְדִישָׁן אֵלֶּה אַלּוּפֵי הַחֹרִי בְּנֵי שֵׂעִיר

22 בְּאֶרֶץ אֱדוֹם: וַיִּהְיוּ בְנֵי־לוֹטָן חֹרִי וְהֵימָם וַאֲחוֹת לוֹטָן תִּמְנָע:

23 24 וְאֵלֶּה בְּנֵי שׁוֹבָל עַלְוָן וּמָנַחַת וְעֵיבָל שְׁפוֹ וְאוֹנָם: וְאֵלֶּה בְנֵי־צִבְעוֹן

וְאַיָּה וַעֲנָה הוּא עֲנָה אֲשֶׁר מָצָא אֶת־הַיֵּמִם בַּמִּדְבָּר בִּרְעֹתוֹ

25 אֶת־הַחֲמֹרִים לְצִבְעוֹן אָבִיו: וְאֵלֶּה בְנֵי־עֲנָה דִּשֹׁן וְאָהֳלִיבָמָה

26 27 בַּת־עֲנָה: וְאֵלֶּה בְּנֵי דִישָׁן חֶמְדָּן וְאֶשְׁבָּן וְיִתְרָן וּכְרָן: אֵלֶּה בְּנֵי־אֵצֶר

28 29 בִּלְהָן וְזַעֲוָן וַעֲקָן: אֵלֶּה בְנֵי־דִישָׁן עוּץ וַאֲרָן: אֵלֶּה אַלּוּפֵי הַחֹרִי

30 אַלּוּף לוֹטָן אַלּוּף שׁוֹבָל אַלּוּף צִבְעוֹן אַלּוּף עֲנָה: אַלּוּף דִּשֹׁן

אַלּוּף אֵצֶר אַלּוּף דִּישָׁן אֵלֶּה אַלּוּפֵי הַחֹרִי לְאַלֻּפֵיהֶם בְּאֶרֶץ

שֵׂעִיר:

31 וְאֵלֶּה הַמְּלָכִים אֲשֶׁר מָלְכוּ בְּאֶרֶץ אֱדוֹם לִפְנֵי מְלָךְ־מֶלֶךְ לִבְנֵי

32 33 יִשְׂרָאֵל: וַיִּמְלֹךְ בֶּאֱדוֹם בֶּלַע בֶּן־בְּעוֹר וְשֵׁם עִירוֹ דִּנְהָבָה: וַיָּמָת

34 בֶּלַע וַיִּמְלֹךְ תַּחְתָּיו יוֹבָב בֶּן־זֶרַח מִבָּצְרָה: וַיָּמָת יוֹבָב וַיִּמְלֹךְ תַּחְתָּיו

35 חֻשָׁם מֵאֶרֶץ הַתֵּימָנִי: וַיָּמָת חֻשָׁם וַיִּמְלֹךְ תַּחְתָּיו הֲדַד בֶּן־בְּדַד

36 הַמַּכֶּה אֶת־מִדְיָן בִּשְׂדֵה מוֹאָב וְשֵׁם עִירוֹ עֲוִית: וַיָּמָת הֲדָד וַיִּמְלֹךְ

37 תַּחְתָּיו שַׂמְלָה מִמַּשְׂרֵקָה: וַיָּמָת שַׂמְלָה וַיִּמְלֹךְ תַּחְתָּיו שָׁאוּל

38 מֵרְחֹבוֹת הַנָּהָר: וַיָּמָת שָׁאוּל וַיִּמְלֹךְ תַּחְתָּיו בַּעַל חָנָן בֶּן־עַכְבּוֹר:

39 וַיָּמָת בַּעַל חָנָן בֶּן־עַכְבּוֹר וַיִּמְלֹךְ תַּחְתָּיו הֲדַר וְשֵׁם עִירוֹ פָּעוּ

40 וְשֵׁם אִשְׁתּוֹ מְהֵיטַבְאֵל בַּת־מַטְרֵד בַּת מֵי זָהָב: וְאֵלֶּה שְׁמוֹת אַלּוּפֵי

עֵשָׂו לְמִשְׁפְּחֹתָם לִמְקֹמֹתָם בִּשְׁמֹתָם אַלּוּף תִּמְנָע אַלּוּף עַלְוָה

41 42 אַלּוּף יְתֵת: אַלּוּף אָהֳלִיבָמָה אַלּוּף אֵלָה אַלּוּף פִּינֹן: אַלּוּף קְנַז

42 Duke Kenaz, duke Teman, duke Mibzar,

43 Duke Magdiel, duke Iram: these *be* the dukes of Edom, according to their habitations in the land of their possession: he *is* Esau the father of the Edomites.

CHAPTER 37

1 And Jacob dwelt in the land wherein his father was a stranger, in the land of Canaan.

2 These *are* the generations of Jacob. Joseph, *being* seventeen years old, was feeding the flock with his brethren; and the lad *was* with the sons of Bilhah, and with the sons of Zilpah, his father's wives: and Joseph brought unto his father their evil report.

3 Now Israel loved Joseph more than all his children, because he *was* the son of his old age: and he made him a coat of *many* colours.

4 And when his brethren saw that their father loved him more than all his brethren, they hated him, and could not speak peaceably unto him.

5 ¶ And Joseph dreamed a dream, and he told *it* his brethren: and they hated him yet the more.

6 And he said unto them, Hear, I pray you, this dream which I have dreamed:

7 For, behold, we *were* binding sheaves in the field, and, lo, my sheaf arose, and also stood upright; and, behold, your sheaves stood round about, and made obeisance to my sheaf.

8 And his brethren said to him, Shalt thou indeed reign over us? or shalt thou indeed have dominion over us? And they hated him yet the more for his dreams, and for his words.

9 ¶ And he dreamed yet another dream, and told it his brethren, and said, Behold, I have dreamed a dream more; and, behold, the sun and the moon and the eleven stars made obeisance to me.

10 And he told *it* to his father, and to his brethren: and his father rebuked him, and said unto him, What *is* this dream that thou hast dreamed? Shall I and thy

mother and thy brethren indeed come to bow down ourselves to thee to the earth?

11 And his brethren envied him; but his father observed the saying.

12 ¶ And his brethren went to feed their father's flock in Shechem.

13 And Israel said unto Joseph, Do not thy brethren feed *the flock* in Shechem? come, and I will send thee unto them. And he said to him, Here *am I*.

14 And he said to him, Go, I pray thee, see whether it be well with thy brethren, and well with the flocks; and bring me word again. So he sent him out of the vale of Hebron, and he came to Shechem.

15 ¶ And a certain man found him, and, behold, *he was* wandering in the field: and the man asked him, saying, What seekest thou?

16 And he said, I seek my brethren: tell me, I pray thee, where they feed *their flocks.*

17 And the man said, They are departed hence; for I heard them say, Let us go to Dothan. And Joseph went after his brethren, and found them in Dothan.

18 And when they saw him afar off, even before he came near unto them, they conspired against him to slay him.

19 And they said one to another, Behold, this dreamer cometh.

20 Come now therefore, and let us slay him, and cast him into some pit, and we will say, Some evil beast hath devoured him: and we shall see what will become of his dreams.

21 And Reuben heard *it,* and he delivered him out of their hands; and said, Let us not kill him.

22 And Reuben said unto them, Shed no blood, *but* cast him into this pit that *is* in the wilderness, and lay no hand upon him; that he might rid him out of their hands, to deliver him to his father again.

23 ¶ And it came to pass, when Joseph was come unto his brethren, that they stript Joseph out of his coat, *his* coat of *many* colours that *was* on him;

24 And they took him, and cast him into a pit: and the pit *was* empty, *there was* no water in it.

25 And they sat down to eat bread: and

אַלּוּף תֵּימָן אַלּוּף מִבְצָר: אַלּוּף מַגְדִּיאֵל אַלּוּף עִירָם אֵלֶּה ׀ אַלּוּפֵי 43
אֱדוֹם לְמֹשְׁבֹתָם בְּאֶרֶץ אֲחֻזָּתָם הוּא עֵשָׂו אֲבִי אֱדוֹם:

¹ 37 וַיֵּשֶׁב יַעֲקֹב בְּאֶרֶץ מְגוּרֵי אָבִיו בְּאֶרֶץ כְּנָעַן: אֵלֶּה ׀ תֹּלְדוֹת יַעֲקֹב 2
יוֹסֵף בֶּן־שְׁבַע־עֶשְׂרֵה שָׁנָה הָיָה רֹעֶה אֶת־אֶחָיו בַּצֹּאן וְהוּא נַעַר
אֶת־בְּנֵי בִלְהָה וְאֶת־בְּנֵי זִלְפָּה נְשֵׁי אָבִיו וַיָּבֵא יוֹסֵף אֶת־דִּבָּתָם
רָעָה אֶל־אֲבִיהֶם: וְיִשְׂרָאֵל אָהַב אֶת־יוֹסֵף מִכָּל־בָּנָיו כִּי־בֶן־זְקֻנִים 3
הוּא לוֹ וְעָשָׂה לוֹ כְּתֹנֶת פַּסִּים: וַיִּרְאוּ אֶחָיו כִּי־אֹתוֹ אָהַב אֲבִיהֶם 4
מִכָּל־אֶחָיו וַיִּשְׂנְאוּ אֹתוֹ וְלֹא יָכְלוּ דַּבְּרוֹ לְשָׁלֹם: וַיַּחֲלֹם יוֹסֵף חֲלוֹם 5
וַיַּגֵּד לְאֶחָיו וַיּוֹסִפוּ עוֹד שְׂנֹא אֹתוֹ: וַיֹּאמֶר אֲלֵיהֶם שִׁמְעוּ־נָא 6
הַחֲלוֹם הַזֶּה אֲשֶׁר חָלָמְתִּי: וְהִנֵּה אֲנַחְנוּ מְאַלְּמִים אֲלֻמִּים בְּתוֹךְ 7
הַשָּׂדֶה וְהִנֵּה קָמָה אֲלֻמָּתִי וְגַם־נִצָּבָה וְהִנֵּה תְסֻבֶּינָה אֲלֻמֹּתֵיכֶם
וַתִּשְׁתַּחֲוֶיןָ לַאֲלֻמָּתִי: וַיֹּאמְרוּ לוֹ אֶחָיו הֲמָלֹךְ תִּמְלֹךְ עָלֵינוּ 8
אִם־מָשׁוֹל תִּמְשֹׁל בָּנוּ וַיּוֹסִפוּ עוֹד שְׂנֹא אֹתוֹ עַל־חֲלֹמֹתָיו
וְעַל־דְּבָרָיו: וַיַּחֲלֹם עוֹד חֲלוֹם אַחֵר וַיְסַפֵּר אֹתוֹ לְאֶחָיו וַיֹּאמֶר 9
הִנֵּה חָלַמְתִּי חֲלוֹם עוֹד וְהִנֵּה הַשֶּׁמֶשׁ וְהַיָּרֵחַ וְאַחַד עָשָׂר כּוֹכָבִים
מִשְׁתַּחֲוִים לִי: וַיְסַפֵּר אֶל־אָבִיו וְאֶל־אֶחָיו וַיִּגְעַר־בּוֹ אָבִיו וַיֹּאמֶר 10
לוֹ מָה הַחֲלוֹם הַזֶּה אֲשֶׁר חָלָמְתָּ הֲבוֹא נָבוֹא אֲנִי וְאִמְּךָ וְאַחֶיךָ
לְהִשְׁתַּחֲוֹת לְךָ אָרְצָה: וַיְקַנְאוּ־בוֹ אֶחָיו וְאָבִיו שָׁמַר אֶת־הַדָּבָר: 11
וַיֵּלְכוּ אֶחָיו לִרְעוֹת אֶת־צֹאן אֲבִיהֶם בִּשְׁכֶם: וַיֹּאמֶר יִשְׂרָאֵל ¹² שני
אֶל־יוֹסֵף הֲלוֹא אַחֶיךָ רֹעִים בִּשְׁכֶם לְכָה וְאֶשְׁלָחֲךָ אֲלֵיהֶם וַיֹּאמֶר 13
לוֹ הִנֵּנִי: וַיֹּאמֶר לוֹ לֶךְ־נָא רְאֵה אֶת־שְׁלוֹם אַחֶיךָ וְאֶת־שְׁלוֹם 14
הַצֹּאן וַהֲשִׁבֵנִי דָּבָר וַיִּשְׁלָחֵהוּ מֵעֵמֶק חֶבְרוֹן וַיָּבֹא שְׁכֶמָה: וַיִּמְצָאֵהוּ 15
אִישׁ וְהִנֵּה תֹעֶה בַּשָּׂדֶה וַיִּשְׁאָלֵהוּ הָאִישׁ לֵאמֹר מַה־תְּבַקֵּשׁ: וַיֹּאמֶר 16
אֶת־אַחַי אָנֹכִי מְבַקֵּשׁ הַגִּידָה־נָּא לִי אֵיפֹה הֵם רֹעִים: וַיֹּאמֶר 17
הָאִישׁ נָסְעוּ מִזֶּה כִּי שָׁמַעְתִּי אֹמְרִים נֵלְכָה דֹּתָיְנָה וַיֵּלֶךְ יוֹסֵף
אַחַר אֶחָיו וַיִּמְצָאֵם בְּדֹתָן: וַיִּרְאוּ אֹתוֹ מֵרָחֹק וּבְטֶרֶם יִקְרַב אֲלֵיהֶם 18
וַיִּתְנַכְּלוּ אֹתוֹ לַהֲמִיתוֹ: וַיֹּאמְרוּ אִישׁ אֶל־אָחִיו הִנֵּה בַּעַל הַחֲלֹמוֹת 19
הַלָּזֶה בָּא: וְעַתָּה ׀ לְכוּ וְנַהַרְגֵהוּ וְנַשְׁלִכֵהוּ בְּאַחַד הַבֹּרוֹת וְאָמַרְנוּ 20
חַיָּה רָעָה אֲכָלָתְהוּ וְנִרְאֶה מַה־יִּהְיוּ חֲלֹמֹתָיו: וַיִּשְׁמַע רְאוּבֵן וַיַּצִּלֵהוּ 21
מִיָּדָם וַיֹּאמֶר לֹא נַכֶּנּוּ נָפֶשׁ: וַיֹּאמֶר אֲלֵהֶם ׀ רְאוּבֵן אַל־תִּשְׁפְּכוּ־דָם 22
הַשְׁלִיכוּ אֹתוֹ אֶל־הַבּוֹר הַזֶּה אֲשֶׁר בַּמִּדְבָּר וְיָד אַל־תִּשְׁלְחוּ־בוֹ
לְמַעַן הַצִּיל אֹתוֹ מִיָּדָם לַהֲשִׁיבוֹ אֶל־אָבִיו: וַיְהִי כַּאֲשֶׁר־בָּא יוֹסֵף 23 שלישי
אֶל־אֶחָיו וַיַּפְשִׁיטוּ אֶת־יוֹסֵף אֶת־כֻּתָּנְתּוֹ אֶת־כְּתֹנֶת הַפַּסִּים אֲשֶׁר
עָלָיו: וַיִּקָּחֻהוּ וַיַּשְׁלִכוּ אֹתוֹ הַבֹּרָה וְהַבּוֹר רֵק אֵין בּוֹ מָיִם: וַיֵּשְׁבוּ 24
לֶאֱכָל־לֶחֶם וַיִּשְׂאוּ עֵינֵיהֶם וַיִּרְאוּ וְהִנֵּה אֹרְחַת יִשְׁמְעֵאלִים בָּאָה 25

they lifted up their eyes and looked, and, behold, a company of Ishmeelites came from Gilead with their camels bearing spicery and balm and myrrh, going to carry *it* down to Egypt.

26 And Judah said unto his brethren, What profit *is it* if we slay our brother, and conceal his blood?

27 Come, and let us sell him to the Ishmeelites, and let not our hand be upon him; for he *is* our brother *and* our flesh. And his brethren were content.

28 Then there passed by Midianites merchantmen; and they drew and lifted up Joseph out of the pit, and sold Joseph to the Ishmeelites for twenty *pieces* of silver: and they brought Joseph into Egypt.

29 ¶ And Reuben returned unto the pit; and, behold, Joseph *was* not in the pit; and he rent his clothes.

30 And he returned unto his brethren, and said, The child *is* not; and I, whither shall I go?

31 And they took Joseph's coat, and killed a kid of the goats, and dipped the coat in the blood;

32 And they sent the coat of *many* colours, and they brought *it* to their father; and said, This have we found: know now whether it *be* thy son's coat or no.

33 And he knew it, and said, *It is* my son's coat; an evil beast hath devoured him; Joseph is without doubt rent in pieces.

34 And Jacob rent his clothes, and put sackcloth upon his loins, and mourned for his son many days.

35 And all his sons and all his daughters rose up to comfort him; but he refused to be comforted; and he said, For I will go down into the grave unto my son mourning. Thus his father wept for him.

36 And the Midianites sold him into Egypt unto Potiphar, an officer of Pharaoh's, *and* captain of the guard.

CHAPTER 38

1 And it came to pass at that time, that Judah went down from his brethren, and turned in to a certain Adullamite, whose name *was* Hirah.

2 And Judah saw there a daughter of a certain Canaanite, whose name *was* Shuah; and he took her, and went in unto her.

3 And she conceived, and bare a son; and he called his name Er.

4 And she conceived again, and bare a son; and she called his name Onan.

5 And she yet again conceived, and bare a son; and called his name Shelah: and he was at Chezib, when she bare him.

6 And Judah took a wife for Er his first-born, whose name *was* Tamar.

7 And Er, Judah's firstborn, was wicked in the sight of the LORD; and the LORD slew him.

8 And Judah said unto Onan, Go in unto thy brother's wife, and marry her, and raise up seed to thy brother.

9 And Onan knew that the seed should not be his; and it came to pass, when he went in unto his brother's wife, that he spilled *it* on the ground, lest that he should give seed to his brother.

10 And the thing which he did displeased the LORD: wherefore he slew him also.

11 Then said Judah to Tamar his daughter in law, Remain a widow at thy father's house, till Shelah my son be grown: for he said, Lest peradventure he die also, as his brethren *did*. And Tamar went and dwelt in her father's house.

12 ¶ And in process of time the daughter of Shuah Judah's wife died; and Judah was comforted, and went up unto his sheepshearers to Timnath, he and his friend Hirah the Adullamite.

13 And it was told Tamar, saying, Behold thy father in law goeth up to Timnath to shear his sheep.

14 And she put her widow's garments off from her, and covered her with a vail, and wrapped herself, and sat in an open place, which *is* by the way to Timnath; for she saw that Shelah was grown, and she was not given unto him to wife.

15 When Judah saw her, he thought her *to be* an harlot; because she had covered her face.

16 And he turned unto her by the way, and said, Go to, I pray thee, let me come in unto thee; (for he knew not that she

מִגִּלְעָד וּגְמַלֵּיהֶם נֹשְׂאִים נְכֹאת וּצְרִי וָלֹט הוֹלְכִים לְהוֹרִיד מִצְרָיְמָה:

26 וַיֹּאמֶר יְהוּדָה אֶל־אֶחָיו מַה־בֶּצַע כִּי נַהֲרֹג אֶת־אָחִינוּ וְכִסִּינוּ

27 אֶת־דָּמוֹ: לְכוּ וְנִמְכְּרֶנּוּ לַיִּשְׁמְעֵאלִים וְיָדֵנוּ אַל־תְּהִי־בוֹ כִּי־אָחִינוּ

בְשָׂרֵנוּ הוּא וַיִּשְׁמְעוּ אֶחָיו: 28 וַיַּעַבְרוּ אֲנָשִׁים מִדְיָנִים סֹחֲרִים וַיִּמְשְׁכוּ

וַיַּעֲלוּ אֶת־יוֹסֵף מִן־הַבּוֹר וַיִּמְכְּרוּ אֶת־יוֹסֵף לַיִּשְׁמְעֵאלִים בְּעֶשְׂרִים

29 כָּסֶף וַיָּבִיאוּ אֶת־יוֹסֵף מִצְרָיְמָה: וַיָּשָׁב רְאוּבֵן אֶל־הַבּוֹר וְהִנֵּה

30 אֵין־יוֹסֵף בַּבּוֹר וַיִּקְרַע אֶת־בְּגָדָיו: וַיָּשָׁב אֶל־אֶחָיו וַיֹּאמַר הַיֶּלֶד

31 אֵינֶנּוּ וַאֲנִי אָנָה אֲנִי־בָא: וַיִּקְחוּ אֶת־כְּתֹנֶת יוֹסֵף וַיִּשְׁחֲטוּ שְׂעִיר

32 עִזִּים וַיִּטְבְּלוּ אֶת־הַכֻּתֹּנֶת בַּדָּם: וַיְשַׁלְּחוּ אֶת־כְּתֹנֶת הַפַּסִּים וַיָּבִיאוּ

אֶל־אֲבִיהֶם וַיֹּאמְרוּ זֹאת מָצָאנוּ הַכֶּר־נָא הַכְּתֹנֶת בִּנְךָ הִוא אִם־לֹא:

33 וַיַּכִּירָהּ וַיֹּאמֶר כְּתֹנֶת בְּנִי חַיָּה רָעָה אֲכָלָתְהוּ טָרֹף טֹרַף יוֹסֵף:

34 וַיִּקְרַע יַעֲקֹב שִׂמְלֹתָיו וַיָּשֶׂם שַׂק בְּמָתְנָיו וַיִּתְאַבֵּל עַל־בְּנוֹ יָמִים

35 רַבִּים: וַיָּקֻמוּ כָל־בָּנָיו וְכָל־בְּנֹתָיו לְנַחֲמוֹ וַיְמָאֵן לְהִתְנַחֵם וַיֹּאמֶר

36 כִּי־אֵרֵד אֶל־בְּנִי אָבֵל שְׁאֹלָה וַיֵּבְךְּ אֹתוֹ אָבִיו: וְהַמְּדָנִים מָכְרוּ

אֹתוֹ אֶל־מִצְרָיִם לְפוֹטִיפַר סְרִיס פַּרְעֹה שַׂר הַטַּבָּחִים:

רביעי 38 1 וַיְהִי בָּעֵת הַהִוא וַיֵּרֶד יְהוּדָה מֵאֵת אֶחָיו וַיֵּט עַד־אִישׁ עֲדֻלָּמִי

2 וּשְׁמוֹ חִירָה: וַיַּרְא־שָׁם יְהוּדָה בַּת־אִישׁ כְּנַעֲנִי וּשְׁמוֹ שׁוּעַ וַיִּקָּחֶהָ

3 וַיָּבֹא אֵלֶיהָ: וַתַּהַר וַתֵּלֶד בֵּן וַיִּקְרָא אֶת־שְׁמוֹ עֵר: וַתַּהַר עוֹד

4, 5 וַתֵּלֶד בֵּן וַתִּקְרָא אֶת־שְׁמוֹ אוֹנָן: וַתֹּסֶף עוֹד וַתֵּלֶד בֵּן וַתִּקְרָא

6 אֶת־שְׁמוֹ שֵׁלָה וְהָיָה בִכְזִיב בְּלִדְתָּהּ אֹתוֹ: וַיִּקַּח יְהוּדָה אִשָּׁה לְעֵר

7 בְּכוֹרוֹ וּשְׁמָהּ תָּמָר: וַיְהִי עֵר בְּכוֹר יְהוּדָה רַע בְּעֵינֵי יְהוָה וַיְמִתֵהוּ

8 יְהוָה: וַיֹּאמֶר יְהוּדָה לְאוֹנָן בֹּא אֶל־אֵשֶׁת אָחִיךָ וְיַבֵּם אֹתָהּ וְהָקֵם

9 זֶרַע לְאָחִיךָ: וַיֵּדַע אוֹנָן כִּי לֹא לוֹ יִהְיֶה הַזָּרַע וְהָיָה אִם־בָּא

10 אֶל־אֵשֶׁת אָחִיו וְשִׁחֵת אַרְצָה לְבִלְתִּי נְתָן־זֶרַע לְאָחִיו: וַיֵּרַע בְּעֵינֵי

11 יְהוָה אֲשֶׁר עָשָׂה וַיָּמֶת גַּם־אֹתוֹ: וַיֹּאמֶר יְהוּדָה לְתָמָר כַּלָּתוֹ שְׁבִי

11A אַלְמָנָה בֵית־אָבִיךְ עַד־יִגְדַּל שֵׁלָה בְנִי כִּי אָמַר פֶּן־יָמוּת גַּם־הוּא

12 כְּאֶחָיו וַתֵּלֶךְ תָּמָר וַתֵּשֶׁב בֵּית אָבִיהָ: וַיִּרְבּוּ הַיָּמִים וַתָּמָת בַּת־שׁוּעַ

אֵשֶׁת־יְהוּדָה וַיִּנָּחֶם יְהוּדָה וַיַּעַל עַל־גֹּזֲזֵי צֹאנוֹ הוּא וְחִירָה רֵעֵהוּ

13 הָעֲדֻלָּמִי תִּמְנָתָה: וַיֻּגַּד לְתָמָר לֵאמֹר הִנֵּה חָמִיךְ עֹלֶה תִמְנָתָה

14 לָגֹז צֹאנוֹ: וַתָּסַר בִּגְדֵי אַלְמְנוּתָהּ מֵעָלֶיהָ וַתְּכַס בַּצָּעִיף וַתִּתְעַלָּף

וַתֵּשֶׁב בְּפֶתַח עֵינַיִם אֲשֶׁר עַל־דֶּרֶךְ תִּמְנָתָה כִּי רָאֲתָה כִּי־גָדַל

15 שֵׁלָה וְהִוא לֹא־נִתְּנָה לוֹ לְאִשָּׁה: וַיִּרְאֶהָ יְהוּדָה וַיַּחְשְׁבֶהָ לְזוֹנָה

16 כִּי כִסְּתָה פָּנֶיהָ: וַיֵּט אֵלֶיהָ אֶל־הַדֶּרֶךְ וַיֹּאמֶר הָבָה־נָּא אָבוֹא אֵלַיִךְ

כִּי לֹא יָדַע כִּי כַלָּתוֹ הִוא וַתֹּאמֶר מַה־תִּתֶּן־לִי כִּי תָבוֹא אֵלָי:

was his daughter in law.) And she said, What wilt thou give me, that thou mayest come in unto me?

17 And he said, I will send *thee* a kid from the flock. And she said, Wilt thou give *me* a pledge, till thou send *it?*

18 And he said, What pledge shall I give thee? And she said, Thy signet, and thy bracelets, and thy staff that *is* in thine hand. And he gave *it* her, and came in unto her, and she conceived by him.

19 And she arose, and went away, and laid by her vail from her, and put on the garments of her widowhood.

20 And Judah sent the kid by the hand of his friend the Adullamite, to receive *his* pledge from the woman's hand: but he found her not.

21 Then he asked the men of that place, saying, Where *is* the harlot, that *was* openly by the way side? And they said, There was no harlot in this *place.*

22 And he returned to Judah, and said, I cannot find her; and also the men of the place said, *that* there was no harlot in this *place.*

23 And Judah said, Let her take *it* to her, lest we be shamed: behold, I sent this kid, and thou hast not found her.

24 ¶ And it came to pass about three months after, that it was told Judah, saying, Tamar thy daughter in law hath played the harlot; and also, behold, she *is* with child by whoredom. And Judah said, Bring her forth, and let her be burnt.

25 When she *was* brought forth, she sent to her father in law, saying, By the man, whose these *are, am* I with child: and she said, Discern, I pray thee, whose *are* these, the signet, and bracelets, and staff.

26 And Judah acknowledged *them,* and said, She hath been more righteous than I; because that I gave her not to Shelah my son. And he knew her again no more.

27 ¶ And it came to pass in the time of her travail, that, behold, twins *were* in her womb.

28 And it came to pass, when she travailed, that *the one* put out *his* hand: and the midwife took and bound upon his hand a scarlet thread, saying, This came out first.

29 And it came to pass, as he drew back his hand, that, behold, his brother came out: and she said, How hast thou broken forth? *this* breach *be* upon thee: therefore his name was called Pharez.

30 And afterward came out his brother, that had the scarlet thread upon his hand: and his name was called Zarah.

CHAPTER 39

1 And Joseph was brought down to Egypt; and Potiphar, an officer of Pharaoh, captain of the guard, an Egyptian, bought him of the hands of the Ishmeelites, which had brought him down thither.

2 And the LORD was with Joseph, and he was a prosperous man; and he was in the house of his master the Egyptian.

3 And his master saw that the LORD *was* with him, and that the LORD made all that he did to prosper in his hand.

4 And Joseph found grace in his sight, and he served him: and he made him overseer over his house, and all *that* he had he put into his hand.

5 And it came to pass from the time *that* he had made him overseer in his house, and over all that he had, that the LORD blessed the Egyptian's house for Joseph's sake; and the blessing of the LORD was upon all that he had in the house, and in the field.

6 And he left all that he had in Joseph's hand; and he knew not ought he had, save the bread which he did eat. And Joseph was *a* goodly *person,* and well favoured.

7 ¶ And it came to pass after these things, that his master's wife cast her eyes upon Joseph; and she said, Lie with me.

8 But he refused, and said unto his master's wife, Behold, my master wotteth not what *is* with me in the house, and he hath committed all that he hath to my hand;

9 *There is* none greater in this house than I; neither hath he kept back any thing from me but thee, because thou *art* his wife: how then can I do this great wickedness, and sin against God?

10 And it came to pass, as she spake to

וַיֹּ֗אמֶר אָנֹכִי֙ אֲשַׁלַּ֣ח גְּדִֽי־עִזִּ֔ים מִן־הַצֹּ֑אן וַתֹּ֕אמֶר אִם־תִּתֵּ֥ן עֵרָב֖וֹן 17

עַ֣ד שָׁלְחֶ֑ךָ: וַיֹּ֗אמֶר מָ֣ה הָעֵֽרָבוֹן֮ אֲשֶׁ֣ר אֶתֶּן־לָךְ֒ וַתֹּ֗אמֶר חֹתָֽמְךָ֙ 18

וּפְתִילֶ֔ךָ וּמַטְּךָ֖ אֲשֶׁ֣ר בְּיָדֶ֑ךָ וַיִּתֶּן־לָ֛הּ וַיָּבֹ֥א אֵלֶ֖יהָ וַתַּ֥הַר לֽוֹ: וַתָּ֣קָם 19

וַתֵּ֔לֶךְ וַתָּ֥סַר צְעִיפָ֖הּ מֵעָלֶ֑יהָ וַתִּלְבַּ֖שׁ בִּגְדֵ֥י אַלְמְנוּתָֽהּ: וַיִּשְׁלַ֨ח יְהוּדָ֜ה 20

אֶת־גְּדִ֣י הָעִזִּ֗ים בְּיַד֙ רֵעֵ֣הוּ הָֽעֲדֻלָּמִ֔י לָקַ֥חַת הָעֵרָב֖וֹן מִיַּ֣ד הָאִשָּׁ֑ה 21

וְלֹ֖א מְצָאָֽהּ: וַיִּשְׁאַ֞ל אֶת־אַנְשֵׁ֤י מְקֹמָהּ֙ לֵאמֹ֔ר אַיֵּ֥ה הַקְּדֵשָׁ֛ה הִ֖וא 22

בָעֵינַ֣יִם עַל־הַדָּ֑רֶךְ וַיֹּ֣אמְר֔וּ לֹא־הָיְתָ֥ה בָזֶ֖ה קְדֵשָֽׁה: וַיָּ֙שָׁב֙ אֶל־יְהוּדָ֔ה 23

וַיֹּ֖אמֶר לֹ֣א מְצָאתִ֑יהָ וְגַ֨ם אַנְשֵׁ֤י הַמָּקוֹם֙ אָֽמְר֔וּ לֹא־הָיְתָ֥ה בָזֶ֖ה 24

קְדֵשָֽׁה: וַיֹּ֤אמֶר יְהוּדָה֙ תִּֽקַּֽח־לָ֔הּ פֶּ֖ן נִהְיֶ֣ה לָב֑וּז הִנֵּ֤ה שָׁלַ֙חְתִּי֙ הַגְּדִ֣י 25

הַזֶּ֔ה וְאַתָּ֖ה לֹ֥א מְצָאתָֽהּ: וַיְהִ֣י ׀ כְּמִשְׁלֹ֣שׁ חֳדָשִׁ֗ים וַיֻּגַּ֨ד לִֽיהוּדָ֜ה 26A

לֵאמֹ֗ר זָֽנְתָה֙ תָּמָ֣ר כַּלָּתֶ֔ךָ וְגַ֛ם הִנֵּ֥ה הָרָ֖ה לִזְנוּנִ֑ים וַיֹּ֣אמֶר יְהוּדָ֗ה

הוֹצִיא֖וּהָ וְתִשָּׂרֵֽף: הִ֣וא מוּצֵ֗את וְהִ֨יא שָֽׁלְחָ֤ה אֶל־חָמִ֙יהָ֙ לֵאמֹ֔ר

לְאִישׁ֙ אֲשֶׁר־אֵ֣לֶּה לּ֔וֹ אָנֹכִ֖י הָרָ֑ה וַתֹּ֙אמֶר֙ הַכֶּר־נָ֔א לְמִ֞י הַחֹתֶ֧מֶת

וְהַפְּתִילִ֛ים וְהַמַּטֶּ֖ה הָאֵֽלֶּה: וַיַּכֵּ֣ר יְהוּדָ֗ה וַיֹּ֙אמֶר֙ צָֽדְקָ֣ה מִמֶּ֔נִּי 27

כִּֽי־עַל־כֵּ֥ן לֹא־נְתַתִּ֖יהָ לְשֵׁלָ֣ה בְנִ֑י וְלֹֽא־יָסַ֥ף ע֖וֹד לְדַעְתָּֽהּ: וַיְהִ֖י 28

בְּעֵ֣ת לִדְתָּ֑הּ וְהִנֵּ֥ה תְאוֹמִ֖ים בְּבִטְנָֽהּ: וַיְהִ֣י בְלִדְתָּ֔הּ וַיִּתֶּן־יָ֑ד וַתִּקַּ֣ח 29

הַֽמְיַלֶּ֗דֶת וַתִּקְשֹׁ֤ר עַל־יָדוֹ֙ שָׁנִ֣י לֵאמֹ֔ר זֶ֖ה יָצָ֥א רִאשֹׁנָֽה: וַיְהִ֣י ׀

כְּמֵשִׁ֣יב יָד֗וֹ וְהִנֵּה֙ יָצָ֣א אָחִ֔יו וַתֹּ֕אמֶר מַה־פָּרַ֖צְתָּ עָלֶ֣יךָ פָּ֑רֶץ וַיִּקְרָ֥א 30

שְׁמ֖וֹ פָּֽרֶץ: וְאַחַר֙ יָצָ֣א אָחִ֔יו אֲשֶׁ֥ר עַל־יָד֖וֹ הַשָּׁנִ֑י וַיִּקְרָ֥א שְׁמ֖וֹ

חֲמישי **39** 1 זָֽרַח: וְיוֹסֵ֖ף הוּרַ֣ד מִצְרָ֑יְמָה וַיִּקְנֵ֡הוּ פּֽוֹטִיפַר֩ סְרִ֨יס פַּרְעֹ֜ה

שַׂ֤ר הַטַּבָּחִים֙ אִ֣ישׁ מִצְרִ֔י מִיַּד֙ הַיִּשְׁמְעֵאלִ֔ים אֲשֶׁ֥ר הוֹרִדֻ֖הוּ שָֽׁמָּה: 2

וַיְהִ֤י יְהוָה֙ אֶת־יוֹסֵ֔ף וַיְהִ֖י אִ֣ישׁ מַצְלִ֑יחַ וַיְהִ֕י בְּבֵ֖ית אֲדֹנָ֥יו הַמִּצְרִֽי: 3

וַיַּ֣רְא אֲדֹנָ֔יו כִּ֥י יְהוָ֖ה אִתּ֑וֹ וְכֹל֙ אֲשֶׁר־ה֣וּא עֹשֶׂ֔ה יְהוָ֖ה מַצְלִ֥יחַ 4

בְּיָדֽוֹ: וַיִּמְצָ֨א יוֹסֵ֥ף חֵן֙ בְּעֵינָ֔יו וַיְשָׁ֖רֶת אֹת֑וֹ וַיַּפְקִדֵ֙הוּ֙ עַל־בֵּית֔וֹ 5

וְכָל־יֶשׁ־ל֖וֹ נָתַ֣ן בְּיָדֽוֹ: וַיְהִ֡י מֵאָז֩ הִפְקִ֨יד אֹת֜וֹ בְּבֵית֗וֹ וְעַל֙ כָּל־אֲשֶׁ֣ר

יֶשׁ־ל֔וֹ וַיְבָ֧רֶךְ יְהוָ֛ה אֶת־בֵּ֥ית הַמִּצְרִ֖י בִּגְלַ֣ל יוֹסֵ֑ף וַיְהִ֞י בִּרְכַּ֤ת יְהוָה֙ 6

בְּכָל־אֲשֶׁ֣ר יֶשׁ־ל֔וֹ בַּבַּ֖יִת וּבַשָּׂדֶֽה: וַיַּעֲזֹ֣ב כָּל־אֲשֶׁר־לוֹ֮ בְּיַד־יוֹסֵף֒

וְלֹא־יָדַ֤ע אִתּוֹ֙ מְא֔וּמָה כִּ֥י אִם־הַלֶּ֖חֶם אֲשֶׁר־ה֣וּא אוֹכֵ֑ל וַיְהִ֣י יוֹסֵ֔ף 7

ששי יְפֵה־תֹ֖אַר וִיפֵ֥ה מַרְאֶֽה: וַיְהִ֗י אַחַר֙ הַדְּבָרִ֣ים הָאֵ֔לֶּה וַתִּשָּׂ֧א 8

אֵֽשֶׁת־אֲדֹנָ֛יו אֶת־עֵינֶ֖יהָ אֶל־יוֹסֵ֑ף וַתֹּ֖אמֶר שִׁכְבָ֥ה עִמִּֽי: וַיְמָאֵ֓ן ׀

וַיֹּ֙אמֶר֙ אֶל־אֵ֣שֶׁת אֲדֹנָ֔יו הֵ֣ן אֲדֹנִ֔י לֹא־יָדַ֥ע אִתִּ֖י מַה־בַּבָּ֑יִת וְכֹ֥ל 9

אֲשֶׁר־יֶשׁ־ל֖וֹ נָתַ֣ן בְּיָדֽי: אֵינֶ֨נּוּ גָד֜וֹל בַּבַּ֤יִת הַזֶּה֙ מִמֶּ֔נִּי וְלֹֽא־חָשַׂ֤ךְ

מִמֶּ֙נִּי֙ מְא֔וּמָה כִּ֥י אִם־אוֹתָ֖ךְ בַּאֲשֶׁ֣ר אַתְּ־אִשְׁתּ֑וֹ וְאֵ֨יךְ אֶֽעֱשֶׂ֜ה הָרָעָ֤ה 10

הַגְּדֹלָה֙ הַזֹּ֔את וְחָטָ֖אתִי לֵֽאלֹהִֽים: וַיְהִ֕י כְּדַבְּרָ֥הּ אֶל־יוֹסֵ֖ף י֣וֹם ׀ י֑וֹם

Joseph day by day, that he hearkened not unto her, to lie by her, *or* to be with her.

11 And it came to pass about this time, that *Joseph* went into the house to do his business; and *there was* none of the men of the house there within.

12 And she caught him by his garment, saying, Lie with me: and he left his garment in her hand, and fled, and got him out.

13 And it came to pass, when she saw that he had left his garment in her hand, and was fled forth,

14 That she called unto the men of her house, and spake unto them, saying, See, he hath brought in an Hebrew unto us to mock us; he came in unto me to lie with me, and I cried with a loud voice:

15 And it came to pass, when he heard that I lifted up my voice and cried, that he left his garment with me, and fled, and got him out.

16 And she laid up his garment by her, until his lord came home.

17 And she spake unto him according to these words, saying, The Hebrew servant, which thou hast brought unto us, came in unto me to mock me:

18 And it came to pass, as I lifted up my voice and cried, that he left his garment with me, and fled out.

19 And it came to pass, when his master heard the words of his wife, which she spake unto him, saying, After this manner did thy servant to me; that his wrath was kindled.

20 And Joseph's master took him, and put him into the prison, a place where the king's prisoners *were* bound: and he was there in the prison.

21 ¶ But the LORD was with Joseph, and shewed him mercy, and gave him favour in the sight of the keeper of the prison.

22 And the keeper of the prison committed to Joseph's hand all the prisoners that *were* in the prison; and whatsoever they did there, he was the doer *of it.*

23 The keeper of the prison looked not to any thing *that was* under his hand; because the LORD was with him, and *that* which he did, the LORD made *it* to prosper.

CHAPTER 40

1 And it came to pass after these things, *that* the butler of the king of Egypt and *his* baker had offended their lord the king of Egypt.

2 And Pharaoh was wroth against two *of* his officers, against the chief of the butlers, and against the chief of the bakers.

3 And he put them in ward in the house of the captain of the guard, into the prison, the place where Joseph *was* bound.

4 And the captain of the guard charged Joseph with them, and he served them: and they continued a season in ward.

5 ¶ And they dreamed a dream both of them, each man his dream in one night, each man according to the interpretation of his dream, the butler and the baker of the king of Egypt, which *were* bound in the prison.

6 And Joseph came in unto them in the morning, and looked upon them, and, behold, they *were* sad.

7 And he asked Pharaoh's officers that *were* with him in the ward of his lord's house, saying, Wherefore look ye *so* sadly to day?

8 And they said unto him, We have dreamed a dream, and *there is* no interpreter of it. And Joseph said unto them, *Do* not interpretations *belong* to God? tell me *them,* I pray you.

9 And the chief butler told his dream to Joseph, and said to him, In my dream, behold, a vine *was* before me;

10 And in the vine *were* three branches: and it *was* as though it budded, *and* her blossoms shot forth; and the clusters thereof brought forth ripe grapes:

11 And Pharaoh's cup *was* in my hand: and I took the grapes, and pressed them into Pharaoh's cup, and I gave the cup into Pharaoh's hand.

12 And Joseph said unto him, This *is* the interpretation of it: The three branches *are* three days:

13 Yet within three days shall Pharaoh lift up thine head, and restore thee unto thy place: and thou shalt deliver Pharaoh's cup into his hand, after the former manner when thou wast his butler.

וְלֹא־שָׁמַע אֵלֶיהָ לִשְׁכַּב אֶצְלָהּ לִהְיוֹת עִמָּהּ: וַיְהִי כְּהַיּוֹם הַזֶּה 11

וַיָּבֹא הַבַּיְתָה לַעֲשׂוֹת מְלַאכְתּוֹ וְאֵין אִישׁ מֵאַנְשֵׁי הַבַּיִת שָׁם בַּבָּיִת:

וַתִּתְפְּשֵׂהוּ בְּבִגְדוֹ לֵאמֹר שִׁכְבָה עִמִּי וַיַּעֲזֹב בִּגְדוֹ בְּיָדָהּ וַיָּנָס וַיֵּצֵא 12

הַחוּצָה: וַיְהִי כִּרְאוֹתָהּ כִּי־עָזַב בִּגְדוֹ בְּיָדָהּ וַיָּנָס הַחוּצָה: וַתִּקְרָא 13 14

לְאַנְשֵׁי בֵיתָהּ וַתֹּאמֶר לָהֶם לֵאמֹר רְאוּ הֵבִיא לָנוּ אִישׁ עִבְרִי

לְצַחֶק בָּנוּ בָּא אֵלַי לִשְׁכַּב עִמִּי וָאֶקְרָא בְּקוֹל גָּדוֹל: וַיְהִי כְשָׁמְעוֹ 15

כִּי־הֲרִימֹתִי קוֹלִי וָאֶקְרָא וַיַּעֲזֹב בִּגְדוֹ אֶצְלִי וַיָּנָס וַיֵּצֵא הַחוּצָה:

וַתַּנַּח בִּגְדוֹ אֶצְלָהּ עַד־בּוֹא אֲדֹנָיו אֶל־בֵּיתוֹ: וַתְּדַבֵּר אֵלָיו כַּדְּבָרִים 16 17

הָאֵלֶּה לֵאמֹר בָּא־אֵלַי הָעֶבֶד הָעִבְרִי אֲשֶׁר־הֵבֵאתָ לָּנוּ לְצַחֶק בִּי:

וַיְהִי כַּהֲרִימִי קוֹלִי וָאֶקְרָא וַיַּעֲזֹב בִּגְדוֹ אֶצְלִי וַיָּנָס הַחוּצָה: וַיְהִי 18 19 19A

כִשְׁמֹעַ אֲדֹנָיו אֶת־דִּבְרֵי אִשְׁתּוֹ אֲשֶׁר דִּבְּרָה אֵלָיו לֵאמֹר כַּדְּבָרִים

הָאֵלֶּה עָשָׂה לִי עַבְדֶּךָ וַיִּחַר אַפּוֹ: וַיִּקַּח אֲדֹנֵי יוֹסֵף אֹתוֹ וַיִּתְּנֵהוּ 20

אֶל־בֵּית הַסֹּהַר מְקוֹם אֲשֶׁר־אֲסִירֵי הַמֶּלֶךְ אֲסוּרִים וַיְהִי־שָׁם בְּבֵית אֲסִירֵי

הַסֹּהַר: וַיְהִי יְהוָה אֶת־יוֹסֵף וַיֵּט אֵלָיו חָסֶד וַיִּתֵּן חִנּוֹ בְּעֵינֵי שַׂר 21

בֵּית־הַסֹּהַר: וַיִּתֵּן שַׂר בֵּית־הַסֹּהַר בְּיַד־יוֹסֵף אֵת כָּל־הָאֲסִירִם אֲשֶׁר 22

בְּבֵית הַסֹּהַר וְאֵת כָּל־אֲשֶׁר עֹשִׂים שָׁם הוּא הָיָה עֹשֶׂה: אֵין שַׂר 23 23A

בֵּית־הַסֹּהַר רֹאֶה אֶת־כָּל־מְאוּמָה בְּיָדוֹ בַּאֲשֶׁר יְהוָה אִתּוֹ

וַאֲשֶׁר־הוּא עֹשֶׂה יְהוָה מַצְלִיחַ:

וַיְהִי אַחַר הַדְּבָרִים הָאֵלֶּה חָטְאוּ מַשְׁקֵה מֶלֶךְ־מִצְרַיִם וְהָאֹפֶה שביעי 40 1

לַאֲדֹנֵיהֶם לְמֶלֶךְ מִצְרָיִם: וַיִּקְצֹף פַּרְעֹה עַל שְׁנֵי סָרִיסָיו עַל שַׂר 2

הַמַּשְׁקִים וְעַל שַׂר הָאוֹפִים: וַיִּתֵּן אֹתָם בְּמִשְׁמַר בֵּית שַׂר הַטַּבָּחִים 3 3A

אֶל־בֵּית הַסֹּהַר מְקוֹם אֲשֶׁר יוֹסֵף אָסוּר שָׁם: וַיִּפְקֹד שַׂר הַטַּבָּחִים 4

אֶת־יוֹסֵף אִתָּם וַיְשָׁרֶת אֹתָם וַיִּהְיוּ יָמִים בְּמִשְׁמָר: וַיַּחַלְמוּ חֲלוֹם 5

שְׁנֵיהֶם אִישׁ חֲלֹמוֹ בְּלַיְלָה אֶחָד אִישׁ כְּפִתְרוֹן חֲלֹמוֹ הַמַּשְׁקֶה

וְהָאֹפֶה אֲשֶׁר לְמֶלֶךְ מִצְרַיִם אֲשֶׁר אֲסוּרִים בְּבֵית הַסֹּהַר: וַיָּבֹא 6

אֲלֵיהֶם יוֹסֵף בַּבֹּקֶר וַיַּרְא אֹתָם וְהִנָּם זֹעֲפִים: וַיִּשְׁאַל אֶת־סְרִיסֵי 7

פַרְעֹה אֲשֶׁר אִתּוֹ בְמִשְׁמַר בֵּית אֲדֹנָיו לֵאמֹר מַדּוּעַ פְּנֵיכֶם רָעִים

הַיּוֹם: וַיֹּאמְרוּ אֵלָיו חֲלוֹם חָלַמְנוּ וּפֹתֵר אֵין אֹתוֹ וַיֹּאמֶר אֲלֵהֶם 8

יוֹסֵף הֲלוֹא לֵאלֹהִים פִּתְרֹנִים סַפְּרוּ־נָא לִי: וַיְסַפֵּר שַׂר־הַמַּשְׁקִים 9

אֶת־חֲלֹמוֹ לְיוֹסֵף וַיֹּאמֶר לוֹ בַּחֲלוֹמִי וְהִנֵּה־גֶפֶן לְפָנָי: וּבַגֶּפֶן שְׁלֹשָׁה 10

שָׂרִיגִם וְהִיא כְפֹרַחַת עָלְתָה נִצָּהּ הִבְשִׁילוּ אַשְׁכְּלֹתֶיהָ עֲנָבִים:

וְכוֹס פַּרְעֹה בְּיָדִי וָאֶקַּח אֶת־הָעֲנָבִים וָאֶשְׂחַט אֹתָם אֶל־כּוֹס פַּרְעֹה 11

וָאֶתֵּן אֶת־הַכּוֹס עַל־כַּף פַּרְעֹה: וַיֹּאמֶר לוֹ יוֹסֵף זֶה פִּתְרֹנוֹ שְׁלֹשֶׁת 12

הַשָּׂרִגִים שְׁלֹשֶׁת יָמִים הֵם: בְּעוֹד שְׁלֹשֶׁת יָמִים יִשָּׂא פַרְעֹה 13

אֶת־רֹאשֶׁךָ וַהֲשִׁיבְךָ עַל־כַּנֶּךָ וְנָתַתָּ כוֹס־פַּרְעֹה בְּיָדוֹ כַּמִּשְׁפָּט

14 But think on me when it shall be well with thee, and shew kindness, I pray thee, unto me, and make mention of me unto Pharaoh, and bring me out of this house:

15 For indeed I was stolen away out of the land of the Hebrews: and here also have I done nothing that they should put me into the dungeon.

16 When the chief baker saw that the interpretation was good, he said unto Joseph, I also *was* in my dream, and, behold, *I had* three white baskets on my head:

17 And in the uppermost basket *there was* of all manner of bakemeats for Pharaoh; and the birds did eat them out of the basket upon my head.

18 And Joseph answered and said, This *is* the interpretation thereof: The three baskets *are* three days:

19 Yet within three days shall Pharaoh lift up thy head from off thee, and shall hang thee on a tree; and the birds shall eat thy flesh from off thee.

20 ¶ And it came to pass the third day, *which was* Pharaoh's birthday, that he made a feast unto all his servants: and he lifted up the head of the chief butler and of the chief baker among his servants.

21 And he restored the chief butler unto his butlership again; and he gave the cup into Pharaoh's hand:

22 But he hanged the chief baker: as Joseph had interpreted to them.

23 Yet did not the chief butler remember Joseph, but forgat him.

CHAPTER 41

1 And it came to pass at the end of two full years, that Pharaoh dreamed: and, behold, he stood by the river.

2 And, behold, there came up out of the river seven well favoured kine and fatfleshed; and they fed in a meadow.

3 And, behold, seven other kine came up after them out of the river, ill favoured and leanfleshed; and stood by the *other* kine upon the brink of the river.

4 And the ill favoured and leanfleshed kine did eat up the seven well favoured and fat kine. So Pharaoh awoke.

5 And he slept and dreamed the second time: and, behold, seven ears of corn came up upon one stalk, rank and good.

6 And, behold, seven thin ears and blasted with the east wind sprung up after them.

7 And the seven thin ears devoured the seven rank and full ears. And Pharaoh awoke, and, behold, *it was* a dream.

8 And it came to pass in the morning that his spirit was troubled; and he sent and called for all the magicians of Egypt, and all the wise men thereof: and Pharaoh told them his dream; but *there was* none that could interpret them unto Pharaoh.

9 ¶ Then spake the chief butler unto Pharaoh, saying, I do remember my faults this day:

10 Pharaoh was wroth with his servants, and put me in ward in the captain of the guard's house, *both* me and the chief baker:

11 And we dreamed a dream in one night, I and he; we dreamed each man according to the interpretation of his dream.

12 And *there was* there with us a young man, an Hebrew, servant to the captain of the guard; and we told him, and he interpreted to us our dreams; to each man according to his dream he did interpret.

13 And it came to pass, as he interpreted to us, so it was; me he restored unto mine office, and him he hanged.

14 ¶ Then Pharaoh sent and called Joseph, and they brought him hastily out of the dungeon: and he shaved *himself,* and changed his raiment, and came in unto Pharaoh.

15 And Pharaoh said unto Joseph, I have dreamed a dream, and *there is* none that can interpret it: and I have heard say of thee, *that* thou canst understand a dream to interpret it.

16 And Joseph answered Pharaoh, say-

הָרִאשׁוֹן אֲשֶׁר הָיִיתָ מַשְׁקֵהוּ: כִּי אִם־זְכַרְתַּנִי אִתְּךָ כַּאֲשֶׁר יִיטַב 14

לָךְ וְעָשִׂיתָ־נָּא עִמָּדִי חָסֶד וְהִזְכַּרְתַּנִי אֶל־פַּרְעֹה וְהוֹצֵאתַנִי מִן־הַבַּיִת

הַזֶּה: כִּי־גֻנֹּב גֻּנַּבְתִּי מֵאֶרֶץ הָעִבְרִים וְגַם־פֹּה לֹא־עָשִׂיתִי מְאוּמָה 15

כִּי־שָׂמוּ אֹתִי בַּבּוֹר: וַיַּרְא שַׂר־הָאֹפִים כִּי טוֹב פָּתָר וַיֹּאמֶר אֶל־יוֹסֵף 16

אַף־אֲנִי בַּחֲלוֹמִי וְהִנֵּה שְׁלֹשָׁה סַלֵּי חֹרִי עַל־רֹאשִׁי: וּבַסַּל הָעֶלְיוֹן 17

מִכֹּל מַאֲכַל פַּרְעֹה מַעֲשֵׂה אֹפֶה וְהָעוֹף אֹכֵל אֹתָם מִן־הַסַּל מֵעַל

רֹאשִׁי: וַיַּעַן יוֹסֵף וַיֹּאמֶר זֶה פִּתְרֹנוֹ שְׁלֹשֶׁת הַסַּלִּים שְׁלֹשֶׁת יָמִים 18

הֵם: בְּעוֹד שְׁלֹשֶׁת יָמִים יִשָּׂא פַרְעֹה אֶת־רֹאשְׁךָ מֵעָלֶיךָ וְתָלָה 19

אוֹתְךָ עַל־עֵץ וְאָכַל הָעוֹף אֶת־בְּשָׂרְךָ מֵעָלֶיךָ: וַיְהִי בַּיּוֹם הַשְּׁלִישִׁי מפטיר 20

יוֹם הֻלֶּדֶת אֶת־פַּרְעֹה וַיַּעַשׂ מִשְׁתֶּה לְכָל־עֲבָדָיו וַיִּשָּׂא אֶת־רֹאשׁ

שַׂר הַמַּשְׁקִים וְאֶת־רֹאשׁ שַׂר הָאֹפִים בְּתוֹךְ עֲבָדָיו: וַיָּשֶׁב אֶת־שַׂר 21

הַמַּשְׁקִים עַל־מַשְׁקֵהוּ וַיִּתֵּן הַכּוֹס עַל־כַּף פַּרְעֹה: וְאֵת שַׂר הָאֹפִים 22

תָּלָה כַּאֲשֶׁר פָּתַר לָהֶם יוֹסֵף: וְלֹא־זָכַר שַׂר־הַמַּשְׁקִים אֶת־יוֹסֵף 23

וַיִּשְׁכָּחֵהוּ:

מקץ 41 וַיְהִי מִקֵּץ שְׁנָתַיִם יָמִים וּפַרְעֹה חֹלֵם וְהִנֵּה עֹמֵד עַל־הַיְאֹר: וְהִנֵּה 1 2

מִן־הַיְאֹר עֹלֹת שֶׁבַע פָּרוֹת יְפוֹת מַרְאֶה וּבְרִיאֹת בָּשָׂר וַתִּרְעֶינָה

בָּאָחוּ: וְהִנֵּה שֶׁבַע פָּרוֹת אֲחֵרוֹת עֹלוֹת אַחֲרֵיהֶן מִן־הַיְאֹר רָעוֹת 3

מַרְאֶה וְדַקּוֹת בָּשָׂר וַתַּעֲמֹדְנָה אֵצֶל הַפָּרוֹת עַל־שְׂפַת הַיְאֹר:

וַתֹּאכַלְנָה הַפָּרוֹת רָעוֹת הַמַּרְאֶה וְדַקֹּת הַבָּשָׂר אֵת שֶׁבַע הַפָּרוֹת 4

יְפֹת הַמַּרְאֶה וְהַבְּרִיאֹת וַיִּיקַץ פַּרְעֹה: וַיִּישָׁן וַיַּחֲלֹם שֵׁנִית וְהִנֵּה 5

שֶׁבַע שִׁבֳּלִים עֹלוֹת בְּקָנֶה אֶחָד בְּרִיאוֹת וְטֹבוֹת: וְהִנֵּה שֶׁבַע 6

7A שִׁבֳּלִים דַּקּוֹת וּשְׁדוּפֹת קָדִים צֹמְחוֹת אַחֲרֵיהֶן: וַתִּבְלַעְנָה הַשִּׁבֳּלִים 7

הַדַּקּוֹת אֵת שֶׁבַע הַשִּׁבֳּלִים הַבְּרִיאוֹת וְהַמְּלֵאוֹת וַיִּיקַץ פַּרְעֹה וְהִנֵּה

חֲלוֹם: וַיְהִי בַבֹּקֶר וַתִּפָּעֶם רוּחוֹ וַיִּשְׁלַח וַיִּקְרָא אֶת־כָּל־חַרְטֻמֵּי 8

מִצְרַיִם וְאֶת־כָּל־חֲכָמֶיהָ וַיְסַפֵּר פַּרְעֹה לָהֶם אֶת־חֲלֹמוֹ וְאֵין־פּוֹתֵר

אוֹתָם לְפַרְעֹה: וַיְדַבֵּר שַׂר הַמַּשְׁקִים אֶת־פַּרְעֹה לֵאמֹר אֶת־חֲטָאַי 9

אֲנִי מַזְכִּיר הַיּוֹם: פַּרְעֹה קָצַף עַל־עֲבָדָיו וַיִּתֵּן אֹתִי בְּמִשְׁמַר בֵּית 10

שַׂר הַטַּבָּחִים אֹתִי וְאֵת שַׂר הָאֹפִים: וַנַּחַלְמָה חֲלוֹם בְּלַיְלָה אֶחָד 11

12A אֲנִי וָהוּא אִישׁ כְּפִתְרוֹן חֲלֹמוֹ חָלָמְנוּ: וְשָׁם אִתָּנוּ נַעַר עִבְרִי עֶבֶד 12

לְשַׂר הַטַּבָּחִים וַנְּסַפֶּר־לוֹ וַיִּפְתָּר־לָנוּ אֶת־חֲלֹמֹתֵינוּ אִישׁ כַּחֲלֹמוֹ

פָּתָר: וַיְהִי כַּאֲשֶׁר פָּתַר־לָנוּ כֵּן הָיָה אֹתִי הֵשִׁיב עַל־כַּנִּי וְאֹתוֹ 13

תָלָה: וַיִּשְׁלַח פַּרְעֹה וַיִּקְרָא אֶת־יוֹסֵף וַיְרִיצֻהוּ מִן־הַבּוֹר וַיְגַלַּח 14

וַיְחַלֵּף שִׂמְלֹתָיו וַיָּבֹא אֶל־פַּרְעֹה: וַיֹּאמֶר פַּרְעֹה אֶל־יוֹסֵף חֲלוֹם שני 15

חָלַמְתִּי וּפֹתֵר אֵין אֹתוֹ וַאֲנִי שָׁמַעְתִּי עָלֶיךָ לֵאמֹר תִּשְׁמַע חֲלוֹם

לִפְתֹּר אֹתוֹ: וַיַּעַן יוֹסֵף אֶת־פַּרְעֹה לֵאמֹר בִּלְעָדָי אֱלֹהִים יַעֲנֶה 16

91

ing, *It is* not in me: God shall give Pharaoh an answer of peace.

17 And Pharaoh said unto Joseph, In my dream, behold, I stood upon the bank of the river:

18 And, behold, there came up out of the river seven kine, fatfleshed and well favoured; and they fed in a meadow:

19 And, behold, seven other kine came up after them, poor and very ill favoured and leanfleshed, such as I never saw in all the land of Egypt for badness:

20 And the lean and the ill favoured kine did eat up the first seven fat kine:

21 And when they had eaten them up, it could not be known that they had eaten them; but they *were* still ill favoured, as at the beginning. So I awoke.

22 And I saw in my dream, and, behold, seven ears came up in one stalk, full and good:

23 And, behold, seven ears, withered, thin, *and* blasted with the east wind, sprung up after them:

24 And the thin ears devoured the seven good ears: and I told *this* unto the magicians; but *there was* none that could declare *it* to me.

25 ¶ And Joseph said unto Pharaoh, The dream of Pharaoh *is* one: God hath shewed Pharaoh what he *is* about to do.

26 The seven good kine *are* seven years; and the seven good ears *are* seven years: the dream *is* one.

27 And the seven thin and ill favoured kine that came up after them *are* seven years; and the seven empty ears blasted with the east wind shall be seven years of famine.

28 This *is* the thing which I have spoken unto Pharaoh: What God *is* about to do he sheweth unto Pharaoh.

29 Behold, there come seven years of great plenty throughout all the land of Egypt:

30 And there shall arise after them seven years of famine; and all the plenty shall be forgotten in the land of Egypt; and the famine shall consume the land;

31 And the plenty shall not be known in the land by reason of that famine following; for it *shall be* very grievous.

32 And for that the dream was doubled unto Pharaoh twice; *it is* because the thing *is* established by God, and God will shortly bring it to pass.

33 Now therefore let Pharaoh look out a man discreet and wise, and set him over the land of Egypt.

34 Let Pharaoh do *this*, and let him appoint officers over the land, and take up the fifth part of the land of Egypt in the seven plenteous years.

35 And let them gather all the food of those good years that come, and lay up corn under the hand of Pharaoh, and let them keep food in the cities.

36 And that food shall be for store to the land against the seven years of famine, which shall be in the land of Egypt; that the land perish not through the famine.

37 ¶ And the thing was good in the eyes of Pharaoh, and in the eyes of all his servants.

38 And Pharaoh said unto his servants, Can we find *such a one* as this *is*, a man in whom the Spirit of God *is*?

39 And Pharaoh said unto Joseph, Forasmuch as God hath shewed thee all this, *there is* none so discreet and wise as thou *art*:

40 Thou shalt be over my house, and according unto thy word shall all my people be ruled: only in the throne will I be greater than thou.

41 And Pharaoh said unto Joseph, See, I have set thee over all the land of Egypt.

42 And Pharaoh took off his ring from his hand, and put it upon Joseph's hand, and arrayed him in vestures of fine linen, and put a gold chain about his neck;

43 And he made him to ride in the second chariot which he had; and they cried before him, Bow the knee: and he made him *ruler* over all the land of Egypt.

17 אֶת־שְׁלוֹם פַּרְעֹה: וַיְדַבֵּר פַּרְעֹה אֶל־יוֹסֵף בַּחֲלֹמִי הִנְנִי עֹמֵד

18 עַל־שְׂפַת הַיְאֹר: וְהִנֵּה מִן־הַיְאֹר עֹלֹת שֶׁבַע פָּרוֹת בְּרִיאוֹת בָּשָׂר

19 וִיפֹת תֹּאַר וַתִּרְעֶינָה בָּאָחוּ: וְהִנֵּה שֶׁבַע־פָּרוֹת אֲחֵרוֹת עֹלוֹת

אַחֲרֵיהֶן דַּלּוֹת וְרָעוֹת תֹּאַר מְאֹד וְרַקּוֹת בָּשָׂר לֹא־רָאִיתִי כָהֵנָּה

20 בְּכָל־אֶרֶץ מִצְרַיִם לָרֹעַ: וַתֹּאכַלְנָה הַפָּרוֹת הָרַקּוֹת וְהָרָעוֹת אֵת

21 שֶׁבַע הַפָּרוֹת הָרִאשֹׁנוֹת הַבְּרִיאֹת: וַתָּבֹאנָה אֶל־קִרְבֶּנָה וְלֹא נוֹדַע

22 כִּי־בָאוּ אֶל־קִרְבֶּנָה וּמַרְאֵיהֶן רַע כַּאֲשֶׁר בַּתְּחִלָּה וָאִיקָץ: וָאֵרֶא

23 בַּחֲלֹמִי וְהִנֵּה שֶׁבַע שִׁבֳּלִים עֹלֹת בְּקָנֶה אֶחָד מְלֵאֹת וְטֹבוֹת: וְהִנֵּה

24A
24 שֶׁבַע שִׁבֳּלִים צְנֻמוֹת דַּקּוֹת שְׁדֻפוֹת קָדִים צֹמְחוֹת אַחֲרֵיהֶם:

וַתִּבְלַעְןָ הַשִּׁבֳּלִים הַדַּקֹּת אֵת שֶׁבַע הַשִּׁבֳּלִים הַטֹּבוֹת וָאֹמַר

25 אֶל־הַחַרְטֻמִּים וְאֵין מַגִּיד לִי: וַיֹּאמֶר יוֹסֵף אֶל־פַּרְעֹה חֲלוֹם פַּרְעֹה

26 אֶחָד הוּא אֵת אֲשֶׁר הָאֱלֹהִים עֹשֶׂה הִגִּיד לְפַרְעֹה: שֶׁבַע פָּרֹת

הַטֹּבֹת שֶׁבַע שָׁנִים הֵנָּה וְשֶׁבַע הַשִּׁבֳּלִים הַטֹּבֹת שֶׁבַע שָׁנִים הֵנָּה

27A
27 חֲלוֹם אֶחָד הוּא: וְשֶׁבַע הַפָּרוֹת הָרַקּוֹת וְהָרָעֹת הָעֹלֹת אַחֲרֵיהֶן

שֶׁבַע שָׁנִים הֵנָּה וְשֶׁבַע הַשִּׁבֳּלִים הָרֵקוֹת שְׁדֻפוֹת הַקָּדִים יִהְיוּ

28 שֶׁבַע שְׁנֵי רָעָב: הוּא הַדָּבָר אֲשֶׁר דִּבַּרְתִּי אֶל־פַּרְעֹה אֲשֶׁר הָאֱלֹהִים

29 עֹשֶׂה הֶרְאָה אֶת־פַּרְעֹה: הִנֵּה שֶׁבַע שָׁנִים בָּאוֹת שָׂבָע גָּדוֹל

30 בְּכָל־אֶרֶץ מִצְרָיִם: וְקָמוּ שֶׁבַע שְׁנֵי רָעָב אַחֲרֵיהֶן וְנִשְׁכַּח כָּל־הַשָּׂבָע

31 בְּאֶרֶץ מִצְרָיִם וְכִלָּה הָרָעָב אֶת־הָאָרֶץ: וְלֹא־יִוָּדַע הַשָּׂבָע בָּאָרֶץ

32 מִפְּנֵי הָרָעָב הַהוּא אַחֲרֵי־כֵן כִּי־כָבֵד הוּא מְאֹד: וְעַל הִשָּׁנוֹת

הַחֲלוֹם אֶל־פַּרְעֹה פַּעֲמָיִם כִּי־נָכוֹן הַדָּבָר מֵעִם הָאֱלֹהִים וּמְמַהֵר

33 הָאֱלֹהִים לַעֲשֹׂתוֹ: וְעַתָּה יֵרֶא פַרְעֹה אִישׁ נָבוֹן וְחָכָם וִישִׁיתֵהוּ

34 עַל־אֶרֶץ מִצְרָיִם: יַעֲשֶׂה פַרְעֹה וְיַפְקֵד פְּקִדִים עַל־הָאָרֶץ וְחִמֵּשׁ

35 אֶת־אֶרֶץ מִצְרַיִם בְּשֶׁבַע שְׁנֵי הַשָּׂבָע: וְיִקְבְּצוּ אֶת־כָּל־אֹכֶל הַשָּׁנִים

הַטֹּבֹת הַבָּאֹת הָאֵלֶּה וְיִצְבְּרוּ־בָר תַּחַת יַד־פַּרְעֹה אֹכֶל בֶּעָרִים

36 וְשָׁמָרוּ: וְהָיָה הָאֹכֶל לְפִקָּדוֹן לָאָרֶץ לְשֶׁבַע שְׁנֵי הָרָעָב אֲשֶׁר תִּהְיֶיןָ

37 בְּאֶרֶץ מִצְרָיִם וְלֹא־תִכָּרֵת הָאָרֶץ בָּרָעָב: וַיִּיטַב הַדָּבָר בְּעֵינֵי פַרְעֹה

38 וּבְעֵינֵי כָּל־עֲבָדָיו: וַיֹּאמֶר פַּרְעֹה אֶל־עֲבָדָיו הֲנִמְצָא כָזֶה אִישׁ אֲשֶׁר

שלישי
39 רוּחַ אֱלֹהִים בּוֹ: וַיֹּאמֶר פַּרְעֹה אֶל־יוֹסֵף אַחֲרֵי הוֹדִיעַ אֱלֹהִים

40 אוֹתְךָ אֶת־כָּל־זֹאת אֵין־נָבוֹן וְחָכָם כָּמוֹךָ: אַתָּה תִּהְיֶה עַל־בֵּיתִי

41 וְעַל־פִּיךָ יִשַּׁק כָּל־עַמִּי רַק הַכִּסֵּא אֶגְדַּל מִמֶּךָּ: וַיֹּאמֶר פַּרְעֹה

42 אֶל־יוֹסֵף רְאֵה נָתַתִּי אֹתְךָ עַל כָּל־אֶרֶץ מִצְרָיִם: וַיָּסַר פַּרְעֹה

אֶת־טַבַּעְתּוֹ מֵעַל יָדוֹ וַיִּתֵּן אֹתָהּ עַל־יַד יוֹסֵף וַיַּלְבֵּשׁ אֹתוֹ בִּגְדֵי־שֵׁשׁ

43 וַיָּשֶׂם רְבִד הַזָּהָב עַל־צַוָּארוֹ: וַיַּרְכֵּב אֹתוֹ בְּמִרְכֶּבֶת הַמִּשְׁנֶה אֲשֶׁר־לוֹ

44 וַיִּקְרְאוּ לְפָנָיו אַבְרֵךְ וְנָתוֹן אֹתוֹ עַל כָּל־אֶרֶץ מִצְרָיִם: וַיֹּאמֶר פַּרְעֹה

44 And Pharaoh said unto Joseph, I *am* Pharaoh, and without thee shall no man lift up his hand or foot in all the land of Egypt.

45 And Pharaoh called Joseph's name Zaphnath-paaneah; and he gave him to wife Asenath the daughter of Poti-pherah priest of On. And Joseph went out over *all* the land of Egypt.

46 ¶ And Joseph *was* thirty years old when he stood before Pharaoh king of Egypt. And Joseph went out from the presence of Pharaoh, and went throughout all the land of Egypt.

47 And in the seven plenteous years the earth brought forth by handfuls.

48 And he gathered up all the food of the seven years, which were in the land of Egypt, and laid up the food in the cities: the food of the field, which *was* round about every city, laid he up in the same.

49 And Joseph gathered corn as the sand of the sea, very much, until he left numbering; for *it was* without number.

50 And unto Joseph were born two sons before the years of famine came, which Asenath the daughter of Poti-pherah priest of On bare unto him.

51 And Joseph called the name of the firstborn Manasseh: For God, *said he,* hath made me forget all my toil, and all my father's house.

52 And the name of the second called he Ephraim: For God hath caused me to be fruitful in the land of my affliction.

53 ¶ And the seven years of plenteousness, that was in the land of Egypt, were ended.

54 And the seven years of dearth began to come, according as Joseph had said: and the dearth was in all lands; but in all the land of Egypt there was bread.

55 And when all the land of Egypt was famished, the people cried to Pharaoh for bread: and Pharaoh said unto all the Egyptians, Go unto Joseph; what he saith to you, do.

56 And the famine was over all the face of the earth: and Joseph opened all the storehouses, and sold unto the Egyptians; and the famine waxed sore in the land of Egypt.

57 And all countries came into Egypt to Joseph for to buy *corn;* because that the famine was *so* sore in all lands.

CHAPTER 42

1 Now when Jacob saw that there was corn in Egypt, Jacob said unto his sons, Why do ye look one upon another?

2 And he said, Behold, I have heard that there is corn in Egypt: get you down thither, and buy for us from thence; that we may live, and not die.

3 ¶ And Joseph's ten brethren went down to buy corn in Egypt.

4 But Benjamin, Joseph's brother, Jacob sent not with his brethren; for he said, Lest peradventure mischief befall him.

5 And the sons of Israel came to buy *corn* among those that came: for the famine was in the land of Canaan.

6 And Joseph *was* the governor over the land, *and* he *it was* that sold to all the people of the land: and Joseph's brethren came, and bowed down themselves before him *with* their faces to the earth.

7 And Joseph saw his brethren, and he knew them, but made himself strange unto them, and spake roughly unto them; and he said unto them, Whence come ye? And they said, From the land of Canaan to buy food.

8 And Joseph knew his brethren, but they knew not him.

9 And Joseph remembered the dreams which he dreamed of them, and said unto them, Ye *are* spies; to see the nakedness of the land ye are come.

10 And they said unto him, Nay, my lord, but to buy food are thy servants come.

11 We *are* all one man's sons; we *are* true *men,* thy servants are no spies.

12 And he said unto them, Nay, but to see the nakedness of the land ye are come.

13 And they said, Thy servants *are* twelve brethren, the sons of one man in the land of Canaan; and, behold, the youngest *is* this day with our father, and one *is* not.

אֶל־יוֹסֵף אֲנִי פַרְעֹה וּבִלְעָדֶיךָ לֹא־יָרִים אִישׁ אֶת־יָדֽוֹ וְאֶת־רַגְלֽוֹ

45 בְּכָל־אֶרֶץ מִצְרָֽיִם: וַיִּקְרָא פַרְעֹה שֵׁם־יוֹסֵף צָֽפְנַת פַּעְנֵחַ וַיִּתֶּן־לוֹ אֶת־אָֽסְנַת בַּת־פּֽוֹטִי פֶרַע כֹּהֵן אֹן לְאִשָּׁה וַיֵּצֵא יוֹסֵף עַל־אֶרֶץ

46 מִצְרָֽיִם: וְיוֹסֵף בֶּן־שְׁלֹשִׁים שָׁנָה בְּעָמְדוֹ לִפְנֵי פַּרְעֹה מֶֽלֶךְ־מִצְרָיִם 46A

47 וַיֵּצֵא יוֹסֵף מִלִּפְנֵי פַרְעֹה וַֽיַּעֲבֹר בְּכָל־אֶרֶץ מִצְרָֽיִם: וַתַּעַשׂ הָאָרֶץ

48 בְּשֶׁבַע שְׁנֵי הַשָּׂבָע לִקְמָצִֽים: וַיִּקְבֹּץ אֶת־כָּל־אֹכֶל ׀ שֶׁבַע שָׁנִים אֲשֶׁר הָיוּ בְּאֶרֶץ מִצְרַיִם וַיִּתֶּן־אֹכֶל בֶּֽעָרִים אֹכֶל שְׂדֵה־הָעִיר אֲשֶׁר

49 סְבִֽיבֹתֶיהָ נָתַן בְּתוֹכָֽהּ: וַיִּצְבֹּר יוֹסֵף בָּר כְּחוֹל הַיָּם הַרְבֵּה מְאֹד

50 עַד כִּי־חָדַל לִסְפֹּר כִּי־אֵין מִסְפָּֽר: וּלְיוֹסֵף יֻלַּד שְׁנֵי בָנִים בְּטֶרֶם תָּבוֹא שְׁנַת הָרָעָב אֲשֶׁר יָֽלְדָה־לּוֹ אָֽסְנַת בַּת־פּוֹטִי פֶרַע כֹּהֵן אֹֽן:

51 וַיִּקְרָא יוֹסֵף אֶת־שֵׁם הַבְּכוֹר מְנַשֶּׁה כִּֽי־נַשַּׁנִי אֱלֹהִים אֶת־כָּל־עֲמָלִי

52 וְאֵת כָּל־בֵּית אָבִֽי: וְאֵת שֵׁם הַשֵּׁנִי קָרָא אֶפְרָיִם כִּֽי־הִפְרַנִי אֱלֹהִים

53 בְּאֶרֶץ עָנְיִֽי: וַתִּכְלֶינָה שֶׁבַע שְׁנֵי הַשָּׂבָע אֲשֶׁר הָיָה בְּאֶרֶץ מִצְרָֽיִם: רביעי

54 וַתְּחִלֶּינָה שֶׁבַע שְׁנֵי הָרָעָב לָבוֹא כַּאֲשֶׁר אָמַר יוֹסֵף וַיְהִי רָעָב

55 בְּכָל־הָֽאֲרָצוֹת וּבְכָל־אֶרֶץ מִצְרַיִם הָיָה לָֽחֶם: וַתִּרְעַב כָּל־אֶרֶץ מִצְרַיִם וַיִּצְעַק הָעָם אֶל־פַּרְעֹה לַלָּחֶם וַיֹּאמֶר פַּרְעֹה לְכָל־מִצְרַיִם

56 לְכוּ אֶל־יוֹסֵף אֲשֶׁר־יֹאמַר לָכֶם תַּעֲשֽׂוּ: וְהָרָעָב הָיָה עַל כָּל־פְּנֵי הָאָרֶץ וַיִּפְתַּח יוֹסֵף אֶֽת־כָּל־אֲשֶׁר בָּהֶם וַיִּשְׁבֹּר לְמִצְרַיִם וַיֶּחֱזַק

57 הָרָעָב בְּאֶרֶץ מִצְרָֽיִם: וְכָל־הָאָרֶץ בָּאוּ מִצְרַיְמָה לִשְׁבֹּר אֶל־יוֹסֵף

42 1 כִּֽי־חָזַק הָרָעָב בְּכָל־הָאָֽרֶץ: וַיַּרְא יַעֲקֹב כִּי יֶשׁ־שֶׁבֶר בְּמִצְרָיִם וַיֹּאמֶר

2 יַעֲקֹב לְבָנָיו לָמָּה תִּתְרָאֽוּ: וַיֹּאמֶר הִנֵּה שָׁמַעְתִּי כִּי יֶשׁ־שֶׁבֶר

3 בְּמִצְרָיִם רְדוּ־שָׁמָּה וְשִׁבְרוּ־לָנוּ מִשָּׁם וְנִחְיֶה וְלֹא נָמֽוּת: וַיֵּרְדוּ

4 אֲחֵֽי־יוֹסֵף עֲשָׂרָה לִשְׁבֹּר בָּר מִמִּצְרָֽיִם: וְאֶת־בִּנְיָמִין אֲחִי יוֹסֵף

5 לֹֽא־שָׁלַח יַעֲקֹב אֶת־אֶחָיו כִּי אָמַר פֶּן־יִקְרָאֶנּוּ אָסֽוֹן: וַיָּבֹאוּ בְּנֵי

6 יִשְׂרָאֵל לִשְׁבֹּר בְּתוֹךְ הַבָּאִים כִּֽי־הָיָה הָרָעָב בְּאֶרֶץ כְּנָֽעַן: וְיוֹסֵף הוּא הַשַּׁלִּיט עַל־הָאָרֶץ הוּא הַמַּשְׁבִּיר לְכָל־עַם הָאָרֶץ וַיָּבֹאוּ אֲחֵי

7 יוֹסֵף וַיִּשְׁתַּֽחֲווּ־לוֹ אַפַּיִם אָֽרְצָה: וַיַּרְא יוֹסֵף אֶת־אֶחָיו וַיַּכִּרֵם וַיִּתְנַכֵּר אֲלֵיהֶם וַיְדַבֵּר אִתָּם קָשׁוֹת וַיֹּאמֶר אֲלֵהֶם מֵאַיִן בָּאתֶם וַיֹּֽאמְרוּ

8 מֵאֶרֶץ כְּנַעַן לִשְׁבָּר־אֹֽכֶל: וַיַּכֵּר יוֹסֵף אֶת־אֶחָיו וְהֵם לֹא הִכִּרֻֽהוּ:

9 וַיִּזְכֹּר יוֹסֵף אֵת הַחֲלֹמוֹת אֲשֶׁר חָלַם לָהֶם וַיֹּאמֶר אֲלֵהֶם מְרַגְּלִים

10 אַתֶּם לִרְאוֹת אֶת־עֶרְוַת הָאָרֶץ בָּאתֶֽם: וַיֹּאמְרוּ אֵלָיו לֹא אֲדֹנִי

11 וַעֲבָדֶיךָ בָּאוּ לִשְׁבָּר־אֹֽכֶל: כֻּלָּנוּ בְּנֵי אִישׁ־אֶחָד נָחְנוּ כֵּנִים אֲנַחְנוּ

12 לֹא־הָיוּ עֲבָדֶיךָ מְרַגְּלִֽים: וַיֹּאמֶר אֲלֵהֶם לֹא כִּֽי־עֶרְוַת הָאָרֶץ בָּאתֶם

13 לִרְאֽוֹת: וַיֹּאמְרוּ שְׁנֵים עָשָׂר עֲבָדֶיךָ אַחִים ׀ אֲנַחְנוּ בְּנֵי אִישׁ־אֶחָד

14 בְּאֶרֶץ כְּנָעַן וְהִנֵּה הַקָּטֹן אֶת־אָבִינוּ הַיּוֹם וְהָאֶחָד אֵינֶֽנּוּ: וַיֹּאמֶר

14 And Joseph said unto them, That *is it* that I spake unto you, saying, Ye *are* spies:

15 Hereby ye shall be proved: By the life of Pharaoh ye shall not go forth hence, except your youngest brother come hither.

16 Send one of you, and let him fetch your brother, and ye shall be kept in prison, that your words may be proved, whether *there be any* truth in you: or else by the life of Pharaoh surely ye *are* spies.

17 And he put them all together into ward three days.

18 And Joseph said unto them the third day, This do, and live; *for* I fear God:

19 If ye *be* true *men,* let one of your brethren be bound in the house of your prison: go ye, carry corn for the famine of your houses:

20 But bring your youngest brother unto me; so shall your words be verified, and ye shall not die. And they did so.

21 ¶ And they said one to another, We *are* verily guilty concerning our brother, in that we saw the anguish of his soul, when he besought us, and we would not hear; therefore is this distress come upon us.

22 And Reuben answered them, saying, Spake I not unto you, saying, Do not sin against the child; and ye would not hear? therefore, behold, also his blood is required.

23 And they knew not that Joseph understood *them;* for he spake unto them by an interpreter.

24 And he turned himself about from them, and wept; and returned to them again, and communed with them, and took from them Simeon, and bound him before their eyes.

25 ¶ Then Joseph commanded to fill their sacks with corn, and to restore every man's money into his sack, and to give them provision for the way: and thus did he unto them.

26 And they laded their asses with the corn, and departed thence.

27 And as one of them opened his sack to give his ass provender in the inn, he espied his money; for, behold, it *was* in his sack's mouth.

28 And he said unto his brethren, My money is restored; and, lo, *it is* even in my sack: and their heart failed *them,* and they were afraid, saying one to another, What *is* this *that* God hath done unto us?

29 ¶ And they came unto Jacob their father unto the land of Canaan, and told him all that befell unto them; saying,

30 The man, *who is* the lord of the land, spake roughly to us, and took us for spies of the country.

31 And we said unto him, We *are* true *men;* we are no spies:

32 We *be* twelve brethren, sons of our father; one *is* not, and the youngest *is* this day with our father in the land of Canaan.

33 And the man, the lord of the country, said unto us, Hereby shall I know that ye *are* true *men;* leave one of your brethren *here* with me, and take *food for* the famine of your households, and be gone:

34 And bring your youngest brother unto me: then shall I know that ye *are* no spies, but *that* ye *are* true *men: so* will I deliver you your brother, and ye shall traffick in the land.

35 ¶ And it came to pass as they emptied their sacks, that, behold, every man's bundle of money *was* in his sack: and when *both* they and their father saw the bundles of money, they were afraid.

36 And Jacob their father said unto them, Me have ye bereaved *of my children:* Joseph *is* not, and Simeon *is* not, and ye will take Benjamin *away:* all these things are against me.

37 And Reuben spake unto his father, saying, Slay my two sons, if I bring him not to thee: deliver him into my hand, and I will bring him to thee again.

38 And he said, My son shall not go down with you; for his brother is dead, and he is left alone: if mischief befall him by the way in the which ye go, then shall ye bring down my gray hairs with sorrow to the grave.

אֲלֵהֶם יוֹסֵף הוּא אֲשֶׁר דִּבַּרְתִּי אֲלֵכֶם לֵאמֹר מְרַגְּלִים אַתֶּם: בְּזֹאת 15

תִּבָּחֵנוּ חֵי פַרְעֹה אִם־תֵּצְאוּ מִזֶּה כִּי אִם־בְּבוֹא אֲחִיכֶם הַקָּטֹן

הֵנָּה: שִׁלְחוּ מִכֶּם אֶחָד וְיִקַּח אֶת־אֲחִיכֶם וְאַתֶּם הֵאָסְרוּ וְיִבָּחֲנוּ 16

דִּבְרֵיכֶם הַאֱמֶת אִתְּכֶם וְאִם־לֹא חֵי פַרְעֹה כִּי מְרַגְּלִים אַתֶּם:

וַיֶּאֱסֹף אֹתָם אֶל־מִשְׁמָר שְׁלֹשֶׁת יָמִים: וַיֹּאמֶר אֲלֵהֶם יוֹסֵף בַּיּוֹם 17
18

הַשְּׁלִישִׁי זֹאת עֲשׂוּ וִחְיוּ אֶת־הָאֱלֹהִים אֲנִי יָרֵא: אִם־כֵּנִים אַתֶּם 19

אֲחִיכֶם אֶחָד יֵאָסֵר בְּבֵית מִשְׁמַרְכֶם וְאַתֶּם לְכוּ הָבִיאוּ שֶׁבֶר

רַעֲבוֹן בָּתֵּיכֶם: וְאֶת־אֲחִיכֶם הַקָּטֹן תָּבִיאוּ אֵלַי וְיֵאָמְנוּ דִבְרֵיכֶם 20

וְלֹא תָמוּתוּ וַיַּעֲשׂוּ־כֵן: וַיֹּאמְרוּ אִישׁ אֶל־אָחִיו אֲבָל אֲשֵׁמִים אֲנַחְנוּ 21

עַל־אָחִינוּ אֲשֶׁר רָאִינוּ צָרַת נַפְשׁוֹ בְּהִתְחַנְנוֹ אֵלֵינוּ וְלֹא שָׁמָעְנוּ

עַל־כֵּן בָּאָה אֵלֵינוּ הַצָּרָה הַזֹּאת: וַיַּעַן רְאוּבֵן אֹתָם לֵאמֹר הֲלוֹא 22

אָמַרְתִּי אֲלֵיכֶם ׀ לֵאמֹר אַל־תֶּחֶטְאוּ בַיֶּלֶד וְלֹא שְׁמַעְתֶּם וְגַם־דָּמוֹ

הִנֵּה נִדְרָשׁ: וְהֵם לֹא יָדְעוּ כִּי שֹׁמֵעַ יוֹסֵף כִּי הַמֵּלִיץ בֵּינֹתָם: 23

וַיִּסֹּב מֵעֲלֵיהֶם וַיֵּבְךְּ וַיָּשָׁב אֲלֵהֶם וַיְדַבֵּר אֲלֵהֶם וַיִּקַּח מֵאִתָּם 24

אֶת־שִׁמְעוֹן וַיֶּאֱסֹר אֹתוֹ לְעֵינֵיהֶם: וַיְצַו יוֹסֵף וַיְמַלְאוּ אֶת־כְּלֵיהֶם 25

בָּר וּלְהָשִׁיב כַּסְפֵּיהֶם אִישׁ אֶל־שַׂקּוֹ וְלָתֵת לָהֶם צֵדָה לַדָּרֶךְ וַיַּעַשׂ

לָהֶם כֵּן: וַיִּשְׂאוּ אֶת־שִׁבְרָם עַל־חֲמֹרֵיהֶם וַיֵּלְכוּ מִשָּׁם: וַיִּפְתַּח 26
27

הָאֶחָד אֶת־שַׂקּוֹ לָתֵת מִסְפּוֹא לַחֲמֹרוֹ בַּמָּלוֹן וַיַּרְא אֶת־כַּסְפּוֹ

וְהִנֵּה־הוּא בְּפִי אַמְתַּחְתּוֹ: וַיֹּאמֶר אֶל־אֶחָיו הוּשַׁב כַּסְפִּי וְגַם הִנֵּה 28

בְאַמְתַּחְתִּי וַיֵּצֵא לִבָּם וַיֶּחֶרְדוּ אִישׁ אֶל־אָחִיו לֵאמֹר מַה־זֹּאת עָשָׂה

אֱלֹהִים לָנוּ: וַיָּבֹאוּ אֶל־יַעֲקֹב אֲבִיהֶם אַרְצָה כְּנָעַן וַיַּגִּידוּ לוֹ אֵת 29

כָּל־הַקֹּרֹת אֹתָם לֵאמֹר: דִּבֶּר הָאִישׁ אֲדֹנֵי הָאָרֶץ אִתָּנוּ קָשׁוֹת 30

וַיִּתֵּן אֹתָנוּ כִּמְרַגְּלִים אֶת־הָאָרֶץ: וַנֹּאמֶר אֵלָיו כֵּנִים אֲנָחְנוּ לֹא 31

הָיִינוּ מְרַגְּלִים: שְׁנֵים־עָשָׂר אֲנַחְנוּ אַחִים בְּנֵי אָבִינוּ הָאֶחָד אֵינֶנּוּ 32

וְהַקָּטֹן הַיּוֹם אֶת־אָבִינוּ בְּאֶרֶץ כְּנָעַן: וַיֹּאמֶר אֵלֵינוּ הָאִישׁ אֲדֹנֵי 33

הָאָרֶץ בְּזֹאת אֵדַע כִּי כֵנִים אַתֶּם אֲחִיכֶם הָאֶחָד הַנִּיחוּ אִתִּי

וְאֶת־רַעֲבוֹן בָּתֵּיכֶם קְחוּ וָלֵכוּ: וְהָבִיאוּ אֶת־אֲחִיכֶם הַקָּטֹן אֵלַי 34

וְאֵדְעָה כִּי לֹא מְרַגְּלִים אַתֶּם כִּי כֵנִים אַתֶּם אֶת־אֲחִיכֶם אֶתֵּן

לָכֶם וְאֶת־הָאָרֶץ תִּסְחָרוּ: וַיְהִי הֵם מְרִיקִים שַׂקֵּיהֶם וְהִנֵּה־אִישׁ 35

צְרוֹר־כַּסְפּוֹ בְּשַׂקּוֹ וַיִּרְאוּ אֶת־צְרֹרוֹת כַּסְפֵּיהֶם הֵמָּה וַאֲבִיהֶם וַיִּירָאוּ:

וַיֹּאמֶר אֲלֵהֶם יַעֲקֹב אֲבִיהֶם אֹתִי שִׁכַּלְתֶּם יוֹסֵף אֵינֶנּוּ וְשִׁמְעוֹן 36 | 36A

אֵינֶנּוּ וְאֶת־בִּנְיָמִן תִּקָּחוּ עָלַי הָיוּ כֻלָּנָה: וַיֹּאמֶר רְאוּבֵן אֶל־אָבִיו 37

לֵאמֹר אֶת־שְׁנֵי בָנַי תָּמִית אִם־לֹא אֲבִיאֶנּוּ אֵלֶיךָ תְּנָה אֹתוֹ עַל־יָדִי

וַאֲנִי אֲשִׁיבֶנּוּ אֵלֶיךָ: וַיֹּאמֶר לֹא־יֵרֵד בְּנִי עִמָּכֶם כִּי־אָחִיו מֵת וְהוּא 38

לְבַדּוֹ נִשְׁאָר וּקְרָאָהוּ אָסוֹן בַּדֶּרֶךְ אֲשֶׁר תֵּלְכוּ־בָהּ וְהוֹרַדְתֶּם

CHAPTER 43

1 And the famine *was* sore in the land.

2 And it came to pass, when they had eaten up the corn which they had brought out of Egypt, their father said unto them, Go again, buy us a little food.

3 And Judah spake unto him, saying, The man did solemnly protest unto us, saying, Ye shall not see my face, except your brother *be* with you.

4 If thou wilt send our brother with us, we will go down and buy thee food:

5 But if thou wilt not send *him,* we will not go down: for the man said unto us, Ye shall not see my face, except your brother *be* with you.

6 And Israel said, Wherefore dealt ye *so* ill with me, *as* to tell the man whether ye had yet a brother?

7 And they said, The man asked us straitly of our state, and of our kindred, saying, *Is* your father yet alive? have ye *another* brother? and we told him according to the tenor of these words: could we certainly know that he would say, Bring your brother down?

8 And Judah said unto Israel his father, Send the lad with me, and we will arise and go; that we may live, and not die, both we, and thou, *and* also our little ones.

9 I will be surety for him; of my hand shalt thou require him: if I bring him not unto thee, and set him before thee, then let me bear the blame for ever:

10 For except we had lingered, surely now we had returned this second time.

11 And their father Israel said unto them, If *it must be* so now, do this; take of the best fruits in the land in your vessels, and carry down the man a present, a little balm, and a little honey, spices, and myrrh, nuts, and almonds:

12 And take double money in your hand; and the money that was brought again in the mouth of your sacks, carry *it* again in your hand; peradventure it *was* an oversight:

13 Take also your brother, and arise, go again unto the man:

14 And God Almighty give you mercy before the man, that he may send away your other brother, and Benjamin. If I be bereaved *of my children,* I am bereaved.

15 ¶ And the men took that present, and they took double money in their hand, and Benjamin; and rose up, and went down to Egypt, and stood before Joseph.

16 And when Joseph saw Benjamin with them, he said to the ruler of his house, Bring *these* men home, and slay, and make ready; for *these* men shall dine with me at noon.

17 And the man did as Joseph bade; and the man brought the men into Joseph's house.

18 And the men were afraid, because they were brought into Joseph's house; and they said, Because of the money that was returned in our sacks at the first time are we brought in; that he may seek occasion against us, and fall upon us, and take us for bondmen, and our asses.

19 And they came near to the steward of Joseph's house, and they communed with him at the door of the house,

20 And said, O sir, we came indeed down at the first time to buy food:

21 And it came to pass, when we came to the inn, that we opened our sacks, and, behold, *every* man's money *was* in the mouth of his sack, our money in full weight: and we have brought it again in our hand.

22 And other money have we brought down in our hands to buy food: we cannot tell who put our money in our sacks.

23 And he said, Peace *be* to you, fear not: your God, and the God of your father, hath given you treasure in your sacks: I had your money. And he brought Simeon out unto them.

24 And the man brought the men into Joseph's house, and gave *them* water, and they washed their feet; and he gave their asses provender.

אֶת־שֵׂיבָתִ֛י בְּיָג֖וֹן שְׁאֽוֹלָה׃ וְהָרָעָ֖ב כָּבֵ֣ד בָּאָ֑רֶץ׃ וַיְהִ֗י כַּאֲשֶׁ֤ר כִּלּוּ֙ **43** ¹
לֶאֱכֹ֣ל אֶת־הַשֶּׁ֔בֶר אֲשֶׁ֥ר הֵבִ֖יאוּ מִמִּצְרָ֑יִם וַיֹּ֤אמֶר אֲלֵיהֶם֙ אֲבִיהֶ֔ם ²
שֻׁ֖בוּ שִׁבְרוּ־לָ֥נוּ מְעַט־אֹֽכֶל׃ וַיֹּ֧אמֶר אֵלָ֛יו יְהוּדָ֖ה לֵאמֹ֑ר הָעֵ֣ד הֵעִד֩ ³
בָּ֨נוּ הָאִ֤ישׁ לֵאמֹר֙ לֹֽא־תִרְא֣וּ פָנַ֔י בִּלְתִּ֖י אֲחִיכֶ֥ם אִתְּכֶֽם׃ אִם־יֶשְׁךָ֛ ⁴
מְשַׁלֵּ֥חַ אֶת־אָחִ֖ינוּ אִתָּ֑נוּ נֵרְדָ֕ה וְנִשְׁבְּרָ֥ה לְךָ֖ אֹֽכֶל׃ וְאִם־אֵינְךָ֣ מְשַׁלֵּ֔חַ ⁵
לֹ֣א נֵרֵ֑ד כִּֽי־הָאִ֞ישׁ אָמַ֤ר אֵלֵ֙ינוּ֙ לֹֽא־תִרְא֣וּ פָנַ֔י בִּלְתִּ֖י אֲחִיכֶ֥ם אִתְּכֶֽם׃ ⁶
וַיֹּ֙אמֶר֙ יִשְׂרָאֵ֔ל לָמָ֥ה הֲרֵעֹתֶ֖ם לִ֑י לְהַגִּ֣יד לָאִ֔ישׁ הַע֥וֹד לָכֶ֖ם אָֽח׃ ⁶
וַיֹּאמְר֡וּ שָׁא֣וֹל שָֽׁאַל־הָ֠אִישׁ לָ֣נוּ וּלְמֽוֹלַדְתֵּ֜נוּ לֵאמֹ֗ר הַע֨וֹד אֲבִיכֶ֥ם ⁷
חַי֙ הֲיֵ֣שׁ לָכֶ֣ם אָ֔ח וַנַּ֨גֶּד־ל֔וֹ עַל־פִּ֖י הַדְּבָרִ֣ים הָאֵ֑לֶּה הֲיָד֣וֹעַ נֵדַ֔ע כִּ֣י ⁷
יֹאמַ֔ר הוֹרִ֖ידוּ אֶת־אֲחִיכֶֽם׃ וַיֹּ֨אמֶר יְהוּדָ֜ה אֶל־יִשְׂרָאֵ֤ל אָבִיו֙ שִׁלְחָ֤ה ⁸
הַנַּ֙עַר֙ אִתִּ֔י וְנָק֖וּמָה וְנֵלֵ֑כָה וְנִֽחְיֶה֙ וְלֹ֣א נָמ֔וּת גַּם־אֲנַ֥חְנוּ גַם־אַתָּ֖ה ⁸
גַּם־טַפֵּֽנוּ׃ אָֽנֹכִי֙ אֶֽעֶרְבֶ֔נּוּ מִיָּדִ֖י תְּבַקְשֶׁ֑נּוּ אִם־לֹ֨א הֲבִיאֹתִ֤יו אֵלֶ֙יךָ֙ ⁹
וְהִצַּגְתִּ֣יו לְפָנֶ֔יךָ וְחָטָ֥אתִֽי לְךָ֖ כָּל־הַיָּמִֽים׃ כִּ֖י לוּלֵ֣א הִתְמַהְמָ֑הְנוּ ¹⁰
כִּֽי־עַתָּ֥ה שַׁ֖בְנוּ זֶ֥ה פַעֲמָֽיִם׃ וַיֹּ֨אמֶר אֲלֵהֶ֜ם יִשְׂרָאֵ֣ל אֲבִיהֶ֗ם אִם־כֵּ֣ן ׀ ¹¹
אֵפוֹא֮ זֹ֣את עֲשׂוּ֒ קְח֞וּ מִזִּמְרַ֤ת הָאָ֙רֶץ֙ בִּכְלֵיכֶ֔ם וְהוֹרִ֥ידוּ לָאִ֖ישׁ ¹¹
מִנְחָ֑ה מְעַ֤ט צֳרִי֙ וּמְעַ֣ט דְּבַ֔שׁ נְכֹ֣את וָלֹ֔ט בָּטְנִ֖ים וּשְׁקֵדִֽים׃ וְכֶ֥סֶף ¹²
מִשְׁנֶ֖ה קְח֣וּ בְיֶדְכֶ֑ם וְאֶת־הַכֶּ֜סֶף הַמּוּשָׁ֨ב בְּפִ֤י אַמְתְּחֹֽתֵיכֶם֙ תָּשִׁ֣יבוּ ¹²
בְיֶדְכֶ֔ם אוּלַ֥י מִשְׁגֶּ֖ה הֽוּא׃ וְאֶת־אֲחִיכֶ֣ם קָ֔חוּ וְק֖וּמוּ שׁ֥וּבוּ אֶל־הָאִֽישׁ׃ ¹³
וְאֵ֣ל שַׁדַּ֗י יִתֵּ֨ן לָכֶ֤ם רַחֲמִים֙ לִפְנֵ֣י הָאִ֔ישׁ וְשִׁלַּ֥ח לָכֶ֛ם אֶת־אֲחִיכֶ֥ם ¹⁴
אַחֵ֖ר וְאֶת־בִּנְיָמִ֑ין וַאֲנִ֕י כַּאֲשֶׁ֥ר שָׁכֹ֖לְתִּי שָׁכָֽלְתִּי׃ וַיִּקְח֤וּ הָֽאֲנָשִׁים֙ ¹⁵
אֶת־הַמִּנְחָ֣ה הַזֹּ֗את וּמִשְׁנֶה־כֶּ֛סֶף לָקְח֥וּ בְיָדָ֖ם וְאֶת־בִּנְיָמִ֑ן וַיָּקֻ֙מוּ֙ ¹⁵
וַיֵּרְד֣וּ מִצְרַ֔יִם וַיַּֽעַמְד֖וּ לִפְנֵ֥י יוֹסֵֽף׃ וַיַּ֨רְא יוֹסֵ֣ף אִתָּם֮ אֶת־בִּנְיָמִין֒ ¹⁶ שׁשׁ
וַיֹּ֗אמֶר לַֽאֲשֶׁ֣ר עַל־בֵּיתוֹ֒ הָבֵ֥א אֶת־הָאֲנָשִׁ֖ים הַבָּ֑יְתָה וּטְבֹ֤חַ טֶ֙בַח֙
וְהָכֵ֔ן כִּ֥י אִתִּ֛י יֹאכְל֥וּ הָאֲנָשִׁ֖ים בַּֽצָּהֳרָֽיִם׃ וַיַּ֣עַשׂ הָאִ֔ישׁ כַּאֲשֶׁ֖ר אָמַ֣ר ¹⁷
יוֹסֵ֑ף וַיָּבֵ֥א הָאִ֛ישׁ אֶת־הָאֲנָשִׁ֖ים בֵּ֥יתָה יוֹסֵֽף׃ וַיִּֽירְא֣וּ הָֽאֲנָשִׁ֗ים כִּ֣י ¹⁸
הֽוּבְאוּ֮ בֵּ֣ית יוֹסֵף֒ וַיֹּאמְר֗וּ עַל־דְּבַ֤ר הַכֶּ֙סֶף֙ הַשָּׁ֤ב בְּאַמְתְּחֹתֵ֙ינוּ֙
בַּתְּחִלָּ֔ה אֲנַ֖חְנוּ מֽוּבָאִ֑ים לְהִתְגֹּלֵ֤ל עָלֵ֙ינוּ֙ וּלְהִתְנַפֵּ֣ל עָלֵ֔ינוּ וְלָקַ֧חַת
אֹתָ֛נוּ לַעֲבָדִ֖ים וְאֶת־חֲמֹרֵֽינוּ׃ וַֽיִּגְּשׁוּ֙ אֶל־הָאִ֔ישׁ אֲשֶׁ֖ר עַל־בֵּ֣ית יוֹסֵ֑ף ¹⁹
וַיְדַבְּר֥וּ אֵלָ֖יו פֶּ֥תַח הַבָּֽיִת׃ וַיֹּאמְר֖וּ בִּ֣י אֲדֹנִ֑י יָרֹ֥ד יָרַ֛דְנוּ בַּתְּחִלָּ֖ה ²⁰
לִשְׁבָּר־אֹֽכֶל׃ וַֽיְהִ֞י כִּי־בָ֣אנוּ אֶל־הַמָּל֗וֹן וַֽנִּפְתְּחָה֙ אֶת־אַמְתְּחֹתֵ֔ינוּ ²¹
וְהִנֵּ֤ה כֶֽסֶף־אִישׁ֙ בְּפִ֣י אַמְתַּחְתּ֔וֹ כַּסְפֵּ֖נוּ בְּמִשְׁקָל֑וֹ וַנָּ֥שֶׁב אֹת֖וֹ בְּיָדֵֽנוּ׃ ²¹
וְכֶ֧סֶף אַחֵ֛ר הוֹרַ֥דְנוּ בְיָדֵ֖נוּ לִשְׁבָּר־אֹ֑כֶל לֹ֣א יָדַ֔עְנוּ מִי־שָׂ֥ם כַּסְפֵּ֖נוּ ²²
בְּאַמְתְּחֹתֵֽינוּ׃ וַיֹּ֩אמֶר֩ שָׁל֨וֹם לָכֶ֜ם אַל־תִּירָ֗אוּ אֱלֹ֨הֵיכֶ֜ם וֵֽאלֹהֵ֤י אֲבִיכֶם֙ ²³
נָתַ֨ן לָכֶ֤ם מַטְמוֹן֙ בְּאַמְתְּחֹ֣תֵיכֶ֔ם כַּסְפְּכֶ֖ם בָּ֣א אֵלָ֑י וַיּוֹצֵ֥א אֲלֵהֶ֖ם ²³
אֶת־שִׁמְעֽוֹן׃ וַיָּבֵ֥א הָאִ֛ישׁ אֶת־הָאֲנָשִׁ֖ים בֵּ֣יתָה יוֹסֵ֑ף וַיִּתֶּן־מַ֙יִם֙ וַיִּרְחֲצ֣וּ ²⁴

25 And they made ready the present against Joseph came at noon: for they heard that they should eat bread there.

26 ¶ And when Joseph came home, they brought him the present which *was* in their hand into the house, and bowed themselves to him to the earth.

27 And he asked them of *their* welfare, and said, *Is* your father well, the old man of whom ye spake? *Is* he yet alive?

28 And they answered, Thy servant our father *is* in good health, he *is* yet alive. And they bowed down their heads, and made obeisance.

29 And he lifted up his eyes, and saw his brother Benjamin, his mother's son, and said, *Is* this your younger brother, of whom ye spake unto me? And he said, God be gracious unto thee, my son.

30 And Joseph made haste; for his bowels did yearn upon his brother: and he sought *where* to weep; and he entered into *his* chamber, and wept there.

31 And he washed his face, and went out, and refrained himself, and said, Set on bread.

32 And they set on for him by himself, and for them by themselves, and for the Egyptians, which did eat with him, by themselves: because the Egyptians might not eat bread with the Hebrews; for that *is* an abomination unto the Egyptians.

33 And they sat before him, the firstborn according to his birthright, and the youngest according to his youth: and the men marvelled one at another.

34 And he took *and sent* messes unto them from before him: but Benjamin's mess was five times so much as any of theirs. And they drank, and were merry with him.

CHAPTER 44

1 And he commanded the steward of his house, saying, Fill the men's sacks *with* food, as much as they can carry, and put every man's money in his sack's mouth.

2 And put my cup, the silver cup, in the sack's mouth of the youngest, and his corn money. And he did according to the word that Joseph had spoken.

3 As soon as the morning was light, the men were sent away, they and their asses.

4 *And* when they were gone out of the city, *and* not *yet* far off, Joseph said unto his steward, Up, follow after the men; and when thou dost overtake them, say unto them, Wherefore have ye rewarded evil for good?

5 *Is* not this *it* in which my lord drinketh, and whereby indeed he divineth? ye have done evil in so doing.

6 ¶ And he overtook them, and he spake unto them these same words.

7 And they said unto him, Wherefore saith my lord these words? God forbid that thy servants should do according to this thing:

8 Behold, the money, which we found in our sacks' mouths, we brought again unto thee out of the land of Canaan: how then should we steal out of thy lord's house silver or gold?

9 With whomsoever of thy servants it be found, both let him die, and we also will be my lord's bondmen.

10 And he said, Now also *let* it *be* according unto your words: he with whom it is found shall be my servant; and ye shall be blameless.

11 Then they speedily took down every man his sack to the ground, and opened every man his sack.

12 And he searched, *and* began at the eldest, and left at the youngest: and the cup was found in Benjamin's sack.

13 Then they rent their clothes, and laded every man his ass, and returned to the city.

14 ¶ And Judah and his brethren came to Joseph's house; for he *was* yet there: and they fell before him on the ground.

15 And Joseph said unto them, What deed *is* this that ye have done? wot ye not that such a man as I can certainly divine?

16 And Judah said, What shall we say unto my lord? what shall we speak? or how shall we clear ourselves? God hath found out the iniquity of thy servants: behold, we *are* my lord's servants, both we, and *he* also with whom the cup is found.

17 And he said, God forbid that I should do so: *but* the man in whose hand the cup

25 רַגְלֵיהֶם וַיִּתֵּן מִסְפּוֹא לַחֲמֹרֵיהֶם׃ וַיָּכִינוּ אֶת־הַמִּנְחָה עַד־בּוֹא יוֹסֵף

26 בַּצׇּהֳרָיִם כִּי שָׁמְעוּ כִּי־שָׁם יֹאכְלוּ לָחֶם׃ וַיָּבֹא יוֹסֵף הַבַּיְתָה וַיָּבִיאוּ

27 לוֹ אֶת־הַמִּנְחָה אֲשֶׁר־בְּיָדָם הַבָּיְתָה וַיִּשְׁתַּחֲווּ־לוֹ אָרְצָה׃ וַיִּשְׁאַל

לָהֶם לְשָׁלוֹם וַיֹּאמֶר הֲשָׁלוֹם אֲבִיכֶם הַזָּקֵן אֲשֶׁר אֲמַרְתֶּם הַעוֹדֶנּוּ

28 חָי׃ וַיֹּאמְרוּ שָׁלוֹם לְעַבְדְּךָ לְאָבִינוּ עוֹדֶנּוּ חָי וַיִּקְּדוּ וישתחו׃ וַיִּשָּׂא

29 עֵינָיו וַיַּרְא אֶת־בִּנְיָמִין אָחִיו בֶּן־אִמּוֹ וַיֹּאמֶר הֲזֶה אֲחִיכֶם הַקָּטֹן

30 אֲשֶׁר אֲמַרְתֶּם אֵלָי וַיֹּאמַר אֱלֹהִים יָחְנְךָ בְּנִי׃ וַיְמַהֵר יוֹסֵף כִּי־נִכְמְרוּ

31 רַחֲמָיו אֶל־אָחִיו וַיְבַקֵּשׁ לִבְכּוֹת וַיָּבֹא הַחַדְרָה וַיֵּבְךְּ שָׁמָּה׃ וַיִּרְחַץ

32 פָּנָיו וַיֵּצֵא וַיִּתְאַפַּק וַיֹּאמֶר שִׂימוּ לָחֶם׃ וַיָּשִׂימוּ לוֹ לְבַדּוֹ וְלָהֶם

לְבַדָּם וְלַמִּצְרִים הָאֹכְלִים אִתּוֹ לְבַדָּם כִּי לֹא יוּכְלוּן הַמִּצְרִים

33 לֶאֱכֹל אֶת־הָעִבְרִים לֶחֶם כִּי־תוֹעֵבָה הִוא לְמִצְרָיִם׃ וַיֵּשְׁבוּ לְפָנָיו

הַבְּכֹר כִּבְכֹרָתוֹ וְהַצָּעִיר כִּצְעִרָתוֹ וַיִּתְמְהוּ הָאֲנָשִׁים אִישׁ אֶל־רֵעֵהוּ׃

34 וַיִּשָּׂא מַשְׂאֹת מֵאֵת פָּנָיו אֲלֵהֶם וַתֵּרֶב מַשְׂאַת בִּנְיָמִן מִמַּשְׂאֹת

44 1 כֻּלָּם חָמֵשׁ יָדוֹת וַיִּשְׁתּוּ וַיִּשְׁכְּרוּ עִמּוֹ׃ וַיְצַו אֶת־אֲשֶׁר עַל־בֵּיתוֹ

לֵאמֹר מַלֵּא אֶת־אַמְתְּחֹת הָאֲנָשִׁים אֹכֶל כַּאֲשֶׁר יוּכְלוּן שְׂאֵת וְשִׂים

2 כֶּסֶף־אִישׁ בְּפִי אַמְתַּחְתּוֹ׃ וְאֶת־גְּבִיעִי גְּבִיעַ הַכֶּסֶף תָּשִׂים בְּפִי

אַמְתַּחַת הַקָּטֹן וְאֵת כֶּסֶף שִׁבְרוֹ וַיַּעַשׂ כִּדְבַר יוֹסֵף אֲשֶׁר דִּבֵּר׃

3 הַבֹּקֶר אוֹר וְהָאֲנָשִׁים שֻׁלְּחוּ הֵמָּה וַחֲמֹרֵיהֶם׃ הֵם יָצְאוּ אֶת־הָעִיר

4 לֹא הִרְחִיקוּ וְיוֹסֵף אָמַר לַאֲשֶׁר עַל־בֵּיתוֹ קוּם רְדֹף אַחֲרֵי הָאֲנָשִׁים

5 וְהִשַּׂגְתָּם וְאָמַרְתָּ אֲלֵהֶם לָמָּה שִׁלַּמְתֶּם רָעָה תַּחַת טוֹבָה׃ הֲלוֹא

זֶה אֲשֶׁר יִשְׁתֶּה אֲדֹנִי בּוֹ וְהוּא נַחֵשׁ יְנַחֵשׁ בּוֹ הֲרֵעֹתֶם אֲשֶׁר

6 עֲשִׂיתֶם׃ וַיַּשִּׂגֵם וַיְדַבֵּר אֲלֵהֶם אֶת־הַדְּבָרִים הָאֵלֶּה׃ וַיֹּאמְרוּ אֵלָיו

7 לָמָּה יְדַבֵּר אֲדֹנִי כַּדְּבָרִים הָאֵלֶּה חָלִילָה לַעֲבָדֶיךָ מֵעֲשׂוֹת כַּדָּבָר

8 הַזֶּה׃ הֵן כֶּסֶף אֲשֶׁר מָצָאנוּ בְּפִי אַמְתְּחֹתֵינוּ הֱשִׁיבֹנוּ אֵלֶיךָ מֵאֶרֶץ

9 כְּנָעַן וְאֵיךְ נִגְנֹב מִבֵּית אֲדֹנֶיךָ כֶּסֶף אוֹ זָהָב׃ אֲשֶׁר יִמָּצֵא אִתּוֹ

10 מֵעֲבָדֶיךָ וָמֵת וְגַם־אֲנַחְנוּ נִהְיֶה לַאדֹנִי לַעֲבָדִים׃ וַיֹּאמֶר גַּם־עַתָּה

כְדִבְרֵיכֶם כֶּן־הוּא אֲשֶׁר יִמָּצֵא אִתּוֹ יִהְיֶה־לִּי עָבֶד וְאַתֶּם תִּהְיוּ

11 נְקִיִּם׃ וַיְמַהֲרוּ וַיּוֹרִדוּ אִישׁ אֶת־אַמְתַּחְתּוֹ אָרְצָה וַיִּפְתְּחוּ אִישׁ

12 אַמְתַּחְתּוֹ׃ וַיְחַפֵּשׂ בַּגָּדוֹל הֵחֵל וּבַקָּטֹן כִּלָּה וַיִּמָּצֵא הַגָּבִיעַ בְּאַמְתַּחַת

13 בִּנְיָמִן׃ וַיִּקְרְעוּ שִׂמְלֹתָם וַיַּעֲמֹס אִישׁ עַל־חֲמֹרוֹ וַיָּשֻׁבוּ הָעִירָה׃

14 וַיָּבֹא יְהוּדָה וְאֶחָיו בֵּיתָה יוֹסֵף וְהוּא עוֹדֶנּוּ שָׁם וַיִּפְּלוּ לְפָנָיו

15 אָרְצָה׃ וַיֹּאמֶר לָהֶם יוֹסֵף מָה־הַמַּעֲשֶׂה הַזֶּה אֲשֶׁר עֲשִׂיתֶם הֲלוֹא

16 יְדַעְתֶּם כִּי־נַחֵשׁ יְנַחֵשׁ אִישׁ אֲשֶׁר כָּמֹנִי׃ וַיֹּאמֶר יְהוּדָה מַה־נֹּאמַר

לַאדֹנִי מַה־נְּדַבֵּר וּמַה־נִּצְטַדָּק הָאֱלֹהִים מָצָא אֶת־עֲוֹן עֲבָדֶיךָ הִנֶּנּוּ

17 עֲבָדִים לַאדֹנִי גַּם־אֲנַחְנוּ גַּם אֲשֶׁר־נִמְצָא הַגָּבִיעַ בְּיָדוֹ׃ וַיֹּאמֶר

28A וַיִּשְׁתַּחֲווּ

שביעי

שביעי

מפטיר

is found, he shall be my servant; and as for you, get you up in peace unto your father.

18 ¶ Then Judah came near unto him, and said, Oh my lord, let thy servant, I pray thee, speak a word in my lord's ears, and let not thine anger burn against thy servant: for thou *art* even as Pharaoh.

19 My lord asked his servants, saying, Have ye a father, or a brother?

20 And we said unto my lord, We have a father, an old man, and a child of his old age, a little one; and his brother is dead, and he alone is left of his mother, and his father loveth him.

21 And thou saidst unto thy servants, Bring him down unto me, that I may set mine eyes upon him.

22 And we said unto my lord, The lad cannot leave his father: for *if* he should leave his father, *his father* would die.

23 And thou saidst unto thy servants, Except your youngest brother come down with you, ye shall see my face no more.

24 And it came to pass when we came up unto thy servant my father, we told him the words of my lord.

25 And our father said, Go again, *and* buy us a little food.

26 And we said, We cannot go down: if our youngest brother be with us, then will we go down: for we may not see the man's face, except our youngest brother *be* with us.

27 And thy servant my father said unto us, Ye know that my wife bare me two *sons:*

28 And the one went out from me, and I said, Surely he is torn in pieces; and I saw him not since:

29 And if ye take this also from me, and mischief befall him, ye shall bring down my gray hairs with sorrow to the grave.

30 Now therefore when I come to thy servant my father, and the lad *be* not with us; seeing that his life is bound up in the lad's life;

31 It shall come to pass, when he seeth that the lad *is* not *with us,* that he will die: and thy servants shall bring down the gray hairs of thy servant our father with sorrow to the grave.

32 For thy servant became surety for the lad unto my father, saying, If I bring him not unto thee, then I shall bear the blame to my father for ever.

33 Now therefore, I pray thee, let thy servant abide instead of the lad a bondman to my lord; and let the lad go up with his brethren.

34 For how shall I go up to my father, and the lad *be* not with me? lest peradventure I see the evil that shall come on my father.

CHAPTER 45

1 Then Joseph could not refrain himself before all them that stood by him; and he cried, Cause every man to go out from me. And there stood no man with him, while Joseph made himself known unto his brethren.

2 And he wept aloud: and the Egyptians and the house of Pharaoh heard.

3 And Joseph said unto his brethren, I *am* Joseph; doth my father yet live? And his brethren could not answer him; for they were troubled at his presence.

4 And Joseph said unto his brethren, Come near to me, I pray you. And they came near. And he said, I *am* Joseph your brother, whom ye sold into Egypt.

5 Now therefore be not grieved, nor angry with yourselves, that ye sold me hither: for God did send me before you to preserve life.

6 For these two years *hath* the famine *been* in the land: and yet *there are* five years, in the which *there shall* neither *be* earing nor harvest.

7 And God sent me before you to preserve you a posterity in the earth, and to save your lives by a great deliverance.

8 So now *it was* not you *that* sent me hither, but God: and he hath made me a father to Pharaoh, and lord of all his house, and a ruler throughout all the land of Egypt.

9 Haste ye, and go up to my father, and say unto him, Thus saith thy son Joseph,

חָלִ֨ילָה לִּ֜י מֵעֲשׂ֣וֹת זֹ֗את הָאִ֡ישׁ אֲשֶׁר֩ נִמְצָ֨א הַגָּבִ֜יעַ בְּיָד֗וֹ ה֤וּא

וַיִּגַּ֣שׁ אֵלָ֣יו 18 וִיגש יִֽהְיֶה־לִּ֣י עָ֔בֶד וְאַתֶּ֕ם עֲל֥וּ לְשָׁל֖וֹם אֶל־אֲבִיכֶֽם׃

יְהוּדָ֡ה וַיֹּאמֶר֩ בִּ֨י אֲדֹנִ֜י יְדַבֶּר־נָ֧א עַבְדְּךָ֣ דָבָר֮ בְּאָזְנֵ֣י אֲדֹנִי֒ וְאַל־יִ֥חַר

אַפְּךָ֖ בְּעַבְדֶּ֑ךָ כִּ֥י כָמ֖וֹךָ כְּפַרְעֹֽה׃ 19 אֲדֹנִ֣י שָׁאַ֔ל אֶת־עֲבָדָ֖יו לֵאמֹ֑ר

הֲיֵשׁ־לָכֶ֥ם אָ֖ב אוֹ־אָֽח׃ 20 וַנֹּ֙אמֶר֙ אֶל־אֲדֹנִ֔י יֶשׁ־לָ֙נוּ֙ אָ֣ב זָקֵ֔ן וְיֶ֥לֶד

זְקֻנִ֖ים קָטָ֑ן וְאָחִ֣יו מֵ֗ת וַיִּוָּתֵ֨ר ה֤וּא לְבַדּוֹ֙ לְאִמּ֔וֹ וְאָבִ֖יו אֲהֵבֽוֹ׃

וַתֹּ֙אמֶר֙ אֶל־עֲבָדֶ֔יךָ הוֹרִדֻ֖הוּ אֵלָ֑י וְאָשִׂ֥ימָה עֵינִ֖י עָלָֽיו׃ 21 22

וַנֹּ֙אמֶר֙ אֶל־אֲדֹנִ֔י לֹא־יוּכַ֥ל הַנַּ֖עַר לַעֲזֹ֣ב אֶת־אָבִ֑יו וְעָזַ֥ב אֶת־אָבִ֖יו וָמֵֽת׃

וַתֹּ֙אמֶר֙ אֶל־עֲבָדֶ֔יךָ אִם־לֹ֥א יֵרֵ֛ד אֲחִיכֶ֥ם הַקָּטֹ֖ן אִתְּכֶ֑ם לֹ֥א תֹסִפ֖וּן 23

לִרְא֥וֹת פָּנָֽי׃ 24 וַיְהִי֙ כִּ֣י עָלִ֔ינוּ אֶל־עַבְדְּךָ֖ אָבִ֑י וַנַּ֨גֶּד־ל֔וֹ אֵ֖ת דִּבְרֵ֥י

אֲדֹנִֽי׃ 25 וַיֹּ֖אמֶר אָבִ֑ינוּ שֻׁ֖בוּ שִׁבְרוּ־לָ֥נוּ מְעַט־אֹֽכֶל׃ 26 וַנֹּ֕אמֶר לֹ֥א נוּכַ֖ל

לָרֶ֑דֶת אִם־יֵ֩שׁ אָחִ֨ינוּ הַקָּטֹ֤ן אִתָּ֙נוּ֙ וְיָרַ֔דְנוּ כִּי־לֹ֣א נוּכַ֗ל לִרְאוֹת֙ פְּנֵ֣י

הָאִ֔ישׁ וְאָחִ֥ינוּ הַקָּטֹ֖ן אֵינֶ֥נּוּ אִתָּֽנוּ׃ 27 וַיֹּ֛אמֶר עַבְדְּךָ֥ אָבִ֖י אֵלֵ֑ינוּ אַתֶּ֣ם

יְדַעְתֶּ֔ם כִּ֥י שְׁנַ֖יִם יָֽלְדָה־לִּ֥י אִשְׁתִּֽי׃ 28 וַיֵּצֵ֤א הָֽאֶחָד֙ מֵֽאִתִּ֔י וָאֹמַ֕ר אַ֖ךְ

טָרֹ֣ף טֹרָ֑ף וְלֹ֥א רְאִיתִ֖יו עַד־הֵֽנָּה׃ 29 וּלְקַחְתֶּ֧ם גַּם־אֶת־זֶ֛ה מֵעִ֥ם פָּנַ֖י

וְקָרָ֣הוּ אָס֑וֹן וְהֽוֹרַדְתֶּ֧ם אֶת־שֵׂיבָתִ֛י בְּרָעָ֖ה שְׁאֹֽלָה׃ 30 וְעַתָּ֗ה כְּבֹאִי֙

אֶל־עַבְדְּךָ֣ אָבִ֔י וְהַנַּ֖עַר אֵינֶ֣נּוּ אִתָּ֑נוּ וְנַפְשׁ֖וֹ קְשׁוּרָ֥ה בְנַפְשֽׁוֹ׃ וְהָיָ֗ה 31 שני

כִּרְאוֹת֛וֹ כִּי־אֵ֥ין הַנַּ֖עַר וָמֵ֑ת וְהוֹרִ֨ידוּ עֲבָדֶ֜יךָ אֶת־שֵׂיבַ֨ת עַבְדְּךָ֧

אָבִ֛ינוּ בְּיָג֖וֹן שְׁאֹֽלָה׃ 32 כִּ֤י עַבְדְּךָ֙ עָרַ֣ב אֶת־הַנַּ֔עַר מֵעִ֥ם אָבִ֖י לֵאמֹ֑ר

אִם־לֹ֤א אֲבִיאֶ֙נּוּ֙ אֵלֶ֔יךָ וְחָטָ֥אתִי לְאָבִ֖י כָּל־הַיָּמִֽים׃ 33 וְעַתָּ֗ה יֵֽשֶׁב־נָ֤א

עַבְדְּךָ֙ תַּ֤חַת הַנַּ֙עַר֙ עֶ֣בֶד לַֽאדֹנִ֔י וְהַנַּ֖עַר יַ֥עַל עִם־אֶחָֽיו׃ 34 כִּי־אֵיךְ֙

אֶֽעֱלֶ֣ה אֶל־אָבִ֔י וְהַנַּ֖עַר אֵינֶ֣נּוּ אִתִּ֑י פֶּ֚ן אֶרְאֶ֣ה בָרָ֔ע אֲשֶׁ֥ר יִמְצָ֖א

אֶת־אָבִֽי׃ 45 1 וְלֹֽא־יָכֹ֨ל יוֹסֵ֜ף לְהִתְאַפֵּ֗ק לְכֹ֤ל הַנִּצָּבִים֙ עָלָ֔יו וַיִּקְרָ֕א

הוֹצִ֥יאוּ כָל־אִ֖ישׁ מֵעָלָ֑י וְלֹא־עָ֤מַד אִישׁ֙ אִתּ֔וֹ בְּהִתְוַדַּ֥ע יוֹסֵ֖ף

אֶל־אֶחָֽיו׃ 2 וַיִּתֵּ֥ן אֶת־קֹל֖וֹ בִּבְכִ֑י וַיִּשְׁמְע֣וּ מִצְרַ֔יִם וַיִּשְׁמַ֖ע בֵּ֥ית פַּרְעֹֽה׃

וַיֹּ֨אמֶר יוֹסֵ֤ף אֶל־אֶחָיו֙ אֲנִ֣י יוֹסֵ֔ף הַע֥וֹד אָבִ֖י חָ֑י וְלֹֽא־יָכְל֤וּ אֶחָיו֙ 3

לַעֲנ֣וֹת אֹת֔וֹ כִּ֥י נִבְהֲל֖וּ מִפָּנָֽיו׃ 4 וַיֹּ֨אמֶר יוֹסֵ֧ף אֶל־אֶחָ֛יו גְּשׁוּ־נָ֥א אֵלַ֖י

וַיִּגָּ֑שׁוּ וַיֹּ֗אמֶר אֲנִי֙ יוֹסֵ֣ף אֲחִיכֶ֔ם אֲשֶׁר־מְכַרְתֶּ֥ם אֹתִ֖י מִצְרָֽיְמָה׃

וְעַתָּ֣ה ׀ אַל־תֵּעָ֣צְב֗וּ וְאַל־יִ֙חַר֙ בְּעֵ֣ינֵיכֶ֔ם כִּֽי־מְכַרְתֶּ֥ם אֹתִ֖י הֵ֑נָּה כִּ֣י 5

לְמִֽחְיָ֔ה שְׁלָחַ֥נִי אֱלֹהִ֖ים לִפְנֵיכֶֽם׃ 6 כִּי־זֶ֛ה שְׁנָתַ֥יִם הָרָעָ֖ב בְּקֶ֣רֶב הָאָ֑רֶץ 6A

וְע֗וֹד חָמֵ֤שׁ שָׁנִים֙ אֲשֶׁ֣ר אֵֽין־חָרִ֖ישׁ וְקָצִֽיר׃ 7 וַיִּשְׁלָחֵ֤נִי אֱלֹהִים֙ לִפְנֵיכֶ֔ם

לָשׂ֥וּם לָכֶ֛ם שְׁאֵרִ֖ית בָּאָ֑רֶץ וּלְהַחֲי֣וֹת לָכֶ֔ם לִפְלֵיטָ֖ה גְּדֹלָֽה׃ 8 וְעַתָּ֗ה שלישי

לֹֽא־אַתֶּ֞ם שְׁלַחְתֶּ֤ם אֹתִי֙ הֵ֔נָּה כִּ֖י הָאֱלֹהִ֑ים וַיְשִׂימֵ֨נִי לְאָ֜ב לְפַרְעֹ֗ה

וּלְאָדוֹן֙ לְכָל־בֵּית֔וֹ וּמֹשֵׁ֖ל בְּכָל־אֶ֣רֶץ מִצְרָֽיִם׃ 9 מַהֲרוּ֮ וַעֲל֣וּ אֶל־אָבִי֒

וַאֲמַרְתֶּ֣ם אֵלָ֗יו כֹּ֤ה אָמַר֙ בִּנְךָ֣ יוֹסֵ֔ף שָׂמַ֧נִי אֱלֹהִ֛ים לְאָד֖וֹן לְכָל־מִצְרָ֑יִם

God hath made me lord of all Egypt: come down unto me, tarry not:

10 And thou shalt dwell in the land of Goshen, and thou shalt be near unto me, thou, and thy children, and thy children's children, and thy flocks, and thy herds, and all that thou hast:

11 And there will I nourish thee; for yet *there are* five years of famine; lest thou, and thy household, and all that thou hast, come to poverty.

12 And, behold, your eyes see, and the eyes of my brother Benjamin, that *it is* my mouth that speaketh unto you.

13 And ye shall tell my father of all my glory in Egypt, and of all that ye have seen; and ye shall haste and bring down my father hither.

14 And he fell upon his brother Benjamin's neck, and wept; and Benjamin wept upon his neck.

15 Moreover he kissed all his brethren, and wept upon them: and after that his brethren talked with him.

16 ¶ And the fame thereof was heard in Pharaoh's house, saying, Joseph's brethren are come: and it pleased Pharaoh well, and his servants.

17 And Pharaoh said unto Joseph, Say unto thy brethren, This do ye; lade your beasts, and go, get you unto the land of Canaan;

18 And take your father and your households, and come unto me: and I will give you the good of the land of Egypt, and ye shall eat the fat of the land.

19 Now thou art commanded, this do ye; take you wagons out of the land of Egypt for your little ones, and for your wives, and bring your father, and come.

20 Also regard not your stuff; for the good of all the land of Egypt *is* yours.

21 And the children of Israel did so: and Joseph gave them wagons, according to the commandment of Pharaoh, and gave them provision for the way.

22 To all of them he gave each man changes of raiment; but to Benjamin he gave three hundred *pieces* of silver, and five changes of raiment.

23 And to his father he sent after this *manner;* ten asses laden with the good things of Egypt, and ten she asses laden with corn and bread and meat for his father by the way.

24 So he sent his brethren away, and they departed: and he said unto them, See that ye fall not out by the way.

25 ¶ And they went up out of Egypt, and came into the land of Canaan unto Jacob their father,

26 And told him, saying, Joseph *is* yet alive, and he *is* governor over all the land of Egypt. And Jacob's heart fainted, for he believed them not.

27 And they told him all the words of Joseph, which he had said unto them: and when he saw the wagons which Joseph had sent to carry him, the spirit of Jacob their father revived:

28 And Israel said, *It is* enough; Joseph my son *is* yet alive: I will go and see him before I die.

CHAPTER 46

1 And Israel took his journey with all that he had, and came to Beer-sheba, and offered sacrifices unto the God of his father Isaac.

2 And God spake unto Israel in the visions of the night, and said, Jacob, Jacob. And he said, Here *am* I.

3 And he said, I *am* God, the God of thy father: fear not to go down into Egypt; for I will there make of thee a great nation:

4 I will go down with thee into Egypt; and I will also surely bring thee up *again:* and Joseph shall put his hand upon thine eyes.

5 And Jacob rose up from Beer-sheba: and the sons of Israel carried Jacob their father, and their little ones, and their wives, in the wagons which Pharaoh had sent to carry him.

6 And they took their cattle, and their goods, which they had gotten in the land of Canaan, and came into Egypt, Jacob, and all his seed with him:

7 His sons, and his sons' sons with him, his daughters, and his sons' daughters, and all his seed brought he with him into Egypt.

8 ¶ And these *are* the names of the chil-

10 רְדָה אֵלַי אַל־תַּעֲמֹד: וְיָשַׁבְתָּ בְאֶרֶץ־גֹּשֶׁן וְהָיִיתָ קָרוֹב אֵלַי אַתָּה

11 וּבָנֶיךָ וּבְנֵי בָנֶיךָ וְצֹאנְךָ וּבְקָרְךָ וְכָל־אֲשֶׁר־לָךְ: וְכִלְכַּלְתִּי אֹתְךָ שָׁם כִּי־עוֹד חָמֵשׁ שָׁנִים רָעָב פֶּן־תִּוָּרֵשׁ אַתָּה וּבֵיתְךָ וְכָל־אֲשֶׁר־לָךְ:

12 וְהִנֵּה עֵינֵיכֶם רֹאוֹת וְעֵינֵי אָחִי בִנְיָמִין כִּי־פִי הַמְדַבֵּר אֲלֵיכֶם:

13 וְהִגַּדְתֶּם לְאָבִי אֶת־כָּל־כְּבוֹדִי בְּמִצְרַיִם וְאֵת כָּל־אֲשֶׁר רְאִיתֶם

14 וּמִהַרְתֶּם וְהוֹרַדְתֶּם אֶת־אָבִי הֵנָּה: וַיִּפֹּל עַל־צַוְּארֵי בִנְיָמִן־אָחִיו

15 וַיֵּבְךְּ וּבִנְיָמִן בָּכָה עַל־צַוָּארָיו: וַיְנַשֵּׁק לְכָל־אֶחָיו וַיֵּבְךְּ עֲלֵיהֶם

16 וְאַחֲרֵי כֵן דִּבְּרוּ אֶחָיו אִתּוֹ: וְהַקֹּל נִשְׁמַע בֵּית פַּרְעֹה לֵאמֹר בָּאוּ

17 אֲחֵי יוֹסֵף וַיִּיטַב בְּעֵינֵי פַרְעֹה וּבְעֵינֵי עֲבָדָיו: וַיֹּאמֶר פַּרְעֹה אֶל־יוֹסֵף אֱמֹר אֶל־אַחֶיךָ זֹאת עֲשׂוּ טַעֲנוּ אֶת־בְּעִירְכֶם וּלְכוּ־בֹאוּ אַרְצָה

18 כְּנָעַן: וּקְחוּ אֶת־אֲבִיכֶם וְאֶת־בָּתֵּיכֶם וּבֹאוּ אֵלָי וְאֶתְּנָה לָכֶם

19 אֶת־טוּב אֶרֶץ מִצְרַיִם וְאִכְלוּ אֶת־חֵלֶב הָאָרֶץ: וְאַתָּה צֻוֵּיתָה זֹאת עֲשׂוּ קְחוּ־לָכֶם מֵאֶרֶץ מִצְרַיִם עֲגָלוֹת לְטַפְּכֶם וְלִנְשֵׁיכֶם וּנְשָׂאתֶם

20 אֶת־אֲבִיכֶם וּבָאתֶם: וְעֵינְכֶם אַל־תָּחֹס עַל־כְּלֵיכֶם כִּי־טוּב כָּל־אֶרֶץ

21 מִצְרַיִם לָכֶם הוּא: וַיַּעֲשׂוּ־כֵן בְּנֵי יִשְׂרָאֵל וַיִּתֵּן לָהֶם יוֹסֵף עֲגָלוֹת

22 עַל־פִּי פַרְעֹה וַיִּתֵּן לָהֶם צֵדָה לַדָּרֶךְ: לְכֻלָּם נָתַן לָאִישׁ חֲלִפוֹת שְׂמָלֹת וּלְבִנְיָמִן נָתַן שְׁלֹשׁ מֵאוֹת כֶּסֶף וְחָמֵשׁ חֲלִפֹת שְׂמָלֹת:

23 וּלְאָבִיו שָׁלַח כְּזֹאת עֲשָׂרָה חֲמֹרִים נֹשְׂאִים מִטּוּב מִצְרָיִם וְעֶשֶׂר

24 אֲתֹנֹת נֹשְׂאֹת בָּר וָלֶחֶם וּמָזוֹן לְאָבִיו לַדָּרֶךְ: וַיְשַׁלַּח אֶת־אֶחָיו

25 וַיֵּלֵכוּ וַיֹּאמֶר אֲלֵהֶם אַל־תִּרְגְּזוּ בַּדָּרֶךְ: וַיַּעֲלוּ מִמִּצְרָיִם וַיָּבֹאוּ אֶרֶץ

26 כְּנַעַן אֶל־יַעֲקֹב אֲבִיהֶם: וַיַּגִּדוּ לוֹ לֵאמֹר עוֹד יוֹסֵף חַי וְכִי־הוּא

27 מֹשֵׁל בְּכָל־אֶרֶץ מִצְרָיִם וַיָּפָג לִבּוֹ כִּי לֹא־הֶאֱמִין לָהֶם: וַיְדַבְּרוּ אֵלָיו אֵת כָּל־דִּבְרֵי יוֹסֵף אֲשֶׁר דִּבֶּר אֲלֵהֶם וַיַּרְא אֶת־הָעֲגָלוֹת

28 אֲשֶׁר־שָׁלַח יוֹסֵף לָשֵׂאת אֹתוֹ וַתְּחִי רוּחַ יַעֲקֹב אֲבִיהֶם: וַיֹּאמֶר

46 1 יִשְׂרָאֵל רַב עוֹד־יוֹסֵף בְּנִי חָי אֵלְכָה וְאֶרְאֶנּוּ בְּטֶרֶם אָמוּת: וַיִּסַּע יִשְׂרָאֵל וְכָל־אֲשֶׁר־לוֹ וַיָּבֹא בְּאֵרָה שָּׁבַע וַיִּזְבַּח זְבָחִים לֵאלֹהֵי אָבִיו

2 יִצְחָק: וַיֹּאמֶר אֱלֹהִים לְיִשְׂרָאֵל בְּמַרְאֹת הַלַּיְלָה וַיֹּאמֶר יַעֲקֹב

3 יַעֲקֹב וַיֹּאמֶר הִנֵּנִי: וַיֹּאמֶר אָנֹכִי הָאֵל אֱלֹהֵי אָבִיךָ אַל־תִּירָא מֵרְדָה

4 מִצְרַיְמָה כִּי־לְגוֹי גָּדוֹל אֲשִׂימְךָ שָׁם: אָנֹכִי אֵרֵד עִמְּךָ מִצְרַיְמָה וְאָנֹכִי אַעַלְךָ גַם־עָלֹה וְיוֹסֵף יָשִׁית יָדוֹ עַל־עֵינֶיךָ: וַיָּקָם יַעֲקֹב

5 מִבְּאֵר שָׁבַע וַיִּשְׂאוּ בְנֵי־יִשְׂרָאֵל אֶת־יַעֲקֹב אֲבִיהֶם וְאֶת־טַפָּם

6 וְאֶת־נְשֵׁיהֶם בָּעֲגָלוֹת אֲשֶׁר־שָׁלַח פַּרְעֹה לָשֵׂאת אֹתוֹ: וַיִּקְחוּ אֶת־מִקְנֵיהֶם וְאֶת־רְכוּשָׁם אֲשֶׁר רָכְשׁוּ בְּאֶרֶץ כְּנַעַן וַיָּבֹאוּ מִצְרָיְמָה

7 יַעֲקֹב וְכָל־זַרְעוֹ אִתּוֹ: בָּנָיו וּבְנֵי בָנָיו אִתּוֹ בְּנֹתָיו וּבְנוֹת בָּנָיו

8 וְכָל־זַרְעוֹ הֵבִיא אִתּוֹ מִצְרָיְמָה: וְאֵלֶּה שְׁמוֹת בְּנֵי־יִשְׂרָאֵל

רביעי (verse 19)
חמישי (verse 28)

dren of Israel, which came into Egypt, Jacob and his sons: Reuben, Jacob's firstborn.

9 And the sons of Reuben; Hanoch, and Phallu, and Hezron, and Carmi.

10 ¶ And the sons of Simeon; Jemuel, and Jamin, and Ohad, and Jachin, and Zohar, and Shaul the son of a Canaanitish woman.

11 ¶ And the sons of Levi; Gershon, Kohath, and Merari.

12 ¶ And the sons of Judah; Er, and Onan, and Shelah, and Pharez, and Zerah: but Er and Onan died in the land of Canaan. And the sons of Pharez were Hezron and Hamul.

13 ¶ And the sons of Issachar; Tola, and Phuvah, and Job, and Shimron.

14 ¶ And the sons of Zebulun; Sered, and Elon, and Jahleel.

15 These *be* the sons of Leah, which she bare unto Jacob in Padan-aram, with his daughter Dinah: all the souls of his sons and his daughters *were* thirty and three.

16 ¶ And the sons of Gad; Ziphion, and Haggi, Shuni, and Ezbon, Eri, and Arodi, and Areli.

17 ¶ And the sons of Asher; Jimnah, and Ishuah, and Isui, and Beriah, and Serah their sister: and the sons of Beriah; Heber, and Malchiel.

18 These *are* the sons of Zilpah, whom Laban gave to Leah his daughter, and these she bare unto Jacob, *even* sixteen souls.

19 The sons of Rachel Jacob's wife; Joseph, and Benjamin.

20 ¶ And unto Joseph in the land of Egypt were born Manasseh and Ephraim, which Asenath the daughter of Potipherah priest of On bare unto him.

21 ¶ And the sons of Benjamin *were* Belah, and Becher, and Ashbel, Gera, and Naaman, Ehi, and Rosh, Muppim, and Huppim, and Ard.

22 These *are* the sons of Rachel, which were born to Jacob: all the souls *were* fourteen.

23 ¶ And the sons of Dan; Hushim.

24 ¶ And the sons of Naphtali; Jahzeel, and Guni, and Jezer, and Shillem.

25 These *are* the sons of Bilhah, which Laban gave unto Rachel his daughter, and she bare these unto Jacob: all the souls *were* seven.

26 All the souls that came with Jacob into Egypt, which came out of his loins, besides Jacob's sons' wives, all the souls *were* threescore and six;

27 And the sons of Joseph, which were born him in Egypt, *were* two souls: all the souls of the house of Jacob, which came into Egypt, *were* threescore and ten.

28 ¶ And he sent Judah before him unto Joseph, to direct his face unto Goshen; and they came into the land of Goshen.

29 And Joseph made ready his chariot, and went up to meet Israel his father, to Goshen, and presented himself unto him; and he fell on his neck, and wept on his neck a good while.

30 And Israel said unto Joseph, Now let me die, since I have seen thy face, because thou *art* yet alive.

31 And Joseph said unto his brethren, and unto his father's house, I will go up, and shew Pharaoh, and say unto him, My brethren, and my father's house, which *were* in the land of Canaan, are come unto me;

32 And the men *are* shepherds, for their trade hath been to feed cattle; and they have brought their flocks, and their herds, and all that they have.

33 And it shall come to pass, when Pharaoh shall call you, and shall say, What *is* your occupation?

34 That ye shall say, Thy servants' trade hath been about cattle from our youth even until now, both we, *and* also our fathers: that ye may dwell in the land of Goshen; for every shepherd *is* an abomination unto the Egyptians.

CHAPTER 47

1 Then Joseph came and told Pharaoh, and said, My father and my brethren, and their flocks, and their herds, and all that they have, are come out of the land of Canaan; and, behold, they *are* in the land of Goshen.

2 And he took some of his brethren, *even*

9 הַבָּאִים מִצְרַיְמָה יַעֲקֹב וּבָנָיו בְּכֹר יַעֲקֹב רְאוּבֵן: וּבְנֵי רְאוּבֵן חֲנוֹךְ

10 וּפַלּוּא וְחֶצְרֹן וְכַרְמִי: וּבְנֵי שִׁמְעוֹן יְמוּאֵל וְיָמִין וְאֹהַד וְיָכִין וְצֹחַר

11 וְשָׁאוּל בֶּן־הַכְּנַעֲנִית: וּבְנֵי לֵוִי גֵּרְשׁוֹן קְהָת וּמְרָרִי: וּבְנֵי יְהוּדָה

12 עֵר וְאוֹנָן וְשֵׁלָה וָפֶרֶץ וָזָרַח וַיָּמָת עֵר וְאוֹנָן בְּאֶרֶץ כְּנַעַן וַיִּהְיוּ

13 בְנֵי־פֶרֶץ חֶצְרֹן וְחָמוּל: וּבְנֵי יִשָּׂשכָר תּוֹלָע וּפֻוָּה וְיוֹב וְשִׁמְרוֹן:

14 וּבְנֵי זְבוּלֻן סֶרֶד וְאֵלוֹן וְיַחְלְאֵל: אֵלֶּה ׀ בְּנֵי לֵאָה אֲשֶׁר יָלְדָה לְיַעֲקֹב

15 בְּפַדַּן אֲרָם וְאֵת דִּינָה בִתּוֹ כָּל־נֶפֶשׁ בָּנָיו וּבְנוֹתָיו שְׁלֹשִׁים וְשָׁלֹשׁ:

16 וּבְנֵי גָד צִפְיוֹן וְחַגִּי שׁוּנִי וְאֶצְבֹּן עֵרִי וַאֲרוֹדִי וְאַרְאֵלִי: וּבְנֵי אָשֵׁר

17 יִמְנָה וְיִשְׁוָה וְיִשְׁוִי וּבְרִיעָה וְשֶׂרַח אֲחֹתָם וּבְנֵי בְרִיעָה חֶבֶר

18 וּמַלְכִּיאֵל: אֵלֶּה בְּנֵי זִלְפָּה אֲשֶׁר־נָתַן לָבָן לְלֵאָה בִתּוֹ וַתֵּלֶד

אֶת־אֵלֶּה לְיַעֲקֹב שֵׁשׁ עֶשְׂרֵה נָפֶשׁ: בְּנֵי רָחֵל אֵשֶׁת יַעֲקֹב יוֹסֵף

19 וּבְנְיָמִן: וַיִּוָּלֵד לְיוֹסֵף בְּאֶרֶץ מִצְרַיִם אֲשֶׁר יָלְדָה־לּוֹ אָסְנַת בַּת־פּוֹטִי

20 פֶרַע כֹּהֵן אֹן אֶת־מְנַשֶּׁה וְאֶת־אֶפְרָיִם: וּבְנֵי בִנְיָמִן בֶּלַע וָבֶכֶר

21 וְאַשְׁבֵּל גֵּרָא וְנַעֲמָן אֵחִי וָרֹאשׁ מֻפִּים וְחֻפִּים וָאָרְדְּ: אֵלֶּה בְּנֵי

22 רָחֵל אֲשֶׁר יֻלַּד לְיַעֲקֹב כָּל־נֶפֶשׁ אַרְבָּעָה עָשָׂר: וּבְנֵי־דָן חֻשִׁים:

23 וּבְנֵי נַפְתָּלִי יַחְצְאֵל וְגוּנִי וְיֵצֶר וְשִׁלֵּם: אֵלֶּה בְּנֵי בִלְהָה אֲשֶׁר־נָתַן

24 לָבָן לְרָחֵל בִּתּוֹ וַתֵּלֶד אֶת־אֵלֶּה לְיַעֲקֹב כָּל־נֶפֶשׁ שִׁבְעָה: כָּל־הַנֶּפֶשׁ

25 הַבָּאָה לְיַעֲקֹב מִצְרַיְמָה יֹצְאֵי יְרֵכוֹ מִלְּבַד נְשֵׁי בְנֵי־יַעֲקֹב כָּל־נֶפֶשׁ

26 שִׁשִּׁים וָשֵׁשׁ: וּבְנֵי יוֹסֵף אֲשֶׁר־יֻלַּד־לוֹ בְמִצְרַיִם נֶפֶשׁ שְׁנָיִם כָּל־הַנֶּפֶשׁ

27 לְבֵית־יַעֲקֹב הַבָּאָה מִצְרַיְמָה שִׁבְעִים: וְאֶת־יְהוּדָה שָׁלַח

28 לְפָנָיו אֶל־יוֹסֵף לְהוֹרֹת לְפָנָיו גֹּשְׁנָה וַיָּבֹאוּ אַרְצָה גֹּשֶׁן: וַיֶּאְסֹר

29 יוֹסֵף מֶרְכַּבְתּוֹ וַיַּעַל לִקְרַאת־יִשְׂרָאֵל אָבִיו גֹּשְׁנָה וַיֵּרָא אֵלָיו וַיִּפֹּל

30 עַל־צַוָּארָיו וַיֵּבְךְּ עַל־צַוָּארָיו עוֹד: וַיֹּאמֶר יִשְׂרָאֵל אֶל־יוֹסֵף אָמוּתָה

31 הַפָּעַם אַחֲרֵי רְאוֹתִי אֶת־פָּנֶיךָ כִּי עוֹדְךָ חָי: וַיֹּאמֶר יוֹסֵף אֶל־אֶחָיו

וְאֶל־בֵּית אָבִיו אֶעֱלֶה וְאַגִּידָה לְפַרְעֹה וְאֹמְרָה אֵלָיו אַחַי וּבֵית־אָבִי

32 אֲשֶׁר בְּאֶרֶץ־כְּנַעַן בָּאוּ אֵלָי: וְהָאֲנָשִׁים רֹעֵי צֹאן כִּי־אַנְשֵׁי מִקְנֶה

33 הָיוּ וְצֹאנָם וּבְקָרָם וְכָל־אֲשֶׁר לָהֶם הֵבִיאוּ: וְהָיָה כִּי־יִקְרָא לָכֶם

34 פַּרְעֹה וְאָמַר מַה־מַּעֲשֵׂיכֶם: וַאֲמַרְתֶּם אַנְשֵׁי מִקְנֶה הָיוּ עֲבָדֶיךָ

מִנְּעוּרֵינוּ וְעַד־עַתָּה גַּם־אֲנַחְנוּ גַּם־אֲבֹתֵינוּ בַּעֲבוּר תֵּשְׁבוּ בְּאֶרֶץ

47 1 גֹּשֶׁן כִּי־תוֹעֲבַת מִצְרַיִם כָּל־רֹעֵה צֹאן: וַיָּבֹא יוֹסֵף וַיַּגֵּד לְפַרְעֹה

וַיֹּאמֶר אָבִי וְאַחַי וְצֹאנָם וּבְקָרָם וְכָל־אֲשֶׁר לָהֶם בָּאוּ מֵאֶרֶץ כְּנָעַן

2 וְהִנָּם בְּאֶרֶץ גֹּשֶׁן: וּמִקְצֵה אֶחָיו לָקַח חֲמִשָּׁה אֲנָשִׁים וַיַּצִּגֵם לִפְנֵי

five men, and presented them unto Pharaoh.

3 And Pharaoh said unto his brethren, What *is* your occupation? And they said unto Pharaoh, Thy servants *are* shepherds, both we, *and* also our fathers.

4 They said moreover unto Pharaoh, For to sojourn in the land are we come; for thy servants have no pasture for their flocks; for the famine *is* sore in the land of Canaan: now therefore, we pray thee, let thy servants dwell in the land of Goshen.

5 And Pharaoh spake unto Joseph, saying, Thy father and thy brethren are come unto thee:

6 The land of Egypt *is* before thee; in the best of the land make thy father and brethren to dwell; in the land of Goshen let them dwell: and if thou knowest *any* men of activity among them, then make them rulers over my cattle.

7 And Joseph brought in Jacob his father, and set him before Pharaoh: and Jacob blessed Pharaoh.

8 And Pharaoh said unto Jacob, How old *art* thou?

9 And Jacob said unto Pharaoh, The days of the years of my pilgrimage *are* an hundred and thirty years: few and evil have the days of the years of my life been, and have not attained unto the days of the years of the life of my fathers in the days of their pilgrimage.

10 And Jacob blessed Pharaoh, and went out from before Pharaoh.

11 ¶ And Joseph placed his father and his brethren, and gave them a possession in the land of Egypt, in the best of the land, in the land of Rameses, as Pharaoh had commanded.

12 And Joseph nourished his father, and his brethren, and all his father's household, with bread, according to *their* families.

13 ¶ And *there was* no bread in all the land; for the famine *was* very sore, so that the land of Egypt and *all* the land of Canaan fainted by reason of the famine.

14 And Joseph gathered up all the money that was found in the land of Egypt, and in the land of Canaan, for the corn which they bought: and Joseph brought the money into Pharaoh's house.

15 And when money failed in the land of Egypt, and in the land of Canaan, all the Egyptians came unto Joseph, and said, Give us bread: for why should we die in thy presence? for the money faileth.

16 And Joseph said, Give your cattle; and I will give you for your cattle, if money fail.

17 And they brought their cattle unto Joseph: and Joseph gave them bread *in exchange* for horses, and for the flocks, and for the cattle of the herds, and for the asses: and he fed them with bread for all their cattle for that year.

18 When that year was ended, they came unto him the second year, and said unto him, We will not hide *it* from my lord, how that our money is spent; my lord also hath our herds of cattle; there is not ought left in the sight of my lord, but our bodies, and our lands:

19 Wherefore shall we die before thine eyes, both we and our land? buy us and our land for bread, and we and our land will be servants unto Pharaoh: and give *us* seed, that we may live, and not die, that the land be not desolate.

20 And Joseph bought all the land of Egypt for Pharaoh; for the Egyptians sold every man his field, because the famine prevailed over them: so the land became Pharaoh's.

21 And as for the people, he removed them to cities from *one* end of the borders of Egypt even to the *other* end thereof.

22 Only the land of the priests bought he not; for the priests had a portion *assigned them* of Pharaoh, and did eat their portion which Pharaoh gave them: wherefore they sold not their lands.

23 Then Joseph said unto the people, Behold, I have bought you this day and your land for Pharaoh: lo, *here is* seed for you, and ye shall sow the land.

וַיֹּאמֶר פַּרְעֹה אֶל־אֶחָיו מַה־מַּעֲשֵׂיכֶם וַיֹּאמְרוּ אֶל־פַּרְעֹה 3

רֹעֵה צֹאן עֲבָדֶיךָ גַּם־אֲנַחְנוּ גַּם־אֲבוֹתֵינוּ: וַיֹּאמְרוּ אֶל־פַּרְעֹה לָגוּר 4
בָּאָרֶץ בָּאנוּ כִּי־אֵין מִרְעֶה לַצֹּאן אֲשֶׁר לַעֲבָדֶיךָ כִּי־כָבֵד הָרָעָב

בְּאֶרֶץ כְּנָעַן וְעַתָּה יֵשְׁבוּ־נָא עֲבָדֶיךָ בְּאֶרֶץ גֹּשֶׁן: וַיֹּאמֶר פַּרְעֹה 5

אֶל־יוֹסֵף לֵאמֹר אָבִיךָ וְאַחֶיךָ בָּאוּ אֵלֶיךָ: אֶרֶץ מִצְרַיִם לְפָנֶיךָ 6
הִוא בְּמֵיטַב הָאָרֶץ הוֹשֵׁב אֶת־אָבִיךָ וְאֶת־אַחֶיךָ יֵשְׁבוּ בְּאֶרֶץ גֹּשֶׁן
וְאִם־יָדַעְתָּ וְיֶשׁ־בָּם אַנְשֵׁי־חַיִל וְשַׂמְתָּם שָׂרֵי מִקְנֶה עַל־אֲשֶׁר־לִי:

וַיָּבֵא יוֹסֵף אֶת־יַעֲקֹב אָבִיו וַיַּעֲמִדֵהוּ לִפְנֵי פַרְעֹה וַיְבָרֶךְ יַעֲקֹב 7

אֶת־פַּרְעֹה: וַיֹּאמֶר פַּרְעֹה אֶל־יַעֲקֹב כַּמָּה יְמֵי שְׁנֵי חַיֶּיךָ: וַיֹּאמֶר 8
9
יַעֲקֹב אֶל־פַּרְעֹה יְמֵי שְׁנֵי מְגוּרַי שְׁלֹשִׁים וּמְאַת שָׁנָה מְעַט וְרָעִים
הָיוּ יְמֵי שְׁנֵי חַיַּי וְלֹא הִשִּׂיגוּ אֶת־יְמֵי שְׁנֵי חַיֵּי אֲבֹתַי בִּימֵי מְגוּרֵיהֶם:

וַיְבָרֶךְ יַעֲקֹב אֶת־פַּרְעֹה וַיֵּצֵא מִלִּפְנֵי פַרְעֹה: וַיּוֹשֵׁב יוֹסֵף אֶת־ 10
11

אָבִיו וְאֶת־אֶחָיו וַיִּתֵּן לָהֶם אֲחֻזָּה בְּאֶרֶץ מִצְרַיִם בְּמֵיטַב הָאָרֶץ

בְּאֶרֶץ רַעְמְסֵס כַּאֲשֶׁר צִוָּה פַרְעֹה: וַיְכַלְכֵּל יוֹסֵף אֶת־אָבִיו 12

וְאֶת־אֶחָיו וְאֵת כָּל־בֵּית אָבִיו לֶחֶם לְפִי הַטָּף: וְלֶחֶם אֵין 13
בְּכָל־הָאָרֶץ כִּי־כָבֵד הָרָעָב מְאֹד וַתֵּלַהּ אֶרֶץ מִצְרַיִם וְאֶרֶץ כְּנַעַן

מִפְּנֵי הָרָעָב: וַיְלַקֵּט יוֹסֵף אֶת־כָּל־הַכֶּסֶף הַנִּמְצָא בְאֶרֶץ־מִצְרַיִם 14
וּבְאֶרֶץ כְּנַעַן בַּשֶּׁבֶר אֲשֶׁר־הֵם שֹׁבְרִים וַיָּבֵא יוֹסֵף אֶת־הַכֶּסֶף בֵּיתָה

פַרְעֹה: וַיִּתֹּם הַכֶּסֶף מֵאֶרֶץ מִצְרַיִם וּמֵאֶרֶץ כְּנַעַן וַיָּבֹאוּ כָל־מִצְרַיִם 15
אֶל־יוֹסֵף לֵאמֹר הָבָה־לָּנוּ לֶחֶם וְלָמָּה נָמוּת נֶגְדֶּךָ כִּי אָפֵס כָּסֶף:

וַיֹּאמֶר יוֹסֵף הָבוּ מִקְנֵיכֶם וְאֶתְּנָה לָכֶם בְּמִקְנֵיכֶם אִם־אָפֵס כָּסֶף: 16

וַיָּבִיאוּ אֶת־מִקְנֵיהֶם אֶל־יוֹסֵף וַיִּתֵּן לָהֶם יוֹסֵף לֶחֶם בַּסּוּסִים 17
וּבְמִקְנֵה הַצֹּאן וּבְמִקְנֵה הַבָּקָר וּבַחֲמֹרִים וַיְנַהֲלֵם בַּלֶּחֶם בְּכָל־

מִקְנֵהֶם בַּשָּׁנָה הַהִוא: וַתִּתֹּם הַשָּׁנָה הַהִוא וַיָּבֹאוּ אֵלָיו בַּשָּׁנָה 18
הַשֵּׁנִית וַיֹּאמְרוּ לוֹ לֹא־נְכַחֵד מֵאֲדֹנִי כִּי אִם־תַּם הַכֶּסֶף וּמִקְנֵה
הַבְּהֵמָה אֶל־אֲדֹנִי לֹא נִשְׁאַר לִפְנֵי אֲדֹנִי בִּלְתִּי אִם־גְּוִיָּתֵנוּ וְאַדְמָתֵנוּ:

לָמָּה נָמוּת לְעֵינֶיךָ גַּם־אֲנַחְנוּ גַּם אַדְמָתֵנוּ קְנֵה־אֹתָנוּ וְאֶת־אַדְמָתֵנוּ 19
בַּלָּחֶם וְנִהְיֶה אֲנַחְנוּ וְאַדְמָתֵנוּ עֲבָדִים לְפַרְעֹה וְתֶן־זֶרַע וְנִחְיֶה וְלֹא
נָמוּת וְהָאֲדָמָה לֹא תֵשָׁם: וַיִּקֶן יוֹסֵף אֶת־כָּל־אַדְמַת מִצְרַיִם לְפַרְעֹה 20
כִּי־מָכְרוּ מִצְרַיִם אִישׁ שָׂדֵהוּ כִּי־חָזַק עֲלֵהֶם הָרָעָב וַתְּהִי הָאָרֶץ

לְפַרְעֹה: וְאֶת־הָעָם הֶעֱבִיר אֹתוֹ לֶעָרִים מִקְצֵה גְבוּל־מִצְרַיִם 21
וְעַד־קָצֵהוּ: רַק אַדְמַת הַכֹּהֲנִים לֹא קָנָה כִּי חֹק לַכֹּהֲנִים מֵאֵת 22
פַּרְעֹה וְאָכְלוּ אֶת־חֻקָּם אֲשֶׁר נָתַן לָהֶם פַּרְעֹה עַל־כֵּן לֹא מָכְרוּ
אֶת־אַדְמָתָם: וַיֹּאמֶר יוֹסֵף אֶל־הָעָם הֵן קָנִיתִי אֶתְכֶם הַיּוֹם 23

וְאֶת־אַדְמַתְכֶם לְפַרְעֹה הֵא־לָכֶם זֶרַע וּזְרַעְתֶּם אֶת־הָאֲדָמָה: וְהָיָה 24

24 And it shall come to pass in the increase, that ye shall give the fifth *part* unto Pharaoh, and four parts shall be your own, for seed of the field, and for your food, and for them of your households, and for food for your little ones.

25 And they said, Thou hast saved our lives: let us find grace in the sight of my lord, and we will be Pharaoh's servants.

26 And Joseph made it a law over the land of Egypt unto this day, *that* Pharaoh should have the fifth *part;* except the land of the priests only, *which* became not Pharaoh's.

27 ¶ And Israel dwelt in the land of Egypt, in the country of Goshen; and they had possessions therein, and grew, and multiplied exceedingly.

28 And Jacob lived in the land of Egypt seventeen years: so the whole age of Jacob was an hundred forty and seven years.

29 And the time drew nigh that Israel must die: and he called his son Joseph, and said unto him, If now I have found grace in thy sight, put, I pray thee, thy hand under my thigh, and deal kindly and truly with me; bury me not, I pray thee, in Egypt:

30 But I will lie with my fathers, and thou shalt carry me out of Egypt, and bury me in their buryingplace. And he said, I will do as thou hast said.

31 And he said, Swear unto me. And he sware unto him. And Israel bowed himself upon the bed's head.

CHAPTER 48

1 And it came to pass after these things, that *one* told Joseph, Behold, thy father *is* sick: and he took with him his two sons, Manasseh and Ephraim.

2 And *one* told Jacob, and said, Behold, thy son Joseph cometh unto thee: and Israel strengthened himself, and sat upon the bed.

3 And Jacob said unto Joseph, God Almighty appeared unto me at Luz in the land of Canaan, and blessed me,

4 And said unto me, Behold, I will make thee fruitful, and multiply thee, and I will make of thee a multitude of people; and will give this land to thy seed after thee *for* an everlasting possession.

5 ¶ And now thy two sons, Ephraim and Manasseh, which were born unto thee in the land of Egypt before I came unto thee into Egypt, *are* mine; as Reuben and Simeon, they shall be mine.

6 And thy issue, which thou begettest after them, shall be thine, *and* shall be called after the name of their brethren in their inheritance.

7 And as for me, when I came from Padan, Rachel died by me in the land of Canaan in the way, when yet *there was* but a little way to come unto Ephrath: and I buried her there in the way of Ephrath; the same *is* Beth-lehem.

8 And Israel beheld Joseph's sons, and said, Who *are* these?

9 And Joseph said unto his father, They *are* my sons, whom God hath given me in this *place.* And he said, Bring them, I pray thee, unto me, and I will bless them.

10 Now the eyes of Israel were dim for age, *so that* he could not see. And he brought them near unto him; and he kissed them, and embraced them.

11 And Israel said unto Joseph, I had not thought to see thy face: and, lo, God hath shewed me also thy seed.

12 And Joseph brought them out from between his knees, and he bowed himself with his face to the earth.

13 And Joseph took them both, Ephraim in his right hand toward Israel's left hand, and Manasseh in his left hand toward Israel's right hand, and brought *them* near unto him.

14 And Israel stretched out his right hand, and laid *it* upon Ephraim's head, who *was* the younger, and his left hand upon Manasseh's head, guiding his hands wittingly; for Manasseh *was* the firstborn.

15 ¶ And he blessed Joseph, and said, God, before whom my fathers Abraham and Isaac did walk, the God which fed me all my life long unto this day,

16 The Angel which redeemed me from

מפטיר 25 בִּתְבוּאֹת וּנְתַתֶּם חֲמִישִׁית לְפַרְעֹה וְאַרְבַּע הַיָּדֹת יִהְיֶה לָכֶם לְזֶרַע הַשָּׂדֶה וּלְאָכְלְכֶם וְלַאֲשֶׁר בְּבָתֵּיכֶם וְלֶאֱכֹל לְטַפְּכֶם: וַיֹּאמְרוּ הֶחֱיִתָנוּ

26 נִמְצָא־חֵן בְּעֵינֵי אֲדֹנִי וְהָיִינוּ עֲבָדִים לְפַרְעֹה: וַיָּשֶׂם אֹתָהּ יוֹסֵף לְחֹק עַד־הַיּוֹם הַזֶּה עַל־אַדְמַת מִצְרַיִם לְפַרְעֹה לַחֹמֶשׁ רַק אַדְמַת

27 הַכֹּהֲנִים לְבַדָּם לֹא הָיְתָה לְפַרְעֹה: וַיֵּשֶׁב יִשְׂרָאֵל בְּאֶרֶץ מִצְרַיִם

ויחי 28 בְּאֶרֶץ גֹּשֶׁן וַיֵּאָחֲזוּ בָהּ וַיִּפְרוּ וַיִּרְבּוּ מְאֹד: וַיְחִי יַעֲקֹב בְּאֶרֶץ מִצְרַיִם שְׁבַע עֶשְׂרֵה שָׁנָה וַיְהִי יְמֵי־יַעֲקֹב שְׁנֵי חַיָּיו שֶׁבַע שָׁנִים

29 וְאַרְבָּעִים וּמְאַת שָׁנָה: וַיִּקְרְבוּ יְמֵי־יִשְׂרָאֵל לָמוּת וַיִּקְרָא ׀ לִבְנוֹ לְיוֹסֵף וַיֹּאמֶר לוֹ אִם־נָא מָצָאתִי חֵן בְּעֵינֶיךָ שִׂים־נָא יָדְךָ תַּחַת

30 יְרֵכִי וְעָשִׂיתָ עִמָּדִי חֶסֶד וֶאֱמֶת אַל־נָא תִקְבְּרֵנִי בְּמִצְרָיִם: וְשָׁכַבְתִּי עִם־אֲבֹתַי וּנְשָׂאתַנִי מִמִּצְרַיִם וּקְבַרְתַּנִי בִּקְבֻרָתָם וַיֹּאמַר אָנֹכִי

31 אֶעֱשֶׂה כִדְבָרֶךָ: וַיֹּאמֶר הִשָּׁבְעָה לִי וַיִּשָּׁבַע לוֹ וַיִּשְׁתַּחוּ יִשְׂרָאֵל עַל־רֹאשׁ הַמִּטָּה:

48 1 וַיְהִי אַחֲרֵי הַדְּבָרִים הָאֵלֶּה וַיֹּאמֶר לְיוֹסֵף הִנֵּה אָבִיךָ חֹלֶה וַיִּקַּח 2 אֶת־שְׁנֵי בָנָיו עִמּוֹ אֶת־מְנַשֶּׁה וְאֶת־אֶפְרָיִם: וַיַּגֵּד לְיַעֲקֹב וַיֹּאמֶר 3 הִנֵּה בִּנְךָ יוֹסֵף בָּא אֵלֶיךָ וַיִּתְחַזֵּק יִשְׂרָאֵל וַיֵּשֶׁב עַל־הַמִּטָּה: וַיֹּאמֶר יַעֲקֹב אֶל־יוֹסֵף אֵל שַׁדַּי נִרְאָה־אֵלַי בְּלוּז בְּאֶרֶץ כְּנָעַן וַיְבָרֶךְ אֹתִי:

4 וַיֹּאמֶר אֵלַי הִנְנִי מַפְרְךָ וְהִרְבִּיתִךָ וּנְתַתִּיךָ לִקְהַל עַמִּים וְנָתַתִּי אֶת־הָאָרֶץ הַזֹּאת לְזַרְעֲךָ אַחֲרֶיךָ אֲחֻזַּת עוֹלָם: וְעַתָּה שְׁנֵי־בָנֶיךָ

5 הַנּוֹלָדִים לְךָ בְּאֶרֶץ מִצְרַיִם עַד־בֹּאִי אֵלֶיךָ מִצְרַיְמָה לִי־הֵם אֶפְרַיִם

6 וּמְנַשֶּׁה כִּרְאוּבֵן וְשִׁמְעוֹן יִהְיוּ־לִי: וּמוֹלַדְתְּךָ אֲשֶׁר־הוֹלַדְתָּ אַחֲרֵיהֶם לְךָ יִהְיוּ עַל שֵׁם אֲחֵיהֶם יִקָּרְאוּ בְּנַחֲלָתָם: וַאֲנִי ׀ בְּבֹאִי מִפַּדָּן מֵתָה

7 עָלַי רָחֵל בְּאֶרֶץ כְּנַעַן בַּדֶּרֶךְ בְּעוֹד כִּבְרַת־אֶרֶץ לָבֹא אֶפְרָתָה

8 וָאֶקְבְּרֶהָ שָּׁם בְּדֶרֶךְ אֶפְרָת הִוא בֵּית לָחֶם: וַיַּרְא יִשְׂרָאֵל אֶת־בְּנֵי

9 יוֹסֵף וַיֹּאמֶר מִי־אֵלֶּה: וַיֹּאמֶר יוֹסֵף אֶל־אָבִיו בָּנַי הֵם אֲשֶׁר־נָתַן־לִי

שני 10 אֱלֹהִים בָּזֶה וַיֹּאמַר קָחֶם־נָא אֵלַי וַאֲבָרֲכֵם: וְעֵינֵי יִשְׂרָאֵל כָּבְדוּ מִזֹּקֶן לֹא יוּכַל לִרְאוֹת וַיַּגֵּשׁ אֹתָם אֵלָיו וַיִּשַּׁק לָהֶם וַיְחַבֵּק לָהֶם:

11 וַיֹּאמֶר יִשְׂרָאֵל אֶל־יוֹסֵף רְאֹה פָנֶיךָ לֹא פִלָּלְתִּי וְהִנֵּה הֶרְאָה אֹתִי

12 אֱלֹהִים גַּם אֶת־זַרְעֶךָ: וַיּוֹצֵא יוֹסֵף אֹתָם מֵעִם בִּרְכָּיו וַיִּשְׁתַּחוּ

13 לְאַפָּיו אָרְצָה: וַיִּקַּח יוֹסֵף אֶת־שְׁנֵיהֶם אֶת־אֶפְרַיִם בִּימִינוֹ מִשְּׂמֹאל יִשְׂרָאֵל וְאֶת־מְנַשֶּׁה בִשְׂמֹאלוֹ מִימִין יִשְׂרָאֵל וַיַּגֵּשׁ אֵלָיו: וַיִּשְׁלַח

14 יִשְׂרָאֵל אֶת־יְמִינוֹ וַיָּשֶׁת עַל־רֹאשׁ אֶפְרַיִם וְהוּא הַצָּעִיר וְאֶת־שְׂמֹאלוֹ עַל־רֹאשׁ מְנַשֶּׁה שִׂכֵּל אֶת־יָדָיו כִּי מְנַשֶּׁה הַבְּכוֹר: וַיְבָרֶךְ אֶת־יוֹסֵף

15 וַיֹּאמַר הָאֱלֹהִים אֲשֶׁר הִתְהַלְּכוּ אֲבֹתַי לְפָנָיו אַבְרָהָם וְיִצְחָק

16 הָאֱלֹהִים הָרֹעֶה אֹתִי מֵעוֹדִי עַד־הַיּוֹם הַזֶּה: הַמַּלְאָךְ הַגֹּאֵל אֹתִי

all evil, bless the lads; and let my name be named on them, and the name of my fathers Abraham and Isaac; and let them grow into a multitude in the midst of the earth.

17 And when Joseph saw that his father laid his right hand upon the head of Ephraim, it displeased him: and he held up his father's hand, to remove it from Ephraim's head unto Manasseh's head.

18 And Joseph said unto his father, Not so, my father: for this *is* the firstborn; put thy right hand upon his head.

19 And his father refused, and said, I know *it,* my son, I know *it:* he also shall become a people, and he also shall be great: but truly his younger brother shall be greater than he, and his seed shall become a multitude of nations.

20 And he blessed them that day, saying, In thee shall Israel bless, saying, God make thee as Ephraim and as Manasseh: and he set Ephraim before Manasseh.

21 And Israel said unto Joseph, Behold, I die: but God shall be with you, and bring you again unto the land of your fathers.

22 Moreover I have given to thee one portion above thy brethren, which I took out of the hand of the Amorite with my sword and with my bow.

CHAPTER 49

1 And Jacob called unto his sons, and said, Gather yourselves together, that I may tell you *that* which shall befall you in the last days.

2 Gather yourselves together, and hear, ye sons of Jacob; and hearken unto Israel your father.

3 ¶ Reuben, thou *art* my firstborn, my might, and the beginning of my strength, the excellency of dignity, and the excellency of power:

4 Unstable as water, thou shalt not excel; because thou wentest up to thy father's bed; then defiledst thou *it:* he went up to my couch.

5 ¶ Simeon and Levi *are* brethren; instruments of cruelty *are in* their habitations.

6 O my soul, come not thou into their secret; unto their assembly, mine honour, be not thou united: for in their anger they slew a man, and in their selfwill they digged down a wall.

7 Cursed *be* their anger, for *it was* fierce; and their wrath, for it was cruel: I will divide them in Jacob, and scatter them in Israel.

8 ¶ Judah, thou *art he* whom thy brethren shall praise: thy hand *shall be* in the neck of thine enemies; thy father's children shall bow down before thee.

9 Judah *is* a lion's whelp: from the prey, my son, thou art gone up: he stooped down, he couched as a lion, and as an old lion; who shall rouse him up?

10 The sceptre shall not depart from Judah, nor a lawgiver from between his feet, until Shiloh come; and unto him *shall* the gathering of the people *be.*

11 Binding his foal unto the vine, and his ass's colt unto the choice vine; he washed his garments in wine, and his clothes in the blood of grapes:

12 His eyes *shall be* red with wine, and his teeth white with milk.

13 ¶ Zebulun shall dwell at the haven of the sea; and he *shall be* for an haven of ships; and his border *shall be* unto Zidon.

14 ¶ Issachar *is* a strong ass couching down between two burdens:

15 And he saw that rest *was* good, and the land that *it was* pleasant; and bowed his shoulder to bear, and became a servant unto tribute.

16 ¶ Dan shall judge his people, as one of the tribes of Israel.

17 Dan shall be a serpent by the way, an adder in the path, that biteth the horse heels, so that his rider shall fall backward.

18 I have waited for thy salvation, O LORD.

19 ¶ Gad, a troop shall overcome him: but he shall overcome at the last.

20 ¶ Out of Asher his bread *shall be* fat, and he shall yield royal dainties.

21 ¶ Naphtali *is* a hind let loose: he giveth goodly words.

22 ¶ Joseph *is* a fruitful bough, *even* a fruitful bough by a well; *whose* branches run over the wall:

מִכָּל־רָע֙ יְבָרֵ֣ךְ אֶת־הַנְּעָרִ֔ים וְיִקָּרֵ֤א בָהֶם֙ שְׁמִ֔י וְשֵׁ֖ם אֲבֹתַ֣י אַבְרָהָ֣ם

שלישי 17 וְיִצְחָ֑ק וְיִדְגּ֥וּ לָרֹ֖ב בְּקֶ֥רֶב הָאָֽרֶץ׃ וַיַּ֣רְא יוֹסֵ֗ף כִּֽי־יָשִׁ֨ית אָבִ֧יו יַד־יְמִינ֛וֹ עַל־רֹ֥אשׁ אֶפְרַ֖יִם וַיֵּ֣רַע בְּעֵינָ֑יו וַיִּתְמֹ֣ךְ יַד־אָבִ֗יו לְהָסִ֥יר אֹתָ֛הּ מֵעַ֥ל

18 רֹאשׁ־אֶפְרַ֖יִם עַל־רֹ֥אשׁ מְנַשֶּֽׁה׃ וַיֹּ֧אמֶר יוֹסֵ֛ף אֶל־אָבִ֖יו לֹא־כֵ֣ן אָבִ֑י

19 כִּי־זֶ֣ה הַבְּכֹ֔ר שִׂ֥ים יְמִינְךָ֖ עַל־רֹאשֽׁוֹ׃ וַיְמָאֵ֣ן אָבִ֗יו וַיֹּ֙אמֶר֙ יָדַ֤עְתִּֽי בְנִי֙ יָדַ֔עְתִּי גַּם־ה֥וּא יִֽהְיֶה־לְּעָ֖ם וְגַם־ה֣וּא יִגְדָּ֑ל וְאוּלָ֗ם אָחִ֤יו הַקָּטֹן֙

20 יִגְדַּ֣ל מִמֶּ֔נּוּ וְזַרְע֖וֹ יִהְיֶ֥ה מְלֹֽא־הַגּוֹיִֽם׃ וַיְבָ֨רֲכֵ֜ם בַּיּ֣וֹם הַהוּא֮ לֵאמוֹר֒ בְּךָ֗ יְבָרֵ֤ךְ יִשְׂרָאֵל֙ לֵאמֹ֔ר יְשִֽׂמְךָ֣ אֱלֹהִ֔ים כְּאֶפְרַ֖יִם וְכִמְנַשֶּׁ֑ה וַיָּ֥שֶׂם

21 אֶת־אֶפְרַ֖יִם לִפְנֵ֥י מְנַשֶּֽׁה׃ וַיֹּ֤אמֶר יִשְׂרָאֵל֙ אֶל־יוֹסֵ֔ף הִנֵּ֥ה אָנֹכִ֖י מֵ֑ת

22 וְהָיָ֤ה אֱלֹהִים֙ עִמָּכֶ֔ם וְהֵשִׁ֣יב אֶתְכֶ֔ם אֶל־אֶ֖רֶץ אֲבֹֽתֵיכֶֽם׃ וַאֲנִ֞י נָתַ֧תִּֽי לְךָ֞ שְׁכֶ֤ם אַחַד֙ עַל־אַחֶ֔יךָ אֲשֶׁ֤ר לָקַ֙חְתִּי֙ מִיַּ֣ד הָֽאֱמֹרִ֔י בְּחַרְבִּ֖י וּבְקַשְׁתִּֽי׃

רביעי 49 1 וַיִּקְרָ֥א יַעֲקֹ֖ב אֶל־בָּנָ֑יו וַיֹּ֗אמֶר הֵאָֽסְפוּ֙ וְאַגִּ֣ידָה לָכֶ֔ם אֵ֛ת אֲשֶׁר־יִקְרָ֥א

2 אֶתְכֶ֖ם בְּאַחֲרִ֥ית הַיָּמִֽים׃ הִקָּבְצ֥וּ וְשִׁמְע֖וּ בְּנֵ֣י יַעֲקֹ֑ב וְשִׁמְע֖וּ

3 אֶל־יִשְׂרָאֵ֥ל אֲבִיכֶֽם׃ רְאוּבֵן֙ בְּכֹ֣רִי אַ֔תָּה כֹּחִ֖י וְרֵאשִׁ֣ית אוֹנִ֑י יֶ֥תֶר

4 שְׂאֵ֖ת וְיֶ֥תֶר עָֽז׃ פַּ֤חַז כַּמַּ֙יִם֙ אַל־תּוֹתַ֔ר כִּ֥י עָלִ֖יתָ מִשְׁכְּבֵ֣י אָבִ֑יךָ אָ֥ז חִלַּ֖לְתָּ יְצוּעִ֥י עָלָֽה׃

5 שִׁמְע֥וֹן וְלֵוִ֖י אַחִ֑ים כְּלֵ֥י חָמָ֖ס מְכֵרֹתֵיהֶֽם׃ בְּסֹדָם֙ אַל־תָּבֹ֣א נַפְשִׁ֔י

6 בִּקְהָלָ֖ם אַל־תֵּחַ֣ד כְּבֹדִ֑י כִּ֤י בְאַפָּם֙ הָ֣רְגוּ אִ֔ישׁ וּבִרְצֹנָ֖ם עִקְּרוּ־שֽׁוֹר׃

7 אָר֤וּר אַפָּם֙ כִּ֣י עָ֔ז וְעֶבְרָתָ֖ם כִּ֣י קָשָׁ֑תָה אֲחַלְּקֵ֣ם בְּיַעֲקֹ֔ב וַאֲפִיצֵ֖ם בְּיִשְׂרָאֵֽל׃

8A 8 יְהוּדָ֗ה אַתָּה֙ יוֹד֣וּךָ אַחֶ֔יךָ יָדְךָ֖ בְּעֹ֣רֶף אֹיְבֶ֑יךָ יִשְׁתַּחֲו֥וּ לְךָ֖ בְּנֵ֥י

9 אָבִֽיךָ׃ גּ֤וּר אַרְיֵה֙ יְהוּדָ֔ה מִטֶּ֖רֶף בְּנִ֣י עָלִ֑יתָ כָּרַ֨ע רָבַ֧ץ כְּאַרְיֵ֛ה

10 וּכְלָבִ֖יא מִ֥י יְקִימֶֽנּוּ׃ לֹֽא־יָס֥וּר שֵׁ֙בֶט֙ מִֽיהוּדָ֔ה וּמְחֹקֵ֖ק מִבֵּ֣ין רַגְלָ֑יו

שילו עירו שילה 11 עַ֚ד כִּֽי־יָבֹ֣א שִׁילֹ֔ה וְל֖וֹ יִקְּהַ֣ת עַמִּֽים׃ אֹסְרִ֤י לַגֶּ֙פֶן֙ עירֹ֔ה וְלַשֹּׂרֵקָ֖ה

סותו 12 בְּנִ֣י אֲתֹנ֑וֹ כִּבֵּ֤ס בַּיַּ֙יִן֙ לְבֻשׁ֔וֹ וּבְדַם־עֲנָבִ֖ים סותֹ֑ה׃ חַכְלִילִ֥י עֵינַ֖יִם מִיָּ֑יִן וּלְבֶן־שִׁנַּ֖יִם מֵחָלָֽב׃

13 זְבוּלֻ֕ן לְח֥וֹף יַמִּ֖ים יִשְׁכֹּ֑ן וְהוּא֙ לְח֣וֹף אֳנִיֹּ֔ת וְיַרְכָת֖וֹ עַל־צִידֹֽן׃

14 יִשָּׂשכָ֖ר חֲמֹ֣ר גָּ֑רֶם רֹבֵ֖ץ בֵּ֥ין הַֽמִּשְׁפְּתָֽיִם׃ וַיַּ֤רְא מְנֻחָה֙ כִּ֣י ט֔וֹב

15 וְאֶת־הָאָ֖רֶץ כִּ֣י נָעֵ֑מָה וַיֵּ֤ט שִׁכְמוֹ֙ לִסְבֹּ֔ל וַיְהִ֖י לְמַס־עֹבֵֽד׃ דָּ֚ן

16 יָדִ֣ין עַמּ֔וֹ כְּאַחַ֖ד שִׁבְטֵ֥י יִשְׂרָאֵֽל׃ יְהִי־דָן֙ נָחָ֣שׁ עֲלֵי־דֶ֔רֶךְ שְׁפִיפֹ֖ן

17 עֲלֵי־אֹ֑רַח הַנֹּשֵׁךְ֙ עִקְּבֵי־ס֔וּס וַיִּפֹּ֥ל רֹכְב֖וֹ אָחֽוֹר׃ לִישֽׁוּעָתְךָ֖ קִוִּ֥יתִי

18 יְהֹוָֽה׃

חמישי 19 גָּ֖ד גְּד֣וּד יְגוּדֶ֑נּוּ וְה֖וּא יָגֻ֥ד עָקֵֽב׃ מֵאָשֵׁ֖ר

20 שְׁמֵנָ֣ה לַחְמ֑וֹ וְה֥וּא יִתֵּ֖ן מַעֲדַנֵּי־מֶֽלֶךְ׃ נַפְתָּלִ֖י אַיָּלָ֣ה שְׁלֻחָ֑ה

21 הַנֹּתֵ֖ן אִמְרֵי־שָֽׁפֶר׃ בֵּ֤ן פֹּרָת֙ יוֹסֵ֔ף בֵּ֥ן פֹּרָ֖ת עֲלֵי־עָ֑יִן בָּנ֕וֹת

22

23 The archers have sorely grieved him, and shot *at him,* and hated him:

24 But his bow abode in strength, and the arms of his hands were made strong by the hands of the mighty *God* of Jacob; (from thence *is* the shepherd, the stone of Israel:)

25 *Even* by the God of thy father, who shall help thee; and by the Almighty, who shall bless thee with blessings of heaven above, blessings of the deep that lieth under, blessings of the breasts, and of the womb:

26 The blessings of thy father have prevailed above the blessings of my progenitors unto the utmost bound of the everlasting hills: they shall be on the head of Joseph, and on the crown of the head of him that was separate from his brethren.

27 ¶ Benjamin shall ravin *as* a wolf: in the morning he shall devour the prey, and at night he shall divide the spoil.

28 ¶ All these *are* the twelve tribes of Israel: and this *is it* that their father spake unto them, and blessed them; every one according to his blessing he blessed them.

29 And he charged them, and said unto them, I am to be gathered unto my people: bury me with my fathers in the cave that *is* in the field of Ephron the Hittite,

30 In the cave that *is* in the field of Machpelah, which *is* before Mamre, in the land of Canaan, which Abraham bought with the field of Ephron the Hittite for a possession of a buryingplace.

31 There they buried Abraham and Sarah his wife; there they buried Isaac and Rebekah his wife; and there I buried Leah.

32 The purchase of the field and of the cave that *is* therein *was* from the children of Heth.

33 And when Jacob had made an end of commanding his sons, he gathered up his feet into the bed, and yielded up the ghost, and was gathered unto his people.

CHAPTER 50

1 And Joseph fell upon his father's face, and wept upon him, and kissed him.

2 And Joseph commanded his servants the physicians to embalm his father: and the physicians embalmed Israel.

3 And forty days were fulfilled for him; for so are fulfilled the days of those which are embalmed: and the Egyptians mourned for him threescore and ten days.

4 And when the days of his mourning were past, Joseph spake unto the house of Pharaoh, saying, If now I have found grace in your eyes, speak, I pray you, in the ears of Pharaoh, saying,

5 My father made me swear, saying, Lo, I die: in my grave which I have digged for me in the land of Canaan, there shalt thou bury me. Now therefore let me go up, I pray thee, and bury my father, and I will come again.

6 And Pharaoh said, Go up, and bury thy father, according as he made thee swear.

7 ¶ And Joseph went up to bury his father: and with him went up all the servants of Pharaoh, the elders of his house, and all the elders of the land of Egypt,

8 And all the house of Joseph, and his brethren, and his father's house: only their little ones, and their flocks, and their herds, they left in the land of Goshen.

9 And there went up with him both chariots and horsemen: and it was a very great company.

10 And they came to the threshingfloor of Atad, which *is* beyond Jordan, and there they mourned with a great and very sore lamentation: and he made a mourning for his father seven days.

11 And when the inhabitants of the land, the Canaanites, saw the mourning in the floor of Atad, they said, This *is* a grievous mourning to the Egyptians: wherefore the name of it was called Abel-mizraim, which *is* beyond Jordan.

12 And his sons did unto him according as he commanded them:

13 For his sons carried him into the land of Canaan, and buried him in the cave of the field of Machpelah, which Abraham bought with the field for a possession of a buryingplace of Ephron the Hittite, before Mamre.

14 ¶ And Joseph returned into Egypt, he, and his brethren, and all that went up with

23 צָעֲדָה עֲלֵי־שׁוּר: וַיְמָרֲרֻהוּ וָרֹבּוּ וַיִּשְׂטְמֻהוּ בַּעֲלֵי חִצִּים: וַתֵּשֶׁב
24 בְּאֵיתָן קַשְׁתּוֹ וַיָּפֹזּוּ זְרֹעֵי יָדָיו מִידֵי אֲבִיר יַעֲקֹב מִשָּׁם רֹעֶה אֶבֶן
25 יִשְׂרָאֵל: מֵאֵל אָבִיךָ וְיַעְזְרֶךָּ וְאֵת שַׁדַּי וִיבָרֲכֶךָּ בִּרְכֹת שָׁמַיִם מֵעָל
26 בִּרְכֹת תְּהוֹם רֹבֶצֶת תָּחַת בִּרְכֹת שָׁדַיִם וָרָחַם: בִּרְכֹת אָבִיךָ גָּבְרוּ
26A עַל־בִּרְכֹת הוֹרַי עַד־תַּאֲוַת גִּבְעֹת עוֹלָם תִּהְיֶין לְרֹאשׁ יוֹסֵף וּלְקָדְקֹד
נְזִיר אֶחָיו:

27 בִּנְיָמִין זְאֵב יִטְרָף בַּבֹּקֶר יֹאכַל עַד וְלָעֶרֶב יְחַלֵּק שָׁלָל: כָּל־אֵלֶּה
28 שִׁבְטֵי יִשְׂרָאֵל שְׁנֵים עָשָׂר וְזֹאת אֲשֶׁר־דִּבֶּר לָהֶם אֲבִיהֶם וַיְבָרֶךְ
29 אוֹתָם אִישׁ אֲשֶׁר כְּבִרְכָתוֹ בֵּרַךְ אֹתָם: וַיְצַו אוֹתָם וַיֹּאמֶר אֲלֵהֶם
אֲנִי נֶאֱסָף אֶל־עַמִּי קִבְרוּ אֹתִי אֶל־אֲבֹתָי אֶל־הַמְּעָרָה אֲשֶׁר בִּשְׂדֵה
30 עֶפְרוֹן הַחִתִּי: בַּמְּעָרָה אֲשֶׁר בִּשְׂדֵה הַמַּכְפֵּלָה אֲשֶׁר עַל־פְּנֵי־מַמְרֵא
בְּאֶרֶץ כְּנַעַן אֲשֶׁר קָנָה אַבְרָהָם אֶת־הַשָּׂדֶה מֵאֵת עֶפְרֹן הַחִתִּי
31 לַאֲחֻזַּת־קָבֶר: שָׁמָּה קָבְרוּ אֶת־אַבְרָהָם וְאֵת שָׂרָה אִשְׁתּוֹ שָׁמָּה
32 קָבְרוּ אֶת־יִצְחָק וְאֵת רִבְקָה אִשְׁתּוֹ וְשָׁמָּה קָבַרְתִּי אֶת־לֵאָה: מִקְנֵה
33 הַשָּׂדֶה וְהַמְּעָרָה אֲשֶׁר־בּוֹ מֵאֵת בְּנֵי־חֵת: וַיְכַל יַעֲקֹב לְצַוֺּת אֶת־בָּנָיו
50 1 וַיֶּאֱסֹף רַגְלָיו אֶל־הַמִּטָּה וַיִּגְוַע וַיֵּאָסֶף אֶל־עַמָּיו: וַיִּפֹּל יוֹסֵף עַל־פְּנֵי
1A אָבִיו וַיֵּבְךְּ עָלָיו וַיִּשַּׁק־לוֹ: וַיְצַו יוֹסֵף אֶת־עֲבָדָיו אֶת־הָרֹפְאִים לַחֲנֹט
2 אֶת־אָבִיו וַיַּחַנְטוּ הָרֹפְאִים אֶת־יִשְׂרָאֵל: וַיִּמְלְאוּ־לוֹ אַרְבָּעִים יוֹם
3 כִּי כֵּן יִמְלְאוּ יְמֵי הַחֲנֻטִים וַיִּבְכּוּ אֹתוֹ מִצְרַיִם שִׁבְעִים יוֹם: וַיַּעַבְרוּ
4 יְמֵי בְכִיתוֹ וַיְדַבֵּר יוֹסֵף אֶל־בֵּית פַּרְעֹה לֵאמֹר אִם־נָא מָצָאתִי חֵן
5 בְּעֵינֵיכֶם דַּבְּרוּ־נָא בְּאָזְנֵי פַרְעֹה לֵאמֹר: אָבִי הִשְׁבִּיעַנִי לֵאמֹר הִנֵּה
אָנֹכִי מֵת בְּקִבְרִי אֲשֶׁר כָּרִיתִי לִי בְּאֶרֶץ כְּנַעַן שָׁמָּה תִּקְבְּרֵנִי וְעַתָּה
6 אֶעֱלֶה־נָּא וְאֶקְבְּרָה אֶת־אָבִי וְאָשׁוּבָה: וַיֹּאמֶר פַּרְעֹה עֲלֵה וּקְבֹר
7 אֶת־אָבִיךָ כַּאֲשֶׁר הִשְׁבִּיעֶךָ: וַיַּעַל יוֹסֵף לִקְבֹּר אֶת־אָבִיו וַיַּעֲלוּ אִתּוֹ
8 כָּל־עַבְדֵי פַרְעֹה זִקְנֵי בֵיתוֹ וְכֹל זִקְנֵי אֶרֶץ־מִצְרָיִם: וְכֹל בֵּית יוֹסֵף
9 וְאֶחָיו וּבֵית אָבִיו רַק טַפָּם וְצֹאנָם וּבְקָרָם עָזְבוּ בְּאֶרֶץ גֹּשֶׁן: וַיַּעַל
10 עִמּוֹ גַּם־רֶכֶב גַּם־פָּרָשִׁים וַיְהִי הַמַּחֲנֶה כָּבֵד מְאֹד: וַיָּבֹאוּ עַד־גֹּרֶן
הָאָטָד אֲשֶׁר בְּעֵבֶר הַיַּרְדֵּן וַיִּסְפְּדוּ־שָׁם מִסְפֵּד גָּדוֹל וְכָבֵד מְאֹד
11 וַיַּעַשׂ לְאָבִיו אֵבֶל שִׁבְעַת יָמִים: וַיַּרְא יוֹשֵׁב הָאָרֶץ הַכְּנַעֲנִי
אֶת־הָאֵבֶל בְּגֹרֶן הָאָטָד וַיֹּאמְרוּ אֵבֶל־כָּבֵד זֶה לְמִצְרָיִם עַל־כֵּן קָרָא
12 שְׁמָהּ אָבֵל מִצְרַיִם אֲשֶׁר בְּעֵבֶר הַיַּרְדֵּן: וַיַּעֲשׂוּ בָנָיו לוֹ כֵּן כַּאֲשֶׁר
13 צִוָּם: וַיִּשְׂאוּ אֹתוֹ בָנָיו אַרְצָה כְּנַעַן וַיִּקְבְּרוּ אֹתוֹ בִּמְעָרַת שְׂדֵה
הַמַּכְפֵּלָה אֲשֶׁר קָנָה אַבְרָהָם אֶת־הַשָּׂדֶה לַאֲחֻזַּת־קֶבֶר מֵאֵת עֶפְרֹן
14 הַחִתִּי עַל־פְּנֵי מַמְרֵא: וַיָּשָׁב יוֹסֵף מִצְרַיְמָה הוּא וְאֶחָיו וְכָל־הָעֹלִים

שׁשׁי

him to bury his father, after he had buried his father.

15 ¶ And when Joseph's brethren saw that their father was dead, they said, Joseph will peradventure hate us, and will certainly requite us all the evil which we did unto him.

16 And they sent a messenger unto Joseph, saying, Thy father did command before he died, saying,

17 So shall ye say unto Joseph, Forgive, I pray thee now, the trespass of thy brethren, and their sin; for they did unto thee evil: and now, we pray thee, forgive the trespass of the servants of the God of thy father. And Joseph wept when they spake unto him.

18 And his brethren also went and fell down before his face; and they said, Behold, we *be* thy servants.

19 And Joseph said unto them, Fear not: for *am* I in the place of God?

20 But as for you, ye thought evil against me; *but* God meant it unto good, to bring to pass, as *it is* this day, to save much people alive.

21 Now therefore fear ye not: I will nourish you, and your little ones. And he comforted them, and spake kindly unto them.

22 ¶ And Joseph dwelt in Egypt, he, and his father's house: and Joseph lived an hundred and ten years.

23 And Joseph saw Ephraim's children of the third *generation:* the children also of Machir the son of Manasseh were brought up upon Joseph's knees.

24 And Joseph said unto his brethren, I die: and God will surely visit you, and bring you out of this land unto the land which he sware to Abraham, to Isaac, and to Jacob.

25 And Joseph took an oath of the children of Israel, saying, God will surely visit you, and ye shall carry up my bones from hence.

26 So Joseph died, *being* an hundred and ten years old: and they embalmed him, and he was put in a coffin in Egypt.

THE SECOND BOOK OF MOSES, CALLED

EXODUS

CHAPTER 1

1 Now these *are* the names of the children of Israel, which came into Egypt; every man and his household came with Jacob.

2 Reuben, Simeon, Levi, and Judah,

3 Issachar, Zebulun, and Benjamin,

4 Dan, and Naphtali, Gad, and Asher.

5 And all the souls that came out of the loins of Jacob were seventy souls: for Joseph was in Egypt *already.*

6 And Joseph died, and all his brethren, and all that generation.

7 ¶ And the children of Israel were fruitful, and increased abundantly, and multiplied, and waxed exceeding mighty; and the land was filled with them.

8 Now there arose up a new king over Egypt, which knew not Joseph.

9 And he said unto his people, Behold, the people of the children of Israel *are* more and mightier than we:

10 Come on, let us deal wisely with them; lest they multiply, and it come to pass, that, when there falleth out any war, they join also unto our enemies, and fight against us, and *so* get them up out of the land.

11 Therefore they did set over them taskmasters to afflict them with their burdens. And they built for Pharaoh treasure cities, Pithom and Raamses.

12 But the more they afflicted them, the more they multiplied and grew. And they were grieved because of the children of Israel.

13 And the Egyptians made the children of Israel to serve with rigour:

14 And they made their lives bitter with hard bondage, in morter, and in brick, and in all manner of service in the field:

אֹתוֹ לִקְבֹּר אֶת־אָבִיו אַחֲרֵי קָבְרוֹ אֶת־אָבִיו: וַיִּרְאוּ אֲחֵי־יוֹסֵף 15

כִּי־מֵת אֲבִיהֶם וַיֹּאמְרוּ לוּ יִשְׂטְמֵנוּ יוֹסֵף וְהָשֵׁב יָשִׁיב לָנוּ אֵת

כָּל־הָרָעָה אֲשֶׁר גָּמַלְנוּ אֹתוֹ: וַיְצַוּוּ אֶל־יוֹסֵף לֵאמֹר אָבִיךָ צִוָּה 16

לִפְנֵי מוֹתוֹ לֵאמֹר: כֹּה־תֹאמְרוּ לְיוֹסֵף אָנָּא שָׂא נָא פֶּשַׁע אַחֶיךָ 17

וְחַטָּאתָם כִּי־רָעָה גְמָלוּךָ וְעַתָּה שָׂא נָא לְפֶשַׁע עַבְדֵי אֱלֹהֵי אָבִיךָ

וַיֵּבְךְּ יוֹסֵף בְּדַבְּרָם אֵלָיו: וַיֵּלְכוּ גַּם־אֶחָיו וַיִּפְּלוּ לְפָנָיו וַיֹּאמְרוּ הִנֶּנּוּ 18

לְךָ לַעֲבָדִים: וַיֹּאמֶר אֲלֵהֶם יוֹסֵף אַל־תִּירָאוּ כִּי הֲתַחַת אֱלֹהִים 19

אָנִי: וְאַתֶּם חֲשַׁבְתֶּם עָלַי רָעָה אֱלֹהִים חֲשָׁבָהּ לְטֹבָה לְמַעַן עֲשֹׂה 20

כַּיּוֹם הַזֶּה לְהַחֲיֹת עַם־רָב: וְעַתָּה אַל־תִּירָאוּ אָנֹכִי אֲכַלְכֵּל אֶתְכֶם 21

וְאֶת־טַפְּכֶם וַיְנַחֵם אוֹתָם וַיְדַבֵּר עַל־לִבָּם: וַיֵּשֶׁב יוֹסֵף בְּמִצְרַיִם 22

הוּא וּבֵית אָבִיו וַיְחִי יוֹסֵף מֵאָה וָעֶשֶׂר שָׁנִים: וַיַּרְא יוֹסֵף לְאֶפְרַיִם 23

בְּנֵי שִׁלֵּשִׁים גַּם בְּנֵי מָכִיר בֶּן־מְנַשֶּׁה יֻלְּדוּ עַל־בִּרְכֵּי יוֹסֵף: וַיֹּאמֶר 24

יוֹסֵף אֶל־אֶחָיו אָנֹכִי מֵת וֵאלֹהִים פָּקֹד יִפְקֹד אֶתְכֶם וְהֶעֱלָה

אֶתְכֶם מִן־הָאָרֶץ הַזֹּאת אֶל־הָאָרֶץ אֲשֶׁר נִשְׁבַּע לְאַבְרָהָם לְיִצְחָק

וּלְיַעֲקֹב: וַיַּשְׁבַּע יוֹסֵף אֶת־בְּנֵי יִשְׂרָאֵל לֵאמֹר פָּקֹד יִפְקֹד אֱלֹהִים 25

אֶתְכֶם וְהַעֲלִתֶם אֶת־עַצְמֹתַי מִזֶּה: וַיָּמָת יוֹסֵף בֶּן־מֵאָה וָעֶשֶׂר 26

שָׁנִים וַיַּחַנְטוּ אֹתוֹ וַיִּישֶׂם בָּאָרוֹן בְּמִצְרָיִם:

סֵפֶר שְׁמוֹת

וְאֵלֶּה שְׁמוֹת בְּנֵי יִשְׂרָאֵל הַבָּאִים מִצְרָיְמָה אֵת יַעֲקֹב אִישׁ וּבֵיתוֹ 1 1

בָּאוּ: רְאוּבֵן שִׁמְעוֹן לֵוִי וִיהוּדָה: יִשָּׂשכָר זְבוּלֻן וּבִנְיָמִן: דָּן וְנַפְתָּלִי 2/4

גָּד וְאָשֵׁר: וַיְהִי כָּל־נֶפֶשׁ יֹצְאֵי יֶרֶךְ־יַעֲקֹב שִׁבְעִים נָפֶשׁ וְיוֹסֵף הָיָה 5

בְמִצְרָיִם: וַיָּמָת יוֹסֵף וְכָל־אֶחָיו וְכֹל הַדּוֹר הַהוּא: וּבְנֵי יִשְׂרָאֵל פָּרוּ 6/7

וַיִּשְׁרְצוּ וַיִּרְבּוּ וַיַּעַצְמוּ בִּמְאֹד מְאֹד וַתִּמָּלֵא הָאָרֶץ אֹתָם:

וַיָּקָם מֶלֶךְ־חָדָשׁ עַל־מִצְרָיִם אֲשֶׁר לֹא־יָדַע אֶת־יוֹסֵף: וַיֹּאמֶר 8/9

אֶל־עַמּוֹ הִנֵּה עַם בְּנֵי יִשְׂרָאֵל רַב וְעָצוּם מִמֶּנּוּ: הָבָה נִתְחַכְּמָה 10

לוֹ פֶּן־יִרְבֶּה וְהָיָה כִּי־תִקְרֶאנָה מִלְחָמָה וְנוֹסַף גַּם־הוּא עַל־שֹׂנְאֵינוּ

וְנִלְחַם־בָּנוּ וְעָלָה מִן־הָאָרֶץ: וַיָּשִׂימוּ עָלָיו שָׂרֵי מִסִּים לְמַעַן עַנֹּתוֹ 11

בְּסִבְלֹתָם וַיִּבֶן עָרֵי מִסְכְּנוֹת לְפַרְעֹה אֶת־פִּתֹם וְאֶת־רַעַמְסֵס:

וְכַאֲשֶׁר יְעַנּוּ אֹתוֹ כֵּן יִרְבֶּה וְכֵן יִפְרֹץ וַיָּקֻצוּ מִפְּנֵי בְּנֵי יִשְׂרָאֵל: 12

וַיַּעֲבִדוּ מִצְרַיִם אֶת־בְּנֵי יִשְׂרָאֵל בְּפָרֶךְ: וַיְמָרְרוּ אֶת־חַיֵּיהֶם בַּעֲבֹדָה 13/14

קָשָׁה בְּחֹמֶר וּבִלְבֵנִים וּבְכָל־עֲבֹדָה בַּשָּׂדֶה אֵת כָּל־עֲבֹדָתָם

all their service, wherein they made them serve, *was* with rigour.

15 ¶ And the king of Egypt spake to the Hebrew midwives, of which the name of the one *was* Shiphrah, and the name of the other Puah:

16 And he said, When ye do the office of a midwife to the Hebrew women, and see *them* upon the stools; if it *be* a son, then ye shall kill him: but if it *be* a daughter, then she shall live.

17 But the midwives feared God, and did not as the king of Egypt commanded them, but saved the men children alive.

18 And the king of Egypt called for the midwives, and said unto them, Why have ye done this thing, and have saved the men children alive?

19 And the midwives said unto Pharaoh, Because the Hebrew women *are* not as the Egyptian women; for they *are* lively, and are delivered ere the midwives come in unto them.

20 Therefore God dealt well with the midwives: and the people multiplied, and waxed very mighty.

21 And it came to pass, because the midwives feared God, that he made them houses.

22 And Pharaoh charged all his people, saying, Every son that is born ye shall cast into the river, and every daughter ye shall save alive.

CHAPTER 2

1 And there went a man of the house of Levi, and took *to wife* a daughter of Levi.

2 And the woman conceived, and bare a son: and when she saw him that he *was* a goodly *child,* she hid him three months.

3 And when she could not longer hide him, she took for him an ark of bulrushes, and daubed it with slime and with pitch, and put the child therein; and she laid *it* in the flags by the river's brink.

4 And his sister stood afar off, to wit what would be done to him.

5 ¶ And the daughter of Pharaoh came down to wash *herself* at the river; and her maidens walked along by the river's side;

and when she saw the ark among the flags, she sent her maid to fetch it.

6 And when she had opened *it,* she saw the child: and, behold, the babe wept. And she had compassion on him, and said, This *is one* of the Hebrews' children.

7 Then said his sister to Pharaoh's daughter, Shall I go and call to thee a nurse of the Hebrew women, that she may nurse the child for thee?

8 And Pharaoh's daughter said to her, Go. And the maid went and called the child's mother.

9 And Pharaoh's daughter said unto her, Take this child away, and nurse it for me, and I will give *thee* thy wages. And the woman took the child, and nursed it.

10 And the child grew, and she brought him unto Pharaoh's daughter, and he became her son. And she called his name Moses: and she said, Because I drew him out of the water.

11 ¶ And it came to pass in those days, when Moses was grown, that he went out unto his brethren, and looked on their burdens: and he spied an Egyptian smiting an Hebrew, one of his brethren.

12 And he looked this way and that way, and when he saw that *there was* no man, he slew the Egyptian, and hid him in the sand.

13 And when he went out the second day, behold, two men of the Hebrews strove together: and he said to him that did the wrong, Wherefore smitest thou thy fellow?

14 And he said, Who made thee a prince and a judge over us? intendest thou to kill me, as thou killedst the Egyptian? And Moses feared, and said, Surely this thing is known.

15 Now when Pharaoh heard this thing, he sought to slay Moses. But Moses fled from the face of Pharaoh, and dwelt in the land of Midian: and he sat down by a well.

16 Now the priest of Midian had seven daughters: and they came and drew *water,* and filled the troughs to water their father's flock.

17 And the shepherds came and drove them away: but Moses stood up and helped them, and watered their flock.

15 אֲשֶׁר־עָבְדוּ בָהֶם בְּפָרֶךְ: וַיֹּאמֶר מֶלֶךְ מִצְרַיִם לַמְיַלְּדֹת הָעִבְרִיֹּת

16 אֲשֶׁר שֵׁם הָאַחַת שִׁפְרָה וְשֵׁם הַשֵּׁנִית פּוּעָה: וַיֹּאמֶר בְּיַלֶּדְכֶן

אֶת־הָעִבְרִיּוֹת וּרְאִיתֶן עַל־הָאָבְנָיִם אִם־בֵּן הוּא וַהֲמִתֶּן אֹתוֹ

17 וְאִם־בַּת הִיא וָחָיָה: וַתִּירֶאןָ הַמְיַלְּדֹת אֶת־הָאֱלֹהִים וְלֹא עָשׂוּ

18 כַּאֲשֶׁר דִּבֶּר אֲלֵיהֶן מֶלֶךְ מִצְרָיִם וַתְּחַיֶּיןָ אֶת־הַיְלָדִים: וַיִּקְרָא שני

מֶלֶךְ־מִצְרַיִם לַמְיַלְּדֹת וַיֹּאמֶר לָהֶן מַדּוּעַ עֲשִׂיתֶן הַדָּבָר הַזֶּה וַתְּחַיֶּיןָ

19 אֶת־הַיְלָדִים: וַתֹּאמַרְןָ הַמְיַלְּדֹת אֶל־פַּרְעֹה כִּי לֹא כַנָּשִׁים הַמִּצְרִיֹּת

20 הָעִבְרִיֹּת כִּי־חָיוֹת הֵנָּה בְּטֶרֶם תָּבוֹא אֲלֵהֶן הַמְיַלֶּדֶת וְיָלָדוּ: וַיֵּיטֶב

21 אֱלֹהִים לַמְיַלְּדֹת וַיִּרֶב הָעָם וַיַּעַצְמוּ מְאֹד: וַיְהִי כִּי־יָרְאוּ הַמְיַלְּדֹת

22 אֶת־הָאֱלֹהִים וַיַּעַשׂ לָהֶם בָּתִּים: וַיְצַו פַּרְעֹה לְכָל־עַמּוֹ לֵאמֹר

כָּל־הַבֵּן הַיִּלּוֹד הַיְאֹרָה תַּשְׁלִיכֻהוּ וְכָל־הַבַּת תְּחַיּוּן:

2,1 וַיֵּלֶךְ אִישׁ מִבֵּית לֵוִי וַיִּקַּח אֶת־בַּת־לֵוִי: וַתַּהַר הָאִשָּׁה וַתֵּלֶד בֵּן
2

3 וַתֵּרֶא אֹתוֹ כִּי־טוֹב הוּא וַתִּצְפְּנֵהוּ שְׁלֹשָׁה יְרָחִים: וְלֹא־יָכְלָה עוֹד

הַצְּפִינוֹ וַתִּקַּח־לוֹ תֵּבַת גֹּמֶא וַתַּחְמְרָה בַחֵמָר וּבַזָּפֶת וַתָּשֶׂם בָּהּ

4 אֶת־הַיֶּלֶד וַתָּשֶׂם בַּסּוּף עַל־שְׂפַת הַיְאֹר: וַתֵּתַצַּב אֲחֹתוֹ מֵרָחֹק

5 לְדֵעָה מַה־יֵּעָשֶׂה לוֹ: וַתֵּרֶד בַּת־פַּרְעֹה לִרְחֹץ עַל־הַיְאֹר וְנַעֲרֹתֶיהָ

הֹלְכֹת עַל־יַד הַיְאֹר וַתֵּרֶא אֶת־הַתֵּבָה בְּתוֹךְ הַסּוּף וַתִּשְׁלַח

6 אֶת־אֲמָתָהּ וַתִּקָּחֶהָ: וַתִּפְתַּח וַתִּרְאֵהוּ אֶת־הַיֶּלֶד וְהִנֵּה־נַעַר בֹּכֶה

7 וַתַּחְמֹל עָלָיו וַתֹּאמֶר מִיַּלְדֵי הָעִבְרִים זֶה: וַתֹּאמֶר אֲחֹתוֹ

אֶל־בַּת־פַּרְעֹה הַאֵלֵךְ וְקָרָאתִי לָךְ אִשָּׁה מֵינֶקֶת מִן הָעִבְרִיֹּת וְתֵינִק

8 לָךְ אֶת־הַיָּלֶד: וַתֹּאמֶר־לָהּ בַּת־פַּרְעֹה לֵכִי וַתֵּלֶךְ הָעַלְמָה וַתִּקְרָא

9 אֶת־אֵם הַיָּלֶד: וַתֹּאמֶר לָהּ בַּת־פַּרְעֹה הֵילִיכִי אֶת־הַיֶּלֶד הַזֶּה

וְהֵינִקִהוּ לִי וַאֲנִי אֶתֵּן אֶת־שְׂכָרֵךְ וַתִּקַּח הָאִשָּׁה הַיֶּלֶד וַתְּנִיקֵהוּ:

10 וַיִּגְדַּל הַיֶּלֶד וַתְּבִאֵהוּ לְבַת־פַּרְעֹה וַיְהִי־לָהּ לְבֵן וַתִּקְרָא שְׁמוֹ מֹשֶׁה

11 וַתֹּאמֶר כִּי מִן הַמַּיִם מְשִׁיתִהוּ: וַיְהִי בַּיָּמִים הָהֵם וַיִּגְדַּל מֹשֶׁה שלישי

וַיֵּצֵא אֶל־אֶחָיו וַיַּרְא בְּסִבְלֹתָם וַיַּרְא אִישׁ מִצְרִי מַכֶּה אִישׁ־עִבְרִי

12 מֵאֶחָיו: וַיִּפֶן כֹּה וָכֹה וַיַּרְא כִּי אֵין אִישׁ וַיַּךְ אֶת־הַמִּצְרִי וַיִּטְמְנֵהוּ

13 בַּחוֹל: וַיֵּצֵא בַּיּוֹם הַשֵּׁנִי וְהִנֵּה שְׁנֵי־אֲנָשִׁים עִבְרִים נִצִּים וַיֹּאמֶר

14 לָרָשָׁע לָמָּה תַכֶּה רֵעֶךָ: וַיֹּאמֶר מִי שָׂמְךָ לְאִישׁ שַׂר וְשֹׁפֵט עָלֵינוּ

הַלְהָרְגֵנִי אַתָּה אֹמֵר כַּאֲשֶׁר הָרַגְתָּ אֶת־הַמִּצְרִי וַיִּירָא מֹשֶׁה וַיֹּאמַר

15 אָכֵן נוֹדַע הַדָּבָר: וַיִּשְׁמַע פַּרְעֹה אֶת־הַדָּבָר הַזֶּה וַיְבַקֵּשׁ לַהֲרֹג

אֶת־מֹשֶׁה וַיִּבְרַח מֹשֶׁה מִפְּנֵי פַרְעֹה וַיֵּשֶׁב בְּאֶרֶץ־מִדְיָן וַיֵּשֶׁב

16 עַל־הַבְּאֵר: וּלְכֹהֵן מִדְיָן שֶׁבַע בָּנוֹת וַתָּבֹאנָה וַתִּדְלֶנָה וַתְּמַלֶּאנָה

17 אֶת־הָרְהָטִים לְהַשְׁקוֹת צֹאן אֲבִיהֶן: וַיָּבֹאוּ הָרֹעִים וַיְגָרְשׁוּם וַיָּקָם

18 מֹשֶׁה וַיּוֹשִׁעָן וַיַּשְׁקְ אֶת־צֹאנָם: וַתָּבֹאנָה אֶל־רְעוּאֵל אֲבִיהֶן וַיֹּאמֶר

18 And when they came to Reuel their father, he said, How *is it that* ye are come so soon to day?

19 And they said, An Egyptian delivered us out of the hand of the shepherds, and also drew *water* enough for us, and watered the flock.

20 And he said unto his daughters, And where *is* he? why *is* it *that* ye have left the man? call him, that he may eat bread.

21 And Moses was content to dwell with the man: and he gave Moses Zipporah his daughter.

22 And she bare *him* a son, and he called his name Gershom: for he said, I have been a stranger in a strange land.

23 ¶ And it came to pass in process of time, that the king of Egypt died: and the children of Israel sighed by reason of the bondage, and they cried, and their cry came up unto God by reason of the bondage.

24 And God heard their groaning, and God remembered his covenant with Abraham, with Isaac, and with Jacob.

25 And God looked upon the children of Israel, and God had respect unto *them*.

CHAPTER 3

1 Now Moses kept the flock of Jethro his father in law, the priest of Midian: and he led the flock to the backside of the desert, and came to the mountain of God, *even* to Horeb.

2 And the angel of the LORD appeared unto him in a flame of fire out of the midst of a bush: and he looked, and, behold, the bush burned with fire, and the bush *was* not consumed.

3 And Moses said, I will now turn aside, and see this great sight, why the bush is not burnt.

4 And when the LORD saw that he turned aside to see, God called unto him out of the midst of the bush, and said, Moses, Moses. And he said, Here *am* I.

5 And he said, Draw not nigh hither: put off thy shoes from off thy feet, for the place whereon thou standest *is* holy ground.

6 Moreover he said, I *am* the God of thy father, the God of Abraham, the God of Isaac, and the God of Jacob. And Moses hid his face; for he was afraid to look upon God.

7 ¶ And the LORD said, I have surely seen the affliction of my people which *are* in Egypt, and have heard their cry by reason of their taskmasters; for I know their sorrows;

8 And I am come down to deliver them out of the hand of the Egyptians, and to bring them up out of that land unto a good land and a large, unto a land flowing with milk and honey; unto the place of the Canaanites, and the Hittites, and the Amorites, and the Perizzites, and the Hivites, and the Jebusites.

9 Now therefore, behold, the cry of the children of Israel is come unto me: and I have also seen the oppression wherewith the Egyptians oppress them.

10 Come now therefore, and I will send thee unto Pharaoh, that thou mayest bring forth my people the children of Israel out of Egypt.

11 ¶ And Moses said unto God, Who *am* I, that I should go unto Pharaoh, and that I should bring forth the children of Israel out of Egypt?

12 And he said, Certainly I will be with thee; and this *shall be* a token unto thee, that I have sent thee: When thou hast brought forth the people out of Egypt, ye shall serve God upon this mountain.

13 And Moses said unto God, Behold, *when* I come unto the children of Israel, and shall say unto them, The God of your fathers hath sent me unto you; and they shall say to me, What *is* his name? what shall I say unto them?

14 And God said unto Moses, I AM THAT I AM: and he said, Thus shalt thou say unto the children of Israel, I AM hath sent me unto you.

15 And God said moreover unto Moses, Thus shalt thou say unto the children of Israel, The LORD God of your fathers, the God of Abraham, the God of Isaac, and the God of Jacob, hath sent me unto you: this *is* my name for ever, and this *is* my memorial unto all generations.

16 Go, and gather the elders of Israel to-

19 מַדּוּעַ מִהַרְתֶּן בֹּא הַיֹּום: וַתֹּאמַרְן אִישׁ מִצְרִי הִצִּילָנוּ מִיַּד הָרֹעִים

20 וְגַם־דָּלֹה דָלָה לָנוּ וַיַּשְׁקְ אֶת־הַצֹּאן: וַיֹּאמֶר אֶל־בְּנֹתָיו וְאַיֹּו לָמָּה

21 זֶּה עֲזַבְתֶּן אֶת־הָאִישׁ קִרְאֶן לֹו וְיֹאכַל לָחֶם: וַיֹּואֶל מֹשֶׁה לָשֶׁבֶת

22 אֶת־הָאִישׁ וַיִּתֵּן אֶת־צִפֹּרָה בִתֹּו לְמֹשֶׁה: וַתֵּלֶד בֵּן וַיִּקְרָא אֶת־שְׁמֹו
גֵּרְשֹׁם כִּי אָמַר גֵּר הָיִיתִי בְּאֶרֶץ נָכְרִיָּה:

23 וַיְהִי בַיָּמִים הָרַבִּים הָהֵם וַיָּמָת מֶלֶךְ מִצְרַיִם וַיֵּאָנְחוּ בְנֵי־יִשְׂרָאֵל
מִן־הָעֲבֹדָה וַיִּזְעָקוּ וַתַּעַל שַׁוְעָתָם אֶל־הָאֱלֹהִים מִן־הָעֲבֹדָה:

24 וַיִּשְׁמַע אֱלֹהִים אֶת־נַאֲקָתָם וַיִּזְכֹּר אֱלֹהִים אֶת־בְּרִיתֹו אֶת־אַבְרָהָם

25 אֶת־יִצְחָק וְאֶת־יַעֲקֹב: וַיַּרְא אֱלֹהִים אֶת־בְּנֵי יִשְׂרָאֵל וַיֵּדַע
אֱלֹהִים:

רביעי 3 1 וּמֹשֶׁה הָיָה רֹעֶה אֶת־צֹאן יִתְרֹו חֹתְנֹו כֹּהֵן
מִדְיָן וַיִּנְהַג אֶת־הַצֹּאן אַחַר הַמִּדְבָּר וַיָּבֹא אֶל־הַר הָאֱלֹהִים חֹרֵבָה:

2 וַיֵּרָא מַלְאַךְ יְהוָה אֵלָיו בְּלַבַּת־אֵשׁ מִתֹּוךְ הַסְּנֶה וַיַּרְא וְהִנֵּה הַסְּנֶה

3 בֹּעֵר בָּאֵשׁ וְהַסְּנֶה אֵינֶנּוּ אֻכָּל: וַיֹּאמֶר מֹשֶׁה אָסֻרָה־נָּא וְאֶרְאֶה

4 אֶת־הַמַּרְאֶה הַגָּדֹל הַזֶּה מַדּוּעַ לֹא־יִבְעַר הַסְּנֶה: וַיַּרְא יְהוָה כִּי
סָר לִרְאֹות וַיִּקְרָא אֵלָיו אֱלֹהִים מִתֹּוךְ הַסְּנֶה וַיֹּאמֶר מֹשֶׁה מֹשֶׁה

5 וַיֹּאמֶר הִנֵּנִי: וַיֹּאמֶר אַל־תִּקְרַב הֲלֹם שַׁל־נְעָלֶיךָ מֵעַל רַגְלֶיךָ כִּי

6 הַמָּקֹום אֲשֶׁר אַתָּה עֹומֵד עָלָיו אַדְמַת־קֹדֶשׁ הוּא: וַיֹּאמֶר אָנֹכִי
אֱלֹהֵי אָבִיךָ אֱלֹהֵי אַבְרָהָם אֱלֹהֵי יִצְחָק וֵאלֹהֵי יַעֲקֹב וַיַּסְתֵּר מֹשֶׁה

7 פָּנָיו כִּי יָרֵא מֵהַבִּיט אֶל־הָאֱלֹהִים: וַיֹּאמֶר יְהוָה רָאֹה רָאִיתִי
אֶת־עֳנִי עַמִּי אֲשֶׁר בְּמִצְרָיִם וְאֶת־צַעֲקָתָם שָׁמַעְתִּי מִפְּנֵי נֹגְשָׂיו כִּי

8 יָדַעְתִּי אֶת־מַכְאֹבָיו: וָאֵרֵד לְהַצִּילֹו מִיַּד מִצְרַיִם וּלְהַעֲלֹתֹו מִן־הָאָרֶץ
הַהִוא אֶל־אֶרֶץ טֹובָה וּרְחָבָה אֶל־אֶרֶץ זָבַת חָלָב וּדְבָשׁ אֶל־מְקֹום

9 הַכְּנַעֲנִי וְהַחִתִּי וְהָאֱמֹרִי וְהַפְּרִזִּי וְהַחִוִּי וְהַיְבוּסִי: וְעַתָּה הִנֵּה צַעֲקַת
בְּנֵי־יִשְׂרָאֵל בָּאָה אֵלָי וְגַם־רָאִיתִי אֶת־הַלַּחַץ אֲשֶׁר מִצְרַיִם לֹחֲצִים

10 אֹתָם: וְעַתָּה לְכָה וְאֶשְׁלָחֲךָ אֶל־פַּרְעֹה וְהֹוצֵא אֶת־עַמִּי בְנֵי־יִשְׂרָאֵל

11 מִמִּצְרָיִם: וַיֹּאמֶר מֹשֶׁה אֶל־הָאֱלֹהִים מִי אָנֹכִי כִּי אֵלֵךְ אֶל־פַּרְעֹה

12 וְכִי אֹוצִיא אֶת־בְּנֵי יִשְׂרָאֵל מִמִּצְרָיִם: וַיֹּאמֶר כִּי־אֶהְיֶה עִמָּךְ וְזֶה־לְּךָ
הָאֹות כִּי אָנֹכִי שְׁלַחְתִּיךָ בְּהֹוצִיאֲךָ אֶת־הָעָם מִמִּצְרַיִם תַּעַבְדוּן

13 אֶת־הָאֱלֹהִים עַל הָהָר הַזֶּה: וַיֹּאמֶר מֹשֶׁה אֶל־הָאֱלֹהִים הִנֵּה אָנֹכִי
בָא אֶל־בְּנֵי יִשְׂרָאֵל וְאָמַרְתִּי לָהֶם אֱלֹהֵי אֲבֹותֵיכֶם שְׁלָחַנִי אֲלֵיכֶם

14 וְאָמְרוּ־לִי מַה־שְּׁמֹו מָה אֹמַר אֲלֵהֶם: וַיֹּאמֶר אֱלֹהִים אֶל־מֹשֶׁה
אֶהְיֶה אֲשֶׁר אֶהְיֶה וַיֹּאמֶר כֹּה תֹאמַר לִבְנֵי יִשְׂרָאֵל אֶהְיֶה שְׁלָחַנִי

15 אֲלֵיכֶם: וַיֹּאמֶר עֹוד אֱלֹהִים אֶל־מֹשֶׁה כֹּה־תֹאמַר אֶל־בְּנֵי יִשְׂרָאֵל
יְהוָה אֱלֹהֵי אֲבֹתֵיכֶם אֱלֹהֵי אַבְרָהָם אֱלֹהֵי יִצְחָק וֵאלֹהֵי יַעֲקֹב

חמישי 16 שְׁלָחַנִי אֲלֵיכֶם זֶה־שְּׁמִי לְעֹלָם וְזֶה זִכְרִי לְדֹר דֹּר: לֵךְ וְאָסַפְתָּ

gether, and say unto them, The LORD God of your fathers, the God of Abraham, of Isaac, and of Jacob, appeared unto me, saying, I have surely visited you, and *seen* that which is done to you in Egypt:

17 And I have said, I will bring you up out of the affliction of Egypt unto the land of the Canaanites, and the Hittites, and the Amorites, and the Perizzites, and the Hivites, and the Jebusites, unto a land flowing with milk and honey.

18 And they shall hearken to thy voice: and thou shalt come, thou and the elders of Israel, unto the king of Egypt, and ye shall say unto him, The LORD God of the Hebrews hath met with us: and now let us go, we beseech thee, three days' journey into the wilderness, that we may sacrifice to the LORD our God.

19 ¶ And I am sure that the king of Egypt will not let you go, no, not by a mighty hand.

20 And I will stretch out my hand, and smite Egypt with all my wonders which I will do in the midst thereof: and after that he will let you go.

21 And I will give this people favour in the sight of the Egyptians: and it shall come to pass, that, when ye go, ye shall not go empty:

22 But every woman shall borrow of her neighbour, and of her that sojourneth in her house, jewels of silver, and jewels of gold, and raiment: and ye shall put *them* upon your sons, and upon your daughters; and ye shall spoil the Egyptians.

CHAPTER 4

1 And Moses answered and said, But, behold, they will not believe me, nor hearken unto my voice: for they will say, The LORD hath not appeared unto thee.

2 And the LORD said unto him, What *is* that in thine hand? And he said, A rod.

3 And he said, Cast it on the ground. And he cast it on the ground, and it became a serpent; and Moses fled from before it.

4 And the LORD said unto Moses, Put forth thine hand, and take it by the tail.

And he put forth his hand, and caught it, and it became a rod in his hand:

5 That they may believe that the LORD God of their fathers, the God of Abraham, the God of Isaac, and the God of Jacob, hath appeared unto thee.

6 ¶ And the LORD said furthermore unto him, Put now thine hand into thy bosom. And he put his hand into his bosom: and when he took it out, behold, his hand *was* leprous as snow.

7 And he said, Put thine hand into thy bosom again. And he put his hand into his bosom again; and plucked it out of his bosom, and, behold, it was turned again as his *other* flesh.

8 And it shall come to pass, if they will not believe thee, neither hearken to the voice of the first sign, that they will believe the voice of the latter sign.

9 And it shall come to pass, if they will not believe also these two signs, neither hearken unto thy voice, that thou shalt take of the water of the river, and pour *it* upon the dry *land:* and the water which thou takest out of the river shall become blood upon the dry *land.*

10 ¶ And Moses said unto the LORD, O my Lord, I *am* not eloquent, neither heretofore, nor since thou hast spoken unto thy servant: but I *am* slow of speech, and of a slow tongue.

11 And the LORD said unto him, Who hath made man's mouth? or who maketh the dumb, or deaf, or the seeing, or the blind? have not I the LORD?

12 Now therefore go, and I will be with thy mouth, and teach thee what thou shalt say.

13 And he said, O my Lord, send, I pray thee, by the hand *of him whom* thou wilt send.

14 And the anger of the LORD was kindled against Moses, and he said, *Is* not Aaron the Levite thy brother? I know that he can speak well. And also, behold, he cometh forth to meet thee: and when he seeth thee, he will be glad in his heart.

15 And thou shalt speak unto him, and put words in his mouth: and I will be with thy mouth, and with his mouth, and will teach you what ye shall do.

אֶת־זִקְנֵי יִשְׂרָאֵל וְאָמַרְתָּ אֲלֵהֶם יְהֹוָה אֱלֹהֵי אֲבֹתֵיכֶם נִרְאָה אֵלַי
אֱלֹהֵי אַבְרָהָם יִצְחָק וְיַעֲקֹב לֵאמֹר פָּקֹד פָּקַדְתִּי אֶתְכֶם וְאֶת־הֶעָשׂוּי

17 לָכֶם בְּמִצְרָיִם: וָאֹמַר אַעֲלֶה אֶתְכֶם מֵעֳנִי מִצְרַיִם אֶל־אֶרֶץ הַכְּנַעֲנִי
וְהַחִתִּי וְהָאֱמֹרִי וְהַפְּרִזִּי וְהַחִוִּי וְהַיְבוּסִי אֶל־אֶרֶץ זָבַת חָלָב וּדְבָשׁ:

18 וְשָׁמְעוּ לְקֹלֶךָ וּבָאתָ אַתָּה וְזִקְנֵי יִשְׂרָאֵל אֶל־מֶלֶךְ מִצְרַיִם וַאֲמַרְתֶּם
אֵלָיו יְהֹוָה אֱלֹהֵי הָעִבְרִיִּים נִקְרָה עָלֵינוּ וְעַתָּה נֵלֲכָה־נָּא דֶּרֶךְ

19 שְׁלֹשֶׁת יָמִים בַּמִּדְבָּר וְנִזְבְּחָה לַיהֹוָה אֱלֹהֵינוּ: וַאֲנִי יָדַעְתִּי כִּי

20 לֹא־יִתֵּן אֶתְכֶם מֶלֶךְ מִצְרַיִם לַהֲלֹךְ וְלֹא בְּיָד חֲזָקָה: וְשָׁלַחְתִּי
אֶת־יָדִי וְהִכֵּיתִי אֶת־מִצְרַיִם בְּכֹל נִפְלְאֹתַי אֲשֶׁר אֶעֱשֶׂה בְּקִרְבּוֹ

21 וְאַחֲרֵי־כֵן יְשַׁלַּח אֶתְכֶם: וְנָתַתִּי אֶת־חֵן הָעָם־הַזֶּה בְּעֵינֵי מִצְרָיִם

22 וְהָיָה כִּי תֵלֵכוּן לֹא תֵלְכוּ רֵיקָם: וְשָׁאֲלָה אִשָּׁה מִשְּׁכֶנְתָּהּ וּמִגָּרַת
בֵּיתָהּ כְּלֵי־כֶסֶף וּכְלֵי זָהָב וּשְׂמָלֹת וְשַׂמְתֶּם עַל־בְּנֵיכֶם וְעַל־בְּנֹתֵיכֶם

4 1 וְנִצַּלְתֶּם אֶת־מִצְרָיִם: וַיַּעַן מֹשֶׁה וַיֹּאמֶר וְהֵן לֹא־יַאֲמִינוּ לִי וְלֹא

2 יִשְׁמְעוּ בְּקֹלִי כִּי יֹאמְרוּ לֹא־נִרְאָה אֵלֶיךָ יְהֹוָה: וַיֹּאמֶר אֵלָיו יְהֹוָה

3 מַה־זֶּה בְיָדֶךָ וַיֹּאמֶר מַטֶּה: וַיֹּאמֶר הַשְׁלִיכֵהוּ אַרְצָה וַיַּשְׁלִיכֵהוּ אַרְצָה

4 וַיְהִי לְנָחָשׁ וַיָּנָס מֹשֶׁה מִפָּנָיו: וַיֹּאמֶר יְהֹוָה אֶל־מֹשֶׁה שְׁלַח יָדְךָ
וֶאֱחֹז בִּזְנָבוֹ וַיִּשְׁלַח יָדוֹ וַיַּחֲזֶק בּוֹ וַיְהִי לְמַטֶּה בְּכַפּוֹ: לְמַעַן יַאֲמִינוּ

5 כִּי־נִרְאָה אֵלֶיךָ יְהֹוָה אֱלֹהֵי אֲבֹתָם אֱלֹהֵי אַבְרָהָם אֱלֹהֵי יִצְחָק

6 וֵאלֹהֵי יַעֲקֹב: וַיֹּאמֶר יְהֹוָה לוֹ עוֹד הָבֵא־נָא יָדְךָ בְּחֵיקֶךָ וַיָּבֵא
יָדוֹ בְּחֵיקוֹ וַיּוֹצִאָהּ וְהִנֵּה יָדוֹ מְצֹרַעַת כַּשָּׁלֶג: וַיֹּאמֶר הָשֵׁב יָדְךָ

7 אֶל־חֵיקֶךָ וַיָּשֶׁב יָדוֹ אֶל־חֵיקוֹ וַיּוֹצִאָהּ מֵחֵיקוֹ וְהִנֵּה־שָׁבָה כִּבְשָׂרוֹ:

8 וְהָיָה אִם־לֹא יַאֲמִינוּ לָךְ וְלֹא יִשְׁמְעוּ לְקֹל הָאֹת הָרִאשׁוֹן וְהֶאֱמִינוּ

9 לְקֹל הָאֹת הָאַחֲרוֹן: וְהָיָה אִם־לֹא יַאֲמִינוּ גַּם לִשְׁנֵי הָאֹתוֹת הָאֵלֶּה
וְלֹא יִשְׁמְעוּן לְקֹלֶךָ וְלָקַחְתָּ מִמֵּימֵי הַיְאֹר וְשָׁפַכְתָּ הַיַּבָּשָׁה וְהָיוּ

10 הַמַּיִם אֲשֶׁר תִּקַּח מִן־הַיְאֹר וְהָיוּ לְדָם בַּיַּבָּשֶׁת: וַיֹּאמֶר מֹשֶׁה
אֶל־יְהֹוָה בִּי אֲדֹנָי לֹא אִישׁ דְּבָרִים אָנֹכִי גַּם מִתְּמוֹל גַּם מִשִּׁלְשֹׁם

11 גַּם מֵאָז דַּבֶּרְךָ אֶל־עַבְדֶּךָ כִּי כְבַד־פֶּה וּכְבַד לָשׁוֹן אָנֹכִי: וַיֹּאמֶר
יְהֹוָה אֵלָיו מִי שָׂם פֶּה לָאָדָם אוֹ מִי־יָשׂוּם אִלֵּם אוֹ חֵרֵשׁ אוֹ

12 פִקֵּחַ אוֹ עִוֵּר הֲלֹא אָנֹכִי יְהֹוָה: וְעַתָּה לֵךְ וְאָנֹכִי אֶהְיֶה עִם־פִּיךָ

13 וְהוֹרֵיתִיךָ אֲשֶׁר תְּדַבֵּר: וַיֹּאמֶר בִּי אֲדֹנָי שְׁלַח־נָא בְּיַד־תִּשְׁלָח:

14 וַיִּחַר־אַף יְהֹוָה בְּמֹשֶׁה וַיֹּאמֶר הֲלֹא אַהֲרֹן אָחִיךָ הַלֵּוִי יָדַעְתִּי
כִּי־דַבֵּר יְדַבֵּר הוּא וְגַם הִנֵּה־הוּא יֹצֵא לִקְרָאתֶךָ וְרָאֲךָ וְשָׂמַח בְּלִבּוֹ:

15 וְדִבַּרְתָּ אֵלָיו וְשַׂמְתָּ אֶת־הַדְּבָרִים בְּפִיו וְאָנֹכִי אֶהְיֶה עִם־פִּיךָ
וְעִם־פִּיהוּ וְהוֹרֵיתִי אֶתְכֶם אֵת אֲשֶׁר תַּעֲשׂוּן: וְדִבֶּר־הוּא לְךָ אֶל־הָעָם

16

123

16 And he shall be thy spokesman unto the people: and he shall be, *even* he shall be to thee instead of a mouth, and thou shalt be to him instead of God.

17 And thou shalt take this rod in thine hand, wherewith thou shalt do signs.

18 ¶ And Moses went and returned to Jethro his father in law, and said unto him, Let me go, I pray thee, and return unto my brethren which *are* in Egypt, and see whether they be yet alive. And Jethro said to Moses, Go in peace.

19 And the LORD said unto Moses in Midian, Go, return into Egypt: for all the men are dead which sought thy life.

20 And Moses took his wife and his sons, and set them upon an ass, and he returned to the land of Egypt: and Moses took the rod of God in his hand.

21 And the LORD said unto Moses, When thou goest to return into Egypt, see that thou do all those wonders before Pharaoh, which I have put in thine hand: but I will harden his heart, that he shall not let the people go.

22 And thou shalt say unto Pharaoh, Thus saith the LORD, Israel *is* my son, *even* my firstborn:

23 And I say unto thee, Let my son go, that he may serve me: and if thou refuse to let him go, behold, I will slay thy son, *even* thy firstborn.

24 ¶ And it came to pass by the way in the inn, that the LORD met him, and sought to kill him.

25 Then Zipporah took a sharp stone, and cut off the foreskin of her son, and cast *it* at his feet, and said, Surely a bloody husband *art* thou to me.

26 So he let him go: then she said, A bloody husband *thou art,* because of the circumcision.

27 ¶ And the LORD said to Aaron, Go into the wilderness to meet Moses. And he went, and met him in the mount of God, and kissed him.

28 And Moses told Aaron all the words of the LORD who had sent him, and all the signs which he had commanded him.

29 ¶ And Moses and Aaron went and gathered together all the elders of the children of Israel:

30 And Aaron spake all the words which the LORD had spoken unto Moses, and did the signs in the sight of the people.

31 And the people believed: and when they heard that the LORD had visited the children of Israel, and that he had looked upon their affliction, then they bowed their heads and worshipped.

CHAPTER 5

1 And afterward Moses and Aaron went in, and told Pharaoh, Thus saith the LORD God of Israel, Let my people go, that they may hold a feast unto me in the wilderness.

2 And Pharaoh said, Who *is* the LORD, that I should obey his voice to let Israel go? I know not the LORD, neither will I let Israel go.

3 And they said, The God of the Hebrews hath met with us: let us go, we pray thee, three days' journey into the desert, and sacrifice unto the LORD our God; lest he fall upon us with pestilence, or with the sword.

4 And the king of Egypt said unto them, Wherefore do ye, Moses and Aaron, let the people from their works? get you unto your burdens.

5 And Pharaoh said, Behold, the people of the land now *are* many, and ye make them rest from their burdens.

6 And Pharaoh commanded the same day the taskmasters of the people, and their officers, saying,

7 Ye shall no more give the people straw to make brick, as heretofore: let them go and gather straw for themselves.

8 And the tale of the bricks, which they did make heretofore, ye shall lay upon them; ye shall not diminish *ought* thereof: for they *be* idle; therefore they cry, saying, Let us go *and* sacrifice to our God.

9 Let there more work be laid upon the men, that they may labour therein; and let them not regard vain words.

10 ¶ And the taskmasters of the people went out, and their officers, and they

וְהָיָה הוּא יִהְיֶה־לְּךָ לְפֶה וְאַתָּה תִּהְיֶה־לּוֹ לֵאלֹהִים: וְאֶת־הַמַּטֶּה 17
הַזֶּה תִּקַּח בְּיָדֶךָ אֲשֶׁר תַּעֲשֶׂה־בּוֹ אֶת־הָאֹתֹת:

שׁשׁי 18 וַיֵּלֶךְ מֹשֶׁה וַיָּשָׁב ׀ אֶל־יֶתֶר חֹתְנוֹ וַיֹּאמֶר לוֹ אֵלֲכָה נָּא וְאָשׁוּבָה
אֶל־אַחַי אֲשֶׁר־בְּמִצְרַיִם וְאֶרְאֶה הַעוֹדָם חַיִּים וַיֹּאמֶר יִתְרוֹ לְמֹשֶׁה
לֵךְ לְשָׁלוֹם: וַיֹּאמֶר יְהֹוָה אֶל־מֹשֶׁה בְּמִדְיָן לֵךְ שֻׁב מִצְרָיִם כִּי־מֵתוּ 19
כָּל־הָאֲנָשִׁים הַמְבַקְשִׁים אֶת־נַפְשֶׁךָ: וַיִּקַּח מֹשֶׁה אֶת־אִשְׁתּוֹ 20
וְאֶת־בָּנָיו וַיַּרְכִּבֵם עַל־הַחֲמֹר וַיָּשָׁב אַרְצָה מִצְרָיִם וַיִּקַּח מֹשֶׁה
אֶת־מַטֵּה הָאֱלֹהִים בְּיָדוֹ: וַיֹּאמֶר יְהֹוָה אֶל־מֹשֶׁה בְּלֶכְתְּךָ לָשׁוּב 21
מִצְרַיְמָה רְאֵה כָּל־הַמֹּפְתִים אֲשֶׁר־שַׂמְתִּי בְיָדֶךָ וַעֲשִׂיתָם לִפְנֵי פַרְעֹה
וַאֲנִי אֲחַזֵּק אֶת־לִבּוֹ וְלֹא יְשַׁלַּח אֶת־הָעָם: וְאָמַרְתָּ אֶל־פַּרְעֹה כֹּה 22
אָמַר יְהֹוָה בְּנִי בְכֹרִי יִשְׂרָאֵל: וָאֹמַר אֵלֶיךָ שַׁלַּח אֶת־בְּנִי וְיַעַבְדֵנִי 23
וַתְּמָאֵן לְשַׁלְּחוֹ הִנֵּה אָנֹכִי הֹרֵג אֶת־בִּנְךָ בְּכֹרֶךָ: וַיְהִי בַדֶּרֶךְ בַּמָּלוֹן 24
וַיִּפְגְּשֵׁהוּ יְהֹוָה וַיְבַקֵּשׁ הֲמִיתוֹ: וַתִּקַּח צִפֹּרָה צֹר וַתִּכְרֹת אֶת־עָרְלַת 25
בְּנָהּ וַתַּגַּע לְרַגְלָיו וַתֹּאמֶר כִּי חֲתַן־דָּמִים אַתָּה לִי: וַיִּרֶף מִמֶּנּוּ 26
אָז אָמְרָה חֲתַן דָּמִים לַמּוּלֹת:

וַיֹּאמֶר יְהֹוָה אֶל־אַהֲרֹן לֵךְ לִקְרַאת מֹשֶׁה הַמִּדְבָּרָה וַיֵּלֶךְ וַיִּפְגְּשֵׁהוּ 27
בְּהַר הָאֱלֹהִים וַיִּשַּׁק־לוֹ: וַיַּגֵּד מֹשֶׁה לְאַהֲרֹן אֵת כָּל־דִּבְרֵי יְהֹוָה 28
אֲשֶׁר שְׁלָחוֹ וְאֵת כָּל־הָאֹתֹת אֲשֶׁר צִוָּהוּ: וַיֵּלֶךְ מֹשֶׁה וְאַהֲרֹן וַיַּאַסְפוּ 29
אֶת־כָּל־זִקְנֵי בְּנֵי יִשְׂרָאֵל: וַיְדַבֵּר אַהֲרֹן אֵת כָּל־הַדְּבָרִים אֲשֶׁר־דִּבֶּר 30
יְהֹוָה אֶל־מֹשֶׁה וַיַּעַשׂ הָאֹתֹת לְעֵינֵי הָעָם: וַיַּאֲמֵן הָעָם וַיִּשְׁמְעוּ 31
31A כִּי־פָקַד יְהֹוָה אֶת־בְּנֵי יִשְׂרָאֵל וְכִי רָאָה אֶת־עָנְיָם וַיִּקְּדוּ וַיִּשְׁתַּחֲווּ:

שְׁבִיעִי 5 1 וְאַחַר בָּאוּ מֹשֶׁה וְאַהֲרֹן וַיֹּאמְרוּ אֶל־פַּרְעֹה כֹּה־אָמַר יְהֹוָה אֱלֹהֵי
יִשְׂרָאֵל שַׁלַּח אֶת־עַמִּי וְיָחֹגּוּ לִי בַּמִּדְבָּר: וַיֹּאמֶר פַּרְעֹה מִי יְהֹוָה 2
אֲשֶׁר אֶשְׁמַע בְּקֹלוֹ לְשַׁלַּח אֶת־יִשְׂרָאֵל לֹא יָדַעְתִּי אֶת־יְהֹוָה וְגַם
אֶת־יִשְׂרָאֵל לֹא אֲשַׁלֵּחַ: וַיֹּאמְרוּ אֱלֹהֵי הָעִבְרִים נִקְרָא עָלֵינוּ נֵלֲכָה 3
נָּא דֶּרֶךְ שְׁלֹשֶׁת יָמִים בַּמִּדְבָּר וְנִזְבְּחָה לַיהֹוָה אֱלֹהֵינוּ פֶּן־יִפְגָּעֵנוּ
בַּדֶּבֶר אוֹ בֶחָרֶב: וַיֹּאמֶר אֲלֵהֶם מֶלֶךְ מִצְרַיִם לָמָּה מֹשֶׁה וְאַהֲרֹן 4
תַּפְרִיעוּ אֶת־הָעָם מִמַּעֲשָׂיו לְכוּ לְסִבְלֹתֵיכֶם: וַיֹּאמֶר פַּרְעֹה הֵן־רַבִּים 5
עַתָּה עַם הָאָרֶץ וְהִשְׁבַּתֶּם אֹתָם מִסִּבְלֹתָם: וַיְצַו פַּרְעֹה בַּיּוֹם 6
הַהוּא אֶת־הַנֹּגְשִׂים בָּעָם וְאֶת־שֹׁטְרָיו לֵאמֹר: לֹא תֹאסִפוּן לָתֵת 7
תֶּבֶן לָעָם לִלְבֹּן הַלְּבֵנִים כִּתְמוֹל שִׁלְשֹׁם הֵם יֵלְכוּ וְקֹשְׁשׁוּ לָהֶם
תֶּבֶן: וְאֶת־מַתְכֹּנֶת הַלְּבֵנִים אֲשֶׁר הֵם עֹשִׂים תְּמוֹל שִׁלְשֹׁם תָּשִׂימוּ 8
עֲלֵיהֶם לֹא תִגְרְעוּ מִמֶּנּוּ כִּי־נִרְפִּים הֵם עַל־כֵּן הֵם צֹעֲקִים לֵאמֹר
נֵלְכָה נִזְבְּחָה לֵאלֹהֵינוּ: תִּכְבַּד הָעֲבֹדָה עַל־הָאֲנָשִׁים וְיַעֲשׂוּ־בָהּ 9
וְאַל־יִשְׁעוּ בְּדִבְרֵי־שָׁקֶר: וַיֵּצְאוּ נֹגְשֵׂי הָעָם וְשֹׁטְרָיו וַיֹּאמְרוּ אֶל־הָעָם 10

spake to the people, saying, Thus saith Pharaoh, I will not give you straw.

11 Go ye, get you straw where ye can find it: yet not ought of your work shall be diminished.

12 So the people were scattered abroad throughout all the land of Egypt to gather stubble instead of straw.

13 And the taskmasters hasted *them,* saying, Fulfil your works, *your* daily tasks, as when there was straw.

14 And the officers of the children of Israel, which Pharaoh's taskmasters had set over them, were beaten, *and* demanded, Wherefore have ye not fulfilled your task in making brick both yesterday and to day, as heretofore?

15 ¶ Then the officers of the children of Israel came and cried unto Pharaoh, saying, Wherefore dealest thou thus with thy servants?

16 There is no straw given unto thy servants, and they say to us, Make brick: and, behold, thy servants *are* beaten; but the fault *is* in thine own people.

17 But he said, Ye *are* idle, *ye are* idle: therefore ye say, Let us go *and* do sacrifice to the LORD.

18 Go therefore now, *and* work; for there shall no straw be given you, yet shall ye deliver the tale of bricks.

19 And the officers of the children of Israel did see *that* they *were* in evil *case,* after it was said, Ye shall not minish *ought* from your bricks of your daily task.

20 ¶ And they met Moses and Aaron, who stood in the way, as they came forth from Pharaoh:

21 And they said unto them, The LORD look upon you, and judge; because ye have made our savour to be abhorred in the eyes of Pharaoh, and in the eyes of his servants, to put a sword in their hand to slay us.

22 And Moses returned unto the LORD, and said, Lord, wherefore hast thou *so* evil entreated this people? why *is* it *that* thou hast sent me?

23 For since I came to Pharaoh to speak in thy name, he hath done evil to this peo-ple; neither hast thou delivered thy people at all.

CHAPTER 6

1 Then the LORD said unto Moses, Now shalt thou see what I will do to Pharaoh: for with a strong hand shall he let them go, and with a strong hand shall he drive them out of his land.

2 And God spake unto Moses, and said unto him, I *am* the LORD:

3 And I appeared unto Abraham, unto Isaac, and unto Jacob, by *the name of* God Almighty, but by my name JEHOVAH was I not known to them.

4 And I have also established my covenant with them, to give them the land of Canaan, the land of their pilgrimage, wherein they were strangers.

5 And I have also heard the groaning of the children of Israel, whom the Egyptians keep in bondage; and I have remembered my covenant.

6 Wherefore say unto the children of Israel, I *am* the LORD, and I will bring you out from under the burdens of the Egyptians, and I will rid you out of their bondage, and I will redeem you with a stretched out arm, and with great judgments:

7 And I will take you to me for a people, and I will be to you a God: and ye shall know that I *am* the LORD your God, which bringeth you out from under the burdens of the Egyptians.

8 And I will bring you in unto the land, concerning the which I did swear to give it to Abraham, to Isaac, and to Jacob; and I will give it you for an heritage: I *am* the LORD.

9 ¶ And Moses spake so unto the children of Israel: but they hearkened not unto Moses for anguish of spirit, and for cruel bondage.

10 And the LORD spake unto Moses, saying,

11 Go in, speak unto Pharaoh king of Egypt, that he let the children of Israel go out of his land.

12 And Moses spake before the LORD, saying, Behold, the children of Israel have

לֵאמֹר כֹּה אָמַר פַּרְעֹה אֵינֶנִּי נֹתֵן לָכֶם תֶּבֶן: אַתֶּם לְכוּ קְחוּ לָכֶם 11

תֶּבֶן מֵאֲשֶׁר תִּמְצָאוּ כִּי אֵין נִגְרָע מֵעֲבֹדַתְכֶם דָּבָר: וַיָּפֶץ הָעָם 12

בְּכָל־אֶרֶץ מִצְרָיִם לְקֹשֵׁשׁ קַשׁ לַתֶּבֶן: וְהַנֹּגְשִׂים אָצִים לֵאמֹר כַּלּוּ 13

מַעֲשֵׂיכֶם דְּבַר־יוֹם בְּיוֹמוֹ כַּאֲשֶׁר בִּהְיוֹת הַתֶּבֶן: וַיֻּכּוּ שֹׁטְרֵי בְּנֵי 14

יִשְׂרָאֵל אֲשֶׁר־שָׂמוּ עֲלֵהֶם נֹגְשֵׂי פַרְעֹה לֵאמֹר מַדּוּעַ לֹא כִלִּיתֶם

חָקְכֶם לִלְבֹּן כִּתְמוֹל שִׁלְשֹׁם גַּם־תְּמוֹל גַּם־הַיּוֹם: וַיָּבֹאוּ שֹׁטְרֵי בְּנֵי 15

יִשְׂרָאֵל וַיִּצְעֲקוּ אֶל־פַּרְעֹה לֵאמֹר לָמָּה תַעֲשֶׂה כֹה לַעֲבָדֶיךָ: תֶּבֶן 16

אֵין נִתָּן לַעֲבָדֶיךָ וּלְבֵנִים אֹמְרִים לָנוּ עֲשׂוּ וְהִנֵּה עֲבָדֶיךָ מֻכִּים

וְחָטָאת עַמֶּךָ: וַיֹּאמֶר נִרְפִּים אַתֶּם נִרְפִּים עַל־כֵּן אַתֶּם אֹמְרִים 17

נֵלְכָה נִזְבְּחָה לַיהֹוָה: וְעַתָּה לְכוּ עִבְדוּ וְתֶבֶן לֹא־יִנָּתֵן לָכֶם וְתֹכֶן 18

לְבֵנִים תִּתֵּנּוּ: וַיִּרְאוּ שֹׁטְרֵי בְנֵי־יִשְׂרָאֵל אֹתָם בְּרָע לֵאמֹר לֹא־תִגְרְעוּ 19

מִלִּבְנֵיכֶם דְּבַר־יוֹם בְּיוֹמוֹ: וַיִּפְגְּעוּ אֶת־מֹשֶׁה וְאֶת־אַהֲרֹן נִצָּבִים 20

לִקְרָאתָם בְּצֵאתָם מֵאֵת פַּרְעֹה: וַיֹּאמְרוּ אֲלֵהֶם יֵרֶא יְהֹוָה עֲלֵיכֶם 21

וְיִשְׁפֹּט אֲשֶׁר הִבְאַשְׁתֶּם אֶת־רֵיחֵנוּ בְּעֵינֵי פַרְעֹה וּבְעֵינֵי עֲבָדָיו

לָתֶת־חֶרֶב בְּיָדָם לְהָרְגֵנוּ: וַיָּשָׁב מֹשֶׁה אֶל־יְהֹוָה וַיֹּאמַר אֲדֹנָי לָמָה 22 מפטיר

הֲרֵעֹתָה לָעָם הַזֶּה לָמָּה זֶּה שְׁלַחְתָּנִי: וּמֵאָז בָּאתִי אֶל־פַּרְעֹה 23

לְדַבֵּר בִּשְׁמֶךָ הֵרַע לָעָם הַזֶּה וְהַצֵּל לֹא־הִצַּלְתָּ אֶת־עַמֶּךָ: וַיֹּאמֶר 1 **6**

יְהֹוָה אֶל־מֹשֶׁה עַתָּה תִרְאֶה אֲשֶׁר אֶעֱשֶׂה לְפַרְעֹה כִּי בְיָד חֲזָקָה

יְשַׁלְּחֵם וּבְיָד חֲזָקָה יְגָרְשֵׁם מֵאַרְצוֹ: וַיְדַבֵּר אֱלֹהִים **וארא** 2

אֶל־מֹשֶׁה וַיֹּאמֶר אֵלָיו אֲנִי יְהֹוָה: וָאֵרָא אֶל־אַבְרָהָם אֶל־יִצְחָק 3

וְאֶל־יַעֲקֹב בְּאֵל שַׁדָּי וּשְׁמִי יְהֹוָה לֹא נוֹדַעְתִּי לָהֶם: וְגַם הֲקִמֹתִי 4

אֶת־בְּרִיתִי אִתָּם לָתֵת לָהֶם אֶת־אֶרֶץ כְּנָעַן אֵת אֶרֶץ מְגֻרֵיהֶם

אֲשֶׁר־גָּרוּ בָהּ: וְגַם אֲנִי שָׁמַעְתִּי אֶת־נַאֲקַת בְּנֵי יִשְׂרָאֵל אֲשֶׁר 5

מִצְרַיִם מַעֲבִדִים אֹתָם וָאֶזְכֹּר אֶת־בְּרִיתִי: לָכֵן אֱמֹר לִבְנֵי־יִשְׂרָאֵל 6

אֲנִי יְהֹוָה וְהוֹצֵאתִי אֶתְכֶם מִתַּחַת סִבְלֹת מִצְרַיִם וְהִצַּלְתִּי אֶתְכֶם

מֵעֲבֹדָתָם וְגָאַלְתִּי אֶתְכֶם בִּזְרוֹעַ נְטוּיָה וּבִשְׁפָטִים גְּדֹלִים: וְלָקַחְתִּי 7

אֶתְכֶם לִי לְעָם וְהָיִיתִי לָכֶם לֵאלֹהִים וִידַעְתֶּם כִּי אֲנִי יְהֹוָה

אֱלֹהֵיכֶם הַמּוֹצִיא אֶתְכֶם מִתַּחַת סִבְלוֹת מִצְרָיִם: וְהֵבֵאתִי אֶתְכֶם 8

אֶל־הָאָרֶץ אֲשֶׁר נָשָׂאתִי אֶת־יָדִי לָתֵת אֹתָהּ לְאַבְרָהָם לְיִצְחָק

וּלְיַעֲקֹב וְנָתַתִּי אֹתָהּ לָכֶם מוֹרָשָׁה אֲנִי יְהֹוָה: וַיְדַבֵּר מֹשֶׁה כֵּן 9

אֶל־בְּנֵי יִשְׂרָאֵל וְלֹא שָׁמְעוּ אֶל־מֹשֶׁה מִקֹּצֶר רוּחַ וּמֵעֲבֹדָה

קָשָׁה:

וַיְדַבֵּר יְהֹוָה אֶל־מֹשֶׁה לֵּאמֹר: בֹּא דַבֵּר אֶל־פַּרְעֹה מֶלֶךְ מִצְרָיִם 10 11

וִישַׁלַּח אֶת־בְּנֵי־יִשְׂרָאֵל מֵאַרְצוֹ: וַיְדַבֵּר מֹשֶׁה לִפְנֵי יְהֹוָה לֵאמֹר 12

הֵן בְּנֵי־יִשְׂרָאֵל לֹא־שָׁמְעוּ אֵלַי וְאֵיךְ יִשְׁמָעֵנִי פַרְעֹה וַאֲנִי עֲרַל

not hearkened unto me; how then shall Pharaoh hear me, who *am* of uncircumcised lips?

13 And the LORD spake unto Moses and unto Aaron, and gave them a charge unto the children of Israel, and unto Pharaoh king of Egypt, to bring the children of Israel out of the land of Egypt.

14 ¶ These *be* the heads of their fathers' houses: The sons of Reuben the firstborn of Israel; Hanoch, and Pallu, Hezron, and Carmi: these *be* the families of Reuben.

15 And the sons of Simeon; Jemuel, and Jamin, and Ohad, and Jachin, and Zohar, and Shaul the son of a Canaanitish woman: these *are* the families of Simeon.

16 ¶ And these *are* the names of the sons of Levi according to their generations; Gershon, and Kohath, and Merari: and the years of the life of Levi *were* an hundred thirty and seven years.

17 The sons of Gershon; Libni, and Shimi, according to their families.

18 And the sons of Kohath; Amram, and Izhar, and Hebron, and Uzziel: and the years of the life of Kohath *were* an hundred thirty and three years.

19 And the sons of Merari; Mahali and Mushi: these *are* the families of Levi according to their generations.

20 And Amram took him Jochebed his father's sister to wife; and she bare him Aaron and Moses: and the years of the life of Amram *were* an hundred and thirty and seven years.

21 ¶ And the sons of Izhar; Korah, and Nepheg, and Zichri.

22 And the sons of Uzziel; Mishael, and Elzaphan, and Zithri.

23 And Aaron took him Elisheba, daughter of Amminadab, sister of Naashon, to wife; and she bare him Nadab, and Abihu, Eleazar, and Ithamar.

24 And the sons of Korah; Assir, and Elkanah, and Abiasaph: these *are* the families of the Korhites.

25 And Eleazar Aaron's son took him *one* of the daughters of Putiel to wife; and she bare him Phinehas: these *are* the heads of the fathers of the Levites according to their families.

26 These *are* that Aaron and Moses, to whom the LORD said, Bring out the children of Israel from the land of Egypt according to their armies.

27 These *are* they which spake to Pharaoh king of Egypt, to bring out the children of Israel from Egypt: these *are* that Moses and Aaron.

28 ¶ And it came to pass on the day *when* the LORD spake unto Moses in the land of Egypt,

29 That the LORD spake unto Moses, saying, I *am* the LORD: speak thou unto Pharaoh king of Egypt all that I say unto thee.

30 And Moses said before the LORD, Behold, I *am* of uncircumcised lips, and how shall Pharaoh hearken unto me?

CHAPTER 7

1 And the LORD said unto Moses, See, I have made thee a god to Pharaoh: and Aaron thy brother shall be thy prophet.

2 Thou shalt speak all that I command thee: and Aaron thy brother shall speak unto Pharaoh, that he send the children of Israel out of his land.

3 And I will harden Pharaoh's heart, and multiply my signs and my wonders in the land of Egypt.

4 But Pharaoh shall not hearken unto you, that I may lay my hand upon Egypt, and bring forth mine armies, *and* my people the children of Israel, out of the land of Egypt by great judgments.

5 And the Egyptians shall know that I *am* the LORD, when I stretch forth mine hand upon Egypt, and bring out the children of Israel from among them.

6 And Moses and Aaron did as the LORD commanded them, so did they.

7 And Moses *was* fourscore years old, and Aaron fourscore and three years old, when they spake unto Pharaoh.

שְׁפָתָֽיִם:

13 וַיְדַבֵּ֣ר יְהֹוָה֮ אֶל־מֹשֶׁ֣ה וְאֶֽל־אַהֲרֹן֒ וַיְצַוֵּם֙ אֶל־בְּנֵ֣י יִשְׂרָאֵ֔ל וְאֶל־פַּרְעֹ֖ה

14 מֶ֣לֶךְ מִצְרָ֑יִם לְהוֹצִ֥יא אֶת־בְּנֵֽי־יִשְׂרָאֵ֖ל מֵאֶ֥רֶץ מִצְרָֽיִם: ‏ ‏ שני אֵ֖לֶּה רָאשֵׁ֣י בֵית־אֲבֹתָ֑ם בְּנֵ֨י רְאוּבֵ֜ן בְּכֹ֣ר יִשְׂרָאֵ֗ל חֲנ֤וֹךְ וּפַלּוּא֙ חֶצְרֹ֣ן

15 וְכַרְמִ֔י אֵ֖לֶּה מִשְׁפְּחֹ֥ת רְאוּבֵֽן: וּבְנֵ֣י שִׁמְע֗וֹן יְמוּאֵ֨ל וְיָמִ֤ין וְאֹ֙הַד֙ וְיָכִ֣ין

16 וְצֹ֔חַר וְשָׁא֖וּל בֶּן־הַֽכְּנַעֲנִ֑ית אֵ֖לֶּה מִשְׁפְּחֹ֥ת שִׁמְעֽוֹן: וְאֵ֨לֶּה שְׁמ֤וֹת בְּנֵֽי־לֵוִי֙ לְתֹ֣לְדֹתָ֔ם גֵּרְשׁ֕וֹן וּקְהָ֖ת וּמְרָרִ֑י וּשְׁנֵי֙ חַיֵּ֣י לֵוִ֔י שֶׁ֧בַע וּשְׁלֹשִׁ֛ים

17 וּמְאַ֖ת שָׁנָֽה: בְּנֵ֥י גֵרְשׁ֛וֹן לִבְנִ֥י וְשִׁמְעִ֖י לְמִשְׁפְּחֹתָֽם:
18 וּבְנֵ֣י קְהָ֔ת עַמְרָ֣ם וְיִצְהָ֔ר וְחֶבְר֖וֹן וְעֻזִּיאֵ֑ל וּשְׁנֵי֙ חַיֵּ֣י קְהָ֔ת שָׁלֹ֧שׁ וּשְׁלֹשִׁ֛ים וּמְאַ֖ת

19 שָׁנָֽה: וּבְנֵ֥י מְרָרִ֖י מַחְלִ֣י וּמוּשִׁ֑י אֵ֛לֶּה מִשְׁפְּחֹ֥ת הַלֵּוִ֖י לְתֹלְדֹתָֽם:

20 וַיִּקַּ֨ח עַמְרָ֜ם אֶת־יוֹכֶ֤בֶד דֹּֽדָתוֹ֙ ל֣וֹ לְאִשָּׁ֔ה וַתֵּ֣לֶד ל֔וֹ אֶת־אַהֲרֹ֖ן

21 וְאֶת־מֹשֶׁ֑ה וּשְׁנֵי֙ חַיֵּ֣י עַמְרָ֔ם שֶׁ֧בַע וּשְׁלֹשִׁ֛ים וּמְאַ֖ת שָׁנָֽה: וּבְנֵ֖י יִצְהָ֑ר

22 קֹ֥רַח וָנֶ֖פֶג וְזִכְרִֽי: וּבְנֵ֖י עֻזִּיאֵ֑ל מִֽישָׁאֵ֥ל וְאֶלְצָפָ֖ן וְסִתְרִֽי: וַיִּקַּ֨ח אַהֲרֹ֜ן
23 אֶת־אֱלִישֶׁ֧בַע בַּת־עַמִּינָדָ֛ב אֲח֥וֹת נַחְשׁ֖וֹן ל֣וֹ לְאִשָּׁ֑ה וַתֵּ֣לֶד ל֗וֹ

24 אֶת־נָדָב֙ וְאֶת־אֲבִיה֔וּא אֶת־אֶלְעָזָ֖ר וְאֶת־אִֽיתָמָֽר: וּבְנֵ֖י קֹ֑רַח אַסִּ֥יר

25 וְאֶלְקָנָ֖ה וַאֲבִיאָסָ֑ף אֵ֖לֶּה מִשְׁפְּחֹ֥ת הַקׇּרְחִֽי: וְאֶלְעָזָ֨ר בֶּֽן־אַהֲרֹ֜ן לָֽקַח־ל֨וֹ מִבְּנ֤וֹת פּֽוּטִיאֵל֙ ל֣וֹ לְאִשָּׁ֔ה וַתֵּ֣לֶד ל֔וֹ אֶת־פִּֽינְחָ֑ס אֵ֗לֶּה רָאשֵׁ֛י אֲב֥וֹת

26 הַלְוִיִּ֖ם לְמִשְׁפְּחֹתָֽם: ה֥וּא אַהֲרֹ֖ן וּמֹשֶׁ֑ה אֲשֶׁ֨ר אָמַ֤ר יְהֹוָה֙ לָהֶ֔ם

27A 27 הוֹצִ֜יאוּ אֶת־בְּנֵ֧י יִשְׂרָאֵ֛ל מֵאֶ֥רֶץ מִצְרַ֖יִם עַל־צִבְאֹתָֽם: הֵ֗ם הַֽמְדַבְּרִים֙ אֶל־פַּרְעֹ֣ה מֶֽלֶךְ־מִצְרַ֔יִם לְהוֹצִ֥יא אֶת־בְּנֵֽי־יִשְׂרָאֵ֖ל מִמִּצְרָ֑יִם ה֥וּא

28 מֹשֶׁ֖ה וְאַהֲרֹֽן: וַיְהִ֗י בְּי֨וֹם דִּבֶּ֧ר יְהֹוָ֛ה אֶל־מֹשֶׁ֖ה בְּאֶ֥רֶץ

29 מִצְרָֽיִם: ‏ ‏ שלישי וַיְדַבֵּ֧ר יְהֹוָ֛ה אֶל־מֹשֶׁ֥ה לֵּאמֹ֖ר אֲנִ֣י יְהֹוָ֑ה דַּבֵּ֗ר

30 אֶל־פַּרְעֹה֙ מֶ֣לֶךְ מִצְרַ֔יִם אֵ֛ת כׇּל־אֲשֶׁ֥ר אֲנִ֖י דֹּבֵ֥ר אֵלֶֽיךָ: וַיֹּ֥אמֶר מֹשֶׁ֖ה לִפְנֵ֣י יְהֹוָ֑ה הֵ֤ן אֲנִי֙ עֲרַ֣ל שְׂפָתַ֔יִם וְאֵ֕יךְ יִשְׁמַ֥ע אֵלַ֖י פַּרְעֹֽה:

7 1 וַיֹּ֤אמֶר יְהֹוָה֙ אֶל־מֹשֶׁ֔ה רְאֵ֛ה נְתַתִּ֥יךָ אֱלֹהִ֖ים לְפַרְעֹ֑ה וְאַהֲרֹ֥ן אָחִ֖יךָ

2 יִהְיֶ֥ה נְבִיאֶֽךָ: אַתָּ֣ה תְדַבֵּ֔ר אֵ֖ת כׇּל־אֲשֶׁ֣ר אֲצַוֶּ֑ךָּ וְאַהֲרֹ֤ן אָחִ֙יךָ֙ יְדַבֵּ֣ר

3 אֶל־פַּרְעֹ֔ה וְשִׁלַּ֥ח אֶת־בְּנֵֽי־יִשְׂרָאֵ֖ל מֵאַרְצֽוֹ: וַאֲנִ֥י אַקְשֶׁ֖ה אֶת־לֵ֣ב

4A 4 פַּרְעֹ֑ה וְהִרְבֵּיתִ֧י אֶת־אֹתֹתַ֛י וְאֶת־מוֹפְתַ֖י בְּאֶ֥רֶץ מִצְרָֽיִם: וְלֹֽא־יִשְׁמַ֤ע אֲלֵכֶם֙ פַּרְעֹ֔ה וְנָתַתִּ֥י אֶת־יָדִ֖י בְּמִצְרָ֑יִם וְהוֹצֵאתִ֨י אֶת־צִבְאֹתַ֜י

5 אֶת־עַמִּ֤י בְנֵֽי־יִשְׂרָאֵל֙ מֵאֶ֣רֶץ מִצְרַ֔יִם בִּשְׁפָטִ֖ים גְּדֹלִֽים: וְיָדְע֤וּ מִצְרַ֙יִם֙ כִּֽי־אֲנִ֣י יְהֹוָ֔ה בִּנְטֹתִ֥י אֶת־יָדִ֖י עַל־מִצְרָ֑יִם וְהוֹצֵאתִ֥י אֶת־בְּנֵֽי־יִשְׂרָאֵ֖ל

6 מִתּוֹכָֽם: וַיַּ֥עַשׂ מֹשֶׁ֖ה וְאַהֲרֹ֑ן כַּאֲשֶׁ֨ר צִוָּ֧ה יְהֹוָ֛ה אֹתָ֖ם כֵּ֥ן עָשֽׂוּ:

7 וּמֹשֶׁה֙ בֶּן־שְׁמֹנִ֣ים שָׁנָ֔ה וְאַהֲרֹ֕ן בֶּן־שָׁלֹ֥שׁ וּשְׁמֹנִ֖ים שָׁנָ֑ה בְּדַבְּרָ֖ם אֶל־פַּרְעֹֽה:

8 ¶ And the LORD spake unto Moses and unto Aaron, saying,

9 When Pharaoh shall speak unto you, saying, Shew a miracle for you: then thou shalt say unto Aaron, Take thy rod, and cast *it* before Pharaoh, *and* it shall become a serpent.

10 ¶ And Moses and Aaron went in unto Pharaoh, and they did so as the LORD had commanded: and Aaron cast down his rod before Pharaoh, and before his servants, and it became a serpent.

11 Then Pharaoh also called the wise men and the sorcerers: now the magicians of Egypt, they also did in like manner with their enchantments.

12 For they cast down every man his rod, and they became serpents: but Aaron's rod swallowed up their rods.

13 And he hardened Pharaoh's heart, that he hearkened not unto them; as the LORD had said.

14 ¶ And the LORD said unto Moses, Pharaoh's heart *is* hardened, he refuseth to let the people go.

15 Get thee unto Pharaoh in the morning; lo, he goeth out unto the water; and thou shalt stand by the river's brink against he come; and the rod which was turned to a serpent shalt thou take in thine hand.

16 And thou shalt say unto him, The LORD God of the Hebrews hath sent me unto thee, saying, Let my people go, that they may serve me in the wilderness: and, behold, hitherto thou wouldest not hear.

17 Thus saith the LORD, In this thou shalt know that I *am* the LORD: behold, I will smite with the rod that *is* in mine hand upon the waters which *are* in the river, and they shall be turned to blood.

18 And the fish that *is* in the river shall die, and the river shall stink; and the Egyptians shall lothe to drink of the water of the river.

19 ¶ And the LORD spake unto Moses, Say unto Aaron, Take thy rod, and stretch out thine hand upon the waters of Egypt, upon their streams, upon their rivers, and upon their ponds, and upon all their pools of water, that they may become blood; and *that* there may be blood throughout

all the land of Egypt, both in *vessels of* wood, and in *vessels of* stone.

20 And Moses and Aaron did so, as the LORD commanded; and he lifted up the rod, and smote the waters that *were* in the river, in the sight of Pharaoh, and in the sight of his servants; and all the waters that *were* in the river were turned to blood.

21 And the fish that *was* in the river died; and the river stank, and the Egyptians could not drink of the water of the river; and there was blood throughout all the land of Egypt.

22 And the magicians of Egypt did so with their enchantments: and Pharaoh's heart was hardened, neither did he hearken unto them; as the LORD had said.

23 And Pharaoh turned and went into his house, neither did he set his heart to this also.

24 And all the Egyptians digged round about the river for water to drink; for they could not drink of the water of the river.

25 And seven days were fulfilled, after that the LORD had smitten the river.

CHAPTER 8

1[7:26] And the LORD spake unto Moses, Go unto Pharaoh, and say unto him, Thus saith the LORD, Let my people go, that they may serve me.

2[7:27] And if thou refuse to let *them* go, behold, I will smite all thy borders with frogs:

3[7:28] And the river shall bring forth frogs abundantly, which shall go up and come into thine house, and into thy bedchamber, and upon thy bed, and into the house of thy servants, and upon thy people, and into thine ovens, and into thy kneadingtroughs:

4[7:29] And the frogs shall come up both on thee, and upon thy people, and upon all thy servants.

5[1] ¶ And the LORD spake unto Moses, Say unto Aaron, Stretch forth thine hand with thy rod over the streams, over the rivers, and over the ponds, and cause frogs to come up upon the land of Egypt.

6[2] And Aaron stretched out his hand

רביעי

8 וַיֹּ֤אמֶר יְהֹוָה֙ אֶל־מֹשֶׁ֣ה וְאֶֽל־אַהֲרֹ֔ן לֵאמֹֽר: כִּי֩ יְדַבֵּ֨ר אֲלֵכֶ֤ם פַּרְעֹה֙

9 לֵאמֹ֔ר תְּנ֥וּ לָכֶ֖ם מוֹפֵ֑ת וְאָמַרְתָּ֣ אֶֽל־אַהֲרֹ֗ן קַ֧ח אֶֽת־מַטְּךָ֛ וְהַשְׁלֵ֥ךְ

10 לִפְנֵֽי־פַרְעֹ֖ה יְהִ֥י לְתַנִּֽין: וַיָּבֹ֨א מֹשֶׁ֤ה וְאַהֲרֹן֙ אֶל־פַּרְעֹ֔ה וַיַּ֣עֲשׂוּ כֵ֔ן

10A כַּאֲשֶׁ֖ר צִוָּ֣ה יְהֹוָ֑ה וַיַּשְׁלֵ֨ךְ אַהֲרֹ֜ן אֶת־מַטֵּ֗הוּ לִפְנֵ֥י פַרְעֹ֛ה וְלִפְנֵ֥י

11 עֲבָדָ֖יו וַיְהִ֥י לְתַנִּֽין: וַיִּקְרָא֙ גַּם־פַּרְעֹ֔ה לַחֲכָמִ֖ים וְלַֽמְכַשְּׁפִ֑ים וַיַּֽעֲשׂ֨וּ

12 גַם־הֵ֜ם חַרְטֻמֵּ֥י מִצְרַ֛יִם בְּלַהֲטֵיהֶ֖ם כֵּֽן: וַיַּשְׁלִ֙יכוּ֙ אִ֣ישׁ מַטֵּ֔הוּ וַיִּֽהְי֖וּ

13 לְתַנִּינִ֑ם וַיִּבְלַ֥ע מַטֵּֽה־אַהֲרֹ֖ן אֶת־מַטֹּתָֽם: וַיֶּֽחֱזַק֙ לֵ֣ב פַּרְעֹ֔ה וְלֹ֥א שָׁמַ֖ע

14 אֲלֵהֶ֑ם כַּאֲשֶׁ֖ר דִּבֶּ֥ר יְהֹוָֽה: וַיֹּ֤אמֶר יְהֹוָה֙ אֶל־מֹשֶׁ֔ה כָּבֵ֖ד

15 לֵ֣ב פַּרְעֹ֑ה מֵאֵ֖ן לְשַׁלַּ֥ח הָעָֽם: לֵ֣ךְ אֶל־פַּרְעֹ֞ה בַּבֹּ֗קֶר הִנֵּה֙ יֹצֵ֣א

16 הַמַּ֔יְמָה וְנִצַּבְתָּ֥ לִקְרָאת֖וֹ עַל־שְׂפַ֣ת הַיְאֹ֑ר וְהַמַּטֶּ֛ה אֲשֶׁר־נֶהְפַּ֥ךְ לְנָחָ֖שׁ

17 תִּקַּ֥ח בְּיָדֶֽךָ: וְאָמַרְתָּ֣ אֵלָ֗יו יְהֹוָ֞ה אֱלֹהֵ֤י הָעִבְרִים֙ שְׁלָחַ֣נִי אֵלֶ֔יךָ

לֵאמֹ֔ר שַׁלַּח֙ אֶת־עַמִּ֔י וְיַֽעַבְדֻ֖נִי בַּמִּדְבָּ֑ר וְהִנֵּ֥ה לֹא־שָׁמַ֖עְתָּ עַד־כֹּֽה:

כֹּ֚ה אָמַ֣ר יְהֹוָ֔ה בְּזֹ֣את תֵּדַ֔ע כִּ֖י אֲנִ֣י יְהֹוָ֑ה הִנֵּ֨ה אָֽנֹכִ֜י מַכֶּ֣ה ׀ בַּמַּטֶּ֣ה

18 אֲשֶׁר־בְּיָדִ֗י עַל־הַמַּ֛יִם אֲשֶׁ֥ר בַּיְאֹ֖ר וְנֶהֶפְכ֣וּ לְדָ֑ם: וְהַדָּגָ֧ה אֲשֶׁר־

בַּיְאֹ֣ר תָּמ֗וּת וּבָאַ֣שׁ הַיְאֹ֔ר וְנִלְא֣וּ מִצְרַ֔יִם לִשְׁתּ֥וֹת מַ֖יִם

19 מִן־הַיְאֹֽר: וַיֹּ֨אמֶר יְהֹוָ֜ה אֶל־מֹשֶׁ֗ה אֱמֹ֣ר אֶֽל־אַהֲרֹ֡ן קַ֣ח

מַטְּךָ֣ וּנְטֵֽה־יָדְךָ֩ עַל־מֵימֵ֨י מִצְרַ֜יִם עַֽל־נַהֲרֹתָ֣ם ׀ עַל־יְאֹרֵיהֶ֣ם וְעַל־

אַגְמֵיהֶ֗ם וְעַ֛ל כָּל־מִקְוֵ֥ה מֵימֵיהֶ֖ם וְיִֽהְיוּ־דָ֑ם וְהָ֤יָה דָם֙ בְּכָל־אֶ֣רֶץ

20 מִצְרַ֔יִם וּבָעֵצִ֖ים וּבָאֲבָנִֽים: וַיַּֽעֲשׂוּ־כֵן֩ מֹשֶׁ֨ה וְאַהֲרֹ֜ן כַּאֲשֶׁ֣ר ׀ צִוָּ֣ה

יְהֹוָ֗ה וַיָּ֤רֶם בַּמַּטֶּה֙ וַיַּ֤ךְ אֶת־הַמַּ֙יִם֙ אֲשֶׁ֣ר בַּיְאֹ֔ר לְעֵינֵ֣י פַרְעֹ֔ה וּלְעֵינֵ֖י

21 עֲבָדָ֑יו וַיֵּהָֽפְכ֛וּ כָּל־הַמַּ֥יִם אֲשֶׁר־בַּיְאֹ֖ר לְדָֽם: וְהַדָּגָ֨ה אֲשֶׁר־בַּיְאֹ֤ר

מֵ֙תָה֙ וַיִּבְאַ֣שׁ הַיְאֹ֔ר וְלֹא־יָכְל֣וּ מִצְרַ֔יִם לִשְׁתּ֥וֹת מַ֖יִם מִן־הַיְאֹ֑ר וַיְהִ֥י

22 הַדָּ֖ם בְּכָל־אֶ֥רֶץ מִצְרָֽיִם: וַיַּֽעֲשׂוּ־כֵ֛ן חַרְטֻמֵּ֥י מִצְרַ֖יִם בְּלָטֵיהֶ֑ם וַיֶּֽחֱזַ֤ק

23 לֵב־פַּרְעֹה֙ וְלֹא־שָׁמַ֣ע אֲלֵהֶ֔ם כַּאֲשֶׁ֖ר דִּבֶּ֣ר יְהֹוָֽה: וַיִּ֣פֶן פַּרְעֹ֔ה וַיָּבֹ֖א

24 אֶל־בֵּית֑וֹ וְלֹא־שָׁ֥ת לִבּ֖וֹ גַּם־לָזֹֽאת: וַיַּחְפְּר֧וּ כָל־מִצְרַ֛יִם סְבִיבֹ֥ת הַיְאֹ֖ר

25 מַ֣יִם לִשְׁתּ֑וֹת כִּ֣י לֹ֤א יָֽכְלוּ֙ לִשְׁתֹּ֔ת מִמֵּימֵ֖י הַיְאֹֽר: וַיִּמָּלֵ֖א שִׁבְעַ֣ת

יָמִ֑ים אַחֲרֵ֥י הַכּֽוֹת־יְהֹוָ֖ה אֶת־הַיְאֹֽר:

26 וַיֹּ֤אמֶר יְהֹוָה֙ אֶל־מֹשֶׁ֔ה בֹּ֖א אֶל־פַּרְעֹ֑ה וְאָמַרְתָּ֣ אֵלָ֗יו כֹּ֚ה אָמַ֣ר יְהֹוָ֔ה

27 שַׁלַּ֥ח אֶת־עַמִּ֖י וְיַֽעַבְדֻֽנִי: וְאִם־מָאֵ֥ן אַתָּ֖ה לְשַׁלֵּ֑חַ הִנֵּ֣ה אָֽנֹכִ֗י נֹגֵ֛ף

28 אֶת־כָּל־גְּבֽוּלְךָ֖ בַּֽצְפַרְדְּעִֽים: וְשָׁרַ֣ץ הַיְאֹר֮ צְפַרְדְּעִים֒ וְעָלוּ֙ וּבָ֣אוּ

בְּבֵיתֶ֔ךָ וּבַחֲדַ֥ר מִשְׁכָּבְךָ֖ וְעַל־מִטָּתֶ֑ךָ וּבְבֵ֤ית עֲבָדֶ֙יךָ֙ וּבְעַמֶּ֔ךָ וּבְתַנּוּרֶ֖יךָ

29 8 וּבְמִשְׁאֲרוֹתֶֽיךָ: וּבְכָ֥ה וּֽבְעַמְּךָ֖ וּבְכָל־עֲבָדֶ֑יךָ יַעֲל֖וּ הַֽצְפַרְדְּעִֽים: וַיֹּ֣אמֶר

1 יְהֹוָה֮ אֶל־מֹשֶׁה֒ אֱמֹ֣ר אֶֽל־אַהֲרֹ֗ן נְטֵ֤ה אֶת־יָֽדְךָ֙ בְּמַטֶּ֔ךָ עַל־הַ֨נְּהָרֹ֔ת

עַל־הַ֣יְאֹרִ֔ים וְעַל־הָאֲגַמִּ֑ים וְהַ֥עַל אֶת־הַֽצְפַרְדְּעִ֖ים עַל־אֶ֥רֶץ מִצְרָֽיִם:

2 וַיֵּ֤ט אַהֲרֹן֙ אֶת־יָד֔וֹ עַ֖ל מֵימֵ֣י מִצְרָ֑יִם וַתַּ֙עַל֙ הַצְּפַרְדֵּ֔עַ וַתְּכַ֖ס אֶת־אֶ֥רֶץ

over the waters of Egypt; and the frogs came up, and covered the land of Egypt.

7[3] And the magicians did so with their enchantments, and brought up frogs upon the land of Egypt.

8[4] ¶ Then Pharaoh called for Moses and Aaron, and said, Intreat the LORD, that he may take away the frogs from me, and from my people; and I will let the people go, that they may do sacrifice unto the LORD.

9[5] And Moses said unto Pharaoh, Glory over me: when shall I intreat for thee, and for thy servants, and for thy people, to destroy the frogs from thee and thy houses, that they may remain in the river only?

10[6] And he said, To morrow. And he said, Be it according to thy word: that thou mayest know that there is none like unto the LORD our God.

11[7] And the frogs shall depart from thee, and from thy houses, and from thy servants, and from thy people; they shall remain in the river only.

12[8] And Moses and Aaron went out from Pharaoh: and Moses cried unto the LORD because of the frogs which he had brought against Pharaoh.

13[9] And the LORD did according to the word of Moses; and the frogs died out of the houses, out of the villages, and out of the fields.

14[10] And they gathered them together upon heaps: and the land stank.

15[11] But when Pharaoh saw that there was respite, he hardened his heart, and hearkened not unto them; as the LORD had said.

16[12] ¶ And the LORD said unto Moses, Say unto Aaron, Stretch out thy rod, and smite the dust of the land, that it may become lice throughout all the land of Egypt.

17[13] And they did so; for Aaron stretched out his hand with his rod, and smote the dust of the earth, and it became lice in man, and in beast; all the dust of the land became lice throughout all the land of Egypt.

18[14] And the magicians did so with their enchantments to bring forth lice, but they could not: so there were lice upon man, and upon beast.

19[15] Then the magicians said unto Pharaoh, This is the finger of God: and Pharaoh's heart was hardened, and he hearkened not unto them; as the LORD had said.

20[16] ¶ And the LORD said unto Moses, Rise up early in the morning, and stand before Pharaoh; lo, he cometh forth to the water; and say unto him, Thus saith the LORD, Let my people go, that they may serve me.

21[17] Else, if thou wilt not let my people go, behold, I will send swarms of flies upon thee, and upon thy servants, and upon thy people, and into thy houses: and the houses of the Egyptians shall be full of swarms of flies, and also the ground whereon they are.

22[18] And I will sever in that day the land of Goshen, in which my people dwell, that no swarms of flies shall be there; to the end thou mayest know that I am the LORD in the midst of the earth.

23[19] And I will put a division between my people and thy people: to morrow shall this sign be.

24[20] And the LORD did so; and there came a grievous swarm of flies into the house of Pharaoh, and into his servants' houses, and into all the land of Egypt: the land was corrupted by reason of the swarm of flies.

25[21] ¶ And Pharaoh called for Moses and for Aaron, and said, Go ye, sacrifice to your God in the land.

26[22] And Moses said, It is not meet so to do; for we shall sacrifice the abomination of the Egyptians to the LORD our God: lo, shall we sacrifice the abomination of the Egyptians before their eyes, and will they not stone us?

27[23] We will go three days' journey into the wilderness, and sacrifice to the LORD our God, as he shall command us.

28[24] And Pharaoh said, I will let you go, that ye may sacrifice to the LORD your God in the wilderness; only ye shall not go very far away: intreat for me.

29[25] And Moses said, Behold, I go out from thee, and I will intreat the LORD that

3A

3 מִצְרָיִם: וַיַּעֲשׂוּ־כֵן הַחַרְטֻמִּים בְּלָטֵיהֶם וַיַּעֲלוּ אֶת־הַצְפַרְדְּעִים

4 עַל־אֶרֶץ מִצְרָיִם: וַיִּקְרָא פַרְעֹה לְמֹשֶׁה וּלְאַהֲרֹן וַיֹּאמֶר הַעְתִּירוּ

אֶל־יְהוָה וְיָסֵר הַצְפַרְדְּעִים מִמֶּנִּי וּמֵעַמִּי וַאֲשַׁלְּחָה אֶת־הָעָם וְיִזְבְּחוּ

5 לַיהוָה: וַיֹּאמֶר מֹשֶׁה לְפַרְעֹה הִתְפָּאֵר עָלַי לְמָתַי׀ אַעְתִּיר לְךָ

וְלַעֲבָדֶיךָ וּלְעַמְּךָ לְהַכְרִית הַצְפַרְדְּעִים מִמְּךָ וּמִבָּתֶּיךָ רַק בַּיְאֹר

6 תִּשָּׁאַרְנָה: וַיֹּאמֶר לְמָחָר וַיֹּאמֶר כִּדְבָרְךָ לְמַעַן תֵּדַע כִּי־אֵין כַּיהוָה

7 אֱלֹהֵינוּ: וְסָרוּ הַצְפַרְדְּעִים מִמְּךָ וּמִבָּתֶּיךָ וּמֵעֲבָדֶיךָ וּמֵעַמֶּךָ רַק

8 בַּיְאֹר תִּשָּׁאַרְנָה: וַיֵּצֵא מֹשֶׁה וְאַהֲרֹן מֵעִם פַּרְעֹה וַיִּצְעַק מֹשֶׁה

9 אֶל־יְהוָה עַל־דְּבַר הַצְפַרְדְּעִים אֲשֶׁר־שָׂם לְפַרְעֹה: וַיַּעַשׂ יְהוָה

כִּדְבַר מֹשֶׁה וַיָּמֻתוּ הַצְפַרְדְּעִים מִן־הַבָּתִּים מִן־הַחֲצֵרֹת וּמִן־הַשָּׂדֹת:

10 וַיִּצְבְּרוּ אֹתָם חֳמָרִם חֳמָרִם וַתִּבְאַשׁ הָאָרֶץ: וַיַּרְא פַּרְעֹה כִּי הָיְתָה
11 הָרְוָחָה וְהַכְבֵּד אֶת־לִבּוֹ וְלֹא שָׁמַע אֲלֵהֶם כַּאֲשֶׁר דִּבֶּר

12 יְהוָה: וַיֹּאמֶר יְהוָה אֶל־מֹשֶׁה אֱמֹר אֶל־אַהֲרֹן נְטֵה

אֶת־מַטְּךָ וְהַךְ אֶת־עֲפַר הָאָרֶץ וְהָיָה לְכִנִּם בְּכָל־אֶרֶץ מִצְרָיִם:

13 וַיַּעֲשׂוּ־כֵן וַיֵּט אַהֲרֹן אֶת־יָדוֹ בְמַטֵּהוּ וַיַּךְ אֶת־עֲפַר הָאָרֶץ וַתְּהִי

הַכִּנָּם בָּאָדָם וּבַבְּהֵמָה כָּל־עֲפַר הָאָרֶץ הָיָה כִנִּים בְּכָל־אֶרֶץ

14 מִצְרָיִם: וַיַּעֲשׂוּ־כֵן הַחַרְטֻמִּים בְּלָטֵיהֶם לְהוֹצִיא אֶת־הַכִּנִּים וְלֹא

15 יָכֹלוּ וַתְּהִי הַכִּנָּם בָּאָדָם וּבַבְּהֵמָה: וַיֹּאמְרוּ הַחַרְטֻמִּים אֶל־פַּרְעֹה

אֶצְבַּע אֱלֹהִים הִוא וַיֶּחֱזַק לֵב־פַּרְעֹה וְלֹא־שָׁמַע אֲלֵהֶם כַּאֲשֶׁר דִּבֶּר

16 יְהוָה: וַיֹּאמֶר יְהוָה אֶל־מֹשֶׁה הַשְׁכֵּם בַּבֹּקֶר וְהִתְיַצֵּב

לִפְנֵי פַרְעֹה הִנֵּה יוֹצֵא הַמָּיְמָה וְאָמַרְתָּ אֵלָיו כֹּה אָמַר יְהוָה שַׁלַּח

17 עַמִּי וְיַעַבְדֻנִי: כִּי אִם־אֵינְךָ מְשַׁלֵּחַ אֶת־עַמִּי הִנְנִי מַשְׁלִיחַ בְּךָ

וּבַעֲבָדֶיךָ וּבְעַמְּךָ וּבְבָתֶּיךָ אֶת־הֶעָרֹב וּמָלְאוּ בָּתֵּי מִצְרַיִם אֶת־הֶעָרֹב

18 וְגַם הָאֲדָמָה אֲשֶׁר־הֵם עָלֶיהָ: וְהִפְלֵיתִי בַיּוֹם הַהוּא אֶת־אֶרֶץ גֹּשֶׁן

אֲשֶׁר עַמִּי עֹמֵד עָלֶיהָ לְבִלְתִּי הֱיוֹת־שָׁם עָרֹב לְמַעַן תֵּדַע כִּי אֲנִי

19 יְהוָה בְּקֶרֶב הָאָרֶץ: וְשַׂמְתִּי פְדֻת בֵּין עַמִּי וּבֵין עַמֶּךָ לְמָחָר יִהְיֶה

20 הָאֹת הַזֶּה: וַיַּעַשׂ יְהוָה כֵּן וַיָּבֹא עָרֹב כָּבֵד בֵּיתָה פַרְעֹה וּבֵית

21 עֲבָדָיו וּבְכָל־אֶרֶץ מִצְרַיִם תִּשָּׁחֵת הָאָרֶץ מִפְּנֵי הֶעָרֹב: וַיִּקְרָא פַרְעֹה

22 אֶל־מֹשֶׁה וּלְאַהֲרֹן וַיֹּאמֶר לְכוּ זִבְחוּ לֵאלֹהֵיכֶם בָּאָרֶץ: וַיֹּאמֶר מֹשֶׁה

לֹא נָכוֹן לַעֲשׂוֹת כֵּן כִּי תּוֹעֲבַת מִצְרַיִם נִזְבַּח לַיהוָה אֱלֹהֵינוּ הֵן

23 נִזְבַּח אֶת־תּוֹעֲבַת מִצְרַיִם לְעֵינֵיהֶם וְלֹא יִסְקְלֻנוּ: דֶּרֶךְ שְׁלֹשֶׁת יָמִים

24 נֵלֵךְ בַּמִּדְבָּר וְזָבַחְנוּ לַיהוָה אֱלֹהֵינוּ כַּאֲשֶׁר יֹאמַר אֵלֵינוּ: וַיֹּאמֶר

פַּרְעֹה אָנֹכִי אֲשַׁלַּח אֶתְכֶם וּזְבַחְתֶּם לַיהוָה אֱלֹהֵיכֶם בַּמִּדְבָּר רַק

25 הַרְחֵק לֹא־תַרְחִיקוּ לָלֶכֶת הַעְתִּירוּ בַּעֲדִי: וַיֹּאמֶר מֹשֶׁה הִנֵּה אָנֹכִי

יוֹצֵא מֵעִמָּךְ וְהַעְתַּרְתִּי אֶל־יְהוָה וְסָר הֶעָרֹב מִפַּרְעֹה מֵעֲבָדָיו

the swarms *of flies* may depart from Pharaoh, from his servants, and from his people, to morrow: but let not Pharaoh deal deceitfully any more in not letting the people go to sacrifice to the LORD.

30[26] And Moses went out from Pharaoh, and intreated the LORD.

31[27] And the LORD did according to the word of Moses; and he removed the swarms *of flies* from Pharaoh, from his servants, and from his people; there remained not one.

32[28] And Pharaoh hardened his heart at this time also, neither would he let the people go.

CHAPTER 9

1 Then the LORD said unto Moses, Go in unto Pharaoh, and tell him, Thus saith the LORD God of the Hebrews, Let my people go, that they may serve me.

2 For if thou refuse to let *them* go, and wilt hold them still,

3 Behold, the hand of the LORD is upon thy cattle which *is* in the field, upon the horses, upon the asses, upon the camels, upon the oxen, and upon the sheep: *there shall be* a very grievous murrain.

4 And the LORD shall sever between the cattle of Israel and the cattle of Egypt: and there shall nothing die of all *that is* the children's of Israel.

5 And the LORD appointed a set time, saying, To morrow the LORD shall do this thing in the land.

6 And the LORD did that thing on the morrow, and all the cattle of Egypt died: but of the cattle of the children of Israel died not one.

7 And Pharaoh sent, and, behold, there was not one of the cattle of the Israelites dead. And the heart of Pharaoh was hardened, and he did not let the people go.

8 ¶ And the LORD said unto Moses and unto Aaron, Take to you handfuls of ashes of the furnace, and let Moses sprinkle it toward the heaven in the sight of Pharaoh.

9 And it shall become small dust in all the land of Egypt, and shall be a boil breaking forth *with* blains upon man, and upon beast, throughout all the land of Egypt.

10 And they took ashes of the furnace, and stood before Pharaoh; and Moses sprinkled it up toward heaven; and it became a boil breaking forth *with* blains upon man, and upon beast.

11 And the magicians could not stand before Moses because of the boils; for the boil was upon the magicians, and upon all the Egyptians.

12 And the LORD hardened the heart of Pharaoh, and he hearkened not unto them; as the LORD had spoken unto Moses.

13 ¶ And the LORD said unto Moses, Rise up early in the morning, and stand before Pharaoh, and say unto him, Thus saith the LORD God of the Hebrews, Let my people go, that they may serve me.

14 For I will at this time send all my plagues upon thine heart, and upon thy servants, and upon thy people; that thou mayest know that *there is* none like me in all the earth.

15 For now I will stretch out my hand, that I may smite thee and thy people with pestilence; and thou shalt be cut off from the earth.

16 And in very deed for this *cause* have I raised thee up, for to shew *in* thee my power; and that my name may be declared throughout all the earth.

17 As yet exaltest thou thyself against my people, that thou wilt not let them go?

18 Behold, to morrow about this time I will cause it to rain a very grievous hail, such as hath not been in Egypt since the foundation thereof even until now.

19 Send therefore now, *and* gather thy cattle, and all that thou hast in the field; *for upon* every man and beast which shall be found in the field, and shall not be brought home, the hail shall come down upon them, and they shall die.

20 He that feared the word of the LORD among the servants of Pharaoh made his servants and his cattle flee into the houses:

21 And he that regarded not the word

וּמַעְמוֹ מָחָר רַק אֶל־יֹסֵף פַּרְעֹה הָתֵל לְבִלְתִּי שַׁלַּח אֶת־הָעָם

26
27 לִזְבֹּחַ לַיהוָה: וַיֵּצֵא מֹשֶׁה מֵעִם פַּרְעֹה וַיֶּעְתַּר אֶל־יְהוָה: וַיַּעַשׂ יְהוָה כִּדְבַר מֹשֶׁה וַיָּסַר הֶעָרֹב מִפַּרְעֹה מֵעֲבָדָיו וּמֵעַמּוֹ לֹא נִשְׁאַר

28 אֶחָד: וַיַּכְבֵּד פַּרְעֹה אֶת־לִבּוֹ גַּם בַּפַּעַם הַזֹּאת וְלֹא שִׁלַּח אֶת־הָעָם:

9 1 וַיֹּאמֶר יְהוָה אֶל־מֹשֶׁה בֹּא אֶל־פַּרְעֹה וְדִבַּרְתָּ אֵלָיו כֹּה־אָמַר יְהוָה

2 אֱלֹהֵי הָעִבְרִים שַׁלַּח אֶת־עַמִּי וְיַעַבְדֻנִי: כִּי אִם־מָאֵן אַתָּה לְשַׁלֵּחַ

3 וְעוֹדְךָ מַחֲזִיק בָּם: הִנֵּה יַד־יְהוָה הוֹיָה בְּמִקְנְךָ אֲשֶׁר בַּשָּׂדֶה

4 בַּסּוּסִים בַּחֲמֹרִים בַּגְּמַלִּים בַּבָּקָר וּבַצֹּאן דֶּבֶר כָּבֵד מְאֹד: וְהִפְלָה יְהוָה בֵּין מִקְנֵה יִשְׂרָאֵל וּבֵין מִקְנֵה מִצְרָיִם וְלֹא יָמוּת מִכָּל־לִבְנֵי

5 יִשְׂרָאֵל דָּבָר: וַיָּשֶׂם יְהוָה מוֹעֵד לֵאמֹר מָחָר יַעֲשֶׂה יְהוָה הַדָּבָר

6 הַזֶּה בָּאָרֶץ: וַיַּעַשׂ יְהוָה אֶת־הַדָּבָר הַזֶּה מִמָּחֳרָת וַיָּמָת כֹּל מִקְנֵה

7 מִצְרָיִם וּמִמִּקְנֵה בְנֵי־יִשְׂרָאֵל לֹא־מֵת אֶחָד: וַיִּשְׁלַח פַּרְעֹה וְהִנֵּה לֹא־מֵת מִמִּקְנֵה יִשְׂרָאֵל עַד־אֶחָד וַיִּכְבַּד לֵב פַּרְעֹה וְלֹא שִׁלַּח אֶת־הָעָם:

8 וַיֹּאמֶר יְהוָה אֶל־מֹשֶׁה וְאֶל־אַהֲרֹן קְחוּ לָכֶם מְלֹא חָפְנֵיכֶם פִּיחַ

9 כִּבְשָׁן וּזְרָקוֹ מֹשֶׁה הַשָּׁמַיְמָה לְעֵינֵי פַרְעֹה: וְהָיָה לְאָבָק עַל כָּל־אֶרֶץ מִצְרָיִם וְהָיָה עַל־הָאָדָם וְעַל־הַבְּהֵמָה לִשְׁחִין פֹּרֵחַ אֲבַעְבֻּעֹת

10 בְּכָל־אֶרֶץ מִצְרָיִם: וַיִּקְחוּ אֶת־פִּיחַ הַכִּבְשָׁן וַיַּעַמְדוּ לִפְנֵי פַרְעֹה וַיִּזְרֹק אֹתוֹ מֹשֶׁה הַשָּׁמַיְמָה וַיְהִי שְׁחִין אֲבַעְבֻּעֹת פֹּרֵחַ בָּאָדָם

11A 11 וּבַבְּהֵמָה: וְלֹא־יָכְלוּ הַחַרְטֻמִּים לַעֲמֹד לִפְנֵי מֹשֶׁה מִפְּנֵי הַשְּׁחִין

12 כִּי־הָיָה הַשְּׁחִין בַּחַרְטֻמִּם וּבְכָל־מִצְרָיִם: וַיְחַזֵּק יְהוָה אֶת־לֵב פַּרְעֹה

13 וְלֹא שָׁמַע אֲלֵהֶם כַּאֲשֶׁר דִּבֶּר יְהוָה אֶל־מֹשֶׁה: וַיֹּאמֶר יְהוָה אֶל־מֹשֶׁה הַשְׁכֵּם בַּבֹּקֶר וְהִתְיַצֵּב לִפְנֵי פַרְעֹה וְאָמַרְתָּ אֵלָיו

14 כֹּה־אָמַר יְהוָה אֱלֹהֵי הָעִבְרִים שַׁלַּח אֶת־עַמִּי וְיַעַבְדֻנִי: כִּי בַּפַּעַם הַזֹּאת אֲנִי שֹׁלֵחַ אֶת־כָּל־מַגֵּפֹתַי אֶל־לִבְּךָ וּבַעֲבָדֶיךָ וּבְעַמֶּךָ בַּעֲבוּר

15 תֵּדַע כִּי אֵין כָּמֹנִי בְּכָל־הָאָרֶץ: כִּי עַתָּה שָׁלַחְתִּי אֶת־יָדִי וָאַךְ

16 אוֹתְךָ וְאֶת־עַמְּךָ בַּדָּבֶר וַתִּכָּחֵד מִן־הָאָרֶץ: וְאוּלָם בַּעֲבוּר זֹאת הֶעֱמַדְתִּיךָ בַּעֲבוּר הַרְאֹתְךָ אֶת־כֹּחִי וּלְמַעַן סַפֵּר שְׁמִי בְּכָל־הָאָרֶץ:

17
18 עוֹדְךָ מִסְתּוֹלֵל בְּעַמִּי לְבִלְתִּי שַׁלְּחָם: הִנְנִי מַמְטִיר כָּעֵת מָחָר בָּרָד כָּבֵד מְאֹד אֲשֶׁר לֹא־הָיָה כָמֹהוּ בְּמִצְרַיִם לְמִן־הַיּוֹם הִוָּסְדָה

19 וְעַד־עָתָּה: וְעַתָּה שְׁלַח הָעֵז אֶת־מִקְנְךָ וְאֵת כָּל־אֲשֶׁר לְךָ בַּשָּׂדֶה כָּל־הָאָדָם וְהַבְּהֵמָה אֲשֶׁר־יִמָּצֵא בַשָּׂדֶה וְלֹא יֵאָסֵף הַבַּיְתָה וְיָרַד

20 עֲלֵהֶם הַבָּרָד וָמֵתוּ: הַיָּרֵא אֶת־דְּבַר יְהוָה מֵעַבְדֵי פַּרְעֹה הֵנִיס

21 אֶת־עֲבָדָיו וְאֶת־מִקְנֵהוּ אֶל־הַבָּתִּים: וַאֲשֶׁר לֹא־שָׂם לִבּוֹ אֶל־דְּבַר

of the Lord left his servants and his cattle in the field.

22 ¶ And the Lord said unto Moses, Stretch forth thine hand toward heaven, that there may be hail in all the land of Egypt, upon man, and upon beast, and upon every herb of the field, throughout the land of Egypt.

23 And Moses stretched forth his rod toward heaven: and the Lord sent thunder and hail, and the fire ran along upon the ground; and the Lord rained hail upon the land of Egypt.

24 So there was hail, and fire mingled with the hail, very grievous, such as there was none like it in all the land of Egypt since it became a nation.

25 And the hail smote throughout all the land of Egypt all that *was* in the field, both man and beast; and the hail smote every herb of the field, and brake every tree of the field.

26 Only in the land of Goshen, where the children of Israel *were*, was there no hail.

27 ¶ And Pharaoh sent, and called for Moses and Aaron, and said unto them, I have sinned this time: the Lord *is* righteous, and I and my people *are* wicked.

28 Intreat the Lord (for *it is* enough) that there be no *more* mighty thunderings and hail; and I will let you go, and ye shall stay no longer.

29 And Moses said unto him, As soon as I am gone out of the city, I will spread abroad my hands unto the Lord; *and* the thunder shall cease, neither shall there be any more hail; that thou mayest know how that the earth *is* the Lord's.

30 But as for thee and thy servants, I know that ye will not yet fear the Lord God.

31 And the flax and the barley was smitten: for the barley *was* in the ear, and the flax *was* bolled.

32 But the wheat and the rie were not smitten: for they *were* not grown up.

33 And Moses went out of the city from Pharaoh, and spread abroad his hands unto the Lord: and the thunders and hail ceased, and the rain was not poured upon the earth.

34 And when Pharaoh saw that the rain and the hail and the thunders were ceased, he sinned yet more, and hardened his heart, he and his servants.

35 And the heart of Pharaoh was hardened, neither would he let the children of Israel go; as the Lord had spoken by Moses.

CHAPTER 10

1 And the Lord said unto Moses, Go in unto Pharaoh: for I have hardened his heart, and the heart of his servants, that I might shew these my signs before him:

2 And that thou mayest tell in the ears of thy son, and of thy son's son, what things I have wrought in Egypt, and my signs which I have done among them; that ye may know how that I *am* the Lord.

3 And Moses and Aaron came in unto Pharaoh, and said unto him, Thus saith the Lord God of the Hebrews, How long wilt thou refuse to humble thyself before me? let my people go, that they may serve me.

4 Else, if thou refuse to let my people go, behold, to morrow will I bring the locusts into thy coast:

5 And they shall cover the face of the earth, that one cannot be able to see the earth: and they shall eat the residue of that which is escaped, which remaineth unto you from the hail, and shall eat every tree which groweth for you out of the field:

6 And they shall fill thy houses, and the houses of all thy servants, and the houses of all the Egyptians; which neither thy fathers, nor thy fathers' fathers have seen, since the day that they were upon the earth unto this day. And he turned himself, and went out from Pharaoh.

7 And Pharaoh's servants said unto him, How long shall this man be a snare unto us? let the men go, that they may serve the Lord their God: knowest thou not yet that Egypt is destroyed?

8 And Moses and Aaron were brought again unto Pharaoh: and he said unto

יְהֹוָה וַיַּעֲזֹב אֶת־עֲבָדָיו וְאֶת־מִקְנֵהוּ בַּשָּׂדֶה:

22A 22 וַיֹּאמֶר יְהֹוָה אֶל־מֹשֶׁה נְטֵה אֶת־יָדְךָ עַל־הַשָּׁמַיִם וִיהִי בָרָד בְּכָל־אֶרֶץ מִצְרָיִם עַל־הָאָדָם וְעַל־הַבְּהֵמָה וְעַל כָּל־עֵשֶׂב הַשָּׂדֶה בְּאֶרֶץ מִצְרָיִם:

23 וַיֵּט מֹשֶׁה אֶת־מַטֵּהוּ עַל־הַשָּׁמַיִם וַיהֹוָה נָתַן קֹלֹת וּבָרָד וַתִּהֲלַךְ אֵשׁ אָרְצָה וַיַּמְטֵר יְהֹוָה בָּרָד עַל־אֶרֶץ מִצְרָיִם:

24 וַיְהִי בָרָד וְאֵשׁ מִתְלַקַּחַת בְּתוֹךְ הַבָּרָד כָּבֵד מְאֹד אֲשֶׁר לֹא־הָיָה כָמֹהוּ בְּכָל־אֶרֶץ מִצְרַיִם מֵאָז הָיְתָה לְגוֹי:

25 וַיַּךְ הַבָּרָד בְּכָל־אֶרֶץ מִצְרַיִם אֵת כָּל־אֲשֶׁר בַּשָּׂדֶה מֵאָדָם וְעַד־בְּהֵמָה וְאֵת כָּל־עֵשֶׂב הַשָּׂדֶה הִכָּה הַבָּרָד וְאֶת־כָּל־עֵץ הַשָּׂדֶה שִׁבֵּר:

26 רַק בְּאֶרֶץ גֹּשֶׁן אֲשֶׁר־שָׁם בְּנֵי יִשְׂרָאֵל לֹא הָיָה בָּרָד:

27 וַיִּשְׁלַח פַּרְעֹה וַיִּקְרָא לְמֹשֶׁה וּלְאַהֲרֹן וַיֹּאמֶר אֲלֵהֶם חָטָאתִי הַפָּעַם יְהֹוָה הַצַּדִּיק וַאֲנִי וְעַמִּי הָרְשָׁעִים:

28 הַעְתִּירוּ אֶל־יְהֹוָה וְרַב מִהְיֹת קֹלֹת אֱלֹהִים וּבָרָד וַאֲשַׁלְּחָה אֶתְכֶם וְלֹא תֹסִפוּן לַעֲמֹד:

29 וַיֹּאמֶר אֵלָיו מֹשֶׁה כְּצֵאתִי אֶת־הָעִיר אֶפְרֹשׂ אֶת־כַּפַּי אֶל־יְהֹוָה הַקֹּלוֹת יֶחְדָּלוּן וְהַבָּרָד לֹא יִהְיֶה־עוֹד לְמַעַן תֵּדַע כִּי לַיהֹוָה הָאָרֶץ:

30 וְאַתָּה וַעֲבָדֶיךָ יָדַעְתִּי כִּי טֶרֶם תִּירְאוּן מִפְּנֵי יְהֹוָה אֱלֹהִים:

31 וְהַפִּשְׁתָּה וְהַשְּׂעֹרָה נֻכָּתָה כִּי הַשְּׂעֹרָה אָבִיב וְהַפִּשְׁתָּה גִּבְעֹל:

32 וְהַחִטָּה וְהַכֻּסֶּמֶת לֹא נֻכּוּ כִּי אֲפִילֹת הֵנָּה:

מפטיר 33 וַיֵּצֵא מֹשֶׁה מֵעִם פַּרְעֹה אֶת־הָעִיר וַיִּפְרֹשׂ כַּפָּיו אֶל־יְהֹוָה וַיַּחְדְּלוּ הַקֹּלוֹת וְהַבָּרָד וּמָטָר לֹא־נִתַּךְ אָרְצָה:

34 וַיַּרְא פַּרְעֹה כִּי־חָדַל הַמָּטָר וְהַבָּרָד וְהַקֹּלֹת וַיֹּסֶף לַחֲטֹא וַיַּכְבֵּד לִבּוֹ הוּא וַעֲבָדָיו:

35 וַיֶּחֱזַק לֵב פַּרְעֹה וְלֹא שִׁלַּח אֶת־בְּנֵי יִשְׂרָאֵל כַּאֲשֶׁר דִּבֶּר יְהֹוָה בְּיַד־מֹשֶׁה:

בא 10 1 וַיֹּאמֶר יְהֹוָה אֶל־מֹשֶׁה בֹּא אֶל־פַּרְעֹה כִּי־אֲנִי הִכְבַּדְתִּי אֶת־לִבּוֹ וְאֶת־לֵב עֲבָדָיו לְמַעַן שִׁתִי אֹתֹתַי אֵלֶּה בְּקִרְבּוֹ:

2 וּלְמַעַן תְּסַפֵּר בְּאָזְנֵי בִנְךָ וּבֶן־בִּנְךָ אֵת אֲשֶׁר הִתְעַלַּלְתִּי בְּמִצְרַיִם וְאֶת־אֹתֹתַי אֲשֶׁר־שַׂמְתִּי בָם וִידַעְתֶּם כִּי־אֲנִי יְהֹוָה:

3 וַיָּבֹא מֹשֶׁה וְאַהֲרֹן אֶל־פַּרְעֹה וַיֹּאמְרוּ אֵלָיו כֹּה־אָמַר יְהֹוָה אֱלֹהֵי הָעִבְרִים עַד־מָתַי מֵאַנְתָּ לֵעָנֹת מִפָּנָי שַׁלַּח עַמִּי וְיַעַבְדֻנִי:

4 כִּי אִם־מָאֵן אַתָּה לְשַׁלֵּחַ אֶת־עַמִּי הִנְנִי מֵבִיא מָחָר אַרְבֶּה בִּגְבֻלֶךָ:

5 וְכִסָּה אֶת־עֵין הָאָרֶץ וְלֹא יוּכַל לִרְאֹת אֶת־הָאָרֶץ וְאָכַל אֶת־יֶתֶר הַפְּלֵטָה הַנִּשְׁאֶרֶת לָכֶם מִן־הַבָּרָד וְאָכַל אֶת־כָּל־הָעֵץ הַצֹּמֵחַ לָכֶם מִן־הַשָּׂדֶה:

6 וּמָלְאוּ בָתֶּיךָ וּבָתֵּי כָל־עֲבָדֶיךָ וּבָתֵּי כָל־מִצְרַיִם אֲשֶׁר לֹא־רָאוּ אֲבֹתֶיךָ וַאֲבוֹת אֲבֹתֶיךָ מִיּוֹם הֱיוֹתָם עַל־הָאֲדָמָה עַד הַיּוֹם הַזֶּה וַיִּפֶן וַיֵּצֵא מֵעִם פַּרְעֹה:

7 וַיֹּאמְרוּ עַבְדֵי פַרְעֹה אֵלָיו עַד־מָתַי יִהְיֶה זֶה לָנוּ לְמוֹקֵשׁ שַׁלַּח אֶת־הָאֲנָשִׁים וְיַעַבְדוּ אֶת־יְהֹוָה אֱלֹהֵיהֶם הֲטֶרֶם תֵּדַע כִּי אָבְדָה מִצְרָיִם:

8 וַיּוּשַׁב אֶת־מֹשֶׁה וְאֶת־אַהֲרֹן אֶל־פַּרְעֹה וַיֹּאמֶר

them, Go, serve the LORD your God: *but* who *are* they that shall go?

9 And Moses said, We will go with our young and with our old, with our sons and with our daughters, with our flocks and with our herds will we go; for we *must hold* a feast unto the LORD.

10 And he said unto them, Let the LORD be so with you, as I will let you go, and your little ones: look *to it;* for evil *is* before you.

11 Not so: go now ye *that are* men, and serve the LORD; for that ye did desire. And they were driven out from Pharaoh's presence.

12 ¶ And the LORD said unto Moses, Stretch out thine hand over the land of Egypt for the locusts, that they may come up upon the land of Egypt, and eat every herb of the land, *even* all that the hail hath left.

13 And Moses stretched forth his rod over the land of Egypt, and the LORD brought an east wind upon the land all that day, and all *that* night; *and* when it was morning, the east wind brought the locusts.

14 And the locusts went up over all the land of Egypt, and rested in all the coasts of Egypt: very grievous *were they;* before them there were no such locusts as they, neither after them shall be such.

15 For they covered the face of the whole earth, so that the land was darkened; and they did eat every herb of the land, and all the fruit of the trees which the hail had left: and there remained not any green thing in the trees, or in the herbs of the field, through all the land of Egypt.

16 ¶ Then Pharaoh called for Moses and Aaron in haste; and he said, I have sinned against the LORD your God, and against you.

17 Now therefore forgive, I pray thee, my sin only this once, and intreat the LORD your God, that he may take away from me this death only.

18 And he went out from Pharaoh, and intreated the LORD.

19 And the LORD turned a mighty strong west wind, which took away the locusts, and cast them into the Red sea; there remained not one locust in all the coasts of Egypt.

20 But the LORD hardened Pharaoh's heart, so that he would not let the children of Israel go.

21 ¶ And the LORD said unto Moses, Stretch out thine hand toward heaven, that there may be darkness over the land of Egypt, even darkness *which* may be felt.

22 And Moses stretched forth his hand toward heaven; and there was a thick darkness in all the land of Egypt three days:

23 They saw not one another, neither rose any from his place for three days: but all the children of Israel had light in their dwellings.

24 ¶ And Pharaoh called unto Moses, and said, Go ye, serve the LORD; only let your flocks and your herds be stayed: let your little ones also go with you.

25 And Moses said, Thou must give us also sacrifices and burnt offerings, that we may sacrifice unto the LORD our God.

26 Our cattle also shall go with us; there shall not an hoof be left behind; for thereof must we take to serve the LORD our God; and we know not with what we must serve the LORD, until we come thither.

27 ¶ But the LORD hardened Pharaoh's heart, and he would not let them go.

28 And Pharaoh said unto him, Get thee from me, take heed to thyself, see my face no more; for in *that* day thou seest my face thou shalt die.

29 And Moses said, Thou hast spoken well, I will see thy face again no more.

CHAPTER 11

1 And the LORD said unto Moses, Yet will I bring one plague *more* upon Pha-

9 אֲלֵהֶם לְכוּ עִבְדוּ אֶת־יְהֹוָה אֱלֹהֵיכֶם מִי וָמִי הַהֹלְכִים: וַיֹּאמֶר
מֹשֶׁה בִּנְעָרֵינוּ וּבִזְקֵנֵינוּ נֵלֵךְ בְּבָנֵינוּ וּבִבְנוֹתֵנוּ בְּצֹאנֵנוּ וּבִבְקָרֵנוּ
10 נֵלֵךְ כִּי חַג־יְהֹוָה לָנוּ: וַיֹּאמֶר אֲלֵהֶם יְהִי כֵן יְהֹוָה עִמָּכֶם כַּאֲשֶׁר
11 אֲשַׁלַּח אֶתְכֶם וְאֶת־טַפְּכֶם רְאוּ כִּי רָעָה נֶגֶד פְּנֵיכֶם: לֹא כֵן
לְכוּ־נָא הַגְּבָרִים וְעִבְדוּ אֶת־יְהֹוָה כִּי אֹתָהּ אַתֶּם מְבַקְשִׁים וַיְגָרֶשׁ
12 אֹתָם מֵאֵת פְּנֵי פַרְעֹה: וַיֹּאמֶר יְהֹוָה אֶל־מֹשֶׁה נְטֵה
יָדְךָ עַל־אֶרֶץ מִצְרַיִם בָּאַרְבֶּה וְיַעַל עַל־אֶרֶץ מִצְרָיִם וְיֹאכַל
13 אֶת־כָּל־עֵשֶׂב הָאָרֶץ אֵת כָּל־אֲשֶׁר הִשְׁאִיר הַבָּרָד: וַיֵּט מֹשֶׁה
אֶת־מַטֵּהוּ עַל־אֶרֶץ מִצְרַיִם וַיהֹוָה נִהַג רוּחַ־קָדִים בָּאָרֶץ כָּל־הַיּוֹם
הַהוּא וְכָל־הַלָּיְלָה הַבֹּקֶר הָיָה וְרוּחַ הַקָּדִים נָשָׂא אֶת־הָאַרְבֶּה:
14 וַיַּעַל הָאַרְבֶּה עַל כָּל־אֶרֶץ מִצְרַיִם וַיָּנַח בְּכֹל גְּבוּל מִצְרָיִם כָּבֵד
15 מְאֹד לְפָנָיו לֹא־הָיָה כֵן אַרְבֶּה כָּמֹהוּ וְאַחֲרָיו לֹא יִהְיֶה־כֵּן: וַיְכַס
אֶת־עֵין כָּל־הָאָרֶץ וַתֶּחְשַׁךְ הָאָרֶץ וַיֹּאכַל אֶת־כָּל־עֵשֶׂב הָאָרֶץ וְאֵת
כָּל־פְּרִי הָעֵץ אֲשֶׁר הוֹתִיר הַבָּרָד וְלֹא־נוֹתַר כָּל־יֶרֶק בָּעֵץ וּבְעֵשֶׂב
16 הַשָּׂדֶה בְּכָל־אֶרֶץ מִצְרָיִם: וַיְמַהֵר פַּרְעֹה לִקְרֹא לְמֹשֶׁה וּלְאַהֲרֹן
17 וַיֹּאמֶר חָטָאתִי לַיהֹוָה אֱלֹהֵיכֶם וְלָכֶם: וְעַתָּה שָׂא נָא חַטָּאתִי אַךְ
הַפַּעַם וְהַעְתִּירוּ לַיהֹוָה אֱלֹהֵיכֶם וְיָסֵר מֵעָלַי רַק אֶת־הַמָּוֶת הַזֶּה:
18 וַיֵּצֵא מֵעִם פַּרְעֹה וַיֶּעְתַּר אֶל־יְהֹוָה: וַיַּהֲפֹךְ יְהֹוָה רוּחַ־יָם חָזָק
19 מְאֹד וַיִּשָּׂא אֶת־הָאַרְבֶּה וַיִּתְקָעֵהוּ יָמָּה סּוּף לֹא נִשְׁאַר אַרְבֶּה
20 אֶחָד בְּכֹל גְּבוּל מִצְרָיִם: וַיְחַזֵּק יְהֹוָה אֶת־לֵב פַּרְעֹה וְלֹא שִׁלַּח
אֶת־בְּנֵי יִשְׂרָאֵל:
21 וַיֹּאמֶר יְהֹוָה אֶל־מֹשֶׁה נְטֵה יָדְךָ עַל־הַשָּׁמַיִם וִיהִי חֹשֶׁךְ עַל־אֶרֶץ
22 מִצְרָיִם וְיָמֵשׁ חֹשֶׁךְ: וַיֵּט מֹשֶׁה אֶת־יָדוֹ עַל־הַשָּׁמָיִם וַיְהִי
23 חֹשֶׁךְ־אֲפֵלָה בְּכָל־אֶרֶץ מִצְרַיִם שְׁלֹשֶׁת יָמִים: לֹא־רָאוּ אִישׁ
אֶת־אָחִיו וְלֹא־קָמוּ אִישׁ מִתַּחְתָּיו שְׁלֹשֶׁת יָמִים וּלְכָל־בְּנֵי יִשְׂרָאֵל
24 הָיָה אוֹר בְּמוֹשְׁבֹתָם: וַיִּקְרָא פַרְעֹה אֶל־מֹשֶׁה וַיֹּאמֶר לְכוּ עִבְדוּ
25 אֶת־יְהֹוָה רַק צֹאנְכֶם וּבְקַרְכֶם יֻצָּג גַּם־טַפְּכֶם יֵלֵךְ עִמָּכֶם: וַיֹּאמֶר
מֹשֶׁה גַּם־אַתָּה תִּתֵּן בְּיָדֵנוּ זְבָחִים וְעֹלֹת וְעָשִׂינוּ לַיהֹוָה אֱלֹהֵינוּ:
26 וְגַם־מִקְנֵנוּ יֵלֵךְ עִמָּנוּ לֹא תִשָּׁאֵר פַּרְסָה כִּי מִמֶּנּוּ נִקַּח לַעֲבֹד
אֶת־יְהֹוָה אֱלֹהֵינוּ וַאֲנַחְנוּ לֹא־נֵדַע מַה־נַּעֲבֹד אֶת־יְהֹוָה עַד־בֹּאֵנוּ
27 שָׁמָּה: וַיְחַזֵּק יְהֹוָה אֶת־לֵב פַּרְעֹה וְלֹא אָבָה לְשַׁלְּחָם: וַיֹּאמֶר־לוֹ
28 פַרְעֹה לֵךְ מֵעָלָי הִשָּׁמֶר לְךָ אַל־תֹּסֶף רְאוֹת פָּנַי כִּי בְּיוֹם רְאֹתְךָ
29 פָנַי תָּמוּת: וַיֹּאמֶר מֹשֶׁה כֵּן דִּבַּרְתָּ לֹא־אֹסִף עוֹד רְאוֹת
פָּנֶיךָ:
11 1 וַיֹּאמֶר יְהֹוָה אֶל־מֹשֶׁה עוֹד נֶגַע אֶחָד אָבִיא עַל־פַּרְעֹה וְעַל־מִצְרַיִם

שני (12)
שלישי (24A)
(28A)

raoh, and upon Egypt; afterwards he will let you go hence: when he shall let *you* go, he shall surely thrust you out hence altogether.

2 Speak now in the ears of the people, and let every man borrow of his neighbour, and every woman of her neighbour, jewels of silver, and jewels of gold.

3 And the LORD gave the people favour in the sight of the Egyptians. Moreover the man Moses *was* very great in the land of Egypt, in the sight of Pharaoh's servants, and in the sight of the people.

4 And Moses said, Thus saith the LORD, About midnight will I go out into the midst of Egypt:

5 And all the firstborn in the land of Egypt shall die, from the firstborn of Pharaoh that sitteth upon his throne, even unto the firstborn of the maidservant that *is* behind the mill; and all the firstborn of beasts.

6 And there shall be a great cry throughout all the land of Egypt, such as there was none like it, nor shall be like it any more.

7 But against any of the children of Israel shall not a dog move his tongue, against man or beast: that ye may know how that the LORD doth put a difference between the Egyptians and Israel.

8 And all these thy servants shall come down unto me, and bow down themselves unto me, saying, Get thee out, and all the people that follow thee: and after that I will go out. And he went out from Pharaoh in a great anger.

9 And the LORD said unto Moses, Pharaoh shall not hearken unto you; that my wonders may be multiplied in the land of Egypt.

10 And Moses and Aaron did all these wonders before Pharaoh: and the LORD hardened Pharaoh's heart, so that he would not let the children of Israel go out of his land.

CHAPTER 12

1 And the LORD spake unto Moses and Aaron in the land of Egypt, saying,

2 This month *shall be* unto you the be-

ginning of months: it *shall be* the first month of the year to you.

3 ¶ Speak ye unto all the congregation of Israel, saying, In the tenth *day* of this month they shall take to them every man a lamb, according to the house of *their* fathers, a lamb for an house:

4 And if the household be too little for the lamb, let him and his neighbour next unto his house take *it* according to the number of the souls; every man according to his eating shall make your count for the lamb.

5 Your lamb shall be without blemish, a male of the first year: ye shall take *it* out from the sheep, or from the goats:

6 And ye shall keep it up until the fourteenth day of the same month: and the whole assembly of the congregation of Israel shall kill it in the evening.

7 And they shall take of the blood, and strike *it* on the two side posts and on the upper door post of the houses, wherein they shall eat it.

8 And they shall eat the flesh in that night, roast with fire, and unleavened bread; *and* with bitter *herbs* they shall eat it.

9 Eat not of it raw, nor sodden at all with water, but roast *with* fire; his head with his legs, and with the purtenance thereof.

10 And ye shall let nothing of it remain until the morning; and that which remaineth of it until the morning ye shall burn with fire.

11 ¶ And thus shall ye eat it; *with* your loins girded, your shoes on your feet, and your staff in your hand; and ye shall eat it in haste: it *is* the LORD's passover.

12 For I will pass through the land of Egypt this night, and will smite all the firstborn in the land of Egypt, both man and beast; and against all the gods of Egypt I will execute judgment: I *am* the LORD.

13 And the blood shall be to you for a token upon the houses where ye *are*: and when I see the blood, I will pass over you, and the plague shall not be upon you to destroy *you*, when I smite the land of Egypt.

14 And this day shall be unto you for a

אַחֲרֵי־כֵ֗ן יְשַׁלַּ֤ח אֶתְכֶם֙ מִזֶּ֔ה כְּשַׁלְּח֕וֹ כָּלָ֕ה גָּרֵ֛שׁ יְגָרֵ֥שׁ אֶתְכֶ֖ם מִזֶּֽה׃

2 דַּבֶּר־נָ֖א בְּאָזְנֵ֣י הָעָ֑ם וְיִשְׁאֲל֞וּ אִ֣ישׁ ׀ מֵאֵ֣ת רֵעֵ֗הוּ וְאִשָּׁה֙ מֵאֵ֣ת רְעוּתָ֔הּ

3 כְּלֵי־כֶ֖סֶף וּכְלֵ֥י זָהָֽב׃ וַיִּתֵּ֧ן יְהֹוָ֛ה אֶת־חֵ֥ן הָעָ֖ם בְּעֵינֵ֣י מִצְרַ֑יִם גַּ֣ם ׀ הָאִ֣ישׁ מֹשֶׁ֗ה גָּד֤וֹל מְאֹד֙ בְּאֶ֣רֶץ מִצְרַ֔יִם בְּעֵינֵ֥י עַבְדֵֽי־פַרְעֹ֖ה וּבְעֵינֵ֥י

4 הָעָֽם׃ וַיֹּ֣אמֶר מֹשֶׁ֔ה כֹּ֖ה אָמַ֣ר יְהֹוָ֑ה כַּחֲצֹ֣ת הַלַּ֔יְלָה אֲנִ֥י רביעי

5 יוֹצֵ֖א בְּת֣וֹךְ מִצְרָֽיִם׃ וּמֵ֣ת כָּל־בְּכוֹר֮ בְּאֶ֣רֶץ מִצְרַיִם֒ מִבְּכ֤וֹר פַּרְעֹה֙ הַיֹּשֵׁ֣ב עַל־כִּסְא֔וֹ עַ֚ד בְּכ֣וֹר הַשִּׁפְחָ֔ה אֲשֶׁ֖ר אַחַ֣ר הָרֵחָ֑יִם וְכֹ֖ל בְּכ֥וֹר

6 בְּהֵמָֽה׃ וְהָֽיְתָ֛ה צְעָקָ֥ה גְדֹלָ֖ה בְּכָל־אֶ֣רֶץ מִצְרָ֑יִם אֲשֶׁ֤ר כָּמֹ֙הוּ֙ לֹ֣א

7 נִהְיָ֔תָה וְכָמֹ֖הוּ לֹ֥א תֹסִֽף׃ וּלְכֹ֣ל ׀ בְּנֵ֣י יִשְׂרָאֵ֗ל לֹ֤א יֶֽחֱרַץ־כֶּ֙לֶב֙ לְשֹׁנ֔וֹ לְמֵאִ֖ישׁ וְעַד־בְּהֵמָ֑ה לְמַ֙עַן֙ תֵּֽדְע֔וּן אֲשֶׁר֙ יַפְלֶ֣ה יְהֹוָ֔ה בֵּ֥ין מִצְרַ֖יִם

8 וּבֵ֥ין יִשְׂרָאֵֽל׃ וְיָרְד֣וּ כָל־עֲבָדֶיךָ֩ אֵ֨לֶּה אֵלַ֜י וְהִשְׁתַּֽחֲווּ־לִ֣י לֵאמֹ֗ר צֵ֤א 8A אַתָּה֙ וְכָל־הָעָ֣ם אֲשֶׁר־בְּרַגְלֶ֔יךָ וְאַחֲרֵי־כֵ֖ן אֵצֵ֑א וַיֵּצֵ֥א מֵֽעִם־פַּרְעֹ֖ה

9 בׇּחֳרִי־אָֽף׃ וַיֹּ֤אמֶר יְהֹוָה֙ אֶל־מֹשֶׁ֔ה לֹא־יִשְׁמַ֥ע אֲלֵיכֶ֖ם

10 פַּרְעֹ֑ה לְמַ֛עַן רְב֥וֹת מוֹפְתַ֖י בְּאֶ֥רֶץ מִצְרָֽיִם׃ וּמֹשֶׁ֣ה וְאַהֲרֹ֗ן עָשׂ֛וּ 10A אֶת־כָּל־הַמֹּפְתִ֥ים הָאֵ֖לֶּה לִפְנֵ֣י פַרְעֹ֑ה וַיְחַזֵּ֤ק יְהֹוָה֙ אֶת־לֵ֣ב פַּרְעֹ֔ה

12 1 וְלֹֽא־שִׁלַּ֥ח אֶת־בְּנֵֽי־יִשְׂרָאֵ֖ל מֵאַרְצֽוֹ׃ וַיֹּ֤אמֶר יְהֹוָה֙ אֶל־

2 מֹשֶׁ֣ה וְאֶֽל־אַהֲרֹ֔ן בְּאֶ֥רֶץ מִצְרַ֖יִם לֵאמֹֽר׃ הַחֹ֧דֶשׁ הַזֶּ֛ה לָכֶ֖ם רֹ֣אשׁ

3 חֳדָשִׁ֑ים רִאשׁ֥וֹן הוּא֙ לָכֶ֔ם לְחׇדְשֵׁ֖י הַשָּׁנָֽה׃ דַּבְּר֗וּ אֶֽל־כָּל־עֲדַ֤ת יִשְׂרָאֵל֙ לֵאמֹ֔ר בֶּעָשֹׂ֖ר לַחֹ֣דֶשׁ הַזֶּ֑ה וְיִקְח֣וּ לָהֶ֗ם אִ֛ישׁ שֶׂ֥ה לְבֵית־אָבֹ֖ת

4 שֶׂ֥ה לַבָּֽיִת׃ וְאִם־יִמְעַ֣ט הַבַּ֘יִת֮ מִהְיֹ֣ת מִשֶּׂה֒ וְלָקַ֣ח ה֗וּא וּשְׁכֵנ֛וֹ הַקָּרֹ֥ב אֶל־בֵּית֖וֹ בְּמִכְסַ֣ת נְפָשֹׁ֑ת אִ֚ישׁ לְפִ֣י אׇכְל֔וֹ תָּכֹ֖סּוּ עַל־הַשֶּֽׂה׃

5 שֶׂ֧ה תָמִ֛ים זָכָ֥ר בֶּן־שָׁנָ֖ה יִהְיֶ֣ה לָכֶ֑ם מִן־הַכְּבָשִׂ֥ים וּמִן־הָעִזִּ֖ים תִּקָּֽחוּ׃

6 וְהָיָ֤ה לָכֶם֙ לְמִשְׁמֶ֔רֶת עַ֣ד אַרְבָּעָ֥ה עָשָׂ֛ר י֖וֹם לַחֹ֣דֶשׁ הַזֶּ֑ה וְשָׁחֲט֣וּ

7 אֹת֗וֹ כֹּ֛ל קְהַ֥ל עֲדַֽת־יִשְׂרָאֵ֖ל בֵּ֣ין הָעַרְבָּֽיִם׃ וְלָֽקְחוּ֙ מִן־הַדָּ֔ם וְנָ֥תְנ֛וּ עַל־שְׁתֵּ֥י הַמְּזוּזֹ֖ת וְעַל־הַמַּשְׁק֑וֹף עַ֚ל הַבָּ֣תִּ֔ים אֲשֶׁר־יֹאכְל֥וּ אֹת֖וֹ בָּהֶֽם׃

8 וְאָכְל֥וּ אֶת־הַבָּשָׂ֖ר בַּלַּ֣יְלָה הַזֶּ֑ה צְלִי־אֵ֣שׁ וּמַצּ֔וֹת עַל־מְרֹרִ֖ים יֹאכְלֻֽהוּ׃

9 אַל־תֹּאכְל֤וּ מִמֶּ֙נּוּ֙ נָ֔א וּבָשֵׁ֥ל מְבֻשָּׁ֖ל בַּמָּ֑יִם כִּ֣י אִם־צְלִי־אֵ֔שׁ רֹאשׁ֥וֹ

10 עַל־כְּרָעָ֖יו וְעַל־קִרְבּֽוֹ׃ וְלֹא־תוֹתִ֥ירוּ מִמֶּ֖נּוּ עַד־בֹּ֑קֶר וְהַנֹּתָ֥ר מִמֶּ֛נּוּ

11 עַד־בֹּ֖קֶר בָּאֵ֥שׁ תִּשְׂרֹֽפוּ׃ וְכָ֘כָה֮ תֹּאכְל֣וּ אֹתוֹ֒ מׇתְנֵיכֶ֣ם חֲגֻרִ֔ים נַֽעֲלֵיכֶם֙ בְּרַגְלֵיכֶ֔ם וּמַקֶּלְכֶ֖ם בְּיֶדְכֶ֑ם וַאֲכַלְתֶּ֤ם אֹתוֹ֙ בְּחִפָּז֔וֹן פֶּ֥סַח ה֖וּא לַֽיהֹוָֽה׃

12 וְעָבַרְתִּ֣י בְאֶֽרֶץ־מִצְרַיִם֮ בַּלַּ֣יְלָה הַזֶּה֒ וְהִכֵּיתִ֤י כָל־בְּכוֹר֙ בְּאֶ֣רֶץ מִצְרַ֔יִם מֵאָדָ֖ם וְעַד־בְּהֵמָ֑ה וּבְכָל־אֱלֹהֵ֥י מִצְרַ֛יִם אֶֽעֱשֶׂ֥ה שְׁפָטִ֖ים אֲנִ֥י יְהֹוָֽה׃

13 וְהָיָה֩ הַדָּ֨ם לָכֶ֜ם לְאֹ֗ת עַ֤ל הַבָּתִּים֙ אֲשֶׁ֣ר אַתֶּ֣ם שָׁ֔ם וְרָאִ֙יתִי֙ אֶת־הַדָּ֔ם וּפָסַחְתִּ֖י עֲלֵכֶ֑ם וְלֹֽא־יִֽהְיֶ֨ה בָכֶ֥ם נֶ֙גֶף֙ לְמַשְׁחִ֔ית בְּהַכֹּתִ֖י בְּאֶ֥רֶץ

14 מִצְרָֽיִם׃ וְהָיָה֩ הַיּ֨וֹם הַזֶּ֤ה לָכֶם֙ לְזִכָּר֔וֹן וְחַגֹּתֶ֥ם אֹת֖וֹ חַ֣ג לַֽיהֹוָ֑ה

memorial; and ye shall keep it a feast to the LORD throughout your generations; ye shall keep it a feast by an ordinance for ever.

15 Seven days shall ye eat unleavened bread; even the first day ye shall put away leaven out of your houses: for whosoever eateth leavened bread from the first day until the seventh day, that soul shall be cut off from Israel.

16 And in the first day *there shall be* an holy convocation, and in the seventh day there shall be an holy convocation to you; no manner of work shall be done in them, save *that* which every man must eat, that only may be done of you.

17 And ye shall observe *the feast of* unleavened bread; for in this selfsame day have I brought your armies out of the land of Egypt: therefore shall ye observe this day in your generations by an ordinance for ever.

18 ¶ In the first *month*, on the fourteenth day of the month at even, ye shall eat unleavened bread, until the one and twentieth day of the month at even.

19 Seven days shall there be no leaven found in your houses: for whosoever eateth that which is leavened, even that soul shall be cut off from the congregation of Israel, whether he be a stranger, or born in the land.

20 Ye shall eat nothing leavened; in all your habitations shall ye eat unleavened bread.

21 ¶ Then Moses called for all the elders of Israel, and said unto them, Draw out and take you a lamb according to your families, and kill the passover.

22 And ye shall take a bunch of hyssop, and dip *it* in the blood that *is* in the bason, and strike the lintel and the two side posts with the blood that *is* in the bason; and none of you shall go out at the door of his house until the morning.

23 For the LORD will pass through to smite the Egyptians; and when he seeth the blood upon the lintel, and on the two side posts, the LORD will pass over the door, and will not suffer the destroyer to come in unto your houses to smite *you*.

24 And ye shall observe this thing for an ordinance to thee and to thy sons for ever.

25 And it shall come to pass, when ye be come to the land which the LORD will give you, according as he hath promised, that ye shall keep this service.

26 And it shall come to pass, when your children shall say unto you, What mean ye by this service?

27 That ye shall say, It *is* the sacrifice of the LORD's passover, who passed over the houses of the children of Israel in Egypt, when he smote the Egyptians, and delivered our houses. And the people bowed the head and worshipped.

28 And the children of Israel went away, and did as the LORD had commanded Moses and Aaron, so did they.

29 ¶ And it came to pass, that at midnight the LORD smote all the firstborn in the land of Egypt, from the firstborn of Pharaoh that sat on his throne unto the firstborn of the captive that *was* in the dungeon; and all the firstborn of cattle.

30 And Pharaoh rose up in the night, he, and all his servants, and all the Egyptians; and there was a great cry in Egypt; for *there was* not a house where *there was* not one dead.

31 ¶ And he called for Moses and Aaron by night, and said, Rise up, *and* get you forth from among my people, both ye and the children of Israel; and go, serve the LORD, as ye have said.

32 Also take your flocks and your herds, as ye have said, and be gone; and bless me also.

33 And the Egyptians were urgent upon the people, that they might send them out of the land in haste; for they said, We *be* all dead *men*.

34 And the people took their dough before it was leavened, their kneading-troughs being bound up in their clothes upon their shoulders.

35 And the children of Israel did according to the word of Moses; and they borrowed of the Egyptians jewels of silver, and jewels of gold, and raiment:

36 And the LORD gave the people favour in the sight of the Egyptians, so that they lent unto them *such things as they required*. And they spoiled the Egyptians.

לְדֹרֹתֵיכֶ֖ם חֻקַּ֥ת עוֹלָֽם תְּחָגֻּֽהוּ׃ שִׁבְעַ֤ת יָמִים֙ מַצּ֣וֹת תֹּאכֵ֔לוּ אַ֚ךְ 15
בַּיּ֣וֹם הָרִאשׁ֔וֹן תַּשְׁבִּ֥יתוּ שְּׂאֹ֖ר מִבָּתֵּיכֶ֑ם כִּ֣י ׀ כָּל־אֹכֵ֣ל חָמֵ֗ץ וְנִכְרְתָ֞ה

הַנֶּ֤פֶשׁ הַהִוא֙ מִיִּשְׂרָאֵ֔ל מִיּ֥וֹם הָרִאשֹׁ֖ן עַד־י֥וֹם הַשְּׁבִעִֽי׃ וּבַיּ֤וֹם 16
הָרִאשׁוֹן֙ מִקְרָא־קֹ֔דֶשׁ וּבַיּוֹם֙ הַשְּׁבִיעִ֔י מִקְרָא־קֹ֖דֶשׁ יִהְיֶ֣ה לָכֶ֑ם
כָּל־מְלָאכָה֙ לֹא־יֵעָשֶׂ֣ה בָהֶ֔ם אַ֚ךְ אֲשֶׁ֣ר יֵאָכֵ֣ל לְכָל־נֶ֔פֶשׁ ה֥וּא לְבַדּ֖וֹ

יֵעָשֶׂ֥ה לָכֶֽם׃ וּשְׁמַרְתֶּם֮ אֶת־הַמַּצּוֹת֒ כִּ֗י בְּעֶ֙צֶם֙ הַיּ֣וֹם הַזֶּ֔ה הוֹצֵ֥אתִי 17
אֶת־צִבְאוֹתֵיכֶ֖ם מֵאֶ֣רֶץ מִצְרָ֑יִם וּשְׁמַרְתֶּ֞ם אֶת־הַיּ֥וֹם הַזֶּ֛ה לְדֹרֹתֵיכֶ֖ם

חֻקַּ֥ת עוֹלָֽם׃ בָּרִאשֹׁ֡ן בְּאַרְבָּעָה֩ עָשָׂ֨ר י֤וֹם לַחֹ֙דֶשׁ֙ בָּעֶ֔רֶב תֹּאכְל֖וּ 18
מַצֹּ֑ת עַ֠ד י֣וֹם הָאֶחָ֧ד וְעֶשְׂרִ֛ים לַחֹ֖דֶשׁ בָּעָֽרֶב׃ שִׁבְעַ֣ת יָמִ֔ים שְׂאֹ֕ר 19
לֹ֥א יִמָּצֵ֖א בְּבָתֵּיכֶ֑ם כִּ֣י ׀ כָּל־אֹכֵ֣ל מַחְמֶ֗צֶת וְנִכְרְתָ֞ה הַנֶּ֤פֶשׁ הַהִוא֙
מֵעֲדַ֣ת יִשְׂרָאֵ֔ל בַּגֵּ֖ר וּבְאֶזְרַ֣ח הָאָֽרֶץ׃ כָּל־מַחְמֶ֖צֶת לֹ֣א תֹאכֵ֑לוּ בְּכֹל֙ 20
מוֹשְׁבֹ֣תֵיכֶ֔ם תֹּאכְל֖וּ מַצּֽוֹת׃

וַיִּקְרָ֥א מֹשֶׁ֛ה לְכָל־זִקְנֵ֥י יִשְׂרָאֵ֖ל וַיֹּ֣אמֶר אֲלֵהֶ֑ם מִֽשְׁכ֗וּ וּקְח֨וּ לָכֶ֜ם 21
צֹ֧אן לְמִשְׁפְּחֹתֵיכֶ֛ם וְשַׁחֲט֖וּ הַפָּֽסַח׃ וּלְקַחְתֶּ֞ם אֲגֻדַּ֣ת אֵז֗וֹב וּטְבַלְתֶּם֮ 22
בַּדָּ֣ם אֲשֶׁר־בַּסַּף֒ וְהִגַּעְתֶּ֤ם אֶל־הַמַּשְׁקוֹף֙ וְאֶל־שְׁתֵּ֣י הַמְּזוּזֹ֔ת מִן־הַדָּ֖ם
אֲשֶׁ֣ר בַּסָּ֑ף וְאַתֶּ֗ם לֹ֥א תֵצְא֛וּ אִ֥ישׁ מִפֶּֽתַח־בֵּית֖וֹ עַד־בֹּֽקֶר׃ וְעָבַ֣ר 23
יְהוָה֮ לִנְגֹּ֣ף אֶת־מִצְרַיִם֒ וְרָאָ֤ה אֶת־הַדָּם֙ עַל־הַמַּשְׁק֔וֹף וְעַ֖ל שְׁתֵּ֣י
הַמְּזוּזֹ֑ת וּפָסַ֤ח יְהוָה֙ עַל־הַפֶּ֔תַח וְלֹ֤א יִתֵּן֙ הַמַּשְׁחִ֔ית לָבֹ֥א אֶל־בָּתֵּיכֶ֖ם

לִנְגֹּֽף׃ וּשְׁמַרְתֶּ֖ם אֶת־הַדָּבָ֣ר הַזֶּ֑ה לְחָק־לְךָ֥ וּלְבָנֶ֖יךָ עַד־עוֹלָֽם׃ וְהָיָ֞ה 24
25
כִּֽי־תָבֹ֣אוּ אֶל־הָאָ֗רֶץ אֲשֶׁ֨ר יִתֵּ֧ן יְהוָ֛ה לָכֶ֖ם כַּאֲשֶׁ֣ר דִּבֵּ֑ר וּשְׁמַרְתֶּ֖ם
אֶת־הָעֲבֹדָ֥ה הַזֹּֽאת׃ וְהָיָ֕ה כִּֽי־יֹאמְר֥וּ אֲלֵיכֶ֖ם בְּנֵיכֶ֑ם מָ֛ה הָעֲבֹדָ֥ה 26
הַזֹּ֖את לָכֶֽם׃ וַאֲמַרְתֶּ֡ם זֶֽבַח־פֶּ֨סַח ה֜וּא לַֽיהוָ֗ה אֲשֶׁ֣ר פָּ֠סַח עַל־בָּתֵּ֤י 27
בְּנֵֽי־יִשְׂרָאֵל֙ בְּמִצְרַ֔יִם בְּנָגְפּ֥וֹ אֶת־מִצְרַ֖יִם וְאֶת־בָּתֵּ֣ינוּ הִצִּ֑יל וַיִּקֹּ֥ד
הָעָ֖ם וַיִּֽשְׁתַּחֲוֽוּ׃ וַיֵּלְכ֥וּ וַיַּעֲשׂ֖וּ בְּנֵ֣י יִשְׂרָאֵ֑ל כַּאֲשֶׁ֨ר צִוָּ֧ה יְהוָ֛ה 28
אֶת־מֹשֶׁ֥ה וְאַהֲרֹ֖ן כֵּ֥ן עָשֽׂוּ׃ וַיְהִ֣י ׀ בַּחֲצִ֣י הַלַּ֗יְלָה וַֽיהוָה֮ 29
הִכָּ֣ה כָל־בְּכוֹר֮ בְּאֶ֣רֶץ מִצְרַיִם֒ מִבְּכֹ֤ר פַּרְעֹה֙ הַיֹּשֵׁ֣ב עַל־כִּסְא֔וֹ עַ֚ד
בְּכ֣וֹר הַשְּׁבִ֔י אֲשֶׁ֖ר בְּבֵ֣ית הַבּ֑וֹר וְכֹ֖ל בְּכ֥וֹר בְּהֵמָֽה׃ וַיָּ֨קָם פַּרְעֹ֜ה 30
לַ֗יְלָה ה֤וּא וְכָל־עֲבָדָיו֙ וְכָל־מִצְרַ֔יִם וַתְּהִ֛י צְעָקָ֥ה גְדֹלָ֖ה בְּמִצְרָ֑יִם
כִּֽי־אֵ֣ין בַּ֔יִת אֲשֶׁ֥ר אֵֽין־שָׁ֖ם מֵֽת׃ וַיִּקְרָא֩ לְמֹשֶׁ֨ה וּֽלְאַהֲרֹ֜ן לַ֗יְלָה וַיֹּ֙אמֶר֙ 31
ק֤וּמוּ צְּאוּ֙ מִתּ֣וֹךְ עַמִּ֔י גַּם־אַתֶּ֖ם גַּם־בְּנֵ֣י יִשְׂרָאֵ֑ל וּלְכ֛וּ עִבְד֥וּ אֶת־יְהוָ֖ה
כְּדַבֶּרְכֶֽם׃ גַּם־צֹאנְכֶ֨ם גַּם־בְּקַרְכֶ֥ם קְח֛וּ כַּאֲשֶׁ֥ר דִּבַּרְתֶּ֖ם וָלֵ֑כוּ 32
וּבֵֽרַכְתֶּ֖ם גַּם־אֹתִֽי׃ וַתֶּחֱזַ֤ק מִצְרַ֙יִם֙ עַל־הָעָ֔ם לְמַהֵ֖ר לְשַׁלְּחָ֣ם 33
מִן־הָאָ֑רֶץ כִּ֥י אָמְר֖וּ כֻּלָּ֥נוּ מֵתִֽים׃ וַיִּשָּׂ֥א הָעָ֛ם אֶת־בְּצֵק֖וֹ טֶ֣רֶם יֶחְמָ֑ץ 34
מִשְׁאֲרֹתָ֛ם צְרֻרֹ֥ת בְּשִׂמְלֹתָ֖ם עַל־שִׁכְמָֽם׃ וּבְנֵֽי־יִשְׂרָאֵ֥ל עָשׂ֖וּ כִּדְבַ֣ר 35
מֹשֶׁ֑ה וַֽיִּשְׁאֲלוּ֙ מִמִּצְרַ֔יִם כְּלֵי־כֶ֥סֶף וּכְלֵ֥י זָהָ֖ב וּשְׂמָלֹֽת׃ וַֽיהוָ֞ה נָתַ֨ן 36

37 ¶ And the children of Israel journeyed from Rameses to Succoth, about six hundred thousand on foot *that were* men, beside children.

38 And a mixed multitude went up also with them; and flocks, and herds, *even* very much cattle.

39 And they baked unleavened cakes of the dough which they brought forth out of Egypt, for it was not leavened; because they were thrust out of Egypt, and could not tarry, neither had they prepared for themselves any victual.

40 ¶ Now the sojourning of the children of Israel, who dwelt in Egypt, *was* four hundred and thirty years.

41 And it came to pass at the end of the four hundred and thirty years, even the selfsame day it came to pass, that all the hosts of the LORD went out from the land of Egypt.

42 It *is* a night to be much observed unto the LORD for bringing them out from the land of Egypt: this *is* that night of the LORD to be observed of all the children of Israel in their generations.

43 ¶ And the LORD said unto Moses and Aaron, This *is* the ordinance of the passover: There shall no stranger eat thereof:

44 But every man's servant that is bought for money, when thou hast circumcised him, then shall he eat thereof.

45 A foreigner and an hired servant shall not eat thereof.

46 In one house shall it be eaten; thou shalt not carry forth ought of the flesh abroad out of the house; neither shall ye break a bone thereof.

47 All the congregation of Israel shall keep it.

48 And when a stranger shall sojourn with thee, and will keep the passover to the LORD, let all his males be circumcised, and then let him come near and keep it; and he shall be as one that is born in the land: for no uncircumcised person shall eat thereof.

49 One law shall be to him that is homeborn, and unto the stranger that sojourneth among you.

50 Thus did all the children of Israel; as the LORD commanded Moses and Aaron, so did they.

51 And it came to pass the selfsame day, *that* the LORD did bring the children of Israel out of the land of Egypt by their armies.

CHAPTER 13

1 And the LORD spake unto Moses, saying,

2 Sanctify unto me all the firstborn, whatsoever openeth the womb among the children of Israel, *both* of man and of beast: it *is* mine.

3 ¶ And Moses said unto the people, Remember this day, in which ye came out from Egypt, out of the house of bondage; for by strength of hand the LORD brought you out from this *place:* there shall no leavened bread be eaten.

4 This day came ye out in the month Abib.

5 ¶ And it shall be when the LORD shall bring thee into the land of the Canaanites, and the Hittites, and the Amorites, and the Hivites, and the Jebusites, which he sware unto thy fathers to give thee, a land flowing with milk and honey, that thou shalt keep this service in this month.

6 Seven days thou shalt eat unleavened bread, and in the seventh day *shall be* a feast to the LORD.

7 Unleavened bread shall be eaten seven days; and there shall no leavened bread be seen with thee, neither shall there be leaven seen with thee in all thy quarters.

8 ¶ And thou shalt shew thy son in that day, saying, *This is done* because of that *which* the LORD did unto me when I came forth out of Egypt.

9 And it shall be for a sign unto thee upon thine hand, and for a memorial between thine eyes, that the LORD's law may be in thy mouth: for with a strong hand hath the LORD brought thee out of Egypt.

10 Thou shalt therefore keep this ordinance in his season from year to year.

11 ¶ And it shall be when the LORD shall bring thee into the land of the Canaanites,

אֶת־חֵן הָעָם בְּעֵינֵי מִצְרַיִם וַיַּשְׁאִלוּם וַיְנַצְּלוּ אֶת־מִצְרָיִם:

37 וַיִּסְעוּ בְנֵי־יִשְׂרָאֵל מֵרַעְמְסֵס סֻכֹּתָה כְּשֵׁשׁ־מֵאוֹת אֶלֶף רַגְלִי הַגְּבָרִים

38 לְבַד מִטָּף: וְגַם־עֵרֶב רַב עָלָה אִתָּם וְצֹאן וּבָקָר מִקְנֶה כָּבֵד מְאֹד:

39 וַיֹּאפוּ אֶת־הַבָּצֵק אֲשֶׁר הוֹצִיאוּ מִמִּצְרַיִם עֻגֹת מַצּוֹת כִּי לֹא חָמֵץ כִּי־גֹרְשׁוּ מִמִּצְרַיִם וְלֹא יָכְלוּ לְהִתְמַהְמֵהַּ וְגַם־צֵדָה לֹא־עָשׂוּ לָהֶם:

40 וּמוֹשַׁב בְּנֵי יִשְׂרָאֵל אֲשֶׁר יָשְׁבוּ בְּמִצְרָיִם שְׁלֹשִׁים שָׁנָה וְאַרְבַּע מֵאוֹת שָׁנָה:

41 וַיְהִי מִקֵּץ שְׁלֹשִׁים שָׁנָה וְאַרְבַּע מֵאוֹת שָׁנָה וַיְהִי בְּעֶצֶם הַיּוֹם הַזֶּה יָצְאוּ כָּל־צִבְאוֹת יְהוָה מֵאֶרֶץ מִצְרָיִם:

42 לֵיל שִׁמֻּרִים הוּא לַיהוָה לְהוֹצִיאָם מֵאֶרֶץ מִצְרָיִם הוּא־הַלַּיְלָה הַזֶּה לַיהוָה שִׁמֻּרִים לְכָל־בְּנֵי יִשְׂרָאֵל לְדֹרֹתָם:

43 וַיֹּאמֶר יְהוָה אֶל־מֹשֶׁה וְאַהֲרֹן זֹאת חֻקַּת הַפָּסַח כָּל־בֶּן־נֵכָר לֹא־יֹאכַל בּוֹ:

44 וְכָל־עֶבֶד אִישׁ מִקְנַת־כָּסֶף וּמַלְתָּה אֹתוֹ אָז יֹאכַל בּוֹ:

45
46 תּוֹשָׁב וְשָׂכִיר לֹא־יֹאכַל־בּוֹ: בְּבַיִת אֶחָד יֵאָכֵל לֹא־תוֹצִיא מִן־הַבַּיִת מִן־הַבָּשָׂר חוּצָה וְעֶצֶם לֹא תִשְׁבְּרוּ־בוֹ: כָּל־עֲדַת יִשְׂרָאֵל

47
48 יַעֲשׂוּ אֹתוֹ: וְכִי־יָגוּר אִתְּךָ גֵּר וְעָשָׂה פֶסַח לַיהוָה הִמּוֹל לוֹ כָל־זָכָר וְאָז יִקְרַב לַעֲשֹׂתוֹ וְהָיָה כְּאֶזְרַח הָאָרֶץ וְכָל־עָרֵל לֹא־יֹאכַל בּוֹ:

49
50 תּוֹרָה אַחַת יִהְיֶה לָאֶזְרָח וְלַגֵּר הַגָּר בְּתוֹכְכֶם: וַיַּעֲשׂוּ כָּל־בְּנֵי יִשְׂרָאֵל

51 כַּאֲשֶׁר צִוָּה יְהוָה אֶת־מֹשֶׁה וְאֶת־אַהֲרֹן כֵּן עָשׂוּ:   וַיְהִי בְּעֶצֶם הַיּוֹם הַזֶּה הוֹצִיא יְהֹוָה אֶת־בְּנֵי יִשְׂרָאֵל מֵאֶרֶץ מִצְרַיִם עַל־צִבְאֹתָם:

שביעי 13
1 וַיְדַבֵּר יְהוָה אֶל־מֹשֶׁה לֵּאמֹר: קַדֶּשׁ־לִי כָל־בְּכוֹר פֶּטֶר כָּל־רֶחֶם
2
3 בִּבְנֵי יִשְׂרָאֵל בָּאָדָם וּבַבְּהֵמָה לִי הוּא: וַיֹּאמֶר מֹשֶׁה אֶל־הָעָם זָכוֹר אֶת־הַיּוֹם הַזֶּה אֲשֶׁר יְצָאתֶם מִמִּצְרַיִם מִבֵּית עֲבָדִים כִּי

4 בְּחֹזֶק יָד הוֹצִיא יְהוָה אֶתְכֶם מִזֶּה וְלֹא יֵאָכֵל חָמֵץ: הַיּוֹם אַתֶּם

5 יֹצְאִים בְּחֹדֶשׁ הָאָבִיב: וְהָיָה כִי־יְבִיאֲךָ יְהוָה אֶל־אֶרֶץ הַכְּנַעֲנִי וְהַחִתִּי וְהָאֱמֹרִי וְהַחִוִּי וְהַיְבוּסִי אֲשֶׁר נִשְׁבַּע לַאֲבֹתֶיךָ לָתֶת לָךְ אֶרֶץ זָבַת חָלָב וּדְבָשׁ וְעָבַדְתָּ אֶת־הָעֲבֹדָה הַזֹּאת בַּחֹדֶשׁ הַזֶּה:

6
7 שִׁבְעַת יָמִים תֹּאכַל מַצֹּת וּבַיּוֹם הַשְּׁבִיעִי חַג לַיהוָה: מַצּוֹת יֵאָכֵל אֵת שִׁבְעַת הַיָּמִים וְלֹא־יֵרָאֶה לְךָ חָמֵץ וְלֹא־יֵרָאֶה לְךָ שְׂאֹר

8 בְּכָל־גְּבֻלֶךָ: וְהִגַּדְתָּ לְבִנְךָ בַּיּוֹם הַהוּא לֵאמֹר בַּעֲבוּר זֶה עָשָׂה יְהוָה

9 לִי בְּצֵאתִי מִמִּצְרָיִם: וְהָיָה לְךָ לְאוֹת עַל־יָדְךָ וּלְזִכָּרוֹן בֵּין עֵינֶיךָ לְמַעַן תִּהְיֶה תּוֹרַת יְהוָה בְּפִיךָ כִּי בְּיָד חֲזָקָה הוֹצִאֲךָ יְהוָה מִמִּצְרָיִם:

10 וְשָׁמַרְתָּ אֶת־הַחֻקָּה הַזֹּאת לְמוֹעֲדָהּ מִיָּמִים יָמִימָה:

11 וְהָיָה כִּי־יְבִאֲךָ יְהוָה אֶל־אֶרֶץ הַכְּנַעֲנִי כַּאֲשֶׁר נִשְׁבַּע לְךָ וְלַאֲבֹתֶיךָ

as he sware unto thee and to thy fathers, and shall give it thee,

12 That thou shalt set apart unto the LORD all that openeth the matrix, and every firstling that cometh of a beast which thou hast; the males *shall be* the LORD's.

13 And every firstling of an ass thou shalt redeem with a lamb; and if thou wilt not redeem it, then thou shalt break his neck: and all the firstborn of man among thy children shalt thou redeem.

14 ¶ And it shall be when thy son asketh thee in time to come, saying, What *is* this? that thou shalt say unto him, By strength of hand the LORD brought us out from Egypt, from the house of bondage:

15 And it came to pass, when Pharaoh would hardly let us go, that the LORD slew all the firstborn in the land of Egypt, both the firstborn of man, and the firstborn of beast: therefore I sacrifice to the LORD all that openeth the matrix, being males; but all the firstborn of my children I redeem.

16 And it shall be for a token upon thine hand, and for frontlets between thine eyes: for by strength of hand the LORD brought us forth out of Egypt.

17 ¶ And it came to pass, when Pharaoh had let the people go, that God led them not *through* the way of the land of the Philistines, although that *was* near; for God said, Lest peradventure the people repent when they see war, and they return to Egypt:

18 But God led the people about, *through* the way of the wilderness of the Red sea: and the children of Israel went up harnessed out of the land of Egypt.

19 And Moses took the bones of Joseph with him: for he had straitly sworn the children of Israel, saying, God will surely visit you; and ye shall carry up my bones away hence with you.

20 ¶ And they took their journey from Succoth, and encamped in Etham, in the edge of the wilderness.

21 And the LORD went before them by day in a pillar of a cloud, to lead them the way; and by night in a pillar of fire, to give them light; to go by day and night:

22 He took not away the pillar of the cloud by day, nor the pillar of fire by night, *from* before the people.

CHAPTER 14

1 And the LORD spake unto Moses, saying,

2 Speak unto the children of Israel, that they turn and encamp before Pi-hahiroth, between Migdol and the sea, over against Baal-zephon: before it shall ye encamp by the sea.

3 For Pharaoh will say of the children of Israel, They *are* entangled in the land, the wilderness hath shut them in.

4 And I will harden Pharaoh's heart, that he shall follow after them; and I will be honoured upon Pharaoh, and upon all his host; that the Egyptians may know that I *am* the LORD. And they did so.

5 ¶ And it was told the king of Egypt that the people fled: and the heart of Pharaoh and of his servants was turned against the people, and they said, Why have we done this, that we have let Israel go from serving us?

6 And he made ready his chariot, and took his people with him:

7 And he took six hundred chosen chariots, and all the chariots of Egypt, and captains over every one of them.

8 And the LORD hardened the heart of Pharaoh king of Egypt, and he pursued after the children of Israel: and the children of Israel went out with an high hand.

9 But the Egyptians pursued after them, all the horses *and* chariots of Pharaoh, and his horsemen, and his army, and overtook them encamping by the sea, beside Pi-hahiroth, before Baal-zephon.

10 ¶ And when Pharaoh drew nigh, the children of Israel lifted up their eyes, and, behold, the Egyptians marched after them; and they were sore afraid: and the children of Israel cried out unto the LORD.

11 And they said unto Moses, Because *there were* no graves in Egypt, hast thou taken us away to die in the wilderness? wherefore hast thou dealt thus with us, to carry us forth out of Egypt?

12 *Is* not this the word that we did tell thee in Egypt, saying, Let us alone, that

וּנְתַתָּ֖ה לָ֑ךְ׃ וְהַעֲבַרְתָּ֥ כָל־פֶּֽטֶר־רֶ֖חֶם לַֽיהֹוָ֑ה וְכָל־פֶּ֣טֶר ׀ שֶׁ֤גֶר בְּהֵמָ֔ה 12

אֲשֶׁ֨ר יִהְיֶ֥ה לְךָ֛ הַזְּכָרִ֖ים לַֽיהֹוָֽה׃ וְכָל־פֶּ֤טֶר חֲמֹר֙ תִּפְדֶּ֣ה בְשֶׂ֔ה 13

וְאִם־לֹ֥א תִפְדֶּ֖ה וַעֲרַפְתּ֑וֹ וְכֹ֨ל בְּכ֥וֹר אָדָ֛ם בְּבָנֶ֖יךָ תִּפְדֶּֽה׃ וְהָיָ֞ה **מפטיר** 14

כִּֽי־יִשְׁאָלְךָ֥ בִנְךָ֛ מָחָ֖ר לֵאמֹ֣ר מַה־זֹּ֑את וְאָמַרְתָּ֣ אֵלָ֔יו בְּחֹ֣זֶק יָ֗ד

הוֹצִיאָ֧נוּ יְהֹוָ֛ה מִמִּצְרַ֖יִם מִבֵּ֥ית עֲבָדִֽים׃ וַיְהִ֗י כִּֽי־הִקְשָׁ֣ה פַרְעֹה֮ 15

לְשַׁלְּחֵנוּ֒ וַיַּהֲרֹ֨ג יְהֹוָ֤ה כָּל־בְּכוֹר֙ בְּאֶ֣רֶץ מִצְרַ֔יִם מִבְּכֹ֥ר אָדָ֖ם וְעַד־בְּכ֣וֹר

בְּהֵמָ֑ה עַל־כֵּן֩ אֲנִ֨י זֹבֵ֜חַ לַֽיהֹוָ֗ה כָּל־פֶּ֤טֶר רֶ֙חֶם֙ הַזְּכָרִ֔ים וְכָל־בְּכ֥וֹר

בָּנַ֖י אֶפְדֶּֽה׃ וְהָיָ֤ה לְאוֹת֙ עַל־יָ֣דְכָ֔ה וּלְטוֹטָפֹ֖ת בֵּ֣ין עֵינֶ֑יךָ כִּ֚י בְּחֹ֣זֶק 16

יָ֔ד הוֹצִיאָ֥נוּ יְהֹוָ֖ה מִמִּצְרָֽיִם׃   וַיְהִ֗י בְּשַׁלַּ֣ח פַּרְעֹה֮ אֶת־הָעָם֒ **בשלח** 17

וְלֹא־נָחָ֣ם אֱלֹהִ֗ים דֶּ֚רֶךְ אֶ֣רֶץ פְּלִשְׁתִּ֔ים כִּ֥י קָר֖וֹב ה֑וּא כִּ֣י ׀ אָמַ֣ר

אֱלֹהִ֗ים פֶּֽן־יִנָּחֵ֥ם הָעָ֛ם בִּרְאֹתָ֥ם מִלְחָמָ֖ה וְשָׁ֥בוּ מִצְרָֽיְמָה׃ וַיַּסֵּ֨ב 18

אֱלֹהִ֧ים ׀ אֶת־הָעָ֛ם דֶּ֥רֶךְ הַמִּדְבָּ֖ר יַם־ס֑וּף וַחֲמֻשִׁ֛ים עָל֥וּ בְנֵֽי־יִשְׂרָאֵ֖ל

מֵאֶ֥רֶץ מִצְרָֽיִם׃ וַיִּקַּ֥ח מֹשֶׁ֛ה אֶת־עַצְמ֥וֹת יוֹסֵ֖ף עִמּ֑וֹ כִּי֩ הַשְׁבֵּ֨עַ 19

הִשְׁבִּ֜יעַ אֶת־בְּנֵ֤י יִשְׂרָאֵל֙ לֵאמֹ֔ר פָּקֹ֨ד יִפְקֹ֤ד אֱלֹהִים֙ אֶתְכֶ֔ם וְהַעֲלִיתֶ֧ם

אֶת־עַצְמֹתַ֛י מִזֶּ֖ה אִתְּכֶֽם׃ וַיִּסְע֖וּ מִסֻּכֹּ֑ת וַיַּחֲנ֣וּ בְאֵתָ֔ם בִּקְצֵ֖ה 20

הַמִּדְבָּֽר׃ וַֽיהֹוָ֡ה הֹלֵךְ֩ לִפְנֵיהֶ֨ם יוֹמָ֜ם בְּעַמּ֤וּד עָנָן֙ לַנְחֹתָ֣ם הַדֶּ֔רֶךְ 21

וְלַ֛יְלָה בְּעַמּ֥וּד אֵ֖שׁ לְהָאִ֣יר לָהֶ֑ם לָלֶ֖כֶת יוֹמָ֥ם וָלָֽיְלָה׃ לֹֽא־יָמִ֞ישׁ 22

עַמּ֤וּד הֶֽעָנָן֙ יוֹמָ֔ם וְעַמּ֥וּד הָאֵ֖שׁ לָ֑יְלָה לִפְנֵ֖י הָעָֽם׃

וַיְדַבֵּ֥ר יְהֹוָ֖ה אֶל־מֹשֶׁ֥ה לֵּאמֹֽר׃ דַּבֵּר֮ אֶל־בְּנֵ֣י יִשְׂרָאֵל֒ וְיָשֻׁ֗בוּ וְיַחֲנוּ֙ **14** 1, 2

לִפְנֵי֙ פִּ֣י הַֽחִירֹ֔ת בֵּ֥ין מִגְדֹּ֖ל וּבֵ֣ין הַיָּ֑ם לִפְנֵי֙ בַּ֣עַל צְפֹ֔ן נִכְח֥וֹ תַחֲנ֖וּ

עַל־הַיָּֽם׃ וְאָמַ֤ר פַּרְעֹה֙ לִבְנֵ֣י יִשְׂרָאֵ֔ל נְבֻכִ֥ים הֵ֖ם בָּאָ֑רֶץ סָגַ֥ר עֲלֵיהֶ֖ם 3

הַמִּדְבָּֽר׃ וְחִזַּקְתִּ֣י אֶת־לֵב־פַּרְעֹה֮ וְרָדַ֣ף אַחֲרֵיהֶם֒ וְאִכָּבְדָ֤ה בְּפַרְעֹה֙ 4

וּבְכָל־חֵיל֔וֹ וְיָדְע֥וּ מִצְרַ֖יִם כִּֽי־אֲנִ֣י יְהֹוָ֑ה וַיַּֽעֲשׂוּ־כֵֽן׃ וַיֻּגַּד֙ לְמֶ֣לֶךְ 5

מִצְרַ֔יִם כִּ֥י בָרַ֖ח הָעָ֑ם וַ֠יֵּהָפֵ֠ךְ לְבַ֨ב פַּרְעֹ֤ה וַעֲבָדָיו֙ אֶל־הָעָ֔ם וַיֹּ֣אמְרוּ֙

מַה־זֹּ֣את עָשִׂ֔ינוּ כִּֽי־שִׁלַּ֥חְנוּ אֶת־יִשְׂרָאֵ֖ל מֵעָבְדֵֽנוּ׃ וַיֶּאְסֹ֖ר אֶת־רִכְבּ֑וֹ 6

וְאֶת־עַמּ֖וֹ לָקַ֥ח עִמּֽוֹ׃ וַיִּקַּ֗ח שֵׁשׁ־מֵא֥וֹת רֶ֙כֶב֙ בָּח֔וּר וְכֹ֖ל רֶ֣כֶב מִצְרָ֑יִם 7

וְשָׁלִשִׁ֖ם עַל־כֻּלּֽוֹ׃ וַיְחַזֵּ֣ק יְהֹוָ֗ה אֶת־לֵ֤ב פַּרְעֹה֙ מֶ֣לֶךְ מִצְרַ֔יִם וַיִּרְדֹּ֕ף 8

אַחֲרֵ֖י בְּנֵ֣י יִשְׂרָאֵ֑ל וּבְנֵ֣י יִשְׂרָאֵ֔ל יֹצְאִ֖ים בְּיָ֥ד רָמָֽה׃ וַיִּרְדְּפ֨וּ מִצְרַ֜יִם **שני** 9 **9A**

אַחֲרֵיהֶ֗ם וַיַּשִּׂ֤יגוּ אוֹתָם֙ חֹנִ֣ים עַל־הַיָּ֔ם כָּל־סוּס֙ רֶ֣כֶב פַּרְעֹ֔ה וּפָרָשָׁ֖יו

וְחֵיל֑וֹ עַל־פִּי֙ הַֽחִירֹ֔ת לִפְנֵ֖י בַּ֥עַל צְפֹֽן׃ וּפַרְעֹ֖ה הִקְרִ֑יב וַיִּשְׂאוּ֩ 10

בְנֵֽי־יִשְׂרָאֵ֨ל אֶת־עֵינֵיהֶ֜ם וְהִנֵּ֥ה מִצְרַ֣יִם ׀ נֹסֵ֣עַ אַחֲרֵיהֶ֗ם וַיִּֽירְאוּ֙ מְאֹ֔ד

וַיִּצְעֲק֥וּ בְנֵֽי־יִשְׂרָאֵ֖ל אֶל־יְהֹוָֽה׃ וַיֹּאמְרוּ֮ אֶל־מֹשֶׁה֒ הֲֽמִבְּלִ֤י אֵין־קְבָרִים֙ 11

בְּמִצְרַ֔יִם לְקַחְתָּ֖נוּ לָמ֣וּת בַּמִּדְבָּ֑ר מַה־זֹּאת֙ עָשִׂ֣יתָ לָּ֔נוּ לְהוֹצִיאָ֖נוּ

מִמִּצְרָֽיִם׃ הֲלֹא־זֶ֣ה הַדָּבָ֗ר אֲשֶׁר֩ דִּבַּ֨רְנוּ אֵלֶ֤יךָ בְמִצְרַ֙יִם֙ לֵאמֹ֔ר חֲדַ֥ל 12

מִמֶּ֖נּוּ וְנַֽעַבְדָ֣ה אֶת־מִצְרָ֑יִם כִּ֣י ט֥וֹב לָ֙נוּ֙ עֲבֹ֣ד אֶת־מִצְרַ֔יִם מִמֻּתֵ֖נוּ

we may serve the Egyptians? For *it had been* better for us to serve the Egyptians, than that we should die in the wilderness.

13 ¶ And Moses said unto the people, Fear ye not, stand still, and see the salvation of the LORD, which he will shew to you to day: for the Egyptians whom ye have seen to day, ye shall see them again no more for ever.

14 The LORD shall fight for you, and ye shall hold your peace.

15 ¶ And the LORD said unto Moses, Wherefore criest thou unto me? speak unto the children of Israel, that they go forward:

16 But lift thou up thy rod, and stretch out thine hand over the sea, and divide it: and the children of Israel shall go on dry *ground* through the midst of the sea.

17 And I, behold, I will harden the hearts of the Egyptians, and they shall follow them: and I will get me honour upon Pharaoh, and upon all his host, upon his chariots, and upon his horsemen.

18 And the Egyptians shall know that I *am* the LORD, when I have gotten me honour upon Pharaoh, upon his chariots, and upon his horsemen.

19 ¶ And the angel of God, which went before the camp of Israel, removed and went behind them; and the pillar of the cloud went from before their face, and stood behind them:

20 And it came between the camp of the Egyptians and the camp of Israel; and it was a cloud and darkness *to them,* but it gave light by night *to these:* so that the one came not near the other all the night.

21 And Moses stretched out his hand over the sea; and the LORD caused the sea to go *back* by a strong east wind all that night, and made the sea dry *land,* and the waters were divided.

22 And the children of Israel went into the midst of the sea upon the dry *ground:* and the waters *were* a wall unto them on their right hand, and on their left.

23 ¶ And the Egyptians pursued, and went in after them to the midst of the sea, *even* all Pharaoh's horses, his chariots, and his horsemen.

24 And it came to pass, that in the morn-

ing watch the LORD looked unto the host of the Egyptians through the pillar of fire and of the cloud, and troubled the host of the Egyptians,

25 And took off their chariot wheels, that they drave them heavily: so that the Egyptians said, Let us flee from the face of Israel; for the LORD fighteth for them against the Egyptians.

26 ¶ And the LORD said unto Moses, Stretch out thine hand over the sea, that the waters may come again upon the Egyptians, upon their chariots, and upon their horsemen.

27 And Moses stretched forth his hand over the sea, and the sea returned to his strength when the morning appeared; and the Egyptians fled against it; and the LORD overthrew the Egyptians in the midst of the sea.

28 And the waters returned, and covered the chariots, and the horsemen, *and* all the host of Pharaoh that came into the sea after them; there remained not so much as one of them.

29 But the children of Israel walked upon dry *land* in the midst of the sea; and the waters *were* a wall unto them on their right hand, and on their left.

30 Thus the LORD saved Israel that day out of the hand of the Egyptians; and Israel saw the Egyptians dead upon the sea shore.

31 And Israel saw that great work which the LORD did upon the Egyptians: and the people feared the LORD, and believed the LORD, and his servant Moses.

CHAPTER 15

1 Then sang Moses and the children of Israel this song unto the LORD, and spake, saying, I will sing unto the LORD, for he hath triumphed gloriously: the horse and his rider hath he thrown into the sea.

2 The LORD *is* my strength and song, and he is become my salvation: he *is* my God, and I will prepare him an habitation; my father's God, and I will exalt him.

3 The LORD *is* a man of war: the LORD *is* his name.

13A

13 בַּמִּדְבָּר: וַיֹּאמֶר מֹשֶׁה אֶל־הָעָם אַל־תִּירָאוּ הִֽתְיַצְּבוּ וּרְאוּ אֶת־יְשׁוּעַת יְהוָה אֲשֶׁר־יַעֲשֶׂה לָכֶם הַיּוֹם כִּי אֲשֶׁר רְאִיתֶם

14 אֶת־מִצְרַיִם הַיּוֹם לֹא תֹסִפוּ לִרְאֹתָם עוֹד עַד־עוֹלָם: יְהוָה יִלָּחֵם לָכֶם וְאַתֶּם תַּחֲרִישֽׁוּן:

שלישי

15 וַיֹּאמֶר יְהוָה אֶל־מֹשֶׁה מַה־תִּצְעַק אֵלָי דַּבֵּר אֶל־בְּנֵי־יִשְׂרָאֵל וְיִסָּעוּ:

16 וְאַתָּה הָרֵם אֶת־מַטְּךָ וּנְטֵה אֶת־יָדְךָ עַל־הַיָּם וּבְקָעֵהוּ וְיָבֹאוּ בְנֵי־יִשְׂרָאֵל בְּתוֹךְ הַיָּם בַּיַּבָּשָׁה:

17 וַאֲנִי הִנְנִי מְחַזֵּק אֶת־לֵב מִצְרַיִם וְיָבֹאוּ אַחֲרֵיהֶם וְאִכָּבְדָה בְּפַרְעֹה וּבְכָל־חֵילוֹ בְּרִכְבּוֹ וּבְפָרָשָֽׁיו:

18 וְיָדְעוּ מִצְרַיִם כִּי־אֲנִי יְהוָה בְּהִכָּבְדִי בְּפַרְעֹה בְּרִכְבּוֹ וּבְפָרָשָֽׁיו:

19 וַיִּסַּע מַלְאַךְ הָאֱלֹהִים הַהֹלֵךְ לִפְנֵי מַחֲנֵה יִשְׂרָאֵל וַיֵּלֶךְ מֵאַחֲרֵיהֶם

20 וַיִּסַּע עַמּוּד הֶעָנָן מִפְּנֵיהֶם וַיַּעֲמֹד מֵאַחֲרֵיהֶם: וַיָּבֹא בֵּין ׀ מַחֲנֵה מִצְרַיִם וּבֵין מַחֲנֵה יִשְׂרָאֵל וַיְהִי הֶעָנָן וְהַחֹשֶׁךְ וַיָּאֶר אֶת־הַלָּיְלָה

21 וְלֹא־קָרַב זֶה אֶל־זֶה כָּל־הַלָּיְלָה: וַיֵּט מֹשֶׁה אֶת־יָדוֹ עַל־הַיָּם וַיּוֹלֶךְ יְהוָה ׀ אֶת־הַיָּם בְּרוּחַ קָדִים עַזָּה כָּל־הַלַּיְלָה וַיָּשֶׂם אֶת־הַיָּם לֶחָרָבָה

22 וַיִּבָּקְעוּ הַמָּיִם: וַיָּבֹאוּ בְנֵי־יִשְׂרָאֵל בְּתוֹךְ הַיָּם בַּיַּבָּשָׁה וְהַמַּיִם לָהֶם חֹמָה מִימִינָם וּמִשְּׂמֹאלָם:

23 וַיִּרְדְּפוּ מִצְרַיִם וַיָּבֹאוּ אַחֲרֵיהֶם כֹּל סוּס פַּרְעֹה רִכְבּוֹ וּפָרָשָׁיו אֶל־תּוֹךְ הַיָּם:

24 וַיְהִי בְּאַשְׁמֹרֶת הַבֹּקֶר וַיַּשְׁקֵף יְהוָה אֶל־מַחֲנֵה מִצְרַיִם בְּעַמּוּד אֵשׁ וְעָנָן וַיָּהָם אֵת מַחֲנֵה מִצְרָיִם:

25 וַיָּסַר אֵת אֹפַן מַרְכְּבֹתָיו וַיְנַהֲגֵהוּ בִּכְבֵדֻת וַיֹּאמֶר מִצְרַיִם אָנוּסָה מִפְּנֵי יִשְׂרָאֵל כִּי יְהוָה נִלְחָם לָהֶם בְּמִצְרָיִם:

רביעי

26 וַיֹּאמֶר יְהוָה אֶל־מֹשֶׁה נְטֵה אֶת־יָדְךָ עַל־הַיָּם וְיָשֻׁבוּ הַמַּיִם עַל־מִצְרַיִם עַל־רִכְבּוֹ וְעַל־פָּרָשָֽׁיו:

27 וַיֵּט מֹשֶׁה אֶת־יָדוֹ עַל־הַיָּם וַיָּשָׁב הַיָּם לִפְנוֹת בֹּקֶר לְאֵיתָנוֹ וּמִצְרַיִם נָסִים לִקְרָאתוֹ וַיְנַעֵר יְהוָה אֶת־מִצְרַיִם בְּתוֹךְ הַיָּם:

28 וַיָּשֻׁבוּ הַמַּיִם וַיְכַסּוּ אֶת־הָרֶכֶב וְאֶת־הַפָּרָשִׁים לְכֹל חֵיל פַּרְעֹה הַבָּאִים אַחֲרֵיהֶם בַּיָּם לֹא־נִשְׁאַר בָּהֶם עַד־אֶחָד:

29 וּבְנֵי יִשְׂרָאֵל הָלְכוּ בַיַּבָּשָׁה בְּתוֹךְ הַיָּם וְהַמַּיִם לָהֶם חֹמָה מִימִינָם וּמִשְּׂמֹאלָם:

30 וַיּוֹשַׁע יְהוָה בַּיּוֹם הַהוּא אֶת־יִשְׂרָאֵל מִיַּד מִצְרָיִם וַיַּרְא יִשְׂרָאֵל אֶת־מִצְרַיִם מֵת עַל־שְׂפַת הַיָּם:

31 וַיַּרְא יִשְׂרָאֵל אֶת־הַיָּד הַגְּדֹלָה אֲשֶׁר עָשָׂה יְהוָה בְּמִצְרַיִם וַיִּֽירְאוּ הָעָם אֶת־יְהוָה וַיַּאֲמִינוּ בַּיהוָה וּבְמֹשֶׁה עַבְדּֽוֹ:

15 1 אָז יָשִׁיר־מֹשֶׁה וּבְנֵי יִשְׂרָאֵל אֶת־הַשִּׁירָה הַזֹּאת לַיהוָה וַיֹּאמְרוּ לֵאמֹר אָשִׁירָה לַיהוָה כִּי־גָאֹה גָּאָה סוּס וְרֹכְבוֹ רָמָה בַיָּם:

2 עָזִּי וְזִמְרָת יָהּ וַיְהִי־לִי לִישׁוּעָה זֶה אֵלִי וְאַנְוֵהוּ אֱלֹהֵי אָבִי וַאֲרֹמְמֶֽנְהוּ:

3 יְהוָה אִישׁ מִלְחָמָה יְהוָה

4 Pharaoh's chariots and his host hath he cast into the sea: his chosen captains also are drowned in the Red sea.

5 The depths have covered them: they sank into the bottom as a stone.

6 Thy right hand, O Lord, is become glorious in power: thy right hand, O Lord, hath dashed in pieces the enemy.

7 And in the greatness of thine excellency thou hast overthrown them that rose up against thee: thou sentest forth thy wrath, *which* consumed them as stubble.

8 And with the blast of thy nostrils the waters were gathered together, the floods stood upright as an heap, *and* the depths were congealed in the heart of the sea.

9 The enemy said, I will pursue, I will overtake, I will divide the spoil; my lust shall be satisfied upon them; I will draw my sword, my hand shall destroy them.

10 Thou didst blow with thy wind, the sea covered them: they sank as lead in the mighty waters.

11 Who *is* like unto thee, O Lord, among the gods? who *is* like thee, glorious in holiness, fearful *in* praises, doing wonders?

12 Thou stretchedst out thy right hand, the earth swallowed them.

13 Thou in thy mercy hast led forth the people *which* thou hast redeemed: thou hast guided *them* in thy strength unto thy holy habitation.

14 The people shall hear, *and* be afraid: sorrow shall take hold on the inhabitants of Palestina.

15 Then the dukes of Edom shall be amazed; the mighty men of Moab, trembling shall take hold upon them; all the inhabitants of Canaan shall melt away.

16 Fear and dread shall fall upon them; by the greatness of thine arm they shall be *as* still as a stone; till thy people pass over, O Lord, till the people pass over, *which* thou hast purchased.

17 Thou shalt bring them in, and plant them in the mountain of thine inheritance, *in* the place, O Lord, *which* thou hast made for thee to dwell in, *in* the Sanctuary, O Lord, *which* thy hands have established.

18 The Lord shall reign for ever and ever.

19 For the horse of Pharaoh went in with his chariots and with his horsemen into the sea, and the Lord brought again the waters of the sea upon them; but the children of Israel went on dry *land* in the midst of the sea.

20 ¶ And Miriam the prophetess, the sister of Aaron, took a timbrel in her hand; and all the women went out after her with timbrels and with dances.

21 And Miriam answered them, Sing ye to the Lord, for he hath triumphed gloriously; the horse and his rider hath he thrown into the sea.

22 So Moses brought Israel from the Red sea, and they went out into the wilderness of Shur; and they went three days in the wilderness, and found no water.

23 ¶ And when they came to Marah, they could not drink of the waters of Marah, for they *were* bitter: therefore the name of it was called Marah.

24 And the people murmured against Moses, saying, What shall we drink?

25 And he cried unto the Lord; and the Lord shewed him a tree, *which* when he had cast into the waters, the waters were made sweet: there he made for them a statute and an ordinance, and there he proved them,

26 And said, If thou wilt diligently hearken to the voice of the Lord thy God, and wilt do that which is right in his sight, and wilt give ear to his commandments, and keep all his statutes, I will put none of these diseases upon thee, which I have brought upon the Egyptians: for I *am* the Lord that healeth thee.

4 שָׁמוֹ׃   מַרְכְּבֹת פַּרְעֹה וְחֵילוֹ יָרָה בַיָּם   וּמִבְחַר

5 שָׁלִשָׁיו טֻבְּעוּ בְיַם־סוּף׃   תְּהֹמֹת יְכַסְיֻמוּ יָרְדוּ בִמְצוֹלֹת כְּמוֹ־

6 אָבֶן׃   יְמִינְךָ יְהוָה נֶאְדָּרִי בַּכֹּחַ   יְמִינְךָ

7 יְהוָה תִּרְעַץ אוֹיֵב׃   וּבְרֹב גְּאוֹנְךָ תַּהֲרֹס

8 קָמֶיךָ   תְּשַׁלַּח חֲרֹנְךָ יֹאכְלֵמוֹ כַּקַּשׁ׃   וּבְרוּחַ

אַפֶּיךָ נֶעֶרְמוּ מַיִם   נִצְּבוּ כְמוֹ־נֵד

9 נֹזְלִים   קָפְאוּ תְהֹמֹת בְּלֶב־יָם׃   אָמַר

אוֹיֵב אֶרְדֹּף אַשִּׂיג   אֲחַלֵּק שָׁלָל תִּמְלָאֵמוֹ

10 נַפְשִׁי   אָרִיק חַרְבִּי תּוֹרִישֵׁמוֹ יָדִי׃   נָשַׁפְתָּ

בְרוּחֲךָ כִּסָּמוֹ יָם   צָלֲלוּ כַּעוֹפֶרֶת בְּמַיִם

11 אַדִּירִים׃   מִי־כָמֹכָה בָּאֵלִם יְהוָה   מִי

כָּמֹכָה נֶאְדָּר בַּקֹּדֶשׁ   נוֹרָא תְהִלֹּת עֹשֵׂה

12
13 פֶלֶא׃   נָטִיתָ יְמִינְךָ תִּבְלָעֵמוֹ אָרֶץ׃   נָחִיתָ

בְחַסְדְּךָ עַם־זוּ גָּאָלְתָּ   נֵהַלְתָּ בְעָזְּךָ אֶל־נְוֵה

14 קָדְשֶׁךָ׃   שָׁמְעוּ עַמִּים יִרְגָּזוּן   חִיל

15 אָחַז יֹשְׁבֵי פְּלָשֶׁת׃   אָז נִבְהֲלוּ אַלּוּפֵי

אֱדוֹם   אֵילֵי מוֹאָב יֹאחֲזֵמוֹ רָעַד   נָמֹגוּ

16 כֹּל יֹשְׁבֵי כְנָעַן׃   תִּפֹּל עֲלֵיהֶם אֵימָתָה

וָפַחַד   בִּגְדֹל זְרוֹעֲךָ יִדְּמוּ כָּאָבֶן   עַד־

יַעֲבֹר עַמְּךָ יְהוָה   עַד־יַעֲבֹר עַם־זוּ

17 קָנִיתָ׃   תְּבִאֵמוֹ וְתִטָּעֵמוֹ בְּהַר נַחֲלָתְךָ   מָכוֹן

לְשִׁבְתְּךָ פָּעַלְתָּ יְהוָה   מִקְּדָשׁ אֲדֹנָי כּוֹנְנוּ

18
19 יָדֶיךָ׃   יְהוָה ׀ יִמְלֹךְ לְעֹלָם וָעֶד׃   כִּי

בָא סוּס פַּרְעֹה בְּרִכְבּוֹ וּבְפָרָשָׁיו בַּיָּם   וַיָּשֶׁב יְהוָה עֲלֵהֶם אֶת־מֵי

הַיָּם   וּבְנֵי יִשְׂרָאֵל הָלְכוּ בַיַּבָּשָׁה בְּתוֹךְ הַיָּם׃

20 וַתִּקַּח מִרְיָם הַנְּבִיאָה אֲחוֹת אַהֲרֹן אֶת־הַתֹּף בְּיָדָהּ וַתֵּצֶאןָ כָל־הַנָּשִׁים

21 אַחֲרֶיהָ בְּתֻפִּים וּבִמְחֹלֹת׃ וַתַּעַן לָהֶם מִרְיָם שִׁירוּ לַיהוָה כִּי־גָאֹה גָּאָה

22 סוּס וְרֹכְבוֹ רָמָה בַיָּם׃   וַיַּסַּע מֹשֶׁה אֶת־יִשְׂרָאֵל מִיַּם־סוּף

וַיֵּצְאוּ אֶל־מִדְבַּר־שׁוּר וַיֵּלְכוּ שְׁלֹשֶׁת־יָמִים בַּמִּדְבָּר וְלֹא־מָצְאוּ מָיִם׃

23 וַיָּבֹאוּ מָרָתָה וְלֹא יָכְלוּ לִשְׁתֹּת מַיִם מִמָּרָה כִּי מָרִים הֵם עַל־כֵּן

24 קָרָא־שְׁמָהּ מָרָה׃ וַיִּלֹּנוּ הָעָם עַל־מֹשֶׁה לֵּאמֹר מַה־נִּשְׁתֶּה׃ וַיִּצְעַק
25

אֶל־יְהוָה וַיּוֹרֵהוּ יְהוָה עֵץ וַיַּשְׁלֵךְ אֶל־הַמַּיִם וַיִּמְתְּקוּ הַמָּיִם שָׁם שָׂם

26 לוֹ חֹק וּמִשְׁפָּט וְשָׁם נִסָּהוּ׃ וַיֹּאמֶר אִם־שָׁמוֹעַ תִּשְׁמַע לְקוֹל ׀ יְהוָה

אֱלֹהֶיךָ וְהַיָּשָׁר בְּעֵינָיו תַּעֲשֶׂה וְהַאֲזַנְתָּ לְמִצְוֹתָיו וְשָׁמַרְתָּ כָּל־חֻקָּיו

27 ¶ And they came to Elim, where *were* twelve wells of water, and threescore and ten palm trees: and they encamped there by the waters.

CHAPTER 16

1 And they took their journey from Elim, and all the congregation of the children of Israel came unto the wilderness of Sin, which *is* between Elim and Sinai, on the fifteenth day of the second month after their departing out of the land of Egypt.

2 And the whole congregation of the children of Israel murmured against Moses and Aaron in the wilderness:

3 And the children of Israel said unto them, Would to God we had died by the hand of the Lord in the land of Egypt, when we sat by the flesh pots, *and* when we did eat bread to the full; for ye have brought us forth into this wilderness, to kill this whole assembly with hunger.

4 ¶ Then said the Lord unto Moses, Behold, I will rain bread from heaven for you; and the people shall go out and gather a certain rate every day, that I may prove them, whether they will walk in my law, or no.

5 And it shall come to pass, that on the sixth day they shall prepare *that* which they bring in; and it shall be twice as much as they gather daily.

6 And Moses and Aaron said unto all the children of Israel, At even, then ye shall know that the Lord hath brought you out from the land of Egypt:

7 And in the morning, then ye shall see the glory of the Lord; for that he heareth your murmurings against the Lord: and what *are* we, that ye murmur against us?

8 And Moses said, *This shall be,* when the Lord shall give you in the evening flesh to eat, and in the morning bread to the full; for that the Lord heareth your murmurings which ye murmur against him: and what *are* we? your murmurings *are* not against us, but against the Lord.

9 ¶ And Moses spake unto Aaron, Say unto all the congregation of the children of Israel, Come near before the Lord: for he hath heard your murmurings.

10 And it came to pass, as Aaron spake unto the whole congregation of the children of Israel, that they looked toward the wilderness, and, behold, the glory of the Lord appeared in the cloud.

11 ¶ And the Lord spake unto Moses, saying,

12 I have heard the murmurings of the children of Israel: speak unto them, saying, At even ye shall eat flesh, and in the morning ye shall be filled with bread; and ye shall know that I *am* the Lord your God.

13 And it came to pass, that at even the quails came up, and covered the camp: and in the morning the dew lay round about the host.

14 And when the dew that lay was gone up, behold, upon the face of the wilderness *there lay* a small round thing, *as* small as the hoar frost on the ground.

15 And when the children of Israel saw *it,* they said one to another, It *is* manna: for they wist not what it *was.* And Moses said unto them, This *is* the bread which the Lord hath given you to eat.

16 ¶ This *is* the thing which the Lord hath commanded, Gather of it every man according to his eating, an omer for every man, *according to* the number of your persons; take ye every man for *them* which *are* in his tents.

17 And the children of Israel did so, and gathered, some more, some less.

18 And when they did mete *it* with an omer, he that gathered much had nothing over, and he that gathered little had no lack; they gathered every man according to his eating.

19 And Moses said, Let no man leave of it till the morning.

20 Notwithstanding they hearkened not unto Moses; but some of them left of it until the morning, and it bred worms, and stank: and Moses was wroth with them.

21 And they gathered it every morning, every man according to his eating: and when the sun waxed hot, it melted.

22 ¶ And it came to pass, *that* on the sixth day they gathered twice as much

כָּל־הַמַּחֲלָ֞ה אֲשֶׁר־שַׂ֤מְתִּי בְמִצְרַ֙יִם֙ לֹא־אָשִׂ֣ים עָלֶ֔יךָ כִּ֛י אֲנִ֥י יְהוָ֖ה

חמישי 27 רֹפְאֶֽךָ: וַיָּבֹ֣אוּ אֵילִ֔מָה וְשָׁ֗ם שְׁתֵּ֥ים עֶשְׂרֵ֛ה עֵינֹ֥ת מַ֖יִם

16 1 וְשִׁבְעִ֣ים תְּמָרִ֑ים וַיַּחֲנוּ־שָׁ֖ם עַל־הַמָּֽיִם: וַיִּסְעוּ֙ מֵֽאֵילִ֔ם וַיָּבֹ֜אוּ כָּל־עֲדַ֣ת

בְּנֵֽי־יִשְׂרָאֵ֗ל אֶל־מִדְבַּר־סִ֙ין֙ אֲשֶׁ֣ר בֵּין־אֵילִ֣ם וּבֵ֣ין סִינָ֔י בַּחֲמִשָּׁ֥ה עָשָׂ֛ר

וַיִּלּוֹנוּ 2 יֹ֖ום לַחֹ֣דֶשׁ הַשֵּׁנִ֑י לְצֵאתָ֖ם מֵאֶ֥רֶץ מִצְרָֽיִם: וַיִּלּ֜וֹנוּ כָּל־עֲדַ֧ת בְּנֵֽי־יִשְׂרָאֵ֛ל

3 עַל־מֹשֶׁ֥ה וְעַֽל־אַהֲרֹ֖ן בַּמִּדְבָּֽר: וַיֹּאמְר֨וּ אֲלֵהֶ֜ם בְּנֵ֣י יִשְׂרָאֵ֗ל מִֽי־יִתֵּ֨ן

מוּתֵ֤נוּ בְיַד־יְהוָה֙ בְּאֶ֣רֶץ מִצְרַ֔יִם בְּשִׁבְתֵּ֙נוּ֙ עַל־סִ֣יר הַבָּשָׂ֔ר בְּאָכְלֵ֥נוּ

לֶ֖חֶם לָשֹׂ֑בַע כִּֽי־הוֹצֵאתֶ֤ם אֹתָ֙נוּ֙ אֶל־הַמִּדְבָּ֣ר הַזֶּ֔ה לְהָמִ֛ית אֶת־כָּל־

4 הַקָּהָ֥ל הַזֶּ֖ה בָּרָעָֽב: וַיֹּ֤אמֶר יְהוָה֙ אֶל־מֹשֶׁ֔ה הִנְנִ֨י מַמְטִ֥יר

לָכֶ֥ם לֶ֖חֶם מִן־הַשָּׁמָ֑יִם וְיָצָ֨א הָעָ֤ם וְלָֽקְטוּ֙ דְּבַר־יֹ֣ום בְּיֹומ֔וֹ לְמַ֥עַן אֲנַסֶּ֛נּוּ

5 הֲיֵלֵ֥ךְ בְּתוֹרָתִ֖י אִם־לֹֽא: וְהָיָה֙ בַּיֹּ֣ום הַשִּׁשִּׁ֔י וְהֵכִ֖ינוּ אֵ֣ת אֲשֶׁר־יָבִ֑יאוּ

6 וְהָיָ֣ה מִשְׁנֶ֔ה עַ֥ל אֲשֶׁר־יִלְקְט֖וּ יֹ֥ום ׀ יֹֽום: וַיֹּ֤אמֶר מֹשֶׁה֙ וְאַהֲרֹ֔ן אֶֽל־כָּל־

בְּנֵ֣י יִשְׂרָאֵ֑ל עֶ֕רֶב וִֽידַעְתֶּ֔ם כִּ֧י יְהוָ֛ה הוֹצִ֥יא אֶתְכֶ֖ם מֵאֶ֥רֶץ מִצְרָֽיִם:

7 וּבֹ֗קֶר וּרְאִיתֶם֙ אֶת־כְּב֣וֹד יְהוָ֔ה בְּשָׁמְע֥וֹ אֶת־תְּלֻנֹּתֵיכֶ֖ם עַל־יְהוָ֑ה

תלונו 8 וְנַ֣חְנוּ מָ֔ה כִּ֥י תַלִּ֖ינוּ עָלֵֽינוּ: וַיֹּ֣אמֶר מֹשֶׁ֗ה בְּתֵ֣ת יְהוָה֩ לָכֶ֨ם בָּעֶ֜רֶב

בָּשָׂ֣ר לֶאֱכֹ֗ל וְלֶ֤חֶם בַּבֹּ֙קֶר֙ לִשְׂבֹּ֔עַ בִּשְׁמֹ֤עַ יְהוָה֙ אֶת־תְּלֻנֹּֽתֵיכֶ֔ם אֲשֶׁר־

אַתֶּ֖ם מַלִּינִ֣ם עָלָ֑יו וְנַ֣חְנוּ מָ֔ה לֹא־עָלֵ֥ינוּ תְלֻנֹּתֵיכֶ֖ם כִּ֥י עַל־יְהוָֽה:

9A 9 וַיֹּ֤אמֶר מֹשֶׁה֙ אֶֽל־אַהֲרֹ֔ן אֱמֹ֗ר אֶֽל־כָּל־עֲדַת֙ בְּנֵ֣י יִשְׂרָאֵ֔ל קִרְב֖וּ לִפְנֵ֣י

10 יְהוָ֑ה כִּ֣י שָׁמַ֔ע אֵ֖ת תְּלֻנֹּתֵיכֶֽם: וַיְהִ֗י כְּדַבֵּ֤ר אַהֲרֹן֙ אֶל־כָּל־עֲדַ֣ת בְּנֵֽי־

יִשְׂרָאֵ֔ל וַיִּפְנ֖וּ אֶל־הַמִּדְבָּ֑ר וְהִנֵּה֙ כְּב֣וֹד יְהוָ֔ה נִרְאָ֖ה בֶּעָנָֽן:

ששי 11
12 וַיְדַבֵּ֥ר יְהוָ֖ה אֶל־מֹשֶׁ֥ה לֵּאמֹֽר: שָׁמַ֗עְתִּי אֶת־תְּלוּנֹּת֮ בְּנֵ֣י יִשְׂרָאֵל֒

דַּבֵּ֨ר אֲלֵהֶ֜ם לֵאמֹ֗ר בֵּ֤ין הָֽעַרְבַּ֙יִם֙ תֹּאכְל֣וּ בָשָׂ֔ר וּבַבֹּ֖קֶר תִּשְׂבְּעוּ־לָ֑חֶם

13 וִֽידַעְתֶּ֕ם כִּ֛י אֲנִ֥י יְהוָ֖ה אֱלֹהֵיכֶֽם: וַיְהִ֣י בָעֶ֔רֶב וַתַּ֣עַל הַשְּׂלָ֔ו וַתְּכַ֖ס אֶת־

14 הַֽמַּחֲנֶ֑ה וּבַבֹּ֗קֶר הָֽיְתָה֙ שִׁכְבַ֣ת הַטַּ֔ל סָבִ֖יב לַֽמַּחֲנֶֽה: וַתַּ֖עַל

שִׁכְבַ֣ת הַטָּ֑ל וְהִנֵּ֞ה עַל־פְּנֵ֤י הַמִּדְבָּר֙ דַּ֣ק מְחֻסְפָּ֔ס דַּ֥ק כַּכְּפֹ֖ר

15 עַל־הָאָֽרֶץ: וַיִּרְא֣וּ בְנֵֽי־יִשְׂרָאֵ֗ל וַיֹּ֨אמְר֜וּ אִ֤ישׁ אֶל־אָחִיו֙ מָ֣ן ה֔וּא כִּ֛י

לֹ֥א יָדְע֖וּ מַה־ה֑וּא וַיֹּ֤אמֶר מֹשֶׁה֙ אֲלֵהֶ֔ם ה֣וּא הַלֶּ֔חֶם אֲשֶׁ֨ר נָתַ֧ן

16 יְהוָ֛ה לָכֶ֖ם לְאָכְלָֽה: זֶ֤ה הַדָּבָר֙ אֲשֶׁ֣ר צִוָּ֣ה יְהוָ֔ה לִקְט֣וּ מִמֶּ֔נּוּ אִ֖ישׁ

לְפִ֣י אָכְל֑וֹ עֹ֣מֶר לַגֻּלְגֹּ֗לֶת מִסְפַּר֙ נַפְשֹׁ֣תֵיכֶ֔ם אִ֛ישׁ לַאֲשֶׁ֥ר בְּאָהֳל֖וֹ

17
18 תִּקָּֽחוּ: וַיַּעֲשׂוּ־כֵ֖ן בְּנֵ֣י יִשְׂרָאֵ֑ל וַֽיִּלְקְט֔וּ הַמַּרְבֶּ֖ה וְהַמַּמְעִֽיט: וַיָּמֹ֣דּוּ

בָעֹ֔מֶר וְלֹ֤א הֶעְדִּיף֙ הַמַּרְבֶּ֔ה וְהַמַּמְעִ֖יט לֹ֣א הֶחְסִ֑יר אִ֥ישׁ לְפִֽי־אָכְל֖וֹ

19 לָקָֽטוּ: וַיֹּ֥אמֶר מֹשֶׁ֖ה אֲלֵהֶ֑ם אִ֕ישׁ אַל־יוֹתֵ֥ר מִמֶּ֖נּוּ עַד־בֹּֽקֶר:

20 וְלֹא־שָׁמְע֣וּ אֶל־מֹשֶׁ֗ה וַיּוֹתִ֨רוּ אֲנָשִׁ֤ים מִמֶּ֙נּוּ֙ עַד־בֹּ֔קֶר וַיָּ֥רֻם תּוֹלָעִ֖ים

21 וַיִּבְאַ֑שׁ וַיִּקְצֹ֥ף עֲלֵהֶ֖ם מֹשֶֽׁה: וַיִּלְקְט֤וּ אֹתוֹ֙ בַּבֹּ֣קֶר בַּבֹּ֔קֶר אִ֖ישׁ כְּפִ֣י

22 אָכְל֑וֹ וְחַ֥ם הַשֶּׁ֖מֶשׁ וְנָמָֽס: וַיְהִ֣י ׀ בַּיֹּ֣ום הַשִּׁשִּׁ֗י לָֽקְט֥וּ לֶ֙חֶם֙ מִשְׁנֶ֔ה

bread, two omers for one *man:* and all the rulers of the congregation came and told Moses.

23 And he said unto them, This *is that* which the LORD hath said, To morrow *is* the rest of the holy sabbath unto the LORD: bake *that* which ye will bake *to day,* and seethe that ye will seethe; and that which remaineth over lay up for you to be kept until the morning.

24 And they laid it up till the morning, as Moses bade: and it did not stink, neither was there any worm therein.

25 And Moses said, Eat that to day; for to day *is* a sabbath unto the LORD: to day ye shall not find it in the field.

26 Six days ye shall gather it; but on the seventh day, *which is* the sabbath, in it there shall be none.

27 ¶ And it came to pass, *that* there went out *some* of the people on the seventh day for to gather, and they found none.

28 And the LORD said unto Moses, How long refuse ye to keep my commandments and my laws?

29 See, for that the LORD hath given you the sabbath, therefore he giveth you on the sixth day the bread of two days; abide ye every man in his place, let no man go out of his place on the seventh day.

30 So the people rested on the seventh day.

31 And the house of Israel called the name thereof Manna: and it *was* like coriander seed, white; and the taste of it *was* like wafers *made* with honey.

32 ¶ And Moses said, This *is* the thing which the LORD commandeth, Fill an omer of it to be kept for your generations; that they may see the bread wherewith I have fed you in the wilderness, when I brought you forth from the land of Egypt.

33 And Moses said unto Aaron, Take a pot, and put an omer full of manna therein, and lay it up before the LORD, to be kept for your generations.

34 As the LORD commanded Moses, so Aaron laid it up before the Testimony, to be kept.

35 And the children of Israel did eat manna forty years, until they came to a land inhabited; they did eat manna, until they came unto the borders of the land of Canaan.

36 Now an omer *is* the tenth *part* of an ephah.

CHAPTER 17

1 And all the congregation of the children of Israel journeyed from the wilderness of Sin, after their journeys, according to the commandment of the LORD, and pitched in Rephidim: and *there was* no water for the people to drink.

2 Wherefore the people did chide with Moses, and said, Give us water that we may drink. And Moses said unto them, Why chide ye with me? wherefore do ye tempt the LORD?

3 And the people thirsted there for water; and the people murmured against Moses, and said, Wherefore *is* this *that* thou hast brought us up out of Egypt, to kill us and our children and our cattle with thirst?

4 And Moses cried unto the LORD, saying, What shall I do unto this people? they be almost ready to stone me.

5 And the LORD said unto Moses, Go on before the people, and take with thee of the elders of Israel; and thy rod, wherewith thou smotest the river, take in thine hand, and go.

6 Behold, I will stand before thee there upon the rock in Horeb; and thou shalt smite the rock, and there shall come water out of it, that the people may drink. And Moses did so in the sight of the elders of Israel.

7 And he called the name of the place Massah, and Meribah, because of the chiding of the children of Israel, and because they tempted the LORD, saying, Is the LORD among us, or not?

8 ¶ Then came Amalek, and fought with Israel in Rephidim.

9 And Moses said unto Joshua, Choose us out men, and go out, fight with Amalek: to morrow I will stand on the top of the hill with the rod of God in mine hand.

10 So Joshua did as Moses had said to him, and fought with Amalek: and Moses,

23 שְׁנֵי הָעֹמֶר לָאֶחָד וַיָּבֹאוּ כָּל־נְשִׂיאֵי הָעֵדָה וַיַּגִּידוּ לְמֹשֶׁה: וַיֹּאמֶר אֲלֵהֶם הוּא אֲשֶׁר דִּבֶּר יְהוָה שַׁבָּתוֹן שַׁבַּת־קֹדֶשׁ לַיהוָה מָחָר אֵת אֲשֶׁר־תֹּאפוּ אֵפוּ וְאֵת אֲשֶׁר־תְּבַשְּׁלוּ בַּשֵּׁלוּ וְאֵת כָּל־הָעֹדֵף הַנִּיחוּ

24 לָכֶם לְמִשְׁמֶרֶת עַד־הַבֹּקֶר: וַיַּנִּיחוּ אֹתוֹ עַד־הַבֹּקֶר כַּאֲשֶׁר צִוָּה

25 מֹשֶׁה וְלֹא הִבְאִישׁ וְרִמָּה לֹא־הָיְתָה בּוֹ: וַיֹּאמֶר מֹשֶׁה אִכְלֻהוּ הַיּוֹם

26 כִּי־שַׁבָּת הַיּוֹם לַיהוָה הַיּוֹם לֹא תִמְצָאֻהוּ בַּשָּׂדֶה: שֵׁשֶׁת יָמִים

27 תִּלְקְטֻהוּ וּבַיּוֹם הַשְּׁבִיעִי שַׁבָּת לֹא יִהְיֶה־בּוֹ: וַיְהִי בַּיּוֹם הַשְּׁבִיעִי

28 יָצְאוּ מִן־הָעָם לִלְקֹט וְלֹא מָצָאוּ: וַיֹּאמֶר יְהוָה אֶל־מֹשֶׁה

29 עַד־אָנָה מֵאַנְתֶּם לִשְׁמֹר מִצְוֹתַי וְתוֹרֹתָי: רְאוּ כִּי־יְהוָה נָתַן לָכֶם הַשַּׁבָּת עַל־כֵּן הוּא נֹתֵן לָכֶם בַּיּוֹם הַשִּׁשִּׁי לֶחֶם יוֹמָיִם שְׁבוּ אִישׁ

29A

30 תַּחְתָּיו אַל־יֵצֵא אִישׁ מִמְּקֹמוֹ בַּיּוֹם הַשְּׁבִיעִי: וַיִּשְׁבְּתוּ הָעָם בַּיּוֹם

31 הַשְּׁבִעִי: וַיִּקְרְאוּ בֵית־יִשְׂרָאֵל אֶת־שְׁמוֹ מָן וְהוּא כְּזֶרַע גַּד לָבָן וְטַעְמוֹ כְּצַפִּיחִת בִּדְבָשׁ: וַיֹּאמֶר מֹשֶׁה זֶה הַדָּבָר אֲשֶׁר צִוָּה יְהוָה

32 מְלֹא הָעֹמֶר מִמֶּנּוּ לְמִשְׁמֶרֶת לְדֹרֹתֵיכֶם לְמַעַן יִרְאוּ אֶת־הַלֶּחֶם אֲשֶׁר

33 הֶאֱכַלְתִּי אֶתְכֶם בַּמִּדְבָּר בְּהוֹצִיאִי אֶתְכֶם מֵאֶרֶץ מִצְרָיִם: וַיֹּאמֶר מֹשֶׁה אֶל־אַהֲרֹן קַח צִנְצֶנֶת אַחַת וְתֶן־שָׁמָּה מְלֹא־הָעֹמֶר מָן וְהַנַּח

34 אֹתוֹ לִפְנֵי יְהוָה לְמִשְׁמֶרֶת לְדֹרֹתֵיכֶם: כַּאֲשֶׁר צִוָּה יְהוָה אֶל־מֹשֶׁה

35 וַיַּנִּיחֵהוּ אַהֲרֹן לִפְנֵי הָעֵדֻת לְמִשְׁמָרֶת: וּבְנֵי יִשְׂרָאֵל אָכְלוּ אֶת־הַמָּן אַרְבָּעִים שָׁנָה עַד־בֹּאָם אֶל־אֶרֶץ נוֹשָׁבֶת אֶת־הַמָּן אָכְלוּ עַד־בֹּאָם

36 אֶל־קְצֵה אֶרֶץ כְּנָעַן: וְהָעֹמֶר עֲשִׂרִית הָאֵיפָה הוּא:

שביעי 17 1 וַיִּסְעוּ כָּל־עֲדַת בְּנֵי־יִשְׂרָאֵל מִמִּדְבַּר־סִין לְמַסְעֵיהֶם עַל־פִּי יְהוָה

2 וַיַּחֲנוּ בִּרְפִידִים וְאֵין מַיִם לִשְׁתֹּת הָעָם: וַיָּרֶב הָעָם עִם־מֹשֶׁה וַיֹּאמְרוּ תְּנוּ־לָנוּ מַיִם וְנִשְׁתֶּה וַיֹּאמֶר לָהֶם מֹשֶׁה מַה־תְּרִיבוּן עִמָּדִי

3 מַה־תְּנַסּוּן אֶת־יְהוָה: וַיִּצְמָא שָׁם הָעָם לַמַּיִם וַיָּלֶן הָעָם עַל־מֹשֶׁה וַיֹּאמֶר לָמָּה זֶּה הֶעֱלִיתָנוּ מִמִּצְרַיִם לְהָמִית אֹתִי וְאֶת־בָּנַי וְאֶת־מִקְנַי

4 בַּצָּמָא: וַיִּצְעַק מֹשֶׁה אֶל־יְהוָה לֵאמֹר מָה אֶעֱשֶׂה לָעָם הַזֶּה עוֹד

5 מְעַט וּסְקָלֻנִי: וַיֹּאמֶר יְהוָה אֶל־מֹשֶׁה עֲבֹר לִפְנֵי הָעָם וְקַח אִתְּךָ מִזִּקְנֵי יִשְׂרָאֵל וּמַטְּךָ אֲשֶׁר הִכִּיתָ בּוֹ אֶת־הַיְאֹר קַח בְּיָדְךָ וְהָלָכְתָּ:

6 הִנְנִי עֹמֵד לְפָנֶיךָ שָּׁם עַל־הַצּוּר בְּחֹרֵב וְהִכִּיתָ בַצּוּר וְיָצְאוּ מִמֶּנּוּ

7 מַיִם וְשָׁתָה הָעָם וַיַּעַשׂ כֵּן מֹשֶׁה לְעֵינֵי זִקְנֵי יִשְׂרָאֵל: וַיִּקְרָא שֵׁם הַמָּקוֹם מַסָּה וּמְרִיבָה עַל־רִיב בְּנֵי יִשְׂרָאֵל וְעַל נַסֹּתָם אֶת־יְהוָה לֵאמֹר הֲיֵשׁ יְהוָה בְּקִרְבֵּנוּ אִם־אָיִן:

8 וַיָּבֹא עֲמָלֵק וַיִּלָּחֶם עִם־יִשְׂרָאֵל בִּרְפִידִם: וַיֹּאמֶר מֹשֶׁה אֶל־יְהוֹשֻׁעַ

9 בְּחַר־לָנוּ אֲנָשִׁים וְצֵא הִלָּחֵם בַּעֲמָלֵק מָחָר אָנֹכִי נִצָּב עַל־רֹאשׁ

10 הַגִּבְעָה וּמַטֵּה הָאֱלֹהִים בְּיָדִי: וַיַּעַשׂ יְהוֹשֻׁעַ כַּאֲשֶׁר אָמַר־לוֹ מֹשֶׁה

Aaron, and Hur went up to the top of the hill.

11 And it came to pass, when Moses held up his hand, that Israel prevailed: and when he let down his hand, Amalek prevailed.

12 But Moses' hands were heavy; and they took a stone, and put it under him, and he sat thereon; and Aaron and Hur stayed up his hands, the one on the one side, and the other on the other side; and his hands were steady until the going down of the sun.

13 And Joshua discomfited Amalek and his people with the edge of the sword.

14 And the LORD said unto Moses, Write this for a memorial in a book, and rehearse it in the ears of Joshua: for I will utterly put out the remembrance of Amalek from under heaven.

15 And Moses built an altar, and called the name of it Jehovah-nissi:

16 For he said, Because the LORD hath sworn that the LORD will have war with Amalek from generation to generation.

CHAPTER 18

1 When Jethro, the priest of Midian, Moses' father in law, heard of all that God had done for Moses, and for Israel his people, and that the LORD had brought Israel out of Egypt;

2 Then Jethro, Moses' father in law, took Zipporah, Moses' wife, after he had sent her back,

3 And her two sons; of which the name of the one was Gershom; for he said, I have been an alien in a strange land:

4 And the name of the other was Eliezer; for the God of my father, said he, was mine help, and delivered me from the sword of Pharaoh:

5 And Jethro, Moses' father in law, came with his sons and his wife unto Moses into the wilderness, where he encamped at the mount of God:

6 And he said unto Moses, I thy father in law Jethro am come unto thee, and thy wife, and her two sons with her.

7 ¶ And Moses went out to meet his fa-

ther in law, and did obeisance, and kissed him; and they asked each other of their welfare; and they came into the tent.

8 And Moses told his father in law all that the LORD had done unto Pharaoh and to the Egyptians for Israel's sake, and all the travail that had come upon them by the way, and how the LORD delivered them.

9 And Jethro rejoiced for all the goodness which the LORD had done to Israel, whom he had delivered out of the hand of the Egyptians.

10 And Jethro said, Blessed be the LORD, who hath delivered you out of the hand of the Egyptians, and out of the hand of Pharaoh, who hath delivered the people from under the hand of the Egyptians.

11 Now I know that the LORD is greater than all gods: for in the thing wherein they dealt proudly he was above them.

12 And Jethro, Moses' father in law, took a burnt offering and sacrifices for God: and Aaron came, and all the elders of Israel, to eat bread with Moses' father in law before God.

13 ¶ And it came to pass on the morrow, that Moses sat to judge the people: and the people stood by Moses from the morning unto the evening.

14 And when Moses' father in law saw all that he did to the people, he said, What is this thing that thou doest to the people? why sittest thou thyself alone, and all the people stand by thee from morning unto even?

15 And Moses said unto his father in law, Because the people come unto me to enquire of God:

16 When they have a matter, they come unto me; and I judge between one and another, and I do make them know the statutes of God, and his laws.

17 And Moses' father in law said unto him, The thing that thou doest is not good.

18 Thou wilt surely wear away, both thou, and this people that is with thee: for this thing is too heavy for thee; thou art not able to perform it thyself alone.

19 Hearken now unto my voice, I will

11 לְהִלָּחֵם בַּעֲמָלֵק וּמֹשֶׁה אַהֲרֹן וְחוּר עָלוּ רֹאשׁ הַגִּבְעָה: וְהָיָה
כַּאֲשֶׁר יָרִים מֹשֶׁה יָדוֹ וְגָבַר יִשְׂרָאֵל וְכַאֲשֶׁר יָנִיחַ יָדוֹ וְגָבַר עֲמָלֵק:

12 וִידֵי מֹשֶׁה כְּבֵדִים וַיִּקְחוּ־אֶבֶן וַיָּשִׂימוּ תַחְתָּיו וַיֵּשֶׁב עָלֶיהָ וְאַהֲרֹן
וְחוּר תָּמְכוּ בְיָדָיו מִזֶּה אֶחָד וּמִזֶּה אֶחָד וַיְהִי יָדָיו אֱמוּנָה עַד־בֹּא

13 הַשָּׁמֶשׁ: וַיַּחֲלֹשׁ יְהוֹשֻׁעַ אֶת־עֲמָלֵק וְאֶת־עַמּוֹ לְפִי־חָרֶב:

מפטיר
14 וַיֹּאמֶר יְהֹוָה אֶל־מֹשֶׁה כְּתֹב זֹאת זִכָּרוֹן בַּסֵּפֶר וְשִׂים בְּאָזְנֵי יְהוֹשֻׁעַ

15 כִּי־מָחֹה אֶמְחֶה אֶת־זֵכֶר עֲמָלֵק מִתַּחַת הַשָּׁמָיִם: וַיִּבֶן מֹשֶׁה מִזְבֵּחַ

16 וַיִּקְרָא שְׁמוֹ יְהֹוָה | נִסִּי: וַיֹּאמֶר כִּי־יָד עַל־כֵּס יָהּ מִלְחָמָה לַיהֹוָה
בַּעֲמָלֵק מִדֹּר דֹּר:

1 18 יתרו וַיִּשְׁמַע יִתְרוֹ כֹהֵן מִדְיָן חֹתֵן מֹשֶׁה אֵת כָּל־אֲשֶׁר עָשָׂה אֱלֹהִים

2 לְמֹשֶׁה וּלְיִשְׂרָאֵל עַמּוֹ כִּי־הוֹצִיא יְהֹוָה אֶת־יִשְׂרָאֵל מִמִּצְרָיִם: וַיִּקַּח

3 יִתְרוֹ חֹתֵן מֹשֶׁה אֶת־צִפֹּרָה אֵשֶׁת מֹשֶׁה אַחַר שִׁלּוּחֶיהָ: וְאֵת שְׁנֵי
בָנֶיהָ אֲשֶׁר שֵׁם הָאֶחָד גֵּרְשֹׁם כִּי אָמַר גֵּר הָיִיתִי בְּאֶרֶץ נָכְרִיָּה:

4 וְשֵׁם הָאֶחָד אֱלִיעֶזֶר כִּי־אֱלֹהֵי אָבִי בְּעֶזְרִי וַיַּצִּלֵנִי מֵחֶרֶב פַּרְעֹה:

5 וַיָּבֹא יִתְרוֹ חֹתֵן מֹשֶׁה וּבָנָיו וְאִשְׁתּוֹ אֶל־מֹשֶׁה אֶל־הַמִּדְבָּר
אֲשֶׁר־הוּא חֹנֶה שָׁם הַר הָאֱלֹהִים: וַיֹּאמֶר אֶל־מֹשֶׁה אֲנִי חֹתֶנְךָ

6

7 יִתְרוֹ בָּא אֵלֶיךָ וְאִשְׁתְּךָ וּשְׁנֵי בָנֶיהָ עִמָּהּ: וַיֵּצֵא מֹשֶׁה לִקְרַאת
חֹתְנוֹ וַיִּשְׁתַּחוּ וַיִּשַּׁק־לוֹ וַיִּשְׁאֲלוּ אִישׁ־לְרֵעֵהוּ לְשָׁלוֹם וַיָּבֹאוּ

8 הָאֹהֱלָה: וַיְסַפֵּר מֹשֶׁה לְחֹתְנוֹ אֵת כָּל־אֲשֶׁר עָשָׂה יְהֹוָה לְפַרְעֹה
וּלְמִצְרַיִם עַל אוֹדֹת יִשְׂרָאֵל אֵת כָּל־הַתְּלָאָה אֲשֶׁר מְצָאָתַם בַּדֶּרֶךְ

9 וַיַּצִּלֵם יְהֹוָה: וַיִּחַדְּ יִתְרוֹ עַל כָּל־הַטּוֹבָה אֲשֶׁר־עָשָׂה יְהֹוָה לְיִשְׂרָאֵל

10 אֲשֶׁר הִצִּילוֹ מִיַּד מִצְרָיִם: וַיֹּאמֶר יִתְרוֹ בָּרוּךְ יְהֹוָה אֲשֶׁר הִצִּיל
אֶתְכֶם מִיַּד מִצְרַיִם וּמִיַּד פַּרְעֹה אֲשֶׁר הִצִּיל אֶת־הָעָם מִתַּחַת

11 יַד־מִצְרָיִם: עַתָּה יָדַעְתִּי כִּי־גָדוֹל יְהֹוָה מִכָּל־הָאֱלֹהִים כִּי בַדָּבָר

12 אֲשֶׁר זָדוּ עֲלֵיהֶם: וַיִּקַּח יִתְרוֹ חֹתֵן מֹשֶׁה עֹלָה וּזְבָחִים לֵאלֹהִים
וַיָּבֹא אַהֲרֹן וְכֹל | זִקְנֵי יִשְׂרָאֵל לֶאֱכָל־לֶחֶם עִם־חֹתֵן מֹשֶׁה לִפְנֵי

שני
13 הָאֱלֹהִים: וַיְהִי מִמָּחֳרָת וַיֵּשֶׁב מֹשֶׁה לִשְׁפֹּט אֶת־הָעָם וַיַּעֲמֹד הָעָם

14 עַל־מֹשֶׁה מִן־הַבֹּקֶר עַד־הָעָרֶב: וַיַּרְא חֹתֵן מֹשֶׁה אֵת כָּל־אֲשֶׁר־הוּא
עֹשֶׂה לָעָם וַיֹּאמֶר מָה־הַדָּבָר הַזֶּה אֲשֶׁר אַתָּה עֹשֶׂה לָעָם מַדּוּעַ

15 אַתָּה יוֹשֵׁב לְבַדֶּךָ וְכָל־הָעָם נִצָּב עָלֶיךָ מִן־בֹּקֶר עַד־עָרֶב: וַיֹּאמֶר

16 מֹשֶׁה לְחֹתְנוֹ כִּי־יָבֹא אֵלַי הָעָם לִדְרֹשׁ אֱלֹהִים: כִּי־יִהְיֶה לָהֶם
דָּבָר בָּא אֵלַי וְשָׁפַטְתִּי בֵּין אִישׁ וּבֵין רֵעֵהוּ וְהוֹדַעְתִּי אֶת־חֻקֵּי

17 הָאֱלֹהִים וְאֶת־תּוֹרֹתָיו: וַיֹּאמֶר חֹתֵן מֹשֶׁה אֵלָיו לֹא־טוֹב הַדָּבָר

18 אֲשֶׁר אַתָּה עֹשֶׂה: נָבֹל תִּבֹּל גַּם־אַתָּה גַּם־הָעָם הַזֶּה אֲשֶׁר עִמָּךְ

19 כִּי־כָבֵד מִמְּךָ הַדָּבָר לֹא־תוּכַל עֲשֹׂהוּ לְבַדֶּךָ: עַתָּה שְׁמַע בְּקֹלִי

give thee counsel, and God shall be with thee: Be thou for the people to God-ward, that thou mayest bring the causes unto God:

20 And thou shalt teach them ordinances and laws, and shalt shew them the way wherein they must walk, and the work that they must do.

21 Moreover thou shalt provide out of all the people able men, such as fear God, men of truth, hating covetousness; and place *such* over them, *to be* rulers of thousands, *and* rulers of hundreds, rulers of fifties, and rulers of tens:

22 And let them judge the people at all seasons: and it shall be, *that* every great matter they shall bring unto thee, but every small matter they shall judge: so shall it be easier for thyself, and they shall bear *the burden* with thee.

23 If thou shalt do this thing, and God command thee *so,* then thou shalt be able to endure, and all this people shall also go to their place in peace.

24 So Moses hearkened to the voice of his father in law, and did all that he had said.

25 And Moses chose able men out of all Israel, and made them heads over the people, rulers of thousands, rulers of hundreds, rulers of fifties, and rulers of tens.

26 And they judged the people at all seasons: the hard causes they brought unto Moses, but every small matter they judged themselves.

27 ¶ And Moses let his father in law depart; and he went his way into his own land.

CHAPTER 19

1 In the third month, when the children of Israel were gone forth out of the land of Egypt, the same day came they *into* the wilderness of Sinai.

2 For they were departed from Rephidim, and were come *to* the desert of Sinai, and had pitched in the wilderness; and there Israel camped before the mount.

3 And Moses went up unto God, and the LORD called unto him out of the moun-

tain, saying, Thus shalt thou say to the house of Jacob, and tell the children of Israel;

4 Ye have seen what I did unto the Egyptians, and *how* I bare you on eagles' wings, and brought you unto myself.

5 Now therefore, if ye will obey my voice indeed, and keep my covenant, then ye shall be a peculiar treasure unto me above all people: for all the earth *is* mine:

6 And ye shall be unto me a kingdom of priests, and an holy nation. These *are* the words which thou shalt speak unto the children of Israel.

7 ¶ And Moses came and called for the elders of the people, and laid before their faces all these words which the LORD commanded him.

8 And all the people answered together, and said, All that the LORD hath spoken we will do. And Moses returned the words of the people unto the LORD.

9 And the LORD said unto Moses, Lo, I come unto thee in a thick cloud, that the people may hear when I speak with thee, and believe thee for ever. And Moses told the words of the people unto the LORD.

10 ¶ And the LORD said unto Moses, Go unto the people, and sanctify them to day and to morrow, and let them wash their clothes,

11 And be ready against the third day: for the third day the LORD will come down in the sight of all the people upon mount Sinai.

12 And thou shalt set bounds unto the people round about, saying, Take heed to yourselves, *that ye* go *not* up into the mount, or touch the border of it: whosoever toucheth the mount shall be surely put to death:

13 There shall not an hand touch it, but he shall surely be stoned, or shot through; whether *it be* beast or man, it shall not live: when the trumpet soundeth long, they shall come up to the mount.

14 ¶ And Moses went down from the mount unto the people, and sanctified the people; and they washed their clothes.

15 And he said unto the people, Be ready against the third day: come not at *your* wives.

אִיעָצְךָ֙ וִיהִ֣י אֱלֹהִ֣ים עִמָּ֔ךְ הֱיֵ֤ה אַתָּה֙ לָעָ֔ם מ֖וּל הָאֱלֹהִ֑ים וְהֵבֵאתָ֤

אַתָּה֙ אֶת־הַדְּבָרִ֔ים אֶל־הָאֱלֹהִֽים׃ וְהִזְהַרְתָּ֣ה אֶתְהֶ֔ם אֶת־הַחֻקִּ֖ים 20

וְאֶת־הַתּוֹרֹ֑ת וְהוֹדַעְתָּ֣ לָהֶ֗ם אֶת־הַדֶּ֙רֶךְ֙ יֵ֣לְכוּ בָ֔הּ וְאֶת־הַֽמַּעֲשֶׂ֖ה

אֲשֶׁ֥ר יַעֲשֽׂוּן׃ וְאַתָּ֣ה תֶחֱזֶ֣ה מִכָּל־הָ֠עָם אַנְשֵׁי־חַ֜יִל יִרְאֵ֧י אֱלֹהִ֛ים 21

אַנְשֵׁ֥י אֱמֶ֖ת שֹׂ֣נְאֵי בָ֑צַע וְשַׂמְתָּ֣ עֲלֵהֶ֗ם שָׂרֵ֤י אֲלָפִים֙ שָׂרֵ֣י מֵא֔וֹת

שָׂרֵ֥י חֲמִשִּׁ֖ים וְשָׂרֵ֥י עֲשָׂרֹֽת׃ וְשָׁפְט֣וּ אֶת־הָעָם֮ בְּכָל־עֵת֒ וְהָיָ֞ה 22

כָּל־הַדָּבָ֤ר הַגָּדֹל֙ יָבִ֣יאוּ אֵלֶ֔יךָ וְכָל־הַדָּבָ֥ר הַקָּטֹ֖ן יִשְׁפְּטוּ־הֵ֑ם וְהָקֵל֙

מֵֽעָלֶ֔יךָ וְנָשְׂא֖וּ אִתָּֽךְ׃ אִם֙ אֶת־הַדָּבָ֤ר הַזֶּה֙ תַּעֲשֶׂ֔ה וְצִוְּךָ֣ אֱלֹהִ֔ים 23

וְיָכָלְתָּ֖ עֲמֹ֑ד וְגַם֙ כָּל־הָעָ֣ם הַזֶּ֔ה עַל־מְקֹמ֖וֹ יָבֹ֥א בְשָׁלֽוֹם׃ שלישי 24

25A מֹשֶׁ֖ה לְק֣וֹל חֹתְנ֑וֹ וַיַּ֕עַשׂ כֹּ֖ל אֲשֶׁ֥ר אָמָֽר׃ וַיִּבְחַ֨ר מֹשֶׁ֤ה אַנְשֵׁי־חַ֙יִל֙ 25

מִכָּל־יִשְׂרָאֵ֔ל וַיִּתֵּ֥ן אֹתָ֛ם רָאשִׁ֖ים עַל־הָעָ֑ם שָׂרֵ֤י אֲלָפִים֙ שָׂרֵ֣י מֵא֔וֹת

שָׂרֵ֥י חֲמִשִּׁ֖ים וְשָׂרֵ֥י עֲשָׂרֹֽת׃ וְשָׁפְט֥וּ אֶת־הָעָ֖ם בְּכָל־עֵ֑ת אֶת־הַדָּבָ֤ר 26

הַקָּשֶׁה֙ יְבִיא֣וּן אֶל־מֹשֶׁ֔ה וְכָל־הַדָּבָ֥ר הַקָּטֹ֖ן יִשְׁפּוּט֥וּ הֵֽם׃ וַיְשַׁלַּ֥ח 27

מֹשֶׁ֖ה אֶת־חֹתְנ֑וֹ וַיֵּ֥לֶךְ ל֖וֹ אֶל־אַרְצֽוֹ׃

רביעי בַּחֹ֙דֶשׁ֙ הַשְּׁלִישִׁ֔י לְצֵ֥את בְּנֵֽי־יִשְׂרָאֵ֖ל מֵאֶ֣רֶץ מִצְרָ֑יִם בַּיּ֣וֹם הַזֶּ֔ה בָּ֖אוּ 19 1

מִדְבַּ֣ר סִינָֽי׃ וַיִּסְע֣וּ מֵרְפִידִ֗ים וַיָּבֹ֙אוּ֙ מִדְבַּ֣ר סִינַ֔י וַֽיַּחֲנ֖וּ בַּמִּדְבָּ֑ר 2

וַיִּֽחַן־שָׁ֥ם יִשְׂרָאֵ֖ל נֶ֥גֶד הָהָֽר׃ וּמֹשֶׁ֥ה עָלָ֖ה אֶל־הָאֱלֹהִ֑ים וַיִּקְרָ֨א אֵלָ֤יו 3

יְהוָה֙ מִן־הָהָ֣ר לֵאמֹ֔ר כֹּ֤ה תֹאמַר֙ לְבֵ֣ית יַעֲקֹ֔ב וְתַגֵּ֖יד לִבְנֵ֥י יִשְׂרָאֵֽל׃

אַתֶּ֣ם רְאִיתֶ֔ם אֲשֶׁ֥ר עָשִׂ֖יתִי לְמִצְרָ֑יִם וָאֶשָּׂ֤א אֶתְכֶם֙ עַל־כַּנְפֵ֣י נְשָׁרִ֔ים 4

וָאָבִ֥א אֶתְכֶ֖ם אֵלָֽי׃ וְעַתָּ֗ה אִם־שָׁמ֤וֹעַ תִּשְׁמְעוּ֙ בְּקֹלִ֔י וּשְׁמַרְתֶּ֖ם 5

אֶת־בְּרִיתִ֑י וִהְיִ֨יתֶם לִ֤י סְגֻלָּה֙ מִכָּל־הָ֣עַמִּ֔ים כִּי־לִ֖י כָּל־הָאָֽרֶץ׃ וְאַתֶּ֧ם 6

תִּהְיוּ־לִ֛י מַמְלֶ֥כֶת כֹּהֲנִ֖ים וְג֣וֹי קָד֑וֹשׁ אֵ֚לֶּה הַדְּבָרִ֔ים אֲשֶׁ֥ר תְּדַבֵּ֖ר

אֶל־בְּנֵ֥י יִשְׂרָאֵֽל׃ וַיָּבֹ֣א מֹשֶׁ֔ה וַיִּקְרָ֖א לְזִקְנֵ֣י הָעָ֑ם וַיָּ֣שֶׂם לִפְנֵיהֶ֗ם אֵ֣ת 7 חמישי

כָּל־הַדְּבָרִ֣ים הָאֵ֔לֶּה אֲשֶׁ֥ר צִוָּ֖הוּ יְהוָֽה׃ וַיַּעֲנ֨וּ כָל־הָעָ֤ם יַחְדָּו֙ וַיֹּ֣אמְר֔וּ 8

כֹּ֛ל אֲשֶׁר־דִּבֶּ֥ר יְהוָ֖ה נַעֲשֶׂ֑ה וַיָּ֧שֶׁב מֹשֶׁ֛ה אֶת־דִּבְרֵ֥י הָעָ֖ם אֶל־יְהוָֽה׃

וַיֹּ֨אמֶר יְהוָ֜ה אֶל־מֹשֶׁ֗ה הִנֵּ֨ה אָנֹכִ֜י בָּ֣א אֵלֶיךָ֮ בְּעַ֣ב הֶֽעָנָן֒ בַּעֲב֞וּר 9

יִשְׁמַ֤ע הָעָם֙ בְּדַבְּרִ֣י עִמָּ֔ךְ וְגַם־בְּךָ֖ יַאֲמִ֣ינוּ לְעוֹלָ֑ם וַיַּגֵּ֥ד מֹשֶׁ֛ה

אֶת־דִּבְרֵ֥י הָעָ֖ם אֶל־יְהוָֽה׃ וַיֹּ֨אמֶר יְהוָ֤ה אֶל־מֹשֶׁה֙ לֵ֣ךְ אֶל־הָעָ֔ם 10

וְקִדַּשְׁתָּ֥ם הַיּ֖וֹם וּמָחָ֑ר וְכִבְּס֖וּ שִׂמְלֹתָֽם׃ וְהָי֥וּ נְכֹנִ֖ים לַיּ֣וֹם הַשְּׁלִישִׁ֑י 11

כִּ֣י ׀ בַּיּ֣וֹם הַשְּׁלִשִׁ֗י יֵרֵ֧ד יְהוָ֛ה לְעֵינֵ֥י כָל־הָעָ֖ם עַל־הַ֥ר סִינָֽי׃ וְהִגְבַּלְתָּ֤ 12

אֶת־הָעָם֙ סָבִ֣יב לֵאמֹ֔ר הִשָּׁמְר֥וּ לָכֶ֛ם עֲל֥וֹת בָּהָ֖ר וּנְגֹ֣עַ בְּקָצֵ֑הוּ

כָּל־הַנֹּגֵ֥עַ בָּהָ֖ר מ֣וֹת יוּמָֽת׃ לֹא־תִגַּ֨ע בּ֜וֹ יָ֗ד כִּֽי־סָק֤וֹל יִסָּקֵל֙ אֽוֹ־יָרֹ֣ה 13

יִיָּרֶ֔ה אִם־בְּהֵמָ֥ה אִם־אִ֖ישׁ לֹ֣א יִחְיֶ֑ה בִּמְשֹׁךְ֙ הַיֹּבֵ֔ל הֵ֖מָּה יַעֲל֥וּ בָהָֽר׃

וַיֵּ֧רֶד מֹשֶׁ֛ה מִן־הָהָ֖ר אֶל־הָעָ֑ם וַיְקַדֵּשׁ֙ אֶת־הָעָ֔ם וַֽיְכַבְּס֖וּ שִׂמְלֹתָֽם׃ 14

וַיֹּ֙אמֶר֙ אֶל־הָעָ֔ם הֱי֥וּ נְכֹנִ֖ים לִשְׁלֹ֣שֶׁת יָמִ֑ים אַֽל־תִּגְּשׁ֖וּ אֶל־אִשָּֽׁה׃ 15

16 ¶ And it came to pass on the third day in the morning, that there were thunders and lightnings, and a thick cloud upon the mount, and the voice of the trumpet exceeding loud; so that all the people that *was* in the camp trembled.

17 And Moses brought forth the people out of the camp to meet with God; and they stood at the nether part of the mount.

18 And mount Sinai was altogether on a smoke, because the LORD descended upon it in fire: and the smoke thereof ascended as the smoke of a furnace, and the whole mount quaked greatly.

19 And when the voice of the trumpet sounded long, and waxed louder and louder, Moses spake, and God answered him by a voice.

20 And the LORD came down upon mount Sinai, on the top of the mount: and the LORD called Moses *up* to the top of the mount; and Moses went up.

21 And the LORD said unto Moses, Go down, charge the people, lest they break through unto the LORD to gaze, and many of them perish.

22 And let the priests also, which come near to the LORD, sanctify themselves, lest the LORD break forth upon them.

23 And Moses said unto the LORD, The people cannot come up to mount Sinai: for thou chargedst us, saying, Set bounds about the mount, and sanctify it.

24 And the LORD said unto him, Away, get thee down, and thou shalt come up, thou, and Aaron with thee: but let not the priests and the people break through to come up unto the LORD, lest he break forth upon them.

25 So Moses went down unto the people, and spake unto them.

CHAPTER 20

1 And God spake all these words, saying,

2[2a] I *am* the LORD thy God, which have brought thee out of the land of Egypt, out of the house of bondage.

3[2b] Thou shalt have no other gods before me.

4[3] Thou shalt not make unto thee any graven image, or any likeness *of any thing*

that *is* in heaven above, or that *is* in the earth beneath, or that *is* in the water under the earth:

5[4] Thou shalt not bow down thyself to them, nor serve them: for I the LORD thy God *am* a jealous God, visiting the iniquity of the fathers upon the children unto the third and fourth *generation* of them that hate me;

6[5] And shewing mercy unto thousands of them that love me, and keep my commandments.

7[6] Thou shalt not take the name of the LORD thy God in vain; for the LORD will not hold him guiltless that taketh his name in vain.

8[7] Remember the sabbath day, to keep it holy.

9[8] Six days shalt thou labour, and do all thy work:

10[9] But the seventh day *is* the sabbath of the LORD thy God: *in it* thou shalt not do any work, thou, nor thy son, nor thy daughter, thy manservant, nor thy maidservant, nor thy cattle, nor thy stranger that *is* within thy gates:

11[10] For *in* six days the LORD made heaven and earth, the sea, and all that in them *is,* and rested the seventh day: wherefore the LORD blessed the sabbath day, and hallowed it.

12[11] ¶ Honour thy father and thy mother: that thy days may be long upon the land which the LORD thy God giveth thee.

13[12a] Thou shalt not kill.

14[12b] Thou shalt not commit adultery.

15[12c] Thou shalt not steal.

16[12d] Thou shalt not bear false witness against thy neighbour.

17[13] Thou shalt not covet thy neighbour's house, thou shalt not covet thy neighbour's wife, nor his manservant, nor his maidservant, nor his ox, nor his ass, nor any thing that *is* thy neighbour's.

18[14] ¶ And all the people saw the thunderings, and the lightnings, and the noise of the trumpet, and the mountain smoking: and when the people saw *it,* they removed, and stood afar off.

19[15] And they said unto Moses, Speak

16 וַיְהִי בַיּוֹם הַשְּׁלִישִׁי בִּהְיֹת הַבֹּקֶר וַיְהִי קֹלֹת וּבְרָקִים וְעָנָן כָּבֵד עַל־הָהָר וְקֹל שֹׁפָר חָזָק מְאֹד וַיֶּחֱרַד כָּל־הָעָם אֲשֶׁר בַּמַּחֲנֶה:

17 וַיּוֹצֵא מֹשֶׁה אֶת־הָעָם לִקְרַאת הָאֱלֹהִים מִן־הַמַּחֲנֶה וַיִּתְיַצְּבוּ בְּתַחְתִּית הָהָר:

18 וְהַר סִינַי עָשַׁן כֻּלּוֹ מִפְּנֵי אֲשֶׁר יָרַד עָלָיו יְהוָה בָּאֵשׁ וַיַּעַל עֲשָׁנוֹ כְּעֶשֶׁן הַכִּבְשָׁן וַיֶּחֱרַד כָּל־הָהָר מְאֹד:

19 וַיְהִי קוֹל הַשּׁוֹפָר הוֹלֵךְ וְחָזֵק מְאֹד מֹשֶׁה יְדַבֵּר וְהָאֱלֹהִים יַעֲנֶנּוּ בְקוֹל: ששי

20 וַיֵּרֶד יְהוָה עַל־הַר סִינַי אֶל־רֹאשׁ הָהָר וַיִּקְרָא יְהוָה לְמֹשֶׁה אֶל־רֹאשׁ הָהָר וַיַּעַל מֹשֶׁה:

21 וַיֹּאמֶר יְהוָה אֶל־מֹשֶׁה רֵד הָעֵד בָּעָם פֶּן־יֶהֶרְסוּ אֶל־יְהוָה לִרְאוֹת וְנָפַל מִמֶּנּוּ רָב:

22 וְגַם הַכֹּהֲנִים הַנִּגָּשִׁים אֶל־יְהוָה יִתְקַדָּשׁוּ פֶּן־יִפְרֹץ בָּהֶם יְהוָה:

23 וַיֹּאמֶר מֹשֶׁה אֶל־יְהוָה לֹא־יוּכַל הָעָם לַעֲלֹת אֶל־הַר סִינַי כִּי־אַתָּה הַעֵדֹתָה בָּנוּ לֵאמֹר הַגְבֵּל אֶת־הָהָר וְקִדַּשְׁתּוֹ:

24 וַיֹּאמֶר אֵלָיו יְהוָה לֶךְ־רֵד וְעָלִיתָ אַתָּה וְאַהֲרֹן עִמָּךְ וְהַכֹּהֲנִים וְהָעָם אַל־יֶהֶרְסוּ לַעֲלֹת אֶל־יְהוָה פֶּן־יִפְרָץ־בָּם:

25 וַיֵּרֶד מֹשֶׁה אֶל־הָעָם וַיֹּאמֶר אֲלֵהֶם:

20
1 וַיְדַבֵּר אֱלֹהִים אֵת כָּל־הַדְּבָרִים הָאֵלֶּה לֵאמֹר:

2 אָנֹכִי יְהוָה אֱלֹהֶיךָ אֲשֶׁר הוֹצֵאתִיךָ מֵאֶרֶץ מִצְרַיִם מִבֵּית עֲבָדִים לֹא־יִהְיֶה לְךָ אֱלֹהִים אֲחֵרִים עַל־פָּנָי:

3 לֹא־תַעֲשֶׂה לְךָ פֶסֶל וְכָל־תְּמוּנָה אֲשֶׁר בַּשָּׁמַיִם מִמַּעַל וַאֲשֶׁר בָּאָרֶץ מִתַּחַת וַאֲשֶׁר בַּמַּיִם מִתַּחַת לָאָרֶץ:

4 לֹא־תִשְׁתַּחֲוֶה לָהֶם וְלֹא תָעָבְדֵם כִּי אָנֹכִי יְהוָה אֱלֹהֶיךָ אֵל קַנָּא פֹּקֵד עֲוֹן אָבֹת עַל־בָּנִים עַל־שִׁלֵּשִׁים וְעַל־רִבֵּעִים לְשֹׂנְאָי:

5 וְעֹשֶׂה חֶסֶד לַאֲלָפִים לְאֹהֲבַי וּלְשֹׁמְרֵי מִצְוֹתָי:

6 לֹא תִשָּׂא אֶת־שֵׁם־יְהוָה אֱלֹהֶיךָ לַשָּׁוְא כִּי לֹא יְנַקֶּה יְהוָה אֵת אֲשֶׁר־יִשָּׂא אֶת־שְׁמוֹ לַשָּׁוְא:

7 זָכוֹר אֶת־יוֹם הַשַּׁבָּת לְקַדְּשׁוֹ: שֵׁשֶׁת יָמִים תַּעֲבֹד וְעָשִׂיתָ
8 כָּל־מְלַאכְתֶּךָ: וְיוֹם הַשְּׁבִיעִי שַׁבָּת לַיהוָה אֱלֹהֶיךָ לֹא־תַעֲשֶׂה

9 כָל־מְלָאכָה אַתָּה וּבִנְךָ וּבִתֶּךָ עַבְדְּךָ וַאֲמָתְךָ וּבְהֶמְתֶּךָ וְגֵרְךָ אֲשֶׁר

10 בִּשְׁעָרֶיךָ: כִּי שֵׁשֶׁת־יָמִים עָשָׂה יְהוָה אֶת־הַשָּׁמַיִם וְאֶת־הָאָרֶץ אֶת־הַיָּם וְאֶת־כָּל־אֲשֶׁר־בָּם וַיָּנַח בַּיּוֹם הַשְּׁבִיעִי עַל־כֵּן בֵּרַךְ יְהוָה

11 אֶת־יוֹם הַשַּׁבָּת וַיְקַדְּשֵׁהוּ: כַּבֵּד אֶת־אָבִיךָ וְאֶת־אִמֶּךָ לְמַעַן

12 יַאֲרִכוּן יָמֶיךָ עַל הָאֲדָמָה אֲשֶׁר־יְהוָה אֱלֹהֶיךָ נֹתֵן לָךְ: לֹא

תִּרְצָח   לֹא תִּנְאָף   לֹא תִּגְנֹב   לֹא תַעֲנֶה

13 בְרֵעֲךָ עֵד שָׁקֶר: לֹא תַחְמֹד בֵּית רֵעֶךָ   לֹא־תַחְמֹד

אֵשֶׁת רֵעֶךָ וְעַבְדּוֹ וַאֲמָתוֹ וְשׁוֹרוֹ וַחֲמֹרוֹ וְכֹל אֲשֶׁר לְרֵעֶךָ:

14 וְכָל־הָעָם רֹאִים אֶת־הַקּוֹלֹת וְאֶת־הַלַּפִּידִם וְאֵת קוֹל הַשֹּׁפָר שביעי

15 וְאֶת־הָהָר עָשֵׁן וַיַּרְא הָעָם וַיָּנֻעוּ וַיַּעַמְדוּ מֵרָחֹק: וַיֹּאמְרוּ אֶל־מֹשֶׁה

thou with us, and we will hear: but let not God speak with us, lest we die.

20[16] And Moses said unto the people, Fear not: for God is come to prove you, and that his fear may be before your faces, that ye sin not.

21[17] And the people stood afar off, and Moses drew near unto the thick darkness where God *was*.

22[18] ¶ And the LORD said unto Moses, Thus thou shalt say unto the children of Israel, Ye have seen that I have talked with you from heaven.

23[19] Ye shall not make with me gods of silver, neither shall ye make unto you gods of gold.

24[20] ¶ An altar of earth thou shalt make unto me, and shalt sacrifice thereon thy burnt offerings, and thy peace offerings, thy sheep, and thine oxen: in all places where I record my name I will come unto thee, and I will bless thee.

25[21] And if thou wilt make me an altar of stone, thou shalt not build it of hewn stone: for if thou lift up thy tool upon it, thou hast polluted it.

26[22] Neither shalt thou go up by steps unto mine altar, that thy nakedness be not discovered thereon.

CHAPTER 21

1 Now these *are* the judgments which thou shalt set before them.

2 If thou buy an Hebrew servant, six years he shall serve: and in the seventh he shall go out free for nothing.

3 If he came in by himself, he shall go out by himself: if he were married, then his wife shall go out with him.

4 If his master have given him a wife, and she have born him sons or daughters; the wife and her children shall be her master's, and he shall go out by himself.

5 And if the servant shall plainly say, I love my master, my wife, and my children; I will not go out free:

6 Then his master shall bring him unto the judges; he shall also bring him to the door, or unto the door post; and his master shall bore his ear through with an aul; and he shall serve him for ever.

7 ¶ And if a man sell his daughter to be a maidservant, she shall not go out as the menservants do.

8 If she please not her master, who hath betrothed her to himself, then shall he let her be redeemed: to sell her unto a strange nation he shall have no power, seeing he hath dealt deceitfully with her.

9 And if he have betrothed her unto his son, he shall deal with her after the manner of daughters.

10 If he take him another *wife;* her food, her raiment, and her duty of marriage, shall he not diminish.

11 And if he do not these three unto her, then shall she go out free without money.

12 ¶ He that smiteth a man, so that he die, shall be surely put to death.

13 And if a man lie not in wait, but God deliver *him* into his hand; then I will appoint thee a place whither he shall flee.

14 But if a man come presumptuously upon his neighbour, to slay him with guile; thou shalt take him from mine altar, that he may die.

15 ¶ And he that smiteth his father, or his mother, shall be surely put to death.

16 ¶ And he that stealeth a man, and selleth him, or if he be found in his hand, he shall surely be put to death.

17 ¶ And he that curseth his father, or his mother, shall surely be put to death.

18 ¶ And if men strive together, and one smite another with a stone, or with *his* fist, and he die not, but keepeth *his* bed:

19 If he rise again, and walk abroad upon his staff, then shall he that smote *him* be quit: only he shall pay *for* the loss of his time, and shall cause *him* to be thoroughly healed.

20 ¶ And if a man smite his servant, or his maid, with a rod, and he die under his hand; he shall be surely punished.

21 Notwithstanding, if he continue a day or two, he shall not be punished: for he *is* his money.

22 ¶ If men strive, and hurt a woman with child, so that her fruit depart *from her,* and yet no mischief follow: he shall be surely punished, according as the woman's husband will lay upon him; and he shall pay as the judges *determine.*

16 דַּבֵּר־אַתָּה עִמָּנוּ וְנִשְׁמָעָה וְאַל־יְדַבֵּר עִמָּנוּ אֱלֹהִים פֶּן־נָמוּת: וַיֹּאמֶר

מֹשֶׁה אֶל־הָעָם אַל־תִּירָאוּ כִּי לְבַעֲבוּר נַסּוֹת אֶתְכֶם בָּא הָאֱלֹהִים

17 וּבַעֲבוּר תִּהְיֶה יִרְאָתוֹ עַל־פְּנֵיכֶם לְבִלְתִּי תֶחֱטָאוּ: וַיַּעֲמֹד הָעָם

18 מֵרָחֹק וּמֹשֶׁה נִגַּשׁ אֶל־הָעֲרָפֶל אֲשֶׁר־שָׁם הָאֱלֹהִים:　מפטיר　וַיֹּאמֶר

יְהוָה אֶל־מֹשֶׁה כֹּה תֹאמַר אֶל־בְּנֵי יִשְׂרָאֵל אַתֶּם רְאִיתֶם כִּי

19 מִן־הַשָּׁמַיִם דִּבַּרְתִּי עִמָּכֶם: לֹא תַעֲשׂוּן אִתִּי אֱלֹהֵי כֶסֶף וֵאלֹהֵי

20 זָהָב לֹא תַעֲשׂוּ לָכֶם: מִזְבַּח אֲדָמָה תַּעֲשֶׂה־לִּי וְזָבַחְתָּ עָלָיו

אֶת־עֹלֹתֶיךָ וְאֶת־שְׁלָמֶיךָ אֶת־צֹאנְךָ וְאֶת־בְּקָרֶךָ בְּכָל־הַמָּקוֹם אֲשֶׁר

21 אַזְכִּיר אֶת־שְׁמִי אָבוֹא אֵלֶיךָ וּבֵרַכְתִּיךָ: וְאִם־מִזְבַּח אֲבָנִים תַּעֲשֶׂה־לִּי

22 לֹא־תִבְנֶה אֶתְהֶן גָּזִית כִּי חַרְבְּךָ הֵנַפְתָּ עָלֶיהָ וַתְּחַלְלֶהָ: וְלֹא־תַעֲלֶה

בְמַעֲלֹת עַל־מִזְבְּחִי אֲשֶׁר לֹא־תִגָּלֶה עֶרְוָתְךָ עָלָיו:

21 1 וְאֵלֶּה הַמִּשְׁפָּטִים אֲשֶׁר תָּשִׂים לִפְנֵיהֶם: כִּי תִקְנֶה עֶבֶד עִבְרִי שֵׁשׁ　משפטים

2 שָׁנִים יַעֲבֹד וּבַשְּׁבִעִת יֵצֵא לַחָפְשִׁי חִנָּם: אִם־בְּגַפּוֹ יָבֹא בְּגַפּוֹ יֵצֵא

3 אִם־בַּעַל אִשָּׁה הוּא וְיָצְאָה אִשְׁתּוֹ עִמּוֹ: אִם־אֲדֹנָיו יִתֶּן־לוֹ אִשָּׁה

4 וְיָלְדָה־לוֹ בָנִים אוֹ בָנוֹת הָאִשָּׁה וִילָדֶיהָ תִּהְיֶה לַאדֹנֶיהָ וְהוּא יֵצֵא

5 בְגַפּוֹ: וְאִם־אָמֹר יֹאמַר הָעֶבֶד אָהַבְתִּי אֶת־אֲדֹנִי אֶת־אִשְׁתִּי

6 וְאֶת־בָּנָי לֹא אֵצֵא חָפְשִׁי: וְהִגִּישׁוֹ אֲדֹנָיו אֶל־הָאֱלֹהִים וְהִגִּישׁוֹ

אֶל־הַדֶּלֶת אוֹ אֶל־הַמְּזוּזָה וְרָצַע אֲדֹנָיו אֶת־אָזְנוֹ בַּמַּרְצֵעַ וַעֲבָדוֹ

7 לְעֹלָם:　　וְכִי־יִמְכֹּר אִישׁ אֶת־בִּתּוֹ לְאָמָה לֹא תֵצֵא כְּצֵאת

8 הָעֲבָדִים: אִם־רָעָה בְּעֵינֵי אֲדֹנֶיהָ אֲשֶׁר־לוֹ[לֹא] יְעָדָהּ וְהֶפְדָּהּ לְעַם　לו

9 נָכְרִי לֹא־יִמְשֹׁל לְמָכְרָהּ בְּבִגְדוֹ־בָהּ: וְאִם־לִבְנוֹ יִיעָדֶנָּה כְּמִשְׁפַּט　9A

10 הַבָּנוֹת יַעֲשֶׂה־לָּהּ: אִם־אַחֶרֶת יִקַּח־לוֹ שְׁאֵרָהּ כְּסוּתָהּ וְעֹנָתָהּ לֹא

11 יִגְרָע: וְאִם־שְׁלָשׁ־אֵלֶּה לֹא יַעֲשֶׂה לָהּ וְיָצְאָה חִנָּם אֵין

12 כָּסֶף:　　מַכֵּה אִישׁ וָמֵת מוֹת יוּמָת: וַאֲשֶׁר לֹא

13 צָדָה וְהָאֱלֹהִים אִנָּה לְיָדוֹ וְשַׂמְתִּי לְךָ מָקוֹם אֲשֶׁר יָנוּס

14 שָׁמָּה:　　וְכִי־יָזִד אִישׁ עַל־רֵעֵהוּ לְהָרְגוֹ בְעָרְמָה מֵעִם מִזְבְּחִי

15 תִּקָּחֶנּוּ לָמוּת:　　וּמַכֵּה אָבִיו וְאִמּוֹ מוֹת יוּמָת:　וְגֹנֵב

16

17 אִישׁ וּמְכָרוֹ וְנִמְצָא בְיָדוֹ מוֹת יוּמָת:　וּמְקַלֵּל אָבִיו וְאִמּוֹ

18 מוֹת יוּמָת:　　וְכִי־יְרִיבֻן אֲנָשִׁים וְהִכָּה־אִישׁ אֶת־רֵעֵהוּ

19 בְּאֶבֶן אוֹ בְאֶגְרֹף וְלֹא יָמוּת וְנָפַל לְמִשְׁכָּב: אִם־יָקוּם וְהִתְהַלֵּךְ

בַּחוּץ עַל־מִשְׁעַנְתּוֹ וְנִקָּה הַמַּכֶּה רַק שִׁבְתּוֹ יִתֵּן וְרַפֹּא

20 יְרַפֵּא:　　וְכִי־יַכֶּה אִישׁ אֶת־עַבְדּוֹ אוֹ אֶת־אֲמָתוֹ בַּשֵּׁבֶט　שני

21 וּמֵת תַּחַת יָדוֹ נָקֹם יִנָּקֵם: אַךְ אִם־יוֹם אוֹ יוֹמַיִם יַעֲמֹד לֹא יֻקַּם

22 כִּי כַסְפּוֹ הוּא:　　וְכִי־יִנָּצוּ אֲנָשִׁים וְנָגְפוּ אִשָּׁה הָרָה וְיָצְאוּ

יְלָדֶיהָ וְלֹא יִהְיֶה אָסוֹן עָנוֹשׁ יֵעָנֵשׁ כַּאֲשֶׁר יָשִׁית עָלָיו בַּעַל הָאִשָּׁה

23 And if *any* mischief follow, then thou shalt give life for life,

24 Eye for eye, tooth for tooth, hand for hand, foot for foot,

25 Burning for burning, wound for wound, stripe for stripe.

26 ¶ And if a man smite the eye of his servant, or the eye of his maid, that it perish; he shall let him go free for his eye's sake.

27 And if he smite out his manservant's tooth, or his maidservant's tooth; he shall let him go free for his tooth's sake.

28 ¶ If an ox gore a man or a woman, that they die: then the ox shall be surely stoned, and his flesh shall not be eaten; but the owner of the ox *shall be* quit.

29 But if the ox were wont to push with his horn in time past, and it hath been testified to his owner, and he hath not kept him in, but that he hath killed a man or a woman; the ox shall be stoned, and his owner also shall be put to death.

30 If there be laid on him a sum of money, then he shall give for the ransom of his life whatsoever is laid upon him.

31 Whether he have gored a son, or have gored a daughter, according to this judgment shall it be done unto him.

32 If the ox shall push a manservant or a maidservant; he shall give unto their master thirty shekels of silver, and the ox shall be stoned.

33 ¶ And if a man shall open a pit, or if a man shall dig a pit, and not cover it, and an ox or an ass fall therein;

34 The owner of the pit shall make *it* good, *and* give money unto the owner of them; and the dead *beast* shall be his.

35 ¶ And if one man's ox hurt another's, that he die; then they shall sell the live ox, and divide the money of it; and the dead *ox* also they shall divide.

36 Or if it be known that the ox hath used to push in time past, and his owner hath not kept him in; he shall surely pay ox for ox; and the dead shall be his own.

CHAPTER 22

1[21:37] If a man shall steal an ox, or a sheep, and kill it, or sell it; he shall restore five oxen for an ox, and four sheep for a sheep.

2[1] ¶ If a thief be found breaking up, and be smitten that he die, *there shall* no blood *be shed* for him.

3[2] If the sun be risen upon him, *there shall be* blood *shed* for him; *for* he should make full restitution; if he have nothing, then he shall be sold for his theft.

4[3] If the theft be certainly found in his hand alive, whether it be ox, or ass, or sheep; he shall restore double.

5[4] ¶ If a man shall cause a field or vineyard to be eaten, and shall put in his beast, and shall feed in another man's field; of the best of his own field, and of the best of his own vineyard, shall he make restitution.

6[5] ¶ If fire break out, and catch in thorns, so that the stacks of corn, or the standing corn, or the field, be consumed *therewith;* he that kindled the fire shall surely make restitution.

7[6] ¶ If a man shall deliver unto his neighbour money or stuff to keep, and it be stolen out of the man's house; if the thief be found, let him pay double.

8[7] If the thief be not found, then the master of the house shall be brought unto the judges, *to see* whether he have put his hand unto his neighbour's goods.

9[8] For all manner of trespass, *whether it be* for ox, for ass, for sheep, for raiment, *or* for any manner of lost thing, which *another* challengeth to be his, the cause of both parties shall come before the judges; *and* whom the judges shall condemn, he shall pay double unto his neighbour.

10[9] If a man deliver unto his neighbour an ass, or an ox, or a sheep, or any beast, to keep; and it die, or be hurt, or driven away, no man seeing *it:*

11[10] *Then* shall an oath of the Lord be between them both, that he hath not put his hand unto his neighbour's goods;

וְנָתַן בִּפְלִלִים: וְאִם־אָסוֹן יִהְיֶה וְנָתַתָּה נֶפֶשׁ תַּחַת נָפֶשׁ: עַיִן תַּחַת 23 24

עַיִן שֵׁן תַּחַת שֵׁן יָד תַּחַת יָד רֶגֶל תַּחַת רָגֶל: כְּוִיָּה תַּחַת כְּוִיָּה 25

פֶּצַע תַּחַת פָּצַע חַבּוּרָה תַּחַת חַבּוּרָה: וְכִי־יַכֶּה אִישׁ 26

אֶת־עֵין עַבְדּוֹ אוֹ־אֶת־עֵין אֲמָתוֹ וְשִׁחֲתָהּ לַחָפְשִׁי יְשַׁלְּחֶנּוּ תַּחַת

עֵינוֹ: וְאִם־שֵׁן עַבְדּוֹ אוֹ־שֵׁן אֲמָתוֹ יַפִּיל לַחָפְשִׁי יְשַׁלְּחֶנּוּ תַּחַת 27

שִׁנּוֹ:

וְכִי־יִגַּח שׁוֹר אֶת־אִישׁ אוֹ אֶת־אִשָּׁה וָמֵת סָקוֹל יִסָּקֵל הַשּׁוֹר וְלֹא 28

יֵאָכֵל אֶת־בְּשָׂרוֹ וּבַעַל הַשּׁוֹר נָקִי: וְאִם שׁוֹר נַגָּח הוּא מִתְּמֹל 29

שִׁלְשֹׁם וְהוּעַד בִּבְעָלָיו וְלֹא יִשְׁמְרֶנּוּ וְהֵמִית אִישׁ אוֹ אִשָּׁה הַשּׁוֹר

יִסָּקֵל וְגַם־בְּעָלָיו יוּמָת: אִם־כֹּפֶר יוּשַׁת עָלָיו וְנָתַן פִּדְיֹן נַפְשׁוֹ 30

כְּכֹל אֲשֶׁר־יוּשַׁת עָלָיו: אוֹ־בֵן יִגָּח אוֹ־בַת יִגָּח כַּמִּשְׁפָּט הַזֶּה יֵעָשֶׂה 31

לּוֹ: אִם־עֶבֶד יִגַּח הַשּׁוֹר אוֹ אָמָה כֶּסֶף ׀ שְׁלֹשִׁים שְׁקָלִים יִתֵּן 32

לַאדֹנָיו וְהַשּׁוֹר יִסָּקֵל: וְכִי־יִפְתַּח אִישׁ בּוֹר אוֹ כִּי־יִכְרֶה 33

אִישׁ בֹּר וְלֹא יְכַסֶּנּוּ וְנָפַל־שָׁמָּה שׁוֹר אוֹ חֲמוֹר: בַּעַל הַבּוֹר יְשַׁלֵּם 34

כֶּסֶף יָשִׁיב לִבְעָלָיו וְהַמֵּת יִהְיֶה־לּוֹ: וְכִי־יִגֹּף שׁוֹר־אִישׁ 35

אֶת־שׁוֹר רֵעֵהוּ וָמֵת וּמָכְרוּ אֶת־הַשּׁוֹר הַחַי וְחָצוּ אֶת־כַּסְפּוֹ וְגַם

אֶת־הַמֵּת יֶחֱצוּן: אוֹ נוֹדַע כִּי שׁוֹר נַגָּח הוּא מִתְּמוֹל שִׁלְשֹׁם וְלֹא 36

יִשְׁמְרֶנּוּ בְּעָלָיו שַׁלֵּם יְשַׁלֵּם שׁוֹר תַּחַת הַשּׁוֹר וְהַמֵּת יִהְיֶה־

לּוֹ: כִּי יִגְנֹב־אִישׁ שׁוֹר אוֹ־שֶׂה וּטְבָחוֹ אוֹ מְכָרוֹ חֲמִשָּׁה 37

בָקָר יְשַׁלֵּם תַּחַת הַשּׁוֹר וְאַרְבַּע־צֹאן תַּחַת הַשֶּׂה: אִם־בַּמַּחְתֶּרֶת 22 1

יִמָּצֵא הַגַּנָּב וְהֻכָּה וָמֵת אֵין לוֹ דָּמִים: אִם־זָרְחָה הַשֶּׁמֶשׁ עָלָיו 2

דָּמִים לוֹ שַׁלֵּם יְשַׁלֵּם אִם־אֵין לוֹ וְנִמְכַּר בִּגְנֵבָתוֹ: אִם־הִמָּצֵא 3

תִמָּצֵא בְיָדוֹ הַגְּנֵבָה מִשּׁוֹר עַד־חֲמוֹר עַד־שֶׂה חַיִּים שְׁנַיִם

יְשַׁלֵּם: כִּי יַבְעֶר־אִישׁ שָׂדֶה אוֹ־כֶרֶם וְשִׁלַּח אֶת־בְּעִירֹה 4 שְׁלִישִׁי בְּעִירוֹ

וּבִעֵר בִּשְׂדֵה אַחֵר מֵיטַב שָׂדֵהוּ וּמֵיטַב כַּרְמוֹ יְשַׁלֵּם: כִּי־ 5

תֵצֵא אֵשׁ וּמָצְאָה קֹצִים וְנֶאֱכַל גָּדִישׁ אוֹ הַקָּמָה אוֹ הַשָּׂדֶה שַׁלֵּם

יְשַׁלֵּם הַמַּבְעִר אֶת־הַבְּעֵרָה: כִּי־יִתֵּן אִישׁ אֶל־רֵעֵהוּ כֶּסֶף 6

אוֹ־כֵלִים לִשְׁמֹר וְגֻנַּב מִבֵּית הָאִישׁ אִם־יִמָּצֵא הַגַּנָּב יְשַׁלֵּם שְׁנָיִם:

אִם־לֹא יִמָּצֵא הַגַּנָּב וְנִקְרַב בַּעַל־הַבַּיִת אֶל־הָאֱלֹהִים אִם־לֹא שָׁלַח 7

יָדוֹ בִּמְלֶאכֶת רֵעֵהוּ: עַל־כָּל־דְּבַר־פֶּשַׁע עַל־שׁוֹר עַל־חֲמוֹר 8

עַל־שֶׂה עַל־שַׂלְמָה עַל־כָּל־אֲבֵדָה אֲשֶׁר יֹאמַר כִּי־הוּא זֶה עַד

הָאֱלֹהִים יָבֹא דְּבַר־שְׁנֵיהֶם אֲשֶׁר יַרְשִׁיעֻן אֱלֹהִים יְשַׁלֵּם שְׁנַיִם

לְרֵעֵהוּ: כִּי־יִתֵּן אִישׁ אֶל־רֵעֵהוּ חֲמוֹר אוֹ־שׁוֹר אוֹ־שֶׂה 9

וְכָל־בְּהֵמָה לִשְׁמֹר וּמֵת אוֹ־נִשְׁבַּר אוֹ־נִשְׁבָּה אֵין רֹאֶה: שְׁבֻעַת 10

יְהוָה תִּהְיֶה בֵּין שְׁנֵיהֶם אִם־לֹא שָׁלַח יָדוֹ בִּמְלֶאכֶת רֵעֵהוּ וְלָקַח

and the owner of it shall accept *thereof*, and he shall not make *it* good.

12[11] And if it be stolen from him, he shall make restitution unto the owner thereof.

13[12] If it be torn in pieces, *then* let him bring it *for* witness, *and* he shall not make good that which was torn.

14[13] ¶ And if a man borrow *ought* of his neighbour, and it be hurt, or die, the owner thereof *being* not with it, he shall surely make *it* good.

15[14] *But* if the owner thereof *be* with it, he shall not make *it* good: if it *be* an hired *thing*, it came for his hire.

16[15] ¶ And if a man entice a maid that is not betrothed, and lie with her, he shall surely endow her to be his wife.

17[16] If her father utterly refuse to give her unto him, he shall pay money according to the dowry of virgins.

18[17] ¶ Thou shalt not suffer a witch to live.

19[18] ¶ Whosoever lieth with a beast shall surely be put to death.

20[19] ¶ He that sacrificeth unto *any* god, save unto the LORD only, he shall be utterly destroyed.

21[20] ¶ Thou shalt neither vex a stranger, nor oppress him: for ye were strangers in the land of Egypt.

22[21] ¶ Ye shall not afflict any widow, or fatherless child.

23[22] If thou afflict them in any wise, and they cry at all unto me, I will surely hear their cry;

24[23] And my wrath shall wax hot, and I will kill you with the sword; and your wives shall be widows, and your children fatherless.

25[24] ¶ If thou lend money to *any of* my people *that is* poor by thee, thou shalt not be to him as an usurer, neither shalt thou lay upon him usury.

26[25] If thou at all take thy neighbour's raiment to pledge, thou shalt deliver it unto him by that the sun goeth down:

27[26] For that *is* his covering only, it *is* his raiment for his skin: wherein shall he sleep? and it shall come to pass, when he crieth unto me, that I will hear; for I *am* gracious.

28[27] ¶ Thou shalt not revile the gods, nor curse the ruler of thy people.

29[28] ¶ Thou shalt not delay *to offer* the first of thy ripe fruits, and of thy liquors: the firstborn of thy sons shalt thou give unto me.

30[29] Likewise shalt thou do with thine oxen, *and* with thy sheep: seven days it shall be with his dam; on the eighth day thou shalt give it me.

31[30] ¶ And ye shall be holy men unto me: neither shall ye eat *any* flesh *that is* torn of beasts in the field; ye shall cast it to the dogs.

CHAPTER 23

1 Thou shalt not raise a false report: put not thine hand with the wicked to be an unrighteous witness.

2 ¶ Thou shalt not follow a multitude to *do* evil; neither shalt thou speak in a cause to decline after many to wrest *judgment:*

3 ¶ Neither shalt thou countenance a poor man in his cause.

4 ¶ If thou meet thine enemy's ox or his ass going astray, thou shalt surely bring it back to him again.

5 If thou see the ass of him that hateth thee lying under his burden, and wouldest forbear to help him, thou shalt surely help with him.

6 Thou shalt not wrest the judgment of thy poor in his cause.

7 Keep thee far from a false matter; and the innocent and righteous slay thou not: for I will not justify the wicked.

8 ¶ And thou shalt take no gift: for the gift blindeth the wise, and perverteth the words of the righteous.

9 ¶ Also thou shalt not oppress a stranger: for ye know the heart of a stranger, seeing ye were strangers in the land of Egypt.

10 And six years thou shalt sow thy land, and shalt gather in the fruits thereof:

11 But the seventh *year* thou shalt let it rest and lie still; that the poor of thy people may eat: and what they leave the beasts of the field shall eat. In like manner thou

בְּעָלָ֖יו וְלֹ֣א יְשַׁלֵּ֑ם: וְאִם־גָּנֹ֤ב יִגָּנֵב֙ מֵֽעִמּ֔וֹ יְשַׁלֵּ֖ם לִבְעָלָֽיו: אִם־טָרֹ֣ף 11
יִטָּרֵ֔ף יְבִאֵ֖הוּ עֵ֑ד הַטְּרֵפָ֖ה לֹ֥א יְשַׁלֵּֽם: 12

וְכִֽי־יִשְׁאַ֥ל אִ֛ישׁ מֵעִ֥ם רֵעֵ֖הוּ וְנִשְׁבַּ֣ר אוֹ־מֵ֑ת בְּעָלָ֥יו אֵין־עִמּ֖וֹ שַׁלֵּ֥ם 13
יְשַׁלֵּֽם: אִם־בְּעָלָ֥יו עִמּ֖וֹ לֹ֣א יְשַׁלֵּ֑ם אִם־שָׂכִ֣יר ה֔וּא בָּ֖א 14
בִּשְׂכָרֽוֹ: וְכִֽי־יְפַתֶּ֣ה אִ֗ישׁ בְּתוּלָ֛ה אֲשֶׁ֥ר לֹא־אֹרָ֖שָׂה וְשָׁכַ֣ב 15
עִמָּ֑הּ מָהֹ֛ר יִמְהָרֶ֥נָּה לּ֖וֹ לְאִשָּֽׁה: אִם־מָאֵ֧ן יְמָאֵ֣ן אָבִ֗יהָ לְתִתָּ֣הּ ל֑וֹ 16
כֶּ֣סֶף יִשְׁקֹ֔ל כְּמֹ֖הַר הַבְּתוּלֹֽת: מְכַשֵּׁפָ֖ה לֹ֥א תְחַיֶּֽה: 17

כָּל־שֹׁכֵ֥ב עִם־בְּהֵמָ֖ה מ֥וֹת יוּמָֽת: זֹבֵ֥חַ לָֽאֱלֹהִ֖ים יׇֽחֳרָ֑ם 18
19
בִּלְתִּ֥י לַיהֹוָ֖ה לְבַדּֽוֹ: וְגֵ֥ר לֹא־תוֹנֶ֖ה וְלֹ֣א תִלְחָצֶ֑נּוּ כִּֽי־גֵרִ֥ים הֱיִיתֶ֖ם 20
בְּאֶ֥רֶץ מִצְרָֽיִם: כָּל־אַלְמָנָ֥ה וְיָת֖וֹם לֹ֥א תְעַנּֽוּן: אִם־עַנֵּ֤ה תְעַנֶּה֙ אֹת֔וֹ 21
22
כִּ֣י אִם־צָעֹ֤ק יִצְעַק֙ אֵלַ֔י שָׁמֹ֥עַ אֶשְׁמַ֖ע צַעֲקָתֽוֹ: וְחָרָ֣ה אַפִּ֔י וְהָרַגְתִּ֥י 23
אֶתְכֶ֖ם בֶּחָ֑רֶב וְהָי֤וּ נְשֵׁיכֶם֙ אַלְמָנ֔וֹת וּבְנֵיכֶ֖ם יְתֹמִֽים:

אִם־כֶּ֣סֶף ׀ תַּלְוֶ֣ה אֶת־עַמִּ֗י אֶת־הֶֽעָנִי֙ עִמָּ֔ךְ לֹא־תִהְיֶ֥ה ל֖וֹ כְּנֹשֶׁ֑ה 24
לֹא־תְשִׂימ֥וּן עָלָ֖יו נֶֽשֶׁךְ: אִם־חָבֹ֥ל תַּחְבֹּ֖ל שַׂלְמַ֣ת רֵעֶ֑ךָ עַד־בֹּ֥א הַשֶּׁ֖מֶשׁ 25
כְּסוּתוֹ תְּשִׁיבֶ֥נּוּ לֽוֹ: כִּ֣י הִ֤וא כְסוּתֹה֙ לְבַדָּ֔הּ הִ֖וא שִׂמְלָת֣וֹ לְעֹר֑וֹ בַּמֶּ֣ה יִשְׁכָּ֔ב 26
רביעי וְהָיָה֙ כִּֽי־יִצְעַ֣ק אֵלַ֔י וְשָׁמַעְתִּ֖י כִּֽי־חַנּ֥וּן אָֽנִי: אֱלֹהִ֖ים לֹ֣א 27
תְקַלֵּ֑ל וְנָשִׂ֥יא בְעַמְּךָ֖ לֹ֥א תָאֹֽר: מְלֵאָֽתְךָ֥ וְדִמְעֲךָ֖ לֹ֣א תְאַחֵ֑ר בְּכ֥וֹר 28
בָּנֶ֖יךָ תִּתֶּן־לִֽי: כֵּֽן־תַּעֲשֶׂ֥ה לְשֹֽׁרְךָ֖ לְצֹאנֶ֑ךָ שִׁבְעַ֤ת יָמִים֙ יִהְיֶ֣ה עִם־אִמּ֔וֹ 29
בַּיּ֥וֹם הַשְּׁמִינִ֖י תִּתְּנוֹ־לִֽי: וְאַנְשֵׁי־קֹ֖דֶשׁ תִּֽהְי֣וּן לִ֑י וּבָשָׂ֨ר בַּשָּׂדֶ֤ה טְרֵפָה֙ 30
לֹ֣א תֹאכֵ֔לוּ לַכֶּ֖לֶב תַּשְׁלִכ֥וּן אֹתֽוֹ: לֹ֥א תִשָּׂ֖א שֵׁ֣מַע שָׁ֑וְא 23 1
אַל־תָּ֤שֶׁת יָֽדְךָ֙ עִם־רָשָׁ֔ע לִהְיֹ֖ת עֵ֥ד חָמָֽס: לֹֽא־תִהְיֶ֥ה אַֽחֲרֵי־רַבִּ֖ים 2
לְרָעֹ֑ת וְלֹא־תַעֲנֶ֣ה עַל־רִ֗ב לִנְטֹ֛ת אַחֲרֵ֥י רַבִּ֖ים לְהַטֹּֽת: וְדָ֖ל לֹ֣א 3
תֶהְדַּ֥ר בְּרִיבֽוֹ: כִּ֣י תִפְגַּ֞ע שׁ֧וֹר אֹֽיִבְךָ֛ א֥וֹ חֲמֹר֖וֹ תֹּעֶ֑ה 4
הָשֵׁ֥ב תְּשִׁיבֶ֖נּוּ לֽוֹ: כִּֽי־תִרְאֶ֞ה חֲמ֣וֹר שֹׂנַאֲךָ֗ רֹבֵץ֙ תַּ֣חַת 5
מַשָּׂא֔וֹ וְחָדַלְתָּ֖ מֵעֲזֹ֣ב ל֑וֹ עָזֹ֥ב תַּעֲזֹ֖ב עִמּֽוֹ: לֹ֣א תַטֶּ֔ה 6
חמישי מִשְׁפַּ֥ט אֶבְיֹנְךָ֖ בְּרִיבֽוֹ: מִדְּבַר־שֶׁ֖קֶר תִּרְחָ֑ק וְנָקִ֤י וְצַדִּיק֙ אַֽל־תַּהֲרֹ֔ג 7
כִּ֥י לֹא־אַצְדִּ֖יק רָשָֽׁע: וְשֹׁ֖חַד לֹ֣א תִקָּ֑ח כִּ֤י הַשֹּׁ֨חַד֙ יְעַוֵּ֣ר פִּקְחִ֔ים 8
וִֽיסַלֵּ֖ף דִּבְרֵ֥י צַדִּיקִֽים: וְגֵ֖ר לֹ֣א תִלְחָ֑ץ וְאַתֶּ֗ם יְדַעְתֶּם֙ אֶת־נֶ֣פֶשׁ הַגֵּ֔ר 9
כִּֽי־גֵרִ֥ים הֱיִיתֶ֖ם בְּאֶ֥רֶץ מִצְרָֽיִם: וְשֵׁ֥שׁ שָׁנִ֖ים תִּזְרַ֣ע אֶת־אַרְצֶ֑ךָ 10
וְאָסַפְתָּ֖ אֶת־תְּבוּאָתָֽהּ: וְהַשְּׁבִיעִ֞ת תִּשְׁמְטֶ֣נָּה וּנְטַשְׁתָּ֗הּ וְאָֽכְלוּ֙ אֶבְיֹנֵ֣י 11
עַמֶּ֔ךָ וְיִתְרָ֕ם תֹּאכַ֖ל חַיַּ֣ת הַשָּׂדֶ֑ה כֵּֽן־תַּעֲשֶׂ֥ה לְכַרְמְךָ֖ לְזֵיתֶֽךָ: שֵׁ֤שֶׁת 12

shalt deal with thy vineyard, *and* with thy oliveyard.

12 Six days thou shalt do thy work, and on the seventh day thou shalt rest: that thine ox and thine ass may rest, and the son of thy handmaid, and the stranger, may be refreshed.

13 And in all *things* that I have said unto you be circumspect: and make no mention of the name of other gods, neither let it be heard out of thy mouth.

14 ¶ Three times thou shalt keep a feast unto me in the year.

15 Thou shalt keep the feast of unleavened bread: (thou shalt eat unleavened bread seven days, as I commanded thee, in the time appointed of the month Abib; for in it thou camest out from Egypt: and none shall appear before me empty:)

16 And the feast of harvest, the firstfruits of thy labours, which thou hast sown in the field: and the feast of ingathering, *which is* in the end of the year, when thou hast gathered in thy labours out of the field.

17 Three times in the year all thy males shall appear before the Lord GOD.

18 Thou shalt not offer the blood of my sacrifice with leavened bread; neither shall the fat of my sacrifice remain until the morning.

19 The first of the firstfruits of thy land thou shalt bring into the house of the LORD thy God. Thou shalt not seethe a kid in his mother's milk.

20 ¶ Behold, I send an Angel before thee, to keep thee in the way, and to bring thee into the place which I have prepared.

21 Beware of him, and obey his voice, provoke him not; for he will not pardon your transgressions: for my name *is* in him.

22 But if thou shalt indeed obey his voice, and do all that I speak; then I will be an enemy unto thine enemies, and an adversary unto thine adversaries.

23 For mine Angel shall go before thee, and bring thee in unto the Amorites, and the Hittites, and the Perizzites, and the Canaanites, the Hivites, and the Jebusites: and I will cut them off.

24 Thou shalt not bow down to their gods, nor serve them, nor do after their works: but thou shalt utterly overthrow them, and quite break down their images.

25 And ye shall serve the LORD your God, and he shall bless thy bread, and thy water; and I will take sickness away from the midst of thee.

26 ¶ There shall nothing cast their young, nor be barren, in thy land: the number of thy days I will fulfil.

27 I will send my fear before thee, and will destroy all the people to whom thou shalt come, and I will make all thine enemies turn their backs unto thee.

28 And I will send hornets before thee, which shall drive out the Hivite, the Canaanite, and the Hittite, from before thee.

29 I will not drive them out from before thee in one year; lest the land become desolate, and the beast of the field multiply against thee.

30 By little and little I will drive them out from before thee, until thou be increased, and inherit the land.

31 And I will set thy bounds from the Red sea even unto the sea of the Philistines, and from the desert unto the river: for I will deliver the inhabitants of the land into your hand; and thou shalt drive them out before thee.

32 Thou shalt make no covenant with them, nor with their gods.

33 They shall not dwell in thy land, lest they make thee sin against me: for if thou serve their gods, it will surely be a snare unto thee.

CHAPTER 24

1 And he said unto Moses, Come up unto the LORD, thou, and Aaron, Nadab, and Abihu, and seventy of the elders of Israel; and worship ye afar off.

2 And Moses alone shall come near the LORD: but they shall not come nigh; neither shall the people go up with him.

3 ¶ And Moses came and told the people all the words of the LORD, and all the judgments: and all the people answered with one voice, and said, All the words which the LORD hath said will we do.

4 And Moses wrote all the words of the

יָמִים֙ תַּעֲשֶׂ֣ה מַעֲשֶׂ֔יךָ וּבַיּ֥וֹם הַשְּׁבִיעִ֖י תִּשְׁבֹּ֑ת לְמַ֣עַן יָנ֗וּחַ שֽׁוֹרְךָ֙

13 וַחֲמֹרֶ֔ךָ וְיִנָּפֵ֥שׁ בֶּן־אֲמָתְךָ֖ וְהַגֵּֽר׃ וּבְכֹ֛ל אֲשֶׁר־אָמַ֥רְתִּי אֲלֵיכֶ֖ם תִּשָּׁמֵ֑רוּ

14 וְשֵׁ֨ם אֱלֹהִ֤ים אֲחֵרִים֙ לֹ֣א תַזְכִּ֔ירוּ לֹ֥א יִשָּׁמַ֖ע עַל־פִּֽיךָ׃ שָׁלֹ֣שׁ רְגָלִ֔ים

15 תָּחֹ֥ג לִ֖י בַּשָּׁנָֽה׃ אֶת־חַ֣ג הַמַּצּוֹת֮ תִּשְׁמֹר֒ שִׁבְעַ֣ת יָמִ֡ים תֹּאכַ֣ל מַצּוֹת֩

כַּאֲשֶׁ֨ר צִוִּיתִ֜ךָ לְמוֹעֵד֙ חֹ֣דֶשׁ הָֽאָבִ֔יב כִּי־ב֖וֹ יָצָ֣אתָ מִמִּצְרָ֑יִם וְלֹא־יֵרָא֥וּ

16 פָנַ֖י רֵיקָֽם׃ וְחַ֤ג הַקָּצִיר֙ בִּכּוּרֵ֣י מַעֲשֶׂ֔יךָ אֲשֶׁ֥ר תִּזְרַ֖ע בַּשָּׂדֶ֑ה וְחַ֤ג

17 הָֽאָסִף֙ בְּצֵ֣את הַשָּׁנָ֔ה בְּאָסְפְּךָ֥ אֶֽת־מַעֲשֶׂ֖יךָ מִן־הַשָּׂדֶֽה׃ שָׁלֹ֥שׁ פְּעָמִ֖ים

18 בַּשָּׁנָ֑ה יֵרָאֶה֙ כָּל־זְכ֣וּרְךָ֔ אֶל־פְּנֵ֖י הָאָדֹ֥ן ׀ יְהֹוָֽה׃ לֹֽא־תִזְבַּ֥ח עַל־חָמֵ֖ץ

19 דַּם־זִבְחִ֑י וְלֹֽא־יָלִ֥ין חֵֽלֶב־חַגִּ֖י עַד־בֹּֽקֶר׃ רֵאשִׁ֗ית בִּכּוּרֵי֙ אַדְמָ֣תְךָ֔

תָּבִ֕יא בֵּ֖ית יְהֹוָ֣ה אֱלֹהֶ֑יךָ לֹֽא־תְבַשֵּׁ֥ל גְּדִ֖י בַּחֲלֵ֥ב אִמּֽוֹ׃

ששי

20 הִנֵּ֨ה אָנֹכִ֜י שֹׁלֵ֤חַ מַלְאָךְ֙ לְפָנֶ֔יךָ לִשְׁמׇרְךָ֖ בַּדָּ֑רֶךְ וְלַהֲבִ֣יאֲךָ֔ אֶל־הַמָּק֖וֹם

21 אֲשֶׁ֥ר הֲכִנֹֽתִי׃ הִשָּׁ֧מֶר מִפָּנָ֛יו וּשְׁמַ֥ע בְּקֹל֖וֹ אַל־תַּמֵּ֣ר בּ֑וֹ כִּ֣י לֹ֤א יִשָּׂא֙

22 לְפִשְׁעֲכֶ֔ם כִּ֥י שְׁמִ֖י בְּקִרְבּֽוֹ׃ כִּ֣י אִם־שָׁמֹ֤עַ תִּשְׁמַע֙ בְּקֹל֔וֹ וְעָשִׂ֕יתָ כֹּ֖ל

23 אֲשֶׁ֣ר אֲדַבֵּ֑ר וְאָֽיַבְתִּי֙ אֶת־אֹ֣יְבֶ֔יךָ וְצַרְתִּ֖י אֶת־צֹרְרֶֽיךָ׃ כִּֽי־יֵלֵ֣ךְ מַלְאָכִי֮

לְפָנֶיךָ֒ וֶהֱבִֽיאֲךָ֗ אֶל־הָֽאֱמֹרִי֙ וְהַ֣חִתִּ֔י וְהַפְּרִזִּי֙ וְהַֽכְּנַעֲנִ֔י הַחִוִּ֖י וְהַיְבוּסִ֑י

24 וְהִכְחַדְתִּֽיו׃ לֹֽא־תִשְׁתַּחֲוֶ֤ה לֵאלֹֽהֵיהֶם֙ וְלֹ֣א תָֽעׇבְדֵ֔ם וְלֹ֥א תַעֲשֶׂ֖ה

25 כְּמַעֲשֵׂיהֶ֑ם כִּ֤י הָרֵס֙ תְּהָ֣רְסֵ֔ם וְשַׁבֵּ֥ר תְּשַׁבֵּ֖ר מַצֵּבֹתֵיהֶֽם׃ וַעֲבַדְתֶּ֗ם

אֵ֚ת יְהֹוָ֣ה אֱלֹֽהֵיכֶ֔ם וּבֵרַ֥ךְ אֶֽת־לַחְמְךָ֖ וְאֶת־מֵימֶ֑יךָ וַהֲסִרֹתִ֥י מַחֲלָ֖ה

26 מִקִּרְבֶּֽךָ׃   לֹ֥א תִֽהְיֶ֛ה מְשַׁכֵּלָ֥ה וַעֲקָרָ֖ה בְּאַרְצֶ֑ךָ אֶת־מִסְפַּ֥ר

שביעי

27 יָמֶ֖יךָ אֲמַלֵּֽא׃ אֶת־אֵֽימָתִי֙ אֲשַׁלַּ֣ח לְפָנֶ֔יךָ וְהַמֹּתִי֙ אֶת־כׇּל־הָעָ֔ם אֲשֶׁ֥ר

28 תָּבֹ֖א בָּהֶ֑ם וְנָתַתִּ֧י אֶת־כׇּל־אֹיְבֶ֛יךָ אֵלֶ֖יךָ עֹֽרֶף׃ וְשָׁלַחְתִּ֥י אֶת־הַצִּרְעָ֖ה

29 לְפָנֶ֑יךָ וְגֵרְשָׁ֗ה אֶת־הַחִוִּ֧י אֶת־הַֽכְּנַעֲנִ֛י וְאֶת־הַחִתִּ֖י מִלְּפָנֶֽיךָ׃ לֹ֧א

אֲגָרְשֶׁ֛נּוּ מִפָּנֶ֖יךָ בְּשָׁנָ֣ה אֶחָ֑ת פֶּן־תִּהְיֶ֤ה הָאָ֙רֶץ֙ שְׁמָמָ֔ה וְרַבָּ֥ה עָלֶ֖יךָ

30 חַיַּ֥ת הַשָּׂדֶֽה׃ מְעַ֥ט מְעַ֛ט אֲגָרְשֶׁ֖נּוּ מִפָּנֶ֑יךָ עַ֚ד אֲשֶׁ֣ר תִּפְרֶ֔ה וְנָחַלְתָּ֖

31 אֶת־הָאָֽרֶץ׃ וְשַׁתִּ֣י אֶת־גְּבֻֽלְךָ֗ מִיַּם־סוּף֙ וְעַד־יָ֣ם פְּלִשְׁתִּ֔ים וּמִמִּדְבָּ֖ר

עַד־הַנָּהָ֑ר כִּ֣י ׀ אֶתֵּ֣ן בְּיֶדְכֶ֗ם אֵ֚ת יֹשְׁבֵ֣י הָאָ֔רֶץ וְגֵרַשְׁתָּ֖מוֹ מִפָּנֶֽיךָ׃

32 לֹֽא־תִכְרֹ֥ת לָהֶ֛ם וְלֵאלֹֽהֵיהֶ֖ם בְּרִֽית׃ לֹ֤א יֵשְׁבוּ֙ בְּאַרְצְךָ֔ פֶּן־יַחֲטִ֥יאוּ
33

אֹתְךָ֖ לִ֑י כִּ֤י תַעֲבֹד֙ אֶת־אֱלֹ֣הֵיהֶ֔ם כִּֽי־יִהְיֶ֥ה לְךָ֖ לְמוֹקֵֽשׁ׃

24 וְאֶל־מֹשֶׁ֨ה אָמַ֜ר עֲלֵ֣ה אֶל־יְהֹוָ֗ה אַתָּה֙ וְאַהֲרֹ֔ן נָדָב֙ וַאֲבִיה֔וּא וְשִׁבְעִ֖ים

2 מִזִּקְנֵ֣י יִשְׂרָאֵ֑ל וְהִשְׁתַּחֲוִיתֶ֖ם מֵרָחֹֽק׃ וְנִגַּ֨שׁ מֹשֶׁ֤ה לְבַדּוֹ֙ אֶל־יְהֹוָ֔ה

3 וְהֵ֖ם לֹ֣א יִגָּ֑שׁוּ וְהָעָ֕ם לֹ֥א יַעֲל֖וּ עִמּֽוֹ׃ וַיָּבֹ֣א מֹשֶׁ֗ה וַיְסַפֵּ֤ר לָעָם֙ אֵ֣ת

כׇּל־דִּבְרֵ֣י יְהֹוָ֔ה וְאֵ֖ת כׇּל־הַמִּשְׁפָּטִ֑ים וַיַּ֨עַן כׇּל־הָעָ֜ם ק֤וֹל אֶחָד֙ וַיֹּ֣אמְר֔וּ

4 כׇּל־הַדְּבָרִ֛ים אֲשֶׁר־דִּבֶּ֥ר יְהֹוָ֖ה נַעֲשֶֽׂה׃ וַיִּכְתֹּ֣ב מֹשֶׁ֗ה אֵ֚ת כׇּל־דִּבְרֵ֣י

LORD, and rose up early in the morning, and builded an altar under the hill, and twelve pillars, according to the twelve tribes of Israel.

5 And he sent young men of the children of Israel, which offered burnt offerings, and sacrificed peace offerings of oxen unto the LORD.

6 And Moses took half of the blood, and put *it* in basons; and half of the blood he sprinkled on the altar.

7 And he took the book of the covenant, and read in the audience of the people: and they said, All that the LORD hath said will we do, and be obedient.

8 And Moses took the blood, and sprinkled *it* on the people, and said, Behold the blood of the covenant, which the LORD hath made with you concerning all these words.

9 ¶ Then went up Moses, and Aaron, Nadab, and Abihu, and seventy of the elders of Israel:

10 And they saw the God of Israel: and *there was* under his feet as it were a paved work of a sapphire stone, and as it were the body of heaven in *his* clearness.

11 And upon the nobles of the children of Israel he laid not his hand: also they saw God, and did eat and drink.

12 ¶ And the LORD said unto Moses, Come up to me into the mount, and be there: and I will give thee tables of stone, and a law, and commandments which I have written; that thou mayest teach them.

13 And Moses rose up, and his minister Joshua: and Moses went up into the mount of God.

14 And he said unto the elders, Tarry ye here for us, until we come again unto you: and, behold, Aaron and Hur *are* with you: if any man have any matters to do, let him come unto them.

15 And Moses went up into the mount, and a cloud covered the mount.

16 And the glory of the LORD abode upon mount Sinai, and the cloud covered it six days: and the seventh day he called unto Moses out of the midst of the cloud.

17 And the sight of the glory of the LORD

was like devouring fire on the top of the mount in the eyes of the children of Israel.

18 And Moses went into the midst of the cloud, and gat him up into the mount: and Moses was in the mount forty days and forty nights.

CHAPTER 25

1 And the LORD spake unto Moses, saying,

2 Speak unto the children of Israel, that they bring me an offering: of every man that giveth it willingly with his heart ye shall take my offering.

3 And this *is* the offering which ye shall take of them; gold, and silver, and brass,

4 And blue, and purple, and scarlet, and fine linen, and goats' *hair*,

5 And rams' skins dyed red, and badgers' skins, and shittim wood,

6 Oil for the light, spices for anointing oil, and for sweet incense,

7 Onyx stones, and stones to be set in the ephod, and in the breastplate.

8 And let them make me a sanctuary; that I may dwell among them.

9 According to all that I shew thee, *after* the pattern of the tabernacle, and the pattern of all the instruments thereof, even so shall ye make *it*.

10 ¶ And they shall make an ark *of* shittim wood: two cubits and a half *shall be* the length thereof, and a cubit and a half the breadth thereof, and a cubit and a half the height thereof.

11 And thou shalt overlay it with pure gold, within and without shalt thou overlay it, and shalt make upon it a crown of gold round about.

12 And thou shalt cast four rings of gold for it, and put *them* in the four corners thereof; and two rings *shall be* in the one side of it, and two rings in the other side of it.

13 And thou shalt make staves *of* shittim wood, and overlay them with gold.

14 And thou shalt put the staves into the rings by the sides of the ark, that the ark may be borne with them.

15 The staves shall be in the rings of the ark: they shall not be taken from it.

יְהֹוָה וַיַּשְׁכֵּם בַּבֹּקֶר וַיִּבֶן מִזְבֵּחַ תַּחַת הָהָר וּשְׁתֵּים עֶשְׂרֵה מַצֵּבָה

5 לִשְׁנֵים עָשָׂר שִׁבְטֵי יִשְׂרָאֵל: וַיִּשְׁלַח אֶת־נַעֲרֵי בְּנֵי יִשְׂרָאֵל וַיַּעֲלוּ

6 עֹלֹת וַיִּזְבְּחוּ זְבָחִים שְׁלָמִים לַיהֹוָה פָּרִים: וַיִּקַּח מֹשֶׁה חֲצִי הַדָּם

7 וַיָּשֶׂם בָּאַגָּנֹת וַחֲצִי הַדָּם זָרַק עַל־הַמִּזְבֵּחַ: וַיִּקַּח סֵפֶר הַבְּרִית

וַיִּקְרָא בְּאָזְנֵי הָעָם וַיֹּאמְרוּ כֹּל אֲשֶׁר־דִּבֶּר יְהֹוָה נַעֲשֶׂה וְנִשְׁמָע:

8 וַיִּקַּח מֹשֶׁה אֶת־הַדָּם וַיִּזְרֹק עַל־הָעָם וַיֹּאמֶר הִנֵּה דַם־הַבְּרִית אֲשֶׁר

9 כָּרַת יְהֹוָה עִמָּכֶם עַל כָּל־הַדְּבָרִים הָאֵלֶּה: וַיַּעַל מֹשֶׁה וְאַהֲרֹן

10 נָדָב וַאֲבִיהוּא וְשִׁבְעִים מִזִּקְנֵי יִשְׂרָאֵל: וַיִּרְאוּ אֵת אֱלֹהֵי יִשְׂרָאֵל

וְתַחַת רַגְלָיו כְּמַעֲשֵׂה לִבְנַת הַסַּפִּיר וּכְעֶצֶם הַשָּׁמַיִם לָטֹהַר:

11 וְאֶל־אֲצִילֵי בְּנֵי יִשְׂרָאֵל לֹא שָׁלַח יָדוֹ וַיֶּחֱזוּ אֶת־הָאֱלֹהִים וַיֹּאכְלוּ

12 וַיִּשְׁתּוּ:   וַיֹּאמֶר יְהֹוָה אֶל־מֹשֶׁה עֲלֵה אֵלַי הָהָרָה

וֶהְיֵה־שָׁם וְאֶתְּנָה לְךָ אֶת־לֻחֹת הָאֶבֶן וְהַתּוֹרָה וְהַמִּצְוָה אֲשֶׁר

13 כָּתַבְתִּי לְהוֹרֹתָם: וַיָּקָם מֹשֶׁה וִיהוֹשֻׁעַ מְשָׁרְתוֹ וַיַּעַל מֹשֶׁה אֶל־הַר

14 הָאֱלֹהִים: וְאֶל־הַזְּקֵנִים אָמַר שְׁבוּ־לָנוּ בָזֶה עַד אֲשֶׁר־נָשׁוּב אֲלֵיכֶם

מפטיר 15 וְהִנֵּה אַהֲרֹן וְחוּר עִמָּכֶם מִי־בַעַל דְּבָרִים יִגַּשׁ אֲלֵהֶם: וַיַּעַל מֹשֶׁה

16 אֶל־הָהָר וַיְכַס הֶעָנָן אֶת־הָהָר: וַיִּשְׁכֹּן כְּבוֹד־יְהֹוָה עַל־הַר סִינַי

וַיְכַסֵּהוּ הֶעָנָן שֵׁשֶׁת יָמִים וַיִּקְרָא אֶל־מֹשֶׁה בַּיּוֹם הַשְּׁבִיעִי מִתּוֹךְ

17 הֶעָנָן: וּמַרְאֵה כְּבוֹד יְהֹוָה כְּאֵשׁ אֹכֶלֶת בְּרֹאשׁ הָהָר לְעֵינֵי בְּנֵי

18 יִשְׂרָאֵל: וַיָּבֹא מֹשֶׁה בְּתוֹךְ הֶעָנָן וַיַּעַל אֶל־הָהָר וַיְהִי מֹשֶׁה בָּהָר

אַרְבָּעִים יוֹם וְאַרְבָּעִים לָיְלָה:

תְּרוּמָה 25 1 וַיְדַבֵּר יְהֹוָה אֶל־מֹשֶׁה לֵּאמֹר: דַּבֵּר אֶל־בְּנֵי יִשְׂרָאֵל וְיִקְחוּ־לִי

2
3 תְּרוּמָה מֵאֵת כָּל־אִישׁ אֲשֶׁר יִדְּבֶנּוּ לִבּוֹ תִּקְחוּ אֶת־תְּרוּמָתִי: וְזֹאת

4 הַתְּרוּמָה אֲשֶׁר תִּקְחוּ מֵאִתָּם זָהָב וָכֶסֶף וּנְחֹשֶׁת: וּתְכֵלֶת וְאַרְגָּמָן

5 וְתוֹלַעַת שָׁנִי וְשֵׁשׁ וְעִזִּים: וְעֹרֹת אֵילִם מְאָדָּמִים וְעֹרֹת תְּחָשִׁים

6 וַעֲצֵי שִׁטִּים: שֶׁמֶן לַמָּאֹר בְּשָׂמִים לְשֶׁמֶן הַמִּשְׁחָה וְלִקְטֹרֶת הַסַּמִּים:

7 אַבְנֵי־שֹׁהַם וְאַבְנֵי מִלֻּאִים לָאֵפֹד וְלַחֹשֶׁן: וְעָשׂוּ לִי מִקְדָּשׁ וְשָׁכַנְתִּי

8
9 בְּתוֹכָם: כְּכֹל אֲשֶׁר אֲנִי מַרְאֶה אוֹתְךָ אֵת תַּבְנִית הַמִּשְׁכָּן וְאֵת

10 תַּבְנִית כָּל־כֵּלָיו וְכֵן תַּעֲשׂוּ:   וְעָשׂוּ אֲרוֹן עֲצֵי שִׁטִּים

11 אַמָּתַיִם וָחֵצִי אָרְכּוֹ וְאַמָּה וָחֵצִי רָחְבּוֹ וְאַמָּה וָחֵצִי קֹמָתוֹ: וְצִפִּיתָ

אֹתוֹ זָהָב טָהוֹר מִבַּיִת וּמִחוּץ תְּצַפֶּנּוּ וְעָשִׂיתָ עָלָיו זֵר זָהָב סָבִיב:

12 וְיָצַקְתָּ לּוֹ אַרְבַּע טַבְּעֹת זָהָב וְנָתַתָּה עַל אַרְבַּע פַּעֲמֹתָיו וּשְׁתֵּי

13 טַבָּעֹת עַל־צַלְעוֹ הָאֶחָת וּשְׁתֵּי טַבָּעֹת עַל־צַלְעוֹ הַשֵּׁנִית: וְעָשִׂיתָ

14 בַדֵּי עֲצֵי שִׁטִּים וְצִפִּיתָ אֹתָם זָהָב: וְהֵבֵאתָ אֶת־הַבַּדִּים בַּטַּבָּעֹת

15 עַל צַלְעֹת הָאָרֹן לָשֵׂאת אֶת־הָאָרֹן בָּהֶם: בְּטַבְּעֹת הָאָרֹן יִהְיוּ

16 And thou shalt put into the ark the testimony which I shall give thee.

17 And thou shalt make a mercy seat *of* pure gold: two cubits and a half *shall be* the length thereof, and a cubit and a half the breadth thereof.

18 And thou shalt make two cherubims *of* gold, *of* beaten work shalt thou make them, in the two ends of the mercy seat.

19 And make one cherub on the one end, and the other cherub on the other end: *even* of the mercy seat shall ye make the cherubims on the two ends thereof.

20 And the cherubims shall stretch forth *their* wings on high, covering the mercy seat with their wings, and their faces *shall look* one to another; toward the mercy seat shall the faces of the cherubims be.

21 And thou shalt put the mercy seat above upon the ark; and in the ark thou shalt put the testimony that I shall give thee.

22 And there I will meet with thee, and I will commune with thee from above the mercy seat, from between the two cherubims which *are* upon the ark of the testimony, of all *things* which I will give thee in commandment unto the children of Israel.

23 ¶ Thou shalt also make a table *of* shittim wood: two cubits *shall be* the length thereof, and a cubit the breadth thereof, and a cubit and a half the height thereof.

24 And thou shalt overlay it with pure gold, and make thereto a crown of gold round about.

25 And thou shalt make unto it a border of an hand breadth round about, and thou shalt make a golden crown to the border thereof round about.

26 And thou shalt make for it four rings of gold, and put the rings in the four corners that *are* on the four feet thereof.

27 Over against the border shall the rings be for places of the staves to bear the table.

28 And thou shalt make the staves *of* shittim wood, and overlay them with gold, that the table may be borne with them.

29 And thou shalt make the dishes thereof, and spoons thereof, and covers thereof, and bowls thereof, to cover withal: *of* pure gold shalt thou make them.

30 And thou shalt set upon the table shewbread before me alway.

31 ¶ And thou shalt make a candlestick *of* pure gold: *of* beaten work shall the candlestick be made: his shaft, and his branches, his bowls, his knops, and his flowers, shall be of the same.

32 And six branches shall come out of the sides of it; three branches of the candlestick out of the one side, and three branches of the candlestick out of the other side:

33 Three bowls made like unto almonds, *with* a knop and a flower in one branch; and three bowls made like almonds in the other branch, *with* a knop and a flower: so in the six branches that come out of the candlestick.

34 And in the candlestick *shall be* four bowls made like unto almonds, *with* their knops and their flowers.

35 And *there shall be* a knop under two branches of the same, and a knop under two branches of the same, and a knop under two branches of the same, according to the six branches that proceed out of the candlestick.

36 Their knops and their branches shall be of the same: all it *shall be* one beaten work *of* pure gold.

37 And thou shalt make the seven lamps thereof: and they shall light the lamps thereof, that they may give light over against it.

38 And the tongs thereof, and the snuffdishes thereof, *shall be of* pure gold.

39 *Of* a talent of pure gold shall he make it, with all these vessels.

40 And look that thou make *them* after their pattern, which was shewed thee in the mount.

CHAPTER 26

1 Moreover thou shalt make the tabernacle *with* ten curtains *of* fine twined linen, and blue, and purple, and scarlet: *with* cherubims of cunning work shalt thou make them.

2 The length of one curtain *shall be* eight

16 הַבַּדִּים לֹא יָסֻרוּ מִמֶּנּוּ: וְנָתַתָּ אֶל־הָאָרֹן אֵת הָעֵדֻת אֲשֶׁר אֶתֵּן

17 אֵלֶיךָ: וְעָשִׂיתָ כַפֹּרֶת זָהָב טָהוֹר אַמָּתַיִם וָחֵצִי אָרְכָּהּ וְאַמָּה וָחֵצִי

18 רָחְבָּהּ: וְעָשִׂיתָ שְׁנַיִם כְּרֻבִים זָהָב מִקְשָׁה תַּעֲשֶׂה אֹתָם מִשְּׁנֵי

19 קְצוֹת הַכַּפֹּרֶת: וַעֲשֵׂה כְּרוּב אֶחָד מִקָּצָה מִזֶּה וּכְרוּב־אֶחָד מִקָּצָה

20 מִזֶּה מִן־הַכַּפֹּרֶת תַּעֲשׂוּ אֶת־הַכְּרֻבִים עַל־שְׁנֵי קְצוֹתָיו: וְהָיוּ הַכְּרֻבִים

פֹּרְשֵׂי כְנָפַיִם לְמַעְלָה סֹכְכִים בְּכַנְפֵיהֶם עַל־הַכַּפֹּרֶת וּפְנֵיהֶם אִישׁ

21 אֶל־אָחִיו אֶל־הַכַּפֹּרֶת יִהְיוּ פְּנֵי הַכְּרֻבִים: וְנָתַתָּ אֶת־הַכַּפֹּרֶת עַל־הָאָרֹן

22 מִלְמָעְלָה וְאֶל־הָאָרֹן תִּתֵּן אֶת־הָעֵדֻת אֲשֶׁר אֶתֵּן אֵלֶיךָ: וְנוֹעַדְתִּי

לְךָ שָׁם וְדִבַּרְתִּי אִתְּךָ מֵעַל הַכַּפֹּרֶת מִבֵּין שְׁנֵי הַכְּרֻבִים אֲשֶׁר

עַל־אֲרֹן הָעֵדֻת אֵת כָּל־אֲשֶׁר אֲצַוֶּה אוֹתְךָ אֶל־בְּנֵי יִשְׂרָאֵל:

23 וְעָשִׂיתָ שֻׁלְחָן עֲצֵי שִׁטִּים אַמָּתַיִם אָרְכּוֹ וְאַמָּה רָחְבּוֹ וְאַמָּה וָחֵצִי

24 קֹמָתוֹ: וְצִפִּיתָ אֹתוֹ זָהָב טָהוֹר וְעָשִׂיתָ לּוֹ זֵר זָהָב סָבִיב: וְעָשִׂיתָ
25

26 לּוֹ מִסְגֶּרֶת טֹפַח סָבִיב וְעָשִׂיתָ זֵר־זָהָב לְמִסְגַּרְתּוֹ סָבִיב: וְעָשִׂיתָ

לּוֹ אַרְבַּע טַבְּעֹת זָהָב וְנָתַתָּ אֶת־הַטַּבָּעֹת עַל אַרְבַּע הַפֵּאֹת אֲשֶׁר

27 לְאַרְבַּע רַגְלָיו: לְעֻמַּת הַמִּסְגֶּרֶת תִּהְיֶיןָ הַטַּבָּעֹת לְבָתִּים לְבַדִּים

28 לָשֵׂאת אֶת־הַשֻּׁלְחָן: וְעָשִׂיתָ אֶת־הַבַּדִּים עֲצֵי שִׁטִּים וְצִפִּיתָ אֹתָם

29 זָהָב וְנִשָּׂא־בָם אֶת־הַשֻּׁלְחָן: וְעָשִׂיתָ קְּעָרֹתָיו וְכַפֹּתָיו וּקְשׂוֹתָיו

30 וּמְנַקִּיֹּתָיו אֲשֶׁר יֻסַּךְ בָּהֵן זָהָב טָהוֹר תַּעֲשֶׂה אֹתָם: וְנָתַתָּ

עַל־הַשֻּׁלְחָן לֶחֶם פָּנִים לְפָנַי תָּמִיד:

31 וְעָשִׂיתָ מְנֹרַת זָהָב טָהוֹר מִקְשָׁה תֵּעָשֶׂה הַמְּנוֹרָה יְרֵכָהּ וְקָנָהּ

32 גְּבִיעֶיהָ כַּפְתֹּרֶיהָ וּפְרָחֶיהָ מִמֶּנָּה יִהְיוּ: וְשִׁשָּׁה קָנִים יֹצְאִים מִצִּדֶּיהָ

שְׁלֹשָׁה קְנֵי מְנֹרָה מִצִּדָּהּ הָאֶחָד וּשְׁלֹשָׁה קְנֵי מְנֹרָה מִצִּדָּהּ הַשֵּׁנִי:

33 שְׁלֹשָׁה גְבִעִים מְשֻׁקָּדִים בַּקָּנֶה הָאֶחָד כַּפְתֹּר וָפֶרַח וּשְׁלֹשָׁה גְבִעִים

מְשֻׁקָּדִים בַּקָּנֶה הָאֶחָד כַּפְתֹּר וָפָרַח כֵּן לְשֵׁשֶׁת הַקָּנִים הַיֹּצְאִים

34 מִן־הַמְּנֹרָה: וּבַמְּנֹרָה אַרְבָּעָה גְבִעִים מְשֻׁקָּדִים כַּפְתֹּרֶיהָ וּפְרָחֶיהָ:

35 וְכַפְתֹּר תַּחַת שְׁנֵי הַקָּנִים מִמֶּנָּה וְכַפְתֹּר תַּחַת שְׁנֵי הַקָּנִים מִמֶּנָּה

וְכַפְתֹּר תַּחַת־שְׁנֵי הַקָּנִים מִמֶּנָּה לְשֵׁשֶׁת הַקָּנִים הַיֹּצְאִים מִן־הַמְּנֹרָה:

36 כַּפְתֹּרֵיהֶם וּקְנֹתָם מִמֶּנָּה יִהְיוּ כֻּלָּהּ מִקְשָׁה אַחַת זָהָב טָהוֹר:

37 וְעָשִׂיתָ אֶת־נֵרֹתֶיהָ שִׁבְעָה וְהֶעֱלָה אֶת־נֵרֹתֶיהָ וְהֵאִיר עַל־עֵבֶר

38 פָּנֶיהָ: וּמַלְקָחֶיהָ וּמַחְתֹּתֶיהָ זָהָב טָהוֹר: כִּכָּר זָהָב טָהוֹר יַעֲשֶׂה
39

40 אֹתָהּ אֵת כָּל־הַכֵּלִים הָאֵלֶּה: וּרְאֵה וַעֲשֵׂה בְּתַבְנִיתָם אֲשֶׁר־אַתָּה

1 26 מָרְאֶה בָּהָר: וְאֶת־הַמִּשְׁכָּן תַּעֲשֶׂה עֶשֶׂר יְרִיעֹת שֵׁשׁ

מָשְׁזָר וּתְכֵלֶת וְאַרְגָּמָן וְתֹלַעַת שָׁנִי כְּרֻבִים מַעֲשֵׂה חֹשֵׁב תַּעֲשֶׂה

2 אֹתָם: אֹרֶךְ הַיְרִיעָה הָאַחַת שְׁמֹנֶה וְעֶשְׂרִים בָּאַמָּה וְרֹחַב אַרְבַּע

שֵׁנִי ← (at line 17)

שְׁלִישִׁי ← (at line 31)

(שְׁלִישִׁי) ← (at 26:1)

and twenty cubits, and the breadth of one curtain four cubits: and every one of the curtains shall have one measure.

3 The five curtains shall be coupled together one to another; and *other* five curtains *shall be* coupled one to another.

4 And thou shalt make loops of blue upon the edge of the one curtain from the selvedge in the coupling; and likewise shalt thou make in the uttermost edge of *another* curtain, in the coupling of the second.

5 Fifty loops shalt thou make in the one curtain, and fifty loops shalt thou make in the edge of the curtain that *is* in the coupling of the second; that the loops may take hold one of another.

6 And thou shalt make fifty taches of gold, and couple the curtains together with the taches: and it shall be one tabernacle.

7 ¶ And thou shalt make curtains *of* goats' *hair* to be a covering upon the tabernacle: eleven curtains shalt thou make.

8 The length of one curtain *shall be* thirty cubits, and the breadth of one curtain four cubits: and the eleven curtains *shall be all* of one measure.

9 And thou shalt couple five curtains by themselves, and six curtains by themselves, and shalt double the sixth curtain in the forefront of the tabernacle.

10 And thou shalt make fifty loops on the edge of the one curtain *that is* outmost in the coupling, and fifty loops in the edge of the curtain which coupleth the second.

11 And thou shalt make fifty taches of brass, and put the taches into the loops, and couple the tent together, that it may be one.

12 And the remnant that remaineth of the curtains of the tent, the half curtain that remaineth, shall hang over the backside of the tabernacle.

13 And a cubit on the one side, and a cubit on the other side of that which remaineth in the length of the curtains of the tent, it shall hang over the sides of the tabernacle on this side and on that side, to cover it.

14 And thou shalt make a covering for the tent *of* rams' skins dyed red, and a covering above *of* badgers' skins.

15 ¶ And thou shalt make boards for the tabernacle *of* shittim wood standing up.

16 Ten cubits *shall be* the length of a board, and a cubit and a half *shall be* the breadth of one board.

17 Two tenons *shall there be* in one board, set in order one against another: thus shalt thou make for all the boards of the tabernacle.

18 And thou shalt make the boards for the tabernacle, twenty boards on the south side southward.

19 And thou shalt make forty sockets of silver under the twenty boards; two sockets under one board for his two tenons, and two sockets under another board for his two tenons.

20 And for the second side of the tabernacle on the north side *there shall be* twenty boards:

21 And their forty sockets *of* silver; two sockets under one board, and two sockets under another board.

22 And for the sides of the tabernacle westward thou shalt make six boards.

23 And two boards shalt thou make for the corners of the tabernacle in the two sides.

24 And they shall be coupled together beneath, and they shall be coupled together above the head of it unto one ring: thus shall it be for them both; they shall be for the two corners.

25 And they shall be eight boards, and their sockets *of* silver, sixteen sockets; two sockets under one board, and two sockets under another board.

26 ¶ And thou shalt make bars *of* shittim wood; five for the boards of the one side of the tabernacle,

27 And five bars for the boards of the

בָּאַמָּה הַיְרִיעָה הָאַחַת מִדָּה אַחַת לְכָל־הַיְרִיעֹת: חֲמֵשׁ הַיְרִיעֹת 3

תִּהְיֶ֨יןָ חֹֽבְרֹת אִשָּׁה אֶל־אֲחֹתָהּ וְחָמֵשׁ יְרִיעֹת חֹֽבְרֹת אִשָּׁה

אֶל־אֲחֹתָהּ: וְעָשִׂיתָ לֻֽלְאֹת תְּכֵלֶת עַל שְׂפַת הַיְרִיעָה הָאֶחָת מִקָּצָה 4

בַּחֹבָרֶת וְכֵן תַּעֲשֶׂה בִּשְׂפַת הַיְרִיעָה הַקִּיצוֹנָה בַּמַּחְבֶּרֶת הַשֵּׁנִית:

חֲמִשִּׁים לֻֽלָאֹת תַּעֲשֶׂה בַּיְרִיעָה הָאֶחָת וַחֲמִשִּׁים לֻֽלָאֹת תַּעֲשֶׂה 5

בִּקְצֵה הַיְרִיעָה אֲשֶׁר בַּמַּחְבֶּרֶת הַשֵּׁנִית מַקְבִּילֹת הַלֻּֽלָאֹת אִשָּׁה

אֶל־אֲחֹתָהּ: וְעָשִׂיתָ חֲמִשִּׁים קַרְסֵי זָהָב וְחִבַּרְתָּ אֶת־הַיְרִיעֹת אִשָּׁה 6

אֶל־אֲחֹתָהּ בַּקְּרָסִים וְהָיָה הַמִּשְׁכָּן אֶחָד: וְעָשִׂיתָ יְרִיעֹת עִזִּים 7

לְאֹהֶל עַל־הַמִּשְׁכָּן עַשְׁתֵּי־עֶשְׂרֵה יְרִיעֹת תַּעֲשֶׂה אֹתָם: אֹ֣רֶךְ ׀ הַיְרִיעָה 8

הָֽאַחַת שְׁלֹשִׁים בָּֽאַמָּה וְרֹחַב אַרְבַּע בָּֽאַמָּה הַיְרִיעָה הָֽאֶחָת מִדָּה

אַחַת לְעַשְׁתֵּי עֶשְׂרֵה יְרִיעֹת: וְחִבַּרְתָּ אֶת־חֲמֵשׁ הַיְרִיעֹת לְבָד 9

וְאֶת־שֵׁשׁ הַיְרִיעֹת לְבָד וְכָפַלְתָּ אֶת־הַיְרִיעָה הַשִּׁשִּׁית אֶל־מוּל פְּנֵי

הָאֹהֶל: וְעָשִׂיתָ חֲמִשִּׁים לֻֽלָאֹת עַל שְׂפַת הַיְרִיעָה הָֽאֶחָת הַקִּיצֹנָה 10

בַּחֹבָרֶת וַחֲמִשִּׁים לֻֽלָאֹת עַל שְׂפַת הַיְרִיעָה הַחֹבֶרֶת הַשֵּׁנִית: וְעָשִׂיתָ 11

קַרְסֵי נְחֹשֶׁת חֲמִשִּׁים וְהֵבֵאתָ אֶת־הַקְּרָסִים בַּלֻּֽלָאֹת וְחִבַּרְתָּ

אֶת־הָאֹהֶל וְהָיָה אֶחָד: וְסֶרַח הָעֹדֵף בִּירִיעֹת הָאֹהֶל חֲצִי הַיְרִיעָה 12

הָעֹדֶפֶת תִּסְרַח עַל אֲחֹרֵי הַמִּשְׁכָּן: וְהָאַמָּה מִזֶּה וְהָאַמָּה מִזֶּה 13

בָּעֹדֵף בְּאֹרֶךְ יְרִיעֹת הָאֹהֶל יִהְיֶה סָרוּחַ עַל־צִדֵּי הַמִּשְׁכָּן מִזֶּה

וּמִזֶּה לְכַסֹּתוֹ: וְעָשִׂיתָ מִכְסֶה לָאֹהֶל עֹרֹת אֵילִם מְאָדָּמִים וּמִכְסֵה 14

עֹרֹת תְּחָשִׁים מִלְמָעְלָה:

וְעָשִׂיתָ אֶת־הַקְּרָשִׁים לַמִּשְׁכָּן עֲצֵי שִׁטִּים עֹמְדִים: עֶשֶׂר אַמּוֹת 15
16

רביעי

אֹ֣רֶךְ הַקָּרֶשׁ וְאַמָּה וַחֲצִי הָאַמָּה רֹחַב הַקֶּרֶשׁ הָאֶחָד: שְׁתֵּי יָדוֹת 17

לַקֶּרֶשׁ הָֽאֶחָד מְשֻׁלָּבֹת אִשָּׁה אֶל־אֲחֹתָהּ כֵּן תַּעֲשֶׂה לְכֹל קַרְשֵׁי

הַמִּשְׁכָּן: וְעָשִׂיתָ אֶת־הַקְּרָשִׁים לַמִּשְׁכָּן עֶשְׂרִים קֶרֶשׁ לִפְאַת נֶגְבָּה 18

תֵימָנָה: וְאַרְבָּעִים אַדְנֵי־כֶסֶף תַּעֲשֶׂה תַּחַת עֶשְׂרִים הַקָּרֶשׁ שְׁנֵי 19

אֲדָנִים תַּֽחַת־הַקֶּרֶשׁ הָֽאֶחָד לִשְׁתֵּי יְדֹתָיו וּשְׁנֵי אֲדָנִים תַּֽחַת־הַקֶּרֶשׁ

הָֽאֶחָד לִשְׁתֵּי יְדֹתָיו: וּלְצֶלַע הַמִּשְׁכָּן הַשֵּׁנִית לִפְאַת צָפוֹן עֶשְׂרִים 20

קָרֶשׁ: וְאַרְבָּעִים אַדְנֵיהֶם כָּסֶף שְׁנֵי אֲדָנִים תַּחַת הַקֶּרֶשׁ הָֽאֶחָד 21

וּשְׁנֵי אֲדָנִים תַּחַת הַקֶּרֶשׁ הָֽאֶחָד: וּֽלְיַרְכְּתֵי הַמִּשְׁכָּן יָמָּה תַּעֲשֶׂה 22

שִׁשָּׁה קְרָשִׁים: וּשְׁנֵי קְרָשִׁים תַּעֲשֶׂה לִמְקֻצְעֹת הַמִּשְׁכָּן בַּיַּרְכָתָֽיִם: 23

וְיִֽהְיוּ תֹֽאֲמִם מִלְּמַטָּה וְיַחְדָּו יִהְיוּ תַמִּים עַל־רֹאשׁוֹ אֶל־הַטַּבַּעַת 24

הָֽאֶחָת כֵּן יִהְיֶה לִשְׁנֵיהֶם לִשְׁנֵי הַמִּקְצֹעֹת יִהְיוּ: וְהָיוּ שְׁמֹנָה קְרָשִׁים 25

וְאַדְנֵיהֶם כֶּסֶף שִׁשָּׁה עָשָׂר אֲדָנִים שְׁנֵי אֲדָנִים תַּחַת הַקֶּרֶשׁ הָֽאֶחָד

וּשְׁנֵי אֲדָנִים תַּחַת הַקֶּרֶשׁ הָֽאֶחָד: וְעָשִׂיתָ בְרִיחִם עֲצֵי שִׁטִּים 26

חֲמִשָּׁה לְקַרְשֵׁי צֶֽלַע־הַמִּשְׁכָּן הָאֶחָד: וַחֲמִשָּׁה בְרִיחִם לְקַרְשֵׁי 27

other side of the tabernacle, and five bars for the boards of the side of the tabernacle, for the two sides westward.

28 And the middle bar in the midst of the boards shall reach from end to end.

29 And thou shalt overlay the boards with gold, and make their rings *of* gold *for* places for the bars: and thou shalt overlay the bars with gold.

30 And thou shalt rear up the tabernacle according to the fashion thereof which was shewed thee in the mount.

31 ¶ And thou shalt make a vail *of* blue, and purple, and scarlet, and fine twined linen of cunning work: with cherubims shall it be made:

32 And thou shalt hang it upon four pillars of shittim *wood* overlaid with gold: their hooks *shall be of* gold, upon the four sockets of silver.

33 ¶ And thou shalt hang up the vail under the taches, that thou mayest bring in thither within the vail the ark of the testimony: and the vail shall divide unto you between the holy *place* and the most holy.

34 And thou shalt put the mercy seat upon the ark of the testimony in the most holy *place*.

35 And thou shalt set the table without the vail, and the candlestick over against the table on the side of the tabernacle toward the south: and thou shalt put the table on the north side.

36 And thou shalt make an hanging for the door of the tent, *of* blue, and purple, and scarlet, and fine twined linen, wrought with needlework.

37 And thou shalt make for the hanging five pillars *of* shittim *wood,* and overlay them with gold, *and* their hooks *shall be of* gold: and thou shalt cast five sockets of brass for them.

CHAPTER 27

1 And thou shalt make an altar *of* shittim wood, five cubits long, and five cubits broad; the altar shall be foursquare: and the height thereof *shall be* three cubits.

2 And thou shalt make the horns of it upon the four corners thereof: his horns shall be of the same: and thou shalt overlay it with brass.

3 And thou shalt make his pans to receive his ashes, and his shovels, and his basons, and his fleshhooks, and his firepans: all the vessels thereof thou shalt make *of* brass.

4 And thou shalt make for it a grate of network *of* brass; and upon the net shalt thou make four brasen rings in the four corners thereof.

5 And thou shalt put it under the compass of the altar beneath, that the net may be even to the midst of the altar.

6 And thou shalt make staves for the altar, staves *of* shittim wood, and overlay them with brass.

7 And the staves shall be put into the rings, and the staves shall be upon the two sides of the altar, to bear it.

8 Hollow with boards shalt thou make it: as it was shewed thee in the mount, so shall they make *it.*

9 ¶ And thou shalt make the court of the tabernacle: for the south side southward *there shall be* hangings for the court *of* fine twined linen of an hundred cubits long for one side:

10 And the twenty pillars thereof and their twenty sockets *shall be of* brass; the hooks of the pillars and their fillets *shall be of* silver.

11 And likewise for the north side in length *there shall be* hangings of an hundred *cubits* long, and his twenty pillars and their twenty sockets *of* brass; the hooks of the pillars and their fillets *of* silver.

12 ¶ And *for* the breadth of the court on the west side *shall be* hangings of fifty cubits: their pillars ten, and their sockets ten.

13 And the breadth of the court on the east side eastward *shall be* fifty cubits.

14 The hangings of one side *of the gate shall be* fifteen cubits: their pillars three, and their sockets three.

15 And on the other side *shall be* hangings fifteen *cubits:* their pillars three, and their sockets three.

16 ¶ And for the gate of the court *shall be* an hanging of twenty cubits, *of* blue, and purple, and scarlet, and fine twined

צֶלַע־הַמִּשְׁכָּן הַשֵּׁנִית וַחֲמִשָּׁה בְרִיחִם לְקַרְשֵׁי צֶלַע הַמִּשְׁכָּן לַיַּרְכָתַיִם

28 יָמָּה: וְהַבְּרִיחַ הַתִּיכֹן בְּתוֹךְ הַקְּרָשִׁים מַבְרִחַ מִן־הַקָּצֶה אֶל־הַקָּצֶה:

29 וְאֶת־הַקְּרָשִׁים תְּצַפֶּה זָהָב וְאֶת־טַבְּעֹתֵיהֶם תַּעֲשֶׂה זָהָב בָּתִּים

30 לַבְּרִיחִם וְצִפִּיתָ אֶת־הַבְּרִיחִם זָהָב: וַהֲקֵמֹתָ אֶת־הַמִּשְׁכָּן כְּמִשְׁפָּטוֹ

חמישי 31 אֲשֶׁר הָרְאֵיתָ בָּהָר: וְעָשִׂיתָ פָרֹכֶת תְּכֵלֶת וְאַרְגָּמָן

וְתוֹלַעַת שָׁנִי וְשֵׁשׁ מָשְׁזָר מַעֲשֵׂה חֹשֵׁב יַעֲשֶׂה אֹתָהּ כְּרֻבִים:

32 וְנָתַתָּה אֹתָהּ עַל־אַרְבָּעָה עַמּוּדֵי שִׁטִּים מְצֻפִּים זָהָב וָוֵיהֶם זָהָב

33 עַל־אַרְבָּעָה אַדְנֵי־כָסֶף: וְנָתַתָּה אֶת־הַפָּרֹכֶת תַּחַת הַקְּרָסִים וְהֵבֵאתָ

שָׁמָּה מִבֵּית לַפָּרֹכֶת אֵת אֲרוֹן הָעֵדוּת וְהִבְדִּילָה הַפָּרֹכֶת לָכֶם

34 בֵּין הַקֹּדֶשׁ וּבֵין קֹדֶשׁ הַקֳּדָשִׁים: וְנָתַתָּ אֶת־הַכַּפֹּרֶת עַל אֲרוֹן

35 הָעֵדֻת בְּקֹדֶשׁ הַקֳּדָשִׁים: וְשַׂמְתָּ אֶת־הַשֻּׁלְחָן מִחוּץ לַפָּרֹכֶת

וְאֶת־הַמְּנֹרָה נֹכַח הַשֻּׁלְחָן עַל צֶלַע הַמִּשְׁכָּן תֵּימָנָה וְהַשֻּׁלְחָן תִּתֵּן

36 עַל־צֶלַע צָפוֹן: וְעָשִׂיתָ מָסָךְ לְפֶתַח הָאֹהֶל תְּכֵלֶת וְאַרְגָּמָן וְתוֹלַעַת

37 שָׁנִי וְשֵׁשׁ מָשְׁזָר מַעֲשֵׂה רֹקֵם: וְעָשִׂיתָ לַמָּסָךְ חֲמִשָּׁה עַמּוּדֵי

שִׁטִּים וְצִפִּיתָ אֹתָם זָהָב וָוֵיהֶם זָהָב וְיָצַקְתָּ לָהֶם חֲמִשָּׁה אַדְנֵי

ששי 27 1 נְחֹשֶׁת: וְעָשִׂיתָ אֶת־הַמִּזְבֵּחַ עֲצֵי שִׁטִּים חָמֵשׁ אַמּוֹת

אֹרֶךְ וְחָמֵשׁ אַמּוֹת רֹחַב רָבוּעַ יִהְיֶה הַמִּזְבֵּחַ וְשָׁלֹשׁ אַמּוֹת קֹמָתוֹ:

2 וְעָשִׂיתָ קַרְנֹתָיו עַל אַרְבַּע פִּנֹּתָיו מִמֶּנּוּ תִּהְיֶיןָ קַרְנֹתָיו וְצִפִּיתָ אֹתוֹ

3 נְחֹשֶׁת: וְעָשִׂיתָ סִּירֹתָיו לְדַשְּׁנוֹ וְיָעָיו וּמִזְרְקֹתָיו וּמִזְלְגֹתָיו וּמַחְתֹּתָיו

4 לְכָל־כֵּלָיו תַּעֲשֶׂה נְחֹשֶׁת: וְעָשִׂיתָ לּוֹ מִכְבָּר מַעֲשֵׂה רֶשֶׁת נְחֹשֶׁת

5A 5 וְעָשִׂיתָ עַל־הָרֶשֶׁת אַרְבַּע טַבְּעֹת נְחֹשֶׁת עַל אַרְבַּע קְצוֹתָיו: וְנָתַתָּה

אֹתָהּ תַּחַת כַּרְכֹּב הַמִּזְבֵּחַ מִלְּמָטָּה וְהָיְתָה הָרֶשֶׁת עַד חֲצִי הַמִּזְבֵּחַ:

6‏
7 וְעָשִׂיתָ בַדִּים לַמִּזְבֵּחַ בַּדֵּי עֲצֵי שִׁטִּים וְצִפִּיתָ אֹתָם נְחֹשֶׁת: וְהוּבָא

אֶת־בַּדָּיו בַּטַּבָּעֹת וְהָיוּ הַבַּדִּים עַל־שְׁתֵּי צַלְעֹת הַמִּזְבֵּחַ בִּשְׂאֵת

8 אֹתוֹ: נְבוּב לֻחֹת תַּעֲשֶׂה אֹתוֹ כַּאֲשֶׁר הֶרְאָה אֹתְךָ בָּהָר כֵּן

שביעי 9 יַעֲשׂוּ: וְעָשִׂיתָ אֵת חֲצַר הַמִּשְׁכָּן לִפְאַת נֶגֶב־תֵּימָנָה

10 קְלָעִים לֶחָצֵר שֵׁשׁ מָשְׁזָר מֵאָה בָאַמָּה אֹרֶךְ לַפֵּאָה הָאֶחָת: וְעַמֻּדָיו

עֶשְׂרִים וְאַדְנֵיהֶם עֶשְׂרִים נְחֹשֶׁת וָוֵי הָעַמֻּדִים וַחֲשֻׁקֵיהֶם כָּסֶף:

ועמדיו 11 וְכֵן לִפְאַת צָפוֹן בָּאֹרֶךְ קְלָעִים מֵאָה אֹרֶךְ וְעַמוּדָו עֶשְׂרִים וְאַדְנֵיהֶם

12 עֶשְׂרִים נְחֹשֶׁת וָוֵי הָעַמֻּדִים וַחֲשֻׁקֵיהֶם כָּסֶף: וְרֹחַב הֶחָצֵר לִפְאַת־יָם

13 קְלָעִים חֲמִשִּׁים אַמָּה עַמֻּדֵיהֶם עֲשָׂרָה וְאַדְנֵיהֶם עֲשָׂרָה: וְרֹחַב

14 הֶחָצֵר לִפְאַת קֵדְמָה מִזְרָחָה חֲמִשִּׁים אַמָּה: וַחֲמֵשׁ עֶשְׂרֵה אַמָּה

15A 15 קְלָעִים לַכָּתֵף עַמֻּדֵיהֶם שְׁלֹשָׁה וְאַדְנֵיהֶם שְׁלֹשָׁה: וְלַכָּתֵף הַשֵּׁנִית

16 חֲמֵשׁ עֶשְׂרֵה קְלָעִים עַמֻּדֵיהֶם שְׁלֹשָׁה וְאַדְנֵיהֶם שְׁלֹשָׁה: וּלְשַׁעַר

הֶחָצֵר מָסָךְ ׀ עֶשְׂרִים אַמָּה תְּכֵלֶת וְאַרְגָּמָן וְתוֹלַעַת שָׁנִי וְשֵׁשׁ

linen, wrought with needlework: *and* their pillars *shall be* four, and their sockets four.

17 All the pillars round about the court *shall be* filleted with silver; their hooks *shall be of* silver, and their sockets *of* brass.

18 ¶ The length of the court *shall be* an hundred cubits, and the breadth fifty every where, and the height five cubits *of* fine twined linen, and their sockets *of* brass.

19 All the vessels of the tabernacle in all the service thereof, and all the pins thereof, and all the pins of the court, *shall be of* brass.

20 ¶ And thou shalt command the children of Israel, that they bring thee pure oil olive beaten for the light, to cause the lamp to burn always.

21 In the tabernacle of the congregation without the vail, which *is* before the testimony, Aaron and his sons shall order it from evening to morning before the LORD: *it shall be* a statute for ever unto their generations on the behalf of the children of Israel.

CHAPTER 28

1 And take thou unto thee Aaron thy brother, and his sons with him, from among the children of Israel, that he may minister unto me in the priest's office, *even* Aaron, Nadab and Abihu, Eleazar and Ithamar, Aaron's sons.

2 And thou shalt make holy garments for Aaron thy brother for glory and for beauty.

3 And thou shalt speak unto all *that are* wise hearted, whom I have filled with the spirit of wisdom, that they may make Aaron's garments to consecrate him, that he may minister unto me in the priest's office.

4 And these *are* the garments which they shall make; a breastplate, and an ephod, and a robe, and a broidered coat, a mitre, and a girdle: and they shall make holy garments for Aaron thy brother, and his sons, that he may minister unto me in the priest's office.

5 And they shall take gold, and blue, and purple, and scarlet, and fine linen.

6 ¶ And they shall make the ephod *of* gold, *of* blue, and *of* purple, *of* scarlet, and fine twined linen, with cunning work.

7 It shall have the two shoulderpieces thereof joined at the two edges thereof; and *so* it shall be joined together.

8 And the curious girdle of the ephod, which *is* upon it, shall be of the same, according to the work thereof; *even of* gold, *of* blue, and purple, and scarlet, and fine twined linen.

9 And thou shalt take two onyx stones, and grave on them the names of the children of Israel:

10 Six of their names on one stone, and *the other* six names of the rest on the other stone, according to their birth.

11 With the work of an engraver in stone, *like* the engravings of a signet, shalt thou engrave the two stones with the names of the children of Israel: thou shalt make them to be set in ouches of gold.

12 And thou shalt put the two stones upon the shoulders of the ephod *for* stones of memorial unto the children of Israel: and Aaron shall bear their names before the LORD upon his two shoulders for a memorial.

13 ¶ And thou shalt make ouches *of* gold;

14 And two chains *of* pure gold at the ends; *of* wreathen work shalt thou make them, and fasten the wreathen chains to the ouches.

15 ¶ And thou shalt make the breastplate of judgment with cunning work; after the work of the ephod thou shalt make it; *of* gold, *of* blue, and *of* purple, and *of* scarlet, and *of* fine twined linen, shalt thou make it.

16 Foursquare it shall be *being* doubled; a span *shall be* the length thereof, and a span *shall be* the breadth thereof.

17 And thou shalt set in it settings of stones, *even* four rows of stones: *the first* row *shall be* a sardius, a topaz, and a carbuncle: *this shall be* the first row.

18 And the second row *shall be* an emerald, a sapphire, and a diamond.

19 And the third row a ligure, an agate, and an amethyst.

20 And the fourth row a beryl, and an

מפטיר 17 מִשְׁזָּר מַעֲשֵׂה רֹקֵם עַמֻּדֵיהֶם֙ אַרְבָּעָ֔ה וְאַדְנֵיהֶ֖ם אַרְבָּעָֽה: כָּל־עַמּוּדֵ֣י

18 הֶֽחָצֵ֨ר סָבִ֜יב מְחֻשָּׁקִ֣ים כֶּ֗סֶף וָוֵיהֶ֖ם כֶּ֑סֶף וְאַדְנֵיהֶ֖ם נְחֹ֑שֶׁת: אֹ֣רֶךְ
הֶֽחָצֵ֣ר מֵאָ֣ה בָֽאַמָּ֡ה וְרֹ֣חַב ׀ חֲמִשִּׁ֣ים בַּחֲמִשִּׁ֗ים וְקֹמָ֛ה חָמֵ֥שׁ אַמּ֖וֹת

19 שֵׁ֣שׁ מָשְׁזָ֑ר וְאַדְנֵיהֶ֖ם נְחֹֽשֶׁת: לְכֹל֙ כְּלֵ֣י הַמִּשְׁכָּ֔ן בְּכֹ֖ל עֲבֹֽדָת֑וֹ

תצוה 20 וְכָל־יְתֵֽדֹתָ֛יו וְכָל־יִתְדֹ֥ת הֶחָצֵ֖ר נְחֹֽשֶׁת: וְאַתָּ֣ה תְּצַוֶּ֣ה ׀
אֶת־בְּנֵ֣י יִשְׂרָאֵ֗ל וְיִקְח֨וּ אֵלֶ֜יךָ שֶׁ֣מֶן זַ֥יִת זָ֛ךְ כָּתִ֖ית לַמָּא֑וֹר לְהַעֲלֹ֥ת

21 נֵ֖ר תָּמִֽיד: בְּאֹ֣הֶל מוֹעֵד֩ מִח֨וּץ לַפָּרֹ֜כֶת אֲשֶׁ֣ר עַל־הָעֵדֻ֗ת יַעֲרֹךְ֩ אֹת֨וֹ
אַהֲרֹ֧ן וּבָנָ֛יו מֵעֶ֥רֶב עַד־בֹּ֖קֶר לִפְנֵ֣י יְהוָ֑ה חֻקַּ֤ת עוֹלָם֙ לְדֹ֣רֹתָ֔ם מֵאֵ֖ת

28 1 בְּנֵ֥י יִשְׂרָאֵֽל: וְאַתָּ֡ה הַקְרֵ֣ב אֵלֶ֜יךָ אֶת־אַהֲרֹ֤ן אָחִ֨יךָ֙
וְאֶת־בָּנָ֣יו אִתּ֔וֹ מִתּ֖וֹךְ בְּנֵ֣י יִשְׂרָאֵ֑ל לְכַהֲנוֹ־לִ֑י אַהֲרֹ֕ן נָדָ֥ב וַאֲבִיה֛וּא

2 אֶלְעָזָ֥ר וְאִֽיתָמָ֖ר בְּנֵ֥י אַהֲרֹֽן: וְעָשִׂ֥יתָ בִגְדֵי־קֹ֖דֶשׁ לְאַהֲרֹ֣ן אָחִ֑יךָ לְכָב֖וֹד

3 וּלְתִפְאָֽרֶת: וְאַתָּ֗ה תְּדַבֵּר֙ אֶל־כָּל־חַכְמֵי־לֵ֔ב אֲשֶׁ֥ר מִלֵּאתִ֖יו ר֣וּחַ

4 חָכְמָ֑ה וְעָשׂ֞וּ אֶת־בִּגְדֵ֧י אַהֲרֹ֛ן לְקַדְּשׁ֖וֹ לְכַהֲנוֹ־לִֽי: וְאֵ֨לֶּה הַבְּגָדִ֜ים
אֲשֶׁ֣ר יַעֲשׂ֗וּ חֹ֤שֶׁן וְאֵפוֹד֙ וּמְעִ֔יל וּכְתֹ֥נֶת תַּשְׁבֵּ֖ץ מִצְנֶ֣פֶת וְאַבְנֵ֑ט

5 וְעָשׂ֨וּ בִגְדֵי־קֹ֜דֶשׁ לְאַהֲרֹ֥ן אָחִ֛יךָ וּלְבָנָ֖יו לְכַהֲנוֹ־לִֽי: וְהֵם֙ יִקְח֣וּ
אֶת־הַזָּהָ֔ב וְאֶת־הַתְּכֵ֖לֶת וְאֶת־הָֽאַרְגָּמָ֑ן וְאֶת־תּוֹלַ֥עַת הַשָּׁנִ֖י וְאֶת־
הַשֵּֽׁשׁ:

6 וְעָשׂ֖וּ אֶת־הָאֵפֹ֑ד זָהָ֗ב תְּכֵ֧לֶת וְאַרְגָּמָ֛ן תּוֹלַ֥עַת שָׁנִ֖י וְשֵׁ֣שׁ מָשְׁזָ֑ר

7 מַעֲשֵׂ֖ה חֹשֵֽׁב: שְׁתֵּ֧י כְתֵפֹ֣ת חֹֽבְרֹ֗ת יִֽהְיֶה־לּ֛וֹ אֶל־שְׁנֵ֥י קְצוֹתָ֖יו וְחֻבָּֽר:

8 וְחֵ֨שֶׁב אֲפֻדָּת֜וֹ אֲשֶׁ֣ר עָלָ֗יו כְּמַעֲשֵׂ֙הוּ֙ מִמֶּ֣נּוּ יִהְיֶ֔ה זָהָ֕ב תְּכֵ֥לֶת וְאַרְגָּמָ֖ן

9 וְתוֹלַ֥עַת שָׁנִ֖י וְשֵׁ֣שׁ מָשְׁזָֽר: וְלָ֣קַחְתָּ֔ אֶת־שְׁתֵּ֖י אַבְנֵי־שֹׁ֑הַם וּפִתַּחְתָּ֣

10A 10 עֲלֵיהֶ֔ם שְׁמ֖וֹת בְּנֵ֣י יִשְׂרָאֵֽל: שִׁשָּׁה֙ מִשְּׁמֹתָ֔ם עַ֖ל הָאֶ֥בֶן הָאֶחָ֑ת

11 וְאֶת־שְׁמ֞וֹת הַשִּׁשָּׁ֧ה הַנּֽוֹתָרִ֛ים עַל־הָאֶ֥בֶן הַשֵּׁנִ֖ית כְּתוֹלְדֹתָֽם: מַעֲשֵׂ֣ה
חָרַ֣שׁ אֶ֗בֶן פִּתּוּחֵ֤י חֹתָם֙ תְּפַתַּח֙ אֶת־שְׁתֵּ֣י הָאֲבָנִ֔ים עַל־שְׁמֹ֖ת בְּנֵ֣י

12 יִשְׂרָאֵ֑ל מֻסַבֹּ֛ת מִשְׁבְּצ֥וֹת זָהָ֖ב תַּעֲשֶׂ֥ה אֹתָֽם: וְשַׂמְתָּ֞ אֶת־שְׁתֵּ֣י הָאֲבָנִ֗ים
עַ֚ל כִּתְפֹ֣ת הָאֵפֹ֔ד אַבְנֵ֥י זִכָּרֹ֖ן לִבְנֵ֣י יִשְׂרָאֵ֑ל וְנָשָׂא֩ אַהֲרֹ֨ן אֶת־שְׁמוֹתָ֜ם

שני 13 לִפְנֵ֧י יְהוָ֛ה עַל־שְׁתֵּ֥י כְתֵפָ֖יו לְזִכָּרֹֽן: וְעָשִׂ֖יתָ מִשְׁבְּצֹ֥ת זָהָֽב:

14 וּשְׁתֵּ֣י שַׁרְשְׁרֹ֗ת זָהָ֣ב טָה֔וֹר מִגְבָּלֹ֛ת תַּעֲשֶׂ֥ה אֹתָ֖ם מַעֲשֵׂ֣ה עֲבֹ֑ת וְנָתַתָּ֛ה

15 אֶת־שַׁרְשְׁרֹ֥ת הָעֲבֹתֹ֖ת עַל־הַֽמִּשְׁבְּצֹֽת: וְעָשִׂ֜יתָ חֹ֤שֶׁן מִשְׁפָּט֙
מַעֲשֵׂ֣ה חֹשֵׁ֔ב כְּמַעֲשֵׂ֥ה אֵפֹ֖ד תַּעֲשֶׂ֑נּוּ זָהָ֗ב תְּכֵ֧לֶת וְאַרְגָּמָ֛ן וְתוֹלַ֥עַת

16 שָׁנִ֛י וְשֵׁ֥שׁ מָשְׁזָ֖ר תַּעֲשֶׂ֥ה אֹתֽוֹ: רָב֥וּעַ יִֽהְיֶ֖ה כָּפ֑וּל זֶ֥רֶת אָרְכּ֖וֹ וְזֶ֥רֶת

17 רָחְבּֽוֹ: וּמִלֵּאתָ֥ ב֙וֹ מִלֻּ֣אַת אֶ֔בֶן אַרְבָּעָ֖ה טוּרִ֣ים אָ֑בֶן ט֗וּר אֹ֤דֶם

18 פִּטְדָה֙ וּבָרֶ֔קֶת הַטּ֖וּר הָאֶחָֽד: וְהַטּ֖וּר הַשֵּׁנִ֑י נֹ֥פֶךְ סַפִּ֖יר וְיָהֲלֹֽם:

19 וְהַטּ֖וּר הַשְּׁלִישִׁ֑י לֶ֥שֶׁם שְׁב֖וֹ וְאַחְלָֽמָה:
20 וְהַטּ֣וּר הָרְבִיעִ֔י תַּרְשִׁ֥ישׁ

onyx, and a jasper: they shall be set in gold in their inclosings.

21 And the stones shall be with the names of the children of Israel, twelve, according to their names, *like* the engravings of a signet; every one with his name shall they be according to the twelve tribes.

22 ¶ And thou shalt make upon the breastplate chains at the ends *of* wreathen work *of* pure gold.

23 And thou shalt make upon the breastplate two rings of gold, and shalt put the two rings on the two ends of the breastplate.

24 And thou shalt put the two wreathen *chains* of gold in the two rings *which are* on the ends of the breastplate.

25 And *the other* two ends of the two wreathen *chains* thou shalt fasten in the two ouches, and put *them* on the shoulderpieces of the ephod before it.

26 ¶ And thou shalt make two rings of gold, and thou shalt put them upon the two ends of the breastplate in the border thereof, which *is* in the side of the ephod inward.

27 And two *other* rings of gold thou shalt make, and shalt put them on the two sides of the ephod underneath, toward the forepart thereof, over against the *other* coupling thereof, above the curious girdle of the ephod.

28 And they shall bind the breastplate by the rings thereof unto the rings of the ephod with a lace of blue, that *it* may be above the curious girdle of the ephod, and that the breastplate be not loosed from the ephod.

29 And Aaron shall bear the names of the children of Israel in the breastplate of judgment upon his heart, when he goeth in unto the holy *place,* for a memorial before the LORD continually.

30 ¶ And thou shalt put in the breastplate of judgment the Urim and the Thummim; and they shall be upon Aaron's heart, when he goeth in before the LORD: and Aaron shall bear the judgment of the children of Israel upon his heart before the LORD continually.

31 ¶ And thou shalt make the robe of the ephod all *of* blue.

32 And there shall be an hole in the top of it, in the midst thereof: it shall have a binding of woven work round about the hole of it, as it were the hole of an habergeon, that it be not rent.

33 ¶ And *beneath* upon the hem of it thou shalt make pomegranates *of* blue, and *of* purple, and *of* scarlet, round about the hem thereof; and bells of gold between them round about:

34 A golden bell and a pomegranate, a golden bell and a pomegranate, upon the hem of the robe round about.

35 And it shall be upon Aaron to minister: and his sound shall be heard when he goeth in unto the holy *place* before the LORD, and when he cometh out, that he die not.

36 ¶ And thou shalt make a plate *of* pure gold, and grave upon it, *like* the engravings of a signet, HOLINESS TO THE LORD.

37 And thou shalt put it on a blue lace, that it may be upon the mitre; upon the forefront of the mitre it shall be.

38 And it shall be upon Aaron's forehead, that Aaron may bear the iniquity of the holy things, which the children of Israel shall hallow in all their holy gifts; and it shall be always upon his forehead, that they may be accepted before the LORD.

39 ¶ And thou shalt embroider the coat of fine linen, and thou shalt make the mitre *of* fine linen, and thou shalt make the girdle *of* needlework.

40 ¶ And for Aaron's sons thou shalt make coats, and thou shalt make for them girdles, and bonnets shalt thou make for them, for glory and for beauty.

41 And thou shalt put them upon Aaron thy brother, and his sons with him; and shalt anoint them, and consecrate them, and sanctify them, that they may minister unto me in the priest's office.

42 And thou shalt make them linen breeches to cover their nakedness; from the loins even unto the thighs they shall reach:

43 And they shall be upon Aaron, and upon his sons, when they come in unto the tabernacle of the congregation, or when they come near unto the altar to

21 וְשֵׁהַ֣ם וְיָ֣שְׁפֵ֔ה מְשֻׁבָּצִ֥ים זָהָ֛ב יִהְי֖וּ בְּמִלּוּאֹתָ֑ם וְהָאֲבָנִ֜ים תִּֽהְיֶ֗יןָ עַל־שְׁמֹ֤ת בְּנֵֽי־יִשְׂרָאֵל֙ שְׁתֵּ֣ים עֶשְׂרֵ֔ה עַל־שְׁמֹתָ֑ם פִּתּוּחֵ֤י חוֹתָם֙ אִ֣ישׁ

22 עַל־שְׁמ֔וֹ תִּֽהְיֶ֖יןָ לִשְׁנֵ֥י עָשָׂ֖ר שָֽׁבֶט׃ וְעָשִׂ֧יתָ עַל־הַחֹ֛שֶׁן שַֽׁרְשֹׁ֥ת גַּבְלֻ֖ת

23 מַעֲשֵׂ֣ה עֲבֹ֑ת זָהָ֖ב טָהֽוֹר׃ וְעָשִׂ֙יתָ֙ עַל־הַחֹ֔שֶׁן שְׁתֵּ֖י טַבְּע֥וֹת זָהָ֑ב

24 וְנָֽתַתָּ֗ אֶת־שְׁתֵּי֙ הַטַּבָּע֔וֹת עַל־שְׁנֵ֖י קְצ֣וֹת הַחֹ֑שֶׁן׃ וְנָֽתַתָּ֗ה אֶת־שְׁתֵּ֤י

25 עֲבֹתֹ֣ת הַזָּהָ֔ב עַל־שְׁתֵּ֖י הַטַּבָּעֹ֑ת אֶל־קְצ֖וֹת הַחֹֽשֶׁן׃ וְאֵ֣ת שְׁתֵּ֣י קְצ֗וֹת שְׁתֵּ֚י הָֽעֲבֹתֹ֔ת תִּתֵּ֖ן עַל־שְׁתֵּ֣י הַֽמִּשְׁבְּצ֑וֹת וְנָֽתַתָּ֛ה עַל־כִּתְפ֥וֹת הָאֵפֹ֖ד

26 אֶל־מ֥וּל פָּנָֽיו׃ וְעָשִׂ֗יתָ שְׁתֵּי֙ טַבְּע֣וֹת זָהָ֔ב וְשַׂמְתָּ֣ אֹתָ֔ם עַל־שְׁנֵ֖י

27A 27 קְצ֣וֹת הַחֹ֑שֶׁן עַל־שְׂפָת֗וֹ אֲשֶׁ֛ר אֶל־עֵ֥בֶר הָאֵפ֖וֹד בָּֽיְתָה׃ וְעָשִׂ֙יתָ֙ שְׁתֵּ֣י טַבְּע֣וֹת זָהָ֔ב וְנָֽתַתָּ֣ה אֹתָ֗ם עַל־שְׁתֵּ֚י כִתְפ֣וֹת הָאֵפֹ֛וד מִלְּמַ֖טָּה מִמּ֣וּל

28 פָּנָ֔יו לְעֻמַּ֖ת מֶחְבַּרְתּ֑וֹ מִמַּ֕עַל לְחֵ֖שֶׁב הָאֵפֽוֹד׃ וְיִרְכְּס֣וּ אֶת־הַחֹ֡שֶׁן מִטַּבְּעֹתָ֑יו מִטַּבְּעֹתָ֞יו אֶל־טַבְּעֹ֚ת הָֽאֵפוֹד֙ בִּפְתִ֣יל תְּכֵ֔לֶת לִֽהְי֖וֹת עַל־חֵ֣שֶׁב הָאֵפ֑וֹד

29 וְלֹֽא־יִזַּ֣ח הַחֹ֔שֶׁן מֵעַ֖ל הָאֵפֽוֹד׃ וְנָשָׂ֣א אַ֠הֲרֹן אֶת־שְׁמ֨וֹת בְּנֵֽי־יִשְׂרָאֵ֜ל בְּחֹ֧שֶׁן הַמִּשְׁפָּ֛ט עַל־לִבּ֖וֹ בְּבֹא֣וֹ אֶל־הַקֹּ֑דֶשׁ לְזִכָּרֹ֥ן לִפְנֵֽי־יְהֹוָ֖ה תָּמִֽיד׃

30 וְנָתַתָּ֞ אֶל־חֹ֣שֶׁן הַמִּשְׁפָּ֗ט אֶת־הָֽאוּרִים֙ וְאֶת־הַתֻּמִּ֔ים וְהָיוּ֙ עַל־לֵ֣ב אַֽהֲרֹ֔ן בְּבֹא֖וֹ לִפְנֵ֣י יְהֹוָ֑ה וְנָשָׂ֣א אַ֠הֲרֹן אֶת־מִשְׁפַּ֨ט בְּנֵֽי־יִשְׂרָאֵ֧ל עַל־לִבּ֛וֹ

31 לִפְנֵ֥י יְהֹוָ֖ה תָּמִֽיד׃ שלישי וְעָשִׂ֛יתָ אֶת־מְעִ֥יל הָאֵפ֖וֹד כְּלִ֥יל

32 תְּכֵֽלֶת׃ וְהָיָ֥ה פִֽי־רֹאשׁ֖וֹ בְּתוֹכ֑וֹ שָׂפָ֡ה יִֽהְיֶה֩ לְפִ֨יו סָבִ֜יב מַעֲשֵׂ֣ה אֹרֵ֗ג

33 כְּפִ֥י תַחְרָ֛א יִֽהְיֶה־לּ֖וֹ לֹ֥א יִקָּרֵֽעַ׃ וְעָשִׂ֣יתָ עַל־שׁוּלָ֗יו רִמֹּנֵי֙ תְּכֵ֤לֶת

34 וְאַרְגָּמָן֙ וְתוֹלַ֣עַת שָׁנִ֔י עַל־שׁוּלָ֖יו סָבִ֑יב וּפַֽעֲמֹנֵ֥י זָהָ֛ב בְּתוֹכָ֖ם סָבִֽיב׃

35 פַּֽעֲמֹ֤ן זָהָב֙ וְרִמּ֔וֹן פַּֽעֲמֹ֥ן זָהָ֖ב וְרִמּ֑וֹן עַל־שׁוּלֵ֥י הַמְּעִ֖יל סָבִֽיב׃ וְהָיָ֥ה עַֽל־אַֽהֲרֹ֖ן לְשָׁרֵ֑ת וְנִשְׁמַ֣ע ק֠וֹלוֹ בְּבֹא֨וֹ אֶל־הַקֹּ֜דֶשׁ לִפְנֵ֧י יְהֹוָ֛ה וּבְצֵאת֖וֹ

36 וְלֹ֥א יָמֽוּת׃ וְעָשִׂ֥יתָ צִּ֖יץ זָהָ֣ב טָה֑וֹר וּפִתַּחְתָּ֤ עָלָיו֙ פִּתּוּחֵ֣י

37 חֹתָ֔ם קֹ֖דֶשׁ לַֽיהֹוָֽה׃ וְשַׂמְתָּ֤ אֹתוֹ֙ עַל־פְּתִ֣יל תְּכֵ֔לֶת וְהָיָ֖ה עַל־הַמִּצְנָ֑פֶת

38 אֶל־מ֥וּל פְּנֵֽי־הַמִּצְנֶ֖פֶת יִֽהְיֶֽה׃ וְהָיָה֮ עַל־מֵ֣צַח אַֽהֲרֹן֒ וְנָשָׂ֣א אַֽהֲרֹ֗ן אֶת־עֲוֺ֣ן הַקֳּדָשִׁ֔ים אֲשֶׁ֤ר יַקְדִּ֨ישׁוּ֙ בְּנֵ֣י יִשְׂרָאֵ֔ל לְכָֽל־מַתְּנֹ֖ת קָדְשֵׁיהֶ֑ם

39 וְהָיָ֤ה עַל־מִצְחוֹ֙ תָּמִ֔יד לְרָצ֥וֹן לָהֶ֖ם לִפְנֵ֥י יְהֹוָֽה׃ וְשִׁבַּצְתָּ֙ הַכְּתֹ֣נֶת

40 שֵׁ֔שׁ וְעָשִׂ֖יתָ מִצְנֶ֣פֶת שֵׁ֑שׁ וְאַבְנֵ֥ט תַּֽעֲשֶׂ֖ה מַֽעֲשֵׂ֥ה רֹקֵֽם׃ וְלִבְנֵ֤י אַֽהֲרֹן֙ תַּֽעֲשֶׂ֣ה כֻתֳּנֹ֔ת וְעָשִׂ֥יתָ לָהֶ֖ם אַבְנֵטִ֑ים וּמִגְבָּעוֹת֙ תַּֽעֲשֶׂ֣ה לָהֶ֔ם לְכָב֖וֹד

41 וּלְתִפְאָֽרֶת׃ וְהִלְבַּשְׁתָּ֤ אֹתָם֙ אֶת־אַֽהֲרֹ֣ן אָחִ֔יךָ וְאֶת־בָּנָ֖יו אִתּ֑וֹ וּמָֽשַׁחְתָּ֨

42 אֹתָ֜ם וּמִלֵּאתָ֧ אֶת־יָדָ֛ם וְקִדַּשְׁתָּ֥ אֹתָ֖ם וְכִֽהֲנ֣וּ לִֽי׃ וַֽעֲשֵׂ֤ה לָהֶם֙

43 מִכְנְסֵי־בָ֔ד לְכַסּ֖וֹת בְּשַׂ֣ר עֶרְוָ֑ה מִמָּתְנַ֥יִם וְעַד־יְרֵכַ֖יִם יִֽהְיֽוּ׃ וְהָי֣וּ עַל־אַֽהֲרֹ֗ן וְעַל־בָּנָ֞יו בְּבֹאָ֣ם ׀ אֶל־אֹ֣הֶל מוֹעֵ֗ד א֣וֹ בְגִשְׁתָּ֤ם אֶל־הַמִּזְבֵּ֨חַ֙ לְשָׁרֵ֣ת בַּקֹּ֔דֶשׁ וְלֹֽא־יִשְׂא֥וּ עָוֺ֖ן וָמֵ֑תוּ חֻקַּ֥ת עוֹלָ֛ם ל֖וֹ וּלְזַרְע֥וֹ

minister in the holy *place;* that they bear not iniquity, and die: *it shall be* a statute for ever unto him and his seed after him.

CHAPTER 29

1 And this *is* the thing that thou shalt do unto them to hallow them, to minister unto me in the priest's office: Take one young bullock, and two rams without blemish,

2 And unleavened bread, and cakes unleavened tempered with oil, and wafers unleavened anointed with oil: *of* wheaten flour shalt thou make them.

3 And thou shalt put them into one basket, and bring them in the basket, with the bullock and the two rams.

4 And Aaron and his sons thou shalt bring unto the door of the tabernacle of the congregation, and shalt wash them with water.

5 And thou shalt take the garments, and put upon Aaron the coat, and the robe of the ephod, and the ephod, and the breastplate, and gird him with the curious girdle of the ephod:

6 And thou shalt put the mitre upon his head, and put the holy crown upon the mitre.

7 Then shalt thou take the anointing oil, and pour *it* upon his head, and anoint him.

8 And thou shalt bring his sons, and put coats upon them.

9 And thou shalt gird them with girdles, Aaron and his sons, and put the bonnets on them: and the priest's office shall be theirs for a perpetual statute: and thou shalt consecrate Aaron and his sons.

10 And thou shalt cause a bullock to be brought before the tabernacle of the congregation: and Aaron and his sons shall put their hands upon the head of the bullock.

11 And thou shalt kill the bullock before the LORD, *by* the door of the tabernacle of the congregation.

12 And thou shalt take of the blood of the bullock, and put *it* upon the horns of the altar with thy finger, and pour all the blood beside the bottom of the altar.

13 And thou shalt take all the fat that covereth the inwards, and the caul *that is* above the liver, and the two kidneys, and the fat that *is* upon them, and burn *them* upon the altar.

14 But the flesh of the bullock, and his skin, and his dung, shalt thou burn with fire without the camp: it *is* a sin offering.

15 ¶ Thou shalt also take one ram; and Aaron and his sons shall put their hands upon the head of the ram.

16 And thou shalt slay the ram, and thou shalt take his blood, and sprinkle *it* round about upon the altar.

17 And thou shalt cut the ram in pieces, and wash the inwards of him, and his legs, and put *them* unto his pieces, and unto his head.

18 And thou shalt burn the whole ram upon the altar: it *is* a burnt offering unto the LORD: it *is* a sweet savour, an offering made by fire unto the LORD.

19 ¶ And thou shalt take the other ram; and Aaron and his sons shall put their hands upon the head of the ram.

20 Then shalt thou kill the ram, and take of his blood, and put *it* upon the tip of the right ear of Aaron, and upon the tip of the right ear of his sons, and upon the thumb of their right hand, and upon the great toe of their right foot, and sprinkle the blood upon the altar round about.

21 And thou shalt take of the blood that *is* upon the altar, and of the anointing oil, and sprinkle *it* upon Aaron, and upon his garments, and upon his sons, and upon the garments of his sons with him: and he shall be hallowed, and his garments, and his sons, and his sons' garments with him.

22 Also thou shalt take of the ram the fat and the rump, and the fat that covereth the inwards, and the caul *above* the liver, and the two kidneys, and the fat that *is* upon them, and the right shoulder; for it *is* a ram of consecration:

23 And one loaf of bread, and one cake of oiled bread, and one wafer out of the basket of the unleavened bread that *is* before the LORD:

24 And thou shalt put all in the hands of Aaron, and in the hands of his sons;

רביעי 29 1 אַחֲרָיו: וְזֶה הַדָּבָר אֲשֶׁר־תַּעֲשֶׂה לָהֶם לְקַדֵּשׁ אֹתָם לְכַהֵן

2 לִי לְקַח פַּר אֶחָד בֶּן־בָּקָר וְאֵילִם שְׁנַיִם תְּמִימִם: וְלֶחֶם מַצּוֹת

וְחַלֹּת מַצֹּת בְּלוּלֹת בַּשֶּׁמֶן וּרְקִיקֵי מַצּוֹת מְשֻׁחִים בַּשָּׁמֶן סֹלֶת

3 חִטִּים תַּעֲשֶׂה אֹתָם: וְנָתַתָּ אוֹתָם עַל־סַל אֶחָד וְהִקְרַבְתָּ אֹתָם

4 בַּסָּל וְאֶת־הַפָּר וְאֵת שְׁנֵי הָאֵילִם: וְאֶת־אַהֲרֹן וְאֶת־בָּנָיו תַּקְרִיב

5 אֶל־פֶּתַח אֹהֶל מוֹעֵד וְרָחַצְתָּ אֹתָם בַּמָּיִם: וְלָקַחְתָּ אֶת־הַבְּגָדִים

וְהִלְבַּשְׁתָּ אֶת־אַהֲרֹן אֶת־הַכֻּתֹּנֶת וְאֵת מְעִיל הָאֵפֹד וְאֶת־הָאֵפֹד

6 וְאֶת־הַחֹשֶׁן וְאָפַדְתָּ לוֹ בְּחֵשֶׁב הָאֵפֹד: וְשַׂמְתָּ הַמִּצְנֶפֶת עַל־רֹאשׁוֹ

7 וְנָתַתָּ אֶת־נֵזֶר הַקֹּדֶשׁ עַל־הַמִּצְנָפֶת: וְלָקַחְתָּ אֶת־שֶׁמֶן הַמִּשְׁחָה

8 וְיָצַקְתָּ עַל־רֹאשׁוֹ וּמָשַׁחְתָּ אֹתוֹ: וְאֶת־בָּנָיו תַּקְרִיב וְהִלְבַּשְׁתָּם

9 כֻּתֳּנֹת: וְחָגַרְתָּ אֹתָם אַבְנֵט אַהֲרֹן וּבָנָיו וְחָבַשְׁתָּ לָהֶם מִגְבָּעֹת

וְהָיְתָה לָהֶם כְּהֻנָּה לְחֻקַּת עוֹלָם וּמִלֵּאתָ יַד־אַהֲרֹן וְיַד־בָּנָיו:

10 וְהִקְרַבְתָּ אֶת־הַפָּר לִפְנֵי אֹהֶל מוֹעֵד וְסָמַךְ אַהֲרֹן וּבָנָיו אֶת־יְדֵיהֶם

11 עַל־רֹאשׁ הַפָּר: וְשָׁחַטְתָּ אֶת־הַפָּר לִפְנֵי יְהוָה פֶּתַח אֹהֶל מוֹעֵד:

12 וְלָקַחְתָּ מִדַּם הַפָּר וְנָתַתָּה עַל־קַרְנֹת הַמִּזְבֵּחַ בְּאֶצְבָּעֶךָ וְאֶת־כָּל־

13 הַדָּם תִּשְׁפֹּךְ אֶל־יְסוֹד הַמִּזְבֵּחַ: וְלָקַחְתָּ אֶת־כָּל־הַחֵלֶב הַמְכַסֶּה

אֶת־הַקֶּרֶב וְאֵת הַיֹּתֶרֶת עַל־הַכָּבֵד וְאֵת שְׁתֵּי הַכְּלָיֹת וְאֶת־הַחֵלֶב

14 אֲשֶׁר עֲלֵיהֶן וְהִקְטַרְתָּ הַמִּזְבֵּחָה: וְאֶת־בְּשַׂר הַפָּר וְאֶת־עֹרוֹ

15 וְאֶת־פִּרְשׁוֹ תִּשְׂרֹף בָּאֵשׁ מִחוּץ לַמַּחֲנֶה חַטָּאת הוּא: וְאֶת־הָאַיִל

הָאֶחָד תִּקָּח וְסָמְכוּ אַהֲרֹן וּבָנָיו אֶת־יְדֵיהֶם עַל־רֹאשׁ הָאָיִל:

16 וְשָׁחַטְתָּ אֶת־הָאָיִל וְלָקַחְתָּ אֶת־דָּמוֹ וְזָרַקְתָּ עַל־הַמִּזְבֵּחַ סָבִיב:

17 וְאֶת־הָאַיִל תְּנַתֵּחַ לִנְתָחָיו וְרָחַצְתָּ קִרְבּוֹ וּכְרָעָיו וְנָתַתָּ עַל־נְתָחָיו

18 וְעַל־רֹאשׁוֹ: וְהִקְטַרְתָּ אֶת־כָּל־הָאַיִל הַמִּזְבֵּחָה עֹלָה הוּא לַיהוָה

חמישי 19 רֵיחַ נִיחוֹחַ אִשֶּׁה לַיהוָה הוּא: וְלָקַחְתָּ אֵת הָאַיִל הַשֵּׁנִי וְסָמַךְ

20 אַהֲרֹן וּבָנָיו אֶת־יְדֵיהֶם עַל־רֹאשׁ הָאָיִל: וְשָׁחַטְתָּ אֶת־הָאַיִל וְלָקַחְתָּ

מִדָּמוֹ וְנָתַתָּה עַל־תְּנוּךְ אֹזֶן אַהֲרֹן וְעַל־תְּנוּךְ אֹזֶן בָּנָיו הַיְמָנִית

וְעַל־בֹּהֶן יָדָם הַיְמָנִית וְעַל־בֹּהֶן רַגְלָם הַיְמָנִית וְזָרַקְתָּ אֶת־הַדָּם

21 עַל־הַמִּזְבֵּחַ סָבִיב: וְלָקַחְתָּ מִן־הַדָּם אֲשֶׁר עַל־הַמִּזְבֵּחַ וּמִשֶּׁמֶן

הַמִּשְׁחָה וְהִזֵּיתָ עַל־אַהֲרֹן וְעַל־בְּגָדָיו וְעַל־בָּנָיו וְעַל־בִּגְדֵי בָנָיו אִתּוֹ

22A 22 וְקָדַשׁ הוּא וּבְגָדָיו וּבָנָיו וּבִגְדֵי בָנָיו אִתּוֹ: וְלָקַחְתָּ מִן־הָאַיִל הַחֵלֶב

וְהָאַלְיָה וְאֶת־הַחֵלֶב הַמְכַסֶּה אֶת־הַקֶּרֶב וְאֵת יֹתֶרֶת הַכָּבֵד וְאֵת |

שְׁתֵּי הַכְּלָיֹת וְאֶת־הַחֵלֶב אֲשֶׁר עֲלֵהֶן וְאֵת שׁוֹק הַיָּמִין כִּי אֵיל

23A 23 מִלֻּאִים הוּא: וְכִכַּר לֶחֶם אַחַת וְחַלַּת לֶחֶם שֶׁמֶן אַחַת וְרָקִיק

24 אֶחָד מִסַּל הַמַּצּוֹת אֲשֶׁר לִפְנֵי יְהוָה: וְשַׂמְתָּ הַכֹּל עַל כַּפֵּי אַהֲרֹן

and shalt wave them *for* a wave offering before the LORD.

25 And thou shalt receive them of their hands, and burn *them* upon the altar for a burnt offering, for a sweet savour before the LORD: it *is* an offering made by fire unto the LORD.

26 And thou shalt take the breast of the ram of Aaron's consecration, and wave it *for* a wave offering before the LORD: and it shall be thy part.

27 And thou shalt sanctify the breast of the wave offering, and the shoulder of the heave offering, which is waved, and which is heaved up, of the ram of the consecration, *even* of *that* which *is* for Aaron, and of *that* which is for his sons:

28 And it shall be Aaron's and his sons' by a statute for ever from the children of Israel: for it *is* an heave offering: and it shall be an heave offering from the children of Israel of the sacrifice of their peace offerings, *even* their heave offering unto the LORD.

29 ¶ And the holy garments of Aaron shall be his sons' after him, to be anointed therein, and to be consecrated in them.

30 *And* that son that is priest in his stead shall put them on seven days, when he cometh into the tabernacle of the congregation to minister in the holy *place.*

31 ¶ And thou shalt take the ram of the consecration, and seethe his flesh in the holy place.

32 And Aaron and his sons shall eat the flesh of the ram, and the bread that *is* in the basket, *by* the door of the tabernacle of the congregation.

33 And they shall eat those things wherewith the atonement was made, to consecrate *and* to sanctify them: but a stranger shall not eat *thereof,* because they *are* holy.

34 And if ought of the flesh of the consecrations, or of the bread, remain unto the morning, then thou shalt burn the remainder with fire: it shall not be eaten, because it *is* holy.

35 And thus shalt thou do unto Aaron, and to his sons, according to all *things* which I have commanded thee: seven days shalt thou consecrate them.

36 And thou shalt offer every day a bull-

ock *for* a sin offering for atonement: and thou shalt cleanse the altar, when thou hast made an atonement for it, and thou shalt anoint it, to sanctify it.

37 Seven days thou shalt make an atonement for the altar, and sanctify it; and it shall be an altar most holy: whatsoever toucheth the altar shall be holy.

38 ¶ Now this *is that* which thou shalt offer upon the altar; two lambs of the first year day by day continually.

39 The one lamb thou shalt offer in the morning; and the other lamb thou shalt offer at even:

40 And with the one lamb a tenth deal of flour mingled with the fourth part of an hin of beaten oil; and the fourth part of an hin of wine *for* a drink offering.

41 And the other lamb thou shalt offer at even, and shalt do thereto according to the meat offering of the morning, and according to the drink offering thereof, for a sweet savour, an offering made by fire unto the LORD.

42 *This shall be* a continual burnt offering throughout your generations *at* the door of the tabernacle of the congregation before the LORD: where I will meet you, to speak there unto thee.

43 And there I will meet with the children of Israel, and *the tabernacle* shall be sanctified by my glory.

44 And I will sanctify the tabernacle of the congregation, and the altar: I will sanctify also both Aaron and his sons, to minister to me in the priest's office.

45 ¶ And I will dwell among the children of Israel, and will be their God.

46 And they shall know that I *am* the LORD their God, that brought them forth out of the land of Egypt, that I may dwell among them: I *am* the LORD their God.

CHAPTER 30

1 And thou shalt make an altar to burn incense upon: *of* shittim wood shalt thou make it.

2 A cubit *shall be* the length thereof, and a cubit the breadth thereof; foursquare shall it be: and two cubits *shall be* the

וְעַל כַּפֵּי בָנָיו וְהֵנַפְתָּ אֹתָם תְּנוּפָה לִפְנֵי יְהוָה: וְלָקַחְתָּ אֹתָם 25
מִיָּדָם וְהִקְטַרְתָּ הַמִּזְבֵּחָה עַל־הָעֹלָה לְרֵיחַ נִיחוֹחַ לִפְנֵי יְהוָה אִשֶּׁה
הוּא לַיהוָה: וְלָקַחְתָּ אֶת־הֶחָזֶה מֵאֵיל הַמִּלֻּאִים אֲשֶׁר לְאַהֲרֹן 26
וְהֵנַפְתָּ אֹתוֹ תְּנוּפָה לִפְנֵי יְהוָה וְהָיָה לְךָ לְמָנָה: וְקִדַּשְׁתָּ אֵת ׀ 27
חֲזֵה הַתְּנוּפָה וְאֵת שׁוֹק הַתְּרוּמָה אֲשֶׁר הוּנַף וַאֲשֶׁר הוּרָם מֵאֵיל
הַמִּלֻּאִים מֵאֲשֶׁר לְאַהֲרֹן וּמֵאֲשֶׁר לְבָנָיו: וְהָיָה לְאַהֲרֹן וּלְבָנָיו 28
לְחָק־עוֹלָם מֵאֵת בְּנֵי יִשְׂרָאֵל כִּי תְרוּמָה הוּא וּתְרוּמָה יִהְיֶה מֵאֵת
בְּנֵי־יִשְׂרָאֵל מִזִּבְחֵי שַׁלְמֵיהֶם תְּרוּמָתָם לַיהוָה: וּבִגְדֵי הַקֹּדֶשׁ אֲשֶׁר 29
לְאַהֲרֹן יִהְיוּ לְבָנָיו אַחֲרָיו לְמָשְׁחָה בָהֶם וּלְמַלֵּא־בָם אֶת־יָדָם:
שִׁבְעַת יָמִים יִלְבָּשָׁם הַכֹּהֵן תַּחְתָּיו מִבָּנָיו אֲשֶׁר יָבֹא אֶל־אֹהֶל 30
מוֹעֵד לְשָׁרֵת בַּקֹּדֶשׁ: וְאֵת אֵיל הַמִּלֻּאִים תִּקָּח וּבִשַּׁלְתָּ אֶת־בְּשָׂרוֹ 31
בְּמָקֹם קָדֹשׁ: וְאָכַל אַהֲרֹן וּבָנָיו אֶת־בְּשַׂר הָאַיִל וְאֶת־הַלֶּחֶם אֲשֶׁר 32
בַּסָּל פֶּתַח אֹהֶל מוֹעֵד: וְאָכְלוּ אֹתָם אֲשֶׁר כֻּפַּר בָּהֶם לְמַלֵּא 33
אֶת־יָדָם לְקַדֵּשׁ אֹתָם וְזָר לֹא־יֹאכַל כִּי־קֹדֶשׁ הֵם: וְאִם־יִוָּתֵר מִבְּשַׂר 34
הַמִּלֻּאִים וּמִן־הַלֶּחֶם עַד־הַבֹּקֶר וְשָׂרַפְתָּ אֶת־הַנּוֹתָר בָּאֵשׁ לֹא יֵאָכֵל
כִּי־קֹדֶשׁ הוּא: וְעָשִׂיתָ לְאַהֲרֹן וּלְבָנָיו כָּכָה כְּכֹל אֲשֶׁר־צִוִּיתִי אֹתָכָה 35
שִׁבְעַת יָמִים תְּמַלֵּא יָדָם: וּפַר חַטָּאת תַּעֲשֶׂה לַיּוֹם עַל־הַכִּפֻּרִים 36
וְחִטֵּאתָ עַל־הַמִּזְבֵּחַ בְּכַפֶּרְךָ עָלָיו וּמָשַׁחְתָּ אֹתוֹ לְקַדְּשׁוֹ: שִׁבְעַת 37
יָמִים תְּכַפֵּר עַל־הַמִּזְבֵּחַ וְקִדַּשְׁתָּ אֹתוֹ וְהָיָה הַמִּזְבֵּחַ קֹדֶשׁ קָדָשִׁים
כָּל־הַנֹּגֵעַ בַּמִּזְבֵּחַ יִקְדָּשׁ: ששי וְזֶה אֲשֶׁר תַּעֲשֶׂה עַל־הַמִּזְבֵּחַ 38
כְּבָשִׂים בְּנֵי־שָׁנָה שְׁנַיִם לַיּוֹם תָּמִיד: אֶת־הַכֶּבֶשׂ הָאֶחָד תַּעֲשֶׂה 39
בַבֹּקֶר וְאֵת הַכֶּבֶשׂ הַשֵּׁנִי תַּעֲשֶׂה בֵּין הָעַרְבָּיִם: וְעִשָּׂרֹן סֹלֶת בָּלוּל 40
בְּשֶׁמֶן כָּתִית רֶבַע הַהִין וְנֵסֶךְ רְבִיעִת הַהִין יָיִן לַכֶּבֶשׂ הָאֶחָד:
וְאֵת הַכֶּבֶשׂ הַשֵּׁנִי תַּעֲשֶׂה בֵּין הָעַרְבָּיִם כְּמִנְחַת הַבֹּקֶר וּכְנִסְכָּהּ 41
תַּעֲשֶׂה־לָּהּ לְרֵיחַ נִיחֹחַ אִשֶּׁה לַיהוָה: עֹלַת תָּמִיד לְדֹרֹתֵיכֶם פֶּתַח 42
אֹהֶל־מוֹעֵד לִפְנֵי יְהוָה אֲשֶׁר אִוָּעֵד לָכֶם שָׁמָּה לְדַבֵּר אֵלֶיךָ שָׁם:
וְנֹעַדְתִּי שָׁמָּה לִבְנֵי יִשְׂרָאֵל וְנִקְדַּשׁ בִּכְבֹדִי: וְקִדַּשְׁתִּי אֶת־אֹהֶל 43 44
מוֹעֵד וְאֶת־הַמִּזְבֵּחַ וְאֶת־אַהֲרֹן וְאֶת־בָּנָיו אֲקַדֵּשׁ לְכַהֵן לִי: וְשָׁכַנְתִּי 45
בְּתוֹךְ בְּנֵי יִשְׂרָאֵל וְהָיִיתִי לָהֶם לֵאלֹהִים: וְיָדְעוּ כִּי אֲנִי יְהוָה 46
אֱלֹהֵיהֶם אֲשֶׁר הוֹצֵאתִי אֹתָם מֵאֶרֶץ מִצְרַיִם לְשָׁכְנִי בְתוֹכָם אֲנִי
יְהוָה אֱלֹהֵיהֶם:

שביעי 30 וְעָשִׂיתָ מִזְבֵּחַ מִקְטַר קְטֹרֶת עֲצֵי שִׁטִּים תַּעֲשֶׂה אֹתוֹ: אַמָּה אָרְכּוֹ 1 2
וְאַמָּה רָחְבּוֹ רָבוּעַ יִהְיֶה וְאַמָּתַיִם קֹמָתוֹ מִמֶּנּוּ קַרְנֹתָיו: וְצִפִּיתָ 3

height thereof: the horns thereof *shall be* of the same.

3 And thou shalt overlay it with pure gold, the top thereof, and the sides thereof round about, and the horns thereof; and thou shalt make unto it a crown of gold round about.

4 And two golden rings shalt thou make to it under the crown of it, by the two corners thereof, upon the two sides of it shalt thou make *it;* and they shall be for places for the staves to bear it withal.

5 And thou shalt make the staves *of* shittim wood, and overlay them with gold.

6 And thou shalt put it before the vail that *is* by the ark of the testimony, before the mercy seat that *is* over the testimony, where I will meet with thee.

7 And Aaron shall burn thereon sweet incense every morning: when he dresseth the lamps, he shall burn incense upon it.

8 And when Aaron lighteth the lamps at even, he shall burn incense upon it, a perpetual incense before the LORD throughout your generations.

9 Ye shall offer no strange incense thereon, nor burnt sacrifice, nor meat offering; neither shall ye pour drink offering thereon.

10 And Aaron shall make an atonement upon the horns of it once in a year with the blood of the sin offering of atonements: once in the year shall he make atonement upon it throughout your generations: it *is* most holy unto the LORD.

11 ¶ And the LORD spake unto Moses, saying,

12 When thou takest the sum of the children of Israel after their number, then shall they give every man a ransom for his soul unto the LORD, when thou numberest them; that there be no plague among them, when *thou* numberest them.

13 This they shall give, every one that passeth among them that are numbered, half a shekel after the shekel of the sanctuary: (a shekel *is* twenty gerahs:) an half shekel *shall be* the offering of the LORD.

14 Every one that passeth among them that are numbered, from twenty years old

and above, shall give an offering unto the LORD.

15 The rich shall not give more, and the poor shall not give less than half a shekel, when *they* give an offering unto the LORD, to make an atonement for your souls.

16 And thou shalt take the atonement money of the children of Israel, and shalt appoint it for the service of the tabernacle of the congregation; that it may be a memorial unto the children of Israel before the LORD, to make an atonement for your souls.

17 ¶ And the LORD spake unto Moses, saying,

18 Thou shalt also make a laver *of* brass, and his foot *also of* brass, to wash *withal:* and thou shalt put it between the tabernacle of the congregation and the altar, and thou shalt put water therein.

19 For Aaron and his sons shall wash their hands and their feet thereat:

20 When they go into the tabernacle of the congregation, they shall wash with water, that they die not; or when they come near to the altar to minister, to burn offering made by fire unto the LORD:

21 So they shall wash their hands and their feet, that they die not: and it shall be a statute for ever to them, *even* to him and to his seed throughout their generations.

22 ¶ Moreover the LORD spake unto Moses, saying,

23 Take thou also unto thee principal spices, of pure myrrh five hundred *shekels,* and of sweet cinnamon half so much, *even* two hundred and fifty *shekels,* and of sweet calamus two hundred and fifty *shekels,*

24 And of cassia five hundred *shekels,* after the shekel of the sanctuary, and of oil olive an hin:

25 And thou shalt make it an oil of holy ointment, an ointment compound after the art of the apothecary: it shall be an holy anointing oil.

26 And thou shalt anoint the tabernacle of the congregation therewith, and the ark of the testimony,

27 And the table and all his vessels, and

אֹתוֹ זָהָב טָהוֹר אֶת־גַּגּוֹ וְאֶת־קִירֹתָיו סָבִיב וְאֶת־קַרְנֹתָיו וְעָשִׂיתָ

4 לּוֹ זֵר זָהָב סָבִיב: וּשְׁתֵּי טַבְּעֹת זָהָב תַּעֲשֶׂה־לּוֹ מִתַּחַת לְזֵרוֹ עַל שְׁתֵּי צַלְעֹתָיו תַּעֲשֶׂה עַל־שְׁנֵי צִדָּיו וְהָיָה לְבָתִּים לְבַדִּים לָשֵׂאת

5 אֹתוֹ בָּהֵמָּה: וְעָשִׂיתָ אֶת־הַבַּדִּים עֲצֵי שִׁטִּים וְצִפִּיתָ אֹתָם זָהָב:

6 וְנָתַתָּה אֹתוֹ לִפְנֵי הַפָּרֹכֶת אֲשֶׁר עַל־אֲרֹן הָעֵדֻת לִפְנֵי הַכַּפֹּרֶת

7 אֲשֶׁר עַל־הָעֵדֻת אֲשֶׁר אִוָּעֵד לְךָ שָׁמָּה: וְהִקְטִיר עָלָיו אַהֲרֹן קְטֹרֶת

מפטיר 8A
8 סַמִּים בַּבֹּקֶר בַּבֹּקֶר בְּהֵיטִיבוֹ אֶת־הַנֵּרֹת יַקְטִירֶנָּה: וּבְהַעֲלֹת אַהֲרֹן אֶת־הַנֵּרֹת בֵּין הָעַרְבַּיִם יַקְטִירֶנָּה קְטֹרֶת תָּמִיד לִפְנֵי יְהוָה

9 לְדֹרֹתֵיכֶם: לֹא־תַעֲלוּ עָלָיו קְטֹרֶת זָרָה וְעֹלָה וּמִנְחָה וְנֵסֶךְ לֹא

10 תִסְּכוּ עָלָיו: וְכִפֶּר אַהֲרֹן עַל־קַרְנֹתָיו אַחַת בַּשָּׁנָה מִדַּם חַטַּאת הַכִּפֻּרִים אַחַת בַּשָּׁנָה יְכַפֵּר עָלָיו לְדֹרֹתֵיכֶם קֹדֶשׁ־קָדָשִׁים הוּא לַיהוָה:

כי תשא
11
12 וַיְדַבֵּר יְהוָה אֶל־מֹשֶׁה לֵּאמֹר: כִּי תִשָּׂא אֶת־רֹאשׁ בְּנֵי־יִשְׂרָאֵל לִפְקֻדֵיהֶם וְנָתְנוּ אִישׁ כֹּפֶר נַפְשׁוֹ לַיהוָה בִּפְקֹד אֹתָם וְלֹא־יִהְיֶה

13 בָהֶם נֶגֶף בִּפְקֹד אֹתָם: זֶה יִתְּנוּ כָּל־הָעֹבֵר עַל־הַפְּקֻדִים מַחֲצִית הַשֶּׁקֶל בְּשֶׁקֶל הַקֹּדֶשׁ עֶשְׂרִים גֵּרָה הַשֶּׁקֶל מַחֲצִית הַשֶּׁקֶל תְּרוּמָה

14 לַיהוָה: כֹּל הָעֹבֵר עַל־הַפְּקֻדִים מִבֶּן עֶשְׂרִים שָׁנָה וָמָעְלָה יִתֵּן

15 תְּרוּמַת יְהוָה: הֶעָשִׁיר לֹא־יַרְבֶּה וְהַדַּל לֹא יַמְעִיט מִמַּחֲצִית הַשָּׁקֶל

16 לָתֵת אֶת־תְּרוּמַת יְהוָה לְכַפֵּר עַל־נַפְשֹׁתֵיכֶם: וְלָקַחְתָּ אֶת־כֶּסֶף הַכִּפֻּרִים מֵאֵת בְּנֵי יִשְׂרָאֵל וְנָתַתָּ אֹתוֹ עַל־עֲבֹדַת אֹהֶל מוֹעֵד וְהָיָה לִבְנֵי יִשְׂרָאֵל לְזִכָּרוֹן לִפְנֵי יְהוָה לְכַפֵּר עַל־נַפְשֹׁתֵיכֶם:

17
18 וַיְדַבֵּר יְהוָה אֶל־מֹשֶׁה לֵּאמֹר: וְעָשִׂיתָ כִּיּוֹר נְחֹשֶׁת וְכַנּוֹ נְחֹשֶׁת לְרָחְצָה וְנָתַתָּ אֹתוֹ בֵּין־אֹהֶל מוֹעֵד וּבֵין הַמִּזְבֵּחַ וְנָתַתָּ שָׁמָּה מָיִם:

19
20 וְרָחֲצוּ אַהֲרֹן וּבָנָיו מִמֶּנּוּ אֶת־יְדֵיהֶם וְאֶת־רַגְלֵיהֶם: בְּבֹאָם אֶל־אֹהֶל מוֹעֵד יִרְחֲצוּ־מַיִם וְלֹא יָמֻתוּ אוֹ בְגִשְׁתָּם אֶל־הַמִּזְבֵּחַ לְשָׁרֵת

21 לְהַקְטִיר אִשֶּׁה לַיהוָה: וְרָחֲצוּ יְדֵיהֶם וְרַגְלֵיהֶם וְלֹא יָמֻתוּ וְהָיְתָה לָהֶם חָק־עוֹלָם לוֹ וּלְזַרְעוֹ לְדֹרֹתָם:

22
23 וַיְדַבֵּר יְהוָה אֶל־מֹשֶׁה לֵּאמֹר: וְאַתָּה קַח־לְךָ בְּשָׂמִים רֹאשׁ מָר־דְּרוֹר חֲמֵשׁ מֵאוֹת וְקִנְּמָן־בֶּשֶׂם מַחֲצִיתוֹ חֲמִשִּׁים וּמָאתָיִם

24 וּקְנֵה־בֹשֶׂם חֲמִשִּׁים וּמָאתָיִם: וְקִדָּה חֲמֵשׁ מֵאוֹת בְּשֶׁקֶל הַקֹּדֶשׁ

25 וְשֶׁמֶן זַיִת הִין: וְעָשִׂיתָ אֹתוֹ שֶׁמֶן מִשְׁחַת־קֹדֶשׁ רֹקַח מִרְקַחַת

26 מַעֲשֵׂה רֹקֵחַ שֶׁמֶן מִשְׁחַת־קֹדֶשׁ יִהְיֶה: וּמָשַׁחְתָּ בוֹ אֶת־אֹהֶל מוֹעֵד

27 וְאֵת אֲרוֹן הָעֵדֻת: וְאֶת־הַשֻּׁלְחָן וְאֶת־כָּל־כֵּלָיו וְאֶת־הַמְּנֹרָה

the candlestick and his vessels, and the altar of incense,

28 And the altar of burnt offering with all his vessels, and the laver and his foot.

29 And thou shalt sanctify them, that they may be most holy: whatsoever toucheth them shall be holy.

30 And thou shalt anoint Aaron and his sons, and consecrate them, that *they* may minister unto me in the priest's office.

31 And thou shalt speak unto the children of Israel, saying, This shall be an holy anointing oil unto me throughout your generations.

32 Upon man's flesh shall it not be poured, neither shall ye make *any other* like it, after the composition of it: it *is* holy, *and* it shall be holy unto you.

33 Whosoever compoundeth *any* like it, or whosoever putteth *any* of it upon a stranger, shall even be cut off from his people.

34 ¶ And the LORD said unto Moses, Take unto thee sweet spices, stacte, and onycha, and galbanum; *these* sweet spices with pure frankincense: of each shall there be a like *weight:*

35 And thou shalt make it a perfume, a confection after the art of the apothecary, tempered together, pure *and* holy:

36 And thou shalt beat *some* of it very small, and put of it before the testimony in the tabernacle of the congregation, where I will meet with thee: it shall be unto you most holy.

37 And *as for* the perfume which thou shalt make, ye shall not make to yourselves according to the composition thereof: it shall be unto thee holy for the LORD.

38 Whosoever shall make like unto that, to smell thereto, shall even be cut off from his people.

CHAPTER 31

1 And the LORD spake unto Moses, saying,

2 See, I have called by name Bezaleel the son of Uri, the son of Hur, of the tribe of Judah:

3 And I have filled him with the spirit of God, in wisdom, and in understanding, and in knowledge, and in all manner of workmanship,

4 To devise cunning works, to work in gold, and in silver, and in brass,

5 And in cutting of stones, to set *them*, and in carving of timber, to work in all manner of workmanship.

6 And I, behold, I have given with him Aholiab, the son of Ahisamach, of the tribe of Dan: and in the hearts of all that are wise hearted I have put wisdom, that they may make all that I have commanded thee;

7 The tabernacle of the congregation, and the ark of the testimony, and the mercy seat that *is* thereupon, and all the furniture of the tabernacle,

8 And the table and his furniture, and the pure candlestick with all his furniture, and the altar of incense,

9 And the altar of burnt offering with all his furniture, and the laver and his foot,

10 And the cloths of service, and the holy garments for Aaron the priest, and the garments of his sons, to minister in the priest's office,

11 And the anointing oil, and sweet incense for the holy *place:* according to all that I have commanded thee shall they do.

12 ¶ And the LORD spake unto Moses, saying,

13 Speak thou also unto the children of Israel, saying, Verily my sabbaths ye shall keep: for it *is* a sign between me and you throughout your generations; that *ye* may know that I *am* the LORD that doth sanctify you.

14 Ye shall keep the sabbath therefore; for it *is* holy unto you: every one that defileth it shall surely be put to death: for whosoever doeth *any* work therein, that soul shall be cut off from among his people.

15 Six days may work be done; but in the seventh *is* the sabbath of rest, holy to the LORD: whosoever doeth *any* work in the sabbath day, he shall surely be put to death.

16 Wherefore the children of Israel shall keep the sabbath, to observe the sabbath

28 וְאֶת־כֵּלֶיהָ וְאֵת מִזְבַּח הַקְּטֹרֶת: וְאֶת־מִזְבַּח הָעֹלָה וְאֶת־כָּל־כֵּלָיו

29 וְאֶת־הַכִּיֹּר וְאֶת־כַּנּוֹ: וְקִדַּשְׁתָּ אֹתָם וְהָיוּ קֹדֶשׁ קָדָשִׁים כָּל־הַנֹּגֵעַ

30 בָּהֶם יִקְדָּשׁ: וְאֶת־אַהֲרֹן וְאֶת־בָּנָיו תִּמְשָׁח וְקִדַּשְׁתָּ אֹתָם לְכַהֵן לִי:

31 וְאֶל־בְּנֵי יִשְׂרָאֵל תְּדַבֵּר לֵאמֹר שֶׁמֶן מִשְׁחַת־קֹדֶשׁ יִהְיֶה זֶה לִי

32 לְדֹרֹתֵיכֶם: עַל־בְּשַׂר אָדָם לֹא יִיסָךְ וּבְמַתְכֻּנְתּוֹ לֹא תַעֲשׂוּ כָּמֹהוּ

33 קֹדֶשׁ הוּא קֹדֶשׁ יִהְיֶה לָכֶם: אִישׁ אֲשֶׁר יִרְקַח כָּמֹהוּ וַאֲשֶׁר יִתֵּן

34 מִמֶּנּוּ עַל־זָר וְנִכְרַת מֵעַמָּיו: וַיֹּאמֶר יְהוָה אֶל־מֹשֶׁה

קַח־לְךָ סַמִּים נָטָף וּשְׁחֵלֶת וְחֶלְבְּנָה סַמִּים וּלְבֹנָה זַכָּה בַּד בְּבַד

35 יִהְיֶה: וְעָשִׂיתָ אֹתָהּ קְטֹרֶת רֹקַח מַעֲשֵׂה רוֹקֵחַ מְמֻלָּח טָהוֹר קֹדֶשׁ:

36 וְשָׁחַקְתָּ מִמֶּנָּה הָדֵק וְנָתַתָּה מִמֶּנָּה לִפְנֵי הָעֵדֻת בְּאֹהֶל מוֹעֵד

37 אֲשֶׁר אִוָּעֵד לְךָ שָׁמָּה קֹדֶשׁ קָדָשִׁים תִּהְיֶה לָכֶם: וְהַקְּטֹרֶת אֲשֶׁר

38 תַּעֲשֶׂה בְּמַתְכֻּנְתָּהּ לֹא תַעֲשׂוּ לָכֶם קֹדֶשׁ תִּהְיֶה לְךָ לַיהוָה: אִישׁ

31 1 אֲשֶׁר־יַעֲשֶׂה כָמוֹהָ לְהָרִיחַ בָּהּ וְנִכְרַת מֵעַמָּיו: וַיְדַבֵּר

2 יְהוָה אֶל־מֹשֶׁה לֵּאמֹר: רְאֵה קָרָאתִי בְשֵׁם בְּצַלְאֵל בֶּן־אוּרִי בֶן־חוּר

3 לְמַטֵּה יְהוּדָה: וָאֲמַלֵּא אֹתוֹ רוּחַ אֱלֹהִים בְּחָכְמָה וּבִתְבוּנָה וּבְדַעַת

4 וּבְכָל־מְלָאכָה: לַחְשֹׁב מַחֲשָׁבֹת לַעֲשׂוֹת בַּזָּהָב וּבַכֶּסֶף וּבַנְּחֹשֶׁת:

5 וּבַחֲרֹשֶׁת אֶבֶן לְמַלֹּאת וּבַחֲרֹשֶׁת עֵץ לַעֲשׂוֹת בְּכָל־מְלָאכָה: וַאֲנִי
6 הִנֵּה נָתַתִּי אִתּוֹ אֵת אָהֳלִיאָב בֶּן־אֲחִיסָמָךְ לְמַטֵּה־דָן וּבְלֵב

7 כָּל־חֲכַם־לֵב נָתַתִּי חָכְמָה וְעָשׂוּ אֵת כָּל־אֲשֶׁר צִוִּיתִךָ: אֵת אֹהֶל
מוֹעֵד וְאֶת־הָאָרֹן לָעֵדֻת וְאֶת־הַכַּפֹּרֶת אֲשֶׁר עָלָיו וְאֵת כָּל־כְּלֵי

8 הָאֹהֶל: וְאֶת־הַשֻּׁלְחָן וְאֶת־כֵּלָיו וְאֶת־הַמְּנֹרָה הַטְּהֹרָה וְאֶת־כָּל־

9 כֵּלֶיהָ וְאֵת מִזְבַּח הַקְּטֹרֶת: וְאֶת־מִזְבַּח הָעֹלָה וְאֶת־כָּל־כֵּלָיו

10 וְאֶת־הַכִּיּוֹר וְאֶת־כַּנּוֹ: וְאֵת בִּגְדֵי הַשְּׂרָד וְאֶת־בִּגְדֵי הַקֹּדֶשׁ לְאַהֲרֹן

11 הַכֹּהֵן וְאֶת־בִּגְדֵי בָנָיו לְכַהֵן: וְאֵת שֶׁמֶן הַמִּשְׁחָה וְאֶת־קְטֹרֶת
הַסַּמִּים לַקֹּדֶשׁ כְּכֹל אֲשֶׁר־צִוִּיתִךָ יַעֲשׂוּ:

12 וַיֹּאמֶר יְהוָה אֶל־מֹשֶׁה לֵּאמֹר: וְאַתָּה דַּבֵּר אֶל־בְּנֵי יִשְׂרָאֵל לֵאמֹר
13 אַךְ אֶת־שַׁבְּתֹתַי תִּשְׁמֹרוּ כִּי אוֹת הִוא בֵּינִי וּבֵינֵיכֶם לְדֹרֹתֵיכֶם

14 לָדַעַת כִּי אֲנִי יְהוָה מְקַדִּשְׁכֶם: וּשְׁמַרְתֶּם אֶת־הַשַּׁבָּת כִּי קֹדֶשׁ
הִוא לָכֶם מְחַלְלֶיהָ מוֹת יוּמָת כִּי כָּל־הָעֹשֶׂה בָהּ מְלָאכָה וְנִכְרְתָה

15A 15 הַנֶּפֶשׁ הַהִוא מִקֶּרֶב עַמֶּיהָ: שֵׁשֶׁת יָמִים יֵעָשֶׂה מְלָאכָה וּבַיּוֹם
הַשְּׁבִיעִי שַׁבַּת שַׁבָּתוֹן קֹדֶשׁ לַיהוָה כָּל־הָעֹשֶׂה מְלָאכָה בְּיוֹם

16 הַשַּׁבָּת מוֹת יוּמָת: וְשָׁמְרוּ בְנֵי־יִשְׂרָאֵל אֶת־הַשַּׁבָּת לַעֲשׂוֹת

throughout their generations, *for* a perpetual covenant.

17 It *is* a sign between me and the children of Israel for ever: for *in* six days the LORD made heaven and earth, and on the seventh day he rested, and was refreshed.

18 ¶ And he gave unto Moses, when he had made an end of communing with him upon mount Sinai, two tables of testimony, tables of stone, written with the finger of God.

CHAPTER 32

1 And when the people saw that Moses delayed to come down out of the mount, the people gathered themselves together unto Aaron, and said unto him, Up, make us gods, which shall go before us; for *as for* this Moses, the man that brought us up out of the land of Egypt, we wot not what is become of him.

2 And Aaron said unto them, Break off the golden earrings, which *are* in the ears of your wives, of your sons, and of your daughters, and bring *them* unto me.

3 And all the people brake off the golden earrings which *were* in their ears, and brought *them* unto Aaron.

4 And he received *them* at their hand, and fashioned it with a graving tool, after he had made it a molten calf: and they said, These *be* thy gods, O Israel, which brought thee up out of the land of Egypt.

5 And when Aaron saw *it,* he built an altar before it; and Aaron made proclamation, and said, To morrow *is* a feast to the LORD.

6 And they rose up early on the morrow, and offered burnt offerings, and brought peace offerings; and the people sat down to eat and to drink, and rose up to play.

7 ¶ And the LORD said unto Moses, Go, get thee down; for thy people, which thou broughtest out of the land of Egypt, have corrupted *themselves:*

8 They have turned aside quickly out of the way which I commanded them: they have made them a molten calf, and have worshipped it, and have sacrificed thereunto, and said, These *be* thy gods, O Israel,

which have brought thee up out of the land of Egypt.

9 And the LORD said unto Moses, I have seen this people, and, behold, it *is* a stiffnecked people:

10 Now therefore let me alone, that my wrath may wax hot against them, and that I may consume them: and I will make of thee a great nation.

11 And Moses besought the LORD his God, and said, LORD, why doth thy wrath wax hot against thy people, which thou hast brought forth out of the land of Egypt with great power, and with a mighty hand?

12 Wherefore should the Egyptians speak, and say, For mischief did he bring them out, to slay them in the mountains, and to consume them from the face of the earth? Turn from thy fierce wrath, and repent of this evil against thy people.

13 Remember Abraham, Isaac, and Israel, thy servants, to whom thou swarest by thine own self, and saidst unto them, I will multiply your seed as the stars of heaven, and all this land that I have spoken of will I give unto your seed, and they shall inherit *it* for ever.

14 And the LORD repented of the evil which he thought to do unto his people.

15 ¶ And Moses turned, and went down from the mount, and the two tables of the testimony *were* in his hand: the tables *were* written on both their sides; on the one side and on the other *were* they written.

16 And the tables *were* the work of God, and the writing *was* the writing of God, graven upon the tables.

17 And when Joshua heard the noise of the people as they shouted, he said unto Moses, *There is* a noise of war in the camp.

18 And he said, *It is* not the voice of *them that* shout for mastery, neither *is it* the voice of *them that* cry for being overcome: *but* the noise of *them that* sing do I hear.

19 ¶ And it came to pass, as soon as he came nigh unto the camp, that he saw the calf, and the dancing: and Moses' anger waxed hot, and he cast the tables out of his hands, and brake them beneath the mount.

20 And he took the calf which they had

אֶת־הַשַּׁבָּת לְדֹרֹתָם בְּרִית עוֹלָם: בֵּינִי וּבֵין בְּנֵי יִשְׂרָאֵל אוֹת הִוא 17
לְעֹלָם כִּי־שֵׁשֶׁת יָמִים עָשָׂה יְהוָה אֶת־הַשָּׁמַיִם וְאֶת־הָאָרֶץ וּבַיּוֹם
שני הַשְּׁבִיעִי שָׁבַת וַיִּנָּפַשׁ: וַיִּתֵּן אֶל־מֹשֶׁה כְּכַלֹּתוֹ לְדַבֵּר 18
אִתּוֹ בְּהַר סִינַי שְׁנֵי לֻחֹת הָעֵדֻת לֻחֹת אֶבֶן כְּתֻבִים בְּאֶצְבַּע
32 אֱלֹהִים: וַיַּרְא הָעָם כִּי־בֹשֵׁשׁ מֹשֶׁה לָרֶדֶת מִן־הָהָר וַיִּקָּהֵל הָעָם 1
עַל־אַהֲרֹן וַיֹּאמְרוּ אֵלָיו קוּם ׀ עֲשֵׂה־לָנוּ אֱלֹהִים אֲשֶׁר יֵלְכוּ לְפָנֵינוּ
כִּי־זֶה ׀ מֹשֶׁה הָאִישׁ אֲשֶׁר הֶעֱלָנוּ מֵאֶרֶץ מִצְרַיִם לֹא יָדַעְנוּ מֶה־הָיָה
לוֹ: וַיֹּאמֶר אֲלֵהֶם אַהֲרֹן פָּרְקוּ נִזְמֵי הַזָּהָב אֲשֶׁר בְּאָזְנֵי נְשֵׁיכֶם 2
בְּנֵיכֶם וּבְנֹתֵיכֶם וְהָבִיאוּ אֵלָי: וַיִּתְפָּרְקוּ כָּל־הָעָם אֶת־נִזְמֵי הַזָּהָב 3
אֲשֶׁר בְּאָזְנֵיהֶם וַיָּבִיאוּ אֶל־אַהֲרֹן: וַיִּקַּח מִיָּדָם וַיָּצַר אֹתוֹ בַּחֶרֶט 4
וַיַּעֲשֵׂהוּ עֵגֶל מַסֵּכָה וַיֹּאמְרוּ אֵלֶּה אֱלֹהֶיךָ יִשְׂרָאֵל אֲשֶׁר הֶעֱלוּךָ
מֵאֶרֶץ מִצְרָיִם: וַיַּרְא אַהֲרֹן וַיִּבֶן מִזְבֵּחַ לְפָנָיו וַיִּקְרָא אַהֲרֹן וַיֹּאמַר 5
חַג לַיהוָה מָחָר: וַיַּשְׁכִּימוּ מִמָּחֳרָת וַיַּעֲלוּ עֹלֹת וַיַּגִּשׁוּ שְׁלָמִים 6
וַיֵּשֶׁב הָעָם לֶאֱכֹל וְשָׁתוֹ וַיָּקֻמוּ לְצַחֵק:
וַיְדַבֵּר יְהוָה אֶל־מֹשֶׁה לֶךְ־רֵד כִּי שִׁחֵת עַמְּךָ אֲשֶׁר הֶעֱלֵיתָ מֵאֶרֶץ 7
מִצְרָיִם: סָרוּ מַהֵר מִן־הַדֶּרֶךְ אֲשֶׁר צִוִּיתִם עָשׂוּ לָהֶם עֵגֶל מַסֵּכָה 8
וַיִּשְׁתַּחֲווּ־לוֹ וַיִּזְבְּחוּ־לוֹ וַיֹּאמְרוּ אֵלֶּה אֱלֹהֶיךָ יִשְׂרָאֵל אֲשֶׁר הֶעֱלוּךָ
מֵאֶרֶץ מִצְרָיִם: וַיֹּאמֶר יְהוָה אֶל־מֹשֶׁה רָאִיתִי אֶת־הָעָם הַזֶּה וְהִנֵּה 9
עַם־קְשֵׁה־עֹרֶף הוּא: וְעַתָּה הַנִּיחָה לִּי וְיִחַר־אַפִּי בָהֶם וַאֲכַלֵּם 10
וְאֶעֱשֶׂה אוֹתְךָ לְגוֹי גָּדוֹל: וַיְחַל מֹשֶׁה אֶת־פְּנֵי יְהוָה אֱלֹהָיו וַיֹּאמֶר 11
לָמָה יְהוָה יֶחֱרֶה אַפְּךָ בְּעַמֶּךָ אֲשֶׁר הוֹצֵאתָ מֵאֶרֶץ מִצְרַיִם בְּכֹחַ
גָּדוֹל וּבְיָד חֲזָקָה: לָמָּה יֹאמְרוּ מִצְרַיִם לֵאמֹר בְּרָעָה הוֹצִיאָם 12
לַהֲרֹג אֹתָם בֶּהָרִים וּלְכַלֹּתָם מֵעַל פְּנֵי הָאֲדָמָה שׁוּב מֵחֲרוֹן אַפֶּךָ
וְהִנָּחֵם עַל־הָרָעָה לְעַמֶּךָ: זְכֹר לְאַבְרָהָם לְיִצְחָק וּלְיִשְׂרָאֵל עֲבָדֶיךָ 13
אֲשֶׁר נִשְׁבַּעְתָּ לָהֶם בָּךְ וַתְּדַבֵּר אֲלֵהֶם אַרְבֶּה אֶת־זַרְעֲכֶם כְּכוֹכְבֵי
הַשָּׁמָיִם וְכָל־הָאָרֶץ הַזֹּאת אֲשֶׁר אָמַרְתִּי אֶתֵּן לְזַרְעֲכֶם וְנָחֲלוּ
לְעֹלָם: וַיִּנָּחֶם יְהוָה עַל־הָרָעָה אֲשֶׁר דִּבֶּר לַעֲשׂוֹת לְעַמּוֹ: 14
וַיִּפֶן וַיֵּרֶד מֹשֶׁה מִן־הָהָר וּשְׁנֵי לֻחֹת הָעֵדֻת בְּיָדוֹ לֻחֹת כְּתֻבִים 15
מִשְּׁנֵי עֶבְרֵיהֶם מִזֶּה וּמִזֶּה הֵם כְּתֻבִים: וְהַלֻּחֹת מַעֲשֵׂה אֱלֹהִים 16
17A הֵמָּה וְהַמִּכְתָּב מִכְתַּב אֱלֹהִים הוּא חָרוּת עַל־הַלֻּחֹת: וַיִּשְׁמַע 17
יְהוֹשֻׁעַ אֶת־קוֹל הָעָם בְּרֵעֹה וַיֹּאמֶר אֶל־מֹשֶׁה קוֹל מִלְחָמָה בַּמַּחֲנֶה:
וַיֹּאמֶר אֵין קוֹל עֲנוֹת גְּבוּרָה וְאֵין קוֹל עֲנוֹת חֲלוּשָׁה קוֹל עַנּוֹת 18
19A אָנֹכִי שֹׁמֵעַ: וַיְהִי כַּאֲשֶׁר קָרַב אֶל־הַמַּחֲנֶה וַיַּרְא אֶת־הָעֵגֶל וּמְחֹלֹת 19
מִיָּדָיו וַיִּחַר־אַף מֹשֶׁה וַיַּשְׁלֵךְ מִיָּדוֹ אֶת־הַלֻּחֹת וַיְשַׁבֵּר אֹתָם תַּחַת הָהָר:
וַיִּקַּח אֶת־הָעֵגֶל אֲשֶׁר עָשׂוּ וַיִּשְׂרֹף בָּאֵשׁ וַיִּטְחַן עַד אֲשֶׁר־דָּק וַיִּזֶר 20

made, and burnt *it* in the fire, and ground *it* to powder, and strawed *it* upon the water, and made the children of Israel drink *of it.*

21 And Moses said unto Aaron, What did this people unto thee, that thou hast brought so great a sin upon them?

22 And Aaron said, Let not the anger of my lord wax hot: thou knowest the people, that they *are set* on mischief.

23 For they said unto me, Make us gods, which shall go before us: for *as for* this Moses, the man that brought us up out of the land of Egypt, we wot not what is become of him.

24 And I said unto them, Whosoever hath any gold, let them break *it* off. So they gave *it* me: then I cast it into the fire, and there came out this calf.

25 ¶ And when Moses saw that the people *were* naked; (for Aaron had made them naked unto *their* shame among their enemies:)

26 Then Moses stood in the gate of the camp, and said, Who *is* on the LORD's side? *let him come* unto me. And all the sons of Levi gathered themselves together unto him.

27 And he said unto them, Thus saith the LORD God of Israel, Put every man his sword by his side, *and* go in and out from gate to gate throughout the camp, and slay every man his brother, and every man his companion, and every man his neighbour.

28 And the children of Levi did according to the word of Moses: and there fell of the people that day about three thousand men.

29 For Moses had said, Consecrate yourselves to day to the LORD, even every man upon his son, and upon his brother; that he may bestow upon you a blessing this day.

30 ¶ And it came to pass on the morrow, that Moses said unto the people, Ye have sinned a great sin: and now I will go up unto the LORD; peradventure I shall make an atonement for your sin.

31 And Moses returned unto the LORD, and said, Oh, this people have sinned a great sin, and have made them gods of gold.

32 Yet now, if thou wilt forgive their sin--; and if not, blot me, I pray thee, out of thy book which thou hast written.

33 And the LORD said unto Moses, Whosoever hath sinned against me, him will I blot out of my book.

34 Therefore now go, lead the people unto *the place* of which I have spoken unto thee: behold, mine Angel shall go before thee: nevertheless in the day when I visit I will visit their sin upon them.

35 And the LORD plagued the people, because they made the calf, which Aaron made.

CHAPTER 33

1 And the LORD said unto Moses, Depart, *and* go up hence, thou and the people which thou hast brought up out of the land of Egypt, unto the land which I sware unto Abraham, to Isaac, and to Jacob, saying, Unto thy seed will I give it:

2 And I will send an angel before thee; and I will drive out the Canaanite, the Amorite, and the Hittite, and the Perizzite, the Hivite, and the Jebusite:

3 Unto a land flowing with milk and honey: for I will not go up in the midst of thee; for thou *art* a stiffnecked people: lest I consume thee in the way.

4 ¶ And when the people heard these evil tidings, they mourned: and no man did put on him his ornaments.

5 For the LORD had said unto Moses, Say unto the children of Israel, Ye *are* a stiffnecked people: I will come up into the midst of thee in a moment, and consume thee: therefore now put off thy ornaments from thee, that I may know what to do unto thee.

6 And the children of Israel stripped themselves of their ornaments by the mount Horeb.

7 And Moses took the tabernacle, and pitched it without the camp, afar off from the camp, and called it the Tabernacle of the congregation. And it came to pass, *that* every one which sought the LORD

עַל־פְּנֵי הַמַּיִם וַיַּשְׁקְ אֶת־בְּנֵי יִשְׂרָאֵל: וַיֹּאמֶר מֹשֶׁה אֶל־אַהֲרֹן 21

מֶה־עָשָׂה לְךָ הָעָם הַזֶּה כִּי־הֵבֵאתָ עָלָיו חֲטָאָה גְדֹלָה: וַיֹּאמֶר 22

אַהֲרֹן אַל־יִחַר אַף אֲדֹנִי אַתָּה יָדַעְתָּ אֶת־הָעָם כִּי בְרָע הוּא: 23

וַיֹּאמְרוּ לִי עֲשֵׂה־לָנוּ אֱלֹהִים אֲשֶׁר יֵלְכוּ לְפָנֵינוּ כִּי־זֶה ׀ מֹשֶׁה הָאִישׁ 24

אֲשֶׁר הֶעֱלָנוּ מֵאֶרֶץ מִצְרַיִם לֹא יָדַעְנוּ מֶה־הָיָה לוֹ: וָאֹמַר לָהֶם

לְמִי זָהָב הִתְפָּרָקוּ וַיִּתְּנוּ־לִי וָאַשְׁלִכֵהוּ בָאֵשׁ וַיֵּצֵא הָעֵגֶל הַזֶּה: 25

וַיַּרְא מֹשֶׁה אֶת־הָעָם כִּי פָרֻעַ הוּא כִּי־פְרָעֹה אַהֲרֹן לְשִׁמְצָה

בְּקָמֵיהֶם: וַיַּעֲמֹד מֹשֶׁה בְּשַׁעַר הַמַּחֲנֶה וַיֹּאמֶר מִי לַיהֹוָה אֵלַי 26

וַיֵּאָסְפוּ אֵלָיו כָּל־בְּנֵי לֵוִי: וַיֹּאמֶר לָהֶם כֹּה־אָמַר יְהֹוָה אֱלֹהֵי 27

יִשְׂרָאֵל שִׂימוּ אִישׁ־חַרְבּוֹ עַל־יְרֵכוֹ עִבְרוּ וָשׁוּבוּ מִשַּׁעַר לָשַׁעַר

בַּמַּחֲנֶה וְהִרְגוּ אִישׁ־אֶת־אָחִיו וְאִישׁ אֶת־רֵעֵהוּ וְאִישׁ אֶת־קְרֹבוֹ:

וַיַּעֲשׂוּ בְנֵי־לֵוִי כִּדְבַר מֹשֶׁה וַיִּפֹּל מִן־הָעָם בַּיּוֹם הַהוּא כִּשְׁלֹשֶׁת 28

אַלְפֵי אִישׁ: וַיֹּאמֶר מֹשֶׁה מִלְאוּ יֶדְכֶם הַיּוֹם לַיהֹוָה כִּי אִישׁ בִּבְנוֹ 29

וּבְאָחִיו וְלָתֵת עֲלֵיכֶם הַיּוֹם בְּרָכָה: וַיְהִי מִמָּחֳרָת וַיֹּאמֶר מֹשֶׁה 30

אֶל־הָעָם אַתֶּם חֲטָאתֶם חֲטָאָה גְדֹלָה וְעַתָּה אֶעֱלֶה אֶל־יְהֹוָה

אוּלַי אֲכַפְּרָה בְּעַד חַטַּאתְכֶם: וַיָּשָׁב מֹשֶׁה אֶל־יְהֹוָה וַיֹּאמַר אָנָּא 31

חָטָא הָעָם הַזֶּה חֲטָאָה גְדֹלָה וַיַּעֲשׂוּ לָהֶם אֱלֹהֵי זָהָב: וְעַתָּה 32

אִם־תִּשָּׂא חַטָּאתָם וְאִם־אַיִן מְחֵנִי נָא מִסִּפְרְךָ אֲשֶׁר כָּתָבְתָּ: וַיֹּאמֶר 33

יְהֹוָה אֶל־מֹשֶׁה מִי אֲשֶׁר חָטָא־לִי אֶמְחֶנּוּ מִסִּפְרִי: וְעַתָּה לֵךְ ׀ נְחֵה 34

אֶת־הָעָם אֶל אֲשֶׁר־דִּבַּרְתִּי לָךְ הִנֵּה מַלְאָכִי יֵלֵךְ לְפָנֶיךָ וּבְיוֹם

פָּקְדִי וּפָקַדְתִּי עֲלֵיהֶם חַטָּאתָם: וַיִּגֹּף יְהֹוָה אֶת־הָעָם עַל אֲשֶׁר 35

עָשׂוּ אֶת־הָעֵגֶל אֲשֶׁר עָשָׂה אַהֲרֹן: וַיְדַבֵּר יְהֹוָה אֶל־מֹשֶׁה 33 1

לֵךְ עֲלֵה מִזֶּה אַתָּה וְהָעָם אֲשֶׁר הֶעֱלִיתָ מֵאֶרֶץ מִצְרָיִם אֶל־הָאָרֶץ

אֲשֶׁר נִשְׁבַּעְתִּי לְאַבְרָהָם לְיִצְחָק וּלְיַעֲקֹב לֵאמֹר לְזַרְעֲךָ אֶתְּנֶנָּה:

וְשָׁלַחְתִּי לְפָנֶיךָ מַלְאָךְ וְגֵרַשְׁתִּי אֶת־הַכְּנַעֲנִי הָאֱמֹרִי וְהַחִתִּי וְהַפְּרִזִּי 2

הַחִוִּי וְהַיְבוּסִי: אֶל־אֶרֶץ זָבַת חָלָב וּדְבָשׁ כִּי לֹא אֶעֱלֶה בְּקִרְבְּךָ 3

כִּי עַם־קְשֵׁה־עֹרֶף אַתָּה פֶּן־אֲכֶלְךָ בַּדָּרֶךְ: וַיִּשְׁמַע הָעָם אֶת־הַדָּבָר 4

הָרָע הַזֶּה וַיִּתְאַבָּלוּ וְלֹא־שָׁתוּ אִישׁ עֶדְיוֹ עָלָיו: וַיֹּאמֶר יְהֹוָה 5

אֶל־מֹשֶׁה אֱמֹר אֶל־בְּנֵי־יִשְׂרָאֵל אַתֶּם עַם־קְשֵׁה־עֹרֶף רֶגַע אֶחָד

אֶעֱלֶה בְקִרְבְּךָ וְכִלִּיתִיךָ וְעַתָּה הוֹרֵד עֶדְיְךָ מֵעָלֶיךָ וְאֵדְעָה מָה

אֶעֱשֶׂה־לָּךְ: וַיִּתְנַצְּלוּ בְנֵי־יִשְׂרָאֵל אֶת־עֶדְיָם מֵהַר חוֹרֵב: וּמֹשֶׁה 6 7

יִקַּח אֶת־הָאֹהֶל וְנָטָה־לוֹ ׀ מִחוּץ לַמַּחֲנֶה הַרְחֵק מִן־הַמַּחֲנֶה וְקָרָא

לוֹ אֹהֶל מוֹעֵד וְהָיָה כָּל־מְבַקֵּשׁ יְהֹוָה יֵצֵא אֶל־אֹהֶל מוֹעֵד אֲשֶׁר

went out unto the tabernacle of the congregation, which *was* without the camp.

8 And it came to pass, when Moses went out unto the tabernacle, *that* all the people rose up, and stood every man *at* his tent door, and looked after Moses, until he was gone into the tabernacle.

9 And it came to pass, as Moses entered into the tabernacle, the cloudy pillar descended, and stood *at* the door of the tabernacle, and *the* LORD talked with Moses.

10 And all the people saw the cloudy pillar stand *at* the tabernacle door: and all the people rose up and worshipped, every man *in* his tent door.

11 And the LORD spake unto Moses face to face, as a man speaketh unto his friend. And he turned again into the camp: but his servant Joshua, the son of Nun, a young man, departed not out of the tabernacle.

12 ¶ And Moses said unto the LORD, See, thou sayest unto me, Bring up this people: and thou hast not let me know whom thou wilt send with me. Yet thou hast said, I know thee by name, and thou hast also found grace in my sight.

13 Now therefore, I pray thee, if I have found grace in thy sight, shew me now thy way, that I may know thee, that I may find grace in thy sight: and consider that this nation *is* thy people.

14 And he said, My presence shall go *with thee,* and I will give thee rest.

15 And he said unto him, If thy presence go not *with me,* carry us not up hence.

16 For wherein shall it be known here that I and thy people have found grace in thy sight? *is it* not in that thou goest with us? so shall we be separated, I and thy people, from all the people that *are* upon the face of the earth.

17 And the LORD said unto Moses, I will do this thing also that thou hast spoken: for thou hast found grace in my sight, and I know thee by name.

18 And he said, I beseech thee, shew me thy glory.

19 And he said, I will make all my goodness pass before thee, and I will proclaim the name of the LORD before thee; and will be gracious to whom I will be gracious, and will shew mercy on whom I will shew mercy.

20 And he said, Thou canst not see my face: for there shall no man see me, and live.

21 And the LORD said, Behold, *there is* a place by me, and thou shalt stand upon a rock:

22 And it shall come to pass, while my glory passeth by, that I will put thee in a clift of the rock, and will cover thee with my hand while I pass by:

23 And I will take away mine hand, and thou shalt see my back parts: but my face shall not be seen.

CHAPTER 34

1 And the LORD said unto Moses, Hew thee two tables of stone like unto the first: and I will write upon *these* tables the words that were in the first tables, which thou brakest.

2 And be ready in the morning, and come up in the morning unto mount Sinai, and present thyself there to me in the top of the mount.

3 And no man shall come up with thee, neither let any man be seen throughout all the mount; neither let the flocks nor herds feed before that mount.

4 ¶ And he hewed two tables of stone like unto the first; and Moses rose up early in the morning, and went up unto mount Sinai, as the LORD had commanded him, and took in his hand the two tables of stone.

5 And the LORD descended in the cloud, and stood with him there, and proclaimed the name of the LORD.

6 And the LORD passed by before him, and proclaimed, The LORD, The LORD God, merciful and gracious, longsuffering, and abundant in goodness and truth,

7 Keeping mercy for thousands, forgiving iniquity and transgression and sin, and that will by no means clear *the guilty;* visiting the iniquity of the fathers upon the children, and upon the children's children, unto the third and to the fourth *generation.*

8 מִחוּץ לַמַּחֲנֶה: וְהָיָה כְּצֵאת מֹשֶׁה אֶל־הָאֹהֶל יָק֫וּמוּ כָּל־הָעָם
וְנִצְּבֹוּ אִישׁ פֶּתַח אָהֳל֑וֹ וְהִבִּיטוּ אַחֲרֵי מֹשֶׁה עַד־בֹּאוֹ הָאֹהֱלָה:
9 וְהָיָ֗ה כְּבֹא מֹשֶׁה הָאֹהֱלָה יֵרֵד עַמּוּד הֶֽעָנָן וְעָמַד פֶּתַח הָאֹהֶל
10A 10 וְדִבֶּר עִם־מֹשֶׁה: וְרָאָה כָל־הָעָם אֶת־עַמּוּד הֶֽעָנָן עֹמֵד פֶּתַח הָאֹהֶל
11 וְקָם כָּל־הָעָם וְהִֽשְׁתַּחֲוֹ֫וּ אִישׁ פֶּתַח אָהֳל֑וֹ: וְדִבֶּר יְהוָה אֶל־מֹשֶׁה
פָּנִים אֶל־פָּנִים כַּאֲשֶׁר יְדַבֵּר אִישׁ אֶל־רֵעֵ֑הוּ וְשָׁב אֶל־הַֽמַּחֲנֶה
וּמְשָׁרְתוֹ יְהוֹשֻׁעַ בִּן־נוּן נַעַר לֹא יָמִישׁ מִתּוֹךְ הָאֹהֶל:

12 וַיֹּ֫אמֶר מֹשֶׁה אֶל־יְהוָה רְאֵה אַתָּה אֹמֵר אֵלַי הַעַל אֶת־הָעָם הַזֶּה
וְאַתָּה לֹא הֽוֹדַעְתַּנִי אֵת אֲשֶׁר־תִּשְׁלַח עִמִּ֑י וְאַתָּה אָמַרְתָּ יְדַעְתִּ֫יךָ
13 בְשֵׁם וְגַם־מָצָאתָ חֵן בְּעֵינָ֑י: וְעַתָּ֡ה אִם־נָא֩ מָצָ֨אתִי חֵ֜ן בְּעֵינֶ֗יךָ
הוֹדִעֵ֤נִי נָא֙ אֶת־דְּרָכֶ֔ךָ וְאֵדָעֲךָ֔ לְמַ֥עַן אֶמְצָא־חֵ֖ן בְּעֵינֶ֑יךָ וּרְאֵ֕ה כִּ֥י
14 עַמְּךָ֖ הַגּ֥וֹי הַזֶּֽה: וַיֹּאמַ֑ר פָּנַ֥י יֵלֵ֖כוּ וַהֲנִחֹ֥תִי לָֽךְ: וַיֹּ֖אמֶר אֵלָ֑יו אִם־אֵ֤ין
15
16A 16 פָּנֶ֨יךָ֙ הֹלְכִ֔ים אַֽל־תַּעֲלֵ֖נוּ מִזֶּֽה: וּבַמֶּ֣ה ׀ יִוָּדַ֣ע אֵפ֗וֹא כִּֽי־מָצָ֨אתִי חֵ֤ן
בְּעֵינֶ֨יךָ֙ אֲנִ֣י וְעַמֶּ֔ךָ הֲל֖וֹא בְּלֶכְתְּךָ֣ עִמָּ֑נוּ וְנִפְלִ֗ינוּ אֲנִ֤י וְעַמְּךָ֙ מִכָּל־הָעָ֔ם
אֲשֶׁ֖ר עַל־פְּנֵ֥י הָאֲדָמָֽה:

17 וַיֹּ֤אמֶר יְהוָה֙ אֶל־מֹשֶׁ֔ה גַּ֣ם אֶת־הַדָּבָ֥ר הַזֶּ֛ה אֲשֶׁ֥ר דִּבַּ֖רְתָּ אֶֽעֱשֶׂ֑ה
18 כִּֽי־מָצָ֤אתָ חֵן֙ בְּעֵינַ֔י וָאֵדָעֲךָ֖ בְּשֵֽׁם: וַיֹּאמַ֑ר הַרְאֵ֥נִי נָ֖א אֶת־כְּבֹדֶֽךָ:
19 וַיֹּ֗אמֶר אֲנִ֨י אַעֲבִ֤יר כָּל־טוּבִי֙ עַל־פָּנֶ֔יךָ וְקָרָ֧אתִי בְשֵׁ֛ם יְהוָ֖ה לְפָנֶ֑יךָ
20 וְחַנֹּתִי֙ אֶת־אֲשֶׁ֣ר אָחֹ֔ן וְרִחַמְתִּ֖י אֶת־אֲשֶׁ֥ר אֲרַחֵֽם: וַיֹּ֕אמֶר לֹ֥א תוּכַ֖ל
21 לִרְאֹ֣ת אֶת־פָּנָ֑י כִּ֛י לֹֽא־יִרְאַ֥נִי הָאָדָ֖ם וָחָֽי: וַיֹּ֣אמֶר יְהוָ֔ה הִנֵּ֥ה מָק֖וֹם
22 אִתִּ֑י וְנִצַּבְתָּ֖ עַל־הַצּֽוּר: וְהָיָה֙ בַּעֲבֹ֣ר כְּבֹדִ֔י וְשַׂמְתִּ֖יךָ בְּנִקְרַ֣ת הַצּ֑וּר
23 וְשַׂכֹּתִ֥י כַפִּ֛י עָלֶ֖יךָ עַד־עָבְרִֽי: וַהֲסִרֹתִי֙ אֶת־כַּפִּ֔י וְרָאִ֖יתָ אֶת־אֲחֹרָ֑י
וּפָנַ֖י לֹ֥א יֵרָאֽוּ:

34 1 וַיֹּ֤אמֶר יְהוָה֙ אֶל־מֹשֶׁ֔ה פְּסָל־לְךָ֛ שְׁנֵֽי־לֻחֹ֥ת אֲבָנִ֖ים כָּרִאשֹׁנִ֑ים
וְכָתַבְתִּי֙ עַל־הַלֻּחֹ֔ת אֶת־הַדְּבָרִ֔ים אֲשֶׁ֥ר הָי֛וּ עַל־הַלֻּחֹ֥ת הָרִאשֹׁנִ֖ים
2 אֲשֶׁ֥ר שִׁבַּֽרְתָּ: וֶהְיֵ֥ה נָכ֖וֹן לַבֹּ֑קֶר וְעָלִ֤יתָ בַבֹּ֨קֶר֙ אֶל־הַ֣ר סִינַ֔י וְנִצַּבְתָּ֥
3 לִ֛י שָׁ֖ם עַל־רֹ֥אשׁ הָהָֽר: וְאִישׁ֙ לֹֽא־יַעֲלֶ֣ה עִמָּ֔ךְ וְגַם־אִ֖ישׁ אַל־יֵרָ֣א
4 בְּכָל־הָהָ֑ר גַּם־הַצֹּ֤אן וְהַבָּקָר֙ אַל־יִרְע֔וּ אֶל־מ֖וּל הָהָ֥ר הַהֽוּא: וַיִּפְסֹ֡ל
שְׁנֵֽי־לֻחֹ֨ת אֲבָנִ֜ים כָּרִאשֹׁנִ֗ים וַיַּשְׁכֵּ֤ם מֹשֶׁה֙ בַבֹּ֔קֶר וַיַּ֨עַל֙ אֶל־הַ֣ר סִינַ֔י
5 כַּאֲשֶׁ֛ר צִוָּ֥ה יְהוָ֖ה אֹת֑וֹ וַיִּקַּ֣ח בְּיָד֔וֹ שְׁנֵ֖י לֻחֹ֥ת אֲבָנִֽים: וַיֵּ֤רֶד יְהוָה֙
6 בֶּֽעָנָ֔ן וַיִּתְיַצֵּ֥ב עִמּ֖וֹ שָׁ֑ם וַיִּקְרָ֥א בְשֵׁ֖ם יְהוָֽה: וַיַּעֲבֹ֨ר יְהוָ֥ה ׀ עַל־פָּנָיו֮
וַיִּקְרָא֒ יְהוָ֣ה ׀ יְהוָ֔ה אֵ֥ל רַח֖וּם וְחַנּ֑וּן אֶ֥רֶךְ אַפַּ֖יִם וְרַב־חֶ֥סֶד וֶאֱמֶֽת:
7 נֹצֵ֥ר חֶ֨סֶד֙ לָאֲלָפִ֔ים נֹשֵׂ֥א עָוֺ֛ן וָפֶ֖שַׁע וְחַטָּאָ֑ה וְנַקֵּה֙ לֹ֣א יְנַקֶּ֔ה פֹּקֵ֣ד ׀
8 עֲוֺ֣ן אָב֗וֹת עַל־בָּנִים֙ וְעַל־בְּנֵ֣י בָנִ֔ים עַל־שִׁלֵּשִׁ֖ים וְעַל־רִבֵּעִֽים: וַיְמַהֵ֥ר

8 And Moses made haste, and bowed his head toward the earth, and worshipped.

9 And he said, If now I have found grace in thy sight, O Lord, let my Lord, I pray thee, go among us; for it *is* a stiffnecked people; and pardon our iniquity and our sin, and take us for thine inheritance.

10 ¶ And he said, Behold, I make a covenant: before all thy people I will do marvels, such as have not been done in all the earth, nor in any nation: and all the people among which thou *art* shall see the work of the LORD: for it *is* a terrible thing that I will do with thee.

11 Observe thou that which I command thee this day: behold, I drive out before thee the Amorite, and the Canaanite, and the Hittite, and the Perizzite, and the Hivite, and the Jebusite.

12 Take heed to thyself, lest thou make a covenant with the inhabitants of the land whither thou goest, lest it be for a snare in the midst of thee:

13 But ye shall destroy their altars, break their images, and cut down their groves:

14 For thou shalt worship no other god: for the LORD, whose name *is* Jealous, *is* a jealous God:

15 Lest thou make a covenant with the inhabitants of the land, and they go a whoring after their gods, and do sacrifice unto their gods, and *one* call thee, and thou eat of his sacrifice;

16 And thou take of their daughters unto thy sons, and their daughters go a whoring after their gods, and make thy sons go a whoring after their gods.

17 Thou shalt make thee no molten gods.

18 ¶ The feast of unleavened bread shalt thou keep. Seven days thou shalt eat unleavened bread, as I commanded thee, in the time of the month Abib: for in the month Abib thou camest out from Egypt.

19 All that openeth the matrix *is* mine; and every firstling among thy cattle, *whether* ox or sheep, *that is male.*

20 But the firstling of an ass thou shalt redeem with a lamb: and if thou redeem *him* not, then shalt thou break his neck. All the firstborn of thy sons thou shalt redeem. And none shall appear before me empty.

21 ¶ Six days thou shalt work, but on the seventh day thou shalt rest: in earing time and in harvest thou shalt rest.

22 ¶ And thou shalt observe the feast of weeks, of the firstfruits of wheat harvest, and the feast of ingathering at the year's end.

23 ¶ Thrice in the year shall all your men children appear before the Lord GOD, the God of Israel.

24 For I will cast out the nations before thee, and enlarge thy borders: neither shall any man desire thy land, when thou shalt go up to appear before the LORD thy God thrice in the year.

25 Thou shalt not offer the blood of my sacrifice with leaven; neither shall the sacrifice of the feast of the passover be left unto the morning.

26 The first of the firstfruits of thy land thou shalt bring unto the house of the LORD thy God. Thou shalt not seethe a kid in his mother's milk.

27 And the LORD said unto Moses, Write thou these words: for after the tenor of these words I have made a covenant with thee and with Israel.

28 And he was there with the LORD forty days and forty nights; he did neither eat bread, nor drink water. And he wrote upon the tables the words of the covenant, the ten commandments.

29 ¶ And it came to pass, when Moses came down from mount Sinai with the two tables of testimony in Moses' hand, when he came down from the mount, that Moses wist not that the skin of his face shone while he talked with him.

30 And when Aaron and all the children of Israel saw Moses, behold, the skin of his face shone; and they were afraid to come nigh him.

31 And Moses called unto them; and Aaron and all the rulers of the congregation returned unto him: and Moses talked with them.

32 And afterward all the children of Israel came nigh: and he gave them in commandment all that the LORD had spoken with him in mount Sinai.

9 מֹשֶׁה וַיִּקֹּד אַרְצָה וַיִּשְׁתָּחוּ: וַיֹּאמֶר אִם־נָא מָצָאתִי חֵן בְּעֵינֶיךָ
אֲדֹנָי יֵלֶךְ־נָא אֲדֹנָי בְּקִרְבֵּנוּ כִּי עַם־קְשֵׁה־עֹרֶף הוּא וְסָלַחְתָּ לַעֲוֹנֵנוּ
10 וּלְחַטָּאתֵנוּ וּנְחַלְתָּנוּ: וַיֹּאמֶר הִנֵּה אָנֹכִי כֹּרֵת בְּרִית נֶגֶד כָּל־עַמְּךָ
אֶעֱשֶׂה נִפְלָאֹת אֲשֶׁר לֹא־נִבְרְאוּ בְכָל־הָאָרֶץ וּבְכָל־הַגּוֹיִם וְרָאָה
כָל־הָעָם אֲשֶׁר־אַתָּה בְקִרְבּוֹ אֶת־מַעֲשֵׂה יְהוָה כִּי־נוֹרָא הוּא אֲשֶׁר
11 אֲנִי עֹשֶׂה עִמָּךְ: שְׁמָר־לְךָ אֵת אֲשֶׁר אָנֹכִי מְצַוְּךָ הַיּוֹם הִנְנִי גֹרֵשׁ
12 מִפָּנֶיךָ אֶת־הָאֱמֹרִי וְהַכְּנַעֲנִי וְהַחִתִּי וְהַפְּרִזִּי וְהַחִוִּי וְהַיְבוּסִי: הִשָּׁמֶר
לְךָ פֶּן־תִּכְרֹת בְּרִית לְיוֹשֵׁב הָאָרֶץ אֲשֶׁר אַתָּה בָּא עָלֶיהָ פֶּן־יִהְיֶה
13 לְמוֹקֵשׁ בְּקִרְבֶּךָ: כִּי אֶת־מִזְבְּחֹתָם תִּתֹּצוּן וְאֶת־מַצֵּבֹתָם תְּשַׁבֵּרוּן
14 וְאֶת־אֲשֵׁרָיו תִּכְרֹתוּן: כִּי לֹא תִשְׁתַּחֲוֶה לְאֵל אַחֵר כִּי יְהוָה קַנָּא
15 שְׁמוֹ אֵל קַנָּא הוּא: פֶּן־תִּכְרֹת בְּרִית לְיוֹשֵׁב הָאָרֶץ וְזָנוּ | אַחֲרֵי
16 אֱלֹהֵיהֶם וְזָבְחוּ לֵאלֹהֵיהֶם וְקָרָא לְךָ וְאָכַלְתָּ מִזִּבְחוֹ: וְלָקַחְתָּ
מִבְּנֹתָיו לְבָנֶיךָ וְזָנוּ בְנֹתָיו אַחֲרֵי אֱלֹהֵיהֶן וְהִזְנוּ אֶת־בָּנֶיךָ אַחֲרֵי
17 אֱלֹהֵיהֶן: אֱלֹהֵי מַסֵּכָה לֹא תַעֲשֶׂה־לָּךְ: אֶת־חַג הַמַּצּוֹת תִּשְׁמֹר
18 שִׁבְעַת יָמִים תֹּאכַל מַצּוֹת אֲשֶׁר צִוִּיתִךָ לְמוֹעֵד חֹדֶשׁ הָאָבִיב כִּי
19 בְּחֹדֶשׁ הָאָבִיב יָצָאתָ מִמִּצְרָיִם: כָּל־פֶּטֶר רֶחֶם לִי וְכָל־מִקְנְךָ תִּזָּכָר
20 פֶּטֶר שׁוֹר וָשֶׂה: וּפֶטֶר חֲמוֹר תִּפְדֶּה בְשֶׂה וְאִם־לֹא תִפְדֶּה וַעֲרַפְתּוֹ
21 כָּל בְּכוֹר בָּנֶיךָ תִּפְדֶּה וְלֹא־יֵרָאוּ פָנַי רֵיקָם: שֵׁשֶׁת יָמִים תַּעֲבֹד
22 וּבַיּוֹם הַשְּׁבִיעִי תִּשְׁבֹּת בֶּחָרִישׁ וּבַקָּצִיר תִּשְׁבֹּת: וְחַג שָׁבֻעֹת תַּעֲשֶׂה
23 לְךָ בִּכּוּרֵי קְצִיר חִטִּים וְחַג הָאָסִיף תְּקוּפַת הַשָּׁנָה: שָׁלֹשׁ פְּעָמִים
בַּשָּׁנָה יֵרָאֶה כָּל־זְכוּרְךָ אֶת־פְּנֵי הָאָדֹן | יְהוָה אֱלֹהֵי יִשְׂרָאֵל:
24 כִּי־אוֹרִישׁ גּוֹיִם מִפָּנֶיךָ וְהִרְחַבְתִּי אֶת־גְּבוּלֶךָ וְלֹא־יַחְמֹד אִישׁ
אֶת־אַרְצְךָ בַּעֲלֹתְךָ לֵרָאוֹת אֶת־פְּנֵי יְהוָה אֱלֹהֶיךָ שָׁלֹשׁ פְּעָמִים
25 בַּשָּׁנָה: לֹא־תִשְׁחַט עַל־חָמֵץ דַּם־זִבְחִי וְלֹא־יָלִין לַבֹּקֶר זֶבַח חַג
26 הַפָּסַח: רֵאשִׁית בִּכּוּרֵי אַדְמָתְךָ תָּבִיא בֵּית יְהוָה אֱלֹהֶיךָ לֹא־תְבַשֵּׁל
גְּדִי בַּחֲלֵב אִמּוֹ:

27 וַיֹּאמֶר יְהוָה אֶל־מֹשֶׁה כְּתָב־לְךָ אֶת־הַדְּבָרִים הָאֵלֶּה כִּי עַל־פִּי |
28 הַדְּבָרִים הָאֵלֶּה כָּרַתִּי אִתְּךָ בְּרִית וְאֶת־יִשְׂרָאֵל: וַיְהִי־שָׁם עִם־יְהוָה
אַרְבָּעִים יוֹם וְאַרְבָּעִים לַיְלָה לֶחֶם לֹא אָכַל וּמַיִם לֹא שָׁתָה
29 וַיִּכְתֹּב עַל־הַלֻּחֹת אֵת דִּבְרֵי הַבְּרִית עֲשֶׂרֶת הַדְּבָרִים: וַיְהִי בְּרֶדֶת
מֹשֶׁה מֵהַר סִינַי וּשְׁנֵי לֻחֹת הָעֵדֻת בְּיַד־מֹשֶׁה בְּרִדְתּוֹ מִן־הָהָר
30 וּמֹשֶׁה לֹא־יָדַע כִּי קָרַן עוֹר פָּנָיו בְּדַבְּרוֹ אִתּוֹ: וַיַּרְא אַהֲרֹן וְכָל־בְּנֵי
31 יִשְׂרָאֵל אֶת־מֹשֶׁה וְהִנֵּה קָרַן עוֹר פָּנָיו וַיִּירְאוּ מִגֶּשֶׁת אֵלָיו: וַיִּקְרָא
אֲלֵהֶם מֹשֶׁה וַיָּשֻׁבוּ אֵלָיו אַהֲרֹן וְכָל־הַנְּשִׂאִים בָּעֵדָה וַיְדַבֵּר מֹשֶׁה
32 אֲלֵהֶם: וְאַחֲרֵי־כֵן נִגְּשׁוּ כָּל־בְּנֵי יִשְׂרָאֵל וַיְצַוֵּם אֵת כָּל־אֲשֶׁר דִּבֶּר

33 And *till* Moses had done speaking with them, he put a vail on his face.

34 But when Moses went in before the LORD to speak with him, he took the vail off, until he came out. And he came out, and spake unto the children of Israel *that* which he was commanded.

35 And the children of Israel saw the face of Moses, that the skin of Moses' face shone: and Moses put the vail upon his face again, until he went in to speak with him.

CHAPTER 35

1 And Moses gathered all the congregation of the children of Israel together, and said unto them, These *are* the words which the LORD hath commanded, that *ye* should do them.

2 Six days shall work be done, but on the seventh day there shall be to you an holy day, a sabbath of rest to the LORD: whosoever doeth work therein shall be put to death.

3 Ye shall kindle no fire throughout your habitations upon the sabbath day.

4 ¶ And Moses spake unto all the congregation of the children of Israel, saying, This *is* the thing which the LORD commanded, saying,

5 Take ye from among you an offering unto the LORD: whosoever *is* of a willing heart, let him bring it, an offering of the LORD; gold, and silver, and brass,

6 And blue, and purple, and scarlet, and fine linen, and goats' *hair,*

7 And rams' skins dyed red, and badgers' skins, and shittim wood,

8 And oil for the light, and spices for anointing oil, and for the sweet incense,

9 And onyx stones, and stones to be set for the ephod, and for the breastplate.

10 And every wise hearted among you shall come, and make all that the LORD hath commanded;

11 The tabernacle, his tent, and his covering, his taches, and his boards, his bars, his pillars, and his sockets,

12 The ark, and the staves thereof, *with* the mercy seat, and the vail of the covering,

13 The table, and his staves, and all his vessels, and the shewbread,

14 The candlestick also for the light, and his furniture, and his lamps, with the oil for the light,

15 And the incense altar, and his staves, and the anointing oil, and the sweet incense, and the hanging for the door at the entering in of the tabernacle,

16 The altar of burnt offering, with his brasen grate, his staves, and all his vessels, the laver and his foot,

17 The hangings of the court, his pillars, and their sockets, and the hanging for the door of the court,

18 The pins of the tabernacle, and the pins of the court, and their cords,

19 The cloths of service, to do service in the holy *place,* the holy garments for Aaron the priest, and the garments of his sons, to minister in the priest's office.

20 ¶ And all the congregation of the children of Israel departed from the presence of Moses.

21 And they came, every one whose heart stirred him up, and every one whom his spirit made willing, *and* they brought the LORD's offering to the work of the tabernacle of the congregation, and for all his service, and for the holy garments.

22 And they came, both men and women, as many as were willing hearted, *and* brought bracelets, and earrings, and rings, and tablets, all jewels of gold: and every man that offered *offered* an offering of gold unto the LORD.

23 And every man, with whom was found blue, and purple, and scarlet, and fine linen, and goats' *hair,* and red skins of rams, and badgers' skins, brought *them.*

24 Every one that did offer an offering of silver and brass brought the LORD's offering: and every man, with whom was found shittim wood for any work of the service, brought *it.*

25 And all the women that were wise hearted did spin with their hands, and brought that which they had spun, *both*

מפטיר 33 יְהוָה אִתּוֹ בְּהַר סִינָי: וַיְכַל מֹשֶׁה מִדַּבֵּר אִתָּם וַיִּתֵּן עַל־פָּנָיו

34 מַסְוֶה: וּבְבֹא מֹשֶׁה לִפְנֵי יְהוָה לְדַבֵּר אִתּוֹ יָסִיר אֶת־הַמַּסְוֶה

35 עַד־צֵאתוֹ וְיָצָא וְדִבֶּר אֶל־בְּנֵי יִשְׂרָאֵל אֵת אֲשֶׁר יְצֻוֶּה: וְרָאוּ
בְנֵי־יִשְׂרָאֵל אֶת־פְּנֵי מֹשֶׁה כִּי קָרַן עוֹר פְּנֵי מֹשֶׁה וְהֵשִׁיב מֹשֶׁה

ויקהל 35 1 אֶת־הַמַּסְוֶה עַל־פָּנָיו עַד־בֹּאוֹ לְדַבֵּר אִתּוֹ: וַיַּקְהֵל מֹשֶׁה
אֶת־כָּל־עֲדַת בְּנֵי יִשְׂרָאֵל וַיֹּאמֶר אֲלֵהֶם אֵלֶּה הַדְּבָרִים אֲשֶׁר־צִוָּה

2 יְהוָה לַעֲשֹׂת אֹתָם: שֵׁשֶׁת יָמִים תֵּעָשֶׂה מְלָאכָה וּבַיּוֹם הַשְּׁבִיעִי
יִהְיֶה לָכֶם קֹדֶשׁ שַׁבַּת שַׁבָּתוֹן לַיהוָה כָּל־הָעֹשֶׂה בוֹ מְלָאכָה יוּמָת:

3A 3 לֹא־תְבַעֲרוּ אֵשׁ בְּכֹל מֹשְׁבֹתֵיכֶם בְּיוֹם הַשַּׁבָּת:

4 וַיֹּאמֶר מֹשֶׁה אֶל־כָּל־עֲדַת בְּנֵי־יִשְׂרָאֵל לֵאמֹר זֶה הַדָּבָר אֲשֶׁר־צִוָּה

5 יְהוָה לֵאמֹר: קְחוּ מֵאִתְּכֶם תְּרוּמָה לַיהוָה כֹּל נְדִיב לִבּוֹ יְבִיאֶהָ

6 אֵת תְּרוּמַת יְהוָה זָהָב וָכֶסֶף וּנְחֹשֶׁת: וּתְכֵלֶת וְאַרְגָּמָן וְתוֹלַעַת

7A 7 שָׁנִי וְשֵׁשׁ וְעִזִּים: וְעֹרֹת אֵילִם מְאָדָּמִים וְעֹרֹת תְּחָשִׁים וַעֲצֵי

8 שִׁטִּים: וְשֶׁמֶן לַמָּאוֹר וּבְשָׂמִים לְשֶׁמֶן הַמִּשְׁחָה וְלִקְטֹרֶת הַסַּמִּים:

9
10 וְאַבְנֵי־שֹׁהַם וְאַבְנֵי מִלֻּאִים לָאֵפוֹד וְלַחֹשֶׁן: וְכָל־חֲכַם־לֵב בָּכֶם יָבֹאוּ

11 וְיַעֲשׂוּ אֵת כָּל־אֲשֶׁר צִוָּה יְהוָה: אֶת־הַמִּשְׁכָּן אֶת־אָהֳלוֹ וְאֶת־
מִכְסֵהוּ אֶת־קְרָסָיו וְאֶת־קְרָשָׁיו אֶת־בְּרִיחָו אֶת־עַמֻּדָיו וְאֶת־אֲדָנָיו:

12
13 אֶת־הָאָרֹן וְאֶת־בַּדָּיו אֶת־הַכַּפֹּרֶת וְאֵת פָּרֹכֶת הַמָּסָךְ: אֶת־הַשֻּׁלְחָן

14 וְאֶת־בַּדָּיו וְאֶת־כָּל־כֵּלָיו וְאֵת לֶחֶם הַפָּנִים: וְאֶת־מְנֹרַת הַמָּאוֹר

15 וְאֶת־כֵּלֶיהָ וְאֶת־נֵרֹתֶיהָ וְאֵת שֶׁמֶן הַמָּאוֹר: וְאֶת־מִזְבַּח הַקְּטֹרֶת
וְאֶת־בַּדָּיו וְאֵת שֶׁמֶן הַמִּשְׁחָה וְאֵת קְטֹרֶת הַסַּמִּים וְאֶת־מָסַךְ

16 הַפֶּתַח לְפֶתַח הַמִּשְׁכָּן: אֵת מִזְבַּח הָעֹלָה וְאֶת־מִכְבַּר הַנְּחֹשֶׁת

17 אֲשֶׁר־לוֹ אֶת־בַּדָּיו וְאֶת־כָּל־כֵּלָיו אֶת־הַכִּיֹּר וְאֶת־כַּנּוֹ: אֵת קַלְעֵי

18 הֶחָצֵר אֶת־עַמֻּדָיו וְאֶת־אֲדָנֶיהָ וְאֵת מָסַךְ שַׁעַר הֶחָצֵר: אֶת־יִתְדֹת

19 הַמִּשְׁכָּן וְאֶת־יִתְדֹת הֶחָצֵר וְאֶת־מֵיתְרֵיהֶם: אֶת־בִּגְדֵי הַשְּׂרָד לְשָׁרֵת

20 בַּקֹּדֶשׁ אֶת־בִּגְדֵי הַקֹּדֶשׁ לְאַהֲרֹן הַכֹּהֵן וְאֶת־בִּגְדֵי בָנָיו לְכַהֵן: וַיֵּצְאוּ

שני 21 כָּל־עֲדַת בְּנֵי־יִשְׂרָאֵל מִלִּפְנֵי מֹשֶׁה: וַיָּבֹאוּ כָּל־אִישׁ אֲשֶׁר־נְשָׂאוֹ
לִבּוֹ וְכֹל אֲשֶׁר נָדְבָה רוּחוֹ אֹתוֹ הֵבִיאוּ אֶת־תְּרוּמַת יְהוָה לִמְלֶאכֶת

22 אֹהֶל מוֹעֵד וּלְכָל־עֲבֹדָתוֹ וּלְבִגְדֵי הַקֹּדֶשׁ: וַיָּבֹאוּ הָאֲנָשִׁים
עַל־הַנָּשִׁים כֹּל נְדִיב לֵב הֵבִיאוּ חָח וָנֶזֶם וְטַבַּעַת וְכוּמָז כָּל־כְּלִי

23 זָהָב וְכָל־אִישׁ אֲשֶׁר הֵנִיף תְּנוּפַת זָהָב לַיהוָה: וְכָל־אִישׁ אֲשֶׁר־נִמְצָא
אִתּוֹ תְּכֵלֶת וְאַרְגָּמָן וְתוֹלַעַת שָׁנִי וְשֵׁשׁ וְעִזִּים וְעֹרֹת אֵילִם מְאָדָּמִים

24 וְעֹרֹת תְּחָשִׁים הֵבִיאוּ: כָּל־מֵרִים תְּרוּמַת כֶּסֶף וּנְחֹשֶׁת הֵבִיאוּ אֵת
תְּרוּמַת יְהוָה וְכֹל אֲשֶׁר נִמְצָא אִתּוֹ עֲצֵי שִׁטִּים לְכָל־מְלֶאכֶת

25 הָעֲבֹדָה הֵבִיאוּ: וְכָל־אִשָּׁה חַכְמַת־לֵב בְּיָדֶיהָ טָווּ וַיָּבִיאוּ מַטְוֶה

199

of blue, and of purple, *and* of scarlet, and of fine linen.

26 And all the women whose heart stirred them up in wisdom spun goats' *hair.*

27 And the rulers brought onyx stones, and stones to be set, for the ephod, and for the breastplate;

28 And spice, and oil for the light, and for the anointing oil, and for the sweet incense.

29 The children of Israel brought a willing offering unto the LORD, every man and woman, whose heart made them willing to bring for all manner of work, which the LORD had commanded to be made by the hand of Moses.

30 ¶ And Moses said unto the children of Israel, See, the LORD hath called by name Bezaleel the son of Uri, the son of Hur, of the tribe of Judah;

31 And he hath filled him with the spirit of God, in wisdom, in understanding, and in knowledge, and in all manner of workmanship;

32 And to devise curious works, to work in gold, and in silver, and in brass,

33 And in the cutting of stones, to set *them,* and in carving of wood, to make any manner of cunning work.

34 And he hath put in his heart that he may teach, *both* he, and Aholiab, the son of Ahisamach, of the tribe of Dan.

35 Them hath he filled with wisdom of heart, to work all manner of work, of the engraver, and of the cunning workman, and of the embroiderer, in blue, and in purple, in scarlet, and in fine linen, and of the weaver, *even* of them that do any work, and of those that devise cunning work.

CHAPTER 36

1 Then wrought Bezaleel and Aholiab, and every wise hearted man, in whom the LORD put wisdom and understanding to know how to work all manner of work for the service of the sanctuary, according to all that the LORD had commanded.

2 And Moses called Bezaleel and Aholiab, and every wise hearted man, in whose heart the LORD had put wisdom, *even* every one whose heart stirred him up to come unto the work to do it:

3 And they received of Moses all the offering, which the children of Israel had brought for the work of the service of the sanctuary, to make it *withal.* And they brought yet unto him free offerings every morning.

4 And all the wise men, that wrought all the work of the sanctuary, came every man from his work which they made;

5 ¶ And they spake unto Moses, saying, The people bring much more than enough for the service of the work, which the LORD commanded to make.

6 And Moses gave commandment, and they caused it to be proclaimed throughout the camp, saying, Let neither man nor woman make any more work for the offering of the sanctuary. So the people were restrained from bringing.

7 For the stuff they had was sufficient for all the work to make it, and too much.

8 ¶ And every wise hearted man among them that wrought the work of the tabernacle made ten curtains *of* fine twined linen, and blue, and purple, and scarlet: *with* cherubims of cunning work made he them.

9 The length of one curtain *was* twenty and eight cubits, and the breadth of one curtain four cubits: the curtains *were* all of one size.

10 And he coupled the five curtains one unto another: and *the other* five curtains he coupled one unto another.

11 And he made loops of blue on the edge of one curtain from the selvedge in the coupling: likewise he made in the uttermost side of *another* curtain, in the coupling of the second.

12 Fifty loops made he in one curtain, and fifty loops made he in the edge of the

26A 26 אֶת־הַתְּכֵ֙לֶת֙ וְאֶת־הָֽאַרְגָּמָ֔ן אֶת־תּוֹלַ֥עַת הַשָּׁנִ֖י וְאֶת־הַשֵּׁ֑שׁ: וְכָל־

27 הַנָּשִׁ֗ים אֲשֶׁ֨ר נָשָׂ֥א לִבָּ֛ן אֹתָ֖נָה בְּחָכְמָ֑ה טָו֖וּ אֶת־הָֽעִזִּֽים: וְהַנְּשִׂאִ֣ם

הֵבִ֔יאוּ אֵ֚ת אַבְנֵ֣י הַשֹּׁ֔הַם וְאֵ֖ת אַבְנֵ֣י הַמִּלֻּאִ֑ים לָֽאֵפ֖וֹד וְלַחֹֽשֶׁן:

28 וְאֶת־הַבֹּ֖שֶׂם וְאֶת־הַשָּׁ֑מֶן לְמָא֕וֹר וּלְשֶׁ֙מֶן֙ הַמִּשְׁחָ֔ה וְלִקְטֹ֖רֶת הַסַּמִּֽים:

29 כָּל־אִ֣ישׁ וְאִשָּׁ֗ה אֲשֶׁ֨ר נָדַ֣ב לִבָּם֮ אֹתָם֒ לְהָבִ֗יא לְכָל־הַמְּלָאכָ֔ה

אֲשֶׁ֨ר צִוָּ֧ה יְהוָ֛ה לַעֲשׂ֖וֹת בְּיַד־מֹשֶׁ֑ה הֵבִ֧יאוּ בְנֵֽי־יִשְׂרָאֵ֛ל נְדָבָ֖ה

לַֽיהוָֽה:

שלישי (שני)

30 וַיֹּ֤אמֶר מֹשֶׁה֙ אֶל־בְּנֵ֣י יִשְׂרָאֵ֔ל רְא֛וּ קָרָ֥א יְהוָ֖ה בְּשֵׁ֑ם בְּצַלְאֵ֛ל בֶּן־אוּרִ֥י

31 בֶן־ח֖וּר לְמַטֵּ֣ה יְהוּדָֽה: וַיְמַלֵּ֥א אֹת֖וֹ ר֣וּחַ אֱלֹהִ֑ים בְּחָכְמָ֛ה בִּתְבוּנָ֥ה

32A 32 וּבְדַ֖עַת וּבְכָל־מְלָאכָֽה: וְלַחְשֹׁ֖ב מַֽחֲשָׁבֹ֑ת לַעֲשֹׂ֛ת בַּזָּהָ֥ב וּבַכֶּ֖סֶף

33 וּבַנְּחֹֽשֶׁת: וּבַחֲרֹ֤שֶׁת אֶ֙בֶן֙ לְמַלֹּ֔את וּבַחֲרֹ֖שֶׁת עֵ֑ץ לַעֲשׂ֖וֹת בְּכָל־

34 מְלֶ֣אכֶת מַחֲשָֽׁבֶת: וּלְהוֹרֹ֖ת נָתַ֣ן בְּלִבּ֑וֹ ה֕וּא וְאָֽהֳלִיאָ֥ב בֶּן־אֲחִיסָמָ֖ךְ

35 לְמַטֵּה־דָֽן: מִלֵּ֨א אֹתָ֜ם חָכְמַת־לֵ֗ב לַעֲשׂוֹת֮ כָּל־מְלֶ֣אכֶת חָרָ֣שׁ ׀ וְחֹשֵׁב֒

וְרֹקֵ֞ם בַּתְּכֵ֣לֶת וּבָֽאַרְגָּמָ֗ן בְּתוֹלַ֧עַת הַשָּׁנִ֛י וּבַשֵּׁ֖שׁ וְאֹרֵ֑ג עֹשֵׂי֙

36 1 כָּל־מְלָאכָ֔ה וְחֹשְׁבֵ֖י מַחֲשָׁבֹֽת: וְעָשָׂה֩ בְצַלְאֵ֨ל וְאָֽהֳלִיאָ֜ב וְכֹ֣ל ׀ אִ֣ישׁ

חֲכַם־לֵ֗ב אֲשֶׁר֩ נָתַ֨ן יְהוָ֜ה חָכְמָ֤ה וּתְבוּנָה֙ בָּהֵ֔מָּה לָדַ֣עַת לַעֲשֹׂ֔ת

2 אֶֽת־כָּל־מְלֶ֖אכֶת עֲבֹדַ֣ת הַקֹּ֑דֶשׁ לְכֹ֥ל אֲשֶׁר־צִוָּ֖ה יְהוָֽה: וַיִּקְרָ֣א מֹשֶׁ֗ה

אֶל־בְּצַלְאֵל֮ וְאֶל־אָֽהֳלִיאָב֒ וְאֶל֙ כָּל־אִ֣ישׁ חֲכַם־לֵ֔ב אֲשֶׁ֨ר נָתַ֧ן יְהוָ֛ה

חָכְמָ֖ה בְּלִבּ֑וֹ כֹּ֚ל אֲשֶׁ֣ר נְשָׂא֣וֹ לִבּ֔וֹ לְקָרְבָ֥ה אֶל־הַמְּלָאכָ֖ה לַעֲשֹׂ֥ת

3 אֹתָֽהּ: וַיִּקְח֞וּ מִלִּפְנֵ֣י מֹשֶׁ֗ה אֵ֤ת כָּל־הַתְּרוּמָה֙ אֲשֶׁ֨ר הֵבִ֜יאוּ בְּנֵ֣י

יִשְׂרָאֵ֗ל לִמְלֶ֛אכֶת עֲבֹדַ֥ת הַקֹּ֖דֶשׁ לַעֲשֹׂ֣ת אֹתָ֑הּ וְ֠הֵם הֵבִ֨יאוּ אֵלָ֛יו

4 ע֥וֹד נְדָבָ֖ה בַּבֹּ֥קֶר בַּבֹּֽקֶר: וַיָּבֹ֙אוּ֙ כָּל־הַ֣חֲכָמִ֔ים הָֽעֹשִׂ֔ים אֵ֖ת

5 כָּל־מְלֶ֣אכֶת הַקֹּ֑דֶשׁ אִֽישׁ־אִ֥ישׁ מִמְּלַאכְתּ֖וֹ אֲשֶׁר־הֵ֥מָּה עֹשִֽׂים: וַיֹּאמְר֣וּ

אֶל־מֹשֶׁ֣ה לֵּאמֹ֔ר מַרְבִּ֥ים הָעָ֖ם לְהָבִ֑יא מִדֵּ֤י הָֽעֲבֹדָה֙ לַמְּלָאכָ֔ה

6 אֲשֶׁר־צִוָּ֥ה יְהוָ֖ה לַעֲשֹׂ֥ת אֹתָֽהּ: וַיְצַ֣ו מֹשֶׁ֗ה וַיַּעֲבִ֨ירוּ ק֥וֹל בַּֽמַּחֲנֶה֮

לֵאמֹר֒ אִ֣ישׁ וְאִשָּׁ֗ה אַל־יַעֲשׂוּ־ע֛וֹד מְלָאכָ֖ה לִתְרוּמַ֣ת הַקֹּ֑דֶשׁ וַיִּכָּלֵ֥א

7 הָעָ֖ם מֵהָבִֽיא: וְהַמְּלָאכָ֗ה הָיְתָ֥ה דַיָּ֛ם לְכָל־הַמְּלָאכָ֖ה לַעֲשׂ֣וֹת אֹתָ֑הּ

8 וְהוֹתֵֽר: וַיַּעֲשׂ֨וּ כָל־חֲכַם־לֵ֜ב בְּעֹשֵׂ֧י הַמְּלָאכָ֛ה אֶת־הַמִּשְׁכָּ֖ן

רביעי

עֶ֣שֶׂר יְרִיעֹ֑ת שֵׁ֣שׁ מָשְׁזָ֗ר וּתְכֵ֤לֶת וְאַרְגָּמָן֙ וְתֹלַ֣עַת שָׁנִ֔י כְּרֻבִ֛ים

9 מַעֲשֵׂ֥ה חֹשֵׁ֖ב עָשָׂ֣ה אֹתָֽם: אֹ֜רֶךְ הַיְרִיעָ֣ה הָֽאַחַ֗ת שְׁמֹנֶ֤ה וְעֶשְׂרִים֙

בָּֽאַמָּ֔ה וְרֹ֙חַב֙ אַרְבַּ֣ע בָּֽאַמָּ֔ה הַיְרִיעָ֖ה הָאֶחָ֑ת מִדָּ֥ה אַחַ֖ת

10 לְכָל־הַיְרִיעֹֽת: וַיְחַבֵּר֙ אֶת־חֲמֵ֣שׁ הַיְרִיעֹ֔ת אַחַ֖ת אֶל־אֶחָ֑ת וְחָמֵ֣שׁ

11 יְרִיעֹ֔ת חִבַּ֖ר אַחַ֣ת אֶל־אֶחָֽת: וַיַּ֜עַשׂ לֻֽלְאֹ֣ת תְּכֵ֗לֶת עַ֣ל שְׂפַ֤ת הַיְרִיעָה֙

הָֽאֶחָ֔ת מִקָּצָ֖ה בַּמַּחְבָּ֑רֶת כֵּ֤ן עָשָׂה֙ בִּשְׂפַ֣ת הַיְרִיעָ֔ה הַקִּ֣יצוֹנָ֔ה

12 בַּמַּחְבֶּ֖רֶת הַשֵּׁנִֽית: חֲמִשִּׁ֣ים לֻלָאֹ֗ת עָשָׂה֙ בַּיְרִיעָ֣ה הָֽאֶחָ֔ת וַחֲמִשִּׁ֣ים

curtain which *was* in the coupling of the second: the loops held one *curtain* to another.

13 And he made fifty taches of gold, and coupled the curtains one unto another with the taches: so it became one tabernacle.

14 ¶ And he made curtains *of* goats' *hair* for the tent over the tabernacle: eleven curtains he made them.

15 The length of one curtain *was* thirty cubits, and four cubits *was* the breadth of one curtain: the eleven curtains *were* of one size.

16 And he coupled five curtains by themselves, and six curtains by themselves.

17 And he made fifty loops upon the uttermost edge of the curtain in the coupling, and fifty loops made he upon the edge of the curtain which coupleth the second.

18 And he made fifty taches *of* brass to couple the tent together, that it might be one.

19 And he made a covering for the tent *of* rams' skins dyed red, and a covering *of* badgers' skins above *that.*

20 ¶ And he made boards for the tabernacle *of* shittim wood, standing up.

21 The length of a board *was* ten cubits, and the breadth of a board one cubit and a half.

22 One board had two tenons, equally distant one from another: thus did he make for all the boards of the tabernacle.

23 And he made boards for the tabernacle; twenty boards for the south side southward:

24 And forty sockets of silver he made under the twenty boards; two sockets under one board for his two tenons, and two sockets under another board for his two tenons.

25 And for the other side of the tabernacle, *which is* toward the north corner, he made twenty boards,

26 And their forty sockets of silver; two sockets under one board, and two sockets under another board.

27 And for the sides of the tabernacle westward he made six boards.

28 And two boards made he for the corners of the tabernacle in the two sides.

29 And they were coupled beneath, and coupled together at the head thereof, to one ring: thus he did to both of them in both the corners.

30 And there were eight boards; and their sockets *were* sixteen sockets of silver, under every board two sockets.

31 ¶ And he made bars of shittim wood; five for the boards of the one side of the tabernacle,

32 And five bars for the boards of the other side of the tabernacle, and five bars for the boards of the tabernacle for the sides westward.

33 And he made the middle bar to shoot through the boards from the one end to the other.

34 And he overlaid the boards with gold, and made their rings *of* gold *to be* places for the bars, and overlaid the bars with gold.

35 ¶ And he made a vail *of* blue, and purple, and scarlet, and fine twined linen: *with* cherubims made he it of cunning work.

36 And he made thereunto four pillars *of* shittim *wood,* and overlaid them with gold: their hooks *were of* gold; and he cast for them four sockets of silver.

37 ¶ And he made an hanging for the tabernacle door *of* blue, and purple, and scarlet, and fine twined linen, of needlework;

38 And the five pillars of it with their hooks: and he overlaid their chapiters and their fillets with gold: but their five sockets *were of* brass.

לֻלָאֹת עָשָׂה בִּקְצֵה הַיְרִיעָה אֲשֶׁר בַּמַּחְבֶּרֶת הַשֵּׁנִית מַקְבִּילֹת

13 הַלֻּלָאֹת אַחַת אֶל־אֶחָת: וַיַּעַשׂ חֲמִשִּׁים קַרְסֵי זָהָב וַיְחַבֵּר
אֶת־הַיְרִיעֹת אַחַת אֶל־אַחַת בַּקְּרָסִים וַיְהִי הַמִּשְׁכָּן אֶחָד:

14 וַיַּעַשׂ יְרִיעֹת עִזִּים לְאֹהֶל עַל־הַמִּשְׁכָּן עַשְׁתֵּי־עֶשְׂרֵה יְרִיעֹת עָשָׂה
15 אֹתָם: אֹרֶךְ הַיְרִיעָה הָאַחַת שְׁלֹשִׁים בָּאַמָּה וְאַרְבַּע אַמּוֹת רֹחַב
16 הַיְרִיעָה הָאֶחָת מִדָּה אַחַת לְעַשְׁתֵּי עֶשְׂרֵה יְרִיעֹת: וַיְחַבֵּר אֶת־חֲמֵשׁ
17 הַיְרִיעֹת לְבָד וְאֶת־שֵׁשׁ הַיְרִיעֹת לְבָד: וַיַּעַשׂ לֻלָאֹת חֲמִשִּׁים עַל
שְׂפַת הַיְרִיעָה הַקִּיצֹנָה בַּמַּחְבָּרֶת וַחֲמִשִּׁים לֻלָאֹת עָשָׂה עַל־שְׂפַת
18 הַיְרִיעָה הַחֹבֶרֶת הַשֵּׁנִית: וַיַּעַשׂ קַרְסֵי נְחֹשֶׁת חֲמִשִּׁים לְחַבֵּר
19 אֶת־הָאֹהֶל לִהְיֹת אֶחָד: וַיַּעַשׂ מִכְסֶה לָאֹהֶל עֹרֹת אֵלִים מְאָדָּמִים
20 וּמִכְסֵה עֹרֹת תְּחָשִׁים מִלְמָעְלָה: חמישי וַיַּעַשׂ אֶת־הַקְּרָשִׁים
21 לַמִּשְׁכָּן עֲצֵי שִׁטִּים עֹמְדִים: עֶשֶׂר אַמֹּת אֹרֶךְ הַקָּרֶשׁ וְאַמָּה וַחֲצִי
22 הָאַמָּה רֹחַב הַקֶּרֶשׁ הָאֶחָד: שְׁתֵּי יָדֹת לַקֶּרֶשׁ הָאֶחָד מְשֻׁלָּבֹת
23 אַחַת אֶל־אֶחָת כֵּן עָשָׂה לְכֹל קַרְשֵׁי הַמִּשְׁכָּן: וַיַּעַשׂ אֶת־הַקְּרָשִׁים
24 לַמִּשְׁכָּן עֶשְׂרִים קְרָשִׁים לִפְאַת נֶגֶב תֵּימָנָה: וְאַרְבָּעִים אַדְנֵי־כֶסֶף
עָשָׂה תַּחַת עֶשְׂרִים הַקְּרָשִׁים שְׁנֵי אֲדָנִים תַּחַת־הַקֶּרֶשׁ הָאֶחָד
25 לִשְׁתֵּי יְדֹתָיו וּשְׁנֵי אֲדָנִים תַּחַת־הַקֶּרֶשׁ הָאֶחָד לִשְׁתֵּי יְדֹתָיו: וּלְצֶלַע
26 הַמִּשְׁכָּן הַשֵּׁנִית לִפְאַת צָפוֹן עָשָׂה עֶשְׂרִים קְרָשִׁים: וְאַרְבָּעִים
אַדְנֵיהֶם כָּסֶף שְׁנֵי אֲדָנִים תַּחַת הַקֶּרֶשׁ הָאֶחָד וּשְׁנֵי אֲדָנִים תַּחַת
27 הַקֶּרֶשׁ הָאֶחָד: וּלְיַרְכְּתֵי הַמִּשְׁכָּן יָמָּה עָשָׂה שִׁשָּׁה קְרָשִׁים: וּשְׁנֵי
28
29 קְרָשִׁים עָשָׂה לִמְקֻצְעֹת הַמִּשְׁכָּן בַּיַּרְכָתָיִם: וְהָיוּ תוֹאֲמִם מִלְּמַטָּה
וְיַחְדָּו יִהְיוּ תַמִּים אֶל־רֹאשׁוֹ אֶל־הַטַּבַּעַת הָאֶחָת כֵּן עָשָׂה לִשְׁנֵיהֶם
30 לִשְׁנֵי הַמִּקְצֹעֹת: וְהָיוּ שְׁמֹנָה קְרָשִׁים וְאַדְנֵיהֶם כֶּסֶף שִׁשָּׁה עָשָׂר
31 אֲדָנִים שְׁנֵי אֲדָנִים שְׁנֵי אֲדָנִים תַּחַת הַקֶּרֶשׁ הָאֶחָד: וַיַּעַשׂ בְּרִיחֵי
32 עֲצֵי שִׁטִּים חֲמִשָּׁה לְקַרְשֵׁי צֶלַע־הַמִּשְׁכָּן הָאֶחָת: וַחֲמִשָּׁה בְרִיחִם
לְקַרְשֵׁי צֶלַע־הַמִּשְׁכָּן הַשֵּׁנִית וַחֲמִשָּׁה בְרִיחִם לְקַרְשֵׁי הַמִּשְׁכָּן
33 לַיַּרְכָתַיִם יָמָּה: וַיַּעַשׂ אֶת־הַבְּרִיחַ הַתִּיכֹן לִבְרֹחַ בְּתוֹךְ הַקְּרָשִׁים
34 מִן־הַקָּצֶה אֶל־הַקָּצֶה: וְאֶת־הַקְּרָשִׁים צִפָּה זָהָב וְאֶת־טַבְּעֹתָם עָשָׂה
35 זָהָב בָּתִּים לַבְּרִיחִם וַיְצַף אֶת־הַבְּרִיחִם זָהָב: וַיַּעַשׂ אֶת־הַפָּרֹכֶת
תְּכֵלֶת וְאַרְגָּמָן וְתוֹלַעַת שָׁנִי וְשֵׁשׁ מָשְׁזָר מַעֲשֵׂה חֹשֵׁב עָשָׂה אֹתָהּ
36 כְּרֻבִים: וַיַּעַשׂ לָהּ אַרְבָּעָה עַמּוּדֵי שִׁטִּים וַיְצַפֵּם זָהָב וָוֵיהֶם זָהָב
37 וַיִּצֹק לָהֶם אַרְבָּעָה אַדְנֵי־כָסֶף: וַיַּעַשׂ מָסָךְ לְפֶתַח הָאֹהֶל תְּכֵלֶת
38 וְאַרְגָּמָן וְתוֹלַעַת שָׁנִי וְשֵׁשׁ מָשְׁזָר מַעֲשֵׂה רֹקֵם: וְאֶת־עַמּוּדָיו חֲמִשָּׁה
וְאֶת־וָוֵיהֶם וְצִפָּה רָאשֵׁיהֶם וַחֲשֻׁקֵיהֶם זָהָב וְאַדְנֵיהֶם חֲמִשָּׁה
נְחֹשֶׁת:

CHAPTER 37

1 And Bezaleel made the ark *of* shittim wood: two cubits and a half *was* the length of it, and a cubit and a half the breadth of it, and a cubit and a half the height of it:

2 And he overlaid it with pure gold within and without, and made a crown of gold to it round about.

3 And he cast for it four rings of gold, *to be set* by the four corners of it; even two rings upon the one side of it, and two rings upon the other side of it.

4 And he made staves *of* shittim wood, and overlaid them with gold.

5 And he put the staves into the rings by the sides of the ark, to bear the ark.

6 ¶ And he made the mercy seat *of* pure gold: two cubits and a half *was* the length thereof, and one cubit and a half the breadth thereof.

7 And he made two cherubims *of* gold, beaten out of one piece made he them, on the two ends of the mercy seat;

8 One cherub on the end on this side, and another cherub on the *other* end on that side: out of the mercy seat made he the cherubims on the two ends thereof.

9 And the cherubims spread out *their* wings on high, *and* covered with their wings over the mercy seat, with their faces one to another; *even* to the mercy seatward were the faces of the cherubims.

10 ¶ And he made the table *of* shittim wood: two cubits *was* the length thereof, and a cubit the breadth thereof, and a cubit and a half the height thereof:

11 And he overlaid it with pure gold, and made thereunto a crown of gold round about.

12 Also he made thereunto a border of an handbreadth round about; and made a crown of gold for the border thereof round about.

13 And he cast for it four rings of gold, and put the rings upon the four corners that *were* in the four feet thereof.

14 Over against the border were the rings, the places for the staves to bear the table.

15 And he made the staves *of* shittim wood, and overlaid them with gold, to bear the table.

16 And he made the vessels which *were* upon the table, his dishes, and his spoons, and his bowls, and his covers to cover withal, *of* pure gold.

17 ¶ And he made the candlestick *of* pure gold: *of* beaten work made he the candlestick; his shaft, and his branch, his bowls, his knops, and his flowers, were of the same:

18 And six branches going out of the sides thereof; three branches of the candlestick out of the one side thereof, and three branches of the candlestick out of the other side thereof:

19 Three bowls made after the fashion of almonds in one branch, a knop and a flower; and three bowls made like almonds in another branch, a knop and a flower: so throughout the six branches going out of the candlestick.

20 And in the candlestick *were* four bowls made like almonds, his knops, and his flowers:

21 And a knop under two branches of the same, and a knop under two branches of the same, and a knop under two branches of the same, according to the six branches going out of it.

22 Their knops and their branches were of the same: all of it *was* one beaten work *of* pure gold.

23 And he made his seven lamps, and his snuffers, and his snuffdishes, *of* pure gold.

24 *Of* a talent of pure gold made he it, and all the vessels thereof.

25 ¶ And he made the incense altar *of* shittim wood: the length of it *was* a cubit, and the breadth of it a cubit; *it was* four-square; and two cubits *was* the height of it; the horns thereof were of the same.

26 And he overlaid it with pure gold, *both* the top of it, and the sides thereof round about, and the horns of it: also he made unto it a crown of gold round about.

27 And he made two rings of gold for it under the crown thereof, by the two

37 וַיַּעַשׂ בְּצַלְאֵל אֶת־הָאָרֹן עֲצֵי שִׁטִּים אַמָּתַיִם וָחֵצִי אָרְכּוֹ וְאַמָּה וָחֵצִי 1

רָחְבּוֹ וְאַמָּה וָחֵצִי קֹמָתוֹ: וַיְצַפֵּהוּ זָהָב טָהוֹר מִבַּיִת וּמִחוּץ וַיַּעַשׂ 2

לוֹ זֵר זָהָב סָבִיב: וַיִּצֹק לוֹ אַרְבַּע טַבְּעֹת זָהָב עַל אַרְבַּע פַּעֲמֹתָיו 3

וּשְׁתֵּי טַבָּעֹת עַל־צַלְעוֹ הָאֶחָת וּשְׁתֵּי טַבָּעֹת עַל־צַלְעוֹ הַשֵּׁנִית:

וַיַּעַשׂ בַּדֵּי עֲצֵי שִׁטִּים וַיְצַף אֹתָם זָהָב: וַיָּבֵא אֶת־הַבַּדִּים בַּטַּבָּעֹת 4 5

עַל צַלְעֹת הָאָרֹן לָשֵׂאת אֶת־הָאָרֹן: וַיַּעַשׂ כַּפֹּרֶת זָהָב טָהוֹר אַמָּתַיִם 6

וָחֵצִי אָרְכָּהּ וְאַמָּה וָחֵצִי רָחְבָּהּ: וַיַּעַשׂ שְׁנֵי כְרֻבִים זָהָב מִקְשָׁה 7

עָשָׂה אֹתָם מִשְּׁנֵי קְצוֹת הַכַּפֹּרֶת: כְּרוּב־אֶחָד מִקָּצָה מִזֶּה וּכְרוּב־ 8

אֶחָד מִקָּצָה מִזֶּה מִן־הַכַּפֹּרֶת עָשָׂה אֶת־הַכְּרֻבִים מִשְּׁנֵי קצוותו קְצוֹתָיו:

וַיִּהְיוּ הַכְּרֻבִים פֹּרְשֵׂי כְנָפַיִם לְמַעְלָה סֹכְכִים בְּכַנְפֵיהֶם עַל־הַכַּפֹּרֶת 9

וּפְנֵיהֶם אִישׁ אֶל־אָחִיו אֶל־הַכַּפֹּרֶת הָיוּ פְּנֵי הַכְּרֻבִים:

וַיַּעַשׂ אֶת־הַשֻּׁלְחָן עֲצֵי שִׁטִּים אַמָּתַיִם אָרְכּוֹ וְאַמָּה רָחְבּוֹ וְאַמָּה 10

וָחֵצִי קֹמָתוֹ: וַיְצַף אֹתוֹ זָהָב טָהוֹר וַיַּעַשׂ לוֹ זֵר זָהָב סָבִיב: וַיַּעַשׂ 11 12

לוֹ מִסְגֶּרֶת טֹפַח סָבִיב וַיַּעַשׂ זֵר־זָהָב לְמִסְגַּרְתּוֹ סָבִיב: וַיִּצֹק לוֹ 13

אַרְבַּע טַבְּעֹת זָהָב וַיִּתֵּן אֶת־הַטַּבָּעֹת עַל אַרְבַּע הַפֵּאֹת אֲשֶׁר

לְאַרְבַּע רַגְלָיו: לְעֻמַּת הַמִּסְגֶּרֶת הָיוּ הַטַּבָּעֹת בָּתִּים לַבַּדִּים לָשֵׂאת 14

אֶת־הַשֻּׁלְחָן: וַיַּעַשׂ אֶת־הַבַּדִּים עֲצֵי שִׁטִּים וַיְצַף אֹתָם זָהָב לָשֵׂאת 15

אֶת־הַשֻּׁלְחָן: וַיַּעַשׂ אֶת־הַכֵּלִים אֲשֶׁר עַל־הַשֻּׁלְחָן אֶת־קְעָרֹתָיו 16

וְאֶת־כַּפֹּתָיו וְאֵת מְנַקִּיֹּתָיו וְאֶת־הַקְּשָׂוֹת אֲשֶׁר יֻסַּךְ בָּהֵן זָהָב

טָהוֹר:

וַיַּעַשׂ אֶת־הַמְּנֹרָה זָהָב טָהוֹר מִקְשָׁה עָשָׂה אֶת־הַמְּנֹרָה יְרֵכָהּ וְקָנָהּ 17

גְּבִיעֶיהָ כַּפְתֹּרֶיהָ וּפְרָחֶיהָ מִמֶּנָּה הָיוּ: וְשִׁשָּׁה קָנִים יֹצְאִים מִצִּדֶּיהָ 18

שְׁלֹשָׁה קְנֵי מְנֹרָה מִצִּדָּהּ הָאֶחָד וּשְׁלֹשָׁה קְנֵי מְנֹרָה מִצִּדָּהּ הַשֵּׁנִי:

שְׁלֹשָׁה גְבִעִים מְשֻׁקָּדִים בַּקָּנֶה הָאֶחָד כַּפְתֹּר וָפֶרַח וּשְׁלֹשָׁה גְבִעִים 19

מְשֻׁקָּדִים בְּקָנֶה אֶחָד כַּפְתֹּר וָפָרַח כֵּן לְשֵׁשֶׁת הַקָּנִים הַיֹּצְאִים

מִן־הַמְּנֹרָה: וּבַמְּנֹרָה אַרְבָּעָה גְבִעִים מְשֻׁקָּדִים כַּפְתֹּרֶיהָ וּפְרָחֶיהָ: 20

וְכַפְתֹּר תַּחַת שְׁנֵי הַקָּנִים מִמֶּנָּה וְכַפְתֹּר תַּחַת שְׁנֵי הַקָּנִים מִמֶּנָּה 21

וְכַפְתֹּר תַּחַת־שְׁנֵי הַקָּנִים מִמֶּנָּה לְשֵׁשֶׁת הַקָּנִים הַיֹּצְאִים מִמֶּנָּה:

כַּפְתֹּרֵיהֶם וּקְנֹתָם מִמֶּנָּה הָיוּ כֻּלָּהּ מִקְשָׁה אַחַת זָהָב טָהוֹר: וַיַּעַשׂ 22 23

אֶת־נֵרֹתֶיהָ שִׁבְעָה וּמַלְקָחֶיהָ וּמַחְתֹּתֶיהָ זָהָב טָהוֹר: כִּכָּר זָהָב 24

טָהוֹר עָשָׂה אֹתָהּ וְאֵת כָּל־כֵּלֶיהָ:

וַיַּעַשׂ אֶת־מִזְבַּח הַקְּטֹרֶת עֲצֵי שִׁטִּים אַמָּה אָרְכּוֹ וְאַמָּה רָחְבּוֹ 25

רָבוּעַ וְאַמָּתַיִם קֹמָתוֹ מִמֶּנּוּ הָיוּ קַרְנֹתָיו: וַיְצַף אֹתוֹ זָהָב טָהוֹר 26

אֶת־גַּגּוֹ וְאֶת־קִירֹתָיו סָבִיב וְאֶת־קַרְנֹתָיו וַיַּעַשׂ לוֹ זֵר זָהָב סָבִיב:

וּשְׁתֵּי טַבְּעֹת זָהָב עָשָׂה־לוֹ מִתַּחַת לְזֵרוֹ עַל שְׁתֵּי צַלְעֹתָיו עַל 27

קְצוֹתָיו

שׁשׁי
(שלישי)

corners of it, upon the two sides thereof, to be places for the staves to bear it withal.

28 And he made the staves *of* shittim wood, and overlaid them with gold.

29 ¶ And he made the holy anointing oil, and the pure incense of sweet spices, according to the work of the apothecary.

CHAPTER 38

1 And he made the altar of burnt offering *of* shittim wood: five cubits *was* the length thereof, and five cubits the breadth thereof; *it was* foursquare; and three cubits the height thereof.

2 And he made the horns thereof on the four corners of it; the horns thereof were of the same: and he overlaid it with brass.

3 And he made all the vessels of the altar, the pots, and the shovels, and the basons, *and* the fleshhooks, and the firepans: all the vessels thereof made he *of* brass.

4 And he made for the altar a brasen grate of network under the compass thereof beneath unto the midst of it.

5 And he cast four rings for the four ends of the grate of brass, *to be* places for the staves.

6 And he made the staves *of* shittim wood, and overlaid them with brass.

7 And he put the staves into the rings on the sides of the altar, to bear it withal; he made the altar hollow with boards.

8 ¶ And he made the laver *of* brass, and the foot of it *of* brass, of the lookingglasses of *the women* assembling, which assembled *at* the door of the tabernacle of the congregation.

9 ¶ And he made the court: on the south side southward the hangings of the court *were of* fine twined linen, an hundred cubits:

10 Their pillars *were* twenty, and their brasen sockets twenty; the hooks of the pillars and their fillets *were of* silver.

11 And for the north side *the hangings were* an hundred cubits, their pillars *were* twenty, and their sockets of brass twenty; the hooks of the pillars and their fillets *of* silver.

12 And for the west side *were* hangings of fifty cubits, their pillars ten, and their sockets ten; the hooks of the pillars and their fillets *of* silver.

13 And for the east side eastward fifty cubits.

14 The hangings of the one side *of the gate were* fifteen cubits; their pillars three, and their sockets three.

15 And for the other side of the court gate, on this hand and that hand, *were* hangings of fifteen cubits; their pillars three, and their sockets three.

16 All the hangings of the court round about *were* of fine twined linen.

17 And the sockets for the pillars *were of* brass; the hooks of the pillars and their fillets *of* silver; and the overlaying of their chapiters *of* silver; and all the pillars of the court *were* filleted with silver.

18 And the hanging for the gate of the court *was* needlework, *of* blue, and purple, and scarlet, and fine twined linen: and twenty cubits *was* the length, and the height in the breadth *was* five cubits, answerable to the hangings of the court.

19 And their pillars *were* four, and their sockets *of* brass four; their hooks *of* silver, and the overlaying of their chapiters and their fillets *of* silver.

20 And all the pins of the tabernacle, and of the court round about, *were of* brass.

21 ¶ This is the sum of the tabernacle, *even* of the tabernacle of testimony, as it was counted, according to the commandment of Moses, *for* the service of the Levites, by the hand of Ithamar, son to Aaron the priest.

22 And Bezaleel the son of Uri, the son of Hur, of the tribe of Judah, made all that the LORD commanded Moses.

23 And with him *was* Aholiab, son of Ahisamach, of the tribe of Dan, an engraver, and a cunning workman, and an embroiderer in blue, and in purple, and in scarlet, and fine linen.

24 All the gold that was occupied for the work in all the work of the holy *place*, even the gold of the offering, was twenty and

28 שְׁנֵי צַדָּיו לְבָתִּים לְבַדִּים לָשֵׂאת אֹתוֹ בָּהֶם: וַיַּעַשׂ אֶת־הַבַּדִּים

29 עֲצֵי שִׁטִּים וַיְצַף אֹתָם זָהָב: וַיַּעַשׂ אֶת־שֶׁמֶן הַמִּשְׁחָה קֹדֶשׁ

1 38 וְאֶת־קְטֹרֶת הַסַּמִּים טָהוֹר מַעֲשֵׂה רֹקֵחַ: וַיַּעַשׂ אֶת־מִזְבַּח

הָעֹלָה עֲצֵי שִׁטִּים חָמֵשׁ אַמּוֹת אָרְכּוֹ וְחָמֵשׁ־אַמּוֹת רָחְבּוֹ רָבוּעַ

2 וְשָׁלֹשׁ אַמּוֹת קֹמָתוֹ: וַיַּעַשׂ קַרְנֹתָיו עַל אַרְבַּע פִּנֹּתָיו מִמֶּנּוּ הָיוּ

3 קַרְנֹתָיו וַיְצַף אֹתוֹ נְחֹשֶׁת: וַיַּעַשׂ אֶת־כָּל־כְּלֵי הַמִּזְבֵּחַ אֶת־הַסִּירֹת

וְאֶת־הַיָּעִים וְאֶת־הַמִּזְרָקֹת אֶת־הַמִּזְלָגֹת וְאֶת־הַמַּחְתֹּת כָּל־כֵּלָיו

4 עָשָׂה נְחֹשֶׁת: וַיַּעַשׂ לַמִּזְבֵּחַ מִכְבָּר מַעֲשֵׂה רֶשֶׁת נְחֹשֶׁת תַּחַת

5 כַּרְכֻּבּוֹ מִלְמַטָּה עַד־חֶצְיוֹ: וַיִּצֹק אַרְבַּע טַבָּעֹת בְּאַרְבַּע הַקְּצָוֹת

6 לְמִכְבַּר הַנְּחֹשֶׁת בָּתִּים לַבַּדִּים: וַיַּעַשׂ אֶת־הַבַּדִּים עֲצֵי שִׁטִּים וַיְצַף

7 אֹתָם נְחֹשֶׁת: וַיָּבֵא אֶת־הַבַּדִּים בַּטַּבָּעֹת עַל צַלְעֹת הַמִּזְבֵּחַ לָשֵׂאת

8 אֹתוֹ בָּהֶם נְבוּב לֻחֹת עָשָׂה אֹתוֹ: וַיַּעַשׂ אֵת הַכִּיּוֹר

נְחֹשֶׁת וְאֵת כַּנּוֹ נְחֹשֶׁת בְּמַרְאֹת הַצֹּבְאֹת אֲשֶׁר צָבְאוּ פֶּתַח אֹהֶל

9 מוֹעֵד: וַיַּעַשׂ אֶת־הֶחָצֵר לִפְאַת נֶגֶב תֵּימָנָה קַלְעֵי הֶחָצֵר

10 שֵׁשׁ מָשְׁזָר מֵאָה בָּאַמָּה: עַמּוּדֵיהֶם עֶשְׂרִים וְאַדְנֵיהֶם עֶשְׂרִים נְחֹשֶׁת

11 וָוֵי הָעַמֻּדִים וַחֲשֻׁקֵיהֶם כָּסֶף: וְלִפְאַת צָפוֹן מֵאָה בָאַמָּה עַמּוּדֵיהֶם

עֶשְׂרִים וְאַדְנֵיהֶם עֶשְׂרִים נְחֹשֶׁת וָוֵי הָעַמֻּדִים וַחֲשֻׁקֵיהֶם כָּסֶף:

12 וְלִפְאַת־יָם קְלָעִים חֲמִשִּׁים בָּאַמָּה עַמּוּדֵיהֶם עֲשָׂרָה וְאַדְנֵיהֶם

13 עֲשָׂרָה וָוֵי הָעַמֻּדִים וַחֲשׁוּקֵיהֶם כָּסֶף: וְלִפְאַת קֵדְמָה מִזְרָחָה

14 חֲמִשִּׁים אַמָּה: קְלָעִים חֲמֵשׁ־עֶשְׂרֵה אַמָּה אֶל־הַכָּתֵף עַמֻּדֵיהֶם

15 שְׁלֹשָׁה וְאַדְנֵיהֶם שְׁלֹשָׁה: וְלַכָּתֵף הַשֵּׁנִית מִזֶּה וּמִזֶּה לְשַׁעַר הֶחָצֵר

16 קְלָעִים חֲמֵשׁ עֶשְׂרֵה אַמָּה עַמֻּדֵיהֶם שְׁלֹשָׁה וְאַדְנֵיהֶם שְׁלֹשָׁה: כָּל־

17 קַלְעֵי הֶחָצֵר סָבִיב שֵׁשׁ מָשְׁזָר: וְהָאֲדָנִים לָעַמֻּדִים נְחֹשֶׁת וָוֵי

הָעַמּוּדִים וַחֲשׁוּקֵיהֶם כָּסֶף וְצִפּוּי רָאשֵׁיהֶם כָּסֶף וְהֵם מְחֻשָּׁקִים

18 כָּסֶף כֹּל עַמֻּדֵי הֶחָצֵר: וּמָסַךְ שַׁעַר הֶחָצֵר מַעֲשֵׂה רֹקֵם תְּכֵלֶת

וְאַרְגָּמָן וְתוֹלַעַת שָׁנִי וְשֵׁשׁ מָשְׁזָר וְעֶשְׂרִים אַמָּה אֹרֶךְ וְקוֹמָה בְרֹחַב

19 חָמֵשׁ אַמּוֹת לְעֻמַּת קַלְעֵי הֶחָצֵר: וְעַמֻּדֵיהֶם אַרְבָּעָה וְאַדְנֵיהֶם

20A אַרְבָּעָה נְחֹשֶׁת וָוֵיהֶם כֶּסֶף וְצִפּוּי רָאשֵׁיהֶם וַחֲשֻׁקֵיהֶם כָּסֶף: וְכָל־

21A הַיְתֵדֹת לַמִּשְׁכָּן וְלֶחָצֵר סָבִיב נְחֹשֶׁת: אֵלֶּה פְקוּדֵי

הַמִּשְׁכָּן מִשְׁכַּן הָעֵדֻת אֲשֶׁר פֻּקַּד עַל־פִּי מֹשֶׁה עֲבֹדַת הַלְוִיִּם בְּיַד

22 אִיתָמָר בֶּן־אַהֲרֹן הַכֹּהֵן: וּבְצַלְאֵל בֶּן־אוּרִי בֶן־חוּר לְמַטֵּה יְהוּדָה

23 עָשָׂה אֵת כָּל־אֲשֶׁר־צִוָּה יְהוָה אֶת־מֹשֶׁה: וְאִתּוֹ אָהֳלִיאָב בֶּן־

אֲחִיסָמָךְ לְמַטֵּה־דָן חָרָשׁ וְחֹשֵׁב וְרֹקֵם בַּתְּכֵלֶת וּבָאַרְגָּמָן וּבְתוֹלַעַת

24 הַשָּׁנִי וּבַשֵּׁשׁ: כָּל־הַזָּהָב הֶעָשׂוּי לַמְּלָאכָה בְּכֹל מְלֶאכֶת

הַקֹּדֶשׁ וַיְהִי זְהַב הַתְּנוּפָה תֵּשַׁע וְעֶשְׂרִים כִּכָּר וּשְׁבַע מֵאוֹת

nine talents, and seven hundred and thirty shekels, after the shekel of the sanctuary.

25 And the silver of them that were numbered of the congregation *was* an hundred talents, and a thousand seven hundred and threescore and fifteen shekels, after the shekel of the sanctuary:

26 A bekah for every man, *that is,* half a shekel, after the shekel of the sanctuary, for every one that went to be numbered, from twenty years old and upward, for six hundred thousand and three thousand and five hundred and fifty *men.*

27 And of the hundred talents of silver were cast the sockets of the sanctuary, and the sockets of the vail; an hundred sockets of the hundred talents, a talent for a socket.

28 And of the thousand seven hundred seventy and five shekels he made hooks for the pillars, and overlaid their chapiters, and filleted them.

29 And the brass of the offering *was* seventy talents, and two thousand and four hundred shekels.

30 And therewith he made the sockets to the door of the tabernacle of the congregation, and the brasen altar, and the brasen grate for it, and all the vessels of the altar,

31 And the sockets of the court round about, and the sockets of the court gate, and all the pins of the tabernacle, and all the pins of the court round about.

CHAPTER 39

1 And of the blue, and purple, and scarlet, they made cloths of service, to do service in the holy *place,* and made the holy garments for Aaron; as the LORD commanded Moses.

2 And he made the ephod *of* gold, blue, and purple, and scarlet, and fine twined linen.

3 And they did beat the gold into thin plates, and cut *it into* wires, to work *it* in the blue, and in the purple, and in the scarlet, and in the fine linen, *with* cunning work.

4 They made shoulderpieces for it, to couple *it* together: by the two edges was it coupled together.

5 And the curious girdle of his ephod, that *was* upon it, *was* of the same, according to the work thereof; *of* gold, blue, and purple, and scarlet, and fine twined linen; as the LORD commanded Moses.

6 ¶ And they wrought onyx stones inclosed in ouches of gold, graven, as signets are graven, with the names of the children of Israel.

7 And he put them on the shoulders of the ephod, *that they should be* stones for a memorial to the children of Israel; as the LORD commanded Moses.

8 ¶ And he made the breastplate *of* cunning work, like the work of the ephod; *of* gold, blue, and purple, and scarlet, and fine twined linen.

9 It was foursquare; they made the breastplate double: a span *was* the length thereof, and a span the breadth thereof, *being* doubled.

10 And they set in it four rows of stones: *the first* row *was* a sardius, a topaz, and a carbuncle: this *was* the first row.

11 And the second row, an emerald, a sapphire, and a diamond.

12 And the third row, a ligure, an agate, and an amethyst.

13 And the fourth row, a beryl, an onyx, and a jasper: *they were* inclosed in ouches of gold in their inclosings.

14 And the stones *were* according to the names of the children of Israel, twelve, according to their names, *like* the engravings of a signet, every one with his name, according to the twelve tribes.

15 And they made upon the breastplate chains at the ends, *of* wreathen work *of* pure gold.

16 And they made two ouches *of* gold, and two gold rings; and put the two rings in the two ends of the breastplate.

17 And they put the two wreathen chains of gold in the two rings on the ends of the breastplate.

18 And the two ends of the two wreathen chains they fastened in the two ouches, and put them on the shoulderpieces of the ephod, before it.

25 וּשְׁלֹשִׁים שֶׁקֶל בְּשֶׁקֶל הַקֹּדֶשׁ: וְכֶסֶף פְּקוּדֵי הָעֵדָה מְאַת כִּכָּר

26 וְאֶלֶף וּשְׁבַע מֵאוֹת וַחֲמִשָּׁה וְשִׁבְעִים שֶׁקֶל בְּשֶׁקֶל הַקֹּדֶשׁ: בֶּקַע לַגֻּלְגֹּלֶת מַחֲצִית הַשֶּׁקֶל בְּשֶׁקֶל הַקֹּדֶשׁ לְכֹל הָעֹבֵר עַל־הַפְּקֻדִים מִבֶּן עֶשְׂרִים שָׁנָה וָמַעְלָה לְשֵׁשׁ־מֵאוֹת אֶלֶף וּשְׁלֹשֶׁת אֲלָפִים

27 מֵאוֹת וַחֲמִשִּׁים: וַיְהִי מְאַת כִּכַּר הַכֶּסֶף לָצֶקֶת אֵת אַדְנֵי הַקֹּדֶשׁ וְאֵת אַדְנֵי הַפָּרֹכֶת מְאַת אֲדָנִים לִמְאַת הַכִּכָּר כִּכָּר לָאָדֶן:

28 וְאֶת־הָאֶלֶף וּשְׁבַע הַמֵּאוֹת וַחֲמִשָּׁה וְשִׁבְעִים עָשָׂה וָוִים לָעַמּוּדִים

29 וְצִפָּה רָאשֵׁיהֶם וְחִשַּׁק אֹתָם: וּנְחֹשֶׁת הַתְּנוּפָה שִׁבְעִים כִּכָּר וְאַלְפַּיִם

30 וְאַרְבַּע־מֵאוֹת שָׁקֶל: וַיַּעַשׂ בָּהּ אֶת־אַדְנֵי פֶּתַח אֹהֶל מוֹעֵד וְאֵת מִזְבַּח הַנְּחֹשֶׁת וְאֶת־מִכְבַּר הַנְּחֹשֶׁת אֲשֶׁר־לוֹ וְאֵת כָּל־כְּלֵי הַמִּזְבֵּחַ:

31 וְאֶת־אַדְנֵי הֶחָצֵר סָבִיב וְאֶת־אַדְנֵי שַׁעַר הֶחָצֵר וְאֵת כָּל־יִתְדֹת

39 1 הַמִּשְׁכָּן וְאֶת־כָּל־יִתְדֹת הֶחָצֵר סָבִיב: וּמִן־הַתְּכֵלֶת וְהָאַרְגָּמָן וְתוֹלַעַת הַשָּׁנִי עָשׂוּ בִגְדֵי־שְׂרָד לְשָׁרֵת בַּקֹּדֶשׁ וַיַּעֲשׂוּ אֶת־בִּגְדֵי הַקֹּדֶשׁ אֲשֶׁר לְאַהֲרֹן כַּאֲשֶׁר צִוָּה יְהוָה אֶת־מֹשֶׁה:

שני
(חמישי)

2 וַיַּעַשׂ אֶת־הָאֵפֹד זָהָב תְּכֵלֶת וְאַרְגָּמָן וְתוֹלַעַת שָׁנִי וְשֵׁשׁ מָשְׁזָר:

3 וַיְרַקְּעוּ אֶת־פַּחֵי הַזָּהָב וְקִצֵּץ פְּתִילִם לַעֲשׂוֹת בְּתוֹךְ הַתְּכֵלֶת וּבְתוֹךְ

4 הָאַרְגָּמָן וּבְתוֹךְ תּוֹלַעַת הַשָּׁנִי וּבְתוֹךְ הַשֵּׁשׁ מַעֲשֵׂה חֹשֵׁב: כְּתֵפֹת

5 עָשׂוּ־לוֹ חֹבְרֹת עַל־שְׁנֵי קְצוֹותָו חֻבָּר: וְחֵשֶׁב אֲפֻדָּתוֹ אֲשֶׁר עָלָיו מִמֶּנּוּ הוּא כְּמַעֲשֵׂהוּ זָהָב תְּכֵלֶת וְאַרְגָּמָן וְתוֹלַעַת שָׁנִי וְשֵׁשׁ מָשְׁזָר

קְצוֹותָיו

6 כַּאֲשֶׁר צִוָּה יְהוָה אֶת־מֹשֶׁה: וַיַּעֲשׂוּ אֶת־אַבְנֵי הַשֹּׁהַם מֻסַבֹּת מִשְׁבְּצֹת זָהָב מְפֻתָּחֹת פִּתּוּחֵי חוֹתָם עַל־שְׁמוֹת בְּנֵי יִשְׂרָאֵל:

7 וַיָּשֶׂם אֹתָם עַל כִּתְפֹת הָאֵפֹד אַבְנֵי זִכָּרוֹן לִבְנֵי יִשְׂרָאֵל כַּאֲשֶׁר צִוָּה יְהוָה אֶת־מֹשֶׁה:

8 וַיַּעַשׂ אֶת־הַחֹשֶׁן מַעֲשֵׂה חֹשֵׁב כְּמַעֲשֵׂה אֵפֹד זָהָב תְּכֵלֶת וְאַרְגָּמָן

9 וְתוֹלַעַת שָׁנִי וְשֵׁשׁ מָשְׁזָר: רָבוּעַ הָיָה כָּפוּל עָשׂוּ אֶת־הַחֹשֶׁן זֶרֶת

10 אָרְכּוֹ וְזֶרֶת רָחְבּוֹ כָּפוּל: וַיְמַלְאוּ־בוֹ אַרְבָּעָה טוּרֵי אָבֶן טוּר אֹדֶם

11 פִּטְדָה וּבָרֶקֶת הַטּוּר הָאֶחָד: וְהַטּוּר הַשֵּׁנִי נֹפֶךְ סַפִּיר וְיָהֲלֹם:

12
13 וְהַטּוּר הַשְּׁלִישִׁי לֶשֶׁם שְׁבוֹ וְאַחְלָמָה: וְהַטּוּר הָרְבִיעִי תַּרְשִׁישׁ

14 שֹׁהַם וְיָשְׁפֵה מוּסַבֹּת מִשְׁבְּצוֹת זָהָב בְּמִלֻּאֹתָם: וְהָאֲבָנִים עַל־שְׁמֹת בְּנֵי־יִשְׂרָאֵל הֵנָּה שְׁתֵּים עֶשְׂרֵה עַל־שְׁמֹתָם פִּתּוּחֵי חֹתָם אִישׁ

15 עַל־שְׁמוֹ לִשְׁנֵים עָשָׂר שָׁבֶט: וַיַּעֲשׂוּ עַל־הַחֹשֶׁן שַׁרְשְׁרֹת גַּבְלֻת

16 מַעֲשֵׂה עֲבֹת זָהָב טָהוֹר: וַיַּעֲשׂוּ שְׁתֵּי מִשְׁבְּצֹת זָהָב וּשְׁתֵּי טַבְּעֹת

17 זָהָב וַיִּתְּנוּ אֶת־שְׁתֵּי הַטַּבָּעֹת עַל־שְׁנֵי קְצוֹת הַחֹשֶׁן: וַיִּתְּנוּ שְׁתֵּי

18 הָעֲבֹתֹת הַזָּהָב עַל־שְׁתֵּי הַטַּבָּעֹת עַל־קְצוֹת הַחֹשֶׁן: וְאֵת שְׁתֵּי קְצוֹת שְׁתֵּי הָעֲבֹתֹת נָתְנוּ עַל־שְׁתֵּי הַמִּשְׁבְּצֹת וַיִּתְּנֻם עַל־כִּתְפֹת

19 And they made two rings of gold, and put *them* on the two ends of the breastplate, upon the border of it, which *was* on the side of the ephod inward.

20 And they made two *other* golden rings, and put them on the two sides of the ephod underneath, toward the forepart of it, over against the *other* coupling thereof, above the curious girdle of the ephod.

21 And they did bind the breastplate by his rings unto the rings of the ephod with a lace of blue, that it might be above the curious girdle of the ephod, and that the breastplate might not be loosed from the ephod; as the LORD commanded Moses.

22 ¶ And he made the robe of the ephod *of* woven work, all *of* blue.

23 And *there was* an hole in the midst of the robe, as the hole of an habergeon, *with* a band round about the hole, that it should not rend.

24 And they made upon the hems of the robe pomegranates *of* blue, and purple, and scarlet, *and* twined *linen.*

25 And they made bells *of* pure gold, and put the bells between the pomegranates upon the hem of the robe, round about between the pomegranates;

26 A bell and a pomegranate, a bell and a pomegranate, round about the hem of the robe to minister *in;* as the LORD commanded Moses.

27 ¶ And they made coats *of* fine linen *of* woven work for Aaron, and for his sons,

28 And a mitre *of* fine linen, and goodly bonnets *of* fine linen, and linen breeches *of* fine twined linen,

29 And a girdle *of* fine twined linen, and blue, and purple, and scarlet, *of* needlework; as the LORD commanded Moses.

30 ¶ And they made the plate of the holy crown *of* pure gold, and wrote upon it a writing, *like to* the engravings of a signet, HOLINESS TO THE LORD.

31 And they tied unto it a lace of blue, to fasten *it* on high upon the mitre; as the LORD commanded Moses.

32 ¶ Thus was all the work of the tabernacle of the tent of the congregation finished: and the children of Israel did according to all that the LORD commanded Moses, so did they.

33 ¶ And they brought the tabernacle unto Moses, the tent, and all his furniture, his taches, his boards, his bars, and his pillars, and his sockets,

34 And the covering of rams' skins dyed red, and the covering of badgers' skins, and the vail of the covering,

35 The ark of the testimony, and the staves thereof, and the mercy seat,

36 The table, *and* all the vessels thereof, and the shewbread,

37 The pure candlestick, *with* the lamps thereof, *even with* the lamps to be set in order, and all the vessels thereof, and the oil for light,

38 And the golden altar, and the anointing oil, and the sweet incense, and the hanging for the tabernacle door,

39 The brasen altar, and his grate of brass, his staves, and all his vessels, the laver and his foot,

40 The hangings of the court, his pillars, and his sockets, and the hanging for the court gate, his cords, and his pins, and all the vessels of the service of the tabernacle, for the tent of the congregation,

41 The cloths of service to do service in the holy *place,* and the holy garments for Aaron the priest, and his sons' garments, to minister in the priest's office.

42 According to all that the LORD commanded Moses, so the children of Israel made all the work.

43 And Moses did look upon all the work, and, behold, they had done it as the LORD had commanded, even so had they done it: and Moses blessed them.

הָאֵפֹד אֶל־מוּל פָּנָיו: וַיַּעֲשׂוּ שְׁתֵּי טַבְּעֹת זָהָב וַיָּשִׂימוּ עַל־שְׁנֵי 19

20A קְצוֹת הַחֹשֶׁן עַל־שְׂפָתוֹ אֲשֶׁר אֶל־עֵבֶר הָאֵפֹד בָּיְתָה: וַיַּעֲשׂוּ שְׁתֵּי 20
טַבְּעֹת זָהָב וַיִּתְּנֻם עַל־שְׁתֵּי כִתְפֹת הָאֵפֹד מִלְּמַטָּה מִמּוּל פָּנָיו
לְעֻמַּת מַחְבַּרְתּוֹ מִמַּעַל לְחֵשֶׁב הָאֵפֹד: וַיִּרְכְּסוּ אֶת־הַחֹשֶׁן מִטַּבְּעֹתָיו 21
אֶל־טַבְּעֹת הָאֵפֹד בִּפְתִיל תְּכֵלֶת לִהְיֹת עַל־חֵשֶׁב הָאֵפֹד וְלֹא־יִזַּח
הַחֹשֶׁן מֵעַל הָאֵפֹד כַּאֲשֶׁר צִוָּה יְהוָה אֶת־מֹשֶׁה:

שְׁלִישִׁי
(שִׁשִּׁי)
וַיַּעַשׂ אֶת־מְעִיל הָאֵפֹד מַעֲשֵׂה אֹרֵג כְּלִיל תְּכֵלֶת: וּפִי־הַמְּעִיל 22
23
בְתוֹכוֹ כְּפִי תַחְרָא שָׂפָה לְפִיו סָבִיב לֹא יִקָּרֵעַ: וַיַּעֲשׂוּ עַל־שׁוּלֵי 24
הַמְּעִיל רִמּוֹנֵי תְּכֵלֶת וְאַרְגָּמָן וְתוֹלַעַת שָׁנִי מָשְׁזָר: וַיַּעֲשׂוּ פַעֲמֹנֵי 25
זָהָב טָהוֹר וַיִּתְּנוּ אֶת־הַפַּעֲמֹנִים בְּתוֹךְ הָרִמֹּנִים עַל־שׁוּלֵי הַמְּעִיל
סָבִיב בְּתוֹךְ הָרִמֹּנִים: פַּעֲמֹן וְרִמֹּן פַּעֲמֹן וְרִמֹּן עַל־שׁוּלֵי הַמְּעִיל 26
סָבִיב לְשָׁרֵת כַּאֲשֶׁר צִוָּה יְהוָה אֶת־מֹשֶׁה: וַיַּעֲשׂוּ 27
אֶת־הַכָּתְנֹת שֵׁשׁ מַעֲשֵׂה אֹרֵג לְאַהֲרֹן וּלְבָנָיו: וְאֵת הַמִּצְנֶפֶת שֵׁשׁ 28
וְאֶת־פַּאֲרֵי הַמִּגְבָּעֹת שֵׁשׁ וְאֶת־מִכְנְסֵי הַבָּד שֵׁשׁ מָשְׁזָר: וְאֶת־ 29
הָאַבְנֵט שֵׁשׁ מָשְׁזָר וּתְכֵלֶת וְאַרְגָּמָן וְתוֹלַעַת שָׁנִי מַעֲשֵׂה רֹקֵם
כַּאֲשֶׁר צִוָּה יְהוָה אֶת־מֹשֶׁה: וַיַּעֲשׂוּ אֶת־צִיץ נֵזֶר־הַקֹּדֶשׁ 30
זָהָב טָהוֹר וַיִּכְתְּבוּ עָלָיו מִכְתַּב פִּתּוּחֵי חֹתָם קֹדֶשׁ לַיהוָה: וַיִּתְּנוּ 31
עָלָיו פְּתִיל תְּכֵלֶת לָתֵת עַל־הַמִּצְנֶפֶת מִלְמָעְלָה כַּאֲשֶׁר צִוָּה יְהוָה
אֶת־מֹשֶׁה: וַתֵּכֶל כָּל־עֲבֹדַת מִשְׁכַּן אֹהֶל מוֹעֵד וַיַּעֲשׂוּ 32
בְּנֵי יִשְׂרָאֵל כְּכֹל אֲשֶׁר צִוָּה יְהוָה אֶת־מֹשֶׁה כֵּן עָשׂוּ:

רְבִיעִי
בְּרִיחָו
וַיָּבִיאוּ אֶת־הַמִּשְׁכָּן אֶל־מֹשֶׁה אֶת־הָאֹהֶל וְאֶת־כָּל־כֵּלָיו קְרָסָיו 33
קְרָשָׁיו בְּרִיחוֹ וְעַמֻּדָיו וַאֲדָנָיו: וְאֶת־מִכְסֵה עוֹרֹת הָאֵילִם הַמְאָדָּמִים 34
וְאֶת־מִכְסֵה עֹרֹת הַתְּחָשִׁים וְאֵת פָּרֹכֶת הַמָּסָךְ: אֶת־אֲרֹן הָעֵדֻת 35
וְאֶת־בַּדָּיו וְאֵת הַכַּפֹּרֶת: אֶת־הַשֻּׁלְחָן אֶת־כָּל־כֵּלָיו וְאֵת לֶחֶם 36
הַפָּנִים: אֶת־הַמְּנֹרָה הַטְּהֹרָה אֶת־נֵרֹתֶיהָ נֵרֹת הַמַּעֲרָכָה וְאֶת־כָּל־ 37
כֵּלֶיהָ וְאֵת שֶׁמֶן הַמָּאוֹר: וְאֵת מִזְבַּח הַזָּהָב וְאֵת שֶׁמֶן הַמִּשְׁחָה 38
וְאֵת קְטֹרֶת הַסַּמִּים וְאֵת מָסַךְ פֶּתַח הָאֹהֶל: אֵת מִזְבַּח הַנְּחֹשֶׁת 39
וְאֶת־מִכְבַּר הַנְּחֹשֶׁת אֲשֶׁר־לוֹ אֶת־בַּדָּיו וְאֶת־כָּל־כֵּלָיו אֶת־הַכִּיֹּר
וְאֶת־כַּנּוֹ: אֵת קַלְעֵי הֶחָצֵר אֶת־עַמֻּדֶיהָ וְאֶת־אֲדָנֶיהָ וְאֶת־הַמָּסָךְ 40
לְשַׁעַר הֶחָצֵר אֶת־מֵיתָרָיו וִיתֵדֹתֶיהָ וְאֵת כָּל־כְּלֵי עֲבֹדַת הַמִּשְׁכָּן
לְאֹהֶל מוֹעֵד: אֶת־בִּגְדֵי הַשְּׂרָד לְשָׁרֵת בַּקֹּדֶשׁ אֶת־בִּגְדֵי הַקֹּדֶשׁ 41
לְאַהֲרֹן הַכֹּהֵן וְאֶת־בִּגְדֵי בָנָיו לְכַהֵן: כְּכֹל אֲשֶׁר־צִוָּה יְהוָה אֶת־מֹשֶׁה 42
כֵּן עָשׂוּ בְּנֵי יִשְׂרָאֵל אֵת כָּל־הָעֲבֹדָה: וַיַּרְא מֹשֶׁה אֶת־כָּל־הַמְּלָאכָה 43
וְהִנֵּה עָשׂוּ אֹתָהּ כַּאֲשֶׁר צִוָּה יְהוָה כֵּן עָשׂוּ וַיְבָרֶךְ אֹתָם
מֹשֶׁה:

CHAPTER 40

1 And the LORD spake unto Moses, saying,

2 On the first day of the first month shalt thou set up the tabernacle of the tent of the congregation.

3 And thou shalt put therein the ark of the testimony, and cover the ark with the vail.

4 And thou shalt bring in the table, and set in order the things that are to be set in order upon it; and thou shalt bring in the candlestick, and light the lamps thereof.

5 And thou shalt set the altar of gold for the incense before the ark of the testimony, and put the hanging of the door to the tabernacle.

6 And thou shalt set the altar of the burnt offering before the door of the tabernacle of the tent of the congregation.

7 And thou shalt set the laver between the tent of the congregation and the altar, and shalt put water therein.

8 And thou shalt set up the court round about, and hang up the hanging at the court gate.

9 And thou shalt take the anointing oil, and anoint the tabernacle, and all that *is* therein, and shalt hallow it, and all the vessels thereof: and it shall be holy.

10 And thou shalt anoint the altar of the burnt offering, and all his vessels, and sanctify the altar: and it shall be an altar most holy.

11 And thou shalt anoint the laver and his foot, and sanctify it.

12 And thou shalt bring Aaron and his sons unto the door of the tabernacle of the congregation, and wash them with water.

13 And thou shalt put upon Aaron the holy garments, and anoint him, and sanctify him; that he may minister unto me in the priest's office.

14 And thou shalt bring his sons, and clothe them with coats:

15 And thou shalt anoint them, as thou didst anoint their father, that they may minister unto me in the priest's office: for their anointing shall surely be an ever-lasting priesthood throughout their generations.

16 Thus did Moses: according to all that the LORD commanded him, so did he.

17 ¶ And it came to pass in the first month in the second year, on the first *day* of the month, *that* the tabernacle was reared up.

18 And Moses reared up the tabernacle, and fastened his sockets, and set up the boards thereof, and put in the bars thereof, and reared up his pillars.

19 And he spread abroad the tent over the tabernacle, and put the covering of the tent above upon it; as the LORD commanded Moses.

20 ¶ And he took and put the testimony into the ark, and set the staves on the ark, and put the mercy seat above upon the ark:

21 And he brought the ark into the tabernacle, and set up the vail of the covering, and covered the ark of the testimony; as the LORD commanded Moses.

22 ¶ And he put the table in the tent of the congregation, upon the side of the tabernacle northward, without the vail.

23 And he set the bread in order upon it before the LORD; as the LORD had commanded Moses.

24 ¶ And he put the candlestick in the tent of the congregation, over against the table, on the side of the tabernacle southward.

25 And he lighted the lamps before the LORD; as the LORD commanded Moses.

26 ¶ And he put the golden altar in the tent of the congregation before the vail:

27 And he burnt sweet incense thereon; as the LORD commanded Moses.

28 ¶ And he set up the hanging *at* the door of the tabernacle.

29 And he put the altar of burnt offering *by* the door of the tabernacle of the tent of the congregation, and offered upon it the burnt offering and the meat offering; as the LORD commanded Moses.

30 ¶ And he set the laver between the tent of the congregation and the altar, and put water there, to wash *withal.*

31 And Moses and Aaron and his sons washed their hands and their feet thereat:

1 וַיְדַבֵּ֥ר יְהוָ֖ה אֶל־מֹשֶׁ֥ה לֵּאמֹֽר׃ בְּיוֹם־הַחֹ֥דֶשׁ הָרִאשׁ֖וֹן בְּאֶחָ֣ד לַחֹ֑דֶשׁ
2
3 תָּקִ֕ים אֶת־מִשְׁכַּ֖ן אֹ֥הֶל מוֹעֵֽד׃ וְשַׂמְתָּ֣ שָׁ֔ם אֵ֖ת אֲר֣וֹן הָעֵד֑וּת וְסַכֹּתָ֥
4 עַל־הָאָרֹ֖ן אֶת־הַפָּרֹֽכֶת׃ וְהֵבֵאתָ֙ אֶת־הַשֻּׁלְחָ֔ן וְעָרַכְתָּ֖ אֶת־עֶרְכּ֑וֹ
5 וְהֵבֵאתָ֙ אֶת־הַמְּנֹרָ֔ה וְהַעֲלֵיתָ֖ אֶת־נֵרֹתֶ֑יהָ׃ וְנָתַתָּ֞ה אֶת־מִזְבַּ֤ח הַזָּהָב֙
6 לִקְטֹ֔רֶת לִפְנֵ֖י אֲר֣וֹן הָעֵדֻ֑ת וְשַׂמְתָּ֛ אֶת־מָסַ֥ךְ הַפֶּ֖תַח לַמִּשְׁכָּֽן׃ וְנָתַתָּ֗ה
7 אֵ֚ת מִזְבַּ֣ח הָעֹלָ֔ה לִפְנֵ֕י פֶּ֖תַח מִשְׁכַּ֥ן אֹֽהֶל־מוֹעֵֽד׃ וְנָֽתַתָּ֙ אֶת־הַכִּיֹּ֔ר
8 בֵּֽין־אֹ֥הֶל מוֹעֵ֖ד וּבֵ֣ין הַמִּזְבֵּ֑חַ וְנָתַתָּ֥ שָׁ֖ם מָֽיִם׃ וְשַׂמְתָּ֥ אֶת־הֶחָצֵ֖ר
9 סָבִ֑יב וְנָ֣תַתָּ֔ אֶת־מָסַ֖ךְ שַׁ֥עַר הֶחָצֵֽר׃ וְלָקַחְתָּ֙ אֶת־שֶׁ֣מֶן הַמִּשְׁחָ֔ה
10 וּמָשַׁחְתָּ֥ אֶת־הַמִּשְׁכָּ֖ן וְאֶת־כָּל־אֲשֶׁר־בּ֑וֹ וְקִדַּשְׁתָּ֥ אֹת֛וֹ וְאֶת־כָּל־כֵּלָ֖יו
וְהָ֥יָה קֹֽדֶשׁ׃ וּמָשַׁחְתָּ֛ אֶת־מִזְבַּ֥ח הָעֹלָ֖ה וְאֶת־כָּל־כֵּלָ֑יו וְקִדַּשְׁתָּ֙
11 אֶת־הַמִּזְבֵּ֔חַ וְהָיָ֥ה הַמִּזְבֵּ֖חַ קֹ֣דֶשׁ קָֽדָשִׁ֑ים׃ וּמָשַׁחְתָּ֥ אֶת־הַכִּיֹּ֖ר
12 וְאֶת־כַּנּ֑וֹ וְקִדַּשְׁתָּ֖ אֹתֽוֹ׃ וְהִקְרַבְתָּ֤ אֶֽת־אַהֲרֹן֙ וְאֶת־בָּנָ֔יו אֶל־פֶּ֖תַח
13 אֹ֣הֶל מוֹעֵ֑ד וְרָחַצְתָּ֥ אֹתָ֖ם בַּמָּֽיִם׃ וְהִלְבַּשְׁתָּ֙ אֶֽת־אַהֲרֹ֔ן אֵ֖ת בִּגְדֵ֣י
14 הַקֹּ֑דֶשׁ וּמָשַׁחְתָּ֥ אֹת֛וֹ וְקִדַּשְׁתָּ֥ אֹת֖וֹ וְכִהֵ֥ן לִֽי׃ וְאֶת־בָּנָ֖יו תַּקְרִ֑יב
15 וְהִלְבַּשְׁתָּ֥ אֹתָ֖ם כֻּתֳּנֹֽת׃ וּמָשַׁחְתָּ֣ אֹתָ֗ם כַּאֲשֶׁ֤ר מָשַׁ֙חְתָּ֙ אֶת־אֲבִיהֶ֔ם
וְכִהֲנ֖וּ לִ֑י וְ֠הָיְתָה לִהְיֹ֨ת לָהֶ֧ם מָשְׁחָתָ֛ם לִכְהֻנַּ֥ת עוֹלָ֖ם לְדֹרֹתָֽם׃
16 וַיַּ֖עַשׂ מֹשֶׁ֑ה כְּ֠כֹל אֲשֶׁ֨ר צִוָּ֧ה יְהוָ֛ה אֹת֖וֹ כֵּ֥ן עָשָֽׂה׃

17 וַיְהִ֞י
18 בַּחֹ֧דֶשׁ הָרִאשׁ֛וֹן בַּשָּׁנָ֥ה הַשֵּׁנִ֖ית בְּאֶחָ֣ד לַחֹ֑דֶשׁ הוּקַ֖ם הַמִּשְׁכָּֽן׃ וַיָּ֨קֶם
מֹשֶׁ֜ה אֶת־הַמִּשְׁכָּ֗ן וַיִּתֵּן֙ אֶת־אֲדָנָ֔יו וַיָּ֙שֶׂם֙ אֶת־קְרָשָׁ֔יו וַיִּתֵּ֖ן
19 אֶת־בְּרִיחָ֑יו וַיָּ֖קֶם אֶת־עַמּוּדָֽיו׃ וַיִּפְרֹ֤שׂ אֶת־הָאֹ֙הֶל֙ עַל־הַמִּשְׁכָּ֔ן וַיָּ֜שֶׂם
אֶת־מִכְסֵ֤ה הָאֹ֙הֶל֙ עָלָ֖יו מִלְמָ֑עְלָה כַּאֲשֶׁ֛ר צִוָּ֥ה יְהוָ֖ה אֶת־
20 מֹשֶֽׁה׃ וַיִּקַּ֞ח וַיִּתֵּ֤ן אֶת־הָֽעֵדֻת֙ אֶל־הָ֣אָרֹ֔ן וַיָּ֥שֶׂם אֶת־הַבַּדִּ֖ים
21 עַל־הָאָרֹ֑ן וַיִּתֵּ֧ן אֶת־הַכַּפֹּ֛רֶת עַל־הָאָרֹ֖ן מִלְמָֽעְלָה׃ וַיָּבֵ֣א אֶת־הָאָרֹן֮
אֶל־הַמִּשְׁכָּן֒ וַיָּ֗שֶׂם אֵ֚ת פָּרֹ֣כֶת הַמָּסָ֔ךְ וַיָּ֕סֶךְ עַ֖ל אֲר֣וֹן הָעֵד֑וּת כַּאֲשֶׁ֛ר
22 צִוָּ֥ה יְהוָ֖ה אֶת־מֹשֶֽׁה׃ וַיִּתֵּ֤ן אֶת־הַשֻּׁלְחָן֙ בְּאֹ֣הֶל מוֹעֵ֔ד
23 עַ֛ל יֶ֥רֶךְ הַמִּשְׁכָּ֖ן צָפֹ֑נָה מִח֖וּץ לַפָּרֹֽכֶת׃ וַיַּעֲרֹ֥ךְ עָלָ֛יו עֵ֥רֶךְ לֶ֖חֶם
24 לִפְנֵ֣י יְהוָ֑ה כַּאֲשֶׁ֛ר צִוָּ֥ה יְהוָ֖ה אֶת־מֹשֶֽׁה׃ וַיָּ֤שֶׂם
אֶת־הַמְּנֹרָה֙ בְּאֹ֣הֶל מוֹעֵ֔ד נֹ֖כַח הַשֻּׁלְחָ֑ן עַ֛ל יֶ֥רֶךְ הַמִּשְׁכָּ֖ן נֶֽגְבָּה׃
25 וַיַּ֥עַל הַנֵּרֹ֖ת לִפְנֵ֣י יְהוָ֑ה כַּאֲשֶׁ֛ר צִוָּ֥ה יְהוָ֖ה אֶת־מֹשֶֽׁה׃ וַיָּ֜שֶׂם
26
27 אֶת־מִזְבַּ֤ח הַזָּהָב֙ בְּאֹ֣הֶל מוֹעֵ֔ד לִפְנֵ֖י הַפָּרֹֽכֶת׃ וַיַּקְטֵ֥ר עָלָ֖יו קְטֹ֥רֶת
28 סַמִּ֑ים כַּאֲשֶׁ֛ר צִוָּ֥ה יְהוָ֖ה אֶת־מֹשֶֽׁה׃ וַיָּ֛שֶׂם אֶת־מָסַ֥ךְ

29 הַפֶּ֖תַח לַמִּשְׁכָּֽן׃ וְאֵת֙ מִזְבַּ֣ח הָעֹלָ֔ה שָׂ֕ם פֶּ֖תַח מִשְׁכַּ֣ן אֹֽהֶל־מוֹעֵ֑ד
וַיַּ֣עַל עָלָ֗יו אֶת־הָֽעֹלָה֙ וְאֶת־הַמִּנְחָ֔ה כַּאֲשֶׁ֛ר צִוָּ֥ה יְהוָ֖ה אֶת־
30 מֹשֶֽׁה׃ וַיָּ֙שֶׂם֙ אֶת־הַכִּיֹּ֔ר בֵּֽין־אֹ֥הֶל מוֹעֵ֖ד וּבֵ֣ין הַמִּזְבֵּ֑חַ
31 וַיִּתֵּ֥ן שָׁ֛מָּה מַ֖יִם לְרָחְצָֽה׃ וְרָחֲצ֣וּ מִמֶּ֔נּוּ מֹשֶׁ֥ה וְאַהֲרֹ֖ן וּבָנָ֑יו אֶת־יְדֵיהֶ֖ם

32 When they went into the tent of the congregation, and when they came near unto the altar, they washed; as the LORD commanded Moses.

33 And he reared up the court round about the tabernacle and the altar, and set up the hanging of the court gate. So Moses finished the work.

34 ¶ Then a cloud covered the tent of the congregation, and the glory of the LORD filled the tabernacle.

35 And Moses was not able to enter into the tent of the congregation, because the cloud abode thereon, and the glory of the LORD filled the tabernacle.

36 And when the cloud was taken up from over the tabernacle, the children of Israel went onward in all their journeys:

37 But if the cloud were not taken up, then they journeyed not till the day that it was taken up.

38 For the cloud of the LORD *was* upon the tabernacle by day, and fire was on it by night, in the sight of all the house of Israel, throughout all their journeys.

THE THIRD BOOK OF MOSES, CALLED

LEVITICUS

CHAPTER 1

1 And the LORD called unto Moses, and spake unto him out of the tabernacle of the congregation, saying,

2 Speak unto the children of Israel, and say unto them, If any man of you bring an offering unto the LORD, ye shall bring your offering of the cattle, *even* of the herd, and of the flock.

3 If his offering *be* a burnt sacrifice of the herd, let him offer a male without blemish: he shall offer it of his own voluntary will at the door of the tabernacle of the congregation before the LORD.

4 And he shall put his hand upon the head of the burnt offering; and it shall be accepted for him to make atonement for him.

5 And he shall kill the bullock before the LORD: and the priests, Aaron's sons, shall bring the blood, and sprinkle the blood round about upon the altar that *is by* the door of the tabernacle of the congregation.

6 And he shall flay the burnt offering, and cut it into his pieces.

7 And the sons of Aaron the priest shall put fire upon the altar, and lay the wood in order upon the fire:

8 And the priests, Aaron's sons, shall lay the parts, the head, and the fat, in order upon the wood that *is* on the fire which *is* upon the altar:

9 But his inwards and his legs shall he wash in water: and the priest shall burn all on the altar, *to be* a burnt sacrifice, an offering made by fire, of a sweet savour unto the LORD.

10 ¶ And if his offering *be* of the flocks, *namely,* of the sheep, or of the goats, for a burnt sacrifice; he shall bring it a male without blemish.

11 And he shall kill it on the side of the altar northward before the LORD: and the priests, Aaron's sons, shall sprinkle his blood round about upon the altar.

12 And he shall cut it into his pieces, with his head and his fat: and the priest shall lay them in order on the wood that *is* on the fire which *is* upon the altar:

13 But he shall wash the inwards and the legs with water: and the priest shall bring *it* all, and burn *it* upon the altar: it *is* a burnt sacrifice, an offering made by fire, of a sweet savour unto the LORD.

14 ¶ And if the burnt sacrifice for his offering to the LORD *be* of fowls, then he shall bring his offering of turtledoves, or of young pigeons.

15 And the priest shall bring it unto the altar, and wring off his head, and burn *it* on the altar; and the blood thereof shall be wrung out at the side of the altar:

32 וְאֶת־רַגְלֵיהֶם: בְּבֹאָם אֶל־אֹהֶל מוֹעֵד וּבְקָרְבָתָם אֶל־הַמִּזְבֵּחַ יִרְחָצוּ

33 כַּאֲשֶׁר צִוָּה יְהֹוָה אֶת־מֹשֶׁה: וַיָּקֶם אֶת־הֶחָצֵר סָבִיב

לַמִּשְׁכָּן וְלַמִּזְבֵּחַ וַיִּתֵּן אֶת־מָסַךְ שַׁעַר הֶחָצֵר וַיְכַל מֹשֶׁה אֶת־

הַמְּלָאכָה:

מפטיר

34 וַיְכַס הֶעָנָן אֶת־אֹהֶל מוֹעֵד וּכְבוֹד יְהֹוָה מָלֵא אֶת־הַמִּשְׁכָּן: וְלֹא־יָכֹל

35 מֹשֶׁה לָבוֹא אֶל־אֹהֶל מוֹעֵד כִּי־שָׁכַן עָלָיו הֶעָנָן וּכְבוֹד יְהֹוָה מָלֵא

אֶת־הַמִּשְׁכָּן: וּבְהֵעָלוֹת הֶעָנָן מֵעַל הַמִּשְׁכָּן יִסְעוּ בְּנֵי יִשְׂרָאֵל בְּכֹל

36 מַסְעֵיהֶם: וְאִם־לֹא יֵעָלֶה הֶעָנָן וְלֹא יִסְעוּ עַד־יוֹם הֵעָלֹתוֹ:

37

38 כִּי עֲנַן יְהֹוָה עַל־הַמִּשְׁכָּן יוֹמָם וְאֵשׁ תִּהְיֶה לַיְלָה בּוֹ לְעֵינֵי

כָל־בֵּית־יִשְׂרָאֵל בְּכָל־מַסְעֵיהֶם:

סֵפֶר וַיִּקְרָא

1 וַיִּקְרָא אֶל־מֹשֶׁה וַיְדַבֵּר יְהֹוָה אֵלָיו מֵאֹהֶל מוֹעֵד לֵאמֹר: דַּבֵּר

2 אֶל־בְּנֵי יִשְׂרָאֵל וְאָמַרְתָּ אֲלֵהֶם אָדָם כִּי־יַקְרִיב מִכֶּם קָרְבָּן לַיהֹוָה

3 מִן־הַבְּהֵמָה מִן־הַבָּקָר וּמִן־הַצֹּאן תַּקְרִיבוּ אֶת־קָרְבַּנְכֶם: אִם־עֹלָה

קָרְבָּנוֹ מִן־הַבָּקָר זָכָר תָּמִים יַקְרִיבֶנּוּ אֶל־פֶּתַח אֹהֶל מוֹעֵד יַקְרִיב

4 אֹתוֹ לִרְצֹנוֹ לִפְנֵי יְהֹוָה: וְסָמַךְ יָדוֹ עַל רֹאשׁ הָעֹלָה וְנִרְצָה לוֹ

5 לְכַפֵּר עָלָיו: וְשָׁחַט אֶת־בֶּן הַבָּקָר לִפְנֵי יְהֹוָה וְהִקְרִיבוּ בְּנֵי אַהֲרֹן

הַכֹּהֲנִים אֶת־הַדָּם וְזָרְקוּ אֶת־הַדָּם עַל־הַמִּזְבֵּחַ סָבִיב אֲשֶׁר־פֶּתַח

6 אֹהֶל מוֹעֵד: וְהִפְשִׁיט אֶת־הָעֹלָה וְנִתַּח אֹתָהּ לִנְתָחֶיהָ: וְנָתְנוּ בְּנֵי

7

8 אַהֲרֹן הַכֹּהֵן אֵשׁ עַל־הַמִּזְבֵּחַ וְעָרְכוּ עֵצִים עַל־הָאֵשׁ: וְעָרְכוּ בְּנֵי

אַהֲרֹן הַכֹּהֲנִים אֵת הַנְּתָחִים אֶת־הָרֹאשׁ וְאֶת־הַפָּדֶר עַל־הָעֵצִים

9 אֲשֶׁר עַל־הָאֵשׁ אֲשֶׁר עַל־הַמִּזְבֵּחַ: וְקִרְבּוֹ וּכְרָעָיו יִרְחַץ בַּמָּיִם

וְהִקְטִיר הַכֹּהֵן אֶת־הַכֹּל הַמִּזְבֵּחָה עֹלָה אִשֵּׁה רֵיחַ־נִיחוֹחַ

10 לַיהֹוָה: וְאִם־מִן־הַצֹּאן קָרְבָּנוֹ מִן־הַכְּשָׂבִים אוֹ מִן־הָעִזִּים

לְעֹלָה זָכָר תָּמִים יַקְרִיבֶנּוּ: וְשָׁחַט אֹתוֹ עַל יֶרֶךְ הַמִּזְבֵּחַ צָפֹנָה

11 לִפְנֵי יְהֹוָה וְזָרְקוּ בְּנֵי אַהֲרֹן הַכֹּהֲנִים אֶת־דָּמוֹ עַל־הַמִּזְבֵּחַ סָבִיב:

12 וְנִתַּח אֹתוֹ לִנְתָחָיו וְאֶת־רֹאשׁוֹ וְאֶת־פִּדְרוֹ וְעָרַךְ הַכֹּהֵן אֹתָם

עַל־הָעֵצִים אֲשֶׁר עַל־הָאֵשׁ אֲשֶׁר עַל־הַמִּזְבֵּחַ: וְהַקֶּרֶב וְהַכְּרָעַיִם

13 יִרְחַץ בַּמָּיִם וְהִקְרִיב הַכֹּהֵן אֶת־הַכֹּל וְהִקְטִיר הַמִּזְבֵּחָה עֹלָה הוּא

אִשֵּׁה רֵיחַ נִיחֹחַ לַיהֹוָה:

שני

14 וְאִם מִן־הָעוֹף עֹלָה קָרְבָּנוֹ לַיהֹוָה וְהִקְרִיב מִן־הַתֹּרִים אוֹ מִן־בְּנֵי

15 הַיּוֹנָה אֶת־קָרְבָּנוֹ: וְהִקְרִיבוֹ הַכֹּהֵן אֶל־הַמִּזְבֵּחַ וּמָלַק אֶת־רֹאשׁוֹ

16 And he shall pluck away his crop with his feathers, and cast it beside the altar on the east part, by the place of the ashes:

17 And he shall cleave it with the wings thereof, *but* shall not divide *it* asunder: and the priest shall burn it upon the altar, upon the wood that *is* upon the fire: it *is* a burnt sacrifice, an offering made by fire, of a sweet savour unto the LORD.

CHAPTER 2

1 And when any will offer a meat offering unto the LORD, his offering shall be *of* fine flour; and he shall pour oil upon it, and put frankincense thereon:

2 And he shall bring it to Aaron's sons the priests: and he shall take thereout his handful of the flour thereof, and of the oil thereof, with all the frankincense thereof; and the priest shall burn the memorial of it upon the altar, *to be* an offering made by fire, of a sweet savour unto the LORD:

3 And the remnant of the meat offering *shall be* Aaron's and his sons': *it is* a thing most holy of the offerings of the LORD made by fire.

4 ¶ And if thou bring an oblation of a meat offering baken in the oven, *it shall be* unleavened cakes of fine flour mingled with oil, or unleavened wafers anointed with oil.

5 ¶ And if thy oblation *be* a meat offering baken in a pan, it shall be *of* fine flour unleavened, mingled with oil.

6 Thou shalt part it in pieces, and pour oil thereon: it *is* a meat offering.

7 ¶ And if thy oblation *be* a meat offering baken in the fryingpan, it shall be made *of* fine flour with oil.

8 And thou shalt bring the meat offering that is made of these things unto the LORD: and when it is presented unto the priest, he shall bring it unto the altar.

9 And the priest shall take from the meat offering a memorial thereof, and shall burn *it* upon the altar: it *is* an offering made by fire, of a sweet savour unto the LORD.

10 And that which is left of the meat offering *shall be* Aaron's and his sons': *it is*

a thing most holy of the offerings of the LORD made by fire.

11 No meat offering, which ye shall bring unto the LORD, shall be made with leaven: for ye shall burn no leaven, nor any honey, in any offering of the LORD made by fire.

12 ¶ As for the oblation of the firstfruits, ye shall offer them unto the LORD: but they shall not be burnt on the altar for a sweet savour.

13 And every oblation of thy meat offering shalt thou season with salt; neither shalt thou suffer the salt of the covenant of thy God to be lacking from thy meat offering: with all thine offerings thou shalt offer salt.

14 And if thou offer a meat offering of thy firstfruits unto the LORD, thou shalt offer for the meat offering of thy firstfruits green ears of corn dried by the fire, *even* corn beaten out of full ears.

15 And thou shalt put oil upon it, and lay frankincense thereon: it *is* a meat offering.

16 And the priest shall burn the memorial of it, *part* of the beaten corn thereof, and *part* of the oil thereof, with all the frankincense thereof: *it is* an offering made by fire unto the LORD.

CHAPTER 3

1 And if his oblation *be* a sacrifice of peace offering, if he offer *it* of the herd; whether *it be* a male or female, he shall offer it without blemish before the LORD.

2 And he shall lay his hand upon the head of his offering, and kill it *at* the door of the tabernacle of the congregation: and Aaron's sons the priests shall sprinkle the blood upon the altar round about.

3 And he shall offer of the sacrifice of the peace offering an offering made by fire unto the LORD; the fat that covereth the inwards, and all the fat that *is* upon the inwards,

4 And the two kidneys, and the fat that *is* on them, which *is* by the flanks, and the caul above the liver, with the kidneys, it shall he take away.

5 And Aaron's sons shall burn it on the

16 וְהֵסִיר אֶת־מֻרְאָתוֹ וְהִקְטִיר הַמִּזְבֵּחָה וְנִמְצָה דָמוֹ עַל קִיר הַמִּזְבֵּחַ
בְּנֹצָתָהּ וְהִשְׁלִיךְ אֹתָהּ אֵצֶל הַמִּזְבֵּחַ קֵדְמָה אֶל־מְקוֹם הַדָּשֶׁן:

17 וְשִׁסַּע אֹתוֹ בִכְנָפָיו לֹא יַבְדִּיל וְהִקְטִיר אֹתוֹ הַכֹּהֵן הַמִּזְבֵּחָה
עַל־הָעֵצִים אֲשֶׁר עַל־הָאֵשׁ עֹלָה הוּא אִשֵּׁה רֵיחַ נִיחֹחַ
לַיהוָה:

2 1 וְנֶפֶשׁ כִּי־תַקְרִיב קָרְבַּן מִנְחָה לַיהוָה סֹלֶת יִהְיֶה

2 קָרְבָּנוֹ וְיָצַק עָלֶיהָ שֶׁמֶן וְנָתַן עָלֶיהָ לְבֹנָה: וֶהֱבִיאָהּ אֶל־בְּנֵי אַהֲרֹן
הַכֹּהֲנִים וְקָמַץ מִשָּׁם מְלֹא קֻמְצוֹ מִסָּלְתָּהּ וּמִשַּׁמְנָהּ עַל כָּל־לְבֹנָתָהּ
וְהִקְטִיר הַכֹּהֵן אֶת־אַזְכָּרָתָהּ הַמִּזְבֵּחָה אִשֵּׁה רֵיחַ נִיחֹחַ לַיהוָה:

3 וְהַנּוֹתֶרֶת מִן־הַמִּנְחָה לְאַהֲרֹן וּלְבָנָיו קֹדֶשׁ קָדָשִׁים מֵאִשֵּׁי
4 יְהוָה: וְכִי תַקְרִב קָרְבַּן מִנְחָה מַאֲפֵה תַנּוּר סֹלֶת חַלּוֹת
5 מַצֹּת בְּלוּלֹת בַּשֶּׁמֶן וּרְקִיקֵי מַצּוֹת מְשֻׁחִים בַּשָּׁמֶן: וְאִם־
6 מִנְחָה עַל־הַמַּחֲבַת קָרְבָּנֶךָ סֹלֶת בְּלוּלָה בַשֶּׁמֶן מַצָּה תִהְיֶה: פָּתוֹת
7 אֹתָהּ פִּתִּים וְיָצַקְתָּ עָלֶיהָ שָׁמֶן מִנְחָה הִוא: וְאִם־מִנְחַת שְׁלִישִׁי

8 מַרְחֶשֶׁת קָרְבָּנֶךָ סֹלֶת בַּשֶּׁמֶן תֵּעָשֶׂה: וְהֵבֵאתָ אֶת־הַמִּנְחָה אֲשֶׁר
יֵעָשֶׂה מֵאֵלֶּה לַיהוָה וְהִקְרִיבָהּ אֶל־הַכֹּהֵן וְהִגִּישָׁהּ אֶל־הַמִּזְבֵּחַ:
9 וְהֵרִים הַכֹּהֵן מִן־הַמִּנְחָה אֶת־אַזְכָּרָתָהּ וְהִקְטִיר הַמִּזְבֵּחָה אִשֵּׁה
10 רֵיחַ נִיחֹחַ לַיהוָה: וְהַנּוֹתֶרֶת מִן־הַמִּנְחָה לְאַהֲרֹן וּלְבָנָיו קֹדֶשׁ קָדָשִׁים
11 מֵאִשֵּׁי יְהוָה: כָּל־הַמִּנְחָה אֲשֶׁר תַּקְרִיבוּ לַיהוָה לֹא תֵעָשֶׂה חָמֵץ
12 כִּי כָל־שְׂאֹר וְכָל־דְּבַשׁ לֹא־תַקְטִירוּ מִמֶּנּוּ אִשֵּׁה לַיהוָה: קָרְבַּן
רֵאשִׁית תַּקְרִיבוּ אֹתָם לַיהוָה וְאֶל־הַמִּזְבֵּחַ לֹא־יַעֲלוּ לְרֵיחַ נִיחֹחַ:
13 וְכָל־קָרְבַּן מִנְחָתְךָ בַּמֶּלַח תִּמְלָח וְלֹא תַשְׁבִּית מֶלַח בְּרִית אֱלֹהֶיךָ
14 מֵעַל מִנְחָתֶךָ עַל כָּל־קָרְבָּנְךָ תַּקְרִיב מֶלַח: וְאִם־תַּקְרִיב
מִנְחַת בִּכּוּרִים לַיהוָה אָבִיב קָלוּי בָּאֵשׁ גֶּרֶשׂ כַּרְמֶל תַּקְרִיב אֵת
15 מִנְחַת בִּכּוּרֶיךָ: וְנָתַתָּ עָלֶיהָ שֶׁמֶן וְשַׂמְתָּ עָלֶיהָ לְבֹנָה מִנְחָה הִוא:
16 וְהִקְטִיר הַכֹּהֵן אֶת־אַזְכָּרָתָהּ מִגִּרְשָׂהּ וּמִשַּׁמְנָהּ עַל כָּל־לְבֹנָתָהּ
אִשֵּׁה לַיהוָה:

3 1 וְאִם־זֶבַח שְׁלָמִים קָרְבָּנוֹ אִם מִן־הַבָּקָר הוּא מַקְרִיב אִם־זָכָר רְבִיעִי
2 אִם־נְקֵבָה תָּמִים יַקְרִיבֶנּוּ לִפְנֵי יְהוָה: וְסָמַךְ יָדוֹ עַל־רֹאשׁ קָרְבָּנוֹ
וּשְׁחָטוֹ פֶּתַח אֹהֶל מוֹעֵד וְזָרְקוּ בְּנֵי אַהֲרֹן הַכֹּהֲנִים אֶת־הַדָּם
3 עַל־הַמִּזְבֵּחַ סָבִיב: וְהִקְרִיב מִזֶּבַח הַשְּׁלָמִים אִשֵּׁה לַיהוָה אֶת־הַחֵלֶב
4 הַמְכַסֶּה אֶת־הַקֶּרֶב וְאֵת כָּל־הַחֵלֶב אֲשֶׁר עַל־הַקֶּרֶב: וְאֵת שְׁתֵּי
הַכְּלָיֹת וְאֶת־הַחֵלֶב אֲשֶׁר עֲלֵהֶן אֲשֶׁר עַל־הַכְּסָלִים וְאֶת־הַיֹּתֶרֶת
5 עַל־הַכָּבֵד עַל־הַכְּלָיוֹת יְסִירֶנָּה: וְהִקְטִירוּ אֹתוֹ בְנֵי־אַהֲרֹן הַמִּזְבֵּחָה

altar upon the burnt sacrifice, which *is* upon the wood that *is* on the fire: *it is* an offering made by fire, of a sweet savour unto the LORD.

6 ¶ And if his offering for a sacrifice of peace offering unto the LORD *be* of the flock; male or female, he shall offer it without blemish.

7 If he offer a lamb for his offering, then shall he offer it before the LORD.

8 And he shall lay his hand upon the head of his offering, and kill it before the tabernacle of the congregation: and Aaron's sons shall sprinkle the blood thereof round about upon the altar.

9 And he shall offer of the sacrifice of the peace offering an offering made by fire unto the LORD; the fat thereof, *and* the whole rump, it shall he take off hard by the backbone; and the fat that covereth the inwards, and all the fat that *is* upon the inwards,

10 And the two kidneys, and the fat that *is* upon them, which *is* by the flanks, and the caul above the liver, with the kidneys, it shall he take away.

11 And the priest shall burn it upon the altar: *it is* the food of the offering made by fire unto the LORD.

12 ¶ And if his offering *be* a goat, then he shall offer it before the LORD.

13 And he shall lay his hand upon the head of it, and kill it before the tabernacle of the congregation: and the sons of Aaron shall sprinkle the blood thereof upon the altar round about.

14 And he shall offer thereof his offering, *even* an offering made by fire unto the LORD; the fat that covereth the inwards, and all the fat that *is* upon the inwards,

15 And the two kidneys, and the fat that *is* upon them, which *is* by the flanks, and the caul above the liver, with the kidneys, it shall he take away.

16 And the priest shall burn them upon the altar: *it is* the food of the offering made by fire for a sweet savour: all the fat *is* the LORD's.

17 *It shall be* a perpetual statute for your generations throughout all your dwellings, that ye eat neither fat nor blood.

CHAPTER 4

1 And the LORD spake unto Moses, saying,

2 Speak unto the children of Israel, saying, If a soul shall sin through ignorance against any of the commandments of the LORD *concerning things* which ought not to be done, and shall do against any of them:

3 If the priest that is anointed do sin according to the sin of the people; then let him bring for his sin, which he hath sinned, a young bullock without blemish unto the LORD for a sin offering.

4 And he shall bring the bullock unto the door of the tabernacle of the congregation before the LORD; and shall lay his hand upon the bullock's head, and kill the bullock before the LORD.

5 And the priest that is anointed shall take of the bullock's blood, and bring it to the tabernacle of the congregation:

6 And the priest shall dip his finger in the blood, and sprinkle of the blood seven times before the LORD, before the vail of the sanctuary.

7 And the priest shall put *some* of the blood upon the horns of the altar of sweet incense before the LORD, which *is* in the tabernacle of the congregation; and shall pour all the blood of the bullock at the bottom of the altar of the burnt offering, which *is at* the door of the tabernacle of the congregation.

8 And he shall take off from it all the fat of the bullock for the sin offering; the fat that covereth the inwards, and all the fat that *is* upon the inwards,

9 And the two kidneys, and the fat that *is* upon them, which *is* by the flanks, and the caul above the liver, with the kidneys, it shall he take away,

10 As it was taken off from the bullock of the sacrifice of peace offerings: and the priest shall burn them upon the altar of the burnt offering.

11 And the skin of the bullock, and all his flesh, with his head, and with his legs, and his inwards, and his dung,

12 Even the whole bullock shall he carry forth without the camp unto a clean place,

עַל־הָעֹלָה אֲשֶׁר עַל־הָעֵצִים אֲשֶׁר עַל־הָאֵשׁ אִשֵּׁה רֵיחַ נִיחֹחַ לַיהוָה:

6 וְאִם־מִן־הַצֹּאן קָרְבָּנוֹ לְזֶבַח שְׁלָמִים לַיהוָה זָכָר אוֹ נְקֵבָה תָּמִים

7 יַקְרִיבֶנּוּ: אִם־כֶּשֶׂב הוּא־מַקְרִיב אֶת־קָרְבָּנוֹ וְהִקְרִיב אֹתוֹ לִפְנֵי יְהוָה:

8 וְסָמַךְ אֶת־יָדוֹ עַל־רֹאשׁ קָרְבָּנוֹ וְשָׁחַט אֹתוֹ לִפְנֵי אֹהֶל מוֹעֵד וְזָרְקוּ

9 בְּנֵי אַהֲרֹן אֶת־דָּמוֹ עַל־הַמִּזְבֵּחַ סָבִיב: וְהִקְרִיב מִזֶּבַח הַשְּׁלָמִים אִשֶּׁה לַיהוָה חֶלְבּוֹ הָאַלְיָה תְמִימָה לְעֻמַּת הֶעָצֶה יְסִירֶנָּה וְאֶת־הַחֵלֶב הַמְכַסֶּה אֶת־הַקֶּרֶב וְאֵת כָּל־הַחֵלֶב אֲשֶׁר עַל־הַקֶּרֶב:

10 וְאֵת שְׁתֵּי הַכְּלָיֹת וְאֶת־הַחֵלֶב אֲשֶׁר עֲלֵהֶן אֲשֶׁר עַל־הַכְּסָלִים

11 וְאֶת־הַיֹּתֶרֶת עַל־הַכָּבֵד עַל־הַכְּלָיֹת יְסִירֶנָּה: וְהִקְטִירוֹ הַכֹּהֵן הַמִּזְבֵּחָה לֶחֶם אִשֶּׁה לַיהוָה:

12 וְאִם עֵז קָרְבָּנוֹ וְהִקְרִיבוֹ לִפְנֵי יְהוָה: וְסָמַךְ אֶת־יָדוֹ עַל־רֹאשׁוֹ

13 וְשָׁחַט אֹתוֹ לִפְנֵי אֹהֶל מוֹעֵד וְזָרְקוּ בְּנֵי אַהֲרֹן אֶת־דָּמוֹ עַל־הַמִּזְבֵּחַ

14 סָבִיב: וְהִקְרִיב מִמֶּנּוּ קָרְבָּנוֹ אִשֶּׁה לַיהוָה אֶת־הַחֵלֶב הַמְכַסֶּה

15 אֶת־הַקֶּרֶב וְאֵת כָּל־הַחֵלֶב אֲשֶׁר עַל־הַקֶּרֶב: וְאֵת שְׁתֵּי הַכְּלָיֹת וְאֶת־הַחֵלֶב אֲשֶׁר עֲלֵהֶן אֲשֶׁר עַל־הַכְּסָלִים וְאֶת־הַיֹּתֶרֶת עַל־הַכָּבֵד

16 עַל־הַכְּלָיֹת יְסִירֶנָּה: וְהִקְטִירָם הַכֹּהֵן הַמִּזְבֵּחָה לֶחֶם אִשֶּׁה לְרֵיחַ

17 נִיחֹחַ כָּל־חֵלֶב לַיהוָה: חֻקַּת עוֹלָם לְדֹרֹתֵיכֶם בְּכֹל מוֹשְׁבֹתֵיכֶם כָּל־חֵלֶב וְכָל־דָּם לֹא תֹאכֵלוּ:

חמישי 4 1 וַיְדַבֵּר יְהוָה אֶל־מֹשֶׁה לֵּאמֹר: דַּבֵּר אֶל־בְּנֵי יִשְׂרָאֵל לֵאמֹר נֶפֶשׁ

2 כִּי־תֶחֱטָא בִשְׁגָגָה מִכֹּל מִצְוֹת יְהוָה אֲשֶׁר לֹא תֵעָשֶׂינָה וְעָשָׂה

3 מֵאַחַת מֵהֵנָּה: אִם הַכֹּהֵן הַמָּשִׁיחַ יֶחֱטָא לְאַשְׁמַת הָעָם וְהִקְרִיב

4 עַל חַטָּאתוֹ אֲשֶׁר חָטָא פַּר בֶּן־בָּקָר תָּמִים לַיהוָה לְחַטָּאת: וְהֵבִיא אֶת־הַפָּר אֶל־פֶּתַח אֹהֶל מוֹעֵד לִפְנֵי יְהוָה וְסָמַךְ אֶת־יָדוֹ עַל־רֹאשׁ

5 הַפָּר וְשָׁחַט אֶת־הַפָּר לִפְנֵי יְהוָה: וְלָקַח הַכֹּהֵן הַמָּשִׁיחַ מִדַּם הַפָּר

6 וְהֵבִיא אֹתוֹ אֶל־אֹהֶל מוֹעֵד: וְטָבַל הַכֹּהֵן אֶת־אֶצְבָּעוֹ בַּדָּם וְהִזָּה

7 מִן־הַדָּם שֶׁבַע פְּעָמִים לִפְנֵי יְהוָה אֶת־פְּנֵי פָּרֹכֶת הַקֹּדֶשׁ: וְנָתַן הַכֹּהֵן מִן־הַדָּם עַל־קַרְנוֹת מִזְבַּח קְטֹרֶת הַסַּמִּים לִפְנֵי יְהוָה אֲשֶׁר בְּאֹהֶל מוֹעֵד וְאֵת | כָּל־דַּם הַפָּר יִשְׁפֹּךְ אֶל־יְסוֹד מִזְבַּח הָעֹלָה

8 אֲשֶׁר־פֶּתַח אֹהֶל מוֹעֵד: וְאֶת־כָּל־חֵלֶב פַּר הַחַטָּאת יָרִים מִמֶּנּוּ אֶת־הַחֵלֶב הַמְכַסֶּה עַל־הַקֶּרֶב וְאֵת כָּל־הַחֵלֶב אֲשֶׁר עַל־הַקֶּרֶב:

9 וְאֵת שְׁתֵּי הַכְּלָיֹת וְאֶת־הַחֵלֶב אֲשֶׁר עֲלֵיהֶן אֲשֶׁר עַל־הַכְּסָלִים

10 וְאֶת־הַיֹּתֶרֶת עַל־הַכָּבֵד עַל־הַכְּלָיוֹת יְסִירֶנָּה: כַּאֲשֶׁר יוּרַם מִשּׁוֹר

11 זֶבַח הַשְּׁלָמִים וְהִקְטִירָם הַכֹּהֵן עַל מִזְבַּח הָעֹלָה: וְאֶת־עוֹר הַפָּר

12 וְאֶת־כָּל־בְּשָׂרוֹ עַל־רֹאשׁוֹ וְעַל־כְּרָעָיו וְקִרְבּוֹ וּפִרְשׁוֹ: וְהוֹצִיא אֶת־

where the ashes are poured out, and burn him on the wood with fire: where the ashes are poured out shall he be burnt.

13 ¶ And if the whole congregation of Israel sin through ignorance, and the thing be hid from the eyes of the assembly, and they have done *somewhat against* any of the commandments of the LORD *concerning things* which should not be done, and are guilty;

14 When the sin, which they have sinned against it, is known, then the congregation shall offer a young bullock for the sin, and bring him before the tabernacle of the congregation.

15 And the elders of the congregation shall lay their hands upon the head of the bullock before the LORD: and the bullock shall be killed before the LORD.

16 And the priest that is anointed shall bring of the bullock's blood to the tabernacle of the congregation:

17 And the priest shall dip his finger *in some* of the blood, and sprinkle *it* seven times before the LORD, *even* before the vail.

18 And he shall put *some* of the blood upon the horns of the altar which *is* before the LORD, that *is* in the tabernacle of the congregation, and shall pour out all the blood at the bottom of the altar of the burnt offering, which *is at* the door of the tabernacle of the congregation.

19 And he shall take all his fat from him, and burn *it* upon the altar.

20 And he shall do with the bullock as he did with the bullock for a sin offering, so shall he do with this: and the priest shall make an atonement for them, and it shall be forgiven them.

21 And he shall carry forth the bullock without the camp, and burn him as he burned the first bullock: it *is* a sin offering for the congregation.

22 ¶ When a ruler hath sinned, and done *somewhat* through ignorance *against* any of the commandments of the LORD his God *concerning things* which should not be done, and is guilty;

23 Or if his sin, wherein he hath sinned, come to his knowledge; he shall bring his offering, a kid of the goats, a male without blemish:

24 And he shall lay his hand upon the head of the goat, and kill it in the place where they kill the burnt offering before the LORD: it *is* a sin offering.

25 And the priest shall take of the blood of the sin offering with his finger, and put *it* upon the horns of the altar of burnt offering, and shall pour out his blood at the bottom of the altar of burnt offering.

26 And he shall burn all his fat upon the altar, as the fat of the sacrifice of peace offerings: and the priest shall make an atonement for him as concerning his sin, and it shall be forgiven him.

27 ¶ And if any one of the common people sin through ignorance, while he doeth *somewhat against* any of the commandments of the LORD *concerning things* which ought not to be done, and be guilty;

28 Or if his sin, which he hath sinned, come to his knowledge: then he shall bring his offering, a kid of the goats, a female without blemish, for his sin which he hath sinned.

29 And he shall lay his hand upon the head of the sin offering, and slay the sin offering in the place of the burnt offering.

30 And the priest shall take of the blood thereof with his finger, and put *it* upon the horns of the altar of burnt offering, and shall pour out all the blood thereof at the bottom of the altar.

31 And he shall take away all the fat thereof, as the fat is taken away from off the sacrifice of peace offerings; and the priest shall burn *it* upon the altar for a sweet savour unto the LORD; and the priest shall make an atonement for him, and it shall be forgiven him.

32 And if he bring a lamb for a sin offering, he shall bring it a female without blemish.

33 And he shall lay his hand upon the head of the sin offering, and slay it for a sin offering in the place where they kill the burnt offering.

34 And the priest shall take of the blood of the sin offering with his finger, and put *it* upon the horns of the altar of burnt of-

כָּל־הַפָּר אֶל־מִחוּץ לַמַּחֲנֶה אֶל־מָקוֹם טָהוֹר אֶל־שֶׁפֶךְ הַדֶּשֶׁן וְשָׂרַף
אֹתוֹ עַל־עֵצִים בָּאֵשׁ עַל־שֶׁפֶךְ הַדֶּשֶׁן יִשָּׂרֵף:

13 וְאִם כָּל־עֲדַת יִשְׂרָאֵל יִשְׁגּוּ וְנֶעְלַם דָּבָר מֵעֵינֵי הַקָּהָל וְעָשׂוּ אַחַת
14 מִכָּל־מִצְוֺת יְהוָה אֲשֶׁר לֹא־תֵעָשֶׂינָה וְאָשֵׁמוּ: וְנוֹדְעָה הַחַטָּאת
אֲשֶׁר חָטְאוּ עָלֶיהָ וְהִקְרִיבוּ הַקָּהָל פַּר בֶּן־בָּקָר לְחַטָּאת וְהֵבִיאוּ
15 אֹתוֹ לִפְנֵי אֹהֶל מוֹעֵד: וְסָמְכוּ זִקְנֵי הָעֵדָה אֶת־יְדֵיהֶם עַל־רֹאשׁ
16 הַפָּר לִפְנֵי יְהוָה וְשָׁחַט אֶת־הַפָּר לִפְנֵי יְהוָה: וְהֵבִיא הַכֹּהֵן הַמָּשִׁיחַ
17 מִדַּם הַפָּר אֶל־אֹהֶל מוֹעֵד: וְטָבַל הַכֹּהֵן אֶצְבָּעוֹ מִן־הַדָּם וְהִזָּה
18 שֶׁבַע פְּעָמִים לִפְנֵי יְהוָה אֵת פְּנֵי הַפָּרֹכֶת: וּמִן־הַדָּם יִתֵּן ׀ עַל־קַרְנֹת
הַמִּזְבֵּחַ אֲשֶׁר לִפְנֵי יְהוָה אֲשֶׁר בְּאֹהֶל מוֹעֵד וְאֵת כָּל־הַדָּם יִשְׁפֹּךְ
19 אֶל־יְסוֹד מִזְבַּח הָעֹלָה אֲשֶׁר־פֶּתַח אֹהֶל מוֹעֵד: וְאֵת כָּל־חֶלְבּוֹ
20 יָרִים מִמֶּנּוּ וְהִקְטִיר הַמִּזְבֵּחָה: וְעָשָׂה לַפָּר כַּאֲשֶׁר עָשָׂה לְפַר
21 הַחַטָּאת כֵּן יַעֲשֶׂה־לּוֹ וְכִפֶּר עֲלֵהֶם הַכֹּהֵן וְנִסְלַח לָהֶם: וְהוֹצִיא
אֶת־הַפָּר אֶל־מִחוּץ לַמַּחֲנֶה וְשָׂרַף אֹתוֹ כַּאֲשֶׁר שָׂרַף אֵת הַפָּר
הָרִאשׁוֹן חַטַּאת הַקָּהָל הוּא:

22 אֲשֶׁר נָשִׂיא יֶחֱטָא וְעָשָׂה אַחַת מִכָּל־מִצְוֺת יְהוָה אֱלֹהָיו אֲשֶׁר
23 לֹא־תֵעָשֶׂינָה בִּשְׁגָגָה וְאָשֵׁם: אוֹ־הוֹדַע אֵלָיו חַטָּאתוֹ אֲשֶׁר חָטָא
24 בָּהּ וְהֵבִיא אֶת־קָרְבָּנוֹ שְׂעִיר עִזִּים זָכָר תָּמִים: וְסָמַךְ יָדוֹ עַל־רֹאשׁ
הַשָּׂעִיר וְשָׁחַט אֹתוֹ בִּמְקוֹם אֲשֶׁר־יִשְׁחַט אֶת־הָעֹלָה לִפְנֵי יְהוָה
25 חַטָּאת הוּא: וְלָקַח הַכֹּהֵן מִדַּם הַחַטָּאת בְּאֶצְבָּעוֹ וְנָתַן עַל־קַרְנֹת
26 מִזְבַּח הָעֹלָה וְאֶת־דָּמוֹ יִשְׁפֹּךְ אֶל־יְסוֹד מִזְבַּח הָעֹלָה: וְאֶת־כָּל־
חֶלְבּוֹ יַקְטִיר הַמִּזְבֵּחָה כְּחֵלֶב זֶבַח הַשְּׁלָמִים וְכִפֶּר עָלָיו הַכֹּהֵן
מֵחַטָּאתוֹ וְנִסְלַח לוֹ:

27 וְאִם־נֶפֶשׁ אַחַת תֶּחֱטָא בִשְׁגָגָה מֵעַם הָאָרֶץ בַּעֲשֹׂתָהּ אַחַת מִמִּצְוֺת
28 יְהוָה אֲשֶׁר לֹא־תֵעָשֶׂינָה וְאָשֵׁם: אוֹ הוֹדַע אֵלָיו חַטָּאתוֹ אֲשֶׁר
חָטָא וְהֵבִיא קָרְבָּנוֹ שְׂעִירַת עִזִּים תְּמִימָה נְקֵבָה עַל־חַטָּאתוֹ אֲשֶׁר
29 חָטָא: וְסָמַךְ אֶת־יָדוֹ עַל רֹאשׁ הַחַטָּאת וְשָׁחַט אֶת־הַחַטָּאת
30 בִּמְקוֹם הָעֹלָה: וְלָקַח הַכֹּהֵן מִדָּמָהּ בְּאֶצְבָּעוֹ וְנָתַן עַל־קַרְנֹת מִזְבַּח
31 הָעֹלָה וְאֶת־כָּל־דָּמָהּ יִשְׁפֹּךְ אֶל־יְסוֹד הַמִּזְבֵּחַ: וְאֶת־כָּל־חֶלְבָּהּ יָסִיר
כַּאֲשֶׁר הוּסַר חֵלֶב מֵעַל זֶבַח הַשְּׁלָמִים וְהִקְטִיר הַכֹּהֵן הַמִּזְבֵּחָה
לְרֵיחַ נִיחֹחַ לַיהוָה וְכִפֶּר עָלָיו הַכֹּהֵן וְנִסְלַח לוֹ:

32
33 וְאִם־כֶּבֶשׂ יָבִיא קָרְבָּנוֹ לְחַטָּאת נְקֵבָה תְמִימָה יְבִיאֶנָּה: וְסָמַךְ
אֶת־יָדוֹ עַל רֹאשׁ הַחַטָּאת וְשָׁחַט אֹתָהּ לְחַטָּאת בִּמְקוֹם אֲשֶׁר
34 יִשְׁחַט אֶת־הָעֹלָה: וְלָקַח הַכֹּהֵן מִדַּם הַחַטָּאת בְּאֶצְבָּעוֹ וְנָתַן
עַל־קַרְנֹת מִזְבַּח הָעֹלָה וְאֶת־כָּל־דָּמָהּ יִשְׁפֹּךְ אֶל־יְסוֹד הַמִּזְבֵּחַ:

fering, and shall pour out all the blood thereof at the bottom of the altar:

35 And he shall take away all the fat thereof, as the fat of the lamb is taken away from the sacrifice of the peace offerings; and the priest shall burn them upon the altar, according to the offerings made by fire unto the Lord: and the priest shall make an atonement for his sin that he hath committed, and it shall be forgiven him.

CHAPTER 5

1 And if a soul sin, and hear the voice of swearing, and *is* a witness, whether he hath seen or known *of it;* if he do not utter *it,* then he shall bear his iniquity.

2 Or if a soul touch any unclean thing, whether *it be* a carcase of an unclean beast, or a carcase of unclean cattle, or the carcase of unclean creeping things, and *if* it be hidden from him; he also shall be unclean, and guilty.

3 Or if he touch the uncleanness of man, whatsoever uncleanness *it be* that a man shall be defiled withal, and it be hid from him; when he knoweth *of it,* then he shall be guilty.

4 Or if a soul swear, pronouncing with *his* lips to do evil, or to do good, whatsoever *it be* that a man shall pronounce with an oath, and it be hid from him; when he knoweth *of it,* then he shall be guilty in one of these.

5 And it shall be, when he shall be guilty in one of these *things,* that he shall confess that he hath sinned in that *thing:*

6 And he shall bring his trespass offering unto the Lord for his sin which he hath sinned, a female from the flock, a lamb or a kid of the goats, for a sin offering; and the priest shall make an atonement for him concerning his sin.

7 And if he be not able to bring a lamb, then he shall bring for his trespass, which he hath committed, two turtledoves, or two young pigeons, unto the Lord; one for a sin offering, and the other for a burnt offering.

8 And he shall bring them unto the priest, who shall offer *that* which *is* for the sin offering first, and wring off his head from his neck, but shall not divide *it* asunder:

9 And he shall sprinkle of the blood of the sin offering upon the side of the altar; and the rest of the blood shall be wrung out at the bottom of the altar: it *is* a sin offering.

10 And he shall offer the second *for* a burnt offering, according to the manner: and the priest shall make an atonement for him for his sin which he hath sinned, and it shall be forgiven him.

11 ¶ But if he be not able to bring two turtledoves, or two young pigeons, then he that sinned shall bring for his offering the tenth part of an ephah of fine flour for a sin offering; he shall put no oil upon it, neither shall he put *any* frankincense thereon: for it *is* a sin offering.

12 Then shall he bring it to the priest, and the priest shall take his handful of it, *even* a memorial thereof, and burn *it* on the altar, according to the offerings made by fire unto the Lord: it *is* a sin offering.

13 And the priest shall make an atonement for him as touching his sin that he hath sinned in one of these, and it shall be forgiven him: and *the remnant* shall be the priest's, as a meat offering.

14 ¶ And the Lord spake unto Moses, saying,

15 If a soul commit a trespass, and sin through ignorance, in the holy things of the Lord; then he shall bring for his trespass unto the Lord a ram without blemish out of the flocks, with thy estimation by shekels of silver, after the shekel of the sanctuary, for a trespass offering:

16 And he shall make amends for the harm that he hath done in the holy thing, and shall add the fifth part thereto, and give it unto the priest: and the priest shall make an atonement for him with the ram of the trespass offering, and it shall be forgiven him.

17 ¶ And if a soul sin, and commit any of these things which are forbidden to be done by the commandments of the Lord; though he wist *it* not, yet is he guilty, and shall bear his iniquity.

18 And he shall bring a ram without

35A וְאֶת־כָּל־חֶלְבָּהּ יָסִיר כַּאֲשֶׁר יוּסַר חֵלֶב־הַכֶּשֶׂב מִזֶּבַח הַשְּׁלָמִים 35

וְהִקְטִיר הַכֹּהֵן אֹתָם הַמִּזְבֵּחָה עַל אִשֵּׁי יְהוָה וְכִפֶּר עָלָיו הַכֹּהֵן

עַל־חַטָּאתוֹ אֲשֶׁר־חָטָא וְנִסְלַח לוֹ:

5 וְנֶפֶשׁ כִּי־תֶחֱטָא וְשָׁמְעָה קוֹל אָלָה וְהוּא עֵד אוֹ רָאָה אוֹ יָדָע 1

אִם־לוֹא יַגִּיד וְנָשָׂא עֲוֹנוֹ: אוֹ נֶפֶשׁ אֲשֶׁר תִּגַּע בְּכָל־דָּבָר טָמֵא 2

אוֹ בְנִבְלַת חַיָּה טְמֵאָה אוֹ בְּנִבְלַת בְּהֵמָה טְמֵאָה אוֹ בְּנִבְלַת

שֶׁרֶץ טָמֵא וְנֶעְלַם מִמֶּנּוּ וְהוּא טָמֵא וְאָשֵׁם: אוֹ כִי יִגַּע בְּטֻמְאַת 3

אָדָם לְכֹל טֻמְאָתוֹ אֲשֶׁר יִטְמָא בָּהּ וְנֶעְלַם מִמֶּנּוּ וְהוּא יָדַע וְאָשֵׁם:

אוֹ נֶפֶשׁ כִּי תִשָּׁבַע לְבַטֵּא בִשְׂפָתַיִם לְהָרַע אוֹ לְהֵיטִיב לְכֹל אֲשֶׁר 4

יְבַטֵּא הָאָדָם בִּשְׁבֻעָה וְנֶעְלַם מִמֶּנּוּ וְהוּא־יָדַע וְאָשֵׁם לְאַחַת מֵאֵלֶּה:

וְהָיָה כִי־יֶאְשַׁם לְאַחַת מֵאֵלֶּה וְהִתְוַדָּה אֲשֶׁר חָטָא עָלֶיהָ: וְהֵבִיא 5
6

אֶת־אֲשָׁמוֹ לַיהוָה עַל חַטָּאתוֹ אֲשֶׁר חָטָא נְקֵבָה מִן־הַצֹּאן כִּשְׂבָּה

7A אוֹ־שְׂעִירַת עִזִּים לְחַטָּאת וְכִפֶּר עָלָיו הַכֹּהֵן מֵחַטָּאתוֹ: וְאִם־לֹא 7

תַגִּיעַ יָדוֹ דֵּי שֶׂה וְהֵבִיא אֶת־אֲשָׁמוֹ אֲשֶׁר חָטָא שְׁתֵּי תֹרִים

אוֹ־שְׁנֵי בְנֵי־יוֹנָה לַיהוָה אֶחָד לְחַטָּאת וְאֶחָד לְעֹלָה: וְהֵבִיא אֹתָם 8

אֶל־הַכֹּהֵן וְהִקְרִיב אֶת־אֲשֶׁר לַחַטָּאת רִאשׁוֹנָה וּמָלַק אֶת־רֹאשׁוֹ

מִמּוּל עָרְפּוֹ וְלֹא יַבְדִּיל: וְהִזָּה מִדַּם הַחַטָּאת עַל־קִיר הַמִּזְבֵּחַ 9

וְהַנִּשְׁאָר בַּדָּם יִמָּצֵה אֶל־יְסוֹד הַמִּזְבֵּחַ חַטָּאת הוּא: וְאֶת־הַשֵּׁנִי 10

יַעֲשֶׂה עֹלָה כַּמִּשְׁפָּט וְכִפֶּר עָלָיו הַכֹּהֵן מֵחַטָּאתוֹ אֲשֶׁר־חָטָא וְנִסְלַח

שביעי לוֹ: וְאִם־לֹא תַשִּׂיג יָדוֹ לִשְׁתֵּי תֹרִים אוֹ לִשְׁנֵי בְנֵי־יוֹנָה 11

וְהֵבִיא אֶת־קָרְבָּנוֹ אֲשֶׁר חָטָא עֲשִׂירִת הָאֵפָה סֹלֶת לְחַטָּאת

לֹא־יָשִׂים עָלֶיהָ שֶׁמֶן וְלֹא־יִתֵּן עָלֶיהָ לְבֹנָה כִּי חַטָּאת הִיא:

12A וֶהֱבִיאָהּ אֶל־הַכֹּהֵן וְקָמַץ הַכֹּהֵן מִמֶּנָּה מְלוֹא קֻמְצוֹ אֶת־אַזְכָּרָתָהּ 12

וְהִקְטִיר הַמִּזְבֵּחָה עַל אִשֵּׁי יְהוָה חַטָּאת הִוא: וְכִפֶּר עָלָיו הַכֹּהֵן 13

עַל־חַטָּאתוֹ אֲשֶׁר־חָטָא מֵאַחַת מֵאֵלֶּה וְנִסְלַח לוֹ וְהָיְתָה לַכֹּהֵן

כַּמִּנְחָה: וַיְדַבֵּר יְהוָה אֶל־מֹשֶׁה לֵּאמֹר: נֶפֶשׁ כִּי־תִמְעֹל 14
15

מַעַל וְחָטְאָה בִּשְׁגָגָה מִקָּדְשֵׁי יְהוָה וְהֵבִיא אֶת־אֲשָׁמוֹ לַיהוָה אַיִל

תָּמִים מִן־הַצֹּאן בְּעֶרְכְּךָ כֶּסֶף־שְׁקָלִים בְּשֶׁקֶל־הַקֹּדֶשׁ לְאָשָׁם: וְאֵת 16

אֲשֶׁר חָטָא מִן־הַקֹּדֶשׁ יְשַׁלֵּם וְאֶת־חֲמִישִׁתוֹ יוֹסֵף עָלָיו וְנָתַן אֹתוֹ

לַכֹּהֵן וְהַכֹּהֵן יְכַפֵּר עָלָיו בְּאֵיל הָאָשָׁם וְנִסְלַח לוֹ:

וְאִם־נֶפֶשׁ כִּי תֶחֱטָא וְעָשְׂתָה אַחַת מִכָּל־מִצְוֹת יְהוָה אֲשֶׁר לֹא 17

תֵעָשֶׂינָה וְלֹא־יָדַע וְאָשֵׁם וְנָשָׂא עֲוֹנוֹ: וְהֵבִיא אַיִל תָּמִים מִן־הַצֹּאן 18

blemish out of the flock, with thy estima-
tion, for a trespass offering, unto the
priest: and the priest shall make an atone-
ment for him concerning his ignorance
wherein he erred and wist *it* not, and it
shall be forgiven him.

19 It *is* a trespass offering: he hath cer-
tainly trespassed against the LORD.

CHAPTER 6

1[5:20] And the LORD spake unto Moses,
saying,

2[5:21] If a soul sin, and commit a tres-
pass against the LORD, and lie unto his
neighbour in that which was delivered
him to keep, or in fellowship, or in a thing
taken away by violence, or hath deceived
his neighbour;

3[5:22] Or have found that which was
lost, and lieth concerning it, and sweareth
falsely; in any of all these that a man do-
eth, sinning therein:

4[5:23] Then it shall be, because he hath
sinned, and is guilty, that he shall restore
that which he took violently away, or the
thing which he hath deceitfully gotten, or
that which was delivered him to keep, or
the lost thing which he found,

5[5:24] Or all that about which he hath
sworn falsely; he shall even restore it in
the principal, and shall add the fifth part
more thereto, *and* give it unto him to
whom it appertaineth, in the day of his
trespass offering.

6[5:25] And he shall bring his trespass
offering unto the LORD, a ram without
blemish out of the flock, with thy estima-
tion, for a trespass offering, unto the
priest:

7[5:26] And the priest shall make an
atonement for him before the LORD: and
it shall be forgiven him for any thing of
all that he hath done in trespassing
therein.

8[1] ¶ And the LORD spake unto Moses,
saying,

9[2] Command Aaron and his sons, say-
ing, This *is* the law of the burnt offering:
It *is* the burnt offering, because of the
burning upon the altar all night unto the
morning, and the fire of the altar shall be
burning in it.

10[3] And the priest shall put on his
linen garment, and his linen breeches
shall he put upon his flesh, and take up
the ashes which the fire hath consumed
with the burnt offering on the altar, and
he shall put them beside the altar.

11[4] And he shall put off his garments,
and put on other garments, and carry
forth the ashes without the camp unto a
clean place.

12[5] And the fire upon the altar shall
be burning in it; it shall not be put out:
and the priest shall burn wood on it every
morning, and lay the burnt offering in or-
der upon it; and he shall burn thereon the
fat of the peace offerings.

13[6] The fire shall ever be burning
upon the altar; it shall never go out.

14[7] ¶ And this *is* the law of the meat
offering: the sons of Aaron shall offer it
before the LORD, before the altar.

15[8] And he shall take of it his handful,
of the flour of the meat offering, and of
the oil thereof, and all the frankincense
which *is* upon the meat offering, and shall
burn *it* upon the altar *for* a sweet savour,
even the memorial of it, unto the LORD.

16[9] And the remainder thereof shall
Aaron and his sons eat: with unleavened
bread shall it be eaten in the holy place;
in the court of the tabernacle of the con-
gregation they shall eat it.

17[10] It shall not be baken with leaven.
I have given it *unto them for* their portion
of my offerings made by fire; it *is* most
holy, as *is* the sin offering, and as the tres-
pass offering.

18[11] All the males among the children
of Aaron shall eat of it. *It shall be* a statute
for ever in your generations concerning
the offerings of the LORD made by fire;
every one that toucheth them shall be
holy.

19[12] ¶ And the LORD spake unto Mo-
ses, saying,

20[13] This *is* the offering of Aaron and
of his sons, which they shall offer unto the
LORD in the day when he is anointed; the
tenth part of an ephah of fine flour for a

בְּעֶרְכְּךָ֣ לְאָשָׁ֗ם אֶל־הַכֹּהֵן֒ וְכִפֶּר֩ עָלָ֨יו הַכֹּהֵ֜ן עַ֧ל שִׁגְגָת֛וֹ אֲשֶׁר־שָׁגָ֥ג

וְה֖וּא לֹֽא־יָדַ֑ע וְנִסְלַ֣ח ל֑וֹ: אָשָׁ֣ם ה֑וּא אָשֹׁ֥ם אָשַׁ֖ם לַֽיהוָֽה: 19

וַיְדַבֵּ֥ר יְהוָ֖ה אֶל־מֹשֶׁ֥ה לֵּאמֹֽר: נֶ֚פֶשׁ כִּ֣י תֶֽחֱטָ֔א וּמָעֲלָ֥ה מַ֖עַל בַּיהוָ֑ה 20 / 21

וְכִחֵ֨שׁ בַּעֲמִית֜וֹ בְּפִקָּד֗וֹן אֽוֹ־בִתְשׂ֤וּמֶת יָד֙ א֣וֹ בְגָזֵ֔ל א֖וֹ עָשַׁ֥ק

אֶת־עֲמִיתֽוֹ: אֽוֹ־מָצָ֧א אֲבֵדָ֛ה וְכִ֥חֶשׁ בָּ֖הּ וְנִשְׁבַּ֣ע עַל־שָׁ֑קֶר עַל־אַחַ֗ת 22

מִכֹּ֛ל אֲשֶׁר־יַעֲשֶׂ֥ה הָאָדָ֖ם לַחֲטֹ֥א בָהֵֽנָּה: וְהָיָה֮ כִּֽי־יֶחֱטָ֣א וְאָשֵׁם֒ 23

וְהֵשִׁ֨יב אֶת־הַגְּזֵלָ֜ה אֲשֶׁ֣ר גָּזָ֗ל א֤וֹ אֶת־הָעֹ֙שֶׁק֙ אֲשֶׁ֣ר עָשָׁ֔ק א֖וֹ

אֶת־הַפִּקָּד֗וֹן אֲשֶׁ֤ר הָפְקַד֙ אִתּ֔וֹ א֥וֹ אֶת־הָאֲבֵדָ֖ה אֲשֶׁ֥ר מָצָֽא: א֠וֹ 24

מִכֹּ֞ל אֲשֶׁר־יִשָּׁבַ֣ע עָלָיו֮ לַשֶּׁקֶר֒ וְשִׁלַּ֤ם אֹתוֹ֙ בְּרֹאשׁ֔וֹ וַחֲמִשִׁתָ֖יו יֹסֵ֣ף

עָלָ֑יו לַאֲשֶׁ֨ר ה֥וּא ל֛וֹ יִתְּנֶ֖נּוּ בְּי֥וֹם אַשְׁמָתֽוֹ: וְאֶת־אֲשָׁמ֥וֹ יָבִ֖יא לַֽיהוָ֑ה 25

אַ֣יִל תָּמִ֧ים מִן־הַצֹּ֛אן בְּעֶרְכְּךָ֖ לְאָשָׁ֑ם אֶל־הַכֹּהֵֽן: וְכִפֶּ֨ר עָלָ֤יו הַכֹּהֵן֙ 26

לִפְנֵ֣י יְהוָ֔ה וְנִסְלַ֖ח ל֑וֹ עַל־אַחַ֛ת מִכֹּ֥ל אֲשֶׁר־יַעֲשֶׂ֖ה לְאַשְׁמָ֥ה

בָֽהּ:

וַיְדַבֵּ֥ר יְהוָ֖ה אֶל־מֹשֶׁ֥ה לֵּאמֹֽר: צַ֤ו אֶֽת־אַהֲרֹן֙ וְאֶת־בָּנָ֣יו לֵאמֹ֔ר זֹ֖את 1 / 2

תּוֹרַ֣ת הָעֹלָ֑ה הִ֣וא הָעֹלָ֡ה עַל֩ מוֹקְדָ֨ה עַל־הַמִּזְבֵּ֤חַ כָּל־הַלַּ֙יְלָה֙

עַד־הַבֹּ֔קֶר וְאֵ֥שׁ הַמִּזְבֵּ֖חַ תּ֥וּקַד בּֽוֹ: וְלָבַ֨שׁ הַכֹּהֵ֜ן מִדּ֣וֹ בַ֗ד וּמִֽכְנְסֵי־בַד֮ 3

יִלְבַּ֣שׁ עַל־בְּשָׂרוֹ֒ וְהֵרִ֣ים אֶת־הַדֶּ֗שֶׁן אֲשֶׁ֨ר תֹּאכַ֥ל הָאֵ֛שׁ אֶת־הָעֹלָ֖ה

עַל־הַמִּזְבֵּ֑חַ וְשָׂמ֕וֹ אֵ֖צֶל הַמִּזְבֵּֽחַ: וּפָשַׁט֙ אֶת־בְּגָדָ֔יו וְלָבַ֖שׁ בְּגָדִ֣ים 4

אֲחֵרִ֑ים וְהוֹצִ֤יא אֶת־הַדֶּ֙שֶׁן֙ אֶל־מִח֣וּץ לַֽמַּחֲנֶ֔ה אֶל־מָק֖וֹם טָהֽוֹר:

וְהָאֵ֨שׁ עַל־הַמִּזְבֵּ֤חַ תּֽוּקַד־בּוֹ֙ לֹ֣א תִכְבֶּ֔ה וּבִעֵ֨ר עָלֶ֧יהָ הַכֹּהֵ֛ן עֵצִ֖ים 5

בַּבֹּ֣קֶר בַּבֹּ֑קֶר וְעָרַ֤ךְ עָלֶ֙יהָ֙ הָֽעֹלָ֔ה וְהִקְטִ֥יר עָלֶ֖יהָ חֶלְבֵ֥י הַשְּׁלָמִֽים:

אֵ֗שׁ תָּמִ֛יד תּוּקַ֥ד עַל־הַמִּזְבֵּ֖חַ לֹ֥א תִכְבֶּֽה: וְזֹ֖את תּוֹרַ֣ת 6 / 7

הַמִּנְחָ֑ה הַקְרֵ֨ב אֹתָ֤הּ בְּנֵֽי־אַהֲרֹן֙ לִפְנֵ֣י יְהוָ֔ה אֶל־פְּנֵ֖י הַמִּזְבֵּֽחַ: וְהֵרִ֨ים 8

מִמֶּ֜נּוּ בְּקֻמְצ֗וֹ מִסֹּ֤לֶת הַמִּנְחָה֙ וּמִשַּׁמְנָ֔הּ וְאֵת֙ כָּל־הַלְּבֹנָ֔ה אֲשֶׁ֖ר עַל־

הַמִּנְחָ֑ה וְהִקְטִ֣יר הַמִּזְבֵּ֗חַ רֵ֧יחַ נִיחֹ֛חַ אַזְכָּרָתָ֖הּ לַֽיהוָֽה: וְהַנּוֹתֶ֣רֶת 9

מִמֶּ֔נָּה יֹאכְל֖וּ אַהֲרֹ֣ן וּבָנָ֑יו מַצּ֤וֹת תֵּֽאָכֵל֙ בְּמָק֣וֹם קָדֹ֔שׁ בַּחֲצַ֥ר אֹֽהֶל־

מוֹעֵ֖ד יֹאכְל֑וּהָ: לֹ֤א תֵאָפֶה֙ חָמֵ֔ץ חֶלְקָ֛ם נָתַ֥תִּי אֹתָ֖הּ מֵאִשָּׁ֑י קֹ֣דֶשׁ 10

קָֽדָשִׁ֥ים הִ֛וא כַּחַטָּ֖את וְכָֽאָשָׁ֑ם כָּל־זָכָ֞ר בִּבְנֵ֤י אַהֲרֹן֙ יֹֽאכֲלֶ֔נָּה חָק־ 11

עוֹלָם֙ לְדֹרֹ֣תֵיכֶ֔ם מֵאִשֵּׁ֖י יְהוָ֑ה כֹּ֛ל אֲשֶׁר־יִגַּ֥ע בָּהֶ֖ם יִקְדָּֽשׁ:

וַיְדַבֵּ֥ר יְהוָ֖ה אֶל־מֹשֶׁ֥ה לֵּאמֹֽר: זֶ֡ה קָרְבַּן֩ אַהֲרֹ֨ן וּבָנָ֜יו אֲשֶׁר־יַקְרִ֣יבוּ 12 / 13

לַֽיהוָ֗ה בְּי֙וֹם֙ הִמָּשַׁ֣ח אֹת֔וֹ עֲשִׂירִ֨ת הָאֵפָ֥ה סֹ֛לֶת מִנְחָ֖ה תָּמִ֑יד

מַחֲצִיתָ֣הּ בַּבֹּ֔קֶר וּמַחֲצִיתָ֖הּ בָּעָֽרֶב: עַל־מַחֲבַ֗ת בַּשֶּׁ֛מֶן תֵּעָשֶׂ֖ה מֻרְבֶּ֣כֶת 14

meat offering perpetual, half of it in the morning, and half thereof at night.

21[14] In a pan it shall be made with oil; *and when it is* baken, thou shalt bring it in: *and* the baken pieces of the meat offering shalt thou offer *for* a sweet savour unto the LORD.

22[15] And the priest of his sons that is anointed in his stead shall offer it: *it is* a statute for ever unto the LORD; it shall be wholly burnt.

23[16] For every meat offering for the priest shall be wholly burnt: it shall not be eaten.

24[17] ¶ And the LORD spake unto Moses, saying,

25[18] Speak unto Aaron and to his sons, saying, This *is* the law of the sin offering: In the place where the burnt offering is killed shall the sin offering be killed before the LORD: it *is* most holy.

26[19] The priest that offereth it for sin shall eat it: in the holy place shall it be eaten, in the court of the tabernacle of the congregation.

27[20] Whatsoever shall touch the flesh thereof shall be holy: and when there is sprinkled of the blood thereof upon any garment, thou shalt wash that whereon it was sprinkled in the holy place.

28[21] But the earthen vessel wherein it is sodden shall be broken: and if it be sodden in a brasen pot, it shall be both scoured, and rinsed in water.

29[22] All the males among the priests shall eat thereof: it *is* most holy.

30[23] And no sin offering, whereof *any* of the blood is brought into the tabernacle of the congregation to reconcile *withal* in the holy *place,* shall be eaten: it shall be burnt in the fire.

CHAPTER 7

1 Likewise this *is* the law of the trespass offering: it *is* most holy.

2 In the place where they kill the burnt offering shall they kill the trespass offering: and the blood thereof shall he sprinkle round about upon the altar.

3 And he shall offer of it all the fat thereof; the rump, and the fat that covereth the inwards,

4 And the two kidneys, and the fat that *is* on them, which *is* by the flanks, and the caul *that is* above the liver, with the kidneys, it shall he take away:

5 And the priest shall burn them upon the altar *for* an offering made by fire unto the LORD: it *is* a trespass offering.

6 Every male among the priests shall eat thereof: it shall be eaten in the holy place: it *is* most holy.

7 As the sin offering *is,* so *is* the trespass offering: *there is* one law for them: the priest that maketh atonement therewith shall have *it.*

8 And the priest that offereth any man's burnt offering, *even* the priest shall have to himself the skin of the burnt offering which he hath offered.

9 And all the meat offering that is baken in the oven, and all that is dressed in the fryingpan, and in the pan, shall be the priest's that offereth it.

10 And every meat offering, mingled with oil, and dry, shall all the sons of Aaron have, one *as much* as another.

11 And this *is* the law of the sacrifice of peace offerings, which he shall offer unto the LORD.

12 If he offer it for a thanksgiving, then he shall offer with the sacrifice of thanksgiving unleavened cakes mingled with oil, and unleavened wafers anointed with oil, and cakes mingled with oil, of fine flour, fried.

13 Besides the cakes, he shall offer *for* his offering leavened bread with the sacrifice of thanksgiving of his peace offerings.

14 And of it he shall offer one out of the whole oblation *for* an heave offering unto the LORD, *and* it shall be the priest's that sprinkleth the blood of the peace offerings.

15 And the flesh of the sacrifice of his peace offerings for thanksgiving shall be eaten the same day that it is offered; he shall not leave any of it until the morning.

16 But if the sacrifice of his offering *be* a vow, or a voluntary offering, it shall be eaten the same day that he offereth his

תְּבִיאֶנָּה תֻּפִינֵי מִנְחַת פִּתִּים תַּקְרִיב רֵיחַ־נִיחֹחַ לַיהוָה: וְהַכֹּהֵן 15
הַמָּשִׁיחַ תַּחְתָּיו מִבָּנָיו יַעֲשֶׂה אֹתָהּ חָק־עוֹלָם לַיהוָה כָּלִיל תָּקְטָר:

וְכָל־מִנְחַת כֹּהֵן כָּלִיל תִּהְיֶה לֹא תֵאָכֵל: 16

וַיְדַבֵּר יְהוָה אֶל־מֹשֶׁה לֵּאמֹר: דַּבֵּר אֶל־אַהֲרֹן וְאֶל־בָּנָיו לֵאמֹר 17
זֹאת תּוֹרַת הַחַטָּאת בִּמְקוֹם אֲשֶׁר תִּשָּׁחֵט הָעֹלָה תִּשָּׁחֵט הַחַטָּאת 18
לִפְנֵי יְהוָה קֹדֶשׁ קָדָשִׁים הִוא: הַכֹּהֵן הַמְחַטֵּא אֹתָהּ יֹאכְלֶנָּה 19
בְּמָקוֹם קָדֹשׁ תֵּאָכֵל בַּחֲצַר אֹהֶל מוֹעֵד: כֹּל אֲשֶׁר־יִגַּע בִּבְשָׂרָהּ 20
יִקְדָּשׁ וַאֲשֶׁר יִזֶּה מִדָּמָהּ עַל־הַבֶּגֶד אֲשֶׁר יִזֶּה עָלֶיהָ תְּכַבֵּס בְּמָקוֹם
קָדֹשׁ: וּכְלִי־חֶרֶשׂ אֲשֶׁר תְּבֻשַּׁל־בּוֹ יִשָּׁבֵר וְאִם־בִּכְלִי נְחֹשֶׁת בֻּשָּׁלָה 21
וּמֹרַק וְשֻׁטַּף בַּמָּיִם: כָּל־זָכָר בַּכֹּהֲנִים יֹאכַל אֹתָהּ קֹדֶשׁ קָדָשִׁים 22
הִוא: וְכָל־חַטָּאת אֲשֶׁר יוּבָא מִדָּמָהּ אֶל־אֹהֶל מוֹעֵד לְכַפֵּר בַּקֹּדֶשׁ 23
לֹא תֵאָכֵל בָּאֵשׁ תִּשָּׂרֵף:

וְזֹאת תּוֹרַת הָאָשָׁם קֹדֶשׁ קָדָשִׁים הוּא: בִּמְקוֹם אֲשֶׁר יִשְׁחֲטוּ 7 1
אֶת־הָעֹלָה יִשְׁחֲטוּ אֶת־הָאָשָׁם וְאֶת־דָּמוֹ יִזְרֹק עַל־הַמִּזְבֵּחַ סָבִיב: 2
וְאֵת כָּל־חֶלְבּוֹ יַקְרִיב מִמֶּנּוּ אֵת הָאַלְיָה וְאֶת־הַחֵלֶב הַמְכַסֶּה 3
אֶת־הַקֶּרֶב: וְאֵת שְׁתֵּי הַכְּלָיֹת וְאֶת־הַחֵלֶב אֲשֶׁר עֲלֵיהֶן אֲשֶׁר 4
עַל־הַכְּסָלִים וְאֶת־הַיֹּתֶרֶת עַל־הַכָּבֵד עַל־הַכְּלָיֹת יְסִירֶנָּה: וְהִקְטִיר 5
אֹתָם הַכֹּהֵן הַמִּזְבֵּחָה אִשֶּׁה לַיהוָה אָשָׁם הוּא: כָּל־זָכָר בַּכֹּהֲנִים 6
יֹאכְלֶנּוּ בְּמָקוֹם קָדוֹשׁ יֵאָכֵל קֹדֶשׁ קָדָשִׁים הוּא: כַּחַטָּאת כָּאָשָׁם 7
תּוֹרָה אַחַת לָהֶם הַכֹּהֵן אֲשֶׁר יְכַפֶּר־בּוֹ לוֹ יִהְיֶה: וְהַכֹּהֵן הַמַּקְרִיב 8
אֶת־עֹלַת אִישׁ עוֹר הָעֹלָה אֲשֶׁר הִקְרִיב לַכֹּהֵן לוֹ יִהְיֶה: וְכָל־מִנְחָה 9
אֲשֶׁר תֵּאָפֶה בַּתַּנּוּר וְכָל־נַעֲשָׂה בַמַּרְחֶשֶׁת וְעַל־מַחֲבַת לַכֹּהֵן
הַמַּקְרִיב אֹתָהּ לוֹ תִהְיֶה: וְכָל־מִנְחָה בְלוּלָה־בַשֶּׁמֶן וַחֲרֵבָה לְכָל־בְּנֵי 10
אַהֲרֹן תִּהְיֶה אִישׁ כְּאָחִיו:

שלישי 12A

וְזֹאת תּוֹרַת זֶבַח הַשְּׁלָמִים אֲשֶׁר יַקְרִיב לַיהוָה: אִם עַל־תּוֹדָה 11
יַקְרִיבֶנּוּ וְהִקְרִיב עַל־זֶבַח הַתּוֹדָה חַלּוֹת מַצּוֹת בְּלוּלֹת בַּשֶּׁמֶן וּרְקִיקֵי 12
מַצּוֹת מְשֻׁחִים בַּשָּׁמֶן וְסֹלֶת מֻרְבֶּכֶת חַלֹּת בְּלוּלֹת בַּשָּׁמֶן: עַל־חַלֹּת 13
לֶחֶם חָמֵץ יַקְרִיב קָרְבָּנוֹ עַל־זֶבַח תּוֹדַת שְׁלָמָיו: וְהִקְרִיב מִמֶּנּוּ 14
אֶחָד מִכָּל־קָרְבָּן תְּרוּמָה לַיהוָה לַכֹּהֵן הַזֹּרֵק אֶת־דַּם הַשְּׁלָמִים לוֹ
יִהְיֶה: וּבְשַׂר זֶבַח תּוֹדַת שְׁלָמָיו בְּיוֹם קָרְבָּנוֹ יֵאָכֵל לֹא־יַנִּיחַ מִמֶּנּוּ 15
עַד־בֹּקֶר: וְאִם־נֶדֶר אוֹ נְדָבָה זֶבַח קָרְבָּנוֹ בְּיוֹם הַקְרִיבוֹ אֶת־זִבְחוֹ 16

sacrifice: and on the morrow also the remainder of it shall be eaten:

17 But the remainder of the flesh of the sacrifice on the third day shall be burnt with fire.

18 And if *any* of the flesh of the sacrifice of his peace offerings be eaten at all on the third day, it shall not be accepted, neither shall it be imputed unto him that offereth it: it shall be an abomination, and the soul that eateth of it shall bear his iniquity.

19 And the flesh that toucheth any unclean *thing* shall not be eaten; it shall be burnt with fire: and as for the flesh, all that be clean shall eat thereof.

20 But the soul that eateth *of* the flesh of the sacrifice of peace offerings, that *pertain* unto the LORD, having his uncleanness upon him, even that soul shall be cut off from his people.

21 Moreover the soul that shall touch any unclean *thing, as* the uncleanness of man, or *any* unclean beast, or any abominable unclean *thing,* and eat of the flesh of the sacrifice of peace offerings, which *pertain* unto the LORD, even that soul shall be cut off from his people.

22 ¶ And the LORD spake unto Moses, saying,

23 Speak unto the children of Israel, saying, Ye shall eat no manner of fat, of ox, or of sheep, or of goat.

24 And the fat of the beast that dieth of itself, and the fat of that which is torn with beasts, may be used in any other use: but ye shall in no wise eat of it.

25 For whosoever eateth the fat of the beast, of which men offer an offering made by fire unto the LORD, even the soul that eateth *it* shall be cut off from his people.

26 Moreover ye shall eat no manner of blood, *whether it be* of fowl or of beast, in any of your dwellings.

27 Whatsoever soul *it be* that eateth any manner of blood, even that soul shall be cut off from his people.

28 ¶ And the LORD spake unto Moses, saying,

29 Speak unto the children of Israel, saying, He that offereth the sacrifice of his peace offerings unto the LORD shall bring his oblation unto the LORD of the sacrifice of his peace offerings.

30 His own hands shall bring the offerings of the LORD made by fire, the fat with the breast, it shall he bring, that the breast may be waved *for* a wave offering before the LORD.

31 And the priest shall burn the fat upon the altar: but the breast shall be Aaron's and his sons'.

32 And the right shoulder shall ye give unto the priest *for* an heave offering of the sacrifices of your peace offerings.

33 He among the sons of Aaron, that offereth the blood of the peace offerings, and the fat, shall have the right shoulder for *his* part.

34 For the wave breast and the heave shoulder have I taken of the children of Israel from off the sacrifices of their peace offerings, and have given them unto Aaron the priest and unto his sons by a statute for ever from among the children of Israel.

35 ¶ This *is the portion* of the anointing of Aaron, and of the anointing of his sons, out of the offerings of the LORD made by fire, in the day *when* he presented them to minister unto the LORD in the priest's office;

36 Which the LORD commanded to be given them of the children of Israel, in the day that he anointed them, *by* a statute for ever throughout their generations.

37 This *is* the law of the burnt offering, of the meat offering, and of the sin offering, and of the trespass offering, and of the consecrations, and of the sacrifice of the peace offerings;

38 Which the LORD commanded Moses in mount Sinai, in the day that he commanded the children of Israel to offer their oblations unto the LORD, in the wilderness of Sinai.

CHAPTER 8

1 And the LORD spake unto Moses, saying,

2 Take Aaron and his sons with him, and the garments, and the anointing oil, and

יֵאָכֵל וּמִמָּחֳרָת וְהַנּוֹתָר מִמֶּנּוּ יֵאָכֵל: וְהַנּוֹתָר מִבְּשַׂר הַזֶּבַח בַּיּוֹם 17

הַשְּׁלִישִׁי בָּאֵשׁ יִשָּׂרֵף: וְאִם הֵאָכֹל יֵאָכֵל מִבְּשַׂר־זֶבַח שְׁלָמָיו בַּיּוֹם 18
הַשְּׁלִישִׁי לֹא יֵרָצֶה הַמַּקְרִיב אֹתוֹ לֹא יֵחָשֵׁב לוֹ פִּגּוּל יִהְיֶה וְהַנֶּפֶשׁ
הָאֹכֶלֶת מִמֶּנּוּ עֲוֺנָהּ תִּשָּׂא: וְהַבָּשָׂר אֲשֶׁר־יִגַּע בְּכָל־טָמֵא לֹא יֵאָכֵל 19

בָּאֵשׁ יִשָּׂרֵף וְהַבָּשָׂר כָּל־טָהוֹר יֹאכַל בָּשָׂר: וְהַנֶּפֶשׁ אֲשֶׁר־תֹּאכַל 20
בָּשָׂר מִזֶּבַח הַשְּׁלָמִים אֲשֶׁר לַיהוָה וְטֻמְאָתוֹ עָלָיו וְנִכְרְתָה הַנֶּפֶשׁ
הַהִוא מֵעַמֶּיהָ: וְנֶפֶשׁ כִּי־תִגַּע בְּכָל־טָמֵא בְּטֻמְאַת אָדָם אוֹ ׀ בִּבְהֵמָה 21
טְמֵאָה אוֹ בְּכָל־שֶׁקֶץ טָמֵא וְאָכַל מִבְּשַׂר־זֶבַח הַשְּׁלָמִים אֲשֶׁר
לַיהוָה וְנִכְרְתָה הַנֶּפֶשׁ הַהִוא מֵעַמֶּיהָ:

וַיְדַבֵּר יְהוָה אֶל־מֹשֶׁה לֵּאמֹר: דַּבֵּר אֶל־בְּנֵי יִשְׂרָאֵל לֵאמֹר כָּל־חֵלֶב 22
שׁוֹר וְכֶשֶׂב וָעֵז לֹא תֹאכֵלוּ: וְחֵלֶב נְבֵלָה וְחֵלֶב טְרֵפָה יֵעָשֶׂה 23 24
לְכָל־מְלָאכָה וְאָכֹל לֹא תֹאכְלֻהוּ: כִּי כָּל־אֹכֵל חֵלֶב מִן־הַבְּהֵמָה 25
אֲשֶׁר יַקְרִיב מִמֶּנָּה אִשֶּׁה לַיהוָה וְנִכְרְתָה הַנֶּפֶשׁ הָאֹכֶלֶת מֵעַמֶּיהָ:
וְכָל־דָּם לֹא תֹאכְלוּ בְּכֹל מוֹשְׁבֹתֵיכֶם לָעוֹף וְלַבְּהֵמָה: כָּל־נֶפֶשׁ 26 27
אֲשֶׁר־תֹּאכַל כָּל־דָּם וְנִכְרְתָה הַנֶּפֶשׁ הַהִוא מֵעַמֶּיהָ:

וַיְדַבֵּר יְהוָה אֶל־מֹשֶׁה לֵּאמֹר: דַּבֵּר אֶל־בְּנֵי יִשְׂרָאֵל לֵאמֹר הַמַּקְרִיב 28 29
אֶת־זֶבַח שְׁלָמָיו לַיהוָה יָבִיא אֶת־קָרְבָּנוֹ לַיהוָה מִזֶּבַח שְׁלָמָיו: יָדָיו 30
תְּבִיאֶינָה אֵת אִשֵּׁי יְהוָה אֶת־הַחֵלֶב עַל־הֶחָזֶה יְבִיאֶנּוּ אֵת הֶחָזֶה
לְהָנִיף אֹתוֹ תְּנוּפָה לִפְנֵי יְהוָה: וְהִקְטִיר הַכֹּהֵן אֶת־הַחֵלֶב הַמִּזְבֵּחָה 31
וְהָיָה הֶחָזֶה לְאַהֲרֹן וּלְבָנָיו: וְאֵת שׁוֹק הַיָּמִין תִּתְּנוּ תְרוּמָה לַכֹּהֵן 32
מִזִּבְחֵי שַׁלְמֵיכֶם: הַמַּקְרִיב אֶת־דַּם הַשְּׁלָמִים וְאֶת־הַחֵלֶב מִבְּנֵי 33
אַהֲרֹן לוֹ תִהְיֶה שׁוֹק הַיָּמִין לְמָנָה: כִּי אֶת־חֲזֵה הַתְּנוּפָה וְאֵת ׀ 34
שׁוֹק הַתְּרוּמָה לָקַחְתִּי מֵאֵת בְּנֵי־יִשְׂרָאֵל מִזִּבְחֵי שַׁלְמֵיהֶם וָאֶתֵּן
אֹתָם לְאַהֲרֹן הַכֹּהֵן וּלְבָנָיו לְחָק־עוֹלָם מֵאֵת בְּנֵי יִשְׂרָאֵל: זֹאת 35
מִשְׁחַת אַהֲרֹן וּמִשְׁחַת בָּנָיו מֵאִשֵּׁי יְהוָה בְּיוֹם הִקְרִיב אֹתָם לְכַהֵן
לַיהוָה: אֲשֶׁר צִוָּה יְהוָה לָתֵת לָהֶם בְּיוֹם מָשְׁחוֹ אֹתָם מֵאֵת בְּנֵי 36
יִשְׂרָאֵל חֻקַּת עוֹלָם לְדֹרֹתָם: זֹאת הַתּוֹרָה לָעֹלָה לַמִּנְחָה וְלַחַטָּאת 37
וְלָאָשָׁם וְלַמִּלּוּאִים וּלְזֶבַח הַשְּׁלָמִים: אֲשֶׁר צִוָּה יְהוָה אֶת־מֹשֶׁה 38
בְּהַר סִינָי בְּיוֹם צַוֺּתוֹ אֶת־בְּנֵי יִשְׂרָאֵל לְהַקְרִיב אֶת־קָרְבְּנֵיהֶם
לַיהוָה בְּמִדְבַּר סִינָי:

רביעי וַיְדַבֵּר יְהוָה אֶל־מֹשֶׁה לֵּאמֹר: קַח אֶת־אַהֲרֹן וְאֶת־בָּנָיו אִתּוֹ וְאֵת 8 1 2
הַבְּגָדִים וְאֵת שֶׁמֶן הַמִּשְׁחָה וְאֵת ׀ פַּר הַחַטָּאת וְאֵת שְׁנֵי הָאֵילִים

a bullock for the sin offering, and two rams, and a basket of unleavened bread;

3 And gather thou all the congregation together unto the door of the tabernacle of the congregation.

4 And Moses did as the LORD commanded him; and the assembly was gathered together unto the door of the tabernacle of the congregation.

5 And Moses said unto the congregation, This *is* the thing which the LORD commanded to be done.

6 And Moses brought Aaron and his sons, and washed them with water.

7 And he put upon him the coat, and girded him with the girdle, and clothed him with the robe, and put the ephod upon him, and he girded him with the curious girdle of the ephod, and bound *it* unto him therewith.

8 And he put the breastplate upon him: also he put in the breastplate the Urim and the Thummim.

9 And he put the mitre upon his head; also upon the mitre, *even* upon his forefront, did he put the golden plate, the holy crown; as the LORD commanded Moses.

10 And Moses took the anointing oil, and anointed the tabernacle and all that *was* therein, and sanctified them.

11 And he sprinkled thereof upon the altar seven times, and anointed the altar and all his vessels, both the laver and his foot, to sanctify them.

12 And he poured of the anointing oil upon Aaron's head, and anointed him, to sanctify him.

13 And Moses brought Aaron's sons, and put coats upon them, and girded them with girdles, and put bonnets upon them; as the LORD commanded Moses.

14 And he brought the bullock for the sin offering: and Aaron and his sons laid their hands upon the head of the bullock for the sin offering.

15 And he slew *it;* and Moses took the blood, and put *it* upon the horns of the altar round about with his finger, and pu-

rified the altar, and poured the blood at the bottom of the altar, and sanctified it, to make reconciliation upon it.

16 And he took all the fat that *was* upon the inwards, and the caul *above* the liver, and the two kidneys, and their fat, and Moses burned *it* upon the altar.

17 But the bullock, and his hide, his flesh, and his dung, he burnt with fire without the camp; as the LORD commanded Moses.

18 ¶ And he brought the ram for the burnt offering: and Aaron and his sons laid their hands upon the head of the ram.

19 And he killed *it;* and Moses sprinkled the blood upon the altar round about.

20 And he cut the ram into pieces; and Moses burnt the head, and the pieces, and the fat.

21 And he washed the inwards and the legs in water; and Moses burnt the whole ram upon the altar: it *was* a burnt sacrifice for a sweet savour, *and* an offering made by fire unto the LORD; as the LORD commanded Moses.

22 ¶ And he brought the other ram, the ram of consecration: and Aaron and his sons laid their hands upon the head of the ram.

23 And he slew *it;* and Moses took of the blood of it, and put *it* upon the tip of Aaron's right ear, and upon the thumb of his right hand, and upon the great toe of his right foot.

24 And he brought Aaron's sons, and Moses put of the blood upon the tip of their right ear, and upon the thumbs of their right hands, and upon the great toes of their right feet: and Moses sprinkled the blood upon the altar round about.

25 And he took the fat, and the rump, and all the fat that *was* upon the inwards, and the caul *above* the liver, and the two kidneys, and their fat, and the right shoulder:

26 And out of the basket of unleavened bread, that *was* before the LORD, he took one unleavened cake, and a cake of oiled

3 וְאֵ֖ת סַ֣ל הַמַּצּ֑וֹת: וְאֵ֥ת כָּל־הָעֵדָ֖ה הִקְהִ֑יל אֶל־פֶּ֖תַח אֹ֥הֶל מוֹעֵֽד:

4 וַיַּ֣עַשׂ מֹשֶׁ֔ה כַּאֲשֶׁ֛ר צִוָּ֥ה יְהֹוָ֖ה אֹת֑וֹ וַתִּקָּהֵ֣ל הָעֵדָ֔ה אֶל־פֶּ֖תַח אֹ֥הֶל

5 מוֹעֵֽד: וַיֹּ֥אמֶר מֹשֶׁ֖ה אֶל־הָעֵדָ֑ה זֶ֣ה הַדָּבָ֔ר אֲשֶׁר־צִוָּ֥ה יְהֹוָ֖ה לַעֲשֽׂוֹת:

6
7 וַיַּקְרֵ֣ב מֹשֶׁ֔ה אֶֽת־אַהֲרֹ֖ן וְאֶת־בָּנָ֑יו וַיִּרְחַ֥ץ אֹתָ֖ם בַּמָּֽיִם: וַיִּתֵּ֨ן עָלָ֜יו

אֶת־הַכֻּתֹּ֗נֶת וַיַּחְגֹּ֤ר אֹתוֹ֙ בָּֽאַבְנֵ֔ט וַיַּלְבֵּ֤שׁ אֹתוֹ֙ אֶת־הַמְּעִ֔יל וַיִּתֵּ֥ן עָלָ֖יו

8 אֶת־הָאֵפֹ֑ד וַיַּחְגֹּ֣ר אֹת֔וֹ בְּחֵ֖שֶׁב הָאֵפֹ֑ד וַיֶּאְפֹּ֥ד ל֖וֹ בּֽוֹ: וַיָּ֥שֶׂם עָלָ֖יו

9 אֶת־הַחֹ֑שֶׁן וַיִּתֵּן֙ אֶל־הַחֹ֔שֶׁן אֶת־הָאוּרִ֖ים וְאֶת־הַתֻּמִּֽים: וַיָּ֤שֶׂם

אֶת־הַמִּצְנֶ֙פֶת֙ עַל־רֹאשׁ֔וֹ וַיָּ֤שֶׂם עַל־הַמִּצְנֶ֙פֶת֙ אֶל־מ֣וּל פָּנָ֔יו אֵ֖ת צִ֥יץ

10 הַזָּהָ֛ב נֵ֥זֶר הַקֹּ֖דֶשׁ כַּאֲשֶׁ֛ר צִוָּ֥ה יְהֹוָ֖ה אֶת־מֹשֶֽׁה: וַיִּקַּ֤ח מֹשֶׁה֙ אֶת־שֶׁ֣מֶן

11A
11 הַמִּשְׁחָ֔ה וַיִּמְשַׁ֥ח אֶת־הַמִּשְׁכָּ֖ן וְאֶת־כָּל־אֲשֶׁר־בּ֑וֹ וַיְקַדֵּ֖שׁ אֹתָֽם: וַיַּ֥ז

מִמֶּ֛נּוּ עַל־הַמִּזְבֵּ֖חַ שֶׁ֣בַע פְּעָמִ֑ים וַיִּמְשַׁ֤ח אֶת־הַמִּזְבֵּ֙חַ֙ וְאֶת־כָּל־כֵּלָ֔יו

12 וְאֶת־הַכִּיֹּ֥ר וְאֶת־כַּנּ֖וֹ לְקַדְּשָֽׁם: וַיִּצֹ֙ק֙ מִשֶּׁ֣מֶן הַמִּשְׁחָ֔ה עַ֖ל רֹ֥אשׁ אַהֲרֹ֑ן

13 וַיִּמְשַׁ֥ח אֹת֖וֹ לְקַדְּשֽׁוֹ: וַיַּקְרֵ֨ב מֹשֶׁ֜ה אֶת־בְּנֵ֣י אַהֲרֹ֗ן וַיַּלְבִּשֵׁ֤ם כֻּתֳּנֹת֙

וַיַּחְגֹּ֤ר אֹתָם֙ אַבְנֵ֔ט וַיַּחֲבֹ֥שׁ לָהֶ֖ם מִגְבָּע֑וֹת כַּאֲשֶׁ֛ר צִוָּ֥ה יְהֹוָ֖ה

חמישי 14 אֶת־מֹשֶֽׁה: וַיַּגֵּ֕שׁ אֵ֖ת פַּ֣ר הַֽחַטָּ֑את וַיִּסְמֹ֨ךְ אַהֲרֹ֤ן וּבָנָיו֙ אֶת־יְדֵיהֶ֔ם

15 עַל־רֹ֖אשׁ פַּ֣ר הַֽחַטָּֽאת: וַיִּשְׁחָ֗ט וַיִּקַּ֤ח מֹשֶׁה֙ אֶת־הַדָּ֔ם וַיִּתֵּ֡ן

עַל־קַרְנ֣וֹת הַמִּזְבֵּ֣חַ סָבִיב֮ בְּאֶצְבָּעוֹ֒ וַֽיְחַטֵּ֖א אֶת־הַמִּזְבֵּ֑חַ וְאֶת־הַדָּ֗ם

16A 16 יָצַק֙ אֶל־יְס֣וֹד הַמִּזְבֵּ֔חַ וַֽיְקַדְּשֵׁ֖הוּ לְכַפֵּ֥ר עָלָֽיו: וַיִּקַּ֗ח אֶֽת־כָּל־הַחֵ֘לֶב֮

אֲשֶׁ֣ר עַל־הַקֶּ֒רֶב֒ וְאֵת֙ יֹתֶ֣רֶת הַכָּבֵ֔ד וְאֶת־שְׁתֵּ֥י הַכְּלָיֹ֖ת וְאֶת־חֶלְבְּהֶ֑ן

17 וַיַּקְטֵ֥ר מֹשֶׁ֖ה הַמִּזְבֵּֽחָה: וְאֶת־הַפָּ֤ר וְאֶת־עֹרוֹ֙ וְאֶת־בְּשָׂר֣וֹ וְאֶת־פִּרְשׁ֔וֹ

18 שָׂרַ֣ף בָּאֵ֗שׁ מִח֖וּץ לַֽמַּחֲנֶ֑ה כַּאֲשֶׁ֛ר צִוָּ֥ה יְהֹוָ֖ה אֶת־מֹשֶֽׁה: וַיַּקְרֵ֕ב

אֵ֖ת אֵ֣יל הָעֹלָ֑ה וַֽיִּסְמְכ֞וּ אַהֲרֹ֤ן וּבָנָיו֙ אֶת־יְדֵיהֶ֔ם עַל־רֹ֖אשׁ הָאָֽיִל:

19 וַיִּשְׁחָ֑ט וַיִּזְרֹ֨ק מֹשֶׁ֧ה אֶת־הַדָּ֛ם עַל־הַמִּזְבֵּ֖חַ סָבִֽיב: וְאֶת־הָאַ֔יִל נִתַּ֖ח

20 לִנְתָחָ֑יו וַיַּקְטֵ֣ר מֹשֶׁ֗ה אֶת־הָרֹאשׁ֙ וְאֶת־הַנְּתָחִ֔ים וְאֶת־הַפָּֽדֶר:

21 וְאֶת־הַקֶּ֥רֶב וְאֶת־הַכְּרָעַ֖יִם רָחַ֣ץ בַּמָּ֑יִם וַיַּקְטֵר֩ מֹשֶׁ֨ה אֶת־כָּל־הָאַ֜יִל

הַמִּזְבֵּ֗חָה עֹלָ֨ה ה֤וּא לְרֵֽיחַ־נִיחֹ֙חַ֙ אִשֶּׁ֥ה ה֛וּא לַֽיהֹוָ֖ה כַּאֲשֶׁ֥ר צִוָּ֥ה

22 יְהֹוָ֖ה אֶת־מֹשֶֽׁה: וַיַּקְרֵב֙ אֶת־הָאַ֣יִל הַשֵּׁנִ֔י אֵ֖יל הַמִּלֻּאִ֑ים וַֽיִּסְמְכ֞וּ

ששי 23A 23 אַהֲרֹ֤ן וּבָנָיו֙ אֶת־יְדֵיהֶ֔ם עַל־רֹ֖אשׁ הָאָֽיִל: וַיִּשְׁחָ֣ט ׀ וַיִּקַּ֣ח מֹשֶׁ֣ה מִדָּמ֗וֹ

וַיִּתֵּ֛ן עַל־תְּנ֥וּךְ אֹֽזֶן־אַהֲרֹ֖ן הַיְמָנִ֑ית וְעַל־בֹּ֤הֶן יָדוֹ֙ הַיְמָנִ֔ית וְעַל־בֹּ֖הֶן

24A 24 רַגְל֥וֹ הַיְמָנִֽית: וַיַּקְרֵ֞ב אֶת־בְּנֵ֣י אַהֲרֹ֗ן וַיִּתֵּ֨ן מֹשֶׁ֤ה מִן־הַדָּם֙ עַל־תְּנ֤וּךְ

אָזְנָם֙ הַיְמָנִ֔ית וְעַל־בֹּ֤הֶן יָדָם֙ הַיְמָנִ֔ית וְעַל־בֹּ֥הֶן רַגְלָ֖ם הַיְמָנִ֑ית וַיִּזְרֹ֨ק

25 מֹשֶׁ֧ה אֶת־הַדָּ֛ם עַל־הַמִּזְבֵּ֖חַ סָבִֽיב: וַיִּקַּ֣ח אֶת־הַחֵ֗לֶב וְאֶת־הָֽאַלְיָ֜ה

וְאֶֽת־כָּל־הַחֵ֘לֶב֮ אֲשֶׁ֣ר עַל־הַקֶּרֶב֒ וְאֵת֙ יֹתֶ֣רֶת הַכָּבֵ֔ד וְאֶת־שְׁתֵּ֥י

26 הַכְּלָיֹ֖ת וְאֶת־חֶלְבְּהֶ֑ן וְאֵ֖ת שׁ֥וֹק הַיָּמִֽין: וּמִסַּ֨ל הַמַּצּ֜וֹת אֲשֶׁ֣ר ׀ לִפְנֵ֣י

יְהֹוָ֗ה לָקַ֞ח חַלַּ֨ת מַצָּ֤ה אַחַת֙ וְֽחַלַּ֨ת לֶ֤חֶם שֶׁ֙מֶן֙ אַחַ֔ת וְרָקִ֖יק אֶחָ֑ד

bread, and one wafer, and put *them* on the fat, and upon the right shoulder:

27 And he put all upon Aaron's hands, and upon his sons' hands, and waved them *for* a wave offering before the LORD.

28 And Moses took them from off their hands, and burnt *them* on the altar upon the burnt offering: they *were* consecrations for a sweet savour: it *is* an offering made by fire unto the LORD.

29 And Moses took the breast, and waved it *for* a wave offering before the LORD: *for* of the ram of consecration it was Moses' part; as the LORD commanded Moses.

30 And Moses took of the anointing oil, and of the blood which *was* upon the altar, and sprinkled *it* upon Aaron, *and* upon his garments, and upon his sons, and upon his sons' garments with him; and sanctified Aaron, *and* his garments, and his sons, and his sons' garments with him.

31 ¶ And Moses said unto Aaron and to his sons, Boil the flesh *at* the door of the tabernacle of the congregation: and there eat it with the bread that *is* in the basket of consecrations, as I commanded, saying, Aaron and his sons shall eat it.

32 And that which remaineth of the flesh and of the bread shall ye burn with fire.

33 And ye shall not go out of the door of the tabernacle of the congregation *in* seven days, until the days of your consecration be at an end: for seven days shall he consecrate you.

34 As he hath done this day, *so* the LORD hath commanded to do, to make an atonement for you.

35 Therefore shall ye abide *at* the door of the tabernacle of the congregation day and night seven days, and keep the charge of the LORD, that ye die not: for so I am commanded.

36 So Aaron and his sons did all things which the LORD commanded by the hand of Moses.

CHAPTER 9

1 And it came to pass on the eighth day, *that* Moses called Aaron and his sons, and the elders of Israel;

2 And he said unto Aaron, Take thee a young calf for a sin offering, and a ram for a burnt offering, without blemish, and offer *them* before the LORD.

3 And unto the children of Israel thou shalt speak, saying, Take ye a kid of the goats for a sin offering; and a calf and a lamb, *both* of the first year, without blemish, for a burnt offering;

4 Also a bullock and a ram for peace offerings, to sacrifice before the LORD; and a meat offering mingled with oil: for to day the LORD will appear unto you.

5 ¶ And they brought *that* which Moses commanded before the tabernacle of the congregation: and all the congregation drew near and stood before the LORD.

6 And Moses said, This *is* the thing which the LORD commanded that ye should do: and the glory of the LORD shall appear unto you.

7 And Moses said unto Aaron, Go unto the altar, and offer thy sin offering, and thy burnt offering, and make an atonement for thyself, and for the people: and offer the offering of the people, and make an atonement for them; as the LORD commanded.

8 ¶ Aaron therefore went unto the altar, and slew the calf of the sin offering, which *was* for himself.

9 And the sons of Aaron brought the blood unto him: and he dipped his finger in the blood, and put *it* upon the horns of the altar, and poured out the blood at the bottom of the altar:

10 But the fat, and the kidneys, and the caul above the liver of the sin offering, he burnt upon the altar; as the LORD commanded Moses.

11 And the flesh and the hide he burnt with fire without the camp.

12 And he slew the burnt offering; and Aaron's sons presented unto him the blood, which he sprinkled round about upon the altar.

13 And they presented the burnt offering unto him, with the pieces thereof, and the head: and he burnt *them* upon the altar.

14 And he did wash the inwards and the legs, and burnt *them* upon the burnt offering on the altar.

27 וַיָּשֶׂם עַל־הַחֲלָבִים וְעַל שׁוֹק הַיָּמִין: וַיִּתֵּן אֶת־הַכֹּל עַל כַּפֵּי אַהֲרֹן

28 וְעַל כַּפֵּי בָנָיו וַיָּנֶף אֹתָם תְּנוּפָה לִפְנֵי יְהוָה: וַיִּקַּח מֹשֶׁה אֹתָם מֵעַל כַּפֵּיהֶם וַיַּקְטֵר הַמִּזְבֵּחָה עַל־הָעֹלָה מִלֻּאִים הֵם לְרֵיחַ נִיחֹחַ

29A אִשֶּׁה הוּא לַיהוָה: וַיִּקַּח מֹשֶׁה אֶת־הֶחָזֶה וַיְנִיפֵהוּ תְנוּפָה לִפְנֵי יְהוָה מֵאֵיל הַמִּלֻּאִים לְמֹשֶׁה הָיָה לְמָנָה כַּאֲשֶׁר צִוָּה יְהוָה

שביעי 30 אֶת־מֹשֶׁה: וַיִּקַּח מֹשֶׁה מִשֶּׁמֶן הַמִּשְׁחָה וּמִן־הַדָּם אֲשֶׁר עַל־הַמִּזְבֵּחַ וַיַּז עַל־אַהֲרֹן עַל־בְּגָדָיו וְעַל־בָּנָיו וְעַל־בִּגְדֵי בָנָיו אִתּוֹ וַיְקַדֵּשׁ אֶת־

31 אַהֲרֹן אֶת־בְּגָדָיו וְאֶת־בָּנָיו וְאֶת־בִּגְדֵי בָנָיו אִתּוֹ: וַיֹּאמֶר מֹשֶׁה אֶל־ אַהֲרֹן וְאֶל־בָּנָיו בַּשְּׁלוּ אֶת־הַבָּשָׂר פֶּתַח אֹהֶל מוֹעֵד וְשָׁם תֹּאכְלוּ אֹתוֹ וְאֶת־הַלֶּחֶם אֲשֶׁר בְּסַל הַמִּלֻּאִים כַּאֲשֶׁר צִוֵּיתִי לֵאמֹר אַהֲרֹן

מפטיר 32 וּבָנָיו יֹאכְלֻהוּ: וְהַנּוֹתָר בַּבָּשָׂר וּבַלָּחֶם בָּאֵשׁ תִּשְׂרֹפוּ: וּמִפֶּתַח
33 אֹהֶל מוֹעֵד לֹא תֵצְאוּ שִׁבְעַת יָמִים עַד יוֹם מְלֹאת יְמֵי מִלֻּאֵיכֶם

34 כִּי שִׁבְעַת יָמִים יְמַלֵּא אֶת־יֶדְכֶם: כַּאֲשֶׁר עָשָׂה בַּיּוֹם הַזֶּה צִוָּה

35 יְהוָה לַעֲשֹׂת לְכַפֵּר עֲלֵיכֶם: וּפֶתַח אֹהֶל מוֹעֵד תֵּשְׁבוּ יוֹמָם וָלַיְלָה שִׁבְעַת יָמִים וּשְׁמַרְתֶּם אֶת־מִשְׁמֶרֶת יְהוָה וְלֹא תָמוּתוּ כִּי־כֵן

36 צִוֵּיתִי: וַיַּעַשׂ אַהֲרֹן וּבָנָיו אֵת כָּל־הַדְּבָרִים אֲשֶׁר־צִוָּה יְהוָה

שמיני 9 1 בְּיַד־מֹשֶׁה: וַיְהִי בַּיּוֹם הַשְּׁמִינִי קָרָא מֹשֶׁה לְאַהֲרֹן וּלְבָנָיו

2 וּלְזִקְנֵי יִשְׂרָאֵל: וַיֹּאמֶר אֶל־אַהֲרֹן קַח־לְךָ עֵגֶל בֶּן־בָּקָר לְחַטָּאת

3 וְאַיִל לְעֹלָה תְּמִימִם וְהַקְרֵב לִפְנֵי יְהוָה: וְאֶל־בְּנֵי יִשְׂרָאֵל תְּדַבֵּר לֵאמֹר קְחוּ שְׂעִיר־עִזִּים לְחַטָּאת וְעֵגֶל וָכֶבֶשׂ בְּנֵי־שָׁנָה תְּמִימִם

4 לְעֹלָה: וְשׁוֹר וָאַיִל לִשְׁלָמִים לִזְבֹּחַ לִפְנֵי יְהוָה וּמִנְחָה בְלוּלָה

5 בַשָּׁמֶן כִּי הַיּוֹם יְהוָה נִרְאָה אֲלֵיכֶם: וַיִּקְחוּ אֵת אֲשֶׁר צִוָּה מֹשֶׁה

6 אֶל־פְּנֵי אֹהֶל מוֹעֵד וַיִּקְרְבוּ כָּל־הָעֵדָה וַיַּעַמְדוּ לִפְנֵי יְהוָה: וַיֹּאמֶר מֹשֶׁה זֶה הַדָּבָר אֲשֶׁר־צִוָּה יְהוָה תַּעֲשׂוּ וְיֵרָא אֲלֵיכֶם כְּבוֹד יְהוָה:

7 וַיֹּאמֶר מֹשֶׁה אֶל־אַהֲרֹן קְרַב אֶל־הַמִּזְבֵּחַ וַעֲשֵׂה אֶת־חַטָּאתְךָ וְאֶת־עֹלָתֶךָ וְכַפֵּר בַּעַדְךָ וּבְעַד הָעָם וַעֲשֵׂה אֶת־קָרְבַּן הָעָם וְכַפֵּר

8 בַּעֲדָם כַּאֲשֶׁר צִוָּה יְהוָה: וַיִּקְרַב אַהֲרֹן אֶל־הַמִּזְבֵּחַ וַיִּשְׁחַט אֶת־עֵגֶל

9 הַחַטָּאת אֲשֶׁר־לוֹ: וַיַּקְרִבוּ בְּנֵי אַהֲרֹן אֶת־הַדָּם אֵלָיו וַיִּטְבֹּל אֶצְבָּעוֹ בַּדָּם וַיִּתֵּן עַל־קַרְנוֹת הַמִּזְבֵּחַ וְאֶת־הַדָּם יָצַק אֶל־יְסוֹד הַמִּזְבֵּחַ:

10 וְאֶת־הַחֵלֶב וְאֶת־הַכְּלָיֹת וְאֶת־הַיֹּתֶרֶת מִן־הַכָּבֵד מִן־הַחַטָּאת הִקְטִיר

11 הַמִּזְבֵּחָה כַּאֲשֶׁר צִוָּה יְהוָה אֶת־מֹשֶׁה: וְאֶת־הַבָּשָׂר וְאֶת־הָעוֹר שָׂרַף בָּאֵשׁ מִחוּץ לַמַּחֲנֶה: וַיִּשְׁחַט אֶת־הָעֹלָה וַיַּמְצִאוּ בְּנֵי אַהֲרֹן

13 אֵלָיו אֶת־הַדָּם וַיִּזְרְקֵהוּ עַל־הַמִּזְבֵּחַ סָבִיב: וְאֶת־הָעֹלָה הִמְצִיאוּ

14 אֵלָיו לִנְתָחֶיהָ וְאֶת־הָרֹאשׁ וַיַּקְטֵר עַל־הַמִּזְבֵּחַ: וַיִּרְחַץ אֶת־הַקֶּרֶב

15 וְאֶת־הַכְּרָעָיִם וַיַּקְטֵר עַל־הָעֹלָה הַמִּזְבֵּחָה: וַיַּקְרֵב אֵת קָרְבַּן הָעָם

15 ¶ And he brought the people's offering, and took the goat, which *was* the sin offering for the people, and slew it, and offered it for sin, as the first.

16 And he brought the burnt offering, and offered it according to the manner.

17 And he brought the meat offering, and took an handful thereof, and burnt *it* upon the altar, beside the burnt sacrifice of the morning.

18 He slew also the bullock and the ram *for* a sacrifice of peace offerings, which *was* for the people: and Aaron's sons presented unto him the blood, which he sprinkled upon the altar round about,

19 And the fat of the bullock and of the ram, the rump, and that which covereth *the inwards,* and the kidneys, and the caul *above* the liver:

20 And they put the fat upon the breasts, and he burnt the fat upon the altar:

21 And the breasts and the right shoulder Aaron waved *for* a wave offering before the LORD; as Moses commanded.

22 And Aaron lifted up his hand toward the people, and blessed them, and came down from offering of the sin offering, and the burnt offering, and peace offerings.

23 And Moses and Aaron went into the tabernacle of the congregation, and came out, and blessed the people: and the glory of the LORD appeared unto all the people.

24 And there came a fire out from before the LORD, and consumed upon the altar the burnt offering and the fat: *which* when all the people saw, they shouted, and fell on their faces.

CHAPTER 10

1 And Nadab and Abihu, the sons of Aaron, took either of them his censer, and put fire therein, and put incense thereon, and offered strange fire before the LORD, which he commanded them not.

2 And there went out fire from the LORD, and devoured them, and they died before the LORD.

3 Then Moses said unto Aaron, This *is it* that the LORD spake, saying, I will be sanctified in them that come nigh me, and before all the people I will be glorified. And Aaron held his peace.

4 And Moses called Mishael and Elzaphan, the sons of Uzziel the uncle of Aaron, and said unto them, Come near, carry your brethren from before the sanctuary out of the camp.

5 So they went near, and carried them in their coats out of the camp; as Moses had said.

6 And Moses said unto Aaron, and unto Eleazar and unto Ithamar, his sons, Uncover not your heads, neither rend your clothes; lest ye die, and lest wrath come upon all the people: but let your brethren, the whole house of Israel, bewail the burning which the LORD hath kindled.

7 And ye shall not go out from the door of the tabernacle of the congregation, lest ye die: for the anointing oil of the LORD *is* upon you. And they did according to the word of Moses.

8 ¶ And the LORD spake unto Aaron, saying,

9 Do not drink wine nor strong drink, thou, nor thy sons with thee, when ye go into the tabernacle of the congregation, lest ye die: *it shall be* a statute for ever throughout your generations:

10 And that ye may put difference between holy and unholy, and between unclean and clean;

11 And that ye may teach the children of Israel all the statutes which the LORD hath spoken unto them by the hand of Moses.

12 ¶ And Moses spake unto Aaron, and unto Eleazar and unto Ithamar, his sons that were left, Take the meat offering that remaineth of the offerings of the LORD made by fire, and eat it without leaven beside the altar: for it *is* most holy:

13 And ye shall eat it in the holy place, because it *is* thy due, and thy sons' due, of the sacrifices of the LORD made by fire: for so I am commanded.

14 And the wave breast and heave shoulder shall ye eat in a clean place; thou, and thy sons, and thy daughters with thee: for *they be* thy due, and thy sons' due, *which* are given out of the sacrifices of peace offerings of the children of Israel.

וַיִּקַּח אֶת־שְׂעִיר הַחַטָּאת אֲשֶׁר לָעָם וַיִּשְׁחָטֵהוּ וַיְחַטְּאֵהוּ כָּרִאשֽׁוֹן׃

שני 16
17 וַיַּקְרֵב אֶת־הָעֹלָה וַיַּעֲשֶׂהָ כַּמִּשְׁפָּט׃ וַיַּקְרֵב אֶת־הַמִּנְחָה וַיְמַלֵּא

18 כַפּוֹ מִמֶּנָּה וַיַּקְטֵר עַל־הַמִּזְבֵּחַ מִלְּבַד עֹלַת הַבֹּקֶר׃ וַיִּשְׁחַט אֶת־הַשּׁוֹר

וְאֶת־הָאַיִל זֶבַח הַשְּׁלָמִים אֲשֶׁר לָעָם וַיַּמְצִאוּ בְּנֵי אַהֲרֹן אֶת־הַדָּם

19 אֵלָיו וַיִּזְרְקֵהוּ עַל־הַמִּזְבֵּחַ סָבִיב׃ וְאֶת־הַחֲלָבִים מִן־הַשּׁוֹר וּמִן־הָאַיִל

20 הָאַלְיָה וְהַמְכַסֶּה וְהַכְּלָיֹת וְיֹתֶרֶת הַכָּבֵד׃ וַיָּשִׂימוּ אֶת־הַחֲלָבִים

21 עַל־הֶחָזוֹת וַיַּקְטֵר הַחֲלָבִים הַמִּזְבֵּחָה׃ וְאֵת הֶחָזוֹת וְאֵת שׁוֹק הַיָּמִין

22 הֵנִיף אַהֲרֹן תְּנוּפָה לִפְנֵי יְהוָה כַּאֲשֶׁר צִוָּה מֹשֶׁה׃ וַיִּשָּׂא אַהֲרֹן

ידיו אֶת־יָדָו אֶל־הָעָם וַיְבָרְכֵם וַיֵּרֶד מֵעֲשֹׂת הַחַטָּאת וְהָעֹלָה וְהַשְּׁלָמִים׃

23 וַיָּבֹא מֹשֶׁה וְאַהֲרֹן אֶל־אֹהֶל מוֹעֵד וַיֵּצְאוּ וַיְבָרְכוּ אֶת־הָעָם וַיֵּרָא

שלישי 24 כְבוֹד־יְהוָה אֶל־כָּל־הָעָם׃ וַתֵּצֵא אֵשׁ מִלִּפְנֵי יְהוָה וַתֹּאכַל

עַל־הַמִּזְבֵּחַ אֶת־הָעֹלָה וְאֶת־הַחֲלָבִים וַיַּרְא כָּל־הָעָם וַיָּרֹנּוּ וַיִּפְּלוּ

1A 10 1 עַל־פְּנֵיהֶם׃ וַיִּקְחוּ בְנֵי־אַהֲרֹן נָדָב וַאֲבִיהוּא אִישׁ מַחְתָּתוֹ וַיִּתְּנוּ

בָהֵן אֵשׁ וַיָּשִׂימוּ עָלֶיהָ קְטֹרֶת וַיַּקְרִבוּ לִפְנֵי יְהוָה אֵשׁ זָרָה אֲשֶׁר

2 לֹא צִוָּה אֹתָם׃ וַתֵּצֵא אֵשׁ מִלִּפְנֵי יְהוָה וַתֹּאכַל אוֹתָם וַיָּמֻתוּ לִפְנֵי

3 יְהוָה׃ וַיֹּאמֶר מֹשֶׁה אֶל־אַהֲרֹן הוּא אֲשֶׁר־דִּבֶּר יְהוָה׀ לֵאמֹר בִּקְרֹבַי

אֶקָּדֵשׁ וְעַל־פְּנֵי כָל־הָעָם אֶכָּבֵד וַיִּדֹּם אַהֲרֹן׃ וַיִּקְרָא מֹשֶׁה 4

אֶל־מִישָׁאֵל וְאֶל אֶלְצָפָן בְּנֵי עֻזִּיאֵל דֹּד אַהֲרֹן וַיֹּאמֶר אֲלֵהֶם קִרְבוּ

5 שְׂאוּ אֶת־אֲחֵיכֶם מֵאֵת פְּנֵי־הַקֹּדֶשׁ אֶל־מִחוּץ לַמַּחֲנֶה׃ וַיִּקְרְבוּ

6 וַיִּשָּׂאֻם בְּכֻתֳּנֹתָם אֶל־מִחוּץ לַמַּחֲנֶה כַּאֲשֶׁר דִּבֶּר מֹשֶׁה׃ וַיֹּאמֶר

מֹשֶׁה אֶל־אַהֲרֹן וּלְאֶלְעָזָר וּלְאִיתָמָר׀ בָּנָיו רָאשֵׁיכֶם אַל־תִּפְרָעוּ׀

וּבִגְדֵיכֶם לֹא־תִפְרֹמוּ וְלֹא תָמֻתוּ וְעַל כָּל־הָעֵדָה יִקְצֹף וַאֲחֵיכֶם

7 כָּל־בֵּית יִשְׂרָאֵל יִבְכּוּ אֶת־הַשְּׂרֵפָה אֲשֶׁר שָׂרַף יְהוָה׃ וּמִפֶּתַח אֹהֶל

מוֹעֵד לֹא תֵצְאוּ פֶּן־תָּמֻתוּ כִּי־שֶׁמֶן מִשְׁחַת יְהוָה עֲלֵיכֶם וַיַּעֲשׂוּ

כִּדְבַר מֹשֶׁה׃

8
9 וַיְדַבֵּר יְהוָה אֶל־אַהֲרֹן לֵאמֹר׃ יַיִן וְשֵׁכָר אַל־תֵּשְׁתְּ׀ אַתָּה׀ וּבָנֶיךָ

אִתָּךְ בְּבֹאֲכֶם אֶל־אֹהֶל מוֹעֵד וְלֹא תָמֻתוּ חֻקַּת עוֹלָם לְדֹרֹתֵיכֶם׃

10
11 וּלְהַבְדִּיל בֵּין הַקֹּדֶשׁ וּבֵין הַחֹל וּבֵין הַטָּמֵא וּבֵין הַטָּהוֹר׃ וּלְהוֹרֹת

אֶת־בְּנֵי יִשְׂרָאֵל אֵת כָּל־הַחֻקִּים אֲשֶׁר דִּבֶּר יְהוָה אֲלֵיהֶם בְּיַד־

מֹשֶׁה׃

רביעי 12 וַיְדַבֵּר מֹשֶׁה אֶל־אַהֲרֹן וְאֶל אֶלְעָזָר וְאֶל־אִיתָמָר׀ בָּנָיו הַנּוֹתָרִים

קְחוּ אֶת־הַמִּנְחָה הַנּוֹתֶרֶת מֵאִשֵּׁי יְהוָה וְאִכְלוּהָ מַצּוֹת אֵצֶל הַמִּזְבֵּחַ

13 כִּי קֹדֶשׁ קָדָשִׁים הִוא׃ וַאֲכַלְתֶּם אֹתָהּ בְּמָקוֹם קָדֹשׁ כִּי חָקְךָ

14 וְחָק־בָּנֶיךָ הִוא מֵאִשֵּׁי יְהוָה כִּי־כֵן צֻוֵּיתִי׃ וְאֵת חֲזֵה הַתְּנוּפָה וְאֵת׀

שׁוֹק הַתְּרוּמָה תֹּאכְלוּ בְּמָקוֹם טָהוֹר אַתָּה וּבָנֶיךָ וּבְנֹתֶיךָ אִתָּךְ

235

15 The heave shoulder and the wave breast shall they bring with the offerings made by fire of the fat, to wave *it for* a wave offering before the LORD; and it shall be thine, and thy sons' with thee, by a statute for ever; as the LORD hath commanded.

16 ¶ And Moses diligently sought the goat of the sin offering, and, behold, it was burnt: and he was angry with Eleazar and Ithamar, the sons of Aaron *which were* left *alive,* saying,

17 Wherefore have ye not eaten the sin offering in the holy place, seeing it *is* most holy, and *God* hath given it you to bear the iniquity of the congregation, to make atonement for them before the LORD?

18 Behold, the blood of it was not brought in within the holy *place:* ye should indeed have eaten it in the holy *place,* as I commanded.

19 And Aaron said unto Moses, Behold, this day have they offered their sin offering and their burnt offering before the LORD; and such things have befallen me: and *if* I had eaten the sin offering to day, should it have been accepted in the sight of the LORD?

20 And when Moses heard *that,* he was content.

CHAPTER 11

1 And the LORD spake unto Moses and to Aaron, saying unto them,

2 Speak unto the children of Israel, saying, These *are* the beasts which ye shall eat among all the beasts that *are* on the earth.

3 Whatsoever parteth the hoof, and is clovenfooted, *and* cheweth the cud, among the beasts, that shall ye eat.

4 Nevertheless these shall ye not eat of them that chew the cud, or of them that divide the hoof: *as* the camel, because he cheweth the cud, but divideth not the hoof; he *is* unclean unto you.

5 And the coney, because he cheweth the cud, but divideth not the hoof; he *is* unclean unto you.

6 And the hare, because he cheweth the cud, but divideth not the hoof; he *is* unclean unto you.

7 And the swine, though he divide the hoof, and be clovenfooted, yet he cheweth not the cud; he *is* unclean to you.

8 Of their flesh shall ye not eat, and their carcase shall ye not touch; they *are* unclean to you.

9 ¶ These shall ye eat of all that *are* in the waters: whatsoever hath fins and scales in the waters, in the seas, and in the rivers, them shall ye eat.

10 And all that have not fins and scales in the seas, and in the rivers, of all that move in the waters, and of any living thing which *is* in the waters, they *shall be* an abomination unto you:

11 They shall be even an abomination unto you; ye shall not eat of their flesh, but ye shall have their carcases in abomination.

12 Whatsoever hath no fins nor scales in the waters, that *shall be* an abomination unto you.

13 ¶ And these *are they which* ye shall have in abomination among the fowls; they shall not be eaten, they *are* an abomination: the eagle, and the ossifrage, and the ospray,

14 And the vulture, and the kite after his kind;

15 Every raven after his kind;

16 And the owl, and the night hawk, and the cuckow, and the hawk after his kind,

17 And the little owl, and the cormorant, and the great owl,

18 And the swan, and the pelican, and the gier eagle,

19 And the stork, the heron after her kind, and the lapwing, and the bat.

20 All fowls that creep, going upon *all* four, *shall be* an abomination unto you.

21 Yet these may ye eat of every flying creeping thing that goeth upon *all* four, which have legs above their feet, to leap withal upon the earth;

22 *Even* these of them ye may eat; the locust after his kind, and the bald locust

כִּי־חָקְךָ וְחָק־בָּנֶיךָ נָתַתִּי מִזִּבְחֵי שַׁלְמֵי בְּנֵי יִשְׂרָאֵל: שׁוֹק הַתְּרוּמָה 15

וַחֲזֵה הַתְּנוּפָה עַל אִשֵּׁי הַחֲלָבִים יָבִיאוּ לְהָנִיף תְּנוּפָה לִפְנֵי יְהוָה

וְהָיָה לְךָ וּלְבָנֶיךָ אִתְּךָ לְחָק־עוֹלָם כַּאֲשֶׁר צִוָּה יְהוָה: וְאֵת שְׂעִיר 16 חמישי

הַחַטָּאת דָּרֹשׁ דָּרַשׁ מֹשֶׁה וְהִנֵּה שֹׂרָף וַיִּקְצֹף עַל־אֶלְעָזָר

וְעַל־אִיתָמָר בְּנֵי אַהֲרֹן הַנּוֹתָרִם לֵאמֹר: מַדּוּעַ לֹא־אֲכַלְתֶּם 17

אֶת־הַחַטָּאת בִּמְקוֹם הַקֹּדֶשׁ כִּי קֹדֶשׁ קָדָשִׁים הִוא וְאֹתָהּ נָתַן

לָכֶם לָשֵׂאת אֶת־עֲוֺן הָעֵדָה לְכַפֵּר עֲלֵיהֶם לִפְנֵי יְהוָה: הֵן לֹא־הוּבָא 18

אֶת־דָּמָהּ אֶל־הַקֹּדֶשׁ פְּנִימָה אָכוֹל תֹּאכְלוּ אֹתָהּ בַּקֹּדֶשׁ כַּאֲשֶׁר

צִוֵּיתִי: וַיְדַבֵּר אַהֲרֹן אֶל־מֹשֶׁה הֵן הַיּוֹם הִקְרִיבוּ אֶת־חַטָּאתָם 19

וְאֶת־עֹלָתָם לִפְנֵי יְהוָה וַתִּקְרֶאנָה אֹתִי כָּאֵלֶּה וְאָכַלְתִּי חַטָּאת

הַיּוֹם הַיִּיטַב בְּעֵינֵי יְהוָה: וַיִּשְׁמַע מֹשֶׁה וַיִּיטַב בְּעֵינָיו: 20

11 וַיְדַבֵּר יְהוָה אֶל־מֹשֶׁה וְאֶל־אַהֲרֹן לֵאמֹר אֲלֵהֶם: דַּבְּרוּ אֶל־בְּנֵי 1 ששי
2

יִשְׂרָאֵל לֵאמֹר זֹאת הַחַיָּה אֲשֶׁר תֹּאכְלוּ מִכָּל־הַבְּהֵמָה אֲשֶׁר

עַל־הָאָרֶץ: כֹּל מַפְרֶסֶת פַּרְסָה וְשֹׁסַעַת שֶׁסַע פְּרָסֹת מַעֲלַת גֵּרָה 3

בַּבְּהֵמָה אֹתָהּ תֹּאכֵלוּ: אַךְ אֶת־זֶה לֹא תֹאכְלוּ מִמַּעֲלֵי הַגֵּרָה 4

וּמִמַּפְרִיסֵי הַפַּרְסָה אֶת־הַגָּמָל כִּי־מַעֲלֵה גֵרָה הוּא וּפַרְסָה אֵינֶנּוּ

מַפְרִיס טָמֵא הוּא לָכֶם: וְאֶת־הַשָּׁפָן כִּי־מַעֲלֵה גֵרָה הוּא וּפַרְסָה 5

לֹא יַפְרִיס טָמֵא הוּא לָכֶם: וְאֶת־הָאַרְנֶבֶת כִּי־מַעֲלַת גֵּרָה הִוא 6

וּפַרְסָה לֹא הִפְרִיסָה טְמֵאָה הִוא לָכֶם: וְאֶת־הַחֲזִיר כִּי־מַפְרִיס 7

פַּרְסָה הוּא וְשֹׁסַע שֶׁסַע פַּרְסָה וְהוּא גֵּרָה לֹא־יִגָּר טָמֵא הוּא

לָכֶם: מִבְּשָׂרָם לֹא תֹאכֵלוּ וּבְנִבְלָתָם לֹא תִגָּעוּ טְמֵאִים הֵם לָכֶם: 8

אֶת־זֶה תֹּאכְלוּ מִכֹּל אֲשֶׁר בַּמָּיִם כֹּל אֲשֶׁר־לוֹ סְנַפִּיר וְקַשְׂקֶשֶׂת 9

בַּמַּיִם בַּיַּמִּים וּבַנְּחָלִים אֹתָם תֹּאכֵלוּ: וְכֹל אֲשֶׁר אֵין־לוֹ סְנַפִּיר 10

וְקַשְׂקֶשֶׂת בַּיַּמִּים וּבַנְּחָלִים מִכֹּל שֶׁרֶץ הַמַּיִם וּמִכֹּל נֶפֶשׁ הַחַיָּה

אֲשֶׁר בַּמָּיִם שֶׁקֶץ הֵם לָכֶם: וְשֶׁקֶץ יִהְיוּ לָכֶם מִבְּשָׂרָם לֹא תֹאכֵלוּ 11

וְאֶת־נִבְלָתָם תְּשַׁקֵּצוּ: כֹּל אֲשֶׁר אֵין־לוֹ סְנַפִּיר וְקַשְׂקֶשֶׂת בַּמָּיִם 12

שֶׁקֶץ הוּא לָכֶם: וְאֶת־אֵלֶּה תְּשַׁקְּצוּ מִן־הָעוֹף לֹא יֵאָכְלוּ שֶׁקֶץ 13

הֵם אֶת־הַנֶּשֶׁר וְאֶת־הַפֶּרֶס וְאֵת הָעָזְנִיָּה: וְאֶת־הַדָּאָה וְאֶת־הָאַיָּה 14

לְמִינָהּ: אֵת כָּל־עֹרֵב לְמִינוֹ: וְאֵת בַּת הַיַּעֲנָה וְאֶת־הַתַּחְמָס 15
16

וְאֶת־הַשָּׁחַף וְאֶת־הַנֵּץ לְמִינֵהוּ: וְאֶת־הַכּוֹס וְאֶת־הַשָּׁלָךְ וְאֶת־ 17

הַיַּנְשׁוּף: וְאֶת־הַתִּנְשֶׁמֶת וְאֶת־הַקָּאָת וְאֶת־הָרָחָם: וְאֵת הַחֲסִידָה 18
19

הָאֲנָפָה לְמִינָהּ וְאֶת־הַדּוּכִיפַת וְאֶת־הָעֲטַלֵּף: כֹּל שֶׁרֶץ הָעוֹף הַהֹלֵךְ 20

עַל־אַרְבַּע שֶׁקֶץ הוּא לָכֶם: אַךְ אֶת־זֶה תֹּאכְלוּ מִכֹּל שֶׁרֶץ הָעוֹף 21

הַהֹלֵךְ עַל־אַרְבַּע אֲשֶׁר־לֹא כְרָעַיִם מִמַּעַל לְרַגְלָיו לְנַתֵּר בָּהֵן לו

עַל־הָאָרֶץ: אֶת־אֵלֶּה מֵהֶם תֹּאכֵלוּ אֶת־הָאַרְבֶּה לְמִינוֹ וְאֶת־הַסָּלְעָם 22

after his kind, and the beetle after his kind, and the grasshopper after his kind.

23 But all *other* flying creeping things, which have four feet, *shall be* an abomination unto you.

24 And for these ye shall be unclean: whosoever toucheth the carcase of them shall be unclean until the even.

25 And whosoever beareth *ought* of the carcase of them shall wash his clothes, and be unclean until the even.

26 *The carcases* of every beast which divideth the hoof, and *is* not clovenfooted, nor cheweth the cud, *are* unclean unto you: every one that toucheth them shall be unclean.

27 And whatsoever goeth upon his paws, among all manner of beasts that go on *all* four, those *are* unclean unto you: whoso toucheth their carcase shall be unclean until the even.

28 And he that beareth the carcase of them shall wash his clothes, and be unclean until the even: they *are* unclean unto you.

29 ¶ These also *shall be* unclean unto you among the creeping things that creep upon the earth; the weasel, and the mouse, and the tortoise after his kind,

30 And the ferret, and the chameleon, and the lizard, and the snail, and the mole.

31 These *are* unclean to you among all that creep: whosoever doth touch them, when they be dead, shall be unclean until the even.

32 And upon whatsoever *any* of them, when they are dead, doth fall, it shall be unclean; whether *it be* any vessel of wood, or raiment, or skin, or sack, whatsoever vessel *it be,* wherein *any* work is done, it must be put into water, and it shall be unclean until the even; so it shall be cleansed.

33 And every earthen vessel, whereinto *any* of them falleth, whatsoever *is* in it shall be unclean; and ye shall break it.

34 Of all meat which may be eaten, *that* on which *such* water cometh shall be unclean: and all drink that may be drunk in every *such* vessel shall be unclean.

35 And every *thing* whereupon *any part* of their carcase falleth shall be unclean; *whether it be* oven, or ranges for pots, they shall be broken down: *for* they *are* unclean, and shall be unclean unto you.

36 Nevertheless a fountain or pit, *wherein there is* plenty of water, shall be clean: but that which toucheth their carcase shall be unclean.

37 And if *any part* of their carcase fall upon any sowing seed which is to be sown, it *shall be* clean.

38 But if *any* water be put upon the seed, and *any part* of their carcase fall thereon, it *shall be* unclean unto you.

39 And if any beast, of which ye may eat, die; he that toucheth the carcase thereof shall be unclean until the even.

40 And he that eateth of the carcase of it shall wash his clothes, and be unclean until the even: he also that beareth the carcase of it shall wash his clothes, and be unclean until the even.

41 And every creeping thing that creepeth upon the earth *shall be* an abomination; it shall not be eaten.

42 Whatsoever goeth upon the belly, and whatsoever goeth upon *all* four, or whatsoever hath more feet among all creeping things that creep upon the earth, them ye shall not eat; for they *are* an abomination.

43 Ye shall not make yourselves abominable with any creeping thing that creepeth, neither shall ye make yourselves unclean with them, that ye should be defiled thereby.

44 For I *am* the Lord your God: ye shall therefore sanctify yourselves, and ye shall be holy; for I *am* holy: neither shall ye defile yourselves with any manner of creeping thing that creepeth upon the earth.

45 For I *am* the Lord that bringeth you up out of the land of Egypt, to be your God: ye shall therefore be holy, for I *am* holy.

46 This *is* the law of the beasts, and of the fowl, and of every living creature that moveth in the waters, and of every creature that creepeth upon the earth:

47 To make a difference between the unclean and the clean, and between the beast that may be eaten and the beast that may not be eaten.

לְמִינֵהוּ וְאֶת־הָחַרְגֹּל לְמִינֵהוּ וְאֶת־הֶחָגָב לְמִינֵהוּ: וְכֹל שֶׁרֶץ הָעוֹף 23

אֲשֶׁר־לוֹ אַרְבַּע רַגְלָיִם שֶׁקֶץ הוּא לָכֶם: וּלְאֵלֶּה תִּטַּמָּאוּ כָּל־הַנֹּגֵעַ 24

בְּנִבְלָתָם יִטְמָא עַד־הָעָרֶב: וְכָל־הַנֹּשֵׂא מִנִּבְלָתָם יְכַבֵּס בְּגָדָיו וְטָמֵא 25

עַד־הָעָרֶב: לְכָל־הַבְּהֵמָה אֲשֶׁר הִוא מַפְרֶסֶת פַּרְסָה וְשֶׁסַע| אֵינֶנָּה 26
שֹׁסַעַת וְגֵרָה אֵינֶנָּה מַעֲלָה טְמֵאִים הֵם לָכֶם כָּל־הַנֹּגֵעַ בָּהֶם

יִטְמָא: וְכֹל| הוֹלֵךְ עַל־כַּפָּיו בְּכָל־הַחַיָּה הַהֹלֶכֶת עַל־אַרְבַּע טְמֵאִים 27

הֵם לָכֶם כָּל־הַנֹּגֵעַ בְּנִבְלָתָם יִטְמָא עַד־הָעָרֶב: וְהַנֹּשֵׂא אֶת־נִבְלָתָם 28

יְכַבֵּס בְּגָדָיו וְטָמֵא עַד־הָעָרֶב טְמֵאִים הֵמָּה לָכֶם: וְזֶה 29
לָכֶם הַטָּמֵא בַּשֶּׁרֶץ הַשֹּׁרֵץ עַל־הָאָרֶץ הַחֹלֶד וְהָעַכְבָּר וְהַצָּב

לְמִינֵהוּ: וְהָאֲנָקָה וְהַכֹּחַ וְהַלְּטָאָה וְהַחֹמֶט וְהַתִּנְשָׁמֶת: אֵלֶּה 30
31
הַטְּמֵאִים לָכֶם בְּכָל־הַשָּׁרֶץ כָּל־הַנֹּגֵעַ בָּהֶם בְּמֹתָם יִטְמָא עַד־הָעָרֶב:

וְכֹל אֲשֶׁר־יִפֹּל־עָלָיו מֵהֶם| בְּמֹתָם יִטְמָא מִכָּל־כְּלִי־עֵץ אוֹ בֶגֶד 32
אוֹ־עוֹר אוֹ שָׂק כָּל־כְּלִי אֲשֶׁר־יֵעָשֶׂה מְלָאכָה בָּהֶם בַּמַּיִם יוּבָא

שביעי וְטָמֵא עַד־הָעָרֶב וְטָהֵר: וְכָל־כְּלִי־חֶרֶשׂ אֲשֶׁר־יִפֹּל מֵהֶם אֶל־תּוֹכוֹ 33

כֹּל אֲשֶׁר בְּתוֹכוֹ יִטְמָא וְאֹתוֹ תִשְׁבֹּרוּ: מִכָּל־הָאֹכֶל אֲשֶׁר יֵאָכֵל 34

אֲשֶׁר יָבוֹא עָלָיו מַיִם יִטְמָא וְכָל־מַשְׁקֶה אֲשֶׁר יִשָּׁתֶה בְּכָל־כְּלִי

יִטְמָא: וְכֹל אֲשֶׁר־יִפֹּל מִנִּבְלָתָם| עָלָיו יִטְמָא תַּנּוּר וְכִירַיִם יֻתָּץ 35

טְמֵאִים הֵם וּטְמֵאִים יִהְיוּ לָכֶם: אַךְ מַעְיָן וּבוֹר מִקְוֵה־מַיִם יִהְיֶה 36

טָהוֹר וְנֹגֵעַ בְּנִבְלָתָם יִטְמָא: וְכִי יִפֹּל מִנִּבְלָתָם עַל־כָּל־זֶרַע זֵרוּעַ 37

אֲשֶׁר יִזָּרֵעַ טָהוֹר הוּא: וְכִי יֻתַּן־מַיִם עַל־זֶרַע וְנָפַל מִנִּבְלָתָם עָלָיו 38

טָמֵא הוּא לָכֶם: וְכִי יָמוּת מִן־הַבְּהֵמָה אֲשֶׁר־הִיא לָכֶם 39

לְאָכְלָה הַנֹּגֵעַ בְּנִבְלָתָהּ יִטְמָא עַד־הָעָרֶב: וְהָאֹכֵל מִנִּבְלָתָהּ יְכַבֵּס 40
בְּגָדָיו וְטָמֵא עַד־הָעָרֶב וְהַנֹּשֵׂא אֶת־נִבְלָתָהּ יְכַבֵּס בְּגָדָיו וְטָמֵא

עַד־הָעָרֶב: וְכָל־הַשֶּׁרֶץ הַשֹּׁרֵץ עַל־הָאָרֶץ שֶׁקֶץ הוּא לֹא יֵאָכֵל: 41

כֹּל הוֹלֵךְ עַל־גָּחוֹן וְכֹל| הוֹלֵךְ עַל־אַרְבַּע עַד כָּל־מַרְבֵּה רַגְלַיִם 42
לְכָל־הַשֶּׁרֶץ הַשֹּׁרֵץ עַל־הָאָרֶץ לֹא תֹאכְלוּם כִּי־שֶׁקֶץ הֵם:

אַל־תְּשַׁקְּצוּ אֶת־נַפְשֹׁתֵיכֶם בְּכָל־הַשֶּׁרֶץ הַשֹּׁרֵץ וְלֹא תִטַּמְּאוּ בָּהֶם 43

וְנִטְמֵתֶם בָּם: כִּי אֲנִי יְהוָה אֱלֹהֵיכֶם וְהִתְקַדִּשְׁתֶּם וִהְיִיתֶם קְדֹשִׁים 44
כִּי קָדוֹשׁ אָנִי וְלֹא תְטַמְּאוּ אֶת־נַפְשֹׁתֵיכֶם בְּכָל־הַשֶּׁרֶץ הָרֹמֵשׂ

מפטיר עַל־הָאָרֶץ: כִּי| אֲנִי יְהוָה הַמַּעֲלֶה אֶתְכֶם מֵאֶרֶץ מִצְרַיִם לִהְיֹת 45

לָכֶם לֵאלֹהִים וִהְיִיתֶם קְדֹשִׁים כִּי קָדוֹשׁ אָנִי: זֹאת תּוֹרַת הַבְּהֵמָה 46
וְהָעוֹף וְכֹל נֶפֶשׁ הַחַיָּה הָרֹמֶשֶׂת בַּמָּיִם וּלְכָל־נֶפֶשׁ הַשֹּׁרֶצֶת

עַל־הָאָרֶץ: לְהַבְדִּיל בֵּין הַטָּמֵא וּבֵין הַטָּהֹר וּבֵין הַחַיָּה הַנֶּאֱכֶלֶת 47
וּבֵין הַחַיָּה אֲשֶׁר לֹא תֵאָכֵל:

CHAPTER 12

1 And the LORD spake unto Moses, saying,

2 Speak unto the children of Israel, saying, If a woman have conceived seed, and born a man child: then she shall be unclean seven days; according to the days of the separation for her infirmity shall she be unclean.

3 And in the eighth day the flesh of his foreskin shall be circumcised.

4 And she shall then continue in the blood of her purifying three and thirty days; she shall touch no hallowed thing, nor come into the sanctuary, until the days of her purifying be fulfilled.

5 But if she bear a maid child, then she shall be unclean two weeks, as in her separation: and she shall continue in the blood of her purifying threescore and six days.

6 And when the days of her purifying are fulfilled, for a son, or for a daughter, she shall bring a lamb of the first year for a burnt offering, and a young pigeon, or a turtledove, for a sin offering, unto the door of the tabernacle of the congregation, unto the priest:

7 Who shall offer it before the LORD, and make an atonement for her; and she shall be cleansed from the issue of her blood. This *is* the law for her that hath born a male or a female.

8 And if she be not able to bring a lamb, then she shall bring two turtles, or two young pigeons; the one for the burnt offering, and the other for a sin offering: and the priest shall make an atonement for her, and she shall be clean.

CHAPTER 13

1 And the LORD spake unto Moses and Aaron, saying,

2 When a man shall have in the skin of his flesh a rising, a scab, or bright spot, and it be in the skin of his flesh *like* the plague of leprosy; then he shall be brought unto Aaron the priest, or unto one of his sons the priests:

3 And the priest shall look on the plague in the skin of the flesh: and *when* the hair in the plague is turned white, and the plague in sight *be* deeper than the skin of his flesh, it *is* a plague of leprosy: and the priest shall look on him, and pronounce him unclean.

4 If the bright spot *be* white in the skin of his flesh, and in sight *be* not deeper than the skin, and the hair thereof be not turned white; then the priest shall shut up *him that hath* the plague seven days:

5 And the priest shall look on him the seventh day: and, behold, *if* the plague in his sight be at a stay, *and* the plague spread not in the skin; then the priest shall shut him up seven days more:

6 And the priest shall look on him again the seventh day: and, behold, *if* the plague *be* somewhat dark, *and* the plague spread not in the skin, the priest shall pronounce him clean: it *is but* a scab: and he shall wash his clothes, and be clean.

7 But if the scab spread much abroad in the skin, after that he hath been seen of the priest for his cleansing, he shall be seen of the priest again:

8 And *if* the priest see that, behold, the scab spreadeth in the skin, then the priest shall pronounce him unclean: it *is* a leprosy.

9 ¶ When the plague of leprosy is in a man, then he shall be brought unto the priest;

10 And the priest shall see *him:* and, behold, *if* the rising *be* white in the skin, and it have turned the hair white, and *there be* quick raw flesh in the rising;

11 It *is* an old leprosy in the skin of his flesh, and the priest shall pronounce him unclean, and shall not shut him up: for he *is* unclean.

12 And if a leprosy break out abroad in the skin, and the leprosy cover all the skin of *him that hath* the plague from his head even to his foot, wheresoever the priest looketh;

13 Then the priest shall consider: and, behold, *if* the leprosy have covered all his flesh, he shall pronounce *him* clean *that hath* the plague: it is all turned white: he *is* clean.

תזריע 12 וַיְדַבֵּר יְהֹוָה אֶל־מֹשֶׁה לֵּאמֹר: דַּבֵּר אֶל־בְּנֵי יִשְׂרָאֵל לֵאמֹר אִשָּׁה כִּי תַזְרִיעַ וְיָלְדָה זָכָר וְטָמְאָה שִׁבְעַת יָמִים כִּימֵי נִדַּת דְּוֺתָהּ תִּטְמָא: וּבַיּוֹם הַשְּׁמִינִי יִמּוֹל בְּשַׂר עָרְלָתוֹ: וּשְׁלֹשִׁים יוֹם וּשְׁלֹשֶׁת יָמִים תֵּשֵׁב בִּדְמֵי טָהֳרָה בְּכָל־קֹדֶשׁ לֹא־תִגָּע וְאֶל־הַמִּקְדָּשׁ לֹא תָבֹא עַד־מְלֹאת יְמֵי טָהֳרָהּ: וְאִם־נְקֵבָה תֵלֵד וְטָמְאָה שְׁבֻעַיִם כְּנִדָּתָהּ וְשִׁשִּׁים יוֹם וְשֵׁשֶׁת יָמִים תֵּשֵׁב עַל־דְּמֵי טָהֳרָה: וּבִמְלֹאת יְמֵי טָהֳרָהּ לְבֵן אוֹ לְבַת תָּבִיא כֶּבֶשׂ בֶּן־שְׁנָתוֹ לְעֹלָה וּבֶן־יוֹנָה אוֹ־תֹר לְחַטָּאת אֶל־פֶּתַח אֹהֶל־מוֹעֵד אֶל־הַכֹּהֵן: וְהִקְרִיבוֹ לִפְנֵי יְהֹוָה וְכִפֶּר עָלֶיהָ וְטָהֲרָה מִמְּקֹר דָּמֶיהָ זֹאת תּוֹרַת הַיֹּלֶדֶת לַזָּכָר אוֹ לַנְּקֵבָה: וְאִם־לֹא תִמְצָא יָדָהּ דֵּי שֶׂה וְלָקְחָה שְׁתֵּי־תֹרִים אוֹ שְׁנֵי בְּנֵי יוֹנָה אֶחָד לְעֹלָה וְאֶחָד לְחַטָּאת וְכִפֶּר עָלֶיהָ הַכֹּהֵן וְטָהֵרָה:

13 וַיְדַבֵּר יְהֹוָה אֶל־מֹשֶׁה וְאֶל־אַהֲרֹן לֵאמֹר: אָדָם כִּי־יִהְיֶה בְעוֹר־בְּשָׂרוֹ שְׂאֵת אוֹ־סַפַּחַת אוֹ בַהֶרֶת וְהָיָה בְעוֹר־בְּשָׂרוֹ לְנֶגַע צָרָעַת וְהוּבָא אֶל־אַהֲרֹן הַכֹּהֵן אוֹ אֶל־אַחַד מִבָּנָיו הַכֹּהֲנִים: וְרָאָה הַכֹּהֵן אֶת־הַנֶּגַע בְּעוֹר־הַבָּשָׂר וְשֵׂעָר בַּנֶּגַע הָפַךְ לָבָן וּמַרְאֵה הַנֶּגַע עָמֹק מֵעוֹר בְּשָׂרוֹ נֶגַע צָרַעַת הוּא וְרָאָהוּ הַכֹּהֵן וְטִמֵּא אֹתוֹ: וְאִם־בַּהֶרֶת לְבָנָה הִוא בְּעוֹר בְּשָׂרוֹ וְעָמֹק אֵין־מַרְאֶהָ מִן־הָעוֹר וּשְׂעָרָה לֹא־הָפַךְ לָבָן וְהִסְגִּיר הַכֹּהֵן אֶת־הַנֶּגַע שִׁבְעַת יָמִים: וְרָאָהוּ הַכֹּהֵן בַּיּוֹם הַשְּׁבִיעִי וְהִנֵּה הַנֶּגַע עָמַד בְּעֵינָיו לֹא־פָשָׂה הַנֶּגַע בָּעוֹר וְהִסְגִּירוֹ הַכֹּהֵן שִׁבְעַת יָמִים שֵׁנִית: וְרָאָה הַכֹּהֵן אֹתוֹ בַּיּוֹם הַשְּׁבִיעִי שֵׁנִית וְהִנֵּה כֵּהָה הַנֶּגַע וְלֹא־פָשָׂה הַנֶּגַע בָּעוֹר וְטִהֲרוֹ הַכֹּהֵן מִסְפַּחַת הִיא וְכִבֶּס בְּגָדָיו וְטָהֵר: וְאִם־פָּשֹׂה תִפְשֶׂה הַמִּסְפַּחַת בָּעוֹר אַחֲרֵי הֵרָאֹתוֹ אֶל־הַכֹּהֵן לְטָהֳרָתוֹ וְנִרְאָה שֵׁנִית אֶל־הַכֹּהֵן: וְרָאָה הַכֹּהֵן וְהִנֵּה פָּשְׂתָה הַמִּסְפַּחַת בָּעוֹר וְטִמְּאוֹ הַכֹּהֵן צָרַעַת הִוא:

נֶגַע צָרַעַת כִּי תִהְיֶה בְּאָדָם וְהוּבָא אֶל־הַכֹּהֵן: וְרָאָה הַכֹּהֵן וְהִנֵּה שְׂאֵת־לְבָנָה בָּעוֹר וְהִיא הָפְכָה שֵׂעָר לָבָן וּמִחְיַת בָּשָׂר חַי בַּשְׂאֵת: צָרַעַת נוֹשֶׁנֶת הִוא בְּעוֹר בְּשָׂרוֹ וְטִמְּאוֹ הַכֹּהֵן לֹא יַסְגִּרֶנּוּ כִּי טָמֵא הוּא: וְאִם־פָּרוֹחַ תִּפְרַח הַצָּרַעַת בָּעוֹר וְכִסְּתָה הַצָּרַעַת אֵת כָּל־עוֹר הַנֶּגַע מֵרֹאשׁוֹ וְעַד־רַגְלָיו לְכָל־מַרְאֵה עֵינֵי הַכֹּהֵן: וְרָאָה הַכֹּהֵן וְהִנֵּה כִסְּתָה הַצָּרַעַת אֶת־כָּל־בְּשָׂרוֹ וְטִהַר אֶת־הַנָּגַע כֻּלּוֹ הָפַךְ לָבָן טָהוֹר הוּא: וּבְיוֹם הֵרָאוֹת בּוֹ בָּשָׂר חַי יִטְמָא: וְרָאָה הַכֹּהֵן

שני

241

14 But when raw flesh appeareth in him, he shall be unclean.

15 And the priest shall see the raw flesh, and pronounce him to be unclean: *for* the raw flesh *is* unclean: it *is* a leprosy.

16 Or if the raw flesh turn again, and be changed unto white, he shall come unto the priest;

17 And the priest shall see him: and, behold, *if* the plague be turned into white; then the priest shall pronounce *him* clean *that hath* the plague: he *is* clean.

18 ¶ The flesh also, in which, *even* in the skin thereof, was a boil, and is healed,

19 And in the place of the boil there be a white rising, or a bright spot, white, and somewhat reddish, and it be shewed to the priest;

20 And if, when the priest seeth it, behold, it *be* in sight lower than the skin, and the hair thereof be turned white; the priest shall pronounce him unclean: it *is* a plague of leprosy broken out of the boil.

21 But if the priest look on it, and, behold, *there be* no white hairs therein, and *if* it *be* not lower than the skin, but *be* somewhat dark; then the priest shall shut him up seven days:

22 And if it spread much abroad in the skin, then the priest shall pronounce him unclean: it *is* a plague.

23 But if the bright spot stay in his place, *and* spread not, it *is* a burning boil; and the priest shall pronounce him clean.

24 ¶ Or if there be *any* flesh, in the skin whereof *there is* a hot burning, and the quick *flesh* that burneth have a white bright spot, somewhat reddish, or white;

25 Then the priest shall look upon it: and, behold, *if* the hair in the bright spot be turned white, and it *be in* sight deeper than the skin; it *is* a leprosy broken out of the burning: wherefore the priest shall pronounce him unclean: it *is* the plague of leprosy.

26 But if the priest look on it, and, behold, *there be* no white hair in the bright spot, and it *be* no lower than the *other* skin, but *be* somewhat dark; then the priest shall shut him up seven days:

27 And the priest shall look upon him the seventh day: *and* if it be spread much abroad in the skin, then the priest shall pronounce him unclean: it *is* the plague of leprosy.

28 And if the bright spot stay in his place, *and* spread not in the skin, but it *be* somewhat dark; it *is* a rising of the burning, and the priest shall pronounce him clean: for it *is* an inflammation of the burning.

29 ¶ If a man or woman have a plague upon the head or the beard;

30 Then the priest shall see the plague: and, behold, if it *be* in sight deeper than the skin; *and there be* in it a yellow thin hair; then the priest shall pronounce him unclean: it *is* a dry scall, *even* a leprosy upon the head or beard.

31 And if the priest look on the plague of the scall, and, behold, it *be* not in sight deeper than the skin, and *that there is* no black hair in it; then the priest shall shut up *him that hath* the plague of the scall seven days:

32 And in the seventh day the priest shall look on the plague: and, behold, *if* the scall spread not, and there be in it no yellow hair, and the scall *be* not in sight deeper than the skin;

33 He shall be shaven, but the scall shall he not shave; and the priest shall shut up *him that hath* the scall seven days more:

34 And in the seventh day the priest shall look on the scall: and, behold, *if* the scall be not spread in the skin, nor *be* in sight deeper than the skin; then the priest shall pronounce him clean: and he shall wash his clothes, and be clean.

35 But if the scall spread much in the skin after his cleansing;

36 Then the priest shall look on him: and, behold, if the scall be spread in the skin, the priest shall not seek for yellow hair; he *is* unclean.

37 But if the scall be in his sight at a stay, and *that* there is black hair grown up therein; the scall is healed, he *is* clean: and the priest shall pronounce him clean.

38 ¶ If a man also or a woman have in the skin of their flesh bright spots, *even* white bright spots;

39 Then the priest shall look: and, behold, *if* the bright spots in the skin of their

16 אֶת־הַבָּשָׂר הַחַי וְטִמְּאוֹ הַבָּשָׂר הַחַי טָמֵא הוּא צָרַעַת הוּא: אוֹ

17 כִי יָשׁוּב הַבָּשָׂר הַחַי וְנֶהְפַּךְ לְלָבָן וּבָא אֶל־הַכֹּהֵן: וְרָאָהוּ הַכֹּהֵן
וְהִנֵּה נֶהְפַּךְ הַנֶּגַע לְלָבָן וְטִהַר הַכֹּהֵן אֶת־הַנֶּגַע טָהוֹר הוּא:

שלישי

18
19 וּבָשָׂר כִּי־יִהְיֶה בוֹ־בְעֹרוֹ שְׁחִין וְנִרְפָּא: וְהָיָה בִּמְקוֹם הַשְּׁחִין שְׂאֵת
20 לְבָנָה אוֹ בַהֶרֶת לְבָנָה אֲדַמְדָּמֶת וְנִרְאָה אֶל־הַכֹּהֵן: וְרָאָה הַכֹּהֵן
וְהִנֵּה מַרְאֶהָ שָׁפָל מִן־הָעוֹר וּשְׂעָרָהּ הָפַךְ לָבָן וְטִמְּאוֹ הַכֹּהֵן

21 נֶגַע־צָרַעַת הִוא בַּשְּׁחִין פָּרָחָה: וְאִם יִרְאֶנָּה הַכֹּהֵן וְהִנֵּה אֵין־בָּהּ
שֵׂעָר לָבָן וּשְׁפָלָה אֵינֶנָּה מִן־הָעוֹר וְהִיא כֵהָה וְהִסְגִּירוֹ הַכֹּהֵן

22 שִׁבְעַת יָמִים: וְאִם־פָּשֹׂה תִפְשֶׂה בָּעוֹר וְטִמֵּא הַכֹּהֵן אֹתוֹ נֶגַע

23 הִוא: וְאִם־תַּחְתֶּיהָ תַּעֲמֹד הַבַּהֶרֶת לֹא פָשָׂתָה צָרֶבֶת הַשְּׁחִין הִוא

רביעי
(שני)

24 וְטִהֲרוֹ הַכֹּהֵן: אוֹ בָשָׂר כִּי־יִהְיֶה בְעֹרוֹ מִכְוַת־אֵשׁ וְהָיְתָה

25 מִחְיַת הַמִּכְוָה בַּהֶרֶת לְבָנָה אֲדַמְדֶּמֶת אוֹ לְבָנָה: וְרָאָה אֹתָהּ
הַכֹּהֵן וְהִנֵּה נֶהְפַּךְ שֵׂעָר לָבָן בַּבַּהֶרֶת וּמַרְאֶהָ עָמֹק מִן־הָעוֹר צָרַעַת

26A 26 הִוא בַּמִּכְוָה פָּרָחָה וְטִמֵּא אֹתוֹ הַכֹּהֵן נֶגַע צָרַעַת הִוא: וְאִם
יִרְאֶנָּה הַכֹּהֵן וְהִנֵּה אֵין־בַּבַּהֶרֶת שֵׂעָר לָבָן וּשְׁפָלָה אֵינֶנָּה מִן־הָעוֹר

27 וְהִוא כֵהָה וְהִסְגִּירוֹ הַכֹּהֵן שִׁבְעַת יָמִים: וְרָאָהוּ הַכֹּהֵן בַּיּוֹם
הַשְּׁבִיעִי אִם־פָּשֹׂה תִפְשֶׂה בָּעוֹר וְטִמֵּא הַכֹּהֵן אֹתוֹ נֶגַע צָרַעַת

28 הִוא: וְאִם־תַּחְתֶּיהָ תַעֲמֹד הַבַּהֶרֶת לֹא־פָשְׂתָה בָעוֹר וְהִוא כֵהָה
שְׂאֵת הַמִּכְוָה הִוא וְטִהֲרוֹ הַכֹּהֵן כִּי־צָרֶבֶת הַמִּכְוָה הִוא:

חמישי

29
30 וְאִישׁ אוֹ אִשָּׁה כִּי־יִהְיֶה בוֹ נָגַע בְּרֹאשׁ אוֹ בְזָקָן: וְרָאָה הַכֹּהֵן
אֶת־הַנֶּגַע וְהִנֵּה מַרְאֵהוּ עָמֹק מִן־הָעוֹר וּבוֹ שֵׂעָר צָהֹב דָּק וְטִמֵּא

31 אֹתוֹ הַכֹּהֵן נֶתֶק הוּא צָרַעַת הָרֹאשׁ אוֹ הַזָּקָן הוּא: וְכִי־יִרְאֶה
הַכֹּהֵן אֶת־נֶגַע הַנֶּתֶק וְהִנֵּה אֵין־מַרְאֵהוּ עָמֹק מִן־הָעוֹר וְשֵׂעָר שָׁחֹר

32 אֵין בּוֹ וְהִסְגִּיר הַכֹּהֵן אֶת־נֶגַע הַנֶּתֶק שִׁבְעַת יָמִים: וְרָאָה הַכֹּהֵן
אֶת־הַנֶּגַע בַּיּוֹם הַשְּׁבִיעִי וְהִנֵּה לֹא־פָשָׂה הַנֶּתֶק וְלֹא־הָיָה בוֹ שֵׂעָר

33 צָהֹב וּמַרְאֵה הַנֶּתֶק אֵין עָמֹק מִן־הָעוֹר: וְהִתְגַּלָּח וְאֶת־הַנֶּתֶק לֹא
34 יְגַלֵּחַ וְהִסְגִּיר הַכֹּהֵן אֶת־הַנֶּתֶק שִׁבְעַת יָמִים שֵׁנִית: וְרָאָה הַכֹּהֵן
אֶת־הַנֶּתֶק בַּיּוֹם הַשְּׁבִיעִי וְהִנֵּה לֹא־פָשָׂה הַנֶּתֶק בָּעוֹר וּמַרְאֵהוּ
אֵינֶנּוּ עָמֹק מִן־הָעוֹר וְטִהַר אֹתוֹ הַכֹּהֵן וְכִבֶּס בְּגָדָיו וְטָהֵר:

35
36 וְאִם־פָּשֹׂה יִפְשֶׂה הַנֶּתֶק בָּעוֹר אַחֲרֵי טָהֳרָתוֹ: וְרָאָהוּ הַכֹּהֵן וְהִנֵּה
37 פָּשָׂה הַנֶּתֶק בָּעוֹר לֹא־יְבַקֵּר הַכֹּהֵן לַשֵּׂעָר הַצָּהֹב טָמֵא הוּא: וְאִם־
בְּעֵינָיו עָמַד הַנֶּתֶק וְשֵׂעָר שָׁחֹר צָמַח־בּוֹ נִרְפָּא הַנֶּתֶק טָהוֹר הוּא

38 וְטִהֲרוֹ הַכֹּהֵן: וְאִישׁ אוֹ־אִשָּׁה כִּי־יִהְיֶה בְעוֹר־בְּשָׂרָם
39 בֶּהָרֹת בֶּהָרֹת לְבָנֹת: וְרָאָה הַכֹּהֵן וְהִנֵּה בְעוֹר־בְּשָׂרָם בֶּהָרֹת כֵּהוֹת

flesh *be* darkish white; it *is* a freckled spot *that* groweth in the skin; he *is* clean.

40 And the man whose hair is fallen off his head, he *is* bald; *yet is* he clean.

41 And he that hath his hair fallen off from the part of his head toward his face, he *is* forehead bald: *yet is* he clean.

42 And if there be in the bald head, or bald forehead, a white reddish sore; it *is* a leprosy sprung up in his bald head, or his bald forehead.

43 Then the priest shall look upon it: and, behold, *if* the rising of the sore *be* white reddish in his bald head, or in his bald forehead, as the leprosy appeareth in the skin of the flesh;

44 He is a leprous man, he *is* unclean: the priest shall pronounce him utterly unclean; his plague *is* in his head.

45 And the leper in whom the plague *is,* his clothes shall be rent, and his head bare, and he shall put a covering upon his upper lip, and shall cry, Unclean, unclean.

46 All the days wherein the plague *shall be* in him he shall be defiled; he *is* unclean: he shall dwell alone; without the camp *shall* his habitation *be.*

47 ¶ The garment also that the plague of leprosy is in, *whether it be* a woollen garment, or a linen garment;

48 Whether *it be* in the warp, or woof; of linen, or of woollen; whether in a skin, or in any thing made of skin;

49 And if the plague be greenish or reddish in the garment, or in the skin, either in the warp, or in the woof, or in any thing of skin; it *is* a plague of leprosy, and shall be shewed unto the priest:

50 And the priest shall look upon the plague, and shut up *it that hath* the plague seven days:

51 And he shall look on the plague on the seventh day: if the plague be spread in the garment, either in the warp, or in the woof, or in a skin, *or* in any work that is made of skin; the plague *is* a fretting leprosy; it *is* unclean.

52 He shall therefore burn that garment, whether warp or woof, in woollen or in linen, or any thing of skin, wherein the plague is: for it *is* a fretting leprosy; it shall be burnt in the fire.

53 And if the priest shall look, and, behold, the plague be not spread in the garment, either in the warp, or in the woof, or in any thing of skin;

54 Then the priest shall command that they wash *the thing* wherein the plague *is,* and he shall shut it up seven days more:

55 And the priest shall look on the plague, after that it is washed: and, behold, *if* the plague have not changed his colour, and the plague be not spread; it *is* unclean; thou shalt burn it in the fire; it *is* fret inward, *whether* it *be* bare within or without.

56 And if the priest look, and, behold, the plague *be* somewhat dark after the washing of it; then he shall rend it out of the garment, or out of the skin, or out of the warp, or out of the woof:

57 And if it appear still in the garment, either in the warp, or in the woof, or in any thing of skin; it *is* a spreading *plague:* thou shalt burn that wherein the plague *is* with fire.

58 And the garment, either warp, or woof, or whatsoever thing of skin *it be,* which thou shalt wash, if the plague be departed from them, then it shall be washed the second time, and shall be clean.

59 This *is* the law of the plague of leprosy in a garment of woollen or linen, either in the warp, or woof, or any thing of skins, to pronounce it clean, or to pronounce it unclean.

CHAPTER 14

1 And the LORD spake unto Moses, saying,

2 This shall be the law of the leper in the day of his cleansing: He shall be brought unto the priest:

3 And the priest shall go forth out of the camp; and the priest shall look, and, behold, *if* the plague of leprosy be healed in the leper;

4 Then shall the priest command to take for him that is to be cleansed two birds alive *and* clean, and cedar wood, and scarlet, and hyssop:

5 And the priest shall command that one

40 לְבָנָ֛ה בֹּהַ֥ק ה֖וּא פָּרַ֣ח בָּע֑וֹר טָה֖וֹר הֽוּא: וְאִ֕ישׁ כִּ֤י יִמָּרֵט֙

41 רֹאשׁ֔וֹ קֵרֵ֥חַ ה֖וּא טָה֣וֹר הֽוּא: וְאִם֙ מִפְּאַ֣ת פָּנָ֔יו יִמָּרֵ֖ט רֹאשׁ֑וֹ גִּבֵּ֥חַ

42 ה֖וּא טָה֣וֹר הֽוּא: וְכִֽי־יִהְיֶ֤ה בַקָּרַ֨חַת֙ א֣וֹ בַגַּבַּ֔חַת נֶ֖גַע לָבָ֣ן אֲדַמְדָּ֑ם

43 צָרַ֤עַת פֹּרַ֨חַת֙ הִ֔וא בְּקָרַחְתּ֖וֹ א֥וֹ בְגַבַּחְתּֽוֹ: וְרָאָ֨ה אֹת֜וֹ הַכֹּהֵ֗ן וְהִנֵּ֤ה
שְׂאֵת־הַנֶּ֨גַע֙ לְבָנָ֣ה אֲדַמְדֶּ֔מֶת בְּקָרַחְתּ֖וֹ א֣וֹ בְגַבַּחְתּ֑וֹ כְּמַרְאֵ֥ה צָרַ֖עַת

44 ע֥וֹר בָּשָֽׂר: אִישׁ־צָר֥וּעַ ה֖וּא טָמֵ֣א ה֑וּא טַמֵּ֧א יְטַמְּאֶ֛נּוּ הַכֹּהֵ֖ן בְּרֹאשׁ֥וֹ

45 נִגְעֽוֹ: וְהַצָּר֜וּעַ אֲשֶׁר־בּ֣וֹ הַנֶּ֗גַע בְּגָדָ֞יו יִהְי֤וּ פְרֻמִים֙ וְרֹאשׁוֹ֙ יִהְיֶ֣ה פָר֔וּעַ

46 וְעַל־שָׂפָ֖ם יַעְטֶ֑ה וְטָמֵ֥א ׀ טָמֵ֖א יִקְרָֽא: כָּל־יְמֵ֞י אֲשֶׁ֨ר הַנֶּ֤גַע בּוֹ֙ יִטְמָ֔א

47 טָמֵ֥א ה֖וּא בָּדָ֣ד יֵשֵׁ֑ב מִח֥וּץ לַֽמַּחֲנֶ֖ה מוֹשָׁבֽוֹ:   וְהַבֶּ֕גֶד כִּֽי־

48 יִהְיֶ֥ה ב֖וֹ נֶ֣גַע צָרָ֑עַת בְּבֶ֣גֶד צֶ֔מֶר א֖וֹ בְּבֶ֥גֶד פִּשְׁתִּֽים: א֤וֹ בִֽשְׁתִי֙ א֣וֹ

49 בְעֵ֔רֶב לַפִּשְׁתִּ֖ים וְלַצָּ֑מֶר א֣וֹ בְע֔וֹר א֖וֹ בְּכָל־מְלֶ֥אכֶת עֽוֹר: וְהָיָ֨ה הַנֶּ֜גַע
יְרַקְרַ֣ק ׀ א֣וֹ אֲדַמְדָּ֗ם בַּבֶּ֩גֶד֩ א֨וֹ בָע֜וֹר אֽוֹ־בַשְּׁתִ֤י אֽוֹ־בָעֵ֨רֶב֙ א֣וֹ בְכָל־

50 כְלִי־ע֔וֹר נֶ֖גַע צָרַ֣עַת ה֑וּא וְהָרְאָ֖ה אֶת־הַכֹּהֵֽן: וְרָאָ֥ה הַכֹּהֵ֖ן אֶת־הַנָּ֑גַע

51 וְהִסְגִּ֥יר אֶת־הַנֶּ֖גַע שִׁבְעַ֥ת יָמִֽים: וְרָאָ֨ה אֶת־הַנֶּ֜גַע בַּיּ֣וֹם הַשְּׁבִיעִ֗י
כִּֽי־פָשָׂ֤ה הַנֶּ֨גַע֙ בַּ֠בֶּגֶד אֽוֹ־בַשְּׁתִ֤י אֽוֹ־בָעֵ֨רֶב֙ א֣וֹ בָע֔וֹר לְכֹ֛ל אֲשֶׁר־

52 יֵעָשֶׂ֥ה הָע֖וֹר לִמְלָאכָ֑ה צָרַ֧עַת מַמְאֶ֛רֶת הַנֶּ֖גַע טָמֵ֣א הֽוּא: וְשָׂרַ֨ף אֶת־
הַבֶּ֜גֶד א֣וֹ אֶֽת־הַשְּׁתִ֣י ׀ א֣וֹ אֶת־הָעֵ֗רֶב בַּצֶּ֨מֶר֙ א֣וֹ בַפִּשְׁתִּ֔ים א֚וֹ אֶת־
כָּל־כְּלִ֣י הָע֔וֹר אֲשֶׁר־יִהְיֶ֥ה ב֖וֹ הַנָּ֑גַע כִּֽי־צָרַ֤עַת מַמְאֶ֨רֶת֙ הִ֔וא בָּאֵ֖שׁ

53 תִּשָּׂרֵֽף: וְאִם֙ יִרְאֶ֣ה הַכֹּהֵ֔ן וְהִנֵּה֙ לֹא־פָשָׂ֣ה הַנֶּ֔גַע בַּבֶּ֖גֶד א֣וֹ בַשְּׁתִ֑י

54 א֣וֹ בָעֵ֔רֶב א֖וֹ בְּכָל־כְּלִי־עֽוֹר: וְצִוָּה֙ הַכֹּהֵ֔ן וְכִ֨בְּס֔וּ אֵ֖ת אֲשֶׁר־בּ֣וֹ הַנָּ֑גַע

55 וְהִסְגִּיר֥וֹ שִׁבְעַת־יָמִ֖ים שֵׁנִֽית: וְרָאָ֣ה הַכֹּהֵ֗ן אַֽחֲרֵ֣י ׀ הֻכַּבֵּ֣ס אֶת־הַנֶּגַע֒
וְ֠הִנֵּה לֹֽא־הָפַ֨ךְ הַנֶּ֤גַע אֶת־עֵינוֹ֙ וְהַנֶּ֣גַע לֹֽא־פָשָׂ֔ה טָמֵ֣א ה֔וּא בָּאֵ֖שׁ

56 תִּשְׂרְפֶ֑נּוּ פְּחֶ֣תֶת הִ֔וא בְּקָרַחְתּ֖וֹ א֥וֹ בְגַבַּחְתּֽוֹ: וְאִם֩ רָאָ֨ה הַכֹּהֵ֜ן וְהִנֵּ֤ה
כֵּהָ֤ה הַנֶּ֨גַע֙ אַחֲרֵ֖י הֻכַּבֵּ֣ס אֹת֑וֹ וְקָרַ֣ע אֹת֗וֹ מִן־הַבֶּ֨גֶד֙ א֣וֹ מִן־הָע֔וֹר

57 א֥וֹ מִן־הַשְּׁתִ֖י א֥וֹ מִן־הָעֵֽרֶב: וְאִם־תֵּרָאֶ֨ה ע֜וֹד בַּ֠בֶּגֶד אֽוֹ־בַשְּׁתִ֤י אֽוֹ־
בָעֵ֨רֶב֙ א֣וֹ בְכָל־כְּלִי־ע֔וֹר פֹּרַ֖חַת הִ֑וא בָּאֵ֣שׁ תִּשְׂרְפֶ֔נּוּ אֵ֥ת אֲשֶׁר־בּ֖וֹ

58 הַנָּֽגַע: וְהַבֶּ֡גֶד אֽוֹ־הַשְּׁתִ֨י אֽוֹ־הָעֵ֜רֶב אֽוֹ־כָל־כְּלִ֣י הָע֗וֹר אֲשֶׁ֣ר תְּכַבֵּ֔ס

59 וְסָ֥ר מֵהֶ֖ם הַנָּ֑גַע וְכֻבַּ֥ס שֵׁנִ֖ית וְטָהֵֽר: זֹ֠את תּוֹרַ֨ת נֶֽגַע־צָרַ֜עַת בֶּ֤גֶד
הַצֶּ֨מֶר֙ ׀ א֣וֹ הַפִּשְׁתִּ֔ים א֥וֹ הַשְּׁתִי֙ א֣וֹ הָעֵ֔רֶב א֖וֹ כָּל־כְּלִי־ע֑וֹר לְטַהֲר֖וֹ
א֥וֹ לְטַמְּאֽוֹ:

1 וַיְדַבֵּ֥ר יְהוָ֖ה אֶל־מֹשֶׁ֥ה לֵּאמֹֽר: זֹ֤את תִּֽהְיֶה֙ תּוֹרַ֣ת הַמְּצֹרָ֔ע בְּי֖וֹם

2

3 טָהֳרָת֑וֹ וְהוּבָ֖א אֶל־הַכֹּהֵֽן: וְיָצָא֙ הַכֹּהֵ֔ן אֶל־מִח֖וּץ לַֽמַּחֲנֶ֑ה וְרָאָה֙

4 הַכֹּהֵ֔ן וְהִנֵּ֛ה נִרְפָּ֥א נֶֽגַע־הַצָּרַ֖עַת מִן־הַצָּרֽוּעַ: וְצִוָּה֙ הַכֹּהֵ֔ן וְלָקַ֣ח
לַמִּטַּהֵ֗ר שְׁתֵּֽי־צִפֳּרִ֛ים חַיּ֖וֹת טְהֹר֑וֹת וְעֵ֣ץ אֶ֔רֶז וּשְׁנִ֥י תוֹלַ֖עַת וְאֵזֹֽב:

5 וְצִוָּה֙ הַכֹּהֵ֔ן וְשָׁחַ֖ט אֶת־הַצִּפֹּ֣ר הָאֶחָ֑ת אֶל־כְּלִי־חֶ֖רֶשׂ עַל־מַ֥יִם חַיִּֽים:

of the birds be killed in an earthen vessel over running water:

6 As for the living bird, he shall take it, and the cedar wood, and the scarlet, and the hyssop, and shall dip them and the living bird in the blood of the bird *that was* killed over the running water:

7 And he shall sprinkle upon him that is to be cleansed from the leprosy seven times, and shall pronounce him clean, and shall let the living bird loose into the open field.

8 And he that is to be cleansed shall wash his clothes, and shave off all his hair, and wash himself in water, that he may be clean: and after that he shall come into the camp, and shall tarry abroad out of his tent seven days.

9 But it shall be on the seventh day, that he shall shave all his hair off his head and his beard and his eyebrows, even all his hair he shall shave off: and he shall wash his clothes, also he shall wash his flesh in water, and he shall be clean.

10 And on the eighth day he shall take two he lambs without blemish, and one ewe lamb of the first year without blemish, and three tenth deals of fine flour *for* a meat offering, mingled with oil, and one log of oil.

11 And the priest that maketh *him* clean shall present the man that is to be made clean, and those things, before the LORD, *at* the door of the tabernacle of the congregation:

12 And the priest shall take one he lamb, and offer him for a trespass offering, and the log of oil, and wave them *for* a wave offering before the LORD:

13 And he shall slay the lamb in the place where he shall kill the sin offering and the burnt offering, in the holy place: for as the sin offering *is* the priest's, *so is* the trespass offering: it *is* most holy:

14 And the priest shall take *some* of the blood of the trespass offering, and the priest shall put *it* upon the tip of the right ear of him that is to be cleansed, and upon the thumb of his right hand, and upon the great toe of his right foot:

15 And the priest shall take *some* of the log of oil, and pour *it* into the palm of his own left hand:

16 And the priest shall dip his right finger in the oil that *is* in his left hand, and shall sprinkle of the oil with his finger seven times before the LORD:

17 And of the rest of the oil that *is* in his hand shall the priest put upon the tip of the right ear of him that is to be cleansed, and upon the thumb of his right hand, and upon the great toe of his right foot, upon the blood of the trespass offering:

18 And the remnant of the oil that *is* in the priest's hand he shall pour upon the head of him that is to be cleansed: and the priest shall make an atonement for him before the LORD.

19 And the priest shall offer the sin offering, and make an atonement for him that is to be cleansed from his uncleanness; and afterward he shall kill the burnt offering:

20 And the priest shall offer the burnt offering and the meat offering upon the altar: and the priest shall make an atonement for him, and he shall be clean.

21 And if he *be* poor, and cannot get so much; then he shall take one lamb *for* a trespass offering to be waved, to make an atonement for him, and one tenth deal of fine flour mingled with oil for a meat offering, and a log of oil;

22 And two turtledoves, or two young pigeons, such as he is able to get; and the one shall be a sin offering, and the other a burnt offering.

23 And he shall bring them on the eighth day for his cleansing unto the priest, unto the door of the tabernacle of the congregation, before the LORD.

24 And the priest shall take the lamb of the trespass offering, and the log of oil, and the priest shall wave them *for* a wave offering before the LORD:

25 And he shall kill the lamb of the trespass offering, and the priest shall take *some* of the blood of the trespass offering, and put *it* upon the tip of the right ear of him that is to be cleansed, and upon the thumb of his right hand, and upon the great toe of his right foot:

אֶת־הַצִּפֹּ֥ר הַֽחַיָּ֖ה יִקַּ֣ח אֹתָ֑הּ וְאֶת־עֵ֣ץ הָאֶ֗רֶז וְאֶת־שְׁנִ֤י הַתּוֹלַ֙עַת֙ 6
וְאֶת־הָ֣אֵזֹ֔ב וְטָבַ֣ל אוֹתָ֗ם וְאֵ֣ת ׀ הַצִּפֹּ֣ר הַֽחַיָּ֔ה בְּדַם֙ הַצִּפֹּ֣ר הַשְּׁחֻטָ֔ה
עַ֖ל הַמַּ֣יִם הַֽחַיִּֽים: וְהִזָּ֗ה עַ֤ל הַמִּטַּהֵר֙ מִן־הַצָּרַ֔עַת שֶׁ֖בַע פְּעָמִ֑ים 7
וְטִ֣הֲר֔וֹ וְשִׁלַּ֛ח אֶת־הַצִּפֹּ֥ר הַֽחַיָּ֖ה עַל־פְּנֵ֥י הַשָּׂדֶֽה: וְכִבֶּס֩ הַמִּטַּהֵ֨ר 8
אֶת־בְּגָדָ֜יו וְגִלַּ֣ח אֶת־כָּל־שְׂעָר֗וֹ וְרָחַ֤ץ בַּמַּ֙יִם֙ וְטָהֵ֔ר וְאַחַ֖ר יָב֣וֹא
אֶל־הַֽמַּחֲנֶ֑ה וְיָשַׁ֛ב מִח֥וּץ לְאָֽהֳל֖וֹ שִׁבְעַ֥ת יָמִֽים: וְהָיָה֩ בַיּ֨וֹם הַשְּׁבִיעִ֜י 9
יְגַלַּ֣ח אֶת־כָּל־שְׂעָר֗וֹ אֶת־רֹאשׁ֤וֹ וְאֶת־זְקָנוֹ֙ וְאֵת֙ גַּבֹּ֣ת עֵינָ֔יו
וְאֶת־כָּל־שְׂעָר֖וֹ יְגַלֵּ֑חַ וְכִבֶּ֣ס אֶת־בְּגָדָ֗יו וְרָחַ֧ץ אֶת־בְּשָׂר֛וֹ בַּמַּ֖יִם וְטָהֵֽר:
וּבַיּ֣וֹם הַשְּׁמִינִ֗י יִקַּ֤ח שְׁנֵֽי־כְבָשִׂים֙ תְּמִימִ֔ם וְכַבְשָׂ֥ה אַחַ֖ת בַּת־שְׁנָתָ֣הּ 10
תְּמִימָ֑ה וּשְׁלֹשָׁ֣ה עֶשְׂרֹנִ֗ים סֹ֤לֶת מִנְחָה֙ בְּלוּלָ֣ה בַשֶּׁ֔מֶן וְלֹ֥ג אֶחָ֖ד
שָֽׁמֶן: וְהֶעֱמִ֞יד הַכֹּהֵ֣ן הַֽמְטַהֵ֗ר אֵ֛ת הָאִ֥ישׁ הַמִּטַּהֵ֖ר וְאֹתָ֑ם לִפְנֵ֥י 11
יְהֹוָ֖ה פֶּ֥תַח אֹ֥הֶל מוֹעֵֽד: וְלָקַ֨ח הַכֹּהֵ֜ן אֶת־הַכֶּ֤בֶשׂ הָֽאֶחָד֙ וְהִקְרִ֣יב 12
שני
אֹת֣וֹ לְאָשָׁ֔ם וְאֶת־לֹ֖ג הַשָּׁ֑מֶן וְהֵנִ֥יף אֹתָ֛ם תְּנוּפָ֖ה לִפְנֵ֥י יְהֹוָֽה: וְשָׁחַ֣ט 13
אֶת־הַכֶּ֗בֶשׂ בִּ֠מְק֠וֹם אֲשֶׁ֨ר יִשְׁחַ֧ט אֶת־הַֽחַטָּ֛את וְאֶת־הָֽעֹלָ֖ה בִּמְק֣וֹם
הַקֹּ֑דֶשׁ כִּ֡י כַּ֠חַטָּ֠את הָֽאָשָׁ֥ם הוּא֙ לַכֹּהֵ֔ן קֹ֥דֶשׁ קָֽדָשִׁ֖ים הֽוּא: וְלָקַ֣ח 14
הַכֹּהֵן֮ מִדַּ֣ם הָֽאָשָׁם֒ וְנָתַן֙ הַכֹּהֵ֔ן עַל־תְּנ֛וּךְ אֹ֥זֶן הַמִּטַּהֵ֖ר הַיְמָנִ֑ית
וְעַל־בֹּ֤הֶן יָדוֹ֙ הַיְמָנִ֔ית וְעַל־בֹּ֥הֶן רַגְל֖וֹ הַיְמָנִֽית: וְלָקַ֥ח הַכֹּהֵ֖ן מִלֹּ֣ג 15
הַשָּׁ֑מֶן וְיָצַ֛ק עַל־כַּ֥ף הַכֹּהֵ֖ן הַשְּׂמָאלִֽית: וְטָבַ֤ל הַכֹּהֵן֙ אֶת־אֶצְבָּע֣וֹ 16
הַיְמָנִ֔ית מִן־הַשֶּׁ֕מֶן אֲשֶׁ֥ר עַל־כַּפּ֖וֹ הַשְּׂמָאלִ֑ית וְהִזָּ֨ה מִן־הַשֶּׁ֧מֶן
בְּאֶצְבָּע֛וֹ שֶׁ֥בַע פְּעָמִ֖ים לִפְנֵ֥י יְהֹוָֽה: וּמִיֶּ֣תֶר הַשֶּׁ֗מֶן אֲשֶׁ֣ר עַל־כַּפּ֡וֹ 17
יִתֵּ֣ן הַכֹּהֵ֡ן עַל־תְּנוּךְ֩ אֹ֨זֶן הַמִּטַּהֵ֜ר הַיְמָנִ֗ית וְעַל־בֹּ֤הֶן יָדוֹ֙ הַיְמָנִ֔ית
וְעַל־בֹּ֥הֶן רַגְל֖וֹ הַיְמָנִ֑ית עַ֖ל דַּ֥ם הָֽאָשָֽׁם: וְהַנּוֹתָ֗ר בַּשֶּׁ֙מֶן֙ אֲשֶׁר֙ 18
עַל־כַּ֣ף הַכֹּהֵ֔ן יִתֵּ֖ן עַל־רֹ֣אשׁ הַמִּטַּהֵ֑ר וְכִפֶּ֥ר עָלָ֛יו הַכֹּהֵ֖ן לִפְנֵ֥י יְהֹוָֽה:
וְעָשָׂ֤ה הַכֹּהֵן֙ אֶת־הַ֣חַטָּ֔את וְכִפֶּ֕ר עַל־הַמִּטַּהֵ֖ר מִטֻּמְאָת֑וֹ וְאַחַ֖ר יִשְׁחַ֥ט 19
אֶת־הָֽעֹלָֽה: וְהֶעֱלָ֧ה הַכֹּהֵ֛ן אֶת־הָֽעֹלָ֥ה וְאֶת־הַמִּנְחָ֖ה הַמִּזְבֵּ֑חָה וְכִפֶּ֥ר 20
עָלָ֛יו הַכֹּהֵ֖ן וְטָהֵֽר: וְאִם־דַּ֣ל ה֗וּא וְאֵ֣ין יָדוֹ֮ מַשֶּׂגֶת֒ וְלָקַ֣ח 21
שלישי (חמישי)
21A
כֶּ֣בֶשׂ אֶחָ֥ד אָשָׁ֛ם לִתְנוּפָ֖ה לְכַפֵּ֣ר עָלָ֑יו וְעִשָּׂר֨וֹן סֹ֜לֶת אֶחָ֥ד בָּל֤וּל
בַּשֶּׁ֙מֶן֙ לְמִנְחָ֔ה וְלֹ֖ג שָֽׁמֶן: וּשְׁתֵּ֣י תֹרִ֗ים א֤וֹ שְׁנֵי֙ בְּנֵ֣י יוֹנָ֔ה אֲשֶׁ֥ר 22
תַּשִּׂ֣יג יָד֑וֹ וְהָיָ֤ה אֶחָד֙ חַטָּ֔את וְהָֽאֶחָ֖ד עֹלָֽה: וְהֵבִ֨יא אֹתָ֜ם בַּיּ֧וֹם 23
הַשְּׁמִינִ֛י לְטָֽהֳרָת֖וֹ אֶל־הַכֹּהֵ֑ן אֶל־פֶּ֥תַח אֹֽהֶל־מוֹעֵ֖ד לִפְנֵ֥י יְהֹוָֽה: וְלָקַ֣ח 24
הַכֹּהֵ֞ן אֶת־כֶּ֤בֶשׂ הָֽאָשָׁם֙ וְאֶת־לֹ֣ג הַשָּׁ֔מֶן וְהֵנִ֨יף אֹתָ֧ם הַכֹּהֵ֛ן תְּנוּפָ֖ה
לִפְנֵ֥י יְהֹוָֽה: וְשָׁחַט֙ אֶת־כֶּ֣בֶשׂ הָֽאָשָׁ֔ם וְלָקַ֤ח הַכֹּהֵן֙ מִדַּ֣ם הָֽאָשָׁ֔ם 25
25A
וְנָתַ֛ן עַל־תְּנ֥וּךְ אֹֽזֶן־הַמִּטַּהֵ֖ר הַיְמָנִ֑ית וְעַל־בֹּ֤הֶן יָדוֹ֙ הַיְמָנִ֔ית וְעַל־בֹּ֖הֶן

26 And the priest shall pour of the oil into the palm of his own left hand:

27 And the priest shall sprinkle with his right finger *some* of the oil that *is* in his left hand seven times before the LORD:

28 And the priest shall put of the oil that *is* in his hand upon the tip of the right ear of him that is to be cleansed, and upon the thumb of his right hand, and upon the great toe of his right foot, upon the place of the blood of the trespass offering:

29 And the rest of the oil that *is* in the priest's hand he shall put upon the head of him that is to be cleansed, to make an atonement for him before the LORD.

30 And he shall offer the one of the turtledoves, or of the young pigeons, such as he can get;

31 *Even* such as he is able to get, the one *for* a sin offering, and the other *for* a burnt offering, with the meat offering: and the priest shall make an atonement for him that is to be cleansed before the LORD.

32 This *is* the law *of him* in whom *is* the plague of leprosy, whose hand is not able to get *that which pertaineth* to his cleansing.

33 ¶ And the LORD spake unto Moses and unto Aaron, saying,

34 When ye be come into the land of Canaan, which I give to you for a possession, and I put the plague of leprosy in a house of the land of your possession;

35 And he that owneth the house shall come and tell the priest, saying, It seemeth to me *there is* as it were a plague in the house:

36 Then the priest shall command that they empty the house, before the priest go *into it* to see the plague, that all that *is* in the house be not made unclean: and afterward the priest shall go in to see the house:

37 And he shall look on the plague, and, behold, *if* the plague *be* in the walls of the house with hollow strakes, greenish or reddish, which in sight *are* lower than the wall;

38 Then the priest shall go out of the house to the door of the house, and shut up the house seven days:

39 And the priest shall come again the seventh day, and shall look: and, behold, *if* the plague be spread in the walls of the house;

40 Then the priest shall command that they take away the stones in which the plague *is,* and they shall cast them into an unclean place without the city:

41 And he shall cause the house to be scraped within round about, and they shall pour out the dust that they scrape off without the city into an unclean place:

42 And they shall take other stones, and put *them* in the place of those stones; and he shall take other morter, and shall plaister the house.

43 And if the plague come again, and break out in the house, after that he hath taken away the stones, and after he hath scraped the house, and after it is plaistered;

44 Then the priest shall come and look, and, behold, *if* the plague be spread in the house, it *is* a fretting leprosy in the house: it *is* unclean.

45 And he shall break down the house, the stones of it, and the timber thereof, and all the morter of the house; and he shall carry *them* forth out of the city into an unclean place.

46 Moreover he that goeth into the house all the while that it is shut up shall be unclean until the even.

47 And he that lieth in the house shall wash his clothes; and he that eateth in the house shall wash his clothes.

48 And if the priest shall come in, and look *upon it,* and, behold, the plague hath not spread in the house, after the house was plaistered: then the priest shall pronounce the house clean, because the plague is healed.

49 And he shall take to cleanse the house two birds, and cedar wood, and scarlet, and hyssop:

50 And he shall kill the one of the birds in an earthen vessel over running water:

51 And he shall take the cedar wood, and the hyssop, and the scarlet, and the living bird, and dip them in the blood of the

רַגְלוֹ הַיְמָנִית: וּמִן־הַשֶּׁמֶן יִצֹק הַכֹּהֵן עַל־כַּף הַכֹּהֵן הַשְּׂמָאלִית: 26

וְהִזָּה הַכֹּהֵן בְּאֶצְבָּעוֹ הַיְמָנִית מִן־הַשֶּׁמֶן אֲשֶׁר עַל־כַּפּוֹ הַשְּׂמָאלִית 27

שֶׁבַע פְּעָמִים לִפְנֵי יְהוָה: וְנָתַן הַכֹּהֵן מִן־הַשֶּׁמֶן אֲשֶׁר עַל־כַּפּוֹ 28
עַל־תְּנוּךְ אֹזֶן הַמִּטַּהֵר הַיְמָנִית וְעַל־בֹּהֶן יָדוֹ הַיְמָנִית וְעַל־בֹּהֶן

רַגְלוֹ הַיְמָנִית עַל־מְקוֹם דַּם הָאָשָׁם: וְהַנּוֹתָר מִן־הַשֶּׁמֶן אֲשֶׁר 29

עַל־כַּף הַכֹּהֵן יִתֵּן עַל־רֹאשׁ הַמִּטַּהֵר לְכַפֵּר עָלָיו לִפְנֵי יְהוָה: וְעָשָׂה 30

אֶת־הָאֶחָד מִן־הַתֹּרִים אוֹ מִן־בְּנֵי הַיּוֹנָה מֵאֲשֶׁר תַּשִּׂיג יָדוֹ: אֵת 31
אֲשֶׁר־תַּשִּׂיג יָדוֹ אֶת־הָאֶחָד חַטָּאת וְאֶת־הָאֶחָד עֹלָה עַל־הַמִּנְחָה:

וְכִפֶּר הַכֹּהֵן עַל הַמִּטַּהֵר לִפְנֵי יְהוָה: זֹאת תּוֹרַת אֲשֶׁר־בּוֹ נֶגַע 32
צָרָעַת אֲשֶׁר לֹא־תַשִּׂיג יָדוֹ בְּטָהֳרָתוֹ:

רביעי (ששי)

וַיְדַבֵּר יְהוָה אֶל־מֹשֶׁה וְאֶל־אַהֲרֹן לֵאמֹר: כִּי תָבֹאוּ אֶל־אֶרֶץ כְּנַעַן 33
34 אֲשֶׁר אֲנִי נֹתֵן לָכֶם לַאֲחֻזָּה וְנָתַתִּי נֶגַע צָרַעַת בְּבֵית אֶרֶץ אֲחֻזַּתְכֶם:

וּבָא אֲשֶׁר־לוֹ הַבַּיִת וְהִגִּיד לַכֹּהֵן לֵאמֹר כְּנֶגַע נִרְאָה לִי בַּבָּיִת: 35

וְצִוָּה הַכֹּהֵן וּפִנּוּ אֶת־הַבַּיִת בְּטֶרֶם יָבֹא הַכֹּהֵן לִרְאוֹת אֶת־הַנֶּגַע 36
וְלֹא יִטְמָא כָּל־אֲשֶׁר בַּבָּיִת וְאַחַר כֵּן יָבֹא הַכֹּהֵן לִרְאוֹת אֶת־הַבָּיִת:

וְרָאָה אֶת־הַנֶּגַע וְהִנֵּה הַנֶּגַע בְּקִירֹת הַבַּיִת שְׁקַעֲרוּרֹת יְרַקְרַקֹּת אוֹ 37

אֲדַמְדַּמֹּת וּמַרְאֵיהֶן שָׁפָל מִן־הַקִּיר: וְיָצָא הַכֹּהֵן מִן־הַבַּיִת אֶל־פֶּתַח 38

הַבָּיִת וְהִסְגִּיר אֶת־הַבַּיִת שִׁבְעַת יָמִים: וְשָׁב הַכֹּהֵן בַּיּוֹם הַשְּׁבִיעִי 39

וְרָאָה וְהִנֵּה פָּשָׂה הַנֶּגַע בְּקִירֹת הַבָּיִת: וְצִוָּה הַכֹּהֵן וְחִלְּצוּ 40
אֶת־הָאֲבָנִים אֲשֶׁר בָּהֵן הַנָּגַע וְהִשְׁלִיכוּ אֶתְהֶן אֶל־מִחוּץ לָעִיר

אֶל־מָקוֹם טָמֵא: וְאֶת־הַבַּיִת יַקְצִעַ מִבַּיִת סָבִיב וְשָׁפְכוּ אֶת־הֶעָפָר 41

אֲשֶׁר הִקְצוּ אֶל־מִחוּץ לָעִיר אֶל־מָקוֹם טָמֵא: וְלָקְחוּ אֲבָנִים אֲחֵרוֹת 42
וְהֵבִיאוּ אֶל־תַּחַת הָאֲבָנִים וְעָפָר אַחֵר יִקַּח וְטָח אֶת־הַבָּיִת:

וְאִם־יָשׁוּב הַנֶּגַע וּפָרַח בַּבַּיִת אַחַר חִלֵּץ אֶת־הָאֲבָנִים וְאַחֲרֵי 43

הִקְצוֹת אֶת־הַבַּיִת וְאַחֲרֵי הִטּוֹחַ: וּבָא הַכֹּהֵן וְרָאָה וְהִנֵּה פָּשָׂה 44

הַנֶּגַע בַּבָּיִת צָרַעַת מַמְאֶרֶת הִוא בַּבַּיִת טָמֵא הוּא: וְנָתַץ אֶת־הַבַּיִת 45
אֶת־אֲבָנָיו וְאֶת־עֵצָיו וְאֵת כָּל־עֲפַר הַבָּיִת וְהוֹצִיא אֶל־מִחוּץ לָעִיר

אֶל־מָקוֹם טָמֵא: וְהַבָּא אֶל־הַבַּיִת כָּל־יְמֵי הִסְגִּיר אֹתוֹ יִטְמָא 46

עַד־הָעָרֶב: וְהַשֹּׁכֵב בַּבַּיִת יְכַבֵּס אֶת־בְּגָדָיו וְהָאֹכֵל בַּבַּיִת יְכַבֵּס 47

אֶת־בְּגָדָיו: וְאִם־בֹּא יָבֹא הַכֹּהֵן וְרָאָה וְהִנֵּה לֹא־פָשָׂה הַנֶּגַע בַּבַּיִת 48
אַחֲרֵי הִטֹּחַ אֶת־הַבָּיִת וְטִהַר הַכֹּהֵן אֶת־הַבַּיִת כִּי נִרְפָּא הַנָּגַע:

וְלָקַח לְחַטֵּא אֶת־הַבַּיִת שְׁתֵּי צִפֳּרִים וְעֵץ אֶרֶז וּשְׁנִי תוֹלַעַת וְאֵזֹב: 49

וְשָׁחַט אֶת־הַצִּפֹּר הָאֶחָת אֶל־כְּלִי־חֶרֶשׂ עַל־מַיִם חַיִּים: וְלָקַח 50
51 אֶת־עֵץ־הָאֶרֶז וְאֶת־הָאֵזֹב וְאֵת שְׁנִי הַתּוֹלַעַת וְאֵת הַצִּפֹּר הַחַיָּה
וְטָבַל אֹתָם בְּדַם הַצִּפֹּר הַשְּׁחוּטָה וּבַמַּיִם הַחַיִּים וְהִזָּה אֶל־הַבַּיִת

slain bird, and in the running water, and sprinkle the house seven times:

52 And he shall cleanse the house with the blood of the bird, and with the running water, and with the living bird, and with the cedar wood, and with the hyssop, and with the scarlet:

53 But he shall let go the living bird out of the city into the open fields, and make an atonement for the house: and it shall be clean.

54 This *is* the law for all manner of plague of leprosy, and scall,

55 And for the leprosy of a garment, and of a house,

56 And for a rising, and for a scab, and for a bright spot:

57 To teach when *it is* unclean, and when *it is* clean: this *is* the law of leprosy.

CHAPTER 15

1 And the LORD spake unto Moses and to Aaron, saying,

2 Speak unto the children of Israel, and say unto them, When any man hath a running issue out of his flesh, *because of* his issue he *is* unclean.

3 And this shall be his uncleanness in his issue: whether his flesh run with his issue, or his flesh be stopped from his issue, it *is* his uncleanness.

4 Every bed, whereon he lieth that hath the issue, is unclean: and every thing, whereon he sitteth, shall be unclean.

5 And whosoever toucheth his bed shall wash his clothes, and bathe *himself* in water, and be unclean until the even.

6 And he that sitteth on *any* thing whereon he sat that hath the issue shall wash his clothes, and bathe *himself* in water, and be unclean until the even.

7 And he that toucheth the flesh of him that hath the issue shall wash his clothes, and bathe *himself* in water, and be unclean until the even.

8 And if he that hath the issue spit upon him that is clean; then he shall wash his clothes, and bathe *himself* in water, and be unclean until the even.

9 And what saddle soever he rideth upon that hath the issue shall be unclean.

10 And whosoever toucheth any thing that was under him shall be unclean until the even: and he that beareth *any of* those things shall wash his clothes, and bathe *himself* in water, and be unclean until the even.

11 And whomsoever he toucheth that hath the issue, and hath not rinsed his hands in water, he shall wash his clothes, and bathe *himself* in water, and be unclean until the even.

12 And the vessel of earth, that he toucheth which hath the issue, shall be broken: and every vessel of wood shall be rinsed in water.

13 And when he that hath an issue is cleansed of his issue; then he shall number to himself seven days for his cleansing, and wash his clothes, and bathe his flesh in running water, and shall be clean.

14 And on the eighth day he shall take to him two turtledoves, or two young pigeons, and come before the LORD unto the door of the tabernacle of the congregation, and give them unto the priest:

15 And the priest shall offer them, the one *for* a sin offering, and the other *for* a burnt offering; and the priest shall make an atonement for him before the LORD for his issue.

16 And if any man's seed of copulation go out from him, then he shall wash all his flesh in water, and be unclean until the even.

17 And every garment, and every skin, whereon is the seed of copulation, shall be washed with water, and be unclean until the even.

18 The woman also with whom man shall lie *with* seed of copulation, they shall *both* bathe *themselves* in water, and be unclean until the even.

19 ¶ And if a woman have an issue, *and* her issue in her flesh be blood, she shall be put apart seven days: and whosoever toucheth her shall be unclean until the even.

20 And every thing that she lieth upon in her separation shall be unclean: every thing also that she sitteth upon shall be unclean.

21 And whosoever toucheth her bed

שֶׁבַע פְּעָמִים: וְחִטֵּא אֶת־הַבַּיִת בְּדַם הַצִּפּוֹר וּבַמַּיִם הַחַיִּים וּבַצִּפֹּר 52

הַחַיָּה וּבְעֵץ הָאֶרֶז וּבָאֵזֹב וּבִשְׁנִי הַתּוֹלָעַת: וְשִׁלַּח אֶת־הַצִּפֹּר 53 53A

הַחַיָּה אֶל־מִחוּץ לָעִיר אֶל־פְּנֵי הַשָּׂדֶה וְכִפֶּר עַל־הַבַּיִת וְטָהֵר:

זֹאת הַתּוֹרָה לְכָל־נֶגַע הַצָּרַעַת וְלַנָּתֶק: וּלְצָרַעַת הַבֶּגֶד וְלַבָּיִת: 54 55

וְלַשְׂאֵת וְלַסַּפַּחַת וְלַבֶּהָרֶת: לְהוֹרֹת בְּיוֹם הַטָּמֵא וּבְיוֹם הַטָּהֹר זֹאת 56 57

תּוֹרַת הַצָּרָעַת:

וַיְדַבֵּר יְהוָה אֶל־מֹשֶׁה וְאֶל־אַהֲרֹן לֵאמֹר: דַּבְּרוּ אֶל־בְּנֵי יִשְׂרָאֵל 15 1 2

וַאֲמַרְתֶּם אֲלֵהֶם אִישׁ אִישׁ כִּי יִהְיֶה זָב מִבְּשָׂרוֹ זוֹבוֹ טָמֵא הוּא:

וְזֹאת תִּהְיֶה טֻמְאָתוֹ בְּזוֹבוֹ רָר בְּשָׂרוֹ אֶת־זוֹבוֹ אוֹ־הֶחְתִּים בְּשָׂרוֹ 3

מִזּוֹבוֹ טֻמְאָתוֹ הִוא: כָּל־הַמִּשְׁכָּב אֲשֶׁר יִשְׁכַּב עָלָיו הַזָּב יִטְמָא 4

וְכָל־הַכְּלִי אֲשֶׁר־יֵשֵׁב עָלָיו יִטְמָא: וְאִישׁ אֲשֶׁר יִגַּע בְּמִשְׁכָּבוֹ יְכַבֵּס 5

בְּגָדָיו וְרָחַץ בַּמַּיִם וְטָמֵא עַד־הָעָרֶב: וְהַיֹּשֵׁב עַל־הַכְּלִי אֲשֶׁר־יֵשֵׁב 6

עָלָיו הַזָּב יְכַבֵּס בְּגָדָיו וְרָחַץ בַּמַּיִם וְטָמֵא עַד־הָעָרֶב: וְהַנֹּגֵעַ 7

בִּבְשַׂר הַזָּב יְכַבֵּס בְּגָדָיו וְרָחַץ בַּמַּיִם וְטָמֵא עַד־הָעָרֶב: וְכִי־יָרֹק 8 8A

הַזָּב בַּטָּהוֹר וְכִבֶּס בְּגָדָיו וְרָחַץ בַּמַּיִם וְטָמֵא עַד־הָעָרֶב:

וְכָל־הַמֶּרְכָּב אֲשֶׁר יִרְכַּב עָלָיו הַזָּב יִטְמָא: וְכָל־הַנֹּגֵעַ בְּכֹל אֲשֶׁר 9 10

יִהְיֶה תַחְתָּיו יִטְמָא עַד־הָעָרֶב וְהַנּוֹשֵׂא אוֹתָם יְכַבֵּס בְּגָדָיו וְרָחַץ

בַּמַּיִם וְטָמֵא עַד־הָעָרֶב: וְכֹל אֲשֶׁר יִגַּע־בּוֹ הַזָּב וְיָדָיו לֹא־שָׁטַף 11

בַּמָּיִם וְכִבֶּס בְּגָדָיו וְרָחַץ בַּמַּיִם וְטָמֵא עַד־הָעָרֶב: וּכְלִי־חֶרֶשׂ 12

אֲשֶׁר־יִגַּע־בּוֹ הַזָּב יִשָּׁבֵר וְכָל־כְּלִי־עֵץ יִשָּׁטֵף בַּמָּיִם: וְכִי־יִטְהַר הַזָּב 13

מִזּוֹבוֹ וְסָפַר לוֹ שִׁבְעַת יָמִים לְטָהֳרָתוֹ וְכִבֶּס בְּגָדָיו וְרָחַץ בְּשָׂרוֹ

בְּמַיִם חַיִּים וְטָהֵר: וּבַיּוֹם הַשְּׁמִינִי יִקַּח־לוֹ שְׁתֵּי תֹרִים אוֹ שְׁנֵי בְּנֵי 14

יוֹנָה וּבָא לִפְנֵי יְהוָה אֶל־פֶּתַח אֹהֶל מוֹעֵד וּנְתָנָם אֶל־הַכֹּהֵן: וְעָשָׂה 15

אֹתָם הַכֹּהֵן אֶחָד חַטָּאת וְהָאֶחָד עֹלָה וְכִפֶּר עָלָיו הַכֹּהֵן לִפְנֵי יְהוָה

מִזּוֹבוֹ: וְאִישׁ כִּי־תֵצֵא מִמֶּנּוּ שִׁכְבַת־זָרַע וְרָחַץ בַּמַּיִם אֶת־ 16

כָּל־בְּשָׂרוֹ וְטָמֵא עַד־הָעָרֶב: וְכָל־בֶּגֶד וְכָל־עוֹר אֲשֶׁר־יִהְיֶה עָלָיו 17

שִׁכְבַת־זָרַע וְכֻבַּס בַּמַּיִם וְטָמֵא עַד־הָעָרֶב: וְאִשָּׁה אֲשֶׁר יִשְׁכַּב אִישׁ 18

אֹתָהּ שִׁכְבַת־זָרַע וְרָחֲצוּ בַמַּיִם וְטָמְאוּ עַד־הָעָרֶב:

וְאִשָּׁה כִּי־תִהְיֶה זָבָה דָּם יִהְיֶה זֹבָהּ בִּבְשָׂרָהּ שִׁבְעַת יָמִים תִּהְיֶה 19

בְנִדָּתָהּ וְכָל־הַנֹּגֵעַ בָּהּ יִטְמָא עַד־הָעָרֶב: וְכֹל אֲשֶׁר תִּשְׁכַּב עָלָיו 20

בְנִדָּתָהּ יִטְמָא וְכֹל אֲשֶׁר־תֵּשֵׁב עָלָיו יִטְמָא: וְכָל־הַנֹּגֵעַ בְּמִשְׁכָּבָהּ 21

חמישי

ששי
(שביעי)

shall wash his clothes, and bathe *himself* in water, and be unclean until the even.

22 And whosoever toucheth any thing that she sat upon shall wash his clothes, and bathe *himself* in water, and be unclean until the even.

23 And if it *be* on *her* bed, or on any thing whereon she sitteth, when he toucheth it, he shall be unclean until the even.

24 And if any man lie with her at all, and her flowers be upon him, he shall be unclean seven days; and all the bed whereon he lieth shall be unclean.

25 And if a woman have an issue of her blood many days out of the time of her separation, or if it run beyond the time of her separation; all the days of the issue of her uncleanness shall be as the days of her separation: she *shall be* unclean.

26 Every bed whereon she lieth all the days of her issue shall be unto her as the bed of her separation: and whatsoever she sitteth upon shall be unclean, as the uncleanness of her separation.

27 And whosoever toucheth those things shall be unclean, and shall wash his clothes, and bathe *himself* in water, and be unclean until the even.

28 But if she be cleansed of her issue, then she shall number to herself seven days, and after that she shall be clean.

29 And on the eighth day she shall take unto her two turtles, or two young pigeons, and bring them unto the priest, to the door of the tabernacle of the congregation.

30 And the priest shall offer the one *for* a sin offering, and the other *for* a burnt offering; and the priest shall make an atonement for her before the LORD for the issue of her uncleanness.

31 Thus shall ye separate the children of Israel from their uncleanness; that they die not in their uncleanness, when they defile my tabernacle that *is* among them.

32 This *is* the law of him that hath an issue, and *of him* whose seed goeth from him, and is defiled therewith;

33 And of her that is sick of her flowers, and of him that hath an issue, of the man,

and of the woman, and of him that lieth with her that is unclean.

CHAPTER 16

1 And the LORD spake unto Moses after the death of the two sons of Aaron, when they offered before the LORD, and died;

2 And the LORD said unto Moses, Speak unto Aaron thy brother, that he come not at all times into the holy *place* within the vail before the mercy seat, which *is* upon the ark; that he die not: for I will appear in the cloud upon the mercy seat.

3 Thus shall Aaron come into the holy *place:* with a young bullock for a sin offering, and a ram for a burnt offering.

4 He shall put on the holy linen coat, and he shall have the linen breeches upon his flesh, and shall be girded with a linen girdle, and with the linen mitre shall he be attired: these *are* holy garments; therefore shall he wash his flesh in water, and *so* put them on.

5 And he shall take of the congregation of the children of Israel two kids of the goats for a sin offering, and one ram for a burnt offering.

6 And Aaron shall offer his bullock of the sin offering, which *is* for himself, and make an atonement for himself, and for his house.

7 And he shall take the two goats, and present them before the LORD *at* the door of the tabernacle of the congregation.

8 And Aaron shall cast lots upon the two goats; one lot for the LORD, and the other lot for the scapegoat.

9 And Aaron shall bring the goat upon which the LORD's lot fell, and offer him *for* a sin offering.

10 But the goat, on which the lot fell to be the scapegoat, shall be presented alive before the LORD, to make an atonement with him, *and* to let him go for a scapegoat into the wilderness.

11 And Aaron shall bring the bullock of the sin offering, which *is* for himself, and shall make an atonement for himself, and for his house, and shall kill the bullock of the sin offering which *is* for himself:

12 And he shall take a censer full of

יְכַבֵּ֧ס בְּגָדָ֛יו וְרָחַ֥ץ בַּמַּ֖יִם וְטָמֵ֣א עַד־הָעָ֑רֶב׃ וְכָל־הַנֹּגֵ֣עַ בְּכָ֖ל כְּלִ֥י אֲשֶׁר־ 22

תֵּשֵׁ֤ב עָלָיו֙ יְכַבֵּ֣ס בְּגָדָ֔יו וְרָחַ֥ץ בַּמַּ֖יִם וְטָמֵ֥א עַד־הָעָֽרֶב׃ וְאִ֣ם עַל־ 23
הַמִּשְׁכָּ֞ב ה֗וּא א֤וֹ עַֽל־הַכְּלִי֙ אֲשֶׁר־הִ֣וא יֹשֶֽׁבֶת־עָלָ֔יו בְּנָגְעוֹ־ב֖וֹ יִטְמָ֥א

עַד־הָעָֽרֶב׃ וְאִ֡ם שָׁכֹב֩ יִשְׁכַּ֨ב אִ֜ישׁ אֹתָ֗הּ וּתְהִ֤י נִדָּתָהּ֙ עָלָ֔יו וְטָמֵ֖א 24

שִׁבְעַ֣ת יָמִ֑ים וְכָל־הַמִּשְׁכָּ֛ב אֲשֶׁר־יִשְׁכַּ֥ב עָלָ֖יו יִטְמָֽא׃   וְאִשָּׁ֡ה 25
כִּֽי־יָזוּב֩ ז֨וֹב דָּמָ֜הּ יָמִ֣ים רַבִּ֗ים בְּלֹא֙ עֶת־נִדָּתָ֔הּ א֥וֹ כִֽי־תָז֖וּב
עַל־נִדָּתָ֑הּ כָּל־יְמֵ֞י ז֣וֹב טֻמְאָתָ֗הּ כִּימֵ֧י נִדָּתָ֛הּ תִּהְיֶ֖ה טְמֵאָ֥ה הִֽוא׃

כָּל־הַמִּשְׁכָּ֞ב אֲשֶׁר־תִּשְׁכַּ֤ב עָלָיו֙ כָּל־יְמֵ֣י זוֹבָ֔הּ כְּמִשְׁכַּ֥ב נִדָּתָ֖הּ 26
יִֽהְיֶה־לָּ֑הּ וְכָֽל־הַכְּלִי֙ אֲשֶׁ֣ר תֵּשֵׁ֣ב עָלָ֔יו טָמֵ֣א יִהְיֶ֔ה כְּטֻמְאַ֖ת נִדָּתָֽהּ׃

וְכָל־הַנּוֹגֵ֥עַ בָּ֖ם יִטְמָ֑א וְכִבֶּ֧ס בְּגָדָ֛יו וְרָחַ֥ץ בַּמַּ֖יִם וְטָמֵ֥א עַד־הָעָֽרֶב׃ 27

וְאִֽם־טָהֲרָ֖ה מִזּוֹבָ֑הּ וְסָ֥פְרָה לָּ֛הּ שִׁבְעַ֥ת יָמִ֖ים וְאַחַ֥ר תִּטְהָֽר׃ וּבַיּ֣וֹם 28 שביעי
הַשְּׁמִינִ֗י תִּֽקַּֽח־לָהּ֙ שְׁתֵּ֣י תֹרִ֔ים א֥וֹ שְׁנֵ֖י בְּנֵ֣י יוֹנָ֑ה וְהֵבִיאָ֤ה אוֹתָם֙ 29

אֶל־הַכֹּהֵ֔ן אֶל־פֶּ֖תַח אֹ֥הֶל מוֹעֵֽד׃ וְעָשָׂ֤ה הַכֹּהֵן֙ אֶת־הָֽאֶחָ֣ד חַטָּ֔את 30
וְאֶת־הָאֶחָ֖ד עֹלָ֑ה וְכִפֶּ֨ר עָלֶ֤יהָ הַכֹּהֵן֙ לִפְנֵ֣י יְהוָ֔ה מִזּ֖וֹב טֻמְאָתָֽהּ׃

וְהִזַּרְתֶּ֥ם אֶת־בְּנֵֽי־יִשְׂרָאֵ֖ל מִטֻּמְאָתָ֑ם וְלֹ֤א יָמֻ֙תוּ֙ בְּטֻמְאָתָ֔ם בְּטַמְּאָ֥ם 31 מפטיר
אֶת־מִשְׁכָּנִ֖י אֲשֶׁ֥ר בְּתוֹכָֽם׃ זֹ֥את תּוֹרַ֖ת הַזָּ֑ב וַאֲשֶׁ֨ר תֵּצֵ֤א מִמֶּ֙נּוּ֙ 32

שִׁכְבַת־זֶ֔רַע לְטָמְאָה־בָֽהּ׃ וְהַדָּוָה֙ בְּנִדָּתָ֔הּ וְהַזָּב֙ אֶת־זוֹב֔וֹ לַזָּכָ֖ר 33
וְלַנְּקֵבָ֑ה וּלְאִ֕ישׁ אֲשֶׁ֥ר יִשְׁכַּ֖ב עִם־טְמֵאָֽה׃

וַיְדַבֵּ֤ר יְהוָה֙ אֶל־מֹשֶׁ֔ה אַחֲרֵ֣י מ֔וֹת שְׁנֵ֖י בְּנֵ֣י אַהֲרֹ֑ן בְּקָרְבָתָ֥ם 16 1 אחרי מות
לִפְנֵי־יְהוָ֖ה וַיָּמֻֽתוּ׃ וַיֹּ֨אמֶר יְהוָ֜ה אֶל־מֹשֶׁ֗ה דַּבֵּר֮ אֶל־אַהֲרֹ֣ן אָחִיךָ֒ 2
וְאַל־יָבֹ֤א בְכָל־עֵת֙ אֶל־הַקֹּ֔דֶשׁ מִבֵּ֖ית לַפָּרֹ֑כֶת אֶל־פְּנֵ֨י הַכַּפֹּ֜רֶת אֲשֶׁ֤ר

עַל־הָֽאָרֹן֙ וְלֹ֣א יָמ֔וּת כִּ֚י בֶּֽעָנָ֔ן אֵרָאֶ֖ה עַל־הַכַּפֹּֽרֶת׃ בְּזֹ֛את יָבֹ֥א 3
אַהֲרֹ֖ן אֶל־הַקֹּ֑דֶשׁ בְּפַ֧ר בֶּן־בָּקָ֛ר לְחַטָּ֖את וְאַ֥יִל לְעֹלָֽה׃ כְּתֹֽנֶת־בַּ֨ד 4
קֹ֜דֶשׁ יִלְבָּ֗שׁ וּמִֽכְנְסֵי־בַד֮ יִהְי֣וּ עַל־בְּשָׂרוֹ֒ וּבְאַבְנֵ֥ט בַּד֙ יַחְגֹּ֔ר וּבְמִצְנֶ֥פֶת

בַּ֖ד יִצְנֹ֑ף בִּגְדֵי־קֹ֣דֶשׁ הֵ֔ם וְרָחַ֥ץ בַּמַּ֛יִם אֶת־בְּשָׂר֖וֹ וּלְבֵשָֽׁם׃ וּמֵאֵ֗ת 5
עֲדַת֙ בְּנֵ֣י יִשְׂרָאֵ֔ל יִקַּ֛ח שְׁנֵֽי־שְׂעִירֵ֥י עִזִּ֖ים לְחַטָּ֑את וְאַ֥יִל אֶחָ֖ד לְעֹלָֽה׃

וְהִקְרִ֧יב אַהֲרֹ֛ן אֶת־פַּ֥ר הַחַטָּ֖את אֲשֶׁר־ל֑וֹ וְכִפֶּ֥ר בַּעֲד֖וֹ וּבְעַ֥ד בֵּיתֽוֹ׃ 6
וְלָקַ֖ח אֶת־שְׁנֵ֣י הַשְּׂעִירִ֑ם וְהֶעֱמִ֤יד אֹתָם֙ לִפְנֵ֣י יְהוָ֔ה פֶּ֖תַח אֹ֥הֶל 7

מוֹעֵֽד׃ וְנָתַ֧ן אַהֲרֹ֛ן עַל־שְׁנֵ֥י הַשְּׂעִירִ֖ם גּוֹרָל֑וֹת גּוֹרָ֤ל אֶחָד֙ לַֽיהוָ֔ה 8
וְגוֹרָ֥ל אֶחָ֖ד לַעֲזָאזֵֽל׃ וְהִקְרִ֤יב אַהֲרֹן֙ אֶת־הַשָּׂעִ֔יר אֲשֶׁ֨ר עָלָ֥ה עָלָ֛יו 9

הַגּוֹרָ֖ל לַיהוָ֑ה וְעָשָׂ֖הוּ חַטָּֽאת׃ וְהַשָּׂעִ֗יר אֲשֶׁר֩ עָלָ֨ה עָלָ֤יו הַגּוֹרָל֙ 10
לַעֲזָאזֵ֔ל יָֽעֳמַד־חַ֛י לִפְנֵ֥י יְהוָ֖ה לְכַפֵּ֣ר עָלָ֑יו לְשַׁלַּ֥ח אֹת֛וֹ לַעֲזָאזֵ֖ל

הַמִּדְבָּֽרָה׃ וְהִקְרִ֨יב אַהֲרֹ֜ן אֶת־פַּ֤ר הַֽחַטָּאת֙ אֲשֶׁר־ל֔וֹ וְכִפֶּ֥ר בַּֽעֲד֖וֹ 11
וּבְעַ֣ד בֵּית֑וֹ וְשָׁחַ֛ט אֶת־פַּ֥ר הַֽחַטָּ֖את אֲשֶׁר־לֽוֹ׃ וְלָקַ֣ח מְלֹֽא־הַ֠מַּחְתָּה 12

burning coals of fire from off the altar before the Lord, and his hands full of sweet incense beaten small, and bring *it* within the vail:

13 And he shall put the incense upon the fire before the Lord, that the cloud of the incense may cover the mercy seat that *is* upon the testimony, that he die not:

14 And he shall take of the blood of the bullock, and sprinkle *it* with his finger upon the mercy seat eastward; and before the mercy seat shall he sprinkle of the blood with his finger seven times.

15 ¶ Then shall he kill the goat of the sin offering, that *is* for the people, and bring his blood within the vail, and do with that blood as he did with the blood of the bullock, and sprinkle it upon the mercy seat, and before the mercy seat:

16 And he shall make an atonement for the holy *place*, because of the uncleanness of the children of Israel, and because of their transgressions in all their sins: and so shall he do for the tabernacle of the congregation, that remaineth among them in the midst of their uncleanness.

17 And there shall be no man in the tabernacle of the congregation when he goeth in to make an atonement in the holy *place*, until he come out, and have made an atonement for himself, and for his household, and for all the congregation of Israel.

18 And he shall go out unto the altar that *is* before the Lord, and make an atonement for it; and shall take of the blood of the bullock, and of the blood of the goat, and put *it* upon the horns of the altar round about.

19 And he shall sprinkle of the blood upon it with his finger seven times, and cleanse it, and hallow it from the uncleanness of the children of Israel.

20 ¶ And when he hath made an end of reconciling the holy *place*, and the tabernacle of the congregation, and the altar, he shall bring the live goat:

21 And Aaron shall lay both his hands upon the head of the live goat, and confess over him all the iniquities of the children of Israel, and all their transgressions in all their sins, putting them upon the head of the goat, and shall send *him* away by the hand of a fit man into the wilderness:

22 And the goat shall bear upon him all their iniquities unto a land not inhabited: and he shall let go the goat in the wilderness.

23 And Aaron shall come into the tabernacle of the congregation, and shall put off the linen garments, which he put on when he went into the holy *place*, and shall leave them there:

24 And he shall wash his flesh with water in the holy place, and put on his garments, and come forth, and offer his burnt offering, and the burnt offering of the people, and make an atonement for himself, and for the people.

25 And the fat of the sin offering shall he burn upon the altar.

26 And he that let go the goat for the scapegoat shall wash his clothes, and bathe his flesh in water, and afterward come into the camp.

27 And the bullock *for* the sin offering, and the goat *for* the sin offering, whose blood was brought in to make atonement in the holy *place*, shall *one* carry forth without the camp; and they shall burn in the fire their skins, and their flesh, and their dung.

28 And he that burneth them shall wash his clothes, and bathe his flesh in water, and afterward he shall come into the camp.

29 ¶ And *this* shall be a statute for ever unto you: *that* in the seventh month, on the tenth *day* of the month, ye shall afflict your souls, and do no work at all, *whether it be* one of your own country, or a stranger that sojourneth among you:

30 For on that day shall *the priest* make an atonement for you, to cleanse you, *that* ye may be clean from all your sins before the Lord.

31 It *shall be* a sabbath of rest unto you, and ye shall afflict your souls, by a statute for ever.

32 And the priest, whom he shall anoint, and whom he shall consecrate to minister in the priest's office in his father's stead, shall make the atonement, and shall put

גַּחֲלֵי־אֵשׁ מֵעַל הַמִּזְבֵּחַ מִלִּפְנֵי יְהֹוָה וּמְלֹא חָפְנָיו קְטֹרֶת סַמִּים

13 דַּקָּה וְהֵבִיא מִבֵּית לַפָּרֹכֶת: וְנָתַן אֶת־הַקְּטֹרֶת עַל־הָאֵשׁ לִפְנֵי יְהֹוָה וְכִסָּה ׀ עֲנַן הַקְּטֹרֶת אֶת־הַכַּפֹּרֶת אֲשֶׁר עַל־הָעֵדוּת וְלֹא יָמוּת:

14 וְלָקַח מִדַּם הַפָּר וְהִזָּה בְאֶצְבָּעוֹ עַל־פְּנֵי הַכַּפֹּרֶת קֵדְמָה וְלִפְנֵי

15 הַכַּפֹּרֶת יַזֶּה שֶׁבַע־פְּעָמִים מִן־הַדָּם בְּאֶצְבָּעוֹ: וְשָׁחַט אֶת־שְׂעִיר הַחַטָּאת אֲשֶׁר לָעָם וְהֵבִיא אֶת־דָּמוֹ אֶל־מִבֵּית לַפָּרֹכֶת וְעָשָׂה אֶת־דָּמוֹ כַּאֲשֶׁר עָשָׂה לְדַם הַפָּר וְהִזָּה אֹתוֹ עַל־הַכַּפֹּרֶת וְלִפְנֵי

16 הַכַּפֹּרֶת: וְכִפֶּר עַל־הַקֹּדֶשׁ מִטֻּמְאֹת בְּנֵי יִשְׂרָאֵל וּמִפִּשְׁעֵיהֶם לְכָל־ חַטֹּאתָם וְכֵן יַעֲשֶׂה לְאֹהֶל מוֹעֵד הַשֹּׁכֵן אִתָּם בְּתוֹךְ טֻמְאֹתָם:

17 וְכָל־אָדָם לֹא־יִהְיֶה ׀ בְּאֹהֶל מוֹעֵד בְּבֹאוֹ לְכַפֵּר בַּקֹּדֶשׁ עַד־צֵאתוֹ

18 וְכִפֶּר בַּעֲדוֹ וּבְעַד בֵּיתוֹ וּבְעַד כָּל־קְהַל יִשְׂרָאֵל: וְיָצָא אֶל־הַמִּזְבֵּחַ שני אֲשֶׁר לִפְנֵי־יְהֹוָה וְכִפֶּר עָלָיו וְלָקַח מִדַּם הַפָּר וּמִדַּם הַשָּׂעִיר וְנָתַן

19 עַל־קַרְנוֹת הַמִּזְבֵּחַ סָבִיב: וְהִזָּה עָלָיו מִן־הַדָּם בְּאֶצְבָּעוֹ שֶׁבַע

20 פְּעָמִים וְטִהֲרוֹ וְקִדְּשׁוֹ מִטֻּמְאֹת בְּנֵי יִשְׂרָאֵל: וְכִלָּה מִכַּפֵּר אֶת־ הַקֹּדֶשׁ וְאֶת־אֹהֶל מוֹעֵד וְאֶת־הַמִּזְבֵּחַ וְהִקְרִיב אֶת־הַשָּׂעִיר הֶחָי:

21 וְסָמַךְ אַהֲרֹן אֶת־שְׁתֵּי יָדוֹ עַל רֹאשׁ הַשָּׂעִיר הַחַי וְהִתְוַדָּה עָלָיו ידיו אֶת־כָּל־עֲוֺנֹת בְּנֵי יִשְׂרָאֵל וְאֶת־כָּל־פִּשְׁעֵיהֶם לְכָל־חַטֹּאתָם וְנָתַן

22 אֹתָם עַל־רֹאשׁ הַשָּׂעִיר וְשִׁלַּח בְּיַד־אִישׁ עִתִּי הַמִּדְבָּרָה: וְנָשָׂא הַשָּׂעִיר עָלָיו אֶת־כָּל־עֲוֺנֹתָם אֶל־אֶרֶץ גְּזֵרָה וְשִׁלַּח אֶת־הַשָּׂעִיר

23 בַּמִּדְבָּר: וּבָא אַהֲרֹן אֶל־אֹהֶל מוֹעֵד וּפָשַׁט אֶת־בִּגְדֵי הַבָּד אֲשֶׁר

24 לָבַשׁ בְּבֹאוֹ אֶל־הַקֹּדֶשׁ וְהִנִּיחָם שָׁם: וְרָחַץ אֶת־בְּשָׂרוֹ בַמַּיִם בְּמָקוֹם קָדוֹשׁ וְלָבַשׁ אֶת־בְּגָדָיו וְיָצָא וְעָשָׂה אֶת־עֹלָתוֹ וְאֶת־עֹלַת הָעָם

25 וְכִפֶּר בַּעֲדוֹ וּבְעַד הָעָם: וְאֵת חֵלֶב הַחַטָּאת יַקְטִיר הַמִּזְבֵּחָה: שלישי
(שני)

26 וְהַמְשַׁלֵּחַ אֶת־הַשָּׂעִיר לַעֲזָאזֵל יְכַבֵּס בְּגָדָיו וְרָחַץ אֶת־בְּשָׂרוֹ בַּמָּיִם

27 וְאַחֲרֵי־כֵן יָבוֹא אֶל־הַמַּחֲנֶה: וְאֵת פַּר הַחַטָּאת וְאֵת ׀ שְׂעִיר הַחַטָּאת אֲשֶׁר הוּבָא אֶת־דָּמָם לְכַפֵּר בַּקֹּדֶשׁ יוֹצִיא אֶל־מִחוּץ לַמַּחֲנֶה וְשָׂרְפוּ

28 בָאֵשׁ אֶת־עֹרֹתָם וְאֶת־בְּשָׂרָם וְאֶת־פִּרְשָׁם: וְהַשֹּׂרֵף אֹתָם יְכַבֵּס בְּגָדָיו וְרָחַץ אֶת־בְּשָׂרוֹ בַּמָּיִם וְאַחֲרֵי־כֵן יָבוֹא אֶל־הַמַּחֲנֶה: וְהָיְתָה

29 לָכֶם לְחֻקַּת עוֹלָם בַּחֹדֶשׁ הַשְּׁבִיעִי בֶּעָשׂוֹר לַחֹדֶשׁ תְּעַנּוּ אֶת־ נַפְשֹׁתֵיכֶם וְכָל־מְלָאכָה לֹא תַעֲשׂוּ הָאֶזְרָח וְהַגֵּר הַגָּר בְּתוֹכְכֶם:

30 כִּי־בַיּוֹם הַזֶּה יְכַפֵּר עֲלֵיכֶם לְטַהֵר אֶתְכֶם מִכֹּל חַטֹּאתֵיכֶם לִפְנֵי

31 יְהֹוָה תִּטְהָרוּ: שַׁבַּת שַׁבָּתוֹן הִיא לָכֶם וְעִנִּיתֶם אֶת־נַפְשֹׁתֵיכֶם

32 חֻקַּת עוֹלָם: וְכִפֶּר הַכֹּהֵן אֲשֶׁר־יִמְשַׁח אֹתוֹ וַאֲשֶׁר יְמַלֵּא אֶת־יָדוֹ

33 לְכַהֵן תַּחַת אָבִיו וְלָבַשׁ אֶת־בִּגְדֵי הַבָּד בִּגְדֵי הַקֹּדֶשׁ: וְכִפֶּר

on the linen clothes, *even* the holy garments:

33 And he shall make an atonement for the holy sanctuary, and he shall make an atonement for the tabernacle of the congregation, and for the altar, and he shall make an atonement for the priests, and for all the people of the congregation.

34 And this shall be an everlasting statute unto you, to make an atonement for the children of Israel for all their sins once a year. And he did as the Lord commanded Moses.

CHAPTER 17

1 And the Lord spake unto Moses, saying,

2 Speak unto Aaron, and unto his sons, and unto all the children of Israel, and say unto them; This *is* the thing which the Lord hath commanded, saying,

3 What man soever *there be* of the house of Israel, that killeth an ox, or lamb, or goat, in the camp, or that killeth *it* out of the camp,

4 And bringeth it not unto the door of the tabernacle of the congregation, to offer an offering unto the Lord before the tabernacle of the Lord; blood shall be imputed unto that man; he hath shed blood; and that man shall be cut off from among his people:

5 To the end that the children of Israel may bring their sacrifices, which they offer in the open field, even that they may bring them unto the Lord, unto the door of the tabernacle of the congregation, unto the priest, and offer them *for* peace offerings unto the Lord.

6 And the priest shall sprinkle the blood upon the altar of the Lord *at* the door of the tabernacle of the congregation, and burn the fat for a sweet savour unto the Lord.

7 And they shall no more offer their sacrifices unto devils, after whom they have gone a whoring. This shall be a statute for ever unto them throughout their generations.

8 ¶ And thou shalt say unto them, Whatsoever man *there be* of the house of Israel, or of the strangers which sojourn among you, that offereth a burnt offering or sacrifice,

9 And bringeth it not unto the door of the tabernacle of the congregation, to offer it unto the Lord; even that man shall be cut off from among his people.

10 ¶ And whatsoever man *there be* of the house of Israel, or of the strangers that sojourn among you, that eateth any manner of blood; I will even set my face against that soul that eateth blood, and will cut him off from among his people.

11 For the life of the flesh *is* in the blood: and I have given it to you upon the altar to make an atonement for your souls: for it *is* the blood *that* maketh an atonement for the soul.

12 Therefore I said unto the children of Israel, No soul of you shall eat blood, neither shall any stranger that sojourneth among you eat blood.

13 And whatsoever man *there be* of the children of Israel, or of the strangers that sojourn among you, which hunteth and catcheth any beast or fowl that may be eaten; he shall even pour out the blood thereof, and cover it with dust.

14 For *it is* the life of all flesh; the blood of it *is* for the life thereof: therefore I said unto the children of Israel, Ye shall eat the blood of no manner of flesh: for the life of all flesh *is* the blood thereof: whosoever eateth it shall be cut off.

15 And every soul that eateth that which died *of itself,* or that which was torn *with beasts, whether it be* one of your own country, or a stranger, he shall both wash his clothes, and bathe *himself* in water, and be unclean until the even: then shall he be clean.

16 But if he wash *them* not, nor bathe his flesh; then he shall bear his iniquity.

CHAPTER 18

1 And the Lord spake unto Moses, saying,

2 Speak unto the children of Israel, and say unto them, I am the Lord your God.

3 After the doings of the land of Egypt, wherein ye dwelt, shall ye not do: and after

אֶת־מִקְדַּשׁ הַקֹּדֶשׁ וְאֶת־אֹהֶל מוֹעֵד וְאֶת־הַמִּזְבֵּחַ יְכַפֵּר וְעַל הַכֹּהֲנִים

34 וְעַל־כָּל־עַם הַקָּהָל יְכַפֵּר: וְהָיְתָה־זֹּאת לָכֶם לְחֻקַּת עוֹלָם לְכַפֵּר
עַל־בְּנֵי יִשְׂרָאֵל מִכָּל־חַטֹּאתָם אַחַת בַּשָּׁנָה וַיַּעַשׂ כַּאֲשֶׁר צִוָּה יְהוָה
אֶת־מֹשֶׁה:

רביעי 17 1 וַיְדַבֵּר יְהוָה אֶל־מֹשֶׁה לֵּאמֹר: דַּבֵּר אֶל־אַהֲרֹן וְאֶל־בָּנָיו וְאֶל כָּל־בְּנֵי
2

3 יִשְׂרָאֵל וְאָמַרְתָּ אֲלֵיהֶם זֶה הַדָּבָר אֲשֶׁר־צִוָּה יְהוָה לֵאמֹר: אִישׁ
אִישׁ מִבֵּית יִשְׂרָאֵל אֲשֶׁר יִשְׁחַט שׁוֹר אוֹ־כֶשֶׂב אוֹ־עֵז בַּמַּחֲנֶה אוֹ

4 אֲשֶׁר יִשְׁחַט מִחוּץ לַמַּחֲנֶה: וְאֶל־פֶּתַח אֹהֶל מוֹעֵד לֹא הֱבִיאוֹ
לְהַקְרִיב קָרְבָּן לַיהוָה לִפְנֵי מִשְׁכַּן יְהוָה דָּם יֵחָשֵׁב לָאִישׁ הַהוּא

5 דָּם שָׁפָךְ וְנִכְרַת הָאִישׁ הַהוּא מִקֶּרֶב עַמּוֹ: לְמַעַן אֲשֶׁר יָבִיאוּ בְּנֵי
יִשְׂרָאֵל אֶת־זִבְחֵיהֶם אֲשֶׁר הֵם זֹבְחִים עַל־פְּנֵי הַשָּׂדֶה וֶהֱבִיאֻם
לַיהוָה אֶל־פֶּתַח אֹהֶל מוֹעֵד אֶל־הַכֹּהֵן וְזָבְחוּ זִבְחֵי שְׁלָמִים לַיהוָה

6 אוֹתָם: וְזָרַק הַכֹּהֵן אֶת־הַדָּם עַל־מִזְבַּח יְהוָה פֶּתַח אֹהֶל מוֹעֵד

7 וְהִקְטִיר הַחֵלֶב לְרֵיחַ נִיחֹחַ לַיהוָה: וְלֹא־יִזְבְּחוּ עוֹד אֶת־זִבְחֵיהֶם
לַשְּׂעִירִם אֲשֶׁר הֵם זֹנִים אַחֲרֵיהֶם חֻקַּת עוֹלָם תִּהְיֶה־זֹּאת לָהֶם

חמישי 8 לְדֹרֹתָם: וַאֲלֵהֶם תֹּאמַר אִישׁ אִישׁ מִבֵּית יִשְׂרָאֵל וּמִן־הַגֵּר
(שלישי)

9 אֲשֶׁר־יָגוּר בְּתוֹכָם אֲשֶׁר־יַעֲלֶה עֹלָה אוֹ־זָבַח: וְאֶל־פֶּתַח אֹהֶל מוֹעֵד

10 לֹא יְבִיאֶנּוּ לַעֲשׂוֹת אֹתוֹ לַיהוָה וְנִכְרַת הָאִישׁ הַהוּא מֵעַמָּיו: וְאִישׁ
אִישׁ מִבֵּית יִשְׂרָאֵל וּמִן־הַגֵּר הַגָּר בְּתוֹכָם אֲשֶׁר יֹאכַל כָּל־דָּם
וְנָתַתִּי פָנַי בַּנֶּפֶשׁ הָאֹכֶלֶת אֶת־הַדָּם וְהִכְרַתִּי אֹתָהּ מִקֶּרֶב עַמָּהּ:

11 כִּי נֶפֶשׁ הַבָּשָׂר בַּדָּם הִוא וַאֲנִי נְתַתִּיו לָכֶם עַל־הַמִּזְבֵּחַ לְכַפֵּר
עַל־נַפְשֹׁתֵיכֶם כִּי־הַדָּם הוּא בַּנֶּפֶשׁ יְכַפֵּר: עַל־כֵּן אָמַרְתִּי לִבְנֵי

12 יִשְׂרָאֵל כָּל־נֶפֶשׁ מִכֶּם לֹא־תֹאכַל דָּם וְהַגֵּר הַגָּר בְּתוֹכְכֶם לֹא־יֹאכַל

13 דָּם: וְאִישׁ אִישׁ מִבְּנֵי יִשְׂרָאֵל וּמִן־הַגֵּר הַגָּר בְּתוֹכָם אֲשֶׁר יָצוּד
צֵיד חַיָּה אוֹ־עוֹף אֲשֶׁר יֵאָכֵל וְשָׁפַךְ אֶת־דָּמוֹ וְכִסָּהוּ בֶּעָפָר:

14 כִּי־נֶפֶשׁ כָּל־בָּשָׂר דָּמוֹ בְנַפְשׁוֹ הוּא וָאֹמַר לִבְנֵי יִשְׂרָאֵל דַּם כָּל־בָּשָׂר

15 לֹא תֹאכֵלוּ כִּי נֶפֶשׁ כָּל־בָּשָׂר דָּמוֹ הִוא כָּל־אֹכְלָיו יִכָּרֵת: וְכָל־נֶפֶשׁ
אֲשֶׁר תֹּאכַל נְבֵלָה וּטְרֵפָה בָּאֶזְרָח וּבַגֵּר וְכִבֶּס בְּגָדָיו וְרָחַץ בַּמַּיִם

16 וְטָמֵא עַד־הָעֶרֶב וְטָהֵר: וְאִם לֹא יְכַבֵּס וּבְשָׂרוֹ לֹא יִרְחָץ וְנָשָׂא
עֲוֹנוֹ:

18 1 וַיְדַבֵּר יְהוָה אֶל־מֹשֶׁה לֵּאמֹר: דַּבֵּר אֶל־בְּנֵי יִשְׂרָאֵל וְאָמַרְתָּ אֲלֵהֶם
2

3 אֲנִי יְהוָה אֱלֹהֵיכֶם: כְּמַעֲשֵׂה אֶרֶץ־מִצְרַיִם אֲשֶׁר יְשַׁבְתֶּם־בָּהּ לֹא

the doings of the land of Canaan, whither I bring you, shall ye not do: neither shall ye walk in their ordinances.

4 Ye shall do my judgments, and keep mine ordinances, to walk therein: I *am* the LORD your God.

5 Ye shall therefore keep my statutes, and my judgments: which if a man do, he shall live in them: I *am* the LORD.

6 ¶ None of you shall approach to any that is near of kin to him, to uncover *their* nakedness: I *am* the LORD.

7 The nakedness of thy father, or the nakedness of thy mother, shalt thou not uncover: she *is* thy mother; thou shalt not uncover her nakedness.

8 The nakedness of thy father's wife shalt thou not uncover: it *is* thy father's nakedness.

9 The nakedness of thy sister, the daughter of thy father, or daughter of thy mother, *whether she be* born at home, or born abroad, *even* their nakedness thou shalt not uncover.

10 The nakedness of thy son's daughter, or of thy daughter's daughter, *even* their nakedness thou shalt not uncover: for theirs *is* thine own nakedness.

11 The nakedness of thy father's wife's daughter, begotten of thy father, she *is* thy sister, thou shalt not uncover her nakedness.

12 Thou shalt not uncover the nakedness of thy father's sister: she *is* thy father's near kinswoman.

13 Thou shalt not uncover the nakedness of thy mother's sister: for she *is* thy mother's near kinswoman.

14 Thou shalt not uncover the nakedness of thy father's brother, thou shalt not approach to his wife: she *is* thine aunt.

15 Thou shalt not uncover the nakedness of thy daughter in law: she *is* thy son's wife; thou shalt not uncover her nakedness.

16 Thou shalt not uncover the nakedness of thy brother's wife: it *is* thy brother's nakedness.

17 Thou shalt not uncover the nakedness of a woman and her daughter, neither shalt thou take her son's daughter, or her daughter's daughter, to uncover her nakedness; *for* they *are* her near kinswomen: it *is* wickedness.

18 Neither shalt thou take a wife to her sister, to vex *her,* to uncover her nakedness, beside the other in her life *time.*

19 Also thou shalt not approach unto a woman to uncover her nakedness, as long as she is put apart for her uncleanness.

20 Moreover thou shalt not lie carnally with thy neighbour's wife, to defile thyself with her.

21 And thou shalt not let any of thy seed pass through *the fire* to Molech, neither shalt thou profane the name of thy God: I *am* the LORD.

22 Thou shalt not lie with mankind, as with womankind: it *is* abomination.

23 Neither shalt thou lie with any beast to defile thyself therewith: neither shall any woman stand before a beast to lie down thereto: it *is* confusion.

24 Defile not ye yourselves in any of these things: for in all these the nations are defiled which I cast out before you:

25 And the land is defiled: therefore I do visit the iniquity thereof upon it, and the land itself vomiteth out her inhabitants.

26 Ye shall therefore keep my statutes and my judgments, and shall not commit *any* of these abominations; *neither* any of your own nation, nor any stranger that sojourneth among you:

27 (For all these abominations have the men of the land done, which *were* before you, and the land is defiled;)

28 That the land spue not you out also, when ye defile it, as it spued out the nations that *were* before you.

29 For whosoever shall commit any of these abominations, even the souls that commit *them* shall be cut off from among their people.

30 Therefore shall ye keep mine ordinance, that *ye* commit not *any one* of these abominable customs, which were committed before you, and that ye defile not yourselves therein: I *am* the LORD your God.

תַעֲשׂוּ וּכְמַעֲשֵׂה אֶרֶץ־כְּנַעַן אֲשֶׁר אֲנִי מֵבִיא אֶתְכֶם שָׁמָּה לֹא תַעֲשׂוּ

4 וּבְחֻקֹּתֵיהֶם לֹא תֵלֵכוּ: אֶת־מִשְׁפָּטַי תַּעֲשׂוּ וְאֶת־חֻקֹּתַי תִּשְׁמְרוּ

5 לָלֶכֶת בָּהֶם אֲנִי יְהוָה אֱלֹהֵיכֶם: וּשְׁמַרְתֶּם אֶת־חֻקֹּתַי וְאֶת־מִשְׁפָּטַי

6 אֲשֶׁר יַעֲשֶׂה אֹתָם הָאָדָם וָחַי בָּהֶם אֲנִי יְהוָה: ששי אִישׁ

אִישׁ אֶל־כָּל־שְׁאֵר בְּשָׂרוֹ לֹא תִקְרְבוּ לְגַלּוֹת עֶרְוָה אֲנִי

7 יְהוָה: עֶרְוַת אָבִיךָ וְעֶרְוַת אִמְּךָ לֹא תְגַלֵּה אִמְּךָ הִוא

8 לֹא תְגַלֶּה עֶרְוָתָהּ: עֶרְוַת אֵשֶׁת־אָבִיךָ לֹא תְגַלֵּה עֶרְוַת

9 אָבִיךָ הִוא: עֶרְוַת אֲחוֹתְךָ בַת־אָבִיךָ אוֹ בַת־אִמֶּךָ מוֹלֶדֶת

10 בַּיִת אוֹ מוֹלֶדֶת חוּץ לֹא תְגַלֶּה עֶרְוָתָן: עֶרְוַת בַּת־בִּנְךָ

11 אוֹ בַת־בִּתְּךָ לֹא תְגַלֶּה עֶרְוָתָן כִּי עֶרְוָתְךָ הֵנָּה: עֶרְוַת

בַּת־אֵשֶׁת אָבִיךָ מוֹלֶדֶת אָבִיךָ אֲחוֹתְךָ הִוא לֹא תְגַלֶּה

12 עֶרְוָתָהּ: עֶרְוַת אֲחוֹת־אָבִיךָ לֹא תְגַלֵּה שְׁאֵר אָבִיךָ

13 הִוא: עֶרְוַת אֲחוֹת־אִמְּךָ לֹא תְגַלֵּה כִּי־שְׁאֵר אִמְּךָ

14 הִוא: עֶרְוַת אֲחִי־אָבִיךָ לֹא תְגַלֵּה אֶל־אִשְׁתּוֹ לֹא תִקְרָב

15 דֹּדָתְךָ הִוא: עֶרְוַת כַּלָּתְךָ לֹא תְגַלֵּה אֵשֶׁת בִּנְךָ הִוא

16 לֹא תְגַלֶּה עֶרְוָתָהּ: עֶרְוַת אֵשֶׁת־אָחִיךָ לֹא תְגַלֵּה עֶרְוַת

17 אָחִיךָ הִוא: עֶרְוַת אִשָּׁה וּבִתָּהּ לֹא תְגַלֵּה אֶת־בַּת־בְּנָהּ

וְאֶת־בַּת־בִּתָּהּ לֹא תִקַּח לְגַלּוֹת עֶרְוָתָהּ שַׁאֲרָה הֵנָּה זִמָּה הִוא:

18 וְאִשָּׁה אֶל־אֲחֹתָהּ לֹא תִקָּח לִצְרֹר לְגַלּוֹת עֶרְוָתָהּ עָלֶיהָ בְּחַיֶּיהָ:

19 וְאֶל־אִשָּׁה בְּנִדַּת טֻמְאָתָהּ לֹא תִקְרַב לְגַלּוֹת עֶרְוָתָהּ: וְאֶל־אֵשֶׁת
20

21 עֲמִיתְךָ לֹא־תִתֵּן שְׁכָבְתְּךָ לְזָרַע לְטָמְאָה־בָהּ: וּמִזַּרְעֲךָ לֹא־תִתֵּן

22 לְהַעֲבִיר לַמֹּלֶךְ וְלֹא תְחַלֵּל אֶת־שֵׁם אֱלֹהֶיךָ אֲנִי יְהוָה: וְאֶת־זָכָר שביעי
(רביעי)

23 לֹא תִשְׁכַּב מִשְׁכְּבֵי אִשָּׁה תּוֹעֵבָה הִוא: וּבְכָל־בְּהֵמָה לֹא־תִתֵּן

שְׁכָבְתְּךָ לְטָמְאָה־בָהּ וְאִשָּׁה לֹא־תַעֲמֹד לִפְנֵי בְהֵמָה לְרִבְעָהּ תֶּבֶל

24 הִוא: אַל־תִּטַּמְּאוּ בְּכָל־אֵלֶּה כִּי בְכָל־אֵלֶּה נִטְמְאוּ הַגּוֹיִם אֲשֶׁר־אֲנִי

25 מְשַׁלֵּחַ מִפְּנֵיכֶם: וַתִּטְמָא הָאָרֶץ וָאֶפְקֹד עֲוֹנָהּ עָלֶיהָ וַתָּקִא הָאָרֶץ

26 אֶת־יֹשְׁבֶיהָ: וּשְׁמַרְתֶּם אַתֶּם אֶת־חֻקֹּתַי וְאֶת־מִשְׁפָּטַי וְלֹא תַעֲשׂוּ

27 מִכֹּל הַתּוֹעֵבֹת הָאֵלֶּה הָאֶזְרָח וְהַגֵּר הַגָּר בְּתוֹכְכֶם: כִּי אֶת־

כָּל־הַתּוֹעֵבֹת הָאֵל עָשׂוּ אַנְשֵׁי־הָאָרֶץ אֲשֶׁר לִפְנֵיכֶם וַתִּטְמָא הָאָרֶץ:

28 וְלֹא־תָקִיא הָאָרֶץ אֶתְכֶם בְּטַמַּאֲכֶם אֹתָהּ כַּאֲשֶׁר קָאָה אֶת־הַגּוֹי מפטיר

29 אֲשֶׁר לִפְנֵיכֶם: כִּי כָּל־אֲשֶׁר יַעֲשֶׂה מִכֹּל הַתּוֹעֵבֹת הָאֵלֶּה וְנִכְרְתוּ

30 הַנְּפָשׁוֹת הָעֹשֹׂת מִקֶּרֶב עַמָּם: וּשְׁמַרְתֶּם אֶת־מִשְׁמַרְתִּי לְבִלְתִּי

עֲשׂוֹת מֵחֻקּוֹת הַתּוֹעֵבֹת אֲשֶׁר נַעֲשׂוּ לִפְנֵיכֶם וְלֹא תִטַּמְּאוּ בָּהֶם

אֲנִי יְהוָה אֱלֹהֵיכֶם:

CHAPTER 19

1 And the LORD spake unto Moses, saying,

2 Speak unto all the congregation of the children of Israel, and say unto them, Ye shall be holy: for I the LORD your God *am* holy.

3 ¶ Ye shall fear every man his mother, and his father, and keep my sabbaths: I *am* the LORD your God.

4 ¶ Turn ye not unto idols, nor make to yourselves molten gods: I *am* the LORD your God.

5 ¶ And if ye offer a sacrifice of peace offerings unto the LORD, ye shall offer it at your own will.

6 It shall be eaten the same day ye offer it, and on the morrow: and if ought remain until the third day, it shall be burnt in the fire.

7 And if it be eaten at all on the third day, it *is* abominable; it shall not be accepted.

8 Therefore *every one* that eateth it shall bear his iniquity, because he hath profaned the hallowed thing of the LORD: and that soul shall be cut off from among his people.

9 ¶ And when ye reap the harvest of your land, thou shalt not wholly reap the corners of thy field, neither shalt thou gather the gleanings of thy harvest.

10 And thou shalt not glean thy vineyard, neither shalt thou gather *every* grape of thy vineyard; thou shalt leave them for the poor and stranger: I *am* the LORD your God.

11 ¶ Ye shall not steal, neither deal falsely, neither lie one to another.

12 ¶ And ye shall not swear by my name falsely, neither shalt thou profane the name of thy God: I *am* the LORD.

13 ¶ Thou shalt not defraud thy neighbour, neither rob *him:* the wages of him that is hired shall not abide with thee all night until the morning.

14 ¶ Thou shalt not curse the deaf, nor put a stumblingblock before the blind, but shalt fear thy God: I *am* the LORD.

15 ¶ Ye shall do no unrighteousness in judgment: thou shalt not respect the person of the poor, nor honour the person of the mighty: *but* in righteousness shalt thou judge thy neighbour.

16 ¶ Thou shalt not go up and down *as* a talebearer among thy people: neither shalt thou stand against the blood of thy neighbour: I *am* the LORD.

17 ¶ Thou shalt not hate thy brother in thine heart: thou shalt in any wise rebuke thy neighbour, and not suffer sin upon him.

18 ¶ Thou shalt not avenge, nor bear any grudge against the children of thy people, but thou shalt love thy neighbour as thyself: I *am* the LORD.

19 ¶ Ye shall keep my statutes. Thou shalt not let thy cattle gender with a diverse kind: thou shalt not sow thy field with mingled seed: neither shall a garment mingled of linen and woollen come upon thee.

20 ¶ And whosoever lieth carnally with a woman, that *is* a bondmaid, betrothed to an husband, and not at all redeemed, nor freedom given her; she shall be scourged; they shall not be put to death, because she was not free.

21 And he shall bring his trespass offering unto the LORD, unto the door of the tabernacle of the congregation, *even* a ram for a trespass offering.

22 And the priest shall make an atonement for him with the ram of the trespass offering before the LORD for his sin which he hath done: and the sin which he hath done shall be forgiven him.

23 ¶ And when ye shall come into the land, and shall have planted all manner of trees for food, then ye shall count the fruit thereof as uncircumcised: three years shall it be as uncircumcised unto you: it shall not be eaten of.

24 But in the fourth year all the fruit thereof shall be holy to praise the LORD *withal.*

25 And in the fifth year shall ye eat of the fruit thereof, that it may yield unto you the increase thereof: I *am* the LORD your God.

26 ¶ Ye shall not eat *any thing* with the blood: neither shall ye use enchantment, nor observe times.

וַיְדַבֵּ֥ר יְהוָ֖ה אֶל־מֹשֶׁ֥ה לֵּאמֹֽר: דַּבֵּ֞ר אֶל־כָּל־עֲדַ֧ת בְּנֵֽי־יִשְׂרָאֵ֛ל

וְאָמַרְתָּ֥ אֲלֵהֶ֖ם קְדֹשִׁ֣ים תִּהְי֑וּ כִּ֣י קָד֔וֹשׁ אֲנִ֖י יְהוָ֥ה אֱלֹהֵיכֶֽם: אִ֣ישׁ

אִמּ֤וֹ וְאָבִיו֙ תִּירָ֔אוּ וְאֶת־שַׁבְּתֹתַ֖י תִּשְׁמֹ֑רוּ אֲנִ֖י יְהוָ֥ה אֱלֹהֵיכֶֽם:

אַל־תִּפְנוּ֙ אֶל־הָ֣אֱלִילִ֔ם וֵֽאלֹהֵי֙ מַסֵּכָ֔ה לֹ֥א תַעֲשׂ֖וּ לָכֶ֑ם אֲנִ֖י יְהוָ֥ה

אֱלֹהֵיכֶֽם: וְכִ֧י תִזְבְּח֛וּ זֶ֥בַח שְׁלָמִ֖ים לַיהוָ֑ה לִֽרְצֹנְכֶ֖ם תִּזְבָּחֻֽהוּ: בְּי֧וֹם

זִבְחֲכֶ֛ם יֵאָכֵ֖ל וּמִֽמָּחֳרָ֑ת וְהַנּוֹתָר֙ עַד־י֣וֹם הַשְּׁלִישִׁ֔י בָּאֵ֖שׁ יִשָּׂרֵֽף:

וְאִ֛ם הֵאָכֹ֥ל יֵאָכֵ֖ל בַּיּ֣וֹם הַשְּׁלִישִׁ֑י פִּגּ֥וּל ה֖וּא לֹ֥א יֵרָצֶֽה: וְאֹֽכְלָיו֙

עֲוֺנ֣וֹ יִשָּׂ֔א כִּֽי־אֶת־קֹ֥דֶשׁ יְהוָ֖ה חִלֵּ֑ל וְנִכְרְתָ֛ה הַנֶּ֥פֶשׁ הַהִ֖וא מֵעַמֶּֽיהָ:

וּֽבְקֻצְרְכֶם֙ אֶת־קְצִ֣יר אַרְצְכֶ֔ם לֹ֧א תְכַלֶּ֛ה פְּאַ֥ת שָׂדְךָ֖ לִקְצֹ֑ר וְלֶ֥קֶט

קְצִֽירְךָ֖ לֹ֥א תְלַקֵּֽט: וְכַרְמְךָ֙ לֹ֣א תְעוֹלֵ֔ל וּפֶ֥רֶט כַּרְמְךָ֖ לֹ֣א תְלַקֵּ֑ט

לֶֽעָנִ֤י וְלַגֵּר֙ תַּעֲזֹ֣ב אֹתָ֔ם אֲנִ֖י יְהוָ֥ה אֱלֹהֵיכֶֽם: לֹ֖א תִּגְנֹ֑בוּ וְלֹא־תְכַחֲשׁ֥וּ

וְלֹֽא־תְשַׁקְּר֖וּ אִ֥ישׁ בַּעֲמִיתֽוֹ: וְלֹֽא־תִשָּׁבְע֥וּ בִשְׁמִ֖י לַשָּׁ֑קֶר וְחִלַּלְתָּ֛

אֶת־שֵׁ֥ם אֱלֹהֶ֖יךָ אֲנִ֥י יְהוָֽה: לֹֽא־תַעֲשֹׁ֣ק אֶת־רֵֽעֲךָ֔ וְלֹ֖א תִגְזֹ֑ל לֹֽא־תָלִ֞ין

פְּעֻלַּ֥ת שָׂכִ֛יר אִתְּךָ֖ עַד־בֹּֽקֶר: לֹא־תְקַלֵּ֣ל חֵרֵ֔שׁ וְלִפְנֵ֣י עִוֵּ֔ר לֹ֥א תִתֵּ֖ן

שני
(חמישי)

מִכְשֹׁ֑ל וְיָרֵ֥אתָ מֵּאֱלֹהֶ֖יךָ אֲנִ֥י יְהוָֽה: לֹא־תַעֲשֹׂ֥וּ עָ֙וֶל֙ בַּמִּשְׁפָּ֔ט

לֹא־תִשָּׂ֣א פְנֵי־דָ֗ל וְלֹ֥א תֶהְדַּ֖ר פְּנֵ֣י גָד֑וֹל בְּצֶ֖דֶק תִּשְׁפֹּ֥ט עֲמִיתֶֽךָ:

לֹא־תֵלֵ֤ךְ רָכִיל֙ בְּעַמֶּ֔יךָ לֹ֥א תַעֲמֹ֖ד עַל־דַּ֣ם רֵעֶ֑ךָ אֲנִ֖י יְהוָֽה:

לֹֽא־תִשְׂנָ֥א אֶת־אָחִ֖יךָ בִּלְבָבֶ֑ךָ הוֹכֵ֤חַ תּוֹכִ֙יחַ֙ אֶת־עֲמִיתֶ֔ךָ וְלֹא־תִשָּׂ֥א

עָלָ֖יו חֵֽטְא: לֹֽא־תִקֹּ֤ם וְלֹֽא־תִטֹּר֙ אֶת־בְּנֵ֣י עַמֶּ֔ךָ וְאָֽהַבְתָּ֥ לְרֵעֲךָ֖ כָּמ֑וֹךָ

אֲנִ֖י יְהוָֽה: אֶֽת־חֻקֹּתַי֮ תִּשְׁמֹרוּ֒ בְּהֶמְתְּךָ֙ לֹא־תַרְבִּ֣יעַ כִּלְאַ֔יִם שָׂדְךָ֖

לֹא־תִזְרַ֣ע כִּלְאָ֑יִם וּבֶ֤גֶד כִּלְאַ֙יִם֙ שַֽׁעַטְנֵ֔ז לֹ֥א יַעֲלֶ֖ה עָלֶֽיךָ: וְ֠אִישׁ

כִּֽי־יִשְׁכַּ֨ב אֶת־אִשָּׁ֜ה שִׁכְבַת־זֶ֗רַע וְהִ֤וא שִׁפְחָה֙ נֶחֱרֶ֣פֶת לְאִ֔ישׁ וְהָפְדֵּה֙

לֹ֣א נִפְדָּ֔תָה א֖וֹ חֻפְשָׁ֣ה לֹ֣א נִתַּן־לָ֑הּ בִּקֹּ֧רֶת תִּהְיֶ֛ה לֹ֥א יוּמְת֖וּ כִּי־לֹ֥א

חֻפָּֽשָׁה: וְהֵבִ֤יא אֶת־אֲשָׁמוֹ֙ לַֽיהוָ֔ה אֶל־פֶּ֖תַח אֹ֣הֶל מוֹעֵ֑ד אֵ֖יל אָשָֽׁם:

וְכִפֶּר֩ עָלָ֨יו הַכֹּהֵ֜ן בְּאֵ֤יל הָֽאָשָׁם֙ לִפְנֵ֣י יְהוָ֔ה עַל־חַטָּאת֖וֹ אֲשֶׁ֣ר חָטָ֑א

וְנִסְלַ֣ח ל֔וֹ מֵחַטָּאת֖וֹ אֲשֶׁ֥ר חָטָֽא:

שלישי

וְכִֽי־תָבֹ֣אוּ אֶל־הָאָ֗רֶץ וּנְטַעְתֶּם֙ כָּל־עֵ֣ץ מַאֲכָ֔ל וַעֲרַלְתֶּ֥ם עָרְלָת֖וֹ

אֶת־פִּרְי֑וֹ שָׁלֹ֣שׁ שָׁנִ֗ים יִהְיֶ֥ה לָכֶ֛ם עֲרֵלִ֖ים לֹ֣א יֵאָכֵֽל: וּבַשָּׁנָה֙ הָרְבִיעִ֔ת

יִהְיֶ֖ה כָּל־פִּרְי֑וֹ קֹ֥דֶשׁ הִלּוּלִ֖ים לַֽיהוָֽה: וּבַשָּׁנָ֣ה הַחֲמִישִׁ֗ת תֹּֽאכְלוּ֙

אֶת־פִּרְי֔וֹ לְהוֹסִ֥יף לָכֶ֖ם תְּבוּאָת֑וֹ אֲנִ֖י יְהוָ֥ה אֱלֹהֵיכֶֽם: לֹ֥א תֹאכְל֖וּ

עַל־הַדָּ֑ם לֹ֥א תְנַחֲשׁ֖וּ וְלֹ֥א תְעוֹנֵֽנוּ: לֹ֣א תַקִּ֔פוּ פְּאַ֖ת רֹאשְׁכֶ֑ם וְלֹ֣א

27 Ye shall not round the corners of your heads, neither shalt thou mar the corners of thy beard.

28 Ye shall not make any cuttings in your flesh for the dead, nor print any marks upon you: I *am* the Lord.

29 ¶ Do not prostitute thy daughter, to cause her to be a whore; lest the land fall to whoredom, and the land become full of wickedness.

30 ¶ Ye shall keep my sabbaths, and reverence my sanctuary: I *am* the Lord.

31 ¶ Regard not them that have familiar spirits, neither seek after wizards, to be defiled by them: I *am* the Lord your God.

32 ¶ Thou shalt rise up before the hoary head, and honour the face of the old man, and fear thy God: I *am* the Lord.

33 ¶ And if a stranger sojourn with thee in your land, ye shall not vex him.

34 *But* the stranger that dwelleth with you shall be unto you as one born among you, and thou shalt love him as thyself; for ye were strangers in the land of Egypt: I *am* the Lord your God.

35 ¶ Ye shall do no unrighteousness in judgment, in meteyard, in weight, or in measure.

36 Just balances, just weights, a just ephah, and a just hin, shall ye have: I *am* the Lord your God, which brought you out of the land of Egypt.

37 Therefore shall ye observe all my statutes, and all my judgments, and do them: I *am* the Lord.

CHAPTER 20

1 And the Lord spake unto Moses, saying,

2 Again, thou shalt say to the children of Israel, Whosoever *he be* of the children of Israel, or of the strangers that sojourn in Israel, that giveth *any* of his seed unto Molech; he shall surely be put to death: the people of the land shall stone him with stones.

3 And I will set my face against that man, and will cut him off from among his people; because he hath given of his seed unto Molech, to defile my sanctuary, and to profane my holy name.

4 And if the people of the land do any ways hide their eyes from the man, when he giveth of his seed unto Molech, and kill him not:

5 Then I will set my face against that man, and against his family, and will cut him off, and all that go a whoring after him, to commit whoredom with Molech, from among their people.

6 ¶ And the soul that turneth after such as have familiar spirits, and after wizards, to go a whoring after them, I will even set my face against that soul, and will cut him off from among his people.

7 ¶ Sanctify yourselves therefore, and be ye holy: for I *am* the Lord your God.

8 And ye shall keep my statutes, and do them: I *am* the Lord which sanctify you.

9 ¶ For every one that curseth his father or his mother shall be surely put to death: he hath cursed his father or his mother; his blood *shall be* upon him.

10 ¶ And the man that committeth adultery with *another* man's wife, *even he* that committeth adultery with his neighbour's wife, the adulterer and the adulteress shall surely be put to death.

11 And the man that lieth with his father's wife hath uncovered his father's nakedness: both of them shall surely be put to death; their blood *shall be* upon them.

12 And if a man lie with his daughter in law, both of them shall surely be put to death: they have wrought confusion; their blood *shall be* upon them.

13 If a man also lie with mankind, as he lieth with a woman, both of them have committed an abomination: they shall surely be put to death; their blood *shall be* upon them.

14 And if a man take a wife and her mother, it *is* wickedness: they shall be burnt with fire, both he and they; that there be no wickedness among you.

15 And if a man lie with a beast, he shall surely be put to death: and ye shall slay the beast.

16 And if a woman approach unto any beast, and lie down thereto, thou shalt kill the woman, and the beast: they shall surely be put to death; their blood *shall be* upon them.

28 תַשְׁחִ֔ית אֵ֖ת פְּאַ֣ת זְקָנֶ֑ךָ וְשֶׂ֣רֶט לָנֶ֗פֶשׁ לֹ֤א תִתְּנוּ֙ בִּבְשַׂרְכֶ֔ם וּכְתֹ֣בֶת

29 קַֽעֲקַ֔ע לֹ֥א תִתְּנ֖וּ בָּכֶ֑ם אֲנִ֖י יְהוָֽה: אַל־תְּחַלֵּ֤ל אֶת־בִּתְּךָ֙ לְהַזְנוֹתָ֔הּ

30 וְלֹא־תִזְנֶ֣ה הָאָ֔רֶץ וּמָלְאָ֥ה הָאָ֖רֶץ זִמָּֽה: אֶת־שַׁבְּתֹתַ֣י תִּשְׁמֹ֔רוּ וּמִקְדָּשִׁ֖י

31 תִּירָ֑אוּ אֲנִ֖י יְהוָֽה: אַל־תִּפְנ֤וּ אֶל־הָֽאֹבֹת֙ וְאֶל־הַיִּדְּעֹנִ֔ים אַל־תְּבַקְשׁ֖וּ

32 לְטָמְאָ֣ה בָהֶ֑ם אֲנִ֖י יְהוָ֥ה אֱלֹהֵיכֶֽם: מִפְּנֵ֤י שֵׂיבָה֙ תָּק֔וּם וְהָֽדַרְתָּ֖ פְּנֵ֣י

רביעי
(ששי)

33 זָקֵ֑ן וְיָרֵ֥אתָ מֵּֽאֱלֹהֶ֖יךָ אֲנִ֥י יְהוָֽה: וְכִֽי־יָג֧וּר אִתְּךָ֛ גֵּ֖ר

34 בְּאַרְצְכֶ֑ם לֹ֥א תוֹנ֖וּ אֹתֽוֹ: כְּאֶזְרָ֣ח מִכֶּם֩ יִהְיֶ֨ה לָכֶ֜ם הַגֵּ֣ר ׀ הַגָּ֣ר אִתְּכֶ֗ם

וְאָהַבְתָּ֥ ל֙וֹ֙ כָּמ֔וֹךָ כִּֽי־גֵרִ֥ים הֱיִיתֶ֖ם בְּאֶ֣רֶץ מִצְרָ֑יִם אֲנִ֖י יְהוָ֥ה אֱלֹהֵיכֶֽם:

35 לֹא־תַעֲשׂ֥וּ עָ֖וֶל בַּמִּשְׁפָּ֑ט בַּמִּדָּ֕ה בַּמִּשְׁקָ֖ל וּבַמְּשׂוּרָֽה: מֹ֧אזְנֵי צֶ֣דֶק

36 אַבְנֵי־צֶ֗דֶק אֵ֥יפַת צֶ֛דֶק וְהִ֥ין צֶ֖דֶק יִהְיֶ֣ה לָכֶ֑ם אֲנִי֙ יְהוָ֣ה אֱלֹֽהֵיכֶ֔ם

37 אֲשֶׁר־הוֹצֵ֥אתִי אֶתְכֶ֖ם מֵאֶ֣רֶץ מִצְרָֽיִם: וּשְׁמַרְתֶּ֣ם אֶת־כָּל־חֻקֹּתַ֗י

וְאֶת־כָּל־מִשְׁפָּטַ֛י וַעֲשִׂיתֶ֥ם אֹתָ֖ם אֲנִ֥י יְהוָֽה:

חמישי

20 1 וַיְדַבֵּ֥ר יְהוָ֖ה אֶל־מֹשֶׁ֥ה לֵּאמֹֽר: וְאֶל־בְּנֵ֣י יִשְׂרָאֵל֮ תֹּאמַר֒ אִ֣ישׁ אִ֣ישׁ

2 מִבְּנֵ֣י יִשְׂרָאֵ֗ל וּמִן־הַגֵּ֣ר ׀ הַגָּ֣ר בְּיִשְׂרָאֵ֗ל אֲשֶׁ֨ר יִתֵּ֧ן מִזַּרְע֛וֹ לַמֹּ֖לֶךְ מ֣וֹת

3 יוּמָ֑ת עַ֥ם הָאָ֖רֶץ יִרְגְּמֻ֥הוּ בָאָֽבֶן: וַאֲנִ֞י אֶתֵּ֤ן אֶת־פָּנַי֙ בָּאִ֣ישׁ הַה֔וּא

וְהִכְרַתִּ֥י אֹת֖וֹ מִקֶּ֣רֶב עַמּ֑וֹ כִּ֤י מִזַּרְעוֹ֙ נָתַ֣ן לַמֹּ֔לֶךְ לְמַ֗עַן טַמֵּא֙

4 אֶת־מִקְדָּשִׁ֔י וּלְחַלֵּ֖ל אֶת־שֵׁ֣ם קָדְשִֽׁי: וְאִ֡ם הַעְלֵ֣ם יַעְלִימוּ֩ עַ֨ם הָאָ֜רֶץ

אֶת־עֵֽינֵיהֶם֙ מִן־הָאִ֣ישׁ הַה֔וּא בְּתִתּ֖וֹ מִזַּרְע֣וֹ לַמֹּ֑לֶךְ לְבִלְתִּ֖י הָמִ֥ית

5 אֹתֽוֹ: וְשַׂמְתִּ֨י אֲנִ֧י אֶת־פָּנַ֛י בָּאִ֥ישׁ הַה֖וּא וּבְמִשְׁפַּחְתּ֑וֹ וְהִכְרַתִּ֨י אֹת֜וֹ

6 וְאֵ֣ת ׀ כָּל־הַזֹּנִ֣ים אַחֲרָ֗יו לִזְנ֛וֹת אַחֲרֵ֥י הַמֹּ֖לֶךְ מִקֶּ֣רֶב עַמָּֽם: וְהַנֶּ֗פֶשׁ

אֲשֶׁ֨ר תִּפְנֶ֤ה אֶל־הָֽאֹבֹת֙ וְאֶל־הַיִּדְּעֹנִ֔ים לִזְנ֖וֹת אַחֲרֵיהֶ֑ם וְנָתַתִּ֤י אֶת־פָּנַי֙

7 בַּנֶּ֣פֶשׁ הַה֔וּא וְהִכְרַתִּ֥י אֹת֖וֹ מִקֶּ֣רֶב עַמּֽוֹ: וְהִ֨תְקַדִּשְׁתֶּ֔ם וִהְיִיתֶ֖ם

ששי
(שביעי)

8 קְדֹשִׁ֑ים כִּ֛י אֲנִ֥י יְהוָ֖ה אֱלֹהֵיכֶֽם: וּשְׁמַרְתֶּם֙ אֶת־חֻקֹּתַ֔י וַעֲשִׂיתֶ֖ם אֹתָ֑ם

9 אֲנִ֥י יְהוָ֖ה מְקַדִּשְׁכֶֽם: כִּֽי־אִ֣ישׁ אִ֗ישׁ אֲשֶׁ֨ר יְקַלֵּ֧ל אֶת־אָבִ֛יו וְאֶת־אִמּ֖וֹ

10 מ֣וֹת יוּמָ֑ת אָבִ֧יו וְאִמּ֛וֹ קִלֵּ֖ל דָּמָ֥יו בּֽוֹ: וְאִ֗ישׁ אֲשֶׁ֤ר יִנְאַף֙ אֶת־אֵ֣שֶׁת

11 אִ֔ישׁ אֲשֶׁ֥ר יִנְאַ֖ף אֶת־אֵ֣שֶׁת רֵעֵ֑הוּ מֽוֹת־יוּמַ֥ת הַנֹּאֵ֖ף וְהַנֹּאָֽפֶת: וְאִ֗ישׁ

אֲשֶׁ֤ר יִשְׁכַּב֙ אֶת־אֵ֣שֶׁת אָבִ֔יו עֶרְוַ֥ת אָבִ֖יו גִּלָּ֑ה מֽוֹת־יוּמְת֥וּ שְׁנֵיהֶ֖ם

12 דְּמֵיהֶ֥ם בָּֽם: וְאִ֗ישׁ אֲשֶׁ֤ר יִשְׁכַּב֙ אֶת־כַּלָּת֔וֹ מ֥וֹת יוּמְת֖וּ שְׁנֵיהֶ֑ם

13 תֶּ֥בֶל עָשׂ֖וּ דְּמֵיהֶ֥ם בָּֽם: וְאִ֗ישׁ אֲשֶׁ֨ר יִשְׁכַּ֤ב אֶת־זָכָר֙ מִשְׁכְּבֵ֣י אִשָּׁ֔ה

14 תּוֹעֵבָ֥ה עָשׂ֖וּ שְׁנֵיהֶ֑ם מ֥וֹת יוּמָ֖תוּ דְּמֵיהֶ֥ם בָּֽם: וְאִ֗ישׁ אֲשֶׁ֨ר יִקַּ֧ח

אֶת־אִשָּׁ֛ה וְאֶת־אִמָּ֖הּ זִמָּ֣ה הִ֑וא בָּאֵ֞שׁ יִשְׂרְפ֤וּ אֹתוֹ֙ וְאֶתְהֶ֔ן וְלֹא־תִהְיֶ֥ה

15 זִמָּ֖ה בְּתוֹכְכֶֽם: וְאִ֗ישׁ אֲשֶׁ֨ר יִתֵּ֧ן שְׁכָבְתּ֛וֹ בִּבְהֵמָ֖ה מ֣וֹת יוּמָ֑ת

16 וְאֶת־הַבְּהֵמָ֖ה תַּהֲרֹֽגוּ: וְאִשָּׁ֗ה אֲשֶׁ֨ר תִּקְרַ֤ב אֶל־כָּל־בְּהֵמָה֙ לְרִבְעָ֣ה

אֹתָ֔הּ וְהָרַגְתָּ֥ אֶת־הָאִשָּׁ֖ה וְאֶת־הַבְּהֵמָ֑ה מ֥וֹת יוּמָ֖תוּ דְּמֵיהֶ֥ם בָּֽם:

17 And if a man shall take his sister, his father's daughter, or his mother's daughter, and see her nakedness, and she see his nakedness; it *is* a wicked thing; and they shall be cut off in the sight of their people: he hath uncovered his sister's nakedness; he shall bear his iniquity.

18 And if a man shall lie with a woman having her sickness, and shall uncover her nakedness; he hath discovered her fountain, and she hath uncovered the fountain of her blood: and both of them shall be cut off from among their people.

19 And thou shalt not uncover the nakedness of thy mother's sister, nor of thy father's sister: for he uncovereth his near kin: they shall bear their iniquity.

20 And if a man shall lie with his uncle's wife, he hath uncovered his uncle's nakedness: they shall bear their sin; they shall die childless.

21 And if a man shall take his brother's wife, it *is* an unclean thing: he hath uncovered his brother's nakedness; they shall be childless.

22 ¶ Ye shall therefore keep all my statutes, and all my judgments, and do them: that the land, whither I bring you to dwell therein, spue you not out.

23 And ye shall not walk in the manners of the nation, which I cast out before you: for they committed all these things, and therefore I abhorred them.

24 But I have said unto you, Ye shall inherit their land, and I will give it unto you to possess it, a land that floweth with milk and honey: I *am* the LORD your God, which have separated you from *other* people.

25 Ye shall therefore put difference between clean beasts and unclean, and between unclean fowls and clean: and ye shall not make your souls abominable by beast, or by fowl, or by any manner of living thing that creepeth on the ground, which I have separated from you as unclean.

26 And ye shall be holy unto me: for I the LORD *am* holy, and have severed you from *other* people, that ye should be mine.

27 ¶ A man also or woman that hath a familiar spirit, or that is a wizard, shall surely be put to death: they shall stone them with stones: their blood *shall be* upon them.

CHAPTER 21

1 And the LORD said unto Moses, Speak unto the priests the sons of Aaron, and say unto them, There shall none be defiled for the dead among his people:

2 But for his kin, that is near unto him, *that is,* for his mother, and for his father, and for his son, and for his daughter, and for his brother,

3 And for his sister a virgin, that is nigh unto him, which hath had no husband; for her may he be defiled.

4 *But* he shall not defile himself, *being* a chief man among his people, to profane himself.

5 They shall not make baldness upon their head, neither shall they shave off the corner of their beard, nor make any cuttings in their flesh.

6 They shall be holy unto their God, and not profane the name of their God: for the offerings of the LORD made by fire, *and* the bread of their God, they do offer: therefore they shall be holy.

7 They shall not take a wife *that is* a whore, or profane; neither shall they take a woman put away from her husband: for he *is* holy unto his God.

8 Thou shalt sanctify him therefore; for he offereth the bread of thy God: he shall be holy unto thee: for I the LORD, which sanctify you, *am* holy.

9 ¶ And the daughter of any priest, if she profane herself by playing the whore, she profaneth her father: she shall be burnt with fire.

10 And *he that is* the high priest among his brethren, upon whose head the anointing oil was poured, and that is consecrated to put on the garments, shall not uncover his head, nor rend his clothes;

11 Neither shall he go in to any dead body, nor defile himself for his father, or for his mother;

12 Neither shall he go out of the sanctuary, nor profane the sanctuary of his

וְאִישׁ אֲשֶׁר־יִקַּח אֶת־אֲחֹתוֹ בַּת־אָבִיו אוֹ בַת־אִמּוֹ וְרָאָה אֶת־ 17
עֶרְוָתָהּ וְהִיא־תִרְאֶה אֶת־עֶרְוָתוֹ חֶסֶד הוּא וְנִכְרְתוּ לְעֵינֵי בְּנֵי
עַמָּם עֶרְוַת אֲחֹתוֹ גִּלָּה עֲוֺנוֹ יִשָּׂא: וְאִישׁ אֲשֶׁר־יִשְׁכַּב אֶת־אִשָּׁה 18
דָּוָה וְגִלָּה אֶת־עֶרְוָתָהּ אֶת־מְקֹרָהּ הֶעֱרָה וְהִיא גִּלְּתָה אֶת־מְקוֹר
דָּמֶיהָ וְנִכְרְתוּ שְׁנֵיהֶם מִקֶּרֶב עַמָּם: וְעֶרְוַת אֲחוֹת אִמְּךָ וַאֲחוֹת 19
אָבִיךָ לֹא תְגַלֵּה כִּי אֶת־שְׁאֵרוֹ הֶעֱרָה עֲוֺנָם יִשָּׂאוּ: וְאִישׁ אֲשֶׁר 20
יִשְׁכַּב אֶת־דֹּדָתוֹ עֶרְוַת דֹּדוֹ גִּלָּה חֶטְאָם יִשָּׂאוּ עֲרִירִים יָמֻתוּ:
וְאִישׁ אֲשֶׁר יִקַּח אֶת־אֵשֶׁת אָחִיו נִדָּה הִוא עֶרְוַת אָחִיו גִּלָּה 21
עֲרִירִים יִהְיוּ: וּשְׁמַרְתֶּם אֶת־כָּל־חֻקֹּתַי וְאֶת־כָּל־מִשְׁפָּטַי וַעֲשִׂיתֶם 22
אֹתָם וְלֹא־תָקִיא אֶתְכֶם הָאָרֶץ אֲשֶׁר אֲנִי מֵבִיא אֶתְכֶם שָׁמָּה
לָשֶׁבֶת בָּהּ: וְלֹא תֵלְכוּ בְּחֻקֹּת הַגּוֹי אֲשֶׁר־אֲנִי מְשַׁלֵּחַ מִפְּנֵיכֶם כִּי 23 שביעי
אֶת־כָּל־אֵלֶּה עָשׂוּ וָאָקֻץ בָּם: וָאֹמַר לָכֶם אַתֶּם תִּירְשׁוּ אֶת־אַדְמָתָם 24
וַאֲנִי אֶתְּנֶנָּה לָכֶם לָרֶשֶׁת אֹתָהּ אֶרֶץ זָבַת חָלָב וּדְבָשׁ אֲנִי יְהוָה
אֱלֹהֵיכֶם אֲשֶׁר־הִבְדַּלְתִּי אֶתְכֶם מִן־הָעַמִּים: וְהִבְדַּלְתֶּם בֵּין־הַבְּהֵמָה 25 מפטיר
הַטְּהֹרָה לַטְּמֵאָה וּבֵין־הָעוֹף הַטָּמֵא לַטָּהֹר וְלֹא־תְשַׁקְּצוּ אֶת־
נַפְשֹׁתֵיכֶם בַּבְּהֵמָה וּבָעוֹף וּבְכֹל אֲשֶׁר תִּרְמֹשׂ הָאֲדָמָה אֲשֶׁר־
הִבְדַּלְתִּי לָכֶם לְטַמֵּא: וִהְיִיתֶם לִי קְדֹשִׁים כִּי קָדוֹשׁ אֲנִי יְהוָה 26
וָאַבְדִּל אֶתְכֶם מִן־הָעַמִּים לִהְיוֹת לִי: וְאִישׁ אוֹ־אִשָּׁה כִּי־יִהְיֶה בָהֶם 27
אוֹב אוֹ יִדְּעֹנִי מוֹת יוּמָתוּ בָּאֶבֶן יִרְגְּמוּ אֹתָם דְּמֵיהֶם בָּם:
וַיֹּאמֶר יְהוָה אֶל־מֹשֶׁה אֱמֹר אֶל־הַכֹּהֲנִים בְּנֵי אַהֲרֹן וְאָמַרְתָּ אֲלֵהֶם 1 21 אמר
לְנֶפֶשׁ לֹא־יִטַּמָּא בְּעַמָּיו: כִּי אִם־לִשְׁאֵרוֹ הַקָּרֹב אֵלָיו לְאִמּוֹ וּלְאָבִיו 2
וְלִבְנוֹ וּלְבִתּוֹ וּלְאָחִיו: וְלַאֲחֹתוֹ הַבְּתוּלָה הַקְּרוֹבָה אֵלָיו אֲשֶׁר 3
לֹא־הָיְתָה לְאִישׁ לָהּ יִטַּמָּא: לֹא יִטַּמָּא בַּעַל בְּעַמָּיו לְהֵחַלּוֹ: 4
לֹא־יִקְרְחֻה קָרְחָה בְּרֹאשָׁם וּפְאַת זְקָנָם לֹא יְגַלֵּחוּ וּבִבְשָׂרָם לֹא 5 יקרחו
יִשְׂרְטוּ שָׂרָטֶת: קְדֹשִׁים יִהְיוּ לֵאלֹהֵיהֶם וְלֹא יְחַלְּלוּ שֵׁם אֱלֹהֵיהֶם 6
כִּי אֶת־אִשֵּׁי יְהוָה לֶחֶם אֱלֹהֵיהֶם הֵם מַקְרִיבִם וְהָיוּ קֹדֶשׁ: אִשָּׁה 7
זֹנָה וַחֲלָלָה לֹא יִקָּחוּ וְאִשָּׁה גְּרוּשָׁה מֵאִישָׁהּ לֹא יִקָּחוּ כִּי־קָדֹשׁ
הוּא לֵאלֹהָיו: וְקִדַּשְׁתּוֹ כִּי־אֶת־לֶחֶם אֱלֹהֶיךָ הוּא מַקְרִיב קָדֹשׁ 8
יִהְיֶה־לָּךְ כִּי קָדוֹשׁ אֲנִי יְהוָה מְקַדִּשְׁכֶם: וּבַת אִישׁ כֹּהֵן כִּי תֵחֵל 9
לִזְנוֹת אֶת־אָבִיהָ הִיא מְחַלֶּלֶת בָּאֵשׁ תִּשָּׂרֵף: וְהַכֹּהֵן 10
הַגָּדוֹל מֵאֶחָיו אֲשֶׁר־יוּצַק עַל־רֹאשׁוֹ שֶׁמֶן הַמִּשְׁחָה וּמִלֵּא אֶת־יָדוֹ
לִלְבֹּשׁ אֶת־הַבְּגָדִים אֶת־רֹאשׁוֹ לֹא יִפְרָע וּבְגָדָיו לֹא יִפְרֹם: וְעַל 11
כָּל־נַפְשֹׁת מֵת לֹא יָבֹא לְאָבִיו וּלְאִמּוֹ לֹא יִטַּמָּא: וּמִן־הַמִּקְדָּשׁ 12

God; for the crown of the anointing oil of his God *is* upon him: I *am* the LORD.

13 And he shall take a wife in her virginity.

14 A widow, or a divorced woman, or profane, *or* an harlot, these shall he not take: but he shall take a virgin of his own people to wife.

15 Neither shall he profane his seed among his people: for I the LORD do sanctify him.

16 ¶ And the LORD spake unto Moses, saying,

17 Speak unto Aaron, saying, Whosoever *he be* of thy seed in their generations that hath *any* blemish, let him not approach to offer the bread of his God.

18 For whatsoever man *he be* that hath a blemish, he shall not approach: a blind man, or a lame, or he that hath a flat nose, or any thing superfluous,

19 Or a man that is brokenfooted, or brokenhanded,

20 Or crookbackt, or a dwarf, or that hath a blemish in his eye, or be scurvy, or scabbed, or hath his stones broken;

21 No man that hath a blemish of the seed of Aaron the priest shall come nigh to offer the offerings of the LORD made by fire: he hath a blemish; he shall not come nigh to offer the bread of his God.

22 He shall eat the bread of his God, *both* of the most holy, and of the holy.

23 Only he shall not go in unto the vail, nor come nigh unto the altar, because he hath a blemish; that he profane not my sanctuaries: for I the LORD do sanctify them.

24 And Moses told *it* unto Aaron, and to his sons, and unto all the children of Israel.

CHAPTER 22

1 And the LORD spake unto Moses, saying,

2 Speak unto Aaron and to his sons, that they separate themselves from the holy things of the children of Israel, and that they profane not my holy name *in those things* which they hallow unto me: I *am* the LORD.

3 Say unto them, Whosoever *he be* of all your seed among your generations, that goeth unto the holy things, which the children of Israel hallow unto the LORD, having his uncleanness upon him, that soul shall be cut off from my presence: I *am* the LORD.

4 What man soever of the seed of Aaron *is* a leper, or hath a running issue; he shall not eat of the holy things, until he be clean. And whoso toucheth any thing *that is* unclean *by* the dead, or a man whose seed goeth from him;

5 Or whosoever toucheth any creeping thing, whereby he may be made unclean, or a man of whom he may take uncleanness, whatsoever uncleanness he hath;

6 The soul which hath touched any such shall be unclean until even, and shall not eat of the holy things, unless he wash his flesh with water.

7 And when the sun is down, he shall be clean, and shall afterward eat of the holy things; because it *is* his food.

8 That which dieth of itself, or is torn *with beasts,* he shall not eat to defile himself therewith: I *am* the LORD.

9 They shall therefore keep mine ordinance, lest they bear sin for it, and die therefore, if they profane it: I the LORD do sanctify them.

10 There shall no stranger eat *of* the holy thing: a sojourner of the priest, or an hired servant, shall not eat *of* the holy thing.

11 But if the priest buy *any* soul with his money, he shall eat of it, and he that is born in his house: they shall eat of his meat.

12 If the priest's daughter also be *married* unto a stranger, she may not eat of an offering of the holy things.

13 But if the priest's daughter be a widow, or divorced, and have no child, and is returned unto her father's house, as in her youth, she shall eat of her father's meat: but there shall no stranger eat thereof.

14 ¶ And if a man eat *of* the holy thing unwittingly, then he shall put the fifth *part* thereof unto it, and shall give *it* unto the priest with the holy thing.

15 And they shall not profane the holy

לֹא יֵצֵא וְלֹא יְחַלֵּל אֵת מִקְדַּשׁ אֱלֹהָיו כִּי נֵזֶר שֶׁמֶן מִשְׁחַת אֱלֹהָיו

עָלָיו אֲנִי יְהוָה: וְהוּא אִשָּׁה בִבְתוּלֶיהָ יִקָּח: אַלְמָנָה וּגְרוּשָׁה 13
14

וַחֲלָלָה זֹנָה אֶת־אֵלֶּה לֹא יִקָּח כִּי אִם־בְּתוּלָה מֵעַמָּיו יִקַּח אִשָּׁה:

וְלֹא־יְחַלֵּל זַרְעוֹ בְּעַמָּיו כִּי אֲנִי יְהוָה מְקַדְּשׁוֹ: וַיְדַבֵּר 15 שני
16

יְהוָה אֶל־מֹשֶׁה לֵּאמֹר: דַּבֵּר אֶל־אַהֲרֹן לֵאמֹר אִישׁ מִזַּרְעֲךָ לְדֹרֹתָם 17

אֲשֶׁר יִהְיֶה בוֹ מוּם לֹא יִקְרַב לְהַקְרִיב לֶחֶם אֱלֹהָיו: כִּי כָל־אִישׁ 18

אֲשֶׁר־בּוֹ מוּם לֹא יִקְרָב אִישׁ עִוֵּר אוֹ פִסֵּחַ אוֹ חָרֻם אוֹ שָׂרוּעַ:

אוֹ אִישׁ אֲשֶׁר־יִהְיֶה בוֹ שֶׁבֶר רָגֶל אוֹ שֶׁבֶר יָד: אוֹ־גִבֵּן אוֹ־דַק 19
20

אוֹ תְּבַלֻּל בְּעֵינוֹ אוֹ גָרָב אוֹ יַלֶּפֶת אוֹ מְרוֹחַ אָשֶׁךְ: כָּל־אִישׁ 21

אֲשֶׁר־בּוֹ מוּם מִזֶּרַע אַהֲרֹן הַכֹּהֵן לֹא יִגַּשׁ לְהַקְרִיב אֶת־אִשֵּׁי יְהוָה

מוּם בּוֹ אֵת לֶחֶם אֱלֹהָיו לֹא יִגַּשׁ לְהַקְרִיב: לֶחֶם אֱלֹהָיו מִקָּדְשֵׁי 22

הַקֳּדָשִׁים וּמִן־הַקֳּדָשִׁים יֹאכֵל: אַךְ אֶל־הַפָּרֹכֶת לֹא יָבֹא וְאֶל־הַמִּזְבֵּחַ 23

לֹא יִגַּשׁ כִּי־מוּם בּוֹ וְלֹא יְחַלֵּל אֶת־מִקְדָּשַׁי כִּי אֲנִי יְהוָה מְקַדְּשָׁם:

וַיְדַבֵּר מֹשֶׁה אֶל־אַהֲרֹן וְאֶל־בָּנָיו וְאֶל־כָּל־בְּנֵי יִשְׂרָאֵל: 24

וַיְדַבֵּר יְהוָה אֶל־מֹשֶׁה לֵּאמֹר: דַּבֵּר אֶל־אַהֲרֹן וְאֶל־בָּנָיו וְיִנָּזְרוּ 22 1
2

מִקָּדְשֵׁי בְנֵי־יִשְׂרָאֵל וְלֹא יְחַלְּלוּ אֶת־שֵׁם קָדְשִׁי אֲשֶׁר הֵם מַקְדִּשִׁים

לִי אֲנִי יְהוָה: אֱמֹר אֲלֵהֶם לְדֹרֹתֵיכֶם כָּל־אִישׁ אֲשֶׁר־יִקְרַב 3

מִכָּל־זַרְעֲכֶם אֶל־הַקֳּדָשִׁים אֲשֶׁר יַקְדִּישׁוּ בְנֵי־יִשְׂרָאֵל לַיהוָה וְטֻמְאָתוֹ

עָלָיו וְנִכְרְתָה הַנֶּפֶשׁ הַהִוא מִלְּפָנַי אֲנִי יְהוָה: אִישׁ אִישׁ מִזֶּרַע 4

אַהֲרֹן וְהוּא צָרוּעַ אוֹ זָב בַּקֳּדָשִׁים לֹא יֹאכַל עַד אֲשֶׁר יִטְהָר

וְהַנֹּגֵעַ בְּכָל־טְמֵא־נֶפֶשׁ אוֹ אִישׁ אֲשֶׁר־תֵּצֵא מִמֶּנּוּ שִׁכְבַת־זָרַע:

אוֹ־אִישׁ אֲשֶׁר יִגַּע בְּכָל־שֶׁרֶץ אֲשֶׁר יִטְמָא־לוֹ אוֹ בְאָדָם אֲשֶׁר 5

יִטְמָא־לוֹ לְכֹל טֻמְאָתוֹ: נֶפֶשׁ אֲשֶׁר תִּגַּע־בּוֹ וְטָמְאָה עַד־הָעָרֶב 6

וְלֹא יֹאכַל מִן־הַקֳּדָשִׁים כִּי אִם־רָחַץ בְּשָׂרוֹ בַּמָּיִם: וּבָא הַשֶּׁמֶשׁ 7

וְטָהֵר וְאַחַר יֹאכַל מִן־הַקֳּדָשִׁים כִּי לַחְמוֹ הוּא: נְבֵלָה וּטְרֵפָה לֹא 8

יֹאכַל לְטָמְאָה־בָהּ אֲנִי יְהוָה: וְשָׁמְרוּ אֶת־מִשְׁמַרְתִּי וְלֹא־יִשְׂאוּ עָלָיו 9

חֵטְא וּמֵתוּ בוֹ כִּי יְחַלְּלֻהוּ אֲנִי יְהוָה מְקַדְּשָׁם: וְכָל־זָר לֹא־יֹאכַל 10

קֹדֶשׁ תּוֹשַׁב כֹּהֵן וְשָׂכִיר לֹא־יֹאכַל קֹדֶשׁ: וְכֹהֵן כִּי־יִקְנֶה נֶפֶשׁ קִנְיַן 11

כַּסְפּוֹ הוּא יֹאכַל בּוֹ וִילִיד בֵּיתוֹ הֵם יֹאכְלוּ בְלַחְמוֹ: וּבַת־כֹּהֵן כִּי 12

תִהְיֶה לְאִישׁ זָר הִוא בִּתְרוּמַת הַקֳּדָשִׁים לֹא תֹאכֵל: וּבַת־כֹּהֵן כִּי 13

תִהְיֶה אַלְמָנָה וּגְרוּשָׁה וְזֶרַע אֵין לָהּ וְשָׁבָה אֶל־בֵּית אָבִיהָ כִּנְעוּרֶיהָ

מִלֶּחֶם אָבִיהָ תֹּאכֵל וְכָל־זָר לֹא־יֹאכַל בּוֹ: וְאִישׁ כִּי־יֹאכַל קֹדֶשׁ 14

בִּשְׁגָגָה וְיָסַף חֲמִשִׁיתוֹ עָלָיו וְנָתַן לַכֹּהֵן אֶת־הַקֹּדֶשׁ: וְלֹא יְחַלְּלוּ 15

things of the children of Israel, which they offer unto the LORD;

16 Or suffer them to bear the iniquity of trespass, when they eat their holy things: for I the LORD do sanctify them.

17 ¶ And the LORD spake unto Moses, saying,

18 Speak unto Aaron, and to his sons, and unto all the children of Israel, and say unto them, Whatsoever *he be* of the house of Israel, or of the strangers in Israel, that will offer his oblation for all his vows, and for all his freewill offerings, which they will offer unto the LORD for a burnt offering;

19 *Ye shall offer* at your own will a male without blemish, of the beeves, of the sheep, or of the goats.

20 *But* whatsoever hath a blemish, *that* shall ye not offer: for it shall not be acceptable for you.

21 And whosoever offereth a sacrifice of peace offerings unto the LORD to accomplish *his* vow, or a freewill offering in beeves or sheep, it shall be perfect to be accepted; there shall be no blemish therein.

22 Blind, or broken, or maimed, or having a wen, or scurvy, or scabbed, ye shall not offer these unto the LORD, nor make an offering by fire of them upon the altar unto the LORD.

23 Either a bullock or a lamb that hath any thing superfluous or lacking in his parts, that mayest thou offer *for* a freewill offering; but for a vow it shall not be accepted.

24 Ye shall not offer unto the LORD that which is bruised, or crushed, or broken, or cut; neither shall ye make *any offering thereof* in your land.

25 Neither from a stranger's hand shall ye offer the bread of your God of any of these; because their corruption *is* in them, *and* blemishes *be* in them: they shall not be accepted for you.

26 ¶ And the LORD spake unto Moses, saying,

27 When a bullock, or a sheep, or a goat, is brought forth, then it shall be seven days under the dam; and from the eighth day

and thenceforth it shall be accepted for an offering made by fire unto the LORD.

28 And *whether it be* cow or ewe, ye shall not kill it and her young both in one day.

29 And when ye will offer a sacrifice of thanksgiving unto the LORD, offer *it* at your own will.

30 On the same day it shall be eaten up; ye shall leave none of it until the morrow: I *am* the LORD.

31 Therefore shall ye keep my commandments, and do them: I *am* the LORD.

32 Neither shall ye profane my holy name; but I will be hallowed among the children of Israel: I *am* the LORD which hallow you,

33 That brought you out of the land of Egypt, to be your God: I *am* the LORD.

CHAPTER 23

1 And the LORD spake unto Moses, saying,

2 Speak unto the children of Israel, and say unto them, *Concerning* the feasts of the LORD, which ye shall proclaim *to be* holy convocations, *even* these *are* my feasts.

3 Six days shall work be done: but the seventh day *is* the sabbath of rest, an holy convocation; ye shall do no work *therein:* it *is* the sabbath of the LORD in all your dwellings.

4 ¶ These *are* the feasts of the LORD, *even* holy convocations, which ye shall proclaim in their seasons.

5 In the fourteenth *day* of the first month at even *is* the LORD's passover.

6 And on the fifteenth day of the same month *is* the feast of unleavened bread unto the LORD: seven days ye must eat unleavened bread.

7 In the first day ye shall have an holy convocation: ye shall do no servile work therein.

8 But ye shall offer an offering made by fire unto the LORD seven days: in the seventh day *is* an holy convocation: ye shall do no servile work *therein.*

9 ¶ And the LORD spake unto Moses, saying,

10 Speak unto the children of Israel, and

אֶת־קָדְשֵׁי בְּנֵי יִשְׂרָאֵל אֵת אֲשֶׁר־יָרִימוּ לַיהוָה: וְהִשִּׂיאוּ אוֹתָם עֲוֹן 16

אַשְׁמָה בְּאָכְלָם אֶת־קָדְשֵׁיהֶם כִּי אֲנִי יְהוָה מְקַדְּשָׁם:

וַיְדַבֵּר יְהוָה אֶל־מֹשֶׁה לֵּאמֹר: דַּבֵּר אֶל־אַהֲרֹן וְאֶל־בָּנָיו וְאֶל כָּל־בְּנֵי 17
   18

יִשְׂרָאֵל וְאָמַרְתָּ אֲלֵהֶם אִישׁ אִישׁ מִבֵּית יִשְׂרָאֵל וּמִן־הַגֵּר בְּיִשְׂרָאֵל

אֲשֶׁר יַקְרִיב קָרְבָּנוֹ לְכָל־נִדְרֵיהֶם וּלְכָל־נִדְבוֹתָם אֲשֶׁר־יַקְרִיבוּ לַיהוָה

לְעֹלָה: לִרְצֹנְכֶם תָּמִים זָכָר בַּבָּקָר בַּכְּשָׂבִים וּבָעִזִּים: כֹּל אֲשֶׁר־בּוֹ 19
   20

מוּם לֹא תַקְרִיבוּ כִּי־לֹא לְרָצוֹן יִהְיֶה לָכֶם: וְאִישׁ כִּי־יַקְרִיב 21

זֶבַח־שְׁלָמִים לַיהוָה לְפַלֵּא־נֶדֶר אוֹ לִנְדָבָה בַּבָּקָר אוֹ בַצֹּאן תָּמִים

יִהְיֶה לְרָצוֹן כָּל־מוּם לֹא יִהְיֶה־בּוֹ: עַוֶּרֶת אוֹ שָׁבוּר אוֹ־חָרוּץ 22

אוֹ־יַבֶּלֶת אוֹ גָרָב אוֹ יַלֶּפֶת לֹא־תַקְרִיבוּ אֵלֶּה לַיהוָה וְאִשֶּׁה

לֹא־תִתְּנוּ מֵהֶם עַל־הַמִּזְבֵּחַ לַיהוָה: וְשׁוֹר וָשֶׂה שָׂרוּעַ וְקָלוּט נְדָבָה 23

תַּעֲשֶׂה אֹתוֹ וּלְנֵדֶר לֹא יֵרָצֶה: וּמָעוּךְ וְכָתוּת וְנָתוּק וְכָרוּת לֹא 24

תַּקְרִיבוּ לַיהוָה וּבְאַרְצְכֶם לֹא תַעֲשׂוּ: וּמִיַּד בֶּן־נֵכָר לֹא תַקְרִיבוּ 25

אֶת־לֶחֶם אֱלֹהֵיכֶם מִכָּל־אֵלֶּה כִּי מָשְׁחָתָם בָּהֶם מוּם בָּם לֹא יֵרָצוּ

לָכֶם: וַיְדַבֵּר יְהוָה אֶל־מֹשֶׁה לֵּאמֹר: שׁוֹר אוֹ־כֶשֶׂב אוֹ־עֵז 26
   27

כִּי יִוָּלֵד וְהָיָה שִׁבְעַת יָמִים תַּחַת אִמּוֹ וּמִיּוֹם הַשְּׁמִינִי וָהָלְאָה

יֵרָצֶה לְקָרְבַּן אִשֶּׁה לַיהוָה: וְשׁוֹר אוֹ־שֶׂה אֹתוֹ וְאֶת־בְּנוֹ לֹא תִשְׁחֲטוּ 28

בְּיוֹם אֶחָד: וְכִי־תִזְבְּחוּ זֶבַח־תּוֹדָה לַיהוָה לִרְצֹנְכֶם תִּזְבָּחוּ: בַּיּוֹם 29
   30

הַהוּא יֵאָכֵל לֹא־תוֹתִירוּ מִמֶּנּוּ עַד־בֹּקֶר אֲנִי יְהוָה: וּשְׁמַרְתֶּם מִצְוֹתַי 31

וַעֲשִׂיתֶם אֹתָם אֲנִי יְהוָה: וְלֹא תְחַלְּלוּ אֶת־שֵׁם קָדְשִׁי וְנִקְדַּשְׁתִּי 32

בְּתוֹךְ בְּנֵי יִשְׂרָאֵל אֲנִי יְהוָה מְקַדִּשְׁכֶם: הַמּוֹצִיא אֶתְכֶם מֵאֶרֶץ 33

מִצְרַיִם לִהְיוֹת לָכֶם לֵאלֹהִים אֲנִי יְהוָה:

וַיְדַבֵּר יְהוָה אֶל־מֹשֶׁה לֵּאמֹר: דַּבֵּר אֶל־בְּנֵי יִשְׂרָאֵל וְאָמַרְתָּ אֲלֵהֶם 23 1
   2

מוֹעֲדֵי יְהוָה אֲשֶׁר־תִּקְרְאוּ אֹתָם מִקְרָאֵי קֹדֶשׁ אֵלֶּה הֵם מוֹעֲדָי:

שֵׁשֶׁת יָמִים תֵּעָשֶׂה מְלָאכָה וּבַיּוֹם הַשְּׁבִיעִי שַׁבַּת שַׁבָּתוֹן 3

מִקְרָא־קֹדֶשׁ כָּל־מְלָאכָה לֹא תַעֲשׂוּ שַׁבָּת הִוא לַיהוָה בְּכֹל

מוֹשְׁבֹתֵיכֶם:

אֵלֶּה מוֹעֲדֵי יְהוָה מִקְרָאֵי קֹדֶשׁ אֲשֶׁר־תִּקְרְאוּ אֹתָם בְּמוֹעֲדָם: 4

בַּחֹדֶשׁ הָרִאשׁוֹן בְּאַרְבָּעָה עָשָׂר לַחֹדֶשׁ בֵּין הָעַרְבָּיִם פֶּסַח לַיהוָה: 5

וּבַחֲמִשָּׁה עָשָׂר יוֹם לַחֹדֶשׁ הַזֶּה חַג הַמַּצּוֹת לַיהוָה שִׁבְעַת יָמִים 6

מַצּוֹת תֹּאכֵלוּ: בַּיּוֹם הָרִאשׁוֹן מִקְרָא־קֹדֶשׁ יִהְיֶה לָכֶם כָּל־מְלֶאכֶת 7

עֲבֹדָה לֹא תַעֲשׂוּ: וְהִקְרַבְתֶּם אִשֶּׁה לַיהוָה שִׁבְעַת יָמִים בַּיּוֹם 8

הַשְּׁבִיעִי מִקְרָא־קֹדֶשׁ כָּל־מְלֶאכֶת עֲבֹדָה לֹא תַעֲשׂוּ:

וַיְדַבֵּר יְהוָה אֶל־מֹשֶׁה לֵּאמֹר: דַּבֵּר אֶל־בְּנֵי יִשְׂרָאֵל וְאָמַרְתָּ אֲלֵהֶם 9
   10

say unto them, When ye be come into the land which I give unto you, and shall reap the harvest thereof, then ye shall bring a sheaf of the firstfruits of your harvest unto the priest:

11 And he shall wave the sheaf before the LORD, to be accepted for you: on the morrow after the sabbath the priest shall wave it.

12 And ye shall offer that day when ye wave the sheaf an he lamb without blemish of the first year for a burnt offering unto the LORD.

13 And the meat offering thereof *shall be* two tenth deals of fine flour mingled with oil, an offering made by fire unto the LORD *for* a sweet savour: and the drink offering thereof *shall be* of wine, the fourth *part* of an hin.

14 And ye shall eat neither bread, nor parched corn, nor green ears, until the selfsame day that ye have brought an offering unto your God: *it shall be* a statute for ever throughout your generations in all your dwellings.

15 ¶ And ye shall count unto you from the morrow after the sabbath, from the day that ye brought the sheaf of the wave offering; seven sabbaths shall be complete:

16 Even unto the morrow after the seventh sabbath shall ye number fifty days; and ye shall offer a new meat offering unto the LORD.

17 Ye shall bring out of your habitations two wave loaves of two tenth deals: they shall be of fine flour; they shall be baken with leaven; *they are* the firstfruits unto the LORD.

18 And ye shall offer with the bread seven lambs without blemish of the first year, and one young bullock, and two rams: they shall be *for* a burnt offering unto the LORD, with their meat offering, and their drink offerings, *even* an offering made by fire, of sweet savour unto the LORD.

19 Then ye shall sacrifice one kid of the goats for a sin offering, and two lambs of the first year for a sacrifice of peace offerings.

20 And the priest shall wave them with the bread of the firstfruits *for* a wave offering before the LORD, with the two lambs: they shall be holy to the LORD for the priest.

21 And ye shall proclaim on the selfsame day, *that* it may be an holy convocation unto you: ye shall do no servile work *therein: it shall be* a statute for ever in all your dwellings throughout your generations.

22 ¶ And when ye reap the harvest of your land, thou shalt not make clean riddance of the corners of thy field when thou reapest, neither shalt thou gather any gleaning of thy harvest: thou shalt leave them unto the poor, and to the stranger: I *am* the LORD your God.

23 ¶ And the LORD spake unto Moses, saying,

24 Speak unto the children of Israel, saying, In the seventh month, in the first *day* of the month, shall ye have a sabbath, a memorial of blowing of trumpets, an holy convocation.

25 Ye shall do no servile work *therein:* but ye shall offer an offering made by fire unto the LORD.

26 ¶ And the LORD spake unto Moses, saying,

27 Also on the tenth *day* of this seventh month *there shall be* a day of atonement: it shall be an holy convocation unto you; and ye shall afflict your souls, and offer an offering made by fire unto the LORD.

28 And ye shall do no work in that same day: for it *is* a day of atonement, to make an atonement for you before the LORD your God.

29 For whatsoever soul *it be* that shall not be afflicted in that same day, he shall be cut off from among his people.

30 And whatsoever soul *it be* that doeth any work in that same day, the same soul will I destroy from among his people.

31 Ye shall do no manner of work: *it shall be* a statute for ever throughout your generations in all your dwellings.

32 It *shall be* unto you a sabbath of rest, and ye shall afflict your souls: in the ninth *day* of the month at even, from even unto even, shall ye celebrate your sabbath.

33 ¶ And the LORD spake unto Moses, saying,

כִּי־תָבֹאוּ אֶל־הָאָרֶץ אֲשֶׁר אֲנִי נֹתֵן לָכֶם וּקְצַרְתֶּם אֶת־קְצִירָהּ

11 וַהֲבֵאתֶם אֶת־עֹמֶר רֵאשִׁית קְצִירְכֶם אֶל־הַכֹּהֵן: וְהֵנִיף אֶת־הָעֹמֶר

12 לִפְנֵי יְהוָה לִרְצֹנְכֶם מִמָּחֳרַת הַשַּׁבָּת יְנִיפֶנּוּ הַכֹּהֵן: וַעֲשִׂיתֶם בְּיוֹם

13 הֲנִיפְכֶם אֶת־הָעֹמֶר כֶּבֶשׂ תָּמִים בֶּן־שְׁנָתוֹ לְעֹלָה לַיהוָה: וּמִנְחָתוֹ

שְׁנֵי עֶשְׂרֹנִים סֹלֶת בְּלוּלָה בַשֶּׁמֶן אִשֶּׁה לַיהוָה רֵיחַ נִיחֹחַ וְנִסְכֹּה

14 יַיִן רְבִיעִת הַהִין: וְלֶחֶם וְקָלִי וְכַרְמֶל לֹא תֹאכְלוּ עַד־עֶצֶם הַיּוֹם

הַזֶּה עַד הֲבִיאֲכֶם אֶת־קָרְבַּן אֱלֹהֵיכֶם חֻקַּת עוֹלָם לְדֹרֹתֵיכֶם בְּכֹל

15 מֹשְׁבֹתֵיכֶם: וּסְפַרְתֶּם לָכֶם מִמָּחֳרַת הַשַּׁבָּת מִיּוֹם

16 הֲבִיאֲכֶם אֶת־עֹמֶר הַתְּנוּפָה שֶׁבַע שַׁבָּתוֹת תְּמִימֹת תִּהְיֶינָה: עַד

מִמָּחֳרַת הַשַּׁבָּת הַשְּׁבִיעִת תִּסְפְּרוּ חֲמִשִּׁים יוֹם וְהִקְרַבְתֶּם מִנְחָה

17 חֲדָשָׁה לַיהוָה: מִמּוֹשְׁבֹתֵיכֶם תָּבִיאוּ לֶחֶם תְּנוּפָה שְׁתַּיִם שְׁנֵי

18 עֶשְׂרֹנִים סֹלֶת תִּהְיֶינָה חָמֵץ תֵּאָפֶינָה בִּכּוּרִים לַיהוָה: וְהִקְרַבְתֶּם

עַל־הַלֶּחֶם שִׁבְעַת כְּבָשִׂים תְּמִימִם בְּנֵי שָׁנָה וּפַר בֶּן־בָּקָר אֶחָד

וְאֵילִם שְׁנָיִם יִהְיוּ עֹלָה לַיהוָה וּמִנְחָתָם וְנִסְכֵּיהֶם אִשֵּׁה רֵיחַ־נִיחֹחַ

19 לַיהוָה: וַעֲשִׂיתֶם שְׂעִיר־עִזִּים אֶחָד לְחַטָּאת וּשְׁנֵי כְבָשִׂים בְּנֵי שָׁנָה

20 לְזֶבַח שְׁלָמִים: וְהֵנִיף הַכֹּהֵן ׀ אֹתָם עַל לֶחֶם הַבִּכּוּרִים תְּנוּפָה לִפְנֵי

21 יְהוָה עַל־שְׁנֵי כְּבָשִׂים קֹדֶשׁ יִהְיוּ לַיהוָה לַכֹּהֵן: וּקְרָאתֶם בְּעֶצֶם ׀

הַיּוֹם הַזֶּה מִקְרָא־קֹדֶשׁ יִהְיֶה לָכֶם כָּל־מְלֶאכֶת עֲבֹדָה לֹא תַעֲשׂוּ

22 חֻקַּת עוֹלָם בְּכָל־מוֹשְׁבֹתֵיכֶם לְדֹרֹתֵיכֶם: וּבְקֻצְרְכֶם אֶת־קְצִיר

אַרְצְכֶם לֹא־תְכַלֶּה פְּאַת שָׂדְךָ בְּקֻצְרֶךָ וְלֶקֶט קְצִירְךָ לֹא תְלַקֵּט

לֶעָנִי וְלַגֵּר תַּעֲזֹב אֹתָם אֲנִי יְהוָה אֱלֹהֵיכֶם:

חמישי

23 וַיְדַבֵּר יְהוָה אֶל־מֹשֶׁה לֵּאמֹר: דַּבֵּר אֶל־בְּנֵי יִשְׂרָאֵל לֵאמֹר בַּחֹדֶשׁ

24 הַשְּׁבִיעִי בְּאֶחָד לַחֹדֶשׁ יִהְיֶה לָכֶם שַׁבָּתוֹן זִכְרוֹן תְּרוּעָה

25 מִקְרָא־קֹדֶשׁ: כָּל־מְלֶאכֶת עֲבֹדָה לֹא תַעֲשׂוּ וְהִקְרַבְתֶּם אִשֶּׁה

26 לַיהוָה: וַיְדַבֵּר יְהוָה אֶל־מֹשֶׁה לֵּאמֹר: אַךְ בֶּעָשׂוֹר לַחֹדֶשׁ

27 הַשְּׁבִיעִי הַזֶּה יוֹם הַכִּפֻּרִים הוּא מִקְרָא־קֹדֶשׁ יִהְיֶה לָכֶם וְעִנִּיתֶם

28 אֶת־נַפְשֹׁתֵיכֶם וְהִקְרַבְתֶּם אִשֶּׁה לַיהוָה: וְכָל־מְלָאכָה לֹא תַעֲשׂוּ

בְּעֶצֶם הַיּוֹם הַזֶּה כִּי יוֹם כִּפֻּרִים הוּא לְכַפֵּר עֲלֵיכֶם לִפְנֵי יְהוָה

29 אֱלֹהֵיכֶם: כִּי כָל־הַנֶּפֶשׁ אֲשֶׁר לֹא־תְעֻנֶּה בְּעֶצֶם הַיּוֹם הַזֶּה וְנִכְרְתָה

30 מֵעַמֶּיהָ: וְכָל־הַנֶּפֶשׁ אֲשֶׁר תַּעֲשֶׂה כָּל־מְלָאכָה בְּעֶצֶם הַיּוֹם הַזֶּה

31 וְהַאֲבַדְתִּי אֶת־הַנֶּפֶשׁ הַהִוא מִקֶּרֶב עַמָּהּ: כָּל־מְלָאכָה לֹא תַעֲשׂוּ

32 חֻקַּת עוֹלָם לְדֹרֹתֵיכֶם בְּכֹל מֹשְׁבֹתֵיכֶם: שַׁבַּת שַׁבָּתוֹן הוּא לָכֶם

וְעִנִּיתֶם אֶת־נַפְשֹׁתֵיכֶם בְּתִשְׁעָה לַחֹדֶשׁ בָּעֶרֶב מֵעֶרֶב עַד־עֶרֶב

תִּשְׁבְּתוּ שַׁבַּתְּכֶם:

ששי

33 וַיְדַבֵּר יְהוָה אֶל־מֹשֶׁה לֵּאמֹר: דַּבֵּר אֶל־בְּנֵי יִשְׂרָאֵל לֵאמֹר בַּחֲמִשָּׁה

34

34 Speak unto the children of Israel, saying, The fifteenth day of this seventh month *shall be* the feast of tabernacles *for* seven days unto the LORD.

35 On the first day *shall be* an holy convocation: ye shall do no servile work *therein.*

36 Seven days ye shall offer an offering made by fire unto the LORD: on the eighth day shall be an holy convocation unto you; and ye shall offer an offering made by fire unto the LORD: it *is* a solemn assembly; *and* ye shall do no servile work *therein.*

37 These *are* the feasts of the LORD, which ye shall proclaim *to be* holy convocations, to offer an offering made by fire unto the LORD, a burnt offering, and a meat offering, a sacrifice, and drink offerings, every thing upon his day:

38 Beside the sabbaths of the LORD, and beside your gifts, and beside all your vows, and beside all your freewill offerings, which ye give unto the LORD.

39 Also in the fifteenth day of the seventh month, when ye have gathered in the fruit of the land, ye shall keep a feast unto the LORD seven days: on the first day *shall be* a sabbath, and on the eighth day *shall be* a sabbath.

40 And ye shall take you on the first day the boughs of goodly trees, branches of palm trees, and the boughs of thick trees, and willows of the brook; and ye shall rejoice before the LORD your God seven days.

41 And ye shall keep it a feast unto the LORD seven days in the year. *It shall be* a statute for ever in your generations: ye shall celebrate it in the seventh month.

42 Ye shall dwell in booths seven days; all that are Israelites born shall dwell in booths:

43 That your generations may know that I made the children of Israel to dwell in booths, when I brought them out of the land of Egypt: I *am* the LORD your God.

44 And Moses declared unto the children of Israel the feasts of the LORD.

CHAPTER 24

1 And the LORD spake unto Moses, saying,

2 Command the children of Israel, that they bring unto thee pure oil olive beaten for the light, to cause the lamps to burn continually.

3 Without the vail of the testimony, in the tabernacle of the congregation, shall Aaron order it from the evening unto the morning before the LORD continually: *it shall be* a statute for ever in your generations.

4 He shall order the lamps upon the pure candlestick before the LORD continually.

5 ¶ And thou shalt take fine flour, and bake twelve cakes thereof: two tenth deals shall be in one cake.

6 And thou shalt set them in two rows, six on a row, upon the pure table before the LORD.

7 And thou shalt put pure frankincense upon *each* row, that it may be on the bread for a memorial, *even* an offering made by fire unto the LORD.

8 Every sabbath he shall set it in order before the LORD continually, *being taken* from the children of Israel by an everlasting covenant.

9 And it shall be Aaron's and his sons'; and they shall eat it in the holy place: for it *is* most holy unto him of the offerings of the LORD made by fire by a perpetual statute.

10 ¶ And the son of an Israelitish woman, whose father *was* an Egyptian, went out among the children of Israel: and this son of the Israelitish *woman* and a man of Israel strove together in the camp;

11 And the Israelitish woman's son blasphemed the name *of the* LORD, and cursed. And they brought him unto Moses: (and his mother's name *was* Shelomith, the daughter of Dibri, of the tribe of Dan:)

12 And they put him in ward, that the mind of the LORD might be shewed them.

13 And the LORD spake unto Moses, saying,

עָשָׂר יוֹם לַחֹדֶשׁ הַשְּׁבִיעִי הַזֶּה חַג הַסֻּכּוֹת שִׁבְעַת יָמִים לַיהוָה:

35 בַּיּוֹם הָרִאשׁוֹן מִקְרָא־קֹדֶשׁ כָּל־מְלֶאכֶת עֲבֹדָה לֹא תַעֲשׂוּ: שִׁבְעַת
36 יָמִים תַּקְרִיבוּ אִשֶּׁה לַיהוָה בַּיּוֹם הַשְּׁמִינִי מִקְרָא־קֹדֶשׁ יִהְיֶה לָכֶם וְהִקְרַבְתֶּם אִשֶּׁה לַיהוָה עֲצֶרֶת הִוא כָּל־מְלֶאכֶת עֲבֹדָה לֹא תַעֲשׂוּ:

37 אֵלֶּה מוֹעֲדֵי יְהוָה אֲשֶׁר־תִּקְרְאוּ אֹתָם מִקְרָאֵי קֹדֶשׁ לְהַקְרִיב אִשֶּׁה
38 לַיהוָה עֹלָה וּמִנְחָה זֶבַח וּנְסָכִים דְּבַר־יוֹם בְּיוֹמוֹ: מִלְּבַד שַׁבְּתֹת יְהוָה וּמִלְּבַד מַתְּנוֹתֵיכֶם וּמִלְּבַד כָּל־נִדְרֵיכֶם וּמִלְּבַד כָּל־נִדְבוֹתֵיכֶם

39 אֲשֶׁר תִּתְּנוּ לַיהוָה: אַךְ בַּחֲמִשָּׁה עָשָׂר יוֹם לַחֹדֶשׁ הַשְּׁבִיעִי בְּאָסְפְּכֶם אֶת־תְּבוּאַת הָאָרֶץ תָּחֹגּוּ אֶת־חַג־יְהוָה שִׁבְעַת יָמִים

40 בַּיּוֹם הָרִאשׁוֹן שַׁבָּתוֹן וּבַיּוֹם הַשְּׁמִינִי שַׁבָּתוֹן: וּלְקַחְתֶּם לָכֶם בַּיּוֹם הָרִאשׁוֹן פְּרִי עֵץ הָדָר כַּפֹּת תְּמָרִים וַעֲנַף עֵץ־עָבֹת וְעַרְבֵי־נָחַל

41 וּשְׂמַחְתֶּם לִפְנֵי יְהוָה אֱלֹהֵיכֶם שִׁבְעַת יָמִים: וְחַגֹּתֶם אֹתוֹ חַג לַיהוָה שִׁבְעַת יָמִים בַּשָּׁנָה חֻקַּת עוֹלָם לְדֹרֹתֵיכֶם בַּחֹדֶשׁ הַשְּׁבִיעִי

42 תָּחֹגּוּ אֹתוֹ: בַּסֻּכֹּת תֵּשְׁבוּ שִׁבְעַת יָמִים כָּל־הָאֶזְרָח בְּיִשְׂרָאֵל יֵשְׁבוּ

43 בַּסֻּכֹּת: לְמַעַן יֵדְעוּ דֹרֹתֵיכֶם כִּי בַסֻּכּוֹת הוֹשַׁבְתִּי אֶת־בְּנֵי יִשְׂרָאֵל

44 בְּהוֹצִיאִי אוֹתָם מֵאֶרֶץ מִצְרָיִם אֲנִי יְהוָה אֱלֹהֵיכֶם: וַיְדַבֵּר מֹשֶׁה אֶת־מֹעֲדֵי יְהוָה אֶל־בְּנֵי יִשְׂרָאֵל:

שביעי 24 1 וַיְדַבֵּר יְהוָה אֶל־מֹשֶׁה לֵּאמֹר: צַו אֶת־בְּנֵי יִשְׂרָאֵל וְיִקְחוּ אֵלֶיךָ
2 שֶׁמֶן זַיִת זָךְ כָּתִית לַמָּאוֹר לְהַעֲלֹת נֵר תָּמִיד: מִחוּץ לְפָרֹכֶת
3 הָעֵדֻת בְּאֹהֶל מוֹעֵד יַעֲרֹךְ אֹתוֹ אַהֲרֹן מֵעֶרֶב עַד־בֹּקֶר לִפְנֵי יְהוָה

4 תָּמִיד חֻקַּת עוֹלָם לְדֹרֹתֵיכֶם: עַל הַמְּנֹרָה הַטְּהֹרָה יַעֲרֹךְ אֶת־הַנֵּרוֹת לִפְנֵי יְהוָה תָּמִיד:

5 וְלָקַחְתָּ סֹלֶת וְאָפִיתָ אֹתָהּ שְׁתֵּים עֶשְׂרֵה חַלּוֹת שְׁנֵי עֶשְׂרֹנִים יִהְיֶה
6 הַחַלָּה הָאֶחָת: וְשַׂמְתָּ אוֹתָם שְׁתַּיִם מַעֲרָכוֹת שֵׁשׁ הַמַּעֲרָכֶת עַל
7 הַשֻּׁלְחָן הַטָּהֹר לִפְנֵי יְהוָה: וְנָתַתָּ עַל־הַמַּעֲרֶכֶת לְבֹנָה זַכָּה וְהָיְתָה
8 לַלֶּחֶם לְאַזְכָּרָה אִשֶּׁה לַיהוָה: בְּיוֹם הַשַּׁבָּת בְּיוֹם הַשַּׁבָּת יַעַרְכֶנּוּ
9 לִפְנֵי יְהוָה תָּמִיד מֵאֵת בְּנֵי־יִשְׂרָאֵל בְּרִית עוֹלָם: וְהָיְתָה לְאַהֲרֹן וּלְבָנָיו וַאֲכָלֻהוּ בְּמָקוֹם קָדֹשׁ כִּי קֹדֶשׁ קָדָשִׁים הוּא לוֹ מֵאִשֵּׁי

10A 10 יְהוָה חָק־עוֹלָם: וַיֵּצֵא בֶּן־אִשָּׁה יִשְׂרְאֵלִית וְהוּא בֶּן־אִישׁ מִצְרִי בְּתוֹךְ בְּנֵי יִשְׂרָאֵל וַיִּנָּצוּ בַּמַּחֲנֶה בֶּן הַיִּשְׂרְאֵלִית וְאִישׁ

11 הַיִּשְׂרְאֵלִי: וַיִּקֹּב בֶּן־הָאִשָּׁה הַיִּשְׂרְאֵלִית אֶת־הַשֵּׁם וַיְקַלֵּל וַיָּבִיאוּ

12 אֹתוֹ אֶל־מֹשֶׁה וְשֵׁם אִמּוֹ שְׁלֹמִית בַּת־דִּבְרִי לְמַטֵּה־דָן: וַיַּנִּיחֻהוּ בַּמִּשְׁמָר לִפְרֹשׁ לָהֶם עַל־פִּי יְהוָה:

13 וַיְדַבֵּר יְהוָה אֶל־מֹשֶׁה לֵּאמֹר: הוֹצֵא אֶת־הַמְקַלֵּל אֶל־מִחוּץ לַמַּחֲנֶה
14

14 Bring forth him that hath cursed without the camp; and let all that heard *him* lay their hands upon his head, and let all the congregation stone him.

15 And thou shalt speak unto the children of Israel, saying, Whosoever curseth his God shall bear his sin.

16 And he that blasphemeth the name of the Lord, he shall surely be put to death, *and* all the congregation shall certainly stone him: as well the stranger, as he that is born in the land, when he blasphemeth the name *of the Lord*, shall be put to death.

17 ¶ And he that killeth any man shall surely be put to death.

18 And he that killeth a beast shall make it good; beast for beast.

19 And if a man cause a blemish in his neighbour; as he hath done, so shall it be done to him;

20 Breach for breach, eye for eye, tooth for tooth: as he hath caused a blemish in a man, so shall it be done to him *again*.

21 And he that killeth a beast, he shall restore it: and he that killeth a man, he shall be put to death.

22 Ye shall have one manner of law, as well for the stranger, as for one of your own country: for I *am* the Lord your God.

23 ¶ And Moses spake to the children of Israel, that they should bring forth him that had cursed out of the camp, and stone him with stones. And the children of Israel did as the Lord commanded Moses.

CHAPTER 25

1 And the Lord spake unto Moses in mount Sinai, saying,

2 Speak unto the children of Israel, and say unto them, When ye come into the land which I give you, then shall the land keep a sabbath unto the Lord.

3 Six years thou shalt sow thy field, and six years thou shalt prune thy vineyard, and gather in the fruit thereof;

4 But in the seventh year shall be a sabbath of rest unto the land, a sabbath for the Lord: thou shalt neither sow thy field, nor prune thy vineyard.

5 That which groweth of its own accord of thy harvest thou shalt not reap, neither gather the grapes of thy vine undressed: *for* it is a year of rest unto the land.

6 And the sabbath of the land shall be meat for you; for thee, and for thy servant, and for thy maid, and for thy hired servant, and for thy stranger that sojourneth with thee,

7 And for thy cattle, and for the beast that *are* in thy land, shall all the increase thereof be meat.

8 ¶ And thou shalt number seven sabbaths of years unto thee, seven times seven years; and the space of the seven sabbaths of years shall be unto thee forty and nine years.

9 Then shalt thou cause the trumpet of the jubile to sound on the tenth *day* of the seventh month, in the day of atonement shall ye make the trumpet sound throughout all your land.

10 And ye shall hallow the fiftieth year, and proclaim liberty throughout *all* the land unto all the inhabitants thereof: it shall be a jubile unto you; and ye shall return every man unto his possession, and ye shall return every man unto his family.

11 A jubile shall that fiftieth year be unto you: ye shall not sow, neither reap that which groweth of itself in it, nor gather *the grapes* in it of thy vine undressed.

12 For it *is* the jubile; it shall be holy unto you: ye shall eat the increase thereof out of the field.

13 In the year of this jubile ye shall return every man unto his possession.

14 And if thou sell ought unto thy neighbour, or buyest *ought* of thy neighbour's hand, ye shall not oppress one another:

15 According to the number of years after the jubile thou shalt buy of thy neighbour, *and* according unto the number of years of the fruits he shall sell unto thee:

16 According to the multitude of years thou shalt increase the price thereof, and according to the fewness of years thou shalt diminish the price of it: for *according* to the number *of the years* of the fruits doth he sell unto thee.

17 Ye shall not therefore oppress one an-

וְסָמְכ֣וּ כָל־הַשֹּׁמְעִ֗ים אֶת־יְדֵיהֶ֖ם עַל־רֹאשׁ֑וֹ וְרָגְמ֥וּ אֹת֖וֹ כָּל־הָעֵדָֽה׃

15 וְאֶל־בְּנֵ֥י יִשְׂרָאֵ֖ל תְּדַבֵּ֣ר לֵאמֹ֑ר אִ֥ישׁ אִ֛ישׁ כִּֽי־יְקַלֵּ֥ל אֱלֹהָ֖יו וְנָשָׂ֥א

16 חֶטְאֽוֹ׃ וְנֹקֵ֤ב שֵׁם־יְהוָה֙ מ֣וֹת יוּמָ֔ת רָג֥וֹם יִרְגְּמוּ־ב֖וֹ כָּל־הָעֵדָ֑ה כַּגֵּר֙

17 כָּֽאֶזְרָ֔ח בְּנָקְבוֹ־שֵׁ֖ם יוּמָֽת׃ וְאִ֕ישׁ כִּ֥י יַכֶּ֖ה כָּל־נֶ֣פֶשׁ אָדָ֑ם מ֖וֹת יוּמָֽת׃

18 וּמַכֵּ֥ה נֶֽפֶשׁ־בְּהֵמָ֖ה יְשַׁלְּמֶ֑נָּה נֶ֖פֶשׁ תַּ֣חַת נָֽפֶשׁ׃ וְאִ֕ישׁ כִּֽי־יִתֵּ֥ן מ֖וּם
19

20 בַּעֲמִית֑וֹ כַּאֲשֶׁ֣ר עָשָׂ֔ה כֵּ֖ן יֵעָ֥שֶׂה לּֽוֹ׃ שֶׁ֣בֶר תַּ֤חַת שֶׁ֙בֶר֙ עַ֣יִן תַּ֣חַת

21 עַ֗יִן שֵׁ֚ן תַּ֣חַת שֵׁ֔ן כַּאֲשֶׁ֨ר יִתֵּ֥ן מוּם֙ בָּֽאָדָ֔ם כֵּ֖ן יִנָּ֥תֶן בּֽוֹ׃ וּמַכֵּ֥ה **מפטיר**

22 בְהֵמָ֖ה יְשַׁלְּמֶ֑נָּה וּמַכֵּ֥ה אָדָ֖ם יוּמָֽת׃ מִשְׁפַּ֤ט אֶחָד֙ יִהְיֶ֣ה לָכֶ֔ם כַּגֵּ֥ר

23 כָּאֶזְרָ֖ח יִהְיֶ֑ה כִּ֛י אֲנִ֥י יְהוָ֖ה אֱלֹהֵיכֶֽם׃ וַיְדַבֵּ֣ר מֹשֶׁה֮ אֶל־בְּנֵ֣י יִשְׂרָאֵל֒

וַיּוֹצִ֣יאוּ אֶת־הַֽמְקַלֵּ֗ל אֶל־מִחוּץ֙ לַֽמַּחֲנֶ֔ה וַיִּרְגְּמ֥וּ אֹת֖וֹ אָ֑בֶן

וּבְנֵֽי־יִשְׂרָאֵ֣ל עָשׂ֔וּ כַּאֲשֶׁ֛ר צִוָּ֥ה יְהוָ֖ה אֶת־מֹשֶֽׁה׃

1 25 וַיְדַבֵּ֤ר יְהוָה֙ אֶל־מֹשֶׁ֔ה בְּהַ֥ר סִינַ֖י לֵאמֹֽר׃ דַּבֵּ֞ר אֶל־בְּנֵ֤י יִשְׂרָאֵל֙ **בהר סיני**
2

וְאָמַרְתָּ֣ אֲלֵהֶ֔ם כִּ֤י תָבֹ֙אוּ֙ אֶל־הָאָ֔רֶץ אֲשֶׁ֥ר אֲנִ֖י נֹתֵ֣ן לָכֶ֑ם וְשָׁבְתָ֣ה

3 הָאָ֔רֶץ שַׁבָּ֖ת לַיהוָֽה׃ שֵׁ֤שׁ שָׁנִים֙ תִּזְרַ֣ע שָׂדֶ֔ךָ וְשֵׁ֥שׁ שָׁנִ֖ים תִּזְמֹ֣ר

4 כַּרְמֶ֑ךָ וְאָסַפְתָּ֖ אֶת־תְּבוּאָתָֽהּ׃ וּבַשָּׁנָ֣ה הַשְּׁבִיעִ֗ת שַׁבַּ֤ת שַׁבָּתוֹן֙ יִהְיֶ֣ה

5 לָאָ֔רֶץ שַׁבָּ֖ת לַיהוָ֑ה שָֽׂדְךָ֙ לֹ֣א תִזְרָ֔ע וְכַרְמְךָ֖ לֹ֥א תִזְמֹֽר׃ אֵ֣ת סְפִ֤יחַ

קְצִֽירְךָ֙ לֹ֣א תִקְצ֔וֹר וְאֶת־עִנְּבֵ֥י נְזִירֶ֖ךָ לֹ֣א תִבְצֹ֑ר שְׁנַ֥ת שַׁבָּת֖וֹן יִהְיֶ֥ה

6 לָאָֽרֶץ׃ וְֽהָיְתָ֞ה שַׁבַּ֤ת הָאָ֙רֶץ֙ לָכֶ֣ם לְאָכְלָ֔ה לְךָ֖ וּלְעַבְדְּךָ֣ וְלַאֲמָתֶ֑ךָ

7 וְלִשְׂכִֽירְךָ֙ וּלְתוֹשָׁ֣בְךָ֔ הַגָּרִ֖ים עִמָּֽךְ׃ וְלִ֨בְהֶמְתְּךָ֔ וְלַֽחַיָּ֖ה אֲשֶׁ֣ר בְּאַרְצֶ֑ךָ

8 תִּהְיֶ֥ה כָל־תְּבוּאָתָ֖הּ לֶאֱכֹֽל׃ וְסָפַרְתָּ֣ לְךָ֗ שֶׁ֚בַע שַׁבְּתֹ֣ת

שָׁנִ֔ים שֶׁ֥בַע שָׁנִ֖ים שֶׁ֣בַע פְּעָמִ֑ים וְהָי֣וּ לְךָ֗ יְמֵי֙ שֶׁ֚בַע שַׁבְּתֹ֣ת הַשָּׁנִ֔ים

9 תֵּ֥שַׁע וְאַרְבָּעִ֖ים שָׁנָֽה׃ וְהַֽעֲבַרְתָּ֞ שׁוֹפַ֤ר תְּרוּעָה֙ בַּחֹ֣דֶשׁ הַשְּׁבִעִ֔י

בֶּעָשׂ֖וֹר לַחֹ֑דֶשׁ בְּיוֹם֙ הַכִּפֻּרִ֔ים תַּעֲבִ֥ירוּ שׁוֹפָ֖ר בְּכָל־אַרְצְכֶֽם׃

10 וְקִדַּשְׁתֶּ֗ם אֵ֣ת שְׁנַ֤ת הַחֲמִשִּׁים֙ שָׁנָ֔ה וּקְרָאתֶ֥ם דְּר֛וֹר בָּאָ֖רֶץ

לְכָל־יֹשְׁבֶ֑יהָ יוֹבֵ֥ל הִוא֙ תִּהְיֶ֣ה לָכֶ֔ם וְשַׁבְתֶּ֗ם אִ֚ישׁ אֶל־אֲחֻזָּת֔וֹ וְאִ֖ישׁ

11 אֶל־מִשְׁפַּחְתּ֥וֹ תָּשֻֽׁבוּ׃ יוֹבֵ֣ל הִ֗וא שְׁנַ֛ת הַחֲמִשִּׁ֥ים שָׁנָ֖ה תִּהְיֶ֣ה לָכֶ֑ם

12 לֹ֣א תִזְרָ֔עוּ וְלֹ֤א תִקְצְרוּ֙ אֶת־סְפִיחֶ֔יהָ וְלֹ֥א תִבְצְר֖וּ אֶת־נְזִרֶ֑יהָ כִּ֚י

יוֹבֵ֣ל הִ֔וא קֹ֖דֶשׁ תִּהְיֶ֣ה לָכֶ֑ם מִ֨ן־הַשָּׂדֶ֔ה תֹּאכְל֖וּ אֶת־תְּבוּאָתָֽהּ׃

13 בִּשְׁנַ֥ת הַיּוֹבֵ֖ל הַזֹּ֑את תָּשֻׁ֕בוּ אִ֖ישׁ אֶל־אֲחֻזָּתֽוֹ׃ וְכִֽי־תִמְכְּר֤וּ מִמְכָּר֙ **שני**
14

15 לַעֲמִיתֶ֔ךָ א֥וֹ קָנֹ֖ה מִיַּ֣ד עֲמִיתֶ֑ךָ אַל־תּוֹנ֖וּ אִ֥ישׁ אֶת־אָחִֽיו׃ בְּמִסְפַּ֤ר

שָׁנִים֙ אַחַ֣ר הַיּוֹבֵ֔ל תִּקְנֶ֖ה מֵאֵ֣ת עֲמִיתֶ֑ךָ בְּמִסְפַּ֥ר שְׁנֵֽי־תְבוּאֹ֖ת יִמְכָּר־

16 לָֽךְ׃ לְפִ֣י ׀ רֹ֣ב הַשָּׁנִ֗ים תַּרְבֶּה֙ מִקְנָת֔וֹ וּלְפִי֙ מְעֹ֣ט הַשָּׁנִ֔ים תַּמְעִ֖יט

17 מִקְנָת֑וֹ כִּ֚י מִסְפַּ֣ר תְּבוּאֹ֔ת ה֥וּא מֹכֵ֖ר לָֽךְ׃ וְלֹ֤א תוֹנוּ֙ אִ֣ישׁ אֶת־

other; but thou shalt fear thy God: for I *am* the LORD your God.

18 ¶ Wherefore ye shall do my statutes, and keep my judgments, and do them; and ye shall dwell in the land in safety.

19 And the land shall yield her fruit, and ye shall eat your fill, and dwell therein in safety.

20 And if ye shall say, What shall we eat the seventh year? behold, we shall not sow, nor gather in our increase:

21 Then I will command my blessing upon you in the sixth year, and it shall bring forth fruit for three years.

22 And ye shall sow the eighth year, and eat *yet* of old fruit until the ninth year; until her fruits come in ye shall eat *of* the old *store.*

23 ¶ The land shall not be sold for ever: for the land *is* mine; for ye *are* strangers and sojourners with me.

24 And in all the land of your possession ye shall grant a redemption for the land.

25 ¶ If thy brother be waxen poor, and hath sold away *some* of his possession, and if any of his kin come to redeem it, then shall he redeem that which his brother sold.

26 And if the man have none to redeem it, and himself be able to redeem it;

27 Then let him count the years of the sale thereof, and restore the overplus unto the man to whom he sold it; that he may return unto his possession.

28 But if he be not able to restore *it* to him, then that which is sold shall remain in the hand of him that hath bought it until the year of jubile: and in the jubile it shall go out, and he shall return unto his possession.

29 And if a man sell a dwelling house in a walled city, then he may redeem it within a whole year after it is sold; *within* a full year may he redeem it.

30 And if it be not redeemed within the space of a full year, then the house that *is* in the walled city shall be established for ever to him that bought it throughout his generations: it shall not go out in the jubile.

31 But the houses of the villages which have no wall round about them shall be counted as the fields of the country: they may be redeemed, and they shall go out in the jubile.

32 Notwithstanding the cities of the Levites, *and* the houses of the cities of their possession, may the Levites redeem at any time.

33 And if a man purchase of the Levites, then the house that was sold, and the city of his possession, shall go out in *the year of* jubile: for the houses of the cities of the Levites *are* their possession among the children of Israel.

34 But the field of the suburbs of their cities may not be sold; for it *is* their perpetual possession.

35 ¶ And if thy brother be waxen poor, and fallen in decay with thee; then thou shalt relieve him: *yea, though he be* a stranger, or a sojourner; that he may live with thee.

36 Take thou no usury of him, or increase: but fear thy God; that thy brother may live with thee.

37 Thou shalt not give him thy money upon usury, nor lend him thy victuals for increase.

38 I *am* the LORD your God, which brought you forth out of the land of Egypt, to give you the land of Canaan, *and* to be your God.

39 ¶ And if thy brother *that dwelleth* by thee be waxen poor, and be sold unto thee; thou shalt not compel him to serve as a bondservant:

40 *But* as an hired servant, *and* as a sojourner, he shall be with thee, *and* shall serve thee unto the year of jubile:

41 And *then* shall he depart from thee, *both* he and his children with him, and shall return unto his own family, and unto the possession of his fathers shall he return.

42 For they *are* my servants, which I brought forth out of the land of Egypt: they shall not be sold as bondmen.

43 Thou shalt not rule over him with rigour; but shalt fear thy God.

44 Both thy bondmen, and thy bondmaids, which thou shalt have, *shall be* of the heathen that are round about you; of

18 עֲמִיתוֹ וְיָרֵאתָ מֵאֱלֹהֶיךָ כִּי אֲנִי יְהוָה אֱלֹהֵיכֶם: וַעֲשִׂיתֶם אֶת־
חֻקֹּתַי וְאֶת־מִשְׁפָּטַי תִּשְׁמְרוּ וַעֲשִׂיתֶם אֹתָם וִישַׁבְתֶּם עַל־הָאָרֶץ

שלישי
(שני)

19 לָבֶטַח: וְנָתְנָה הָאָרֶץ פִּרְיָהּ וַאֲכַלְתֶּם לָשֹׂבַע וִישַׁבְתֶּם לָבֶטַח עָלֶיהָ:
20 וְכִי תֹאמְרוּ מַה־נֹּאכַל בַּשָּׁנָה הַשְּׁבִיעִת הֵן לֹא נִזְרָע וְלֹא נֶאֱסֹף אֶת־
21 תְּבוּאָתֵנוּ: וְצִוִּיתִי אֶת־בִּרְכָתִי לָכֶם בַּשָּׁנָה הַשִּׁשִּׁית וְעָשָׂת אֶת־
22 הַתְּבוּאָה לִשְׁלֹשׁ הַשָּׁנִים: וּזְרַעְתֶּם אֵת הַשָּׁנָה הַשְּׁמִינִת וַאֲכַלְתֶּם מִן־
הַתְּבוּאָה יָשָׁן עַד הַשָּׁנָה הַתְּשִׁיעִת עַד־בּוֹא תְּבוּאָתָהּ תֹּאכְלוּ יָשָׁן:
23 וְהָאָרֶץ לֹא תִמָּכֵר לִצְמִתֻת כִּי־לִי הָאָרֶץ כִּי־גֵרִים וְתוֹשָׁבִים אַתֶּם

רביעי

24 עִמָּדִי: וּבְכֹל אֶרֶץ אֲחֻזַּתְכֶם גְּאֻלָּה תִּתְּנוּ לָאָרֶץ:
25 כִּי־יָמוּךְ
אָחִיךָ וּמָכַר מֵאֲחֻזָּתוֹ וּבָא גֹאֲלוֹ הַקָּרֹב אֵלָיו וְגָאַל אֵת מִמְכַּר אָחִיו:
26 וְאִישׁ כִּי לֹא יִהְיֶה־לּוֹ גֹּאֵל וְהִשִּׂיגָה יָדוֹ וּמָצָא כְּדֵי גְאֻלָּתוֹ: וְחִשַּׁב
27 אֶת־שְׁנֵי מִמְכָּרוֹ וְהֵשִׁיב אֶת־הָעֹדֵף לָאִישׁ אֲשֶׁר מָכַר־לוֹ וְשָׁב
28 לַאֲחֻזָּתוֹ: וְאִם לֹא־מָצְאָה יָדוֹ דֵּי הָשִׁיב לוֹ וְהָיָה מִמְכָּרוֹ בְּיַד הַקֹּנֶה

חמישי
(שלישי)

אֹתוֹ עַד שְׁנַת הַיּוֹבֵל וְיָצָא בַּיֹּבֵל וְשָׁב לַאֲחֻזָּתוֹ:
29 וְאִישׁ
כִּי־יִמְכֹּר בֵּית־מוֹשַׁב עִיר חוֹמָה וְהָיְתָה גְּאֻלָּתוֹ עַד־תֹּם שְׁנַת

לו

30 מִמְכָּרוֹ יָמִים תִּהְיֶה גְאֻלָּתוֹ: וְאִם לֹא־יִגָּאֵל עַד־מְלֹאת לוֹ שָׁנָה
תְמִימָה וְקָם הַבַּיִת אֲשֶׁר־בָּעִיר אֲשֶׁר־לֹא חֹמָה לַצְּמִיתֻת לַקֹּנֶה
31 אֹתוֹ לְדֹרֹתָיו לֹא יֵצֵא בַּיֹּבֵל: וּבָתֵּי הַחֲצֵרִים אֲשֶׁר אֵין־לָהֶם חֹמָה
32 סָבִיב עַל־שְׂדֵה הָאָרֶץ יֵחָשֵׁב גְּאֻלָּה תִּהְיֶה־לּוֹ וּבַיֹּבֵל יֵצֵא: וְעָרֵי
33 הַלְוִיִּם בָּתֵּי עָרֵי אֲחֻזָּתָם גְּאֻלַּת עוֹלָם תִּהְיֶה לַלְוִיִּם: וַאֲשֶׁר יִגְאַל
מִן־הַלְוִיִּם וְיָצָא מִמְכַּר־בַּיִת וְעִיר אֲחֻזָּתוֹ בַּיֹּבֵל כִּי בָתֵּי עָרֵי הַלְוִיִּם
34 הִוא אֲחֻזָּתָם בְּתוֹךְ בְּנֵי יִשְׂרָאֵל: וּשְׂדֵה מִגְרַשׁ עָרֵיהֶם לֹא יִמָּכֵר
35 כִּי־אֲחֻזַּת עוֹלָם הוּא לָהֶם:
וְכִי־יָמוּךְ אָחִיךָ וּמָטָה יָדוֹ
36 עִמָּךְ וְהֶחֱזַקְתָּ בּוֹ גֵּר וְתוֹשָׁב וָחַי עִמָּךְ: אַל־תִּקַּח מֵאִתּוֹ נֶשֶׁךְ
37 וְתַרְבִּית וְיָרֵאתָ מֵאֱלֹהֶיךָ וְחֵי אָחִיךָ עִמָּךְ: אֶת־כַּסְפְּךָ לֹא־תִתֵּן לוֹ
38 בְּנֶשֶׁךְ וּבְמַרְבִּית לֹא־תִתֵּן אָכְלֶךָ: אֲנִי יְהוָה אֱלֹהֵיכֶם אֲשֶׁר־הוֹצֵאתִי
אֶתְכֶם מֵאֶרֶץ מִצְרָיִם לָתֵת לָכֶם אֶת־אֶרֶץ כְּנַעַן לִהְיוֹת לָכֶם

ששי
(רביעי)

39 לֵאלֹהִים:
וְכִי־יָמוּךְ אָחִיךָ עִמָּךְ וְנִמְכַּר־לָךְ לֹא־תַעֲבֹד בּוֹ
40 עֲבֹדַת עָבֶד: כְּשָׂכִיר כְּתוֹשָׁב יִהְיֶה עִמָּךְ עַד־שְׁנַת הַיֹּבֵל יַעֲבֹד עִמָּךְ:
41 וְיָצָא מֵעִמָּךְ הוּא וּבָנָיו עִמּוֹ וְשָׁב אֶל־מִשְׁפַּחְתּוֹ וְאֶל־אֲחֻזַּת אֲבֹתָיו
42 יָשׁוּב: כִּי־עֲבָדַי הֵם אֲשֶׁר־הוֹצֵאתִי אֹתָם מֵאֶרֶץ מִצְרָיִם לֹא יִמָּכְרוּ
43 מִמְכֶּרֶת עָבֶד: לֹא־תִרְדֶּה בוֹ בְּפָרֶךְ וְיָרֵאתָ מֵאֱלֹהֶיךָ: וְעַבְדְּךָ
44 וַאֲמָתְךָ אֲשֶׁר יִהְיוּ־לָךְ מֵאֵת הַגּוֹיִם אֲשֶׁר סְבִיבֹתֵיכֶם מֵהֶם תִּקְנוּ

them shall ye buy bondmen and bondmaids.

45 Moreover of the children of the strangers that do sojourn among you, of them shall ye buy, and of their families that *are* with you, which they begat in your land: and they shall be your possession.

46 And ye shall take them as an inheritance for your children after you, to inherit *them for* a possession; they shall be your bondmen for ever: but over your brethren the children of Israel, ye shall not rule one over another with rigour.

47 ¶ And if a sojourner or stranger wax rich by thee, and thy brother *that dwelleth* by him wax poor, and sell himself unto the stranger *or* sojourner by thee, or to the stock of the stranger's family:

48 After that he is sold he may be redeemed again; one of his brethren may redeem him:

49 Either his uncle, or his uncle's son, may redeem him, or *any* that is nigh of kin unto him of his family may redeem him; or if he be able, he may redeem himself.

50 And he shall reckon with him that bought him from the year that he was sold to him unto the year of jubile: and the price of his sale shall be according unto the number of years, according to the time of an hired servant shall it be with him.

51 If *there be* yet many years *behind,* according unto them he shall give again the price of his redemption out of the money that he was bought for.

52 And if there remain but few years unto the year of jubile, then he shall count with him, *and* according unto his years shall he give him again the price of his redemption.

53 *And* as a yearly hired servant shall he be with him: *and the other* shall not rule with rigour over him in thy sight.

54 And if he be not redeemed in these *years,* then he shall go out in the year of jubile, *both* he, and his children with him.

55 For unto me the children of Israel *are* servants; they *are* my servants whom I brought forth out of the land of Egypt: I *am* the Lord your God.

CHAPTER 26

1 Ye shall make you no idols nor graven image, neither rear you up a standing image, neither shall ye set up *any* image of stone in your land, to bow down unto it: for I *am* the Lord your God.

2 ¶ Ye shall keep my sabbaths, and reverence my sanctuary: I *am* the Lord.

3 ¶ If ye walk in my statutes, and keep my commandments, and do them;

4 Then I will give you rain in due season, and the land shall yield her increase, and the trees of the field shall yield their fruit.

5 And your threshing shall reach unto the vintage, and the vintage shall reach unto the sowing time: and ye shall eat your bread to the full, and dwell in your land safely.

6 And I will give peace in the land, and ye shall lie down, and none shall make *you* afraid: and I will rid evil beasts out of the land, neither shall the sword go through your land.

7 And ye shall chase your enemies, and they shall fall before you by the sword.

8 And five of you shall chase an hundred, and an hundred of you shall put ten thousand to flight: and your enemies shall fall before you by the sword.

9 For I will have respect unto you, and make you fruitful, and multiply you, and establish my covenant with you.

10 And ye shall eat old store, and bring forth the old because of the new.

11 And I will set my tabernacle among you: and my soul shall not abhor you.

12 And I will walk among you, and will be your God, and ye shall be my people.

13 I *am* the Lord your God, which brought you forth out of the land of Egypt, that ye should not be their bondmen; and I have broken the bands of your yoke, and made you go upright.

14 ¶ But if ye will not hearken unto me, and will not do all these commandments;

15 And if ye shall despise my statutes, or if your soul abhor my judgments, so that ye will not do all my commandments, *but* that ye break my covenant:

16 I also will do this unto you; I will even appoint over you terror, consumption,

עֶבֶד וְאָמָה: וְגַם מִבְּנֵי הַתּוֹשָׁבִים הַגָּרִים עִמָּכֶם מֵהֶם תִּקְנוּ 45

וּמִמִּשְׁפַּחְתָּם אֲשֶׁר עִמָּכֶם אֲשֶׁר הוֹלִידוּ בְּאַרְצְכֶם וְהָיוּ לָכֶם

לַאֲחֻזָּה: וְהִתְנַחַלְתֶּם אֹתָם לִבְנֵיכֶם אַחֲרֵיכֶם לָרֶשֶׁת אֲחֻזָּה לְעֹלָם 46 **46A**

בָּהֶם תַּעֲבֹדוּ וּבְאַחֵיכֶם בְּנֵי־יִשְׂרָאֵל אִישׁ בְּאָחִיו לֹא־תִרְדֶּה בוֹ

שביעי בְּפָרֶךְ: וְכִי תַשִּׂיג יַד גֵּר וְתוֹשָׁב עִמָּךְ וּמָךְ אָחִיךָ עִמּוֹ 47

וְנִמְכַּר לְגֵר תּוֹשָׁב עִמָּךְ אוֹ לְעֵקֶר מִשְׁפַּחַת גֵּר: אַחֲרֵי נִמְכַּר גְּאֻלָּה 48

תִּהְיֶה־לּוֹ אֶחָד מֵאֶחָיו יִגְאָלֶנּוּ: אוֹ־דֹדוֹ אוֹ בֶן־דֹּדוֹ יִגְאָלֶנּוּ 49

אוֹ־מִשְׁאֵר בְּשָׂרוֹ מִמִּשְׁפַּחְתּוֹ יִגְאָלֶנּוּ אוֹ־הִשִּׂיגָה יָדוֹ וְנִגְאָל: וְחִשַּׁב 50

עִם־קֹנֵהוּ מִשְּׁנַת הִמָּכְרוֹ לוֹ עַד שְׁנַת הַיֹּבֵל וְהָיָה כֶּסֶף מִמְכָּרוֹ

בְּמִסְפַּר שָׁנִים כִּימֵי שָׂכִיר יִהְיֶה עִמּוֹ: אִם־עוֹד רַבּוֹת בַּשָּׁנִים 51

לְפִיהֶן יָשִׁיב גְּאֻלָּתוֹ מִכֶּסֶף מִקְנָתוֹ: וְאִם־מְעַט נִשְׁאַר בַּשָּׁנִים 52

עַד־שְׁנַת הַיֹּבֵל וְחִשַּׁב־לוֹ כְּפִי שָׁנָיו יָשִׁיב אֶת־גְּאֻלָּתוֹ: כִּשְׂכִיר שָׁנָה 53

בְּשָׁנָה יִהְיֶה עִמּוֹ לֹא־יִרְדֶּנּוּ בְּפֶרֶךְ לְעֵינֶיךָ: וְאִם־לֹא יִגָּאֵל בְּאֵלֶּה 54

מפטיר וְיָצָא בִּשְׁנַת הַיֹּבֵל הוּא וּבָנָיו עִמּוֹ: כִּי־לִי בְנֵי־יִשְׂרָאֵל עֲבָדִים 55

הֵם אֲשֶׁר־הוֹצֵאתִי אוֹתָם מֵאֶרֶץ מִצְרָיִם אֲנִי יְהוָה אֱלֹהֵיכֶם:

26 לֹא־תַעֲשׂוּ לָכֶם אֱלִילִם וּפֶסֶל וּמַצֵּבָה לֹא־תָקִימוּ לָכֶם וְאֶבֶן מַשְׂכִּית 1

לֹא תִתְּנוּ בְּאַרְצְכֶם לְהִשְׁתַּחֲוֹת עָלֶיהָ כִּי אֲנִי יְהוָה אֱלֹהֵיכֶם:

אֶת־שַׁבְּתֹתַי תִּשְׁמֹרוּ וּמִקְדָּשִׁי תִּירָאוּ אֲנִי יְהוָה: 2

בחקתי אִם־בְּחֻקֹּתַי תֵּלֵכוּ וְאֶת־מִצְוֹתַי תִּשְׁמְרוּ וַעֲשִׂיתֶם אֹתָם: וְנָתַתִּי 3 4

גִשְׁמֵיכֶם בְּעִתָּם וְנָתְנָה הָאָרֶץ יְבוּלָהּ וְעֵץ הַשָּׂדֶה יִתֵּן פִּרְיוֹ: וְהִשִּׂיג 5

לָכֶם דַּיִשׁ אֶת־בָּצִיר וּבָצִיר יַשִּׂיג אֶת־זָרַע וַאֲכַלְתֶּם לַחְמְכֶם לָשֹׂבַע

שני וִישַׁבְתֶּם לָבֶטַח בְּאַרְצְכֶם: וְנָתַתִּי שָׁלוֹם בָּאָרֶץ וּשְׁכַבְתֶּם וְאֵין 6

מַחֲרִיד וְהִשְׁבַּתִּי חַיָּה רָעָה מִן־הָאָרֶץ וְחֶרֶב לֹא־תַעֲבֹר בְּאַרְצְכֶם:

וּרְדַפְתֶּם אֶת־אֹיְבֵיכֶם וְנָפְלוּ לִפְנֵיכֶם לֶחָרֶב: וְרָדְפוּ מִכֶּם חֲמִשָּׁה 7 8

מֵאָה וּמֵאָה מִכֶּם רְבָבָה יִרְדֹּפוּ וְנָפְלוּ אֹיְבֵיכֶם לִפְנֵיכֶם לֶחָרֶב:

וּפָנִיתִי אֲלֵיכֶם וְהִפְרֵיתִי אֶתְכֶם וְהִרְבֵּיתִי אֶתְכֶם וַהֲקִימֹתִי 9

שלישי אֶת־בְּרִיתִי אִתְּכֶם: וַאֲכַלְתֶּם יָשָׁן נוֹשָׁן וְיָשָׁן מִפְּנֵי חָדָשׁ תּוֹצִיאוּ: 10

(חמישי) וְנָתַתִּי מִשְׁכָּנִי בְּתוֹכְכֶם וְלֹא־תִגְעַל נַפְשִׁי אֶתְכֶם: וְהִתְהַלַּכְתִּי 11 12

בְּתוֹכְכֶם וְהָיִיתִי לָכֶם לֵאלֹהִים וְאַתֶּם תִּהְיוּ־לִי לְעָם: אֲנִי יְהוָה 13

אֱלֹהֵיכֶם אֲשֶׁר הוֹצֵאתִי אֶתְכֶם מֵאֶרֶץ מִצְרַיִם מִהְיֹת לָהֶם עֲבָדִים

וָאֶשְׁבֹּר מֹטֹת עֻלְּכֶם וָאוֹלֵךְ אֶתְכֶם קוֹמְמִיּוּת:

וְאִם־לֹא תִשְׁמְעוּ לִי וְלֹא תַעֲשׂוּ אֵת כָּל־הַמִּצְוֹת הָאֵלֶּה: 14

וְאִם־בְּחֻקֹּתַי תִּמְאָסוּ וְאִם אֶת־מִשְׁפָּטַי תִּגְעַל נַפְשְׁכֶם לְבִלְתִּי 15

עֲשׂוֹת אֶת־כָּל־מִצְוֹתַי לְהַפְרְכֶם אֶת־בְּרִיתִי: אַף־אֲנִי אֶעֱשֶׂה־זֹּאת 16

לָכֶם וְהִפְקַדְתִּי עֲלֵיכֶם בֶּהָלָה אֶת־הַשַּׁחֶפֶת וְאֶת־הַקַּדַּחַת מְכַלּוֹת

and the burning ague, that shall consume the eyes, and cause sorrow of heart: and ye shall sow your seed in vain, for your enemies shall eat it.

17 And I will set my face against you, and ye shall be slain before your enemies: they that hate you shall reign over you; and ye shall flee when none pursueth you.

18 And if ye will not yet for all this hearken unto me, then I will punish you seven times more for your sins.

19 And I will break the pride of your power; and I will make your heaven as iron, and your earth as brass:

20 And your strength shall be spent in vain: for your land shall not yield her increase, neither shall the trees of the land yield their fruits.

21 ¶ And if ye walk contrary unto me, and will not hearken unto me; I will bring seven times more plagues upon you according to your sins.

22 I will also send wild beasts among you, which shall rob you of your children, and destroy your cattle, and make you few in number; and your *high* ways shall be desolate.

23 And if ye will not be reformed by me by these things, but will walk contrary unto me;

24 Then will I also walk contrary unto you, and will punish you yet seven times for your sins.

25 And I will bring a sword upon you, that shall avenge the quarrel of *my* covenant: and when ye are gathered together within your cities, I will send the pestilence among you; and ye shall be delivered into the hand of the enemy.

26 *And* when I have broken the staff of your bread, ten women shall bake your bread in one oven, and they shall deliver *you* your bread again by weight: and ye shall eat, and not be satisfied.

27 And if ye will not for all this hearken unto me, but walk contrary unto me;

28 Then I will walk contrary unto you also in fury; and I, even I, will chastise you seven times for your sins.

29 And ye shall eat the flesh of your sons, and the flesh of your daughters shall ye eat.

30 And I will destroy your high places, and cut down your images, and cast your carcases upon the carcases of your idols, and my soul shall abhor you.

31 And I will make your cities waste, and bring your sanctuaries unto desolation, and I will not smell the savour of your sweet odours.

32 And I will bring the land into desolation: and your enemies which dwell therein shall be astonished at it.

33 And I will scatter you among the heathen, and will draw out a sword after you: and your land shall be desolate, and your cities waste.

34 Then shall the land enjoy her sabbaths, as long as it lieth desolate, and ye *be* in your enemies' land; *even* then shall the land rest, and enjoy her sabbaths.

35 As long as it lieth desolate it shall rest; because it did not rest in your sabbaths, when ye dwelt upon it.

36 And upon them that are left *alive* of you I will send a faintness into their hearts in the lands of their enemies; and the sound of a shaken leaf shall chase them; and they shall flee, as fleeing from a sword; and they shall fall when none pursueth.

37 And they shall fall one upon another, as it were before a sword, when none pursueth: and ye shall have no power to stand before your enemies.

38 And ye shall perish among the heathen, and the land of your enemies shall eat you up.

39 And they that are left of you shall pine away in their iniquity in your enemies' lands; and also in the iniquities of their fathers shall they pine away with them.

40 If they shall confess their iniquity, and the iniquity of their fathers, with their trespass which they trespassed against me, and that also they have walked contrary unto me;

41 And *that* I also have walked contrary unto them, and have brought them into the land of their enemies; if then their uncircumcised hearts be humbled, and they then accept of the punishment of their iniquity:

42 Then will I remember my covenant with Jacob, and also my covenant with

עֵינַ֔יִם וּמְדִיבֹ֖ת נָ֑פֶשׁ וּזְרַעְתֶּ֤ם לָרִיק֙ זַרְעֲכֶ֔ם וַאֲכָלֻ֖הוּ אֹיְבֵיכֶֽם: וְנָתַתִּ֤י 17

פָנַי֙ בָּכֶ֔ם וְנִגַּפְתֶּ֖ם לִפְנֵ֣י אֹיְבֵיכֶ֑ם וְרָד֤וּ בָכֶם֙ שֹׂנְאֵיכֶ֔ם וְנַסְתֶּ֖ם

וְאֵין־רֹדֵ֥ף אֶתְכֶֽם: וְאִ֨ם־עַד־אֵ֔לֶּה לֹ֥א תִשְׁמְע֖וּ לִ֑י וְיָסַפְתִּי֙ לְיַסְּרָ֣ה 18

אֶתְכֶ֔ם שֶׁ֖בַע עַל־חַטֹּאתֵיכֶֽם: וְשָׁבַרְתִּ֖י אֶת־גְּא֣וֹן עֻזְּכֶ֑ם וְנָתַתִּ֤י 19

אֶת־שְׁמֵיכֶם֙ כַּבַּרְזֶ֔ל וְאֶת־אַרְצְכֶ֖ם כַּנְּחֻשָֽׁה: וְתַ֥ם לָרִ֖יק כֹּחֲכֶ֑ם 20

וְלֹא־תִתֵּ֤ן אַרְצְכֶם֙ אֶת־יְבוּלָ֔הּ וְעֵ֣ץ הָאָ֔רֶץ לֹ֥א יִתֵּ֖ן פִּרְיֽוֹ: וְאִם־תֵּלְכ֤וּ 21

עִמִּי֙ קֶ֔רִי וְלֹ֥א תֹאב֖וּ לִשְׁמֹ֣עַֽ לִ֑י וְיָסַפְתִּ֤י עֲלֵיכֶם֙ מַכָּ֔ה שֶׁ֖בַע

כְּחַטֹּאתֵיכֶֽם: וְהִשְׁלַחְתִּ֨י בָכֶ֜ם אֶת־חַיַּ֣ת הַשָּׂדֶ֗ה וְשִׁכְּלָ֤ה אֶתְכֶם֙ 22

וְהִכְרִ֙יתָה֙ אֶת־בְּהֶמְתְּכֶ֔ם וְהִמְעִ֖יטָה אֶתְכֶ֑ם וְנָשַׁ֖מּוּ דַּרְכֵיכֶֽם: וְאִם־ 23

בְּאֵ֣לֶּה לֹ֤א תִוָּסְרוּ֙ לִ֔י וַהֲלַכְתֶּ֥ם עִמִּ֖י קֶֽרִי: וְהָלַכְתִּ֧י אַף־אֲנִ֛י עִמָּכֶ֖ם 24

בְּקֶ֑רִי וְהִכֵּיתִ֤י אֶתְכֶם֙ גַּם־אָ֔נִי שֶׁ֖בַע עַל־חַטֹּאתֵיכֶֽם: וְהֵבֵאתִ֨י עֲלֵיכֶ֜ם 25

חֶ֗רֶב נֹקֶ֙מֶת֙ נְקַם־בְּרִ֔ית וְנֶאֱסַפְתֶּ֖ם אֶל־עָרֵיכֶ֑ם וְשִׁלַּחְתִּ֤י דֶ֙בֶר֙

בְּתֽוֹכְכֶ֔ם וְנִתַּתֶּ֖ם בְּיַד־אוֹיֵֽב: בְּשִׁבְרִ֣י לָכֶם֮ מַטֵּה־לֶחֶם֒ וְ֠אָפ֠וּ עֶ֣שֶׂר 26

נָשִׁ֤ים לַחְמְכֶם֙ בְּתַנּ֣וּר אֶחָ֔ד וְהֵשִׁ֥יבוּ לַחְמְכֶ֖ם בַּמִּשְׁקָ֑ל וַאֲכַלְתֶּ֖ם

וְלֹ֥א תִשְׂבָּֽעוּ: וְאִ֨ם־בְּזֹ֔את לֹ֥א תִשְׁמְע֖וּ לִ֑י וַהֲלַכְתֶּ֥ם עִמִּ֖י 27

28A בְּקֶֽרִי: וְהָלַכְתִּ֥י עִמָּכֶ֖ם בַּחֲמַת־קֶ֑רִי וְיִסַּרְתִּ֤י אֶתְכֶם֙ אַף־אָ֔נִי שֶׁ֖בַע 28

עַל־חַטֹּאתֵיכֶֽם: וַאֲכַלְתֶּ֖ם בְּשַׂ֣ר בְּנֵיכֶ֑ם וּבְשַׂ֥ר בְּנֹתֵיכֶ֖ם תֹּאכֵֽלוּ: 29

וְהִשְׁמַדְתִּ֞י אֶת־בָּמֹֽתֵיכֶ֗ם וְהִכְרַתִּי֙ אֶת־חַמָּ֣נֵיכֶ֔ם וְנָתַתִּי֙ אֶת־פִּגְרֵיכֶ֔ם 30

עַל־פִּגְרֵ֖י גִּלּוּלֵיכֶ֑ם וְגָעֲלָ֥ה נַפְשִׁ֖י אֶתְכֶֽם: וְנָתַתִּ֤י אֶת־עָרֵיכֶם֙ חָרְבָּ֔ה 31

וַהֲשִׁמּוֹתִ֖י אֶת־מִקְדְּשֵׁיכֶ֑ם וְלֹ֣א אָרִ֔יחַ בְּרֵ֖יחַ נִיחֹֽחֲכֶֽם: וַהֲשִׁמֹּתִ֥י אֲנִ֖י 32

אֶת־הָאָ֑רֶץ וְשָֽׁמְמ֤וּ עָלֶ֙יהָ֙ אֹיְבֵיכֶ֔ם הַיֹּשְׁבִ֖ים בָּֽהּ: וְאֶתְכֶם֙ אֱזָרֶ֣ה 33

בַגּוֹיִ֔ם וַהֲרִיקֹתִ֥י אַחֲרֵיכֶ֖ם חָ֑רֶב וְהָיְתָ֤ה אַרְצְכֶם֙ שְׁמָמָ֔ה וְעָרֵיכֶ֖ם

יִהְי֥וּ חָרְבָּֽה: אָ֣ז תִּרְצֶ֤ה הָאָ֙רֶץ֙ אֶת־שַׁבְּתֹתֶ֔יהָ כֹּ֖ל יְמֵ֣י הָשַּׁמָּ֑ה וְאַתֶּ֖ם 34

בְּאֶ֣רֶץ אֹיְבֵיכֶ֑ם אָ֣ז תִּשְׁבַּ֤ת הָאָ֙רֶץ֙ וְהִרְצָ֖ת אֶת־שַׁבְּתֹתֶֽיהָ: כָּל־יְמֵ֤י 35

הָשַּׁמָּה֙ תִּשְׁבֹּ֔ת אֵ֚ת אֲשֶׁ֣ר לֹֽא־שָׁבְתָ֔ה בְּשַׁבְּתֹתֵיכֶ֖ם בְּשִׁבְתְּכֶ֥ם עָלֶֽיהָ:

וְהַנִּשְׁאָרִ֣ים בָּכֶ֔ם וְהֵבֵ֤אתִי מֹ֙רֶךְ֙ בִּלְבָבָ֔ם בְּאַרְצֹ֖ת אֹיְבֵיהֶ֑ם וְרָדַ֣ף 36

אֹתָ֗ם ק֚וֹל עָלֶ֣ה נִדָּ֔ף וְנָ֛סוּ מְנֻֽסַת־חֶ֖רֶב וְנָפְל֥וּ וְאֵ֥ין רֹדֵֽף: וְכָשְׁל֧וּ 37

אִישׁ־בְּאָחִ֛יו כְּמִפְּנֵי־חֶ֖רֶב וְרֹדֵ֣ף אָ֑יִן וְלֹא־תִהְיֶ֤ה לָכֶם֙ תְּקוּמָ֔ה לִפְנֵ֖י

אֹיְבֵיכֶֽם: וַאֲבַדְתֶּ֖ם בַּגּוֹיִ֑ם וְאָכְלָ֣ה אֶתְכֶ֔ם אֶ֖רֶץ אֹיְבֵיכֶֽם: וְהַנִּשְׁאָרִ֣ים 38 / 39

בָּכֶ֗ם יִמַּ֙קּוּ֙ בַּעֲוֺנָ֔ם בְּאַרְצֹ֖ת אֹיְבֵיכֶ֑ם וְאַ֛ף בַּעֲוֺנֹ֥ת אֲבֹתָ֖ם אִתָּ֥ם יִמָּֽקּוּ:

וְהִתְוַדּ֤וּ אֶת־עֲוֺנָם֙ וְאֶת־עֲוֺ֣ן אֲבֹתָ֔ם בְּמַעֲלָ֖ם אֲשֶׁ֣ר מָֽעֲלוּ־בִ֑י וְאַ֕ף 40

אֲשֶׁר־הָלְכ֥וּ עִמִּ֖י בְּקֶֽרִי: אַף־אֲנִ֗י אֵלֵ֤ךְ עִמָּם֙ בְּקֶ֔רִי וְהֵבֵאתִ֣י אֹתָ֔ם 41

בְּאֶ֖רֶץ אֹיְבֵיהֶ֑ם אוֹ־אָ֣ז יִכָּנַ֗ע לְבָבָם֙ הֶֽעָרֵ֔ל וְאָ֖ז יִרְצ֥וּ אֶת־עֲוֺנָֽם:

וְזָכַרְתִּ֖י אֶת־בְּרִיתִ֣י יַעֲק֑וֹב וְאַ֣ף אֶת־בְּרִיתִ֤י יִצְחָק֙ וְאַ֛ף אֶת־בְּרִיתִ֥י 42

Isaac, and also my covenant with Abraham will I remember; and I will remember the land.

43 The land also shall be left of them, and shall enjoy her sabbaths, while she lieth desolate without them: and they shall accept of the punishment of their iniquity: because, even because they despised my judgments, and because their soul abhorred my statutes.

44 And yet for all that, when they be in the land of their enemies, I will not cast them away, neither will I abhor them, to destroy them utterly, and to break my covenant with them: for I *am* the Lord their God.

45 But I will for their sakes remember the covenant of their ancestors, whom I brought forth out of the land of Egypt in the sight of the heathen, that I might be their God: I *am* the Lord.

46 These *are* the statutes and judgments and laws, which the Lord made between him and the children of Israel in mount Sinai by the hand of Moses.

CHAPTER 27

1 And the Lord spake unto Moses, saying,

2 Speak unto the children of Israel, and say unto them, When a man shall make a singular vow, the persons *shall be* for the Lord by thy estimation.

3 And thy estimation shall be of the male from twenty years old even unto sixty years old, even thy estimation shall be fifty shekels of silver, after the shekel of the sanctuary.

4 And if it *be* a female, then thy estimation shall be thirty shekels.

5 And if *it be* from five years old even unto twenty years old, then thy estimation shall be of the male twenty shekels, and for the female ten shekels.

6 And if *it be* from a month old even unto five years old, then thy estimation shall be of the male five shekels of silver, and for the female thy estimation *shall be* three shekels of silver.

7 And if *it be* from sixty years old and above; if *it be* a male, then thy estimation shall be fifteen shekels, and for the female ten shekels.

8 But if he be poorer than thy estimation, then he shall present himself before the priest, and the priest shall value him; according to his ability that vowed shall the priest value him.

9 And if *it be* a beast, whereof men bring an offering unto the Lord, all that *any man* giveth of such unto the Lord shall be holy.

10 He shall not alter it, nor change it, a good for a bad, or a bad for a good: and if he shall at all change beast for beast, then it and the exchange thereof shall be holy.

11 And if *it be* any unclean beast, of which they do not offer a sacrifice unto the Lord, then he shall present the beast before the priest:

12 And the priest shall value it, whether it be good or bad: as thou valuest it, *who art* the priest, so shall it be.

13 But if he will at all redeem it, then he shall add a fifth *part* thereof unto thy estimation.

14 ¶ And when a man shall sanctify his house *to be* holy unto the Lord, then the priest shall estimate it, whether it be good or bad: as the priest shall estimate it, so shall it stand.

15 And if he that sanctified it will redeem his house, then he shall add the fifth *part* of the money of thy estimation unto it, and it shall be his.

16 And if a man shall sanctify unto the Lord *some part* of a field of his possession, then thy estimation shall be according to the seed thereof: an homer of barley seed *shall be valued* at fifty shekels of silver.

17 If he sanctify his field from the year of jubile, according to thy estimation it shall stand.

18 But if he sanctify his field after the jubile, then the priest shall reckon unto him the money according to the years that remain, even unto the year of the jubile, and it shall be abated from thy estimation.

19 And if he that sanctified the field will in any wise redeem it, then he shall add the fifth *part* of the money of thy estimation unto it, and it shall be assured to him.

אַבְרָהָם אֶזְכֹּר וְהָאָרֶץ אֶזְכֹּר: וְהָאָרֶץ תֵּעָזֵב מֵהֶם וְתִרֶץ 43
אֶת־שַׁבְּתֹתֶיהָ בָּהְשַׁמָּה מֵהֶם וְהֵם יִרְצוּ אֶת־עֲוֹנָם יַעַן וּבְיַעַן
בְּמִשְׁפָּטַי מָאָסוּ וְאֶת־חֻקֹּתַי גָּעֲלָה נַפְשָׁם: וְאַף־גַּם־זֹאת בִּהְיוֹתָם 44
בְּאֶרֶץ אֹיְבֵיהֶם לֹא־מְאַסְתִּים וְלֹא־גְעַלְתִּים לְכַלֹּתָם לְהָפֵר בְּרִיתִי
אִתָּם כִּי אֲנִי יְהוָה אֱלֹהֵיהֶם: וְזָכַרְתִּי לָהֶם בְּרִית רִאשֹׁנִים אֲשֶׁר 45
הוֹצֵאתִי־אֹתָם מֵאֶרֶץ מִצְרַיִם לְעֵינֵי הַגּוֹיִם לִהְיֹת לָהֶם לֵאלֹהִים
אֲנִי יְהוָה: אֵלֶּה הַחֻקִּים וְהַמִּשְׁפָּטִים וְהַתּוֹרֹת אֲשֶׁר נָתַן יְהוָה 46
בֵּינוֹ וּבֵין בְּנֵי יִשְׂרָאֵל בְּהַר סִינַי בְּיַד־מֹשֶׁה:

וַיְדַבֵּר יְהוָה אֶל־מֹשֶׁה לֵּאמֹר: דַּבֵּר אֶל־בְּנֵי יִשְׂרָאֵל וְאָמַרְתָּ אֲלֵהֶם 27 1
אִישׁ כִּי יַפְלִא נֶדֶר בְּעֶרְכְּךָ נְפָשֹׁת לַיהוָה: וְהָיָה עֶרְכְּךָ הַזָּכָר מִבֶּן 2 3
עֶשְׂרִים שָׁנָה וְעַד בֶּן־שִׁשִּׁים שָׁנָה וְהָיָה עֶרְכְּךָ חֲמִשִּׁים שֶׁקֶל כֶּסֶף
בְּשֶׁקֶל הַקֹּדֶשׁ: וְאִם־נְקֵבָה הִוא וְהָיָה עֶרְכְּךָ שְׁלֹשִׁים שָׁקֶל: וְאִם 4 5
מִבֶּן־חָמֵשׁ שָׁנִים וְעַד בֶּן־עֶשְׂרִים שָׁנָה וְהָיָה עֶרְכְּךָ הַזָּכָר עֶשְׂרִים
שְׁקָלִים וְלַנְּקֵבָה עֲשֶׂרֶת שְׁקָלִים: וְאִם מִבֶּן־חֹדֶשׁ וְעַד בֶּן־חָמֵשׁ 6
שָׁנִים וְהָיָה עֶרְכְּךָ הַזָּכָר חֲמִשָּׁה שְׁקָלִים כָּסֶף וְלַנְּקֵבָה עֶרְכְּךָ
שְׁלֹשֶׁת שְׁקָלִים כָּסֶף: וְאִם מִבֶּן־שִׁשִּׁים שָׁנָה וָמַעְלָה אִם־זָכָר וְהָיָה 7
עֶרְכְּךָ חֲמִשָּׁה עָשָׂר שָׁקֶל וְלַנְּקֵבָה עֲשָׂרָה שְׁקָלִים: וְאִם־מָךְ הוּא 8
מֵעֶרְכֶּךָ וְהֶעֱמִידוֹ לִפְנֵי הַכֹּהֵן וְהֶעֱרִיךְ אֹתוֹ הַכֹּהֵן עַל־פִּי אֲשֶׁר
תַּשִּׂיג יַד הַנֹּדֵר יַעֲרִיכֶנּוּ הַכֹּהֵן: וְאִם־בְּהֵמָה אֲשֶׁר יַקְרִיבוּ 9
מִמֶּנָּה קָרְבָּן לַיהוָה כֹּל אֲשֶׁר יִתֵּן מִמֶּנּוּ לַיהוָה יִהְיֶה־קֹּדֶשׁ: לֹא 10
יַחֲלִיפֶנּוּ וְלֹא־יָמִיר אֹתוֹ טוֹב בְּרָע אוֹ־רַע בְּטוֹב וְאִם־הָמֵר יָמִיר
בְּהֵמָה בִּבְהֵמָה וְהָיָה־הוּא וּתְמוּרָתוֹ יִהְיֶה־קֹּדֶשׁ: וְאִם כָּל־בְּהֵמָה 11
טְמֵאָה אֲשֶׁר לֹא־יַקְרִיבוּ מִמֶּנָּה קָרְבָּן לַיהוָה וְהֶעֱמִיד אֶת־הַבְּהֵמָה
לִפְנֵי הַכֹּהֵן: וְהֶעֱרִיךְ הַכֹּהֵן אֹתָהּ בֵּין טוֹב וּבֵין רָע כְּעֶרְכְּךָ הַכֹּהֵן 12
כֵּן יִהְיֶה: וְאִם־גָּאֹל יִגְאָלֶנָּה וְיָסַף חֲמִישִׁתוֹ עַל־עֶרְכֶּךָ: וְאִישׁ 13 14
כִּי־יַקְדִּשׁ אֶת־בֵּיתוֹ קֹדֶשׁ לַיהוָה וְהֶעֱרִיכוֹ הַכֹּהֵן בֵּין טוֹב וּבֵין רָע
כַּאֲשֶׁר יַעֲרִיךְ אֹתוֹ הַכֹּהֵן כֵּן יָקוּם: וְאִם־הַמַּקְדִּישׁ יִגְאַל אֶת־בֵּיתוֹ 15
וְיָסַף חֲמִישִׁית כֶּסֶף־עֶרְכְּךָ עָלָיו וְהָיָה לּוֹ: וְאִם מִשְּׂדֵה אֲחֻזָּתוֹ 16

יַקְדִּישׁ אִישׁ לַיהוָה וְהָיָה עֶרְכְּךָ לְפִי זַרְעוֹ זֶרַע חֹמֶר שְׂעֹרִים
בַּחֲמִשִּׁים שֶׁקֶל כָּסֶף: אִם־מִשְּׁנַת הַיֹּבֵל יַקְדִּישׁ שָׂדֵהוּ כְּעֶרְכְּךָ 17
יָקוּם: וְאִם־אַחַר הַיֹּבֵל יַקְדִּישׁ שָׂדֵהוּ וְחִשַּׁב־לוֹ הַכֹּהֵן אֶת־הַכֶּסֶף 18
עַל־פִּי הַשָּׁנִים הַנּוֹתָרֹת עַד שְׁנַת הַיֹּבֵל וְנִגְרַע מֵעֶרְכֶּךָ: וְאִם־גָּאֹל 19
יִגְאַל אֶת־הַשָּׂדֶה הַמַּקְדִּישׁ אֹתוֹ וְיָסַף חֲמִשִׁית כֶּסֶף־עֶרְכְּךָ עָלָיו

20 And if he will not redeem the field, or if he have sold the field to another man, it shall not be redeemed any more.

21 But the field, when it goeth out in the jubile, shall be holy unto the LORD, as a field devoted; the possession thereof shall be the priest's.

22 And if *a man* sanctify unto the LORD a field which he hath bought, which *is* not of the fields of his possession;

23 Then the priest shall reckon unto him the worth of thy estimation, *even* unto the year of the jubile: and he shall give thine estimation in that day, *as* a holy thing unto the LORD.

24 In the year of the jubile the field shall return unto him of whom it was bought, *even* to him to whom the possession of the land *did belong.*

25 And all thy estimations shall be according to the shekel of the sanctuary: twenty gerahs shall be the shekel.

26 ¶ Only the firstling of the beasts, which should be the LORD's firstling, no man shall sanctify it; whether *it be* ox, or sheep: it *is* the LORD's.

27 And if *it be* of an unclean beast, then he shall redeem *it* according to thine estimation, and shall add a fifth *part* of it

thereto: or if it be not redeemed, then it shall be sold according to thy estimation.

28 Notwithstanding no devoted thing, that a man shall devote unto the LORD of all that he hath, *both* of man and beast, and of the field of his possession, shall be sold or redeemed: every devoted thing *is* most holy unto the LORD.

29 None devoted, which shall be devoted of men, shall be redeemed; *but* shall surely be put to death.

30 And all the tithe of the land, *whether* of the seed of the land, *or* of the fruit of the tree, *is* the LORD's: *it is* holy unto the LORD.

31 And if a man will at all redeem *ought* of his tithes, he shall add thereto the fifth *part* thereof.

32 And concerning the tithe of the herd, or of the flock, *even* of whatsoever passeth under the rod, the tenth shall be holy unto the LORD.

33 He shall not search whether it be good or bad, neither shall he change it: and if he change it at all, then both it and the change thereof shall be holy; it shall not be redeemed.

34 These *are* the commandments, which the LORD commanded Moses for the children of Israel in mount Sinai.

THE FOURTH BOOK OF MOSES, CALLED

NUMBERS

CHAPTER 1

1 And the LORD spake unto Moses in the wilderness of Sinai, in the tabernacle of the congregation, on the first *day* of the second month, in the second year after they were come out of the land of Egypt, saying,

2 Take ye the sum of all the congregation of the children of Israel, after their families, by the house of their fathers, with the number of *their* names, every male by their polls;

3 From twenty years old and upward, all that are able to go forth to war in Israel:

thou and Aaron shall number them by their armies.

4 And with you there shall be a man of every tribe; every one head of the house of his fathers.

5 ¶ And these *are* the names of the men that shall stand with you: of *the tribe of* Reuben; Elizur the son of Shedeur.

6 Of Simeon; Shelumiel the son of Zurishaddai.

7 Of Judah; Nahshon the son of Amminadab.

8 Of Issachar; Nethaneel the son of Zuar.

9 Of Zebulun; Eliab the son of Helon.

10 Of the children of Joseph: of

‫20 וְקָם לֽוֹ: וְאִם־לֹא יִגְאַל אֶת־הַשָּׂדֶה וְאִם־מָכַר אֶת־הַשָּׂדֶה לְאִישׁ‬

‫21 אַחֵר לֹא יִגָּאֵל עֽוֹד: וְהָיָה הַשָּׂדֶה בְּצֵאתוֹ בַיֹּבֵל קֹדֶשׁ לַֽיהוָה‬

‫22 כִּשְׂדֵה הַחֵרֶם לַכֹּהֵן תִּהְיֶה אֲחֻזָּתֽוֹ: וְאִם אֶת־שְׂדֵה מִקְנָתוֹ אֲשֶׁר‬ ‫ששי‬

‫23 לֹא מִשְּׂדֵה אֲחֻזָּתוֹ יַקְדִּישׁ לַֽיהוָה: וְחִשַּׁב־לוֹ הַכֹּהֵן אֵת מִכְסַת‬

‫הָֽעֶרְכְּךָ עַד שְׁנַת הַיֹּבֵל וְנָתַן אֶת־הָֽעֶרְכְּךָ בַּיּוֹם הַהוּא קֹדֶשׁ לַֽיהוָה:‬

‫24 בִּשְׁנַת הַיּוֹבֵל יָשׁוּב הַשָּׂדֶה לַאֲשֶׁר קָנָהוּ מֵֽאִתּוֹ לַאֲשֶׁר־לוֹ אֲחֻזַּת‬

‫25 הָאָֽרֶץ: וְכָל־עֶרְכְּךָ יִהְיֶה בְּשֶׁקֶל הַקֹּדֶשׁ עֶשְׂרִים גֵּרָה יִהְיֶה הַשָּֽׁקֶל:‬

‫26 אַךְ־בְּכוֹר אֲשֶׁר־יְבֻכַּר לַֽיהוָה בִּבְהֵמָה לֹא־יַקְדִּישׁ אִישׁ אֹתוֹ אִם־שׁוֹר‬

‫27 אִם־שֶׂה לַֽיהוָה הֽוּא: וְאִם בַּבְּהֵמָה הַטְּמֵאָה וּפָדָה בְעֶרְכֶּךָ וְיָסַף‬

‫28 חֲמִשִׁתוֹ עָלָיו וְאִם־לֹא יִגָּאֵל וְנִמְכַּר בְּעֶרְכֶּֽךָ: אַךְ־כָּל־חֵרֶם אֲשֶׁר‬

‫יַחֲרִם אִישׁ לַֽיהוָה מִכָּל־אֲשֶׁר־לוֹ מֵֽאָדָם וּבְהֵמָה וּמִשְּׂדֵה אֲחֻזָּתוֹ‬

‫29 לֹא יִמָּכֵר וְלֹא יִגָּאֵל כָּל־חֵרֶם קֹֽדֶשׁ־קָדָשִׁים הוּא לַֽיהוָה: כָּל־חֵרֶם‬ ‫שביעי‬

‫30 אֲשֶׁר יָחֳרַם מִן־הָֽאָדָם לֹא יִפָּדֶה מוֹת יוּמָֽת: וְכָל־מַעְשַׂר הָאָרֶץ‬

‫31 מִזֶּרַע הָאָרֶץ מִפְּרִי הָעֵץ לַֽיהוָה הוּא קֹדֶשׁ לַֽיהוָה: וְאִם־גָּאֹל יִגְאַל‬

‫32 אִישׁ מִמַּֽעַשְׂרוֹ חֲמִשִׁתוֹ יֹסֵף עָלָֽיו: וְכָל־מַעְשַׂר בָּקָר וָצֹאן כֹּל אֲשֶׁר־‬ ‫מפטיר‬

‫33 יַעֲבֹר תַּחַת הַשָּׁבֶט הָֽעֲשִׂירִי יִֽהְיֶה־קֹּדֶשׁ לַֽיהוָה: לֹא יְבַקֵּר בֵּֽין־טוֹב‬

‫לָרַע וְלֹא יְמִירֶנּוּ וְאִם־הָמֵר יְמִירֶנּוּ וְהָֽיָה־הוּא וּתְמוּרָתוֹ יִֽהְיֶה־קֹּדֶשׁ‬

‫34 לֹא יִגָּאֵֽל: אֵלֶּה הַמִּצְוֹת אֲשֶׁר צִוָּה יְהוָה אֶת־מֹשֶׁה אֶל־בְּנֵי יִשְׂרָאֵל‬

‫בְּהַר סִינָֽי:‬

ספר במדבר

‫1 1 וַיְדַבֵּר יְהוָה אֶל־מֹשֶׁה בְּמִדְבַּר סִינַי בְּאֹהֶל מוֹעֵד בְּאֶחָד לַחֹדֶשׁ‬

‫2 הַשֵּׁנִי בַּשָּׁנָה הַשֵּׁנִית לְצֵאתָם מֵאֶרֶץ מִצְרַיִם לֵאמֹֽר: שְׂאוּ אֶת־רֹאשׁ‬

‫כָּל־עֲדַת בְּנֵֽי־יִשְׂרָאֵל לְמִשְׁפְּחֹתָם לְבֵית אֲבֹתָם בְּמִסְפַּר שֵׁמוֹת‬

‫3 כָּל־זָכָר לְגֻלְגְּלֹתָֽם: מִבֶּן עֶשְׂרִים שָׁנָה וָמַעְלָה כָּל־יֹצֵא צָבָא‬

‫4 בְּיִשְׂרָאֵל תִּפְקְדוּ אֹתָם לְצִבְאֹתָם אַתָּה וְאַהֲרֹֽן: וְאִתְּכֶם יִֽהְיוּ אִישׁ‬

‫5 אִישׁ לַמַּטֶּה אִישׁ רֹאשׁ לְבֵית־אֲבֹתָיו הֽוּא: וְאֵלֶּה שְׁמוֹת הָֽאֲנָשִׁים‬

‫6 אֲשֶׁר יַֽעַמְדוּ אִתְּכֶם לִרְאוּבֵן אֱלִיצוּר בֶּן־שְׁדֵיאֽוּר: לְשִׁמְעוֹן שְׁלֻמִיאֵל‬

‫7 בֶּן־צוּרִֽישַׁדָּֽי: לִֽיהוּדָה נַחְשׁוֹן בֶּן־עַמִּֽינָדָֽב:‬

‫8 לְיִשָּׂשׂכָר נְתַנְאֵל בֶּן־צוּעָֽר:‬

‫9 לִזְבוּלֻן אֱלִיאָב בֶּן־חֵלֹֽן:‬

‫10 לִבְנֵי יוֹסֵף לְאֶפְרַיִם אֱלִישָׁמָע בֶּן־עַמִּיהֽוּד‬

Ephraim; Elishama the son of Ammihud: of Manasseh; Gamaliel the son of Pedahzur.

11 Of Benjamin; Abidan the son of Gideoni.

12 Of Dan; Ahiezer the son of Ammishaddai.

13 Of Asher; Pagiel the son of Ocran.

14 Of Gad; Eliasaph the son of Deuel.

15 Of Naphtali; Ahira the son of Enan.

16 These *were* the renowned of the congregation, princes of the tribes of their fathers, heads of thousands in Israel.

17 ¶ And Moses and Aaron took these men which are expressed by *their* names:

18 And they assembled all the congregation together on the first *day* of the second month, and they declared their pedigrees after their families, by the house of their fathers, according to the number of the names, from twenty years old and upward, by their polls.

19 As the LORD commanded Moses, so he numbered them in the wilderness of Sinai.

20 And the children of Reuben, Israel's eldest son, by their generations, after their families, by the house of their fathers, according to the number of the names, by their polls, every male from twenty years old and upward, all that were able to go forth to war;

21 Those that were numbered of them, *even* of the tribe of Reuben, *were* forty and six thousand and five hundred.

22 ¶ Of the children of Simeon, by their generations, after their families, by the house of their fathers, those that were numbered of them, according to the number of the names, by their polls, every male from twenty years old and upward, all that were able to go forth to war;

23 Those that were numbered of them, *even* of the tribe of Simeon, *were* fifty and nine thousand and three hundred.

24 ¶ Of the children of Gad, by their generations, after their families, by the house of their fathers, according to the number of the names, from twenty years old and upward, all that were able to go forth to war;

25 Those that were numbered of them,

even of the tribe of Gad, *were* forty and five thousand six hundred and fifty.

26 ¶ Of the children of Judah, by their generations, after their families, by the house of their fathers, according to the number of the names, from twenty years old and upward, all that were able to go forth to war;

27 Those that were numbered of them, *even* of the tribe of Judah, *were* threescore and fourteen thousand and six hundred.

28 ¶ Of the children of Issachar, by their generations, after their families, by the house of their fathers, according to the number of the names, from twenty years old and upward, all that were able to go forth to war;

29 Those that were numbered of them, *even* of the tribe of Issachar, *were* fifty and four thousand and four hundred.

30 ¶ Of the children of Zebulun, by their generations, after their families, by the house of their fathers, according to the number of the names, from twenty years old and upward, all that were able to go forth to war;

31 Those that were numbered of them, *even* of the tribe of Zebulun, *were* fifty and seven thousand and four hundred.

32 ¶ Of the children of Joseph, *namely,* of the children of Ephraim, by their generations, after their families, by the house of their fathers, according to the number of the names, from twenty years old and upward, all that were able to go forth to war;

33 Those that were numbered of them, *even* of the tribe of Ephraim, *were* forty thousand and five hundred.

34 ¶ Of the children of Manasseh, by their generations, after their families, by the house of their fathers, according to the number of the names, from twenty years old and upward, all that were able to go forth to war;

35 Those that were numbered of them, *even* of the tribe of Manasseh, *were* thirty and two thousand and two hundred.

36 ¶ Of the children of Benjamin, by their generations, after their families, by the house of their fathers, according to the number of the names, from twenty years

11 לִמְנַשֶּׁה גַּמְלִיאֵל בֶּן־פְּדָהצֽוּר: לְבִנְיָמִן אֲבִידָן בֶּן־גִּדְעֹנִֽי: לְדָן אֲחִיעֶזֶר
12
13 בֶּן־עַמִּֽישַׁדָּֽי: לְאָשֵׁר פַּגְעִיאֵל בֶּן־עָכְרָֽן: לְגָד אֶלְיָסָף בֶּן־דְּעוּאֵֽל:
14
15 לְנַפְתָּלִי אֲחִירַע בֶּן־עֵינָֽן: אֵלֶּה קְרוּאֵי הָֽעֵדָה נְשִׂיאֵי מַטּוֹת אֲבוֹתָם
16

קְרוּאֵי

17 רָאשֵׁי אַלְפֵי יִשְׂרָאֵל הֵֽם: וַיִּקַּח מֹשֶׁה וְאַֽהֲרֹן אֵת הָֽאֲנָשִׁים הָאֵלֶּה
18 אֲשֶׁר נִקְּבוּ בְּשֵׁמֽוֹת: וְאֵת כָּל־הָֽעֵדָה הִקְהִילוּ בְּאֶחָד לַחֹדֶשׁ הַשֵּׁנִי
וַיִּתְיַֽלְדוּ עַל־מִשְׁפְּחֹתָם לְבֵית אֲבֹתָם בְּמִסְפַּר שֵׁמוֹת מִבֶּן עֶשְׂרִים
19 שָׁנָה וָמַעְלָה לְגֻלְגְּלֹתָֽם: כַּֽאֲשֶׁר צִוָּה יְהוָה אֶת־מֹשֶׁה וַֽיִּפְקְדֵם
בְּמִדְבַּר סִינָֽי: וַיִּֽהְיוּ בְנֵֽי־רְאוּבֵן בְּכֹר יִשְׂרָאֵל תּֽוֹלְדֹתָם

שני

20 לְמִשְׁפְּחֹתָם לְבֵית אֲבֹתָם בְּמִסְפַּר שֵׁמוֹת לְגֻלְגְּלֹתָם כָּל־זָכָר מִבֶּן
21 עֶשְׂרִים שָׁנָה וָמַעְלָה כֹּל יֹצֵא צָבָֽא: פְּקֻֽדֵיהֶם לְמַטֵּה רְאוּבֵן שִׁשָּׁה
וְאַרְבָּעִים אֶלֶף וַֽחֲמֵשׁ מֵאֽוֹת:
22 לִבְנֵי שִׁמְעוֹן תּֽוֹלְדֹתָם לְמִשְׁפְּחֹתָם לְבֵית אֲבֹתָם פְּקֻדָיו בְּמִסְפַּר
שֵׁמוֹת לְגֻלְגְּלֹתָם כָּל־זָכָר מִבֶּן עֶשְׂרִים שָׁנָה וָמַעְלָה כֹּל יֹצֵא צָבָֽא:
23 פְּקֻֽדֵיהֶם לְמַטֵּה שִׁמְעוֹן תִּשְׁעָה וַֽחֲמִשִּׁים אֶלֶף וּשְׁלֹשׁ
מֵאֽוֹת:
24 לִבְנֵי גָד תּֽוֹלְדֹתָם לְמִשְׁפְּחֹתָם לְבֵית אֲבֹתָם בְּמִסְפַּר שֵׁמוֹת מִבֶּן
25 עֶשְׂרִים שָׁנָה וָמַעְלָה כֹּל יֹצֵא צָבָֽא: פְּקֻֽדֵיהֶם לְמַטֵּה גָד חֲמִשָּׁה
וְאַרְבָּעִים אֶלֶף וְשֵׁשׁ מֵאוֹת וַֽחֲמִשִּֽׁים:
26 לִבְנֵי יְהוּדָה תּֽוֹלְדֹתָם לְמִשְׁפְּחֹתָם לְבֵית אֲבֹתָם בְּמִסְפַּר שֵׁמֹת
27 מִבֶּן עֶשְׂרִים שָׁנָה וָמַעְלָה כֹּל יֹצֵא צָבָֽא: פְּקֻֽדֵיהֶם לְמַטֵּה יְהוּדָה
אַרְבָּעָה וְשִׁבְעִים אֶלֶף וְשֵׁשׁ מֵאֽוֹת:
28 לִבְנֵי יִשָּׂשכָר תּֽוֹלְדֹתָם לְמִשְׁפְּחֹתָם לְבֵית אֲבֹתָם בְּמִסְפַּר שֵׁמֹת
29 מִבֶּן עֶשְׂרִים שָׁנָה וָמַעְלָה כֹּל יֹצֵא צָבָֽא: פְּקֻֽדֵיהֶם לְמַטֵּה יִשָּׂשכָר
אַרְבָּעָה וַֽחֲמִשִּׁים אֶלֶף וְאַרְבַּע מֵאֽוֹת:
30 לִבְנֵי זְבוּלֻן תּֽוֹלְדֹתָם לְמִשְׁפְּחֹתָם לְבֵית אֲבֹתָם בְּמִסְפַּר שֵׁמֹת מִבֶּן
31 עֶשְׂרִים שָׁנָה וָמַעְלָה כֹּל יֹצֵא צָבָֽא: פְּקֻֽדֵיהֶם לְמַטֵּה זְבוּלֻן שִׁבְעָה
וַֽחֲמִשִּׁים אֶלֶף וְאַרְבַּע מֵאֽוֹת:
32 לִבְנֵי יוֹסֵף לִבְנֵי אֶפְרַיִם תּֽוֹלְדֹתָם לְמִשְׁפְּחֹתָם לְבֵית אֲבֹתָם בְּמִסְפַּר
33 שֵׁמֹת מִבֶּן עֶשְׂרִים שָׁנָה וָמַעְלָה כֹּל יֹצֵא צָבָֽא: פְּקֻֽדֵיהֶם לְמַטֵּה
אֶפְרָיִם אַרְבָּעִים אֶלֶף וַֽחֲמֵשׁ מֵאֽוֹת:
34 לִבְנֵי מְנַשֶּׁה תּֽוֹלְדֹתָם לְמִשְׁפְּחֹתָם לְבֵית אֲבֹתָם בְּמִסְפַּר שֵׁמוֹת
35 מִבֶּן עֶשְׂרִים שָׁנָה וָמַעְלָה כֹּל יֹצֵא צָבָֽא: פְּקֻֽדֵיהֶם לְמַטֵּה מְנַשֶּׁה
שְׁנַיִם וּשְׁלֹשִׁים אֶלֶף וּמָאתָֽיִם:
36 לִבְנֵי בִנְיָמִן תּֽוֹלְדֹתָם לְמִשְׁפְּחֹתָם לְבֵית אֲבֹתָם בְּמִסְפַּר שֵׁמֹת מִבֶּן
37 עֶשְׂרִים שָׁנָה וָמַעְלָה כֹּל יֹצֵא צָבָֽא: פְּקֻֽדֵיהֶם לְמַטֵּה בִנְיָמִן חֲמִשָּׁה

old and upward, all that were able to go forth to war;

37 Those that were numbered of them, *even* of the tribe of Benjamin, *were* thirty and five thousand and four hundred.

38 ¶ Of the children of Dan, by their generations, after their families, by the house of their fathers, according to the number of the names, from twenty years old and upward, all that were able to go forth to war;

39 Those that were numbered of them, *even* of the tribe of Dan, *were* threescore and two thousand and seven hundred.

40 ¶ Of the children of Asher, by their generations, after their families, by the house of their fathers, according to the number of the names, from twenty years old and upward, all that were able to go forth to war;

41 Those that were numbered of them, *even* of the tribe of Asher, *were* forty and one thousand and five hundred.

42 ¶ Of the children of Naphtali, throughout their generations, after their families, by the house of their fathers, according to the number of the names, from twenty years old and upward, all that were able to go forth to war;

43 Those that were numbered of them, *even* of the tribe of Naphtali, *were* fifty and three thousand and four hundred.

44 These *are* those that were numbered, which Moses and Aaron numbered, and the princes of Israel, *being* twelve men: each one was for the house of his fathers.

45 So were all those that were numbered of the children of Israel, by the house of their fathers, from twenty years old and upward, all that were able to go forth to war in Israel;

46 Even all they that were numbered were six hundred thousand and three thousand and five hundred and fifty.

47 ¶ But the Levites after the tribe of their fathers were not numbered among them.

48 For the LORD had spoken unto Moses, saying,

49 Only thou shalt not number the tribe of Levi, neither take the sum of them among the children of Israel:

50 But thou shalt appoint the Levites over the tabernacle of testimony, and over all the vessels thereof, and over all things that *belong* to it: they shall bear the tabernacle, and all the vessels thereof; and they shall minister unto it, and shall encamp round about the tabernacle.

51 And when the tabernacle setteth forward, the Levites shall take it down: and when the tabernacle is to be pitched, the Levites shall set it up: and the stranger that cometh nigh shall be put to death.

52 And the children of Israel shall pitch their tents, every man by his own camp, and every man by his own standard, throughout their hosts.

53 But the Levites shall pitch round about the tabernacle of testimony, that there be no wrath upon the congregation of the children of Israel: and the Levites shall keep the charge of the tabernacle of testimony.

54 And the children of Israel did according to all that the LORD commanded Moses, so did they.

CHAPTER 2

1 And the LORD spake unto Moses and unto Aaron, saying,

2 Every man of the children of Israel shall pitch by his own standard, with the ensign of their father's house: far off about the tabernacle of the congregation shall they pitch.

3 And on the east side toward the rising of the sun shall they of the standard of the camp of Judah pitch throughout their armies: and Nahshon the son of Amminadab *shall be* captain of the children of Judah.

4 And his host, and those that were numbered of them, *were* threescore and fourteen thousand and six hundred.

5 And those that do pitch next unto him *shall be* the tribe of Issachar: and Nethaneel the son of Zuar *shall be* captain of the children of Issachar.

6 And his host, and those that were numbered thereof, *were* fifty and four thousand and four hundred.

7 *Then* the tribe of Zebulun: and Eliab

וּשְׁלֹשִׁים אֶלֶף וְאַרְבַּע מֵאֽוֹת׃

38 לִבְנֵי דָן תּֽוֹלְדֹתָם לְמִשְׁפְּחֹתָם לְבֵית אֲבֹתָם בְּמִסְפַּר שֵׁמֹת מִבֶּן

39 עֶשְׂרִים שָׁנָה וָמַעְלָה כֹּל יֹצֵא צָבָא׃ פְּקֻדֵיהֶם לְמַטֵּה דָן שְׁנַיִם
וְשִׁשִּׁים אֶלֶף וּשְׁבַע מֵאֽוֹת׃

40 לִבְנֵי אָשֵׁר תּֽוֹלְדֹתָם לְמִשְׁפְּחֹתָם לְבֵית אֲבֹתָם בְּמִסְפַּר שֵׁמֹת מִבֶּן

41 עֶשְׂרִים שָׁנָה וָמַעְלָה כֹּל יֹצֵא צָבָא׃ פְּקֻדֵיהֶם לְמַטֵּה אָשֵׁר אֶחָד
וְאַרְבָּעִים אֶלֶף וַחֲמֵשׁ מֵאֽוֹת׃

42 בְּנֵי נַפְתָּלִי תּֽוֹלְדֹתָם לְמִשְׁפְּחֹתָם לְבֵית אֲבֹתָם בְּמִסְפַּר שֵׁמֹת מִבֶּן

43 עֶשְׂרִים שָׁנָה וָמַעְלָה כֹּל יֹצֵא צָבָא׃ פְּקֻדֵיהֶם לְמַטֵּה נַפְתָּלִי שְׁלֹשָׁה
וַחֲמִשִּׁים אֶלֶף וְאַרְבַּע מֵאֽוֹת׃

44 אֵלֶּה הַפְּקֻדִים אֲשֶׁר פָּקַד מֹשֶׁה וְאַהֲרֹן וּנְשִׂיאֵי יִשְׂרָאֵל שְׁנֵים עָשָׂר

45 אִישׁ אִישׁ־אֶחָד לְבֵית־אֲבֹתָיו הָיֽוּ׃ וַיִּֽהְיוּ כָּל־פְּקוּדֵי בְנֵֽי־יִשְׂרָאֵל
לְבֵית אֲבֹתָם מִבֶּן עֶשְׂרִים שָׁנָה וָמַעְלָה כָּל־יֹצֵא צָבָא בְּיִשְׂרָאֵֽל׃

46 וַיִּֽהְיוּ כָּל־הַפְּקֻדִים שֵׁשׁ־מֵאוֹת אֶלֶף וּשְׁלֹשֶׁת אֲלָפִים וַחֲמֵשׁ מֵאוֹת

47 וַחֲמִשִּׁים׃ וְהַלְוִיִּם לְמַטֵּה אֲבֹתָם לֹא הָתְפָּקְדוּ בְּתוֹכָֽם׃

48
49 וַיְדַבֵּר יְהוָה אֶל־מֹשֶׁה לֵּאמֹֽר׃ אַךְ אֶת־מַטֵּה לֵוִי לֹא תִפְקֹד

50 וְאֶת־רֹאשָׁם לֹא תִשָּׂא בְּתוֹךְ בְּנֵי יִשְׂרָאֵֽל׃ וְאַתָּה הַפְקֵד אֶת־הַלְוִיִּם
עַל־מִשְׁכַּן הָעֵדֻת וְעַל כָּל־כֵּלָיו וְעַל כָּל־אֲשֶׁר־לוֹ הֵמָּה יִשְׂאוּ
אֶת־הַמִּשְׁכָּן וְאֶת־כָּל־כֵּלָיו וְהֵם יְשָׁרְתֻהוּ וְסָבִיב לַמִּשְׁכָּן יַחֲנֽוּ׃

51 וּבִנְסֹעַ הַמִּשְׁכָּן יוֹרִידוּ אֹתוֹ הַלְוִיִּם וּבַחֲנֹת הַמִּשְׁכָּן יָקִימוּ אֹתוֹ

52 הַלְוִיִּם וְהַזָּר הַקָּרֵב יוּמָֽת׃ וְחָנוּ בְּנֵי יִשְׂרָאֵל אִישׁ עַל־מַחֲנֵהוּ וְאִישׁ

53 עַל־דִּגְלוֹ לְצִבְאֹתָֽם׃ וְהַלְוִיִּם יַחֲנוּ סָבִיב לְמִשְׁכַּן הָעֵדֻת וְלֹא־יִהְיֶה
קֶצֶף עַל־עֲדַת בְּנֵי יִשְׂרָאֵל וְשָׁמְרוּ הַלְוִיִּם אֶת־מִשְׁמֶרֶת מִשְׁכַּן

54 הָעֵדֽוּת׃ וַיַּעֲשׂוּ בְּנֵי יִשְׂרָאֵל כְּכֹל אֲשֶׁר צִוָּה יְהוָה אֶת־מֹשֶׁה כֵּן
עָשֽׂוּ׃

1 2 וַיְדַבֵּר יְהוָה אֶל־מֹשֶׁה וְאֶֽל־אַהֲרֹן לֵאמֹֽר׃ אִישׁ עַל־דִּגְלוֹ בְאֹתֹת
2 לְבֵית אֲבֹתָם יַחֲנוּ בְּנֵי יִשְׂרָאֵל מִנֶּגֶד סָבִיב לְאֹֽהֶל־מוֹעֵד יַחֲנֽוּ׃

3 וְהַחֹנִים קֵדְמָה מִזְרָחָה דֶּגֶל מַחֲנֵה יְהוּדָה לְצִבְאֹתָם וְנָשִׂיא לִבְנֵי

4 יְהוּדָה נַחְשׁוֹן בֶּן־עַמִּינָדָֽב׃ וּצְבָאוֹ וּפְקֻדֵיהֶם אַרְבָּעָה וְשִׁבְעִים אֶלֶף

5 וְשֵׁשׁ מֵאֽוֹת׃ וְהַחֹנִים עָלָיו מַטֵּה יִשָּׂשכָר וְנָשִׂיא לִבְנֵי יִשָּׂשכָר

6 נְתַנְאֵל בֶּן־צוּעָֽר׃ וּצְבָאוֹ וּפְקֻדָיו אַרְבָּעָה וַחֲמִשִּׁים אֶלֶף וְאַרְבַּע

7
8 מֵאֽוֹת׃ מַטֵּה זְבוּלֻן וְנָשִׂיא לִבְנֵי זְבוּלֻן אֱלִיאָב בֶּן־חֵלֹֽן׃ וּצְבָאוֹ

the son of Helon *shall be* captain of the children of Zebulun.

8 And his host, and those that were numbered thereof, *were* fifty and seven thousand and four hundred.

9 All that were numbered in the camp of Judah *were* an hundred thousand and fourscore thousand and six thousand and four hundred, throughout their armies. These shall first set forth.

10 ¶ On the south side *shall be* the standard of the camp of Reuben according to their armies: and the captain of the children of Reuben *shall be* Elizur the son of Shedeur.

11 And his host, and those that were numbered thereof, *were* forty and six thousand and five hundred.

12 And those which pitch by him *shall be* the tribe of Simeon: and the captain of the children of Simeon *shall be* Shelumiel the son of Zurishaddai.

13 And his host, and those that were numbered of them, *were* fifty and nine thousand and three hundred.

14 Then the tribe of Gad: and the captain of the sons of Gad *shall be* Eliasaph the son of Reuel.

15 And his host, and those that were numbered of them, *were* forty and five thousand and six hundred and fifty.

16 All that were numbered in the camp of Reuben *were* an hundred thousand and fifty and one thousand and four hundred and fifty, throughout their armies. And they shall set forth in the second rank.

17 ¶ Then the tabernacle of the congregation shall set forward with the camp of the Levites in the midst of the camp: as they encamp, so shall they set forward, every man in his place by their standards.

18 ¶ On the west side *shall be* the standard of the camp of Ephraim according to their armies: and the captain of the sons of Ephraim *shall be* Elishama the son of Ammihud.

19 And his host, and those that were numbered of them, *were* forty thousand and five hundred.

20 And by him *shall be* the tribe of Manasseh: and the captain of the children of Manasseh *shall be* Gamaliel the son of Pedahzur.

21 And his host, and those that were numbered of them, *were* thirty and two thousand and two hundred.

22 Then the tribe of Benjamin: and the captain of the sons of Benjamin *shall be* Abidan the son of Gideoni.

23 And his host, and those that were numbered of them, *were* thirty and five thousand and four hundred.

24 All that were numbered of the camp of Ephraim *were* an hundred thousand and eight thousand and an hundred, throughout their armies. And they shall go forward in the third rank.

25 ¶ The standard of the camp of Dan *shall be* on the north side by their armies: and the captain of the children of Dan *shall be* Ahiezer the son of Ammishaddai.

26 And his host, and those that were numbered of them, *were* threescore and two thousand and seven hundred.

27 And those that encamp by him *shall be* the tribe of Asher: and the captain of the children of Asher *shall be* Pagiel the son of Ocran.

28 And his host, and those that were numbered of them, *were* forty and one thousand and five hundred.

29 ¶ Then the tribe of Naphtali: and the captain of the children of Naphtali *shall be* Ahira the son of Enan.

30 And his host, and those that were numbered of them, *were* fifty and three thousand and four hundred.

31 All they that were numbered in the camp of Dan *were* an hundred thousand and fifty and seven thousand and six hundred. They shall go hindmost with their standards.

32 ¶ These *are* those which were numbered of the children of Israel by the house of their fathers: all those that were numbered of the camps throughout their hosts *were* six hundred thousand and three thousand and five hundred and fifty.

33 But the Levites were not numbered among the children of Israel; as the LORD commanded Moses.

34 And the children of Israel did according to all that the LORD commanded

וּפְקֻדֵיו שִׁבְעָה וַחֲמִשִּׁים אֶלֶף וְאַרְבַּע מֵאוֹת: כָּל־הַפְּקֻדִים לְמַחֲנֵה 9

יְהוּדָה מְאַת אֶלֶף וּשְׁמֹנִים אֶלֶף וְשֵׁשֶׁת־אֲלָפִים וְאַרְבַּע־מֵאוֹת

לְצִבְאֹתָם רִאשֹׁנָה יִסָּעוּ: דֶּגֶל מַחֲנֵה רְאוּבֵן תֵּימָנָה 10

לְצִבְאֹתָם וְנָשִׂיא לִבְנֵי רְאוּבֵן אֱלִיצוּר בֶּן־שְׁדֵיאוּר: וּצְבָאוֹ וּפְקֻדֵיו 11

שִׁשָּׁה וְאַרְבָּעִים אֶלֶף וַחֲמֵשׁ מֵאוֹת: וְהַחֹנִם עָלָיו מַטֵּה שִׁמְעוֹן 12

וְנָשִׂיא לִבְנֵי שִׁמְעוֹן שְׁלֻמִיאֵל בֶּן־צוּרִי־שַׁדָּי: וּצְבָאוֹ וּפְקֻדֵיהֶם תִּשְׁעָה 13

וַחֲמִשִּׁים אֶלֶף וּשְׁלֹשׁ מֵאוֹת: וּמַטֵּה גָּד וְנָשִׂיא לִבְנֵי גָד אֶלְיָסָף 14 14A

בֶּן־רְעוּאֵל: וּצְבָאוֹ וּפְקֻדֵיהֶם חֲמִשָּׁה וְאַרְבָּעִים אֶלֶף וְשֵׁשׁ מֵאוֹת 15

וַחֲמִשִּׁים: כָּל־הַפְּקֻדִים לְמַחֲנֵה רְאוּבֵן מְאַת אֶלֶף וְאֶחָד וַחֲמִשִּׁים 16

אֶלֶף וְאַרְבַּע־מֵאוֹת וַחֲמִשִּׁים לְצִבְאֹתָם וּשְׁנִיִם יִסָּעוּ: וְנָסַע 17

אֹהֶל־מוֹעֵד מַחֲנֵה הַלְוִיִּם בְּתוֹךְ הַמַּחֲנֹת כַּאֲשֶׁר יַחֲנוּ כֵּן יִסָּעוּ

אִישׁ עַל־יָדוֹ לְדִגְלֵיהֶם: דֶּגֶל מַחֲנֵה אֶפְרַיִם לְצִבְאֹתָם 18

יָמָּה וְנָשִׂיא לִבְנֵי אֶפְרַיִם אֱלִישָׁמָע בֶּן־עַמִּיהוּד: וּצְבָאוֹ וּפְקֻדֵיהֶם 19

אַרְבָּעִים אֶלֶף וַחֲמֵשׁ מֵאוֹת: וְעָלָיו מַטֵּה מְנַשֶּׁה וְנָשִׂיא לִבְנֵי 20

מְנַשֶּׁה גַּמְלִיאֵל בֶּן־פְּדָהצוּר: וּצְבָאוֹ וּפְקֻדֵיהֶם שְׁנַיִם וּשְׁלֹשִׁים אֶלֶף 21

וּמָאתָיִם: וּמַטֵּה בִּנְיָמִן וְנָשִׂיא לִבְנֵי בִנְיָמִן אֲבִידָן בֶּן־גִּדְעֹנִי: וּצְבָאוֹ 22 23

וּפְקֻדֵיהֶם חֲמִשָּׁה וּשְׁלֹשִׁים אֶלֶף וְאַרְבַּע מֵאוֹת: כָּל־הַפְּקֻדִים 24

לְמַחֲנֵה אֶפְרַיִם מְאַת אֶלֶף וּשְׁמֹנַת־אֲלָפִים וּמֵאָה לְצִבְאֹתָם וּשְׁלִשִׁים

יִסָּעוּ: דֶּגֶל מַחֲנֵה דָן צָפֹנָה לְצִבְאֹתָם וְנָשִׂיא לִבְנֵי דָן 25

אֲחִיעֶזֶר בֶּן־עַמִּישַׁדָּי: וּצְבָאוֹ וּפְקֻדֵיהֶם שְׁנַיִם וְשִׁשִּׁים אֶלֶף וּשְׁבַע 26

מֵאוֹת: וְהַחֹנִים עָלָיו מַטֵּה אָשֵׁר וְנָשִׂיא לִבְנֵי אָשֵׁר פַּגְעִיאֵל 27

בֶּן־עָכְרָן: וּצְבָאוֹ וּפְקֻדֵיהֶם אֶחָד וְאַרְבָּעִים אֶלֶף וַחֲמֵשׁ מֵאוֹת: 28

וּמַטֵּה נַפְתָּלִי וְנָשִׂיא לִבְנֵי נַפְתָּלִי אֲחִירַע בֶּן־עֵינָן: וּצְבָאוֹ וּפְקֻדֵיהֶם 29 30

שְׁלֹשָׁה וַחֲמִשִּׁים אֶלֶף וְאַרְבַּע מֵאוֹת: כָּל־הַפְּקֻדִים לְמַחֲנֵה דָן 31

מְאַת אֶלֶף וְשִׁבְעָה וַחֲמִשִּׁים אֶלֶף וְשֵׁשׁ מֵאוֹת לָאַחֲרֹנָה יִסְעוּ

לְדִגְלֵיהֶם:

אֵלֶּה פְּקוּדֵי בְנֵי־יִשְׂרָאֵל לְבֵית אֲבֹתָם כָּל־פְּקוּדֵי הַמַּחֲנֹת לְצִבְאֹתָם 32

שֵׁשׁ־מֵאוֹת אֶלֶף וּשְׁלֹשֶׁת אֲלָפִים וַחֲמֵשׁ מֵאוֹת וַחֲמִשִּׁים: וְהַלְוִיִּם 33

לֹא הָתְפָּקְדוּ בְּתוֹךְ בְּנֵי יִשְׂרָאֵל כַּאֲשֶׁר צִוָּה יְהוָה אֶת־מֹשֶׁה:

וַיַּעֲשׂוּ בְּנֵי יִשְׂרָאֵל כְּכֹל אֲשֶׁר־צִוָּה יְהוָה אֶת־מֹשֶׁה כֵּן־חָנוּ לְדִגְלֵיהֶם 34

Moses: so they pitched by their standards, and so they set forward, every one after their families, according to the house of their fathers.

CHAPTER 3

1 These also *are* the generations of Aaron and Moses in the day *that* the LORD spake with Moses in mount Sinai.

2 And these *are* the names of the sons of Aaron; Nadab the firstborn, and Abihu, Eleazar, and Ithamar.

3 These *are* the names of the sons of Aaron, the priests which were anointed, whom he consecrated to minister in the priest's office.

4 And Nadab and Abihu died before the LORD, when they offered strange fire before the LORD, in the wilderness of Sinai, and they had no children: and Eleazar and Ithamar ministered in the priest's office in the sight of Aaron their father.

5 ¶ And the LORD spake unto Moses, saying,

6 Bring the tribe of Levi near, and present them before Aaron the priest, that they may minister unto him.

7 And they shall keep his charge, and the charge of the whole congregation before the tabernacle of the congregation, to do the service of the tabernacle.

8 And they shall keep all the instruments of the tabernacle of the congregation, and the charge of the children of Israel, to do the service of the tabernacle.

9 And thou shalt give the Levites unto Aaron and to his sons: they *are* wholly given unto him out of the children of Israel.

10 And thou shalt appoint Aaron and his sons, and they shall wait on their priest's office: and the stranger that cometh nigh shall be put to death.

11 And the LORD spake unto Moses, saying,

12 And I, behold, I have taken the Levites from among the children of Israel instead of all the firstborn that openeth the matrix among the children of Israel: therefore the Levites shall be mine;

13 Because all the firstborn *are* mine; *for* on the day that I smote all the firstborn in the land of Egypt I hallowed unto me all the firstborn in Israel, both man and beast: mine shall they be: I *am* the LORD.

14 ¶ And the LORD spake unto Moses in the wilderness of Sinai, saying,

15 Number the children of Levi after the house of their fathers, by their families: every male from a month old and upward shalt thou number them.

16 And Moses numbered them according to the word of the LORD, as he was commanded.

17 And these were the sons of Levi by their names; Gershon, and Kohath, and Merari.

18 And these *are* the names of the sons of Gershon by their families; Libni, and Shimei.

19 And the sons of Kohath by their families; Amram, and Izehar, Hebron, and Uzziel.

20 And the sons of Merari by their families; Mahli, and Mushi. These *are* the families of the Levites according to the house of their fathers.

21 Of Gershon *was* the family of the Libnites, and the family of the Shimites: these *are* the families of the Gershonites.

22 Those that were numbered of them, according to the number of all the males, from a month old and upward, *even* those that were numbered of them *were* seven thousand and five hundred.

23 The families of the Gershonites shall pitch behind the tabernacle westward.

24 And the chief of the house of the father of the Gershonites *shall be* Eliasaph the son of Lael.

25 And the charge of the sons of Gershon in the tabernacle of the congregation *shall be* the tabernacle, and the tent, the covering thereof, and the hanging for the door of the tabernacle of the congregation,

26 And the hangings of the court, and the curtain for the door of the court, which *is* by the tabernacle, and by the altar round about, and the cords of it for all the service thereof.

27 ¶ And of Kohath *was* the family of the Amramites, and the family of the

וְכֵן נָסְעוּ אִישׁ לְמִשְׁפְּחֹתָיו עַל־בֵּית אֲבֹתָיו:

רביעי 3 וְאֵלֶּה תּוֹלְדֹת אַהֲרֹן וּמֹשֶׁה בְּיוֹם דִּבֶּר יְהוָה אֶת־מֹשֶׁה בְּהַר סִינָי:

2 וְאֵלֶּה שְׁמוֹת בְּנֵי־אַהֲרֹן הַבְּכוֹר ׀ נָדָב וַאֲבִיהוּא אֶלְעָזָר וְאִיתָמָר:

3 אֵלֶּה שְׁמוֹת בְּנֵי אַהֲרֹן הַכֹּהֲנִים הַמְּשֻׁחִים אֲשֶׁר־מִלֵּא יָדָם לְכַהֵן:

4 וַיָּמָת נָדָב וַאֲבִיהוּא לִפְנֵי יְהוָה בְּהַקְרִבָם אֵשׁ זָרָה לִפְנֵי יְהוָה בְּמִדְבַּר סִינַי וּבָנִים לֹא־הָיוּ לָהֶם וַיְכַהֵן אֶלְעָזָר וְאִיתָמָר עַל־פְּנֵי אַהֲרֹן אֲבִיהֶם:

5 וַיְדַבֵּר יְהוָה אֶל־מֹשֶׁה לֵּאמֹר: הַקְרֵב אֶת־מַטֵּה לֵוִי וְהַעֲמַדְתָּ אֹתוֹ
6
7 לִפְנֵי אַהֲרֹן הַכֹּהֵן וְשֵׁרְתוּ אֹתוֹ: וְשָׁמְרוּ אֶת־מִשְׁמַרְתּוֹ וְאֶת־מִשְׁמֶרֶת
8 כָּל־הָעֵדָה לִפְנֵי אֹהֶל מוֹעֵד לַעֲבֹד אֶת־עֲבֹדַת הַמִּשְׁכָּן: וְשָׁמְרוּ אֶת־כָּל־כְּלֵי אֹהֶל מוֹעֵד וְאֶת־מִשְׁמֶרֶת בְּנֵי יִשְׂרָאֵל לַעֲבֹד אֶת־עֲבֹדַת
9 הַמִּשְׁכָּן: וְנָתַתָּה אֶת־הַלְוִיִּם לְאַהֲרֹן וּלְבָנָיו נְתוּנִם נְתוּנִם הֵמָּה לוֹ
10 מֵאֵת בְּנֵי יִשְׂרָאֵל: וְאֶת־אַהֲרֹן וְאֶת־בָּנָיו תִּפְקֹד וְשָׁמְרוּ אֶת־כְּהֻנָּתָם וְהַזָּר הַקָּרֵב יוּמָת:

11 וַיְדַבֵּר יְהוָה אֶל־מֹשֶׁה לֵּאמֹר: וַאֲנִי הִנֵּה לָקַחְתִּי אֶת־הַלְוִיִּם מִתּוֹךְ
12 בְּנֵי יִשְׂרָאֵל תַּחַת כָּל־בְּכוֹר פֶּטֶר רֶחֶם מִבְּנֵי יִשְׂרָאֵל וְהָיוּ לִי
13 הַלְוִיִּם: כִּי לִי כָּל־בְּכוֹר בְּיוֹם הַכֹּתִי כָל־בְּכוֹר בְּאֶרֶץ מִצְרַיִם הִקְדַּשְׁתִּי לִי כָל־בְּכוֹר בְּיִשְׂרָאֵל מֵאָדָם עַד־בְּהֵמָה לִי יִהְיוּ אֲנִי יְהוָה:

חמישי 14 וַיְדַבֵּר יְהוָה אֶל־מֹשֶׁה בְּמִדְבַּר סִינַי לֵאמֹר: פְּקֹד אֶת־בְּנֵי לֵוִי לְבֵית
15
16 אֲבֹתָם לְמִשְׁפְּחֹתָם כָּל־זָכָר מִבֶּן־חֹדֶשׁ וָמַעְלָה תִּפְקְדֵם: וַיִּפְקֹד
17 אֹתָם מֹשֶׁה עַל־פִּי יְהוָה כַּאֲשֶׁר צֻוָּה: וַיִּהְיוּ־אֵלֶּה בְנֵי־לֵוִי בִּשְׁמֹתָם
18 גֵּרְשׁוֹן וּקְהָת וּמְרָרִי: וְאֵלֶּה שְׁמוֹת בְּנֵי־גֵרְשׁוֹן לְמִשְׁפְּחֹתָם לִבְנִי
19 וְשִׁמְעִי: וּבְנֵי קְהָת לְמִשְׁפְּחֹתָם עַמְרָם וְיִצְהָר חֶבְרוֹן וְעֻזִּיאֵל: וּבְנֵי
20 מְרָרִי לְמִשְׁפְּחֹתָם מַחְלִי וּמוּשִׁי אֵלֶּה הֵם מִשְׁפְּחֹת הַלֵּוִי לְבֵית
21 אֲבֹתָם: לְגֵרְשׁוֹן מִשְׁפַּחַת הַלִּבְנִי וּמִשְׁפַּחַת הַשִּׁמְעִי אֵלֶּה הֵם מִשְׁפְּחֹת
22 הַגֵּרְשֻׁנִּי: פְּקֻדֵיהֶם בְּמִסְפַּר כָּל־זָכָר מִבֶּן־חֹדֶשׁ וָמָעְלָה פְּקֻדֵיהֶם
23 שִׁבְעַת אֲלָפִים וַחֲמֵשׁ מֵאוֹת: מִשְׁפְּחֹת הַגֵּרְשֻׁנִּי אַחֲרֵי הַמִּשְׁכָּן יַחֲנוּ
24 יָמָּה: וּנְשִׂיא בֵית־אָב לַגֵּרְשֻׁנִּי אֶלְיָסָף בֶּן־לָאֵל: וּמִשְׁמֶרֶת בְּנֵי־גֵרְשׁוֹן
25
בְּאֹהֶל מוֹעֵד הַמִּשְׁכָּן וְהָאֹהֶל מִכְסֵהוּ וּמָסַךְ פֶּתַח אֹהֶל מוֹעֵד:
26 וְקַלְעֵי הֶחָצֵר וְאֶת־מָסַךְ פֶּתַח הֶחָצֵר אֲשֶׁר עַל־הַמִּשְׁכָּן וְעַל־הַמִּזְבֵּחַ
27 סָבִיב וְאֵת מֵיתָרָיו לְכֹל עֲבֹדָתוֹ:   וְלִקְהָת מִשְׁפַּחַת הַעַמְרָמִי

Izeharites, and the family of the Hebronites, and the family of the Uzzielites: these *are* the families of the Kohathites.

28 In the number of all the males, from a month old and upward, *were* eight thousand and six hundred, keeping the charge of the sanctuary.

29 The families of the sons of Kohath shall pitch on the side of the tabernacle southward.

30 And the chief of the house of the father of the families of the Kohathites *shall be* Elizaphan the son of Uzziel.

31 And their charge *shall be* the ark, and the table, and the candlestick, and the altars, and the vessels of the sanctuary wherewith they minister, and the hanging, and all the service thereof.

32 And Eleazar the son of Aaron the priest *shall be* chief over the chief of the Levites, *and have* the oversight of them that keep the charge of the sanctuary.

33 ¶ Of Merari *was* the family of the Mahlites, and the family of the Mushites: these *are* the families of Merari.

34 And those that were numbered of them, according to the number of all the males, from a month old and upward, *were* six thousand and two hundred.

35 And the chief of the house of the father of the families of Merari *was* Zuriel the son of Abihail: *these* shall pitch on the side of the tabernacle northward.

36 And *under* the custody and charge of the sons of Merari *shall be* the boards of the tabernacle, and the bars thereof, and the pillars thereof, and the sockets thereof, and all the vessels thereof, and all that serveth thereto,

37 And the pillars of the court round about, and their sockets, and their pins, and their cords.

38 ¶ But those that encamp before the tabernacle toward the east, *even* before the tabernacle of the congregation eastward, *shall be* Moses, and Aaron and his sons, keeping the charge of the sanctuary for the charge of the children of Israel; and the stranger that cometh nigh shall be put to death.

39 All that were numbered of the Levites, which Moses and Aaron numbered at the commandment of the LORD, throughout their families, all the males from a month old and upward, *were* twenty and two thousand.

40 ¶ And the LORD said unto Moses, Number all the firstborn of the males of the children of Israel from a month old and upward, and take the number of their names.

41 And thou shalt take the Levites for me (I *am* the LORD) instead of all the firstborn among the children of Israel; and the cattle of the Levites instead of all the firstlings among the cattle of the children of Israel.

42 And Moses numbered, as the LORD commanded him, all the firstborn among the children of Israel.

43 And all the firstborn males by the number of names, from a month old and upward, of those that were numbered of them, were twenty and two thousand two hundred and threescore and thirteen.

44 ¶ And the LORD spake unto Moses, saying,

45 Take the Levites instead of all the firstborn among the children of Israel, and the cattle of the Levites instead of their cattle; and the Levites shall be mine: I *am* the LORD.

46 And for those that are to be redeemed of the two hundred and threescore and thirteen of the firstborn of the children of Israel, which are more than the Levites;

47 Thou shalt even take five shekels apiece by the poll, after the shekel of the sanctuary shalt thou take *them:* (the shekel *is* twenty gerahs:)

48 And thou shalt give the money, wherewith the odd number of them is to be redeemed, unto Aaron and to his sons.

49 And Moses took the redemption money of them that were over and above them that were redeemed by the Levites:

50 Of the firstborn of the children of Israel took he the money; a thousand three hundred and threescore and five *shekels,* after the shekel of the sanctuary:

51 And Moses gave the money of them that were redeemed unto Aaron and to his sons, according to the word of the LORD, as the LORD commanded Moses.

וּמִשְׁפַּחַת הַיִּצְהָרִי וּמִשְׁפַּחַת הַחֶבְרֹנִי וּמִשְׁפַּחַת הָעָזִּיאֵלִי אֵלֶּה הֵם

28 מִשְׁפְּחֹת הַקְּהָתִי: בְּמִסְפַּר כָּל־זָכָר מִבֶּן־חֹדֶשׁ וָמָעְלָה שְׁמֹנַת אֲלָפִים

29 וְשֵׁשׁ מֵאוֹת שֹׁמְרֵי מִשְׁמֶרֶת הַקֹּדֶשׁ: מִשְׁפְּחֹת בְּנֵי־קְהָת יַחֲנוּ עַל

30 יֶרֶךְ הַמִּשְׁכָּן תֵּימָנָה: וּנְשִׂיא בֵית־אָב לְמִשְׁפְּחֹת הַקְּהָתִי אֱלִיצָפָן

31 בֶּן־עֻזִּיאֵל: וּמִשְׁמַרְתָּם הָאָרֹן וְהַשֻּׁלְחָן וְהַמְּנֹרָה וְהַמִּזְבְּחֹת וּכְלֵי

32 הַקֹּדֶשׁ אֲשֶׁר יְשָׁרְתוּ בָּהֶם וְהַמָּסָךְ וְכֹל עֲבֹדָתוֹ: וּנְשִׂיא נְשִׂיאֵי

33 הַלֵּוִי אֶלְעָזָר בֶּן־אַהֲרֹן הַכֹּהֵן פְּקֻדַּת שֹׁמְרֵי מִשְׁמֶרֶת הַקֹּדֶשׁ: לִמְרָרִי

מִשְׁפַּחַת הַמַּחְלִי וּמִשְׁפַּחַת הַמּוּשִׁי אֵלֶּה הֵם מִשְׁפְּחֹת מְרָרִי:

34 וּפְקֻדֵיהֶם בְּמִסְפָּר כָּל־זָכָר מִבֶּן־חֹדֶשׁ וָמָעְלָה שֵׁשֶׁת אֲלָפִים

35 וּמָאתָיִם: וּנְשִׂיא בֵית־אָב לְמִשְׁפְּחֹת מְרָרִי צוּרִיאֵל בֶּן־אֲבִיחָיִל עַל

36 יֶרֶךְ הַמִּשְׁכָּן יַחֲנוּ צָפֹנָה: וּפְקֻדַּת מִשְׁמֶרֶת בְּנֵי מְרָרִי קַרְשֵׁי הַמִּשְׁכָּן

37 וּבְרִיחָיו וְעַמֻּדָיו וַאֲדָנָיו וְכָל־כֵּלָיו וְכֹל עֲבֹדָתוֹ: וְעַמֻּדֵי הֶחָצֵר סָבִיב

38 וְאַדְנֵיהֶם וִיתֵדֹתָם וּמֵיתְרֵיהֶם: וְהַחֹנִים לִפְנֵי הַמִּשְׁכָּן קֵדְמָה לִפְנֵי

אֹהֶל־מוֹעֵד מִזְרָחָה מֹשֶׁה וְאַהֲרֹן וּבָנָיו שֹׁמְרִים מִשְׁמֶרֶת הַמִּקְדָּשׁ

39 לְמִשְׁמֶרֶת בְּנֵי יִשְׂרָאֵל וְהַזָּר הַקָּרֵב יוּמָת: כָּל־פְּקוּדֵי הַלְוִיִּם אֲשֶׁר

פָּקַד מֹשֶׁה וְאַהֲרֹן עַל־פִּי יְהוָה לְמִשְׁפְּחֹתָם כָּל־זָכָר מִבֶּן־חֹדֶשׁ

40 וָמַעְלָה שְׁנַיִם וְעֶשְׂרִים אָלֶף: וַיֹּאמֶר יְהוָה אֶל־מֹשֶׁה

פְּקֹד כָּל־בְּכֹר זָכָר לִבְנֵי יִשְׂרָאֵל מִבֶּן־חֹדֶשׁ וָמָעְלָה וְשָׂא אֵת מִסְפַּר

41 שְׁמֹתָם: וְלָקַחְתָּ אֶת־הַלְוִיִּם לִי אֲנִי יְהוָה תַּחַת כָּל־בְּכֹר בִּבְנֵי

יִשְׂרָאֵל וְאֵת בֶּהֱמַת הַלְוִיִּם תַּחַת כָּל־בְּכוֹר בְּבֶהֱמַת בְּנֵי יִשְׂרָאֵל:

42 וַיִּפְקֹד מֹשֶׁה כַּאֲשֶׁר צִוָּה יְהוָה אֹתוֹ אֶת־כָּל־בְּכֹר בִּבְנֵי יִשְׂרָאֵל:

43 וַיְהִי כָל־בְּכוֹר זָכָר בְּמִסְפַּר שֵׁמוֹת מִבֶּן־חֹדֶשׁ וָמַעְלָה לִפְקֻדֵיהֶם

שְׁנַיִם וְעֶשְׂרִים אֶלֶף שְׁלֹשָׁה וְשִׁבְעִים וּמָאתָיִם:

44 וַיְדַבֵּר יְהוָה אֶל־מֹשֶׁה לֵּאמֹר: קַח אֶת־הַלְוִיִּם תַּחַת כָּל־בְּכוֹר בִּבְנֵי
45 יִשְׂרָאֵל וְאֶת־בֶּהֱמַת הַלְוִיִּם תַּחַת בְּהֶמְתָּם וְהָיוּ־לִי הַלְוִיִּם אֲנִי

46 יְהוָה: וְאֵת פְּדוּיֵי הַשְּׁלֹשָׁה וְהַשִּׁבְעִים וְהַמָּאתָיִם הָעֹדְפִים

47 עַל־הַלְוִיִּם מִבְּכוֹר בְּנֵי יִשְׂרָאֵל: וְלָקַחְתָּ חֲמֵשֶׁת חֲמֵשֶׁת שְׁקָלִים

48 לַגֻּלְגֹּלֶת בְּשֶׁקֶל הַקֹּדֶשׁ תִּקָּח עֶשְׂרִים גֵּרָה הַשָּׁקֶל: וְנָתַתָּה הַכֶּסֶף

49 לְאַהֲרֹן וּלְבָנָיו פְּדוּיֵי הָעֹדְפִים בָּהֶם: וַיִּקַּח מֹשֶׁה אֵת כֶּסֶף הַפִּדְיוֹם

50 מֵאֵת הָעֹדְפִים עַל פְּדוּיֵי הַלְוִיִּם: מֵאֵת בְּכוֹר בְּנֵי יִשְׂרָאֵל לָקַח

אֶת־הַכָּסֶף חֲמִשָּׁה וְשִׁשִּׁים וּשְׁלֹשׁ מֵאוֹת וָאֶלֶף בְּשֶׁקֶל הַקֹּדֶשׁ:

51 וַיִּתֵּן מֹשֶׁה אֶת־כֶּסֶף הַפְּדֻיִם לְאַהֲרֹן וּלְבָנָיו עַל־פִּי יְהוָה כַּאֲשֶׁר

צִוָּה יְהוָה אֶת־מֹשֶׁה:

CHAPTER 4

1 And the LORD spake unto Moses and unto Aaron, saying,

2 Take the sum of the sons of Kohath from among the sons of Levi, after their families, by the house of their fathers,

3 From thirty years old and upward even until fifty years old, all that enter into the host, to do the work in the tabernacle of the congregation.

4 This *shall be* the service of the sons of Kohath in the tabernacle of the congregation, *about* the most holy things:

5 ¶ And when the camp setteth forward, Aaron shall come, and his sons, and they shall take down the covering vail, and cover the ark of testimony with it:

6 And shall put thereon the covering of badgers' skins, and shall spread over *it* a cloth wholly of blue, and shall put in the staves thereof.

7 And upon the table of shewbread they shall spread a cloth of blue, and put thereon the dishes, and the spoons, and the bowls, and covers to cover withal: and the continual bread shall be thereon:

8 And they shall spread upon them a cloth of scarlet, and cover the same with a covering of badgers' skins, and shall put in the staves thereof.

9 And they shall take a cloth of blue, and cover the candlestick of the light, and his lamps, and his tongs, and his snuffdishes, and all the oil vessels thereof, wherewith they minister unto it:

10 And they shall put it and all the vessels thereof within a covering of badgers' skins, and shall put *it* upon a bar.

11 And upon the golden altar they shall spread a cloth of blue, and cover it with a covering of badgers' skins, and shall put to the staves thereof:

12 And they shall take all the instruments of ministry, wherewith they minister in the sanctuary, and put *them* in a cloth of blue, and cover them with a covering of badgers' skins, and shall put *them* on a bar:

13 And they shall take away the ashes from the altar, and spread a purple cloth thereon:

14 And they shall put upon it all the vessels thereof, wherewith they minister about it, *even* the censers, the fleshhooks, and the shovels, and the basons, all the vessels of the altar; and they shall spread upon it a covering of badgers' skins, and put to the staves of it.

15 And when Aaron and his sons have made an end of covering the sanctuary, and all the vessels of the sanctuary, as the camp is to set forward; after that, the sons of Kohath shall come to bear *it:* but they shall not touch *any* holy thing, lest they die. These *things are* the burden of the sons of Kohath in the tabernacle of the congregation.

16 ¶ And to the office of Eleazar the son of Aaron the priest *pertaineth* the oil for the light, and the sweet incense, and the daily meat offering, and the anointing oil, *and* the oversight of all the tabernacle, and of all that therein *is,* in the sanctuary, and in the vessels thereof.

17 ¶ And the LORD spake unto Moses and unto Aaron, saying,

18 Cut ye not off the tribe of the families of the Kohathites from among the Levites:

19 But thus do unto them, that they may live, and not die, when they approach unto the most holy things: Aaron and his sons shall go in, and appoint them every one to his service and to his burden:

20 But they shall not go in to see when the holy things are covered, lest they die.

21 ¶ And the LORD spake unto Moses, saying,

22 Take also the sum of the sons of Gershon, throughout the houses of their fathers, by their families;

23 From thirty years old and upward until fifty years old shalt thou number them; all that enter in to perform the service, to do the work in the tabernacle of the congregation.

24 This *is* the service of the families of the Gershonites, to serve, and for burdens:

25 And they shall bear the curtains of the tabernacle, and the tabernacle of the congregation, his covering, and the covering of the badgers' skins that *is* above upon it, and the hanging for the door of the tabernacle of the congregation,

4 1 וַיְדַבֵּר יְהוָה אֶל־מֹשֶׁה וְאֶל־אַהֲרֹן לֵאמֹר: נָשֹׂא אֶת־רֹאשׁ בְּנֵי קְהָת
2

3 מִתּוֹךְ בְּנֵי לֵוִי לְמִשְׁפְּחֹתָם לְבֵית אֲבֹתָם: מִבֶּן שְׁלֹשִׁים שָׁנָה וָמַעְלָה

וְעַד בֶּן־חֲמִשִּׁים שָׁנָה כָּל־בָּא לַצָּבָא לַעֲשׂוֹת מְלָאכָה בְּאֹהֶל מוֹעֵד:

4 זֹאת עֲבֹדַת בְּנֵי־קְהָת בְּאֹהֶל מוֹעֵד קֹדֶשׁ הַקֳּדָשִׁים: וּבָא אַהֲרֹן
5

וּבָנָיו בִּנְסֹעַ הַמַּחֲנֶה וְהוֹרִדוּ אֵת פָּרֹכֶת הַמָּסָךְ וְכִסּוּ־בָהּ אֵת אֲרֹן

6 הָעֵדֻת: וְנָתְנוּ עָלָיו כְּסוּי עוֹר תַּחַשׁ וּפָרְשׂוּ בֶגֶד־כְּלִיל תְּכֵלֶת

מִלְמָעְלָה וְשָׂמוּ בַּדָּיו: וְעַל שֻׁלְחַן הַפָּנִים יִפְרְשׂוּ בֶּגֶד תְּכֵלֶת וְנָתְנוּ
7

עָלָיו אֶת־הַקְּעָרֹת וְאֶת־הַכַּפֹּת וְאֶת־הַמְּנַקִּיֹּת וְאֵת קְשׂוֹת הַנָּסֶךְ

8 וְלֶחֶם הַתָּמִיד עָלָיו יִהְיֶה: וּפָרְשׂוּ עֲלֵיהֶם בֶּגֶד תּוֹלַעַת שָׁנִי וְכִסּוּ

9 אֹתוֹ בְּמִכְסֵה עוֹר תָּחַשׁ וְשָׂמוּ אֶת־בַּדָּיו: וְלָקְחוּ בֶּגֶד תְּכֵלֶת וְכִסּוּ

אֶת־מְנֹרַת הַמָּאוֹר וְאֶת־נֵרֹתֶיהָ וְאֶת־מַלְקָחֶיהָ וְאֶת־מַחְתֹּתֶיהָ וְאֵת

10 כָּל־כְּלֵי שַׁמְנָהּ אֲשֶׁר יְשָׁרְתוּ־לָהּ בָּהֶם: וְנָתְנוּ אֹתָהּ וְאֶת־כָּל־כֵּלֶיהָ

11 אֶל־מִכְסֵה עוֹר תָּחַשׁ וְנָתְנוּ עַל־הַמּוֹט: וְעַל מִזְבַּח הַזָּהָב יִפְרְשׂוּ

12 בֶּגֶד תְּכֵלֶת וְכִסּוּ אֹתוֹ בְּמִכְסֵה עוֹר תָּחַשׁ וְשָׂמוּ אֶת־בַּדָּיו: וְלָקְחוּ

אֶת־כָּל־כְּלֵי הַשָּׁרֵת אֲשֶׁר יְשָׁרְתוּ־בָם בַּקֹּדֶשׁ וְנָתְנוּ אֶל־בֶּגֶד תְּכֵלֶת

13 וְכִסּוּ אוֹתָם בְּמִכְסֵה עוֹר תָּחַשׁ וְנָתְנוּ עַל־הַמּוֹט: וְדִשְּׁנוּ

14 אֶת־הַמִּזְבֵּחַ וּפָרְשׂוּ עָלָיו בֶּגֶד אַרְגָּמָן: וְנָתְנוּ עָלָיו אֶת־כָּל־כֵּלָיו

אֲשֶׁר יְשָׁרְתוּ עָלָיו בָּהֶם אֶת־הַמַּחְתֹּת אֶת־הַמִּזְלָגֹת וְאֶת־הַיָּעִים

וְאֶת־הַמִּזְרָקֹת כֹּל כְּלֵי הַמִּזְבֵּחַ וּפָרְשׂוּ עָלָיו כְּסוּי עוֹר תַּחַשׁ וְשָׂמוּ

15 בַדָּיו: וְכִלָּה אַהֲרֹן־וּבָנָיו לְכַסֹּת אֶת־הַקֹּדֶשׁ וְאֶת־כָּל־כְּלֵי הַקֹּדֶשׁ

בִּנְסֹעַ הַמַּחֲנֶה וְאַחֲרֵי־כֵן יָבֹאוּ בְנֵי־קְהָת לָשֵׂאת וְלֹא־יִגְּעוּ אֶל־

16 הַקֹּדֶשׁ וָמֵתוּ אֵלֶּה מַשָּׂא בְנֵי־קְהָת בְּאֹהֶל מוֹעֵד: וּפְקֻדַּת אֶלְעָזָר

בֶּן־אַהֲרֹן הַכֹּהֵן שֶׁמֶן הַמָּאוֹר וּקְטֹרֶת הַסַּמִּים וּמִנְחַת הַתָּמִיד וְשֶׁמֶן

הַמִּשְׁחָה פְּקֻדַּת כָּל־הַמִּשְׁכָּן וְכָל־אֲשֶׁר־בּוֹ בְּקֹדֶשׁ וּבְכֵלָיו:

17 וַיְדַבֵּר יְהוָה אֶל־מֹשֶׁה וְאֶל־אַהֲרֹן לֵאמֹר: אַל־תַּכְרִיתוּ אֶת־שֵׁבֶט
18

19 מִשְׁפְּחֹת הַקְּהָתִי מִתּוֹךְ הַלְוִיִּם: וְזֹאת עֲשׂוּ לָהֶם וְחָיוּ וְלֹא יָמֻתוּ

בְּגִשְׁתָּם אֶת־קֹדֶשׁ הַקֳּדָשִׁים אַהֲרֹן וּבָנָיו יָבֹאוּ וְשָׂמוּ אוֹתָם אִישׁ

20 אִישׁ עַל־עֲבֹדָתוֹ וְאֶל־מַשָּׂאוֹ: וְלֹא־יָבֹאוּ לִרְאוֹת כְּבַלַּע אֶת־הַקֹּדֶשׁ

וָמֵתוּ:

21 וַיְדַבֵּר יְהוָה אֶל־מֹשֶׁה לֵאמֹר: נָשֹׂא אֶת־רֹאשׁ בְּנֵי גֵרְשׁוֹן גַּם־הֵם
22

23 לְבֵית אֲבֹתָם לְמִשְׁפְּחֹתָם: מִבֶּן שְׁלֹשִׁים שָׁנָה וָמַעְלָה עַד בֶּן־חֲמִשִּׁים

שָׁנָה תִּפְקֹד אוֹתָם כָּל־הַבָּא לִצְבֹא צָבָא לַעֲבֹד עֲבֹדָה בְּאֹהֶל

24 מוֹעֵד: זֹאת עֲבֹדַת מִשְׁפְּחֹת הַגֵּרְשֻׁנִּי לַעֲבֹד וּלְמַשָּׂא: וְנָשְׂאוּ
25

אֶת־יְרִיעֹת הַמִּשְׁכָּן וְאֶת־אֹהֶל מוֹעֵד מִכְסֵהוּ וּמִכְסֵה הַתַּחַשׁ

26 אֲשֶׁר־עָלָיו מִלְמָעְלָה וְאֶת־מָסַךְ פֶּתַח אֹהֶל מוֹעֵד: וְאֵת קַלְעֵי

26 And the hangings of the court, and the hanging for the door of the gate of the court, which *is* by the tabernacle and by the altar round about, and their cords, and all the instruments of their service, and all that is made for them: so shall they serve.

27 At the appointment of Aaron and his sons shall be all the service of the sons of the Gershonites, in all their burdens, and in all their service: and ye shall appoint unto them in charge all their burdens.

28 This *is* the service of the families of the sons of Gershon in the tabernacle of the congregation: and their charge *shall be* under the hand of Ithamar the son of Aaron the priest.

29 ¶ As for the sons of Merari, thou shalt number them after their families, by the house of their fathers;

30 From thirty years old and upward even unto fifty years old shalt thou number them, every one that entereth into the service, to do the work of the tabernacle of the congregation.

31 And this *is* the charge of their burden, according to all their service in the tabernacle of the congregation; the boards of the tabernacle, and the bars thereof, and the pillars thereof, and sockets thereof,

32 And the pillars of the court round about, and their sockets, and their pins, and their cords, with all their instruments, and with all their service: and by name ye shall reckon the instruments of the charge of their burden.

33 This *is* the service of the families of the sons of Merari, according to all their service, in the tabernacle of the congregation, under the hand of Ithamar the son of Aaron the priest.

34 ¶ And Moses and Aaron and the chief of the congregation numbered the sons of the Kohathites after their families, and after the house of their fathers,

35 From thirty years old and upward even unto fifty years old, every one that entereth into the service, for the work in the tabernacle of the congregation:

36 And those that were numbered of them by their families were two thousand seven hundred and fifty.

37 These *were* they that were numbered of the families of the Kohathites, all that might do service in the tabernacle of the congregation, which Moses and Aaron did number according to the commandment of the Lord by the hand of Moses.

38 And those that were numbered of the sons of Gershon, throughout their families, and by the house of their fathers,

39 From thirty years old and upward even unto fifty years old, every one that entereth into the service, for the work in the tabernacle of the congregation,

40 Even those that were numbered of them, throughout their families, by the house of their fathers, were two thousand and six hundred and thirty.

41 These *are* they that were numbered of the families of the sons of Gershon, of all that might do service in the tabernacle of the congregation, whom Moses and Aaron did number according to the commandment of the Lord.

42 ¶ And those that were numbered of the families of the sons of Merari, throughout their families, by the house of their fathers,

43 From thirty years old and upward even unto fifty years old, every one that entereth into the service, for the work in the tabernacle of the congregation,

44 Even those that were numbered of them after their families, were three thousand and two hundred.

45 These *be* those that were numbered of the families of the sons of Merari, whom Moses and Aaron numbered according to the word of the Lord by the hand of Moses.

46 All those that were numbered of the Levites, whom Moses and Aaron and the chief of Israel numbered, after their families, and after the house of their fathers,

47 From thirty years old and upward even unto fifty years old, every one that came to do the service of the ministry, and the service of the burden in the tabernacle of the congregation,

48 Even those that were numbered of them, were eight thousand and five hundred and fourscore.

49 According to the commandment of

הֶחָצֵ֗ר וְאֶת־מָסַ֣ךְ ׀ פֶּ֗תַח שַׁ֤עַר הֶֽחָצֵר֙ אֲשֶׁ֣ר עַל־הַמִּשְׁכָּ֤ן וְעַל־הַמִּזְבֵּ֨חַ֙
סָבִ֔יב וְאֵת֙ מֵֽיתְרֵיהֶ֔ם וְאֶֽת־כָּל־כְּלֵ֖י עֲבֹֽדָתָ֑ם וְאֵ֨ת כָּל־אֲשֶׁ֧ר יֵעָשֶׂ֛ה
לָהֶ֖ם וְעָבָֽדוּ: 27 עַל־פִּי֩ אַהֲרֹ֨ן וּבָנָ֜יו תִּֽהְיֶ֗ה כָּל־עֲבֹדַת֙ בְּנֵ֣י הַגֵּֽרְשֻׁנִּ֔י
לְכָל־מַשָּׂאָ֔ם וּלְכֹ֖ל עֲבֹֽדָתָ֑ם וּפְקַדְתֶּ֤ם עֲלֵהֶם֙ בְּמִשְׁמֶ֔רֶת אֵ֖ת כָּל־
מַשָּׂאָֽם: 28 זֹ֣את עֲבֹדַ֗ת מִשְׁפְּחֹת֙ בְּנֵ֣י הַגֵּֽרְשֻׁנִּ֔י בְּאֹ֖הֶל מוֹעֵ֑ד וּמִ֨שְׁמַרְתָּ֔ם
בְּיַד֙ אִֽיתָמָ֔ר בֶּֽן־אַהֲרֹ֖ן הַכֹּהֵֽן: 29 בְּנֵ֖י מְרָרִ֑י לְמִשְׁפְּחֹתָ֥ם
לְבֵית־אֲבֹתָ֖ם תִּפְקֹ֣ד אֹתָֽם: 30 מִבֶּן֩ שְׁלֹשִׁ֨ים שָׁנָ֜ה וָמַ֗עְלָה וְעַ֛ד
בֶּן־חֲמִשִּׁ֥ים שָׁנָ֖ה תִּפְקְדֵ֑ם כָּל־הַבָּא֙ לַצָּבָ֔א לַֽעֲבֹ֕ד אֶת־עֲבֹדַ֖ת אֹ֥הֶל
מוֹעֵֽד: 31 וְזֹאת֙ מִשְׁמֶ֣רֶת מַשָּׂאָ֔ם לְכָל־עֲבֹֽדָתָ֖ם בְּאֹ֣הֶל מוֹעֵ֑ד קַרְשֵׁי֙
הַמִּשְׁכָּ֔ן וּבְרִיחָ֖יו וְעַמּוּדָ֥יו וַאֲדָנָֽיו: 32 וְעַמּוּדֵי֩ הֶחָצֵ֨ר סָבִ֜יב וְאַדְנֵיהֶ֗ם
וִיתֵֽדֹתָם֙ וּמֵ֣יתְרֵיהֶ֔ם לְכָל־כְּלֵיהֶ֔ם וּלְכֹ֖ל עֲבֹֽדָתָ֑ם וּבְשֵׁמֹ֥ת תִּפְקְד֛וּ
אֶת־כְּלֵ֖י מִשְׁמֶ֥רֶת מַשָּׂאָֽם: 33 זֹ֣את עֲבֹדַ֗ת מִשְׁפְּחֹת֙ בְּנֵ֣י מְרָרִ֔י
לְכָל־עֲבֹֽדָתָ֖ם בְּאֹ֣הֶל מוֹעֵ֑ד בְּיַד֙ אִֽיתָמָ֔ר בֶּֽן־אַהֲרֹ֖ן הַכֹּהֵֽן: 34 וַיִּפְקֹ֨ד
מֹשֶׁ֧ה וְאַהֲרֹ֛ן וּנְשִׂיאֵ֥י הָעֵדָ֖ה אֶת־בְּנֵ֣י הַקְּהָתִ֑י לְמִשְׁפְּחֹתָ֖ם וּלְבֵ֥ית
אֲבֹתָֽם: 35 מִבֶּ֨ן שְׁלֹשִׁ֤ים שָׁנָה֙ וָמַ֔עְלָה וְעַ֖ד בֶּן־חֲמִשִּׁ֣ים שָׁנָ֑ה כָּל־הַבָּא֙
לַצָּבָ֔א לַעֲבֹדָ֖ה בְּאֹ֣הֶל מוֹעֵֽד: 36 וַיִּהְי֥וּ פְקֻדֵיהֶ֖ם לְמִשְׁפְּחֹתָ֑ם אַלְפַּ֕יִם
שְׁבַ֥ע מֵא֖וֹת וַחֲמִשִּֽׁים: 37 אֵ֤לֶּה פְקוּדֵי֙ מִשְׁפְּחֹ֣ת הַקְּהָתִ֔י כָּל־הָעֹבֵ֖ד
בְּאֹ֣הֶל מוֹעֵ֑ד אֲשֶׁ֨ר פָּקַ֥ד מֹשֶׁ֛ה וְאַהֲרֹ֖ן עַל־פִּ֥י יְהוָ֖ה בְּיַד־
מֹשֶֽׁה: 38 שני וּפְקוּדֵ֖י בְּנֵ֣י גֵרְשׁ֑וֹן לְמִשְׁפְּחוֹתָ֖ם וּלְבֵ֥ית אֲבֹתָֽם:
39 מִבֶּ֨ן שְׁלֹשִׁ֤ים שָׁנָה֙ וָמַ֔עְלָה וְעַ֛ד בֶּן־חֲמִשִּׁ֥ים שָׁנָ֖ה כָּל־הַבָּא֙ לַצָּבָ֔א
לַעֲבֹדָ֖ה בְּאֹ֣הֶל מוֹעֵֽד: 40 וַיִּהְיוּ֙ פְּקֻ֣דֵיהֶ֔ם לְמִשְׁפְּחֹתָ֖ם לְבֵ֣ית אֲבֹתָ֑ם
41 אַלְפַּ֕יִם וְשֵׁ֥שׁ מֵא֖וֹת וּשְׁלֹשִֽׁים: אֵ֣לֶּה פְקוּדֵ֗י מִשְׁפְּחֹת֙ בְּנֵ֣י גֵרְשׁ֔וֹן
כָּל־הָעֹבֵ֖ד בְּאֹ֣הֶל מוֹעֵ֑ד אֲשֶׁ֨ר פָּקַ֥ד מֹשֶׁ֛ה וְאַהֲרֹ֖ן עַל־פִּ֥י יְהוָֽה:
42 וּפְקוּדֵ֕י מִשְׁפְּחֹ֖ת בְּנֵ֣י מְרָרִ֑י לְמִשְׁפְּחֹתָ֖ם לְבֵ֥ית אֲבֹתָֽם: 43 מִבֶּ֨ן שְׁלֹשִׁ֤ים
שָׁנָה֙ וָמַ֔עְלָה וְעַ֛ד בֶּן־חֲמִשִּׁ֥ים שָׁנָ֖ה כָּל־הַבָּא֙ לַצָּבָ֔א לַעֲבֹדָ֖ה בְּאֹ֣הֶל
מוֹעֵֽד: 44 וַיִּהְי֥וּ פְקֻדֵיהֶ֖ם לְמִשְׁפְּחֹתָ֑ם שְׁלֹ֥שֶׁת אֲלָפִ֖ים וּמָאתָֽיִם: 45 אֵ֣לֶּה
פְקוּדֵ֗י מִשְׁפְּחֹת֙ בְּנֵ֣י מְרָרִ֔י אֲשֶׁ֨ר פָּקַ֥ד מֹשֶׁ֛ה וְאַהֲרֹ֖ן עַל־פִּ֥י יְהוָ֖ה
בְּיַד־מֹשֶֽׁה: 46 כָּל־הַפְּקֻדִ֡ים אֲשֶׁר֩ פָּקַ֨ד מֹשֶׁ֧ה וְאַהֲרֹ֛ן וּנְשִׂיאֵ֥י יִשְׂרָאֵ֖ל
אֶת־הַלְוִיִּ֑ם לְמִשְׁפְּחֹתָ֖ם וּלְבֵ֣ית אֲבֹתָֽם: 47 מִבֶּ֨ן שְׁלֹשִׁ֤ים שָׁנָה֙ וָמַ֔עְלָה
וְעַ֛ד בֶּן־חֲמִשִּׁ֥ים שָׁנָ֖ה כָּל־הַבָּ֗א לַעֲבֹ֨ד עֲבֹדַ֧ת עֲבֹדָ֛ה וַעֲבֹדַ֥ת מַשָּׂ֖א
בְּאֹ֥הֶל מוֹעֵֽד: 48 וַיִּהְי֖וּ פְּקֻדֵיהֶ֑ם שְׁמֹנַ֣ת אֲלָפִ֔ים וַחֲמֵ֥שׁ מֵא֖וֹת וּשְׁמֹנִֽים:
49 49A עַל־פִּ֨י יְהוָ֜ה פָּקַ֤ד אוֹתָם֙ בְּיַד־מֹשֶׁ֔ה אִ֥ישׁ אִ֖ישׁ עַל־עֲבֹדָת֑וֹ

the LORD they were numbered by the hand of Moses, every one according to his service, and according to his burden: thus were they numbered of him, as the LORD commanded Moses.

CHAPTER 5

1 And the LORD spake unto Moses, saying,

2 Command the children of Israel, that they put out of the camp every leper, and every one that hath an issue, and whosoever is defiled by the dead:

3 Both male and female shall ye put out, without the camp shall ye put them; that they defile not their camps, in the midst whereof I dwell.

4 And the children of Israel did so, and put them out without the camp: as the LORD spake unto Moses, so did the children of Israel.

5 ¶ And the LORD spake unto Moses, saying,

6 Speak unto the children of Israel, When a man or woman shall commit any sin that men commit, to do a trespass against the LORD, and that person be guilty;

7 Then they shall confess their sin which they have done: and he shall recompense his trespass with the principal thereof, and add unto it the fifth *part* thereof, and give *it* unto *him* against whom he hath trespassed.

8 But if the man have no kinsman to recompense the trespass unto, let the trespass be recompensed unto the LORD, *even* to the priest; beside the ram of the atonement, whereby an atonement shall be made for him.

9 And every offering of all the holy things of the children of Israel, which they bring unto the priest, shall be his.

10 And every man's hallowed things shall be his: whatsoever any man giveth the priest, it shall be his.

11 ¶ And the LORD spake unto Moses, saying,

12 Speak unto the children of Israel, and say unto them, If any man's wife go aside, and commit a trespass against him,

13 And a man lie with her carnally, and it be hid from the eyes of her husband, and be kept close, and she be defiled, and *there be* no witness against her, neither she be taken *with the manner;*

14 And the spirit of jealousy come upon him, and he be jealous of his wife, and she be defiled: or if the spirit of jealousy come upon him, and he be jealous of his wife, and she be not defiled:

15 Then shall the man bring his wife unto the priest, and he shall bring her offering for her, the tenth *part* of an ephah of barley meal; he shall pour no oil upon it, nor put frankincense thereon; for it *is* an offering of jealousy, an offering of memorial, bringing iniquity to remembrance.

16 And the priest shall bring her near, and set her before the LORD:

17 And the priest shall take holy water in an earthen vessel; and of the dust that is in the floor of the tabernacle the priest shall take, and put *it* into the water:

18 And the priest shall set the woman before the LORD, and uncover the woman's head, and put the offering of memorial in her hands, which *is* the jealousy offering: and the priest shall have in his hand the bitter water that causeth the curse:

19 And the priest shall charge her by an oath, and say unto the woman, If no man have lain with thee, and if thou hast not gone aside to uncleanness *with another* instead of thy husband, be thou free from this bitter water that causeth the curse:

20 But if thou hast gone aside *to another* instead of thy husband, and if thou be defiled, and some man have lain with thee beside thine husband:

21 Then the priest shall charge the woman with an oath of cursing, and the priest shall say unto the woman, The LORD make thee a curse and an oath among thy people, when the LORD doth make thy thigh to rot, and thy belly to swell;

22 And this water that causeth the curse shall go into thy bowels, to make *thy* belly to swell, and *thy* thigh to rot: And the woman shall say, Amen, amen.

וְעַל־מַשָּׂאוֹ וּפְקֻדָּיו אֲשֶׁר־צִוָּה יְהוָה אֶת־מֹשֶׁה:

שלישי וַיְדַבֵּר יְהוָה אֶל־מֹשֶׁה לֵּאמֹר: צַו אֶת־בְּנֵי יִשְׂרָאֵל וִישַׁלְּחוּ 5 1 2
מִן־הַמַּחֲנֶה כָּל־צָרוּעַ וְכָל־זָב וְכֹל טָמֵא לָנָפֶשׁ: מִזָּכָר עַד־נְקֵבָה 3
תְּשַׁלֵּחוּ אֶל־מִחוּץ לַמַּחֲנֶה תְּשַׁלְּחוּם וְלֹא יְטַמְּאוּ אֶת־מַחֲנֵיהֶם
אֲשֶׁר אֲנִי שֹׁכֵן בְּתוֹכָם: וַיַּעֲשׂוּ־כֵן בְּנֵי יִשְׂרָאֵל וַיְשַׁלְּחוּ אוֹתָם 4
אֶל־מִחוּץ לַמַּחֲנֶה כַּאֲשֶׁר דִּבֶּר יְהוָה אֶל־מֹשֶׁה כֵּן עָשׂוּ בְּנֵי
יִשְׂרָאֵל:

וַיְדַבֵּר יְהוָה אֶל־מֹשֶׁה לֵּאמֹר: דַּבֵּר אֶל־בְּנֵי יִשְׂרָאֵל אִישׁ אוֹ־אִשָּׁה 5 6
כִּי יַעֲשׂוּ מִכָּל־חַטֹּאת הָאָדָם לִמְעֹל מַעַל בַּיהוָה וְאָשְׁמָה הַנֶּפֶשׁ
הַהִוא: וְהִתְוַדּוּ אֶת־חַטָּאתָם אֲשֶׁר עָשׂוּ וְהֵשִׁיב אֶת־אֲשָׁמוֹ בְּרֹאשׁוֹ 7
וַחֲמִישִׁתוֹ יֹסֵף עָלָיו וְנָתַן לַאֲשֶׁר אָשַׁם לוֹ: וְאִם־אֵין לָאִישׁ גֹּאֵל 8
לְהָשִׁיב הָאָשָׁם אֵלָיו הָאָשָׁם הַמּוּשָׁב לַיהוָה לַכֹּהֵן מִלְּבַד אֵיל
הַכִּפֻּרִים אֲשֶׁר יְכַפֶּר־בּוֹ עָלָיו: וְכָל־תְּרוּמָה לְכָל־קָדְשֵׁי בְנֵי־יִשְׂרָאֵל 9
אֲשֶׁר־יַקְרִיבוּ לַכֹּהֵן לוֹ יִהְיֶה: וְאִישׁ אֶת־קֳדָשָׁיו לוֹ יִהְיוּ אִישׁ 10
אֲשֶׁר־יִתֵּן לַכֹּהֵן לוֹ יִהְיֶה:

רביעי וַיְדַבֵּר יְהוָה אֶל־מֹשֶׁה לֵּאמֹר: דַּבֵּר אֶל־בְּנֵי יִשְׂרָאֵל וְאָמַרְתָּ אֲלֵהֶם 11 12
אִישׁ אִישׁ כִּי־תִשְׂטֶה אִשְׁתּוֹ וּמָעֲלָה בוֹ מָעַל: וְשָׁכַב אִישׁ אֹתָהּ 13
שִׁכְבַת־זֶרַע וְנֶעְלַם מֵעֵינֵי אִישָׁהּ וְנִסְתְּרָה וְהִיא נִטְמָאָה וְעֵד אֵין
בָּהּ וְהִוא לֹא נִתְפָּשָׂה: וְעָבַר עָלָיו רוּחַ־קִנְאָה וְקִנֵּא אֶת־אִשְׁתּוֹ 14
וְהִוא נִטְמָאָה אוֹ־עָבַר עָלָיו רוּחַ־קִנְאָה וְקִנֵּא אֶת־אִשְׁתּוֹ וְהִיא לֹא
נִטְמָאָה: וְהֵבִיא הָאִישׁ אֶת־אִשְׁתּוֹ אֶל־הַכֹּהֵן וְהֵבִיא אֶת־קָרְבָּנָהּ 15
עָלֶיהָ עֲשִׂירִת הָאֵיפָה קֶמַח שְׂעֹרִים לֹא־יִצֹק עָלָיו שֶׁמֶן וְלֹא־יִתֵּן
עָלָיו לְבֹנָה כִּי־מִנְחַת קְנָאֹת הוּא מִנְחַת זִכָּרוֹן מַזְכֶּרֶת עָוֹן: וְהִקְרִיב 16
17A אֹתָהּ הַכֹּהֵן וְהֶעֱמִדָהּ לִפְנֵי יְהוָה: וְלָקַח הַכֹּהֵן מַיִם קְדֹשִׁים 17
בִּכְלִי־חָרֶשׂ וּמִן־הֶעָפָר אֲשֶׁר יִהְיֶה בְּקַרְקַע הַמִּשְׁכָּן יִקַּח הַכֹּהֵן וְנָתַן
אֶל־הַמָּיִם: וְהֶעֱמִיד הַכֹּהֵן אֶת־הָאִשָּׁה לִפְנֵי יְהוָה וּפָרַע אֶת־רֹאשׁ 18
הָאִשָּׁה וְנָתַן עַל־כַּפֶּיהָ אֵת מִנְחַת הַזִּכָּרוֹן מִנְחַת קְנָאֹת הִוא וּבְיַד
הַכֹּהֵן יִהְיוּ מֵי הַמָּרִים הַמְאָרֲרִים: וְהִשְׁבִּיעַ אֹתָהּ הַכֹּהֵן וְאָמַר 19
אֶל־הָאִשָּׁה אִם־לֹא שָׁכַב אִישׁ אֹתָךְ וְאִם־לֹא שָׂטִית טֻמְאָה תַּחַת
אִישֵׁךְ הִנָּקִי מִמֵּי הַמָּרִים הַמְאָרֲרִים הָאֵלֶּה: וְאַתְּ כִּי שָׂטִית תַּחַת 20
אִישֵׁךְ וְכִי נִטְמֵאת וַיִּתֵּן אִישׁ בָּךְ אֶת־שְׁכָבְתּוֹ מִבַּלְעֲדֵי אִישֵׁךְ:
וְהִשְׁבִּיעַ הַכֹּהֵן אֶת־הָאִשָּׁה בִּשְׁבֻעַת הָאָלָה וְאָמַר הַכֹּהֵן לָאִשָּׁה 21
יִתֵּן יְהוָה אוֹתָךְ לְאָלָה וְלִשְׁבֻעָה בְּתוֹךְ עַמֵּךְ בְּתֵת יְהוָה אֶת־יְרֵכֵךְ
נֹפֶלֶת וְאֶת־בִּטְנֵךְ צָבָה: וּבָאוּ הַמַּיִם הַמְאָרֲרִים הָאֵלֶּה בְּמֵעַיִךְ 22
לַצְבּוֹת בֶּטֶן וְלַנְפִּל יָרֵךְ וְאָמְרָה הָאִשָּׁה אָמֵן אָמֵן: וְכָתַב אֶת־הָאָלֹת 23

23 And the priest shall write these curses in a book, and he shall blot *them* out with the bitter water:

24 And he shall cause the woman to drink the bitter water that causeth the curse: and the water that causeth the curse shall enter into her, *and become* bitter.

25 Then the priest shall take the jealousy offering out of the woman's hand, and shall wave the offering before the Lord, and offer it upon the altar:

26 And the priest shall take an handful of the offering, *even* the memorial thereof, and burn *it* upon the altar, and afterward shall cause the woman to drink the water.

27 And when he hath made her to drink the water, then it shall come to pass, *that,* if she be defiled, and have done trespass against her husband, that the water that causeth the curse shall enter into her, *and become* bitter, and her belly shall swell, and her thigh shall rot: and the woman shall be a curse among her people.

28 And if the woman be not defiled, but be clean; then she shall be free, and shall conceive seed.

29 This *is* the law of jealousies, when a wife goeth aside *to another* instead of her husband, and is defiled;

30 Or when the spirit of jealousy cometh upon him, and he be jealous over his wife, and shall set the woman before the Lord, and the priest shall execute upon her all this law.

31 Then shall the man be guiltless from iniquity, and this woman shall bear her iniquity.

CHAPTER 6

1 And the Lord spake unto Moses, saying,

2 Speak unto the children of Israel, and say unto them, When either man or woman shall separate *themselves* to vow a vow of a Nazarite, to separate *themselves* unto the Lord:

3 He shall separate *himself* from wine and strong drink, and shall drink no vinegar of wine, or vinegar of strong drink, neither shall he drink any liquor of grapes, nor eat moist grapes, or dried.

4 All the days of his separation shall he eat nothing that is made of the vine tree, from the kernels even to the husk.

5 All the days of the vow of his separation there shall no razor come upon his head: until the days be fulfilled, in the which he separateth *himself* unto the Lord, he shall be holy, *and* shall let the locks of the hair of his head grow.

6 All the days that he separateth *himself* unto the Lord he shall come at no dead body.

7 He shall not make himself unclean for his father, or for his mother, for his brother, or for his sister, when they die: because the consecration of his God *is* upon his head.

8 All the days of his separation he *is* holy unto the Lord.

9 And if any man die very suddenly by him, and he hath defiled the head of his consecration; then he shall shave his head in the day of his cleansing, on the seventh day shall he shave it.

10 And on the eighth day he shall bring two turtles, or two young pigeons, to the priest, to the door of the tabernacle of the congregation:

11 And the priest shall offer the one for a sin offering, and the other for a burnt offering, and make an atonement for him, for that he sinned by the dead, and shall hallow his head that same day.

12 And he shall consecrate unto the Lord the days of his separation, and shall bring a lamb of the first year for a trespass offering: but the days that were before shall be lost, because his separation was defiled.

13 ¶ And this *is* the law of the Nazarite, when the days of his separation are fulfilled: he shall be brought unto the door of the tabernacle of the congregation:

14 And he shall offer his offering unto the Lord, one he lamb of the first year without blemish for a burnt offering, and one ewe lamb of the first year without blemish for a sin offering, and one ram without blemish for peace offerings,

15 And a basket of unleavened bread, cakes of fine flour mingled with oil, and wafers of unleavened bread anointed with

24 הָאֵ֗לֶּה הַכֹּהֵן֙ בַּסֵּ֔פֶר וּמָחָ֖ה אֶל־מֵ֥י הַמָּרִֽים: וְהִשְׁקָה֙ אֶת־הָ֣אִשָּׁ֔ה אֶת־מֵ֥י הַמָּרִ֖ים הַמְאָרֲרִ֑ים וּבָ֥אוּ בָ֛הּ הַמַּ֥יִם הַמְאָרֲרִ֖ים לְמָרִֽים:

25 וְלָקַ֤ח הַכֹּהֵן֙ מִיַּ֣ד הָֽאִשָּׁ֔ה אֵ֖ת מִנְחַ֣ת הַקְּנָאֹ֑ת וְהֵנִ֤יף אֶת־הַמִּנְחָה֙

26 לִפְנֵ֣י יְהֹוָ֔ה וְהִקְרִ֥יב אֹתָ֖הּ אֶל־הַמִּזְבֵּֽחַ: וְקָמַ֨ץ הַכֹּהֵ֤ן מִן־הַמִּנְחָה֙ אֶת־אַזְכָּ֣רָתָ֔הּ וְהִקְטִ֖יר הַמִּזְבֵּ֑חָה וְאַחַ֛ר יַשְׁקֶ֥ה אֶת־הָאִשָּׁ֖ה אֶת־

27 הַמָּֽיִם: וְהִשְׁקָ֣הּ אֶת־הַמַּ֗יִם וְהָיְתָ֞ה אִֽם־נִטְמְאָ֗ה וַתִּמְעֹ֥ל מַ֙עַל֙ בְּאִישָׁ֔הּ וּבָ֣אוּ בָ֠הּ הַמַּ֨יִם הַמְאָרֲרִ֜ים לְמָרִ֗ים וְצָבְתָ֣ה בִטְנָ֔הּ וְנָפְלָ֖ה יְרֵכָ֑הּ

28 וְהָיְתָ֧ה הָאִשָּׁ֛ה לְאָלָ֖ה בְּקֶ֥רֶב עַמָּֽהּ: וְאִם־לֹ֤א נִטְמְאָה֙ הָֽאִשָּׁ֔ה וּטְהֹרָ֖ה

29 הִ֑וא וְנִקְּתָ֖ה וְנִזְרְעָ֥ה זָֽרַע: זֹ֥את תּוֹרַ֖ת הַקְּנָאֹ֑ת אֲשֶׁ֨ר תִּשְׂטֶ֥ה אִשָּׁ֛ה

30 תַּ֥חַת אִישָׁ֖הּ וְנִטְמָֽאָה: א֣וֹ אִ֗ישׁ אֲשֶׁ֨ר תַּעֲבֹ֤ר עָלָיו֙ ר֣וּחַ קִנְאָ֔ה וְקִנֵּ֖א אֶת־אִשְׁתּ֑וֹ וְהֶעֱמִ֤יד אֶת־הָֽאִשָּׁה֙ לִפְנֵ֣י יְהֹוָ֔ה וְעָ֤שָׂה לָהּ֙ הַכֹּהֵ֔ן

31 אֵ֥ת כׇּל־הַתּוֹרָ֖ה הַזֹּֽאת: וְנִקָּ֥ה הָאִ֖ישׁ מֵעָוֺ֑ן וְהָאִשָּׁ֣ה הַהִ֔וא תִּשָּׂ֖א אֶת־עֲוֺנָֽהּ:

6 1 וַיְדַבֵּ֥ר יְהֹוָ֖ה אֶל־מֹשֶׁ֥ה לֵּאמֹֽר: דַּבֵּר֙ אֶל־בְּנֵ֣י יִשְׂרָאֵ֔ל וְאָמַרְתָּ֖ אֲלֵהֶ֑ם
2 אִ֣ישׁ אֽוֹ־אִשָּׁ֗ה כִּ֤י יַפְלִא֙ לִנְדֹּר֙ נֶ֣דֶר נָזִ֔יר לְהַזִּ֖יר לַֽיהֹוָֽה:

3 מִיַּ֤יִן וְשֵׁכָר֙ יַזִּ֔יר חֹ֥מֶץ יַ֛יִן וְחֹ֥מֶץ שֵׁכָ֖ר לֹ֣א יִשְׁתֶּ֑ה וְכׇל־מִשְׁרַ֤ת עֲנָבִים֙ לֹ֣א יִשְׁתֶּ֔ה

4 וַעֲנָבִ֛ים לַחִ֥ים וִיבֵשִׁ֖ים לֹ֥א יֹאכֵֽל: כֹּ֖ל יְמֵ֣י נִזְר֑וֹ מִכֹּל֩ אֲשֶׁ֨ר יֵעָשֶׂ֜ה

5 מִגֶּ֤פֶן הַיַּ֙יִן֙ מֵחַרְצַנִּ֣ים וְעַד־זָ֔ג לֹ֖א יֹאכֵֽל: כׇּל־יְמֵי֙ נֶ֣דֶר נִזְר֔וֹ תַּ֖עַר לֹא־יַעֲבֹ֣ר עַל־רֹאשׁ֑וֹ עַד־מְלֹ֨את הַיָּמִ֜ם אֲשֶׁר־יַזִּ֤יר לַֽיהֹוָה֙ קָדֹ֣שׁ יִהְיֶ֔ה

6 גַּדֵּ֥ל פֶּ֖רַע שְׂעַ֣ר רֹאשֽׁוֹ: כׇּל־יְמֵ֥י הַזִּיר֖וֹ לַֽיהֹוָ֑ה עַל־נֶ֥פֶשׁ מֵ֖ת לֹ֥א

7 יָבֹֽא: לְאָבִ֣יו וּלְאִמּ֗וֹ לְאָחִיו֙ וּלְאַ֣חֹת֔וֹ לֹֽא־יִטַּמָּ֥א לָהֶ֖ם בְּמֹתָ֑ם כִּ֛י

8 9 נֵ֥זֶר אֱלֹהָ֖יו עַל־רֹאשֽׁוֹ: כֹּ֖ל יְמֵ֣י נִזְר֑וֹ קָדֹ֥שׁ ה֖וּא לַֽיהֹוָֽה: וְכִֽי־יָמ֨וּת מֵ֤ת עָלָיו֙ בְּפֶ֣תַע פִּתְאֹ֔ם וְטִמֵּ֖א רֹ֣אשׁ נִזְר֑וֹ וְגִלַּ֤ח רֹאשׁוֹ֙ בְּי֣וֹם טׇהֳרָת֔וֹ

10 בַּיּ֥וֹם הַשְּׁבִיעִ֖י יְגַלְּחֶֽנּוּ: וּבַיּ֣וֹם הַשְּׁמִינִ֗י יָבִא֙ שְׁתֵּ֣י תֹרִ֔ים א֥וֹ שְׁנֵ֖י

11 בְּנֵ֣י יוֹנָ֑ה אֶל־הַ֨כֹּהֵ֔ן אֶל־פֶּ֖תַח אֹ֥הֶל מוֹעֵֽד: וְעָשָׂ֣ה הַכֹּהֵ֗ן אֶחָ֤ד לְחַטָּאת֙ וְאֶחָ֣ד לְעֹלָ֔ה וְכִפֶּ֣ר עָלָ֔יו מֵאֲשֶׁ֥ר חָטָ֖א עַל־הַנָּ֑פֶשׁ וְקִדַּ֥שׁ

12 אֶת־רֹאשׁ֖וֹ בַּיּ֥וֹם הַהֽוּא: וְהִזִּ֤יר לַֽיהֹוָה֙ אֶת־יְמֵ֣י נִזְר֔וֹ וְהֵבִ֛יא כֶּ֥בֶשׂ

13 בֶּן־שְׁנָת֖וֹ לְאָשָׁ֑ם וְהַיָּמִ֤ים הָרִֽאשֹׁנִים֙ יִפְּל֔וּ כִּ֥י טָמֵ֖א נִזְר֑וֹ: וְזֹ֥את תּוֹרַ֖ת הַנָּזִ֑יר בְּי֗וֹם מְלֹאת֙ יְמֵ֣י נִזְר֔וֹ יָבִ֣יא אֹת֔וֹ אֶל־פֶּ֖תַח אֹ֥הֶל

14 מוֹעֵֽד: וְהִקְרִ֣יב אֶת־קׇרְבָּנ֣וֹ לַֽיהֹוָ֡ה כֶּ֩בֶשׂ֩ בֶּן־שְׁנָת֨וֹ תָמִ֤ים אֶחָד֙ לְעֹלָ֔ה וְכַבְשָׂ֨ה אַחַ֧ת בַּת־שְׁנָתָ֛הּ תְּמִימָ֖ה לְחַטָּ֑את וְאַֽיִל־אֶחָ֥ד תָּמִ֖ים

15 לִשְׁלָמִֽים: וְסַ֣ל מַצּ֗וֹת סֹ֤לֶת חַלֹּת֙ בְּלוּלֹ֣ת בַּשֶּׁ֔מֶן וּרְקִיקֵ֥י מַצּ֖וֹת

oil, and their meat offering, and their drink offerings.

16 And the priest shall bring *them* before the LORD, and shall offer his sin offering, and his burnt offering:

17 And he shall offer the ram *for* a sacrifice of peace offerings unto the LORD, with the basket of unleavened bread: the priest shall offer also his meat offering, and his drink offering.

18 And the Nazarite shall shave the head of his separation *at* the door of the tabernacle of the congregation, and shall take the hair of the head of his separation, and put *it* in the fire which *is* under the sacrifice of the peace offerings.

19 And the priest shall take the sodden shoulder of the ram, and one unleavened cake out of the basket, and one unleavened wafer, and shall put *them* upon the hands of the Nazarite, after *the hair of* his separation is shaven:

20 And the priest shall wave them *for* a wave offering before the LORD: this *is* holy for the priest, with the wave breast and heave shoulder: and after that the Nazarite may drink wine.

21 This *is* the law of the Nazarite who hath vowed, *and of* his offering unto the LORD for his separation, beside *that* that his hand shall get: according to the vow which he vowed, so he must do after the law of his separation.

22 ¶ And the LORD spake unto Moses, saying,

23 Speak unto Aaron and unto his sons, saying, On this wise ye shall bless the children of Israel, saying unto them,

24 The LORD bless thee, and keep thee:

25 The LORD make his face shine upon thee, and be gracious unto thee:

26 The LORD lift up his countenance upon thee, and give thee peace.

27 And they shall put my name upon the children of Israel; and I will bless them.

CHAPTER 7

1 And it came to pass on the day that Moses had fully set up the tabernacle, and had anointed it, and sanctified it, and all the instruments thereof, both the altar and all the vessels thereof, and had anointed them, and sanctified them;

2 That the princes of Israel, heads of the house of their fathers, who *were* the princes of the tribes, and were over them that were numbered, offered:

3 And they brought their offering before the LORD, six covered wagons, and twelve oxen; a wagon for two of the princes, and for each one an ox: and they brought them before the tabernacle.

4 And the LORD spake unto Moses, saying,

5 Take *it* of them, that they may be to do the service of the tabernacle of the congregation; and thou shalt give them unto the Levites, to every man according to his service.

6 And Moses took the wagons and the oxen, and gave them unto the Levites.

7 Two wagons and four oxen he gave unto the sons of Gershon, according to their service:

8 And four wagons and eight oxen he gave unto the sons of Merari, according unto their service, under the hand of Ithamar the son of Aaron the priest.

9 But unto the sons of Kohath he gave none: because the service of the sanctuary belonging unto them *was that* they should bear upon their shoulders.

10 ¶ And the princes offered for dedicating of the altar in the day that it was anointed, even the princes offered their offering before the altar.

11 And the LORD said unto Moses, They shall offer their offering, each prince on his day, for the dedicating of the altar.

12 ¶ And he that offered his offering the first day was Nahshon the son of Amminadab, of the tribe of Judah:

13 And his offering *was* one silver charger, the weight thereof *was* an hundred and thirty *shekels,* one silver bowl of seventy shekels, after the shekel of the sanctuary; both of them *were* full of fine flour mingled with oil for a meat offering:

14 One spoon of ten *shekels* of gold, full of incense:

16 מְשֻׁחִים בַּשֶּׁמֶן וּמִנְחָתָם וְנִסְכֵּיהֶם: וְהִקְרִיב הַכֹּהֵן לִפְנֵי יְהוָה וְעָשָׂה

17 אֶת־חַטָּאתוֹ וְאֶת־עֹלָתוֹ: וְאֶת־הָאַיִל יַעֲשֶׂה זֶבַח שְׁלָמִים לַיהוָה

18 עַל סַל הַמַּצּוֹת וְעָשָׂה הַכֹּהֵן אֶת־מִנְחָתוֹ וְאֶת־נִסְכּוֹ: וְגִלַּח הַנָּזִיר

פֶּתַח אֹהֶל מוֹעֵד אֶת־רֹאשׁ נִזְרוֹ וְלָקַח אֶת־שְׂעַר רֹאשׁ נִזְרוֹ וְנָתַן

19 עַל־הָאֵשׁ אֲשֶׁר־תַּחַת זֶבַח הַשְּׁלָמִים: וְלָקַח הַכֹּהֵן אֶת־הַזְּרֹעַ בְּשֵׁלָה

מִן־הָאַיִל וְחַלַּת מַצָּה אַחַת מִן־הַסַּל וּרְקִיק מַצָּה אֶחָד וְנָתַן עַל־כַּפֵּי

20 הַנָּזִיר אַחַר הִתְגַּלְּחוֹ אֶת־נִזְרוֹ: וְהֵנִיף אוֹתָם הַכֹּהֵן תְּנוּפָה לִפְנֵי

יְהוָה קֹדֶשׁ הוּא לַכֹּהֵן עַל חֲזֵה הַתְּנוּפָה וְעַל שׁוֹק הַתְּרוּמָה וְאַחַר

21 יִשְׁתֶּה הַנָּזִיר יָיִן: וְזֹאת תּוֹרַת הַנָּזִיר אֲשֶׁר יִדֹּר קָרְבָּנוֹ לַיהוָה

עַל־נִזְרוֹ מִלְּבַד אֲשֶׁר־תַּשִּׂיג יָדוֹ כְּפִי נִדְרוֹ אֲשֶׁר יִדֹּר כֵּן יַעֲשֶׂה

עַל תּוֹרַת נִזְרוֹ:

22 וַיְדַבֵּר יְהוָה אֶל־מֹשֶׁה לֵּאמֹר: דַּבֵּר אֶל־אַהֲרֹן וְאֶל־בָּנָיו לֵאמֹר כֹּה
23

24 תְבָרְכוּ אֶת־בְּנֵי יִשְׂרָאֵל אָמוֹר לָהֶם: יְבָרֶכְךָ יְהוָה

25 וְיִשְׁמְרֶךָ:   יָאֵר יְהוָה ׀ פָּנָיו אֵלֶיךָ וִיחֻנֶּךָּ:   יִשָּׂא
26

27 יְהוָה ׀ פָּנָיו אֵלֶיךָ וְיָשֵׂם לְךָ שָׁלוֹם: וְשָׂמוּ אֶת־שְׁמִי

חמישי 7 1 עַל־בְּנֵי יִשְׂרָאֵל וַאֲנִי אֲבָרֲכֵם: וַיְהִי בְּיוֹם כַּלּוֹת מֹשֶׁה

לְהָקִים אֶת־הַמִּשְׁכָּן וַיִּמְשַׁח אֹתוֹ וַיְקַדֵּשׁ אֹתוֹ וְאֶת־כָּל־כֵּלָיו

2 וְאֶת־הַמִּזְבֵּחַ וְאֶת־כָּל־כֵּלָיו וַיִּמְשָׁחֵם וַיְקַדֵּשׁ אֹתָם: וַיַּקְרִיבוּ נְשִׂיאֵי

יִשְׂרָאֵל רָאשֵׁי בֵּית אֲבֹתָם הֵם נְשִׂיאֵי הַמַּטֹּת הֵם הָעֹמְדִים

3 עַל־הַפְּקֻדִים: וַיָּבִיאוּ אֶת־קָרְבָּנָם לִפְנֵי יְהוָה שֵׁשׁ־עֶגְלֹת צָב וּשְׁנֵי

עָשָׂר בָּקָר עֲגָלָה עַל־שְׁנֵי הַנְּשִׂאִים וְשׁוֹר לְאֶחָד וַיַּקְרִיבוּ אוֹתָם

4 לִפְנֵי הַמִּשְׁכָּן: וַיֹּאמֶר יְהוָה אֶל־מֹשֶׁה לֵּאמֹר: קַח מֵאִתָּם וְהָיוּ
5

לַעֲבֹד אֶת־עֲבֹדַת אֹהֶל מוֹעֵד וְנָתַתָּה אוֹתָם אֶל־הַלְוִיִּם אִישׁ כְּפִי

6 עֲבֹדָתוֹ: וַיִּקַּח מֹשֶׁה אֶת־הָעֲגָלֹת וְאֶת־הַבָּקָר וַיִּתֵּן אוֹתָם אֶל־הַלְוִיִּם:

7 אֵת ׀ שְׁתֵּי הָעֲגָלֹת וְאֵת אַרְבַּעַת הַבָּקָר נָתַן לִבְנֵי גֵרְשׁוֹן כְּפִי

8 עֲבֹדָתָם: וְאֵת ׀ אַרְבַּע הָעֲגָלֹת וְאֵת שְׁמֹנַת הַבָּקָר נָתַן לִבְנֵי מְרָרִי

9 כְּפִי עֲבֹדָתָם בְּיַד אִיתָמָר בֶּן־אַהֲרֹן הַכֹּהֵן: וְלִבְנֵי קְהָת לֹא נָתַן

10 כִּי־עֲבֹדַת הַקֹּדֶשׁ עֲלֵהֶם בַּכָּתֵף יִשָּׂאוּ: וַיַּקְרִיבוּ הַנְּשִׂאִים אֵת חֲנֻכַּת

הַמִּזְבֵּחַ בְּיוֹם הִמָּשַׁח אֹתוֹ וַיַּקְרִיבוּ הַנְּשִׂיאִם אֶת־קָרְבָּנָם לִפְנֵי

11 הַמִּזְבֵּחַ: וַיֹּאמֶר יְהוָה אֶל־מֹשֶׁה נָשִׂיא אֶחָד לַיּוֹם נָשִׂיא אֶחָד לַיּוֹם

12 יַקְרִיבוּ אֶת־קָרְבָּנָם לַחֲנֻכַּת הַמִּזְבֵּחַ:   וַיְהִי הַמַּקְרִיב בְּיוֹם

13 הָרִאשׁוֹן אֶת־קָרְבָּנוֹ נַחְשׁוֹן בֶּן־עַמִּינָדָב לְמַטֵּה יְהוּדָה: וְקָרְבָּנוֹ

קַעֲרַת־כֶּסֶף אַחַת שְׁלֹשִׁים וּמֵאָה מִשְׁקָלָהּ מִזְרָק אֶחָד כֶּסֶף שִׁבְעִים

שֶׁקֶל בְּשֶׁקֶל הַקֹּדֶשׁ שְׁנֵיהֶם ׀ מְלֵאִים סֹלֶת בְּלוּלָה בַשֶּׁמֶן לְמִנְחָה:

14 כַּף אַחַת עֲשָׂרָה זָהָב מְלֵאָה קְטֹרֶת: פַּר אֶחָד בֶּן־בָּקָר אַיִל אֶחָד
15

15 One young bullock, one ram, one lamb of the first year, for a burnt offering:

16 One kid of the goats for a sin offering:

17 And for a sacrifice of peace offerings, two oxen, five rams, five he goats, five lambs of the first year: this *was* the offering of Nahshon the son of Amminadab.

18 ¶ On the second day Nethaneel the son of Zuar, prince of Issachar, did offer:

19 He offered *for* his offering one silver charger, the weight whereof *was* an hundred and thirty *shekels,* one silver bowl of seventy shekels, after the shekel of the sanctuary; both of them full of fine flour mingled with oil for a meat offering:

20 One spoon of gold of ten *shekels,* full of incense:

21 One young bullock, one ram, one lamb of the first year, for a burnt offering:

22 One kid of the goats for a sin offering:

23 And for a sacrifice of peace offerings, two oxen, five rams, five he goats, five lambs of the first year: this *was* the offering of Nethaneel the son of Zuar.

24 ¶ On the third day Eliab the son of Helon, prince of the children of Zebulun, *did offer:*

25 His offering *was* one silver charger, the weight whereof *was* an hundred and thirty *shekels,* one silver bowl of seventy shekels, after the shekel of the sanctuary; both of them full of fine flour mingled with oil for a meat offering:

26 One golden spoon of ten *shekels,* full of incense:

27 One young bullock, one ram, one lamb of the first year, for a burnt offering:

28 One kid of the goats for a sin offering:

29 And for a sacrifice of peace offerings, two oxen, five rams, five he goats, five lambs of the first year: this *was* the offering of Eliab the son of Helon.

30 ¶ On the fourth day Elizur the son of Shedeur, prince of the children of Reuben, *did offer:*

31 His offering *was* one silver charger of the weight of an hundred and thirty *shekels,* one silver bowl of seventy shekels, after the shekel of the sanctuary; both of them full of fine flour mingled with oil for a meat offering:

32 One golden spoon of ten *shekels,* full of incense:

33 One young bullock, one ram, one lamb of the first year, for a burnt offering:

34 One kid of the goats for a sin offering:

35 And for a sacrifice of peace offerings, two oxen, five rams, five he goats, five lambs of the first year: this *was* the offering of Elizur the son of Shedeur.

36 ¶ On the fifth day Shelumiel the son of Zurishaddai, prince of the children of Simeon, *did offer:*

37 His offering *was* one silver charger, the weight whereof *was* an hundred and thirty *shekels,* one silver bowl of seventy shekels, after the shekel of the sanctuary; both of them full of fine flour mingled with oil for a meat offering:

38 One golden spoon of ten *shekels,* full of incense:

39 One young bullock, one ram, one lamb of the first year, for a burnt offering:

40 One kid of the goats for a sin offering:

41 And for a sacrifice of peace offerings, two oxen, five rams, five he goats, five lambs of the first year: this *was* the offering of Shelumiel the son of Zurishaddai.

42 ¶ On the sixth day Eliasaph the son of Deuel, prince of the children of Gad, *offered:*

43 His offering *was* one silver charger of the weight of an hundred and thirty *shekels,* a silver bowl of seventy shekels, after the shekel of the sanctuary; both of them full of fine flour mingled with oil for a meat offering:

44 One golden spoon of ten *shekels,* full of incense:

כֶּבֶשׂ־אֶחָד בֶּן־שְׁנָתוֹ לְעֹלָה: שְׂעִיר־עִזִּים אֶחָד לְחַטָּאת: וּלְזֶבַח 16

הַשְּׁלָמִים בָּקָר שְׁנַיִם אֵילִם חֲמִשָּׁה עַתּוּדִים חֲמִשָּׁה כְּבָשִׂים 17

בְּנֵי־שָׁנָה חֲמִשָּׁה זֶה קָרְבַּן נַחְשׁוֹן בֶּן־עַמִּינָדָב:

בַּיּוֹם הַשֵּׁנִי הִקְרִיב נְתַנְאֵל בֶּן־צוּעָר נְשִׂיא יִשָּׂשכָר: הִקְרִב 18   18A

אֶת־קָרְבָּנוֹ קַעֲרַת־כֶּסֶף אַחַת שְׁלֹשִׁים וּמֵאָה מִשְׁקָלָהּ מִזְרָק אֶחָד 19

כֶּסֶף שִׁבְעִים שֶׁקֶל בְּשֶׁקֶל הַקֹּדֶשׁ שְׁנֵיהֶם ׀ מְלֵאִים סֹלֶת בְּלוּלָה

בַשֶּׁמֶן לְמִנְחָה: כַּף אַחַת עֲשָׂרָה זָהָב מְלֵאָה קְטֹרֶת: פַּר אֶחָד 20

בֶּן־בָּקָר אַיִל אֶחָד כֶּבֶשׂ־אֶחָד בֶּן־שְׁנָתוֹ לְעֹלָה: שְׂעִיר־עִזִּים אֶחָד 21   22

לְחַטָּאת: וּלְזֶבַח הַשְּׁלָמִים בָּקָר שְׁנַיִם אֵילִם חֲמִשָּׁה עַתֻּדִים חֲמִשָּׁה 23

כְּבָשִׂים בְּנֵי־שָׁנָה חֲמִשָּׁה זֶה קָרְבַּן נְתַנְאֵל בֶּן־צוּעָר:

בַּיּוֹם הַשְּׁלִישִׁי נָשִׂיא לִבְנֵי זְבוּלֻן אֱלִיאָב בֶּן־חֵלֹן: קָרְבָּנוֹ קַעֲרַת־כֶּסֶף 24

אַחַת שְׁלֹשִׁים וּמֵאָה מִשְׁקָלָהּ מִזְרָק אֶחָד כֶּסֶף שִׁבְעִים שֶׁקֶל 25

בְּשֶׁקֶל הַקֹּדֶשׁ שְׁנֵיהֶם ׀ מְלֵאִים סֹלֶת בְּלוּלָה בַשֶּׁמֶן לְמִנְחָה: כַּף 26

אַחַת עֲשָׂרָה זָהָב מְלֵאָה קְטֹרֶת: פַּר אֶחָד בֶּן־בָּקָר אַיִל אֶחָד 27

כֶּבֶשׂ־אֶחָד בֶּן־שְׁנָתוֹ לְעֹלָה: שְׂעִיר־עִזִּים אֶחָד לְחַטָּאת: וּלְזֶבַח 28

הַשְּׁלָמִים בָּקָר שְׁנַיִם אֵילִם חֲמִשָּׁה עַתֻּדִים חֲמִשָּׁה כְּבָשִׂים בְּנֵי־שָׁנָה 29

חֲמִשָּׁה זֶה קָרְבַּן אֱלִיאָב בֶּן־חֵלֹן:

בַּיּוֹם הָרְבִיעִי נָשִׂיא לִבְנֵי רְאוּבֵן אֱלִיצוּר בֶּן־שְׁדֵיאוּר: קָרְבָּנוֹ 30

קַעֲרַת־כֶּסֶף אַחַת שְׁלֹשִׁים וּמֵאָה מִשְׁקָלָהּ מִזְרָק אֶחָד כֶּסֶף שִׁבְעִים 31

שֶׁקֶל בְּשֶׁקֶל הַקֹּדֶשׁ שְׁנֵיהֶם ׀ מְלֵאִים סֹלֶת בְּלוּלָה בַשֶּׁמֶן לְמִנְחָה:

כַּף אַחַת עֲשָׂרָה זָהָב מְלֵאָה קְטֹרֶת: פַּר אֶחָד בֶּן־בָּקָר אַיִל אֶחָד 32

כֶּבֶשׂ־אֶחָד בֶּן־שְׁנָתוֹ לְעֹלָה: שְׂעִיר־עִזִּים אֶחָד לְחַטָּאת: וּלְזֶבַח 33   34

הַשְּׁלָמִים בָּקָר שְׁנַיִם אֵילִם חֲמִשָּׁה עַתֻּדִים חֲמִשָּׁה כְּבָשִׂים בְּנֵי־שָׁנָה 35

חֲמִשָּׁה זֶה קָרְבַּן אֱלִיצוּר בֶּן־שְׁדֵיאוּר:

בַּיּוֹם הַחֲמִישִׁי נָשִׂיא לִבְנֵי שִׁמְעוֹן שְׁלֻמִיאֵל בֶּן־צוּרִישַׁדָּי: קָרְבָּנוֹ 36

קַעֲרַת־כֶּסֶף אַחַת שְׁלֹשִׁים וּמֵאָה מִשְׁקָלָהּ מִזְרָק אֶחָד כֶּסֶף שִׁבְעִים 37

שֶׁקֶל בְּשֶׁקֶל הַקֹּדֶשׁ שְׁנֵיהֶם ׀ מְלֵאִים סֹלֶת בְּלוּלָה בַשֶּׁמֶן לְמִנְחָה:

כַּף אַחַת עֲשָׂרָה זָהָב מְלֵאָה קְטֹרֶת: פַּר אֶחָד בֶּן־בָּקָר אַיִל אֶחָד 38

כֶּבֶשׂ־אֶחָד בֶּן־שְׁנָתוֹ לְעֹלָה: שְׂעִיר־עִזִּים אֶחָד לְחַטָּאת: וּלְזֶבַח 39   40

הַשְּׁלָמִים בָּקָר שְׁנַיִם אֵילִם חֲמִשָּׁה עַתֻּדִים חֲמִשָּׁה כְּבָשִׂים בְּנֵי־שָׁנָה 41

חֲמִשָּׁה זֶה קָרְבַּן שְׁלֻמִיאֵל בֶּן־צוּרִישַׁדָּי:

בַּיּוֹם הַשִּׁשִּׁי נָשִׂיא לִבְנֵי גָד אֶלְיָסָף בֶּן־דְּעוּאֵל: קָרְבָּנוֹ קַעֲרַת־כֶּסֶף 42   ששי

אַחַת שְׁלֹשִׁים וּמֵאָה מִשְׁקָלָהּ מִזְרָק אֶחָד כֶּסֶף שִׁבְעִים שֶׁקֶל 43

בְּשֶׁקֶל הַקֹּדֶשׁ שְׁנֵיהֶם ׀ מְלֵאִים סֹלֶת בְּלוּלָה בַשֶּׁמֶן לְמִנְחָה: כַּף 44

אַחַת עֲשָׂרָה זָהָב מְלֵאָה קְטֹרֶת: פַּר אֶחָד בֶּן־בָּקָר אַיִל אֶחָד 45

45 One young bullock, one ram, one lamb of the first year, for a burnt offering:

46 One kid of the goats for a sin offering:

47 And for a sacrifice of peace offerings, two oxen, five rams, five he goats, five lambs of the first year: this *was* the offering of Eliasaph the son of Deuel.

48 ¶ On the seventh day Elishama the son of Ammihud, prince of the children of Ephraim, *offered:*

49 His offering *was* one silver charger, the weight whereof *was* an hundred and thirty *shekels,* one silver bowl of seventy shekels, after the shekel of the sanctuary; both of them full of fine flour mingled with oil for a meat offering:

50 One golden spoon of ten *shekels,* full of incense:

51 One young bullock, one ram, one lamb of the first year, for a burnt offering:

52 One kid of the goats for a sin offering:

53 And for a sacrifice of peace offerings, two oxen, five rams, five he goats, five lambs of the first year: this *was* the offering of Elishama the son of Ammihud.

54 ¶ On the eighth day *offered* Gamaliel the son of Pedahzur, prince of the children of Manasseh:

55 His offering *was* one silver charger of the weight of an hundred and thirty *shekels,* one silver bowl of seventy shekels, after the shekel of the sanctuary; both of them full of fine flour mingled with oil for a meat offering:

56 One golden spoon of ten *shekels,* full of incense:

57 One young bullock, one ram, one lamb of the first year, for a burnt offering:

58 One kid of the goats for a sin offering:

59 And for a sacrifice of peace offerings, two oxen, five rams, five he goats, five lambs of the first year: this *was* the offering of Gamaliel the son of Pedahzur.

60 ¶ On the ninth day Abidan the son of Gideoni, prince of the children of Benjamin, *offered:*

61 His offering *was* one silver charger, the weight whereof *was* an hundred and thirty *shekels,* one silver bowl of seventy shekels, after the shekel of the sanctuary; both of them full of fine flour mingled with oil for a meat offering:

62 One golden spoon of ten *shekels,* full of incense:

63 One young bullock, one ram, one lamb of the first year, for a burnt offering:

64 One kid of the goats for a sin offering:

65 And for a sacrifice of peace offerings, two oxen, five rams, five he goats, five lambs of the first year: this *was* the offering of Abidan the son of Gideoni.

66 ¶ On the tenth day Ahiezer the son of Ammishaddai, prince of the children of Dan, *offered:*

67 His offering *was* one silver charger, the weight whereof *was* an hundred and thirty *shekels,* one silver bowl of seventy shekels, after the shekel of the sanctuary; both of them full of fine flour mingled with oil for a meat offering:

68 One golden spoon of ten *shekels,* full of incense:

69 One young bullock, one ram, one lamb of the first year, for a burnt offering:

70 One kid of the goats for a sin offering:

71 And for a sacrifice of peace offerings, two oxen, five rams, five he goats, five lambs of the first year: this *was* the offering of Ahiezer the son of Ammishaddai.

72 ¶ On the eleventh day Pagiel the son of Ocran, prince of the children of Asher, *offered:*

73 His offering *was* one silver charger, the weight whereof *was* an hundred and thirty *shekels,* one silver bowl of seventy shekels, after the shekel of the sanctuary; both of them full of fine flour mingled with oil for a meat offering:

74 One golden spoon of ten *shekels,* full of incense:

75 One young bullock, one ram, one lamb of the first year, for a burnt offering:

כֶּבֶשׂ־אֶחָד בֶּן־שְׁנָתוֹ לְעֹלָה: שָׂעִיר־עִזִּים אֶחָד לְחַטָּאת: וּלְזֶבַח 46
הַשְּׁלָמִים בָּקָר שְׁנַיִם אֵילִם חֲמִשָּׁה עַתֻּדִים חֲמִשָּׁה כְּבָשִׂים בְּנֵי־שָׁנָה 47
חֲמִשָּׁה זֶה קָרְבַּן אֱלִיאָסָף בֶּן־דְּעוּאֵל:

בַּיּוֹם הַשְּׁבִיעִי נָשִׂיא לִבְנֵי אֶפְרָיִם אֱלִישָׁמָע בֶּן־עַמִּיהוּד: קָרְבָּנוֹ 48
קַעֲרַת־כֶּסֶף אַחַת שְׁלֹשִׁים וּמֵאָה מִשְׁקָלָהּ מִזְרָק אֶחָד כֶּסֶף שִׁבְעִים 49
שֶׁקֶל בְּשֶׁקֶל הַקֹּדֶשׁ שְׁנֵיהֶם מְלֵאִים סֹלֶת בְּלוּלָה בַשֶּׁמֶן לְמִנְחָה:
כַּף אַחַת עֲשָׂרָה זָהָב מְלֵאָה קְטֹרֶת: פַּר אֶחָד בֶּן־בָּקָר אַיִל אֶחָד 50
כֶּבֶשׂ־אֶחָד בֶּן־שְׁנָתוֹ לְעֹלָה: שָׂעִיר־עִזִּים אֶחָד לְחַטָּאת: וּלְזֶבַח 51
52
הַשְּׁלָמִים בָּקָר שְׁנַיִם אֵילִם חֲמִשָּׁה עַתֻּדִים חֲמִשָּׁה כְּבָשִׂים בְּנֵי־שָׁנָה 53
חֲמִשָּׁה זֶה קָרְבַּן אֱלִישָׁמָע בֶּן־עַמִּיהוּד:

בַּיּוֹם הַשְּׁמִינִי נָשִׂיא לִבְנֵי מְנַשֶּׁה גַּמְלִיאֵל בֶּן־פְּדָהצוּר: קָרְבָּנוֹ 54
קַעֲרַת־כֶּסֶף אַחַת שְׁלֹשִׁים וּמֵאָה מִשְׁקָלָהּ מִזְרָק אֶחָד כֶּסֶף שִׁבְעִים 55
שֶׁקֶל בְּשֶׁקֶל הַקֹּדֶשׁ שְׁנֵיהֶם מְלֵאִים סֹלֶת בְּלוּלָה בַשֶּׁמֶן לְמִנְחָה:
כַּף אַחַת עֲשָׂרָה זָהָב מְלֵאָה קְטֹרֶת: פַּר אֶחָד בֶּן־בָּקָר אַיִל אֶחָד 56
59A כֶּבֶשׂ־אֶחָד בֶּן־שְׁנָתוֹ לְעֹלָה: שָׂעִיר־עִזִּים אֶחָד לְחַטָּאת: וּלְזֶבַח 57
58
הַשְּׁלָמִים בָּקָר שְׁנַיִם אֵילִם חֲמִשָּׁה עַתֻּדִים חֲמִשָּׁה כְּבָשִׂים בְּנֵי־שָׁנָה 59
חֲמִשָּׁה זֶה קָרְבַּן גַּמְלִיאֵל בֶּן־פְּדָהצוּר:

60A בַּיּוֹם הַתְּשִׁיעִי נָשִׂיא לִבְנֵי בִנְיָמִן אֲבִידָן בֶּן־גִּדְעֹנִי: קָרְבָּנוֹ 60
קַעֲרַת־כֶּסֶף אַחַת שְׁלֹשִׁים וּמֵאָה מִשְׁקָלָהּ מִזְרָק אֶחָד כֶּסֶף שִׁבְעִים 61
שֶׁקֶל בְּשֶׁקֶל הַקֹּדֶשׁ שְׁנֵיהֶם מְלֵאִים סֹלֶת בְּלוּלָה בַשֶּׁמֶן לְמִנְחָה:
כַּף אַחַת עֲשָׂרָה זָהָב מְלֵאָה קְטֹרֶת: פַּר אֶחָד בֶּן־בָּקָר אַיִל אֶחָד 62
כֶּבֶשׂ־אֶחָד בֶּן־שְׁנָתוֹ לְעֹלָה: שָׂעִיר־עִזִּים אֶחָד לְחַטָּאת: וּלְזֶבַח 63
64
הַשְּׁלָמִים בָּקָר שְׁנַיִם אֵילִם חֲמִשָּׁה עַתֻּדִים חֲמִשָּׁה כְּבָשִׂים בְּנֵי־שָׁנָה 65
חֲמִשָּׁה זֶה קָרְבַּן אֲבִידָן בֶּן־גִּדְעֹנִי:

בַּיּוֹם הָעֲשִׂירִי נָשִׂיא לִבְנֵי דָן אֲחִיעֶזֶר בֶּן־עַמִּישַׁדָּי: קָרְבָּנוֹ 66
קַעֲרַת־כֶּסֶף אַחַת שְׁלֹשִׁים וּמֵאָה מִשְׁקָלָהּ מִזְרָק אֶחָד כֶּסֶף שִׁבְעִים 67
שֶׁקֶל בְּשֶׁקֶל הַקֹּדֶשׁ שְׁנֵיהֶם מְלֵאִים סֹלֶת בְּלוּלָה בַשֶּׁמֶן לְמִנְחָה:
כַּף אַחַת עֲשָׂרָה זָהָב מְלֵאָה קְטֹרֶת: פַּר אֶחָד בֶּן־בָּקָר אַיִל אֶחָד 68
כֶּבֶשׂ־אֶחָד בֶּן־שְׁנָתוֹ לְעֹלָה: שָׂעִיר־עִזִּים אֶחָד לְחַטָּאת: וּלְזֶבַח 69
70
הַשְּׁלָמִים בָּקָר שְׁנַיִם אֵילִם חֲמִשָּׁה עַתֻּדִים חֲמִשָּׁה כְּבָשִׂים בְּנֵי־שָׁנָה 71
חֲמִשָּׁה זֶה קָרְבַּן אֲחִיעֶזֶר בֶּן־עַמִּישַׁדָּי:

72A שְׁבִיעִי בְּיוֹם עַשְׁתֵּי עָשָׂר יוֹם נָשִׂיא לִבְנֵי אָשֵׁר פַּגְעִיאֵל בֶּן־עָכְרָן: קָרְבָּנוֹ 72
קַעֲרַת־כֶּסֶף אַחַת שְׁלֹשִׁים וּמֵאָה מִשְׁקָלָהּ מִזְרָק אֶחָד כֶּסֶף שִׁבְעִים 73
שֶׁקֶל בְּשֶׁקֶל הַקֹּדֶשׁ שְׁנֵיהֶם מְלֵאִים סֹלֶת בְּלוּלָה בַשֶּׁמֶן לְמִנְחָה:
כַּף אַחַת עֲשָׂרָה זָהָב מְלֵאָה קְטֹרֶת: פַּר אֶחָד בֶּן־בָּקָר אַיִל אֶחָד 74
75

76 One kid of the goats for a sin offering:

77 And for a sacrifice of peace offerings, two oxen, five rams, five he goats, five lambs of the first year: this *was* the offering of Pagiel the son of Ocran.

78 ¶ On the twelfth day Ahira the son of Enan, prince of the children of Naphtali, *offered:*

79 His offering *was* one silver charger, the weight whereof *was* an hundred and thirty *shekels,* one silver bowl of seventy shekels, after the shekel of the sanctuary; both of them full of fine flour mingled with oil for a meat offering:

80 One golden spoon of ten *shekels,* full of incense:

81 One young bullock, one ram, one lamb of the first year, for a burnt offering:

82 One kid of the goats for a sin offering:

83 And for a sacrifice of peace offerings, two oxen, five rams, five he goats, five lambs of the first year: this *was* the offering of Ahira the son of Enan.

84 This *was* the dedication of the altar, in the day when it was anointed, by the princes of Israel: twelve chargers of silver, twelve silver bowls, twelve spoons of gold:

85 Each charger of silver *weighing* an hundred and thirty *shekels,* each bowl seventy: all the silver vessels *weighed* two thousand and four hundred *shekels,* after the shekel of the sanctuary:

86 The golden spoons *were* twelve, full of incense, *weighing* ten *shekels* apiece, after the shekel of the sanctuary: all the gold of the spoons *was* an hundred and twenty *shekels.*

87 All the oxen for the burnt offering *were* twelve bullocks, the rams twelve, the lambs of the first year twelve, with their meat offering: and the kids of the goats for sin offering twelve.

88 And all the oxen for the sacrifice of the peace offerings *were* twenty and four bullocks, the rams sixty, the he goats sixty, the lambs of the first year sixty. This *was*

the dedication of the altar, after that it was anointed.

89 And when Moses was gone into the tabernacle of the congregation to speak with him, then he heard the voice of one speaking unto him from off the mercy seat that *was* upon the ark of testimony, from between the two cherubims: and he spake unto him.

CHAPTER 8

1 And the Lord spake unto Moses, saying,

2 Speak unto Aaron, and say unto him, When thou lightest the lamps, the seven lamps shall give light over against the candlestick.

3 And Aaron did so; he lighted the lamps thereof over against the candlestick, as the Lord commanded Moses.

4 And this work of the candlestick *was* of beaten gold, unto the shaft thereof, unto the flowers thereof, *was* beaten work: according unto the pattern which the Lord had shewed Moses, so he made the candlestick.

5 ¶ And the Lord spake unto Moses, saying,

6 Take the Levites from among the children of Israel, and cleanse them.

7 And thus shalt thou do unto them, to cleanse them: Sprinkle water of purifying upon them, and let them shave all their flesh, and let them wash their clothes, and *so* make themselves clean.

8 Then let them take a young bullock with his meat offering, *even* fine flour mingled with oil, and another young bullock shalt thou take for a sin offering.

9 And thou shalt bring the Levites before the tabernacle of the congregation: and thou shalt gather the whole assembly of the children of Israel together:

10 And thou shalt bring the Levites before the Lord: and the children of Israel shall put their hands upon the Levites:

כֶּבֶשׂ־אֶחָד בֶּן־שְׁנָתוֹ לְעֹלָה: שְׂעִיר־עִזִּים אֶחָד לְחַטָּאת: וּלְזֶבַח 76
77

הַשְּׁלָמִים בָּקָר שְׁנַיִם אֵילִם חֲמִשָּׁה עַתּוּדִים חֲמִשָּׁה כְּבָשִׂים בְּנֵי־שָׁנָה

חֲמִשָּׁה זֶה קָרְבַּן פַּגְעִיאֵל בֶּן־עָכְרָן:

בְּיוֹם שְׁנֵים עָשָׂר יוֹם נָשִׂיא לִבְנֵי נַפְתָּלִי אֲחִירַע בֶּן־עֵינָן: קָרְבָּנוֹ 78
79

קַעֲרַת־כֶּסֶף אַחַת שְׁלֹשִׁים וּמֵאָה מִשְׁקָלָהּ מִזְרָק אֶחָד כֶּסֶף שִׁבְעִים

שֶׁקֶל בְּשֶׁקֶל הַקֹּדֶשׁ שְׁנֵיהֶם ׀ מְלֵאִים סֹלֶת בְּלוּלָה בַשֶּׁמֶן לְמִנְחָה:

כַּף אַחַת עֲשָׂרָה זָהָב מְלֵאָה קְטֹרֶת: פַּר אֶחָד בֶּן־בָּקָר אַיִל אֶחָד 80
81

כֶּבֶשׂ־אֶחָד בֶּן־שְׁנָתוֹ לְעֹלָה: שְׂעִיר־עִזִּים אֶחָד לְחַטָּאת: וּלְזֶבַח 82
83

הַשְּׁלָמִים בָּקָר שְׁנַיִם אֵילִם חֲמִשָּׁה עַתּוּדִים חֲמִשָּׁה כְּבָשִׂים בְּנֵי־שָׁנָה

חֲמִשָּׁה זֶה קָרְבַּן אֲחִירַע בֶּן־עֵינָן:

זֹאת ׀ חֲנֻכַּת הַמִּזְבֵּחַ בְּיוֹם הִמָּשַׁח אֹתוֹ מֵאֵת נְשִׂיאֵי יִשְׂרָאֵל קַעֲרֹת 84

כֶּסֶף שְׁתֵּים עֶשְׂרֵה מִזְרְקֵי־כֶסֶף שְׁנֵים עָשָׂר כַּפּוֹת זָהָב שְׁתֵּים

עֶשְׂרֵה: שְׁלֹשִׁים וּמֵאָה הַקְּעָרָה הָאַחַת כֶּסֶף וְשִׁבְעִים הַמִּזְרָק 85

הָאֶחָד כֹּל כֶּסֶף הַכֵּלִים אַלְפַּיִם וְאַרְבַּע־מֵאוֹת בְּשֶׁקֶל הַקֹּדֶשׁ:

85A

כַּפּוֹת זָהָב שְׁתֵּים־עֶשְׂרֵה מְלֵאֹת קְטֹרֶת עֲשָׂרָה עֲשָׂרָה הַכַּף בְּשֶׁקֶל 86

הַקֹּדֶשׁ כָּל־זְהַב הַכַּפּוֹת עֶשְׂרִים וּמֵאָה: כָּל־הַבָּקָר לָעֹלָה שְׁנֵים 87 מפטיר

עָשָׂר פָּרִים אֵילִם שְׁנֵים־עָשָׂר כְּבָשִׂים בְּנֵי־שָׁנָה שְׁנֵים עָשָׂר

וּמִנְחָתָם וּשְׂעִירֵי עִזִּים שְׁנֵים עָשָׂר לְחַטָּאת: וְכֹל בְּקַר ׀ זֶבַח 88

הַשְּׁלָמִים עֶשְׂרִים וְאַרְבָּעָה פָּרִים אֵילִם שִׁשִּׁים עַתֻּדִים שִׁשִּׁים

כְּבָשִׂים בְּנֵי־שָׁנָה שִׁשִּׁים זֹאת חֲנֻכַּת הַמִּזְבֵּחַ אַחֲרֵי הִמָּשַׁח אֹתוֹ:

וּבְבֹא מֹשֶׁה אֶל־אֹהֶל מוֹעֵד לְדַבֵּר אִתּוֹ וַיִּשְׁמַע אֶת־הַקּוֹל מִדַּבֵּר 89

אֵלָיו מֵעַל הַכַּפֹּרֶת אֲשֶׁר עַל־אֲרֹן הָעֵדֻת מִבֵּין שְׁנֵי הַכְּרֻבִים וַיְדַבֵּר

אֵלָיו:

וַיְדַבֵּר יְהוָה אֶל־מֹשֶׁה לֵּאמֹר: דַּבֵּר אֶל־אַהֲרֹן וְאָמַרְתָּ אֵלָיו 8 1 בהעלתך
2

בְּהַעֲלֹתְךָ אֶת־הַנֵּרֹת אֶל־מוּל פְּנֵי הַמְּנוֹרָה יָאִירוּ שִׁבְעַת הַנֵּרוֹת:

וַיַּעַשׂ כֵּן אַהֲרֹן אֶל־מוּל פְּנֵי הַמְּנוֹרָה הֶעֱלָה נֵרֹתֶיהָ כַּאֲשֶׁר צִוָּה 3

יְהוָה אֶת־מֹשֶׁה: וְזֶה מַעֲשֵׂה הַמְּנֹרָה מִקְשָׁה זָהָב עַד־יְרֵכָהּ 4

עַד־פִּרְחָהּ מִקְשָׁה הִוא כַּמַּרְאֶה אֲשֶׁר הֶרְאָה יְהוָה אֶת־מֹשֶׁה כֵּן

עָשָׂה אֶת־הַמְּנֹרָה:

וַיְדַבֵּר יְהוָה אֶל־מֹשֶׁה לֵּאמֹר: קַח אֶת־הַלְוִיִּם מִתּוֹךְ בְּנֵי יִשְׂרָאֵל 5
6

וְטִהַרְתָּ אֹתָם: וְכֹה־תַעֲשֶׂה לָהֶם לְטַהֲרָם הַזֵּה עֲלֵיהֶם מֵי חַטָּאת 7

וְהֶעֱבִירוּ תַעַר עַל־כָּל־בְּשָׂרָם וְכִבְּסוּ בִגְדֵיהֶם וְהִטֶּהָרוּ: וְלָקְחוּ פַּר 8

בֶּן־בָּקָר וּמִנְחָתוֹ סֹלֶת בְּלוּלָה בַשָּׁמֶן וּפַר־שֵׁנִי בֶן־בָּקָר תִּקַּח

לְחַטָּאת: וְהִקְרַבְתָּ אֶת־הַלְוִיִּם לִפְנֵי אֹהֶל מוֹעֵד וְהִקְהַלְתָּ אֶת־ 9

כָּל־עֲדַת בְּנֵי יִשְׂרָאֵל: וְהִקְרַבְתָּ אֶת־הַלְוִיִּם לִפְנֵי יְהוָה וְסָמְכוּ 10

11 And Aaron shall offer the Levites before the LORD *for* an offering of the children of Israel, that they may execute the service of the LORD.

12 And the Levites shall lay their hands upon the heads of the bullocks: and thou shalt offer the one *for* a sin offering, and the other *for* a burnt offering, unto the LORD, to make an atonement for the Levites.

13 And thou shalt set the Levites before Aaron, and before his sons, and offer them *for* an offering unto the LORD.

14 Thus shalt thou separate the Levites from among the children of Israel: and the Levites shall be mine.

15 And after that shall the Levites go in to do the service of the tabernacle of the congregation: and thou shalt cleanse them, and offer them *for* an offering.

16 For they *are* wholly given unto me from among the children of Israel; instead of such as open every womb, *even instead of* the firstborn of all the children of Israel, have I taken them unto me.

17 For all the firstborn of the children of Israel *are* mine, *both* man and beast: on the day that I smote every firstborn in the land of Egypt I sanctified them for myself.

18 And I have taken the Levites for all the firstborn of the children of Israel.

19 And I have given the Levites *as* a gift to Aaron and to his sons from among the children of Israel, to do the service of the children of Israel in the tabernacle of the congregation, and to make an atonement for the children of Israel: that there be no plague among the children of Israel, when the children of Israel come nigh unto the sanctuary.

20 And Moses, and Aaron, and all the congregation of the children of Israel, did to the Levites according unto all that the LORD commanded Moses concerning the Levites, so did the children of Israel unto them.

21 And the Levites were purified, and they washed their clothes; and Aaron offered them *as* an offering before the LORD; and Aaron made an atonement for them to cleanse them.

22 And after that went the Levites in to do their service in the tabernacle of the congregation before Aaron, and before his sons: as the LORD had commanded Moses concerning the Levites, so did they unto them.

23 ¶ And the LORD spake unto Moses, saying,

24 This *is it* that *belongeth* unto the Levites: from twenty and five years old and upward they shall go in to wait upon the service of the tabernacle of the congregation:

25 And from the age of fifty years they shall cease waiting upon the service *thereof,* and shall serve no more:

26 But shall minister with their brethren in the tabernacle of the congregation, to keep the charge, and shall do no service. Thus shalt thou do unto the Levites touching their charge.

CHAPTER 9

1 And the LORD spake unto Moses in the wilderness of Sinai, in the first month of the second year after they were come out of the land of Egypt, saying,

2 Let the children of Israel also keep the passover at his appointed season.

3 In the fourteenth day of this month, at even, ye shall keep it in his appointed season: according to all the rites of it, and according to all the ceremonies thereof, shall ye keep it.

4 And Moses spake unto the children of Israel, that they should keep the passover.

5 And they kept the passover on the fourteenth day of the first month at even in the wilderness of Sinai: according to all that the LORD commanded Moses, so did the children of Israel.

6 ¶ And there were certain men, who were defiled by the dead body of a man, that they could not keep the passover on that day: and they came before Moses and before Aaron on that day:

7 And those men said unto him, We *are* defiled by the dead body of a man: wherefore are we kept back, that we may not offer an offering of the LORD in his ap-

11 בְּנֵי־יִשְׂרָאֵל אֶת־יְדֵיהֶם עַל־הַלְוִיִּם: וְהֵנִיף אַהֲרֹן אֶת־הַלְוִיִּם תְּנוּפָה

12 לִפְנֵי יְהֹוָה מֵאֵת בְּנֵי יִשְׂרָאֵל וְהָיוּ לַעֲבֹד אֶת־עֲבֹדַת יְהֹוָה: וְהַלְוִיִּם

יִסְמְכוּ אֶת־יְדֵיהֶם עַל רֹאשׁ הַפָּרִים וַעֲשֵׂה אֶת־הָאֶחָד חַטָּאת

13 וְאֶת־הָאֶחָד עֹלָה לַיהֹוָה לְכַפֵּר עַל־הַלְוִיִּם: וְהַעֲמַדְתָּ אֶת־הַלְוִיִּם

14 לִפְנֵי אַהֲרֹן וְלִפְנֵי בָנָיו וְהֵנַפְתָּ אֹתָם תְּנוּפָה לַיהֹוָה: וְהִבְדַּלְתָּ

15 אֶת־הַלְוִיִּם מִתּוֹךְ בְּנֵי יִשְׂרָאֵל וְהָיוּ לִי הַלְוִיִּם: וְאַחֲרֵי־כֵן יָבֹאוּ שני

הַלְוִיִּם לַעֲבֹד אֶת־אֹהֶל מוֹעֵד וְטִהַרְתָּ אֹתָם וְהֵנַפְתָּ אֹתָם תְּנוּפָה:

16 כִּי נְתֻנִים נְתֻנִים הֵמָּה לִי מִתּוֹךְ בְּנֵי יִשְׂרָאֵל תַּחַת פִּטְרַת כָּל־רֶחֶם

17 בְּכוֹר כֹּל מִבְּנֵי יִשְׂרָאֵל לָקַחְתִּי אֹתָם לִי: כִּי לִי כָל־בְּכוֹר בִּבְנֵי

יִשְׂרָאֵל בָּאָדָם וּבַבְּהֵמָה בְּיוֹם הַכֹּתִי כָל־בְּכוֹר בְּאֶרֶץ מִצְרַיִם

18 הִקְדַּשְׁתִּי אֹתָם לִי: וָאֶקַּח אֶת־הַלְוִיִּם תַּחַת כָּל־בְּכוֹר בִּבְנֵי יִשְׂרָאֵל:

19 וָאֶתְּנָה אֶת־הַלְוִיִּם נְתֻנִים לְאַהֲרֹן וּלְבָנָיו מִתּוֹךְ בְּנֵי יִשְׂרָאֵל לַעֲבֹד

אֶת־עֲבֹדַת בְּנֵי־יִשְׂרָאֵל בְּאֹהֶל מוֹעֵד וּלְכַפֵּר עַל־בְּנֵי יִשְׂרָאֵל וְלֹא

20 יִהְיֶה בִּבְנֵי יִשְׂרָאֵל נֶגֶף בְּגֶשֶׁת בְּנֵי־יִשְׂרָאֵל אֶל־הַקֹּדֶשׁ: וַיַּעַשׂ מֹשֶׁה

וְאַהֲרֹן וְכָל־עֲדַת בְּנֵי־יִשְׂרָאֵל לַלְוִיִּם כְּכֹל אֲשֶׁר־צִוָּה יְהֹוָה אֶת־מֹשֶׁה

21 לַלְוִיִּם כֵּן עָשׂוּ לָהֶם בְּנֵי יִשְׂרָאֵל: וַיִּתְחַטְּאוּ הַלְוִיִּם וַיְכַבְּסוּ בִּגְדֵיהֶם

וַיָּנֶף אַהֲרֹן אֹתָם תְּנוּפָה לִפְנֵי יְהֹוָה וַיְכַפֵּר עֲלֵיהֶם אַהֲרֹן לְטַהֲרָם:

22 וְאַחֲרֵי־כֵן בָּאוּ הַלְוִיִּם לַעֲבֹד אֶת־עֲבֹדָתָם בְּאֹהֶל מוֹעֵד לִפְנֵי אַהֲרֹן

וְלִפְנֵי בָנָיו כַּאֲשֶׁר צִוָּה יְהֹוָה אֶת־מֹשֶׁה עַל־הַלְוִיִּם כֵּן עָשׂוּ

23 לָהֶם: וַיְדַבֵּר יְהֹוָה אֶל־מֹשֶׁה לֵּאמֹר: זֹאת אֲשֶׁר לַלְוִיִּם

24 מִבֶּן חָמֵשׁ וְעֶשְׂרִים שָׁנָה וָמַעְלָה יָבוֹא לִצְבֹא צָבָא בַּעֲבֹדַת אֹהֶל

25 מוֹעֵד: וּמִבֶּן חֲמִשִּׁים שָׁנָה יָשׁוּב מִצְּבָא הָעֲבֹדָה וְלֹא יַעֲבֹד עוֹד:

26 וְשֵׁרֵת אֶת־אֶחָיו בְּאֹהֶל מוֹעֵד לִשְׁמֹר מִשְׁמֶרֶת וַעֲבֹדָה לֹא יַעֲבֹד

כָּכָה תַּעֲשֶׂה לַלְוִיִּם בְּמִשְׁמְרֹתָם:

9 1 וַיְדַבֵּר יְהֹוָה אֶל־מֹשֶׁה בְמִדְבַּר־סִינַי בַּשָּׁנָה הַשֵּׁנִית לְצֵאתָם מֵאֶרֶץ שלישי

2 מִצְרַיִם בַּחֹדֶשׁ הָרִאשׁוֹן לֵאמֹר: וְיַעֲשׂוּ בְנֵי־יִשְׂרָאֵל אֶת־הַפָּסַח

3 בְּמוֹעֲדוֹ: בְּאַרְבָּעָה עָשָׂר־יוֹם בַּחֹדֶשׁ הַזֶּה בֵּין הָעַרְבַּיִם תַּעֲשׂוּ אֹתוֹ 3A

4 בְּמוֹעֲדוֹ בְּכָל־חֻקֹּתָיו וּכְכָל־מִשְׁפָּטָיו תַּעֲשׂוּ אֹתוֹ: וַיְדַבֵּר מֹשֶׁה

5 אֶל־בְּנֵי יִשְׂרָאֵל לַעֲשֹׂת הַפָּסַח: וַיַּעֲשׂוּ אֶת־הַפֶּסַח בָּרִאשׁוֹן בְּאַרְבָּעָה

עָשָׂר יוֹם לַחֹדֶשׁ בֵּין הָעַרְבַּיִם בְּמִדְבַּר סִינָי כְּכֹל אֲשֶׁר צִוָּה יְהֹוָה

6 אֶת־מֹשֶׁה כֵּן עָשׂוּ בְּנֵי יִשְׂרָאֵל: וַיְהִי אֲנָשִׁים אֲשֶׁר הָיוּ טְמֵאִים

לְנֶפֶשׁ אָדָם וְלֹא־יָכְלוּ לַעֲשֹׂת־הַפֶּסַח בַּיּוֹם הַהוּא וַיִּקְרְבוּ לִפְנֵי

7 מֹשֶׁה וְלִפְנֵי אַהֲרֹן בַּיּוֹם הַהוּא: וַיֹּאמְרוּ הָאֲנָשִׁים הָהֵמָּה אֵלָיו

אֲנַחְנוּ טְמֵאִים לְנֶפֶשׁ אָדָם לָמָּה נִגָּרַע לְבִלְתִּי הַקְרִב אֶת־קָרְבַּן

pointed season among the children of Israel?

8 And Moses said unto them, Stand still, and I will hear what the LORD will command concerning you.

9 ¶ And the LORD spake unto Moses, saying,

10 Speak unto the children of Israel, saying, If any man of you or of your posterity shall be unclean by reason of a dead body, or *be* in a journey afar off, yet he shall keep the passover unto the LORD.

11 The fourteenth day of the second month at even they shall keep it, *and* eat it with unleavened bread and bitter *herbs*.

12 They shall leave none of it unto the morning, nor break any bone of it: according to all the ordinances of the passover they shall keep it.

13 But the man that *is* clean, and is not in a journey, and forbeareth to keep the passover, even the same soul shall be cut off from among his people: because he brought not the offering of the LORD in his appointed season, that man shall bear his sin.

14 And if a stranger shall sojourn among you, and will keep the passover unto the LORD; according to the ordinance of the passover, and according to the manner thereof, so shall he do: ye shall have one ordinance, both for the stranger, and for him that was born in the land.

15 ¶ And on the day that the tabernacle was reared up the cloud covered the tabernacle, *namely*, the tent of the testimony: and at even there was upon the tabernacle as it were the appearance of fire, until the morning.

16 So it was alway: the cloud covered it *by day*, and the appearance of fire by night.

17 And when the cloud was taken up from the tabernacle, then after that the children of Israel journeyed: and in the place where the cloud abode, there the children of Israel pitched their tents.

18 At the commandment of the LORD the children of Israel journeyed, and at the commandment of the LORD they pitched: as long as the cloud abode upon the tabernacle they rested in their tents.

19 And when the cloud tarried long upon the tabernacle many days, then the children of Israel kept the charge of the LORD, and journeyed not.

20 And *so* it was, when the cloud was a few days upon the tabernacle; according to the commandment of the LORD they abode in their tents, and according to the commandment of the LORD they journeyed.

21 And *so* it was, when the cloud abode from even unto the morning, and *that* the cloud was taken up in the morning, then they journeyed: whether *it was* by day or by night that the cloud was taken up, they journeyed.

22 Or *whether it were* two days, or a month, or a year, that the cloud tarried upon the tabernacle, remaining thereon, the children of Israel abode in their tents, and journeyed not: but when it was taken up, they journeyed.

23 At the commandment of the LORD they rested in the tents, and at the commandment of the LORD they journeyed: they kept the charge of the LORD, at the commandment of the LORD by the hand of Moses.

CHAPTER 10

1 And the LORD spake unto Moses, saying,

2 Make thee two trumpets of silver; of a whole piece shalt thou make them: that thou mayest use them for the calling of the assembly, and for the journeying of the camps.

3 And when they shall blow with them, all the assembly shall assemble themselves to thee at the door of the tabernacle of the congregation.

4 And if they blow *but* with one *trumpet*, then the princes, *which are* heads of the thousands of Israel, shall gather themselves unto thee.

5 When ye blow an alarm, then the camps that lie on the east parts shall go forward.

6 When ye blow an alarm the second time, then the camps that lie on the south

יְהֹוָה בְּמֶעֲדוֹ בְּתוֹךְ בְּנֵי יִשְׂרָאֵל: וַיֹּאמֶר אֲלֵהֶם מֹשֶׁה עִמְדוּ 8
וְאֶשְׁמְעָה מַה־יְצַוֶּה יְהֹוָה לָכֶם:

וַיְדַבֵּר יְהֹוָה אֶל־מֹשֶׁה לֵּאמֹר: דַּבֵּר אֶל־בְּנֵי יִשְׂרָאֵל לֵאמֹר אִישׁ 9
אִישׁ כִּי־יִהְיֶה־טָמֵא ׀ לָנֶפֶשׁ אוֹ בְדֶרֶךְ רְחֹקָה לָכֶם אוֹ לְדֹרֹתֵיכֶם 10
וְעָשָׂה פֶסַח לַיהֹוָה: בַּחֹדֶשׁ הַשֵּׁנִי בְּאַרְבָּעָה עָשָׂר יוֹם בֵּין הָעַרְבַּיִם 11
יַעֲשׂוּ אֹתוֹ עַל־מַצּוֹת וּמְרֹרִים יֹאכְלֻהוּ: לֹא־יַשְׁאִירוּ מִמֶּנּוּ עַד־בֹּקֶר 12
וְעֶצֶם לֹא יִשְׁבְּרוּ־בוֹ כְּכָל־חֻקַּת הַפֶּסַח יַעֲשׂוּ אֹתוֹ: וְהָאִישׁ 13
אֲשֶׁר־הוּא טָהוֹר וּבְדֶרֶךְ לֹא־הָיָה וְחָדַל לַעֲשׂוֹת הַפֶּסַח וְנִכְרְתָה
הַנֶּפֶשׁ הַהִוא מֵעַמֶּיהָ כִּי ׀ קָרְבַּן יְהֹוָה לֹא הִקְרִיב בְּמֹעֲדוֹ חֶטְאוֹ
יִשָּׂא הָאִישׁ הַהוּא: וְכִי־יָגוּר אִתְּכֶם גֵּר וְעָשָׂה פֶסַח לַיהֹוָה כְּחֻקַּת 14
הַפֶּסַח וּכְמִשְׁפָּטוֹ כֵּן יַעֲשֶׂה חֻקָּה אַחַת יִהְיֶה לָכֶם וְלַגֵּר וּלְאֶזְרַח
הָאָרֶץ: וּבְיוֹם הָקִים אֶת־הַמִּשְׁכָּן כִּסָּה הֶעָנָן אֶת־הַמִּשְׁכָּן 15 רביעי
לְאֹהֶל הָעֵדֻת וּבָעֶרֶב יִהְיֶה עַל־הַמִּשְׁכָּן כְּמַרְאֵה־אֵשׁ עַד־בֹּקֶר: כֵּן 16
יִהְיֶה תָמִיד הֶעָנָן יְכַסֶּנּוּ וּמַרְאֵה־אֵשׁ לָיְלָה: וּלְפִי הֵעָלֹת הֶעָנָן 17
מֵעַל הָאֹהֶל וְאַחֲרֵי כֵן יִסְעוּ בְּנֵי יִשְׂרָאֵל וּבִמְקוֹם אֲשֶׁר יִשְׁכָּן־שָׁם
הֶעָנָן שָׁם יַחֲנוּ בְּנֵי יִשְׂרָאֵל: עַל־פִּי יְהֹוָה יִסְעוּ בְּנֵי יִשְׂרָאֵל וְעַל־פִּי 18
יְהֹוָה יַחֲנוּ כָּל־יְמֵי אֲשֶׁר יִשְׁכֹּן הֶעָנָן עַל־הַמִּשְׁכָּן יַחֲנוּ: וּבְהַאֲרִיךְ 19
הֶעָנָן עַל־הַמִּשְׁכָּן יָמִים רַבִּים וְשָׁמְרוּ בְנֵי־יִשְׂרָאֵל אֶת־מִשְׁמֶרֶת
יְהֹוָה וְלֹא יִסָּעוּ: וְיֵשׁ אֲשֶׁר יִהְיֶה הֶעָנָן יָמִים מִסְפָּר עַל־הַמִּשְׁכָּן 20
עַל־פִּי יְהֹוָה יַחֲנוּ וְעַל־פִּי יְהֹוָה יִסָּעוּ: וְיֵשׁ אֲשֶׁר־יִהְיֶה הֶעָנָן מֵעֶרֶב 21
עַד־בֹּקֶר וְנַעֲלָה הֶעָנָן בַּבֹּקֶר וְנָסָעוּ אוֹ יוֹמָם וָלַיְלָה וְנַעֲלָה הֶעָנָן
וְנָסָעוּ: אוֹ־יֹמַיִם אוֹ־חֹדֶשׁ אוֹ־יָמִים בְּהַאֲרִיךְ הֶעָנָן עַל־הַמִּשְׁכָּן 22
לִשְׁכֹּן עָלָיו יַחֲנוּ בְנֵי־יִשְׂרָאֵל וְלֹא יִסָּעוּ וּבְהֵעָלֹתוֹ יִסָּעוּ: עַל־פִּי 23
יְהֹוָה יַחֲנוּ וְעַל־פִּי יְהֹוָה יִסָּעוּ אֶת־מִשְׁמֶרֶת יְהֹוָה שָׁמָרוּ עַל־פִּי
יְהֹוָה בְּיַד־מֹשֶׁה:

וַיְדַבֵּר יְהֹוָה אֶל־מֹשֶׁה לֵּאמֹר: עֲשֵׂה לְךָ שְׁתֵּי חֲצוֹצְרֹת כֶּסֶף מִקְשָׁה 10 1
תַּעֲשֶׂה אֹתָם וְהָיוּ לְךָ לְמִקְרָא הָעֵדָה וּלְמַסַּע אֶת־הַמַּחֲנוֹת: וְתָקְעוּ 2
בָּהֵן וְנוֹעֲדוּ אֵלֶיךָ כָּל־הָעֵדָה אֶל־פֶּתַח אֹהֶל מוֹעֵד: וְאִם־בְּאַחַת 3
יִתְקָעוּ וְנוֹעֲדוּ אֵלֶיךָ הַנְּשִׂיאִים רָאשֵׁי אַלְפֵי יִשְׂרָאֵל: וּתְקַעְתֶּם 4
תְּרוּעָה וְנָסְעוּ הַמַּחֲנוֹת הַחֹנִים קֵדְמָה: וּתְקַעְתֶּם תְּרוּעָה שֵׁנִית 5 6

side shall take their journey: they shall blow an alarm for their journeys.

7 But when the congregation is to be gathered together, ye shall blow, but ye shall not sound an alarm.

8 And the sons of Aaron, the priests, shall blow with the trumpets; and they shall be to you for an ordinance for ever throughout your generations.

9 And if ye go to war in your land against the enemy that oppresseth you, then ye shall blow an alarm with the trumpets; and ye shall be remembered before the LORD your God, and ye shall be saved from your enemies.

10 Also in the day of your gladness, and in your solemn days, and in the beginnings of your months, ye shall blow with the trumpets over your burnt offerings, and over the sacrifices of your peace offerings; that they may be to you for a memorial before your God: I *am* the LORD your God.

11 ¶ And it came to pass on the twentieth *day* of the second month, in the second year, that the cloud was taken up from off the tabernacle of the testimony.

12 And the children of Israel took their journeys out of the wilderness of Sinai; and the cloud rested in the wilderness of Paran.

13 And they first took their journey according to the commandment of the LORD by the hand of Moses.

14 ¶ In the first *place* went the standard of the camp of the children of Judah according to their armies: and over his host *was* Nahshon the son of Amminadab.

15 And over the host of the tribe of the children of Issachar *was* Nethaneel the son of Zuar.

16 And over the host of the tribe of the children of Zebulun *was* Eliab the son of Helon.

17 And the tabernacle was taken down; and the sons of Gershon and the sons of Merari set forward, bearing the tabernacle.

18 ¶ And the standard of the camp of Reuben set forward according to their armies: and over his host *was* Elizur the son of Shedeur.

19 And over the host of the tribe of the children of Simeon *was* Shelumiel the son of Zurishaddai.

20 And over the host of the tribe of the children of Gad *was* Eliasaph the son of Deuel.

21 And the Kohathites set forward, bearing the sanctuary: and *the other* did set up the tabernacle against they came.

22 ¶ And the standard of the camp of the children of Ephraim set forward according to their armies: and over his host *was* Elishama the son of Ammihud.

23 And over the host of the tribe of the children of Manasseh *was* Gamaliel the son of Pedahzur.

24 And over the host of the tribe of the children of Benjamin *was* Abidan the son of Gideoni.

25 ¶ And the standard of the camp of the children of Dan set forward, *which was* the rereward of all the camps throughout their hosts: and over his host *was* Ahiezer the son of Ammishaddai.

26 And over the host of the tribe of the children of Asher *was* Pagiel the son of Ocran.

27 And over the host of the tribe of the children of Naphtali *was* Ahira the son of Enan.

28 Thus *were* the journeyings of the children of Israel according to their armies, when they set forward.

29 ¶ And Moses said unto Hobab, the son of Raguel the Midianite, Moses' father in law, We are journeying unto the place of which the LORD said, I will give it you: come thou with us, and we will do thee good: for the LORD hath spoken good concerning Israel.

30 And he said unto him, I will not go; but I will depart to mine own land, and to my kindred.

31 And he said, Leave us not, I pray thee; forasmuch as thou knowest how we are to encamp in the wilderness, and thou mayest be to us instead of eyes.

32 And it shall be, if thou go with us, yea, it shall be, that what goodness the LORD shall do unto us, the same will we do unto thee.

33 ¶ And they departed from the mount

7 וְנִסְעוּ֙ הַֽמַּחֲנ֔וֹת הַחֹנִ֖ים תֵּימָ֑נָה תְּרוּעָ֥ה יִתְקְע֖וּ לְמַסְעֵיהֶֽם׃ וּבְהַקְהִ֖יל

8 אֶת־הַקָּהָ֑ל תִּתְקְע֖וּ וְלֹ֣א תָרִ֑יעוּ׃ וּבְנֵ֤י אַהֲרֹן֙ הַכֹּ֣הֲנִ֔ים יִתְקְע֖וּ

9A 9 בַּחֲצֹצְר֑וֹת וְהָי֥וּ לָכֶ֛ם לְחֻקַּ֥ת עוֹלָ֖ם לְדֹרֹתֵיכֶֽם׃ וְכִֽי־תָבֹ֨אוּ מִלְחָמָ֜ה

בְּאַרְצְכֶ֗ם עַל־הַצַּר֙ הַצֹּרֵ֣ר אֶתְכֶ֔ם וַהֲרֵעֹתֶ֖ם בַּחֲצֹצְר֑וֹת וְנִזְכַּרְתֶּ֗ם

10 לִפְנֵי֙ יְהוָ֣ה אֱלֹֽהֵיכֶ֔ם וְנוֹשַׁעְתֶּ֖ם מֵאֹיְבֵיכֶֽם׃ וּבְי֨וֹם שִׂמְחַתְכֶ֥ם

וּֽבְמוֹעֲדֵיכֶם֮ וּבְרָאשֵׁ֣י חָדְשֵׁיכֶם֒ וּתְקַעְתֶּ֣ם בַּחֲצֹֽצְרֹ֗ת עַ֚ל עֹלֹ֣תֵיכֶ֔ם

וְעַ֖ל זִבְחֵ֣י שַׁלְמֵיכֶ֑ם וְהָי֨וּ לָכֶ֤ם לְזִכָּרוֹן֙ לִפְנֵ֣י אֱלֹֽהֵיכֶ֔ם אֲנִ֖י יְהוָ֥ה

אֱלֹהֵיכֶֽם׃

חמישי 11 וַיְהִ֞י בַּשָּׁנָ֧ה הַשֵּׁנִ֛ית בַּחֹ֥דֶשׁ הַשֵּׁנִ֖י בְּעֶשְׂרִ֣ים בַּחֹ֑דֶשׁ נַעֲלָה֙ הֶֽעָנָ֔ן

12 מֵעַ֖ל מִשְׁכַּ֥ן הָעֵדֻֽת׃ וַיִּסְע֧וּ בְנֵֽי־יִשְׂרָאֵ֛ל לְמַסְעֵיהֶ֖ם מִמִּדְבַּ֣ר סִינָ֑י

13 וַיִּשְׁכֹּ֥ן הֶעָנָ֖ן בְּמִדְבַּ֥ר פָּארָֽן׃ וַיִּסְע֖וּ בָּרִאשֹׁנָ֑ה עַל־פִּ֥י יְהוָ֖ה בְּיַד־מֹשֶֽׁה׃

14 וַיִּסַּ֞ע דֶּ֣גֶל מַחֲנֵ֧ה בְנֵֽי־יְהוּדָ֛ה בָּרִאשֹׁנָ֖ה לְצִבְאֹתָ֑ם וְעַ֨ל־צְבָא֔וֹ נַחְשׁ֖וֹן

15 16 בֶּן־עַמִּינָדָֽב׃ וְעַ֨ל־צְבָ֔א מַטֵּ֖ה בְּנֵ֣י יִשָּׂשכָ֑ר נְתַנְאֵ֖ל בֶּן־צוּעָֽר׃ וְעַ֨ל־צְבָ֔א

17 מַטֵּ֖ה בְּנֵ֣י זְבוּלֻ֑ן אֱלִיאָ֖ב בֶּן־חֵלֹֽן׃ וְהוּרַ֖ד הַמִּשְׁכָּ֑ן וְנָסְע֤וּ בְנֵֽי־גֵרְשׁוֹן֙

18 וּבְנֵ֣י מְרָרִ֔י נֹשְׂאֵ֖י הַמִּשְׁכָּֽן׃ וְנָסַ֗ע דֶּ֛גֶל מַחֲנֵ֥ה רְאוּבֵ֖ן לְצִבְאֹתָ֑ם

19 וְעַ֨ל־צְבָא֔וֹ אֱלִיצ֖וּר בֶּן־שְׁדֵיאֽוּר׃ וְעַ֨ל־צְבָ֔א מַטֵּ֖ה בְּנֵ֣י שִׁמְע֑וֹן

20 שְׁלֻֽמִיאֵ֖ל בֶּן־צוּרִֽישַׁדָּֽי׃ וְעַל־צְבָ֖א מַטֵּ֣ה בְנֵי־גָ֑ד אֶלְיָסָ֖ף בֶּן־דְּעוּאֵֽל׃

21 וְנָסְעוּ֙ הַקְּהָתִ֔ים נֹשְׂאֵ֖י הַמִּקְדָּ֑שׁ וְהֵקִ֥ימוּ אֶת־הַמִּשְׁכָּ֖ן עַד־בֹּאָֽם׃

22 וְנָסַ֗ע דֶּ֛גֶל מַחֲנֵ֥ה בְנֵֽי־אֶפְרַ֖יִם לְצִבְאֹתָ֑ם וְעַ֨ל־צְבָא֔וֹ אֱלִישָׁמָ֖ע

23 בֶּן־עַמִּיהֽוּד׃ וְעַ֨ל־צְבָ֔א מַטֵּ֖ה בְּנֵ֣י מְנַשֶּׁ֑ה גַּמְלִיאֵ֖ל בֶּן־פְּדָהצֽוּר׃

24 25 וְעַ֨ל־צְבָ֔א מַטֵּ֖ה בְּנֵ֣י בִנְיָמִ֑ן אֲבִידָ֖ן בֶּן־גִּדְעוֹנִֽי׃ וְנָסַ֗ע דֶּ֚גֶל מַחֲנֵ֣ה

בְנֵי־דָ֔ן מְאַסֵּ֥ף לְכָל־הַֽמַּחֲנֹ֖ת לְצִבְאֹתָ֑ם וְעַ֨ל־צְבָא֔וֹ אֲחִיעֶ֖זֶר בֶּן־

26 27 עַמִּֽישַׁדָּֽי׃ וְעַ֨ל־צְבָ֔א מַטֵּ֖ה בְּנֵ֣י אָשֵׁ֑ר פַּגְעִיאֵ֖ל בֶּן־עָכְרָֽן׃ וְעַל־צְבָ֔א

28 מַטֵּ֖ה בְּנֵ֣י נַפְתָּלִ֑י אֲחִירַ֖ע בֶּן־עֵינָֽן׃ אֵ֛לֶּה מַסְעֵ֥י בְנֵֽי־יִשְׂרָאֵ֖ל לְצִבְאֹתָ֑ם

29 וַיִּסָּֽעוּ׃ וַיֹּ֣אמֶר מֹשֶׁ֗ה לְ֠חֹבָ֠ב בֶּן־רְעוּאֵ֣ל הַמִּדְיָנִי֮ חֹתֵ֣ן מֹשֶׁה֒

נֹסְעִ֣ים ׀ אֲנַ֗חְנוּ אֶל־הַמָּקוֹם֙ אֲשֶׁ֣ר אָמַ֣ר יְהוָ֔ה אֹת֖וֹ אֶתֵּ֣ן לָכֶ֑ם לְכָ֤ה

30 אִתָּ֙נוּ֙ וְהֵטַ֣בְנוּ לָ֔ךְ כִּֽי־יְהוָ֥ה דִּבֶּר־ט֖וֹב עַל־יִשְׂרָאֵֽל׃ וַיֹּ֥אמֶר אֵלָ֖יו לֹ֣א

31 אֵלֵ֑ךְ כִּ֧י אִם־אֶל־אַרְצִ֛י וְאֶל־מוֹלַדְתִּ֖י אֵלֵֽךְ׃ וַיֹּ֕אמֶר אַל־נָ֖א תַּעֲזֹ֣ב

32 אֹתָ֑נוּ כִּ֣י ׀ עַל־כֵּ֣ן יָדַ֗עְתָּ חֲנֹתֵ֙נוּ֙ בַּמִּדְבָּ֔ר וְהָיִ֥יתָ לָּ֖נוּ לְעֵינָֽיִם׃ וְהָיָ֖ה

כִּֽי־תֵלֵ֣ךְ עִמָּ֑נוּ וְהָיָ֣ה ׀ הַטּ֣וֹב הַה֗וּא אֲשֶׁ֨ר יֵיטִ֧יב יְהוָ֛ה עִמָּ֖נוּ וְהֵטַ֥בְנוּ

33 לָֽךְ׃ וַיִּסְעוּ֙ מֵהַ֣ר יְהוָ֔ה דֶּ֖רֶךְ שְׁלֹ֣שֶׁת יָמִ֑ים וַאֲר֨וֹן בְּרִית־יְהוָ֜ה נֹסֵ֣עַ

of the LORD three days' journey: and the ark of the covenant of the LORD went before them in the three days' journey, to search out a resting place for them.

34 And the cloud of the LORD *was* upon them by day, when they went out of the camp.

35 And it came to pass, when the ark set forward, that Moses said, Rise up, LORD, and let thine enemies be scattered; and let them that hate thee flee before thee.

36 And when it rested, he said, Return, O LORD, unto the many thousands of Israel.

CHAPTER 11

1 And *when* the people complained, it displeased the LORD: and the LORD heard *it;* and his anger was kindled; and the fire of the LORD burnt among them, and consumed *them that were* in the uttermost parts of the camp.

2 And the people cried unto Moses; and when Moses prayed unto the LORD, the fire was quenched.

3 And he called the name of the place Taberah: because the fire of the LORD burnt among them.

4 ¶ And the mixt multitude that *was* among them fell a lusting: and the children of Israel also wept again, and said, Who shall give us flesh to eat?

5 We remember the fish, which we did eat in Egypt freely; the cucumbers, and the melons, and the leeks, and the onions, and the garlick:

6 But now our soul *is* dried away: *there is* nothing at all, beside this manna, *before* our eyes.

7 And the manna *was* as coriander seed, and the colour thereof as the colour of bdellium.

8 *And* the people went about, and gathered *it,* and ground *it* in mills, or beat *it* in a mortar, and baked *it* in pans, and made cakes of it: and the taste of it was as the taste of fresh oil.

9 And when the dew fell upon the camp in the night, the manna fell upon it.

10 ¶ Then Moses heard the people weep throughout their families, every man in the door of his tent: and the anger of the LORD was kindled greatly; Moses also was displeased.

11 And Moses said unto the LORD, Wherefore hast thou afflicted thy servant? and wherefore have I not found favour in thy sight, that thou layest the burden of all this people upon me?

12 Have I conceived all this people? have I begotten them, that thou shouldest say unto me, Carry them in thy bosom, as a nursing father beareth the sucking child, unto the land which thou swarest unto their fathers?

13 Whence should I have flesh to give unto all this people? for they weep unto me, saying, Give us flesh, that we may eat.

14 I am not able to bear all this people alone, because *it is* too heavy for me.

15 And if thou deal thus with me, kill me, I pray thee, out of hand, if I have found favour in thy sight; and let me not see my wretchedness.

16 ¶ And the LORD said unto Moses, Gather unto me seventy men of the elders of Israel, whom thou knowest to be the elders of the people, and officers over them; and bring them unto the tabernacle of the congregation, that they may stand there with thee.

17 And I will come down and talk with thee there: and I will take of the spirit which *is* upon thee, and will put *it* upon them; and they shall bear the burden of the people with thee, that thou bear *it* not thyself alone.

18 And say thou unto the people, Sanctify yourselves against to morrow, and ye shall eat flesh: for ye have wept in the ears of the LORD, saying, Who shall give us flesh to eat? for *it was* well with us in Egypt: therefore the LORD will give you flesh, and ye shall eat.

19 Ye shall not eat one day, nor two days, nor five days, neither ten days, nor twenty days;

20 *But* even a whole month, until it come out at your nostrils, and it be loathsome unto you: because that ye have despised the LORD which *is* among you, and have wept before him, saying, Why came we forth out of Egypt?

34 לִפְנֵיהֶ֗ם דֶּ֚רֶךְ שְׁלֹ֣שֶׁת יָמִ֔ים לָת֥וּר לָהֶ֖ם מְנוּחָֽה: וַעֲנַ֧ן יְהֹוָ֛ה עֲלֵיהֶ֖ם

35 יוֹמָ֖ם בְּנׇסְעָ֥ם מִן־הַֽמַּחֲנֶֽה: ז וַיְהִ֣י בִּנְסֹ֣עַ הָֽאָרֹ֔ן וַיֹּ֖אמֶר שׁשׁי

36 מֹשֶׁ֑ה קוּמָ֣ה ׀ יְהֹוָ֗ה וְיָפֻ֙צוּ֙ אֹ֣יְבֶ֔יךָ וְיָנֻ֥סוּ מְשַׂנְאֶ֖יךָ מִפָּנֶֽיךָ: וּבְנֻחֹ֖ה יֹאמַ֑ר
שׁוּבָ֣ה יְהֹוָ֔ה רִֽבְב֖וֹת אַלְפֵ֥י יִשְׂרָאֵֽל: ז

11 1 וַיְהִ֤י הָעָם֙ כְּמִתְאֹ֣נְנִ֔ים רַ֖ע בְּאׇזְנֵ֣י יְהֹוָ֑ה וַיִּשְׁמַ֤ע יְהֹוָה֙ וַיִּ֣חַר אַפּ֔וֹ

2 וַתִּבְעַר־בָּם֙ אֵ֣שׁ יְהֹוָ֔ה וַתֹּ֖אכַל בִּקְצֵ֥ה הַֽמַּחֲנֶֽה: וַיִּצְעַ֥ק הָעָ֖ם

3 אֶל־מֹשֶׁ֑ה וַיִּתְפַּלֵּ֤ל מֹשֶׁה֙ אֶל־יְהֹוָ֔ה וַתִּשְׁקַ֖ע הָאֵֽשׁ: וַיִּקְרָ֛א

4 שֵֽׁם־הַמָּק֥וֹם הַה֖וּא תַּבְעֵרָ֑ה כִּֽי־בָעֲרָ֥ה בָ֖ם אֵ֥שׁ יְהֹוָֽה: וְהָֽאסַפְסֻף֙
אֲשֶׁ֣ר בְּקִרְבּ֔וֹ הִתְאַוּ֖וּ תַּֽאֲוָ֑ה וַיָּשֻׁ֣בוּ וַיִּבְכּ֗וּ גַּ֚ם בְּנֵ֣י יִשְׂרָאֵ֔ל וַיֹּ֣אמְר֔וּ

5 מִ֥י יַאֲכִלֵ֖נוּ בָּשָֽׂר: זָכַ֙רְנוּ֙ אֶת־הַדָּגָ֔ה אֲשֶׁר־נֹאכַ֥ל בְּמִצְרַ֖יִם חִנָּ֑ם אֵ֣ת
הַקִּשֻּׁאִ֗ים וְאֵת֙ הָֽאֲבַטִּחִ֔ים וְאֶת־הֶחָצִ֥יר וְאֶת־הַבְּצָלִ֖ים וְאֶת־הַשּׁוּמִֽים:

6 וְעַתָּ֛ה נַפְשֵׁ֥נוּ יְבֵשָׁ֖ה אֵ֣ין כֹּ֑ל בִּלְתִּ֖י אֶל־הַמָּ֥ן עֵינֵֽינוּ: וְהַמָּ֕ן כִּזְרַע־גַּ֖ד
7
8 ה֑וּא וְעֵינ֖וֹ כְּעֵ֥ין הַבְּדֹֽלַח: שָׁ֠טוּ הָעָ֜ם וְלָֽקְט֗וּ וְטָֽחֲנ֤וּ בָֽרֵחַ֙יִם֙ א֚וֹ
דָכוּ֙ בַּמְּדֹכָ֔ה וּבִשְּׁל֖וּ בַּפָּר֔וּר וְעָשׂ֥וּ אֹת֖וֹ עֻג֑וֹת וְהָיָ֣ה טַעְמ֔וֹ כְּטַ֖עַם

9 לְשַׁ֥ד הַשָּֽׁמֶן: וּבְרֶ֧דֶת הַטַּ֛ל עַל־הַֽמַּחֲנֶ֖ה לָ֑יְלָה יֵרֵ֥ד הַמָּ֖ן עָלָֽיו:

10 וַיִּשְׁמַ֨ע מֹשֶׁ֜ה אֶת־הָעָ֗ם בֹּכֶה֙ לְמִשְׁפְּחֹתָ֔יו אִ֖ישׁ לְפֶ֣תַח אׇהֳל֑וֹ

11 וַיִּֽחַר־אַ֤ף יְהֹוָה֙ מְאֹ֔ד וּבְעֵינֵ֥י מֹשֶׁ֖ה רָֽע: וַיֹּ֨אמֶר מֹשֶׁ֜ה אֶל־יְהֹוָ֗ה
לָמָ֤ה הֲרֵעֹ֙תָ֙ לְעַבְדֶּ֔ךָ וְלָ֛מָּה לֹא־מָצָ֥תִי חֵ֖ן בְּעֵינֶ֑יךָ לָשׂ֗וּם אֶת־מַשָּׂ֛א

12 כׇּל־הָעָ֥ם הַזֶּ֖ה עָלָֽי: הֶאָנֹכִ֣י הָרִ֗יתִי אֵ֚ת כׇּל־הָעָ֣ם הַזֶּ֔ה אִם־אָנֹכִ֖י
יְלִדְתִּ֑יהוּ כִּֽי־תֹאמַ֣ר אֵלַ֗י שָׂאֵ֤הוּ בְחֵיקֶ֙ךָ֙ כַּאֲשֶׁ֨ר יִשָּׂ֤א הָאֹמֵן֙ אֶת־הַיֹּנֵ֔ק

13 עַ֚ל הָֽאֲדָמָ֔ה אֲשֶׁ֥ר נִשְׁבַּ֖עְתָּ לַאֲבֹתָֽיו: מֵאַ֤יִן לִי֙ בָּשָׂ֔ר לָתֵ֖ת לְכׇל־הָעָ֣ם

14 הַזֶּ֑ה כִּֽי־יִבְכּ֤וּ עָלַי֙ לֵאמֹ֔ר תְּנָה־לָּ֥נוּ בָשָׂ֖ר וְנֹאכֵֽלָה: לֹֽא־אוּכַ֤ל אָֽנֹכִי֙

15 לְבַדִּ֔י לָשֵׂ֖את אֶת־כׇּל־הָעָ֣ם הַזֶּ֑ה כִּ֥י כָבֵ֖ד מִמֶּֽנִּי: וְאִם־כָּ֣כָה ׀ אַתְּ־
עֹ֣שֶׂה לִּ֗י הׇרְגֵ֤נִי נָא֙ הָרֹ֔ג אִם־מָצָ֥תִי חֵ֖ן בְּעֵינֶ֑יךָ וְאַל־אֶרְאֶ֖ה
בְּרָעָתִֽי:

16 וַיֹּ֨אמֶר יְהֹוָ֜ה אֶל־מֹשֶׁ֗ה אֶסְפָה־לִּ֞י שִׁבְעִ֣ים אִישׁ֮ מִזִּקְנֵ֣י יִשְׂרָאֵל֒ אֲשֶׁ֣ר
יָדַ֔עְתָּ כִּי־הֵ֛ם זִקְנֵ֥י הָעָ֖ם וְשֹׁטְרָ֑יו וְלָקַחְתָּ֤ אֹתָם֙ אֶל־אֹ֣הֶל מוֹעֵ֔ד

17 וְהִֽתְיַצְּב֥וּ שָׁ֖ם עִמָּֽךְ: וְיָרַדְתִּ֗י וְדִבַּרְתִּ֣י עִמְּךָ֮ שָׁם֒ וְאָצַלְתִּ֗י מִן־הָר֙וּחַ֙
אֲשֶׁ֣ר עָלֶ֔יךָ וְשַׂמְתִּ֖י עֲלֵיהֶ֑ם וְנָשְׂא֤וּ אִתְּךָ֙ בְּמַשָּׂ֣א הָעָ֔ם וְלֹא־תִשָּׂ֥א

18 אַתָּ֖ה לְבַדֶּֽךָ: וְאֶל־הָעָ֨ם תֹּאמַ֜ר הִתְקַדְּשׁ֣וּ לְמָחָר֮ וַאֲכַלְתֶּ֣ם בָּשָׂר֒
כִּ֡י בְּכִיתֶם֩ בְּאׇזְנֵ֨י יְהֹוָ֜ה לֵאמֹ֗ר מִ֤י יַאֲכִלֵ֙נוּ֙ בָּשָׂ֔ר כִּי־ט֥וֹב לָ֖נוּ בְּמִצְרָ֑יִם

19 וְנָתַ֨ן יְהֹוָ֥ה לָכֶ֛ם בָּשָׂ֖ר וַאֲכַלְתֶּֽם: לֹ֣א י֥וֹם אֶחָ֛ד תֹּאכְל֖וּן וְלֹ֣א יוֹמָ֑יִם

20 וְלֹ֣א ׀ חֲמִשָּׁ֣ה יָמִ֗ים וְלֹא֙ עֲשָׂרָ֣ה יָמִ֔ים וְלֹ֖א עֶשְׂרִ֣ים י֑וֹם: עַ֣ד ׀ חֹ֣דֶשׁ
יָמִ֗ים עַ֤ד אֲשֶׁר־יֵצֵא֙ מֵֽאַפְּכֶ֔ם וְהָיָ֥ה לָכֶ֖ם לְזָרָ֑א יַ֗עַן כִּֽי־מְאַסְתֶּ֤ם
אֶת־יְהֹוָה֙ אֲשֶׁ֣ר בְּקִרְבְּכֶ֔ם וַתִּבְכּ֤וּ לְפָנָיו֙ לֵאמֹ֔ר לָ֥מָּה זֶּ֖ה יָצָ֥אנוּ

21 And Moses said, The people, among whom I *am, are* six hundred thousand footmen; and thou hast said, I will give them flesh, that they may eat a whole month.

22 Shall the flocks and the herds be slain for them, to suffice them? or shall all the fish of the sea be gathered together for them, to suffice them?

23 And the LORD said unto Moses, Is the LORD's hand waxed short? thou shalt see now whether my word shall come to pass unto thee or not.

24 ¶ And Moses went out, and told the people the words of the LORD, and gathered the seventy men of the elders of the people, and set them round about the tabernacle.

25 And the LORD came down in a cloud, and spake unto him, and took of the spirit that *was* upon him, and gave *it* unto the seventy elders: and it came to pass, *that,* when the spirit rested upon them, they prophesied, and did not cease.

26 But there remained two *of the* men in the camp, the name of the one *was* Eldad, and the name of the other Medad: and the spirit rested upon them; and they *were* of them that were written, but went not out unto the tabernacle: and they prophesied in the camp.

27 And there ran a young man, and told Moses, and said, Eldad and Medad do prophesy in the camp.

28 And Joshua the son of Nun, the servant of Moses, *one* of his young men, answered and said, My lord Moses, forbid them.

29 And Moses said unto him, Enviest thou for my sake? would God that all the LORD's people were prophets, *and* that the LORD would put his spirit upon them!

30 And Moses gat him into the camp, he and the elders of Israel.

31 ¶ And there went forth a wind from the LORD, and brought quails from the sea, and let *them* fall by the camp, as it were a day's journey on this side, and as it were a day's journey on the other side, round about the camp, and as it were two cubits *high* upon the face of the earth.

32 And the people stood up all that day,

and all *that* night, and all the next day, and they gathered the quails: he that gathered least gathered ten homers: and they spread *them* all abroad for themselves round about the camp.

33 And while the flesh *was* yet between their teeth, ere it was chewed, the wrath of the LORD was kindled against the people, and the LORD smote the people with a very great plague.

34 And he called the name of that place Kibroth-hattaavah: because there they buried the people that lusted.

35 *And* the people journeyed from Kibroth-hattaavah unto Hazeroth; and abode at Hazeroth.

CHAPTER 12

1 And Miriam and Aaron spake against Moses because of the Ethiopian woman whom he had married: for he had married an Ethiopian woman.

2 And they said, Hath the LORD indeed spoken only by Moses? hath he not spoken also by us? And the LORD heard *it.*

3 (Now the man Moses *was* very meek, above all the men which *were* upon the face of the earth.)

4 And the LORD spake suddenly unto Moses, and unto Aaron, and unto Miriam, Come out ye three unto the tabernacle of the congregation. And they three came out.

5 And the LORD came down in the pillar of the cloud, and stood *in* the door of the tabernacle, and called Aaron and Miriam: and they both came forth.

6 And he said, Hear now my words: If there be a prophet among you, *I* the LORD will make myself known unto him in a vision, *and* will speak unto him in a dream.

7 My servant Moses *is* not so, who *is* faithful in all mine house.

8 With him will I speak mouth to mouth, even apparently, and not in dark speeches; and the similitude of the LORD shall he behold: wherefore then were ye not afraid to speak against my servant Moses?

9 And the anger of the LORD was kindled against them; and he departed.

10 And the cloud departed from off the

21 מִמִּצְרָיִם: וַיֹּאמֶר מֹשֶׁה שֵׁשׁ־מֵאֹות אֶ֫לֶף רַגְלִי הָעָם אֲשֶׁר אָנֹכִי

22 בְּקִרְבֹּו וְאַתָּה אָמַ֫רְתָּ בָּשָׂר אֶתֵּן לָהֶם וְאָכְלוּ חֹ֫דֶשׁ יָמִים: הֲצֹאן

וּבָקָר יִשָּׁחֵט לָהֶם וּמָצָא לָהֶם אִם אֶת־כָּל־דְּגֵי הַיָּם יֵאָסֵף לָהֶם

וּמָצָא לָהֶם:

23 וַיֹּאמֶר יְהֹוָה אֶל־מֹשֶׁה הֲיַד יְהֹוָה תִּקְצָר עַתָּה תִרְאֶה הֲיִקְרְךָ דְבָרִי

24 אִם־לֹא: וַיֵּצֵא מֹשֶׁה וַיְדַבֵּר אֶל־הָעָם אֵת דִּבְרֵי יְהֹוָה וַיֶּאֱסֹף שִׁבְעִים

24A

25 אִישׁ מִזִּקְנֵי הָעָם וַיַּעֲמֵד אֹתָם סְבִיבֹת הָאֹהֶל: וַיֵּ֫רֶד יְהֹוָה ׀ בֶּעָנָן

וַיְדַבֵּר אֵלָיו וַיָּ֫אצֶל מִן־הָרוּחַ אֲשֶׁר עָלָיו וַיִּתֵּן עַל־שִׁבְעִים אִישׁ

26 הַזְּקֵנִים וַיְהִי כְּנֹוחַ עֲלֵיהֶם הָרוּחַ וַיִּֽתְנַבְּאוּ וְלֹא יָסָ֫פוּ: וַיִּשָּׁאֲרוּ

26A

שְׁנֵי־אֲנָשִׁים ׀ בַּֽמַּחֲנֶה שֵׁם הָֽאֶחָד ׀ אֶלְדָּד וְשֵׁם הַשֵּׁנִי מֵידָד וַתָּ֫נַח

עֲלֵיהֶם הָרוּחַ וְהֵ֫מָּה בַּכְּתֻבִים וְלֹא יָצְאוּ הָאֹהֱלָה וַיִּֽתְנַבְּאוּ בַּֽמַּחֲנֶה:

27 וַיָּ֫רָץ הַנַּ֫עַר וַיַּגֵּד לְמֹשֶׁה וַיֹּאמַר אֶלְדָּד וּמֵידָד מִֽתְנַבְּאִים בַּֽמַּחֲנֶה:

28 וַיַּ֫עַן יְהֹושֻׁעַ בִּן־נוּן מְשָׁרֵת מֹשֶׁה מִבְּחֻרָיו וַיֹּאמַר אֲדֹנִי מֹשֶׁה כְּלָאֵם:

29 וַיֹּאמֶר לֹו מֹשֶׁה הַֽמְקַנֵּא אַתָּה לִי וּמִי יִתֵּן כָּל־עַם יְהֹוָה נְבִיאִים

30 כִּֽי־יִתֵּן יְהֹוָה אֶת־רוּחֹו עֲלֵיהֶם: וַיֵּאָסֵף מֹשֶׁה אֶל־הַֽמַּחֲנֶה הוּא וְזִקְנֵי

שביעי

31 יִשְׂרָאֵל: וְרוּחַ נָסַע ׀ מֵאֵת יְהֹוָה וַיָּ֫גָז שַׂלְוִים מִן־הַיָּם וַיִּטֹּשׁ

עַל־הַֽמַּחֲנֶה כְּדֶ֫רֶךְ יֹום כֹּה וּכְדֶ֫רֶךְ יֹום כֹּה סְבִיבֹות הַֽמַּחֲנֶה

32 וּכְאַמָּתַיִם עַל־פְּנֵי הָאָ֫רֶץ: וַיָּ֫קָם הָעָם כָּל־הַיֹּום הַהוּא וְכָל־הַלַּ֫יְלָה

וְכֹל ׀ יֹום הַֽמָּחֳרָת וַיַּֽאַסְפוּ אֶת־הַשְּׂלָו הַמַּמְעִיט אָסַף עֲשָׂרָה חֳמָרִים

33 וַיִּשְׁטְחוּ לָהֶם שָׁטֹוחַ סְבִיבֹות הַֽמַּחֲנֶה: הַבָּשָׂר עֹודֶ֫נּוּ בֵּין שִׁנֵּיהֶם

טֶ֫רֶם יִכָּרֵת וְאַף יְהֹוָה חָרָה בָעָם וַיַּךְ יְהֹוָה בָּעָם מַכָּה רַבָּה

34 מְאֹד: וַיִּקְרָא אֶת־שֵׁם־הַמָּקֹום הַהוּא קִבְרֹות הַֽתַּאֲוָה כִּי־שָׁם קָֽבְרוּ

35 אֶת־הָעָם הַמִּתְאַוִּים: מִקִּבְרֹות הַֽתַּאֲוָה נָֽסְעוּ הָעָם חֲצֵרֹות וַיִּֽהְיוּ

בַּחֲצֵרֹות:

12 1 וַתְּדַבֵּר מִרְיָם וְאַהֲרֹן בְּמֹשֶׁה עַל־אֹדֹות הָֽאִשָּׁה הַכֻּשִׁית אֲשֶׁר לָקָח

2 כִּֽי־אִשָּׁה כֻשִׁית לָקָח: וַיֹּֽאמְרוּ הֲרַק אַךְ־בְּמֹשֶׁה דִּבֶּר יְהֹוָה הֲלֹא

3 גַּם־בָּ֫נוּ דִבֵּר וַיִּשְׁמַע יְהֹוָה: וְהָאִישׁ מֹשֶׁה עָנָו מְאֹד מִכֹּל הָֽאָדָם

עניו

4 אֲשֶׁר עַל־פְּנֵי הָֽאֲדָמָה: וַיֹּאמֶר יְהֹוָה פִּתְאֹם אֶל־מֹשֶׁה

וְאֶֽל־אַהֲרֹן וְאֶל־מִרְיָם צְאוּ שְׁלָשְׁתְּכֶם אֶל־אֹהֶל מֹועֵד וַיֵּֽצְאוּ

5 שְׁלָשְׁתָּם: וַיֵּ֫רֶד יְהֹוָה בְּעַמּוּד עָנָן וַיַּֽעֲמֹד פֶּ֫תַח הָאֹהֶל וַיִּקְרָא אַהֲרֹן

6 וּמִרְיָם וַיֵּֽצְאוּ שְׁנֵיהֶם: וַיֹּאמֶר שִׁמְעוּ־נָא דְבָרָי אִם־יִֽהְיֶה נְבִיאֲכֶם

7 יְהֹוָה בַּמַּרְאָה אֵלָיו אֶתְוַדָּע בַּֽחֲלֹום אֲדַבֶּר־בֹּו: לֹא־כֵן עַבְדִּי מֹשֶׁה

8 בְּכָל־בֵּיתִי נֶאֱמָן הוּא: פֶּה אֶל־פֶּה אֲדַבֶּר־בֹּו וּמַרְאֶה וְלֹא בְחִידֹת

וּתְמֻנַת יְהֹוָה יַבִּיט וּמַדּוּעַ לֹא יְרֵאתֶם לְדַבֵּר בְּעַבְדִּי בְמֹשֶׁה:

9 וַיִּֽחַר־אַף יְהֹוָה בָּם וַיֵּֽלַךְ: וְהֶעָנָן סָר מֵעַל הָאֹהֶל וְהִנֵּה מִרְיָם

9A

10

tabernacle; and, behold, Miriam *became* leprous, *white* as snow: and Aaron looked upon Miriam, and, behold, *she was* leprous.

11 And Aaron said unto Moses, Alas, my lord, I beseech thee, lay not the sin upon us, wherein we have done foolishly, and wherein we have sinned.

12 Let her not be as one dead, of whom the flesh is half consumed when he cometh out of his mother's womb.

13 And Moses cried unto the LORD, saying, Heal her now, O God, I beseech thee.

14 ¶ And the LORD said unto Moses, If her father had but spit in her face, should she not be ashamed seven days? let her be shut out from the camp seven days, and after that let her be received in *again.*

15 And Miriam was shut out from the camp seven days: and the people journeyed not till Miriam was brought in *again.*

16 And afterward the people removed from Hazeroth, and pitched in the wilderness of Paran.

CHAPTER 13

1 And the LORD spake unto Moses, saying,

2 Send thou men, that they may search the land of Canaan, which I give unto the children of Israel: of every tribe of their fathers shall ye send a man, every one a ruler among them.

3 And Moses by the commandment of the LORD sent them from the wilderness of Paran: all those men *were* heads of the children of Israel.

4 And these *were* their names: of the tribe of Reuben, Shammua the son of Zaccur.

5 Of the tribe of Simeon, Shaphat the son of Hori.

6 Of the tribe of Judah, Caleb the son of Jephunneh.

7 Of the tribe of Issachar, Igal the son of Joseph.

8 Of the tribe of Ephraim, Oshea the son of Nun.

9 Of the tribe of Benjamin, Palti the son of Raphu.

10 Of the tribe of Zebulun, Gaddiel the son of Sodi.

11 Of the tribe of Joseph, *namely,* of the tribe of Manasseh, Gaddi the son of Susi.

12 Of the tribe of Dan, Ammiel the son of Gemalli.

13 Of the tribe of Asher, Sethur the son of Michael.

14 Of the tribe of Naphtali, Nahbi the son of Vophsi.

15 Of the tribe of Gad, Geuel the son of Machi.

16 These *are* the names of the men which Moses sent to spy out the land. And Moses called Oshea the son of Nun Jehoshua.

17 ¶ And Moses sent them to spy out the land of Canaan, and said unto them, Get you up this *way* southward, and go up into the mountain:

18 And see the land, what it *is;* and the people that dwelleth therein, whether they *be* strong or weak, few or many;

19 And what the land *is* that they dwell in, whether it *be* good or bad; and what cities *they be* that they dwell in, whether in tents, or in strong holds;

20 And what the land *is,* whether it *be* fat or lean, whether there be wood therein, or not. And be ye of good courage, and bring of the fruit of the land. Now the time *was* the time of the firstripe grapes.

21 ¶ So they went up, and searched the land from the wilderness of Zin unto Rehob, as men come to Hamath.

22 And they ascended by the south, and came unto Hebron; where Ahiman, Sheshai, and Talmai, the children of Anak, *were.* (Now Hebron was built seven years before Zoan in Egypt.)

23 And they came unto the brook of Eshcol, and cut down from thence a branch with one cluster of grapes, and they bare it between two upon a staff; and *they brought* of the pomegranates, and of the figs.

24 The place was called the brook Eshcol, because of the cluster of grapes which the children of Israel cut down from thence.

25 And they returned from searching of the land after forty days.

26 ¶ And they went and came to Moses,

11 מְצֹרָעַת כַּשֶּׁלֶג וַיִּפֶן אַהֲרֹן אֶל־מִרְיָם וְהִנֵּה מְצֹרָעַת: וַיֹּאמֶר אַהֲרֹן
אֶל־מֹשֶׁה בִּי אֲדֹנִי אַל־נָא תָשֵׁת עָלֵינוּ חַטָּאת אֲשֶׁר נוֹאַלְנוּ וַאֲשֶׁר
12 חָטָאנוּ: אַל־נָא תְהִי כַּמֵּת אֲשֶׁר בְּצֵאתוֹ מֵרֶחֶם אִמּוֹ וַיֵּאָכֵל חֲצִי
13 בְשָׂרוֹ: וַיִּצְעַק מֹשֶׁה אֶל־יְהוָה לֵאמֹר אֵל נָא רְפָא נָא לָהּ:

מפטיר
14 וַיֹּאמֶר יְהוָה אֶל־מֹשֶׁה וְאָבִיהָ יָרֹק יָרַק בְּפָנֶיהָ הֲלֹא תִכָּלֵם שִׁבְעַת
15 יָמִים תִּסָּגֵר שִׁבְעַת יָמִים מִחוּץ לַמַּחֲנֶה וְאַחַר תֵּאָסֵף: וַתִּסָּגֵר
מִרְיָם מִחוּץ לַמַּחֲנֶה שִׁבְעַת יָמִים וְהָעָם לֹא נָסַע עַד־הֵאָסֵף
16 מִרְיָם: וְאַחַר נָסְעוּ הָעָם מֵחֲצֵרוֹת וַיַּחֲנוּ בְּמִדְבַּר פָּארָן:

שלח 13 1 וַיְדַבֵּר יְהוָה אֶל־מֹשֶׁה לֵּאמֹר: שְׁלַח־לְךָ אֲנָשִׁים וְיָתֻרוּ אֶת־אֶרֶץ
2 כְּנַעַן אֲשֶׁר־אֲנִי נֹתֵן לִבְנֵי יִשְׂרָאֵל אִישׁ אֶחָד אִישׁ אֶחָד לְמַטֵּה
3 אֲבֹתָיו תִּשְׁלָחוּ כֹּל נָשִׂיא בָהֶם: וַיִּשְׁלַח אֹתָם מֹשֶׁה מִמִּדְבַּר פָּארָן
4 עַל־פִּי יְהוָה כֻּלָּם אֲנָשִׁים רָאשֵׁי בְנֵי־יִשְׂרָאֵל הֵמָּה: וְאֵלֶּה שְׁמוֹתָם
5 לְמַטֵּה רְאוּבֵן שַׁמּוּעַ בֶּן־זַכּוּר: לְמַטֵּה שִׁמְעוֹן שָׁפָט בֶּן־חוֹרִי: לְמַטֵּה
6
7 יְהוּדָה כָּלֵב בֶּן־יְפֻנֶּה: לְמַטֵּה יִשָּׂשכָר יִגְאָל בֶּן־יוֹסֵף: לְמַטֵּה אֶפְרַיִם
8 הוֹשֵׁעַ בִּן־נוּן: לְמַטֵּה בִנְיָמִן פַּלְטִי בֶּן־רָפוּא: לְמַטֵּה זְבוּלֻן גַּדִּיאֵל
9
10 בֶּן־סוֹדִי: לְמַטֵּה יוֹסֵף לְמַטֵּה מְנַשֶּׁה גַּדִּי בֶּן־סוּסִי: לְמַטֵּה דָן
11
12 עַמִּיאֵל בֶּן־גְּמַלִּי: לְמַטֵּה אָשֵׁר סְתוּר בֶּן־מִיכָאֵל: לְמַטֵּה נַפְתָּלִי
13
14 נַחְבִּי בֶּן־וָפְסִי: לְמַטֵּה גָד גְּאוּאֵל בֶּן־מָכִי: אֵלֶּה שְׁמוֹת הָאֲנָשִׁים
15
16 אֲשֶׁר־שָׁלַח מֹשֶׁה לָתוּר אֶת־הָאָרֶץ וַיִּקְרָא מֹשֶׁה לְהוֹשֵׁעַ בִּן־נוּן
17 יְהוֹשֻׁעַ: וַיִּשְׁלַח אֹתָם מֹשֶׁה לָתוּר אֶת־אֶרֶץ כְּנָעַן וַיֹּאמֶר אֲלֵהֶם
18 עֲלוּ זֶה בַּנֶּגֶב וַעֲלִיתֶם אֶת־הָהָר: וּרְאִיתֶם אֶת־הָאָרֶץ מַה־הִוא
וְאֶת־הָעָם הַיֹּשֵׁב עָלֶיהָ הֶחָזָק הוּא הֲרָפֶה הַמְעַט הוּא אִם־רָב:
19 וּמָה הָאָרֶץ אֲשֶׁר־הוּא יֹשֵׁב בָּהּ הֲטוֹבָה הִוא אִם־רָעָה וּמָה הֶעָרִים
20 אֲשֶׁר־הוּא יוֹשֵׁב בָּהֵנָּה הַבְּמַחֲנִים אִם בְּמִבְצָרִים: וּמָה הָאָרֶץ
הַשְּׁמֵנָה הִוא אִם־רָזָה הֲיֵשׁ־בָּהּ עֵץ אִם־אַיִן וְהִתְחַזַּקְתֶּם וּלְקַחְתֶּם
21 מִפְּרִי הָאָרֶץ וְהַיָּמִים יְמֵי בִּכּוּרֵי עֲנָבִים: וַיַּעֲלוּ וַיָּתֻרוּ אֶת־הָאָרֶץ

שני
22 מִמִּדְבַּר־צִן עַד־רְחֹב לְבֹא חֲמָת: וַיַּעֲלוּ בַנֶּגֶב וַיָּבֹא עַד־חֶבְרוֹן וְשָׁם
אֲחִימָן שֵׁשַׁי וְתַלְמַי יְלִידֵי הָעֲנָק וְחֶבְרוֹן שֶׁבַע שָׁנִים נִבְנְתָה לִפְנֵי
23 צֹעַן מִצְרָיִם: וַיָּבֹאוּ עַד־נַחַל אֶשְׁכֹּל וַיִּכְרְתוּ מִשָּׁם זְמוֹרָה וְאֶשְׁכּוֹל
עֲנָבִים אֶחָד וַיִּשָּׂאֻהוּ בַמּוֹט בִּשְׁנָיִם וּמִן־הָרִמֹּנִים וּמִן־הַתְּאֵנִים:
24 לַמָּקוֹם הַהוּא קָרָא נַחַל אֶשְׁכּוֹל עַל אֹדוֹת הָאֶשְׁכּוֹל אֲשֶׁר־כָּרְתוּ
25 מִשָּׁם בְּנֵי יִשְׂרָאֵל: וַיָּשֻׁבוּ מִתּוּר הָאָרֶץ מִקֵּץ אַרְבָּעִים יוֹם: וַיֵּלְכוּ
26

and to Aaron, and to all the congregation of the children of Israel, unto the wilderness of Paran, to Kadesh; and brought back word unto them, and unto all the congregation, and shewed them the fruit of the land.

27 And they told him, and said, We came unto the land whither thou sentest us, and surely it floweth with milk and honey; and this *is* the fruit of it.

28 Nevertheless the people *be* strong that dwell in the land, and the cities *are* walled, *and* very great: and moreover we saw the children of Anak there.

29 The Amalekites dwell in the land of the south: and the Hittites, and the Jebusites, and the Amorites, dwell in the mountains: and the Canaanites dwell by the sea, and by the coast of Jordan.

30 And Caleb stilled the people before Moses, and said, Let us go up at once, and possess it; for we are well able to overcome it.

31 But the men that went up with him said, We be not able to go up against the people; for they *are* stronger than we.

32 And they brought up an evil report of the land which they had searched unto the children of Israel, saying, The land, through which we have gone to search it, *is* a land that eateth up the inhabitants thereof; and all the people that we saw in it *are* men of a great stature.

33 And there we saw the giants, the sons of Anak, *which come* of the giants: and we were in our own sight as grasshoppers, and so we were in their sight.

CHAPTER 14

1 And all the congregation lifted up their voice, and cried; and the people wept that night.

2 And all the children of Israel murmured against Moses and against Aaron: and the whole congregation said unto them, Would God that we had died in the land of Egypt! or would God we had died in this wilderness!

3 And wherefore hath the LORD brought us unto this land, to fall by the sword, that our wives and our children should be a prey? were it not better for us to return into Egypt?

4 And they said one to another, Let us make a captain, and let us return into Egypt.

5 Then Moses and Aaron fell on their faces before all the assembly of the congregation of the children of Israel.

6 ¶ And Joshua the son of Nun, and Caleb the son of Jephunneh, *which were* of them that searched the land, rent their clothes:

7 And they spake unto all the company of the children of Israel, saying, The land, which we passed through to search it, *is* an exceeding good land.

8 If the LORD delight in us, then he will bring us into this land, and give it us; a land which floweth with milk and honey.

9 Only rebel not ye against the LORD, neither fear ye the people of the land; for they *are* bread for us: their defence is departed from them, and the LORD *is* with us: fear them not.

10 But all the congregation bade stone them with stones. And the glory of the LORD appeared in the tabernacle of the congregation before all the children of Israel.

11 ¶ And the LORD said unto Moses, How long will this people provoke me? and how long will it be ere they believe me, for all the signs which I have shewed among them?

12 I will smite them with the pestilence, and disinherit them, and will make of thee a greater nation and mightier than they.

13 ¶ And Moses said unto the LORD, Then the Egyptians shall hear *it*, (for thou broughtest up this people in thy might from among them;)

14 And they will tell *it* to the inhabitants of this land: *for* they have heard that thou LORD *art* among this people, that thou LORD art seen face to face, and *that* thy cloud standeth over them, and *that* thou goest before them, by day time in a pillar of a cloud, and in a pillar of fire by night.

15 ¶ Now *if* thou shalt kill *all* this people

וַיֵּלְכ֡וּ אֶל־מֹשֶׁה֩ וְאֶֽל־אַהֲרֹ֨ן וְאֶל־כָּל־עֲדַ֧ת בְּנֵֽי־יִשְׂרָאֵ֛ל אֶל־מִדְבַּ֥ר
פָּארָ֖ן קָדֵ֑שָׁה וַיָּשִׁ֨יבוּ אוֹתָ֤ם דָּבָר֙ וְאֶת־כָּל־הָ֣עֵדָ֔ה וַיַּרְא֖וּם אֶת־פְּרִ֥י

27 הָאָֽרֶץ: וַיְסַפְּרוּ־לוֹ֙ וַיֹּ֣אמְר֔וּ בָּ֕אנוּ אֶל־הָאָ֖רֶץ אֲשֶׁ֣ר שְׁלַחְתָּ֑נוּ וְ֠גַם

28 זָבַ֨ת חָלָ֥ב וּדְבַ֛שׁ הִ֖וא וְזֶה־פִּרְיָֽהּ: אֶ֚פֶס כִּֽי־עַ֣ז הָעָ֔ם הַיֹּשֵׁ֖ב בָּאָ֑רֶץ

29 וְהֶֽעָרִ֗ים בְּצֻר֤וֹת גְּדֹלֹת֙ מְאֹ֔ד וְגַם־יְלִדֵ֥י הָעֲנָ֖ק רָאִ֣ינוּ שָֽׁם: עֲמָלֵ֥ק
יוֹשֵׁב֙ בְּאֶ֣רֶץ הַנֶּ֔גֶב וְ֠הַֽחִתִּי וְהַיְבוּסִ֤י וְהָֽאֱמֹרִי֙ יוֹשֵׁ֣ב בָּהָ֔ר וְהַֽכְּנַעֲנִי֙

30 יֹשֵׁ֣ב עַל־הַיָּ֔ם וְעַ֖ל יַ֥ד הַיַּרְדֵּֽן: וַיַּ֧הַס כָּלֵ֛ב אֶת־הָעָ֖ם אֶל־מֹשֶׁ֑ה וַיֹּ֗אמֶר

31 עָלֹ֤ה נַעֲלֶה֙ וְיָרַ֣שְׁנוּ אֹתָ֔הּ כִּֽי־יָכ֥וֹל נוּכַ֖ל לָֽהּ: וְהָ֣אֲנָשִׁ֗ים אֲשֶׁר־עָל֤וּ

32 עִמּוֹ֙ אָֽמְר֔וּ לֹ֥א נוּכַ֖ל לַעֲל֣וֹת אֶל־הָעָ֑ם כִּֽי־חָזָ֥ק ה֖וּא מִמֶּֽנּוּ: וַיֹּצִ֜יאוּ
דִּבַּ֤ת הָאָ֙רֶץ֙ אֲשֶׁ֣ר תָּר֣וּ אֹתָ֔הּ אֶל־בְּנֵ֥י יִשְׂרָאֵ֖ל לֵאמֹ֑ר הָאָ֡רֶץ אֲשֶׁר֩
עָבַ֨רְנוּ בָ֜הּ לָת֣וּר אֹתָ֗הּ אֶ֣רֶץ אֹכֶ֤לֶת יוֹשְׁבֶ֙יהָ֙ הִ֔וא וְכָל־הָעָ֛ם

33 אֲשֶׁר־רָאִ֥ינוּ בְתוֹכָ֖הּ אַנְשֵׁ֣י מִדּֽוֹת: וְשָׁ֣ם רָאִ֗ינוּ אֶת־הַנְּפִילִ֛ים בְּנֵ֥י

14 1 עֲנָ֖ק מִן־הַנְּפִלִ֑ים וַנְּהִ֤י בְעֵינֵ֙ינוּ֙ כַּֽחֲגָבִ֔ים וְכֵ֥ן הָיִ֖ינוּ בְּעֵינֵיהֶֽם: וַתִּשָּׂא֙

2 כָּל־הָ֣עֵדָ֔ה וַֽיִּתְּנ֖וּ אֶת־קוֹלָ֑ם וַיִּבְכּ֥וּ הָעָ֖ם בַּלַּ֥יְלָה הַהֽוּא: וַיִּלֹּ֙נוּ֙
עַל־מֹשֶׁ֣ה וְעַֽל־אַהֲרֹ֔ן כֹּ֖ל בְּנֵ֣י יִשְׂרָאֵ֑ל וַיֹּֽאמְר֨וּ אֲלֵהֶ֜ם כָּל־הָעֵדָ֗ה

3 לוּ־מַ֙תְנוּ֙ בְּאֶ֣רֶץ מִצְרַ֔יִם א֛וֹ בַּמִּדְבָּ֥ר הַזֶּ֖ה לוּ־מָֽתְנוּ: וְלָמָ֣ה יְ֠הֹוָה
מֵבִ֨יא אֹתָ֜נוּ אֶל־הָאָ֤רֶץ הַזֹּאת֙ לִנְפֹּ֣ל בַּחֶ֔רֶב נָשֵׁ֥ינוּ וְטַפֵּ֖נוּ יִהְי֣וּ לָבַ֑ז

4 הֲל֧וֹא ט֦וֹב לָ֖נוּ שׁ֥וּב מִצְרָֽיְמָה: וַיֹּאמְר֖וּ אִ֣ישׁ אֶל־אָחִ֑יו נִתְּנָ֥ה רֹ֖אשׁ

5 וְנָשׁ֥וּבָה מִצְרָֽיְמָה: וַיִּפֹּ֥ל מֹשֶׁ֛ה וְאַהֲרֹ֖ן עַל־פְּנֵיהֶ֑ם לִפְנֵ֕י כָּל־קְהַ֥ל

6 עֲדַ֖ת בְּנֵ֣י יִשְׂרָאֵֽל: וִיהוֹשֻׁ֣עַ בִּן־נ֗וּן וְכָלֵב֙ בֶּן־יְפֻנֶּ֔ה מִן־הַתָּרִ֖ים

7 אֶת־הָאָ֑רֶץ קָרְע֖וּ בִּגְדֵיהֶֽם: וַיֹּ֣אמְר֔וּ אֶל־כָּל־עֲדַ֥ת בְּנֵֽי־יִשְׂרָאֵ֖ל לֵאמֹ֑ר
הָאָ֗רֶץ אֲשֶׁ֨ר עָבַ֤רְנוּ בָהּ֙ לָת֣וּר אֹתָ֔הּ טוֹבָ֥ה הָאָ֖רֶץ מְאֹ֥ד מְאֹֽד:

8 אִם־חָפֵ֥ץ בָּ֙נוּ֙ יְהֹוָ֔ה וְהֵבִ֤יא אֹתָ֙נוּ֙ אֶל־הָאָ֣רֶץ הַזֹּ֔את וּנְתָנָ֖הּ לָ֑נוּ
אֶ֕רֶץ אֲשֶׁר־הִ֛וא זָבַ֥ת חָלָ֖ב וּדְבָֽשׁ: אַ֣ךְ בַּֽיהֹוָה֮ אַל־תִּמְרֹ֒דוּ֒ וְאַתֶּ֗ם

9 אַל־תִּֽירְאוּ֙ אֶת־עַ֣ם הָאָ֔רֶץ כִּ֥י לַחְמֵ֖נוּ הֵ֑ם סָ֣ר צִלָּ֤ם מֵֽעֲלֵיהֶם֙ וַֽיהֹוָ֣ה

10 אִתָּ֔נוּ אַל־תִּירָאֻֽם: וַיֹּֽאמְרוּ֙ כָּל־הָ֣עֵדָ֔ה לִרְגּ֥וֹם אֹתָ֖ם בָּאֲבָנִ֑ים וּכְב֣וֹד
יְהֹוָ֗ה נִרְאָה֙ בְּאֹ֣הֶל מוֹעֵ֔ד אֶֽל־כָּל־בְּנֵ֖י יִשְׂרָאֵֽל:

11 וַיֹּ֤אמֶר יְהֹוָה֙ אֶל־מֹשֶׁ֔ה עַד־אָ֥נָה יְנַאֲצֻ֖נִי הָעָ֣ם הַזֶּ֑ה וְעַד־אָ֙נָה֙

12 לֹא־יַאֲמִ֣ינוּ בִ֔י בְּכֹל֙ הָֽאֹת֔וֹת אֲשֶׁ֥ר עָשִׂ֖יתִי בְּקִרְבּֽוֹ: אַכֶּ֥נּוּ בַדֶּ֖בֶר

13 וְאוֹרִשֶׁ֑נּוּ וְאֶֽעֱשֶׂה֙ אֹֽתְךָ֔ לְגוֹי־גָּד֥וֹל וְעָצ֖וּם מִמֶּֽנּוּ: וַיֹּ֥אמֶר מֹשֶׁ֖ה
אֶל־יְהֹוָ֑ה וְשָֽׁמְע֣וּ מִצְרַ֔יִם כִּֽי־הֶעֱלִ֧יתָ בְכֹחֲךָ֛ אֶת־הָעָ֥ם הַזֶּ֖ה מִקִּרְבּֽוֹ:

14 וְאָמְר֗וּ אֶל־יוֹשֵׁב֮ הָאָ֣רֶץ הַזֹּאת֒ שָֽׁמְע֗וּ כִּֽי־אַתָּ֤ה יְהֹוָה֙ בְּקֶ֣רֶב הָעָ֣ם
הַזֶּ֔ה אֲשֶׁר־עַ֨יִן בְּעַ֜יִן נִרְאָ֣ה ׀ אַתָּ֣ה יְהֹוָ֗ה וַעֲנָֽנְךָ֙ עֹמֵ֣ד עֲלֵהֶ֔ם וּבְעַמֻּ֣ד

15 עָנָ֗ן אַתָּ֞ה הֹלֵ֤ךְ לִפְנֵיהֶם֙ יוֹמָ֔ם וּבְעַמּ֥וּד אֵ֖שׁ לָֽיְלָה: וְהֵמַתָּ֛ה אֶת־הָעָ֥ם
הַזֶּ֖ה כְּאִ֣ישׁ אֶחָ֑ד וְאָֽמְרוּ֙ הַגּוֹיִ֔ם אֲשֶׁר־שָׁמְע֥וּ אֶֽת־שִׁמְעֲךָ֖ לֵאמֹֽר:

as one man, then the nations which have heard the fame of thee will speak, saying,

16 Because the LORD was not able to bring this people into the land which he sware unto them, therefore he hath slain them in the wilderness.

17 And now, I beseech thee, let the power of my Lord be great, according as thou hast spoken, saying,

18 The LORD *is* longsuffering, and of great mercy, forgiving iniquity and transgression, and by no means clearing *the guilty,* visiting the iniquity of the fathers upon the children unto the third and fourth *generation.*

19 Pardon, I beseech thee, the iniquity of this people according unto the greatness of thy mercy, and as thou hast forgiven this people, from Egypt even until now.

20 And the LORD said, I have pardoned according to thy word:

21 But *as* truly *as* I live, all the earth shall be filled with the glory of the LORD.

22 Because all those men which have seen my glory, and my miracles, which I did in Egypt and in the wilderness, and have tempted me now these ten times, and have not hearkened to my voice;

23 Surely they shall not see the land which I sware unto their fathers, neither shall any of them that provoked me see it:

24 But my servant Caleb, because he had another spirit with him, and hath followed me fully, him will I bring into the land whereinto he went; and his seed shall possess it.

25 (Now the Amalekites and the Canaanites dwelt in the valley.) To morrow turn you, and get you into the wilderness by the way of the Red sea.

26 ¶ And the LORD spake unto Moses and unto Aaron, saying,

27 How long *shall I bear with* this evil congregation, which murmur against me? I have heard the murmurings of the children of Israel, which they murmur against me.

28 Say unto them, *As truly as* I live, saith the LORD, as ye have spoken in mine ears, so will I do to you:

29 Your carcases shall fall in this wilderness; and all that were numbered of you, according to your whole number, from twenty years old and upward, which have murmured against me,

30 Doubtless ye shall not come into the land, *concerning* which I sware to make you dwell therein, save Caleb the son of Jephunneh, and Joshua the son of Nun.

31 But your little ones, which ye said should be a prey, them will I bring in, and they shall know the land which ye have despised.

32 But *as for* you, your carcases, they shall fall in this wilderness.

33 And your children shall wander in the wilderness forty years, and bear your whoredoms, until your carcases be wasted in the wilderness.

34 After the number of the days in which ye searched the land, *even* forty days, each day for a year, shall ye bear your iniquities, *even* forty years, and ye shall know my breach of promise.

35 I the LORD have said, I will surely do it unto all this evil congregation, that are gathered together against me: in this wilderness they shall be consumed, and there they shall die.

36 And the men, which Moses sent to search the land, who returned, and made all the congregation to murmur against him, by bringing up a slander upon the land,

37 Even those men that did bring up the evil report upon the land, died by the plague before the LORD.

38 But Joshua the son of Nun, and Caleb the son of Jephunneh, *which were* of the men that went to search the land, lived *still.*

39 And Moses told these sayings unto all the children of Israel: and the people mourned greatly.

40 ¶ And they rose up early in the morning, and gat them up into the top of the mountain, saying, Lo, we *be here,* and will go up unto the place which the LORD hath promised: for we have sinned.

41 And Moses said, Wherefore now do ye transgress the commandment of the LORD? but it shall not prosper.

מִבִּלְתִּי יְכֹלֶת יְהֹוָה לְהָבִיא אֶת־הָעָם הַזֶּה אֶל־הָאָרֶץ אֲשֶׁר־נִשְׁבַּע 16

לָהֶם וַיִּשְׁחָטֵם בַּמִּדְבָּר: וְעַתָּה יִגְדַּל־נָא כֹּחַ אֲדֹנָי כַּאֲשֶׁר דִּבַּרְתָּ 17

לֵאמֹר: יְהֹוָה אֶרֶךְ אַפַּיִם וְרַב־חֶסֶד נֹשֵׂא עָוֹן וָפָשַׁע וְנַקֵּה לֹא 18

יְנַקֶּה פֹּקֵד עֲוֹן אָבוֹת עַל־בָּנִים עַל־שִׁלֵּשִׁים וְעַל־רִבֵּעִים: סְלַח־נָא 19

לַעֲוֹן הָעָם הַזֶּה כְּגֹדֶל חַסְדֶּךָ וְכַאֲשֶׁר נָשָׂאתָה לָעָם הַזֶּה מִמִּצְרַיִם 20

וְעַד־הֵנָּה: וַיֹּאמֶר יְהֹוָה סָלַחְתִּי כִּדְבָרֶךָ: וְאוּלָם חַי־אָנִי וְיִמָּלֵא 20 21

כְבוֹד־יְהֹוָה אֶת־כָּל־הָאָרֶץ: כִּי כָל־הָאֲנָשִׁים הָרֹאִים אֶת־כְּבֹדִי 22

וְאֶת־אֹתֹתַי אֲשֶׁר־עָשִׂיתִי בְמִצְרַיִם וּבַמִּדְבָּר וַיְנַסּוּ אֹתִי זֶה עֶשֶׂר 23

פְּעָמִים וְלֹא שָׁמְעוּ בְּקוֹלִי: אִם־יִרְאוּ אֶת־הָאָרֶץ אֲשֶׁר נִשְׁבַּעְתִּי 23

לַאֲבֹתָם וְכָל־מְנַאֲצַי לֹא יִרְאוּהָ: וְעַבְדִּי כָלֵב עֵקֶב הָיְתָה רוּחַ אַחֶרֶת 24

עִמּוֹ וַיְמַלֵּא אַחֲרָי וַהֲבִיאֹתִיו אֶל־הָאָרֶץ אֲשֶׁר־בָּא שָׁמָּה וְזַרְעוֹ

יוֹרִשֶׁנָּה: וְהָעֲמָלֵקִי וְהַכְּנַעֲנִי יוֹשֵׁב בָּעֵמֶק מָחָר פְּנוּ וּסְעוּ לָכֶם 25

הַמִּדְבָּר דֶּרֶךְ יַם־סוּף:

רביעי וַיְדַבֵּר יְהֹוָה אֶל־מֹשֶׁה וְאֶל־אַהֲרֹן לֵאמֹר: עַד־מָתַי לָעֵדָה הָרָעָה 26 27

הַזֹּאת אֲשֶׁר הֵמָּה מַלִּינִים עָלָי אֶת־תְּלֻנּוֹת בְּנֵי יִשְׂרָאֵל אֲשֶׁר הֵמָּה

מַלִּינִים עָלַי שָׁמָעְתִּי: אֱמֹר אֲלֵהֶם חַי־אָנִי נְאֻם־יְהֹוָה אִם־לֹא 28

כַּאֲשֶׁר דִּבַּרְתֶּם בְּאָזְנָי כֵּן אֶעֱשֶׂה לָכֶם: בַּמִּדְבָּר הַזֶּה יִפְּלוּ פִגְרֵיכֶם 29

וְכָל־פְּקֻדֵיכֶם לְכָל־מִסְפַּרְכֶם מִבֶּן עֶשְׂרִים שָׁנָה וָמָעְלָה אֲשֶׁר

הֲלִינֹתֶם עָלָי: אִם־אַתֶּם תָּבֹאוּ אֶל־הָאָרֶץ אֲשֶׁר נָשָׂאתִי אֶת־יָדִי 30

לְשַׁכֵּן אֶתְכֶם בָּהּ כִּי אִם־כָּלֵב בֶּן־יְפֻנֶּה וִיהוֹשֻׁעַ בִּן־נוּן: וְטַפְּכֶם 31

אֲשֶׁר אֲמַרְתֶּם לָבַז יִהְיֶה וְהֵבֵיאתִי אֹתָם וְיָדְעוּ אֶת־הָאָרֶץ אֲשֶׁר

מְאַסְתֶּם בָּהּ: וּפִגְרֵיכֶם אַתֶּם יִפְּלוּ בַּמִּדְבָּר הַזֶּה: וּבְנֵיכֶם יִהְיוּ 32 33

רֹעִים בַּמִּדְבָּר אַרְבָּעִים שָׁנָה וְנָשְׂאוּ אֶת־זְנוּתֵיכֶם עַד־תֹּם פִּגְרֵיכֶם

בַּמִּדְבָּר: בְּמִסְפַּר הַיָּמִים אֲשֶׁר־תַּרְתֶּם אֶת־הָאָרֶץ אַרְבָּעִים יוֹם 34

לַשָּׁנָה יוֹם לַשָּׁנָה תִּשְׂאוּ אֶת־עֲוֹנֹתֵיכֶם אַרְבָּעִים שָׁנָה וִידַעְתֶּם

אֶת־תְּנוּאָתִי: אֲנִי יְהֹוָה דִּבַּרְתִּי אִם־לֹא| זֹאת אֶעֱשֶׂה לְכָל־הָעֵדָה 35

הָרָעָה הַזֹּאת הַנּוֹעָדִים עָלָי בַּמִּדְבָּר הַזֶּה יִתַּמּוּ וְשָׁם יָמֻתוּ:

וילינו וְהָאֲנָשִׁים אֲשֶׁר־שָׁלַח מֹשֶׁה לָתוּר אֶת־הָאָרֶץ וַיָּשֻׁבוּ וַיִּלּוֹנוּ עָלָיו 36

אֶת־כָּל־הָעֵדָה לְהוֹצִיא דִבָּה עַל־הָאָרֶץ: וַיָּמֻתוּ הָאֲנָשִׁים מוֹצִאֵי 37

דִבַּת־הָאָרֶץ רָעָה בַּמַּגֵּפָה לִפְנֵי יְהֹוָה: וִיהוֹשֻׁעַ בִּן־נוּן וְכָלֵב בֶּן־יְפֻנֶּה 38

חָיוּ מִן־הָאֲנָשִׁים הָהֵם הַהֹלְכִים לָתוּר אֶת־הָאָרֶץ: וַיְדַבֵּר מֹשֶׁה 39

אֶת־הַדְּבָרִים הָאֵלֶּה אֶל־כָּל־בְּנֵי יִשְׂרָאֵל וַיִּתְאַבְּלוּ הָעָם מְאֹד:

וַיַּשְׁכִּמוּ בַבֹּקֶר וַיַּעֲלוּ אֶל־רֹאשׁ־הָהָר לֵאמֹר הִנֶּנּוּ וְעָלִינוּ אֶל־הַמָּקוֹם 40

אֲשֶׁר־אָמַר יְהֹוָה כִּי חָטָאנוּ: וַיֹּאמֶר מֹשֶׁה לָמָּה זֶּה אַתֶּם עֹבְרִים 41

אֶת־פִּי יְהֹוָה וְהִוא לֹא תִצְלָח: אַל־תַּעֲלוּ כִּי אֵין יְהֹוָה בְּקִרְבְּכֶם 42

42 Go not up, for the LORD *is* not among you; that ye be not smitten before your enemies.

43 For the Amalekites and the Canaanites *are* there before you, and ye shall fall by the sword: because ye are turned away from the LORD, therefore the LORD will not be with you.

44 But they presumed to go up unto the hill top: nevertheless the ark of the covenant of the LORD, and Moses, departed not out of the camp.

45 Then the Amalekites came down, and the Canaanites which dwelt in that hill, and smote them, and discomfited them, *even* unto Hormah.

CHAPTER 15

1 And the LORD spake unto Moses, saying,

2 Speak unto the children of Israel, and say unto them, When ye be come into the land of your habitations, which I give unto you,

3 And will make an offering by fire unto the LORD, a burnt offering, or a sacrifice in performing a vow, or in a freewill offering, or in your solemn feasts, to make a sweet savour unto the LORD, of the herd, or of the flock:

4 Then shall he that offereth his offering unto the LORD bring a meat offering of a tenth deal of flour mingled with the fourth *part* of an hin of oil.

5 And the fourth *part* of an hin of wine for a drink offering shalt thou prepare with the burnt offering or sacrifice, for one lamb.

6 Or for a ram, thou shalt prepare *for* a meat offering two tenth deals of flour mingled with the third *part* of an hin of oil.

7 And for a drink offering thou shalt offer the third *part* of an hin of wine, *for* a sweet savour unto the LORD.

8 And when thou preparest a bullock *for* a burnt offering, or *for* a sacrifice in performing a vow, or peace offerings unto the LORD:

9 Then shall he bring with a bullock a meat offering of three tenth deals of flour mingled with half an hin of oil.

10 And thou shalt bring for a drink offering half an hin of wine, *for* an offering made by fire, of a sweet savour unto the LORD.

11 Thus shall it be done for one bullock, or for one ram, or for a lamb, or a kid.

12 According to the number that ye shall prepare, so shall ye do to every one according to their number.

13 All that are born of the country shall do these things after this manner, in offering an offering made by fire, of a sweet savour unto the LORD.

14 And if a stranger sojourn with you, or whosoever *be* among you in your generations, and will offer an offering made by fire, of a sweet savour unto the LORD; as ye do, so he shall do.

15 One ordinance *shall be both* for you of the congregation, and also for the stranger that sojourneth *with you,* an ordinance for ever in your generations: as ye *are,* so shall the stranger be before the LORD.

16 One law and one manner shall be for you, and for the stranger that sojourneth with you.

17 ¶ And the LORD spake unto Moses, saying,

18 Speak unto the children of Israel, and say unto them, When ye come into the land whither I bring you,

19 Then it shall be, that, when ye eat of the bread of the land, ye shall offer up an heave offering unto the LORD.

20 Ye shall offer up a cake of the first of your dough *for* an heave offering: as *ye do* the heave offering of the threshing-floor, so shall ye heave it.

21 Of the first of your dough ye shall give unto the LORD an heave offering in your generations.

22 ¶ And if ye have erred, and not observed all these commandments, which the LORD hath spoken unto Moses,

23 *Even* all that the LORD hath commanded you by the hand of Moses, from the day that the LORD commanded *Moses,* and henceforward among your generations;

מג וְלֹא תִּנָּגְפוּ לִפְנֵי אֹיְבֵיכֶם: כִּי הָעֲמָלֵקִי וְהַכְּנַעֲנִי שָׁם לִפְנֵיכֶם
וּנְפַלְתֶּם בֶּחָרֶב כִּי־עַל־כֵּן שַׁבְתֶּם מֵאַחֲרֵי יְהֹוָה וְלֹא־יִהְיֶה יְהֹוָה
מד עִמָּכֶם: וַיַּעְפִּלוּ לַעֲלוֹת אֶל־רֹאשׁ הָהָר וַאֲרוֹן בְּרִית־יְהֹוָה וּמֹשֶׁה
מה לֹא־מָשׁוּ מִקֶּרֶב הַמַּחֲנֶה: וַיֵּרֶד הָעֲמָלֵקִי וְהַכְּנַעֲנִי הַיֹּשֵׁב בָּהָר הַהוּא
וַיַּכּוּם וַיַּכְּתוּם עַד־הַחָרְמָה:

15 א וַיְדַבֵּר יְהֹוָה אֶל־מֹשֶׁה לֵּאמֹר: דַּבֵּר אֶל־בְּנֵי יִשְׂרָאֵל וְאָמַרְתָּ אֲלֵהֶם
ב
ג כִּי תָבֹאוּ אֶל־אֶרֶץ מוֹשְׁבֹתֵיכֶם אֲשֶׁר אֲנִי נֹתֵן לָכֶם: וַעֲשִׂיתֶם
אִשֶּׁה לַיהֹוָה עֹלָה אוֹ־זֶבַח לְפַלֵּא־נֶדֶר אוֹ בִנְדָבָה אוֹ בְּמֹעֲדֵיכֶם
ד לַעֲשׂוֹת רֵיחַ נִיחֹחַ לַיהֹוָה מִן־הַבָּקָר אוֹ מִן־הַצֹּאן: וְהִקְרִיב הַמַּקְרִיב
ה קָרְבָּנוֹ לַיהֹוָה מִנְחָה סֹלֶת עִשָּׂרוֹן בָּלוּל בִּרְבִעִית הַהִין שָׁמֶן: וְיַיִן
לַנֶּסֶךְ רְבִיעִית הַהִין תַּעֲשֶׂה עַל־הָעֹלָה אוֹ לַזָּבַח לַכֶּבֶשׂ הָאֶחָד:
ו אוֹ לָאַיִל תַּעֲשֶׂה מִנְחָה סֹלֶת שְׁנֵי עֶשְׂרֹנִים בְּלוּלָה בַשֶּׁמֶן שְׁלִשִׁית
ז הַהִין: וְיַיִן לַנֶּסֶךְ שְׁלִשִׁית הַהִין תַּקְרִיב רֵיחַ־נִיחֹחַ לַיהֹוָה:
ח חמישי וְכִי־תַעֲשֶׂה בֶן־בָּקָר עֹלָה אוֹ־זָבַח לְפַלֵּא־נֶדֶר אוֹ־שְׁלָמִים לַיהֹוָה:
ט וְהִקְרִיב עַל־בֶּן־הַבָּקָר מִנְחָה סֹלֶת שְׁלֹשָׁה עֶשְׂרֹנִים בָּלוּל בַּשֶּׁמֶן
י חֲצִי הַהִין: וְיַיִן תַּקְרִיב לַנֶּסֶךְ חֲצִי הַהִין אִשֵּׁה רֵיחַ־נִיחֹחַ לַיהֹוָה:
יא כָּכָה יֵעָשֶׂה לַשּׁוֹר הָאֶחָד אוֹ לָאַיִל הָאֶחָד אוֹ־לַשֶּׂה בַכְּבָשִׂים אוֹ
יב בָעִזִּים: כַּמִּסְפָּר אֲשֶׁר תַּעֲשׂוּ כָּכָה תַּעֲשׂוּ לָאֶחָד כְּמִסְפָּרָם:
יג כָּל־הָאֶזְרָח יַעֲשֶׂה־כָּכָה אֶת־אֵלֶּה לְהַקְרִיב אִשֵּׁה רֵיחַ־נִיחֹחַ לַיהֹוָה:
יד וְכִי־יָגוּר אִתְּכֶם גֵּר אוֹ אֲשֶׁר־בְּתוֹכְכֶם לְדֹרֹתֵיכֶם וְעָשָׂה אִשֵּׁה
טו רֵיחַ־נִיחֹחַ לַיהֹוָה כַּאֲשֶׁר תַּעֲשׂוּ כֵּן יַעֲשֶׂה: הַקָּהָל חֻקָּה אַחַת לָכֶם
וְלַגֵּר הַגָּר חֻקַּת עוֹלָם לְדֹרֹתֵיכֶם כָּכֶם כַּגֵּר יִהְיֶה לִפְנֵי יְהֹוָה:
טז תּוֹרָה אַחַת וּמִשְׁפָּט אֶחָד יִהְיֶה לָכֶם וְלַגֵּר הַגָּר אִתְּכֶם:
יז ששי וַיְדַבֵּר יְהֹוָה אֶל־מֹשֶׁה לֵּאמֹר: דַּבֵּר אֶל־בְּנֵי יִשְׂרָאֵל וְאָמַרְתָּ אֲלֵהֶם
יח
יט בְּבֹאֲכֶם אֶל־הָאָרֶץ אֲשֶׁר אֲנִי מֵבִיא אֶתְכֶם שָׁמָּה: וְהָיָה בַּאֲכָלְכֶם
כ מִלֶּחֶם הָאָרֶץ תָּרִימוּ תְרוּמָה לַיהֹוָה: רֵאשִׁית עֲרִסֹתֵכֶם חַלָּה
כא תָּרִימוּ תְרוּמָה כִּתְרוּמַת גֹּרֶן כֵּן תָּרִימוּ אֹתָהּ: מֵרֵאשִׁית עֲרִסֹתֵיכֶם
כב תִּתְּנוּ לַיהֹוָה תְּרוּמָה לְדֹרֹתֵיכֶם: וְכִי תִשְׁגּוּ וְלֹא תַעֲשׂוּ
כג אֵת כָּל־הַמִּצְוֹת הָאֵלֶּה אֲשֶׁר־דִּבֶּר יְהֹוָה אֶל־מֹשֶׁה: אֵת כָּל־אֲשֶׁר
צִוָּה יְהֹוָה אֲלֵיכֶם בְּיַד־מֹשֶׁה מִן־הַיּוֹם אֲשֶׁר צִוָּה יְהֹוָה וָהָלְאָה

24 Then it shall be, if *ought* be committed by ignorance without the knowledge of the congregation, that all the congregation shall offer one young bullock for a burnt offering, for a sweet savour unto the LORD, with his meat offering, and his drink offering, according to the manner, and one kid of the goats for a sin offering.

25 And the priest shall make an atonement for all the congregation of the children of Israel, and it shall be forgiven them; for it *is* ignorance: and they shall bring their offering, a sacrifice made by fire unto the LORD, and their sin offering before the LORD, for their ignorance:

26 And it shall be forgiven all the congregation of the children of Israel, and the stranger that sojourneth among them; seeing all the people *were* in ignorance.

27 ¶ And if any soul sin through ignorance, then he shall bring a she goat of the first year for a sin offering.

28 And the priest shall make an atonement for the soul that sinneth ignorantly, when he sinneth by ignorance before the LORD, to make an atonement for him; and it shall be forgiven him.

29 Ye shall have one law for him that sinneth through ignorance, *both for* him that is born among the children of Israel, and for the stranger that sojourneth among them.

30 ¶ But the soul that doeth *ought* presumptuously, *whether he be* born in the land, or a stranger, the same reproacheth the LORD; and that soul shall be cut off from among his people.

31 Because he hath despised the word of the LORD, and hath broken his commandment, that soul shall utterly be cut off; his iniquity *shall be* upon him.

32 ¶ And while the children of Israel were in the wilderness, they found a man that gathered sticks upon the sabbath day.

33 And they that found him gathering sticks brought him unto Moses and Aaron, and unto all the congregation.

34 And they put him in ward, because it was not declared what should be done to him.

35 And the LORD said unto Moses, The man shall be surely put to death: all the congregation shall stone him with stones without the camp.

36 And all the congregation brought him without the camp, and stoned him with stones, and he died; as the LORD commanded Moses.

37 ¶ And the LORD spake unto Moses, saying,

38 Speak unto the children of Israel, and bid them that they make them fringes in the borders of their garments throughout their generations, and that they put upon the fringe of the borders a ribband of blue:

39 And it shall be unto you for a fringe, that ye may look upon it, and remember all the commandments of the LORD, and do them; and that ye seek not after your own heart and your own eyes, after which ye use to go a whoring:

40 That ye may remember, and do all my commandments, and be holy unto your God.

41 I *am* the LORD your God, which brought you out of the land of Egypt, to be your God: I *am* the LORD your God.

CHAPTER 16

1 Now Korah, the son of Izhar, the son of Kohath, the son of Levi, and Dathan and Abiram, the sons of Eliab, and On, the son of Peleth, sons of Reuben, took *men:*

2 And they rose up before Moses, with certain of the children of Israel, two hundred and fifty princes of the assembly, famous in the congregation, men of renown:

3 And they gathered themselves together against Moses and against Aaron, and said unto them, *Ye take* too much upon you, seeing all the congregation *are* holy, every one of them, and the LORD *is* among them: wherefore then lift ye up yourselves above the congregation of the LORD?

4 And when Moses heard *it,* he fell upon his face:

5 And he spake unto Korah and unto all his company, saying, Even to morrow the LORD will shew who *are* his, and *who is* holy; and will cause *him* to come near

לְדֹרֹתֵיכֶֽם: וְהָיָ֗ה אִ֣ם מֵעֵינֵ֣י הָעֵדָה֮ נֶעֶשְׂתָ֣ה לִשְׁגָגָה֒ וְעָשׂ֣וּ כָל־הָעֵדָ֡ה 24

פַּ֣ר בֶּן־בָּקָר֩ אֶחָ֨ד לְעֹלָ֜ה לְרֵ֤יחַ נִיחֹ֙חַ֙ לַֽיהֹוָ֔ה וּמִנְחָת֥וֹ וְנִסְכּ֖וֹ כַּמִּשְׁפָּ֑ט

וּשְׂעִיר־עִזִּ֥ים אֶחָ֖ד לְחַטָּֽת: וְכִפֶּ֣ר הַכֹּהֵ֗ן עַֽל־כָּל־עֲדַ֛ת בְּנֵ֥י יִשְׂרָאֵ֖ל 25

וְנִסְלַ֣ח לָהֶ֑ם כִּֽי־שְׁגָגָ֣ה הִ֔וא וְהֵם֩ הֵבִ֨יאוּ אֶת־קָרְבָּנָ֜ם אִשֶּׁ֣ה לַֽיהֹוָ֗ה

וְחַטָּאתָ֛ם לִפְנֵ֥י יְהֹוָ֖ה עַל־שִׁגְגָתָֽם: וְנִסְלַ֗ח לְכָל־עֲדַת֙ בְּנֵ֣י יִשְׂרָאֵ֔ל 26

וְלַגֵּ֖ר הַגָּ֣ר בְּתוֹכָ֑ם כִּ֥י לְכָל־הָעָ֖ם בִּשְׁגָגָֽה: וְאִם־נֶ֣פֶשׁ 27

אַחַ֖ת תֶּחֱטָ֣א בִשְׁגָגָ֑ה וְהִקְרִ֛יבָה עֵ֥ז בַּת־שְׁנָתָ֖הּ לְחַטָּֽאת: וְכִפֶּ֣ר 28

הַכֹּהֵ֗ן עַל־הַנֶּ֧פֶשׁ הַשֹּׁגֶ֛גֶת בְּחֶטְאָ֥ה בִשְׁגָגָ֖ה לִפְנֵ֣י יְהֹוָ֑ה לְכַפֵּ֥ר עָלָ֖יו

וְנִסְלַ֥ח לֽוֹ: הָֽאֶזְרָח֙ בִּבְנֵ֣י יִשְׂרָאֵ֔ל וְלַגֵּ֖ר הַגָּ֣ר בְּתוֹכָ֑ם תּוֹרָ֤ה אַחַת֙ 29

יִֽהְיֶ֣ה לָכֶ֔ם לָעֹשֶׂ֖ה בִּשְׁגָגָֽה: וְהַנֶּ֜פֶשׁ אֲשֶֽׁר־תַּעֲשֶׂ֣ה ׀ בְּיָ֣ד רָמָ֗ה 30

מִן־הָֽאֶזְרָח֙ וּמִן־הַגֵּ֔ר אֶת־יְהֹוָ֖ה ה֣וּא מְגַדֵּ֑ף וְנִכְרְתָ֛ה הַנֶּ֥פֶשׁ הַהִ֖וא

מִקֶּ֥רֶב עַמָּֽהּ: כִּ֤י דְבַר־יְהֹוָה֙ בָּזָ֔ה וְאֶת־מִצְוָת֖וֹ הֵפַ֑ר הִכָּרֵ֧ת ׀ תִּכָּרֵ֛ת 31

הַנֶּ֥פֶשׁ הַהִ֖וא עֲוֹנָ֥ה בָֽהּ:

וַיִּהְי֥וּ בְנֵֽי־יִשְׂרָאֵ֖ל בַּמִּדְבָּ֑ר וַֽיִּמְצְא֗וּ אִ֛ישׁ מְקֹשֵׁ֥שׁ עֵצִ֖ים בְּי֥וֹם הַשַּׁבָּֽת: 32

וַיַּקְרִ֙יבוּ֙ אֹת֔וֹ הַמֹּצְאִ֥ים אֹת֖וֹ מְקֹשֵׁ֣שׁ עֵצִ֑ים אֶל־מֹשֶׁה֙ וְאֶֽל־אַהֲרֹ֔ן 33

וְאֶ֖ל כָּל־הָעֵדָֽה: וַיַּנִּ֥יחוּ אֹת֖וֹ בַּמִּשְׁמָ֑ר כִּ֚י לֹ֣א פֹרַ֔שׁ מַה־יֵּעָשֶׂ֖ה 34

ל֖וֹ: וַיֹּ֤אמֶר יְהֹוָה֙ אֶל־מֹשֶׁ֔ה מ֥וֹת יוּמַ֖ת הָאִ֑ישׁ רָג֨וֹם 35

אֹת֤וֹ בָֽאֲבָנִים֙ כָּל־הָ֣עֵדָ֔ה מִח֖וּץ לַֽמַּחֲנֶֽה: וַיֹּצִ֨יאוּ אֹת֜וֹ כָּל־הָעֵדָ֗ה 36

אֶל־מִחוּץ֙ לַֽמַּחֲנֶ֔ה וַיִּרְגְּמ֥וּ אֹת֛וֹ בָּאֲבָנִ֖ים וַיָּמֹ֑ת כַּאֲשֶׁ֛ר צִוָּ֥ה יְהֹוָ֖ה

אֶת־מֹשֶֽׁה:

וַיֹּ֥אמֶר יְהֹוָ֖ה אֶל־מֹשֶׁ֥ה לֵּאמֹֽר: דַּבֵּ֞ר אֶל־בְּנֵ֤י יִשְׂרָאֵל֙ וְאָמַרְתָּ֣ אֲלֵהֶ֔ם 37, 38

וְעָשׂ֨וּ לָהֶ֥ם צִיצִ֛ת עַל־כַּנְפֵ֥י בִגְדֵיהֶ֖ם לְדֹרֹתָ֑ם וְנָֽתְנ֛וּ עַל־צִיצִ֥ת הַכָּנָ֖ף

פְּתִ֥יל תְּכֵֽלֶת: וְהָיָ֣ה לָכֶם֮ לְצִיצִת֒ וּרְאִיתֶ֣ם אֹת֗וֹ וּזְכַרְתֶּם֙ 39

אֶת־כָּל־מִצְוֺ֣ת יְהֹוָ֔ה וַעֲשִׂיתֶ֖ם אֹתָ֑ם וְלֹֽא־תָת֜וּרוּ אַחֲרֵ֤י לְבַבְכֶם֙ וְאַחֲרֵ֣י

עֵֽינֵיכֶ֔ם אֲשֶׁר־אַתֶּ֥ם זֹנִ֖ים אַחֲרֵיהֶֽם: לְמַ֣עַן תִּזְכְּר֔וּ וַעֲשִׂיתֶ֖ם 40

אֶת־כָּל־מִצְוֺתָ֑י וִהְיִיתֶ֥ם קְדֹשִׁ֖ים לֵאלֹֽהֵיכֶֽם: אֲנִ֞י יְהֹוָ֣ה אֱלֹֽהֵיכֶ֗ם 41

אֲשֶׁ֨ר הוֹצֵ֤אתִי אֶתְכֶם֙ מֵאֶ֣רֶץ מִצְרַ֔יִם לִהְי֥וֹת לָכֶ֖ם לֵאלֹהִ֑ים אֲנִ֖י

יְהֹוָ֥ה אֱלֹהֵיכֶֽם:

וַיִּקַּ֣ח קֹ֔רַח בֶּן־יִצְהָ֥ר בֶּן־קְהָ֖ת בֶּן־לֵוִ֑י וְדָתָ֨ן וַאֲבִירָ֜ם בְּנֵ֣י אֱלִיאָ֗ב 1

וְא֛וֹן בֶּן־פֶּ֥לֶת בְּנֵ֥י רְאוּבֵֽן: וַיָּקֻ֙מוּ֙ לִפְנֵ֣י מֹשֶׁ֔ה וַאֲנָשִׁ֥ים מִבְּנֵֽי־יִשְׂרָאֵ֖ל 2

חֲמִשִּׁ֣ים וּמָאתָ֑יִם נְשִׂיאֵ֥י עֵדָ֛ה קְרִאֵ֥י מוֹעֵ֖ד אַנְשֵׁי־שֵֽׁם: וַיִּקָּהֲל֞וּ 3

עַל־מֹשֶׁ֣ה וְעַֽל־אַהֲרֹ֗ן וַיֹּאמְר֣וּ אֲלֵהֶם֮ רַב־לָכֶם֒ כִּ֤י כָל־הָֽעֵדָה֙ כֻּלָּ֣ם

קְדֹשִׁ֔ים וּבְתוֹכָ֖ם יְהֹוָ֑ה וּמַדּ֥וּעַ תִּֽתְנַשְּׂא֖וּ עַל־קְהַ֥ל יְהֹוָֽה: וַיִּשְׁמַ֣ע 4

מֹשֶׁ֔ה וַיִּפֹּ֖ל עַל־פָּנָֽיו: וַיְדַבֵּ֨ר אֶל־קֹ֜רַח וְאֶֽל־כָּל־עֲדָתוֹ֮ לֵאמֹר֒ בֹּ֠קֶר 5

וְיֹדַ֨ע יְהֹוָ֧ה אֶת־אֲשֶׁר־ל֛וֹ וְאֶת־הַקָּד֖וֹשׁ וְהִקְרִ֣יב אֵלָ֑יו וְאֵ֥ת אֲשֶׁ֖ר

unto him: even *him* whom he hath chosen will he cause to come near unto him.

6 This do; Take you censers, Korah, and all his company;

7 And put fire therein, and put incense in them before the LORD to morrow: and it shall be *that* the man whom the LORD doth choose, he *shall be* holy: *ye take* too much upon you, ye sons of Levi.

8 And Moses said unto Korah, Hear, I pray you, ye sons of Levi:

9 *Seemeth it but* a small thing unto you, that the God of Israel hath separated you from the congregation of Israel, to bring you near to himself to do the service of the tabernacle of the LORD, and to stand before the congregation to minister unto them?

10 And he hath brought thee near *to him,* and all thy brethren the sons of Levi with thee: and seek ye the priesthood also?

11 For which cause *both* thou and all thy company *are* gathered together against the LORD: and what *is* Aaron, that ye murmur against him?

12 ¶ And Moses sent to call Dathan and Abiram, the sons of Eliab: which said, We will not come up:

13 *Is it* a small thing that thou hast brought us up out of a land that floweth with milk and honey, to kill us in the wilderness, except thou make thyself altogether a prince over us?

14 Moreover thou hast not brought us into a land that floweth with milk and honey, or given us inheritance of fields and vineyards: wilt thou put out the eyes of these men? we will not come up.

15 And Moses was very wroth, and said unto the LORD, Respect not thou their offering: I have not taken one ass from them, neither have I hurt one of them.

16 And Moses said unto Korah, Be thou and all thy company before the LORD, thou, and they, and Aaron, to morrow:

17 And take every man his censer, and put incense in them, and bring ye before the LORD every man his censer, two hundred and fifty censers; thou also, and Aaron, each *of you* his censer.

18 And they took every man his censer, and put fire in them, and laid incense

thereon, and stood in the door of the tabernacle of the congregation with Moses and Aaron.

19 And Korah gathered all the congregation against them unto the door of the tabernacle of the congregation: and the glory of the LORD appeared unto all the congregation.

20 And the LORD spake unto Moses and unto Aaron, saying,

21 Separate yourselves from among this congregation, that I may consume them in a moment.

22 And they fell upon their faces, and said, O God, the God of the spirits of all flesh, shall one man sin, and wilt thou be wroth with all the congregation?

23 ¶ And the LORD spake unto Moses, saying,

24 Speak unto the congregation, saying, Get you up from about the tabernacle of Korah, Dathan, and Abiram.

25 And Moses rose up and went unto Dathan and Abiram; and the elders of Israel followed him.

26 And he spake unto the congregation, saying, Depart, I pray you, from the tents of these wicked men, and touch nothing of theirs, lest ye be consumed in all their sins.

27 So they gat up from the tabernacle of Korah, Dathan, and Abiram, on every side: and Dathan and Abiram came out, and stood in the door of their tents, and their wives, and their sons, and their little children.

28 And Moses said, Hereby ye shall know that the LORD hath sent me to do all these works; for *I have* not *done them* of mine own mind.

29 If these men die the common death of all men, or if they be visited after the visitation of all men; *then* the LORD hath not sent me.

30 But if the LORD make a new thing, and the earth open her mouth, and swallow them up, with all that *appertain* unto them, and they go down quick into the pit; then ye shall understand that these men have provoked the LORD.

31 ¶ And it came to pass, as he had made an end of speaking all these words, that

6 יִבְחַר־בּ֖וֹ יַקְרִ֣יב אֵלָ֑יו: זֹ֣את עֲשׂ֔וּ קְחוּ־לָכֶ֣ם מַחְתּ֔וֹת קֹ֖רַח

7 וְכָל־עֲדָתֽוֹ: וּתְנ֣וּ בָהֵ֣ן׀ אֵ֡שׁ וְשִׂימוּ֩ עֲלֵיהֶ֨ן׀ קְטֹ֜רֶת לִפְנֵ֤י יְהוָה֙ מָחָ֔ר וְהָיָ֗ה הָאִ֛ישׁ אֲשֶׁר־יִבְחַ֥ר יְהוָ֖ה ה֣וּא הַקָּד֑וֹשׁ רַב־לָכֶ֖ם בְּנֵ֥י לֵוִֽי:

8 וַיֹּ֥אמֶר מֹשֶׁ֖ה אֶל־קֹ֑רַח שִׁמְעוּ־נָ֖א בְּנֵ֥י לֵוִֽי: 9 הַמְעַ֣ט מִכֶּ֗ם כִּֽי־הִבְדִּיל֩
אֱלֹהֵ֨י יִשְׂרָאֵ֤ל אֶתְכֶם֙ מֵעֲדַ֣ת יִשְׂרָאֵ֔ל לְהַקְרִ֥יב אֶתְכֶ֖ם אֵלָ֑יו לַעֲבֹ֗ד

10 אֶת־עֲבֹדַ֛ת מִשְׁכַּ֥ן יְהוָ֖ה וְלַעֲמֹ֧ד לִפְנֵ֛י הָעֵדָ֖ה לְשָׁרְתָֽם: וַיַּקְרֵב֙ אֹֽתְךָ֔

11 וְאֶת־כָּל־אַחֶ֥יךָ בְנֵֽי־לֵוִ֖י אִתָּ֑ךְ וּבִקַּשְׁתֶּ֖ם גַּם־כְּהֻנָּֽה: לָכֵ֗ן אַתָּה֙
וְכָל־עֲדָֽתְךָ֔ הַנֹּעָדִ֖ים עַל־יְהוָ֑ה וְאַהֲרֹ֣ן מַה־ה֔וּא כִּ֥י תַלִּ֖ונוּ עָלָֽיו: תלּינו

12 וַיִּשְׁלַ֣ח מֹשֶׁ֔ה לִקְרֹ֛א לְדָתָ֥ן וְלַאֲבִירָ֖ם בְּנֵ֣י אֱלִיאָ֑ב וַיֹּאמְר֖וּ לֹ֥א נַעֲלֶֽה:

13 הַמְעַ֗ט כִּ֤י הֶעֱלִיתָ֙נוּ֙ מֵאֶ֨רֶץ זָבַ֤ת חָלָב֙ וּדְבַ֔שׁ לַהֲמִיתֵ֖נוּ בַּמִּדְבָּ֑ר

14 כִּ֥י תִשְׂתָּרֵ֖ר עָלֵ֑ינוּ גַּם־הִשְׂתָּרֵֽר: אַ֡ף לֹ֣א אֶל־אֶ֩רֶץ֩ זָבַ֨ת חָלָ֜ב וּדְבַ֗שׁ שני
הֲבִ֣יאֹתָ֔נוּ וַתִּ֨תֶּן־לָ֔נוּ נַחֲלַ֖ת שָׂדֶ֣ה וָכָ֑רֶם הַעֵינֵ֞י הָאֲנָשִׁ֤ים הָהֵם֙ תְּנַקֵּ֔ר

15 לֹ֣א נַעֲלֶֽה: וַיִּ֤חַר לְמֹשֶׁה֙ מְאֹ֔ד וַיֹּ֨אמֶר֙ אֶל־יְהוָ֔ה אַל־תֵּ֖פֶן אֶל־מִנְחָתָ֑ם

16 לֹ֣א חֲמ֤וֹר אֶחָד֙ מֵהֶ֣ם נָשָׂ֔אתִי וְלֹ֥א הֲרֵעֹ֖תִי אֶת־אַחַ֥ד מֵהֶֽם: וַיֹּ֤אמֶר
מֹשֶׁה֙ אֶל־קֹ֔רַח אַתָּה֙ וְכָל־עֲדָ֣תְךָ֔ הֱי֖וּ לִפְנֵ֣י יְהוָ֑ה אַתָּ֥ה וָהֵ֛ם וְאַהֲרֹ֖ן

17 מָחָֽר: וּקְח֣וּ׀ אִ֣ישׁ מַחְתָּת֗וֹ וּנְתַתֶּ֤ם עֲלֵיהֶם֙ קְטֹ֔רֶת וְהִקְרַבְתֶּ֞ם לִפְנֵ֤י
יְהוָה֙ אִ֣ישׁ מַחְתָּת֔וֹ חֲמִשִּׁ֥ים וּמָאתַ֖יִם מַחְתֹּ֑ת וְאַתָּ֥ה וְאַהֲרֹ֖ן אִ֥ישׁ

18 מַחְתָּתֽוֹ: וַיִּקְח֞וּ אִ֣ישׁ מַחְתָּת֗וֹ וַיִּתְּנ֤וּ עֲלֵיהֶם֙ אֵ֔שׁ וַיָּשִׂ֥ימוּ עֲלֵיהֶ֖ם

19 קְטֹ֑רֶת וַֽיַּעַמְד֗וּ פֶּ֛תַח אֹ֥הֶל מוֹעֵ֖ד וּמֹשֶׁ֥ה וְאַהֲרֹֽן: וַיַּקְהֵ֨ל עֲלֵיהֶ֤ם
קֹ֨רַח֙ אֶת־כָּל־הָ֣עֵדָ֔ה אֶל־פֶּ֖תַח אֹ֣הֶל מוֹעֵ֑ד וַיֵּרָ֥א כְבוֹד־יְהוָ֖ה אֶל־

20 כָּל־הָעֵדָֽה: וַיְדַבֵּ֣ר יְהוָ֔ה אֶל־מֹשֶׁ֥ה וְאֶֽל־אַהֲרֹ֖ן לֵאמֹֽר: שלישי

21 הִבָּ֣דְל֔וּ מִתּ֖וֹךְ הָעֵדָ֣ה הַזֹּ֑את וַאֲכַלֶּ֥ה אֹתָ֖ם כְּרָֽגַע: וַיִּפְּל֣וּ עַל־פְּנֵיהֶ֔ם 21A

22 וַיֹּ֣אמְר֔וּ אֵ֕ל אֱלֹהֵ֥י הָרוּחֹ֖ת לְכָל־בָּשָׂ֑ר הָאִ֤ישׁ אֶחָד֙ יֶחֱטָ֔א וְעַ֖ל

23 כָּל־הָעֵדָ֥ה תִּקְצֹֽף: וַיְדַבֵּ֥ר יְהוָ֖ה אֶל־מֹשֶׁ֥ה לֵּאמֹֽר: דַּבֵּ֥ר 24

25 אֶל־הָעֵדָ֖ה לֵאמֹ֑ר הֵֽעָלוּ֙ מִסָּבִ֔יב לְמִשְׁכַּן־קֹ֖רַח דָּתָ֥ן וַאֲבִירָֽם: וַיָּ֣קָם
מֹשֶׁ֔ה וַיֵּ֖לֶךְ אֶל־דָּתָ֣ן וַאֲבִירָ֑ם וַיֵּלְכ֥וּ אַחֲרָ֖יו זִקְנֵ֥י יִשְׂרָאֵֽל: וַיְדַבֵּ֨ר 26

אֶל־הָעֵדָ֜ה לֵאמֹ֗ר ס֣וּרוּ נָ֡א מֵעַל֩ אָהֳלֵ֨י הָאֲנָשִׁ֤ים הָֽרְשָׁעִים֙ הָאֵ֔לֶּה

27 וְאַל־תִּגְּע֖וּ בְּכָל־אֲשֶׁ֣ר לָהֶ֑ם פֶּן־תִּסָּפ֖וּ בְּכָל־חַטֹּאתָֽם: וַיֵּעָל֗וּ מֵעַ֛ל 27A
מִשְׁכַּן־קֹ֥רַח דָּתָ֛ן וַאֲבִירָ֖ם מִסָּבִ֑יב וְדָתָ֨ן וַאֲבִירָ֜ם יָצְא֣וּ נִצָּבִ֗ים פֶּ֚תַח

28 אָֽהֳלֵיהֶ֔ם וּנְשֵׁיהֶ֖ם וּבְנֵיהֶ֥ם וְטַפָּֽם: וַיֹּאמֶר֮ מֹשֶׁה֒ בְּזֹאת֙ תֵּֽדְע֔וּן
כִּֽי־יְהוָ֣ה שְׁלָחַ֔נִי לַעֲשׂ֕וֹת אֵ֥ת כָּל־הַֽמַּעֲשִׂ֖ים הָאֵ֑לֶּה כִּי־לֹ֖א מִלִּבִּֽי:

29 אִם־כְּמ֤וֹת כָּל־הָֽאָדָם֙ יְמֻת֣וּן אֵ֔לֶּה וּפְקֻדַּת֙ כָּל־הָ֣אָדָ֔ם יִפָּקֵ֖ד עֲלֵיהֶ֑ם

30 לֹ֥א יְהוָ֖ה שְׁלָחָֽנִי: וְאִם־בְּרִיאָ֞ה יִבְרָ֣א יְהוָ֗ה וּפָצְתָ֨ה הָאֲדָמָ֤ה אֶת־פִּ֨יהָ֙
וּבָלְעָ֤ה אֹתָם֙ וְאֶת־כָּל־אֲשֶׁ֣ר לָהֶ֔ם וְיָרְד֥וּ חַיִּ֖ים שְׁאֹ֑לָה וִֽידַעְתֶּ֕ם

31 כִּ֧י נִֽאֲצ֛וּ הָאֲנָשִׁ֥ים הָאֵ֖לֶּה אֶת־יְהוָֽה: וַיְהִי֙ כְּכַלֹּת֔וֹ לְדַבֵּ֕ר אֵ֖ת

the ground clave asunder that *was* under them:

32 And the earth opened her mouth, and swallowed them up, and their houses, and all the men that *appertained* unto Korah, and all *their* goods.

33 They, and all that *appertained* to them, went down alive into the pit, and the earth closed upon them: and they perished from among the congregation.

34 And all Israel that *were* round about them fled at the cry of them: for they said, Lest the earth swallow us up *also*.

35 And there came out a fire from the LORD, and consumed the two hundred and fifty men that offered incense.

36[17:1] ¶ And the LORD spake unto Moses, saying,

37[17:2] Speak unto Eleazar the son of Aaron the priest, that he take up the censers out of the burning, and scatter thou the fire yonder; for they are hallowed.

38[17:3] The censers of these sinners against their own souls, let them make them broad plates *for* a covering of the altar: for they offered them before the LORD, therefore they are hallowed: and they shall be a sign unto the children of Israel.

39[17:4] And Eleazar the priest took the brasen censers, wherewith they that were burnt had offered; and they were made broad *plates for* a covering of the altar:

40[17:5] *To be* a memorial unto the children of Israel, that no stranger, which *is* not of the seed of Aaron, come near to offer incense before the LORD; that he be not as Korah, and as his company: as the LORD said to him by the hand of Moses.

41[17:6] ¶ But on the morrow all the congregation of the children of Israel murmured against Moses and against Aaron, saying, Ye have killed the people of the LORD.

42[17:7] And it came to pass, when the congregation was gathered against Moses and against Aaron, that they looked toward the tabernacle of the congregation: and, behold, the cloud covered it, and the glory of the LORD appeared.

43[17:8] And Moses and Aaron came before the tabernacle of the congregation.

44[17:9] ¶ And the LORD spake unto Moses, saying,

45[17:10] Get you up from among this congregation, that I may consume them as in a moment. And they fell upon their faces.

46[17:11] ¶ And Moses said unto Aaron, Take a censer, and put fire therein from off the altar, and put on incense, and go quickly unto the congregation, and make an atonement for them: for there is wrath gone out from the LORD; the plague is begun.

47[17:12] And Aaron took as Moses commanded, and ran into the midst of the congregation; and, behold, the plague was begun among the people: and he put on incense, and made an atonement for the people.

48[17:13] And he stood between the dead and the living; and the plague was stayed.

49[17:14] Now they that died in the plague were fourteen thousand and seven hundred, beside them that died about the matter of Korah.

50[17:15] And Aaron returned unto Moses unto the door of the tabernacle of the congregation: and the plague was stayed.

CHAPTER 17

1[16] And the LORD spake unto Moses, saying,

2[17] Speak unto the children of Israel, and take of every one of them a rod according to the house of *their* fathers, of all their princes according to the house of their fathers twelve rods: write thou every man's name upon his rod.

3[18] And thou shalt write Aaron's name upon the rod of Levi: for one rod *shall be* for the head of the house of their fathers.

4[19] And thou shalt lay them up in the tabernacle of the congregation before the testimony, where I will meet with you.

5[20] And it shall come to pass, *that* the man's rod, whom I shall choose, shall blossom: and I will make to cease from

כָּל־הַדְּבָרִים הָאֵלֶּה וַתִּבָּקַע הָאֲדָמָה אֲשֶׁר תַּחְתֵּיהֶם: וַתִּפְתַּח 32

הָאָרֶץ אֶת־פִּיהָ וַתִּבְלַע אֹתָם וְאֶת־בָּתֵּיהֶם וְאֵת כָּל־הָאָדָם אֲשֶׁר

לְקֹרַח וְאֵת כָּל־הָרְכוּשׁ: וַיֵּרְדוּ הֵם וְכָל־אֲשֶׁר לָהֶם חַיִּים שְׁאֹלָה 33

וַתְּכַס עֲלֵיהֶם הָאָרֶץ וַיֹּאבְדוּ מִתּוֹךְ הַקָּהָל: וְכָל־יִשְׂרָאֵל אֲשֶׁר 34

סְבִיבֹתֵיהֶם נָסוּ לְקֹלָם כִּי אָמְרוּ פֶּן־תִּבְלָעֵנוּ הָאָרֶץ: וְאֵשׁ יָצְאָה 35

מֵאֵת יְהוָה וַתֹּאכַל אֵת הַחֲמִשִּׁים וּמָאתַיִם אִישׁ מַקְרִיבֵי

הַקְּטֹרֶת: וַיְדַבֵּר יְהוָה אֶל־מֹשֶׁה לֵּאמֹר: אֱמֹר אֶל־אֶלְעָזָר 17 1
                                                                                      2

בֶּן־אַהֲרֹן הַכֹּהֵן וְיָרֵם אֶת־הַמַּחְתֹּת מִבֵּין הַשְּׂרֵפָה וְאֶת־הָאֵשׁ

זְרֵה־הָלְאָה כִּי קָדֵשׁוּ: אֵת מַחְתּוֹת הַחַטָּאִים הָאֵלֶּה בְּנַפְשֹׁתָם 3

וְעָשׂוּ אֹתָם רִקֻּעֵי פַחִים צִפּוּי לַמִּזְבֵּחַ כִּי־הִקְרִיבֻם לִפְנֵי־יְהוָה

וַיִּקְדָּשׁוּ וְיִהְיוּ לְאוֹת לִבְנֵי יִשְׂרָאֵל: וַיִּקַּח אֶלְעָזָר הַכֹּהֵן אֵת מַחְתּוֹת 4

הַנְּחֹשֶׁת אֲשֶׁר הִקְרִיבוּ הַשְּׂרֻפִים וַיְרַקְּעוּם צִפּוּי לַמִּזְבֵּחַ: זִכָּרוֹן לִבְנֵי 5

יִשְׂרָאֵל לְמַעַן אֲשֶׁר לֹא־יִקְרַב אִישׁ זָר אֲשֶׁר לֹא מִזֶּרַע אַהֲרֹן הוּא

לְהַקְטִיר קְטֹרֶת לִפְנֵי יְהוָה וְלֹא־יִהְיֶה כְקֹרַח וְכַעֲדָתוֹ כַּאֲשֶׁר דִּבֶּר

יְהוָה בְּיַד־מֹשֶׁה לוֹ:

וַיִּלֹּנוּ כָּל־עֲדַת בְּנֵי־יִשְׂרָאֵל מִמָּחֳרָת עַל־מֹשֶׁה וְעַל־אַהֲרֹן לֵאמֹר 6

אַתֶּם הֲמִתֶּם אֶת־עַם יְהוָה: וַיְהִי בְּהִקָּהֵל הָעֵדָה עַל־מֹשֶׁה 7

וְעַל־אַהֲרֹן וַיִּפְנוּ אֶל־אֹהֶל מוֹעֵד וְהִנֵּה כִסָּהוּ הֶעָנָן וַיֵּרָא כְּבוֹד

יְהוָה: וַיָּבֹא מֹשֶׁה וְאַהֲרֹן אֶל־פְּנֵי אֹהֶל מוֹעֵד: וַיְדַבֵּר 8
                                                                                      9

יְהוָה אֶל־מֹשֶׁה לֵּאמֹר: הֵרֹמּוּ מִתּוֹךְ הָעֵדָה הַזֹּאת וַאֲכַלֶּה אֹתָם 10

כְּרָגַע וַיִּפְּלוּ עַל־פְּנֵיהֶם: וַיֹּאמֶר מֹשֶׁה אֶל־אַהֲרֹן קַח אֶת־הַמַּחְתָּה 11

וְתֶן־עָלֶיהָ אֵשׁ מֵעַל הַמִּזְבֵּחַ וְשִׂים קְטֹרֶת וְהוֹלֵךְ מְהֵרָה אֶל־הָעֵדָה

וְכַפֵּר עֲלֵיהֶם כִּי־יָצָא הַקֶּצֶף מִלִּפְנֵי יְהוָה הֵחֵל הַנָּגֶף: וַיִּקַּח אַהֲרֹן 12

כַּאֲשֶׁר דִּבֶּר מֹשֶׁה וַיָּרָץ אֶל־תּוֹךְ הַקָּהָל וְהִנֵּה הֵחֵל הַנֶּגֶף בָּעָם

וַיִּתֵּן אֶת־הַקְּטֹרֶת וַיְכַפֵּר עַל־הָעָם: וַיַּעֲמֹד בֵּין־הַמֵּתִים וּבֵין הַחַיִּים 13

וַתֵּעָצַר הַמַּגֵּפָה: וַיִּהְיוּ הַמֵּתִים בַּמַּגֵּפָה אַרְבָּעָה עָשָׂר אֶלֶף וּשְׁבַע 14

מֵאוֹת מִלְּבַד הַמֵּתִים עַל־דְּבַר־קֹרַח: וַיָּשָׁב אַהֲרֹן אֶל־מֹשֶׁה 15

אֶל־פֶּתַח אֹהֶל מוֹעֵד וְהַמַּגֵּפָה נֶעֱצָרָה:

וַיְדַבֵּר יְהוָה אֶל־מֹשֶׁה לֵּאמֹר: דַּבֵּר אֶל־בְּנֵי יִשְׂרָאֵל וְקַח מֵאִתָּם 16
                                                                                      17

מַטֶּה מַטֶּה לְבֵית אָב מֵאֵת כָּל־נְשִׂיאֵהֶם לְבֵית אֲבֹתָם שְׁנֵים עָשָׂר

מַטּוֹת אִישׁ אֶת־שְׁמוֹ תִּכְתֹּב עַל־מַטֵּהוּ: וְאֵת שֵׁם אַהֲרֹן תִּכְתֹּב 18

עַל־מַטֵּה לֵוִי כִּי מַטֶּה אֶחָד לְרֹאשׁ בֵּית אֲבוֹתָם: וְהִנַּחְתָּם בְּאֹהֶל 19

מוֹעֵד לִפְנֵי הָעֵדוּת אֲשֶׁר אִוָּעֵד לָכֶם שָׁמָּה: וְהָיָה הָאִישׁ אֲשֶׁר 20

אֶבְחַר־בּוֹ מַטֵּהוּ יִפְרָח וַהֲשִׁכֹּתִי מֵעָלַי אֶת־תְּלֻנּוֹת בְּנֵי יִשְׂרָאֵל

12A

רביעי

חמישי

me the murmurings of the children of Israel, whereby they murmur against you.

6[21] ¶ And Moses spake unto the children of Israel, and every one of their princes gave him a rod apiece, for each prince one, according to their fathers' houses, *even* twelve rods: and the rod of Aaron *was* among their rods.

7[22] And Moses laid up the rods before the LORD in the tabernacle of witness.

8[23] And it came to pass, that on the morrow Moses went into the tabernacle of witness; and, behold, the rod of Aaron for the house of Levi was budded, and brought forth buds, and bloomed blossoms, and yielded almonds.

9[24] And Moses brought out all the rods from before the LORD unto all the children of Israel: and they looked, and took every man his rod.

10[25] ¶ And the LORD said unto Moses, Bring Aaron's rod again before the testimony, to be kept for a token against the rebels; and thou shalt quite take away their murmurings from me, that they die not.

11[26] And Moses did *so:* as the LORD commanded him, so did he.

12[27] And the children of Israel spake unto Moses, saying, Behold, we die, we perish, we all perish.

13[28] Whosoever cometh any thing near unto the tabernacle of the LORD shall die: shall we be consumed with dying?

CHAPTER 18

1 And the LORD said unto Aaron, Thou and thy sons and thy father's house with thee shall bear the iniquity of the sanctuary: and thou and thy sons with thee shall bear the iniquity of your priesthood.

2 And thy brethren also of the tribe of Levi, the tribe of thy father, bring thou with thee, that they may be joined unto thee, and minister unto thee: but thou and thy sons with thee *shall minister* before the tabernacle of witness.

3 And they shall keep thy charge, and the charge of all the tabernacle: only they shall not come nigh the vessels of the sanctuary and the altar, that neither they, nor ye also, die.

4 And they shall be joined unto thee, and keep the charge of the tabernacle of the congregation, for all the service of the tabernacle: and a stranger shall not come nigh unto you.

5 And ye shall keep the charge of the sanctuary, and the charge of the altar: that there be no wrath any more upon the children of Israel.

6 And I, behold, I have taken your brethren the Levites from among the children of Israel: to you *they are* given *as* a gift for the LORD, to do the service of the tabernacle of the congregation.

7 Therefore thou and thy sons with thee shall keep your priest's office for every thing of the altar, and within the vail; and ye shall serve: I have given your priest's office *unto you* as a service of gift: and the stranger that cometh nigh shall be put to death.

8 ¶ And the LORD spake unto Aaron, Behold, I also have given thee the charge of mine heave offerings of all the hallowed things of the children of Israel; unto thee have I given them by reason of the anointing, and to thy sons, by an ordinance for ever.

9 This shall be thine of the most holy things, *reserved* from the fire: every oblation of theirs, every meat offering of theirs, and every sin offering of theirs, and every trespass offering of theirs, which they shall render unto me, *shall be* most holy for thee and for thy sons.

10 In the most holy *place* shalt thou eat it; every male shall eat it: it shall be holy unto thee.

11 And this *is* thine; the heave offering of their gift, with all the wave offerings of the children of Israel: I have given them unto thee, and to thy sons and to thy daughters with thee, by a statute for ever: every one that is clean in thy house shall eat of it.

12 All the best of the oil, and all the best of the wine, and of the wheat, the firstfruits of them which they shall offer unto the LORD, them have I given thee.

13 *And* whatsoever is first ripe in the

אֲשֶׁר הֵם מַלִּינִם עֲלֵיכֶם: וַיְדַבֵּר מֹשֶׁה אֶל־בְּנֵי יִשְׂרָאֵל וַיִּתְּנוּ אֵלָיו ׀ 21
כָּל־נְשִׂיאֵיהֶם מַטֶּה לְנָשִׂיא אֶחָד מַטֶּה לְנָשִׂיא אֶחָד לְבֵית אֲבֹתָם
שְׁנֵים עָשָׂר מַטּוֹת וּמַטֵּה אַהֲרֹן בְּתוֹךְ מַטּוֹתָם: וַיַּנַּח מֹשֶׁה 22
אֶת־הַמַּטֹּת לִפְנֵי יְהֹוָה בְּאֹהֶל הָעֵדֻת: וַיְהִי מִמָּחֳרָת וַיָּבֹא מֹשֶׁה 23
אֶל־אֹהֶל הָעֵדוּת וְהִנֵּה פָּרַח מַטֵּה־אַהֲרֹן לְבֵית לֵוִי וַיֹּצֵא פֶרַח
וַיָּצֵץ צִיץ וַיִּגְמֹל שְׁקֵדִים: וַיֹּצֵא מֹשֶׁה אֶת־כָּל־הַמַּטֹּת מִלִּפְנֵי יְהֹוָה 24
אֶל־כָּל־בְּנֵי יִשְׂרָאֵל וַיִּרְאוּ וַיִּקְחוּ אִישׁ מַטֵּהוּ:
ששי וַיֹּאמֶר יְהֹוָה אֶל־מֹשֶׁה הָשֵׁב אֶת־מַטֵּה אַהֲרֹן לִפְנֵי הָעֵדוּת 25
לְמִשְׁמֶרֶת לְאוֹת לִבְנֵי־מֶרִי וּתְכַל תְּלוּנֹּתָם מֵעָלַי וְלֹא יָמֻתוּ: וַיַּעַשׂ 26
מֹשֶׁה כַּאֲשֶׁר צִוָּה יְהֹוָה אֹתוֹ כֵּן עָשָׂה:
וַיֹּאמְרוּ בְּנֵי יִשְׂרָאֵל אֶל־מֹשֶׁה לֵאמֹר הֵן גָּוַעְנוּ אָבַדְנוּ כֻּלָּנוּ 27
אָבָדְנוּ: כֹּל הַקָּרֵב ׀ הַקָּרֵב אֶל־מִשְׁכַּן יְהֹוָה יָמוּת הַאִם תַּמְנוּ 28
לִגְוֺעַ: וַיֹּאמֶר יְהֹוָה אֶל־אַהֲרֹן אַתָּה וּבָנֶיךָ וּבֵית־אָבִיךָ 18 1
אִתָּךְ תִּשְׂאוּ אֶת־עֲוֺן הַמִּקְדָּשׁ וְאַתָּה וּבָנֶיךָ אִתָּךְ תִּשְׂאוּ אֶת־עֲוֺן
כְּהֻנַּתְכֶם: וְגַם אֶת־אַחֶיךָ מַטֵּה לֵוִי שֵׁבֶט אָבִיךָ הַקְרֵב אִתָּךְ וְיִלָּווּ 2
עָלֶיךָ וִישָׁרְתוּךָ וְאַתָּה וּבָנֶיךָ אִתָּךְ לִפְנֵי אֹהֶל הָעֵדֻת: וְשָׁמְרוּ 3
מִשְׁמַרְתְּךָ וּמִשְׁמֶרֶת כָּל־הָאֹהֶל אַךְ אֶל־כְּלֵי הַקֹּדֶשׁ וְאֶל־הַמִּזְבֵּחַ
לֹא יִקְרָבוּ וְלֹא־יָמֻתוּ גַם־הֵם גַּם־אַתֶּם: וְנִלְווּ עָלֶיךָ וְשָׁמְרוּ 4
אֶת־מִשְׁמֶרֶת אֹהֶל מוֹעֵד לְכֹל עֲבֹדַת הָאֹהֶל וְזָר לֹא־יִקְרַב אֲלֵיכֶם:
וּשְׁמַרְתֶּם אֵת מִשְׁמֶרֶת הַקֹּדֶשׁ וְאֵת מִשְׁמֶרֶת הַמִּזְבֵּחַ וְלֹא־יִהְיֶה 5
עוֹד קֶצֶף עַל־בְּנֵי יִשְׂרָאֵל: וַאֲנִי הִנֵּה לָקַחְתִּי אֶת־אֲחֵיכֶם הַלְוִיִּם 6
מִתּוֹךְ בְּנֵי יִשְׂרָאֵל לָכֶם מַתָּנָה נְתֻנִים לַיהֹוָה לַעֲבֹד אֶת־עֲבֹדַת
אֹהֶל מוֹעֵד: וְאַתָּה וּבָנֶיךָ אִתְּךָ תִּשְׁמְרוּ אֶת־כְּהֻנַּתְכֶם לְכָל־דְּבַר 7
הַמִּזְבֵּחַ וּלְמִבֵּית לַפָּרֹכֶת וַעֲבַדְתֶּם עֲבֹדַת מַתָּנָה אֶתֵּן אֶת־כְּהֻנַּתְכֶם
וְהַזָּר הַקָּרֵב יוּמָת:
וַיְדַבֵּר יְהֹוָה אֶל־אַהֲרֹן וַאֲנִי הִנֵּה נָתַתִּי לְךָ אֶת־מִשְׁמֶרֶת תְּרוּמֹתָי 8
לְכָל־קָדְשֵׁי בְנֵי־יִשְׂרָאֵל לְךָ נְתַתִּים לְמָשְׁחָה וּלְבָנֶיךָ לְחָק־עוֹלָם:
זֶה־יִהְיֶה לְךָ מִקֹּדֶשׁ הַקֳּדָשִׁים מִן־הָאֵשׁ כָּל־קָרְבָּנָם לְכָל־מִנְחָתָם 9
וּלְכָל־חַטָּאתָם וּלְכָל־אֲשָׁמָם אֲשֶׁר יָשִׁיבוּ לִי קֹדֶשׁ קָדָשִׁים לְךָ הוּא
וּלְבָנֶיךָ: בְּקֹדֶשׁ הַקֳּדָשִׁים תֹּאכֲלֶנּוּ כָּל־זָכָר יֹאכַל אֹתוֹ קֹדֶשׁ 10
יִהְיֶה־לָּךְ: וְזֶה־לְּךָ תְּרוּמַת מַתָּנָם לְכָל־תְּנוּפֹת בְּנֵי יִשְׂרָאֵל לְךָ 11
נְתַתִּים וּלְבָנֶיךָ וְלִבְנֹתֶיךָ אִתְּךָ לְחָק־עוֹלָם כָּל־טָהוֹר בְּבֵיתְךָ יֹאכַל
אֹתוֹ: כֹּל חֵלֶב יִצְהָר וְכָל־חֵלֶב תִּירוֹשׁ וְדָגָן רֵאשִׁיתָם אֲשֶׁר־יִתְּנוּ 12
לַיהֹוָה לְךָ נְתַתִּים: בִּכּוּרֵי כָּל־אֲשֶׁר בְּאַרְצָם אֲשֶׁר־יָבִיאוּ לַיהֹוָה 13

land, which they shall bring unto the LORD, shall be thine; every one that is clean in thine house shall eat *of* it.

14 Every thing devoted in Israel shall be thine.

15 Every thing that openeth the matrix in all flesh, which they bring unto the LORD, *whether it be* of men or beasts, shall be thine: nevertheless the firstborn of man shalt thou surely redeem, and the firstling of unclean beasts shalt thou redeem.

16 And those that are to be redeemed from a month old shalt thou redeem, according to thine estimation, for the money of five shekels, after the shekel of the sanctuary, which *is* twenty gerahs.

17 But the firstling of a cow, or the firstling of a sheep, or the firstling of a goat, thou shalt not redeem; they *are* holy: thou shalt sprinkle their blood upon the altar, and shalt burn their fat *for* an offering made by fire, for a sweet savour unto the LORD.

18 And the flesh of them shall be thine, as the wave breast and as the right shoulder are thine.

19 All the heave offerings of the holy things, which the children of Israel offer unto the LORD, have I given thee, and thy sons and thy daughters with thee, by a statute for ever: it *is* a covenant of salt for ever before the LORD unto thee and to thy seed with thee.

20 ¶ And the LORD spake unto Aaron, Thou shalt have no inheritance in their land, neither shalt thou have any part among them: I *am* thy part and thine inheritance among the children of Israel.

21 And, behold, I have given the children of Levi all the tenth in Israel for an inheritance, for their service which they serve, *even* the service of the tabernacle of the congregation.

22 Neither must the children of Israel henceforth come nigh the tabernacle of the congregation, lest they bear sin, and die.

23 But the Levites shall do the service of the tabernacle of the congregation, and they shall bear their iniquity: *it shall be* a statute for ever throughout your genera-

tions, that among the children of Israel they have no inheritance.

24 But the tithes of the children of Israel, which they offer *as* an heave offering unto the LORD, I have given to the Levites to inherit: therefore I have said unto them, Among the children of Israel they shall have no inheritance.

25 ¶ And the LORD spake unto Moses, saying,

26 Thus speak unto the Levites, and say unto them, When ye take of the children of Israel the tithes which I have given you from them for your inheritance, then ye shall offer up an heave offering of it for the LORD, *even* a tenth *part* of the tithe.

27 And *this* your heave offering shall be reckoned unto you, as though *it were* the corn of the threshingfloor, and as the fulness of the winepress.

28 Thus ye also shall offer an heave offering unto the LORD of all your tithes, which ye receive of the children of Israel; and ye shall give thereof the LORD's heave offering to Aaron the priest.

29 Out of all your gifts ye shall offer every heave offering of the LORD, of all the best thereof, *even* the hallowed part thereof out of it.

30 Therefore thou shalt say unto them, When ye have heaved the best thereof from it, then it shall be counted unto the Levites as the increase of the threshingfloor, and as the increase of the winepress.

31 And ye shall eat it in every place, ye and your households: for it *is* your reward for your service in the tabernacle of the congregation.

32 And ye shall bear no sin by reason of it, when ye have heaved from it the best of it: neither shall ye pollute the holy things of the children of Israel, lest ye die.

CHAPTER 19

1 And the LORD spake unto Moses and unto Aaron, saying,

2 This *is* the ordinance of the law which the LORD hath commanded, saying, Speak unto the children of Israel, that they bring thee a red heifer without spot, wherein *is*

14 לְךָ֥ יִהְיֶ֖ה כָּל־טָה֣וֹר בְּבֵיתְךָ֖ יֹאכְלֶֽנּוּ: כָּל־חֵ֥רֶם בְּיִשְׂרָאֵ֖ל לְךָ֥ יִהְיֶֽה:

15 כָּל־פֶּ֣טֶר רֶ֠חֶם לְכָל־בָּשָׂ֞ר אֲשֶׁר־יַקְרִ֤יבוּ לַֽיהוָה֙ בָּֽאָדָ֣ם וּבַבְּהֵמָ֔ה יִֽהְיֶה־לָּ֑ךְ אַ֣ךְ ׀ פָּדֹ֣ה תִפְדֶּ֗ה אֵ֚ת בְּכ֣וֹר הָֽאָדָ֔ם וְאֵ֛ת בְּכֽוֹר־הַבְּהֵמָ֥ה

16 הַטְּמֵאָ֖ה תִּפְדֶּֽה: וּפְדוּיָו֙ מִבֶּן־חֹ֣דֶשׁ תִּפְדֶּ֔ה בְּעֶ֨רְכְּךָ֔ כֶּ֛סֶף חֲמֵ֥שֶׁת שְׁקָלִ֖ים בְּשֶׁ֣קֶל הַקֹּ֑דֶשׁ עֶשְׂרִ֥ים גֵּרָ֖ה הֽוּא:

17 אַ֣ךְ בְּכֽוֹר־שׁ֡וֹר אֽוֹ־בְכ֨וֹר כֶּ֜שֶׂב אֽוֹ־בְכ֤וֹר עֵז֙ לֹ֣א תִפְדֶּ֔ה קֹ֖דֶשׁ הֵ֑ם אֶת־דָּמָ֞ם תִּזְרֹ֣ק עַל־הַמִּזְבֵּ֗חַ

18 וְאֶת־חֶלְבָּ֖ם תַּקְטִ֑יר אִשֶּׁ֛ה לְרֵ֥יחַ נִיחֹ֖חַ לַֽיהוָֽה: וּבְשָׂרָ֖ם יִֽהְיֶה־לָּ֑ךְ

19 כַּחֲזֵ֧ה הַתְּנוּפָ֛ה וּכְשׁ֥וֹק הַיָּמִ֖ין לְךָ֥ יִהְיֶֽה: כֹּ֣ל ׀ תְּרוּמֹ֣ת הַקֳּדָשִׁ֗ים אֲשֶׁ֨ר יָרִ֤ימוּ בְנֵֽי־יִשְׂרָאֵל֙ לַֽיהוָ֔ה נָתַ֣תִּי לְךָ֗ וּלְבָנֶ֧יךָ וְלִבְנֹתֶ֛יךָ אִתְּךָ֖ לְחָק־עוֹלָ֑ם בְּרִית֩ מֶ֨לַח עוֹלָ֥ם הִוא֙ לִפְנֵ֣י יְהוָ֔ה לְךָ֖ וּֽלְזַרְעֲךָ֥ אִתָּֽךְ:

20 וַיֹּ֨אמֶר יְהוָ֜ה אֶֽל־אַהֲרֹ֗ן בְּאַרְצָם֙ לֹ֣א תִנְחָ֔ל וְחֵ֕לֶק לֹא־יִהְיֶ֥ה לְךָ֖

בְּתוֹכָ֑ם אֲנִ֤י חֶלְקְךָ֙ וְנַחֲלָ֣תְךָ֔ בְּת֖וֹךְ בְּנֵ֥י יִשְׂרָאֵֽל:

21 וְלִבְנֵ֣י לֵוִ֗י הִנֵּ֥ה נָתַ֛תִּי כָּל־מַֽעֲשֵׂ֥ר בְּיִשְׂרָאֵ֖ל לְנַחֲלָ֑ה חֵ֚לֶף עֲבֹֽדָתָם֙ אֲשֶׁר־הֵ֣ם עֹֽבְדִ֔ים אֶת־עֲבֹדַ֖ת אֹ֥הֶל מוֹעֵֽד: וְלֹא־יִקְרְב֥וּ ע֛וֹד בְּנֵ֥י יִשְׂרָאֵ֖ל

22 אֶל־אֹ֣הֶל מוֹעֵ֑ד לָשֵׂ֥את חֵ֖טְא לָמֽוּת: וְעָבַ֨ד הַלֵּוִ֜י ה֗וּא אֶת־עֲבֹדַת֙

23 אֹ֣הֶל מוֹעֵ֔ד וְהֵ֖ם יִשְׂא֣וּ עֲוֺנָ֑ם חֻקַּ֤ת עוֹלָם֙ לְדֹרֹ֣תֵיכֶ֔ם וּבְתוֹךְ֙ בְּנֵ֣י יִשְׂרָאֵ֔ל לֹ֥א יִנְחֲל֖וּ נַחֲלָֽה: כִּ֞י אֶת־מַעְשַׂ֣ר בְּנֵֽי־יִשְׂרָאֵ֗ל אֲשֶׁ֨ר יָרִ֤ימוּ

24 לַֽיהוָה֙ תְּרוּמָ֔ה נָתַ֥תִּי לַלְוִיִּ֖ם לְנַחֲלָ֑ה עַל־כֵּן֙ אָמַ֣רְתִּי לָהֶ֔ם בְּתוֹךְ֙ בְּנֵ֣י יִשְׂרָאֵ֔ל לֹ֥א יִנְחֲל֖וּ נַחֲלָֽה:

25
26 וַיְדַבֵּ֥ר יְהוָ֖ה אֶל־מֹשֶׁ֥ה לֵּאמֹֽר: וְאֶל־הַלְוִיִּ֣ם תְּדַבֵּר֮ וְאָמַרְתָּ֣ אֲלֵהֶם֒ כִּֽי־תִ֠קְחוּ מֵאֵ֨ת בְּנֵֽי־יִשְׂרָאֵ֜ל אֶת־הַֽמַּעֲשֵׂ֗ר אֲשֶׁ֨ר נָתַ֧תִּי לָכֶ֛ם מֵֽאִתָּ֖ם בְּנַחֲלַתְכֶ֑ם וַהֲרֵמֹתֶ֤ם מִמֶּ֙נּוּ֙ תְּרוּמַ֣ת יְהוָ֔ה מַעֲשֵׂ֖ר מִן־הַֽמַּעֲשֵֽׂר:

27
28 וְנֶחְשַׁ֥ב לָכֶ֖ם תְּרוּמַתְכֶ֑ם כַּדָּגָן֙ מִן־הַגֹּ֔רֶן וְכַֽמְלֵאָ֖ה מִן־הַיָּֽקֶב: כֵּ֣ן תָּרִ֤ימוּ גַם־אַתֶּם֙ תְּרוּמַ֣ת יְהוָ֔ה מִכֹּל֙ מַעְשְׂרֹ֣תֵיכֶ֔ם אֲשֶׁ֣ר תִּקְח֔וּ מֵאֵ֖ת

29 בְּנֵ֣י יִשְׂרָאֵ֑ל וּנְתַתֶּ֤ם מִמֶּ֙נּוּ֙ אֶת־תְּרוּמַ֣ת יְהוָ֔ה לְאַהֲרֹ֖ן הַכֹּהֵֽן: מִכֹּל֙ מַתְּנֹ֣תֵיכֶ֔ם תָּרִ֕ימוּ אֵ֖ת כָּל־תְּרוּמַ֣ת יְהוָ֑ה מִכָּל־חֶלְבּ֔וֹ אֶֽת־מִקְדְּשׁ֖וֹ

30 מִמֶּֽנּוּ: וְאָמַרְתָּ֖ אֲלֵהֶ֑ם בַּהֲרִֽימְכֶ֤ם אֶת־חֶלְבּוֹ֙ מִמֶּ֔נּוּ וְנֶחְשַׁב֙ לַלְוִיִּ֔ם כִּתְבוּאַ֥ת גֹּ֖רֶן וְכִתְבוּאַ֥ת יָֽקֶב: וַאֲכַלְתֶּ֤ם אֹתוֹ֙ בְּכָל־מָק֔וֹם אַתֶּ֖ם

31 וּבֵֽיתְכֶ֑ם כִּֽי־שָׂכָ֥ר הוּא֙ לָכֶ֔ם חֵ֖לֶף עֲבֹֽדַתְכֶ֖ם בְּאֹ֥הֶל מוֹעֵֽד: וְלֹֽא־תִשְׂא֤וּ עָלָיו֙ חֵ֔טְא בַּהֲרִֽימְכֶ֥ם אֶת־חֶלְבּ֖וֹ מִמֶּ֑נּוּ וְאֶת־קָדְשֵׁ֧י

32 בְּנֵֽי־יִשְׂרָאֵ֛ל לֹ֥א תְחַלְּל֖וּ וְלֹ֥א תָמֽוּתוּ:

1 19 וַיְדַבֵּ֣ר יְהוָ֔ה אֶל־מֹשֶׁ֥ה וְאֶֽל־אַהֲרֹ֖ן לֵאמֹֽר: זֹ֚את חֻקַּ֣ת הַתּוֹרָ֔ה

2 אֲשֶׁר־צִוָּ֖ה יְהוָ֣ה לֵאמֹ֑ר דַּבֵּ֣ר ׀ אֶל־בְּנֵ֣י יִשְׂרָאֵ֗ל וְיִקְח֨וּ אֵלֶ֜יךָ פָרָ֨ה אֲדֻמָּ֜ה תְּמִימָ֗ה אֲשֶׁ֤ר אֵֽין־בָּהּ֙ מ֔וּם אֲשֶׁ֛ר לֹא־עָלָ֥ה עָלֶ֖יהָ עֹֽל:

no blemish, *and* upon which never came yoke:

3 And ye shall give her unto Eleazar the priest, that he may bring her forth without the camp, and *one* shall slay her before his face:

4 And Eleazar the priest shall take of her blood with his finger, and sprinkle of her blood directly before the tabernacle of the congregation seven times:

5 And *one* shall burn the heifer in his sight; her skin, and her flesh, and her blood, with her dung, shall he burn:

6 And the priest shall take cedar wood, and hyssop, and scarlet, and cast *it* into the midst of the burning of the heifer.

7 Then the priest shall wash his clothes, and he shall bathe his flesh in water, and afterward he shall come into the camp, and the priest shall be unclean until the even.

8 And he that burneth her shall wash his clothes in water, and bathe his flesh in water, and shall be unclean until the even.

9 And a man *that is* clean shall gather up the ashes of the heifer, and lay *them* up without the camp in a clean place, and it shall be kept for the congregation of the children of Israel for a water of separation: it *is* a purification for sin.

10 And he that gathereth the ashes of the heifer shall wash his clothes, and be unclean until the even: and it shall be unto the children of Israel, and unto the stranger that sojourneth among them, for a statute for ever.

11 ¶ He that toucheth the dead body of any man shall be unclean seven days.

12 He shall purify himself with it on the third day, and on the seventh day he shall be clean: but if he purify not himself the third day, then the seventh day he shall not be clean.

13 Whosoever toucheth the dead body of any man that is dead, and purifieth not himself, defileth the tabernacle of the LORD; and that soul shall be cut off from Israel: because the water of separation was not sprinkled upon him, he shall be unclean; his uncleanness *is* yet upon him.

14 This *is* the law, when a man dieth in a tent: all that come into the tent, and all that *is* in the tent, shall be unclean seven days.

15 And every open vessel, which hath no covering bound upon it, *is* unclean.

16 And whosoever toucheth one that is slain with a sword in the open fields, or a dead body, or a bone of a man, or a grave, shall be unclean seven days.

17 And for an unclean *person* they shall take of the ashes of the burnt heifer of purification for sin, and running water shall be put thereto in a vessel:

18 And a clean person shall take hyssop, and dip *it* in the water, and sprinkle *it* upon the tent, and upon all the vessels, and upon the persons that were there, and upon him that touched a bone, or one slain, or one dead, or a grave:

19 And the clean *person* shall sprinkle upon the unclean on the third day, and on the seventh day: and on the seventh day he shall purify himself, and wash his clothes, and bathe himself in water, and shall be clean at even.

20 But the man that shall be unclean, and shall not purify himself, that soul shall be cut off from among the congregation, because he hath defiled the sanctuary of the LORD: the water of separation hath not been sprinkled upon him; he *is* unclean.

21 And it shall be a perpetual statute unto them, that he that sprinkleth the water of separation shall wash his clothes; and he that toucheth the water of separation shall be unclean until even.

22 And whatsoever the unclean *person* toucheth shall be unclean; and the soul that toucheth *it* shall be unclean until even.

CHAPTER 20

1 Then came the children of Israel, *even* the whole congregation, into the desert of Zin in the first month: and the people abode in Kadesh; and Miriam died there, and was buried there.

2 And there was no water for the congregation: and they gathered themselves together against Moses and against Aaron.

3 And the people chode with Moses, and spake, saying, Would God that we had

3 וּנְתַתֶּ֣ם אֹתָ֗הּ אֶל־אֶלְעָזָר֙ הַכֹּהֵ֔ן וְהוֹצִ֤יא אֹתָהּ֙ אֶל־מִח֣וּץ לַֽמַּחֲנֶ֔ה

4 וְשָׁחַ֥ט אֹתָ֖הּ לְפָנָֽיו: וְלָקַ֞ח אֶלְעָזָ֧ר הַכֹּהֵ֛ן מִדָּמָ֖הּ בְּאֶצְבָּע֑וֹ וְהִזָּ֞ה

5 אֶל־נֹ֨כַח פְּנֵ֧י אֹֽהֶל־מוֹעֵ֛ד מִדָּמָ֖הּ שֶׁ֥בַע פְּעָמִֽים: וְשָׂרַ֥ף אֶת־הַפָּרָ֖ה

6 לְעֵינָ֑יו אֶת־עֹרָ֤הּ וְאֶת־בְּשָׂרָהּ֙ וְאֶת־דָּמָ֔הּ עַל־פִּרְשָׁ֖הּ יִשְׂרֹֽף: וְלָקַ֣ח

הַכֹּהֵ֗ן עֵ֥ץ אֶ֛רֶז וְאֵז֖וֹב וּשְׁנִ֣י תוֹלָ֑עַת וְהִשְׁלִ֕יךְ אֶל־תּ֖וֹךְ שְׂרֵפַ֥ת הַפָּרָֽה:

7 וְכִבֶּ֨ס בְּגָדָ֜יו הַכֹּהֵ֗ן וְרָחַ֤ץ בְּשָׂרוֹ֙ בַּמַּ֔יִם וְאַחַ֖ר יָבֹ֣א אֶל־הַֽמַּחֲנֶ֑ה

8 וְטָמֵ֥א הַכֹּהֵ֖ן עַד־הָעָֽרֶב: וְהַשֹּׂרֵ֣ף אֹתָ֗הּ יְכַבֵּ֤ס בְּגָדָיו֙ בַּמַּ֔יִם וְרָחַ֥ץ

9 בְּשָׂר֖וֹ בַּמָּ֑יִם וְטָמֵ֖א עַד־הָעָֽרֶב: וְאָסַ֣ף׀ אִ֣ישׁ טָה֗וֹר אֵ֚ת אֵ֣פֶר הַפָּרָ֔ה

וְהִנִּ֛יחַ מִח֥וּץ לַֽמַּחֲנֶ֖ה בְּמָק֣וֹם טָה֑וֹר וְ֠הָ֣יְתָ֞ה לַעֲדַ֨ת בְּנֵֽי־יִשְׂרָאֵ֧ל

10 לְמִשְׁמֶ֛רֶת לְמֵ֥י נִדָּ֖ה חַטָּ֥את הִֽוא: וְ֠כִבֶּ֞ס הָאֹסֵ֤ף אֶת־אֵ֨פֶר֙ הַפָּרָ֔ה

אֶת־בְּגָדָ֔יו וְטָמֵ֖א עַד־הָעָ֑רֶב וְֽהָיְתָ֞ה לִבְנֵ֣י יִשְׂרָאֵ֗ל וְלַגֵּ֛ר הַגָּ֥ר בְּתוֹכָ֖ם

11 לְחֻקַּ֥ת עוֹלָֽם: הַנֹּגֵ֥עַ בְּמֵ֖ת לְכָל־נֶ֣פֶשׁ אָדָ֑ם וְטָמֵ֖א שִׁבְעַ֥ת יָמִֽים:

12 ה֣וּא יִתְחַטָּא־ב֗וֹ בַּיּ֧וֹם הַשְּׁלִישִׁ֛י וּבַיּ֥וֹם הַשְּׁבִיעִ֖י יִטְהָ֑ר וְאִם־לֹ֣א

13 יִתְחַטָּ֞א בַּיּ֧וֹם הַשְּׁלִישִׁ֛י וּבַיּ֥וֹם הַשְּׁבִיעִ֖י לֹ֣א יִטְהָ֑ר כָּל־הַנֹּגֵ֡עַ בְּמֵ֣ת

בְּנֶפֶשׁ֩ הָאָדָ֨ם אֲשֶׁר־יָמ֜וּת וְלֹ֣א יִתְחַטָּ֗א אֶת־מִשְׁכַּ֤ן יְהוָה֙ טִמֵּ֔א

וְנִכְרְתָ֛ה הַנֶּ֥פֶשׁ הַהִ֖וא מִיִּשְׂרָאֵ֑ל כִּי֩ מֵ֨י נִדָּ֜ה לֹא־זֹרַ֤ק עָלָיו֙ טָמֵ֣א

14 יִהְיֶ֔ה ע֖וֹד טֻמְאָת֥וֹ בֽוֹ: זֹ֚את הַתּוֹרָ֔ה אָדָ֖ם כִּֽי־יָמ֣וּת בְּאֹ֑הֶל כָּל־הַבָּ֤א

15 אֶל־הָאֹ֙הֶל֙ וְכָל־אֲשֶׁ֣ר בָּאֹ֔הֶל יִטְמָ֖א שִׁבְעַ֥ת יָמִֽים: וְכֹל֙ כְּלִ֣י פָת֔וּחַ

16 אֲשֶׁ֛ר אֵין־צָמִ֥יד פָּתִ֖יל עָלָ֑יו טָמֵ֖א הֽוּא: וְכֹ֞ל אֲשֶׁר־יִגַּ֤ע עַל־פְּנֵ֣י

הַשָּׂדֶ֗ה בַּֽחֲלַל־חֶ֙רֶב֙ א֣וֹ בְמֵ֔ת אֽוֹ־בְעֶ֥צֶם אָדָ֖ם א֣וֹ בְקָ֑בֶר יִטְמָ֖א

17 שִׁבְעַ֥ת יָמִֽים: וְלָֽקְחוּ֙ לַטָּמֵ֔א מֵעֲפַ֖ר שְׂרֵפַ֣ת הַֽחַטָּ֑את וְנָתַ֥ן עָלָ֛יו

שני 18 מַ֥יִם חַיִּ֖ים אֶל־כֶּֽלִי: וְלָקַ֨ח אֵז֜וֹב וְטָבַ֣ל בַּמַּיִם֮ אִ֣ישׁ טָהוֹר֒ וְהִזָּ֤ה

עַל־הָאֹ֙הֶל֙ וְעַל־כָּל־הַכֵּלִ֔ים וְעַל־הַנְּפָשׁ֖וֹת אֲשֶׁ֣ר הָֽיוּ־שָׁ֑ם וְעַל־הַנֹּגֵ֗עַ

19 בַּעֶ֙צֶם֙ א֣וֹ בֶֽחָלָ֔ל א֥וֹ בַמֵּ֖ת א֣וֹ בַקָּ֑בֶר: וְהִזָּ֤ה הַטָּהֹר֙ עַל־הַטָּמֵ֔א

בַּיּ֥וֹם הַשְּׁלִישִׁ֖י וּבַיּ֣וֹם הַשְּׁבִיעִ֑י וְחִטְּאוֹ֙ בַּיּ֣וֹם הַשְּׁבִיעִ֔י וְכִבֶּ֧ס בְּגָדָ֛יו

20 וְרָחַ֥ץ בַּמַּ֖יִם וְטָהֵ֥ר בָּעָֽרֶב: וְאִ֤ישׁ אֲשֶׁר־יִטְמָא֙ וְלֹ֣א יִתְחַטָּ֔א וְנִכְרְתָ֛ה

הַנֶּ֥פֶשׁ הַהִ֖וא מִתּ֣וֹךְ הַקָּהָ֑ל כִּ֤י אֶת־מִקְדַּ֤שׁ יְהוָה֙ טִמֵּ֔א מֵ֥י נִדָּ֛ה

21A 21 לֹא־זֹרַ֥ק עָלָ֖יו טָמֵ֥א הֽוּא: וְהָיְתָ֥ה לָהֶ֖ם לְחֻקַּ֣ת עוֹלָ֑ם וּמַזֵּ֤ה מֵֽי־הַנִּדָּה֙

22 יְכַבֵּ֣ס בְּגָדָ֔יו וְהַנֹּגֵ֙עַ֙ בְּמֵ֣י הַנִּדָּ֔ה יִטְמָ֖א עַד־הָעָ֑רֶב: וְכֹ֛ל אֲשֶׁר־יִגַּע־בּ֥וֹ

הַטָּמֵ֖א יִטְמָ֑א וְהַנֶּ֥פֶשׁ הַנֹּגַ֖עַת תִּטְמָ֥א עַד־הָעָֽרֶב:

20 1 וַיָּבֹ֣אוּ בְנֵֽי־יִ֠שְׂרָאֵל כָּל־הָ֨עֵדָ֤ה מִדְבַּר־צִן֙ בַּחֹ֣דֶשׁ הָֽרִאשׁ֔וֹן וַיֵּ֥שֶׁב הָעָ֖ם

2 בְּקָדֵ֑שׁ וַתָּ֤מָת שָׁם֙ מִרְיָ֔ם וַתִּקָּבֵ֖ר שָֽׁם: וְלֹא־הָ֥יָה מַ֖יִם לָעֵדָ֑ה וַיִּקָּ֣הֲל֔וּ

3 עַל־מֹשֶׁ֖ה וְעַֽל־אַהֲרֹֽן: וַיָּ֥רֶב הָעָ֖ם עִם־מֹשֶׁ֑ה וַיֹּאמְר֣וּ לֵאמֹ֔ר וְל֥וּ

died when our brethren died before the LORD!

4 And why have ye brought up the congregation of the LORD into this wilderness, that we and our cattle should die there?

5 And wherefore have ye made us to come up out of Egypt, to bring us in unto this evil place? it *is* no place of seed, or of figs, or of vines, or of pomegranates; neither *is* there any water to drink.

6 And Moses and Aaron went from the presence of the assembly unto the door of the tabernacle of the congregation, and they fell upon their faces: and the glory of the LORD appeared unto them.

7 ¶ And the LORD spake unto Moses, saying,

8 Take the rod, and gather thou the assembly together, thou, and Aaron thy brother, and speak ye unto the rock before their eyes; and it shall give forth his water, and thou shalt bring forth to them water out of the rock: so thou shalt give the congregation and their beasts drink.

9 And Moses took the rod from before the LORD, as he commanded him.

10 And Moses and Aaron gathered the congregation together before the rock, and he said unto them, Hear now, ye rebels; must we fetch you water out of this rock?

11 And Moses lifted up his hand, and with his rod he smote the rock twice: and the water came out abundantly, and the congregation drank, and their beasts *also*.

12 ¶ And the LORD spake unto Moses and Aaron, Because ye believed me not, to sanctify me in the eyes of the children of Israel, therefore ye shall not bring this congregation into the land which I have given them.

13 This *is* the water of Meribah; because the children of Israel strove with the LORD, and he was sanctified in them.

14 ¶ And Moses sent messengers from Kadesh unto the king of Edom, Thus saith thy brother Israel, Thou knowest all the travail that hath befallen us:

15 How our fathers went down into Egypt, and we have dwelt in Egypt a long time; and the Egyptians vexed us, and our fathers:

16 And when we cried unto the LORD, he heard our voice, and sent an angel, and hath brought us forth out of Egypt: and, behold, we *are* in Kadesh, a city in the uttermost of thy border:

17 Let us pass, I pray thee, through thy country: we will not pass through the fields, or through the vineyards, neither will we drink *of* the water of the wells: we will go by the king's *high* way, we will not turn to the right hand nor to the left, until we have passed thy borders.

18 And Edom said unto him, Thou shalt not pass by me, lest I come out against thee with the sword.

19 And the children of Israel said unto him, We will go by the high way: and if I and my cattle drink of thy water, then I will pay for it: I will only, without *doing* any thing *else,* go through on my feet.

20 And he said, Thou shalt not go through. And Edom came out against him with much people, and with a strong hand.

21 Thus Edom refused to give Israel passage through his border: wherefore Israel turned away from him.

22 ¶ And the children of Israel, *even* the whole congregation, journeyed from Kadesh, and came unto mount Hor.

23 And the LORD spake unto Moses and Aaron in mount Hor, by the coast of the land of Edom, saying,

24 Aaron shall be gathered unto his people: for he shall not enter into the land which I have given unto the children of Israel, because ye rebelled against my word at the water of Meribah.

25 Take Aaron and Eleazar his son, and bring them up unto mount Hor:

26 And strip Aaron of his garments, and put them upon Eleazar his son: and Aaron shall be gathered *unto his people,* and shall die there.

27 And Moses did as the LORD com-

4 גָּוַעְנוּ בִּגְוַע אַחֵינוּ לִפְנֵי יְהֹוָה: וְלָמָה הֲבֵאתֶם אֶת־קְהַל יְהֹוָה

5 אֶל־הַמִּדְבָּר הַזֶּה לָמוּת שָׁם אֲנַחְנוּ וּבְעִירֵנוּ: וְלָמָה הֶעֱלִיתֻנוּ מִמִּצְרַיִם לְהָבִיא אֹתָנוּ אֶל־הַמָּקוֹם הָרָע הַזֶּה לֹא ׀ מְקוֹם זֶרַע

6 וּתְאֵנָה וְגֶפֶן וְרִמּוֹן וּמַיִם אַיִן לִשְׁתּוֹת: וַיָּבֹא מֹשֶׁה וְאַהֲרֹן מִפְּנֵי הַקָּהָל אֶל־פֶּתַח אֹהֶל מוֹעֵד וַיִּפְּלוּ עַל־פְּנֵיהֶם וַיֵּרָא כְבוֹד־יְהֹוָה אֲלֵיהֶם:

שלישי (שני)

7 וַיְדַבֵּר יְהֹוָה אֶל־מֹשֶׁה לֵּאמֹר: קַח אֶת־הַמַּטֶּה וְהַקְהֵל אֶת־הָעֵדָה
8 אַתָּה וְאַהֲרֹן אָחִיךָ וְדִבַּרְתֶּם אֶל־הַסֶּלַע לְעֵינֵיהֶם וְנָתַן מֵימָיו וְהוֹצֵאתָ לָהֶם מַיִם מִן־הַסֶּלַע וְהִשְׁקִיתָ אֶת־הָעֵדָה וְאֶת־בְּעִירָם:

9 וַיִּקַּח מֹשֶׁה אֶת־הַמַּטֶּה מִלִּפְנֵי יְהֹוָה כַּאֲשֶׁר צִוָּהוּ: וַיַּקְהִלוּ מֹשֶׁה
10 וְאַהֲרֹן אֶת־הַקָּהָל אֶל־פְּנֵי הַסָּלַע וַיֹּאמֶר לָהֶם שִׁמְעוּ־נָא הַמֹּרִים הֲמִן־הַסֶּלַע הַזֶּה נוֹצִיא לָכֶם מָיִם: וַיָּרֶם מֹשֶׁה אֶת־יָדוֹ וַיַּךְ
11 אֶת־הַסֶּלַע בְּמַטֵּהוּ פַּעֲמָיִם וַיֵּצְאוּ מַיִם רַבִּים וַתֵּשְׁתְּ הָעֵדָה וּבְעִירָם:

12 וַיֹּאמֶר יְהֹוָה אֶל־מֹשֶׁה וְאֶל־אַהֲרֹן יַעַן לֹא־הֶאֱמַנְתֶּם בִּי לְהַקְדִּישֵׁנִי לְעֵינֵי בְּנֵי יִשְׂרָאֵל לָכֵן לֹא תָבִיאוּ
13 אֶת־הַקָּהָל הַזֶּה אֶל־הָאָרֶץ אֲשֶׁר־נָתַתִּי לָהֶם: הֵמָּה מֵי מְרִיבָה אֲשֶׁר־רָבוּ בְנֵי־יִשְׂרָאֵל אֶת־יְהֹוָה וַיִּקָּדֵשׁ בָּם:

רביעי

14 וַיִּשְׁלַח מֹשֶׁה מַלְאָכִים מִקָּדֵשׁ אֶל־מֶלֶךְ אֱדוֹם כֹּה אָמַר אָחִיךָ יִשְׂרָאֵל
15 אַתָּה יָדַעְתָּ אֵת כָּל־הַתְּלָאָה אֲשֶׁר מְצָאָתְנוּ: וַיֵּרְדוּ אֲבֹתֵינוּ מִצְרַיְמָה וַנֵּשֶׁב בְּמִצְרַיִם יָמִים רַבִּים וַיָּרֵעוּ לָנוּ מִצְרַיִם וְלַאֲבֹתֵינוּ: וַנִּצְעַק
16 אֶל־יְהֹוָה וַיִּשְׁמַע קֹלֵנוּ וַיִּשְׁלַח מַלְאָךְ וַיֹּצִאֵנוּ מִמִּצְרָיִם וְהִנֵּה אֲנַחְנוּ בְקָדֵשׁ עִיר קְצֵה גְבוּלֶךָ: נַעְבְּרָה־נָּא בְאַרְצֶךָ לֹא נַעֲבֹר בְּשָׂדֶה
17 וּבְכֶרֶם וְלֹא נִשְׁתֶּה מֵי בְאֵר דֶּרֶךְ הַמֶּלֶךְ נֵלֵךְ לֹא נִטֶּה יָמִין
18 וּשְׂמֹאול עַד אֲשֶׁר־נַעֲבֹר גְּבוּלֶךָ: וַיֹּאמֶר אֵלָיו אֱדוֹם לֹא תַעֲבֹר
19 בִּי פֶּן־בַּחֶרֶב אֵצֵא לִקְרָאתֶךָ: וַיֹּאמְרוּ אֵלָיו בְּנֵי־יִשְׂרָאֵל בַּמְסִלָּה נַעֲלֶה וְאִם־מֵימֶיךָ נִשְׁתֶּה אֲנִי וּמִקְנַי וְנָתַתִּי מִכְרָם רַק אֵין־דָּבָר
20 בְּרַגְלַי אֶעֱבֹרָה: וַיֹּאמֶר לֹא תַעֲבֹר וַיֵּצֵא אֱדוֹם לִקְרָאתוֹ בְּעַם כָּבֵד
21 וּבְיָד חֲזָקָה: וַיְמָאֵן ׀ אֱדוֹם ׀ נְתֹן אֶת־יִשְׂרָאֵל עֲבֹר בִּגְבֻלוֹ וַיֵּט יִשְׂרָאֵל מֵעָלָיו:

חמישי (שלישי)

22 וַיִּסְעוּ מִקָּדֵשׁ וַיָּבֹאוּ בְנֵי־יִשְׂרָאֵל כָּל־הָעֵדָה הֹר הָהָר: וַיֹּאמֶר יְהֹוָה
23 אֶל־מֹשֶׁה וְאֶל־אַהֲרֹן בְּהֹר הָהָר עַל־גְּבוּל אֶרֶץ־אֱדוֹם לֵאמֹר: יֵאָסֵף
24 אַהֲרֹן אֶל־עַמָּיו כִּי לֹא יָבֹא אֶל־הָאָרֶץ אֲשֶׁר נָתַתִּי לִבְנֵי יִשְׂרָאֵל
25 עַל אֲשֶׁר־מְרִיתֶם אֶת־פִּי לְמֵי מְרִיבָה: קַח אֶת־אַהֲרֹן וְאֶת־אֶלְעָזָר
26 בְּנוֹ וְהַעַל אֹתָם הֹר הָהָר: וְהַפְשֵׁט אֶת־אַהֲרֹן אֶת־בְּגָדָיו וְהִלְבַּשְׁתָּם
27 אֶת־אֶלְעָזָר בְּנוֹ וְאַהֲרֹן יֵאָסֵף וּמֵת שָׁם: וַיַּעַשׂ מֹשֶׁה כַּאֲשֶׁר צִוָּה

manded: and they went up into mount Hor in the sight of all the congregation.

28 And Moses stripped Aaron of his garments, and put them upon Eleazar his son; and Aaron died there in the top of the mount: and Moses and Eleazar came down from the mount.

29 And when all the congregation saw that Aaron was dead, they mourned for Aaron thirty days, *even* all the house of Israel.

CHAPTER 21

1 And *when* king Arad the Canaanite, which dwelt in the south, heard tell that Israel came by the way of the spies; then he fought against Israel, and took *some* of them prisoners.

2 And Israel vowed a vow unto the LORD, and said, If thou wilt indeed deliver this people into my hand, then I will utterly destroy their cities.

3 And the LORD hearkened to the voice of Israel, and delivered up the Canaanites; and they utterly destroyed them and their cities: and he called the name of the place Hormah.

4 ¶ And they journeyed from mount Hor by the way of the Red sea, to compass the land of Edom: and the soul of the people was much discouraged because of the way.

5 And the people spake against God, and against Moses, Wherefore have ye brought us up out of Egypt to die in the wilderness? for *there is* no bread, neither *is there any* water; and our soul loatheth this light bread.

6 And the LORD sent fiery serpents among the people, and they bit the people; and much people of Israel died.

7 ¶ Therefore the people came to Moses, and said, We have sinned, for we have spoken against the LORD, and against thee; pray unto the LORD, that he take away the serpents from us. And Moses prayed for the people.

8 And the LORD said unto Moses, Make thee a fiery serpent, and set it upon a pole: and it shall come to pass, that every one

that is bitten, when he looketh upon it, shall live.

9 And Moses made a serpent of brass, and put it upon a pole, and it came to pass, that if a serpent had bitten any man, when he beheld the serpent of brass, he lived.

10 ¶ And the children of Israel set forward, and pitched in Oboth.

11 And they journeyed from Oboth, and pitched at Ije-abarim, in the wilderness which *is* before Moab, toward the sunrising.

12 ¶ From thence they removed, and pitched in the valley of Zared.

13 From thence they removed, and pitched on the other side of Arnon, which *is* in the wilderness that cometh out of the coasts of the Amorites: for Arnon *is* the border of Moab, between Moab and the Amorites.

14 Wherefore it is said in the book of the wars of the LORD, What he did in the Red sea, and in the brooks of Arnon,

15 And at the stream of the brooks that goeth down to the dwelling of Ar, and lieth upon the border of Moab.

16 And from thence *they went* to Beer: that *is* the well whereof the LORD spake unto Moses, Gather the people together, and I will give them water.

17 ¶ Then Israel sang this song, Spring up, O well; sing ye unto it:

18 The princes digged the well, the nobles of the people digged it, by *the direction of* the lawgiver, with their staves. And from the wilderness *they went* to Mattanah:

19 And from Mattanah to Nahaliel: and from Nahaliel to Bamoth:

20 And from Bamoth *in* the valley, that *is* in the country of Moab, to the top of Pisgah, which looketh toward Jeshimon.

21 ¶ And Israel sent messengers unto Sihon king of the Amorites, saying,

22 Let me pass through thy land: we will not turn into the fields, or into the vineyards; we will not drink *of* the waters of the well: *but* we will go along by the king's *high* way, until we be past thy borders.

23 And Sihon would not suffer Israel to pass through his border: but Sihon gathered all his people together, and went out

28 יְהוָ֔ה וַיַּ֣עַל אֶל־הֹ֤ר הָהָר֙ לְעֵינֵ֖י כָּל־הָעֵדָ֑ה וַיַּפְשֵׁט֩ מֹשֶׁ֨ה אֶת־אַהֲרֹ֜ן
אֶת־בְּגָדָ֗יו וַיַּלְבֵּ֤שׁ אֹתָם֙ אֶת־אֶלְעָזָ֣ר בְּנ֔וֹ וַיָּ֧מָת אַהֲרֹ֛ן שָׁ֖ם בְּרֹ֥אשׁ
29 הָהָ֑ר וַיֵּ֧רֶד מֹשֶׁ֛ה וְאֶלְעָזָ֖ר מִן־הָהָֽר׃ וַיִּרְאוּ֙ כָּל־הָ֣עֵדָ֔ה כִּ֥י גָוַ֖ע אַהֲרֹ֑ן

21 וַיִּבְכּ֤וּ אֶֽת־אַהֲרֹן֙ שְׁלֹשִׁ֣ים י֔וֹם כֹּ֖ל בֵּ֥ית יִשְׂרָאֵֽל׃   וַיִּשְׁמַ֗ע
הַכְּנַעֲנִ֤י מֶֽלֶךְ־עֲרָד֙ יֹשֵׁ֣ב הַנֶּ֔גֶב כִּ֚י בָּ֣א יִשְׂרָאֵ֔ל דֶּ֖רֶךְ הָאֲתָרִ֑ים וַיִּלָּ֙חֶם֙
2 בְּיִשְׂרָאֵ֔ל וַיִּ֥שְׁבְּ ׀ מִמֶּ֖נּוּ שֶֽׁבִי׃ וַיִּדַּ֨ר יִשְׂרָאֵ֥ל נֶ֛דֶר לַיהוָ֖ה וַיֹּאמַ֑ר אִם־נָתֹ֨ן
3 תִּתֵּ֜ן אֶת־הָעָ֤ם הַזֶּה֙ בְּיָדִ֔י וְהַֽחֲרַמְתִּ֖י אֶת־עָרֵיהֶ֑ם וַיִּשְׁמַ֨ע יְהוָ֜ה
בְּק֣וֹל יִשְׂרָאֵ֗ל וַיִּתֵּן֙ אֶת־הַֽכְּנַעֲנִ֔י וַיַּחֲרֵ֥ם אֶתְהֶ֖ם וְאֶת־עָרֵיהֶ֑ם וַיִּקְרָ֥א
שֵׁם־הַמָּק֖וֹם חָרְמָֽה׃

4 וַיִּסְע֞וּ מֵהֹ֤ר הָהָר֙ דֶּ֣רֶךְ יַם־ס֔וּף לִסְבֹ֖ב אֶת־אֶ֣רֶץ אֱד֑וֹם וַתִּקְצַ֥ר
5 נֶֽפֶשׁ־הָעָ֖ם בַּדָּֽרֶךְ׃ וַיְדַבֵּ֣ר הָעָ֗ם בֵּֽאלֹהִים֮ וּבְמֹשֶׁה֒ לָמָ֤ה הֶֽעֱלִיתֻ֙נוּ֙
מִמִּצְרַ֔יִם לָמ֖וּת בַּמִּדְבָּ֑ר כִּ֣י אֵ֥ין לֶ֙חֶם֙ וְאֵ֣ין מַ֔יִם וְנַפְשֵׁ֣נוּ קָ֔צָה בַּלֶּ֖חֶם
6 הַקְּלֹקֵֽל׃ וַיְשַׁלַּ֨ח יְהוָ֜ה בָּעָ֗ם אֵ֚ת הַנְּחָשִׁ֣ים הַשְּׂרָפִ֔ים וַֽיְנַשְּׁכ֖וּ אֶת־הָעָ֑ם
7 וַיָּ֥מָת עַם־רָ֖ב מִיִּשְׂרָאֵֽל׃ וַיָּבֹא֩ הָעָ֨ם אֶל־מֹשֶׁ֜ה וַיֹּאמְר֣וּ חָטָ֗אנוּ
כִּֽי־דִבַּ֤רְנוּ בַֽיהוָה֙ וָבָ֔ךְ הִתְפַּלֵּל֙ אֶל־יְהוָ֔ה וְיָסֵ֥ר מֵעָלֵ֖ינוּ אֶת־הַנָּחָ֑שׁ
8 וַיִּתְפַּלֵּ֥ל מֹשֶׁ֖ה בְּעַ֥ד הָעָֽם׃ וַיֹּ֨אמֶר יְהוָ֜ה אֶל־מֹשֶׁ֗ה עֲשֵׂ֤ה לְךָ֙ שָׂרָ֔ף
9 וְשִׂ֥ים אֹת֖וֹ עַל־נֵ֑ס וְהָיָה֙ כָּל־הַנָּשׁ֔וּךְ וְרָאָ֥ה אֹת֖וֹ וָחָֽי׃ וַיַּ֤עַשׂ מֹשֶׁה֙
נְחַ֣שׁ נְחֹ֔שֶׁת וַיְשִׂמֵ֖הוּ עַל־הַנֵּ֑ס וְהָיָ֗ה אִם־נָשַׁ֤ךְ הַנָּחָשׁ֙ אֶת־אִ֔ישׁ
10 וְהִבִּ֛יט אֶל־נְחַ֥שׁ הַנְּחֹ֖שֶׁת וָחָֽי׃ ששי וַיִּסְע֖וּ בְּנֵ֣י יִשְׂרָאֵ֑ל וַֽיַּחֲנ֖וּ בְּאֹבֹֽת׃
11 וַיִּסְע֖וּ מֵאֹבֹ֑ת וַֽיַּחֲנ֛וּ בְּעִיֵּ֥י הָֽעֲבָרִ֖ים בַּמִּדְבָּ֔ר אֲשֶׁר֙ עַל־פְּנֵ֣י מוֹאָ֔ב
12 מִמִּזְרַ֖ח הַשָּֽׁמֶשׁ׃ מִשָּׁ֖ם נָסָ֑עוּ וַֽיַּחֲנ֖וּ בְּנַ֥חַל זָֽרֶד׃ מִשָּׁם֙ נָסָ֔עוּ וַֽיַּחֲנ֗וּ
13 מֵעֵ֤בֶר אַרְנוֹן֙ אֲשֶׁ֣ר בַּמִּדְבָּ֔ר הַיֹּצֵ֖א מִגְּבֻ֣ל הָֽאֱמֹרִ֑י כִּ֤י אַרְנוֹן֙ גְּב֣וּל
14 מוֹאָ֔ב בֵּ֥ין מוֹאָ֖ב וּבֵ֥ין הָאֱמֹרִֽי׃ עַל־כֵּן֙ יֵֽאָמַ֔ר בְּסֵ֖פֶר מִלְחֲמֹ֣ת יְהוָ֑ה
15 אֶת־וָהֵ֣ב בְּסוּפָ֔ה וְאֶת־הַנְּחָלִ֖ים אַרְנֽוֹן׃ וְאֶ֙שֶׁד֙ הַנְּחָלִ֔ים אֲשֶׁ֥ר נָטָ֖ה
16 לְשֶׁ֣בֶת עָ֑ר וְנִשְׁעַ֖ן לִגְב֥וּל מוֹאָֽב׃ וּמִשָּׁ֖ם בְּאֵ֑רָה הִ֣וא הַבְּאֵ֗ר אֲשֶׁ֨ר
17 אָמַ֤ר יְהוָה֙ לְמֹשֶׁ֔ה אֱסֹף֙ אֶת־הָעָ֔ם וְאֶתְּנָ֥ה לָהֶ֖ם מָֽיִם׃   אָ֣ז
18 יָשִׁ֤יר יִשְׂרָאֵל֙ אֶת־הַשִּׁירָ֣ה הַזֹּ֔את עֲלִ֥י בְאֵ֖ר עֱנוּ־לָֽהּ׃ בְּאֵ֞ר חֲפָר֣וּהָ
שָׂרִ֗ים כָּר֙וּהָ֙ נְדִיבֵ֣י הָעָ֔ם בִּמְחֹקֵ֖ק בְּמִשְׁעֲנֹתָ֑ם וּמִמִּדְבָּ֖ר מַתָּנָֽה׃
19 וּמִמַּתָּנָ֖ה נַחֲלִיאֵ֑ל וּמִנַּחֲלִיאֵ֖ל בָּמֽוֹת׃ וּמִבָּמ֗וֹת הַגַּיְא֙ אֲשֶׁר֙ בִּשְׂדֵ֣ה
20 מוֹאָ֔ב רֹ֖אשׁ הַפִּסְגָּ֑ה וְנִשְׁקָ֖פָה עַל־פְּנֵ֥י הַיְשִׁימֹֽן׃

21 וַיִּשְׁלַ֤ח יִשְׂרָאֵל֙ מַלְאָכִ֔ים אֶל־סִיחֹ֥ן מֶֽלֶךְ־הָאֱמֹרִ֖י לֵאמֹֽר׃ אֶעְבְּרָ֣ה
22 שביעי (רביעי) בְאַרְצֶ֗ךָ לֹ֤א נִטֶּה֙ בְּשָׂדֶ֣ה וּבְכֶ֔רֶם לֹ֥א נִשְׁתֶּ֖ה מֵ֣י בְאֵ֑ר בְּדֶ֤רֶךְ הַמֶּ֙לֶךְ֙
23 נֵלֵ֔ךְ עַ֥ד אֲשֶֽׁר־נַעֲבֹ֖ר גְּבֻלֶֽךָ׃ וְלֹא־נָתַ֨ן סִיחֹ֣ן אֶת־יִשְׂרָאֵל֮ עֲבֹ֣ר בִּגְבֻלוֹ֒
וַיֶּאֱסֹ֨ף סִיחֹ֜ן אֶת־כָּל־עַמּ֗וֹ וַיֵּצֵ֞א לִקְרַ֤את יִשְׂרָאֵל֙ הַמִּדְבָּ֔רָה וַיָּבֹא֙

345

against Israel into the wilderness: and he came to Jahaz, and fought against Israel.

24 And Israel smote him with the edge of the sword, and possessed his land from Arnon unto Jabbok, even unto the children of Ammon: for the border of the children of Ammon *was* strong.

25 And Israel took all these cities: and Israel dwelt in all the cities of the Amorites, in Heshbon, and in all the villages thereof.

26 For Heshbon *was* the city of Sihon the king of the Amorites, who had fought against the former king of Moab, and taken all his land out of his hand, even unto Arnon.

27 Wherefore they that speak in proverbs say, Come into Heshbon, let the city of Sihon be built and prepared:

28 For there is a fire gone out of Heshbon, a flame from the city of Sihon: it hath consumed Ar of Moab, *and* the lords of the high places of Arnon.

29 Woe to thee, Moab! thou art undone, O people of Chemosh: he hath given his sons that escaped, and his daughters, into captivity unto Sihon king of the Amorites.

30 We have shot at them; Heshbon is perished even unto Dibon, and we have laid them waste even unto Nophah, which *reacheth* unto Medeba.

31 ¶ Thus Israel dwelt in the land of the Amorites.

32 And Moses sent to spy out Jaazer, and they took the villages thereof, and drove out the Amorites that *were* there.

33 ¶ And they turned and went up by the way of Bashan: and Og the king of Bashan went out against them, he, and all his people, to the battle at Edrei.

34 And the LORD said unto Moses, Fear him not: for I have delivered him into thy hand, and all his people, and his land; and thou shalt do to him as thou didst unto Sihon king of the Amorites, which dwelt at Heshbon.

35 So they smote him, and his sons, and all his people, until there was none left him alive: and they possessed his land.

CHAPTER 22

1 And the children of Israel set forward, and pitched in the plains of Moab on this side Jordan *by* Jericho.

2 ¶ And Balak the son of Zippor saw all that Israel had done to the Amorites.

3 And Moab was sore afraid of the people, because they *were* many: and Moab was distressed because of the children of Israel.

4 And Moab said unto the elders of Midian, Now shall this company lick up all *that are* round about us, as the ox licketh up the grass of the field. And Balak the son of Zippor *was* king of the Moabites at that time.

5 He sent messengers therefore unto Balaam the son of Beor to Pethor, which *is* by the river of the land of the children of his people, to call him, saying, Behold, there is a people come out from Egypt: behold, they cover the face of the earth, and they abide over against me:

6 Come now therefore, I pray thee, curse me this people; for they *are* too mighty for me: peradventure I shall prevail, *that* we may smite them, and *that* I may drive them out of the land: for I wot that he whom thou blessest *is* blessed, and he whom thou cursest is cursed.

7 And the elders of Moab and the elders of Midian departed with the rewards of divination in their hand; and they came unto Balaam, and spake unto him the words of Balak.

8 And he said unto them, Lodge here this night, and I will bring you word again, as the LORD shall speak unto me: and the princes of Moab abode with Balaam.

9 And God came unto Balaam, and said, What men *are* these with thee?

10 And Balaam said unto God, Balak the son of Zippor, king of Moab, hath sent unto me, *saying,*

11 Behold, *there is* a people come out of Egypt, which covereth the face of the earth: come now, curse me them; peradventure I shall be able to overcome them, and drive them out.

12 And God said unto Balaam, Thou

24 יְהָצָה וַיַּלָּחֶם בְּיִשְׂרָאֵל: וַיַּכֵּהוּ יִשְׂרָאֵל לְפִי־חָרֶב וַיִּירַשׁ אֶת־אַרְצוֹ

25 מֵאַרְנֹן עַד־יַבֹּק עַד־בְּנֵי עַמּוֹן כִּי עַז גְּבוּל בְּנֵי עַמּוֹן: וַיִּקַּח יִשְׂרָאֵל אֶת כָּל־הֶעָרִים הָאֵלֶּה וַיֵּשֶׁב יִשְׂרָאֵל בְּכָל־עָרֵי הָאֱמֹרִי בְּחֶשְׁבּוֹן

26 וּבְכָל־בְּנֹתֶיהָ: כִּי חֶשְׁבּוֹן עִיר סִיחֹן מֶלֶךְ הָאֱמֹרִי הִוא וְהוּא נִלְחַם

27 בְּמֶלֶךְ מוֹאָב הָרִאשׁוֹן וַיִּקַּח אֶת־כָּל־אַרְצוֹ מִיָּדוֹ עַד־אַרְנֹן: עַל־כֵּן

28 יֹאמְרוּ הַמֹּשְׁלִים בֹּאוּ חֶשְׁבּוֹן תִּבָּנֶה וְתִכּוֹנֵן עִיר סִיחוֹן: כִּי־אֵשׁ יָצְאָה מֵחֶשְׁבּוֹן לֶהָבָה מִקִּרְיַת סִיחֹן אָכְלָה עָר מוֹאָב בַּעֲלֵי בָּמוֹת

29 אַרְנֹן: אוֹי־לְךָ מוֹאָב אָבַדְתָּ עַם־כְּמוֹשׁ נָתַן בָּנָיו פְּלֵיטִם וּבְנֹתָיו

30 בַּשְּׁבִית לְמֶלֶךְ אֱמֹרִי סִיחוֹן: וַנִּירָם אָבַד חֶשְׁבּוֹן עַד־דִּיבֹן וַנַּשִּׁים

31 עַד־נֹפַח אֲשֶׁר עַד־מֵידְבָא: וַיֵּשֶׁב יִשְׂרָאֵל בְּאֶרֶץ הָאֱמֹרִי: וַיִּשְׁלַח
32

וַיּוֹרֶשׁ

מֹשֶׁה לְרַגֵּל אֶת־יַעְזֵר וַיִּלְכְּדוּ בְּנֹתֶיהָ וַיּירֶשׁ אֶת־הָאֱמֹרִי אֲשֶׁר־שָׁם:

33 וַיִּפְנוּ וַיַּעֲלוּ דֶּרֶךְ הַבָּשָׁן וַיֵּצֵא עוֹג מֶלֶךְ־הַבָּשָׁן לִקְרָאתָם הוּא

34 וְכָל־עַמּוֹ לַמִּלְחָמָה אֶדְרֶעִי: וַיֹּאמֶר יְהוָה אֶל־מֹשֶׁה אַל־תִּירָא אֹתוֹ
מפטיר
כִּי בְיָדְךָ נָתַתִּי אֹתוֹ וְאֶת־כָּל־עַמּוֹ וְאֶת־אַרְצוֹ וְעָשִׂיתָ לּוֹ כַּאֲשֶׁר עָשִׂיתָ לְסִיחֹן מֶלֶךְ הָאֱמֹרִי אֲשֶׁר יוֹשֵׁב בְּחֶשְׁבּוֹן: וַיַּכּוּ אֹתוֹ וְאֶת־בָּנָיו

35 וְאֶת־כָּל־עַמּוֹ עַד־בִּלְתִּי הִשְׁאִיר־לוֹ שָׂרִיד וַיִּירְשׁוּ אֶת־אַרְצוֹ: וַיִּסְעוּ

22 1 בְּנֵי יִשְׂרָאֵל וַיַּחֲנוּ בְּעַרְבוֹת מוֹאָב מֵעֵבֶר לְיַרְדֵּן יְרֵחוֹ:
וַיַּרְא

2
בלק
בָּלָק בֶּן־צִפּוֹר אֵת כָּל־אֲשֶׁר־עָשָׂה יִשְׂרָאֵל לָאֱמֹרִי: וַיָּגָר מוֹאָב

3 מִפְּנֵי הָעָם מְאֹד כִּי רַב־הוּא וַיָּקָץ מוֹאָב מִפְּנֵי בְּנֵי יִשְׂרָאֵל: וַיֹּאמֶר

4 מוֹאָב אֶל־זִקְנֵי מִדְיָן עַתָּה יְלַחֲכוּ הַקָּהָל אֶת־כָּל־סְבִיבֹתֵינוּ כִּלְחֹךְ הַשּׁוֹר אֵת יֶרֶק הַשָּׂדֶה וּבָלָק בֶּן־צִפּוֹר מֶלֶךְ לְמוֹאָב בָּעֵת הַהִוא:

5 וַיִּשְׁלַח מַלְאָכִים אֶל־בִּלְעָם בֶּן־בְּעוֹר פְּתוֹרָה אֲשֶׁר עַל־הַנָּהָר אֶרֶץ בְּנֵי־עַמּוֹ לִקְרֹא־לוֹ לֵאמֹר הִנֵּה עַם יָצָא מִמִּצְרַיִם הִנֵּה כִסָּה אֶת־עֵין

6 הָאָרֶץ וְהוּא יֹשֵׁב מִמֻּלִי: וְעַתָּה לְכָה־נָּא אָרָה־לִּי אֶת־הָעָם הַזֶּה כִּי־עָצוּם הוּא מִמֶּנִּי אוּלַי אוּכַל נַכֶּה־בּוֹ וַאֲגָרְשֶׁנּוּ מִן־הָאָרֶץ כִּי

7 יָדַעְתִּי אֵת אֲשֶׁר־תְּבָרֵךְ מְבֹרָךְ וַאֲשֶׁר תָּאֹר יוּאָר: וַיֵּלְכוּ זִקְנֵי מוֹאָב וְזִקְנֵי מִדְיָן וּקְסָמִים בְּיָדָם וַיָּבֹאוּ אֶל־בִּלְעָם וַיְדַבְּרוּ אֵלָיו דִּבְרֵי

8 בָלָק: וַיֹּאמֶר אֲלֵיהֶם לִינוּ פֹה הַלַּיְלָה וַהֲשִׁבֹתִי אֶתְכֶם דָּבָר כַּאֲשֶׁר

9 יְדַבֵּר יְהוָה אֵלָי וַיֵּשְׁבוּ שָׂרֵי־מוֹאָב עִם־בִּלְעָם: וַיָּבֹא אֱלֹהִים
9A

10 אֶל־בִּלְעָם וַיֹּאמֶר מִי הָאֲנָשִׁים הָאֵלֶּה עִמָּךְ: וַיֹּאמֶר בִּלְעָם

11 אֶל־הָאֱלֹהִים בָּלָק בֶּן־צִפֹּר מֶלֶךְ מוֹאָב שָׁלַח אֵלָי: הִנֵּה הָעָם הַיֹּצֵא מִמִּצְרַיִם וַיְכַס אֶת־עֵין הָאָרֶץ עַתָּה לְכָה קָבָה־לִּי אֹתוֹ אוּלַי

12 אוּכַל לְהִלָּחֶם בּוֹ וְגֵרַשְׁתִּיו: וַיֹּאמֶר אֱלֹהִים אֶל־בִּלְעָם לֹא תֵלֵךְ

shalt not go with them; thou shalt not curse the people: for they *are* blessed.

13 And Balaam rose up in the morning, and said unto the princes of Balak, Get you into your land: for the LORD refuseth to give me leave to go with you.

14 And the princes of Moab rose up, and they went unto Balak, and said, Balaam refuseth to come with us.

15 ¶ And Balak sent yet again princes, more, and more honourable than they.

16 And they came to Balaam, and said to him, Thus saith Balak the son of Zippor, Let nothing, I pray thee, hinder thee from coming unto me:

17 For I will promote thee unto very great honour, and I will do whatsoever thou sayest unto me: come therefore, I pray thee, curse me this people.

18 And Balaam answered and said unto the servants of Balak, If Balak would give me his house full of silver and gold, I cannot go beyond the word of the LORD my God, to do less or more.

19 Now therefore, I pray you, tarry ye also here this night, that I may know what the LORD will say unto me more.

20 And God came unto Balaam at night, and said unto him, If the men come to call thee, rise up, *and* go with them; but yet the word which I shall say unto thee, that shalt thou do.

21 And Balaam rose up in the morning, and saddled his ass, and went with the princes of Moab.

22 ¶ And God's anger was kindled because he went: and the angel of the LORD stood in the way for an adversary against him. Now he was riding upon his ass, and his two servants *were* with him.

23 And the ass saw the angel of the LORD standing in the way, and his sword drawn in his hand: and the ass turned aside out of the way, and went into the field: and Balaam smote the ass, to turn her into the way.

24 But the angel of the LORD stood in a path of the vineyards, a wall *being* on this side, and a wall on that side.

25 And when the ass saw the angel of the LORD, she thrust herself unto the wall, and crushed Balaam's foot against the wall: and he smote her again.

26 And the angel of the LORD went further, and stood in a narrow place, where *was* no way to turn either to the right hand or to the left.

27 And when the ass saw the angel of the LORD, she fell down under Balaam: and Balaam's anger was kindled, and he smote the ass with a staff.

28 And the LORD opened the mouth of the ass, and she said unto Balaam, What have I done unto thee, that thou hast smitten me these three times?

29 And Balaam said unto the ass, Because thou hast mocked me: I would there were a sword in mine hand, for now would I kill thee.

30 And the ass said unto Balaam, *Am* not I thine ass, upon which thou hast ridden ever since *I was* thine unto this day? was I ever wont to do so unto thee? And he said, Nay.

31 Then the LORD opened the eyes of Balaam, and he saw the angel of the LORD standing in the way, and his sword drawn in his hand: and he bowed down his head, and fell flat on his face.

32 And the angel of the LORD said unto him, Wherefore hast thou smitten thine ass these three times? behold, I went out to withstand thee, because *thy* way is perverse before me:

33 And the ass saw me, and turned from me these three times: unless she had turned from me, surely now also I had slain thee, and saved her alive.

34 And Balaam said unto the angel of the LORD, I have sinned; for I knew not that thou stoodest in the way against me: now therefore, if it displease thee, I will get me back again.

35 And the angel of the LORD said unto Balaam, Go with the men: but only the word that I shall speak unto thee, that thou shalt speak. So Balaam went with the princes of Balak.

36 ¶ And when Balak heard that Balaam was come, he went out to meet him unto a city of Moab, which *is* in the border of Arnon, which *is* in the utmost coast.

13 עַמָּהֶם לֹא תָאֹר אֶת־הָעָם כִּי בָרוּךְ הוּא: וַיָּקָם בִּלְעָם בַּבֹּקֶר

וַיֹּאמֶר אֶל־שָׂרֵי בָלָק לְכוּ אֶל־אַרְצְכֶם כִּי מֵאֵן יְהֹוָה לְתִתִּי לַהֲלֹךְ

14 עִמָּכֶם: וַיָּקוּמוּ שָׂרֵי מוֹאָב וַיָּבֹאוּ אֶל־בָּלָק וַיֹּאמְרוּ מֵאֵן בִּלְעָם

15 הֲלֹךְ עִמָּנוּ: וַיֹּסֶף עוֹד בָּלָק שְׁלֹחַ שָׂרִים רַבִּים וְנִכְבָּדִים מֵאֵלֶּה:

16 וַיָּבֹאוּ אֶל־בִּלְעָם וַיֹּאמְרוּ לוֹ כֹּה אָמַר בָּלָק בֶּן־צִפּוֹר אַל־נָא תִמָּנַע

17 מֵהֲלֹךְ אֵלָי: כִּי־כַבֵּד אֲכַבֶּדְךָ מְאֹד וְכֹל אֲשֶׁר־תֹּאמַר אֵלַי אֶעֱשֶׂה

18 וּלְכָה־נָּא קָבָה־לִּי אֵת הָעָם הַזֶּה: וַיַּעַן בִּלְעָם וַיֹּאמֶר אֶל־עַבְדֵי

בָלָק אִם־יִתֶּן־לִי בָלָק מְלֹא בֵיתוֹ כֶּסֶף וְזָהָב לֹא אוּכַל לַעֲבֹר

19 אֶת־פִּי יְהֹוָה אֱלֹהָי לַעֲשׂוֹת קְטַנָּה אוֹ גְדוֹלָה: וְעַתָּה שְׁבוּ נָא

20 בָזֶה גַּם־אַתֶּם הַלָּיְלָה וְאֵדְעָה מַה־יֹּסֵף יְהֹוָה דַּבֵּר עִמִּי: וַיָּבֹא

אֱלֹהִים ׀ אֶל־בִּלְעָם לַיְלָה וַיֹּאמֶר לוֹ אִם־לִקְרֹא לְךָ בָּאוּ הָאֲנָשִׁים

קוּם לֵךְ אִתָּם וְאַךְ אֶת־הַדָּבָר אֲשֶׁר־אֲדַבֵּר אֵלֶיךָ אֹתוֹ תַעֲשֶׂה:

21
22 וַיָּקָם בִּלְעָם בַּבֹּקֶר וַיַּחֲבֹשׁ אֶת־אֲתֹנוֹ וַיֵּלֶךְ עִם־שָׂרֵי מוֹאָב: וַיִּחַר־אַף

אֱלֹהִים כִּי־הוֹלֵךְ הוּא וַיִּתְיַצֵּב מַלְאַךְ יְהֹוָה בַּדֶּרֶךְ לְשָׂטָן לוֹ וְהוּא

23 רֹכֵב עַל־אֲתֹנוֹ וּשְׁנֵי נְעָרָיו עִמּוֹ: וַתֵּרֶא הָאָתוֹן אֶת־מַלְאַךְ יְהֹוָה

נִצָּב בַּדֶּרֶךְ וְחַרְבּוֹ שְׁלוּפָה בְּיָדוֹ וַתֵּט הָאָתוֹן מִן־הַדֶּרֶךְ וַתֵּלֶךְ

24 בַּשָּׂדֶה וַיַּךְ בִּלְעָם אֶת־הָאָתוֹן לְהַטֹּתָהּ הַדָּרֶךְ: וַיַּעֲמֹד מַלְאַךְ יְהֹוָה

25 בְּמִשְׁעוֹל הַכְּרָמִים גָּדֵר מִזֶּה וְגָדֵר מִזֶּה: וַתֵּרֶא הָאָתוֹן אֶת־מַלְאַךְ

יְהֹוָה וַתִּלָּחֵץ אֶל־הַקִּיר וַתִּלְחַץ אֶת־רֶגֶל בִּלְעָם אֶל־הַקִּיר וַיֹּסֶף

26 לְהַכֹּתָהּ: וַיּוֹסֶף מַלְאַךְ־יְהֹוָה עֲבוֹר וַיַּעֲמֹד בְּמָקוֹם צָר אֲשֶׁר אֵין־דֶּרֶךְ

27 לִנְטוֹת יָמִין וּשְׂמֹאול: וַתֵּרֶא הָאָתוֹן אֶת־מַלְאַךְ יְהֹוָה וַתִּרְבַּץ תַּחַת

28 בִּלְעָם וַיִּחַר־אַף בִּלְעָם וַיַּךְ אֶת־הָאָתוֹן בַּמַּקֵּל: וַיִּפְתַּח יְהֹוָה אֶת־פִּי

הָאָתוֹן וַתֹּאמֶר לְבִלְעָם מֶה־עָשִׂיתִי לְךָ כִּי הִכִּיתַנִי זֶה שָׁלֹשׁ רְגָלִים:

29 וַיֹּאמֶר בִּלְעָם לָאָתוֹן כִּי הִתְעַלַּלְתְּ בִּי לוּ יֶשׁ־חֶרֶב בְּיָדִי כִּי עַתָּה

30 הֲרַגְתִּיךְ: וַתֹּאמֶר הָאָתוֹן אֶל־בִּלְעָם הֲלוֹא אָנֹכִי אֲתֹנְךָ אֲשֶׁר־רָכַבְתָּ

עָלַי מֵעוֹדְךָ עַד־הַיּוֹם הַזֶּה הַהַסְכֵּן הִסְכַּנְתִּי לַעֲשׂוֹת לְךָ כֹּה וַיֹּאמֶר

31 לֹא: וַיְגַל יְהֹוָה אֶת־עֵינֵי בִלְעָם וַיַּרְא אֶת־מַלְאַךְ יְהֹוָה נִצָּב בַּדֶּרֶךְ

32 וְחַרְבּוֹ שְׁלֻפָה בְּיָדוֹ וַיִּקֹּד וַיִּשְׁתַּחוּ לְאַפָּיו: וַיֹּאמֶר אֵלָיו מַלְאַךְ יְהֹוָה

עַל־מָה הִכִּיתָ אֶת־אֲתֹנְךָ זֶה שָׁלוֹשׁ רְגָלִים הִנֵּה אָנֹכִי יָצָאתִי

33 לְשָׂטָן כִּי־יָרַט הַדֶּרֶךְ לְנֶגְדִּי: וַתִּרְאַנִי הָאָתוֹן וַתֵּט לְפָנַי זֶה שָׁלֹשׁ

רְגָלִים אוּלַי נָטְתָה מִפָּנַי כִּי עַתָּה גַּם־אֹתְכָה הָרַגְתִּי וְאוֹתָהּ

34 הֶחֱיֵיתִי: וַיֹּאמֶר בִּלְעָם אֶל־מַלְאַךְ יְהֹוָה חָטָאתִי כִּי לֹא יָדַעְתִּי כִּי

אַתָּה נִצָּב לִקְרָאתִי בַּדָּרֶךְ וְעַתָּה אִם־רַע בְּעֵינֶיךָ אָשׁוּבָה לִּי:

35 וַיֹּאמֶר מַלְאַךְ יְהֹוָה אֶל־בִּלְעָם לֵךְ עִם־הָאֲנָשִׁים וְאֶפֶס אֶת־הַדָּבָר

36 אֲשֶׁר־אֲדַבֵּר אֵלֶיךָ אֹתוֹ תְדַבֵּר וַיֵּלֶךְ בִּלְעָם עִם־שָׂרֵי בָלָק: וַיִּשְׁמַע

37 And Balak said unto Balaam, Did I not earnestly send unto thee to call thee? wherefore camest thou not unto me? am I not able indeed to promote thee to honour?

38 And Balaam said unto Balak, Lo, I am come unto thee: have I now any power at all to say any thing? the word that God putteth in my mouth, that shall I speak.

39 And Balaam went with Balak, and they came unto Kirjath-huzoth.

40 And Balak offered oxen and sheep, and sent to Balaam, and to the princes that *were* with him.

41 And it came to pass on the morrow, that Balak took Balaam, and brought him up into the high places of Baal, that thence he might see the utmost *part* of the people.

CHAPTER 23

1 And Balaam said unto Balak, Build me here seven altars, and prepare me here seven oxen and seven rams.

2 And Balak did as Balaam had spoken; and Balak and Balaam offered on *every* altar a bullock and a ram.

3 And Balaam said unto Balak, Stand by thy burnt offering, and I will go: peradventure the LORD will come to meet me: and whatsoever he sheweth me I will tell thee. And he went to an high place.

4 And God met Balaam: and he said unto him, I have prepared seven altars, and I have offered upon *every* altar a bullock and a ram.

5 And the LORD put a word in Balaam's mouth, and said, Return unto Balak, and thus thou shalt speak.

6 And he returned unto him, and, lo, he stood by his burnt sacrifice, he, and all the princes of Moab.

7 And he took up his parable, and said, Balak the king of Moab hath brought me from Aram, out of the mountains of the east, *saying*, Come, curse me Jacob, and come, defy Israel.

8 How shall I curse, whom God hath not cursed? or how shall I defy, *whom* the LORD hath not defied?

9 For from the top of the rocks I see him, and from the hills I behold him: lo, the people shall dwell alone, and shall not be reckoned among the nations.

10 Who can count the dust of Jacob, and the number of the fourth *part* of Israel? Let me die the death of the righteous, and let my last end be like his!

11 And Balak said unto Balaam, What hast thou done unto me? I took thee to curse mine enemies, and, behold, thou hast blessed *them* altogether.

12 And he answered and said, Must I not take heed to speak that which the LORD hath put in my mouth?

13 And Balak said unto him, Come, I pray thee, with me unto another place, from whence thou mayest see them: thou shalt see but the utmost part of them, and shalt not see them all: and curse me them from thence.

14 ¶ And he brought him into the field of Zophim, to the top of Pisgah, and built seven altars, and offered a bullock and a ram on *every* altar.

15 And he said unto Balak, Stand here by thy burnt offering, while I meet *the* LORD yonder.

16 And the LORD met Balaam, and put a word in his mouth, and said, Go again unto Balak, and say thus.

17 And when he came to him, behold, he stood by his burnt offering, and the princes of Moab with him. And Balak said unto him, What hath the LORD spoken?

18 And he took up his parable, and said, Rise up, Balak, and hear; hearken unto me, thou son of Zippor:

19 God *is* not a man, that he should lie; neither the son of man, that he should repent: hath he said, and shall he not do *it*? or hath he spoken, and shall he not make it good?

20 Behold, I have received *commandment* to bless: and he hath blessed; and I cannot reverse it.

21 He hath not beheld iniquity in Jacob, neither hath he seen perverseness in Israel: the LORD his God *is* with him, and the shout of a king *is* among them.

22 God brought them out of Egypt; he hath as it were the strength of an unicorn.

23 Surely *there is* no enchantment against Jacob, neither *is there* any divina-

בָּלָק כִּי בָא בִלְעָם וַיֵּצֵא לִקְרָאתוֹ אֶל־עִיר מוֹאָב אֲשֶׁר עַל־גְּבוּל

37 אַרְנֹן אֲשֶׁר בִּקְצֵה הַגְּבוּל: וַיֹּאמֶר בָּלָק אֶל־בִּלְעָם הֲלֹא שָׁלֹחַ שָׁלַחְתִּי אֵלֶיךָ לִקְרֹא־לָךְ לָמָּה לֹא־הָלַכְתָּ אֵלָי הַאֻמְנָם לֹא אוּכַל

38 כַּבְּדֶךָ: וַיֹּאמֶר בִּלְעָם אֶל־בָּלָק הִנֵּה־בָאתִי אֵלֶיךָ עַתָּה הֲיָכוֹל אוּכַל

39 דַּבֵּר מְאוּמָה הַדָּבָר אֲשֶׁר יָשִׂים אֱלֹהִים בְּפִי אֹתוֹ אֲדַבֵּר: וַיֵּלֶךְ רביעי (ששי)

40 בִלְעָם עִם־בָּלָק וַיָּבֹאוּ קִרְיַת חֻצוֹת: וַיִּזְבַּח בָּלָק בָּקָר וָצֹאן וַיְשַׁלַּח

41 לְבִלְעָם וְלַשָּׂרִים אֲשֶׁר אִתּוֹ: וַיְהִי בַבֹּקֶר וַיִּקַּח בָּלָק אֶת־בִּלְעָם

23 1 וַיַּעֲלֵהוּ בָּמוֹת בָּעַל וַיַּרְא מִשָּׁם קְצֵה הָעָם: וַיֹּאמֶר בִּלְעָם אֶל־בָּלָק בְּנֵה־לִי בָזֶה שִׁבְעָה מִזְבְּחֹת וְהָכֵן לִי בָּזֶה שִׁבְעָה פָרִים וְשִׁבְעָה

2 אֵילִים: וַיַּעַשׂ בָּלָק כַּאֲשֶׁר דִּבֶּר בִּלְעָם וַיַּעַל בָּלָק וּבִלְעָם פָּר וָאַיִל

3 בַּמִּזְבֵּחַ: וַיֹּאמֶר בִּלְעָם לְבָלָק הִתְיַצֵּב עַל־עֹלָתֶךָ וְאֵלְכָה אוּלַי יִקָּרֵה

4 יְהוָה לִקְרָאתִי וּדְבַר מַה־יַּרְאֵנִי וְהִגַּדְתִּי לָךְ וַיֵּלֶךְ שֶׁפִי: וַיִּקָּר אֱלֹהִים אֶל־בִּלְעָם וַיֹּאמֶר אֵלָיו אֶת־שִׁבְעַת הַמִּזְבְּחֹת עָרַכְתִּי וָאַעַל פָּר

5 וָאַיִל בַּמִּזְבֵּחַ: וַיָּשֶׂם יְהוָה דָּבָר בְּפִי בִלְעָם וַיֹּאמֶר שׁוּב אֶל־בָּלָק

6 וְכֹה תְדַבֵּר: וַיָּשָׁב אֵלָיו וְהִנֵּה נִצָּב עַל־עֹלָתוֹ הוּא וְכָל־שָׂרֵי מוֹאָב:

7 וַיִּשָּׂא מְשָׁלוֹ וַיֹּאמַר מִן־אֲרָם יַנְחֵנִי בָלָק מֶלֶךְ־מוֹאָב מֵהַרְרֵי־קֶדֶם

8 לְכָה אָרָה־לִּי יַעֲקֹב וּלְכָה זֹעֲמָה יִשְׂרָאֵל: מָה אֶקֹּב לֹא קַבֹּה אֵל

9 וּמָה אֶזְעֹם לֹא זָעַם יְהוָה: כִּי־מֵרֹאשׁ צֻרִים אֶרְאֶנּוּ וּמִגְּבָעוֹת

10 אֲשׁוּרֶנּוּ הֶן־עָם לְבָדָד יִשְׁכֹּן וּבַגּוֹיִם לֹא יִתְחַשָּׁב: מִי מָנָה עֲפַר יַעֲקֹב וּמִסְפָּר אֶת־רֹבַע יִשְׂרָאֵל תָּמֹת נַפְשִׁי מוֹת יְשָׁרִים וּתְהִי

11 אַחֲרִיתִי כָּמֹהוּ: וַיֹּאמֶר בָּלָק אֶל־בִּלְעָם מֶה עָשִׂיתָ לִי לָקֹב אֹיְבַי

12 לְקַחְתִּיךָ וְהִנֵּה בֵּרַכְתָּ בָרֵךְ: וַיַּעַן וַיֹּאמַר הֲלֹא אֵת אֲשֶׁר יָשִׂים

13 יְהוָה בְּפִי אֹתוֹ אֶשְׁמֹר לְדַבֵּר: וַיֹּאמֶר אֵלָיו בָּלָק לְךָ־נָּא אִתִּי חמישי לְכָה־ אֶל־מָקוֹם אַחֵר אֲשֶׁר תִּרְאֶנּוּ מִשָּׁם אֶפֶס קָצֵהוּ תִרְאֶה וְכֻלּוֹ לֹא

14 תִרְאֶה וְקָבְנוֹ־לִי מִשָּׁם: וַיִּקָּחֵהוּ שְׂדֵה צֹפִים אֶל־רֹאשׁ הַפִּסְגָּה וַיִּבֶן

15 שִׁבְעָה מִזְבְּחֹת וַיַּעַל פָּר וָאַיִל בַּמִּזְבֵּחַ: וַיֹּאמֶר אֶל־בָּלָק הִתְיַצֵּב

16 כֹּה עַל־עֹלָתֶךָ וְאָנֹכִי אִקָּרֶה כֹּה: וַיִּקָּר יְהוָה אֶל־בִּלְעָם וַיָּשֶׂם דָּבָר

17 בְּפִיו וַיֹּאמֶר שׁוּב אֶל־בָּלָק וְכֹה תְדַבֵּר: וַיָּבֹא אֵלָיו וְהִנּוֹ נִצָּב עַל־עֹלָתוֹ וְשָׂרֵי מוֹאָב אִתּוֹ וַיֹּאמֶר לוֹ בָּלָק מַה־דִּבֶּר יְהוָה: וַיִּשָּׂא

18 19 מְשָׁלוֹ וַיֹּאמַר קוּם בָּלָק וּשֲׁמָע הַאֲזִינָה עָדַי בְּנוֹ צִפֹּר: לֹא אִישׁ אֵל וִיכַזֵּב וּבֶן־אָדָם וְיִתְנֶחָם הַהוּא אָמַר וְלֹא יַעֲשֶׂה וְדִבֶּר וְלֹא

20 21 יְקִימֶנָּה: הִנֵּה בָרֵךְ לָקָחְתִּי וּבֵרֵךְ וְלֹא אֲשִׁיבֶנָּה: לֹא־הִבִּיט אָוֶן בְּיַעֲקֹב וְלֹא־רָאָה עָמָל בְּיִשְׂרָאֵל יְהוָה אֱלֹהָיו עִמּוֹ וּתְרוּעַת מֶלֶךְ

22 23 בּוֹ: אֵל מוֹצִיאָם מִמִּצְרָיִם כְּתוֹעֲפֹת רְאֵם לוֹ: כִּי לֹא־נַחַשׁ בְּיַעֲקֹב

351

tion against Israel: according to this time it shall be said of Jacob and of Israel, What hath God wrought!

24 Behold, the people shall rise up as a great lion, and lift up himself as a young lion: he shall not lie down until he eat *of* the prey, and drink the blood of the slain.

25 ¶ And Balak said unto Balaam, Neither curse them at all, nor bless them at all.

26 But Balaam answered and said unto Balak, Told not I thee, saying, All that the LORD speaketh, that I must do?

27 ¶ And Balak said unto Balaam, Come, I pray thee, I will bring thee unto another place; peradventure it will please God that thou mayest curse me them from thence.

28 And Balak brought Balaam unto the top of Peor, that looketh toward Jeshimon.

29 And Balaam said unto Balak, Build me here seven altars, and prepare me here seven bullocks and seven rams.

30 And Balak did as Balaam had said, and offered a bullock and a ram on *every* altar.

CHAPTER 24

1 And when Balaam saw that it pleased the LORD to bless Israel, he went not, as at other times, to seek for enchantments, but he set his face toward the wilderness.

2 And Balaam lifted up his eyes, and he saw Israel abiding *in his tents* according to their tribes; and the spirit of God came upon him.

3 And he took up his parable, and said, Balaam the son of Beor hath said, and the man whose eyes are open hath said:

4 He hath said, which heard the words of God, which saw the vision of the Almighty, falling *into a trance*, but having his eyes open:

5 How goodly are thy tents, O Jacob, *and* thy tabernacles, O Israel!

6 As the valleys are they spread forth, as gardens by the river's side, as the trees of lign aloes which the LORD hath planted, *and* as cedar trees beside the waters.

7 He shall pour the water out of his buckets, and his seed *shall be* in many wa-

ters, and his king shall be higher than Agag, and his kingdom shall be exalted.

8 God brought him forth out of Egypt; he hath as it were the strength of an unicorn: he shall eat up the nations his enemies, and shall break their bones, and pierce *them* through with his arrows.

9 He couched, he lay down as a lion, and as a great lion: who shall stir him up? Blessed *is* he that blesseth thee, and cursed *is* he that curseth thee.

10 ¶ And Balak's anger was kindled against Balaam, and he smote his hands together: and Balak said unto Balaam, I called thee to curse mine enemies, and, behold, thou hast altogether blessed *them* these three times.

11 Therefore now flee thou to thy place: I thought to promote thee unto great honour; but, lo, the LORD hath kept thee back from honour.

12 And Balaam said unto Balak, Spake I not also to thy messengers which thou sentest unto me, saying,

13 If Balak would give me his house full of silver and gold, I cannot go beyond the commandment of the LORD, to do *either* good or bad of mine own mind; *but* what the LORD saith, that will I speak?

14 And now, behold, I go unto my people: come *therefore, and* I will advertise thee what this people shall do to thy people in the latter days.

15 ¶ And he took up his parable, and said, Balaam the son of Beor hath said, and the man whose eyes are open hath said:

16 He hath said, which heard the words of God, and knew the knowledge of the most High, *which* saw the vision of the Almighty, falling *into a trance*, but having his eyes open:

17 I shall see him, but not now: I shall behold him, but not nigh: there shall come a Star out of Jacob, and a Sceptre shall rise out of Israel, and shall smite the corners of Moab, and destroy all the children of Sheth.

18 And Edom shall be a possession, Seir also shall be a possession for his enemies; and Israel shall do valiantly.

19 Out of Jacob shall come he that shall

וְלֹא־קֶסֶם בְּיִשְׂרָאֵל כָּעֵת יֵאָמֵר לְיַעֲקֹב וּלְיִשְׂרָאֵל מַה־פָּעַל אֵל:

24 הֶן־עָם כְּלָבִיא יָקוּם וְכַאֲרִי יִתְנַשָּׂא לֹא יִשְׁכַּב עַד־יֹאכַל טֶרֶף

25 וְדַם־חֲלָלִים יִשְׁתֶּה: וַיֹּאמֶר בָּלָק אֶל־בִּלְעָם גַּם־קֹב לֹא תִקֳּבֶנּוּ

26 גַּם־בָּרֵךְ לֹא תְבָרֲכֶנּוּ: וַיַּעַן בִּלְעָם וַיֹּאמֶר אֶל־בָּלָק הֲלֹא דִּבַּרְתִּי

ששי
(שביעי)

27 אֵלֶיךָ לֵאמֹר כֹּל אֲשֶׁר־יְדַבֵּר יְהוָה אֹתוֹ אֶעֱשֶׂה: וַיֹּאמֶר בָּלָק

אֶל־בִּלְעָם לְכָה־נָּא אֶקָּחֲךָ אֶל־מָקוֹם אַחֵר אוּלַי יִשַׁר בְּעֵינֵי

28 הָאֱלֹהִים וְקַבֹּתוֹ לִי מִשָּׁם: וַיִּקַּח בָּלָק אֶת־בִּלְעָם רֹאשׁ הַפְּעוֹר

29 הַנִּשְׁקָף עַל־פְּנֵי הַיְשִׁימֹן: וַיֹּאמֶר בִּלְעָם אֶל־בָּלָק בְּנֵה־לִי בָזֶה

30 שִׁבְעָה מִזְבְּחֹת וְהָכֵן לִי בָּזֶה שִׁבְעָה פָרִים וְשִׁבְעָה אֵילִם: וַיַּעַשׂ

24 1 בָּלָק כַּאֲשֶׁר אָמַר בִּלְעָם וַיַּעַל פָּר וָאַיִל בַּמִּזְבֵּחַ: וַיַּרְא בִּלְעָם כִּי

טוֹב בְּעֵינֵי יְהוָה לְבָרֵךְ אֶת־יִשְׂרָאֵל וְלֹא־הָלַךְ כְּפַעַם־בְּפַעַם לִקְרַאת

2 נְחָשִׁים וַיָּשֶׁת אֶל־הַמִּדְבָּר פָּנָיו: וַיִּשָּׂא בִלְעָם אֶת־עֵינָיו וַיַּרְא

3 אֶת־יִשְׂרָאֵל שֹׁכֵן לִשְׁבָטָיו וַתְּהִי עָלָיו רוּחַ אֱלֹהִים: וַיִּשָּׂא מְשָׁלוֹ

4 וַיֹּאמַר נְאֻם בִּלְעָם בְּנוֹ בְעֹר וּנְאֻם הַגֶּבֶר שְׁתֻם הָעָיִן: נְאֻם שֹׁמֵעַ

5 אִמְרֵי־אֵל אֲשֶׁר מַחֲזֵה שַׁדַּי יֶחֱזֶה נֹפֵל וּגְלוּי עֵינָיִם: מַה־טֹּבוּ

6 אֹהָלֶיךָ יַעֲקֹב מִשְׁכְּנֹתֶיךָ יִשְׂרָאֵל: כִּנְחָלִים נִטָּיוּ כְּגַנֹּת עֲלֵי נָהָר

7 כַּאֲהָלִים נָטַע יְהוָה כַּאֲרָזִים עֲלֵי־מָיִם: יִזַּל־מַיִם מִדָּלְיָו וְזַרְעוֹ בְּמַיִם

8 רַבִּים וְיָרֹם מֵאֲגַג מַלְכּוֹ וְתִנַּשֵּׂא מַלְכֻתוֹ: אֵל מוֹצִיאוֹ מִמִּצְרַיִם

כְּתוֹעֲפֹת רְאֵם לוֹ יֹאכַל גּוֹיִם צָרָיו וְעַצְמֹתֵיהֶם יְגָרֵם וְחִצָּיו יִמְחָץ:

9 כָּרַע שָׁכַב כַּאֲרִי וּכְלָבִיא מִי יְקִימֶנּוּ מְבָרֲכֶיךָ בָרוּךְ וְאֹרְרֶיךָ אָרוּר:

10 וַיִּחַר־אַף בָּלָק אֶל־בִּלְעָם וַיִּסְפֹּק אֶת־כַּפָּיו וַיֹּאמֶר בָּלָק אֶל־בִּלְעָם

11 לָקֹב אֹיְבַי קְרָאתִיךָ וְהִנֵּה בֵּרַכְתָּ בָרֵךְ זֶה שָׁלֹשׁ פְּעָמִים: וְעַתָּה

בְּרַח־לְךָ אֶל־מְקוֹמֶךָ אָמַרְתִּי כַּבֵּד אֲכַבֶּדְךָ וְהִנֵּה מְנָעֲךָ יְהוָה

12 מִכָּבוֹד: וַיֹּאמֶר בִּלְעָם אֶל־בָּלָק הֲלֹא גַּם אֶל־מַלְאָכֶיךָ אֲשֶׁר־שָׁלַחְתָּ

13A

13 אֵלַי דִּבַּרְתִּי לֵאמֹר: אִם־יִתֶּן־לִי בָלָק מְלֹא בֵיתוֹ כֶּסֶף וְזָהָב לֹא

אוּכַל לַעֲבֹר אֶת־פִּי יְהוָה לַעֲשׂוֹת טוֹבָה אוֹ רָעָה מִלִּבִּי אֲשֶׁר־יְדַבֵּר

שביעי

14 יְהוָה אֹתוֹ אֲדַבֵּר: וְעַתָּה הִנְנִי הוֹלֵךְ לְעַמִּי לְכָה אִיעָצְךָ אֲשֶׁר

15 יַעֲשֶׂה הָעָם הַזֶּה לְעַמְּךָ בְּאַחֲרִית הַיָּמִים: וַיִּשָּׂא מְשָׁלוֹ וַיֹּאמַר

16 נְאֻם בִּלְעָם בְּנוֹ בְעֹר וּנְאֻם הַגֶּבֶר שְׁתֻם הָעָיִן: נְאֻם שֹׁמֵעַ אִמְרֵי־אֵל

17 וְיֹדֵעַ דַּעַת עֶלְיוֹן מַחֲזֵה שַׁדַּי יֶחֱזֶה נֹפֵל וּגְלוּי עֵינָיִם: אֶרְאֶנּוּ וְלֹא

עַתָּה אֲשׁוּרֶנּוּ וְלֹא קָרוֹב דָּרַךְ כּוֹכָב מִיַּעֲקֹב וְקָם שֵׁבֶט מִיִּשְׂרָאֵל

18 וּמָחַץ פַּאֲתֵי מוֹאָב וְקַרְקַר כָּל־בְּנֵי־שֵׁת: וְהָיָה אֱדוֹם יְרֵשָׁה וְהָיָה

19 יְרֵשָׁה שֵׂעִיר אֹיְבָיו וְיִשְׂרָאֵל עֹשֶׂה חָיִל: וְיֵרְדְּ מִיַּעֲקֹב וְהֶאֱבִיד

have dominion, and shall destroy him that remaineth of the city.

20 ¶ And when he looked on Amalek, he took up his parable, and said, Amalek *was* the first of the nations; but his latter end *shall be* that he perish for ever.

21 And he looked on the Kenites, and took up his parable, and said, Strong is thy dwellingplace, and thou puttest thy nest in a rock.

22 Nevertheless the Kenite shall be wasted, until Asshur shall carry thee away captive.

23 And he took up his parable, and said, Alas, who shall live when God doeth this!

24 And ships *shall come* from the coast of Chittim, and shall afflict Asshur, and shall afflict Eber, and he also shall perish for ever.

25 And Balaam rose up, and went and returned to his place: and Balak also went his way.

CHAPTER 25

1 And Israel abode in Shittim, and the people began to commit whoredom with the daughters of Moab.

2 And they called the people unto the sacrifices of their gods: and the people did eat, and bowed down to their gods.

3 And Israel joined himself unto Baal-peor: and the anger of the LORD was kindled against Israel.

4 And the LORD said unto Moses, Take all the heads of the people, and hang them up before the LORD against the sun, that the fierce anger of the LORD may be turned away from Israel.

5 And Moses said unto the judges of Israel, Slay ye every one his men that were joined unto Baal-peor.

6 ¶ And, behold, one of the children of Israel came and brought unto his brethren a Midianitish woman in the sight of Moses, and in the sight of all the congregation of the children of Israel, who *were* weeping *before* the door of the tabernacle of the congregation.

7 And when Phinehas, the son of Eleazar, the son of Aaron the priest, saw *it*,

he rose up from among the congregation, and took a javelin in his hand;

8 And he went after the man of Israel into the tent, and thrust both of them through, the man of Israel, and the woman through her belly. So the plague was stayed from the children of Israel.

9 And those that died in the plague were twenty and four thousand.

10 ¶ And the LORD spake unto Moses, saying,

11 Phinehas, the son of Eleazar, the son of Aaron the priest, hath turned my wrath away from the children of Israel, while he was zealous for my sake among them, that I consumed not the children of Israel in my jealousy.

12 Wherefore say, Behold, I give unto him my covenant of peace:

13 And he shall have it, and his seed after him, *even* the covenant of an everlasting priesthood; because he was zealous for his God, and made an atonement for the children of Israel.

14 Now the name of the Israelite that was slain, *even* that was slain with the Midianitish woman, *was* Zimri, the son of Salu, a prince of a chief house among the Simeonites.

15 And the name of the Midianitish woman that was slain *was* Cozbi, the daughter of Zur; he *was* head over a people, *and* of a chief house in Midian.

16 ¶ And the LORD spake unto Moses, saying,

17 Vex the Midianites, and smite them:

18 For they vex you with their wiles, wherewith they have beguiled you in the matter of Peor, and in the matter of Cozbi, the daughter of a prince of Midian, their sister, which was slain in the day of the plague for Peor's sake.

CHAPTER 26

1 And it came to pass after the plague, that the LORD spake unto Moses and unto Eleazar the son of Aaron the priest, saying,

2 Take the sum of all the congregation of the children of Israel, from twenty years old and upward, throughout their fathers'

שָׂרִ֖יד מֵעִֽיר: וַיַּרְא֙ אֶת־עֲמָלֵ֔ק וַיִּשָּׂ֥א מְשָׁל֖וֹ וַיֹּאמַ֑ר רֵאשִׁ֤ית גּוֹיִם֙ 20

עֲמָלֵ֔ק וְאַחֲרִית֖וֹ עֲדֵ֥י אֹבֵֽד: וַיַּרְא֙ אֶת־הַקֵּינִ֔י וַיִּשָּׂ֥א מְשָׁל֖וֹ וַיֹּאמַ֑ר 21

אֵיתָן֙ מֽוֹשָׁבֶ֔ךָ וְשִׂ֥ים בַּסֶּ֖לַע קִנֶּֽךָ: כִּ֥י אִם־יִהְיֶ֖ה לְבָ֣עֵ֣ר קָ֑יִן עַד־מָ֥ה 22

אַשּׁ֖וּר תִּשְׁבֶּֽךָ: וַיִּשָּׂ֥א מְשָׁל֖וֹ וַיֹּאמַ֑ר א֕וֹי מִ֥י יִחְיֶ֖ה מִשֻּׂמ֥וֹ אֵֽל: וְצִים֙ 23 24

מִיַּ֣ד כִּתִּ֔ים וְעִנּ֥וּ אַשּׁ֖וּר וְעִנּוּ־עֵ֑בֶר וְגַם־ה֖וּא עֲדֵ֥י אֹבֵֽד: וַיָּ֣קָם בִּלְעָ֗ם 25

וַיֵּ֖לֶךְ וַיָּ֣שָׁב לִמְקֹמ֑וֹ וְגַם־בָּלָ֖ק הָלַ֥ךְ לְדַרְכּֽוֹ:

וַיֵּ֥שֶׁב יִשְׂרָאֵ֖ל בַּשִּׁטִּ֑ים וַיָּ֣חֶל הָעָ֔ם לִזְנ֖וֹת אֶל־בְּנ֥וֹת מוֹאָֽב: וַתִּקְרֶ֣אןָ 25 1 2 2A

לָעָ֖ם לְזִבְחֵ֣י אֱלֹהֵיהֶ֑ן וַיֹּ֣אכַל הָעָ֔ם וַיִּֽשְׁתַּחֲו֖וּ לֵֽאלֹהֵיהֶֽן: וַיִּצָּ֥מֶד 3

יִשְׂרָאֵ֖ל לְבַ֣עַל פְּע֑וֹר וַיִּֽחַר־אַ֥ף יְהוָ֖ה בְּיִשְׂרָאֵֽל: וַיֹּ֨אמֶר יְהוָ֜ה 4

אֶל־מֹשֶׁ֗ה קַ֚ח אֶת־כָּל־רָאשֵׁ֣י הָעָ֔ם וְהוֹקַ֥ע אוֹתָ֛ם לַיהוָ֖ה נֶ֣גֶד הַשָּׁ֑מֶשׁ

וְיָשֹׁ֛ב חֲר֥וֹן אַף־יְהוָ֖ה מִיִּשְׂרָאֵֽל: וַיֹּ֣אמֶר מֹשֶׁ֔ה אֶל־שֹׁפְטֵ֖י יִשְׂרָאֵ֑ל 5

הִרְגוּ֙ אִ֣ישׁ אֲנָשָׁ֔יו הַנִּצְמָדִ֖ים לְבַ֥עַל פְּעֽוֹר: וְהִנֵּ֡ה אִישׁ֩ מִבְּנֵ֨י יִשְׂרָאֵ֜ל 6

בָּ֗א וַיַּקְרֵ֤ב אֶל־אֶחָיו֙ אֶת־הַמִּדְיָנִ֔ית לְעֵינֵ֣י מֹשֶׁ֔ה וּלְעֵינֵ֖י כָּל־עֲדַ֣ת

בְּנֵֽי־יִשְׂרָאֵ֑ל וְהֵ֣מָּה בֹכִ֔ים פֶּ֖תַח אֹ֥הֶל מוֹעֵֽד: וַיַּ֗רְא פִּֽינְחָס֙ בֶּן־אֶלְעָזָ֔ר 7 מפטיר

בֶּֽן־אַהֲרֹ֖ן הַכֹּהֵ֑ן וַיָּ֛קָם מִתּ֥וֹךְ הָעֵדָ֖ה וַיִּקַּ֥ח רֹ֖מַח בְּיָדֽוֹ: וַ֠יָּבֹא אַחַ֨ר 8

אִֽישׁ־יִשְׂרָאֵ֜ל אֶל־הַקֻּבָּ֗ה וַיִּדְקֹר֙ אֶת־שְׁנֵיהֶ֔ם אֵ֚ת אִ֣ישׁ יִשְׂרָאֵ֔ל

וְאֶת־הָֽאִשָּׁ֖ה אֶל־קֳבָתָ֑הּ וַתֵּֽעָצַר֙ הַמַּגֵּפָ֔ה מֵעַ֖ל בְּנֵ֥י יִשְׂרָאֵֽל: וַיִּֽהְי֥וּ 9

הַמֵּתִ֖ים בַּמַּגֵּפָ֑ה אַרְבָּעָ֥ה וְעֶשְׂרִ֖ים אָֽלֶף:

וַיְדַבֵּ֥ר יְהוָ֖ה אֶל־מֹשֶׁ֥ה לֵּאמֹֽר: פִּֽינְחָ֨ס בֶּן־אֶלְעָזָ֜ר בֶּן־אַהֲרֹ֣ן הַכֹּהֵ֗ן 10 11 פינחס

הֵשִׁ֤יב אֶת־חֲמָתִי֙ מֵעַ֣ל בְּנֵֽי־יִשְׂרָאֵ֔ל בְּקַנְא֥וֹ אֶת־קִנְאָתִ֖י בְּתוֹכָ֑ם

וְלֹא־כִלִּ֥יתִי אֶת־בְּנֵֽי־יִשְׂרָאֵ֖ל בְּקִנְאָתִֽי: לָכֵ֖ן אֱמֹ֑ר הִנְנִ֨י נֹתֵ֥ן ל֛וֹ 12

אֶת־בְּרִיתִ֖י שָׁלֽוֹם: וְהָ֤יְתָה לּוֹ֙ וּלְזַרְע֣וֹ אַחֲרָ֔יו בְּרִ֖ית כְּהֻנַּ֣ת עוֹלָ֑ם 13

תַּ֗חַת אֲשֶׁ֤ר קִנֵּא֙ לֵֽאלֹהָ֔יו וַיְכַפֵּ֖ר עַל־בְּנֵ֥י יִשְׂרָאֵֽל: וְשֵׁם֩ אִ֨ישׁ יִשְׂרָאֵ֜ל 14

הַמֻּכֶּ֗ה אֲשֶׁ֤ר הֻכָּה֙ אֶת־הַמִּדְיָנִ֔ית זִמְרִ֖י בֶּן־סָל֑וּא נְשִׂ֥יא בֵֽית־אָ֖ב

לַשִּׁמְעֹנִֽי: וְשֵׁ֨ם הָֽאִשָּׁ֧ה הַמֻּכָּ֛ה הַמִּדְיָנִ֖ית כָּזְבִּ֣י בַת־צ֑וּר רֹ֣אשׁ אֻמּ֥וֹת 15

בֵּֽית־אָ֛ב בְּמִדְיָ֖ן הֽוּא:

וַיְדַבֵּ֥ר יְהוָ֖ה אֶל־מֹשֶׁ֥ה לֵּאמֹֽר: צָר֖וֹר אֶת־הַמִּדְיָנִ֑ים וְהִכִּיתֶ֖ם אוֹתָֽם: 16 17

כִּ֣י צֹרְרִ֥ים הֵם֙ לָכֶ֔ם בְּנִכְלֵיהֶ֛ם אֲשֶׁר־נִכְּל֥וּ לָכֶ֖ם עַל־דְּבַר־פְּע֑וֹר 18

וְעַל־דְּבַ֞ר כָּזְבִּ֣י בַת־נְשִׂ֣יא מִדְיָ֗ן אֲחֹתָ֛ם הַמֻּכָּ֥ה בְיֽוֹם־הַמַּגֵּפָ֖ה

עַל־דְּבַר־פְּעֽוֹר: וַיְהִ֖י אַחֲרֵ֥י הַמַּגֵּפָ֑ה 26 1

וַיֹּ֨אמֶר יְהוָ֜ה אֶל־מֹשֶׁ֗ה וְאֶ֧ל אֶלְעָזָ֛ר בֶּן־אַהֲרֹ֥ן הַכֹּהֵ֖ן לֵאמֹֽר: שְׂא֞וּ 2

אֶת־רֹ֣אשׁ ׀ כָּל־עֲדַ֣ת בְּנֵֽי־יִשְׂרָאֵ֗ל מִבֶּ֨ן עֶשְׂרִ֥ים שָׁנָ֛ה וָמַ֖עְלָה לְבֵ֣ית

house, all that are able to go to war in Israel.

3 And Moses and Eleazar the priest spake with them in the plains of Moab by Jordan *near* Jericho, saying,

4 *Take the sum of the people,* from twenty years old and upward; as the LORD commanded Moses and the children of Israel, which went forth out of the land of Egypt.

5 ¶ Reuben, the eldest son of Israel: the children of Reuben; Hanoch, *of whom cometh* the family of the Hanochites: of Pallu, the family of the Palluites:

6 Of Hezron, the family of the Hezronites: of Carmi, the family of the Carmites.

7 These *are* the families of the Reubenites: and they that were numbered of them were forty and three thousand and seven hundred and thirty.

8 And the sons of Pallu; Eliab.

9 And the sons of Eliab; Nemuel, and Dathan, and Abiram. This *is that* Dathan and Abiram, *which were* famous in the congregation, who strove against Moses and against Aaron in the company of Korah, when they strove against the LORD:

10 And the earth opened her mouth, and swallowed them up together with Korah, when that company died, what time the fire devoured two hundred and fifty men: and they became a sign.

11 Notwithstanding the children of Korah died not.

12 ¶ The sons of Simeon after their families: of Nemuel, the family of the Nemuelites: of Jamin, the family of the Jaminites: of Jachin, the family of the Jachinites:

13 Of Zerah, the family of the Zarhites: of Shaul, the family of the Shaulites.

14 These *are* the families of the Simeonites, twenty and two thousand and two hundred.

15 ¶ The children of Gad after their families: of Zephon, the family of the Zephonites: of Haggi, the family of the Haggites: of Shuni, the family of the Shunites:

16 Of Ozni, the family of the Oznites: of Eri, the family of the Erites:

17 Of Arod, the family of the Arodites: of Areli, the family of the Arelites.

18 These *are* the families of the children of Gad according to those that were numbered of them, forty thousand and five hundred.

19 ¶ The sons of Judah *were* Er and Onan: and Er and Onan died in the land of Canaan.

20 And the sons of Judah after their families were; of Shelah, the family of the Shelanites: of Pharez, the family of the Pharzites: of Zerah, the family of the Zarhites.

21 And the sons of Pharez were; of Hezron, the family of the Hezronites: of Hamul, the family of the Hamulites.

22 These *are* the families of Judah according to those that were numbered of them, threescore and sixteen thousand and five hundred.

23 ¶ *Of* the sons of Issachar after their families: *of* Tola, the family of the Tolaites: of Pua, the family of the Punites:

24 Of Jashub, the family of the Jashubites: of Shimron, the family of the Shimronites.

25 These *are* the families of Issachar according to those that were numbered of them, threescore and four thousand and three hundred.

26 ¶ *Of* the sons of Zebulun after their families: of Sered, the family of the Sardites: of Elon, the family of the Elonites: of Jahleel, the family of the Jahleelites.

27 These *are* the families of the Zebulunites according to those that were numbered of them, threescore thousand and five hundred.

28 ¶ The sons of Joseph after their families *were* Manasseh and Ephraim.

29 Of the sons of Manasseh: of Machir, the family of the Machirites: and Machir begat Gilead: of Gilead *come* the family of the Gileadites.

30 These *are* the sons of Gilead: *of* Jeezer, the family of the Jeezerites: of Helek, the family of the Helekites:

31 And *of* Asriel, the family of the Asrielites: and *of* Shechem, the family of the Shechemites:

אֲבֹתָ֛ם כָּל־יֹצֵ֥א צָבָ֖א בְּיִשְׂרָאֵֽל׃ וַיְדַבֵּ֨ר מֹשֶׁ֜ה וְאֶלְעָזָ֧ר הַכֹּהֵ֛ן אֹתָ֖ם 3

בְּעַֽרְבֹ֣ת מוֹאָ֑ב עַל־יַרְדֵּ֥ן יְרֵחֹ֖ו לֵאמֹֽר׃ מִבֶּ֛ן עֶשְׂרִ֥ים שָׁנָ֖ה וָמָ֑עְלָה 4

כַּאֲשֶׁר֩ צִוָּ֨ה יְהֹוָ֤ה אֶת־מֹשֶׁה֙ וּבְנֵ֣י יִשְׂרָאֵ֔ל הַיֹּצְאִ֖ים מֵאֶ֥רֶץ מִצְרָֽיִם׃

רְאוּבֵ֖ן בְּכֹ֣ור יִשְׂרָאֵ֑ל בְּנֵ֣י רְאוּבֵ֗ן חֲנֹוךְ֙ מִשְׁפַּ֣חַת הַחֲנֹכִ֔י לְפַלּ֕וּא 5

מִשְׁפַּ֖חַת הַפַּלֻּאִֽי׃ לְחֶצְרֹ֕ן מִשְׁפַּ֖חַת הַחֶצְרוֹנִ֑י לְכַרְמִ֕י מִשְׁפַּ֖חַת 6

7A הַכַּרְמִֽי׃ אֵ֖לֶּה מִשְׁפְּחֹ֣ת הָרֽאוּבֵנִ֑י וַיִּהְי֣וּ פְקֻֽדֵיהֶ֗ם שְׁלֹשָׁ֤ה וְאַרְבָּעִים֙ 7

אֶ֔לֶף וּשְׁבַ֥ע מֵאֹ֖ות וּשְׁלֹשִֽׁים׃ וּבְנֵ֥י פַלּ֖וּא אֱלִיאָֽב׃ וּבְנֵ֣י אֱלִיאָ֔ב נְמוּאֵ֖ל 8 9

וְדָתָ֣ן וַֽאֲבִירָ֑ם הֽוּא־דָתָ֨ן וַאֲבִירָ֜ם קריאו הָֽעֵדָ֗ה אֲשֶׁ֨ר הִצּ֜וּ עַל־מֹשֶׁ֤ה

וְעַֽל־אַהֲרֹן֙ בַּעֲדַת־קֹ֔רַח בְּהַצֹּתָ֖ם עַל־יְהֹוָֽה׃ וַתִּפְתַּ֨ח הָאָ֜רֶץ אֶת־פִּ֗יהָ 10

וַתִּבְלַ֥ע אֹתָ֖ם וְאֶת־קֹ֑רַח בְּמֹ֣ות הָעֵדָ֔ה בַּאֲכֹ֣ל הָאֵ֗שׁ אֵ֣ת חֲמִשִּׁ֤ים

וּמָאתַ֙יִם֙ אִ֔ישׁ וַיִּהְי֖וּ לְנֵֽס׃ וּבְנֵי־קֹ֖רַח לֹא־מֵֽתוּ׃ בְּנֵ֣י 11 12

שִׁמְעֹון֙ לְמִשְׁפְּחֹתָ֔ם לִנְמוּאֵ֕ל מִשְׁפַּ֖חַת הַנְּמֽוּאֵלִ֑י לְיָמִ֕ין מִשְׁפַּ֖חַת

הַיָּמִינִ֑י לְיָכִ֕ין מִשְׁפַּ֖חַת הַיָּכִינִֽי׃ לְזֶ֕רַח מִשְׁפַּ֖חַת הַזַּרְחִ֑י לְשָׁא֕וּל

מִשְׁפַּ֖חַת הַשָּׁאֽוּלִֽי׃ אֵ֖לֶּה מִשְׁפְּחֹ֣ת הַשִּׁמְעֹנִ֑י שְׁנַ֧יִם וְעֶשְׂרִ֛ים אֶ֖לֶף 14

וּמָאתָֽיִם׃ בְּנֵ֣י גָ֔ד לְמִשְׁפְּחֹתָ֑ם לִצְפֹ֕ון מִשְׁפַּ֖חַת הַצְּפֹונִ֑י 15

לְחַגִּ֕י מִשְׁפַּ֖חַת הַֽחַגִּ֑י לְשׁוּנִ֕י מִשְׁפַּ֖חַת הַשּׁוּנִֽי׃ לְאָזְנִ֕י מִשְׁפַּ֖חַת הָאָזְנִ֑י 16

לְעֵרִ֕י מִשְׁפַּ֖חַת הָעֵרִ֑י לַֽאֲרֹ֕וד מִשְׁפַּ֖חַת הָאֲרֹודִ֑י לְאַ֣רְאֵלִ֔י מִשְׁפַּ֖חַת 17

הָאַרְאֵלִֽי׃ אֵ֖לֶּה מִשְׁפְּחֹ֣ת בְּנֵי־גָ֖ד לִפְקֻדֵיהֶ֑ם אַרְבָּעִ֥ים אֶ֖לֶף וַחֲמֵ֥שׁ 18

מֵאֹֽות׃ בְּנֵ֥י יְהוּדָ֖ה עֵ֣ר וְאֹונָ֑ן וַיָּ֥מָת עֵ֛ר וְאֹונָ֖ן בְּאֶ֥רֶץ 19

כְּנָֽעַן׃ וַיִּהְי֣וּ בְנֵֽי־יְהוּדָה֮ לְמִשְׁפְּחֹתָם֒ לְשֵׁלָ֗ה מִשְׁפַּ֙חַת֙ הַשֵּׁ֣לָנִ֔י לְפֶ֕רֶץ 20

מִשְׁפַּ֖חַת הַפַּרְצִ֑י לְזֶ֕רַח מִשְׁפַּ֖חַת הַזַּרְחִֽי׃ וַיִּהְי֣וּ בְנֵי־פֶ֔רֶץ לְחֶצְרֹ֕ן 21

מִשְׁפַּ֖חַת הַֽחֶצְרֹנִ֑י לְחָמ֕וּל מִשְׁפַּ֖חַת הֶחָמוּלִֽי׃ אֵ֖לֶּה מִשְׁפְּחֹ֣ת יְהוּדָ֑ה 22

לִפְקֻדֵיהֶ֑ם שִׁשָּׁ֧ה וְשִׁבְעִ֛ים אֶ֖לֶף וַחֲמֵ֥שׁ מֵאֹֽות׃ בְּנֵ֤י 23

יִשָּׂשכָר֙ לְמִשְׁפְּחֹתָ֔ם תֹּולָ֕ע מִשְׁפַּ֖חַת הַתֹּולָעִ֑י לְפֻוָ֕ה מִשְׁפַּ֖חַת הַפּוּנִֽי׃

לְיָשׁ֕וּב מִשְׁפַּ֖חַת הַיָּשֻׁבִ֑י לְשִׁמְרֹ֕ן מִשְׁפַּ֖חַת הַשִּׁמְרֹנִֽי׃ אֵ֖לֶּה מִשְׁפְּחֹ֣ת 24 25

יִשָּׂשכָ֖ר לִפְקֻדֵיהֶ֑ם אַרְבָּעָ֧ה וְשִׁשִּׁ֛ים אֶ֖לֶף וּשְׁלֹ֥שׁ מֵאֹֽות׃ בְּנֵ֤י 26

זְבוּלֻן֙ לְמִשְׁפְּחֹתָ֔ם לְסֶ֕רֶד מִשְׁפַּ֙חַת֙ הַסַּרְדִּ֔י לְאֵלֹ֕ון מִשְׁפַּ֖חַת הָאֵלֹנִ֑י

לְיַ֨חְלְאֵ֔ל מִשְׁפַּ֖חַת הַיַּחְלְאֵלִֽי׃ אֵ֖לֶּה מִשְׁפְּחֹ֣ת הַזְּבוּלֹנִ֑י לִפְקֻדֵיהֶ֑ם 27

שִׁשִּׁ֥ים אֶ֖לֶף וַחֲמֵ֥שׁ מֵאֹֽות׃ בְּנֵ֥י יֹוסֵ֖ף לְמִשְׁפְּחֹתָ֑ם מְנַשֶּׁ֖ה 28

וְאֶפְרָֽיִם׃ בְּנֵ֣י מְנַשֶּׁ֗ה לְמָכִיר֙ מִשְׁפַּ֣חַת הַמָּכִירִ֔י וּמָכִ֖יר הֹולִ֣יד 29

אֶת־גִּלְעָ֑ד לְגִלְעָ֕ד מִשְׁפַּ֖חַת הַגִּלְעָדִֽי׃ אֵ֖לֶּה בְּנֵ֣י גִלְעָ֔ד אִיעֶ֕זֶר 30

מִשְׁפַּ֖חַת הָאִֽיעֶזְרִ֑י לְחֵ֕לֶק מִשְׁפַּ֖חַת הַֽחֶלְקִֽי׃ וְאַשְׂרִיאֵ֕ל מִשְׁפַּ֖חַת 31

הָֽאַשְׂרִֽאֵלִ֑י וְשֶׁ֕כֶם מִשְׁפַּ֖חַת הַשִּׁכְמִֽי׃ וּשְׁמִידָ֕ע מִשְׁפַּ֖חַת הַשְּׁמִידָעִֽי 32

32 And *of* Shemida, the family of the Shemidaites: and *of* Hepher, the family of the Hepherites.

33 ¶ And Zelophehad the son of Hepher had no sons, but daughters: and the names of the daughters of Zelophehad *were* Mahlah, and Noah, Hoglah, Milcah, and Tirzah.

34 These *are* the families of Manasseh, and those that were numbered of them, fifty and two thousand and seven hundred.

35 ¶ These *are* the sons of Ephraim after their families: of Shuthelah, the family of the Shuthalhites: of Becher, the family of the Bachrites: of Tahan, the family of the Tahanites.

36 And these *are* the sons of Shuthelah: of Eran, the family of the Eranites.

37 These *are* the families of the sons of Ephraim according to those that were numbered of them, thirty and two thousand and five hundred. These *are* the sons of Joseph after their families.

38 ¶ The sons of Benjamin after their families: of Bela, the family of the Belaites: of Ashbel, the family of the Ashbelites: of Ahiram, the family of the Ahiramites:

39 Of Shupham, the family of the Shuphamites: of Hupham, the family of the Huphamites.

40 And the sons of Bela were Ard and Naaman: *of Ard,* the family of the Ardites: *and* of Naaman, the family of the Naamites.

41 These *are* the sons of Benjamin after their families: and they that were numbered of them *were* forty and five thousand and six hundred.

42 ¶ These *are* the sons of Dan after their families: of Shuham, the family of the Shuhamites. These *are* the families of Dan after their families.

43 All the families of the Shuhamites, according to those that were numbered of them, *were* threescore and four thousand and four hundred.

44 ¶ *Of* the children of Asher after their families: of Jimna, the family of the Jimnites: of Jesui, the family of the Jesuites: of Beriah, the family of the Beriites.

45 Of the sons of Beriah: of Heber, the family of the Heberites: of Malchiel, the family of the Malchielites.

46 And the name of the daughter of Asher *was* Sarah.

47 These *are* the families of the sons of Asher according to those that were numbered of them; *who were* fifty and three thousand and four hundred.

48 ¶ *Of* the sons of Naphtali after their families: of Jahzeel, the family of the Jahzeelites: of Guni, the family of the Gunites:

49 Of Jezer, the family of the Jezerites: of Shillem, the family of the Shillemites.

50 These *are* the families of Naphtali according to their families: and they that were numbered of them *were* forty and five thousand and four hundred.

51 These *were* the numbered of the children of Israel, six hundred thousand and a thousand seven hundred and thirty.

52 ¶ And the LORD spake unto Moses, saying,

53 Unto these the land shall be divided for an inheritance according to the number of names.

54 To many thou shalt give the more inheritance, and to few thou shalt give the less inheritance: to every one shall his inheritance be given according to those that were numbered of him.

55 Notwithstanding the land shall be divided by lot: according to the names of the tribes of their fathers they shall inherit.

56 According to the lot shall the possession thereof be divided between many and few.

57 ¶ And these *are* they that were numbered of the Levites after their families: of Gershon, the family of the Gershonites: of Kohath, the family of the Kohathites: of Merari, the family of the Merarites.

58 These *are* the families of the Levites: the family of the Libnites, the family of the Hebronites, the family of the Mahlites, the family of the Mushites, the family of the Korathites. And Kohath begat Amram.

59 And the name of Amram's wife *was* Jochebed, the daughter of Levi, whom *her mother* bare to Levi in Egypt: and she bare

וְחֵ֖פֶר מִשְׁפַּ֣חַת הַחֶפְרִ֑י וּצְלָפְחָ֣ד בֶּן־חֵ֗פֶר לֹא־הָ֥יוּ ל֛וֹ בָּנִ֖ים כִּ֣י 33
אִם־בָּנ֑וֹת וְשֵׁם֙ בְּנ֣וֹת צְלָפְחָ֔ד מַחְלָ֣ה וְנֹעָ֔ה חָגְלָ֥ה מִלְכָּ֖ה וְתִרְצָֽה׃
אֵ֖לֶּה מִשְׁפְּחֹ֣ת מְנַשֶּׁ֑ה וּפְקֻ֣דֵיהֶ֗ם שְׁנַ֤יִם וַחֲמִשִּׁים֙ אֶ֖לֶף וּשְׁבַ֥ע 34
מֵאֽוֹת׃   אֵ֣לֶּה בְנֵֽי־אֶפְרַ֖יִם֙ לְמִשְׁפְּחֹתָ֔ם לְשׁוּתֶ֨לַח֙ מִשְׁפַּ֣חַת 35
הַשֻּׁ֣תַלְחִ֔י לְבֶ֕כֶר מִשְׁפַּ֣חַת הַבַּכְרִ֑י לְתַ֕חַן מִשְׁפַּ֖חַת הַתַּחֲנִֽי׃ וְאֵ֖לֶּה 36
בְּנֵ֣י שׁוּתָ֑לַח לְעֵרָ֕ן מִשְׁפַּ֖חַת הָעֵרָנִֽי׃ אֵ֛לֶּה מִשְׁפְּחֹ֥ת בְּנֵֽי־אֶפְרַ֖יִם֙ 37
לִפְקֻ֣דֵיהֶ֗ם שְׁנַ֤יִם וּשְׁלֹשִׁים֙ אֶ֖לֶף וַחֲמֵ֣שׁ מֵא֑וֹת אֵ֥לֶּה בְנֵֽי־יוֹסֵ֖ף
לְמִשְׁפְּחֹתָֽם׃   בְּנֵ֣י בִנְיָמִן֙ לְמִשְׁפְּחֹתָ֔ם לְבֶ֕לַע מִשְׁפַּ֣חַת 38
הַבַּלְעִ֔י לְאַשְׁבֵּ֕ל מִשְׁפַּ֣חַת הָאַשְׁבֵּלִ֑י לַאֲחִירָ֕ם מִשְׁפַּ֖חַת הָאֲחִירָמִֽי׃
לִשְׁפוּפָ֕ם מִשְׁפַּ֣חַת הַשּׁוּפָמִ֑י לְחוּפָ֕ם מִשְׁפַּ֖חַת הַחוּפָמִֽי׃ וַיִּהְי֣וּ 39
בְנֵי־בֶ֖לַע אַ֣רְדְּ וְנַעֲמָ֑ן מִשְׁפַּ֣חַת הָאַרְדִּ֔י לְנַֽעֲמָ֕ן מִשְׁפַּ֖חַת הַֽנַּעֲמִֽי׃ 40
אֵ֥לֶּה בְנֵֽי־בִנְיָמִ֖ן לְמִשְׁפְּחֹתָ֑ם וּפְקֻ֣דֵיהֶ֗ם חֲמִשָּׁ֤ה וְאַרְבָּעִים֙ אֶ֖לֶף וְשֵׁ֥שׁ 41
מֵאֽוֹת׃   אֵ֣לֶּה בְנֵי־דָן֙ לְמִשְׁפְּחֹתָ֔ם לְשׁוּחָ֕ם מִשְׁפַּ֣חַת 42
הַשּׁוּחָמִ֑י אֵ֛לֶּה מִשְׁפְּחֹ֥ת דָּ֖ן לְמִשְׁפְּחֹתָֽם׃ כָּל־מִשְׁפְּחֹ֥ת הַשּׁוּחָמִ֖י 43
לִפְקֻ֣דֵיהֶ֔ם אַרְבָּעָ֧ה וְשִׁשִּׁ֛ים אֶ֖לֶף וְאַרְבַּ֥ע מֵאֽוֹת׃   בְּנֵ֣י אָשֵׁר֙ 44
לְמִשְׁפְּחֹתָ֔ם לְיִמְנָ֕ה מִשְׁפַּ֣חַת הַיִּמְנָ֑ה לְיִשְׁוִ֕י מִשְׁפַּ֣חַת הַיִּשְׁוִ֑י לִבְרִיעָ֕ה
מִשְׁפַּ֖חַת הַבְּרִיעִֽי׃ לִבְנֵ֣י בְרִיעָ֔ה לְחֶ֕בֶר מִשְׁפַּ֣חַת הַחֶבְרִ֑י לְמַלְכִּיאֵ֕ל 45
מִשְׁפַּ֖חַת הַמַּלְכִּיאֵלִֽי׃ וְשֵׁ֥ם בַּת־אָשֵׁ֖ר שָֽׂרַח׃ אֵ֛לֶּה מִשְׁפְּחֹ֥ת בְּנֵֽי־אָשֵׁ֖ר 46
47
לִפְקֻ֣דֵיהֶ֔ם שְׁלֹשָׁ֧ה וַחֲמִשִּׁ֛ים אֶ֖לֶף וְאַרְבַּ֥ע מֵאֽוֹת׃   בְּנֵ֣י 48
נַפְתָּלִי֙ לְמִשְׁפְּחֹתָ֔ם לְיַחְצְאֵ֕ל מִשְׁפַּ֣חַת הַיַּחְצְאֵלִ֑י לְגוּנִ֕י מִשְׁפַּ֖חַת
הַגּוּנִֽי׃ לְיֵ֕צֶר מִשְׁפַּ֣חַת הַיִּצְרִ֑י לְשִׁלֵּ֕ם מִשְׁפַּ֖חַת הַשִּׁלֵּמִֽי׃ אֵ֛לֶּה 49
50
מִשְׁפְּחֹ֥ת נַפְתָּלִ֖י לְמִשְׁפְּחֹתָ֑ם וּפְקֻ֣דֵיהֶ֗ם חֲמִשָּׁ֤ה וְאַרְבָּעִים֙ אֶ֖לֶף
וְאַרְבַּ֥ע מֵאֽוֹת׃ אֵ֛לֶּה פְּקוּדֵי֙ בְּנֵ֣י יִשְׂרָאֵ֔ל שֵׁשׁ־מֵא֥וֹת אֶ֖לֶף וָאָ֑לֶף 51
שְׁבַ֥ע מֵא֖וֹת וּשְׁלֹשִֽׁים׃

וַיְדַבֵּ֥ר יְהוָ֖ה אֶל־מֹשֶׁ֥ה לֵּאמֹֽר׃ לָאֵ֗לֶּה תֵּחָלֵ֥ק הָאָ֖רֶץ בְּנַחֲלָ֑ה בְּמִסְפַּ֖ר 52
53
שֵׁמֽוֹת׃ לָרַ֗ב תַּרְבֶּה֙ נַחֲלָת֔וֹ וְלַמְעַ֕ט תַּמְעִ֖יט נַחֲלָת֑וֹ אִ֚ישׁ לְפִ֣י פְקֻדָ֔יו 54
יֻתַּ֖ן נַחֲלָתֽוֹ׃ אַךְ־בְּגוֹרָ֕ל יֵחָלֵ֖ק אֶת־הָאָ֑רֶץ לִשְׁמ֥וֹת מַטּוֹת־אֲבֹתָ֖ם 55
יִנְחָֽלוּ׃ עַל־פִּי֙ הַגּוֹרָ֔ל תֵּחָלֵ֖ק נַחֲלָת֑וֹ בֵּ֥ין רַ֖ב לִמְעָֽט׃ וְאֵ֣לֶּה 56
57
פְקוּדֵ֣י הַלֵּוִי֮ לְמִשְׁפְּחֹתָם֒ לְגֵרְשׁ֗וֹן מִשְׁפַּ֨חַת֙ הַגֵּ֣רְשֻׁנִּ֔י לִקְהָ֕ת מִשְׁפַּ֖חַת
הַקְּהָתִ֑י לִמְרָרִ֕י מִשְׁפַּ֖חַת הַמְּרָרִֽי׃ אֵ֣לֶּה ׀ מִשְׁפְּחֹ֣ת לֵוִ֗י מִשְׁפַּ֨חַת 58
הַלִּבְנִ֜י מִשְׁפַּ֣חַת הַחֶבְרֹנִ֗י מִשְׁפַּ֤חַת הַמַּחְלִי֙ מִשְׁפַּ֣חַת הַמּוּשִׁ֔י מִשְׁפַּ֖חַת
הַקָּרְחִ֑י וּקְהָ֖ת הוֹלִ֥ד אֶת־עַמְרָֽם׃ וְשֵׁ֣ם ׀ אֵ֣שֶׁת עַמְרָ֗ם יוֹכֶ֨בֶד֙ בַּת־לֵוִ֔י 59
אֲשֶׁ֨ר יָלְדָ֥ה אֹתָ֛הּ לְלֵוִ֖י בְּמִצְרָ֑יִם וַתֵּ֣לֶד לְעַמְרָ֗ם אֶֽת־אַהֲרֹן֙ וְאֶת־מֹשֶׁ֔ה

unto Amram Aaron and Moses, and Miriam their sister.

60 And unto Aaron was born Nadab, and Abihu, Eleazar, and Ithamar.

61 And Nadab and Abihu died, when they offered strange fire before the LORD.

62 And those that were numbered of them were twenty and three thousand, all males from a month old and upward: for they were not numbered among the children of Israel, because there was no inheritance given them among the children of Israel.

63 ¶ These *are* they that were numbered by Moses and Eleazar the priest, who numbered the children of Israel in the plains of Moab by Jordan *near* Jericho.

64 But among these there was not a man of them whom Moses and Aaron the priest numbered, when they numbered the children of Israel in the wilderness of Sinai.

65 For the LORD had said of them, They shall surely die in the wilderness. And there was not left a man of them, save Caleb the son of Jephunneh, and Joshua the son of Nun.

CHAPTER 27

1 Then came the daughters of Zelophehad, the son of Hepher, the son of Gilead, the son of Machir, the son of Manasseh, of the families of Manasseh the son of Joseph: and these *are* the names of his daughters; Mahlah, Noah, and Hoglah, and Milcah, and Tirzah.

2 And they stood before Moses, and before Eleazar the priest, and before the princes and all the congregation, *by* the door of the tabernacle of the congregation, saying,

3 Our father died in the wilderness, and he was not in the company of them that gathered themselves together against the LORD in the company of Korah; but died in his own sin, and had no sons.

4 Why should the name of our father be done away from among his family, because he hath no son? Give unto us *therefore* a possession among the brethren of our father.

5 And Moses brought their cause before the LORD.

6 ¶ And the LORD spake unto Moses, saying,

7 The daughters of Zelophehad speak right: thou shalt surely give them a possession of an inheritance among their father's brethren; and thou shalt cause the inheritance of their father to pass unto them.

8 And thou shalt speak unto the children of Israel, saying, If a man die, and have no son, then ye shall cause his inheritance to pass unto his daughter.

9 And if he have no daughter, then ye shall give his inheritance unto his brethren.

10 And if he have no brethren, then ye shall give his inheritance unto his father's brethren.

11 And if his father have no brethren, then ye shall give his inheritance unto his kinsman that is next to him of his family, and he shall possess it: and it shall be unto the children of Israel a statute of judgment, as the LORD commanded Moses.

12 ¶ And the LORD said unto Moses, Get thee up into this mount Abarim, and see the land which I have given unto the children of Israel.

13 And when thou hast seen it, thou also shalt be gathered unto thy people, as Aaron thy brother was gathered.

14 For ye rebelled against my commandment in the desert of Zin, in the strife of the congregation, to sanctify me at the water before their eyes: that *is* the water of Meribah in Kadesh in the wilderness of Zin.

15 ¶ And Moses spake unto the LORD, saying,

16 Let the LORD, the God of the spirits of all flesh, set a man over the congregation,

17 Which may go out before them, and which may go in before them, and which may lead them out, and which may bring them in; that the congregation of the LORD be not as sheep which have no shepherd.

18 ¶ And the LORD said unto Moses, Take thee Joshua the son of Nun, a man

60A וְאֶת־מִרְיָם אֲחֹתָם: וַיִּוָּלֵד לְאַהֲרֹן אֶת־נָדָב וְאֶת־אֲבִיהוּא אֶת־אֶלְעָזָר 60

וְאֶת־אִיתָמָר: וַיָּמָת נָדָב וַאֲבִיהוּא בְּהַקְרִיבָם אֵשׁ־זָרָה לִפְנֵי יְהוָה: 61

וַיִּהְיוּ פְקֻדֵיהֶם שְׁלֹשָׁה וְעֶשְׂרִים אֶלֶף כָּל־זָכָר מִבֶּן־חֹדֶשׁ וָמָעְלָה 62
כִּי ׀ לֹא הָתְפָּקְדוּ בְּתוֹךְ בְּנֵי יִשְׂרָאֵל כִּי לֹא־נִתַּן לָהֶם נַחֲלָה בְּתוֹךְ

בְּנֵי יִשְׂרָאֵל: אֵלֶּה פְּקוּדֵי מֹשֶׁה וְאֶלְעָזָר הַכֹּהֵן אֲשֶׁר פָּקְדוּ אֶת־בְּנֵי 63
יִשְׂרָאֵל בְּעַרְבֹת מוֹאָב עַל יַרְדֵּן יְרֵחוֹ: וּבְאֵלֶּה לֹא־הָיָה אִישׁ 64
מִפְּקוּדֵי מֹשֶׁה וְאַהֲרֹן הַכֹּהֵן אֲשֶׁר פָּקְדוּ אֶת־בְּנֵי יִשְׂרָאֵל בְּמִדְבַּר

סִינָי: כִּי־אָמַר יְהוָה לָהֶם מוֹת יָמֻתוּ בַּמִּדְבָּר וְלֹא־נוֹתַר מֵהֶם 65
אִישׁ כִּי אִם־כָּלֵב בֶּן־יְפֻנֶּה וִיהוֹשֻׁעַ בִּן־נוּן: וַתִּקְרַבְנָה 27 1
בְּנוֹת צְלָפְחָד בֶּן־חֵפֶר בֶּן־גִּלְעָד בֶּן־מָכִיר בֶּן־מְנַשֶּׁה לְמִשְׁפְּחֹת
מְנַשֶּׁה בֶן־יוֹסֵף וְאֵלֶּה שְׁמוֹת בְּנֹתָיו מַחְלָה נֹעָה וְחָגְלָה וּמִלְכָּה

וְתִרְצָה: וַתַּעֲמֹדְנָה לִפְנֵי מֹשֶׁה וְלִפְנֵי אֶלְעָזָר הַכֹּהֵן וְלִפְנֵי הַנְּשִׂיאִם 2

וְכָל־הָעֵדָה פֶּתַח אֹהֶל־מוֹעֵד לֵאמֹר: אָבִינוּ מֵת בַּמִּדְבָּר וְהוּא לֹא־ 3
הָיָה בְּתוֹךְ הָעֵדָה הַנּוֹעָדִים עַל־יְהוָה בַּעֲדַת־קֹרַח כִּי־בְחֶטְאוֹ מֵת

וּבָנִים לֹא־הָיוּ לוֹ: לָמָּה יִגָּרַע שֵׁם־אָבִינוּ מִתּוֹךְ מִשְׁפַּחְתּוֹ כִּי אֵין 4
לוֹ בֵּן תְּנָה־לָּנוּ אֲחֻזָּה בְּתוֹךְ אֲחֵי אָבִינוּ: וַיַּקְרֵב מֹשֶׁה אֶת־מִשְׁפָּטָן 5
לִפְנֵי יְהוָה:

רביעי וַיֹּאמֶר יְהוָה אֶל־מֹשֶׁה לֵּאמֹר: כֵּן בְּנוֹת צְלָפְחָד דֹּבְרֹת נָתֹן תִּתֵּן 6 7
לָהֶם אֲחֻזַּת נַחֲלָה בְּתוֹךְ אֲחֵי אֲבִיהֶם וְהַעֲבַרְתָּ אֶת־נַחֲלַת אֲבִיהֶן

לָהֶן: וְאֶל־בְּנֵי יִשְׂרָאֵל תְּדַבֵּר לֵאמֹר אִישׁ כִּי־יָמוּת וּבֵן אֵין לוֹ 8
וְהַעֲבַרְתֶּם אֶת־נַחֲלָתוֹ לְבִתּוֹ: וְאִם־אֵין לוֹ בַּת וּנְתַתֶּם אֶת־נַחֲלָתוֹ 9
לְאֶחָיו: וְאִם־אֵין לוֹ אַחִים וּנְתַתֶּם אֶת־נַחֲלָתוֹ לַאֲחֵי אָבִיו: וְאִם־אֵין 10 11
אַחִים לְאָבִיו וּנְתַתֶּם אֶת־נַחֲלָתוֹ לִשְׁאֵרוֹ הַקָּרֹב אֵלָיו מִמִּשְׁפַּחְתּוֹ
וְיָרַשׁ אֹתָהּ וְהָיְתָה לִבְנֵי יִשְׂרָאֵל לְחֻקַּת מִשְׁפָּט כַּאֲשֶׁר צִוָּה יְהוָה
אֶת־מֹשֶׁה:

וַיֹּאמֶר יְהוָה אֶל־מֹשֶׁה עֲלֵה אֶל־הַר הָעֲבָרִים הַזֶּה וּרְאֵה אֶת־הָאָרֶץ 12
אֲשֶׁר נָתַתִּי לִבְנֵי יִשְׂרָאֵל: וְרָאִיתָה אֹתָהּ וְנֶאֱסַפְתָּ אֶל־עַמֶּיךָ 13
גַּם־אָתָּה כַּאֲשֶׁר נֶאֱסַף אַהֲרֹן אָחִיךָ: כַּאֲשֶׁר מְרִיתֶם פִּי בְּמִדְבַּר־צִן 14
בִּמְרִיבַת הָעֵדָה לְהַקְדִּישֵׁנִי בַמַּיִם לְעֵינֵיהֶם הֵם מֵי־מְרִיבַת קָדֵשׁ
מִדְבַּר־צִן: וַיְדַבֵּר מֹשֶׁה אֶל־יְהוָה לֵאמֹר: יִפְקֹד יְהוָה 15 16
אֱלֹהֵי הָרוּחֹת לְכָל־בָּשָׂר אִישׁ עַל־הָעֵדָה: אֲשֶׁר־יֵצֵא לִפְנֵיהֶם וַאֲשֶׁר 17
יָבֹא לִפְנֵיהֶם וַאֲשֶׁר יוֹצִיאֵם וַאֲשֶׁר יְבִיאֵם וְלֹא תִהְיֶה עֲדַת יְהוָה
כַּצֹּאן אֲשֶׁר אֵין־לָהֶם רֹעֶה: וַיֹּאמֶר יְהוָה אֶל־מֹשֶׁה קַח־לְךָ 18

in whom *is* the spirit, and lay thine hand upon him;

19 And set him before Eleazar the priest, and before all the congregation; and give him a charge in their sight.

20 And thou shalt put *some* of thine honour upon him, that all the congregation of the children of Israel may be obedient.

21 And he shall stand before Eleazar the priest, who shall ask *counsel* for him after the judgment of Urim before the LORD: at his word shall they go out, and at his word they shall come in, *both* he, and all the children of Israel with him, even all the congregation.

22 And Moses did as the LORD commanded him: and he took Joshua, and set him before Eleazar the priest, and before all the congregation:

23 And he laid his hands upon him, and gave him a charge, as the LORD commanded by the hand of Moses.

CHAPTER 28

1 And the LORD spake unto Moses, saying,

2 Command the children of Israel, and say unto them, My offering, *and* my bread for my sacrifices made by fire, *for* a sweet savour unto me, shall ye observe to offer unto me in their due season.

3 And thou shalt say unto them, This *is* the offering made by fire which ye shall offer unto the LORD; two lambs of the first year without spot day by day, *for* a continual burnt offering.

4 The one lamb shalt thou offer in the morning, and the other lamb shalt thou offer at even;

5 And a tenth *part* of an ephah of flour for a meat offering, mingled with the fourth *part* of an hin of beaten oil.

6 *It is* a continual burnt offering, which was ordained in mount Sinai for a sweet savour, a sacrifice made by fire unto the LORD.

7 And the drink offering thereof *shall be* the fourth *part* of an hin for the one lamb: in the holy *place* shalt thou cause the strong wine to be poured unto the LORD *for* a drink offering.

8 And the other lamb shalt thou offer at even: as the meat offering of the morning, and as the drink offering thereof, thou shalt offer *it*, a sacrifice made by fire, of a sweet savour unto the LORD.

9 ¶ And on the sabbath day two lambs of the first year without spot, and two tenth deals of flour *for* a meat offering, mingled with oil, and the drink offering thereof:

10 *This is* the burnt offering of every sabbath, beside the continual burnt offering, and his drink offering.

11 ¶ And in the beginnings of your months ye shall offer a burnt offering unto the LORD; two young bullocks, and one ram, seven lambs of the first year without spot;

12 And three tenth deals of flour *for* a meat offering, mingled with oil, for one bullock; and two tenth deals of flour *for* a meat offering, mingled with oil, for one ram;

13 And a several tenth deal of flour mingled with oil *for* a meat offering unto one lamb; *for* a burnt offering of a sweet savour, a sacrifice made by fire unto the LORD.

14 And their drink offerings shall be half an hin of wine unto a bullock, and the third *part* of an hin unto a ram, and a fourth *part* of an hin unto a lamb: this *is* the burnt offering of every month throughout the months of the year.

15 And one kid of the goats for a sin offering unto the LORD shall be offered, beside the continual burnt offering, and his drink offering.

16 And in the fourteenth day of the first month *is* the passover of the LORD.

17 And in the fifteenth day of this month *is* the feast: seven days shall unleavened bread be eaten.

18 In the first day *shall be* an holy convocation; ye shall do no manner of servile work *therein*:

19 But ye shall offer a sacrifice made by fire *for* a burnt offering unto the LORD; two young bullocks, and one ram, and seven lambs of the first year: they shall be unto you without blemish:

20 And their meat offering *shall be of*

אֶת־יְהוֹשֻׁעַ בִּן־נ֗וּן אִ֕ישׁ אֲשֶׁר־ר֖וּחַ בּ֑וֹ וְסָמַכְתָּ֥ אֶת־יָדְךָ֖ עָלָֽיו׃

19 וְהַֽעֲמַדְתָּ֣ אֹת֗וֹ לִפְנֵי֙ אֶלְעָזָ֣ר הַכֹּהֵ֔ן וְלִפְנֵ֖י כָּל־הָעֵדָ֑ה וְצִוִּיתָ֥ה אֹת֖וֹ

20 לְעֵינֵיהֶֽם׃ וְנָתַתָּ֥ה מֵהֽוֹדְךָ֖ עָלָ֑יו לְמַ֣עַן יִשְׁמְע֔וּ כָּל־עֲדַ֖ת בְּנֵ֥י יִשְׂרָאֵֽל׃

21 וְלִפְנֵ֨י אֶלְעָזָ֤ר הַכֹּהֵן֙ יַעֲמֹ֔ד וְשָׁ֥אַל ל֛וֹ בְּמִשְׁפַּ֥ט הָאוּרִ֖ים לִפְנֵ֣י יְהוָ֑ה עַל־פִּ֣יו יֵצְא֗וּ וְעַל־פִּ֤יו יָבֹ֨אוּ֙ ה֣וּא וְכָל־בְּנֵֽי־יִשְׂרָאֵ֥ל אִתּ֖וֹ וְכָל־הָעֵדָֽה׃

22 וַיַּ֣עַשׂ מֹשֶׁ֔ה כַּאֲשֶׁ֛ר צִוָּ֥ה יְהוָ֖ה אֹת֑וֹ וַיִּקַּ֣ח אֶת־יְהוֹשֻׁ֗עַ וַיַּֽעֲמִדֵ֨הוּ֙

23 לִפְנֵי֙ אֶלְעָזָ֣ר הַכֹּהֵ֔ן וְלִפְנֵ֖י כָּל־הָעֵדָֽה׃ וַיִּסְמֹ֧ךְ אֶת־יָדָ֛יו עָלָ֖יו וַיְצַוֵּ֑הוּ כַּאֲשֶׁ֛ר דִּבֶּ֥ר יְהוָ֖ה בְּיַד־מֹשֶֽׁה׃

1 וַיְדַבֵּ֥ר יְהוָ֖ה אֶל־מֹשֶׁ֥ה לֵּאמֹֽר׃ צַ֚ו אֶת־בְּנֵ֣י יִשְׂרָאֵ֔ל וְאָמַרְתָּ֖ אֲלֵהֶ֑ם

2 אֶת־קָרְבָּנִ֨י לַחְמִ֜י לְאִשַּׁ֗י רֵ֚יחַ נִֽיחֹחִ֔י תִּשְׁמְר֕וּ לְהַקְרִ֥יב לִ֖י בְּמוֹעֲדֽוֹ׃

3 וְאָמַרְתָּ֣ לָהֶ֔ם זֶ֚ה הָֽאִשֶּׁ֔ה אֲשֶׁ֥ר תַּקְרִ֖יבוּ לַֽיהוָ֑ה כְּבָשִׂ֨ים בְּנֵֽי־שָׁנָ֧ה

4 תְמִימִ֛ם שְׁנַ֥יִם לַיּ֖וֹם עֹלָ֥ה תָמִֽיד׃ אֶת־הַכֶּ֥בֶשׂ אֶחָ֖ד תַּעֲשֶׂ֣ה בַבֹּ֑קֶר

5 וְאֵת֙ הַכֶּ֣בֶשׂ הַשֵּׁנִ֔י תַּעֲשֶׂ֖ה בֵּ֣ין הָעַרְבָּ֑יִם׃ וַעֲשִׂירִ֧ית הָאֵיפָ֛ה סֹ֖לֶת

6 לְמִנְחָ֑ה בְּלוּלָ֛ה בְּשֶׁ֥מֶן כָּתִ֖ית רְבִיעִ֥ת הַהִֽין׃ עֹלַ֖ת תָּמִ֑יד הָעֲשֻׂיָ֙ה

7 בְּהַ֣ר סִינַ֔י לְרֵ֣יחַ נִיחֹ֔חַ אִשֶּׁ֖ה לַֽיהוָֽה׃ וְנִסְכּוֹ֙ רְבִיעִ֣ת הַהִ֔ין לַכֶּ֖בֶשׂ

8 הָאֶחָ֑ד בַּקֹּ֗דֶשׁ הַסֵּ֛ךְ נֶ֥סֶךְ שֵׁכָ֖ר לַֽיהוָֽה׃ וְאֵת֙ הַכֶּ֣בֶשׂ הַשֵּׁנִ֔י תַּעֲשֶׂ֖ה בֵּ֣ין הָעַרְבָּ֑יִם כְּמִנְחַ֨ת הַבֹּ֤קֶר וּכְנִסְכּוֹ֙ תַּעֲשֶׂ֔ה אִשֵּׁ֛ה רֵ֥יחַ נִיחֹ֖חַ לַֽיהוָֽה׃

9 וּבְיוֹם֙ הַשַּׁבָּ֔ת שְׁנֵֽי־כְבָשִׂ֥ים בְּנֵֽי־שָׁנָ֖ה תְּמִימִ֑ם וּשְׁנֵ֤י עֶשְׂרֹנִים֙ סֹ֔לֶת

10 מִנְחָ֛ה בְּלוּלָ֥ה בַשֶּׁ֖מֶן וְנִסְכּֽוֹ׃ עֹלַ֥ת שַׁבַּ֖ת בְּשַׁבַּתּ֑וֹ עַל־עֹלַ֥ת הַתָּמִ֖יד וְנִסְכָּֽהּ׃

11 וּבְרָאשֵׁי֙ חָדְשֵׁיכֶ֔ם תַּקְרִ֥יבוּ עֹלָ֖ה לַֽיהוָ֑ה פָּרִ֨ים בְּנֵֽי־בָקָ֤ר שְׁנַ֨יִם֙ וְאַ֣יִל

12 אֶחָ֔ד כְּבָשִׂ֧ים בְּנֵֽי־שָׁנָ֛ה שִׁבְעָ֖ה תְּמִימִֽם׃ וּשְׁלֹשָׁ֣ה עֶשְׂרֹנִ֗ים סֹ֤לֶת מִנְחָה֙ בְּלוּלָ֣ה בַשֶּׁ֔מֶן לַפָּ֖ר הָאֶחָ֑ד וּשְׁנֵ֣י עֶשְׂרֹנִ֗ים סֹ֤לֶת מִנְחָה֙ בְּלוּלָ֣ה

13 בַשֶּׁ֔מֶן לָאַ֖יִל הָאֶחָֽד׃ וְעִשָּׂרֹ֤ן עִשָּׂרוֹן֙ סֹ֣לֶת מִנְחָ֔ה בְּלוּלָ֥ה בַשֶּׁ֖מֶן

14 לַכֶּ֣בֶשׂ הָאֶחָ֑ד עֹלָה֙ רֵ֣יחַ נִיחֹ֔חַ אִשֶּׁ֖ה לַֽיהוָֽה׃ וְנִסְכֵּיהֶ֗ם חֲצִ֣י הַהִין֩ יִהְיֶ֨ה לַפָּ֜ר וּשְׁלִישִׁ֧ת הַהִ֣ין לָאַ֗יִל וּרְבִיעִ֥ת הַהִ֛ין לַכֶּ֖בֶשׂ יָ֑יִן זֹ֣את

15 עֹלַ֥ת חֹ֨דֶשׁ֙ בְּחָדְשׁ֔וֹ לְחָדְשֵׁ֖י הַשָּׁנָֽה׃ וּשְׂעִ֨יר עִזִּ֥ים אֶחָ֛ד לְחַטָּ֖את

16 לַֽיהוָ֑ה עַל־עֹלַ֧ת הַתָּמִ֛יד יֵעָשֶׂ֖ה וְנִסְכּֽוֹ׃   וּבַחֹ֣דֶשׁ הָֽרִאשׁ֔וֹן

17 בְּאַרְבָּעָ֨ה עָשָׂ֥ר י֛וֹם לַחֹ֖דֶשׁ פֶּ֣סַח לַֽיהוָֽה׃ וּבַחֲמִשָּׁ֨ה עָשָׂ֥ר י֛וֹם

18 לַחֹ֥דֶשׁ הַזֶּ֖ה חָ֑ג שִׁבְעַ֣ת יָמִ֔ים מַצּ֖וֹת יֵאָכֵֽל׃ בַּיּ֥וֹם הָרִאשׁ֖וֹן

19 מִקְרָא־קֹ֑דֶשׁ כָּל־מְלֶ֥אכֶת עֲבֹדָ֖ה לֹ֣א תַעֲשֽׂוּ׃ וְהִקְרַבְתֶּ֨ם אִשֶּׁ֤ה עֹלָה֙ לַֽיהוָ֔ה פָּרִ֧ים בְּנֵֽי־בָקָ֛ר שְׁנַ֥יִם וְאַ֖יִל אֶחָ֑ד וְשִׁבְעָ֤ה כְבָשִׂים֙ בְּנֵ֣י שָׁנָ֔ה

20 תְּמִימִ֖ם יִהְי֥וּ לָכֶֽם׃ וּמִ֨נְחָתָ֔ם סֹ֖לֶת בְּלוּלָ֣ה בַשָּׁ֑מֶן שְׁלֹשָׁ֨ה עֶשְׂרֹנִ֜ים

flour mingled with oil: three tenth deals shall ye offer for a bullock, and two tenth deals for a ram;

21 A several tenth deal shalt thou offer for every lamb, throughout the seven lambs:

22 And one goat *for* a sin offering, to make an atonement for you.

23 Ye shall offer these beside the burnt offering in the morning, which *is* for a continual burnt offering.

24 After this manner ye shall offer daily, throughout the seven days, the meat of the sacrifice made by fire, of a sweet savour unto the LORD: it shall be offered beside the continual burnt offering, and his drink offering.

25 And on the seventh day ye shall have an holy convocation; ye shall do no servile work.

26 ¶ Also in the day of the firstfruits, when ye bring a new meat offering unto the LORD, after your weeks *be out,* ye shall have an holy convocation; ye shall do no servile work:

27 But ye shall offer the burnt offering for a sweet savour unto the LORD; two young bullocks, one ram, seven lambs of the first year;

28 And their meat offering of flour mingled with oil, three tenth deals unto one bullock, two tenth deals unto one ram,

29 A several tenth deal unto one lamb, throughout the seven lambs;

30 *And* one kid of the goats, to make an atonement for you.

31 Ye shall offer *them* beside the continual burnt offering, and his meat offering, (they shall be unto you without blemish) and their drink offerings.

CHAPTER 29

1 And in the seventh month, on the first *day* of the month, ye shall have an holy convocation; ye shall do no servile work: it is a day of blowing the trumpets unto you.

2 And ye shall offer a burnt offering for a sweet savour unto the LORD; one young bullock, one ram, *and* seven lambs of the first year without blemish:

3 And their meat offering *shall be of* flour mingled with oil, three tenth deals for a bullock, *and* two tenth deals for a ram,

4 And one tenth deal for one lamb, throughout the seven lambs:

5 And one kid of the goats *for* a sin offering, to make an atonement for you:

6 Beside the burnt offering of the month, and his meat offering, and the daily burnt offering, and his meat offering, and their drink offerings, according unto their manner, for a sweet savour, a sacrifice made by fire unto the LORD.

7 ¶ And ye shall have on the tenth *day* of this seventh month an holy convocation; and ye shall afflict your souls: ye shall not do any work *therein:*

8 But ye shall offer a burnt offering unto the LORD *for* a sweet savour; one young bullock, one ram, *and* seven lambs of the first year; they shall be unto you without blemish:

9 And their meat offering *shall be of* flour mingled with oil, three tenth deals to a bullock, *and* two tenth deals to one ram,

10 A several tenth deal for one lamb, throughout the seven lambs:

11 One kid of the goats *for* a sin offering; beside the sin offering of atonement, and the continual burnt offering, and the meat offering of it, and their drink offerings.

12 ¶ And on the fifteenth day of the seventh month ye shall have an holy convocation; ye shall do no servile work, and ye shall keep a feast unto the LORD seven days:

13 And ye shall offer a burnt offering, a sacrifice made by fire, of a sweet savour unto the LORD; thirteen young bullocks, two rams, *and* fourteen lambs of the first year; they shall be without blemish:

14 And their meat offering *shall be of* flour mingled with oil, three tenth deals unto every bullock of the thirteen bullocks, two tenth deals to each ram of the two rams,

15 And a several tenth deal to each lamb of the fourteen lambs:

16 And one kid of the goats *for* a sin offering; beside the continual burnt offering, his meat offering, and his drink offering.

21 לַפָּר וְשֵׁנֵי עֶשְׂרֹנִים לָאַיִל תַּעֲשֶׂה: עִשָּׂרוֹן עִשָּׂרוֹן תַּעֲשֶׂה לַכֶּבֶשׂ

22 הָאֶחָד לְשִׁבְעַת הַכְּבָשִׂים: וּשְׂעִיר חַטָּאת אֶחָד לְכַפֵּר עֲלֵיכֶם:

23 מִלְּבַד עֹלַת הַבֹּקֶר אֲשֶׁר לְעֹלַת הַתָּמִיד תַּעֲשׂוּ אֶת־אֵלֶּה: כָּאֵלֶּה
24 תַּעֲשׂוּ לַיּוֹם שִׁבְעַת יָמִים לֶחֶם אִשֵּׁה רֵיחַ־נִיחֹחַ לַיהֹוָה עַל־עוֹלַת

25 הַתָּמִיד יֵעָשֶׂה וְנִסְכּוֹ: וּבַיּוֹם הַשְּׁבִיעִי מִקְרָא־קֹדֶשׁ יִהְיֶה לָכֶם

26 כָּל־מְלֶאכֶת עֲבֹדָה לֹא תַעֲשׂוּ: וּבְיוֹם הַבִּכּוּרִים
בְּהַקְרִיבְכֶם מִנְחָה חֲדָשָׁה לַיהֹוָה בְּשָׁבֻעֹתֵיכֶם מִקְרָא־קֹדֶשׁ יִהְיֶה

27 לָכֶם כָּל־מְלֶאכֶת עֲבֹדָה לֹא תַעֲשׂוּ: וְהִקְרַבְתֶּם עוֹלָה לְרֵיחַ נִיחֹחַ
לַיהֹוָה פָּרִים בְּנֵי־בָקָר שְׁנַיִם אַיִל אֶחָד שִׁבְעָה כְבָשִׂים בְּנֵי שָׁנָה:

28 וּמִנְחָתָם סֹלֶת בְּלוּלָה בַשָּׁמֶן שְׁלֹשָׁה עֶשְׂרֹנִים לַפָּר הָאֶחָד שְׁנֵי

29 עֶשְׂרֹנִים לָאַיִל הָאֶחָד: עִשָּׂרוֹן עִשָּׂרוֹן לַכֶּבֶשׂ הָאֶחָד לְשִׁבְעַת

30 הַכְּבָשִׂים: שְׂעִיר עִזִּים אֶחָד לְכַפֵּר עֲלֵיכֶם: מִלְּבַד עֹלַת הַתָּמִיד
31 וּמִנְחָתוֹ תַּעֲשׂוּ תְּמִימִם יִהְיוּ־לָכֶם וְנִסְכֵּיהֶם:

29 1 וּבַחֹדֶשׁ הַשְּׁבִיעִי בְּאֶחָד לַחֹדֶשׁ מִקְרָא־קֹדֶשׁ יִהְיֶה לָכֶם כָּל־מְלֶאכֶת

2 עֲבֹדָה לֹא תַעֲשׂוּ יוֹם תְּרוּעָה יִהְיֶה לָכֶם: וַעֲשִׂיתֶם עֹלָה לְרֵיחַ
נִיחֹחַ לַיהֹוָה פַּר בֶּן־בָּקָר אֶחָד אַיִל אֶחָד כְּבָשִׂים בְּנֵי־שָׁנָה שִׁבְעָה

3 תְּמִימִם: וּמִנְחָתָם סֹלֶת בְּלוּלָה בַשָּׁמֶן שְׁלֹשָׁה עֶשְׂרֹנִים לַפָּר שְׁנֵי

4 עֶשְׂרֹנִים לָאָיִל: וְעִשָּׂרוֹן אֶחָד לַכֶּבֶשׂ הָאֶחָד לְשִׁבְעַת הַכְּבָשִׂים:

5 וּשְׂעִיר־עִזִּים אֶחָד חַטָּאת לְכַפֵּר עֲלֵיכֶם: מִלְּבַד עֹלַת הַחֹדֶשׁ וּמִנְחָתָהּ
6 וְעֹלַת הַתָּמִיד וּמִנְחָתָהּ וְנִסְכֵּיהֶם כְּמִשְׁפָּטָם לְרֵיחַ נִיחֹחַ אִשֶּׁה

7 לַיהֹוָה: וּבֶעָשׂוֹר לַחֹדֶשׁ הַשְּׁבִיעִי הַזֶּה מִקְרָא־קֹדֶשׁ יִהְיֶה

8 לָכֶם וְעִנִּיתֶם אֶת־נַפְשֹׁתֵיכֶם כָּל־מְלָאכָה לֹא תַעֲשׂוּ: וְהִקְרַבְתֶּם
עֹלָה לַיהֹוָה רֵיחַ נִיחֹחַ פַּר בֶּן־בָּקָר אֶחָד אַיִל אֶחָד כְּבָשִׂים בְּנֵי־שָׁנָה

9 שִׁבְעָה תְּמִימִם יִהְיוּ לָכֶם: וּמִנְחָתָם סֹלֶת בְּלוּלָה בַשֶּׁמֶן שְׁלֹשָׁה

10 עֶשְׂרֹנִים לַפָּר שְׁנֵי עֶשְׂרֹנִים לָאַיִל הָאֶחָד: עִשָּׂרוֹן עִשָּׂרוֹן לַכֶּבֶשׂ

11 הָאֶחָד לְשִׁבְעַת הַכְּבָשִׂים: שְׂעִיר־עִזִּים אֶחָד חַטָּאת מִלְּבַד חַטַּאת
הַכִּפֻּרִים וְעֹלַת הַתָּמִיד וּמִנְחָתָהּ וְנִסְכֵּיהֶם:

12 שביעי וּבַחֲמִשָּׁה עָשָׂר
יוֹם לַחֹדֶשׁ הַשְּׁבִיעִי מִקְרָא־קֹדֶשׁ יִהְיֶה לָכֶם כָּל־מְלֶאכֶת עֲבֹדָה

13 לֹא תַעֲשׂוּ וְחַגֹּתֶם חַג לַיהֹוָה שִׁבְעַת יָמִים: וְהִקְרַבְתֶּם עֹלָה אִשֵּׁה
רֵיחַ נִיחֹחַ לַיהֹוָה פָּרִים בְּנֵי־בָקָר שְׁלֹשָׁה עָשָׂר אֵילִם שְׁנָיִם כְּבָשִׂים

14 בְּנֵי־שָׁנָה אַרְבָּעָה עָשָׂר תְּמִימִם יִהְיוּ: וּמִנְחָתָם סֹלֶת בְּלוּלָה בַשֶּׁמֶן
שְׁלֹשָׁה עֶשְׂרֹנִים לַפָּר הָאֶחָד לִשְׁלֹשָׁה עָשָׂר פָּרִים שְׁנֵי עֶשְׂרֹנִים

15 לָאַיִל הָאֶחָד לִשְׁנֵי הָאֵילִם: וְעִשָּׂרוֹן עִשָּׂרוֹן לַכֶּבֶשׂ הָאֶחָד לְאַרְבָּעָה

16 עָשָׂר כְּבָשִׂים: וּשְׂעִיר־עִזִּים אֶחָד חַטָּאת מִלְּבַד עֹלַת הַתָּמִיד מִנְחָתָהּ

17 ¶ And on the second day *ye shall offer* twelve young bullocks, two rams, fourteen lambs of the first year without spot:

18 And their meat offering and their drink offerings for the bullocks, for the rams, and for the lambs, *shall be* according to their number, after the manner:

19 And one kid of the goats *for* a sin offering; beside the continual burnt offering, and the meat offering thereof, and their drink offerings.

20 ¶ And on the third day eleven bullocks, two rams, fourteen lambs of the first year without blemish;

21 And their meat offering and their drink offerings for the bullocks, for the rams, and for the lambs, *shall be* according to their number, after the manner:

22 And one goat *for* a sin offering; beside the continual burnt offering, and his meat offering, and his drink offering.

23 ¶ And on the fourth day ten bullocks, two rams, *and* fourteen lambs of the first year without blemish:

24 Their meat offering and their drink offerings for the bullocks, for the rams, and for the lambs, *shall be* according to their number, after the manner:

25 And one kid of the goats *for* a sin offering; beside the continual burnt offering, his meat offering, and his drink offering.

26 ¶ And on the fifth day nine bullocks, two rams, *and* fourteen lambs of the first year without spot:

27 And their meat offering and their drink offerings for the bullocks, for the rams, and for the lambs, *shall be* according to their number, after the manner:

28 And one goat *for* a sin offering; beside the continual burnt offering, and his meat offering, and his drink offering.

29 ¶ And on the sixth day eight bullocks, two rams, *and* fourteen lambs of the first year without blemish:

30 And their meat offering and their drink offerings for the bullocks, for the rams, and for the lambs, *shall be* according to their number, after the manner:

31 And one goat *for* a sin offering; beside the continual burnt offering, his meat offering, and his drink offering.

32 ¶ And on the seventh day seven bullocks, two rams, *and* fourteen lambs of the first year without blemish:

33 And their meat offering and their drink offerings for the bullocks, for the rams, and for the lambs, *shall be* according to their number, after the manner:

34 And one goat *for* a sin offering; beside the continual burnt offering, his meat offering, and his drink offering.

35 ¶ On the eighth day ye shall have a solemn assembly: ye shall do no servile work *therein:*

36 But ye shall offer a burnt offering, a sacrifice made by fire, of a sweet savour unto the Lord: one bullock, one ram, seven lambs of the first year without blemish:

37 Their meat offering and their drink offerings for the bullock, for the ram, and for the lambs, *shall be* according to their number, after the manner:

38 And one goat *for* a sin offering; beside the continual burnt offering, and his meat offering, and his drink offering.

39 These *things* ye shall do unto the Lord in your set feasts, beside your vows, and your freewill offerings, for your burnt offerings, and for your meat offerings, and for your drink offerings, and for your peace offerings.

40[30:1] And Moses told the children of Israel according to all that the Lord commanded Moses.

CHAPTER 30

1[2] And Moses spake unto the heads of the tribes concerning the children of Israel, saying, This *is* the thing which the Lord hath commanded.

2[3] If a man vow a vow unto the Lord, or swear an oath to bind his soul with a bond; he shall not break his word, he shall do according to all that proceedeth out of his mouth.

3[4] If a woman also vow a vow unto the Lord, and bind herself by a bond, *being* in her father's house in her youth;

4[5] And her father hear her vow, and her bond wherewith she hath bound her soul, and her father shall hold his peace

וְנִסְכָּֽהּ׃ 17 וּבַיּ֤וֹם הַשֵּׁנִי֙ פָּרִ֥ים בְּנֵֽי־בָקָ֖ר שְׁנֵ֣ים עָשָׂ֑ר אֵילִ֖ם

18 שְׁנָ֑יִם כְּבָשִׂ֧ים בְּנֵֽי־שָׁנָ֛ה אַרְבָּעָ֥ה עָשָׂ֖ר תְּמִימִֽם׃ וּמִנְחָתָ֣ם וְנִסְכֵּיהֶ֡ם

19 לַ֠פָּרִים לָאֵילִ֧ם וְלַכְּבָשִׂ֛ים בְּמִסְפָּרָ֖ם כַּמִּשְׁפָּ֑ט וּשְׂעִיר־עִזִּ֣ים אֶחָ֔ד

20 חַטָּ֕את מִלְּבַד֙ עֹלַ֣ת הַתָּמִ֔יד וּמִנְחָתָ֖הּ וְנִסְכֵּיהֶֽם׃ וּבַיּ֧וֹם

הַשְּׁלִישִׁ֛י פָּרִ֥ים עַשְׁתֵּֽי־עָשָׂ֖ר אֵילִ֣ם שְׁנָ֑יִם כְּבָשִׂ֧ים בְּנֵֽי־שָׁנָ֛ה אַרְבָּעָ֥ה

21 עָשָׂ֖ר תְּמִימִֽם׃ וּמִנְחָתָ֣ם וְנִסְכֵּיהֶ֡ם לַ֠פָּרִים לָאֵילִ֧ם וְלַכְּבָשִׂ֛ים

22 בְּמִסְפָּרָ֖ם כַּמִּשְׁפָּ֑ט וּשְׂעִ֥יר חַטָּ֖את אֶחָ֑ד מִלְּבַד֙ עֹלַ֣ת הַתָּמִ֔יד

23 וּמִנְחָתָ֖הּ וְנִסְכָּֽהּ׃ וּבַיּ֧וֹם הָרְבִיעִ֛י פָּרִ֥ים עֲשָׂרָ֖ה אֵילִ֣ם

24 שְׁנָ֑יִם כְּבָשִׂ֧ים בְּנֵֽי־שָׁנָ֛ה אַרְבָּעָ֥ה עָשָׂ֖ר תְּמִימִֽם׃ מִנְחָתָ֣ם וְנִסְכֵּיהֶ֡ם

25 לַ֠פָּרִים לָאֵילִ֧ם וְלַכְּבָשִׂ֛ים בְּמִסְפָּרָ֖ם כַּמִּשְׁפָּ֑ט וּשְׂעִיר־עִזִּ֣ים אֶחָ֔ד

26 חַטָּ֕את מִלְּבַד֙ עֹלַ֣ת הַתָּמִ֔יד מִנְחָתָ֖הּ וְנִסְכָּֽהּ׃ וּבַיּ֧וֹם

הַחֲמִישִׁ֛י פָּרִ֥ים תִּשְׁעָ֖ה אֵילִ֣ם שְׁנָ֑יִם כְּבָשִׂ֧ים בְּנֵֽי־שָׁנָ֛ה אַרְבָּעָ֥ה עָשָׂ֖ר

27 תְּמִימִֽם׃ וּמִנְחָתָ֣ם וְנִסְכֵּיהֶ֡ם לַ֠פָּרִים לָאֵילִ֧ם וְלַכְּבָשִׂ֛ים בְּמִסְפָּרָ֖ם

28 כַּמִּשְׁפָּ֑ט וּשְׂעִ֥יר חַטָּ֖את אֶחָ֑ד מִלְּבַד֙ עֹלַ֣ת הַתָּמִ֔יד וּמִנְחָתָ֖הּ

29 וְנִסְכָּֽהּ׃ וּבַיּ֧וֹם הַשִּׁשִּׁ֛י פָּרִ֥ים שְׁמֹנָ֖ה אֵילִ֣ם שְׁנָ֑יִם כְּבָשִׂ֧ים

30 בְּנֵֽי־שָׁנָ֛ה אַרְבָּעָ֥ה עָשָׂ֖ר תְּמִימִֽם׃ וּמִנְחָתָ֣ם וְנִסְכֵּיהֶ֡ם לַ֠פָּרִים לָאֵילִ֧ם

31 וְלַכְּבָשִׂ֛ים בְּמִסְפָּרָ֖ם כַּמִּשְׁפָּ֑ט וּשְׂעִ֥יר חַטָּ֖את אֶחָ֑ד מִלְּבַד֙ עֹלַ֣ת

32 הַתָּמִ֔יד מִנְחָתָ֖הּ וְנִסְכֶּֽיהָ׃ וּבַיּ֧וֹם הַשְּׁבִיעִ֛י פָּרִ֥ים שִׁבְעָ֖ה

33 אֵילִ֣ם שְׁנָ֑יִם כְּבָשִׂ֧ים בְּנֵֽי־שָׁנָ֛ה אַרְבָּעָ֥ה עָשָׂ֖ר תְּמִימִֽם׃ וּמִנְחָתָ֣ם

34 וְנִסְכֵּהֶ֡ם לַ֠פָּרִים לָאֵילִ֧ם וְלַכְּבָשִׂ֛ים בְּמִסְפָּרָ֖ם כְּמִשְׁפָּטָ֑ם וּשְׂעִ֥יר

35 חַטָּ֖את אֶחָ֑ד מִלְּבַד֙ עֹלַ֣ת הַתָּמִ֔יד מִנְחָתָ֖הּ וְנִסְכָּֽהּ׃ **מפטיר** בַּיּ֣וֹם

הַשְּׁמִינִ֗י עֲצֶ֫רֶת֙ תִּהְיֶ֣ה לָכֶ֑ם כָּל־מְלֶ֥אכֶת עֲבֹדָ֖ה לֹ֥א תַעֲשֽׂוּ׃

36 וְהִקְרַבְתֶּ֨ם עֹלָ֜ה אִשֵּׁ֨ה רֵ֤יחַ נִיחֹ֙חַ֙ לַֽיהֹוָ֔ה פַּ֥ר אֶחָ֖ד אַ֣יִל אֶחָ֑ד כְּבָשִׂ֧ים

37 בְּנֵֽי־שָׁנָ֛ה שִׁבְעָ֖ה תְּמִימִֽם׃ מִנְחָתָ֣ם וְנִסְכֵּיהֶ֡ם לַפָּ֠ר לָאַ֧יִל וְלַכְּבָשִׂ֛ים

38 בְּמִסְפָּרָ֖ם כַּמִּשְׁפָּ֑ט וּשְׂעִ֥יר חַטָּ֖את אֶחָ֑ד מִלְּבַד֙ עֹלַ֣ת הַתָּמִ֔יד

39 וּמִנְחָתָ֖הּ וְנִסְכָּֽהּ׃ אֵ֛לֶּה תַּעֲשׂ֥וּ לַֽיהֹוָ֖ה בְּמוֹעֲדֵיכֶ֑ם לְבַ֣ד מִנִּדְרֵיכֶ֗ם

1 **30** וְנִדְבֹ֨תֵיכֶ֜ם לְעֹלֹֽתֵיכֶ֤ם וּלְמִנְחֹֽתֵיכֶם֙ וּלְנִסְכֵּיכֶ֔ם וּלְשַׁלְמֵיכֶֽם׃ וַיֹּ֣אמֶר

מֹשֶׁ֔ה אֶל־בְּנֵ֖י יִשְׂרָאֵ֑ל כְּכֹ֛ל אֲשֶׁר־צִוָּ֥ה יְהֹוָ֖ה אֶת־מֹשֶֽׁה׃

2 וַיְדַבֵּ֤ר מֹשֶׁה֙ אֶל־רָאשֵׁ֣י הַמַּטּ֔וֹת לִבְנֵ֥י יִשְׂרָאֵ֖ל לֵאמֹ֑ר זֶ֣ה הַדָּבָ֔ר **מטות**

3 אֲשֶׁ֖ר צִוָּ֣ה יְהֹוָֽה׃ אִישׁ֩ כִּֽי־יִדֹּ֨ר נֶ֜דֶר לַֽיהֹוָ֗ה אֽוֹ־הִשָּׁ֤בַע שְׁבֻעָה֙ לֶאְסֹ֤ר

4 אִסָּר֙ עַל־נַפְשׁ֔וֹ לֹ֥א יַחֵ֖ל דְּבָר֑וֹ כְּכָל־הַיֹּצֵ֥א מִפִּ֖יו יַעֲשֶֽׂה׃ וְאִשָּׁ֕ה

5 כִּֽי־תִדֹּ֥ר נֶ֙דֶר֙ לַֽיהֹוָ֔ה וְאָסְרָ֥ה אִסָּ֛ר בְּבֵ֥ית אָבִ֖יהָ בִּנְעֻרֶֽיהָ׃ וְשָׁמַ֨ע

אָבִ֜יהָ אֶת־נִדְרָ֗הּ וֶֽאֱסָרָהּ֙ אֲשֶׁ֣ר אָֽסְרָ֣ה עַל־נַפְשָׁ֔הּ וְהֶחֱרִ֥ישׁ לָ֖הּ

at her: then all her vows shall stand, and every bond wherewith she hath bound her soul shall stand.

5[6] But if her father disallow her in the day that he heareth; not any of her vows, or of her bonds wherewith she hath bound her soul, shall stand: and the LORD shall forgive her, because her father disallowed her.

6[7] And if she had at all an husband, when she vowed, or uttered ought out of her lips, wherewith she bound her soul;

7[8] And her husband heard *it,* and held his peace at her in the day that he heard *it:* then her vows shall stand, and her bonds wherewith she bound her soul shall stand.

8[9] But if her husband disallowed her on the day that he heard *it;* then he shall make her vow which she vowed, and that which she uttered with her lips, wherewith she bound her soul, of none effect: and the LORD shall forgive her.

9[10] But every vow of a widow, and of her that is divorced, wherewith they have bound their souls, shall stand against her.

10[11] And if she vowed in her husband's house, or bound her soul by a bond with an oath;

11[12] And her husband heard *it,* and held his peace at her, *and* disallowed her not: then all her vows shall stand, and every bond wherewith she bound her soul shall stand.

12[13] But if her husband hath utterly made them void on the day he heard *them;* *then* whatsoever proceeded out of her lips concerning her vows, or concerning the bond of her soul, shall not stand: her husband hath made them void; and the LORD shall forgive her.

13[14] Every vow, and every binding oath to afflict the soul, her husband may establish it, or her husband may make it void.

14[15] But if her husband altogether hold his peace at her from day to day; then he establisheth all her vows, or all her bonds, which *are* upon her: he confirmeth them, because he held his peace at her in the day that he heard *them.*

15[16] But if he shall any ways make them void after that he hath heard *them;* then he shall bear her iniquity.

16[17] These *are* the statutes, which the LORD commanded Moses, between a man and his wife, between the father and his daughter, *being yet* in her youth in her father's house.

CHAPTER 31

1 And the LORD spake unto Moses, saying,

2 Avenge the children of Israel of the Midianites: afterward shalt thou be gathered unto thy people.

3 And Moses spake unto the people, saying, Arm some of yourselves unto the war, and let them go against the Midianites, and avenge the LORD of Midian.

4 Of every tribe a thousand, throughout all the tribes of Israel, shall ye send to the war.

5 So there were delivered out of the thousands of Israel, a thousand of *every* tribe, twelve thousand armed for war.

6 And Moses sent them to the war, a thousand of *every* tribe, them and Phinehas the son of Eleazar the priest, to the war, with the holy instruments, and the trumpets to blow in his hand.

7 And they warred against the Midianites, as the LORD commanded Moses; and they slew all the males.

8 And they slew the kings of Midian, beside the rest of them that were slain; *namely,* Evi, and Rekem, and Zur, and Hur, and Reba, five kings of Midian: Balaam also the son of Beor they slew with the sword.

9 And the children of Israel took *all* the women of Midian captives, and their little ones, and took the spoil of all their cattle, and all their flocks, and all their goods.

10 And they burnt all their cities wherein they dwelt, and all their goodly castles, with fire.

11 And they took all the spoil, and all the prey, *both* of men and of beasts.

12 And they brought the captives, and the prey, and the spoil, unto Moses, and Eleazar the priest, and unto the congregation of the children of Israel, unto the

אָבִיהָ וְקָמוּ כָּל־נְדָרֶיהָ וְכָל־אִסָּר אֲשֶׁר־אָסְרָה עַל־נַפְשָׁהּ יָקוּם:

6 וְאִם־הֵנִיא אָבִיהָ אֹתָהּ בְּיוֹם שָׁמְעוֹ כָּל־נְדָרֶיהָ וֶאֱסָרֶיהָ אֲשֶׁר־אָסְרָה

7 עַל־נַפְשָׁהּ לֹא יָקוּם וַיהוָה יִסְלַח־לָהּ כִּי־הֵנִיא אָבִיהָ אֹתָהּ: וְאִם־הָיוֹ תִהְיֶה לְאִישׁ וּנְדָרֶיהָ עָלֶיהָ אוֹ מִבְטָא שְׂפָתֶיהָ אֲשֶׁר אָסְרָה

8 עַל־נַפְשָׁהּ: וְשָׁמַע אִישָׁהּ בְּיוֹם שָׁמְעוֹ וְהֶחֱרִישׁ לָהּ וְקָמוּ נְדָרֶיהָ

9 וֶאֱסָרֶהָ אֲשֶׁר־אָסְרָה עַל־נַפְשָׁהּ יָקֻמוּ: וְאִם בְּיוֹם שְׁמֹעַ אִישָׁהּ יָנִיא אוֹתָהּ וְהֵפֵר אֶת־נִדְרָהּ אֲשֶׁר עָלֶיהָ וְאֵת מִבְטָא שְׂפָתֶיהָ אֲשֶׁר

10 אָסְרָה עַל־נַפְשָׁהּ וַיהוָה יִסְלַח־לָהּ: וְנֵדֶר אַלְמָנָה וּגְרוּשָׁה כֹּל

11 אֲשֶׁר־אָסְרָה עַל־נַפְשָׁהּ יָקוּם עָלֶיהָ: וְאִם־בֵּית אִישָׁהּ נָדָרָה

12 אוֹ־אָסְרָה אִסָּר עַל־נַפְשָׁהּ בִּשְׁבֻעָה: וְשָׁמַע אִישָׁהּ וְהֶחֱרִשׁ לָהּ לֹא הֵנִיא אֹתָהּ וְקָמוּ כָּל־נְדָרֶיהָ וְכָל־אִסָּר אֲשֶׁר־אָסְרָה עַל־נַפְשָׁהּ

13 יָקוּם: וְאִם־הָפֵר יָפֵר אֹתָם אִישָׁהּ בְּיוֹם שָׁמְעוֹ כָּל־מוֹצָא שְׂפָתֶיהָ לִנְדָרֶיהָ וּלְאִסַּר נַפְשָׁהּ לֹא יָקוּם אִישָׁהּ הֲפֵרָם וַיהוָה יִסְלַח־לָהּ:

14 כָּל־נֵדֶר וְכָל־שְׁבֻעַת אִסָּר לְעַנֹּת נָפֶשׁ אִישָׁהּ יְקִימֶנּוּ וְאִישָׁהּ יְפֵרֶנּוּ:

15 וְאִם־הַחֲרֵשׁ יַחֲרִישׁ לָהּ אִישָׁהּ מִיּוֹם אֶל־יוֹם וְהֵקִים אֶת־כָּל־נְדָרֶיהָ אוֹ אֶת־כָּל־אֱסָרֶיהָ אֲשֶׁר עָלֶיהָ הֵקִים אֹתָם כִּי־הֶחֱרִשׁ לָהּ בְּיוֹם

16 שָׁמְעוֹ: וְאִם־הָפֵר יָפֵר אֹתָם אַחֲרֵי שָׁמְעוֹ וְנָשָׂא אֶת־עֲוֺנָהּ: אֵלֶּה
17 הַחֻקִּים אֲשֶׁר צִוָּה יְהוָה אֶת־מֹשֶׁה בֵּין אִישׁ לְאִשְׁתּוֹ בֵּין־אָב לְבִתּוֹ בִּנְעֻרֶיהָ בֵּית אָבִיהָ:

31 1 שני וַיְדַבֵּר יְהוָה אֶל־מֹשֶׁה לֵּאמֹר: נְקֹם נִקְמַת בְּנֵי יִשְׂרָאֵל מֵאֵת
2 הַמִּדְיָנִים אַחַר תֵּאָסֵף אֶל־עַמֶּיךָ: וַיְדַבֵּר מֹשֶׁה אֶל־הָעָם לֵאמֹר

3 הֵחָלְצוּ מֵאִתְּכֶם אֲנָשִׁים לַצָּבָא וְיִהְיוּ עַל־מִדְיָן לָתֵת נִקְמַת־יְהוָה

4 בְּמִדְיָן: אֶלֶף לַמַּטֶּה אֶלֶף לַמַּטֶּה לְכֹל מַטּוֹת יִשְׂרָאֵל תִּשְׁלְחוּ

5 לַצָּבָא: וַיִּמָּסְרוּ מֵאַלְפֵי יִשְׂרָאֵל אֶלֶף לַמַּטֶּה שְׁנֵים־עָשָׂר אֶלֶף חֲלוּצֵי

6 צָבָא: וַיִּשְׁלַח אֹתָם מֹשֶׁה אֶלֶף לַמַּטֶּה לַצָּבָא אֹתָם וְאֶת־פִּינְחָס בֶּן־אֶלְעָזָר הַכֹּהֵן לַצָּבָא וּכְלֵי הַקֹּדֶשׁ וַחֲצֹצְרוֹת הַתְּרוּעָה בְּיָדוֹ:

7 וַיִּצְבְּאוּ עַל־מִדְיָן כַּאֲשֶׁר צִוָּה יְהוָה אֶת־מֹשֶׁה וַיַּהַרְגוּ כָּל־זָכָר:

8 וְאֶת־מַלְכֵי מִדְיָן הָרְגוּ עַל־חַלְלֵיהֶם אֶת־אֱוִי וְאֶת־רֶקֶם וְאֶת־צוּר וְאֶת־חוּר וְאֶת־רֶבַע חֲמֵשֶׁת מַלְכֵי מִדְיָן וְאֵת בִּלְעָם בֶּן־בְּעוֹר הָרְגוּ

9 בֶּחָרֶב: וַיִּשְׁבּוּ בְנֵי־יִשְׂרָאֵל אֶת־נְשֵׁי מִדְיָן וְאֶת־טַפָּם וְאֵת

10 כָּל־בְּהֶמְתָּם וְאֶת־כָּל־מִקְנֵהֶם וְאֶת־כָּל־חֵילָם בָּזָזוּ: וְאֵת כָּל־עָרֵיהֶם

11 בְּמוֹשְׁבֹתָם וְאֵת כָּל־טִירֹתָם שָׂרְפוּ בָּאֵשׁ: וַיִּקְחוּ אֶת־כָּל־הַשָּׁלָל

12 וְאֵת כָּל־הַמַּלְקוֹחַ בָּאָדָם וּבַבְּהֵמָה: וַיָּבִאוּ אֶל־מֹשֶׁה וְאֶל־אֶלְעָזָר הַכֹּהֵן וְאֶל־עֲדַת בְּנֵי־יִשְׂרָאֵל אֶת־הַשְּׁבִי וְאֶת־הַמַּלְקוֹחַ וְאֶת־הַשָּׁלָל

camp at the plains of Moab, which *are* by Jordan *near* Jericho.

13 ¶ And Moses, and Eleazar the priest, and all the princes of the congregation, went forth to meet them without the camp.

14 And Moses was wroth with the officers of the host, *with* the captains over thousands, and captains over hundreds, which came from the battle.

15 And Moses said unto them, Have ye saved all the women alive?

16 Behold, these caused the children of Israel, through the counsel of Balaam, to commit trespass against the LORD in the matter of Peor, and there was a plague among the congregation of the LORD.

17 Now therefore kill every male among the little ones, and kill every woman that hath known man by lying with him.

18 But all the women children, that have not known a man by lying with him, keep alive for yourselves.

19 And do ye abide without the camp seven days: whosoever hath killed any person, and whosoever hath touched any slain, purify *both* yourselves and your captives on the third day, and on the seventh day.

20 And purify all *your* raiment, and all that is made of skins, and all work of goats' *hair,* and all things made of wood.

21 ¶ And Eleazar the priest said unto the men of war which went to the battle, This *is* the ordinance of the law which the LORD commanded Moses;

22 Only the gold, and the silver, the brass, the iron, the tin, and the lead,

23 Every thing that may abide the fire, ye shall make *it* go through the fire, and it shall be clean: nevertheless it shall be purified with the water of separation: and all that abideth not the fire ye shall make go through the water.

24 And ye shall wash your clothes on the seventh day, and ye shall be clean, and afterward ye shall come into the camp.

25 ¶ And the LORD spake unto Moses, saying,

26 Take the sum of the prey that was taken, *both* of man and of beast, thou, and Eleazar the priest, and the chief fathers of the congregation:

27 And divide the prey into two parts; between them that took the war upon them, who went out to battle, and between all the congregation:

28 And levy a tribute unto the LORD of the men of war which went out to battle: one soul of five hundred, *both* of the persons, and of the beeves, and of the asses, and of the sheep:

29 Take *it* of their half, and give it unto Eleazar the priest, *for* an heave offering of the LORD.

30 And of the children of Israel's half, thou shalt take one portion of fifty, of the persons, of the beeves, of the asses, and of the flocks, of all manner of beasts, and give them unto the Levites, which keep the charge of the tabernacle of the LORD.

31 And Moses and Eleazar the priest did as the LORD commanded Moses.

32 And the booty, *being* the rest of the prey which the men of war had caught, was six hundred thousand and seventy thousand and five thousand sheep,

33 And threescore and twelve thousand beeves,

34 And threescore and one thousand asses,

35 And thirty and two thousand persons in all, of women that had not known man by lying with him.

36 And the half, *which was* the portion of them that went out to war, was in number three hundred thousand and seven and thirty thousand and five hundred sheep:

37 And the LORD's tribute of the sheep was six hundred and threescore and fifteen.

38 And the beeves *were* thirty and six thousand; of which the LORD's tribute *was* threescore and twelve.

39 And the asses *were* thirty thousand and five hundred; of which the LORD's tribute *was* threescore and one.

40 And the persons *were* sixteen thou-

וַיֵּצְאוּ   אֶל־הַמַּחֲנֶה אֶל־עַרְבֹת מוֹאָב אֲשֶׁר עַל־יַרְדֵּן יְרֵחוֹ: 13

מֹשֶׁה וְאֶלְעָזָר הַכֹּהֵן וְכָל־נְשִׂיאֵי הָעֵדָה לִקְרָאתָם אֶל־מִחוּץ

לַמַּחֲנֶה: וַיִּקְצֹף מֹשֶׁה עַל פְּקוּדֵי הֶחָיִל שָׂרֵי הָאֲלָפִים וְשָׂרֵי הַמֵּאוֹת 14

הַבָּאִים מִצְּבָא הַמִּלְחָמָה: וַיֹּאמֶר אֲלֵיהֶם מֹשֶׁה הַחִיִּיתֶם כָּל־נְקֵבָה: 15

הֵן הֵנָּה הָיוּ לִבְנֵי יִשְׂרָאֵל בִּדְבַר בִּלְעָם לִמְסָר־מַעַל בַּיהוָה 16

עַל־דְּבַר־פְּעוֹר וַתְּהִי הַמַּגֵּפָה בַּעֲדַת יְהוָה: וְעַתָּה הִרְגוּ כָל־זָכָר 17

בַּטָּף וְכָל־אִשָּׁה יֹדַעַת אִישׁ לְמִשְׁכַּב זָכָר הֲרֹגוּ: וְכֹל הַטַּף בַּנָּשִׁים 18

אֲשֶׁר לֹא־יָדְעוּ מִשְׁכַּב זָכָר הַחֲיוּ לָכֶם: וְאַתֶּם חֲנוּ מִחוּץ לַמַּחֲנֶה 19

שִׁבְעַת יָמִים כֹּל הֹרֵג נֶפֶשׁ וְכֹל נֹגֵעַ בֶּחָלָל תִּתְחַטְּאוּ בַּיּוֹם הַשְּׁלִישִׁי

וּבַיּוֹם הַשְּׁבִיעִי אַתֶּם וּשְׁבִיכֶם: וְכָל־בֶּגֶד וְכָל־כְּלִי־עוֹר וְכָל־מַעֲשֵׂה 20

עִזִּים וְכָל־כְּלִי־עֵץ תִּתְחַטָּאוּ:   וַיֹּאמֶר אֶלְעָזָר הַכֹּהֵן 21

אֶל־אַנְשֵׁי הַצָּבָא הַבָּאִים לַמִּלְחָמָה זֹאת חֻקַּת הַתּוֹרָה אֲשֶׁר־צִוָּה

יְהוָה אֶת־מֹשֶׁה: אַךְ אֶת־הַזָּהָב וְאֶת־הַכָּסֶף אֶת־הַנְּחֹשֶׁת אֶת־ 22

הַבַּרְזֶל אֶת־הַבְּדִיל וְאֶת־הָעֹפָרֶת: כָּל־דָּבָר אֲשֶׁר־יָבֹא בָאֵשׁ תַּעֲבִירוּ 23

בָאֵשׁ וְטָהֵר אַךְ בְּמֵי נִדָּה יִתְחַטָּא וְכֹל אֲשֶׁר לֹא־יָבֹא בָּאֵשׁ

תַּעֲבִירוּ בַמָּיִם: וְכִבַּסְתֶּם בִּגְדֵיכֶם בַּיּוֹם הַשְּׁבִיעִי וּטְהַרְתֶּם וְאַחַר 24

תָּבֹאוּ אֶל־הַמַּחֲנֶה: וַיֹּאמֶר יְהוָה אֶל־מֹשֶׁה לֵּאמֹר: שָׂא 25
26

אֵת רֹאשׁ מַלְקוֹחַ הַשְּׁבִי בָּאָדָם וּבַבְּהֵמָה אַתָּה וְאֶלְעָזָר הַכֹּהֵן

וְרָאשֵׁי אֲבוֹת הָעֵדָה: וְחָצִיתָ אֶת־הַמַּלְקוֹחַ בֵּין תֹּפְשֵׂי הַמִּלְחָמָה 27

הַיֹּצְאִים לַצָּבָא וּבֵין כָּל־הָעֵדָה: וַהֲרֵמֹתָ מֶכֶס לַיהוָה מֵאֵת אַנְשֵׁי 28

הַמִּלְחָמָה הַיֹּצְאִים לַצָּבָא אֶחָד נֶפֶשׁ מֵחֲמֵשׁ הַמֵּאוֹת מִן־הָאָדָם

וּמִן־הַבָּקָר וּמִן־הַחֲמֹרִים וּמִן־הַצֹּאן: מִמַּחֲצִיתָם תִּקָּחוּ וְנָתַתָּה 29

לְאֶלְעָזָר הַכֹּהֵן תְּרוּמַת יְהוָה: וּמִמַּחֲצִת בְּנֵי־יִשְׂרָאֵל תִּקַּח אֶחָד אָחֻז 30

אָחֻז מִן־הַחֲמִשִּׁים מִן־הָאָדָם מִן־הַבָּקָר מִן־הַחֲמֹרִים וּמִן־הַצֹּאן

מִכָּל־הַבְּהֵמָה וְנָתַתָּה אֹתָם לַלְוִיִּם שֹׁמְרֵי מִשְׁמֶרֶת מִשְׁכַּן יְהוָה:

וַיַּעַשׂ מֹשֶׁה וְאֶלְעָזָר הַכֹּהֵן כַּאֲשֶׁר צִוָּה יְהוָה אֶת־מֹשֶׁה: וַיְהִי 31
32

הַמַּלְקוֹחַ יֶתֶר הַבָּז אֲשֶׁר בָּזְזוּ עַם הַצָּבָא צֹאן שֵׁשׁ־מֵאוֹת אֶלֶף

וְשִׁבְעִים אֶלֶף וַחֲמֵשֶׁת־אֲלָפִים: וּבָקָר שְׁנַיִם וְשִׁבְעִים אָלֶף: וַחֲמֹרִים 33
34

אֶחָד וְשִׁשִּׁים אָלֶף: וְנֶפֶשׁ אָדָם מִן־הַנָּשִׁים אֲשֶׁר לֹא־יָדְעוּ מִשְׁכַּב 35

זָכָר כָּל־נֶפֶשׁ שְׁנַיִם וּשְׁלֹשִׁים אָלֶף: וַתְּהִי הַמֶּחֱצָה חֵלֶק הַיֹּצְאִים 36

בַּצָּבָא מִסְפַּר הַצֹּאן שְׁלֹשׁ־מֵאוֹת אֶלֶף וּשְׁלֹשִׁים אֶלֶף וְשִׁבְעַת

אֲלָפִים וַחֲמֵשׁ מֵאוֹת: וַיְהִי הַמֶּכֶס לַיהוָה מִן־הַצֹּאן שֵׁשׁ מֵאוֹת 37

חָמֵשׁ וְשִׁבְעִים: וְהַבָּקָר שִׁשָּׁה וּשְׁלֹשִׁים אָלֶף וּמִכְסָם לַיהוָה שְׁנַיִם 38

וְשִׁבְעִים: וַחֲמֹרִים שְׁלֹשִׁים אֶלֶף וַחֲמֵשׁ מֵאוֹת וּמִכְסָם לַיהוָה אֶחָד 39

וְשִׁשִּׁים: וְנֶפֶשׁ אָדָם שִׁשָּׁה עָשָׂר אָלֶף וּמִכְסָם לַיהוָה שְׁנַיִם 40

sand; of which the LORD's tribute *was* thirty and two persons.

41 And Moses gave the tribute, *which was* the LORD's heave offering, unto Eleazar the priest, as the LORD commanded Moses.

42 And of the children of Israel's half, which Moses divided from the men that warred,

43 (Now the half *that pertained unto* the congregation was three hundred thousand and thirty thousand *and* seven thousand and five hundred sheep,

44 And thirty and six thousand beeves,

45 And thirty thousand asses and five hundred,

46 And sixteen thousand persons;)

47 Even of the children of Israel's half, Moses took one portion of fifty, *both* of man and of beast, and gave them unto the Levites, which kept the charge of the tabernacle of the LORD; as the LORD commanded Moses.

48 ¶ And the officers which *were* over thousands of the host, the captains of thousands, and captains of hundreds, came near unto Moses:

49 And they said unto Moses, Thy servants have taken the sum of the men of war which *are* under our charge, and there lacketh not one man of us.

50 We have therefore brought an oblation for the LORD, what every man hath gotten, of jewels of gold, chains, and bracelets, rings, earrings, and tablets, to make an atonement for our souls before the LORD.

51 And Moses and Eleazar the priest took the gold of them, *even* all wrought jewels.

52 And all the gold of the offering that they offered up to the LORD, of the captains of thousands, and of the captains of hundreds, was sixteen thousand seven hundred and fifty shekels.

53 (*For* the men of war had taken spoil, every man for himself.)

54 And Moses and Eleazar the priest took the gold of the captains of thousands and of hundreds, and brought it into the tabernacle of the congregation, *for* a memorial for the children of Israel before the LORD.

CHAPTER 32

1 Now the children of Reuben and the children of Gad had a very great multitude of cattle: and when they saw the land of Jazer, and the land of Gilead, that, behold, the place *was* a place for cattle;

2 The children of Gad and the children of Reuben came and spake unto Moses, and to Eleazar the priest, and unto the princes of the congregation, saying,

3 Ataroth, and Dibon, and Jazer, and Nimrah, and Heshbon, and Elealeh, and Shebam, and Nebo, and Beon,

4 *Even* the country which the LORD smote before the congregation of Israel, *is* a land for cattle, and thy servants have cattle:

5 Wherefore, said they, if we have found grace in thy sight, let this land be given unto thy servants for a possession, *and* bring us not over Jordan.

6 ¶ And Moses said unto the children of Gad and to the children of Reuben, Shall your brethren go to war, and shall ye sit here?

7 And wherefore discourage ye the heart of the children of Israel from going over into the land which the LORD hath given them?

8 Thus did your fathers, when I sent them from Kadesh-barnea to see the land.

9 For when they went up unto the valley of Eshcol, and saw the land, they discouraged the heart of the children of Israel, that they should not go into the land which the LORD had given them.

10 And the LORD's anger was kindled the same time, and he sware, saying,

11 Surely none of the men that came up out of Egypt, from twenty years old and upward, shall see the land which I sware unto Abraham, unto Isaac, and unto Jacob; because they have not wholly followed me:

12 Save Caleb the son of Jephunneh the Kenezite, and Joshua the son of Nun: for they have wholly followed the LORD.

13 And the LORD's anger was kindled

41 וּשְׁלֹשִׁים נָפֶשׁ: וַיִּתֵּן מֹשֶׁה אֶת־מֶכֶס תְּרוּמַת יְהֹוָה לְאֶלְעָזָר הַכֹּהֵן

חמישי 42 כַּאֲשֶׁר צִוָּה יְהֹוָה אֶת־מֹשֶׁה: וּמִמַּחֲצִית בְּנֵי יִשְׂרָאֵל אֲשֶׁר חָצָה

43 מֹשֶׁה מִן־הָאֲנָשִׁים הַצֹּבְאִים: וַתְּהִי מֶחֱצַת הָעֵדָה מִן־הַצֹּאן

שְׁלֹשׁ־מֵאוֹת אֶלֶף וּשְׁלֹשִׁים אֶלֶף שִׁבְעַת אֲלָפִים וַחֲמֵשׁ מֵאוֹת:

44 וּבָקָר שִׁשָּׁה וּשְׁלֹשִׁים אָלֶף: וַחֲמֹרִים שְׁלֹשִׁים אֶלֶף וַחֲמֵשׁ מֵאוֹת:
45

46 וְנֶפֶשׁ אָדָם שִׁשָּׁה עָשָׂר אָלֶף: וַיִּקַּח מֹשֶׁה מִמַּחֲצִת בְּנֵי־יִשְׂרָאֵל
47

אֶת־הָאָחֻז אֶחָד מִן־הַחֲמִשִּׁים מִן־הָאָדָם וּמִן־הַבְּהֵמָה וַיִּתֵּן אֹתָם

לַלְוִיִּם שֹׁמְרֵי מִשְׁמֶרֶת מִשְׁכַּן יְהֹוָה כַּאֲשֶׁר צִוָּה יְהֹוָה אֶת־מֹשֶׁה:

48 וַיִּקְרְבוּ אֶל־מֹשֶׁה הַפְּקֻדִים אֲשֶׁר לְאַלְפֵי הַצָּבָא שָׂרֵי הָאֲלָפִים וְשָׂרֵי

49 הַמֵּאוֹת: וַיֹּאמְרוּ אֶל־מֹשֶׁה עֲבָדֶיךָ נָשְׂאוּ אֶת־רֹאשׁ אַנְשֵׁי הַמִּלְחָמָה

50 אֲשֶׁר בְּיָדֵנוּ וְלֹא־נִפְקַד מִמֶּנּוּ אִישׁ: וַנַּקְרֵב אֶת־קָרְבַּן יְהֹוָה אִישׁ

אֲשֶׁר מָצָא כְלִי־זָהָב אֶצְעָדָה וְצָמִיד טַבַּעַת עָגִיל וְכוּמָז לְכַפֵּר

51 עַל־נַפְשֹׁתֵינוּ לִפְנֵי יְהֹוָה: וַיִּקַּח מֹשֶׁה וְאֶלְעָזָר הַכֹּהֵן אֶת־הַזָּהָב

52 מֵאִתָּם כֹּל כְּלִי מַעֲשֶׂה: וַיְהִי כָּל־זְהַב הַתְּרוּמָה אֲשֶׁר הֵרִימוּ לַיהֹוָה

שִׁשָּׁה עָשָׂר אֶלֶף שְׁבַע־מֵאוֹת וַחֲמִשִּׁים שָׁקֶל מֵאֵת שָׂרֵי הָאֲלָפִים

53 וּמֵאֵת שָׂרֵי הַמֵּאוֹת: אַנְשֵׁי הַצָּבָא בָּזְזוּ אִישׁ לוֹ: וַיִּקַּח מֹשֶׁה
54

וְאֶלְעָזָר הַכֹּהֵן אֶת־הַזָּהָב מֵאֵת שָׂרֵי הָאֲלָפִים וְהַמֵּאוֹת וַיָּבִאוּ אֹתוֹ

אֶל־אֹהֶל מוֹעֵד זִכָּרוֹן לִבְנֵי־יִשְׂרָאֵל לִפְנֵי יְהֹוָה:

ששי 32 1 וּמִקְנֶה רַב הָיָה לִבְנֵי רְאוּבֵן וְלִבְנֵי־גָד עָצוּם מְאֹד וַיִּרְאוּ אֶת־אֶרֶץ
(שלישי)

2 יַעְזֵר וְאֶת־אֶרֶץ גִּלְעָד וְהִנֵּה הַמָּקוֹם מְקוֹם מִקְנֶה: וַיָּבֹאוּ בְנֵי־גָד

וּבְנֵי רְאוּבֵן וַיֹּאמְרוּ אֶל־מֹשֶׁה וְאֶל־אֶלְעָזָר הַכֹּהֵן וְאֶל־נְשִׂיאֵי הָעֵדָה

3 לֵאמֹר: עֲטָרוֹת וְדִיבֹן וְיַעְזֵר וְנִמְרָה וְחֶשְׁבּוֹן וְאֶלְעָלֵה וּשְׂבָם וּנְבוֹ

4 וּבְעֹן: הָאָרֶץ אֲשֶׁר הִכָּה יְהֹוָה לִפְנֵי עֲדַת יִשְׂרָאֵל אֶרֶץ מִקְנֶה

5 הִוא וְלַעֲבָדֶיךָ מִקְנֶה: וַיֹּאמְרוּ אִם־מָצָאנוּ חֵן בְּעֵינֶיךָ

יֻתַּן אֶת־הָאָרֶץ הַזֹּאת לַעֲבָדֶיךָ לַאֲחֻזָּה אַל־תַּעֲבִרֵנוּ אֶת־הַיַּרְדֵּן:

6 וַיֹּאמֶר מֹשֶׁה לִבְנֵי־גָד וְלִבְנֵי רְאוּבֵן הַאַחֵיכֶם יָבֹאוּ לַמִּלְחָמָה וְאַתֶּם

תניאון 7 תֵּשְׁבוּ פֹה: וְלָמָּה תְנִיאוּן אֶת־לֵב בְּנֵי יִשְׂרָאֵל מֵעֲבֹר אֶל־הָאָרֶץ

8 אֲשֶׁר־נָתַן לָהֶם יְהֹוָה: כֹּה עָשׂוּ אֲבֹתֵיכֶם בְּשָׁלְחִי אֹתָם מִקָּדֵשׁ

9 בַּרְנֵעַ לִרְאוֹת אֶת־הָאָרֶץ: וַיַּעֲלוּ עַד־נַחַל אֶשְׁכּוֹל וַיִּרְאוּ אֶת־הָאָרֶץ

וַיָּנִיאוּ אֶת־לֵב בְּנֵי יִשְׂרָאֵל לְבִלְתִּי־בֹא אֶל־הָאָרֶץ אֲשֶׁר־נָתַן לָהֶם

10 יְהֹוָה: וַיִּחַר־אַף יְהֹוָה בַּיּוֹם הַהוּא וַיִּשָּׁבַע לֵאמֹר: אִם־יִרְאוּ הָאֲנָשִׁים
11

הָעֹלִים מִמִּצְרַיִם מִבֶּן עֶשְׂרִים שָׁנָה וָמַעְלָה אֵת הָאֲדָמָה אֲשֶׁר

12 נִשְׁבַּעְתִּי לְאַבְרָהָם לְיִצְחָק וּלְיַעֲקֹב כִּי לֹא־מִלְאוּ אַחֲרָי: בִּלְתִּי כָּלֵב

13 בֶּן־יְפֻנֶּה הַקְּנִזִּי וִיהוֹשֻׁעַ בִּן־נוּן כִּי מִלְאוּ אַחֲרֵי יְהֹוָה: וַיִּחַר־אַף

against Israel, and he made them wander in the wilderness forty years, until all the generation, that had done evil in the sight of the LORD, was consumed.

14 And, behold, ye are risen up in your fathers' stead, an increase of sinful men, to augment yet the fierce anger of the LORD toward Israel.

15 For if ye turn away from after him, he will yet again leave them in the wilderness; and ye shall destroy all this people.

16 ¶ And they came near unto him, and said, We will build sheepfolds here for our cattle, and cities for our little ones:

17 But we ourselves will go ready armed before the children of Israel, until we have brought them unto their place: and our little ones shall dwell in the fenced cities because of the inhabitants of the land.

18 We will not return unto our houses, until the children of Israel have inherited every man his inheritance.

19 For we will not inherit with them on yonder side Jordan, or forward; because our inheritance is fallen to us on this side Jordan eastward.

20 ¶ And Moses said unto them, If ye will do this thing, if ye will go armed before the LORD to war,

21 And will go all of you armed over Jordan before the LORD, until he hath driven out his enemies from before him,

22 And the land be subdued before the LORD: then afterward ye shall return, and be guiltless before the LORD, and before Israel; and this land shall be your possession before the LORD.

23 But if ye will not do so, behold, ye have sinned against the LORD: and be sure your sin will find you out.

24 Build you cities for your little ones, and folds for your sheep; and do that which hath proceeded out of your mouth.

25 And the children of Gad and the children of Reuben spake unto Moses, saying, Thy servants will do as my lord commandeth.

26 Our little ones, our wives, our flocks, and all our cattle, shall be there in the cities of Gilead:

27 But thy servants will pass over, every man armed for war, before the LORD to battle, as my lord saith.

28 So concerning them Moses commanded Eleazar the priest, and Joshua the son of Nun, and the chief fathers of the tribes of the children of Israel:

29 And Moses said unto them, If the children of Gad and the children of Reuben will pass with you over Jordan, every man armed to battle, before the LORD, and the land shall be subdued before you; then ye shall give them the land of Gilead for a possession:

30 But if they will not pass over with you armed, they shall have possessions among you in the land of Canaan.

31 And the children of Gad and the children of Reuben answered, saying, As the LORD hath said unto thy servants, so will we do.

32 We will pass over armed before the LORD into the land of Canaan, that the possession of our inheritance on this side Jordan *may be* ours.

33 And Moses gave unto them, *even* to the children of Gad, and to the children of Reuben, and unto half the tribe of Manasseh the son of Joseph, the kingdom of Sihon king of the Amorites, and the kingdom of Og king of Bashan, the land, with the cities thereof in the coasts, *even* the cities of the country round about.

34 ¶ And the children of Gad built Dibon, and Ataroth, and Aroer,

35 And Atroth, Shophan, and Jaazer, and Jogbehah,

36 And Beth-nimrah, and Beth-haran, fenced cities: and folds for sheep.

37 And the children of Reuben built Heshbon, and Elealeh, and Kirjathaim,

38 And Nebo, and Baal-meon, (their names being changed,) and Shibmah: and gave other names unto the cities which they builded.

39 And the children of Machir the son of Manasseh went to Gilead, and took it,

יְהֹוָה בְּיִשְׂרָאֵל וַיְנִעֵם בַּמִּדְבָּר אַרְבָּעִים שָׁנָה עַד־תֹּם כָּל־הַדּוֹר

14 הָעֹשֶׂה הָרַע בְּעֵינֵי יְהֹוָה: וְהִנֵּה קַמְתֶּם תַּחַת אֲבֹתֵיכֶם תַּרְבּוּת

15 אֲנָשִׁים חַטָּאִים לִסְפּוֹת עוֹד עַל חֲרוֹן אַף־יְהֹוָה אֶל־יִשְׂרָאֵל: כִּי

תְשׁוּבֻן מֵאַחֲרָיו וְיָסַף עוֹד לְהַנִּיחוֹ בַּמִּדְבָּר וְשִׁחַתֶּם לְכָל־הָעָם

16 הַזֶּה: וַיִּגְּשׁוּ אֵלָיו וַיֹּאמְרוּ גִּדְרֹת צֹאן נִבְנֶה לְמִקְנֵנוּ פֹּה

17 וְעָרִים לְטַפֵּנוּ: וַאֲנַחְנוּ נֵחָלֵץ חֻשִׁים לִפְנֵי בְּנֵי יִשְׂרָאֵל עַד אֲשֶׁר

אִם־הֲבִיאֹנֻם אֶל־מְקוֹמָם וְיָשַׁב טַפֵּנוּ בְּעָרֵי הַמִּבְצָר מִפְּנֵי יֹשְׁבֵי

18 הָאָרֶץ: לֹא נָשׁוּב אֶל־בָּתֵּינוּ עַד הִתְנַחֵל בְּנֵי יִשְׂרָאֵל אִישׁ נַחֲלָתוֹ:

19 כִּי לֹא נִנְחַל אִתָּם מֵעֵבֶר לַיַּרְדֵּן וָהָלְאָה כִּי בָאָה נַחֲלָתֵנוּ אֵלֵינוּ

מֵעֵבֶר הַיַּרְדֵּן מִזְרָחָה:

שביעי (רביעי)

20 וַיֹּאמֶר אֲלֵיהֶם מֹשֶׁה אִם־תַּעֲשׂוּן אֶת־הַדָּבָר הַזֶּה אִם־תֵּחָלְצוּ לִפְנֵי

21 יְהֹוָה לַמִּלְחָמָה: וְעָבַר לָכֶם כָּל־חָלוּץ אֶת־הַיַּרְדֵּן לִפְנֵי יְהֹוָה עַד

22 הוֹרִישׁוֹ אֶת־אֹיְבָיו מִפָּנָיו: וְנִכְבְּשָׁה הָאָרֶץ לִפְנֵי יְהֹוָה וְאַחַר תָּשֻׁבוּ

וִהְיִיתֶם נְקִיִּים מֵיְהֹוָה וּמִיִּשְׂרָאֵל וְהָיְתָה הָאָרֶץ הַזֹּאת לָכֶם לַאֲחֻזָּה

23 לִפְנֵי יְהֹוָה: וְאִם־לֹא תַעֲשׂוּן כֵּן הִנֵּה חֲטָאתֶם לַיהֹוָה וּדְעוּ

24 חַטַּאתְכֶם אֲשֶׁר תִּמְצָא אֶתְכֶם: בְּנוּ־לָכֶם עָרִים לְטַפְּכֶם וּגְדֵרֹת

25 לְצֹנַאֲכֶם וְהַיֹּצֵא מִפִּיכֶם תַּעֲשׂוּ: וַיֹּאמֶר בְּנֵי־גָד וּבְנֵי רְאוּבֵן אֶל־מֹשֶׁה

26 לֵאמֹר עֲבָדֶיךָ יַעֲשׂוּ כַּאֲשֶׁר אֲדֹנִי מְצַוֶּה: טַפֵּנוּ נָשֵׁינוּ מִקְנֵנוּ

27 וְכָל־בְּהֶמְתֵּנוּ יִהְיוּ־שָׁם בְּעָרֵי הַגִּלְעָד: וַעֲבָדֶיךָ יַעַבְרוּ כָּל־חֲלוּץ

28 צָבָא לִפְנֵי יְהֹוָה לַמִּלְחָמָה כַּאֲשֶׁר אֲדֹנִי דֹּבֵר: וַיְצַו לָהֶם מֹשֶׁה

אֵת אֶלְעָזָר הַכֹּהֵן וְאֵת יְהוֹשֻׁעַ בִּן־נוּן וְאֶת־רָאשֵׁי אֲבוֹת הַמַּטּוֹת

29 לִבְנֵי יִשְׂרָאֵל: וַיֹּאמֶר מֹשֶׁה אֲלֵהֶם אִם־יַעַבְרוּ בְנֵי־גָד וּבְנֵי־רְאוּבֵן

אִתְּכֶם אֶת־הַיַּרְדֵּן כָּל־חָלוּץ לַמִּלְחָמָה לִפְנֵי יְהֹוָה וְנִכְבְּשָׁה הָאָרֶץ

30 לִפְנֵיכֶם וּנְתַתֶּם לָהֶם אֶת־אֶרֶץ הַגִּלְעָד לַאֲחֻזָּה: וְאִם־לֹא יַעַבְרוּ

31 חֲלוּצִים אִתְּכֶם וְנֹאחֲזוּ בְתֹכְכֶם בְּאֶרֶץ כְּנָעַן: וַיַּעֲנוּ בְנֵי־גָד וּבְנֵי־

32 רְאוּבֵן לֵאמֹר אֵת אֲשֶׁר דִּבֶּר יְהֹוָה אֶל־עֲבָדֶיךָ כֵּן נַעֲשֶׂה: נַחְנוּ

נַעֲבֹר חֲלוּצִים לִפְנֵי יְהֹוָה אֶרֶץ כְּנָעַן וְאִתָּנוּ אֲחֻזַּת נַחֲלָתֵנוּ מֵעֵבֶר

33 לַיַּרְדֵּן: וַיִּתֵּן לָהֶם מֹשֶׁה לִבְנֵי־גָד וְלִבְנֵי רְאוּבֵן וְלַחֲצִי שֵׁבֶט מְנַשֶּׁה

בֶן־יוֹסֵף אֶת־מַמְלֶכֶת סִיחֹן מֶלֶךְ הָאֱמֹרִי וְאֶת־מַמְלֶכֶת עוֹג מֶלֶךְ

34 הַבָּשָׁן הָאָרֶץ לְעָרֶיהָ בִּגְבֻלֹת עָרֵי הָאָרֶץ סָבִיב: וַיִּבְנוּ בְנֵי־גָד

35 אֶת־דִּיבֹן וְאֶת־עֲטָרֹת וְאֵת עֲרֹעֵר: וְאֶת־עַטְרֹת שׁוֹפָן וְאֶת־יַעְזֵר

36 וְיָגְבְּהָה: וְאֶת־בֵּית נִמְרָה וְאֶת־בֵּית הָרָן עָרֵי מִבְצָר וְגִדְרֹת צֹאן:

37 וּבְנֵי רְאוּבֵן בָּנוּ אֶת־חֶשְׁבּוֹן וְאֶת־אֶלְעָלֵא וְאֵת קִרְיָתָיִם: וְאֶת־נְבוֹ
38

וְאֶת־בַּעַל מְעוֹן מוּסַבֹּת שֵׁם וְאֶת־שִׂבְמָה וַיִּקְרְאוּ בְשֵׁמֹת אֶת־שְׁמוֹת

39 הֶעָרִים אֲשֶׁר בָּנוּ: וַיֵּלְכוּ בְּנֵי מָכִיר בֶּן־מְנַשֶּׁה גִּלְעָדָה וַיִּלְכְּדֻהָ

and dispossessed the Amorite which *was* in it.

40 And Moses gave Gilead unto Machir the son of Manasseh; and he dwelt therein.

41 And Jair the son of Manasseh went and took the small towns thereof, and called them Havoth-jair.

42 And Nobah went and took Kenath, and the villages thereof, and called it Nobah, after his own name.

CHAPTER 33

1 These *are* the journeys of the children of Israel, which went forth out of the land of Egypt with their armies under the hand of Moses and Aaron.

2 And Moses wrote their goings out according to their journeys by the commandment of the LORD: and these *are* their journeys according to their goings out.

3 And they departed from Rameses in the first month, on the fifteenth day of the first month; on the morrow after the passover the children of Israel went out with an high hand in the sight of all the Egyptians.

4 For the Egyptians buried all *their* firstborn, which the LORD had smitten among them: upon their gods also the LORD executed judgments.

5 And the children of Israel removed from Rameses, and pitched in Succoth.

6 And they departed from Succoth, and pitched in Etham, which *is* in the edge of the wilderness.

7 And they removed from Etham, and turned again unto Pi-hahiroth, which *is* before Baal-zephon: and they pitched before Migdol.

8 And they departed from before Pi-hahiroth, and passed through the midst of the sea into the wilderness, and went three days' journey in the wilderness of Etham, and pitched in Marah.

9 And they removed from Marah, and came unto Elim: and in Elim *were* twelve fountains of water, and threescore and ten palm trees; and they pitched there.

10 And they removed from Elim, and encamped by the Red sea.

11 And they removed from the Red sea, and encamped in the wilderness of Sin.

12 And they took their journey out of the wilderness of Sin, and encamped in Dophkah.

13 And they departed from Dophkah, and encamped in Alush.

14 And they removed from Alush, and encamped at Rephidim, where was no water for the people to drink.

15 And they departed from Rephidim, and pitched in the wilderness of Sinai.

16 And they removed from the desert of Sinai, and pitched at Kibroth-hattaavah.

17 And they departed from Kibroth-hattaavah, and encamped at Hazeroth.

18 And they departed from Hazeroth, and pitched in Rithmah.

19 And they departed from Rithmah, and pitched at Rimmon-parez.

20 And they departed from Rimmon-parez, and pitched in Libnah.

21 And they removed from Libnah, and pitched at Rissah.

22 And they journeyed from Rissah, and pitched in Kehelathah.

23 And they went from Kehelathah, and pitched in mount Shapher.

24 And they removed from mount Shapher, and encamped in Haradah.

25 And they removed from Haradah, and pitched in Makheloth.

26 And they removed from Makheloth, and encamped at Tahath.

27 And they departed from Tahath, and pitched at Tarah.

28 And they removed from Tarah, and pitched in Mithcah.

29 And they went from Mithcah, and pitched in Hashmonah.

30 And they departed from Hashmonah, and encamped at Moseroth.

31 And they departed from Moseroth, and pitched in Bene-jaakan.

32 And they removed from Bene-jaakan, and encamped at Hor-hagidgad.

33 And they went from Hor-hagidgad, and pitched in Jotbathah.

34 And they removed from Jotbathah, and encamped at Ebronah.

מפטיר 40 וַיּ֗וֹרֶשׁ אֶת־הָ֣אֱמֹרִ֔י אֲשֶׁר־בָּ֑הּ וַיִּתֵּ֤ן מֹשֶׁה֙ אֶת־הַגִּלְעָ֔ד לְמָכִ֖יר

41 בֶּן־מְנַשֶּׁ֖ה וַיֵּ֥שֶׁב בָּֽהּ׃ וְיָאִ֤יר בֶּן־מְנַשֶּׁה֙ הָלַ֔ךְ וַיִּלְכֹּ֖ד אֶת־חַוֺּתֵיהֶ֑ם

42 וַיִּקְרָ֥א אֶתְהֶ֖ן חַוֺּ֥ת יָאִֽיר׃ וְנֹ֣בַח הָלַ֔ךְ וַיִּלְכֹּ֥ד אֶת־קְנָ֖ת וְאֶת־בְּנֹתֶ֑יהָ

וַיִּקְרָ֤א לָהֶ֙ נֹ֔בַח בִּשְׁמֽוֹ׃

מסעי 33 1 אֵ֜לֶּה מַסְעֵ֣י בְנֵֽי־יִשְׂרָאֵ֗ל אֲשֶׁ֥ר יָצְא֛וּ מֵאֶ֥רֶץ מִצְרַ֖יִם לְצִבְאֹתָ֑ם

2 בְּיַד־מֹשֶׁ֖ה וְאַהֲרֹֽן׃ וַיִּכְתֹּ֨ב מֹשֶׁ֜ה אֶת־מוֹצָאֵיהֶ֛ם לְמַסְעֵיהֶ֖ם עַל־פִּ֣י

3 יְהוָ֑ה וְאֵ֥לֶּה מַסְעֵיהֶ֖ם לְמוֹצָאֵיהֶֽם׃ וַיִּסְע֤וּ מֵֽרַעְמְסֵס֙ בַּחֹ֣דֶשׁ הָֽרִאשׁ֔וֹן

בַּחֲמִשָּׁ֥ה עָשָׂ֛ר י֖וֹם לַחֹ֣דֶשׁ הָרִאשׁ֑וֹן מִֽמָּחֳרַ֣ת הַפֶּ֗סַח יָצְא֤וּ

4 בְנֵֽי־יִשְׂרָאֵל֙ בְּיָ֣ד רָמָ֔ה לְעֵינֵ֖י כָּל־מִצְרָֽיִם׃ וּמִצְרַ֣יִם מְקַבְּרִ֗ים אֵת֩

אֲשֶׁ֨ר הִכָּ֤ה יְהוָה֙ בָּהֶ֔ם כָּל־בְּכ֑וֹר וּבֵאלֹ֣הֵיהֶ֔ם עָשָׂ֥ה יְהוָ֖ה שְׁפָטִֽים׃

5 וַיִּסְע֥וּ בְנֵֽי־יִשְׂרָאֵ֖ל מֵֽרַעְמְסֵ֑ס וַֽיַּחֲנ֖וּ בְּסֻכֹּֽת׃ וַיִּסְע֖וּ מִסֻּכֹּ֑ת וַֽיַּחֲנ֣וּ

6

7 בְאֵתָ֔ם אֲשֶׁ֖ר בִּקְצֵ֥ה הַמִּדְבָּֽר׃ וַיִּסְעוּ֙ מֵֽאֵתָ֔ם וַיָּ֙שָׁב֙ עַל־פִּ֣י הַֽחִירֹ֔ת

8 אֲשֶׁ֥ר עַל־פְּנֵ֖י בַּ֣עַל צְפ֑וֹן וַֽיַּחֲנ֖וּ לִפְנֵ֥י מִגְדֹּֽל׃ וַיִּסְעוּ֙ מִפְּנֵ֣י הַֽחִירֹ֔ת

וַיַּֽעַבְר֥וּ בְתוֹךְ־הַיָּ֖ם הַמִּדְבָּ֑רָה וַיֵּ֨לְכ֜וּ דֶּ֣רֶךְ שְׁלֹ֤שֶׁת יָמִים֙ בְּמִדְבַּ֣ר

9 אֵתָ֔ם וַֽיַּחֲנ֖וּ בְּמָרָֽה׃ וַיִּסְעוּ֙ מִמָּרָ֔ה וַיָּבֹ֖אוּ אֵילִ֑מָה וּ֠בְאֵילִ֞ם שְׁתֵּ֣ים

10 עֶשְׂרֵ֨ה עֵינֹ֥ת מַ֛יִם וְשִׁבְעִ֥ים תְּמָרִ֖ים וַיַּחֲנוּ־שָֽׁם׃ וַיִּסְע֖וּ מֵאֵילִ֑ם וַֽיַּחֲנ֕וּ

11 עַל־יַם־סֽוּף׃ וַיִּסְע֖וּ מִיַּם־ס֑וּף וַֽיַּחֲנ֖וּ בְּמִדְבַּר־סִֽין׃ וַיִּסְע֖וּ מִמִּדְבַּר־

12

13 סִ֑ין וַֽיַּחֲנ֖וּ בְּדָפְקָֽה׃ וַיִּסְע֖וּ מִדָּפְקָ֑ה וַֽיַּחֲנ֖וּ בְּאָל֑וּשׁ׃ וַיִּסְע֖וּ מֵאָל֑וּשׁ

14

15 וַֽיַּחֲנ֖וּ בִּרְפִידִ֑ם וְלֹא־הָ֨יָה שָׁ֥ם מַ֛יִם לָעָ֖ם לִשְׁתּֽוֹת׃ וַיִּסְע֖וּ מֵרְפִידִ֑ם

16 וַֽיַּחֲנ֖וּ בְּמִדְבַּ֣ר סִינָֽי׃ וַיִּסְע֖וּ מִמִּדְבַּ֣ר סִינָ֑י וַֽיַּחֲנ֖וּ בְּקִבְרֹ֥ת הַֽתַּאֲוָֽה׃

17 וַיִּסְע֖וּ מִקִּבְרֹ֣ת הַֽתַּאֲוָ֑ה וַֽיַּחֲנ֖וּ בַּחֲצֵרֹֽת׃ וַיִּסְע֖וּ מֵחֲצֵרֹ֑ת וַֽיַּחֲנ֖וּ

18

19 בְּרִתְמָֽה׃ וַיִּסְע֖וּ מֵרִתְמָ֑ה וַֽיַּחֲנ֖וּ בְּרִמֹּ֥ן פָּֽרֶץ׃ וַיִּסְע֖וּ מֵרִמֹּ֣ן פָּ֑רֶץ וַֽיַּחֲנ֖וּ

20

21 בְּלִבְנָֽה׃ וַיִּסְע֖וּ מִלִּבְנָ֑ה וַֽיַּחֲנ֖וּ בְּרִסָּֽה׃ וַיִּסְע֖וּ מֵרִסָּ֑ה וַֽיַּחֲנ֖וּ בִּקְהֵלָֽתָה׃

22

23 וַיִּסְע֖וּ מִקְּהֵלָ֑תָה וַֽיַּחֲנ֖וּ בְּהַר־שָֽׁפֶר׃ וַיִּסְע֖וּ מֵֽהַר־שָׁ֑פֶר וַֽיַּחֲנ֖וּ בַּחֲרָדָֽה׃

24

25 וַיִּסְע֖וּ מֵחֲרָדָ֑ה וַֽיַּחֲנ֖וּ בְּמַקְהֵלֹֽת׃ וַיִּסְע֖וּ מִמַּקְהֵלֹ֑ת וַֽיַּחֲנ֖וּ בְּתָֽחַת׃

26

27 וַיִּסְע֖וּ מִתָּ֑חַת וַֽיַּחֲנ֖וּ בְּתָֽרַח׃ וַיִּסְע֖וּ מִתָּ֑רַח וַֽיַּחֲנ֖וּ בְּמִתְקָֽה׃ וַיִּסְע֖וּ

29

30 מִמִּתְקָ֑ה וַֽיַּחֲנ֖וּ בְּחַשְׁמֹנָֽה׃ וַיִּסְע֖וּ מֵחַשְׁמֹנָ֑ה וַֽיַּחֲנ֖וּ בְּמֹסֵרֽוֹת׃ וַיִּסְע֖וּ

31

32 מִמֹּסֵר֑וֹת וַֽיַּחֲנ֖וּ בִּבְנֵ֣י יַעֲקָֽן׃ וַיִּסְע֖וּ מִבְּנֵ֣י יַעֲקָ֑ן וַֽיַּחֲנ֖וּ בְּחֹ֥ר הַגִּדְגָּֽד׃

33 וַיִּסְע֖וּ מֵחֹ֣ר הַגִּדְגָּ֑ד וַֽיַּחֲנ֖וּ בְּיָטְבָֽתָה׃ וַיִּסְע֖וּ מִיָּטְבָ֑תָה וַֽיַּחֲנ֖וּ בְּעַבְרֹנָֽה׃

34

שני

35 And they departed from Ebronah, and encamped at Ezion-gaber.

36 And they removed from Ezion-gaber, and pitched in the wilderness of Zin, which is Kadesh.

37 And they removed from Kadesh, and pitched in mount Hor, in the edge of the land of Edom.

38 And Aaron the priest went up into mount Hor at the commandment of the LORD, and died there, in the fortieth year after the children of Israel were come out of the land of Egypt, in the first day of the fifth month.

39 And Aaron was an hundred and twenty and three years old when he died in mount Hor.

40 And king Arad the Canaanite, which dwelt in the south in the land of Canaan, heard of the coming of the children of Israel.

41 And they departed from mount Hor, and pitched in Zalmonah.

42 And they departed from Zalmonah, and pitched in Punon.

43 And they departed from Punon, and pitched in Oboth.

44 And they departed from Oboth, and pitched in Ije-abarim, in the border of Moab.

45 And they departed from Iim, and pitched in Dibon-gad.

46 And they removed from Dibon-gad, and encamped in Almon-diblathaim.

47 And they removed from Almon-diblathaim, and pitched in the mountains of Abarim, before Nebo.

48 And they departed from the mountains of Abarim, and pitched in the plains of Moab by Jordan near Jericho.

49 And they pitched by Jordan, from Beth-jesimoth even unto Abel-shittim in the plains of Moab.

50 ¶ And the LORD spake unto Moses in the plains of Moab by Jordan near Jericho, saying,

51 Speak unto the children of Israel, and say unto them, When ye are passed over Jordan into the land of Canaan;

52 Then ye shall drive out all the inhabitants of the land from before you, and destroy all their pictures, and destroy all their molten images, and quite pluck down all their high places:

53 And ye shall dispossess the inhabitants of the land, and dwell therein: for I have given you the land to possess it.

54 And ye shall divide the land by lot for an inheritance among your families: and to the more ye shall give the more inheritance, and to the fewer ye shall give the less inheritance: every man's inheritance shall be in the place where his lot falleth; according to the tribes of your fathers ye shall inherit.

55 But if ye will not drive out the inhabitants of the land from before you; then it shall come to pass, that those which ye let remain of them shall be pricks in your eyes, and thorns in your sides, and shall vex you in the land wherein ye dwell.

56 Moreover it shall come to pass, that I shall do unto you, as I thought to do unto them.

CHAPTER 34

1 And the LORD spake unto Moses, saying,

2 Command the children of Israel, and say unto them, When ye come into the land of Canaan; (this is the land that shall fall unto you for an inheritance, even the land of Canaan with the coasts thereof:)

3 Then your south quarter shall be from the wilderness of Zin along by the coast of Edom, and your south border shall be the outmost coast of the salt sea eastward:

4 And your border shall turn from the south to the ascent of Akrabbim, and pass on to Zin: and the going forth thereof shall be from the south to Kadesh-barnea, and shall go on to Hazar-addar, and pass on to Azmon:

5 And the border shall fetch a compass from Azmon unto the river of Egypt, and the goings out of it shall be at the sea.

6 And as for the western border, ye shall even have the great sea for a border: this shall be your west border.

7 And this shall be your north border: from the great sea ye shall point out for you mount Hor:

8 From mount Hor ye shall point out

35 וַיִּסְע֖וּ מֵעֶבְרֹנָ֑ה וַיַּחֲנ֖וּ בְּעֶצְי֥וֹן גָּֽבֶר: וַיִּסְע֖וּ מֵעֶצְיֹ֣ן גָּ֑בֶר וַיַּחֲנ֥וּ
36
בְמִדְבַּר־צִ֖ן הִ֥וא קָדֵֽשׁ: וַיִּסְע֖וּ מִקָּדֵ֑שׁ וַֽיַּחֲנוּ֙ בְּהֹ֣ר הָהָ֔ר בִּקְצֵ֖ה אֶ֥רֶץ
37
אֱדֽוֹם: וַיַּ֩עַל֩ אַהֲרֹ֨ן הַכֹּהֵ֜ן אֶל־הֹ֥ר הָהָ֛ר עַל־פִּ֥י יְהוָ֖ה וַיָּ֣מָת שָׁ֑ם
38
בִּשְׁנַ֣ת הָֽאַרְבָּעִ֗ים לְצֵ֨את בְּנֵֽי־יִשְׂרָאֵל֙ מֵאֶ֣רֶץ מִצְרַ֔יִם בַּחֹ֥דֶשׁ הַחֲמִישִׁ֖י
בְּאֶחָ֥ד לַחֹֽדֶשׁ: וְאַהֲרֹ֣ן בֶּן־שָׁלֹ֧שׁ וְעֶשְׂרִ֛ים וּמְאַ֖ת שָׁנָ֑ה בְּמֹת֖וֹ בְּהֹ֥ר
39
הָהָֽר: וַיִּשְׁמַ֗ע הַֽכְּנַעֲנִי֙ מֶ֣לֶךְ עֲרָ֔ד וְהֽוּא־יֹשֵׁ֥ב בַּנֶּ֖גֶב בְּאֶ֣רֶץ
40
כְּנָ֑עַן בְּבֹ֖א בְּנֵ֥י יִשְׂרָאֵֽל: וַיִּסְע֖וּ מֵהֹ֣ר הָהָ֑ר וַֽיַּחֲנ֖וּ בְּצַלְמֹנָֽה: וַיִּסְע֖וּ
41
42
מִצַּלְמֹנָ֑ה וַֽיַּחֲנ֖וּ בְּפוּנֹֽן: וַיִּסְע֖וּ מִפּוּנֹ֑ן וַֽיַּחֲנ֖וּ בְּאֹבֹֽת: וַיִּסְע֣וּ מֵֽאֹבֹ֔ת
43
44
וַֽיַּחֲנ֛וּ בְּעִיֵּ֥י הָעֲבָרִ֖ים בִּגְב֥וּל מוֹאָֽב: וַיִּסְע֖וּ מֵעִיִּ֑ים וַֽיַּחֲנ֖וּ בְּדִיבֹ֥ן גָּֽד:
45
וַיִּסְע֖וּ מִדִּיבֹ֣ן גָּ֑ד וַֽיַּחֲנ֖וּ בְּעַלְמֹ֥ן דִּבְלָתָֽיְמָה: וַיִּסְע֖וּ מֵעַלְמֹ֣ן דִּבְלָתָ֑יְמָה
46
47
וַֽיַּחֲנ֛וּ בְּהָרֵ֥י הָעֲבָרִ֖ים לִפְנֵ֥י נְבֽוֹ: וַיִּסְעוּ֙ מֵהָרֵ֣י הָֽעֲבָרִ֔ים וַֽיַּחֲנוּ֙ בְּעַֽרְבֹ֣ת
48
מוֹאָ֔ב עַ֖ל יַרְדֵּ֥ן יְרֵחֽוֹ: וַיַּחֲנ֤וּ עַל־הַיַּרְדֵּן֙ מִבֵּ֣ית הַיְשִׁמֹ֔ת עַ֖ד אָבֵ֣ל
49
הַשִּׁטִּ֑ים בְּעַֽרְבֹ֖ת מוֹאָֽב: וַיְדַבֵּ֧ר יְהוָ֛ה אֶל־מֹשֶׁ֖ה בְּעַֽרְבֹ֣ת
50

שְׁלִישִׁ֥י
(חֲמִישִׁ֥י)

מוֹאָ֔ב עַל־יַרְדֵּ֥ן יְרֵח֖וֹ לֵאמֹֽר: דַּבֵּר֙ אֶל־בְּנֵ֣י יִשְׂרָאֵ֔ל וְאָמַרְתָּ֖ אֲלֵהֶ֑ם
51
כִּ֥י אַתֶּ֛ם עֹבְרִ֥ים אֶת־הַיַּרְדֵּ֖ן אֶל־אֶ֣רֶץ כְּנָֽעַן: וְה֣וֹרַשְׁתֶּ֞ם אֶת־כָּל־יֹשְׁבֵ֤י
52
הָאָ֙רֶץ֙ מִפְּנֵיכֶ֔ם וְאִ֨בַּדְתֶּ֔ם אֵ֖ת כָּל־מַשְׂכִּיֹּתָ֑ם וְאֵ֨ת כָּל־צַלְמֵ֤י מַסֵּֽכֹתָם֙
תְּאַבֵּ֔דוּ וְאֵ֥ת כָּל־בָּמֹתָ֖ם תַּשְׁמִֽידוּ: וְהוֹרַשְׁתֶּ֥ם אֶת־הָאָ֖רֶץ וִֽישַׁבְתֶּם־
53
בָּ֑הּ כִּ֥י לָכֶ֛ם נָתַ֥תִּי אֶת־הָאָ֖רֶץ לָרֶ֥שֶׁת אֹתָֽהּ: וְהִתְנַחַלְתֶּם֩ אֶת־הָאָ֨רֶץ
54
בְּגוֹרָ֜ל לְמִשְׁפְּחֹֽתֵיכֶ֗ם לָרַ֤ב תַּרְבּוּ֙ אֶת־נַחֲלָת֔וֹ וְלַמְעַט֙ תַּמְעִ֣יט אֶת־
נַחֲלָת֔וֹ אֶל֩ אֲשֶׁר־יֵ֨צֵא ל֥וֹ שָׁ֛מָּה הַגּוֹרָ֖ל ל֣וֹ יִהְיֶ֑ה לְמַטּ֥וֹת אֲבֹתֵיכֶ֖ם
תִּתְנֶחָֽלוּ: וְאִם־לֹ֨א תוֹרִ֜ישׁוּ אֶת־יֹשְׁבֵ֣י הָאָרֶץ֮ מִפְּנֵיכֶם֒ וְהָיָה֙ אֲשֶׁ֣ר
55
תּוֹתִ֣ירוּ מֵהֶ֔ם לְשִׂכִּ֣ים בְּעֵֽינֵיכֶ֔ם וְלִצְנִינִ֖ם בְּצִדֵּיכֶ֑ם וְצָרֲר֣וּ אֶתְכֶ֔ם עַל־
הָאָ֕רֶץ אֲשֶׁ֥ר אַתֶּ֖ם יֹשְׁבִ֥ים בָּֽהּ: וְהָיָ֗ה כַּאֲשֶׁ֥ר דִּמִּ֛יתִי לַעֲשׂ֥וֹת לָהֶ֖ם
56
אֶֽעֱשֶׂ֥ה לָכֶֽם:

1 34 וַיְדַבֵּ֥ר יְהוָ֖ה אֶל־מֹשֶׁ֥ה לֵּאמֹֽר: צַ֞ו אֶת־בְּנֵ֤י יִשְׂרָאֵל֙ וְאָמַרְתָּ֣ אֲלֵהֶ֔ם
2
כִּֽי־אַתֶּ֥ם בָּאִ֖ים אֶל־הָאָ֣רֶץ כְּנָ֑עַן זֹ֣את הָאָ֗רֶץ אֲשֶׁ֨ר תִּפֹּ֤ל לָכֶם֙
בְּנַחֲלָ֔ה אֶ֥רֶץ כְּנַ֖עַן לִגְבֻלֹתֶֽיהָ: וְהָיָ֨ה לָכֶ֤ם פְּאַת־נֶ֙גֶב֙ מִמִּדְבַּר־צִ֣ן
3
עַל־יְדֵ֣י אֱד֑וֹם וְהָיָ֤ה לָכֶם֙ גְּב֣וּל נֶ֔גֶב מִקְצֵ֥ה יָם־הַמֶּ֖לַח קֵֽדְמָה: וְנָסַ֣ב

וְהָיָ֖ה

4
לָכֶ֡ם הַגְּבוּל֩ מִנֶּ֨גֶב לְמַעֲלֵ֤ה עַקְרַבִּים֙ וְעָ֣בַר צִ֔נָה וְהָיָה֙ תּוֹצְאֹתָ֔יו
מִנֶּ֖גֶב לְקָדֵ֣שׁ בַּרְנֵ֑עַ וְיָצָ֥א חֲצַר־אַדָּ֖ר וְעָבַ֥ר עַצְמֹֽנָה: וְנָסַ֧ב הַגְּב֛וּל
5
מֵעַצְמ֖וֹן נַ֣חְלָה מִצְרָ֑יִם וְהָי֥וּ תוֹצְאֹתָ֖יו הַיָּֽמָּה: וּגְב֣וּל יָ֔ם וְהָיָ֥ה לָכֶ֛ם
6
הַיָּ֥ם הַגָּד֖וֹל וּגְב֑וּל זֶֽה־יִהְיֶ֥ה לָכֶ֖ם גְּב֥וּל יָֽם: וְזֶֽה־יִהְיֶ֥ה לָכֶ֖ם גְּב֥וּל
7
צָפ֑וֹן מִן־הַיָּם֙ הַגָּדֹ֔ל תְּתָא֥וּ לָכֶ֖ם הֹ֣ר הָהָֽר: מֵהֹ֣ר הָהָ֔ר תְּתָא֖וּ לְבֹ֥א
8

your border unto the entrance of Hamath; and the goings forth of the border shall be to Zedad:

9 ¶ And the border shall go on to Ziphron, and the goings out of it shall be at Hazar-enan: this shall be your north border.

10 And ye shall point out your east border from Hazar-enan to Shepham:

11 And the coast shall go down from Shepham to Riblah, on the east side of Ain; and the border shall descend, and shall reach unto the side of the sea of Chinnereth eastward:

12 And the border shall go down to Jordan, and the goings out of it shall be at the salt sea: this shall be your land with the coasts thereof round about.

13 And Moses commanded the children of Israel, saying, This *is* the land which ye shall inherit by lot, which the Lord commanded to give unto the nine tribes, and to the half tribe:

14 For the tribe of the children of Reuben according to the house of their fathers, and the tribe of the children of Gad according to the house of their fathers, have received *their inheritance;* and half the tribe of Manasseh have received their inheritance:

15 The two tribes and the half tribe have received their inheritance on this side Jordan *near* Jericho eastward, toward the sunrising.

16 And the Lord spake unto Moses, saying,

17 These *are* the names of the men which shall divide the land unto you: Eleazar the priest, and Joshua the son of Nun.

18 And ye shall take one prince of every tribe, to divide the land by inheritance.

19 And the names of the men *are* these: Of the tribe of Judah, Caleb the son of Jephunneh.

20 And of the tribe of the children of Simeon, Shemuel the son of Ammihud.

21 Of the tribe of Benjamin, Elidad the son of Chislon.

22 And the prince of the tribe of the children of Dan, Bukki the son of Jogli.

23 The prince of the children of Joseph, for the tribe of the children of Manasseh, Hanniel the son of Ephod.

24 And the prince of the tribe of the children of Ephraim, Kemuel the son of Shiphtan.

25 And the prince of the tribe of the children of Zebulun, Elizaphan the son of Parnach.

26 And the prince of the tribe of the children of Issachar, Paltiel the son of Azzan.

27 And the prince of the tribe of the children of Asher, Ahihud the son of Shelomi.

28 And the prince of the tribe of the children of Naphtali, Pedahel the son of Ammihud.

29 These *are they* whom the Lord commanded to divide the inheritance unto the children of Israel in the land of Canaan.

CHAPTER 35

1 And the Lord spake unto Moses in the plains of Moab by Jordan *near* Jericho, saying,

2 Command the children of Israel, that they give unto the Levites of the inheritance of their possession cities to dwell in; and ye shall give *also* unto the Levites suburbs for the cities round about them.

3 And the cities shall they have to dwell in; and the suburbs of them shall be for their cattle, and for their goods, and for all their beasts.

4 And the suburbs of the cities, which ye shall give unto the Levites, *shall reach* from the wall of the city and outward a thousand cubits round about.

5 And ye shall measure from without the city on the east side two thousand cubits, and on the south side two thousand cubits, and on the west side two thousand cubits, and on the north side two thousand cubits; and the city *shall be* in the midst: this shall be to them the suburbs of the cities.

6 And among the cities which ye shall give unto the Levites *there shall be* six cities for refuge, which ye shall appoint for the manslayer, that he may flee thither: and to them ye shall add forty and two cities.

7 *So* all the cities which ye shall give to

9 חֲמָת וְהָיוּ תוֹצְאֹת הַגְּבֻל צְדָדָה: וְיָצָא הַגְּבֻל זִפְרֹנָה וְהָיוּ תוֹצְאֹתָיו

10 חֲצַר עֵינָן זֶה־יִהְיֶה לָכֶם גְּבוּל צָפוֹן: וְהִתְאַוִּיתֶם לָכֶם לִגְבֻל קֵדְמָה

11 מֵחֲצַר עֵינָן שְׁפָמָה: וְיָרַד הַגְּבֻל מִשְּׁפָם הָרִבְלָה מִקֶּדֶם לָעָיִן וְיָרַד

12 הַגְּבֻל וּמָחָה עַל־כֶּתֶף יָם־כִּנֶּרֶת קֵדְמָה: וְיָרַד הַגְּבוּל הַיַּרְדֵּנָה וְהָיוּ

13 תוֹצְאֹתָיו יָם הַמֶּלַח זֹאת תִּהְיֶה לָכֶם הָאָרֶץ לִגְבֻלֹתֶיהָ סָבִיב: וַיְצַו

מֹשֶׁה אֶת־בְּנֵי יִשְׂרָאֵל לֵאמֹר זֹאת הָאָרֶץ אֲשֶׁר תִּתְנַחֲלוּ אֹתָהּ

14 בְּגוֹרָל אֲשֶׁר צִוָּה יְהוָה לָתֵת לְתִשְׁעַת הַמַּטּוֹת וַחֲצִי הַמַּטֶּה: כִּי

לָקְחוּ מַטֵּה בְנֵי הָראוּבֵנִי לְבֵית אֲבֹתָם וּמַטֵּה בְנֵי־הַגָּדִי לְבֵית

15 אֲבֹתָם וַחֲצִי מַטֵּה מְנַשֶּׁה לָקְחוּ נַחֲלָתָם: שְׁנֵי הַמַּטּוֹת וַחֲצִי הַמַּטֶּה

לָקְחוּ נַחֲלָתָם מֵעֵבֶר לְיַרְדֵּן יְרֵחוֹ קֵדְמָה מִזְרָחָה:

16 וַיְדַבֵּר יְהוָה אֶל־מֹשֶׁה לֵּאמֹר: אֵלֶּה שְׁמוֹת הָאֲנָשִׁים אֲשֶׁר־יִנְחֲלוּ
17 לָכֶם אֶת־הָאָרֶץ אֶלְעָזָר הַכֹּהֵן וִיהוֹשֻׁעַ בִּן־נוּן: וְנָשִׂיא אֶחָד נָשִׂיא
18 אֶחָד מִמַּטֶּה תִּקְחוּ לִנְחֹל אֶת־הָאָרֶץ: וְאֵלֶּה שְׁמוֹת הָאֲנָשִׁים לְמַטֵּה
19 יְהוּדָה כָּלֵב בֶּן־יְפֻנֶּה: וּלְמַטֵּה בְּנֵי שִׁמְעוֹן שְׁמוּאֵל בֶּן־עַמִּיהוּד:
20 לְמַטֵּה בִנְיָמִן אֱלִידָד בֶּן־כִּסְלוֹן: וּלְמַטֵּה בְנֵי־דָן נָשִׂיא בֻּקִּי בֶּן־יָגְלִי:
21
22 לִבְנֵי יוֹסֵף לְמַטֵּה בְנֵי־מְנַשֶּׁה נָשִׂיא חַנִּיאֵל בֶּן־אֵפֹד: וּלְמַטֵּה
23
24 בְּנֵי־אֶפְרַיִם נָשִׂיא קְמוּאֵל בֶּן־שִׁפְטָן: וּלְמַטֵּה בְנֵי־זְבוּלֻן נָשִׂיא
25 אֱלִיצָפָן בֶּן־פַּרְנָךְ: וּלְמַטֵּה בְנֵי־יִשָּׂשכָר נָשִׂיא פַּלְטִיאֵל בֶּן־עַזָּן:
26 וּלְמַטֵּה בְנֵי־אָשֵׁר נָשִׂיא אֲחִיהוּד בֶּן־שְׁלֹמִי: וּלְמַטֵּה בְנֵי־נַפְתָּלִי
27
28 נָשִׂיא פְּדַהְאֵל בֶּן־עַמִּיהוּד: אֵלֶּה אֲשֶׁר צִוָּה יְהוָה לְנַחֵל אֶת־
29 בְּנֵי־יִשְׂרָאֵל בְּאֶרֶץ כְּנָעַן:

28A

1 וַיְדַבֵּר יְהוָה אֶל־מֹשֶׁה בְּעַרְבֹת מוֹאָב עַל־יַרְדֵּן יְרֵחוֹ לֵאמֹר: צַו
2 אֶת־בְּנֵי יִשְׂרָאֵל וְנָתְנוּ לַלְוִיִּם מִנַּחֲלַת אֲחֻזָּתָם עָרִים לָשָׁבֶת וּמִגְרָשׁ

3 לֶעָרִים סְבִיבֹתֵיהֶם תִּתְּנוּ לַלְוִיִּם: וְהָיוּ הֶעָרִים לָהֶם לָשָׁבֶת

4 וּמִגְרְשֵׁיהֶם יִהְיוּ לִבְהֶמְתָּם וְלִרְכֻשָׁם וּלְכֹל חַיָּתָם: וּמִגְרְשֵׁי הֶעָרִים

5 אֲשֶׁר תִּתְּנוּ לַלְוִיִּם מִקִּיר הָעִיר וָחוּצָה אֶלֶף אַמָּה סָבִיב: וּמַדֹּתֶם

מִחוּץ לָעִיר אֶת־פְּאַת־קֵדְמָה אַלְפַּיִם בָּאַמָּה וְאֶת־פְּאַת־נֶגֶב אַלְפַּיִם

בָּאַמָּה וְאֶת־פְּאַת־יָם אַלְפַּיִם בָּאַמָּה וְאֵת פְּאַת צָפוֹן אַלְפַּיִם בָּאַמָּה

6 וְהָעִיר בַּתָּוֶךְ זֶה יִהְיֶה לָהֶם מִגְרְשֵׁי הֶעָרִים: וְאֵת הֶעָרִים אֲשֶׁר

תִּתְּנוּ לַלְוִיִּם אֵת שֵׁשׁ־עָרֵי הַמִּקְלָט אֲשֶׁר תִּתְּנוּ לָנֻס שָׁמָּה הָרֹצֵחַ

7 וַעֲלֵיהֶם תִּתְּנוּ אַרְבָּעִים וּשְׁתַּיִם עִיר: כָּל־הֶעָרִים אֲשֶׁר תִּתְּנוּ לַלְוִיִּם

the Levites *shall be* forty and eight cities: them *shall ye give* with their suburbs.

8 And the cities which ye shall give *shall be* of the possession of the children of Israel: from *them that have* many ye shall give many; but from *them that have* few ye shall give few: every one shall give of his cities unto the Levites according to his inheritance which he inheriteth.

9 ¶ And the LORD spake unto Moses, saying,

10 Speak unto the children of Israel, and say unto them, When ye be come over Jordan into the land of Canaan;

11 Then ye shall appoint you cities to be cities of refuge for you; that the slayer may flee thither, which killeth any person at unawares.

12 And they shall be unto you cities for refuge from the avenger; that the manslayer die not, until he stand before the congregation in judgment.

13 And of these cities which ye shall give six cities shall ye have for refuge.

14 Ye shall give three cities on this side Jordan, and three cities shall ye give in the land of Canaan, *which* shall be cities of refuge.

15 These six cities shall be a refuge, *both* for the children of Israel, and for the stranger, and for the sojourner among them: that every one that killeth any person unawares may flee thither.

16 And if he smite him with an instrument of iron, so that he die, he *is* a murderer: the murderer shall surely be put to death.

17 And if he smite him with throwing a stone, wherewith he may die, and he die, he *is* a murderer: the murderer shall surely be put to death.

18 Or *if* he smite him with an hand weapon of wood, wherewith he may die, and he die, he *is* a murderer: the murderer shall surely be put to death.

19 The revenger of blood himself shall slay the murderer: when he meeteth him, he shall slay him.

20 But if he thrust him of hatred, or hurl at him by laying of wait, that he die;

21 Or in enmity smite him with his hand, that he die: he that smote *him* shall

surely be put to death; *for* he *is* a murderer: the revenger of blood shall slay the murderer, when he meeteth him.

22 But if he thrust him suddenly without enmity, or have cast upon him any thing without laying of wait,

23 Or with any stone, wherewith a man may die, seeing *him* not, and cast *it* upon him, that he die, and *was* not his enemy, neither sought his harm:

24 Then the congregation shall judge between the slayer and the revenger of blood according to these judgments:

25 And the congregation shall deliver the slayer out of the hand of the revenger of blood, and the congregation shall restore him to the city of his refuge, whither he was fled: and he shall abide in it unto the death of the high priest, which was anointed with the holy oil.

26 But if the slayer shall at any time come without the border of the city of his refuge, whither he was fled;

27 And the revenger of blood find him without the borders of the city of his refuge, and the revenger of blood kill the slayer; he shall not be guilty of blood:

28 Because he should have remained in the city of his refuge until the death of the high priest: but after the death of the high priest the slayer shall return into the land of his possession.

29 So these *things* shall be for a statute of judgment unto you throughout your generations in all your dwellings.

30 Whoso killeth any person, the murderer shall be put to death by the mouth of witnesses: but one witness shall not testify against any person *to cause him* to die.

31 Moreover ye shall take no satisfaction for the life of a murderer, which *is* guilty of death: but he shall be surely put to death.

32 And ye shall take no satisfaction for him that is fled to the city of his refuge, that he should come again to dwell in the land, until the death of the priest.

33 So ye shall not pollute the land wherein ye *are:* for blood it defileth the land: and the land cannot be cleansed of the blood that is shed therein, but by the blood of him that shed it.

8 אַרְבָּעִים וּשְׁמֹנֶה עִיר אֶתְהֶן וְאֶת־מִגְרְשֵׁיהֶן: וְהֶעָרִים אֲשֶׁר תִּתְּנוּ
מֵאֲחֻזַּת בְּנֵי־יִשְׂרָאֵל מֵאֵת הָרַב תַּרְבּוּ וּמֵאֵת הַמְעַט תַּמְעִיטוּ אִישׁ
כְּפִי נַחֲלָתוֹ אֲשֶׁר יִנְחָלוּ יִתֵּן מֵעָרָיו לַלְוִיִּם:

9 וַיְדַבֵּר יְהוָה אֶל־מֹשֶׁה לֵּאמֹר: דַּבֵּר אֶל־בְּנֵי יִשְׂרָאֵל וְאָמַרְתָּ אֲלֵהֶם
10 כִּי אַתֶּם עֹבְרִים אֶת־הַיַּרְדֵּן אַרְצָה כְּנָעַן: וְהִקְרִיתֶם לָכֶם עָרִים
11 עָרֵי מִקְלָט תִּהְיֶינָה לָכֶם וְנָס שָׁמָּה רֹצֵחַ מַכֵּה־נֶפֶשׁ בִּשְׁגָגָה: וְהָיוּ
12 לָכֶם הֶעָרִים לְמִקְלָט מִגֹּאֵל וְלֹא יָמוּת הָרֹצֵחַ עַד־עָמְדוֹ לִפְנֵי
13 הָעֵדָה לַמִּשְׁפָּט: וְהֶעָרִים אֲשֶׁר תִּתֵּנוּ שֵׁשׁ־עָרֵי מִקְלָט תִּהְיֶינָה
14 לָכֶם: אֵת ׀ שְׁלֹשׁ הֶעָרִים תִּתְּנוּ מֵעֵבֶר לַיַּרְדֵּן וְאֵת שְׁלֹשׁ הֶעָרִים
15 תִּתְּנוּ בְּאֶרֶץ כְּנָעַן עָרֵי מִקְלָט תִּהְיֶינָה: לִבְנֵי יִשְׂרָאֵל וְלַגֵּר וְלַתּוֹשָׁב
בְּתוֹכָם תִּהְיֶינָה שֵׁשׁ־הֶעָרִים הָאֵלֶּה לְמִקְלָט לָנוּס שָׁמָּה כָּל־מַכֵּה־
16 נֶפֶשׁ בִּשְׁגָגָה: וְאִם־בִּכְלִי בַרְזֶל ׀ הִכָּהוּ וַיָּמֹת רֹצֵחַ הוּא מוֹת יוּמַת
17 הָרֹצֵחַ: וְאִם בְּאֶבֶן יָד אֲשֶׁר־יָמוּת בָּהּ הִכָּהוּ וַיָּמֹת רֹצֵחַ הוּא מוֹת
18 יוּמַת הָרֹצֵחַ: אוֹ בִּכְלִי עֵץ־יָד אֲשֶׁר־יָמוּת בּוֹ הִכָּהוּ וַיָּמֹת רֹצֵחַ
19 הוּא מוֹת יוּמַת הָרֹצֵחַ: גֹּאֵל הַדָּם הוּא יָמִית אֶת־הָרֹצֵחַ בְּפִגְעוֹ־בוֹ
20 הוּא יְמִיתֶנּוּ: וְאִם־בְּשִׂנְאָה יֶהְדָּפֶנּוּ אוֹ־הִשְׁלִיךְ עָלָיו בִּצְדִיָּה וַיָּמֹת:
21 אוֹ בְאֵיבָה הִכָּהוּ בְיָדוֹ וַיָּמֹת מוֹת־יוּמַת הַמַּכֶּה רֹצֵחַ הוּא גֹּאֵל
22 הַדָּם יָמִית אֶת־הָרֹצֵחַ בְּפִגְעוֹ־בוֹ: וְאִם־בְּפֶתַע בְּלֹא־אֵיבָה הֲדָפוֹ
23 אוֹ־הִשְׁלִיךְ עָלָיו כָּל־כְּלִי בְּלֹא צְדִיָּה: אוֹ בְכָל־אֶבֶן אֲשֶׁר־יָמוּת
בָּהּ בְּלֹא רְאוֹת וַיַּפֵּל עָלָיו וַיָּמֹת וְהוּא לֹא־אוֹיֵב לוֹ וְלֹא מְבַקֵּשׁ
24 רָעָתוֹ: וְשָׁפְטוּ הָעֵדָה בֵּין הַמַּכֶּה וּבֵין גֹּאֵל הַדָּם עַל הַמִּשְׁפָּטִים
25 הָאֵלֶּה: וְהִצִּילוּ הָעֵדָה אֶת־הָרֹצֵחַ מִיַּד גֹּאֵל הַדָּם וְהֵשִׁיבוּ אֹתוֹ
הָעֵדָה אֶל־עִיר מִקְלָטוֹ אֲשֶׁר־נָס שָׁמָּה וְיָשַׁב בָּהּ עַד־מוֹת הַכֹּהֵן
26 הַגָּדֹל אֲשֶׁר־מָשַׁח אֹתוֹ בְּשֶׁמֶן הַקֹּדֶשׁ: וְאִם־יָצֹא יֵצֵא הָרֹצֵחַ
27 אֶת־גְּבוּל עִיר מִקְלָטוֹ אֲשֶׁר יָנוּס שָׁמָּה: וּמָצָא אֹתוֹ גֹּאֵל הַדָּם
מִחוּץ לִגְבוּל עִיר מִקְלָטוֹ וְרָצַח גֹּאֵל הַדָּם אֶת־הָרֹצֵחַ אֵין לוֹ דָּם:
28 כִּי בְעִיר מִקְלָטוֹ יֵשֵׁב עַד־מוֹת הַכֹּהֵן הַגָּדֹל וְאַחֲרֵי מוֹת הַכֹּהֵן
29 הַגָּדֹל יָשׁוּב הָרֹצֵחַ אֶל־אֶרֶץ אֲחֻזָּתוֹ: וְהָיוּ אֵלֶּה לָכֶם לְחֻקַּת מִשְׁפָּט
30 לְדֹרֹתֵיכֶם בְּכֹל מוֹשְׁבֹתֵיכֶם: כָּל־מַכֵּה־נֶפֶשׁ לְפִי עֵדִים יִרְצַח
31 אֶת־הָרֹצֵחַ וְעֵד אֶחָד לֹא־יַעֲנֶה בְנֶפֶשׁ לָמוּת: וְלֹא־תִקְחוּ כֹפֶר
32 לְנֶפֶשׁ רֹצֵחַ אֲשֶׁר־הוּא רָשָׁע לָמוּת כִּי־מוֹת יוּמָת: וְלֹא־תִקְחוּ כֹפֶר
לָנוּס אֶל־עִיר מִקְלָטוֹ לָשׁוּב לָשֶׁבֶת בָּאָרֶץ עַד־מוֹת הַכֹּהֵן:
33 וְלֹא־תַחֲנִיפוּ אֶת־הָאָרֶץ אֲשֶׁר אַתֶּם בָּהּ כִּי הַדָּם הוּא יַחֲנִיף
אֶת־הָאָרֶץ וְלָאָרֶץ לֹא־יְכֻפַּר לַדָּם אֲשֶׁר שֻׁפַּךְ־בָּהּ כִּי־אִם בְּדַם

34 Defile not therefore the land which ye shall inhabit, wherein I dwell: for I the LORD dwell among the children of Israel.

CHAPTER 36

1 And the chief fathers of the families of the children of Gilead, the son of Machir, the son of Manasseh, of the families of the sons of Joseph, came near, and spake before Moses, and before the princes, the chief fathers of the children of Israel:

2 And they said, The LORD commanded my lord to give the land for an inheritance by lot to the children of Israel: and my lord was commanded by the LORD to give the inheritance of Zelophehad our brother unto his daughters.

3 And if they be married to any of the sons of the *other* tribes of the children of Israel, then shall their inheritance be taken from the inheritance of our fathers, and shall be put to the inheritance of the tribe whereunto they are received: so shall it be taken from the lot of our inheritance.

4 And when the jubile of the children of Israel shall be, then shall their inheritance be put unto the inheritance of the tribe whereunto they are received: so shall their inheritance be taken away from the inheritance of the tribe of our fathers.

5 And Moses commanded the children of Israel according to the word of the LORD, saying, The tribe of the sons of Joseph hath said well.

6 This *is* the thing which the LORD doth command concerning the daughters of Zelophehad, saying, Let them marry to whom they think best; only to the family of the tribe of their father shall they marry.

7 So shall not the inheritance of the children of Israel remove from tribe to tribe: for every one of the children of Israel shall keep himself to the inheritance of the tribe of his fathers.

8 And every daughter, that possesseth an inheritance in any tribe of the children of Israel, shall be wife unto one of the family of the tribe of her father, that the children of Israel may enjoy every man the inheritance of his fathers.

9 Neither shall the inheritance remove from *one* tribe to another tribe; but every one of the tribes of the children of Israel shall keep himself to his own inheritance.

10 Even as the LORD commanded Moses, so did the daughters of Zelophehad:

11 For Mahlah, Tirzah, and Hoglah, and Milcah, and Noah, the daughters of Zelophehad, were married unto their father's brothers' sons:

12 *And* they were married into the families of the sons of Manasseh the son of Joseph, and their inheritance remained in the tribe of the family of their father.

13 These *are* the commandments and the judgments, which the LORD commanded by the hand of Moses unto the children of Israel in the plains of Moab by Jordan *near* Jericho.

THE FIFTH BOOK OF MOSES, CALLED

DEUTERONOMY

CHAPTER 1

1 These *be* the words which Moses spake unto all Israel on this side Jordan in the wilderness, in the plain over against the Red *sea*, between Paran, and Tophel, and Laban, and Hazeroth, and Dizahab.

2 (*There are* eleven days' *journey* from Horeb by the way of mount Seir unto Kadesh-barnea.)

3 And it came to pass in the fortieth year, in the eleventh month, on the first *day* of the month, *that* Moses spake unto the children of Israel, according unto all that the LORD had given him in commandment unto them;

34 שָׁפְכֶוּ: וְלָא תְטַמֵּא אֶת־הָאָרֶץ אֲשֶׁר אַתֶּם יֹשְׁבִים בָּהּ אֲשֶׁר אֲנִי
שֹׁכֵן בְּתוֹכֶהּ כִּי אֲנִי יְהוָֹה שֹׁכֵן בְּתוֹךְ בְּנֵי יִשְׂרָאֵל:

שביעי 36 1 וַיִּקְרְבוּ רָאשֵׁי הָאָבוֹת לְמִשְׁפַּחַת בְּנֵי־גִלְעָד בֶּן־מָכִיר בֶּן־מְנַשֶּׁה
מִמִּשְׁפְּחֹת בְּנֵי יוֹסֵף וַיְדַבְּרוּ לִפְנֵי מֹשֶׁה וְלִפְנֵי הַנְּשִׂאִים רָאשֵׁי
2 אָבוֹת לִבְנֵי יִשְׂרָאֵל: וַיֹּאמְרוּ אֶת־אֲדֹנִי צִוָּה יְהוָֹה לָתֵת אֶת־הָאָרֶץ
בְּנַחֲלָה בְּגוֹרָל לִבְנֵי יִשְׂרָאֵל וַאדֹנִי צֻוָּה בַיהוָֹה לָתֵת אֶת־נַחֲלַת
3 צְלָפְחָד אָחִינוּ לִבְנֹתָיו: וְהָיוּ לְאֶחָד מִבְּנֵי שִׁבְטֵי בְנֵי־יִשְׂרָאֵל לְנָשִׁים
וְנִגְרְעָה נַחֲלָתָן מִנַּחֲלַת אֲבֹתֵינוּ וְנוֹסַף עַל נַחֲלַת הַמַּטֶּה אֲשֶׁר
4 תִּהְיֶינָה לָהֶם וּמִגֹּרַל נַחֲלָתֵנוּ יִגָּרֵעַ: וְאִם־יִהְיֶה הַיֹּבֵל לִבְנֵי יִשְׂרָאֵל
וְנוֹסְפָה נַחֲלָתָן עַל נַחֲלַת הַמַּטֶּה אֲשֶׁר תִּהְיֶינָה לָהֶם וּמִנַּחֲלַת
5 מַטֵּה אֲבֹתֵינוּ יִגָּרַע נַחֲלָתָן: וַיְצַו מֹשֶׁה אֶת־בְּנֵי יִשְׂרָאֵל עַל־פִּי
6 יְהוָֹה לֵאמֹר כֵּן מַטֵּה בְנֵי־יוֹסֵף דֹּבְרִים: זֶה הַדָּבָר אֲשֶׁר־צִוָּה יְהוָֹה
לִבְנוֹת צְלָפְחָד לֵאמֹר לַטּוֹב בְּעֵינֵיהֶם תִּהְיֶינָה לְנָשִׁים אַךְ לְמִשְׁפַּחַת
7 מַטֵּה אֲבִיהֶם תִּהְיֶינָה לְנָשִׁים: וְלֹא־תִסֹּב נַחֲלָה לִבְנֵי יִשְׂרָאֵל מִמַּטֶּה
8 אֶל־מַטֶּה כִּי אִישׁ בְּנַחֲלַת מַטֵּה אֲבֹתָיו יִדְבְּקוּ בְּנֵי יִשְׂרָאֵל: וְכָל־בַּת
יֹרֶשֶׁת נַחֲלָה מִמַּטּוֹת בְּנֵי יִשְׂרָאֵל לְאֶחָד מִמִּשְׁפַּחַת מַטֵּה אָבִיהָ
9 תִּהְיֶה לְאִשָּׁה לְמַעַן יִירְשׁוּ בְּנֵי יִשְׂרָאֵל אִישׁ נַחֲלַת אֲבֹתָיו: וְלֹא־
תִסֹּב נַחֲלָה מִמַּטֶּה לְמַטֶּה אַחֵר כִּי־אִישׁ בְּנַחֲלָתוֹ יִדְבְּקוּ מַטּוֹת
10 בְּנֵי יִשְׂרָאֵל: כַּאֲשֶׁר צִוָּה יְהוָֹה אֶת־מֹשֶׁה כֵּן עָשׂוּ בְּנוֹת צְלָפְחָד:
מפטיר 11 וַתִּהְיֶינָה מַחְלָה תִרְצָה וְחָגְלָה וּמִלְכָּה וְנֹעָה בְּנוֹת צְלָפְחָד לִבְנֵי
12 דֹדֵיהֶן לְנָשִׁים: מִמִּשְׁפְּחֹת בְּנֵי־מְנַשֶּׁה בֶן־יוֹסֵף הָיוּ לְנָשִׁים וַתְּהִי
13 נַחֲלָתָן עַל־מַטֵּה מִשְׁפַּחַת אֲבִיהֶן: אֵלֶּה הַמִּצְוֹת וְהַמִּשְׁפָּטִים אֲשֶׁר
צִוָּה יְהוָֹה בְּיַד־מֹשֶׁה אֶל־בְּנֵי יִשְׂרָאֵל בְּעַרְבֹת מוֹאָב עַל יַרְדֵּן יְרֵחוֹ:

סֵפֶר דְּבָרִים

1 1 אֵלֶּה הַדְּבָרִים אֲשֶׁר דִּבֶּר מֹשֶׁה אֶל־כָּל־יִשְׂרָאֵל בְּעֵבֶר הַיַּרְדֵּן
בַּמִּדְבָּר בָּעֲרָבָה מוֹל סוּף בֵּין־פָּארָן וּבֵין־תֹּפֶל וְלָבָן וַחֲצֵרֹת וְדִי
2 זָהָב: אַחַד עָשָׂר יוֹם מֵחֹרֵב דֶּרֶךְ הַר־שֵׂעִיר עַד קָדֵשׁ בַּרְנֵעַ: וַיְהִי
3 בְּאַרְבָּעִים שָׁנָה בְּעַשְׁתֵּי־עָשָׂר חֹדֶשׁ בְּאֶחָד לַחֹדֶשׁ דִּבֶּר מֹשֶׁה
4 אֶל־בְּנֵי יִשְׂרָאֵל כְּכֹל אֲשֶׁר צִוָּה יְהוָֹה אֹתוֹ אֲלֵהֶם: אַחֲרֵי הַכֹּתוֹ

4 After he had slain Sihon the king of the Amorites, which dwelt in Heshbon, and Og the king of Bashan, which dwelt at Astaroth in Edrei:

5 On this side Jordan, in the land of Moab, began Moses to declare this law, saying,

6 The LORD our God spake unto us in Horeb, saying, Ye have dwelt long enough in this mount:

7 Turn you, and take your journey, and go to the mount of the Amorites, and unto all *the places* nigh thereunto, in the plain, in the hills, and in the vale, and in the south, and by the sea side, to the land of the Canaanites, and unto Lebanon, unto the great river, the river Euphrates.

8 Behold, I have set the land before you: go in and possess the land which the LORD sware unto your fathers, Abraham, Isaac, and Jacob, to give unto them and to their seed after them.

9 ¶ And I spake unto you at that time, saying, I am not able to bear you myself alone:

10 The LORD your God hath multiplied you, and, behold, ye *are* this day as the stars of heaven for multitude.

11 (The LORD God of your fathers make you a thousand times so many more as ye *are*, and bless you, as he hath promised you!)

12 How can I myself alone bear your cumbrance, and your burden, and your strife?

13 Take you wise men, and understanding, and known among your tribes, and I will make them rulers over you.

14 And ye answered me, and said, The thing which thou hast spoken *is* good *for us* to do.

15 So I took the chief of your tribes, wise men, and known, and made them heads over you, captains over thousands, and captains over hundreds, and captains over fifties, and captains over tens, and officers among your tribes.

16 And I charged your judges at that time, saying, Hear *the causes* between your brethren, and judge righteously between

every man and his brother, and the stranger *that is* with him.

17 Ye shall not respect persons in judgment; *but* ye shall hear the small as well as the great; ye shall not be afraid of the face of man; for the judgment *is* God's: and the cause that is too hard for you, bring *it* unto me, and I will hear it.

18 And I commanded you at that time all the things which ye should do.

19 ¶ And when we departed from Horeb, we went through all that great and terrible wilderness, which ye saw by the way of the mountain of the Amorites, as the LORD our God commanded us; and we came to Kadesh-barnea.

20 And I said unto you, Ye are come unto the mountain of the Amorites, which the LORD our God doth give unto us.

21 Behold, the LORD thy God hath set the land before thee: go up *and* possess *it*, as the LORD God of thy fathers hath said unto thee; fear not, neither be discouraged.

22 ¶ And ye came near unto me every one of you, and said, We will send men before us, and they shall search us out the land, and bring us word again by what way we must go up, and into what cities we shall come.

23 And the saying pleased me well: and I took twelve men of you, one of a tribe:

24 And they turned and went up into the mountain, and came unto the valley of Eshcol, and searched it out.

25 And they took of the fruit of the land in their hands, and brought *it* down unto us, and brought us word again, and said, *It is* a good land which the LORD our God doth give us.

26 Notwithstanding ye would not go up, but rebelled against the commandment of the LORD your God:

27 And ye murmured in your tents, and said, Because the LORD hated us, he hath brought us forth out of the land of Egypt, to deliver us into the hand of the Amorites, to destroy us.

28 Whither shall we go up? our brethren have discouraged our heart, saying, The

אֶת סִיחֹן מֶלֶךְ הָאֱמֹרִי אֲשֶׁר יוֹשֵׁב בְּחֶשְׁבּוֹן וְאֵת עוֹג מֶלֶךְ הַבָּשָׁן

5 אֲשֶׁר־יוֹשֵׁב בְּעַשְׁתָּרֹת בְּאֶדְרֶעִי: בְּעֵבֶר הַיַּרְדֵּן בְּאֶרֶץ מוֹאָב הוֹאִיל

6 מֹשֶׁה בֵּאֵר אֶת־הַתּוֹרָה הַזֹּאת לֵאמֹר: יְהוָה אֱלֹהֵינוּ דִּבֶּר אֵלֵינוּ

7 בְּחֹרֵב לֵאמֹר רַב־לָכֶם שֶׁבֶת בָּהָר הַזֶּה: פְּנוּ וּסְעוּ לָכֶם וּבֹאוּ הַר הָאֱמֹרִי וְאֶל־כָּל־שְׁכֵנָיו בָּעֲרָבָה בָהָר וּבַשְּׁפֵלָה וּבַנֶּגֶב וּבְחוֹף הַיָּם

8 אֶרֶץ הַכְּנַעֲנִי וְהַלְּבָנוֹן עַד־הַנָּהָר הַגָּדֹל נְהַר־פְּרָת: רְאֵה נָתַתִּי לִפְנֵיכֶם אֶת־הָאָרֶץ בֹּאוּ וּרְשׁוּ אֶת־הָאָרֶץ אֲשֶׁר נִשְׁבַּע יְהוָה לַאֲבֹתֵיכֶם לְאַבְרָהָם לְיִצְחָק וּלְיַעֲקֹב לָתֵת לָהֶם וּלְזַרְעָם אַחֲרֵיהֶם:

9 וָאֹמַר אֲלֵכֶם בָּעֵת הַהִוא לֵאמֹר לֹא־אוּכַל לְבַדִּי שְׂאֵת אֶתְכֶם:

10 יְהוָה אֱלֹהֵיכֶם הִרְבָּה אֶתְכֶם וְהִנְּכֶם הַיּוֹם כְּכוֹכְבֵי הַשָּׁמַיִם לָרֹב:

שני 11 יְהוָה אֱלֹהֵי אֲבוֹתֵכֶם יֹסֵף עֲלֵיכֶם כָּכֶם אֶלֶף פְּעָמִים וִיבָרֵךְ אֶתְכֶם

12 כַּאֲשֶׁר דִּבֶּר לָכֶם: אֵיכָה אֶשָּׂא לְבַדִּי טָרְחֲכֶם וּמַשַּׂאֲכֶם וְרִיבְכֶם:

13 הָבוּ לָכֶם אֲנָשִׁים חֲכָמִים וּנְבֹנִים וִידֻעִים לְשִׁבְטֵיכֶם וַאֲשִׂימֵם

14 בְּרָאשֵׁיכֶם: וַתַּעֲנוּ אֹתִי וַתֹּאמְרוּ טוֹב־הַדָּבָר אֲשֶׁר־דִּבַּרְתָּ לַעֲשׂוֹת:

15 וָאֶקַּח אֶת־רָאשֵׁי שִׁבְטֵיכֶם אֲנָשִׁים חֲכָמִים וִידֻעִים וָאֶתֵּן אֹתָם רָאשִׁים עֲלֵיכֶם שָׂרֵי אֲלָפִים וְשָׂרֵי מֵאוֹת וְשָׂרֵי חֲמִשִּׁים וְשָׂרֵי

16 עֲשָׂרֹת וְשֹׁטְרִים לְשִׁבְטֵיכֶם: וָאֲצַוֶּה אֶת־שֹׁפְטֵיכֶם בָּעֵת הַהִוא לֵאמֹר שָׁמֹעַ בֵּין־אֲחֵיכֶם וּשְׁפַטְתֶּם צֶדֶק בֵּין־אִישׁ וּבֵין־אָחִיו וּבֵין

17 גֵּרוֹ: לֹא־תַכִּירוּ פָנִים בַּמִּשְׁפָּט כַּקָּטֹן כַּגָּדֹל תִּשְׁמָעוּן לֹא תָגוּרוּ מִפְּנֵי־אִישׁ כִּי הַמִּשְׁפָּט לֵאלֹהִים הוּא וְהַדָּבָר אֲשֶׁר יִקְשֶׁה מִכֶּם

18 תַּקְרִבוּן אֵלַי וּשְׁמַעְתִּיו: וָאֲצַוֶּה אֶתְכֶם בָּעֵת הַהִוא אֵת כָּל־הַדְּבָרִים

19 אֲשֶׁר תַּעֲשׂוּן: וַנִּסַּע מֵחֹרֵב וַנֵּלֶךְ אֵת כָּל־הַמִּדְבָּר הַגָּדוֹל וְהַנּוֹרָא הַהוּא אֲשֶׁר רְאִיתֶם דֶּרֶךְ הַר הָאֱמֹרִי כַּאֲשֶׁר צִוָּה יְהוָה אֱלֹהֵינוּ

20 אֹתָנוּ וַנָּבֹא עַד קָדֵשׁ בַּרְנֵעַ: וָאֹמַר אֲלֵכֶם בָּאתֶם עַד־הַר הָאֱמֹרִי

21 אֲשֶׁר־יְהוָה אֱלֹהֵינוּ נֹתֵן לָנוּ: רְאֵה נָתַן יְהוָה אֱלֹהֶיךָ לְפָנֶיךָ אֶת־הָאָרֶץ עֲלֵה רֵשׁ כַּאֲשֶׁר דִּבֶּר יְהוָה אֱלֹהֵי אֲבֹתֶיךָ לָךְ אַל־תִּירָא

שלישי 22 וְאַל־תֵּחָת: וַתִּקְרְבוּן אֵלַי כֻּלְּכֶם וַתֹּאמְרוּ נִשְׁלְחָה אֲנָשִׁים לְפָנֵינוּ וְיַחְפְּרוּ־לָנוּ אֶת־הָאָרֶץ וְיָשִׁבוּ אֹתָנוּ דָּבָר אֶת־הַדֶּרֶךְ אֲשֶׁר נַעֲלֶה־בָּהּ

23 וְאֵת הֶעָרִים אֲשֶׁר נָבֹא אֲלֵיהֶן: וַיִּיטַב בְּעֵינַי הַדָּבָר וָאֶקַּח מִכֶּם

24 שְׁנֵים עָשָׂר אֲנָשִׁים אִישׁ אֶחָד לַשָּׁבֶט: וַיִּפְנוּ וַיַּעֲלוּ הָהָרָה וַיָּבֹאוּ

25 עַד־נַחַל אֶשְׁכֹּל וַיְרַגְּלוּ אֹתָהּ: וַיִּקְחוּ בְיָדָם מִפְּרִי הָאָרֶץ וַיּוֹרִדוּ אֵלֵינוּ וַיָּשִׁבוּ אֹתָנוּ דָבָר וַיֹּאמְרוּ טוֹבָה הָאָרֶץ אֲשֶׁר־יְהוָה אֱלֹהֵינוּ

26 נֹתֵן לָנוּ: וְלֹא אֲבִיתֶם לַעֲלֹת וַתַּמְרוּ אֶת־פִּי יְהוָה אֱלֹהֵיכֶם: וַתֵּרָגְנוּ
27 בְּאָהֳלֵיכֶם וַתֹּאמְרוּ בְּשִׂנְאַת יְהוָה אֹתָנוּ הוֹצִיאָנוּ מֵאֶרֶץ מִצְרָיִם

28 לָתֵת אֹתָנוּ בְּיַד הָאֱמֹרִי לְהַשְׁמִידֵנוּ: אָנָה אֲנַחְנוּ עֹלִים אַחֵינוּ

people *is* greater and taller than we; the cities *are* great and walled up to heaven; and moreover we have seen the sons of the Anakims there.

29 Then I said unto you, Dread not, neither be afraid of them.

30 The Lord your God which goeth before you, he shall fight for you, according to all that he did for you in Egypt before your eyes;

31 And in the wilderness, where thou hast seen how that the Lord thy God bare thee, as a man doth bear his son, in all the way that ye went, until ye came into this place.

32 Yet in this thing ye did not believe the Lord your God,

33 Who went in the way before you, to search you out a place to pitch your tents *in,* in fire by night, to shew you by what way ye should go, and in a cloud by day.

34 And the Lord heard the voice of your words, and was wroth, and sware, saying,

35 Surely there shall not one of these men of this evil generation see that good land, which I sware to give unto your fathers,

36 Save Caleb the son of Jephunneh; he shall see it, and to him will I give the land that he hath trodden upon, and to his children, because he hath wholly followed the Lord.

37 Also the Lord was angry with me for your sakes, saying, Thou also shalt not go in thither.

38 *But* Joshua the son of Nun, which standeth before thee, he shall go in thither: encourage him: for he shall cause Israel to inherit it.

39 Moreover your little ones, which ye said should be a prey, and your children, which in that day had no knowledge between good and evil, they shall go in thither, and unto them will I give it, and they shall possess it.

40 But *as for* you, turn you, and take your journey into the wilderness by the way of the Red sea.

41 Then ye answered and said unto me, We have sinned against the Lord, we will go up and fight, according to all that the Lord our God commanded us. And when

ye had girded on every man his weapons of war, ye were ready to go up into the hill.

42 And the Lord said unto me, Say unto them, Go not up, neither fight; for I *am* not among you; lest ye be smitten before your enemies.

43 So I spake unto you; and ye would not hear, but rebelled against the commandment of the Lord, and went presumptuously up into the hill.

44 And the Amorites, which dwelt in that mountain, came out against you, and chased you, as bees do, and destroyed you in Seir, *even* unto Hormah.

45 And ye returned and wept before the Lord; but the Lord would not hearken to your voice, nor give ear unto you.

46 So ye abode in Kadesh many days, according unto the days that ye abode *there.*

CHAPTER 2

1 Then we turned, and took our journey into the wilderness by the way of the Red sea, as the Lord spake unto me: and we compassed mount Seir many days.

2 And the Lord spake unto me, saying,

3 Ye have compassed this mountain long enough: turn you northward.

4 And command thou the people, saying, Ye *are* to pass through the coast of your brethren the children of Esau, which dwell in Seir; and they shall be afraid of you: take ye good heed unto yourselves therefore:

5 Meddle not with them; for I will not give you of their land, no, not so much as a foot breadth; because I have given mount Seir unto Esau *for* a possession.

6 Ye shall buy meat of them for money, that ye may eat; and ye shall also buy water of them for money, that ye may drink.

7 For the Lord thy God hath blessed thee in all the works of thy hand: he knoweth thy walking through this great wilderness: these forty years the Lord thy God *hath been* with thee; thou hast lacked nothing.

8 And when we passed by from our brethren the children of Esau, which

הֲמַסּוּ אֶת־לְבָבֵנוּ לֵאמֹר עַם גָּדוֹל וָרָם מִמֶּנּוּ עָרִים גְּדֹלֹת וּבְצוּרֹת

29 בַּשָּׁמָיִם וְגַם־בְּנֵי עֲנָקִים רָאִינוּ שָׁם: וָאֹמַר אֲלֵכֶם לֹא־תַעַרְצוּן

30 וְלֹא־תִירְאוּן מֵהֶם: יְהֹוָה אֱלֹהֵיכֶם הַהֹלֵךְ לִפְנֵיכֶם הוּא יִלָּחֵם לָכֶם

31 כְּכֹל אֲשֶׁר עָשָׂה אִתְּכֶם בְּמִצְרַיִם לְעֵינֵיכֶם: וּבַמִּדְבָּר אֲשֶׁר רָאִיתָ
אֲשֶׁר נְשָׂאֲךָ יְהֹוָה אֱלֹהֶיךָ כַּאֲשֶׁר יִשָּׂא־אִישׁ אֶת־בְּנוֹ בְּכָל־הַדֶּרֶךְ

32 אֲשֶׁר הֲלַכְתֶּם עַד־בֹּאֲכֶם עַד־הַמָּקוֹם הַזֶּה: וּבַדָּבָר הַזֶּה אֵינְכֶם

33 מַאֲמִינִם בַּיהֹוָה אֱלֹהֵיכֶם: הַהֹלֵךְ לִפְנֵיכֶם בַּדֶּרֶךְ לָתוּר לָכֶם מָקוֹם
לַחֲנֹתְכֶם בָּאֵשׁ ׀ לַיְלָה לַרְאֹתְכֶם בַּדֶּרֶךְ אֲשֶׁר תֵּלְכוּ־בָהּ וּבֶעָנָן יוֹמָם:

34 וַיִּשְׁמַע יְהֹוָה אֶת־קוֹל דִּבְרֵיכֶם וַיִּקְצֹף וַיִּשָּׁבַע לֵאמֹר: אִם־יִרְאֶה
35 אִישׁ בָּאֲנָשִׁים הָאֵלֶּה הַדּוֹר הָרָע הַזֶּה אֵת הָאָרֶץ הַטּוֹבָה אֲשֶׁר

36 נִשְׁבַּעְתִּי לָתֵת לַאֲבֹתֵיכֶם: זוּלָתִי כָּלֵב בֶּן־יְפֻנֶּה הוּא יִרְאֶנָּה וְלוֹ־אֶתֵּן
אֶת־הָאָרֶץ אֲשֶׁר דָּרַךְ־בָּהּ וּלְבָנָיו יַעַן אֲשֶׁר מִלֵּא אַחֲרֵי יְהֹוָה: גַּם־

37 בִּי הִתְאַנַּף יְהֹוָה בִּגְלַלְכֶם לֵאמֹר גַּם־אַתָּה לֹא־תָבֹא שָׁם: יְהוֹשֻׁעַ

38 בִּן־נוּן הָעֹמֵד לְפָנֶיךָ הוּא יָבֹא שָׁמָּה אֹתוֹ חַזֵּק כִּי־הוּא יַנְחִלֶנָּה

39 אֶת־יִשְׂרָאֵל: וְטַפְּכֶם אֲשֶׁר אֲמַרְתֶּם לָבַז יִהְיֶה וּבְנֵיכֶם אֲשֶׁר לֹא־יָדְעוּ רביעי

40 הַיּוֹם טוֹב וָרָע הֵמָּה יָבֹאוּ שָׁמָּה וְלָהֶם אֶתְּנֶנָּה וְהֵם יִירָשׁוּהָ: וְאַתֶּם

41 פְּנוּ לָכֶם וּסְעוּ הַמִּדְבָּרָה דֶּרֶךְ יַם־סוּף: וַתַּעֲנוּ ׀ וַתֹּאמְרוּ אֵלַי חָטָאנוּ
לַיהֹוָה אֲנַחְנוּ נַעֲלֶה וְנִלְחַמְנוּ כְּכֹל אֲשֶׁר־צִוָּנוּ יְהֹוָה אֱלֹהֵינוּ וַתַּחְגְּרוּ

42 אִישׁ אֶת־כְּלֵי מִלְחַמְתּוֹ וַתָּהִינוּ לַעֲלֹת הָהָרָה: וַיֹּאמֶר יְהֹוָה אֵלַי
אֱמֹר לָהֶם לֹא תַעֲלוּ וְלֹא־תִלָּחֲמוּ כִּי אֵינֶנִּי בְּקִרְבְּכֶם וְלֹא תִּנָּגְפוּ

43 לִפְנֵי אֹיְבֵיכֶם: וָאֲדַבֵּר אֲלֵיכֶם וְלֹא שְׁמַעְתֶּם וַתַּמְרוּ אֶת־פִּי יְהֹוָה

44 וַתָּזִדוּ וַתַּעֲלוּ הָהָרָה: וַיֵּצֵא הָאֱמֹרִי הַיֹּשֵׁב בָּהָר הַהוּא לִקְרַאתְכֶם
וַיִּרְדְּפוּ אֶתְכֶם כַּאֲשֶׁר תַּעֲשֶׂינָה הַדְּבֹרִים וַיַּכְּתוּ אֶתְכֶם בְּשֵׂעִיר

45 עַד־חָרְמָה: וַתָּשֻׁבוּ וַתִּבְכּוּ לִפְנֵי יְהֹוָה וְלֹא־שָׁמַע יְהֹוָה בְּקֹלְכֶם

46 וְלֹא הֶאֱזִין אֲלֵיכֶם: וַתֵּשְׁבוּ בְקָדֵשׁ יָמִים רַבִּים כַּיָּמִים אֲשֶׁר יְשַׁבְתֶּם:

2 1 וַנֵּפֶן וַנִּסַּע הַמִּדְבָּרָה דֶּרֶךְ יַם־סוּף כַּאֲשֶׁר דִּבֶּר יְהֹוָה אֵלָי וַנָּסָב

2 אֶת־הַר־שֵׂעִיר יָמִים רַבִּים: וַיֹּאמֶר יְהֹוָה אֵלַי לֵאמֹר: חמישי

3 רַב־לָכֶם סֹב אֶת־הָהָר הַזֶּה פְּנוּ לָכֶם צָפֹנָה: וְאֶת־הָעָם צַו לֵאמֹר
4 אַתֶּם עֹבְרִים בִּגְבוּל אֲחֵיכֶם בְּנֵי־עֵשָׂו הַיֹּשְׁבִים בְּשֵׂעִיר וְיִירְאוּ מִכֶּם

5 וְנִשְׁמַרְתֶּם מְאֹד: אַל־תִּתְגָּרוּ בָם כִּי לֹא־אֶתֵּן לָכֶם מֵאַרְצָם עַד
6 מִדְרַךְ כַּף־רָגֶל כִּי־יְרֻשָּׁה לְעֵשָׂו נָתַתִּי אֶת־הַר שֵׂעִיר: אֹכֶל תִּשְׁבְּרוּ
מֵאִתָּם בַּכֶּסֶף וַאֲכַלְתֶּם וְגַם־מַיִם תִּכְרוּ מֵאִתָּם בַּכֶּסֶף וּשְׁתִיתֶם:

7 כִּי יְהֹוָה אֱלֹהֶיךָ בֵּרַכְךָ בְּכֹל מַעֲשֵׂה יָדֶךָ יָדַע לֶכְתְּךָ אֶת־הַמִּדְבָּר
הַגָּדֹל הַזֶּה זֶה ׀ אַרְבָּעִים שָׁנָה יְהֹוָה אֱלֹהֶיךָ עִמָּךְ לֹא חָסַרְתָּ דָּבָר:

8 וַנַּעֲבֹר מֵאֵת אַחֵינוּ בְנֵי־עֵשָׂו הַיֹּשְׁבִים בְּשֵׂעִיר מִדֶּרֶךְ הָעֲרָבָה

dwelt in Seir, through the way of the plain from Elath, and from Ezion-gaber, we turned and passed by the way of the wilderness of Moab.

9 And the LORD said unto me, Distress not the Moabites, neither contend with them in battle: for I will not give thee of their land *for* a possession; because I have given Ar unto the children of Lot *for* a possession.

10 The Emims dwelt therein in times past, a people great, and many, and tall, as the Anakims;

11 Which also were accounted giants, as the Anakims; but the Moabites call them Emims.

12 The Horims also dwelt in Seir beforetime; but the children of Esau succeeded them, when they had destroyed them from before them, and dwelt in their stead; as Israel did unto the land of his possession, which the LORD gave unto them.

13 Now rise up, *said I,* and get you over the brook Zered. And we went over the brook Zered.

14 And the space in which we came from Kadesh-barnea, until we were come over the brook Zered, *was* thirty and eight years; until all the generation of the men of war were wasted out from among the host, as the LORD sware unto them.

15 For indeed the hand of the LORD was against them, to destroy them from among the host, until they were consumed.

16 ¶ So it came to pass, when all the men of war were consumed and dead from among the people,

17 That the LORD spake unto me, saying,

18 Thou art to pass over through Ar, the coast of Moab, this day:

19 And *when* thou comest nigh over against the children of Ammon, distress them not, nor meddle with them: for I will not give thee of the land of the children of Ammon *any* possession; because I have given it unto the children of Lot *for* a possession.

20 (That also was accounted a land of giants: giants dwelt therein in old time; and the Ammonites call them Zamzummims;

21 A people great, and many, and tall, as the Anakims; but the LORD destroyed them before them; and they succeeded them, and dwelt in their stead:

22 As he did to the children of Esau, which dwelt in Seir, when he destroyed the Horims from before them; and they succeeded them, and dwelt in their stead even unto this day:

23 And the Avims which dwelt in Hazerim, *even* unto Azzah, the Caphtorims, which came forth out of Caphtor, destroyed them, and dwelt in their stead.)

24 ¶ Rise ye up, take your journey, and pass over the river Arnon: behold, I have given into thine hand Sihon the Amorite, king of Heshbon, and his land: begin to possess *it,* and contend with him in battle.

25 This day will I begin to put the dread of thee and the fear of thee upon the nations *that are* under the whole heaven, who shall hear report of thee, and shall tremble, and be in anguish because of thee.

26 ¶ And I sent messengers out of the wilderness of Kedemoth unto Sihon king of Heshbon with words of peace, saying,

27 Let me pass through thy land: I will go along by the high way, I will neither turn unto the right hand nor to the left.

28 Thou shalt sell me meat for money, that I may eat; and give me water for money, that I may drink: only I will pass through on my feet;

29 (As the children of Esau which dwell in Seir, and the Moabites which dwell in Ar, did unto me;) until I shall pass over Jordan into the land which the LORD our God giveth us.

30 But Sihon king of Heshbon would not let us pass by him: for the LORD thy God hardened his spirit, and made his heart obstinate, that he might deliver him into thy hand, as *appeareth* this day.

31 And the LORD said unto me, Behold, I have begun to give Sihon and his land before thee: begin to possess, that thou mayest inherit his land.

32 Then Sihon came out against us, he and all his people, to fight at Jahaz.

9 מֵאֵילַת וּמֵעֶצְיֹן גָּבֶר וַנֵּפֶן וַנַּעֲבֹר דֶּרֶךְ מִדְבַּר מוֹאָב: וַיֹּאמֶר 9A
יְהוָה אֵלַי אַל־תָּצַר אֶת־מוֹאָב וְאַל־תִּתְגָּר בָּם מִלְחָמָה כִּי לֹא־אֶתֵּן
10 לְךָ מֵאַרְצוֹ יְרֻשָּׁה כִּי לִבְנֵי־לוֹט נָתַתִּי אֶת־עָר יְרֻשָּׁה: הָאֵמִים
11 לְפָנִים יָשְׁבוּ בָהּ עַם גָּדוֹל וְרַב וָרָם כָּעֲנָקִים: רְפָאִים יֵחָשְׁבוּ
12 אַף־הֵם כָּעֲנָקִים וְהַמֹּאָבִים יִקְרְאוּ לָהֶם אֵמִים: וּבְשֵׂעִיר יָשְׁבוּ
הַחֹרִים לְפָנִים וּבְנֵי עֵשָׂו יִירָשׁוּם וַיַּשְׁמִידוּם מִפְּנֵיהֶם וַיֵּשְׁבוּ תַּחְתָּם
13 כַּאֲשֶׁר עָשָׂה יִשְׂרָאֵל לְאֶרֶץ יְרֻשָּׁתוֹ אֲשֶׁר־נָתַן יְהוָה לָהֶם: עַתָּה
14 קֻמוּ וְעִבְרוּ לָכֶם אֶת־נַחַל זָרֶד וַנַּעֲבֹר אֶת־נַחַל זָרֶד: וְהַיָּמִים
אֲשֶׁר־הָלַכְנוּ מִקָּדֵשׁ בַּרְנֵעַ עַד אֲשֶׁר־עָבַרְנוּ אֶת־נַחַל זֶרֶד שְׁלֹשִׁים
וּשְׁמֹנֶה שָׁנָה עַד־תֹּם כָּל־הַדּוֹר אַנְשֵׁי הַמִּלְחָמָה מִקֶּרֶב הַמַּחֲנֶה
15 כַּאֲשֶׁר נִשְׁבַּע יְהוָה לָהֶם: וְגַם יַד־יְהוָה הָיְתָה בָּם לְהֻמָּם מִקֶּרֶב
16 הַמַּחֲנֶה עַד תֻּמָּם: וַיְהִי כַאֲשֶׁר־תַּמּוּ כָל־אַנְשֵׁי הַמִּלְחָמָה לָמוּת
17 מִקֶּרֶב הָעָם: וַיְדַבֵּר יְהוָה אֵלַי לֵאמֹר: אַתָּה עֹבֵר הַיּוֹם
18
19 אֶת־גְּבוּל מוֹאָב אֶת־עָר: וְקָרַבְתָּ מוּל בְּנֵי עַמּוֹן אַל־תְּצֻרֵם
וְאַל־תִּתְגָּר בָּם כִּי לֹא־אֶתֵּן מֵאֶרֶץ בְּנֵי־עַמּוֹן לְךָ יְרֻשָּׁה כִּי לִבְנֵי־לוֹט
20 נְתַתִּיהָ יְרֻשָּׁה: אֶרֶץ־רְפָאִים תֵּחָשֵׁב אַף־הִוא רְפָאִים יָשְׁבוּ־בָהּ 20A
21 לְפָנִים וְהָעַמֹּנִים יִקְרְאוּ לָהֶם זַמְזֻמִּים: עַם גָּדוֹל וְרַב וָרָם כָּעֲנָקִים
22 וַיַּשְׁמִידֵם יְהוָה מִפְּנֵיהֶם וַיִּירָשֻׁם וַיֵּשְׁבוּ תַחְתָּם: כַּאֲשֶׁר עָשָׂה לִבְנֵי
עֵשָׂו הַיֹּשְׁבִים בְּשֵׂעִיר אֲשֶׁר הִשְׁמִיד אֶת־הַחֹרִי מִפְּנֵיהֶם וַיִּירָשֻׁם
23 וַיֵּשְׁבוּ תַחְתָּם עַד הַיּוֹם הַזֶּה: וְהָעַוִּים הַיֹּשְׁבִים בַּחֲצֵרִים עַד־עַזָּה
24 כַּפְתֹּרִים הַיֹּצְאִים מִכַּפְתּוֹר הִשְׁמִידֻם וַיֵּשְׁבוּ תַחְתָּם: קוּמוּ סְּעוּ
וְעִבְרוּ אֶת־נַחַל אַרְנֹן רְאֵה נָתַתִּי בְיָדְךָ אֶת־סִיחֹן מֶלֶךְ־חֶשְׁבּוֹן
25 הָאֱמֹרִי וְאֶת־אַרְצוֹ הָחֵל רָשׁ וְהִתְגָּר בּוֹ מִלְחָמָה: הַיּוֹם הַזֶּה אָחֵל
תֵּת פַּחְדְּךָ וְיִרְאָתְךָ עַל־פְּנֵי הָעַמִּים תַּחַת כָּל־הַשָּׁמָיִם אֲשֶׁר יִשְׁמְעוּן
26 שִׁמְעֲךָ וְרָגְזוּ וְחָלוּ מִפָּנֶיךָ: וָאֶשְׁלַח מַלְאָכִים מִמִּדְבַּר קְדֵמוֹת
27 אֶל־סִיחוֹן מֶלֶךְ חֶשְׁבּוֹן דִּבְרֵי שָׁלוֹם לֵאמֹר: אֶעְבְּרָה בְאַרְצֶךָ בַּדֶּרֶךְ
28 בַּדֶּרֶךְ אֵלֵךְ לֹא אָסוּר יָמִין וּשְׂמֹאול: אֹכֶל בַּכֶּסֶף תַּשְׁבִּרֵנִי וְאָכַלְתִּי
29 וּמַיִם בַּכֶּסֶף תִּתֶּן־לִי וְשָׁתִיתִי רַק אֶעְבְּרָה בְרַגְלָי: כַּאֲשֶׁר עָשׂוּ־לִי
בְּנֵי עֵשָׂו הַיֹּשְׁבִים בְּשֵׂעִיר וְהַמּוֹאָבִים הַיֹּשְׁבִים בְּעָר עַד אֲשֶׁר־אֶעֱבֹר
30 אֶת־הַיַּרְדֵּן אֶל־הָאָרֶץ אֲשֶׁר־יְהוָה אֱלֹהֵינוּ נֹתֵן לָנוּ: וְלֹא אָבָה סִיחֹן
מֶלֶךְ חֶשְׁבּוֹן הַעֲבִרֵנוּ בּוֹ כִּי־הִקְשָׁה יְהוָה אֱלֹהֶיךָ אֶת־רוּחוֹ וְאִמֵּץ
31 אֶת־לְבָבוֹ לְמַעַן תִּתּוֹ בְיָדְךָ כַּיּוֹם הַזֶּה: וַיֹּאמֶר יְהוָה ששי
אֵלַי רְאֵה הַחִלֹּתִי תֵּת לְפָנֶיךָ אֶת־סִיחֹן וְאֶת־אַרְצוֹ הָחֵל רָשׁ
32 לָרֶשֶׁת אֶת־אַרְצוֹ: וַיֵּצֵא סִיחֹן לִקְרָאתֵנוּ הוּא וְכָל־עַמּוֹ לַמִּלְחָמָה

33 And the LORD our God delivered him before us; and we smote him, and his sons, and all his people.

34 And we took all his cities at that time, and utterly destroyed the men, and the women, and the little ones, of every city, we left none to remain:

35 Only the cattle we took for a prey unto ourselves, and the spoil of the cities which we took.

36 From Aroer, which *is* by the brink of the river of Arnon, and *from* the city that *is* by the river, even unto Gilead, there was not one city too strong for us: the LORD our God delivered all unto us:

37 Only unto the land of the children of Ammon thou camest not, *nor* unto any place of the river Jabbok, nor unto the cities in the mountains, nor unto whatsoever the LORD our God forbad us.

CHAPTER 3

1 Then we turned, and went up the way to Bashan: and Og the king of Bashan came out against us, he and all his people, to battle at Edrei.

2 And the LORD said unto me, Fear him not: for I will deliver him, and all his people, and his land, into thy hand; and thou shalt do unto him as thou didst unto Sihon king of the Amorites, which dwelt at Heshbon.

3 So the LORD our God delivered into our hands Og also, the king of Bashan, and all his people: and we smote him until none was left to him remaining.

4 And we took all his cities at that time, there was not a city which we took not from them, threescore cities, all the region of Argob, the kingdom of Og in Bashan.

5 All these cities *were* fenced with high walls, gates, and bars; beside unwalled towns a great many.

6 And we utterly destroyed them, as we did unto Sihon king of Heshbon, utterly destroying the men, women, and children, of every city.

7 But all the cattle, and the spoil of the cities, we took for a prey to ourselves.

8 And we took at that time out of the hand of the two kings of the Amorites the land that *was* on this side Jordan, from the river of Arnon unto mount Hermon;

9 (*Which* Hermon the Sidonians call Sirion; and the Amorites call it Shenir;)

10 All the cities of the plain, and all Gilead, and all Bashan, unto Salchah and Edrei, cities of the kingdom of Og in Bashan.

11 For only Og king of Bashan remained of the remnant of giants; behold, his bedstead *was* a bedstead of iron; *is* it not in Rabbath of the children of Ammon? nine cubits *was* the length thereof, and four cubits the breadth of it, after the cubit of a man.

12 And this land, *which* we possessed at that time, from Aroer, which *is* by the river Arnon, and half mount Gilead, and the cities thereof, gave I unto the Reubenites and to the Gadites.

13 And the rest of Gilead, and all Bashan, *being* the kingdom of Og, gave I unto the half tribe of Manasseh; all the region of Argob, with all Bashan, which was called the land of giants.

14 Jair the son of Manasseh took all the country of Argob unto the coasts of Geshuri and Maachathi; and called them after his own name, Bashan-havoth-jair, unto this day.

15 And I gave Gilead unto Machir.

16 And unto the Reubenites and unto the Gadites I gave from Gilead even unto the river Arnon half the valley, and the border even unto the river Jabbok, *which is* the border of the children of Ammon;

17 The plain also, and Jordan, and the coast *thereof*, from Chinnereth even unto the sea of the plain, *even* the salt sea, under Ashdoth-pisgah eastward.

18 ¶ And I commanded you at that time, saying, The LORD your God hath given you this land to possess it: ye shall pass over armed before your brethren the children of Israel, all *that are* meet for the war.

19 But your wives, and your little ones, and your cattle, (*for* I know that ye have

בָּנָיו 33 יְהָצָה: וַיִּתְּנֵהוּ יְהוָה אֱלֹהֵינוּ לְפָנֵינוּ וַנַּךְ אֹתוֹ וְאֶת־בָּנָו וְאֶת־

34 כָּל־עַמּוֹ: וַנִּלְכֹּד אֶת־כָּל־עָרָיו בָּעֵת הַהִוא וַנַּחֲרֵם אֶת־כָּל־עִיר

35 מְתִם וְהַנָּשִׁים וְהַטָּף לֹא הִשְׁאַרְנוּ שָׂרִיד: רַק הַבְּהֵמָה בָּזַזְנוּ לָנוּ

36 וּשְׁלַל הֶעָרִים אֲשֶׁר לָכָדְנוּ: מֵעֲרֹעֵר אֲשֶׁר עַל־שְׂפַת־נַחַל אַרְנֹן

וְהָעִיר אֲשֶׁר בַּנַּחַל וְעַד־הַגִּלְעָד לֹא הָיְתָה קִרְיָה אֲשֶׁר שָׂגְבָה

37 מִמֶּנּוּ אֶת־הַכֹּל נָתַן יְהוָה אֱלֹהֵינוּ לְפָנֵינוּ: רַק אֶל־אֶרֶץ בְּנֵי־עַמּוֹן

לֹא קָרָבְתָּ כָּל־יַד נַחַל יַבֹּק וְעָרֵי הָהָר וְכֹל אֲשֶׁר־צִוָּה יְהוָה אֱלֹהֵינוּ:

3 1 וַנֵּפֶן וַנַּעַל דֶּרֶךְ הַבָּשָׁן וַיֵּצֵא עוֹג מֶלֶךְ־הַבָּשָׁן לִקְרָאתֵנוּ הוּא

2 וְכָל־עַמּוֹ לַמִּלְחָמָה אֶדְרֶעִי: וַיֹּאמֶר יְהוָה אֵלַי אַל־תִּירָא אֹתוֹ כִּי

בְיָדְךָ נָתַתִּי אֹתוֹ וְאֶת־כָּל־עַמּוֹ וְאֶת־אַרְצוֹ וְעָשִׂיתָ לּוֹ כַּאֲשֶׁר עָשִׂיתָ

3 לְסִיחֹן מֶלֶךְ הָאֱמֹרִי אֲשֶׁר יוֹשֵׁב בְּחֶשְׁבּוֹן: וַיִּתֵּן יְהוָה אֱלֹהֵינוּ בְּיָדֵנוּ

גַּם אֶת־עוֹג מֶלֶךְ־הַבָּשָׁן וְאֶת־כָּל־עַמּוֹ וַנַּכֵּהוּ עַד־בִּלְתִּי הִשְׁאִיר־לוֹ

4 שָׂרִיד: וַנִּלְכֹּד אֶת־כָּל־עָרָיו בָּעֵת הַהִוא לֹא הָיְתָה קִרְיָה אֲשֶׁר

לֹא־לָקַחְנוּ מֵאִתָּם שִׁשִּׁים עִיר כָּל־חֶבֶל אַרְגֹּב מַמְלֶכֶת עוֹג בַּבָּשָׁן:

5 כָּל־אֵלֶּה עָרִים בְּצֻרוֹת חוֹמָה גְבֹהָה דְּלָתַיִם וּבְרִיחַ לְבַד מֵעָרֵי

6 הַפְּרָזִי הַרְבֵּה מְאֹד: וַנַּחֲרֵם אוֹתָם כַּאֲשֶׁר עָשִׂינוּ לְסִיחֹן מֶלֶךְ

7 חֶשְׁבּוֹן הַחֲרֵם כָּל־עִיר מְתִם הַנָּשִׁים וְהַטָּף: וְכָל־הַבְּהֵמָה וּשְׁלַל

8 הֶעָרִים בַּזּוֹנוּ לָנוּ: וַנִּקַּח בָּעֵת הַהִוא אֶת־הָאָרֶץ מִיַּד שְׁנֵי מַלְכֵי

9 הָאֱמֹרִי אֲשֶׁר בְּעֵבֶר הַיַּרְדֵּן מִנַּחַל אַרְנֹן עַד־הַר חֶרְמוֹן: צִידֹנִים

10 יִקְרְאוּ לְחֶרְמוֹן שִׂרְיֹן וְהָאֱמֹרִי יִקְרְאוּ־לוֹ שְׂנִיר: כֹּל עָרֵי הַמִּישֹׁר

וְכָל־הַגִּלְעָד וְכָל־הַבָּשָׁן עַד־סַלְכָה וְאֶדְרֶעִי עָרֵי מַמְלֶכֶת עוֹג בַּבָּשָׁן:

11 כִּי רַק־עוֹג מֶלֶךְ הַבָּשָׁן נִשְׁאַר מִיֶּתֶר הָרְפָאִים הִנֵּה עַרְשׂוֹ עֶרֶשׂ

בַּרְזֶל הֲלֹה הִוא בְּרַבַּת בְּנֵי עַמּוֹן תֵּשַׁע אַמּוֹת אָרְכָּהּ וְאַרְבַּע

12A 12 אַמּוֹת רָחְבָּהּ בְּאַמַּת־אִישׁ: וְאֶת־הָאָרֶץ הַזֹּאת יָרַשְׁנוּ בָּעֵת הַהִוא

מֵעֲרֹעֵר אֲשֶׁר־עַל־נַחַל אַרְנֹן וַחֲצִי הַר־הַגִּלְעָד וְעָרָיו נָתַתִּי לָרֻאוּבֵנִי

13 וְלַגָּדִי: וְיֶתֶר הַגִּלְעָד וְכָל־הַבָּשָׁן מַמְלֶכֶת עוֹג נָתַתִּי לַחֲצִי שֵׁבֶט

הַמְנַשֶּׁה כֹּל חֶבֶל הָאַרְגֹּב לְכָל־הַבָּשָׁן הַהוּא יִקָּרֵא אֶרֶץ רְפָאִים:

14 יָאִיר בֶּן־מְנַשֶּׁה לָקַח אֶת־כָּל־חֶבֶל אַרְגֹּב עַד־גְּבוּל הַגְּשׁוּרִי

וְהַמַּעֲכָתִי וַיִּקְרָא אֹתָם עַל־שְׁמוֹ אֶת־הַבָּשָׁן חַוֹּת יָאִיר עַד הַיּוֹם

16A 15 הַזֶּה: וּלְמָכִיר נָתַתִּי אֶת־הַגִּלְעָד: וְלָרֻאוּבֵנִי וְלַגָּדִי נָתַתִּי מִן־הַגִּלְעָד
16

16 וְעַד־נַחַל אַרְנֹן תּוֹךְ הַנַּחַל וּגְבֻל וְעַד יַבֹּק הַנַּחַל גְּבוּל בְּנֵי עַמּוֹן:

17 וְהָעֲרָבָה וְהַיַּרְדֵּן וּגְבֻל מִכִּנֶּרֶת וְעַד יָם הָעֲרָבָה יָם הַמֶּלַח תַּחַת

18 אַשְׁדֹּת הַפִּסְגָּה מִזְרָחָה: וָאֲצַו אֶתְכֶם בָּעֵת הַהִוא לֵאמֹר יְהוָה

אֱלֹהֵיכֶם נָתַן לָכֶם אֶת־הָאָרֶץ הַזֹּאת לְרִשְׁתָּהּ חֲלוּצִים תַּעַבְרוּ

19 לִפְנֵי אֲחֵיכֶם בְּנֵי־יִשְׂרָאֵל כָּל־בְּנֵי־חָיִל: רַק נְשֵׁיכֶם וְטַפְּכֶם וּמִקְנֵכֶם

much cattle,) shall abide in your cities which I have given you;

20 Until the LORD have given rest unto your brethren, as well as unto you, and *until* they also possess the land which the LORD your God hath given them beyond Jordan: and *then* shall ye return every man unto his possession, which I have given you.

21 ¶ And I commanded Joshua at that time, saying, Thine eyes have seen all that the LORD your God hath done unto these two kings: so shall the LORD do unto all the kingdoms whither thou passest.

22 Ye shall not fear them: for the LORD your God he shall fight for you.

23 And I besought the LORD at that time, saying,

24 O Lord GOD, thou hast begun to shew thy servant thy greatness, and thy mighty hand: for what God *is there* in heaven or in earth, that can do according to thy works, and according to thy might?

25 I pray thee, let me go over, and see the good land that *is* beyond Jordan, that goodly mountain, and Lebanon.

26 But the LORD was wroth with me for your sakes, and would not hear me: and the LORD said unto me, Let it suffice thee; speak no more unto me of this matter.

27 Get thee up into the top of Pisgah, and lift up thine eyes westward, and northward, and southward, and eastward, and behold *it* with thine eyes: for thou shalt not go over this Jordan.

28 But charge Joshua, and encourage him, and strengthen him: for he shall go over before this people, and he shall cause them to inherit the land which thou shalt see.

29 So we abode in the valley over against Beth-peor.

CHAPTER 4

1 Now therefore hearken, O Israel, unto the statutes and unto the judgments, which I teach you, for to do *them*, that ye may live, and go in and possess the land which the LORD God of your fathers giveth you.

2 Ye shall not add unto the word which I command you, neither shall ye diminish *ought* from it, that ye may keep the commandments of the LORD your God which I command you.

3 Your eyes have seen what the LORD did because of Baal-peor: for all the men that followed Baal-peor, the LORD thy God hath destroyed them from among you.

4 But ye that did cleave unto the LORD your God *are* alive every one of you this day.

5 Behold, I have taught you statutes and judgments, even as the LORD my God commanded me, that ye should do so in the land whither ye go to possess it.

6 Keep therefore and do *them;* for this *is* your wisdom and your understanding in the sight of the nations, which shall hear all these statutes, and say, Surely this great nation *is* a wise and understanding people.

7 For what nation *is there so* great, who *hath* God *so* nigh unto them, as the LORD our God *is* in all *things that* we call upon him *for?*

8 And what nation *is there so* great, that hath statutes and judgments *so* righteous as all this law, which I set before you this day?

9 Only take heed to thyself, and keep thy soul diligently, lest thou forget the things which thine eyes have seen, and lest they depart from thy heart all the days of thy life: but teach them thy sons, and thy sons' sons;

10 *Specially* the day that thou stoodest before the LORD thy God in Horeb, when the LORD said unto me, Gather me the people together, and I will make them hear my words, that they may learn to fear me all the days that they shall live upon

20 יָדַ֗עְתִּי כִּֽי־מִקְנֶ֤ה רַב֙ לָכֶ֔ם יֵשְׁב֖וּ בְּעָרֵיכֶ֑ם אֲשֶׁ֥ר נָתַ֖תִּי לָכֶֽם: עַ֠ד
אֲשֶׁר־יָנִ֨יחַ יְהֹוָ֥ה ׀ לַֽאֲחֵיכֶם֮ כָּכֶם֒ וְיָֽרְשׁ֣וּ גַם־הֵ֔ם אֶת־הָאָ֕רֶץ אֲשֶׁ֨ר
יְהֹוָ֧ה אֱלֹֽהֵיכֶ֛ם נֹתֵ֥ן לָהֶ֖ם בְּעֵ֣בֶר הַיַּרְדֵּ֑ן וְשַׁבְתֶּ֗ם אִ֚ישׁ לִירֻשָּׁת֔וֹ אֲשֶׁ֥ר

21 נָתַ֖תִּי לָכֶֽם: וְאֶת־יְהוֹשׁ֣וּעַ צִוֵּ֔יתִי בָּעֵ֥ת הַהִ֖וא לֵאמֹ֑ר עֵינֶ֣יךָ הָֽרֹאֹ֗ת
אֵת֩ כׇּל־אֲשֶׁ֨ר עָשָׂ֜ה יְהֹוָ֤ה אֱלֹהֵיכֶם֙ לִשְׁנֵי֙ הַמְּלָכִ֣ים הָאֵ֔לֶּה כֵּֽן־יַֽעֲשֶׂ֤ה

22 יְהֹוָה֙ לְכׇל־הַמַּמְלָכ֔וֹת אֲשֶׁ֥ר אַתָּ֖ה עֹבֵ֥ר שָֽׁמָּה: לֹ֖א תִּֽירָא֑וּם כִּ֚י

23 יְהֹוָ֣ה אֱלֹֽהֵיכֶ֔ם ה֖וּא הַנִּלְחָ֥ם לָכֶֽם: וָֽאֶתְחַנַּ֖ן אֶל־יְהֹוָ֑ה

24 בָּעֵ֥ת הַהִ֖וא לֵאמֹֽר: אֲדֹנָ֣י יֱהֹוִ֗ה אַתָּ֤ה הַֽחִלּ֙וֹתָ֙ לְהַרְא֣וֹת אֶֽת־עַבְדְּךָ֔
אֶ֨ת־גׇּדְלְךָ֔ וְאֶת־יָֽדְךָ֖ הַֽחֲזָקָ֑ה אֲשֶׁ֤ר מִי־אֵל֙ בַּשָּׁמַ֣יִם וּבָאָ֔רֶץ

25 אֲשֶׁר־יַֽעֲשֶׂ֥ה כְמַֽעֲשֶׂ֖יךָ וְכִגְבֽוּרֹתֶֽךָ: אֶעְבְּרָה־נָּ֗א וְאֶרְאֶה֙ אֶת־הָאָ֣רֶץ

26 הַטּוֹבָ֔ה אֲשֶׁ֖ר בְּעֵ֣בֶר הַיַּרְדֵּ֑ן הָהָ֥ר הַטּ֛וֹב הַזֶּ֖ה וְהַלְּבָנֹֽן: וַיִּתְעַבֵּ֨ר
יְהֹוָ֥ה בִּי֙ לְמַ֣עַנְכֶ֔ם וְלֹ֥א שָׁמַ֖ע אֵלָ֑י וַיֹּ֨אמֶר יְהֹוָ֤ה אֵלַי֙ רַב־לָ֔ךְ

27 אַל־תּ֗וֹסֶף דַּבֵּ֥ר אֵלַ֛י ע֖וֹד בַּדָּבָ֥ר הַזֶּֽה: עֲלֵ֣ה ׀ רֹ֣אשׁ הַפִּסְגָּ֗ה וְשָׂ֥א
עֵינֶ֛יךָ יָ֧מָּה וְצָפֹ֛נָה וְתֵימָ֥נָה וּמִזְרָ֖חָה וּרְאֵ֣ה בְעֵינֶ֑יךָ כִּי־לֹ֥א תַֽעֲבֹ֖ר

28 אֶת־הַיַּרְדֵּ֥ן הַזֶּֽה: וְצַ֥ו אֶת־יְהוֹשֻׁ֖עַ וְחַזְּקֵ֣הוּ וְאַמְּצֵ֑הוּ כִּי־ה֣וּא יַֽעֲבֹ֗ר

29 לִפְנֵי֙ הָעָ֣ם הַזֶּ֔ה וְהוּא֙ יַנְחִ֣יל אוֹתָ֔ם אֶת־הָאָ֖רֶץ אֲשֶׁ֣ר תִּרְאֶֽה: וַנֵּ֣שֶׁב
בַּגָּ֔יְא מ֖וּל בֵּ֥ית פְּעֽוֹר:

4 1 וְעַתָּ֣ה יִשְׂרָאֵ֗ל שְׁמַ֤ע אֶל־הַֽחֻקִּים֙ וְאֶל־הַמִּשְׁפָּטִ֔ים אֲשֶׁ֧ר אָֽנֹכִ֛י מְלַמֵּ֥ד
אֶתְכֶ֖ם לַֽעֲשׂ֑וֹת לְמַ֣עַן תִּֽחְי֗וּ וּבָאתֶם֙ וִֽירִשְׁתֶּ֣ם אֶת־הָאָ֔רֶץ אֲשֶׁ֧ר

2 יְהֹוָ֛ה אֱלֹהֵ֥י אֲבֹֽתֵיכֶ֖ם נֹתֵ֣ן לָכֶֽם: לֹ֣א תֹסִ֗פוּ עַל־הַדָּבָר֙ אֲשֶׁ֤ר אָֽנֹכִי֙
מְצַוֶּ֣ה אֶתְכֶ֔ם וְלֹ֥א תִגְרְע֖וּ מִמֶּ֑נּוּ לִשְׁמֹ֕ר אֶת־מִצְוֺת֙ יְהֹוָ֣ה אֱלֹֽהֵיכֶ֔ם

3A 3 אֲשֶׁ֥ר אָֽנֹכִ֖י מְצַוֶּ֥ה אֶתְכֶֽם: עֵֽינֵיכֶם֙ הָֽרֹאֹ֔ת אֵ֧ת אֲשֶׁר־עָשָׂ֛ה יְהֹוָ֖ה
בְּבַ֣עַל פְּע֑וֹר כִּ֣י כׇל־הָאִ֗ישׁ אֲשֶׁ֤ר הָלַךְ֙ אַֽחֲרֵ֣י בַֽעַל־פְּע֔וֹר הִשְׁמִיד֛וֹ

4 יְהֹוָ֥ה אֱלֹהֶ֖יךָ מִקִּרְבֶּֽךָ: וְאַתֶּם֙ הַדְּבֵקִ֔ים בַּֽיהֹוָ֖ה אֱלֹֽהֵיכֶ֑ם חַיִּ֥ים כֻּלְּכֶ֖ם

5 הַיּֽוֹם: רְאֵ֣ה ׀ לִמַּ֣דְתִּי אֶתְכֶ֗ם חֻקִּים֙ וּמִשְׁפָּטִ֔ים כַּֽאֲשֶׁ֥ר צִוַּ֖נִי יְהֹוָ֣ה
אֱלֹהָ֑י לַֽעֲשׂ֣וֹת כֵּ֔ן בְּקֶ֣רֶב הָאָ֔רֶץ אֲשֶׁ֥ר אַתֶּ֛ם בָּאִ֥ים שָׁ֖מָּה לְרִשְׁתָּֽהּ:

6 וּשְׁמַרְתֶּם֮ וַֽעֲשִׂיתֶם֒ כִּ֣י הִ֤וא חׇכְמַתְכֶם֙ וּבִ֣ינַתְכֶ֔ם לְעֵינֵ֖י הָֽעַמִּ֑ים
אֲשֶׁ֣ר יִשְׁמְע֗וּן אֵ֚ת כׇּל־הַֽחֻקִּ֣ים הָאֵ֔לֶּה וְאָֽמְר֗וּ רַ֚ק עַם־חָכָ֣ם וְנָב֔וֹן

7A 7 הַגּ֥וֹי הַגָּד֖וֹל הַזֶּֽה: כִּ֚י מִי־ג֣וֹי גָּד֔וֹל אֲשֶׁר־ל֥וֹ אֱלֹהִ֖ים קְרֹבִ֣ים אֵלָ֑יו

8 כַּֽיהֹוָ֣ה אֱלֹהֵ֔ינוּ בְּכׇל־קׇרְאֵ֖נוּ אֵלָֽיו: וּמִי֙ גּ֣וֹי גָּד֔וֹל אֲשֶׁר־ל֛וֹ חֻקִּ֥ים
וּמִשְׁפָּטִ֖ים צַדִּיקִ֑ם כְּכֹל֙ הַתּוֹרָ֣ה הַזֹּ֔את אֲשֶׁ֧ר אָֽנֹכִ֛י נֹתֵ֥ן לִפְנֵיכֶ֖ם

9 הַיּֽוֹם: רַ֡ק הִשָּׁ֣מֶר לְךָ֩ וּשְׁמֹ֨ר נַפְשְׁךָ֜ מְאֹ֗ד פֶּן־תִּשְׁכַּ֣ח אֶת־הַדְּבָרִ֗ים
אֲשֶׁר־רָא֣וּ עֵינֶ֘יךָ֮ וּפֶן־יָס֣וּרוּ מִלְּבָֽבְךָ֒ כֹּ֖ל יְמֵ֣י חַיֶּ֑יךָ וְהֽוֹדַעְתָּ֥ם לְבָנֶ֖יךָ

10 וְלִבְנֵ֣י בָנֶֽיךָ: י֗וֹם אֲשֶׁ֨ר עָמַ֜דְתָּ לִפְנֵ֨י יְהֹוָ֣ה אֱלֹהֶיךָ֮ בְּחֹרֵב֒ בֶּאֱמֹ֨ר
יְהֹוָ֜ה אֵלַ֗י הַקְהֶל־לִי֙ אֶת־הָעָ֔ם וְאַשְׁמִעֵ֖ם אֶת־דְּבָרָ֑י אֲשֶׁ֨ר יִלְמְד֜וּן

the earth, and *that* they may teach their children.

11 And ye came near and stood under the mountain; and the mountain burned with fire unto the midst of heaven, with darkness, clouds, and thick darkness.

12 And the LORD spake unto you out of the midst of the fire: ye heard the voice of the words, but saw no similitude; only *ye heard* a voice.

13 And he declared unto you his covenant, which he commanded you to perform, *even* ten commandments; and he wrote them upon two tables of stone.

14 ¶ And the LORD commanded me at that time to teach you statutes and judgments, that ye might do them in the land whither ye go over to possess it.

15 Take ye therefore good heed unto yourselves; for ye saw no manner of similitude on the day *that* the LORD spake unto you in Horeb out of the midst of the fire:

16 Lest ye corrupt *yourselves*, and make you a graven image, the similitude of any figure, the likeness of male or female,

17 The likeness of any beast that *is* on the earth, the likeness of any winged fowl that flieth in the air,

18 The likeness of any thing that creepeth on the ground, the likeness of any fish that *is* in the waters beneath the earth:

19 And lest thou lift up thine eyes unto heaven, and when thou seest the sun, and the moon, and the stars, *even* all the host of heaven, shouldest be driven to worship them, and serve them, which the LORD thy God hath divided unto all nations under the whole heaven.

20 But the LORD hath taken you, and brought you forth out of the iron furnace, *even* out of Egypt, to be unto him a people of inheritance, as *ye are* this day.

21 Furthermore the LORD was angry with me for your sakes, and sware that I should not go over Jordan, and that I should not go in unto that good land, which the LORD thy God giveth thee *for* an inheritance:

22 But I must die in this land, I must not go over Jordan: but ye shall go over, and possess that good land.

23 Take heed unto yourselves, lest ye forget the covenant of the LORD your God, which he made with you, and make you a graven image, *or* the likeness of any *thing*, which the LORD thy God hath forbidden thee.

24 For the LORD thy God *is* a consuming fire, *even* a jealous God.

25 ¶ When thou shalt beget children, and children's children, and ye shall have remained long in the land, and shall corrupt *yourselves*, and make a graven image, *or* the likeness of any *thing*, and shall do evil in the sight of the LORD thy God, to provoke him to anger:

26 I call heaven and earth to witness against you this day, that ye shall soon utterly perish from off the land whereunto ye go over Jordan to possess it; ye shall not prolong *your* days upon it, but shall utterly be destroyed.

27 And the LORD shall scatter you among the nations, and ye shall be left few in number among the heathen, whither the LORD shall lead you.

28 And there ye shall serve gods, the work of men's hands, wood and stone, which neither see, nor hear, nor eat, nor smell.

29 But if from thence thou shalt seek the LORD thy God, thou shalt find *him*, if thou seek him with all thy heart and with all thy soul.

30 When thou art in tribulation, and all these things are come upon thee, *even* in the latter days, if thou turn to the LORD thy God, and shalt be obedient unto his voice;

31 (For the LORD thy God *is* a merciful God;) he will not forsake thee, neither de-

לְיִרְאָה אֹתִי כָּל־הַיָּמִים אֲשֶׁר הֵם חַיִּים עַל־הָאֲדָמָה וְאֶת־בְּנֵיהֶם

11 יְלַמֵּדוּן: וַתִּקְרְבוּן וַתַּעַמְדוּן תַּחַת הָהָר וְהָהָר בֹּעֵר בָּאֵשׁ עַד־לֵב

12 הַשָּׁמַיִם חֹשֶׁךְ עָנָן וַעֲרָפֶל: וַיְדַבֵּר יְהוָה אֲלֵיכֶם מִתּוֹךְ הָאֵשׁ קוֹל

13 דְּבָרִים אַתֶּם שֹׁמְעִים וּתְמוּנָה אֵינְכֶם רֹאִים זוּלָתִי קוֹל: וַיַּגֵּד לָכֶם

אֶת־בְּרִיתוֹ אֲשֶׁר צִוָּה אֶתְכֶם לַעֲשׂוֹת עֲשֶׂרֶת הַדְּבָרִים וַיִּכְתְּבֵם

14 עַל־שְׁנֵי לֻחוֹת אֲבָנִים: וְאֹתִי צִוָּה יְהוָה בָּעֵת הַהִוא לְלַמֵּד אֶתְכֶם

חֻקִּים וּמִשְׁפָּטִים לַעֲשֹׂתְכֶם אֹתָם בָּאָרֶץ אֲשֶׁר אַתֶּם עֹבְרִים שָׁמָּה

15 לְרִשְׁתָּהּ: וְנִשְׁמַרְתֶּם מְאֹד לְנַפְשֹׁתֵיכֶם כִּי לֹא רְאִיתֶם כָּל־תְּמוּנָה

16 בְּיוֹם דִּבֶּר יְהוָה אֲלֵיכֶם בְּחֹרֵב מִתּוֹךְ הָאֵשׁ: פֶּן־תַּשְׁחִתוּן וַעֲשִׂיתֶם

17 לָכֶם פֶּסֶל תְּמוּנַת כָּל־סָמֶל תַּבְנִית זָכָר אוֹ נְקֵבָה: תַּבְנִית

כָּל־בְּהֵמָה אֲשֶׁר בָּאָרֶץ תַּבְנִית כָּל־צִפּוֹר כָּנָף אֲשֶׁר תָּעוּף בַּשָּׁמָיִם:

18 תַּבְנִית כָּל־רֹמֵשׂ בָּאֲדָמָה תַּבְנִית כָּל־דָּגָה אֲשֶׁר־בַּמַּיִם מִתַּחַת

19 לָאָרֶץ: וּפֶן־תִּשָּׂא עֵינֶיךָ הַשָּׁמַיְמָה וְרָאִיתָ אֶת־הַשֶּׁמֶשׁ וְאֶת־הַיָּרֵחַ

וְאֶת־הַכּוֹכָבִים כֹּל צְבָא הַשָּׁמַיִם וְנִדַּחְתָּ וְהִשְׁתַּחֲוִיתָ לָהֶם וַעֲבַדְתָּם

אֲשֶׁר חָלַק יְהוָה אֱלֹהֶיךָ אֹתָם לְכֹל הָעַמִּים תַּחַת כָּל־הַשָּׁמָיִם:

20 וְאֶתְכֶם לָקַח יְהוָה וַיּוֹצִא אֶתְכֶם מִכּוּר הַבַּרְזֶל מִמִּצְרָיִם לִהְיוֹת

21 לוֹ לְעַם נַחֲלָה כַּיּוֹם הַזֶּה: וַיהוָה הִתְאַנַּף־בִּי עַל־דִּבְרֵיכֶם וַיִּשָּׁבַע

21A

לְבִלְתִּי עָבְרִי אֶת־הַיַּרְדֵּן וּלְבִלְתִּי־בֹא אֶל־הָאָרֶץ הַטּוֹבָה אֲשֶׁר יְהוָה

22 אֱלֹהֶיךָ נֹתֵן לְךָ נַחֲלָה: כִּי אָנֹכִי מֵת בָּאָרֶץ הַזֹּאת אֵינֶנִּי עֹבֵר

אֶת־הַיַּרְדֵּן וְאַתֶּם עֹבְרִים וִירִשְׁתֶּם אֶת־הָאָרֶץ הַטּוֹבָה הַזֹּאת:

23 הִשָּׁמְרוּ לָכֶם פֶּן־תִּשְׁכְּחוּ אֶת־בְּרִית יְהוָה אֱלֹהֵיכֶם אֲשֶׁר כָּרַת

עִמָּכֶם וַעֲשִׂיתֶם לָכֶם פֶּסֶל תְּמוּנַת כֹּל אֲשֶׁר צִוְּךָ יְהוָה אֱלֹהֶיךָ:

24 כִּי יְהוָה אֱלֹהֶיךָ אֵשׁ אֹכְלָה הוּא אֵל קַנָּא:

25 כִּי־תוֹלִיד בָּנִים וּבְנֵי בָנִים וְנוֹשַׁנְתֶּם בָּאָרֶץ וְהִשְׁחַתֶּם וַעֲשִׂיתֶם

פֶּסֶל תְּמוּנַת כֹּל וַעֲשִׂיתֶם הָרַע בְּעֵינֵי יְהוָה־אֱלֹהֶיךָ לְהַכְעִיסוֹ:

26 הַעִידֹתִי בָכֶם הַיּוֹם אֶת־הַשָּׁמַיִם וְאֶת־הָאָרֶץ כִּי־אָבֹד תֹּאבֵדוּן מַהֵר

מֵעַל הָאָרֶץ אֲשֶׁר אַתֶּם עֹבְרִים אֶת־הַיַּרְדֵּן שָׁמָּה לְרִשְׁתָּהּ

27 לֹא־תַאֲרִיכֻן יָמִים עָלֶיהָ כִּי הִשָּׁמֵד תִּשָּׁמֵדוּן: וְהֵפִיץ יְהוָה אֶתְכֶם

בָּעַמִּים וְנִשְׁאַרְתֶּם מְתֵי מִסְפָּר בַּגּוֹיִם אֲשֶׁר יְנַהֵג יְהוָה אֶתְכֶם

28 שָׁמָּה: וַעֲבַדְתֶּם־שָׁם אֱלֹהִים מַעֲשֵׂה יְדֵי אָדָם עֵץ וָאֶבֶן אֲשֶׁר

29 לֹא־יִרְאוּן וְלֹא יִשְׁמְעוּן וְלֹא יֹאכְלוּן וְלֹא יְרִיחֻן: וּבִקַּשְׁתֶּם מִשָּׁם

אֶת־יְהוָה אֱלֹהֶיךָ וּמָצָאתָ כִּי תִדְרְשֶׁנּוּ בְּכָל־לְבָבְךָ וּבְכָל־נַפְשֶׁךָ:

30 בַּצַּר לְךָ וּמְצָאוּךָ כֹּל הַדְּבָרִים הָאֵלֶּה בְּאַחֲרִית הַיָּמִים וְשַׁבְתָּ

31 עַד־יְהוָה אֱלֹהֶיךָ וְשָׁמַעְתָּ בְּקֹלוֹ: כִּי אֵל רַחוּם יְהוָה אֱלֹהֶיךָ לֹא

יַרְפְּךָ וְלֹא יַשְׁחִיתֶךָ וְלֹא יִשְׁכַּח אֶת־בְּרִית אֲבֹתֶיךָ אֲשֶׁר נִשְׁבַּע

stroy thee, nor forget the covenant of thy fathers which he sware unto them.

32 For ask now of the days that are past, which were before thee, since the day that God created man upon the earth, and *ask* from the one side of heaven unto the other, whether there hath been *any such thing* as this great thing *is,* or hath been heard like it?

33 Did *ever* people hear the voice of God speaking out of the midst of the fire, as thou hast heard, and live?

34 Or hath God assayed to go *and* take him a nation from the midst of *another* nation, by temptations, by signs, and by wonders, and by war, and by a mighty hand, and by a stretched out arm, and by great terrors, according to all that the LORD your God did for you in Egypt before your eyes?

35 Unto thee it was shewed, that thou mightest know that the LORD he *is* God; *there is* none else beside him.

36 Out of heaven he made thee to hear his voice, that he might instruct thee: and upon earth he shewed thee his great fire; and thou heardest his words out of the midst of the fire.

37 And because he loved thy fathers, therefore he chose their seed after them, and brought thee out in his sight with his mighty power out of Egypt;

38 To drive out nations from before thee greater and mightier than thou *art,* to bring thee in, to give thee their land *for* an inheritance, as *it is* this day.

39 Know therefore this day, and consider *it* in thine heart, that the LORD he *is* God in heaven above, and upon the earth beneath: *there is* none else.

40 Thou shalt keep therefore his statutes, and his commandments, which I command thee this day, that it may go well with thee, and with thy children after thee, and that thou mayest prolong *thy* days upon the earth, which the LORD thy God giveth thee, for ever.

41 ¶ Then Moses severed three cities on this side Jordan toward the sunrising;

42 That the slayer might flee thither, which should kill his neighbour unawares, and hated him not in times past; and that fleeing unto one of these cities he might live:

43 *Namely,* Bezer in the wilderness, in the plain country, of the Reubenites; and Ramoth in Gilead, of the Gadites; and Golan in Bashan, of the Manassites.

44 ¶ And this *is* the law which Moses set before the children of Israel:

45 These *are* the testimonies, and the statutes, and the judgments, which Moses spake unto the children of Israel, after they came forth out of Egypt,

46 On this side Jordan, in the valley over against Beth-peor, in the land of Sihon king of the Amorites, who dwelt at Heshbon, whom Moses and the children of Israel smote, after they were come forth out of Egypt:

47 And they possessed his land, and the land of Og king of Bashan, two kings of the Amorites, which *were* on this side Jordan toward the sunrising;

48 From Aroer, which *is* by the bank of the river Arnon, even unto mount Sion, which *is* Hermon,

49 And all the plain on this side Jordan eastward, even unto the sea of the plain, under the springs of Pisgah.

CHAPTER 5

1 And Moses called all Israel, and said unto them, Hear, O Israel, the statutes and judgments which I speak in your ears this day, that ye may learn them, and keep, and do them.

2 The LORD our God made a covenant with us in Horeb.

3 The LORD made not this covenant with our fathers, but with us, *even* us, who *are* all of us here alive this day.

4 The LORD talked with you face to face in the mount out of the midst of the fire,

5 (I stood between the LORD and you at that time, to shew you the word of the LORD: for ye were afraid by reason of the

32 לָהֶם: כִּי שְׁאַל־נָא לְיָמִים רִאשֹׁנִים אֲשֶׁר־הָיוּ לְפָנֶיךָ לְמִן־הַיּוֹם אֲשֶׁר בָּרָא אֱלֹהִים ׀ אָדָם עַל־הָאָרֶץ וּלְמִקְצֵה הַשָּׁמַיִם וְעַד־קְצֵה

33 הַשָּׁמָיִם הֲנִהְיָה כַּדָּבָר הַגָּדוֹל הַזֶּה אוֹ הֲנִשְׁמַע כָּמֹהוּ: הֲשָׁמַע עָם

34 קוֹל אֱלֹהִים מְדַבֵּר מִתּוֹךְ־הָאֵשׁ כַּאֲשֶׁר־שָׁמַעְתָּ אַתָּה וַיֶּחִי: אוֹ ׀ הֲנִסָּה אֱלֹהִים לָבוֹא לָקַחַת לוֹ גוֹי מִקֶּרֶב גּוֹי בְּמַסֹּת בְּאֹתֹת וּבְמוֹפְתִים וּבְמִלְחָמָה וּבְיָד חֲזָקָה וּבִזְרוֹעַ נְטוּיָה וּבְמוֹרָאִים גְּדֹלִים

35 כְּכֹל אֲשֶׁר־עָשָׂה לָכֶם יְהוָה אֱלֹהֵיכֶם בְּמִצְרַיִם לְעֵינֶיךָ: אַתָּה

36 הָרְאֵתָ לָדַעַת כִּי יְהוָה הוּא הָאֱלֹהִים אֵין עוֹד מִלְבַדּוֹ: מִן־הַשָּׁמַיִם הִשְׁמִיעֲךָ אֶת־קֹלוֹ לְיַסְּרֶךָּ וְעַל־הָאָרֶץ הֶרְאֲךָ אֶת־אִשּׁוֹ הַגְּדוֹלָה

37 וּדְבָרָיו שָׁמַעְתָּ מִתּוֹךְ הָאֵשׁ: וְתַחַת כִּי אָהַב אֶת־אֲבֹתֶיךָ וַיִּבְחַר

38 בְּזַרְעוֹ אַחֲרָיו וַיּוֹצִאֲךָ בְּפָנָיו בְּכֹחוֹ הַגָּדֹל מִמִּצְרָיִם: לְהוֹרִישׁ גּוֹיִם גְּדֹלִים וַעֲצֻמִים מִמְּךָ מִפָּנֶיךָ לַהֲבִיאֲךָ לָתֶת־לְךָ אֶת־אַרְצָם נַחֲלָה

39 כַּיּוֹם הַזֶּה: וְיָדַעְתָּ הַיּוֹם וַהֲשֵׁבֹתָ אֶל־לְבָבֶךָ כִּי יְהוָה הוּא הָאֱלֹהִים

40 בַּשָּׁמַיִם מִמַּעַל וְעַל־הָאָרֶץ מִתָּחַת אֵין עוֹד: וְשָׁמַרְתָּ אֶת־חֻקָּיו וְאֶת־מִצְוֹתָיו אֲשֶׁר אָנֹכִי מְצַוְּךָ הַיּוֹם אֲשֶׁר יִיטַב לְךָ וּלְבָנֶיךָ אַחֲרֶיךָ וּלְמַעַן תַּאֲרִיךְ יָמִים עַל־הָאֲדָמָה אֲשֶׁר יְהוָה אֱלֹהֶיךָ נֹתֵן לְךָ כָּל־ הַיָּמִים:

41 אָז יַבְדִּיל מֹשֶׁה שָׁלֹשׁ עָרִים בְּעֵבֶר הַיַּרְדֵּן מִזְרְחָה שָׁמֶשׁ: לָנֻס
42 שָׁמָּה רוֹצֵחַ אֲשֶׁר יִרְצַח אֶת־רֵעֵהוּ בִּבְלִי־דַעַת וְהוּא לֹא־שֹׂנֵא לוֹ

43 מִתְּמוֹל שִׁלְשׁוֹם וְנָס אֶל־אַחַת מִן־הֶעָרִים הָאֵל וָחָי: אֶת־בֶּצֶר בַּמִּדְבָּר בְּאֶרֶץ הַמִּישֹׁר לָראוּבֵנִי וְאֶת־רָאמֹת בַּגִּלְעָד לַגָּדִי וְאֶת־גּוֹלָן

44 בַּבָּשָׁן לַמְנַשִּׁי: וְזֹאת הַתּוֹרָה אֲשֶׁר־שָׂם מֹשֶׁה לִפְנֵי בְּנֵי יִשְׂרָאֵל:

45 אֵלֶּה הָעֵדֹת וְהַחֻקִּים וְהַמִּשְׁפָּטִים אֲשֶׁר דִּבֶּר מֹשֶׁה אֶל־בְּנֵי יִשְׂרָאֵל

46 בְּצֵאתָם מִמִּצְרָיִם: בְּעֵבֶר הַיַּרְדֵּן בַּגַּיְא מוּל בֵּית פְּעוֹר בְּאֶרֶץ סִיחֹן מֶלֶךְ הָאֱמֹרִי אֲשֶׁר יוֹשֵׁב בְּחֶשְׁבּוֹן אֲשֶׁר הִכָּה מֹשֶׁה וּבְנֵי יִשְׂרָאֵל

47 בְּצֵאתָם מִמִּצְרָיִם: וַיִּירְשׁוּ אֶת־אַרְצוֹ וְאֶת־אֶרֶץ ׀ עוֹג מֶלֶךְ־הַבָּשָׁן

48 שְׁנֵי מַלְכֵי הָאֱמֹרִי אֲשֶׁר בְּעֵבֶר הַיַּרְדֵּן מִזְרַח שָׁמֶשׁ: מֵעֲרֹעֵר אֲשֶׁר

49 עַל־שְׂפַת־נַחַל אַרְנֹן וְעַד־הַר שִׂיאֹן הוּא חֶרְמוֹן: וְכָל־הָעֲרָבָה עֵבֶר הַיַּרְדֵּן מִזְרָחָה וְעַד יָם הָעֲרָבָה תַּחַת אַשְׁדֹּת הַפִּסְגָּה:

5 1 וַיִּקְרָא מֹשֶׁה אֶל־כָּל־יִשְׂרָאֵל וַיֹּאמֶר אֲלֵהֶם שְׁמַע יִשְׂרָאֵל אֶת־ הַחֻקִּים וְאֶת־הַמִּשְׁפָּטִים אֲשֶׁר אָנֹכִי דֹּבֵר בְּאָזְנֵיכֶם הַיּוֹם וּלְמַדְתֶּם

2 אֹתָם וּשְׁמַרְתֶּם לַעֲשֹׂתָם: יְהוָה אֱלֹהֵינוּ כָּרַת עִמָּנוּ בְּרִית בְּחֹרֵב:

3 לֹא אֶת־אֲבֹתֵינוּ כָּרַת יְהוָה אֶת־הַבְּרִית הַזֹּאת כִּי אִתָּנוּ אֲנַחְנוּ

4 אֵלֶּה פֹה הַיּוֹם כֻּלָּנוּ חַיִּים: פָּנִים ׀ בְּפָנִים דִּבֶּר יְהוָה עִמָּכֶם בָּהָר

5 מִתּוֹךְ הָאֵשׁ: אָנֹכִי עֹמֵד בֵּין־יְהוָה וּבֵינֵיכֶם בָּעֵת הַהִוא לְהַגִּיד

fire, and went not up into the mount;) saying,

6[6a] ¶ I *am* the LORD thy God, which brought thee out of the land of Egypt, from the house of bondage.

7[6b] Thou shalt have none other gods before me.

8[7] Thou shalt not make thee *any* graven image, *or* any likeness *of any thing* that *is* in heaven above, or that *is* in the earth beneath, or that *is* in the waters beneath the earth:

9[8] Thou shalt not bow down thyself unto them, nor serve them: for I the LORD thy God *am* a jealous God, visiting the iniquity of the fathers upon the children unto the third and fourth *generation* of them that hate me,

10[9] And shewing mercy unto thousands of them that love me and keep my commandments.

11[10] Thou shalt not take the name of the LORD thy God in vain: for the LORD will not hold *him* guiltless that taketh his name in vain.

12[11] Keep the sabbath day to sanctify it, as the LORD thy God hath commanded thee.

13[12] Six days thou shalt labour, and do all thy work:

14[13] But the seventh day *is* the sabbath of the LORD thy God: *in it* thou shalt not do any work, thou, nor thy son, nor thy daughter, nor thy manservant, nor thy maidservant, nor thine ox, nor thine ass, nor any of thy cattle, nor thy stranger that *is* within thy gates; that thy manservant and thy maidservant may rest as well as thou.

15[14] And remember that thou wast a servant in the land of Egypt, and *that* the LORD thy God brought thee out thence through a mighty hand and by a stretched out arm: therefore the LORD thy God commanded thee to keep the sabbath day.

16[15] ¶ Honour thy father and thy mother, as the LORD thy God hath commanded thee; that thy days may be prolonged, and that it may go well with thee, in the land which the LORD thy God giveth thee.

17[16a] Thou shalt not kill.

18[16b] Neither shalt thou commit adultery.

19[16c] Neither shalt thou steal.

20[16d] Neither shalt thou bear false witness against thy neighbour.

21[17] Neither shalt thou desire thy neighbour's wife, neither shalt thou covet thy neighbour's house, his field, or his manservant, or his maidservant, his ox, or his ass, or any *thing* that *is* thy neighbour's.

22[18] ¶ These words the LORD spake unto all your assembly in the mount out of the midst of the fire, of the cloud, and of the thick darkness, with a great voice: and he added no more. And he wrote them in two tables of stone, and delivered them unto me.

23[19] And it came to pass, when ye heard the voice out of the midst of the darkness, (for the mountain did burn with fire,) that ye came near unto me, *even* all the heads of your tribes, and your elders;

24[20] And ye said, Behold, the LORD our God hath shewed us his glory and his greatness, and we have heard his voice out of the midst of the fire: we have seen this day that God doth talk with man, and he liveth.

25[21] Now therefore why should we die? for this great fire will consume us: if we hear the voice of the LORD our God any more, then we shall die.

26[22] For who *is there of* all flesh, that hath heard the voice of the living God speaking out of the midst of the fire, as we *have,* and lived?

27[23] Go thou near, and hear all that the LORD our God shall say: and speak thou unto us all that the LORD our God shall speak unto thee; and we will hear *it,* and do *it.*

28[24] And the LORD heard the voice of your words, when ye spake unto me; and the LORD said unto me, I have heard the voice of the words of this people, which they have spoken unto thee: they have well said all that they have spoken.

29[25] O that there were such an heart in them, that they would fear me, and keep all my commandments always, that

לָכֶם אֶת־דְּבַר יְהֹוָה כִּי יְרֵאתֶם מִפְּנֵי הָאֵשׁ וְלֹא־עֲלִיתֶם בָּהָר

6 לֵאמֹר: אָנֹכִי יְהֹוָה אֱלֹהֶיךָ אֲשֶׁר הוֹצֵאתִיךָ מֵאֶרֶץ מִצְרַיִם

7 מִבֵּית עֲבָדִים לֹא יִהְיֶה לְךָ אֱלֹהִים אֲחֵרִים עַל־פָּנָי: לֹא־תַעֲשֶׂה

לְךָ פֶסֶל כָּל־תְּמוּנָה אֲשֶׁר בַּשָּׁמַיִם מִמַּעַל וַאֲשֶׁר בָּאָרֶץ מִתָּחַת

8 וַאֲשֶׁר בַּמַּיִם מִתַּחַת לָאָרֶץ: לֹא־תִשְׁתַּחֲוֶה לָהֶם וְלֹא תָעָבְדֵם כִּי

אָנֹכִי יְהֹוָה אֱלֹהֶיךָ אֵל קַנָּא פֹּקֵד עֲוֹן אָבֹת עַל־בָּנִים וְעַל־שִׁלֵּשִׁים

9 וְעַל־רִבֵּעִים לְשֹׂנְאָי: וְעֹשֶׂה חֶסֶד לַאֲלָפִים לְאֹהֲבַי וּלְשֹׁמְרֵי

10 מִצְוֹתָו: לֹא תִשָּׂא אֶת־שֵׁם־יְהֹוָה אֱלֹהֶיךָ לַשָּׁוְא כִּי לֹא

11 יְנַקֶּה יְהֹוָה אֵת אֲשֶׁר־יִשָּׂא אֶת־שְׁמוֹ לַשָּׁוְא: שָׁמוֹר

12 אֶת־יוֹם הַשַּׁבָּת לְקַדְּשׁוֹ כַּאֲשֶׁר צִוְּךָ יְהֹוָה אֱלֹהֶיךָ: שֵׁשֶׁת יָמִים

13 תַּעֲבֹד וְעָשִׂיתָ כָּל־מְלַאכְתֶּךָ: וְיוֹם הַשְּׁבִיעִי שַׁבָּת לַיהֹוָה אֱלֹהֶיךָ

לֹא תַעֲשֶׂה כָל־מְלָאכָה אַתָּה וּבִנְךָ־וּבִתֶּךָ וְעַבְדְּךָ־וַאֲמָתֶךָ וְשׁוֹרְךָ

וַחֲמֹרְךָ וְכָל־בְּהֶמְתֶּךָ וְגֵרְךָ אֲשֶׁר בִּשְׁעָרֶיךָ לְמַעַן יָנוּחַ עַבְדְּךָ וַאֲמָתְךָ

14 כָּמוֹךָ: וְזָכַרְתָּ כִּי עֶבֶד הָיִיתָ בְּאֶרֶץ מִצְרַיִם וַיֹּצִאֲךָ יְהֹוָה אֱלֹהֶיךָ

מִשָּׁם בְּיָד חֲזָקָה וּבִזְרֹעַ נְטוּיָה עַל־כֵּן צִוְּךָ יְהֹוָה אֱלֹהֶיךָ לַעֲשׂוֹת

15 אֶת־יוֹם הַשַּׁבָּת: כַּבֵּד אֶת־אָבִיךָ וְאֶת־אִמֶּךָ כַּאֲשֶׁר צִוְּךָ

יְהֹוָה אֱלֹהֶיךָ לְמַעַן יַאֲרִיכֻן יָמֶיךָ וּלְמַעַן יִיטַב לָךְ עַל הָאֲדָמָה

16 אֲשֶׁר־יְהֹוָה אֱלֹהֶיךָ נֹתֵן לָךְ:   לֹא תִרְצָח: וְלֹא

תִנְאָף   וְלֹא תִגְנֹב   וְלֹא־תַעֲנֶה בְרֵעֲךָ עֵד

17 שָׁוְא: וְלֹא תַחְמֹד אֵשֶׁת רֵעֶךָ   וְלֹא תִתְאַוֶּה

בֵּית רֵעֶךָ שָׂדֵהוּ וְעַבְדּוֹ וַאֲמָתוֹ שׁוֹרוֹ וַחֲמֹרוֹ וְכֹל אֲשֶׁר

18 לְרֵעֶךָ:   אֶת־הַדְּבָרִים הָאֵלֶּה דִּבֶּר יְהֹוָה אֶל־כָּל־קְהַלְכֶם

בָּהָר מִתּוֹךְ הָאֵשׁ הֶעָנָן וְהָעֲרָפֶל קוֹל גָּדוֹל וְלֹא יָסָף וַיִּכְתְּבֵם

19 עַל־שְׁנֵי לֻחֹת אֲבָנִים וַיִּתְּנֵם אֵלָי: וַיְהִי כְּשָׁמְעֲכֶם אֶת־הַקּוֹל מִתּוֹךְ

הַחֹשֶׁךְ וְהָהָר בֹּעֵר בָּאֵשׁ וַתִּקְרְבוּן אֵלַי כָּל־רָאשֵׁי שִׁבְטֵיכֶם וְזִקְנֵיכֶם:

20 וַתֹּאמְרוּ הֵן הֶרְאָנוּ יְהֹוָה אֱלֹהֵינוּ אֶת־כְּבֹדוֹ וְאֶת־גָּדְלוֹ וְאֶת־קֹלוֹ

שָׁמַעְנוּ מִתּוֹךְ הָאֵשׁ הַיּוֹם הַזֶּה רָאִינוּ כִּי־יְדַבֵּר אֱלֹהִים אֶת־הָאָדָם

21 וָחָי: וְעַתָּה לָמָּה נָמוּת כִּי תֹאכְלֵנוּ הָאֵשׁ הַגְּדֹלָה הַזֹּאת אִם־יֹסְפִים

22 אֲנַחְנוּ לִשְׁמֹעַ אֶת־קוֹל יְהֹוָה אֱלֹהֵינוּ עוֹד וָמָתְנוּ: כִּי מִי כָל־בָּשָׂר

23 אֲשֶׁר שָׁמַע קוֹל אֱלֹהִים חַיִּים מְדַבֵּר מִתּוֹךְ־הָאֵשׁ כָּמֹנוּ וַיֶּחִי: קְרַב

אַתָּה וּשֲׁמָע אֵת כָּל־אֲשֶׁר יֹאמַר יְהֹוָה אֱלֹהֵינוּ וְאַתְּ תְּדַבֵּר אֵלֵינוּ

24 אֵת כָּל־אֲשֶׁר יְדַבֵּר יְהֹוָה אֱלֹהֵינוּ אֵלֶיךָ וְשָׁמַעְנוּ וְעָשִׂינוּ: וַיִּשְׁמַע

יְהֹוָה אֶת־קוֹל דִּבְרֵיכֶם בְּדַבֶּרְכֶם אֵלָי וַיֹּאמֶר יְהֹוָה אֵלַי שָׁמַעְתִּי

אֶת־קוֹל דִּבְרֵי הָעָם הַזֶּה אֲשֶׁר דִּבְּרוּ אֵלֶיךָ הֵיטִיבוּ כָּל־אֲשֶׁר

25 דִּבֵּרוּ: מִי־יִתֵּן וְהָיָה לְבָבָם זֶה לָהֶם לְיִרְאָה אֹתִי וְלִשְׁמֹר אֶת־

11A   שָׁמוֹר

12A   שֵׁשֶׁת יָמִים

13A   אֱלֹהֶיךָ

14A   אֱלֹהֶיךָ

16A   וְלֹא

מִצְוֹתַי

חֲמִישִׁי

it might be well with them, and with their children for ever!

30[26] Go say to them, Get you into your tents again.

31[27] But as for thee, stand thou here by me, and I will speak unto thee all the commandments, and the statutes, and the judgments, which thou shalt teach them, that they may do *them* in the land which I give them to possess it.

32[28] Ye shall observe to do therefore as the Lord your God hath commanded you: ye shall not turn aside to the right hand or to the left.

33[29] Ye shall walk in all the ways which the Lord your God hath commanded you, that ye may live, and *that it may be* well with you, and *that* ye may prolong *your* days in the land which ye shall possess.

CHAPTER 6

1 Now these *are* the commandments, the statutes, and the judgments, which the Lord your God commanded to teach you, that ye might do *them* in the land whither ye go to possess it:

2 That thou mightest fear the Lord thy God, to keep all his statutes and his commandments, which I command thee, thou, and thy son, and thy son's son, all the days of thy life; and that thy days may be prolonged.

3 ¶ Hear therefore, O Israel, and observe to do *it;* that it may be well with thee, and that ye may increase mightily, as the Lord God of thy fathers hath promised thee, in the land that floweth with milk and honey.

4 Hear, O Israel: The Lord our God *is* one Lord:

5 And thou shalt love the Lord thy God with all thine heart, and with all thy soul, and with all thy might.

6 And these words, which I command thee this day, shall be in thine heart:

7 And thou shalt teach them diligently unto thy children, and shalt talk of them when thou sittest in thine house, and when thou walkest by the way, and when thou liest down, and when thou risest up.

8 And thou shalt bind them for a sign upon thine hand, and they shall be as frontlets between thine eyes.

9 And thou shalt write them upon the posts of thy house, and on thy gates.

10 And it shall be, when the Lord thy God shall have brought thee into the land which he sware unto thy fathers, to Abraham, to Isaac, and to Jacob, to give thee great and goodly cities, which thou buildedst not,

11 And houses full of all good *things,* which thou filledst not, and wells digged, which thou diggedst not, vineyards and olive trees, which thou plantedst not; when thou shalt have eaten and be full;

12 *Then* beware lest thou forget the Lord, which brought thee forth out of the land of Egypt, from the house of bondage.

13 Thou shalt fear the Lord thy God, and serve him, and shalt swear by his name.

14 Ye shall not go after other gods, of the gods of the people which *are* round about you;

15 (For the Lord thy God *is* a jealous God among you) lest the anger of the Lord thy God be kindled against thee, and destroy thee from off the face of the earth.

16 ¶ Ye shall not tempt the Lord your God, as ye tempted *him* in Massah.

17 Ye shall diligently keep the commandments of the Lord your God, and his testimonies, and his statutes, which he hath commanded thee.

18 And thou shalt do *that which is* right and good in the sight of the Lord: that it may be well with thee, and that thou mayest go in and possess the good land which the Lord sware unto thy fathers,

19 To cast out all thine enemies from before thee, as the Lord hath spoken.

20 *And* when thy son asketh thee in time to come, saying, What *mean* the testimonies, and the statutes, and the judgments, which the Lord our God hath commanded you?

21 Then thou shalt say unto thy son, We were Pharaoh's bondmen in Egypt; and the Lord brought us out of Egypt with a mighty hand:

26 כָּל־מִצְוֺתַי כָּל־הַיָּמִים לְמַעַן יִיטַב לָהֶם וְלִבְנֵיהֶם לְעֹלָם: לֵךְ

27 אֱמֹר לָהֶם שׁוּבוּ לָכֶם לְאָהֳלֵיכֶם: וְאַתָּה פֹּה עֲמֹד עִמָּדִי וַאֲדַבְּרָה אֵלֶיךָ אֵת כָּל־הַמִּצְוָה וְהַחֻקִּים וְהַמִּשְׁפָּטִים אֲשֶׁר תְּלַמְּדֵם וְעָשׂוּ

28 בָאָרֶץ אֲשֶׁר אָנֹכִי נֹתֵן לָהֶם לְרִשְׁתָּהּ: וּשְׁמַרְתֶּם לַעֲשׂוֹת כַּאֲשֶׁר

29 צִוָּה יְהוָה אֱלֹהֵיכֶם אֶתְכֶם לֹא תָסֻרוּ יָמִין וּשְׂמֹאל: בְּכָל־הַדֶּרֶךְ אֲשֶׁר צִוָּה יְהוָה אֱלֹהֵיכֶם אֶתְכֶם תֵּלֵכוּ לְמַעַן תִּחְיוּן וְטוֹב לָכֶם

6 1 וְהַאֲרַכְתֶּם יָמִים בָּאָרֶץ אֲשֶׁר תִּירָשׁוּן: וְזֹאת הַמִּצְוָה הַחֻקִּים וְהַמִּשְׁפָּטִים אֲשֶׁר צִוָּה יְהוָה אֱלֹהֵיכֶם לְלַמֵּד אֶתְכֶם לַעֲשׂוֹת בָּאָרֶץ

2 אֲשֶׁר אַתֶּם עֹבְרִים שָׁמָּה לְרִשְׁתָּהּ: לְמַעַן תִּירָא אֶת־יְהוָה אֱלֹהֶיךָ לִשְׁמֹר אֶת־כָּל־חֻקֹּתָיו וּמִצְוֺתָיו אֲשֶׁר אָנֹכִי מְצַוֶּךָ אַתָּה וּבִנְךָ

3 וּבֶן־בִּנְךָ כֹּל יְמֵי חַיֶּיךָ וּלְמַעַן יַאֲרִכֻן יָמֶיךָ: וְשָׁמַעְתָּ יִשְׂרָאֵל וְשָׁמַרְתָּ לַעֲשׂוֹת אֲשֶׁר יִיטַב לְךָ וַאֲשֶׁר תִּרְבּוּן מְאֹד כַּאֲשֶׁר דִּבֶּר יְהוָה אֱלֹהֵי אֲבֹתֶיךָ לָךְ אֶרֶץ זָבַת חָלָב וּדְבָשׁ:

ששי 4
5 שְׁמַע יִשְׂרָאֵל יְהוָה אֱלֹהֵינוּ יְהוָה אֶחָד: וְאָהַבְתָּ אֵת יְהוָה אֱלֹהֶיךָ

6 בְּכָל־לְבָבְךָ וּבְכָל־נַפְשְׁךָ וּבְכָל־מְאֹדֶךָ: וְהָיוּ הַדְּבָרִים הָאֵלֶּה אֲשֶׁר

7 אָנֹכִי מְצַוְּךָ הַיּוֹם עַל־לְבָבֶךָ: וְשִׁנַּנְתָּם לְבָנֶיךָ וְדִבַּרְתָּ בָּם בְּשִׁבְתְּךָ

8 בְּבֵיתֶךָ וּבְלֶכְתְּךָ בַדֶּרֶךְ וּבְשָׁכְבְּךָ וּבְקוּמֶךָ: וּקְשַׁרְתָּם לְאוֹת עַל־

9 יָדֶךָ וְהָיוּ לְטֹטָפֹת בֵּין עֵינֶיךָ: וּכְתַבְתָּם עַל־מְזֻזֹת בֵּיתֶךָ

10 וּבִשְׁעָרֶיךָ: וְהָיָה כִּי יְבִיאֲךָ יְהוָה אֱלֹהֶיךָ אֶל־הָאָרֶץ אֲשֶׁר נִשְׁבַּע לַאֲבֹתֶיךָ לְאַבְרָהָם לְיִצְחָק וּלְיַעֲקֹב לָתֶת לָךְ עָרִים

11 גְּדֹלֹת וְטֹבֹת אֲשֶׁר לֹא־בָנִיתָ: וּבָתִּים מְלֵאִים כָּל־טוּב אֲשֶׁר לֹא־מִלֵּאתָ וּבֹרֹת חֲצוּבִים אֲשֶׁר לֹא־חָצַבְתָּ כְּרָמִים וְזֵיתִים אֲשֶׁר

12 לֹא־נָטָעְתָּ וְאָכַלְתָּ וְשָׂבָעְתָּ: הִשָּׁמֶר לְךָ פֶּן־תִּשְׁכַּח אֶת־יְהוָה אֲשֶׁר

13 הוֹצִיאֲךָ מֵאֶרֶץ מִצְרַיִם מִבֵּית עֲבָדִים: אֶת־יְהוָה אֱלֹהֶיךָ תִּירָא

14 וְאֹתוֹ תַעֲבֹד וּבִשְׁמוֹ תִּשָּׁבֵעַ: לֹא תֵלְכוּן אַחֲרֵי אֱלֹהִים אֲחֵרִים

15 מֵאֱלֹהֵי הָעַמִּים אֲשֶׁר סְבִיבוֹתֵיכֶם: כִּי אֵל קַנָּא יְהוָה אֱלֹהֶיךָ בְּקִרְבֶּךָ פֶּן־יֶחֱרֶה אַף־יְהוָה אֱלֹהֶיךָ בָּךְ וְהִשְׁמִידְךָ מֵעַל פְּנֵי

16 הָאֲדָמָה: לֹא תְנַסּוּ אֶת־יְהוָה אֱלֹהֵיכֶם כַּאֲשֶׁר נִסִּיתֶם

17 בַּמַּסָּה: שָׁמוֹר תִּשְׁמְרוּן אֶת־מִצְוֺת יְהוָה אֱלֹהֵיכֶם וְעֵדֹתָיו וְחֻקָּיו

18 אֲשֶׁר צִוָּךְ: וְעָשִׂיתָ הַיָּשָׁר וְהַטּוֹב בְּעֵינֵי יְהוָה לְמַעַן יִיטַב לָךְ וּבָאתָ וְיָרַשְׁתָּ אֶת־הָאָרֶץ הַטֹּבָה אֲשֶׁר־נִשְׁבַּע יְהוָה לַאֲבֹתֶיךָ:

19
20 לַהֲדֹף אֶת־כָּל־אֹיְבֶיךָ מִפָּנֶיךָ כַּאֲשֶׁר דִּבֶּר יְהוָה: כִּי־ יִשְׁאָלְךָ בִנְךָ מָחָר לֵאמֹר מָה הָעֵדֹת וְהַחֻקִּים וְהַמִּשְׁפָּטִים אֲשֶׁר

21 צִוָּה יְהוָה אֱלֹהֵינוּ אֶתְכֶם: וְאָמַרְתָּ לְבִנְךָ עֲבָדִים הָיִינוּ לְפַרְעֹה

22 בְּמִצְרָיִם וַיּוֹצִיאֵנוּ יְהוָה מִמִּצְרַיִם בְּיָד חֲזָקָה: וַיִּתֵּן יְהוָה אוֹתֹת

22 And the LORD shewed signs and wonders, great and sore, upon Egypt, upon Pharaoh, and upon all his household, before our eyes:

23 And he brought us out from thence, that he might bring us in, to give us the land which he sware unto our fathers.

24 And the LORD commanded us to do all these statutes, to fear the LORD our God, for our good always, that he might preserve us alive, as *it is* at this day.

25 And it shall be our righteousness, if we observe to do all these commandments before the LORD our God, as he hath commanded us.

CHAPTER 7

1 When the LORD thy God shall bring thee into the land whither thou goest to possess it, and hath cast out many nations before thee, the Hittites, and the Girgashites, and the Amorites, and the Canaanites, and the Perizzites, and the Hivites, and the Jebusites, seven nations greater and mightier than thou;

2 And when the LORD thy God shall deliver them before thee; thou shalt smite them, *and* utterly destroy them; thou shalt make no covenant with them, nor shew mercy unto them:

3 Neither shalt thou make marriages with them; thy daughter thou shalt not give unto his son, nor his daughter shalt thou take unto thy son.

4 For they will turn away thy son from following me, that they may serve other gods: so will the anger of the LORD be kindled against you, and destroy thee suddenly.

5 But thus shall ye deal with them; ye shall destroy their altars, and break down their images, and cut down their groves, and burn their graven images with fire.

6 For thou *art* an holy people unto the LORD thy God: the LORD thy God hath chosen thee to be a special people unto himself, above all people that *are* upon the face of the earth.

7 The LORD did not set his love upon you, nor choose you, because ye were more in number than any people; for ye *were* the fewest of all people:

8 But because the LORD loved you, and because he would keep the oath which he had sworn unto your fathers, hath the LORD brought you out with a mighty hand, and redeemed you out of the house of bondmen, from the hand of Pharaoh king of Egypt.

9 Know therefore that the LORD thy God, he *is* God, the faithful God, which keepeth covenant and mercy with them that love him and keep his commandments to a thousand generations;

10 And repayeth them that hate him to their face, to destroy them: he will not be slack to him that hateth him, he will repay him to his face.

11 Thou shalt therefore keep the commandments, and the statutes, and the judgments, which I command thee this day, to do them.

12 ¶ Wherefore it shall come to pass, if ye hearken to these judgments, and keep, and do them, that the LORD thy God shall keep unto thee the covenant and the mercy which he sware unto thy fathers:

13 And he will love thee, and bless thee, and multiply thee: he will also bless the fruit of thy womb, and the fruit of thy land, thy corn, and thy wine, and thine oil, the increase of thy kine, and the flocks of thy sheep, in the land which he sware unto thy fathers to give thee.

14 Thou shalt be blessed above all people: there shall not be male or female barren among you, or among your cattle.

15 And the LORD will take away from thee all sickness, and will put none of the evil diseases of Egypt, which thou knowest, upon thee; but will lay them upon all *them* that hate thee.

16 And thou shalt consume all the people which the LORD thy God shall deliver thee; thine eye shall have no pity upon them: neither shalt thou serve their gods; for that *will be* a snare unto thee.

17 If thou shalt say in thine heart, These nations *are* more than I; how can I dispossess them?

18 Thou shalt not be afraid of them: *but* shalt well remember what the LORD thy

23 וּמוֹפְתִים גְּדֹלִים וְרָעִים בְּמִצְרַיִם בְּפַרְעֹה וּבְכָל־בֵּיתוֹ לְעֵינֵינוּ: וְאוֹתָנוּ
הוֹצִיא מִשָּׁם לְמַעַן הָבִיא אֹתָנוּ לָתֶת לָנוּ אֶת־הָאָרֶץ אֲשֶׁר נִשְׁבַּע
24 לַאֲבֹתֵינוּ: וַיְצַוֵּנוּ יְהֹוָה לַעֲשׂוֹת אֶת־כָּל־הַחֻקִּים הָאֵלֶּה לְיִרְאָה
25 אֶת־יְהֹוָה אֱלֹהֵינוּ לְטוֹב לָנוּ כָּל־הַיָּמִים לְחַיֹּתֵנוּ כְּהַיּוֹם הַזֶּה: וּצְדָקָה
תִּהְיֶה־לָּנוּ כִּי־נִשְׁמֹר לַעֲשׂוֹת אֶת־כָּל־הַמִּצְוָה הַזֹּאת לִפְנֵי יְהֹוָה

7 1 אֱלֹהֵינוּ כַּאֲשֶׁר צִוָּנוּ: כִּי יְבִיאֲךָ יְהֹוָה אֱלֹהֶיךָ אֶל־הָאָרֶץ
אֲשֶׁר־אַתָּה בָא־שָׁמָּה לְרִשְׁתָּהּ וְנָשַׁל גּוֹיִם־רַבִּים מִפָּנֶיךָ הַחִתִּי
וְהַגִּרְגָּשִׁי וְהָאֱמֹרִי וְהַכְּנַעֲנִי וְהַפְּרִזִּי וְהַחִוִּי וְהַיְבוּסִי שִׁבְעָה גוֹיִם
2 רַבִּים וַעֲצוּמִים מִמֶּךָּ: וּנְתָנָם יְהֹוָה אֱלֹהֶיךָ לְפָנֶיךָ וְהִכִּיתָם הַחֲרֵם
3 תַּחֲרִים אֹתָם לֹא־תִכְרֹת לָהֶם בְּרִית וְלֹא תְחָנֵּם: וְלֹא תִתְחַתֵּן
4 בָּם בִּתְּךָ לֹא־תִתֵּן לִבְנוֹ וּבִתּוֹ לֹא־תִקַּח לִבְנֶךָ: כִּי־יָסִיר אֶת־בִּנְךָ
מֵאַחֲרַי וְעָבְדוּ אֱלֹהִים אֲחֵרִים וְחָרָה אַף־יְהֹוָה בָּכֶם וְהִשְׁמִידְךָ
5 מַהֵר: כִּי־אִם־כֹּה תַעֲשׂוּ לָהֶם מִזְבְּחֹתֵיהֶם תִּתֹּצוּ וּמַצֵּבֹתָם תְּשַׁבֵּרוּ
6 וַאֲשֵׁירֵהֶם תְּגַדֵּעוּן וּפְסִילֵיהֶם תִּשְׂרְפוּן בָּאֵשׁ: כִּי עַם קָדוֹשׁ אַתָּה
לַיהֹוָה אֱלֹהֶיךָ בְּךָ בָּחַר יְהֹוָה אֱלֹהֶיךָ לִהְיוֹת לוֹ לְעַם סְגֻלָּה מִכֹּל
7 הָעַמִּים אֲשֶׁר עַל־פְּנֵי הָאֲדָמָה: לֹא מֵרֻבְּכֶם מִכָּל־הָעַמִּים חָשַׁק
8 יְהֹוָה בָּכֶם וַיִּבְחַר בָּכֶם כִּי־אַתֶּם הַמְעַט מִכָּל־הָעַמִּים: כִּי מֵאַהֲבַת
יְהֹוָה אֶתְכֶם וּמִשָּׁמְרוֹ אֶת־הַשְּׁבֻעָה אֲשֶׁר נִשְׁבַּע לַאֲבֹתֵיכֶם הוֹצִיא
יְהֹוָה אֶתְכֶם בְּיָד חֲזָקָה וַיִּפְדְּךָ מִבֵּית עֲבָדִים מִיַּד פַּרְעֹה
9 מֶלֶךְ־מִצְרָיִם: וְיָדַעְתָּ כִּי־יְהֹוָה אֱלֹהֶיךָ הוּא הָאֱלֹהִים הָאֵל הַנֶּאֱמָן
10 שֹׁמֵר הַבְּרִית וְהַחֶסֶד לְאֹהֲבָיו וּלְשֹׁמְרֵי מִצְוֹתָו לְאֶלֶף דּוֹר: וּמְשַׁלֵּם
לְשֹׂנְאָיו אֶל־פָּנָיו לְהַאֲבִידוֹ לֹא יְאַחֵר לְשֹׂנְאוֹ אֶל־פָּנָיו יְשַׁלֶּם־לוֹ:
11 וְשָׁמַרְתָּ אֶת־הַמִּצְוָה וְאֶת־הַחֻקִּים וְאֶת־הַמִּשְׁפָּטִים אֲשֶׁר אָנֹכִי מְצַוְּךָ
הַיּוֹם לַעֲשׂוֹתָם:

12 וְהָיָה עֵקֶב תִּשְׁמְעוּן אֵת הַמִּשְׁפָּטִים הָאֵלֶּה וּשְׁמַרְתֶּם וַעֲשִׂיתֶם
אֹתָם וְשָׁמַר יְהֹוָה אֱלֹהֶיךָ לְךָ אֶת־הַבְּרִית וְאֶת־הַחֶסֶד אֲשֶׁר נִשְׁבַּע
13 לַאֲבֹתֶיךָ: וַאֲהֵבְךָ וּבֵרַכְךָ וְהִרְבֶּךָ וּבֵרַךְ פְּרִי־בִטְנְךָ וּפְרִי־אַדְמָתֶךָ
דְּגָנְךָ וְתִירֹשְׁךָ וְיִצְהָרֶךָ שְׁגַר־אֲלָפֶיךָ וְעַשְׁתְּרֹת צֹאנֶךָ עַל הָאֲדָמָה
14 אֲשֶׁר־נִשְׁבַּע לַאֲבֹתֶיךָ לָתֶת לָךְ: בָּרוּךְ תִּהְיֶה מִכָּל־הָעַמִּים לֹא־יִהְיֶה
15 בְךָ עָקָר וַעֲקָרָה וּבִבְהֶמְתֶּךָ: וְהֵסִיר יְהֹוָה מִמְּךָ כָּל־חֹלִי וְכָל־מַדְוֵי
מִצְרַיִם הָרָעִים אֲשֶׁר יָדַעְתָּ לֹא יְשִׂימָם בָּךְ וּנְתָנָם בְּכָל־שֹׂנְאֶיךָ:
16 וְאָכַלְתָּ אֶת־כָּל־הָעַמִּים אֲשֶׁר יְהֹוָה אֱלֹהֶיךָ נֹתֵן לָךְ לֹא־תָחֹס עֵינְךָ
17 עֲלֵיהֶם וְלֹא תַעֲבֹד אֶת־אֱלֹהֵיהֶם כִּי־מוֹקֵשׁ הוּא לָךְ: כִּי
תֹאמַר בִּלְבָבְךָ רַבִּים הַגּוֹיִם הָאֵלֶּה מִמֶּנִּי אֵיכָה אוּכַל לְהוֹרִישָׁם:
18 לֹא תִירָא מֵהֶם זָכֹר תִּזְכֹּר אֵת אֲשֶׁר־עָשָׂה יְהֹוָה אֱלֹהֶיךָ לְפַרְעֹה

God did unto Pharaoh, and unto all Egypt;

19 The great temptations which thine eyes saw, and the signs, and the wonders, and the mighty hand, and the stretched out arm, whereby the LORD thy God brought thee out: so shall the LORD thy God do unto all the people of whom thou art afraid.

20 Moreover the LORD thy God will send the hornet among them, until they that are left, and hide themselves from thee, be destroyed.

21 Thou shalt not be affrighted at them: for the LORD thy God *is* among you, a mighty God and terrible.

22 And the LORD thy God will put out those nations before thee by little and little: thou mayest not consume them at once, lest the beasts of the field increase upon thee.

23 But the LORD thy God shall deliver them unto thee, and shall destroy them with a mighty destruction, until they be destroyed.

24 And he shall deliver their kings into thine hand, and thou shalt destroy their name from under heaven: there shall no man be able to stand before thee, until thou have destroyed them.

25 The graven images of their gods shall ye burn with fire: thou shalt not desire the silver or gold *that is* on them, nor take *it* unto thee, lest thou be snared therein: for it *is* an abomination to the LORD thy God.

26 Neither shalt thou bring an abomination into thine house, lest thou be a cursed thing like it: *but* thou shalt utterly detest it, and thou shalt utterly abhor it; for it *is* a cursed thing.

CHAPTER 8

1 All the commandments which I command thee this day shall ye observe to do, that ye may live, and multiply, and go in and possess the land which the LORD sware unto your fathers.

2 And thou shalt remember all the way which the LORD thy God led thee these forty years in the wilderness, to humble thee, *and* to prove thee, to know what *was*

in thine heart, whether thou wouldest keep his commandments, or no.

3 And he humbled thee, and suffered thee to hunger, and fed thee with manna, which thou knewest not, neither did thy fathers know; that he might make thee know that man doth not live by bread only, but by every *word* that proceedeth out of the mouth of the LORD doth man live.

4 Thy raiment waxed not old upon thee, neither did thy foot swell, these forty years.

5 Thou shalt also consider in thine heart, that, as a man chasteneth his son, *so* the LORD thy God chasteneth thee.

6 Therefore thou shalt keep the commandments of the LORD thy God, to walk in his ways, and to fear him.

7 For the LORD thy God bringeth thee into a good land, a land of brooks of water, of fountains and depths that spring out of valleys and hills;

8 A land of wheat, and barley, and vines, and fig trees, and pomegranates; a land of oil olive, and honey;

9 A land wherein thou shalt eat bread without scarceness, thou shalt not lack any *thing* in it; a land whose stones *are* iron, and out of whose hills thou mayest dig brass.

10 When thou hast eaten and art full, then thou shalt bless the LORD thy God for the good land which he hath given thee.

11 Beware that thou forget not the LORD thy God, in not keeping his commandments, and his judgments, and his statutes, which I command thee this day:

12 Lest *when* thou hast eaten and art full, and hast built goodly houses, and dwelt *therein;*

13 And *when* thy herds and thy flocks multiply, and thy silver and thy gold is multiplied, and all that thou hast is multiplied;

14 Then thine heart be lifted up, and thou forget the LORD thy God, which brought thee forth out of the land of Egypt, from the house of bondage;

15 Who led thee through that great and terrible wilderness, *wherein were* fiery ser-

19 וּלְכָל־מִצְרָיִם: הַמַּסֹּת הַגְּדֹלֹת אֲשֶׁר־רָאוּ עֵינֶיךָ וְהָאֹתֹת וְהַמֹּפְתִים
וְהַיָּד הַחֲזָקָה וְהַזְּרֹעַ הַנְּטוּיָה אֲשֶׁר הוֹצִאֲךָ יְהוָה אֱלֹהֶיךָ כֵּן־יַעֲשֶׂה

20 יְהוָה אֱלֹהֶיךָ לְכָל־הָעַמִּים אֲשֶׁר־אַתָּה יָרֵא מִפְּנֵיהֶם: וְגַם
אֶת־הַצִּרְעָה יְשַׁלַּח יְהוָה אֱלֹהֶיךָ בָּם עַד־אֲבֹד הַנִּשְׁאָרִים וְהַנִּסְתָּרִים

21 מִפָּנֶיךָ: לֹא תַעֲרֹץ מִפְּנֵיהֶם כִּי־יְהוָה אֱלֹהֶיךָ בְּקִרְבֶּךָ אֵל גָּדוֹל

22 וְנוֹרָא: וְנָשַׁל יְהוָה אֱלֹהֶיךָ אֶת־הַגּוֹיִם הָאֵל מִפָּנֶיךָ מְעַט מְעָט

23 לֹא תוּכַל כַּלֹּתָם מַהֵר פֶּן־תִּרְבֶּה עָלֶיךָ חַיַּת הַשָּׂדֶה: וּנְתָנָם יְהוָה

24 אֱלֹהֶיךָ לְפָנֶיךָ וְהָמָם מְהוּמָה גְדֹלָה עַד הִשָּׁמְדָם: וְנָתַן מַלְכֵיהֶם
בְּיָדֶךָ וְהַאֲבַדְתָּ אֶת־שְׁמָם מִתַּחַת הַשָּׁמָיִם לֹא־יִתְיַצֵּב אִישׁ בְּפָנֶיךָ

25 עַד הִשְׁמִדְךָ אֹתָם: פְּסִילֵי אֱלֹהֵיהֶם תִּשְׂרְפוּן בָּאֵשׁ לֹא־תַחְמֹד
כֶּסֶף וְזָהָב עֲלֵיהֶם וְלָקַחְתָּ לָךְ פֶּן תִּוָּקֵשׁ בּוֹ כִּי תוֹעֲבַת יְהוָה

26 אֱלֹהֶיךָ הוּא: וְלֹא־תָבִיא תוֹעֵבָה אֶל־בֵּיתֶךָ וְהָיִיתָ חֵרֶם כָּמֹהוּ
שַׁקֵּץ | תְּשַׁקְּצֶנּוּ וְתַעֵב | תְּתַעֲבֶנּוּ כִּי־חֵרֶם הוּא:

8 1 כָּל־הַמִּצְוָה אֲשֶׁר אָנֹכִי מְצַוְּךָ הַיּוֹם תִּשְׁמְרוּן לַעֲשׂוֹת לְמַעַן תִּחְיוּן
וּרְבִיתֶם וּבָאתֶם וִירִשְׁתֶּם אֶת־הָאָרֶץ אֲשֶׁר־נִשְׁבַּע יְהוָה לַאֲבֹתֵיכֶם:

2 וְזָכַרְתָּ אֶת־כָּל־הַדֶּרֶךְ אֲשֶׁר הוֹלִיכֲךָ יְהוָה אֱלֹהֶיךָ זֶה אַרְבָּעִים שָׁנָה
בַּמִּדְבָּר לְמַעַן עַנֹּתְךָ לְנַסֹּתְךָ לָדַעַת אֶת־אֲשֶׁר בִּלְבָבְךָ הֲתִשְׁמֹר

3 מִצְוֹתָו אִם־לֹא: וַיְעַנְּךָ וַיַּרְעִבֶךָ וַיַּאֲכִלְךָ אֶת־הַמָּן אֲשֶׁר לֹא־יָדַעְתָּ
וְלֹא יָדְעוּן אֲבֹתֶיךָ לְמַעַן הוֹדִיעֲךָ כִּי לֹא עַל־הַלֶּחֶם לְבַדּוֹ יִחְיֶה

מצותיו

4 הָאָדָם כִּי עַל־כָּל־מוֹצָא פִי־יְהוָה יִחְיֶה הָאָדָם: שִׂמְלָתְךָ לֹא בָלְתָה

5 מֵעָלֶיךָ וְרַגְלְךָ לֹא בָצֵקָה זֶה אַרְבָּעִים שָׁנָה: וְיָדַעְתָּ עִם־לְבָבֶךָ כִּי

6 כַּאֲשֶׁר יְיַסֵּר אִישׁ אֶת־בְּנוֹ יְהוָה אֱלֹהֶיךָ מְיַסְּרֶךָּ: וְשָׁמַרְתָּ אֶת־מִצְוֹת

7 יְהוָה אֱלֹהֶיךָ לָלֶכֶת בִּדְרָכָיו וּלְיִרְאָה אֹתוֹ: כִּי יְהוָה אֱלֹהֶיךָ מְבִיאֲךָ
אֶל־אֶרֶץ טוֹבָה אֶרֶץ נַחֲלֵי מָיִם עֲיָנֹת וּתְהֹמֹת יֹצְאִים בַּבִּקְעָה

8 וּבָהָר: אֶרֶץ חִטָּה וּשְׂעֹרָה וְגֶפֶן וּתְאֵנָה וְרִמּוֹן אֶרֶץ־זֵית שֶׁמֶן וּדְבָשׁ:

9 אֶרֶץ אֲשֶׁר לֹא בְמִסְכֵּנֻת תֹּאכַל־בָּהּ לֶחֶם לֹא־תֶחְסַר כֹּל בָּהּ אֶרֶץ

10 אֲשֶׁר אֲבָנֶיהָ בַרְזֶל וּמֵהֲרָרֶיהָ תַּחְצֹב נְחֹשֶׁת: וְאָכַלְתָּ וְשָׂבָעְתָּ וּבֵרַכְתָּ

שני

11 אֶת־יְהוָה אֱלֹהֶיךָ עַל־הָאָרֶץ הַטֹּבָה אֲשֶׁר נָתַן־לָךְ: הִשָּׁמֶר לְךָ
פֶּן־תִּשְׁכַּח אֶת־יְהוָה אֱלֹהֶיךָ לְבִלְתִּי שְׁמֹר מִצְוֹתָיו וּמִשְׁפָּטָיו וְחֻקֹּתָיו

12 אֲשֶׁר אָנֹכִי מְצַוְּךָ הַיּוֹם: פֶּן־תֹּאכַל וְשָׂבָעְתָּ וּבָתִּים טוֹבִים תִּבְנֶה

13 וְיָשָׁבְתָּ: וּבְקָרְךָ וְצֹאנְךָ יִרְבְּיֻן וְכֶסֶף וְזָהָב יִרְבֶּה־לָּךְ וְכֹל אֲשֶׁר־לְךָ

14 יִרְבֶּה: וְרָם לְבָבֶךָ וְשָׁכַחְתָּ אֶת־יְהוָה אֱלֹהֶיךָ הַמּוֹצִיאֲךָ מֵאֶרֶץ

15 מִצְרַיִם מִבֵּית עֲבָדִים: הַמּוֹלִיכֲךָ בַּמִּדְבָּר | הַגָּדֹל | וְהַנּוֹרָא | נָחָשׁ | שָׂרָף
וְעַקְרָב וְצִמָּאוֹן אֲשֶׁר אֵין־מָיִם הַמּוֹצִיא לְךָ מַיִם מִצּוּר הַחַלָּמִישׁ:

pents, and scorpions, and drought, where *there was* no water; who brought thee forth water out of the rock of flint;

16 Who fed thee in the wilderness with manna, which thy fathers knew not, that he might humble thee, and that he might prove thee, to do thee good at thy latter end;

17 And thou say in thine heart, My power and the might of *mine* hand hath gotten me this wealth.

18 But thou shalt remember the Lord thy God: for *it is* he that giveth thee power to get wealth, that he may establish his covenant which he sware unto thy fathers, as *it is* this day.

19 And it shall be, if thou do at all forget the Lord thy God, and walk after other gods, and serve them, and worship them, I testify against you this day that ye shall surely perish.

20 As the nations which the Lord destroyeth before your face, so shall ye perish; because ye would not be obedient unto the voice of the Lord your God.

CHAPTER 9

1 Hear, O Israel: Thou *art* to pass over Jordan this day, to go in to possess nations greater and mightier than thyself, cities great and fenced up to heaven,

2 A people great and tall, the children of the Anakims, whom thou knowest, and *of whom* thou hast heard *say,* Who can stand before the children of Anak!

3 Understand therefore this day, that the Lord thy God *is* he which goeth over before thee; *as* a consuming fire he shall destroy them, and he shall bring them down before thy face: so shalt thou drive them out, and destroy them quickly, as the Lord hath said unto thee.

4 Speak not thou in thine heart, after that the Lord thy God hath cast them out from before thee, saying, For my righteousness the Lord hath brought me in to possess this land: but for the wickedness of these nations the Lord doth drive them out from before thee.

5 Not for thy righteousness, or for the uprightness of thine heart, dost thou go to possess their land: but for the wickedness of these nations the Lord thy God doth drive them out from before thee, and that he may perform the word which the Lord sware unto thy fathers, Abraham, Isaac, and Jacob.

6 Understand therefore, that the Lord thy God giveth thee not this good land to possess it for thy righteousness; for thou *art* a stiffnecked people.

7 ¶ Remember, *and* forget not, how thou provokedst the Lord thy God to wrath in the wilderness: from the day that thou didst depart out of the land of Egypt, until ye came unto this place, ye have been rebellious against the Lord.

8 Also in Horeb ye provoked the Lord to wrath, so that the Lord was angry with you to have destroyed you.

9 When I was gone up into the mount to receive the tables of stone, *even* the tables of the covenant which the Lord made with you, then I abode in the mount forty days and forty nights, I neither did eat bread nor drink water:

10 And the Lord delivered unto me two tables of stone written with the finger of God; and on them *was written* according to all the words, which the Lord spake with you in the mount out of the midst of the fire in the day of the assembly.

11 And it came to pass at the end of forty days and forty nights, *that* the Lord gave me the two tables of stone, *even* the tables of the covenant.

12 And the Lord said unto me, Arise, get thee down quickly from hence; for thy people which thou hast brought forth out of Egypt have corrupted *themselves;* they are quickly turned aside out of the way which I commanded them; they have made them a molten image.

13 Furthermore the Lord spake unto me, saying, I have seen this people, and, behold, it *is* a stiffnecked people:

14 Let me alone, that I may destroy them, and blot out their name from under

16 הַמַּאֲכִלְךָ מָן בַּמִּדְבָּר אֲשֶׁר לֹא־יָדְעוּן אֲבֹתֶיךָ לְמַעַן עַנֹּתְךָ וּלְמַעַן

17 נַסֹּתֶךָ לְהֵיטִבְךָ בְּאַחֲרִיתֶךָ: וְאָמַרְתָּ בִּלְבָבֶךָ כֹּחִי וְעֹצֶם יָדִי עָשָׂה

18 לִי אֶת־הַחַיִל הַזֶּה: וְזָכַרְתָּ אֶת־יְהֹוָה אֱלֹהֶיךָ כִּי הוּא הַנֹּתֵן לְךָ
כֹּחַ לַעֲשׂוֹת חָיִל לְמַעַן הָקִים אֶת־בְּרִיתוֹ אֲשֶׁר־נִשְׁבַּע לַאֲבֹתֶיךָ
כַּיּוֹם הַזֶּה:

19 וְהָיָה אִם־שָׁכֹחַ תִּשְׁכַּח אֶת־יְהֹוָה אֱלֹהֶיךָ וְהָלַכְתָּ אַחֲרֵי אֱלֹהִים
אֲחֵרִים וַעֲבַדְתָּם וְהִשְׁתַּחֲוִיתָ לָהֶם הַעִדֹתִי בָכֶם הַיּוֹם כִּי אָבֹד

20 תֹּאבֵדוּן: כַּגּוֹיִם אֲשֶׁר יְהֹוָה מַאֲבִיד מִפְּנֵיכֶם כֵּן תֹּאבֵדוּן עֵקֶב לֹא
תִשְׁמְעוּן בְּקוֹל יְהֹוָה אֱלֹהֵיכֶם:

9 1 שְׁמַע יִשְׂרָאֵל אַתָּה עֹבֵר הַיּוֹם אֶת־הַיַּרְדֵּן לָבֹא לָרֶשֶׁת גּוֹיִם גְּדֹלִים

2 וַעֲצֻמִים מִמֶּךָּ עָרִים גְּדֹלֹת וּבְצֻרֹת בַּשָּׁמָיִם: עַם־גָּדוֹל וָרָם בְּנֵי
עֲנָקִים אֲשֶׁר אַתָּה יָדַעְתָּ וְאַתָּה שָׁמַעְתָּ מִי יִתְיַצֵּב לִפְנֵי בְּנֵי עֲנָק:

3A 3 וְיָדַעְתָּ הַיּוֹם כִּי יְהֹוָה אֱלֹהֶיךָ הוּא־הָעֹבֵר לְפָנֶיךָ אֵשׁ אֹכְלָה הוּא
יַשְׁמִידֵם וְהוּא יַכְנִיעֵם לְפָנֶיךָ וְהוֹרַשְׁתָּם וְהַאֲבַדְתָּם מַהֵר כַּאֲשֶׁר

שלישי 4 דִּבֶּר יְהֹוָה לָךְ: אַל־תֹּאמַר בִּלְבָבְךָ בַּהֲדֹף יְהֹוָה אֱלֹהֶיךָ אֹתָם
מִלְּפָנֶיךָ לֵאמֹר בְּצִדְקָתִי הֱבִיאַנִי יְהֹוָה לָרֶשֶׁת אֶת־הָאָרֶץ הַזֹּאת

5 וּבְרִשְׁעַת הַגּוֹיִם הָאֵלֶּה יְהֹוָה מוֹרִישָׁם מִפָּנֶיךָ: לֹא בְצִדְקָתְךָ וּבְיֹשֶׁר
לְבָבְךָ אַתָּה בָא לָרֶשֶׁת אֶת־אַרְצָם כִּי בְּרִשְׁעַת הַגּוֹיִם הָאֵלֶּה
יְהֹוָה אֱלֹהֶיךָ מוֹרִישָׁם מִפָּנֶיךָ וּלְמַעַן הָקִים אֶת־הַדָּבָר אֲשֶׁר נִשְׁבַּע

6 יְהֹוָה לַאֲבֹתֶיךָ לְאַבְרָהָם לְיִצְחָק וּלְיַעֲקֹב: וְיָדַעְתָּ כִּי לֹא בְצִדְקָתְךָ
יְהֹוָה אֱלֹהֶיךָ נֹתֵן לְךָ אֶת־הָאָרֶץ הַטּוֹבָה הַזֹּאת לְרִשְׁתָּהּ כִּי

7 עַם־קְשֵׁה־עֹרֶף אָתָּה: זְכֹר אַל־תִּשְׁכַּח אֵת אֲשֶׁר־הִקְצַפְתָּ אֶת־יְהֹוָה
אֱלֹהֶיךָ בַּמִּדְבָּר לְמִן־הַיּוֹם אֲשֶׁר־יָצָאתָ מֵאֶרֶץ מִצְרַיִם עַד־בֹּאֲכֶם

8 עַד־הַמָּקוֹם הַזֶּה מַמְרִים הֱיִיתֶם עִם־יְהֹוָה: וּבְחֹרֵב הִקְצַפְתֶּם

9 אֶת־יְהֹוָה וַיִּתְאַנַּף יְהֹוָה בָּכֶם לְהַשְׁמִיד אֶתְכֶם: בַּעֲלֹתִי הָהָרָה
לָקַחַת לוּחֹת הָאֲבָנִים לוּחֹת הַבְּרִית אֲשֶׁר־כָּרַת יְהֹוָה עִמָּכֶם וָאֵשֵׁב
בָּהָר אַרְבָּעִים יוֹם וְאַרְבָּעִים לַיְלָה לֶחֶם לֹא אָכַלְתִּי וּמַיִם לֹא

10 שָׁתִיתִי: וַיִּתֵּן יְהֹוָה אֵלַי אֶת־שְׁנֵי לוּחֹת הָאֲבָנִים כְּתֻבִים בְּאֶצְבַּע
אֱלֹהִים וַעֲלֵיהֶם כְּכָל־הַדְּבָרִים אֲשֶׁר דִּבֶּר יְהֹוָה עִמָּכֶם בָּהָר מִתּוֹךְ

11 הָאֵשׁ בְּיוֹם הַקָּהָל: וַיְהִי מִקֵּץ אַרְבָּעִים יוֹם וְאַרְבָּעִים לַיְלָה נָתַן

12 יְהֹוָה אֵלַי אֶת־שְׁנֵי לֻחֹת הָאֲבָנִים לֻחוֹת הַבְּרִית: וַיֹּאמֶר יְהֹוָה
אֵלַי קוּם רֵד מַהֵר מִזֶּה כִּי שִׁחֵת עַמְּךָ אֲשֶׁר הוֹצֵאתָ מִמִּצְרָיִם

13 סָרוּ מַהֵר מִן־הַדֶּרֶךְ אֲשֶׁר צִוִּיתִם עָשׂוּ לָהֶם מַסֵּכָה: וַיֹּאמֶר יְהֹוָה

14 אֵלַי לֵאמֹר רָאִיתִי אֶת־הָעָם הַזֶּה וְהִנֵּה עַם־קְשֵׁה־עֹרֶף הוּא: הֶרֶף
מִמֶּנִּי וְאַשְׁמִידֵם וְאֶמְחֶה אֶת־שְׁמָם מִתַּחַת הַשָּׁמָיִם וְאֶעֱשֶׂה אוֹתְךָ

heaven: and I will make of thee a nation mightier and greater than they.

15 So I turned and came down from the mount, and the mount burned with fire: and the two tables of the covenant *were* in my two hands.

16 And I looked, and, behold, ye had sinned against the LORD your God, *and* had made you a molten calf: ye had turned aside quickly out of the way which the LORD had commanded you.

17 And I took the two tables, and cast them out of my two hands, and brake them before your eyes.

18 And I fell down before the LORD, as at the first, forty days and forty nights: I did neither eat bread, nor drink water, because of all your sins which ye sinned, in doing wickedly in the sight of the LORD, to provoke him to anger.

19 For I was afraid of the anger and hot displeasure, wherewith the LORD was wroth against you to destroy you. But the LORD hearkened unto me at that time also.

20 And the LORD was very angry with Aaron to have destroyed him: and I prayed for Aaron also the same time.

21 And I took your sin, the calf which ye had made, and burnt it with fire, and stamped it, *and* ground *it* very small, *even* until it was as small as dust: and I cast the dust thereof into the brook that descended out of the mount.

22 And at Taberah, and at Massah, and at Kibroth-hattaavah, ye provoked the LORD to wrath.

23 Likewise when the LORD sent you from Kadesh-barnea, saying, Go up and possess the land which I have given you; then ye rebelled against the commandment of the LORD your God, and ye believed him not, nor hearkened to his voice.

24 Ye have been rebellious against the LORD from the day that I knew you.

25 Thus I fell down before the LORD forty days and forty nights, as I fell down *at the first;* because the LORD had said he would destroy you.

26 I prayed therefore unto the LORD, and said, O Lord GOD, destroy not thy people

and thine inheritance, which thou hast redeemed through thy greatness, which thou hast brought forth out of Egypt with a mighty hand.

27 Remember thy servants, Abraham, Isaac, and Jacob; look not unto the stubbornness of this people, nor to their wickedness, nor to their sin:

28 Lest the land whence thou broughtest us out say, Because the LORD was not able to bring them into the land which he promised them, and because he hated them, he hath brought them out to slay them in the wilderness.

29 Yet they *are* thy people and thine inheritance, which thou broughtest out by thy mighty power and by thy stretched out arm.

CHAPTER 10

1 At that time the LORD said unto me, Hew thee two tables of stone like unto the first, and come up unto me into the mount, and make thee an ark of wood.

2 And I will write on the tables the words that were in the first tables which thou brakest, and thou shalt put them in the ark.

3 And I made an ark *of* shittim wood, and hewed two tables of stone like unto the first, and went up into the mount, having the two tables in mine hand.

4 And he wrote on the tables, according to the first writing, the ten commandments, which the LORD spake unto you in the mount out of the midst of the fire in the day of the assembly: and the LORD gave them unto me.

5 And I turned myself and came down from the mount, and put the tables in the ark which I had made; and there they be, as the LORD commanded me.

6 ¶ And the children of Israel took their journey from Beeroth of the children of Jaakan to Mosera: there Aaron died, and there he was buried; and Eleazar his son ministered in the priest's office in his stead.

7 From thence they journeyed unto Gudgodah; and from Gudgodah to Jotbath, a land of rivers of waters.

לְגוֹי־עָצ֥וּם וָרָ֖ב מִמֶּֽנּוּ: וָאֵ֗פֶן וָֽאֵרֵד֙ מִן־הָהָ֔ר וְהָהָ֖ר בֹּעֵ֣ר בָּאֵ֑שׁ וּשְׁנֵ֙י 15

לֻחֹ֣ת הַבְּרִ֔ית עַ֖ל שְׁתֵּ֥י יָדָֽי: וָאֵ֗רֶא וְהִנֵּ֤ה חֲטָאתֶם֙ לַֽיהוָ֣ה אֱלֹֽהֵיכֶ֔ם 16
עֲשִׂיתֶ֣ם לָכֶ֔ם עֵ֖גֶל מַסֵּכָ֑ה סַרְתֶּ֣ם מַהֵ֔ר מִן־הַדֶּ֕רֶךְ אֲשֶׁר־צִוָּ֥ה יְהוָ֖ה

אֶתְכֶֽם: וָֽאֶתְפֹּשׂ֙ בִּשְׁנֵ֣י הַלֻּחֹ֔ת וָֽאַשְׁלִכֵ֔ם מֵעַ֖ל שְׁתֵּ֣י יָדָ֑י וָֽאֲשַׁבְּרֵ֖ם 17

לְעֵֽינֵיכֶֽם: וָֽאֶתְנַפַּל֩ לִפְנֵ֨י יְהוָ֜ה כָּרִֽאשֹׁנָ֗ה אַרְבָּעִ֥ים יוֹם֙ וְאַרְבָּעִ֣ים 18
לַ֔יְלָה לֶ֚חֶם לֹ֣א אָכַ֔לְתִּי וּמַ֖יִם לֹ֣א שָׁתִ֑יתִי עַ֤ל כָּל־חַטַּאתְכֶם֙ אֲשֶׁ֣ר

חֲטָאתֶ֔ם לַֽעֲשׂ֥וֹת הָרַ֛ע בְּעֵינֵ֥י יְהוָ֖ה לְהַכְעִיסֽוֹ: כִּ֣י יָגֹ֗רְתִּי מִפְּנֵ֤י הָאַף֙ 19
וְהַ֣חֵמָ֔ה אֲשֶׁ֨ר קָצַ֧ף יְהוָ֛ה עֲלֵיכֶ֖ם לְהַשְׁמִ֣יד אֶתְכֶ֑ם וַיִּשְׁמַ֤ע יְהוָה֙

אֵלַ֔י גַּ֖ם בַּפַּ֥עַם הַהִֽוא: וּֽבְאַהֲרֹ֗ן הִתְאַנַּ֧ף יְהוָ֛ה מְאֹ֖ד לְהַשְׁמִיד֑וֹ 20

וָֽאֶתְפַּלֵּ֛ל גַּם־בְּעַ֥ד אַהֲרֹ֖ן בָּעֵ֥ת הַהִֽוא: וְֽאֶת־חַטַּאתְכֶ֞ם אֲשֶׁר־עֲשִׂיתֶ֣ם 21
אֶת־הָעֵ֗גֶל לָקַחְתִּי֮ וָֽאֶשְׂרֹ֣ף אֹת֣וֹ ׀ בָּאֵשׁ֒ וָֽאֶכֹּ֨ת אֹת֤וֹ טָחוֹן֙ הֵיטֵ֔ב עַ֛ד
אֲשֶׁר־דַּ֖ק לְעָפָ֑ר וָֽאַשְׁלִךְ֙ אֶת־עֲפָר֔וֹ אֶל־הַנַּ֖חַל הַיֹּרֵ֥ד מִן־הָהָֽר:

וּבְתַבְעֵרָה֙ וּבְמַסָּ֔ה וּבְקִבְרֹ֖ת הַֽתַּאֲוָ֑ה מַקְצִפִ֥ים הֱיִיתֶ֖ם אֶת־יְהוָֽה: 22

וּבִשְׁלֹ֨חַ יְהוָ֜ה אֶתְכֶ֗ם מִקָּדֵ֤שׁ בַּרְנֵ֙עַ֙ לֵאמֹ֔ר עֲלוּ֙ וּרְשׁ֣וּ אֶת־הָאָ֔רֶץ 23
אֲשֶׁ֥ר נָתַ֖תִּי לָכֶ֑ם וַתַּמְר֗וּ אֶת־פִּ֤י יְהוָה֙ אֱלֹ֣הֵיכֶ֔ם וְלֹ֤א הֶֽאֱמַנְתֶּם֙ ל֔וֹ

וְלֹ֥א שְׁמַעְתֶּ֖ם בְּקֹלֽוֹ: מַמְרִ֥ים הֱיִיתֶ֖ם עִם־יְהוָ֑ה מִיּ֖וֹם דַּעְתִּ֥י אֶתְכֶֽם: 24

וָֽאֶתְנַפַּ֞ל לִפְנֵ֣י יְהוָ֗ה אֵ֣ת אַרְבָּעִ֥ים הַיּ֛וֹם וְאֶת־אַרְבָּעִ֥ים הַלַּ֖יְלָה אֲשֶׁ֣ר 25
הִתְנַפָּ֑לְתִּי כִּֽי־אָמַ֥ר יְהוָ֖ה לְהַשְׁמִ֥יד אֶתְכֶֽם: וָֽאֶתְפַּלֵּ֣ל אֶל־יְהוָה֮ וָֽאֹמַר֒ 26
אֲדֹנָ֣י יְהוִ֗ה אַל־תַּשְׁחֵ֤ת עַמְּךָ֙ וְנַֽחֲלָ֣תְךָ֔ אֲשֶׁ֥ר פָּדִ֖יתָ בְּגָדְלֶ֑ךָ

אֲשֶׁר־הוֹצֵ֥אתָ מִמִּצְרַ֖יִם בְּיָ֥ד חֲזָקָֽה: זְכֹר֙ לַֽעֲבָדֶ֔יךָ לְאַבְרָהָ֖ם לְיִצְחָ֣ק 27
וּֽלְיַעֲקֹ֑ב אַל־תֵּ֗פֶן אֶל־קְשִׁי֙ הָעָ֣ם הַזֶּ֔ה וְאֶל־רִשְׁע֖וֹ וְאֶל־חַטָּאתֽוֹ:

פֶּן־יֹֽאמְר֗וּ הָאָרֶץ֮ אֲשֶׁ֣ר הוֹצֵאתָ֣נוּ מִשָּׁם֒ מִבְּלִי֙ יְכֹ֣לֶת יְהוָ֔ה לַֽהֲבִיאָ֕ם 28
אֶל־הָאָ֖רֶץ אֲשֶׁר־דִּבֶּ֣ר לָהֶ֑ם וּמִשִּׂנְאָת֣וֹ אוֹתָ֔ם הֽוֹצִיאָ֖ם לַהֲמִתָ֥ם

בַּמִּדְבָּֽר: וְהֵ֥ם עַמְּךָ֖ וְנַֽחֲלָתֶ֑ךָ אֲשֶׁ֤ר הוֹצֵ֙אתָ֙ בְּכֹֽחֲךָ֣ הַגָּדֹ֔ל וּבִֽזְרֹעֲךָ֖ 29
הַנְּטוּיָֽה:

בָּעֵ֨ת הַהִ֜וא אָמַ֧ר יְהוָ֣ה אֵלַ֗י פְּסָל־לְךָ֞ שְׁנֵֽי־לוּחֹ֤ת אֲבָנִים֙ כָּרִ֣אשֹׁנִ֔ים 1 10 רביעי
וַֽעֲלֵ֥ה אֵלַ֖י הָהָ֑רָה וְעָשִׂ֥יתָ לְּךָ֖ אֲר֥וֹן עֵֽץ: וְאֶכְתֹּב֙ עַל־הַלֻּחֹ֔ת 2
אֶת־הַדְּבָרִ֔ים אֲשֶׁ֥ר הָי֛וּ עַל־הַלֻּחֹ֥ת הָרִֽאשֹׁנִ֖ים אֲשֶׁ֣ר שִׁבַּ֑רְתָּ וְשַׂמְתָּ֖ם

בָּֽאָרֽוֹן: וָאַ֤עַשׂ אֲרוֹן֙ עֲצֵ֣י שִׁטִּ֔ים וָֽאֶפְסֹ֛ל שְׁנֵֽי־לֻחֹ֥ת אֲבָנִ֖ים כָּרִֽאשֹׁנִ֑ים 3
וָאַ֣עַל הָהָ֔רָה וּשְׁנֵ֥י הַלֻּחֹ֖ת בְּיָדִֽי: וַיִּכְתֹּ֨ב עַֽל־הַלֻּחֹ֜ת כַּמִּכְתָּ֣ב הָרִאשׁ֗וֹן 4
אֵ֣ת עֲשֶׂ֣רֶת הַדְּבָרִ֗ים אֲשֶׁ֨ר דִּבֶּר֩ יְהוָ֨ה אֲלֵיכֶ֤ם בָּהָר֙ מִתּ֣וֹךְ הָאֵ֔שׁ

בְּי֥וֹם הַקָּהָ֖ל וַיִּתְּנֵ֥ם יְהוָ֖ה אֵלָֽי: וָאֵ֗פֶן וָֽאֵרֵד֙ מִן־הָהָ֔ר וָֽאָשִׂם֙ 5
אֶת־הַלֻּחֹ֔ת בָּֽאָר֖וֹן אֲשֶׁ֣ר עָשִׂ֑יתִי וַיִּ֣הְיוּ שָׁ֔ם כַּֽאֲשֶׁ֥ר צִוַּ֖נִי יְהוָֽה: וּבְנֵ֣י 6
יִשְׂרָאֵ֗ל נָֽסְע֛וּ מִבְּאֵרֹ֥ת בְּנֵי־יַֽעֲקָ֖ן מֽוֹסֵרָ֑ה שָׁ֣ם מֵ֤ת אַֽהֲרֹן֙ וַיִּקָּבֵ֣ר שָׁ֔ם

וַיְכַהֵ֛ן אֶלְעָזָ֥ר בְּנ֖וֹ תַּחְתָּ֑יו: מִשָּׁ֣ם נָֽסְע֣וּ הַגֻּדְגֹּ֔דָה וּמִן־הַגֻּדְגֹּ֙דָה֙ 7

8 ¶ At that time the LORD separated the tribe of Levi, to bear the ark of the covenant of the LORD, to stand before the LORD to minister unto him, and to bless in his name, unto this day.

9 Wherefore Levi hath no part nor inheritance with his brethren; the LORD is his inheritance, according as the LORD thy God promised him.

10 And I stayed in the mount, according to the first time, forty days and forty nights; and the LORD hearkened unto me at that time also, *and* the LORD would not destroy thee.

11 And the LORD said unto me, Arise, take *thy* journey before the people, that they may go in and possess the land, which I sware unto their fathers to give unto them.

12 ¶ And now, Israel, what doth the LORD thy God require of thee, but to fear the LORD thy God, to walk in all his ways, and to love him, and to serve the LORD thy God with all thy heart and with all thy soul,

13 To keep the commandments of the LORD, and his statutes, which I command thee this day for thy good?

14 Behold, the heaven and the heaven of heavens *is* the LORD's thy God, the earth *also*, with all that therein *is*.

15 Only the LORD had a delight in thy fathers to love them, and he chose their seed after them, *even* you above all people, as *it is* this day.

16 Circumcise therefore the foreskin of your heart, and be no more stiffnecked.

17 For the LORD your God *is* God of gods, and Lord of lords, a great God, a mighty, and a terrible, which regardeth not persons, nor taketh reward:

18 He doth execute the judgment of the fatherless and widow, and loveth the stranger, in giving him food and raiment.

19 Love ye therefore the stranger: for ye were strangers in the land of Egypt.

20 Thou shalt fear the LORD thy God;

him shalt thou serve, and to him shalt thou cleave, and swear by his name.

21 He *is* thy praise, and he *is* thy God, that hath done for thee these great and terrible things, which thine eyes have seen.

22 Thy fathers went down into Egypt with threescore and ten persons; and now the LORD thy God hath made thee as the stars of heaven for multitude.

CHAPTER 11

1 Therefore thou shalt love the LORD thy God, and keep his charge, and his statutes, and his judgments, and his commandments, alway.

2 And know ye this day: for *I speak* not with your children which have not known, and which have not seen the chastisement of the LORD your God, his greatness, his mighty hand, and his stretched out arm,

3 And his miracles, and his acts, which he did in the midst of Egypt unto Pharaoh the king of Egypt, and unto all his land;

4 And what he did unto the army of Egypt, unto their horses, and to their chariots; how he made the water of the Red sea to overflow them as they pursued after you, and *how* the LORD hath destroyed them unto this day;

5 And what he did unto you in the wilderness, until ye came into this place;

6 And what he did unto Dathan and Abiram, the sons of Eliab, the son of Reuben: how the earth opened her mouth, and swallowed them up, and their households, and their tents, and all the substance that *was* in their possession, in the midst of all Israel:

7 But your eyes have seen all the great acts of the LORD which he did.

8 Therefore shall ye keep all the commandments which I command you this day, that ye may be strong, and go in and

יֹטְבָ֑תָה אֶ֖רֶץ נַ֥חֲלֵי מָֽיִם: בָּעֵ֣ת הַהִ֗וא הִבְדִּ֤יל יְהוָה֙ אֶת־שֵׁ֣בֶט הַלֵּוִ֔י 8

לָשֵׂ֛את אֶת־אֲר֥וֹן בְּרִית־יְהוָ֖ה לַעֲמֹד֩ לִפְנֵ֨י יְהוָ֧ה לְשָׁרְת֛וֹ וּלְבָרֵ֥ךְ

בִּשְׁמ֖וֹ עַ֥ד הַיּ֣וֹם הַזֶּֽה: עַל־כֵּ֞ן לֹא־הָיָ֧ה לְלֵוִ֛י חֵ֥לֶק וְנַחֲלָ֖ה עִם־אֶחָ֑יו 9

יְהוָה֙ ה֣וּא נַחֲלָת֔וֹ כַּאֲשֶׁ֥ר דִּבֶּ֛ר יְהוָ֥ה אֱלֹהֶ֖יךָ לֽוֹ: וְאָנֹכִ֞י עָמַ֣דְתִּי 10

בָהָ֗ר כַּיָּמִים֙ הָרִ֣אשֹׁנִ֔ים אַרְבָּעִ֣ים י֔וֹם וְאַרְבָּעִ֖ים לָ֑יְלָה וַיִּשְׁמַ֨ע יְהוָ֜ה

אֵלַ֗י גַּ֚ם בַּפַּ֣עַם הַהִ֔וא לֹא־אָבָ֥ה יְהוָ֖ה הַשְׁחִיתֶֽךָ: וַיֹּ֤אמֶר יְהוָה֙ אֵלַ֔י 11

ק֣וּם לֵ֤ךְ לְמַסַּע֙ לִפְנֵ֣י הָעָ֔ם וְיָבֹ֙אוּ֙ וְיִֽרְשׁ֣וּ אֶת־הָאָ֔רֶץ אֲשֶׁר־נִשְׁבַּ֥עְתִּי

לַאֲבֹתָ֖ם לָתֵ֥ת לָהֶֽם:

חמישי וְעַתָּה֙ יִשְׂרָאֵ֔ל מָ֚ה יְהוָ֣ה אֱלֹהֶ֔יךָ שֹׁאֵ֖ל מֵעִמָּ֑ךְ כִּ֣י אִם־לְ֠יִרְאָה 12

אֶת־יְהוָ֨ה אֱלֹהֶ֜יךָ לָלֶ֤כֶת בְּכָל־דְּרָכָיו֙ וּלְאַהֲבָ֣ה אֹת֔וֹ וְלַעֲבֹד֙ אֶת־יְהוָ֣ה

אֱלֹהֶ֔יךָ בְּכָל־לְבָבְךָ֖ וּבְכָל־נַפְשֶֽׁךָ: לִשְׁמֹ֞ר אֶת־מִצְוֹ֤ת יְהוָה֙ וְאֶת־ 13

חֻקֹּתָ֔יו אֲשֶׁ֛ר אָנֹכִ֥י מְצַוְּךָ֖ הַיּ֑וֹם לְט֖וֹב לָֽךְ: הֵ֚ן לַיהוָ֣ה אֱלֹהֶ֔יךָ 14

15A הַשָּׁמַ֖יִם וּשְׁמֵ֣י הַשָּׁמָ֑יִם הָאָ֖רֶץ וְכָל־אֲשֶׁר־בָּֽהּ: רַ֧ק בַּאֲבֹתֶ֛יךָ חָשַׁ֥ק 15

יְהוָ֖ה לְאַהֲבָ֣ה אוֹתָ֑ם וַיִּבְחַ֞ר בְּזַרְעָ֣ם אַחֲרֵיהֶ֗ם בָּכֶ֛ם מִכָּל־הָעַמִּ֖ים

כַּיּ֥וֹם הַזֶּֽה: וּמַלְתֶּ֕ם אֵ֖ת עָרְלַ֣ת לְבַבְכֶ֑ם וְעָ֨רְפְּכֶ֔ם לֹ֥א תַקְשׁ֖וּ עֽוֹד: 16

כִּ֚י יְהוָ֣ה אֱלֹֽהֵיכֶ֔ם ה֚וּא אֱלֹהֵ֣י הָֽאֱלֹהִ֔ים וַאֲדֹנֵ֖י הָאֲדֹנִ֑ים הָאֵ֨ל הַגָּדֹ֜ל 17

הַגִּבֹּר֙ וְהַנּוֹרָ֔א אֲשֶׁר֙ לֹא־יִשָּׂ֣א פָנִ֔ים וְלֹ֥א יִקַּ֖ח שֹֽׁחַד: עֹשֶׂ֛ה מִשְׁפַּ֥ט 18

יָת֖וֹם וְאַלְמָנָ֑ה וְאֹהֵ֣ב גֵּ֔ר לָ֥תֶת ל֖וֹ לֶ֥חֶם וְשִׂמְלָֽה: וַאֲהַבְתֶּ֖ם אֶת־הַגֵּ֑ר 19

כִּֽי־גֵרִ֥ים הֱיִיתֶ֖ם בְּאֶ֥רֶץ מִצְרָֽיִם: אֶת־יְהוָ֧ה אֱלֹהֶ֛יךָ תִּירָ֖א אֹת֣וֹ תַעֲבֹ֑ד 20

וּב֣וֹ תִדְבָּ֔ק וּבִשְׁמ֖וֹ תִּשָּׁבֵֽעַ: ה֥וּא תְהִלָּתְךָ֖ וְה֣וּא אֱלֹהֶ֑יךָ אֲשֶׁר־עָשָׂ֣ה 21

אִתְּךָ֗ אֶת־הַגְּדֹלֹ֤ת וְאֶת־הַנּֽוֹרָאֹת֙ הָאֵ֔לֶּה אֲשֶׁ֥ר רָא֖וּ עֵינֶֽיךָ: בְּשִׁבְעִ֣ים 22

נֶ֗פֶשׁ יָרְד֤וּ אֲבֹתֶ֙יךָ֙ מִצְרָ֔יְמָה וְעַתָּ֗ה שָֽׂמְךָ֙ יְהוָ֣ה אֱלֹהֶ֔יךָ כְּכוֹכְבֵ֥י

ששי 11 1 הַשָּׁמַ֖יִם לָרֹֽב: וְאָ֣הַבְתָּ֔ אֵ֖ת יְהוָ֣ה אֱלֹהֶ֑יךָ וְשָׁמַרְתָּ֣ מִשְׁמַרְתּ֗וֹ וְחֻקֹּתָ֛יו

וּמִשְׁפָּטָ֥יו וּמִצְוֹתָ֖יו כָּל־הַיָּמִֽים: וִֽידַעְתֶּם֮ הַיּוֹם֒ כִּ֣י ׀ לֹ֣א אֶת־בְּנֵיכֶ֗ם 2

אֲשֶׁ֤ר לֹֽא־יָֽדְעוּ֙ וַאֲשֶׁ֣ר לֹא־רָא֔וּ אֶת־מוּסַ֖ר יְהוָ֣ה אֱלֹהֵיכֶ֑ם אֶת־גָּדְל֔וֹ

אֶת־יָדוֹ֙ הַחֲזָקָ֔ה וּזְרֹע֖וֹ הַנְּטוּיָֽה: וְאֶת־אֹֽתֹתָיו֙ וְאֶֽת־מַעֲשָׂ֔יו אֲשֶׁ֖ר 3

עָשָׂ֣ה בְּת֣וֹךְ מִצְרָ֑יִם לְפַרְעֹ֥ה מֶֽלֶךְ־מִצְרַ֖יִם וּלְכָל־אַרְצֽוֹ: וַאֲשֶׁ֣ר עָשָׂה֩ 4

לְחֵ֨יל מִצְרַ֜יִם לְסוּסָ֣יו וּלְרִכְבּ֗וֹ אֲשֶׁ֨ר הֵצִ֜יף אֶת־מֵ֤י יַם־סוּף֙ עַל־פְּנֵיהֶ֔ם

בְּרָדְפָ֖ם אַחֲרֵיכֶ֑ם וַיְאַבְּדֵ֣ם יְהוָ֔ה עַ֖ד הַיּ֥וֹם הַזֶּֽה: וַאֲשֶׁ֥ר עָשָׂ֛ה לָכֶ֖ם 5

בַּמִּדְבָּ֑ר עַד־בֹּאֲכֶ֖ם עַד־הַמָּק֥וֹם הַזֶּֽה: וַאֲשֶׁ֨ר עָשָׂ֜ה לְדָתָ֣ן וְלַאֲבִירָ֗ם 6

בְּנֵ֣י אֱלִיאָב֮ בֶּן־רְאוּבֵן֒ אֲשֶׁ֨ר פָּצְתָ֤ה הָאָ֙רֶץ֙ אֶת־פִּ֔יהָ וַתִּבְלָעֵ֖ם

וְאֶת־בָּתֵּיהֶ֑ם וְאֶת־אָהֳלֵיהֶ֔ם וְאֵ֤ת כָּל־הַיְקוּם֙ אֲשֶׁ֣ר בְּרַגְלֵיהֶ֔ם בְּקֶ֖רֶב

כָּל־יִשְׂרָאֵֽל: כִּ֤י עֵֽינֵיכֶם֙ הָֽרֹאֹ֔ת אֶֽת־כָּל־מַעֲשֵׂ֥ה יְהוָ֖ה הַגָּדֹ֑ל אֲשֶׁ֖ר 7

עָשָֽׂה: וּשְׁמַרְתֶּם֙ אֶת־כָּל־הַמִּצְוָ֔ה אֲשֶׁ֧ר אָנֹכִ֛י מְצַוְּךָ֖ הַיּ֑וֹם לְמַ֣עַן 8

תֶּחֶזְק֗וּ וּבָאתֶם֙ וִֽירִשְׁתֶּ֣ם אֶת־הָאָ֔רֶץ אֲשֶׁ֥ר אַתֶּ֛ם עֹבְרִ֥ים שָׁ֖מָּה

possess the land, whither ye go to possess it;

9 And that ye may prolong *your* days in the land, which the LORD sware unto your fathers to give unto them and to their seed, a land that floweth with milk and honey.

10 ¶ For the land, whither thou goest in to possess it, *is* not as the land of Egypt, from whence ye came out, where thou sowedst thy seed, and wateredst *it* with thy foot, as a garden of herbs:

11 But the land, whither ye go to possess it, *is* a land of hills and valleys, *and* drinketh water of the rain of heaven:

12 A land which the LORD thy God careth for: the eyes of the LORD thy God *are* always upon it, from the beginning of the year even unto the end of the year.

13 ¶ And it shall come to pass, if ye shall hearken diligently unto my commandments which I command you this day, to love the LORD your God, and to serve him with all your heart and with all your soul,

14 That I will give *you* the rain of your land in his due season, the first rain and the latter rain, that thou mayest gather in thy corn, and thy wine, and thine oil.

15 And I will send grass in thy fields for thy cattle, that thou mayest eat and be full.

16 Take heed to yourselves, that your heart be not deceived, and ye turn aside, and serve other gods, and worship them;

17 And *then* the LORD's wrath be kindled against you, and he shut up the heaven, that there be no rain, and that the land yield not her fruit; and *lest* ye perish quickly from off the good land which the LORD giveth you.

18 ¶ Therefore shall ye lay up these my words in your heart and in your soul, and bind them for a sign upon your hand, that they may be as frontlets between your eyes.

19 And ye shall teach them your children, speaking of them when thou sittest in thine house, and when thou walkest by the way, when thou liest down, and when thou risest up.

20 And thou shalt write them upon the door posts of thine house, and upon thy gates:

21 That your days may be multiplied, and the days of your children, in the land which the LORD sware unto your fathers to give them, as the days of heaven upon the earth.

22 ¶ For if ye shall diligently keep all these commandments which I command you, to do them, to love the LORD your God, to walk in all his ways, and to cleave unto him;

23 Then will the LORD drive out all these nations from before you, and ye shall possess greater nations and mightier than yourselves.

24 Every place whereon the soles of your feet shall tread shall be yours: from the wilderness and Lebanon, from the river, the river Euphrates, even unto the uttermost sea shall your coast be.

25 There shall no man be able to stand before you: *for* the LORD your God shall lay the fear of you and the dread of you upon all the land that ye shall tread upon, as he hath said unto you.

26 ¶ Behold, I set before you this day a blessing and a curse;

27 A blessing, if ye obey the commandments of the LORD your God, which I command you this day:

28 And a curse, if ye will not obey the commandments of the LORD your God, but turn aside out of the way which I command you this day, to go after other gods, which ye have not known.

29 And it shall come to pass, when the LORD thy God hath brought thee in unto the land whither thou goest to possess it, that thou shalt put the blessing upon mount Gerizim, and the curse upon mount Ebal.

30 *Are* they not on the other side Jordan, by the way where the sun goeth down, in

9 לְרִשְׁתָּהּ: וּלְמַ֨עַן תַּאֲרִ֤יכוּ יָמִים֙ עַל־הָ֣אֲדָמָ֔ה אֲשֶׁר֩ נִשְׁבַּ֨ע יְהֹוָ֜ה

שְׁבִיעִי (שִׁשִּׁי)

10 לַאֲבֹתֵיכֶ֛ם לָתֵ֥ת לָהֶ֖ם וּלְזַרְעָ֑ם אֶ֛רֶץ זָבַ֥ת חָלָ֖ב וּדְבָֽשׁ: כִּ֣י

הָאָ֗רֶץ אֲשֶׁ֨ר אַתָּ֤ה בָא־שָׁ֙מָּה֙ לְרִשְׁתָּ֔הּ לֹ֣א כְאֶ֤רֶץ מִצְרַ֙יִם֙ הִ֔וא

אֲשֶׁ֥ר יְצָאתֶ֖ם מִשָּׁ֑ם אֲשֶׁ֤ר תִּזְרַע֙ אֶֽת־זַרְעֲךָ֔ וְהִשְׁקִ֥יתָ בְרַגְלְךָ֖ כְּגַ֥ן

11 הַיָּרָֽק: וְהָאָ֗רֶץ אֲשֶׁ֨ר אַתֶּ֜ם עֹבְרִ֥ים שָׁ֙מָּה֙ לְרִשְׁתָּ֔הּ אֶ֥רֶץ הָרִ֖ים

12 וּבְקָעֹ֑ת לִמְטַ֥ר הַשָּׁמַ֖יִם תִּשְׁתֶּה־מָּֽיִם: אֶ֗רֶץ אֲשֶׁר־יְהֹוָ֤ה אֱלֹהֶ֙יךָ֙ דֹּרֵ֣שׁ

אֹתָ֔הּ תָּמִ֗יד עֵינֵ֨י יְהֹוָ֤ה אֱלֹהֶ֙יךָ֙ בָּ֔הּ מֵֽרֵשִׁית֙ הַשָּׁנָ֔ה וְעַ֖ד אַחֲרִ֥ית

13 שָׁנָֽה: וְהָיָ֗ה אִם־שָׁמֹ֤עַ תִּשְׁמְעוּ֙ אֶל־מִצְוֺתַ֔י אֲשֶׁ֧ר אָנֹכִ֛י

מְצַוֶּ֥ה אֶתְכֶ֖ם הַיּ֑וֹם לְאַהֲבָ֞ה אֶת־יְהֹוָ֤ה אֱלֹֽהֵיכֶם֙ וּלְעָבְד֔וֹ בְּכָל־

14 לְבַבְכֶ֖ם וּבְכָל־נַפְשְׁכֶֽם: וְנָתַתִּ֧י מְטַֽר־אַרְצְכֶ֛ם בְּעִתּ֖וֹ יוֹרֶ֣ה וּמַלְק֑וֹשׁ

15 וְאָסַפְתָּ֣ דְגָנֶ֔ךָ וְתִירֹֽשְׁךָ֖ וְיִצְהָרֶֽךָ: וְנָתַתִּ֛י עֵ֥שֶׂב בְּשָׂדְךָ֖ לִבְהֶמְתֶּ֑ךָ

16 וְאָכַלְתָּ֖ וְשָׂבָֽעְתָּ: הִשָּׁמְר֣וּ לָכֶ֔ם פֶּ֥ן יִפְתֶּ֖ה לְבַבְכֶ֑ם וְסַרְתֶּ֗ם וַעֲבַדְתֶּם֙

17 אֱלֹהִ֣ים אֲחֵרִ֔ים וְהִשְׁתַּחֲוִיתֶ֖ם לָהֶֽם: וְחָרָ֨ה אַף־יְהֹוָ֜ה בָּכֶ֗ם וְעָצַ֤ר

אֶת־הַשָּׁמַ֙יִם֙ וְלֹא־יִהְיֶ֣ה מָטָ֔ר וְהָ֣אֲדָמָ֔ה לֹ֥א תִתֵּ֖ן אֶת־יְבוּלָ֑הּ וַאֲבַדְתֶּ֣ם

18 מְהֵרָ֗ה מֵעַל֙ הָאָ֣רֶץ הַטֹּבָ֔ה אֲשֶׁ֥ר יְהֹוָ֖ה נֹתֵ֣ן לָכֶֽם: וְשַׂמְתֶּם֙ אֶת־דְּבָרַ֣י

אֵ֔לֶּה עַל־לְבַבְכֶ֖ם וְעַֽל־נַפְשְׁכֶ֑ם וּקְשַׁרְתֶּ֨ם אֹתָ֤ם לְאוֹת֙ עַל־יֶדְכֶ֔ם

19 וְהָי֥וּ לְטוֹטָפֹ֖ת בֵּ֥ין עֵינֵיכֶֽם: וְלִמַּדְתֶּ֥ם אֹתָ֛ם אֶת־בְּנֵיכֶ֖ם לְדַבֵּ֣ר בָּ֑ם

20 בְּשִׁבְתְּךָ֤ בְּבֵיתֶ֙ךָ֙ וּבְלֶכְתְּךָ֣ בַדֶּ֔רֶךְ וּֽבְשָׁכְבְּךָ֖ וּבְקוּמֶֽךָ: וּכְתַבְתָּ֛ם

21 עַל־מְזוּז֥וֹת בֵּיתֶ֖ךָ וּבִשְׁעָרֶֽיךָ: לְמַ֨עַן יִרְבּ֤וּ יְמֵיכֶם֙ וִימֵ֣י בְנֵיכֶ֔ם עַ֚ל

הָ֣אֲדָמָ֔ה אֲשֶׁ֨ר נִשְׁבַּ֧ע יְהֹוָ֛ה לַאֲבֹתֵיכֶ֖ם לָתֵ֣ת לָהֶ֑ם כִּימֵ֥י הַשָּׁמַ֖יִם

22 עַל־הָאָֽרֶץ: כִּי֩ אִם־שָׁמֹ֨ר תִּשְׁמְר֜וּן אֶת־כָּל־הַמִּצְוָ֣ה הַזֹּ֗את

מַפְטִיר (שְׁבִיעִי)

אֲשֶׁ֧ר אָנֹכִ֛י מְצַוֶּ֥ה אֶתְכֶ֖ם לַעֲשֹׂתָ֑הּ לְאַהֲבָ֞ה אֶת־יְהֹוָ֤ה אֱלֹֽהֵיכֶם֙

23 לָלֶ֣כֶת בְּכָל־דְּרָכָ֖יו וּלְדָבְקָה־בֽוֹ: וְהוֹרִ֧ישׁ יְהֹוָ֛ה אֶת־כָּל־הַגּוֹיִ֥ם הָאֵ֖לֶּה

24 מִלִּפְנֵיכֶ֑ם וִירִשְׁתֶּ֣ם גּוֹיִ֔ם גְּדֹלִ֥ים וַעֲצֻמִ֖ים מִכֶּֽם: כָּל־הַמָּק֗וֹם אֲשֶׁ֨ר

תִּדְרֹ֧ךְ כַּֽף־רַגְלְכֶ֛ם בּ֖וֹ לָכֶ֣ם יִהְיֶ֑ה מִן־הַמִּדְבָּ֨ר וְהַלְּבָנ֜וֹן מִן־הַנָּהָ֣ר

25 נְהַר־פְּרָ֗ת וְעַד֙ הַיָּ֣ם הָאַחֲר֔וֹן יִהְיֶ֖ה גְּבֻלְכֶֽם: לֹא־יִתְיַצֵּ֥ב אִ֖ישׁ בִּפְנֵיכֶ֑ם

פַּחְדְּכֶ֨ם וּמֽוֹרַאֲכֶ֜ם יִתֵּ֣ן ׀ יְהֹוָ֣ה אֱלֹֽהֵיכֶ֗ם עַל־פְּנֵ֤י כָל־הָאָ֙רֶץ֙ אֲשֶׁ֣ר

26 תִּדְרְכוּ־בָ֔הּ כַּאֲשֶׁ֖ר דִּבֶּ֥ר לָכֶֽם: רְאֵ֗ה אָנֹכִ֛י נֹתֵ֥ן לִפְנֵיכֶ֖ם

רְאֵה

27 הַיּ֑וֹם בְּרָכָ֖ה וּקְלָלָֽה: אֶֽת־הַבְּרָכָ֑ה אֲשֶׁ֣ר תִּשְׁמְע֔וּ אֶל־מִצְוֺת֙ יְהֹוָ֣ה

28 אֱלֹֽהֵיכֶ֔ם אֲשֶׁ֧ר אָנֹכִ֛י מְצַוֶּ֥ה אֶתְכֶ֖ם הַיּֽוֹם: וְהַקְּלָלָ֗ה אִם־לֹ֤א תִשְׁמְעוּ֙

אֶל־מִצְוֺת֙ יְהֹוָ֣ה אֱלֹ֣הֵיכֶ֔ם וְסַרְתֶּ֣ם מִן־הַדֶּ֔רֶךְ אֲשֶׁ֧ר אָנֹכִ֛י מְצַוֶּ֥ה

אֶתְכֶ֖ם הַיּ֑וֹם לָלֶ֗כֶת אַחֲרֵ֛י אֱלֹהִ֥ים אֲחֵרִ֖ים אֲשֶׁ֥ר לֹֽא־

29 יְדַעְתֶּֽם: וְהָיָ֗ה כִּ֤י יְבִֽיאֲךָ֙ יְהֹוָ֣ה אֱלֹהֶ֔יךָ אֶל־הָאָ֕רֶץ

אֲשֶׁר־אַתָּ֥ה בָא־שָׁ֖מָּה לְרִשְׁתָּ֑הּ וְנָתַתָּ֤ה אֶת־הַבְּרָכָה֙ עַל־הַ֣ר גְּרִזִ֔ים

30 וְאֶת־הַקְּלָלָ֖ה עַל־הַ֥ר עֵיבָֽל: הֲלֹא־הֵ֜מָּה בְּעֵ֣בֶר הַיַּרְדֵּ֗ן אַחֲרֵי֙ דֶּ֣רֶךְ

the land of the Canaanites, which dwell in the champaign over against Gilgal, beside the plains of Moreh?

31 For ye shall pass over Jordan to go in to possess the land which the LORD your God giveth you, and ye shall possess it, and dwell therein.

32 And ye shall observe to do all the statutes and judgments which I set before you this day.

CHAPTER 12

1 These *are* the statutes and judgments, which ye shall observe to do in the land, which the LORD God of thy fathers giveth thee to possess it, all the days that ye live upon the earth.

2 Ye shall utterly destroy all the places, wherein the nations which ye shall possess served their gods, upon the high mountains, and upon the hills, and under every green tree:

3 And ye shall overthrow their altars, and break their pillars, and burn their groves with fire; and ye shall hew down the graven images of their gods, and destroy the names of them out of that place.

4 Ye shall not do so unto the LORD your God.

5 But unto the place which the LORD your God shall choose out of all your tribes to put his name there, *even* unto his habitation shall ye seek, and thither thou shalt come:

6 And thither ye shall bring your burnt offerings, and your sacrifices, and your tithes, and heave offerings of your hand, and your vows, and your freewill offerings, and the firstlings of your herds and of your flocks:

7 And there ye shall eat before the LORD your God, and ye shall rejoice in all that ye put your hand unto, ye and your households, wherein the LORD thy God hath blessed thee.

8 Ye shall not do after all *the things* that we do here this day, every man whatsoever *is* right in his own eyes.

9 For ye are not as yet come to the rest and to the inheritance, which the LORD your God giveth you.

10 But *when* ye go over Jordan, and dwell in the land which the LORD your God giveth you to inherit, and *when* he giveth you rest from all your enemies round about, so that ye dwell in safety;

11 Then there shall be a place which the LORD your God shall choose to cause his name to dwell there; thither shall ye bring all that I command you; your burnt offerings, and your sacrifices, your tithes, and the heave offering of your hand, and all your choice vows which ye vow unto the LORD:

12 And ye shall rejoice before the LORD your God, ye, and your sons, and your daughters, and your menservants, and your maidservants, and the Levite that *is* within your gates; forasmuch as he hath no part nor inheritance with you.

13 Take heed to thyself that thou offer not thy burnt offerings in every place that thou seest:

14 But in the place which the LORD shall choose in one of thy tribes, there thou shalt offer thy burnt offerings, and there thou shalt do all that I command thee.

15 Notwithstanding thou mayest kill and eat flesh in all thy gates, whatsoever thy soul lusteth after, according to the blessing of the LORD thy God which he hath given thee: the unclean and the clean may eat thereof, as of the roebuck, and as of the hart.

16 Only ye shall not eat the blood; ye shall pour it upon the earth as water.

17 ¶ Thou mayest not eat within thy gates the tithe of thy corn, or of thy wine, or of thy oil, or the firstlings of thy herds or of thy flock, nor any of thy vows which thou vowest, nor thy freewill offerings, or heave offering of thine hand:

18 But thou must eat them before the LORD thy God in the place which the LORD thy God shall choose, thou, and thy son, and thy daughter, and thy manservant, and thy maidservant, and the Levite that

מְבוֹא הַשֶּׁמֶשׁ בְּאֶ֣רֶץ הַֽכְּנַעֲנִ֔י הַיֹּשֵׁ֖ב בָּֽעֲרָבָ֑ה מ֥וּל הַגִּלְגָּ֖ל אֵ֥צֶל

31 אֵלוֹנֵ֥י מֹרֶֽה: כִּ֤י אַתֶּם֙ עֹבְרִ֣ים אֶת־הַיַּרְדֵּ֔ן לָבֹא֙ לָרֶ֣שֶׁת אֶת־הָאָ֔רֶץ

אֲשֶׁר־יְהוָ֥ה אֱלֹהֵיכֶ֖ם נֹתֵ֣ן לָכֶ֑ם וִֽירִשְׁתֶּ֥ם אֹתָ֖הּ וִֽישַׁבְתֶּם־בָּֽהּ:

32 וּשְׁמַרְתֶּ֣ם לַעֲשׂ֔וֹת אֵ֥ת כָּל־הַֽחֻקִּ֖ים וְאֶת־הַמִּשְׁפָּטִ֑ים אֲשֶׁ֧ר אָנֹכִ֛י נֹתֵ֖ן

12 1 לִפְנֵיכֶ֥ם הַיּֽוֹם: אֵ֠לֶּה הַֽחֻקִּ֣ים וְהַמִּשְׁפָּטִים֮ אֲשֶׁ֣ר תִּשְׁמְר֣וּן לַעֲשׂוֹת֒

בָּאָ֕רֶץ אֲשֶׁר֩ נָתַ֨ן יְהוָ֜ה אֱלֹהֵ֧י אֲבֹתֶ֛יךָ לְךָ֖ לְרִשְׁתָּ֑הּ כָּל־הַיָּמִ֔ים

2 אֲשֶׁר־אַתֶּ֥ם חַיִּ֖ים עַל־הָאֲדָמָֽה: אַבֵּ֣ד תְּֽאַבְּד֞וּן אֶֽת־כָּל־הַמְּקֹמ֗וֹת

אֲשֶׁ֧ר עָֽבְדוּ־שָׁ֣ם הַגּוֹיִ֗ם אֲשֶׁ֥ר אַתֶּ֛ם יֹרְשִׁ֥ים אֹתָ֖ם אֶת־אֱלֹהֵיהֶ֑ם

3 עַל־הֶהָרִ֤ים הָֽרָמִים֙ וְעַל־הַגְּבָע֔וֹת וְתַ֖חַת כָּל־עֵ֥ץ רַֽעֲנָֽן: וְנִתַּצְתֶּ֣ם

3A אֶת־מִזְבְּחֹתָ֗ם וְשִׁבַּרְתֶּם֙ אֶת־מַצֵּ֣בֹתָ֔ם וַאֲשֵֽׁרֵיהֶם֙ תִּשְׂרְפ֣וּן בָּאֵ֔שׁ

וּפְסִילֵ֥י אֱלֹהֵיהֶ֖ם תְּגַדֵּע֑וּן וְאִבַּדְתֶּ֣ם אֶת־שְׁמָ֔ם מִן־הַמָּק֖וֹם הַהֽוּא:

4
5 לֹֽא־תַעֲשׂ֣וּן כֵּ֔ן לַיהוָ֖ה אֱלֹהֵיכֶֽם: כִּ֠י אִֽם־אֶל־הַמָּק֞וֹם אֲשֶׁר־יִבְחַ֨ר

יְהוָ֤ה אֱלֹֽהֵיכֶם֙ מִכָּל־שִׁבְטֵיכֶ֔ם לָשׂ֥וּם אֶת־שְׁמ֖וֹ שָׁ֑ם לְשִׁכְנ֥וֹ תִדְרְשׁ֖וּ

6 וּבָ֥אתָ שָּֽׁמָּה: וַהֲבֵאתֶ֣ם שָׁ֗מָּה עֹלֹֽתֵיכֶם֙ וְזִבְחֵיכֶ֔ם וְאֵת֙ מַעְשְׂרֹ֣תֵיכֶ֔ם

וְאֵ֖ת תְּרוּמַ֣ת יֶדְכֶ֑ם וְנִדְרֵיכֶם֙ וְנִדְבֹ֣תֵיכֶ֔ם וּבְכֹרֹ֥ת בְּקַרְכֶ֖ם וְצֹאנְכֶֽם:

7 וַאֲכַלְתֶּם־שָׁ֗ם לִפְנֵי֙ יְהוָ֣ה אֱלֹֽהֵיכֶ֔ם וּשְׂמַחְתֶּ֗ם בְּכֹל֙ מִשְׁלַ֣ח יֶדְכֶ֔ם

8 אַתֶּ֖ם וּבָתֵּיכֶ֑ם אֲשֶׁ֥ר בֵּֽרַכְךָ֖ יְהוָ֥ה אֱלֹהֶֽיךָ: לֹ֣א תַעֲשׂ֔וּן כְּ֠כֹל אֲשֶׁ֨ר

9 אֲנַ֜חְנוּ עֹשִׂ֥ים פֹּ֛ה הַיּ֖וֹם אִ֣ישׁ כָּל־הַיָּשָׁ֥ר בְּעֵינָֽיו: כִּ֥י לֹא־בָּאתֶ֖ם

עַד־עָ֑תָּה אֶל־הַמְּנוּחָה֙ וְאֶל־הַֽנַּחֲלָ֔ה אֲשֶׁר־יְהוָ֥ה אֱלֹהֶ֖יךָ נֹתֵ֥ן לָֽךְ:

10 וַעֲבַרְתֶּם֮ אֶת־הַיַּרְדֵּן֒ וִֽישַׁבְתֶּ֣ם בָּאָ֔רֶץ אֲשֶׁר־יְהוָ֥ה אֱלֹהֵיכֶ֖ם מַנְחִ֣יל

11 אֶתְכֶ֑ם וְהֵנִ֨יחַ לָכֶ֧ם מִכָּל־אֹיְבֵיכֶ֛ם מִסָּבִ֖יב וִֽישַׁבְתֶּם־בֶּֽטַח: וְהָיָ֣ה

שני הַמָּק֗וֹם אֲשֶׁר־יִבְחַר֩ יְהוָ֨ה אֱלֹהֵיכֶ֥ם בּוֹ֙ לְשַׁכֵּ֤ן שְׁמוֹ֙ שָׁ֣ם שָׁ֔מָּה

תָבִ֕יאוּ אֵ֛ת כָּל־אֲשֶׁ֥ר אָנֹכִ֖י מְצַוֶּ֣ה אֶתְכֶ֑ם עוֹלֹתֵיכֶ֣ם וְזִבְחֵיכֶ֗ם

מַעְשְׂרֹֽתֵיכֶם֙ וּתְרֻמַ֣ת יֶדְכֶ֔ם וְכֹל֙ מִבְחַ֣ר נִדְרֵיכֶ֔ם אֲשֶׁ֥ר תִּדְּר֖וּ לַֽיהוָֽה:

12 וּשְׂמַחְתֶּ֗ם לִפְנֵי֮ יְהוָ֣ה אֱלֹֽהֵיכֶם֒ אַתֶּ֗ם וּבְנֵיכֶם֙ וּבְנֹ֣תֵיכֶ֔ם וְעַבְדֵיכֶ֖ם

וְאַמְהֹ֣תֵיכֶ֑ם וְהַלֵּוִי֙ אֲשֶׁ֣ר בְּשַׁעֲרֵיכֶ֔ם כִּ֣י אֵ֥ין ל֛וֹ חֵ֥לֶק וְנַחֲלָ֖ה אִתְּכֶֽם:

13
14 הִשָּׁ֣מֶר לְךָ֔ פֶּֽן־תַּעֲלֶ֖ה עֹלֹתֶ֑יךָ בְּכָל־מָק֖וֹם אֲשֶׁ֥ר תִּרְאֶֽה: כִּ֣י

אִם־בַּמָּק֞וֹם אֲשֶׁר־יִבְחַ֤ר יְהוָה֙ בְּאַחַ֣ד שְׁבָטֶ֔יךָ שָׁ֖ם תַּעֲלֶ֣ה עֹלֹתֶ֑יךָ

15 וְשָׁ֣ם תַּעֲשֶׂ֔ה כֹּ֛ל אֲשֶׁ֥ר אָנֹכִ֖י מְצַוֶּֽךָּ: רַק֩ בְּכָל־אַוַּ֨ת נַפְשְׁךָ֜ תִּזְבַּ֣ח ׀

וְאָכַלְתָּ֣ בָשָׂ֗ר כְּבִרְכַּ֨ת יְהוָ֧ה אֱלֹהֶ֛יךָ אֲשֶׁ֥ר נָֽתַן־לְךָ֖ בְּכָל־שְׁעָרֶ֑יךָ

16 הַטָּמֵ֤א וְהַטָּהוֹר֙ יֹֽאכְלֶ֔נּוּ כַּצְּבִ֖י וְכָאַיָּֽל: רַ֥ק הַדָּ֖ם לֹ֣א תֹאכֵ֑לוּ

17 עַל־הָאָ֥רֶץ תִּשְׁפְּכֶ֖נּוּ כַּמָּֽיִם: לֹֽא־תוּכַ֞ל לֶאֱכֹ֣ל בִּשְׁעָרֶ֗יךָ מַעְשַׂ֤ר דְּגָֽנְךָ֙

וְתִֽירֹֽשְׁךָ֣ וְיִצְהָרֶ֔ךָ וּבְכֹרֹ֥ת בְּקָרְךָ֖ וְצֹאנֶ֑ךָ וְכָל־נְדָרֶ֙יךָ֙ אֲשֶׁ֣ר תִּדֹּ֔ר

18 וְנִדְבֹתֶ֖יךָ וּתְרוּמַ֣ת יָדֶ֑ךָ: כִּ֡י אִם־לִפְנֵי֩ יְהוָ֨ה אֱלֹהֶ֜יךָ תֹּאכְלֶ֗נּוּ בַּמָּקוֹם֙

אֲשֶׁ֨ר יִבְחַ֜ר יְהוָ֣ה אֱלֹהֶיךָ֮ בּוֹ֒ אַתָּ֨ה וּבִנְךָ֤ וּבִתֶּ֙ךָ֙ וְעַבְדְּךָ֣ וַאֲמָתֶ֔ךָ

is within thy gates: and thou shalt rejoice before the LORD thy God in all that thou puttest thine hands unto.

19 Take heed to thyself that thou forsake not the Levite as long as thou livest upon the earth.

20 ¶ When the LORD thy God shall enlarge thy border, as he hath promised thee, and thou shalt say, I will eat flesh, because thy soul longeth to eat flesh; thou mayest eat flesh, whatsoever thy soul lusteth after.

21 If the place which the LORD thy God hath chosen to put his name there be too far from thee, then thou shalt kill of thy herd and of thy flock, which the LORD hath given thee, as I have commanded thee, and thou shalt eat in thy gates whatsoever thy soul lusteth after.

22 Even as the roebuck and the hart is eaten, so thou shalt eat them: the unclean and the clean shall eat *of* them alike.

23 Only be sure that thou eat not the blood: for the blood *is* the life; and thou mayest not eat the life with the flesh.

24 Thou shalt not eat it; thou shalt pour it upon the earth as water.

25 Thou shalt not eat it; that it may go well with thee, and with thy children after thee, when thou shalt do *that which is* right in the sight of the LORD.

26 Only thy holy things which thou hast, and thy vows, thou shalt take, and go unto the place which the LORD shall choose:

27 And thou shalt offer thy burnt offerings, the flesh and the blood, upon the altar of the LORD thy God: and the blood of thy sacrifices shall be poured out upon the altar of the LORD thy God, and thou shalt eat the flesh.

28 Observe and hear all these words which I command thee, that it may go well with thee, and with thy children after thee for ever, when thou doest *that which is* good and right in the sight of the LORD thy God.

29 ¶ When the LORD thy God shall cut off the nations from before thee, whither thou goest to possess them, and thou succeedest them, and dwellest in their land;

30 Take heed to thyself that thou be not snared by following them, after that they be destroyed from before thee; and that thou enquire not after their gods, saying, How did these nations serve their gods? even so will I do likewise.

31 Thou shalt not do so unto the LORD thy God: for every abomination to the LORD, which he hateth, have they done unto their gods; for even their sons and their daughters they have burnt in the fire to their gods.

32[13:1] What thing soever I command you, observe to do it: thou shalt not add thereto, nor diminish from it.

CHAPTER 13

1[2] If there arise among you a prophet, or a dreamer of dreams, and giveth thee a sign or a wonder,

2[3] And the sign or the wonder come to pass, whereof he spake unto thee, saying, Let us go after other gods, which thou hast not known, and let us serve them;

3[4] Thou shalt not hearken unto the words of that prophet, or that dreamer of dreams: for the LORD your God proveth you, to know whether ye love the LORD your God with all your heart and with all your soul.

4[5] Ye shall walk after the LORD your God, and fear him, and keep his commandments, and obey his voice, and ye shall serve him, and cleave unto him.

5[6] And that prophet, or that dreamer of dreams, shall be put to death; because he hath spoken to turn *you* away from the LORD your God, which brought you out of the land of Egypt, and redeemed you out of the house of bondage, to thrust thee out of the way which the LORD thy God commanded thee to walk in. So shalt thou put the evil away from the midst of thee.

6[7] ¶ If thy brother, the son of thy mother, or thy son, or thy daughter, or the wife of thy bosom, or thy friend, which

וְהַלֵּוִי אֲשֶׁר בִּשְׁעָרֶיךָ וְשָׂמַחְתָּ לִפְנֵי יְהוָה אֱלֹהֶיךָ בְּכֹל מִשְׁלַח יָדֶךָ:

19 הִשָּׁמֶר לְךָ פֶּן־תַּעֲזֹב אֶת־הַלֵּוִי כָּל־יָמֶיךָ עַל־אַדְמָתֶךָ: כִּי־
20 יַרְחִיב יְהוָה אֱלֹהֶיךָ אֶת־גְּבוּלְךָ כַּאֲשֶׁר דִּבֶּר־לָךְ וְאָמַרְתָּ אֹכְלָה בָשָׂר כִּי־תְאַוֶּה נַפְשְׁךָ לֶאֱכֹל בָּשָׂר בְּכָל־אַוַּת נַפְשְׁךָ תֹּאכַל בָּשָׂר:

21 כִּי־יִרְחַק מִמְּךָ הַמָּקוֹם אֲשֶׁר יִבְחַר יְהוָה אֱלֹהֶיךָ לָשׂוּם שְׁמוֹ שָׁם וְזָבַחְתָּ מִבְּקָרְךָ וּמִצֹּאנְךָ אֲשֶׁר נָתַן יְהוָה לְךָ כַּאֲשֶׁר צִוִּיתִךָ וְאָכַלְתָּ בִּשְׁעָרֶיךָ בְּכֹל אַוַּת נַפְשֶׁךָ:

22 אַךְ כַּאֲשֶׁר יֵאָכֵל אֶת־הַצְּבִי וְאֶת־הָאַיָּל כֵּן תֹּאכְלֶנּוּ הַטָּמֵא וְהַטָּהוֹר יַחְדָּו יֹאכְלֶנּוּ:

23 רַק חֲזַק לְבִלְתִּי אֲכֹל הַדָּם כִּי הַדָּם הוּא הַנָּפֶשׁ וְלֹא־תֹאכַל הַנֶּפֶשׁ עִם־הַבָּשָׂר:

24 לֹא תֹּאכְלֶנּוּ עַל־הָאָרֶץ תִּשְׁפְּכֶנּוּ כַּמָּיִם:

25 לֹא תֹּאכְלֶנּוּ לְמַעַן יִיטַב לְךָ וּלְבָנֶיךָ אַחֲרֶיךָ כִּי־תַעֲשֶׂה הַיָּשָׁר בְּעֵינֵי יְהוָה:

26 רַק קָדָשֶׁיךָ אֲשֶׁר־יִהְיוּ לְךָ וּנְדָרֶיךָ תִּשָּׂא וּבָאתָ אֶל־הַמָּקוֹם אֲשֶׁר־יִבְחַר יְהוָה:

27 וְעָשִׂיתָ עֹלֹתֶיךָ הַבָּשָׂר וְהַדָּם עַל־מִזְבַּח יְהוָה אֱלֹהֶיךָ וְדַם־זְבָחֶיךָ יִשָּׁפֵךְ עַל־מִזְבַּח יְהוָה אֱלֹהֶיךָ וְהַבָּשָׂר תֹּאכֵל:

28 שְׁמֹר וְשָׁמַעְתָּ אֵת כָּל־הַדְּבָרִים הָאֵלֶּה אֲשֶׁר אָנֹכִי מְצַוֶּךָ לְמַעַן יִיטַב לְךָ וּלְבָנֶיךָ אַחֲרֶיךָ עַד־עוֹלָם כִּי תַעֲשֶׂה הַטּוֹב וְהַיָּשָׁר בְּעֵינֵי יְהוָה אֱלֹהֶיךָ:

שלישי

29 כִּי־יַכְרִית יְהוָה אֱלֹהֶיךָ אֶת־הַגּוֹיִם אֲשֶׁר אַתָּה בָא־שָׁמָּה לָרֶשֶׁת אוֹתָם מִפָּנֶיךָ וְיָרַשְׁתָּ אֹתָם וְיָשַׁבְתָּ בְּאַרְצָם:

30 הִשָּׁמֶר לְךָ פֶּן־תִּנָּקֵשׁ אַחֲרֵיהֶם אַחֲרֵי הִשָּׁמְדָם מִפָּנֶיךָ וּפֶן־תִּדְרֹשׁ לֵאלֹהֵיהֶם לֵאמֹר אֵיכָה יַעַבְדוּ הַגּוֹיִם הָאֵלֶּה אֶת־אֱלֹהֵיהֶם וְאֶעֱשֶׂה־כֵּן גַּם־אָנִי:

31A 31 לֹא־תַעֲשֶׂה כֵן לַיהוָה אֱלֹהֶיךָ כִּי כָל־תּוֹעֲבַת יְהוָה אֲשֶׁר שָׂנֵא עָשׂוּ לֵאלֹהֵיהֶם כִּי גַם אֶת־בְּנֵיהֶם וְאֶת־בְּנֹתֵיהֶם יִשְׂרְפוּ בָאֵשׁ לֵאלֹהֵיהֶם:

13 1 אֵת כָּל־הַדָּבָר אֲשֶׁר אָנֹכִי מְצַוֶּה אֶתְכֶם אֹתוֹ תִשְׁמְרוּ לַעֲשׂוֹת לֹא־תֹסֵף עָלָיו וְלֹא תִגְרַע מִמֶּנּוּ:

2 כִּי־יָקוּם בְּקִרְבְּךָ נָבִיא אוֹ חֹלֵם חֲלוֹם וְנָתַן אֵלֶיךָ אוֹת אוֹ מוֹפֵת:

3 וּבָא הָאוֹת וְהַמּוֹפֵת אֲשֶׁר־דִּבֶּר אֵלֶיךָ לֵאמֹר נֵלְכָה אַחֲרֵי אֱלֹהִים אֲחֵרִים אֲשֶׁר לֹא־יְדַעְתָּם וְנָעָבְדֵם:

4 לֹא תִשְׁמַע אֶל־דִּבְרֵי הַנָּבִיא הַהוּא אוֹ אֶל־חוֹלֵם הַחֲלוֹם הַהוּא כִּי מְנַסֶּה יְהוָה אֱלֹהֵיכֶם אֶתְכֶם לָדַעַת הֲיִשְׁכֶם אֹהֲבִים אֶת־יְהוָה אֱלֹהֵיכֶם בְּכָל־לְבַבְכֶם וּבְכָל־נַפְשְׁכֶם:

5 אַחֲרֵי יְהוָה אֱלֹהֵיכֶם תֵּלֵכוּ וְאֹתוֹ תִירָאוּ וְאֶת־מִצְוֹתָיו תִּשְׁמֹרוּ וּבְקֹלוֹ תִשְׁמָעוּ וְאֹתוֹ תַעֲבֹדוּ וּבוֹ תִדְבָּקוּן:

6 וְהַנָּבִיא הַהוּא אוֹ חֹלֵם הַחֲלוֹם הַהוּא יוּמָת כִּי דִבֶּר־סָרָה עַל־יְהוָה אֱלֹהֵיכֶם הַמּוֹצִיא אֶתְכֶם מֵאֶרֶץ מִצְרַיִם וְהַפֹּדְךָ מִבֵּית עֲבָדִים לְהַדִּיחֲךָ מִן־הַדֶּרֶךְ אֲשֶׁר צִוְּךָ יְהוָה אֱלֹהֶיךָ לָלֶכֶת בָּהּ וּבִעַרְתָּ הָרָע מִקִּרְבֶּךָ:

7 כִּי יְסִיתְךָ אָחִיךָ בֶן־אִמֶּךָ אוֹ־בִנְךָ אוֹ־בִתְּךָ אוֹ

is as thine own soul, entice thee secretly, saying, Let us go and serve other gods, which thou hast not known, thou, nor thy fathers;

7[8] *Namely,* of the gods of the people which *are* round about you, nigh unto thee, or far off from thee, from the *one* end of the earth even unto the *other* end of the earth;

8[9] Thou shalt not consent unto him, nor hearken unto him; neither shall thine eye pity him, neither shalt thou spare, neither shalt thou conceal him:

9[10] But thou shalt surely kill him; thine hand shall be first upon him to put him to death, and afterwards the hand of all the people.

10[11] And thou shalt stone him with stones, that he die; because he hath sought to thrust thee away from the LORD thy God, which brought thee out of the land of Egypt, from the house of bondage.

11[12] And all Israel shall hear, and fear, and shall do no more any such wickedness as this is among you.

12[13] ¶ If thou shalt hear *say* in one of thy cities, which the LORD thy God hath given thee to dwell there, saying,

13[14] *Certain* men, the children of Belial, are gone out from among you, and have withdrawn the inhabitants of their city, saying, Let us go and serve other gods, which ye have not known;

14[15] Then shalt thou enquire, and make search, and ask diligently; and, behold, *if it be* truth, *and* the thing certain, *that* such abomination is wrought among you;

15[16] Thou shalt surely smite the inhabitants of that city with the edge of the sword, destroying it utterly, and all that *is* therein, and the cattle thereof, with the edge of the sword.

16[17] And thou shalt gather all the spoil of it into the midst of the street thereof, and shalt burn with fire the city, and all the spoil thereof every whit, for the LORD thy God: and it shall be an heap for ever; it shall not be built again.

17[18] And there shall cleave nought of the cursed thing to thine hand: that the LORD may turn from the fierceness of his anger, and shew thee mercy, and have compassion upon thee, and multiply thee, as he hath sworn unto thy fathers;

18[19] When thou shalt hearken to the voice of the LORD thy God, to keep all his commandments which I command thee this day, to do *that which is* right in the eyes of the LORD thy God.

CHAPTER 14

1 Ye *are* the children of the LORD your God: ye shall not cut yourselves, nor make any baldness between your eyes for the dead.

2 For thou *art* an holy people unto the LORD thy God, and the LORD hath chosen thee to be a peculiar people unto himself, above all the nations that *are* upon the earth.

3 ¶ Thou shalt not eat any abominable thing.

4 These *are* the beasts which ye shall eat: the ox, the sheep, and the goat,

5 The hart, and the roebuck, and the fallow deer, and the wild goat, and the pygarg, and the wild ox, and the chamois.

6 And every beast that parteth the hoof, and cleaveth the cleft into two claws, *and* cheweth the cud among the beasts, that ye shall eat.

7 Nevertheless these ye shall not eat of them that chew the cud, or of them that divide the cloven hoof; *as* the camel, and the hare, and the coney: for they chew the cud, but divide not the hoof; *therefore* they *are* unclean unto you.

8 And the swine, because it divideth the hoof, yet cheweth not the cud, it *is* unclean unto you: ye shall not eat of their flesh, nor touch their dead carcase.

9 ¶ These ye shall eat of all that *are* in the waters: all that have fins and scales shall ye eat:

10 And whatsoever hath not fins and scales ye may not eat; it *is* unclean unto you.

11 ¶ *Of* all clean birds ye shall eat.

12 But these *are they* of which ye shall not eat: the eagle, and the ossifrage, and the ospray,

אֵשֶׁת חֵיקֶךָ אוֹ רֵעֲךָ אֲשֶׁר כְּנַפְשְׁךָ בַּסֵּתֶר לֵאמֹר נֵלְכָה וְנַעַבְדָה

8 אֱלֹהִים אֲחֵרִים אֲשֶׁר לֹא יָדַעְתָּ אַתָּה וַאֲבֹתֶיךָ: מֵאֱלֹהֵי הָעַמִּים
אֲשֶׁר סְבִיבֹתֵיכֶם הַקְּרֹבִים אֵלֶיךָ אוֹ הָרְחֹקִים מִמְּךָ מִקְצֵה הָאָרֶץ

9 וְעַד־קְצֵה הָאָרֶץ: לֹא־תֹאבֶה לוֹ וְלֹא תִשְׁמַע אֵלָיו וְלֹא־תָחוֹס

10 עֵינְךָ עָלָיו וְלֹא־תַחְמֹל וְלֹא־תְכַסֶּה עָלָיו: כִּי הָרֹג תַּהַרְגֶנּוּ יָדְךָ

11 תִּהְיֶה־בּוֹ בָרִאשׁוֹנָה לַהֲמִיתוֹ וְיַד כָּל־הָעָם בָּאַחֲרֹנָה: וּסְקַלְתּוֹ
בָאֲבָנִים וָמֵת כִּי בִקֵּשׁ לְהַדִּיחֲךָ מֵעַל יְהוָה אֱלֹהֶיךָ הַמּוֹצִיאֲךָ

12 מֵאֶרֶץ מִצְרַיִם מִבֵּית עֲבָדִים: וְכָל־יִשְׂרָאֵל יִשְׁמְעוּ וְיִרָאוּן וְלֹא־יוֹסִפוּ

13 לַעֲשׂוֹת כַּדָּבָר הָרָע הַזֶּה בְּקִרְבֶּךָ:   כִּי־תִשְׁמַע בְּאַחַת

14 עָרֶיךָ אֲשֶׁר יְהוָה אֱלֹהֶיךָ נֹתֵן לְךָ לָשֶׁבֶת שָׁם לֵאמֹר: יָצְאוּ אֲנָשִׁים
בְּנֵי־בְלִיַּעַל מִקִּרְבֶּךָ וַיַּדִּיחוּ אֶת־יֹשְׁבֵי עִירָם לֵאמֹר נֵלְכָה וְנַעַבְדָה

15A 15 אֱלֹהִים אֲחֵרִים אֲשֶׁר לֹא־יְדַעְתֶּם: וְדָרַשְׁתָּ וְחָקַרְתָּ וְשָׁאַלְתָּ הֵיטֵב

16 וְהִנֵּה אֱמֶת נָכוֹן הַדָּבָר נֶעֶשְׂתָה הַתּוֹעֵבָה הַזֹּאת בְּקִרְבֶּךָ: הַכֵּה
תַכֶּה אֶת־יֹשְׁבֵי הָעִיר הַהִוא לְפִי־חָרֶב הַחֲרֵם אֹתָהּ וְאֶת־כָּל־אֲשֶׁר־

17 בָּהּ וְאֶת־בְּהֶמְתָּהּ לְפִי־חָרֶב: וְאֶת־כָּל־שְׁלָלָהּ תִּקְבֹּץ אֶל־תּוֹךְ רְחֹבָהּ
וְשָׂרַפְתָּ בָאֵשׁ אֶת־הָעִיר וְאֶת־כָּל־שְׁלָלָהּ כָּלִיל לַיהוָה אֱלֹהֶיךָ

18 וְהָיְתָה תֵּל עוֹלָם לֹא תִבָּנֶה עוֹד: וְלֹא־יִדְבַּק בְּיָדְךָ מְאוּמָה
מִן־הַחֵרֶם לְמַעַן יָשׁוּב יְהוָה מֵחֲרוֹן אַפּוֹ וְנָתַן־לְךָ רַחֲמִים וְרִחַמְךָ

19 וְהִרְבֶּךָ כַּאֲשֶׁר נִשְׁבַּע לַאֲבֹתֶיךָ: כִּי תִשְׁמַע בְּקוֹל יְהוָה אֱלֹהֶיךָ
לִשְׁמֹר אֶת־כָּל־מִצְוֹתָיו אֲשֶׁר אָנֹכִי מְצַוְּךָ הַיּוֹם לַעֲשׂוֹת הַיָּשָׁר

רביעי 14 1 בְּעֵינֵי יְהוָה אֱלֹהֶיךָ:   בָּנִים אַתֶּם לַיהוָה אֱלֹהֵיכֶם לֹא

2 תִתְגֹּדְדוּ וְלֹא־תָשִׂימוּ קָרְחָה בֵּין עֵינֵיכֶם לָמֵת: כִּי עַם קָדוֹשׁ אַתָּה
לַיהוָה אֱלֹהֶיךָ וּבְךָ בָּחַר יְהוָה לִהְיוֹת לוֹ לְעַם סְגֻלָּה מִכֹּל הָעַמִּים

3
4 אֲשֶׁר עַל־פְּנֵי הָאֲדָמָה: לֹא תֹאכַל כָּל־תּוֹעֵבָה: זֹאת

5 הַבְּהֵמָה אֲשֶׁר תֹּאכֵלוּ שׁוֹר שֵׂה כְשָׂבִים וְשֵׂה עִזִּים: אַיָּל וּצְבִי

6 וְיַחְמוּר וְאַקּוֹ וְדִישֹׁן וּתְאוֹ וָזָמֶר: וְכָל־בְּהֵמָה מַפְרֶסֶת פַּרְסָה
וְשֹׁסַעַת שֶׁסַע שְׁתֵּי פְרָסוֹת מַעֲלַת גֵּרָה בַּבְּהֵמָה אֹתָהּ תֹּאכֵלוּ:

7 אַךְ אֶת־זֶה לֹא תֹאכְלוּ מִמַּעֲלֵי הַגֵּרָה וּמִמַּפְרִיסֵי הַפַּרְסָה הַשְּׁסוּעָה
אֶת־הַגָּמָל וְאֶת־הָאַרְנֶבֶת וְאֶת־הַשָּׁפָן כִּי־מַעֲלֵה גֵרָה הֵמָּה וּפַרְסָה

8 לֹא הִפְרִיסוּ טְמֵאִים הֵם לָכֶם: וְאֶת־הַחֲזִיר כִּי־מַפְרִיס פַּרְסָה הוּא
וְלֹא גֵרָה טָמֵא הוּא לָכֶם מִבְּשָׂרָם לֹא תֹאכֵלוּ וּבְנִבְלָתָם לֹא

9 תִגָּעוּ:   אֶת־זֶה תֹּאכְלוּ מִכֹּל אֲשֶׁר בַּמָּיִם כֹּל אֲשֶׁר־לוֹ

10 סְנַפִּיר וְקַשְׂקֶשֶׂת תֹּאכֵלוּ: וְכֹל אֲשֶׁר אֵין־לוֹ סְנַפִּיר וְקַשְׂקֶשֶׂת לֹא

11
12 תֹאכֵלוּ טָמֵא הוּא לָכֶם: כָּל־צִפּוֹר טְהֹרָה תֹּאכֵלוּ: וְזֶה

13 אֲשֶׁר לֹא־תֹאכְלוּ מֵהֶם הַנֶּשֶׁר וְהַפֶּרֶס וְהָעָזְנִיָּה: וְהָרָאָה וְאֶת־הָאַיָּה

13 And the glede, and the kite, and the vulture after his kind,

14 And every raven after his kind,

15 And the owl, and the night hawk, and the cuckow, and the hawk after his kind,

16 The little owl, and the great owl, and the swan,

17 And the pelican, and the gier eagle, and the cormorant,

18 And the stork, and the heron after her kind, and the lapwing, and the bat.

19 And every creeping thing that flieth *is* unclean unto you: they shall not be eaten.

20 *But of* all clean fowls ye may eat.

21 ¶ Ye shall not eat *of* any thing that dieth of itself: thou shalt give it unto the stranger that *is* in thy gates, that he may eat it; or thou mayest sell it unto an alien: for thou *art* an holy people unto the LORD thy God. Thou shalt not seethe a kid in his mother's milk.

22 Thou shalt truly tithe all the increase of thy seed, that the field bringeth forth year by year.

23 And thou shalt eat before the LORD thy God, in the place which he shall choose to place his name there, the tithe of thy corn, of thy wine, and of thine oil, and the firstlings of thy herds and of thy flocks; that thou mayest learn to fear the LORD thy God always.

24 And if the way be too long for thee, so that thou art not able to carry it; *or if* the place be too far from thee, which the LORD thy God shall choose to set his name there, when the LORD thy God hath blessed thee:

25 Then shalt thou turn *it* into money, and bind up the money in thine hand, and shalt go unto the place which the LORD thy God shall choose:

26 And thou shalt bestow that money for whatsoever thy soul lusteth after, for oxen, or for sheep, or for wine, or for strong drink, or for whatsoever thy soul desireth: and thou shalt eat there before the LORD thy God, and thou shalt rejoice, thou, and thine household,

27 And the Levite that *is* within thy gates; thou shalt not forsake him; for he hath no part nor inheritance with thee.

28 ¶ At the end of three years thou shalt bring forth all the tithe of thine increase the same year, and shalt lay *it* up within thy gates:

29 And the Levite, (because he hath no part nor inheritance with thee,) and the stranger, and the fatherless, and the widow, which *are* within thy gates, shall come, and shall eat and be satisfied; that the LORD thy God may bless thee in all the work of thine hand which thou doest.

CHAPTER 15

1 At the end of *every* seven years thou shalt make a release.

2 And this *is* the manner of the release: Every creditor that lendeth *ought* unto his neighbour shall release *it;* he shall not exact *it* of his neighbour, or of his brother; because it is called the LORD's release.

3 Of a foreigner thou mayest exact *it again:* but *that* which is thine with thy brother thine hand shall release;

4 Save when there shall be no poor among you; for the LORD shall greatly bless thee in the land which the LORD thy God giveth thee *for* an inheritance to possess it:

5 Only if thou carefully hearken unto the voice of the LORD thy God, to observe to do all these commandments which I command thee this day.

6 For the LORD thy God blesseth thee, as he promised thee: and thou shalt lend unto many nations, but thou shalt not borrow; and thou shalt reign over many nations, but they shall not reign over thee.

7 ¶ If there be among you a poor man of one of thy brethren within any of thy gates in thy land which the LORD thy God giveth thee, thou shalt not harden thine heart, nor shut thine hand from thy poor brother:

8 But thou shalt open thine hand wide unto him, and shalt surely lend him sufficient for his need, *in that* which he wanteth.

9 Beware that there be not a thought in thy wicked heart, saying, The seventh year, the year of release, is at hand; and thine eye be evil against thy poor brother,

וְהַדַּיָּה לְמִינָהּ: וְאֵת כָּל־עֹרֵב לְמִינוֹ: וְאֵת בַּת הַיַּעֲנָה וְאֶת־הַתַּחְמָס 14
וְאֶת־הַשָּׁחַף וְאֶת־הַנֵּץ לְמִינֵהוּ: אֶת־הַכּוֹס וְאֶת־הַיַּנְשׁוּף וְהַתִּנְשָׁמֶת: 15
וְהַקָּאָת וְאֶת־הָרָחָמָה וְאֶת־הַשָּׁלָךְ: וְהַחֲסִידָה וְהָאֲנָפָה לְמִינָהּ 16 17
וְהַדּוּכִיפַת וְהָעֲטַלֵּף: וְכֹל שֶׁרֶץ הָעוֹף טָמֵא הוּא לָכֶם לֹא יֵאָכֵלוּ: 18 19
כָּל־עוֹף טָהוֹר תֹּאכֵלוּ: לֹא תֹאכְלוּ כָל־נְבֵלָה לַגֵּר אֲשֶׁר־בִּשְׁעָרֶיךָ 20 21
תִּתְּנֶנָּה וַאֲכָלָהּ אוֹ מָכֹר לְנָכְרִי כִּי עַם קָדוֹשׁ אַתָּה לַיהוָה אֱלֹהֶיךָ
לֹא־תְבַשֵּׁל גְּדִי בַּחֲלֵב אִמּוֹ:

עַשֵּׂר תְּעַשֵּׂר אֵת כָּל־תְּבוּאַת זַרְעֶךָ הַיֹּצֵא הַשָּׂדֶה שָׁנָה שָׁנָה: 22 חמישי
וְאָכַלְתָּ לִפְנֵי יְהוָה אֱלֹהֶיךָ בַּמָּקוֹם אֲשֶׁר־יִבְחַר לְשַׁכֵּן שְׁמוֹ שָׁם 23
מַעְשַׂר דְּגָנְךָ תִּירֹשְׁךָ וְיִצְהָרֶךָ וּבְכֹרֹת בְּקָרְךָ וְצֹאנֶךָ לְמַעַן תִּלְמַד
לְיִרְאָה אֶת־יְהוָה אֱלֹהֶיךָ כָּל־הַיָּמִים: וְכִי־יִרְבֶּה מִמְּךָ הַדֶּרֶךְ כִּי 24
לֹא תוּכַל שְׂאֵתוֹ כִּי־יִרְחַק מִמְּךָ הַמָּקוֹם אֲשֶׁר יִבְחַר יְהוָה אֱלֹהֶיךָ
לָשׂוּם שְׁמוֹ שָׁם כִּי יְבָרֶכְךָ יְהוָה אֱלֹהֶיךָ: וְנָתַתָּה בַּכָּסֶף וְצַרְתָּ 25
הַכֶּסֶף בְּיָדְךָ וְהָלַכְתָּ אֶל־הַמָּקוֹם אֲשֶׁר יִבְחַר יְהוָה אֱלֹהֶיךָ בּוֹ:
וְנָתַתָּה הַכֶּסֶף בְּכֹל אֲשֶׁר־תְּאַוֶּה נַפְשְׁךָ בַּבָּקָר וּבַצֹּאן וּבַיַּיִן וּבַשֵּׁכָר 26
וּבְכֹל אֲשֶׁר תִּשְׁאָלְךָ נַפְשֶׁךָ וְאָכַלְתָּ שָּׁם לִפְנֵי יְהוָה אֱלֹהֶיךָ וְשָׂמַחְתָּ
אַתָּה וּבֵיתֶךָ: וְהַלֵּוִי אֲשֶׁר־בִּשְׁעָרֶיךָ לֹא תַעַזְבֶנּוּ כִּי אֵין לוֹ חֵלֶק 27
וְנַחֲלָה עִמָּךְ: מִקְצֵה שָׁלֹשׁ שָׁנִים תּוֹצִיא אֶת־כָּל־מַעְשַׂר 28
תְּבוּאָתְךָ בַּשָּׁנָה הַהִוא וְהִנַּחְתָּ בִּשְׁעָרֶיךָ: וּבָא הַלֵּוִי כִּי אֵין־לוֹ 29
חֵלֶק וְנַחֲלָה עִמָּךְ וְהַגֵּר וְהַיָּתוֹם וְהָאַלְמָנָה אֲשֶׁר בִּשְׁעָרֶיךָ וְאָכְלוּ
וְשָׂבֵעוּ לְמַעַן יְבָרֶכְךָ יְהוָה אֱלֹהֶיךָ בְּכָל־מַעֲשֵׂה יָדְךָ אֲשֶׁר
תַּעֲשֶׂה: מִקֵּץ שֶׁבַע־שָׁנִים תַּעֲשֶׂה שְׁמִטָּה: וְזֶה דְּבַר 15 1 2 ששי
הַשְּׁמִטָּה שָׁמוֹט כָּל־בַּעַל מַשֵּׁה יָדוֹ אֲשֶׁר יַשֶּׁה בְּרֵעֵהוּ לֹא־יִגֹּשׂ
אֶת־רֵעֵהוּ וְאֶת־אָחִיו כִּי־קָרָא שְׁמִטָּה לַיהוָה: אֶת־הַנָּכְרִי תִּגֹּשׂ 3
וַאֲשֶׁר יִהְיֶה לְךָ אֶת־אָחִיךָ תַּשְׁמֵט יָדֶךָ: אֶפֶס כִּי לֹא יִהְיֶה־בְּךָ 4
אֶבְיוֹן כִּי־בָרֵךְ יְבָרֶכְךָ יְהוָה בָּאָרֶץ אֲשֶׁר יְהוָה אֱלֹהֶיךָ נֹתֵן־לְךָ
נַחֲלָה לְרִשְׁתָּהּ: רַק אִם־שָׁמוֹעַ תִּשְׁמַע בְּקוֹל יְהוָה אֱלֹהֶיךָ לִשְׁמֹר 5
לַעֲשׂוֹת אֶת־כָּל־הַמִּצְוָה הַזֹּאת אֲשֶׁר אָנֹכִי מְצַוְּךָ הַיּוֹם: כִּי־יְהוָה 6
אֱלֹהֶיךָ בֵּרַכְךָ כַּאֲשֶׁר דִּבֶּר־לָךְ וְהַעֲבַטְתָּ גּוֹיִם רַבִּים וְאַתָּה לֹא
תַעֲבֹט וּמָשַׁלְתָּ בְּגוֹיִם רַבִּים וּבְךָ לֹא יִמְשֹׁלוּ: כִּי־יִהְיֶה 7
בְךָ אֶבְיוֹן מֵאַחַד אַחֶיךָ בְּאַחַד שְׁעָרֶיךָ בְּאַרְצְךָ אֲשֶׁר־יְהוָה אֱלֹהֶיךָ
נֹתֵן לָךְ לֹא תְאַמֵּץ אֶת־לְבָבְךָ וְלֹא תִקְפֹּץ אֶת־יָדְךָ מֵאָחִיךָ הָאֶבְיוֹן:
כִּי־פָתֹחַ תִּפְתַּח אֶת־יָדְךָ לוֹ וְהַעֲבֵט תַּעֲבִיטֶנּוּ דֵּי מַחְסֹרוֹ אֲשֶׁר 8
יֶחְסַר לוֹ: הִשָּׁמֶר לְךָ פֶּן־יִהְיֶה דָבָר עִם־לְבָבְךָ בְלִיַּעַל לֵאמֹר קָרְבָה 9 9A
שְׁנַת־הַשֶּׁבַע שְׁנַת הַשְּׁמִטָּה וְרָעָה עֵינְךָ בְּאָחִיךָ הָאֶבְיוֹן וְלֹא תִתֵּן

and thou givest him nought; and he cry unto the LORD against thee, and it be sin unto thee.

10 Thou shalt surely give him, and thine heart shall not be grieved when thou givest unto him: because that for this thing the LORD thy God shall bless thee in all thy works, and in all that thou puttest thine hand unto.

11 For the poor shall never cease out of the land: therefore I command thee, saying, Thou shalt open thine hand wide unto thy brother, to thy poor, and to thy needy, in thy land.

12 ¶ *And* if thy brother, an Hebrew man, or an Hebrew woman, be sold unto thee, and serve thee six years; then in the seventh year thou shalt let him go free from thee.

13 And when thou sendest him out free from thee, thou shalt not let him go away empty:

14 Thou shalt furnish him liberally out of thy flock, and out of thy floor, and out of thy winepress: *of that* wherewith the LORD thy God hath blessed thee thou shalt give unto him.

15 And thou shalt remember that thou wast a bondman in the land of Egypt, and the LORD thy God redeemed thee: therefore I command thee this thing to day.

16 And it shall be, if he say unto thee, I will not go away from thee; because he loveth thee and thine house, because he is well with thee;

17 Then thou shalt take an aul, and thrust *it* through his ear unto the door, and he shall be thy servant for ever. And also unto thy maidservant thou shalt do likewise.

18 It shall not seem hard unto thee, when thou sendest him away free from thee; for he hath been worth a double hired servant *to thee*, in serving thee six years: and the LORD thy God shall bless thee in all that thou doest.

19 ¶ All the firstling males that come of thy herd and of thy flock thou shalt sanctify unto the LORD thy God: thou shalt do no work with the firstling of thy bullock, nor shear the firstling of thy sheep.

20 Thou shalt eat *it* before the LORD thy God year by year in the place which the LORD shall choose, thou and thy household.

21 And if there be *any* blemish therein, *as if it be* lame, or blind, *or have* any ill blemish, thou shalt not sacrifice it unto the LORD thy God.

22 Thou shalt eat it within thy gates: the unclean and the clean *person shall eat it* alike, as the roebuck, and as the hart.

23 Only thou shalt not eat the blood thereof; thou shalt pour it upon the ground as water.

CHAPTER 16

1 Observe the month of Abib, and keep the passover unto the LORD thy God: for in the month of Abib the LORD thy God brought thee forth out of Egypt by night.

2 Thou shalt therefore sacrifice the passover unto the LORD thy God, of the flock and the herd, in the place which the LORD shall choose to place his name there.

3 Thou shalt eat no leavened bread with it; seven days shalt thou eat unleavened bread therewith, *even* the bread of affliction; for thou camest forth out of the land of Egypt in haste: that thou mayest remember the day when thou camest forth out of the land of Egypt all the days of thy life.

4 And there shall be no leavened bread seen with thee in all thy coast seven days; neither shall there *any thing* of the flesh, which thou sacrificedst the first day at even, remain all night until the morning.

5 Thou mayest not sacrifice the passover within any of thy gates, which the LORD thy God giveth thee:

6 But at the place which the LORD thy God shall choose to place his name in, there thou shalt sacrifice the passover at even, at the going down of the sun, at the season that thou camest forth out of Egypt.

7 And thou shalt roast and eat *it* in the place which the LORD thy God shall choose: and thou shalt turn in the morning, and go unto thy tents.

8 Six days thou shalt eat unleavened bread: and on the seventh day *shall be* a

10 לֹו וְקָרָ֤א עָלֶ֨יךָ֙ אֶל־יְהוָ֔ה וְהָיָ֥ה בְךָ֖ חֵֽטְא: נָתֹ֨ון תִּתֵּ֤ן לֹו֙ וְלֹא־יֵרַ֣ע לְבָֽבְךָ֔ בְּתִתְּךָ֖ לֹו כִּ֣י בִּגְלַ֣ל ׀ הַדָּבָ֣ר הַזֶּ֗ה יְבָרֶכְךָ֙ יְהוָ֣ה אֱלֹהֶ֔יךָ

11 בְּכָֽל־מַעֲשֶׂ֔ךָ וּבְכֹ֖ל מִשְׁלַ֥ח יָדֶֽךָ: כִּ֛י לֹא־יֶחְדַּ֥ל אֶבְיֹ֖ון מִקֶּ֣רֶב הָאָ֑רֶץ עַל־כֵּ֞ן אָנֹכִ֤י מְצַוְּךָ֙ לֵאמֹ֔ר פָּ֠תֹחַ תִּפְתַּ֨ח אֶת־יָדְךָ֜ לְאָחִ֧יךָ לַעֲנִיֶּ֛ךָ

12 וּלְאֶבְיֹנְךָ֖ בְּאַרְצֶֽךָ: כִּֽי־יִמָּכֵ֨ר לְךָ֜ אָחִ֣יךָ הָֽעִבְרִ֗י אֹ֚ו הָֽעִבְרִיָּ֔ה וַעֲבָֽדְךָ֖ שֵׁ֣שׁ שָׁנִ֑ים וּבַשָּׁנָה֙ הַשְּׁבִיעִ֔ת תְּשַׁלְּחֶ֥נּוּ חָפְשִׁ֖י

13 מֵעִמָּֽךְ: וְכִֽי־תְשַׁלְּחֶ֥נּוּ חָפְשִׁ֖י מֵעִמָּ֑ךְ לֹ֥א תְשַׁלְּחֶ֖נּוּ רֵיקָֽם: הַעֲנֵ֤יק
14 תַּעֲנִיק֙ לֹ֔ו מִצֹּֽאנְךָ֙ וּמִֽגָּרְנְךָ֔ וּמִיִּקְבֶ֑ךָ אֲשֶׁ֧ר בֵּרַכְךָ֛ יְהוָ֥ה אֱלֹהֶ֖יךָ

15 תִּתֶּן־לֹֽו: וְזָכַרְתָּ֗ כִּ֣י עֶ֤בֶד הָיִ֨יתָ֙ בְּאֶ֣רֶץ מִצְרַ֔יִם וַֽיִּפְדְּךָ֖ יְהוָ֣ה אֱלֹהֶ֑יךָ

16 עַל־כֵּ֞ן אָנֹכִ֧י מְצַוְּךָ֛ אֶת־הַדָּבָ֥ר הַזֶּ֖ה הַיֹּֽום: וְהָיָה֙ כִּֽי־יֹאמַ֣ר אֵלֶ֔יךָ

17 לֹ֥א אֵצֵ֖א מֵעִמָּ֑ךְ כִּ֤י אֲהֵֽבְךָ֙ וְאֶת־בֵּיתֶ֔ךָ כִּי־טֹ֖וב לֹ֥ו עִמָּֽךְ: וְלָקַחְתָּ֣ אֶת־הַמַּרְצֵ֗עַ וְנָתַתָּ֤ה בְאָזְנֹו֙ וּבַדֶּ֔לֶת וְהָיָ֥ה לְךָ֖ עֶ֣בֶד עֹולָ֑ם וְאַ֥ף

18 לַאֲמָתְךָ֖ תַּעֲשֶׂה־כֵּֽן: לֹא־יִקְשֶׁ֣ה בְעֵינֶ֗ךָ בְּשַׁלֵּֽחֲךָ֙ אֹתֹ֤ו חָפְשִׁי֙ מֵֽעִמָּ֔ךְ כִּ֗י מִשְׁנֶה֙ שְׂכַ֣ר שָׂכִ֔יר עֲבָֽדְךָ֖ שֵׁ֣שׁ שָׁנִ֑ים וּבֵֽרַכְךָ֙ יְהוָ֣ה אֱלֹהֶ֔יךָ בְּכֹ֖ל אֲשֶׁ֥ר תַּעֲשֶֽׂה:

שביעי
19 כָּֽל־הַבְּכֹ֡ור אֲשֶׁר֩ יִוָּלֵ֨ד בִּבְקָרְךָ֤ וּבְצֹֽאנְךָ֙ הַזָּכָ֔ר תַּקְדִּ֕ישׁ לַיהוָ֖ה אֱלֹהֶ֑יךָ

20 לֹ֤א תַעֲבֹד֙ בִּבְכֹ֣ר שֹׁורֶ֔ךָ וְלֹ֥א תָגֹ֖ז בְּכֹ֣ור צֹאנֶ֑ךָ לִפְנֵי֩ יְהוָ֨ה אֱלֹהֶ֜יךָ תֹאכֲלֶ֣נּוּ שָׁנָ֣ה בְשָׁנָ֗ה בַּמָּקֹ֛ום אֲשֶׁר־יִבְחַ֥ר יְהוָ֖ה אַתָּ֥ה וּבֵיתֶֽךָ:

21 וְכִֽי־יִהְיֶ֨ה בֹ֜ו מ֗וּם פִּסֵּ֨חַ֙ אֹ֣ו עִוֵּ֔ר כֹּ֖ל מ֣וּם רָ֑ע לֹ֣א תִזְבָּחֶ֔נּוּ לַיהוָ֖ה
22 אֱלֹהֶֽיךָ: בִּשְׁעָרֶ֖יךָ תֹּאכֲלֶ֑נּוּ הַטָּמֵ֤א וְהַטָּהֹור֙ יַחְדָּ֔ו כַּצְּבִ֖י וְכָֽאַיָּֽל: רַ֥ק
23 אֶת־דָּמֹ֖ו לֹ֣א תֹאכֵ֑ל עַל־הָאָ֥רֶץ תִּשְׁפְּכֶ֖נּוּ כַּמָּֽיִם:

16 שָׁמֹור֙ אֶת־חֹ֣דֶשׁ הָאָבִ֔יב וְעָשִׂ֣יתָ פֶּ֔סַח לַיהוָ֖ה אֱלֹהֶ֑יךָ כִּ֞י בְּחֹ֣דֶשׁ
2 הָֽאָבִ֗יב הֹוצִֽיאֲךָ֞ יְהוָ֧ה אֱלֹהֶ֛יךָ מִמִּצְרַ֖יִם לָֽיְלָה: וְזָבַ֥חְתָּ פֶּ֛סַח לַיהוָ֥ה אֱלֹהֶ֖יךָ צֹ֣אן וּבָקָ֑ר בַּמָּקֹום֙ אֲשֶׁר־יִבְחַ֣ר יְהוָ֔ה לְשַׁכֵּ֥ן שְׁמֹ֖ו שָֽׁם:

3 לֹא־תֹאכַ֤ל עָלָיו֙ חָמֵ֔ץ שִׁבְעַ֥ת יָמִ֛ים תֹּֽאכַל־עָלָ֥יו מַצֹּ֖ות לֶ֣חֶם עֹ֑נִי כִּ֣י בְחִפָּזֹ֗ון יָצָ֨אתָ֙ מֵאֶ֣רֶץ מִצְרַ֔יִם לְמַ֣עַן תִּזְכֹּר֙ אֶת־יֹ֤ום צֵֽאתְךָ֙ מֵאֶ֣רֶץ

4 מִצְרַ֔יִם כֹּ֖ל יְמֵ֥י חַיֶּֽיךָ: וְלֹֽא־יֵרָאֶ֨ה לְךָ֥ שְׂאֹ֛ר בְּכָל־גְּבֻלְךָ֖ שִׁבְעַ֣ת יָמִ֑ים וְלֹא־יָלִ֣ין מִן־הַבָּשָׂ֗ר אֲשֶׁ֨ר תִּזְבַּ֥ח בָּעֶ֛רֶב בַּיֹּ֥ום הָרִאשֹׁ֖ון לַבֹּֽקֶר:

5 לֹ֥א תוּכַ֖ל לִזְבֹּ֣חַ אֶת־הַפָּ֑סַח בְּאַחַ֣ד שְׁעָרֶ֔יךָ אֲשֶׁר־יְהוָ֥ה אֱלֹהֶ֖יךָ נֹתֵ֥ן
6 לָֽךְ: כִּ֠י אִֽם־אֶל־הַמָּקֹ֞ום אֲשֶׁר־יִבְחַ֨ר יְהוָ֤ה אֱלֹהֶ֨יךָ֙ לְשַׁכֵּ֣ן שְׁמֹ֔ו שָׁ֛ם תִּזְבַּ֥ח אֶת־הַפֶּ֖סַח בָּעָ֑רֶב כְּבֹ֣ו הַשֶּׁ֔מֶשׁ מֹועֵ֖ד צֵֽאתְךָ֥ מִמִּצְרָֽיִם:

7 וּבִשַּׁלְתָּ֙ וְאָ֣כַלְתָּ֔ בַּמָּקֹ֕ום אֲשֶׁ֥ר יִבְחַ֖ר יְהוָ֣ה אֱלֹהֶ֑יךָ בֹּ֥ו וּפָנִ֣יתָ בַבֹּ֔קֶר
8 וְהָלַכְתָּ֖ לְאֹהָלֶֽיךָ: שֵׁ֤שֶׁת יָמִים֙ תֹּאכַ֣ל מַצֹּ֔ות וּבַיֹּ֣ום הַשְּׁבִיעִ֗י עֲצֶ֨רֶת֙

solemn assembly to the Lord thy God: thou shalt do no work *therein.*

9 ¶ Seven weeks shalt thou number unto thee: begin to number the seven weeks from *such time as* thou beginnest *to put* the sickle to the corn.

10 And thou shalt keep the feast of weeks unto the Lord thy God with a tribute of a freewill offering of thine hand, which thou shalt give *unto the Lord thy God,* according as the Lord thy God hath blessed thee:

11 And thou shalt rejoice before the Lord thy God, thou, and thy son, and thy daughter, and thy manservant, and thy maidservant, and the Levite that *is* within thy gates, and the stranger, and the fatherless, and the widow, that *are* among you, in the place which the Lord thy God hath chosen to place his name there.

12 And thou shalt remember that thou wast a bondman in Egypt: and thou shalt observe and do these statutes.

13 ¶ Thou shalt observe the feast of tabernacles seven days, after that thou hast gathered in thy corn and thy wine:

14 And thou shalt rejoice in thy feast, thou, and thy son, and thy daughter, and thy manservant, and thy maidservant, and the Levite, the stranger, and the fatherless, and the widow, that *are* within thy gates.

15 Seven days shalt thou keep a solemn feast unto the Lord thy God in the place which the Lord shall choose: because the Lord thy God shall bless thee in all thine increase, and in all the works of thine hands, therefore thou shalt surely rejoice.

16 ¶ Three times in a year shall all thy males appear before the Lord thy God in the place which he shall choose; in the feast of unleavened bread, and in the feast of weeks, and in the feast of tabernacles: and they shall not appear before the Lord empty:

17 Every man *shall give* as he is able, according to the blessing of the Lord thy God which he hath given thee.

18 ¶ Judges and officers shalt thou make thee in all thy gates, which the Lord thy God giveth thee, throughout thy tribes: and they shall judge the people with just judgment.

19 Thou shalt not wrest judgment; thou shalt not respect persons, neither take a gift: for a gift doth blind the eyes of the wise, and pervert the words of the righteous.

20 That which is altogether just shalt thou follow, that thou mayest live, and inherit the land which the Lord thy God giveth thee.

21 ¶ Thou shalt not plant thee a grove of any trees near unto the altar of the Lord thy God, which thou shalt make thee.

22 Neither shalt thou set thee up *any* image; which the Lord thy God hateth.

CHAPTER 17

1 Thou shalt not sacrifice unto the Lord thy God *any* bullock, or sheep, wherein is blemish, *or* any evilfavouredness: for that *is* an abomination unto the Lord thy God.

2 ¶ If there be found among you, within any of thy gates which the Lord thy God giveth thee, man or woman, that hath wrought wickedness in the sight of the Lord thy God, in transgressing his covenant,

3 And hath gone and served other gods, and worshipped them, either the sun, or moon, or any of the host of heaven, which I have not commanded;

4 And it be told thee, and thou hast heard *of it,* and enquired diligently, and, behold, *it be* true, *and* the thing certain, *that* such abomination is wrought in Israel:

5 Then shalt thou bring forth that man or that woman, which have committed that wicked thing, unto thy gates, *even* that man or that woman, and shalt stone them with stones, till they die.

6 At the mouth of two witnesses, or three witnesses, shall he that is worthy of death be put to death; *but* at the mouth of one witness he shall not be put to death.

7 The hands of the witnesses shall be first upon him to put him to death, and afterward the hands of all the people. So thou shalt put the evil away from among you.

9 לַיהֹוָה אֱלֹהֶיךָ לֹא תַעֲשֶׂה מְלָאכָה: שִׁבְעָה שָׁבֻעֹת תִּסְפָּר־לָךְ מֵהָחֵל חֶרְמֵשׁ בַּקָּמָה תָּחֵל לִסְפֹּר שִׁבְעָה שָׁבֻעוֹת:

10 וְעָשִׂיתָ חַג שָׁבֻעוֹת לַיהֹוָה אֱלֹהֶיךָ מִסַּת נִדְבַת יָדְךָ אֲשֶׁר תִּתֵּן

11 כַּאֲשֶׁר יְבָרֶכְךָ יְהֹוָה אֱלֹהֶיךָ: וְשָׂמַחְתָּ לִפְנֵי ׀ יְהֹוָה אֱלֹהֶיךָ אַתָּה וּבִנְךָ וּבִתֶּךָ וְעַבְדְּךָ וַאֲמָתֶךָ וְהַלֵּוִי אֲשֶׁר בִּשְׁעָרֶיךָ וְהַגֵּר וְהַיָּתוֹם וְהָאַלְמָנָה אֲשֶׁר בְּקִרְבֶּךָ בַּמָּקוֹם אֲשֶׁר יִבְחַר יְהֹוָה אֱלֹהֶיךָ לְשַׁכֵּן

12 שְׁמוֹ שָׁם: וְזָכַרְתָּ כִּי־עֶבֶד הָיִיתָ בְּמִצְרָיִם וְשָׁמַרְתָּ וְעָשִׂיתָ אֶת־הַחֻקִּים הָאֵלֶּה:

13 חַג הַסֻּכֹּת תַּעֲשֶׂה לְךָ שִׁבְעַת יָמִים בְּאָסְפְּךָ מִגָּרְנְךָ וּמִיִּקְבֶךָ:

14 וְשָׂמַחְתָּ בְּחַגֶּךָ אַתָּה וּבִנְךָ וּבִתֶּךָ וְעַבְדְּךָ וַאֲמָתֶךָ וְהַלֵּוִי וְהַגֵּר

15 וְהַיָּתוֹם וְהָאַלְמָנָה אֲשֶׁר בִּשְׁעָרֶיךָ: שִׁבְעַת יָמִים תָּחֹג לַיהֹוָה אֱלֹהֶיךָ בַּמָּקוֹם אֲשֶׁר־יִבְחַר יְהֹוָה כִּי יְבָרֶכְךָ יְהֹוָה אֱלֹהֶיךָ בְּכֹל תְּבוּאָתְךָ וּבְכֹל מַעֲשֵׂה יָדֶיךָ וְהָיִיתָ אַךְ שָׂמֵחַ:

16 שָׁלוֹשׁ פְּעָמִים ׀ בַּשָּׁנָה יֵרָאֶה כָל־זְכוּרְךָ אֶת־פְּנֵי ׀ יְהֹוָה אֱלֹהֶיךָ בַּמָּקוֹם אֲשֶׁר יִבְחָר בְּחַג הַמַּצּוֹת וּבְחַג הַשָּׁבֻעוֹת וּבְחַג הַסֻּכּוֹת וְלֹא יֵרָאֶה אֶת־פְּנֵי יְהֹוָה רֵיקָם:

17 אִישׁ כְּמַתְּנַת יָדוֹ כְּבִרְכַּת יְהֹוָה אֱלֹהֶיךָ אֲשֶׁר נָתַן־לָךְ:

18 שֹׁפְטִים וְשֹׁטְרִים תִּתֶּן־לְךָ בְּכָל־שְׁעָרֶיךָ אֲשֶׁר יְהֹוָה אֱלֹהֶיךָ נֹתֵן לְךָ לִשְׁבָטֶיךָ וְשָׁפְטוּ אֶת־הָעָם מִשְׁפַּט־צֶדֶק:

19 לֹא־תַטֶּה מִשְׁפָּט לֹא תַכִּיר פָּנִים וְלֹא־תִקַּח שֹׁחַד כִּי הַשֹּׁחַד יְעַוֵּר עֵינֵי חֲכָמִים וִיסַלֵּף דִּבְרֵי צַדִּיקִם:

20 צֶדֶק צֶדֶק תִּרְדֹּף לְמַעַן תִּחְיֶה וְיָרַשְׁתָּ אֶת־הָאָרֶץ אֲשֶׁר־יְהֹוָה אֱלֹהֶיךָ נֹתֵן לָךְ:

21 לֹא־תִטַּע לְךָ אֲשֵׁרָה כָּל־עֵץ אֵצֶל מִזְבַּח יְהֹוָה אֱלֹהֶיךָ אֲשֶׁר תַּעֲשֶׂה־לָּךְ:

22 וְלֹא־תָקִים לְךָ מַצֵּבָה אֲשֶׁר שָׂנֵא יְהֹוָה אֱלֹהֶיךָ: לֹא־תִזְבַּח

17
1 לַיהֹוָה אֱלֹהֶיךָ שׁוֹר וָשֶׂה אֲשֶׁר יִהְיֶה בוֹ מוּם כֹּל דָּבָר רָע כִּי תוֹעֲבַת יְהֹוָה אֱלֹהֶיךָ הוּא:

2 כִּי־יִמָּצֵא בְקִרְבְּךָ בְּאַחַד שְׁעָרֶיךָ אֲשֶׁר־יְהֹוָה אֱלֹהֶיךָ נֹתֵן לָךְ אִישׁ אוֹ־אִשָּׁה אֲשֶׁר יַעֲשֶׂה

3 אֶת־הָרַע בְּעֵינֵי יְהֹוָה־אֱלֹהֶיךָ לַעֲבֹר בְּרִיתוֹ: וַיֵּלֶךְ וַיַּעֲבֹד אֱלֹהִים אֲחֵרִים וַיִּשְׁתַּחוּ לָהֶם וְלַשֶּׁמֶשׁ ׀ אוֹ לַיָּרֵחַ אוֹ לְכָל־צְבָא הַשָּׁמַיִם

4 אֲשֶׁר לֹא־צִוִּיתִי: וְהֻגַּד־לְךָ וְשָׁמָעְתָּ וְדָרַשְׁתָּ הֵיטֵב וְהִנֵּה אֱמֶת נָכוֹן

5 הַדָּבָר נֶעֶשְׂתָה הַתּוֹעֵבָה הַזֹּאת בְּיִשְׂרָאֵל: וְהוֹצֵאתָ אֶת־הָאִישׁ הַהוּא אוֹ אֶת־הָאִשָּׁה הַהִוא אֲשֶׁר עָשׂוּ אֶת־הַדָּבָר הָרָע הַזֶּה אֶל־שְׁעָרֶיךָ אֶת־הָאִישׁ אוֹ אֶת־הָאִשָּׁה וּסְקַלְתָּם בָּאֲבָנִים וָמֵתוּ:

6 עַל־פִּי ׀ שְׁנַיִם עֵדִים אוֹ שְׁלֹשָׁה עֵדִים יוּמַת הַמֵּת לֹא יוּמַת עַל־פִּי

7 עֵד אֶחָד: יַד הָעֵדִים תִּהְיֶה־בּוֹ בָרִאשֹׁנָה לַהֲמִיתוֹ וְיַד כָּל־הָעָם בָּאַחֲרֹנָה וּבִעַרְתָּ הָרָע מִקִּרְבֶּךָ:

8 ¶ If there arise a matter too hard for thee in judgment, between blood and blood, between plea and plea, and between stroke and stroke, *being* matters of controversy within thy gates: then shalt thou arise, and get thee up into the place which the LORD thy God shall choose;

9 And thou shalt come unto the priests the Levites, and unto the judge that shall be in those days, and enquire; and they shall shew thee the sentence of judgment:

10 And thou shalt do according to the sentence, which they of that place which the LORD shall choose shall shew thee; and thou shalt observe to do according to all that they inform thee:

11 According to the sentence of the law which they shall teach thee, and according to the judgment which they shall tell thee, thou shalt do: thou shalt not decline from the sentence which they shall shew thee, *to* the right hand, nor *to* the left.

12 And the man that will do presumptuously, and will not hearken unto the priest that standeth to minister there before the LORD thy God, or unto the judge, even that man shall die: and thou shalt put away the evil from Israel.

13 And all the people shall hear, and fear, and do no more presumptuously.

14 ¶ When thou art come unto the land which the LORD thy God giveth thee, and shalt possess it, and shalt dwell therein, and shalt say, I will set a king over me, like as all the nations that *are* about me;

15 Thou shalt in any wise set *him* king over thee, whom the LORD thy God shall choose: *one* from among thy brethren shalt thou set king over thee: thou mayest not set a stranger over thee, which *is* not thy brother.

16 But he shall not multiply horses to himself, nor cause the people to return to Egypt, to the end that he should multiply horses: forasmuch as the LORD hath said unto you, Ye shall henceforth return no more that way.

17 Neither shall he multiply wives to himself, that his heart turn not away: neither shall he greatly multiply to himself silver and gold.

18 And it shall be, when he sitteth upon the throne of his kingdom, that he shall write him a copy of this law in a book out of *that which is* before the priests the Levites:

19 And it shall be with him, and he shall read therein all the days of his life: that he may learn to fear the LORD his God, to keep all the words of this law and these statutes, to do them:

20 That his heart be not lifted up above his brethren, and that he turn not aside from the commandment, *to* the right hand, or *to* the left: to the end that he may prolong *his* days in his kingdom, he, and his children, in the midst of Israel.

CHAPTER 18

1 The priests the Levites, *and* all the tribe of Levi, shall have no part nor inheritance with Israel: they shall eat the offerings of the LORD made by fire, and his inheritance.

2 Therefore shall they have no inheritance among their brethren: the LORD *is* their inheritance, as he hath said unto them.

3 ¶ And this shall be the priest's due from the people, from them that offer a sacrifice, whether *it be* ox or sheep; and they shall give unto the priest the shoulder, and the two cheeks, and the maw.

4 The firstfruit *also* of thy corn, of thy wine, and of thine oil, and the first of the fleece of thy sheep, shalt thou give him.

5 For the LORD thy God hath chosen him out of all thy tribes, to stand to minister in the name of the LORD, him and his sons for ever.

6 ¶ And if a Levite come from any of thy gates out of all Israel, where he sojourned, and come with all the desire of his mind unto the place which the LORD shall choose;

7 Then he shall minister in the name of the LORD his God, as all his brethren the Levites *do*, which stand there before the LORD.

8 They shall have like portions to eat, beside that which cometh of the sale of his patrimony.

9 ¶ When thou art come into the land

כִּי יִפָּלֵא מִמְּךָ דָבָר לַמִּשְׁפָּט בֵּין־דָּם לְדָם בֵּין־דִּין לְדִין וּבֵין נֶגַע 8
לָנֶגַע דִּבְרֵי רִיבֹת בִּשְׁעָרֶיךָ וְקַמְתָּ וְעָלִיתָ אֶל־הַמָּקוֹם אֲשֶׁר יִבְחַר
יְהוָה אֱלֹהֶיךָ בּוֹ: וּבָאתָ אֶל־הַכֹּהֲנִים הַלְוִיִּם וְאֶל־הַשֹּׁפֵט אֲשֶׁר 9
יִהְיֶה בַּיָּמִים הָהֵם וְדָרַשְׁתָּ וְהִגִּידוּ לְךָ אֵת דְּבַר הַמִּשְׁפָּט: וְעָשִׂיתָ 10
עַל־פִּי הַדָּבָר אֲשֶׁר יַגִּידוּ לְךָ מִן־הַמָּקוֹם הַהוּא אֲשֶׁר יִבְחַר יְהוָה
וְשָׁמַרְתָּ לַעֲשׂוֹת כְּכֹל אֲשֶׁר יוֹרוּךָ: עַל־פִּי הַתּוֹרָה אֲשֶׁר יוֹרוּךָ 11
וְעַל־הַמִּשְׁפָּט אֲשֶׁר־יֹאמְרוּ לְךָ תַּעֲשֶׂה לֹא תָסוּר מִן־הַדָּבָר
אֲשֶׁר־יַגִּידוּ לְךָ יָמִין וּשְׂמֹאל: וְהָאִישׁ אֲשֶׁר־יַעֲשֶׂה בְזָדוֹן לְבִלְתִּי 12
שְׁמֹעַ אֶל־הַכֹּהֵן הָעֹמֵד לְשָׁרֶת שָׁם אֶת־יְהוָה אֱלֹהֶיךָ אוֹ אֶל־הַשֹּׁפֵט
וּמֵת הָאִישׁ הַהוּא וּבִעַרְתָּ הָרָע מִיִּשְׂרָאֵל: וְכָל־הָעָם יִשְׁמְעוּ וְיִרָאוּ 13
וְלֹא יְזִידוּן עוֹד: כִּי־תָבֹא אֶל־הָאָרֶץ אֲשֶׁר יְהוָה אֱלֹהֶיךָ 14 שני
נֹתֵן לָךְ וִירִשְׁתָּהּ וְיָשַׁבְתָּה בָּהּ וְאָמַרְתָּ אָשִׂימָה עָלַי מֶלֶךְ
כְּכָל־הַגּוֹיִם אֲשֶׁר סְבִיבֹתָי: שׂוֹם תָּשִׂים עָלֶיךָ מֶלֶךְ אֲשֶׁר יִבְחַר 15
יְהוָה אֱלֹהֶיךָ בּוֹ מִקֶּרֶב אַחֶיךָ תָּשִׂים עָלֶיךָ מֶלֶךְ לֹא תוּכַל לָתֵת
עָלֶיךָ אִישׁ נָכְרִי אֲשֶׁר לֹא־אָחִיךָ הוּא: רַק לֹא־יַרְבֶּה־לּוֹ סוּסִים 16
וְלֹא־יָשִׁיב אֶת־הָעָם מִצְרַיְמָה לְמַעַן הַרְבּוֹת סוּס וַיהוָה אָמַר לָכֶם
לֹא תֹסִפוּן לָשׁוּב בַּדֶּרֶךְ הַזֶּה עוֹד: וְלֹא יַרְבֶּה־לּוֹ נָשִׁים וְלֹא יָסוּר 17
לְבָבוֹ וְכֶסֶף וְזָהָב לֹא יַרְבֶּה־לּוֹ מְאֹד: וְהָיָה כְשִׁבְתּוֹ עַל כִּסֵּא 18
מַמְלַכְתּוֹ וְכָתַב לוֹ אֶת־מִשְׁנֵה הַתּוֹרָה הַזֹּאת עַל־סֵפֶר מִלִּפְנֵי
הַכֹּהֲנִים הַלְוִיִּם: וְהָיְתָה עִמּוֹ וְקָרָא בוֹ כָּל־יְמֵי חַיָּיו לְמַעַן יִלְמַד 19
לְיִרְאָה אֶת־יְהוָה אֱלֹהָיו לִשְׁמֹר אֶת־כָּל־דִּבְרֵי הַתּוֹרָה הַזֹּאת
וְאֶת־הַחֻקִּים הָאֵלֶּה לַעֲשֹׂתָם: לְבִלְתִּי רוּם־לְבָבוֹ מֵאֶחָיו וּלְבִלְתִּי 20
סוּר מִן־הַמִּצְוָה יָמִין וּשְׂמֹאול לְמַעַן יַאֲרִיךְ יָמִים עַל־מַמְלַכְתּוֹ
הוּא וּבָנָיו בְּקֶרֶב יִשְׂרָאֵל: לֹא־יִהְיֶה לַכֹּהֲנִים הַלְוִיִּם 18 1 שלישי
כָּל־שֵׁבֶט לֵוִי חֵלֶק וְנַחֲלָה עִם־יִשְׂרָאֵל אִשֵּׁי יְהוָה וְנַחֲלָתוֹ יֹאכֵלוּן:
וְנַחֲלָה לֹא־יִהְיֶה־לּוֹ בְּקֶרֶב אֶחָיו יְהוָה הוּא נַחֲלָתוֹ כַּאֲשֶׁר דִּבֶּר־ 2
לוֹ: וְזֶה יִהְיֶה מִשְׁפַּט הַכֹּהֲנִים מֵאֵת הָעָם מֵאֵת זֹבְחֵי 3
הַזֶּבַח אִם־שׁוֹר אִם־שֶׂה וְנָתַן לַכֹּהֵן הַזְּרֹעַ וְהַלְּחָיַיִם וְהַקֵּבָה: רֵאשִׁית 4
דְּגָנְךָ תִּירֹשְׁךָ וְיִצְהָרֶךָ וְרֵאשִׁית גֵּז צֹאנְךָ תִּתֶּן־לּוֹ: כִּי בוֹ בָּחַר 5
יְהוָה אֱלֹהֶיךָ מִכָּל־שְׁבָטֶיךָ לַעֲמֹד לְשָׁרֵת בְּשֵׁם־יְהוָה הוּא וּבָנָיו
כָּל־הַיָּמִים: וְכִי־יָבֹא הַלֵּוִי מֵאַחַד שְׁעָרֶיךָ מִכָּל־יִשְׂרָאֵל 6 רביעי
אֲשֶׁר־הוּא גָּר שָׁם וּבָא בְּכָל־אַוַּת נַפְשׁוֹ אֶל־הַמָּקוֹם אֲשֶׁר־יִבְחַר
יְהוָה: וְשֵׁרֵת בְּשֵׁם יְהוָה אֱלֹהָיו כְּכָל־אֶחָיו הַלְוִיִּם הָעֹמְדִים שָׁם 7
לִפְנֵי יְהוָה: חֵלֶק כְּחֵלֶק יֹאכֵלוּ לְבַד מִמְכָּרָיו עַל־ 8
הָאָבוֹת: כִּי אַתָּה בָּא אֶל־הָאָרֶץ אֲשֶׁר־יְהוָה אֱלֹהֶיךָ נֹתֵן 9

which the LORD thy God giveth thee, thou shalt not learn to do after the abominations of those nations.

10 There shall not be found among you *any one* that maketh his son or his daughter to pass through the fire, *or* that useth divination, *or* an observer of times, or an enchanter, or a witch,

11 Or a charmer, or a consulter with familiar spirits, or a wizard, or a necromancer.

12 For all that do these things *are* an abomination unto the LORD: and because of these abominations the LORD thy God doth drive them out from before thee.

13 Thou shalt be perfect with the LORD thy God.

14 For these nations, which thou shalt possess, hearkened unto observers of times, and unto diviners: but as for thee, the LORD thy God hath not suffered thee so *to do.*

15 ¶ The LORD thy God will raise up unto thee a Prophet from the midst of thee, of thy brethren, like unto me; unto him ye shall hearken;

16 According to all that thou desiredst of the LORD thy God in Horeb in the day of the assembly, saying, Let me not hear again the voice of the LORD my God, neither let me see this great fire any more, that I die not.

17 And the LORD said unto me, They have well *spoken that* which they have spoken.

18 I will raise them up a Prophet from among their brethren, like unto thee, and will put my words in his mouth; and he shall speak unto them all that I shall command him.

19 And it shall come to pass, *that* whosoever will not hearken unto my words which he shall speak in my name, I will require *it* of him.

20 But the prophet, which shall presume to speak a word in my name, which I have not commanded him to speak, or that shall speak in the name of other gods, even that prophet shall die.

21 And if thou say in thine heart, How shall we know the word which the LORD hath not spoken?

22 When a prophet speaketh in the name of the LORD, if the thing follow not, nor come to pass, that *is* the thing which the LORD hath not spoken, *but* the prophet hath spoken it presumptuously: thou shalt not be afraid of him.

CHAPTER 19

1 When the LORD thy God hath cut off the nations, whose land the LORD thy God giveth thee, and thou succeedest them, and dwellest in their cities, and in their houses;

2 Thou shalt separate three cities for thee in the midst of thy land, which the LORD thy God giveth thee to possess it.

3 Thou shalt prepare thee a way, and divide the coasts of thy land, which the LORD thy God giveth thee to inherit, into three parts, that every slayer may flee thither.

4 ¶ And this *is* the case of the slayer, which shall flee thither, that he may live: Whoso killeth his neighbour ignorantly, whom he hated not in time past;

5 As when a man goeth into the wood with his neighbour to hew wood, and his hand fetcheth a stroke with the axe to cut down the tree, and the head slippeth from the helve, and lighteth upon his neighbour, that he die; he shall flee unto one of those cities, and live:

6 Lest the avenger of the blood pursue the slayer, while his heart is hot, and overtake him, because the way is long, and slay him; whereas he *was* not worthy of death, inasmuch as he hated him not in time past.

7 Wherefore I command thee, saying, Thou shalt separate three cities for thee.

8 And if the LORD thy God enlarge thy coast, as he hath sworn unto thy fathers, and give thee all the land which he promised to give unto thy fathers;

9 If thou shalt keep all these commandments to do them, which I command thee this day, to love the LORD thy God, and to walk ever in his ways; then shalt thou add three cities more for thee, beside these three:

10 That innocent blood be not shed in

לְךָ לֹא־תִלְמַד לַעֲשֹׂות כְּתוֹעֲבֹת הַגּוֹיִם הָהֵם: לֹא־יִמָּצֵא בְךָ מַעֲבִיר 10

בְּנוֹ־וּבִתּוֹ בָּאֵשׁ קֹסֵם קְסָמִים מְעוֹנֵן וּמְנַחֵשׁ וּמְכַשֵּׁף: וְחֹבֵר חָבֶר 11

וְשֹׁאֵל אוֹב וְיִדְּעֹנִי וְדֹרֵשׁ אֶל־הַמֵּתִים: כִּי־תוֹעֲבַת יְהוָה כָּל־עֹשֵׂה 12

אֵלֶּה וּבִגְלַל הַתּוֹעֵבֹת הָאֵלֶּה יְהוָה אֱלֹהֶיךָ מוֹרִישׁ אוֹתָם מִפָּנֶיךָ:

תָּמִים תִּהְיֶה עִם יְהוָה אֱלֹהֶיךָ: כִּי הַגּוֹיִם הָאֵלֶּה אֲשֶׁר אַתָּה 13   חמישי   14A
יוֹרֵשׁ אוֹתָם אֶל־מְעֹנְנִים וְאֶל־קֹסְמִים יִשְׁמָעוּ וְאַתָּה לֹא כֵן נָתַן 14

לְךָ יְהוָה אֱלֹהֶיךָ: נָבִיא מִקִּרְבְּךָ מֵאַחֶיךָ כָּמֹנִי יָקִים לְךָ יְהוָה 15

אֱלֹהֶיךָ אֵלָיו תִּשְׁמָעוּן: כְּכֹל אֲשֶׁר־שָׁאַלְתָּ מֵעִם יְהוָה אֱלֹהֶיךָ 16
בְּחֹרֵב בְּיוֹם הַקָּהָל לֵאמֹר לֹא אֹסֵף לִשְׁמֹעַ אֶת־קוֹל יְהוָה אֱלֹהָי

וְאֶת־הָאֵשׁ הַגְּדֹלָה הַזֹּאת לֹא־אֶרְאֶה עוֹד וְלֹא אָמוּת: וַיֹּאמֶר יְהוָה 17

אֵלָי הֵיטִיבוּ אֲשֶׁר דִּבֵּרוּ: נָבִיא אָקִים לָהֶם מִקֶּרֶב אֲחֵיהֶם כָּמוֹךָ 18

וְנָתַתִּי דְבָרַי בְּפִיו וְדִבֶּר אֲלֵיהֶם אֵת כָּל־אֲשֶׁר אֲצַוֶּנּוּ: וְהָיָה הָאִישׁ 19
אֲשֶׁר לֹא־יִשְׁמַע אֶל־דְּבָרַי אֲשֶׁר יְדַבֵּר בִּשְׁמִי אָנֹכִי אֶדְרֹשׁ מֵעִמּוֹ:

אַךְ הַנָּבִיא אֲשֶׁר יָזִיד לְדַבֵּר דָּבָר בִּשְׁמִי אֵת אֲשֶׁר לֹא־צִוִּיתִיו 20
לְדַבֵּר וַאֲשֶׁר יְדַבֵּר בְּשֵׁם אֱלֹהִים אֲחֵרִים וּמֵת הַנָּבִיא הַהוּא:

וְכִי תֹאמַר בִּלְבָבֶךָ אֵיכָה נֵדַע אֶת־הַדָּבָר אֲשֶׁר לֹא־דִבְּרוֹ יְהוָה: 21

אֲשֶׁר יְדַבֵּר הַנָּבִיא בְּשֵׁם יְהוָה וְלֹא־יִהְיֶה הַדָּבָר וְלֹא יָבוֹא הוּא 22
הַדָּבָר אֲשֶׁר לֹא־דִבְּרוֹ יְהוָה בְּזָדוֹן דִּבְּרוֹ הַנָּבִיא לֹא תָגוּר מִמֶּנּוּ:   כִּי־יַכְרִית יְהוָה אֱלֹהֶיךָ אֶת־הַגּוֹיִם אֲשֶׁר יְהוָה   1   **19**
אֱלֹהֶיךָ נֹתֵן לְךָ אֶת־אַרְצָם וִירִשְׁתָּם וְיָשַׁבְתָּ בְעָרֵיהֶם וּבְבָתֵּיהֶם:

שָׁלוֹשׁ עָרִים תַּבְדִּיל לָךְ בְּתוֹךְ אַרְצֶךָ אֲשֶׁר יְהוָה אֱלֹהֶיךָ נֹתֵן לְךָ 2
לְרִשְׁתָּהּ: תָּכִין לְךָ הַדֶּרֶךְ וְשִׁלַּשְׁתָּ אֶת־גְּבוּל אַרְצְךָ אֲשֶׁר יַנְחִילְךָ 3

יְהוָה אֱלֹהֶיךָ וְהָיָה לָנוּס שָׁמָּה כָּל־רֹצֵחַ: וְזֶה דְּבַר הָרֹצֵחַ אֲשֶׁר־יָנוּס 4
שָׁמָּה וָחַי אֲשֶׁר יַכֶּה אֶת־רֵעֵהוּ בִּבְלִי־דַעַת וְהוּא לֹא־שֹׂנֵא לוֹ

מִתְּמֹל שִׁלְשֹׁם: וַאֲשֶׁר יָבֹא אֶת־רֵעֵהוּ בַיַּעַר לַחְטֹב עֵצִים וְנִדְּחָה 5
יָדוֹ בַגַּרְזֶן לִכְרֹת הָעֵץ וְנָשַׁל הַבַּרְזֶל מִן־הָעֵץ וּמָצָא אֶת־רֵעֵהוּ

וָמֵת הוּא יָנוּס אֶל־אַחַת הֶעָרִים־הָאֵלֶּה וָחָי: פֶּן־יִרְדֹּף גֹּאֵל הַדָּם 6
אַחֲרֵי הָרֹצֵחַ כִּי־יֵחַם לְבָבוֹ וְהִשִּׂיגוֹ כִּי־יִרְבֶּה הַדֶּרֶךְ וְהִכָּהוּ נָפֶשׁ

וְלוֹ אֵין מִשְׁפַּט־מָוֶת כִּי לֹא שֹׂנֵא הוּא לוֹ מִתְּמוֹל שִׁלְשׁוֹם: עַל־כֵּן 7

אָנֹכִי מְצַוְּךָ לֵאמֹר שָׁלֹשׁ עָרִים תַּבְדִּיל לָךְ: וְאִם־יַרְחִיב יְהוָה 8
אֱלֹהֶיךָ אֶת־גְּבֻלְךָ כַּאֲשֶׁר נִשְׁבַּע לַאֲבֹתֶיךָ וְנָתַן לְךָ אֶת־כָּל־הָאָרֶץ

אֲשֶׁר דִּבֶּר לָתֵת לַאֲבֹתֶיךָ: כִּי־תִשְׁמֹר אֶת־כָּל־הַמִּצְוָה הַזֹּאת 9
לַעֲשֹׂתָהּ אֲשֶׁר אָנֹכִי מְצַוְּךָ הַיּוֹם לְאַהֲבָה אֶת־יְהוָה אֱלֹהֶיךָ וְלָלֶכֶת
בִּדְרָכָיו כָּל־הַיָּמִים וְיָסַפְתָּ לְךָ עוֹד שָׁלֹשׁ עָרִים עַל הַשָּׁלֹשׁ הָאֵלֶּה:

וְלֹא יִשָּׁפֵךְ דָּם נָקִי בְּקֶרֶב אַרְצְךָ אֲשֶׁר יְהוָה אֱלֹהֶיךָ נֹתֵן לְךָ 10

thy land, which the LORD thy God giveth thee *for* an inheritance, and *so* blood be upon thee.

11 ¶ But if any man hate his neighbour, and lie in wait for him, and rise up against him, and smite him mortally that he die, and fleeth into one of these cities:

12 Then the elders of his city shall send and fetch him thence, and deliver him into the hand of the avenger of blood, that he may die.

13 Thine eye shall not pity him, but thou shalt put away *the guilt of* innocent blood from Israel, that it may go well with thee.

14 ¶ Thou shalt not remove thy neighbour's landmark, which they of old time have set in thine inheritance, which thou shalt inherit in the land that the LORD thy God giveth thee to possess it.

15 ¶ One witness shall not rise up against a man for any iniquity, or for any sin, in any sin that he sinneth: at the mouth of two witnesses, or at the mouth of three witnesses, shall the matter be established.

16 ¶ If a false witness rise up against any man to testify against him *that which is* wrong;

17 Then both the men, between whom the controversy *is,* shall stand before the LORD, before the priests and the judges, which shall be in those days;

18 And the judges shall make diligent inquisition: and, behold, *if* the witness *be* a false witness, *and* hath testified falsely against his brother;

19 Then shall ye do unto him, as he had thought to have done unto his brother: so shalt thou put the evil away from among you.

20 And those which remain shall hear, and fear, and shall henceforth commit no more any such evil among you.

21 And thine eye shall not pity; *but* life *shall go* for life, eye for eye, tooth for tooth, hand for hand, foot for foot.

CHAPTER 20

1 When thou goest out to battle against thine enemies, and seest horses, and chariots, *and* a people more than thou, be not afraid of them: for the LORD thy God *is*

with thee, which brought thee up out of the land of Egypt.

2 And it shall be, when ye are come nigh unto the battle, that the priest shall approach and speak unto the people,

3 And shall say unto them, Hear, O Israel, ye approach this day unto battle against your enemies: let not your hearts faint, fear not, and do not tremble, neither be ye terrified because of them;

4 For the LORD your God *is* he that goeth with you, to fight for you against your enemies, to save you.

5 ¶ And the officers shall speak unto the people, saying, What man *is there* that hath built a new house, and hath not dedicated it? let him go and return to his house, lest he die in the battle, and another man dedicate it.

6 And what man *is he* that hath planted a vineyard, and hath not *yet* eaten of it? let him *also* go and return unto his house, lest he die in the battle, and another man eat of it.

7 And what man *is there* that hath betrothed a wife, and hath not taken her? let him go and return unto his house, lest he die in the battle, and another man take her.

8 And the officers shall speak further unto the people, and they shall say, What man *is there that is* fearful and fainthearted? let him go and return unto his house, lest his brethren's heart faint as well as his heart.

9 And it shall be, when the officers have made an end of speaking unto the people, that they shall make captains of the armies to lead the people.

10 ¶ When thou comest nigh unto a city to fight against it, then proclaim peace unto it.

11 And it shall be, if it make thee answer of peace, and open unto thee, then it shall be, *that* all the people *that is* found therein shall be tributaries unto thee, and they shall serve thee.

12 And if it will make no peace with thee, but will make war against thee, then thou shalt besiege it:

13 And when the LORD thy God hath delivered it into thine hands, thou shalt

נַחֲלָה וְהָיָה עָלֶיךָ דָּמִים:

11 וְכִי־יִהְיֶה אִישׁ שֹׂנֵא לְרֵעֵהוּ וְאָרַב לוֹ וְקָם עָלָיו וְהִכָּהוּ נֶפֶשׁ וָמֵת

12 וְנָס אֶל־אַחַת הֶעָרִים הָאֵל וְשָׁלְחוּ זִקְנֵי עִירוֹ וְלָקְחוּ אֹתוֹ מִשָּׁם

13 וְנָתְנוּ אֹתוֹ בְּיַד גֹּאֵל הַדָּם וָמֵת לֹא־תָחוֹס עֵינְךָ עָלָיו וּבִעַרְתָּ

14 דַם־הַנָּקִי מִיִּשְׂרָאֵל וְטוֹב לָךְ:   לֹא תַסִּיג גְּבוּל רֵעֲךָ אֲשֶׁר

גָּבְלוּ רִאשֹׁנִים בְּנַחֲלָתְךָ אֲשֶׁר תִּנְחַל בָּאָרֶץ אֲשֶׁר יְהוָה אֱלֹהֶיךָ

15 נֹתֵן לְךָ לְרִשְׁתָּהּ:   לֹא־יָקוּם עֵד אֶחָד בְּאִישׁ לְכָל־עָוֹן

וּלְכָל־חַטָּאת בְּכָל־חֵטְא אֲשֶׁר יֶחֱטָא עַל־פִּי שְׁנֵי עֵדִים אוֹ עַל־פִּי

16 שְׁלֹשָׁה־עֵדִים יָקוּם דָּבָר: כִּי־יָקוּם עֵד־חָמָס בְּאִישׁ לַעֲנוֹת בּוֹ סָרָה:

17 וְעָמְדוּ שְׁנֵי־הָאֲנָשִׁים אֲשֶׁר־לָהֶם הָרִיב לִפְנֵי יְהוָה לִפְנֵי הַכֹּהֲנִים

18 וְהַשֹּׁפְטִים אֲשֶׁר יִהְיוּ בַּיָּמִים הָהֵם: וְדָרְשׁוּ הַשֹּׁפְטִים הֵיטֵב וְהִנֵּה

19 עֵד־שֶׁקֶר הָעֵד שֶׁקֶר עָנָה בְאָחִיו: וַעֲשִׂיתֶם לוֹ כַּאֲשֶׁר זָמַם לַעֲשׂוֹת

20 לְאָחִיו וּבִעַרְתָּ הָרָע מִקִּרְבֶּךָ: וְהַנִּשְׁאָרִים יִשְׁמְעוּ וְיִרָאוּ וְלֹא־יֹסִפוּ

21 לַעֲשׂוֹת עוֹד כַּדָּבָר הָרָע הַזֶּה בְּקִרְבֶּךָ: וְלֹא תָחוֹס עֵינֶךָ נֶפֶשׁ

20 בְּנֶפֶשׁ עַיִן בְּעַיִן שֵׁן בְּשֵׁן יָד בְּיָד רֶגֶל בְּרָגֶל: כִּי־תֵצֵא

לַמִּלְחָמָה עַל־אֹיְבֶךָ וְרָאִיתָ סוּס וָרֶכֶב עַם רַב מִמְּךָ לֹא תִירָא

2 מֵהֶם כִּי־יְהוָה אֱלֹהֶיךָ עִמָּךְ הַמַּעַלְךָ מֵאֶרֶץ מִצְרָיִם: וְהָיָה כְּקָרָבְכֶם

3 אֶל־הַמִּלְחָמָה וְנִגַּשׁ הַכֹּהֵן וְדִבֶּר אֶל־הָעָם: וְאָמַר אֲלֵהֶם שְׁמַע

יִשְׂרָאֵל אַתֶּם קְרֵבִים הַיּוֹם לַמִּלְחָמָה עַל־אֹיְבֵיכֶם אַל־יֵרַךְ לְבַבְכֶם

4 אַל־תִּירְאוּ וְאַל־תַּחְפְּזוּ וְאַל־תַּעַרְצוּ מִפְּנֵיהֶם: כִּי יְהוָה אֱלֹהֵיכֶם

5 הַהֹלֵךְ עִמָּכֶם לְהִלָּחֵם לָכֶם עִם־אֹיְבֵיכֶם לְהוֹשִׁיעַ אֶתְכֶם: וְדִבְּרוּ

הַשֹּׁטְרִים אֶל־הָעָם לֵאמֹר מִי־הָאִישׁ אֲשֶׁר בָּנָה בַיִת־חָדָשׁ וְלֹא

חֲנָכוֹ יֵלֵךְ וְיָשֹׁב לְבֵיתוֹ פֶּן־יָמוּת בַּמִּלְחָמָה וְאִישׁ אַחֵר יַחְנְכֶנּוּ:

6 וּמִי־הָאִישׁ אֲשֶׁר־נָטַע כֶּרֶם וְלֹא חִלְּלוֹ יֵלֵךְ וְיָשֹׁב לְבֵיתוֹ פֶּן־יָמוּת

7 בַּמִּלְחָמָה וְאִישׁ אַחֵר יְחַלְּלֶנּוּ: וּמִי־הָאִישׁ אֲשֶׁר־אֵרַשׂ אִשָּׁה וְלֹא

לְקָחָהּ יֵלֵךְ וְיָשֹׁב לְבֵיתוֹ פֶּן־יָמוּת בַּמִּלְחָמָה וְאִישׁ אַחֵר יִקָּחֶנָּה:

8 וְיָסְפוּ הַשֹּׁטְרִים לְדַבֵּר אֶל־הָעָם וְאָמְרוּ מִי־הָאִישׁ הַיָּרֵא וְרַךְ

9 הַלֵּבָב יֵלֵךְ וְיָשֹׁב לְבֵיתוֹ וְלֹא יִמַּס אֶת־לְבַב אֶחָיו כִּלְבָבוֹ: וְהָיָה

כְּכַלֹּת הַשֹּׁטְרִים לְדַבֵּר אֶל־הָעָם וּפָקְדוּ שָׂרֵי צְבָאוֹת בְּרֹאשׁ

10 הָעָם: כִּי־תִקְרַב אֶל־עִיר לְהִלָּחֵם עָלֶיהָ וְקָרָאתָ אֵלֶיהָ

11 לְשָׁלוֹם: וְהָיָה אִם־שָׁלוֹם תַּעַנְךָ וּפָתְחָה לָךְ וְהָיָה כָּל־הָעָם

12 הַנִּמְצָא־בָהּ יִהְיוּ לְךָ לָמַס וַעֲבָדוּךָ: וְאִם־לֹא תַשְׁלִים עִמָּךְ וְעָשְׂתָה

13 עִמְּךָ מִלְחָמָה וְצַרְתָּ עָלֶיהָ: וּנְתָנָהּ יְהוָה אֱלֹהֶיךָ בְּיָדֶךָ וְהִכִּיתָ

smite every male thereof with the edge of the sword:

14 But the women, and the little ones, and the cattle, and all that is in the city, *even* all the spoil thereof, shalt thou take unto thyself; and thou shalt eat the spoil of thine enemies, which the Lord thy God hath given thee.

15 Thus shalt thou do unto all the cities *which are* very far off from thee, which *are* not of the cities of these nations.

16 But of the cities of these people, which the Lord thy God doth give thee *for* an inheritance, thou shalt save alive nothing that breatheth:

17 But thou shalt utterly destroy them; *namely,* the Hittites, and the Amorites, the Canaanites, and the Perizzites, the Hivites, and the Jebusites; as the Lord thy God hath commanded thee:

18 That they teach you not to do after all their abominations, which they have done unto their gods; so should ye sin against the Lord your God.

19 ¶ When thou shalt besiege a city a long time, in making war against it to take it, thou shalt not destroy the trees thereof by forcing an axe against them: for thou mayest eat of them, and thou shalt not cut them down (for the tree of the field *is* man's *life*) to employ *them* in the siege:

20 Only the trees which thou knowest that they *be* not trees for meat, thou shalt destroy and cut them down; and thou shalt build bulwarks against the city that maketh war with thee, until it be subdued.

CHAPTER 21

1 If *one* be found slain in the land which the Lord thy God giveth thee to possess it, lying in the field, *and* it be not known who hath slain him:

2 Then thy elders and thy judges shall come forth, and they shall measure unto the cities which *are* round about him that is slain:

3 And it shall be, *that* the city *which is* next unto the slain man, even the elders of that city shall take an heifer, which hath not been wrought with, *and* which hath not drawn in the yoke;

4 And the elders of that city shall bring down the heifer unto a rough valley, which is neither eared nor sown, and shall strike off the heifer's neck there in the valley:

5 And the priests the sons of Levi shall come near; for them the Lord thy God hath chosen to minister unto him, and to bless in the name of the Lord; and by their word shall every controversy and every stroke be *tried:*

6 And all the elders of that city, *that are* next unto the slain *man,* shall wash their hands over the heifer that is beheaded in the valley:

7 And they shall answer and say, Our hands have not shed this blood, neither have our eyes seen *it.*

8 Be merciful, O Lord, unto thy people Israel, whom thou hast redeemed, and lay not innocent blood unto thy people of Israel's charge. And the blood shall be forgiven them.

9 So shalt thou put away the *guilt of* innocent blood from among you, when thou shalt do *that which is* right in the sight of the Lord.

10 ¶ When thou goest forth to war against thine enemies, and the Lord thy God hath delivered them into thine hands, and thou hast taken them captive,

11 And seest among the captives a beautiful woman, and hast a desire unto her, that thou wouldest have her to thy wife;

12 Then thou shalt bring her home to thine house; and she shall shave her head, and pare her nails;

13 And she shall put the raiment of her captivity from off her, and shall remain in thine house, and bewail her father and her mother a full month: and after that thou shalt go in unto her, and be her husband, and she shall be thy wife.

14 And it shall be, if thou have no delight in her, then thou shalt let her go whither she will; but thou shalt not sell her at all for money, thou shalt not make merchandise of her, because thou hast humbled her.

15 ¶ If a man have two wives, one beloved, and another hated, and they have born him children, *both* the beloved and

אֶת־כָּל־זְכוּרָהּ לְפִי־חָרֶב: רַק הַנָּשִׁים וְהַטַּף וְהַבְּהֵמָה וְכֹל אֲשֶׁר 14
יִהְיֶה בָעִיר כָּל־שְׁלָלָהּ תָּבֹז לָךְ וְאָכַלְתָּ אֶת־שְׁלַל אֹיְבֶיךָ אֲשֶׁר נָתַן
יְהוָה אֱלֹהֶיךָ לָךְ: כֵּן תַּעֲשֶׂה לְכָל־הֶעָרִים הָרְחֹקֹת מִמְּךָ מְאֹד אֲשֶׁר 15
לֹא־מֵעָרֵי הַגּוֹיִם־הָאֵלֶּה הֵנָּה: רַק מֵעָרֵי הָעַמִּים הָאֵלֶּה אֲשֶׁר יְהוָה 16
אֱלֹהֶיךָ נֹתֵן לְךָ נַחֲלָה לֹא תְחַיֶּה כָּל־נְשָׁמָה: כִּי־הַחֲרֵם תַּחֲרִימֵם 17
הַחִתִּי וְהָאֱמֹרִי הַכְּנַעֲנִי וְהַפְּרִזִּי הַחִוִּי וְהַיְבוּסִי כַּאֲשֶׁר צִוְּךָ יְהוָה
אֱלֹהֶיךָ: לְמַעַן אֲשֶׁר לֹא־יְלַמְּדוּ אֶתְכֶם לַעֲשׂוֹת כְּכֹל תּוֹעֲבֹתָם אֲשֶׁר 18
עָשׂוּ לֵאלֹהֵיהֶם וַחֲטָאתֶם לַיהוָה אֱלֹהֵיכֶם: כִּי־תָצוּר 19
אֶל־עִיר יָמִים רַבִּים לְהִלָּחֵם עָלֶיהָ לְתָפְשָׂהּ לֹא־תַשְׁחִית אֶת־עֵצָהּ
לִנְדֹּחַ עָלָיו גַּרְזֶן כִּי מִמֶּנּוּ תֹאכֵל וְאֹתוֹ לֹא תִכְרֹת כִּי הָאָדָם עֵץ
הַשָּׂדֶה לָבֹא מִפָּנֶיךָ בַּמָּצוֹר: רַק עֵץ אֲשֶׁר־תֵּדַע כִּי־לֹא־עֵץ מַאֲכָל 20
הוּא אֹתוֹ תַשְׁחִית וְכָרָתָּ וּבָנִיתָ מָצוֹר עַל־הָעִיר אֲשֶׁר־הִוא עֹשָׂה
עִמְּךָ מִלְחָמָה עַד רִדְתָּהּ:

כִּי־יִמָּצֵא חָלָל בָּאֲדָמָה אֲשֶׁר יְהוָה אֱלֹהֶיךָ נֹתֵן לְךָ לְרִשְׁתָּהּ נֹפֵל 1 21
בַּשָּׂדֶה לֹא נוֹדַע מִי הִכָּהוּ: וְיָצְאוּ זְקֵנֶיךָ וְשֹׁפְטֶיךָ וּמָדְדוּ אֶל־הֶעָרִים 2
אֲשֶׁר סְבִיבֹת הֶחָלָל: וְהָיָה הָעִיר הַקְּרֹבָה אֶל־הֶחָלָל וְלָקְחוּ זִקְנֵי 3
הָעִיר הַהִוא עֶגְלַת בָּקָר אֲשֶׁר לֹא־עֻבַּד בָּהּ אֲשֶׁר לֹא־מָשְׁכָה
בְּעֹל: וְהוֹרִדוּ זִקְנֵי הָעִיר הַהִוא אֶת־הָעֶגְלָה אֶל־נַחַל אֵיתָן אֲשֶׁר 4
לֹא־יֵעָבֵד בּוֹ וְלֹא יִזָּרֵעַ וְעָרְפוּ־שָׁם אֶת־הָעֶגְלָה בַּנָּחַל: וְנִגְּשׁוּ 5
הַכֹּהֲנִים בְּנֵי לֵוִי כִּי בָם בָּחַר יְהוָה אֱלֹהֶיךָ לְשָׁרְתוֹ וּלְבָרֵךְ בְּשֵׁם
יְהוָה וְעַל־פִּיהֶם יִהְיֶה כָּל־רִיב וְכָל־נָגַע: וְכֹל זִקְנֵי הָעִיר הַהִוא 6
הַקְּרֹבִים אֶל־הֶחָלָל יִרְחֲצוּ אֶת־יְדֵיהֶם עַל־הָעֶגְלָה הָעֲרוּפָה בַנָּחַל:
וְעָנוּ וְאָמְרוּ יָדֵינוּ לֹא שפכה אֶת־הַדָּם הַזֶּה וְעֵינֵינוּ לֹא רָאוּ: 7 מפטיר שָׁפְכוּ
כַּפֵּר לְעַמְּךָ יִשְׂרָאֵל אֲשֶׁר־פָּדִיתָ יְהוָה וְאַל־תִּתֵּן דָּם נָקִי בְּקֶרֶב 8
עַמְּךָ יִשְׂרָאֵל וְנִכַּפֵּר לָהֶם הַדָּם: וְאַתָּה תְּבַעֵר הַדָּם הַנָּקִי מִקִּרְבֶּךָ 9
כִּי־תַעֲשֶׂה הַיָּשָׁר בְּעֵינֵי יְהוָה: כִּי־תֵצֵא לַמִּלְחָמָה 10 כי תצא
עַל־אֹיְבֶיךָ וּנְתָנוֹ יְהוָה אֱלֹהֶיךָ בְּיָדֶךָ וְשָׁבִיתָ שִׁבְיוֹ: וְרָאִיתָ בַּשִּׁבְיָה 11
אֵשֶׁת יְפַת־תֹּאַר וְחָשַׁקְתָּ בָהּ וְלָקַחְתָּ לְךָ לְאִשָּׁה: וַהֲבֵאתָהּ אֶל־תּוֹךְ 12
בֵּיתֶךָ וְגִלְּחָה אֶת־רֹאשָׁהּ וְעָשְׂתָה אֶת־צִפָּרְנֶיהָ: וְהֵסִירָה אֶת־שִׂמְלַת 13
שִׁבְיָהּ מֵעָלֶיהָ וְיָשְׁבָה בְּבֵיתֶךָ וּבָכְתָה אֶת־אָבִיהָ וְאֶת־אִמָּהּ יֶרַח
יָמִים וְאַחַר כֵּן תָּבוֹא אֵלֶיהָ וּבְעַלְתָּהּ וְהָיְתָה לְךָ לְאִשָּׁה: וְהָיָה 14
אִם־לֹא חָפַצְתָּ בָּהּ וְשִׁלַּחְתָּהּ לְנַפְשָׁהּ וּמָכֹר לֹא־תִמְכְּרֶנָּה בַּכֶּסֶף
לֹא־תִתְעַמֵּר בָּהּ תַּחַת אֲשֶׁר עִנִּיתָהּ:   כִּי־תִהְיֶיןָ לְאִישׁ 15
שְׁתֵּי נָשִׁים הָאַחַת אֲהוּבָה וְהָאַחַת שְׂנוּאָה וְיָלְדוּ־לוֹ בָנִים הָאֲהוּבָה

the hated; and *if* the firstborn son be hers that was hated:

16 Then it shall be, when he maketh his sons to inherit *that* which he hath, *that* he may not make the son of the beloved firstborn before the son of the hated, *which is indeed* the firstborn:

17 But he shall acknowledge the son of the hated *for* the firstborn, by giving him a double portion of all that he hath: for he *is* the beginning of his strength; the right of the firstborn *is* his.

18 ¶ If a man have a stubborn and rebellious son, which will not obey the voice of his father, or the voice of his mother, and *that,* when they have chastened him, will not hearken unto them:

19 Then shall his father and his mother lay hold on him, and bring him out unto the elders of his city, and unto the gate of his place;

20 And they shall say unto the elders of his city, This our son *is* stubborn and rebellious, he will not obey our voice; *he is* a glutton, and a drunkard.

21 And all the men of his city shall stone him with stones, that he die: so shalt thou put evil away from among you; and all Israel shall hear, and fear.

22 ¶ And if a man have committed a sin worthy of death, and he be to be put to death, and thou hang him on a tree:

23 His body shall not remain all night upon the tree, but thou shalt in any wise bury him that day; (for he that is hanged *is* accursed of God;) that thy land be not defiled, which the LORD thy God giveth thee *for* an inheritance.

CHAPTER 22

1 Thou shalt not see thy brother's ox or his sheep go astray, and hide thyself from them: thou shalt in any case bring them again unto thy brother.

2 And if thy brother *be* not nigh unto thee, or if thou know him not, then thou shalt bring it unto thine own house, and it shall be with thee until thy brother seek after it, and thou shalt restore it to him again.

3 In like manner shalt thou do with his ass; and so shalt thou do with his raiment; and with all lost thing of thy brother's, which he hath lost, and thou hast found, shalt thou do likewise: thou mayest not hide thyself.

4 ¶ Thou shalt not see thy brother's ass or his ox fall down by the way, and hide thyself from them: thou shalt surely help him to lift *them* up again.

5 ¶ The woman shall not wear that which pertaineth unto a man, neither shall a man put on a woman's garment: for all that do so *are* abomination unto the LORD thy God.

6 ¶ If a bird's nest chance to be before thee in the way in any tree, or on the ground, *whether they be* young ones, or eggs, and the dam sitting upon the young, or upon the eggs, thou shalt not take the dam with the young:

7 *But* thou shalt in any wise let the dam go, and take the young to thee; that it may be well with thee, and *that* thou mayest prolong *thy* days.

8 ¶ When thou buildest a new house, then thou shalt make a battlement for thy roof, that thou bring not blood upon thine house, if any man fall from thence.

9 ¶ Thou shalt not sow thy vineyard with divers seeds: lest the fruit of thy seed which thou hast sown, and the fruit of thy vineyard, be defiled.

10 ¶ Thou shalt not plow with an ox and an ass together.

11 ¶ Thou shalt not wear a garment of divers sorts, *as* of woollen and linen together.

12 ¶ Thou shalt make thee fringes upon the four quarters of thy vesture, wherewith thou coverest *thyself.*

13 ¶ If any man take a wife, and go in unto her, and hate her,

14 And give occasions of speech against her, and bring up an evil name upon her, and say, I took this woman, and when I came to her, I found her not a maid:

15 Then shall the father of the damsel, and her mother, take and bring forth *the tokens of* the damsel's virginity unto the elders of the city in the gate:

16 And the damsel's father shall say unto

וְהַשְּׂנוּאָה וְהָיָה הַבֵּן הַבְּכוֹר לַשְּׂנִיאָה: וְהָיָה בְּיוֹם הַנְחִילוֹ אֶת־בָּנָיו 16
אֵת אֲשֶׁר־יִהְיֶה לוֹ לֹא יוּכַל לְבַכֵּר אֶת־בֶּן־הָאֲהוּבָה עַל־פְּנֵי
בֶן־הַשְּׂנוּאָה הַבְּכֹר: כִּי אֶת־הַבְּכֹר בֶּן־הַשְּׂנוּאָה יַכִּיר לָתֶת לוֹ פִּי 17
שְׁנַיִם בְּכֹל אֲשֶׁר־יִמָּצֵא לוֹ כִּי־הוּא רֵאשִׁית אֹנוֹ לוֹ מִשְׁפַּט
הַבְּכֹרָה: כִּי־יִהְיֶה לְאִישׁ בֵּן סוֹרֵר וּמוֹרֶה אֵינֶנּוּ שֹׁמֵעַ 18
בְּקוֹל אָבִיו וּבְקוֹל אִמּוֹ וְיִסְּרוּ אֹתוֹ וְלֹא יִשְׁמַע אֲלֵיהֶם: וְתָפְשׂוּ 19
בוֹ אָבִיו וְאִמּוֹ וְהוֹצִיאוּ אֹתוֹ אֶל־זִקְנֵי עִירוֹ וְאֶל־שַׁעַר מְקֹמוֹ:
וְאָמְרוּ אֶל־זִקְנֵי עִירוֹ בְּנֵנוּ זֶה סוֹרֵר וּמֹרֶה אֵינֶנּוּ שֹׁמֵעַ בְּקֹלֵנוּ 20
זוֹלֵל וְסֹבֵא: וּרְגָמֻהוּ כָּל־אַנְשֵׁי עִירוֹ בָאֲבָנִים וָמֵת וּבִעַרְתָּ הָרָע 21
מִקִּרְבֶּךָ וְכָל־יִשְׂרָאֵל יִשְׁמְעוּ וְיִרָאוּ: וְכִי־יִהְיֶה בְאִישׁ חֵטְא 22 שני
מִשְׁפַּט־מָוֶת וְהוּמָת וְתָלִיתָ אֹתוֹ עַל־עֵץ: לֹא־תָלִין נִבְלָתוֹ עַל־הָעֵץ 23
כִּי־קָבוֹר תִּקְבְּרֶנּוּ בַּיּוֹם הַהוּא כִּי־קִלְלַת אֱלֹהִים תָּלוּי וְלֹא תְטַמֵּא

אֶת־אַדְמָתְךָ אֲשֶׁר יְהוָה אֱלֹהֶיךָ נֹתֵן לְךָ נַחֲלָה: לֹא־ 1 22
תִרְאֶה אֶת־שׁוֹר אָחִיךָ אוֹ אֶת־שֵׂיוֹ נִדָּחִים וְהִתְעַלַּמְתָּ מֵהֶם הָשֵׁב
תְּשִׁיבֵם לְאָחִיךָ: וְאִם־לֹא קָרוֹב אָחִיךָ אֵלֶיךָ וְלֹא יְדַעְתּוֹ וַאֲסַפְתּוֹ 2
אֶל־תּוֹךְ בֵּיתֶךָ וְהָיָה עִמְּךָ עַד דְּרֹשׁ אָחִיךָ אֹתוֹ וַהֲשֵׁבֹתוֹ לוֹ: וְכֵן 3
תַּעֲשֶׂה לַחֲמֹרוֹ וְכֵן תַּעֲשֶׂה לְשִׂמְלָתוֹ וְכֵן תַּעֲשֶׂה לְכָל־אֲבֵדַת אָחִיךָ
אֲשֶׁר־תֹּאבַד מִמֶּנּוּ וּמְצָאתָהּ לֹא תוּכַל לְהִתְעַלֵּם: לֹא־ 4
תִרְאֶה אֶת־חֲמוֹר אָחִיךָ אוֹ שׁוֹרוֹ נֹפְלִים בַּדֶּרֶךְ וְהִתְעַלַּמְתָּ מֵהֶם
הָקֵם תָּקִים עִמּוֹ: לֹא־יִהְיֶה כְלִי־גֶבֶר עַל־אִשָּׁה 5
וְלֹא־יִלְבַּשׁ גֶּבֶר שִׂמְלַת אִשָּׁה כִּי תוֹעֲבַת יְהוָה אֱלֹהֶיךָ כָּל־עֹשֵׂה
אֵלֶּה:
כִּי יִקָּרֵא קַן־צִפּוֹר לְפָנֶיךָ בַּדֶּרֶךְ בְּכָל־עֵץ אוֹ עַל־הָאָרֶץ אֶפְרֹחִים 6
אוֹ בֵיצִים וְהָאֵם רֹבֶצֶת עַל־הָאֶפְרֹחִים אוֹ עַל־הַבֵּיצִים לֹא־תִקַּח
הָאֵם עַל־הַבָּנִים: שַׁלֵּחַ תְּשַׁלַּח אֶת־הָאֵם וְאֶת־הַבָּנִים תִּקַּח־לָךְ 7
לְמַעַן יִיטַב לָךְ וְהַאֲרַכְתָּ יָמִים: כִּי תִבְנֶה בַּיִת חָדָשׁ 8 שלישי
וְעָשִׂיתָ מַעֲקֶה לְגַגֶּךָ וְלֹא־תָשִׂים דָּמִים בְּבֵיתֶךָ כִּי־יִפֹּל הַנֹּפֵל מִמֶּנּוּ:
לֹא־תִזְרַע כַּרְמְךָ כִּלְאָיִם פֶּן־תִּקְדַּשׁ הַמְלֵאָה הַזֶּרַע אֲשֶׁר תִּזְרָע 9
וּתְבוּאַת הַכָּרֶם: לֹא־תַחֲרֹשׁ בְּשׁוֹר־וּבַחֲמֹר יַחְדָּו: לֹא 10 / 11
תִלְבַּשׁ שַׁעַטְנֵז צֶמֶר וּפִשְׁתִּים יַחְדָּו: גְּדִלִים תַּעֲשֶׂה־לָּךְ 12
עַל־אַרְבַּע כַּנְפוֹת כְּסוּתְךָ אֲשֶׁר תְּכַסֶּה־בָּהּ: כִּי־יִקַּח אִישׁ 13
אִשָּׁה וּבָא אֵלֶיהָ וּשְׂנֵאָהּ: וְשָׂם לָהּ עֲלִילֹת דְּבָרִים וְהוֹצִיא עָלֶיהָ 14
שֵׁם רָע וְאָמַר אֶת־הָאִשָּׁה הַזֹּאת לָקַחְתִּי וָאֶקְרַב אֵלֶיהָ וְלֹא־מָצָאתִי
לָהּ בְּתוּלִים: וְלָקַח אֲבִי הַנַּעַר וְאִמָּהּ וְהוֹצִיאוּ אֶת־בְּתוּלֵי הַנַּעַר 15
אֶל־זִקְנֵי הָעִיר הַשָּׁעְרָה: וְאָמַר אֲבִי הַנַּעַר אֶל־הַזְּקֵנִים אֶת־בִּתִּי 16

16A

the elders, I gave my daughter unto this man to wife, and he hateth her;

17 And, lo, he hath given occasions of speech *against her,* saying, I found not thy daughter a maid; and yet these *are the tokens of* my daughter's virginity. And they shall spread the cloth before the elders of the city.

18 And the elders of that city shall take that man and chastise him;

19 And they shall amerce him in an hundred *shekels* of silver, and give *them* unto the father of the damsel, because he hath brought up an evil name upon a virgin of Israel: and she shall be his wife; he may not put her away all his days.

20 But if this thing be true, *and the tokens of* virginity be not found for the damsel:

21 Then they shall bring out the damsel to the door of her father's house, and the men of her city shall stone her with stones that she die: because she hath wrought folly in Israel, to play the whore in her father's house: so shalt thou put evil away from among you.

22 ¶ If a man be found lying with a woman married to an husband, then they shall both of them die, *both* the man that lay with the woman, and the woman: so shalt thou put away evil from Israel.

23 ¶ If a damsel *that is* a virgin be betrothed unto an husband, and a man find her in the city, and lie with her;

24 Then ye shall bring them both out unto the gate of that city, and ye shall stone them with stones that they die; the damsel, because she cried not, *being* in the city; and the man, because he hath humbled his neighbour's wife: so thou shalt put away evil from among you.

25 ¶ But if a man find a betrothed damsel in the field, and the man force her, and lie with her: then the man only that lay with her shall die:

26 But unto the damsel thou shalt do nothing; *there is* in the damsel no sin *worthy* of death: for as when a man riseth against his neighbour, and slayeth him, even so *is* this matter:

27 For he found her in the field, *and* the betrothed damsel cried, and *there was* none to save her.

28 ¶ If a man find a damsel *that is* a virgin, which is not betrothed, and lay hold on her, and lie with her, and they be found;

29 Then the man that lay with her shall give unto the damsel's father fifty *shekels* of silver, and she shall be his wife; because he hath humbled her, he may not put her away all his days.

30[23:1] ¶ A man shall not take his father's wife, nor discover his father's skirt.

CHAPTER 23

1[2] He that is wounded in the stones, or hath his privy member cut off, shall not enter into the congregation of the LORD.

2[3] A bastard shall not enter into the congregation of the LORD; even to his tenth generation shall he not enter into the congregation of the LORD.

3[4] An Ammonite or Moabite shall not enter into the congregation of the LORD; even to their tenth generation shall they not enter into the congregation of the LORD for ever:

4[5] Because they met you not with bread and with water in the way, when ye came forth out of Egypt; and because they hired against thee Balaam the son of Beor of Pethor of Mesopotamia, to curse thee.

5[6] Nevertheless the LORD thy God would not hearken unto Balaam; but the LORD thy God turned the curse into a blessing unto thee, because the LORD thy God loved thee.

6[7] Thou shalt not seek their peace nor their prosperity all thy days for ever.

7[8] ¶ Thou shalt not abhor an Edomite; for he *is* thy brother: thou shalt not abhor an Egyptian; because thou wast a stranger in his land.

8[9] The children that are begotten of them shall enter into the congregation of the LORD in their third generation.

9[10] ¶ When the host goeth forth against thine enemies, then keep thee from every wicked thing.

10[11] ¶ If there be among you any man, that is not clean by reason of uncleanness that chanceth him by night, then shall he

נָתַ֜תִּי לָאִ֤ישׁ הַזֶּה֙ לְאִשָּׁ֔ה וַיִּשְׂנָאֶֽהָ׃ וְהִנֵּה־ה֗וּא שָׂ֚ם עֲלִילֹ֣ת דְּבָרִ֔ים 17
לֵאמֹ֗ר לֹֽא־מָצָ֤אתִי לְבִתְּךָ֙ בְּתוּלִ֔ים וְאֵ֖לֶּה בְּתוּלֵ֣י בִתִּ֑י וּפָֽרְשׂוּ֙
הַשִּׂמְלָ֔ה לִפְנֵ֖י זִקְנֵ֥י הָעִֽיר׃ וְלָ֥קְח֛וּ זִקְנֵ֥י הָעִֽיר־הַהִ֖וא אֶת־הָאִ֑ישׁ 18
וְיִסְּר֖וּ אֹתֽוֹ׃ וְעָנְשׁ֣וּ אֹת֡וֹ מֵ֣אָה כֶ֩סֶף֩ וְנָתְנ֨וּ לַאֲבִ֤י הַֽנַּעֲרָה֙ כִּ֣י הוֹצִ֗יא 19
שֵׁ֥ם רָ֔ע עַ֖ל בְּתוּלַ֣ת יִשְׂרָאֵ֑ל וְלֽוֹ־תִהְיֶ֣ה לְאִשָּׁ֔ה לֹֽא־יוּכַ֥ל לְשַׁלְּחָ֖ה
כָּל־יָמָֽיו׃ וְאִם־אֱמֶ֣ת הָיָ֔ה הַדָּבָ֖ר הַזֶּ֑ה לֹא־נִמְצְא֥וּ בְתוּלִ֖ים 20
לַֽנַּעֲרָֽ׃ וְהוֹצִ֨יאוּ אֶת־הַֽנַּעֲרָ֜ה אֶל־פֶּ֣תַח בֵּית־אָבִ֗יהָ וּסְקָל֩וּהָ֩ אַנְשֵׁ֨י 21
עִירָ֤הּ בָּֽאֲבָנִים֙ וָמֵ֔תָה כִּֽי־עָשְׂתָ֤ה נְבָלָה֙ בְּיִשְׂרָאֵ֔ל לִזְנ֖וֹת בֵּ֣ית אָבִ֑יהָ
וּבִֽעַרְתָּ֥ הָרָ֖ע מִקִּרְבֶּֽךָ׃ כִּֽי־יִמָּצֵ֨א אִ֜ישׁ שֹׁכֵ֣ב ׀ עִם־אִשָּׁ֣ה 22
בְעֻֽלַת־בַּ֗עַל וּמֵ֙תוּ֙ גַּם־שְׁנֵיהֶ֔ם הָאִ֛ישׁ הַשֹּׁכֵ֥ב עִם־הָאִשָּׁ֖ה וְהָאִשָּׁ֑ה
וּבִֽעַרְתָּ֥ הָרָ֖ע מִיִּשְׂרָאֵֽל׃ כִּ֤י יִהְיֶה֙ נַעֲרָ֣ה בְתוּלָ֔ה מְאֹרָשָׂ֖ה 23
לְאִ֑ישׁ וּמְצָאָ֥הּ אִ֛ישׁ בָּעִ֖יר וְשָׁכַ֥ב עִמָּֽהּ׃ וְהוֹצֵאתֶ֨ם אֶת־שְׁנֵיהֶ֜ם 24
אֶל־שַׁ֣עַר ׀ הָעִ֣יר הַהִ֗וא וּסְקַלְתֶּ֨ם אֹתָ֤ם בָּֽאֲבָנִים֙ וָמֵ֔תוּ אֶת־הַֽנַּעֲרָ֗
עַל־דְּבַר֙ אֲשֶׁ֣ר לֹא־צָעֲקָ֣ה בָעִ֔יר וְאֶת־הָ֣אִ֔ישׁ עַל־דְּבַ֖ר אֲשֶׁר־עִנָּ֣ה
אֶת־אֵ֣שֶׁת רֵעֵ֑הוּ וּבִֽעַרְתָּ֥ הָרָ֖ע מִקִּרְבֶּֽךָ׃ וְאִם־בַּשָּׂדֶ֞ה יִמְצָ֣א 25
הָאִ֗ישׁ אֶת־הַֽנַּעֲרָ֙ה֙ הַמְאֹ֣רָשָׂ֔ה וְהֶחֱזִֽיק־בָּ֥הּ הָאִ֖ישׁ וְשָׁכַ֣ב עִמָּ֑הּ וּמֵ֗ת
הָאִ֛ישׁ אֲשֶׁר־שָׁכַ֥ב עִמָּ֖הּ לְבַדּֽוֹ׃ וְלַֽנַּעֲרָ֙ לֹא־תַעֲשֶׂ֣ה דָבָ֔ר אֵ֥ין לַֽנַּעֲרָ֖ 26
חֵ֣טְא מָ֑וֶת כִּ֡י כַּאֲשֶׁר֩ יָק֨וּם אִ֤ישׁ עַל־רֵעֵ֙הוּ֙ וּרְצָח֣וֹ נֶ֔פֶשׁ כֵּ֖ן הַדָּבָ֥ר
הַזֶּֽה׃ כִּ֥י בַשָּׂדֶ֖ה מְצָאָ֑הּ צָעֲקָ֗ה הַֽנַּעֲרָ֙ הַמְאֹ֣רָשָׂ֔ה וְאֵ֥ין מוֹשִׁ֖יעַ 27
לָֽהּ׃ כִּֽי־יִמְצָ֣א אִ֗ישׁ נַעֲרָ֤ה בְתוּלָה֙ אֲשֶׁ֣ר לֹא־אֹרָ֔שָׂה וּתְפָשָׂ֖הּ 28
וְשָׁכַ֣ב עִמָּ֑הּ וְנִמְצָֽאוּ׃ וְ֠נָתַן הָאִ֨ישׁ הַשֹּׁכֵ֥ב עִמָּ֛הּ לַאֲבִ֥י הַֽנַּעֲרָ֖ חֲמִשִּׁ֣ים 29
כָּ֑סֶף וְלֽוֹ־תִהְיֶ֣ה לְאִשָּׁ֗ה תַּ֚חַת אֲשֶׁ֣ר עִנָּ֔הּ לֹֽא־יוּכַ֥ל שַׁלְּחָ֖ה
כָּל־יָמָֽיו׃ לֹא־יִקַּ֥ח אִ֖ישׁ אֶת־אֵ֣שֶׁת אָבִ֑יו וְלֹ֥א יְגַלֶּ֖ה כְּנַ֥ף 23 1
אָבִֽיו׃ לֹֽא־יָבֹ֧א פְצֽוּעַ־דַּכָּ֛א וּכְר֥וּת שָׁפְכָ֖ה בִּקְהַ֥ל 2
יְהוָֽה׃ לֹא־יָבֹ֥א מַמְזֵ֖ר בִּקְהַ֣ל יְהוָ֑ה גַּ֚ם דּ֣וֹר עֲשִׂירִ֔י 3
לֹא־יָ֥בֹא ל֖וֹ בִּקְהַ֥ל יְהוָֽה׃ לֹֽא־יָבֹ֧א עַמּוֹנִ֛י וּמוֹאָבִ֖י בִּקְהַ֣ל 4
יְהוָ֑ה גַּ֚ם דּ֣וֹר עֲשִׂירִ֔י לֹא־יָבֹ֥א לָהֶ֛ם בִּקְהַ֥ל יְהוָ֖ה עַד־עוֹלָֽם׃ עַל־דְּבַ֞ר 5
אֲשֶׁ֨ר לֹא־קִדְּמ֤וּ אֶתְכֶם֙ בַּלֶּ֣חֶם וּבַמַּ֔יִם בַּדֶּ֖רֶךְ בְּצֵאתְכֶ֣ם מִמִּצְרָ֑יִם
וַאֲשֶׁר֩ שָׂכַ֨ר עָלֶ֜יךָ אֶת־בִּלְעָ֣ם בֶּן־בְּע֗וֹר מִפְּת֛וֹר אֲרַ֥ם נַהֲרַ֖יִם לְקַֽלְלֶֽךָּ׃
וְלֹֽא־אָבָ֞ה יְהוָ֤ה אֱלֹהֶ֙יךָ֙ לִשְׁמֹ֣עַ אֶל־בִּלְעָ֔ם וַיַּהֲפֹךְ֩ יְהוָ֨ה אֱלֹהֶ֤יךָ לְּךָ֙ 6
אֶת־הַקְּלָלָ֖ה לִבְרָכָ֑ה כִּ֥י אֲהֵֽבְךָ֖ יְהוָ֥ה אֱלֹהֶֽיךָ׃ לֹא־תִדְרֹ֥שׁ שְׁלֹמָ֖ם 7
וְטֹבָתָ֑ם כָּל־יָמֶ֖יךָ לְעוֹלָֽם׃ לֹֽא־תְתַעֵ֣ב אֲדֹמִ֔י כִּ֥י אָחִ֖יךָ 8 רביעי
ה֑וּא לֹא־תְתַעֵ֣ב מִצְרִ֔י כִּי־גֵ֖ר הָיִ֥יתָ בְאַרְצֽוֹ׃ בָּנִ֛ים אֲשֶׁר־יִוָּלְד֥וּ לָהֶ֖ם 9
דּ֥וֹר שְׁלִישִׁ֖י יָבֹ֥א לָהֶ֖ם בִּקְהַ֥ל יְהוָֽה׃ כִּֽי־תֵצֵ֥א מַחֲנֶ֖ה 10
עַל־אֹיְבֶ֑יךָ וְנִ֨שְׁמַרְתָּ֔ מִכֹּ֖ל דָּבָ֥ר רָֽע׃ כִּֽי־יִהְיֶ֤ה בְךָ֙ אִ֔ישׁ אֲשֶׁ֥ר לֹֽא־יִהְיֶ֖ה 11

go abroad out of the camp, he shall not come within the camp:

11[12] But it shall be, when evening cometh on, he shall wash *himself* with water: and when the sun is down, he shall come into the camp *again*.

12[13] ¶ Thou shalt have a place also without the camp, whither thou shalt go forth abroad:

13[14] And thou shalt have a paddle upon thy weapon; and it shall be, when thou wilt ease thyself abroad, thou shalt dig therewith, and shalt turn back and cover that which cometh from thee:

14[15] For the LORD thy God walketh in the midst of thy camp, to deliver thee, and to give up thine enemies before thee; therefore shall thy camp be holy: that he see no unclean thing in thee, and turn away from thee.

15[16] ¶ Thou shalt not deliver unto his master the servant which is escaped from his master unto thee:

16[17] He shall dwell with thee, *even* among you, in that place which he shall choose in one of thy gates, where it liketh him best: thou shalt not oppress him.

17[18] ¶ There shall be no whore of the daughters of Israel, nor a sodomite of the sons of Israel.

18[19] Thou shalt not bring the hire of a whore, or the price of a dog, into the house of the LORD thy God for any vow: for even both these *are* abomination unto the LORD thy God.

19[20] ¶ Thou shalt not lend upon usury to thy brother; usury of money, usury of victuals, usury of any thing that is lent upon usury:

20[21] Unto a stranger thou mayest lend upon usury; but unto thy brother thou shalt not lend upon usury: that the LORD thy God may bless thee in all that thou settest thine hand to in the land whither thou goest to possess it.

21[22] ¶ When thou shalt vow a vow unto the LORD thy God, thou shalt not slack to pay it: for the LORD thy God will surely require it of thee; and it would be sin in thee.

22[23] But if thou shalt forbear to vow, it shall be no sin in thee.

23[24] That which is gone out of thy lips thou shalt keep and perform; *even* a free-will offering, according as thou hast vowed unto the LORD thy God, which thou hast promised with thy mouth.

24[25] ¶ When thou comest into thy neighbour's vineyard, then thou mayest eat grapes thy fill at thine own pleasure; but thou shalt not put *any* in thy vessel.

25[26] When thou comest into the standing corn of thy neighbour, then thou mayest pluck the ears with thine hand; but thou shalt not move a sickle unto thy neighbour's standing corn.

CHAPTER 24

1 When a man hath taken a wife, and married her, and it come to pass that she find no favour in his eyes, because he hath found some uncleanness in her: then let him write her a bill of divorcement, and give *it* in her hand, and send her out of his house.

2 And when she is departed out of his house, she may go and be another man's *wife*.

3 And *if* the latter husband hate her, and write her a bill of divorcement, and giveth *it* in her hand, and sendeth her out of his house; or if the latter husband die, which took her *to be* his wife;

4 Her former husband, which sent her away, may not take her again to be his wife, after that she is defiled; for that *is* abomination before the LORD: and thou shalt not cause the land to sin, which the LORD thy God giveth thee *for* an inheritance.

5 ¶ When a man hath taken a new wife, he shall not go out to war, neither shall he be charged with any business: *but* he shall be free at home one year, and shall cheer up his wife which he hath taken.

6 ¶ No man shall take the nether or the upper millstone to pledge: for he taketh *a man's* life to pledge.

7 ¶ If a man be found stealing any of his brethren of the children of Israel, and maketh merchandise of him, or selleth him; then that thief shall die; and thou shalt put evil away from among you.

טָהֹ֛ור מִקְּרֵה־לָ֑יְלָה וְיָצָא֙ אֶל־מִח֣וּץ לַֽמַּחֲנֶ֔ה לֹ֥א יָבֹ֖א אֶל־תֹּ֥וךְ

12 הַֽמַּחֲנֶֽה: וְהָיָ֥ה לִפְנֹֽות־עֶ֖רֶב יִרְחַ֣ץ בַּמָּ֑יִם וּכְבֹ֣א הַשֶּׁ֔מֶשׁ יָבֹ֖א אֶל־תֹּ֥וךְ

12A

13 הַֽמַּחֲנֶֽה: וְיָ֛ד תִּהְיֶ֥ה לְךָ֖ מִח֣וּץ לַֽמַּחֲנֶ֑ה וְיָצָ֥אתָ שָּׁ֖מָּה ח֑וּץ: וְיָתֵ֤ד
14 תִּהְיֶ֥ה לְךָ֖ עַל־אֲזֵנֶ֑ךָ וְהָיָה֙ בְּשִׁבְתְּךָ֣ ח֔וּץ וְחָפַרְתָּ֣ה בָ֔הּ וְשַׁבְתָּ֖ וְכִסִּ֥יתָ

15 אֶת־צֵאָתֶֽךָ: כִּי֩ יְהֹוָ֨ה אֱלֹהֶ֜יךָ מִתְהַלֵּ֣ךְ ׀ בְּקֶ֣רֶב מַחֲנֶ֗ךָ לְהַצִּֽילְךָ֙ וְלָתֵ֤ת

אֹֽיְבֶ֨יךָ֙ לְפָנֶ֔יךָ וְהָיָ֥ה מַחֲנֶ֖יךָ קָדֹ֑ושׁ וְלֹֽא־יִרְאֶ֤ה בְךָ֙ עֶרְוַ֣ת דָּבָ֔ר וְשָׁ֖ב

16 מֵאַֽחֲרֶֽיךָ: לֹא־תַסְגִּ֥יר עֶ֖בֶד אֶל־אֲדֹנָ֑יו אֲשֶׁר־יִנָּצֵ֥ל אֵלֶ֖יךָ

17 מֵעִ֥ם אֲדֹנָֽיו: עִמְּךָ֞ יֵשֵׁ֣ב בְּקִרְבְּךָ֗ בַּמָּקֹ֧ום אֲשֶׁר־יִבְחַ֛ר בְּאַחַ֥ד שְׁעָרֶ֖יךָ

18 בַּטֹּ֣וב לֹ֑ו לֹ֖א תֹּונֶֽנּוּ: לֹא־תִהְיֶ֥ה קְדֵשָׁ֖ה מִבְּנֹ֥ות יִשְׂרָאֵ֑ל

18A

19 וְלֹֽא־יִהְיֶ֥ה קָדֵ֖שׁ מִבְּנֵ֣י יִשְׂרָאֵֽל: לֹא־תָבִיא֩ אֶתְנַ֨ן זֹונָ֜ה וּמְחִ֣יר כֶּ֗לֶב

בֵּ֛ית יְהֹוָ֥ה אֱלֹהֶ֖יךָ לְכָל־נֶ֑דֶר כִּ֧י תֹועֲבַ֛ת יְהֹוָ֥ה אֱלֹהֶ֖יךָ גַּם־

20 שְׁנֵיהֶֽם: לֹא־תַשִּׁ֣יךְ לְאָחִ֔יךָ נֶ֥שֶׁךְ כֶּ֖סֶף נֶ֣שֶׁךְ אֹ֑כֶל נֶ֖שֶׁךְ

21 כָּל־דָּבָ֖ר אֲשֶׁ֥ר יִשָּֽׁךְ: לַנָּכְרִ֣י תַשִּׁ֔יךְ וּלְאָחִ֖יךָ לֹ֣א תַשִּׁ֑יךְ לְמַ֨עַן֙ יְבָרֶכְךָ֜

יְהֹוָ֣ה אֱלֹהֶ֗יךָ בְּכֹל֙ מִשְׁלַ֣ח יָדֶ֔ךָ עַל־הָאָ֕רֶץ אֲשֶׁר־אַתָּ֥ה בָא־שָׁ֖מָּה

22 לְרִשְׁתָּֽהּ: כִּֽי־תִדֹּ֥ר נֶ֨דֶר֙ לַֽיהֹוָ֣ה אֱלֹהֶ֔יךָ לֹ֥א תְאַחֵ֖ר לְשַׁלְּמֹ֑ו

23 כִּֽי־דָרֹ֨שׁ יִדְרְשֶׁ֜נּוּ יְהֹוָ֤ה אֱלֹהֶ֨יךָ֙ מֵֽעִמָּ֔ךְ וְהָיָ֥ה בְךָ֖ חֵֽטְא: וְכִ֥י תֶחְדַּ֖ל

24 לִנְדֹּ֑ר לֹא־יִהְיֶ֥ה בְךָ֖ חֵֽטְא: מֹוצָ֥א שְׂפָתֶ֖יךָ תִּשְׁמֹ֣ר וְעָשִׂ֑יתָ כַּאֲשֶׁ֨ר

25 נָדַ֜רְתָּ לַֽיהֹוָ֤ה אֱלֹהֶ֨יךָ֙ נְדָבָ֔ה אֲשֶׁ֥ר דִּבַּ֖רְתָּ בְּפִֽיךָ: כִּ֤י תָבֹא֙

חמישי

בְּכֶ֣רֶם רֵעֶ֔ךָ וְאָכַלְתָּ֧ עֲנָבִ֛ים כְּנַפְשְׁךָ֖ שָׂבְעֶ֑ךָ וְאֶֽל־כֶּלְיְךָ֖ לֹ֥א

26 תִתֵּֽן: כִּ֤י תָבֹא֙ בְּקָמַ֣ת רֵעֶ֔ךָ וְקָטַפְתָּ֥ מְלִילֹ֖ת בְּיָדֶ֑ךָ וְחֶרְמֵשׁ֙

לֹ֣א תָנִ֔יף עַ֖ל קָמַ֥ת רֵעֶֽךָ: כִּֽי־יִקַּ֥ח אִ֛ישׁ אִשָּׁ֖ה וּבְעָלָ֑הּ

24 1 וְהָיָ֞ה אִם־לֹ֧א תִמְצָא־חֵ֣ן בְּעֵינָ֗יו כִּי־מָ֤צָא בָהּ֙ עֶרְוַ֣ת דָּבָ֔ר וְכָ֨תַב

2 לָ֜הּ סֵ֤פֶר כְּרִיתֻת֙ וְנָתַ֣ן בְּיָדָ֔הּ וְשִׁלְּחָ֖הּ מִבֵּיתֹֽו: וְיָצְאָ֖ה מִבֵּיתֹ֑ו

3 וְהָלְכָ֖ה וְהָיְתָ֥ה לְאִישׁ־אַחֵֽר: וּשְׂנֵאָהּ֮ הָאִ֣ישׁ הָאַחֲרֹון֒ וְכָ֨תַב לָ֜הּ

סֵ֤פֶר כְּרִיתֻת֙ וְנָתַ֣ן בְּיָדָ֔הּ וְשִׁלְּחָ֖הּ מִבֵּיתֹ֑ו אֹ֣ו כִ֤י יָמוּת֙ הָאִ֣ישׁ

4 הָאַֽחֲרֹ֔ון אֲשֶׁר־לְקָחָ֥הּ לֹ֖ו לְאִשָּֽׁה: לֹא־יוּכַ֣ל בַּעְלָ֣הּ הָרִאשֹׁ֡ון

אֲשֶֽׁר־שִׁלְּחָ֜הּ לָשׁ֣וּב לְקַחְתָּ֗הּ לִהְיֹ֤ות לֹו֙ לְאִשָּׁ֔ה אַחֲרֵ֖י אֲשֶׁ֣ר הֻטַּמָּ֑אָה

כִּֽי־תֹועֵבָ֥ה הִ֖וא לִפְנֵ֣י יְהֹוָ֑ה וְלֹ֤א תַחֲטִיא֙ אֶת־הָאָ֔רֶץ אֲשֶׁר֙ יְהֹוָ֣ה

5 אֱלֹהֶ֔יךָ נֹתֵ֥ן לְךָ֖ נַחֲלָֽה: כִּֽי־יִקַּ֥ח אִישׁ֙ אִשָּׁ֣ה חֲדָשָׁ֔ה

ששי

לֹ֤א יֵצֵא֙ בַּצָּבָ֔א וְלֹא־יַעֲבֹ֥ר עָלָ֖יו לְכָל־דָּבָ֑ר נָקִ֞י יִהְיֶ֤ה לְבֵיתֹו֙ שָׁנָ֣ה

6 אֶחָ֔ת וְשִׂמַּ֖ח אֶת־אִשְׁתֹּ֥ו אֲשֶׁר־לָקָֽח: לֹא־יַחֲבֹ֥ל רֵחַ֖יִם וָרָ֑כֶב כִּי־נֶ֖פֶשׁ

7 ה֥וּא חֹבֵֽל: כִּֽי־יִמָּצֵ֣א אִ֗ישׁ גֹּנֵ֨ב נֶ֤פֶשׁ מֵֽאֶחָיו֙ מִבְּנֵ֣י

יִשְׂרָאֵ֔ל וְהִתְעַמֶּר־בֹּ֖ו וּמְכָרֹ֑ו וּמֵת֙ הַגַּנָּ֣ב הַה֔וּא וּבִֽעַרְתָּ֙ הָרָ֔ע

8 ¶ Take heed in the plague of leprosy, that thou observe diligently, and do according to all that the priests the Levites shall teach you: as I commanded them, *so* ye shall observe to do.

9 Remember what the LORD thy God did unto Miriam by the way, after that ye were come forth out of Egypt.

10 ¶ When thou dost lend thy brother any thing, thou shalt not go into his house to fetch his pledge.

11 Thou shalt stand abroad, and the man to whom thou dost lend shall bring out the pledge abroad unto thee.

12 And if the man *be* poor, thou shalt not sleep with his pledge:

13 In any case thou shalt deliver him the pledge again when the sun goeth down, that he may sleep in his own raiment, and bless thee: and it shall be righteousness unto thee before the LORD thy God.

14 ¶ Thou shalt not oppress an hired servant *that is* poor and needy, *whether he be* of thy brethren, or of thy strangers that *are* in thy land within thy gates:

15 At his day thou shalt give *him* his hire, neither shall the sun go down upon it; for he *is* poor, and setteth his heart upon it: lest he cry against thee unto the LORD, and it be sin unto thee.

16 The fathers shall not be put to death for the children, neither shall the children be put to death for the fathers: every man shall be put to death for his own sin.

17 ¶ Thou shalt not pervert the judgment of the stranger, *nor* of the fatherless; nor take a widow's raiment to pledge:

18 But thou shalt remember that thou wast a bondman in Egypt, and the LORD thy God redeemed thee thence: therefore I command thee to do this thing.

19 ¶ When thou cuttest down thine harvest in thy field, and hast forgot a sheaf in the field, thou shalt not go again to fetch it: it shall be for the stranger, for the fatherless, and for the widow: that the LORD thy God may bless thee in all the work of thine hands.

20 When thou beatest thine olive tree, thou shalt not go over the boughs again: it shall be for the stranger, for the fatherless, and for the widow.

21 When thou gatherest the grapes of thy vineyard, thou shalt not glean *it* afterward: it shall be for the stranger, for the fatherless, and for the widow.

22 And thou shalt remember that thou wast a bondman in the land of Egypt: therefore I command thee to do this thing.

CHAPTER 25

1 If there be a controversy between men, and they come unto judgment, that *the judges* may judge them; then they shall justify the righteous, and condemn the wicked.

2 And it shall be, if the wicked man *be* worthy to be beaten, that the judge shall cause him to lie down, and to be beaten before his face, according to his fault, by a certain number.

3 Forty stripes he may give him, *and* not exceed: lest, *if* he should exceed, and beat him above these with many stripes, then thy brother should seem vile unto thee.

4 ¶ Thou shalt not muzzle the ox when he treadeth out *the corn.*

5 ¶ If brethren dwell together, and one of them die, and have no child, the wife of the dead shall not marry without unto a stranger: her husband's brother shall go in unto her, and take her to him to wife, and perform the duty of an husband's brother unto her.

6 And it shall be, *that* the firstborn which she beareth shall succeed in the name of his brother *which is* dead, that his name be not put out of Israel.

7 And if the man like not to take his brother's wife, then let his brother's wife go up to the gate unto the elders, and say, My husband's brother refuseth to raise up unto his brother a name in Israel, he will not perform the duty of my husband's brother.

8 Then the elders of his city shall call him, and speak unto him: and *if* he stand *to it,* and say, I like not to take her;

9 Then shall his brother's wife come unto him in the presence of the elders, and loose his shoe from off his foot, and spit in his face, and shall answer and say, So

מִקִּרְבֶּֽךָ׃ 8 הִשָּׁ֧מֶר בְּנֶֽגַע־הַצָּרַ֛עַת לִשְׁמֹ֥ר מְאֹ֖ד וְלַעֲשׂ֑וֹת

כְּכֹל֩ אֲשֶׁר־יוֹר֨וּ אֶתְכֶ֜ם הַכֹּהֲנִ֧ים הַלְוִיִּ֛ם כַּאֲשֶׁ֥ר צִוִּיתִ֖ם תִּשְׁמְר֥וּ

9 לַעֲשֽׂוֹת׃ זָכ֕וֹר אֵ֧ת אֲשֶׁר־עָשָׂ֛ה יְהֹוָ֥ה אֱלֹהֶ֖יךָ לְמִרְיָ֑ם בַּדֶּ֖רֶךְ בְּצֵאתְכֶ֥ם

10 מִמִּצְרָֽיִם׃ כִּֽי־תַשֶּׁ֥ה בְרֵֽעֲךָ֖ מַשַּׁ֣את מְא֑וּמָה לֹא־תָבֹ֥א ‹10A›

11 אֶל־בֵּית֖וֹ לַעֲבֹ֥ט עֲבֹטֽוֹ׃ בַּח֖וּץ תַּעֲמֹ֑ד וְהָאִ֗ישׁ אֲשֶׁ֤ר אַתָּה֙ נֹשֶׁ֣ה ב֔וֹ

12 יוֹצִ֥יא אֵלֶ֛יךָ אֶֽת־הַעֲב֖וֹט הַחֽוּצָה׃ וְאִם־אִ֥ישׁ עָנִ֖י ה֑וּא לֹ֥א תִשְׁכַּ֖ב

13 בַּעֲבֹטֽוֹ׃ הָשֵׁב֩ תָּשִׁ֨יב ל֤וֹ אֶֽת־הַעֲבוֹט֙ כְּב֣וֹא הַשֶּׁ֔מֶשׁ וְשָׁכַ֖ב בְּשַׂלְמָת֑וֹ

14 וּבֵֽרֲכֶ֑ךָּ וּלְךָ֙ תִּהְיֶ֣ה צְדָקָ֔ה לִפְנֵ֖י יְהֹוָ֥ה אֱלֹהֶֽיךָ׃ ‹שביעי› לֹ֣א־תַעֲשֹׁ֤ק

15 שָׂכִ֣יר עָנִ֣י וְאֶבְי֑וֹן מֵאַחֶ֕יךָ א֧וֹ מִגֵּרְךָ֛ אֲשֶׁ֥ר בְּאַרְצְךָ֖ בִּשְׁעָרֶֽיךָ׃ בְּיוֹמוֹ֩

תִתֵּ֨ן שְׂכָר֜וֹ וְֽלֹא־תָב֧וֹא עָלָ֣יו הַשֶּׁ֗מֶשׁ כִּ֤י עָנִי֙ ה֔וּא וְאֵלָ֕יו ה֥וּא נֹשֵׂ֖א

16 אֶת־נַפְשׁ֑וֹ וְלֹֽא־יִקְרָ֤א עָלֶ֙יךָ֙ אֶל־יְהֹוָ֔ה וְהָיָ֥ה בְךָ֖ חֵֽטְא׃ לֹֽא־

יוּמְת֤וּ אָבוֹת֙ עַל־בָּנִ֔ים וּבָנִ֖ים לֹא־יוּמְת֣וּ עַל־אָב֑וֹת אִ֥ישׁ בְּחֶטְא֖וֹ

17 יוּמָֽתוּ׃ לֹ֣א תַטֶּ֔ה מִשְׁפַּ֖ט גֵּ֣ר יָת֑וֹם וְלֹ֣א תַחֲבֹ֔ל בֶּ֖גֶד

18 אַלְמָנָֽה׃ וְזָ֣כַרְתָּ֔ כִּ֣י עֶ֤בֶד הָיִ֙יתָ֙ בְּמִצְרַ֔יִם וַֽיִּפְדְּךָ֛ יְהֹוָ֥ה אֱלֹהֶ֖יךָ מִשָּׁ֑ם

19 עַל־כֵּ֞ן אָנֹכִ֤י מְצַוְּךָ֙ לַעֲשׂ֔וֹת אֶת־הַדָּבָ֖ר הַזֶּֽה׃ כִּ֣י תִקְצֹר֩

קְצִֽירְךָ֨ בְשָׂדֶ֜ךָ וְשָׁכַ֧חְתָּ עֹ֣מֶר בַּשָּׂדֶ֗ה לֹ֤א תָשׁוּב֙ לְקַחְתּ֔וֹ לַגֵּ֛ר לַיָּת֥וֹם

וְלָאַלְמָנָ֖ה יִהְיֶ֑ה לְמַ֤עַן יְבָרֶכְךָ֙ יְהֹוָ֣ה אֱלֹהֶ֔יךָ בְּכֹ֖ל מַעֲשֵׂ֥ה

20 יָדֶֽיךָ׃ כִּ֤י תַחְבֹּט֙ זֵֽיתְךָ֔ לֹ֥א תְפַאֵ֖ר אַחֲרֶ֑יךָ לַגֵּ֛ר לַיָּת֥וֹם

21 וְלָאַלְמָנָ֖ה יִהְיֶֽה׃ כִּ֤י תִבְצֹר֙ כַּרְמְךָ֔ לֹ֥א תְעוֹלֵ֖ל אַחֲרֶ֑יךָ לַגֵּ֛ר לַיָּת֥וֹם

22 וְלָאַלְמָנָ֖ה יִהְיֶֽה׃ וְזָ֣כַרְתָּ֔ כִּי־עֶ֥בֶד הָיִ֖יתָ בְּאֶ֣רֶץ מִצְרָ֑יִם עַל־כֵּ֞ן אָנֹכִ֤י

25 1 מְצַוְּךָ֔ לַעֲשׂ֕וֹת אֶת־הַדָּבָ֖ר הַזֶּֽה׃ כִּֽי־יִהְיֶ֥ה רִיב֙ בֵּ֣ין אֲנָשִׁ֔ים

וְנִגְּשׁ֥וּ אֶל־הַמִּשְׁפָּ֖ט וּשְׁפָט֑וּם וְהִצְדִּ֙יקוּ֙ אֶת־הַצַּדִּ֔יק וְהִרְשִׁ֖יעוּ

2 אֶת־הָרָשָֽׁע׃ וְהָיָ֛ה אִם־בִּ֥ן הַכּ֖וֹת הָרָשָׁ֑ע וְהִפִּיל֤וֹ הַשֹּׁפֵט֙ וְהִכָּ֣הוּ

3 לְפָנָ֔יו כְּדֵ֥י רִשְׁעָת֖וֹ בְּמִסְפָּֽר׃ אַרְבָּעִ֥ים יַכֶּ֖נּוּ לֹ֣א יֹסִ֑יף פֶּן־יֹסִ֨יף

4 לְהַכֹּת֤וֹ עַל־אֵ֙לֶּה֙ מַכָּ֣ה רַבָּ֔ה וְנִקְלָ֥ה אָחִ֖יךָ לְעֵינֶֽיךָ׃ לֹא־תַחְסֹ֥ם שׁ֖וֹר

5 בְּדִישֽׁוֹ׃ כִּֽי־יֵשְׁב֨וּ אַחִ֜ים יַחְדָּ֗ו וּמֵ֨ת אַחַ֤ד מֵהֶם֙ וּבֵ֣ן אֵֽין־ל֔וֹ

לֹֽא־תִהְיֶ֧ה אֵֽשֶׁת־הַמֵּ֛ת הַח֖וּצָה לְאִ֣ישׁ זָ֑ר יְבָמָהּ֙ יָבֹ֣א עָלֶ֔יהָ וּלְקָחָ֥הּ

6 ל֛וֹ לְאִשָּׁ֖ה וְיִבְּמָֽהּ׃ וְהָיָ֗ה הַבְּכוֹר֙ אֲשֶׁ֣ר תֵּלֵ֔ד יָק֕וּם עַל־שֵׁ֖ם אָחִ֣יו

7 הַמֵּ֑ת וְלֹֽא־יִמָּחֶ֥ה שְׁמ֖וֹ מִיִּשְׂרָאֵֽל׃ וְאִם־לֹ֤א יַחְפֹּץ֙ הָאִ֔ישׁ לָקַ֖חַת ‹7A›

אֶת־יְבִמְתּ֑וֹ וְעָלְתָה֩ יְבִמְתּ֨וֹ הַשַּׁ֜עְרָה אֶל־הַזְּקֵנִ֗ים וְאָֽמְרָה֙ מֵאֵ֣ן יְבָמִ֔י

8 לְהָקִ֨ים לְאָחִ֥יו שֵׁם֙ בְּיִשְׂרָאֵ֔ל לֹ֥א אָבָ֖ה יַבְּמִ֑י וְקָֽרְאוּ־ל֥וֹ זִקְנֵי־עִיר֖וֹ

9 וְדִבְּר֣וּ אֵלָ֑יו וְעָמַ֥ד וְאָמַ֖ר לֹ֥א חָפַ֖צְתִּי לְקַחְתָּֽהּ׃ וְנִגְּשָׁ֨ה יְבִמְתּ֣וֹ

אֵלָיו֮ לְעֵינֵ֣י הַזְּקֵנִים֒ וְחָלְצָ֤ה נַֽעֲלוֹ֙ מֵעַ֣ל רַגְל֔וֹ וְיָרְקָ֖ה בְּפָנָ֑יו וְעָנְתָה֙

shall it be done unto that man that will not build up his brother's house.

10 And his name shall be called in Israel, The house of him that hath his shoe loosed.

11 ¶ When men strive together one with another, and the wife of the one draweth near for to deliver her husband out of the hand of him that smiteth him, and putteth forth her hand, and taketh him by the secrets:

12 Then thou shalt cut off her hand, thine eye shall not pity *her.*

13 ¶ Thou shalt not have in thy bag divers weights, a great and a small.

14 Thou shalt not have in thine house divers measures, a great and a small.

15 *But* thou shalt have a perfect and just weight, a perfect and just measure shalt thou have: that thy days may be lengthened in the land which the LORD thy God giveth thee.

16 For all that do such things, *and* all that do unrighteously, *are* an abomination unto the LORD thy God.

17 ¶ Remember what Amalek did unto thee by the way, when ye were come forth out of Egypt;

18 How he met thee by the way, and smote the hindmost of thee, *even* all *that were* feeble behind thee, when thou *wast* faint and weary; and he feared not God.

19 Therefore it shall be, when the LORD thy God hath given thee rest from all thine enemies round about, in the land which the LORD thy God giveth thee *for* an inheritance to possess it, *that* thou shalt blot out the remembrance of Amalek from under heaven; thou shalt not forget *it.*

CHAPTER 26

1 And it shall be, when thou *art* come in unto the land which the LORD thy God giveth thee *for* an inheritance, and possessest it, and dwellest therein;

2 That thou shalt take of the first of all the fruit of the earth, which thou shalt bring of thy land that the LORD thy God giveth thee, and shalt put *it* in a basket, and shalt go unto the place which the

LORD thy God shall choose to place his name there.

3 And thou shalt go unto the priest that shall be in those days, and say unto him, I profess this day unto the LORD thy God, that I am come unto the country which the LORD sware unto our fathers for to give us.

4 And the priest shall take the basket out of thine hand, and set it down before the altar of the LORD thy God.

5 And thou shalt speak and say before the LORD thy God, A Syrian ready to perish *was* my father, and he went down into Egypt, and sojourned there with a few, and became there a nation, great, mighty, and populous:

6 And the Egyptians evil entreated us, and afflicted us, and laid upon us hard bondage:

7 And when we cried unto the LORD God of our fathers, the LORD heard our voice, and looked on our affliction, and our labour, and our oppression:

8 And the LORD brought us forth out of Egypt with a mighty hand, and with an outstretched arm, and with great terribleness, and with signs, and with wonders:

9 And he hath brought us into this place, and hath given us this land, *even* a land that floweth with milk and honey.

10 And now, behold, I have brought the firstfruits of the land, which thou, O LORD, hast given me. And thou shalt set it before the LORD thy God, and worship before the LORD thy God:

11 And thou shalt rejoice in every good *thing* which the LORD thy God hath given unto thee, and unto thine house, thou, and the Levite, and the stranger that *is* among you.

12 ¶ When thou hast made an end of tithing all the tithes of thine increase the third year, *which is* the year of tithing, and hast given *it* unto the Levite, the stranger, the fatherless, and the widow, that they may eat within thy gates, and be filled;

13 Then thou shalt say before the LORD thy God, I have brought away the hallowed things out of *mine* house, and also have given them unto the Levite, and unto the stranger, to the fatherless, and to the

וְאָמְרָה כָּכָה יֵעָשֶׂה לָאִישׁ אֲשֶׁר לֹא־יִבְנֶה אֶת־בֵּית אָחִיו: וְנִקְרָא 10

שְׁמוֹ בְּיִשְׂרָאֵל בֵּית חֲלוּץ הַנָּעַל: כִּי־יִנָּצוּ אֲנָשִׁים יַחְדָּו 11

אִישׁ וְאָחִיו וְקָרְבָה אֵשֶׁת הָאֶחָד לְהַצִּיל אֶת־אִישָׁהּ מִיַּד מַכֵּהוּ

וְשָׁלְחָה יָדָהּ וְהֶחֱזִיקָה בִּמְבֻשָׁיו: וְקַצֹּתָה אֶת־כַּפָּהּ לֹא תָחוֹס 12

עֵינֶךָ: לֹא־יִהְיֶה לְךָ בְּכִיסְךָ אֶבֶן וָאָבֶן גְּדוֹלָה וּקְטַנָּה: 13

לֹא־יִהְיֶה לְךָ בְּבֵיתְךָ אֵיפָה וְאֵיפָה גְּדוֹלָה וּקְטַנָּה: אֶבֶן שְׁלֵמָה 14
15

וָצֶדֶק יִהְיֶה־לָּךְ אֵיפָה שְׁלֵמָה וָצֶדֶק יִהְיֶה־לָּךְ לְמַעַן יַאֲרִיכוּ יָמֶיךָ

עַל הָאֲדָמָה אֲשֶׁר־יְהוָה אֱלֹהֶיךָ נֹתֵן לָךְ: כִּי תוֹעֲבַת יְהוָה אֱלֹהֶיךָ 16

כָּל־עֹשֵׂה אֵלֶּה כֹּל עֹשֵׂה עָוֶל:

זָכוֹר אֵת אֲשֶׁר־עָשָׂה לְךָ עֲמָלֵק בַּדֶּרֶךְ בְּצֵאתְכֶם מִמִּצְרָיִם: אֲשֶׁר 17
18A 18

קָרְךָ בַּדֶּרֶךְ וַיְזַנֵּב בְּךָ כָּל־הַנֶּחֱשָׁלִים אַחֲרֶיךָ וְאַתָּה עָיֵף וְיָגֵעַ וְלֹא

יָרֵא אֱלֹהִים: וְהָיָה בְּהָנִיחַ יְהוָה אֱלֹהֶיךָ‎ ׀ לְךָ מִכָּל־אֹיְבֶיךָ מִסָּבִיב 19

בָּאָרֶץ אֲשֶׁר יְהוָה־אֱלֹהֶיךָ נֹתֵן לְךָ נַחֲלָה לְרִשְׁתָּהּ תִּמְחֶה אֶת־זֵכֶר

עֲמָלֵק מִתַּחַת הַשָּׁמָיִם לֹא תִּשְׁכָּח:

וְהָיָה כִּי־תָבוֹא אֶל־הָאָרֶץ אֲשֶׁר יְהוָה אֱלֹהֶיךָ נֹתֵן לְךָ נַחֲלָה 1

וִירִשְׁתָּהּ וְיָשַׁבְתָּ בָּהּ: וְלָקַחְתָּ מֵרֵאשִׁית ׀ כָּל־פְּרִי הָאֲדָמָה אֲשֶׁר 2

תָּבִיא מֵאַרְצְךָ אֲשֶׁר יְהוָה אֱלֹהֶיךָ נֹתֵן לָךְ וְשַׂמְתָּ בַטֶּנֶא וְהָלַכְתָּ

אֶל־הַמָּקוֹם אֲשֶׁר יִבְחַר יְהוָה אֱלֹהֶיךָ לְשַׁכֵּן שְׁמוֹ שָׁם: וּבָאתָ 3

אֶל־הַכֹּהֵן אֲשֶׁר יִהְיֶה בַּיָּמִים הָהֵם וְאָמַרְתָּ אֵלָיו הִגַּדְתִּי הַיּוֹם

לַיהוָה אֱלֹהֶיךָ כִּי־בָאתִי אֶל־הָאָרֶץ אֲשֶׁר נִשְׁבַּע יְהוָה לַאֲבֹתֵינוּ

לָתֶת לָנוּ: וְלָקַח הַכֹּהֵן הַטֶּנֶא מִיָּדֶךָ וְהִנִּיחוֹ לִפְנֵי מִזְבַּח יְהוָה 4

אֱלֹהֶיךָ: וְעָנִיתָ וְאָמַרְתָּ לִפְנֵי ׀ יְהוָה אֱלֹהֶיךָ אֲרַמִּי אֹבֵד אָבִי וַיֵּרֶד 5

מִצְרַיְמָה וַיָּגָר שָׁם בִּמְתֵי מְעָט וַיְהִי־שָׁם לְגוֹי גָּדוֹל עָצוּם וָרָב:

וַיָּרֵעוּ אֹתָנוּ הַמִּצְרִים וַיְעַנּוּנוּ וַיִּתְּנוּ עָלֵינוּ עֲבֹדָה קָשָׁה: וַנִּצְעַק 6
7

אֶל־יְהוָה אֱלֹהֵי אֲבֹתֵינוּ וַיִּשְׁמַע יְהוָה אֶת־קֹלֵנוּ וַיַּרְא אֶת־עָנְיֵנוּ

וְאֶת־עֲמָלֵנוּ וְאֶת־לַחֲצֵנוּ: וַיּוֹצִאֵנוּ יְהוָה מִמִּצְרַיִם בְּיָד חֲזָקָה וּבִזְרֹעַ 8

נְטוּיָה וּבְמֹרָא גָּדֹל וּבְאֹתוֹת וּבְמֹפְתִים: וַיְבִאֵנוּ אֶל־הַמָּקוֹם הַזֶּה 9

וַיִּתֶּן־לָנוּ אֶת־הָאָרֶץ הַזֹּאת אֶרֶץ זָבַת חָלָב וּדְבָשׁ: וְעַתָּה הִנֵּה 10

הֵבֵאתִי אֶת־רֵאשִׁית פְּרִי הָאֲדָמָה אֲשֶׁר־נָתַתָּה לִּי יְהוָה וְהִנַּחְתּוֹ

לִפְנֵי יְהוָה אֱלֹהֶיךָ וְהִשְׁתַּחֲוִיתָ לִפְנֵי יְהוָה אֱלֹהֶיךָ: וְשָׂמַחְתָּ 11

בְכָל־הַטּוֹב אֲשֶׁר נָתַן־לְךָ יְהוָה אֱלֹהֶיךָ וּלְבֵיתֶךָ אַתָּה וְהַלֵּוִי וְהַגֵּר

אֲשֶׁר בְּקִרְבֶּךָ: כִּי תְכַלֶּה לַעְשֵׂר אֶת־כָּל־מַעְשַׂר תְּבוּאָתְךָ 12

בַּשָּׁנָה הַשְּׁלִישִׁת שְׁנַת הַמַּעֲשֵׂר וְנָתַתָּה לַלֵּוִי לַגֵּר לַיָּתוֹם וְלָאַלְמָנָה

וְאָכְלוּ בִשְׁעָרֶיךָ וְשָׂבֵעוּ: וְאָמַרְתָּ לִפְנֵי יְהוָה אֱלֹהֶיךָ בִּעַרְתִּי הַקֹּדֶשׁ 13

widow, according to all thy commandments which thou hast commanded me: I have not transgressed thy commandments, neither have I forgotten *them:*

14 I have not eaten thereof in my mourning, neither have I taken away *ought* thereof for *any* unclean *use,* nor given *ought* thereof for the dead: *but* I have hearkened to the voice of the LORD my God, *and* have done according to all that thou hast commanded me.

15 Look down from thy holy habitation, from heaven, and bless thy people Israel, and the land which thou hast given us, as thou swarest unto our fathers, a land that floweth with milk and honey.

16 ¶ This day the LORD thy God hath commanded thee to do these statutes and judgments: thou shalt therefore keep and do them with all thine heart, and with all thy soul.

17 Thou hast avouched the LORD this day to be thy God, and to walk in his ways, and to keep his statutes, and his commandments, and his judgments, and to hearken unto his voice:

18 And the LORD hath avouched thee this day to be his peculiar people, as he hath promised thee, and that *thou* shouldest keep all his commandments;

19 And to make thee high above all nations which he hath made, in praise, and in name, and in honour; and that thou mayest be an holy people unto the LORD thy God, as he hath spoken.

CHAPTER 27

1 And Moses with the elders of Israel commanded the people, saying, Keep all the commandments which I command you this day.

2 And it shall be on the day when ye shall pass over Jordan unto the land which the LORD thy God giveth thee, that thou shalt set thee up great stones, and plaister them with plaister:

3 And thou shalt write upon them all the words of this law, when thou art passed over, that thou mayest go in unto the land which the LORD thy God giveth thee, a land that floweth with milk and honey; as the LORD God of thy fathers hath promised thee.

4 Therefore it shall be when ye be gone over Jordan, *that* ye shall set up these stones, which I command you this day, in mount Ebal, and thou shalt plaister them with plaister.

5 And there shalt thou build an altar unto the LORD thy God, an altar of stones: thou shalt not lift up *any* iron *tool* upon them.

6 Thou shalt build the altar of the LORD thy God of whole stones: and thou shalt offer burnt offerings thereon unto the LORD thy God:

7 And thou shalt offer peace offerings, and shalt eat there, and rejoice before the LORD thy God.

8 And thou shalt write upon the stones all the words of this law very plainly.

9 ¶ And Moses and the priests the Levites spake unto all Israel, saying, Take heed, and hearken, O Israel; this day thou art become the people of the LORD thy God.

10 Thou shalt therefore obey the voice of the LORD thy God, and do his commandments and his statutes, which I command thee this day.

11 ¶ And Moses charged the people the same day, saying,

12 These shall stand upon mount Gerizim to bless the people, when ye are come over Jordan; Simeon, and Levi, and Judah, and Issachar, and Joseph, and Benjamin:

13 And these shall stand upon mount Ebal to curse; Reuben, Gad, and Asher, and Zebulun, Dan, and Naphtali.

14 ¶ And the Levites shall speak, and say unto all the men of Israel with a loud voice,

15 Cursed *be* the man that maketh *any* graven or molten image, an abomination unto the LORD, the work of the hands of the craftsman, and putteth *it* in *a* secret

מִן־הַבַּ֗יִת וְגַ֨ם נְתַתִּ֤יו לַלֵּוִי֙ וְלַגֵּ֣ר לַיָּת֣וֹם וְלָֽאַלְמָנָ֔ה כְּכָל־מִצְוָתְךָ֖

14 אֲשֶׁ֣ר צִוִּיתָ֑נִי לֹֽא־עָבַ֤רְתִּי מִמִּצְוֺתֶ֨יךָ֙ וְלֹ֣א שָׁכָ֔חְתִּי: לֹא־אָכַ֨לְתִּי בְאֹנִ֜י מִמֶּ֗נּוּ וְלֹא־בִעַ֤רְתִּי מִמֶּ֨נּוּ֙ בְּטָמֵ֔א וְלֹא־נָתַ֥תִּי מִמֶּ֖נּוּ לְמֵ֑ת שָׁמַ֗עְתִּי

15 בְּקוֹל֙ יְהֹוָ֣ה אֱלֹהָ֔י עָשִׂ֕יתִי כְּכֹ֖ל אֲשֶׁ֣ר צִוִּיתָֽנִי: הַשְׁקִ֩יפָה֩ מִמְּע֨וֹן קָדְשְׁךָ֜ מִן־הַשָּׁמַ֗יִם וּבָרֵ֤ךְ אֶֽת־עַמְּךָ֙ אֶת־יִשְׂרָאֵ֔ל וְאֵת֙ הָֽאֲדָמָ֔ה אֲשֶׁ֥ר נָתַ֖תָּה לָ֑נוּ כַּאֲשֶׁ֤ר נִשְׁבַּ֨עְתָּ֙ לַאֲבֹתֵ֔ינוּ אֶ֛רֶץ זָבַ֥ת חָלָ֖ב

שלישי 16 וּדְבָֽשׁ: הַיּ֣וֹם הַזֶּ֗ה יְהֹוָ֤ה אֱלֹהֶ֨יךָ֙ מְצַוְּךָ֔ לַעֲשׂ֛וֹת אֶת־הַחֻקִּ֥ים הָאֵ֖לֶּה וְאֶת־הַמִּשְׁפָּטִ֑ים וְשָׁמַרְתָּ֤ וְעָשִׂ֨יתָ֙ אוֹתָ֔ם

17 בְּכָל־לְבָבְךָ֖ וּבְכָל־נַפְשֶֽׁךָ: אֶת־יְהֹוָ֥ה הֶאֱמַ֖רְתָּ הַיּ֑וֹם לִהְי֨וֹת לְךָ֜ לֵֽאלֹהִ֗ים וְלָלֶ֣כֶת בִּדְרָכָ֗יו וְלִשְׁמֹ֨ר חֻקָּ֤יו וּמִצְוֺתָיו֙ וּמִשְׁפָּטָ֔יו וְלִשְׁמֹ֖עַ

18 בְּקֹלֽוֹ: וַֽיהֹוָ֞ה הֶאֱמִֽירְךָ֣ הַיּ֗וֹם לִהְי֥וֹת לוֹ֙ לְעַ֣ם סְגֻלָּ֔ה כַּאֲשֶׁ֖ר דִּבֶּר־לָ֑ךְ

19 וְלִשְׁמֹ֖ר כָּל־מִצְוֺתָֽיו: וּֽלְתִתְּךָ֣ עֶלְי֗וֹן עַ֤ל כָּל־הַגּוֹיִם֙ אֲשֶׁ֣ר עָשָׂ֔ה לִתְהִלָּ֖ה וּלְשֵׁ֣ם וּלְתִפְאָ֑רֶת וְלִֽהְיֹתְךָ֧ עַם־קָדֹ֛שׁ לַיהֹוָ֥ה אֱלֹהֶ֖יךָ כַּאֲשֶׁ֥ר דִּבֵּֽר:

רביעי 27 1 וַיְצַ֤ו מֹשֶׁה֙ וְזִקְנֵ֣י יִשְׂרָאֵ֔ל אֶת־הָעָ֖ם לֵאמֹ֑ר שָׁמֹר֙ אֶת־כָּל־הַמִּצְוָ֔ה

2 אֲשֶׁ֧ר אָנֹכִ֛י מְצַוֶּ֥ה אֶתְכֶ֖ם הַיּֽוֹם: וְהָיָ֗ה בַּיּוֹם֮ אֲשֶׁ֣ר תַּעַבְר֣וּ אֶת־הַיַּרְדֵּן֒ אֶל־הָאָ֕רֶץ אֲשֶׁר־יְהֹוָ֥ה אֱלֹהֶ֖יךָ נֹתֵ֣ן לָ֑ךְ וַהֲקֵמֹתָ֤ לְךָ֙ אֲבָנִ֣ים גְּדֹל֔וֹת

3 וְשַׂדְתָּ֥ אֹתָ֖ם בַּשִּֽׂיד: וְכָתַבְתָּ֣ עֲלֵיהֶ֗ן אֶֽת־כָּל־דִּבְרֵ֛י הַתּוֹרָ֥ה הַזֹּ֖את בְּעָבְרֶ֑ךָ לְמַ֡עַן אֲשֶׁר֩ תָּבֹ֨א אֶל־הָאָ֜רֶץ אֲֽשֶׁר־יְהֹוָ֥ה אֱלֹהֶ֣יךָ ׀ נֹתֵ֣ן לְךָ֗

4 אֶ֣רֶץ זָבַ֤ת חָלָב֙ וּדְבַ֔שׁ כַּאֲשֶׁ֥ר דִּבֶּ֛ר יְהֹוָ֥ה אֱלֹהֵֽי־אֲבֹתֶ֖יךָ לָֽךְ: וְהָיָ֣ה בְּעָבְרְכֶ֣ם אֶת־הַיַּרְדֵּ֗ן תָּקִ֜ימוּ אֶת־הָאֲבָנִ֤ים הָאֵ֨לֶּה֙ אֲשֶׁ֨ר אָנֹכִ֜י מְצַוֶּ֥ה

5 אֶתְכֶ֛ם הַיּ֖וֹם בְּהַ֣ר עֵיבָ֑ל וְשַׂדְתָּ֥ אוֹתָ֖ם בַּשִּֽׂיד: וּבָנִ֤יתָ שָּׁם֙ מִזְבֵּ֔חַ

6 לַיהֹוָ֖ה אֱלֹהֶ֑יךָ מִזְבַּ֣ח אֲבָנִ֔ים לֹא־תָנִ֥יף עֲלֵיהֶ֖ם בַּרְזֶֽל: אֲבָנִ֤ים שְׁלֵמוֹת֙ תִּבְנֶ֔ה אֶת־מִזְבַּ֖ח יְהֹוָ֣ה אֱלֹהֶ֑יךָ וְהַעֲלִ֤יתָ עָלָיו֙ עוֹלֹ֔ת לַיהֹוָ֖ה

7 אֱלֹהֶֽיךָ: וְזָבַחְתָּ֥ שְׁלָמִ֖ים וְאָכַ֣לְתָּ שָּׁ֑ם וְשָׂ֣מַחְתָּ֔ לִפְנֵ֖י יְהֹוָ֥ה אֱלֹהֶֽיךָ:

8 וְכָתַבְתָּ֣ עַל־הָאֲבָנִ֗ים אֶֽת־כָּל־דִּבְרֵ֛י הַתּוֹרָ֥ה הַזֹּ֖את בַּאֵ֥ר

9 הֵיטֵֽב: וַיְדַבֵּ֤ר מֹשֶׁה֙ וְהַכֹּהֲנִ֣ים הַלְוִיִּ֔ם אֶ֥ל כָּל־יִשְׂרָאֵ֖ל לֵאמֹ֑ר הַסְכֵּ֣ת ׀ וּשְׁמַ֣ע יִשְׂרָאֵ֗ל הַיּ֤וֹם הַזֶּה֙ נִהְיֵ֣יתָֽ לְעָ֔ם לַיהֹוָ֖ה אֱלֹהֶֽיךָ:

10 וְשָׁ֣מַעְתָּ֔ בְּק֖וֹל יְהֹוָ֣ה אֱלֹהֶ֑יךָ וְעָשִׂ֤יתָ אֶת־מִצְוֺתָו֙ וְאֶת־חֻקָּ֔יו אֲשֶׁ֛ר

חמישי 11 אָנֹכִ֥י מְצַוְּךָ֖ הַיּֽוֹם: וַיְצַ֤ו מֹשֶׁה֙ אֶת־הָעָ֔ם בַּיּ֥וֹם הַה֖וּא

12 לֵאמֹֽר: אֵ֠לֶּה יַֽעַמְד֞וּ לְבָרֵ֤ךְ אֶת־הָעָם֙ עַל־הַ֣ר גְּרִזִ֔ים בְּעָבְרְכֶ֖ם אֶת־הַיַּרְדֵּ֑ן שִׁמְעוֹן֙ וְלֵוִ֣י וִֽיהוּדָ֔ה וְיִשָּׂשכָ֖ר וְיוֹסֵ֥ף וּבִנְיָמִֽן: וְאֵ֛לֶּה

13 יַֽעַמְד֥וּ עַל־הַקְּלָלָ֖ה בְּהַ֣ר עֵיבָ֑ל רְאוּבֵן֙ גָּ֣ד וְאָשֵׁ֔ר וּזְבוּלֻ֖ן דָּ֥ן וְנַפְתָּלִֽי:

14
15 וְעָנ֣וּ הַלְוִיִּ֗ם וְאָֽמְר֛וּ אֶל־כָּל־אִ֥ישׁ יִשְׂרָאֵ֖ל ק֣וֹל רָֽם: אָר֣וּר הָאִ֡ישׁ אֲשֶׁ֣ר יַעֲשֶׂה֩ פֶ֨סֶל וּמַסֵּכָ֜ה תּוֹעֲבַ֣ת יְהֹוָ֗ה מַעֲשֵׂ֛ה יְדֵ֥י חָרָ֖שׁ

place. And all the people shall answer and say, Amen.

16 Cursed *be* he that setteth light by his father or his mother. And all the people shall say, Amen.

17 Cursed *be* he that removeth his neighbour's landmark. And all the people shall say, Amen.

18 Cursed *be* he that maketh the blind to wander out of the way. And all the people shall say, Amen.

19 Cursed *be* he that perverteth the judgment of the stranger, fatherless, and widow. And all the people shall say, Amen.

20 Cursed *be* he that lieth with his father's wife; because he uncovereth his father's skirt. And all the people shall say, Amen.

21 Cursed *be* he that lieth with any manner of beast. And all the people shall say, Amen.

22 Cursed *be* he that lieth with his sister, the daughter of his father, or the daughter of his mother. And all the people shall say, Amen.

23 Cursed *be* he that lieth with his mother in law. And all the people shall say, Amen.

24 Cursed *be* he that smiteth his neighbour secretly. And all the people shall say, Amen.

25 Cursed *be* he that taketh reward to slay an innocent person. And all the people shall say, Amen.

26 Cursed *be* he that confirmeth not *all* the words of this law to do them. And all the people shall say, Amen.

CHAPTER 28

1 And it shall come to pass, if thou shalt hearken diligently unto the voice of the LORD thy God, to observe *and* to do all his commandments which I command thee this day, that the LORD thy God will set thee on high above all nations of the earth:

2 And all these blessings shall come on thee, and overtake thee, if thou shalt hearken unto the voice of the LORD thy God.

3 Blessed *shalt* thou *be* in the city, and blessed *shalt* thou *be* in the field.

4 Blessed *shall be* the fruit of thy body, and the fruit of thy ground, and the fruit of thy cattle, the increase of thy kine, and the flocks of thy sheep.

5 Blessed *shall be* thy basket and thy store.

6 Blessed *shalt* thou *be* when thou comest in, and blessed *shalt* thou *be* when thou goest out.

7 The LORD shall cause thine enemies that rise up against thee to be smitten before thy face: they shall come out against thee one way, and flee before thee seven ways.

8 The LORD shall command the blessing upon thee in thy storehouses, and in all that thou settest thine hand unto; and he shall bless thee in the land which the LORD thy God giveth thee.

9 The LORD shall establish thee an holy people unto himself, as he hath sworn unto thee, if thou shalt keep the commandments of the LORD thy God, and walk in his ways.

10 And all people of the earth shall see that thou art called by the name of the LORD; and they shall be afraid of thee.

11 And the LORD shall make thee plenteous in goods, in the fruit of thy body, and in the fruit of thy cattle, and in the fruit of thy ground, in the land which the LORD sware unto thy fathers to give thee.

12 The LORD shall open unto thee his good treasure, the heaven to give the rain unto thy land in his season, and to bless all the work of thine hand: and thou shalt lend unto many nations, and thou shalt not borrow.

13 And the LORD shall make thee the head, and not the tail; and thou shalt be above only, and thou shalt not be beneath; if that thou hearken unto the commandments of the LORD thy God, which I command thee this day, to observe and to do *them:*

14 And thou shalt not go aside from any of the words which I command thee this day, *to* the right hand, or *to* the left, to go after other gods to serve them.

15 ¶ But it shall come to pass, if thou

16 וְשָׁם בַּסֵּתֶר וְעָנוּ כָל־הָעָם וְאָמְרוּ אָמֵן: אָרוּר מַקְלֶה

17 אָבִיו וְאִמּוֹ וְאָמַר כָּל־הָעָם אָמֵן: אָרוּר מַסִּיג גְּבוּל

18 רֵעֵהוּ וְאָמַר כָּל־הָעָם אָמֵן: אָרוּר מַשְׁגֶּה עִוֵּר בַּדָּרֶךְ

19 וְאָמַר כָּל־הָעָם אָמֵן: אָרוּר מַטֶּה מִשְׁפַּט גֵּר־יָתוֹם

20 וְאַלְמָנָה וְאָמַר כָּל־הָעָם אָמֵן: אָרוּר שֹׁכֵב עִם־אֵשֶׁת אָבִיו כִּי גִלָּה

21 כְּנַף אָבִיו וְאָמַר כָּל־הָעָם אָמֵן: אָרוּר שֹׁכֵב עִם־כָּל־

22 בְּהֵמָה וְאָמַר כָּל־הָעָם אָמֵן: אָרוּר שֹׁכֵב עִם־אֲחֹתוֹ

23 בַּת־אָבִיו אוֹ בַת־אִמּוֹ וְאָמַר כָּל־הָעָם אָמֵן: אָרוּר שֹׁכֵב

24 עִם־חֹתַנְתּוֹ וְאָמַר כָּל־הָעָם אָמֵן: אָרוּר מַכֵּה רֵעֵהוּ

25 בַּסָּתֶר וְאָמַר כָּל־הָעָם אָמֵן: אָרוּר לֹקֵחַ שֹׁחַד לְהַכּוֹת

26 נֶפֶשׁ דָּם נָקִי וְאָמַר כָּל־הָעָם אָמֵן: אָרוּר אֲשֶׁר לֹא־יָקִים
אֶת־דִּבְרֵי הַתּוֹרָה־הַזֹּאת לַעֲשׂוֹת אוֹתָם וְאָמַר כָּל־הָעָם אָמֵן:

28 1 וְהָיָה אִם־שָׁמוֹעַ תִּשְׁמַע בְּקוֹל יְהוָה אֱלֹהֶיךָ לִשְׁמֹר לַעֲשׂוֹת   *1A*
אֶת־כָּל־מִצְוֹתָיו אֲשֶׁר אָנֹכִי מְצַוְּךָ הַיּוֹם וּנְתָנְךָ יְהוָה אֱלֹהֶיךָ עֶלְיוֹן

2 עַל כָּל־גּוֹיֵי הָאָרֶץ: וּבָאוּ עָלֶיךָ כָּל־הַבְּרָכוֹת הָאֵלֶּה וְהִשִּׂיגֻךָ כִּי

3 תִשְׁמַע בְּקוֹל יְהוָה אֱלֹהֶיךָ: בָּרוּךְ אַתָּה בָּעִיר וּבָרוּךְ אַתָּה בַּשָּׂדֶה:

4 בָּרוּךְ פְּרִי־בִטְנְךָ וּפְרִי אַדְמָתְךָ וּפְרִי בְהֶמְתֶּךָ שְׁגַר אֲלָפֶיךָ וְעַשְׁתְּרוֹת

5/6 צֹאנֶךָ: בָּרוּךְ טַנְאֲךָ וּמִשְׁאַרְתֶּךָ: בָּרוּךְ אַתָּה בְּבֹאֶךָ וּבָרוּךְ אַתָּה

7 בְּצֵאתֶךָ: יִתֵּן יְהוָה אֶת־אֹיְבֶיךָ הַקָּמִים עָלֶיךָ נִגָּפִים לְפָנֶיךָ בְּדֶרֶךְ   ששי
אֶחָד יֵצְאוּ אֵלֶיךָ וּבְשִׁבְעָה דְרָכִים יָנוּסוּ לְפָנֶיךָ: יְצַו יְהוָה אִתְּךָ

8 אֶת־הַבְּרָכָה בַּאֲסָמֶיךָ וּבְכֹל מִשְׁלַח יָדֶךָ וּבֵרַכְךָ בָּאָרֶץ אֲשֶׁר־יְהוָה

9 אֱלֹהֶיךָ נֹתֵן לָךְ: יְקִימְךָ יְהוָה לוֹ לְעַם קָדוֹשׁ כַּאֲשֶׁר נִשְׁבַּע־לָךְ

10 כִּי תִשְׁמֹר אֶת־מִצְוֹת יְהוָה אֱלֹהֶיךָ וְהָלַכְתָּ בִּדְרָכָיו: וְרָאוּ כָּל־עַמֵּי

11 הָאָרֶץ כִּי שֵׁם יְהוָה נִקְרָא עָלֶיךָ וְיָרְאוּ מִמֶּךָּ: וְהוֹתִרְךָ יְהוָה   *11A*
לְטוֹבָה בִּפְרִי בִטְנְךָ וּבִפְרִי בְהֶמְתְּךָ וּבִפְרִי אַדְמָתֶךָ עַל הָאֲדָמָה

12 אֲשֶׁר נִשְׁבַּע יְהוָה לַאֲבֹתֶיךָ לָתֶת לָךְ: יִפְתַּח יְהוָה לְךָ אֶת־אוֹצָרוֹ
הַטּוֹב אֶת־הַשָּׁמַיִם לָתֵת מְטַר־אַרְצְךָ בְּעִתּוֹ וּלְבָרֵךְ אֵת כָּל־מַעֲשֵׂה

13 יָדֶךָ וְהִלְוִיתָ גּוֹיִם רַבִּים וְאַתָּה לֹא תִלְוֶה: וּנְתָנְךָ יְהוָה לְרֹאשׁ
וְלֹא לְזָנָב וְהָיִיתָ רַק לְמַעְלָה וְלֹא תִהְיֶה לְמָטָּה כִּי־תִשְׁמַע
אֶל־מִצְוֹת יְהוָה אֱלֹהֶיךָ אֲשֶׁר אָנֹכִי מְצַוְּךָ הַיּוֹם לִשְׁמֹר וְלַעֲשׂוֹת:

14 וְלֹא תָסוּר מִכָּל־הַדְּבָרִים אֲשֶׁר אָנֹכִי מְצַוֶּה אֶתְכֶם הַיּוֹם יָמִין
וּשְׂמֹאול לָלֶכֶת אַחֲרֵי אֱלֹהִים אֲחֵרִים לְעָבְדָם:

15 וְהָיָה אִם־לֹא תִשְׁמַע בְּקוֹל יְהוָה אֱלֹהֶיךָ לִשְׁמֹר לַעֲשׂוֹת

wilt not hearken unto the voice of the Lord thy God, to observe to do all his commandments and his statutes which I command thee this day; that all these curses shall come upon thee, and overtake thee:

16 Cursed *shalt* thou *be* in the city, and cursed *shalt* thou *be* in the field.

17 Cursed *shall be* thy basket and thy store.

18 Cursed *shall be* the fruit of thy body, and the fruit of thy land, the increase of thy kine, and the flocks of thy sheep.

19 Cursed *shalt* thou *be* when thou comest in, and cursed *shalt* thou *be* when thou goest out.

20 The Lord shall send upon thee cursing, vexation, and rebuke, in all that thou settest thine hand unto for to do, until thou be destroyed, and until thou perish quickly; because of the wickedness of thy doings, whereby thou hast forsaken me.

21 The Lord shall make the pestilence cleave unto thee, until he have consumed thee from off the land, whither thou goest to possess it.

22 The Lord shall smite thee with a consumption, and with a fever, and with an inflammation, and with an extreme burning, and with the sword, and with blasting, and with mildew; and they shall pursue thee until thou perish.

23 And thy heaven that *is* over thy head shall be brass, and the earth that is under thee *shall be* iron.

24 The Lord shall make the rain of thy land powder and dust: from heaven shall it come down upon thee, until thou be destroyed.

25 The Lord shall cause thee to be smitten before thine enemies: thou shalt go out one way against them, and flee seven ways before them: and shalt be removed into all the kingdoms of the earth.

26 And thy carcase shall be meat unto all fowls of the air, and unto the beasts of the earth, and no man shall fray *them* away.

27 The Lord will smite thee with the botch of Egypt, and with the emerods, and with the scab, and with the itch, whereof thou canst not be healed.

28 The Lord shall smite thee with madness, and blindness, and astonishment of heart:

29 And thou shalt grope at noonday, as the blind gropeth in darkness, and thou shalt not prosper in thy ways: and thou shalt be only oppressed and spoiled evermore, and no man shall save *thee.*

30 Thou shalt betroth a wife, and another man shall lie with her: thou shalt build an house, and thou shalt not dwell therein: thou shalt plant a vineyard, and shalt not gather the grapes thereof.

31 Thine ox *shall be* slain before thine eyes, and thou shalt not eat thereof: thine ass *shall be* violently taken away from before thy face, and shall not be restored to thee: thy sheep *shall be* given unto thine enemies, and thou shalt have none to rescue *them.*

32 Thy sons and thy daughters *shall be* given unto another people, and thine eyes shall look, and fail *with longing* for them all the day long: and *there shall be* no might in thine hand.

33 The fruit of thy land, and all thy labours, shall a nation which thou knowest not eat up; and thou shalt be only oppressed and crushed alway:

34 So that thou shalt be mad for the sight of thine eyes which thou shalt see.

35 The Lord shall smite thee in the knees, and in the legs, with a sore botch that cannot be healed, from the sole of thy foot unto the top of thy head.

36 The Lord shall bring thee, and thy king which thou shalt set over thee, unto a nation which neither thou nor thy fathers have known; and there shalt thou serve other gods, wood and stone.

37 And thou shalt become an astonishment, a proverb, and a byword, among all nations whither the Lord shall lead thee.

38 Thou shalt carry much seed out into the field, and shalt gather *but* little in; for the locust shall consume it.

39 Thou shalt plant vineyards, and dress *them,* but shalt neither drink *of* the wine, nor gather *the grapes;* for the worms shall eat them.

40 Thou shalt have olive trees through-

אֶת־כָּל־מִצְוֺתָיו וְחֻקֹּתָיו אֲשֶׁר אָנֹכִי מְצַוְּךָ הַיּוֹם וּבָאוּ עָלֶיךָ

16 כָּל־הַקְּלָלוֹת הָאֵלֶּה וְהִשִּׂיגוּךָ: אָרוּר אַתָּה בָּעִיר וְאָרוּר אַתָּה

17 בַּשָּׂדֶה: אָרוּר טַנְאֲךָ וּמִשְׁאַרְתֶּךָ: אָרוּר פְּרִי־בִטְנְךָ וּפְרִי אַדְמָתְךָ
18

19 שְׁגַר אֲלָפֶיךָ וְעַשְׁתְּרוֹת צֹאנֶךָ: אָרוּר אַתָּה בְּבֹאֶךָ וְאָרוּר אַתָּה

20 בְּצֵאתֶךָ: יְשַׁלַּח יְהוָה׀ בְּךָ אֶת־הַמְּאֵרָה אֶת־הַמְּהוּמָה וְאֶת־הַמִּגְעֶרֶת בְּכָל־מִשְׁלַח יָדְךָ אֲשֶׁר תַּעֲשֶׂה עַד הִשָּׁמֶדְךָ וְעַד־אֲבָדְךָ מַהֵר מִפְּנֵי

21 רֹעַ מַעֲלָלֶיךָ אֲשֶׁר עֲזַבְתָּנִי: יַדְבֵּק יְהוָה בְּךָ אֶת־הַדָּבֶר עַד כַּלֹּתוֹ

22 אֹתְךָ מֵעַל הָאֲדָמָה אֲשֶׁר־אַתָּה בָא־שָׁמָּה לְרִשְׁתָּהּ: יַכְּכָה יְהוָה בַּשַּׁחֶפֶת וּבַקַּדַּחַת וּבַדַּלֶּקֶת וּבַחַרְחֻר וּבַחֶרֶב וּבַשִּׁדָּפוֹן וּבַיֵּרָקוֹן

23 וּרְדָפוּךָ עַד אָבְדֶךָ: וְהָיוּ שָׁמֶיךָ אֲשֶׁר עַל־רֹאשְׁךָ נְחֹשֶׁת וְהָאָרֶץ

24 אֲשֶׁר־תַּחְתֶּיךָ בַּרְזֶל: יִתֵּן יְהוָה אֶת־מְטַר אַרְצְךָ אָבָק וְעָפָר מִן־הַשָּׁמַיִם יֵרֵד עָלֶיךָ עַד הִשָּׁמְדָךְ:

25 יִתֶּנְךָ יְהוָה׀ נִגָּף לִפְנֵי אֹיְבֶיךָ בְּדֶרֶךְ אֶחָד תֵּצֵא אֵלָיו וּבְשִׁבְעָה דְרָכִים תָּנוּס לְפָנָיו וְהָיִיתָ לְזַעֲוָה

26 לְכֹל מַמְלְכוֹת הָאָרֶץ: וְהָיְתָה נִבְלָתְךָ לְמַאֲכָל לְכָל־עוֹף הַשָּׁמַיִם

27 וּלְבֶהֱמַת הָאָרֶץ וְאֵין מַחֲרִיד: יַכְּכָה יְהוָה בִּשְׁחִין מִצְרַיִם וּבַטְּחֹרִים וּבַטְּחֹרִים

28 וּבַגָּרָב וּבֶחָרֶס אֲשֶׁר לֹא־תוּכַל לְהֵרָפֵא: יַכְּכָה יְהוָה בְּשִׁגָּעוֹן וּבְעִוָּרוֹן

29 וּבְתִמְהוֹן לֵבָב: וְהָיִיתָ מְמַשֵּׁשׁ בַּצָּהֳרַיִם כַּאֲשֶׁר יְמַשֵּׁשׁ הָעִוֵּר בָּאֲפֵלָה וְלֹא תַצְלִיחַ אֶת־דְּרָכֶיךָ וְהָיִיתָ אַךְ עָשׁוּק וְגָזוּל כָּל־הַיָּמִים וְאֵין

30 מוֹשִׁיעַ: אִשָּׁה תְאָרֵשׂ וְאִישׁ אַחֵר יִשְׁגָּלֶנָּה יִשְׁכָּבֶנָּה בַּיִת תִּבְנֶה וְלֹא־תֵשֵׁב

31 בּוֹ כֶּרֶם תִּטַּע וְלֹא תְחַלְּלֶנּוּ: שׁוֹרְךָ טָבוּחַ לְעֵינֶיךָ וְלֹא תֹאכַל מִמֶּנּוּ חֲמֹרְךָ גָּזוּל מִלְּפָנֶיךָ וְלֹא יָשׁוּב לָךְ צֹאנְךָ נְתֻנוֹת לְאֹיְבֶיךָ

32 וְאֵין לְךָ מוֹשִׁיעַ: בָּנֶיךָ וּבְנֹתֶיךָ נְתֻנִים לְעַם אַחֵר וְעֵינֶיךָ רֹאוֹת

33 וְכָלוֹת אֲלֵיהֶם כָּל־הַיּוֹם וְאֵין לְאֵל יָדֶךָ: פְּרִי אַדְמָתְךָ וְכָל־יְגִיעֲךָ יֹאכַל עַם אֲשֶׁר לֹא־יָדָעְתָּ וְהָיִיתָ רַק עָשׁוּק וְרָצוּץ כָּל־הַיָּמִים:

34 וְהָיִיתָ מְשֻׁגָּע מִמַּרְאֵה עֵינֶיךָ אֲשֶׁר תִּרְאֶה: יַכְּכָה יְהוָה בִּשְׁחִין רָע
35 עַל־הַבִּרְכַּיִם וְעַל־הַשֹּׁקַיִם אֲשֶׁר לֹא־תוּכַל לְהֵרָפֵא מִכַּף רַגְלְךָ וְעַד

36 קָדְקֳדֶךָ: יוֹלֵךְ יְהוָה אֹתְךָ וְאֶת־מַלְכְּךָ אֲשֶׁר תָּקִים עָלֶיךָ אֶל־גּוֹי אֲשֶׁר לֹא־יָדַעְתָּ אַתָּה וַאֲבֹתֶיךָ וְעָבַדְתָּ שָּׁם אֱלֹהִים אֲחֵרִים עֵץ

37 וָאָבֶן: וְהָיִיתָ לְשַׁמָּה לְמָשָׁל וְלִשְׁנִינָה בְּכֹל הָעַמִּים אֲשֶׁר־יְנַהֶגְךָ

38 יְהוָה שָׁמָּה: זֶרַע רַב תּוֹצִיא הַשָּׂדֶה וּמְעַט תֶּאֱסֹף כִּי יַחְסְלֶנּוּ

39 הָאַרְבֶּה: כְּרָמִים תִּטַּע וְעָבָדְתָּ וְיַיִן לֹא־תִשְׁתֶּה וְלֹא תֶאֱגֹר כִּי

40 תֹאכְלֶנּוּ הַתֹּלָעַת: זֵיתִים יִהְיוּ לְךָ בְּכָל־גְּבוּלֶךָ וְשֶׁמֶן לֹא תָסוּךְ כִּי

out all thy coasts, but thou shalt not anoint *thyself* with the oil; for thine olive shall cast *his fruit.*

41 Thou shalt beget sons and daughters, but thou shalt not enjoy them; for they shall go into captivity.

42 All thy trees and fruit of thy land shall the locust consume.

43 The stranger that *is* within thee shall get up above thee very high; and thou shalt come down very low.

44 He shall lend to thee, and thou shalt not lend to him: he shall be the head, and thou shalt be the tail.

45 Moreover all these curses shall come upon thee, and shall pursue thee, and overtake thee, till thou be destroyed; because thou hearkenedst not unto the voice of the LORD thy God, to keep his commandments and his statutes which he commanded thee:

46 And they shall be upon thee for a sign and for a wonder, and upon thy seed for ever.

47 Because thou servedst not the LORD thy God with joyfulness, and with gladness of heart, for the abundance of all *things;*

48 Therefore shalt thou serve thine enemies which the LORD shall send against thee, in hunger, and in thirst, and in nakedness, and in want of all *things:* and he shall put a yoke of iron upon thy neck, until he have destroyed thee.

49 The LORD shall bring a nation against thee from far, from the end of the earth, *as swift* as the eagle flieth; a nation whose tongue thou shalt not understand;

50 A nation of fierce countenance, which shall not regard the person of the old, nor shew favour to the young:

51 And he shall eat the fruit of thy cattle, and the fruit of thy land, until thou be destroyed: which *also* shall not leave thee *either* corn, wine, or oil, *or* the increase of thy kine, or flocks of thy sheep, until he have destroyed thee.

52 And he shall besiege thee in all thy gates, until thy high and fenced walls come down, wherein thou trustedst, throughout all thy land: and he shall besiege thee in all thy gates throughout all

thy land, which the LORD thy God hath given thee.

53 And thou shalt eat the fruit of thine own body, the flesh of thy sons and of thy daughters, which the LORD thy God hath given thee, in the siege, and in the straitness, wherewith thine enemies shall distress thee:

54 *So that* the man *that is* tender among you, and very delicate, his eye shall be evil toward his brother, and toward the wife of his bosom, and toward the remnant of his children which he shall leave:

55 So that he will not give to any of them of the flesh of his children whom he shall eat: because he hath nothing left him in the siege, and in the straitness, wherewith thine enemies shall distress thee in all thy gates.

56 The tender and delicate woman among you, which would not adventure to set the sole of her foot upon the ground for delicateness and tenderness, her eye shall be evil toward the husband of her bosom, and toward her son, and toward her daughter,

57 And toward her young one that cometh out from between her feet, and toward her children which she shall bear: for she shall eat them for want of all *things* secretly in the siege and straitness, wherewith thine enemy shall distress thee in thy gates.

58 If thou wilt not observe to do all the words of this law that are written in this book, that thou mayest fear this glorious and fearful name, THE LORD THY GOD;

59 Then the LORD will make thy plagues wonderful, and the plagues of thy seed, *even* great plagues, and of long continuance, and sore sicknesses, and of long continuance.

60 Moreover he will bring upon thee all the diseases of Egypt, which thou wast afraid of; and they shall cleave unto thee.

61 Also every sickness, and every plague, which *is* not written in the book of this law, them will the LORD bring upon thee, until thou be destroyed.

62 And ye shall be left few in number, whereas ye were as the stars of heaven for

יִשַּׁל זֵיתֶךָ: בָּנִים וּבָנוֹת תּוֹלִיד וְלֹא־יִהְיוּ לָךְ כִּי יֵלְכוּ בַּשֶּׁבִי: 41

כָּל־עֵצְךָ וּפְרִי אַדְמָתֶךָ יְיָרֵשׁ הַצְּלָצַל: הַגֵּר אֲשֶׁר בְּקִרְבְּךָ יַעֲלֶה 42
43
עָלֶיךָ מַעְלָה מָּעְלָה וְאַתָּה תֵרֵד מַטָּה מָּטָּה: הוּא יַלְוְךָ וְאַתָּה 44

לֹא תַלְוֶנּוּ הוּא יִהְיֶה לְרֹאשׁ וְאַתָּה תִּהְיֶה לְזָנָב: וּבָאוּ עָלֶיךָ 45

כָל־הַקְּלָלוֹת הָאֵלֶּה וּרְדָפוּךָ וְהִשִּׂיגוּךָ עַד הִשָּׁמְדָךְ כִּי־לֹא שָׁמַעְתָּ

בְּקוֹל יְהוָה אֱלֹהֶיךָ לִשְׁמֹר מִצְוֹתָיו וְחֻקֹּתָיו אֲשֶׁר צִוָּךְ: וְהָיוּ בְךָ 46

לְאוֹת וּלְמוֹפֵת וּבְזַרְעֲךָ עַד־עוֹלָם: תַּחַת אֲשֶׁר לֹא־עָבַדְתָּ אֶת־יְהוָה 47

אֱלֹהֶיךָ בְּשִׂמְחָה וּבְטוּב לֵבָב מֵרֹב כֹּל: וְעָבַדְתָּ אֶת־אֹיְבֶיךָ אֲשֶׁר 48

יְשַׁלְּחֶנּוּ יְהוָה בָּךְ בְּרָעָב וּבְצָמָא וּבְעֵירֹם וּבְחֹסֶר כֹּל וְנָתַן עֹל

בַּרְזֶל עַל־צַוָּארֶךָ עַד הִשְׁמִידוֹ אֹתָךְ: יִשָּׂא יְהוָה עָלֶיךָ גּוֹי מֵרָחוֹק 49

מִקְצֵה הָאָרֶץ כַּאֲשֶׁר יִדְאֶה הַנָּשֶׁר גּוֹי אֲשֶׁר לֹא־תִשְׁמַע לְשֹׁנוֹ:

גּוֹי עַז פָּנִים אֲשֶׁר לֹא־יִשָּׂא פָנִים לְזָקֵן וְנַעַר לֹא יָחֹן: וְאָכַל פְּרִי 50
51
51A

בְהֶמְתְּךָ וּפְרִי־אַדְמָתְךָ עַד הִשָּׁמְדָךְ אֲשֶׁר לֹא־יַשְׁאִיר לְךָ דָּגָן תִּירוֹשׁ

וְיִצְהָר שְׁגַר אֲלָפֶיךָ וְעַשְׁתְּרֹת צֹאנֶךָ עַד הַאֲבִידוֹ אֹתָךְ: וְהֵצַר לְךָ 52

בְּכָל־שְׁעָרֶיךָ עַד רֶדֶת חֹמֹתֶיךָ הַגְּבֹהֹת וְהַבְּצֻרוֹת אֲשֶׁר אַתָּה בֹּטֵחַ

בָּהֵן בְּכָל־אַרְצֶךָ וְהֵצַר לְךָ בְּכָל־שְׁעָרֶיךָ בְּכָל־אַרְצְךָ אֲשֶׁר נָתַן

יְהוָה אֱלֹהֶיךָ לָךְ: וְאָכַלְתָּ פְרִי־בִטְנְךָ בְּשַׂר בָּנֶיךָ וּבְנֹתֶיךָ אֲשֶׁר 53

נָתַן־לְךָ יְהוָה אֱלֹהֶיךָ בְּמָצוֹר וּבְמָצוֹק אֲשֶׁר־יָצִיק לְךָ אֹיְבֶךָ: הָאִישׁ 54

הָרַךְ בְּךָ וְהֶעָנֹג מְאֹד תֵּרַע עֵינוֹ בְאָחִיו וּבְאֵשֶׁת חֵיקוֹ וּבְיֶתֶר בָּנָיו

אֲשֶׁר יוֹתִיר: מִתֵּת לְאַחַד מֵהֶם מִבְּשַׂר בָּנָיו אֲשֶׁר יֹאכֵל מִבְּלִי 55

הִשְׁאִיר־לוֹ כֹּל בְּמָצוֹר וּבְמָצוֹק אֲשֶׁר יָצִיק לְךָ אֹיִבְךָ בְּכָל־שְׁעָרֶיךָ:

הָרַכָּה בְךָ וְהָעֲנֻגָּה אֲשֶׁר לֹא־נִסְּתָה כַף־רַגְלָהּ הַצֵּג עַל־הָאָרֶץ 56

מֵהִתְעַנֵּג וּמֵרֹךְ תֵּרַע עֵינָהּ בְּאִישׁ חֵיקָהּ וּבִבְנָהּ וּבְבִתָּהּ: וּבְשִׁלְיָתָהּ 57

הַיּוֹצֵת מִבֵּין רַגְלֶיהָ וּבְבָנֶיהָ אֲשֶׁר תֵּלֵד כִּי־תֹאכְלֵם בְּחֹסֶר־כֹּל

בַּסָּתֶר בְּמָצוֹר וּבְמָצוֹק אֲשֶׁר יָצִיק לְךָ אֹיִבְךָ בִּשְׁעָרֶיךָ: אִם־לֹא 58

תִשְׁמֹר לַעֲשׂוֹת אֶת־כָּל־דִּבְרֵי הַתּוֹרָה הַזֹּאת הַכְּתוּבִים בַּסֵּפֶר הַזֶּה

לְיִרְאָה אֶת־הַשֵּׁם הַנִּכְבָּד וְהַנּוֹרָא הַזֶּה אֵת יְהוָה אֱלֹהֶיךָ: וְהִפְלָא 59

יְהוָה אֶת־מַכֹּתְךָ וְאֵת מַכּוֹת זַרְעֶךָ מַכּוֹת גְּדֹלוֹת וְנֶאֱמָנוֹת וָחֳלָיִם

רָעִים וְנֶאֱמָנִים: וְהֵשִׁיב בְּךָ אֵת כָּל־מַדְוֵה מִצְרַיִם אֲשֶׁר יָגֹרְתָּ 60

מִפְּנֵיהֶם וְדָבְקוּ בָּךְ: גַּם כָּל־חֳלִי וְכָל־מַכָּה אֲשֶׁר לֹא כָתוּב בְּסֵפֶר 61

הַתּוֹרָה הַזֹּאת יַעְלֵם יְהוָה עָלֶיךָ עַד הִשָּׁמְדָךְ: וְנִשְׁאַרְתֶּם בִּמְתֵי 62

multitude; because thou wouldest not obey the voice of the LORD thy God.

63 And it shall come to pass, *that* as the LORD rejoiced over you to do you good, and to multiply you; so the LORD will rejoice over you to destroy you, and to bring you to nought; and ye shall be plucked from off the land whither thou goest to possess it.

64 And the LORD shall scatter thee among all people, from the one end of the earth even unto the other; and there thou shalt serve other gods, which neither thou nor thy fathers have known, *even* wood and stone.

65 And among these nations shalt thou find no ease, neither shall the sole of thy foot have rest: but the LORD shall give thee there a trembling heart, and failing of eyes, and sorrow of mind:

66 And thy life shall hang in doubt before thee; and thou shalt fear day and night, and shalt have none assurance of thy life:

67 In the morning thou shalt say, Would God it were even! and at even thou shalt say, Would God it were morning! for the fear of thine heart wherewith thou shalt fear, and for the sight of thine eyes which thou shalt see.

68 And the LORD shall bring thee into Egypt again with ships, by the way whereof I spake unto thee, Thou shalt see it no more again: and there ye shall be sold unto your enemies for bondmen and bondwomen, and no man shall buy *you.*

CHAPTER 29

1[28:69] These *are* the words of the covenant, which the LORD commanded Moses to make with the children of Israel in the land of Moab, beside the covenant which he made with them in Horeb.

2[1] ¶ And Moses called unto all Israel, and said unto them, Ye have seen all that the LORD did before your eyes in the land of Egypt unto Pharaoh, and unto all his servants, and unto all his land;

3[2] The great temptations which thine eyes have seen, the signs, and those great miracles:

4[3] Yet the LORD hath not given you an heart to perceive, and eyes to see, and ears to hear, unto this day.

5[4] And I have led you forty years in the wilderness: your clothes are not waxen old upon you, and thy shoe is not waxen old upon thy foot.

6[5] Ye have not eaten bread, neither have ye drunk wine or strong drink: that ye might know that I *am* the LORD your God.

7[6] And when ye came unto this place, Sihon the king of Heshbon, and Og the king of Bashan, came out against us unto battle, and we smote them:

8[7] And we took their land, and gave it for an inheritance unto the Reubenites, and to the Gadites, and to the half tribe of Manasseh.

9[8] Keep therefore the words of this covenant, and do them, that ye may prosper in all that ye do.

10[9] ¶ Ye stand this day all of you before the LORD your God; your captains of your tribes, your elders, and your officers, *with* all the men of Israel,

11[10] Your little ones, your wives, and thy stranger that *is* in thy camp, from the hewer of thy wood unto the drawer of thy water:

12[11] That thou shouldest enter into covenant with the LORD thy God, and into his oath, which the LORD thy God maketh with thee this day:

13[12] That he may establish thee to day for a people unto himself, and *that* he may be unto thee a God, as he hath said unto thee, and as he hath sworn unto thy fathers, to Abraham, to Isaac, and to Jacob.

14[13] Neither with you only do I make this covenant and this oath;

15[14] But with *him* that standeth here with us this day before the LORD our God,

מְעָ֔ט תַּ֚חַת אֲשֶׁ֣ר הֱיִיתֶ֔ם כְּכוֹכְבֵ֥י הַשָּׁמַ֖יִם לָרֹ֑ב כִּי־לֹ֣א שָׁמַ֔עְתָּ
בְּק֖וֹל יְהוָ֥ה אֱלֹהֶֽיךָ: וְהָיָ֞ה כַּאֲשֶׁר־שָׂ֧שׂ יְהוָ֛ה עֲלֵיכֶ֖ם לְהֵיטִ֣יב אֶתְכֶ֑ם 63
וּלְהַרְבּ֣וֹת אֶתְכֶ֔ם כֵּ֣ן יָשִׂ֤ישׂ יְהוָה֙ עֲלֵיכֶ֔ם לְהַאֲבִ֥יד אֶתְכֶ֖ם וּלְהַשְׁמִ֣יד
אֶתְכֶ֑ם וְנִסַּחְתֶּם֙ מֵעַ֣ל הָֽאֲדָמָ֔ה אֲשֶׁר־אַתָּ֥ה בָא־שָׁ֖מָּה לְרִשְׁתָּֽהּ:
וֶהֱפִֽיצְךָ֤ יְהוָה֙ בְּכָל־הָ֣עַמִּ֔ים מִקְצֵ֥ה הָאָ֖רֶץ וְעַד־קְצֵ֣ה הָאָ֑רֶץ וְעָבַ֣דְתָּ 64
שָּׁ֣ם אֱלֹהִ֣ים אֲחֵרִ֔ים אֲשֶׁ֥ר לֹא־יָדַ֖עְתָּ אַתָּ֣ה וַאֲבֹתֶ֑יךָ עֵ֥ץ וָאָֽבֶן:
וּבַגּוֹיִ֤ם הָהֵם֙ לֹ֣א תַרְגִּ֔יעַ וְלֹא־יִהְיֶ֥ה מָנ֖וֹחַ לְכַף־רַגְלֶ֑ךָ וְנָתַן֩ יְהוָ֨ה 65
לְךָ֥ שָׁם֙ לֵ֣ב רַגָּ֔ז וְכִלְי֥וֹן עֵינַ֖יִם וְדַֽאֲב֣וֹן נָ֑פֶשׁ: וְהָי֣וּ חַיֶּ֔יךָ תְּלֻאִ֥ים 66
לְךָ֖ מִנֶּ֑גֶד וּפָֽחַדְתָּ֙ לַ֣יְלָה וְיוֹמָ֔ם וְלֹ֥א תַאֲמִ֖ין בְּחַיֶּֽיךָ: בַּבֹּ֤קֶר תֹּאמַר֙ 67
מִֽי־יִתֵּ֣ן עֶ֔רֶב וּבָעֶ֥רֶב תֹּאמַ֖ר מִֽי־יִתֵּ֣ן בֹּ֑קֶר מִפַּ֤חַד לְבָֽבְךָ֙ אֲשֶׁ֣ר תִּפְחָ֔ד
וּמִמַּרְאֵ֥ה עֵינֶ֖יךָ אֲשֶׁ֥ר תִּרְאֶֽה: וֶהֱשִֽׁיבְךָ֨ יְהוָ֥ה ׀ מִצְרַיִם֮ בָּאֳנִיּוֹת֒ בַּדֶּ֗רֶךְ 68
אֲשֶׁ֤ר אָמַ֨רְתִּי֙ לְךָ֔ לֹא־תֹסִ֥יף ע֖וֹד לִרְאֹתָ֑הּ וְהִתְמַכַּרְתֶּ֨ם שָׁ֧ם לְאֹיְבֶ֛יךָ
לַעֲבָדִ֥ים וְלִשְׁפָח֖וֹת וְאֵ֥ין קֹנֶֽה: אֵ֣לֶּה דִבְרֵ֤י הַבְּרִית֙ 69
אֲשֶׁר־צִוָּ֤ה יְהוָה֙ אֶת־מֹשֶׁ֔ה לִכְרֹ֥ת אֶת־בְּנֵ֖י יִשְׂרָאֵ֑ל בְּאֶ֖רֶץ מוֹאָ֑ב
מִלְּבַ֣ד הַבְּרִ֔ית אֲשֶׁר־כָּרַ֥ת אִתָּ֖ם בְּחֹרֵֽב:

שביעי 29 וַיִּקְרָ֥א מֹשֶׁ֖ה אֶל־כָּל־יִשְׂרָאֵ֑ל וַיֹּ֣אמֶר אֲלֵהֶ֔ם אַתֶּ֣ם רְאִיתֶ֗ם אֵ֣ת
כָּל־אֲשֶׁר֩ עָשָׂ֨ה יְהוָ֤ה לְעֵֽינֵיכֶם֙ בְּאֶ֣רֶץ מִצְרַ֔יִם לְפַרְעֹ֥ה וּלְכָל־עֲבָדָ֖יו
וּלְכָל־אַרְצֽוֹ: הַמַּסּוֹת֙ הַגְּדֹלֹ֔ת אֲשֶׁ֥ר רָא֖וּ עֵינֶ֑יךָ הָאֹתֹ֧ת וְהַמֹּפְתִ֛ים 2
הַגְּדֹלִ֖ים הָהֵֽם: וְלֹֽא־נָתַן֩ יְהוָ֨ה לָכֶ֥ם לֵב֙ לָדַ֔עַת וְעֵינַ֥יִם לִרְא֖וֹת 3
וְאָזְנַ֣יִם לִשְׁמֹ֑עַ עַ֖ד הַיּ֥וֹם הַזֶּֽה: וָאוֹלֵ֥ךְ אֶתְכֶ֛ם אַרְבָּעִ֥ים שָׁנָ֖ה בַּמִּדְבָּ֑ר 4
לֹֽא־בָל֤וּ שַׂלְמֹֽתֵיכֶם֙ מֵעֲלֵיכֶ֔ם וְנַֽעַלְךָ֥ לֹֽא־בָלְתָ֖ה מֵעַ֥ל רַגְלֶֽךָ: לֶ֚חֶם 5
לֹ֣א אֲכַלְתֶּ֔ם וְיַ֥יִן וְשֵׁכָ֖ר לֹ֣א שְׁתִיתֶ֑ם לְמַ֙עַן֙ תֵּֽדְע֔וּ כִּ֛י אֲנִ֥י יְהוָ֖ה
מפטיר אֱלֹהֵיכֶֽם: וַתָּבֹ֖אוּ אֶל־הַמָּק֣וֹם הַזֶּ֑ה וַיֵּצֵ֣א סִיחֹ֣ן מֶֽלֶךְ־חֶשְׁבּ֡וֹן וְע֣וֹג 6
מֶֽלֶךְ־הַבָּשָׁ֛ן לִקְרָאתֵ֖נוּ לַמִּלְחָמָ֑ה וַנַּכֵּֽם: וַנִּקַּח֙ אֶת־אַרְצָ֔ם וַנִּתְּנָ֣הּ 7
לְנַחֲלָ֔ה לָרֽאוּבֵנִ֖י וְלַגָּדִ֑י וְלַחֲצִ֖י שֵׁ֥בֶט הַֽמְנַשִּֽׁי: וּשְׁמַרְתֶּ֗ם אֶת־דִּבְרֵי֙ 8
הַבְּרִ֣ית הַזֹּ֔את וַעֲשִׂיתֶ֖ם אֹתָ֑ם לְמַ֣עַן תַּשְׂכִּ֔ילוּ אֵ֖ת כָּל־אֲשֶׁ֥ר
תַּעֲשֽׂוּן:

נצבים אַתֶּ֨ם נִצָּבִ֤ים הַיּוֹם֙ כֻּלְּכֶ֔ם לִפְנֵ֖י יְהוָ֣ה אֱלֹהֵיכֶ֑ם רָאשֵׁיכֶ֣ם שִׁבְטֵיכֶ֗ם 9
זִקְנֵיכֶם֙ וְשֹׁ֣טְרֵיכֶ֔ם כֹּ֖ל אִ֥ישׁ יִשְׂרָאֵֽל: טַפְּכֶ֣ם נְשֵׁיכֶ֔ם וְגֵ֣רְךָ֔ אֲשֶׁ֖ר 10
בְּקֶ֣רֶב מַחֲנֶ֑יךָ מֵחֹטֵ֣ב עֵצֶ֔יךָ עַ֖ד שֹׁאֵ֥ב מֵימֶֽיךָ: לְעָבְרְךָ֗ בִּבְרִ֛ית יְהוָ֥ה 11
אֱלֹהֶ֖יךָ וּבְאָלָת֑וֹ אֲשֶׁר֙ יְהוָ֣ה אֱלֹהֶ֔יךָ כֹּרֵ֥ת עִמְּךָ֖ הַיּֽוֹם: לְמַ֣עַן 12
הָקִֽים־אֹתְךָ֩ הַיּ֨וֹם ׀ ל֜וֹ לְעָ֗ם וְה֤וּא יִהְיֶה־לְּךָ֙ לֵֽאלֹהִ֔ים כַּאֲשֶׁ֖ר דִּבֶּר־לָ֑ךְ
וְכַאֲשֶׁ֥ר נִשְׁבַּ֖ע לַאֲבֹתֶ֑יךָ לְאַבְרָהָ֥ם לְיִצְחָ֖ק וּֽלְיַעֲקֹֽב: וְלֹ֥א אִתְּכֶ֖ם 13
לְבַדְּכֶ֑ם אָנֹכִ֗י כֹּרֵת֙ אֶת־הַבְּרִ֣ית הַזֹּ֔את וְאֶת־הָאָלָ֖ה הַזֹּֽאת: כִּי֩ 14
אֶת־אֲשֶׁ֨ר יֶשְׁנ֜וֹ פֹּ֗ה עִמָּ֙נוּ֙ עֹמֵ֣ד הַיּ֔וֹם לִפְנֵ֖י יְהוָ֣ה אֱלֹהֵ֑ינוּ וְאֵ֨ת

and also with *him* that *is* not here with us this day:

16[15] (For ye know how we have dwelt in the land of Egypt; and how we came through the nations which ye passed by;

17[16] And ye have seen their abominations, and their idols, wood and stone, silver and gold, which *were* among them:)

18[17] Lest there should be among you man, or woman, or family, or tribe, whose heart turneth away this day from the LORD our God, to go *and* serve the gods of these nations; lest there should be among you a root that beareth gall and wormwood;

19[18] And it come to pass, when he heareth the words of this curse, that he bless himself in his heart, saying, I shall have peace, though I walk in the imagination of mine heart, to add drunkenness to thirst:

20[19] The LORD will not spare him, but then the anger of the LORD and his jealousy shall smoke against that man, and all the curses that are written in this book shall lie upon him, and the LORD shall blot out his name from under heaven.

21[20] And the LORD shall separate him unto evil out of all the tribes of Israel, according to all the curses of the covenant that are written in this book of the law:

22[21] So that the generation to come of your children that shall rise up after you, and the stranger that shall come from a far land, shall say, when they see the plagues of that land, and the sicknesses which the LORD hath laid upon it;

23[22] *And that* the whole land thereof *is* brimstone, and salt, *and* burning, *that* it is not sown, nor beareth, nor any grass groweth therein, like the overthrow of Sodom, and Gomorrah, Admah, and Zeboim, which the LORD overthrew in his anger, and in his wrath:

24[23] Even all nations shall say, Wherefore hath the LORD done thus unto this land? what *meaneth* the heat of this great anger?

25[24] Then men shall say, Because they have forsaken the covenant of the LORD God of their fathers, which he made with them when he brought them forth out of the land of Egypt:

26[25] For they went and served other gods, and worshipped them, gods whom they knew not, and *whom* he had not given unto them:

27[26] And the anger of the LORD was kindled against this land, to bring upon it all the curses that are written in this book:

28[27] And the LORD rooted them out of their land in anger, and in wrath, and in great indignation, and cast them into another land, as *it is* this day.

29[28] The secret *things belong* unto the LORD our God: but those *things which are* revealed *belong* unto us and to our children for ever, that *we* may do all the words of this law.

CHAPTER 30

1 And it shall come to pass, when all these things are come upon thee, the blessing and the curse, which I have set before thee, and thou shalt call *them* to mind among all the nations, whither the LORD thy God hath driven thee,

2 And shalt return unto the LORD thy God, and shalt obey his voice according to all that I command thee this day, thou and thy children, with all thine heart, and with all thy soul;

3 That then the LORD thy God will turn thy captivity, and have compassion upon thee, and will return and gather thee from all the nations, whither the LORD thy God hath scattered thee.

4 If *any* of thine be driven out unto the outmost *parts* of heaven, from thence will the LORD thy God gather thee, and from thence will he fetch thee:

5 And the LORD thy God will bring thee into the land which thy fathers possessed, and thou shalt possess it; and he will do thee good, and multiply thee above thy fathers.

6 And the LORD thy God will circumcise thine heart, and the heart of thy seed, to love the LORD thy God with all thine heart, and with all thy soul, that thou mayest live.

7 And the LORD thy God will put all these

שלישי   15 אֲשֶׁ֨ר אֵינֶ֜נּוּ פֹּ֗ה עִמָּ֛נוּ הַיּ֑וֹם כִּֽי־אֶתֶּ֣ם יְדַעְתֶּ֗ם אֵ֤ת אֲשֶׁר־יָשַׁ֙בְנוּ֙
בְּאֶ֣רֶץ מִצְרָ֔יִם וְאֵ֧ת אֲשֶׁר־עָבַ֛רְנוּ בְּקֶ֥רֶב הַגּוֹיִ֖ם אֲשֶׁ֥ר עֲבַרְתֶּֽם:

16 וַתִּרְאוּ֙ אֶת־שִׁקּ֣וּצֵיהֶ֔ם וְאֵ֖ת גִּלֻּלֵיהֶ֑ם עֵ֣ץ וָאֶ֔בֶן כֶּ֥סֶף וְזָהָ֖ב אֲשֶׁ֥ר
17 עִמָּהֶֽם: פֶּן־יֵ֣שׁ בָּ֠כֶם אִ֣ישׁ אֽוֹ־אִשָּׁ֞ה א֧וֹ מִשְׁפָּחָ֣ה אוֹ־שֵׁ֗בֶט אֲשֶׁר֩
לְבָב֨וֹ פֹנֶ֤ה הַיּוֹם֙ מֵעִם֙ יְהֹוָ֣ה אֱלֹהֵ֔ינוּ לָלֶ֣כֶת לַעֲבֹ֔ד אֶת־אֱלֹהֵ֖י הַגּוֹיִ֣ם
18 הָהֵ֑ם פֶּן־יֵ֣שׁ בָּכֶ֗ם שֹׁ֛רֶשׁ פֹּרֶ֥ה רֹ֖אשׁ וְלַעֲנָֽה: וְהָיָ֡ה בְּשָׁמְעוֹ֩ אֶת־דִּבְרֵ֨י
הָאָלָ֜ה הַזֹּ֗את וְהִתְבָּרֵ֤ךְ בִּלְבָבוֹ֙ לֵאמֹ֔ר שָׁל֥וֹם יִֽהְיֶה־לִּ֖י כִּ֛י בִּשְׁרִר֥וּת
19A   19 לִבִּ֖י אֵלֵ֑ךְ לְמַ֛עַן סְפ֥וֹת הָרָוָ֖ה אֶת־הַצְּמֵאָֽה: לֹא־יֹאבֶ֣ה יְהֹוָה֮ סְלֹ֣חַֽ
לוֹ֒ כִּ֣י אָ֠ז יֶעְשַׁ֨ן אַף־יְהֹוָ֤ה וְקִנְאָתוֹ֙ בָּאִ֣ישׁ הַה֔וּא וְרָ֤בְצָה בּוֹ֙ כָּל־הָ֣אָלָ֔ה
הַכְּתוּבָ֖ה בַּסֵּ֣פֶר הַזֶּ֑ה וּמָחָ֤ה יְהֹוָה֙ אֶת־שְׁמ֔וֹ מִתַּ֖חַת הַשָּׁמָֽיִם:
20 וְהִבְדִּיל֤וֹ יְהֹוָה֙ לְרָעָ֔ה מִכֹּ֖ל שִׁבְטֵ֣י יִשְׂרָאֵ֑ל כְּכֹל֙ אָל֣וֹת הַבְּרִ֔ית
21 הַכְּתוּבָ֕ה בְּסֵ֥פֶר הַתּוֹרָ֖ה הַזֶּֽה: וְאָמַ֞ר הַדּ֣וֹר הָאַחֲר֗וֹן בְּנֵיכֶם֙ אֲשֶׁ֣ר
יָק֙וּמוּ֙ מֵאַחֲרֵיכֶ֔ם וְהַ֨נָּכְרִ֔י אֲשֶׁ֥ר יָבֹ֖א מֵאֶ֣רֶץ רְחוֹקָ֑ה וְ֠רָאוּ אֶת־מַכּ֞וֹת
22 הָאָ֤רֶץ הַהִוא֙ וְאֶת־תַּ֣חֲלֻאֶ֔יהָ אֲשֶׁר־חִלָּ֥ה יְהֹוָ֖ה בָּֽהּ: גָּפְרִ֣ית וָמֶ֘לַח֮
שְׂרֵפָ֣ה כָל־אַרְצָהּ֒ לֹ֤א תִזָּרַע֙ וְלֹ֣א תַצְמִ֔חַ וְלֹֽא־יַעֲלֶ֥ה בָ֖הּ כָּל־עֵ֑שֶׂב
וצבוים   כְּֽמַהְפֵּכַ֞ת סְדֹ֤ם וַעֲמֹרָה֙ אַדְמָ֣ה וצביים אֲשֶׁר֙ הָפַ֣ךְ יְהֹוָ֔ה בְּאַפּ֖וֹ
23 וּבַחֲמָתֽוֹ: וְאָֽמְרוּ֙ כָּל־הַגּוֹיִ֔ם עַל־מֶ֨ה עָשָׂ֧ה יְהֹוָ֛ה כָּ֖כָה לָאָ֣רֶץ הַזֹּ֑את
24 מֶ֥ה חֳרִ֛י הָאַ֥ף הַגָּד֖וֹל הַזֶּֽה: וְאָ֣מְר֔וּ עַ֚ל אֲשֶׁ֣ר עָֽזְב֔וּ אֶת־בְּרִ֥ית יְהֹוָ֖ה
אֱלֹהֵ֣י אֲבֹתָ֑ם אֲשֶׁר֙ כָּרַ֣ת עִמָּ֔ם בְּהוֹצִיא֥וֹ אֹתָ֖ם מֵאֶ֥רֶץ מִצְרָֽיִם:
25A   25 וַיֵּלְכ֗וּ וַיַּֽעַבְדוּ֙ אֱלֹהִ֣ים אֲחֵרִ֔ים וַיִּֽשְׁתַּחֲו֖וּ לָהֶ֑ם אֱלֹהִים֙ אֲשֶׁ֣ר
26 לֹ֣א יְדָע֔וּם וְלֹ֥א חָלַ֖ק לָהֶֽם: וַיִּֽחַר־אַ֥ף יְהֹוָ֖ה בָּאָ֣רֶץ הַהִ֑וא לְהָבִ֤יא
27 עָלֶ֙יהָ֙ אֶת־כָּל־הַקְּלָלָ֔ה הַכְּתוּבָ֖ה בַּסֵּ֥פֶר הַזֶּֽה: וַיִּתְּשֵׁ֤ם יְהֹוָה֙ מֵעַ֣ל
אַדְמָתָ֔ם בְּאַ֥ף וּבְחֵמָ֖ה וּבְקֶ֣צֶף גָּד֑וֹל וַיַּשְׁלִכֵ֛ם אֶל־אֶ֥רֶץ אַחֶ֖רֶת כַּיּ֥וֹם
28 הַזֶּֽה: הַ֨נִּסְתָּרֹ֔ת לַֽיהֹוָ֖ה אֱלֹהֵ֑ינוּ וְהַנִּגְלֹ֞ת לָ֤ׄנׄוּׄ וּׄלְׄבָׄנֵ֙ׄיׄנׄוּׄ֙ עַד־עוֹלָ֔ם

רביעי   30   1 לַעֲשׂ֕וֹת אֶת־כָּל־דִּבְרֵ֖י הַתּוֹרָ֥ה הַזֹּֽאת: וְהָיָה֩ כִֽי־יָבֹ֨אוּ
(שני)
עָלֶ֜יךָ כָּל־הַדְּבָרִ֣ים הָאֵ֗לֶּה הַבְּרָכָה֙ וְהַקְּלָלָ֔ה אֲשֶׁ֥ר נָתַ֖תִּי לְפָנֶ֑יךָ
וַהֲשֵׁבֹתָ֙ אֶל־לְבָבֶ֔ךָ בְּכָ֨ל־הַגּוֹיִ֔ם אֲשֶׁ֧ר הִדִּיחֲךָ֛ יְהֹוָ֥ה אֱלֹהֶ֖יךָ שָֽׁמָּה:
2 וְשַׁבְתָּ֞ עַד־יְהֹוָ֤ה אֱלֹהֶ֙יךָ֙ וְשָׁמַעְתָּ֣ בְקֹל֔וֹ כְּכֹ֛ל אֲשֶׁר־אָנֹכִ֥י מְצַוְּךָ֖
3 הַיּ֑וֹם אַתָּ֣ה וּבָנֶ֔יךָ בְּכָל־לְבָבְךָ֖ וּבְכָל־נַפְשֶֽׁךָ: וְשָׁ֨ב יְהֹוָ֧ה אֱלֹהֶ֛יךָ
אֶת־שְׁבוּתְךָ֖ וְרִחֲמֶ֑ךָ וְשָׁ֗ב וְקִבֶּצְךָ֙ מִכָּל־הָ֣עַמִּ֔ים אֲשֶׁ֧ר הֱפִֽיצְךָ֛ יְהֹוָ֥ה
4 אֱלֹהֶ֖יךָ שָֽׁמָּה: אִם־יִהְיֶ֥ה נִֽדַּחֲךָ֖ בִּקְצֵ֣ה הַשָּׁמָ֑יִם מִשָּׁ֗ם יְקַבֶּצְךָ֙ יְהֹוָ֣ה
5 אֱלֹהֶ֔יךָ וּמִשָּׁ֖ם יִקָּחֶֽךָ: וֶהֱבִֽיאֲךָ֞ יְהֹוָ֣ה אֱלֹהֶ֗יךָ אֶל־הָאָ֛רֶץ אֲשֶׁר־יָרְשׁ֥וּ
6 אֲבֹתֶ֖יךָ וִֽירִשְׁתָּ֑הּ וְהֵיטִֽבְךָ֥ וְהִרְבְּךָ֖ מֵאֲבֹתֶֽיךָ: וּמָ֨ל יְהֹוָ֧ה אֱלֹהֶ֛יךָ
אֶת־לְבָבְךָ֖ וְאֶת־לְבַ֣ב זַרְעֶ֑ךָ לְאַהֲבָ֞ה אֶת־יְהֹוָ֧ה אֱלֹהֶ֛יךָ בְּכָל־לְבָבְךָ֖
חמישי   7 וּבְכָל־נַפְשְׁךָ֖ לְמַ֥עַן חַיֶּֽיךָ: וְנָתַן֙ יְהֹוָ֣ה אֱלֹהֶ֔יךָ אֵ֥ת כָּל־הָאָל֖וֹת הָאֵ֑לֶּה
(שלישי)

curses upon thine enemies, and on them that hate thee, which persecuted thee.

8 And thou shalt return and obey the voice of the LORD, and do all his commandments which I command thee this day.

9 And the LORD thy God will make thee plenteous in every work of thine hand, in the fruit of thy body, and in the fruit of thy cattle, and in the fruit of thy land, for good: for the LORD will again rejoice over thee for good, as he rejoiced over thy fathers:

10 If thou shalt hearken unto the voice of the LORD thy God, to keep his commandments and his statutes which are written in this book of the law, *and* if thou turn unto the LORD thy God with all thine heart, and with all thy soul.

11 ¶ For this commandment which I command thee this day, it *is* not hidden from thee, neither *is* it far off.

12 It *is* not in heaven, that thou shouldest say, Who shall go up for us to heaven, and bring it unto us, that we may hear it, and do it?

13 Neither *is* it beyond the sea, that thou shouldest say, Who shall go over the sea for us, and bring it unto us, that we may hear it, and do it?

14 But the word *is* very nigh unto thee, in thy mouth, and in thy heart, that thou mayest do it.

15 ¶ See, I have set before thee this day life and good, and death and evil;

16 In that I command thee this day to love the LORD thy God, to walk in his ways, and to keep his commandments and his statutes and his judgments, that thou mayest live and multiply: and the LORD thy God shall bless thee in the land whither thou goest to possess it.

17 But if thine heart turn away, so that thou wilt not hear, but shalt be drawn away, and worship other gods, and serve them;

18 I denounce unto you this day, that ye shall surely perish, *and that* ye shall not prolong *your* days upon the land, whither thou passest over Jordan to go to possess it.

19 I call heaven and earth to record this day against you, *that* I have set before you life and death, blessing and cursing: therefore choose life, that both thou and thy seed may live:

20 That thou mayest love the LORD thy God, *and* that thou mayest obey his voice, and that thou mayest cleave unto him: for he *is* thy life, and the length of thy days: that thou mayest dwell in the land which the LORD sware unto thy fathers, to Abraham, to Isaac, and to Jacob, to give them.

CHAPTER 31

1 And Moses went and spake these words unto all Israel.

2 And he said unto them, I *am* an hundred and twenty years old this day; I can no more go out and come in: also the LORD hath said unto me, Thou shalt not go over this Jordan.

3 The LORD thy God, he will go over before thee, *and* he will destroy these nations from before thee, and thou shalt possess them: *and* Joshua, he shall go over before thee, as the LORD hath said.

4 And the LORD shall do unto them as he did to Sihon and to Og, kings of the Amorites, and unto the land of them, whom he destroyed.

5 And the LORD shall give them up before your face, that ye may do unto them according unto all the commandments which I have commanded you.

6 Be strong and of a good courage, fear not, nor be afraid of them: for the LORD thy God, he *it is* that doth go with thee; he will not fail thee, nor forsake thee.

7 ¶ And Moses called unto Joshua, and said unto him in the sight of all Israel, Be strong and of a good courage: for thou must go with this people unto the land which the LORD hath sworn unto their fathers to give them; and thou shalt cause them to inherit it.

8 And the LORD, he *it is* that doth go before thee; he will be with thee, he will

8 עַל־אֹיְבֶ֖יךָ וְעַל־שֹׂנְאֶ֑יךָ אֲשֶׁ֣ר רְדָפ֑וּךָ: וְאַתָּ֣ה תָשׁ֔וּב וְשָׁמַעְתָּ֖ בְּק֣וֹל

9 יְהֹוָ֑ה וְעָשִׂ֙יתָ֙ אֶת־כׇּל־מִצְוֺתָ֔יו אֲשֶׁ֛ר אָנֹכִ֥י מְצַוְּךָ֖ הַיּֽוֹם: וְהוֹתִֽירְךָ֡

יְהֹוָ֣ה אֱלֹהֶ֩יךָ֩ בְּכֹ֨ל ׀ מַעֲשֵׂ֣ה יָדֶ֗ךָ בִּפְרִ֨י בִטְנְךָ֜ וּבִפְרִ֧י בְהֶמְתְּךָ֛ וּבִפְרִ֥י

אַדְמָתְךָ֖ לְטֹבָ֑ה כִּ֣י ׀ יָשׁ֣וּב יְהֹוָ֗ה לָשׂ֤וּשׂ עָלֶ֙יךָ֙ לְט֔וֹב כַּאֲשֶׁר־שָׂ֖שׂ

10 עַל־אֲבֹתֶֽיךָ: כִּ֣י תִשְׁמַ֗ע בְּקוֹל֙ יְהֹוָ֣ה אֱלֹהֶ֔יךָ לִשְׁמֹ֤ר מִצְוֺתָיו֙ וְחֻקֹּתָ֔יו

הַכְּתוּבָ֕ה בְּסֵ֖פֶר הַתּוֹרָ֣ה הַזֶּ֑ה כִּ֤י תָשׁוּב֙ אֶל־יְהֹוָ֣ה אֱלֹהֶ֔יךָ בְּכׇל־

11 לְבָבְךָ֖ וּבְכׇל־נַפְשֶֽׁךָ: שׁשׁי כִּ֚י הַמִּצְוָ֣ה הַזֹּ֔את אֲשֶׁ֛ר אָנֹכִ֥י מְצַוְּךָ֖

12 הַיּ֑וֹם לֹֽא־נִפְלֵ֥את הִוא֙ מִמְּךָ֔ וְלֹ֥א רְחֹקָ֖ה הִֽוא: לֹ֣א בַשָּׁמַ֣יִם הִ֑וא

לֵאמֹ֗ר מִ֣י יַעֲלֶה־לָּ֤נוּ הַשָּׁמַ֙יְמָה֙ וְיִקָּחֶ֣הָ לָּ֔נוּ וְיַשְׁמִעֵ֥נוּ אֹתָ֖הּ וְנַעֲשֶֽׂנָּה:

13 וְלֹֽא־מֵעֵ֥בֶר לַיָּ֖ם הִ֑וא לֵאמֹ֗ר מִ֣י יַעֲבׇר־לָ֜נוּ אֶל־עֵ֤בֶר הַיָּם֙ וְיִקָּחֶ֣הָ

14 לָּ֔נוּ וְיַשְׁמִעֵ֥נוּ אֹתָ֖הּ וְנַעֲשֶֽׂנָּה: כִּֽי־קָר֥וֹב אֵלֶ֛יךָ הַדָּבָ֖ר מְאֹ֑ד בְּפִ֥יךָ

15 וּבִֽלְבָבְךָ֖ לַעֲשֹׂתֽוֹ: שׁביעי ומפטיר
(רביעי) רְאֵ֨ה נָתַ֤תִּי לְפָנֶ֙יךָ֙ הַיּ֔וֹם אֶת־הַֽחַיִּ֖ים

16 וְאֶת־הַטּ֑וֹב וְאֶת־הַמָּ֖וֶת וְאֶת־הָרָֽע: אֲשֶׁ֨ר אָנֹכִ֣י מְצַוְּךָ֮ הַיּוֹם֒ לְאַהֲבָ֞ה

אֶת־יְהֹוָ֤ה אֱלֹהֶ֙יךָ֙ לָלֶ֣כֶת בִּדְרָכָ֔יו וְלִשְׁמֹ֛ר מִצְוֺתָ֥יו וְחֻקֹּתָ֖יו וּמִשְׁפָּטָ֑יו

וְחָיִ֣יתָ וְרָבִ֔יתָ וּבֵ֣רַכְךָ֔ יְהֹוָ֣ה אֱלֹהֶ֔יךָ בָּאָ֕רֶץ אֲשֶׁר־אַתָּ֥ה בָא־שָׁ֖מָּה

17 לְרִשְׁתָּֽהּ: וְאִם־יִפְנֶ֥ה לְבָבְךָ֖ וְלֹ֣א תִשְׁמָ֑ע וְנִדַּחְתָּ֗ וְהִֽשְׁתַּחֲוִ֛יתָ לֵאלֹהִ֥ים

18 אֲחֵרִ֖ים וַעֲבַדְתָּֽם: הִגַּ֤דְתִּי לָכֶם֙ הַיּ֔וֹם כִּ֥י אָבֹ֖ד תֹּאבֵד֑וּן לֹא־תַאֲרִיכֻ֤ן (מפטיר)

יָמִים֙ עַל־הָ֣אֲדָמָ֔ה אֲשֶׁ֨ר אַתָּ֤ה עֹבֵר֙ אֶת־הַיַּרְדֵּ֔ן לָבֹ֥א שָׁ֖מָּה לְרִשְׁתָּֽהּ:

19 הַעִדֹ֨תִי בָכֶ֜ם הַיּ֗וֹם אֶת־הַשָּׁמַ֙יִם֙ וְאֶת־הָאָ֔רֶץ הַחַיִּ֤ים וְהַמָּ֙וֶת֙ נָתַ֣תִּי

לְפָנֶ֔יךָ הַבְּרָכָ֖ה וְהַקְּלָלָ֑ה וּבָֽחַרְתָּ֙ בַּֽחַיִּ֔ים לְמַ֥עַן תִּחְיֶ֖ה אַתָּ֥ה וְזַרְעֶֽךָ:

20 לְאַֽהֲבָה֙ אֶת־יְהֹוָ֣ה אֱלֹהֶ֔יךָ לִשְׁמֹ֥עַ בְּקֹל֖וֹ וּלְדׇבְקָה־ב֑וֹ כִּ֣י ה֤וּא חַיֶּ֙יךָ֙

וְאֹ֣רֶךְ יָמֶ֔יךָ לָשֶׁ֣בֶת עַל־הָאֲדָמָ֗ה אֲשֶׁר֩ נִשְׁבַּ֨ע יְהֹוָ֧ה לַאֲבֹתֶ֛יךָ

לְאַבְרָהָ֛ם לְיִצְחָ֥ק וּֽלְיַעֲקֹ֖ב לָתֵ֥ת לָהֶֽם: {פ}

31 ¹ וַיֵּ֖לֶךְ מֹשֶׁ֑ה וַיְדַבֵּ֛ר אֶת־הַדְּבָרִ֥ים הָאֵ֖לֶּה אֶל־כׇּל־יִשְׂרָאֵֽל: וַיֹּ֣אמֶר ²

וילך

אֲלֵהֶ֗ם בֶּן־מֵאָה֩ וְעֶשְׂרִ֨ים שָׁנָ֤ה אָנֹכִי֙ הַיּ֔וֹם לֹא־אוּכַ֥ל ע֖וֹד לָצֵ֣את

3 וְלָב֑וֹא וַֽיהֹוָה֙ אָמַ֣ר אֵלַ֔י לֹ֥א תַעֲבֹ֖ר אֶת־הַיַּרְדֵּ֣ן הַזֶּֽה: יְהֹוָ֨ה אֱלֹהֶ֜יךָ

ה֣וּא ׀ עֹבֵ֣ר לְפָנֶ֗יךָ הֽוּא־יַשְׁמִ֞יד אֶת־הַגּוֹיִ֥ם הָאֵ֛לֶּה מִלְּפָנֶ֖יךָ וִֽירִשְׁתָּ֑ם

4 יְהוֹשֻׁ֗עַ ה֚וּא עֹבֵ֣ר לְפָנֶ֔יךָ כַּאֲשֶׁ֖ר דִּבֶּ֥ר יְהֹוָֽה: וְעָשָׂ֤ה יְהֹוָה֙ לָהֶ֔ם שׁני

כַּאֲשֶׁ֣ר עָשָׂ֗ה לְסִיח֧וֹן וּלְע֛וֹג מַלְכֵ֥י הָאֱמֹרִ֖י וּלְאַרְצָ֑ם אֲשֶׁ֥ר הִשְׁמִ֖יד

5 אֹתָֽם: וּנְתָנָ֥ם יְהֹוָ֖ה לִפְנֵיכֶ֑ם וַעֲשִׂיתֶ֣ם לָהֶ֔ם כְּכׇ֨ל־הַמִּצְוָ֔ה אֲשֶׁ֥ר צִוִּ֖יתִי

6 אֶתְכֶֽם: חִזְק֣וּ וְאִמְצ֔וּ אַל־תִּֽירְא֥וּ וְאַל־תַּֽעַרְצ֖וּ מִפְּנֵיהֶ֑ם כִּ֣י ׀ יְהֹוָ֣ה

7 אֱלֹהֶ֗יךָ ה֚וּא הַהֹלֵ֣ךְ עִמָּ֔ךְ לֹ֥א יַרְפְּךָ֖ וְלֹ֥א יַֽעַזְבֶֽךָּ: {ס} וַיִּקְרָ֨א שׁלישי
(חמישי)

מֹשֶׁ֜ה לִֽיהוֹשֻׁ֗עַ וַיֹּ֨אמֶר אֵלָ֜יו לְעֵינֵ֣י כׇל־יִשְׂרָאֵל֮ חֲזַ֣ק וֶאֱמָץ֒ כִּ֣י אַתָּ֗ה

תָּבוֹא֙ אֶת־הָעָ֣ם הַזֶּ֔ה אֶל־הָאָ֕רֶץ אֲשֶׁ֨ר נִשְׁבַּ֧ע יְהֹוָ֛ה לַאֲבֹתָ֖ם לָתֵ֣ת

8 לָהֶ֑ם וְאַתָּ֖ה תַּנְחִילֶ֥נָּה אוֹתָֽם: וַֽיהֹוָ֞ה ה֣וּא ׀ הַהֹלֵ֣ךְ לְפָנֶ֗יךָ ה֚וּא יִֽהְיֶ֣ה

not fail thee, neither forsake thee: fear not, neither be dismayed.

9 ¶ And Moses wrote this law, and delivered it unto the priests the sons of Levi, which bare the ark of the covenant of the Lord, and unto all the elders of Israel.

10 And Moses commanded them, saying, At the end of *every* seven years, in the solemnity of the year of release, in the feast of tabernacles,

11 When all Israel is come to appear before the Lord thy God in the place which he shall choose, thou shalt read this law before all Israel in their hearing.

12 Gather the people together, men, and women, and children, and thy stranger that *is* within thy gates, that they may hear, and that they may learn, and fear the Lord your God, and observe to do all the words of this law:

13 And *that* their children, which have not known *any thing*, may hear, and learn to fear the Lord your God, as long as ye live in the land whither ye go over Jordan to possess it.

14 ¶ And the Lord said unto Moses, Behold, thy days approach that thou must die: call Joshua, and present yourselves in the tabernacle of the congregation, that I may give him a charge. And Moses and Joshua went, and presented themselves in the tabernacle of the congregation.

15 And the Lord appeared in the tabernacle in a pillar of a cloud: and the pillar of the cloud stood over the door of the tabernacle.

16 ¶ And the Lord said unto Moses, Behold, thou shalt sleep with thy fathers; and this people will rise up, and go a whoring after the gods of the strangers of the land, whither they go *to be* among them, and will forsake me, and break my covenant which I have made with them.

17 Then my anger shall be kindled against them in that day, and I will forsake them, and I will hide my face from them, and they shall be devoured, and many evils and troubles shall befall them; so that they will say in that day, Are not these evils come upon us, because our God *is* not among us?

18 And I will surely hide my face in that day for all the evils which they shall have wrought, in that they are turned unto other gods.

19 Now therefore write ye this song for you, and teach it the children of Israel: put it in their mouths, that this song may be a witness for me against the children of Israel.

20 For when I shall have brought them into the land which I sware unto their fathers, that floweth with milk and honey; and they shall have eaten and filled themselves, and waxen fat; then will they turn unto other gods, and serve them, and provoke me, and break my covenant.

21 And it shall come to pass, when many evils and troubles are befallen them, that this song shall testify against them as a witness; for it shall not be forgotten out of the mouths of their seed: for I know their imagination which they go about, even now, before I have brought them into the land which I sware.

22 ¶ Moses therefore wrote this song the same day, and taught it the children of Israel.

23 And he gave Joshua the son of Nun a charge, and said, Be strong and of a good courage: for thou shalt bring the children of Israel into the land which I sware unto them: and I will be with thee.

24 ¶ And it came to pass, when Moses had made an end of writing the words of this law in a book, until they were finished,

25 That Moses commanded the Levites, which bare the ark of the covenant of the Lord, saying,

26 Take this book of the law, and put it in the side of the ark of the covenant of the Lord your God, that it may be there for a witness against thee.

27 For I know thy rebellion, and thy stiff neck: behold, while I am yet alive with you

עִמָּךְ לֹא יַרְפְּךָ וְלֹא יַעַזְבֶךָּ לֹא תִירָא וְלֹא תֵחָת: וַיִּכְתֹּב מֹשֶׁה ⁹
אֶת־הַתּוֹרָה הַזֹּאת וַיִּתְּנָהּ אֶל־הַכֹּהֲנִים בְּנֵי לֵוִי הַנֹּשְׂאִים אֶת־אֲרוֹן

בְּרִית יְהוָה וְאֶל־כָּל־זִקְנֵי יִשְׂרָאֵל: וַיְצַו מֹשֶׁה אוֹתָם לֵאמֹר מִקֵּץ | ¹⁰
שֶׁבַע שָׁנִים בְּמֹעֵד שְׁנַת הַשְּׁמִטָּה בְּחַג הַסֻּכּוֹת: בְּבוֹא כָל־יִשְׂרָאֵל ¹¹
לֵרָאוֹת אֶת־פְּנֵי יְהוָה אֱלֹהֶיךָ בַּמָּקוֹם אֲשֶׁר יִבְחָר תִּקְרָא
אֶת־הַתּוֹרָה הַזֹּאת נֶגֶד כָּל־יִשְׂרָאֵל בְּאָזְנֵיהֶם: הַקְהֵל אֶת־הָעָם ¹²
הָאֲנָשִׁים וְהַנָּשִׁים וְהַטַּף וְגֵרְךָ אֲשֶׁר בִּשְׁעָרֶיךָ לְמַעַן יִשְׁמְעוּ וּלְמַעַן
יִלְמְדוּ וְיָרְאוּ אֶת־יְהוָה אֱלֹהֵיכֶם וְשָׁמְרוּ לַעֲשׂוֹת אֶת־כָּל־דִּבְרֵי
הַתּוֹרָה הַזֹּאת: וּבְנֵיהֶם אֲשֶׁר לֹא־יָדְעוּ יִשְׁמְעוּ וְלָמְדוּ לְיִרְאָה ¹³
אֶת־יְהוָה אֱלֹהֵיכֶם כָּל־הַיָּמִים אֲשֶׁר אַתֶּם חַיִּים עַל־הָאֲדָמָה אֲשֶׁר
אַתֶּם עֹבְרִים אֶת־הַיַּרְדֵּן שָׁמָּה לְרִשְׁתָּהּ:

וַיֹּאמֶר יְהוָה אֶל־מֹשֶׁה הֵן קָרְבוּ יָמֶיךָ לָמוּת קְרָא אֶת־יְהוֹשֻׁעַ ¹⁴
וְהִתְיַצְּבוּ בְּאֹהֶל מוֹעֵד וַאֲצַוֶּנּוּ וַיֵּלֶךְ מֹשֶׁה וִיהוֹשֻׁעַ וַיִּתְיַצְּבוּ בְּאֹהֶל
מוֹעֵד: וַיֵּרָא יְהוָה בָּאֹהֶל בְּעַמּוּד עָנָן וַיַּעֲמֹד עַמּוּד הֶעָנָן עַל־פֶּתַח ¹⁵
הָאֹהֶל: וַיֹּאמֶר יְהוָה אֶל־מֹשֶׁה הִנְּךָ שֹׁכֵב עִם־אֲבֹתֶיךָ וְקָם הָעָם ¹⁶
הַזֶּה וְזָנָה | אַחֲרֵי | אֱלֹהֵי נֵכַר־הָאָרֶץ אֲשֶׁר הוּא בָא־שָׁמָּה בְּקִרְבּוֹ
וַעֲזָבַנִי וְהֵפֵר אֶת־בְּרִיתִי אֲשֶׁר כָּרַתִּי אִתּוֹ: וְחָרָה אַפִּי בוֹ ¹⁷
בַיּוֹם־הַהוּא וַעֲזַבְתִּים וְהִסְתַּרְתִּי פָנַי מֵהֶם וְהָיָה לֶאֱכֹל וּמְצָאֻהוּ
רָעוֹת רַבּוֹת וְצָרוֹת וְאָמַר בַּיּוֹם הַהוּא הֲלֹא עַל כִּי־אֵין אֱלֹהַי
בְּקִרְבִּי מְצָאוּנִי הָרָעוֹת הָאֵלֶּה: וְאָנֹכִי הַסְתֵּר אַסְתִּיר פָּנַי בַּיּוֹם ¹⁸
הַהוּא עַל כָּל־הָרָעָה אֲשֶׁר עָשָׂה כִּי פָנָה אֶל־אֱלֹהִים אֲחֵרִים:
וְעַתָּה כִּתְבוּ לָכֶם אֶת־הַשִּׁירָה הַזֹּאת וְלַמְּדָהּ אֶת־בְּנֵי־יִשְׂרָאֵל ¹⁹
שִׂימָהּ בְּפִיהֶם לְמַעַן תִּהְיֶה־לִּי הַשִּׁירָה הַזֹּאת לְעֵד בִּבְנֵי יִשְׂרָאֵל:

כִּי־אֲבִיאֶנּוּ אֶל־הָאֲדָמָה | אֲשֶׁר־נִשְׁבַּעְתִּי לַאֲבֹתָיו זָבַת חָלָב וּדְבַשׁ ²⁰
וְאָכַל וְשָׂבַע וְדָשֵׁן וּפָנָה אֶל־אֱלֹהִים אֲחֵרִים וַעֲבָדוּם וְנִאֲצוּנִי
וְהֵפֵר אֶת־בְּרִיתִי: וְהָיָה כִּי־תִמְצֶאןָ אֹתוֹ רָעוֹת רַבּוֹת וְצָרוֹת ²¹ ^{21A}
וְעָנְתָה הַשִּׁירָה הַזֹּאת לְפָנָיו לְעֵד כִּי לֹא תִשָּׁכַח מִפִּי זַרְעוֹ כִּי
יָדַעְתִּי אֶת־יִצְרוֹ אֲשֶׁר הוּא עֹשֶׂה הַיּוֹם בְּטֶרֶם אֲבִיאֶנּוּ אֶל־הָאָרֶץ
אֲשֶׁר נִשְׁבָּעְתִּי: וַיִּכְתֹּב מֹשֶׁה אֶת־הַשִּׁירָה הַזֹּאת בַּיּוֹם הַהוּא ²²
וַיְלַמְּדָהּ אֶת־בְּנֵי יִשְׂרָאֵל: וַיְצַו אֶת־יְהוֹשֻׁעַ בִּן־נוּן וַיֹּאמֶר חֲזַק וֶאֱמָץ ²³
כִּי אַתָּה תָּבִיא אֶת־בְּנֵי יִשְׂרָאֵל אֶל־הָאָרֶץ אֲשֶׁר־נִשְׁבַּעְתִּי לָהֶם
וְאָנֹכִי אֶהְיֶה עִמָּךְ: וַיְהִי | כְּכַלּוֹת מֹשֶׁה לִכְתֹּב אֶת־דִּבְרֵי ²⁴

הַתּוֹרָה־הַזֹּאת עַל־סֵפֶר עַד תֻּמָּם: וַיְצַו מֹשֶׁה אֶת־הַלְוִיִּם נֹשְׂאֵי ²⁵
אֲרוֹן בְּרִית־יְהוָה לֵאמֹר: לָקֹחַ אֵת סֵפֶר הַתּוֹרָה הַזֶּה וְשַׂמְתֶּם ²⁶
אֹתוֹ מִצַּד אֲרוֹן בְּרִית־יְהוָה אֱלֹהֵיכֶם וְהָיָה־שָׁם בְּךָ לְעֵד: כִּי אָנֹכִי ²⁷

this day, ye have been rebellious against the LORD; and how much more after my death?

28 ¶ Gather unto me all the elders of your tribes, and your officers, that I may speak these words in their ears, and call heaven and earth to record against them.

29 For I know that after my death ye will utterly corrupt *yourselves,* and turn aside from the way which I have commanded you; and evil will befall you in the latter days; because ye will do evil in the sight of the LORD, to provoke him to anger through the work of your hands.

30 And Moses spake in the ears of all the congregation of Israel the words of this song, until they were ended.

CHAPTER 32

1 Give ear, O ye heavens, and I will speak; and hear, O earth, the words of my mouth.

2 My doctrine shall drop as the rain, my speech shall distil as the dew, as the small rain upon the tender herb, and as the showers upon the grass:

3 Because I will publish the name of the LORD: ascribe ye greatness unto our God.

4 *He is* the Rock, his work *is* perfect: for all his ways *are* judgment: a God of truth and without iniquity, just and right *is* he.

5 They have corrupted themselves, their spot *is* not *the spot* of his children: *they are* a perverse and crooked generation.

6 Do ye thus requite the LORD, O foolish people and unwise? *is* not he thy father *that* hath bought thee? hath he not made thee, and established thee?

7 ¶ Remember the days of old, consider the years of many generations: ask thy father, and he will shew thee; thy elders, and they will tell thee.

8 When the Most High divided to the nations their inheritance, when he separated the sons of Adam, he set the bounds of the people according to the number of the children of Israel.

9 For the LORD's portion *is* his people; Jacob *is* the lot of his inheritance.

10 He found him in a desert land, and in the waste howling wilderness; he led him about, he instructed him, he kept him as the apple of his eye.

11 As an eagle stirreth up her nest, fluttereth over her young, spreadeth abroad her wings, taketh them, beareth them on her wings:

12 *So* the LORD alone did lead him, and *there was* no strange god with him.

13 He made him ride on the high places of the earth, that he might eat the increase of the fields; and he made him to suck honey out of the rock, and oil out of the flinty rock;

14 Butter of kine, and milk of sheep, with fat of lambs, and rams of the breed of Bashan, and goats, with the fat of kidneys of wheat; and thou didst drink the pure blood of the grape.

15 ¶ But Jeshurun waxed fat, and kicked: thou art waxen fat, thou art grown thick, thou art covered *with fatness;* then he forsook God *which* made him, and lightly esteemed the Rock of his salvation.

יָדַ֙עְתִּי֙ אֶת־מֶרְיְךָ֔ וְאֶֽת־עָרְפְּךָ֖ הַקָּשֶׁ֑ה הֵ֣ן בְּעוֹדֶ֩נִּי֩ חַ֨י עִמָּכֶ֜ם הַיּ֗וֹם

מפטיר 28 מַמְרִ֤ים הֱיִתֶם֙ עִם־יְהֹוָ֔ה וְאַ֖ף כִּֽי־אַחֲרֵ֥י מוֹתִֽי׃ הַקְהִ֧ילוּ אֵלַ֛י אֶת־
כָּל־זִקְנֵ֥י שִׁבְטֵיכֶ֖ם וְשֹׁטְרֵיכֶ֑ם וַאֲדַבְּרָ֣ה בְאָזְנֵיהֶ֗ם אֵ֥ת הַדְּבָרִ֖ים הָאֵ֑לֶּה

29 וְאָעִ֣ידָה בָּ֔ם אֶת־הַשָּׁמַ֖יִם וְאֶת־הָאָ֑רֶץ כִּֽי־יָדַ֗עְתִּי
אַחֲרֵ֣י מוֹתִ֔י כִּֽי־הַשְׁחֵ֣ת תַּשְׁחִת֔וּן וְסַרְתֶּ֣ם מִן־
הַדֶּ֔רֶךְ אֲשֶׁ֥ר צִוִּ֖יתִי אֶתְכֶ֑ם וְקָרָ֤את אֶתְכֶם֙ הָֽרָעָ֔ה
בְּאַחֲרִ֣ית הַיָּמִ֔ים כִּֽי־תַעֲשׂ֤וּ אֶת־הָרַע֙ בְּעֵינֵ֣י יְהֹוָ֔ה

30 לְהַכְעִיס֖וֹ בְּמַעֲשֵׂ֣ה יְדֵיכֶֽם׃ וַיְדַבֵּ֣ר מֹשֶׁ֗ה בְּאָזְנֵ֛י כָּל־
קְהַ֥ל יִשְׂרָאֵ֖ל אֶת־דִּבְרֵ֑י הַשִּׁירָ֥ה הַזֹּ֖את עַ֥ד תֻּמָּֽם׃

האזינו 32 1 הַאֲזִ֥ינוּ הַשָּׁמַ֖יִם וַאֲדַבֵּ֑רָה וְתִשְׁמַ֥ע הָאָ֖רֶץ אִמְרֵי־פִֽי׃
2 יַעֲרֹ֤ף כַּמָּטָר֙ לִקְחִ֔י תִּזַּ֥ל כַּטַּ֖ל אִמְרָתִ֑י
כִּשְׂעִירִ֣ם עֲלֵי־דֶ֔שֶׁא וְכִרְבִיבִ֖ים עֲלֵי־עֵֽשֶׂב׃
3 כִּ֛י שֵׁ֥ם יְהֹוָ֖ה אֶקְרָ֑א הָב֥וּ גֹ֖דֶל לֵאלֹהֵֽינוּ׃
4 הַצּוּר֙ תָּמִ֣ים פׇּעֳל֔וֹ כִּ֥י כׇל־דְּרָכָ֖יו מִשְׁפָּ֑ט
אֵ֤ל אֱמוּנָה֙ וְאֵ֣ין עָ֔וֶל צַדִּ֥יק וְיָשָׁ֖ר הֽוּא׃
5 שִׁחֵ֥ת ל֛וֹ לֹ֖א בָּנָ֣יו מוּמָ֑ם דּ֥וֹר עִקֵּ֖שׁ וּפְתַלְתֹּֽל׃
6 הֲלַיְהֹוָה֙ תִּגְמְלוּ־זֹ֔את עַ֥ם נָבָ֖ל וְלֹ֣א חָכָ֑ם
הֲלוֹא־הוּא֙ אָבִ֣יךָ קָּנֶ֔ךָ ה֥וּא עָֽשְׂךָ֖ וַֽיְכֹנְנֶֽךָ׃
שני 7 זְכֹר֙ יְמ֣וֹת עוֹלָ֔ם בִּ֖ינוּ שְׁנ֣וֹת דּוֹר־וָד֑וֹר
שְׁאַ֤ל אָבִ֙יךָ֙ וְיַגֵּ֔דְךָ זְקֵנֶ֖יךָ וְיֹ֥אמְרוּ לָֽךְ׃
8 בְּהַנְחֵ֤ל עֶלְיוֹן֙ גּוֹיִ֔ם בְּהַפְרִיד֖וֹ בְּנֵ֣י אָדָ֑ם
יַצֵּב֙ גְּבֻלֹ֣ת עַמִּ֔ים לְמִסְפַּ֖ר בְּנֵ֥י יִשְׂרָאֵֽל׃
9 כִּ֛י חֵ֥לֶק יְהֹוָ֖ה עַמּ֑וֹ יַעֲקֹ֖ב חֶ֥בֶל נַחֲלָתֽוֹ׃
10 יִמְצָאֵ֙הוּ֙ בְּאֶ֣רֶץ מִדְבָּ֔ר וּבְתֹ֖הוּ יְלֵ֣ל יְשִׁמֹ֑ן
יְסֹבְבֶ֙נְהוּ֙ יְב֣וֹנְנֵ֔הוּ יִצְּרֶ֖נְהוּ כְּאִישׁ֥וֹן עֵינֽוֹ׃
11 כְּנֶ֙שֶׁר֙ יָעִ֣יר קִנּ֔וֹ עַל־גּוֹזָלָ֖יו יְרַחֵ֑ף
יִפְרֹ֤שׂ כְּנָפָיו֙ יִקָּחֵ֔הוּ יִשָּׂאֵ֖הוּ עַל־אֶבְרָתֽוֹ׃
12 יְהֹוָ֖ה בָּדָ֣ד יַנְחֶ֑נּוּ וְאֵ֥ין עִמּ֖וֹ אֵ֥ל נֵכָֽר׃
שלישי במתי 13 יַרְכִּבֵ֙הוּ֙ עַל־בָּ֣מֳתֵי אָ֔רֶץ וַיֹּאכַ֖ל תְּנוּבֹ֣ת שָׂדָ֑י
וַיֵּנִקֵ֤הֽוּ דְבַשׁ֙ מִסֶּ֔לַע וְשֶׁ֖מֶן מֵחַלְמִ֥ישׁ צֽוּר׃
14 חֶמְאַ֨ת בָּקָ֜ר וַחֲלֵ֣ב צֹ֗אן עִם־חֵ֤לֶב כָּרִים֙ וְאֵילִ֔ים
בְּנֵֽי־בָשָׁ֣ן וְעַתּוּדִ֔ים עִם־חֵ֖לֶב כִּלְי֣וֹת חִטָּ֑ה
15A 15 וְדַם־עֵנָ֖ב תִּשְׁתֶּה־חָֽמֶר׃ וַיִּשְׁמַ֤ן יְשֻׁרוּן֙ וַיִּבְעָ֔ט
שָׁמַ֖נְתָּ עָבִ֣יתָ כָּשִׂ֑יתָ וַיִּטֹּשׁ֙ אֱל֣וֹהַ עָשָׂ֔הוּ
16 וַיְנַבֵּ֖ל צ֥וּר יְשֻׁעָתֽוֹ׃ יַקְנִאֻ֖הוּ בְּזָרִ֑ים

16 They provoked him to jealousy with strange *gods,* with abominations provoked they him to anger.

17 They sacrificed unto devils, not to God; to gods whom they knew not, to new *gods that* came newly up, whom your fathers feared not.

18 Of the Rock *that* begat thee thou art unmindful, and hast forgotten God that formed thee.

19 And when the LORD saw *it,* he abhorred *them,* because of the provoking of his sons, and of his daughters.

20 And he said, I will hide my face from them, I will see what their end *shall be:* for they *are* a very froward generation, children in whom *is* no faith.

21 They have moved me to jealousy with *that which is* not God; they have provoked me to anger with their vanities: and I will move them to jealousy with *those which are* not a people; I will provoke them to anger with a foolish nation.

22 For a fire is kindled in mine anger, and shall burn unto the lowest hell, and shall consume the earth with her increase, and set on fire the foundations of the mountains.

23 I will heap mischiefs upon them; I will spend mine arrows upon them.

24 *They shall be* burnt with hunger, and devoured with burning heat, and with bitter destruction: I will also send the teeth of beasts upon them, with the poison of serpents of the dust.

25 The sword without, and terror within, shall destroy both the young man and the virgin, the suckling *also* with the man of gray hairs.

26 I said, I would scatter them into corners, I would make the remembrance of them to cease from among men:

27 Were it not that I feared the wrath of the enemy, lest their adversaries should behave themselves strangely, *and* lest they should say, Our hand *is* high, and the LORD hath not done all this.

28 For they *are* a nation void of counsel, neither *is there any* understanding in them.

29 O that they were wise, *that* they understood this, *that* they would consider their latter end!

30 How should one chase a thousand, and two put ten thousand to flight, except their Rock had sold them, and the LORD had shut them up?

31 For their rock *is* not as our Rock, even our enemies themselves *being* judges.

32 For their vine *is* of the vine of Sodom, and of the fields of Gomorrah: their grapes *are* grapes of gall, their clusters *are* bitter:

33 Their wine *is* the poison of dragons, and the cruel venom of asps.

34 *Is* not this laid up in store with me, *and* sealed up among my treasures?

35 To me *belongeth* vengeance, and recompence; their foot shall slide in *due* time: for the day of their calamity *is* at hand, and the things that shall come upon them make haste.

36 For the LORD shall judge his people, and repent himself for his servants, when he seeth that *their* power is gone, and *there is* none shut up, or left.

37 And he shall say, Where *are* their gods, *their* rock in whom they trusted,

38 Which did eat the fat of their sacrifices, *and* drank the wine of their drink offerings? let them rise up and help you, *and* be your protection.

39 See now that I, *even* I, *am* he, and *there is* no god with me: I kill, and I make

בְּתוֹעֵבֹ֖ת יַכְעִיסֻֽהוּ׃

17   יִזְבְּח֣וּ לַשֵּׁדִים֮ לֹ֣א אֱלֹ֒הַּ֒

אֱלֹהִ֖ים לֹ֣א יְדָע֑וּם

חֲדָשִׁים֙ מִקָּרֹ֣ב בָּ֔אוּ

18   לֹ֥א שְׂעָר֖וּם אֲבֹתֵיכֶֽם׃

צ֥וּר יְלָדְךָ֖ תֶּ֑שִׁי

19 רביעי   וַתִּשְׁכַּ֖ח אֵ֥ל מְחֹלְלֶֽךָ׃

וַיַּ֥רְא יְהוָ֖ה וַיִּנְאָ֑ץ

20   מִכַּ֥עַס בָּנָ֖יו וּבְנֹתָֽיו׃

וַיֹּ֗אמֶר אַסְתִּ֤ירָה פָנַי֙ מֵהֶ֔ם

אֶרְאֶ֖ה מָ֣ה אַחֲרִיתָ֑ם

כִּ֣י ד֤וֹר תַּהְפֻּכֹת֙ הֵ֔מָּה

21   בָּנִ֖ים לֹא־אֵמֻ֥ן בָּֽם׃

הֵ֚ם קִנְא֣וּנִי בְלֹא־אֵ֔ל

כִּעֲס֖וּנִי בְּהַבְלֵיהֶ֑ם

וַאֲנִי֙ אַקְנִיאֵ֣ם בְּלֹא־עָ֔ם

22   בְּג֥וֹי נָבָ֖ל אַכְעִיסֵֽם׃

כִּי־אֵ֙שׁ֙ קָדְחָ֣ה בְאַפִּ֔י

וַתִּיקַ֖ד עַד־שְׁא֣וֹל תַּחְתִּ֑ית

וַתֹּ֤אכַל אֶ֙רֶץ֙ וִֽיבֻלָ֔הּ

23   וַתְּלַהֵ֖ט מוֹסְדֵ֥י הָרִֽים׃

אַסְפֶּ֥ה עָלֵ֖ימוֹ רָע֑וֹת

24   חִצַּ֖י אֲכַלֶּה־בָּֽם׃

מְזֵ֥י רָעָ֛ב וּלְחֻ֥מֵי רֶ֖שֶׁף

וְקֶ֣טֶב מְרִירִ֑י

וְשֶׁן־בְּהֵמֹת֙ אֲשַׁלַּח־בָּ֔ם

25   עִם־חֲמַ֖ת זֹחֲלֵ֥י עָפָֽר׃

מִחוּץ֙ תְּשַׁכֶּל־חֶ֔רֶב

וּמֵחֲדָרִ֖ים אֵימָ֑ה

גַּם־בָּחוּר֙ גַּם־בְּתוּלָ֔ה

26   יוֹנֵ֖ק עִם־אִ֥ישׁ שֵׂיבָֽה׃

אָמַ֖רְתִּי אַפְאֵיהֶ֑ם

27   אַשְׁבִּ֥יתָה מֵאֱנ֖וֹשׁ זִכְרָֽם׃

לוּלֵ֗י כַּ֤עַס אוֹיֵב֙ אָג֔וּר

פֶּֽן־יְנַכְּר֖וּ צָרֵ֑ימוֹ

פֶּן־יֹֽאמְרוּ֙ יָדֵ֣ינוּ רָ֔מָה

28   וְלֹ֥א יְהוָ֖ה פָּעַ֥ל כָּל־זֹֽאת׃

כִּי־ג֛וֹי אֹבַ֥ד עֵצ֖וֹת הֵ֑מָּה

29 חמישי   וְאֵ֥ין בָּהֶ֖ם תְּבוּנָֽה׃

ל֥וּ חָכְמ֖וּ יַשְׂכִּ֣ילוּ זֹ֑את

30   יָבִ֖ינוּ לְאַחֲרִיתָֽם׃

אֵיכָ֞ה יִרְדֹּ֤ף אֶחָד֙ אֶ֔לֶף

וּשְׁנַ֖יִם יָנִ֥יסוּ רְבָבָ֑ה

אִם־לֹא֙ כִּי־צוּרָ֣ם מְכָרָ֔ם

31   וַֽיהוָ֖ה הִסְגִּירָֽם׃

כִּ֛י לֹ֥א כְצוּרֵ֖נוּ צוּרָ֑ם

32   וְאֹיְבֵ֖ינוּ פְּלִילִֽים׃

כִּֽי־מִגֶּ֤פֶן סְדֹם֙ גַּפְנָ֔ם

וּמִשַּׁדְמֹ֖ת עֲמֹרָ֑ה

עֲנָבֵ֙מוֹ֙ עִנְּבֵי־ר֔וֹשׁ

33   אַשְׁכְּלֹ֥ת מְרֹרֹ֖ת לָֽמוֹ׃

חֲמַ֥ת תַּנִּינִ֖ם יֵינָ֑ם

34   וְרֹ֖אשׁ פְּתָנִ֥ים אַכְזָֽר׃

הֲלֹא־ה֖וּא כָּמֻ֣ס עִמָּדִ֑י

35   חָתֻ֖ם בְּאוֹצְרֹתָֽי׃

לִ֤י נָקָם֙ וְשִׁלֵּ֔ם

לְעֵ֖ת תָּמ֣וּט רַגְלָ֑ם

כִּ֤י קָרוֹב֙ י֣וֹם אֵידָ֔ם

36   וְחָ֖שׁ עֲתִדֹ֥ת לָֽמוֹ׃

כִּֽי־יָדִ֤ין יְהוָה֙ עַמּ֔וֹ

וְעַל־עֲבָדָ֖יו יִתְנֶחָ֑ם

כִּ֤י יִרְאֶה֙ כִּי־אָ֣זְלַת יָ֔ד

37   וְאָ֖פֵס עָצ֥וּר וְעָזֽוּב׃

וְאָמַ֖ר אֵ֥י אֱלֹהֵֽימוֹ

38   צ֖וּר חָסָ֥יוּ בֽוֹ׃

אֲשֶׁ֨ר חֵ֤לֶב זְבָחֵ֙ימוֹ֙ יֹאכֵ֔לוּ

יִשְׁתּ֖וּ יֵ֣ין נְסִיכָ֑ם

יָק֙וּמוּ֙ וְיַעְזְרֻכֶ֔ם

39   יְהִ֥י עֲלֵיכֶ֖ם סִתְרָֽה׃

17A   רְא֣וּ ׀ עַתָּ֗ה כִּ֣י אֲנִ֤י אֲנִי֙ ה֔וּא

alive; I wound, and I heal: neither *is there any* that can deliver out of my hand.

40 For I lift up my hand to heaven, and say, I live for ever.

41 If I whet my glittering sword, and mine hand take hold on judgment; I will render vengeance to mine enemies, and will reward them that hate me.

42 I will make mine arrows drunk with blood, and my sword shall devour flesh; *and that* with the blood of the slain and of the captives, from the beginning of revenges upon the enemy.

43 Rejoice, O ye nations, *with* his people: for he will avenge the blood of his servants, and will render vengeance to his adversaries, and will be merciful unto his land, *and* to his people.

44 ¶ And Moses came and spake all the words of this song in the ears of the people, he, and Hoshea the son of Nun.

45 And Moses made an end of speaking all these words to all Israel:

46 And he said unto them, Set your hearts unto all the words which I testify among you this day, which ye shall command your children to observe to do, all the words of this law.

47 For it *is* not a vain thing for you; because it *is* your life: and through this thing ye shall prolong *your* days in the land, whither ye go over Jordan to possess it.

48 And the LORD spake unto Moses that selfsame day, saying,

49 Get thee up into this mountain Abarim, *unto* mount Nebo, which *is* in the land of Moab, that *is* over against Jericho; and behold the land of Canaan, which I give unto the children of Israel for a possession:

50 And die in the mount whither thou goest up, and be gathered unto thy people;

as Aaron thy brother died in mount Hor, and was gathered unto his people:

51 Because ye trespassed against me among the children of Israel at the waters of Meribah-Kadesh, in the wilderness of Zin; because ye sanctified me not in the midst of the children of Israel.

52 Yet thou shalt see the land before *thee;* but thou shalt not go thither unto the land which I give the children of Israel.

CHAPTER 33

1 And this *is* the blessing, wherewith Moses the man of God blessed the children of Israel before his death.

2 And he said, The LORD came from Sinai, and rose up from Seir unto them; he shined forth from mount Paran, and he came with ten thousands of saints: from his right hand *went* a fiery law for them.

3 Yea, he loved the people; all his saints *are* in thy hand: and they sat down at thy feet; *every one* shall receive of thy words.

4 Moses commanded us a law, *even* the inheritance of the congregation of Jacob.

5 And he was king in Jeshurun, when the heads of the people *and* the tribes of Israel were gathered together.

6 ¶ Let Reuben live, and not die; and let *not* his men be few.

7 ¶ And this *is the blessing* of Judah: and he said, Hear, LORD, the voice of Judah, and bring him unto his people: let his hands be sufficient for him; and be thou an help *to him* from his enemies.

8 ¶ And of Levi he said, *Let* thy Thummim and thy Urim *be* with thy holy one, whom thou didst prove at Massah, *and with* whom thou didst strive at the waters of Meribah;

9 Who said unto his father and to his mother, I have not seen him; neither did

אֲנִי אָמִית וַאֲחַיֶּה   וְאֵין אֱלֹהִים עִמָּדִי

וְאֵין מִיָּדִי מַצִּיל: מָחַצְתִּי וַאֲנִי אֶרְפָּא

40 כִּי־אֶשָּׂא אֶל־שָׁמַיִם יָדִי   וְאָמַרְתִּי חַי אָנֹכִי לְעֹלָם: שׁשׁי

41 אִם־שַׁנּוֹתִי בְּרַק חַרְבִּי   וְתֹאחֵז בְּמִשְׁפָּט יָדִי

אָשִׁיב נָקָם לְצָרָי   וְלִמְשַׂנְאַי אֲשַׁלֵּם:

42 אַשְׁכִּיר חִצַּי מִדָּם   וְחַרְבִּי תֹּאכַל בָּשָׂר

מִדַּם חָלָל וְשִׁבְיָה   מֵרֹאשׁ פַּרְעוֹת אוֹיֵב:

43 הַרְנִינוּ גוֹיִם עַמּוֹ   כִּי דַם־עֲבָדָיו יִקּוֹם

וְנָקָם יָשִׁיב לְצָרָיו   וְכִפֶּר אַדְמָתוֹ עַמּוֹ:

44 וַיָּבֹא מֹשֶׁה וַיְדַבֵּר אֶת־כָּל־דִּבְרֵי הַשִּׁירָה־הַזֹּאת בְּאָזְנֵי הָעָם הוּא   שׁביעי

45 וְהוֹשֵׁעַ בִּן־נוּן: וַיְכַל מֹשֶׁה לְדַבֵּר אֶת־כָּל־הַדְּבָרִים הָאֵלֶּה

46 אֶל־כָּל־יִשְׂרָאֵל: וַיֹּאמֶר אֲלֵהֶם שִׂימוּ לְבַבְכֶם לְכָל־הַדְּבָרִים אֲשֶׁר

אָנֹכִי מֵעִיד בָּכֶם הַיּוֹם אֲשֶׁר תְּצַוֻּם אֶת־בְּנֵיכֶם לִשְׁמֹר לַעֲשׂוֹת

47 אֶת־כָּל־דִּבְרֵי הַתּוֹרָה הַזֹּאת: כִּי לֹא־דָבָר רֵק הוּא מִכֶּם כִּי־הוּא

חַיֵּיכֶם וּבַדָּבָר הַזֶּה תַּאֲרִיכוּ יָמִים עַל־הָאֲדָמָה אֲשֶׁר אַתֶּם עֹבְרִים

אֶת־הַיַּרְדֵּן שָׁמָּה לְרִשְׁתָּהּ:

48 וַיְדַבֵּר יְהֹוָה אֶל־מֹשֶׁה בְּעֶצֶם הַיּוֹם הַזֶּה לֵאמֹר: עֲלֵה אֶל־הַר   מפטיר

49 הָעֲבָרִים הַזֶּה הַר־נְבוֹ אֲשֶׁר בְּאֶרֶץ מוֹאָב אֲשֶׁר עַל־פְּנֵי יְרֵחוֹ וּרְאֵה

50 אֶת־אֶרֶץ כְּנַעַן אֲשֶׁר אֲנִי נֹתֵן לִבְנֵי יִשְׂרָאֵל לַאֲחֻזָּה: וּמֻת בָּהָר

אֲשֶׁר אַתָּה עֹלֶה שָׁמָּה וְהֵאָסֵף אֶל־עַמֶּיךָ כַּאֲשֶׁר־מֵת אַהֲרֹן אָחִיךָ

51 בְּהֹר הָהָר וַיֵּאָסֶף אֶל־עַמָּיו: עַל אֲשֶׁר מְעַלְתֶּם בִּי בְּתוֹךְ בְּנֵי

יִשְׂרָאֵל בְּמֵי־מְרִיבַת קָדֵשׁ מִדְבַּר־צִן עַל אֲשֶׁר לֹא־קִדַּשְׁתֶּם אוֹתִי

52 בְּתוֹךְ בְּנֵי יִשְׂרָאֵל: כִּי מִנֶּגֶד תִּרְאֶה אֶת־הָאָרֶץ וְשָׁמָּה לֹא תָבוֹא

אֶל־הָאָרֶץ אֲשֶׁר־אֲנִי נֹתֵן לִבְנֵי יִשְׂרָאֵל:

1 33 וְזֹאת הַבְּרָכָה אֲשֶׁר בֵּרַךְ מֹשֶׁה אִישׁ הָאֱלֹהִים אֶת־בְּנֵי יִשְׂרָאֵל   וזאת הברכה

2 לִפְנֵי מוֹתוֹ: וַיֹּאמַר יְהֹוָה מִסִּינַי בָּא וְזָרַח מִשֵּׂעִיר לָמוֹ הוֹפִיעַ

3 מֵהַר פָּארָן וְאָתָה מֵרִבְבֹת קֹדֶשׁ מִימִינוֹ אֵשְׁדָּת לָמוֹ: אַף חֹבֵב   אֵשׁ דָּת

4 עַמִּים כָּל־קְדֹשָׁיו בְּיָדֶךָ וְהֵם תֻּכּוּ לְרַגְלֶךָ יִשָּׂא מִדַּבְּרֹתֶיךָ: תּוֹרָה

5 צִוָּה־לָנוּ מֹשֶׁה מוֹרָשָׁה קְהִלַּת יַעֲקֹב: וַיְהִי בִישֻׁרוּן מֶלֶךְ בְּהִתְאַסֵּף

6 רָאשֵׁי עָם יַחַד שִׁבְטֵי יִשְׂרָאֵל: יְחִי רְאוּבֵן וְאַל־יָמֹת וִיהִי מְתָיו

7 מִסְפָּר: וְזֹאת לִיהוּדָה וַיֹּאמַר שְׁמַע יְהֹוָה קוֹל יְהוּדָה

וְאֶל־עַמּוֹ תְּבִיאֶנּוּ יָדָיו רָב לוֹ וְעֵזֶר מִצָּרָיו תִּהְיֶה:

8 וּלְלֵוִי אָמַר תֻּמֶּיךָ וְאוּרֶיךָ לְאִישׁ חֲסִידֶךָ אֲשֶׁר נִסִּיתוֹ בְּמַסָּה   שׁני

9 תְּרִיבֵהוּ עַל־מֵי מְרִיבָה: הָאֹמֵר לְאָבִיו וּלְאִמּוֹ לֹא רְאִיתִיו וְאֶת־אֶחָיו

he acknowledge his brethren, nor knew his own children: for they have observed thy word, and kept thy covenant.

10 They shall teach Jacob thy judgments, and Israel thy law: they shall put incense before thee, and whole burnt sacrifice upon thine altar.

11 Bless, LORD, his substance, and accept the work of his hands: smite through the loins of them that rise against him, and of them that hate him, that they rise not again.

12 ¶ And of Benjamin he said, The beloved of the LORD shall dwell in safety by him; and the LORD shall cover him all the day long, and he shall dwell between his shoulders.

13 ¶ And of Joseph he said, Blessed of the LORD be his land, for the precious things of heaven, for the dew, and for the deep that coucheth beneath,

14 And for the precious fruits brought forth by the sun, and for the precious things put forth by the moon,

15 And for the chief things of the ancient mountains, and for the precious things of the lasting hills,

16 And for the precious things of the earth and fulness thereof, and for the good will of him that dwelt in the bush: let the blessing come upon the head of Joseph, and upon the top of the head of him that was separated from his brethren.

17 His glory is like the firstling of his bullock, and his horns are like the horns of unicorns: with them he shall push the people together to the ends of the earth: and they are the ten thousands of Ephraim, and they are the thousands of Manasseh.

18 ¶ And of Zebulun he said, Rejoice, Zebulun, in thy going out; and, Issachar, in thy tents.

19 They shall call the people unto the mountain; there they shall offer sacrifices of righteousness: for they shall suck of the abundance of the seas, and of treasures hid in the sand.

20 ¶ And of Gad he said, Blessed be he that enlargeth Gad: he dwelleth as a lion,

and teareth the arm with the crown of the head.

21 And he provided the first part for himself, because there, in a portion of the lawgiver, was he seated; and he came with the heads of the people, he executed the justice of the LORD, and his judgments with Israel.

22 ¶ And of Dan he said, Dan is a lion's whelp: he shall leap from Bashan.

23 ¶ And of Naphtali he said, O Naphtali, satisfied with favour, and full with the blessing of the LORD: possess thou the west and the south.

24 ¶ And of Asher he said, Let Asher be blessed with children; let him be acceptable to his brethren, and let him dip his foot in oil.

25 Thy shoes shall be iron and brass; and as thy days, so shall thy strength be.

26 ¶ There is none like unto the God of Jeshurun, who rideth upon the heaven in thy help, and in his excellency on the sky.

27 The eternal God is thy refuge, and underneath are the everlasting arms: and he shall thrust out the enemy from before thee; and shall say, Destroy them.

28 Israel then shall dwell in safety alone: the fountain of Jacob shall be upon a land of corn and wine; also his heavens shall drop down dew.

29 Happy art thou, O Israel: who is like unto thee, O people saved by the LORD, the shield of thy help, and who is the sword of thy excellency! and thine enemies shall be found liars unto thee; and thou shalt tread upon their high places.

CHAPTER 34

1 And Moses went up from the plains of Moab unto the mountain of Nebo, to the top of Pisgah, that is over against Jericho. And the LORD shewed him all the land of Gilead, unto Dan,

2 And all Naphtali, and the land of Ephraim, and Manasseh, and all the land of Judah, unto the utmost sea,

3 And the south, and the plain of the valley of Jericho, the city of palm trees, unto Zoar.

בָּנָיו לֹא הִכִּיר וְאֶת־בָּנוֹ לֹא יָדָע כִּי שָׁמְרוּ אִמְרָתֶךָ וּבְרִיתְךָ יִנְצֹרוּ:

10 יוֹרוּ מִשְׁפָּטֶיךָ לְיַעֲקֹב וְתוֹרָתְךָ לְיִשְׂרָאֵל יָשִׂימוּ קְטוֹרָה בְּאַפֶּךָ וְכָלִיל

11 עַל־מִזְבְּחֶךָ: בָּרֵךְ יְהוָה חֵילוֹ וּפֹעַל יָדָיו תִּרְצֶה מְחַץ מָתְנַיִם קָמָיו

12 וּמְשַׂנְאָיו מִן־יְקוּמוּן:

12A לְבִנְיָמִן אָמַר יְדִיד יְהוָֹה יִשְׁכֹּן לָבֶטַח

שְׁלִישִׁי 13 עָלָיו חֹפֵף עָלָיו כָּל־הַיּוֹם וּבֵין כְּתֵפָיו שָׁכֵן:

וּלְיוֹסֵף אָמַר מְבֹרֶכֶת יְהוָֹה אַרְצוֹ מִמֶּגֶד שָׁמַיִם מִטָּל וּמִתְּהוֹם רֹבֶצֶת

14 תָּחַת: וּמִמֶּגֶד תְּבוּאֹת שָׁמֶשׁ וּמִמֶּגֶד גֶּרֶשׁ יְרָחִים: וּמֵרֹאשׁ
15

16 הַרְרֵי־קֶדֶם וּמִמֶּגֶד גִּבְעוֹת עוֹלָם: וּמִמֶּגֶד אֶרֶץ וּמְלֹאָהּ וּרְצוֹן שֹׁכְנִי

17 סְנֶה תָּבוֹאתָה לְרֹאשׁ יוֹסֵף וּלְקָדְקֹד נְזִיר אֶחָיו: בְּכוֹר שׁוֹרוֹ הָדָר

לוֹ וְקַרְנֵי רְאֵם קַרְנָיו בָּהֶם עַמִּים יְנַגַּח יַחְדָּו אַפְסֵי־אָרֶץ וְהֵם

18 רִבְבוֹת אֶפְרַיִם וְהֵם אַלְפֵי מְנַשֶּׁה:

רְבִיעִי וְלִזְבוּלֻן אָמַר שְׂמַח

19 זְבוּלֻן בְּצֵאתֶךָ וְיִשָּׂשכָר בְּאֹהָלֶיךָ: עַמִּים הַר־יִקְרָאוּ שָׁם יִזְבְּחוּ

20 זִבְחֵי־צֶדֶק כִּי שֶׁפַע יַמִּים יִינָקוּ וּשְׂפֻנֵי טְמוּנֵי חוֹל:

וּלְגָד

21 אָמַר בָּרוּךְ מַרְחִיב גָּד כְּלָבִיא שָׁכֵן וְטָרַף זְרוֹעַ אַף־קָדְקֹד: וַיַּרְא

רֵאשִׁית לוֹ כִּי־שָׁם חֶלְקַת מְחֹקֵק סָפוּן וַיֵּתֵא רָאשֵׁי עָם צִדְקַת

22 יְהוָה עָשָׂה וּמִשְׁפָּטָיו עִם־יִשְׂרָאֵל:

חֲמִישִׁי וּלְדָן אָמַר דָּן גּוּר

23 אַרְיֵה יְזַנֵּק מִן־הַבָּשָׁן: וּלְנַפְתָּלִי אָמַר נַפְתָּלִי שְׂבַע רָצוֹן וּמָלֵא

24 בִּרְכַּת יְהוָה יָם וְדָרוֹם יְרָשָׁה:

וּלְאָשֵׁר אָמַר בָּרוּךְ מִבָּנִים

25 אָשֵׁר יְהִי רְצוּי אֶחָיו וְטֹבֵל בַּשֶּׁמֶן רַגְלוֹ: בַּרְזֶל וּנְחֹשֶׁת מִנְעָלֶךָ

26 וּכְיָמֶיךָ דָּבְאֶךָ: אֵין כָּאֵל יְשֻׁרוּן רֹכֵב שָׁמַיִם בְּעֶזְרֶךָ וּבְגַאֲוָתוֹ

שִׁשִּׁי 27 שְׁחָקִים: מְעֹנָה אֱלֹהֵי קֶדֶם וּמִתַּחַת זְרֹעֹת עוֹלָם וַיְגָרֶשׁ מִפָּנֶיךָ

28 אוֹיֵב וַיֹּאמֶר הַשְׁמֵד: וַיִּשְׁכֹּן יִשְׂרָאֵל בֶּטַח בָּדָד עֵין יַעֲקֹב אֶל־אֶרֶץ

29 דָּגָן וְתִירוֹשׁ אַף־שָׁמָיו יַעַרְפוּ טָל: אַשְׁרֶיךָ יִשְׂרָאֵל מִי כָמוֹךָ עַם

נוֹשַׁע בַּיהוָה מָגֵן עֶזְרֶךָ וַאֲשֶׁר־חֶרֶב גַּאֲוָתֶךָ וְיִכָּחֲשׁוּ אֹיְבֶיךָ לָךְ

שְׁבִיעִי 34 1 וְאַתָּה עַל־בָּמוֹתֵימוֹ תִדְרֹךְ:

וַיַּעַל מֹשֶׁה מֵעַרְבֹת מוֹאָב

אֶל־הַר נְבוֹ רֹאשׁ הַפִּסְגָּה אֲשֶׁר עַל־פְּנֵי יְרֵחוֹ וַיַּרְאֵהוּ יְהוָה

2 אֶת־כָּל־הָאָרֶץ אֶת־הַגִּלְעָד עַד־דָּן: וְאֵת כָּל־נַפְתָּלִי וְאֶת־אֶרֶץ

3 אֶפְרַיִם וּמְנַשֶּׁה וְאֵת כָּל־אֶרֶץ יְהוּדָה עַד הַיָּם הָאַחֲרוֹן: וְאֶת־הַנֶּגֶב

4 וְאֶת־הַכִּכָּר בִּקְעַת יְרֵחוֹ עִיר הַתְּמָרִים עַד־צֹעַר: וַיֹּאמֶר יְהוָה אֵלָיו

4 And the LORD said unto him, This *is* the land which I sware unto Abraham, unto Isaac, and unto Jacob, saying, I will give it unto thy seed: I have caused thee to see *it* with thine eyes, but thou shalt not go over thither.

5 ¶ So Moses the servant of the LORD died there in the land of Moab, according to the word of the LORD.

6 And he buried him in a valley in the land of Moab, over against Beth-peor: but no man knoweth of his sepulchre unto this day.

7 ¶ And Moses *was* an hundred and twenty years old when he died: his eye was not dim, nor his natural force abated.

8 ¶ And the children of Israel wept for Moses in the plains of Moab thirty days:

so the days of weeping *and* mourning for Moses were ended.

9 ¶ And Joshua the son of Nun was full of the spirit of wisdom; for Moses had laid his hands upon him: and the children of Israel hearkened unto him, and did as the LORD commanded Moses.

10 ¶ And there arose not a prophet since in Israel like unto Moses, whom the LORD knew face to face,

11 In all the signs and the wonders, which the LORD sent him to do in the land of Egypt to Pharaoh, and to all his servants, and to all his land,

12 And in all that mighty hand, and in all the great terror which Moses shewed in the sight of all Israel.

THE BOOK OF
JOSHUA

CHAPTER 1

1 Now after the death of Moses the servant of the LORD it came to pass, that the LORD spake unto Joshua the son of Nun, Moses' minister, saying,

2 Moses my servant is dead; now therefore arise, go over this Jordan, thou, and all this people, unto the land which I do give to them, *even* to the children of Israel.

3 Every place that the sole of your foot shall tread upon, that have I given unto you, as I said unto Moses.

4 From the wilderness and this Lebanon even unto the great river, the river Euphrates, all the land of the Hittites, and unto the great sea toward the going down of the sun, shall be your coast.

5 There shall not any man be able to stand before thee all the days of thy life: as I was with Moses, *so* I will be with thee: I will not fail thee, nor forsake thee.

6 Be strong and of a good courage: for unto this people shalt thou divide for an inheritance the land, which I sware unto their fathers to give them.

7 Only be thou strong and very courageous, that thou mayest observe to do according to all the law, which Moses my servant commanded thee: turn not from it *to* the right hand or *to* the left, that thou mayest prosper whithersoever thou goest.

8 This book of the law shall not depart out of thy mouth; but thou shalt meditate therein day and night, that thou mayest observe to do according to all that is written therein: for then thou shalt make thy way prosperous, and then thou shalt have good success.

9 Have not I commanded thee? Be strong and of a good courage; be not afraid, neither be thou dismayed: for the LORD thy God *is* with thee whithersoever thou goest.

10 ¶ Then Joshua commanded the officers of the people, saying,

11 Pass through the host, and command the people, saying, Prepare you victuals; for within three days ye shall pass over this Jordan, to go in to possess the land, which the LORD your God giveth you to possess it.

זֹאת הָאָרֶץ אֲשֶׁר נִשְׁבַּעְתִּי לְאַבְרָהָם לְיִצְחָק וּלְיַעֲקֹב לֵאמֹר לְזַרְעֲךָ

5 אֶתְּנֶנָּה הֶרְאִיתִיךָ בְעֵינֶיךָ וְשָׁמָּה לֹא תַעֲבֹר: וַיָּמָת שָׁם מֹשֶׁה

6 עֶבֶד־יְהֹוָה בְּאֶרֶץ מוֹאָב עַל־פִּי יְהֹוָה: וַיִּקְבֹּר אֹתוֹ בַגַּי בְּאֶרֶץ מוֹאָב

7 מוּל בֵּית פְּעוֹר וְלֹא־יָדַע אִישׁ אֶת־קְבֻרָתוֹ עַד הַיּוֹם הַזֶּה: וּמֹשֶׁה

8 בֶּן־מֵאָה וְעֶשְׂרִים שָׁנָה בְּמֹתוֹ לֹא־כָהֲתָה עֵינוֹ וְלֹא־נָס לֵחֹה: וַיִּבְכּוּ

בְנֵי יִשְׂרָאֵל אֶת־מֹשֶׁה בְּעַרְבֹת מוֹאָב שְׁלֹשִׁים יוֹם וַיִּתְּמוּ יְמֵי בְכִי

9 אֵבֶל מֹשֶׁה: וִיהוֹשֻׁעַ בִּן־נוּן מָלֵא רוּחַ חָכְמָה כִּי־סָמַךְ מֹשֶׁה

אֶת־יָדָיו עָלָיו וַיִּשְׁמְעוּ אֵלָיו בְּנֵי־יִשְׂרָאֵל וַיַּעֲשׂוּ כַּאֲשֶׁר צִוָּה יְהֹוָה

10 אֶת־מֹשֶׁה: וְלֹא־קָם נָבִיא עוֹד בְּיִשְׂרָאֵל כְּמֹשֶׁה אֲשֶׁר יְדָעוֹ יְהֹוָה

11 פָּנִים אֶל־פָּנִים: לְכָל־הָאֹתֹת וְהַמּוֹפְתִים אֲשֶׁר שְׁלָחוֹ יְהֹוָה לַעֲשׂוֹת

12 בְּאֶרֶץ מִצְרַיִם לְפַרְעֹה וּלְכָל־עֲבָדָיו וּלְכָל־אַרְצוֹ: וּלְכֹל הַיָּד הַחֲזָקָה

וּלְכֹל הַמּוֹרָא הַגָּדוֹל אֲשֶׁר עָשָׂה מֹשֶׁה לְעֵינֵי כָּל־יִשְׂרָאֵל:

סֵפֶר יְהוֹשֻׁעַ

1 1 וַיְהִי אַחֲרֵי מוֹת מֹשֶׁה עֶבֶד יְהֹוָה וַיֹּאמֶר יְהֹוָה אֶל־יְהוֹשֻׁעַ בִּן־נוּן

2 מְשָׁרֵת מֹשֶׁה לֵאמֹר: מֹשֶׁה עַבְדִּי מֵת וְעַתָּה קוּם עֲבֹר אֶת־הַיַּרְדֵּן

הַזֶּה אַתָּה וְכָל־הָעָם הַזֶּה אֶל־הָאָרֶץ אֲשֶׁר אָנֹכִי נֹתֵן לָהֶם לִבְנֵי

3 יִשְׂרָאֵל: כָּל־מָקוֹם אֲשֶׁר תִּדְרֹךְ כַּף־רַגְלְכֶם בּוֹ לָכֶם נְתַתִּיו כַּאֲשֶׁר

4 דִּבַּרְתִּי אֶל־מֹשֶׁה: מֵהַמִּדְבָּר וְהַלְּבָנוֹן הַזֶּה וְעַד־הַנָּהָר הַגָּדוֹל

נְהַר־פְּרָת כֹּל אֶרֶץ הַחִתִּים וְעַד־הַיָּם הַגָּדוֹל מְבוֹא הַשָּׁמֶשׁ יִהְיֶה

5 גְּבוּלְכֶם: לֹא־יִתְיַצֵּב אִישׁ לְפָנֶיךָ כֹּל יְמֵי חַיֶּיךָ כַּאֲשֶׁר הָיִיתִי

6 עִם־מֹשֶׁה אֶהְיֶה עִמָּךְ לֹא אַרְפְּךָ וְלֹא אֶעֶזְבֶךָּ: חֲזַק וֶאֱמָץ כִּי

אַתָּה תַּנְחִיל אֶת־הָעָם הַזֶּה אֶת־הָאָרֶץ אֲשֶׁר־נִשְׁבַּעְתִּי לַאֲבוֹתָם

7 לָתֵת לָהֶם: רַק חֲזַק וֶאֱמַץ מְאֹד לִשְׁמֹר לַעֲשׂוֹת כְּכָל־הַתּוֹרָה

אֲשֶׁר צִוְּךָ מֹשֶׁה עַבְדִּי אַל־תָּסוּר מִמֶּנּוּ יָמִין וּשְׂמֹאול לְמַעַן תַּשְׂכִּיל

8 בְּכֹל אֲשֶׁר תֵּלֵךְ: לֹא־יָמוּשׁ סֵפֶר הַתּוֹרָה הַזֶּה מִפִּיךָ וְהָגִיתָ בּוֹ

יוֹמָם וָלַיְלָה לְמַעַן תִּשְׁמֹר לַעֲשׂוֹת כְּכָל־הַכָּתוּב בּוֹ כִּי־אָז תַּצְלִיחַ

9 אֶת־דְּרָכֶךָ וְאָז תַּשְׂכִּיל: הֲלוֹא צִוִּיתִיךָ חֲזַק וֶאֱמָץ אַל־תַּעֲרֹץ

וְאַל־תֵּחָת כִּי עִמְּךָ יְהֹוָה אֱלֹהֶיךָ בְּכֹל אֲשֶׁר תֵּלֵךְ:

10 וַיְצַו יְהוֹשֻׁעַ אֶת־שֹׁטְרֵי הָעָם לֵאמֹר: עִבְרוּ בְּקֶרֶב הַמַּחֲנֶה וְצַוּוּ

11 אֶת־הָעָם לֵאמֹר הָכִינוּ לָכֶם צֵידָה כִּי בְּעוֹד שְׁלֹשֶׁת יָמִים אַתֶּם

עֹבְרִים אֶת־הַיַּרְדֵּן הַזֶּה לָבוֹא לָרֶשֶׁת אֶת־הָאָרֶץ אֲשֶׁר יְהֹוָה

12 ¶ And to the Reubenites, and to the Gadites, and to half the tribe of Manasseh, spake Joshua, saying,

13 Remember the word which Moses the servant of the Lord commanded you, saying, The Lord your God hath given you rest, and hath given you this land.

14 Your wives, your little ones, and your cattle, shall remain in the land which Moses gave you on this side Jordan; but ye shall pass before your brethren armed, all the mighty men of valour, and help them;

15 Until the Lord have given your brethren rest, as he hath given you, and they also have possessed the land which the Lord your God giveth them: then ye shall return unto the land of your possession, and enjoy it, which Moses the Lord's servant gave you on this side Jordan toward the sunrising.

16 ¶ And they answered Joshua, saying, All that thou commandest us we will do, and whithersoever thou sendest us, we will go.

17 According as we hearkened unto Moses in all things, so will we hearken unto thee: only the Lord thy God be with thee, as he was with Moses.

18 Whosoever he be that doth rebel against thy commandment, and will not hearken unto thy words in all that thou commandest him, he shall be put to death: only be strong and of a good courage.

CHAPTER 2

1 And Joshua the son of Nun sent out of Shittim two men to spy secretly, saying, Go view the land, even Jericho. And they went, and came into an harlot's house, named Rahab, and lodged there.

2 And it was told the king of Jericho, saying, Behold, there came men in hither to night of the children of Israel to search out the country.

3 And the king of Jericho sent unto Rahab, saying, Bring forth the men that are come to thee, which are entered into thine house: for they be come to search out all the country.

4 And the woman took the two men, and hid them, and said thus, There came men unto me, but I wist not whence they were:

5 And it came to pass about the time of shutting of the gate, when it was dark, that the men went out: whither the men went I wot not: pursue after them quickly; for ye shall overtake them.

6 But she had brought them up to the roof of the house, and hid them with the stalks of flax, which she had laid in order upon the roof.

7 And the men pursued after them the way to Jordan unto the fords: and as soon as they which pursued after them were gone out, they shut the gate.

8 ¶ And before they were laid down, she came up unto them upon the roof;

9 And she said unto the men, I know that the Lord hath given you the land, and that your terror is fallen upon us, and that all the inhabitants of the land faint because of you.

10 For we have heard how the Lord dried up the water of the Red sea for you, when ye came out of Egypt; and what ye did unto the two kings of the Amorites, that were on the other side Jordan, Sihon and Og, whom ye utterly destroyed.

11 And as soon as we had heard these things, our hearts did melt, neither did there remain any more courage in any man, because of you: for the Lord your God, he is God in heaven above, and in earth beneath.

12 Now therefore, I pray you, swear unto me by the Lord, since I have shewed you kindness, that ye will also shew kindness unto my father's house, and give me a true token:

13 And that ye will save alive my father, and my mother, and my brethren, and my sisters, and all that they have, and deliver our lives from death.

14 And the men answered her, Our life

אֱלֹהֵיכֶם נֹתֵן לָכֶם לְרִשְׁתָּהּ: וְלָרֽאוּבֵנִי וְלַגָּדִי וְלַחֲצִי 12

שֵׁבֶט הַֽמְנַשֶּׁה אָמַר יְהוֹשֻׁעַ לֵאמֹר: זָכוֹר אֶת־הַדָּבָר אֲשֶׁר צִוָּה 13
אֶתְכֶם מֹשֶׁה עֶֽבֶד־יְהוָה לֵאמֹר יְהוָה אֱלֹהֵיכֶם מֵנִיחַ לָכֶם וְנָתַן

לָכֶם אֶת־הָאָרֶץ הַזֹּאת: נְשֵׁיכֶם טַפְּכֶם וּמִקְנֵיכֶם יֵשְׁבוּ בָּאָרֶץ אֲשֶׁר 14
נָתַן לָכֶם מֹשֶׁה בְּעֵבֶר הַיַּרְדֵּן וְאַתֶּם תַּֽעַבְרוּ חֲמֻשִׁים לִפְנֵי אֲחֵיכֶם

כֹּל גִּבּוֹרֵי הַחַיִל וַעֲזַרְתֶּם אוֹתָם: עַד אֲשֶׁר־יָנִיחַ יְהוָה ׀ לַאֲחֵיכֶם 15
כָּכֶם וְיָרְשׁוּ גַם־הֵמָּה אֶת־הָאָרֶץ אֲשֶׁר־יְהוָה אֱלֹהֵיכֶם נֹתֵן לָהֶם
וְשַׁבְתֶּם לְאֶרֶץ יְרֻשַּׁתְכֶם וִירִשְׁתֶּם אוֹתָהּ אֲשֶׁר ׀ נָתַן לָכֶם מֹשֶׁה

עֶבֶד יְהוָה בְּעֵבֶר הַיַּרְדֵּן מִזְרַח הַשָּׁמֶשׁ: וַיַּעֲנוּ אֶת־יְהוֹשֻׁעַ לֵאמֹר 16

כֹּל אֲשֶׁר־צִוִּיתָנוּ נַעֲשֶׂה וְאֶל־כָּל־אֲשֶׁר תִּשְׁלָחֵנוּ נֵלֵךְ: כְּכֹל אֲשֶׁר־ 17
שָׁמַעְנוּ אֶל־מֹשֶׁה כֵּן נִשְׁמַע אֵלֶיךָ רַק יִהְיֶה יְהוָה אֱלֹהֶיךָ עִמָּךְ כַּאֲשֶׁר

הָיָה עִם־מֹשֶׁה: כָּל־אִישׁ אֲשֶׁר־יַמְרֶה אֶת־פִּיךָ וְלֹא־יִשְׁמַע אֶת־דְּבָרֶיךָ 18
לְכֹל אֲשֶׁר־תְּצַוֶּנּוּ יוּמָת רַק חֲזַק וֶאֱמָץ:

וַיִּשְׁלַח יְהוֹשֻׁעַ־בִּן־נוּן מִן־הַשִּׁטִּים שְׁנַיִם־אֲנָשִׁים מְרַגְּלִים חֶרֶשׁ לֵאמֹר 1 **2**
לְכוּ רְאוּ אֶת־הָאָרֶץ וְאֶת־יְרִיחוֹ וַיֵּלְכוּ וַיָּבֹאוּ בֵּית־אִשָּׁה זוֹנָה וּשְׁמָהּ

רָחָב וַיִּשְׁכְּבוּ־שָׁמָּה: וַיֵּאָמַר לְמֶלֶךְ יְרִיחוֹ לֵאמֹר הִנֵּה אֲנָשִׁים בָּאוּ 2

הֵנָּה הַלַּיְלָה מִבְּנֵי יִשְׂרָאֵל לַחְפֹּר אֶת־הָאָרֶץ: וַיִּשְׁלַח מֶלֶךְ יְרִיחוֹ 3
אֶל־רָחָב לֵאמֹר הוֹצִיאִי הָאֲנָשִׁים הַבָּאִים אֵלַיִךְ אֲשֶׁר־בָּאוּ לְבֵיתֵךְ

כִּי לַחְפֹּר אֶת־כָּל־הָאָרֶץ בָּאוּ: וַתִּקַּח הָאִשָּׁה אֶת־שְׁנֵי הָאֲנָשִׁים 4
וַתִּצְפְּנוֹ וַתֹּאמֶר ׀ כֵּן בָּאוּ אֵלַי הָאֲנָשִׁים וְלֹא יָדַעְתִּי מֵאַיִן הֵמָּה:

וַיְהִי הַשַּׁעַר לִסְגּוֹר בַּחֹשֶׁךְ וְהָאֲנָשִׁים יָצָאוּ לֹא יָדַעְתִּי אָנָה הָלְכוּ 5

הָאֲנָשִׁים רִדְפוּ מַהֵר אַחֲרֵיהֶם כִּי תַשִּׂיגוּם: וְהִיא הֶעֱלָתַם הַגָּגָה 6

וַתִּטְמְנֵם בְּפִשְׁתֵּי הָעֵץ הָעֲרֻכוֹת לָהּ עַל־הַגָּג: וְהָאֲנָשִׁים רָדְפוּ 7
אַחֲרֵיהֶם דֶּרֶךְ הַיַּרְדֵּן עַל הַמַּעְבְּרוֹת וְהַשַּׁעַר סָגָרוּ אַחֲרֵי כַּאֲשֶׁר

יָצְאוּ הָרֹדְפִים אַחֲרֵיהֶם: וְהֵמָּה טֶרֶם יִשְׁכָּבוּן וְהִיא עָלְתָה עֲלֵיהֶם 8

עַל־הַגָּג: וַתֹּאמֶר אֶל־הָאֲנָשִׁים יָדַעְתִּי כִּי־נָתַן יְהוָה לָכֶם אֶת־הָאָרֶץ 9

וְכִי־נָפְלָה אֵימַתְכֶם עָלֵינוּ וְכִי נָמֹגוּ כָּל־יֹשְׁבֵי הָאָרֶץ מִפְּנֵיכֶם: כִּי 10
שָׁמַעְנוּ אֵת אֲשֶׁר־הוֹבִישׁ יְהוָה אֶת־מֵי יַם־סוּף מִפְּנֵיכֶם בְּצֵאתְכֶם
מִמִּצְרָיִם וַאֲשֶׁר עֲשִׂיתֶם לִשְׁנֵי מַלְכֵי הָאֱמֹרִי אֲשֶׁר בְּעֵבֶר הַיַּרְדֵּן

לְסִיחֹן וּלְעוֹג אֲשֶׁר הֶחֱרַמְתֶּם אוֹתָם: וַנִּשְׁמַע וַיִּמַּס לְבָבֵנוּ וְלֹא־קָמָה 11
עוֹד רוּחַ בְּאִישׁ מִפְּנֵיכֶם כִּי יְהוָה אֱלֹהֵיכֶם הוּא אֱלֹהִים בַּשָּׁמַיִם

מִמַּעַל וְעַל־הָאָרֶץ מִתָּחַת: וְעַתָּה הִשָּׁבְעוּ־נָא לִי בַּיהוָה כִּי־עָשִׂיתִי 12
עִמָּכֶם חָסֶד וַעֲשִׂיתֶם גַּם־אַתֶּם עִם־בֵּית אָבִי חֶסֶד וּנְתַתֶּם לִי

אוֹת אֱמֶת: וְהַחֲיִתֶם אֶת־אָבִי וְאֶת־אִמִּי וְאֶת־אַחַי וְאֶת־אַחְוֹתַי 13

וְאֵת כָּל־אֲשֶׁר לָהֶם וְהִצַּלְתֶּם אֶת־נַפְשֹׁתֵינוּ מִמָּוֶת: וַיֹּאמְרוּ לָהּ 14

for yours, if ye utter not this our business. And it shall be, when the LORD hath given us the land, that we will deal kindly and truly with thee.

15 Then she let them down by a cord through the window: for her house *was* upon the town wall, and she dwelt upon the wall.

16 And she said unto them, Get you to the mountain, lest the pursuers meet you; and hide yourselves there three days, until the pursuers be returned: and afterward may ye go your way.

17 And the men said unto her, We *will be* blameless of this thine oath which thou hast made us swear.

18 Behold, *when* we come into the land, thou shalt bind this line of scarlet thread in the window which thou didst let us down by: and thou shalt bring thy father, and thy mother, and thy brethren, and all thy father's household, home unto thee.

19 And it shall be, *that* whosoever shall go out of the doors of thy house into the street, his blood *shall be* upon his head, and we *will be* guiltless: and whosoever shall be with thee in the house, his blood *shall be* on our head, if *any* hand be upon him.

20 And if thou utter this our business, then we will be quit of thine oath which thou hast made us to swear.

21 And she said, According unto your words, so *be* it. And she sent them away, and they departed: and she bound the scarlet line in the window.

22 And they went, and came unto the mountain, and abode there three days, until the pursuers were returned: and the pursuers sought *them* throughout all the way, but found *them* not.

23 ¶ So the two men returned, and descended from the mountain, and passed over, and came to Joshua the son of Nun, and told him all *things* that befell them:

24 And they said unto Joshua, Truly the LORD hath delivered into our hands all the land; for even all the inhabitants of the country do faint because of us.

CHAPTER 3

1 And Joshua rose early in the morning; and they removed from Shittim, and came to Jordan, he and all the children of Israel, and lodged there before they passed over.

2 And it came to pass after three days, that the officers went through the host;

3 And they commanded the people, saying, When ye see the ark of the covenant of the LORD your God, and the priests the Levites bearing it, then ye shall remove from your place, and go after it.

4 Yet there shall be a space between you and it, about two thousand cubits by measure: come not near unto it, that ye may know the way by which ye must go: for ye have not passed *this* way heretofore.

5 And Joshua said unto the people, Sanctify yourselves: for to morrow the LORD will do wonders among you.

6 And Joshua spake unto the priests, saying, Take up the ark of the covenant, and pass over before the people. And they took up the ark of the covenant, and went before the people.

7 ¶ And the LORD said unto Joshua, This day will I begin to magnify thee in the sight of all Israel, that they may know that, as I was with Moses, *so* I will be with thee.

8 And thou shalt command the priests that bear the ark of the covenant, saying, When ye are come to the brink of the water of Jordan, ye shall stand still in Jordan.

9 ¶ And Joshua said unto the children of Israel, Come hither, and hear the words of the LORD your God.

10 And Joshua said, Hereby ye shall know that the living God *is* among you, and *that* he will without fail drive out from before you the Canaanites, and the Hittites, and the Hivites, and the Periz-

הָאֲנָשִׁים נַפְשֵׁנוּ תַחְתֵּיכֶם לָמוּת אִם לֹא תַגִּידוּ אֶת־דְּבָרֵנוּ זֶה

15 וְהָיָה בְּתֵת־יְהֹוָה לָנוּ אֶת־הָאָרֶץ וְעָשִׂינוּ עִמָּךְ חֶסֶד וֶאֱמֶת: וַתּוֹרִדֵם
בַּחֶבֶל בְּעַד הַחַלּוֹן כִּי בֵיתָהּ בְּקִיר הַחוֹמָה וּבַחוֹמָה הִיא יוֹשָׁבֶת:

16 וַתֹּאמֶר לָהֶם הָהָרָה לֵּכוּ פֶּן־יִפְגְּעוּ בָכֶם הָרֹדְפִים וְנַחְבֵּתֶם שָׁמָּה

17 שְׁלֹשֶׁת יָמִים עַד שׁוֹב הָרֹדְפִים וְאַחַר תֵּלְכוּ לְדַרְכְּכֶם: וַיֹּאמְרוּ

18 אֵלֶיהָ הָאֲנָשִׁים נְקִיִּם אֲנַחְנוּ מִשְּׁבֻעָתֵךְ הַזֶּה אֲשֶׁר הִשְׁבַּעְתָּנוּ: הִנֵּה
אֲנַחְנוּ בָאִים בָּאָרֶץ אֶת־תִּקְוַת חוּט הַשָּׁנִי הַזֶּה תִּקְשְׁרִי בַּחַלּוֹן
אֲשֶׁר הוֹרַדְתֵּנוּ בוֹ וְאֶת־אָבִיךְ וְאֶת־אִמֵּךְ וְאֶת־אַחַיִךְ וְאֵת כָּל־בֵּית

19 אָבִיךְ תַּאַסְפִי אֵלַיִךְ הַבָּיְתָה: וְהָיָה כֹּל אֲשֶׁר־יֵצֵא מִדַּלְתֵי בֵיתֵךְ ׀
הַחוּצָה דָּמוֹ בְרֹאשׁוֹ וַאֲנַחְנוּ נְקִיִּם וְכֹל אֲשֶׁר יִהְיֶה אִתָּךְ בַּבַּיִת

20 דָּמוֹ בְרֹאשֵׁנוּ אִם־יָד תִּהְיֶה־בּוֹ: וְאִם־תַּגִּידִי אֶת־דְּבָרֵנוּ זֶה וְהָיִינוּ

21 נְקִיִּם מִשְּׁבֻעָתֵךְ אֲשֶׁר הִשְׁבַּעְתָּנוּ: וַתֹּאמֶר כְּדִבְרֵיכֶם כֶּן־הוּא

22 וַתְּשַׁלְּחֵם וַיֵּלֵכוּ וַתִּקְשֹׁר אֶת־תִּקְוַת הַשָּׁנִי בַּחַלּוֹן: וַיֵּלְכוּ וַיָּבֹאוּ
הָהָרָה וַיֵּשְׁבוּ שָׁם שְׁלֹשֶׁת יָמִים עַד־שָׁבוּ הָרֹדְפִים וַיְבַקְשׁוּ הָרֹדְפִים

23 בְּכָל־הַדֶּרֶךְ וְלֹא מָצָאוּ: וַיָּשֻׁבוּ שְׁנֵי הָאֲנָשִׁים וַיֵּרְדוּ מֵהָהָר וַיַּעַבְרוּ
וַיָּבֹאוּ אֶל־יְהוֹשֻׁעַ בִּן־נוּן וַיְסַפְּרוּ־לוֹ אֵת כָּל־הַמֹּצְאוֹת אוֹתָם:

24 וַיֹּאמְרוּ אֶל־יְהוֹשֻׁעַ כִּי־נָתַן יְהֹוָה בְּיָדֵנוּ אֶת־כָּל־הָאָרֶץ וְגַם־נָמֹגוּ

3 כָּל־יֹשְׁבֵי הָאָרֶץ מִפָּנֵינוּ: וַיַּשְׁכֵּם יְהוֹשֻׁעַ בַּבֹּקֶר וַיִּסְעוּ   1A
מֵהַשִּׁטִּים וַיָּבֹאוּ עַד־הַיַּרְדֵּן הוּא וְכָל־בְּנֵי יִשְׂרָאֵל וַיָּלִנוּ שָׁם טֶרֶם

2 יַעֲבֹרוּ: וַיְהִי מִקְצֵה שְׁלֹשֶׁת יָמִים וַיַּעַבְרוּ הַשֹּׁטְרִים בְּקֶרֶב הַמַּחֲנֶה:

3 וַיְצַוּוּ אֶת־הָעָם לֵאמֹר כִּרְאוֹתְכֶם אֵת אֲרוֹן בְּרִית־יְהֹוָה אֱלֹהֵיכֶם
וְהַכֹּהֲנִים הַלְוִיִּם נֹשְׂאִים אֹתוֹ וְאַתֶּם תִּסְעוּ מִמְּקוֹמְכֶם וַהֲלַכְתֶּם

4 אַחֲרָיו: אַךְ ׀ רָחוֹק יִהְיֶה בֵּינֵיכֶם וּבֵינָו כְּאַלְפַּיִם אַמָּה בַּמִּדָּה   וּבֵינָו
אַל־תִּקְרְבוּ אֵלָיו לְמַעַן אֲשֶׁר־תֵּדְעוּ אֶת־הַדֶּרֶךְ אֲשֶׁר תֵּלְכוּ־בָהּ כִּי

5 לֹא עֲבַרְתֶּם בַּדֶּרֶךְ מִתְּמוֹל שִׁלְשׁוֹם: וַיֹּאמֶר יְהוֹשֻׁעַ
אֶל־הָעָם הִתְקַדָּשׁוּ כִּי מָחָר יַעֲשֶׂה יְהֹוָה בְּקִרְבְּכֶם נִפְלָאוֹת: וַיֹּאמֶר

6 יְהוֹשֻׁעַ אֶל־הַכֹּהֲנִים לֵאמֹר שְׂאוּ אֶת־אֲרוֹן הַבְּרִית וְעִבְרוּ לִפְנֵי

7 הָעָם וַיִּשְׂאוּ אֶת־אֲרוֹן הַבְּרִית וַיֵּלְכוּ לִפְנֵי הָעָם: וַיֹּאמֶר
יְהֹוָה אֶל־יְהוֹשֻׁעַ הַיּוֹם הַזֶּה אָחֵל גַּדֶּלְךָ בְּעֵינֵי כָּל־יִשְׂרָאֵל אֲשֶׁר

8 יֵדְעוּן כִּי כַּאֲשֶׁר הָיִיתִי עִם־מֹשֶׁה אֶהְיֶה עִמָּךְ: וְאַתָּה תְּצַוֶּה
אֶת־הַכֹּהֲנִים נֹשְׂאֵי אֲרוֹן־הַבְּרִית לֵאמֹר כְּבֹאֲכֶם עַד־קְצֵה מֵי הַיַּרְדֵּן
בַּיַּרְדֵּן תַּעֲמֹדוּ:

9 וַיֹּאמֶר יְהוֹשֻׁעַ אֶל־בְּנֵי יִשְׂרָאֵל גֹּשׁוּ הֵנָּה וְשִׁמְעוּ אֶת־דִּבְרֵי יְהֹוָה

10 אֱלֹהֵיכֶם: וַיֹּאמֶר יְהוֹשֻׁעַ בְּזֹאת תֵּדְעוּן כִּי אֵל חַי בְּקִרְבְּכֶם וְהוֹרֵשׁ
יוֹרִישׁ מִפְּנֵיכֶם אֶת־הַכְּנַעֲנִי וְאֶת־הַחִתִּי וְאֶת־הַחִוִּי וְאֶת־הַפְּרִזִּי

zites, and the Girgashites, and the Amorites, and the Jebusites.

11 Behold, the ark of the covenant of the Lord of all the earth passeth over before you into Jordan.

12 Now therefore take you twelve men out of the tribes of Israel, out of every tribe a man.

13 And it shall come to pass, as soon as the soles of the feet of the priests that bear the ark of the LORD, the Lord of all the earth, shall rest in the waters of Jordan, *that* the waters of Jordan shall be cut off *from* the waters that come down from above; and they shall stand upon an heap.

14 ¶ And it came to pass, when the people removed from their tents, to pass over Jordan, and the priests bearing the ark of the covenant before the people;

15 And as they that bare the ark were come unto Jordan, and the feet of the priests that bare the ark were dipped in the brim of the water, (for Jordan overfloweth all his banks all the time of harvest,)

16 That the waters which came down from above stood *and* rose up upon an heap very far from the city Adam, that *is* beside Zaretan: and those that came down toward the sea of the plain, *even* the salt sea, failed, *and* were cut off: and the people passed over right against Jericho.

17 And the priests that bare the ark of the covenant of the LORD stood firm on dry ground in the midst of Jordan, and all the Israelites passed over on dry ground, until all the people were passed clean over Jordan.

CHAPTER 4

1 And it came to pass, when all the people were clean passed over Jordan, that the LORD spake unto Joshua, saying,

2 Take you twelve men out of the people, out of every tribe a man,

3 And command ye them, saying, Take you hence out of the midst of Jordan, out of the place where the priests' feet stood firm, twelve stones, and ye shall carry

them over with you, and leave them in the lodging place, where ye shall lodge this night.

4 Then Joshua called the twelve men, whom he had prepared of the children of Israel, out of every tribe a man:

5 And Joshua said unto them, Pass over before the ark of the LORD your God into the midst of Jordan, and take ye up every man of you a stone upon his shoulder, according unto the number of the tribes of the children of Israel:

6 That this may be a sign among you, *that* when your children ask *their fathers* in time to come, saying, What *mean* ye by these stones?

7 Then ye shall answer them, That the waters of Jordan were cut off before the ark of the covenant of the LORD; when it passed over Jordan, the waters of Jordan were cut off: and these stones shall be for a memorial unto the children of Israel for ever.

8 And the children of Israel did so as Joshua commanded, and took up twelve stones out of the midst of Jordan, as the LORD spake unto Joshua, according to the number of the tribes of the children of Israel, and carried them over with them unto the place where they lodged, and laid them down there.

9 And Joshua set up twelve stones in the midst of Jordan, in the place where the feet of the priests which bare the ark of the covenant stood: and they are there unto this day.

10 ¶ For the priests which bare the ark stood in the midst of Jordan, until every thing was finished that the LORD commanded Joshua to speak unto the people, according to all that Moses commanded Joshua: and the people hasted and passed over.

11 And it came to pass, when all the people were clean passed over, that the ark of the LORD passed over, and the priests, in the presence of the people.

12 And the children of Reuben, and the children of Gad, and half the tribe of Ma-

11 וְאֶת־הַגִּרְגָּשִׁי וְהָאֱמֹרִי וְהַיְבוּסִי: הִנֵּה אֲרוֹן הַבְּרִית אֲדוֹן כָּל־הָאָרֶץ

12 עֹבֵר לִפְנֵיכֶם בַּיַּרְדֵּן: וְעַתָּה קְחוּ לָכֶם שְׁנֵי עָשָׂר אִישׁ מִשִּׁבְטֵי

13 יִשְׂרָאֵל אִישׁ־אֶחָד אִישׁ־אֶחָד לַשָּׁבֶט: וְהָיָה כְּנוֹחַ כַּפּוֹת רַגְלֵי
הַכֹּהֲנִים נֹשְׂאֵי אֲרוֹן יְהוָה אֲדוֹן כָּל־הָאָרֶץ בְּמֵי הַיַּרְדֵּן מֵי הַיַּרְדֵּן

14 יִכָּרֵתוּן הַמַּיִם הַיֹּרְדִים מִלְמָעְלָה וְיַעַמְדוּ נֵד אֶחָד: וַיְהִי בִּנְסֹעַ
הָעָם מֵאָהֳלֵיהֶם לַעֲבֹר אֶת־הַיַּרְדֵּן וְהַכֹּהֲנִים נֹשְׂאֵי הָאָרוֹן הַבְּרִית

15 לִפְנֵי הָעָם: וּכְבוֹא נֹשְׂאֵי הָאָרוֹן עַד־הַיַּרְדֵּן וְרַגְלֵי הַכֹּהֲנִים נֹשְׂאֵי
הָאָרוֹן נִטְבְּלוּ בִּקְצֵה הַמָּיִם וְהַיַּרְדֵּן מָלֵא עַל־כָּל־גְּדוֹתָיו כֹּל יְמֵי

16 קָצִיר: וַיַּעַמְדוּ הַמַּיִם הַיֹּרְדִים מִלְמָעְלָה קָמוּ נֵד־אֶחָד הַרְחֵק מְאֹד
מֵאָדָם בְאָדָם הָעִיר אֲשֶׁר מִצַּד צָרְתָן וְהַיֹּרְדִים עַל יָם הָעֲרָבָה יָם־הַמֶּלַח

17 תַּמּוּ נִכְרָתוּ וְהָעָם עָבְרוּ נֶגֶד יְרִיחוֹ: וַיַּעַמְדוּ הַכֹּהֲנִים נֹשְׂאֵי הָאָרוֹן
בְּרִית־יְהוָה בֶּחָרָבָה בְּתוֹךְ הַיַּרְדֵּן הָכֵן וְכָל־יִשְׂרָאֵל עֹבְרִים בֶּחָרָבָה

4 1 עַד אֲשֶׁר־תַּמּוּ כָּל־הַגּוֹי לַעֲבֹר אֶת־הַיַּרְדֵּן: וַיְהִי כַּאֲשֶׁר־תַּמּוּ כָל־הַגּוֹי
לַעֲבוֹר אֶת־הַיַּרְדֵּן:

2 וַיֹּאמֶר יְהוָה אֶל־יְהוֹשֻׁעַ לֵאמֹר: קְחוּ לָכֶם מִן־הָעָם שְׁנֵים עָשָׂר

3 אֲנָשִׁים אִישׁ־אֶחָד אִישׁ־אֶחָד מִשָּׁבֶט: וְצַוּוּ אוֹתָם לֵאמֹר שְׂאוּ־לָכֶם
מִזֶּה מִתּוֹךְ הַיַּרְדֵּן מִמַּצַּב רַגְלֵי הַכֹּהֲנִים הָכֵן שְׁתֵּים־עֶשְׂרֵה אֲבָנִים
וְהַעֲבַרְתֶּם אוֹתָם עִמָּכֶם וְהִנַּחְתֶּם אוֹתָם בַּמָּלוֹן אֲשֶׁר־תָּלִינוּ בוֹ

4 הַלָּיְלָה: וַיִּקְרָא יְהוֹשֻׁעַ אֶל־שְׁנֵים הֶעָשָׂר אִישׁ אֲשֶׁר הֵכִין

5 מִבְּנֵי יִשְׂרָאֵל אִישׁ־אֶחָד אִישׁ־אֶחָד מִשָּׁבֶט: וַיֹּאמֶר לָהֶם יְהוֹשֻׁעַ
עִבְרוּ לִפְנֵי אֲרוֹן יְהוָה אֱלֹהֵיכֶם אֶל־תּוֹךְ הַיַּרְדֵּן וְהָרִימוּ לָכֶם אִישׁ

6 אֶבֶן אַחַת עַל־שִׁכְמוֹ לְמִסְפַּר שִׁבְטֵי בְנֵי־יִשְׂרָאֵל: לְמַעַן תִּהְיֶה זֹאת
אוֹת בְּקִרְבְּכֶם כִּי־יִשְׁאָלוּן בְּנֵיכֶם מָחָר לֵאמֹר מָה הָאֲבָנִים הָאֵלֶּה

7 לָכֶם: וַאֲמַרְתֶּם לָהֶם אֲשֶׁר נִכְרְתוּ מֵימֵי הַיַּרְדֵּן מִפְּנֵי אֲרוֹן בְּרִית־
יְהוָה בְּעָבְרוֹ בַּיַּרְדֵּן נִכְרְתוּ מֵי הַיַּרְדֵּן וְהָיוּ הָאֲבָנִים הָאֵלֶּה לְזִכָּרוֹן

8 לִבְנֵי יִשְׂרָאֵל עַד־עוֹלָם: וַיַּעֲשׂוּ־כֵן בְּנֵי־יִשְׂרָאֵל כַּאֲשֶׁר צִוָּה יְהוֹשֻׁעַ
וַיִּשְׂאוּ שְׁתֵּי־עֶשְׂרֵה אֲבָנִים מִתּוֹךְ הַיַּרְדֵּן כַּאֲשֶׁר דִּבֶּר יְהוָה
אֶל־יְהוֹשֻׁעַ לְמִסְפַּר שִׁבְטֵי בְנֵי־יִשְׂרָאֵל וַיַּעֲבִרוּם עִמָּם אֶל־הַמָּלוֹן

9 וַיַּנִּחוּם שָׁם: וּשְׁתֵּים עֶשְׂרֵה אֲבָנִים הֵקִים יְהוֹשֻׁעַ בְּתוֹךְ הַיַּרְדֵּן
תַּחַת מַצַּב רַגְלֵי הַכֹּהֲנִים נֹשְׂאֵי אֲרוֹן הַבְּרִית וַיִּהְיוּ שָׁם עַד הַיּוֹם

10 הַזֶּה: וְהַכֹּהֲנִים נֹשְׂאֵי הָאָרוֹן עֹמְדִים בְּתוֹךְ הַיַּרְדֵּן עַד תֹּם כָּל־
הַדָּבָר אֲשֶׁר־צִוָּה יְהוָה אֶת־יְהוֹשֻׁעַ לְדַבֵּר אֶל־הָעָם כְּכֹל אֲשֶׁר־צִוָּה

11 מֹשֶׁה אֶת־יְהוֹשֻׁעַ וַיְמַהֲרוּ הָעָם וַיַּעֲבֹרוּ: וַיְהִי כַּאֲשֶׁר־תַּם כָּל־הָעָם

12 לַעֲבוֹר וַיַּעֲבֹר אֲרוֹן־יְהוָה וְהַכֹּהֲנִים לִפְנֵי הָעָם: וַיַּעַבְרוּ בְּנֵי־רְאוּבֵן
וּבְנֵי־גָד וַחֲצִי שֵׁבֶט הַמְנַשֶּׁה חֲמֻשִׁים לִפְנֵי בְּנֵי יִשְׂרָאֵל כַּאֲשֶׁר

nasseh, passed over armed before the children of Israel, as Moses spake unto them:

13 About forty thousand prepared for war passed over before the Lord unto battle, to the plains of Jericho.

14 ¶ On that day the Lord magnified Joshua in the sight of all Israel; and they feared him, as they feared Moses, all the days of his life.

15 And the Lord spake unto Joshua, saying,

16 Command the priests that bear the ark of the testimony, that they come up out of Jordan.

17 Joshua therefore commanded the priests, saying, Come ye up out of Jordan.

18 And it came to pass, when the priests that bare the ark of the covenant of the Lord were come up out of the midst of Jordan, and the soles of the priests' feet were lifted up unto the dry land, that the waters of Jordan returned unto their place, and flowed over all his banks, as they did before.

19 ¶ And the people came up out of Jordan on the tenth day of the first month, and encamped in Gilgal, in the east border of Jericho.

20 And those twelve stones, which they took out of Jordan, did Joshua pitch in Gilgal.

21 And he spake unto the children of Israel, saying, When your children shall ask their fathers in time to come, saying, What mean these stones?

22 Then ye shall let your children know, saying, Israel came over this Jordan on dry land.

23 For the Lord your God dried up the waters of Jordan from before you, until ye were passed over, as the Lord your God did to the Red sea, which he dried up from before us, until we were gone over:

24 That all the people of the earth might know the hand of the Lord, that it is mighty: that ye might fear the Lord your God for ever.

CHAPTER 5

1 And it came to pass, when all the kings of the Amorites, which were on the side of Jordan westward, and all the kings of the Canaanites, which were by the sea, heard that the Lord had dried up the waters of Jordan from before the children of Israel, until we were passed over, that their heart melted, neither was there spirit in them any more, because of the children of Israel.

2 ¶ At that time the Lord said unto Joshua, Make thee sharp knives, and circumcise again the children of Israel the second time.

3 And Joshua made him sharp knives, and circumcised the children of Israel at the hill of the foreskins.

4 And this is the cause why Joshua did circumcise: All the people that came out of Egypt, that were males, even all the men of war, died in the wilderness by the way, after they came out of Egypt.

5 Now all the people that came out were circumcised: but all the people that were born in the wilderness by the way as they came forth out of Egypt, them they had not circumcised.

6 For the children of Israel walked forty years in the wilderness, till all the people that were men of war, which came out of Egypt, were consumed, because they obeyed not the voice of the Lord: unto whom the Lord sware that he would not shew them the land, which the Lord sware unto their fathers that he would give us, a land that floweth with milk and honey.

7 And their children, whom he raised up in their stead, them Joshua circumcised: for they were uncircumcised, because they had not circumcised them by the way.

8 And it came to pass, when they had done circumcising all the people, that they abode in their places in the camp, till they were whole.

9 And the Lord said unto Joshua, This day have I rolled away the reproach of Egypt from off you. Wherefore the name of the place is called Gilgal unto this day.

10 ¶ And the children of Israel encamped in Gilgal, and kept the passover on the fourteenth day of the month at even in the plains of Jericho.

דִּבֶּר אֲלֵיהֶם מֹשֶׁה: כְּאַרְבָּעִים אֶ֫לֶף חֲלוּצֵי הַצָּבָא עָבְר֫וּ לִפְנֵי 13

יְהוָה לַמִּלְחָמָה אֶל עַרְבוֹת יְרִיח֫וֹ: בַּיּוֹם הַהוּא גִּדַּל 14
יְהוָה אֶת־יְהוֹשֻׁעַ בְּעֵינֵי כָל־יִשְׂרָאֵל וַיִּֽרְאוּ אֹתוֹ כַּאֲשֶׁר יָרְאוּ אֶת־
מֹשֶׁה כָּל־יְמֵי חַיָּֽיו:

וַיֹּאמֶר יְהוָה אֶל־יְהוֹשֻׁעַ לֵאמֹר: צַוֵּה אֶת־הַכֹּהֲנִים נֹשְׂאֵי אֲרוֹן 15
16
הָעֵדוּת וְיַעֲלוּ מִן־הַיַּרְדֵּן: וַיְצַו יְהוֹשֻׁעַ אֶת־הַכֹּהֲנִים לֵאמֹר עֲלוּ 17

בַּעֲלוֹת מִן־הַיַּרְדֵּן: וַיְהִי בַּעֲלוֹת הַכֹּהֲנִים נֹשְׂאֵי אֲרוֹן בְּרִית־יְהוָה מִתּוֹךְ 18
הַיַּרְדֵּן נִתְּקוּ כַּפּוֹת רַגְלֵי הַכֹּהֲנִים אֶל הֶחָרָבָה וַיָּשֻׁבוּ מֵי־הַיַּרְדֵּן
לִמְקוֹמָם וַיֵּלְכוּ כִתְמוֹל־שִׁלְשׁוֹם עַל־כָּל־גְּדוֹתָיו: וְהָעָם עָלוּ 19
מִן־הַיַּרְדֵּן בֶּעָשׂוֹר לַחֹדֶשׁ הָרִאשׁוֹן וַֽיַּחֲנוּ בַּגִּלְגָּל בִּקְצֵה מִזְרַח יְרִיחֽוֹ:

וְאֵת שְׁתֵּים עֶשְׂרֵה הָאֲבָנִים הָאֵלֶּה אֲשֶׁר לָקְחוּ מִן־הַיַּרְדֵּן הֵקִים 20
יְהוֹשֻׁעַ בַּגִּלְגָּל: וַיֹּאמֶר אֶל־בְּנֵי יִשְׂרָאֵל לֵאמֹר אֲשֶׁר יִשְׁאָלוּן בְּנֵיכֶם 21
מָחָר אֶת־אֲבוֹתָם לֵאמֹר מָה הָאֲבָנִים הָאֵלֶּה: וְהוֹדַעְתֶּם אֶת־בְּנֵיכֶם 22
לֵאמֹר בַּיַּבָּשָׁה עָבַר יִשְׂרָאֵל אֶת־הַיַּרְדֵּן הַזֶּה: אֲשֶׁר־הוֹבִישׁ יְהוָה 23
אֱלֹהֵיכֶם אֶת־מֵי הַיַּרְדֵּן מִפְּנֵיכֶם עַד־עָבְרְכֶם כַּאֲשֶׁר עָשָׂה יְהוָה
אֱלֹהֵיכֶם לְיַם־סוּף אֲשֶׁר־הוֹבִישׁ מִפָּנֵינוּ עַד־עָבְרֵנוּ: לְמַעַן דַּעַת 24
כָּל־עַמֵּי הָאָרֶץ אֶת־יַד יְהוָה כִּי חֲזָקָה הִיא לְמַעַן יְרָאתֶם אֶת־יְהוָה
אֱלֹהֵיכֶם כָּל־הַיָּמִים: וַיְהִי כִשְׁמֹעַ כָּל־מַלְכֵי הָאֱמֹרִי אֲשֶׁר 5 1
בְּעֵבֶר הַיַּרְדֵּן יָמָּה וְכָל־מַלְכֵי הַכְּנַעֲנִי אֲשֶׁר עַל־הַיָּם אֵת
עָבְרָם אֲשֶׁר־הוֹבִישׁ יְהוָה אֶת־מֵי הַיַּרְדֵּן מִפְּנֵי בְנֵי־יִשְׂרָאֵל עַד־עָבְרָנוּ וַיִּמַּס
לְבָבָם וְלֹא־הָיָה בָם עוֹד רוּחַ מִפְּנֵי בְּנֵי־יִשְׂרָאֵל: בָּעֵת 2
הַהִיא אָמַר יְהוָה אֶל־יְהוֹשֻׁעַ עֲשֵׂה לְךָ חַרְבוֹת צֻרִים וְשׁוּב מֹל
אֶת־בְּנֵי־יִשְׂרָאֵל שֵׁנִית: וַיַּעַשׂ־לוֹ יְהוֹשֻׁעַ חַרְבוֹת צֻרִים וַיָּמָל אֶת־בְּנֵי 3
יִשְׂרָאֵל אֶל־גִּבְעַת הָעֲרָלוֹת: וְזֶה הַדָּבָר אֲשֶׁר־מָל יְהוֹשֻׁעַ כָּל־הָעָם 4
הַיֹּצֵא מִמִּצְרַיִם הַזְּכָרִים כֹּל אַנְשֵׁי הַמִּלְחָמָה מֵתוּ בַמִּדְבָּר בַּדֶּרֶךְ
בְּצֵאתָם מִמִּצְרָיִם: כִּי־מֻלִים הָיוּ כָּל־הָעָם הַיֹּצְאִים וְכָל־הָעָם 5
הַיִּלֹּדִים בַּמִּדְבָּר בַּדֶּרֶךְ בְּצֵאתָם מִמִּצְרַיִם לֹא־מָלוּ: כִּי אַרְבָּעִים 6
שָׁנָה הָלְכוּ בְנֵי־יִשְׂרָאֵל בַּמִּדְבָּר עַד־תֹּם כָּל־הַגּוֹי אַנְשֵׁי הַמִּלְחָמָה
הַיֹּצְאִים מִמִּצְרַיִם אֲשֶׁר לֹא־שָׁמְעוּ בְּקוֹל יְהוָה אֲשֶׁר נִשְׁבַּע יְהוָה
לָהֶם לְבִלְתִּי הַרְאוֹתָם אֶת־הָאָרֶץ אֲשֶׁר נִשְׁבַּע יְהוָה לַאֲבוֹתָם
לָתֶת לָנוּ אֶרֶץ זָבַת חָלָב וּדְבָשׁ: וְאֶת־בְּנֵיהֶם הֵקִים תַּחְתָּם אֹתָם 7
מָל יְהוֹשֻׁעַ כִּי־עֲרֵלִים הָיוּ כִּי לֹא־מָלוּ אוֹתָם בַּדָּרֶךְ: וַיְהִי כַּאֲשֶׁר־תַּמּוּ 8
כָל־הַגּוֹי לְהִמּוֹל וַיֵּשְׁבוּ תַחְתָּם בַּמַּחֲנֶה עַד חֲיוֹתָם:

וַיֹּאמֶר יְהוָה אֶל־יְהוֹשֻׁעַ הַיּוֹם גַּלּוֹתִי אֶת־חֶרְפַּת מִצְרַיִם מֵעֲלֵיכֶם 9
וַיִּקְרָא שֵׁם הַמָּקוֹם הַהוּא גִּלְגָּל עַד הַיּוֹם הַזֶּה: וַיַּחֲנוּ בְנֵי־יִשְׂרָאֵל 10

11 And they did eat of the old corn of the land on the morrow after the passover, unleavened cakes, and parched *corn* in the selfsame day.

12 ¶ And the manna ceased on the morrow after they had eaten of the old corn of the land; neither had the children of Israel manna any more; but they did eat of the fruit of the land of Canaan that year.

13 ¶ And it came to pass, when Joshua was by Jericho, that he lifted up his eyes and looked, and, behold, there stood a man over against him with his sword drawn in his hand: and Joshua went unto him, and said unto him, *Art* thou for us, or for our adversaries?

14 And he said, Nay; but *as* captain of the host of the Lord am I now come. And Joshua fell on his face to the earth, and did worship, and said unto him, What saith my lord unto his servant?

15 And the captain of the Lord's host said unto Joshua, Loose thy shoe from off thy foot; for the place whereon thou standest *is* holy. And Joshua did so.

CHAPTER 6

1 Now Jericho was straitly shut up because of the children of Israel: none went out, and none came in.

2 And the Lord said unto Joshua, See, I have given into thine hand Jericho, and the king thereof, *and* the mighty men of valour.

3 And ye shall compass the city, all *ye* men of war, *and* go round about the city once. Thus shalt thou do six days.

4 And seven priests shall bear before the ark seven trumpets of rams' horns: and the seventh day ye shall compass the city seven times, and the priests shall blow with the trumpets.

5 And it shall come to pass, that when they make a long *blast* with the ram's horn, *and* when ye hear the sound of the trumpet, all the people shall shout with a great shout; and the wall of the city shall fall down flat, and the people shall ascend up every man straight before him.

6 ¶ And Joshua the son of Nun called the priests, and said unto them, Take up the ark of the covenant, and let seven priests bear seven trumpets of rams' horns before the ark of the Lord.

7 And he said unto the people, Pass on, and compass the city, and let him that is armed pass on before the ark of the Lord.

8 ¶ And it came to pass, when Joshua had spoken unto the people, that the seven priests bearing the seven trumpets of rams' horns passed on before the Lord, and blew with the trumpets: and the ark of the covenant of the Lord followed them.

9 ¶ And the armed men went before the priests that blew with the trumpets, and the rereward came after the ark, *the priests* going on, and blowing with the trumpets.

10 And Joshua had commanded the people, saying, Ye shall not shout, nor make any noise with your voice, neither shall *any* word proceed out of your mouth, until the day I bid you shout; then shall ye shout.

11 So the ark of the Lord compassed the city, going about *it* once: and they came into the camp, and lodged in the camp.

12 ¶ And Joshua rose early in the morning, and the priests took up the ark of the Lord.

13 And seven priests bearing seven trumpets of rams' horns before the ark of the Lord went on continually, and blew with the trumpets: and the armed men went before them; but the rereward came after the ark of the Lord, *the priests* going on, and blowing with the trumpets.

14 And the second day they compassed the city once, and returned into the camp: so they did six days.

15 And it came to pass on the seventh day, that they rose early about the dawning of the day, and compassed the city af-

בַּגִּלְגָּל וַיַּעֲשׂוּ אֶת־הַפֶּסַח בְּאַרְבָּעָה עָשָׂר יוֹם לַחֹדֶשׁ בָּעֶרֶב

11   בְּעַרְבוֹת יְרִיחוֹ: וַיֹּאכְלוּ מֵעֲבוּר הָאָרֶץ מִמָּחֳרַת הַפֶּסַח מַצּוֹת וְקָלוּי

12   בְּעֶצֶם הַיּוֹם הַזֶּה: וַיִּשְׁבֹּת הַמָּן מִמָּחֳרָת בְּאָכְלָם מֵעֲבוּר הָאָרֶץ
וְלֹא־הָיָה עוֹד לִבְנֵי יִשְׂרָאֵל מָן וַיֹּאכְלוּ מִתְּבוּאַת אֶרֶץ כְּנַעַן בַּשָּׁנָה

13   הַהִיא: וַיְהִי בִּהְיוֹת יְהוֹשֻׁעַ בִּירִיחוֹ וַיִּשָּׂא עֵינָיו וַיַּרְא
וְהִנֵּה־אִישׁ עֹמֵד לְנֶגְדּוֹ וְחַרְבּוֹ שְׁלוּפָה בְּיָדוֹ וַיֵּלֶךְ יְהוֹשֻׁעַ אֵלָיו

14   וַיֹּאמֶר לוֹ הֲלָנוּ אַתָּה אִם־לְצָרֵינוּ: וַיֹּאמֶר לֹא כִּי אֲנִי שַׂר־צְבָא־
יְהוָה עַתָּה בָאתִי וַיִּפֹּל יְהוֹשֻׁעַ אֶל־פָּנָיו אַרְצָה וַיִּשְׁתָּחוּ וַיֹּאמֶר לוֹ

15   מָה אֲדֹנִי מְדַבֵּר אֶל־עַבְדּוֹ: וַיֹּאמֶר שַׂר־צְבָא יְהוָה אֶל־יְהוֹשֻׁעַ שַׁל־   15A
נַעַלְךָ מֵעַל רַגְלֶךָ כִּי הַמָּקוֹם אֲשֶׁר אַתָּה עֹמֵד עָלָיו קֹדֶשׁ הוּא

6 1   וַיַּעַשׂ יְהוֹשֻׁעַ כֵּן: וִירִיחוֹ סֹגֶרֶת וּמְסֻגֶּרֶת מִפְּנֵי בְּנֵי יִשְׂרָאֵל אֵין

2   יוֹצֵא וְאֵין בָּא: וַיֹּאמֶר יְהוָה אֶל־יְהוֹשֻׁעַ רְאֵה נָתַתִּי

3   בְיָדְךָ אֶת־יְרִיחוֹ וְאֶת־מַלְכָּהּ גִּבּוֹרֵי הֶחָיִל: וְסַבֹּתֶם אֶת־הָעִיר כֹּל
אַנְשֵׁי הַמִּלְחָמָה הַקֵּיף אֶת־הָעִיר פַּעַם אֶחָת כֹּה תַעֲשֶׂה שֵׁשֶׁת

4   יָמִים: וְשִׁבְעָה כֹהֲנִים יִשְׂאוּ שִׁבְעָה שׁוֹפְרוֹת הַיּוֹבְלִים לִפְנֵי הָאָרוֹן
וּבַיּוֹם הַשְּׁבִיעִי תָּסֹבּוּ אֶת־הָעִיר שֶׁבַע פְּעָמִים וְהַכֹּהֲנִים יִתְקְעוּ

5   בַּשּׁוֹפָרוֹת: וְהָיָה בִּמְשֹׁךְ בְּקֶרֶן הַיּוֹבֵל בשמעכם אֶת־קוֹל הַשּׁוֹפָר   כְּשָׁמְעֲכֶם
יָרִיעוּ כָל־הָעָם תְּרוּעָה גְדוֹלָה וְנָפְלָה חוֹמַת הָעִיר תַּחְתֶּיהָ וְעָלוּ

6   הָעָם אִישׁ נֶגְדּוֹ: וַיִּקְרָא יְהוֹשֻׁעַ בִּן־נוּן אֶל־הַכֹּהֲנִים וַיֹּאמֶר אֲלֵהֶם
שְׂאוּ אֶת־אֲרוֹן הַבְּרִית וְשִׁבְעָה כֹהֲנִים יִשְׂאוּ שִׁבְעָה שׁוֹפְרוֹת

7   יוֹבְלִים לִפְנֵי אֲרוֹן יְהוָה: וַיֹּאמְרוּ אֶל־הָעָם עִבְרוּ וְסֹבּוּ אֶת־הָעִיר   וַיֹּאמֶר

8   וְהֶחָלוּץ יַעֲבֹר לִפְנֵי אֲרוֹן יְהוָה: וַיְהִי כֶּאֱמֹר יְהוֹשֻׁעַ אֶל־הָעָם
וְשִׁבְעָה הַכֹּהֲנִים נֹשְׂאִים שִׁבְעָה שׁוֹפְרוֹת הַיּוֹבְלִים לִפְנֵי יְהוָה

9   עָבְרוּ וְתָקְעוּ בַּשּׁוֹפָרוֹת וַאֲרוֹן בְּרִית יְהוָה הֹלֵךְ אַחֲרֵיהֶם: וְהֶחָלוּץ
הֹלֵךְ לִפְנֵי הַכֹּהֲנִים תקעו הַשּׁוֹפָרוֹת וְהַמְאַסֵּף הֹלֵךְ אַחֲרֵי הָאָרוֹן   תֹּקְעֵי

10   הָלוֹךְ וְתָקוֹעַ בַּשּׁוֹפָרוֹת: וְאֶת־הָעָם צִוָּה יְהוֹשֻׁעַ לֵאמֹר לֹא תָרִיעוּ
וְלֹא־תַשְׁמִיעוּ אֶת־קוֹלְכֶם וְלֹא־יֵצֵא מִפִּיכֶם דָּבָר עַד יוֹם אָמְרִי

11   אֲלֵיכֶם הָרִיעוּ וַהֲרִיעֹתֶם: וַיַּסֵּב אֲרוֹן־יְהוָה אֶת־הָעִיר הַקֵּף פַּעַם
אֶחָת וַיָּבֹאוּ הַמַּחֲנֶה וַיָּלִינוּ בַּמַּחֲנֶה:

12   וַיַּשְׁכֵּם יְהוֹשֻׁעַ בַּבֹּקֶר וַיִּשְׂאוּ הַכֹּהֲנִים אֶת־אֲרוֹן יְהוָה: וְשִׁבְעָה
13   הַכֹּהֲנִים נֹשְׂאִים שִׁבְעָה שׁוֹפְרוֹת הַיֹּבְלִים לִפְנֵי אֲרוֹן יְהוָה הֹלְכִים
הָלוֹךְ וְתָקְעוּ בַּשּׁוֹפָרוֹת וְהֶחָלוּץ הֹלֵךְ לִפְנֵיהֶם וְהַמְאַסֵּף הֹלֵךְ אַחֲרֵי

14   אֲרוֹן יְהוָה הוֹלֵךְ וְתָקוֹעַ בַּשּׁוֹפָרוֹת: וַיָּסֹבּוּ אֶת־הָעִיר בַּיּוֹם הַשֵּׁנִי   הָלוֹךְ

15   פַּעַם אַחַת וַיָּשֻׁבוּ הַמַּחֲנֶה כֹּה עָשׂוּ שֵׁשֶׁת יָמִים: וַיְהִי בַּיּוֹם
הַשְּׁבִיעִי וַיַּשְׁכִּמוּ כַּעֲלוֹת הַשַּׁחַר וַיָּסֹבּוּ אֶת־הָעִיר כַּמִּשְׁפָּט הַזֶּה

ter the same manner seven times: only on that day they compassed the city seven times.

16 And it came to pass at the seventh time, when the priests blew with the trumpets, Joshua said unto the people, Shout; for the LORD hath given you the city.

17 ¶ And the city shall be accursed, *even* it, and all that *are* therein, to the LORD: only Rahab the harlot shall live, she and all that *are* with her in the house, because she hid the messengers that we sent.

18 And ye, in any wise keep *yourselves* from the accursed thing, lest ye make *yourselves* accursed, when ye take of the accursed thing, and make the camp of Israel a curse, and trouble it.

19 But all the silver, and gold, and vessels of brass and iron, *are* consecrated unto the LORD: they shall come into the treasury of the LORD.

20 So the people shouted when *the priests* blew with the trumpets: and it came to pass, when the people heard the sound of the trumpet, and the people shouted with a great shout, that the wall fell down flat, so that the people went up into the city, every man straight before him, and they took the city.

21 And they utterly destroyed all that *was* in the city, both man and woman, young and old, and ox, and sheep, and ass, with the edge of the sword.

22 But Joshua had said unto the two men that had spied out the country, Go into the harlot's house, and bring out thence the woman, and all that she hath, as ye sware unto her.

23 And the young men that were spies went in, and brought out Rahab, and her father, and her mother, and her brethren, and all that she had; and they brought out all her kindred, and left them without the camp of Israel.

24 And they burnt the city with fire, and all that *was* therein: only the silver, and the gold, and the vessels of brass and of iron, they put into the treasury of the house of the LORD.

25 And Joshua saved Rahab the harlot alive, and her father's household, and all that she had; and she dwelleth in Israel *even* unto this day; because she hid the messengers, which Joshua sent to spy out Jericho.

26 ¶ And Joshua adjured *them* at that time, saying, Cursed *be* the man before the LORD, that riseth up and buildeth this city Jericho: he shall lay the foundation thereof in his firstborn, and in his youngest *son* shall he set up the gates of it.

27 So the LORD was with Joshua; and his fame was *noised* throughout all the country.

CHAPTER 7

1 But the children of Israel committed a trespass in the accursed thing: for Achan, the son of Carmi, the son of Zabdi, the son of Zerah, of the tribe of Judah, took of the accursed thing: and the anger of the LORD was kindled against the children of Israel.

2 And Joshua sent men from Jericho to Ai, which *is* beside Beth-aven, on the east side of Beth-el, and spake unto them, saying, Go up and view the country. And the men went up and viewed Ai.

3 And they returned to Joshua, and said unto him, Let not all the people go up; but let about two or three thousand men go up and smite Ai; *and* make not all the people to labour thither; for they *are but* few.

4 So there went up thither of the people about three thousand men: and they fled before the men of Ai.

5 And the men of Ai smote of them about thirty and six men: for they chased them *from* before the gate *even* unto Shebarim, and smote them in the going down: wherefore the hearts of the people melted, and became as water.

6 ¶ And Joshua rent his clothes, and fell to the earth upon his face before the ark of the LORD until the eventide, he and the

שֶׁבַע פְּעָמִים רַק בַּיּוֹם הַהוּא סָבְבוּ אֶת־הָעִיר שֶׁבַע פְּעָמִים: וַיְהִי 16
בַּפַּעַם הַשְּׁבִיעִית תָּקְעוּ הַכֹּהֲנִים בַּשּׁוֹפָרוֹת וַיֹּאמֶר יְהוֹשֻׁעַ אֶל־הָעָם
הָרִיעוּ כִּי־נָתַן יְהוָה לָכֶם אֶת־הָעִיר: וְהָיְתָה הָעִיר חֵרֶם הִיא וְכָל־ 17
אֲשֶׁר־בָּהּ לַיהוָה רַק רָחָב הַזּוֹנָה תִּחְיֶה הִיא וְכָל־אֲשֶׁר אִתָּהּ בַּבַּיִת
כִּי הֶחְבֵּאַתָה אֶת־הַמַּלְאָכִים אֲשֶׁר שָׁלָחְנוּ: וְרַק־אַתֶּם שִׁמְרוּ 18
מִן־הַחֵרֶם פֶּן־תַּחֲרִימוּ וּלְקַחְתֶּם מִן־הַחֵרֶם וְשַׂמְתֶּם אֶת־מַחֲנֵה
יִשְׂרָאֵל לְחֵרֶם וַעֲכַרְתֶּם אוֹתוֹ: וְכֹל כֶּסֶף וְזָהָב וּכְלֵי נְחֹשֶׁת וּבַרְזֶל 19
קֹדֶשׁ הוּא לַיהוָה אוֹצַר יְהוָה יָבוֹא: וַיָּרַע הָעָם וַיִּתְקְעוּ בַּשֹּׁפָרוֹת 20
וַיְהִי כִשְׁמֹעַ הָעָם אֶת־קוֹל הַשּׁוֹפָר וַיָּרִיעוּ הָעָם תְּרוּעָה גְדוֹלָה
וַתִּפֹּל הַחוֹמָה תַּחְתֶּיהָ וַיַּעַל הָעָם הָעִירָה אִישׁ נֶגְדּוֹ וַיִּלְכְּדוּ אֶת־
הָעִיר: וַיַּחֲרִימוּ אֶת־כָּל־אֲשֶׁר בָּעִיר מֵאִישׁ וְעַד־אִשָּׁה מִנַּעַר וְעַד־זָקֵן 21
וְעַד שׁוֹר וָשֶׂה וַחֲמוֹר לְפִי־חָרֶב: וְלִשְׁנַיִם הָאֲנָשִׁים הַמְרַגְּלִים 22
אֶת־הָאָרֶץ אָמַר יְהוֹשֻׁעַ בֹּאוּ בֵּית־הָאִשָּׁה הַזּוֹנָה וְהוֹצִיאוּ מִשָּׁם
אֶת־הָאִשָּׁה וְאֶת־כָּל־אֲשֶׁר־לָהּ כַּאֲשֶׁר נִשְׁבַּעְתֶּם לָהּ: וַיָּבֹאוּ הַנְּעָרִים 23
הַמְרַגְּלִים וַיֹּצִיאוּ אֶת־רָחָב וְאֶת־אָבִיהָ וְאֶת־אִמָּהּ וְאֶת־אַחֶיהָ וְאֶת־
כָּל־אֲשֶׁר־לָהּ וְאֵת כָּל־מִשְׁפְּחוֹתֶיהָ הוֹצִיאוּ וַיַּנִּיחוּם מִחוּץ לְמַחֲנֵה
יִשְׂרָאֵל: וְהָעִיר שָׂרְפוּ בָאֵשׁ וְכָל־אֲשֶׁר־בָּהּ רַק הַכֶּסֶף וְהַזָּהָב וּכְלֵי 24
הַנְּחֹשֶׁת וְהַבַּרְזֶל נָתְנוּ אוֹצַר בֵּית־יְהוָה: וְאֶת־רָחָב הַזּוֹנָה וְאֶת־בֵּית 25
אָבִיהָ וְאֶת־כָּל־אֲשֶׁר־לָהּ הֶחֱיָה יְהוֹשֻׁעַ וַתֵּשֶׁב בְּקֶרֶב יִשְׂרָאֵל עַד
הַיּוֹם הַזֶּה כִּי הֶחְבִּיאָה אֶת־הַמַּלְאָכִים אֲשֶׁר־שָׁלַח יְהוֹשֻׁעַ לְרַגֵּל
אֶת־יְרִיחוֹ:
וַיַּשְׁבַּע יְהוֹשֻׁעַ בָּעֵת הַהִיא לֵאמֹר אָרוּר הָאִישׁ לִפְנֵי יְהוָה אֲשֶׁר 26
יָקוּם וּבָנָה אֶת־הָעִיר הַזֹּאת אֶת־יְרִיחוֹ בִּבְכֹרוֹ יְיַסְּדֶנָּה וּבִצְעִירוֹ
יַצִּיב דְּלָתֶיהָ: וַיְהִי יְהוָה אֶת־יְהוֹשֻׁעַ וַיְהִי שָׁמְעוֹ בְּכָל־הָאָרֶץ: 27
וַיִּמְעֲלוּ בְנֵי־יִשְׂרָאֵל מַעַל בַּחֵרֶם וַיִּקַּח עָכָן בֶּן־כַּרְמִי בֶן־זַבְדִּי בֶן־זֶרַח 1 7
לְמַטֵּה יְהוּדָה מִן־הַחֵרֶם וַיִּחַר־אַף יְהוָה בִּבְנֵי יִשְׂרָאֵל: וַיִּשְׁלַח 2
יְהוֹשֻׁעַ אֲנָשִׁים מִירִיחוֹ הָעַי אֲשֶׁר עִם־בֵּית אָוֶן מִקֶּדֶם לְבֵית־אֵל
וַיֹּאמֶר אֲלֵיהֶם לֵאמֹר עֲלוּ וְרַגְּלוּ אֶת־הָאָרֶץ וַיַּעֲלוּ הָאֲנָשִׁים וַיְרַגְּלוּ
אֶת־הָעָי: וַיָּשֻׁבוּ אֶל־יְהוֹשֻׁעַ וַיֹּאמְרוּ אֵלָיו אַל־יַעַל כָּל־הָעָם 3
כְּאַלְפַּיִם אִישׁ אוֹ כִּשְׁלֹשֶׁת אֲלָפִים אִישׁ יַעֲלוּ וְיַכּוּ אֶת־הָעָי
אַל־תְּיַגַּע־שָׁמָּה אֶת־כָּל־הָעָם כִּי מְעַט הֵמָּה: וַיַּעֲלוּ מִן־הָעָם שָׁמָּה 4
כִּשְׁלֹשֶׁת אֲלָפִים אִישׁ וַיָּנֻסוּ לִפְנֵי אַנְשֵׁי הָעָי: וַיַּכּוּ מֵהֶם אַנְשֵׁי 5
הָעַי כִּשְׁלֹשִׁים וְשִׁשָּׁה אִישׁ וַיִּרְדְּפוּם לִפְנֵי הַשַּׁעַר עַד־הַשְּׁבָרִים
וַיַּכּוּם בַּמּוֹרָד וַיִּמַּס לְבַב־הָעָם וַיְהִי לְמָיִם: וַיִּקְרַע יְהוֹשֻׁעַ שִׂמְלֹתָיו 6
וַיִּפֹּל עַל־פָּנָיו אַרְצָה לִפְנֵי אֲרוֹן יְהוָה עַד־הָעֶרֶב הוּא וְזִקְנֵי יִשְׂרָאֵל

elders of Israel, and put dust upon their heads.

7 And Joshua said, Alas, O Lord God, wherefore hast thou at all brought this people over Jordan, to deliver us into the hand of the Amorites, to destroy us? would to God we had been content, and dwelt on the other side Jordan!

8 O Lord, what shall I say, when Israel turneth their backs before their enemies!

9 For the Canaanites and all the inhabitants of the land shall hear *of it,* and shall environ us round, and cut off our name from the earth: and what wilt thou do unto thy great name?

10 ¶ And the Lord said unto Joshua, Get thee up; wherefore liest thou thus upon thy face?

11 Israel hath sinned, and they have also transgressed my covenant which I commanded them: for they have even taken of the accursed thing, and have also stolen, and dissembled also, and they have put *it* even among their own stuff.

12 Therefore the children of Israel could not stand before their enemies, *but* turned *their* backs before their enemies, because they were accursed: neither will I be with you any more, except ye destroy the accursed from among you.

13 Up, sanctify the people, and say, Sanctify yourselves against to morrow: for thus saith the Lord God of Israel, *There is* an accursed thing in the midst of thee, O Israel: thou canst not stand before thine enemies, until ye take away the accursed thing from among you.

14 In the morning therefore ye shall be brought according to your tribes: and it shall be, *that* the tribe which the Lord taketh shall come according to the families *thereof;* and the family which the Lord shall take shall come by households; and the household which the Lord shall take shall come man by man.

15 And it shall be, *that* he that is taken with the accursed thing shall be burnt with fire, he and all that he hath: because he hath transgressed the covenant of the Lord, and because he hath wrought folly in Israel.

16 ¶ So Joshua rose up early in the morning, and brought Israel by their tribes; and the tribe of Judah was taken:

17 And he brought the family of Judah; and he took the family of the Zarhites: and he brought the family of the Zarhites man by man; and Zabdi was taken:

18 And he brought his household man by man; and Achan, the son of Carmi, the son of Zabdi, the son of Zerah, of the tribe of Judah, was taken.

19 And Joshua said unto Achan, My son, give, I pray thee, glory to the Lord God of Israel, and make confession unto him; and tell me now what thou hast done; hide *it* not from me.

20 And Achan answered Joshua, and said, Indeed I have sinned against the Lord God of Israel, and thus and thus have I done:

21 When I saw among the spoils a goodly Babylonish garment, and two hundred shekels of silver, and a wedge of gold of fifty shekels weight, then I coveted them, and took them; and, behold, they *are* hid in the earth in the midst of my tent, and the silver under it.

22 ¶ So Joshua sent messengers, and they ran unto the tent; and, behold, *it was* hid in his tent, and the silver under it.

23 And they took them out of the midst of the tent, and brought them unto Joshua, and unto all the children of Israel, and laid them out before the Lord.

24 And Joshua, and all Israel with him, took Achan the son of Zerah, and the silver, and the garment, and the wedge of gold, and his sons, and his daughters, and his oxen, and his asses, and his sheep, and his tent, and all that he had: and they brought them unto the valley of Achor.

25 And Joshua said, Why hast thou troubled us? the Lord shall trouble thee this day. And all Israel stoned him with stones, and burned them with fire, after they had stoned them with stones.

26 And they raised over him a great heap of stones unto this day. So the Lord

וַיַּעֲלוּ עָפָר עַל־רֹאשָׁם: וַיֹּאמֶר יְהוֹשֻׁעַ אֲהָהּ ׀ אֲדֹנָי יְהוִֹה לָמָה 7
הֵעֲבַרְתָּ הַעֲבִיר אֶת־הָעָם הַזֶּה אֶת־הַיַּרְדֵּן לָתֵת אֹתָנוּ בְּיַד הָאֱמֹרִי
לְהַאֲבִידֵנוּ וְלוּ הוֹאַלְנוּ וַנֵּשֶׁב בְּעֵבֶר הַיַּרְדֵּן: כִּי אֲדֹנָי מָה אֹמַר 8
אַחֲרֵי אֲשֶׁר הָפַךְ יִשְׂרָאֵל עֹרֶף לִפְנֵי אֹיְבָיו: וְיִשְׁמְעוּ הַכְּנַעֲנִי וְכֹל 9
יֹשְׁבֵי הָאָרֶץ וְנָסַבּוּ עָלֵינוּ וְהִכְרִיתוּ אֶת־שְׁמֵנוּ מִן־הָאָרֶץ וּמַה־תַּעֲשֵׂה
לְשִׁמְךָ הַגָּדוֹל: וַיֹּאמֶר יְהוָֹה אֶל־יְהוֹשֻׁעַ קֻם לָךְ לָמָּה 10
זֶּה אַתָּה נֹפֵל עַל־פָּנֶיךָ: חָטָא יִשְׂרָאֵל וְגַם עָבְרוּ אֶת־בְּרִיתִי אֲשֶׁר 11
צִוִּיתִי אוֹתָם וְגַם לָקְחוּ מִן־הַחֵרֶם וְגַם גָּנְבוּ וְגַם כִּחֲשׁוּ וְגַם שָׂמוּ
בִכְלֵיהֶם: וְלֹא יֻכְלוּ בְּנֵי יִשְׂרָאֵל לָקוּם לִפְנֵי אֹיְבֵיהֶם עֹרֶף יִפְנוּ 12
לִפְנֵי אֹיְבֵיהֶם כִּי הָיוּ לְחֵרֶם לֹא אוֹסִיף לִהְיוֹת עִמָּכֶם אִם־לֹא
תַשְׁמִידוּ הַחֵרֶם מִקִּרְבְּכֶם: קֻם קַדֵּשׁ אֶת־הָעָם וְאָמַרְתָּ הִתְקַדְּשׁוּ 13
לְמָחָר כִּי כֹה אָמַר יְהוָֹה אֱלֹהֵי יִשְׂרָאֵל חֵרֶם בְּקִרְבְּךָ יִשְׂרָאֵל לֹא
תוּכַל לָקוּם לִפְנֵי אֹיְבֶיךָ עַד־הֲסִירְכֶם הַחֵרֶם מִקִּרְבְּכֶם: וְנִקְרַבְתֶּם 14
בַּבֹּקֶר לְשִׁבְטֵיכֶם וְהָיָה הַשֵּׁבֶט אֲשֶׁר־יִלְכְּדֶנּוּ יְהוָֹה יִקְרַב לַמִּשְׁפָּחוֹת
וְהַמִּשְׁפָּחָה אֲשֶׁר־יִלְכְּדֶנָּה יְהוָֹה תִּקְרַב לַבָּתִּים וְהַבַּיִת אֲשֶׁר יִלְכְּדֶנּוּ
יְהוָֹה יִקְרַב לַגְּבָרִים: וְהָיָה הַנִּלְכָּד בַּחֵרֶם יִשָּׂרֵף בָּאֵשׁ אֹתוֹ וְאֶת־כָּל־ 15
אֲשֶׁר־לוֹ כִּי עָבַר אֶת־בְּרִית יְהוָֹה וְכִי־עָשָׂה נְבָלָה בְּיִשְׂרָאֵל: וַיַּשְׁכֵּם 16
יְהוֹשֻׁעַ בַּבֹּקֶר וַיַּקְרֵב אֶת־יִשְׂרָאֵל לִשְׁבָטָיו וַיִּלָּכֵד שֵׁבֶט יְהוּדָה:
וַיַּקְרֵב אֶת־מִשְׁפַּחַת יְהוּדָה וַיִּלְכֹּד אֵת מִשְׁפַּחַת הַזַּרְחִי וַיַּקְרֵב 17
אֶת־מִשְׁפַּחַת הַזַּרְחִי לַגְּבָרִים וַיִּלָּכֵד זַבְדִּי: וַיַּקְרֵב אֶת־בֵּיתוֹ לַגְּבָרִים 18
וַיִּלָּכֵד עָכָן בֶּן־כַּרְמִי בֶן־זַבְדִּי בֶּן־זֶרַח לְמַטֵּה יְהוּדָה: וַיֹּאמֶר יְהוֹשֻׁעַ 19
אֶל־עָכָן בְּנִי שִׂים־נָא כָבוֹד לַיהוָֹה אֱלֹהֵי יִשְׂרָאֵל וְתֶן־לוֹ תוֹדָה
וְהַגֶּד־נָא לִי מֶה עָשִׂיתָ אַל־תְּכַחֵד מִמֶּנִּי: וַיַּעַן עָכָן אֶת־יְהוֹשֻׁעַ 20
וַיֹּאמַר אָמְנָה אָנֹכִי חָטָאתִי לַיהוָֹה אֱלֹהֵי יִשְׂרָאֵל וְכָזֹאת וְכָזֹאת
עָשִׂיתִי: וָאֵרֶא בַשָּׁלָל אַדֶּרֶת שִׁנְעָר אַחַת טוֹבָה וּמָאתַיִם שְׁקָלִים 21 וארא
כֶּסֶף וּלְשׁוֹן זָהָב אֶחָד חֲמִשִּׁים שְׁקָלִים מִשְׁקָלוֹ וָאֶחְמְדֵם וָאֶקָּחֵם
וְהִנָּם טְמוּנִים בָּאָרֶץ בְּתוֹךְ הָאָהֳלִי וְהַכֶּסֶף תַּחְתֶּיהָ: וַיִּשְׁלַח יְהוֹשֻׁעַ 22
מַלְאָכִים וַיָּרֻצוּ הָאֹהֱלָה וְהִנֵּה טְמוּנָה בְּאָהֳלוֹ וְהַכֶּסֶף תַּחְתֶּיהָ:
וַיִּקָּחוּם מִתּוֹךְ הָאֹהֶל וַיְבִאוּם אֶל־יְהוֹשֻׁעַ וְאֶל כָּל־בְּנֵי יִשְׂרָאֵל 23
וַיַּצִּקֻם לִפְנֵי יְהוָֹה: וַיִּקַּח יְהוֹשֻׁעַ אֶת־עָכָן בֶּן־זֶרַח וְאֶת־הַכֶּסֶף וְאֶת־ 24
הָאַדֶּרֶת וְאֶת־לְשׁוֹן הַזָּהָב וְאֶת־בָּנָיו וְאֶת־בְּנֹתָיו וְאֶת־שׁוֹרוֹ וְאֶת־
חֲמֹרוֹ וְאֶת־צֹאנוֹ וְאֶת־אָהֳלוֹ וְאֶת־כָּל־אֲשֶׁר־לוֹ וְכָל־יִשְׂרָאֵל עִמּוֹ
וַיַּעֲלוּ אֹתָם עֵמֶק עָכוֹר: וַיֹּאמֶר יְהוֹשֻׁעַ מֶה עֲכַרְתָּנוּ יַעְכָּרְךָ יְהוָֹה 25
בַּיּוֹם הַזֶּה וַיִּרְגְּמוּ אֹתוֹ כָל־יִשְׂרָאֵל אֶבֶן וַיִּשְׂרְפוּ אֹתָם בָּאֵשׁ וַיִּסְקְלוּ
אֹתָם בָּאֲבָנִים: וַיָּקִימוּ עָלָיו גַּל־אֲבָנִים גָּדוֹל עַד הַיּוֹם הַזֶּה וַיָּשָׁב 26

turned from the fierceness of his anger. Wherefore the name of that place was called, The valley of Achor, unto this day.

CHAPTER 8

1 And the LORD said unto Joshua, Fear not, neither be thou dismayed: take all the people of war with thee, and arise, go up to Ai: see, I have given into thy hand the king of Ai, and his people, and his city, and his land:

2 And thou shalt do to Ai and her king as thou didst unto Jericho and her king: only the spoil thereof, and the cattle thereof, shall ye take for a prey unto yourselves: lay thee an ambush for the city behind it.

3 ¶ So Joshua arose, and all the people of war, to go up against Ai: and Joshua chose out thirty thousand mighty men of valour, and sent them away by night.

4 And he commanded them, saying, Behold, ye shall lie in wait against the city, *even* behind the city: go not very far from the city, but be ye all ready:

5 And I, and all the people that *are* with me, will approach unto the city: and it shall come to pass, when they come out against us, as at the first, that we will flee before them,

6 (For they will come out after us) till we have drawn them from the city; for they will say, They flee before us, as at the first: therefore we will flee before them.

7 Then ye shall rise up from the ambush, and seize upon the city: for the LORD your God will deliver it into your hand.

8 And it shall be, when ye have taken the city, *that* ye shall set the city on fire: according to the commandment of the LORD shall ye do. See, I have commanded you.

9 ¶ Joshua therefore sent them forth: and they went to lie in ambush, and abode between Beth-el and Ai, on the west side of Ai: but Joshua lodged that night among the people.

10 And Joshua rose up early in the morning, and numbered the people, and went up, he and the elders of Israel, before the people to Ai.

11 And all the people, *even the people* of war that *were* with him, went up, and drew nigh, and came before the city, and pitched on the north side of Ai: now *there was* a valley between them and Ai.

12 And he took about five thousand men, and set them to lie in ambush between Beth-el and Ai, on the west side of the city.

13 And when they had set the people, *even* all the host that *was* on the north of the city, and their liers in wait on the west of the city, Joshua went that night into the midst of the valley.

14 ¶ And it came to pass, when the king of Ai saw *it*, that they hasted and rose up early, and the men of the city went out against Israel to battle, he and all his people, at a time appointed, before the plain; but he wist not that *there were* liers in ambush against him behind the city.

15 And Joshua and all Israel made as if they were beaten before them, and fled by the way of the wilderness.

16 And all the people that *were* in Ai were called together to pursue after them: and they pursued after Joshua, and were drawn away from the city.

17 And there was not a man left in Ai or Beth-el, that went not out after Israel: and they left the city open, and pursued after Israel.

18 And the LORD said unto Joshua, Stretch out the spear that *is* in thy hand toward Ai; for I will give it into thine hand. And Joshua stretched out the spear that *he had* in his hand toward the city.

19 And the ambush arose quickly out of their place, and they ran as soon as he had stretched out his hand: and they entered into the city, and took it, and hasted and set the city on fire.

20 And when the men of Ai looked behind them, they saw, and, behold, the smoke of the city ascended up to heaven, and they had no power to flee this way or that way: and the people that fled to the wilderness turned back upon the pursuers.

21 And when Joshua and all Israel saw

יְהוָה מֵחֲרוֹן אַפּוֹ עַל־כֵּן קָרָא שֵׁם הַמָּקוֹם הַהוּא עֵמֶק עָכוֹר עַד
הַיּוֹם הַזֶּה:

8 וַיֹּאמֶר יְהוָה אֶל־יְהוֹשֻׁעַ אַל־תִּירָא וְאַל־תֵּחָת קַח עִמְּךָ אֵת כָּל־עַם
הַמִּלְחָמָה וְקוּם עֲלֵה הָעָי רְאֵה ׀ נָתַתִּי בְיָדְךָ אֶת־מֶלֶךְ הָעַי
2 וְאֶת־עַמּוֹ וְאֶת־עִירוֹ וְאֶת־אַרְצוֹ: וְעָשִׂיתָ לָעַי וּלְמַלְכָּהּ כַּאֲשֶׁר עָשִׂיתָ
לִירִיחוֹ וּלְמַלְכָּהּ רַק־שְׁלָלָהּ וּבְהֶמְתָּהּ תָּבֹזּוּ לָכֶם שִׂים־לְךָ אֹרֵב
3 לָעִיר מֵאַחֲרֶיהָ: וַיָּקָם יְהוֹשֻׁעַ וְכָל־עַם הַמִּלְחָמָה לַעֲלוֹת הָעָי וַיִּבְחַר
4 יְהוֹשֻׁעַ שְׁלֹשִׁים אֶלֶף אִישׁ גִּבּוֹרֵי הַחַיִל וַיִּשְׁלָחֵם לָיְלָה: וַיְצַו אֹתָם
לֵאמֹר רְאוּ אַתֶּם אֹרְבִים לָעִיר מֵאַחֲרֵי הָעִיר אַל־תַּרְחִיקוּ מִן־הָעִיר
5 מְאֹד וִהְיִיתֶם כֻּלְּכֶם נְכֹנִים: וַאֲנִי וְכָל־הָעָם אֲשֶׁר אִתִּי נִקְרַב אֶל־
הָעִיר וְהָיָה כִּי־יֵצְאוּ לִקְרָאתֵנוּ כַּאֲשֶׁר בָּרִאשֹׁנָה וְנַסְנוּ לִפְנֵיהֶם:
6 וְיָצְאוּ אַחֲרֵינוּ עַד הַתִּיקֵנוּ אוֹתָם מִן־הָעִיר כִּי יֹאמְרוּ נָסִים לְפָנֵינוּ
7 כַּאֲשֶׁר בָּרִאשֹׁנָה וְנַסְנוּ לִפְנֵיהֶם: וְאַתֶּם תָּקֻמוּ מֵהָאוֹרֵב וְהוֹרַשְׁתֶּם
8 אֶת־הָעִיר וּנְתָנָהּ יְהוָה אֱלֹהֵיכֶם בְּיֶדְכֶם: וְהָיָה כְּתָפְשְׂכֶם אֶת־הָעִיר
תַּצִּיתוּ אֶת־הָעִיר בָּאֵשׁ כִּדְבַר יְהוָה תַּעֲשׂוּ רְאוּ צִוִּיתִי אֶתְכֶם:
9 וַיִּשְׁלָחֵם יְהוֹשֻׁעַ וַיֵּלְכוּ אֶל־הַמַּאְרָב וַיֵּשְׁבוּ בֵּין בֵּית־אֵל וּבֵין הָעַי
10 מִיָּם לָעָי וַיָּלֶן יְהוֹשֻׁעַ בַּלַּיְלָה הַהוּא בְּתוֹךְ הָעָם: וַיַּשְׁכֵּם יְהוֹשֻׁעַ
בַּבֹּקֶר וַיִּפְקֹד אֶת־הָעָם וַיַּעַל הוּא וְזִקְנֵי יִשְׂרָאֵל לִפְנֵי הָעָם הָעָי:
11 וְכָל־הָעָם הַמִּלְחָמָה אֲשֶׁר אִתּוֹ עָלוּ וַיִּגְּשׁוּ וַיָּבֹאוּ נֶגֶד הָעִיר וַיַּחֲנוּ
12 מִצְּפוֹן לָעַי וְהַגַּי בֵּינוֹ וּבֵין־הָעָי: וַיִּקַּח כַּחֲמֵשֶׁת אֲלָפִים אִישׁ וַיָּשֶׂם בֵּינָיו
13 אוֹתָם אֹרֵב בֵּין בֵּית־אֵל וּבֵין הָעַי מִיָּם לָעִיר: וַיָּשִׂימוּ הָעָם
אֶת־כָּל־הַמַּחֲנֶה אֲשֶׁר מִצְּפוֹן לָעִיר וְאֶת־עֲקֵבוֹ מִיָּם לָעִיר וַיֵּלֶךְ
14 יְהוֹשֻׁעַ בַּלַּיְלָה הַהוּא בְּתוֹךְ הָעֵמֶק: וַיְהִי כִּרְאוֹת מֶלֶךְ־הָעַי וַיְמַהֲרוּ
וַיַּשְׁכִּימוּ וַיֵּצְאוּ אַנְשֵׁי־הָעִיר לִקְרַאת־יִשְׂרָאֵל לַמִּלְחָמָה הוּא וְכָל־עַמּוֹ
לַמּוֹעֵד לִפְנֵי הָעֲרָבָה וְהוּא לֹא יָדַע כִּי־אֹרֵב לוֹ מֵאַחֲרֵי הָעִיר:
15 וַיִּנָּגְעוּ יְהוֹשֻׁעַ וְכָל־יִשְׂרָאֵל לִפְנֵיהֶם וַיָּנֻסוּ דֶּרֶךְ הַמִּדְבָּר: וַיִּזָּעֲקוּ
16
כָּל־הָעָם אֲשֶׁר בָּעִיר לִרְדֹּף אַחֲרֵיהֶם וַיִּרְדְּפוּ אַחֲרֵי יְהוֹשֻׁעַ וַיִּנָּתְקוּ בָּעַי
17 מִן־הָעִיר: וְלֹא־נִשְׁאַר אִישׁ בָּעַי וּבֵית אֵל אֲשֶׁר לֹא־יָצְאוּ אַחֲרֵי
יִשְׂרָאֵל וַיַּעַזְבוּ אֶת־הָעִיר פְּתוּחָה וַיִּרְדְּפוּ אַחֲרֵי יִשְׂרָאֵל:
18 וַיֹּאמֶר יְהוָה אֶל־יְהוֹשֻׁעַ נְטֵה בַּכִּידוֹן אֲשֶׁר־בְּיָדְךָ אֶל־הָעַי כִּי בְיָדְךָ
19 אֶתְּנֶנָּה וַיֵּט יְהוֹשֻׁעַ בַּכִּידוֹן אֲשֶׁר־בְּיָדוֹ אֶל־הָעִיר: וְהָאוֹרֵב קָם
מְהֵרָה מִמְּקוֹמוֹ וַיָּרוּצוּ כִּנְטוֹת יָדוֹ וַיָּבֹאוּ הָעִיר וַיִּלְכְּדוּהָ וַיְמַהֲרוּ
20 וַיַּצִּיתוּ אֶת־הָעִיר בָּאֵשׁ: וַיִּפְנוּ אַנְשֵׁי הָעַי אַחֲרֵיהֶם וַיִּרְאוּ וְהִנֵּה
עָלָה עֲשַׁן הָעִיר הַשָּׁמַיְמָה וְלֹא־הָיָה בָהֶם יָדַיִם לָנוּס הֵנָּה וָהֵנָּה
21 וְהָעָם הַנָּס הַמִּדְבָּר נֶהְפַּךְ אֶל־הָרוֹדֵף: וִיהוֹשֻׁעַ וְכָל־יִשְׂרָאֵל רָאוּ

that the ambush had taken the city, and that the smoke of the city ascended, then they turned again, and slew the men of Ai.

22 And the other issued out of the city against them; so they were in the midst of Israel, some on this side, and some on that side: and they smote them, so that they let none of them remain or escape.

23 And the king of Ai they took alive, and brought him to Joshua.

24 And it came to pass, when Israel had made an end of slaying all the inhabitants of Ai in the field, in the wilderness wherein they chased them, and when they were all fallen on the edge of the sword, until they were consumed, that all the Israelites returned unto Ai, and smote it with the edge of the sword.

25 And *so* it was, *that* all that fell that day, both of men and women, *were* twelve thousand, *even* all the men of Ai.

26 For Joshua drew not his hand back, wherewith he stretched out the spear, until he had utterly destroyed all the inhabitants of Ai.

27 Only the cattle and the spoil of that city Israel took for a prey unto themselves, according unto the word of the LORD which he commanded Joshua.

28 And Joshua burnt Ai, and made it an heap for ever, *even* a desolation unto this day.

29 And the king of Ai he hanged on a tree until eventide: and as soon as the sun was down, Joshua commanded that they should take his carcase down from the tree, and cast it at the entering of the gate of the city, and raise thereon a great heap of stones, *that remaineth* unto this day.

30 ¶ Then Joshua built an altar unto the LORD God of Israel in mount Ebal,

31 As Moses the servant of the LORD commanded the children of Israel, as it is written in the book of the law of Moses, an altar of whole stones, over which no man hath lift up *any* iron: and they offered thereon burnt offerings unto the LORD, and sacrificed peace offerings.

32 ¶ And he wrote there upon the stones a copy of the law of Moses, which he wrote in the presence of the children of Israel.

33 And all Israel, and their elders, and officers, and their judges, stood on this side the ark and on that side before the priests the Levites, which bare the ark of the covenant of the LORD, as well the stranger, as he that was born among them; half of them over against mount Gerizim, and half of them over against mount Ebal; as Moses the servant of the LORD had commanded before, that they should bless the people of Israel.

34 And afterward he read all the words of the law, the blessings and cursings, according to all that is written in the book of the law.

35 There was not a word of all that Moses commanded, which Joshua read not before all the congregation of Israel, with the women, and the little ones, and the strangers that were conversant among them.

CHAPTER 9

1 And it came to pass, when all the kings which *were* on this side Jordan, in the hills, and in the valleys, and in all the coasts of the great sea over against Lebanon, the Hittite, and the Amorite, the Canaanite, the Perizzite, the Hivite, and the Jebusite, heard *thereof*;

2 That they gathered themselves together, to fight with Joshua and with Israel, with one accord.

3 ¶ And when the inhabitants of Gibeon heard what Joshua had done unto Jericho and to Ai,

4 They did work wilily, and went and made as if they had been ambassadors, and took old sacks upon their asses, and wine bottles, old, and rent, and bound up;

5 And old shoes and clouted upon their feet, and old garments upon them; and all the bread of their provision was dry *and* mouldy.

6 And they went to Joshua unto the camp at Gilgal, and said unto him, and to the men of Israel, We be come from

כִּי־לָכַד הָאֹרֵב אֶת־הָעִיר וְכִי עָלָה עֲשַׁן הָעִיר וַיָּשֻׁבוּ וַיַּכּוּ אֶת־אַנְשֵׁי

22 הָעָי: וְאֵלֶּה יָצְאוּ מִן־הָעִיר לִקְרָאתָם וַיִּהְיוּ לְיִשְׂרָאֵל בַּתָּוֶךְ אֵלֶּה
מִזֶּה וְאֵלֶּה מִזֶּה וַיַּכּוּ אוֹתָם עַד־בִּלְתִּי הִשְׁאִיר־לוֹ שָׂרִיד וּפָלִיט:

23 וְאֶת־מֶלֶךְ הָעַי תָּפְשׂוּ חָי וַיַּקְרִבוּ אֹתוֹ אֶל־יְהוֹשֻׁעַ: וַיְהִי כְּכַלּוֹת
24 יִשְׂרָאֵל לַהֲרֹג אֶת־כָּל־יֹשְׁבֵי הָעַי בַּשָּׂדֶה בַּמִּדְבָּר אֲשֶׁר רְדָפוּם בּוֹ
וַיִּפְּלוּ כֻלָּם לְפִי־חֶרֶב עַד־תֻּמָּם וַיָּשֻׁבוּ כָל־יִשְׂרָאֵל הָעַי וַיַּכּוּ אֹתָהּ

25 לְפִי־חָרֶב: וַיְהִי כָל־הַנֹּפְלִים בַּיּוֹם הַהוּא מֵאִישׁ וְעַד־אִשָּׁה שְׁנֵים
26 עָשָׂר אָלֶף כֹּל אַנְשֵׁי הָעָי: וִיהוֹשֻׁעַ לֹא־הֵשִׁיב יָדוֹ אֲשֶׁר נָטָה
27 בַּכִּידוֹן עַד אֲשֶׁר הֶחֱרִים אֵת כָּל־יֹשְׁבֵי הָעָי: רַק הַבְּהֵמָה וּשְׁלַל
הָעִיר הַהִיא בָּזְזוּ לָהֶם יִשְׂרָאֵל כִּדְבַר יְהוָה אֲשֶׁר צִוָּה אֶת־יְהוֹשֻׁעַ:

28 וַיִּשְׂרֹף יְהוֹשֻׁעַ אֶת־הָעָי וַיְשִׂימֶהָ תֵּל־עוֹלָם שְׁמָמָה עַד הַיּוֹם הַזֶּה:
29 וְאֶת־מֶלֶךְ הָעַי תָּלָה עַל־הָעֵץ עַד־עֵת הָעָרֶב וּכְבוֹא הַשֶּׁמֶשׁ צִוָּה
יְהוֹשֻׁעַ וַיֹּרִידוּ אֶת־נִבְלָתוֹ מִן־הָעֵץ וַיַּשְׁלִיכוּ אוֹתָהּ אֶל־פֶּתַח שַׁעַר
הָעִיר וַיָּקִימוּ עָלָיו גַּל־אֲבָנִים גָּדוֹל עַד הַיּוֹם הַזֶּה:

30 אָז יִבְנֶה יְהוֹשֻׁעַ מִזְבֵּחַ לַיהוָה אֱלֹהֵי יִשְׂרָאֵל בְּהַר עֵיבָל: כַּאֲשֶׁר
31 צִוָּה מֹשֶׁה עֶבֶד־יְהוָה אֶת־בְּנֵי יִשְׂרָאֵל כַּכָּתוּב בְּסֵפֶר תּוֹרַת מֹשֶׁה
מִזְבַּח אֲבָנִים שְׁלֵמוֹת אֲשֶׁר לֹא־הֵנִיף עֲלֵיהֶן בַּרְזֶל וַיַּעֲלוּ עָלָיו
32 עֹלוֹת לַיהוָה וַיִּזְבְּחוּ שְׁלָמִים: וַיִּכְתָּב־שָׁם עַל־הָאֲבָנִים אֵת מִשְׁנֵה
33 תּוֹרַת מֹשֶׁה אֲשֶׁר כָּתַב לִפְנֵי בְּנֵי יִשְׂרָאֵל: וְכָל־יִשְׂרָאֵל וּזְקֵנָיו
וְשֹׁטְרִים וְשֹׁפְטָיו עֹמְדִים מִזֶּה וּמִזֶּה לָאָרוֹן נֶגֶד הַכֹּהֲנִים הַלְוִיִּם
נֹשְׂאֵי אֲרוֹן בְּרִית־יְהוָה כַּגֵּר כָּאֶזְרָח חֶצְיוֹ אֶל־מוּל הַר־גְּרִזִים
וְהַחֶצְיוֹ אֶל־מוּל הַר־עֵיבָל כַּאֲשֶׁר צִוָּה מֹשֶׁה עֶבֶד־יְהוָה לְבָרֵךְ
34 אֶת־הָעָם יִשְׂרָאֵל בָּרִאשֹׁנָה: וְאַחֲרֵי־כֵן קָרָא אֶת־כָּל־דִּבְרֵי הַתּוֹרָה
35 הַבְּרָכָה וְהַקְּלָלָה כְּכָל־הַכָּתוּב בְּסֵפֶר הַתּוֹרָה: לֹא־הָיָה דָבָר מִכֹּל
אֲשֶׁר־צִוָּה מֹשֶׁה אֲשֶׁר לֹא־קָרָא יְהוֹשֻׁעַ נֶגֶד כָּל־קְהַל יִשְׂרָאֵל
וְהַנָּשִׁים וְהַטַּף וְהַגֵּר הַהֹלֵךְ בְּקִרְבָּם:

9 1 וַיְהִי כִשְׁמֹעַ כָּל־הַמְּלָכִים אֲשֶׁר בְּעֵבֶר הַיַּרְדֵּן בָּהָר וּבַשְּׁפֵלָה וּבְכֹל
חוֹף הַיָּם הַגָּדוֹל אֶל־מוּל הַלְּבָנוֹן הַחִתִּי וְהָאֱמֹרִי הַכְּנַעֲנִי הַפְּרִזִּי
2 הַחִוִּי וְהַיְבוּסִי: וַיִּתְקַבְּצוּ יַחְדָּו לְהִלָּחֵם עִם־יְהוֹשֻׁעַ וְעִם־יִשְׂרָאֵל
פֶּה אֶחָד:

3 וְיֹשְׁבֵי גִבְעוֹן שָׁמְעוּ אֵת אֲשֶׁר עָשָׂה יְהוֹשֻׁעַ לִירִיחוֹ וְלָעָי: וַיַּעֲשׂוּ
4 גַם־הֵמָּה בְּעָרְמָה וַיֵּלְכוּ וַיִּצְטַיָּרוּ וַיִּקְחוּ שַׂקִּים בָּלִים לַחֲמוֹרֵיהֶם
5 וְנֹאדוֹת יַיִן בָּלִים וּמְבֻקָּעִים וּמְצֹרָרִים: וּנְעָלוֹת בָּלוֹת וּמְטֻלָּאוֹת
בְּרַגְלֵיהֶם וּשְׂלָמוֹת בָּלוֹת עֲלֵיהֶם וְכֹל לֶחֶם צֵידָם יָבֵשׁ הָיָה נִקֻּדִים:
6 וַיֵּלְכוּ אֶל־יְהוֹשֻׁעַ אֶל־הַמַּחֲנֶה הַגִּלְגָּל וַיֹּאמְרוּ אֵלָיו וְאֶל־אִישׁ יִשְׂרָאֵל

a far country: now therefore make ye a league with us.

7 And the men of Israel said unto the Hivites, Peradventure ye dwell among us; and how shall we make a league with you?

8 And they said unto Joshua, We *are* thy servants. And Joshua said unto them, Who *are* ye? and from whence come ye?

9 And they said unto him, From a very far country thy servants are come because of the name of the LORD thy God: for we have heard the fame of him, and all that he did in Egypt,

10 And all that he did to the two kings of the Amorites, that *were* beyond Jordan, to Sihon king of Heshbon, and to Og king of Bashan, which *was* at Ashtaroth.

11 Wherefore our elders and all the inhabitants of our country spake to us, saying, Take victuals with you for the journey, and go to meet them, and say unto them, We *are* your servants: therefore now make ye a league with us.

12 This our bread we took hot *for* our provision out of our houses on the day we came forth to go unto you; but now, behold, it is dry, and it is mouldy:

13 And these bottles of wine, which we filled, *were* new; and, behold, they be rent: and these our garments and our shoes are become old by reason of the very long journey.

14 And the men took of their victuals, and asked not *counsel* at the mouth of the LORD.

15 And Joshua made peace with them, and made a league with them, to let them live: and the princes of the congregation sware unto them.

16 ¶ And it came to pass at the end of three days after they had made a league with them, that they heard that they *were* their neighbours, and *that* they dwelt among them.

17 And the children of Israel journeyed, and came unto their cities on the third day. Now their cities *were* Gibeon, and Chephirah, and Beeroth, and Kirjath-jearim.

18 And the children of Israel smote them not, because the princes of the congregation had sworn unto them by the LORD God of Israel. And all the congregation murmured against the princes.

19 But all the princes said unto all the congregation, We have sworn unto them by the LORD God of Israel: now therefore we may not touch them.

20 This we will do to them; we will even let them live, lest wrath be upon us, because of the oath which we sware unto them.

21 And the princes said unto them, Let them live; but let them be hewers of wood and drawers of water unto all the congregation; as the princes had promised them.

22 ¶ And Joshua called for them, and he spake unto them, saying, Wherefore have ye beguiled us, saying, We *are* very far from you; when ye dwell among us?

23 Now therefore ye *are* cursed, and there shall none of you be freed from being bondmen, and hewers of wood and drawers of water for the house of my God.

24 And they answered Joshua, and said, Because it was certainly told thy servants, how that the LORD thy God commanded his servant Moses to give you all the land, and to destroy all the inhabitants of the land from before you, therefore we were sore afraid of our lives because of you, and have done this thing.

25 And now, behold, we *are* in thine hand: as it seemeth good and right unto thee to do unto us, do.

26 And so did he unto them, and delivered them out of the hand of the children of Israel, that they slew them not.

27 And Joshua made them that day hewers of wood and drawers of water for the congregation, and for the altar of the LORD, even unto this day, in the place which he should choose.

CHAPTER 10

1 Now it came to pass, when Adoni-zedec king of Jerusalem had heard how Joshua had taken Ai, and had utterly

וַיֹּאמֶר 7 מֵאֶרֶץ רְחוֹקָה בָּאנוּ וְעַתָּה כִּרְתוּ־לָנוּ בְרִית: וַיֹּאמְרוּ אִישׁ־יִשְׂרָאֵל

אֶכְרָת־ 8 אֶל־הַחִוִּי אוּלַי בְּקִרְבִּי אַתָּה יוֹשֵׁב וְאֵיךְ אֶכְרוֹת־לְךָ בְרִית: וַיֹּאמְרוּ

אֶל־יְהוֹשֻׁעַ עֲבָדֶיךָ אֲנַחְנוּ וַיֹּאמֶר אֲלֵהֶם יְהוֹשֻׁעַ מִי אַתֶּם וּמֵאַיִן

9 תָּבֹאוּ: וַיֹּאמְרוּ אֵלָיו מֵאֶרֶץ רְחוֹקָה מְאֹד בָּאוּ עֲבָדֶיךָ לְשֵׁם יְהוָה

10 אֱלֹהֶיךָ כִּי־שָׁמַעְנוּ שָׁמְעוֹ וְאֵת כָּל־אֲשֶׁר עָשָׂה בְּמִצְרָיִם: וְאֵת ׀

כָּל־אֲשֶׁר עָשָׂה לִשְׁנֵי מַלְכֵי הָאֱמֹרִי אֲשֶׁר בְּעֵבֶר הַיַּרְדֵּן לְסִיחוֹן

11 מֶלֶךְ חֶשְׁבּוֹן וּלְעוֹג מֶלֶךְ־הַבָּשָׁן אֲשֶׁר בְּעַשְׁתָּרוֹת: וַיֹּאמְרוּ אֵלֵינוּ

זְקֵינֵינוּ וְכָל־יֹשְׁבֵי אַרְצֵנוּ לֵאמֹר קְחוּ בְיֶדְכֶם צֵידָה לַדֶּרֶךְ וּלְכוּ

לִקְרָאתָם וַאֲמַרְתֶּם אֲלֵיהֶם עַבְדֵיכֶם אֲנַחְנוּ וְעַתָּה כִּרְתוּ־לָנוּ בְרִית:

12 זֶה ׀ לַחְמֵנוּ חָם הִצְטַיַּדְנוּ אֹתוֹ מִבָּתֵּינוּ בְּיוֹם צֵאתֵנוּ לָלֶכֶת אֲלֵיכֶם

13 וְעַתָּה הִנֵּה יָבֵשׁ וְהָיָה נִקֻּדִים: וְאֵלֶּה נֹאדוֹת הַיַּיִן אֲשֶׁר מִלֵּאנוּ

חֲדָשִׁים וְהִנֵּה הִתְבַּקָּעוּ וְאֵלֶּה שַׂלְמוֹתֵינוּ וּנְעָלֵינוּ בָּלוּ מֵרֹב הַדֶּרֶךְ

14 מְאֹד: וַיִּקְחוּ הָאֲנָשִׁים מִצֵּידָם וְאֶת־פִּי יְהוָה לֹא שָׁאָלוּ: וַיַּעַשׂ

15 לָהֶם יְהוֹשֻׁעַ שָׁלוֹם וַיִּכְרֹת לָהֶם בְּרִית לְחַיּוֹתָם וַיִּשָּׁבְעוּ לָהֶם

16 נְשִׂיאֵי הָעֵדָה: וַיְהִי מִקְצֵה שְׁלֹשֶׁת יָמִים אַחֲרֵי אֲשֶׁר־כָּרְתוּ לָהֶם

17 בְּרִית וַיִּשְׁמְעוּ כִּי־קְרֹבִים הֵם אֵלָיו וּבְקִרְבּוֹ הֵם יֹשְׁבִים: וַיִּסְעוּ

בְנֵי־יִשְׂרָאֵל וַיָּבֹאוּ אֶל־עָרֵיהֶם בַּיּוֹם הַשְּׁלִישִׁי וְעָרֵיהֶם גִּבְעוֹן

18 וְהַכְּפִירָה וּבְאֵרוֹת וְקִרְיַת יְעָרִים: וְלֹא הִכּוּם בְּנֵי יִשְׂרָאֵל כִּי־נִשְׁבְּעוּ

לָהֶם נְשִׂיאֵי הָעֵדָה בַּיהוָה אֱלֹהֵי יִשְׂרָאֵל וַיִּלֹּנוּ כָל־הָעֵדָה

19 עַל־הַנְּשִׂיאִים: וַיֹּאמְרוּ כָל־הַנְּשִׂיאִים אֶל־כָּל־הָעֵדָה אֲנַחְנוּ נִשְׁבַּעְנוּ

20 לָהֶם בַּיהוָה אֱלֹהֵי יִשְׂרָאֵל וְעַתָּה לֹא נוּכַל לִנְגֹּעַ בָּהֶם: זֹאת

נַעֲשֶׂה לָהֶם וְהַחֲיֵה אוֹתָם וְלֹא־יִהְיֶה עָלֵינוּ קֶצֶף עַל־הַשְּׁבוּעָה

21 אֲשֶׁר־נִשְׁבַּעְנוּ לָהֶם: וַיֹּאמְרוּ אֲלֵיהֶם הַנְּשִׂיאִים יִחְיוּ וַיִּהְיוּ חֹטְבֵי

22 עֵצִים וְשֹׁאֲבֵי־מַיִם לְכָל־הָעֵדָה כַּאֲשֶׁר דִּבְּרוּ לָהֶם הַנְּשִׂיאִים: וַיִּקְרָא

לָהֶם יְהוֹשֻׁעַ וַיְדַבֵּר אֲלֵיהֶם לֵאמֹר לָמָּה רִמִּיתֶם אֹתָנוּ לֵאמֹר

23 רְחוֹקִים אֲנַחְנוּ מִכֶּם מְאֹד וְאַתֶּם בְּקִרְבֵּנוּ יֹשְׁבִים: וְעַתָּה אֲרוּרִים

אַתֶּם וְלֹא־יִכָּרֵת מִכֶּם עֶבֶד וְחֹטְבֵי עֵצִים וְשֹׁאֲבֵי מַיִם לְבֵית אֱלֹהָי:

24 וַיַּעֲנוּ אֶת־יְהוֹשֻׁעַ וַיֹּאמְרוּ כִּי הֻגֵּד הֻגַּד לַעֲבָדֶיךָ אֵת אֲשֶׁר צִוָּה

יְהוָה אֱלֹהֶיךָ אֶת־מֹשֶׁה עַבְדּוֹ לָתֵת לָכֶם אֶת־כָּל־הָאָרֶץ וּלְהַשְׁמִיד

אֶת־כָּל־יֹשְׁבֵי הָאָרֶץ מִפְּנֵיכֶם וַנִּירָא מְאֹד לְנַפְשֹׁתֵינוּ מִפְּנֵיכֶם וַנַּעֲשֵׂה

25 אֶת־הַדָּבָר הַזֶּה: וְעַתָּה הִנְנוּ בְיָדֶךָ כַּטּוֹב וְכַיָּשָׁר בְּעֵינֶיךָ לַעֲשׂוֹת

26 לָנוּ עֲשֵׂה: וַיַּעַשׂ לָהֶם כֵּן וַיַּצֵּל אוֹתָם מִיַּד בְּנֵי־יִשְׂרָאֵל וְלֹא הֲרָגוּם:

27 וַיִּתְּנֵם יְהוֹשֻׁעַ בַּיּוֹם הַהוּא חֹטְבֵי עֵצִים וְשֹׁאֲבֵי מַיִם לָעֵדָה וּלְמִזְבַּח

יְהוָה עַד־הַיּוֹם הַזֶּה אֶל־הַמָּקוֹם אֲשֶׁר יִבְחָר:

10 1 וַיְהִי כִשְׁמֹעַ אֲדֹנִי־צֶדֶק מֶלֶךְ יְרוּשָׁלַ͏ִם כִּי־לָכַד יְהוֹשֻׁעַ אֶת־הָעַי

destroyed it; as he had done to Jericho and her king, so he had done to Ai and her king; and how the inhabitants of Gibeon had made peace with Israel, and were among them;

2 That they feared greatly, because Gibeon *was* a great city, as one of the royal cities, and because it *was* greater than Ai, and all the men thereof *were* mighty.

3 Wherefore Adoni-zedec king of Jerusalem sent unto Hoham king of Hebron, and unto Piram king of Jarmuth, and unto Japhia king of Lachish, and unto Debir king of Eglon, saying,

4 Come up unto me, and help me, that we may smite Gibeon: for it hath made peace with Joshua and with the children of Israel.

5 Therefore the five kings of the Amorites, the king of Jerusalem, the king of Hebron, the king of Jarmuth, the king of Lachish, the king of Eglon, gathered themselves together, and went up, they and all their hosts, and encamped before Gibeon, and made war against it.

6 ¶ And the men of Gibeon sent unto Joshua to the camp to Gilgal, saying, Slack not thy hand from thy servants; come up to us quickly, and save us, and help us: for all the kings of the Amorites that dwell in the mountains are gathered together against us.

7 So Joshua ascended from Gilgal, he, and all the people of war with him, and all the mighty men of valour.

8 ¶ And the LORD said unto Joshua, Fear them not: for I have delivered them into thine hand; there shall not a man of them stand before thee.

9 Joshua therefore came unto them suddenly, *and* went up from Gilgal all night.

10 And the LORD discomfited them before Israel, and slew them with a great slaughter at Gibeon, and chased them along the way that goeth up to Beth-horon, and smote them to Azekah, and unto Makkedah.

11 And it came to pass, as they fled from before Israel, *and* were in the going down to Beth-horon, that the LORD cast down great stones from heaven upon them unto Azekah, and they died: *they were* more which died with hailstones than *they* whom the children of Israel slew with the sword.

12 ¶ Then spake Joshua to the LORD in the day when the LORD delivered up the Amorites before the children of Israel, and he said in the sight of Israel, Sun, stand thou still upon Gibeon; and thou, Moon, in the valley of Ajalon.

13 And the sun stood still, and the moon stayed, until the people had avenged themselves upon their enemies. *Is* not this written in the book of Jasher? So the sun stood still in the midst of heaven, and hasted not to go down about a whole day.

14 And there was no day like that before it or after it, that the LORD hearkened unto the voice of a man: for the LORD fought for Israel.

15 ¶ And Joshua returned, and all Israel with him, unto the camp to Gilgal.

16 But these five kings fled, and hid themselves in a cave at Makkedah.

17 And it was told Joshua, saying, The five kings are found hid in a cave at Makkedah.

18 And Joshua said, Roll great stones upon the mouth of the cave, and set men by it for to keep them:

19 And stay ye not, *but* pursue after your enemies, and smite the hindmost of them; suffer them not to enter into their cities: for the LORD your God hath delivered them into your hand.

20 And it came to pass, when Joshua and the children of Israel had made an end of slaying them with a very great slaughter, till they were consumed, that the rest *which* remained of them entered into fenced cities.

21 And all the people returned to the camp to Joshua at Makkedah in peace:

וַיַּחֲרִימֵהֹ כַּאֲשֶׁר עָשָׂה לִירִיחוֹ וּלְמַלְכָּהּ כֵּן־עָשָׂה לָעַי וּלְמַלְכָּהּ וְכִי

2 הִשְׁלִימוּ יֹשְׁבֵי גִבְעוֹן אֶת־יִשְׂרָאֵל וַיִּהְיוּ בְּקִרְבָּם: וַיִּירְאוּ מְאֹד כִּי עִיר גְּדוֹלָה גִּבְעוֹן כְּאַחַת עָרֵי הַמַּמְלָכָה וְכִי הִיא גְדוֹלָה מִן־הָעַי

3 וְכָל־אֲנָשֶׁיהָ גִּבֹּרִים: וַיִּשְׁלַח אֲדֹנִי־צֶדֶק מֶלֶךְ יְרוּשָׁלַם אֶל־הוֹהָם מֶלֶךְ־חֶבְרוֹן וְאֶל־פִּרְאָם מֶלֶךְ־יַרְמוּת וְאֶל־יָפִיעַ מֶלֶךְ־לָכִישׁ וְאֶל־

4 דְּבִיר מֶלֶךְ־עֶגְלוֹן לֵאמֹר: עֲלוּ־אֵלַי וְעִזְרֻנִי וְנַכֶּה אֶת־גִּבְעוֹן

5 כִּי־הִשְׁלִימָה אֶת־יְהוֹשֻׁעַ וְאֶת־בְּנֵי יִשְׂרָאֵל: וַיֵּאָסְפוּ וַיַּעֲלוּ חֲמֵשֶׁת מַלְכֵי הָאֱמֹרִי מֶלֶךְ יְרוּשָׁלַם מֶלֶךְ־חֶבְרוֹן מֶלֶךְ־יַרְמוּת מֶלֶךְ־לָכִישׁ מֶלֶךְ־עֶגְלוֹן הֵם וְכָל־מַחֲנֵיהֶם וַיַּחֲנוּ עַל־גִּבְעוֹן וַיִּלָּחֲמוּ עָלֶיהָ:

6 וַיִּשְׁלְחוּ אַנְשֵׁי גִבְעוֹן אֶל־יְהוֹשֻׁעַ אֶל־הַמַּחֲנֶה הַגִּלְגָּלָה לֵאמֹר אַל־תֶּרֶף יָדֶיךָ מֵעֲבָדֶיךָ עֲלֵה אֵלֵינוּ מְהֵרָה וְהוֹשִׁיעָה לָּנוּ וְעָזְרֵנוּ

7 כִּי נִקְבְּצוּ אֵלֵינוּ כָּל־מַלְכֵי הָאֱמֹרִי יֹשְׁבֵי הָהָר: וַיַּעַל יְהוֹשֻׁעַ מִן־הַגִּלְגָּל הוּא וְכָל־עַם הַמִּלְחָמָה עִמּוֹ וְכֹל גִּבּוֹרֵי הֶחָיִל:

8 וַיֹּאמֶר יְהוָה אֶל־יְהוֹשֻׁעַ אַל־תִּירָא מֵהֶם כִּי בְיָדְךָ נְתַתִּים לֹא־יַעֲמֹד

9 אִישׁ מֵהֶם בְּפָנֶיךָ: וַיָּבֹא אֲלֵיהֶם יְהוֹשֻׁעַ פִּתְאֹם כָּל־הַלַּיְלָה עָלָה

10 מִן־הַגִּלְגָּל: וַיְהֻמֵּם יְהוָה לִפְנֵי יִשְׂרָאֵל וַיַּכֵּם מַכָּה־גְדוֹלָה בְּגִבְעוֹן

11 וַיִּרְדְּפֵם דֶּרֶךְ מַעֲלֵה בֵית־חוֹרֹן וַיַּכֵּם עַד־עֲזֵקָה וְעַד־מַקֵּדָה: וַיְהִי בְּנֻסָם מִפְּנֵי יִשְׂרָאֵל הֵם בְּמוֹרַד בֵּית־חוֹרֹן וַיהוָה הִשְׁלִיךְ עֲלֵיהֶם אֲבָנִים גְּדֹלוֹת מִן־הַשָּׁמַיִם עַד־עֲזֵקָה וַיָּמֻתוּ רַבִּים אֲשֶׁר־מֵתוּ בְּאַבְנֵי

12 הַבָּרָד מֵאֲשֶׁר הָרְגוּ בְּנֵי יִשְׂרָאֵל בֶּחָרֶב: 　　　　אָז יְדַבֵּר יְהוֹשֻׁעַ 12A לַיהוָה בְּיוֹם תֵּת יְהוָה אֶת־הָאֱמֹרִי לִפְנֵי בְּנֵי יִשְׂרָאֵל וַיֹּאמֶר לְעֵינֵי

13 יִשְׂרָאֵל שֶׁמֶשׁ בְּגִבְעוֹן דּוֹם וְיָרֵחַ בְּעֵמֶק אַיָּלוֹן: וַיִּדֹּם הַשֶּׁמֶשׁ וְיָרֵחַ עָמָד עַד־יִקֹּם גּוֹי אֹיְבָיו הֲלֹא־הִיא כְתוּבָה עַל־סֵפֶר הַיָּשָׁר וַיַּעֲמֹד

14 הַשֶּׁמֶשׁ בַּחֲצִי הַשָּׁמַיִם וְלֹא־אָץ לָבוֹא כְּיוֹם תָּמִים: וְלֹא הָיָה כַּיּוֹם הַהוּא לְפָנָיו וְאַחֲרָיו לִשְׁמֹעַ יְהוָה בְּקוֹל אִישׁ כִּי יְהוָה נִלְחָם לְיִשְׂרָאֵל:

15 וַיָּשָׁב יְהוֹשֻׁעַ וְכָל־יִשְׂרָאֵל עִמּוֹ אֶל־הַמַּחֲנֶה הַגִּלְגָּלָה: וַיָּנֻסוּ חֲמֵשֶׁת

16

17 הַמְּלָכִים הָאֵלֶּה וַיֵּחָבְאוּ בַמְּעָרָה בְּמַקֵּדָה: וַיֻּגַּד לִיהוֹשֻׁעַ לֵאמֹר

18 נִמְצְאוּ חֲמֵשֶׁת הַמְּלָכִים נֶחְבְּאִים בַּמְּעָרָה בְּמַקֵּדָה: וַיֹּאמֶר יְהוֹשֻׁעַ גֹּלּוּ אֲבָנִים גְּדֹלוֹת אֶל־פִּי הַמְּעָרָה וְהַפְקִידוּ עָלֶיהָ אֲנָשִׁים לְשָׁמְרָם:

19 וְאַתֶּם אַל־תַּעֲמֹדוּ רִדְפוּ אַחֲרֵי אֹיְבֵיכֶם וְזִנַּבְתֶּם אוֹתָם אַל־תִּתְּנוּם

20 לָבוֹא אֶל־עָרֵיהֶם כִּי נְתָנָם יְהוָה אֱלֹהֵיכֶם בְּיֶדְכֶם: וַיְהִי כְּכַלּוֹת יְהוֹשֻׁעַ וּבְנֵי יִשְׂרָאֵל לְהַכּוֹתָם מַכָּה גְדוֹלָה־מְאֹד עַד־תֻּמָּם

21 וְהַשְּׂרִידִים שָׂרְדוּ מֵהֶם וַיָּבֹאוּ אֶל־עָרֵי הַמִּבְצָר: וַיָּשֻׁבוּ כָל־הָעָם אֶל־הַמַּחֲנֶה אֶל־יְהוֹשֻׁעַ מַקֵּדָה בְּשָׁלוֹם לֹא־חָרַץ לִבְנֵי יִשְׂרָאֵל לְאִישׁ

none moved his tongue against any of the children of Israel.

22 Then said Joshua, Open the mouth of the cave, and bring out those five kings unto me out of the cave.

23 And they did so, and brought forth those five kings unto him out of the cave, the king of Jerusalem, the king of Hebron, the king of Jarmuth, the king of Lachish, *and* the king of Eglon.

24 And it came to pass, when they brought out those kings unto Joshua, that Joshua called for all the men of Israel, and said unto the captains of the men of war which went with him, Come near, put your feet upon the necks of these kings. And they came near, and put their feet upon the necks of them.

25 And Joshua said unto them, Fear not, nor be dismayed, be strong and of good courage: for thus shall the LORD do to all your enemies against whom ye fight.

26 And afterward Joshua smote them, and slew them, and hanged them on five trees: and they were hanging upon the trees until the evening.

27 And it came to pass at the time of the going down of the sun, *that* Joshua commanded, and they took them down off the trees, and cast them into the cave wherein they had been hid, and laid great stones in the cave's mouth, *which remain* until this very day.

28 ¶ And that day Joshua took Makkedah, and smote it with the edge of the sword, and the king thereof he utterly destroyed, them, and all the souls that *were* therein; he let none remain: and he did to the king of Makkedah as he did unto the king of Jericho.

29 Then Joshua passed from Makkedah, and all Israel with him, unto Libnah, and fought against Libnah:

30 And the LORD delivered it also, and the king thereof, into the hand of Israel;

and he smote it with the edge of the sword, and all the souls that *were* therein; he let none remain in it; but did unto the king thereof as he did unto the king of Jericho.

31 ¶ And Joshua passed from Libnah, and all Israel with him, unto Lachish, and encamped against it, and fought against it:

32 And the LORD delivered Lachish into the hand of Israel, which took it on the second day, and smote it with the edge of the sword, and all the souls that *were* therein, according to all that he had done to Libnah.

33 ¶ Then Horam king of Gezer came up to help Lachish; and Joshua smote him and his people, until he had left him none remaining.

34 ¶ And from Lachish Joshua passed unto Eglon, and all Israel with him; and they encamped against it, and fought against it:

35 And they took it on that day, and smote it with the edge of the sword, and all the souls that *were* therein he utterly destroyed that day, according to all that he had done to Lachish.

36 And Joshua went up from Eglon, and all Israel with him, unto Hebron; and they fought against it:

37 And they took it, and smote it with the edge of the sword, and the king thereof, and all the cities thereof, and all the souls that *were* therein; he left none remaining, according to all that he had done to Eglon; but destroyed it utterly, and all the souls that *were* therein.

38 ¶ And Joshua returned, and all Israel with him, to Debir; and fought against it:

39 And he took it, and the king thereof, and all the cities thereof; and they smote them with the edge of the sword, and utterly destroyed all the souls that *were* therein; he left none remaining: as he had

22 אֶת־לְשׁוֹנוֹ: וַיֹּאמֶר יְהוֹשֻׁעַ פִּתְחוּ אֶת־פִּי הַמְּעָרָה וְהוֹצִיאוּ אֵלַי

23 אֶת־חֲמֵשֶׁת הַמְּלָכִים הָאֵלֶּה מִן־הַמְּעָרָה: וַיַּעֲשׂוּ כֵן וַיֹּצִיאוּ אֵלָיו
אֶת־חֲמֵשֶׁת הַמְּלָכִים הָאֵלֶּה מִן־הַמְּעָרָה אֵת ׀ מֶלֶךְ יְרוּשָׁלַם אֶת־

24 מֶלֶךְ חֶבְרוֹן אֶת־מֶלֶךְ יַרְמוּת אֶת־מֶלֶךְ לָכִישׁ אֶת־מֶלֶךְ עֶגְלוֹן: וַיְהִי
כְּהוֹצִיאָם אֶת־הַמְּלָכִים הָאֵלֶּה אֶל־יְהוֹשֻׁעַ וַיִּקְרָא יְהוֹשֻׁעַ אֶל־כָּל־
אִישׁ יִשְׂרָאֵל וַיֹּאמֶר אֶל־קְצִינֵי אַנְשֵׁי הַמִּלְחָמָה הֶהָלְכוּא אִתּוֹ קִרְבוּ
שִׂימוּ אֶת־רַגְלֵיכֶם עַל־צַוְּארֵי הַמְּלָכִים הָאֵלֶּה וַיִּקְרְבוּ וַיָּשִׂימוּ אֶת־

25 רַגְלֵיהֶם עַל־צַוְּארֵיהֶם: וַיֹּאמֶר אֲלֵיהֶם יְהוֹשֻׁעַ אַל־תִּירְאוּ וְאַל־
תֵּחָתּוּ חִזְקוּ וְאִמְצוּ כִּי כָכָה יַעֲשֶׂה יְהוָה לְכָל־אֹיְבֵיכֶם אֲשֶׁר אַתֶּם

26 נִלְחָמִים אוֹתָם: וַיַּכֵּם יְהוֹשֻׁעַ אַחֲרֵי־כֵן וַיְמִיתֵם וַיִּתְלֵם עַל חֲמִשָּׁה

27 עֵצִים וַיִּהְיוּ תְּלוּיִם עַל־הָעֵצִים עַד־הָעָרֶב: וַיְהִי לְעֵת ׀ בּוֹא הַשֶּׁמֶשׁ
צִוָּה יְהוֹשֻׁעַ וַיֹּרִידוּם מֵעַל הָעֵצִים וַיַּשְׁלִכֻם אֶל־הַמְּעָרָה אֲשֶׁר
נֶחְבְּאוּ־שָׁם וַיָּשִׂמוּ אֲבָנִים גְּדֹלוֹת עַל־פִּי הַמְּעָרָה עַד־עֶצֶם הַיּוֹם
הַזֶּה:

28 וְאֶת־מַקֵּדָה לָכַד יְהוֹשֻׁעַ בַּיּוֹם הַהוּא וַיַּכֶּהָ לְפִי־חֶרֶב וְאֶת־מַלְכָּהּ
הֶחֱרִם אוֹתָם וְאֶת־כָּל־הַנֶּפֶשׁ אֲשֶׁר־בָּהּ לֹא הִשְׁאִיר שָׂרִיד וַיַּעַשׂ

29 לְמֶלֶךְ מַקֵּדָה כַּאֲשֶׁר עָשָׂה לְמֶלֶךְ יְרִיחוֹ: וַיַּעֲבֹר יְהוֹשֻׁעַ וְכָל־יִשְׂרָאֵל

30 עִמּוֹ מִמַּקֵּדָה לִבְנָה וַיִּלָּחֶם עִם־לִבְנָה: וַיִּתֵּן יְהוָה גַּם־אוֹתָהּ בְּיַד
יִשְׂרָאֵל וְאֶת־מַלְכָּהּ וַיַּכֶּהָ לְפִי־חֶרֶב וְאֶת־כָּל־הַנֶּפֶשׁ אֲשֶׁר־בָּהּ
לֹא־הִשְׁאִיר בָּהּ שָׂרִיד וַיַּעַשׂ לְמַלְכָּהּ כַּאֲשֶׁר עָשָׂה לְמֶלֶךְ

31 יְרִיחוֹ:　　　　　　　　　　　　　　　　　וַיַּעֲבֹר יְהוֹשֻׁעַ וְכָל־יִשְׂרָאֵל עִמּוֹ מִלִּבְנָה לָכִישָׁה

32 וַיִּחַן עָלֶיהָ וַיִּלָּחֶם בָּהּ: וַיִּתֵּן יְהוָה אֶת־לָכִישׁ בְּיַד יִשְׂרָאֵל וַיִּלְכְּדָהּ
בַּיּוֹם הַשֵּׁנִי וַיַּכֶּהָ לְפִי־חֶרֶב וְאֶת־כָּל־הַנֶּפֶשׁ אֲשֶׁר־בָּהּ כְּכֹל אֲשֶׁר־
עָשָׂה לְלִבְנָה:

33 אָז עָלָה הֹרָם מֶלֶךְ גֶּזֶר לַעְזֹר אֶת־לָכִישׁ וַיַּכֵּהוּ יְהוֹשֻׁעַ וְאֶת־עַמּוֹ

34 עַד־בִּלְתִּי הִשְׁאִיר־לוֹ שָׂרִיד: וַיַּעֲבֹר יְהוֹשֻׁעַ וְכָל־יִשְׂרָאֵל עִמּוֹ מִלָּכִישׁ

35A 35 עֶגְלֹנָה וַיַּחֲנוּ עָלֶיהָ וַיִּלָּחֲמוּ עָלֶיהָ: וַיִּלְכְּדוּהָ בַּיּוֹם הַהוּא וַיַּכּוּהָ
לְפִי־חֶרֶב וְאֵת כָּל־הַנֶּפֶשׁ אֲשֶׁר־בָּהּ בַּיּוֹם הַהוּא הֶחֱרִים כְּכֹל אֲשֶׁר־
עָשָׂה לְלָכִישׁ:

36 וַיַּעַל יְהוֹשֻׁעַ וְכָל־יִשְׂרָאֵל עִמּוֹ מֵעֶגְלוֹנָה חֶבְרוֹנָה וַיִּלָּחֲמוּ עָלֶיהָ:

37 וַיִּלְכְּדוּהָ וַיַּכּוּהָ לְפִי־חֶרֶב וְאֶת־מַלְכָּהּ וְאֶת־כָּל־עָרֶיהָ וְאֶת־כָּל־הַנֶּפֶשׁ
אֲשֶׁר־בָּהּ לֹא־הִשְׁאִיר שָׂרִיד כְּכֹל אֲשֶׁר־עָשָׂה לְעֶגְלוֹן וַיַּחֲרֵם אוֹתָהּ

38 וְאֶת־כָּל־הַנֶּפֶשׁ אֲשֶׁר־בָּהּ:　　　　　　　　וַיָּשָׁב יְהוֹשֻׁעַ וְכָל־יִשְׂרָאֵל עִמּוֹ

39 דְּבִרָה וַיִּלָּחֶם עָלֶיהָ: וַיִּלְכְּדָהּ וְאֶת־מַלְכָּהּ וְאֶת־כָּל־עָרֶיהָ וַיַּכּוּם
לְפִי־חֶרֶב וַיַּחֲרִימוּ אֶת־כָּל־נֶפֶשׁ אֲשֶׁר־בָּהּ לֹא הִשְׁאִיר שָׂרִיד כַּאֲשֶׁר

done to Hebron, so he did to Debir, and to the king thereof; as he had done also to Libnah, and to her king.

40 ¶ So Joshua smote all the country of the hills, and of the south, and of the vale, and of the springs, and all their kings: he left none remaining, but utterly destroyed all that breathed, as the LORD God of Israel commanded.

41 And Joshua smote them from Kadesh-barnea even unto Gaza, and all the country of Goshen, even unto Gibeon.

42 And all these kings and their land did Joshua take at one time, because the LORD God of Israel fought for Israel.

43 And Joshua returned, and all Israel with him, unto the camp to Gilgal.

CHAPTER 11

1 And it came to pass, when Jabin king of Hazor had heard *those things,* that he sent to Jobab king of Madon, and to the king of Shimron, and to the king of Achshaph,

2 And to the kings that *were* on the north of the mountains, and of the plains south of Chinneroth, and in the valley, and in the borders of Dor on the west,

3 *And to* the Canaanite on the east and on the west, and *to* the Amorite, and the Hittite, and the Perizzite, and the Jebusite in the mountains, and *to* the Hivite under Hermon in the land of Mizpeh.

4 And they went out, they and all their hosts with them, much people, even as the sand that *is* upon the sea shore in multitude, with horses and chariots very many.

5 And when all these kings were met together, they came and pitched together at the waters of Merom, to fight against Israel.

6 ¶ And the LORD said unto Joshua, Be not afraid because of them: for to morrow about this time will I deliver them up all

slain before Israel: thou shalt hough their horses, and burn their chariots with fire.

7 So Joshua came, and all the people of war with him, against them by the waters of Merom suddenly; and they fell upon them.

8 And the LORD delivered them into the hand of Israel, who smote them, and chased them unto great Zidon, and unto Misrephoth-maim, and unto the valley of Mizpeh eastward; and they smote them, until they left them none remaining.

9 And Joshua did unto them as the LORD bade him: he houghed their horses, and burnt their chariots with fire.

10 ¶ And Joshua at that time turned back, and took Hazor, and smote the king thereof with the sword: for Hazor beforetime was the head of all those kingdoms.

11 And they smote all the souls that *were* therein with the edge of the sword, utterly destroying *them:* there was not any left to breathe: and he burnt Hazor with fire.

12 And all the cities of those kings, and all the kings of them, did Joshua take, and smote them with the edge of the sword, *and* he utterly destroyed them, as Moses the servant of the LORD commanded.

13 But *as for* the cities that stood still in their strength, Israel burned none of them, save Hazor only; *that* did Joshua burn.

14 And all the spoil of these cities, and the cattle, the children of Israel took for a prey unto themselves; but every man they smote with the edge of the sword, until they had destroyed them, neither left they any to breathe.

15 ¶ As the LORD commanded Moses his servant, so did Moses command Joshua, and so did Joshua; he left nothing undone of all that the LORD commanded Moses.

16 So Joshua took all that land, the hills, and all the south country, and all the land of Goshen, and the valley, and the plain,

עָשָׂה לְחֶבְרֹון כֵּן־עָשָׂה לִדְבִרָה וּלְמַלְכָּהּ וְכַאֲשֶׁר עָשָׂה לְלִבְנָה

40 וּלְמַלְכָּהּ: וַיַּכֶּה יְהֹושֻׁעַ אֶת־כָּל־הָאָרֶץ הָהָר וְהַנֶּגֶב וְהַשְּׁפֵלָה וְהָאֲשֵׁדֹות וְאֵת כָּל־מַלְכֵיהֶם לֹא הִשְׁאִיר שָׂרִיד וְאֵת כָּל־הַנְּשָׁמָה

41 הֶחֱרִים כַּאֲשֶׁר צִוָּה יְהוָה אֱלֹהֵי יִשְׂרָאֵל: וַיַּכֵּם יְהֹושֻׁעַ מִקָּדֵשׁ

42 בַּרְנֵעַ וְעַד־עַזָּה וְאֵת כָּל־אֶרֶץ גֹּשֶׁן וְעַד־גִּבְעֹון: וְאֵת כָּל־הַמְּלָכִים הָאֵלֶּה וְאֶת־אַרְצָם לָכַד יְהֹושֻׁעַ פַּעַם אֶחָת כִּי יְהוָה אֱלֹהֵי יִשְׂרָאֵל

43 נִלְחָם לְיִשְׂרָאֵל: וַיָּשָׁב יְהֹושֻׁעַ וְכָל־יִשְׂרָאֵל עִמֹּו אֶל־הַמַּחֲנֶה הַגִּלְגָּלָה:

11 1 וַיְהִי כִּשְׁמֹעַ יָבִין מֶלֶךְ־חָצֹור וַיִּשְׁלַח אֶל־יֹובָב מֶלֶךְ מָדֹון וְאֶל־מֶלֶךְ

2 שִׁמְרֹון וְאֶל־מֶלֶךְ אַכְשָׁף: וְאֶל־הַמְּלָכִים אֲשֶׁר מִצְּפֹון בָּהָר וּבָעֲרָבָה

3 נֶגֶב כִּנֲרֹות וּבַשְּׁפֵלָה וּבְנָפֹות דֹּור מִיָּם: הַכְּנַעֲנִי מִמִּזְרָח וּמִיָּם וְהָאֱמֹרִי וְהַחִתִּי וְהַפְּרִזִּי וְהַיְבוּסִי בָּהָר וְהַחִוִּי תַּחַת חֶרְמֹון בְּאֶרֶץ

4 הַמִּצְפָּה: וַיֵּצְאוּ הֵם וְכָל־מַחֲנֵיהֶם עִמָּם עַם־רָב כַּחֹול אֲשֶׁר עַל־

5 שְׂפַת־הַיָּם לָרֹב וְסוּס וָרֶכֶב רַב־מְאֹד: וַיִּוָּעֲדוּ כֹּל הַמְּלָכִים הָאֵלֶּה וַיָּבֹאוּ וַיַּחֲנוּ יַחְדָּו אֶל־מֵי מֵרֹום לְהִלָּחֵם עִם־יִשְׂרָאֵל:

6 וַיֹּאמֶר יְהוָה אֶל־יְהֹושֻׁעַ אַל־תִּירָא מִפְּנֵיהֶם כִּי־מָחָר כָּעֵת הַזֹּאת אָנֹכִי נֹתֵן אֶת־כֻּלָּם חֲלָלִים לִפְנֵי יִשְׂרָאֵל אֶת־סוּסֵיהֶם תְּעַקֵּר

7 וְאֶת־מַרְכְּבֹתֵיהֶם תִּשְׂרֹף בָּאֵשׁ: וַיָּבֹא יְהֹושֻׁעַ וְכָל־עַם הַמִּלְחָמָה

8 עִמֹּו עֲלֵיהֶם עַל־מֵי מֵרֹום פִּתְאֹם וַיִּפְּלוּ בָּהֶם: וַיִּתְּנֵם יְהוָה בְּיַד־ יִשְׂרָאֵל וַיַּכּוּם וַיִּרְדְּפוּם עַד־צִידֹון רַבָּה וְעַד מִשְׂרְפֹות מַיִם וְעַד־

9 בִּקְעַת מִצְפֶּה מִזְרָחָה וַיַּכֻּם עַד־בִּלְתִּי הִשְׁאִיר־לָהֶם שָׂרִיד: וַיַּעַשׂ לָהֶם יְהֹושֻׁעַ כַּאֲשֶׁר אָמַר־לֹו יְהוָה אֶת־סוּסֵיהֶם עִקֵּר וְאֶת־

10 מַרְכְּבֹתֵיהֶם שָׂרַף בָּאֵשׁ: וַיָּשָׁב יְהֹושֻׁעַ בָּעֵת הַהִיא וַיִּלְכֹּד אֶת־חָצֹור וְאֶת־מַלְכָּהּ הִכָּה בֶחָרֶב כִּי־חָצֹור לְפָנִים הִיא רֹאשׁ

11 כָּל־הַמַּמְלָכֹות הָאֵלֶּה: וַיַּכּוּ אֶת־כָּל־הַנֶּפֶשׁ אֲשֶׁר־בָּהּ לְפִי־חֶרֶב הַחֲרֵם לֹא נֹותַר כָּל־נְשָׁמָה וְאֶת־חָצֹור שָׂרַף בָּאֵשׁ: וְאֶת־כָּל־עָרֵי

12 הַמְּלָכִים־הָאֵלֶּה וְאֶת־כָּל־מַלְכֵיהֶם לָכַד יְהֹושֻׁעַ וַיַּכֵּם לְפִי־חֶרֶב

13 הֶחֱרִים אֹותָם כַּאֲשֶׁר צִוָּה מֹשֶׁה עֶבֶד יְהוָה: רַק כָּל־הֶעָרִים הָעֹמְדֹות עַל־תִּלָּם לֹא שְׂרָפָם יִשְׂרָאֵל זוּלָתִי אֶת־חָצֹור לְבַדָּהּ

14 שָׂרַף יְהֹושֻׁעַ: וְכֹל שְׁלַל הֶעָרִים הָאֵלֶּה וְהַבְּהֵמָה בָּזְזוּ לָהֶם בְּנֵי יִשְׂרָאֵל רַק אֶת־כָּל־הָאָדָם הִכּוּ לְפִי־חֶרֶב עַד־הִשְׁמִדָם אֹותָם לֹא

15 הִשְׁאִירוּ כָּל־נְשָׁמָה: כַּאֲשֶׁר צִוָּה יְהוָה אֶת־מֹשֶׁה עַבְדֹּו כֵּן־צִוָּה מֹשֶׁה אֶת־יְהֹושֻׁעַ וְכֵן עָשָׂה יְהֹושֻׁעַ לֹא־הֵסִיר דָּבָר מִכֹּל אֲשֶׁר־צִוָּה

16A 16 יְהוָה אֶת־מֹשֶׁה: וַיִּקַּח יְהֹושֻׁעַ אֶת־כָּל־הָאָרֶץ הַזֹּאת הָהָר וְאֶת־כָּל־ הַנֶּגֶב וְאֵת כָּל־אֶרֶץ הַגֹּשֶׁן וְאֶת־הַשְּׁפֵלָה וְאֶת־הָעֲרָבָה וְאֶת־הַר־

and the mountain of Israel, and the valley of the same;

17 *Even* from the mount Halak, that goeth up to Seir, even unto Baal-gad in the valley of Lebanon under mount Hermon: and all their kings he took, and smote them, and slew them.

18 Joshua made war a long time with all those kings.

19 There was not a city that made peace with the children of Israel, save the Hivites the inhabitants of Gibeon: all *other* they took in battle.

20 For it was of the LORD to harden their hearts, that they should come against Israel in battle, that he might destroy them utterly, *and* that they might have no favour, but that he might destroy them, as the LORD commanded Moses.

21 ¶ And at that time came Joshua, and cut off the Anakims from the mountains, from Hebron, from Debir, from Anab, and from all the mountains of Judah, and from all the mountains of Israel: Joshua destroyed them utterly with their cities.

22 There was none of the Anakims left in the land of the children of Israel: only in Gaza, in Gath, and in Ashdod, there remained.

23 So Joshua took the whole land, according to all that the LORD said unto Moses; and Joshua gave it for an inheritance unto Israel according to their divisions by their tribes. And the land rested from war.

CHAPTER 12

1 Now these *are* the kings of the land, which the children of Israel smote, and possessed their land on the other side Jordan toward the rising of the sun, from the river Arnon unto mount Hermon, and all the plain on the east:

2 Sihon king of the Amorites, who dwelt in Heshbon, *and* ruled from Aroer, which *is* upon the bank of the river Arnon, and from the middle of the river, and from half Gilead, even unto the river Jabbok, *which is* the border of the children of Ammon;

3 And from the plain to the sea of Chinneroth on the east, and unto the sea of the plain, *even* the salt sea on the east, the way to Beth-jeshimoth; and from the south, under Ashdoth-pisgah:

4 ¶ And the coast of Og king of Bashan, *which was* of the remnant of the giants, that dwelt at Ashtaroth and at Edrei,

5 And reigned in mount Hermon, and in Salcah, and in all Bashan, unto the border of the Geshurites and the Maachathites, and half Gilead, the border of Sihon king of Heshbon.

6 Them did Moses the servant of the LORD and the children of Israel smite: and Moses the servant of the LORD gave it *for* a possession unto the Reubenites, and the Gadites, and the half tribe of Manasseh.

7 ¶ And these *are* the kings of the country which Joshua and the children of Israel smote on this side Jordan on the west, from Baal-gad in the valley of Lebanon even unto the mount Halak, that goeth up to Seir; which Joshua gave unto the tribes of Israel *for* a possession according to their divisions;

8 In the mountains, and in the valleys, and in the plains, and in the springs, and in the wilderness, and in the south country; the Hittites, the Amorites, and the Canaanites, the Perizzites, the Hivites, and the Jebusites:

9 ¶ The king of Jericho, one; the king of Ai, which *is* beside Beth-el, one;

10 The king of Jerusalem, one; the king of Hebron, one;

11 The king of Jarmuth, one; the king of Lachish, one;

12 The king of Eglon, one; the king of Gezer, one;

13 The king of Debir, one; the king of Geder, one;

14 The king of Hormah, one; the king of Arad, one;

17 יִשְׂרָאֵל וּשְׁפֵלָתָהּ: מִן־הָהָר הֶחָלָק הָעוֹלֶה שֵׂעִיר וְעַד־בַּעַל גָּד
בְּבִקְעַת הַלְּבָנוֹן תַּחַת הַר־חֶרְמוֹן וְאֵת כָּל־מַלְכֵיהֶם לָכַד וַיַּכֵּם
18 וַיְמִיתֵם: יָמִים רַבִּים עָשָׂה יְהוֹשֻׁעַ אֶת־כָּל־הַמְּלָכִים הָאֵלֶּה מִלְחָמָה:
19 לֹא־הָיְתָה עִיר אֲשֶׁר הִשְׁלִימָה אֶל־בְּנֵי יִשְׂרָאֵל בִּלְתִּי הַחִוִּי יֹשְׁבֵי
20 גִבְעוֹן אֶת־הַכֹּל לָקְחוּ בַמִּלְחָמָה: כִּי מֵאֵת יְהוָה ׀ הָיְתָה לְחַזֵּק
אֶת־לִבָּם לִקְרַאת הַמִּלְחָמָה אֶת־יִשְׂרָאֵל לְמַעַן הַחֲרִימָם לְבִלְתִּי
הֱיוֹת־לָהֶם תְּחִנָּה כִּי לְמַעַן הַשְׁמִידָם כַּאֲשֶׁר צִוָּה יְהוָה אֶת־
21 מֹשֶׁה: וַיָּבֹא יְהוֹשֻׁעַ בָּעֵת הַהִיא וַיַּכְרֵת אֶת־הָעֲנָקִים
מִן־הָהָר מִן־חֶבְרוֹן מִן־דְּבִר מִן־עֲנָב וּמִכֹּל הַר יְהוּדָה וּמִכֹּל הַר
22 יִשְׂרָאֵל עִם־עָרֵיהֶם הֶחֱרִימָם יְהוֹשֻׁעַ: לֹא־נוֹתַר עֲנָקִים בְּאֶרֶץ בְּנֵי
23 יִשְׂרָאֵל רַק בְּעַזָּה בְּגַת וּבְאַשְׁדּוֹד נִשְׁאָרוּ: וַיִּקַּח יְהוֹשֻׁעַ אֶת־
כָּל־הָאָרֶץ כְּכֹל אֲשֶׁר דִּבֶּר יְהוָה אֶל־מֹשֶׁה וַיִּתְּנָהּ יְהוֹשֻׁעַ לְנַחֲלָה
לְיִשְׂרָאֵל כְּמַחְלְקֹתָם לְשִׁבְטֵיהֶם וְהָאָרֶץ שָׁקְטָה מִמִּלְחָמָה:

12 1 וְאֵלֶּה ׀ מַלְכֵי הָאָרֶץ אֲשֶׁר הִכּוּ בְנֵי־יִשְׂרָאֵל וַיִּרְשׁוּ אֶת־אַרְצָם בְּעֵבֶר
הַיַּרְדֵּן מִזְרְחָה הַשָּׁמֶשׁ מִנַּחַל אַרְנוֹן עַד־הַר חֶרְמוֹן וְכָל־הָעֲרָבָה
2 מִזְרָחָה: סִיחוֹן מֶלֶךְ הָאֱמֹרִי הַיּוֹשֵׁב בְּחֶשְׁבּוֹן מֹשֵׁל מֵעֲרוֹעֵר אֲשֶׁר
עַל־שְׂפַת־נַחַל אַרְנוֹן וְתוֹךְ הַנַּחַל וַחֲצִי הַגִּלְעָד וְעַד יַבֹּק הַנַּחַל
3 גְּבוּל בְּנֵי עַמּוֹן: וְהָעֲרָבָה עַד־יָם כִּנְרוֹת מִזְרָחָה וְעַד יָם הָעֲרָבָה
יָם־הַמֶּלַח מִזְרָחָה דֶּרֶךְ בֵּית הַיְשִׁמוֹת וּמִתֵּימָן תַּחַת אַשְׁדּוֹת
4 הַפִּסְגָּה: וּגְבוּל עוֹג מֶלֶךְ הַבָּשָׁן מִיֶּתֶר הָרְפָאִים הַיּוֹשֵׁב בְּעַשְׁתָּרוֹת
5 וּבְאֶדְרֶעִי: וּמֹשֵׁל בְּהַר חֶרְמוֹן וּבְסַלְכָה וּבְכָל־הַבָּשָׁן עַד־גְּבוּל
6A 6 הַגְּשׁוּרִי וְהַמַּעֲכָתִי וַחֲצִי הַגִּלְעָד גְּבוּל סִיחוֹן מֶלֶךְ חֶשְׁבּוֹן: מֹשֶׁה
עֶבֶד־יְהוָה וּבְנֵי יִשְׂרָאֵל הִכּוּם וַיִּתְּנָהּ מֹשֶׁה עֶבֶד־יְהוָה יְרֻשָּׁה
7 לָרֻאוּבֵנִי וְלַגָּדִי וְלַחֲצִי שֵׁבֶט הַמְנַשֶּׁה: וְאֵלֶּה מַלְכֵי הָאָרֶץ
אֲשֶׁר הִכָּה יְהוֹשֻׁעַ וּבְנֵי יִשְׂרָאֵל בְּעֵבֶר הַיַּרְדֵּן יָמָּה מִבַּעַל גָּד
בְּבִקְעַת הַלְּבָנוֹן וְעַד־הָהָר הֶחָלָק הָעֹלֶה שֵׂעִירָה וַיִּתְּנָהּ יְהוֹשֻׁעַ
8 לְשִׁבְטֵי יִשְׂרָאֵל יְרֻשָּׁה כְּמַחְלְקֹתָם: בָּהָר וּבַשְּׁפֵלָה וּבָעֲרָבָה
וּבָאֲשֵׁדוֹת וּבַמִּדְבָּר וּבַנֶּגֶב הַחִתִּי הָאֱמֹרִי וְהַכְּנַעֲנִי הַפְּרִזִּי הַחִוִּי
וְהַיְבוּסִי:

9	מֶלֶךְ יְרִיחוֹ	אֶחָד	מֶלֶךְ הָעַי אֲשֶׁר־מִצַּד בֵּית־אֵל אֶחָד:
10	מֶלֶךְ יְרוּשָׁלִַם	אֶחָד	מֶלֶךְ חֶבְרוֹן אֶחָד:
11	מֶלֶךְ יַרְמוּת	אֶחָד	מֶלֶךְ לָכִישׁ אֶחָד:
12	מֶלֶךְ עֶגְלוֹן	אֶחָד	מֶלֶךְ גֶּזֶר אֶחָד:
13	מֶלֶךְ דְּבִר	אֶחָד	מֶלֶךְ גֶּדֶר אֶחָד:
14	מֶלֶךְ חָרְמָה	אֶחָד	מֶלֶךְ עֲרָד אֶחָד:

15 The king of Libnah, one; the king of Adullam, one;

16 The king of Makkedah, one; the king of Beth-el, one;

17 The king of Tappuah, one; the king of Hepher, one;

18 The king of Aphek, one; the king of Lasharon, one;

19 The king of Madon, one; the king of Hazor, one;

20 The king of Shimron-meron, one; the king of Achshaph, one;

21 The king of Taanach, one; the king of Megiddo, one;

22 The king of Kedesh, one; the king of Jokneam of Carmel, one;

23 The king of Dor in the coast of Dor, one; the king of the nations of Gilgal, one;

24 The king of Tirzah, one: all the kings thirty and one.

CHAPTER 13

1 Now Joshua was old *and* stricken in years; and the Lord said unto him, Thou art old *and* stricken in years, and there remaineth yet very much land to be possessed.

2 This *is* the land that yet remaineth: all the borders of the Philistines, and all Geshuri,

3 From Sihor, which *is* before Egypt, even unto the borders of Ekron northward, *which* is counted to the Canaanite: five lords of the Philistines; the Gazathites, and the Ashdothites, the Eshkalonites, the Gittites, and the Ekronites; also the Avites:

4 From the south, all the land of the Canaanites, and Mearah that *is* beside the Sidonians, unto Aphek, to the borders of the Amorites:

5 And the land of the Giblites, and all Lebanon, toward the sunrising, from Baal-gad under mount Hermon unto the entering into Hamath.

6 All the inhabitants of the hill country from Lebanon unto Misrephoth-maim, *and* all the Sidonians, them will I drive out from before the children of Israel: only divide thou it by lot unto the Israelites for an inheritance, as I have commanded thee.

7 Now therefore divide this land for an inheritance unto the nine tribes, and the half tribe of Manasseh,

8 With whom the Reubenites and the Gadites have received their inheritance, which Moses gave them, beyond Jordan eastward, *even* as Moses the servant of the Lord gave them;

9 From Aroer, that *is* upon the bank of the river Arnon, and the city that *is* in the midst of the river, and all the plain of Medeba unto Dibon;

10 And all the cities of Sihon king of the Amorites, which reigned in Heshbon, unto the border of the children of Ammon;

11 And Gilead, and the border of the Geshurites and Maachathites, and all mount Hermon, and all Bashan unto Salcah;

12 All the kingdom of Og in Bashan, which reigned in Ashtaroth and in Edrei, who remained of the remnant of the giants: for these did Moses smite, and cast them out.

13 Nevertheless the children of Israel expelled not the Geshurites, nor the Maachathites: but the Geshurites and the Maachathites dwell among the Israelites until this day.

14 Only unto the tribe of Levi he gave none inheritance; the sacrifices of the Lord God of Israel made by fire *are* their inheritance, as he said unto them.

15 ¶ And Moses gave unto the tribe of the children of Reuben *inheritance* according to their families.

16 And their coast was from Aroer, that *is* on the bank of the river Arnon, and the city that *is* in the midst of the river, and all the plain by Medeba;

17 Heshbon, and all her cities that *are*

אֶחָ֑ד׃	עֶגְלֶם	מֶ֤לֶךְ	אֶחָ֖ד	לִבְנָה֙	מֶ֥לֶךְ	15
אֶחָ֑ד׃	בֵּֽית־אֵ֖ל	מֶ֤לֶךְ	אֶחָ֖ד	מַקֵּדָה֙	מֶ֥לֶךְ	16
אֶחָ֑ד׃	חֵ֖פֶר	מֶ֤לֶךְ	אֶחָ֖ד	תַּפּ֙וּחַ֙	מֶ֥לֶךְ	17
אֶחָ֑ד׃	לַשָּׁר֖וֹן	מֶ֤לֶךְ	אֶחָ֖ד	אֲפֵק֙	מֶ֥לֶךְ	18
אֶחָ֑ד׃	חָצ֖וֹר	מֶ֤לֶךְ	אֶחָ֖ד	מָד֙וֹן֙	מֶ֥לֶךְ	19
אֶחָ֑ד׃	אַכְשָׁ֖ף	מֶ֤לֶךְ	אֶחָ֖ד	שִׁמְר֤וֹן מְראוֹן֙	מֶ֥לֶךְ	20
אֶחָ֑ד׃	מְגִדּ֖וֹ	מֶ֤לֶךְ	אֶחָ֖ד	תַּעְנַךְ֙	מֶ֥לֶךְ	21
אֶחָ֑ד׃	יָקְנֳעָ֖ם לַכַּרְמֶ֑ל	מֶֽלֶךְ־	אֶחָ֖ד	קֶ֙דֶשׁ֙	מֶ֥לֶךְ	22
אֶחָ֑ד׃	גּוֹיִ֖ם לְגִלְגָּֽל	מֶֽלֶךְ־	אֶחָ֖ד	דּ֤וֹר לְנָפַ֣ת דּוֹר֙	מֶ֥לֶךְ	23
וְאֶחָֽד׃	שְׁלֹשִׁ֖ים	כָּל־מְלָכִ֥ים	אֶחָ֖ד	תִּרְצָ֑ה	מֶ֥לֶךְ	24

24A

13 1 וִיהוֹשֻׁ֣עַ זָקֵ֔ן בָּ֖א בַּיָּמִ֑ים וַיֹּ֨אמֶר יְהוָ֜ה אֵלָ֗יו אַתָּ֤ה זָקַ֙נְתָּה֙ בָּ֣אתָ

2 בַיָּמִ֔ים וְהָאָ֛רֶץ נִשְׁאֲרָ֥ה הַרְבֵּֽה־מְאֹ֖ד לְרִשְׁתָּֽהּ׃ זֹ֥את הָאָ֖רֶץ הַנִּשְׁאָ֑רֶת

3 כָּל־גְּלִיל֥וֹת הַפְּלִשְׁתִּ֖ים וְכָל־הַגְּשׁוּרִֽי׃ מִן־הַשִּׁיח֞וֹר אֲשֶׁ֣ר ׀ עַל־פְּנֵ֣י מִצְרַ֗יִם וְעַ֞ד גְּב֤וּל עֶקְרוֹן֙ צָפ֔וֹנָה לַֽכְּנַעֲנִ֖י תֵּחָשֵׁ֑ב חֲמֵ֣שֶׁת ׀ סַרְנֵ֣י פְלִשְׁתִּ֡ים הָעַזָּתִ֨י וְהָאַשְׁדּוֹדִ֜י הָאֶשְׁקְלוֹנִ֣י הַגִּתִּ֗י וְהָעֶקְרוֹנִ֖י וְהָעַוִּֽים׃

4 מִתֵּימָ֞ן כָּל־אֶ֣רֶץ הַֽכְּנַעֲנִ֗י וּמְעָרָ֛ה אֲשֶׁ֥ר לַצִּידֹנִ֖ים עַד־אֲפֵ֑קָה עַ֖ד

5 גְּב֥וּל הָאֱמֹרִֽי׃ וְהָאָ֨רֶץ הַגִּבְלִ֜י וְכָל־הַלְּבָנ֗וֹן מִזְרַ֤ח הַשֶּׁ֙מֶשׁ֙ מִבַּ֣עַל גָּ֔ד

6 תַּ֖חַת הַר־חֶרְמ֑וֹן עַ֖ד לְב֣וֹא חֲמָֽת׃ כָּל־יֹשְׁבֵ֣י הָ֠הָר מִֽן־הַלְּבָנ֜וֹן עַד־מִשְׂרְפֹ֣ת מַ֗יִם כָּל־צִֽידֹנִים֙ אָ֣נֹכִ֣י אוֹרִישֵׁ֔ם מִפְּנֵ֖י בְּנֵ֣י יִשְׂרָאֵ֑ל רַ֚ק

7 הַפִּלֶ֙הָ֙ לְיִשְׂרָאֵל֙ בְּנַחֲלָ֔ה כַּאֲשֶׁ֖ר צִוִּיתִֽיךָ׃ וְעַתָּ֗ה חַלֵּ֞ק אֶת־הָאָ֧רֶץ

8 הַזֹּ֛את בְּנַחֲלָ֖ה לְתִשְׁעַ֣ת הַשְּׁבָטִ֑ים וַחֲצִ֖י הַשֵּׁ֣בֶט הַֽמְנַשֶּֽׁה׃ עִמּ֗וֹ הָרֽאוּבֵנִי֙ וְהַגָּדִ֔י לָקְח֖וּ נַחֲלָתָ֑ם אֲשֶׁר֩ נָתַ֨ן לָהֶ֜ם מֹשֶׁ֗ה בְּעֵ֤בֶר הַיַּרְדֵּן֙

9 מִזְרָ֔חָה כַּאֲשֶׁ֥ר נָתַ֛ן לָהֶ֖ם מֹשֶׁ֣ה עֶ֥בֶד יְהוָֽה׃ מֵעֲרוֹעֵ֡ר אֲשֶׁר֩ עַל־שְׂפַת־נַ֨חַל אַרְנ֜וֹן וְהָעִ֨יר אֲשֶׁ֧ר בְּתוֹךְ־הַנַּ֛חַל וְכָל־הַמִּישֹׁ֥ר מֵידְבָ֖א

10 עַד־דִּיבֽוֹן׃ וְכֹל֙ עָרֵ֣י סִיח֔וֹן מֶ֖לֶךְ הָאֱמֹרִ֑י אֲשֶׁ֥ר מָלַ֖ךְ בְּחֶשְׁבּ֑וֹן

11 עַד־גְּב֖וּל בְּנֵ֣י עַמּֽוֹן׃ וְהַגִּלְעָ֗ד וּגְב֤וּל הַגְּשׁוּרִי֙ וְהַמַּ֣עֲכָתִ֔י וְכֹ֖ל הַ֣ר

12 חֶרְמ֑וֹן וְכָל־הַבָּשָׁ֖ן עַד־סַלְכָֽה׃ כָּל־מַמְלְכ֥וּת עוֹג֙ בַּבָּשָׁ֔ן אֲשֶׁר־מָלַ֥ךְ בְּעַשְׁתָּר֖וֹת וּבְאֶדְרֶ֑עִי ה֤וּא נִשְׁאַר֙ מִיֶּ֣תֶר הָרְפָאִ֔ים וַיַּכֵּ֥ם מֹשֶׁ֖ה וַיֹּרִשֵֽׁם׃

13 וְלֹ֤א הוֹרִ֙ישׁוּ֙ בְּנֵ֣י יִשְׂרָאֵ֔ל אֶת־הַגְּשׁוּרִ֖י וְאֶת־הַֽמַּעֲכָתִ֑י וַיֵּ֤שֶׁב גְּשׁ֙וּר

14 וּֽמַעֲכָ֔ת בְּקֶ֥רֶב יִשְׂרָאֵ֖ל עַ֖ד הַיּ֣וֹם הַזֶּֽה׃ רַ֚ק לְשֵׁ֣בֶט הַלֵּוִ֔י לֹ֥א נָתַ֖ן נַחֲלָ֑ה אִשֵּׁ֨י יְהוָ֜ה אֱלֹהֵ֤י יִשְׂרָאֵל֙ ה֣וּא נַחֲלָת֔וֹ כַּאֲשֶׁ֖ר דִּבֶּר־

15 ל֥וֹ׃ וַיִּתֵּ֣ן מֹשֶׁ֔ה לְמַטֵּ֥ה בְנֵֽי־רְאוּבֵ֖ן לְמִשְׁפְּחֹתָֽם׃ וַיְהִ֤י לָהֶם֙

16 הַגְּב֔וּל מֵעֲרוֹעֵ֡ר אֲשֶׁר֩ עַל־שְׂפַת־נַ֨חַל אַרְנ֜וֹן וְהָעִ֨יר אֲשֶׁ֧ר בְּתוֹךְ־

17 הַנַּ֛חַל וְכָל־הַמִּישֹׁ֖ר עַל־מֵידְבָֽא׃ חֶשְׁבּ֥וֹן וְכָל־עָרֶ֖יהָ אֲשֶׁ֣ר בַּמִּישֹׁ֑ר

in the plain; Dibon, and Bamoth-baal, and Beth-baal-meon,

18 And Jahazah, and Kedemoth, and Mephaath,

19 And Kirjathaim, and Sibmah, and Zareth-shahar in the mount of the valley,

20 And Beth-peor, and Ashdoth-pisgah, and Beth-jeshimoth,

21 And all the cities of the plain, and all the kingdom of Sihon king of the Amorites, which reigned in Heshbon, whom Moses smote with the princes of Midian, Evi, and Rekem, and Zur, and Hur, and Reba, *which were* dukes of Sihon, dwelling in the country.

22 ¶ Balaam also the son of Beor, the soothsayer, did the children of Israel slay with the sword among them that were slain by them.

23 And the border of the children of Reuben was Jordan, and the border *thereof*. This *was* the inheritance of the children of Reuben after their families, the cities and the villages thereof.

24 And Moses gave *inheritance* unto the tribe of Gad, *even* unto the children of Gad according to their families.

25 And their coast was Jazer, and all the cities of Gilead, and half the land of the children of Ammon, unto Aroer that *is* before Rabbah;

26 And from Heshbon unto Ramath-mizpeh, and Betonim; and from Mahanaim unto the border of Debir;

27 And in the valley, Beth-aram, and Beth-nimrah, and Succoth, and Zaphon, the rest of the kingdom of Sihon king of Heshbon, Jordan and *his* border, *even* unto the edge of the sea of Chinnereth on the other side Jordan eastward.

28 This *is* the inheritance of the children of Gad after their families, the cities, and their villages.

29 ¶ And Moses gave *inheritance* unto the half tribe of Manasseh: and *this* was *the possession* of the half tribe of the children of Manasseh by their families.

30 And their coast was from Mahanaim, all Bashan, all the kingdom of Og king of Bashan, and all the towns of Jair, which *are* in Bashan, threescore cities:

31 And half Gilead, and Ashtaroth, and Edrei, cities of the kingdom of Og in Bashan, *were pertaining* unto the children of Machir the son of Manasseh, *even* to the one half of the children of Machir by their families.

32 These *are the countries* which Moses did distribute for inheritance in the plains of Moab, on the other side Jordan, by Jericho, eastward.

33 But unto the tribe of Levi Moses gave not *any* inheritance: the LORD God of Israel *was* their inheritance, as he said unto them.

CHAPTER 14

1 And these *are the countries* which the children of Israel inherited in the land of Canaan, which Eleazar the priest, and Joshua the son of Nun, and the heads of the fathers of the tribes of the children of Israel, distributed for inheritance to them.

2 By lot *was* their inheritance, as the LORD commanded by the hand of Moses, for the nine tribes, and *for* the half tribe.

3 For Moses had given the inheritance of two tribes and an half tribe on the other side Jordan: but unto the Levites he gave none inheritance among them.

4 For the children of Joseph were two tribes, Manasseh and Ephraim: therefore they gave no part unto the Levites in the land, save cities to dwell *in*, with their suburbs for their cattle and for their substance.

5 As the LORD commanded Moses, so the children of Israel did, and they divided the land.

6 ¶ Then the children of Judah came unto Joshua in Gilgal: and Caleb the son of Jephunneh the Kenezite said unto him, Thou knowest the thing that the LORD said unto Moses the man of God concerning me and thee in Kadesh-barnea.

7 Forty years old *was* I when Moses the servant of the LORD sent me from Kadesh-barnea to espy out the land; and I brought him word again as *it was* in mine heart.

8 Nevertheless my brethren that went up with me made the heart of the people

18 דִּיבוֹן וּבָמוֹת בַּעַל וּבֵית בַּעַל מְעוֹן: וְיַהְצָה וּקְדֵמֹת וּמֵפָעַת:
19 וְקִרְיָתַיִם וְשִׂבְמָה וְצֶרֶת הַשַּׁחַר בְּהַר הָעֵמֶק: וּבֵית פְּעוֹר וְאַשְׁדּוֹת
20
21 הַפִּסְגָּה וּבֵית הַיְשִׁמוֹת: וְכֹל עָרֵי הַמִּישֹׁר וְכָל־מַמְלְכוּת סִיחוֹן
מֶלֶךְ הָאֱמֹרִי אֲשֶׁר מָלַךְ בְּחֶשְׁבּוֹן אֲשֶׁר הִכָּה מֹשֶׁה אֹתוֹ ׀ וְאֶת־נְשִׂיאֵי
מִדְיָן אֶת־אֱוִי וְאֶת־רֶקֶם וְאֶת־צוּר וְאֶת־חוּר וְאֶת־רֶבַע נְסִיכֵי סִיחוֹן
22 יֹשְׁבֵי הָאָרֶץ: וְאֶת־בִּלְעָם בֶּן־בְּעוֹר הַקּוֹסֵם הָרְגוּ בְנֵי־יִשְׂרָאֵל בַּחֶרֶב
23 אֶל־חַלְלֵיהֶם: וַיְהִי גְּבוּל בְּנֵי רְאוּבֵן הַיַּרְדֵּן וּגְבוּל זֹאת נַחֲלַת
בְּנֵי־רְאוּבֵן לְמִשְׁפְּחֹתָם הֶעָרִים וְחַצְרֵיהֶן:

24 וַיִּתֵּן מֹשֶׁה לְמַטֵּה־גָד לִבְנֵי־גָד לְמִשְׁפְּחֹתָם: וַיְהִי לָהֶם הַגְּבוּל יַעְזֵר
25 וְכָל־עָרֵי הַגִּלְעָד וַחֲצִי אֶרֶץ בְּנֵי עַמּוֹן עַד־עֲרוֹעֵר אֲשֶׁר עַל־פְּנֵי
26 רַבָּה: וּמֵחֶשְׁבּוֹן עַד־רָמַת הַמִּצְפֶּה וּבְטֹנִים וּמִמַּחֲנַיִם עַד־גְּבוּל
27 לִדְבִר: וּבָעֵמֶק בֵּית הָרָם וּבֵית נִמְרָה וְסֻכּוֹת וְצָפוֹן יֶתֶר מַמְלְכוּת
סִיחוֹן מֶלֶךְ חֶשְׁבּוֹן הַיַּרְדֵּן וּגְבֻל עַד־קְצֵה יָם־כִּנֶּרֶת עֵבֶר הַיַּרְדֵּן
28 מִזְרָחָה: זֹאת נַחֲלַת בְּנֵי־גָד לְמִשְׁפְּחֹתָם הֶעָרִים וְחַצְרֵיהֶם: וַיִּתֵּן
29 מֹשֶׁה לַחֲצִי שֵׁבֶט מְנַשֶּׁה וַיְהִי לַחֲצִי מַטֵּה בְנֵי־מְנַשֶּׁה לְמִשְׁפְּחוֹתָם:
30 וַיְהִי גְבוּלָם מִמַּחֲנַיִם כָּל־הַבָּשָׁן כָּל־מַמְלְכוּת ׀ עוֹג מֶלֶךְ־הַבָּשָׁן וְכָל־
31 חַוֹּת יָאִיר אֲשֶׁר בַּבָּשָׁן שִׁשִּׁים עִיר: וַחֲצִי הַגִּלְעָד וְעַשְׁתָּרוֹת וְאֶדְרֶעִי
עָרֵי מַמְלְכוּת עוֹג בַּבָּשָׁן לִבְנֵי מָכִיר בֶּן־מְנַשֶּׁה לַחֲצִי בְנֵי־מָכִיר
32 לְמִשְׁפְּחוֹתָם: אֵלֶּה אֲשֶׁר־נִחַל מֹשֶׁה בְּעַרְבוֹת מוֹאָב מֵעֵבֶר לְיַרְדֵּן
33 יְרִיחוֹ מִזְרָחָה: וּלְשֵׁבֶט הַלֵּוִי לֹא־נָתַן מֹשֶׁה נַחֲלָה יְהֹוָה

14 1 אֱלֹהֵי יִשְׂרָאֵל הוּא נַחֲלָתָם כַּאֲשֶׁר דִּבֶּר לָהֶם: וְאֵלֶּה אֲשֶׁר־נָחֲלוּ
בְנֵי־יִשְׂרָאֵל בְּאֶרֶץ כְּנָעַן אֲשֶׁר נִחֲלוּ אוֹתָם אֶלְעָזָר הַכֹּהֵן וִיהוֹשֻׁעַ
2 בִּן־נוּן וְרָאשֵׁי אֲבוֹת הַמַּטּוֹת לִבְנֵי יִשְׂרָאֵל: בְּגוֹרַל נַחֲלָתָם כַּאֲשֶׁר
3 צִוָּה יְהֹוָה בְּיַד־מֹשֶׁה לְתִשְׁעַת הַמַּטּוֹת וַחֲצִי הַמַּטֶּה: כִּי־נָתַן מֹשֶׁה
נַחֲלַת שְׁנֵי הַמַּטּוֹת וַחֲצִי הַמַּטֶּה מֵעֵבֶר לַיַּרְדֵּן וְלַלְוִיִּם לֹא־נָתַן
4 נַחֲלָה בְּתוֹכָם: כִּי־הָיוּ בְנֵי־יוֹסֵף שְׁנֵי מַטּוֹת מְנַשֶּׁה וְאֶפְרָיִם וְלֹא־
נָתְנוּ חֵלֶק לַלְוִיִּם בָּאָרֶץ כִּי אִם־עָרִים לָשֶׁבֶת וּמִגְרְשֵׁיהֶם לְמִקְנֵיהֶם
5 וּלְקִנְיָנָם: כַּאֲשֶׁר צִוָּה יְהֹוָה אֶת־מֹשֶׁה כֵּן עָשׂוּ בְּנֵי יִשְׂרָאֵל וַיַּחְלְקוּ
אֶת־הָאָרֶץ:

6 וַיִּגְּשׁוּ בְנֵי־יְהוּדָה אֶל־יְהוֹשֻׁעַ בַּגִּלְגָּל וַיֹּאמֶר אֵלָיו כָּלֵב בֶּן־יְפֻנֶּה
הַקְּנִזִּי אַתָּה יָדַעְתָּ אֶת־הַדָּבָר אֲשֶׁר־דִּבֶּר יְהֹוָה אֶל־מֹשֶׁה אִישׁ־
7 הָאֱלֹהִים עַל אֹדֹתַי וְעַל אֹדוֹתֶיךָ בְּקָדֵשׁ בַּרְנֵעַ: בֶּן־אַרְבָּעִים שָׁנָה
אָנֹכִי בִּשְׁלֹחַ מֹשֶׁה עֶבֶד־יְהֹוָה אֹתִי מִקָּדֵשׁ בַּרְנֵעַ לְרַגֵּל אֶת־הָאָרֶץ
8 וָאָשֵׁב אֹתוֹ דָּבָר כַּאֲשֶׁר עִם־לְבָבִי: וְאַחַי אֲשֶׁר עָלוּ עִמִּי הִמְסִיו

melt: but I wholly followed the LORD my God.

9 And Moses sware on that day, saying, Surely the land whereon thy feet have trodden shall be thine inheritance, and thy children's for ever, because thou hast wholly followed the LORD my God.

10 And now, behold, the LORD hath kept me alive, as he said, these forty and five years, even since the LORD spake this word unto Moses, while *the children of* Israel wandered in the wilderness: and now, lo, I *am* this day fourscore and five years old.

11 As yet I *am as* strong this day as *I was* in the day that Moses sent me: as my strength *was* then, even so *is* my strength now, for war, both to go out, and to come in.

12 Now therefore give me this mountain, whereof the LORD spake in that day; for thou heardest in that day how the Anakims *were* there, and *that* the cities *were* great *and* fenced: if so be the LORD *will be* with me, then I shall be able to drive them out, as the LORD said.

13 And Joshua blessed him, and gave unto Caleb the son of Jephunneh Hebron for an inheritance.

14 Hebron therefore became the inheritance of Caleb the son of Jephunneh the Kenezite unto this day, because that he wholly followed the LORD God of Israel.

15 And the name of Hebron before *was* Kirjath-arba; *which Arba was* a great man among the Anakims. And the land had rest from war.

CHAPTER 15

1 *This* then was the lot of the tribe of the children of Judah by their families; *even* to the border of Edom the wilderness of Zin southward *was* the uttermost part of the south coast.

2 And their south border was from the shore of the salt sea, from the bay that looketh southward:

3 And it went out to the south side to Maaleh-acrabbim, and passed along to Zin, and ascended up on the south side unto Kadesh-barnea, and passed along to Hezron, and went up to Adar, and fetched a compass to Karkaa:

4 *From thence* it passed toward Azmon, and went out unto the river of Egypt; and the goings out of that coast were at the sea: this shall be your south coast.

5 And the east border *was* the salt sea, *even* unto the end of Jordan. And *their* border in the north quarter *was* from the bay of the sea at the uttermost part of Jordan:

6 And the border went up to Beth-hogla, and passed along by the north of Beth-arabah; and the border went up to the stone of Bohan the son of Reuben:

7 And the border went up toward Debir from the valley of Achor, and so northward, looking toward Gilgal, that *is* before the going up to Adummim, which *is* on the south side of the river: and the border passed toward the waters of En-shemesh, and the goings out thereof were at En-rogel:

8 And the border went up by the valley of the son of Hinnom unto the south side of the Jebusite; the same *is* Jerusalem: and the border went up to the top of the mountain that *lieth* before the valley of Hinnom westward, which *is* at the end of the valley of the giants northward:

9 And the border was drawn from the top of the hill unto the fountain of the water of Nephtoah, and went out to the cities of mount Ephron; and the border was drawn to Baalah, which *is* Kirjath-jearim:

10 And the border compassed from Baalah westward unto mount Seir, and passed along unto the side of mount Jearim, which *is* Chesalon, on the north side, and went down to Beth-shemesh, and passed on to Timnah:

11 And the border went out unto the side of Ekron northward: and the border was drawn to Shicron, and passed along to mount Baalah, and went out unto Jabneel; and the goings out of the border were at the sea.

12 And the west border *was* to the great sea, and the coast *thereof.* This *is* the coast of the children of Judah round about according to their families.

אֶת־לֵב הָעָם וְאָנֹכִי מִלֵּאתִי אַחֲרֵי יְהוָה אֱלֹהָי: וַיִּשָּׁבַע מֹשֶׁה בַּיּוֹם ‎9
הַהוּא לֵאמֹר אִם־לֹא הָאָרֶץ אֲשֶׁר דָּרְכָה רַגְלְךָ בָּהּ לְךָ תִהְיֶה
לְנַחֲלָה וּלְבָנֶיךָ עַד־עוֹלָם כִּי מִלֵּאתָ אַחֲרֵי יְהוָה אֱלֹהָי: וְעַתָּה ‎10
הִנֵּה הֶחֱיָה יְהוָה ׀ אוֹתִי כַּאֲשֶׁר דִּבֵּר זֶה אַרְבָּעִים וְחָמֵשׁ שָׁנָה
מֵאָז דִּבֶּר יְהוָה אֶת־הַדָּבָר הַזֶּה אֶל־מֹשֶׁה אֲשֶׁר־הָלַךְ יִשְׂרָאֵל
בַּמִּדְבָּר וְעַתָּה הִנֵּה אָנֹכִי הַיּוֹם בֶּן־חָמֵשׁ וּשְׁמוֹנִים שָׁנָה: עוֹדֶנִּי ‎11
הַיּוֹם חָזָק כַּאֲשֶׁר בְּיוֹם שְׁלֹחַ אוֹתִי מֹשֶׁה כְּכֹחִי אָז וּכְכֹחִי עַתָּה
לַמִּלְחָמָה וְלָצֵאת וְלָבוֹא: וְעַתָּה תְּנָה־לִּי אֶת־הָהָר הַזֶּה אֲשֶׁר־דִּבֶּר ‎12
יְהוָה בַּיּוֹם הַהוּא כִּי אַתָּה־שָׁמַעְתָּ בַיּוֹם הַהוּא כִּי־עֲנָקִים שָׁם
וְעָרִים גְּדֹלוֹת בְּצֻרוֹת אוּלַי יְהוָה אוֹתִי וְהוֹרַשְׁתִּים כַּאֲשֶׁר דִּבֶּר
יְהוָה: וַיְבָרֲכֵהוּ יְהוֹשֻׁעַ וַיִּתֵּן אֶת־חֶבְרוֹן לְכָלֵב בֶּן־יְפֻנֶּה לְנַחֲלָה: ‎13
עַל־כֵּן הָיְתָה־חֶבְרוֹן לְכָלֵב בֶּן־יְפֻנֶּה הַקְּנִזִּי לְנַחֲלָה עַד הַיּוֹם הַזֶּה ‎14
יַעַן אֲשֶׁר מִלֵּא אַחֲרֵי יְהוָה אֱלֹהֵי יִשְׂרָאֵל: וְשֵׁם חֶבְרוֹן לְפָנִים ‎15
קִרְיַת אַרְבַּע הָאָדָם הַגָּדוֹל בָּעֲנָקִים הוּא וְהָאָרֶץ שָׁקְטָה
מִמִּלְחָמָה:

וַיְהִי הַגּוֹרָל לְמַטֵּה בְּנֵי יְהוּדָה לְמִשְׁפְּחֹתָם אֶל־גְּבוּל אֱדוֹם מִדְבַּר־צִן ‎1 15
נֶגְבָּה מִקְצֵה תֵימָן: וַיְהִי לָהֶם גְּבוּל נֶגֶב מִקְצֵה יָם הַמֶּלַח מִן־הַלָּשֹׁן ‎2
הַפֹּנֶה נֶגְבָּה: וְיָצָא אֶל־מִנֶּגֶב לְמַעֲלֵה עַקְרַבִּים וְעָבַר צִנָה וְעָלָה ‎3
מִנֶּגֶב לְקָדֵשׁ בַּרְנֵעַ וְעָבַר חֶצְרוֹן וְעָלָה אַדָּרָה וְנָסַב הַקַּרְקָעָה:
וְעָבַר עַצְמוֹנָה וְיָצָא נַחַל מִצְרַיִם וְהָיָה תֹצְאוֹת הַגְּבוּל יָמָּה זֶה־יִהְיֶה ‎4
לָכֶם גְּבוּל נֶגֶב: וּגְבוּל קֵדְמָה יָם הַמֶּלַח עַד־קְצֵה הַיַּרְדֵּן וּגְבוּל ‎5
לִפְאַת צָפוֹנָה מִלְּשׁוֹן הַיָּם מִקְצֵה הַיַּרְדֵּן: וְעָלָה הַגְּבוּל בֵּית חָגְלָה ‎6
וְעָבַר מִצְּפוֹן לְבֵית הָעֲרָבָה וְעָלָה הַגְּבוּל אֶבֶן בֹּהַן בֶּן־רְאוּבֵן:
וְעָלָה הַגְּבוּל ׀ דְּבִרָה מֵעֵמֶק עָכוֹר וְצָפוֹנָה פֹּנֶה אֶל־הַגִּלְגָּל ‎7
אֲשֶׁר־נֹכַח לְמַעֲלֵה אֲדֻמִּים אֲשֶׁר מִנֶּגֶב לַנָּחַל וְעָבַר הַגְּבוּל
אֶל־מֵי־עֵין שֶׁמֶשׁ וְהָיוּ תֹצְאֹתָיו אֶל־עֵין רֹגֵל: וְעָלָה הַגְּבוּל גֵּי ‎8
בֶן־הִנֹּם אֶל־כֶּתֶף הַיְבוּסִי מִנֶּגֶב הִיא יְרוּשָׁלִָם וְעָלָה הַגְּבוּל אֶל־רֹאשׁ
הָהָר אֲשֶׁר עַל־פְּנֵי גֵי־הִנֹּם יָמָּה אֲשֶׁר בִּקְצֵה עֵמֶק־רְפָאִים צָפֹנָה:
וְתָאַר הַגְּבוּל מֵרֹאשׁ הָהָר אֶל־מַעְיַן מֵי נֶפְתּוֹחַ וְיָצָא אֶל־עָרֵי ‎9
הַר־עֶפְרוֹן וְתָאַר הַגְּבוּל בַּעֲלָה הִיא קִרְיַת יְעָרִים: וְנָסַב הַגְּבוּל ‎10
מִבַּעֲלָה יָמָּה אֶל־הַר שֵׂעִיר וְעָבַר אֶל־כֶּתֶף הַר־יְעָרִים מִצָּפוֹנָה
הִיא כְסָלוֹן וְיָרַד בֵּית־שֶׁמֶשׁ וְעָבַר תִּמְנָה: וְיָצָא הַגְּבוּל אֶל־כֶּתֶף ‎11
עֶקְרוֹן צָפוֹנָה וְתָאַר הַגְּבוּל שִׁכְּרוֹנָה וְעָבַר הַר־הַבַּעֲלָה וְיָצָא יַבְנְאֵל
וְהָיוּ תֹצְאוֹת הַגְּבוּל יָמָּה: וּגְבוּל יָם הַיָּמָּה הַגָּדוֹל וּגְבוּל זֶה גְּבוּל ‎12
בְּנֵי־יְהוּדָה סָבִיב לְמִשְׁפְּחֹתָם: וּלְכָלֵב בֶּן־יְפֻנֶּה נָתַן חֵלֶק בְּתוֹךְ ‎13

3A
וְהָיוּ
10A

13 ¶ And unto Caleb the son of Jephunneh he gave a part among the children of Judah, according to the commandment of the LORD to Joshua, *even* the city of Arba the father of Anak, which *city is* Hebron.

14 And Caleb drove thence the three sons of Anak, Sheshai, and Ahiman, and Talmai, the children of Anak.

15 And he went up thence to the inhabitants of Debir: and the name of Debir before *was* Kirjath-sepher.

16 ¶ And Caleb said, He that smiteth Kirjath-sepher, and taketh it, to him will I give Achsah my daughter to wife.

17 And Othniel the son of Kenaz, the brother of Caleb, took it: and he gave him Achsah his daughter to wife.

18 And it came to pass, as she came *unto him*, that she moved him to ask of her father a field: and she lighted off *her* ass; and Caleb said unto her, What wouldest thou?

19 Who answered, Give me a blessing; for thou hast given me a south land; give me also springs of water. And he gave her the upper springs, and the nether springs.

20 This *is* the inheritance of the tribe of the children of Judah according to their families.

21 And the uttermost cities of the tribe of the children of Judah toward the coast of Edom southward were Kabzeel, and Eder, and Jagur,

22 And Kinah, and Dimonah, and Adadah,

23 And Kedesh, and Hazor, and Ithnan,

24 Ziph, and Telem, and Bealoth,

25 And Hazor, Hadattah, and Kerioth, *and* Hezron, which *is* Hazor,

26 Amam, and Shema, and Moladah,

27 And Hazar-gaddah, and Heshmon, and Beth-palet,

28 And Hazar-shual, and Beer-sheba, and Bizjothjah,

29 Baalah, and Iim, and Azem,

30 And Eltolad, and Chesil, and Hormah,

31 And Ziklag, and Madmannah, and Sansannah,

32 And Lebaoth, and Shilhim, and Ain, and Rimmon: all the cities *are* twenty and nine, with their villages:

33 *And* in the valley, Eshtaol, and Zoreah, and Ashnah,

34 And Zanoah, and En-gannim, Tappuah, and Enam,

35 Jarmuth, and Adullam, Socoh, and Azekah,

36 And Sharaim, and Adithaim, and Gederah, and Gederothaim; fourteen cities with their villages:

37 Zenan, and Hadashah, and Migdal-gad,

38 And Dilean, and Mizpeh, and Joktheel,

39 Lachish, and Bozkath, and Eglon,

40 And Cabbon, and Lahmam, and Kithlish,

41 And Gederoth, Beth-dagon, and Naamah, and Makkedah; sixteen cities with their villages:

42 Libnah, and Ether, and Ashan,

43 And Jiphtah, and Ashnah, and Nezib,

44 And Keilah, and Achzib, and Mareshah; nine cities with their villages:

45 Ekron, with her towns and her villages:

46 From Ekron even unto the sea, all that *lay* near Ashdod, with their villages:

47 Ashdod with her towns and her villages, Gaza with her towns and her villages, unto the river of Egypt, and the great sea, and the border *thereof:*

48 ¶ And in the mountains, Shamir, and Jattir, and Socoh,

49 And Dannah, and Kirjath-sannah, which *is* Debir,

50 And Anab, and Eshtemoh, and Anim,

51 And Goshen, and Holon, and Giloh; eleven cities with their villages:

52 Arab, and Dumah, and Eshean,

53 And Janum, and Beth-tappuah, and Aphekah,

54 And Humtah, and Kirjath-arba, which *is* Hebron, and Zior; nine cities with their villages:

55 Maon, Carmel, and Ziph, and Juttah,

56 And Jezreel, and Jokdeam, and Zanoah,

57 Cain, Gibeah, and Timnah; ten cities with their villages:

58 Halhul, Beth-zur, and Gedor,

59 And Maarath, and Beth-anoth, and Eltekon; six cities with their villages:

בְּנֵי־יְהוּדָה אֶל־פִּי יְהֹוָה לִיהוֹשֻׁעַ אֶת־קִרְיַת אַרְבַּע אֲבִי הָעֲנָק הִיא

14 חֶבְרוֹן: וַיֹּרֶשׁ מִשָּׁם כָּלֵב אֶת־שְׁלוֹשָׁה בְּנֵי הָעֲנָק אֶת־שֵׁשַׁי

15 וְאֶת־אֲחִימַן וְאֶת־תַּלְמַי יְלִידֵי הָעֲנָק: וַיַּעַל מִשָּׁם אֶל־יֹשְׁבֵי דְּבִר

16 וְשֵׁם־דְּבִר לְפָנִים קִרְיַת־סֵפֶר: וַיֹּאמֶר כָּלֵב אֲשֶׁר־יַכֶּה אֶת־קִרְיַת־סֵפֶר

17 וּלְכָדָהּ וְנָתַתִּי לוֹ אֶת־עַכְסָה בִתִּי לְאִשָּׁה: וַיִּלְכְּדָהּ עָתְנִיאֵל בֶּן־קְנַז

18 אֲחִי כָלֵב וַיִּתֶּן־לוֹ אֶת־עַכְסָה בִתּוֹ לְאִשָּׁה: וַיְהִי בְּבוֹאָהּ וַתְּסִיתֵהוּ

לִשְׁאוֹל מֵאֵת־אָבִיהָ שָׂדֶה וַתִּצְנַח מֵעַל הַחֲמוֹר וַיֹּאמֶר־לָהּ כָּלֵב

19 מַה־לָּךְ: וַתֹּאמֶר תְּנָה־לִּי בְרָכָה כִּי אֶרֶץ הַנֶּגֶב נְתַתָּנִי וְנָתַתָּה לִי

גֻּלֹּת מָיִם וַיִּתֶּן־לָהּ אֵת גֻּלֹּת עִלִּיּוֹת וְאֵת גֻּלֹּת תַּחְתִּיּוֹת:

20
21 זֹאת נַחֲלַת מַטֵּה בְנֵי־יְהוּדָה לְמִשְׁפְּחֹתָם: וַיִּהְיוּ הֶעָרִים מִקְצֵה

לְמַטֵּה בְנֵי־יְהוּדָה אֶל־גְּבוּל אֱדוֹם בַּנֶּגְבָּה קַבְצְאֵל וְעֵדֶר וְיָגוּר:

22
24 וְקִינָה וְדִימוֹנָה וְעַדְעָדָה: וְקֶדֶשׁ וְחָצוֹר וְיִתְנָן: זִיף וָטֶלֶם וּבְעָלוֹת:

25
26 וְחָצוֹר ׀ חֲדַתָּה וּקְרִיּוֹת חֶצְרוֹן הִיא חָצוֹר: אֲמָם וּשְׁמַע וּמוֹלָדָה:

27
28 וַחֲצַר גַּדָּה וְחֶשְׁמוֹן וּבֵית פָּלֶט: וַחֲצַר שׁוּעָל וּבְאֵר שֶׁבַע וּבִזְיוֹתְיָה:

29
31 בַּעֲלָה וְעִיִּים וָעָצֶם: וְאֶלְתּוֹלַד וּכְסִיל וְחָרְמָה: וְצִקְלַג וּמַדְמַנָּה

32 וְסַנְסַנָּה: וּלְבָאוֹת וְשִׁלְחִים וְעַיִן וְרִמּוֹן כָּל־עָרִים עֶשְׂרִים וָתֵשַׁע

33 וְחַצְרֵיהֶן: בַּשְּׁפֵלָה אֶשְׁתָּאוֹל וְצָרְעָה וְאַשְׁנָה: וְזָנוֹחַ וְעֵין

34
35 גַּנִּים תַּפּוּחַ וְהָעֵינָם: יַרְמוּת וַעֲדֻלָּם שׂוֹכֹה וַעֲזֵקָה: וְשַׁעֲרַיִם

36
37 וַעֲדִיתַיִם וְהַגְּדֵרָה וּגְדֵרֹתָיִם עָרִים אַרְבַּע־עֶשְׂרֵה וְחַצְרֵיהֶן: צְנָן

38 וַחֲדָשָׁה וּמִגְדַּל־גָּד: וְדִלְעָן וְהַמִּצְפֶּה וְיָקְתְאֵל: לָכִישׁ וּבָצְקַת וְעֶגְלוֹן:

39
40 וְכַבּוֹן וְלַחְמָס וְכִתְלִישׁ: וּגְדֵרוֹת בֵּית־דָּגוֹן וְנַעֲמָה וּמַקֵּדָה עָרִים

41
42 שֵׁשׁ־עֶשְׂרֵה וְחַצְרֵיהֶן: לִבְנָה וָעֶתֶר וְעָשָׁן: וְיִפְתָּח וְאַשְׁנָה

43
44 וּנְצִיב: וּקְעִילָה וְאַכְזִיב וּמָרֵאשָׁה עָרִים תֵּשַׁע וְחַצְרֵיהֶן: עֶקְרוֹן

45
46 וּבְנֹתֶיהָ וַחֲצֵרֶיהָ: מֵעֶקְרוֹן וָיָמָּה כֹּל אֲשֶׁר־עַל־יַד אַשְׁדּוֹד וְחַצְרֵיהֶן:

47 47A אַשְׁדּוֹד בְּנוֹתֶיהָ וַחֲצֵרֶיהָ עַזָּה בְּנוֹתֶיהָ וַחֲצֵרֶיהָ עַד־נַחַל מִצְרַיִם

48 הַגָּדוֹל וְהַיָּם הַגְּבוּל וּגְבוּל: וּבָהָר שָׁמִיר וְיַתִּיר וְשׂוֹכֹה: וְדַנָּה

49
50 וְקִרְיַת־סַנָּה הִיא דְבִר: וַעֲנָב וְאֶשְׁתְּמֹה וְעָנִים: וְגֹשֶׁן וְחֹלֹן וְגִלֹה

51
52 וְיָנוּם עָרִים אַחַת־עֶשְׂרֵה וְחַצְרֵיהֶן: אֲרַב וְרוּמָה וְאֶשְׁעָן: וְיָנִים וּבֵית־תַּפּוּחַ

53
54 וַאֲפֵקָה: וְחֻמְטָה וְקִרְיַת אַרְבַּע הִיא חֶבְרוֹן וְצִיעֹר עָרִים תֵּשַׁע

55 וְחַצְרֵיהֶן: מָעוֹן ׀ כַּרְמֶל וָזִיף וְיוּטָּה: וְיִזְרְעֶאל וְיָקְדְעָם וְזָנוֹחַ:

56
57 הַקַּיִן גִּבְעָה וְתִמְנָה עָרִים עֶשֶׂר וְחַצְרֵיהֶן: חַלְחוּל בֵּית־צוּר וּגְדוֹר:

58
59 וּמַעֲרָת וּבֵית־עֲנוֹת וְאֶלְתְּקֹן עָרִים שֵׁשׁ וְחַצְרֵיהֶן: קִרְיַת־בַּעַל הִיא

60

60 Kirjath-baal, which *is* Kirjath-jearim, and Rabbah; two cities with their villages:

61 In the wilderness, Beth-arabah, Middin, and Secacah,

62 And Nibshan, and the city of Salt, and En-gedi; six cities with their villages.

63 ¶ As for the Jebusites the inhabitants of Jerusalem, the children of Judah could not drive them out: but the Jebusites dwell with the children of Judah at Jerusalem unto this day.

CHAPTER 16

1 And the lot of the children of Joseph fell from Jordan by Jericho, unto the water of Jericho on the east, to the wilderness that goeth up from Jericho throughout mount Beth-el,

2 And goeth out from Beth-el to Luz, and passeth along unto the borders of Archi to Ataroth,

3 And goeth down westward to the coast of Japhleti, unto the coast of Beth-horon the nether, and to Gezer: and the goings out thereof are at the sea.

4 So the children of Joseph, Manasseh and Ephraim, took their inheritance.

5 ¶ And the border of the children of Ephraim according to their families was *thus:* even the border of their inheritance on the east side was Ataroth-addar, unto Beth-horon the upper;

6 And the border went out toward the sea to Michmethah on the north side; and the border went about eastward unto Taanath-shiloh, and passed by it on the east to Janohah;

7 And it went down from Janohah to Ataroth, and to Naarath, and came to Jericho, and went out at Jordan.

8 The border went out from Tappuah westward unto the river Kanah; and the goings out thereof were at the sea. This *is* the inheritance of the tribe of the children of Ephraim by their families.

9 And the separate cities for the children of Ephraim *were* among the inheritance of the children of Manasseh, all the cities with their villages.

10 And they drave not out the Canaanites that dwelt in Gezer: but the Canaanites dwell among the Ephraimites unto this day, and serve under tribute.

CHAPTER 17

1 There was also a lot for the tribe of Manasseh; for he *was* the firstborn of Joseph; *to wit,* for Machir the firstborn of Manasseh, the father of Gilead: because he was a man of war, therefore he had Gilead and Bashan.

2 There was also *a lot* for the rest of the children of Manasseh by their families; for the children of Abiezer, and for the children of Helek, and for the children of Asriel, and for the children of Shechem, and for the children of Hepher, and for the children of Shemida: these *were* the male children of Manasseh the son of Joseph by their families.

3 ¶ But Zelophehad, the son of Hepher, the son of Gilead, the son of Machir, the son of Manasseh, had no sons, but daughters: and these *are* the names of his daughters, Mahlah, and Noah, Hoglah, Milcah, and Tirzah.

4 And they came near before Eleazar the priest, and before Joshua the son of Nun, and before the princes, saying, The Lord commanded Moses to give us an inheritance among our brethren. Therefore according to the commandment of the Lord he gave them an inheritance among the brethren of their father.

5 And there fell ten portions to Manasseh, beside the land of Gilead and Bashan, which *were* on the other side Jordan;

6 Because the daughters of Manasseh had an inheritance among his sons: and the rest of Manasseh's sons had the land of Gilead.

7 ¶ And the coast of Manasseh was from Asher to Michmethah, that *lieth* before Shechem; and the border went along on the right hand unto the inhabitants of En-tappuah.

8 *Now* Manasseh had the land of Tappuah: but Tappuah on the border of Manasseh *belonged* to the children of Ephraim;

9 And the coast descended unto the river Kanah, southward of the river: these cities

61 קִרְיַת יְעָרִים וְהָרַבָּה עָרִים שְׁתַּיִם וְחַצְרֵיהֶן: בַּמִּדְבָּר בֵּית

62 הָעֲרָבָה מִדִּין וּסְכָכָה: וְהַנִּבְשָׁן וְעִיר־הַמֶּלַח וְעֵין גֶּדִי עָרִים שֵׁשׁ

63 וְחַצְרֵיהֶן: וְאֶת־הַיְבוּסִי יוֹשְׁבֵי יְרוּשָׁלַ͏ִם לֹא־יוּכְלוּ בְנֵי־יְהוּדָה לְהוֹרִישָׁם יָכְלוּ

וַיֵּשֶׁב הַיְבוּסִי אֶת־בְּנֵי יְהוּדָה בִּירוּשָׁלַ͏ִם עַד הַיּוֹם הַזֶּה:

16 1 וַיֵּצֵא הַגּוֹרָל לִבְנֵי יוֹסֵף מִיַּרְדֵּן יְרִיחוֹ לְמֵי יְרִיחוֹ מִזְרָחָה הַמִּדְבָּר

2 עֹלֶה מִירִיחוֹ בָּהָר בֵּית־אֵל: וְיָצָא מִבֵּית־אֵל לוּזָה וְעָבַר אֶל־גְּבוּל

3 הָאַרְכִּי עֲטָרוֹת: וְיָרַד־יָמָּה אֶל־גְּבוּל הַיַּפְלֵטִי עַד גְּבוּל בֵּית־חוֹרֹן

4 תַּחְתּוֹן וְעַד־גָּזֶר וְהָיוּ תֹצְאֹתָו יָמָּה: וַיִּנְחֲלוּ בְנֵי־יוֹסֵף מְנַשֶּׁה תֹצְאֹתָיו

5 וְאֶפְרָיִם: וַיְהִי גְּבוּל בְּנֵי־אֶפְרַיִם לְמִשְׁפְּחֹתָם וַיְהִי גְּבוּל נַחֲלָתָם

6 מִזְרָחָה עַטְרוֹת אַדָּר עַד־בֵּית חוֹרֹן עֶלְיוֹן: וְיָצָא הַגְּבוּל הַיָּמָּה

הַמִּכְמְתָת מִצָּפוֹן וְנָסַב הַגְּבוּל מִזְרָחָה תַּאֲנַת שִׁלֹה וְעָבַר אוֹתוֹ

7 מִמִּזְרַח יָנוֹחָה: וְיָרַד מִיָּנוֹחָה עֲטָרוֹת וְנַעֲרָתָה וּפָגַע בִּירִיחוֹ וְיָצָא

8 הַיַּרְדֵּן: מִתַּפּוּחַ יֵלֵךְ הַגְּבוּל יָמָּה נַחַל קָנָה וְהָיוּ תֹצְאֹתָיו הַיָּמָּה

9 זֹאת נַחֲלַת מַטֵּה בְנֵי־אֶפְרַיִם לְמִשְׁפְּחֹתָם: וְהֶעָרִים הַמִּבְדָּלוֹת לִבְנֵי

10 אֶפְרַיִם בְּתוֹךְ נַחֲלַת בְּנֵי־מְנַשֶּׁה כָּל־הֶעָרִים וְחַצְרֵיהֶן: וְלֹא הוֹרִישׁוּ

אֶת־הַכְּנַעֲנִי הַיּוֹשֵׁב בְּגָזֶר וַיֵּשֶׁב הַכְּנַעֲנִי בְּקֶרֶב אֶפְרַיִם עַד־הַיּוֹם

הַזֶּה וַיְהִי לְמַס־עֹבֵד:

17 1 וַיְהִי הַגּוֹרָל לְמַטֵּה מְנַשֶּׁה כִּי־הוּא בְּכוֹר יוֹסֵף לְמָכִיר בְּכוֹר מְנַשֶּׁה

אֲבִי הַגִּלְעָד כִּי הוּא הָיָה אִישׁ מִלְחָמָה וַיְהִי־לוֹ הַגִּלְעָד וְהַבָּשָׁן:

2 וַיְהִי לִבְנֵי מְנַשֶּׁה הַנּוֹתָרִים לְמִשְׁפְּחֹתָם לִבְנֵי אֲבִיעֶזֶר וְלִבְנֵי־חֵלֶק

וְלִבְנֵי אַשְׂרִיאֵל וְלִבְנֵי־שֶׁכֶם וְלִבְנֵי־חֵפֶר וְלִבְנֵי שְׁמִידָע אֵלֶּה בְּנֵי

3 מְנַשֶּׁה בֶּן־יוֹסֵף הַזְּכָרִים לְמִשְׁפְּחֹתָם: וְלִצְלָפְחָד בֶּן־חֵפֶר בֶּן־גִּלְעָד

בֶּן־מָכִיר בֶּן־מְנַשֶּׁה לֹא־הָיוּ לוֹ בָּנִים כִּי אִם־בָּנוֹת וְאֵלֶּה שְׁמוֹת

4 בְּנֹתָיו מַחְלָה וְנֹעָה חָגְלָה מִלְכָּה וְתִרְצָה: וַתִּקְרַבְנָה לִפְנֵי אֶלְעָזָר

הַכֹּהֵן וְלִפְנֵי יְהוֹשֻׁעַ בִּן־נוּן וְלִפְנֵי הַנְּשִׂיאִים לֵאמֹר יְהוָה צִוָּה

אֶת־מֹשֶׁה לָתֶת־לָנוּ נַחֲלָה בְּתוֹךְ אַחֵינוּ וַיִּתֵּן לָהֶם אֶל־פִּי יְהוָה

5 נַחֲלָה בְּתוֹךְ אֲחֵי אֲבִיהֶן: וַיִּפְּלוּ חַבְלֵי־מְנַשֶּׁה עֲשָׂרָה לְבַד מֵאֶרֶץ

6 הַגִּלְעָד וְהַבָּשָׁן אֲשֶׁר מֵעֵבֶר לַיַּרְדֵּן: כִּי בְּנוֹת מְנַשֶּׁה נָחֲלוּ נַחֲלָה

7 בְּתוֹךְ בָּנָיו וְאֶרֶץ הַגִּלְעָד הָיְתָה לִבְנֵי־מְנַשֶּׁה הַנּוֹתָרִים: וַיְהִי גְבוּל־

מְנַשֶּׁה מֵאָשֵׁר הַמִּכְמְתָת אֲשֶׁר עַל־פְּנֵי שְׁכֶם וְהָלַךְ הַגְּבוּל אֶל־הַיָּמִין

8א אֶל־יֹשְׁבֵי עֵין תַּפּוּחַ: לִמְנַשֶּׁה הָיְתָה אֶרֶץ תַּפּוּחַ וְתַפּוּחַ אֶל־גְּבוּל

9 מְנַשֶּׁה לִבְנֵי אֶפְרָיִם: וְיָרַד הַגְּבוּל נַחַל קָנָה נֶגְבָּה לַנַּחַל עָרִים

הָאֵלֶּה לְאֶפְרַיִם בְּתוֹךְ עָרֵי מְנַשֶּׁה וּגְבוּל מְנַשֶּׁה מִצְּפוֹן לַנַּחַל וַיְהִי

of Ephraim *are* among the cities of Manasseh: the coast of Manasseh also *was* on the north side of the river, and the outgoings of it were at the sea:

10 Southward *it was* Ephraim's, and northward *it was* Manasseh's, and the sea is his border; and they met together in Asher on the north, and in Issachar on the east.

11 And Manasseh had in Issachar and in Asher Beth-shean and her towns, and Ibleam and her towns, and the inhabitants of Dor and her towns, and the inhabitants of En-dor and her towns, and the inhabitants of Taanach and her towns, and the inhabitants of Megiddo and her towns, *even* three countries.

12 Yet the children of Manasseh could not drive out *the inhabitants of* those cities; but the Canaanites would dwell in that land.

13 Yet it came to pass, when the children of Israel were waxen strong, that they put the Canaanites to tribute; but did not utterly drive them out.

14 And the children of Joseph spake unto Joshua, saying, Why hast thou given me *but* one lot and one portion to inherit, seeing I *am* a great people, forasmuch as the LORD hath blessed me hitherto?

15 And Joshua answered them, If thou *be* a great people, *then* get thee up to the wood *country,* and cut down for thyself there in the land of the Perizzites and of the giants, if mount Ephraim be too narrow for thee.

16 And the children of Joseph said, The hill is not enough for us: and all the Canaanites that dwell in the land of the valley have chariots of iron, *both they* who *are* of Beth-shean and her towns, and *they* who *are* of the valley of Jezreel.

17 And Joshua spake unto the house of Joseph, *even* to Ephraim and to Manasseh, saying, Thou *art* a great people, and hast great power: thou shalt not have one lot *only:*

18 But the mountain shall be thine; for it *is* a wood, and thou shalt cut it down: and the outgoings of it shall be thine: for thou shalt drive out the Canaanites,

though they have iron chariots, *and* though they *be* strong.

CHAPTER 18

1 And the whole congregation of the children of Israel assembled together at Shiloh, and set up the tabernacle of the congregation there. And the land was subdued before them.

2 And there remained among the children of Israel seven tribes, which had not yet received their inheritance.

3 And Joshua said unto the children of Israel, How long *are* ye slack to go to possess the land, which the LORD God of your fathers hath given you?

4 Give out from among you three men for *each* tribe: and I will send them, and they shall rise, and go through the land, and describe it according to the inheritance of them; and they shall come *again* to me.

5 And they shall divide it into seven parts: Judah shall abide in their coast on the south, and the house of Joseph shall abide in their coasts on the north.

6 Ye shall therefore describe the land *into* seven parts, and bring *the description* hither to me, that I may cast lots for you here before the LORD our God.

7 But the Levites have no part among you; for the priesthood of the LORD *is* their inheritance: and Gad, and Reuben, and half the tribe of Manasseh, have received their inheritance beyond Jordan on the east, which Moses the servant of the LORD gave them.

8 ¶ And the men arose, and went away: and Joshua charged them that went to describe the land, saying, Go and walk through the land, and describe it, and come again to me, that I may here cast lots for you before the LORD in Shiloh.

9 And the men went and passed through the land, and described it by cities into seven parts in a book, and came *again* to Joshua to the host at Shiloh.

10 ¶ And Joshua cast lots for them in Shiloh before the LORD: and there Joshua divided the land unto the children of Israel according to their divisions.

10 תֹּצְאֹתָיו הַיָּמָּה: נֶגְבָּה לְאֶפְרַיִם וְצָפֹונָה לִמְנַשֶּׁה וַיְהִי הַיָּם גְּבוּלֹו

11 וּבְאַשֵׁר יִפְגְּעוּן מִצָּפֹון וּבְיִשָּׂשכָר מִמִּזְרָח: וַיְהִי לִמְנַשֶּׁה בְּיִשָּׂשכָר
וּבְאַשֵׁר בֵּית־שְׁאָן וּבְנֹותֶיהָ וְיִבְלְעָם וּבְנֹותֶיהָ וְאֶת־יֹשְׁבֵי דֹאר וּבְנֹתֶיהָ
וְיֹשְׁבֵי עֵין־דֹּר וּבְנֹתֶיהָ וְיֹשְׁבֵי תַעְנַךְ וּבְנֹתֶיהָ וְיֹשְׁבֵי מְגִדֹּו וּבְנֹותֶיהָ

12 שְׁלֹשֶׁת הַנָּפֶת: וְלֹא יָכְלוּ בְּנֵי מְנַשֶּׁה לְהֹורִישׁ אֶת־הֶעָרִים הָאֵלֶּה

13 וַיֹּואֶל הַכְּנַעֲנִי לָשֶׁבֶת בָּאָרֶץ הַזֹּאת: וַיְהִי כִּי חָזְקוּ בְּנֵי יִשְׂרָאֵל
וַיִּתְּנוּ אֶת־הַכְּנַעֲנִי לָמַס וְהֹורֵשׁ לֹא הֹורִישֹׁו: ס

14 וַיְדַבְּרוּ בְּנֵי
יֹוסֵף אֶת־יְהֹושֻׁעַ לֵאמֹר מַדּוּעַ נָתַתָּה לִּי נַחֲלָה גֹּורָל אֶחָד וְחֶבֶל

15 אֶחָד וַאֲנִי עַם־רָב עַד אֲשֶׁר־עַד־כֹּה בֵּרְכַנִי יְהוָה: וַיֹּאמֶר אֲלֵיהֶם
יְהֹושֻׁעַ אִם־עַם־רַב אַתָּה עֲלֵה לְךָ הַיַּעְרָה וּבֵרֵאתָ לְךָ שָׁם בְּאֶרֶץ

16 הַפְּרִזִּי וְהָרְפָאִים כִּי־אָץ לְךָ הַר־אֶפְרָיִם: וַיֹּאמְרוּ בְּנֵי יֹוסֵף לֹא־יִמָּצֵא
לָנוּ הָהָר וְרֶכֶב בַּרְזֶל בְּכָל־הַכְּנַעֲנִי הַיֹּשֵׁב בְּאֶרֶץ־הָעֵמֶק לַאֲשֶׁר

17 בְּבֵית־שְׁאָן וּבְנֹותֶיהָ וְלַאֲשֶׁר בְּעֵמֶק יִזְרְעֶאל: וַיֹּאמֶר יְהֹושֻׁעַ אֶל־בֵּית
יֹוסֵף לְאֶפְרַיִם וְלִמְנַשֶּׁה לֵאמֹר עַם־רָב אַתָּה וְכֹחַ גָּדֹול לָךְ לֹא־יִהְיֶה

18 לְךָ גֹּורָל אֶחָד: כִּי הַר יִהְיֶה־לָּךְ כִּי־יַעַר הוּא וּבֵרֵאתֹו וְהָיָה לְךָ
תֹּצְאֹתָיו כִּי־תֹורִישׁ אֶת־הַכְּנַעֲנִי כִּי רֶכֶב בַּרְזֶל לֹו כִּי חָזָק
הוּא: פ

18 1 וַיִּקָּהֲלוּ כָּל־עֲדַת בְּנֵי־יִשְׂרָאֵל שִׁלֹה וַיַּשְׁכִּינוּ שָׁם אֶת־אֹהֶל מֹועֵד

2 וְהָאָרֶץ נִכְבְּשָׁה לִפְנֵיהֶם: וַיִּוָּתְרוּ בִּבְנֵי יִשְׂרָאֵל אֲשֶׁר לֹא־חָלְקוּ

3 אֶת־נַחֲלָתָם שִׁבְעָה שְׁבָטִים: וַיֹּאמֶר יְהֹושֻׁעַ אֶל־בְּנֵי יִשְׂרָאֵל
עַד־אָנָה אַתֶּם מִתְרַפִּים לָבֹוא לָרֶשֶׁת אֶת־הָאָרֶץ אֲשֶׁר נָתַן לָכֶם

4 יְהוָה אֱלֹהֵי אֲבֹותֵיכֶם: הָבוּ לָכֶם שְׁלֹשָׁה אֲנָשִׁים לַשָּׁבֶט וְאֶשְׁלָחֵם
וְיָקֻמוּ וְיִתְהַלְּכוּ בָאָרֶץ וְיִכְתְּבוּ אֹותָהּ לְפִי נַחֲלָתָם וְיָבֹאוּ אֵלָי:

5 וְהִתְחַלְּקוּ אֹתָהּ לְשִׁבְעָה חֲלָקִים יְהוּדָה יַעֲמֹד עַל־גְּבוּלֹו מִנֶּגֶב

6 וּבֵית יֹוסֵף יַעַמְדוּ עַל־גְּבוּלָם מִצָּפֹון: וְאַתֶּם תִּכְתְּבוּ אֶת־הָאָרֶץ
שִׁבְעָה חֲלָקִים וַהֲבֵאתֶם אֵלַי הֵנָּה וְיָרִיתִי לָכֶם גֹּורָל פֹּה לִפְנֵי

7 יְהוָה אֱלֹהֵינוּ: כִּי אֵין־חֵלֶק לַלְוִיִּם בְּקִרְבְּכֶם כִּי־כְהֻנַּת יְהוָה נַחֲלָתֹו
וְגָד וּרְאוּבֵן וַחֲצִי שֵׁבֶט הַמְנַשֶּׁה לָקְחוּ נַחֲלָתָם מֵעֵבֶר לַיַּרְדֵּן מִזְרָחָה

8 אֲשֶׁר נָתַן לָהֶם מֹשֶׁה עֶבֶד יְהוָה: וַיָּקֻמוּ הָאֲנָשִׁים וַיֵּלֵכוּ וַיְצַו
יְהֹושֻׁעַ אֶת־הַהֹלְכִים לִכְתֹּב אֶת־הָאָרֶץ לֵאמֹר לְכוּ וְהִתְהַלְּכוּ בָאָרֶץ
וְכִתְבוּ אֹותָהּ וְשׁוּבוּ אֵלַי וּפֹה אַשְׁלִיךְ לָכֶם גֹּורָל לִפְנֵי יְהוָה

9 בְּשִׁלֹה: וַיֵּלְכוּ הָאֲנָשִׁים וַיַּעַבְרוּ בָאָרֶץ וַיִּכְתְּבוּהָ לֶעָרִים לְשִׁבְעָה
חֲלָקִים עַל־סֵפֶר וַיָּבֹאוּ אֶל־יְהֹושֻׁעַ אֶל־הַמַּחֲנֶה שִׁלֹה: וַיַּשְׁלֵךְ לָהֶם

10 יְהֹושֻׁעַ גֹּורָל בְּשִׁלֹה לִפְנֵי יְהוָה וַיְחַלֶּק־שָׁם יְהֹושֻׁעַ אֶת־הָאָרֶץ לִבְנֵי
יִשְׂרָאֵל כְּמַחְלְקֹתָם:

11 ¶ And the lot of the tribe of the children of Benjamin came up according to their families: and the coast of their lot came forth between the children of Judah and the children of Joseph.

12 And their border on the north side was from Jordan; and the border went up to the side of Jericho on the north side, and went up through the mountains westward; and the goings out thereof were at the wilderness of Beth-aven.

13 And the border went over from thence toward Luz, to the side of Luz, which is Beth-el, southward; and the border descended to Ataroth-adar, near the hill that lieth on the south side of the nether Beth-horon.

14 And the border was drawn thence, and compassed the corner of the sea southward, from the hill that lieth before Beth-horon southward; and the goings out thereof were at Kirjath-baal, which is Kirjath-jearim, a city of the children of Judah: this was the west quarter.

15 And the south quarter was from the end of Kirjath-jearim, and the border went out on the west, and went out to the well of waters of Nephtoah:

16 And the border came down to the end of the mountain that lieth before the valley of the son of Hinnom, and which is in the valley of the giants on the north, and descended to the valley of Hinnom, to the side of Jebusi on the south, and descended to En-rogel,

17 And was drawn from the north, and went forth to En-shemesh, and went forth toward Geliloth, which is over against the going up of Adummim, and descended to the stone of Bohan the son of Reuben,

18 And passed along toward the side over against Arabah northward, and went down unto Arabah:

19 And the border passed along to the side of Beth-hoglah northward: and the outgoings of the border were at the north bay of the salt sea at the south end of Jordan: this was the south coast.

20 And Jordan was the border of it on the east side. This was the inheritance of the children of Benjamin, by the coasts thereof round about, according to their families.

21 Now the cities of the tribe of the children of Benjamin according to their families were Jericho, and Beth-hoglah, and the valley of Keziz,

22 And Beth-arabah, and Zemaraim, and Beth-el,

23 And Avim, and Parah, and Ophrah,

24 And Chephar-haammonai, and Ophni, and Gaba; twelve cities with their villages:

25 Gibeon, and Ramah, and Beeroth,

26 And Mizpeh, and Chephirah, and Mozah,

27 And Rekem, and Irpeel, and Taralah,

28 And Zelah, Eleph, and Jebusi, which is Jerusalem, Gibeath, and Kirjath; fourteen cities with their villages. This is the inheritance of the children of Benjamin according to their families.

CHAPTER 19

1 And the second lot came forth to Simeon, even for the tribe of the children of Simeon according to their families: and their inheritance was within the inheritance of the children of Judah.

2 And they had in their inheritance Beer-sheba, or Sheba, and Moladah,

3 And Hazar-shual, and Balah, and Azem,

4 And Eltolad, and Bethul, and Hormah,

5 And Ziklag, and Beth-marcaboth, and Hazar-susah,

6 And Beth-lebaoth, and Sharuhen; thirteen cities and their villages:

7 Ain, Remmon, and Ether, and Ashan; four cities and their villages:

8 And all the villages that were round about these cities to Baalath-beer, Ramath of the south. This is the inheritance of the tribe of the children of Simeon according to their families.

9 Out of the portion of the children of Judah was the inheritance of the children of Simeon: for the part of the children of Judah was too much for them: therefore the children of Simeon had their inheritance within the inheritance of them.

10 ¶ And the third lot came up for the

11 וַיַּעַל גּוֹרַל מַטֵּה בְנֵי־בִנְיָמִן לְמִשְׁפְּחֹתָם וַיֵּצֵא גְּבוּל גּוֹרָלָם בֵּין בְּנֵי

12 יְהוּדָה וּבֵין בְּנֵי יוֹסֵף: וַיְהִי לָהֶם הַגְּבוּל לִפְאַת צָפוֹנָה מִן־הַיַּרְדֵּן

   וְהָיוּ   וְעָלָה הַגְּבוּל אֶל־כֶּתֶף יְרִיחוֹ מִצָּפוֹן וְעָלָה בָהָר יָמָּה והיה תֹצְאֹתָיו

13 מִדְבָּרָה בֵּית אָוֶן: וְעָבַר מִשָּׁם הַגְּבוּל לוּזָה אֶל־כֶּתֶף לוּזָה נֶגְבָּה

הִיא בֵּית־אֵל וְיָרַד הַגְּבוּל עַטְרוֹת אַדָּר עַל־הָהָר אֲשֶׁר מִנֶּגֶב

14 לְבֵית־חֹרוֹן תַּחְתּוֹן: וְתָאַר הַגְּבוּל וְנָסַב לִפְאַת־יָם נֶגְבָּה מִן־הָהָר

   וְהָיוּ   אֲשֶׁר עַל־פְּנֵי בֵית־חֹרוֹן נֶגְבָּה והיה תֹצְאֹתָיו אֶל־קִרְיַת־בַּעַל הִיא

15 קִרְיַת יְעָרִים עִיר בְּנֵי יְהוּדָה זֹאת פְּאַת־יָם: וּפְאַת־נֶגְבָּה מִקְצֵה

16 קִרְיַת יְעָרִים וְיָצָא הַגְּבוּל יָמָּה וְיָצָא אֶל־מַעְיַן מֵי נֶפְתּוֹחַ: וְיָרַד

הַגְּבוּל אֶל־קְצֵה הָהָר אֲשֶׁר עַל־פְּנֵי גֵּי בֶן־הִנֹּם אֲשֶׁר בְּעֵמֶק רְפָאִים

17 צָפוֹנָה וְיָרַד גֵּי הִנֹּם אֶל־כֶּתֶף הַיְבוּסִי נֶגְבָּה וְיָרַד עֵין רֹגֵל: וְתָאַר

מִצָּפוֹן וְיָצָא עֵין שֶׁמֶשׁ וְיָצָא אֶל־גְּלִילוֹת אֲשֶׁר־נֹכַח מַעֲלֵה אֲדֻמִּים

18 וְיָרַד אֶבֶן בֹּהַן בֶּן־רְאוּבֵן: וְעָבַר אֶל־כֶּתֶף מוּל־הָעֲרָבָה צָפוֹנָה וְיָרַד

19 הָעֲרָבָתָה: וְעָבַר הַגְּבוּל אֶל־כֶּתֶף בֵּית־חָגְלָה צָפוֹנָה והיה תצאותיו

   וְהָיוּ | תֹצְאוֹת   הַגְּבוּל אֶל־לְשׁוֹן יָם־הַמֶּלַח צָפוֹנָה אֶל־קְצֵה הַיַּרְדֵּן נֶגְבָּה זֶה גְּבוּל

20 נֶגֶב: וְהַיַּרְדֵּן יִגְבֹּל־אֹתוֹ לִפְאַת־קֵדְמָה זֹאת נַחֲלַת בְּנֵי בִנְיָמִן

21 לִגְבוּלֹתֶיהָ סָבִיב לְמִשְׁפְּחֹתָם: וְהָיוּ הֶעָרִים לְמַטֵּה בְּנֵי בִנְיָמִן

22 לְמִשְׁפְּחוֹתֵיהֶם יְרִיחוֹ וּבֵית־חָגְלָה וְעֵמֶק קְצִיץ: וּבֵית הָעֲרָבָה

23 וּצְמָרַיִם וּבֵית־אֵל: וְהָעַוִּים וְהַפָּרָה וְעָפְרָה: וּכְפַר הָעַמֹּנִי וְהָעָפְנִי

24   **הָעַמֹּנָה**

25 וָגָבַע עָרִים שְׁתֵּים־עֶשְׂרֵה וְחַצְרֵיהֶן: גִּבְעוֹן וְהָרָמָה וּבְאֵרוֹת:

26 וְהַמִּצְפֶּה וְהַכְּפִירָה וְהַמֹּצָה: וְרֶקֶם וְיִרְפְּאֵל וְתַרְאֲלָה: וְצֵלַע הָאֶלֶף

28 וְהַיְבוּסִי הִיא יְרוּשָׁלַ͏ִם גִּבְעַת קִרְיַת עָרִים אַרְבַּע־עֶשְׂרֵה וְחַצְרֵיהֶן

זֹאת נַחֲלַת בְּנֵי־בִנְיָמִן לְמִשְׁפְּחֹתָם:

19 1 וַיֵּצֵא הַגּוֹרָל הַשֵּׁנִי לְשִׁמְעוֹן לְמַטֵּה בְנֵי־שִׁמְעוֹן לְמִשְׁפְּחוֹתָם וַיְהִי

2 נַחֲלָתָם בְּתוֹךְ נַחֲלַת בְּנֵי־יְהוּדָה: וַיְהִי לָהֶם בְּנַחֲלָתָם בְּאֵר־שֶׁבַע

3 וְשֶׁבַע וּמוֹלָדָה: וַחֲצַר שׁוּעָל וּבָלָה וָעָצֶם: וְאֶלְתּוֹלַד וּבְתוּל וְחָרְמָה:

4

5 וְצִקְלַג וּבֵית־הַמַּרְכָּבוֹת וַחֲצַר סוּסָה: וּבֵית לְבָאוֹת וְשָׁרוּחֶן עָרִים

6

7 שְׁלֹשׁ־עֶשְׂרֵה וְחַצְרֵיהֶן: עַיִן | רִמּוֹן וָעֶתֶר וְעָשָׁן עָרִים אַרְבַּע

8 וְחַצְרֵיהֶן: וְכָל־הַחֲצֵרִים אֲשֶׁר סְבִיבוֹת הֶעָרִים הָאֵלֶּה עַד־בַּעֲלַת

9 בְּאֵר רָאמַת נֶגֶב זֹאת נַחֲלַת מַטֵּה בְנֵי־שִׁמְעוֹן לְמִשְׁפְּחֹתָם: מֵחֶבֶל

בְּנֵי יְהוּדָה נַחֲלַת בְּנֵי שִׁמְעוֹן כִּי־הָיָה חֵלֶק בְּנֵי־יְהוּדָה רַב מֵהֶם

וַיִּנְחֲלוּ בְנֵי־שִׁמְעוֹן בְּתוֹךְ נַחֲלָתָם:

10 וַיַּעַל הַגּוֹרָל הַשְּׁלִישִׁי לִבְנֵי זְבוּלֻן לְמִשְׁפְּחֹתָם וַיְהִי גְּבוּל נַחֲלָתָם

children of Zebulun according to their families: and the border of their inheritance was unto Sarid:

11 And their border went up toward the sea, and Maralah, and reached to Dabbasheth, and reached to the river that *is* before Jokneam;

12 And turned from Sarid eastward toward the sunrising unto the border of Chisloth-tabor, and then goeth out to Daberath, and goeth up to Japhia,

13 And from thence passeth on along on the east to Gittah-hepher, to Ittah-kazin, and goeth out to Remmon-methoar to Neah;

14 And the border compasseth it on the north side to Hannathon: and the outgoings thereof are in the valley of Jiphthah-el:

15 And Kattath, and Nahallal, and Shimron, and Idalah, and Beth-lehem: twelve cities with their villages.

16 This *is* the inheritance of the children of Zebulun according to their families, these cities with their villages.

17 ¶ *And* the fourth lot came out to Issachar, for the children of Issachar according to their families.

18 And their border was toward Jezreel, and Chesulloth, and Shunem,

19 And Hapharaim, and Shihon, and Anaharath,

20 And Rabbith, and Kishion, and Abez,

21 And Remeth, and En-gannim, and En-haddah, and Beth-pazzez;

22 And the coast reacheth to Tabor, and Shahazimah, and Beth-shemesh; and the outgoings of their border were at Jordan: sixteen cities with their villages.

23 This *is* the inheritance of the tribe of the children of Issachar according to their families, the cities and their villages.

24 ¶ And the fifth lot came out for the tribe of the children of Asher according to their families.

25 And their border was Helkath, and Hali, and Beten, and Achshaph,

26 And Alammelech, and Amad, and Misheal; and reacheth to Carmel westward, and to Shihor-libnath;

27 And turneth toward the sunrising to Beth-dagon, and reacheth to Zebulun, and to the valley of Jiphthah-el toward the north side of Beth-emek, and Neiel, and goeth out to Cabul on the left hand,

28 And Hebron, and Rehob, and Hammon, and Kanah, *even* unto great Zidon;

29 And *then* the coast turneth to Ramah, and to the strong city Tyre; and the coast turneth to Hosah; and the outgoings thereof are at the sea from the coast to Achzib:

30 Ummah also, and Aphek, and Rehob: twenty and two cities with their villages.

31 This *is* the inheritance of the tribe of the children of Asher according to their families, these cities with their villages.

32 ¶ The sixth lot came out to the children of Naphtali, *even* for the children of Naphtali according to their families.

33 And their coast was from Heleph, from Allon to Zaanannim, and Adami, Nekeb, and Jabneel, unto Lakum; and the outgoings thereof were at Jordan:

34 And *then* the coast turneth westward to Aznoth-tabor, and goeth out from thence to Hukkok, and reacheth to Zebulun on the south side, and reacheth to Asher on the west side, and to Judah upon Jordan toward the sunrising.

35 And the fenced cities *are* Ziddim, Zer, and Hammath, Rakkath, and Chinnereth,

36 And Adamah, and Ramah, and Hazor,

37 And Kedesh, and Edrei, and En-hazor,

38 And Iron, and Migdal-el, Horem, and Beth-anath, and Beth-shemesh; nineteen cities with their villages.

39 This *is* the inheritance of the tribe of the children of Naphtali according to their families, the cities and their villages.

40 ¶ *And* the seventh lot came out for the tribe of the children of Dan according to their families.

41 And the coast of their inheritance was Zorah, and Eshtaol, and Ir-shemesh,

42 And Shaalabbin, and Ajalon, and Jethlah,

43 And Elon, and Thimnathah, and Ekron,

44 And Eltekeh, and Gibbethon, and Baalath,

עַד־שָׂרִיד: וְעָלָה גְבוּלָם ׀ לַיָּמָּה וּמַרְעֲלָה וּפָגַע בְּדַבָּשֶׁת וּפָגַע אֶל־ 11

הַנַּחַל אֲשֶׁר עַל־פְּנֵי יָקְנְעָם: וְשָׁב מִשָּׂרִיד קֵדְמָה מִזְרַח הַשֶּׁמֶשׁ עַל־ 12

גְּבוּל כִּסְלֹת תָּבֹר וְיָצָא אֶל־הַדָּבְרַת וְעָלָה יָפִיעַ: וּמִשָּׁם עָבַר קֵדְמָה 13

מִזְרָחָה גִּתָּה חֵפֶר עִתָּה קָצִין וְיָצָא רִמּוֹן הַמְּתֹאָר הַנֵּעָה: וְנָסַב 14

אֹתוֹ הַגְּבוּל מִצְּפוֹן חַנָּתֹן וְהָיוּ תֹּצְאֹתָיו גֵּי יִפְתַּח־אֵל: וְקַטָּת וְנַהֲלָל 15

וְשִׁמְרוֹן וְיִדְאֲלָה וּבֵית לָחֶם עָרִים שְׁתֵּים־עֶשְׂרֵה וְחַצְרֵיהֶן: זֹאת 16
נַחֲלַת בְּנֵי־זְבוּלֻן לְמִשְׁפְּחוֹתָם הֶעָרִים הָאֵלֶּה וְחַצְרֵיהֶן:

לְיִשָּׂשכָר יָצָא הַגּוֹרָל הָרְבִיעִי לִבְנֵי יִשָּׂשכָר לְמִשְׁפְּחוֹתָם: וַיְהִי 17 18

גְּבוּלָם יִזְרְעֶאלָה וְהַכְּסוּלֹת וְשׁוּנֵם: וַחֲפָרַיִם וְשִׁיאֹן וַאֲנָחֲרַת: 19

וְהָרַבִּית וְקִשְׁיוֹן וָאָבֶץ: וְרֶמֶת וְעֵין־גַּנִּים וְעֵין חַדָּה וּבֵית פַּצֵּץ: 20 21 וְשַׁחֲצִימָה

וּפָגַע הַגְּבוּל בְּתָבוֹר וְשַׁחֲצוֹמָה וּבֵית שֶׁמֶשׁ וְהָיוּ תֹּצְאוֹת גְּבוּלָם 22

הַיַּרְדֵּן עָרִים שֵׁשׁ־עֶשְׂרֵה וְחַצְרֵיהֶן: זֹאת נַחֲלַת מַטֵּה בְנֵי־יִשָּׂשכָר 23
לְמִשְׁפְּחֹתָם הֶעָרִים וְחַצְרֵיהֶן:

וַיֵּצֵא הַגּוֹרָל הַחֲמִישִׁי לְמַטֵּה בְנֵי־אָשֵׁר לְמִשְׁפְּחוֹתָם: וַיְהִי גְּבוּלָם 24 25

חֶלְקַת וַחֲלִי וָבֶטֶן וְאַכְשָׁף: וְאַלַּמֶּלֶךְ וְעַמְעָד וּמִשְׁאָל וּפָגַע בְּכַרְמֶל 26

הַיָּמָּה וּבְשִׁיחוֹר לִבְנָת: וְשָׁב מִזְרַח הַשֶּׁמֶשׁ בֵּית דָּגֹן וּפָגַע בִּזְבֻלוּן 27
וּבְגֵי יִפְתַּח־אֵל צָפוֹנָה בֵּית הָעֵמֶק וּנְעִיאֵל וְיָצָא אֶל־כָּבוּל מִשְּׂמֹאל:

וְעֶבְרֹן וּרְחֹב וְחַמּוֹן וְקָנָה עַד צִידוֹן רַבָּה: וְשָׁב הַגְּבוּל הָרָמָה 28 29 וְהָיוּ

וְעַד־עִיר מִבְצַר־צֹר וְשָׁב הַגְּבוּל חֹסָה וִיהִי תֹצְאֹתָיו הַיָּמָּה מֵחֶבֶל 30
אַכְזִיבָה: וְעֻמָה וַאֲפֵק וּרְחֹב עָרִים עֶשְׂרִים וּשְׁתָּיִם וְחַצְרֵיהֶן: זֹאת 31
נַחֲלַת מַטֵּה בְנֵי־אָשֵׁר לְמִשְׁפְּחֹתָם הֶעָרִים הָאֵלֶּה וְחַצְרֵיהֶן:

לִבְנֵי נַפְתָּלִי יָצָא הַגּוֹרָל הַשִּׁשִּׁי לִבְנֵי נַפְתָּלִי לְמִשְׁפְּחֹתָם: וַיְהִי 32 33

גְבוּלָם מֵחֵלֶף מֵאֵלוֹן בְּצַעֲנַנִּים וַאֲדָמִי הַנֶּקֶב וְיַבְנְאֵל עַד־לַקּוּם 34

וַיְהִי תְצָאֹתָיו הַיַּרְדֵּן: וְשָׁב הַגְּבוּל יָמָּה אַזְנוֹת תָּבוֹר וְיָצָא מִשָּׁם 34
חוּקֹקָה וּפָגַע בִּזְבֻלוּן מִנֶּגֶב וּבְאָשֵׁר פָּגַע מִיָּם וּבִיהוּדָה הַיַּרְדֵּן

מִזְרַח הַשָּׁמֶשׁ: וְעָרֵי מִבְצָר הַצִּדִּים צֵר וְחַמַּת רַקַּת וְכִנָּרֶת: וַאֲדָמָה 35 36

וְהָרָמָה וְחָצוֹר: וְקֶדֶשׁ וְאֶדְרֶעִי וְעֵין חָצוֹר: וְיִרְאוֹן וּמִגְדַּל־אֵל חֳרֵם 37 38

וּבֵית־עֲנָת וּבֵית שָׁמֶשׁ עָרִים תֵּשַׁע־עֶשְׂרֵה וְחַצְרֵיהֶן: זֹאת נַחֲלַת 39
מַטֵּה בְנֵי־נַפְתָּלִי לְמִשְׁפְּחֹתָם הֶעָרִים וְחַצְרֵיהֶן:

לְמַטֵּה בְנֵי־דָן לְמִשְׁפְּחֹתָם יָצָא הַגּוֹרָל הַשְּׁבִיעִי: וַיְהִי גְּבוּל נַחֲלָתָם 40 41

צָרְעָה וְאֶשְׁתָּאוֹל וְעִיר שָׁמֶשׁ: וְשַׁעֲלַבִּין וְאַיָּלוֹן וְיִתְלָה: וְאֵילוֹן 42 43

וְתִמְנָתָה וְעֶקְרוֹן: וְאֶלְתְּקֵה וְגִבְּתוֹן וּבַעֲלָת: וִיהֻד וּבְנֵי־בְרַק וְגַת־ 44 45

45 And Jehud, and Bene-berak, and Gath-rimmon,

46 And Me-jarkon, and Rakkon, with the border before Japho.

47 And the coast of the children of Dan went out *too little* for them: therefore the children of Dan went up to fight against Leshem, and took it, and smote it with the edge of the sword, and possessed it, and dwelt therein, and called Leshem, Dan, after the name of Dan their father.

48 This *is* the inheritance of the tribe of the children of Dan according to their families, these cities with their villages.

49 ¶ When they had made an end of dividing the land for inheritance by their coasts, the children of Israel gave an inheritance to Joshua the son of Nun among them:

50 According to the word of the LORD they gave him the city which he asked, *even* Timnath-serah in mount Ephraim: and he built the city, and dwelt therein.

51 These *are* the inheritances, which Eleazar the priest, and Joshua the son of Nun, and the heads of the fathers of the tribes of the children of Israel, divided for an inheritance by lot in Shiloh before the LORD, at the door of the tabernacle of the congregation. So they made an end of dividing the country.

CHAPTER 20

1 The LORD also spake unto Joshua, saying,

2 Speak to the children of Israel, saying, Appoint out for you cities of refuge, whereof I spake unto you by the hand of Moses:

3 That the slayer that killeth *any* person unawares *and* unwittingly may flee thither: and they shall be your refuge from the avenger of blood.

4 And when he that doth flee unto one of those cities shall stand at the entering of the gate of the city, and shall declare his cause in the ears of the elders of that city, they shall take him into the city unto them, and give him a place, that he may dwell among them.

5 And if the avenger of blood pursue af-ter him, then they shall not deliver the slayer up into his hand; because he smote his neighbour unwittingly, and hated him not beforetime.

6 And he shall dwell in that city, until he stand before the congregation for judgment, *and* until the death of the high priest that shall be in those days: then shall the slayer return, and come unto his own city, and unto his own house, unto the city from whence he fled.

7 ¶ And they appointed Kedesh in Galilee in mount Naphtali, and Shechem in mount Ephraim, and Kirjath-arba, which *is* Hebron, in the mountain of Judah.

8 And on the other side Jordan by Jericho eastward, they assigned Bezer in the wilderness upon the plain out of the tribe of Reuben, and Ramoth in Gilead out of the tribe of Gad, and Golan in Bashan out of the tribe of Manasseh.

9 These were the cities appointed for all the children of Israel, and for the stranger that sojourneth among them, that whosoever killeth *any* person at unawares might flee thither, and not die by the hand of the avenger of blood, until he stood before the congregation.

CHAPTER 21

1 Then came near the heads of the fathers of the Levites unto Eleazar the priest, and unto Joshua the son of Nun, and unto the heads of the fathers of the tribes of the children of Israel;

2 And they spake unto them at Shiloh in the land of Canaan, saying, The LORD commanded by the hand of Moses to give us cities to dwell in, with the suburbs thereof for our cattle.

3 And the children of Israel gave unto the Levites out of their inheritance, at the commandment of the LORD, these cities and their suburbs.

4 And the lot came out for the families of the Kohathites: and the children of Aaron the priest, *which were* of the Levites, had by lot out of the tribe of Judah, and out of the tribe of Simeon, and out of the tribe of Benjamin, thirteen cities.

5 And the rest of the children of Kohath

רִמּוֹן: וּמֵי הַיַּרְקוֹן וְהָרַקּוֹן עִם־הַגְּבוּל מוּל יָפוֹ: וַיֵּצֵא גְּבוּל־בְּנֵי־דָן 46
מֵהֶם וַיַּעֲלוּ בְנֵי־דָן וַיִּלָּחֲמוּ עִם־לֶשֶׁם וַיִּלְכְּדוּ אוֹתָהּ | וַיַּכּוּ אוֹתָהּ 47
לְפִי־חֶרֶב וַיִּרְשׁוּ אוֹתָהּ וַיֵּשְׁבוּ בָהּ וַיִּקְרְאוּ לְלֶשֶׁם דָּן כְּשֵׁם דָּן
אֲבִיהֶם: זֹאת נַחֲלַת מַטֵּה בְנֵי־דָן לְמִשְׁפְּחֹתָם הֶעָרִים הָאֵלֶּה 48
וְחַצְרֵיהֶן:

וַיְכַלּוּ לִנְחֹל־אֶת־הָאָרֶץ לִגְבוּלֹתֶיהָ וַיִּתְּנוּ בְנֵי־יִשְׂרָאֵל נַחֲלָה לִיהוֹשֻׁעַ 49
בִּן־נוּן בְּתוֹכָם: עַל־פִּי יְהוָה נָתְנוּ לוֹ אֶת־הָעִיר אֲשֶׁר שָׁאָל 50
אֶת־תִּמְנַת־סֶרַח בְּהַר אֶפְרָיִם וַיִּבְנֶה אֶת־הָעִיר וַיֵּשֶׁב בָּהּ: אֵלֶּה 51
הַנְּחָלֹת אֲשֶׁר נִחֲלוּ אֶלְעָזָר הַכֹּהֵן | וִיהוֹשֻׁעַ בִּן־נוּן וְרָאשֵׁי הָאָבוֹת
לְמַטּוֹת בְּנֵי־יִשְׂרָאֵל | בְּגוֹרָל | בְּשִׁלֹה לִפְנֵי יְהוָה פֶּתַח אֹהֶל מוֹעֵד
וַיְכַלּוּ מֵחַלֵּק אֶת־הָאָרֶץ:

וַיְדַבֵּר יְהוָה אֶל־יְהוֹשֻׁעַ לֵאמֹר: דַּבֵּר אֶל־בְּנֵי יִשְׂרָאֵל לֵאמֹר תְּנוּ 20 1
לָכֶם אֶת־עָרֵי הַמִּקְלָט אֲשֶׁר דִּבַּרְתִּי אֲלֵיכֶם בְּיַד־מֹשֶׁה: לָנוּס שָׁמָּה 3
רוֹצֵחַ מַכֵּה־נֶפֶשׁ בִּשְׁגָגָה בִּבְלִי־דָעַת וְהָיוּ לָכֶם לְמִקְלָט מִגֹּאֵל
הַדָּם: וְנָס אֶל־אַחַת | מֵהֶעָרִים הָאֵלֶּה וְעָמַד פֶּתַח שַׁעַר הָעִיר 4
וְדִבֶּר בְּאָזְנֵי זִקְנֵי־הָעִיר הַהִיא אֶת־דְּבָרָיו וְאָסְפוּ אֹתוֹ הָעִירָה
אֲלֵיהֶם וְנָתְנוּ־לוֹ מָקוֹם וְיָשַׁב עִמָּם: וְכִי יִרְדֹּף גֹּאֵל הַדָּם אַחֲרָיו 5
וְלֹא־יַסְגִּרוּ אֶת־הָרֹצֵחַ בְּיָדוֹ כִּי בִבְלִי־דַעַת הִכָּה אֶת־רֵעֵהוּ וְלֹא־
שֹׂנֵא הוּא לוֹ מִתְּמוֹל שִׁלְשׁוֹם: וְיָשַׁב | בָּעִיר הַהִיא עַד־עָמְדוֹ לִפְנֵי 6
הָעֵדָה לַמִּשְׁפָּט עַד־מוֹת הַכֹּהֵן הַגָּדוֹל אֲשֶׁר יִהְיֶה בַּיָּמִים הָהֵם
אָז | יָשׁוּב הָרוֹצֵחַ וּבָא אֶל־עִירוֹ וְאֶל־בֵּיתוֹ אֶל־הָעִיר אֲשֶׁר־נָס
מִשָּׁם: וַיַּקְדִּשׁוּ אֶת־קֶדֶשׁ בַּגָּלִיל בְּהַר נַפְתָּלִי וְאֶת־שְׁכֶם בְּהַר 7
אֶפְרָיִם וְאֶת־קִרְיַת אַרְבַּע הִיא חֶבְרוֹן בְּהַר יְהוּדָה: וּמֵעֵבֶר לְיַרְדֵּן 8
יְרִיחוֹ מִזְרָחָה נָתְנוּ אֶת־בֶּצֶר בַּמִּדְבָּר בַּמִּישֹׁר מִמַּטֵּה רְאוּבֵן וְאֶת־
רָאמֹת בַּגִּלְעָד מִמַּטֵּה־גָד וְאֶת־גּוֹלָן בַּבָּשָׁן מִמַּטֵּה מְנַשֶּׁה: אֵלֶּה 9 גּוֹלָן
הָיוּ עָרֵי הַמּוּעָדָה לְכֹל | בְּנֵי יִשְׂרָאֵל וְלַגֵּר הַגָּר בְּתוֹכָם לָנוּס שָׁמָּה
כָּל־מַכֵּה־נֶפֶשׁ בִּשְׁגָגָה וְלֹא יָמוּת בְּיַד גֹּאֵל הַדָּם עַד־עָמְדוֹ לִפְנֵי
הָעֵדָה:

וַיִּגְּשׁוּ רָאשֵׁי אֲבוֹת הַלְוִיִּם אֶל־אֶלְעָזָר הַכֹּהֵן וְאֶל־יְהוֹשֻׁעַ בִּן־נוּן 21 1
וְאֶל־רָאשֵׁי אֲבוֹת הַמַּטּוֹת לִבְנֵי יִשְׂרָאֵל: וַיְדַבְּרוּ אֲלֵיהֶם בְּשִׁלֹה 2
בְּאֶרֶץ כְּנַעַן לֵאמֹר יְהוָה צִוָּה בְיַד־מֹשֶׁה לָתֶת־לָנוּ עָרִים לָשָׁבֶת
וּמִגְרְשֵׁיהֶן לִבְהֶמְתֵּנוּ: וַיִּתְּנוּ בְנֵי־יִשְׂרָאֵל לַלְוִיִּם מִנַּחֲלָתָם אֶל־פִּי 3
יְהוָה אֶת־הֶעָרִים הָאֵלֶּה וְאֶת־מִגְרְשֵׁיהֶן: וַיֵּצֵא הַגּוֹרָל לְמִשְׁפְּחֹת 4
הַקְּהָתִי וַיְהִי לִבְנֵי אַהֲרֹן הַכֹּהֵן מִן־הַלְוִיִּם מִמַּטֵּה יְהוּדָה וּמִמַּטֵּה
הַשִּׁמְעֹנִי וּמִמַּטֵּה בִנְיָמִן בַּגּוֹרָל עָרִים שְׁלֹשׁ עֶשְׂרֵה: וְלִבְנֵי 5

had by lot out of the families of the tribe of Ephraim, and out of the tribe of Dan, and out of the half tribe of Manasseh, ten cities.

6 And the children of Gershon *had* by lot out of the families of the tribe of Issachar, and out of the tribe of Asher, and out of the tribe of Naphtali, and out of the half tribe of Manasseh in Bashan, thirteen cities.

7 The children of Merari by their families *had* out of the tribe of Reuben, and out of the tribe of Gad, and out of the tribe of Zebulun, twelve cities.

8 And the children of Israel gave by lot unto the Levites these cities with their suburbs, as the LORD commanded by the hand of Moses.

9 ¶ And they gave out of the tribe of the children of Judah, and out of the tribe of the children of Simeon, these cities which are *here* mentioned by name,

10 Which the children of Aaron, *being* of the families of the Kohathites, *who were* of the children of Levi, had: for theirs was the first lot.

11 And they gave them the city of Arba the father of Anak, which *city is* Hebron, in the hill *country* of Judah, with the suburbs thereof round about it.

12 But the fields of the city, and the villages thereof, gave they to Caleb the son of Jephunneh for his possession.

13 ¶ Thus they gave to the children of Aaron the priest Hebron with her suburbs, *to be* a city of refuge for the slayer; and Libnah with her suburbs,

14 And Jattir with her suburbs, and Eshtemoa with her suburbs,

15 And Holon with her suburbs, and Debir with her suburbs,

16 And Ain with her suburbs, and Juttah with her suburbs, *and* Beth-shemesh with her suburbs; nine cities out of those two tribes.

17 And out of the tribe of Benjamin, Gibeon with her suburbs, Geba with her suburbs,

18 Anathoth with her suburbs, and Almon with her suburbs; four cities.

19 All the cities of the children of Aaron, the priests, *were* thirteen cities with their suburbs.

20 ¶ And the families of the children of Kohath, the Levites which remained of the children of Kohath, even they had the cities of their lot out of the tribe of Ephraim.

21 For they gave them Shechem with her suburbs in mount Ephraim, *to be* a city of refuge for the slayer; and Gezer with her suburbs,

22 And Kibzaim with her suburbs, and Beth-horon with her suburbs; four cities.

23 And out of the tribe of Dan, Eltekeh with her suburbs, Gibbethon with her suburbs,

24 Aijalon with her suburbs, Gathrimmon with her suburbs; four cities.

25 And out of the half tribe of Manasseh, Tanach with her suburbs, and Gathrimmon with her suburbs; two cities.

26 All the cities *were* ten with their suburbs for the families of the children of Kohath that remained.

27 ¶ And unto the children of Gershon, of the families of the Levites, out of the *other* half tribe of Manasseh *they gave* Golan in Bashan with her suburbs, *to be* a city of refuge for the slayer; and Beesh-terah with her suburbs; two cities.

28 And out of the tribe of Issachar, Kishon with her suburbs, Dabareh with her suburbs,

29 Jarmuth with her suburbs, Engannim with her suburbs; four cities.

30 And out of the tribe of Asher, Mishal

קְהַת הַנּוֹתָרִים מִמִּשְׁפַּחַת מַטֵּה־אֶפְרַיִם וּמִמַּטֵּה־דָן וּמֵחֲצִי מַטֵּה

6 מְנַשֶּׁה בַּגּוֹרָל עָרִים עָשֶׂר: וְלִבְנֵי גֵרְשׁוֹן מִמִּשְׁפְּחוֹת

מַטֵּה־יִשָּׂשכָר וּמִמַּטֵּה־אָשֵׁר וּמִמַּטֵּה נַפְתָּלִי וּמֵחֲצִי מַטֵּה מְנַשֶּׁה

7 בַבָּשָׁן בַּגּוֹרָל עָרִים שְׁלֹשׁ עֶשְׂרֵה: לִבְנֵי מְרָרִי לְמִשְׁפְּחֹתָם

מִמַּטֵּה רְאוּבֵן וּמִמַּטֵּה־גָד וּמִמַּטֵּה זְבוּלֻן עָרִים שְׁתֵּים עֶשְׂרֵה:

8 וַיִּתְּנוּ בְנֵי־יִשְׂרָאֵל לַלְוִיִּם אֶת־הֶעָרִים הָאֵלֶּה וְאֶת־מִגְרְשֵׁיהֶן כַּאֲשֶׁר

צִוָּה יְהוָה בְּיַד־מֹשֶׁה בַּגּוֹרָל:

9 וַיִּתְּנוּ מִמַּטֵּה בְּנֵי יְהוּדָה וּמִמַּטֵּה בְּנֵי שִׁמְעוֹן אֵת הֶעָרִים הָאֵלֶּה

10 אֲשֶׁר־יִקְרָא אֶתְהֶן בְּשֵׁם: וַיְהִי לִבְנֵי אַהֲרֹן מִמִּשְׁפְּחוֹת הַקְּהָתִי

11 מִבְּנֵי לֵוִי כִּי לָהֶם הָיָה הַגּוֹרָל רִיאשֹׁנָה: וַיִּתְּנוּ לָהֶם אֶת־

קִרְיַת אַרְבַּע אֲבִי הָעֲנוֹק הִיא חֶבְרוֹן בְּהַר יְהוּדָה וְאֶת־מִגְרָשֶׁהָ

12 סְבִיבֹתֶיהָ: וְאֶת־שְׂדֵה הָעִיר וְאֶת־חֲצֵרֶיהָ נָתְנוּ לְכָלֵב בֶּן־יְפֻנֶּה

13 בַּאֲחֻזָּתוֹ: וְלִבְנֵי। אַהֲרֹן הַכֹּהֵן נָתְנוּ אֶת־עִיר מִקְלַט הָרֹצֵחַ

14 אֶת־חֶבְרוֹן וְאֶת־מִגְרָשֶׁהָ וְאֶת־לִבְנָה וְאֶת־מִגְרָשֶׁהָ: וְאֶת־יַתִּר וְאֶת־

15 מִגְרָשֶׁהָ וְאֶת־אֶשְׁתְּמֹעַ וְאֶת־מִגְרָשֶׁהָ: וְאֶת־חֹלֹן וְאֶת־מִגְרָשֶׁהָ וְאֶת־

16 דְּבִר וְאֶת־מִגְרָשֶׁהָ: וְאֶת־עַיִן וְאֶת־מִגְרָשֶׁהָ וְאֶת־יֻטָּה וְאֶת־מִגְרָשֶׁהָ

אֶת־בֵּית שֶׁמֶשׁ וְאֶת־מִגְרָשֶׁהָ עָרִים תֵּשַׁע מֵאֵת שְׁנֵי הַשְּׁבָטִים

הָאֵלֶּה:

17 וּמִמַּטֵּה בִנְיָמִן אֶת־גִּבְעוֹן וְאֶת־מִגְרָשֶׁהָ אֶת־גֶּבַע וְאֶת־

18 מִגְרָשֶׁהָ: אֶת־עֲנָתוֹת וְאֶת־מִגְרָשֶׁהָ וְאֶת־עַלְמוֹן וְאֶת־מִגְרָשֶׁהָ עָרִים

19 אַרְבַּע: כָּל־עָרֵי בְנֵי־אַהֲרֹן הַכֹּהֲנִים שְׁלֹשׁ־עֶשְׂרֵה עָרִים

20 וּמִגְרְשֵׁיהֶן: וּלְמִשְׁפְּחוֹת בְּנֵי־קְהָת הַלְוִיִּם הַנּוֹתָרִים מִבְּנֵי

21 קְהָת וַיְהִי עָרֵי גוֹרָלָם מִמַּטֵּה אֶפְרָיִם: וַיִּתְּנוּ לָהֶם אֶת־עִיר מִקְלַט

הָרֹצֵחַ אֶת־שְׁכֶם וְאֶת־מִגְרָשֶׁהָ בְּהַר אֶפְרָיִם וְאֶת־גֶּזֶר וְאֶת־מִגְרָשֶׁהָ:

22 וְאֶת־קִבְצַיִם וְאֶת־מִגְרָשֶׁהָ וְאֶת־בֵּית חוֹרֹן וְאֶת־מִגְרָשֶׁהָ עָרִים

23 אַרְבַּע: וּמִמַּטֵּה־דָן אֶת־אֶלְתְּקֵא אֶת־מִגְרָשֶׁהָ אֶת־גִּבְּתוֹן

24 וְאֶת־מִגְרָשֶׁהָ: אֶת־אַיָּלוֹן וְאֶת־מִגְרָשֶׁהָ אֶת־גַּת־רִמּוֹן וְאֶת־מִגְרָשֶׁהָ

25 עָרִים אַרְבַּע: וּמִמַּחֲצִית מַטֵּה מְנַשֶּׁה אֶת־תַּעְנַךְ

26 וְאֶת־מִגְרָשֶׁהָ וְאֶת־גַּת־רִמּוֹן וְאֶת־מִגְרָשֶׁהָ עָרִים שְׁתָּיִם: כָּל־עָרִים

27 עֶשֶׂר וּמִגְרְשֵׁיהֶן לְמִשְׁפְּחוֹת בְּנֵי־קְהָת הַנּוֹתָרִים: וְלִבְנֵי

גֵרְשׁוֹן מִמִּשְׁפְּחֹת הַלְוִיִּם מֵחֲצִי מַטֵּה מְנַשֶּׁה אֶת־עִיר מִקְלַט הָרֹצֵחַ

גּוֹלָן   אֶת־גּוֹלָן בַּבָּשָׁן וְאֶת־מִגְרָשֶׁהָ וְאֶת־בְּעֶשְׁתְּרָה וְאֶת־מִגְרָשֶׁהָ עָרִים

28 שְׁתָּיִם: וּמִמַּטֵּה יִשָּׂשכָר אֶת־קִשְׁיוֹן וְאֶת־מִגְרָשֶׁהָ אֶת־

29 דָּבְרַת וְאֶת־מִגְרָשֶׁהָ: אֶת־יַרְמוּת וְאֶת־מִגְרָשֶׁהָ אֶת־עֵין גַּנִּים וְאֶת־

30 מִגְרָשֶׁהָ עָרִים אַרְבַּע: וּמִמַּטֵּה אָשֵׁר אֶת־מִשְׁאָל וְאֶת־

with her suburbs, Abdon with her suburbs,

31 Helkath with her suburbs, and Rehob with her suburbs; four cities.

32 And out of the tribe of Naphtali, Kedesh in Galilee with her suburbs, *to be* a city of refuge for the slayer; and Hammoth-dor with her suburbs, and Kartan with her suburbs; three cities.

33 All the cities of the Gershonites according to their families *were* thirteen cities with their suburbs.

34 ¶ And unto the families of the children of Merari, the rest of the Levites, out of the tribe of Zebulun, Jokneam with her suburbs, and Kartah with her suburbs,

35 Dimnah with her suburbs, Nahalal with her suburbs; four cities.

36[-] And out of the tribe of Reuben, Bezer with her suburbs, and Jahazah with her suburbs,

37[-] Kedemoth with her suburbs, and Mephaath with her suburbs; four cities.

38[36] And out of the tribe of Gad, Ramoth in Gilead with her suburbs, *to be* a city of refuge for the slayer; and Mahanaim with her suburbs,

39[37] Heshbon with her suburbs, Jazer with her suburbs; four cities in all.

40[38] So all the cities for the children of Merari by their families, which were remaining of the families of the Levites, were *by* their lot twelve cities.

41[39] All the cities of the Levites within the possession of the children of Israel *were* forty and eight cities with their suburbs.

42[40] These cities were every one with their suburbs round about them: thus *were* all these cities.

43[41] ¶ And the LORD gave unto Israel all the land which he sware to give unto their fathers; and they possessed it, and dwelt therein.

44[42] And the LORD gave them rest round about, according to all that he sware unto their fathers: and there stood not a man of all their enemies before them; the LORD delivered all their enemies into their hand.

45[43] There failed not ought of any good thing which the LORD had spoken unto the house of Israel; all came to pass.

CHAPTER 22

1 Then Joshua called the Reubenites, and the Gadites, and the half tribe of Manasseh,

2 And said unto them, Ye have kept all that Moses the servant of the LORD commanded you, and have obeyed my voice in all that I commanded you:

3 Ye have not left your brethren these many days unto this day, but have kept the charge of the commandment of the LORD your God.

4 And now the LORD your God hath given rest unto your brethren, as he promised them: therefore now return ye, and get you unto your tents, *and* unto the land of your possession, which Moses the servant of the LORD gave you on the other side Jordan.

5 But take diligent heed to do the commandment and the law, which Moses the servant of the LORD charged you, to love the LORD your God, and to walk in all his ways, and to keep his commandments, and to cleave unto him, and to serve him with all your heart and with all your soul.

6 So Joshua blessed them, and sent them away: and they went unto their tents.

7 ¶ Now to the *one* half of the tribe of Manasseh Moses had given *possession* in Bashan: but unto the *other* half thereof gave Joshua among their brethren on this side Jordan westward. And when Joshua sent them away also unto their tents, then he blessed them,

---

The KJV follows Hebrew manuscripts that have two additional verses (21:36-37). See the corresponding note for the Hebrew text.

31 מִגְרָשֶׁהָ אֶת־עַבְדּוֹן וְאֶת־מִגְרָשֶׁהָ: אֶת־חֶלְקָת וְאֶת־מִגְרָשֶׁהָ וְאֶת־רְחֹב

32 וְאֶת־מִגְרָשֶׁהָ עָרִים אַרְבַּע: וּמִמַּטֵּה נַפְתָּלִי אֶת־עִיר ׀
מִקְלַט הָרֹצֵחַ אֶת־קֶדֶשׁ בַּגָּלִיל וְאֶת־מִגְרָשֶׁהָ וְאֶת־חַמֹּת דֹּאר

33 וְאֶת־מִגְרָשֶׁהָ וְאֶת־קַרְתָּן וְאֶת־מִגְרָשֶׁהָ עָרִים שָׁלֹשׁ: כָּל־עָרֵי הַגֵּרְשֻׁנִּי

34 לְמִשְׁפְּחֹתָם שְׁלֹשׁ־עֶשְׂרֵה עִיר וּמִגְרְשֵׁיהֶן: וּלְמִשְׁפְּחוֹת
בְּנֵי־מְרָרִי הַלְוִיִּם הַנּוֹתָרִים מֵאֵת מַטֵּה זְבוּלֻן אֶת־יָקְנְעָם וְאֶת־

35 מִגְרָשֶׁהָ אֶת־קַרְתָּה וְאֶת־מִגְרָשֶׁהָ: אֶת־דִּמְנָה וְאֶת־מִגְרָשֶׁהָ אֶת־

36 נַהֲלָל וְאֶת־מִגְרָשֶׁהָ עָרִים אַרְבַּע: וּמִמַּטֵּה־גָד אֶת־עִיר
מִקְלַט הָרֹצֵחַ אֶת־רָמֹת בַּגִּלְעָד וְאֶת־מִגְרָשֶׁהָ וְאֶת־מַחֲנַיִם וְאֶת־

37 מִגְרָשֶׁהָ: אֶת־חֶשְׁבּוֹן וְאֶת־מִגְרָשֶׁהָ אֶת־יַעְזֵר וְאֶת־מִגְרָשֶׁהָ כָּל־עָרִים

38 אַרְבַּע: כָּל־הֶעָרִים לִבְנֵי מְרָרִי לְמִשְׁפְּחֹתָם הַנּוֹתָרִים מִמִּשְׁפְּחוֹת

39 הַלְוִיִּם וַיְהִי גּוֹרָלָם עָרִים שְׁתֵּים עֶשְׂרֵה: כָּל עָרֵי הַלְוִיִּם בְּתוֹךְ

40 אֲחֻזַּת בְּנֵי־יִשְׂרָאֵל עָרִים אַרְבָּעִים וּשְׁמֹנֶה וּמִגְרְשֵׁיהֶן: תִּהְיֶינָה
הֶעָרִים הָאֵלֶּה עִיר עִיר וּמִגְרָשֶׁיהָ סְבִיבֹתֶיהָ כֵּן לְכָל־הֶעָרִים

41 הָאֵלֶּה: וַיִּתֵּן יְהוָה לְיִשְׂרָאֵל אֶת־כָּל־הָאָרֶץ אֲשֶׁר נִשְׁבַּע 41A

42 לָתֵת לַאֲבוֹתָם וַיִּרָשׁוּהָ וַיֵּשְׁבוּ בָהּ: וַיָּנַח יְהוָה לָהֶם מִסָּבִיב כְּכֹל
אֲשֶׁר־נִשְׁבַּע לַאֲבוֹתָם וְלֹא־עָמַד אִישׁ בִּפְנֵיהֶם מִכָּל־אֹיְבֵיהֶם אֵת

43 כָּל־אֹיְבֵיהֶם נָתַן יְהוָה בְּיָדָם: לֹא־נָפַל דָּבָר מִכֹּל הַדָּבָר הַטּוֹב
אֲשֶׁר־דִּבֶּר יְהוָה אֶל־בֵּית יִשְׂרָאֵל הַכֹּל בָּא:

22 1 אָז יִקְרָא יְהוֹשֻׁעַ לָראוּבֵנִי וְלַגָּדִי וְלַחֲצִי מַטֵּה מְנַשֶּׁה: וַיֹּאמֶר
2 אֲלֵיהֶם אַתֶּם שְׁמַרְתֶּם אֵת כָּל־אֲשֶׁר צִוָּה אֶתְכֶם מֹשֶׁה עֶבֶד יְהוָה

3 וַתִּשְׁמְעוּ בְקוֹלִי לְכֹל אֲשֶׁר־צִוִּיתִי אֶתְכֶם: לֹא־עֲזַבְתֶּם אֶת־אֲחֵיכֶם
זֶה יָמִים רַבִּים עַד הַיּוֹם הַזֶּה וּשְׁמַרְתֶּם אֶת־מִשְׁמֶרֶת מִצְוַת יְהוָה

4 אֱלֹהֵיכֶם: וְעַתָּה הֵנִיחַ יְהוָה אֱלֹהֵיכֶם לַאֲחֵיכֶם כַּאֲשֶׁר דִּבֶּר לָהֶם
וְעַתָּה פְּנוּ וּלְכוּ לָכֶם לְאָהֳלֵיכֶם אֶל־אֶרֶץ אֲחֻזַּתְכֶם אֲשֶׁר ׀ נָתַן

5 לָכֶם מֹשֶׁה עֶבֶד יְהוָה בְּעֵבֶר הַיַּרְדֵּן: רַק ׀ שִׁמְרוּ מְאֹד לַעֲשׂוֹת
אֶת־הַמִּצְוָה וְאֶת־הַתּוֹרָה אֲשֶׁר צִוָּה אֶתְכֶם מֹשֶׁה עֶבֶד־יְהוָה
לְאַהֲבָה אֶת־יְהֹוָה אֱלֹהֵיכֶם וְלָלֶכֶת בְּכָל־דְּרָכָיו וְלִשְׁמֹר מִצְוֹתָיו

6 וּלְדָבְקָה־בוֹ וּלְעָבְדוֹ בְּכָל־לְבַבְכֶם וּבְכָל־נַפְשְׁכֶם: וַיְבָרְכֵם יְהוֹשֻׁעַ

7 וַיְשַׁלְּחֵם וַיֵּלְכוּ אֶל־אָהֳלֵיהֶם: וְלַחֲצִי ׀ שֵׁבֶט הַמְנַשֶּׁה נָתַן 7A
מֹשֶׁה בַּבָּשָׁן וּלְחֶצְיוֹ נָתַן יְהוֹשֻׁעַ עִם־אֲחֵיהֶם מֵעֵבֶר הַיַּרְדֵּן יָמָּה   בְּעֵבֶר

8 וְגַם כִּי שִׁלְּחָם יְהוֹשֻׁעַ אֶל־אָהֳלֵיהֶם וַיְבָרְכֵם: וַיֹּאמֶר אֲלֵיהֶם לֵאמֹר

A few other manuscripts include two additional verses after verse 35:

וּמִמַּטֵּה רְאוּבֵן אֶת־בֶּצֶר וְאֶת־מִגְרָשֶׁהָ וְאֶת־יַהְצָה וְאֶת־מִגְרָשֶׁהָ: אֶת־
קְדֵמוֹת וְאֶת־מִגְרָשֶׁהָ וְאֶת־מֵיפָעַת וְאֶת־מִגְרָשֶׁהָ עָרִים אַרְבַּע:

8 And he spake unto them, saying, Return with much riches unto your tents, and with very much cattle, with silver, and with gold, and with brass, and with iron, and with very much raiment: divide the spoil of your enemies with your brethren.

9 ¶ And the children of Reuben and the children of Gad and the half tribe of Manasseh returned, and departed from the children of Israel out of Shiloh, which *is* in the land of Canaan, to go unto the country of Gilead, to the land of their possession, whereof they were possessed, according to the word of the LORD by the hand of Moses.

10 ¶ And when they came unto the borders of Jordan, that *are* in the land of Canaan, the children of Reuben and the children of Gad and the half tribe of Manasseh built there an altar by Jordan, a great altar to see to.

11 ¶ And the children of Israel heard say, Behold, the children of Reuben and the children of Gad and the half tribe of Manasseh have built an altar over against the land of Canaan, in the borders of Jordan, at the passage of the children of Israel.

12 And when the children of Israel heard *of it,* the whole congregation of the children of Israel gathered themselves together at Shiloh, to go up to war against them.

13 And the children of Israel sent unto the children of Reuben, and to the children of Gad, and to the half tribe of Manasseh, into the land of Gilead, Phinehas the son of Eleazar the priest,

14 And with him ten princes, of each chief house a prince throughout all the tribes of Israel; and each one *was* an head of the house of their fathers among the thousands of Israel.

15 ¶ And they came unto the children of Reuben, and to the children of Gad, and to the half tribe of Manasseh, unto the land of Gilead, and they spake with them, saying,

16 Thus saith the whole congregation of the LORD, What trespass *is* this that ye have committed against the God of Israel, to turn away this day from following the LORD, in that ye have builded you an altar, that ye might rebel this day against the LORD?

17 *Is* the iniquity of Peor too little for us, from which we are not cleansed until this day, although there was a plague in the congregation of the LORD,

18 But that ye must turn away this day from following the LORD? and it will be, *seeing* ye rebel to day against the LORD, that to morrow he will be wroth with the whole congregation of Israel.

19 Notwithstanding, if the land of your possession *be* unclean, *then* pass ye over unto the land of the possession of the LORD, wherein the LORD's tabernacle dwelleth, and take possession among us: but rebel not against the LORD, nor rebel against us, in building you an altar beside the altar of the LORD our God.

20 Did not Achan the son of Zerah commit a trespass in the accursed thing, and wrath fell on all the congregation of Israel? and that man perished not alone in his iniquity.

21 ¶ Then the children of Reuben and the children of Gad and the half tribe of Manasseh answered, and said unto the heads of the thousands of Israel,

22 The LORD God of gods, the LORD God of gods, he knoweth, and Israel he shall know; if *it be* in rebellion, or if in transgression against the LORD, (save us not this day,)

23 That we have built us an altar to turn from following the LORD, or if to offer thereon burnt offering or meat offering, or if to offer peace offerings thereon, let the LORD himself require *it;*

24 And if we have not *rather* done it for fear of *this* thing, saying, In time to come your children might speak unto our children, saying, What have ye to do with the LORD God of Israel?

25 For the LORD hath made Jordan a border between us and you, ye children of Reuben and children of Gad; ye have no part in the LORD: so shall your children

בִּנְכָסִים רַבִּים שׁוּבוּ אֶל־אָהֳלֵיכֶם וּבְמִקְנֶה רַב־מְאֹד בְּכֶסֶף וּבְזָהָב וּבִנְחֹשֶׁת וּבְבַרְזֶל וּבִשְׂלָמוֹת הַרְבֵּה מְאֹד חִלְקוּ שְׁלַל־אֹיְבֵיכֶם עִם־אֲחֵיכֶם:

9 וַיָּשֻׁבוּ וַיֵּלְכוּ בְּנֵי־רְאוּבֵן וּבְנֵי־גָד וַחֲצִי שֵׁבֶט הַמְנַשֶּׁה מֵאֵת בְּנֵי יִשְׂרָאֵל מִשִּׁלֹה אֲשֶׁר בְּאֶרֶץ־כְּנָעַן לָלֶכֶת אֶל־אֶרֶץ הַגִּלְעָד אֶל־אֶרֶץ

10 אֲחֻזָּתָם אֲשֶׁר נֹאחֲזוּ־בָהּ עַל־פִּי יְהוָה בְּיַד־מֹשֶׁה: וַיָּבֹאוּ אֶל־גְּלִילוֹת הַיַּרְדֵּן אֲשֶׁר בְּאֶרֶץ כְּנָעַן וַיִּבְנוּ בְנֵי־רְאוּבֵן וּבְנֵי־גָד וַחֲצִי שֵׁבֶט

11 הַמְנַשֶּׁה שָׁם מִזְבֵּחַ עַל־הַיַּרְדֵּן מִזְבֵּחַ גָּדוֹל לְמַרְאֶה: וַיִּשְׁמְעוּ בְנֵי־יִשְׂרָאֵל לֵאמֹר הִנֵּה בָנוּ בְנֵי־רְאוּבֵן וּבְנֵי־גָד וַחֲצִי שֵׁבֶט הַמְנַשֶּׁה אֶת־הַמִּזְבֵּחַ אֶל־מוּל אֶרֶץ כְּנַעַן אֶל־גְּלִילוֹת הַיַּרְדֵּן אֶל־עֵבֶר בְּנֵי

12 יִשְׂרָאֵל: וַיִּשְׁמְעוּ בְּנֵי יִשְׂרָאֵל וַיִּקָּהֲלוּ כָּל־עֲדַת בְּנֵי־יִשְׂרָאֵל שִׁלֹה לַעֲלוֹת עֲלֵיהֶם לַצָּבָא:

13 וַיִּשְׁלְחוּ בְנֵי־יִשְׂרָאֵל אֶל־בְּנֵי־רְאוּבֵן וְאֶל־בְּנֵי־גָד וְאֶל־חֲצִי שֵׁבֶט־

14 מְנַשֶּׁה אֶל־אֶרֶץ הַגִּלְעָד אֶת־פִּינְחָס בֶּן־אֶלְעָזָר הַכֹּהֵן: וַעֲשָׂרָה נְשִׂאִים עִמּוֹ נָשִׂיא אֶחָד נָשִׂיא אֶחָד לְבֵית אָב לְכֹל מַטּוֹת יִשְׂרָאֵל

15 וְאִישׁ רֹאשׁ בֵּית־אֲבוֹתָם הֵמָּה לְאַלְפֵי יִשְׂרָאֵל: וַיָּבֹאוּ אֶל־בְּנֵי־רְאוּבֵן וְאֶל־בְּנֵי־גָד וְאֶל־חֲצִי שֵׁבֶט־מְנַשֶּׁה אֶל־אֶרֶץ הַגִּלְעָד וַיְדַבְּרוּ אִתָּם

16 לֵאמֹר: כֹּה אָמְרוּ כֹּל עֲדַת יְהוָה מָה־הַמַּעַל הַזֶּה אֲשֶׁר מְעַלְתֶּם בֵּאלֹהֵי יִשְׂרָאֵל לָשׁוּב הַיּוֹם מֵאַחֲרֵי יְהוָה בִּבְנוֹתְכֶם לָכֶם מִזְבֵּחַ

17 לִמְרָדְכֶם הַיּוֹם בַּיהוָה: הַמְעַט־לָנוּ אֶת־עֲוֺן פְּעוֹר אֲשֶׁר לֹא־הִטַּהַרְנוּ

18 מִמֶּנּוּ עַד הַיּוֹם הַזֶּה וַיְהִי הַנֶּגֶף בַּעֲדַת יְהוָה: וְאַתֶּם תָּשֻׁבוּ הַיּוֹם מֵאַחֲרֵי יְהוָה וְהָיָה אַתֶּם תִּמְרְדוּ הַיּוֹם בַּיהוָה וּמָחָר אֶל־כָּל־עֲדַת

19A 19 יִשְׂרָאֵל יִקְצֹף: וְאַךְ אִם־טְמֵאָה אֶרֶץ אֲחֻזַּתְכֶם עִבְרוּ לָכֶם אֶל־אֶרֶץ אֲחֻזַּת יְהוָה אֲשֶׁר שָׁכַן־שָׁם מִשְׁכַּן יְהוָה וְהֵאָחֲזוּ בְּתוֹכֵנוּ וּבַיהוָה אַל־תִּמְרֹדוּ וְאֹתָנוּ אַל־תִּמְרֹדוּ בִּבְנֹתְכֶם לָכֶם מִזְבֵּחַ מִבַּלְעֲדֵי מִזְבַּח

20 יְהוָה אֱלֹהֵינוּ: הֲלוֹא עָכָן בֶּן־זֶרַח מָעַל מַעַל בַּחֵרֶם וְעַל־כָּל־עֲדַת יִשְׂרָאֵל הָיָה קָצֶף וְהוּא אִישׁ אֶחָד לֹא גָוַע בַּעֲוֺנוֹ:

21 וַיַּעֲנוּ בְּנֵי־רְאוּבֵן וּבְנֵי־גָד וַחֲצִי שֵׁבֶט הַמְנַשֶּׁה וַיְדַבְּרוּ אֶת־רָאשֵׁי

22 אַלְפֵי יִשְׂרָאֵל: אֵל אֱלֹהִים יְהוָה אֵל אֱלֹהִים יְהוָה הוּא יֹדֵעַ וְיִשְׂרָאֵל הוּא יֵדָע אִם־בְּמֶרֶד וְאִם־בְּמַעַל בַּיהוָה אַל־תּוֹשִׁיעֵנוּ הַיּוֹם

23 הַזֶּה: לִבְנוֹת לָנוּ מִזְבֵּחַ לָשׁוּב מֵאַחֲרֵי יְהוָה וְאִם־לְהַעֲלוֹת עָלָיו עוֹלָה וּמִנְחָה וְאִם־לַעֲשׂוֹת עָלָיו זִבְחֵי שְׁלָמִים יְהוָה הוּא יְבַקֵּשׁ:

24 וְאִם־לֹא מִדְּאָגָה מִדָּבָר עָשִׂינוּ אֶת־זֹאת לֵאמֹר מָחָר יֹאמְרוּ בְנֵיכֶם

25 לְבָנֵינוּ לֵאמֹר מַה־לָּכֶם וְלַיהוָה אֱלֹהֵי יִשְׂרָאֵל: וּגְבוּל נָתַן־יְהוָה בֵּינֵנוּ וּבֵינֵיכֶם בְּנֵי־רְאוּבֵן וּבְנֵי־גָד אֶת־הַיַּרְדֵּן אֵין־לָכֶם חֵלֶק בַּיהוָה

make our children cease from fearing the LORD.

26 Therefore we said, Let us now prepare to build us an altar, not for burnt offering, nor for sacrifice:

27 But *that* it *may be* a witness between us, and you, and our generations after us, that we might do the service of the LORD before him with our burnt offerings, and with our sacrifices, and with our peace offerings; that your children may not say to our children in time to come, Ye have no part in the LORD.

28 Therefore said we, that it shall be, when they should *so* say to us or to our generations in time to come, that we may say *again,* Behold the pattern of the altar of the LORD, which our fathers made, not for burnt offerings, nor for sacrifices; but it *is* a witness between us and you.

29 God forbid that we should rebel against the LORD, and turn this day from following the LORD, to build an altar for burnt offerings, for meat offerings, or for sacrifices, beside the altar of the LORD our God that *is* before his tabernacle.

30 ¶ And when Phinehas the priest, and the princes of the congregation and heads of the thousands of Israel which *were* with him, heard the words that the children of Reuben and the children of Gad and the children of Manasseh spake, it pleased them.

31 And Phinehas the son of Eleazar the priest said unto the children of Reuben, and to the children of Gad, and to the children of Manasseh, This day we perceive that the LORD *is* among us, because ye have not committed this trespass against the LORD: now ye have delivered the children of Israel out of the hand of the LORD.

32 ¶ And Phinehas the son of Eleazar the priest, and the princes, returned from the children of Reuben, and from the children of Gad, out of the land of Gilead, unto the land of Canaan, to the children of Israel, and brought them word again.

33 And the thing pleased the children of Israel; and the children of Israel blessed God, and did not intend to go up against them in battle, to destroy the land wherein the children of Reuben and Gad dwelt.

34 And the children of Reuben and the children of Gad called the altar *Ed:* for it *shall be* a witness between us that the LORD *is* God.

CHAPTER 23

1 And it came to pass a long time after that the LORD had given rest unto Israel from all their enemies round about, that Joshua waxed old *and* stricken in age.

2 And Joshua called for all Israel, *and* for their elders, and for their heads, and for their judges, and for their officers, and said unto them, I am old *and* stricken in age:

3 And ye have seen all that the LORD your God hath done unto all these nations because of you; for the LORD your God *is* he that hath fought for you.

4 Behold, I have divided unto you by lot these nations that remain, to be an inheritance for your tribes, from Jordan, with all the nations that I have cut off, even unto the great sea westward.

5 And the LORD your God, he shall expel them from before you, and drive them from out of your sight; and ye shall possess their land, as the LORD your God hath promised unto you.

6 Be ye therefore very courageous to keep and to do all that is written in the book of the law of Moses, that ye turn not aside therefrom *to* the right hand or *to* the left;

7 That ye come not among these nations, these that remain among you; neither make mention of the name of their gods, nor cause to swear *by them,* neither serve them, nor bow yourselves unto them:

8 But cleave unto the LORD your God, as ye have done unto this day.

9 For the LORD hath driven out from before you great nations and strong: but *as for* you, no man hath been able to stand before you unto this day.

10 One man of you shall chase a thou-

וְהִשְׁבִּיתוּ בְּנֵיכֶם אֶת־בָּנֵינוּ לְבִלְתִּי יְרֹא אֶת־יְהוָה: וַנֹּאמֶר נַעֲשֶׂה־נָּא 26

לָנוּ לִבְנוֹת אֶת־הַמִּזְבֵּחַ לֹא לְעוֹלָה וְלֹא לְזָבַח כִּי עֵד הוּא בֵּינֵינוּ 27
וּבֵינֵיכֶם וּבֵין דֹּרוֹתֵינוּ אַחֲרֵינוּ לַעֲבֹד אֶת־עֲבֹדַת יְהוָה לְפָנָיו
בְּעֹלוֹתֵינוּ וּבִזְבָחֵינוּ וּבִשְׁלָמֵינוּ וְלֹא־יֹאמְרוּ בְנֵיכֶם מָחָר לְבָנֵינוּ אֵין־

לָכֶם חֵלֶק בַּיהוָה: וַנֹּאמֶר וְהָיָה כִּי־יֹאמְרוּ אֵלֵינוּ וְאֶל־דֹּרֹתֵינוּ מָחָר 28
וְאָמַרְנוּ רְאוּ אֶת־תַּבְנִית מִזְבַּח יְהוָה אֲשֶׁר־עָשׂוּ אֲבוֹתֵינוּ לֹא

לְעוֹלָה וְלֹא לְזֶבַח כִּי־עֵד הוּא בֵּינֵינוּ וּבֵינֵיכֶם: חָלִילָה לָּנוּ מִמֶּנּוּ 29
לִמְרֹד בַּיהוָה וְלָשׁוּב הַיּוֹם מֵאַחֲרֵי יְהוָה לִבְנוֹת מִזְבֵּחַ לְעֹלָה לְמִנְחָה
וּלְזָבַח מִלְּבַד מִזְבַּח יְהוָה אֱלֹהֵינוּ אֲשֶׁר לִפְנֵי מִשְׁכָּנוֹ:

וַיִּשְׁמַע פִּינְחָס הַכֹּהֵן וּנְשִׂיאֵי הָעֵדָה וְרָאשֵׁי אַלְפֵי יִשְׂרָאֵל אֲשֶׁר 30
אִתּוֹ אֶת־הַדְּבָרִים אֲשֶׁר דִּבְּרוּ בְּנֵי־רְאוּבֵן וּבְנֵי־גָד וּבְנֵי מְנַשֶּׁה

וַיִּיטַב בְּעֵינֵיהֶם: וַיֹּאמֶר פִּינְחָס בֶּן־אֶלְעָזָר הַכֹּהֵן אֶל־בְּנֵי־רְאוּבֵן 31
וְאֶל־בְּנֵי־גָד וְאֶל־בְּנֵי מְנַשֶּׁה הַיּוֹם יָדַעְנוּ כִּי־בְתוֹכֵנוּ יְהוָה אֲשֶׁר
לֹא־מְעַלְתֶּם בַּיהוָה הַמַּעַל הַזֶּה אָז הִצַּלְתֶּם אֶת־בְּנֵי יִשְׂרָאֵל מִיַּד

יְהוָה: וַיָּשָׁב פִּינְחָס בֶּן־אֶלְעָזָר הַכֹּהֵן וְהַנְּשִׂיאִים מֵאֵת בְּנֵי־רְאוּבֵן 32
וּמֵאֵת בְּנֵי־גָד מֵאֶרֶץ הַגִּלְעָד אֶל־אֶרֶץ כְּנַעַן אֶל־בְּנֵי יִשְׂרָאֵל וַיָּשִׁבוּ

אוֹתָם דָּבָר: וַיִּיטַב הַדָּבָר בְּעֵינֵי בְּנֵי יִשְׂרָאֵל וַיְבָרֲכוּ אֱלֹהִים בְּנֵי 33
יִשְׂרָאֵל וְלֹא אָמְרוּ לַעֲלוֹת עֲלֵיהֶם לַצָּבָא לְשַׁחֵת אֶת־הָאָרֶץ אֲשֶׁר

בְּנֵי־רְאוּבֵן וּבְנֵי־גָד יֹשְׁבִים בָּהּ: וַיִּקְרְאוּ בְּנֵי־רְאוּבֵן וּבְנֵי־גָד לַמִּזְבֵּחַ 34
כִּי עֵד הוּא בֵּינֹתֵינוּ כִּי יְהוָה הָאֱלֹהִים:

וַיְהִי מִיָּמִים רַבִּים אַחֲרֵי אֲשֶׁר־הֵנִיחַ יְהוָה לְיִשְׂרָאֵל מִכָּל־אֹיְבֵיהֶם 1 23
מִסָּבִיב וִיהוֹשֻׁעַ זָקֵן בָּא בַּיָּמִים: וַיִּקְרָא יְהוֹשֻׁעַ לְכָל־יִשְׂרָאֵל לִזְקֵנָיו 2
וּלְרָאשָׁיו וּלְשֹׁפְטָיו וּלְשֹׁטְרָיו וַיֹּאמֶר אֲלֵהֶם אֲנִי זָקַנְתִּי בָּאתִי בַּיָּמִים:

וְאַתֶּם רְאִיתֶם אֵת כָּל־אֲשֶׁר עָשָׂה יְהוָה אֱלֹהֵיכֶם לְכָל־הַגּוֹיִם 3
הָאֵלֶּה מִפְּנֵיכֶם כִּי יְהוָה אֱלֹהֵיכֶם הוּא הַנִּלְחָם לָכֶם: רְאוּ הִפַּלְתִּי 4
לָכֶם אֶת־הַגּוֹיִם הַנִּשְׁאָרִים הָאֵלֶּה בְּנַחֲלָה לְשִׁבְטֵיכֶם מִן־הַיַּרְדֵּן
וְכָל־הַגּוֹיִם אֲשֶׁר הִכְרַתִּי וְהַיָּם הַגָּדוֹל מְבוֹא הַשָּׁמֶשׁ: וַיהוָה 5
אֱלֹהֵיכֶם הוּא יֶהְדֳּפֵם מִפְּנֵיכֶם וְהוֹרִישׁ אֹתָם מִלִּפְנֵיכֶם וִירִשְׁתֶּם
אֶת־אַרְצָם כַּאֲשֶׁר דִּבֶּר יְהוָה אֱלֹהֵיכֶם לָכֶם: וַחֲזַקְתֶּם מְאֹד לִשְׁמֹר 6
וְלַעֲשׂוֹת אֵת כָּל־הַכָּתוּב בְּסֵפֶר תּוֹרַת מֹשֶׁה לְבִלְתִּי סוּר־מִמֶּנּוּ
יָמִין וּשְׂמֹאול: לְבִלְתִּי־בוֹא בַּגּוֹיִם הָאֵלֶּה הַנִּשְׁאָרִים הָאֵלֶּה אִתְּכֶם 7
וּבְשֵׁם אֱלֹהֵיהֶם לֹא־תַזְכִּירוּ וְלֹא תַשְׁבִּיעוּ וְלֹא תַעַבְדוּם וְלֹא
תִשְׁתַּחֲווּ לָהֶם: כִּי אִם־בַּיהוָה אֱלֹהֵיכֶם תִּדְבָּקוּ כַּאֲשֶׁר עֲשִׂיתֶם 8
עַד הַיּוֹם הַזֶּה: וַיּוֹרֶשׁ יְהוָה מִפְּנֵיכֶם גּוֹיִם גְּדֹלִים וַעֲצוּמִים וְאַתֶּם 9
לֹא־עָמַד אִישׁ בִּפְנֵיכֶם עַד הַיּוֹם הַזֶּה: אִישׁ־אֶחָד מִכֶּם יִרְדָּף־אֶלֶף 10

sand: for the LORD your God, he *it is* that fighteth for you, as he hath promised you.

11 Take good heed therefore unto yourselves, that ye love the LORD your God.

12 Else if ye do in any wise go back, and cleave unto the remnant of these nations, *even* these that remain among you, and shall make marriages with them, and go in unto them, and they to you:

13 Know for a certainty that the LORD your God will no more drive out *any of* these nations from before you; but they shall be snares and traps unto you, and scourges in your sides, and thorns in your eyes, until ye perish from off this good land which the LORD your God hath given you.

14 And, behold, this day I *am* going the way of all the earth: and ye know in all your hearts and in all your souls, that not one thing hath failed of all the good things which the LORD your God spake concerning you; all are come to pass unto you, *and* not one thing hath failed thereof.

15 Therefore it shall come to pass, *that* as all good things are come upon you, which the LORD your God promised you; so shall the LORD bring upon you all evil things, until he have destroyed you from off this good land which the LORD your God hath given you.

16 When ye have transgressed the covenant of the LORD your God, which he commanded you, and have gone and served other gods, and bowed yourselves to them; then shall the anger of the LORD be kindled against you, and ye shall perish quickly from off the good land which he hath given unto you.

CHAPTER 24

1 And Joshua gathered all the tribes of Israel to Shechem, and called for the elders of Israel, and for their heads, and for their judges, and for their officers; and they presented themselves before God.

2 And Joshua said unto all the people, Thus saith the LORD God of Israel, Your fathers dwelt on the other side of the flood in old time, *even* Terah, the father of Abraham, and the father of Nachor: and they served other gods.

3 And I took your father Abraham from the other side of the flood, and led him throughout all the land of Canaan, and multiplied his seed, and gave him Isaac.

4 And I gave unto Isaac Jacob and Esau: and I gave unto Esau mount Seir, to possess it; but Jacob and his children went down into Egypt.

5 I sent Moses also and Aaron, and I plagued Egypt, according to that which I did among them: and afterward I brought you out.

6 And I brought your fathers out of Egypt: and ye came unto the sea; and the Egyptians pursued after your fathers with chariots and horsemen unto the Red sea.

7 And when they cried unto the LORD, he put darkness between you and the Egyptians, and brought the sea upon them, and covered them; and your eyes have seen what I have done in Egypt: and ye dwelt in the wilderness a long season.

8 And I brought you into the land of the Amorites, which dwelt on the other side Jordan; and they fought with you: and I gave them into your hand, that ye might possess their land; and I destroyed them from before you.

9·Then Balak the son of Zippor, king of Moab, arose and warred against Israel, and sent and called Balaam the son of Beor to curse you:

10 But I would not hearken unto Balaam; therefore he blessed you still: so I delivered you out of his hand.

11 And ye went over Jordan, and came unto Jericho: and the men of Jericho fought against you, the Amorites, and the

11 כִּי ׀ יְהוָה אֱלֹהֵיכֶם הוּא הַנִּלְחָם לָכֶם כַּאֲשֶׁר דִּבֶּר לָכֶם: וְנִשְׁמַרְתֶּם

12 מְאֹד לְנַפְשֹׁתֵיכֶם לְאַהֲבָה אֶת־יְהוָה אֱלֹהֵיכֶם: כִּי ׀ אִם־שׁוֹב תָּשׁוּבוּ
וּדְבַקְתֶּם בְּיֶתֶר הַגּוֹיִם הָאֵלֶּה הַנִּשְׁאָרִים הָאֵלֶּה אִתְּכֶם וְהִתְחַתַּנְתֶּם

13 בָּהֶם וּבָאתֶם בָּהֶם וְהֵם בָּכֶם: יָדוֹעַ תֵּדְעוּ כִּי לֹא יוֹסִיף יְהוָה
אֱלֹהֵיכֶם לְהוֹרִישׁ אֶת־הַגּוֹיִם הָאֵלֶּה מִלִּפְנֵיכֶם וְהָיוּ לָכֶם לְפַח
וּלְמוֹקֵשׁ וּלְשֹׁטֵט בְּצִדֵּיכֶם וְלִצְנִנִים בְּעֵינֵיכֶם עַד־אֲבָדְכֶם מֵעַל

14 הָאֲדָמָה הַטּוֹבָה הַזֹּאת אֲשֶׁר נָתַן לָכֶם יְהוָה אֱלֹהֵיכֶם: וְהִנֵּה
אָנֹכִי הוֹלֵךְ הַיּוֹם בְּדֶרֶךְ כָּל־הָאָרֶץ וִידַעְתֶּם בְּכָל־לְבַבְכֶם
וּבְכָל־נַפְשְׁכֶם כִּי לֹא־נָפַל דָּבָר אֶחָד מִכֹּל ׀ הַדְּבָרִים הַטּוֹבִים אֲשֶׁר
דִּבֶּר יְהוָה אֱלֹהֵיכֶם עֲלֵיכֶם הַכֹּל בָּאוּ לָכֶם לֹא־נָפַל מִמֶּנּוּ דָּבָר

15 אֶחָד: וְהָיָה כַּאֲשֶׁר־בָּא עֲלֵיכֶם כָּל־הַדָּבָר הַטּוֹב אֲשֶׁר דִּבֶּר יְהוָה
אֱלֹהֵיכֶם אֲלֵיכֶם כֵּן יָבִיא יְהוָה עֲלֵיכֶם אֵת כָּל־הַדָּבָר הָרָע
עַד־הַשְׁמִידוֹ אוֹתְכֶם מֵעַל הָאֲדָמָה הַטּוֹבָה הַזֹּאת אֲשֶׁר נָתַן לָכֶם

16 יְהוָה אֱלֹהֵיכֶם: בְּעָבְרְכֶם אֶת־בְּרִית יְהוָה אֱלֹהֵיכֶם אֲשֶׁר צִוָּה
אֶתְכֶם וַהֲלַכְתֶּם וַעֲבַדְתֶּם אֱלֹהִים אֲחֵרִים וְהִשְׁתַּחֲוִיתֶם לָהֶם וְחָרָה
אַף־יְהוָה בָּכֶם וַאֲבַדְתֶּם מְהֵרָה מֵעַל הָאָרֶץ הַטּוֹבָה אֲשֶׁר נָתַן
לָכֶם:

24 1 וַיֶּאֱסֹף יְהוֹשֻׁעַ אֶת־כָּל־שִׁבְטֵי יִשְׂרָאֵל שְׁכֶמָה וַיִּקְרָא לְזִקְנֵי יִשְׂרָאֵל

2 וּלְרָאשָׁיו וּלְשֹׁפְטָיו וּלְשֹׁטְרָיו וַיִּתְיַצְּבוּ לִפְנֵי הָאֱלֹהִים: וַיֹּאמֶר יְהוֹשֻׁעַ
אֶל־כָּל־הָעָם כֹּה־אָמַר יְהוָה אֱלֹהֵי יִשְׂרָאֵל בְּעֵבֶר הַנָּהָר יָשְׁבוּ
אֲבוֹתֵיכֶם מֵעוֹלָם תֶּרַח אֲבִי אַבְרָהָם וַאֲבִי נָחוֹר וַיַּעַבְדוּ אֱלֹהִים

3 אֲחֵרִים: וָאֶקַּח אֶת־אֲבִיכֶם אֶת־אַבְרָהָם מֵעֵבֶר הַנָּהָר וָאוֹלֵךְ אוֹתוֹ
בְּכָל־אֶרֶץ כְּנָעַן וָאַרְבֶּ אֶת־זַרְעוֹ וָאֶתֶּן־לוֹ אֶת־יִצְחָק: וָאֶתֵּן לְיִצְחָק

4 אֶת־יַעֲקֹב וְאֶת־עֵשָׂו וָאֶתֵּן לְעֵשָׂו אֶת־הַר שֵׂעִיר לָרֶשֶׁת אוֹתוֹ

5 וְיַעֲקֹב וּבָנָיו יָרְדוּ מִצְרָיִם: וָאֶשְׁלַח אֶת־מֹשֶׁה וְאֶת־אַהֲרֹן וָאֶגֹּף

6 אֶת־מִצְרַיִם כַּאֲשֶׁר עָשִׂיתִי בְּקִרְבּוֹ וְאַחַר הוֹצֵאתִי אֶתְכֶם: וָאוֹצִיא
אֶת־אֲבוֹתֵיכֶם מִמִּצְרַיִם וַתָּבֹאוּ הַיָּמָּה וַיִּרְדְּפוּ מִצְרַיִם אַחֲרֵי

7 אֲבוֹתֵיכֶם בְּרֶכֶב וּבְפָרָשִׁים יַם־סוּף: וַיִּצְעֲקוּ אֶל־יְהוָה וַיָּשֶׂם מַאֲפֵל
בֵּינֵיכֶם ׀ וּבֵין הַמִּצְרִים וַיָּבֵא עָלָיו אֶת־הַיָּם וַיְכַסֵּהוּ וַתִּרְאֶינָה עֵינֵיכֶם

8 אֵת אֲשֶׁר־עָשִׂיתִי בְּמִצְרָיִם וַתֵּשְׁבוּ בַמִּדְבָּר יָמִים רַבִּים: וָאָבִיא
אֶתְכֶם אֶל־אֶרֶץ הָאֱמֹרִי הַיּוֹשֵׁב בְּעֵבֶר הַיַּרְדֵּן וַיִּלָּחֲמוּ אִתְּכֶם וָאֶתֵּן

9 אוֹתָם בְּיֶדְכֶם וַתִּירְשׁוּ אֶת־אַרְצָם וָאַשְׁמִידֵם מִפְּנֵיכֶם: וַיָּקָם בָּלָק
בֶּן־צִפּוֹר מֶלֶךְ מוֹאָב וַיִּלָּחֶם בְּיִשְׂרָאֵל וַיִּשְׁלַח וַיִּקְרָא לְבִלְעָם

10 בֶּן־בְּעוֹר לְקַלֵּל אֶתְכֶם: וְלֹא אָבִיתִי לִשְׁמֹעַ לְבִלְעָם וַיְבָרֶךְ בָּרוֹךְ

11 אֶתְכֶם וָאַצִּל אֶתְכֶם מִיָּדוֹ: וַתַּעַבְרוּ אֶת־הַיַּרְדֵּן וַתָּבֹאוּ אֶל־יְרִיחוֹ

וְאָבִיא
וָאַרְבֶּה
1A

Perizzites, and the Canaanites, and the Hittites, and the Girgashites, the Hivites, and the Jebusites; and I delivered them into your hand.

12 And I sent the hornet before you, which drave them out from before you, *even* the two kings of the Amorites; *but* not with thy sword, nor with thy bow.

13 And I have given you a land for which ye did not labour, and cities which ye built not, and ye dwell in them; of the vineyards and oliveyards which ye planted not do ye eat.

14 ¶ Now therefore fear the LORD, and serve him in sincerity and in truth: and put away the gods which your fathers served on the other side of the flood, and in Egypt; and serve ye the LORD.

15 And if it seem evil unto you to serve the LORD, choose you this day whom ye will serve; whether the gods which your fathers served that *were* on the other side of the flood, or the gods of the Amorites, in whose land ye dwell: but as for me and my house, we will serve the LORD.

16 And the people answered and said, God forbid that we should forsake the LORD, to serve other gods;

17 For the LORD our God, he *it is* that brought us up and our fathers out of the land of Egypt, from the house of bondage, and which did those great signs in our sight, and preserved us in all the way wherein we went, and among all the people through whom we passed:

18 And the LORD drave out from before us all the people, even the Amorites which dwelt in the land: *therefore* will we also serve the LORD; for he *is* our God.

19 And Joshua said unto the people, Ye cannot serve the LORD: for he *is* an holy God; he *is* a jealous God; he will not forgive your transgressions nor your sins.

20 If ye forsake the LORD, and serve strange gods, then he will turn and do you hurt, and consume you, after that he hath done you good.

21 And the people said unto Joshua, Nay; but we will serve the LORD.

22 And Joshua said unto the people, Ye *are* witnesses against yourselves that ye have chosen you the LORD, to serve him. And they said, *We are* witnesses.

23 Now therefore put away, *said he,* the strange gods which *are* among you, and incline your heart unto the LORD God of Israel.

24 And the people said unto Joshua, The LORD our God will we serve, and his voice will we obey.

25 So Joshua made a covenant with the people that day, and set them a statute and an ordinance in Shechem.

26 ¶ And Joshua wrote these words in the book of the law of God, and took a great stone, and set it up there under an oak, that *was* by the sanctuary of the LORD.

27 And Joshua said unto all the people, Behold, this stone shall be a witness unto us; for it hath heard all the words of the LORD which he spake unto us: it shall be therefore a witness unto you, lest ye deny your God.

28 So Joshua let the people depart, every man unto his inheritance.

29 ¶ And it came to pass after these things, that Joshua the son of Nun, the servant of the LORD, died, *being* an hundred and ten years old.

30 And they buried him in the border of his inheritance in Timnath-serah, which *is* in mount Ephraim, on the north side of the hill of Gaash.

31 And Israel served the LORD all the days of Joshua, and all the days of the el-

וַיִּלָּחֲמוּ בָכֶם בַּעֲלֵי־יְרִיחוֹ הָאֱמֹרִי וְהַפְּרִזִּי וְהַכְּנַעֲנִי וְהַחִתִּי וְהַגִּרְגָּשִׁי

הַחִוִּי וְהַיְבוּסִי וָאֶתֵּן אוֹתָם בְּיֶדְכֶם: וָאֶשְׁלַח לִפְנֵיכֶם אֶת־הַצִּרְעָה 12

וַתְּגָרֶשׁ אוֹתָם מִפְּנֵיכֶם שְׁנֵי מַלְכֵי הָאֱמֹרִי לֹא בְחַרְבְּךָ וְלֹא בְקַשְׁתֶּךָ:

וָאֶתֵּן לָכֶם אֶרֶץ ׀ אֲשֶׁר לֹא־יָגַעְתָּ בָּהּ וְעָרִים אֲשֶׁר לֹא־בְנִיתֶם 13

וַתֵּשְׁבוּ בָּהֶם כְּרָמִים וְזֵיתִים אֲשֶׁר לֹא־נְטַעְתֶּם אַתֶּם אֹכְלִים: וְעַתָּה 14

יְראוּ אֶת־יְהוָה וְעִבְדוּ אֹתוֹ בְּתָמִים וּבֶאֱמֶת וְהָסִירוּ אֶת־אֱלֹהִים

אֲשֶׁר עָבְדוּ אֲבוֹתֵיכֶם בְּעֵבֶר הַנָּהָר וּבְמִצְרַיִם וְעִבְדוּ אֶת־יְהוָה:

וְאִם רַע בְּעֵינֵיכֶם לַעֲבֹד אֶת־יְהוָה בַּחֲרוּ לָכֶם הַיּוֹם אֶת־מִי 15

15A מֵעֵבֶר
תַעֲבֹדוּן אִם אֶת־אֱלֹהִים אֲשֶׁר־עָבְדוּ אֲבוֹתֵיכֶם אֲשֶׁר בעבר הַנָּהָר

וְאִם אֶת־אֱלֹהֵי הָאֱמֹרִי אֲשֶׁר אַתֶּם יֹשְׁבִים בְּאַרְצָם וְאָנֹכִי וּבֵיתִי

נַעֲבֹד אֶת־יְהוָה:

וַיַּעַן הָעָם וַיֹּאמֶר חָלִילָה לָּנוּ מֵעֲזֹב אֶת־יְהוָה לַעֲבֹד אֱלֹהִים אֲחֵרִים: 16

כִּי יְהוָה אֱלֹהֵינוּ הוּא הַמַּעֲלֶה אֹתָנוּ וְאֶת־אֲבוֹתֵינוּ מֵאֶרֶץ מִצְרַיִם 17

מִבֵּית עֲבָדִים וַאֲשֶׁר עָשָׂה לְעֵינֵינוּ אֶת־הָאֹתוֹת הַגְּדֹלוֹת הָאֵלֶּה

וַיִּשְׁמְרֵנוּ בְּכָל־הַדֶּרֶךְ אֲשֶׁר הָלַכְנוּ בָהּ וּבְכֹל הָעַמִּים אֲשֶׁר עָבַרְנוּ

בְּקִרְבָּם: וַיְגָרֶשׁ יְהוָה אֶת־כָּל־הָעַמִּים וְאֶת־הָאֱמֹרִי יֹשֵׁב הָאָרֶץ 18

מִפָּנֵינוּ גַּם־אֲנַחְנוּ נַעֲבֹד אֶת־יְהוָה כִּי־הוּא אֱלֹהֵינוּ: וַיֹּאמֶר 19

יְהוֹשֻׁעַ אֶל־הָעָם לֹא תוּכְלוּ לַעֲבֹד אֶת־יְהוָה כִּי־אֱלֹהִים קְדֹשִׁים

הוּא אֵל־קַנּוֹא הוּא לֹא־יִשָּׂא לְפִשְׁעֲכֶם וּלְחַטֹּאותֵיכֶם: כִּי תַעַזְבוּ 20

אֶת־יְהוָה וַעֲבַדְתֶּם אֱלֹהֵי נֵכָר וְשָׁב וְהֵרַע לָכֶם וְכִלָּה אֶתְכֶם אַחֲרֵי

אֲשֶׁר־הֵיטִיב לָכֶם: וַיֹּאמֶר הָעָם אֶל־יְהוֹשֻׁעַ לֹא כִּי אֶת־יְהוָה נַעֲבֹד: 21

וַיֹּאמֶר יְהוֹשֻׁעַ אֶל־הָעָם עֵדִים אַתֶּם בָּכֶם כִּי־אַתֶּם בְּחַרְתֶּם לָכֶם 22

אֶת־יְהוָה לַעֲבֹד אוֹתוֹ וַיֹּאמְרוּ עֵדִים: וְעַתָּה הָסִירוּ אֶת־אֱלֹהֵי 23

הַנֵּכָר אֲשֶׁר בְּקִרְבְּכֶם וְהַטּוּ אֶת־לְבַבְכֶם אֶל־יְהוָה אֱלֹהֵי יִשְׂרָאֵל:

וַיֹּאמְרוּ הָעָם אֶל־יְהוֹשֻׁעַ אֶת־יְהוָה אֱלֹהֵינוּ נַעֲבֹד וּבְקוֹלוֹ נִשְׁמָע: 24

וַיִּכְרֹת יְהוֹשֻׁעַ בְּרִית לָעָם בַּיּוֹם הַהוּא וַיָּשֶׂם לוֹ חֹק וּמִשְׁפָּט 25

בִּשְׁכֶם: וַיִּכְתֹּב יְהוֹשֻׁעַ אֶת־הַדְּבָרִים הָאֵלֶּה בְּסֵפֶר תּוֹרַת אֱלֹהִים 26

וַיִּקַּח אֶבֶן גְּדוֹלָה וַיְקִימֶהָ שָּׁם תַּחַת הָאַלָּה אֲשֶׁר בְּמִקְדַּשׁ

יְהוָה: וַיֹּאמֶר יְהוֹשֻׁעַ אֶל־כָּל־הָעָם הִנֵּה הָאֶבֶן הַזֹּאת 27

תִּהְיֶה־בָּנוּ לְעֵדָה כִּי־הִיא שָׁמְעָה אֵת כָּל־אִמְרֵי יְהוָה אֲשֶׁר דִּבֶּר

עִמָּנוּ וְהָיְתָה בָכֶם לְעֵדָה פֶּן־תְּכַחֲשׁוּן בֵּאלֹהֵיכֶם: וַיְשַׁלַּח יְהוֹשֻׁעַ 28

אֶת־הָעָם אִישׁ לְנַחֲלָתוֹ:

וַיְהִי אַחֲרֵי הַדְּבָרִים הָאֵלֶּה וַיָּמָת יְהוֹשֻׁעַ בִּן־נוּן עֶבֶד יְהוָה בֶּן־מֵאָה 29

וָעֶשֶׂר שָׁנִים: וַיִּקְבְּרוּ אֹתוֹ בִּגְבוּל נַחֲלָתוֹ בְּתִמְנַת־סֶרַח אֲשֶׁר 30

בְּהַר־אֶפְרָיִם מִצְּפוֹן לְהַר־גָּעַשׁ: וַיַּעֲבֹד יִשְׂרָאֵל אֶת־יְהוָה כָּל יְמֵי 31

ders that overlived Joshua, and which had known all the works of the LORD, that he had done for Israel.

32 ¶ And the bones of Joseph, which the children of Israel brought up out of Egypt, buried they in Shechem, in a parcel of ground which Jacob bought of the sons of Hamor the father of Shechem for an hundred pieces of silver: and it became the inheritance of the children of Joseph.

33 And Eleazar the son of Aaron died; and they buried him in a hill *that pertained to* Phinehas his son, which was given him in mount Ephraim.

THE BOOK OF
JUDGES

CHAPTER 1

1 Now after the death of Joshua it came to pass, that the children of Israel asked the LORD, saying, Who shall go up for us against the Canaanites first, to fight against them?

2 And the LORD said, Judah shall go up: behold, I have delivered the land into his hand.

3 And Judah said unto Simeon his brother, Come up with me into my lot, that we may fight against the Canaanites; and I likewise will go with thee into thy lot. So Simeon went with him.

4 And Judah went up; and the LORD delivered the Canaanites and the Perizzites into their hand: and they slew of them in Bezek ten thousand men.

5 And they found Adoni-bezek in Bezek: and they fought against him, and they slew the Canaanites and the Perizzites.

6 But Adoni-bezek fled; and they pursued after him, and caught him, and cut off his thumbs and his great toes.

7 And Adoni-bezek said, Threescore and ten kings, having their thumbs and their great toes cut off, gathered *their meat* under my table: as I have done, so God hath requited me. And they brought him to Jerusalem, and there he died.

8 Now the children of Judah had fought against Jerusalem, and had taken it, and smitten it with the edge of the sword, and set the city on fire.

9 ¶ And afterward the children of Judah went down to fight against the Canaanites, that dwelt in the mountain, and in the south, and in the valley.

10 And Judah went against the Canaanites that dwelt in Hebron: (now the name of Hebron before *was* Kirjath-arba:) and they slew Sheshai, and Ahiman, and Talmai.

11 And from thence he went against the inhabitants of Debir: and the name of Debir before *was* Kirjath-sepher:

12 And Caleb said, He that smiteth Kirjath-sepher, and taketh it, to him will I give Achsah my daughter to wife.

13 And Othniel the son of Kenaz, Caleb's younger brother, took it: and he gave him Achsah his daughter to wife.

14 And it came to pass, when she came *to him,* that she moved him to ask of her father a field: and she lighted from off *her* ass; and Caleb said unto her, What wilt thou?

15 And she said unto him, Give me a blessing: for thou hast given me a south land; give me also springs of water. And Caleb gave her the upper springs and the nether springs.

16 ¶ And the children of the Kenite, Moses' father in law, went up out of the city of palm trees with the children of Judah into the wilderness of Judah, which *lieth* in the south of Arad; and they went and dwelt among the people.

17 And Judah went with Simeon his

יְהוֹשֻׁעַ וְכֹל ׀ יְמֵי הַזְּקֵנִים אֲשֶׁר הֶאֱרִיכוּ יָמִים אַחֲרֵי יְהוֹשֻׁעַ וַאֲשֶׁר

32 יָדְעוּ אֵת כָּל־מַעֲשֵׂה יְהוָה אֲשֶׁר עָשָׂה לְיִשְׂרָאֵל: וְאֶת־עַצְמוֹת
יוֹסֵף אֲשֶׁר־הֶעֱלוּ בְנֵי־יִשְׂרָאֵל ׀ מִמִּצְרַיִם קָבְרוּ בִשְׁכֶם בְּחֶלְקַת
הַשָּׂדֶה אֲשֶׁר קָנָה יַעֲקֹב מֵאֵת בְּנֵי־חֲמוֹר אֲבִי־שְׁכֶם בְּמֵאָה קְשִׂיטָה

33 וַיִּהְיוּ לִבְנֵי־יוֹסֵף לְנַחֲלָה: וְאֶלְעָזָר בֶּן־אַהֲרֹן מֵת וַיִּקְבְּרוּ אֹתוֹ בְּגִבְעַת
פִּינְחָס בְּנוֹ אֲשֶׁר נִתַּן־לוֹ בְּהַר אֶפְרָיִם:

סֵפֶר שׁוֹפְטִים

1 1 וַיְהִי אַחֲרֵי מוֹת יְהוֹשֻׁעַ וַיִּשְׁאֲלוּ בְּנֵי יִשְׂרָאֵל בַּיהוָה לֵאמֹר מִי

2A 2 יַעֲלֶה־לָּנוּ אֶל־הַכְּנַעֲנִי בַּתְּחִלָּה לְהִלָּחֶם בּוֹ: וַיֹּאמֶר יְהוָה יְהוּדָה

3 יַעֲלֶה הִנֵּה נָתַתִּי אֶת־הָאָרֶץ בְּיָדוֹ: וַיֹּאמֶר יְהוּדָה לְשִׁמְעוֹן אָחִיו
עֲלֵה אִתִּי בְגוֹרָלִי וְנִלָּחֲמָה בַּכְּנַעֲנִי וְהָלַכְתִּי גַם־אֲנִי אִתְּךָ בְּגוֹרָלֶךָ

4 וַיֵּלֶךְ אִתּוֹ שִׁמְעוֹן: וַיַּעַל יְהוּדָה וַיִּתֵּן יְהוָה אֶת־הַכְּנַעֲנִי וְהַפְּרִזִּי

5 בְּיָדָם וַיַּכּוּם בְּבֶזֶק עֲשֶׂרֶת אֲלָפִים אִישׁ: וַיִּמְצְאוּ אֶת־אֲדֹנִי בֶזֶק

6 בְּבֶזֶק וַיִּלָּחֲמוּ בּוֹ וַיַּכּוּ אֶת־הַכְּנַעֲנִי וְאֶת־הַפְּרִזִּי: וַיָּנָס אֲדֹנִי בֶזֶק

7 וַיִּרְדְּפוּ אַחֲרָיו וַיֹּאחֲזוּ אֹתוֹ וַיְקַצְּצוּ אֶת־בְּהֹנוֹת יָדָיו וְרַגְלָיו: וַיֹּאמֶר
אֲדֹנִי־בֶזֶק שִׁבְעִים ׀ מְלָכִים בְּהֹנוֹת יְדֵיהֶם וְרַגְלֵיהֶם מְקֻצָּצִים הָיוּ
מְלַקְּטִים תַּחַת שֻׁלְחָנִי כַּאֲשֶׁר עָשִׂיתִי כֵּן שִׁלַּם־לִי אֱלֹהִים וַיְבִיאֻהוּ
יְרוּשָׁלַ͏ִם וַיָּמָת שָׁם:

8 וַיִּלָּחֲמוּ בְנֵי־יְהוּדָה בִּירוּשָׁלַ͏ִם וַיִּלְכְּדוּ אוֹתָהּ וַיַּכּוּהָ לְפִי־חָרֶב וְאֶת־

9 הָעִיר שִׁלְּחוּ בָאֵשׁ: וְאַחַר יָרְדוּ בְּנֵי יְהוּדָה לְהִלָּחֵם בַּכְּנַעֲנִי יוֹשֵׁב

10 הָהָר וְהַנֶּגֶב וְהַשְּׁפֵלָה: וַיֵּלֶךְ יְהוּדָה אֶל־הַכְּנַעֲנִי הַיּוֹשֵׁב בְּחֶבְרוֹן
וְשֵׁם־חֶבְרוֹן לְפָנִים קִרְיַת אַרְבַּע וַיַּכּוּ אֶת־שֵׁשַׁי וְאֶת־אֲחִימַן

11 וְאֶת־תַּלְמָי: וַיֵּלֶךְ מִשָּׁם אֶל־יוֹשְׁבֵי דְּבִיר וְשֵׁם־דְּבִיר לְפָנִים קִרְיַת־

12 סֵפֶר: וַיֹּאמֶר כָּלֵב אֲשֶׁר־יַכֶּה אֶת־קִרְיַת־סֵפֶר וּלְכָדָהּ וְנָתַתִּי לוֹ

13 אֶת־עַכְסָה בִתִּי לְאִשָּׁה: וַיִּלְכְּדָהּ עָתְנִיאֵל בֶּן־קְנַז אֲחִי כָלֵב הַקָּטֹן

14 מִמֶּנּוּ וַיִּתֶּן־לוֹ אֶת־עַכְסָה בִתּוֹ לְאִשָּׁה: וַיְהִי בְּבוֹאָהּ וַתְּסִיתֵהוּ
לִשְׁאוֹל מֵאֵת־אָבִיהָ הַשָּׂדֶה וַתִּצְנַח מֵעַל הַחֲמוֹר וַיֹּאמֶר־לָהּ כָּלֵב

15 מַה־לָּךְ: וַתֹּאמֶר לוֹ הָבָה־לִּי בְרָכָה כִּי אֶרֶץ הַנֶּגֶב נְתַתָּנִי וְנָתַתָּה
לִי גֻּלֹּת מָיִם וַיִּתֶּן־לָהּ כָּלֵב אֵת גֻּלֹּת עִלִּית וְאֵת גֻּלֹּת
תַּחְתִּית:

16 וּבְנֵי קֵינִי חֹתֵן מֹשֶׁה עָלוּ מֵעִיר הַתְּמָרִים אֶת־בְּנֵי יְהוּדָה מִדְבַּר

17 יְהוּדָה אֲשֶׁר בְּנֶגֶב עֲרָד וַיֵּלֶךְ וַיֵּשֶׁב אֶת־הָעָם: וַיֵּלֶךְ יְהוּדָה

brother, and they slew the Canaanites that inhabited Zephath, and utterly destroyed it. And the name of the city was called Hormah.

18 Also Judah took Gaza with the coast thereof, and Askelon with the coast thereof, and Ekron with the coast thereof.

19 And the LORD was with Judah; and he drave out *the inhabitants of* the mountain; but could not drive out the inhabitants of the valley, because they had chariots of iron.

20 And they gave Hebron unto Caleb, as Moses said: and he expelled thence the three sons of Anak.

21 And the children of Benjamin did not drive out the Jebusites that inhabited Jerusalem; but the Jebusites dwell with the children of Benjamin in Jerusalem unto this day.

22 ¶ And the house of Joseph, they also went up against Beth-el: and the LORD *was* with them.

23 And the house of Joseph sent to descry Beth-el. (Now the name of the city before *was* Luz.)

24 And the spies saw a man come forth out of the city, and they said unto him, Shew us, we pray thee, the entrance into the city, and we will shew thee mercy.

25 And when he shewed them the entrance into the city, they smote the city with the edge of the sword; but they let go the man and all his family.

26 And the man went into the land of the Hittites, and built a city, and called the name thereof Luz: which *is* the name thereof unto this day.

27 ¶ Neither did Manasseh drive out *the inhabitants of* Beth-shean and her towns, nor Taanach and her towns, nor the inhabitants of Dor and her towns, nor the inhabitants of Ibleam and her towns, nor the inhabitants of Megiddo and her towns: but the Canaanites would dwell in that land.

28 And it came to pass, when Israel was strong, that they put the Canaanites to tribute, and did not utterly drive them out.

29 ¶ Neither did Ephraim drive out the Canaanites that dwelt in Gezer; but the Canaanites dwelt in Gezer among them.

30 ¶ Neither did Zebulun drive out the inhabitants of Kitron, nor the inhabitants of Nahalol; but the Canaanites dwelt among them, and became tributaries.

31 ¶ Neither did Asher drive out the inhabitants of Accho, nor the inhabitants of Zidon, nor of Ahlab, nor of Achzib, nor of Helbah, nor of Aphik, nor of Rehob:

32 But the Asherites dwelt among the Canaanites, the inhabitants of the land: for they did not drive them out.

33 ¶ Neither did Naphtali drive out the inhabitants of Beth-shemesh, nor the inhabitants of Beth-anath; but he dwelt among the Canaanites, the inhabitants of the land: nevertheless the inhabitants of Beth-shemesh and of Beth-anath became tributaries unto them.

34 And the Amorites forced the children of Dan into the mountain: for they would not suffer them to come down to the valley:

35 But the Amorites would dwell in mount Heres in Aijalon, and in Shaalbim: yet the hand of the house of Joseph prevailed, so that they became tributaries.

36 And the coast of the Amorites *was* from the going up to Akrabbim, from the rock, and upward.

CHAPTER 2

1 And an angel of the LORD came up from Gilgal to Bochim, and said, I made you to go up out of Egypt, and have brought you unto the land which I sware unto your fathers; and I said, I will never break my covenant with you.

2 And ye shall make no league with the inhabitants of this land; ye shall throw down their altars: but ye have not obeyed my voice: why have ye done this?

3 Wherefore I also said, I will not drive them out from before you; but they shall be *as thorns* in your sides, and their gods shall be a snare unto you.

אֶת־שִׁמְע֣וֹן אָחִ֗יו וַיַּכּ֞וּ אֶת־הַכְּנַעֲנִ֛י יוֹשֵׁ֥ב צְפַ֖ת וַיַּחֲרִ֣ימוּ אוֹתָ֑הּ

18 וַיִּקְרָ֥א אֶת־שֵׁם־הָעִ֖יר חָרְמָֽה: וַיִּלְכֹּ֤ד יְהוּדָה֙ אֶת־עַזָּ֣ה וְאֶת־גְּבוּלָ֔הּ

19 וְאֶֽת־אַשְׁקְל֖וֹן וְאֶת־גְּבוּלָ֑הּ וְאֶת־עֶקְר֖וֹן וְאֶת־גְּבוּלָֽהּ: וַיְהִ֤י יְהוָה֙

אֶת־יְהוּדָ֔ה וַיֹּ֖רֶשׁ אֶת־הָהָ֑ר כִּ֣י לֹ֣א לְהוֹרִ֗ישׁ אֶת־יֹשְׁבֵ֣י הָעֵ֔מֶק כִּי־רֶ֥כֶב

20 בַּרְזֶ֖ל לָהֶֽם: וַיִּתְּנ֤וּ לְכָלֵב֙ אֶת־חֶבְר֔וֹן כַּאֲשֶׁ֖ר דִּבֶּ֣ר מֹשֶׁ֑ה וַיֹּ֣רֶשׁ

מִשָּׁ֔ם אֶת־שְׁלֹשָׁ֖ה בְּנֵ֥י הָעֲנָֽק: 21 וְאֶת־הַיְבוּסִי֙ יֹשֵׁ֣ב יְרֽוּשָׁלִַ֔ם לֹ֥א הוֹרִ֖ישׁוּ

בְּנֵ֣י בִנְיָמִ֑ן וַיֵּ֨שֶׁב הַיְבוּסִ֜י אֶת־בְּנֵ֤י בִנְיָמִן֙ בִּירֽוּשָׁלִַ֔ם עַ֖ד הַיּ֥וֹם

22 הַזֶּֽה: וַיַּעֲל֧וּ בֵית־יוֹסֵ֛ף גַּם־הֵ֖ם בֵּֽית־אֵ֑ל וַֽיהוָ֖ה עִמָּֽם:

23 וַיָּתִ֥ירוּ בֵית־יוֹסֵ֖ף בְּבֵֽית־אֵ֑ל וְשֵׁם־הָעִ֥יר לְפָנִ֖ים לֽוּז: 24 וַיִּרְאוּ֙ הַשֹּׁ֣מְרִ֔ים

אִ֖ישׁ יוֹצֵ֣א מִן־הָעִ֑יר וַיֹּ֣אמְרוּ ל֗וֹ הַרְאֵ֤נוּ נָא֙ אֶת־מְב֣וֹא הָעִ֔יר וְעָשִׂ֥ינוּ

25 עִמְּךָ֖ חָֽסֶד: וַיַּרְאֵם֙ אֶת־מְב֣וֹא הָעִ֔יר וַיַּכּ֥וּ אֶת־הָעִ֖יר לְפִי־חָ֑רֶב וְאֶת־

26 הָאִ֥ישׁ וְאֶת־כָּל־מִשְׁפַּחְתּ֖וֹ שִׁלֵּֽחוּ: וַיֵּ֣לֶךְ הָאִ֔ישׁ אֶ֖רֶץ הַחִתִּ֑ים וַיִּ֣בֶן

עִ֗יר וַיִּקְרָ֤א שְׁמָהּ֙ ל֔וּז ה֣וּא שְׁמָ֔הּ עַ֖ד הַיּ֥וֹם הַזֶּֽה:

27 וְלֹא־הוֹרִ֣ישׁ מְנַשֶּׁ֗ה אֶת־בֵּית־שְׁאָן֙ וְאֶת־בְּנוֹתֶ֔יהָ וְאֶת־תַּעְנַ֣ךְ וְאֶת־

יוֹשְׁבֵ֣י בְּנֹתֶ֗יהָ וְאֶת־יֹשֵׁ֤ב ד֨וֹר֙ וְאֶת־בְּנוֹתֶ֔יהָ וְאֶת־יוֹשְׁבֵ֤י יִבְלְעָם֙ וְאֶת־בְּנֹתֶ֔יהָ

וְאֶת־יוֹשְׁבֵ֥י מְגִדּ֖וֹ וְאֶת־בְּנוֹתֶ֑יהָ וַיּ֨וֹאֶל֙ הַֽכְּנַעֲנִ֔י לָשֶׁ֖בֶת בָּאָ֥רֶץ הַזֹּֽאת:

28 וַֽיְהִי֙ כִּֽי־חָזַ֣ק יִשְׂרָאֵ֔ל וַיָּ֥שֶׂם אֶת־הַֽכְּנַעֲנִ֖י לָמַ֑ס וְהוֹרֵ֖ישׁ לֹ֥א

29 הוֹרִישֽׁוֹ: וְאֶפְרַ֨יִם֙ לֹ֣א הוֹרִ֔ישׁ אֶת־הַֽכְּנַעֲנִ֖י הַיּוֹשֵׁ֣ב בְּגָ֑זֶר

וַיֵּ֧שֶׁב הַֽכְּנַעֲנִ֛י בְּקִרְבּ֖וֹ בְּגָֽזֶר:

30 זְבוּלֻ֗ן לֹ֤א הוֹרִישׁ֙ אֶת־יוֹשְׁבֵ֣י קִטְר֔וֹן וְאֶת־יוֹשְׁבֵ֖י נַהֲלֹ֑ל וַיֵּ֤שֶׁב הַֽכְּנַעֲנִי֙

31 בְּקִרְבּ֔וֹ וַיִּהְי֖וּ לָמַֽס: אָשֵׁ֗ר לֹ֤א הוֹרִישׁ֙ אֶת־יֹשְׁבֵ֣י עַכּ֔וֹ

וְאֶת־יוֹשְׁבֵ֖י צִיד֑וֹן וְאֶת־אַחְלָ֤ב וְאֶת־אַכְזִיב֙ וְאֶת־חֶלְבָּ֔ה וְאֶת־אֲפִ֖יק

32 וְאֶת־רְחֹֽב: וַיֵּ֨שֶׁב֙ הָאָ֣שֵׁרִ֔י בְּקֶ֥רֶב הַֽכְּנַעֲנִ֖י יֹשְׁבֵ֣י הָאָ֑רֶץ כִּ֖י לֹ֥א

33 הוֹרִישֽׁוֹ: נַפְתָּלִ֗י לֹֽא־הוֹרִישׁ֙ אֶת־יֹשְׁבֵ֣י בֵֽית־שֶׁ֔מֶשׁ וְאֶת־

יֹשְׁבֵ֣י בֵית־עֲנָ֔ת וַיֵּ֕שֶׁב בְּקֶ֥רֶב הַֽכְּנַעֲנִ֖י יֹשְׁבֵ֣י הָאָ֑רֶץ וְיֹשְׁבֵ֤י בֵֽית־שֶׁ֨מֶשׁ֙

34 וּבֵ֣ית עֲנָ֔ת הָי֥וּ לָהֶ֖ם לָמַֽס: וַיִּלְחֲצ֧וּ הָאֱמֹרִ֛י אֶת־בְּנֵי־דָ֖ן

35 הָהָ֑רָה כִּ֥י־לֹ֥א נְתָנ֖וֹ לָרֶ֣דֶת לָעֵֽמֶק: וַיּ֣וֹאֶל הָֽאֱמֹרִי֮ לָשֶׁ֣בֶת בְּהַר־חֶ֒רֶס֒

36 בְּאַיָּל֖וֹן וּבְשַֽׁעַלְבִ֑ים וַתִּכְבַּד֙ יַ֣ד בֵּית־יוֹסֵ֔ף וַיִּהְי֖וּ לָמַֽס: וּגְב֨וּל֙ הָֽאֱמֹרִ֔י

מִֽמַּעֲלֵ֖ה עַקְרַבִּ֑ים מֵהַסֶּ֖לַע וָמָֽעְלָה:

2 1 וַיַּ֧עַל מַלְאַךְ־יְהוָ֛ה מִן־הַגִּלְגָּ֖ל אֶל־הַבֹּכִ֑ים

וַיֹּ֜אמֶר אַעֲלֶ֧ה אֶתְכֶ֣ם מִמִּצְרַ֗יִם וָאָבִ֤יא אֶתְכֶם֙ אֶל־הָאָ֔רֶץ אֲשֶׁ֤ר

2 נִשְׁבַּ֨עְתִּי֙ לַאֲבֹ֣תֵיכֶ֔ם וָאֹמַ֕ר לֹֽא־אָפֵ֧ר בְּרִיתִ֛י אִתְּכֶ֖ם לְעוֹלָֽם: וְאַתֶּ֗ם

לֹֽא־תִכְרְת֤וּ בְרִית֙ לְיֽוֹשְׁבֵי֙ הָאָ֣רֶץ הַזֹּ֔את מִזְבְּחוֹתֵיהֶ֖ם תִּתֹּצ֑וּן

3 וְלֹֽא־שְׁמַעְתֶּ֖ם בְּקֹלִ֑י מַה־זֹּ֖את עֲשִׂיתֶֽם: וְגַ֣ם אָמַ֔רְתִּי לֹֽא־אֲגָרֵ֥שׁ

אוֹתָ֖ם מִפְּנֵיכֶ֑ם וְהָי֤וּ לָכֶם֙ לְצִדִּ֔ים וֵאלֹ֣הֵיהֶ֔ם יִהְי֥וּ לָכֶ֖ם לְמוֹקֵֽשׁ:

4 And it came to pass, when the angel of the LORD spake these words unto all the children of Israel, that the people lifted up their voice, and wept.

5 And they called the name of that place Bochim: and they sacrificed there unto the LORD.

6 ¶ And when Joshua had let the people go, the children of Israel went every man unto his inheritance to possess the land.

7 And the people served the LORD all the days of Joshua, and all the days of the elders that outlived Joshua, who had seen all the great works of the LORD, that he did for Israel.

8 And Joshua the son of Nun, the servant of the LORD, died, *being* an hundred and ten years old.

9 And they buried him in the border of his inheritance in Timnath-heres, in the mount of Ephraim, on the north side of the hill Gaash.

10 And also all that generation were gathered unto their fathers: and there arose another generation after them, which knew not the LORD, nor yet the works which he had done for Israel.

11 ¶ And the children of Israel did evil in the sight of the LORD, and served Baalim:

12 And they forsook the LORD God of their fathers, which brought them out of the land of Egypt, and followed other gods, of the gods of the people that *were* round about them, and bowed themselves unto them, and provoked the LORD to anger.

13 And they forsook the LORD, and served Baal and Ashtaroth.

14 ¶ And the anger of the LORD was hot against Israel, and he delivered them into the hands of spoilers that spoiled them, and he sold them into the hands of their enemies round about, so that they could not any longer stand before their enemies.

15 Whithersoever they went out, the hand of the LORD was against them for evil, as the LORD had said, and as the LORD had sworn unto them: and they were greatly distressed.

16 ¶ Nevertheless the LORD raised up judges, which delivered them out of the hand of those that spoiled them.

17 And yet they would not hearken unto their judges, but they went a whoring after other gods, and bowed themselves unto them: they turned quickly out of the way which their fathers walked in, obeying the commandments of the LORD; *but* they did not so.

18 And when the LORD raised them up judges, then the LORD was with the judge, and delivered them out of the hand of their enemies all the days of the judge: for it repented the LORD because of their groanings by reason of them that oppressed them and vexed them.

19 And it came to pass, when the judge was dead, *that* they returned, and corrupted *themselves* more than their fathers, in following other gods to serve them, and to bow down unto them; they ceased not from their own doings, nor from their stubborn way.

20 ¶ And the anger of the LORD was hot against Israel; and he said, Because that this people hath transgressed my covenant which I commanded their fathers, and have not hearkened unto my voice;

21 I also will not henceforth drive out any from before them of the nations which Joshua left when he died:

22 That through them I may prove Israel, whether they will keep the way of the LORD to walk therein, as their fathers did keep *it,* or not.

23 Therefore the LORD left those nations, without driving them out hastily; neither delivered he them into the hand of Joshua.

CHAPTER 3

1 Now these *are* the nations which the LORD left, to prove Israel by them, *even* as many *of Israel* as had not known all the wars of Canaan;

2 Only that the generations of the children of Israel might know, to teach them war, at the least such as before knew nothing thereof;

3 *Namely,* five lords of the Philistines, and all the Canaanites, and the Sidonians,

4 וַיְהִ֗י כְּדַבֵּ֞ר מַלְאַ֤ךְ יְהוָה֙ אֶת־הַדְּבָרִ֣ים הָאֵ֔לֶּה אֶל־כָּל־בְּנֵ֖י יִשְׂרָאֵ֑ל

5 וַיִּשְׂא֣וּ הָעָ֛ם אֶת־קוֹלָ֖ם וַיִּבְכּֽוּ: וַיִּקְרְא֛וּ שֵׁם־הַמָּק֥וֹם הַה֖וּא בֹּכִ֑ים
וַיִּזְבְּחוּ־שָׁ֖ם לַיהוָֽה:

6 וַיְשַׁלַּ֥ח יְהוֹשֻׁ֖עַ אֶת־הָעָ֑ם וַיֵּלְכ֧וּ בְנֵי־יִשְׂרָאֵ֛ל אִ֥ישׁ לְנַחֲלָת֖וֹ לָרֶ֥שֶׁת

7 אֶת־הָאָֽרֶץ: וַיַּעַבְד֤וּ הָעָם֙ אֶת־יְהוָ֔ה כֹּ֖ל יְמֵ֣י יְהוֹשֻׁ֑עַ וְכֹ֣ל ׀ יְמֵ֣י
הַזְּקֵנִ֗ים אֲשֶׁ֨ר הֶאֱרִ֤יכוּ יָמִים֙ אַחֲרֵ֣י יְהוֹשׁ֔וּעַ אֲשֶׁ֣ר רָא֔וּ אֵ֥ת כָּל־

8 מַעֲשֵׂ֤ה יְהוָה֙ הַגָּד֔וֹל אֲשֶׁ֥ר עָשָׂ֖ה לְיִשְׂרָאֵֽל: וַיָּ֛מָת יְהוֹשֻׁ֥עַ בִּן־נ֖וּן

9 עֶ֣בֶד יְהוָ֑ה בֶּן־מֵאָ֥ה וָעֶ֖שֶׂר שָׁנִֽים: וַיִּקְבְּר֤וּ אוֹתוֹ֙ בִּגְב֣וּל נַחֲלָת֔וֹ

10 בְּתִמְנַת־חֶ֖רֶס בְּהַ֣ר אֶפְרָ֑יִם מִצְּפ֖וֹן לְהַר־גָּֽעַשׁ: וְגַם֙ כָּל־הַדּ֣וֹר הַה֔וּא
נֶאֶסְפ֖וּ אֶל־אֲבוֹתָ֑יו וַיָּקָם֩ דּ֨וֹר אַחֵ֜ר אַחֲרֵיהֶ֗ם אֲשֶׁ֤ר לֹא־יָֽדְעוּ֙ אֶת־

11 יְהוָ֔ה וְגַם֙ אֶת־הַֽמַּעֲשֶׂ֔ה אֲשֶׁ֥ר עָשָׂ֖ה לְיִשְׂרָאֵֽל: וַיַּעֲשׂ֧וּ

12 בְנֵֽי־יִשְׂרָאֵ֛ל אֶת־הָרַ֖ע בְּעֵינֵ֣י יְהוָ֑ה וַיַּעַבְד֖וּ אֶת־הַבְּעָלִֽים: וַיַּעַזְב֞וּ
אֶת־יְהוָ֣ה ׀ אֱלֹהֵ֣י אֲבוֹתָ֗ם הַמּוֹצִ֣יא אוֹתָם֮ מֵאֶ֣רֶץ מִצְרַיִם֒ וַיֵּלְכ֞וּ
אַחֲרֵ֣י ׀ אֱלֹהִ֣ים אֲחֵרִ֗ים מֵֽאֱלֹהֵ֤י הָֽעַמִּים֙ אֲשֶׁר֙ סְבִ֣יבֽוֹתֵיהֶ֔ם וַיִּֽשְׁתַּחֲו֖וּ

13 לָהֶ֑ם וַיַּכְעִ֖סוּ אֶת־יְהוָֽה: וַיַּעַזְב֖וּ אֶת־יְהוָ֑ה וַיַּעַבְד֥וּ לַבַּ֖עַל וְלָעַשְׁתָּרֽוֹת:

14 וַיִּֽחַר־אַ֤ף יְהוָה֙ בְּיִשְׂרָאֵ֔ל וַֽיִּתְּנֵם֙ בְּיַד־שֹׁסִ֔ים וַיָּשֹׁ֖סּוּ אוֹתָ֑ם וַֽיִּמְכְּרֵ֞ם

15 בְּיַ֤ד אֽוֹיְבֵיהֶם֙ מִסָּבִ֔יב וְלֹא־יָֽכְל֣וּ ע֔וֹד לַעֲמֹ֖ד לִפְנֵ֣י אֽוֹיְבֵיהֶֽם: בְּכֹ֣ל ׀
אֲשֶׁ֣ר יָצָ֗אוּ יַד־יְהוָה֙ הָיְתָה־בָּ֣ם לְרָעָ֔ה כַּאֲשֶׁר֙ דִּבֶּ֣ר יְהוָ֔ה וְכַאֲשֶׁ֛ר

16 נִשְׁבַּ֥ע יְהוָ֖ה לָהֶ֑ם וַיֵּ֥צֶר לָהֶ֖ם מְאֹֽד: וַיָּ֥קֶם יְהוָ֖ה שֹׁפְטִ֑ים וַיּ֣וֹשִׁיע֔וּם

17 מִיַּ֖ד שֹׁסֵיהֶֽם: וְגַ֤ם אֶל־שֹׁפְטֵיהֶם֙ לֹ֣א שָׁמֵ֔עוּ כִּ֣י זָנ֗וּ אַֽחֲרֵי֙ אֱלֹהִ֣ים
אֲחֵרִ֔ים וַיִּֽשְׁתַּחֲו֖וּ לָהֶ֑ם סָ֣רוּ מַהֵ֗ר מִן־הַדֶּ֙רֶךְ֙ אֲשֶׁ֣ר הָלְכ֣וּ אֲבוֹתָ֔ם

18 לִשְׁמֹ֥עַ מִצְוֺת־יְהוָ֖ה לֹא־עָ֥שׂוּ כֵֽן: וְכִֽי־הֵקִ֣ים יְהוָה֮ ׀ לָהֶ֣ם שֹֽׁפְטִים֒
וְהָיָ֤ה יְהוָה֙ עִם־הַשֹּׁפֵ֔ט וְהֽוֹשִׁיעָם֙ מִיַּ֣ד אֹֽיְבֵיהֶ֔ם כֹּ֖ל יְמֵ֣י הַשּׁוֹפֵ֑ט

19 כִּֽי־יִנָּחֵ֤ם יְהוָה֙ מִנַּֽאֲקָתָ֔ם מִפְּנֵ֥י לֹחֲצֵיהֶ֖ם וְדֹחֲקֵיהֶֽם: וְהָיָ֣ה ׀ בְּמ֣וֹת
הַשּׁוֹפֵ֗ט יָשֻׁ֙בוּ֙ וְהִשְׁחִ֣יתוּ מֵֽאֲבוֹתָ֔ם לָלֶ֗כֶת אַֽחֲרֵי֙ אֱלֹהִ֣ים אֲחֵרִ֔ים
לְעָבְדָ֖ם וּלְהִשְׁתַּחֲוֺ֣ת לָהֶ֑ם לֹ֤א הִפִּ֙ילוּ֙ מִמַּ֣עַלְלֵיהֶ֔ם וּמִדַּרְכָּ֖ם הַקָּשָֽׁה:

20 וַיִּֽחַר־אַ֥ף יְהוָ֖ה בְּיִשְׂרָאֵ֑ל וַיֹּ֕אמֶר יַ֚עַן אֲשֶׁ֤ר עָֽבְרוּ֙ הַגּ֣וֹי הַזֶּ֔ה

21 אֶת־בְּרִיתִ֗י֙ אֲשֶׁ֣ר צִוִּ֣יתִי אֶת־אֲבוֹתָ֑ם וְלֹ֥א שָׁמְע֖וּ לְקוֹלִֽי: גַּם־אֲנִ֗י
לֹ֤א אוֹסִיף֙ לְהוֹרִ֣ישׁ אִ֔ישׁ מִפְּנֵיהֶ֑ם מִן־הַגּוֹיִ֛ם אֲשֶׁר־עָזַ֥ב יְהוֹשֻׁ֖עַ

22 וַיָּמֹֽת: לְמַ֛עַן נַסּ֥וֹת בָּ֖ם אֶת־יִשְׂרָאֵ֑ל הֲשֹׁמְרִ֣ים הֵ֗ם אֶת־דֶּ֤רֶךְ יְהוָה֙

23 לָלֶ֣כֶת בָּ֔ם כַּאֲשֶׁ֛ר שָׁמְר֥וּ אֲבוֹתָ֖ם אִם־לֹֽא: וַיַּנַּ֤ח יְהוָה֙ אֶת־הַגּוֹיִ֣ם
הָאֵ֔לֶּה לְבִלְתִּ֥י הֽוֹרִישָׁ֖ם מַהֵ֑ר וְלֹ֥א נְתָנָ֖ם בְּיַד־יְהוֹשֻֽׁעַ:

3 1 וְאֵ֤לֶּה הַגּוֹיִם֙ אֲשֶׁ֣ר הִנִּ֣יחַ יְהוָ֔ה לְנַסּ֥וֹת בָּ֖ם אֶת־יִשְׂרָאֵ֑ל אֵ֚ת כָּל־אֲשֶׁ֣ר

2 לֹא־יָ֣דְע֔וּ אֵ֖ת כָּל־מִלְחֲמ֥וֹת כְּנָֽעַן: רַ֗ק לְמַ֙עַן֙ דַּ֣עַת דֹּר֣וֹת בְּנֵֽי־יִשְׂרָאֵ֔ל

3 לְלַמְּדָ֖ם מִלְחָמָ֑ה רַ֚ק אֲשֶׁר־לְפָנִ֖ים לֹ֥א יְדָעֽוּם: חֲמֵ֣שֶׁת ׀ סַרְנֵ֣י

and the Hivites that dwelt in mount Lebanon, from mount Baal-hermon unto the entering in of Hamath.

4 And they were to prove Israel by them, to know whether they would hearken unto the commandments of the LORD, which he commanded their fathers by the hand of Moses.

5 ¶ And the children of Israel dwelt among the Canaanites, Hittites, and Amorites, and Perizzites, and Hivites, and Jebusites:

6 And they took their daughters to be their wives, and gave their daughters to their sons, and served their gods.

7 And the children of Israel did evil in the sight of the LORD, and forgat the LORD their God, and served Baalim and the groves.

8 ¶ Therefore the anger of the LORD was hot against Israel, and he sold them into the hand of Chushan-rishathaim king of Mesopotamia: and the children of Israel served Chushan-rishathaim eight years.

9 And when the children of Israel cried unto the LORD, the LORD raised up a deliverer to the children of Israel, who delivered them, *even* Othniel the son of Kenaz, Caleb's younger brother.

10 And the Spirit of the LORD came upon him, and he judged Israel, and went out to war: and the LORD delivered Chushan-rishathaim king of Mesopotamia into his hand; and his hand prevailed against Chushan-rishathaim.

11 And the land had rest forty years. And Othniel the son of Kenaz died.

12 ¶ And the children of Israel did evil again in the sight of the LORD: and the LORD strengthened Eglon the king of Moab against Israel, because they had done evil in the sight of the LORD.

13 And he gathered unto him the children of Ammon and Amalek, and went and smote Israel, and possessed the city of palm trees.

14 So the children of Israel served Eglon the king of Moab eighteen years.

15 But when the children of Israel cried unto the LORD, the LORD raised them up a deliverer, Ehud the son of Gera, a Benjamite, a man lefthanded: and by him the children of Israel sent a present unto Eglon the king of Moab.

16 But Ehud made him a dagger which had two edges, of a cubit length; and he did gird it under his raiment upon his right thigh.

17 And he brought the present unto Eglon king of Moab: and Eglon *was* a very fat man.

18 And when he had made an end to offer the present, he sent away the people that bare the present.

19 But he himself turned again from the quarries that *were* by Gilgal, and said, I have a secret errand unto thee, O king: who said, Keep silence. And all that stood by him went out from him.

20 And Ehud came unto him; and he was sitting in a summer parlour, which he had for himself alone. And Ehud said, I have a message from God unto thee. And he arose out of *his* seat.

21 And Ehud put forth his left hand, and took the dagger from his right thigh, and thrust it into his belly:

22 And the haft also went in after the blade; and the fat closed upon the blade, so that he could not draw the dagger out of his belly; and the dirt came out.

23 Then Ehud went forth through the porch, and shut the doors of the parlour upon him, and locked them.

24 When he was gone out, his servants came; and when they saw that, behold, the doors of the parlour *were* locked, they said, Surely he covereth his feet in his summer chamber.

25 And they tarried till they were ashamed: and, behold, he opened not the doors of the parlour; therefore they took

פְּלִשְׁתִּים וְכָל־הַכְּנַעֲנִי וְהַצִּידֹנִי וְהַחִוִּי יֹשֵׁב הַר הַלְּבָנוֹן מֵהַר בַּעַל

4 חֶרְמוֹן עַד לְבוֹא חֲמָת: וַיִּהְיוּ לְנַסּוֹת בָּם אֶת־יִשְׂרָאֵל לָדַעַת

5 הֲיִשְׁמְעוּ אֶת־מִצְוֹת יְהוָה אֲשֶׁר־צִוָּה אֶת־אֲבוֹתָם בְּיַד־מֹשֶׁה: וּבְנֵי

יִשְׂרָאֵל יָשְׁבוּ בְּקֶרֶב הַכְּנַעֲנִי הַחִתִּי וְהָאֱמֹרִי וְהַפְּרִזִּי וְהַחִוִּי וְהַיְבוּסִי:

6 וַיִּקְחוּ אֶת־בְּנוֹתֵיהֶם לָהֶם לְנָשִׁים וְאֶת־בְּנוֹתֵיהֶם נָתְנוּ לִבְנֵיהֶם

וַיַּעַבְדוּ אֶת־אֱלֹהֵיהֶם:

7 וַיַּעֲשׂוּ בְנֵי־יִשְׂרָאֵל אֶת־הָרַע בְּעֵינֵי יְהוָה וַיִּשְׁכְּחוּ אֶת־יְהוָה אֱלֹהֵיהֶם

8 וַיַּעַבְדוּ אֶת־הַבְּעָלִים וְאֶת־הָאֲשֵׁרוֹת: וַיִּחַר־אַף יְהוָה בְּיִשְׂרָאֵל

וַיִּמְכְּרֵם בְּיַד כּוּשַׁן רִשְׁעָתַיִם מֶלֶךְ אֲרַם נַהֲרָיִם וַיַּעַבְדוּ בְנֵי־יִשְׂרָאֵל

9 אֶת־כּוּשַׁן רִשְׁעָתַיִם שְׁמֹנֶה שָׁנִים: וַיִּזְעֲקוּ בְנֵי־יִשְׂרָאֵל אֶל־יְהוָה

וַיָּקֶם יְהוָה מוֹשִׁיעַ לִבְנֵי יִשְׂרָאֵל וַיּוֹשִׁיעֵם אֵת עָתְנִיאֵל בֶּן־קְנַז

10 אֲחִי כָלֵב הַקָּטֹן מִמֶּנּוּ: וַתְּהִי עָלָיו רוּחַ־יְהוָה וַיִּשְׁפֹּט אֶת־יִשְׂרָאֵל

וַיֵּצֵא לַמִּלְחָמָה וַיִּתֵּן יְהוָה בְּיָדוֹ אֶת־כּוּשַׁן רִשְׁעָתַיִם מֶלֶךְ אֲרָם

11 וַתָּעָז יָדוֹ עַל כּוּשַׁן רִשְׁעָתָיִם: וַתִּשְׁקֹט הָאָרֶץ אַרְבָּעִים שָׁנָה וַיָּמָת

עָתְנִיאֵל בֶּן־קְנַז:

12 וַיֹּסִפוּ בְּנֵי יִשְׂרָאֵל לַעֲשׂוֹת הָרַע בְּעֵינֵי יְהוָה וַיְחַזֵּק יְהוָה אֶת־עֶגְלוֹן

13 מֶלֶךְ־מוֹאָב עַל־יִשְׂרָאֵל עַל כִּי־עָשׂוּ אֶת־הָרַע בְּעֵינֵי יְהוָה: וַיֶּאֱסֹף

אֵלָיו אֶת־בְּנֵי עַמּוֹן וַעֲמָלֵק וַיֵּלֶךְ וַיַּךְ אֶת־יִשְׂרָאֵל וַיִּירְשׁוּ אֶת־עִיר

14 הַתְּמָרִים: וַיַּעַבְדוּ בְנֵי־יִשְׂרָאֵל אֶת־עֶגְלוֹן מֶלֶךְ־מוֹאָב שְׁמוֹנֶה עֶשְׂרֵה

15 שָׁנָה: וַיִּזְעֲקוּ בְנֵי־יִשְׂרָאֵל אֶל־יְהוָה וַיָּקֶם יְהוָה לָהֶם מוֹשִׁיעַ

אֶת־אֵהוּד בֶּן־גֵּרָא בֶּן־הַיְמִינִי אִישׁ אִטֵּר יַד־יְמִינוֹ וַיִּשְׁלְחוּ

16 בְנֵי־יִשְׂרָאֵל בְּיָדוֹ מִנְחָה לְעֶגְלוֹן מֶלֶךְ מוֹאָב: וַיַּעַשׂ לוֹ אֵהוּד חֶרֶב

וְלָהּ שְׁנֵי פֵיוֹת גֹּמֶד אָרְכָּהּ וַיַּחְגֹּר אוֹתָהּ מִתַּחַת לְמַדָּיו עַל יֶרֶךְ

17 יְמִינוֹ: וַיַּקְרֵב אֶת־הַמִּנְחָה לְעֶגְלוֹן מֶלֶךְ מוֹאָב וְעֶגְלוֹן אִישׁ בָּרִיא

18 מְאֹד: וַיְהִי כַּאֲשֶׁר כִּלָּה לְהַקְרִיב אֶת־הַמִּנְחָה וַיְשַׁלַּח אֶת־הָעָם

19 נֹשְׂאֵי הַמִּנְחָה: וְהוּא שָׁב מִן־הַפְּסִילִים אֲשֶׁר אֶת־הַגִּלְגָּל וַיֹּאמֶר

דְּבַר־סֵתֶר לִי אֵלֶיךָ הַמֶּלֶךְ וַיֹּאמֶר הָס וַיֵּצְאוּ מֵעָלָיו כָּל־הָעֹמְדִים

20 עָלָיו: וְאֵהוּד בָּא אֵלָיו וְהוּא־יֹשֵׁב בַּעֲלִיַּת הַמְּקֵרָה אֲשֶׁר־לוֹ לְבַדּוֹ

21 וַיֹּאמֶר אֵהוּד דְּבַר־אֱלֹהִים לִי אֵלֶיךָ וַיָּקָם מֵעַל הַכִּסֵּא: וַיִּשְׁלַח

אֵהוּד אֶת־יַד שְׂמֹאלוֹ וַיִּקַּח אֶת־הַחֶרֶב מֵעַל יֶרֶךְ יְמִינוֹ וַיִּתְקָעֶהָ

22 בְּבִטְנוֹ: וַיָּבֹא גַם־הַנִּצָּב אַחַר הַלַּהַב וַיִּסְגֹּר הַחֵלֶב בְּעַד הַלַּהַב כִּי

23 לֹא שָׁלַף הַחֶרֶב מִבִּטְנוֹ וַיֵּצֵא הַפַּרְשְׁדֹנָה: וַיֵּצֵא אֵהוּד הַמִּסְדְּרוֹנָה 23A

24 וַיִּסְגֹּר דַּלְתוֹת הָעֲלִיָּה בַּעֲדוֹ וְנָעָל: וְהוּא יָצָא וַעֲבָדָיו בָּאוּ וַיִּרְאוּ

וְהִנֵּה דַּלְתוֹת הָעֲלִיָּה נְעֻלוֹת וַיֹּאמְרוּ אַךְ מֵסִיךְ הוּא אֶת־רַגְלָיו

25 בַּחֲדַר הַמְּקֵרָה: וַיָּחִילוּ עַד־בּוֹשׁ וְהִנֵּה אֵינֶנּוּ פֹתֵחַ דַּלְתוֹת הָעֲלִיָּה

a key, and opened *them:* and, behold, their lord *was* fallen down dead on the earth.

26 And Ehud escaped while they tarried, and passed beyond the quarries, and escaped unto Seirath.

27 And it came to pass, when he was come, that he blew a trumpet in the mountain of Ephraim, and the children of Israel went down with him from the mount, and he before them.

28 And he said unto them, Follow after me: for the LORD hath delivered your enemies the Moabites into your hand. And they went down after him, and took the fords of Jordan toward Moab, and suffered not a man to pass over.

29 And they slew of Moab at that time about ten thousand men, all lusty, and all men of valour; and there escaped not a man.

30 So Moab was subdued that day under the hand of Israel. And the land had rest fourscore years.

31 ¶ And after him was Shamgar the son of Anath, which slew of the Philistines six hundred men with an ox goad: and he also delivered Israel.

CHAPTER 4

1 And the children of Israel again did evil in the sight of the LORD, when Ehud was dead.

2 And the LORD sold them into the hand of Jabin king of Canaan, that reigned in Hazor; the captain of whose host *was* Sisera, which dwelt in Harosheth of the Gentiles.

3 And the children of Israel cried unto the LORD: for he had nine hundred chariots of iron; and twenty years he mightily oppressed the children of Israel.

4 ¶ And Deborah, a prophetess, the wife of Lapidoth, she judged Israel at that time.

5 And she dwelt under the palm tree of Deborah between Ramah and Beth-el in mount Ephraim: and the children of Israel came up to her for judgment.

6 And she sent and called Barak the son of Abinoam out of Kedesh-naphtali, and said unto him, Hath not the LORD God of Israel commanded, *saying,* Go and draw toward mount Tabor, and take with thee ten thousand men of the children of Naphtali and of the children of Zebulun?

7 And I will draw unto thee to the river Kishon Sisera, the captain of Jabin's army, with his chariots and his multitude; and I will deliver him into thine hand.

8 And Barak said unto her, If thou wilt go with me, then I will go: but if thou wilt not go with me, *then* I will not go.

9 And she said, I will surely go with thee: notwithstanding the journey that thou takest shall not be for thine honour; for the LORD shall sell Sisera into the hand of a woman. And Deborah arose, and went with Barak to Kedesh.

10 ¶ And Barak called Zebulun and Naphtali to Kedesh; and he went up with ten thousand men at his feet: and Deborah went up with him.

11 Now Heber the Kenite, *which was* of the children of Hobab the father in law of Moses, had severed himself from the Kenites, and pitched his tent unto the plain of Zaanaim, which *is* by Kedesh.

12 And they shewed Sisera that Barak the son of Abinoam was gone up to mount Tabor.

13 And Sisera gathered together all his chariots, *even* nine hundred chariots of iron, and all the people that *were* with him, from Harosheth of the Gentiles unto the river of Kishon.

14 And Deborah said unto Barak, Up; for this *is* the day in which the LORD hath delivered Sisera into thine hand: is not the LORD gone out before thee? So Barak went down from mount Tabor, and ten thousand men after him.

15 And the LORD discomfited Sisera, and all *his* chariots, and all *his* host, with the edge of the sword before Barak; so that Sisera lighted down off *his* chariot, and fled away on his feet.

26 וַיִּקְחוּ אֶת־הַמַּפְתֵּחַ וַיִּפְתָּחוּ וְהִנֵּה אֲדֹנֵיהֶם נֹפֵל אַרְצָה מֵת: וְאֵהוּד

נִמְלַט עַד הִתְמַהְמְהָם וְהוּא עָבַר אֶת־הַפְּסִילִים וַיִּמָּלֵט הַשְּׂעִירָתָה:

27 וַיְהִי בְּבוֹאוֹ וַיִּתְקַע בַּשּׁוֹפָר בְּהַר אֶפְרָיִם וַיֵּרְדוּ עִמּוֹ בְנֵי־יִשְׂרָאֵל

28 מִן־הָהָר וְהוּא לִפְנֵיהֶם: וַיֹּאמֶר אֲלֵהֶם רִדְפוּ אַחֲרַי כִּי־נָתַן יְהוָה

אֶת־אֹיְבֵיכֶם אֶת־מוֹאָב בְּיֶדְכֶם וַיֵּרְדוּ אַחֲרָיו וַיִּלְכְּדוּ אֶת־מַעְבְּרוֹת

29 הַיַּרְדֵּן לְמוֹאָב וְלֹא־נָתְנוּ אִישׁ לַעֲבֹר: וַיַּכּוּ אֶת־מוֹאָב בָּעֵת הַהִיא

כַּעֲשֶׂרֶת אֲלָפִים אִישׁ כָּל־שָׁמֵן וְכָל־אִישׁ חָיִל וְלֹא נִמְלַט אִישׁ:

30 וַתִּכָּנַע מוֹאָב בַּיּוֹם הַהוּא תַּחַת יַד יִשְׂרָאֵל וַתִּשְׁקֹט הָאָרֶץ שְׁמוֹנִים

31 שָׁנָה: וְאַחֲרָיו הָיָה שַׁמְגַּר בֶּן־עֲנָת וַיַּךְ אֶת־

פְּלִשְׁתִּים שֵׁשׁ־מֵאוֹת אִישׁ בְּמַלְמַד הַבָּקָר וַיֹּשַׁע גַּם־הוּא אֶת־

4 1 יִשְׂרָאֵל: וַיֹּסִפוּ בְּנֵי יִשְׂרָאֵל לַעֲשׂוֹת הָרַע בְּעֵינֵי יְהוָה

2 וְאֵהוּד מֵת: וַיִּמְכְּרֵם יְהוָה בְּיַד יָבִין מֶלֶךְ־כְּנַעַן אֲשֶׁר מָלַךְ בְּחָצוֹר

3 וְשַׂר־צְבָאוֹ סִיסְרָא וְהוּא יוֹשֵׁב בַּחֲרֹשֶׁת הַגּוֹיִם: וַיִּצְעֲקוּ בְנֵי־יִשְׂרָאֵל

אֶל־יְהוָה כִּי תְּשַׁע מֵאוֹת רֶכֶב־בַּרְזֶל לוֹ וְהוּא לָחַץ אֶת־בְּנֵי יִשְׂרָאֵל

4 בְּחָזְקָה עֶשְׂרִים שָׁנָה: וּדְבוֹרָה אִשָּׁה נְבִיאָה אֵשֶׁת

5 לַפִּידוֹת הִיא שֹׁפְטָה אֶת־יִשְׂרָאֵל בָּעֵת הַהִיא: וְהִיא יוֹשֶׁבֶת

תַּחַת־תֹּמֶר דְּבוֹרָה בֵּין הָרָמָה וּבֵין בֵּית־אֵל בְּהַר אֶפְרָיִם וַיַּעֲלוּ

6 אֵלֶיהָ בְּנֵי יִשְׂרָאֵל לַמִּשְׁפָּט: וַתִּשְׁלַח וַתִּקְרָא לְבָרָק בֶּן־אֲבִינֹעַם

מִקֶּדֶשׁ נַפְתָּלִי וַתֹּאמֶר אֵלָיו הֲלֹא צִוָּה׀ יְהוָה אֱלֹהֵי־יִשְׂרָאֵל לֵךְ

וּמָשַׁכְתָּ בְּהַר תָּבוֹר וְלָקַחְתָּ עִמְּךָ עֲשֶׂרֶת אֲלָפִים אִישׁ מִבְּנֵי נַפְתָּלִי

7 וּמִבְּנֵי זְבֻלוּן: וּמָשַׁכְתִּי אֵלֶיךָ אֶל־נַחַל קִישׁוֹן אֶת־סִיסְרָא שַׂר־צְבָא

8 יָבִין וְאֶת־רִכְבּוֹ וְאֶת־הֲמוֹנוֹ וּנְתַתִּיהוּ בְּיָדֶךָ: וַיֹּאמֶר אֵלֶיהָ בָּרָק

9 אִם־תֵּלְכִי עִמִּי וְהָלָכְתִּי וְאִם־לֹא תֵלְכִי עִמִּי לֹא אֵלֵךְ: וַתֹּאמֶר

הָלֹךְ אֵלֵךְ עִמָּךְ אֶפֶס כִּי לֹא תִהְיֶה תִּפְאַרְתְּךָ עַל־הַדֶּרֶךְ אֲשֶׁר

אַתָּה הוֹלֵךְ כִּי בְיַד־אִשָּׁה יִמְכֹּר יְהוָה אֶת־סִיסְרָא וַתָּקָם דְּבוֹרָה

10 וַתֵּלֶךְ עִם־בָּרָק קֶדְשָׁה: וַיַּזְעֵק בָּרָק אֶת־זְבוּלֻן וְאֶת־נַפְתָּלִי קֶדְשָׁה

11 וַיַּעַל בְּרַגְלָיו עֲשֶׂרֶת אַלְפֵי אִישׁ וַתַּעַל עִמּוֹ דְּבוֹרָה: וְחֶבֶר הַקֵּינִי

נִפְרָד מִקַּיִן מִבְּנֵי חֹבָב חֹתֵן מֹשֶׁה וַיֵּט אָהֳלוֹ עַד־אֵלוֹן בצענים

בְּצַעֲנַנִּים

12 אֲשֶׁר אֶת־קֶדֶשׁ: וַיַּגִּדוּ לְסִיסְרָא כִּי עָלָה בָּרָק בֶּן־אֲבִינֹעַם הַר־

13A 13 תָּבוֹר: וַיַּזְעֵק סִיסְרָא אֶת־כָּל־רִכְבּוֹ תְּשַׁע מֵאוֹת רֶכֶב

בַּרְזֶל וְאֶת־כָּל־הָעָם אֲשֶׁר אִתּוֹ מֵחֲרֹשֶׁת הַגּוֹיִם אֶל־נַחַל קִישׁוֹן:

14 וַתֹּאמֶר דְּבֹרָה אֶל־בָּרָק קוּם כִּי זֶה הַיּוֹם אֲשֶׁר נָתַן יְהוָה אֶת־

סִיסְרָא בְּיָדֶךָ הֲלֹא יְהוָה יָצָא לְפָנֶיךָ וַיֵּרֶד בָּרָק מֵהַר תָּבוֹר וַעֲשֶׂרֶת

15 אֲלָפִים אִישׁ אַחֲרָיו: וַיָּהָם יְהוָה אֶת־סִיסְרָא וְאֶת־כָּל־הָרֶכֶב וְאֶת־

כָּל־הַמַּחֲנֶה לְפִי־חֶרֶב לִפְנֵי בָרָק וַיֵּרֶד סִיסְרָא מֵעַל הַמֶּרְכָּבָה וַיָּנָס

16 But Barak pursued after the chariots, and after the host, unto Harosheth of the Gentiles: and all the host of Sisera fell upon the edge of the sword; *and* there was not a man left.

17 Howbeit Sisera fled away on his feet to the tent of Jael the wife of Heber the Kenite: for *there was* peace between Jabin the king of Hazor and the house of Heber the Kenite.

18 ¶ And Jael went out to meet Sisera, and said unto him, Turn in, my lord, turn in to me; fear not. And when he had turned in unto her into the tent, she covered him with a mantle.

19 And he said unto her, Give me, I pray thee, a little water to drink; for I am thirsty. And she opened a bottle of milk, and gave him drink, and covered him.

20 Again he said unto her, Stand in the door of the tent, and it shall be, when any man doth come and enquire of thee, and say, Is there any man here? that thou shalt say, No.

21 Then Jael Heber's wife took a nail of the tent, and took an hammer in her hand, and went softly unto him, and smote the nail into his temples, and fastened it into the ground: for he was fast asleep and weary. So he died.

22 And, behold, as Barak pursued Sisera, Jael came out to meet him, and said unto him, Come, and I will shew thee the man whom thou seekest. And when he came into her *tent,* behold, Sisera lay dead, and the nail *was* in his temples.

23 So God subdued on that day Jabin the king of Canaan before the children of Israel.

24 And the hand of the children of Israel prospered, and prevailed against Jabin the king of Canaan, until they had destroyed Jabin king of Canaan.

CHAPTER 5

1 Then sang Deborah and Barak the son of Abinoam on that day, saying,

2 Praise ye the LORD for the avenging of Israel, when the people willingly offered themselves.

3 Hear, O ye kings; give ear, O ye princes; I, *even* I, will sing unto the LORD; I will sing *praise* to the LORD God of Israel.

4 LORD, when thou wentest out of Seir, when thou marchedst out of the field of Edom, the earth trembled, and the heavens dropped, the clouds also dropped water.

5 The mountains melted from before the LORD, *even* that Sinai from before the LORD God of Israel.

6 In the days of Shamgar the son of Anath, in the days of Jael, the highways were unoccupied, and the travellers walked through byways.

7 *The inhabitants of* the villages ceased, they ceased in Israel, until that I Deborah arose, that I arose a mother in Israel.

8 They chose new gods; then *was* war in the gates: was there a shield or spear seen among forty thousand in Israel?

9 My heart *is* toward the governors of Israel, that offered themselves willingly among the people. Bless ye the LORD.

10 Speak, ye that ride on white asses, ye that sit in judgment, and walk by the way.

11 *They that are delivered* from the noise

16 בְּרַגְלָיו: וּבָרָק רָדַף אַחֲרֵי הָרֶכֶב וְאַחֲרֵי הַמַּחֲנֶה עַד חֲרֹשֶׁת הַגּוֹיִם

17 וַיִּפֹּל כָּל־מַחֲנֵה סִיסְרָא לְפִי־חֶרֶב לֹא נִשְׁאַר עַד־אֶחָד: וְסִיסְרָא נָס בְּרַגְלָיו אֶל־אֹהֶל יָעֵל אֵשֶׁת חֶבֶר הַקֵּינִי כִּי שָׁלוֹם בֵּין יָבִין

18 מֶלֶךְ־חָצוֹר וּבֵין בֵּית חֶבֶר הַקֵּינִי: וַתֵּצֵא יָעֵל לִקְרַאת סִיסְרָא וַתֹּאמֶר אֵלָיו סוּרָה אֲדֹנִי סוּרָה אֵלַי אַל־תִּירָא וַיָּסַר אֵלֶיהָ הָאֹהֱלָה

19 וַתְּכַסֵּהוּ בַּשְּׂמִיכָה: וַיֹּאמֶר אֵלֶיהָ הַשְׁקִינִי־נָא מְעַט־מַיִם כִּי צָמֵאתִי

20 וַתִּפְתַּח אֶת־נֹאוד הֶחָלָב וַתַּשְׁקֵהוּ וַתְּכַסֵּהוּ: וַיֹּאמֶר אֵלֶיהָ עֲמֹד פֶּתַח הָאֹהֶל וְהָיָה אִם־אִישׁ יָבוֹא וּשְׁאֵלֵךְ וְאָמַר הֲיֵשׁ־פֹּה אִישׁ

21 וְאָמַרְתְּ אָיִן: וַתִּקַּח יָעֵל אֵשֶׁת־חֶבֶר אֶת־יְתַד הָאֹהֶל וַתָּשֶׂם אֶת־ הַמַּקֶּבֶת בְּיָדָהּ וַתָּבוֹא אֵלָיו בַּלָּאט וַתִּתְקַע אֶת־הַיָּתֵד בְּרַקָּתוֹ

22 וַתִּצְנַח בָּאָרֶץ וְהוּא־נִרְדָּם וַיָּעַף וַיָּמֹת: וְהִנֵּה בָרָק רֹדֵף אֶת־סִיסְרָא וַתֵּצֵא יָעֵל לִקְרָאתוֹ וַתֹּאמֶר לוֹ לֵךְ וְאַרְאֶךָּ אֶת־הָאִישׁ אֲשֶׁר־אַתָּה

23 מְבַקֵּשׁ וַיָּבֹא אֵלֶיהָ וְהִנֵּה סִיסְרָא נֹפֵל מֵת וְהַיָּתֵד בְּרַקָּתוֹ: וַיַּכְנַע

24 אֱלֹהִים בַּיּוֹם הַהוּא אֵת יָבִין מֶלֶךְ־כְּנָעַן לִפְנֵי בְּנֵי יִשְׂרָאֵל: וַתֵּלֶךְ יַד בְּנֵי־יִשְׂרָאֵל הָלוֹךְ וְקָשָׁה עַל יָבִין מֶלֶךְ־כְּנָעַן עַד אֲשֶׁר הִכְרִיתוּ אֵת יָבִין מֶלֶךְ כְּנָעַן:

5 1 וַתָּשַׁר דְּבוֹרָה וּבָרָק בֶּן־אֲבִינֹעַם בַּיּוֹם הַהוּא

2 לֵאמֹר: בִּפְרֹעַ פְּרָעוֹת בְּיִשְׂרָאֵל בְּהִתְנַדֵּב עָם

3 בָּרֲכוּ יְהוָה: שִׁמְעוּ מְלָכִים הַאֲזִינוּ רֹזְנִים אָנֹכִי לַיהוָה אָנֹכִי אָשִׁירָה אֲזַמֵּר

4 לַיהוָה אֱלֹהֵי יִשְׂרָאֵל: יְהוָה בְּצֵאתְךָ מִשֵּׂעִיר בְּצַעְדְּךָ מִשְּׂדֵה אֱדוֹם אֶרֶץ רָעָשָׁה גַּם־שָׁמַיִם נָטָפוּ גַּם־עָבִים נָטְפוּ

5 מָיִם: הָרִים נָזְלוּ מִפְּנֵי יְהוָה זֶה סִינַי מִפְּנֵי יְהוָה אֱלֹהֵי יִשְׂרָאֵל:

6 בִּימֵי שַׁמְגַּר בֶּן־עֲנָת בִּימֵי יָעֵל חָדְלוּ אֳרָחוֹת וְהֹלְכֵי

7 נְתִיבוֹת יֵלְכוּ אֳרָחוֹת עֲקַלְקַלּוֹת: חָדְלוּ פְרָזוֹן בְּיִשְׂרָאֵל חָדֵלּוּ עַד שַׁקַּמְתִּי דְּבוֹרָה שַׁקַּמְתִּי

8 אֵם בְּיִשְׂרָאֵל: יִבְחַר אֱלֹהִים חֲדָשִׁים אָז לָחֶם שְׁעָרִים מָגֵן אִם־יֵרָאֶה וָרֹמַח בְּאַרְבָּעִים אֶלֶף

9 בְּיִשְׂרָאֵל: לִבִּי לְחוֹקְקֵי יִשְׂרָאֵל הַמִּתְנַדְּבִים

10 בָּעָם בָּרֲכוּ יְהוָה: רֹכְבֵי אֲתֹנוֹת צְחֹרוֹת יֹשְׁבֵי עַל־מִדִּין וְהֹלְכֵי

11 עַל־דֶּרֶךְ שִׂיחוּ: מִקּוֹל מְחַצְצִים בֵּין

of archers in the places of drawing water, there shall they rehearse the righteous acts of the LORD, *even* the righteous acts *toward the inhabitants* of his villages in Israel: then shall the people of the LORD go down to the gates.

12 Awake, awake, Deborah: awake, awake, utter a song: arise, Barak, and lead thy captivity captive, thou son of Abinoam.

13 Then he made him that remaineth have dominion over the nobles among the people: the LORD made me have dominion over the mighty.

14 Out of Ephraim *was there* a root of them against Amalek; after thee, Benjamin, among thy people; out of Machir came down governors, and out of Zebulun they that handle the pen of the writer.

15 And the princes of Issachar *were* with Deborah; even Issachar, and also Barak: he was sent on foot into the valley. For the divisions of Reuben *there were* great thoughts of heart.

16 Why abodest thou among the sheepfolds, to hear the bleatings of the flocks? For the divisions of Reuben *there were* great searchings of heart.

17 Gilead abode beyond Jordan: and why did Dan remain in ships? Asher continued on the sea shore, and abode in his breaches.

18 Zebulun and Naphtali *were* a people *that* jeoparded their lives unto the death in the high places of the field.

19 The kings came *and* fought, then fought the kings of Canaan in Taanach by the waters of Megiddo; they took no gain of money.

20 They fought from heaven; the stars in their courses fought against Sisera.

21 The river of Kishon swept them away, that ancient river, the river Kishon. O my soul, thou hast trodden down strength.

22 Then were the horsehoofs broken by the means of the pransings, the pransings of their mighty ones.

23 Curse ye Meroz, said the angel of the LORD, curse ye bitterly the inhabitants thereof; because they came not to the help of the LORD, to the help of the LORD against the mighty.

24 Blessed above women shall Jael the wife of Heber the Kenite be, blessed shall she be above women in the tent.

25 He asked water, *and* she gave *him* milk; she brought forth butter in a lordly dish.

26 She put her hand to the nail, and her right hand to the workmen's hammer; and with the hammer she smote Sisera, she smote off his head, when she had pierced and stricken through his temples.

27 At her feet he bowed, he fell, he lay down: at her feet he bowed, he fell: where he bowed, there he fell down dead.

28 The mother of Sisera looked out at a window, and cried through the lattice, Why is his chariot *so* long in coming? why tarry the wheels of his chariots?

29 Her wise ladies answered her, yea, she returned answer to herself,

מַשְׁאַבִּ֗ים שָׁ֤ם יְתַנּוּ֙ צִדְק֣וֹת יְהֹוָ֔ה צִדְקֹ֥ת
פִּרְזֹנ֖וֹ בְּיִשְׂרָאֵ֑ל אָ֛ז יָרְד֥וּ לַשְּׁעָרִ֖ים עַם־

12 יְהֹוָֽה: ע֤וּרִי ע֙וּרִי֙ דְּבוֹרָ֔ה ע֥וּרִי
ע֖וּרִי דַּבְּרִי־שִׁ֑יר ק֥וּם בָּרָ֛ק וּֽשְׁבֵ֥ה שֶׁבְיְךָ֖ בֶּן־

13 אֲבִינֹֽעַם: אָ֣ז יְרַ֤ד שָׂרִיד֙ לְאַדִּירִ֣ים עָ֔ם יְהֹוָ֕ה
יְ֥רַד־לִ֖י בַּגִּבּוֹרִֽים: 14 מִנִּ֣י אֶפְרַ֗יִם שָׁרְשָׁם֙

בַּעֲמָלֵ֔ק אַחֲרֶ֥יךָ בִנְיָמִ֖ין בַּֽעֲמָמֶ֑יךָ מִנִּ֣י
מָכִ֗יר יָֽרְדוּ֙ מְחֹ֣קְקִ֔ים וּמִ֨זְּבוּלֻ֔ן מֹשְׁכִ֖ים בְּשֵׁ֥בֶט

15 סֹפֵֽר: וְשָׂרַ֤י בְּיִשָּׂשכָר֙ עִם־דְּבֹרָ֔ה וְיִשָּׂשכָ֖ר
כֵּ֣ן בָּרָ֔ק בָּעֵ֖מֶק שֻׁלַּ֣ח בְּרַגְלָ֑יו בִּפְלַגּ֣וֹת

16 רְאוּבֵ֔ן גְּדֹלִ֖ים חִקְקֵי־לֵֽב: לָ֣מָּה
יָשַׁ֗בְתָּ בֵּ֚ין הַֽמִּשְׁפְּתַ֔יִם לִשְׁמֹ֖עַ שְׁרִק֣וֹת עֲדָרִ֑ים

17 לִפְלַגּ֣וֹת רְאוּבֵ֔ן גְּדוֹלִ֖ים חִקְרֵי־לֵֽב: גִּלְעָ֗ד
בְּעֵ֤בֶר הַיַּרְדֵּן֙ שָׁכֵ֔ן וְדָ֕ן לָ֥מָּה יָג֖וּר אֳנִיּ֑וֹת

אָשֵׁ֗ר יָשַׁב֙ לְח֣וֹף יַמִּ֔ים וְעַ֥ל מִפְרָצָ֖יו יִשְׁכּֽוֹן:
18 זְבֻל֗וּן עַ֣ם חֵרֵ֥ף נַפְשׁ֛וֹ לָמ֖וּת וְנַפְתָּלִ֑י עַ֖ל מְרוֹמֵ֥י שָׂדֶֽה:

19 בָּ֤אוּ מְלָכִים֙ נִלְחָ֔מוּ אָ֤ז נִלְחֲמוּ֙
מַלְכֵ֣י כְנַ֔עַן בְּתַעְנַ֖ךְ עַל־מֵ֣י מְגִדּ֑וֹ בֶּ֥צַע כֶּ֖סֶף לֹ֥א

20 לָקָֽחוּ: מִן־שָׁמַ֖יִם נִלְחָ֑מוּ הַכּ֣וֹכָבִ֔ים
מִֽמְּסִלּוֹתָ֔ם נִלְחֲמ֖וּ עִם־ 21 סִֽיסְרָֽא: נַ֤חַל קִישׁוֹן֙

גְּרָפָ֔ם נַ֥חַל קְדוּמִ֖ים נַ֣חַל קִישׁ֑וֹן תִּדְרְכִ֥י
נַפְשִׁ֖י עֹֽז: 22 אָ֥ז הָלְמ֖וּ עִקְּבֵי־ס֑וּס מִֽדַּהֲר֖וֹת

23 דַּהֲר֥וֹת אַבִּירָֽיו: א֣וֹרוּ מֵר֗וֹז אָמַר֙ מַלְאַ֣ךְ
יְהֹוָ֔ה אֹ֥רוּ אָר֖וֹר יֹשְׁבֶ֑יהָ כִּ֤י לֹֽא־בָ֙אוּ֙ לְעֶזְרַ֣ת יְהֹוָ֔ה

24 לְעֶזְרַ֥ת יְהֹוָ֖ה בַּגִּבּוֹרִֽים: תְּבֹרַךְ֙ מִנָּשִׁ֔ים
יָעֵ֕ל אֵ֖שֶׁת חֶ֣בֶר הַקֵּינִ֑י מִנָּשִׁ֥ים בָּאֹ֖הֶל תְּבֹרָֽךְ:

25 מַ֥יִם שָׁאַ֖ל חָלָ֣ב נָתָ֑נָה בְּסֵ֥פֶל אַדִּירִ֖ים
26 הִקְרִ֥יבָה חֶמְאָֽה: יָדָהּ֙ לַיָּתֵ֣ד תִּשְׁלַ֔חְנָה

וִֽימִינָ֖הּ לְהַלְמ֣וּת עֲמֵלִ֑ים וְהָלְמָ֤ה סִֽיסְרָא֙
27 מָחֲקָ֣ה רֹאשׁ֔וֹ וּמָחֲצָ֥ה וְחָלְפָ֖ה רַקָּתֽוֹ: בֵּ֣ין רַגְלֶ֔יהָ

כָּרַ֥ע נָפַ֖ל שָׁכָ֣ב בֵּ֣ין רַגְלֶ֔יהָ כָּרַ֣ע
28 נָפָ֑ל בַּאֲשֶׁ֣ר כָּרַ֔ע שָׁ֖ם נָפַ֥ל שָׁדֽוּד: בְּעַד֩ הַחַלּ֨וֹן

נִשְׁקְפָ֧ה וַתְּיַבֵּ֛ב אֵ֥ם סִֽיסְרָ֖א בְּעַ֣ד הָאֶשְׁנָ֑ב מַדּ֗וּעַ
בֹּשֵׁ֤שׁ רִכְבּוֹ֙ לָב֔וֹא מַדּ֣וּעַ אֶֽחֱר֔וּ פַּעֲמֵ֖י מַרְכְּבוֹתָֽיו:

29 חַכְמ֥וֹת שָׂרוֹתֶ֖יהָ תַּעֲנֶ֑ינָּה אַף־הִ֕יא תָּשִׁ֥יב

30 Have they not sped? have they *not* divided the prey; to every man a damsel *or* two; to Sisera a prey of divers colours, a prey of divers colours of needlework, of divers colours of needlework on both sides, *meet* for the necks of *them that take* the spoil?

31 So let all thine enemies perish, O LORD: but *let* them that love him *be* as the sun when he goeth forth in his might. And the land had rest forty years.

CHAPTER 6

1 And the children of Israel did evil in the sight of the LORD: and the LORD delivered them into the hand of Midian seven years.

2 And the hand of Midian prevailed against Israel: *and* because of the Midianites the children of Israel made them the dens which *are* in the mountains, and caves, and strong holds.

3 And *so* it was, when Israel had sown, that the Midianites came up, and the Amalekites, and the children of the east, even they came up against them;

4 And they encamped against them, and destroyed the increase of the earth, till thou come unto Gaza, and left no sustenance for Israel, neither sheep, nor ox, nor ass.

5 For they came up with their cattle and their tents, and they came as grasshoppers for multitude; *for* both they and their camels were without number: and they entered into the land to destroy it.

6 And Israel was greatly impoverished because of the Midianites; and the children of Israel cried unto the LORD.

7 ¶ And it came to pass, when the children of Israel cried unto the LORD because of the Midianites,

8 That the LORD sent a prophet unto the children of Israel, which said unto them, Thus saith the LORD God of Israel, I brought you up from Egypt, and brought you forth out of the house of bondage;

9 And I delivered you out of the hand of the Egyptians, and out of the hand of all that oppressed you, and drave them out from before you, and gave you their land;

10 And I said unto you, I *am* the LORD your God; fear not the gods of the Amorites, in whose land ye dwell: but ye have not obeyed my voice.

11 ¶ And there came an angel of the LORD, and sat under an oak which *was* in Ophrah, that *pertained* unto Joash the Abi-ezrite: and his son Gideon threshed wheat by the winepress, to hide *it* from the Midianites.

12 And the angel of the LORD appeared unto him, and said unto him, The LORD *is* with thee, thou mighty man of valour.

13 And Gideon said unto him, Oh my Lord, if the LORD be with us, why then is all this befallen us? and where *be* all his miracles which our fathers told us of, saying, Did not the LORD bring us up from Egypt? but now the LORD hath forsaken us, and delivered us into the hands of the Midianites.

14 And the LORD looked upon him, and said, Go in this thy might, and thou shalt save Israel from the hand of the Midianites: have not I sent thee?

15 And he said unto him, Oh my Lord, wherewith shall I save Israel? behold, my family *is* poor in Manasseh, and I *am* the least in my father's house.

16 And the LORD said unto him, Surely I will be with thee, and thou shalt smite the Midianites as one man.

17 And he said unto him, If now I have found grace in thy sight, then shew me a sign that thou talkest with me.

18 Depart not hence, I pray thee, until I come unto thee, and bring forth my present, and set *it* before thee. And he said, I will tarry until thou come again.

19 ¶ And Gideon went in, and made ready a kid, and unleavened cakes of an ephah of flour: the flesh he put in a basket, and he put the broth in a pot, and brought *it* out unto him under the oak, and presented *it*.

אֲמָרֶיהָ לָהּ: הֲלֹא יִמְצְאוּ   יְחַלְּקוּ שָׁלָל רַחַם רַחֲמָתַיִם 30
לְרֹאשׁ   גֶּבֶר שְׁלַל צְבָעִים לְסִיסְרָא   שָׁלָל

צְבָעִים רִקְמָה צֶבַע רִקְמָתַיִם לְצַוְּארֵי שָׁלָל: כֵּן יֹאבְדוּ כָל־אוֹיְבֶיךָ 31
יְהוָה וְאֹהֲבָיו כְּצֵאת הַשֶּׁמֶשׁ בִּגְבֻרָתוֹ וַתִּשְׁקֹט הָאָרֶץ אַרְבָּעִים
שָׁנָה:

וַיַּעֲשׂוּ בְנֵי־יִשְׂרָאֵל הָרַע בְּעֵינֵי יְהוָה וַיִּתְּנֵם יְהוָה בְּיַד־מִדְיָן שֶׁבַע 6 1
שָׁנִים: וַתָּעָז יַד־מִדְיָן עַל־יִשְׂרָאֵל מִפְּנֵי מִדְיָן עָשׂוּ לָהֶם׀ בְּנֵי יִשְׂרָאֵל 2
אֶת־הַמִּנְהָרוֹת אֲשֶׁר בֶּהָרִים וְאֶת־הַמְּעָרוֹת וְאֶת־הַמְּצָדוֹת: וְהָיָה 3
אִם־זָרַע יִשְׂרָאֵל וְעָלָה מִדְיָן וַעֲמָלֵק וּבְנֵי־קֶדֶם וְעָלוּ עָלָיו: וַיַּחֲנוּ 4
עֲלֵיהֶם וַיַּשְׁחִיתוּ אֶת־יְבוּל הָאָרֶץ עַד־בּוֹאֲךָ עַזָּה וְלֹא־יַשְׁאִירוּ מִחְיָה
בְּיִשְׂרָאֵל וְשֶׂה וָשׁוֹר וַחֲמוֹר: כִּי הֵם וּמִקְנֵיהֶם יַעֲלוּ וְאָהֳלֵיהֶם 5
יָבֹאוּ כְדֵי־אַרְבֶּה לָרֹב וְלָהֶם וְלִגְמַלֵּיהֶם אֵין מִסְפָּר וַיָּבֹאוּ בָאָרֶץ   וּבָאוּ
לְשַׁחֲתָהּ: וַיִּדַּל יִשְׂרָאֵל מְאֹד מִפְּנֵי מִדְיָן וַיִּזְעֲקוּ בְנֵי־יִשְׂרָאֵל אֶל־ 6
יְהוָה:

וַיְהִי כִּי־זָעֲקוּ בְנֵי־יִשְׂרָאֵל אֶל־יְהוָה עַל אֹדוֹת מִדְיָן: וַיִּשְׁלַח יְהוָה 7 8
אִישׁ נָבִיא אֶל־בְּנֵי יִשְׂרָאֵל וַיֹּאמֶר לָהֶם כֹּה־אָמַר יְהוָה׀ אֱלֹהֵי
יִשְׂרָאֵל אָנֹכִי הֶעֱלֵיתִי אֶתְכֶם מִמִּצְרַיִם וָאֹצִיא אֶתְכֶם מִבֵּית עֲבָדִים:
וָאַצִּל אֶתְכֶם מִיַּד מִצְרַיִם וּמִיַּד כָּל־לֹחֲצֵיכֶם וָאֲגָרֵשׁ אוֹתָם מִפְּנֵיכֶם 9
וָאֶתְּנָה לָכֶם אֶת־אַרְצָם: וָאֹמְרָה לָכֶם אֲנִי יְהוָה אֱלֹהֵיכֶם לֹא 10
תִירְאוּ אֶת־אֱלֹהֵי הָאֱמֹרִי אֲשֶׁר אַתֶּם יוֹשְׁבִים בְּאַרְצָם וְלֹא שְׁמַעְתֶּם
בְּקוֹלִי:

וַיָּבֹא מַלְאַךְ יְהוָה וַיֵּשֶׁב תַּחַת הָאֵלָה אֲשֶׁר בְּעָפְרָה אֲשֶׁר לְיוֹאָשׁ 11
אֲבִי הָעֶזְרִי וְגִדְעוֹן בְּנוֹ חֹבֵט חִטִּים בַּגַּת לְהָנִיס מִפְּנֵי מִדְיָן: וַיֵּרָא 12
אֵלָיו מַלְאַךְ יְהוָה וַיֹּאמֶר אֵלָיו יְהוָה עִמְּךָ גִּבּוֹר הֶחָיִל: וַיֹּאמֶר 13
אֵלָיו גִּדְעוֹן בִּי אֲדֹנִי וְיֵשׁ יְהוָה עִמָּנוּ וְלָמָּה מְצָאַתְנוּ כָּל־זֹאת
וְאַיֵּה כָל־נִפְלְאֹתָיו אֲשֶׁר סִפְּרוּ־לָנוּ אֲבוֹתֵינוּ לֵאמֹר הֲלֹא מִמִּצְרַיִם
הֶעֱלָנוּ יְהוָה וְעַתָּה נְטָשָׁנוּ יְהוָה וַיִּתְּנֵנוּ בְּכַף־מִדְיָן: וַיִּפֶן אֵלָיו 14
יְהוָה וַיֹּאמֶר לֵךְ בְּכֹחֲךָ זֶה וְהוֹשַׁעְתָּ אֶת־יִשְׂרָאֵל מִכַּף מִדְיָן הֲלֹא
שְׁלַחְתִּיךָ: וַיֹּאמֶר אֵלָיו בִּי אֲדֹנָי בַּמָּה אוֹשִׁיעַ אֶת־יִשְׂרָאֵל הִנֵּה 15
אַלְפִּי הַדַּל בִּמְנַשֶּׁה וְאָנֹכִי הַצָּעִיר בְּבֵית אָבִי: וַיֹּאמֶר אֵלָיו יְהוָה 16
כִּי אֶהְיֶה עִמָּךְ וְהִכִּיתָ אֶת־מִדְיָן כְּאִישׁ אֶחָד: וַיֹּאמֶר אֵלָיו אִם־נָא 17
מָצָאתִי חֵן בְּעֵינֶיךָ וְעָשִׂיתָ לִּי אוֹת שָׁאַתָּה מְדַבֵּר עִמִּי: אַל־נָא 18
תָמֻשׁ מִזֶּה עַד־בֹּאִי אֵלֶיךָ וְהֹצֵאתִי אֶת־מִנְחָתִי וְהִנַּחְתִּי לְפָנֶיךָ
וַיֹּאמַר אָנֹכִי אֵשֵׁב עַד שׁוּבֶךָ: וְגִדְעוֹן בָּא וַיַּעַשׂ גְּדִי־עִזִּים וְאֵיפַת־ 19
קֶמַח מַצּוֹת הַבָּשָׂר שָׂם בַּסַּל וְהַמָּרַק שָׂם בַּפָּרוּר וַיּוֹצֵא אֵלָיו אֶל־

20 And the angel of God said unto him, Take the flesh and the unleavened cakes, and lay *them* upon this rock, and pour out the broth. And he did so.

21 ¶ Then the angel of the LORD put forth the end of the staff that *was* in his hand, and touched the flesh and the unleavened cakes; and there rose up fire out of the rock, and consumed the flesh and the unleavened cakes. Then the angel of the LORD departed out of his sight.

22 And when Gideon perceived that he *was* an angel of the LORD, Gideon said, Alas, O Lord GOD! for because I have seen an angel of the LORD face to face.

23 And the LORD said unto him, Peace *be* unto thee; fear not: thou shalt not die.

24 Then Gideon built an altar there unto the LORD, and called it Jehovah-shalom: unto this day it *is* yet in Ophrah of the Abi-ezrites.

25 ¶ And it came to pass the same night, that the LORD said unto him, Take thy father's young bullock, even the second bullock of seven years old, and throw down the altar of Baal that thy father hath, and cut down the grove that *is* by it:

26 And build an altar unto the LORD thy God upon the top of this rock, in the ordered place, and take the second bullock, and offer a burnt sacrifice with the wood of the grove which thou shalt cut down.

27 Then Gideon took ten men of his servants, and did as the LORD had said unto him: and *so* it was, because he feared his father's household, and the men of the city, that he could not do *it* by day, that he did *it* by night.

28 ¶ And when the men of the city arose early in the morning, behold, the altar of Baal was cast down, and the grove was cut down that *was* by it, and the second bullock was offered upon the altar *that was* built.

29 And they said one to another, Who hath done this thing? And when they enquired and asked, they said, Gideon the son of Joash hath done this thing.

30 Then the men of the city said unto Joash, Bring out thy son, that he may die: because he hath cast down the altar of Baal, and because he hath cut down the grove that *was* by it.

31 And Joash said unto all that stood against him, Will ye plead for Baal? will ye save him? he that will plead for him, let him be put to death whilst *it is yet* morning: if he *be* a god, let him plead for himself, because *one* hath cast down his altar.

32 Therefore on that day he called him Jerubbaal, saying, Let Baal plead against him, because he hath thrown down his altar.

33 ¶ Then all the Midianites and the Amalekites and the children of the east were gathered together, and went over, and pitched in the valley of Jezreel.

34 But the Spirit of the LORD came upon Gideon, and he blew a trumpet; and Abi-ezer was gathered after him.

35 And he sent messengers throughout all Manasseh; who also was gathered after him: and he sent messengers unto Asher, and unto Zebulun, and unto Naphtali; and they came up to meet them.

36 ¶ And Gideon said unto God, If thou wilt save Israel by mine hand, as thou hast said,

37 Behold, I will put a fleece of wool in the floor; *and* if the dew be on the fleece only, and *it be* dry upon all the earth *beside*, then shall I know that thou wilt save Israel by mine hand, as thou hast said.

38 And it was so: for he rose up early on the morrow, and thrust the fleece together, and wringed the dew out of the fleece, a bowl full of water.

39 And Gideon said unto God, Let not thine anger be hot against me, and I will speak but this once: let me prove, I pray thee, but this once with the fleece; let it

תַּחַת הָאֵלָה וַיִּגַּשׁ: 20 וַיֹּאמֶר אֵלָיו מַלְאַךְ הָאֱלֹהִים קַח
אֶת־הַבָּשָׂר וְאֶת־הַמַּצּוֹת וְהַנַּח אֶל־הַסֶּלַע הַלָּז וְאֶת־הַמָּרָק שְׁפוֹךְ
וַיַּעַשׂ כֵּן: 21 וַיִּשְׁלַח מַלְאַךְ יְהוָה אֶת־קְצֵה הַמִּשְׁעֶנֶת אֲשֶׁר בְּיָדוֹ וַיִּגַּע
בַּבָּשָׂר וּבַמַּצּוֹת וַתַּעַל הָאֵשׁ מִן־הַצּוּר וַתֹּאכַל אֶת־הַבָּשָׂר
וְאֶת־הַמַּצּוֹת וּמַלְאַךְ יְהוָה הָלַךְ מֵעֵינָיו: 22 וַיַּרְא גִּדְעוֹן כִּי־מַלְאַךְ
יְהוָה הוּא וַיֹּאמֶר גִּדְעוֹן אֲהָהּ אֲדֹנָי יְהוִה כִּי־עַל־כֵּן
רָאִיתִי מַלְאַךְ יְהוָה פָּנִים אֶל־פָּנִים: 23 וַיֹּאמֶר לוֹ יְהוָה שָׁלוֹם לְךָ
אַל־תִּירָא לֹא תָּמוּת: 24 וַיִּבֶן שָׁם גִּדְעוֹן מִזְבֵּחַ לַיהוָה וַיִּקְרָא־לוֹ
יְהוָה שָׁלוֹם עַד הַיּוֹם הַזֶּה עוֹדֶנּוּ בְּעָפְרָת אֲבִי הָעֶזְרִי:
וַיְהִי בַּלַּיְלָה הַהוּא 25 וַיֹּאמֶר לוֹ יְהוָה קַח אֶת־פַּר־הַשּׁוֹר אֲשֶׁר לְאָבִיךָ
וּפַר הַשֵּׁנִי שֶׁבַע שָׁנִים וְהָרַסְתָּ אֶת־מִזְבַּח הַבַּעַל אֲשֶׁר לְאָבִיךָ
וְאֶת־הָאֲשֵׁרָה אֲשֶׁר־עָלָיו תִּכְרֹת: 26 וּבָנִיתָ מִזְבֵּחַ לַיהוָה אֱלֹהֶיךָ עַל
רֹאשׁ הַמָּעוֹז הַזֶּה בַּמַּעֲרָכָה וְלָקַחְתָּ אֶת־הַפָּר הַשֵּׁנִי וְהַעֲלִיתָ עוֹלָה
בַּעֲצֵי הָאֲשֵׁרָה אֲשֶׁר תִּכְרֹת: 27 וַיִּקַּח גִּדְעוֹן עֲשָׂרָה אֲנָשִׁים מֵעֲבָדָיו
וַיַּעַשׂ כַּאֲשֶׁר דִּבֶּר אֵלָיו יְהוָה וַיְהִי כַּאֲשֶׁר יָרֵא אֶת־בֵּית אָבִיו
וְאֶת־אַנְשֵׁי הָעִיר מֵעֲשׂוֹת יוֹמָם וַיַּעַשׂ לָיְלָה: 28 וַיַּשְׁכִּימוּ אַנְשֵׁי הָעִיר
בַּבֹּקֶר וְהִנֵּה נֻתַּץ מִזְבַּח הַבַּעַל וְהָאֲשֵׁרָה אֲשֶׁר־עָלָיו כֹּרָתָה וְאֵת
הַפָּר הַשֵּׁנִי הֹעֲלָה עַל־הַמִּזְבֵּחַ הַבָּנוּי: 29 וַיֹּאמְרוּ אִישׁ אֶל־רֵעֵהוּ מִי
עָשָׂה הַדָּבָר הַזֶּה וַיִּדְרְשׁוּ וַיְבַקְשׁוּ וַיֹּאמְרוּ גִּדְעוֹן בֶּן־יוֹאָשׁ עָשָׂה
הַדָּבָר הַזֶּה: 30 וַיֹּאמְרוּ אַנְשֵׁי הָעִיר אֶל־יוֹאָשׁ הוֹצֵא אֶת־בִּנְךָ וְיָמֹת
כִּי נָתַץ אֶת־מִזְבַּח הַבַּעַל וְכִי כָרַת הָאֲשֵׁרָה אֲשֶׁר־עָלָיו: 31 וַיֹּאמֶר
יוֹאָשׁ לְכֹל אֲשֶׁר־עָמְדוּ עָלָיו הַאַתֶּם תְּרִיבוּן לַבַּעַל אִם־אַתֶּם
תּוֹשִׁיעוּן אוֹתוֹ אֲשֶׁר יָרִיב לוֹ יוּמַת עַד־הַבֹּקֶר אִם־אֱלֹהִים הוּא
יָרֶב לוֹ כִּי נָתַץ אֶת־מִזְבְּחוֹ: 32 וַיִּקְרָא־לוֹ בַיּוֹם־הַהוּא יְרֻבַּעַל לֵאמֹר
יָרֶב בּוֹ הַבַּעַל כִּי נָתַץ אֶת־מִזְבְּחוֹ:
וְכָל־מִדְיָן וַעֲמָלֵק וּבְנֵי־קֶדֶם נֶאֶסְפוּ יַחְדָּו וַיַּעַבְרוּ וַיַּחֲנוּ בְּעֵמֶק 33
יִזְרְעֶאל: 34 וְרוּחַ יְהוָה לָבְשָׁה אֶת־גִּדְעוֹן וַיִּתְקַע בַּשּׁוֹפָר וַיִּזָּעֵק אֲבִיעֶזֶר
אַחֲרָיו: 35 וּמַלְאָכִים שָׁלַח בְּכָל־מְנַשֶּׁה וַיִּזָּעֵק גַּם־הוּא אַחֲרָיו וּמַלְאָכִים
שָׁלַח בְּאָשֵׁר וּבִזְבֻלוּן וּבְנַפְתָּלִי וַיַּעֲלוּ לִקְרָאתָם: 36 וַיֹּאמֶר גִּדְעוֹן אֶל־
הָאֱלֹהִים אִם־יֶשְׁךָ מוֹשִׁיעַ בְּיָדִי אֶת־יִשְׂרָאֵל כַּאֲשֶׁר דִּבַּרְתָּ: 37 הִנֵּה
אָנֹכִי מַצִּיג אֶת־גִּזַּת הַצֶּמֶר בַּגֹּרֶן אִם טַל יִהְיֶה עַל־הַגִּזָּה לְבַדָּהּ
וְעַל־כָּל־הָאָרֶץ חֹרֶב וְיָדַעְתִּי כִּי־תוֹשִׁיעַ בְּיָדִי אֶת־יִשְׂרָאֵל כַּאֲשֶׁר
דִּבַּרְתָּ: 38 וַיְהִי־כֵן וַיַּשְׁכֵּם מִמָּחֳרָת וַיָּזַר אֶת־הַגִּזָּה וַיִּמֶץ טַל מִן־הַגִּזָּה
מְלוֹא הַסֵּפֶל מָיִם: 39 וַיֹּאמֶר גִּדְעוֹן אֶל־הָאֱלֹהִים אַל־יִחַר אַפְּךָ בִּי
וַאֲדַבְּרָה אַךְ הַפָּעַם אֲנַסֶּה נָּא־רַק־הַפַּעַם בַּגִּזָּה יְהִי־נָא חֹרֶב אֶל־הַגִּזָּה

now be dry only upon the fleece, and upon all the ground let there be dew.

40 And God did so that night: for it was dry upon the fleece only, and there was dew on all the ground.

CHAPTER 7

1 Then Jerubbaal, who *is* Gideon, and all the people that *were* with him, rose up early, and pitched beside the well of Harod: so that the host of the Midianites were on the north side of them, by the hill of Moreh, in the valley.

2 And the LORD said unto Gideon, The people that *are* with thee *are* too many for me to give the Midianites into their hands, lest Israel vaunt themselves against me, saying, Mine own hand hath saved me.

3 Now therefore go to, proclaim in the ears of the people, saying, Whosoever *is* fearful and afraid, let him return and depart early from mount Gilead. And there returned of the people twenty and two thousand; and there remained ten thousand.

4 And the LORD said unto Gideon, The people *are* yet *too* many; bring them down unto the water, and I will try them for thee there: and it shall be, *that* of whom I say unto thee, This shall go with thee, the same shall go with thee; and of whomsoever I say unto thee, This shall not go with thee, the same shall not go.

5 So he brought down the people unto the water: and the LORD said unto Gideon, Every one that lappeth of the water with his tongue, as a dog lappeth, him shalt thou set by himself; likewise every one that boweth down upon his knees to drink.

6 And the number of them that lapped, *putting* their hand to their mouth, were three hundred men: but all the rest of the people bowed down upon their knees to drink water.

7 And the LORD said unto Gideon, By the three hundred men that lapped will I save you, and deliver the Midianites into

thine hand: and let all the *other* people go every man unto his place.

8 So the people took victuals in their hand, and their trumpets: and he sent all *the rest of* Israel every man unto his tent, and retained those three hundred men: and the host of Midian was beneath him in the valley.

9 ¶ And it came to pass the same night, that the LORD said unto him, Arise, get thee down unto the host; for I have delivered it into thine hand.

10 But if thou fear to go down, go thou with Phurah thy servant down to the host:

11 And thou shalt hear what they say; and afterward shall thine hands be strengthened to go down unto the host. Then went he down with Phurah his servant unto the outside of the armed men that *were* in the host.

12 And the Midianites and the Amalekites and all the children of the east lay along in the valley like grasshoppers for multitude; and their camels *were* without number, as the sand by the sea side for multitude.

13 And when Gideon was come, behold, *there was* a man that told a dream unto his fellow, and said, Behold, I dreamed a dream, and, lo, a cake of barley bread tumbled into the host of Midian, and came unto a tent, and smote it that it fell, and overturned it, that the tent lay along.

14 And his fellow answered and said, This *is* nothing else save the sword of Gideon the son of Joash, a man of Israel: *for* into his hand hath God delivered Midian, and all the host.

15 ¶ And it was *so,* when Gideon heard the telling of the dream, and the interpretation thereof, that he worshipped, and returned into the host of Israel, and said, Arise; for the LORD hath delivered into your hand the host of Midian.

16 And he divided the three hundred men *into* three companies, and he put a trumpet in every man's hand, with empty pitchers, and lamps within the pitchers.

17 And he said unto them, Look on me, and do likewise: and, behold, when I come

40 לְבַדָּהּ וְעַל־כָּל־הָאָרֶץ יִהְיֶה־טָּל: וַיַּעַשׂ אֱלֹהִים כֵּן בַּלַּיְלָה הַהוּא
וַיְהִי־חֹרֶב אֶל־הַגִּזָּה לְבַדָּהּ וְעַל־כָּל־הָאָרֶץ הָיָה טָל:

7 וַיַּשְׁכֵּם יְרֻבַּעַל הוּא גִדְעוֹן וְכָל־הָעָם אֲשֶׁר אִתּוֹ וַיַּחֲנוּ עַל־עֵין חֲרֹד

2 וּמַחֲנֵה מִדְיָן הָיָה־לוֹ מִצָּפוֹן מִגִּבְעַת הַמּוֹרֶה בָּעֵמֶק: וַיֹּאמֶר יְהוָה
אֶל־גִּדְעוֹן רַב הָעָם אֲשֶׁר אִתָּךְ מִתִּתִּי אֶת־מִדְיָן בְּיָדָם פֶּן־יִתְפָּאֵר

3 עָלַי יִשְׂרָאֵל לֵאמֹר יָדִי הוֹשִׁיעָה לִּי: וְעַתָּה קְרָא נָא בְּאָזְנֵי הָעָם
לֵאמֹר מִי־יָרֵא וְחָרֵד יָשֹׁב וְיִצְפֹּר מֵהַר הַגִּלְעָד וַיָּשָׁב מִן־הָעָם עֶשְׂרִים

4 וּשְׁנַיִם אֶלֶף וַעֲשֶׂרֶת אֲלָפִים נִשְׁאָרוּ: וַיֹּאמֶר יְהוָה
אֶל־גִּדְעוֹן עוֹד הָעָם רָב הוֹרֵד אוֹתָם אֶל־הַמַּיִם וְאֶצְרְפֶנּוּ לְךָ שָׁם
וְהָיָה אֲשֶׁר אֹמַר אֵלֶיךָ זֶה יֵלֵךְ אִתָּךְ הוּא יֵלֵךְ אִתָּךְ וְכֹל אֲשֶׁר־אֹמַר

5 אֵלֶיךָ זֶה לֹא־יֵלֵךְ עִמָּךְ הוּא לֹא יֵלֵךְ: וַיּוֹרֶד אֶת־הָעָם אֶל־
הַמָּיִם וַיֹּאמֶר יְהוָה אֶל־גִּדְעוֹן כֹּל אֲשֶׁר־יָלֹק בִּלְשׁוֹנוֹ
מִן־הַמַּיִם כַּאֲשֶׁר יָלֹק הַכֶּלֶב תַּצִּיג אוֹתוֹ לְבָד וְכֹל אֲשֶׁר־יִכְרַע

6 עַל־בִּרְכָּיו לִשְׁתּוֹת: וַיְהִי מִסְפַּר הַמֲלַקְקִים בְּיָדָם אֶל־פִּיהֶם שְׁלֹשׁ
מֵאוֹת אִישׁ וְכֹל יֶתֶר הָעָם כָּרְעוּ עַל־בִּרְכֵיהֶם לִשְׁתּוֹת

7 מָיִם: וַיֹּאמֶר יְהוָה אֶל־גִּדְעוֹן בִּשְׁלֹשׁ מֵאוֹת הָאִישׁ
הַמֲלַקְקִים אוֹשִׁיעַ אֶתְכֶם וְנָתַתִּי אֶת־מִדְיָן בְּיָדֶךָ וְכָל־הָעָם יֵלְכוּ

8 אִישׁ לִמְקֹמוֹ: וַיִּקְחוּ אֶת־צֵדָה הָעָם בְּיָדָם וְאֵת שׁוֹפְרֹתֵיהֶם וְאֵת
כָּל־אִישׁ יִשְׂרָאֵל שִׁלַּח אִישׁ לְאֹהָלָיו וּבִשְׁלֹשׁ־מֵאוֹת הָאִישׁ הֶחֱזִיק
וּמַחֲנֵה מִדְיָן הָיָה לוֹ מִתַּחַת בָּעֵמֶק:

9 וַיְהִי בַּלַּיְלָה הַהוּא וַיֹּאמֶר אֵלָיו יְהוָה קוּם רֵד בַּמַּחֲנֶה כִּי נְתַתִּיו

10 בְּיָדֶךָ: וְאִם־יָרֵא אַתָּה לָרֶדֶת רֵד אַתָּה וּפֻרָה נַעַרְךָ אֶל־הַמַּחֲנֶה:

11 וְשָׁמַעְתָּ מַה־יְדַבֵּרוּ וְאַחַר תֶּחֱזַקְנָה יָדֶיךָ וְיָרַדְתָּ בַּמַּחֲנֶה וַיֵּרֶד הוּא

12 וּפֻרָה נַעֲרוֹ אֶל־קְצֵה הַחֲמֻשִׁים אֲשֶׁר בַּמַּחֲנֶה: וּמִדְיָן וַעֲמָלֵק וְכָל־
בְּנֵי־קֶדֶם נֹפְלִים בָּעֵמֶק כָּאַרְבֶּה לָרֹב וְלִגְמַלֵּיהֶם אֵין מִסְפָּר כַּחוֹל

13 שֶׁעַל־שְׂפַת הַיָּם לָרֹב: וַיָּבֹא גִדְעוֹן וְהִנֵּה־אִישׁ מְסַפֵּר לְרֵעֵהוּ חֲלוֹם
צְלִיל | וַיֹּאמֶר הִנֵּה חֲלוֹם חָלַמְתִּי וְהִנֵּה צְלִיל לֶחֶם שְׂעֹרִים מִתְהַפֵּךְ
בְּמַחֲנֵה מִדְיָן וַיָּבֹא עַד־הָאֹהֶל וַיַּכֵּהוּ וַיִּפֹּל וַיַּהַפְכֵהוּ לְמַעְלָה וְנָפַל

14 הָאֹהֶל: וַיַּעַן רֵעֵהוּ וַיֹּאמֶר אֵין זֹאת בִּלְתִּי אִם־חֶרֶב גִּדְעוֹן בֶּן־יוֹאָשׁ
אִישׁ יִשְׂרָאֵל נָתַן הָאֱלֹהִים בְּיָדוֹ אֶת־מִדְיָן וְאֶת־כָּל־הַמַּחֲנֶה:

15 וַיְהִי כִשְׁמֹעַ גִּדְעוֹן אֶת־מִסְפַּר הַחֲלוֹם וְאֶת־שִׁבְרוֹ וַיִּשְׁתָּחוּ וַיָּשָׁב
אֶל־מַחֲנֵה יִשְׂרָאֵל וַיֹּאמֶר קוּמוּ כִּי־נָתַן יְהוָה בְּיֶדְכֶם אֶת־מַחֲנֵה

16 מִדְיָן: וַיַּחַץ אֶת־שְׁלֹשׁ־מֵאוֹת הָאִישׁ שְׁלֹשָׁה רָאשִׁים וַיִּתֵּן שׁוֹפָרוֹת

17 בְּיַד־כֻּלָּם וְכַדִּים רֵקִים וְלַפִּדִים בְּתוֹךְ הַכַּדִּים: וַיֹּאמֶר אֲלֵיהֶם
מִמֶּנִּי תִרְאוּ וְכֵן תַּעֲשׂוּ וְהִנֵּה אָנֹכִי בָא בִּקְצֵה הַמַּחֲנֶה וְהָיָה

to the outside of the camp, it shall be *that,* as I do, so shall ye do.

18 When I blow with a trumpet, I and all that *are* with me, then blow ye the trumpets also on every side of all the camp, and say, *The sword* of the LORD, and of Gideon.

19 ¶ So Gideon, and the hundred men that *were* with him, came unto the outside of the camp in the beginning of the middle watch; and they had but newly set the watch: and they blew the trumpets, and brake the pitchers that *were* in their hands.

20 And the three companies blew the trumpets, and brake the pitchers, and held the lamps in their left hands, and the trumpets in their right hands to blow *withal:* and they cried, The sword of the LORD, and of Gideon.

21 And they stood every man in his place round about the camp: and all the host ran, and cried, and fled.

22 And the three hundred blew the trumpets, and the LORD set every man's sword against his fellow, even throughout all the host: and the host fled to Beth-shittah in Zererath, *and* to the border of Abel-meholah, unto Tabbath.

23 And the men of Israel gathered themselves together out of Naphtali, and out of Asher, and out of all Manasseh, and pursued after the Midianites.

24 ¶ And Gideon sent messengers throughout all mount Ephraim, saying, Come down against the Midianites, and take before them the waters unto Beth-barah and Jordan. Then all the men of Ephraim gathered themselves together, and took the waters unto Beth-barah and Jordan.

25 And they took two princes of the Midianites, Oreb and Zeeb; and they slew Oreb upon the rock Oreb, and Zeeb they slew at the winepress of Zeeb, and pursued Midian, and brought the heads of Oreb and Zeeb to Gideon on the other side Jordan.

CHAPTER 8

1 And the men of Ephraim said unto him, Why hast thou served us thus, that thou calledst us not, when thou wentest to fight with the Midianites? And they did chide with him sharply.

2 And he said unto them, What have I done now in comparison of you? *Is* not the gleaning of the grapes of Ephraim better than the vintage of Abi-ezer?

3 God hath delivered into your hands the princes of Midian, Oreb and Zeeb: and what was I able to do in comparison of you? Then their anger was abated toward him, when he had said that.

4 ¶ And Gideon came to Jordan, *and* passed over, he, and the three hundred men that *were* with him, faint, yet pursuing *them.*

5 And he said unto the men of Succoth, Give, I pray you, loaves of bread unto the people that follow me; for they *be* faint, and I am pursuing after Zebah and Zalmunna, kings of Midian.

6 ¶ And the princes of Succoth said, *Are* the hands of Zebah and Zalmunna now in thine hand, that we should give bread unto thine army?

7 And Gideon said, Therefore when the LORD hath delivered Zebah and Zalmunna into mine hand, then I will tear your flesh with the thorns of the wilderness and with briers.

8 ¶ And he went up thence to Penuel, and spake unto them likewise: and the men of Penuel answered him as the men of Succoth had answered *him.*

9 And he spake also unto the men of Penuel, saying, When I come again in peace, I will break down this tower.

10 ¶ Now Zebah and Zalmunna *were* in Karkor, and their hosts with them, about fifteen thousand *men,* all that were left of all the hosts of the children of the east: for there fell an hundred and twenty thousand men that drew sword.

11 ¶ And Gideon went up by the way of them that dwelt in tents on the east of

18 כַּאֲשֶׁר־אֶעֱשֶׂה כֵּן תַּעֲשׂוּן וְתָקַעְתִּי בַּשּׁוֹפָר אָנֹכִי וְכָל־אֲשֶׁר אִתִּי וּתְקַעְתֶּם בַּשּׁוֹפָרוֹת גַּם־אַתֶּם סְבִיבוֹת כָּל־הַמַּחֲנֶה וַאֲמַרְתֶּם לַיהֹוָה וּלְגִדְעוֹן:

19 וַיָּבֹא גִדְעוֹן וּמֵאָה־אִישׁ אֲשֶׁר־אִתּוֹ בִּקְצֵה הַמַּחֲנֶה רֹאשׁ הָאַשְׁמֹרֶת הַתִּיכוֹנָה אַךְ הָקֵם הֵקִימוּ אֶת־הַשֹּׁמְרִים וַיִּתְקְעוּ בַּשּׁוֹפָרוֹת וְנָפוֹץ

20 הַכַּדִּים אֲשֶׁר בְּיָדָם: וַיִּתְקְעוּ שְׁלֹשֶׁת הָרָאשִׁים בַּשּׁוֹפָרוֹת וַיִּשְׁבְּרוּ הַכַּדִּים וַיַּחֲזִיקוּ בְיַד־שְׂמֹאולָם בַּלַּפִּדִים וּבְיַד־יְמִינָם הַשּׁוֹפָרוֹת

21 לִתְקוֹעַ וַיִּקְרְאוּ חֶרֶב לַיהֹוָה וּלְגִדְעוֹן: וַיַּעַמְדוּ אִישׁ תַּחְתָּיו סָבִיב

22 וַיָּנוּסוּ לַמַּחֲנֶה וַיָּרָץ כָּל־הַמַּחֲנֶה וַיָּרִיעוּ וַיָּנֻסוּ: וַיִּתְקְעוּ שְׁלֹשׁ־מֵאוֹת הַשּׁוֹפָרוֹת וַיָּשֶׂם יְהֹוָה אֵת חֶרֶב אִישׁ בְּרֵעֵהוּ וּבְכָל־הַמַּחֲנֶה וַיָּנָס הַמַּחֲנֶה עַד־בֵּית הַשִּׁטָּה צְרֵרָתָה עַד שְׂפַת־אָבֵל מְחוֹלָה עַל־טַבָּת:

23 וַיִּצָּעֵק אִישׁ־יִשְׂרָאֵל מִנַּפְתָּלִי וּמִן־אָשֵׁר וּמִן־כָּל־מְנַשֶּׁה וַיִּרְדְּפוּ אַחֲרֵי

24 מִדְיָן: וּמַלְאָכִים שָׁלַח גִּדְעוֹן בְּכָל־הַר אֶפְרַיִם לֵאמֹר רְדוּ לִקְרַאת מִדְיָן וְלִכְדוּ לָהֶם אֶת־הַמַּיִם עַד בֵּית בָּרָה וְאֶת־הַיַּרְדֵּן וַיִּצָּעֵק כָּל־אִישׁ אֶפְרַיִם וַיִּלְכְּדוּ אֶת־הַמַּיִם עַד בֵּית בָּרָה וְאֶת־הַיַּרְדֵּן:

25 וַיִּלְכְּדוּ שְׁנֵי־שָׂרֵי מִדְיָן אֶת־עֹרֵב וְאֶת־זְאֵב וַיַּהַרְגוּ אֶת־עוֹרֵב בְּצוּר־ עוֹרֵב וְאֶת־זְאֵב הָרְגוּ בְיֶקֶב־זְאֵב וַיִּרְדְּפוּ אֶל־מִדְיָן וְרֹאשׁ־עֹרֵב וּזְאֵב

8 הֵבִיאוּ אֶל־גִּדְעוֹן מֵעֵבֶר לַיַּרְדֵּן: וַיֹּאמְרוּ אֵלָיו אִישׁ אֶפְרַיִם מָה־הַדָּבָר הַזֶּה עָשִׂיתָ לָּנוּ לְבִלְתִּי קְרֹאות לָנוּ כִּי הָלַכְתָּ לְהִלָּחֵם

2 בְּמִדְיָן וַיְרִיבוּן אִתּוֹ בְּחָזְקָה: וַיֹּאמֶר אֲלֵיהֶם מֶה־עָשִׂיתִי עַתָּה כָּכֶם

3 הֲלוֹא טוֹב עֹלְלוֹת אֶפְרַיִם מִבְצִיר אֲבִיעֶזֶר: בְּיֶדְכֶם נָתַן אֱלֹהִים אֶת־שָׂרֵי מִדְיָן אֶת־עֹרֵב וְאֶת־זְאֵב וּמַה־יָּכֹלְתִּי עֲשׂוֹת כָּכֶם אָז

4 רָפְתָה רוּחָם מֵעָלָיו בְּדַבְּרוֹ הַדָּבָר הַזֶּה: וַיָּבֹא גִדְעוֹן הַיַּרְדֵּנָה עֹבֵר

5 הוּא וּשְׁלֹשׁ־מֵאוֹת הָאִישׁ אֲשֶׁר אִתּוֹ עֲיֵפִים וְרֹדְפִים: וַיֹּאמֶר לְאַנְשֵׁי סֻכּוֹת תְּנוּ־נָא כִּכְּרוֹת לֶחֶם לָעָם אֲשֶׁר בְּרַגְלָי כִּי־עֲיֵפִים הֵם וְאָנֹכִי

6 רֹדֵף אַחֲרֵי זֶבַח וְצַלְמֻנָּע מַלְכֵי מִדְיָן: וַיֹּאמֶר שָׂרֵי סֻכּוֹת הֲכַף

7 זֶבַח וְצַלְמֻנָּע עַתָּה בְּיָדֶךָ כִּי־נִתֵּן לִצְבָאֲךָ לָחֶם: וַיֹּאמֶר גִּדְעוֹן לָכֵן בְּתֵת יְהֹוָה אֶת־זֶבַח וְאֶת־צַלְמֻנָּע בְּיָדִי וְדַשְׁתִּי אֶת־בְּשַׂרְכֶם אֶת־

8 קוֹצֵי הַמִּדְבָּר וְאֶת־הַבַּרְקֳנִים: וַיַּעַל מִשָּׁם פְּנוּאֵל וַיְדַבֵּר אֲלֵיהֶם

9 כָּזֹאת וַיַּעֲנוּ אוֹתוֹ אַנְשֵׁי פְנוּאֵל כַּאֲשֶׁר עָנוּ אַנְשֵׁי סֻכּוֹת: וַיֹּאמֶר גַּם־לְאַנְשֵׁי פְנוּאֵל לֵאמֹר בְּשׁוּבִי בְשָׁלוֹם אֶתֹּץ אֶת־הַמִּגְדָּל הַזֶּה:

10 וְזֶבַח וְצַלְמֻנָּע בַּקַּרְקֹר וּמַחֲנֵיהֶם עִמָּם כַּחֲמֵשֶׁת עָשָׂר אֶלֶף כֹּל הַנּוֹתָרִים מִכֹּל מַחֲנֵה בְנֵי־קֶדֶם וְהַנֹּפְלִים מֵאָה וְעֶשְׂרִים אֶלֶף אִישׁ

11 שֹׁלֵף חָרֶב: וַיַּעַל גִּדְעוֹן דֶּרֶךְ הַשְּׁכוּנֵי בָאֳהָלִים מִקֶּדֶם לְנֹבַח וְיָגְבְּהָה

Nobah and Jogbehah, and smote the host: for the host was secure.

12 And when Zebah and Zalmunna fled, he pursued after them, and took the two kings of Midian, Zebah and Zalmunna, and discomfited all the host.

13 ¶ And Gideon the son of Joash returned from battle before the sun *was up,*

14 And caught a young man of the men of Succoth, and enquired of him: and he described unto him the princes of Succoth, and the elders thereof, *even* threescore and seventeen men.

15 And he came unto the men of Succoth, and said, Behold Zebah and Zalmunna, with whom ye did upbraid me, saying, *Are* the hands of Zebah and Zalmunna now in thine hand, that we should give bread unto thy men *that are* weary?

16 And he took the elders of the city, and thorns of the wilderness and briers, and with them he taught the men of Succoth.

17 And he beat down the tower of Penuel, and slew the men of the city.

18 ¶ Then said he unto Zebah and Zalmunna, What manner of men *were they* whom ye slew at Tabor? And they answered, As thou *art,* so *were* they; each one resembled the children of a king.

19 And he said, They *were* my brethren, *even* the sons of my mother: *as* the LORD liveth, if ye had saved them alive, I would not slay you.

20 And he said unto Jether his firstborn, Up, *and* slay them. But the youth drew not his sword: for he feared, because he *was* yet a youth.

21 Then Zebah and Zalmunna said, Rise thou, and fall upon us: for as the man *is,* so *is* his strength. And Gideon arose, and slew Zebah and Zalmunna, and took away the ornaments that *were* on their camels' necks.

22 ¶ Then the men of Israel said unto Gideon, Rule thou over us, both thou, and thy son, and thy son's son also: for thou hast delivered us from the hand of Midian.

23 And Gideon said unto them, I will not rule over you, neither shall my son

rule over you: the LORD shall rule over you.

24 ¶ And Gideon said unto them, I would desire a request of you, that ye would give me every man the earrings of his prey. (For they had golden earrings, because they *were* Ishmaelites.)

25 And they answered, We will willingly give *them.* And they spread a garment, and did cast therein every man the earrings of his prey.

26 And the weight of the golden earrings that he requested was a thousand and seven hundred *shekels* of gold; beside ornaments, and collars, and purple raiment that *was* on the kings of Midian, and beside the chains that *were* about their camels' necks.

27 And Gideon made an ephod thereof, and put it in his city, *even* in Ophrah: and all Israel went thither a whoring after it: which thing became a snare unto Gideon, and to his house.

28 ¶ Thus was Midian subdued before the children of Israel, so that they lifted up their heads no more. And the country was in quietness forty years in the days of Gideon.

29 ¶ And Jerubbaal the son of Joash went and dwelt in his own house.

30 And Gideon had threescore and ten sons of his body begotten: for he had many wives.

31 And his concubine that *was* in Shechem, she also bare him a son, whose name he called Abimelech.

32 ¶ And Gideon the son of Joash died in a good old age, and was buried in the sepulchre of Joash his father, in Ophrah of the Abi-ezrites.

33 And it came to pass, as soon as Gideon was dead, that the children of Israel turned again, and went a whoring after Baalim, and made Baal-berith their god.

34 And the children of Israel remembered not the LORD their God, who had delivered them out of the hands of all their enemies on every side:

35 Neither shewed they kindness to the house of Jerubbaal, *namely,* Gideon, according to all the goodness which he had shewed unto Israel.

וַיַּ֗ךְ אֶת־הַֽמַּחֲנֶ֔ה וְהַֽמַּחֲנֶ֖ה הָיָ֣ה בֶ֑טַח וַיָּנ֨וּסוּ֙ זֶ֣בַח וְצַלְמֻנָּ֔ע וַיִּרְדֹּ֖ף 12
אַחֲרֵיהֶ֑ם וַֽיִּלְכֹּ֞ד אֶת־שְׁנֵ֣י ׀ מַלְכֵ֣י מִדְיָ֗ן אֶת־זֶ֨בַח֙ וְאֶת־צַלְמֻנָּ֔ע
וְכׇל־הַֽמַּחֲנֶ֖ה הֶחֱרִֽיד׃ וַיָּ֛שׇׁב גִּדְע֥וֹן בֶּן־יוֹאָ֖שׁ מִן־הַמִּלְחָמָ֑ה מִֽלְמַעֲלֵ֖ה 13
הֶחָֽרֶס׃ וַיִּלְכׇּד־נַ֛עַר מֵאַנְשֵׁ֥י סֻכּ֖וֹת וַיִּשְׁאָלֵ֑הוּ וַיִּכְתֹּ֨ב אֵלָ֜יו אֶת־שָׂרֵ֧י 14
סֻכּ֛וֹת וְאֶת־זְקֵנֶ֖יהָ שִׁבְעִ֥ים וְשִׁבְעָ֖ה אִֽישׁ׃ וַיָּבֹא֙ אֶל־אַנְשֵׁ֣י סֻכּ֔וֹת 15
וַיֹּ֕אמֶר הִנֵּ֖ה זֶ֣בַח וְצַלְמֻנָּ֑ע אֲשֶׁר֩ חֵרַפְתֶּ֨ם אוֹתִ֜י לֵאמֹ֗ר הֲ֠כַ֠ף זֶ֣בַח
וְצַלְמֻנָּ֤ע עַתָּה֙ בְּיָדֶ֔ךָ כִּ֥י נִתֵּ֛ן לַאֲנָשֶׁ֥יךָ הַיְּעֵפִ֖ים לָֽחֶם׃ וַיִּקַּ֞ח אֶת־זִקְנֵ֣י 16
הָעִ֗יר וְאֶת־קוֹצֵ֤י הַמִּדְבָּר֙ וְאֶת־הַֽבַּרְקֳנִ֔ים וַיֹּ֣דַע בָּהֶ֔ם אֵ֖ת אַנְשֵׁ֥י
סֻכּֽוֹת׃ וְאֶת־מִגְדַּ֥ל פְּנוּאֵ֖ל נָתָ֑ץ וַֽיַּהֲרֹ֖ג אֶת־אַנְשֵׁ֥י הָעִֽיר׃ וַיֹּ֗אמֶר 17
18
אֶל־זֶ֙בַח֙ וְאֶל־צַלְמֻנָּ֔ע אֵיפֹה֙ הָֽאֲנָשִׁ֔ים אֲשֶׁ֥ר הֲרַגְתֶּ֖ם בְּתָב֑וֹר וַיֹּ֣אמְר֔וּ
כָּמ֣וֹךָ כְמוֹהֶ֔ם אֶחָ֕ד כְּתֹ֖אַר בְּנֵ֥י הַמֶּֽלֶךְ׃ וַיֹּאמַ֕ר אַחַ֥י בְּנֵֽי־אִמִּ֖י הֵ֑ם 19
חַי־יְהֹוָ֗ה ל֚וּ הַחֲיִתֶ֣ם אוֹתָ֔ם לֹ֥א הָרַ֖גְתִּי אֶתְכֶֽם׃ וַיֹּ֙אמֶר֙ לְיֶ֣תֶר בְּכוֹר֔וֹ 20
ק֖וּם הֲרֹ֣ג אוֹתָ֑ם וְלֹא־שָׁלַ֨ף הַנַּ֤עַר חַרְבּוֹ֙ כִּ֣י יָרֵ֔א כִּ֥י עוֹדֶ֖נּוּ נָֽעַר׃
וַיֹּ֜אמֶר זֶ֣בַח וְצַלְמֻנָּ֗ע ק֤וּם אַתָּה֙ וּפְגַע־בָּ֔נוּ כִּ֥י כָאִ֖ישׁ גְּבוּרָת֑וֹ וַיָּ֣קׇם 21
גִּדְע֗וֹן וַֽיַּהֲרֹג֙ אֶת־זֶ֣בַח וְאֶת־צַלְמֻנָּ֔ע וַיִּקַּח֙ אֶת־הַשַּׂ֣הֲרֹנִ֔ים אֲשֶׁ֖ר
בְּצַוְּארֵ֥י גְמַלֵּיהֶֽם׃ וַיֹּאמְר֤וּ אִישׁ־יִשְׂרָאֵל֙ אֶל־גִּדְע֔וֹן מְשׇׁל־בָּ֙נוּ֙ גַּם־ 22
אַתָּה֙ גַּם־בִּנְךָ֔ גַּ֖ם בֶּן־בְּנֶ֑ךָ כִּ֥י הוֹשַׁעְתָּ֖נוּ מִיַּ֥ד מִדְיָֽן׃ וַיֹּ֤אמֶר אֲלֵהֶם֙ 23
גִּדְע֔וֹן לֹֽא־אֶמְשֹׁ֤ל אֲנִי֙ בָּכֶ֔ם וְלֹֽא־יִמְשֹׁ֥ל בְּנִ֖י בָּכֶ֑ם יְהֹוָ֖ה יִמְשֹׁ֥ל בָּכֶֽם׃
וַיֹּ֨אמֶר אֲלֵהֶ֜ם גִּדְע֗וֹן אֶשְׁאֲלָ֤ה מִכֶּם֙ שְׁאֵלָ֔ה וּתְנוּ־לִ֕י אִ֖ישׁ נֶ֣זֶם שְׁלָל֑וֹ 24
כִּֽי־נִזְמֵ֤י זָהָב֙ לָהֶ֔ם כִּ֥י יִשְׁמְעֵאלִ֖ים הֵֽם׃ וַיֹּאמְר֖וּ נָתֹ֣ן נִתֵּ֑ן וַֽיִּפְרְשׂוּ֙ 25
אֶת־הַשִּׂמְלָ֔ה וַיַּשְׁלִ֣יכוּ שָׁ֔מָּה אִ֖ישׁ נֶ֥זֶם שְׁלָלֽוֹ׃ וַיְהִ֗י מִשְׁקַ֞ל נִזְמֵ֤י 26
הַזָּהָב֙ אֲשֶׁ֣ר שָׁאָ֔ל אֶ֥לֶף וּשְׁבַע־מֵא֖וֹת זָהָ֑ב לְ֠בַ֠ד מִן־הַשַּׂ֨הֲרֹנִ֜ים
וְהַנְּטִפ֗וֹת וּבִגְדֵ֤י הָֽאַרְגָּמָן֙ שֶׁעַל֙ מַלְכֵ֣י מִדְיָ֔ן וּלְבַד֙ מִן־הָ֣עֲנָק֔וֹת אֲשֶׁ֖ר
בְּצַוְּארֵ֥י גְמַלֵּיהֶֽם׃ וַיַּ֩עַשׂ֩ אוֹת֨וֹ גִדְע֜וֹן לְאֵפ֗וֹד וַיַּצֵּ֨ג אוֹת֤וֹ בְעִירוֹ֙ 27
בְּעׇפְרָ֔ה וַיִּזְנ֧וּ כׇל־יִשְׂרָאֵ֛ל אַחֲרָ֖יו שָׁ֑ם וַיְהִ֛י לְגִדְע֥וֹן וּלְבֵית֖וֹ לְמוֹקֵֽשׁ׃
וַיִּכָּנַ֣ע מִדְיָ֗ן לִפְנֵי֙ בְּנֵ֣י יִשְׂרָאֵ֔ל וְלֹ֥א יָסְפ֖וּ לָשֵׂ֣את רֹאשָׁ֑ם וַתִּשְׁקֹ֤ט 28
הָאָ֙רֶץ֙ אַרְבָּעִ֣ים שָׁנָ֔ה בִּימֵ֖י גִדְעֽוֹן׃
וַיֵּ֛לֶךְ יְרֻבַּ֥עַל בֶּן־יוֹאָ֖שׁ וַיֵּ֥שֶׁב בְּבֵיתֽוֹ׃ וּלְגִדְע֗וֹן הָי֛וּ שִׁבְעִ֥ים בָּנִ֖ים 29
30
יֹצְאֵ֣י יְרֵכ֑וֹ כִּֽי־נָשִׁ֥ים רַבּ֖וֹת הָ֥יוּ לֽוֹ׃ וּפִ֨ילַגְשׁ֜וֹ אֲשֶׁ֣ר בִּשְׁכֶ֗ם יָֽלְדָה־לּ֥וֹ 31
גַם־הִ֖יא בֵּ֑ן וַיָּ֥שֶׂם אֶת־שְׁמ֖וֹ אֲבִימֶֽלֶךְ׃ וַיָּ֛מׇת גִּדְע֥וֹן בֶּן־יוֹאָ֖שׁ בְּשֵׂיבָ֣ה 32
טוֹבָ֑ה וַיִּקָּבֵ֗ר בְּקֶ֙בֶר֙ יוֹאָ֣שׁ אָבִ֔יו בְּעׇפְרָ֖ה אֲבִ֥י הָעֶזְרִֽי׃
וַיְהִ֗י כַּֽאֲשֶׁר֙ מֵ֣ת גִּדְע֔וֹן וַיָּשׁ֙וּבוּ֙ בְּנֵ֣י יִשְׂרָאֵ֔ל וַיִּזְנ֖וּ אַחֲרֵ֣י הַבְּעָלִ֑ים וַיָּשִׂ֧ימוּ 33
לָהֶ֛ם בַּ֥עַל בְּרִ֖ית לֵאלֹהִֽים׃ וְלֹ֤א זָֽכְרוּ֙ בְּנֵ֣י יִשְׂרָאֵ֔ל אֶת־יְהֹוָ֖ה אֱלֹהֵיהֶ֑ם 34
הַמַּצִּ֥יל אוֹתָ֛ם מִיַּ֥ד כׇּל־אֹיְבֵיהֶ֖ם מִסָּבִֽיב׃ וְלֹא־עָשׂ֣וּ חֶ֔סֶד עִם־בֵּ֥ית 35
יְרֻבַּ֖עַל גִּדְע֑וֹן כְּכׇל־הַטּוֹבָ֔ה אֲשֶׁ֥ר עָשָׂ֖ה עִם־יִשְׂרָאֵֽל׃

CHAPTER 9

1 And Abimelech the son of Jerubbaal went to Shechem unto his mother's brethren, and communed with them, and with all the family of the house of his mother's father, saying,

2 Speak, I pray you, in the ears of all the men of Shechem, Whether *is* better for you, either that all the sons of Jerubbaal, *which are* threescore and ten persons, reign over you, or that one reign over you? remember also that I *am* your bone and your flesh.

3 And his mother's brethren spake of him in the ears of all the men of Shechem all these words: and their hearts inclined to follow Abimelech; for they said, He *is* our brother.

4 And they gave him threescore and ten *pieces* of silver out of the house of Baal-berith, wherewith Abimelech hired vain and light persons, which followed him.

5 And he went unto his father's house at Ophrah, and slew his brethren the sons of Jerubbaal, *being* threescore and ten persons, upon one stone: notwithstanding yet Jotham the youngest son of Jerubbaal was left; for he hid himself.

6 And all the men of Shechem gathered together, and all the house of Millo, and went, and made Abimelech king, by the plain of the pillar that *was* in Shechem.

7 ¶ And when they told *it* to Jotham, he went and stood in the top of mount Gerizim, and lifted up his voice, and cried, and said unto them, Hearken unto me, ye men of Shechem, that God may hearken unto you.

8 The trees went forth *on a time* to anoint a king over them; and they said unto the olive tree, Reign thou over us.

9 But the olive tree said unto them, Should I leave my fatness, wherewith by me they honour God and man, and go to be promoted over the trees?

10 And the trees said to the fig tree, Come thou, *and* reign over us.

11 But the fig tree said unto them, Should I forsake my sweetness, and my good fruit, and go to be promoted over the trees?

12 Then said the trees unto the vine, Come thou, *and* reign over us.

13 And the vine said unto them, Should I leave my wine, which cheereth God and man, and go to be promoted over the trees?

14 Then said all the trees unto the bramble, Come thou, *and* reign over us.

15 And the bramble said unto the trees, If in truth ye anoint me king over you, *then* come *and* put your trust in my shadow: and if not, let fire come out of the bramble, and devour the cedars of Lebanon.

16 Now therefore, if ye have done truly and sincerely, in that ye have made Abimelech king, and if ye have dealt well with Jerubbaal and his house, and have done unto him according to the deserving of his hands;

17 (For my father fought for you, and adventured his life far, and delivered you out of the hand of Midian:

18 And ye are risen up against my father's house this day, and have slain his sons, threescore and ten persons, upon one stone, and have made Abimelech, the son of his maidservant, king over the men of Shechem, because he *is* your brother;)

19 If ye then have dealt truly and sincerely with Jerubbaal and with his house this day, *then* rejoice ye in Abimelech, and let him also rejoice in you:

20 But if not, let fire come out from Abimelech, and devour the men of Shechem, and the house of Millo; and let fire come out from the men of Shechem, and from the house of Millo, and devour Abimelech.

21 And Jotham ran away, and fled, and went to Beer, and dwelt there, for fear of Abimelech his brother.

22 ¶ When Abimelech had reigned three years over Israel,

23 Then God sent an evil spirit between

9 וַיֵּ֤לֶךְ אֲבִימֶ֨לֶךְ֙ בֶּן־יְרֻבַּ֔עַל שְׁכֶ֖מָה אֶל־אֲחֵ֣י אִמּ֑וֹ וַיְדַבֵּ֣ר אֲלֵיהֶ֔ם

2A 2 וְאֶל־כָּל־מִשְׁפַּ֣חַת בֵּית־אֲבִ֣י אִמּ֔וֹ לֵאמֹ֑ר דַּבְּרוּ־נָ֞א בְּאָזְנֵ֤י כָל־בַּעֲלֵ֣י שְׁכֶ֗ם מַה־טּ֣וֹב לָכֶ֗ם הַמְשֹׁ֨ל בָּכֶ֜ם שִׁבְעִ֣ים אִ֗ישׁ כֹּ֚ל בְּנֵ֣י יְרֻבַּ֔עַל אִם־מְשֹׁ֥ל בָּכֶ֖ם אִ֣ישׁ אֶחָ֑ד וּזְכַרְתֶּ֕ם כִּֽי־עַצְמְכֶ֥ם וּבְשַׂרְכֶ֖ם אָֽנִי׃

3 וַיְדַבְּר֨וּ אֲחֵֽי־אִמּ֜וֹ עָלָ֗יו בְּאָזְנֵי֙ כָּל־בַּעֲלֵ֣י שְׁכֶ֔ם אֵ֥ת כָּל־הַדְּבָרִ֖ים הָאֵ֑לֶּה וַיֵּ֤ט לִבָּם֙ אַחֲרֵ֣י אֲבִימֶ֔לֶךְ כִּ֥י אָמְר֖וּ אָחִ֥ינוּ הֽוּא׃ 4 וַיִּתְּנוּ־לוֹ֙ שִׁבְעִ֣ים כֶּ֔סֶף מִבֵּ֖ית בַּ֣עַל בְּרִ֑ית וַיִּשְׂכֹּ֨ר בָּהֶ֜ם אֲבִימֶ֗לֶךְ אֲנָשִׁ֤ים רֵיקִים֙ וּפֹ֣חֲזִ֔ים וַיֵּלְכ֖וּ אַחֲרָֽיו׃ 5 וַיָּבֹ֤א בֵית־אָבִיו֙ עָפְרָ֔תָה וַֽיַּהֲרֹ֞ג אֶת־אֶחָ֧יו בְּנֵֽי־יְרֻבַּ֛עַל שִׁבְעִ֥ים אִ֖ישׁ עַל־אֶ֣בֶן אֶחָ֑ת וַיִּוָּתֵ֞ר יוֹתָ֤ם בֶּן־יְרֻבַּ֨עַל֙ הַקָּטֹ֔ן כִּ֥י נֶחְבָּֽא׃ 6 וַיֵּאָ֨סְפ֜וּ כָּל־בַּעֲלֵ֤י שְׁכֶם֙ וְכָל־בֵּ֣ית מִלּ֔וֹא וַיֵּ֣לְכ֔וּ וַיַּמְלִ֥יכוּ אֶת־אֲבִימֶ֖לֶךְ לְמֶ֑לֶךְ עִם־אֵל֥וֹן מֻצָּ֖ב אֲשֶׁ֥ר בִּשְׁכֶֽם׃

7 וַיַּגִּ֣דוּ לְיוֹתָ֗ם וַיֵּ֙לֶךְ֙ וַֽיַּעֲמֹד֙ בְּרֹ֣אשׁ הַר־גְּרִזִ֔ים וַיִּשָּׂ֥א קוֹל֖וֹ וַיִּקְרָ֑א 8 וַיֹּ֣אמֶר לָהֶ֔ם שִׁמְע֤וּ אֵלַי֙ בַּעֲלֵ֣י שְׁכֶ֔ם וְיִשְׁמַ֥ע אֲלֵיכֶ֖ם אֱלֹהִֽים׃ הָל֤וֹךְ

מַלְכָה הָֽלְכוּ֙ הָֽעֵצִ֔ים לִמְשֹׁ֥חַ עֲלֵיהֶ֖ם מֶ֑לֶךְ וַיֹּאמְר֥וּ לַזַּ֖יִת מלוכה עָלֵֽינוּ׃ 9 וַיֹּ֤אמֶר לָהֶם֙ הַזַּ֔יִת הֶחֳדַ֨לְתִּי֙ אֶת־דִּשְׁנִ֔י אֲשֶׁר־בִּ֛י יְכַבְּד֥וּ אֱלֹהִ֖ים וַאֲנָשִׁ֑ים וְהָ֣לַכְתִּ֔י לָנ֖וּעַ עַל־הָעֵצִֽים׃ 10 וַיֹּאמְר֥וּ הָעֵצִ֖ים לַתְּאֵנָ֑ה לְכִי־אַ֖תְּ מָלְכִ֥י עָלֵֽינוּ׃ 11 וַתֹּ֤אמֶר לָהֶם֙ הַתְּאֵנָ֔ה הֶחֳדַ֨לְתִּי֙ אֶת־מָתְקִ֔י וְאֶת־תְּנוּבָתִ֖י הַטּוֹבָ֑ה וְהָ֣לַכְתִּ֔י לָנ֖וּעַ עַל־הָעֵצִֽים׃ 12 וַיֹּאמְר֥וּ הָעֵצִ֖ים לַגָּ֑פֶן

מַלְכִי לְכִי־אַ֖תְּ מׇלכ֥י עָלֵֽינוּ׃ 13 וַתֹּ֤אמֶר לָהֶם֙ הַגֶּ֔פֶן הֶחֳדַ֨לְתִּי֙ אֶת־תִּ֣ירוֹשִׁ֔י הַֽמְשַׂמֵּ֥חַ אֱלֹהִ֖ים וַאֲנָשִׁ֑ים וְהָ֣לַכְתִּ֔י לָנ֖וּעַ עַל־הָעֵצִֽים׃ 14 וַיֹּאמְר֥וּ כָל־הָעֵצִ֖ים אֶל־הָאָטָ֑ד לֵ֥ךְ אַתָּ֖ה מְלׇךְ־עָלֵֽינוּ׃ 15 וַיֹּ֣אמֶר הָאָטָד֮ אֶל־הָעֵצִים֒ אִ֡ם בֶּאֱמֶ֣ת אַתֶּם֩ מֹשְׁחִ֨ים אֹתִ֤י לְמֶ֨לֶךְ֙ עֲלֵיכֶ֔ם בֹּ֖אוּ חֲס֣וּ בְצִלִּ֑י וְאִם־אַ֕יִן תֵּ֤צֵא אֵשׁ֙ מִן־הָ֣אָטָ֔ד וְתֹאכַ֖ל אֶת־אַרְזֵ֥י הַלְּבָנֽוֹן׃

16 וְעַתָּ֗ה אִם־בֶּאֱמֶ֤ת וּבְתָמִים֙ עֲשִׂיתֶ֔ם וַתַּמְלִ֖יכוּ אֶת־אֲבִימֶ֑לֶךְ וְאִם־טוֹבָ֤ה עֲשִׂיתֶם֙ עִם־יְרֻבַּ֣עַל וְעִם־בֵּית֔וֹ וְאִם־כִּגְמ֥וּל יָדָ֖יו עֲשִׂ֥יתֶם לֽוֹ׃ 17 אֲשֶׁר־נִלְחַ֥ם אָבִ֖י עֲלֵיכֶ֑ם וַיַּשְׁלֵ֤ךְ אֶת־נַפְשׁוֹ֙ מִנֶּ֔גֶד וַיַּצֵּ֥ל אֶתְכֶ֖ם מִיַּ֥ד מִדְיָֽן׃ 18 וְאַתֶּ֞ם קַמְתֶּ֨ם עַל־בֵּ֤ית אָבִי֙ הַיּ֔וֹם וַתַּהַרְג֧וּ אֶת־בָּנָ֛יו שִׁבְעִ֥ים אִ֖ישׁ עַל־אֶ֣בֶן אֶחָ֑ת וַתַּמְלִ֜יכוּ אֶת־אֲבִימֶ֤לֶךְ בֶּן־אֲמָתוֹ֙ עַל־בַּעֲלֵ֣י שְׁכֶ֔ם כִּ֥י אֲחִיכֶ֖ם הֽוּא׃ 19 וְאִם־בֶּאֱמֶ֨ת וּבְתָמִ֧ים עֲשִׂיתֶ֛ם עִם־יְרֻבַּ֖עַל וְעִם־בֵּית֑וֹ הַיּ֣וֹם הַזֶּ֗ה שִׂמְחוּ֙ בַּאֲבִימֶ֔לֶךְ וְיִשְׂמַ֥ח גַּם־ה֖וּא בָּכֶֽם׃ 20 וְאִם־אַ֕יִן תֵּ֤צֵא אֵשׁ֙ מֵאֲבִימֶ֔לֶךְ וְתֹאכַ֛ל אֶת־בַּעֲלֵ֥י שְׁכֶ֖ם וְאֶת־בֵּ֣ית מִלּ֑וֹא וְתֵצֵ֨א אֵ֜שׁ מִבַּעֲלֵ֤י שְׁכֶם֙ וּמִבֵּ֣ית מִלּ֔וֹא וְתֹאכַ֖ל אֶת־אֲבִימֶֽלֶךְ׃ 21 וַיָּ֣נׇס יוֹתָ֔ם וַיִּבְרַ֖ח וַיֵּ֣לֶךְ בְּאֵ֑רָה וַיֵּ֣שֶׁב שָׁ֔ם מִפְּנֵ֖י אֲבִימֶ֥לֶךְ אָחִֽיו׃

22 וַיָּ֧שַׂר אֲבִימֶ֛לֶךְ עַל־יִשְׂרָאֵ֖ל שָׁלֹ֣שׁ שָׁנִֽים׃ 23 וַיִּשְׁלַ֤ח אֱלֹהִים֙ ר֣וּחַ רָעָ֔ה

Abimelech and the men of Shechem; and the men of Shechem dealt treacherously with Abimelech:

24 That the cruelty *done* to the three-score and ten sons of Jerubbaal might come, and their blood be laid upon Abimelech their brother, which slew them; and upon the men of Shechem, which aided him in the killing of his brethren.

25 And the men of Shechem set liers in wait for him in the top of the mountains, and they robbed all that came along that way by them: and it was told Abimelech.

26 And Gaal the son of Ebed came with his brethren, and went over to Shechem: and the men of Shechem put their confidence in him.

27 And they went out into the fields, and gathered their vineyards, and trode *the grapes,* and made merry, and went into the house of their god, and did eat and drink, and cursed Abimelech.

28 And Gaal the son of Ebed said, Who *is* Abimelech, and who *is* Shechem, that we should serve him? *is* not *he* the son of Jerubbaal? and Zebul his officer? serve the men of Hamor the father of Shechem: for why should we serve him?

29 And would to God this people were under my hand! then would I remove Abimelech. And he said to Abimelech, Increase thine army, and come out.

30 ¶ And when Zebul the ruler of the city heard the words of Gaal the son of Ebed, his anger was kindled.

31 And he sent messengers unto Abimelech privily, saying, Behold, Gaal the son of Ebed and his brethren be come to Shechem; and, behold, they fortify the city against thee.

32 Now therefore up by night, thou and the people that *is* with thee, and lie in wait in the field:

33 And it shall be, *that* in the morning, as soon as the sun is up, thou shalt rise early, and set upon the city: and, behold, *when* he and the people that *is* with him come out against thee, then mayest thou do to them as thou shalt find occasion.

34 ¶ And Abimelech rose up, and all the people that *were* with him, by night, and they laid wait against Shechem in four companies.

35 And Gaal the son of Ebed went out, and stood in the entering of the gate of the city: and Abimelech rose up, and the people that *were* with him, from lying in wait.

36 And when Gaal saw the people, he said to Zebul, Behold, there come people down from the top of the mountains. And Zebul said unto him, Thou seest the shadow of the mountains as *if they were* men.

37 And Gaal spake again and said, See there come people down by the middle of the land, and another company come along by the plain of Meonenim.

38 Then said Zebul unto him, Where *is* now thy mouth, wherewith thou saidst, Who *is* Abimelech, that we should serve him? *is* not this the people that thou hast despised? go out, I pray now, and fight with them.

39 And Gaal went out before the men of Shechem, and fought with Abimelech.

40 And Abimelech chased him, and he fled before him, and many were overthrown *and* wounded, *even* unto the entering of the gate.

41 And Abimelech dwelt at Arumah: and Zebul thrust out Gaal and his brethren, that they should not dwell in Shechem.

42 And it came to pass on the morrow, that the people went out into the field; and they told Abimelech.

43 And he took the people, and divided them into three companies, and laid wait in the field, and looked, and, behold, the people *were* come forth out of the city; and he rose up against them, and smote them.

44 And Abimelech, and the company that *was* with him, rushed forward, and stood in the entering of the gate of the city: and the two *other* companies ran upon all *the people* that *were* in the fields, and slew them.

45 And Abimelech fought against the city all that day; and he took the city, and slew the people that *was* therein, and beat down the city, and sowed it with salt.

בֵּין אֲבִימֶלֶךְ וּבֵין בַּעֲלֵי שְׁכֶם וַיִּבְגְּדוּ בַעֲלֵי־שְׁכֶם בַּאֲבִימֶלֶךְ: לָבוֹא 24
חֲמַס שִׁבְעִים בְּנֵי־יְרֻבָּעַל וְדָמָם לָשׂוּם עַל־אֲבִימֶלֶךְ אֲחִיהֶם אֲשֶׁר
הָרַג אוֹתָם וְעַל בַּעֲלֵי שְׁכֶם אֲשֶׁר־חִזְּקוּ אֶת־יָדָיו לַהֲרֹג אֶת־אֶחָיו:
וַיָּשִׂימוּ לוֹ בַעֲלֵי שְׁכֶם מְאָרְבִים עַל רָאשֵׁי הֶהָרִים וַיִּגְזְלוּ אֵת 25
כָּל־אֲשֶׁר־יַעֲבֹר עֲלֵיהֶם בַּדָּרֶךְ וַיֻּגַּד לַאֲבִימֶלֶךְ:
וַיָּבֹא גַּעַל בֶּן־עֶבֶד וְאֶחָיו וַיַּעַבְרוּ בִּשְׁכֶם וַיִּבְטְחוּ־בוֹ בַּעֲלֵי שְׁכֶם: 26
וַיֵּצְאוּ הַשָּׂדֶה וַיִּבְצְרוּ אֶת־כַּרְמֵיהֶם וַיִּדְרְכוּ וַיַּעֲשׂוּ הִלּוּלִים וַיָּבֹאוּ 27
בֵּית אֱלֹהֵיהֶם וַיֹּאכְלוּ וַיִּשְׁתּוּ וַיְקַלְלוּ אֶת־אֲבִימֶלֶךְ: וַיֹּאמֶר‖גַּעַל בֶּן־ 28
עֶבֶד מִי־אֲבִימֶלֶךְ וּמִי־שְׁכֶם כִּי נַעַבְדֶנּוּ הֲלֹא בֶן־יְרֻבַּעַל וּזְבֻל פְּקִידוֹ
עִבְדוּ אֶת־אַנְשֵׁי חֲמוֹר אֲבִי שְׁכֶם וּמַדּוּעַ נַעַבְדֶנּוּ אֲנָחְנוּ: וּמִי יִתֵּן 29
אֶת־הָעָם הַזֶּה בְּיָדִי וְאָסִירָה אֶת־אֲבִימֶלֶךְ וַיֹּאמֶר לַאֲבִימֶלֶךְ רַבֶּה
צְבָאֲךָ וָצֵאָה: וַיִּשְׁמַע זְבֻל שַׂר־הָעִיר אֶת־דִּבְרֵי גַּעַל בֶּן־עָבֶד וַיִּחַר 30
אַפּוֹ: וַיִּשְׁלַח מַלְאָכִים אֶל־אֲבִימֶלֶךְ בְּתָרְמָה לֵאמֹר הִנֵּה גַעַל בֶּן־ 31
עֶבֶד וְאֶחָיו בָּאִים שְׁכֶמָה וְהִנָּם צָרִים אֶת־הָעִיר עָלֶיךָ: וְעַתָּה 32
קוּם לַיְלָה אַתָּה וְהָעָם אֲשֶׁר־אִתָּךְ וֶאֱרֹב בַּשָּׂדֶה: וְהָיָה בַבֹּקֶר 33
כִּזְרֹחַ הַשֶּׁמֶשׁ תַּשְׁכִּים וּפָשַׁטְתָּ עַל־הָעִיר וְהִנֵּה־הוּא וְהָעָם אֲשֶׁר־
אִתּוֹ יֹצְאִים אֵלֶיךָ וְעָשִׂיתָ לּוֹ כַּאֲשֶׁר תִּמְצָא יָדֶךָ: וַיָּקָם 34
אֲבִימֶלֶךְ וְכָל־הָעָם אֲשֶׁר־עִמּוֹ לָיְלָה וַיֶּאֶרְבוּ עַל־שְׁכֶם אַרְבָּעָה
רָאשִׁים: וַיֵּצֵא גַּעַל בֶּן־עֶבֶד וַיַּעֲמֹד פֶּתַח שַׁעַר הָעִיר וַיָּקָם אֲבִימֶלֶךְ 35
וְהָעָם אֲשֶׁר־אִתּוֹ מִן־הַמַּאְרָב: וַיַּרְא־גַּעַל אֶת־הָעָם וַיֹּאמֶר אֶל־זְבֻל 36
הִנֵּה־עָם יוֹרֵד מֵרָאשֵׁי הֶהָרִים וַיֹּאמֶר אֵלָיו זְבֻל אֵת צֵל הֶהָרִים
אַתָּה רֹאֶה כָּאֲנָשִׁים: וַיֹּסֶף עוֹד גַּעַל לְדַבֵּר וַיֹּאמֶר הִנֵּה־ 37
עָם יוֹרְדִים מֵעִם טַבּוּר הָאָרֶץ וְרֹאשׁ־אֶחָד בָּא מִדֶּרֶךְ אֵלוֹן
מְעוֹנְנִים: וַיֹּאמֶר אֵלָיו זְבֻל אַיֵּה אֵפוֹא פִיךָ אֲשֶׁר תֹּאמַר מִי 38
אֲבִימֶלֶךְ כִּי נַעַבְדֶנּוּ הֲלֹא זֶה הָעָם אֲשֶׁר מָאַסְתָּה בּוֹ צֵא־נָא
עַתָּה וְהִלָּחֶם בּוֹ: וַיֵּצֵא גַעַל לִפְנֵי בַּעֲלֵי שְׁכֶם וַיִּלָּחֶם 39
בַּאֲבִימֶלֶךְ: וַיִּרְדְּפֵהוּ אֲבִימֶלֶךְ וַיָּנָס מִפָּנָיו וַיִּפְּלוּ חֲלָלִים רַבִּים עַד־ 40
פֶּתַח הַשָּׁעַר: וַיֵּשֶׁב אֲבִימֶלֶךְ בָּארוּמָה וַיְגָרֶשׁ זְבֻל אֶת־גַּעַל וְאֶת־ 41
אֶחָיו מִשֶּׁבֶת בִּשְׁכֶם: וַיְהִי מִמָּחֳרָת וַיֵּצֵא הָעָם הַשָּׂדֶה וַיַּגִּדוּ 42
לַאֲבִימֶלֶךְ: וַיִּקַּח אֶת־הָעָם וַיֶּחֱצֵם לִשְׁלֹשָׁה רָאשִׁים וַיֶּאֱרֹב בַּשָּׂדֶה 43
וַיַּרְא וְהִנֵּה הָעָם יֹצֵא מִן־הָעִיר וַיָּקָם עֲלֵיהֶם וַיַּכֵּם: וַאֲבִימֶלֶךְ 44
וְהָרָאשִׁים אֲשֶׁר עִמּוֹ פָּשְׁטוּ וַיַּעַמְדוּ פֶּתַח שַׁעַר הָעִיר וּשְׁנֵי
הָרָאשִׁים פָּשְׁטוּ עַל־כָּל־אֲשֶׁר בַּשָּׂדֶה וַיַּכּוּם: וַאֲבִימֶלֶךְ נִלְחָם בָּעִיר 45
כֹּל הַיּוֹם הַהוּא וַיִּלְכֹּד אֶת־הָעִיר וְאֶת־הָעָם אֲשֶׁר־בָּהּ הָרָג וַיִּתֹּץ
אֶת־הָעִיר וַיִּזְרָעֶהָ מֶלַח:

46 ¶ And when all the men of the tower of Shechem heard *that,* they entered into an hold of the house of the god Berith.

47 And it was told Abimelech, that all the men of the tower of Shechem were gathered together.

48 And Abimelech gat him up to mount Zalmon, he and all the people that *were* with him; and Abimelech took an axe in his hand, and cut down a bough from the trees, and took it, and laid *it* on his shoulder, and said unto the people that *were* with him, What ye have seen me do, make haste, *and* do as I *have done.*

49 And all the people likewise cut down every man his bough, and followed Abimelech, and put *them* to the hold, and set the hold on fire upon them; so that all the men of the tower of Shechem died also, about a thousand men and women.

50 ¶ Then went Abimelech to Thebez, and encamped against Thebez, and took it.

51 But there was a strong tower within the city, and thither fled all the men and women, and all they of the city, and shut *it* to them, and gat them up to the top of the tower.

52 And Abimelech came unto the tower, and fought against it, and went hard unto the door of the tower to burn it with fire.

53 And a certain woman cast a piece of a millstone upon Abimelech's head, and all to brake his skull.

54 Then he called hastily unto the young man his armourbearer, and said unto him, Draw thy sword, and slay me, that men say not of me, A woman slew him. And his young man thrust him through, and he died.

55 And when the men of Israel saw that Abimelech was dead, they departed every man unto his place.

56 ¶ Thus God rendered the wickedness of Abimelech, which he did unto his father, in slaying his seventy brethren:

57 And all the evil of the men of Shechem did God render upon their heads: and upon them came the curse of Jotham the son of Jerubbaal.

CHAPTER 10

1 And after Abimelech there arose to defend Israel Tola the son of Puah, the son of Dodo, a man of Issachar; and he dwelt in Shamir in mount Ephraim.

2 And he judged Israel twenty and three years, and died, and was buried in Shamir.

3 ¶ And after him arose Jair, a Gileadite, and judged Israel twenty and two years.

4 And he had thirty sons that rode on thirty ass colts, and they had thirty cities, which are called Havoth-jair unto this day, which *are* in the land of Gilead.

5 And Jair died, and was buried in Camon.

6 ¶ And the children of Israel did evil again in the sight of the LORD, and served Baalim, and Ashtaroth, and the gods of Syria, and the gods of Zidon, and the gods of Moab, and the gods of the children of Ammon, and the gods of the Philistines, and forsook the LORD, and served not him.

7 And the anger of the LORD was hot against Israel, and he sold them into the hands of the Philistines, and into the hands of the children of Ammon.

8 And that year they vexed and oppressed the children of Israel: eighteen years, all the children of Israel that *were* on the other side Jordan in the land of the Amorites, which *is* in Gilead.

9 Moreover the children of Ammon passed over Jordan to fight also against Judah, and against Benjamin, and against the house of Ephraim; so that Israel was sore distressed.

10 ¶ And the children of Israel cried unto the LORD, saying, We have sinned against

46 וַיִּשְׁמְעוּ כָּל־בַּעֲלֵי מִגְדַּל־שְׁכֶם וַיָּבֹאוּ אֶל־צְרִיחַ בֵּית אֵל בְּרִית:

47 וַיֻּגַּד לַאֲבִימֶלֶךְ כִּי הִתְקַבְּצוּ כָּל־בַּעֲלֵי מִגְדַּל־שְׁכֶם: וַיַּעַל אֲבִימֶלֶךְ
48 הַר־צַלְמוֹן הוּא וְכָל־הָעָם אֲשֶׁר־אִתּוֹ וַיִּקַּח אֲבִימֶלֶךְ אֶת־הַקַּרְדֻּמּוֹת
בְּיָדוֹ וַיִּכְרֹת שׂוֹכַת עֵצִים וַיִּשָּׂאֶהָ וַיָּשֶׂם עַל־שִׁכְמוֹ וַיֹּאמֶר אֶל־הָעָם

49 אֲשֶׁר־עִמּוֹ מָה רְאִיתֶם עָשִׂיתִי מַהֲרוּ עֲשׂוּ כָמוֹנִי: וַיִּכְרְתוּ גַם־
כָּל־הָעָם אִישׁ שׂוֹכֹה וַיֵּלְכוּ אַחֲרֵי אֲבִימֶלֶךְ וַיָּשִׂימוּ עַל־הַצְּרִיחַ
וַיַּצִּיתוּ עֲלֵיהֶם אֶת־הַצְּרִיחַ בָּאֵשׁ וַיָּמֻתוּ גַּם כָּל־אַנְשֵׁי מִגְדַּל־שְׁכֶם
כְּאֶלֶף אִישׁ וְאִשָּׁה:

50 וַיֵּלֶךְ אֲבִימֶלֶךְ אֶל־תֵּבֵץ וַיִּחַן בְּתֵבֵץ וַיִּלְכְּדָהּ: וּמִגְדַּל־עֹז הָיָה בְתוֹךְ־
51 הָעִיר וַיָּנֻסוּ שָׁמָּה כָּל־הָאֲנָשִׁים וְהַנָּשִׁים וְכֹל בַּעֲלֵי הָעִיר וַיִּסְגְּרוּ
בַּעֲדָם וַיַּעֲלוּ עַל־גַּג הַמִּגְדָּל: וַיָּבֹא אֲבִימֶלֶךְ עַד־הַמִּגְדָּל וַיִּלָּחֶם בּוֹ

52 וַיִּגַּשׁ עַד־פֶּתַח הַמִּגְדָּל לְשָׂרְפוֹ בָאֵשׁ: וַתַּשְׁלֵךְ אִשָּׁה אַחַת פֶּלַח

53 רֶכֶב עַל־רֹאשׁ אֲבִימֶלֶךְ וַתָּרִץ אֶת־גֻּלְגָּלְתּוֹ: וַיִּקְרָא מְהֵרָה אֶל־

54 הַנַּעַר נֹשֵׂא כֵלָיו וַיֹּאמֶר לוֹ שְׁלֹף חַרְבְּךָ וּמוֹתְתֵנִי פֶּן־יֹאמְרוּ לִי
אִשָּׁה הֲרָגָתְהוּ וַיִּדְקְרֵהוּ נַעֲרוֹ וַיָּמֹת: וַיִּרְאוּ אִישׁ־יִשְׂרָאֵל כִּי מֵת

55 אֲבִימֶלֶךְ וַיֵּלְכוּ אִישׁ לִמְקֹמוֹ: וַיָּשֶׁב אֱלֹהִים אֵת רָעַת אֲבִימֶלֶךְ

56 אֲשֶׁר עָשָׂה לְאָבִיו לַהֲרֹג אֶת־שִׁבְעִים אֶחָיו: וְאֵת כָּל־רָעַת אַנְשֵׁי

57 שְׁכֶם הֵשִׁיב אֱלֹהִים בְּרֹאשָׁם וַתָּבֹא אֲלֵיהֶם קִלֲלַת יוֹתָם בֶּן־
יְרֻבָּעַל:

10 1 וַיָּקָם אַחֲרֵי אֲבִימֶלֶךְ לְהוֹשִׁיעַ אֶת־יִשְׂרָאֵל תּוֹלָע בֶּן־פּוּאָה בֶּן־דּוֹדוֹ

2 אִישׁ יִשָּׂשכָר וְהוּא־יֹשֵׁב בְּשָׁמִיר בְּהַר אֶפְרָיִם: וַיִּשְׁפֹּט אֶת־יִשְׂרָאֵל
עֶשְׂרִים וְשָׁלֹשׁ שָׁנָה וַיָּמָת וַיִּקָּבֵר בְּשָׁמִיר:

3 וַיָּקָם אַחֲרָיו יָאִיר הַגִּלְעָדִי וַיִּשְׁפֹּט אֶת־יִשְׂרָאֵל עֶשְׂרִים וּשְׁתַּיִם

4 שָׁנָה: וַיְהִי־לוֹ שְׁלֹשִׁים בָּנִים רֹכְבִים עַל־שְׁלֹשִׁים עֲיָרִים וּשְׁלֹשִׁים
עֲיָרִים לָהֶם לָהֶם יִקְרְאוּ חַוֹּת יָאִיר עַד הַיּוֹם הַזֶּה אֲשֶׁר בְּאֶרֶץ

5 הַגִּלְעָד: וַיָּמָת יָאִיר וַיִּקָּבֵר בְּקָמוֹן:

6 וַיֹּסִפוּ בְּנֵי יִשְׂרָאֵל לַעֲשׂוֹת הָרַע בְּעֵינֵי יְהוָה וַיַּעַבְדוּ אֶת־הַבְּעָלִים
וְאֶת־הָעַשְׁתָּרוֹת וְאֶת־אֱלֹהֵי אֲרָם וְאֶת־אֱלֹהֵי צִידוֹן וְאֵת אֱלֹהֵי
מוֹאָב וְאֵת אֱלֹהֵי בְנֵי־עַמּוֹן וְאֵת אֱלֹהֵי פְלִשְׁתִּים וַיַּעַזְבוּ אֶת־יְהוָה

7 וְלֹא עֲבָדוּהוּ: וַיִּחַר־אַף יְהוָה בְּיִשְׂרָאֵל וַיִּמְכְּרֵם בְּיַד־פְּלִשְׁתִּים וּבְיַד

8 בְּנֵי עַמּוֹן: וַיִּרְעֲצוּ וַיְרֹצְצוּ אֶת־בְּנֵי יִשְׂרָאֵל בַּשָּׁנָה הַהִיא שְׁמֹנֶה
עֶשְׂרֵה שָׁנָה אֶת־כָּל־בְּנֵי יִשְׂרָאֵל אֲשֶׁר בְּעֵבֶר הַיַּרְדֵּן בְּאֶרֶץ הָאֱמֹרִי

9 אֲשֶׁר בַּגִּלְעָד: וַיַּעַבְרוּ בְנֵי־עַמּוֹן אֶת־הַיַּרְדֵּן לְהִלָּחֵם גַּם־בִּיהוּדָה

10 וּבְבִנְיָמִין וּבְבֵית אֶפְרָיִם וַתֵּצֶר לְיִשְׂרָאֵל מְאֹד: וַיִּזְעֲקוּ בְּנֵי יִשְׂרָאֵל
אֶל־יְהוָה לֵאמֹר חָטָאנוּ לָךְ וְכִי עָזַבְנוּ אֶת־אֱלֹהֵינוּ וַנַּעֲבֹד אֶת־

thee, both because we have forsaken our God, and also served Baalim.

11 And the LORD said unto the children of Israel, *Did* not *I deliver you* from the Egyptians, and from the Amorites, from the children of Ammon, and from the Philistines?

12 The Zidonians also, and the Amalekites, and the Maonites, did oppress you; and ye cried to me, and I delivered you out of their hand.

13 Yet ye have forsaken me, and served other gods: wherefore I will deliver you no more.

14 Go and cry unto the gods which ye have chosen; let them deliver you in the time of your tribulation.

15 ¶ And the children of Israel said unto the LORD, We have sinned: do thou unto us whatsoever seemeth good unto thee; deliver us only, we pray thee, this day.

16 And they put away the strange gods from among them, and served the LORD: and his soul was grieved for the misery of Israel.

17 Then the children of Ammon were gathered together, and encamped in Gilead. And the children of Israel assembled themselves together, and encamped in Mizpeh.

18 And the people *and* princes of Gilead said one to another, What man *is he* that will begin to fight against the children of Ammon? he shall be head over all the inhabitants of Gilead.

CHAPTER 11

1 Now Jephthah the Gileadite was a mighty man of valour, and he *was* the son of an harlot: and Gilead begat Jephthah.

2 And Gilead's wife bare him sons; and his wife's sons grew up, and they thrust out Jephthah, and said unto him, Thou shalt not inherit in our father's house; for thou *art* the son of a strange woman.

3 Then Jephthah fled from his brethren, and dwelt in the land of Tob: and there were gathered vain men to Jephthah, and went out with him.

4 ¶ And it came to pass in process of time, that the children of Ammon made war against Israel.

5 And it was so, that when the children of Ammon made war against Israel, the elders of Gilead went to fetch Jephthah out of the land of Tob:

6 And they said unto Jephthah, Come, and be our captain, that we may fight with the children of Ammon.

7 And Jephthah said unto the elders of Gilead, Did not ye hate me, and expel me out of my father's house? and why are ye come unto me now when ye are in distress?

8 And the elders of Gilead said unto Jephthah, Therefore we turn again to thee now, that thou mayest go with us, and fight against the children of Ammon, and be our head over all the inhabitants of Gilead.

9 And Jephthah said unto the elders of Gilead, If ye bring me home again to fight against the children of Ammon, and the LORD deliver them before me, shall I be your head?

10 And the elders of Gilead said unto Jephthah, The LORD be witness between us, if we do not so according to thy words.

11 Then Jephthah went with the elders of Gilead, and the people made him head and captain over them: and Jephthah uttered all his words before the LORD in Mizpeh.

12 ¶ And Jephthah sent messengers unto the king of the children of Ammon, saying, What hast thou to do with me, that thou art come against me to fight in my land?

13 And the king of the children of Ammon answered unto the messengers of Jephthah, Because Israel took away my land, when they came up out of Egypt, from Arnon even unto Jabbok, and unto Jordan: now therefore restore those *lands* again peaceably.

14 And Jephthah sent messengers again unto the king of the children of Ammon:

15 And said unto him, Thus saith Jephthah, Israel took not away the land of Moab, nor the land of the children of Ammon:

16 But when Israel came up from Egypt,

הַבְּעָלִים:

11 וַיֹּאמֶר יְהוָה אֶל־בְּנֵי יִשְׂרָאֵל הֲלֹא מִמִּצְרַיִם וּמִן־הָאֱמֹרִי וּמִן־בְּנֵי
12 עַמּוֹן וּמִן־פְּלִשְׁתִּים: וְצִידוֹנִים וַעֲמָלֵק וּמָעוֹן לָחֲצוּ אֶתְכֶם וַתִּצְעֲקוּ
13 אֵלַי וָאוֹשִׁיעָה אֶתְכֶם מִיָּדָם: וְאַתֶּם עֲזַבְתֶּם אוֹתִי וַתַּעַבְדוּ אֱלֹהִים
14 אֲחֵרִים לָכֵן לֹא־אוֹסִיף לְהוֹשִׁיעַ אֶתְכֶם: לְכוּ וְזַעֲקוּ אֶל־הָאֱלֹהִים
15 אֲשֶׁר בְּחַרְתֶּם בָּם הֵמָּה יוֹשִׁיעוּ לָכֶם בְּעֵת צָרַתְכֶם: וַיֹּאמְרוּ
בְנֵי־יִשְׂרָאֵל אֶל־יְהוָה חָטָאנוּ עֲשֵׂה־אַתָּה לָנוּ כְּכָל־הַטּוֹב בְּעֵינֶיךָ
16 אַךְ הַצִּילֵנוּ נָא הַיּוֹם הַזֶּה: וַיָּסִירוּ אֶת־אֱלֹהֵי הַנֵּכָר מִקִּרְבָּם וַיַּעַבְדוּ
אֶת־יְהוָה וַתִּקְצַר נַפְשׁוֹ בַּעֲמַל יִשְׂרָאֵל:

17 וַיִּצָּעֲקוּ בְּנֵי עַמּוֹן וַיַּחֲנוּ בַּגִּלְעָד וַיֵּאָסְפוּ בְּנֵי יִשְׂרָאֵל וַיַּחֲנוּ בַּמִּצְפָּה:
18 וַיֹּאמְרוּ הָעָם שָׂרֵי גִלְעָד אִישׁ אֶל־רֵעֵהוּ מִי הָאִישׁ אֲשֶׁר יָחֵל
לְהִלָּחֵם בִּבְנֵי עַמּוֹן יִהְיֶה לְרֹאשׁ לְכֹל יֹשְׁבֵי גִלְעָד:

11 1 וְיִפְתָּח הַגִּלְעָדִי הָיָה גִּבּוֹר חַיִל וְהוּא בֶּן־אִשָּׁה זוֹנָה וַיּוֹלֶד גִּלְעָד
2 אֶת־יִפְתָּח: וַתֵּלֶד אֵשֶׁת־גִּלְעָד לוֹ בָּנִים וַיִּגְדְּלוּ בְנֵי־הָאִשָּׁה וַיְגָרְשׁוּ
אֶת־יִפְתָּח וַיֹּאמְרוּ לוֹ לֹא־תִנְחַל בְּבֵית־אָבִינוּ כִּי בֶּן־אִשָּׁה אַחֶרֶת
3 אָתָּה: וַיִּבְרַח יִפְתָּח מִפְּנֵי אֶחָיו וַיֵּשֶׁב בְּאֶרֶץ טוֹב וַיִּתְלַקְּטוּ
אֶל־יִפְתָּח אֲנָשִׁים רֵיקִים וַיֵּצְאוּ עִמּוֹ:

4 וַיְהִי מִיָּמִים וַיִּלָּחֲמוּ בְנֵי־עַמּוֹן עִם־יִשְׂרָאֵל: וַיְהִי כַּאֲשֶׁר־נִלְחֲמוּ בְנֵי־
5 עַמּוֹן עִם־יִשְׂרָאֵל וַיֵּלְכוּ זִקְנֵי גִלְעָד לָקַחַת אֶת־יִפְתָּח מֵאֶרֶץ טוֹב:
6 וַיֹּאמְרוּ לְיִפְתָּח לְכָה וְהָיִיתָה לָנוּ לְקָצִין וְנִלָּחֲמָה בִּבְנֵי עַמּוֹן:
7 וַיֹּאמֶר יִפְתָּח לְזִקְנֵי גִלְעָד הֲלֹא אַתֶּם שְׂנֵאתֶם אוֹתִי וַתְּגָרְשׁוּנִי
8 מִבֵּית אָבִי וּמַדּוּעַ בָּאתֶם אֵלַי עַתָּה כַּאֲשֶׁר צַר לָכֶם: וַיֹּאמְרוּ
זִקְנֵי גִלְעָד אֶל־יִפְתָּח לָכֵן עַתָּה שַׁבְנוּ אֵלֶיךָ וְהָלַכְתָּ עִמָּנוּ וְנִלְחַמְתָּ
9 בִּבְנֵי עַמּוֹן וְהָיִיתָ לָּנוּ לְרֹאשׁ לְכֹל יֹשְׁבֵי גִלְעָד: וַיֹּאמֶר יִפְתָּח
אֶל־זִקְנֵי גִלְעָד אִם־מְשִׁיבִים אַתֶּם אוֹתִי לְהִלָּחֵם בִּבְנֵי עַמּוֹן וְנָתַן
10 יְהוָה אוֹתָם לְפָנָי אָנֹכִי אֶהְיֶה לָכֶם לְרֹאשׁ: וַיֹּאמְרוּ זִקְנֵי־גִלְעָד
אֶל־יִפְתָּח יְהוָה יִהְיֶה שֹׁמֵעַ בֵּינוֹתֵינוּ אִם־לֹא כִדְבָרְךָ כֵּן נַעֲשֶׂה:
11 וַיֵּלֶךְ יִפְתָּח עִם־זִקְנֵי גִלְעָד וַיָּשִׂימוּ הָעָם אוֹתוֹ עֲלֵיהֶם לְרֹאשׁ
וּלְקָצִין וַיְדַבֵּר יִפְתָּח אֶת־כָּל־דְּבָרָיו לִפְנֵי יְהוָה בַּמִּצְפָּה:

12 וַיִּשְׁלַח יִפְתָּח מַלְאָכִים אֶל־מֶלֶךְ בְּנֵי־עַמּוֹן לֵאמֹר מַה־לִּי וָלָךְ כִּי־
13 בָאתָ אֵלַי לְהִלָּחֵם בְּאַרְצִי: וַיֹּאמֶר מֶלֶךְ בְּנֵי־עַמּוֹן אֶל־מַלְאֲכֵי יִפְתָּח
כִּי־לָקַח יִשְׂרָאֵל אֶת־אַרְצִי בַּעֲלוֹתוֹ מִמִּצְרַיִם מֵאַרְנוֹן וְעַד־הַיַּבֹּק
14 וְעַד־הַיַּרְדֵּן וְעַתָּה הָשִׁיבָה אֶתְהֶן בְּשָׁלוֹם: וַיּוֹסֶף עוֹד יִפְתָּח וַיִּשְׁלַח
15 מַלְאָכִים אֶל־מֶלֶךְ בְּנֵי עַמּוֹן: וַיֹּאמֶר לוֹ כֹּה אָמַר יִפְתָּח לֹא־לָקַח
16 יִשְׂרָאֵל אֶת־אֶרֶץ מוֹאָב וְאֶת־אֶרֶץ בְּנֵי עַמּוֹן: כִּי בַּעֲלוֹתָם מִמִּצְרַיִם

and walked through the wilderness unto the Red sea, and came to Kadesh;

17 Then Israel sent messengers unto the king of Edom, saying, Let me, I pray thee, pass through thy land: but the king of Edom would not hearken *thereto.* And in like manner they sent unto the king of Moab: but he would not *consent:* and Israel abode in Kadesh.

18 Then they went along through the wilderness, and compassed the land of Edom, and the land of Moab, and came by the east side of the land of Moab, and pitched on the other side of Arnon, but came not within the border of Moab: for Arnon *was* the border of Moab.

19 And Israel sent messengers unto Sihon king of the Amorites, the king of Heshbon; and Israel said unto him, Let us pass, we pray thee, through thy land into my place.

20 But Sihon trusted not Israel to pass through his coast: but Sihon gathered all his people together, and pitched in Jahaz, and fought against Israel.

21 And the LORD God of Israel delivered Sihon and all his people into the hand of Israel, and they smote them: so Israel possessed all the land of the Amorites, the inhabitants of that country.

22 And they possessed all the coasts of the Amorites, from Arnon even unto Jabbok, and from the wilderness even unto Jordan.

23 So now the LORD God of Israel hath dispossessed the Amorites from before his people Israel, and shouldest thou possess it?

24 Wilt not thou possess that which Chemosh thy god giveth thee to possess? So whomsoever the LORD our God shall drive out from before us, them will we possess.

25 And now *art* thou any thing better than Balak the son of Zippor, king of Moab? did he ever strive against Israel, or did he ever fight against them,

26 While Israel dwelt in Heshbon and her towns, and in Aroer and her towns, and in all the cities that *be* along by the coasts of Arnon, three hundred years?

why therefore did ye not recover *them* within that time?

27 Wherefore I have not sinned against thee, but thou doest me wrong to war against me: the LORD the Judge be judge this day between the children of Israel and the children of Ammon.

28 Howbeit the king of the children of Ammon hearkened not unto the words of Jephthah which he sent him.

29 ¶ Then the Spirit of the LORD came upon Jephthah, and he passed over Gilead, and Manasseh, and passed over Mizpeh of Gilead, and from Mizpeh of Gilead he passed over *unto* the children of Ammon.

30 And Jephthah vowed a vow unto the LORD, and said, If thou shalt without fail deliver the children of Ammon into mine hands,

31 Then it shall be, that whatsoever cometh forth of the doors of my house to meet me, when I return in peace from the children of Ammon, shall surely be the LORD's, and I will offer it up for a burnt offering.

32 ¶ So Jephthah passed over unto the children of Ammon to fight against them; and the LORD delivered them into his hands.

33 And he smote them from Aroer, even till thou come to Minnith, *even* twenty cities, and unto the plain of the vineyards, with a very great slaughter. Thus the children of Ammon were subdued before the children of Israel.

34 ¶ And Jephthah came to Mizpeh unto his house, and, behold, his daughter came out to meet him with timbrels and with dances: and she *was his* only child; beside her he had neither son nor daughter.

35 And it came to pass, when he saw her, that he rent his clothes, and said, Alas, my daughter! thou hast brought me very low, and thou art one of them that trouble me: for I have opened my mouth unto the LORD, and I cannot go back.

36 And she said unto him, My father, *if* thou hast opened thy mouth unto the LORD, do to me according to that which hath proceeded out of thy mouth; forasmuch as the LORD hath taken vengeance

17 וַיֵּ֨לֶךְ יִשְׂרָאֵ֣ל בַּמִּדְבָּר֮ עַד־יַם־סוּף֒ וַיָּבֹ֖א קָדֵ֑שָׁה וַיִּשְׁלַ֨ח יִשְׂרָאֵ֤ל מַלְאָכִים֙ אֶל־מֶ֣לֶךְ אֱד֔וֹם ׀ לֵאמֹר֙ אֶעְבְּרָה־נָּ֣א בְאַרְצֶ֔ךָ וְלֹ֤א שָׁמַע֙ מֶ֣לֶךְ אֱד֔וֹם וְגַ֛ם אֶל־מֶ֥לֶךְ מוֹאָ֖ב שָׁלַ֑ח וְלֹ֣א אָבָ֔ה וַיֵּ֥שֶׁב יִשְׂרָאֵ֖ל

18A 18 בְּקָדֵֽשׁ׃ וַיֵּ֣לֶךְ בַּמִּדְבָּ֗ר וַיָּ֜סָב אֶת־אֶ֤רֶץ אֱדוֹם֙ וְאֶת־אֶ֣רֶץ מוֹאָ֔ב וַיָּבֹ֤א מִמִּזְרַח־שֶׁ֙מֶשׁ֙ לְאֶ֣רֶץ מוֹאָ֔ב וַֽיַּחֲנ֖וּן בְּעֵ֣בֶר אַרְנ֑וֹן וְלֹא־בָ֙אוּ֙ בִּגְב֣וּל

19 מוֹאָ֔ב כִּ֥י אַרְנ֖וֹן גְּב֥וּל מוֹאָֽב׃ וַיִּשְׁלַ֤ח יִשְׂרָאֵל֙ מַלְאָכִ֔ים אֶל־סִיח֥וֹן מֶֽלֶךְ־הָאֱמֹרִ֖י מֶ֣לֶךְ חֶשְׁבּ֑וֹן וַיֹּ֤אמֶר לוֹ֙ יִשְׂרָאֵ֔ל נַעְבְּרָה־נָּ֥א בְאַרְצְךָ֖

20A 20 עַד־מְקוֹמִֽי׃ וְלֹא־הֶאֱמִ֨ין סִיח֤וֹן אֶת־יִשְׂרָאֵל֙ עֲבֹ֣ר בִּגְבֻל֔וֹ וַיֶּאֱסֹ֤ף

21 סִיחוֹן֙ אֶת־כָּל־עַמּ֔וֹ וַֽיַּחֲנ֖וּ בְּיָ֑הְצָה וַיִּלָּ֖חֶם עִם־יִשְׂרָאֵֽל׃ וַ֠יִּתֵּן יְהוָ֨ה אֱלֹהֵֽי־יִשְׂרָאֵ֜ל אֶת־סִיח֧וֹן וְאֶת־כָּל־עַמּ֛וֹ בְּיַ֥ד יִשְׂרָאֵ֖ל וַיַּכּ֑וּם וַיִּירַ֗שׁ

22 יִשְׂרָאֵ֔ל אֵ֚ת כָּל־אֶ֣רֶץ הָאֱמֹרִ֔י יוֹשֵׁ֖ב הָאָ֥רֶץ הַהִֽיא׃ וַיִּ֣ירְשׁ֔וּ אֵ֖ת כָּל־

23 גְּב֣וּל הָאֱמֹרִ֑י מֵֽאַרְנוֹן֙ וְעַד־הַיַּבֹּ֔ק וּמִן־הַמִּדְבָּ֖ר וְעַד־הַיַּרְדֵּֽן׃ וְעַתָּ֞ה יְהוָ֣ה ׀ אֱלֹהֵ֣י יִשְׂרָאֵ֗ל הוֹרִישׁ֙ אֶת־הָ֣אֱמֹרִ֔י מִפְּנֵ֖י עַמּ֣וֹ יִשְׂרָאֵ֑ל וְאַתָּ֖ה

24 תִּירָשֶֽׁנּוּ׃ הֲלֹ֞א אֵ֣ת אֲשֶׁ֧ר יוֹרִֽישְׁךָ֛ כְּמ֥וֹשׁ אֱלֹהֶ֖יךָ אוֹת֣וֹ תִירָ֑שׁ וְאֵת֩

25 כָּל־אֲשֶׁ֨ר הוֹרִ֜ישׁ יְהוָ֧ה אֱלֹהֵ֛ינוּ מִפָּנֵ֖ינוּ אוֹת֥וֹ נִירָֽשׁ׃ וְעַתָּ֗ה הֲט֥וֹב ט֙וֹב֙ אַתָּ֔ה מִבָּלָ֥ק בֶּן־צִפּ֖וֹר מֶ֣לֶךְ מוֹאָ֑ב הֲר֥וֹב רָב֙ עִם־יִשְׂרָאֵ֔ל אִם־

26 נִלְחֹ֥ם נִלְחַ֖ם בָּֽם׃ בְּשֶׁ֣בֶת יִ֠שְׂרָאֵל בְּחֶשְׁבּ֤וֹן וּבִבְנוֹתֶ֙יהָ֙ וּבְעַרְע֣וֹר וּבִבְנוֹתֶ֔יהָ וּבְכָל־הֶ֣עָרִ֔ים אֲשֶׁר֙ עַל־יְדֵ֣י אַרְנ֔וֹן שְׁלֹ֥שׁ מֵא֖וֹת שָׁנָ֑ה

27 וּמַדּ֥וּעַ לֹֽא־הִצַּלְתֶּ֖ם בָּעֵ֥ת הַהִֽיא׃ וְאָֽנֹכִי֙ לֹא־חָטָ֣אתִי לָ֔ךְ וְאַתָּ֞ה עֹשֶׂ֥ה אִתִּ֛י רָעָ֖ה לְהִלָּ֣חֶם בִּ֑י יִשְׁפֹּ֙ט יְהוָ֤ה הַשֹּׁפֵט֙ הַיּ֔וֹם בֵּ֚ין בְּנֵ֣י

28 יִשְׂרָאֵ֔ל וּבֵ֖ין בְּנֵ֣י עַמּ֑וֹן וְלֹ֣א שָׁמַ֗ע מֶ֚לֶךְ בְּנֵ֣י עַמּ֔וֹן אֶל־דִּבְרֵ֣י יִפְתָּ֔ח אֲשֶׁ֥ר שָׁלַ֖ח אֵלָֽיו׃

29 וַתְּהִ֤י עַל־יִפְתָּח֙ ר֣וּחַ יְהוָ֔ה וַֽיַּעֲבֹ֥ר אֶת־הַגִּלְעָ֖ד וְאֶת־מְנַשֶּׁ֑ה וַֽיַּעֲבֹר֙

30 אֶת־מִצְפֵּ֣ה גִלְעָ֔ד וּמִמִּצְפֵּ֣ה גִלְעָ֔ד עָבַ֖ר בְּנֵ֣י עַמּֽוֹן׃ וַיִּדַּ֨ר יִפְתָּ֥ח נֶ֛דֶר

31 לַיהוָ֖ה וַיֹּאמַ֑ר אִם־נָת֥וֹן תִּתֵּ֛ן אֶת־בְּנֵ֥י עַמּ֖וֹן בְּיָדִֽי׃ וְהָיָ֣ה הַיּוֹצֵ֗א אֲשֶׁ֨ר יֵצֵ֜א מִדַּלְתֵ֤י בֵיתִי֙ לִקְרָאתִ֔י בְּשׁוּבִ֥י בְשָׁל֖וֹם מִבְּנֵ֣י עַמּ֑וֹן וְהָיָה֙ לַֽיהוָ֔ה וְהַעֲלִיתִ֖הוּ עוֹלָֽה׃

32 33 וַיַּעֲבֹ֥ר יִפְתָּ֛ח אֶל־בְּנֵ֥י עַמּ֖וֹן לְהִלָּ֣חֶם בָּ֑ם וַיִּתְּנֵ֥ם יְהוָ֖ה בְּיָדֽוֹ׃ וַיַּכֵּ֡ם מֵעֲרוֹעֵר֩ וְעַד־בּוֹאֲךָ֨ מִנִּ֜ית עֶשְׂרִ֣ים עִ֗יר וְעַד֙ אָבֵ֣ל כְּרָמִ֔ים מַכָּ֖ה גְּדוֹלָ֣ה מְאֹ֑ד וַיִּכָּֽנְעוּ֙ בְּנֵ֣י עַמּ֔וֹן מִפְּנֵ֖י בְּנֵ֥י יִשְׂרָאֵֽל׃

34A 34 וַיָּבֹ֨א יִפְתָּ֣ח הַמִּצְפָּה֮ אֶל־בֵּיתוֹ֒ וְהִנֵּ֤ה בִתּוֹ֙ יֹצֵ֣את לִקְרָאת֔וֹ בְּתֻפִּ֖ים

35A 35 וּבִמְחֹל֑וֹת וְרַק֙ הִ֣יא יְחִידָ֔ה אֵֽין־ל֥וֹ מִמֶּ֖נּוּ בֵּ֥ן אוֹ־בַֽת׃ וַיְהִי֩ כִרְאוֹת֨וֹ אוֹתָ֜הּ וַיִּקְרַ֣ע אֶת־בְּגָדָ֗יו וַיֹּ֙אמֶר֙ אֲהָ֤הּ בִּתִּי֙ הַכְרֵ֣עַ הִכְרַעְתִּ֔נִי וְאַ֖תְּ

36A 36 הָיִ֣ית בְּעֹֽכְרָ֑י וְאָנֹכִ֗י פָּצִ֤יתִי פִי֙ אֶל־יְהוָ֔ה וְלֹ֥א אוּכַ֖ל לָשֽׁוּב׃ וַתֹּ֣אמֶר אֵלָ֗יו אָבִי֙ פָּצִ֤יתָה אֶת־פִּ֙יךָ֙ אֶל־יְהוָ֔ה עֲשֵׂ֣ה לִ֔י כַּאֲשֶׁ֖ר יָצָ֣א מִפִּ֑יךָ

for thee of thine enemies, *even* of the children of Ammon.

37 And she said unto her father, Let this thing be done for me: let me alone two months, that I may go up and down upon the mountains, and bewail my virginity, I and my fellows.

38 And he said, Go. And he sent her away *for* two months: and she went with her companions, and bewailed her virginity upon the mountains.

39 And it came to pass at the end of two months, that she returned unto her father, who did with her *according* to his vow which he had vowed: and she knew no man. And it was a custom in Israel,

40 *That* the daughters of Israel went yearly to lament the daughter of Jephthah the Gileadite four days in a year.

CHAPTER 12

1 And the men of Ephraim gathered themselves together, and went northward, and said unto Jephthah, Wherefore passedst thou over to fight against the children of Ammon, and didst not call us to go with thee? we will burn thine house upon thee with fire.

2 And Jephthah said unto them, I and my people were at great strife with the children of Ammon; and when I called you, ye delivered me not out of their hands.

3 And when I saw that ye delivered *me* not, I put my life in my hands, and passed over against the children of Ammon, and the LORD delivered them into my hand: wherefore then are ye come up unto me this day, to fight against me?

4 Then Jephthah gathered together all the men of Gilead, and fought with Ephraim: and the men of Gilead smote Ephraim, because they said, Ye Gileadites *are* fugitives of Ephraim among the Ephraimites, *and* among the Manassites.

5 And the Gileadites took the passages of Jordan before the Ephraimites: and it was *so,* that when those Ephraimites which were escaped said, Let me go over; that the men of Gilead said unto him, *Art* thou an Ephraimite? If he said, Nay;

6 Then said they unto him, Say now Shibboleth: and he said Sibboleth: for he could not frame to pronounce *it* right. Then they took him, and slew him at the passages of Jordan: and there fell at that time of the Ephraimites forty and two thousand.

7 And Jephthah judged Israel six years. Then died Jephthah the Gileadite, and was buried in *one of* the cities of Gilead.

8 ¶ And after him Ibzan of Beth-lehem judged Israel.

9 And he had thirty sons, and thirty daughters, *whom* he sent abroad, and took in thirty daughters from abroad for his sons. And he judged Israel seven years.

10 Then died Ibzan, and was buried at Beth-lehem.

11 ¶ And after him Elon, a Zebulonite, judged Israel; and he judged Israel ten years.

12 And Elon the Zebulonite died, and was buried in Aijalon in the country of Zebulun.

13 ¶ And after him Abdon the son of Hillel, a Pirathonite, judged Israel.

14 And he had forty sons and thirty nephews, that rode on threescore and ten ass colts: and he judged Israel eight years.

15 And Abdon the son of Hillel the Pirathonite died, and was buried in Pirathon in the land of Ephraim, in the mount of the Amalekites.

CHAPTER 13

1 And the children of Israel did evil again in the sight of the LORD; and the LORD delivered them into the hand of the Philistines forty years.

2 ¶ And there was a certain man of Zorah, of the family of the Danites, whose

37 אַחֲרֵי אֲשֶׁר עָשָׂה לְךָ֤ יְהוָה נְקָמ֔וֹת מֵאֹיְבֶ֖יךָ מִבְּנֵ֣י עַמּ֑וֹן: וַתֹּ֨אמֶר
אֶל־אָבִ֗יהָ יֵעָ֤שֶׂה לִּי֙ הַדָּבָ֣ר הַזֶּ֔ה הַרְפֵּ֣ה מִמֶּ֗נִּי שְׁנַ֣יִם חֳדָשִׁ֔ים וְאֵֽלְכָה֙

וְרֵעוֹתַי

38 וְיָרַדְתִּ֣י עַל־הֶֽהָרִ֔ים וְאֶבְכֶּ֖ה עַל־בְּתוּלַ֑י אָנֹכִ֖י ורעיתי: וַיֹּ֣אמֶר לֵ֔כִי
וַיִּשְׁלַ֥ח אוֹתָ֖הּ שְׁנֵ֣י חֳדָשִׁ֑ים וַתֵּ֤לֶךְ הִיא֙ וְרֵ֣עוֹתֶ֔יהָ וַתֵּ֥בְךְּ עַל־בְּתוּלֶ֖יהָ

39 עַל־הֶהָרִֽים: וַיְהִ֞י מִקֵּ֣ץ ׀ שְׁנַ֣יִם חֳדָשִׁ֗ים וַתָּ֙שָׁב֙ אֶל־אָבִ֔יהָ וַיַּ֣עַשׂ לָ֔הּ
אֶת־נִדְר֖וֹ אֲשֶׁ֣ר נָדָ֑ר וְהִיא֙ לֹא־יָדְעָ֣ה אִ֔ישׁ וַתְּהִי־חֹ֖ק בְּיִשְׂרָאֵֽל:

40 מִיָּמִ֣ים ׀ יָמִ֔ימָה תֵּלַ֙כְנָה֙ בְּנ֣וֹת יִשְׂרָאֵ֔ל לְתַנּ֕וֹת לְבַת־יִפְתָּ֖ח הַגִּלְעָדִ֑י

12 אַרְבַּ֥עַת יָמִ֖ים בַּשָּׁנָֽה: 1 וַיִּצָּעֵק֙ אִ֣ישׁ אֶפְרַ֔יִם וַֽיַּעֲבֹ֖ר צָפ֑וֹנָה
וַיֹּאמְר֣וּ לְיִפְתָּ֗ח מַדּ֣וּעַ ׀ עָבַ֣רְתָּ ׀ לְהִלָּחֵ֣ם בִּבְנֵי־עַמּ֗וֹן וְלָ֙נוּ֙ לֹ֤א קָרָ֙אתָ֙

2 לָלֶ֣כֶת עִמָּ֔ךְ בֵּיתְךָ֕ נִשְׂרֹ֥ף עָלֶ֖יךָ בָּאֵֽשׁ: וַיֹּ֤אמֶר יִפְתָּח֙ אֲלֵיהֶ֔ם אִ֣ישׁ
רִ֗יב הָיִ֛יתִי אֲנִ֛י וְעַמִּ֥י וּבְנֵֽי־עַמּ֖וֹן מְאֹ֑ד וָאֶזְעַ֣ק אֶתְכֶ֔ם וְלֹֽא־הוֹשַׁעְתֶּ֥ם

3 אוֹתִ֖י מִיָּדָֽם: וָֽאֶרְאֶ֞ה כִּֽי־אֵינְךָ֣ מוֹשִׁ֗יעַ וָאָשִׂ֨ימָה נַפְשִׁ֤י בְכַפִּי֙ וָֽאֶעְבְּרָ֔ה
אֶל־בְּנֵ֣י עַמּ֔וֹן וַיִּתְּנֵ֥ם יְהוָ֖ה בְּיָדִ֑י וְלָמָ֞ה עֲלִיתֶ֥ם אֵלַ֛י הַיּ֥וֹם הַזֶּ֖ה

4 לְהִלָּ֥חֶם בִּֽי: וַיִּקְבֹּ֤ץ יִפְתָּח֙ אֶת־כָּל־אַנְשֵׁ֣י גִלְעָ֔ד וַיִּלָּ֖חֶם אֶת־אֶפְרָ֑יִם
וַיַּכּ֞וּ אַנְשֵׁ֤י גִלְעָד֙ אֶת־אֶפְרַ֔יִם כִּ֣י אָמְר֗וּ פְּלִיטֵ֤י אֶפְרַ֙יִם֙ אַתֶּ֔ם גִּלְעָ֕ד

5 בְּת֥וֹךְ אֶפְרַ֖יִם בְּת֣וֹךְ מְנַשֶּֽׁה: וַיִּלְכֹּ֥ד גִּלְעָ֛ד אֶֽת־מַעְבְּר֥וֹת הַיַּרְדֵּ֖ן
לְאֶפְרָ֑יִם וְֽהָיָ֡ה כִּ֣י יֹאמְרוּ֩ פְּלִיטֵ֨י אֶפְרַ֜יִם אֶעֱבֹ֗רָה וַיֹּ֧אמְרוּ ל֣וֹ

6 אַנְשֵֽׁי־גִלְעָ֛ד הַֽאֶפְרָתִ֥י אַ֖תָּה וַיֹּ֥אמֶר ׀ לֹֽא: וַיֹּ֣אמְרוּ לוֹ֩ אֱמָר־נָ֨א שִׁבֹּ֜לֶת
וַיֹּ֣אמֶר סִבֹּ֗לֶת וְלֹ֤א יָכִין֙ לְדַבֵּ֣ר כֵּ֔ן וַיֹּאחֲז֣וּ אוֹת֔וֹ וַיִּשְׁחָט֖וּהוּ אֶל־
מַעְבְּר֣וֹת הַיַּרְדֵּ֑ן וַיִּפֹּ֞ל בָּעֵ֤ת הַהִיא֙ מֵֽאֶפְרַ֔יִם אַרְבָּעִ֥ים וּשְׁנַ֖יִם אָֽלֶף:

7 וַיִּשְׁפֹּ֥ט יִפְתָּ֛ח אֶת־יִשְׂרָאֵ֖ל שֵׁ֣שׁ שָׁנִ֑ים וַיָּ֗מָת יִפְתָּח֙ הַגִּלְעָדִ֔י וַיִּקָּבֵ֖ר
בְּעָרֵ֥י גִלְעָֽד:

8
9 וַיִּשְׁפֹּ֤ט אַֽחֲרָיו֙ אֶת־יִשְׂרָאֵ֔ל אִבְצָ֖ן מִבֵּ֥ית לָֽחֶם: וַיְהִי־ל֞וֹ שְׁלֹשִׁ֣ים
בָּנִ֗ים וּשְׁלֹשִׁ֤ים בָּנוֹת֙ שִׁלַּ֣ח הַח֔וּצָה וּשְׁלֹשִׁ֣ים בָּנ֔וֹת הֵבִ֥יא לְבָנָ֖יו

10 מִן־הַח֑וּץ וַיִּשְׁפֹּ֥ט אֶת־יִשְׂרָאֵ֖ל שֶׁ֣בַע שָׁנִֽים: וַיָּ֣מָת אִבְצָ֔ן וַיִּקָּבֵ֖ר בְּבֵ֥ית
לָֽחֶם:

11 וַיִּשְׁפֹּ֤ט אַֽחֲרָיו֙ אֶת־יִשְׂרָאֵ֔ל אֵיל֖וֹן הַזְּבֽוּלֹנִ֑י וַיִּשְׁפֹּ֤ט אֶת־יִשְׂרָאֵל֙ עֶ֣שֶׂר

12 שָׁנִֽים: וַיָּ֙מָת֙ אֵל֣וֹן הַזְּב֣וּלֹנִ֔י וַיִּקָּבֵ֥ר בְּאַיָּל֖וֹן בְּאֶ֥רֶץ זְבוּלֻֽן:

13
14 וַיִּשְׁפֹּ֤ט אַחֲרָיו֙ אֶת־יִשְׂרָאֵ֔ל עַבְדּ֥וֹן בֶּן־הִלֵּ֖ל הַפִּרְעָתוֹנִֽי: וַֽיְהִי־ל֞וֹ
אַרְבָּעִ֣ים בָּנִ֗ים וּשְׁלֹשִׁים֙ בְּנֵ֣י בָנִ֔ים רֹכְבִ֖ים עַל־שִׁבְעִ֣ים עֲיָרִ֑ם וַיִּשְׁפֹּ֥ט

15 אֶת־יִשְׂרָאֵ֖ל שְׁמֹנֶ֥ה שָׁנִֽים: וַיָּ֙מָת֙ עַבְדּ֣וֹן בֶּן־הִלֵּ֔ל הַפִּרְעָתוֹנִ֑י וַיִּקָּבֵ֤ר
בְּפִרְעָתוֹן֙ בְּאֶ֣רֶץ אֶפְרַ֔יִם בְּהַ֖ר הָעֲמָלֵקִֽי:

13 1 וַיֹּסִ֙פוּ֙ בְּנֵ֣י יִשְׂרָאֵ֔ל לַעֲשׂ֥וֹת הָרַ֖ע בְּעֵינֵ֣י יְהוָ֑ה וַיִּתְּנֵ֧ם יְהוָ֛ה בְּיַד־
פְּלִשְׁתִּ֖ים אַרְבָּעִ֥ים שָׁנָֽה:

2 וַיְהִי֩ אִ֨ישׁ אֶחָ֧ד מִצָּרְעָ֛ה מִמִּשְׁפַּ֥חַת הַדָּנִ֖י וּשְׁמ֣וֹ מָנ֑וֹחַ וְאִשְׁתּ֥וֹ

name *was* Manoah; and his wife *was* barren, and bare not.

3 And the angel of the L<small>ORD</small> appeared unto the woman, and said unto her, Behold now, thou *art* barren, and bearest not: but thou shalt conceive, and bear a son.

4 Now therefore beware, I pray thee, and drink not wine nor strong drink, and eat not any unclean *thing:*

5 For, lo, thou shalt conceive, and bear a son; and no razor shall come on his head: for the child shall be a Nazarite unto God from the womb: and he shall begin to deliver Israel out of the hand of the Philistines.

6 ¶ Then the woman came and told her husband, saying, A man of God came unto me, and his countenance *was* like the countenance of an angel of God, very terrible: but I asked him not whence he *was,* neither told he me his name:

7 But he said unto me, Behold, thou shalt conceive, and bear a son; and now drink no wine nor strong drink, neither eat any unclean *thing:* for the child shall be a Nazarite to God from the womb to the day of his death.

8 ¶ Then Manoah intreated the L<small>ORD</small>, and said, O my Lord, let the man of God which thou didst send come again unto us, and teach us what we shall do unto the child that shall be born.

9 And God hearkened to the voice of Manoah; and the angel of God came again unto the woman as she sat in the field: but Manoah her husband *was* not with her.

10 And the woman made haste, and ran, and shewed her husband, and said unto him, Behold, the man hath appeared unto me, that came unto me the *other* day.

11 And Manoah arose, and went after his wife, and came to the man, and said unto him, *Art* thou the man that spakest unto the woman? And he said, I *am.*

12 And Manoah said, Now let thy words come to pass. How shall we order the child, and *how* shall we do unto him?

13 And the angel of the L<small>ORD</small> said unto Manoah, Of all that I said unto the woman let her beware.

14 She may not eat of any *thing* that cometh of the vine, neither let her drink wine or strong drink, nor eat any unclean *thing:* all that I commanded her let her observe.

15 ¶ And Manoah said unto the angel of the L<small>ORD</small>, I pray thee, let us detain thee, until we shall have made ready a kid for thee.

16 And the angel of the L<small>ORD</small> said unto Manoah, Though thou detain me, I will not eat of thy bread: and if thou wilt offer a burnt offering, thou must offer it unto the L<small>ORD</small>. For Manoah knew not that he *was* an angel of the L<small>ORD</small>.

17 And Manoah said unto the angel of the L<small>ORD</small>, What *is* thy name, that when thy sayings come to pass we may do thee honour?

18 And the angel of the L<small>ORD</small> said unto him, Why askest thou thus after my name, seeing it *is* secret?

19 So Manoah took a kid with a meat offering, and offered *it* upon a rock unto the L<small>ORD</small>: and *the angel* did wondrously; and Manoah and his wife looked on.

20 For it came to pass, when the flame went up toward heaven from off the altar, that the angel of the L<small>ORD</small> ascended in the flame of the altar. And Manoah and his wife looked on *it,* and fell on their faces to the ground.

21 But the angel of the L<small>ORD</small> did no more appear to Manoah and to his wife. Then Manoah knew that he *was* an angel of the L<small>ORD</small>.

22 And Manoah said unto his wife, We shall surely die, because we have seen God.

23 But his wife said unto him, If the L<small>ORD</small> were pleased to kill us, he would not have received a burnt offering and a meat offering at our hands, neither would he have shewed us all these *things,* nor would as at this time have told us *such things* as these.

24 ¶ And the woman bare a son, and called his name Samson: and the child grew, and the L<small>ORD</small> blessed him.

3 עֲקָרָה וְלֹא יָלָדָה׃ וַיֵּרָא מַלְאַךְ־יְהוָה אֶל־הָאִשָּׁה וַיֹּאמֶר אֵלֶיהָ

4 הִנֵּה־נָא אַתְּ־עֲקָרָה וְלֹא יָלַדְתְּ וְהָרִית וְיָלַדְתְּ בֵּן׃ וְעַתָּה הִשָּׁמְרִי

5 נָא וְאַל־תִּשְׁתִּי יַיִן וְשֵׁכָר וְאַל־תֹּאכְלִי כָּל־טָמֵא׃ כִּי הִנָּךְ הָרָה

וְיֹלַדְתְּ בֵּן וּמוֹרָה לֹא־יַעֲלֶה עַל־רֹאשׁוֹ כִּי־נְזִיר אֱלֹהִים יִהְיֶה הַנַּעַר

6 מִן־הַבָּטֶן וְהוּא יָחֵל לְהוֹשִׁיעַ אֶת־יִשְׂרָאֵל מִיַּד פְּלִשְׁתִּים׃ וַתָּבֹא

הָאִשָּׁה וַתֹּאמֶר לְאִישָׁהּ לֵאמֹר אִישׁ הָאֱלֹהִים בָּא אֵלַי וּמַרְאֵהוּ

כְּמַרְאֵה מַלְאַךְ הָאֱלֹהִים נוֹרָא מְאֹד וְלֹא שְׁאִלְתִּיהוּ אֵי־מִזֶּה הוּא

7 וְאֶת־שְׁמוֹ לֹא־הִגִּיד לִי׃ וַיֹּאמֶר לִי הִנָּךְ הָרָה וְיֹלַדְתְּ בֵּן וְעַתָּה

אַל־תִּשְׁתִּי יַיִן וְשֵׁכָר וְאַל־תֹּאכְלִי כָּל־טֻמְאָה כִּי־נְזִיר אֱלֹהִים יִהְיֶה

הַנַּעַר מִן־הַבֶּטֶן עַד־יוֹם מוֹתוֹ׃

8 וַיֶּעְתַּר מָנוֹחַ אֶל־יְהוָה וַיֹּאמַר בִּי אֲדוֹנָי אִישׁ הָאֱלֹהִים אֲשֶׁר שָׁלַחְתָּ

9 יָבוֹא־נָא עוֹד אֵלֵינוּ וְיוֹרֵנוּ מַה־נַּעֲשֶׂה לַנַּעַר הַיּוּלָּד׃ וַיִּשְׁמַע

הָאֱלֹהִים בְּקוֹל מָנוֹחַ וַיָּבֹא מַלְאַךְ הָאֱלֹהִים עוֹד אֶל־הָאִשָּׁה וְהִיא

10 יוֹשֶׁבֶת בַּשָּׂדֶה וּמָנוֹחַ אִישָׁהּ אֵין עִמָּהּ׃ וַתְּמַהֵר הָאִשָּׁה וַתָּרָץ

וַתַּגֵּד לְאִישָׁהּ וַתֹּאמֶר אֵלָיו הִנֵּה נִרְאָה אֵלַי הָאִישׁ אֲשֶׁר־בָּא בַיּוֹם

11 אֵלָי׃ וַיָּקָם וַיֵּלֶךְ מָנוֹחַ אַחֲרֵי אִשְׁתּוֹ וַיָּבֹא אֶל־הָאִישׁ וַיֹּאמֶר לוֹ

12 הַאַתָּה הָאִישׁ אֲשֶׁר־דִּבַּרְתָּ אֶל־הָאִשָּׁה וַיֹּאמֶר אָנִי׃ וַיֹּאמֶר מָנוֹחַ

13 עַתָּה יָבֹא דְבָרֶיךָ מַה־יִּהְיֶה מִשְׁפַּט־הַנַּעַר וּמַעֲשֵׂהוּ׃ וַיֹּאמֶר מַלְאַךְ

14 יְהוָה אֶל־מָנוֹחַ מִכֹּל אֲשֶׁר־אָמַרְתִּי אֶל־הָאִשָּׁה תִּשָּׁמֵר׃ מִכֹּל אֲשֶׁר־

יֵצֵא מִגֶּפֶן הַיַּיִן לֹא תֹאכַל וְיַיִן וְשֵׁכָר אַל־תֵּשְׁתְּ וְכָל־טֻמְאָה

15 אַל־תֹּאכַל כֹּל אֲשֶׁר־צִוִּיתִיהָ תִּשְׁמֹר׃ וַיֹּאמֶר מָנוֹחַ אֶל־מַלְאַךְ יְהוָה

16 נַעְצְרָה־נָּא אוֹתָךְ וְנַעֲשֶׂה לְפָנֶיךָ גְּדִי עִזִּים׃ וַיֹּאמֶר מַלְאַךְ יְהוָה

אֶל־מָנוֹחַ אִם־תַּעְצְרֵנִי לֹא־אֹכַל בְּלַחְמֶךָ וְאִם־תַּעֲשֶׂה עֹלָה לַיהוָה

17 תַּעֲלֶנָּה כִּי לֹא־יָדַע מָנוֹחַ כִּי־מַלְאַךְ יְהוָה הוּא׃ וַיֹּאמֶר מָנוֹחַ אֶל־

18 מַלְאַךְ יְהוָה מִי שְׁמֶךָ כִּי־יָבֹא דבריך וְכִבַּדְנוּךָ׃ וַיֹּאמֶר לוֹ מַלְאַךְ דְבָרְךָ

19 יְהוָה לָמָּה זֶּה תִּשְׁאַל לִשְׁמִי וְהוּא־פֶלִאי׃ וַיִּקַּח מָנוֹחַ

אֶת־גְּדִי הָעִזִּים וְאֶת־הַמִּנְחָה וַיַּעַל עַל־הַצּוּר לַיהוָה וּמַפְלִא לַעֲשׂוֹת

20 וּמָנוֹחַ וְאִשְׁתּוֹ רֹאִים׃ וַיְהִי בַעֲלוֹת הַלַּהַב מֵעַל הַמִּזְבֵּחַ הַשָּׁמַיְמָה

וַיַּעַל מַלְאַךְ־יְהוָה בְּלַהַב הַמִּזְבֵּחַ וּמָנוֹחַ וְאִשְׁתּוֹ רֹאִים וַיִּפְּלוּ עַל־

21 פְּנֵיהֶם אָרְצָה׃ וְלֹא־יָסַף עוֹד מַלְאַךְ יְהוָה לְהֵרָאֹה אֶל־מָנוֹחַ

22 וְאֶל־אִשְׁתּוֹ אָז יָדַע מָנוֹחַ כִּי־מַלְאַךְ יְהוָה הוּא׃ וַיֹּאמֶר מָנוֹחַ

23 אֶל־אִשְׁתּוֹ מוֹת נָמוּת כִּי אֱלֹהִים רָאִינוּ׃ וַתֹּאמֶר לוֹ אִשְׁתּוֹ לוּ

חָפֵץ יְהוָה לַהֲמִיתֵנוּ לֹא־לָקַח מִיָּדֵנוּ עֹלָה וּמִנְחָה וְלֹא הֶרְאָנוּ

24 אֶת־כָּל־אֵלֶּה וְכָעֵת לֹא הִשְׁמִיעָנוּ כָּזֹאת׃ וַתֵּלֶד הָאִשָּׁה בֵּן וַתִּקְרָא

25 אֶת־שְׁמוֹ שִׁמְשׁוֹן וַיִּגְדַּל הַנַּעַר וַיְבָרְכֵהוּ יְהוָה׃ וַתָּחֶל רוּחַ יְהוָה

25 And the Spirit of the LORD began to move him at times in the camp of Dan between Zorah and Eshtaol.

CHAPTER 14

1 And Samson went down to Timnath, and saw a woman in Timnath of the daughters of the Philistines.

2 And he came up, and told his father and his mother, and said, I have seen a woman in Timnath of the daughters of the Philistines: now therefore get her for me to wife.

3 Then his father and his mother said unto him, *Is there* never a woman among the daughters of thy brethren, or among all my people, that thou goest to take a wife of the uncircumcised Philistines? And Samson said unto his father, Get her for me; for she pleaseth me well.

4 But his father and his mother knew not that it *was* of the LORD, that he sought an occasion against the Philistines: for at that time the Philistines had dominion over Israel.

5 ¶ Then went Samson down, and his father and his mother, to Timnath, and came to the vineyards of Timnath: and, behold, a young lion roared against him.

6 And the Spirit of the LORD came mightily upon him, and he rent him as he would have rent a kid, and *he had* nothing in his hand: but he told not his father or his mother what he had done.

7 And he went down, and talked with the woman; and she pleased Samson well.

8 ¶ And after a time he returned to take her, and he turned aside to see the carcase of the lion: and, behold, *there was* a swarm of bees and honey in the carcase of the lion.

9 And he took thereof in his hands, and went on eating, and came to his father and mother, and he gave them, and they did eat: but he told not them that he had taken the honey out of the carcase of the lion.

10 ¶ So his father went down unto the woman: and Samson made there a feast; for so used the young men to do.

11 And it came to pass, when they saw him, that they brought thirty companions to be with him.

12 ¶ And Samson said unto them, I will now put forth a riddle unto you: if ye can certainly declare it me within the seven days of the feast, and find *it* out, then I will give you thirty sheets and thirty change of garments:

13 But if ye cannot declare *it* me, then shall ye give me thirty sheets and thirty change of garments. And they said unto him, Put forth thy riddle, that we may hear it.

14 And he said unto them, Out of the eater came forth meat, and out of the strong came forth sweetness. And they could not in three days expound the riddle.

15 And it came to pass on the seventh day, that they said unto Samson's wife, Entice thy husband, that he may declare unto us the riddle, lest we burn thee and thy father's house with fire: have ye called us to take that we have? *is it* not *so*?

16 And Samson's wife wept before him, and said, Thou dost but hate me, and lovest me not: thou hast put forth a riddle unto the children of my people, and hast not told *it* me. And he said unto her, Behold, I have not told *it* my father nor my mother, and shall I tell *it* thee?

17 And she wept before him the seven days, while their feast lasted: and it came to pass on the seventh day, that he told her, because she lay sore upon him: and she told the riddle to the children of her people.

18 And the men of the city said unto him on the seventh day before the sun went down, What *is* sweeter than honey? and what *is* stronger than a lion? And he said unto them, If ye had not plowed with my heifer, ye had not found out my riddle.

19 ¶ And the Spirit of the LORD came upon him, and he went down to Ashkelon, and slew thirty men of them, and took their spoil, and gave change of garments unto them which expounded the riddle. And his anger was kindled, and he went up to his father's house.

לְפַעֲמ֖וֹ בְּמַחֲנֵה־דָ֑ן בֵּ֥ין צָרְעָ֖ה וּבֵ֥ין אֶשְׁתָּאֹֽל׃

14 וַיֵּ֧רֶד שִׁמְשׁ֛וֹן תִּמְנָ֖תָה וַיַּ֥רְא אִשָּׁ֛ה בְּתִמְנָ֖תָה מִבְּנ֥וֹת פְּלִשְׁתִּֽים׃ וַיַּ֗עַל
2 וַיַּגֵּד֙ לְאָבִ֣יו וּלְאִמּ֔וֹ וַיֹּ֗אמֶר אִשָּׁ֛ה רָאִ֥יתִי בְתִמְנָ֖תָה מִבְּנ֣וֹת פְּלִשְׁתִּ֑ים
3 וְעַתָּ֕ה קְחֽוּ־אוֹתָ֥הּ לִּ֖י לְאִשָּֽׁה׃ וַיֹּ֨אמֶר ל֜וֹ אָבִ֣יו וְאִמּ֗וֹ הַאֵין֩ בִּבְנ֨וֹת
אַחֶ֜יךָ וּבְכָל־עַמִּי֙ אִשָּׁ֔ה כִּֽי־אַתָּ֤ה הוֹלֵךְ֙ לָקַ֣חַת אִשָּׁ֔ה מִפְּלִשְׁתִּ֖ים
הָעֲרֵלִ֑ים וַיֹּ֨אמֶר שִׁמְשׁ֤וֹן אֶל־אָבִיו֙ אוֹתָ֣הּ קַֽח־לִ֔י כִּֽי־הִ֖יא יָשְׁרָ֥ה
4 בְעֵינָֽי׃ וְאָבִ֨יו וְאִמּ֜וֹ לֹ֣א יָדְע֗וּ כִּ֤י מֵיְהוָה֙ הִ֔יא כִּי־תֹאֲנָ֥ה הֽוּא־מְבַקֵּ֖שׁ
מִפְּלִשְׁתִּ֑ים וּבָעֵ֣ת הַהִ֔יא פְּלִשְׁתִּ֖ים מֹשְׁלִ֥ים בְּיִשְׂרָאֵֽל׃

5 וַיֵּ֧רֶד שִׁמְשׁ֛וֹן וְאָבִ֥יו וְאִמּ֖וֹ תִּמְנָ֑תָה וַיָּבֹ֙אוּ֙ עַד־כַּרְמֵ֣י תִמְנָ֔תָה וְהִנֵּה֙
6 כְּפִ֣יר אֲרָי֔וֹת שֹׁאֵ֖ג לִקְרָאתֽוֹ׃ וַתִּצְלַ֨ח עָלָ֜יו ר֣וּחַ יְהוָ֗ה וַֽיְשַׁסְּעֵ֙הוּ֙
כְּשַׁסַּ֣ע הַגְּדִ֔י וּמְא֖וּמָה אֵ֣ין בְּיָד֑וֹ וְלֹ֤א הִגִּיד֙ לְאָבִ֣יו וּלְאִמּ֔וֹ אֵ֖ת
7 אֲשֶׁ֥ר עָשָֽׂה׃ וַיֵּ֖רֶד וַיְדַבֵּ֣ר לָאִשָּׁ֑ה וַתִּישַׁ֖ר בְּעֵינֵ֥י שִׁמְשֽׁוֹן׃ וַיָּ֤שָׁב
8 מִיָּמִים֙ לְקַחְתָּ֔הּ וַיָּ֣סַר לִרְא֔וֹת אֵ֖ת מַפֶּ֣לֶת הָאַרְיֵ֑ה וְהִנֵּ֞ה עֲדַ֧ת
9 דְּבוֹרִ֛ים בִּגְוִיַּ֥ת הָאַרְיֵ֖ה וּדְבָֽשׁ׃ וַיִּרְדֵּ֣הוּ אֶל־כַּפָּ֗יו וַיֵּ֤לֶךְ הָלוֹךְ֙ וְאָכֹ֔ל
וַיֵּ֙לֶךְ֙ אֶל־אָבִ֣יו וְאֶל־אִמּ֔וֹ וַיִּתֵּ֥ן לָהֶ֖ם וַיֹּאכֵ֑לוּ וְלֹֽא־הִגִּ֣יד לָהֶ֔ם כִּ֛י
10 מִגְּוִיַּ֥ת הָאַרְיֵ֖ה רָדָ֥ה הַדְּבָֽשׁ׃ וַיֵּ֥רֶד אָבִ֖יהוּ אֶל־הָאִשָּׁ֑ה וַיַּ֨עַשׂ שָׁ֤ם
11 שִׁמְשׁוֹן֙ מִשְׁתֶּ֔ה כִּ֛י כֵּ֥ן יַעֲשׂ֖וּ הַבַּחוּרִֽים׃ וַיְהִ֥י כִּרְאוֹתָ֖ם אוֹת֑וֹ וַיִּקְח֙וּ
12 שְׁלֹשִׁ֣ים מֵֽרֵעִ֔ים וַיִּהְי֖וּ אִתּֽוֹ׃ וַיֹּ֤אמֶר לָהֶם֙ שִׁמְשׁ֔וֹן אָחֽוּדָה־נָּ֥א לָכֶ֖ם
חִידָ֑ה אִם־הַגֵּ֣ד תַּגִּידוּ֩ אוֹתָ֨הּ לִ֜י שִׁבְעַ֨ת יְמֵ֤י הַמִּשְׁתֶּה֙ וּמְצָאתֶ֔ם
13 וְנָתַתִּ֤י לָכֶם֙ שְׁלֹשִׁ֣ים סְדִינִ֔ים וּשְׁלֹשִׁ֖ים חֲלִפֹ֣ת בְּגָדִֽים׃ וְאִם־לֹ֣א
תוּכְלוּ֮ לְהַגִּ֣יד לִי֒ וּנְתַתֶּ֣ם אַתֶּ֗ם לִ֚י שְׁלֹשִׁ֣ים סְדִינִ֔ים וּשְׁלֹשִׁ֖ים חֲלִיפ֣וֹת
14 בְּגָדִ֑ים וַיֹּ֣אמְרוּ ל֗וֹ ח֤וּדָה חִֽידָתְךָ֙ וְנִשְׁמָעֶֽנָּה׃ וַיֹּ֣אמֶר לָהֶ֗ם מֵהָֽאֹכֵל֙
יָצָ֣א מַֽאֲכָ֔ל וּמֵעַ֖ז יָצָ֣א מָת֑וֹק וְלֹ֥א יָכְל֛וּ לְהַגִּ֥יד הַחִידָ֖ה שְׁלֹ֥שֶׁת
15 יָמִֽים׃ וַיְהִ֣י ׀ בַּיּ֣וֹם הַשְּׁבִיעִ֗י וַיֹּאמְר֤וּ לְאֵֽשֶׁת־שִׁמְשׁוֹן֙ פַּתִּ֣י אֶת־אִישֵׁ֗ךְ
וְיַגֶּד־לָ֙נוּ֙ אֶת־הַ֣חִידָ֔ה פֶּן־נִשְׂרֹ֥ף אוֹתָ֛ךְ וְאֶת־בֵּ֥ית אָבִ֖יךְ בָּאֵ֑שׁ
16 הַלְיָרְשֵׁ֕נוּ קְרָאתֶ֥ם לָ֖נוּ הֲלֹֽא׃ וַתֵּבְךְּ֩ אֵ֨שֶׁת שִׁמְשׁ֜וֹן עָלָ֗יו וַתֹּ֙אמֶר֙
רַק־שְׂנֵאתַ֙נִי֙ וְלֹ֣א אֲהַבְתָּ֔נִי הַֽחִידָ֥ה חַ֙דְתָּ֙ לִבְנֵ֣י עַמִּ֔י וְלִ֖י לֹ֣א הִגַּ֑דְתָּה
17 וַיֹּ֣אמֶר לָ֗הּ הִנֵּ֤ה לְאָבִי֙ וּלְאִמִּ֔י לֹ֥א הִגַּ֖דְתִּי וְלָ֥ךְ אַגִּֽיד׃ וַתֵּ֤בְךְּ עָלָיו֙
שִׁבְעַ֣ת הַיָּמִ֔ים אֲשֶׁר־הָיָ֥ה לָהֶ֖ם הַמִּשְׁתֶּ֑ה וַיְהִ֣י ׀ בַּיּ֣וֹם הַשְּׁבִיעִ֗י
18 וַיַּגֶּד־לָהּ֙ כִּ֣י הֱצִיקַ֔תְהוּ וַתַּגֵּ֥ד הַחִידָ֖ה לִבְנֵ֣י עַמָּֽהּ׃ וַיֹּ֣אמְרוּ לוֹ֩ אַנְשֵׁ֨י
הָעִ֜יר בַּיּ֣וֹם הַשְּׁבִיעִ֗י בְּטֶ֙רֶם֙ יָבֹ֣א הַחַ֔רְסָה מַה־מָּת֣וֹק מִדְּבַ֔שׁ וּמֶ֥ה
עַ֖ז מֵֽאֲרִ֑י וַיֹּ֣אמֶר לָהֶ֔ם לוּלֵא֙ חֲרַשְׁתֶּ֣ם בְּעֶגְלָתִ֔י לֹ֥א מְצָאתֶ֖ם חִידָתִֽי׃
19 וַתִּצְלַ֨ח עָלָ֜יו ר֣וּחַ יְהוָ֗ה וַיֵּ֨רֶד אַשְׁקְל֜וֹן וַיַּ֥ךְ מֵהֶ֣ם ׀ שְׁלֹשִׁ֣ים אִ֗ישׁ
וַיִּקַּח֙ אֶת־חֲלִ֣יצוֹתָ֔ם וַיִּתֵּן֙ הַחֲלִיפ֔וֹת לְמַגִּידֵ֖י הַחִידָ֑ה וַיִּ֣חַר אַפּ֔וֹ וַיַּ֖עַל
בֵּ֥ית אָבִֽיהוּ׃

20 But Samson's wife was *given* to his companion, whom he had used as his friend.

CHAPTER 15

1 But it came to pass within a while after, in the time of wheat harvest, that Samson visited his wife with a kid; and he said, I will go in to my wife into the chamber. But her father would not suffer him to go in.

2 And her father said, I verily thought that thou hadst utterly hated her; therefore I gave her to thy companion: *is* not her younger sister fairer than she? take her, I pray thee, instead of her.

3 ¶ And Samson said concerning them, Now shall I be more blameless than the Philistines, though I do them a displeasure.

4 And Samson went and caught three hundred foxes, and took firebrands, and turned tail to tail, and put a firebrand in the midst between two tails.

5 And when he had set the brands on fire, he let *them* go into the standing corn of the Philistines, and burnt up both the shocks, and also the standing corn, with the vineyards *and* olives.

6 ¶ Then the Philistines said, Who hath done this? And they answered, Samson, the son in law of the Timnite, because he had taken his wife, and given her to his companion. And the Philistines came up, and burnt her and her father with fire.

7 ¶ And Samson said unto them, Though ye have done this, yet will I be avenged of you, and after that I will cease.

8 And he smote them hip and thigh with a great slaughter: and he went down and dwelt in the top of the rock Etam.

9 ¶ Then the Philistines went up, and pitched in Judah, and spread themselves in Lehi.

10 And the men of Judah said, Why are ye come up against us? And they answered, To bind Samson are we come up, to do to him as he hath done to us.

11 Then three thousand men of Judah went to the top of the rock Etam, and said to Samson, Knowest thou not that the Philistines *are* rulers over us? what *is* this *that* thou hast done unto us? And he said unto them, As they did unto me, so have I done unto them.

12 And they said unto him, We are come down to bind thee, that we may deliver thee into the hand of the Philistines. And Samson said unto them, Swear unto me, that ye will not fall upon me yourselves.

13 And they spake unto him, saying, No; but we will bind thee fast, and deliver thee into their hand: but surely we will not kill thee. And they bound him with two new cords, and brought him up from the rock.

14 ¶ *And* when he came unto Lehi, the Philistines shouted against him: and the Spirit of the LORD came mightily upon him, and the cords that *were* upon his arms became as flax that was burnt with fire, and his bands loosed from off his hands.

15 And he found a new jawbone of an ass, and put forth his hand, and took it, and slew a thousand men therewith.

16 And Samson said, With the jawbone of an ass, heaps upon heaps, with the jaw of an ass have I slain a thousand men.

17 And it came to pass, when he had made an end of speaking, that he cast away the jawbone out of his hand, and called that place Ramath-lehi.

18 ¶ And he was sore athirst, and called on the LORD, and said, Thou hast given this great deliverance into the hand of thy servant: and now shall I die for thirst, and fall into the hand of the uncircumcised?

19 But God clave an hollow place that *was* in the jaw, and there came water thereout; and when he had drunk, his spirit came again, and he revived: wherefore he called the name thereof En-hakkore, which *is* in Lehi unto this day.

20 And he judged Israel in the days of the Philistines twenty years.

CHAPTER 16

1 Then went Samson to Gaza, and saw there an harlot, and went in unto her.

2 *And it was told* the Gazites, saying, Samson is come hither. And they com-

15 ‏²⁰₁ וַתְּהִי אֵשֶׁת שִׁמְשׁוֹן לְמֵרֵעֵהוּ אֲשֶׁר רֵעָה לוֹ: וַיְהִי מִיָּמִים בִּימֵי
קְצִיר־חִטִּים וַיִּפְקֹד שִׁמְשׁוֹן אֶת־אִשְׁתּוֹ בִּגְדִי עִזִּים וַיֹּאמֶר אָבֹאָה

2 אֶל־אִשְׁתִּי הֶחָדְרָה וְלֹא־נְתָנוֹ אָבִיהָ לָבוֹא: וַיֹּאמֶר אָבִיהָ אָמֹר
אָמַרְתִּי כִּי־שָׂנֹא שְׂנֵאתָהּ וָאֶתְּנֶנָּה לְמֵרֵעֶךָ הֲלֹא אֲחֹתָהּ הַקְּטַנָּה

3 טוֹבָה מִמֶּנָּה תְּהִי־נָא לְךָ תַּחְתֶּיהָ: וַיֹּאמֶר לָהֶם שִׁמְשׁוֹן נִקֵּיתִי
הַפַּעַם מִפְּלִשְׁתִּים כִּי־עֹשֶׂה אֲנִי עִמָּם רָעָה: וַיֵּלֶךְ שִׁמְשׁוֹן וַיִּלְכֹּד

4 שְׁלֹשׁ־מֵאוֹת שׁוּעָלִים וַיִּקַּח לַפִּדִים וַיֶּפֶן זָנָב אֶל־זָנָב וַיָּשֶׂם לַפִּיד

5 אֶחָד בֵּין־שְׁנֵי הַזְּנָבוֹת בַּתָּוֶךְ: וַיַּבְעֶר־אֵשׁ בַּלַּפִּידִים וַיְשַׁלַּח בְּקָמוֹת

6 פְּלִשְׁתִּים וַיַּבְעֵר מִגָּדִישׁ וְעַד־קָמָה וְעַד־כֶּרֶם זָיִת: וַיֹּאמְרוּ פְלִשְׁתִּים
מִי עָשָׂה זֹאת וַיֹּאמְרוּ שִׁמְשׁוֹן חֲתַן הַתִּמְנִי כִּי לָקַח אֶת־אִשְׁתּוֹ
וַיִּתְּנָהּ לְמֵרֵעֵהוּ וַיַּעֲלוּ פְלִשְׁתִּים וַיִּשְׂרְפוּ אוֹתָהּ וְאֶת־אָבִיהָ בָּאֵשׁ:

7 וַיֹּאמֶר לָהֶם שִׁמְשׁוֹן אִם־תַּעֲשׂוּן כָּזֹאת כִּי אִם־נִקַּמְתִּי בָכֶם וְאַחַר

8 אֶחְדָּל: וַיַּךְ אוֹתָם שׁוֹק עַל־יָרֵךְ מַכָּה גְדוֹלָה וַיֵּרֶד וַיֵּשֶׁב בִּסְעִיף

9 סֶלַע עֵיטָם: וַיַּעֲלוּ פְלִשְׁתִּים וַיַּחֲנוּ בִּיהוּדָה וַיִּנָּטְשׁוּ

10 בַּלֶּחִי: וַיֹּאמְרוּ אִישׁ יְהוּדָה לָמָה עֲלִיתֶם עָלֵינוּ וַיֹּאמְרוּ לֶאֱסֹר

11 אֶת־שִׁמְשׁוֹן עָלִינוּ לַעֲשׂוֹת לוֹ כַּאֲשֶׁר עָשָׂה לָנוּ: וַיֵּרְדוּ שְׁלֹשֶׁת
אֲלָפִים אִישׁ מִיהוּדָה אֶל־סְעִיף סֶלַע עֵיטָם וַיֹּאמְרוּ לְשִׁמְשׁוֹן הֲלֹא
יָדַעְתָּ כִּי־מֹשְׁלִים בָּנוּ פְּלִשְׁתִּים וּמַה־זֹּאת עָשִׂיתָ לָּנוּ וַיֹּאמֶר לָהֶם

12 כַּאֲשֶׁר עָשׂוּ לִי כֵּן עָשִׂיתִי לָהֶם: וַיֹּאמְרוּ לוֹ לֶאֱסָרְךָ יָרַדְנוּ לְתִתְּךָ
בְּיַד־פְּלִשְׁתִּים וַיֹּאמֶר לָהֶם שִׁמְשׁוֹן הִשָּׁבְעוּ לִי פֶּן־תִּפְגְּעוּן בִּי אַתֶּם:

13 וַיֹּאמְרוּ לוֹ לֵאמֹר לֹא כִּי־אָסֹר נֶאֱסָרְךָ וּנְתַנּוּךָ בְיָדָם וְהָמֵת לֹא

14A 14 נְמִיתֶךָ וַיַּאַסְרֻהוּ בִּשְׁנַיִם עֲבֹתִים חֲדָשִׁים וַיַּעֲלוּהוּ מִן־הַסָּלַע: הוּא־
בָא עַד־לֶחִי וּפְלִשְׁתִּים הֵרִיעוּ לִקְרָאתוֹ וַתִּצְלַח עָלָיו רוּחַ יְהוָה
וַתִּהְיֶינָה הָעֲבֹתִים אֲשֶׁר עַל־זְרוֹעוֹתָיו כַּפִּשְׁתִּים אֲשֶׁר בָּעֲרוּ בָאֵשׁ

15 וַיִּמַּסּוּ אֱסוּרָיו מֵעַל יָדָיו: וַיִּמְצָא לְחִי־חֲמוֹר טְרִיָּה וַיִּשְׁלַח יָדוֹ

16 וַיִּקָּחֶהָ וַיַּךְ־בָּהּ אֶלֶף אִישׁ: וַיֹּאמֶר שִׁמְשׁוֹן בִּלְחִי הַחֲמוֹר חֲמוֹר

17 חֲמֹרָתָיִם בִּלְחִי הַחֲמוֹר הִכֵּיתִי אֶלֶף אִישׁ: וַיְהִי כְּכַלֹּתוֹ לְדַבֵּר

18 וַיַּשְׁלֵךְ הַלְּחִי מִיָּדוֹ וַיִּקְרָא לַמָּקוֹם הַהוּא רָמַת לֶחִי: וַיִּצְמָא מְאֹד
וַיִּקְרָא אֶל־יְהוָה וַיֹּאמַר אַתָּה נָתַתָּ בְיַד־עַבְדְּךָ אֶת־הַתְּשׁוּעָה

19 הַגְּדֹלָה הַזֹּאת וְעַתָּה אָמוּת בַּצָּמָא וְנָפַלְתִּי בְּיַד הָעֲרֵלִים: וַיִּבְקַע
אֱלֹהִים אֶת־הַמַּכְתֵּשׁ אֲשֶׁר־בַּלֶּחִי וַיֵּצְאוּ מִמֶּנּוּ מַיִם וַיֵּשְׁתְּ וַתָּשָׁב
רוּחוֹ וַיֶּחִי עַל־כֵּן ׀ קָרָא שְׁמָהּ עֵין הַקּוֹרֵא אֲשֶׁר בַּלֶּחִי עַד הַיּוֹם

20 הַזֶּה: וַיִּשְׁפֹּט אֶת־יִשְׂרָאֵל בִּימֵי פְלִשְׁתִּים עֶשְׂרִים שָׁנָה:

16 ‏¹₂ 2A וַיֵּלֶךְ שִׁמְשׁוֹן עַזָּתָה וַיַּרְא־שָׁם אִשָּׁה זוֹנָה וַיָּבֹא אֵלֶיהָ: לַעַזָּתִים ׀
לֵאמֹר בָּא שִׁמְשׁוֹן הֵנָּה וַיָּסֹבּוּ וַיֶּאֶרְבוּ־לוֹ כָל־הַלַּיְלָה בְּשַׁעַר הָעִיר

passed *him* in, and laid wait for him all night in the gate of the city, and were quiet all the night, saying, In the morning, when it is day, we shall kill him.

3 And Samson lay till midnight, and arose at midnight, and took the doors of the gate of the city, and the two posts, and went away with them, bar and all, and put *them* upon his shoulders, and carried them up to the top of an hill that *is* before Hebron.

4 ¶ And it came to pass afterward, that he loved a woman in the valley of Sorek, whose name *was* Delilah.

5 And the lords of the Philistines came up unto her, and said unto her, Entice him, and see wherein his great strength *lieth,* and by what *means* we may prevail against him, that we may bind him to afflict him: and we will give thee every one of us eleven hundred *pieces* of silver.

6 ¶ And Delilah said to Samson, Tell me, I pray thee, wherein thy great strength *lieth,* and wherewith thou mightest be bound to afflict thee.

7 And Samson said unto her, If they bind me with seven green withs that were never dried, then shall I be weak, and be as another man.

8 Then the lords of the Philistines brought up to her seven green withs which had not been dried, and she bound him with them.

9 Now *there were* men lying in wait, abiding with her in the chamber. And she said unto him, The Philistines *be* upon thee, Samson. And he brake the withs, as a thread of tow is broken when it toucheth the fire. So his strength was not known.

10 And Delilah said unto Samson, Behold, thou hast mocked me, and told me lies: now tell me, I pray thee, wherewith thou mightest be bound.

11 And he said unto her, If they bind me fast with new ropes that never were occupied, then shall I be weak, and be as another man.

12 Delilah therefore took new ropes, and bound him therewith, and said unto him, The Philistines *be* upon thee, Samson.

And *there were* liers in wait abiding in the chamber. And he brake them from off his arms like a thread.

13 And Delilah said unto Samson, Hitherto thou hast mocked me, and told me lies: tell me wherewith thou mightest be bound. And he said unto her, If thou weavest the seven locks of my head with the web.

14 And she fastened *it* with the pin, and said unto him, The Philistines *be* upon thee, Samson. And he awaked out of his sleep, and went away with the pin of the beam, and with the web.

15 ¶ And she said unto him, How canst thou say, I love thee, when thine heart *is* not with me? thou hast mocked me these three times, and hast not told me wherein thy great strength *lieth.*

16 And it came to pass, when she pressed him daily with her words, and urged him, *so* that his soul was vexed unto death;

17 That he told her all his heart, and said unto her, There hath not come a razor upon mine head; for I *have been* a Nazarite unto God from my mother's womb: if I be shaven, then my strength will go from me, and I shall become weak, and be like any *other* man.

18 And when Delilah saw that he had told her all his heart, she sent and called for the lords of the Philistines, saying, Come up this once, for he hath shewed me all his heart. Then the lords of the Philistines came up unto her, and brought money in their hand.

19 And she made him sleep upon her knees; and she called for a man, and she caused him to shave off the seven locks of his head; and she began to afflict him, and his strength went from him.

20 And she said, The Philistines *be* upon thee, Samson. And he awoke out of his sleep, and said, I will go out as at other times before, and shake myself. And he wist not that the LORD was departed from him.

21 ¶ But the Philistines took him, and put out his eyes, and brought him down to Gaza, and bound him with fetters of

3 וַיִּתְחָרְשׁוּ כָל־הַלַּיְלָה לֵאמֹר עַד־אוֹר הַבֹּקֶר וַהֲרַגְנֻהוּ: וַיִּשְׁכַּב
שִׁמְשׁוֹן עַד־חֲצִי הַלַּיְלָה וַיָּקָם ׀ בַּחֲצִי הַלַּיְלָה וַיֶּאֱחֹז בְּדַלְתוֹת שַׁעַר־
הָעִיר וּבִשְׁתֵּי הַמְּזוּזוֹת וַיִּסָּעֵם עִם־הַבְּרִיחַ וַיָּשֶׂם עַל־כְּתֵפָיו וַיַּעֲלֵם
אֶל־רֹאשׁ הָהָר אֲשֶׁר עַל־פְּנֵי חֶבְרוֹן:

4
5 וַיְהִי אַחֲרֵי־כֵן וַיֶּאֱהַב אִשָּׁה בְּנַחַל שֹׂרֵק וּשְׁמָהּ דְּלִילָה: וַיַּעֲלוּ
אֵלֶיהָ סַרְנֵי פְלִשְׁתִּים וַיֹּאמְרוּ לָהּ פַּתִּי אוֹתוֹ וּרְאִי בַּמֶּה כֹּחוֹ גָדוֹל
וּבַמֶּה נוּכַל לוֹ וַאֲסַרְנֻהוּ לְעַנּוֹתוֹ וַאֲנַחְנוּ נִתַּן־לָךְ אִישׁ אֶלֶף וּמֵאָה
6 כָּסֶף: וַתֹּאמֶר דְּלִילָה אֶל־שִׁמְשׁוֹן הַגִּידָה־נָּא לִי בַּמֶּה כֹּחֲךָ גָדוֹל
7 וּבַמֶּה תֵאָסֵר לְעַנּוֹתֶךָ: וַיֹּאמֶר אֵלֶיהָ שִׁמְשׁוֹן אִם־יַאַסְרֻנִי בְּשִׁבְעָה
יְתָרִים לַחִים אֲשֶׁר לֹא־חֹרָבוּ וְחָלִיתִי וְהָיִיתִי כְּאַחַד הָאָדָם:
8 וַיַּעֲלוּ־לָהּ סַרְנֵי פְלִשְׁתִּים שִׁבְעָה יְתָרִים לַחִים אֲשֶׁר לֹא־חֹרָבוּ
9 וַתַּאַסְרֵהוּ בָּהֶם: וְהָאֹרֵב יֹשֵׁב לָהּ בַּחֶדֶר וַתֹּאמֶר אֵלָיו פְּלִשְׁתִּים
עָלֶיךָ שִׁמְשׁוֹן וַיְנַתֵּק אֶת־הַיְתָרִים כַּאֲשֶׁר יִנָּתֵק פְּתִיל־הַנְּעֹרֶת
10 בַּהֲרִיחוֹ אֵשׁ וְלֹא נוֹדַע כֹּחוֹ: וַתֹּאמֶר דְּלִילָה אֶל־שִׁמְשׁוֹן הִנֵּה
הֵתַלְתָּ בִּי וַתְּדַבֵּר אֵלַי כְּזָבִים עַתָּה הַגִּידָה־נָּא לִי בַּמֶּה תֵּאָסֵר:
11 וַיֹּאמֶר אֵלֶיהָ אִם־אָסוֹר יַאַסְרוּנִי בַּעֲבֹתִים חֲדָשִׁים אֲשֶׁר לֹא־נַעֲשָׂה
12 בָהֶם מְלָאכָה וְחָלִיתִי וְהָיִיתִי כְּאַחַד הָאָדָם: וַתִּקַּח דְּלִילָה עֲבֹתִים
חֲדָשִׁים וַתַּאַסְרֵהוּ בָהֶם וַתֹּאמֶר אֵלָיו פְּלִשְׁתִּים עָלֶיךָ שִׁמְשׁוֹן
13 וְהָאֹרֵב יֹשֵׁב בֶּחָדֶר וַיְנַתְּקֵם מֵעַל זְרֹעֹתָיו כַּחוּט: וַתֹּאמֶר דְּלִילָה
אֶל־שִׁמְשׁוֹן עַד־הֵנָּה הֵתַלְתָּ בִּי וַתְּדַבֵּר אֵלַי כְּזָבִים הַגִּידָה לִּי בַּמֶּה
תֵּאָסֵר וַיֹּאמֶר אֵלֶיהָ אִם־תַּאַרְגִי אֶת־שֶׁבַע מַחְלְפוֹת רֹאשִׁי עִם־
14 הַמַּסָּכֶת: וַתִּתְקַע בַּיָּתֵד וַתֹּאמֶר אֵלָיו פְּלִשְׁתִּים עָלֶיךָ שִׁמְשׁוֹן
15 וַיִּיקַץ מִשְּׁנָתוֹ וַיִּסַּע אֶת־הַיְתַד הָאֶרֶג וְאֶת־הַמַּסָּכֶת: וַתֹּאמֶר אֵלָיו
אֵיךְ תֹּאמַר אֲהַבְתִּיךְ וְלִבְּךָ אֵין אִתִּי זֶה שָׁלֹשׁ פְּעָמִים הֵתַלְתָּ בִּי
16 וְלֹא־הִגַּדְתָּ לִּי בַּמֶּה כֹּחֲךָ גָדוֹל: וַיְהִי כִּי־הֵצִיקָה לּוֹ בִדְבָרֶיהָ כָּל־
17 הַיָּמִים וַתְּאַלְצֵהוּ וַתִּקְצַר נַפְשׁוֹ לָמוּת: וַיַּגֶּד־לָהּ אֶת־כָּל־לִבּוֹ וַיֹּאמֶר
לָהּ מוֹרָה לֹא־עָלָה עַל־רֹאשִׁי כִּי־נְזִיר אֱלֹהִים אֲנִי מִבֶּטֶן אִמִּי
18 אִם־גֻּלַּחְתִּי וְסָר מִמֶּנִּי כֹחִי וְחָלִיתִי וְהָיִיתִי כְּכָל־הָאָדָם: וַתֵּרֶא
דְלִילָה כִּי־הִגִּיד לָהּ אֶת־כָּל־לִבּוֹ וַתִּשְׁלַח וַתִּקְרָא לְסַרְנֵי פְלִשְׁתִּים
לֵאמֹר עֲלוּ הַפַּעַם כִּי־הִגִּיד לָהּ אֶת־כָּל־לִבּוֹ וְעָלוּ אֵלֶיהָ סַרְנֵי
לִי
19 פְלִשְׁתִּים וַיַּעֲלוּ הַכֶּסֶף בְּיָדָם: וַתְּיַשְּׁנֵהוּ עַל־בִּרְכֶּיהָ וַתִּקְרָא לָאִישׁ
וַתְּגַלַּח אֶת־שֶׁבַע מַחְלְפוֹת רֹאשׁוֹ וַתָּחֶל לְעַנּוֹתוֹ וַיָּסַר כֹּחוֹ מֵעָלָיו:
20 וַתֹּאמֶר פְּלִשְׁתִּים עָלֶיךָ שִׁמְשׁוֹן וַיִּקַץ מִשְּׁנָתוֹ וַיֹּאמֶר אֵצֵא כְּפַעַם
21 בְּפַעַם וְאִנָּעֵר וְהוּא לֹא יָדַע כִּי יְהוָה סָר מֵעָלָיו: וַיֹּאחֲזוּהוּ
פְלִשְׁתִּים וַיְנַקְּרוּ אֶת־עֵינָיו וַיּוֹרִידוּ אוֹתוֹ עַזָּתָה וַיַּאַסְרוּהוּ בַּנְחֻשְׁתַּיִם

brass; and he did grind in the prison house.

22 Howbeit the hair of his head began to grow again after he was shaven.

23 Then the lords of the Philistines gathered them together for to offer a great sacrifice unto Dagon their god, and to rejoice: for they said, Our god hath delivered Samson our enemy into our hand.

24 And when the people saw him, they praised their god: for they said, Our god hath delivered into our hands our enemy, and the destroyer of our country, which slew many of us.

25 And it came to pass, when their hearts were merry, that they said, Call for Samson, that he may make us sport. And they called for Samson out of the prison house; and he made them sport: and they set him between the pillars.

26 And Samson said unto the lad that held him by the hand, Suffer me that I may feel the pillars whereupon the house standeth, that I may lean upon them.

27 Now the house was full of men and women; and all the lords of the Philistines *were* there; and *there were* upon the roof about three thousand men and women, that beheld while Samson made sport.

28 And Samson called unto the LORD, and said, O Lord GOD, remember me, I pray thee, and strengthen me, I pray thee, only this once, O God, that I may be at once avenged of the Philistines for my two eyes.

29 And Samson took hold of the two middle pillars upon which the house stood, and on which it was borne up, of the one with his right hand, and of the other with his left.

30 And Samson said, Let me die with the Philistines. And he bowed himself with *all* his might; and the house fell upon the lords, and upon all the people that *were* therein. So the dead which he slew at his death were more than *they* which he slew in his life.

31 Then his brethren and all the house of his father came down, and took him, and brought *him* up, and buried him between Zorah and Eshtaol in the burying-place of Manoah his father. And he judged Israel twenty years.

CHAPTER 17

1 And there was a man of mount Ephraim, whose name *was* Micah.

2 And he said unto his mother, The eleven hundred *shekels* of silver that were taken from thee, about which thou cursedst, and spakest of also in mine ears, behold, the silver *is* with me; I took it. And his mother said, Blessed *be thou* of the LORD, my son.

3 And when he had restored the eleven hundred *shekels* of silver to his mother, his mother said, I had wholly dedicated the silver unto the LORD from my hand for my son, to make a graven image and a molten image: now therefore I will restore it unto thee.

4 Yet he restored the money unto his mother; and his mother took two hundred *shekels* of silver, and gave them to the founder, who made thereof a graven image and a molten image: and they were in the house of Micah.

5 And the man Micah had an house of gods, and made an ephod, and teraphim, and consecrated one of his sons, who became his priest.

6 In those days *there was* no king in Israel, *but* every man did *that which was* right in his own eyes.

7 ¶ And there was a young man out of Beth-lehem-judah of the family of Judah, who *was* a Levite, and he sojourned there.

8 And the man departed out of the city from Beth-lehem-judah to sojourn where he could find *a place:* and he came to mount Ephraim to the house of Micah, as he journeyed.

9 And Micah said unto him, Whence comest thou? And he said unto him, I *am* a Levite of Beth-lehem-judah, and I go to sojourn where I may find *a place.*

10 And Micah said unto him, Dwell with me, and be unto me a father and a priest, and I will give thee ten *shekels* of silver by the year, and a suit of apparel, and thy victuals. So the Levite went in.

22 וַיְהִי טוֹחֵן בְּבֵית הָאֲסוּרִים: וַיָּחֶל שְׂעַר־רֹאשׁוֹ לְצַמֵּחַ כַּאֲשֶׁר הָאֲסוּרִים
גֻּלָּח:

23 וְסַרְנֵי פְלִשְׁתִּים נֶאֶסְפוּ לִזְבֹּחַ זֶבַח־גָּדוֹל לְדָגוֹן אֱלֹהֵיהֶם וּלְשִׂמְחָה 23A

24 וַיֹּאמְרוּ נָתַן אֱלֹהֵינוּ בְּיָדֵנוּ אֵת שִׁמְשׁוֹן אוֹיְבֵנוּ: וַיִּרְאוּ אֹתוֹ הָעָם
וַיְהַלְלוּ אֶת־אֱלֹהֵיהֶם כִּי אָמְרוּ נָתַן אֱלֹהֵינוּ בְיָדֵנוּ אֶת־אוֹיְבֵנוּ וְאֵת

25 מַחֲרִיב אַרְצֵנוּ וַאֲשֶׁר הִרְבָּה אֶת־חֲלָלֵינוּ: וַיְהִי כִּי טוֹב לִבָּם וַיֹּאמְרוּ כְּתִיב
קִרְאוּ לְשִׁמְשׁוֹן וִישַׂחֶק־לָנוּ וַיִּקְרְאוּ לְשִׁמְשׁוֹן מִבֵּית הָאֲסוּרִים וַיְצַחֵק הָאֲסוּרִים

26 לִפְנֵיהֶם וַיַּעֲמִידוּ אוֹתוֹ בֵּין הָעַמּוּדִים: וַיֹּאמֶר שִׁמְשׁוֹן אֶל־הַנַּעַר וַהֲמִשֵׁנִי
הַמַּחֲזִיק בְּיָדוֹ הַנִּיחָה אוֹתִי וַהֲמִישֵׁנִי אֶת־הָעַמֻּדִים אֲשֶׁר הַבַּיִת

27 נָכוֹן עֲלֵיהֶם וְאֶשָּׁעֵן עֲלֵיהֶם: וְהַבַּיִת מָלֵא הָאֲנָשִׁים וְהַנָּשִׁים וְשָׁמָּה
כֹּל סַרְנֵי פְלִשְׁתִּים וְעַל־הַגָּג כִּשְׁלֹשֶׁת אֲלָפִים אִישׁ וְאִשָּׁה הָרֹאִים

28 בִּשְׂחוֹק שִׁמְשׁוֹן: וַיִּקְרָא שִׁמְשׁוֹן אֶל־יְהוָה וַיֹּאמַר אֲדֹנָי יֱהוִה זָכְרֵנִי
נָא וְחַזְּקֵנִי נָא אַךְ הַפַּעַם הַזֶּה הָאֱלֹהִים וְאִנָּקְמָה נְקַם־אַחַת מִשְּׁתֵי

29 עֵינַי מִפְּלִשְׁתִּים: וַיִּלְפֹּת שִׁמְשׁוֹן אֶת־שְׁנֵי עַמּוּדֵי הַתָּוֶךְ אֲשֶׁר הַבַּיִת

30 נָכוֹן עֲלֵיהֶם וַיִּסָּמֵךְ עֲלֵיהֶם אֶחָד בִּימִינוֹ וְאֶחָד בִּשְׂמֹאלוֹ: וַיֹּאמֶר
שִׁמְשׁוֹן תָּמוֹת נַפְשִׁי עִם־פְּלִשְׁתִּים וַיֵּט בְּכֹחַ וַיִּפֹּל הַבַּיִת עַל־הַסְּרָנִים
וְעַל־כָּל־הָעָם אֲשֶׁר־בּוֹ וַיִּהְיוּ הַמֵּתִים אֲשֶׁר הֵמִית בְּמוֹתוֹ רַבִּים

31 מֵאֲשֶׁר הֵמִית בְּחַיָּיו: וַיֵּרְדוּ אֶחָיו וְכָל־בֵּית אָבִיהוּ וַיִּשְׂאוּ אֹתוֹ
וַיַּעֲלוּ ׀ וַיִּקְבְּרוּ אוֹתוֹ בֵּין צָרְעָה וּבֵין אֶשְׁתָּאֹל בְּקֶבֶר מָנוֹחַ אָבִיו
וְהוּא שָׁפַט אֶת־יִשְׂרָאֵל עֶשְׂרִים שָׁנָה:

17 1 וַיְהִי־אִישׁ מֵהַר־אֶפְרָיִם וּשְׁמוֹ מִיכָיְהוּ: וַיֹּאמֶר לְאִמּוֹ אֶלֶף וּמֵאָה וְאֵת
2 הַכֶּסֶף אֲשֶׁר לֻקַּח־לָךְ וְאַתְּ אָלִית וְגַם אָמַרְתְּ בְּאָזְנַי הִנֵּה־הַכֶּסֶף

3 אִתִּי אֲנִי לְקַחְתִּיו וַתֹּאמֶר אִמּוֹ בָּרוּךְ בְּנִי לַיהוָה: וַיָּשֶׁב אֶת־
אֶלֶף־וּמֵאָה הַכֶּסֶף לְאִמּוֹ וַתֹּאמֶר אִמּוֹ הַקְדֵּשׁ הִקְדַּשְׁתִּי אֶת־הַכֶּסֶף

4 לַיהוָה מִיָּדִי לִבְנִי לַעֲשׂוֹת פֶּסֶל וּמַסֵּכָה וְעַתָּה אֲשִׁיבֶנּוּ לָךְ: וַיָּשֶׁב
אֶת־הַכֶּסֶף לְאִמּוֹ וַתִּקַּח אִמּוֹ מָאתַיִם כֶּסֶף וַתִּתְּנֵהוּ לַצּוֹרֵף וַיַּעֲשֵׂהוּ

5 פֶּסֶל וּמַסֵּכָה וַיְהִי בְּבֵית מִיכָיְהוּ: וְהָאִישׁ מִיכָה לוֹ בֵּית אֱלֹהִים
וַיַּעַשׂ אֵפוֹד וּתְרָפִים וַיְמַלֵּא אֶת־יַד אַחַד מִבָּנָיו וַיְהִי־לוֹ לְכֹהֵן:

6 בַּיָּמִים הָהֵם אֵין מֶלֶךְ בְּיִשְׂרָאֵל אִישׁ הַיָּשָׁר בְּעֵינָיו יַעֲשֶׂה:

7 וַיְהִי־נַעַר מִבֵּית לֶחֶם יְהוּדָה מִמִּשְׁפַּחַת יְהוּדָה וְהוּא לֵוִי וְהוּא

8 גָר־שָׁם: וַיֵּלֶךְ הָאִישׁ מֵהָעִיר מִבֵּית לֶחֶם יְהוּדָה לָגוּר בַּאֲשֶׁר יִמְצָא

9 וַיָּבֹא הַר־אֶפְרַיִם עַד־בֵּית מִיכָה לַעֲשׂוֹת דַּרְכּוֹ: וַיֹּאמֶר־לוֹ מִיכָה
מֵאַיִן תָּבוֹא וַיֹּאמֶר אֵלָיו לֵוִי אָנֹכִי מִבֵּית לֶחֶם יְהוּדָה וְאָנֹכִי הֹלֵךְ

10 לָגוּר בַּאֲשֶׁר אֶמְצָא: וַיֹּאמֶר לוֹ מִיכָה שְׁבָה עִמָּדִי וֶהְיֵה־לִי לְאָב
וּלְכֹהֵן וְאָנֹכִי אֶתֶּן־לְךָ עֲשֶׂרֶת כֶּסֶף לַיָּמִים וְעֵרֶךְ בְּגָדִים וּמִחְיָתֶךָ

11 And the Levite was content to dwell with the man; and the young man was unto him as one of his sons.

12 And Micah consecrated the Levite; and the young man became his priest, and was in the house of Micah.

13 Then said Micah, Now know I that the Lord will do me good, seeing I have a Levite to *my* priest.

CHAPTER 18

1 In those days *there was* no king in Israel: and in those days the tribe of the Danites sought them an inheritance to dwell in; for unto that day *all their* inheritance had not fallen unto them among the tribes of Israel.

2 And the children of Dan sent of their family five men from their coasts, men of valour, from Zorah, and from Eshtaol, to spy out the land, and to search it; and they said unto them, Go, search the land: who when they came to mount Ephraim, to the house of Micah, they lodged there.

3 When they *were* by the house of Micah, they knew the voice of the young man the Levite: and they turned in thither, and said unto him, Who brought thee hither? and what makest thou in this *place?* and what hast thou here?

4 And he said unto them, Thus and thus dealeth Micah with me, and hath hired me, and I am his priest.

5 And they said unto him, Ask counsel, we pray thee, of God, that we may know whether our way which we go shall be prosperous.

6 And the priest said unto them, Go in peace: before the Lord *is* your way wherein ye go.

7 ¶ Then the five men departed, and came to Laish, and saw the people that *were* therein, how they dwelt careless, after the manner of the Zidonians, quiet and secure; and *there was* no magistrate in the land, that might put *them* to shame in *any* thing; and they *were* far from the Zidonians, and had no business with *any* man.

8 And they came unto their brethren to Zorah and Eshtaol: and their brethren said unto them, What *say* ye?

9 And they said, Arise, that we may go up against them: for we have seen the land, and, behold, it *is* very good: and *are* ye still? be not slothful to go, *and* to enter to possess the land.

10 When ye go, ye shall come unto a people secure, and to a large land: for God hath given it into your hands; a place where *there is* no want of any thing that *is* in the earth.

11 ¶ And there went from thence of the family of the Danites, out of Zorah and out of Eshtaol, six hundred men appointed with weapons of war.

12 And they went up, and pitched in Kirjath-jearim, in Judah: wherefore they called that place Mahaneh-dan unto this day: behold, *it is* behind Kirjath-jearim.

13 And they passed thence unto mount Ephraim, and came unto the house of Micah.

14 ¶ Then answered the five men that went to spy out the country of Laish, and said unto their brethren, Do ye know that there is in these houses an ephod, and teraphim, and a graven image, and a molten image? now therefore consider what ye have to do.

15 And they turned thitherward, and came to the house of the young man the Levite, *even* unto the house of Micah, and saluted him.

16 And the six hundred men appointed with their weapons of war, which *were* of the children of Dan, stood by the entering of the gate.

17 And the five men that went to spy out the land went up, *and* came in thither, *and* took the graven image, and the ephod, and the teraphim, and the molten image: and the priest stood in the entering of the gate with the six hundred men *that were* appointed with weapons of war.

18 And these went into Micah's house, and fetched the carved image, the ephod, and the teraphim, and the molten image. Then said the priest unto them, What do ye?

11 וַיֵּ֥לֶךְ הַלֵּוִ֑י וַיּ֨וֹאֶל הַלֵּוִ֜י לָשֶׁ֣בֶת אֶת־הָאִ֗ישׁ וַיְהִ֤י הַנַּ֙עַר֙ ל֔וֹ כְּאַחַ֖ד

12 מִבָּנָֽיו: וַיְמַלֵּ֤א מִיכָה֙ אֶת־יַ֣ד הַלֵּוִ֔י וַיְהִי־ל֥וֹ הַנַּ֖עַר לְכֹהֵ֑ן וַיְהִ֖י בְּבֵ֥ית

13 מִיכָֽה: וַיֹּ֣אמֶר מִיכָ֔ה עַתָּ֣ה יָדַ֔עְתִּי כִּֽי־יֵיטִ֥יב יְהוָ֖ה לִ֑י כִּ֧י הָֽיָה־לִ֛י

18 1 הַלֵּוִ֖י לְכֹהֵֽן: בַּיָּמִ֣ים הָהֵ֔ם אֵ֥ין מֶ֖לֶךְ בְּיִשְׂרָאֵ֑ל וּבַיָּמִ֣ים הָהֵ֗ם שֵׁ֚בֶט

הַדָּנִ֜י מְבַקֶּשׁ־ל֤וֹ נַֽחֲלָה֙ לָשֶׁ֔בֶת כִּי֩ לֹֽא־נָ֨פְלָה לּ֜וֹ עַד־הַיּ֧וֹם הַה֛וּא

2 בְּתֽוֹךְ־שִׁבְטֵ֥י יִשְׂרָאֵ֖ל בְּנַֽחֲלָֽה: וַיִּשְׁלְח֣וּ בְנֵי־דָ֣ן ׀

מִמִּשְׁפַּחְתָּ֞ם חֲמִשָּׁ֣ה אֲנָשִׁ֣ים מִקְצוֹתָם֩ אֲנָשִׁ֨ים בְּנֵי־חַ֜יִל מִצָּרְעָ֣ה

וּמֵֽאֶשְׁתָּאֹ֗ל לְרַגֵּ֤ל אֶת־הָאָ֙רֶץ֙ וּלְחָקְרָ֔הּ וַיֹּֽאמְר֣וּ אֲלֵהֶ֔ם לְכ֖וּ חִקְר֣וּ

3 אֶת־הָאָ֑רֶץ וַיָּבֹ֤אוּ הַר־אֶפְרַ֙יִם֙ עַד־בֵּ֣ית מִיכָ֔ה וַיָּלִ֖ינוּ שָֽׁם: הֵ֚מָּה

עִם־בֵּ֣ית מִיכָ֔ה וְהֵ֣מָּה הִכִּ֔ירוּ אֶת־ק֥וֹל הַנַּ֖עַר הַלֵּוִ֑י וַיָּס֣וּרוּ שָׁ֗ם

וַיֹּ֤אמְרוּ לוֹ֙ מִֽי־הֱבִיאֲךָ֣ הֲלֹ֔ם וּמָֽה־אַתָּ֥ה עֹשֶׂ֛ה בָּזֶ֖ה וּמַה־לְּךָ֥ פֹּֽה:

4 וַיֹּ֣אמֶר אֲלֵהֶ֔ם כָּזֹ֣ה וְכָזֶ֔ה עָ֥שָׂה לִ֖י מִיכָ֑ה וַיִּשְׂכְּרֵ֖נִי וָאֱהִי־ל֥וֹ לְכֹהֵֽן:

5 וַיֹּ֣אמְרוּ ל֔וֹ שְׁאַל־נָ֖א בֵֽאלֹהִ֑ים וְנֵ֣דְעָ֔ה הֲתַצְלִ֣יחַ דַּרְכֵּ֔נוּ אֲשֶׁ֥ר אֲנַ֖חְנוּ

6 הֹלְכִ֥ים עָלֶ֑יהָ: וַיֹּ֧אמֶר לָהֶ֛ם הַכֹּהֵ֖ן לְכ֣וּ לְשָׁל֑וֹם נֹ֣כַח יְהוָ֔ה דַּרְכְּכֶ֖ם

אֲשֶׁ֥ר תֵּֽלְכוּ־בָֽהּ:

7 וַיֵּֽלְכוּ֙ חֲמֵ֣שֶׁת הָֽאֲנָשִׁ֔ים וַיָּבֹ֖אוּ לָ֑יְשָׁה וַיִּרְא֣וּ אֶת־הָעָ֣ם אֲשֶׁר־בְּקִרְבָּ֡הּ

יוֹשֶֽׁבֶת־לָ֠בֶטַח כְּמִשְׁפַּ֨ט צִֽדֹנִ֜ים שֹׁקֵ֣ט ׀ וּבֹטֵ֗חַ וְאֵין־מַכְלִ֨ים דָּבָ֤ר בָּאָ֙רֶץ֙

8 יוֹרֵ֣שׁ עֶ֔צֶר וּרְחֹקִ֥ים הֵ֙מָּה֙ מִצִּ֣דֹנִ֔ים וְדָבָ֥ר אֵֽין־לָהֶ֖ם עִם־אָדָֽם: וַיָּבֹ֙אוּ֙

אֶל־אֲחֵיהֶ֔ם צָֽרְעָ֖ה וְאֶשְׁתָּאֹ֑ל וַיֹּֽאמְר֥וּ לָהֶ֖ם אֲחֵיהֶ֖ם מָ֥ה אַתֶּֽם:

9 וַיֹּֽאמְר֗וּ ק֚וּמָה וְנַֽעֲלֶ֣ה עֲלֵיהֶ֔ם כִּ֤י רָאִ֙ינוּ֙ אֶת־הָאָ֔רֶץ וְהִנֵּ֥ה טוֹבָ֖ה

מְאֹ֑ד וְאַתֶּ֣ם מַחְשִׁ֔ים אַל־תֵּֽעָצְל֗וּ לָלֶ֙כֶת֙ לָבֹ֔א לָרֶ֖שֶׁת אֶת־הָאָֽרֶץ:

10 כְּבֹֽאֲכֶ֞ם תָּבֹ֣אוּ ׀ אֶל־עַ֣ם בֹּטֵ֗חַ וְהָאָ֙רֶץ֙ רַֽחֲבַ֣ת יָדַ֔יִם כִּֽי־נְתָנָ֥הּ אֱלֹהִ֖ים

11 בְּיֶדְכֶ֑ם מָקוֹם֙ אֲשֶׁ֣ר אֵֽין־שָׁ֣ם מַחְס֔וֹר כָּל־דָּבָ֖ר אֲשֶׁ֣ר בָּאָֽרֶץ: וַיִּסְע֤וּ

מִשָּׁם֙ מִמִּשְׁפַּ֣חַת הַדָּנִ֔י מִצָּרְעָ֖ה וּמֵֽאֶשְׁתָּאֹ֑ל שֵֽׁשׁ־מֵא֣וֹת אִ֔ישׁ חָג֖וּר

12 כְּלֵ֥י מִלְחָמָֽה: וַֽיַּעֲל֗וּ וַֽיַּחֲנ֛וּ בְּקִרְיַ֥ת יְעָרִ֖ים בִּֽיהוּדָ֑ה עַל־כֵּ֡ן קָֽרְא֣וּ

לַמָּק֣וֹם הַה֗וּא מַֽחֲנֵה־דָן֙ עַ֚ד הַיּ֣וֹם הַזֶּ֔ה הִנֵּ֕ה אַֽחֲרֵ֖י קִרְיַ֥ת יְעָרִֽים:

13 וַיַּֽעַבְר֥וּ מִשָּׁ֖ם הַר־אֶפְרָ֑יִם וַיָּבֹ֖אוּ עַד־בֵּ֥ית מִיכָֽה: וַֽיַּעֲנ֞וּ חֲמֵ֣שֶׁת
14

הָֽאֲנָשִׁ֗ים הַהֹֽלְכִים֮ לְרַגֵּל֮ אֶת־הָאָ֣רֶץ לַיִשׁ֒ וַיֹּֽאמְרוּ֙ אֶל־אֲחֵיהֶ֔ם

הַיְדַעְתֶּ֗ם כִּ֠י יֵ֣שׁ בַּבָּתִּ֤ים הָאֵ֙לֶּה֙ אֵפ֣וֹד וּתְרָפִ֔ים וּפֶ֖סֶל וּמַסֵּכָ֑ה וְעַתָּ֖ה

15 דְּע֥וּ מַֽה־תַּעֲשֽׂוּ: וַיָּס֣וּרוּ שָׁ֔מָּה וַיָּבֹ֛אוּ אֶל־בֵּֽית־הַנַּ֥עַר הַלֵּוִ֖י בֵּ֣ית

16 מִיכָ֑ה וַיִּשְׁאֲלוּ־ל֖וֹ לְשָׁלֽוֹם: וְשֵׁשׁ־מֵא֣וֹת אִ֗ישׁ חֲגוּרִים֙ כְּלֵ֣י מִלְחַמְתָּ֔ם

17 נִצָּבִ֖ים פֶּ֣תַח הַשָּׁ֑עַר אֲשֶׁ֖ר מִבְּנֵי־דָֽן: וַֽיַּעֲל֞וּ חֲמֵ֣שֶׁת הָֽאֲנָשִׁ֗ים הַהֹֽלְכִים֮

לְרַגֵּ֣ל אֶת־הָאָרֶץ֒ בָּ֣אוּ שָׁ֔מָּה לָֽקְח֗וּ אֶת־הַפֶּ֙סֶל֙ וְאֶת־הָ֣אֵפ֔וֹד

וְאֶת־הַתְּרָפִ֖ים וְאֶת־הַמַּסֵּכָ֑ה וְהַכֹּהֵ֗ן נִצָּב֙ פֶּ֣תַח הַשַּׁ֔עַר וְשֵׁשׁ־מֵא֣וֹת

18 הָאִ֔ישׁ הֶֽחָג֖וּר כְּלֵ֥י הַמִּלְחָמָֽה: וְאֵ֗לֶּה בָּ֚אוּ בֵּ֣ית מִיכָ֔ה וַיִּקְח֖וּ אֶת־פֶּ֣סֶל

19 And they said unto him, Hold thy peace, lay thine hand upon thy mouth, and go with us, and be to us a father and a priest: *is it* better for thee to be a priest unto the house of one man, or that thou be a priest unto a tribe and a family in Israel?

20 And the priest's heart was glad, and he took the ephod, and the teraphim, and the graven image, and went in the midst of the people.

21 So they turned and departed, and put the little ones and the cattle and the carriage before them.

22 ¶ *And* when they were a good way from the house of Micah, the men that *were* in the houses near to Micah's house were gathered together, and overtook the children of Dan.

23 And they cried unto the children of Dan. And they turned their faces, and said unto Micah, What aileth thee, that thou comest with such a company?

24 And he said, Ye have taken away my gods which I made, and the priest, and ye are gone away: and what have I more? and what *is* this *that* ye say unto me, What aileth thee?

25 And the children of Dan said unto him, Let not thy voice be heard among us, lest angry fellows run upon thee, and thou lose thy life, with the lives of thy household.

26 And the children of Dan went their way: and when Micah saw that they *were* too strong for him, he turned and went back unto his house.

27 And they took *the things* which Micah had made, and the priest which he had, and came unto Laish, unto a people *that were* at quiet and secure: and they smote them with the edge of the sword, and burnt the city with fire.

28 And *there was* no deliverer, because it *was* far from Zidon, and they had no business with *any* man; and it was in the valley that *lieth* by Beth-rehob. And they built a city, and dwelt therein.

29 And they called the name of the city Dan, after the name of Dan their father, who was born unto Israel: howbeit the name of the city *was* Laish at the first.

30 ¶ And the children of Dan set up the graven image: and Jonathan, the son of Gershom, the son of Manasseh, he and his sons were priests to the tribe of Dan until the day of the captivity of the land.

31 And they set them up Micah's graven image, which he made, all the time that the house of God was in Shiloh.

CHAPTER 19

1 And it came to pass in those days, when *there was* no king in Israel, that there was a certain Levite sojourning on the side of mount Ephraim, who took to him a concubine out of Beth-lehem-judah.

2 And his concubine played the whore against him, and went away from him unto her father's house to Beth-lehem-judah, and was there four whole months.

3 And her husband arose, and went after her, to speak friendly unto her, *and* to bring her again, having his servant with him, and a couple of asses: and she brought him into her father's house: and when the father of the damsel saw him, he rejoiced to meet him.

4 And his father in law, the damsel's father, retained him; and he abode with him three days: so they did eat and drink, and lodged there.

5 ¶ And it came to pass on the fourth day, when they arose early in the morning, that he rose up to depart: and the damsel's father said unto his son in law, Comfort thine heart with a morsel of bread, and afterward go your way.

6 And they sat down, and did eat and drink both of them together: for the damsel's father had said unto the man, Be content, I pray thee, and tarry all night, and let thine heart be merry.

7 And when the man rose up to depart, his father in law urged him: therefore he lodged there again.

8 And he arose early in the morning on the fifth day to depart: and the damsel's father said, Comfort thine heart, I pray thee. And they tarried until afternoon, and they did eat both of them.

9 And when the man rose up to depart, he, and his concubine, and his servant, his

הָאֵפוֹד וְאֶת־הַתְּרָפִים וְאֶת־הַמַּסֵּכָה וַיֹּאמֶר אֲלֵיהֶם הַכֹּהֵן מָה אַתֶּם

עֹשִׂים: וַיֹּאמְרוּ לוֹ הַחֲרֵשׁ שִׂים־יָדְךָ עַל־פִּיךָ וְלֵךְ עִמָּנוּ וֶהְיֵה־לָנוּ 19

לְאָב וּלְכֹהֵן הֲטוֹב ׀ הֱיוֹתְךָ כֹהֵן לְבֵית אִישׁ אֶחָד אוֹ הֱיוֹתְךָ כֹהֵן

לְשֵׁבֶט וּלְמִשְׁפָּחָה בְּיִשְׂרָאֵל: וַיִּיטַב לֵב הַכֹּהֵן וַיִּקַּח אֶת־הָאֵפוֹד 20

וְאֶת־הַתְּרָפִים וְאֶת־הַפָּסֶל וַיָּבֹא בְּקֶרֶב הָעָם: וַיִּפְנוּ וַיֵּלֵכוּ וַיָּשִׂימוּ 21

אֶת־הַטַּף וְאֶת־הַמִּקְנֶה וְאֶת־הַכְּבוּדָּה לִפְנֵיהֶם: הֵמָּה הִרְחִיקוּ מִבֵּית 22

מִיכָה וְהָאֲנָשִׁים אֲשֶׁר בַּבָּתִּים אֲשֶׁר עִם־בֵּית מִיכָה נִזְעֲקוּ וַיַּדְבִּיקוּ

אֶת־בְּנֵי־דָן: וַיִּקְרְאוּ אֶל־בְּנֵי־דָן וַיַּסֵּבּוּ פְּנֵיהֶם וַיֹּאמְרוּ לְמִיכָה מַה־לְּךָ 23

כִּי נִזְעָקְתָּ: וַיֹּאמֶר אֶת־אֱלֹהַי אֲשֶׁר־עָשִׂיתִי לְקַחְתֶּם וְאֶת־הַכֹּהֵן 24

וַתֵּלְכוּ וּמַה־לִּי עוֹד וּמַה־זֶּה תֹּאמְרוּ אֵלַי מַה־לָּךְ: וַיֹּאמְרוּ אֵלָיו 25

בְּנֵי־דָן אַל־תַּשְׁמַע קוֹלְךָ עִמָּנוּ פֶּן־יִפְגְּעוּ בָכֶם אֲנָשִׁים מָרֵי נֶפֶשׁ

וְאָסַפְתָּה נַפְשְׁךָ וְנֶפֶשׁ בֵּיתֶךָ: וַיֵּלְכוּ בְּנֵי־דָן לְדַרְכָּם וַיַּרְא מִיכָה 26

כִּי־חֲזָקִים הֵמָּה מִמֶּנּוּ וַיִּפֶן וַיָּשָׁב אֶל־בֵּיתוֹ: וְהֵמָּה לָקְחוּ אֵת 27

אֲשֶׁר־עָשָׂה מִיכָה וְאֶת־הַכֹּהֵן אֲשֶׁר הָיָה־לוֹ וַיָּבֹאוּ עַל־לַיִשׁ עַל־עַם

שֹׁקֵט וּבֹטֵחַ וַיַּכּוּ אוֹתָם לְפִי־חָרֶב וְאֶת־הָעִיר שָׂרְפוּ בָאֵשׁ: וְאֵין 28

מַצִּיל כִּי רְחוֹקָה־הִיא מִצִּידוֹן וְדָבָר אֵין־לָהֶם עִם־אָדָם וְהִיא בָּעֵמֶק

אֲשֶׁר לְבֵית־רְחוֹב וַיִּבְנוּ אֶת־הָעִיר וַיֵּשְׁבוּ בָהּ: וַיִּקְרְאוּ שֵׁם־הָעִיר 29

דָּן בְּשֵׁם דָּן אֲבִיהֶם אֲשֶׁר יוּלַּד לְיִשְׂרָאֵל וְאוּלָם לַיִשׁ שֵׁם־הָעִיר

לָרִאשֹׁנָה: וַיָּקִימוּ לָהֶם בְּנֵי־דָן אֶת־הַפָּסֶל וִיהוֹנָתָן בֶּן־גֵּרְשֹׁם 30

בֶּן־מְנַשֶּׁה הוּא וּבָנָיו הָיוּ כֹהֲנִים לְשֵׁבֶט הַדָּנִי עַד־יוֹם גְּלוֹת הָאָרֶץ:

וַיָּשִׂימוּ לָהֶם אֶת־פֶּסֶל מִיכָה אֲשֶׁר עָשָׂה כָּל־יְמֵי הֱיוֹת בֵּית־ 31

הָאֱלֹהִים בְּשִׁלֹה:

וַיְהִי בַּיָּמִים הָהֵם וּמֶלֶךְ אֵין בְּיִשְׂרָאֵל וַיְהִי ׀ אִישׁ לֵוִי גָּר בְּיַרְכְּתֵי 19 1

הַר־אֶפְרַיִם וַיִּקַּח־לוֹ אִשָּׁה פִילֶגֶשׁ מִבֵּית לֶחֶם יְהוּדָה: וַתִּזְנֶה עָלָיו 2

פִּילַגְשׁוֹ וַתֵּלֶךְ מֵאִתּוֹ אֶל־בֵּית אָבִיהָ אֶל־בֵּית לֶחֶם יְהוּדָה וַתְּהִי־שָׁם

יָמִים אַרְבָּעָה חֳדָשִׁים: וַיָּקָם אִישָׁהּ וַיֵּלֶךְ אַחֲרֶיהָ לְדַבֵּר עַל־לִבָּהּ 3

לַהֲשִׁיבָה‏   לַהֲשִׁיבוֹ וְנַעֲרוֹ עִמּוֹ וְצֶמֶד חֲמֹרִים וַתְּבִיאֵהוּ בֵּית אָבִיהָ וַיִּרְאֵהוּ

אֲבִי הַנַּעֲרָה וַיִּשְׂמַח לִקְרָאתוֹ: וַיַּחֲזֶק־בּוֹ חֹתְנוֹ אֲבִי הַנַּעֲרָה וַיֵּשֶׁב 4A 4

אִתּוֹ שְׁלֹשֶׁת יָמִים וַיֹּאכְלוּ וַיִּשְׁתּוּ וַיָּלִינוּ שָׁם: וַיְהִי בַּיּוֹם הָרְבִיעִי 5

וַיַּשְׁכִּימוּ בַבֹּקֶר וַיָּקָם לָלֶכֶת וַיֹּאמֶר אֲבִי הַנַּעֲרָה אֶל־חֲתָנוֹ סְעָד

לִבְּךָ פַּת־לֶחֶם וְאַחַר תֵּלֵכוּ: וַיֵּשְׁבוּ וַיֹּאכְלוּ שְׁנֵיהֶם יַחְדָּו וַיִּשְׁתּוּ 6

וַיֹּאמֶר אֲבִי הַנַּעֲרָה אֶל־הָאִישׁ הוֹאֶל־נָא וְלִין וְיִטַב לִבֶּךָ: וַיָּקָם 7

הָאִישׁ לָלֶכֶת וַיִּפְצַר־בּוֹ חֹתְנוֹ וַיָּשָׁב וַיָּלֶן שָׁם: וַיַּשְׁכֵּם בַּבֹּקֶר בַּיּוֹם 8

הַחֲמִישִׁי לָלֶכֶת וַיֹּאמֶר ׀ אֲבִי הַנַּעֲרָה סְעָד־נָא לְבָבְךָ וְהִתְמַהְמְהוּ

עַד־נְטוֹת הַיּוֹם וַיֹּאכְלוּ שְׁנֵיהֶם: וַיָּקָם הָאִישׁ לָלֶכֶת הוּא וּפִילַגְשׁוֹ 9

father in law, the damsel's father, said unto him, Behold, now the day draweth toward evening, I pray you tarry all night: behold, the day groweth to an end, lodge here, that thine heart may be merry; and to morrow get you early on your way, that thou mayest go home.

10 But the man would not tarry that night, but he rose up and departed, and came over against Jebus, which *is* Jerusalem; and *there were* with him two asses saddled, his concubine also *was* with him.

11 *And* when they *were* by Jebus, the day was far spent; and the servant said unto his master, Come, I pray thee, and let us turn in into this city of the Jebusites, and lodge in it.

12 And his master said unto him, We will not turn aside hither into the city of a stranger, that *is* not of the children of Israel; we will pass over to Gibeah.

13 And he said unto his servant, Come, and let us draw near to one of these places to lodge all night, in Gibeah, or in Ramah.

14 And they passed on and went their way; and the sun went down upon them *when they were* by Gibeah, which *belongeth* to Benjamin.

15 And they turned aside thither, to go in *and* to lodge in Gibeah: and when he went in, he sat him down in a street of the city: for *there was* no man that took them into his house to lodging.

16 ¶ And, behold, there came an old man from his work out of the field at even, which *was* also of mount Ephraim; and he sojourned in Gibeah: but the men of the place *were* Benjamites.

17 And when he had lifted up his eyes, he saw a wayfaring man in the street of the city: and the old man said, Whither goest thou? and whence comest thou?

18 And he said unto him, We *are* passing from Beth-lehem-judah toward the side of mount Ephraim; from thence *am* I: and I went to Beth-lehem-judah, but I *am now* going to the house of the LORD; and there *is* no man that receiveth me to house.

19 Yet there is both straw and provender for our asses; and there is bread and wine also for me, and for thy handmaid, and for the young man *which is* with thy servants: *there is* no want of any thing.

20 And the old man said, Peace *be* with thee; howsoever *let* all thy wants *lie* upon me; only lodge not in the street.

21 So he brought him into his house, and gave provender unto the asses: and they washed their feet, and did eat and drink.

22 ¶ *Now* as they were making their hearts merry, behold, the men of the city, certain sons of Belial, beset the house round about, *and* beat at the door, and spake to the master of the house, the old man, saying, Bring forth the man that came into thine house, that we may know him.

23 And the man, the master of the house, went out unto them, and said unto them, Nay, my brethren, *nay*, I pray you, do not *so* wickedly; seeing that this man is come into mine house, do not this folly.

24 Behold, *here is* my daughter a maiden, and his concubine; them I will bring out now, and humble ye them, and do with them what seemeth good unto you: but unto this man do not so vile a thing.

25 But the men would not hearken to him: so the man took his concubine, and brought her forth unto them; and they knew her, and abused her all the night until the morning: and when the day began to spring, they let her go.

26 Then came the woman in the dawning of the day, and fell down at the door of the man's house where her lord *was,* till it was light.

27 And her lord rose up in the morning, and opened the doors of the house, and went out to go his way: and, behold, the woman his concubine was fallen down *at* the door of the house, and her hands *were* upon the threshold.

28 And he said unto her, Up, and let us be going. But none answered. Then the man took her *up* upon an ass, and the man rose up, and gat him unto his place.

29 ¶ And when he was come into his house, he took a knife, and laid hold on his concubine, and divided her, *together* with her bones, into twelve pieces, and sent her into all the coasts of Israel.

וְנֶעֱרוּ וַיֹּאמֶר לוֹ חֹתְנוֹ אֲבִי הַנַּעֲרָה הִנֵּה נָא רָפָה הַיּוֹם לַעֲרֹב
לִינוּ־נָא הִנֵּה חֲנוֹת הַיּוֹם לִין פֹּה וְיִיטַב לְבָבֶךָ וְהִשְׁכַּמְתֶּם מָחָר
10 לְדַרְכְּכֶם וְהָלַכְתָּ לְאֹהָלֶךָ׃ וְלֹא־אָבָה הָאִישׁ לָלוּן וַיָּקָם וַיֵּלֶךְ וַיָּבֹא
עַד־נֹכַח יְבוּס הִיא יְרוּשָׁלָ͏ִם וְעִמּוֹ צֶמֶד חֲמוֹרִים חֲבוּשִׁים וּפִילַגְשׁוֹ
11 עִמּוֹ׃ הֵם עִם־יְבוּס וְהַיּוֹם רַד מְאֹד וַיֹּאמֶר הַנַּעַר אֶל־אֲדֹנָיו
12 לְכָה־נָּא וְנָסוּרָה אֶל־עִיר־הַיְבוּסִי הַזֹּאת וְנָלִין בָּהּ׃ וַיֹּאמֶר אֵלָיו
אֲדֹנָיו לֹא נָסוּר אֶל־עִיר נָכְרִי אֲשֶׁר לֹא־מִבְּנֵי יִשְׂרָאֵל הֵנָּה וְעָבַרְנוּ
13 עַד־גִּבְעָה׃ וַיֹּאמֶר לְנַעֲרוֹ לְךָ וְנִקְרְבָה בְּאַחַד הַמְּקֹמוֹת וְלַנּוּ בַגִּבְעָה
14 אוֹ בָרָמָה׃ וַיַּעַבְרוּ וַיֵּלֵכוּ וַתָּבֹא לָהֶם הַשֶּׁמֶשׁ אֵצֶל הַגִּבְעָה אֲשֶׁר
15 לְבִנְיָמִן׃ וַיָּסֻרוּ שָׁם לָבוֹא לָלוּן בַּגִּבְעָה וַיָּבֹא וַיֵּשֶׁב בִּרְחוֹב הָעִיר
16 וְאֵין אִישׁ מְאַסֵּף־אוֹתָם הַבַּיְתָה לָלוּן׃ וְהִנֵּה אִישׁ זָקֵן בָּא מִן־
מַעֲשֵׂהוּ מִן־הַשָּׂדֶה בָּעֶרֶב וְהָאִישׁ מֵהַר אֶפְרַיִם וְהוּא־גָר בַּגִּבְעָה
17 וְאַנְשֵׁי הַמָּקוֹם בְּנֵי יְמִינִי׃ וַיִּשָּׂא עֵינָיו וַיַּרְא אֶת־הָאִישׁ הָאֹרֵחַ
18 בִּרְחֹב הָעִיר וַיֹּאמֶר הָאִישׁ הַזָּקֵן אָנָה תֵלֵךְ וּמֵאַיִן תָּבוֹא׃ וַיֹּאמֶר
אֵלָיו עֹבְרִים אֲנַחְנוּ מִבֵּית־לֶחֶם יְהוּדָה עַד־יַרְכְּתֵי הַר־אֶפְרַיִם מִשָּׁם
אָנֹכִי וָאֵלֵךְ עַד־בֵּית לֶחֶם יְהוּדָה וְאֶת־בֵּית יְהוָה אֲנִי הֹלֵךְ וְאֵין
19 אִישׁ מְאַסֵּף אוֹתִי הַבָּיְתָה׃ וְגַם־תֶּבֶן גַּם־מִסְפּוֹא יֵשׁ לַחֲמוֹרֵינוּ וְגַם
לֶחֶם וָיַיִן יֶשׁ־לִי וְלַאֲמָתֶךָ וְלַנַּעַר עִם־עֲבָדֶיךָ אֵין מַחְסוֹר כָּל־דָּבָר׃
20 וַיֹּאמֶר הָאִישׁ הַזָּקֵן שָׁלוֹם לָךְ רַק כָּל־מַחְסוֹרְךָ עָלָי רַק בָּרְחוֹב
21 אַל־תָּלַן׃ וַיְבִיאֵהוּ לְבֵיתוֹ וַיָּבָל לַחֲמוֹרִים וַיִּרְחֲצוּ רַגְלֵיהֶם וַיֹּאכְלוּ וַיָּבָל
22 וַיִּשְׁתּוּ׃ הֵמָּה מֵיטִיבִים אֶת־לִבָּם וְהִנֵּה אַנְשֵׁי הָעִיר אַנְשֵׁי בְנֵי־בְלִיַּעַל
נָסַבּוּ אֶת־הַבַּיִת מִתְדַּפְּקִים עַל־הַדָּלֶת וַיֹּאמְרוּ אֶל־הָאִישׁ בַּעַל
הַבַּיִת הַזָּקֵן לֵאמֹר הוֹצֵא אֶת־הָאִישׁ אֲשֶׁר־בָּא אֶל־בֵּיתְךָ וְנֵדָעֶנּוּ׃
23A 23 וַיֵּצֵא אֲלֵיהֶם הָאִישׁ בַּעַל הַבַּיִת וַיֹּאמֶר אֲלֵהֶם אַל־אַחַי אַל־תָּרֵעוּ
נָא אַחֲרֵי אֲשֶׁר־בָּא הָאִישׁ הַזֶּה אֶל־בֵּיתִי אַל־תַּעֲשׂוּ אֶת־הַנְּבָלָה
24 הַזֹּאת׃ הִנֵּה בִתִּי הַבְּתוּלָה וּפִילַגְשֵׁהוּ אוֹצִיאָה־נָּא אוֹתָם וְעַנּוּ
אוֹתָם וַעֲשׂוּ לָהֶם הַטּוֹב בְּעֵינֵיכֶם וְלָאִישׁ הַזֶּה לֹא תַעֲשׂוּ דְּבַר
25 הַנְּבָלָה הַזֹּאת׃ וְלֹא־אָבוּ הָאֲנָשִׁים לִשְׁמֹעַ לוֹ וַיַּחֲזֵק הָאִישׁ בְּפִילַגְשׁוֹ
וַיֹּצֵא אֲלֵיהֶם הַחוּץ וַיֵּדְעוּ אוֹתָהּ וַיִּתְעַלְּלוּ־בָהּ כָּל־הַלַּיְלָה עַד־הַבֹּקֶר
26 וַיְשַׁלְּחוּהָ בַּעֲלוֹת הַשָּׁחַר׃ וַתָּבֹא הָאִשָּׁה לִפְנוֹת הַבֹּקֶר וַתִּפֹּל פֶּתַח בַּעֲלוֹת
27 בֵּית־הָאִישׁ אֲשֶׁר־אֲדוֹנֶיהָ שָּׁם עַד־הָאוֹר׃ וַיָּקָם אֲדֹנֶיהָ בַּבֹּקֶר וַיִּפְתַּח
דַּלְתוֹת הַבַּיִת וַיֵּצֵא לָלֶכֶת לְדַרְכּוֹ וְהִנֵּה הָאִשָּׁה פִילַגְשׁוֹ נֹפֶלֶת
28 פֶּתַח הַבַּיִת וְיָדֶיהָ עַל־הַסַּף׃ וַיֹּאמֶר אֵלֶיהָ קוּמִי וְנֵלֵכָה וְאֵין עֹנֶה
29 וַיִּקָּחֶהָ עַל־הַחֲמוֹר וַיָּקָם הָאִישׁ וַיֵּלֶךְ לִמְקֹמוֹ׃ וַיָּבֹא אֶל־בֵּיתוֹ וַיִּקַּח
אֶת־הַמַּאֲכֶלֶת וַיַּחֲזֵק בְּפִילַגְשׁוֹ וַיְנַתְּחֶהָ לַעֲצָמֶיהָ לִשְׁנֵים עָשָׂר

30 And it was so, that all that saw it said, There was no such deed done nor seen from the day that the children of Israel came up out of the land of Egypt unto this day: consider of it, take advice, and speak *your minds.*

CHAPTER 20

1 Then all the children of Israel went out, and the congregation was gathered together as one man, from Dan even to Beer-sheba, with the land of Gilead, unto the Lord in Mizpeh.

2 And the chief of all the people, *even* of all the tribes of Israel, presented themselves in the assembly of the people of God, four hundred thousand footmen that drew sword.

3 (Now the children of Benjamin heard that the children of Israel were gone up to Mizpeh.) Then said the children of Israel, Tell *us,* how was this wickedness?

4 And the Levite, the husband of the woman that was slain, answered and said, I came into Gibeah that *belongeth* to Benjamin, I and my concubine, to lodge.

5 And the men of Gibeah rose against me, and beset the house round about upon me by night, *and* thought to have slain me: and my concubine have they forced, that she is dead.

6 And I took my concubine, and cut her in pieces, and sent her throughout all the country of the inheritance of Israel: for they have committed lewdness and folly in Israel.

7 Behold, ye *are* all children of Israel; give here your advice and counsel.

8 ¶ And all the people arose as one man, saying, We will not any *of us* go to his tent, neither will we any *of us* turn into his house.

9 But now this *shall be* the thing which we will do to Gibeah; *we will go up* by lot against it;

10 And we will take ten men of an hundred throughout all the tribes of Israel, and an hundred of a thousand, and a thousand out of ten thousand, to fetch victual for the people, that they may do, when they come to Gibeah of Benjamin, according to all the folly that they have wrought in Israel.

11 So all the men of Israel were gathered against the city, knit together as one man.

12 ¶ And the tribes of Israel sent men through all the tribe of Benjamin, saying, What wickedness *is* this that is done among you?

13 Now therefore deliver *us* the men, the children of Belial, which *are* in Gibeah, that we may put them to death, and put away evil from Israel. But the children of Benjamin would not hearken to the voice of their brethren the children of Israel:

14 But the children of Benjamin gathered themselves together out of the cities unto Gibeah, to go out to battle against the children of Israel.

15 And the children of Benjamin were numbered at that time out of the cities twenty and six thousand men that drew sword, beside the inhabitants of Gibeah, which were numbered seven hundred chosen men.

16 Among all this people *there were* seven hundred chosen men lefthanded; every one could sling stones at an hair *breadth,* and not miss.

17 And the men of Israel, beside Benjamin, were numbered four hundred thousand men that drew sword: all these *were* men of war.

18 ¶ And the children of Israel arose, and went up to the house of God, and asked counsel of God, and said, Which of us shall go up first to the battle against the children of Benjamin? And the Lord said, Judah *shall go up* first.

19 And the children of Israel rose up in the morning, and encamped against Gibeah.

20 And the men of Israel went out to battle against Benjamin; and the men of

30 נְתָחִ֔ים וַֽיְשַׁלְּחֶ֔הָ בְּכֹ֖ל גְּב֣וּל יִשְׂרָאֵֽל: וְהָיָ֣ה כָל־הָרֹאֶ֗ה וְאָמַ֛ר
לֹֽא־נִהְיְתָ֣ה וְלֹֽא־נִרְאֲתָ֗ה כָּזֹ֙את לְמִיּ֞וֹם עֲל֤וֹת בְּנֵֽי־יִשְׂרָאֵל֙ מֵאֶ֣רֶץ
מִצְרַ֔יִם עַ֖ד הַיּ֣וֹם הַזֶּ֑ה שִֽׂימוּ־לָכֶ֥ם עָלֶ֖יהָ עֻ֥צוּ וְדַבֵּֽרוּ:

20 1 וַיֵּצְאוּ֮ כָּל־בְּנֵ֣י יִשְׂרָאֵל֒ וַתִּקָּהֵ֣ל הָעֵדָ֗ה כְּאִ֣ישׁ אֶחָ֔ד לְמִדָּ֖ן וְעַד־בְּאֵ֥ר
2 שֶׁ֛בַע וְאֶ֥רֶץ הַגִּלְעָ֖ד אֶל־יְהוָ֥ה הַמִּצְפָּֽה: וַיִּֽתְיַצְּב֞וּ פִּנּ֣וֹת כָּל־הָעָ֗ם
כֹּ֚ל שִׁבְטֵ֣י יִשְׂרָאֵ֔ל בִּקְהַ֖ל עַ֣ם הָאֱלֹהִ֑ים אַרְבַּ֙ע מֵא֥וֹת אֶ֛לֶף אִ֥ישׁ
רַגְלִ֖י שֹׁ֥לֵֽף חָֽרֶב:

3 וַֽיִּשְׁמְעוּ֙ בְּנֵ֣י בִנְיָמִ֔ן כִּֽי־עָל֥וּ בְנֵֽי־יִשְׂרָאֵ֖ל הַמִּצְפָּ֑ה וַיֹּֽאמְרוּ֙ בְּנֵ֣י יִשְׂרָאֵ֔ל
4 דַּבְּר֕וּ אֵיכָ֥ה נִהְיְתָ֖ה הָרָעָ֣ה הַזֹּ֑את וַיַּ֜עַן הָאִ֣ישׁ הַלֵּוִ֗י אִ֛ישׁ הָאִשָּׁ֥ה
הַנִּרְצָחָ֖ה וַיֹּאמַ֑ר הַגִּבְעָ֙תָה֙ אֲשֶׁ֣ר לְבִנְיָמִ֔ן בָּ֛אתִי אֲנִ֥י וּפִֽילַגְשִׁ֖י לָלֽוּן:
5 וַיָּקֻ֤מוּ עָלַי֙ בַּעֲלֵ֣י הַגִּבְעָ֔ה וַיָּסֹ֧בּוּ עָלַ֛י אֶת־הַבַּ֖יִת לָ֑יְלָה אוֹתִ֣י דִּמּ֣וּ
6 לַהֲרֹ֔ג וְאֶת־פִּילַגְשִׁ֖י עִנּ֣וּ וַתָּמֹ֑ת וָֽאֹחֵ֣ז בְּפִֽילַגְשִׁ֗י וָֽאֲנַתְּחֶ֔הָ וָֽאֲשַׁלְּחֶ֔הָ
7 בְּכָל־שְׂדֵ֖ה נַחֲלַ֣ת יִשְׂרָאֵ֑ל כִּ֥י עָשׂ֛וּ זִמָּ֥ה וּנְבָלָ֖ה בְּיִשְׂרָאֵֽל: הִנֵּ֙ה
8 כֻלְּכֶ֣ם בְּנֵ֣י יִשְׂרָאֵ֔ל הָב֥וּ לָכֶ֛ם דָּבָ֥ר וְעֵצָ֖ה הֲלֹֽם: וַיָּ֙קָם֙ כָּל־הָעָ֔ם
כְּאִ֣ישׁ אֶחָ֔ד לֵאמֹ֑ר לֹ֥א נֵלֵ֖ךְ אִ֣ישׁ לְאָֽהֳל֔וֹ וְלֹ֥א נָס֖וּר אִ֥ישׁ לְבֵיתֽוֹ:
9 וְעַתָּ֕ה זֶ֣ה הַדָּבָ֔ר אֲשֶׁ֥ר נַעֲשֶׂ֖ה לַגִּבְעָ֑ה עָלֶ֖יהָ בְּגוֹרָֽל: וְלָקַ֣חְנוּ עֲשָׂרָ֣ה
10 אֲנָשִׁ֩ים לַמֵּאָ֙ה לְכֹ֜ל ׀ שִׁבְטֵ֣י יִשְׂרָאֵ֗ל וּמֵאָ֤ה לָאֶ֙לֶף֙ וְאֶ֣לֶף לָרְבָבָ֔ה
לָקַ֥חַת צֵדָ֖ה לָעָ֑ם לַעֲשׂ֗וֹת לְבוֹאָם֙ לְגֶ֣בַע בִּנְיָמִ֔ן כְּכָל־הַ֙נְּבָלָ֔ה אֲשֶׁ֥ר
11 עָשָׂ֖ה בְּיִשְׂרָאֵֽל: וַיֵּֽאָסֵ֞ף כָּל־אִ֣ישׁ יִשְׂרָאֵ֗ל אֶל־הָעִ֛יר כְּאִ֥ישׁ אֶחָ֖ד
חֲבֵרִֽים:

12 וַיִּשְׁלְח֞וּ שִׁבְטֵ֤י יִשְׂרָאֵל֙ אֲנָשִׁ֔ים בְּכָל־שִׁבְטֵ֖י בִנְיָמִ֣ן לֵאמֹ֑ר מָ֚ה הָרָעָ֣ה
13 הַזֹּ֔את אֲשֶׁ֥ר נִהְיְתָ֖ה בָּכֶֽם: וְעַתָּ֡ה תְּנוּ֩ אֶת־הָאֲנָשִׁ֙ים בְּנֵֽי־בְלִיַּ֜עַל
אֲשֶׁ֣ר בַּגִּבְעָ֗ה וּנְמִיתֵ֔ם וּנְבַעֲרָ֥ה רָעָ֖ה מִיִּשְׂרָאֵ֑ל וְלֹ֤א אָבוּ֙ בְּנֵ֣י בִנְיָמִ֔ן
14 לִשְׁמֹ֕עַ בְּק֖וֹל אֲחֵיהֶ֥ם בְּנֵֽי־יִשְׂרָאֵֽל: וַיֵּאָסְפ֧וּ בְנֵֽי־בִנְיָמִ֛ן מִן־הֶעָרִ֖ים
15 הַגִּבְעָ֑תָה לָצֵ֥את לַמִּלְחָמָ֖ה עִם־בְּנֵ֥י יִשְׂרָאֵֽל: וַיִּתְפָּֽקְד֞וּ בְנֵ֣י בִנְיָמִ֗ן
בַּיּ֤וֹם הַהוּא֙ מֵהֶ֣עָרִ֔ים עֶשְׂרִ֥ים וְשִׁשָּׁ֛ה אֶ֥לֶף אִ֖ישׁ שֹׁ֣לֵֽף חָ֑רֶב לְבַ֗ד
16 מִיֹּֽשְׁבֵ֤י הַגִּבְעָה֙ הִתְפָּ֣קְד֔וּ שְׁבַ֥ע מֵא֖וֹת אִ֥ישׁ בָּחֽוּר: מִכֹּ֣ל ׀ הָעָ֣ם הַזֶּ֗ה
שְׁבַ֤ע מֵאוֹת֙ אִ֣ישׁ בָּח֔וּר אִטֵּ֖ר יַד־יְמִינ֑וֹ כָּל־זֶ֗ה קֹלֵ֧עַ בָּאֶ֛בֶן אֶל־
הַֽשַּׂעֲרָ֖ה וְלֹ֥א יַחֲטִֽא:

17 וְאִ֙ישׁ יִשְׂרָאֵ֜ל הִתְפָּֽקְד֗וּ לְבַד֙ מִבִּנְיָמִ֔ן אַרְבַּ֥ע מֵא֛וֹת אֶ֖לֶף אִ֣ישׁ שֹׁ֣לֵֽף
18 חָ֑רֶב כָּל־זֶ֖ה אִ֥ישׁ מִלְחָמָֽה: וַיָּקֻ֜מוּ וַיַּעֲל֣וּ בֵֽית־אֵל֮ וַיִּשְׁאֲל֣וּ בֵֽאלֹהִים֒
וַיֹּֽאמְרוּ֙ בְּנֵ֣י יִשְׂרָאֵ֔ל מִ֚י יַעֲלֶה־לָּ֣נוּ בַתְּחִלָּ֔ה לַמִּלְחָמָ֖ה עִם־בְּנֵ֣י בִנְיָמִ֑ן
19 וַיֹּ֥אמֶר יְהוָ֖ה יְהוּדָ֥ה בַתְּחִלָּֽה: וַיָּק֥וּמוּ בְנֵֽי־יִשְׂרָאֵ֖ל בַּבֹּ֑קֶר וַיַּחֲנ֖וּ עַל־
הַגִּבְעָֽה:

20 וַיֵּצֵא֙ אִ֣ישׁ יִשְׂרָאֵ֔ל לַמִּלְחָמָ֖ה עִם־בִּנְיָמִ֑ן וַיַּעַרְכ֙וּ אִתָּ֤ם אִֽישׁ־יִשְׂרָאֵל֙

בְּנֵ֣י בִנְיָמִ֖ן 13A

Israel put themselves in array to fight against them at Gibeah.

21 And the children of Benjamin came forth out of Gibeah, and destroyed down to the ground of the Israelites that day twenty and two thousand men.

22 And the people the men of Israel encouraged themselves, and set their battle again in array in the place where they put themselves in array the first day.

23 (And the children of Israel went up and wept before the LORD until even, and asked counsel of the LORD, saying, Shall I go up again to battle against the children of Benjamin my brother? And the LORD said, Go up against him.)

24 And the children of Israel came near against the children of Benjamin the second day.

25 And Benjamin went forth against them out of Gibeah the second day, and destroyed down to the ground of the children of Israel again eighteen thousand men; all these drew the sword.

26 ¶ Then all the children of Israel, and all the people, went up, and came unto the house of God, and wept, and sat there before the LORD, and fasted that day until even, and offered burnt offerings and peace offerings before the LORD.

27 And the children of Israel enquired of the LORD, (for the ark of the covenant of God was there in those days,

28 And Phinehas, the son of Eleazar, the son of Aaron, stood before it in those days,) saying, Shall I yet again go out to battle against the children of Benjamin my brother, or shall I cease? And the LORD said, Go up; for to morrow I will deliver them into thine hand.

29 And Israel set liers in wait round about Gibeah.

30 And the children of Israel went up against the children of Benjamin on the third day, and put themselves in array against Gibeah, as at other times.

31 And the children of Benjamin went out against the people, and were drawn away from the city; and they began to smite of the people, and kill, as at other times, in the highways, of which one goeth up to the house of God, and the other to Gibeah in the field, about thirty men of Israel.

32 And the children of Benjamin said, They are smitten down before us, as at the first. But the children of Israel said, Let us flee, and draw them from the city unto the highways.

33 And all the men of Israel rose up out of their place, and put themselves in array at Baal-tamar: and the liers in wait of Israel came forth out of their places, even out of the meadows of Gibeah.

34 And there came against Gibeah ten thousand chosen men out of all Israel, and the battle was sore: but they knew not that evil was near them.

35 And the LORD smote Benjamin before Israel: and the children of Israel destroyed of the Benjamites that day twenty and five thousand and an hundred men: all these drew the sword.

36 So the children of Benjamin saw that they were smitten: for the men of Israel gave place to the Benjamites, because they trusted unto the liers in wait which they had set beside Gibeah.

37 And the liers in wait hasted, and rushed upon Gibeah; and the liers in wait drew themselves along, and smote all the city with the edge of the sword.

38 Now there was an appointed sign between the men of Israel and the liers in wait, that they should make a great flame with smoke rise up out of the city.

39 And when the men of Israel retired in the battle, Benjamin began to smite and kill of the men of Israel about thirty persons: for they said, Surely they are smitten down before us, as in the first battle.

40 But when the flame began to arise up out of the city with a pillar of smoke, the Benjamites looked behind them, and, behold, the flame of the city ascended up to heaven.

21 מִלְחָמָה אֶל־הַגִּבְעָה׃ וַיֵּצְאוּ בְנֵי־בִנְיָמִן מִן־הַגִּבְעָה וַיַּשְׁחִיתוּ

22 בְיִשְׂרָאֵל בַּיּוֹם הַהוּא שְׁנַיִם וְעֶשְׂרִים אֶלֶף אִישׁ אָרְצָה׃ וַיִּתְחַזֵּק

הָעָם אִישׁ יִשְׂרָאֵל וַיֹּסִפוּ לַעֲרֹךְ מִלְחָמָה בַּמָּקוֹם אֲשֶׁר־עָרְכוּ שָׁם

23 בַּיּוֹם הָרִאשׁוֹן׃ וַיַּעֲלוּ בְנֵי־יִשְׂרָאֵל וַיִּבְכּוּ לִפְנֵי־יְהוָה עַד־הָעֶרֶב

וַיִּשְׁאֲלוּ בַיהוָה לֵאמֹר הַאוֹסִיף לָגֶשֶׁת לַמִּלְחָמָה עִם־בְּנֵי בִנְיָמִן

אָחִי וַיֹּאמֶר יְהוָה עֲלוּ אֵלָיו׃

24 וַיִּקְרְבוּ בְנֵי־יִשְׂרָאֵל אֶל־בְּנֵי בִנְיָמִן בַּיּוֹם הַשֵּׁנִי׃ וַיֵּצֵא בִנְיָמִן

25 לִקְרָאתָם ׀ מִן־הַגִּבְעָה בַּיּוֹם הַשֵּׁנִי וַיַּשְׁחִיתוּ בִבְנֵי יִשְׂרָאֵל עוֹד

26 שְׁמֹנַת עָשָׂר אֶלֶף אִישׁ אָרְצָה כָּל־אֵלֶּה שֹׁלְפֵי חָרֶב׃ וַיַּעֲלוּ כָל־בְּנֵי

יִשְׂרָאֵל וְכָל־הָעָם וַיָּבֹאוּ בֵית־אֵל וַיִּבְכּוּ וַיֵּשְׁבוּ שָׁם לִפְנֵי יְהוָה

וַיָּצוּמוּ בַיּוֹם־הַהוּא עַד־הָעָרֶב וַיַּעֲלוּ עֹלוֹת וּשְׁלָמִים לִפְנֵי יְהוָה׃

27 וַיִּשְׁאֲלוּ בְנֵי־יִשְׂרָאֵל בַּיהוָה וְשָׁם אֲרוֹן בְּרִית הָאֱלֹהִים בַּיָּמִים הָהֵם׃

28 וּפִינְחָס בֶּן־אֶלְעָזָר בֶּן־אַהֲרֹן עֹמֵד ׀ לְפָנָיו בַּיָּמִים הָהֵם לֵאמֹר הַאוֹסִף

עוֹד לָצֵאת לַמִּלְחָמָה עִם־בְּנֵי־בִנְיָמִן אָחִי אִם־אֶחְדָּל וַיֹּאמֶר יְהוָה

29 עֲלוּ כִּי מָחָר אֶתְּנֶנּוּ בְיָדֶךָ׃ וַיָּשֶׂם יִשְׂרָאֵל אֹרְבִים אֶל־הַגִּבְעָה

סָבִיב׃

30 וַיַּעֲלוּ בְנֵי־יִשְׂרָאֵל אֶל־בְּנֵי בִנְיָמִן בַּיּוֹם הַשְּׁלִישִׁי וַיַּעַרְכוּ אֶל־הַגִּבְעָה

31 כְּפַעַם בְּפָעַם׃ וַיֵּצְאוּ בְנֵי־בִנְיָמִן לִקְרַאת הָעָם הָנְתְּקוּ מִן־הָעִיר

וַיָּחֵלּוּ לְהַכּוֹת מֵהָעָם חֲלָלִים כְּפַעַם ׀ בְּפַעַם בַּמְסִלּוֹת אֲשֶׁר אַחַת

עֹלָה בֵית־אֵל וְאַחַת גִּבְעָתָה בַּשָּׂדֶה כִּשְׁלֹשִׁים אִישׁ בְּיִשְׂרָאֵל׃

32 וַיֹּאמְרוּ בְּנֵי בִנְיָמִן נִגָּפִים הֵם לְפָנֵינוּ כְּבָרִאשֹׁנָה וּבְנֵי יִשְׂרָאֵל אָמְרוּ

33 נָנוּסָה וּנְתַקְּנֻהוּ מִן־הָעִיר אֶל־הַמְסִלּוֹת׃ וְכֹל ׀ אִישׁ יִשְׂרָאֵל קָמוּ

מִמְּקוֹמוֹ וַיַּעַרְכוּ בְּבַעַל תָּמָר וְאֹרֵב יִשְׂרָאֵל מֵגִיחַ מִמְּקֹמוֹ מִמַּעֲרֵה

34 גָבַע׃ וַיָּבֹאוּ מִנֶּגֶד לַגִּבְעָה עֲשֶׂרֶת אֲלָפִים אִישׁ בָּחוּר מִכָּל־יִשְׂרָאֵל

וְהַמִּלְחָמָה כָּבֵדָה וְהֵם לֹא יָדְעוּ כִּי־נֹגַעַת עֲלֵיהֶם הָרָעָה׃

35 וַיִּגֹּף יְהוָה ׀ אֶת־בִּנְיָמִן לִפְנֵי יִשְׂרָאֵל וַיַּשְׁחִיתוּ בְנֵי יִשְׂרָאֵל בְּבִנְיָמִן

בַּיּוֹם הַהוּא עֶשְׂרִים וַחֲמִשָּׁה אֶלֶף וּמֵאָה אִישׁ כָּל־אֵלֶּה שֹׁלֵף

36A 36 חָרֶב׃ וַיִּרְאוּ בְנֵי־בִנְיָמִן כִּי נִגָּפוּ וַיִּתְּנוּ אִישׁ־יִשְׂרָאֵל מָקוֹם לְבִנְיָמִן

37 כִּי בָטְחוּ אֶל־הָאֹרֵב אֲשֶׁר שָׂמוּ אֶל־הַגִּבְעָה וְהָאֹרֵב הֵחִישׁוּ וַיִּפְשְׁטוּ

38 אֶל־הַגִּבְעָה וַיִּמְשֹׁךְ הָאֹרֵב וַיַּךְ אֶת־כָּל־הָעִיר לְפִי־חָרֶב׃ וְהַמּוֹעֵד

הָיָה לְאִישׁ יִשְׂרָאֵל עִם־הָאֹרֵב הֶרֶב לְהַעֲלוֹתָם מַשְׂאַת הֶעָשָׁן מִן־

39 הָעִיר׃ וַיַּהֲפֹךְ אִישׁ־יִשְׂרָאֵל בַּמִּלְחָמָה וּבִנְיָמִן הֵחֵל לְהַכּוֹת חֲלָלִים

בְּאִישׁ־יִשְׂרָאֵל כִּשְׁלֹשִׁים אִישׁ כִּי אָמְרוּ אַךְ נִגּוֹף נִגָּף הוּא לְפָנֵינוּ

40 כַּמִּלְחָמָה הָרִאשֹׁנָה׃ וְהַמַּשְׂאֵת הֵחֵלָּה לַעֲלוֹת מִן־הָעִיר עַמּוּד עָשָׁן

41A 41 וַיִּפֶן בִּנְיָמִן אַחֲרָיו וְהִנֵּה עָלָה כְלִיל־הָעִיר הַשָּׁמָיְמָה׃ וְאִישׁ יִשְׂרָאֵל

41 And when the men of Israel turned again, the men of Benjamin were amazed: for they saw that evil was come upon them.

42 Therefore they turned *their backs* before the men of Israel unto the way of the wilderness; but the battle overtook them; and them which *came* out of the cities they destroyed in the midst of them.

43 *Thus* they inclosed the Benjamites round about, *and* chased them, *and* trode them down with ease over against Gibeah toward the sunrising.

44 And there fell of Benjamin eighteen thousand men; all these *were* men of valour.

45 And they turned and fled toward the wilderness unto the rock of Rimmon: and they gleaned of them in the highways five thousand men; and pursued hard after them unto Gidom, and slew two thousand men of them.

46 So that all which fell that day of Benjamin were twenty and five thousand men that drew the sword; all these *were* men of valour.

47 But six hundred men turned and fled to the wilderness unto the rock Rimmon, and abode in the rock Rimmon four months.

48 And the men of Israel turned again upon the children of Benjamin, and smote them with the edge of the sword, as well the men of *every* city, as the beast, and all that came to hand: also they set on fire all the cities that they came to.

CHAPTER 21

1 Now the men of Israel had sworn in Mizpeh, saying, There shall not any of us give his daughter unto Benjamin to wife.

2 And the people came to the house of God, and abode there till even before God, and lifted up their voices, and wept sore;

3 And said, O Lord God of Israel, why is this come to pass in Israel, that there should be to day one tribe lacking in Israel?

4 And it came to pass on the morrow, that the people rose early, and built there an altar, and offered burnt offerings and peace offerings.

5 And the children of Israel said, Who *is there* among all the tribes of Israel that came not up with the congregation unto the Lord? For they had made a great oath concerning him that came not up to the Lord to Mizpeh, saying, He shall surely be put to death.

6 And the children of Israel repented them for Benjamin their brother, and said, There is one tribe cut off from Israel this day.

7 How shall we do for wives for them that remain, seeing we have sworn by the Lord that we will not give them of our daughters to wives?

8 ¶ And they said, What one *is there* of the tribes of Israel that came not up to Mizpeh to the Lord? And, behold, there came none to the camp from Jabesh-gilead to the assembly.

9 For the people were numbered, and, behold, *there were* none of the inhabitants of Jabesh-gilead there.

10 And the congregation sent thither twelve thousand men of the valiantest, and commanded them, saying, Go and smite the inhabitants of Jabesh-gilead with the edge of the sword, with the women and the children.

11 And this *is* the thing that ye shall do, Ye shall utterly destroy every male, and every woman that hath lain by man.

12 And they found among the inhabitants of Jabesh-gilead four hundred young virgins, that had known no man by lying with any male: and they brought them unto the camp to Shiloh, which *is* in the land of Canaan.

13 And the whole congregation sent *some* to speak to the children of Benjamin that *were* in the rock Rimmon, and to call peaceably unto them.

14 And Benjamin came again at that time; and they gave them wives which they had saved alive of the women of Jabesh-gilead: and yet so they sufficed them not.

15 And the people repented them for Benjamin, because that the Lord had made a breach in the tribes of Israel.

הָפַךְ וַיִּבָּהֵל אִישׁ בִּנְיָמִן כִּי רָאָה כִּי־נָגְעָה עָלָיו הָרָעָה: וַיִּפְנוּ 42

לִפְנֵי אִישׁ יִשְׂרָאֵל אֶל־דֶּרֶךְ הַמִּדְבָּר וְהַמִּלְחָמָה הִדְבִּיקָתְהוּ וַאֲשֶׁר

מֵהֶעָרִים מַשְׁחִיתִים אוֹתוֹ בְּתוֹכוֹ: כִּתְּרוּ אֶת־בִּנְיָמִן הִרְדִיפֻהוּ 43

מְנוּחָה הִדְרִיכֻהוּ עַד נֹכַח הַגִּבְעָה מִמִּזְרַח־שָׁמֶשׁ: וַיִּפְּלוּ מִבִּנְיָמִן 44

שְׁמֹנָה־עָשָׂר אֶלֶף אִישׁ אֶת־כָּל־אֵלֶּה אַנְשֵׁי־חָיִל: וַיִּפְנוּ וַיָּנֻסוּ 45   45A

הַמִּדְבָּרָה אֶל־סֶלַע הָרִמּוֹן וַיְעֹלְלֻהוּ בַּמְסִלּוֹת חֲמֵשֶׁת אֲלָפִים אִישׁ

וַיַּדְבִּיקוּ אַחֲרָיו עַד־גִּדְעֹם וַיַּכּוּ מִמֶּנּוּ אַלְפַּיִם אִישׁ: וַיְהִי כָל־הַנֹּפְלִים 46

מִבִּנְיָמִן עֶשְׂרִים וַחֲמִשָּׁה אֶלֶף אִישׁ שֹׁלֵף חֶרֶב בַּיּוֹם הַהוּא אֶת־

כָּל־אֵלֶּה אַנְשֵׁי־חָיִל: וַיִּפְנוּ וַיָּנֻסוּ הַמִּדְבָּרָה אֶל־סֶלַע הָרִמּוֹן שֵׁשׁ 47

מֵאוֹת אִישׁ וַיֵּשְׁבוּ בְּסֶלַע רִמּוֹן אַרְבָּעָה חֳדָשִׁים: וְאִישׁ יִשְׂרָאֵל 48   48A

שָׁבוּ אֶל־בְּנֵי בִנְיָמִן וַיַּכּוּם לְפִי־חֶרֶב מֵעִיר מְתֹם עַד־בְּהֵמָה עַד

כָּל־הַנִּמְצָא גַּם כָּל־הֶעָרִים הַנִּמְצָאוֹת שִׁלְּחוּ בָאֵשׁ:

וְאִישׁ יִשְׂרָאֵל נִשְׁבַּע בַּמִּצְפָּה לֵאמֹר אִישׁ מִמֶּנּוּ לֹא־יִתֵּן בִּתּוֹ 21 1

לְבִנְיָמִן לְאִשָּׁה: וַיָּבֹא הָעָם בֵּית־אֵל וַיֵּשְׁבוּ שָׁם עַד־הָעֶרֶב לִפְנֵי 2

הָאֱלֹהִים וַיִּשְׂאוּ קוֹלָם וַיִּבְכּוּ בְּכִי גָדוֹל: וַיֹּאמְרוּ לָמָה יְהוָה אֱלֹהֵי 3

יִשְׂרָאֵל הָיְתָה זֹּאת בְּיִשְׂרָאֵל לְהִפָּקֵד הַיּוֹם מִיִּשְׂרָאֵל שֵׁבֶט אֶחָד:

וַיְהִי מִמָּחֳרָת וַיַּשְׁכִּימוּ הָעָם וַיִּבְנוּ־שָׁם מִזְבֵּחַ וַיַּעֲלוּ עֹלוֹת 4

וּשְׁלָמִים:

וַיֹּאמְרוּ בְּנֵי יִשְׂרָאֵל מִי אֲשֶׁר לֹא־עָלָה בַקָּהָל מִכָּל־שִׁבְטֵי יִשְׂרָאֵל 5

אֶל־יְהוָה כִּי הַשְּׁבוּעָה הַגְּדוֹלָה הָיְתָה לַאֲשֶׁר לֹא־עָלָה אֶל־יְהוָה

הַמִּצְפָּה לֵאמֹר מוֹת יוּמָת: וַיִּנָּחֲמוּ בְּנֵי יִשְׂרָאֵל אֶל־בִּנְיָמִן אָחִיו 6

וַיֹּאמְרוּ נִגְדַּע הַיּוֹם שֵׁבֶט אֶחָד מִיִּשְׂרָאֵל: מַה־נַּעֲשֶׂה לָהֶם לַנּוֹתָרִים 7

לְנָשִׁים וַאֲנַחְנוּ נִשְׁבַּעְנוּ בַיהוָה לְבִלְתִּי תֵּת־לָהֶם מִבְּנוֹתֵינוּ לְנָשִׁים:

וַיֹּאמְרוּ מִי אֶחָד מִשִּׁבְטֵי יִשְׂרָאֵל אֲשֶׁר לֹא־עָלָה אֶל־יְהוָה הַמִּצְפָּה 8

וְהִנֵּה לֹא בָא־אִישׁ אֶל־הַמַּחֲנֶה מִיָּבֵישׁ גִּלְעָד אֶל־הַקָּהָל: וַיִּתְפָּקֵד 9

הָעָם וְהִנֵּה אֵין־שָׁם אִישׁ מִיּוֹשְׁבֵי יָבֵישׁ גִּלְעָד: וַיִּשְׁלְחוּ־שָׁם הָעֵדָה 10

שְׁנֵים־עָשָׂר אֶלֶף אִישׁ מִבְּנֵי הֶחָיִל וַיְצַוּוּ אוֹתָם לֵאמֹר לְכוּ וְהִכִּיתֶם

אֶת־יוֹשְׁבֵי יָבֵישׁ גִּלְעָד לְפִי־חֶרֶב וְהַנָּשִׁים וְהַטָּף: וְזֶה הַדָּבָר אֲשֶׁר 11

תַּעֲשׂוּ כָּל־זָכָר וְכָל־אִשָּׁה יֹדַעַת מִשְׁכַּב־זָכָר תַּחֲרִימוּ: וַיִּמְצְאוּ 12

מִיּוֹשְׁבֵי יָבֵישׁ גִּלְעָד אַרְבַּע מֵאוֹת נַעֲרָה בְתוּלָה אֲשֶׁר לֹא־יָדְעָה

אִישׁ לְמִשְׁכַּב זָכָר וַיָּבִיאוּ אוֹתָם אֶל־הַמַּחֲנֶה שִׁלֹה אֲשֶׁר בְּאֶרֶץ

כְּנָעַן: וַיִּשְׁלְחוּ כָּל־הָעֵדָה וַיְדַבְּרוּ אֶל־בְּנֵי בִנְיָמִן אֲשֶׁר 13

בְּסֶלַע רִמּוֹן וַיִּקְרְאוּ לָהֶם שָׁלוֹם: וַיָּשָׁב בִּנְיָמִן בָּעֵת הַהִיא וַיִּתְּנוּ 14

לָהֶם הַנָּשִׁים אֲשֶׁר חִיּוּ מִנְּשֵׁי יָבֵישׁ גִּלְעָד וְלֹא־מָצְאוּ לָהֶם כֵּן:

וְהָעָם נִחָם לְבִנְיָמִן כִּי־עָשָׂה יְהוָה פֶּרֶץ בְּשִׁבְטֵי יִשְׂרָאֵל: וַיֹּאמְרוּ 15
                                                                                       16

16 ¶ Then the elders of the congregation said, How shall we do for wives for them that remain, seeing the women are destroyed out of Benjamin?

17 And they said, *There must be* an inheritance for them that be escaped of Benjamin, that a tribe be not destroyed out of Israel.

18 Howbeit we may not give them wives of our daughters: for the children of Israel have sworn, saying, Cursed *be* he that giveth a wife to Benjamin.

19 Then they said, Behold, *there is* a feast of the LORD in Shiloh yearly *in a place* which *is* on the north side of Beth-el, on the east side of the highway that goeth up from Beth-el to Shechem, and on the south of Lebonah.

20 Therefore they commanded the children of Benjamin, saying, Go and lie in wait in the vineyards;

21 And see, and, behold, if the daughters of Shiloh come out to dance in dances, then come ye out of the vineyards, and catch you every man his wife of the daughters of Shiloh, and go to the land of Benjamin.

22 And it shall be, when their fathers or their brethren come unto us to complain, that we will say unto them, Be favourable unto them for our sakes: because we reserved not to each man his wife in the war: for ye did not give unto them at this time, *that* ye should be guilty.

23 And the children of Benjamin did so, and took *them* wives, according to their number, of them that danced, whom they caught: and they went and returned unto their inheritance, and repaired the cities, and dwelt in them.

24 And the children of Israel departed thence at that time, every man to his tribe and to his family, and they went out from thence every man to his inheritance.

25 In those days *there was* no king in Israel: every man did *that which was* right in his own eyes.

THE BOOK OF
RUTH

CHAPTER 1

1 Now it came to pass in the days when the judges ruled, that there was a famine in the land. And a certain man of Beth-lehem-judah went to sojourn in the country of Moab, he, and his wife, and his two sons.

2 And the name of the man *was* Elimelech, and the name of his wife Naomi, and the name of his two sons Mahlon and Chilion, Ephrathites of Beth-lehem-judah. And they came into the country of Moab, and continued there.

3 And Elimelech Naomi's husband died; and she was left, and her two sons.

4 And they took them wives of the women of Moab; the name of the one *was* Orpah, and the name of the other Ruth: and they dwelled there about ten years.

5 And Mahlon and Chilion died also both of them; and the woman was left of her two sons and her husband.

6 ¶ Then she arose with her daughters in law, that she might return from the country of Moab: for she had heard in the country of Moab how that the LORD had visited his people in giving them bread.

7 Wherefore she went forth out of the place where she was, and her two daughters in law with her; and they went on the way to return unto the land of Judah.

8 And Naomi said unto her two daughters in law, Go, return each to her mother's house: the LORD deal kindly with you, as ye have dealt with the dead, and with me.

9 The LORD grant you that ye may find rest, each *of you* in the house of her husband. Then she kissed them; and they lifted up their voice, and wept.

זִקְנֵי הָעֵדָ֔ה מַה־נַּעֲשֶׂ֥ה לַנּוֹתָרִ֖ים לְנָשִׁ֑ים כִּֽי־נִשְׁמְדָ֥ה מִבִּנְיָמִ֖ן אִשָּֽׁה׃

17 וַיֹּ֣אמְר֔וּ יְרֻשַּׁ֤ת פְּלֵיטָה֙ לְבִנְיָמִ֔ן וְלֹֽא־יִמָּחֶ֥ה שֵׁ֖בֶט מִיִּשְׂרָאֵ֑ל׃ 18 וַאֲנַ֗חְנוּ לֹ֣א נוּכַ֗ל לָתֵ֤ת־לָהֶם֙ נָשִׁ֔ים מִבְּנוֹתֵ֑ינוּ כִּֽי־נִשְׁבְּע֤וּ בְנֵֽי־יִשְׂרָאֵ֖ל לֵאמֹ֔ר אָר֕וּר נֹתֵ֥ן אִשָּׁ֖ה לְבִנְיָמִֽן׃

19 וַיֹּאמְר֗וּ הִנֵּה֩ חַג־יְהֹוָ֨ה בְּשִׁל֜וֹ מִיָּמִ֣ים ׀ יָמִ֗ימָה אֲשֶׁ֤ר מִצְּפ֙וֹנָה֙ לְבֵֽית־אֵ֔ל מִזְרְחָ֣ה הַשֶּׁ֔מֶשׁ לִמְסִלָּ֔ה הָעֹלָ֥ה מִבֵּֽית־אֵ֖ל שְׁכֶ֑מָה וּמִנֶּ֖גֶב לִלְבוֹנָֽה׃ 20 וַיְצַוּ֞וּ אֶת־בְּנֵ֤י בִנְיָמִן֙ לֵאמֹ֔ר לְכ֥וּ וַאֲרַבְתֶּ֖ם בַּכְּרָמִֽים׃ 21 וּרְאִיתֶ֗ם וְ֠הִנֵּ֠ה אִם־יֵ֨צְא֥וּ בְנוֹת־שִׁילוֹ֮ לָח֣וּל בַּמְּחֹלוֹת֒ וִֽיצָאתֶם֙ מִן־הַכְּרָמִ֔ים וַחֲטַפְתֶּ֥ם לָכֶ֛ם אִ֥ישׁ אִשְׁתּ֖וֹ מִבְּנ֣וֹת שִׁיל֑וֹ וַהֲלַכְתֶּ֖ם אֶ֥רֶץ בִּנְיָמִֽן׃ 22 וְהָיָ֡ה כִּֽי־יָבֹ֣אוּ אֲבוֹתָ֣ם א֣וֹ אֲחֵיהֶם֩ ׀ לָרִ֨יב ׀ אֵלֵ֜ינוּ וְאָמַ֧רְנוּ אֲלֵיהֶ֗ם חׇנּ֤וּנוּ אוֹתָם֙ כִּ֣י לֹ֤א לָקַ֙חְנוּ֙ אִ֣ישׁ אִשְׁתּ֔וֹ בַּמִּלְחָמָ֑ה כִּ֣י לֹ֥א אַתֶּ֛ם נְתַתֶּ֥ם לָהֶ֖ם כָּעֵ֥ת תֶּאְשָֽׁמוּ׃ 23 וַיַּֽעֲשׂוּ־כֵן֙ בְּנֵ֣י בִנְיָמִ֔ן וַיִּשְׂא֤וּ נָשִׁים֙ לְמִסְפָּרָ֔ם מִן־הַמְּחֹלְל֖וֹת אֲשֶׁ֣ר גָּזָ֑לוּ וַיֵּלְכ֗וּ וַיָּשׁ֙וּבוּ֙ אֶל־נַ֣חֲלָתָ֔ם וַיִּבְנוּ֙ אֶת־הֶ֣עָרִ֔ים וַיֵּשְׁב֖וּ בָּהֶֽם׃ 24 וַיִּתְהַלְּכ֨וּ מִשָּׁ֤ם בְּנֵֽי־יִשְׂרָאֵל֙ בָּעֵ֣ת הַהִ֔יא אִ֥ישׁ לְשִׁבְט֖וֹ וּלְמִשְׁפַּחְתּ֑וֹ וַיֵּצְא֣וּ מִשָּׁ֔ם אִ֖ישׁ לְנַחֲלָתֽוֹ׃ 25 בַּיָּמִ֣ים הָהֵ֔ם אֵ֥ין מֶ֖לֶךְ בְּיִשְׂרָאֵ֑ל אִ֛ישׁ הַיָּשָׁ֥ר בְּעֵינָ֖יו יַעֲשֶֽׂה׃

מגילת רות

1 1 וַיְהִ֗י בִּימֵי֙ שְׁפֹ֣ט הַשֹּׁפְטִ֔ים וַיְהִ֥י רָעָ֖ב בָּאָ֑רֶץ וַיֵּ֨לֶךְ אִ֜ישׁ מִבֵּ֧ית לֶ֣חֶם 2 יְהוּדָ֗ה לָגוּר֙ בִּשְׂדֵ֣י מוֹאָ֔ב ה֥וּא וְאִשְׁתּ֖וֹ וּשְׁנֵ֥י בָנָֽיו׃ וְשֵׁ֣ם הָאִ֣ישׁ אֱֽלִימֶ֡לֶךְ וְשֵׁם֩ אִשְׁתּ֨וֹ נׇעֳמִ֜י וְשֵׁ֥ם שְׁנֵֽי־בָנָ֣יו ׀ מַחְל֤וֹן וְכִלְיוֹן֙ אֶפְרָתִ֔ים 3 מִבֵּ֥ית לֶ֖חֶם יְהוּדָ֑ה וַיָּבֹ֥אוּ שְׂדֵי־מוֹאָ֖ב וַיִּֽהְיוּ־שָֽׁם׃ וַיָּ֥מׇת אֱלִימֶ֖לֶךְ אִ֣ישׁ 4 נׇעֳמִ֑י וַתִּשָּׁאֵ֥ר הִ֖יא וּשְׁנֵ֥י בָנֶֽיהָ׃ וַיִּשְׂא֣וּ לָהֶ֗ם נָשִׁים֙ מֹֽאֲבִיּ֔וֹת שֵׁ֤ם הָֽאַחַת֙ עׇרְפָּ֔ה וְשֵׁ֥ם הַשֵּׁנִ֖ית ר֑וּת וַיֵּ֥שְׁבוּ שָׁ֖ם כְּעֶ֥שֶׂר שָׁנִֽים׃ 5 וַיָּמ֥וּתוּ גַם־שְׁנֵיהֶ֖ם מַחְל֣וֹן וְכִלְי֑וֹן וַתִּשָּׁאֵר֙ הָֽאִשָּׁ֔ה מִשְּׁנֵ֥י יְלָדֶ֖יהָ וּמֵאִישָֽׁהּ׃ 6 וַתָּ֤קׇם הִיא֙ וְכַלֹּתֶ֔יהָ וַתָּ֖שׇב מִשְּׂדֵ֣י מוֹאָ֑ב כִּ֤י שָֽׁמְעָה֙ בִּשְׂדֵ֣ה מוֹאָ֔ב 7 כִּֽי־פָקַ֤ד יְהֹוָה֙ אֶת־עַמּ֔וֹ לָתֵ֥ת לָהֶ֖ם לָֽחֶם׃ וַתֵּצֵ֗א מִן־הַמָּקוֹם֙ אֲשֶׁ֣ר הָיְתָה־שָׁ֔מָּה וּשְׁתֵּ֥י כַלֹּתֶ֖יהָ עִמָּ֑הּ וַתֵּלַ֣כְנָה בַדֶּ֔רֶךְ לָשׁ֖וּב אֶל־אֶ֥רֶץ 8 יְהוּדָֽה׃ וַתֹּ֤אמֶר נׇעֳמִי֙ לִשְׁתֵּ֣י כַלֹּתֶ֔יהָ לֵ֣כְנָה שֹּׁ֔בְנָה אִשָּׁ֖ה לְבֵ֣ית אִמָּ֑הּ 9 יַעַ֧שׂ יְהֹוָ֣ה עִמָּכֶ֗ם חֶ֚סֶד כַּאֲשֶׁ֣ר עֲשִׂיתֶ֔ם עִם־הַמֵּתִ֖ים וְעִמָּדִֽי׃ יִתֵּ֤ן יְהֹוָה֙ לָכֶ֔ם וּמְצֶ֣אןָ מְנוּחָ֔ה אִשָּׁ֖ה בֵּ֣ית אִישָׁ֑הּ וַתִּשַּׁ֣ק לָהֶ֔ן וַתִּשֶּׂ֥אנָה

10 And they said unto her, Surely we will return with thee unto thy people.

11 And Naomi said, Turn again, my daughters: why will ye go with me? *are* there yet *any more* sons in my womb, that they may be your husbands?

12 Turn again, my daughters, go *your way;* for I am too old to have an husband. If I should say, I have hope, *if* I should have an husband also to night, and should also bear sons;

13 Would ye tarry for them till they were grown? would ye stay for them from having husbands? nay, my daughters; for it grieveth me much for your sakes that the hand of the Lord is gone out against me.

14 And they lifted up their voice, and wept again: and Orpah kissed her mother in law; but Ruth clave unto her.

15 And she said, Behold, thy sister in law is gone back unto her people, and unto her gods: return thou after thy sister in law.

16 And Ruth said, Intreat me not to leave thee, *or* to return from following after thee: for whither thou goest, I will go; and where thou lodgest, I will lodge: thy people *shall be* my people, and thy God my God:

17 Where thou diest, will I die, and there will I be buried: the Lord do so to me, and more also, *if ought* but death part thee and me.

18 When she saw that she was stedfastly minded to go with her, then she left speaking unto her.

19 ¶ So they two went until they came to Beth-lehem. And it came to pass, when they were come to Beth-lehem, that all the city was moved about them, and they said, *Is* this Naomi?

20 And she said unto them, Call me not Naomi, call me Mara: for the Almighty hath dealt very bitterly with me.

21 I went out full, and the Lord hath brought me home again empty: why *then* call ye me Naomi, seeing the Lord hath testified against me, and the Almighty hath afflicted me?

22 So Naomi returned, and Ruth the Moabitess, her daughter in law, with her, which returned out of the country of Moab: and they came to Beth-lehem in the beginning of barley harvest.

CHAPTER 2

1 And Naomi had a kinsman of her husband's, a mighty man of wealth, of the family of Elimelech; and his name *was* Boaz.

2 And Ruth the Moabitess said unto Naomi, Let me now go to the field, and glean ears of corn after *him* in whose sight I shall find grace. And she said unto her, Go, my daughter.

3 And she went, and came, and gleaned in the field after the reapers: and her hap was to light on a part of the field *belonging* unto Boaz, who *was* of the kindred of Elimelech.

4 ¶ And, behold, Boaz came from Beth-lehem, and said unto the reapers, The Lord *be* with you. And they answered him, The Lord bless thee.

5 Then said Boaz unto his servant that was set over the reapers, Whose damsel *is* this?

6 And the servant that was set over the reapers answered and said, It *is* the Moabitish damsel that came back with Naomi out of the country of Moab:

7 And she said, I pray you, let me glean and gather after the reapers among the sheaves: so she came, and hath continued even from the morning until now, that she tarried a little in the house.

8 Then said Boaz unto Ruth, Hearest thou not, my daughter? Go not to glean in another field, neither go from hence, but abide here fast by my maidens:

9 *Let* thine eyes *be* on the field that they do reap, and go thou after them: have I not charged the young men that they shall not touch thee? and when thou art athirst, go unto the vessels, and drink of *that* which the young men have drawn.

10 Then she fell on her face, and bowed herself to the ground, and said unto him, Why have I found grace in thine eyes, that thou shouldest take knowledge of me, seeing I *am* a stranger?

11 And Boaz answered and said unto her, It hath fully been shewed me, all that

10 קוֹלָן וַתִּבְכֶּינָה: וַתֹּאמַרְנָה־לָּהּ כִּי־אִתָּךְ נָשׁוּב לְעַמֵּךְ: וַתֹּאמֶר נָעֳמִי
11 שֹׁבְנָה בְנֹתַי לָמָּה תֵלַכְנָה עִמִּי הַעוֹד־לִי בָנִים בְּמֵעַי וְהָיוּ לָכֶם
12 לַאֲנָשִׁים: שֹׁבְנָה בְנֹתַי לֵכְןָ כִּי זָקַנְתִּי מִהְיוֹת לְאִישׁ כִּי אָמַרְתִּי יֶשׁ־לִי
13 תִקְוָה גַּם הָיִיתִי הַלַּיְלָה לְאִישׁ וְגַם יָלַדְתִּי בָנִים: הֲלָהֵן ׀ תְּשַׂבֵּרְנָה
עַד אֲשֶׁר יִגְדָּלוּ הֲלָהֵן תֵּעָגֵנָה לְבִלְתִּי הֱיוֹת לְאִישׁ אַל בְּנֹתַי כִּי־
14 מַר־לִי מְאֹד מִכֶּם כִּי־יָצְאָה בִי יַד־יְהוָה: וַתִּשֶּׂנָה קוֹלָן וַתִּבְכֶּינָה
15 עוֹד וַתִּשַּׁק עָרְפָּה לַחֲמוֹתָהּ וְרוּת דָּבְקָה בָּהּ: וַתֹּאמֶר הִנֵּה שָׁבָה
16 יְבִמְתֵּךְ אֶל־עַמָּהּ וְאֶל־אֱלֹהֶיהָ שׁוּבִי אַחֲרֵי יְבִמְתֵּךְ: וַתֹּאמֶר רוּת
אַל־תִּפְגְּעִי־בִי לְעָזְבֵךְ לָשׁוּב מֵאַחֲרָיִךְ כִּי אֶל־אֲשֶׁר תֵּלְכִי אֵלֵךְ
17 וּבַאֲשֶׁר תָּלִינִי אָלִין עַמֵּךְ עַמִּי וֵאלֹהַיִךְ אֱלֹהָי: בַּאֲשֶׁר תָּמוּתִי אָמוּת
וְשָׁם אֶקָּבֵר כֹּה יַעֲשֶׂה יְהוָה לִי וְכֹה יֹסִיף כִּי הַמָּוֶת יַפְרִיד בֵּינִי
18 וּבֵינֵךְ: וַתֵּרֶא כִּי־מִתְאַמֶּצֶת הִיא לָלֶכֶת אִתָּהּ וַתֶּחְדַּל לְדַבֵּר אֵלֶיהָ:
19 וַתֵּלַכְנָה שְׁתֵּיהֶם עַד־בֹּאָנָה בֵּית לָחֶם וַיְהִי כְּבֹאָנָה בֵּית לֶחֶם וַתֵּהֹם
20 כָּל־הָעִיר עֲלֵיהֶן וַתֹּאמַרְנָה הֲזֹאת נָעֳמִי: וַתֹּאמֶר אֲלֵיהֶן אַל־
21 תִּקְרֶאנָה לִי נָעֳמִי קְרֶאןָ לִי מָרָא כִּי־הֵמַר שַׁדַּי לִי מְאֹד: אֲנִי מְלֵאָה
הָלַכְתִּי וְרֵיקָם הֱשִׁיבַנִי יְהוָה לָמָּה תִקְרֶאנָה לִי נָעֳמִי וַיהוָה עָנָה
22 בִי וְשַׁדַּי הֵרַע לִי: וַתָּשָׁב נָעֳמִי וְרוּת הַמּוֹאֲבִיָּה כַלָּתָהּ עִמָּהּ הַשָּׁבָה
2 1 מִשְּׂדֵי מוֹאָב וְהֵמָּה בָּאוּ בֵּית לֶחֶם בִּתְחִלַּת קְצִיר שְׂעֹרִים: וּלְנָעֳמִי
מוֹדָע לְאִישָׁהּ אִישׁ גִּבּוֹר חַיִל מִמִּשְׁפַּחַת אֱלִימֶלֶךְ וּשְׁמוֹ בֹּעַז:
2 וַתֹּאמֶר רוּת הַמּוֹאֲבִיָּה אֶל־נָעֳמִי אֵלְכָה־נָּא הַשָּׂדֶה וַאֲלַקֳטָה
2A
3 בַשִּׁבֳּלִים אַחַר אֲשֶׁר אֶמְצָא־חֵן בְּעֵינָיו וַתֹּאמֶר לָהּ לְכִי בִתִּי: וַתֵּלֶךְ
וַתָּבוֹא וַתְּלַקֵּט בַּשָּׂדֶה אַחֲרֵי הַקֹּצְרִים וַיִּקֶר מִקְרֶהָ חֶלְקַת הַשָּׂדֶה
4 לְבֹעַז אֲשֶׁר מִמִּשְׁפַּחַת אֱלִימֶלֶךְ: וְהִנֵּה־בֹעַז בָּא מִבֵּית לֶחֶם וַיֹּאמֶר
5 לַקּוֹצְרִים יְהוָה עִמָּכֶם וַיֹּאמְרוּ לוֹ יְבָרֶכְךָ יְהוָה: וַיֹּאמֶר בֹּעַז לְנַעֲרוֹ
6 הַנִּצָּב עַל־הַקּוֹצְרִים לְמִי הַנַּעֲרָה הַזֹּאת: וַיַּעַן הַנַּעַר הַנִּצָּב עַל־
הַקּוֹצְרִים וַיֹּאמַר נַעֲרָה מוֹאֲבִיָּה הִיא הַשָּׁבָה עִם־נָעֳמִי מִשְּׂדֵה
7 מוֹאָב: וַתֹּאמֶר אֲלַקֳטָה־נָּא וְאָסַפְתִּי בָעֳמָרִים אַחֲרֵי הַקּוֹצְרִים
וַתָּבוֹא וַתַּעֲמוֹד מֵאָז הַבֹּקֶר וְעַד־עַתָּה זֶה שִׁבְתָּהּ הַבַּיִת מְעָט:
8 וַיֹּאמֶר בֹּעַז אֶל־רוּת הֲלוֹא שָׁמַעַתְּ בִּתִּי אַל־תֵּלְכִי לִלְקֹט בְּשָׂדֶה
9 אַחֵר וְגַם לֹא תַעֲבוּרִי מִזֶּה וְכֹה תִדְבָּקִין עִם־נַעֲרֹתָי: עֵינַיִךְ בַּשָּׂדֶה
אֲשֶׁר־יִקְצֹרוּן וְהָלַכְתְּ אַחֲרֵיהֶן הֲלוֹא צִוִּיתִי אֶת־הַנְּעָרִים לְבִלְתִּי
נָגְעֵךְ וְצָמִת וְהָלַכְתְּ אֶל־הַכֵּלִים וְשָׁתִית מֵאֲשֶׁר יִשְׁאֲבוּן הַנְּעָרִים:
10 וַתִּפֹּל עַל־פָּנֶיהָ וַתִּשְׁתַּחוּ אָרְצָה וַתֹּאמֶר אֵלָיו מַדּוּעַ מָצָאתִי חֵן
11 בְּעֵינֶיךָ לְהַכִּירֵנִי וְאָנֹכִי נָכְרִיָּה: וַיַּעַן בֹּעַז וַיֹּאמֶר לָהּ הֻגֵּד הֻגַּד לִי
כֹּל אֲשֶׁר־עָשִׂית אֶת־חֲמוֹתֵךְ אַחֲרֵי מוֹת אִישֵׁךְ וַתַּעַזְבִי אָבִיךְ וְאִמֵּךְ

thou hast done unto thy mother in law since the death of thine husband: and *how* thou hast left thy father and thy mother, and the land of thy nativity, and art come unto a people which thou knewest not heretofore.

12 The LORD recompense thy work, and a full reward be given thee of the LORD God of Israel, under whose wings thou art come to trust.

13 Then she said, Let me find favour in thy sight, my lord; for that thou hast comforted me, and for that thou hast spoken friendly unto thine handmaid, though I be not like unto one of thine handmaidens.

14 And Boaz said unto her, At mealtime come thou hither, and eat of the bread, and dip thy morsel in the vinegar. And she sat beside the reapers: and he reached her parched *corn*, and she did eat, and was sufficed, and left.

15 And when she was risen up to glean, Boaz commanded his young men, saying, Let her glean even among the sheaves, and reproach her not:

16 And let fall also *some* of the handfuls of purpose for her, and leave *them*, that she may glean *them*, and rebuke her not.

17 So she gleaned in the field until even, and beat out that she had gleaned: and it was about an ephah of barley.

18 ¶ And she took *it* up, and went into the city: and her mother in law saw what she had gleaned: and she brought forth, and gave to her that she had reserved after she was sufficed.

19 And her mother in law said unto her, Where hast thou gleaned to day? and where wroughtest thou? blessed be he that did take knowledge of thee. And she shewed her mother in law with whom she had wrought, and said, The man's name with whom I wrought to day *is* Boaz.

20 And Naomi said unto her daughter in law, Blessed *be* he of the LORD, who hath not left off his kindness to the living and to the dead. And Naomi said unto her, The man *is* near of kin unto us, one of our next kinsmen.

21 And Ruth the Moabitess said, He said unto me also, Thou shalt keep fast by my young men, until they have ended all my harvest.

22 And Naomi said unto Ruth her daughter in law, *It is* good, my daughter, that thou go out with his maidens, that they meet thee not in any other field.

23 So she kept fast by the maidens of Boaz to glean unto the end of barley harvest and of wheat harvest; and dwelt with her mother in law.

CHAPTER 3

1 Then Naomi her mother in law said unto her, My daughter, shall I not seek rest for thee, that it may be well with thee?

2 And now *is* not Boaz of our kindred, with whose maidens thou wast? Behold, he winnoweth barley to night in the threshingfloor.

3 Wash thyself therefore, and anoint thee, and put thy raiment upon thee, and get thee down to the floor: *but* make not thyself known unto the man, until he shall have done eating and drinking.

4 And it shall be, when he lieth down, that thou shalt mark the place where he shall lie, and thou shalt go in, and uncover his feet, and lay thee down; and he will tell thee what thou shalt do.

5 And she said unto her, All that thou sayest unto me I will do.

6 ¶ And she went down unto the floor, and did according to all that her mother in law bade her.

7 And when Boaz had eaten and drunk, and his heart was merry, he went to lie down at the end of the heap of corn: and she came softly, and uncovered his feet, and laid her down.

8 ¶ And it came to pass at midnight, that the man was afraid, and turned himself: and, behold, a woman lay at his feet.

9 And he said, Who *art* thou? And she answered, I *am* Ruth thine handmaid: spread therefore thy skirt over thine handmaid; for thou *art* a near kinsman.

10 And he said, Blessed *be* thou of the LORD, my daughter: *for* thou hast shewed more kindness in the latter end than at the beginning, inasmuch as thou

וְאֶ֙רֶץ֙ מֽוֹלַדְתֵּ֔ךְ וַתֵּ֣לְכִ֔י אֶל־עַ֕ם אֲשֶׁ֥ר לֹא־יָדַ֖עַתְּ תְּמ֥וֹל שִׁלְשֽׁוֹם:

12 יְשַׁלֵּ֥ם יְהוָ֖ה פָּעֳלֵ֑ךְ וּתְהִ֨י מַשְׂכֻּרְתֵּ֜ךְ שְׁלֵמָ֗ה מֵעִ֤ם יְהוָה֙ אֱלֹהֵ֣י יִשְׂרָאֵ֔ל

13 אֲשֶׁר־בָּ֖את לַחֲס֣וֹת תַּֽחַת־כְּנָפָֽיו: וַ֠תֹּאמֶר אֶמְצָא־חֵ֨ן בְּעֵינֶ֤יךָ אֲדֹנִי֙ כִּ֣י נִֽחַמְתָּ֔נִי וְכִ֥י דִבַּ֖רְתָּ עַל־לֵ֣ב שִׁפְחָתֶ֑ךָ וְאָֽנֹכִי֙ לֹ֣א אֶֽהְיֶ֔ה כְּאַחַ֖ת

14 שִׁפְחֹתֶֽיךָ: וַיֹּ֩אמֶר֩ לָ֨ה בֹ֜עַז לְעֵ֣ת הָאֹ֗כֶל גֹּ֤שִֽׁי הֲלֹם֙ וְאָכַ֣לְתְּ מִן־הַלֶּ֔חֶם וְטָבַ֥לְתְּ פִּתֵּ֖ךְ בַּחֹ֑מֶץ וַתֵּ֙שֶׁב֙ מִצַּ֣ד הַקּֽוֹצְרִ֔ים וַיִּצְבָּט־לָ֣הּ קָלִ֔י וַתֹּ֥אכַל

15 וַתִּשְׂבַּ֖ע וַתֹּתַֽר: וַתָּ֖קָם לְלַקֵּ֑ט וַיְצַו֩ בֹּ֨עַז אֶת־נְעָרָ֜יו לֵאמֹ֗ר גַּ֣ם בֵּ֧ין

16 הָעֳמָרִ֛ים תְּלַקֵּ֖ט וְלֹ֥א תַכְלִימֽוּהָ: וְגַ֛ם שֹׁל־תָּשֹׁ֥לּוּ לָ֖הּ מִן־הַצְּבָתִ֑ים

17 וַעֲזַבְתֶּ֥ם וְלִקְּטָ֖ה וְלֹ֥א תִגְעֲרוּ־בָֽהּ: וַתְּלַקֵּ֥ט בַּשָּׂדֶ֖ה עַד־הָעָ֑רֶב וַתַּחְבֹּט֙

18 אֵ֣ת אֲשֶׁר־לִקֵּ֔טָה וַיְהִ֖י כְּאֵיפָ֥ה שְׂעֹרִֽים: וַתִּשָּׂא֙ וַתָּב֣וֹא הָעִ֔יר וַתֵּ֥רֶא חֲמוֹתָ֖הּ אֵ֣ת אֲשֶׁר־לִקֵּ֑טָה וַתּוֹצֵא֙ וַתִּתֶּן־לָ֔הּ אֵ֥ת אֲשֶׁר־הוֹתִ֖רָה

19 מִשָּׂבְעָֽהּ: וַתֹּאמֶר֩ לָ֨הּ חֲמוֹתָ֜הּ אֵיפֹ֨ה לִקַּ֤טְתְּ הַיּוֹם֙ וְאָ֣נָה עָשִׂ֔ית יְהִ֥י מַכִּירֵ֖ךְ בָּר֑וּךְ וַתַּגֵּ֣ד לַחֲמוֹתָ֗הּ אֵ֤ת אֲשֶׁר־עָֽשְׂתָה֙ עִמּ֔וֹ וַתֹּ֗אמֶר שֵׁ֤ם

20 הָאִישׁ֙ אֲשֶׁ֨ר עָשִׂ֧יתִי עִמּ֛וֹ הַיּ֖וֹם בֹּֽעַז: וַתֹּ֨אמֶר נָעֳמִ֜י לְכַלָּתָ֗הּ בָּר֥וּךְ הוּא֙ לַֽיהוָ֔ה אֲשֶׁר֙ לֹא־עָזַ֣ב חַסְדּ֔וֹ אֶת־הַחַיִּ֖ים וְאֶת־הַמֵּתִ֑ים וַתֹּ֧אמֶר

21 לָ֣הּ נָעֳמִ֗י קָר֥וֹב לָ֙נוּ֙ הָאִ֔ישׁ מִֽגֹּאֲלֵ֖נוּ הֽוּא: וַתֹּ֖אמֶר ר֣וּת הַמּֽוֹאֲבִיָּ֑ה גַּ֣ם ׀ כִּי־אָמַ֣ר אֵלַ֗י עִם־הַנְּעָרִ֤ים אֲשֶׁר־לִי֙ תִּדְבָּקִ֔ין עַ֣ד אִם־כִּלּ֔וּ אֵ֥ת

22 כָּל־הַקָּצִ֖יר אֲשֶׁר־לִֽי: וַתֹּ֥אמֶר נָעֳמִ֖י אֶל־ר֣וּת כַּלָּתָ֑הּ ט֣וֹב בִּתִּ֗י כִּ֤י

23 תֵֽצְאִי֙ עִם־נַ֣עֲרוֹתָ֔יו וְלֹ֥א יִפְגְּעוּ־בָ֖ךְ בְּשָׂדֶ֥ה אַחֵֽר: וַתִּדְבַּ֞ק בְּנַעֲר֥וֹת בֹּ֙עַז֙ לְלַקֵּ֔ט עַד־כְּל֥וֹת קְצִֽיר־הַשְּׂעֹרִ֖ים וּקְצִ֣יר הַֽחִטִּ֑ים וַתֵּ֖שֶׁב אֶת־

3 1 חֲמוֹתָֽהּ: וַתֹּ֥אמֶר לָ֖הּ נָעֳמִ֣י חֲמוֹתָ֑הּ בִּתִּ֞י הֲלֹ֧א אֲבַקֶּשׁ־לָ֛ךְ מָנ֖וֹחַ אֲשֶׁ֥ר

2 יִֽיטַב־לָֽךְ: וְעַתָּ֗ה הֲלֹ֥א בֹ֙עַז֙ מֹֽדַעְתָּ֔נוּ אֲשֶׁ֥ר הָיִ֖ית אֶת־נַעֲרוֹתָ֑יו הִנֵּה־

3 ה֣וּא זֹרֶ֛ה אֶת־גֹּ֥רֶן הַשְּׂעֹרִ֖ים הַלָּֽיְלָה: וְרָחַ֣צְתְּ ׀ וָסַ֗כְתְּ וְשַׂמְתְּ שִׂמְלֹתֵ֤ךְ ❧ שִׂמְלֹתַ֤יִךְ עָלַ֙יִךְ֙ וְיָרַ֣דְתְּ הַגֹּ֔רֶן אַל־תִּוָּדְעִ֣י לָאִ֔ישׁ עַ֥ד כַּלֹּת֖וֹ לֶאֱכֹ֥ל וְלִשְׁתּֽוֹת: ❧ וְיָרַ֣דְתְּ

4 וִיהִ֣י בְשָׁכְב֗וֹ וְיָדַ֙עַתְּ֙ אֶת־הַמָּקוֹם֙ אֲשֶׁ֣ר יִשְׁכַּב־שָׁ֔ם וּבָ֖את וְגִלִּ֥ית

5 מַרְגְּלֹתָ֖יו ושכבתי וְה֣וּא יַגִּ֣יד לָ֔ךְ אֵ֖ת אֲשֶׁ֥ר תַּעֲשִֽׂין: וַתֹּ֖אמֶר אֵלֶ֑יהָ ❧ וְשָׁכָֽבְתְּ

6 כֹּ֛ל אֲשֶׁר־תֹּאמְרִ֥י ⸺ אֶֽעֱשֶֽׂה: וַתֵּ֖רֶד הַגֹּ֑רֶן וַתַּ֕עַשׂ כְּכֹ֥ל אֲשֶׁר־צִוַּ֖תָּה ❧ אֵלַ֖י

7 חֲמוֹתָֽהּ: וַיֹּ֨אכַל בֹּ֤עַז וַיֵּשְׁתְּ֙ וַיִּיטַ֣ב לִבּ֔וֹ וַיָּבֹ֕א לִשְׁכַּ֖ב בִּקְצֵ֣ה הָעֲרֵמָ֑ה

8 וַתָּבֹ֣א בַלָּ֔ט וַתְּגַ֥ל מַרְגְּלֹתָ֖יו וַתִּשְׁכָּֽב: וַיְהִי֙ בַּחֲצִ֣י הַלַּ֔יְלָה וַיֶּחֱרַ֥ד

9A 9 הָאִ֖ישׁ וַיִּלָּפֵ֑ת וְהִנֵּ֣ה אִשָּׁ֔ה שֹׁכֶ֖בֶת מַרְגְּלֹתָֽיו: וַיֹּ֖אמֶר מִי־אָ֑תְּ וַתֹּ֗אמֶר

10 אָנֹכִי֙ ר֣וּת אֲמָתֶ֔ךָ וּפָרַשְׂתָּ֤ כְנָפֶ֙ךָ֙ עַל־אֲמָ֣תְךָ֔ כִּ֥י גֹאֵ֖ל אָֽתָּה: וַיֹּ֗אמֶר בְּרוּכָ֨ה אַ֤תְּ לַֽיהוָה֙ בִּתִּ֔י הֵיטַ֛בְתְּ חַסְדֵּ֥ךְ הָאַחֲר֖וֹן מִן־הָרִאשׁ֑וֹן לְבִלְתִּי־

followedst not young men, whether poor or rich.

11 And now, my daughter, fear not; I will do to thee all that thou requirest: for all the city of my people doth know that thou *art* a virtuous woman.

12 And now it is true that I *am thy* near kinsman: howbeit there is a kinsman nearer than I.

13 Tarry this night, and it shall be in the morning, *that* if he will perform unto thee the part of a kinsman, well; let him do the kinsman's part: but if he will not do the part of a kinsman to thee, then will I do the part of a kinsman to thee, *as* the LORD liveth: lie down until the morning.

14 ¶ And she lay at his feet until the morning: and she rose up before one could know another. And he said, Let it not be known that a woman came into the floor.

15 Also he said, Bring the vail that *thou hast* upon thee, and hold it. And when she held it, he measured six *measures* of barley, and laid *it* on her: and she went into the city.

16 And when she came to her mother in law, she said, Who *art* thou, my daughter? And she told her all that the man had done to her.

17 And she said, These six *measures* of barley gave he me; for he said to me, Go not empty unto thy mother in law.

18 Then said she, Sit still, my daughter, until thou know how the matter will fall: for the man will not be in rest, until he have finished the thing this day.

CHAPTER 4

1 Then went Boaz up to the gate, and sat him down there: and, behold, the kinsman of whom Boaz spake came by; unto whom he said, Ho, such a one! turn aside, sit down here. And he turned aside, and sat down.

2 And he took ten men of the elders of the city, and said, Sit ye down here. And they sat down.

3 And he said unto the kinsman, Naomi, that is come again out of the country of Moab, selleth a parcel of land, which *was* our brother Elimelech's:

4 And I thought to advertise thee, saying, Buy *it* before the inhabitants, and before the elders of my people. If thou wilt redeem *it*, redeem *it:* but if thou wilt not redeem *it, then* tell me, that I may know: for *there is* none to redeem *it* beside thee; and I *am* after thee. And he said, I will redeem *it.*

5 Then said Boaz, What day thou buyest the field of the hand of Naomi, thou must buy *it* also of Ruth the Moabitess, the wife of the dead, to raise up the name of the dead upon his inheritance.

6 ¶ And the kinsman said, I cannot redeem *it* for myself, lest I mar mine own inheritance: redeem thou my right to thyself; for I cannot redeem *it.*

7 Now this *was the manner* in former time in Israel concerning redeeming and concerning changing, for to confirm all things; a man plucked off his shoe, and gave *it* to his neighbour: and this *was* a testimony in Israel.

8 Therefore the kinsman said unto Boaz, Buy *it* for thee. So he drew off his shoe.

9 ¶ And Boaz said unto the elders, and *unto* all the people, Ye *are* witnesses this day, that I have bought all that *was* Elimelech's, and all that *was* Chilion's and Mahlon's, of the hand of Naomi.

10 Moreover Ruth the Moabitess, the wife of Mahlon, have I purchased to be my wife, to raise up the name of the dead upon his inheritance, that the name of the dead be not cut off from among his brethren, and from the gate of his place: ye *are* witnesses this day.

11 And all the people that *were* in the gate, and the elders, said, We *are* witnesses. The LORD make the woman that is come into thine house like Rachel and like Leah, which two did build the house of Israel: and do thou worthily in Ephratah, and be famous in Beth-lehem:

12 And let thy house be like the house of Pharez, whom Tamar bare unto Judah, of the seed which the LORD shall give thee of this young woman.

13 ¶ So Boaz took Ruth, and she was his wife: and when he went in unto her, the

לֶכֶת אַחֲרֵי הַבַּחוּרִים אִם־דַּל וְאִם־עָשִׁיר: וְעַתָּה בִּתִּי אַל־תִּירְאִי 11
כֹּל אֲשֶׁר־תֹּאמְרִי אֶעֱשֶׂה־לָּךְ כִּי יוֹדֵעַ כָּל־שַׁעַר עַמִּי כִּי אֵשֶׁת חַיִל

אִם לֹא קרי

אָתְּ: וְעַתָּה כִּי אָמְנָם כִּי אִם גֹּאֵל אָנֹכִי וְגַם יֵשׁ גֹּאֵל קָרוֹב מִמֶּנִּי: 12
לִינִי ׀ הַלַּיְלָה וְהָיָה בַבֹּקֶר אִם־יִגְאָלֵךְ טוֹב יִגְאָל וְאִם־לֹא יַחְפֹּץ 13

מַרְגְּלוֹתָיו
בְּטֶרֶם

לְגָאֳלֵךְ וּגְאַלְתִּיךְ אָנֹכִי חַי־יְהוָה שִׁכְבִי עַד־הַבֹּקֶר: וַתִּשְׁכַּב מַרְגְּלוֹתָו 14
עַד־הַבֹּקֶר וַתָּקָם בטרום יַכִּיר אִישׁ אֶת־רֵעֵהוּ וַיֹּאמֶר אַל־יִוָּדַע כִּי־
בָאָה הָאִשָּׁה הַגֹּרֶן: וַיֹּאמֶר הָבִי הַמִּטְפַּחַת אֲשֶׁר־עָלַיִךְ וְאֶחֳזִי־בָהּ 15
וַתֹּאחֶז בָּהּ וַיָּמָד שֵׁשׁ־שְׂעֹרִים וַיָּשֶׁת עָלֶיהָ וַיָּבֹא הָעִיר: וַתָּבוֹא אֶל־ 16
חֲמוֹתָהּ וַתֹּאמֶר מִי־אַתְּ בִּתִּי וַתַּגֶּד־לָהּ אֵת כָּל־אֲשֶׁר עָשָׂה־לָהּ

אֵלַי

הָאִישׁ: וַתֹּאמֶר שֵׁשׁ־הַשְּׂעֹרִים הָאֵלֶּה נָתַן לִי כִּי אָמַר ___ אַל־ 17
תָּבוֹאִי רֵיקָם אֶל־חֲמוֹתֵךְ: וַתֹּאמֶר שְׁבִי בִתִּי עַד אֲשֶׁר תֵּדְעִין אֵיךְ 18
יִפֹּל דָּבָר כִּי לֹא יִשְׁקֹט הָאִישׁ כִּי־אִם־כִּלָּה הַדָּבָר הַיּוֹם: וּבֹעַז עָלָה 4 1
הַשַּׁעַר וַיֵּשֶׁב שָׁם וְהִנֵּה הַגֹּאֵל עֹבֵר אֲשֶׁר דִּבֶּר־בֹּעַז וַיֹּאמֶר סוּרָה
שְׁבָה־פֹּה פְּלֹנִי אַלְמֹנִי וַיָּסַר וַיֵּשֵׁב: וַיִּקַּח עֲשָׂרָה אֲנָשִׁים מִזִּקְנֵי הָעִיר 2
וַיֹּאמֶר שְׁבוּ־פֹה וַיֵּשֵׁבוּ: וַיֹּאמֶר לַגֹּאֵל חֶלְקַת הַשָּׂדֶה אֲשֶׁר לְאָחִינוּ 3
לֶאֱלִימֶלֶךְ מָכְרָה נָעֳמִי הַשָּׁבָה מִשְּׂדֵה מוֹאָב: וַאֲנִי אָמַרְתִּי אֶגְלֶה 4
אָזְנְךָ לֵאמֹר קְנֵה נֶגֶד הַיֹּשְׁבִים וְנֶגֶד זִקְנֵי עַמִּי אִם־תִּגְאַל גְּאָל וְאִם־
לֹא יִגְאַל הַגִּידָה לִּי ואדע כִּי אֵין זוּלָתְךָ לִגְאוֹל וְאָנֹכִי אַחֲרֶיךָ

וְאֵדְעָה

וַיֹּאמֶר אָנֹכִי אֶגְאָל: וַיֹּאמֶר בֹּעַז בְּיוֹם־קְנוֹתְךָ הַשָּׂדֶה מִיַּד נָעֳמִי 5
וּמֵאֵת רוּת הַמּוֹאֲבִיָּה אֵשֶׁת־הַמֵּת קניתי לְהָקִים שֵׁם־הַמֵּת עַל־

קָנִיתָה
לִגְאָל־

נַחֲלָתוֹ: וַיֹּאמֶר הַגֹּאֵל לֹא אוּכַל לִגְאָול־לִי פֶּן־אַשְׁחִית אֶת־נַחֲלָתִי 6
גְּאַל־לְךָ אַתָּה אֶת־גְּאֻלָּתִי כִּי לֹא־אוּכַל לִגְאֹל: וְזֹאת לְפָנִים 7
בְּיִשְׂרָאֵל עַל־הַגְּאוּלָּה וְעַל־הַתְּמוּרָה לְקַיֵּם כָּל־דָּבָר שָׁלַף אִישׁ נַעֲלוֹ
וְנָתַן לְרֵעֵהוּ וְזֹאת הַתְּעוּדָה בְּיִשְׂרָאֵל: וַיֹּאמֶר הַגֹּאֵל לְבֹעַז קְנֵה־לָךְ 8
וַיִּשְׁלֹף נַעֲלוֹ: וַיֹּאמֶר בֹּעַז לַזְּקֵנִים וְכָל־הָעָם עֵדִים אַתֶּם הַיּוֹם כִּי 9
קָנִיתִי אֶת־כָּל־אֲשֶׁר לֶאֱלִימֶלֶךְ וְאֵת כָּל־אֲשֶׁר לְכִלְיוֹן וּמַחְלוֹן מִיַּד
נָעֳמִי: וְגַם אֶת־רוּת הַמֹּאֲבִיָּה אֵשֶׁת מַחְלוֹן קָנִיתִי לִי לְאִשָּׁה לְהָקִים 10
שֵׁם־הַמֵּת עַל־נַחֲלָתוֹ וְלֹא־יִכָּרֵת שֵׁם־הַמֵּת מֵעִם אֶחָיו וּמִשַּׁעַר
מְקוֹמוֹ עֵדִים אַתֶּם הַיּוֹם: וַיֹּאמְרוּ כָּל־הָעָם אֲשֶׁר־בַּשַּׁעַר וְהַזְּקֵנִים 11
עֵדִים יִתֵּן יְהוָה אֶת־הָאִשָּׁה הַבָּאָה אֶל־בֵּיתֶךָ כְּרָחֵל ׀ וּכְלֵאָה אֲשֶׁר
בָּנוּ שְׁתֵּיהֶם אֶת־בֵּית יִשְׂרָאֵל וַעֲשֵׂה־חַיִל בְּאֶפְרָתָה וּקְרָא־שֵׁם בְּבֵית
לָחֶם: וִיהִי בֵיתְךָ כְּבֵית פֶּרֶץ אֲשֶׁר־יָלְדָה תָמָר לִיהוּדָה מִן־הַזֶּרַע 12
אֲשֶׁר יִתֵּן יְהוָה לְךָ מִן־הַנַּעֲרָה הַזֹּאת: וַיִּקַּח בֹּעַז אֶת־רוּת וַתְּהִי־לוֹ 13

LORD gave her conception, and she bare a son.

14 And the women said unto Naomi, Blessed *be* the LORD, which hath not left thee this day without a kinsman, that his name may be famous in Israel.

15 And he shall be unto thee a restorer of *thy* life, and a nourisher of thine old age: for thy daughter in law, which loveth thee, which is better to thee than seven sons, hath born him.

16 And Naomi took the child, and laid it in her bosom, and became nurse unto it.

17 And the women her neighbours gave it a name, saying, There is a son born to Naomi; and they called his name Obed: he *is* the father of Jesse, the father of David.

18 ¶ Now these *are* the generations of Pharez: Pharez begat Hezron,

19 And Hezron begat Ram, and Ram begat Amminadab,

20 And Amminadab begat Nahshon, and Nahshon begat Salmon,

21 And Salmon begat Boaz, and Boaz begat Obed,

22 And Obed begat Jesse, and Jesse begat David.

THE FIRST BOOK OF

SAMUEL,

OTHERWISE CALLED THE FIRST BOOK OF THE KINGS

CHAPTER 1

1 Now there was a certain man of Ramathaim-zophim, of mount Ephraim, and his name *was* Elkanah, the son of Jeroham, the son of Elihu, the son of Tohu, the son of Zuph, an Ephrathite:

2 And he had two wives; the name of the one *was* Hannah, and the name of the other Peninnah: and Peninnah had children, but Hannah had no children.

3 And this man went up out of his city yearly to worship and to sacrifice unto the LORD of hosts in Shiloh. And the two sons of Eli, Hophni and Phinehas, the priests of the LORD, *were* there.

4 ¶ And when the time was that Elkanah offered, he gave to Peninnah his wife, and to all her sons and her daughters, portions:

5 But unto Hannah he gave a worthy portion; for he loved Hannah: but the LORD had shut up her womb.

6 And her adversary also provoked her sore, for to make her fret, because the LORD had shut up her womb.

7 And *as* he did so year by year, when she went up to the house of the LORD, so she provoked her; therefore she wept, and did not eat.

8 Then said Elkanah her husband to her, Hannah, why weepest thou? and why eatest thou not? and why is thy heart grieved? *am* not I better to thee than ten sons?

9 ¶ So Hannah rose up after they had eaten in Shiloh, and after they had drunk. Now Eli the priest sat upon a seat by a post of the temple of the LORD.

10 And she *was* in bitterness of soul, and prayed unto the LORD, and wept sore.

11 And she vowed a vow, and said, O LORD of hosts, if thou wilt indeed look on the affliction of thine handmaid, and remember me, and not forget thine handmaid, but wilt give unto thine handmaid a man child, then I will give him unto the LORD all the days of his life, and there shall no razor come upon his head.

12 And it came to pass, as she continued praying before the LORD, that Eli marked her mouth.

13 Now Hannah, she spake in her heart; only her lips moved, but her voice was not heard: therefore Eli thought she had been drunken.

14 לְאִשָּׁה וַיָּבֹא אֵלֶיהָ וַיִּתֵּן יְהוָה לָהּ הֵרָיוֹן וַתֵּלֶד בֵּן: וַתֹּאמַרְנָה
הַנָּשִׁים אֶל־נָעֳמִי בָּרוּךְ יְהוָה אֲשֶׁר לֹא הִשְׁבִּית לָךְ גֹּאֵל הַיּוֹם וְיִקָּרֵא
15 שְׁמוֹ בְּיִשְׂרָאֵל: וְהָיָה לָךְ לְמֵשִׁיב נֶפֶשׁ וּלְכַלְכֵּל אֶת־שֵׂיבָתֵךְ כִּי
כַלָּתֵךְ אֲשֶׁר־אֲהֵבַתֶךְ יְלָדַתּוּ אֲשֶׁר־הִיא טוֹבָה לָךְ מִשִּׁבְעָה בָּנִים:
16 וַתִּקַּח נָעֳמִי אֶת־הַיֶּלֶד וַתְּשִׁתֵהוּ בְחֵיקָהּ וַתְּהִי־לוֹ לְאֹמֶנֶת: וַתִּקְרֶאנָה
17 לוֹ הַשְּׁכֵנוֹת שֵׁם לֵאמֹר יֻלַּד־בֵּן לְנָעֳמִי וַתִּקְרֶאנָה שְׁמוֹ עוֹבֵד הוּא
אֲבִי־יִשַׁי אֲבִי דָוִד:

18 וְאֵלֶּה תּוֹלְדוֹת פָּרֶץ פֶּרֶץ הוֹלִיד אֶת־חֶצְרוֹן: וְחֶצְרוֹן הוֹלִיד אֶת־רָם
19
20 וְרָם הוֹלִיד אֶת־עַמִּינָדָב: וְעַמִּינָדָב הוֹלִיד אֶת־נַחְשׁוֹן וְנַחְשׁוֹן הוֹלִיד
21 אֶת־שַׂלְמָה: וְשַׂלְמוֹן הוֹלִיד אֶת־בֹּעַז וּבֹעַז הוֹלִיד אֶת־עוֹבֵד: וְעֹבֵד
22
הוֹלִיד אֶת־יִשַׁי וְיִשַׁי הוֹלִיד אֶת־דָּוִד:

סֵפֶר שְׁמוּאֵל

1 וַיְהִי אִישׁ אֶחָד מִן־הָרָמָתַיִם צוֹפִים מֵהַר אֶפְרָיִם וּשְׁמוֹ אֶלְקָנָה
2 בֶּן־יְרֹחָם בֶּן־אֱלִיהוּא בֶּן־תֹּחוּ בֶן־צוּף אֶפְרָתִי: וְלוֹ שְׁתֵּי נָשִׁים שֵׁם
אַחַת חַנָּה וְשֵׁם הַשֵּׁנִית פְּנִנָּה וַיְהִי לִפְנִנָּה יְלָדִים וּלְחַנָּה אֵין
3 יְלָדִים: וְעָלָה הָאִישׁ הַהוּא מֵעִירוֹ מִיָּמִים ׀ יָמִימָה לְהִשְׁתַּחֲוֹת וְלִזְבֹּחַ
לַיהוָה צְבָאוֹת בְּשִׁלֹה וְשָׁם שְׁנֵי בְנֵי־עֵלִי חָפְנִי וּפִנְחָס כֹּהֲנִים
4 לַיהוָה: וַיְהִי הַיּוֹם וַיִּזְבַּח אֶלְקָנָה וְנָתַן לִפְנִנָּה אִשְׁתּוֹ וּלְכָל־
5 בָּנֶיהָ וּבְנוֹתֶיהָ מָנוֹת: וּלְחַנָּה יִתֵּן מָנָה אַחַת אַפָּיִם כִּי אֶת־חַנָּה
6 אָהֵב וַיהוָה סָגַר רַחְמָהּ: וְכִעֲסַתָּה צָרָתָהּ גַּם־כַּעַס בַּעֲבוּר הַרְּעִמָהּ
7 כִּי־סָגַר יְהוָה בְּעַד רַחְמָהּ: וְכֵן יַעֲשֶׂה שָׁנָה בְשָׁנָה מִדֵּי עֲלֹתָהּ
8 בְּבֵית יְהוָה כֵּן תַּכְעִסֶנָּה וַתִּבְכֶּה וְלֹא תֹאכַל: וַיֹּאמֶר לָהּ אֶלְקָנָה
אִישָׁהּ חַנָּה לָמֶה תִבְכִּי וְלָמֶה לֹא תֹאכְלִי וְלָמֶה יֵרַע לְבָבֵךְ הֲלוֹא
9 אָנֹכִי טוֹב לָךְ מֵעֲשָׂרָה בָּנִים: וַתָּקָם חַנָּה אַחֲרֵי אָכְלָה בְשִׁלֹה
וְאַחֲרֵי שָׁתֹה וְעֵלִי הַכֹּהֵן יֹשֵׁב עַל־הַכִּסֵּא עַל־מְזוּזַת הֵיכַל יְהוָה:
10 וְהִיא מָרַת נָפֶשׁ וַתִּתְפַּלֵּל עַל־יְהוָה וּבָכֹה תִבְכֶּה: וַתִּדֹּר נֶדֶר
11
וַתֹּאמַר יְהוָה צְבָאוֹת אִם־רָאֹה תִרְאֶה ׀ בָּעֳנִי אֲמָתֶךָ וּזְכַרְתַּנִי
וְלֹא־תִשְׁכַּח אֶת־אֲמָתֶךָ וְנָתַתָּה לַאֲמָתְךָ זֶרַע אֲנָשִׁים וּנְתַתִּיו לַיהוָה
12 כָּל־יְמֵי חַיָּיו וּמוֹרָה לֹא־יַעֲלֶה עַל־רֹאשׁוֹ: וְהָיָה כִּי הִרְבְּתָה לְהִתְפַּלֵּל
13 לִפְנֵי יְהוָה וְעֵלִי שֹׁמֵר אֶת־פִּיהָ: וְחַנָּה הִיא מְדַבֶּרֶת עַל־לִבָּהּ רַק
14 שְׂפָתֶיהָ נָּעוֹת וְקוֹלָהּ לֹא יִשָּׁמֵעַ וַיַּחְשְׁבֶהָ עֵלִי לְשִׁכֹּרָה: וַיֹּאמֶר

14 And Eli said unto her, How long wilt thou be drunken? put away thy wine from thee.

15 And Hannah answered and said, No, my lord, I *am* a woman of a sorrowful spirit: I have drunk neither wine nor strong drink, but have poured out my soul before the Lord.

16 Count not thine handmaid for a daughter of Belial: for out of the abundance of my complaint and grief have I spoken hitherto.

17 Then Eli answered and said, Go in peace: and the God of Israel grant *thee* thy petition that thou hast asked of him.

18 And she said, Let thine handmaid find grace in thy sight. So the woman went her way, and did eat, and her countenance was no more *sad.*

19 ¶ And they rose up in the morning early, and worshipped before the Lord, and returned, and came to their house to Ramah: and Elkanah knew Hannah his wife; and the Lord remembered her.

20 Wherefore it came to pass, when the time was come about after Hannah had conceived, that she bare a son, and called his name Samuel, *saying,* Because I have asked him of the Lord.

21 And the man Elkanah, and all his house, went up to offer unto the Lord the yearly sacrifice, and his vow.

22 But Hannah went not up; for she said unto her husband, *I will not go up* until the child be weaned, and *then* I will bring him, that he may appear before the Lord, and there abide for ever.

23 And Elkanah her husband said unto her, Do what seemeth thee good; tarry until thou have weaned him; only the Lord establish his word. So the woman abode, and gave her son suck until she weaned him.

24 ¶ And when she had weaned him, she took him up with her, with three bullocks, and one ephah of flour, and a bottle of wine, and brought him unto the house of the Lord in Shiloh: and the child *was* young.

25 And they slew a bullock, and brought the child to Eli.

26 And she said, Oh my lord, *as* thy soul liveth, my lord, I *am* the woman that stood by thee here, praying unto the Lord.

27 For this child I prayed; and the Lord hath given me my petition which I asked of him:

28 Therefore also I have lent him to the Lord; as long as he liveth he shall be lent to the Lord. And he worshipped the Lord there.

CHAPTER 2

1 And Hannah prayed, and said, My heart rejoiceth in the Lord, mine horn is exalted in the Lord: my mouth is enlarged over mine enemies; because I rejoice in thy salvation.

2 *There is* none holy as the Lord: for *there is* none beside thee: neither *is there* any rock like our God.

3 Talk no more so exceeding proudly; let *not* arrogancy come out of your mouth: for the Lord *is* a God of knowledge, and by him actions are weighed.

4 The bows of the mighty men *are* broken, and they that stumbled are girded with strength.

5 *They that were* full have hired out themselves for bread; and *they that were* hungry ceased: so that the barren hath born seven; and she that hath many children is waxed feeble.

6 The Lord killeth, and maketh alive: he bringeth down to the grave, and bringeth up.

7 The Lord maketh poor, and maketh rich: he bringeth low, and lifteth up.

8 He raiseth up the poor out of the dust, *and* lifteth up the beggar from the dunghill, to set *them* among princes, and to make them inherit the throne of glory: for the pillars of the earth *are* the Lord's, and he hath set the world upon them.

9 He will keep the feet of his saints, and the wicked shall be silent in darkness; for by strength shall no man prevail.

10 The adversaries of the Lord shall be broken to pieces; out of heaven shall he thunder upon them: the Lord shall judge the ends of the earth; and he shall give

15 אֵלֶיהָ עֵלִי עַד־מָתַי תִּשְׁתַּכָּרִין הָסִירִי אֶת־יֵינֵךְ מֵעָלָיִךְ: וַתַּעַן חַנָּה
וַתֹּאמֶר לֹא אֲדֹנִי אִשָּׁה קְשַׁת־רוּחַ אָנֹכִי וְיַיִן וְשֵׁכָר לֹא שָׁתִיתִי
16 וָאֶשְׁפֹּךְ אֶת־נַפְשִׁי לִפְנֵי יְהוָה: אַל־תִּתֵּן אֶת־אֲמָתְךָ לִפְנֵי בַּת־בְּלִיָּעַל
17 כִּי־מֵרֹב שִׂיחִי וְכַעְסִי דִּבַּרְתִּי עַד־הֵנָּה: וַיַּעַן עֵלִי וַיֹּאמֶר לְכִי לְשָׁלוֹם
18 וֵאלֹהֵי יִשְׂרָאֵל יִתֵּן אֶת־שֵׁלָתֵךְ אֲשֶׁר שָׁאַלְתְּ מֵעִמּוֹ: וַתֹּאמֶר תִּמְצָא
שִׁפְחָתְךָ חֵן בְּעֵינֶיךָ וַתֵּלֶךְ הָאִשָּׁה לְדַרְכָּהּ וַתֹּאכַל וּפָנֶיהָ לֹא־הָיוּ־לָהּ
19 עוֹד: וַיַּשְׁכִּמוּ בַבֹּקֶר וַיִּשְׁתַּחֲווּ לִפְנֵי יְהוָה וַיָּשֻׁבוּ וַיָּבֹאוּ אֶל־בֵּיתָם
הָרָמָתָה וַיֵּדַע אֶלְקָנָה אֶת־חַנָּה אִשְׁתּוֹ וַיִּזְכְּרֶהָ יְהוָה: וַיְהִי לִתְקֻפוֹת
20 הַיָּמִים וַתַּהַר חַנָּה וַתֵּלֶד בֵּן וַתִּקְרָא אֶת־שְׁמוֹ שְׁמוּאֵל כִּי מֵיְהוָה
21 שְׁאִלְתִּיו: וַיַּעַל הָאִישׁ אֶלְקָנָה וְכָל־בֵּיתוֹ לִזְבֹּחַ לַיהוָה אֶת־זֶבַח
22 הַיָּמִים וְאֶת־נִדְרוֹ: וְחַנָּה לֹא עָלָתָה כִּי־אָמְרָה לְאִישָׁהּ עַד יִגָּמֵל
23 הַנַּעַר וַהֲבִאֹתִיו וְנִרְאָה אֶת־פְּנֵי יְהוָה וְיָשַׁב שָׁם עַד־עוֹלָם: וַיֹּאמֶר
לָהּ אֶלְקָנָה אִישָׁהּ עֲשִׂי הַטּוֹב בְּעֵינַיִךְ שְׁבִי עַד־גָּמְלֵךְ אֹתוֹ אַךְ
יָקֵם יְהוָה אֶת־דְּבָרוֹ וַתֵּשֶׁב הָאִשָּׁה וַתֵּינֶק אֶת־בְּנָהּ עַד־גָּמְלָהּ
24 אֹתוֹ: וַתַּעֲלֵהוּ עִמָּהּ כַּאֲשֶׁר גְּמָלַתּוּ בְּפָרִים שְׁלֹשָׁה וְאֵיפָה אַחַת
25 קֶמַח וְנֵבֶל יַיִן וַתְּבִאֵהוּ בֵית־יְהוָה שִׁלוֹ וְהַנַּעַר נָעַר: וַיִּשְׁחֲטוּ אֶת־
26 הַפָּר וַיָּבִיאוּ אֶת־הַנַּעַר אֶל־עֵלִי: וַתֹּאמֶר בִּי אֲדֹנִי חֵי נַפְשְׁךָ אֲדֹנִי
27 אֲנִי הָאִשָּׁה הַנִּצֶּבֶת עִמְּכָה בָּזֶה לְהִתְפַּלֵּל אֶל־יְהוָה: אֶל־הַנַּעַר
הַזֶּה הִתְפַּלָּלְתִּי וַיִּתֵּן יְהוָה לִי אֶת־שְׁאֵלָתִי אֲשֶׁר שָׁאַלְתִּי מֵעִמּוֹ:
28 וְגַם אָנֹכִי הִשְׁאִלְתִּהוּ לַיהוָה כָּל־הַיָּמִים אֲשֶׁר הָיָה הוּא שָׁאוּל
לַיהוָה וַיִּשְׁתַּחוּ שָׁם לַיהוָה:

1 וַתִּתְפַּלֵּל חַנָּה וַתֹּאמַר עָלַץ לִבִּי בַּיהוָה רָמָה קַרְנִי בַּיהוָה רָחַב 2
2 פִּי עַל־אוֹיְבַי כִּי שָׂמַחְתִּי בִּישׁוּעָתֶךָ: אֵין־קָדוֹשׁ כַּיהוָה כִּי אֵין
3 בִּלְתֶּךָ וְאֵין צוּר כֵּאלֹהֵינוּ: אַל־תַּרְבּוּ תְדַבְּרוּ גְּבֹהָה גְבֹהָה יֵצֵא
4 עָתָק מִפִּיכֶם כִּי אֵל דֵּעוֹת יְהוָה וְלוֹ [וְלֹא] נִתְכְּנוּ עֲלִלוֹת: קֶשֶׁת גִּבֹּרִים
5 חַתִּים וְנִכְשָׁלִים אָזְרוּ חָיִל: שְׂבֵעִים בַּלֶּחֶם נִשְׂכָּרוּ וּרְעֵבִים חָדֵלּוּ
6 עַד־עֲקָרָה יָלְדָה שִׁבְעָה וְרַבַּת בָּנִים אֻמְלָלָה: יְהוָה מֵמִית וּמְחַיֶּה
7 מוֹרִיד שְׁאוֹל וַיָּעַל: יְהוָה מוֹרִישׁ וּמַעֲשִׁיר מַשְׁפִּיל אַף־מְרוֹמֵם:
8 מֵקִים מֵעָפָר דָּל מֵאַשְׁפֹּת יָרִים אֶבְיוֹן לְהוֹשִׁיב עִם־נְדִיבִים וְכִסֵּא
9 כָבוֹד יַנְחִלֵם כִּי לַיהוָה מְצֻקֵי אֶרֶץ וַיָּשֶׁת עֲלֵיהֶם תֵּבֵל: רַגְלֵי
10 חֲסִידָו [חֲסִידָיו] יִשְׁמֹר וּרְשָׁעִים בַּחֹשֶׁךְ יִדָּמּוּ כִּי־לֹא בְכֹחַ יִגְבַּר־אִישׁ: יְהוָה
יֵחַתּוּ מְרִיבָו [מְרִיבָיו] עָלָו [עָלָיו] בַּשָּׁמַיִם יַרְעֵם יְהוָה יָדִין אַפְסֵי־אָרֶץ וְיִתֶּן־עֹז
לְמַלְכּוֹ וְיָרֵם קֶרֶן מְשִׁיחוֹ:

strength unto his king, and exalt the horn of his anointed.

11 And Elkanah went to Ramah to his house. And the child did minister unto the Lord before Eli the priest.

12 ¶ Now the sons of Eli *were* sons of Belial; they knew not the Lord.

13 And the priests' custom with the people *was, that,* when any man offered sacrifice, the priest's servant came, while the flesh was in seething, with a fleshhook of three teeth in his hand;

14 And he struck *it* into the pan, or kettle, or caldron, or pot; all that the fleshhook brought up the priest took for himself. So they did in Shiloh unto all the Israelites that came thither.

15 Also before they burnt the fat, the priest's servant came, and said to the man that sacrificed, Give flesh to roast for the priest; for he will not have sodden flesh of thee, but raw.

16 And *if* any man said unto him, Let them not fail to burn the fat presently, and *then* take *as much* as thy soul desireth; then he would answer him, *Nay;* but thou shalt give *it me* now: and if not, I will take *it* by force.

17 Wherefore the sin of the young men was very great before the Lord: for men abhorred the offering of the Lord.

18 ¶ But Samuel ministered before the Lord, *being* a child, girded with a linen ephod.

19 Moreover his mother made him a little coat, and brought *it* to him from year to year, when she came up with her husband to offer the yearly sacrifice.

20 ¶ And Eli blessed Elkanah and his wife, and said, The Lord give thee seed of this woman for the loan which is lent to the Lord. And they went unto their own home.

21 And the Lord visited Hannah, so that she conceived, and bare three sons and two daughters. And the child Samuel grew before the Lord.

22 ¶ Now Eli was very old, and heard all that his sons did unto all Israel; and how they lay with the women that assembled *at* the door of the tabernacle of the congregation.

23 And he said unto them, Why do ye such things? for I hear of your evil dealings by all this people.

24 Nay, my sons; for *it is* no good report that I hear: ye make the Lord's people to transgress.

25 If one man sin against another, the judge shall judge him: but if a man sin against the Lord, who shall intreat for him? Notwithstanding they hearkened not unto the voice of their father, because the Lord would slay them.

26 And the child Samuel grew on, and was in favour both with the Lord, and also with men.

27 ¶ And there came a man of God unto Eli, and said unto him, Thus saith the Lord, Did I plainly appear unto the house of thy father, when they were in Egypt in Pharaoh's house?

28 And did I choose him out of all the tribes of Israel *to be* my priest, to offer upon mine altar, to burn incense, to wear an ephod before me? and did I give unto the house of thy father all the offerings made by fire of the children of Israel?

29 Wherefore kick ye at my sacrifice and at mine offering, which I have commanded *in my* habitation; and honourest thy sons above me, to make yourselves fat with the chiefest of all the offerings of Israel my people?

30 Wherefore the Lord God of Israel saith, I said indeed *that* thy house, and the house of thy father, should walk before me for ever: but now the Lord saith, Be it far from me; for them that honour me I will honour, and they that despise me shall be lightly esteemed.

31 Behold, the days come, that I will cut off thine arm, and the arm of thy father's house, that there shall not be an old man in thine house.

32 And thou shalt see an enemy *in my* habitation, in all *the wealth* which *God*

וַיֵּ֧לֶךְ אֶלְקָנָ֛ה הָרָמָ֖תָה עַל־בֵּית֑וֹ וְהַנַּ֗עַר הָיָ֤ה מְשָׁרֵת֙ אֶת־יְהוָ֔ה 11

אֶת־פְּנֵ֖י עֵלִ֣י הַכֹּהֵֽן׃ וּבְנֵ֥י עֵלִ֖י בְּנֵ֣י בְלִיָּ֑עַל לֹ֥א יָדְע֖וּ אֶת־יְהוָֽה׃ 12

וּמִשְׁפַּ֣ט הַכֹּֽהֲנִים֮ אֶת־הָעָם֒ כָּל־אִ֨ישׁ זֹבֵ֜חַ זֶ֗בַח וּבָ֨א נַ֤עַר הַכֹּהֵן֙ 13

כְּבַשֵּׁ֣ל הַבָּשָׂ֔ר וְהַמַּזְלֵ֛ג שְׁלֹ֥שׁ הַשִּׁנַּ֖יִם בְּיָדֽוֹ׃ וְהִכָּ֨ה בַכִּיּ֜וֹר א֣וֹ בַדּ֗וּד 14

א֤וֹ בַקַּלַּ֙חַת֙ א֣וֹ בַפָּר֔וּר כֹּ֚ל אֲשֶׁ֣ר יַעֲלֶ֣ה הַמַּזְלֵ֔ג יִקַּ֥ח הַכֹּהֵ֖ן בּ֑וֹ כָּ֚כָה

יַעֲשׂ֣וּ לְכָל־יִשְׂרָאֵ֔ל הַבָּאִ֥ים שָׁ֖ם בְּשִׁלֹֽה׃ גַּם֮ בְּטֶרֶם֮ יַקְטִר֣וּן אֶת־ 15

הַחֵלֶב֒ וּבָ֣א ׀ נַ֣עַר הַכֹּהֵ֗ן וְאָמַר֙ לָאִ֣ישׁ הַזֹּבֵ֔חַ תְּנָ֥ה בָשָׂ֛ר לִצְל֖וֹת

לַכֹּהֵ֑ן וְלֹֽא־יִקַּ֧ח מִמְּךָ֛ בָּשָׂ֥ר מְבֻשָּׁ֖ל כִּ֣י אִם־חָֽי׃ וַיֹּ֨אמֶר אֵלָ֜יו הָאִ֗ישׁ 16

קַטֵּ֨ר יַקְטִיר֤וּן כַּיּוֹם֙ הַחֵ֔לֶב וְקַ֨ח־לְךָ֔ כַּאֲשֶׁ֖ר תְּאַוֶּ֣ה נַפְשֶׁ֑ךָ וְאָמַ֣ר ׀

לוֹ֒ כִּ֣י עַתָּ֣ה תִתֵּ֔ן וְאִם־לֹ֖א לָקַ֣חְתִּי בְחָזְקָֽה׃ וַתְּהִ֨י חַטַּ֧את הַנְּעָרִ֛ים 17

גְּדוֹלָ֥ה מְאֹ֖ד אֶת־פְּנֵ֣י יְהוָ֑ה כִּ֤י נִֽאֲצוּ֙ הָֽאֲנָשִׁ֔ים אֵ֖ת מִנְחַ֥ת יְהוָֽה׃ לא

וּשְׁמוּאֵ֕ל מְשָׁרֵ֖ת אֶת־פְּנֵ֣י יְהוָ֑ה נַ֕עַר חָג֖וּר אֵפ֥וֹד בָּֽד׃ וּמְעִ֤יל קָטֹן֙ 18
19

תַּעֲשֶׂה־לּ֣וֹ אִמּ֔וֹ וְהַעַלְתָ֥ה ל֖וֹ מִיָּמִ֣ים ׀ יָמִ֑ימָה בַּֽעֲלוֹתָהּ֙ אֶת־אִישָׁ֔הּ

לִזְבֹּ֖חַ אֶת־זֶ֥בַח הַיָּמִֽים׃ וּבֵרַ֨ךְ עֵלִ֜י אֶת־אֶלְקָנָ֣ה וְאֶת־אִשְׁתּ֗וֹ וְאָמַר֙ 20

יָשֵׂם֩ יְהוָ֨ה לְךָ֥ זֶ֙רַע֙ מִן־הָֽאִשָּׁ֣ה הַזֹּ֔את תַּ֚חַת הַשְּׁאֵלָ֔ה אֲשֶׁ֥ר שָׁאַ֖ל

לַֽיהוָ֑ה וְהָלְכ֖וּ לִמְקֹמֽוֹ׃ כִּֽי־פָקַ֤ד יְהוָה֙ אֶת־חַנָּ֔ה וַתַּ֛הַר וַתֵּ֥לֶד שְׁלֹשָֽׁה־ 21

בָנִ֖ים וּשְׁתֵּ֣י בָנ֑וֹת וַיִּגְדַּ֛ל הַנַּ֥עַר שְׁמוּאֵ֖ל עִם־יְהוָֽה׃ וְעֵלִ֖י 22

זָקֵ֣ן מְאֹ֑ד וְשָׁמַ֗ע אֵת֩ כָּל־אֲשֶׁ֨ר יַעֲשׂ֤וּן בָּנָיו֙ לְכָל־יִשְׂרָאֵ֔ל וְאֵ֤ת

אֲשֶׁר־יִשְׁכְּבוּן֙ אֶת־הַנָּשִׁ֔ים הַצֹּ֣בְא֔וֹת פֶּ֖תַח אֹ֣הֶל מוֹעֵֽד׃ וַיֹּ֣אמֶר לָהֶ֗ם 23

לָ֤מָּה תַעֲשׂוּן֙ כַּדְּבָרִ֣ים הָאֵ֔לֶּה אֲשֶׁ֨ר אָֽנֹכִ֤י שֹׁמֵ֙עַ֙ אֶת־דִּבְרֵיכֶ֣ם רָעִ֔ים

מֵאֵ֖ת כָּל־הָעָ֥ם אֵֽלֶּה׃ אַ֖ל בָּנָ֑י כִּ֠י לֽוֹא־טוֹבָ֤ה הַשְּׁמֻעָה֙ אֲשֶׁ֣ר אָנֹכִ֣י 24

שֹׁמֵ֔עַ מַעֲבִרִ֖ים עַם־יְהוָֽה׃ אִם־יֶחֱטָ֨א אִ֤ישׁ לְאִישׁ֙ וּפִֽלְל֣וֹ אֱלֹהִ֔ים 25

וְאִ֤ם לַֽיהוָה֙ יֶחֱטָא־אִ֔ישׁ מִ֖י יִתְפַּלֶּל־ל֑וֹ וְלֹ֤א יִשְׁמְעוּ֙ לְק֣וֹל אֲבִיהֶ֔ם

כִּֽי־חָפֵ֥ץ יְהוָ֖ה לַהֲמִיתָֽם׃ וְהַנַּ֣עַר שְׁמוּאֵ֔ל הֹלֵ֥ךְ וְגָדֵ֖ל וָט֑וֹב גַּ֚ם עִם־ 26

יְהוָ֔ה וְגַ֖ם עִם־אֲנָשִֽׁים׃ וַיָּבֹ֥א אִישׁ־אֱלֹהִ֖ים אֶל־עֵלִ֑י וַיֹּ֣אמֶר 27

אֵלָ֗יו כֹּ֚ה אָמַ֣ר יְהוָ֔ה הֲנִגְלֹ֤ה נִגְלֵ֙יתִי֙ אֶל־בֵּ֣ית אָבִ֔יךָ בִּהְיוֹתָ֥ם

בְּמִצְרַ֖יִם לְבֵ֥ית פַּרְעֹֽה׃ וּבָחֹ֣ר אֹ֠תוֹ מִכָּל־שִׁבְטֵ֨י יִשְׂרָאֵ֥ל לִי֮ לְכֹהֵן֒ 28

לַעֲל֣וֹת עַל־מִזְבְּחִ֗י לְהַקְטִ֥יר קְטֹ֛רֶת לָשֵׂ֥את אֵפ֖וֹד לְפָנָ֑י וָֽאֶתְּנָה֙ לְבֵ֣ית

אָבִ֔יךָ אֶת־כָּל־אִשֵּׁ֖י בְּנֵ֥י יִשְׂרָאֵֽל׃ לָ֣מָּה תִבְעֲט֗וּ בְּזִבְחִי֙ וּבְמִנְחָתִ֔י 29

אֲשֶׁ֣ר צִוִּ֘יתִי֮ מָעוֹן֒ וַתְּכַבֵּ֤ד אֶת־בָּנֶ֙יךָ֙ מִמֶּ֔נִּי לְהַבְרִֽיאֲכֶ֗ם מֵרֵאשִׁ֛ית

כָּל־מִנְחַ֥ת יִשְׂרָאֵ֖ל לְעַמִּֽי׃ לָכֵ֗ן נְאֻם־יְהוָה֮ אֱלֹהֵ֣י יִשְׂרָאֵל֒ אָמ֣וֹר 30

אָמַ֔רְתִּי בֵּֽיתְךָ֙ וּבֵ֣ית אָבִ֔יךָ יִתְהַלְּכ֥וּ לְפָנַ֖י עַד־עוֹלָ֑ם וְעַתָּ֤ה נְאֻם־יְהוָה֙

חָלִ֣ילָה לִּ֔י כִּֽי־מְכַבְּדַ֥י אֲכַבֵּ֖ד וּבֹזַ֥י יֵקָֽלּוּ׃ הִנֵּה֙ יָמִ֣ים בָּאִ֔ים וְגָֽדַעְתִּי֙ 31

אֶת־זְרֹ֣עֲךָ֔ וְאֶת־זְרֹ֖עַ בֵּ֣ית אָבִ֑יךָ מִֽהְי֥וֹת זָקֵ֖ן בְּבֵיתֶֽךָ׃ וְהִבַּטְתָּ֙ צַ֣ר 32

מָע֔וֹן בְּכֹ֥ל אֲשֶׁר־יֵיטִ֖יב אֶת־יִשְׂרָאֵ֑ל וְלֹֽא־יִהְיֶ֥ה זָקֵ֛ן בְּבֵיתְךָ֖ כָּל־

shall give Israel: and there shall not be an old man in thine house for ever.

33 And the man of thine, *whom* I shall not cut off from mine altar, *shall be* to consume thine eyes, and to grieve thine heart: and all the increase of thine house shall die in the flower of their age.

34 And this *shall be* a sign unto thee, that shall come upon thy two sons, on Hophni and Phinehas; in one day they shall die both of them.

35 And I will raise me up a faithful priest, *that* shall do according to *that* which *is* in mine heart and in my mind: and I will build him a sure house; and he shall walk before mine anointed for ever.

36 And it shall come to pass, *that* every one that is left in thine house shall come *and* crouch to him for a piece of silver and a morsel of bread, and shall say, Put me, I pray thee, into one of the priests' offices, that I may eat a piece of bread.

CHAPTER 3

1 And the child Samuel ministered unto the LORD before Eli. And the word of the LORD was precious in those days; *there was* no open vision.

2 And it came to pass at that time, when Eli *was* laid down in his place, and his eyes began to wax dim, *that* he could not see;

3 And ere the lamp of God went out in the temple of the LORD, where the ark of God *was*, and Samuel was laid down *to sleep*;

4 That the LORD called Samuel: and he answered, Here *am* I.

5 And he ran unto Eli, and said, Here *am* I; for thou calledst me. And he said, I called not; lie down again. And he went and lay down.

6 And the LORD called yet again, Samuel. And Samuel arose and went to Eli, and said, Here *am* I; for thou didst call me. And he answered, I called not, my son; lie down again.

7 Now Samuel did not yet know the LORD, neither was the word of the LORD yet revealed unto him.

8 And the LORD called Samuel again the third time. And he arose and went to Eli, and said, Here *am* I; for thou didst call me. And Eli perceived that the LORD had called the child.

9 Therefore Eli said unto Samuel, Go, lie down: and it shall be, if he call thee, that thou shalt say, Speak, LORD; for thy servant heareth. So Samuel went and lay down in his place.

10 And the LORD came, and stood, and called as at other times, Samuel, Samuel. Then Samuel answered, Speak; for thy servant heareth.

11 ¶ And the LORD said to Samuel, Behold, I will do a thing in Israel, at which both the ears of every one that heareth it shall tingle.

12 In that day I will perform against Eli all *things* which I have spoken concerning his house: when I begin, I will also make an end.

13 For I have told him that I will judge his house for ever for the iniquity which he knoweth; because his sons made themselves vile, and he restrained them not.

14 And therefore I have sworn unto the house of Eli, that the iniquity of Eli's house shall not be purged with sacrifice nor offering for ever.

15 ¶ And Samuel lay until the morning, and opened the doors of the house of the LORD. And Samuel feared to shew Eli the vision.

16 Then Eli called Samuel, and said, Samuel, my son. And he answered, Here *am* I.

17 And he said, What *is* the thing that *the* LORD hath said unto thee? I pray thee hide *it* not from me: God do so to thee, and more also, if thou hide *any* thing from me of all the things that he said unto thee.

18 And Samuel told him every whit, and hid nothing from him. And he said, It *is* the LORD: let him do what seemeth him good.

19 ¶ And Samuel grew, and the LORD was with him, and did let none of his words fall to the ground.

20 And all Israel from Dan even to Beer-sheba knew that Samuel *was* established *to be* a prophet of the LORD.

הַיָּמִים: וְאִישׁ לֹא־אַכְרִית לְךָ מֵעִם מִזְבְּחִי לְכַלּוֹת אֶת־עֵינֶיךָ 33

וְלַאֲדִיב אֶת־נַפְשֶׁךָ וְכָל־מַרְבִּית בֵּיתְךָ יָמוּתוּ אֲנָשִׁים: וְזֶה־לְּךָ הָאוֹת 34

אֲשֶׁר יָבֹא אֶל־שְׁנֵי בָנֶיךָ אֶל־חָפְנִי וּפִינְחָס בְּיוֹם אֶחָד יָמוּתוּ

שְׁנֵיהֶם: וַהֲקִימֹתִי לִי כֹּהֵן נֶאֱמָן כַּאֲשֶׁר בִּלְבָבִי וּבְנַפְשִׁי יַעֲשֶׂה 35

וּבָנִיתִי לוֹ בַּיִת נֶאֱמָן וְהִתְהַלֵּךְ לִפְנֵי־מְשִׁיחִי כָּל־הַיָּמִים: וְהָיָה כָּל־ 36

הַנּוֹתָר בְּבֵיתְךָ יָבוֹא לְהִשְׁתַּחֲוֺת לוֹ לַאֲגוֹרַת כֶּסֶף וְכִכַּר־לָחֶם וְאָמַר

סְפָחֵנִי נָא אֶל־אַחַת הַכְּהֻנּוֹת לֶאֱכֹל פַּת־לָחֶם: וְהַנַּעַר 1 3

שְׁמוּאֵל מְשָׁרֵת אֶת־יְהוָה לִפְנֵי עֵלִי וּדְבַר־יְהוָה הָיָה יָקָר בַּיָּמִים

הָהֵם אֵין חָזוֹן נִפְרָץ: וַיְהִי בַּיּוֹם הַהוּא וְעֵלִי שֹׁכֵב בִּמְקוֹמוֹ 2

וְעֵינוֹ ‏וְעֵינָיו הֵחֵלּוּ כֵהוֹת לֹא יוּכַל לִרְאוֹת: וְנֵר אֱלֹהִים טֶרֶם יִכְבֶּה 3

וּשְׁמוּאֵל שֹׁכֵב בְּהֵיכַל יְהוָה אֲשֶׁר־שָׁם אֲרוֹן אֱלֹהִים:

וַיִּקְרָא יְהוָה אֶל־שְׁמוּאֵל וַיֹּאמֶר הִנֵּנִי: וַיָּרָץ אֶל־עֵלִי וַיֹּאמֶר הִנְנִי כִּי־ 4 5

קָרָאתָ לִּי וַיֹּאמֶר לֹא־קָרָאתִי שׁוּב שְׁכָב וַיֵּלֶךְ וַיִּשְׁכָּב: וַיֹּסֶף 6

יְהוָה קְרֹא עוֹד שְׁמוּאֵל וַיָּקָם שְׁמוּאֵל וַיֵּלֶךְ אֶל־עֵלִי וַיֹּאמֶר הִנְנִי

כִּי קָרָאתָ לִּי וַיֹּאמֶר לֹא־קָרָאתִי בְנִי שׁוּב שְׁכָב: וּשְׁמוּאֵל טֶרֶם 7

יָדַע אֶת־יְהוָה וְטֶרֶם יִגָּלֶה אֵלָיו דְּבַר־יְהוָה: וַיֹּסֶף יְהוָה 8

קְרֹא־שְׁמוּאֵל בַּשְּׁלִשִׁית וַיָּקָם וַיֵּלֶךְ אֶל־עֵלִי וַיֹּאמֶר הִנְנִי כִּי קָרָאתָ

לִי וַיָּבֶן עֵלִי כִּי יְהוָה קֹרֵא לַנָּעַר: וַיֹּאמֶר עֵלִי לִשְׁמוּאֵל לֵךְ שְׁכָב 9

וְהָיָה אִם־יִקְרָא אֵלֶיךָ וְאָמַרְתָּ דַּבֵּר יְהוָה כִּי שֹׁמֵעַ עַבְדֶּךָ וַיֵּלֶךְ

שְׁמוּאֵל וַיִּשְׁכַּב בִּמְקוֹמוֹ: וַיָּבֹא יְהוָה וַיִּתְיַצַּב וַיִּקְרָא כְּפַעַם־בְּפַעַם 10

שְׁמוּאֵל שְׁמוּאֵל וַיֹּאמֶר שְׁמוּאֵל דַּבֵּר כִּי שֹׁמֵעַ עַבְדֶּךָ:

וַיֹּאמֶר יְהוָה אֶל־שְׁמוּאֵל הִנֵּה אָנֹכִי עֹשֶׂה דָבָר בְּיִשְׂרָאֵל אֲשֶׁר 11

כָּל־שֹׁמְעוֹ תְּצִלֶּינָה שְׁתֵּי אָזְנָיו: בַּיּוֹם הַהוּא אָקִים אֶל־עֵלִי אֵת 12

כָּל־אֲשֶׁר דִּבַּרְתִּי אֶל־בֵּיתוֹ הָחֵל וְכַלֵּה: וְהִגַּדְתִּי לוֹ כִּי־שֹׁפֵט אֲנִי 13

אֶת־בֵּיתוֹ עַד־עוֹלָם בַּעֲוֺן אֲשֶׁר־יָדַע כִּי־מְקַלְלִים לָהֶם בָּנָיו וְלֹא

כִהָה בָּם: וְלָכֵן נִשְׁבַּעְתִּי לְבֵית עֵלִי אִם־יִתְכַּפֵּר עֲוֺן בֵּית־עֵלִי 14

בְּזֶבַח וּבְמִנְחָה עַד־עוֹלָם: וַיִּשְׁכַּב שְׁמוּאֵל עַד־הַבֹּקֶר וַיִּפְתַּח אֶת־ 15

דַּלְתוֹת בֵּית־יְהוָה וּשְׁמוּאֵל יָרֵא מֵהַגִּיד אֶת־הַמַּרְאָה אֶל־עֵלִי:

וַיִּקְרָא עֵלִי אֶת־שְׁמוּאֵל וַיֹּאמֶר שְׁמוּאֵל בְּנִי וַיֹּאמֶר הִנֵּנִי: וַיֹּאמֶר 16 17

מָה הַדָּבָר אֲשֶׁר דִּבֶּר אֵלֶיךָ אַל־נָא תְכַחֵד מִמֶּנִּי כֹּה יַעֲשֶׂה־לְּךָ

אֱלֹהִים וְכֹה יוֹסִיף אִם־תְּכַחֵד מִמֶּנִּי דָּבָר מִכָּל־הַדָּבָר אֲשֶׁר־דִּבֶּר

אֵלֶיךָ: וַיַּגֶּד־לוֹ שְׁמוּאֵל אֶת־כָּל־הַדְּבָרִים וְלֹא כִחֵד מִמֶּנּוּ וַיֹּאמַר 18

יְהוָה הוּא הַטּוֹב בְּעֵינָו יַעֲשֶׂה:

וַיִּגְדַּל שְׁמוּאֵל וַיהוָה הָיָה עִמּוֹ וְלֹא־הִפִּיל מִכָּל־דְּבָרָיו אָרְצָה: וַיֵּדַע 19 20

כָּל־יִשְׂרָאֵל מִדָּן וְעַד־בְּאֵר שָׁבַע כִּי נֶאֱמָן שְׁמוּאֵל לְנָבִיא לַיהוָה:

21 And the Lord appeared again in Shiloh: for the Lord revealed himself to Samuel in Shiloh by the word of the Lord.

CHAPTER 4

1 And the word of Samuel came to all Israel. Now Israel went out against the Philistines to battle, and pitched beside Eben-ezer: and the Philistines pitched in Aphek.

2 And the Philistines put themselves in array against Israel: and when they joined battle, Israel was smitten before the Philistines: and they slew of the army in the field about four thousand men.

3 ¶ And when the people were come into the camp, the elders of Israel said, Wherefore hath the Lord smitten us to day before the Philistines? Let us fetch the ark of the covenant of the Lord out of Shiloh unto us, that, when it cometh among us, it may save us out of the hand of our enemies.

4 So the people sent to Shiloh, that they might bring from thence the ark of the covenant of the Lord of hosts, which dwelleth *between* the cherubims: and the two sons of Eli, Hophni and Phinehas, *were* there with the ark of the covenant of God.

5 And when the ark of the covenant of the Lord came into the camp, all Israel shouted with a great shout, so that the earth rang again.

6 And when the Philistines heard the noise of the shout, they said, What *meaneth* the noise of this great shout in the camp of the Hebrews? And they understood that the ark of the Lord was come into the camp.

7 And the Philistines were afraid, for they said, God is come into the camp. And they said, Woe unto us! for there hath not been such a thing heretofore.

8 Woe unto us! who shall deliver us out of the hand of these mighty Gods? these *are* the Gods that smote the Egyptians with all the plagues in the wilderness.

9 Be strong, and quit yourselves like men, O ye Philistines, that ye be not servants unto the Hebrews, as they have been to you: quit yourselves like men, and fight.

10 ¶ And the Philistines fought, and Israel was smitten, and they fled every man into his tent: and there was a very great slaughter; for there fell of Israel thirty thousand footmen.

11 And the ark of God was taken; and the two sons of Eli, Hophni and Phinehas, were slain.

12 ¶ And there ran a man of Benjamin out of the army, and came to Shiloh the same day with his clothes rent, and with earth upon his head.

13 And when he came, lo, Eli sat upon a seat by the wayside watching: for his heart trembled for the ark of God. And when the man came into the city, and told *it,* all the city cried out.

14 And when Eli heard the noise of the crying, he said, What *meaneth* the noise of this tumult? And the man came in hastily, and told Eli.

15 Now Eli was ninety and eight years old; and his eyes were dim, that he could not see.

16 And the man said unto Eli, I *am* he that came out of the army, and I fled to day out of the army. And he said, What is there done, my son?

17 And the messenger answered and said, Israel is fled before the Philistines, and there hath been also a great slaughter among the people, and thy two sons also, Hophni and Phinehas, are dead, and the ark of God is taken.

18 And it came to pass, when he made mention of the ark of God, that he fell from off the seat backward by the side of the gate, and his neck brake, and he died: for he was an old man, and heavy. And he had judged Israel forty years.

19 ¶ And his daughter in law, Phinehas' wife, was with child, *near* to be delivered: and when she heard the tidings that the ark of God was taken, and that her father in law and her husband were dead, she bowed herself and travailed; for her pains came upon her.

21 וַיֹּסֶף יְהוָה לְהֵרָאָה בְשִׁלֹה כִּי־נִגְלָה יְהוָה אֶל־שְׁמוּאֵל בְּשִׁלוֹ בִּדְבַר
יְהוָה:

4 1 וַיְהִי דְבַר־שְׁמוּאֵל לְכָל־יִשְׂרָאֵל וַיֵּצֵא יִשְׂרָאֵל לִקְרַאת פְּלִשְׁתִּים
2 לַמִּלְחָמָה וַיַּחֲנוּ עַל־הָאֶבֶן הָעֵזֶר וּפְלִשְׁתִּים חָנוּ בַאֲפֵק: וַיַּעַרְכוּ
פְלִשְׁתִּים לִקְרַאת יִשְׂרָאֵל וַתִּטֹּשׁ הַמִּלְחָמָה וַיִּנָּגֶף יִשְׂרָאֵל לִפְנֵי
3 פְלִשְׁתִּים וַיַּכּוּ בַמַּעֲרָכָה בַּשָּׂדֶה כְּאַרְבַּעַת אֲלָפִים אִישׁ: וַיָּבֹא הָעָם
אֶל־הַמַּחֲנֶה וַיֹּאמְרוּ זִקְנֵי יִשְׂרָאֵל לָמָּה נְגָפָנוּ יְהוָה הַיּוֹם לִפְנֵי
פְלִשְׁתִּים נִקְחָה אֵלֵינוּ מִשִּׁלֹה אֶת־אֲרוֹן בְּרִית יְהוָה וְיָבֹא בְקִרְבֵּנוּ
4 וְיֹשִׁעֵנוּ מִכַּף אֹיְבֵינוּ: וַיִּשְׁלַח הָעָם שִׁלֹה וַיִּשְׂאוּ מִשָּׁם אֵת אֲרוֹן
בְּרִית־יְהוָה צְבָאוֹת יֹשֵׁב הַכְּרֻבִים וְשָׁם שְׁנֵי בְנֵי־עֵלִי עִם־אֲרוֹן
5 בְּרִית הָאֱלֹהִים חָפְנִי וּפִינְחָס: וַיְהִי כְּבוֹא אֲרוֹן בְּרִית־יְהוָה אֶל־
6 הַמַּחֲנֶה וַיָּרִעוּ כָל־יִשְׂרָאֵל תְּרוּעָה גְדוֹלָה וַתֵּהֹם הָאָרֶץ: וַיִּשְׁמְעוּ
פְלִשְׁתִּים אֶת־קוֹל הַתְּרוּעָה וַיֹּאמְרוּ מֶה קוֹל הַתְּרוּעָה הַגְּדוֹלָה
הַזֹּאת בְּמַחֲנֵה הָעִבְרִים וַיֵּדְעוּ כִּי אֲרוֹן יְהוָה בָּא אֶל־הַמַּחֲנֶה:
7 וַיִּרְאוּ הַפְּלִשְׁתִּים כִּי אָמְרוּ בָּא אֱלֹהִים אֶל־הַמַּחֲנֶה וַיֹּאמְרוּ אוֹי
8 לָנוּ כִּי לֹא הָיְתָה כָּזֹאת אֶתְמוֹל שִׁלְשֹׁם: אוֹי לָנוּ מִי יַצִּילֵנוּ מִיַּד
הָאֱלֹהִים הָאַדִּירִים הָאֵלֶּה אֵלֶּה הֵם הָאֱלֹהִים הַמַּכִּים אֶת־מִצְרַיִם
9 בְּכָל־מַכָּה בַּמִּדְבָּר: הִתְחַזְּקוּ וִהְיוּ לַאֲנָשִׁים פְּלִשְׁתִּים פֶּן תַּעַבְדוּ
10 לָעִבְרִים כַּאֲשֶׁר עָבְדוּ לָכֶם וִהְיִיתֶם לַאֲנָשִׁים וְנִלְחַמְתֶּם: וַיִּלָּחֲמוּ
פְלִשְׁתִּים וַיִּנָּגֶף יִשְׂרָאֵל וַיָּנֻסוּ אִישׁ לְאֹהָלָיו וַתְּהִי הַמַּכָּה גְדוֹלָה
11 מְאֹד וַיִּפֹּל מִיִּשְׂרָאֵל שְׁלֹשִׁים אֶלֶף רַגְלִי: וַאֲרוֹן אֱלֹהִים נִלְקָח וּשְׁנֵי
12 בְנֵי־עֵלִי מֵתוּ חָפְנִי וּפִינְחָס: וַיָּרָץ אִישׁ־בִּנְיָמִן מֵהַמַּעֲרָכָה וַיָּבֹא
13 שִׁלֹה בַּיּוֹם הַהוּא וּמַדָּיו קְרֻעִים וַאֲדָמָה עַל־רֹאשׁוֹ: וַיָּבוֹא וְהִנֵּה
עֵלִי יֹשֵׁב עַל־הַכִּסֵּא יָ֗ד דֶּרֶךְ מְצַפֶּה כִּי־הָיָה לִבּוֹ חָרֵד עַל אֲרוֹן   יָד
14 הָאֱלֹהִים וְהָאִישׁ בָּא לְהַגִּיד בָּעִיר וַתִּזְעַק כָּל־הָעִיר: וַיִּשְׁמַע עֵלִי
אֶת־קוֹל הַצְּעָקָה וַיֹּאמֶר מֶה קוֹל הֶהָמוֹן הַזֶּה וְהָאִישׁ מִהַר וַיָּבֹא
15 וַיַּגֵּד לְעֵלִי: וְעֵלִי בֶּן־תִּשְׁעִים וּשְׁמֹנֶה שָׁנָה וְעֵינָיו קָמָה וְלֹא יָכוֹל
16 לִרְאוֹת: וַיֹּאמֶר הָאִישׁ אֶל־עֵלִי אָנֹכִי הַבָּא מִן־הַמַּעֲרָכָה וַאֲנִי מִן־
17 הַמַּעֲרָכָה נַסְתִּי הַיּוֹם וַיֹּאמֶר מֶה־הָיָה הַדָּבָר בְּנִי: וַיַּעַן הַמְבַשֵּׂר
וַיֹּאמֶר נָס יִשְׂרָאֵל לִפְנֵי פְלִשְׁתִּים וְגַם מַגֵּפָה גְדוֹלָה הָיְתָה בָעָם
וְגַם־שְׁנֵי בָנֶיךָ מֵתוּ חָפְנִי וּפִינְחָס וַאֲרוֹן הָאֱלֹהִים נִלְקָחָה:
18 וַיְהִי כְּהַזְכִּירוֹ אֶת־אֲרוֹן הָאֱלֹהִים וַיִּפֹּל מֵעַל־הַכִּסֵּא אֲחֹרַנִּית בְּעַד
יַד הַשַּׁעַר וַתִּשָּׁבֵר מַפְרַקְתּוֹ וַיָּמֹת כִּי־זָקֵן הָאִישׁ וְכָבֵד וְהוּא שָׁפַט
19 אֶת־יִשְׂרָאֵל אַרְבָּעִים שָׁנָה: וְכַלָּתוֹ אֵשֶׁת־פִּינְחָס הָרָה לָלַת וַתִּשְׁמַע
אֶת־הַשְּׁמֻעָה אֶל־הִלָּקַח אֲרוֹן הָאֱלֹהִים וּמֵת חָמִיהָ וְאִישָׁהּ וַתִּכְרַע

20 And about the time of her death the women that stood by her said unto her, Fear not; for thou hast born a son. But she answered not, neither did she regard *it*.

21 And she named the child I-chabod, saying, The glory is departed from Israel: because the ark of God was taken, and because of her father in law and her husband.

22 And she said, The glory is departed from Israel: for the ark of God is taken.

CHAPTER 5

1 And the Philistines took the ark of God, and brought it from Eben-ezer unto Ashdod.

2 When the Philistines took the ark of God, they brought it into the house of Dagon, and set it by Dagon.

3 ¶ And when they of Ashdod arose early on the morrow, behold, Dagon *was* fallen upon his face to the earth before the ark of the LORD. And they took Dagon, and set him in his place again.

4 And when they arose early on the morrow morning, behold, Dagon *was* fallen upon his face to the ground before the ark of the LORD; and the head of Dagon and both the palms of his hands *were* cut off upon the threshold; only *the stump of* Dagon was left to him.

5 Therefore neither the priests of Dagon, nor any that come into Dagon's house, tread on the threshold of Dagon in Ashdod unto this day.

6 But the hand of the LORD was heavy upon them of Ashdod, and he destroyed them, and smote them with emerods, *even* Ashdod and the coasts thereof.

7 And when the men of Ashdod saw that *it was* so, they said, The ark of the God of Israel shall not abide with us: for his hand is sore upon us, and upon Dagon our god.

8 They sent therefore and gathered all the lords of the Philistines unto them, and said, What shall we do with the ark of the God of Israel? And they answered, Let the ark of the God of Israel be carried about unto Gath. And they carried the ark of the God of Israel about *thither*.

9 And it was *so*, that, after they had carried it about, the hand of the LORD was against the city with a very great destruction: and he smote the men of the city, both small and great, and they had emerods in their secret parts.

10 ¶ Therefore they sent the ark of God to Ekron. And it came to pass, as the ark of God came to Ekron, that the Ekronites cried out, saying, They have brought about the ark of the God of Israel to us, to slay us and our people.

11 So they sent and gathered together all the lords of the Philistines, and said, Send away the ark of the God of Israel, and let it go again to his own place, that it slay us not, and our people: for there was a deadly destruction throughout all the city; the hand of God was very heavy there.

12 And the men that died not were smitten with the emerods: and the cry of the city went up to heaven.

CHAPTER 6

1 And the ark of the LORD was in the country of the Philistines seven months.

2 And the Philistines called for the priests and the diviners, saying, What shall we do to the ark of the LORD? tell us wherewith we shall send it to his place.

3 And they said, If ye send away the ark of the God of Israel, send it not empty; but in any wise return him a trespass offering: then ye shall be healed, and it shall be known to you why his hand is not removed from you.

4 Then said they, What *shall be* the trespass offering which we shall return to him? They answered, Five golden emerods, and five golden mice, *according to* the number of the lords of the Philistines: for one plague *was* on you all, and on your lords.

5 Wherefore ye shall make images of your emerods, and images of your mice that mar the land; and ye shall give glory unto the God of Israel: peradventure he will lighten his hand from off you, and

20 וַתֵּ֣לֶךְ כִּֽי־נֶהֶפְכ֣וּ עָלֶ֣יהָ צִרֶ֑יהָ וּכְעֵ֣ת מוּתָ֗הּ וַתְּדַבֵּ֙רְנָה֙ הַנִּצָּב֣וֹת

21 עָלֶ֔יהָ אַל־תִּֽירְאִ֖י כִּ֣י בֵ֣ן יָלָ֑דְתְּ וְלֹ֥א עָֽנְתָ֖ה וְלֹא־שָׁ֥תָה לִבָּֽהּ׃ וַתִּקְרָ֣א

לַנַּ֗עַר אִֽי־כָבוֹד֙ לֵאמֹ֔ר גָּלָ֥ה כָב֖וֹד מִיִּשְׂרָאֵ֑ל אֶל־הִלָּקַ֙ח֙ אֲר֣וֹן הָאֱלֹהִ֔ים

22 וְאֶל־חָמִ֖יהָ וְאִישָֽׁהּ׃ וַתֹּ֗אמֶר גָּלָ֤ה כָבוֹד֙ מִיִּשְׂרָאֵ֔ל כִּ֥י נִלְקַ֖ח אֲר֣וֹן

הָאֱלֹהִֽים׃

5 1 וּפְלִשְׁתִּים֙ לָֽקְח֔וּ אֵ֖ת אֲר֣וֹן הָאֱלֹהִ֑ים וַיְבִאֻ֙הוּ֙ מֵאֶ֣בֶן הָעֵ֔זֶר אַשְׁדּֽוֹדָה׃

2 וַיִּקְח֤וּ פְלִשְׁתִּים֙ אֶת־אֲר֣וֹן הָאֱלֹהִ֔ים וַיָּבִ֥יאוּ אֹת֖וֹ בֵּ֣ית דָּג֑וֹן וַיַּצִּ֥יגוּ

3 אֹת֖וֹ אֵ֥צֶל דָּגֽוֹן׃ וַיַּשְׁכִּ֤מוּ אַשְׁדּוֹדִים֙ מִֽמָּחֳרָ֔ת וְהִנֵּ֣ה דָג֗וֹן נֹפֵ֤ל לְפָנָיו֙

אַ֙רְצָה֙ לִפְנֵ֣י אֲר֣וֹן יְהוָ֔ה וַיִּקְחוּ֙ אֶת־דָּג֔וֹן וַיָּשִׁ֥בוּ אֹת֖וֹ לִמְקוֹמֽוֹ׃

4 וַיַּשְׁכִּ֣מוּ בַבֹּקֶר֮ מִֽמָּחֳרָת֒ וְהִנֵּ֣ה דָג֗וֹן נֹפֵ֤ל לְפָנָיו֙ אַ֙רְצָה֙ לִפְנֵ֖י אֲר֣וֹן

יְהוָ֑ה וְרֹ֨אשׁ דָּג֜וֹן וּשְׁתֵּ֣י ׀ כַּפּ֣וֹת יָדָ֗יו כְּרֻתוֹת֙ אֶל־הַמִּפְתָּ֔ן רַ֥ק דָּג֖וֹן

5 נִשְׁאַ֥ר עָלָֽיו׃ עַל־כֵּ֡ן לֹֽא־יִדְרְכוּ֩ כֹהֲנֵ֨י דָג֜וֹן וְכָל־הַבָּאִ֧ים בֵּית־דָּג֛וֹן

6 עַל־מִפְתַּ֥ן דָּג֖וֹן בְּאַשְׁדּ֑וֹד עַ֖ד הַיּ֥וֹם הַזֶּֽה׃   וַתִּכְבַּ֧ד יַד־יְהוָ֣ה   6A

אֶל־הָאַשְׁדּוֹדִ֖ים וַיְשִׁמֵּ֑ם וַיַּ֤ךְ אֹתָם֙ בעעפלים [בַּטְּחֹרִ֔ים] אֶת־אַשְׁדּ֖וֹד וְאֶת־   בַּטְּחֹרִים

7 גְּבוּלֶֽיהָ׃ וַיִּרְא֥וּ אַנְשֵֽׁי־אַשְׁדּ֖וֹד כִּֽי־כֵ֑ן וְאָֽמְר֗וּ לֹֽא־יֵשֵׁ֞ב אֲר֨וֹן אֱלֹהֵ֤י

8 יִשְׂרָאֵל֙ עִמָּ֔נוּ כִּֽי־קָשְׁתָ֤ה יָדוֹ֙ עָלֵ֔ינוּ וְעַ֖ל דָּג֥וֹן אֱלֹהֵֽינוּ׃ וַיִּשְׁלְח֡וּ

וַיַּאַסְפוּ֩ אֶת־כָּל־סַרְנֵ֨י פְלִשְׁתִּ֜ים אֲלֵיהֶ֗ם וַיֹּֽאמְרוּ֙ מַֽה־נַּעֲשֶׂה֙ לַֽאֲר֙וֹן֙

אֱלֹהֵ֣י יִשְׂרָאֵ֔ל וַיֹּ֣אמְר֔וּ גַּ֣ת יִסֹּ֔ב אֲר֖וֹן אֱלֹהֵ֣י יִשְׂרָאֵ֑ל וַיַּסֵּ֖בּוּ אֶת־אֲר֥וֹן

9 אֱלֹהֵ֥י יִשְׂרָאֵֽל׃   וַיְהִ֞י אַחֲרֵ֣י ׀ הֵסַ֣בּוּ אֹת֗וֹ וַתְּהִ֤י יַד־יְהוָ֣ה ׀

בָּעִ֜יר מְהוּמָ֤ה גְדוֹלָה֙ מְאֹ֔ד וַיַּךְ֙ אֶת־אַנְשֵׁ֣י הָעִ֔יר מִקָּטֹ֖ן וְעַד־גָּד֑וֹל

10 וַיִּשָּׂתְר֥וּ לָהֶ֖ם עפלים [טְחֹרִֽים]׃ וַֽיְשַׁלְּח֛וּ אֶת־אֲר֥וֹן הָאֱלֹהִ֖ים עֶקְר֑וֹן וַיְהִ֗י   טְחֹרִים

כְּב֞וֹא אֲר֤וֹן הָאֱלֹהִים֙ עֶקְר֔וֹן וַיִּזְעֲק֨וּ הָעֶקְרֹנִ֤ים לֵאמֹר֙ הֵסַ֣בּוּ אֵלַ֗י

11 אֶת־אֲרוֹן֙ אֱלֹהֵ֣י יִשְׂרָאֵ֔ל לַהֲמִיתֵ֖נִי וְאֶת־עַמִּֽי׃ וַיִּשְׁלְח֞וּ וַיַּאַסְפוּ֙ אֶת־

כָּל־סַרְנֵ֣י פְלִשְׁתִּ֗ים וַיֹּֽאמְרוּ֙ שַׁלְּח֞וּ אֶת־אֲר֨וֹן אֱלֹהֵ֤י יִשְׂרָאֵל֙ וְיָשֹׁ֣ב

לִמְקֹמ֔וֹ וְלֹֽא־יָמִ֥ית אֹתִ֖י וְאֶת־עַמִּ֑י כִּֽי־הָיְתָ֤ה מְהֽוּמַת־מָ֙וֶת֙ בְּכָל־הָעִ֔יר

12 כָּבְדָ֥ה מְאֹ֛ד יַ֥ד הָאֱלֹהִ֖ים שָֽׁם׃ וְהָֽאֲנָשִׁים֙ אֲשֶׁ֣ר לֹא־מֵ֔תוּ הֻכּ֖וּ

6 1 בעעפלים [בַּטְּחֹרִ֑ים] וַתַּ֛עַל שַׁוְעַ֥ת הָעִ֖יר הַשָּׁמָֽיִם׃ וַיְהִ֧י אֲרוֹן־יְהוָ֛ה בִּשְׂדֵ֥ה   בַּטְּחֹרִים

2 פְלִשְׁתִּ֖ים שִׁבְעָ֥ה חֳדָשִֽׁים׃ וַיִּקְרְא֣וּ פְלִשְׁתִּ֗ים לַכֹּהֲנִ֤ים וְלַקֹּֽסְמִים֙

לֵאמֹ֔ר מַֽה־נַּעֲשֶׂ֖ה לַֽאֲר֣וֹן יְהוָ֑ה הוֹדִעֻ֕נוּ בַּמֶּ֖ה נְשַׁלְּחֶ֥נּוּ לִמְקוֹמֽוֹ׃

3 וַיֹּאמְר֗וּ אִֽם־מְשַׁלְּחִ֞ים אֶת־אֲר֨וֹן אֱלֹהֵ֤י יִשְׂרָאֵל֙ אַל־תְּשַׁלְּח֤וּ אֹתוֹ֙

רֵיקָ֔ם כִּֽי־הָשֵׁ֥ב תָּשִׁ֛יבוּ ל֖וֹ אָשָׁ֑ם אָ֤ז תֵּרָֽפְאוּ֙ וְנוֹדַ֣ע לָכֶ֔ם לָ֥מָּה

4 לֹא־תָס֥וּר יָד֖וֹ מִכֶּֽם׃ וַיֹּאמְר֗וּ מָ֣ה הָאָשָׁם֮ אֲשֶׁ֣ר נָשִׁ֣יב לוֹ֒ וַיֹּאמְר֗וּ

מִסְפַּר֙ סַרְנֵ֣י פְלִשְׁתִּ֔ים חֲמִשָּׁה֙ עפלי [טְחֹרֵ֣י] זָהָ֔ב וַחֲמִשָּׁ֖ה עַכְבְּרֵ֣י זָהָ֑ב   טְחֹרֵי

5 כִּֽי־מַגֵּפָ֥ה אַחַ֛ת לְכֻלָּ֖ם וּלְסַרְנֵיכֶֽם׃ וַעֲשִׂיתֶם֩ צַלְמֵ֨י עפליכם [טְחֹרֵיכֶ֜ם] וְצַלְמֵ֣י   טְחֹרֵיכֶם

עַכְבְּרֵיכֶ֗ם הַמַּשְׁחִיתִם֙ אֶת־הָאָ֔רֶץ וּנְתַתֶּ֛ם לֵאלֹהֵ֥י יִשְׂרָאֵ֖ל כָּב֑וֹד

from off your gods, and from off your land.

6 Wherefore then do ye harden your hearts, as the Egyptians and Pharaoh hardened their hearts? when he had wrought wonderfully among them, did they not let the people go, and they departed?

7 Now therefore make a new cart, and take two milch kine, on which there hath come no yoke, and tie the kine to the cart, and bring their calves home from them:

8 And take the ark of the LORD, and lay it upon the cart; and put the jewels of gold, which ye return him *for* a trespass offering, in a coffer by the side thereof; and send it away, that it may go.

9 And see, if it goeth up by the way of his own coast to Beth-shemesh, *then* he hath done us this great evil: but if not, then we shall know that *it is* not his hand *that* smote us: it *was* a chance *that* happened to us.

10 ¶ And the men did so; and took two milch kine, and tied them to the cart, and shut up their calves at home:

11 And they laid the ark of the LORD upon the cart, and the coffer with the mice of gold and the images of their emerods.

12 And the kine took the straight way to the way of Beth-shemesh, *and* went along the highway, lowing as they went, and turned not aside *to* the right hand or *to* the left; and the lords of the Philistines went after them unto the border of Beth-shemesh.

13 And *they of* Beth-shemesh *were* reaping their wheat harvest in the valley: and they lifted up their eyes, and saw the ark, and rejoiced to see *it.*

14 And the cart came into the field of Joshua, a Beth-shemite, and stood there, where *there was* a great stone: and they clave the wood of the cart, and offered the kine a burnt offering unto the LORD.

15 And the Levites took down the ark of the LORD, and the coffer that *was* with it, wherein the jewels of gold *were,* and put *them* on the great stone: and the men of Beth-shemesh offered burnt offerings and sacrificed sacrifices the same day unto the LORD.

16 And when the five lords of the Philistines had seen *it,* they returned to Ekron the same day.

17 And these *are* the golden emerods which the Philistines returned *for* a trespass offering unto the LORD; for Ashdod one, for Gaza one, for Askelon one, for Gath one, for Ekron one;

18 And the golden mice, *according to* the number of all the cities of the Philistines *belonging* to the five lords, *both* of fenced cities, and of country villages, even unto the great *stone of* Abel, whereon they set down the ark of the LORD: *which stone remaineth* unto this day in the field of Joshua, the Beth-shemite.

19 ¶ And he smote the men of Beth-shemesh, because they had looked into the ark of the LORD, even he smote of the people fifty thousand and threescore and ten men: and the people lamented, because the LORD had smitten *many* of the people with a great slaughter.

20 And the men of Beth-shemesh said, Who is able to stand before this holy LORD God? and to whom shall he go up from us?

21 ¶ And they sent messengers to the inhabitants of Kirjath-jearim, saying, The

6 אוּלַי יָקֵל אֶת־יָדוֹ מֵעֲלֵיכֶם וּמֵעַל אֱלֹהֵיכֶם וּמֵעַל אַרְצְכֶם: וְלָמָּה תְכַבְּדוּ אֶת־לְבַבְכֶם כַּאֲשֶׁר כִּבְּדוּ מִצְרַיִם וּפַרְעֹה אֶת־לִבָּם הֲלוֹא

7 כַּאֲשֶׁר הִתְעַלֵּל בָּהֶם וַיְשַׁלְּחוּם וַיֵּלֵכוּ: וְעַתָּה קְחוּ וַעֲשׂוּ עֲגָלָה חֲדָשָׁה אֶחָת וּשְׁתֵּי פָרוֹת עָלוֹת אֲשֶׁר לֹא־עָלָה עֲלֵיהֶם עֹל וַאֲסַרְתֶּם אֶת־הַפָּרוֹת בָּעֲגָלָה וַהֲשֵׁיבֹתֶם בְּנֵיהֶם מֵאַחֲרֵיהֶם הַבָּיְתָה:

8 וּלְקַחְתֶּם אֶת־אֲרוֹן יְהוָה וּנְתַתֶּם אֹתוֹ אֶל־הָעֲגָלָה וְאֵת ׀ כְּלֵי הַזָּהָב אֲשֶׁר הֲשֵׁבֹתֶם לוֹ אָשָׁם תָּשִׂימוּ בָאַרְגַּז מִצִּדּוֹ וְשִׁלַּחְתֶּם אֹתוֹ

9 וְהָלָךְ: וּרְאִיתֶם אִם־דֶּרֶךְ גְּבוּלוֹ יַעֲלֶה בֵּית שֶׁמֶשׁ הוּא עָשָׂה לָנוּ 9A אֶת־הָרָעָה הַגְּדוֹלָה הַזֹּאת וְאִם־לֹא וְיָדַעְנוּ כִּי לֹא יָדוֹ נָגְעָה בָּנוּ

10 מִקְרֶה הוּא הָיָה לָנוּ: וַיַּעֲשׂוּ הָאֲנָשִׁים כֵּן וַיִּקְחוּ שְׁתֵּי פָרוֹת עָלוֹת

11 וַיַּאַסְרוּם בָּעֲגָלָה וְאֶת־בְּנֵיהֶם כָּלוּ בַבָּיִת: וַיָּשִׂמוּ אֶת־אֲרוֹן יְהוָה אֶל־הָעֲגָלָה וְאֵת הָאַרְגַּז וְאֵת עַכְבְּרֵי הַזָּהָב וְאֵת צַלְמֵי טְחֹרֵיהֶם:

12 וַיִּשַּׁרְנָה הַפָּרוֹת בַּדֶּרֶךְ עַל־דֶּרֶךְ בֵּית שֶׁמֶשׁ בִּמְסִלָּה אַחַת הָלְכוּ 12A הָלֹךְ וְגָעוֹ וְלֹא־סָרוּ יָמִין וּשְׂמֹאול וְסַרְנֵי פְלִשְׁתִּים הֹלְכִים אַחֲרֵיהֶם

13 עַד־גְּבוּל בֵּית שָׁמֶשׁ: וּבֵית שֶׁמֶשׁ קֹצְרִים קְצִיר־חִטִּים בָּעֵמֶק וַיִּשְׂאוּ

14 אֶת־עֵינֵיהֶם וַיִּרְאוּ אֶת־הָאָרוֹן וַיִּשְׂמְחוּ לִרְאוֹת: וְהָעֲגָלָה בָּאָה אֶל־שְׂדֵה יְהוֹשֻׁעַ בֵּית־הַשִּׁמְשִׁי וַתַּעֲמֹד שָׁם וְשָׁם אֶבֶן גְּדוֹלָה וַיְבַקְּעוּ

15 אֶת־עֲצֵי הָעֲגָלָה וְאֶת־הַפָּרוֹת הֶעֱלוּ עֹלָה לַיהוָה: וְהַלְוִיִּם הוֹרִידוּ ׀ אֶת־אֲרוֹן יְהוָה וְאֶת־הָאַרְגַּז אֲשֶׁר־אִתּוֹ אֲשֶׁר־בּוֹ כְלֵי־זָהָב וַיָּשִׂמוּ אֶל־הָאֶבֶן הַגְּדוֹלָה וְאַנְשֵׁי בֵית־שֶׁמֶשׁ הֶעֱלוּ עֹלוֹת וַיִּזְבְּחוּ

16 זְבָחִים בַּיּוֹם הַהוּא לַיהוָה: וַחֲמִשָּׁה סַרְנֵי־פְלִשְׁתִּים רָאוּ וַיָּשֻׁבוּ עֶקְרוֹן

17 בַּיּוֹם הַהוּא: וְאֵלֶּה טְחֹרֵי הַזָּהָב אֲשֶׁר הֵשִׁיבוּ פְלִשְׁתִּים אָשָׁם לַיהוָה לְאַשְׁדּוֹד אֶחָד לְעַזָּה אֶחָד לְאַשְׁקְלוֹן אֶחָד לְגַת אֶחָד לְעֶקְרוֹן

18 אֶחָד: וְעַכְבְּרֵי הַזָּהָב מִסְפַּר כָּל־עָרֵי פְלִשְׁתִּים לַחֲמֵשֶׁת הַסְּרָנִים מֵעִיר מִבְצָר וְעַד כֹּפֶר הַפְּרָזִי וְעַד ׀ אָבֵל הַגְּדוֹלָה אֲשֶׁר הִנִּיחוּ עָלֶיהָ אֵת אֲרוֹן יְהוָה עַד הַיּוֹם הַזֶּה בִּשְׂדֵה יְהוֹשֻׁעַ

19 בֵּית־הַשִּׁמְשִׁי: וַיַּךְ בְּאַנְשֵׁי בֵית־שֶׁמֶשׁ כִּי רָאוּ בַּאֲרוֹן יְהוָה וַיַּךְ בָּעָם שִׁבְעִים אִישׁ חֲמִשִּׁים אֶלֶף אִישׁ וַיִּתְאַבְּלוּ הָעָם כִּי־הִכָּה

20 יְהוָה בָּעָם מַכָּה גְדוֹלָה: וַיֹּאמְרוּ אַנְשֵׁי בֵית־שֶׁמֶשׁ מִי יוּכַל לַעֲמֹד לִפְנֵי יְהוָה הָאֱלֹהִים הַקָּדוֹשׁ הַזֶּה וְאֶל־מִי יַעֲלֶה

21 מֵעָלֵינוּ: וַיִּשְׁלְחוּ מַלְאָכִים אֶל־יוֹשְׁבֵי קִרְיַת־יְעָרִים

Philistines have brought again the ark of the Lord; come ye down, *and* fetch it up to you.

CHAPTER 7

1 And the men of Kirjath-jearim came, and fetched up the ark of the Lord, and brought it into the house of Abinadab in the hill, and sanctified Eleazar his son to keep the ark of the Lord.

2 And it came to pass, while the ark abode in Kirjath-jearim, that the time was long; for it was twenty years: and all the house of Israel lamented after the Lord.

3 ¶ And Samuel spake unto all the house of Israel, saying, If ye do return unto the Lord with all your hearts, *then* put away the strange gods and Ashtaroth from among you, and prepare your hearts unto the Lord, and serve him only: and he will deliver you out of the hand of the Philistines.

4 Then the children of Israel did put away Baalim and Ashtaroth, and served the Lord only.

5 And Samuel said, Gather all Israel to Mizpeh, and I will pray for you unto the Lord.

6 And they gathered together to Mizpeh, and drew water, and poured *it* out before the Lord, and fasted on that day, and said there, We have sinned against the Lord. And Samuel judged the children of Israel in Mizpeh.

7 And when the Philistines heard that the children of Israel were gathered together to Mizpeh, the lords of the Philistines went up against Israel. And when the children of Israel heard *it*, they were afraid of the Philistines.

8 And the children of Israel said to Samuel, Cease not to cry unto the Lord our God for us, that he will save us out of the hand of the Philistines.

9 ¶ And Samuel took a sucking lamb, and offered *it for* a burnt offering wholly unto the Lord: and Samuel cried unto the Lord for Israel; and the Lord heard him.

10 And as Samuel was offering up the burnt offering, the Philistines drew near to battle against Israel: but the Lord thundered with a great thunder on that day upon the Philistines, and discomfited them; and they were smitten before Israel.

11 And the men of Israel went out of Mizpeh, and pursued the Philistines, and smote them, until *they came* under Beth-car.

12 Then Samuel took a stone, and set *it* between Mizpeh and Shen, and called the name of it Eben-ezer, saying, Hitherto hath the Lord helped us.

13 ¶ So the Philistines were subdued, and they came no more into the coast of Israel: and the hand of the Lord was against the Philistines all the days of Samuel.

14 And the cities which the Philistines had taken from Israel were restored to Israel, from Ekron even unto Gath; and the coasts thereof did Israel deliver out of the hands of the Philistines. And there was peace between Israel and the Amorites.

15 And Samuel judged Israel all the days of his life.

16 And he went from year to year in circuit to Beth-el, and Gilgal, and Mizpeh, and judged Israel in all those places.

17 And his return *was* to Ramah; for there *was* his house; and there he judged Israel; and there he built an altar unto the Lord.

CHAPTER 8

1 And it came to pass, when Samuel was old, that he made his sons judges over Israel.

2 Now the name of his firstborn was Joel; and the name of his second, Abiah: *they were* judges in Beer-sheba.

3 And his sons walked not in his ways, but turned aside after lucre, and took bribes, and perverted judgment.

לֵאמֹר הָשֵׁבוּ פְלִשְׁתִּים אֶת־אֲרוֹן יְהוָה רְדוּ הַעֲלוּ אֹתוֹ אֲלֵיכֶם:

7 וַיָּבֹאוּ אַנְשֵׁי ׀ קִרְיַת יְעָרִים וַיַּעֲלוּ אֶת־אֲרוֹן יְהוָה וַיָּבִאוּ אֹתוֹ אֶל־
בֵּית אֲבִינָדָב בַּגִּבְעָה וְאֶת־אֶלְעָזָר בְּנוֹ קִדְּשׁוּ לִשְׁמֹר אֶת־אֲרוֹן
יְהוָה:

2 וַיְהִי מִיּוֹם שֶׁבֶת הָאָרוֹן בְּקִרְיַת יְעָרִים וַיִּרְבּוּ הַיָּמִים וַיִּהְיוּ עֶשְׂרִים
3 שָׁנָה וַיִּנָּהוּ כָּל־בֵּית יִשְׂרָאֵל אַחֲרֵי יְהוָה: וַיֹּאמֶר שְׁמוּאֵל
אֶל־כָּל־בֵּית יִשְׂרָאֵל לֵאמֹר אִם־בְּכָל־לְבַבְכֶם אַתֶּם שָׁבִים אֶל־יְהוָה
הָסִירוּ אֶת־אֱלֹהֵי הַנֵּכָר מִתּוֹכְכֶם וְהָעַשְׁתָּרוֹת וְהָכִינוּ לְבַבְכֶם אֶל־
4 יְהוָה וְעִבְדֻהוּ לְבַדּוֹ וְיַצֵּל אֶתְכֶם מִיַּד פְּלִשְׁתִּים: וַיָּסִירוּ בְּנֵי יִשְׂרָאֵל
אֶת־הַבְּעָלִים וְאֶת־הָעַשְׁתָּרֹת וַיַּעַבְדוּ אֶת־יְהוָה לְבַדּוֹ:

5 וַיֹּאמֶר שְׁמוּאֵל קִבְצוּ אֶת־כָּל־יִשְׂרָאֵל הַמִּצְפָּתָה וְאֶתְפַּלֵּל בַּעַדְכֶם
6 אֶל־יְהוָה: וַיִּקָּבְצוּ הַמִּצְפָּתָה וַיִּשְׁאֲבוּ־מַיִם וַיִּשְׁפְּכוּ ׀ לִפְנֵי יְהוָה
וַיָּצוּמוּ בַּיּוֹם הַהוּא וַיֹּאמְרוּ שָׁם חָטָאנוּ לַיהוָה וַיִּשְׁפֹּט שְׁמוּאֵל
7 אֶת־בְּנֵי יִשְׂרָאֵל בַּמִּצְפָּה: וַיִּשְׁמְעוּ פְלִשְׁתִּים כִּי־הִתְקַבְּצוּ בְנֵי־יִשְׂרָאֵל
הַמִּצְפָּתָה וַיַּעֲלוּ סַרְנֵי־פְלִשְׁתִּים אֶל־יִשְׂרָאֵל וַיִּשְׁמְעוּ בְּנֵי יִשְׂרָאֵל
8 וַיִּרְאוּ מִפְּנֵי פְלִשְׁתִּים: וַיֹּאמְרוּ בְנֵי־יִשְׂרָאֵל אֶל־שְׁמוּאֵל אַל־תַּחֲרֵשׁ
9 מִמֶּנּוּ מִזְּעֹק אֶל־יְהוָה אֱלֹהֵינוּ וְיֹשִׁעֵנוּ מִיַּד פְּלִשְׁתִּים: וַיִּקַּח שְׁמוּאֵל
טְלֵה חָלָב אֶחָד וַיַּעֲלֶה עוֹלָה כָּלִיל לַיהוָה וַיִּזְעַק שְׁמוּאֵל אֶל־יְהוָה

וַיַּעֲלֵהוּ

10 בְּעַד יִשְׂרָאֵל וַיַּעֲנֵהוּ יְהוָה: וַיְהִי שְׁמוּאֵל מַעֲלֶה הָעוֹלָה וּפְלִשְׁתִּים
נִגְּשׁוּ לַמִּלְחָמָה בְּיִשְׂרָאֵל וַיַּרְעֵם יְהוָה בְּקוֹל־גָּדוֹל בַּיּוֹם הַהוּא עַל־
11 פְּלִשְׁתִּים וַיְהֻמֵּם וַיִּנָּגְפוּ לִפְנֵי יִשְׂרָאֵל: וַיֵּצְאוּ אַנְשֵׁי יִשְׂרָאֵל מִן־
12 הַמִּצְפָּה וַיִּרְדְּפוּ אֶת־פְּלִשְׁתִּים וַיַּכּוּם עַד־מִתַּחַת לְבֵית כָּר: וַיִּקַּח
שְׁמוּאֵל אֶבֶן אַחַת וַיָּשֶׂם בֵּין־הַמִּצְפָּה וּבֵין הַשֵּׁן וַיִּקְרָא אֶת־שְׁמָהּ
13 אֶבֶן הָעָזֶר וַיֹּאמַר עַד־הֵנָּה עֲזָרָנוּ יְהוָה: וַיִּכָּנְעוּ הַפְּלִשְׁתִּים וְלֹא־
יָסְפוּ עוֹד לָבוֹא בִּגְבוּל יִשְׂרָאֵל וַתְּהִי יַד־יְהוָה בַּפְּלִשְׁתִּים כָּל יְמֵי
14 שְׁמוּאֵל: וַתָּשֹׁבְנָה הֶעָרִים אֲשֶׁר לָקְחוּ־פְלִשְׁתִּים מֵאֵת יִשְׂרָאֵל ׀
לְיִשְׂרָאֵל מֵעֶקְרוֹן וְעַד־גַּת וְאֶת־גְּבוּלָן הִצִּיל יִשְׂרָאֵל מִיַּד פְּלִשְׁתִּים
15 וַיְהִי שָׁלוֹם בֵּין יִשְׂרָאֵל וּבֵין הָאֱמֹרִי: וַיִּשְׁפֹּט שְׁמוּאֵל אֶת־יִשְׂרָאֵל
16 כָּל יְמֵי חַיָּיו: וְהָלַךְ מִדֵּי שָׁנָה בְּשָׁנָה וְסָבַב בֵּית־אֵל וְהַגִּלְגָּל
17 וְהַמִּצְפָּה וְשָׁפַט אֶת־יִשְׂרָאֵל אֵת כָּל־הַמְּקוֹמוֹת הָאֵלֶּה: וּתְשֻׁבָתוֹ
הָרָמָתָה כִּי־שָׁם בֵּיתוֹ וְשָׁם שָׁפַט אֶת־יִשְׂרָאֵל וַיִּבֶן־שָׁם מִזְבֵּחַ
לַיהוָה:

8 1 וַיְהִי כַּאֲשֶׁר זָקֵן שְׁמוּאֵל וַיָּשֶׂם אֶת־בָּנָיו שֹׁפְטִים לְיִשְׂרָאֵל: וַיְהִי
2 שֶׁם־בְּנוֹ הַבְּכוֹר יוֹאֵל וְשֵׁם מִשְׁנֵהוּ אֲבִיָּה שֹׁפְטִים בִּבְאֵר שָׁבַע:

בִּדְרָכָיו

3 וְלֹא־הָלְכוּ בָנָיו בִּדְרָכוֹ וַיִּטּוּ אַחֲרֵי הַבָּצַע וַיִּקְחוּ־שֹׁחַד וַיַּטּוּ

4 Then all the elders of Israel gathered themselves together, and came to Samuel unto Ramah,

5 And said unto him, Behold, thou art old, and thy sons walk not in thy ways: now make us a king to judge us like all the nations.

6 ¶ But the thing displeased Samuel, when they said, Give us a king to judge us. And Samuel prayed unto the Lord.

7 And the Lord said unto Samuel, Hearken unto the voice of the people in all that they say unto thee: for they have not rejected thee, but they have rejected me, that I should not reign over them.

8 According to all the works which they have done since the day that I brought them up out of Egypt even unto this day, wherewith they have forsaken me, and served other gods, so do they also unto thee.

9 Now therefore hearken unto their voice: howbeit yet protest solemnly unto them, and shew them the manner of the king that shall reign over them.

10 ¶ And Samuel told all the words of the Lord unto the people that asked of him a king.

11 And he said, This will be the manner of the king that shall reign over you: He will take your sons, and appoint *them* for himself, for his chariots, and *to be* his horsemen; and *some* shall run before his chariots.

12 And he will appoint him captains over thousands, and captains over fifties; and *will set them* to ear his ground, and to reap his harvest, and to make his instruments of war, and instruments of his chariots.

13 And he will take your daughters *to be* confectionaries, and *to be* cooks, and *to be* bakers.

14 And he will take your fields, and your vineyards, and your oliveyards, *even* the best *of them*, and give *them* to his servants.

15 And he will take the tenth of your seed, and of your vineyards, and give to his officers, and to his servants.

16 And he will take your menservants, and your maidservants, and your goodliest young men, and your asses, and put *them* to his work.

17 He will take the tenth of your sheep: and ye shall be his servants.

18 And ye shall cry out in that day because of your king which ye shall have chosen you; and the Lord will not hear you in that day.

19 ¶ Nevertheless the people refused to obey the voice of Samuel; and they said, Nay; but we will have a king over us;

20 That we also may be like all the nations; and that our king may judge us, and go out before us, and fight our battles.

21 And Samuel heard all the words of the people, and he rehearsed them in the ears of the Lord.

22 And the Lord said to Samuel, Hearken unto their voice, and make them a king. And Samuel said unto the men of Israel, Go ye every man unto his city.

CHAPTER 9

1 Now there was a man of Benjamin, whose name *was* Kish, the son of Abiel, the son of Zeror, the son of Bechorath, the son of Aphiah, a Benjamite, a mighty man of power.

2 And he had a son, whose name *was* Saul, a choice young man, and a goodly: and *there was* not among the children of Israel a goodlier person than he: from his shoulders and upward *he was* higher than any of the people.

3 And the asses of Kish Saul's father were lost. And Kish said to Saul his son, Take now one of the servants with thee, and arise, go seek the asses.

4 And he passed through mount Ephraim, and passed through the land of Shalisha, but they found *them* not: then they passed through the land of Shalim, and *there they were* not: and he passed through the land of the Benjamites, but they found *them* not.

5 *And* when they were come to the land of Zuph, Saul said to his servant that *was* with him, Come, and let us return; lest

מִשְׁפָּט:

4 וַיִּתְקַבְּצ֔וּ כֹּ֖ל זִקְנֵ֣י יִשְׂרָאֵ֑ל וַיָּבֹ֥אוּ אֶל־שְׁמוּאֵ֖ל הָרָמָֽתָה: וַיֹּאמְר֣וּ
5 אֵלָ֗יו הִנֵּה֙ אַתָּ֣ה זָקַ֔נְתָּ וּבָנֶ֕יךָ לֹ֥א הָלְכ֖וּ בִּדְרָכֶ֑יךָ עַתָּ֗ה שִֽׂימָה־לָּ֥נוּ
6 מֶ֛לֶךְ לְשָׁפְטֵ֖נוּ כְּכָל־הַגּוֹיִֽם: וַיֵּ֤רַע הַדָּבָר֙ בְּעֵינֵ֣י שְׁמוּאֵ֔ל כַּאֲשֶׁ֣ר אָמְר֔וּ
תְּנָה־לָּ֥נוּ מֶ֖לֶךְ לְשָׁפְטֵ֑נוּ וַיִּתְפַּלֵּ֥ל שְׁמוּאֵ֖ל אֶל־יְהוָֽה:
7 וַיֹּ֤אמֶר יְהוָה֙ אֶל־שְׁמוּאֵ֔ל שְׁמַע֙ בְּק֣וֹל הָעָ֔ם לְכֹ֥ל אֲשֶׁר־יֹאמְר֖וּ אֵלֶ֑יךָ
8 כִּ֣י לֹ֤א אֹֽתְךָ֙ מָאָ֔סוּ כִּֽי־אֹתִ֥י מָאֲס֖וּ מִמְּלֹ֥ךְ עֲלֵיהֶֽם: כְּכָל־הַֽמַּעֲשִׂ֣ים
אֲשֶׁר־עָשׂ֗וּ מִיּוֹם֩ הַעֲלֹתִ֨י אֹתָ֜ם מִמִּצְרַ֗יִם וְעַד־הַיּ֣וֹם הַזֶּ֔ה וַיַּ֣עַזְבֻ֔נִי
9 וַיַּֽעַבְד֖וּ אֱלֹהִ֣ים אֲחֵרִ֑ים כֵּ֛ן הֵ֥מָּה עֹשִׂ֖ים גַּם־לָֽךְ: וְעַתָּ֖ה שְׁמַ֣ע
בְּקוֹלָ֑ם אַ֗ךְ כִּֽי־הָעֵ֤ד תָּעִיד֙ בָּהֶ֔ם וְהִגַּדְתָּ֣ לָהֶ֔ם מִשְׁפַּ֣ט הַמֶּ֔לֶךְ אֲשֶׁ֥ר
10 יִמְלֹ֖ךְ עֲלֵיהֶֽם: וַיֹּ֣אמֶר שְׁמוּאֵ֔ל אֵ֖ת כָּל־דִּבְרֵ֣י יְהוָ֑ה אֶל־
11 הָעָ֕ם הַשֹּׁאֲלִ֥ים מֵאִתּ֖וֹ מֶֽלֶךְ: וַיֹּ֕אמֶר זֶ֗ה יִֽהְיֶה֙ מִשְׁפַּ֣ט
הַמֶּ֔לֶךְ אֲשֶׁ֥ר יִמְלֹ֖ךְ עֲלֵיכֶ֑ם אֶת־בְּנֵיכֶ֣ם יִקָּ֗ח וְשָׂ֥ם לוֹ֙ בְּמֶרְכַּבְתּ֣וֹ
12 וּבְפָרָשָׁ֔יו וְרָצ֖וּ לִפְנֵ֥י מֶרְכַּבְתּֽוֹ: וְלָשׂ֣וּם ל֗וֹ שָׂרֵ֤י אֲלָפִים֙ וְשָׂרֵ֣י חֲמִשִּׁ֔ים
וְלַחֲרֹ֤שׁ חֲרִישׁוֹ֙ וְלִקְצֹ֣ר קְצִיר֔וֹ וְלַעֲשׂ֥וֹת כְּלֵֽי־מִלְחַמְתּ֖וֹ וּכְלֵ֥י רִכְבּֽוֹ:
13 וְאֶת־בְּנֽוֹתֵיכֶ֖ם יִקָּ֑ח לְרַקָּח֥וֹת וּלְטַבָּח֖וֹת וּלְאֹפֽוֹת: וְאֶת־שְׂדֽוֹתֵיכֶ֞ם
14
15 וְאֶת־כַּרְמֵיכֶ֧ם וְזֵיתֵיכֶ֛ם הַטּוֹבִ֖ים יִקָּ֑ח וְנָתַ֖ן לַעֲבָדָֽיו: וְזַרְעֵיכֶ֥ם
16 וְכַרְמֵיכֶ֖ם יַעְשֹׂ֑ר וְנָתַ֥ן לְסָרִיסָ֖יו וְלַעֲבָדָֽיו: וְאֶת־עַבְדֵיכֶ֞ם וְאֶת־
שִׁפְחֽוֹתֵיכֶ֗ם וְאֶת־בַּחוּרֵיכֶ֤ם הַטּוֹבִים֙ וְאֶת־חֲמוֹרֵיכֶ֔ם יִקָּ֖ח וְעָשָׂ֥ה
17 לִמְלַאכְתּֽוֹ: צֹאנְכֶ֖ם יַעְשֹׂ֑ר וְאַתֶּ֥ם תִּהְיוּ־ל֖וֹ לַעֲבָדִֽים: וּזְעַקְתֶּם֙ בַּיּ֣וֹם
18
הַה֔וּא מִלִּפְנֵ֣י מַלְכְּכֶ֔ם אֲשֶׁ֥ר בְּחַרְתֶּ֖ם לָכֶ֑ם וְלֹֽא־יַעֲנֶ֧ה יְהוָ֛ה אֶתְכֶ֖ם
19 בַּיּ֥וֹם הַהֽוּא: וַיְמָאֲנ֣וּ הָעָ֔ם לִשְׁמֹ֖עַ בְּק֣וֹל שְׁמוּאֵ֑ל וַיֹּאמְר֣וּ לֹ֔א כִּ֥י
19A
20 אִם־מֶ֖לֶךְ יִֽהְיֶ֥ה עָלֵֽינוּ: וְהָיִ֥ינוּ גַם־אֲנַ֖חְנוּ כְּכָל־הַגּוֹיִ֑ם וּשְׁפָטָ֤נוּ מַלְכֵּ֙נוּ֙
21 וְיָצָ֣א לְפָנֵ֔ינוּ וְנִלְחַ֖ם אֶת־מִלְחֲמֹתֵֽנוּ: וַיִּשְׁמַ֣ע שְׁמוּאֵ֔ל אֵ֖ת כָּל־דִּבְרֵ֣י
הָעָ֑ם וַיְדַבְּרֵ֖ם בְּאָזְנֵ֥י יְהוָֽה:
22 וַיֹּ֨אמֶר יְהוָ֤ה אֶל־שְׁמוּאֵל֙ שְׁמַ֣ע בְּקוֹלָ֔ם וְהִמְלַכְתָּ֥ לָהֶ֖ם מֶ֑לֶךְ וַיֹּ֤אמֶר
שְׁמוּאֵל֙ אֶל־אַנְשֵׁ֣י יִשְׂרָאֵ֔ל לְכ֖וּ אִ֥ישׁ לְעִירֽוֹ:

9 1 וַֽיְהִי־אִ֣ישׁ מִבִּן־יָמִ֗ין וּ֠שְׁמוֹ קִ֧ישׁ בֶּן־אֲבִיאֵ֛ל בֶּן־צְר֥וֹר בֶּן־בְּכוֹרַ֖ת   מִבִּנְיָמִ֑ן
1A
2 בֶּן־אֲפִ֑יחַ בֶּן־אִ֥ישׁ יְמִינִ֖י גִּבּ֣וֹר חָֽיִל: וְלוֹ־הָיָ֨ה בֵ֜ן וּשְׁמ֤וֹ שָׁאוּל֙ בָּח֣וּר
וָט֔וֹב וְאֵ֥ין אִ֛ישׁ מִבְּנֵ֥י יִשְׂרָאֵ֖ל ט֣וֹב מִמֶּ֑נּוּ מִשִּׁכְמ֣וֹ וָמַ֔עְלָה גָּבֹ֖הַּ
3 מִכָּל־הָעָֽם: וַתֹּאבַ֙דְנָה֙ הָאֲתֹנ֔וֹת לְקִ֖ישׁ אֲבִ֣י שָׁא֑וּל וַיֹּ֨אמֶר קִ֜ישׁ
אֶל־שָׁא֣וּל בְּנ֗וֹ קַח־נָ֤א אִתְּךָ֙ אֶת־אַחַ֣ד מֵֽהַנְּעָרִ֔ים וְק֣וּם לֵ֔ךְ בַּקֵּ֖שׁ
4 אֶת־הָאֲתֹנֹֽת: וַיַּעֲבֹ֧ר בְּהַר־אֶפְרַ֛יִם וַיַּעֲבֹ֥ר בְּאֶֽרֶץ־שָׁלִ֖שָׁה וְלֹ֣א מָצָ֑אוּ
5 וַיַּעַבְר֤וּ בְאֶֽרֶץ־שַׁעֲלִים֙ וָאַ֔יִן וַיַּעֲבֹ֥ר בְּאֶֽרֶץ־יְמִינִ֖י וְלֹ֣א מָצָ֑אוּ הֵ֜מָּה
בָּ֣אוּ בְּאֶ֣רֶץ צ֗וּף וְשָׁא֞וּל אָמַ֤ר לְנַעֲרוֹ֙ אֲשֶׁר־עִמּ֔וֹ לְכָ֖ה וְנָשׁ֑וּבָה

my father leave *caring* for the asses, and take thought for us.

6 And he said unto him, Behold now, *there is* in this city a man of God, and *he is* an honourable man; all that he saith cometh surely to pass: now let us go thither; peradventure he can shew us our way that we should go.

7 Then said Saul to his servant, But, behold, *if* we go, what shall we bring the man? for the bread is spent in our vessels, and *there is* not a present to bring to the man of God: what have we?

8 And the servant answered Saul again, and said, Behold, I have here at hand the fourth part of a shekel of silver: *that* will I give to the man of God, to tell us our way.

9 (Beforetime in Israel, when a man went to enquire of God, thus he spake, Come, and let us go to the seer: for *he that is* now *called* a Prophet was beforetime called a Seer.)

10 Then said Saul to his servant, Well said; come, let us go. So they went unto the city where the man of God *was*.

11 ¶ *And* as they went up the hill to the city, they found young maidens going out to draw water, and said unto them, Is the seer here?

12 And they answered them, and said, He is; behold, *he is* before you: make haste now, for he came to day to the city; for *there is* a sacrifice of the people to day in the high place:

13 As soon as ye be come into the city, ye shall straightway find him, before he go up to the high place to eat: for the people will not eat until he come, because he doth bless the sacrifice; *and* afterwards they eat that be bidden. Now therefore get you up; for about this time ye shall find him.

14 And they went up into the city: *and* when they were come into the city, be-

hold, Samuel came out against them, for to go up to the high place.

15 ¶ Now the Lᴏʀᴅ had told Samuel in his ear a day before Saul came, saying,

16 To morrow about this time I will send thee a man out of the land of Benjamin, and thou shalt anoint him *to be* captain over my people Israel, that he may save my people out of the hand of the Philistines: for I have looked upon my people, because their cry is come unto me.

17 And when Samuel saw Saul, the Lᴏʀᴅ said unto him, Behold the man whom I spake to thee of! this same shall reign over my people.

18 Then Saul drew near to Samuel in the gate, and said, Tell me, I pray thee, where the seer's house *is*.

19 And Samuel answered Saul, and said, I *am* the seer: go up before me unto the high place; for ye shall eat with me to day, and to morrow I will let thee go, and will tell thee all that *is* in thine heart.

20 And as for thine asses that were lost three days ago, set not thy mind on them; for they are found. And on whom *is* all the desire of Israel? *Is it* not on thee, and on all thy father's house?

21 And Saul answered and said, *Am* not I a Benjamite, of the smallest of the tribes of Israel? and my family the least of all the families of the tribe of Benjamin? wherefore then speakest thou so to me?

22 And Samuel took Saul and his servant, and brought them into the parlour, and made them sit in the chiefest place among them that were bidden, which *were* about thirty persons.

23 And Samuel said unto the cook, Bring the portion which I gave thee, of which I said unto thee, Set it by thee.

24 And the cook took up the shoulder, and *that* which *was* upon it, and set *it* before Saul. And *Samuel* said, Behold that which is left! set *it* before thee, *and* eat: for unto this time hath it been kept for

6 פֶּן־יֶחְדַּל אָבִי מִן־הָאֲתֹנוֹת וְדָאַג לָנוּ: וַיֹּאמֶר לוֹ הִנֵּה־נָא אִישׁ־
אֱלֹהִים בָּעִיר הַזֹּאת וְהָאִישׁ נִכְבָּד כֹּל אֲשֶׁר־יְדַבֵּר בּוֹא יָבוֹא עַתָּה

7 נֵלְכָה שָׁם אוּלַי יַגִּיד לָנוּ אֶת־דַּרְכֵּנוּ אֲשֶׁר־הָלַכְנוּ עָלֶיהָ: וַיֹּאמֶר
שָׁאוּל לְנַעֲרוֹ וְהִנֵּה נֵלֵךְ וּמַה־נָּבִיא לָאִישׁ כִּי הַלֶּחֶם אָזַל מִכֵּלֵינוּ

8 וּתְשׁוּרָה אֵין־לְהָבִיא לְאִישׁ הָאֱלֹהִים מָה אִתָּנוּ: וַיֹּסֶף הַנַּעַר לַעֲנוֹת
אֶת־שָׁאוּל וַיֹּאמֶר הִנֵּה נִמְצָא בְיָדִי רֶבַע שֶׁקֶל כָּסֶף וְנָתַתִּי לְאִישׁ

9 הָאֱלֹהִים וְהִגִּיד לָנוּ אֶת־דַּרְכֵּנוּ: לְפָנִים בְּיִשְׂרָאֵל כֹּה־אָמַר הָאִישׁ
בְּלֶכְתּוֹ לִדְרוֹשׁ אֱלֹהִים לְכוּ וְנֵלְכָה עַד־הָרֹאֶה כִּי לַנָּבִיא הַיּוֹם

10 יִקָּרֵא לְפָנִים הָרֹאֶה: וַיֹּאמֶר שָׁאוּל לְנַעֲרוֹ טוֹב דְּבָרְךָ לְכָה נֵלֵכָה

11 וַיֵּלְכוּ אֶל־הָעִיר אֲשֶׁר־שָׁם אִישׁ הָאֱלֹהִים: הֵמָּה עֹלִים בְּמַעֲלֵה
הָעִיר וְהֵמָּה מָצְאוּ נְעָרוֹת יֹצְאוֹת לִשְׁאֹב מָיִם וַיֹּאמְרוּ לָהֶן הֲיֵשׁ

12 בָּזֶה הָרֹאֶה: וַתַּעֲנֶינָה אוֹתָם וַתֹּאמַרְנָה יֵשׁ הִנֵּה לְפָנֶיךָ מַהֵר ׀

13 עַתָּה כִּי הַיּוֹם בָּא לָעִיר כִּי זֶבַח הַיּוֹם לָעָם בַּבָּמָה: כְּבֹאֲכֶם
הָעִיר כֵּן תִּמְצְאוּן אֹתוֹ בְּטֶרֶם יַעֲלֶה הַבָּמָתָה לֶאֱכֹל כִּי לֹא־יֹאכַל
הָעָם עַד־בֹּאוֹ כִּי־הוּא יְבָרֵךְ הַזֶּבַח אַחֲרֵי־כֵן יֹאכְלוּ הַקְּרֻאִים וְעַתָּה

14 עֲלוּ כִּי־אֹתוֹ כְהַיּוֹם תִּמְצְאוּן אֹתוֹ: וַיַּעֲלוּ הָעִיר הֵמָּה בָּאִים בְּתוֹךְ

15 הָעִיר וְהִנֵּה שְׁמוּאֵל יֹצֵא לִקְרָאתָם לַעֲלוֹת הַבָּמָה: וַיהוָה

16 גָּלָה אֶת־אֹזֶן שְׁמוּאֵל יוֹם אֶחָד לִפְנֵי בוֹא־שָׁאוּל לֵאמֹר: כָּעֵת ׀
מָחָר אֶשְׁלַח אֵלֶיךָ אִישׁ מֵאֶרֶץ בִּנְיָמִן וּמְשַׁחְתּוֹ לְנָגִיד עַל־עַמִּי
יִשְׂרָאֵל וְהוֹשִׁיעַ אֶת־עַמִּי מִיַּד פְּלִשְׁתִּים כִּי רָאִיתִי אֶת־עַמִּי כִּי

17 בָּאָה צַעֲקָתוֹ אֵלָי: וּשְׁמוּאֵל רָאָה אֶת־שָׁאוּל וַיהוָה עָנָהוּ הִנֵּה

18 הָאִישׁ אֲשֶׁר אָמַרְתִּי אֵלֶיךָ זֶה יַעְצֹר בְּעַמִּי: וַיִּגַּשׁ שָׁאוּל אֶת־
שְׁמוּאֵל בְּתוֹךְ הַשָּׁעַר וַיֹּאמֶר הַגִּידָה־נָּא לִי אֵי־זֶה בֵּית הָרֹאֶה:

19 וַיַּעַן שְׁמוּאֵל אֶת־שָׁאוּל וַיֹּאמֶר אָנֹכִי הָרֹאֶה עֲלֵה לְפָנַי הַבָּמָה
וַאֲכַלְתֶּם עִמִּי הַיּוֹם וְשִׁלַּחְתִּיךָ בַבֹּקֶר וְכֹל אֲשֶׁר בִּלְבָבְךָ אַגִּיד

20 לָךְ: וְלָאֲתֹנוֹת הָאֹבְדוֹת לְךָ הַיּוֹם שְׁלֹשֶׁת הַיָּמִים אַל־תָּשֶׂם
אֶת־לִבְּךָ לָהֶם כִּי נִמְצָאוּ וּלְמִי כָּל־חֶמְדַּת יִשְׂרָאֵל הֲלוֹא לְךָ וּלְכֹל

21 בֵּית אָבִיךָ: וַיַּעַן שָׁאוּל וַיֹּאמֶר הֲלוֹא בֶן־יְמִינִי אָנֹכִי
מִקַּטַנֵּי שִׁבְטֵי יִשְׂרָאֵל וּמִשְׁפַּחְתִּי הַצְּעִרָה מִכָּל־מִשְׁפְּחוֹת שִׁבְטֵי

22 בִנְיָמִן וְלָמָּה דִּבַּרְתָּ אֵלַי כַּדָּבָר הַזֶּה: וַיִּקַּח שְׁמוּאֵל
אֶת־שָׁאוּל וְאֶת־נַעֲרוֹ וַיְבִיאֵם לִשְׁכָּתָה וַיִּתֵּן לָהֶם מָקוֹם בְּרֹאשׁ

23 הַקְּרוּאִים וְהֵמָּה כִּשְׁלֹשִׁים אִישׁ: וַיֹּאמֶר שְׁמוּאֵל לַטַּבָּח תְּנָה
אֶת־הַמָּנָה אֲשֶׁר נָתַתִּי לָךְ אֲשֶׁר אָמַרְתִּי אֵלֶיךָ שִׂים אֹתָהּ עִמָּךְ:

24 וַיָּרֶם הַטַּבָּח אֶת־הַשּׁוֹק וְהֶעָלֶיהָ וַיָּשֶׂם ׀ לִפְנֵי שָׁאוּל וַיֹּאמֶר הִנֵּה
הַנִּשְׁאָר שִׂים־לְפָנֶיךָ אֱכֹל כִּי לַמּוֹעֵד שָׁמוּר־לְךָ לֵאמֹר הָעָם ׀ קָרָאתִי

thee since I said, I have invited the people. So Saul did eat with Samuel that day.

25 ¶ And when they were come down from the high place into the city, *Samuel* communed with Saul upon the top of the house.

26 And they arose early: and it came to pass about the spring of the day, that Samuel called Saul to the top of the house, saying, Up, that I may send thee away. And Saul arose, and they went out both of them, he and Samuel, abroad.

27 *And* as they were going down to the end of the city, Samuel said to Saul, Bid the servant pass on before us, (and he passed on,) but stand thou still a while, that I may shew thee the word of God.

CHAPTER 10

1 Then Samuel took a vial of oil, and poured *it* upon his head, and kissed him, and said, *Is it* not because the LORD hath anointed thee *to be* captain over his inheritance?

2 When thou art departed from me to day, then thou shalt find two men by Rachel's sepulchre in the border of Benjamin at Zelzah; and they will say unto thee, The asses which thou wentest to seek are found: and, lo, thy father hath left the care of the asses, and sorroweth for you, saying, What shall I do for my son?

3 Then shalt thou go on forward from thence, and thou shalt come to the plain of Tabor, and there shall meet thee three men going up to God to Beth-el, one carrying three kids, and another carrying three loaves of bread, and another carrying a bottle of wine:

4 And they will salute thee, and give thee two *loaves* of bread; which thou shalt receive of their hands.

5 After that thou shalt come to the hill of God, where *is* the garrison of the Philistines: and it shall come to pass, when thou art come thither to the city, that thou shalt meet a company of prophets coming down from the high place with a psaltery, and a tabret, and a pipe, and a harp, before them; and they shall prophesy:

6 And the Spirit of the LORD will come upon thee, and thou shalt prophesy with them, and shalt be turned into another man.

7 And let it be, when these signs are come unto thee, *that* thou do as occasion serve thee; for God *is* with thee.

8 And thou shalt go down before me to Gilgal; and, behold, I will come down unto thee, to offer burnt offerings, *and* to sacrifice sacrifices of peace offerings: seven days shalt thou tarry, till I come to thee, and shew thee what thou shalt do.

9 ¶ And it was *so*, that when he had turned his back to go from Samuel, God gave him another heart: and all those signs came to pass that day.

10 And when they came thither to the hill, behold, a company of prophets met him; and the Spirit of God came upon him, and he prophesied among them.

11 And it came to pass, when all that knew him beforetime saw that, behold, he prophesied among the prophets, then the people said one to another, What *is* this *that* is come unto the son of Kish? *Is* Saul also among the prophets?

12 And one of the same place answered and said, But who *is* their father? Therefore it became a proverb, *Is* Saul also among the prophets?

13 And when he had made an end of prophesying, he came to the high place.

14 ¶ And Saul's uncle said unto him and to his servant, Whither went ye? And he said, To seek the asses: and when we saw that *they were* no where, we came to Samuel.

15 And Saul's uncle said, Tell me, I pray thee, what Samuel said unto you.

16 And Saul said unto his uncle, He told us plainly that the asses were found. But of the matter of the kingdom, whereof Samuel spake, he told him not.

17 ¶ And Samuel called the people together unto the LORD to Mizpeh;

18 And said unto the children of Israel,

25 וַיֹּ֨אכַל שָׁא֤וּל עִם־שְׁמוּאֵל֙ בַּיּ֣וֹם הַה֔וּא וַיֵּרְד֥וּ מֵהַבָּמָ֖ה הָעִ֑יר וַיְדַבֵּ֥ר

26 עִם־שָׁא֖וּל עַל־הַגָּֽג׃ וַיַּשְׁכִּ֗מוּ וַיְהִ֞י כַּעֲל֤וֹת הַשַּׁ֙חַר֙ וַיִּקְרָ֨א שְׁמוּאֵ֤ל

הַגָּגָה אֶל־שָׁא֤וּל הַגָּג֙ לֵאמֹ֣ר ק֔וּמָה וַאֲשַׁלְּחֶ֑ךָּ וַיָּ֣קָם שָׁא֗וּל וַיֵּצְא֤וּ שְׁנֵיהֶ֛ם

27 ה֥וּא וּשְׁמוּאֵ֖ל הַחֽוּצָה׃ הֵ֗מָּה יֽוֹרְדִים֙ בִּקְצֵ֣ה הָעִ֔יר וּשְׁמוּאֵ֣ל אָמַ֣ר

אֶל־שָׁא֗וּל אֱמֹ֥ר לַנַּ֛עַר וְיַעֲבֹ֥ר לְפָנֵ֖ינוּ וַֽיַּעֲבֹ֑ר וְאַתָּה֙ עֲמֹ֣ד כַּיּ֔וֹם

וְאַשְׁמִֽיעֲךָ֖ אֶת־דְּבַ֥ר אֱלֹהִֽים׃

10 1 וַיִּקַּ֨ח שְׁמוּאֵ֜ל אֶת־פַּ֥ךְ הַשֶּׁ֛מֶן וַיִּצֹ֥ק עַל־רֹאשׁ֖וֹ וַיִּשָּׁקֵ֑הוּ וַיֹּ֕אמֶר הֲל֗וֹא

2 כִּֽי־מְשָׁחֲךָ֧ יְהוָ֛ה עַל־נַחֲלָת֖וֹ לְנָגִֽיד׃ בְּלֶכְתְּךָ֤ הַיּוֹם֙ מֵעִמָּדִ֔י וּמָצָאתָ֩

שְׁנֵ֨י אֲנָשִׁ֜ים עִם־קְבֻרַ֥ת רָחֵ֛ל בִּגְב֥וּל בִּנְיָמִ֖ן בְּצֶלְצַ֑ח וְאָמְר֣וּ אֵלֶ֗יךָ

נִמְצְא֤וּ הָאֲתֹנוֹת֙ אֲשֶׁ֣ר הָלַ֣כְתָּ לְבַקֵּ֔שׁ וְהִנֵּ֨ה נָטַ֤שׁ אָבִ֙יךָ֙ אֶת־דִּבְרֵ֣י

3 הָאֲתֹנ֔וֹת וְדָאַ֥ג לָכֶ֖ם לֵאמֹ֑ר מָ֥ה אֶעֱשֶׂ֖ה לִבְנִֽי׃ וְחָלַפְתָּ֨ מִשָּׁ֜ם וָהָ֗לְאָה

וּבָ֙אתָ֙ עַד־אֵל֣וֹן תָּב֔וֹר וּמְצָא֤וּךָ שָּׁם֙ שְׁלֹשָׁ֣ה אֲנָשִׁ֔ים עֹלִ֥ים אֶל־

הָאֱלֹהִ֖ים בֵּֽית־אֵ֑ל אֶחָ֞ד נֹשֵׂ֣א ׀ שְׁלֹשָׁ֣ה גְדָיִ֗ים וְאֶחָד֙ נֹשֵׂ֞א שְׁלֹ֣שֶׁת

4 כִּכְּר֣וֹת לֶ֔חֶם וְאֶחָ֥ד נֹשֵׂ֖א נֵֽבֶל־יָֽיִן׃ וְשָׁאֲל֥וּ לְךָ֖ לְשָׁל֑וֹם וְנָתְנ֤וּ לְךָ֙

5 שְׁתֵּי־לֶ֔חֶם וְלָקַחְתָּ֖ מִיָּדָֽם׃ אַ֣חַר כֵּ֗ן תָּבוֹא֙ גִּבְעַ֣ת הָאֱלֹהִ֔ים אֲשֶׁר־שָׁ֖ם

נְצִבֵ֣י פְלִשְׁתִּ֑ים וִיהִי֩ כְבֹאֲךָ֨ שָׁ֜ם הָעִ֗יר וּפָגַעְתָּ֞ חֶ֤בֶל נְבִיאִים֙ יֹרְדִ֣ים

6 מֵֽהַבָּמָ֔ה וְלִפְנֵיהֶ֞ם נֵ֤בֶל וְתֹף֙ וְחָלִ֣יל וְכִנּ֔וֹר וְהֵ֖מָּה מִֽתְנַבְּאִֽים׃ וְצָלְחָ֤ה

7 עָלֶ֙יךָ֙ ר֣וּחַ יְהוָ֔ה וְהִתְנַבִּ֖יתָ עִמָּ֑ם וְנֶהְפַּכְתָּ֖ לְאִ֥ישׁ אַחֵֽר׃ וְהָיָ֗ה כִּ֥י

תָבֹ֜אינָה הָאֹת֤וֹת הָאֵ֙לֶּה֙ לָ֔ךְ עֲשֵׂ֥ה לְךָ֖ אֲשֶׁ֣ר תִּמְצָ֣א יָדֶ֑ךָ כִּ֥י

תָבֹאנָה הָאֱלֹהִ֖ים עִמָּֽךְ׃ וְיָרַדְתָּ֣ לְפָנַי֮ הַגִּלְגָּל֒ וְהִנֵּ֤ה אָֽנֹכִי֙ יֹרֵ֣ד אֵלֶ֔יךָ לְהַעֲל֣וֹת

8 עֹל֔וֹת לִזְבֹּ֖חַ זִבְחֵ֣י שְׁלָמִ֑ים שִׁבְעַ֨ת יָמִ֤ים תּוֹחֵל֙ עַד־בּוֹאִ֣י אֵלֶ֔יךָ

9 וְהוֹדַעְתִּ֣י לְךָ֔ אֵ֖ת אֲשֶׁ֥ר תַּעֲשֶֽׂה׃ וְהָיָ֗ה כְּהַפְנֹת֤וֹ שִׁכְמוֹ֙ לָלֶ֣כֶת מֵעִ֣ם

שְׁמוּאֵ֔ל וַיַּהֲפָךְ־ל֥וֹ אֱלֹהִ֖ים לֵ֣ב אַחֵ֑ר וַיָּבֹ֛אוּ כָּל־הָאֹת֥וֹת הָאֵ֖לֶּה בַּיּ֥וֹם

10 הַהֽוּא׃ וַיָּבֹ֤אוּ שָׁם֙ הַגִּבְעָ֔תָה וְהִנֵּ֥ה חֶֽבֶל־נְבִאִ֖ים לִקְרָאת֑וֹ

11 וַתִּצְלַ֤ח עָלָיו֙ ר֣וּחַ אֱלֹהִ֔ים וַיִּתְנַבֵּ֖א בְּתוֹכָ֑ם וַיְהִ֗י כָּל־יֽוֹדְעוֹ֙ מֵֽאִתְּמ֣וֹל

שִׁלְשׁ֔וֹם וַיִּרְא֗וּ וְהִנֵּ֤ה עִם־נְבִאִים֙ נִבָּ֔א וַיֹּ֨אמֶר הָעָ֜ם אִ֣ישׁ אֶל־רֵעֵ֗הוּ

12 מַה־זֶּה֙ הָיָ֣ה לְבֶן־קִ֔ישׁ הֲגַ֥ם שָׁא֖וּל בַּנְּבִיאִ֑ים וַיַּ֨עַן אִ֥ישׁ מִשָּׁ֛ם

וַיֹּ֖אמֶר וּמִ֣י אֲבִיהֶ֑ם עַל־כֵּן֙ הָיְתָ֣ה לְמָשָׁ֔ל הֲגַ֥ם שָׁא֖וּל בַּנְּבִיאִֽים׃

13
14 וַיְכַ֖ל מֵֽהִתְנַבּ֑וֹת וַיָּבֹ֖א הַבָּמָֽה׃ וַיֹּאמֶר֩ דּ֨וֹד שָׁא֤וּל אֵלָיו֙ וְאֶֽל־נַעֲר֔וֹ

אָ֥ן הֲלַכְתֶּ֑ם וַיֹּ֕אמֶר לְבַקֵּ֣שׁ אֶת־הָ֣אֲתֹנ֔וֹת וַנִּרְאֶ֣ה כִֽי־אַ֔יִן וַנָּב֖וֹא אֶל־

15 שְׁמוּאֵֽל׃ וַיֹּ֖אמֶר דּ֣וֹד שָׁא֑וּל הַגִּֽידָה־נָּ֣א לִ֔י מָֽה־אָמַ֥ר לָכֶ֖ם שְׁמוּאֵֽל׃

16 וַיֹּ֤אמֶר שָׁאוּל֙ אֶל־דּוֹד֔וֹ הַגֵּ֤ד הִגִּיד֙ לָ֔נוּ כִּ֥י נִמְצְא֖וּ הָאֲתֹנ֑וֹת וְאֶת־דְּבַ֤ר

הַמְּלוּכָה֙ לֹא־הִגִּ֣יד ל֔וֹ אֲשֶׁ֖ר אָמַ֥ר שְׁמוּאֵֽל׃

17
18 וַיַּצְעֵ֣ק שְׁמוּאֵל֮ אֶת־הָעָם֒ אֶל־יְהוָ֖ה הַמִּצְפָּֽה׃ וַיֹּ֤אמֶר ׀ אֶל־בְּנֵ֣י

יִשְׂרָאֵ֔ל

617

Thus saith the LORD God of Israel, I brought up Israel out of Egypt, and delivered you out of the hand of the Egyptians, and out of the hand of all kingdoms, *and* of them that oppressed you:

19 And ye have this day rejected your God, who himself saved you out of all your adversities and your tribulations; and ye have said unto him, *Nay,* but set a king over us. Now therefore present yourselves before the LORD by your tribes, and by your thousands.

20 And when Samuel had caused all the tribes of Israel to come near, the tribe of Benjamin was taken.

21 When he had caused the tribe of Benjamin to come near by their families, the family of Matri was taken, and Saul the son of Kish was taken: and when they sought him, he could not be found.

22 Therefore they enquired of the LORD further, if the man should yet come thither. And the LORD answered, Behold, he hath hid himself among the stuff.

23 And they ran and fetched him thence: and when he stood among the people, he was higher than any of the people from his shoulders and upward.

24 And Samuel said to all the people, See ye him whom the LORD hath chosen, that *there is* none like him among all the people? And all the people shouted, and said, God save the king.

25 Then Samuel told the people the manner of the kingdom, and wrote *it* in a book, and laid *it* up before the LORD. And Samuel sent all the people away, every man to his house.

26 ¶ And Saul also went home to Gibeah; and there went with him a band of men, whose hearts God had touched.

27 But the children of Belial said, How shall this man save us? And they despised him, and brought him no presents. But he held his peace.

CHAPTER 11

1 Then Nahash the Ammonite came up, and encamped against Jabesh-gilead: and all the men of Jabesh said unto Nahash, Make a covenant with us, and we will serve thee.

2 And Nahash the Ammonite answered them, On this *condition* will I make *a covenant* with you, that I may thrust out all your right eyes, and lay it *for* a reproach upon all Israel.

3 And the elders of Jabesh said unto him, Give us seven days' respite, that we may send messengers unto all the coasts of Israel: and then, if *there be* no man to save us, we will come out to thee.

4 ¶ Then came the messengers to Gibeah of Saul, and told the tidings in the ears of the people: and all the people lifted up their voices, and wept.

5 And, behold, Saul came after the herd out of the field; and Saul said, What *aileth* the people that they weep? And they told him the tidings of the men of Jabesh.

6 And the Spirit of God came upon Saul when he heard those tidings, and his anger was kindled greatly.

7 And he took a yoke of oxen, and hewed them in pieces, and sent *them* throughout all the coasts of Israel by the hands of messengers, saying, Whosoever cometh not forth after Saul and after Samuel, so shall it be done unto his oxen. And the fear of the LORD fell on the people, and they came out with one consent.

8 And when he numbered them in Bezek, the children of Israel were three hundred thousand, and the men of Judah thirty thousand.

9 And they said unto the messengers that came, Thus shall ye say unto the men of Jabesh-gilead, To morrow, by *that time* the sun be hot, ye shall have help. And the messengers came and shewed *it* to the men of Jabesh; and they were glad.

10 Therefore the men of Jabesh said, To morrow we will come out unto you, and ye shall do with us all that seemeth good unto you.

11 And it was *so* on the morrow, that Saul put the people in three companies; and they came into the midst of the host in the morning watch, and slew the Am-

כֹּה־אָמַר יְהוָה אֱלֹהֵי יִשְׂרָאֵל אָנֹכִי הֶעֱלֵיתִי אֶת־יִשְׂרָאֵל מִמִּצְרָיִם
וָאַצִּיל אֶתְכֶם מִיַּד מִצְרַיִם וּמִיַּד כָּל־הַמַּמְלָכוֹת הַלֹּחֲצִים אֶתְכֶם:

19 וְאַתֶּם הַיּוֹם מְאַסְתֶּם אֶת־אֱלֹהֵיכֶם אֲשֶׁר־הוּא מוֹשִׁיעַ לָכֶם מִכָּל־
רָעוֹתֵיכֶם וְצָרֹתֵיכֶם וַתֹּאמְרוּ לוֹ כִּי־מֶלֶךְ תָּשִׂים עָלֵינוּ וְעַתָּה הִתְיַצְּבוּ

20 לִפְנֵי יְהוָה לְשִׁבְטֵיכֶם וּלְאַלְפֵיכֶם: וַיַּקְרֵב שְׁמוּאֵל אֵת כָּל־שִׁבְטֵי

21 יִשְׂרָאֵל וַיִּלָּכֵד שֵׁבֶט בִּנְיָמִן: וַיַּקְרֵב אֶת־שֵׁבֶט בִּנְיָמִן לְמִשְׁפְּחֹתָו

וַתִּלָּכֵד מִשְׁפַּחַת הַמַּטְרִי וַיִּלָּכֵד שָׁאוּל בֶּן־קִישׁ וַיְבַקְשֻׁהוּ וְלֹא נִמְצָא:

22 וַיִּשְׁאֲלוּ־עוֹד בַּיהוָה הֲבָא עוֹד הֲלֹם אִישׁ　　וַיֹּאמֶר יְהוָה

23 הִנֵּה־הוּא נֶחְבָּא אֶל־הַכֵּלִים: וַיָּרֻצוּ וַיִּקָּחֻהוּ מִשָּׁם וַיִּתְיַצֵּב בְּתוֹךְ

24 הָעָם וַיִּגְבַּהּ מִכָּל־הָעָם מִשִּׁכְמוֹ וָמָעְלָה: וַיֹּאמֶר שְׁמוּאֵל אֶל־כָּל־
הָעָם הַרְּאִיתֶם אֲשֶׁר בָּחַר־בּוֹ יְהוָה כִּי אֵין כָּמֹהוּ בְּכָל־הָעָם וַיָּרִעוּ
כָל־הָעָם וַיֹּאמְרוּ יְחִי הַמֶּלֶךְ:

25 וַיְדַבֵּר שְׁמוּאֵל אֶל־הָעָם אֵת מִשְׁפַּט הַמְּלֻכָה וַיִּכְתֹּב בַּסֵּפֶר וַיַּנַּח

26 לִפְנֵי יְהוָה וַיְשַׁלַּח שְׁמוּאֵל אֶת־כָּל־הָעָם אִישׁ לְבֵיתוֹ: וְגַם־שָׁאוּל
הָלַךְ לְבֵיתוֹ גִּבְעָתָה וַיֵּלְכוּ עִמּוֹ הַחַיִל אֲשֶׁר־נָגַע אֱלֹהִים בְּלִבָּם:

27 וּבְנֵי בְלִיַּעַל אָמְרוּ מַה־יֹּשִׁעֵנוּ זֶה וַיִּבְזֻהוּ וְלֹא־הֵבִיאוּ לוֹ מִנְחָה
וַיְהִי כְּמַחֲרִישׁ:

11 וַיַּעַל נָחָשׁ הָעַמּוֹנִי וַיִּחַן עַל־יָבֵשׁ גִּלְעָד וַיֹּאמְרוּ כָּל־אַנְשֵׁי יָבֵישׁ

2 אֶל־נָחָשׁ כְּרָת־לָנוּ בְרִית וְנַעַבְדֶךָּ: וַיֹּאמֶר אֲלֵיהֶם נָחָשׁ הָעַמּוֹנִי
בְּזֹאת אֶכְרֹת לָכֶם בִּנְקוֹר לָכֶם כָּל־עֵין יָמִין וְשַׂמְתִּיהָ חֶרְפָּה עַל־

3 כָּל־יִשְׂרָאֵל: וַיֹּאמְרוּ אֵלָיו זִקְנֵי יָבֵישׁ הֶרֶף לָנוּ שִׁבְעַת יָמִים וְנִשְׁלְחָה
מַלְאָכִים בְּכֹל גְּבוּל יִשְׂרָאֵל וְאִם־אֵין מוֹשִׁיעַ אֹתָנוּ וְיָצָאנוּ אֵלֶיךָ:

4 וַיָּבֹאוּ הַמַּלְאָכִים גִּבְעַת שָׁאוּל וַיְדַבְּרוּ הַדְּבָרִים בְּאָזְנֵי הָעָם וַיִּשְׂאוּ

5 כָל־הָעָם אֶת־קוֹלָם וַיִּבְכּוּ: וְהִנֵּה שָׁאוּל בָּא אַחֲרֵי הַבָּקָר מִן־הַשָּׂדֶה
וַיֹּאמֶר שָׁאוּל מַה־לָּעָם כִּי יִבְכּוּ וַיְסַפְּרוּ־לוֹ אֶת־דִּבְרֵי אַנְשֵׁי יָבֵישׁ:

6 וַתִּצְלַח רוּחַ־אֱלֹהִים עַל־שָׁאוּל בְּשָׁמְעוֹ אֶת־הַדְּבָרִים הָאֵלֶּה וַיִּחַר

7 אַפּוֹ מְאֹד: וַיִּקַּח צֶמֶד בָּקָר וַיְנַתְּחֵהוּ וַיְשַׁלַּח בְּכָל־גְּבוּל יִשְׂרָאֵל
בְּיַד הַמַּלְאָכִים לֵאמֹר אֲשֶׁר אֵינֶנּוּ יֹצֵא אַחֲרֵי שָׁאוּל וְאַחַר שְׁמוּאֵל
כֹּה יֵעָשֶׂה לִבְקָרוֹ וַיִּפֹּל פַּחַד־יְהוָה עַל־הָעָם וַיֵּצְאוּ כְּאִישׁ אֶחָד:

8 וַיִּפְקְדֵם בְּבָזֶק וַיִּהְיוּ בְנֵי־יִשְׂרָאֵל שְׁלֹשׁ מֵאוֹת אֶלֶף וְאִישׁ יְהוּדָה

9 שְׁלֹשִׁים אָלֶף: וַיֹּאמְרוּ לַמַּלְאָכִים הַבָּאִים כֹּה תֹאמְרוּן לְאִישׁ יָבֵישׁ
גִּלְעָד מָחָר תִּהְיֶה־לָכֶם תְּשׁוּעָה בְּחֹם הַשֶּׁמֶשׁ וַיָּבֹאוּ הַמַּלְאָכִים

10 וַיַּגִּידוּ לְאַנְשֵׁי יָבֵישׁ וַיִּשְׂמָחוּ: וַיֹּאמְרוּ אַנְשֵׁי יָבֵישׁ מָחָר נֵצֵא אֲלֵיכֶם
10A

11 וַעֲשִׂיתֶם לָנוּ כְּכָל־הַטּוֹב בְּעֵינֵיכֶם: וַיְהִי מִמָּחֳרָת וַיָּשֶׂם
שָׁאוּל אֶת־הָעָם שְׁלֹשָׁה רָאשִׁים וַיָּבֹאוּ בְתוֹךְ־הַמַּחֲנֶה בְּאַשְׁמֹרֶת

monites until the heat of the day: and it came to pass, that they which remained were scattered, so that two of them were not left together.

12 ¶ And the people said unto Samuel, Who *is* he that said, Shall Saul reign over us? bring the men, that we may put them to death.

13 And Saul said, There shall not a man be put to death this day: for to day the LORD hath wrought salvation in Israel.

14 Then said Samuel to the people, Come, and let us go to Gilgal, and renew the kingdom there.

15 And all the people went to Gilgal; and there they made Saul king before the LORD in Gilgal; and there they sacrificed sacrifices of peace offerings before the LORD; and there Saul and all the men of Israel rejoiced greatly.

CHAPTER 12

1 And Samuel said unto all Israel, Behold, I have hearkened unto your voice in all that ye said unto me, and have made a king over you.

2 And now, behold, the king walketh before you: and I am old and grayheaded; and, behold, my sons *are* with you: and I have walked before you from my childhood unto this day.

3 Behold, here I *am:* witness against me before the LORD, and before his anointed: whose ox have I taken? or whose ass have I taken? or whom have I defrauded? whom have I oppressed? or of whose hand have I received *any* bribe to blind mine eyes therewith? and I will restore it you.

4 And they said, Thou hast not defrauded us, nor oppressed us, neither hast thou taken ought of any man's hand.

5 And he said unto them, The LORD *is* witness against you, and his anointed *is* witness this day, that ye have not found ought in my hand. And they answered, *He is* witness.

6 ¶ And Samuel said unto the people, *It is* the LORD that advanced Moses and Aaron, and that brought your fathers up out of the land of Egypt.

7 Now therefore stand still, that I may reason with you before the LORD of all the righteous acts of the LORD, which he did to you and to your fathers.

8 When Jacob was come into Egypt, and your fathers cried unto the LORD, then the LORD sent Moses and Aaron, which brought forth your fathers out of Egypt, and made them dwell in this place.

9 And when they forgat the LORD their God, he sold them into the hand of Sisera, captain of the host of Hazor, and into the hand of the Philistines, and into the hand of the king of Moab, and they fought against them.

10 And they cried unto the LORD, and said, We have sinned, because we have forsaken the LORD, and have served Baalim and Ashtaroth: but now deliver us out of the hand of our enemies, and we will serve thee.

11 And the LORD sent Jerubbaal, and Bedan, and Jephthah, and Samuel, and delivered you out of the hand of your enemies on every side, and ye dwelled safe.

12 And when ye saw that Nahash the king of the children of Ammon came against you, ye said unto me, Nay; but a king shall reign over us: when the LORD your God *was* your king.

13 Now therefore behold the king whom ye have chosen, *and* whom ye have desired! and, behold, the LORD hath set a king over you.

14 If ye will fear the LORD, and serve him, and obey his voice, and not rebel against the commandment of the LORD, then shall both ye and also the king that reigneth over you continue following the LORD your God:

15 But if ye will not obey the voice of the LORD, but rebel against the commandment of the LORD, then shall the hand of the LORD be against you, as *it was* against your fathers.

16 ¶ Now therefore stand and see this great thing, which the LORD will do before your eyes.

הַבֹּקֶר וַיַּכּוּ אֶת־עַמּוֹן עַד־חֹם הַיּוֹם וַיְהִי הַנִּשְׁאָרִים וַיָּפֻצוּ וְלֹא

12 נִשְׁאֲרוּ־בָם שְׁנַיִם יָחַד: וַיֹּאמֶר הָעָם אֶל־שְׁמוּאֵל מִי הָאֹמֵר שָׁאוּל

13 יִמְלֹךְ עָלֵינוּ תְּנוּ הָאֲנָשִׁים וּנְמִיתֵם: וַיֹּאמֶר שָׁאוּל לֹא־יוּמַת אִישׁ

14 בַּיּוֹם הַזֶּה כִּי הַיּוֹם עָשָׂה־יְהוָה תְּשׁוּעָה בְּיִשְׂרָאֵל: וַיֹּאמֶר

15 שְׁמוּאֵל אֶל־הָעָם לְכוּ וְנֵלְכָה הַגִּלְגָּל וּנְחַדֵּשׁ שָׁם הַמְּלוּכָה: וַיֵּלְכוּ

כָל־הָעָם הַגִּלְגָּל וַיַּמְלִכוּ שָׁם אֶת־שָׁאוּל לִפְנֵי יְהוָה בַּגִּלְגָּל

וַיִּזְבְּחוּ־שָׁם זְבָחִים שְׁלָמִים לִפְנֵי יְהוָה וַיִּשְׂמַח שָׁם שָׁאוּל וְכָל־אַנְשֵׁי

יִשְׂרָאֵל עַד־מְאֹד:

12 1 וַיֹּאמֶר שְׁמוּאֵל אֶל־כָּל־יִשְׂרָאֵל הִנֵּה שָׁמַעְתִּי בְקֹלְכֶם לְכֹל אֲשֶׁר־

2 אֲמַרְתֶּם לִי וָאַמְלִיךְ עֲלֵיכֶם מֶלֶךְ: וְעַתָּה הִנֵּה הַמֶּלֶךְ ׀ מִתְהַלֵּךְ

לִפְנֵיכֶם וַאֲנִי זָקַנְתִּי וָשַׂבְתִּי וּבָנַי הִנָּם אִתְּכֶם וַאֲנִי הִתְהַלַּכְתִּי

3 לִפְנֵיכֶם מִנְּעֻרַי עַד־הַיּוֹם הַזֶּה: הִנְנִי עֲנוּ בִי נֶגֶד יְהוָה וְנֶגֶד מְשִׁיחוֹ

אֶת־שׁוֹר ׀ מִי לָקַחְתִּי וַחֲמוֹר מִי לָקַחְתִּי וְאֶת־מִי עָשַׁקְתִּי אֶת־מִי

4 רַצּוֹתִי וּמִיַּד־מִי לָקַחְתִּי כֹפֶר וְאַעְלִים עֵינַי בּוֹ וְאָשִׁיב לָכֶם: וַיֹּאמְרוּ

5 לֹא עֲשַׁקְתָּנוּ וְלֹא רַצּוֹתָנוּ וְלֹא־לָקַחְתָּ מִיַּד־אִישׁ מְאוּמָה: וַיֹּאמֶר

אֲלֵיהֶם עֵד יְהוָה בָּכֶם וְעֵד מְשִׁיחוֹ הַיּוֹם הַזֶּה כִּי לֹא מְצָאתֶם

בְּיָדִי מְאוּמָה וַיֹּאמֶר עֵד:

6 וַיֹּאמֶר שְׁמוּאֵל אֶל־הָעָם יְהוָה אֲשֶׁר עָשָׂה אֶת־מֹשֶׁה וְאֶת־אַהֲרֹן

7 וַאֲשֶׁר הֶעֱלָה אֶת־אֲבֹתֵיכֶם מֵאֶרֶץ מִצְרָיִם: וְעַתָּה הִתְיַצְּבוּ וְאִשָּׁפְטָה

אִתְּכֶם לִפְנֵי יְהוָה אֵת כָּל־צִדְקוֹת יְהוָה אֲשֶׁר־עָשָׂה אִתְּכֶם

8 וְאֶת־אֲבוֹתֵיכֶם: כַּאֲשֶׁר־בָּא יַעֲקֹב מִצְרָיִם וַיִּזְעֲקוּ אֲבוֹתֵיכֶם אֶל־יְהוָה

וַיִּשְׁלַח יְהוָה אֶת־מֹשֶׁה וְאֶת־אַהֲרֹן וַיּוֹצִיאוּ אֶת־אֲבֹתֵיכֶם מִמִּצְרַיִם

9 וַיֹּשִׁבוּם בַּמָּקוֹם הַזֶּה: וַיִּשְׁכְּחוּ אֶת־יְהוָה אֱלֹהֵיהֶם וַיִּמְכֹּר אֹתָם

בְּיַד סִיסְרָא שַׂר־צְבָא חָצוֹר וּבְיַד־פְּלִשְׁתִּים וּבְיַד מֶלֶךְ מוֹאָב וַיִּלָּחֲמוּ

10 בָּם: וַיִּזְעֲקוּ אֶל־יְהוָה וַיֹּאמֶר חָטָאנוּ כִּי עָזַבְנוּ אֶת־יְהוָה וַנַּעֲבֹד   וַיֹּאמְרוּ

אֶת־הַבְּעָלִים וְאֶת־הָעַשְׁתָּרוֹת וְעַתָּה הַצִּילֵנוּ מִיַּד אֹיְבֵינוּ וְנַעַבְדֶךָּ:

11 וַיִּשְׁלַח יְהוָה אֶת־יְרֻבַּעַל וְאֶת־בְּדָן וְאֶת־יִפְתָּח וְאֶת־שְׁמוּאֵל וַיַּצֵּל

12 אֶתְכֶם מִיַּד אֹיְבֵיכֶם מִסָּבִיב וַתֵּשְׁבוּ בֶּטַח: וַתִּרְאוּ כִּי־נָחָשׁ מֶלֶךְ

בְּנֵי־עַמּוֹן בָּא עֲלֵיכֶם וַתֹּאמְרוּ לִי לֹא כִּי־מֶלֶךְ יִמְלֹךְ עָלֵינוּ וַיהוָה

13 אֱלֹהֵיכֶם מַלְכְּכֶם: וְעַתָּה הִנֵּה הַמֶּלֶךְ אֲשֶׁר בְּחַרְתֶּם אֲשֶׁר שְׁאֶלְתֶּם

14 וְהִנֵּה נָתַן יְהוָה עֲלֵיכֶם מֶלֶךְ: אִם־תִּירְאוּ אֶת־יְהוָה וַעֲבַדְתֶּם אֹתוֹ

וּשְׁמַעְתֶּם בְּקֹלוֹ וְלֹא תַמְרוּ אֶת־פִּי יְהוָה וִהְיִתֶם גַּם־אַתֶּם וְגַם־

15 הַמֶּלֶךְ אֲשֶׁר מָלַךְ עֲלֵיכֶם אַחַר יְהוָה אֱלֹהֵיכֶם: וְאִם־לֹא תִשְׁמְעוּ

בְּקוֹל יְהוָה וּמְרִיתֶם אֶת־פִּי יְהוָה וְהָיְתָה יַד־יְהוָה בָּכֶם וּבַאֲבֹתֵיכֶם:

16 גַּם־עַתָּה הִתְיַצְּבוּ וּרְאוּ אֶת־הַדָּבָר הַגָּדוֹל הַזֶּה אֲשֶׁר יְהוָה עֹשֶׂה

17 *Is it* not wheat harvest to day? I will call unto the LORD, and he shall send thunder and rain; that ye may perceive and see that your wickedness *is* great, which ye have done in the sight of the LORD, in asking you a king.

18 So Samuel called unto the LORD; and the LORD sent thunder and rain that day: and all the people greatly feared the LORD and Samuel.

19 And all the people said unto Samuel, Pray for thy servants unto the LORD thy God, that we die not: for we have added unto all our sins *this* evil, to ask us a king.

20 ¶ And Samuel said unto the people, Fear not: ye have done all this wickedness: yet turn not aside from following the LORD, but serve the LORD with all your heart;

21 And turn ye not aside: for *then should ye go* after vain *things,* which cannot profit nor deliver; for they *are* vain.

22 For the LORD will not forsake his people for his great name's sake: because it hath pleased the LORD to make you his people.

23 Moreover as for me, God forbid that I should sin against the LORD in ceasing to pray for you: but I will teach you the good and the right way:

24 Only fear the LORD, and serve him in truth with all your heart: for consider how great *things* he hath done for you.

25 But if ye shall still do wickedly, ye shall be consumed, both ye and your king.

CHAPTER 13

1 Saul reigned one year; and when he had reigned two years over Israel,

2 Saul chose him three thousand *men* of Israel; *whereof* two thousand were with Saul in Michmash and in mount Beth-el, and a thousand were with Jonathan in Gibeah of Benjamin: and the rest of the people he sent every man to his tent.

3 And Jonathan smote the garrison of the Philistines that *was* in Geba, and the Philistines heard *of it.* And Saul blew the trumpet throughout all the land, saying, Let the Hebrews hear.

4 And all Israel heard say *that* Saul had smitten a garrison of the Philistines, and *that* Israel also was had in abomination with the Philistines. And the people were called together after Saul to Gilgal.

5 ¶ And the Philistines gathered themselves together to fight with Israel, thirty thousand chariots, and six thousand horsemen, and people as the sand which *is* on the sea shore in multitude: and they came up, and pitched in Michmash, eastward from Beth-aven.

6 When the men of Israel saw that they were in a strait, (for the people were distressed,) then the people did hide themselves in caves, and in thickets, and in rocks, and in high places, and in pits.

7 And *some of* the Hebrews went over Jordan to the land of Gad and Gilead. As for Saul, he *was* yet in Gilgal, and all the people followed him trembling.

8 ¶ And he tarried seven days, according to the set time that Samuel *had appointed:* but Samuel came not to Gilgal; and the people were scattered from him.

9 And Saul said, Bring hither a burnt offering to me, and peace offerings. And he offered the burnt offering.

10 And it came to pass, that as soon as he had made an end of offering the burnt offering, behold, Samuel came; and Saul went out to meet him, that he might salute him.

11 ¶ And Samuel said, What hast thou done? And Saul said, Because I saw that the people were scattered from me, and *that* thou camest not within the days appointed, and *that* the Philistines gathered themselves together at Michmash;

12 Therefore said I, The Philistines will come down now upon me to Gilgal, and I have not made supplication unto the LORD: I forced myself therefore, and offered a burnt offering.

13 And Samuel said to Saul, Thou hast done foolishly: thou hast not kept the commandment of the LORD thy God,

17 לְעֵינֵיכֶם הֲלוֹא קְצִיר־חִטִּים הַיּוֹם אֶקְרָא אֶל־יְהוָה וְיִתֵּן קֹלוֹת
וּמָטָר וּדְעוּ וּרְאוּ כִּי־רָעַתְכֶם רַבָּה אֲשֶׁר עֲשִׂיתֶם בְּעֵינֵי יְהוָה
18 לִשְׁאוֹל לָכֶם מֶלֶךְ׃ וַיִּקְרָא שְׁמוּאֵל אֶל־יְהוָה וַיִּתֵּן יְהוָה
קֹלֹת וּמָטָר בַּיּוֹם הַהוּא וַיִּירָא כָל־הָעָם מְאֹד אֶת־יְהוָה וְאֶת־
19 שְׁמוּאֵל׃ וַיֹּאמְרוּ כָל־הָעָם אֶל־שְׁמוּאֵל הִתְפַּלֵּל בְּעַד־עֲבָדֶיךָ אֶל־
יְהוָה אֱלֹהֶיךָ וְאַל־נָמוּת כִּי־יָסַפְנוּ עַל־כָּל־חַטֹּאתֵינוּ רָעָה לִשְׁאֹל
20 לָנוּ מֶלֶךְ׃ וַיֹּאמֶר שְׁמוּאֵל אֶל־הָעָם אַל־תִּירָאוּ אַתֶּם
עֲשִׂיתֶם אֵת כָּל־הָרָעָה הַזֹּאת אַךְ אַל־תָּסוּרוּ מֵאַחֲרֵי יְהוָה
21 וַעֲבַדְתֶּם אֶת־יְהוָה בְּכָל־לְבַבְכֶם׃ וְלֹא תָּסוּרוּ כִּי אַחֲרֵי הַתֹּהוּ
22 אֲשֶׁר לֹא־יוֹעִילוּ וְלֹא יַצִּילוּ כִּי־תֹהוּ הֵמָּה׃ כִּי לֹא־יִטֹּשׁ יְהוָה אֶת־
עַמּוֹ בַּעֲבוּר שְׁמוֹ הַגָּדוֹל כִּי הוֹאִיל יְהוָה לַעֲשׂוֹת אֶתְכֶם לוֹ לְעָם׃
23 גַּם אָנֹכִי חָלִילָה לִּי מֵחֲטֹא לַיהוָה מֵחֲדֹל לְהִתְפַּלֵּל בַּעַדְכֶם וְהוֹרֵיתִי
24 אֶתְכֶם בְּדֶרֶךְ הַטּוֹבָה וְהַיְשָׁרָה׃ אַךְ יְראוּ אֶת־יְהוָה וַעֲבַדְתֶּם אֹתוֹ
25 בֶּאֱמֶת בְּכָל־לְבַבְכֶם כִּי רְאוּ אֵת אֲשֶׁר־הִגְדִּל עִמָּכֶם׃ וְאִם־הָרֵעַ
תָּרֵעוּ גַּם־אַתֶּם גַּם־מַלְכְּכֶם תִּסָּפוּ׃

13 בֶּן־שָׁנָה שָׁאוּל בְּמָלְכוֹ וּשְׁתֵּי שָׁנִים מָלַךְ עַל־יִשְׂרָאֵל׃ וַיִּבְחַר־לוֹ
2 שָׁאוּל שְׁלֹשֶׁת אֲלָפִים מִיִּשְׂרָאֵל וַיִּהְיוּ עִם־שָׁאוּל אַלְפַּיִם בְּמִכְמָשׂ
וּבְהַר בֵּית־אֵל וְאֶלֶף הָיוּ עִם־יוֹנָתָן בְּגִבְעַת בִּנְיָמִין וְיֶתֶר הָעָם
3 שִׁלַּח אִישׁ לְאֹהָלָיו׃ וַיַּךְ יוֹנָתָן אֵת נְצִיב פְּלִשְׁתִּים אֲשֶׁר בְּגֶבַע
וַיִּשְׁמְעוּ פְּלִשְׁתִּים וְשָׁאוּל תָּקַע בַּשּׁוֹפָר בְּכָל־הָאָרֶץ לֵאמֹר יִשְׁמְעוּ
4 הָעִבְרִים׃ וְכָל־יִשְׂרָאֵל שָׁמְעוּ לֵאמֹר הִכָּה שָׁאוּל אֶת־נְצִיב פְּלִשְׁתִּים
וְגַם־נִבְאַשׁ יִשְׂרָאֵל בַּפְּלִשְׁתִּים וַיִּצָּעֲקוּ הָעָם אַחֲרֵי שָׁאוּל הַגִּלְגָּל׃
5 וּפְלִשְׁתִּים נֶאֶסְפוּ לְהִלָּחֵם עִם־יִשְׂרָאֵל שְׁלֹשִׁים אֶלֶף רֶכֶב וְשֵׁשֶׁת
אֲלָפִים פָּרָשִׁים וְעָם כַּחוֹל אֲשֶׁר עַל־שְׂפַת־הַיָּם לָרֹב וַיַּעֲלוּ וַיַּחֲנוּ
6 בְמִכְמָשׂ קִדְמַת בֵּית אָוֶן׃ וְאִישׁ יִשְׂרָאֵל רָאוּ כִּי צַר־לוֹ כִּי נִגַּשׂ
הָעָם וַיִּתְחַבְּאוּ הָעָם בַּמְּעָרוֹת וּבַחֲוָחִים וּבַסְּלָעִים וּבַצְּרִחִים
7 וּבַבֹּרוֹת׃ וְעִבְרִים עָבְרוּ אֶת־הַיַּרְדֵּן אֶרֶץ גָּד וְגִלְעָד וְשָׁאוּל עוֹדֶנּוּ
8 בַּגִּלְגָּל וְכָל־הָעָם חָרְדוּ אַחֲרָיו׃ וַיּוֹחֶל שִׁבְעַת יָמִים לַמּוֹעֵד אֲשֶׁר
שְׁמוּאֵל וְלֹא־בָא שְׁמוּאֵל הַגִּלְגָּל וַיָּפֶץ הָעָם מֵעָלָיו׃ וַיֹּאמֶר שָׁאוּל
9 הַגִּשׁוּ אֵלַי הָעֹלָה וְהַשְּׁלָמִים וַיַּעַל הָעֹלָה׃ וַיְהִי כְּכַלֹּתוֹ לְהַעֲלוֹת
10 הָעֹלָה וְהִנֵּה שְׁמוּאֵל בָּא וַיֵּצֵא שָׁאוּל לִקְרָאתוֹ לְבָרֲכוֹ׃ וַיֹּאמֶר
11 שְׁמוּאֵל מֶה עָשִׂיתָ וַיֹּאמֶר שָׁאוּל כִּי־רָאִיתִי כִּי־נָפַץ הָעָם מֵעָלַי
12 וְאַתָּה לֹא־בָאתָ לְמוֹעֵד הַיָּמִים וּפְלִשְׁתִּים נֶאֱסָפִים מִכְמָשׂ׃ וָאֹמַר
עַתָּה יֵרְדוּ פְלִשְׁתִּים אֵלַי הַגִּלְגָּל וּפְנֵי יְהוָה לֹא חִלִּיתִי וָאֶתְאַפַּק
13 וָאַעֲלֶה הָעֹלָה׃ וַיֹּאמֶר שְׁמוּאֵל אֶל־שָׁאוּל נִסְכָּלְתָּ לֹא

4A

וַיּוֹחֶל

623

which he commanded thee: for now would the LORD have established thy kingdom upon Israel for ever.

14 But now thy kingdom shall not continue: the LORD hath sought him a man after his own heart, and the LORD hath commanded him *to be* captain over his people, because thou hast not kept *that* which the LORD commanded thee.

15 And Samuel arose, and gat him up from Gilgal unto Gibeah of Benjamin. And Saul numbered the people *that were* present with him, about six hundred men.

16 And Saul, and Jonathan his son, and the people *that were* present with them, abode in Gibeah of Benjamin: but the Philistines encamped in Michmash.

17 ¶ And the spoilers came out of the camp of the Philistines in three companies: one company turned unto the way *that leadeth to* Ophrah, unto the land of Shual:

18 And another company turned the way *to* Beth-horon: and another company turned *to* the way of the border that looketh to the valley of Zeboim toward the wilderness.

19 ¶ Now there was no smith found throughout all the land of Israel: for the Philistines said, Lest the Hebrews make *them* swords or spears:

20 But all the Israelites went down to the Philistines, to sharpen every man his share, and his coulter, and his axe, and his mattock.

21 Yet they had a file for the mattocks, and for the coulters, and for the forks, and for the axes, and to sharpen the goads.

22 So it came to pass in the day of battle, that there was neither sword nor spear found in the hand of any of the people that *were* with Saul and Jonathan: but with Saul and with Jonathan his son was there found.

23 And the garrison of the Philistines went out to the passage of Michmash.

CHAPTER 14

1 Now it came to pass upon a day, that Jonathan the son of Saul said unto the young man that bare his armour, Come, and let us go over to the Philistines' garrison, that *is* on the other side. But he told not his father.

2 And Saul tarried in the uttermost part of Gibeah under a pomegranate tree which *is* in Migron: and the people that *were* with him *were* about six hundred men;

3 And Ahiah, the son of Ahitub, I-chabod's brother, the son of Phinehas, the son of Eli, the LORD's priest in Shiloh, wearing an ephod. And the people knew not that Jonathan was gone.

4 ¶ And between the passages, by which Jonathan sought to go over unto the Philistines' garrison, *there was* a sharp rock on the one side, and a sharp rock on the other side: and the name of the one *was* Bozez, and the name of the other Seneh.

5 The forefront of the one *was* situate northward over against Michmash, and the other southward over against Gibeah.

6 And Jonathan said to the young man that bare his armour, Come, and let us go over unto the garrison of these uncircumcised: it may be that the LORD will work for us: for *there is* no restraint to the LORD to save by many or by few.

7 And his armourbearer said unto him, Do all that *is* in thine heart: turn thee; behold, I *am* with thee according to thy heart.

8 Then said Jonathan, Behold, we will pass over unto *these* men, and we will discover ourselves unto them.

9 If they say thus unto us, Tarry until we come to you; then we will stand still in our place, and will not go up unto them.

10 But if they say thus, Come up unto us; then we will go up: for the LORD hath delivered them into our hand: and this *shall be* a sign unto us.

11 And both of them discovered themselves unto the garrison of the Philistines: and the Philistines said, Behold, the Hebrews come forth out of the holes where they had hid themselves.

12 And the men of the garrison answered Jonathan and his armourbearer,

שָׁמַ֔רְתָּ אֶת־מִצְוַ֛ת יְהוָ֥ה אֱלֹהֶ֖יךָ אֲשֶׁ֣ר צִוָּ֑ךְ כִּ֣י עַתָּ֗ה הֵכִ֤ין יְהוָ֛ה

14 אֶת־מַֽמְלַכְתְּךָ֥ אֶל־יִשְׂרָאֵ֖ל עַד־עוֹלָֽם: וְעַתָּ֖ה מַמְלַכְתְּךָ֣ לֹא־תָק֑וּם

בִּקֵּשׁ֩ יְהוָ֨ה ל֜וֹ אִ֣ישׁ כִּלְבָב֗וֹ וַיְצַוֵּ֨הוּ יְהוָ֤ה לְנָגִיד֙ עַל־עַמּ֔וֹ כִּ֚י לֹ֣א

שָׁמַ֔רְתָּ אֵ֥ת אֲשֶֽׁר־צִוְּךָ֖ יְהוָֽה:

15 וַיָּ֣קָם שְׁמוּאֵ֗ל וַיַּ֛עַל מִן־הַגִּלְגָּ֖ל גִּבְעַ֣ת בִּנְיָמִ֑ן וַיִּפְקֹ֣ד שָׁא֗וּל אֶת־

16 הָעָם֙ הַנִּמְצְאִ֣ים עִמּ֔וֹ כְּשֵׁ֥שׁ מֵא֖וֹת אִ֑ישׁ: וְשָׁא֞וּל וְיוֹנָתָ֣ן בְּנ֗וֹ וְהָעָם֙

17 הַנִּמְצָ֣א עִמָּ֔ם יֹשְׁבִ֖ים בְּגֶ֣בַע בִּנְיָמִ֑ן וּפְלִשְׁתִּ֖ים חָנ֥וּ בְמִכְמָֽשׂ: וַיֵּצֵ֧א

הַמַּשְׁחִ֛ית מִמַּחֲנֵ֥ה פְלִשְׁתִּ֖ים שְׁלֹשָׁ֣ה רָאשִׁ֑ים הָרֹ֨אשׁ אֶחָ֥ד יִפְנֶ֛ה

18 אֶל־דֶּ֥רֶךְ עָפְרָ֖ה אֶל־אֶ֥רֶץ שׁוּעָֽל: וְהָרֹ֤אשׁ אֶחָד֙ יִפְנֶ֔ה דֶּ֖רֶךְ בֵּ֣ית

חֹר֑וֹן וְהָרֹ֨אשׁ אֶחָ֤ד יִפְנֶה֙ דֶּ֣רֶךְ הַגְּב֔וּל הַנִּשְׁקָ֛ף עַל־גֵּ֥י הַצְּבֹעִ֖ים

אָמְרוּ   19   הַמִּדְבָּֽרָה: וְחָרָשׁ֙ לֹ֣א יִמָּצֵ֔א בְּכֹ֖ל אֶ֣רֶץ יִשְׂרָאֵ֑ל כִּֽי־אָמַ֣ר

20 פְלִשְׁתִּ֔ים פֶּ֚ן יַעֲשׂ֣וּ הָעִבְרִ֔ים חֶ֖רֶב א֣וֹ חֲנִֽית: וַיֵּרְד֥וּ כָל־יִשְׂרָאֵ֖ל

הַפְּלִשְׁתִּ֑ים לִלְט֗וֹשׁ אִ֣ישׁ אֶת־מַחֲרַשְׁתּ֤וֹ וְאֶת־אֵתוֹ֙ וְאֶת־קַרְדֻּמּ֔וֹ וְאֵ֖ת

21 מַחֲרֵשָׁתֽוֹ: וְהָיְתָ֞ה הַפְּצִ֣ירָה פִ֗ים לַמַּֽחֲרֵשֹׁת֙ וְלָ֣אֵתִ֔ים וְלִשְׁלֹ֥שׁ קִלְּשׁ֖וֹן

22 וּלְהַקַּרְדֻּמִּ֑ים וּלְהַצִּ֖יב הַדָּרְבָֽן: וְהָיָה֙ בְּי֣וֹם מִלְחֶ֔מֶת וְלֹ֣א נִמְצָ֗א חֶ֤רֶב

וַחֲנִית֙ בְּיַ֣ד כָּל־הָעָ֔ם אֲשֶׁ֖ר אֶת־שָׁא֣וּל וְאֶת־יוֹנָתָ֑ן וַתִּמָּצֵ֥א לְשָׁא֖וּל

23 וּלְיוֹנָתָ֥ן בְּנֽוֹ: וַיֵּצֵא֙ מַצַּ֣ב פְּלִשְׁתִּ֔ים אֶל־מַעֲבַ֖ר מִכְמָֽשׂ:   14   1 וַיְהִ֣י

הַיּ֗וֹם וַיֹּ֨אמֶר יוֹנָתָ֤ן בֶּן־שָׁאוּל֙ אֶל־הַנַּ֨עַר֙ נֹשֵׂ֣א כֵלָ֔יו לְכָ֗ה וְנַעְבְּרָה֙

2 אֶל־מַצַּ֣ב פְּלִשְׁתִּ֔ים אֲשֶׁ֖ר מֵעֵ֣בֶר הַלָּ֑ז וּלְאָבִ֖יו לֹ֥א הִגִּֽיד: וְשָׁא֗וּל

יוֹשֵׁב֙ בִּקְצֵ֣ה הַגִּבְעָ֔ה תַּ֥חַת הָרִמּ֖וֹן אֲשֶׁ֣ר בְּמִגְר֑וֹן וְהָעָם֙ אֲשֶׁ֣ר עִמּ֔וֹ

3 כְּשֵׁ֥שׁ מֵא֖וֹת אִֽישׁ: וַאֲחִיָּ֣ה בֶן־אֲחִט֡וּב אֲחִ֣י אִיכָב֣וֹד ׀ בֶּן־פִּֽינְחָ֨ס

בֶּן־עֵלִ֜י כֹּהֵ֧ן ׀ יְהוָ֛ה בְּשִׁל֖וֹ נֹשֵׂ֣א אֵפ֑וֹד וְהָעָם֙ לֹ֣א יָדַ֔ע כִּ֥י הָלַ֖ךְ

4 יוֹנָתָֽן: וּבֵ֣ין הַֽמַּעְבְּר֗וֹת אֲשֶׁ֨ר בִּקֵּ֤שׁ יֽוֹנָתָן֙ לַעֲבֹר֙ עַל־מַצַּ֣ב פְּלִשְׁתִּ֔ים

שֵׁן־הַסֶּ֤לַע מֵהָעֵ֨בֶר֙ מִזֶּ֔ה וְשֵׁן־הַסֶּ֖לַע מֵהָעֵ֣בֶר מִזֶּ֑ה וְשֵׁ֤ם הָֽאֶחָד֙

5 בּוֹצֵ֔ץ וְשֵׁ֥ם הָאֶחָ֖ד סֶֽנֶּה: הַשֵּׁ֧ן הָאֶחָ֛ד מָצ֥וּק מִצָּפ֖וֹן מ֣וּל מִכְמָ֑שׂ

6 וְהָאֶחָ֥ד מִנֶּ֖גֶב מ֥וּל גָּֽבַע: וַיֹּ֨אמֶר יְהוֹנָתָ֜ן אֶל־הַנַּ֣עַר ׀ נֹשֵׂ֣א

כֵלָ֗יו לְכָה֙ וְנַעְבְּרָ֗ה אֶל־מַצַּב֙ הָעֲרֵלִ֣ים הָאֵ֔לֶּה אוּלַ֛י יַעֲשֶׂ֥ה יְהוָ֖ה

7 לָ֑נוּ כִּ֣י אֵ֤ין לַֽיהוָה֙ מַעְצ֔וֹר לְהוֹשִׁ֥יעַ בְּרַ֖ב א֥וֹ בִמְעָֽט: וַיֹּ֤אמֶר לוֹ֙

נֹשֵׂ֣א כֵלָ֔יו עֲשֵׂ֖ה כָּל־אֲשֶׁ֣ר בִּלְבָבֶ֑ךָ נְטֵ֣ה לָ֔ךְ הִנְנִ֥י עִמְּךָ֖

8 כִּלְבָבֶֽךָ:   וַיֹּ֨אמֶר֙ יְה֣וֹנָתָ֔ן הִנֵּ֛ה אֲנַ֥חְנוּ עֹבְרִ֖ים אֶל־הָֽאֲנָשִׁ֑ים

9 וְנִגְלֵ֖ינוּ אֲלֵיהֶֽם: אִם־כֹּ֤ה יֹֽאמְרוּ֙ אֵלֵ֔ינוּ דֹּ֕מּוּ עַד־הַגִּיעֵ֖נוּ אֲלֵיכֶ֑ם

10 וְעָמַ֣דְנוּ תַחְתֵּ֔ינוּ וְלֹ֥א נַעֲלֶ֖ה אֲלֵיהֶֽם: וְאִם־כֹּ֨ה יֹאמְר֜וּ עֲל֤וּ עָלֵ֨ינוּ֙

11 וְעָלִ֔ינוּ כִּֽי־נְתָנָ֥ם יְהוָ֖ה בְּיָדֵ֑נוּ וְזֶה־לָּ֖נוּ הָאֽוֹת: וַיִּגָּל֣וּ שְׁנֵיהֶ֔ם אֶל־מַצַּ֖ב

פְּלִשְׁתִּ֑ים וַיֹּאמְר֣וּ פְלִשְׁתִּ֔ים הִנֵּ֤ה עִבְרִים֙ יֹצְאִ֔ים מִן־הַחֹרִ֖ים אֲשֶׁ֥ר

12 הִתְחַבְּאוּ־שָֽׁם: וַיַּעֲנוּ֩ אַנְשֵׁ֨י הַמַּצָּבָ֜ה אֶת־יוֹנָתָ֣ן ׀ וְאֶת־נֹשֵׂ֣א כֵלָ֗יו

and said, Come up to us, and we will shew you a thing. And Jonathan said unto his armourbearer, Come up after me: for the LORD hath delivered them into the hand of Israel.

13 And Jonathan climbed up upon his hands and upon his feet, and his armourbearer after him: and they fell before Jonathan; and his armourbearer slew after him.

14 And that first slaughter, which Jonathan and his armourbearer made, was about twenty men, within as it were an half acre of land, *which* a yoke *of oxen might plow.*

15 And there was trembling in the host, in the field, and among all the people: the garrison, and the spoilers, they also trembled, and the earth quaked: so it was a very great trembling.

16 And the watchmen of Saul in Gibeah of Benjamin looked; and, behold, the multitude melted away, and they went on beating down *one another.*

17 Then said Saul unto the people that *were* with him, Number now, and see who is gone from us. And when they had numbered, behold, Jonathan and his armourbearer *were* not *there.*

18 And Saul said unto Ahiah, Bring hither the ark of God. For the ark of God was at that time with the children of Israel.

19 ¶ And it came to pass, while Saul talked unto the priest, that the noise that *was* in the host of the Philistines went on and increased: and Saul said unto the priest, Withdraw thine hand.

20 And Saul and all the people that *were* with him assembled themselves, and they came to the battle: and, behold, every man's sword was against his fellow, *and there was* a very great discomfiture.

21 Moreover the Hebrews *that* were with the Philistines before that time, which went up with them into the camp *from the country* round about, even they also *turned* to be with the Israelites that *were* with Saul and Jonathan.

22 Likewise all the men of Israel which had hid themselves in mount Ephraim, *when* they heard that the Philistines fled, even they also followed hard after them in the battle.

23 So the LORD saved Israel that day: and the battle passed over unto Beth-aven.

24 ¶ And the men of Israel were distressed that day: for Saul had adjured the people, saying, Cursed *be* the man that eateth *any* food until evening, that I may be avenged on mine enemies. So none of the people tasted *any* food.

25 And all *they of* the land came to a wood; and there was honey upon the ground.

26 And when the people were come into the wood, behold, the honey dropped; but no man put his hand to his mouth: for the people feared the oath.

27 But Jonathan heard not when his father charged the people with the oath: wherefore he put forth the end of the rod that *was* in his hand, and dipped it in an honeycomb, and put his hand to his mouth; and his eyes were enlightened.

28 Then answered one of the people, and said, Thy father straitly charged the people with an oath, saying, Cursed *be* the man that eateth *any* food this day. And the people were faint.

29 Then said Jonathan, My father hath troubled the land: see, I pray you, how mine eyes have been enlightened, because I tasted a little of this honey.

30 How much more, if haply the people had eaten freely to day of the spoil of their enemies which they found? for had there not been now a much greater slaughter among the Philistines?

31 And they smote the Philistines that day from Michmash to Aijalon: and the people were very faint.

32 And the people flew upon the spoil, and took sheep, and oxen, and calves, and slew *them* on the ground: and the people did eat *them* with the blood.

33 ¶ Then they told Saul, saying, Behold, the people sin against the LORD, in that they eat with the blood. And he said, Ye have transgressed: roll a great stone unto me this day.

וַיֹּאמְרוּ עֲלוּ אֵלֵינוּ וְנוֹדִיעָה אֶתְכֶם דָּבָר

וַיֹּאמֶר יוֹנָתָן אֶל־נֹשֵׂא כֵלָיו עֲלֵה אַחֲרַי כִּי־נְתָנָם יְהוָה בְּיַד יִשְׂרָאֵל:

13 וַיַּעַל יוֹנָתָן עַל־יָדָיו וְעַל־רַגְלָיו וְנֹשֵׂא כֵלָיו אַחֲרָיו וַיִּפְּלוּ לִפְנֵי יוֹנָתָן

14 וְנֹשֵׂא כֵלָיו מְמוֹתֵת אַחֲרָיו: וַתְּהִי הַמַּכָּה הָרִאשֹׁנָה אֲשֶׁר הִכָּה

15 יוֹנָתָן וְנֹשֵׂא כֵלָיו כְּעֶשְׂרִים אִישׁ כְּבַחֲצִי מַעֲנָה צֶמֶד שָׂדֶה: וַתְּהִי

חֲרָדָה בַמַּחֲנֶה בַשָּׂדֶה וּבְכָל־הָעָם הַמַּצָּב וְהַמַּשְׁחִית חָרְדוּ גַּם־הֵמָּה

16 וַתִּרְגַּז הָאָרֶץ וַתְּהִי לְחֶרְדַּת אֱלֹהִים: וַיִּרְאוּ הַצֹּפִים לְשָׁאוּל בְּגִבְעַת

בִּנְיָמִן וְהִנֵּה הֶהָמוֹן נָמוֹג וַיֵּלֶךְ וַהֲלֹם:

17 וַיֹּאמֶר שָׁאוּל לָעָם אֲשֶׁר אִתּוֹ פִּקְדוּ־נָא וּרְאוּ מִי הָלַךְ מֵעִמָּנוּ

18 וַיִּפְקְדוּ וְהִנֵּה אֵין יוֹנָתָן וְנֹשֵׂא כֵלָיו: וַיֹּאמֶר שָׁאוּל לַאֲחִיָּה הַגִּישָׁה

אֲרוֹן הָאֱלֹהִים כִּי־הָיָה אֲרוֹן הָאֱלֹהִים בַּיּוֹם הַהוּא וּבְנֵי יִשְׂרָאֵל:

19 וַיְהִי עַד דִּבֶּר שָׁאוּל אֶל־הַכֹּהֵן וְהֶהָמוֹן אֲשֶׁר בְּמַחֲנֵה פְלִשְׁתִּים

וַיֵּלֶךְ הָלוֹךְ וָרָב:

20 וַיִּזָּעֵק שָׁאוּל וְכָל־הָעָם אֲשֶׁר וַיֹּאמֶר שָׁאוּל אֶל־הַכֹּהֵן אֱסֹף יָדֶךָ:

אִתּוֹ וַיָּבֹאוּ עַד־הַמִּלְחָמָה וְהִנֵּה הָיְתָה חֶרֶב אִישׁ בְּרֵעֵהוּ מְהוּמָה

21 גְדוֹלָה מְאֹד: וְהָעִבְרִים הָיוּ לַפְּלִשְׁתִּים כְּאֶתְמוֹל שִׁלְשׁוֹם אֲשֶׁר

עָלוּ עִמָּם בַּמַּחֲנֶה סָבִיב וְגַם־הֵמָּה לִהְיוֹת עִם־יִשְׂרָאֵל אֲשֶׁר עִם־

22 שָׁאוּל וְיוֹנָתָן: וְכֹל אִישׁ יִשְׂרָאֵל הַמִּתְחַבְּאִים בְּהַר־אֶפְרַיִם שָׁמְעוּ

23 כִּי־נָסוּ פְּלִשְׁתִּים וַיַּדְבְּקוּ גַם־הֵמָּה אַחֲרֵיהֶם בַּמִּלְחָמָה: וַיּוֹשַׁע יְהוָה

24 בַּיּוֹם הַהוּא אֶת־יִשְׂרָאֵל וְהַמִּלְחָמָה עָבְרָה אֶת־בֵּית אָוֶן: וְאִישׁ־ 24A

יִשְׂרָאֵל נִגַּשׂ בַּיּוֹם הַהוּא וַיֹּאֶל שָׁאוּל אֶת־הָעָם לֵאמֹר אָרוּר הָאִישׁ

אֲשֶׁר־יֹאכַל לֶחֶם עַד־הָעֶרֶב וְנִקַּמְתִּי מֵאֹיְבַי וְלֹא טָעַם כָּל־הָעָם

25 לָחֶם: וְכָל־הָאָרֶץ בָּאוּ בַיָּעַר וַיְהִי דְבַשׁ עַל־פְּנֵי הַשָּׂדֶה:

26 וַיָּבֹא הָעָם אֶל־הַיַּעַר וְהִנֵּה הֵלֶךְ דְּבָשׁ וְאֵין־מַשִּׂיג יָדוֹ אֶל־פִּיו

27 כִּי־יָרֵא הָעָם אֶת־הַשְּׁבֻעָה: וְיוֹנָתָן לֹא־שָׁמַע בְּהַשְׁבִּיעַ אָבִיו

אֶת־הָעָם וַיִּשְׁלַח אֶת־קְצֵה הַמַּטֶּה אֲשֶׁר בְּיָדוֹ וַיִּטְבֹּל אוֹתָהּ בְּיַעְרַת

28 הַדְּבָשׁ וַיָּשֶׁב יָדוֹ אֶל־פִּיו וַתָּרֹאנָה עֵינָיו: וַיַּעַן אִישׁ מֵהָעָם וַיֹּאמֶר וַתָּאֹרְנָה

הַשְׁבֵּעַ הִשְׁבִּיעַ אָבִיךָ אֶת־הָעָם לֵאמֹר אָרוּר הָאִישׁ אֲשֶׁר־יֹאכַל

29 לֶחֶם הַיּוֹם וַיָּעַף הָעָם: וַיֹּאמֶר יוֹנָתָן עָכַר אָבִי אֶת־הָאָרֶץ רְאוּ־נָא

30 כִּי־אֹרוּ עֵינַי כִּי טָעַמְתִּי מְעַט דְּבַשׁ הַזֶּה: אַף כִּי לוּא אָכֹל אָכַל

הַיּוֹם הָעָם מִשְּׁלַל אֹיְבָיו אֲשֶׁר מָצָא כִּי עַתָּה לֹא־רָבְתָה מַכָּה

31 בַפְּלִשְׁתִּים: וַיַּכּוּ בַּיּוֹם הַהוּא בַּפְּלִשְׁתִּים מִמִּכְמָשׂ אַיָּלֹנָה וַיָּעַף

32 הָעָם מְאֹד: וַיַּעַשׂ הָעָם אֶל־שָׁלָל וַיִּקְחוּ צֹאן וּבָקָר וּבְנֵי בָקָר וַיַּעַט הַשָּׁלָל

33 וַיִּשְׁחֲטוּ־אָרְצָה וַיֹּאכַל הָעָם עַל־הַדָּם: וַיַּגִּידוּ לְשָׁאוּל לֵאמֹר הִנֵּה

הָעָם חֹטְאִים לַיהוָה לֶאֱכֹל עַל־הַדָּם וַיֹּאמֶר בְּגַדְתֶּם גֹּלּוּ־אֵלַי הַיּוֹם

34 And Saul said, Disperse yourselves among the people, and say unto them, Bring me hither every man his ox, and every man his sheep, and slay *them* here, and eat; and sin not against the LORD in eating with the blood. And all the people brought every man his ox with him that night, and slew *them* there.

35 And Saul built an altar unto the LORD: the same was the first altar that he built unto the LORD.

36 ¶ And Saul said, Let us go down after the Philistines by night, and spoil them until the morning light, and let us not leave a man of them. And they said, Do whatsoever seemeth good unto thee. Then said the priest, Let us draw near hither unto God.

37 And Saul asked counsel of God, Shall I go down after the Philistines? wilt thou deliver them into the hand of Israel? But he answered him not that day.

38 And Saul said, Draw ye near hither, all the chief of the people: and know and see wherein this sin hath been this day.

39 For, *as* the LORD liveth, which saveth Israel, though it be in Jonathan my son, he shall surely die. But *there was* not a man among all the people *that* answered him.

40 Then said he unto all Israel, Be ye on one side, and I and Jonathan my son will be on the other side. And the people said unto Saul, Do what seemeth good unto thee.

41 Therefore Saul said unto the LORD God of Israel, Give a perfect *lot.* And Saul and Jonathan were taken: but the people escaped.

42 And Saul said, Cast *lots* between me and Jonathan my son. And Jonathan was taken.

43 Then Saul said to Jonathan, Tell me what thou hast done. And Jonathan told him, and said, I did but taste a little honey with the end of the rod that *was* in mine hand, *and,* lo, I must die.

44 And Saul answered, God do so and more also: for thou shalt surely die, Jonathan.

45 And the people said unto Saul, Shall Jonathan die, who hath wrought this great salvation in Israel? God forbid: *as* the LORD liveth, there shall not one hair of his head fall to the ground; for he hath wrought with God this day. So the people rescued Jonathan, that he died not.

46 Then Saul went up from following the Philistines: and the Philistines went to their own place.

47 ¶ So Saul took the kingdom over Israel, and fought against all his enemies on every side, against Moab, and against the children of Ammon, and against Edom, and against the kings of Zobah, and against the Philistines: and whithersoever he turned himself, he vexed *them.*

48 And he gathered an host, and smote the Amalekites, and delivered Israel out of the hands of them that spoiled them.

49 Now the sons of Saul were Jonathan, and Ishui, and Melchi-shua: and the names of his two daughters *were these;* the name of the firstborn Merab, and the name of the younger Michal:

50 And the name of Saul's wife *was* Ahinoam, the daughter of Ahimaaz: and the name of the captain of his host *was* Abner, the son of Ner, Saul's uncle.

51 And Kish *was* the father of Saul; and Ner the father of Abner *was* the son of Abiel.

52 And there was sore war against the Philistines all the days of Saul: and when Saul saw any strong man, or any valiant man, he took him unto him.

CHAPTER 15

1 Samuel also said unto Saul, The LORD sent me to anoint thee *to be* king over his people, over Israel: now therefore hearken thou unto the voice of the words of the LORD.

2 Thus saith the LORD of hosts, I remember *that* which Amalek did to Israel,

34 אֶבֶן גְּדוֹלָה: וַיֹּאמֶר שָׁאוּל פֻּצוּ בָעָם וַאֲמַרְתֶּם לָהֶם הַגִּישׁוּ אֵלַי
אִישׁ שׁוֹרוֹ וְאִישׁ שְׂיֵהוּ וּשְׁחַטְתֶּם בָּזֶה וַאֲכַלְתֶּם וְלֹא־תֶחֶטְאוּ לַיהוָה
לֶאֱכֹל אֶל־הַדָּם וַיַּגִּשׁוּ כָל־הָעָם אִישׁ שׁוֹרוֹ בְיָדוֹ הַלַּיְלָה וַיִּשְׁחֲטוּ־

35 שָׁם: וַיִּבֶן שָׁאוּל מִזְבֵּחַ לַיהוָה אֹתוֹ הֵחֵל לִבְנוֹת מִזְבֵּחַ
לַיהוָה:

36 וַיֹּאמֶר שָׁאוּל נֵרְדָה אַחֲרֵי פְלִשְׁתִּים ׀ לַיְלָה וְנָבֹזָה ׀ בָהֶם עַד־
36A אוֹר הַבֹּקֶר וְלֹא־נַשְׁאֵר בָּהֶם אִישׁ וַיֹּאמְרוּ כָּל־הַטּוֹב בְּעֵינֶיךָ
37 עֲשֵׂה　　　　　　　　וַיֹּאמֶר הַכֹּהֵן נִקְרְבָה הֲלֹם אֶל־הָאֱלֹהִים: וַיִּשְׁאַל
שָׁאוּל בֵּאלֹהִים הַאֵרֵד אַחֲרֵי פְלִשְׁתִּים הֲתִתְּנֵם בְּיַד יִשְׂרָאֵל וְלֹא
38 עָנָהוּ בַּיּוֹם הַהוּא: וַיֹּאמֶר שָׁאוּל גֹּשׁוּ הֲלֹם כֹּל פִּנּוֹת הָעָם וּדְעוּ
39 וּרְאוּ בַּמָּה הָיְתָה הַחַטָּאת הַזֹּאת הַיּוֹם: כִּי חַי־יְהוָה הַמּוֹשִׁיעַ
אֶת־יִשְׂרָאֵל כִּי אִם־יֶשְׁנוֹ בְּיוֹנָתָן בְּנִי כִּי מוֹת יָמוּת וְאֵין עֹנֵהוּ
40 מִכָּל־הָעָם: וַיֹּאמֶר אֶל־כָּל־יִשְׂרָאֵל אַתֶּם תִּהְיוּ לְעֵבֶר אֶחָד וַאֲנִי
וְיוֹנָתָן בְּנִי נִהְיֶה לְעֵבֶר אֶחָד וַיֹּאמְרוּ הָעָם אֶל־שָׁאוּל הַטּוֹב בְּעֵינֶיךָ
41 עֲשֵׂה:　　　　　　　　וַיֹּאמֶר שָׁאוּל אֶל־יְהוָה אֱלֹהֵי יִשְׂרָאֵל הָבָה תָמִים
42 וַיִּלָּכֵד יוֹנָתָן וְשָׁאוּל וְהָעָם יָצָאוּ: וַיֹּאמֶר שָׁאוּל הַפִּילוּ בֵּינִי וּבֵין
43 יוֹנָתָן בְּנִי וַיִּלָּכֵד יוֹנָתָן: וַיֹּאמֶר שָׁאוּל אֶל־יוֹנָתָן הַגִּידָה לִּי מֶה
עָשִׂיתָה וַיַּגֶּד־לוֹ יוֹנָתָן וַיֹּאמֶר טָעֹם טָעַמְתִּי בִּקְצֵה הַמַּטֶּה
44 אֲשֶׁר־בְּיָדִי מְעַט דְּבַשׁ הִנְנִי אָמוּת: וַיֹּאמֶר שָׁאוּל כֹּה־יַעֲשֶׂה אֱלֹהִים
45 וְכֹה יוֹסִף כִּי־מוֹת תָּמוּת יוֹנָתָן: וַיֹּאמֶר הָעָם אֶל־שָׁאוּל הֲיוֹנָתָן ׀
יָמוּת אֲשֶׁר עָשָׂה הַיְשׁוּעָה הַגְּדוֹלָה הַזֹּאת בְּיִשְׂרָאֵל חָלִילָה חַי־יְהוָה
אִם־יִפֹּל מִשַּׂעֲרַת רֹאשׁוֹ אַרְצָה כִּי־עִם־אֱלֹהִים עָשָׂה הַיּוֹם הַזֶּה
46 וַיִּפְדּוּ הָעָם אֶת־יוֹנָתָן וְלֹא־מֵת:　　　　　　וַיַּעַל שָׁאוּל מֵאַחֲרֵי
47 פְּלִשְׁתִּים וּפְלִשְׁתִּים הָלְכוּ לִמְקוֹמָם: וְשָׁאוּל לָכַד הַמְּלוּכָה עַל־
47A יִשְׂרָאֵל וַיִּלָּחֶם סָבִיב ׀ בְּכָל־אֹיְבָיו ׀ בְּמוֹאָב ׀ וּבִבְנֵי־עַמּוֹן וּבֶאֱדוֹם
48 וּבְמַלְכֵי צוֹבָה וּבַפְּלִשְׁתִּים וּבְכֹל אֲשֶׁר־יִפְנֶה יַרְשִׁיעַ: וַיַּעַשׂ חַיִל
49 וַיַּךְ אֶת־עֲמָלֵק וַיַּצֵּל אֶת־יִשְׂרָאֵל מִיַּד שֹׁסֵהוּ:　　　　　וַיִּהְיוּ בְּנֵי
שָׁאוּל יוֹנָתָן וְיִשְׁוִי וּמַלְכִּי־שׁוּעַ וְשֵׁם שְׁתֵּי בְנֹתָיו שֵׁם הַבְּכִירָה
50 מֵרַב וְשֵׁם הַקְּטַנָּה מִיכַל: וְשֵׁם אֵשֶׁת שָׁאוּל אֲחִינֹעַם בַּת־אֲחִימָעַץ
51 וְשֵׁם שַׂר־צְבָאוֹ אֲבִינֵר בֶּן־נֵר דּוֹד שָׁאוּל: וְקִישׁ אֲבִי־שָׁאוּל וְנֵר
52 אֲבִי־אַבְנֵר בֶּן־אֲבִיאֵל:　　　　　וַתְּהִי הַמִּלְחָמָה חֲזָקָה עַל־
פְּלִשְׁתִּים כֹּל יְמֵי שָׁאוּל וְרָאָה שָׁאוּל כָּל־אִישׁ גִּבּוֹר וְכָל־בֶּן־חַיִל
1 15 וַיַּאַסְפֵהוּ אֵלָיו:　　　　　　וַיֹּאמֶר שְׁמוּאֵל אֶל־שָׁאוּל אֹתִי שָׁלַח
יְהוָה לִמְשָׁחֲךָ לְמֶלֶךְ עַל־עַמּוֹ עַל־יִשְׂרָאֵל וְעַתָּה שְׁמַע לְקוֹל דִּבְרֵי
2 יְהוָה:　　　　　　　כֹּה אָמַר יְהוָה צְבָאוֹת פָּקַדְתִּי אֵת אֲשֶׁר־עָשָׂה

how he laid *wait* for him in the way, when he came up from Egypt.

3 Now go and smite Amalek, and utterly destroy all that they have, and spare them not; but slay both man and woman, infant and suckling, ox and sheep, camel and ass.

4 And Saul gathered the people together, and numbered them in Telaim, two hundred thousand footmen, and ten thousand men of Judah.

5 And Saul came to a city of Amalek, and laid wait in the valley.

6 ¶ And Saul said unto the Kenites, Go, depart, get you down from among the Amalekites, lest I destroy you with them: for ye shewed kindness to all the children of Israel, when they came up out of Egypt. So the Kenites departed from among the Amalekites.

7 And Saul smote the Amalekites from Havilah *until* thou comest to Shur, that *is* over against Egypt.

8 And he took Agag the king of the Amalekites alive, and utterly destroyed all the people with the edge of the sword.

9 But Saul and the people spared Agag, and the best of the sheep, and of the oxen, and of the fatlings, and the lambs, and all *that was* good, and would not utterly destroy them: but every thing *that was* vile and refuse, that they destroyed utterly.

10 ¶ Then came the word of the LORD unto Samuel, saying,

11 It repenteth me that I have set up Saul *to be* king: for he is turned back from following me, and hath not performed my commandments. And it grieved Samuel; and he cried unto the LORD all night.

12 And when Samuel rose early to meet Saul in the morning, it was told Samuel, saying, Saul came to Carmel, and, behold, he set him up a place, and is gone about, and passed on, and gone down to Gilgal.

13 And Samuel came to Saul: and Saul said unto him, Blessed *be* thou of the LORD: I have performed the commandment of the LORD.

14 And Samuel said, What *meaneth* then this bleating of the sheep in mine ears, and the lowing of the oxen which I hear?

15 And Saul said, They have brought them from the Amalekites: for the people spared the best of the sheep and of the oxen, to sacrifice unto the LORD thy God; and the rest we have utterly destroyed.

16 Then Samuel said unto Saul, Stay, and I will tell thee what the LORD hath said to me this night. And he said unto him, Say on.

17 And Samuel said, When thou *wast* little in thine own sight, *wast* thou not *made* the head of the tribes of Israel, and the LORD anointed thee king over Israel?

18 And the LORD sent thee on a journey, and said, Go and utterly destroy the sinners the Amalekites, and fight against them until they be consumed.

19 Wherefore then didst thou not obey the voice of the LORD, but didst fly upon the spoil, and didst evil in the sight of the LORD?

20 And Saul said unto Samuel, Yea, I have obeyed the voice of the LORD, and have gone the way which the LORD sent me, and have brought Agag the king of Amalek, and have utterly destroyed the Amalekites.

21 But the people took of the spoil, sheep and oxen, the chief of the things which should have been utterly destroyed, to sacrifice unto the LORD thy God in Gilgal.

22 And Samuel said, Hath the LORD *as great* delight in burnt offerings and sacrifices, as in obeying the voice of the LORD? Behold, to obey *is* better than sacrifice, *and* to hearken than the fat of rams.

23 For rebellion *is as* the sin of witchcraft, and stubbornness *is as* iniquity and idolatry. Because thou hast rejected the word of the LORD, he hath also rejected thee from *being* king.

24 ¶ And Saul said unto Samuel, I have sinned: for I have transgressed the commandment of the LORD, and thy words: because I feared the people, and obeyed their voice.

עֲמָלֵק לְיִשְׂרָאֵל אֲשֶׁר־שָׂם לוֹ בַּדֶּרֶךְ בַּעֲלֹתוֹ מִמִּצְרָיִם: עַתָּה לֵךְ   3
וְהִכִּיתָה אֶת־עֲמָלֵק וְהַחֲרַמְתֶּם אֶת־כָּל־אֲשֶׁר־לוֹ וְלֹא תַחְמֹל עָלָיו
וְהֵמַתָּה מֵאִישׁ עַד־אִשָּׁה מֵעֹלֵל וְעַד־יוֹנֵק מִשּׁוֹר וְעַד־שֶׂה מִגָּמָל
וְעַד־חֲמוֹר: וַיְשַׁמַּע שָׁאוּל אֶת־הָעָם וַיִּפְקְדֵם בַּטְּלָאִים   4
מָאתַיִם אֶלֶף רַגְלִי וַעֲשֶׂרֶת אֲלָפִים אֶת־אִישׁ יְהוּדָה: וַיָּבֹא שָׁאוּל   5
עַד־עִיר עֲמָלֵק וַיָּרֶב בַּנָּחַל: וַיֹּאמֶר שָׁאוּל אֶל־הַקֵּינִי לְכוּ סֻּרוּ רְדוּ   6
מִתּוֹךְ עֲמָלֵקִי פֶּן־אֹסִפְךָ עִמּוֹ וְאַתָּה עָשִׂיתָה חֶסֶד עִם־כָּל־בְּנֵי
יִשְׂרָאֵל בַּעֲלוֹתָם מִמִּצְרָיִם וַיָּסַר קֵינִי מִתּוֹךְ עֲמָלֵק: וַיַּךְ שָׁאוּל   7
אֶת־עֲמָלֵק מֵחֲוִילָה בּוֹאֲךָ שׁוּר אֲשֶׁר עַל־פְּנֵי מִצְרָיִם: וַיִּתְפֹּשׂ   8
אֶת־אֲגַג מֶלֶךְ־עֲמָלֵק חָי וְאֶת־כָּל־הָעָם הֶחֱרִים לְפִי־חָרֶב: וַיַּחְמֹל   9
שָׁאוּל וְהָעָם עַל־אֲגָג וְעַל־מֵיטַב הַצֹּאן וְהַבָּקָר וְהַמִּשְׁנִים
וְעַל־הַכָּרִים וְעַל־כָּל־הַטּוֹב וְלֹא אָבוּ הַחֲרִימָם וְכָל־הַמְּלָאכָה נְמִבְזָה
וְנָמֵס אֹתָהּ הֶחֱרִימוּ:

וַיְהִי דְּבַר־יְהוָה אֶל־שְׁמוּאֵל לֵאמֹר: נִחַמְתִּי כִּי־הִמְלַכְתִּי אֶת־שָׁאוּל   10
לְמֶלֶךְ כִּי־שָׁב מֵאַחֲרַי וְאֶת־דְּבָרַי לֹא הֵקִים וַיִּחַר לִשְׁמוּאֵל וַיִּזְעַק   11
אֶל־יְהוָה כָּל־הַלָּיְלָה: וַיַּשְׁכֵּם שְׁמוּאֵל לִקְרַאת שָׁאוּל בַּבֹּקֶר וַיֻּגַּד   12
לִשְׁמוּאֵל לֵאמֹר בָּא־שָׁאוּל הַכַּרְמֶלָה וְהִנֵּה מַצִּיב לוֹ יָד וַיִּסֹּב
וַיַּעֲבֹר וַיֵּרֶד הַגִּלְגָּל: וַיָּבֹא שְׁמוּאֵל אֶל־שָׁאוּל וַיֹּאמֶר לוֹ שָׁאוּל   13
בָּרוּךְ אַתָּה לַיהוָה הֲקִימֹתִי אֶת־דְּבַר יְהוָה: וַיֹּאמֶר שְׁמוּאֵל וּמֶה   14
קוֹל־הַצֹּאן הַזֶּה בְּאָזְנָי וְקוֹל הַבָּקָר אֲשֶׁר אָנֹכִי שֹׁמֵעַ: וַיֹּאמֶר שָׁאוּל   15
מֵעֲמָלֵקִי הֱבִיאוּם אֲשֶׁר חָמַל הָעָם עַל־מֵיטַב הַצֹּאן וְהַבָּקָר לְמַעַן
זְבֹחַ לַיהוָה אֱלֹהֶיךָ וְאֶת־הַיּוֹתֵר הֶחֱרַמְנוּ:   וַיֹּאמֶר שְׁמוּאֵל   16
אֶל־שָׁאוּל הֶרֶף וְאַגִּידָה לְּךָ אֵת אֲשֶׁר דִּבֶּר יְהוָה אֵלַי הַלָּיְלָה
וַיֹּאמְרוּ לוֹ דַּבֵּר: וַיֹּאמֶר שְׁמוּאֵל הֲלוֹא אִם־קָטֹן אַתָּה   17   וַיֹּאמֶר
בְּעֵינֶיךָ רֹאשׁ שִׁבְטֵי יִשְׂרָאֵל אָתָּה וַיִּמְשָׁחֲךָ יְהוָה לְמֶלֶךְ עַל־יִשְׂרָאֵל:
וַיִּשְׁלָחֲךָ יְהוָה בְּדָרֶךְ וַיֹּאמֶר לֵךְ וְהַחֲרַמְתָּה אֶת־הַחַטָּאִים אֶת־עֲמָלֵק   18
וְנִלְחַמְתָּ בּוֹ עַד כַּלּוֹתָם אֹתָם: וְלָמָּה לֹא־שָׁמַעְתָּ בְּקוֹל יְהוָה וַתַּעַט   19
אֶל־הַשָּׁלָל וַתַּעַשׂ הָרַע בְּעֵינֵי יְהוָה: וַיֹּאמֶר שָׁאוּל   20
אֶל־שְׁמוּאֵל אֲשֶׁר שָׁמַעְתִּי בְּקוֹל יְהוָה וָאֵלֵךְ בַּדֶּרֶךְ אֲשֶׁר־שְׁלָחַנִי
יְהוָה וָאָבִיא אֶת־אֲגַג מֶלֶךְ עֲמָלֵק וְאֶת־עֲמָלֵק הֶחֱרַמְתִּי: וַיִּקַּח   21
הָעָם מֵהַשָּׁלָל צֹאן וּבָקָר רֵאשִׁית הַחֵרֶם לִזְבֹּחַ לַיהוָה אֱלֹהֶיךָ
בַּגִּלְגָּל: וַיֹּאמֶר שְׁמוּאֵל הַחֵפֶץ לַיהוָה בְּעֹלוֹת וּזְבָחִים כִּשְׁמֹעַ בְּקוֹל   22
יְהוָה הִנֵּה שְׁמֹעַ מִזֶּבַח טוֹב לְהַקְשִׁיב מֵחֵלֶב אֵילִים: כִּי חַטַּאת־   23
קֶסֶם מֶרִי וְאָוֶן וּתְרָפִים הַפְצַר יַעַן מָאַסְתָּ אֶת־דְּבַר יְהוָה וַיִּמְאָסְךָ
מִמֶּלֶךְ:   וַיֹּאמֶר שָׁאוּל אֶל־שְׁמוּאֵל חָטָאתִי כִּי־עָבַרְתִּי   24

25 Now therefore, I pray thee, pardon my sin, and turn again with me, that I may worship the LORD.

26 And Samuel said unto Saul, I will not return with thee: for thou hast rejected the word of the LORD, and the LORD hath rejected thee from being king over Israel.

27 And as Samuel turned about to go away, he laid hold upon the skirt of his mantle, and it rent.

28 And Samuel said unto him, The LORD hath rent the kingdom of Israel from thee this day, and hath given it to a neighbour of thine, *that is* better than thou.

29 And also the Strength of Israel will not lie nor repent: for he *is* not a man, that he should repent.

30 Then he said, I have sinned: *yet* honour me now, I pray thee, before the elders of my people, and before Israel, and turn again with me, that I may worship the LORD thy God.

31 So Samuel turned again after Saul; and Saul worshipped the LORD.

32 ¶ Then said Samuel, Bring ye hither to me Agag the king of the Amalekites. And Agag came unto him delicately. And Agag said, Surely the bitterness of death is past.

33 And Samuel said, As thy sword hath made women childless, so shall thy mother be childless among women. And Samuel hewed Agag in pieces before the LORD in Gilgal.

34 ¶ Then Samuel went to Ramah; and Saul went up to his house to Gibeah of Saul.

35 And Samuel came no more to see Saul until the day of his death: nevertheless Samuel mourned for Saul: and the LORD repented that he had made Saul king over Israel.

CHAPTER 16

1 And the LORD said unto Samuel, How long wilt thou mourn for Saul, seeing I have rejected him from reigning over Israel? fill thine horn with oil, and go, I will send thee to Jesse the Beth-lehemite: for I have provided me a king among his sons.

2 And Samuel said, How can I go? if Saul hear *it,* he will kill me. And the LORD said, Take an heifer with thee, and say, I am come to sacrifice to the LORD.

3 And call Jesse to the sacrifice, and I will shew thee what thou shalt do: and thou shalt anoint unto me *him* whom I name unto thee.

4 And Samuel did that which the LORD spake, and came to Beth-lehem. And the elders of the town trembled at his coming, and said, Comest thou peaceably?

5 And he said, Peaceably: I am come to sacrifice unto the LORD: sanctify yourselves, and come with me to the sacrifice. And he sanctified Jesse and his sons, and called them to the sacrifice.

6 ¶ And it came to pass, when they were come, that he looked on Eliab, and said, Surely the LORD's anointed *is* before him.

7 But the LORD said unto Samuel, Look not on his countenance, or on the height of his stature; because I have refused him: for *the LORD seeth* not as man seeth; for man looketh on the outward appearance, but the LORD looketh on the heart.

8 Then Jesse called Abinadab, and made him pass before Samuel. And he said, Neither hath the LORD chosen this.

9 Then Jesse made Shammah to pass by. And he said, Neither hath the LORD chosen this.

10 Again, Jesse made seven of his sons to pass before Samuel. And Samuel said unto Jesse, The LORD hath not chosen these.

11 And Samuel said unto Jesse, Are here all *thy* children? And he said, There remaineth yet the youngest, and, behold, he keepeth the sheep. And Samuel said unto Jesse, Send and fetch him: for we will not sit down till he come hither.

12 And he sent, and brought him in.

אֶת־פִּי־יְהוָה וְאֶת־דְּבָרֶיךָ כִּי יָרֵאתִי אֶת־הָעָם וָאֶשְׁמַע בְּקוֹלָם:

25 וְעַתָּה שָׂא נָא אֶת־חַטָּאתִי וְשׁוּב עִמִּי וְאֶשְׁתַּחֲוֶה לַיהוָה: וַיֹּאמֶר
26 שְׁמוּאֵל אֶל־שָׁאוּל לֹא אָשׁוּב עִמָּךְ כִּי מָאַסְתָּה אֶת־דְּבַר יְהוָה

27 וַיִּמְאָסְךָ יְהוָה מִהְיוֹת מֶלֶךְ עַל־יִשְׂרָאֵל: וַיִּסֹּב שְׁמוּאֵל

28 לָלֶכֶת וַיַּחֲזֵק בִּכְנַף־מְעִילוֹ וַיִּקָּרַע: וַיֹּאמֶר אֵלָיו שְׁמוּאֵל קָרַע יְהוָה

29 אֶת־מַמְלְכוּת יִשְׂרָאֵל מֵעָלֶיךָ הַיּוֹם וּנְתָנָהּ לְרֵעֲךָ הַטּוֹב מִמֶּךָּ: וְגַם

נֵצַח יִשְׂרָאֵל לֹא יְשַׁקֵּר וְלֹא יִנָּחֵם כִּי לֹא אָדָם הוּא לְהִנָּחֵם:

30 וַיֹּאמֶר חָטָאתִי עַתָּה כַּבְּדֵנִי נָא נֶגֶד זִקְנֵי־עַמִּי וְנֶגֶד יִשְׂרָאֵל וְשׁוּב

31 עִמִּי וְהִשְׁתַּחֲוֵיתִי לַיהוָה אֱלֹהֶיךָ: וַיָּשָׁב שְׁמוּאֵל אַחֲרֵי שָׁאוּל

32 וַיִּשְׁתַּחוּ שָׁאוּל לַיהוָה: וַיֹּאמֶר שְׁמוּאֵל הַגִּישׁוּ אֵלַי

אֶת־אֲגַג מֶלֶךְ עֲמָלֵק וַיֵּלֶךְ אֵלָיו אֲגַג מַעֲדַנֹּת וַיֹּאמֶר אֲגָג אָכֵן סָר

33 מַר־הַמָּוֶת: וַיֹּאמֶר שְׁמוּאֵל כַּאֲשֶׁר שִׁכְּלָה נָשִׁים חַרְבֶּךָ

כֵּן־תִּשְׁכַּל מִנָּשִׁים אִמֶּךָ וַיְשַׁסֵּף שְׁמוּאֵל אֶת־אֲגָג לִפְנֵי יְהוָה

34 בַּגִּלְגָּל: וַיֵּלֶךְ שְׁמוּאֵל הָרָמָתָה וְשָׁאוּל עָלָה אֶל־בֵּיתוֹ

35 גִּבְעַת שָׁאוּל: וְלֹא־יָסַף שְׁמוּאֵל לִרְאוֹת אֶת־שָׁאוּל עַד־יוֹם מוֹתוֹ

כִּי־הִתְאַבֵּל שְׁמוּאֵל אֶל־שָׁאוּל וַיהוָה נִחָם כִּי־הִמְלִיךְ אֶת־שָׁאוּל

עַל־יִשְׂרָאֵל:

16 1 וַיֹּאמֶר יְהוָה אֶל־שְׁמוּאֵל עַד־מָתַי אַתָּה מִתְאַבֵּל אֶל־שָׁאוּל וַאֲנִי

מְאַסְתִּיו מִמְּלֹךְ עַל־יִשְׂרָאֵל מַלֵּא קַרְנְךָ שֶׁמֶן וְלֵךְ אֶשְׁלָחֲךָ אֶל־יִשַׁי

2 בֵּית־הַלַּחְמִי כִּי־רָאִיתִי בְּבָנָיו לִי מֶלֶךְ: וַיֹּאמֶר שְׁמוּאֵל אֵיךְ אֵלֵךְ

וְשָׁמַע שָׁאוּל וַהֲרָגָנִי וַיֹּאמֶר יְהוָה עֶגְלַת בָּקָר תִּקַּח בְּיָדֶךָ

3 וְאָמַרְתָּ לִזְבֹּחַ לַיהוָה בָּאתִי: וְקָרָאתָ לְיִשַׁי בַּזֶּבַח וְאָנֹכִי אוֹדִיעֲךָ

4 אֵת אֲשֶׁר־תַּעֲשֶׂה וּמָשַׁחְתָּ לִי אֵת אֲשֶׁר־אֹמַר אֵלֶיךָ: וַיַּעַשׂ שְׁמוּאֵל

אֵת אֲשֶׁר דִּבֶּר יְהוָה וַיָּבֹא בֵּית לָחֶם וַיֶּחֶרְדוּ זִקְנֵי הָעִיר לִקְרָאתוֹ

5 וַיֹּאמֶר שָׁלֹם בּוֹאֶךָ: וַיֹּאמֶר שָׁלוֹם לַיהוָה זָבַחְתִּי בָּאתִי הִתְקַדְּשׁוּ

וּבָאתֶם אִתִּי בַּזָּבַח וַיְקַדֵּשׁ אֶת־יִשַׁי וְאֶת־בָּנָיו וַיִּקְרָא לָהֶם לַזָּבַח:

6 וַיְהִי בְּבוֹאָם וַיַּרְא אֶת־אֱלִיאָב וַיֹּאמֶר אַךְ נֶגֶד יְהוָה מְשִׁיחוֹ: וַיֹּאמֶר
7

יְהוָה אֶל־שְׁמוּאֵל אַל־תַּבֵּט אֶל־מַרְאֵהוּ וְאֶל־גְּבֹהַּ קוֹמָתוֹ כִּי

מְאַסְתִּיהוּ כִּי לֹא אֲשֶׁר יִרְאֶה הָאָדָם כִּי הָאָדָם יִרְאֶה לַעֵינַיִם

8 וַיהוָה יִרְאֶה לַלֵּבָב: וַיִּקְרָא יִשַׁי אֶל־אֲבִינָדָב וַיַּעֲבִרֵהוּ לִפְנֵי שְׁמוּאֵל

9 וַיֹּאמֶר גַּם־בָּזֶה לֹא־בָחַר יְהוָה: וַיַּעֲבֵר יִשַׁי שַׁמָּה וַיֹּאמֶר גַּם־בָּזֶה

10 לֹא־בָחַר יְהוָה: וַיַּעֲבֵר יִשַׁי שִׁבְעַת בָּנָיו לִפְנֵי שְׁמוּאֵל וַיֹּאמֶר

11 שְׁמוּאֵל אֶל־יִשַׁי לֹא־בָחַר יְהוָה בָּאֵלֶּה: וַיֹּאמֶר שְׁמוּאֵל אֶל־יִשַׁי

הֲתַמּוּ הַנְּעָרִים וַיֹּאמֶר עוֹד שָׁאַר הַקָּטָן וְהִנֵּה רֹעֶה בַּצֹּאן וַיֹּאמֶר

12 שְׁמוּאֵל אֶל־יִשַׁי שְׁלָחָה וְקָחֶנּוּ כִּי לֹא־נָסֹב עַד־בֹּאוֹ פֹה: וַיִּשְׁלַח

Now he *was* ruddy, *and* withal of a beautiful countenance, and goodly to look to. And the LORD said, Arise, anoint him: for this *is* he.

13 Then Samuel took the horn of oil, and anointed him in the midst of his brethren: and the Spirit of the LORD came upon David from that day forward. So Samuel rose up, and went to Ramah.

14 ¶ But the Spirit of the LORD departed from Saul, and an evil spirit from the LORD troubled him.

15 And Saul's servants said unto him, Behold now, an evil spirit from God troubleth thee.

16 Let our lord now command thy servants, *which are* before thee, to seek out a man, *who is* a cunning player on an harp: and it shall come to pass, when the evil spirit from God is upon thee, that he shall play with his hand, and thou shalt be well.

17 And Saul said unto his servants, Provide me now a man that can play well, and bring *him* to me.

18 Then answered one of the servants, and said, Behold, I have seen a son of Jesse the Beth-lehemite, *that is* cunning in playing, and a mighty valiant man, and a man of war, and prudent in matters, and a comely person, and the LORD *is* with him.

19 ¶ Wherefore Saul sent messengers unto Jesse, and said, Send me David thy son, which *is* with the sheep.

20 And Jesse took an ass *laden* with bread, and a bottle of wine, and a kid, and sent *them* by David his son unto Saul.

21 And David came to Saul, and stood before him: and he loved him greatly; and he became his armourbearer.

22 And Saul sent to Jesse, saying, Let David, I pray thee, stand before me; for he hath found favour in my sight.

23 And it came to pass, when the *evil* spirit from God was upon Saul, that David took an harp, and played with his hand: so Saul was refreshed, and was well, and the evil spirit departed from him.

CHAPTER 17

1 Now the Philistines gathered together their armies to battle, and were gathered together at Shochoh, which *belongeth* to Judah, and pitched between Shochoh and Azekah, in Ephes-dammim.

2 And Saul and the men of Israel were gathered together, and pitched by the valley of Elah, and set the battle in array against the Philistines.

3 And the Philistines stood on a mountain on the one side, and Israel stood on a mountain on the other side: and *there was* a valley between them.

4 ¶ And there went out a champion out of the camp of the Philistines, named Goliath, of Gath, whose height *was* six cubits and a span.

5 And *he had* an helmet of brass upon his head, and he *was* armed with a coat of mail; and the weight of the coat *was* five thousand shekels of brass.

6 And *he had* greaves of brass upon his legs, and a target of brass between his shoulders.

7 And the staff of his spear *was* like a weaver's beam; and his spear's head *weighed* six hundred shekels of iron: and one bearing a shield went before him.

8 And he stood and cried unto the armies of Israel, and said unto them, Why are ye come out to set *your* battle in array? *am* not I a Philistine, and ye servants to Saul? choose you a man for you, and let him come down to me.

9 If he be able to fight with me, and to kill me, then will we be your servants: but if I prevail against him, and kill him, then shall ye be our servants, and serve us.

10 And the Philistine said, I defy the armies of Israel this day; give me a man, that we may fight together.

11 When Saul and all Israel heard those words of the Philistine, they were dismayed, and greatly afraid.

12 ¶ Now David *was* the son of that Ephrathite of Beth-lehem-judah, whose name *was* Jesse; and he had eight sons:

וַיְבִיאֵהוּ וְהוּא אַדְמוֹנִי עִם־יְפֵה עֵינַיִם וְטוֹב רֹאִי

13 וַיֹּאמֶר יְהוָה קוּם מְשָׁחֵהוּ כִּי־זֶה הוּא: וַיִּקַּח שְׁמוּאֵל אֶת־קֶרֶן הַשֶּׁמֶן וַיִּמְשַׁח אֹתוֹ בְּקֶרֶב אֶחָיו וַתִּצְלַח רוּחַ־יְהוָה אֶל־דָּוִד מֵהַיּוֹם

14 הַהוּא וָמָעְלָה וַיָּקָם שְׁמוּאֵל וַיֵּלֶךְ הָרָמָתָה: וְרוּחַ יְהוָה

15 סָרָה מֵעִם שָׁאוּל וּבִעֲתַתּוּ רוּחַ־רָעָה מֵאֵת יְהוָה: וַיֹּאמְרוּ עַבְדֵי־

16 שָׁאוּל אֵלָיו הִנֵּה־נָא רוּחַ־אֱלֹהִים רָעָה מְבַעִתֶּךָ: יֹאמַר־נָא אֲדֹנֵנוּ עֲבָדֶיךָ לְפָנֶיךָ יְבַקְשׁוּ אִישׁ יֹדֵעַ מְנַגֵּן בַּכִּנּוֹר וְהָיָה בִּהְיוֹת עָלֶיךָ רוּחַ־אֱלֹהִים רָעָה וְנִגֵּן בְּיָדוֹ וְטוֹב לָךְ:

17 וַיֹּאמֶר שָׁאוּל אֶל־עֲבָדָיו רְאוּ־נָא לִי אִישׁ מֵיטִיב לְנַגֵּן וַהֲבִיאוֹתֶם

18 אֵלָי: וַיַּעַן אֶחָד מֵהַנְּעָרִים וַיֹּאמֶר הִנֵּה רָאִיתִי בֵּן לְיִשַׁי בֵּית הַלַּחְמִי יֹדֵעַ נַגֵּן וְגִבּוֹר חַיִל וְאִישׁ מִלְחָמָה וּנְבוֹן דָּבָר וְאִישׁ תֹּאַר וַיהוָה

19 עִמּוֹ: וַיִּשְׁלַח שָׁאוּל מַלְאָכִים אֶל־יִשָׁי וַיֹּאמֶר שִׁלְחָה אֵלַי אֶת־דָּוִד

20 בִּנְךָ אֲשֶׁר בַּצֹּאן: וַיִּקַּח יִשַׁי חֲמוֹר לֶחֶם וְנֹאד יַיִן וּגְדִי עִזִּים אֶחָד

21 וַיִּשְׁלַח בְּיַד־דָּוִד בְּנוֹ אֶל־שָׁאוּל: וַיָּבֹא דָוִד אֶל־שָׁאוּל וַיַּעֲמֹד לְפָנָיו

22 וַיֶּאֱהָבֵהוּ מְאֹד וַיְהִי־לוֹ נֹשֵׂא כֵלִים: וַיִּשְׁלַח שָׁאוּל אֶל־יִשַׁי לֵאמֹר

23 יַעֲמָד־נָא דָוִד לְפָנַי כִּי־מָצָא חֵן בְּעֵינָי: וְהָיָה בִּהְיוֹת רוּחַ־אֱלֹהִים אֶל־שָׁאוּל וְלָקַח דָּוִד אֶת־הַכִּנּוֹר וְנִגֵּן בְּיָדוֹ וְרָוַח לְשָׁאוּל וְטוֹב לוֹ וְסָרָה מֵעָלָיו רוּחַ הָרָעָה:

17 1 וַיַּאַסְפוּ פְלִשְׁתִּים אֶת־מַחֲנֵיהֶם לַמִּלְחָמָה וַיֵּאָסְפוּ שֹׂכֹה אֲשֶׁר

2 לִיהוּדָה וַיַּחֲנוּ בֵּין־שׂוֹכֹה וּבֵין־עֲזֵקָה בְּאֶפֶס דַּמִּים: וְשָׁאוּל וְאִישׁ־ יִשְׂרָאֵל נֶאֶסְפוּ וַיַּחֲנוּ בְּעֵמֶק הָאֵלָה וַיַּעַרְכוּ מִלְחָמָה לִקְרַאת

3 פְּלִשְׁתִּים: וּפְלִשְׁתִּים עֹמְדִים אֶל־הָהָר מִזֶּה וְיִשְׂרָאֵל עֹמְדִים אֶל־

4 הָהָר מִזֶּה וְהַגַּיְא בֵּינֵיהֶם: וַיֵּצֵא אִישׁ־הַבֵּנַיִם מִמַּחֲנוֹת פְּלִשְׁתִּים

5A 5 גָּלְיָת שְׁמוֹ מִגַּת גָּבְהוֹ שֵׁשׁ אַמּוֹת וָזָרֶת: וְכוֹבַע נְחֹשֶׁת עַל־רֹאשׁוֹ וְשִׁרְיוֹן קַשְׂקַשִּׂים הוּא לָבוּשׁ וּמִשְׁקַל הַשִּׁרְיוֹן חֲמֵשֶׁת־אֲלָפִים שְׁקָלִים

6 נְחֹשֶׁת: וּמִצְחַת נְחֹשֶׁת עַל־רַגְלָיו וְכִידוֹן נְחֹשֶׁת בֵּין כְּתֵפָיו: וְחֵץ וְעֵץ

7 חֲנִיתוֹ כִּמְנוֹר אֹרְגִים וְלַהֶבֶת חֲנִיתוֹ שֵׁשׁ־מֵאוֹת שְׁקָלִים בַּרְזֶל וְנֹשֵׂא

8 הַצִּנָּה הֹלֵךְ לְפָנָיו: וַיַּעֲמֹד וַיִּקְרָא אֶל־מַעַרְכֹת יִשְׂרָאֵל וַיֹּאמֶר לָהֶם לָמָּה תֵצְאוּ לַעֲרֹךְ מִלְחָמָה הֲלוֹא אָנֹכִי הַפְּלִשְׁתִּי וְאַתֶּם עֲבָדִים

9 לְשָׁאוּל בְּרוּ־לָכֶם אִישׁ וְיֵרֵד אֵלָי: אִם־יוּכַל לְהִלָּחֵם אִתִּי וְהִכָּנִי וְהָיִינוּ לָכֶם לַעֲבָדִים וְאִם־אֲנִי אוּכַל־לוֹ וְהִכִּיתִיו וִהְיִיתֶם לָנוּ

10 לַעֲבָדִים וַעֲבַדְתֶּם אֹתָנוּ: וַיֹּאמֶר הַפְּלִשְׁתִּי אֲנִי חֵרַפְתִּי אֶת־מַעַרְכוֹת

11 יִשְׂרָאֵל הַיּוֹם הַזֶּה תְּנוּ־לִי אִישׁ וְנִלָּחֲמָה יָחַד: וַיִּשְׁמַע שָׁאוּל וְכָל־ יִשְׂרָאֵל אֶת־דִּבְרֵי הַפְּלִשְׁתִּי הָאֵלֶּה וַיֵּחַתּוּ וַיִּרְאוּ מְאֹד:

12 וְדָוִד בֶּן־אִישׁ אֶפְרָתִי הַזֶּה מִבֵּית לֶחֶם יְהוּדָה וּשְׁמוֹ יִשַׁי וְלוֹ

and the man went among men *for* an old man in the days of Saul.

13 And the three eldest sons of Jesse went *and* followed Saul to the battle: and the names of his three sons that went to the battle *were* Eliab the firstborn, and next unto him Abinadab, and the third Shammah.

14 And David *was* the youngest: and the three eldest followed Saul.

15 But David went and returned from Saul to feed his father's sheep at Bethlehem.

16 And the Philistine drew near morning and evening, and presented himself forty days.

17 And Jesse said unto David his son, Take now for thy brethren an ephah of this parched *corn,* and these ten loaves, and run to the camp to thy brethren;

18 And carry these ten cheeses unto the captain of *their* thousand, and look how thy brethren fare, and take their pledge.

19 Now Saul, and they, and all the men of Israel, *were* in the valley of Elah, fighting with the Philistines.

20 ¶ And David rose up early in the morning, and left the sheep with a keeper, and took, and went, as Jesse had commanded him; and he came to the trench, as the host was going forth to the fight, and shouted for the battle.

21 For Israel and the Philistines had put the battle in array, army against army.

22 And David left his carriage in the hand of the keeper of the carriage, and ran into the army, and came and saluted his brethren.

23 And as he talked with them, behold, there came up the champion, the Philistine of Gath, Goliath by name, out of the armies of the Philistines, and spake according to the same words: and David heard *them.*

24 And all the men of Israel, when they saw the man, fled from him, and were sore afraid.

25 And the men of Israel said, Have ye seen this man that is come up? surely to defy Israel is he come up: and it shall be, *that* the man who killeth him, the king will enrich him with great riches, and will give him his daughter, and make his father's house free in Israel.

26 And David spake to the men that stood by him, saying, What shall be done to the man that killeth this Philistine, and taketh away the reproach from Israel? for who *is* this uncircumcised Philistine, that he should defy the armies of the living God?

27 And the people answered him after this manner, saying, So shall it be done to the man that killeth him.

28 ¶ And Eliab his eldest brother heard when he spake unto the men; and Eliab's anger was kindled against David, and he said, Why camest thou down hither? and with whom hast thou left those few sheep in the wilderness? I know thy pride, and the naughtiness of thine heart; for thou art come down that thou mightest see the battle.

29 And David said, What have I now done? *Is there* not a cause?

30 ¶ And he turned from him toward another, and spake after the same manner: and the people answered him again after the former manner.

31 And when the words were heard which David spake, they rehearsed *them* before Saul: and he sent for him.

32 ¶ And David said to Saul, Let no man's heart fail because of him; thy servant will go and fight with this Philistine.

33 And Saul said to David, Thou art not able to go against this Philistine to fight with him: for thou *art but* a youth, and he a man of war from his youth.

34 And David said unto Saul, Thy servant kept his father's sheep, and there came

13 שְׁמֹנֶה בָנִים וְהָאִישׁ בִּימֵי שָׁאוּל זָקֵן בָּא בַאֲנָשִׁים: וַיֵּלְכוּ שְׁלֹשֶׁת בְּנֵי־יִשַׁי הַגְּדֹלִים הָלְכוּ אַחֲרֵי־שָׁאוּל לַמִּלְחָמָה וְשֵׁם ׀ שְׁלֹשֶׁת בָּנָיו אֲשֶׁר הָלְכוּ בַּמִּלְחָמָה אֱלִיאָב הַבְּכוֹר וּמִשְׁנֵהוּ אֲבִינָדָב וְהַשְּׁלִשִׁי

14 שַׁמָּה: וְדָוִד הוּא הַקָּטָן וּשְׁלֹשָׁה הַגְּדֹלִים הָלְכוּ אַחֲרֵי

15 שָׁאוּל: וְדָוִד הֹלֵךְ וָשָׁב מֵעַל שָׁאוּל לִרְעוֹת אֶת־צֹאן

16 אָבִיו בֵּית־לָחֶם: וַיִּגַּשׁ הַפְּלִשְׁתִּי הַשְׁכֵּם וְהַעֲרֵב וַיִּתְיַצֵּב אַרְבָּעִים יוֹם:

17 וַיֹּאמֶר יִשַׁי לְדָוִד בְּנוֹ קַח־נָא לְאַחֶיךָ אֵיפַת הַקָּלִיא הַזֶּה וַעֲשָׂרָה

18 לֶחֶם הַזֶּה וְהָרֵץ הַמַּחֲנֶה לְאַחֶיךָ: וְאֵת עֲשֶׂרֶת חֲרִצֵי הֶחָלָב הָאֵלֶּה תָּבִיא לְשַׂר־הָאָלֶף וְאֶת־אַחֶיךָ תִּפְקֹד לְשָׁלוֹם וְאֶת־עֲרֻבָּתָם תִּקָּח:

19 וְשָׁאוּל וְהֵמָּה וְכָל־אִישׁ יִשְׂרָאֵל בְּעֵמֶק הָאֵלָה נִלְחָמִים עִם־

20 פְּלִשְׁתִּים: וַיַּשְׁכֵּם דָּוִד בַּבֹּקֶר וַיִּטֹּשׁ אֶת־הַצֹּאן עַל־שֹׁמֵר וַיִּשָּׂא וַיֵּלֶךְ כַּאֲשֶׁר צִוָּהוּ יִשָׁי וַיָּבֹא הַמַּעְגָּלָה וְהַחַיִל הַיֹּצֵא אֶל־הַמַּעֲרָכָה וְהֵרֵעוּ

21 בַּמִּלְחָמָה: וַתַּעֲרֹךְ יִשְׂרָאֵל וּפְלִשְׁתִּים מַעֲרָכָה לִקְרַאת מַעֲרָכָה:

22 וַיִּטֹּשׁ דָּוִד אֶת־הַכֵּלִים מֵעָלָיו עַל־יַד שׁוֹמֵר הַכֵּלִים וַיָּרָץ הַמַּעֲרָכָה

23 וַיָּבֹא וַיִּשְׁאַל לְאֶחָיו לְשָׁלוֹם: וְהוּא ׀ מְדַבֵּר עִמָּם וְהִנֵּה אִישׁ הַבֵּנַיִם עוֹלֶה גָּלְיָת הַפְּלִשְׁתִּי שְׁמוֹ מִגַּת מִמַּעֲרוֹת פְּלִשְׁתִּים וַיְדַבֵּר כַּדְּבָרִים

23A מִמַּעֲרָכוֹת

24 הָאֵלֶּה וַיִּשְׁמַע דָּוִד: וְכֹל אִישׁ יִשְׂרָאֵל בִּרְאוֹתָם אֶת־הָאִישׁ וַיָּנֻסוּ

25 מִפָּנָיו וַיִּירְאוּ מְאֹד: וַיֹּאמֶר ׀ אִישׁ יִשְׂרָאֵל הַרְּאִיתֶם הָאִישׁ הָעֹלֶה הַזֶּה כִּי לְחָרֵף אֶת־יִשְׂרָאֵל עֹלֶה וְהָיָה הָאִישׁ אֲשֶׁר־יַכֶּנּוּ יַעְשְׁרֶנּוּ הַמֶּלֶךְ ׀ עֹשֶׁר גָּדוֹל וְאֶת־בִּתּוֹ יִתֶּן־לוֹ וְאֵת בֵּית אָבִיו יַעֲשֶׂה חָפְשִׁי

26 בְּיִשְׂרָאֵל: וַיֹּאמֶר דָּוִד אֶל־הָאֲנָשִׁים הָעֹמְדִים עִמּוֹ לֵאמֹר מַה־יֵּעָשֶׂה לָאִישׁ אֲשֶׁר יַכֶּה אֶת־הַפְּלִשְׁתִּי הַלָּז וְהֵסִיר חֶרְפָּה מֵעַל יִשְׂרָאֵל כִּי מִי הַפְּלִשְׁתִּי הֶעָרֵל הַזֶּה כִּי חֵרֵף מַעַרְכוֹת אֱלֹהִים חַיִּים:

27 וַיֹּאמֶר לוֹ הָעָם כַּדָּבָר הַזֶּה לֵאמֹר כֹּה יֵעָשֶׂה לָאִישׁ אֲשֶׁר יַכֶּנּוּ:

28 וַיִּשְׁמַע אֱלִיאָב אָחִיו הַגָּדוֹל בְּדַבְּרוֹ אֶל־הָאֲנָשִׁים וַיִּחַר־אַף אֱלִיאָב בְּדָוִד וַיֹּאמֶר ׀ לָמָּה־זֶּה יָרַדְתָּ וְעַל־מִי נָטַשְׁתָּ מְעַט הַצֹּאן הָהֵנָּה בַּמִּדְבָּר אֲנִי יָדַעְתִּי אֶת־זְדֹנְךָ וְאֵת רֹעַ לְבָבֶךָ כִּי לְמַעַן רְאוֹת

29 הַמִּלְחָמָה יָרָדְתָּ: וַיֹּאמֶר דָּוִד מֶה עָשִׂיתִי עָתָּה הֲלוֹא דָּבָר הוּא:

30 וַיִּסֹּב מֵאֶצְלוֹ אֶל־מוּל אַחֵר וַיֹּאמֶר כַּדָּבָר הַזֶּה וַיְשִׁבֻהוּ הָעָם דָּבָר

31 כַּדָּבָר הָרִאשׁוֹן: וַיִּשָּׁמְעוּ הַדְּבָרִים אֲשֶׁר דִּבֶּר דָּוִד וַיַּגִּדוּ לִפְנֵי־שָׁאוּל

31A

32 וַיִּקָּחֵהוּ: וַיֹּאמֶר דָּוִד אֶל־שָׁאוּל אַל־יִפֹּל לֵב־אָדָם עָלָיו עַבְדְּךָ יֵלֵךְ

33 וְנִלְחַם עִם־הַפְּלִשְׁתִּי הַזֶּה: וַיֹּאמֶר שָׁאוּל אֶל־דָּוִד לֹא תוּכַל לָלֶכֶת אֶל־הַפְּלִשְׁתִּי הַזֶּה לְהִלָּחֵם עִמּוֹ כִּי־נַעַר אַתָּה וְהוּא אִישׁ מִלְחָמָה

34 מִנְּעֻרָיו: וַיֹּאמֶר דָּוִד אֶל־שָׁאוּל רֹעֶה הָיָה עַבְדְּךָ לְאָבִיו

a lion, and a bear, and took a lamb out of the flock:

35 And I went out after him, and smote him, and delivered *it* out of his mouth: and when he arose against me, I caught *him* by his beard, and smote him, and slew him.

36 Thy servant slew both the lion and the bear: and this uncircumcised Philistine shall be as one of them, seeing he hath defied the armies of the living God.

37 David said moreover, The LORD that delivered me out of the paw of the lion, and out of the paw of the bear, he will deliver me out of the hand of this Philistine. And Saul said unto David, Go, and the LORD be with thee.

38 ¶ And Saul armed David with his armour, and he put an helmet of brass upon his head; also he armed him with a coat of mail.

39 And David girded his sword upon his armour, and he assayed to go; for he had not proved *it.* And David said unto Saul, I cannot go with these; for I have not proved *them.* And David put them off him.

40 And he took his staff in his hand, and chose him five smooth stones out of the brook, and put them in a shepherd's bag which he had, even in a scrip; and his sling *was* in his hand: and he drew near to the Philistine.

41 And the Philistine came on and drew near unto David; and the man that bare the shield *went* before him.

42 And when the Philistine looked about, and saw David, he disdained him: for he was *but* a youth, and ruddy, and of a fair countenance.

43 And the Philistine said unto David, *Am* I a dog, that thou comest to me with staves? And the Philistine cursed David by his gods.

44 And the Philistine said to David, Come to me, and I will give thy flesh unto the fowls of the air, and to the beasts of the field.

45 Then said David to the Philistine, Thou comest to me with a sword, and with a spear, and with a shield: but I come to thee in the name of the LORD of hosts, the God of the armies of Israel, whom thou hast defied.

46 This day will the LORD deliver thee into mine hand; and I will smite thee, and take thine head from thee; and I will give the carcases of the host of the Philistines this day unto the fowls of the air, and to the wild beasts of the earth; that all the earth may know that there is a God in Israel.

47 And all this assembly shall know that the LORD saveth not with sword and spear: for the battle *is* the LORD's, and he will give you into our hands.

48 And it came to pass, when the Philistine arose, and came and drew nigh to meet David, that David hasted, and ran toward the army to meet the Philistine.

49 And David put his hand in his bag, and took thence a stone, and slang *it,* and smote the Philistine in his forehead, that the stone sunk into his forehead; and he fell upon his face to the earth.

50 So David prevailed over the Philistine with a sling and with a stone, and smote the Philistine, and slew him; but *there was* no sword in the hand of David.

51 Therefore David ran, and stood upon the Philistine, and took his sword, and drew it out of the sheath thereof, and slew him, and cut off his head therewith. And when the Philistines saw their champion was dead, they fled.

52 And the men of Israel and of Judah arose, and shouted, and pursued the Philistines, until thou come to the valley, and to the gates of Ekron. And the wounded of the Philistines fell down by the way to Shaaraim, even unto Gath, and unto Ekron.

53 And the children of Israel returned from chasing after the Philistines, and they spoiled their tents.

54 And David took the head of the Philistine, and brought it to Jerusalem; but he put his armour in his tent.

55 ¶ And when Saul saw David go forth against the Philistine, he said unto Abner,

בַּצֹּאן וּבָא הָאֲרִי֙ וְאֶת־הַדּ֔וֹב וְנָשָׂ֥א שֶׂ֖ה מֵהָעֵ֑דֶר וְיָצָ֣אתִי אַחֲרָ֗יו 35

וְהִכִּתִ֙יו֙ וְהִצַּלְתִּ֣י מִפִּ֔יו וַיָּ֥קָם עָלַ֖י וְהֶחֱזַ֙קְתִּי֙ בִּזְקָנ֔וֹ וְהִכִּתִ֖יו וַהֲמִיתִּֽיו׃

גַּ֧ם אֶת־הָֽאֲרִ֛י גַּם־הַדּ֖וֹב הִכָּ֣ה עַבְדֶּ֑ךָ וְֽ֠הָיָה הַפְּלִשְׁתִּ֙י הֶעָרֵ֥ל הַזֶּ֜ה 36

כְּאַחַ֣ד מֵהֶ֗ם כִּ֥י חֵרֵ֖ף מַעַרְכֹ֥ת אֱלֹהִ֥ים חַיִּֽים׃ וַיֹּ֘אמֶר֮ דָּוִד֒ 37

יְהוָ֗ה אֲשֶׁ֙ר הִצִּלַ֜נִי מִיַּ֤ד הָֽאֲרִי֙ וּמִיַּ֣ד הַדֹּ֔ב ה֣וּא יַצִּילֵ֗נִי מִיַּ֛ד הַפְּלִשְׁתִּ֖י

הַזֶּ֑ה וַיֹּ֙אמֶר שָׁא֤וּל אֶל־דָּוִד֙ לֵ֔ךְ וַיהוָ֖ה יִהְיֶ֥ה עִמָּֽךְ׃ וַיַּלְבֵּ֙שׁ 38

שָׁא֤וּל אֶת־דָּוִד֙ מַדָּ֔יו וְנָתַ֛ן ק֥וֹבַע נְחֹ֖שֶׁת עַל־רֹאשׁ֑וֹ וַיַּלְבֵּ֥שׁ אֹת֖וֹ

שִׁרְיֽוֹן׃ וַיַּחְגֹּ֙ר דָּוִ֤ד אֶת־חַרְבּוֹ֙ מֵעַ֣ל לְמַדָּ֔יו וַיֹּ֣אֶל לָלֶ֗כֶת כִּ֣י לֹֽא־נִסָּ֔ה 39

וַיֹּ֩אמֶר דָּוִ֙ד אֶל־שָׁא֜וּל לֹ֥א אוּכַ֤ל לָלֶ֙כֶת֙ בָּאֵ֔לֶּה כִּ֖י לֹ֣א נִסִּ֑יתִי וַיְסִרֵ֥ם

40A | דָּוִ֖ד מֵעָלָֽיו׃ וַיִּקַּ֙ח מַקְל֜וֹ בְּיָד֗וֹ וַיִּבְחַר־ל֣וֹ חֲמִשָּׁ֣ה חַלֻּקֵֽי־אֲבָנִ֣ים 40

מִן־הַנַּ֡חַל וַיָּ֣שֶׂם אֹ֠תָם בִּכְלִ֙י הָרֹעִ֧ים אֲשֶׁר־ל֛וֹ וּבַיַּלְק֖וּט וְקַלְּע֥וֹ בְיָד֑וֹ

וַיִּגַּ֖שׁ אֶל־הַפְּלִשְׁתִּֽי׃ וַיֵּ֙לֶךְ֙ הַפְּלִשְׁתִּ֔י הֹלֵ֥ךְ וְקָרֵ֖ב אֶל־דָּוִ֑ד וְהָאִ֖ישׁ 41

נֹשֵׂ֥א הַצִּנָּ֖ה לְפָנָֽיו׃ וַיַּבֵּ֧ט הַפְּלִשְׁתִּ֛י וַיִּרְאֶ֥ה אֶת־דָּוִ֖ד וַיִּבְזֵ֑הוּ כִּֽי־הָיָ֣ה 42

נַ֔עַר וְאַדְמֹנִ֖י עִם־יְפֵ֥ה מַרְאֶֽה׃ וַיֹּ֤אמֶר הַפְּלִשְׁתִּי֙ אֶל־דָּוִ֔ד הֲכֶ֣לֶב 43

אָנֹ֔כִי כִּֽי־אַתָּ֥ה בָֽא־אֵלַ֖י בַּמַּקְל֑וֹת וַיְקַלֵּ֧ל הַפְּלִשְׁתִּ֛י אֶת־דָּוִ֖ד בֵּאלֹהָֽיו׃

וַיֹּ֥אמֶר הַפְּלִשְׁתִּ֖י אֶל־דָּוִ֑ד לְכָ֣ה אֵלַ֔י וְאֶתְּנָה֙ אֶת־בְּשָׂ֣רְךָ֔ לְע֥וֹף 44

הַשָּׁמַ֖יִם וּלְבֶהֱמַ֥ת הַשָּׂדֶֽה׃ וַיֹּ֤אמֶר דָּוִד֙ אֶל־הַפְּלִשְׁתִּ֔י אַתָּ֞ה 45

בָּ֣א אֵלַ֗י בְּחֶ֤רֶב וּבַחֲנִית֙ וּבְכִיד֔וֹן וְאָנֹכִ֣י בָֽא־אֵלֶ֔יךָ בְּשֵׁ֙ם יְהוָ֣ה

צְבָא֔וֹת אֱלֹהֵ֛י מַעַרְכ֥וֹת יִשְׂרָאֵ֖ל אֲשֶׁ֥ר חֵרַֽפְתָּ׃ הַיּ֣וֹם הַזֶּ֡ה יְסַגֶּרְךָ֩ 46

יְהוָ֙ה בְּיָדִ֜י וְהִכִּיתִ֗ךָ וַהֲסִרֹתִ֤י אֶת־רֹֽאשְׁךָ֙ מֵעָלֶ֔יךָ וְנָ֙תַתִּ֜י פֶּ֣גֶר מַחֲנֵ֧ה

פְלִשְׁתִּ֣ים הַיּ֣וֹם הַזֶּ֗ה לְע֤וֹף הַשָּׁמַ֙יִם֙ וּלְחַיַּ֣ת הָאָ֔רֶץ וְיֵֽדְעוּ֙ כָּל־הָאָ֔רֶץ

כִּ֥י יֵ֖שׁ אֱלֹהִ֥ים לְיִשְׂרָאֵֽל׃ וְיֵֽדְעוּ֙ כָּל־הַקָּהָ֣ל הַזֶּ֔ה כִּֽי־לֹ֛א בְּחֶ֥רֶב 47

וּבַחֲנִ֖ית יְהוֹשִׁ֣יעַ יְהוָ֑ה כִּ֤י לַֽיהוָה֙ הַמִּלְחָמָ֔ה וְנָתַ֥ן אֶתְכֶ֖ם בְּיָדֵֽנוּ׃

וְהָיָ֙ה כִּֽי־קָ֣ם הַפְּלִשְׁתִּ֔י וַיֵּ֥לֶךְ וַיִּקְרַ֖ב לִקְרַ֣את דָּוִ֑ד וַיְמַהֵ֣ר דָּוִ֗ד וַיָּ֤רָץ 48

הַמַּעֲרָכָ֖ה לִקְרַ֥את הַפְּלִשְׁתִּֽי׃ וַיִּשְׁלַח֩ דָּוִ֙ד אֶת־יָד֜וֹ אֶל־הַכֶּ֗לִי וַיִּקַּ֙ח 49

מִשָּׁ֥ם אֶ֙בֶן֙ וַיְקַלַּ֔ע וַיַּ֥ךְ אֶת־הַפְּלִשְׁתִּ֖י אֶל־מִצְח֑וֹ וַתִּטְבַּ֤ע הָאֶ֙בֶן֙ בְּמִצְח֔וֹ

וַיִּפֹּ֥ל עַל־פָּנָ֖יו אָֽרְצָה׃ וַיֶּחֱזַ֙ק דָּוִ֤ד מִן־הַפְּלִשְׁתִּי֙ בַּקֶּ֣לַע וּבָאֶ֔בֶן וַיַּ֥ךְ 50

אֶת־הַפְּלִשְׁתִּ֖י וַיְמִיתֵ֑הוּ וְחֶ֖רֶב אֵ֥ין בְּיַד־דָּוִֽד׃ וַיָּ֣רָץ דָּ֠וִד וַיַּעֲמֹ֙ד 51

אֶל־הַפְּלִשְׁתִּ֜י וַיִּקַּ֣ח אֶת־חַ֠רְבּוֹ וַֽיִּשְׁלְפָ֤הּ מִתַּעְרָהּ֙ וַיְמֹ֣תְתֵ֔הוּ וַיִּכְרָת־בָּ֖הּ

אֶת־רֹאשׁ֑וֹ וַיִּרְא֧וּ הַפְּלִשְׁתִּ֛ים כִּי־מֵ֥ת גִּבּוֹרָ֖ם וַיָּנֻֽסוּ׃ וַיָּקֻ֣מוּ אַנְשֵׁי֩ 52

יִשְׂרָאֵ֙ל וִיהוּדָ֜ה וַיָּרִ֗עוּ וַיִּרְדְּפוּ֙ אֶת־הַפְּלִשְׁתִּ֔ים עַד־בּוֹאֲךָ֣ גַ֔יְא וְעַ֖ד

שַׁעֲרֵ֣י עֶקְר֑וֹן וַֽיִּפְּלוּ֙ חַֽלְלֵ֣י פְלִשְׁתִּ֔ים בְּדֶ֙רֶךְ֙ שַׁעֲרַ֔יִם וְעַד־גַּ֖ת

וְעַד־עֶקְרֽוֹן׃ וַיָּשֻׁ֗בוּ בְּנֵ֤י יִשְׂרָאֵל֙ מִדְּלֹ֣ק אַחֲרֵ֣י פְלִשְׁתִּ֔ים וַיָּשֹׁ֖סּוּ 53

אֶת־מַחֲנֵיהֶֽם׃ וַיִּקַּ֤ח דָּוִד֙ אֶת־רֹ֣אשׁ הַפְּלִשְׁתִּ֔י וַיְבִאֵ֖הוּ יְרוּשָׁלָ֑͏ם וְאֶת־ 54

כֵּלָ֖יו שָׂ֥ם בְּאָהֳלֽוֹ׃ וְכִרְא֙וֹת שָׁא֜וּל אֶת־דָּוִ֗ד יֹצֵא֙ לִקְרַ֣את 55

the captain of the host, Abner, whose son *is* this youth? And Abner said, *As* thy soul liveth, O king, I cannot tell.

56 And the king said, Enquire thou whose son the stripling *is*.

57 And as David returned from the slaughter of the Philistine, Abner took him, and brought him before Saul with the head of the Philistine in his hand.

58 And Saul said to him, Whose son *art* thou, *thou* young man? And David answered, I *am* the son of thy servant Jesse the Beth-lehemite.

CHAPTER 18

1 And it came to pass, when he had made an end of speaking unto Saul, that the soul of Jonathan was knit with the soul of David, and Jonathan loved him as his own soul.

2 And Saul took him that day, and would let him go no more home to his father's house.

3 Then Jonathan and David made a covenant, because he loved him as his own soul.

4 And Jonathan stripped himself of the robe that *was* upon him, and gave it to David, and his garments, even to his sword, and to his bow, and to his girdle.

5 ¶ And David went out whithersoever Saul sent him, *and* behaved himself wisely: and Saul set him over the men of war, and he was accepted in the sight of all the people, and also in the sight of Saul's servants.

6 And it came to pass as they came, when David was returned from the slaughter of the Philistine, that the women came out of all cities of Israel, singing and dancing, to meet king Saul, with tabrets, with joy, and with instruments of musick.

7 And the women answered *one another* as they played, and said, Saul hath slain his thousands, and David his ten thousands.

8 And Saul was very wroth, and the saying displeased him; and he said, They have ascribed unto David ten thousands, and to me they have ascribed *but* thousands:

and *what* can he have more but the kingdom?

9 And Saul eyed David from that day and forward.

10 ¶ And it came to pass on the morrow, that the evil spirit from God came upon Saul, and he prophesied in the midst of the house: and David played with his hand, as at other times: and *there was* a javelin in Saul's hand.

11 And Saul cast the javelin; for he said, I will smite David even to the wall *with it*. And David avoided out of his presence twice.

12 ¶ And Saul was afraid of David, because the Lord was with him, and was departed from Saul.

13 Therefore Saul removed him from him, and made him his captain over a thousand; and he went out and came in before the people.

14 And David behaved himself wisely in all his ways; and the Lord *was* with him.

15 Wherefore when Saul saw that he behaved himself very wisely, he was afraid of him.

16 But all Israel and Judah loved David, because he went out and came in before them.

17 ¶ And Saul said to David, Behold my elder daughter Merab, her will I give thee to wife: only be thou valiant for me, and fight the Lord's battles. For Saul said, Let not mine hand be upon him, but let the hand of the Philistines be upon him.

18 And David said unto Saul, Who *am* I? and what *is* my life, *or* my father's family in Israel, that I should be son in law to the king?

19 But it came to pass at the time when Merab Saul's daughter should have been given to David, that she was given unto Adriel the Meholathite to wife.

20 And Michal Saul's daughter loved David: and they told Saul, and the thing pleased him.

21 And Saul said, I will give him her, that she may be a snare to him, and that the hand of the Philistines may be against him. Wherefore Saul said to David, Thou shalt this day be my son in law in *the one of* the twain.

הַפְּלִשְׁתִּי אָמַר אֶל־אַבְנֵר שַׂר הַצָּבָא בֶּן־מִי־זֶה הַנַּעַר אַבְנֵר וַיֹּאמֶר

56 אַבְנֵר חֵי־נַפְשְׁךָ הַמֶּלֶךְ אִם־יָדָעְתִּי: וַיֹּאמֶר הַמֶּלֶךְ שְׁאַל אַתָּה בֶּן־

57 מִי־זֶה הָעָלֶם: וּכְשׁוּב דָּוִד מֵהַכּוֹת אֶת־הַפְּלִשְׁתִּי וַיִּקַּח

58 אֹתוֹ אַבְנֵר וַיְבִאֵהוּ לִפְנֵי שָׁאוּל וְרֹאשׁ הַפְּלִשְׁתִּי בְּיָדוֹ: וַיֹּאמֶר אֵלָיו

שָׁאוּל בֶּן־מִי אַתָּה הַנַּעַר וַיֹּאמֶר דָּוִד בֶּן־עַבְדְּךָ יִשַׁי בֵּית הַלַּחְמִי:

18 1 וַיְהִי כְּכַלֹּתוֹ לְדַבֵּר אֶל־שָׁאוּל וְנֶפֶשׁ יְהוֹנָתָן נִקְשְׁרָה בְּנֶפֶשׁ דָּוִד

2 וַיֶּאֱהָבֵהוּ יְהוֹנָתָן כְּנַפְשׁוֹ: וַיִּקָּחֵהוּ שָׁאוּל בַּיּוֹם הַהוּא וְלֹא נְתָנוֹ

3 לָשׁוּב בֵּית אָבִיו: וַיִּכְרֹת יְהוֹנָתָן וְדָוִד בְּרִית בְּאַהֲבָתוֹ אֹתוֹ כְּנַפְשׁוֹ:

4 וַיִּתְפַּשֵּׁט יְהוֹנָתָן אֶת־הַמְּעִיל אֲשֶׁר עָלָיו וַיִּתְּנֵהוּ לְדָוִד וּמַדָּיו וְעַד־

5 חַרְבּוֹ וְעַד־קַשְׁתּוֹ וְעַד־חֲגֹרוֹ: וַיֵּצֵא דָוִד בְּכֹל אֲשֶׁר יִשְׁלָחֶנּוּ שָׁאוּל

יַשְׂכִּיל וַיְשִׂמֵהוּ שָׁאוּל עַל אַנְשֵׁי הַמִּלְחָמָה וַיִּיטַב בְּעֵינֵי כָל־הָעָם

וְגַם בְּעֵינֵי עַבְדֵי שָׁאוּל:

6 וַיְהִי בְּבוֹאָם בְּשׁוּב דָּוִד מֵהַכּוֹת אֶת־הַפְּלִשְׁתִּי וַתֵּצֶאנָה הַנָּשִׁים

מִכָּל־עָרֵי יִשְׂרָאֵל לָשׁוּר וְהַמְּחֹלוֹת לִקְרַאת שָׁאוּל הַמֶּלֶךְ בְּתֻפִּים

7 בְּשִׂמְחָה וּבְשָׁלִשִׁים: וַתַּעֲנֶינָה הַנָּשִׁים הַמְשַׂחֲקוֹת וַתֹּאמַרְןָ הִכָּה

8 שָׁאוּל בַּאֲלָפָו וְדָוִד בְּרִבְבֹתָיו: וַיִּחַר לְשָׁאוּל מְאֹד וַיֵּרַע בְּעֵינָיו

הַדָּבָר הַזֶּה וַיֹּאמֶר נָתְנוּ לְדָוִד רְבָבוֹת וְלִי נָתְנוּ הָאֲלָפִים וְעוֹד

9 לוֹ אַךְ הַמְּלוּכָה: וַיְהִי שָׁאוּל עוֹן אֶת־דָּוִד מֵהַיּוֹם הַהוּא

10 וָהָלְאָה: וַיְהִי מִמָּחֳרָת וַתִּצְלַח רוּחַ אֱלֹהִים רָעָה אֶל־

שָׁאוּל וַיִּתְנַבֵּא בְתוֹךְ־הַבַּיִת וְדָוִד מְנַגֵּן בְּיָדוֹ כְּיוֹם בְּיוֹם וְהַחֲנִית

11 בְּיַד־שָׁאוּל: וַיָּטֶל שָׁאוּל אֶת־הַחֲנִית וַיֹּאמֶר אַכֶּה בְדָוִד וּבַקִּיר וַיִּסֹּב

12 דָּוִד מִפָּנָיו פַּעֲמָיִם: וַיִּרָא שָׁאוּל מִלִּפְנֵי דָוִד כִּי־הָיָה יְהוָה עִמּוֹ

13 וּמֵעִם שָׁאוּל סָר: וַיְסִרֵהוּ שָׁאוּל מֵעִמּוֹ וַיְשִׂמֵהוּ לוֹ שַׂר־אָלֶף וַיֵּצֵא

וַיָּבֹא לִפְנֵי הָעָם:

14 וַיְהִי דָוִד לְכָל־דְּרָכָו מַשְׂכִּיל וַיהוָה עִמּוֹ: וַיַּרְא שָׁאוּל אֲשֶׁר־הוּא

15

16 מַשְׂכִּיל מְאֹד וַיָּגָר מִפָּנָיו: וְכָל־יִשְׂרָאֵל וִיהוּדָה אֹהֵב אֶת־דָּוִד

כִּי־הוּא יוֹצֵא וָבָא לִפְנֵיהֶם:

17 וַיֹּאמֶר שָׁאוּל אֶל־דָּוִד הִנֵּה בִתִּי הַגְּדוֹלָה מֵרַב אֹתָהּ אֶתֶּן־לְךָ

לְאִשָּׁה אַךְ הֱיֵה־לִּי לְבֶן־חַיִל וְהִלָּחֵם מִלְחֲמוֹת יְהוָה וְשָׁאוּל אָמַר

18 אַל־תְּהִי יָדִי בּוֹ וּתְהִי־בוֹ יַד־פְּלִשְׁתִּים: וַיֹּאמֶר דָּוִד

אֶל־שָׁאוּל מִי אָנֹכִי וּמִי חַיַּי מִשְׁפַּחַת אָבִי בְּיִשְׂרָאֵל כִּי־אֶהְיֶה חָתָן

19 לַמֶּלֶךְ: וַיְהִי בְּעֵת תֵּת אֶת־מֵרַב בַּת־שָׁאוּל לְדָוִד וְהִיא נִתְּנָה

20 לְעַדְרִיאֵל הַמְּחֹלָתִי לְאִשָּׁה: וַתֶּאֱהַב מִיכַל בַּת־שָׁאוּל אֶת־דָּוִד וַיַּגִּדוּ

21 לְשָׁאוּל וַיִּשַׁר הַדָּבָר בְּעֵינָיו: וַיֹּאמֶר שָׁאוּל אֶתְּנֶנָּה לּוֹ וּתְהִי־לוֹ

לְמוֹקֵשׁ וּתְהִי־בוֹ יַד־פְּלִשְׁתִּים וַיֹּאמֶר שָׁאוּל אֶל־דָּוִד בִּשְׁתַּיִם

Masorah margin notes (right side):

וַיֶּאֱהָבֵהוּ

לָשִׁיר

בַּאֲלָפָו

עוֹן

22 ¶ And Saul commanded his servants, *saying,* Commune with David secretly, and say, Behold, the king hath delight in thee, and all his servants love thee: now therefore be the king's son in law.

23 And Saul's servants spake those words in the ears of David. And David said, Seemeth it to you *a* light *thing* to be a king's son in law, seeing that I *am* a poor man, and lightly esteemed?

24 And the servants of Saul told him, saying, On this manner spake David.

25 And Saul said, Thus shall ye say to David, The king desireth not any dowry, but an hundred foreskins of the Philistines, to be avenged of the king's enemies. But Saul thought to make David fall by the hand of the Philistines.

26 And when his servants told David these words, it pleased David well to be the king's son in law: and the days were not expired.

27 Wherefore David arose and went, he and his men, and slew of the Philistines two hundred men; and David brought their foreskins, and they gave them in full tale to the king, that he might be the king's son in law. And Saul gave him Michal his daughter to wife.

28 ¶ And Saul saw and knew that the LORD *was* with David, and *that* Michal Saul's daughter loved him.

29 And Saul was yet the more afraid of David; and Saul became David's enemy continually.

30 Then the princes of the Philistines went forth: and it came to pass, after they went forth, *that* David behaved himself more wisely than all the servants of Saul; so that his name was much set by.

CHAPTER 19

1 And Saul spake to Jonathan his son, and to all his servants, that they should kill David.

2 But Jonathan Saul's son delighted much in David: and Jonathan told David, saying, Saul my father seeketh to kill thee: now therefore, I pray thee, take heed to thyself until the morning, and abide in a secret *place,* and hide thyself:

3 And I will go out and stand beside my father in the field where thou *art,* and I will commune with my father of thee; and what I see, that I will tell thee.

4 ¶ And Jonathan spake good of David unto Saul his father, and said unto him, Let not the king sin against his servant, against David; because he hath not sinned against thee, and because his works *have been* to thee-ward very good:

5 For he did put his life in his hand, and slew the Philistine, and the LORD wrought a great salvation for all Israel: thou sawest *it,* and didst rejoice: wherefore then wilt thou sin against innocent blood, to slay David without a cause?

6 And Saul hearkened unto the voice of Jonathan: and Saul sware, *As* the LORD liveth, he shall not be slain.

7 And Jonathan called David, and Jonathan shewed him all those things. And Jonathan brought David to Saul, and he was in his presence, as in times past.

8 ¶ And there was war again: and David went out, and fought with the Philistines, and slew them with a great slaughter; and they fled from him.

9 And the evil spirit from the LORD was upon Saul, as he sat in his house with his javelin in his hand: and David played with *his* hand.

10 And Saul sought to smite David even to the wall with the javelin; but he slipped away out of Saul's presence, and he smote the javelin into the wall: and David fled, and escaped that night.

11 Saul also sent messengers unto David's house, to watch him, and to slay him in the morning: and Michal David's wife told him, saying, If thou save not thy life to night, to morrow thou shalt be slain.

12 ¶ So Michal let David down through a window: and he went, and fled, and escaped.

22 תִּתְחַתֵּן בִּי הַיּוֹם: וַיְצַו שָׁאוּל אֶת־עֲבָדָו דַּבְּרוּ אֶל־דָּוִד בַּלָּט לֵאמֹר
הִנֵּה חָפֵץ בְּךָ הַמֶּלֶךְ וְכָל־עֲבָדָיו אֲהֵבוּךָ וְעַתָּה הִתְחַתֵּן בַּמֶּלֶךְ:

23 וַיְדַבְּרוּ עַבְדֵי שָׁאוּל בְּאָזְנֵי דָוִד אֶת־הַדְּבָרִים הָאֵלֶּה וַיֹּאמֶר דָּוִד
24 הַנְקַלָּה בְעֵינֵיכֶם הִתְחַתֵּן בַּמֶּלֶךְ וְאָנֹכִי אִישׁ־רָשׁ וְנִקְלֶה: וַיַּגִּדוּ
עַבְדֵי שָׁאוּל לוֹ לֵאמֹר כַּדְּבָרִים הָאֵלֶּה דִּבֶּר דָּוִד:

25 וַיֹּאמֶר שָׁאוּל כֹּה־תֹאמְרוּ לְדָוִד אֵין־חֵפֶץ לַמֶּלֶךְ בְּמֹהַר כִּי בְּמֵאָה
עָרְלוֹת פְּלִשְׁתִּים לְהִנָּקֵם בְּאֹיְבֵי הַמֶּלֶךְ וְשָׁאוּל חָשַׁב לְהַפִּיל
26 אֶת־דָּוִד בְּיַד־פְּלִשְׁתִּים: וַיַּגִּדוּ עֲבָדָיו לְדָוִד אֶת־הַדְּבָרִים הָאֵלֶּה
27 וַיִּשַׁר הַדָּבָר בְּעֵינֵי דָוִד לְהִתְחַתֵּן בַּמֶּלֶךְ וְלֹא מָלְאוּ הַיָּמִים: וַיָּקָם
דָּוִד וַיֵּלֶךְ ׀ הוּא וַאֲנָשָׁיו וַיַּךְ בַּפְּלִשְׁתִּים מָאתַיִם אִישׁ וַיָּבֵא דָוִד
אֶת־עָרְלֹתֵיהֶם וַיְמַלְאוּם לַמֶּלֶךְ לְהִתְחַתֵּן בַּמֶּלֶךְ וַיִּתֶּן־לוֹ שָׁאוּל
28 אֶת־מִיכַל בִּתּוֹ לְאִשָּׁה: וַיַּרְא שָׁאוּל וַיֵּדַע כִּי יְהוָה 28A
29 עִם־דָּוִד וּמִיכַל בַּת־שָׁאוּל אֲהֵבַתְהוּ: וַיֹּאסֶף שָׁאוּל לֵרֹא מִפְּנֵי דָוִד
30 עוֹד וַיְהִי שָׁאוּל אֹיֵב אֶת־דָּוִד כָּל־הַיָּמִים: וַיֵּצְאוּ שָׂרֵי
פְלִשְׁתִּים וַיְהִי ׀ מִדֵּי צֵאתָם שָׂכַל דָּוִד מִכֹּל עַבְדֵי שָׁאוּל וַיִּיקַר
19 1 שְׁמוֹ מְאֹד: וַיְדַבֵּר שָׁאוּל אֶל־יוֹנָתָן בְּנוֹ וְאֶל־כָּל־עֲבָדָיו
2 לְהָמִית אֶת־דָּוִד וִיהוֹנָתָן בֶּן־שָׁאוּל חָפֵץ בְּדָוִד מְאֹד: וַיַּגֵּד יְהוֹנָתָן
לְדָוִד לֵאמֹר מְבַקֵּשׁ שָׁאוּל אָבִי לַהֲמִיתֶךָ וְעַתָּה הִשָּׁמֶר־נָא בַבֹּקֶר
3 וְיָשַׁבְתָּ בַסֵּתֶר וְנַחְבֵּאתָ: וַאֲנִי אֵצֵא וְעָמַדְתִּי לְיַד־אָבִי בַּשָּׂדֶה אֲשֶׁר
אַתָּה שָׁם וַאֲנִי אֲדַבֵּר בְּךָ אֶל־אָבִי וְרָאִיתִי מָה וְהִגַּדְתִּי
4 לָךְ:   וַיְדַבֵּר יְהוֹנָתָן בְּדָוִד טוֹב אֶל־שָׁאוּל אָבִיו וַיֹּאמֶר
אֵלָיו אַל־יֶחֱטָא הַמֶּלֶךְ בְּעַבְדּוֹ בְדָוִד כִּי לוֹא חָטָא לָךְ וְכִי מַעֲשָׂיו
5 טוֹב־לְךָ מְאֹד: וַיָּשֶׂם אֶת־נַפְשׁוֹ בְכַפּוֹ וַיַּךְ אֶת־הַפְּלִשְׁתִּי וַיַּעַשׂ
יְהוָה תְּשׁוּעָה גְדוֹלָה לְכָל־יִשְׂרָאֵל רָאִיתָ וַתִּשְׂמָח וְלָמָּה תֶחֱטָא
6 בְדָם נָקִי לְהָמִית אֶת־דָּוִד חִנָּם: וַיִּשְׁמַע שָׁאוּל בְּקוֹל יְהוֹנָתָן וַיִּשָּׁבַע
7 שָׁאוּל חַי־יְהוָה אִם־יוּמָת: וַיִּקְרָא יְהוֹנָתָן לְדָוִד וַיַּגֶּד־לוֹ יְהוֹנָתָן
אֵת כָּל־הַדְּבָרִים הָאֵלֶּה וַיָּבֵא יְהוֹנָתָן אֶת־דָּוִד אֶל־שָׁאוּל וַיְהִי
8 לְפָנָיו כְּאֶתְמוֹל שִׁלְשׁוֹם: וַתּוֹסֶף הַמִּלְחָמָה לִהְיוֹת וַיֵּצֵא
9 דָוִד וַיִּלָּחֶם בַּפְּלִשְׁתִּים וַיַּךְ בָּהֶם מַכָּה גְדוֹלָה וַיָּנֻסוּ מִפָּנָיו: וַתְּהִי
רוּחַ יְהוָה ׀ רָעָה אֶל־שָׁאוּל וְהוּא בְּבֵיתוֹ יוֹשֵׁב וַחֲנִיתוֹ בְּיָדוֹ וְדָוִד
10 מְנַגֵּן בְּיָד: וַיְבַקֵּשׁ שָׁאוּל לְהַכּוֹת בַּחֲנִית בְּדָוִד וּבַקִּיר וַיִּפְטַר מִפְּנֵי
שָׁאוּל וַיַּךְ אֶת־הַחֲנִית בַּקִּיר וְדָוִד נָס וַיִּמָּלֵט בַּלַּיְלָה הוּא:
11 וַיִּשְׁלַח שָׁאוּל מַלְאָכִים אֶל־בֵּית דָּוִד לְשָׁמְרוֹ וְלַהֲמִיתוֹ בַּבֹּקֶר וַתַּגֵּד
לְדָוִד מִיכַל אִשְׁתּוֹ לֵאמֹר אִם־אֵינְךָ מְמַלֵּט אֶת־נַפְשְׁךָ הַלַּיְלָה מָחָר
12 אַתָּה מוּמָת: וַתֹּרֶד מִיכַל אֶת־דָּוִד בְּעַד הַחַלּוֹן וַיֵּלֶךְ וַיִּבְרַח וַיִּמָּלֵט:

13 And Michal took an image, and laid *it* in the bed, and put a pillow of goats' *hair* for his bolster, and covered *it* with a cloth.

14 And when Saul sent messengers to take David, she said, He *is* sick.

15 And Saul sent the messengers *again* to see David, saying, Bring him up to me in the bed, that I may slay him.

16 And when the messengers were come in, behold, *there was* an image in the bed, with a pillow of goats' *hair* for his bolster.

17 And Saul said unto Michal, Why hast thou deceived me so, and sent away mine enemy, that he is escaped? And Michal answered Saul, He said unto me, Let me go; why should I kill thee?

18 ¶ So David fled, and escaped, and came to Samuel to Ramah, and told him all that Saul had done to him. And he and Samuel went and dwelt in Naioth.

19 And it was told Saul, saying, Behold, David *is* at Naioth in Ramah.

20 And Saul sent messengers to take David: and when they saw the company of the prophets prophesying, and Samuel standing *as* appointed over them, the Spirit of God was upon the messengers of Saul, and they also prophesied.

21 And when it was told Saul, he sent other messengers, and they prophesied likewise. And Saul sent messengers again the third time, and they prophesied also.

22 Then went he also to Ramah, and came to a great well that *is* in Sechu: and he asked and said, Where *are* Samuel and David? And *one* said, Behold, *they be* at Naioth in Ramah.

23 And he went thither to Naioth in Ramah: and the Spirit of God was upon him also, and he went on, and prophesied, until he came to Naioth in Ramah.

24 And he stripped off his clothes also, and prophesied before Samuel in like manner, and lay down naked all that day

and all that night. Wherefore they say, *Is* Saul also among the prophets?

CHAPTER 20

1 And David fled from Naioth in Ramah, and came and said before Jonathan, What have I done? what *is* mine iniquity? and what *is* my sin before thy father, that he seeketh my life?

2 And he said unto him, God forbid; thou shalt not die: behold, my father will do nothing either great or small, but that he will shew it me: and why should my father hide this thing from me? it *is* not *so.*

3 And David sware moreover, and said, Thy father certainly knoweth that I have found grace in thine eyes; and he saith, Let not Jonathan know this, lest he be grieved: but truly *as* the LORD liveth, and *as* thy soul liveth, *there is* but a step between me and death.

4 Then said Jonathan unto David, Whatsoever thy soul desireth, I will even do *it* for thee.

5 And David said unto Jonathan, Behold, to morrow *is* the new moon, and I should not fail to sit with the king at meat: but let me go, that I may hide myself in the field unto the third *day* at even.

6 If thy father at all miss me, then say, David earnestly asked *leave* of me that he might run to Beth-lehem his city: for *there is* a yearly sacrifice there for all the family.

7 If he say thus, *It is* well; thy servant shall have peace: but if he be very wroth, *then* be sure that evil is determined by him.

8 Therefore thou shalt deal kindly with thy servant; for thou hast brought thy servant into a covenant of the LORD with thee: notwithstanding, if there be in me iniquity, slay me thyself; for why shouldest thou bring me to thy father?

וַתִּקַּח מִיכַל אֶת־הַתְּרָפִים וַתָּשֶׂם אֶל־הַמִּטָּה וְאֵת כְּבִיר הָעִזִּים 13

שָׂמָה מְרַאֲשֹׁתָיו וַתְּכַס בַּבָּגֶד: וַיִּשְׁלַח שָׁאוּל מַלְאָכִים 14
לָקַחַת אֶת־דָּוִד וַתֹּאמֶר חֹלֶה הוּא:

וַיִּשְׁלַח שָׁאוּל אֶת־הַמַּלְאָכִים לִרְאוֹת אֶת־דָּוִד לֵאמֹר הַעֲלוּ אֹתוֹ 15
בַמִּטָּה אֵלַי לַהֲמִתוֹ: וַיָּבֹאוּ הַמַּלְאָכִים וְהִנֵּה הַתְּרָפִים אֶל־הַמִּטָּה 16
וּכְבִיר הָעִזִּים מְרַאֲשֹׁתָיו: וַיֹּאמֶר שָׁאוּל אֶל־מִיכַל לָמָּה כָּכָה רִמִּיתִנִי 17
וַתְּשַׁלְּחִי אֶת־אֹיְבִי וַיִּמָּלֵט וַתֹּאמֶר מִיכַל אֶל־שָׁאוּל הוּא־אָמַר אֵלַי
שַׁלְּחִנִי לָמָה אֲמִיתֵךְ: וְדָוִד בָּרַח וַיִּמָּלֵט וַיָּבֹא אֶל־שְׁמוּאֵל הָרָמָתָה 18
וַיַּגֶּד־לוֹ אֵת כָּל־אֲשֶׁר עָשָׂה־לוֹ שָׁאוּל וַיֵּלֶךְ הוּא וּשְׁמוּאֵל וַיֵּשְׁבוּ

בְּנָיֹת | בְּנָיֹת בנוית: וַיֻּגַּד לְשָׁאוּל לֵאמֹר הִנֵּה דָוִד בְּנָיוֹת בָּרָמָה: וַיִּשְׁלַח שָׁאוּל 19
20 מַלְאָכִים לָקַחַת אֶת־דָּוִד וַיַּרְא אֶת־לַהֲקַת הַנְּבִיאִים נִבְּאִים וּשְׁמוּאֵל
עֹמֵד נִצָּב עֲלֵיהֶם וַתְּהִי עַל־מַלְאֲכֵי שָׁאוּל רוּחַ אֱלֹהִים וַיִּתְנַבְּאוּ
גַּם־הֵמָּה: וַיַּגִּדוּ לְשָׁאוּל וַיִּשְׁלַח מַלְאָכִים אֲחֵרִים וַיִּתְנַבְּאוּ גַם־הֵמָּה 21
וַיֹּסֶף שָׁאוּל וַיִּשְׁלַח מַלְאָכִים שְׁלִשִׁים וַיִּתְנַבְּאוּ גַם־הֵמָּה: וַיֵּלֶךְ 22
גַּם־הוּא הָרָמָתָה וַיָּבֹא עַד־בּוֹר הַגָּדוֹל אֲשֶׁר בַּשֶּׂכוּ וַיִּשְׁאַל וַיֹּאמֶר

בְּנָיֹת | נָיוֹת אֵיפֹה שְׁמוּאֵל וְדָוִד וַיֹּאמֶר הִנֵּה בְּנָיוֹת בָּרָמָה: וַיֵּלֶךְ שָׁם אֶל־נָיוֹת 23
בָּרָמָה וַתְּהִי עָלָיו גַּם־הוּא רוּחַ אֱלֹהִים וַיֵּלֶךְ הָלוֹךְ וַיִּתְנַבֵּא עַד־בֹּאוֹ

בְּנָיֹת בנוית בָּרָמָה: וַיִּפְשַׁט גַּם־הוּא בְּגָדָיו וַיִּתְנַבֵּא גַם־הוּא לִפְנֵי שְׁמוּאֵל 24
וַיִּפֹּל עָרֹם כָּל־הַיּוֹם הַהוּא וְכָל־הַלָּיְלָה עַל־כֵּן יֹאמְרוּ הֲגַם שָׁאוּל
בַּנְּבִיאִם:

מִנָּיֹת 20 וַיִּבְרַח דָּוִד מִנָּיוֹת בָּרָמָה וַיָּבֹא וַיֹּאמֶר לִפְנֵי יְהוֹנָתָן מֶה עָשִׂיתִי 1
מֶה־עֲוֹנִי וּמֶה־חַטָּאתִי לִפְנֵי אָבִיךָ כִּי מְבַקֵּשׁ אֶת־נַפְשִׁי: וַיֹּאמֶר לוֹ 2

לֹא־יַעֲשֶׂה חָלִילָה לֹא תָמוּת הִנֵּה לוֹ־עֹשֶׂה אָבִי דָּבָר גָּדוֹל אוֹ דָּבָר קָטֹן
וְלֹא יִגְלֶה אֶת־אָזְנִי וּמַדּוּעַ יַסְתִּיר אָבִי מִמֶּנִּי אֶת־הַדָּבָר הַזֶּה אֵין
זֹאת: וַיִּשָּׁבַע עוֹד דָּוִד וַיֹּאמֶר יָדֹעַ יָדַע אָבִיךָ כִּי־מָצָאתִי חֵן 3
בְּעֵינֶיךָ וַיֹּאמֶר אַל־יֵדַע־זֹאת יְהוֹנָתָן פֶּן־יֵעָצֵב וְאוּלָם חַי־יְהוָה וְחֵי
נַפְשֶׁךָ כִּי כְפֶשַׂע בֵּינִי וּבֵין הַמָּוֶת: וַיֹּאמֶר יְהוֹנָתָן אֶל־דָּוִד 4
מַה־תֹּאמַר נַפְשְׁךָ וְאֶעֱשֶׂה־לָּךְ:

וַיֹּאמֶר דָּוִד אֶל־יְהוֹנָתָן הִנֵּה־חֹדֶשׁ מָחָר וְאָנֹכִי יָשֹׁב־אֵשֵׁב עִם־הַמֶּלֶךְ 5
לֶאֱכוֹל וְשִׁלַּחְתַּנִי וְנִסְתַּרְתִּי בַשָּׂדֶה עַד הָעֶרֶב הַשְּׁלִשִׁית: אִם־פָּקֹד 6
יִפְקְדֵנִי אָבִיךָ וְאָמַרְתָּ נִשְׁאֹל נִשְׁאַל מִמֶּנִּי דָוִד לָרוּץ בֵּית־לֶחֶם עִירוֹ
כִּי זֶבַח הַיָּמִים שָׁם לְכָל־הַמִּשְׁפָּחָה: אִם־כֹּה יֹאמַר טוֹב שָׁלוֹם 7
לְעַבְדֶּךָ וְאִם־חָרֹה יֶחֱרֶה לוֹ דַּע כִּי־כָלְתָה הָרָעָה מֵעִמּוֹ: וְעָשִׂיתָ 8
חֶסֶד עַל־עַבְדֶּךָ כִּי בִּבְרִית יְהוָה הֵבֵאתָ אֶת־עַבְדְּךָ עִמָּךְ וְאִם־יֶשׁ־בִּי
עָוֹן הֲמִיתֵנִי אַתָּה וְעַד־אָבִיךָ לָמָּה־זֶּה תְבִיאֵנִי:

9 And Jonathan said, Far be it from thee: for if I knew certainly that evil were determined by my father to come upon thee, then would not I tell it thee?

10 Then said David to Jonathan, Who shall tell me? or what *if* thy father answer thee roughly?

11 ¶ And Jonathan said unto David, Come, and let us go out into the field. And they went out both of them into the field.

12 And Jonathan said unto David, O Lord God of Israel, when I have sounded my father about to morrow any time, *or* the third *day,* and, behold, *if there be* good toward David, and I then send not unto thee, and shew it thee;

13 The Lord do so and much more to Jonathan: but if it please my father *to do* thee evil, then I will shew it thee, and send thee away, that thou mayest go in peace: and the Lord be with thee, as he hath been with my father.

14 And thou shalt not only while yet I live shew me the kindness of the Lord, that I die not:

15 But *also* thou shalt not cut off thy kindness from my house for ever: no, not when the Lord hath cut off the enemies of David every one from the face of the earth.

16 So Jonathan made *a covenant* with the house of David, *saying,* Let the Lord even require *it* at the hand of David's enemies.

17 And Jonathan caused David to swear again, because he loved him: for he loved him as he loved his own soul.

18 Then Jonathan said to David, To morrow *is* the new moon: and thou shalt be missed, because thy seat will be empty.

19 And *when* thou hast stayed three days, *then* thou shalt go down quickly, and come to the place where thou didst hide thyself when the business was *in hand,* and shalt remain by the stone Ezel.

20 And I will shoot three arrows on the side *thereof,* as though I shot at a mark.

21 And, behold, I will send a lad, *saying,* Go, find out the arrows. If I expressly say unto the lad, Behold, the arrows *are* on this side of thee, take them; then come thou: for *there is* peace to thee, and no hurt; *as* the Lord liveth.

22 But if I say thus unto the young man, Behold, the arrows *are* beyond thee; go thy way: for the Lord hath sent thee away.

23 And *as touching* the matter which thou and I have spoken of, behold, the Lord *be* between thee and me for ever.

24 ¶ So David hid himself in the field: and when the new moon was come, the king sat him down to eat meat.

25 And the king sat upon his seat, as at other times, *even* upon a seat by the wall: and Jonathan arose, and Abner sat by Saul's side, and David's place was empty.

26 Nevertheless Saul spake not any thing that day: for he thought, Something hath befallen him, he *is* not clean; surely he *is* not clean.

27 And it came to pass on the morrow, *which was* the second *day* of the month, that David's place was empty: and Saul said unto Jonathan his son, Wherefore cometh not the son of Jesse to meat, neither yesterday, nor to day?

28 And Jonathan answered Saul, David earnestly asked *leave* of me *to go* to Bethlehem:

29 And he said, Let me go, I pray thee; for our family hath a sacrifice in the city; and my brother, he hath commanded me *to be there:* and now, if I have found favour in thine eyes, let me get away, I pray thee, and see my brethren. Therefore he cometh not unto the king's table.

30 Then Saul's anger was kindled against Jonathan, and he said unto him, Thou son of the perverse rebellious *woman,* do not I know that thou hast chosen the son of Jesse to thine own confusion, and unto the confusion of thy mother's nakedness?

31 For as long as the son of Jesse liveth upon the ground, thou shalt not be established, nor thy kingdom. Wherefore now send and fetch him unto me, for he shall surely die.

32 And Jonathan answered Saul his fa-

9 וַיֹּ֤אמֶר יְהוֹנָתָן֙ חָלִ֣ילָה לָּ֔ךְ כִּ֣י ׀ אִם־יָדֹ֤עַ אֵדַע֙ כִּֽי־כָלְתָ֤ה הָֽרָעָה֙ מֵעִ֣ם

10 אָבִ֔י לָב֥וֹא עָלֶ֖יךָ וְלֹ֣א אֹתָ֥הּ אַגִּ֖יד לָֽךְ׃ וַיֹּ֤אמֶר דָּוִד֙ אֶל־

11 יְה֣וֹנָתָ֔ן מִ֥י יַגִּ֖יד לִ֑י א֛וֹ מַה־יַּעַנְךָ֥ אָבִ֖יךָ קָשָֽׁה׃ וַיֹּ֤אמֶר יְהוֹנָתָן֙

12 אֶל־דָּוִ֔ד לְכָ֖ה וְנֵצֵ֣א הַשָּׂדֶ֑ה וַיֵּצְא֥וּ שְׁנֵיהֶ֖ם הַשָּׂדֶֽה׃ וַיֹּ֣אמֶר

יְהוֹנָתָ֣ן אֶל־דָּוִ֗ד יְהֹוָ֞ה אֱלֹהֵ֤י יִשְׂרָאֵל֙ כִּֽי־אֶחְקֹ֤ר אֶת־אָבִי֙ כָּעֵ֣ת ׀ מָחָ֔ר

הַשְּׁלִשִׁ֔ית וְהִנֵּה־ט֖וֹב אֶל־דָּוִ֑ד וְלֹא־אָ֗ז אֶשְׁלַ֤ח אֵלֶ֙יךָ֙ וְגָלִ֖יתִי אֶת־

13 אָזְנֶֽךָ׃ כֹּֽה־יַעֲשֶׂה֩ יְהֹוָ֨ה לִֽיהוֹנָתָ֜ן וְכֹ֣ה יֹסִ֗יף כִּֽי־יֵיטִ֨ב אֶל־אָבִ֤י אֶת־

הָֽרָעָה֙ עָלֶ֔יךָ וְגָלִ֙יתִי֙ אֶת־אָ֣זְנֶ֔ךָ וְשִׁלַּחְתִּ֖יךָ וְהָלַכְתָּ֣ לְשָׁל֑וֹם וִיהִ֤י יְהֹוָה֙

14 עִמָּ֔ךְ כַּאֲשֶׁ֥ר הָיָ֖ה עִם־אָבִֽי׃ וְלֹ֖א אִם־עוֹדֶ֣נִּי חָ֑י וְלֹֽא־תַעֲשֶׂ֧ה עִמָּדִ֛י

15 חֶ֥סֶד יְהֹוָ֖ה וְלֹ֥א אָמֽוּת׃ וְלֹֽא־תַכְרִ֧ת אֶֽת־חַסְדְּךָ֛ מֵעִ֥ם בֵּיתִ֖י עַד־

עוֹלָ֑ם וְלֹ֗א בְּהַכְרִ֤ת יְהֹוָה֙ אֶת־אֹיְבֵ֣י דָוִ֔ד אִ֕ישׁ מֵעַ֖ל פְּנֵ֥י הָאֲדָמָֽה׃

16 וַיִּכְרֹ֥ת יְהוֹנָתָ֖ן עִם־בֵּ֣ית דָּוִ֑ד וּבִקֵּ֣שׁ יְהֹוָ֔ה מִיַּ֖ד אֹיְבֵ֥י דָוִֽד׃ וַיּ֤וֹסֶף

17 יְהֽוֹנָתָן֙ לְהַשְׁבִּ֣יעַ אֶת־דָּוִ֔ד בְּאַהֲבָת֖וֹ אֹת֑וֹ כִּֽי־אַהֲבַ֥ת נַפְשׁ֖וֹ

18 אֲהֵבֽוֹ׃ וַיֹּֽאמֶר־ל֥וֹ יְהוֹנָתָ֖ן מָחָ֣ר חֹ֑דֶשׁ וְנִפְקַ֕דְתָּ כִּ֥י יִפָּקֵ֖ד

19 מוֹשָׁבֶֽךָ׃ וְשִׁלַּשְׁתָּ֙ תֵּרֵ֣ד מְאֹ֔ד וּבָאתָ֙ אֶל־הַמָּק֔וֹם אֲשֶׁר־נִסְתַּ֥רְתָּ שָּׁ֖ם

20 בְּי֣וֹם הַֽמַּעֲשֶׂ֑ה וְיָ֣שַׁבְתָּ֔ אֵ֖צֶל הָאֶ֥בֶן הָאָֽזֶל׃ וַאֲנִ֕י שְׁלֹ֥שֶׁת הַחִצִּ֖ים צִדָּ֣ה

21 אוֹרֶ֑ה לְשַֽׁלַּֽח־לִ֖י לְמַטָּרָֽה׃ וְהִנֵּה֙ אֶשְׁלַ֣ח אֶת־הַנַּ֔עַר לֵ֖ךְ מְצָ֣א אֶת־

הַחִצִּ֑ים אִם־אָמֹר֩ אֹמַ֨ר לַנַּ֜עַר הִנֵּ֥ה הַחִצִּ֣ים ׀ מִמְּךָ֣ וָהֵ֗נָּה קָחֶ֧נּוּ ׀ וָבֹ֣אָה

22 כִּֽי־שָׁל֥וֹם לְךָ֛ וְאֵ֥ין דָּבָ֖ר חַי־יְהֹוָֽה׃ וְאִם־כֹּ֤ה אֹמַר֙ לָעֶ֔לֶם הִנֵּ֥ה הַחִצִּ֖ים

23 מִמְּךָ֣ וָהָ֑לְאָה לֵ֕ךְ כִּ֥י שִֽׁלַּחֲךָ֖ יְהֹוָֽה׃ וְהַ֨דָּבָ֔ר אֲשֶׁ֥ר דִּבַּ֖רְנוּ אֲנִ֣י וָאָ֑תָּה

24 הִנֵּ֧ה יְהֹוָ֛ה בֵּינִ֥י וּבֵינְךָ֖ עַד־עוֹלָֽם׃ וַיִּסָּתֵ֥ר דָּוִ֖ד בַּשָּׂדֶ֑ה וַיְהִ֣י

25 הַחֹ֗דֶשׁ וַיֵּ֧שֶׁב הַמֶּ֛לֶךְ עַל־הַלֶּ֖חֶם לֶֽאֱכֽוֹל׃ וַיֵּ֣שֶׁב הַ֠מֶּלֶךְ עַל־מוֹשָׁב֨וֹ אֶל־

כְּפַ֨עַם ׀ בְּפַ֜עַם אֶל־מוֹשַׁ֣ב הַקִּ֗יר וַיָּ֙קָם֙ יְה֣וֹנָתָ֔ן וַיֵּ֥שֶׁב אַבְנֵ֖ר מִצַּ֣ד שָׁא֑וּל

26 וַיִּפָּקֵ֖ד מְק֥וֹם דָּוִֽד׃ וְלֹֽא־דִבֶּ֥ר שָׁא֛וּל מְא֖וּמָה בַּיּ֣וֹם הַה֑וּא כִּ֤י אָמַר֙

27 מִקְרֶ֣ה ה֔וּא בִּלְתִּ֥י טָה֛וֹר ה֖וּא כִּֽי־לֹ֥א טָהֽוֹר׃ וַיְהִ֗י מִֽמָּחֳרַ֤ת

הַחֹ֙דֶשׁ֙ הַשֵּׁנִ֔י וַיִּפָּקֵ֖ד מְק֣וֹם דָּוִ֑ד וַיֹּ֤אמֶר שָׁאוּל֙ אֶל־יְהוֹנָתָ֣ן

28 בְּנ֔וֹ מַדּ֜וּעַ לֹא־בָ֧א בֶן־יִשַׁ֛י גַּם־תְּמ֥וֹל גַּם־הַיּ֖וֹם אֶל־הַלָּֽחֶם׃ וַיַּ֥עַן

29 יְהוֹנָתָ֖ן אֶת־שָׁא֑וּל נִשְׁאֹ֨ל נִשְׁאַ֤ל דָּוִד֙ מֵֽעִמָּדִ֔י עַד־בֵּ֥ית לָֽחֶם׃ וַיֹּ֡אמֶר

שַׁלְּחֵ֣נִי נָ֡א כִּ֣י זֶבַח֩ מִשְׁפָּחָ֨ה לָ֜נוּ בָּעִ֗יר וְה֤וּא צִוָּֽה־לִי֙ אָחִ֔י וְעַתָּ֗ה

אִם־מָצָ֤אתִי חֵן֙ בְּעֵינֶ֔יךָ אִמָּ֥לְטָה נָּ֖א וְאֶרְאֶ֣ה אֶת־אֶחָ֑י עַל־כֵּ֣ן לֹא־בָ֔א

30 אֶל־שֻׁלְחַ֖ן הַמֶּֽלֶךְ׃ וַיִּֽחַר־אַ֤ף שָׁאוּל֙ בִּיה֣וֹנָתָ֔ן וַיֹּ֣אמֶר ל֔וֹ בֶּֽן־

נַעֲוַ֖ת הַמַּרְדּ֑וּת הֲל֣וֹא יָדַ֗עְתִּי כִּֽי־בֹחֵ֤ר אַתָּה֙ לְבֶן־יִשַׁ֔י לְבָ֨שְׁתְּךָ֔

31 וּלְבֹ֖שֶׁת עֶרְוַ֥ת אִמֶּֽךָ׃ כִּ֣י כָל־הַיָּמִ֗ים אֲשֶׁ֤ר בֶּן־יִשַׁי֙ חַ֣י עַל־הָ֣אֲדָמָ֔ה

לֹ֥א תִכּ֖וֹן אַתָּ֣ה וּמַלְכוּתֶ֑ךָ וְעַתָּ֗ה שְׁלַ֨ח וְקַ֤ח אֹתוֹ֙ אֵלַ֔י כִּ֥י בֶן־מָ֖וֶת

32 הֽוּא׃ וַיַּ֙עַן֙ יְה֣וֹנָתָ֔ן אֶת־שָׁא֖וּל אָבִ֑יו וַיֹּ֥אמֶר אֵלָ֖יו לָ֥מָּה

ther, and said unto him, Wherefore shall he be slain? what hath he done?

33 And Saul cast a javelin at him to smite him: whereby Jonathan knew that it was determined of his father to slay David.

34 So Jonathan arose from the table in fierce anger, and did eat no meat the second day of the month: for he was grieved for David, because his father had done him shame.

35 ¶ And it came to pass in the morning, that Jonathan went out into the field at the time appointed with David, and a little lad with him.

36 And he said unto his lad, Run, find out now the arrows which I shoot. And as the lad ran, he shot an arrow beyond him.

37 And when the lad was come to the place of the arrow which Jonathan had shot, Jonathan cried after the lad, and said, Is not the arrow beyond thee?

38 And Jonathan cried after the lad, Make speed, haste, stay not. And Jonathan's lad gathered up the arrows, and came to his master.

39 But the lad knew not any thing: only Jonathan and David knew the matter.

40 And Jonathan gave his artillery unto his lad, and said unto him, Go, carry *them* to the city.

41 ¶ *And* as soon as the lad was gone, David arose out of *a place* toward the south, and fell on his face to the ground, and bowed himself three times: and they kissed one another, and wept one with another, until David exceeded.

42[20:42-21:1] And Jonathan said to David, Go in peace, forasmuch as we have sworn both of us in the name of the LORD, saying, The LORD be between me and thee, and between my seed and thy seed for ever. And he arose and departed: and Jonathan went into the city.

CHAPTER 21

1[2] Then came David to Nob to Ahimelech the priest: and Ahimelech was afraid at the meeting of David, and said unto him, Why *art* thou alone, and no man with thee?

2[3] And David said unto Ahimelech the priest, The king hath commanded me a business, and hath said unto me, Let no man know any thing of the business whereabout I send thee, and what I have commanded thee: and I have appointed *my* servants to such and such a place.

3[4] Now therefore what is under thine hand? give *me* five *loaves of* bread in mine hand, or what there is present.

4[5] And the priest answered David, and said, *There is* no common bread under mine hand, but there is hallowed bread; if the young men have kept themselves at least from women.

5[6] And David answered the priest, and said unto him, Of a truth women *have been* kept from us about these three days, since I came out, and the vessels of the young men are holy, and *the bread is* in a manner common, yea, though it were sanctified this day in the vessel.

6[7] So the priest gave him hallowed *bread:* for there was no bread there but the shewbread, that was taken from before the LORD, to put hot bread in the day when it was taken away.

7[8] Now a certain man of the servants of Saul *was* there that day, detained before the LORD; and his name *was* Doeg, an Edomite, the chiefest of the herdmen that *belonged* to Saul.

8[9] ¶ And David said unto Ahimelech, And is there not here under thine hand spear or sword? for I have neither brought my sword nor my weapons with me, because the king's business required haste.

9[10] And the priest said, The sword of Goliath the Philistine, whom thou slewest in the valley of Elah, behold, it *is here* wrapped in a cloth behind the ephod: if thou wilt take that, take *it:* for *there is* no other save that here. And David said, *There is* none like that; give it me.

10[11] ¶ And David arose, and fled that

33 יוֹמַת מֶה עָשָׂה: וַיָּטֶל שָׁאוּל אֶת־הַחֲנִית עָלָיו לְהַכֹּתוֹ וַיֵּדַע יְהוֹנָתָן

34 כִּי־כָלָה הִיא מֵעִם אָבִיו לְהָמִית אֶת־דָּוִד: וַיָּקָם יְהוֹנָתָן
מֵעִם הַשֻּׁלְחָן בָּחֳרִי־אָף וְלֹא־אָכַל בְּיוֹם־הַחֹדֶשׁ הַשֵּׁנִי לֶחֶם כִּי נֶעְצַב

35 אֶל־דָּוִד כִּי הִכְלִמוֹ אָבִיו: וַיְהִי בַבֹּקֶר וַיֵּצֵא יְהוֹנָתָן

36 הַשָּׂדֶה לְמוֹעֵד דָּוִד וְנַעַר קָטֹן עִמּוֹ: וַיֹּאמֶר לְנַעֲרוֹ רֻץ מְצָא נָא
אֶת־הַחִצִּים אֲשֶׁר אָנֹכִי מוֹרֶה הַנַּעַר רָץ וְהוּא־יָרָה הַחֵצִי לְהַעֲבִרוֹ:

37 וַיָּבֹא הַנַּעַר עַד־מְקוֹם הַחֵצִי אֲשֶׁר יָרָה יְהוֹנָתָן וַיִּקְרָא יְהוֹנָתָן אַחֲרֵי

38 הַנַּעַר וַיֹּאמֶר הֲלוֹא הַחֵצִי מִמְּךָ וָהָלְאָה: וַיִּקְרָא יְהוֹנָתָן אַחֲרֵי הַנַּעַר
מְהֵרָה חוּשָׁה אַל־תַּעֲמֹד וַיְלַקֵּט נַעַר יְהוֹנָתָן אֶת־הַחֵצִי וַיָּבֹא אֶל־

39 אֲדֹנָיו: וְהַנַּעַר לֹא־יָדַע מְאוּמָה אַךְ יְהוֹנָתָן וְדָוִד יָדְעוּ אֶת־הַדָּבָר:

40 וַיִּתֵּן יְהוֹנָתָן אֶת־כֵּלָיו אֶל־הַנַּעַר אֲשֶׁר־לוֹ וַיֹּאמֶר לוֹ לֵךְ הָבֵיא הָעִיר:

41 הַנַּעַר בָּא וְדָוִד קָם מֵאֵצֶל הַנֶּגֶב וַיִּפֹּל לְאַפָּיו אַרְצָה וַיִּשְׁתַּחוּ שָׁלֹשׁ
פְּעָמִים וַיִּשְּׁקוּ ׀ אִישׁ אֶת־רֵעֵהוּ וַיִּבְכּוּ אִישׁ אֶת־רֵעֵהוּ עַד־דָּוִד

42 הִגְדִּיל: וַיֹּאמֶר יְהוֹנָתָן לְדָוִד לֵךְ לְשָׁלוֹם אֲשֶׁר נִשְׁבַּעְנוּ שְׁנֵינוּ אֲנַחְנוּ
בְּשֵׁם יְהוָה לֵאמֹר יְהוָה יִהְיֶה ׀ בֵּינִי וּבֵינֶךָ וּבֵין זַרְעִי וּבֵין זַרְעֲךָ
עַד־עוֹלָם:

החצים

21 1 וַיָּקָם וַיֵּלֶךְ וִיהוֹנָתָן בָּא הָעִיר: וַיָּבֹא דָוִד נֹבֶה אֶל־אֲחִימֶלֶךְ הַכֹּהֵן
2 וַיֶּחֱרַד אֲחִימֶלֶךְ לִקְרַאת דָּוִד וַיֹּאמֶר לוֹ מַדּוּעַ אַתָּה לְבַדֶּךָ וְאִישׁ

3 אֵין אִתָּךְ: וַיֹּאמֶר דָּוִד לַאֲחִימֶלֶךְ הַכֹּהֵן הַמֶּלֶךְ צִוַּנִי דָבָר וַיֹּאמֶר
אֵלַי אִישׁ אַל־יֵדַע מְאוּמָה אֶת־הַדָּבָר אֲשֶׁר־אָנֹכִי שֹׁלֵחֲךָ וַאֲשֶׁר

4 צִוִּיתִךָ וְאֶת־הַנְּעָרִים יוֹדַעְתִּי אֶל־מְקוֹם פְּלֹנִי אַלְמוֹנִי: וְעַתָּה מַה־יֵּשׁ

5 תַּחַת־יָדְךָ חֲמִשָּׁה־לֶחֶם תְּנָה בְיָדִי אוֹ הַנִּמְצָא: וַיַּעַן הַכֹּהֵן אֶת־דָּוִד
וַיֹּאמֶר אֵין־לֶחֶם חֹל אֶל־תַּחַת יָדִי כִּי־אִם־לֶחֶם קֹדֶשׁ יֵשׁ אִם־נִשְׁמְרוּ
הַנְּעָרִים אַךְ מֵאִשָּׁה:

6 וַיַּעַן דָּוִד אֶת־הַכֹּהֵן וַיֹּאמֶר לוֹ כִּי אִם־אִשָּׁה עֲצֻרָה־לָנוּ כִּתְמוֹל
שִׁלְשֹׁם בְּצֵאתִי וַיִּהְיוּ כְלֵי־הַנְּעָרִים קֹדֶשׁ וְהוּא דֶּרֶךְ חֹל וְאַף כִּי

7 הַיּוֹם יִקְדַּשׁ בַּכֶּלִי: וַיִּתֶּן־לוֹ הַכֹּהֵן קֹדֶשׁ כִּי לֹא־הָיָה שָׁם לֶחֶם כִּי־
אִם־לֶחֶם הַפָּנִים הַמּוּסָרִים מִלִּפְנֵי יְהוָה לָשׂוּם לֶחֶם חֹם בְּיוֹם

8 הִלָּקְחוֹ: וְשָׁם אִישׁ מֵעַבְדֵי שָׁאוּל בַּיּוֹם הַהוּא נֶעְצָר לִפְנֵי יְהוָה

9 וּשְׁמוֹ דֹּאֵג הָאֲדֹמִי אַבִּיר הָרֹעִים אֲשֶׁר לְשָׁאוּל: וַיֹּאמֶר דָּוִד
לַאֲחִימֶלֶךְ וְאִין יֶשׁ־פֹּה תַחַת־יָדְךָ חֲנִית אוֹ־חָרֶב כִּי גַם־חַרְבִּי וְגַם־

10 כֵּלַי לֹא־לָקַחְתִּי בְיָדִי כִּי־הָיָה דְבַר־הַמֶּלֶךְ נָחוּץ: וַיֹּאמֶר
הַכֹּהֵן חֶרֶב גָּלְיָת הַפְּלִשְׁתִּי אֲשֶׁר־הִכִּיתָ ׀ בְּעֵמֶק הָאֵלָה הִנֵּה־הִיא
לוּטָה בַשִּׂמְלָה אַחֲרֵי הָאֵפוֹד אִם־אֹתָהּ תִּקַּח־לְךָ קָח כִּי אֵין אַחֶרֶת

11 זוּלָתָהּ בָּזֶה וַיֹּאמֶר דָּוִד אֵין כָּמוֹהָ תְּנֶנָּה לִּי: וַיָּקָם דָּוִד וַיִּבְרַח בַּיּוֹם־

day for fear of Saul, and went to Achish the king of Gath.

11[12] And the servants of Achish said unto him, *Is* not this David the king of the land? did they not sing one to another of him in dances, saying, Saul hath slain his thousands, and David his ten thousands?

12[13] And David laid up these words in his heart, and was sore afraid of Achish the king of Gath.

13[14] And he changed his behaviour before them, and feigned himself mad in their hands, and scrabbled on the doors of the gate, and let his spittle fall down upon his beard.

14[15] Then said Achish unto his servants, Lo, ye see the man is mad: wherefore *then* have ye brought him to me?

15[16] Have I need of mad men, that ye have brought this *fellow* to play the mad man in my presence? shall this *fellow* come into my house?

CHAPTER 22

1 David therefore departed thence, and escaped to the cave Adullam: and when his brethren and all his father's house heard *it*, they went down thither to him.

2 And every one *that was* in distress, and every one that *was* in debt, and every one *that was* discontented, gathered themselves unto him; and he became a captain over them: and there were with him about four hundred men.

3 ¶ And David went thence to Mizpeh of Moab: and he said unto the king of Moab, Let my father and my mother, I pray thee, come forth, *and be* with you, till I know what God will do for me.

4 And he brought them before the king of Moab: and they dwelt with him all the while that David was in the hold.

5 ¶ And the prophet Gad said unto David, Abide not in the hold; depart, and get thee into the land of Judah. Then David departed, and came into the forest of Hareth.

6 ¶ When Saul heard that David was discovered, and the men that *were* with him, (now Saul abode in Gibeah under a tree

in Ramah, having his spear in his hand, and all his servants *were* standing about him;)

7 Then Saul said unto his servants that stood about him, Hear now, ye Benjamites; will the son of Jesse give every one of you fields and vineyards, *and* make you all captains of thousands, and captains of hundreds;

8 That all of you have conspired against me, and *there is* none that sheweth me that my son hath made a league with the son of Jesse, and *there is* none of you that is sorry for me, or sheweth unto me that my son hath stirred up my servant against me, to lie in wait, as at this day?

9 ¶ Then answered Doeg the Edomite, which was set over the servants of Saul, and said, I saw the son of Jesse coming to Nob, to Ahimelech the son of Ahitub.

10 And he enquired of the LORD for him, and gave him victuals, and gave him the sword of Goliath the Philistine.

11 Then the king sent to call Ahimelech the priest, the son of Ahitub, and all his father's house, the priests that *were* in Nob: and they came all of them to the king.

12 And Saul said, Hear now, thou son of Ahitub. And he answered, Here I *am*, my lord.

13 And Saul said unto him, Why have ye conspired against me, thou and the son of Jesse, in that thou hast given him bread, and a sword, and hast enquired of God for him, that he should rise against me, to lie in wait, as at this day?

14 Then Ahimelech answered the king, and said, And who *is* so faithful among all thy servants as David, which is the king's son in law, and goeth at thy bidding, and is honourable in thine house?

15 Did I then begin to enquire of God for him? be it far from me: let not the king impute *any* thing unto his servant, *nor* to all the house of my father: for thy servant knew nothing of all this, less or more.

16 And the king said, Thou shalt surely die, Ahimelech, thou, and all thy father's house.

17 ¶ And the king said unto the footmen that stood about him, Turn, and slay the

הַהוּא מִפְּנֵי שָׁאוּל וַיָּבֹא אֶל־אָכִישׁ מֶלֶךְ גַּת: וַיֹּאמְרוּ עַבְדֵי אָכִישׁ 12
אֵלָיו הֲלוֹא־זֶה דָוִד מֶלֶךְ הָאָרֶץ הֲלוֹא לָזֶה יַעֲנוּ בַמְּחֹלֹת לֵאמֹר

בַּאֲלָפָיו
בְּרִבְבֹתָיו
הִכָּה שָׁאוּל בְּאַלְפוֹ וְדָוִד בְּרִבְבֹתָו: וַיָּשֶׂם דָּוִד אֶת־הַדְּבָרִים הָאֵלֶּה 13
בִּלְבָבוֹ וַיִּרָא מְאֹד מִפְּנֵי אָכִישׁ מֶלֶךְ־גַּת: וַיְשַׁנּוֹ אֶת־טַעְמוֹ בְּעֵינֵיהֶם 14

וַיְתָו
וַיִּתְהֹלֵל בְּיָדָם וַיְתָו עַל־דַּלְתוֹת הַשַּׁעַר וַיּוֹרֶד רִירוֹ אֶל־זְקָנוֹ: וַיֹּאמֶר 15
אָכִישׁ אֶל־עֲבָדָיו הִנֵּה תִרְאוּ אִישׁ מִשְׁתַּגֵּעַ לָמָּה תָּבִיאוּ אֹתוֹ אֵלָי:

חֲסַר מְשֻׁגָּעִים אָנִי כִּי־הֲבֵאתֶם אֶת־זֶה לְהִשְׁתַּגֵּעַ עָלָי הֲזֶה יָבוֹא 16
אֶל־בֵּיתִי: וַיֵּלֶךְ דָּוִד מִשָּׁם וַיִּמָּלֵט אֶל־מְעָרַת עֲדֻלָּם 22 1

וַיִּשְׁמְעוּ אֶחָיו וְכָל־בֵּית אָבִיו וַיֵּרְדוּ אֵלָיו שָׁמָּה: וַיִּתְקַבְּצוּ אֵלָיו כָל־ 2
אִישׁ מָצוֹק וְכָל־אִישׁ אֲשֶׁר־לוֹ נֹשֶׁא וְכָל־אִישׁ מַר־נֶפֶשׁ וַיְהִי עֲלֵיהֶם
לְשָׂר וַיִּהְיוּ עִמּוֹ כְּאַרְבַּע מֵאוֹת אִישׁ: וַיֵּלֶךְ דָּוִד מִשָּׁם מִצְפֵּה מוֹאָב 3
וַיֹּאמֶר אֶל־מֶלֶךְ מוֹאָב יֵצֵא־נָא אָבִי וְאִמִּי אִתְּכֶם עַד אֲשֶׁר אֵדַע
מַה־יַּעֲשֶׂה־לִּי אֱלֹהִים: וַיַּנְחֵם אֶת־פְּנֵי מֶלֶךְ מוֹאָב וַיֵּשְׁבוּ עִמּוֹ כָּל־ 4
יְמֵי הֱיוֹת־דָּוִד בַּמְּצוּדָה: וַיֹּאמֶר גָּד הַנָּבִיא אֶל־דָּוִד לֹא 5
תֵשֵׁב בַּמְּצוּדָה לֵךְ וּבָאתָ־לְּךָ אֶרֶץ יְהוּדָה וַיֵּלֶךְ דָּוִד וַיָּבֹא יַעַר
חָרֶת: וַיִּשְׁמַע שָׁאוּל כִּי נוֹדַע דָּוִד וַאֲנָשִׁים אֲשֶׁר אִתּוֹ 6
וְשָׁאוּל יוֹשֵׁב בַּגִּבְעָה תַּחַת־הָאֶשֶׁל בָּרָמָה וַחֲנִיתוֹ בְיָדוֹ וְכָל־עֲבָדָיו
נִצָּבִים עָלָיו: וַיֹּאמֶר שָׁאוּל לַעֲבָדָיו הַנִּצָּבִים עָלָיו שִׁמְעוּ־נָא בְּנֵי 7
יְמִינִי גַּם־לְכֻלְּכֶם יִתֵּן בֶּן־יִשַׁי שָׂדוֹת וּכְרָמִים לְכֻלְּכֶם יָשִׂים שָׂרֵי
אֲלָפִים וְשָׂרֵי מֵאוֹת: כִּי קְשַׁרְתֶּם כֻּלְּכֶם עָלַי וְאֵין־גֹּלֶה אֶת־אָזְנִי 8
בִּכְרָת־בְּנִי עִם־בֶּן־יִשַׁי וְאֵין־חֹלֶה מִכֶּם עָלַי וְגֹלֶה אֶת־אָזְנִי כִּי הֵקִים
בְּנִי אֶת־עַבְדִּי עָלַי לְאֹרֵב כַּיּוֹם הַזֶּה: וַיַּעַן דֹּאֵג הָאֲדֹמִי 9
וְהוּא נִצָּב עַל־עַבְדֵי־שָׁאוּל וַיֹּאמַר רָאִיתִי אֶת־בֶּן־יִשַׁי בָּא נֹבֶה אֶל־
אֲחִימֶלֶךְ בֶּן־אֲחִטוּב: וַיִּשְׁאַל־לוֹ בַּיהוָה וְצֵידָה נָתַן לוֹ וְאֵת חֶרֶב 10
גָּלְיָת הַפְּלִשְׁתִּי נָתַן לוֹ: וַיִּשְׁלַח הַמֶּלֶךְ לִקְרֹא אֶת־אֲחִימֶלֶךְ בֶּן־ 11
אֲחִיטוּב הַכֹּהֵן וְאֵת כָּל־בֵּית אָבִיו הַכֹּהֲנִים אֲשֶׁר בְּנֹב וַיָּבֹאוּ כֻלָּם
אֶל־הַמֶּלֶךְ:   וַיֹּאמֶר שָׁאוּל שְׁמַע־נָא בֶּן־אֲחִיטוּב וַיֹּאמֶר 12

אֵלָיו
הִנְנִי אֲדֹנִי: וַיֹּאמֶר אֵלָו שָׁאוּל לָמָּה קְשַׁרְתֶּם עָלַי אַתָּה וּבֶן־יִשַׁי 13
בְּתִתְּךָ לוֹ לֶחֶם וְחֶרֶב וְשָׁאוֹל לוֹ בֵּאלֹהִים לָקוּם אֵלַי לְאֹרֵב כַּיּוֹם
הַזֶּה: וַיַּעַן אֲחִימֶלֶךְ אֶת־הַמֶּלֶךְ וַיֹּאמַר וּמִי בְכָל־עֲבָדֶיךָ 14
כְּדָוִד נֶאֱמָן וַחֲתַן הַמֶּלֶךְ וְסָר אֶל־מִשְׁמַעְתֶּךָ וְנִכְבָּד בְּבֵיתֶךָ: הַיּוֹם 15

לִשְׁאָל־
הַחִלֹּתִי לִשְׁאָול־לוֹ בֵאלֹהִים חָלִילָה לִּי אַל־יָשֵׂם הַמֶּלֶךְ בְּעַבְדּוֹ דָבָר
בְּכָל־בֵּית אָבִי כִּי לֹא־יָדַע עַבְדְּךָ בְּכָל־זֹאת דָּבָר קָטֹן אוֹ גָדוֹל:
וַיֹּאמֶר הַמֶּלֶךְ מוֹת תָּמוּת אֲחִימֶלֶךְ אַתָּה וְכָל־בֵּית אָבִיךָ: וַיֹּאמֶר 16
17
הַמֶּלֶךְ לָרָצִים הַנִּצָּבִים עָלָיו סֹבּוּ וְהָמִיתוּ ׀ כֹּהֲנֵי יְהוָה כִּי גַם־יָדָם

651

priests of the LORD; because their hand also *is* with David, and because they knew when he fled, and did not shew it to me. But the servants of the king would not put forth their hand to fall upon the priests of the LORD.

18 And the king said to Doeg, Turn thou, and fall upon the priests. And Doeg the Edomite turned, and he fell upon the priests, and slew on that day fourscore and five persons that did wear a linen ephod.

19 And Nob, the city of the priests, smote he with the edge of the sword, both men and women, children and sucklings, and oxen, and asses, and sheep, with the edge of the sword.

20 ¶ And one of the sons of Ahimelech the son of Ahitub, named Abiathar, escaped, and fled after David.

21 And Abiathar shewed David that Saul had slain the LORD's priests.

22 And David said unto Abiathar, I knew *it* that day, when Doeg the Edomite *was* there, that he would surely tell Saul: I have occasioned *the death* of all the persons of thy father's house.

23 Abide thou with me, fear not: for he that seeketh my life seeketh thy life: but with me thou *shalt be* in safeguard.

CHAPTER 23

1 Then they told David, saying, Behold, the Philistines fight against Keilah, and they rob the threshingfloors.

2 Therefore David enquired of the LORD, saying, Shall I go and smite these Philistines? And the LORD said unto David, Go, and smite the Philistines, and save Keilah.

3 And David's men said unto him, Behold, we be afraid here in Judah: how much more then if we come to Keilah against the armies of the Philistines?

4 Then David enquired of the LORD yet again. And the LORD answered him and said, Arise, go down to Keilah; for I will deliver the Philistines into thine hand.

5 So David and his men went to Keilah, and fought with the Philistines, and brought away their cattle, and smote them with a great slaughter. So David saved the inhabitants of Keilah.

6 And it came to pass, when Abiathar the son of Ahimelech fled to David to Keilah, *that* he came down *with* an ephod in his hand.

7 ¶ And it was told Saul that David was come to Keilah. And Saul said, God hath delivered him into mine hand; for he is shut in, by entering into a town that hath gates and bars.

8 And Saul called all the people together to war, to go down to Keilah, to besiege David and his men.

9 ¶ And David knew that Saul secretly practised mischief against him; and he said to Abiathar the priest, Bring hither the ephod.

10 Then said David, O LORD God of Israel, thy servant hath certainly heard that Saul seeketh to come to Keilah, to destroy the city for my sake.

11 Will the men of Keilah deliver me up into his hand? will Saul come down, as thy servant hath heard? O LORD God of Israel, I beseech thee, tell thy servant. And the LORD said, He will come down.

12 Then said David, Will the men of Keilah deliver me and my men into the hand of Saul? And the LORD said, They will deliver *thee* up.

13 ¶ Then David and his men, *which were* about six hundred, arose and departed out of Keilah, and went whithersoever they could go. And it was told Saul that David was escaped from Keilah; and he forbare to go forth.

14 And David abode in the wilderness in strong holds, and remained in a mountain in the wilderness of Ziph. And Saul sought him every day, but God delivered him not into his hand.

15 And David saw that Saul was come out to seek his life: and David *was* in the wilderness of Ziph in a wood.

16 ¶ And Jonathan Saul's son arose, and

אֲזָנֵי   עִם־דָּוִד וְכִי יָדְעוּ כִּי־בֹרֵחַ הוּא וְלֹא גָלוּ אֶת־אָזְנִי וְלֹא־אָבוּ עֲבָדֵי

18   הַמֶּלֶךְ לִשְׁלֹחַ אֶת־יָדָם לִפְגֹּעַ בְּכֹהֲנֵי יְהוָה: וַיֹּאמֶר הַמֶּלֶךְ

לְדוֹאֵג   דּוֹאֵג   לְדוֹיֵג סֹב אַתָּה וּפְגַע בַּכֹּהֲנִים וַיִּסֹּב דויג הָאֲדֹמִי וַיִּפְגַּע־הוּא

בַּכֹּהֲנִים וַיָּמֶת । בַּיּוֹם הַהוּא שְׁמֹנִים וַחֲמִשָּׁה אִישׁ נֹשֵׂא אֵפוֹד בָּד:

19   וְאֵת נֹב עִיר־הַכֹּהֲנִים הִכָּה לְפִי־חֶרֶב מֵאִישׁ וְעַד־אִשָּׁה מֵעוֹלֵל וְעַד־

20   יוֹנֵק וְשׁוֹר וַחֲמוֹר וָשֶׂה לְפִי־חָרֶב: וַיִּמָּלֵט בֶּן־אֶחָד לַאֲחִימֶלֶךְ בֶּן־

21   אֲחִטוּב וּשְׁמוֹ אֶבְיָתָר וַיִּבְרַח אַחֲרֵי דָוִד: וַיַּגֵּד אֶבְיָתָר לְדָוִד כִּי

22   הָרַג שָׁאוּל אֵת כֹּהֲנֵי יְהוָה: וַיֹּאמֶר דָּוִד לְאֶבְיָתָר יָדַעְתִּי בַּיּוֹם הַהוּא

דּוֹאֵג   כִּי־שָׁם דויג הָאֲדֹמִי כִּי־הַגֵּד יַגִּיד לְשָׁאוּל אָנֹכִי סַבֹּתִי בְּכָל־נֶפֶשׁ

23   בֵּית אָבִיךָ: שְׁבָה אִתִּי אַל־תִּירָא כִּי אֲשֶׁר־יְבַקֵּשׁ אֶת־נַפְשִׁי יְבַקֵּשׁ

23 1   אֶת־נַפְשֶׁךָ כִּי־מִשְׁמֶרֶת אַתָּה עִמָּדִי: וַיַּגִּדוּ לְדָוִד לֵאמֹר הִנֵּה

2   פְלִשְׁתִּים נִלְחָמִים בִּקְעִילָה וְהֵמָּה שֹׁסִים אֶת־הַגֳּרָנוֹת: וַיִּשְׁאַל דָּוִד

   בַּיהוָה לֵאמֹר הַאֵלֵךְ וְהִכֵּיתִי בַּפְּלִשְׁתִּים הָאֵלֶּה   וַיֹּאמֶר

3   יְהוָה אֶל־דָּוִד לֵךְ וְהִכִּיתָ בַפְּלִשְׁתִּים וְהוֹשַׁעְתָּ אֶת־קְעִילָה: וַיֹּאמְרוּ

   אַנְשֵׁי דָוִד אֵלָיו הִנֵּה אֲנַחְנוּ פֹה בִּיהוּדָה יְרֵאִים וְאַף כִּי־נֵלֵךְ קְעִלָה

4   אֶל־מַעַרְכוֹת פְּלִשְׁתִּים: וַיּוֹסֶף עוֹד דָּוִד לִשְׁאֹל

   בַּיהוָה   וַיַּעֲנֵהוּ יְהוָה וַיֹּאמֶר קוּם רֵד קְעִילָה כִּי־אֲנִי נֹתֵן

וַאֲנָשָׁיו   5   אֶת־פְּלִשְׁתִּים בְּיָדֶךָ: וַיֵּלֶךְ דָּוִד וַאֲנָשָׁו קְעִילָה וַיִּלָּחֶם בַּפְּלִשְׁתִּים

   וַיִּנְהַג אֶת־מִקְנֵיהֶם וַיַּךְ בָּהֶם מַכָּה גְדוֹלָה וַיֹּשַׁע דָּוִד אֵת יֹשְׁבֵי

6   קְעִילָה: וַיְהִי בִּבְרֹחַ אֶבְיָתָר בֶּן־אֲחִימֶלֶךְ אֶל־דָּוִד קְעִילָה

7   אֵפוֹד יָרַד בְּיָדוֹ: וַיֻּגַּד לְשָׁאוּל כִּי־בָא דָוִד קְעִילָה וַיֹּאמֶר שָׁאוּל

8   נִכַּר אֹתוֹ אֱלֹהִים בְּיָדִי כִּי נִסְגַּר לָבוֹא בְּעִיר דְּלָתַיִם וּבְרִיחַ: וַיְשַׁמַּע

9   שָׁאוּל אֶת־כָּל־הָעָם לַמִּלְחָמָה לָרֶדֶת קְעִילָה לָצוּר אֶל־דָּוִד וְאֶל־

   אֲנָשָׁיו: וַיֵּדַע דָּוִד כִּי עָלָיו שָׁאוּל מַחֲרִישׁ הָרָעָה וַיֹּאמֶר אֶל־אֶבְיָתָר

10   הַכֹּהֵן הַגִּישָׁה הָאֵפוֹד: וַיֹּאמֶר דָּוִד יְהוָה אֱלֹהֵי יִשְׂרָאֵל

   שָׁמֹעַ שָׁמַע עַבְדְּךָ כִּי־מְבַקֵּשׁ שָׁאוּל לָבוֹא אֶל־קְעִילָה לְשַׁחֵת לָעִיר

11   בַּעֲבוּרִי: הֲיַסְגִּרֻנִי בַעֲלֵי קְעִילָה בְיָדוֹ הֲיֵרֵד שָׁאוּל כַּאֲשֶׁר שָׁמַע

   עַבְדֶּךָ יְהוָה אֱלֹהֵי יִשְׂרָאֵל הַגֶּד־נָא לְעַבְדֶּךָ   וַיֹּאמֶר יְהוָה

12   יֵרֵד: וַיֹּאמֶר דָּוִד הֲיַסְגִּרוּ בַּעֲלֵי קְעִילָה אֹתִי וְאֶת־אֲנָשַׁי בְּיַד־שָׁאוּל

13   וַיֹּאמֶר יְהוָה יַסְגִּירוּ:   וַיָּקָם דָּוִד וַאֲנָשָׁיו כְּשֵׁשׁ־מֵאוֹת אִישׁ

   וַיֵּצְאוּ מִקְּעִלָה וַיִּתְהַלְּכוּ בַּאֲשֶׁר יִתְהַלָּכוּ וּלְשָׁאוּל הֻגַּד כִּי־נִמְלַט דָּוִד

14   מִקְּעִילָה וַיֶּחְדַּל לָצֵאת: וַיֵּשֶׁב דָּוִד בַּמִּדְבָּר בַּמְּצָדוֹת וַיֵּשֶׁב בָּהָר

   בְּמִדְבַּר־זִיף וַיְבַקְשֵׁהוּ שָׁאוּל כָּל־הַיָּמִים וְלֹא־נְתָנוֹ אֱלֹהִים בְּיָדוֹ:

15   וַיַּרְא דָוִד כִּי־יָצָא שָׁאוּל לְבַקֵּשׁ אֶת־נַפְשׁוֹ וְדָוִד בְּמִדְבַּר־זִיף

16   בַּחֹרְשָׁה: וַיָּקָם יְהוֹנָתָן בֶּן־שָׁאוּל וַיֵּלֶךְ אֶל־דָּוִד חֹרְשָׁה

went to David into the wood, and strengthened his hand in God.

17 And he said unto him, Fear not: for the hand of Saul my father shall not find thee; and thou shalt be king over Israel, and I shall be next unto thee; and that also Saul my father knoweth.

18 And they two made a covenant before the LORD: and David abode in the wood, and Jonathan went to his house.

19 ¶ Then came up the Ziphites to Saul to Gibeah, saying, Doth not David hide himself with us in strong holds in the wood, in the hill of Hachilah, which *is* on the south of Jeshimon?

20 Now therefore, O king, come down according to all the desire of thy soul to come down; and our part *shall be* to deliver him into the king's hand.

21 And Saul said, Blessed *be* ye of the LORD; for ye have compassion on me.

22 Go, I pray you, prepare yet, and know and see his place where his haunt is, *and* who hath seen him there: for it is told me *that* he dealeth very subtilly.

23 See therefore, and take knowledge of all the lurking places where he hideth himself, and come ye again to me with the certainty, and I will go with you: and it shall come to pass, if he be in the land, that I will search him out throughout all the thousands of Judah.

24 And they arose, and went to Ziph before Saul: but David and his men *were* in the wilderness of Maon, in the plain on the south of Jeshimon.

25 Saul also and his men went to seek *him.* And they told David: wherefore he came down into a rock, and abode in the wilderness of Maon. And when Saul heard *that,* he pursued after David in the wilderness of Maon.

26 And Saul went on this side of the mountain, and David and his men on that side of the mountain: and David made haste to get away for fear of Saul; for Saul and his men compassed David and his men round about to take them.

27 ¶ But there came a messenger unto Saul, saying, Haste thee, and come; for the Philistines have invaded the land.

28 Wherefore Saul returned from pursuing after David, and went against the Philistines: therefore they called that place Sela-hammahlekoth.

29 ¶ And David went up from thence, and dwelt in strong holds at En-gedi.

CHAPTER 24

1 And it came to pass, when Saul was returned from following the Philistines, that it was told him, saying, Behold, David *is* in the wilderness of En-gedi.

2 Then Saul took three thousand chosen men out of all Israel, and went to seek David and his men upon the rocks of the wild goats.

3 And he came to the sheepcotes by the way, where *was* a cave; and Saul went in to cover his feet: and David and his men remained in the sides of the cave.

4 And the men of David said unto him, Behold the day of which the LORD said unto thee, Behold, I will deliver thine enemy into thine hand, that thou mayest do to him as it shall seem good unto thee. Then David arose, and cut off the skirt of Saul's robe privily.

5 And it came to pass afterward, that David's heart smote him, because he had cut off Saul's skirt.

6 And he said unto his men, The LORD forbid that I should do this thing unto my master, the LORD's anointed, to stretch forth mine hand against him, seeing he *is* the anointed of the LORD.

7 So David stayed his servants with these words, and suffered them not to rise against Saul. But Saul rose up out of the cave, and went on *his* way.

8 David also arose afterward, and went out of the cave, and cried after Saul, saying, My lord the king. And when Saul looked behind him, David stooped with his face to the earth, and bowed himself.

9 ¶ And David said to Saul, Wherefore hearest thou men's words, saying, Behold, David seeketh thy hurt?

17 וַיְחַזֵּק אֶת־יָדֹו בֵּאלֹהִים: וַיֹּאמֶר אֵלָיו אַל־תִּירָא כִּי לֹא תִמְצָאֲךָ
יַד שָׁאוּל אָבִי וְאַתָּה תִּמְלֹךְ עַל־יִשְׂרָאֵל וְאָנֹכִי אֶהְיֶה־לְּךָ לְמִשְׁנֶה

18 וְגַם־שָׁאוּל אָבִי יֹדֵעַ כֵּן: וַיִּכְרְתוּ שְׁנֵיהֶם בְּרִית לִפְנֵי יְהוָה וַיֵּשֶׁב
דָּוִד בַּחֹרְשָׁה וִיהֹונָתָן הָלַךְ לְבֵיתֹו: וַיַּעֲלוּ זִפִים אֶל־שָׁאוּל

19 הַגִּבְעָתָה לֵאמֹר הֲלֹוא דָוִד מִסְתַּתֵּר עִמָּנוּ בַמְּצָדֹות בַּחֹרְשָׁה

20 בְּגִבְעַת הַחֲכִילָה אֲשֶׁר מִימִין הַיְשִׁימֹון: וְעַתָּה לְכָל־אַוַּת נַפְשְׁךָ

21 הַמֶּלֶךְ לָרֶדֶת רֵד וְלָנוּ הַסְגִּירֹו בְּיַד הַמֶּלֶךְ: וַיֹּאמֶר שָׁאוּל בְּרוּכִים

22 אַתֶּם לַיהוָה כִּי חֲמַלְתֶּם עָלָי: לְכוּ־נָא הָכִינוּ עֹוד וּדְעוּ וּרְאוּ אֶת־
מְקֹומֹו אֲשֶׁר תִּהְיֶה רַגְלֹו מִי רָאָהוּ שָׁם כִּי אָמַר אֵלַי עָרֹום יַעְרִם

23 הוּא: וּרְאוּ וּדְעוּ מִכֹּל הַמַּחֲבֹאִים אֲשֶׁר יִתְחַבֵּא שָׁם וְשַׁבְתֶּם אֵלַי
אֶל־נָכֹון וְהָלַכְתִּי אִתְּכֶם וְהָיָה אִם־יֶשְׁנֹו בָאָרֶץ וְחִפַּשְׂתִּי אֹתֹו בְּכֹל

24 אַלְפֵי יְהוּדָה: וַיָּקוּמוּ וַיֵּלְכוּ זִיפָה לִפְנֵי שָׁאוּל וְדָוִד וַאֲנָשָׁיו בְּמִדְבַּר

25 מָעֹון בָּעֲרָבָה אֶל יְמִין הַיְשִׁימֹון: וַיֵּלֶךְ שָׁאוּל וַאֲנָשָׁיו לְבַקֵּשׁ וַיַּגִּדוּ
לְדָוִד וַיֵּרֶד הַסֶּלַע וַיֵּשֶׁב בְּמִדְבַּר מָעֹון וַיִּשְׁמַע שָׁאוּל וַיִּרְדֹּף אַחֲרֵי־

26 דָוִד מִדְבַּר מָעֹון: וַיֵּלֶךְ שָׁאוּל מִצַּד הָהָר מִזֶּה וְדָוִד וַאֲנָשָׁיו מִצַּד
הָהָר מִזֶּה וַיְהִי דָוִד נֶחְפָּז לָלֶכֶת מִפְּנֵי שָׁאוּל וְשָׁאוּל וַאֲנָשָׁיו עֹטְרִים

27 אֶל־דָּוִד וְאֶל־אֲנָשָׁיו לְתָפְשָׂם: וּמַלְאָךְ בָּא אֶל־שָׁאוּל לֵאמֹר מַהֲרָה

28 וְלֵכָה כִּי־פָשְׁטוּ פְלִשְׁתִּים עַל־הָאָרֶץ: וַיָּשָׁב שָׁאוּל מִרְדֹף אַחֲרֵי דָוִד
וַיֵּלֶךְ לִקְרַאת פְּלִשְׁתִּים עַל־כֵּן קָרְאוּ לַמָּקֹום הַהוּא סֶלַע הַמַּחְלְקֹות:

24 29 וַיַּעַל דָּוִד מִשָּׁם וַיֵּשֶׁב בִּמְצָדֹות עֵין־גֶּדִי: וַיְהִי כַּאֲשֶׁר שָׁב שָׁאוּל
1 מֵאַחֲרֵי פְּלִשְׁתִּים וַיַּגִּדוּ לֹו לֵאמֹר הִנֵּה דָוִד בְּמִדְבַּר עֵין
גֶּדִי: וַיִּקַּח שָׁאוּל שְׁלֹשֶׁת אֲלָפִים אִישׁ בָּחוּר מִכָּל־יִשְׂרָאֵל

2

3 וַיֵּלֶךְ לְבַקֵּשׁ אֶת־דָּוִד וַאֲנָשָׁיו עַל־פְּנֵי צוּרֵי הַיְּעֵלִים: וַיָּבֹא אֶל־גִּדְרֹות
הַצֹּאן עַל־הַדֶּרֶךְ וְשָׁם מְעָרָה וַיָּבֹא שָׁאוּל לְהָסֵךְ אֶת־רַגְלָיו וְדָוִד

4 וַאֲנָשָׁיו בְּיַרְכְּתֵי הַמְּעָרָה יֹשְׁבִים: וַיֹּאמְרוּ אַנְשֵׁי דָוִד אֵלָיו הִנֵּה הַיֹּום

אֹיִבְךָ   אֲשֶׁר־אָמַר יְהוָה אֵלֶיךָ הִנֵּה אָנֹכִי נֹתֵן אֶת־אֹיִבְךָ בְּיָדֶךָ וְעָשִׂיתָ
לֹּו כַּאֲשֶׁר יִטַב בְּעֵינֶיךָ וַיָּקָם דָּוִד וַיִּכְרֹת אֶת־כְּנַף־הַמְּעִיל אֲשֶׁר־

5 לְשָׁאוּל בַּלָּט: וַיְהִי אַחֲרֵי־כֵן וַיַּךְ לֵב־דָּוִד אֹתֹו עַל אֲשֶׁר כָּרַת אֶת־

6 כְּנַף אֲשֶׁר לְשָׁאוּל: וַיֹּאמֶר לַאֲנָשָׁיו חָלִילָה לִּי מֵיהוָה
אִם־אֶעֱשֶׂה אֶת־הַדָּבָר הַזֶּה לַאדֹנִי לִמְשִׁיחַ יְהוָה לִשְׁלֹחַ יָדִי בֹּו

7 כִּי־מְשִׁיחַ יְהוָה הוּא: וַיְשַׁסַּע דָּוִד אֶת־אֲנָשָׁיו בַּדְּבָרִים וְלֹא נְתָנָם
8 לָקוּם אֶל־שָׁאוּל וְשָׁאוּל קָם מֵהַמְּעָרָה וַיֵּלֶךְ בַּדָּרֶךְ:   וַיָּקָם

מֵהַמְּעָרָה   דָּוִד אַחֲרֵי־כֵן וַיֵּצֵא מִן־הַמְּעָרָה וַיִּקְרָא אַחֲרֵי־שָׁאוּל לֵאמֹר
אֲדֹנִי הַמֶּלֶךְ וַיַּבֵּט שָׁאוּל אַחֲרָיו וַיִּקֹּד דָּוִד אַפַּיִם אַרְצָה

9 וַיִּשְׁתָּחוּ:   וַיֹּאמֶר דָּוִד לְשָׁאוּל לָמָּה תִשְׁמַע אֶת־דִּבְרֵי

10 Behold, this day thine eyes have seen how that the LORD had delivered thee to day into mine hand in the cave: and *some* bade *me* kill thee: but *mine eye* spared thee; and I said, I will not put forth mine hand against my lord; for he *is* the LORD's anointed.

11 Moreover, my father, see, yea, see the skirt of thy robe in my hand: for in that I cut off the skirt of thy robe, and killed thee not, know thou and see that *there is* neither evil nor transgression in mine hand, and I have not sinned against thee; yet thou huntest my soul to take it.

12 The LORD judge between me and thee, and the LORD avenge me of thee: but mine hand shall not be upon thee.

13 As saith the proverb of the ancients, Wickedness proceedeth from the wicked: but mine hand shall not be upon thee.

14 After whom is the king of Israel come out? after whom dost thou pursue? after a dead dog, after a flea.

15 The LORD therefore be judge, and judge between me and thee, and see, and plead my cause, and deliver me out of thine hand.

16 ¶ And it came to pass, when David had made an end of speaking these words unto Saul, that Saul said, *Is* this thy voice, my son David? And Saul lifted up his voice, and wept.

17 And he said to David, Thou *art* more righteous than I: for thou hast rewarded me good, whereas I have rewarded thee evil.

18 And thou hast shewed this day how that thou hast dealt well with me: forasmuch as when the LORD had delivered me into thine hand, thou killedst me not.

19 For if a man find his enemy, will he let him go well away? wherefore the LORD reward thee good for that thou hast done unto me this day.

20 And now, behold, I know well that thou shalt surely be king, and that the kingdom of Israel shall be established in thine hand.

21 Swear now therefore unto me by the LORD, that thou wilt not cut off my seed after me, and that thou wilt not destroy my name out of my father's house.

22 And David sware unto Saul. And Saul went home; but David and his men gat them up unto the hold.

CHAPTER 25

1 And Samuel died; and all the Israelites were gathered together, and lamented him, and buried him in his house at Ramah. And David arose, and went down to the wilderness of Paran.

2 And *there was* a man in Maon, whose possessions *were* in Carmel; and the man *was* very great, and he had three thousand sheep, and a thousand goats: and he was shearing his sheep in Carmel.

3 Now the name of the man *was* Nabal; and the name of his wife Abigail: and *she was* a woman of good understanding, and of a beautiful countenance: but the man *was* churlish and evil in his doings; and he *was* of the house of Caleb.

4 ¶ And David heard in the wilderness that Nabal did shear his sheep.

5 And David sent out ten young men, and David said unto the young men, Get you up to Carmel, and go to Nabal, and greet him in my name:

6 And thus shall ye say to him that liveth *in prosperity*, Peace *be* both to thee, and peace *be* to thine house, and peace *be* unto all that thou hast.

7 And now I have heard that thou hast shearers: now thy shepherds which were with us, we hurt them not, neither was there ought missing unto them, all the while they were in Carmel.

8 Ask thy young men, and they will shew thee. Wherefore let the young men find favour in thine eyes: for we come in a good day: give, I pray thee, whatsoever cometh to thine hand unto thy servants, and to thy son David.

9 And when David's young men came, they spake to Nabal according to all those words in the name of David, and ceased.

10 ¶ And Nabal answered David's servants, and said, Who *is* David? and who *is* the son of Jesse? there be many servants now a days that break away every man from his master.

אָדָם לֵאמֹר הִנֵּה דָוִד מְבַקֵּשׁ רָעָתֶךָ: הִנֵּה הַיּוֹם הַזֶּה רָאוּ עֵינֶיךָ 10
אֵת אֲשֶׁר־נְתָנְךָ יְהוָה ׀ הַיּוֹם ׀ בְּיָדִי בַּמְּעָרָה וְאָמַר לַהֲרָגְךָ וַתָּחָס
עָלֶיךָ וָאֹמַר לֹא־אֶשְׁלַח יָדִי בַּאדֹנִי כִּי־מְשִׁיחַ יְהוָה הוּא: וְאָבִי רְאֵה 11
גַּם רְאֵה אֶת־כְּנַף מְעִילְךָ בְּיָדִי כִּי בְּכָרְתִי אֶת־כְּנַף מְעִילְךָ וְלֹא
הֲרַגְתִּיךָ דַּע וּרְאֵה כִּי אֵין בְּיָדִי רָעָה וָפֶשַׁע וְלֹא־חָטָאתִי לָךְ וְאַתָּה
צֹדֶה אֶת־נַפְשִׁי לְקַחְתָּהּ: יִשְׁפֹּט יְהוָה בֵּינִי וּבֵינֶךָ וּנְקָמַנִי יְהוָה מִמֶּךָּ 12
וְיָדִי לֹא תִהְיֶה־בָּךְ: כַּאֲשֶׁר יֹאמַר מְשַׁל הַקַּדְמֹנִי מֵרְשָׁעִים יֵצֵא רֶשַׁע 13
וְיָדִי לֹא תִהְיֶה־בָּךְ: אַחֲרֵי מִי יָצָא מֶלֶךְ יִשְׂרָאֵל אַחֲרֵי מִי אַתָּה 14
רֹדֵף אַחֲרֵי כֶּלֶב מֵת אַחֲרֵי פַּרְעֹשׁ אֶחָד: וְהָיָה יְהוָה לְדַיָּן וְשָׁפַט 15
בֵּינִי וּבֵינֶךָ וְיֵרֶא וְיָרֵב אֶת־רִיבִי וְיִשְׁפְּטֵנִי מִיָּדֶךָ:
וַיְהִי ׀ כְּכַלּוֹת דָּוִד לְדַבֵּר אֶת־הַדְּבָרִים הָאֵלֶּה אֶל־שָׁאוּל וַיֹּאמֶר 16
שָׁאוּל הֲקֹלְךָ זֶה בְּנִי דָוִד וַיִּשָּׂא שָׁאוּל קֹלוֹ וַיֵּבְךְּ: וַיֹּאמֶר אֶל־דָּוִד 17
צַדִּיק אַתָּה מִמֶּנִּי כִּי אַתָּה גְּמַלְתַּנִי הַטּוֹבָה וַאֲנִי גְּמַלְתִּיךָ הָרָעָה:
וְאַתָּ וְאַתָּ הִגַּדְתָּ הַיּוֹם אֵת אֲשֶׁר־עָשִׂיתָה אִתִּי טוֹבָה אֵת אֲשֶׁר סִגְּרַנִי 18
יְהוָה בְּיָדְךָ וְלֹא הֲרַגְתָּנִי: וְכִי־יִמְצָא אִישׁ אֶת־אֹיְבוֹ וְשִׁלְּחוֹ בְּדֶרֶךְ 19
טוֹבָה וַיהוָה יְשַׁלֶּמְךָ טוֹבָה תַּחַת הַיּוֹם הַזֶּה אֲשֶׁר עָשִׂיתָה לִי:
וְעַתָּה הִנֵּה יָדַעְתִּי כִּי מָלֹךְ תִּמְלוֹךְ וְקָמָה בְּיָדְךָ מַמְלֶכֶת יִשְׂרָאֵל: 20
וְעַתָּה הִשָּׁבְעָה לִּי בַּיהוָה אִם־תַּכְרִית אֶת־זַרְעִי אַחֲרָי וְאִם־תַּשְׁמִיד 21
אֶת־שְׁמִי מִבֵּית אָבִי: וַיִּשָּׁבַע דָּוִד לְשָׁאוּל וַיֵּלֶךְ שָׁאוּל אֶל־בֵּיתוֹ 22
וְדָוִד וַאֲנָשָׁיו עָלוּ עַל־הַמְּצוּדָה:
וַיָּמָת שְׁמוּאֵל וַיִּקָּבְצוּ כָל־יִשְׂרָאֵל וַיִּסְפְּדוּ־לוֹ וַיִּקְבְּרֻהוּ בְּבֵיתוֹ בָּרָמָה 25 1
וַיָּקָם דָּוִד וַיֵּרֶד אֶל־מִדְבַּר פָּארָן: וְאִישׁ בְּמָעוֹן וּמַעֲשֵׂהוּ 2
בַכַּרְמֶל וְהָאִישׁ גָּדוֹל מְאֹד וְלוֹ צֹאן שְׁלֹשֶׁת־אֲלָפִים וְאֶלֶף עִזִּים
וַיְהִי בִּגְזֹז אֶת־צֹאנוֹ בַּכַּרְמֶל: וְשֵׁם הָאִישׁ נָבָל וְשֵׁם אִשְׁתּוֹ אֲבִגָיִל 3
וְהָאִשָּׁה טוֹבַת־שֶׂכֶל וִיפַת תֹּאַר וְהָאִישׁ קָשֶׁה וְרַע מַעֲלָלִים וְהוּא
כָלִבּו כָלִבּי: וַיִּשְׁמַע דָּוִד בַּמִּדְבָּר כִּי־גֹזֵז נָבָל אֶת־צֹאנוֹ: וַיִּשְׁלַח דָּוִד 4 5
עֲשָׂרָה נְעָרִים וַיֹּאמֶר דָּוִד לַנְּעָרִים עֲלוּ כַרְמֶלָה וּבָאתֶם אֶל־נָבָל
וּשְׁאֶלְתֶּם־לוֹ בִשְׁמִי לְשָׁלוֹם: וַאֲמַרְתֶּם כֹּה לֶחָי וְאַתָּה שָׁלוֹם וּבֵיתְךָ 6
שָׁלוֹם וְכֹל אֲשֶׁר־לְךָ שָׁלוֹם: וְעַתָּה שָׁמַעְתִּי כִּי גֹזְזִים לָךְ עַתָּה 7
הָרֹעִים אֲשֶׁר־לְךָ הָיוּ עִמָּנוּ לֹא הֶכְלַמְנוּם וְלֹא־נִפְקַד לָהֶם מְאוּמָה
כָּל־יְמֵי הֱיוֹתָם בַּכַּרְמֶל: שְׁאַל אֶת־נְעָרֶיךָ וְיַגִּידוּ לָךְ וְיִמְצְאוּ הַנְּעָרִים 8
בָּאנוּ חֵן בְּעֵינֶיךָ כִּי־עַל־יוֹם טוֹב בָּנוּ תְּנָה־נָּא אֵת אֲשֶׁר תִּמְצָא יָדְךָ
לַעֲבָדֶיךָ וּלְבִנְךָ לְדָוִד: וַיָּבֹאוּ נַעֲרֵי דָוִד וַיְדַבְּרוּ אֶל־נָבָל כְּכָל־ 9
הַדְּבָרִים הָאֵלֶּה בְּשֵׁם דָּוִד וַיָּנוּחוּ: וַיַּעַן נָבָל אֶת־עַבְדֵי דָוִד וַיֹּאמֶר 10
מִי דָוִד וּמִי בֶן־יִשַׁי הַיּוֹם רַבּוּ עֲבָדִים הַמִּתְפָּרְצִים אִישׁ מִפְּנֵי אֲדֹנָיו:

11 Shall I then take my bread, and my water, and my flesh that I have killed for my shearers, and give *it* unto men, whom I know not whence they *be?*

12 So David's young men turned their way, and went again, and came and told him all those sayings.

13 And David said unto his men, Gird ye on every man his sword. And they girded on every man his sword; and David also girded on his sword: and there went up after David about four hundred men; and two hundred abode by the stuff.

14 ¶ But one of the young men told Abigail, Nabal's wife, saying, Behold, David sent messengers out of the wilderness to salute our master; and he railed on them.

15 But the men *were* very good unto us, and we were not hurt, neither missed we any thing, as long as we were conversant with them, when we were in the fields:

16 They were a wall unto us both by night and day, all the while we were with them keeping the sheep.

17 Now therefore know and consider what thou wilt do; for evil is determined against our master, and against all his household: for he *is such* a son of Belial, that *a man* cannot speak to him.

18 ¶ Then Abigail made haste, and took two hundred loaves, and two bottles of wine, and five sheep ready dressed, and five measures of parched *corn,* and an hundred clusters of raisins, and two hundred cakes of figs, and laid *them* on asses.

19 And she said unto her servants, Go on before me; behold, I come after you. But she told not her husband Nabal.

20 And it was *so, as* she rode on the ass, that she came down by the covert of the hill, and, behold, David and his men came down against her; and she met them.

21 Now David had said, Surely in vain have I kept all that this *fellow* hath in the wilderness, so that nothing was missed of all that *pertained* unto him: and he hath requited me evil for good.

22 So and more also do God unto the enemies of David, if I leave of all that *per-*tain to him by the morning light any that pisseth against the wall.

23 And when Abigail saw David, she hasted, and lighted off the ass, and fell before David on her face, and bowed herself to the ground,

24 And fell at his feet, and said, Upon me, my lord, *upon* me let *this* iniquity *be:* and let thine handmaid, I pray thee, speak in thine audience, and hear the words of thine handmaid.

25 Let not my lord, I pray thee, regard this man of Belial, *even* Nabal: for as his name *is,* so *is* he; Nabal *is* his name, and folly *is* with him: but I thine handmaid saw not the young men of my lord, whom thou didst send.

26 Now therefore, my lord, *as* the LORD liveth, and *as* thy soul liveth, seeing the LORD hath withholden thee from coming to *shed* blood, and from avenging thyself with thine own hand, now let thine enemies, and they that seek evil to my lord, be as Nabal.

27 And now this blessing which thine handmaid hath brought unto my lord, let it even be given unto the young men that follow my lord.

28 I pray thee, forgive the trespass of thine handmaid: for the LORD will certainly make my lord a sure house; because my lord fighteth the battles of the LORD, and evil hath not been found in thee *all* thy days.

29 Yet a man is risen to pursue thee, and to seek thy soul: but the soul of my lord shall be bound in the bundle of life with the LORD thy God; and the souls of thine enemies, them shall he sling out, *as out* of the middle of a sling.

30 And it shall come to pass, when the LORD shall have done to my lord according to all the good that he hath spoken concerning thee, and shall have appointed thee ruler over Israel;

31 That this shall be no grief unto thee, nor offence of heart unto my lord, either that thou hast shed blood causeless, or that my lord hath avenged himself: but

וְלָקַחְתִּי אֶת־לַחְמִי וְאֶת־מֵימַי וְאֵת טִבְחָתִי אֲשֶׁר טָבַחְתִּי לְגֹזְזָי 11

וְנָתַתִּי לַאֲנָשִׁים אֲשֶׁר לֹא יָדַעְתִּי אֵי מִזֶּה הֵמָּה: וַיַּהַפְכוּ נַעֲרֵי־דָוִד 12

לְדַרְכָּם וַיָּשֻׁבוּ וַיָּבֹאוּ וַיַּגִּדוּ לוֹ כְּכֹל הַדְּבָרִים הָאֵלֶּה: וַיֹּאמֶר דָּוִד 13
לַאֲנָשָׁיו חִגְרוּ אִישׁ אֶת־חַרְבּוֹ וַיַּחְגְּרוּ אִישׁ אֶת־חַרְבּוֹ וַיַּחְגֹּר גַּם־דָּוִד
אֶת־חַרְבּוֹ וַיַּעֲלוּ אַחֲרֵי דָוִד כְּאַרְבַּע מֵאוֹת אִישׁ וּמָאתַיִם יָשְׁבוּ
עַל־הַכֵּלִים: וְלַאֲבִיגַיִל אֵשֶׁת נָבָל הִגִּיד נַעַר־אֶחָד מֵהַנְּעָרִים לֵאמֹר 14
הִנֵּה שָׁלַח דָּוִד מַלְאָכִים מֵהַמִּדְבָּר לְבָרֵךְ אֶת־אֲדֹנֵינוּ וַיָּעַט בָּהֶם:

וְהָאֲנָשִׁים טֹבִים לָנוּ מְאֹד וְלֹא הָכְלַמְנוּ וְלֹא־פָקַדְנוּ מְאוּמָה כָּל־יְמֵי 15

הִתְהַלַּכְנוּ אִתָּם בִּהְיוֹתֵנוּ בַּשָּׂדֶה: חוֹמָה הָיוּ עָלֵינוּ גַּם־לַיְלָה גַּם־ 16

יוֹמָם כָּל־יְמֵי הֱיוֹתֵנוּ עִמָּם רֹעִים הַצֹּאן: וְעַתָּה דְּעִי וּרְאִי מַה־תַּעֲשִׂי 17
כִּי־כָלְתָה הָרָעָה אֶל־אֲדֹנֵינוּ וְעַל כָּל־בֵּיתוֹ וְהוּא בֶּן־בְּלִיַּעַל מִדַּבֵּר

אֵלָיו: וַתְּמַהֵר אֲבוֹגַיִל וַתִּקַּח מָאתַיִם לֶחֶם וּשְׁנַיִם נִבְלֵי־יַיִן וְחָמֵשׁ 18
צֹאן עֲשׂוּיֹת וְחָמֵשׁ סְאִים קָלִי וּמֵאָה צִמֻּקִים וּמָאתַיִם דְּבֵלִים וַתָּשֶׂם

עַל־הַחֲמֹרִים: וַתֹּאמֶר לִנְעָרֶיהָ עִבְרוּ לְפָנַי הִנְנִי אַחֲרֵיכֶם בָּאָה 19

וְלְאִישָׁהּ נָבָל לֹא הִגִּידָה: וְהָיָה הִיא רֹכֶבֶת עַל־הַחֲמוֹר וְיֹרֶדֶת 20

בְּסֵתֶר הָהָר וְהִנֵּה דָוִד וַאֲנָשָׁיו יֹרְדִים לִקְרָאתָהּ וַתִּפְגֹּשׁ אֹתָם: וְדָוִד 21
אָמַר אַךְ לַשֶּׁקֶר שָׁמַרְתִּי אֶת־כָּל־אֲשֶׁר לָזֶה בַּמִּדְבָּר וְלֹא־נִפְקַד

מִכָּל־אֲשֶׁר־לוֹ מְאוּמָה וַיָּשֶׁב־לִי רָעָה תַּחַת טוֹבָה: כֹּה־יַעֲשֶׂה 22
אֱלֹהִים לְאֹיְבֵי דָוִד וְכֹה יֹסִיף אִם־אַשְׁאִיר מִכָּל־אֲשֶׁר־לוֹ עַד־הַבֹּקֶר

מַשְׁתִּין בְּקִיר: וַתֵּרֶא אֲבִיגַיִל אֶת־דָּוִד וַתְּמַהֵר וַתֵּרֶד מֵעַל הַחֲמוֹר 23

וַתִּפֹּל לְאַפֵּי דָוִד עַל־פָּנֶיהָ וַתִּשְׁתַּחוּ אָרֶץ: וַתִּפֹּל עַל־רַגְלָיו וַתֹּאמֶר 24
בִּי־אֲנִי אֲדֹנִי הֶעָוֹן וּתְדַבֶּר־נָא אֲמָתְךָ בְּאָזְנֶיךָ וּשְׁמַע אֵת דִּבְרֵי

אֲמָתֶךָ: אַל־נָא יָשִׂים אֲדֹנִי אֶת־לִבּוֹ אֶל־אִישׁ הַבְּלִיַּעַל הַזֶּה עַל־נָבָל 25
כִּי כִשְׁמוֹ כֶּן־הוּא נָבָל שְׁמוֹ וּנְבָלָה עִמּוֹ וַאֲנִי אֲמָתְךָ לֹא רָאִיתִי

אֶת־נַעֲרֵי אֲדֹנִי אֲשֶׁר שָׁלָחְתָּ: וְעַתָּה אֲדֹנִי חַי־יְהוָה וְחֵי־נַפְשְׁךָ אֲשֶׁר 26
מְנָעֲךָ יְהוָה מִבּוֹא בְדָמִים וְהוֹשֵׁעַ יָדְךָ לָךְ וְעַתָּה יִהְיוּ כְנָבָל אֹיְבֶיךָ

וְהַמְבַקְשִׁים אֶל־אֲדֹנִי רָעָה: וְעַתָּה הַבְּרָכָה הַזֹּאת אֲשֶׁר־הֵבִיא 27

שִׁפְחָתְךָ לַאדֹנִי וְנִתְּנָה לַנְּעָרִים הַמִּתְהַלְּכִים בְּרַגְלֵי אֲדֹנִי: שָׂא נָא 28
לְפֶשַׁע אֲמָתֶךָ כִּי עָשֹׂה־יַעֲשֶׂה יְהוָה לַאדֹנִי בַּיִת נֶאֱמָן כִּי־מִלְחֲמוֹת

יְהוָה אֲדֹנִי נִלְחָם וְרָעָה לֹא־תִמָּצֵא בְךָ מִיָּמֶיךָ: וַיָּקָם אָדָם לִרְדָפְךָ 29
וּלְבַקֵּשׁ אֶת־נַפְשֶׁךָ וְהָיְתָה נֶפֶשׁ אֲדֹנִי צְרוּרָה בִּצְרוֹר הַחַיִּים אֵת

יְהוָה אֱלֹהֶיךָ וְאֵת נֶפֶשׁ אֹיְבֶיךָ יְקַלְּעֶנָּה בְּתוֹךְ כַּף הַקָּלַע: וְהָיָה 30
כִּי־יַעֲשֶׂה יְהוָה לַאדֹנִי כְּכֹל אֲשֶׁר־דִּבֶּר אֶת־הַטּוֹבָה עָלֶיךָ וְצִוְּךָ

לְנָגִיד עַל־יִשְׂרָאֵל: וְלֹא תִהְיֶה זֹּאת לְךָ לְפוּקָה וּלְמִכְשׁוֹל לֵב לַאדֹנִי 31
וְלִשְׁפָּךְ־דָּם חִנָּם וּלְהוֹשִׁיעַ אֲדֹנִי לוֹ וְהֵיטִב יְהוָה לַאדֹנִי וְזָכַרְתָּ אֶת־

when the Lord shall have dealt well with my lord, then remember thine handmaid.

32 ¶ And David said to Abigail, Blessed *be* the Lord God of Israel, which sent thee this day to meet me:

33 And blessed *be* thy advice, and blessed *be* thou, which hast kept me this day from coming to *shed* blood, and from avenging myself with mine own hand.

34 For in very deed, *as* the Lord God of Israel liveth, which hath kept me back from hurting thee, except thou hadst hasted and come to meet me, surely there had not been left unto Nabal by the morning light any that pisseth against the wall.

35 So David received of her hand *that* which she had brought him, and said unto her, Go up in peace to thine house; see, I have hearkened to thy voice, and have accepted thy person.

36 ¶ And Abigail came to Nabal; and, behold, he held a feast in his house, like the feast of a king; and Nabal's heart *was* merry within him, for he *was* very drunken: wherefore she told him nothing, less or more, until the morning light.

37 But it came to pass in the morning, when the wine was gone out of Nabal, and his wife had told him these things, that his heart died within him, and he became *as* a stone.

38 And it came to pass about ten days *after,* that the Lord smote Nabal, that he died.

39 ¶ And when David heard that Nabal was dead, he said, Blessed *be* the Lord, that hath pleaded the cause of my reproach from the hand of Nabal, and hath kept his servant from evil: for the Lord hath returned the wickedness of Nabal upon his own head. And David sent and communed with Abigail, to take her to him to wife.

40 And when the servants of David were come to Abigail to Carmel, they spake unto her, saying, David sent us unto thee, to take thee to him to wife.

41 And she arose, and bowed herself on *her* face to the earth, and said, Behold, *let* thine handmaid *be* a servant to wash the feet of the servants of my lord.

42 And Abigail hasted, and arose, and rode upon an ass, with five damsels of hers that went after her; and she went after the messengers of David, and became his wife.

43 David also took Ahinoam of Jezreel; and they were also both of them his wives.

44 ¶ But Saul had given Michal his daughter, David's wife, to Phalti the son of Laish, which *was* of Gallim.

CHAPTER 26

1 And the Ziphites came unto Saul to Gibeah, saying, Doth not David hide himself in the hill of Hachilah, *which is* before Jeshimon?

2 Then Saul arose, and went down to the wilderness of Ziph, having three thousand chosen men of Israel with him, to seek David in the wilderness of Ziph.

3 And Saul pitched in the hill of Hachilah, which *is* before Jeshimon, by the way. But David abode in the wilderness, and he saw that Saul came after him into the wilderness.

4 David therefore sent out spies, and understood that Saul was come in very deed.

5 ¶ And David arose, and came to the place where Saul had pitched: and David beheld the place where Saul lay, and Abner the son of Ner, the captain of his host: and Saul lay in the trench, and the people pitched round about him.

6 Then answered David and said to Ahimelech the Hittite, and to Abishai the son of Zeruiah, brother to Joab, saying, Who will go down with me to Saul to the camp? And Abishai said, I will go down with thee.

7 So David and Abishai came to the people by night: and, behold, Saul lay sleeping within the trench, and his spear stuck in the ground at his bolster: but Abner and the people lay round about him.

8 Then said Abishai to David, God hath delivered thine enemy into thine hand this day: now therefore let me smite him, I pray thee, with the spear even to the earth at once, and I will not *smite* him the second time.

32 אֱמָתֵךְ: ‏   וַיֹּ֤אמֶר דָּוִד֙ לַאֲבִיגַ֔ל בָּר֥וּךְ יְהוָ֖ה אֱלֹהֵ֣י יִשְׂרָאֵ֑ל

33 אֲשֶׁ֧ר שְׁלָחֵ֛ךְ הַיּ֥וֹם הַזֶּ֖ה לִקְרָאתִ֑י: וּבָר֣וּךְ טַעְמֵ֗ךְ וּבְרוּכָ֖ה אָ֑תְּ אֲשֶׁ֣ר

34 כְּלִתִ֙נִי֙ הַיּ֤וֹם הַזֶּה֙ מִבֹּ֣וא בְדָמִ֔ים וְהֹשֵׁ֥עַ יָדִ֖י לִ֑י: וְאוּלָ֗ם חַי־יְהוָה֙

וַתָּבֹאת אֱלֹהֵ֤י יִשְׂרָאֵל֙ אֲשֶׁ֣ר מְנָעַ֔נִי מֵהָרַ֖ע אֹתָ֑ךְ כִּ֣י ׀ לוּלֵ֣י מִהַ֔רְתְּ וַתָּבֹ֙אתִי֙

35 לִקְרָאתִ֔י כִּ֣י אִם־נוֹתַ֧ר לְנָבָ֛ל עַד־א֥וֹר הַבֹּ֖קֶר מַשְׁתִּ֥ין בְּקִֽיר: וַיִּקַּ֤ח

דָּוִד֙ מִיָּדָ֔הּ אֵ֥ת אֲשֶׁר־הֵבִ֖יאָה ל֑וֹ וְלָ֣הּ אָמַ֗ר עֲלִ֤י לְשָׁלוֹם֙ לְבֵיתֵ֔ךְ

36 רְאִ֙י שָׁמַ֣עְתִּי בְקוֹלֵ֔ךְ וָאֶשָּׂ֖א פָּנָֽיִךְ: וַתָּבֹ֣א אֲבִיגַ֣יִל ׀ אֶל־נָבָ֗ל וְהִנֵּה־לֹ֨ו

מִשְׁתֶּ֤ה בְּבֵיתוֹ֙ כְּמִשְׁתֵּ֣ה הַמֶּ֔לֶךְ וְלֵ֤ב נָבָל֙ ט֣וֹב עָלָ֔יו וְה֥וּא שִׁכֹּ֖ר עַד־

37 מְאֹ֑ד וְלֹֽא־הִגִּ֤ידָה לּוֹ֙ דָּבָ֣ר קָטֹ֣ן וְגָד֔וֹל עַד־א֥וֹר הַבֹּֽקֶר: וַיְהִ֣י בַבֹּ֗קֶר

בְּצֵ֤את הַיַּ֙יִן֙ מִנָּבָ֔ל וַתַּגֶּד־ל֣וֹ אִשְׁתּ֔וֹ אֶת־הַדְּבָרִ֖ים הָאֵ֑לֶּה וַיָּ֣מָת לִבּוֹ֙

38 בְּקִרְבּ֔וֹ וְה֖וּא הָיָ֥ה לְאָֽבֶן: וַיְהִ֖י כַּעֲשֶׂ֣רֶת הַיָּמִ֑ים וַיִּגֹּ֧ף יְהוָ֛ה אֶת־נָבָ֖ל

39 וַיָּמֹֽת: וַיִּשְׁמַ֣ע דָּוִד֮ כִּ֣י מֵ֣ת נָבָל֒ וַיֹּ֡אמֶר בָּר֣וּךְ יְהוָ֡ה אֲשֶׁ֣ר רָב֩ אֶת־רִ֙יב

חֶרְפָּתִ֜י מִיַּ֣ד נָבָ֗ל וְאֶת־עַבְדּוֹ֙ חָשַׂ֣ךְ מֵרָעָ֔ה וְאֵת֙ רָעַ֣ת נָבָ֔ל הֵשִׁ֥יב

40 יְהוָ֖ה בְּרֹאשׁ֑וֹ וַיִּשְׁלַ֤ח דָּוִד֙ וַיְדַבֵּ֣ר בַּאֲבִיגַ֔יִל לְקַחְתָּ֥הּ ל֖וֹ לְאִשָּֽׁה: וַיָּבֹ֜אוּ

עַבְדֵ֥י דָוִ֛ד אֶל־אֲבִיגַ֖יִל הַכַּרְמֶ֑לָה וַיְדַבְּר֤וּ אֵלֶ֙יהָ֙ לֵאמֹ֔ר דָּוִד֙ שְׁלָחָ֣נוּ

41 אֵלַ֔יִךְ לְקַחְתֵּ֖ךְ ל֥וֹ לְאִשָּֽׁה: וַתָּ֕קָם וַתִּשְׁתַּ֥חוּ אַפַּ֖יִם אָ֑רְצָה וַתֹּ֕אמֶר

42 הִנֵּ֤ה אֲמָֽתְךָ֙ לְשִׁפְחָ֔ה לִרְחֹ֕ץ רַגְלֵ֖י עַבְדֵ֥י אֲדֹנִֽי: וַתְּמַהֵ֞ר וַתָּ֣קָם אֲבִיגַ֗יִל

וַתִּרְכַּב֙ עַל־הַחֲמ֔וֹר וְחָמֵשׁ֙ נַעֲרֹתֶ֔יהָ הַהֹלְכ֖וֹת לְרַגְלָ֑הּ וַתֵּ֙לֶךְ֙ אַחֲרֵי֙

43 מַלְאֲכֵ֣י דָוִ֔ד וַתְּהִי־ל֖וֹ לְאִשָּֽׁה: וְאֶת־אֲחִינֹ֛עַם לָקַ֥ח דָּוִ֖ד מִֽיִּזְרְעֶ֑אל

44 וַתִּהְיֶ֧יןָ גַּם־שְׁתֵּיהֶ֛ן ל֖וֹ לְנָשִֽׁים: ‏   וְשָׁא֗וּל נָתַ֛ן אֶת־מִיכַ֥ל בִּתּ֖וֹ

26 1 אֵ֣שֶׁת דָּוִ֑ד לְפַלְטִ֥י בֶן־לַ֖יִשׁ אֲשֶׁ֥ר מִגַּלִּֽים: וַיָּבֹ֤אוּ הַזִּפִים֙ אֶל־שָׁא֔וּל

הַגִּבְעָ֖תָה לֵאמֹ֑ר הֲל֨וֹא דָוִ֤ד מִסְתַּתֵּר֙ בְּגִבְעַ֣ת הַחֲכִילָ֔ה עַ֖ל פְּנֵ֥י

2 הַיְשִׁימֹֽן: וַיָּ֣קָם שָׁא֗וּל וַיֵּ֙רֶד֙ אֶל־מִדְבַּר־זִ֔יף וְאִתּ֛וֹ שְׁלֹֽשֶׁת־אֲלָפִ֥ים אִ֖ישׁ

3 בְּחוּרֵ֣י יִשְׂרָאֵ֑ל לְבַקֵּ֥שׁ אֶת־דָּוִ֖ד בְּמִדְבַּר־זִֽיף: וַיִּ֣חַן שָׁא֡וּל בְּגִבְעַ֣ת

הַחֲכִילָ֡ה אֲשֶׁ֣ר עַל־פְּנֵ֤י הַיְשִׁימֹן֙ עַל־הַדָּ֔רֶךְ וְדָוִד֙ יֹשֵׁ֣ב בַּמִּדְבָּ֔ר וַיַּ֗רְא

4 כִּ֣י בָ֥א שָׁא֛וּל אַחֲרָ֖יו הַמִּדְבָּֽרָה: וַיִּשְׁלַ֥ח דָּוִ֖ד מְרַגְּלִ֑ים וַיֵּ֕דַע כִּי־בָ֥א

5 שָׁא֖וּל אֶל־נָכֽוֹן: וַיָּ֣קָם דָּוִ֗ד וַיָּבֹא֮ אֶל־הַמָּקוֹם֒ אֲשֶׁ֣ר חָנָה־שָׁ֣ם שָׁא֔וּל

וַיַּ֣רְא דָּוִ֗ד אֶת־הַמָּקוֹם֙ אֲשֶׁ֣ר שָׁכַב־שָׁ֣ם שָׁא֔וּל וְאַבְנֵ֥ר בֶּן־נֵ֖ר

סְבִיבֹתָיו 6 שַׂר־צְבָא֑וֹ וְשָׁאוּל֙ שֹׁכֵ֣ב בַּמַּעְגָּ֔ל וְהָעָ֖ם חֹנִ֥ים סְבִיבֹתָֽו: וַיַּ֣עַן

דָּוִ֡ד וַיֹּ֣אמֶר ׀ אֶל־אֲחִימֶ֣לֶךְ הַחִתִּ֡י וְאֶל־אֲבִישַׁ֨י בֶּן־צְרוּיָ֜ה אֲחִ֤י יוֹאָב֙

לֵאמֹ֔ר מִֽי־יֵרֵ֥ד אִתִּ֛י אֶל־שָׁא֖וּל אֶל־הַמַּחֲנֶ֑ה וַיֹּ֣אמֶר אֲבִישַׁ֔י אֲנִ֖י אֵרֵ֥ד

7 עִמָּֽךְ: וַיָּבֹא֩ דָוִ֙ד וַאֲבִישַׁ֤י ׀ אֶל־הָעָם֙ לַ֔יְלָה וְהִנֵּ֥ה שָׁא֛וּל שֹׁכֵ֥ב יָשֵׁן֙

מַרְאֲשֹׁתָיו בַּמַּעְגָּ֔ל וַחֲנִית֥וֹ מְעוּכָֽה־בָאָ֖רֶץ מְרַאֲשֹׁתָ֑ו וְאַבְנֵ֣ר וְהָעָ֔ם שֹׁכְבִ֖ים

סְבִיבֹתָיו סְבִיבֹתָֽו: 8 וַיֹּ֤אמֶר אֲבִישַׁי֙ אֶל־דָּוִ֔ד סִגַּ֙ר אֱלֹהִ֥ים הַיּ֛וֹם אֶת־

אֽוֹיִבְךָ֖ בְּיָדֶ֑ךָ וְעַתָּה֩ אַכֶּ֙נּוּ נָ֜א בַּחֲנִ֤ית וּבָאָ֙רֶץ֙ פַּ֣עַם אַחַ֔ת וְלֹ֥א אֶשְׁנֶ֖ה

9 And David said to Abishai, Destroy him not: for who can stretch forth his hand against the LORD's anointed, and be guiltless?

10 David said furthermore, As the LORD liveth, the LORD shall smite him; or his day shall come to die; or he shall descend into battle, and perish.

11 The LORD forbid that I should stretch forth mine hand against the LORD's anointed: but, I pray thee, take thou now the spear that is at his bolster, and the cruse of water, and let us go.

12 So David took the spear and the cruse of water from Saul's bolster; and they gat them away, and no man saw it, nor knew it, neither awaked: for they were all asleep; because a deep sleep from the LORD was fallen upon them.

13 ¶ Then David went over to the other side, and stood on the top of an hill afar off; a great space being between them:

14 And David cried to the people, and to Abner the son of Ner, saying, Answerest thou not, Abner? Then Abner answered and said, Who art thou that criest to the king?

15 And David said to Abner, Art not thou a valiant man? and who is like to thee in Israel? wherefore then hast thou not kept thy lord the king? for there came one of the people in to destroy the king thy lord.

16 This thing is not good that thou hast done. As the LORD liveth, ye are worthy to die, because ye have not kept your master, the LORD's anointed. And now see where the king's spear is, and the cruse of water that was at his bolster.

17 And Saul knew David's voice, and said, Is this thy voice, my son David? And David said, It is my voice, my lord, O king.

18 And he said, Wherefore doth my lord thus pursue after his servant? for what have I done? or what evil is in mine hand?

19 Now therefore, I pray thee, let my lord the king hear the words of his servant. If the LORD have stirred thee up against me, let him accept an offering: but if they be the children of men, cursed be they before the LORD; for they have driven me out this day from abiding in the inheritance of the LORD, saying, Go, serve other gods.

20 Now therefore, let not my blood fall to the earth before the face of the LORD: for the king of Israel is come out to seek a flea, as when one doth hunt a partridge in the mountains.

21 ¶ Then said Saul, I have sinned: return, my son David: for I will no more do thee harm, because my soul was precious in thine eyes this day: behold, I have played the fool, and have erred exceedingly.

22 And David answered and said, Behold the king's spear! and let one of the young men come over and fetch it.

23 The LORD render to every man his righteousness and his faithfulness: for the LORD delivered thee into my hand to day, but I would not stretch forth mine hand against the LORD's anointed.

24 And, behold, as thy life was much set by this day in mine eyes, so let my life be much set by in the eyes of the LORD, and let him deliver me out of all tribulation.

25 Then Saul said to David, Blessed be thou, my son David: thou shalt both do great things, and also shalt still prevail. So David went on his way, and Saul returned to his place.

CHAPTER 27

1 And David said in his heart, I shall now perish one day by the hand of Saul: there is nothing better for me than that I should speedily escape into the land of the Philistines; and Saul shall despair of me, to seek me any more in any coast of Israel: so shall I escape out of his hand.

2 And David arose, and he passed over with the six hundred men that were with

לוֹ: וַיֹּאמֶר דָּוִד אֶל־אֲבִישַׁי אַל־תַּשְׁחִיתֵהוּ כִּי מִי שָׁלַח יָדוֹ בִּמְשִׁיחַ 9
יְהוָה וְנִקָּה:

וַיֹּאמֶר דָּוִד חַי־יְהוָה כִּי אִם־יְהוָה יִגְּפֶנּוּ אוֹ־יוֹמוֹ יָבוֹא וָמֵת אוֹ 10
בַמִּלְחָמָה יֵרֵד וְנִסְפָּה: חָלִילָה לִּי מֵיהוָה מִשְּׁלֹחַ יָדִי בִּמְשִׁיחַ יְהוָה 11
וְעַתָּה קַח־נָא אֶת־הַחֲנִית אֲשֶׁר מְרַאֲשֹׁתָו וְאֶת־צַפַּחַת הַמַּיִם וְנֵלְכָה

מְרַאֲשֹׁתָו

לָנוּ: וַיִּקַּח דָּוִד אֶת־הַחֲנִית וְאֶת־צַפַּחַת הַמַּיִם מֵרַאֲשֹׁתֵי שָׁאוּל וַיֵּלְכוּ 12
לָהֶם וְאֵין רֹאֶה וְאֵין יוֹדֵעַ וְאֵין מֵקִיץ כִּי כֻלָּם יְשֵׁנִים כִּי תַּרְדֵּמַת
יְהוָה נָפְלָה עֲלֵיהֶם: וַיַּעֲבֹר דָּוִד הָעֵבֶר וַיַּעֲמֹד עַל־רֹאשׁ־הָהָר מֵרָחֹק 13
רַב הַמָּקוֹם בֵּינֵיהֶם: וַיִּקְרָא דָוִד אֶל־הָעָם וְאֶל־אַבְנֵר בֶּן־נֵר לֵאמֹר 14
הֲלוֹא תַעֲנֶה אַבְנֵר וַיַּעַן אַבְנֵר וַיֹּאמֶר מִי אַתָּה קָרָאתָ אֶל־
הַמֶּלֶךְ:

וַיֹּאמֶר דָּוִד אֶל־אַבְנֵר הֲלוֹא־אִישׁ אַתָּה וּמִי כָמוֹךָ בְּיִשְׂרָאֵל וְלָמָּה 15
לֹא שָׁמַרְתָּ אֶל־אֲדֹנֶיךָ הַמֶּלֶךְ כִּי־בָא אַחַד הָעָם לְהַשְׁחִית אֶת־
הַמֶּלֶךְ אֲדֹנֶיךָ: לֹא־טוֹב הַדָּבָר הַזֶּה אֲשֶׁר עָשִׂיתָ חַי־יְהוָה כִּי בְנֵי־ 16
מָוֶת אַתֶּם אֲשֶׁר לֹא־שְׁמַרְתֶּם עַל־אֲדֹנֵיכֶם עַל־מְשִׁיחַ יְהוָה וְעַתָּה

רְאֵה אֵי־חֲנִית הַמֶּלֶךְ וְאֶת־צַפַּחַת הַמַּיִם אֲשֶׁר מְרַאֲשֹׁתָו: וַיַּכֵּר 17
שָׁאוּל אֶת־קוֹל דָּוִד וַיֹּאמֶר הֲקוֹלְךָ זֶה בְּנִי דָוִד וַיֹּאמֶר דָּוִד קוֹלִי

מְרַאֲשֹׁתָו

אֲדֹנִי הַמֶּלֶךְ: וַיֹּאמֶר לָמָּה זֶּה אֲדֹנִי רֹדֵף אַחֲרֵי עַבְדּוֹ כִּי מֶה עָשִׂיתִי 18
וּמַה־בְּיָדִי רָעָה: וְעַתָּה יִשְׁמַע־נָא אֲדֹנִי הַמֶּלֶךְ אֵת דִּבְרֵי עַבְדּוֹ אִם־ 19
יְהוָה הֱסִיתְךָ בִי יָרַח מִנְחָה וְאִם בְּנֵי הָאָדָם אֲרוּרִים הֵם לִפְנֵי
יְהוָה כִּי־גֵרְשׁוּנִי הַיּוֹם מֵהִסְתַּפֵּחַ בְּנַחֲלַת יְהוָה לֵאמֹר לֵךְ עֲבֹד
אֱלֹהִים אֲחֵרִים: וְעַתָּה אַל־יִפֹּל דָּמִי אַרְצָה מִנֶּגֶד פְּנֵי יְהוָה כִּי־יָצָא 20
מֶלֶךְ יִשְׂרָאֵל לְבַקֵּשׁ אֶת־פַּרְעֹשׁ אֶחָד כַּאֲשֶׁר יִרְדֹּף הַקֹּרֵא בֶּהָרִים:

וַיֹּאמֶר שָׁאוּל חָטָאתִי שׁוּב בְּנִי־דָוִד כִּי לֹא־אָרַע לְךָ עוֹד תַּחַת 21
אֲשֶׁר יָקְרָה נַפְשִׁי בְּעֵינֶיךָ הַיּוֹם הַזֶּה הִנֵּה הִסְכַּלְתִּי וָאֶשְׁגֶּה הַרְבֵּה

חֲנִית

מְאֹד: וַיַּעַן דָּוִד וַיֹּאמֶר הִנֵּה הַחֲנִית הַמֶּלֶךְ וְיַעֲבֹר אֶחָד מֵהַנְּעָרִים 22
וְיִקָּחֶהָ: וַיהוָה יָשִׁיב לָאִישׁ אֶת־צִדְקָתוֹ וְאֶת־אֱמֻנָתוֹ אֲשֶׁר נְתָנְךָ 23
יְהוָה הַיּוֹם בְּיָד וְלֹא אָבִיתִי לִשְׁלֹחַ יָדִי בִּמְשִׁיחַ יְהוָה: וְהִנֵּה כַּאֲשֶׁר 24
גָּדְלָה נַפְשְׁךָ הַיּוֹם הַזֶּה בְּעֵינָי כֵּן תִּגְדַּל נַפְשִׁי בְּעֵינֵי יְהוָה וְיַצִּלֵנִי
מִכָּל־צָרָה:

וַיֹּאמֶר שָׁאוּל אֶל־דָּוִד בָּרוּךְ אַתָּה בְּנִי דָוִד גַּם עָשֹׂה תַעֲשֶׂה וְגַם 25
יָכֹל תּוּכָל וַיֵּלֶךְ דָּוִד לְדַרְכּוֹ וְשָׁאוּל שָׁב לִמְקוֹמוֹ:

וַיֹּאמֶר דָּוִד אֶל־לִבּוֹ עַתָּה אֶסָּפֶה יוֹם־אֶחָד בְּיַד־שָׁאוּל אֵין־לִי טוֹב 1 27
כִּי הִמָּלֵט אִמָּלֵט אֶל־אֶרֶץ פְּלִשְׁתִּים וְנוֹאַשׁ מִמֶּנִּי שָׁאוּל לְבַקְשֵׁנִי
עוֹד בְּכָל־גְּבוּל יִשְׂרָאֵל וְנִמְלַטְתִּי מִיָּדוֹ: וַיָּקָם דָּוִד וַיַּעֲבֹר הוּא וְשֵׁשׁ־ 2

him unto Achish, the son of Maoch, king of Gath.

3 And David dwelt with Achish at Gath, he and his men, every man with his household, *even* David with his two wives, Ahinoam the Jezreelitess, and Abigail the Carmelitess, Nabal's wife.

4 And it was told Saul that David was fled to Gath: and he sought no more again for him.

5 ¶ And David said unto Achish, If I have now found grace in thine eyes, let them give me a place in some town in the country, that I may dwell there: for why should thy servant dwell in the royal city with thee?

6 Then Achish gave him Ziklag that day: wherefore Ziklag pertaineth unto the kings of Judah unto this day.

7 And the time that David dwelt in the country of the Philistines was a full year and four months.

8 ¶ And David and his men went up, and invaded the Geshurites, and the Gezrites, and the Amalekites: for those *nations were* of old the inhabitants of the land, as thou goest to Shur, even unto the land of Egypt.

9 And David smote the land, and left neither man nor woman alive, and took away the sheep, and the oxen, and the asses, and the camels, and the apparel, and returned, and came to Achish.

10 And Achish said, Whither have ye made a road to day? And David said, Against the south of Judah, and against the south of the Jerahmeelites, and against the south of the Kenites.

11 And David saved neither man nor woman alive, to bring *tidings* to Gath, saying, Lest they should tell on us, saying, So did David, and so *will be* his manner all the while he dwelleth in the country of the Philistines.

12 And Achish believed David, saying, He hath made his people Israel utterly to abhor him; therefore he shall be my servant for ever.

CHAPTER 28

1 And it came to pass in those days, that the Philistines gathered their armies together for warfare, to fight with Israel. And Achish said unto David, Know thou assuredly, that thou shalt go out with me to battle, thou and thy men.

2 And David said to Achish, Surely thou shalt know what thy servant can do. And Achish said to David, Therefore will I make thee keeper of mine head for ever.

3 ¶ Now Samuel was dead, and all Israel had lamented him, and buried him in Ramah, even in his own city. And Saul had put away those that had familiar spirits, and the wizards, out of the land.

4 And the Philistines gathered themselves together, and came and pitched in Shunem: and Saul gathered all Israel together, and they pitched in Gilboa.

5 And when Saul saw the host of the Philistines, he was afraid, and his heart greatly trembled.

6 And when Saul enquired of the LORD, the LORD answered him not, neither by dreams, nor by Urim, nor by prophets.

7 ¶ Then said Saul unto his servants, Seek me a woman that hath a familiar spirit, that I may go to her, and enquire of her. And his servants said to him, Behold, *there is* a woman that hath a familiar spirit at En-dor.

8 And Saul disguised himself, and put on other raiment, and he went, and two men with him, and they came to the woman by night: and he said, I pray thee, divine unto me by the familiar spirit, and bring me *him* up, whom I shall name unto thee.

9 And the woman said unto him, Behold, thou knowest what Saul hath done, how he hath cut off those that have familiar spirits, and the wizards, out of the land: wherefore then layest thou a snare for my life, to cause me to die?

10 And Saul sware to her by the LORD, saying, *As* the LORD liveth, there shall no punishment happen to thee for this thing.

מֵאֹות אִישׁ אֲשֶׁר עִמֹּו אֶל־אָכִישׁ בֶּן־מָעֹוךְ מֶלֶךְ גַּת: וַיֵּשֶׁב דָּוִד 3
עִם־אָכִישׁ בְּגַת הוּא וַאֲנָשָׁיו אִישׁ וּבֵיתֹו דָּוִד וּשְׁתֵּי נָשָׁיו אֲחִינֹעַם
הַיִּזְרְעֵאלִית וַאֲבִיגַיִל אֵשֶׁת־נָבָל הַכַּרְמְלִית: וַיֻּגַּד לְשָׁאוּל כִּי־בָרַח 4
דָּוִד גַּת וְלֹא־יֹוסַף עֹוד לְבַקְשֹׁו: וַיֹּאמֶר דָּוִד אֶל־אָכִישׁ 5   יָסַף
אִם־נָא מָצָאתִי חֵן בְּעֵינֶיךָ יִתְּנוּ־לִי מָקֹום בְּאַחַת עָרֵי הַשָּׂדֶה
וְאֵשְׁבָה שָּׁם וְלָמָּה יֵשֵׁב עַבְדְּךָ בְּעִיר הַמַּמְלָכָה עִמָּךְ: וַיִּתֶּן־לֹו אָכִישׁ 6
בַּיֹּום הַהוּא אֶת־צִקְלָג לָכֵן הָיְתָה צִקְלַג לְמַלְכֵי יְהוּדָה עַד הַיֹּום
הַזֶּה:

וַיְהִי מִסְפַּר הַיָּמִים אֲשֶׁר־יָשַׁב דָּוִד בִּשְׂדֵה פְלִשְׁתִּים יָמִים וְאַרְבָּעָה 7
חֳדָשִׁים: וַיַּעַל דָּוִד וַאֲנָשָׁיו וַיִּפְשְׁטוּ אֶל־הַגְּשׁוּרִי וְהַגִּרְזִי וְהָעֲמָלֵקִי 8   וְהַגִּזְרִי
כִּי הֵנָּה יֹשְׁבֹות הָאָרֶץ אֲשֶׁר מֵעֹולָם בֹּואֲךָ שׁוּרָה וְעַד־אֶרֶץ מִצְרָיִם:
וְהִכָּה דָוִד אֶת־הָאָרֶץ וְלֹא יְחַיֶּה אִישׁ וְאִשָּׁה וְלָקַח צֹאן וּבָקָר 9
וַחֲמֹרִים וּגְמַלִּים וּבְגָדִים וַיָּשָׁב וַיָּבֹא אֶל־אָכִישׁ: וַיֹּאמֶר אָכִישׁ אַל־ 10   10A
פְּשַׁטְתֶּם הַיֹּום וַיֹּאמֶר דָּוִד עַל־נֶגֶב יְהוּדָה וְעַל־נֶגֶב הַיְּרַחְמְאֵלִי וְאֶל־
נֶגֶב הַקֵּינִי: וְאִישׁ וְאִשָּׁה לֹא־יְחַיֶּה דָוִד לְהָבִיא גַת לֵאמֹר פֶּן־יַגִּדוּ 11
עָלֵינוּ לֵאמֹר כֹּה־עָשָׂה דָוִד וְכֹה מִשְׁפָּטֹו כָּל־הַיָּמִים אֲשֶׁר יָשַׁב
בִּשְׂדֵה פְלִשְׁתִּים: וַיַּאֲמֵן אָכִישׁ בְּדָוִד לֵאמֹר הַבְאֵשׁ הִבְאִישׁ בְּעַמֹּו 12
בְיִשְׂרָאֵל וְהָיָה לִי לְעֶבֶד עֹולָם:

וַיְהִי בַּיָּמִים הָהֵם וַיִּקְבְּצוּ פְלִשְׁתִּים אֶת־מַחֲנֵיהֶם לַצָּבָא לְהִלָּחֵם 1 28
בְּיִשְׂרָאֵל וַיֹּאמֶר אָכִישׁ אֶל־דָּוִד יָדֹעַ תֵּדַע כִּי אִתִּי תֵּצֵא בַמַּחֲנֶה
אַתָּה וַאֲנָשֶׁיךָ: וַיֹּאמֶר דָּוִד אֶל־אָכִישׁ לָכֵן אַתָּה תֵדַע אֵת אֲשֶׁר־ 2
יַעֲשֶׂה עַבְדֶּךָ וַיֹּאמֶר אָכִישׁ אֶל־דָּוִד לָכֵן שֹׁמֵר לְרֹאשִׁי אֲשִׂימְךָ כָּל־
הַיָּמִים:

וּשְׁמוּאֵל מֵת וַיִּסְפְּדוּ־לֹו כָּל־יִשְׂרָאֵל וַיִּקְבְּרֻהוּ בָרָמָה וּבְעִירֹו וְשָׁאוּל 3
הֵסִיר הָאֹבֹות וְאֶת־הַיִּדְּעֹנִים מֵהָאָרֶץ: וַיִּקָּבְצוּ פְלִשְׁתִּים וַיָּבֹאוּ וַיַּחֲנוּ 4
בְשׁוּנֵם וַיִּקְבֹּץ שָׁאוּל אֶת־כָּל־יִשְׂרָאֵל וַיַּחֲנוּ בַּגִּלְבֹּעַ: וַיַּרְא שָׁאוּל 5
אֶת־מַחֲנֵה פְלִשְׁתִּים וַיִּרָא וַיֶּחֱרַד לִבֹּו מְאֹד: וַיִּשְׁאַל שָׁאוּל בַּיהוָה 6
וְלֹא עָנָהוּ יְהוָה גַּם בַּחֲלֹמֹות גַּם בָּאוּרִים גַּם בַּנְּבִיאִם: וַיֹּאמֶר שָׁאוּל 7
לַעֲבָדָיו בַּקְּשׁוּ־לִי אֵשֶׁת בַּעֲלַת־אֹוב וְאֵלְכָה אֵלֶיהָ וְאֶדְרְשָׁה־בָּהּ
וַיֹּאמְרוּ עֲבָדָיו אֵלָיו הִנֵּה אֵשֶׁת בַּעֲלַת־אֹוב בְּעֵין דֹּור: וַיִּתְחַפֵּשׂ 8
שָׁאוּל וַיִּלְבַּשׁ בְּגָדִים אֲחֵרִים וַיֵּלֶךְ הוּא וּשְׁנֵי אֲנָשִׁים עִמֹּו וַיָּבֹאוּ
אֶל־הָאִשָּׁה לָיְלָה וַיֹּאמֶר קָסֳמִי־נָא לִי בָּאֹוב וְהַעֲלִי לִי אֵת אֲשֶׁר־   קָסֳמִי־
אֹמַר אֵלָיִךְ: וַתֹּאמֶר הָאִשָּׁה אֵלָיו הִנֵּה אַתָּה יָדַעְתָּ אֵת אֲשֶׁר־עָשָׂה 9
שָׁאוּל אֲשֶׁר הִכְרִית אֶת־הָאֹבֹות וְאֶת־הַיִּדְּעֹנִי מִן־הָאָרֶץ וְלָמָה אַתָּה
מִתְנַקֵּשׁ בְּנַפְשִׁי לַהֲמִיתֵנִי: וַיִּשָּׁבַע לָהּ שָׁאוּל בַּיהוָה לֵאמֹר חַי־יְהוָה 10

11 Then said the woman, Whom shall I bring up unto thee? And he said, Bring me up Samuel.

12 And when the woman saw Samuel, she cried with a loud voice: and the woman spake to Saul, saying, Why hast thou deceived me? for thou *art* Saul.

13 And the king said unto her, Be not afraid: for what sawest thou? And the woman said unto Saul, I saw gods ascending out of the earth.

14 And he said unto her, What form *is* he of? And she said, An old man cometh up; and he *is* covered with a mantle. And Saul perceived that it *was* Samuel, and he stooped with *his* face to the ground, and bowed himself.

15 ¶ And Samuel said to Saul, Why hast thou disquieted me, to bring me up? And Saul answered, I am sore distressed; for the Philistines make war against me, and God is departed from me, and answereth me no more, neither by prophets, nor by dreams: therefore I have called thee, that thou mayest make known unto me what I shall do.

16 Then said Samuel, Wherefore then dost thou ask of me, seeing the Lord is departed from thee, and is become thine enemy?

17 And the Lord hath done to him, as he spake by me: for the Lord hath rent the kingdom out of thine hand, and given it to thy neighbour, *even* to David:

18 Because thou obeyedst not the voice of the Lord, nor executedst his fierce wrath upon Amalek, therefore hath the Lord done this thing unto thee this day.

19 Moreover the Lord will also deliver Israel with thee into the hand of the Philistines: and to morrow *shalt* thou and thy sons *be* with me: the Lord also shall deliver the host of Israel into the hand of the Philistines.

20 Then Saul fell straightway all along on the earth, and was sore afraid, because of the words of Samuel: and there was no strength in him; for he had eaten no bread all the day, nor all the night.

21 ¶ And the woman came unto Saul, and saw that he was sore troubled, and said unto him, Behold, thine handmaid hath obeyed thy voice, and I have put my life in my hand, and have hearkened unto thy words which thou spakest unto me.

22 Now therefore, I pray thee, hearken thou also unto the voice of thine handmaid, and let me set a morsel of bread before thee; and eat, that thou mayest have strength, when thou goest on thy way.

23 But he refused, and said, I will not eat. But his servants, together with the woman, compelled him; and he hearkened unto their voice. So he arose from the earth, and sat upon the bed.

24 And the woman had a fat calf in the house; and she hasted, and killed it, and took flour, and kneaded *it,* and did bake unleavened bread thereof:

25 And she brought *it* before Saul, and before his servants; and they did eat. Then they rose up, and went away that night.

CHAPTER 29

1 Now the Philistines gathered together all their armies to Aphek: and the Israelites pitched by a fountain which *is* in Jezreel.

2 And the lords of the Philistines passed on by hundreds, and by thousands: but David and his men passed on in the rereward with Achish.

3 Then said the princes of the Philistines, What *do* these Hebrews *here?* And Achish said unto the princes of the Philistines, *Is* not this David, the servant of Saul the king of Israel, which hath been with me these days, or these years, and I have found no fault in him since he fell *unto me* unto this day?

4 And the princes of the Philistines were wroth with him; and the princes of the Philistines said unto him, Make this fellow return, that he may go again to his place which thou hast appointed him, and let him not go down with us to battle, lest in the battle he be an adversary to us: for wherewith should he reconcile himself unto his master? *should it* not *be* with the heads of these men?

5 *Is* not this David, of whom they sang one to another in dances, saying, Saul slew

אִם־יִקְרֶךָ עָוֹן בַּדָּבָר הַזֶּה: וַתֹּאמֶר הָאִשָּׁה אֶת־מִי אַעֲלֶה־לָּךְ וַיֹּאמֶר 11

אֶת־שְׁמוּאֵל הַעֲלִי־לִי: וַתֵּרֶא הָאִשָּׁה אֶת־שְׁמוּאֵל וַתִּזְעַק בְּקוֹל גָּדוֹל 12

וַתֹּאמֶר הָאִשָּׁה אֶל־שָׁאוּל לֵאמֹר לָמָּה רִמִּיתָנִי וְאַתָּה שָׁאוּל: וַיֹּאמֶר 13

לָהּ הַמֶּלֶךְ אַל־תִּירְאִי כִּי מָה רָאִית וַתֹּאמֶר הָאִשָּׁה אֶל־שָׁאוּל

אֱלֹהִים רָאִיתִי עֹלִים מִן־הָאָרֶץ: וַיֹּאמֶר לָהּ מַה־תָּאֳרוֹ וַתֹּאמֶר אִישׁ 14

זָקֵן עֹלֶה וְהוּא עֹטֶה מְעִיל וַיֵּדַע שָׁאוּל כִּי־שְׁמוּאֵל הוּא וַיִּקֹּד אַפַּיִם

אַרְצָה וַיִּשְׁתָּחוּ: וַיֹּאמֶר שְׁמוּאֵל אֶל־שָׁאוּל לָמָּה הִרְגַּזְתַּנִי 15

לְהַעֲלוֹת אֹתִי וַיֹּאמֶר שָׁאוּל צַר־לִי מְאֹד וּפְלִשְׁתִּים נִלְחָמִים בִּי

וֵאלֹהִים סָר מֵעָלַי וְלֹא־עָנָנִי עוֹד גַּם בְּיַד־הַנְּבִיאִם גַּם־בַּחֲלֹמוֹת

וָאֶקְרָאֶה לְךָ לְהוֹדִיעֵנִי מָה אֶעֱשֶׂה: וַיֹּאמֶר שְׁמוּאֵל וְלָמָּה 16

תִּשְׁאָלֵנִי וַיהוָה סָר מֵעָלֶיךָ וַיְהִי עָרֶךָ: וַיַּעַשׂ יְהוָה לוֹ כַּאֲשֶׁר דִּבֶּר 17

בְּיָדִי וַיִּקְרַע יְהוָה אֶת־הַמַּמְלָכָה מִיָּדֶךָ וַיִּתְּנָהּ לְרֵעֲךָ לְדָוִד: כַּאֲשֶׁר 18

לֹא־שָׁמַעְתָּ בְּקוֹל יְהוָה וְלֹא־עָשִׂיתָ חֲרוֹן־אַפּוֹ בַּעֲמָלֵק עַל־כֵּן הַדָּבָר

הַזֶּה עָשָׂה־לְךָ יְהוָה הַיּוֹם הַזֶּה: וְיִתֵּן יְהוָה גַּם אֶת־יִשְׂרָאֵל עִמְּךָ 19

בְּיַד־פְּלִשְׁתִּים וּמָחָר אַתָּה וּבָנֶיךָ עִמִּי גַּם אֶת־מַחֲנֵה יִשְׂרָאֵל יִתֵּן

יְהוָה בְּיַד־פְּלִשְׁתִּים: וַיְמַהֵר שָׁאוּל וַיִּפֹּל מְלֹא־קוֹמָתוֹ אַרְצָה וַיִּרָא 20

מְאֹד מִדִּבְרֵי שְׁמוּאֵל גַּם־כֹּחַ לֹא־הָיָה בוֹ כִּי לֹא אָכַל לֶחֶם כָּל־הַיּוֹם

וְכָל־הַלָּיְלָה: וַתָּבוֹא הָאִשָּׁה אֶל־שָׁאוּל וַתֵּרֶא כִּי־נִבְהַל מְאֹד וַתֹּאמֶר 21

אֵלָיו הִנֵּה שָׁמְעָה שִׁפְחָתְךָ בְּקוֹלֶךָ וָאָשִׂים נַפְשִׁי בְּכַפִּי וָאֶשְׁמַע אֶת־

דְּבָרֶיךָ אֲשֶׁר דִּבַּרְתָּ אֵלָי: וְעַתָּה שְׁמַע־נָא גַם־אַתָּה בְּקוֹל שִׁפְחָתֶךָ 22

וְאָשִׂמָה לְפָנֶיךָ פַּת־לֶחֶם וֶאֱכוֹל וִיהִי בְךָ כֹּחַ כִּי תֵלֵךְ בַּדָּרֶךְ: וַיְמָאֵן 23

וַיֹּאמֶר לֹא אֹכַל וַיִּפְרְצוּ־בוֹ עֲבָדָיו וְגַם־הָאִשָּׁה וַיִּשְׁמַע לְקֹלָם וַיָּקָם

מֵהָאָרֶץ וַיֵּשֶׁב אֶל־הַמִּטָּה: וְלָאִשָּׁה עֵגֶל־מַרְבֵּק בַּבַּיִת וַתְּמַהֵר 24

וַתִּזְבָּחֵהוּ וַתִּקַּח־קֶמַח וַתָּלָשׁ וַתֹּפֵהוּ מַצּוֹת: וַתַּגֵּשׁ לִפְנֵי־שָׁאוּל וְלִפְנֵי 25

עֲבָדָיו וַיֹּאכֵלוּ וַיָּקֻמוּ וַיֵּלְכוּ בַּלַּיְלָה הַהוּא:

וַיִּקְבְּצוּ פְלִשְׁתִּים אֶת־כָּל־מַחֲנֵיהֶם אֲפֵקָה וְיִשְׂרָאֵל חֹנִים בַּעַיִן אֲשֶׁר 29 1

בְּיִזְרְעֶאל: וְסַרְנֵי פְלִשְׁתִּים עֹבְרִים לְמֵאוֹת וְלַאֲלָפִים וְדָוִד וַאֲנָשָׁיו 2

עֹבְרִים בָּאַחֲרֹנָה עִם־אָכִישׁ: וַיֹּאמְרוּ שָׂרֵי פְלִשְׁתִּים מָה הָעִבְרִים 3

הָאֵלֶּה וַיֹּאמֶר אָכִישׁ אֶל־שָׂרֵי פְלִשְׁתִּים הֲלוֹא־זֶה דָוִד עֶבֶד שָׁאוּל

מֶלֶךְ־יִשְׂרָאֵל אֲשֶׁר הָיָה אִתִּי זֶה יָמִים אוֹ־זֶה שָׁנִים וְלֹא־מָצָאתִי

בוֹ מְאוּמָה מִיּוֹם נָפְלוֹ עַד־הַיּוֹם הַזֶּה:

וַיִּקְצְפוּ עָלָיו שָׂרֵי פְלִשְׁתִּים וַיֹּאמְרוּ לוֹ שָׂרֵי פְלִשְׁתִּים הָשֵׁב אֶת־ 4

הָאִישׁ וְיָשֹׁב אֶל־מְקוֹמוֹ אֲשֶׁר הִפְקַדְתּוֹ שָׁם וְלֹא־יֵרֵד עִמָּנוּ בַּמִּלְחָמָה

וְלֹא־יִהְיֶה־לָּנוּ לְשָׂטָן בַּמִּלְחָמָה וּבַמֶּה יִתְרַצֶּה זֶה אֶל־אֲדֹנָיו הֲלוֹא

בְּרָאשֵׁי הָאֲנָשִׁים הָהֵם: הֲלוֹא־זֶה דָוִד אֲשֶׁר יַעֲנוּ־לוֹ בַּמְּחֹלוֹת לֵאמֹר 5

his thousands, and David his ten thousands?

6 ¶ Then Achish called David, and said unto him, Surely, *as* the LORD liveth, thou hast been upright, and thy going out and thy coming in with me in the host *is* good in my sight: for I have not found evil in thee since the day of thy coming unto me unto this day: nevertheless the lords favour thee not.

7 Wherefore now return, and go in peace, that thou displease not the lords of the Philistines.

8 ¶ And David said unto Achish, But what have I done? and what hast thou found in thy servant so long as I have been with thee unto this day, that I may not go fight against the enemies of my lord the king?

9 And Achish answered and said to David, I know that thou *art* good in my sight, as an angel of God: notwithstanding the princes of the Philistines have said, He shall not go up with us to the battle.

10 Wherefore now rise up early in the morning with thy master's servants that are come with thee: and as soon as ye be up early in the morning, and have light, depart.

11 So David and his men rose up early to depart in the morning, to return into the land of the Philistines. And the Philistines went up to Jezreel.

CHAPTER 30

1 And it came to pass, when David and his men were come to Ziklag on the third day, that the Amalekites had invaded the south, and Ziklag, and smitten Ziklag, and burned it with fire;

2 And had taken the women captives, that *were* therein: they slew not any, either great or small, but carried *them* away, and went on their way.

3 ¶ So David and his men came to the city, and, behold, *it was* burned with fire; and their wives, and their sons, and their daughters, were taken captives.

4 Then David and the people that *were* with him lifted up their voice and wept, until they had no more power to weep.

5 And David's two wives were taken captives, Ahinoam the Jezreelitess, and Abigail the wife of Nabal the Carmelite.

6 And David was greatly distressed; for the people spake of stoning him, because the soul of all the people was grieved, every man for his sons and for his daughters: but David encouraged himself in the LORD his God.

7 And David said to Abiathar the priest, Ahimelech's son, I pray thee, bring me hither the ephod. And Abiathar brought thither the ephod to David.

8 And David enquired at the LORD, saying, Shall I pursue after this troop? shall I overtake them? And he answered him, Pursue: for thou shalt surely overtake *them*, and without fail recover *all*.

9 So David went, he and the six hundred men that *were* with him, and came to the brook Besor, where those that were left behind stayed.

10 But David pursued, he and four hundred men: for two hundred abode behind, which were so faint that they could not go over the brook Besor.

11 ¶ And they found an Egyptian in the field, and brought him to David, and gave him bread, and he did eat; and they made him drink water;

12 And they gave him a piece of a cake of figs, and two clusters of raisins: and when he had eaten, his spirit came again to him: for he had eaten no bread, nor drunk *any* water, three days and three nights.

13 And David said unto him, To whom *belongest* thou? and whence *art* thou? And he said, I *am* a young man of Egypt, servant to an Amalekite; and my master left me, because three days agone I fell sick.

14 We made an invasion *upon* the south of the Cherethites, and upon *the coast* which *belongeth* to Judah, and upon the south of Caleb; and we burned Ziklag with fire.

15 And David said to him, Canst thou bring me down to this company? And he said, Swear unto me by God, that thou wilt neither kill me, nor deliver me into the hands of my master, and I will bring thee down to this company.

בִּרְכְבֹתָֽיו 6 הַכֵּ֤ה שָׁאוּל֙ בַּאֲלָפָ֔יו וְדָוִ֖ד בְּרִבְבֹתָֽיו: וַיִּקְרָ֤א אָכִישׁ֙ אֶל־דָּוִ֗ד

וַיֹּ֣אמֶר אֵלָ֡יו חַי־יְהֹוָה֩ כִּֽי־יָשָׁ֨ר אַתָּ֜ה וְט֣וֹב בְּעֵינַ֗י צֵאתְךָ֤ וּבֹאֲךָ֙ אִתִּי֙

בַּֽמַּחֲנֶ֔ה כִּ֠י לֹֽא־מָצָ֤אתִי בְךָ֙ רָעָ֔ה מִיּ֛וֹם בֹּאֲךָ֥ אֵלַ֖י עַד־הַיּ֣וֹם הַזֶּ֑ה

7 וּבְעֵינֵ֥י הַסְּרָנִ֖ים לֹא־ט֥וֹב אָֽתָּה: וְעַתָּ֛ה שׁ֥וּב וְלֵ֖ךְ בְּשָׁל֑וֹם וְלֹֽא־תַעֲשֶׂ֣ה

8 רָ֔ע בְּעֵינֵ֖י סַרְנֵ֥י פְלִשְׁתִּֽים: וַיֹּ֨אמֶר דָּוִ֜ד אֶל־אָכִ֗ישׁ כִּ֣י מֶ֤ה

עָשִׂ֙יתִי֙ וּמַה־מָּצָ֣אתָ בְעַבְדְּךָ֔ מִיּוֹם֙ אֲשֶׁ֣ר הָיִ֣יתִי לְפָנֶ֔יךָ עַ֖ד הַיּ֣וֹם הַזֶּ֑ה

9 כִּ֣י לֹ֤א אָבוֹא֙ וְנִלְחַ֔מְתִּי בְּאֹיְבֵ֖י אֲדֹנִ֥י הַמֶּֽלֶךְ: וַיַּ֣עַן אָכִישׁ֮ וַיֹּ֣אמֶר אֶל־

דָּוִד֒ יָדַ֕עְתִּי כִּ֣י ט֥וֹב אַתָּ֛ה בְּעֵינַ֖י כְּמַלְאַ֣ךְ אֱלֹהִ֑ים אַ֣ךְ שָׂרֵ֣י פְלִשְׁתִּ֗ים

10 אָֽמְרוּ֙ לֹֽא־יַעֲלֶ֣ה עִמָּ֔נוּ בַּמִּלְחָמָֽה: וְעַתָּה֙ הַשְׁכֵּ֣ם בַּבֹּ֔קֶר וְעַבְדֵ֥י אֲדֹנֶ֖יךָ

11 אֲשֶׁר־בָּ֣אוּ אִתָּ֑ךְ וְהִשְׁכַּמְתֶּ֣ם בַּבֹּ֔קֶר וְא֥וֹר לָכֶ֖ם וָלֵֽכוּ: וַיַּשְׁכֵּ֨ם דָּוִ֜ד

ה֤וּא וַאֲנָשָׁיו֙ לָלֶ֣כֶת בַּבֹּ֔קֶר לָשׁ֖וּב אֶל־אֶ֣רֶץ פְּלִשְׁתִּ֑ים וּפְלִשְׁתִּ֖ים עָל֥וּ

יִזְרְעֶֽאל: 30 1 וַיְהִ֞י בְּבֹ֨א דָוִ֧ד וַאֲנָשָׁ֛יו צִֽקְלַ֖ג בַּיּ֣וֹם הַשְּׁלִישִׁ֑י

וַעֲמָלֵקִ֣י פָֽשְׁט֗וּ אֶל־נֶ֙גֶב֙ וְאֶל־צִ֣קְלַ֔ג וַיַּכּוּ֙ אֶת־צִ֣קְלַ֔ג וַיִּשְׂרְפ֥וּ אֹתָ֖הּ

2 בָּאֵֽשׁ: וַיִּשְׁבּ֣וּ אֶת־הַנָּשִׁ֣ים אֲשֶׁר־בָּ֗הּ מִקָּטֹן֙ וְעַד־גָּד֔וֹל לֹ֥א הֵמִ֖יתוּ

3 אִ֑ישׁ וַיִּֽנְהֲג֔וּ וַיֵּלְכ֖וּ לְדַרְכָּֽם: וַיָּבֹ֨א דָוִ֤ד וַאֲנָשָׁיו֙ אֶל־הָעִ֔יר וְהִנֵּ֖ה שְׂרוּפָ֣ה

4 בָאֵ֑שׁ וּנְשֵׁיהֶ֛ם וּבְנֵיהֶ֥ם וּבְנֹתֵיהֶ֖ם נִשְׁבּֽוּ: וַיִּשָּׂ֨א דָוִ֜ד וְהָעָ֧ם אֲשֶׁר־אִתּ֛וֹ

5 אֶת־קוֹלָ֖ם וַיִּבְכּ֑וּ עַ֣ד אֲשֶׁ֧ר אֵין־בָּהֶ֛ם כֹּ֖חַ לִבְכּֽוֹת: וּשְׁתֵּ֥י נְשֵֽׁי־דָוִ֖ד

6 נִשְׁבּ֑וּ אֲחִינֹ֙עַם֙ הַיִּזְרְעֵלִ֔ית וַאֲבִיגַ֕יִל אֵ֖שֶׁת נָבָ֣ל הַכַּֽרְמְלִֽי: וַתֵּ֨צֶר לְדָוִ֜ד

בָּנָֽיו מְאֹ֗ד כִּֽי־אָמְר֤וּ הָעָם֙ לְסָקְל֔וֹ כִּֽי־מָ֙רָה֙ נֶ֣פֶשׁ כָּל־הָעָ֔ם אִ֖ישׁ עַל־בָּנָ֣ו

7 וְעַל־בְּנֹתָ֑יו וַיִּתְחַזֵּ֣ק דָּוִ֔ד בַּיהֹוָ֖ה אֱלֹהָֽיו: וַיֹּ֣אמֶר דָּוִ֗ד אֶל־

אֶבְיָתָ֨ר הַכֹּהֵ֤ן בֶּן־אֲחִימֶ֙לֶךְ֙ הַגִּֽישָׁה־נָּ֥א לִ֖י הָאֵפֹ֑ד וַיַּגֵּ֧שׁ אֶבְיָתָ֛ר אֶת־

8 הָאֵפֹ֖ד אֶל־דָּוִֽד: וַיִּשְׁאַ֨ל דָּוִ֤ד בַּֽיהֹוָה֙ לֵאמֹ֔ר אֶרְדֹּ֛ף אַחֲרֵ֥י הַגְּדוּד־הַזֶּ֖ה

9 הַֽאַשִּׂגֶ֑נּוּ וַיֹּ֤אמֶר לוֹ֙ רְדֹ֔ף כִּֽי־הַשֵּׂ֥ג תַּשִּׂ֖יג וְהַצֵּ֥ל תַּצִּֽיל: וַיֵּ֣לֶךְ דָּוִ֗ד

ה֚וּא וְשֵׁשׁ־מֵא֥וֹת אִישׁ֙ אֲשֶׁ֣ר אִתּ֔וֹ וַיָּבֹ֖אוּ עַד־נַ֣חַל הַבְּשׂ֑וֹר וְהַנּֽוֹתָרִ֖ים

10 עָמָֽדוּ: וַיִּרְדֹּ֣ף דָּוִ֔ד ה֖וּא וְאַרְבַּע־מֵא֣וֹת אִ֑ישׁ וַיַּֽעַמְדוּ֙ מָאתַ֣יִם אִ֔ישׁ

11 אֲשֶׁ֣ר פִּגְּר֔וּ מֵֽעֲבֹ֖ר אֶת־נַ֥חַל הַבְּשֽׂוֹר: וַֽיִּמְצְא֤וּ אִישׁ־מִצְרִי֙ בַּשָּׂדֶ֔ה

12 וַיִּקְח֥וּ אֹת֖וֹ אֶל־דָּוִ֑ד וַיִּתְּנוּ־ל֥וֹ לֶ֙חֶם֙ וַיֹּ֔אכַל וַיַּשְׁקֻ֖הוּ מָֽיִם: וַיִּתְּנוּ־לוֹ֩

פֶ֨לַח דְּבֵלָ֜ה וּשְׁנֵ֣י צִמֻּקִ֗ים וַיֹּ֙אכַל֙ וַתָּ֣שָׁב רוּח֔וֹ אֵלָ֑יו כִּ֣י לֹֽא־אָ֤כַל

13 לֶ֙חֶם֙ וְלֹא־שָׁ֣תָה מַ֔יִם שְׁלֹשָׁ֥ה יָמִ֖ים וּשְׁלֹשָׁ֥ה לֵילֽוֹת: וַיֹּ֩אמֶר֩

ל֨וֹ דָוִ֜ד לְֽמִי־אַ֙תָּה֙ וְאֵ֣י מִזֶּ֣ה אָ֔תָּה וַיֹּ֗אמֶר נַ֤עַר מִצְרִי֙ אָנֹ֔כִי עֶ֖בֶד

14 לְאִ֣ישׁ עֲמָֽלֵקִ֑י וַיַּֽעַזְבֵ֙נִי֙ אֲדֹנִ֔י כִּ֥י חָלִ֖יתִי הַיּ֥וֹם שְׁלֹשָֽׁה: אֲנַ֡חְנוּ פָּשַׁ֡טְנוּ

נֶ֣גֶב הַכְּרֵתִ֞י וְעַל־אֲשֶׁ֤ר לִֽיהוּדָה֙ וְעַל־נֶ֣גֶב כָּלֵ֔ב וְאֶת־צִֽקְלַ֖ג שָׂרַ֥פְנוּ

15 בָאֵֽשׁ: וַיֹּ֤אמֶר אֵלָיו֙ דָּוִ֔ד הֲתֽוֹרִדֵ֖נִי אֶל־הַגְּד֣וּד הַזֶּ֑ה וַיֹּ֗אמֶר הִשָּׁ֤בְעָה

לִּ֤י בֵֽאלֹהִים֙ אִם־תְּמִיתֵ֔נִי וְאִם־תַּסְגִּרֵ֖נִי בְּיַד־אֲדֹנִ֑י וְאוֹרִֽדְךָ֖ אֶל־הַגְּד֥וּד

16 ¶ And when he had brought him down, behold, *they were* spread abroad upon all the earth, eating and drinking, and dancing, because of all the great spoil that they had taken out of the land of the Philistines, and out of the land of Judah.

17 And David smote them from the twilight even unto the evening of the next day: and there escaped not a man of them, save four hundred young men, which rode upon camels, and fled.

18 And David recovered all that the Amalekites had carried away: and David rescued his two wives.

19 And there was nothing lacking to them, neither small nor great, neither sons nor daughters, neither spoil, nor any *thing* that they had taken to them: David recovered all.

20 And David took all the flocks and the herds, *which* they drave before those *other* cattle, and said, This *is* David's spoil.

21 ¶ And David came to the two hundred men, which were so faint that they could not follow David, whom they had made also to abide at the brook Besor: and they went forth to meet David, and to meet the people that *were* with him: and when David came near to the people, he saluted them.

22 Then answered all the wicked men and *men* of Belial, of those that went with David, and said, Because they went not with us, we will not give them *ought* of the spoil that we have recovered, save to every man his wife and his children, that they may lead *them* away, and depart.

23 Then said David, Ye shall not do so, my brethren, with that which the LORD hath given us, who hath preserved us, and delivered the company that came against us into our hand.

24 For who will hearken unto you in this matter? but as his part *is* that goeth down to the battle, so *shall* his part *be* that tarrieth by the stuff: they shall part alike.

25 And it was *so* from that day forward, that he made it a statute and an ordinance for Israel unto this day.

26 ¶ And when David came to Ziklag, he sent of the spoil unto the elders of Judah, *even* to his friends, saying, Behold a present for you of the spoil of the enemies of the LORD;

27 To *them* which *were* in Beth-el, and to *them* which *were* in south Ramoth, and to *them* which *were* in Jattir,

28 And to *them* which *were* in Aroer, and to *them* which *were* in Siphmoth, and to *them* which *were* in Eshtemoa,

29 And to *them* which *were* in Rachal, and to *them* which *were* in the cities of the Jerahmeelites, and to *them* which *were* in the cities of the Kenites,

30 And to *them* which *were* in Hormah, and to *them* which *were* in Chor-ashan, and to *them* which *were* in Athach,

31 And to *them* which *were* in Hebron, and to all the places where David himself and his men were wont to haunt.

הַזֶּה: וַיּוֹרִדֵהוּ וְהִנֵּה נְטֻשִׁים עַל־פְּנֵי כָל־הָאָרֶץ אֹכְלִים וְשֹׁתִים 16
וְחֹגְגִים בְּכֹל הַשָּׁלָל הַגָּדוֹל אֲשֶׁר לָקְחוּ מֵאֶרֶץ פְּלִשְׁתִּים וּמֵאֶרֶץ
יְהוּדָה: וַיַּכֵּם דָּוִד מֵהַנֶּשֶׁף וְעַד־הָעֶרֶב לְמָחֳרָתָם וְלֹא־נִמְלַט מֵהֶם 17
אִישׁ כִּי אִם־אַרְבַּע מֵאוֹת אִישׁ־נַעַר אֲשֶׁר־רָכְבוּ עַל־הַגְּמַלִּים וַיָּנֻסוּ:
וַיַּצֵּל דָּוִד אֵת כָּל־אֲשֶׁר לָקְחוּ עֲמָלֵק וְאֶת־שְׁתֵּי נָשָׁיו הִצִּיל דָּוִד: 18
וְלֹא נֶעְדַּר־לָהֶם מִן־הַקָּטֹן וְעַד־הַגָּדוֹל וְעַד־בָּנִים וּבָנוֹת וּמִשָּׁלָל וְעַד 19
כָּל־אֲשֶׁר לָקְחוּ לָהֶם הַכֹּל הֵשִׁיב דָּוִד: וַיִּקַּח דָּוִד אֶת־כָּל־הַצֹּאן 20
וְהַבָּקָר נָהֲגוּ לִפְנֵי הַמִּקְנֶה הַהוּא וַיֹּאמְרוּ זֶה שְׁלַל דָּוִד: וַיָּבֹא דָוִד 21
אֶל־מָאתַיִם הָאֲנָשִׁים אֲשֶׁר־פִּגְּרוּ מִלֶּכֶת אַחֲרֵי דָוִד וַיֹּשִׁיבֻם בְּנַחַל
הַבְּשׂוֹר וַיֵּצְאוּ לִקְרַאת דָּוִד וְלִקְרַאת הָעָם אֲשֶׁר־אִתּוֹ וַיִּגַּשׁ דָּוִד
אֶת־הָעָם וַיִּשְׁאַל לָהֶם לְשָׁלוֹם: וַיַּעַן כָּל־אִישׁ־רָע וּבְלִיַּעַל 22
מֵהָאֲנָשִׁים אֲשֶׁר הָלְכוּ עִם־דָּוִד וַיֹּאמְרוּ יַעַן אֲשֶׁר לֹא־הָלְכוּ עִמִּי
לֹא־נִתֵּן לָהֶם מֵהַשָּׁלָל אֲשֶׁר הִצַּלְנוּ כִּי־אִם־אִישׁ אֶת־אִשְׁתּוֹ וְאֶת־
בָּנָיו וְיִנְהֲגוּ וְיֵלֵכוּ: וַיֹּאמֶר דָּוִד לֹא־תַעֲשׂוּ כֵן אֶחָי אֵת 23
אֲשֶׁר־נָתַן יְהוָה לָנוּ וַיִּשְׁמֹר אֹתָנוּ וַיִּתֵּן אֶת־הַגְּדוּד הַבָּא עָלֵינוּ
בְּיָדֵנוּ: וּמִי יִשְׁמַע לָכֶם לַדָּבָר הַזֶּה כִּי כְּחֵלֶק הַיֹּרֵד בַּמִּלְחָמָה 24
וּכְחֵלֶק הַיֹּשֵׁב עַל־הַכֵּלִים יַחְדָּו יַחֲלֹקוּ: וַיְהִי מֵהַיּוֹם הַהוּא 25
וָמָעְלָה וַיְשִׂמֶהָ לְחֹק וּלְמִשְׁפָּט לְיִשְׂרָאֵל עַד הַיּוֹם הַזֶּה:
וַיָּבֹא דָוִד אֶל־צִקְלַג וַיְשַׁלַּח מֵהַשָּׁלָל לְזִקְנֵי יְהוּדָה לְרֵעֵהוּ לֵאמֹר 26
הִנֵּה לָכֶם בְּרָכָה מִשְּׁלַל אֹיְבֵי יְהוָה: 27

	לַאֲשֶׁר
בְּבֵית־אֵל	וְלַאֲשֶׁר
בְּרָמוֹת־נֶגֶב	וְלַאֲשֶׁר
בְּיַתִּר: 28	וְלַאֲשֶׁר
בַּעֲרֹעֵר	וְלַאֲשֶׁר
בְּשִׂפְמוֹת	
בְּאֶשְׁתְּמֹעַ:	
	וְלַאֲשֶׁר 29
בְּרָכָל	וְלַאֲשֶׁר
בְּעָרֵי הַיְּרַחְמְאֵלִי	וְלַאֲשֶׁר
בְּעָרֵי הַקֵּינִי: 30	וְלַאֲשֶׁר
בְּחָרְמָה	וְלַאֲשֶׁר
בְּבוֹר־עָשָׁן	וְלַאֲשֶׁר
בַּעֲתָךְ: 31	וְלַאֲשֶׁר
בְּחֶבְרוֹן	וּלְכָל־הַמְּקֹמוֹת

אֲשֶׁר־הִתְהַלֶּךְ־שָׁם דָּוִד הוּא וַאֲנָשָׁיו:

CHAPTER 31

1 Now the Philistines fought against Israel: and the men of Israel fled from before the Philistines, and fell down slain in mount Gilboa.

2 And the Philistines followed hard upon Saul and upon his sons; and the Philistines slew Jonathan, and Abinadab, and Malchi-shua, Saul's sons.

3 And the battle went sore against Saul, and the archers hit him; and he was sore wounded of the archers.

4 Then said Saul unto his armourbearer, Draw thy sword, and thrust me through therewith; lest these uncircumcised come and thrust me through, and abuse me. But his armourbearer would not; for he was sore afraid. Therefore Saul took a sword, and fell upon it.

5 And when his armourbearer saw that Saul was dead, he fell likewise upon his sword, and died with him.

6 So Saul died, and his three sons, and his armourbearer, and all his men, that same day together.

7 ¶ And when the men of Israel that *were* on the other side of the valley, and *they* that *were* on the other side Jordan, saw that the men of Israel fled, and that Saul and his sons were dead, they forsook the cities, and fled; and the Philistines came and dwelt in them.

8 And it came to pass on the morrow, when the Philistines came to strip the slain, that they found Saul and his three sons fallen in mount Gilboa.

9 And they cut off his head, and stripped off his armour, and sent into the land of the Philistines round about, to publish *it in* the house of their idols, and among the people.

10 And they put his armour in the house of Ashtaroth: and they fastened his body to the wall of Beth-shan.

11 ¶ And when the inhabitants of Jabesh-gilead heard of that which the Philistines had done to Saul;

12 All the valiant men arose, and went all night, and took the body of Saul and the bodies of his sons from the wall of Beth-shan, and came to Jabesh, and burnt them there.

13 And they took their bones, and buried *them* under a tree at Jabesh, and fasted seven days.

THE SECOND BOOK OF

SAMUEL,

OTHERWISE CALLED THE SECOND BOOK OF THE KINGS

CHAPTER 1

1 Now it came to pass after the death of Saul, when David was returned from the slaughter of the Amalekites, and David had abode two days in Ziklag;

2 It came even to pass on the third day, that, behold, a man came out of the camp from Saul with his clothes rent, and earth upon his head: and *so* it was, when he came to David, that he fell to the earth, and did obeisance.

3 And David said unto him, From whence comest thou? And he said unto him, Out of the camp of Israel am I escaped.

4 And David said unto him, How went the matter? I pray thee, tell me. And he answered, That the people are fled from the battle, and many of the people also are fallen and dead; and Saul and Jonathan his son are dead also.

5 And David said unto the young man that told him, How knowest thou that Saul and Jonathan his son be dead?

6 And the young man that told him said, As I happened by chance upon mount Gilboa, behold, Saul leaned upon his

31 וּפְלִשְׁתִּ֣ים נִלְחָמִ֖ים בְּיִשְׂרָאֵ֑ל וַיָּנֻ֜סוּ אַנְשֵׁ֤י יִשְׂרָאֵל֙ מִפְּנֵ֣י פְלִשְׁתִּ֔ים

2 וַיִּפְּל֥וּ חֲלָלִ֖ים בְּהַ֣ר הַגִּלְבֹּ֑עַ וַיַּדְבְּק֣וּ פְלִשְׁתִּ֗ים אֶת־שָׁאוּל֙ וְאֶת־בָּנָ֔יו וַיַּכּ֣וּ פְלִשְׁתִּ֗ים אֶת־יְהֽוֹנָתָ֤ן וְאֶת־אֲבִֽינָדָב֙ וְאֶת־מַלְכִּי־שׁ֔וּעַ בְּנֵ֥י שָׁאֽוּל׃

3 וַתִּכְבַּ֤ד הַמִּלְחָמָה֙ אֶל־שָׁא֔וּל וַיִּמְצָאֻ֖הוּ הַמּוֹרִ֣ים אֲנָשִׁ֣ים בַּקָּ֑שֶׁת וַיָּ֣חֶל מְאֹ֖ד מֵהַמּוֹרִֽים׃

4 וַיֹּ֣אמֶר שָׁא֣וּל לְנֹשֵׂ֣א כֵלָ֡יו שְׁלֹ֣ף חַרְבְּךָ֣ ׀ וְדָקְרֵ֣נִי בָ֡הּ פֶּן־יָ֠בוֹאוּ הָעֲרֵלִ֨ים הָאֵ֤לֶּה וּדְקָרֻ֙נִי֙ וְהִתְעַלְּלוּ־בִ֔י וְלֹ֤א אָבָה֙ נֹשֵׂ֣א

5 כֵלָ֔יו כִּ֥י יָרֵ֖א מְאֹ֑ד וַיִּקַּ֤ח שָׁאוּל֙ אֶת־הַחֶ֔רֶב וַיִּפֹּ֖ל עָלֶֽיהָ׃ וַיַּ֨רְא נֹשֵֽׂא־

6 כֵלָ֜יו כִּ֣י מֵ֣ת שָׁא֗וּל וַיִּפֹּ֥ל גַּם־ה֛וּא עַל־חַרְבּ֖וֹ וַיָּ֥מׇת עִמּֽוֹ׃ וַיָּ֣מׇת שָׁא֡וּל

7 וּשְׁלֹ֣שֶׁת בָּנָיו֩ וְנֹשֵׂ֨א כֵלָ֜יו גַּ֣ם כׇּל־אֲנָשָׁ֗יו בַּיּ֥וֹם הַה֖וּא יַחְדָּֽו׃ וַיִּרְא֣וּ אַנְשֵֽׁי־יִשְׂרָאֵ֡ל אֲשֶׁר־בְּעֵ֣בֶר הָעֵ֩מֶק֩ וַאֲשֶׁ֨ר ׀ בְּעֵ֤בֶר הַיַּרְדֵּן֙ כִּי־נָ֙סוּ֙ אַנְשֵׁ֣י יִשְׂרָאֵ֔ל וְכִי־מֵ֖תוּ שָׁא֣וּל וּבָנָ֑יו וַיַּעַזְב֤וּ אֶת־הֶֽעָרִים֙ וַיָּנֻ֔סוּ וַיָּבֹ֣אוּ

8 פְלִשְׁתִּ֔ים וַיֵּשְׁב֖וּ בָּהֶֽן׃ וַֽיְהִי֙ מִֽמׇּחֳרָ֔ת וַיָּבֹ֥אוּ פְלִשְׁתִּ֖ים לְפַשֵּׁ֣ט אֶת־הַחֲלָלִ֑ים וַֽיִּמְצְא֤וּ אֶת־שָׁאוּל֙ וְאֶת־שְׁלֹ֣שֶׁת בָּנָ֔יו נֹפְלִ֖ים

9 בְּהַ֥ר הַגִּלְבֹּֽעַ׃ וַֽיִּכְרְתוּ֙ אֶת־רֹאשׁ֔וֹ וַיַּפְשִׁ֖יטוּ אֶת־כֵּלָ֑יו וַיְשַׁלְּח֨וּ בְאֶֽרֶץ־

10 פְלִשְׁתִּ֜ים סָבִ֗יב לְבַשֵּׂ֛ר בֵּ֥ית עֲצַבֵּיהֶ֖ם וְאֶת־הָעָֽם׃ וַיָּשִׂ֙מוּ֙ אֶת־כֵּלָ֔יו

11 בֵּ֖ית עַשְׁתָּר֑וֹת וְאֶת־גְּוִיָּתוֹ֙ תָּקְע֔וּ בְּחוֹמַ֖ת בֵּ֥ית שָֽׁן׃ וַיִּשְׁמְע֣וּ אֵלָ֔יו

12 יֹשְׁבֵ֖י יָבֵ֣ישׁ גִּלְעָ֑ד אֵ֛ת אֲשֶׁר־עָשׂ֥וּ פְלִשְׁתִּ֖ים לְשָׁאֽוּל׃ וַיָּק֜וּמוּ כׇּל־אִ֣ישׁ חַיִל֮ וַיֵּלְכ֣וּ כׇל־הַלַּ֒יְלָה֒ וַיִּקְח֞וּ אֶת־גְּוִיַּ֣ת שָׁא֗וּל וְאֵת֙ גְּוִיֹּ֣ת בָּנָ֔יו מֵחוֹמַ֖ת

13 בֵּ֣ית שָׁ֑ן וַיָּבֹ֣אוּ יָבֵ֔שָׁה וַיִּשְׂרְפ֥וּ אֹתָ֖ם שָֽׁם׃ וַיִּקְחוּ֙ אֶת־עַצְמֹ֣תֵיהֶ֔ם וַיִּקְבְּר֥וּ תַֽחַת־הָאֶ֖שֶׁל בְּיָבֵ֑שָׁה וַיָּצֻ֖מוּ שִׁבְעַ֥ת יָמִֽים׃

1 וַיְהִ֗י אַֽחֲרֵי֙ מ֣וֹת שָׁא֔וּל וְדָוִ֣ד שָׁ֔ב מֵהַכּ֖וֹת אֶת־הָעֲמָלֵ֑ק וַיֵּ֧שֶׁב דָּוִ֛ד

2 בְּצִֽקְלָ֖ג יָמִ֥ים שְׁנָֽיִם׃ וַיְהִ֣י ׀ בַּיּ֣וֹם הַשְּׁלִישִׁ֗י וְהִנֵּה֩ אִ֨ישׁ בָּ֤א מִן־הַֽמַּחֲנֶה֙ מֵעִ֣ם שָׁא֔וּל וּבְגָדָ֣יו קְרֻעִ֔ים וַאֲדָמָ֖ה עַל־רֹאשׁ֑וֹ וַיְהִי֙ בְּבֹא֣וֹ אֶל־דָּוִ֔ד

3 וַיִּפֹּ֥ל אַ֖רְצָה וַיִּשְׁתָּֽחוּ׃ וַיֹּ֤אמֶר לוֹ֙ דָּוִ֔ד אֵ֥י מִזֶּ֖ה תָּב֑וֹא וַיֹּ֣אמֶר אֵלָ֔יו

4 מִמַּחֲנֵ֥ה יִשְׂרָאֵ֖ל נִמְלָֽטְתִּי׃ וַיֹּ֨אמֶר אֵלָ֤יו דָּוִד֙ מֶה־הָיָ֣ה הַדָּבָ֔ר הַגֶּד־נָ֖א לִ֑י וַ֠יֹּ֠אמֶר אֲשֶׁר־נָ֨ס הָעָ֜ם מִן־הַמִּלְחָמָ֗ה וְגַם־הַרְבֵּ֞ה נָפַ֤ל מִן־הָעָם֙

5 וַיָּמֻ֔תוּ וְגַ֗ם שָׁא֛וּל וִיהוֹנָתָ֥ן בְּנ֖וֹ מֵֽתוּ׃ וַיֹּ֣אמֶר דָּוִ֔ד אֶל־הַנַּ֖עַר הַמַּגִּ֣יד

6 ל֑וֹ אֵ֣יךְ יָדַ֔עְתָּ כִּי־מֵ֥ת שָׁא֖וּל וִיהוֹנָתָ֥ן בְּנֽוֹ׃ וַיֹּ֜אמֶר הַנַּ֣עַר ׀ הַמַּגִּ֣יד ל֗וֹ נִקְרֹ֤א נִקְרֵ֙יתִי֙ בְּהַ֣ר הַגִּלְבֹּ֔עַ וְהִנֵּ֥ה שָׁא֖וּל נִשְׁעָ֣ן עַל־חֲנִית֑וֹ וְהִנֵּ֥ה

spear; and, lo, the chariots and horsemen followed hard after him.

7 And when he looked behind him, he saw me, and called unto me. And I answered, Here *am* I.

8 And he said unto me, Who *art* thou? And I answered him, I *am* an Amalekite.

9 He said unto me again, Stand, I pray thee, upon me, and slay me: for anguish is come upon me, because my life *is* yet whole in me.

10 So I stood upon him, and slew him, because I was sure that he could not live after that he was fallen: and I took the crown that *was* upon his head, and the bracelet that *was* on his arm, and have brought them hither unto my lord.

11 Then David took hold on his clothes, and rent them; and likewise all the men that *were* with him:

12 And they mourned, and wept, and fasted until even, for Saul, and for Jonathan his son, and for the people of the LORD, and for the house of Israel; because they were fallen by the sword.

13 ¶ And David said unto the young man that told him, Whence *art* thou? And he answered, I *am* the son of a stranger, an Amalekite.

14 And David said unto him, How wast thou not afraid to stretch forth thine hand to destroy the LORD's anointed?

15 And David called one of the young men, and said, Go near, *and* fall upon him. And he smote him that he died.

16 And David said unto him, Thy blood *be* upon thy head; for thy mouth hath testified against thee, saying, I have slain the LORD's anointed.

17 ¶ And David lamented with this lamentation over Saul and over Jonathan his son:

18 (Also he bade them teach the children of Judah *the use of* the bow: behold, *it is* written in the book of Jasher.)

19 The beauty of Israel is slain upon thy high places: how are the mighty fallen!

20 Tell *it* not in Gath, publish *it* not in the streets of Askelon; lest the daughters of the Philistines rejoice, lest the daughters of the uncircumcised triumph.

21 Ye mountains of Gilboa, *let there be* no dew, neither *let there be* rain, upon you, nor fields of offerings: for there the shield of the mighty is vilely cast away, the shield of Saul, *as though he had* not *been* anointed with oil.

22 From the blood of the slain, from the fat of the mighty, the bow of Jonathan turned not back, and the sword of Saul returned not empty.

23 Saul and Jonathan *were* lovely and pleasant in their lives, and in their death they were not divided: they were swifter than eagles, they were stronger than lions.

24 Ye daughters of Israel, weep over Saul, who clothed you in scarlet, with *other* delights, who put on ornaments of gold upon your apparel.

25 How are the mighty fallen in the midst of the battle! O Jonathan, *thou wast* slain in thine high places.

26 I am distressed for thee, my brother Jonathan: very pleasant hast thou been unto me: thy love to me was wonderful, passing the love of women.

27 How are the mighty fallen, and the weapons of war perished!

CHAPTER 2

1 And it came to pass after this, that David enquired of the LORD, saying, Shall I go up into any of the cities of Judah? And the LORD said unto him, Go up. And David said, Whither shall I go up? And he said, Unto Hebron.

2 So David went up thither, and his two wives also, Ahinoam the Jezreelitess, and Abigail Nabal's wife the Carmelite.

3 And his men that *were* with him did David bring up, every man with his household: and they dwelt in the cities of Hebron.

4 And the men of Judah came, and there they anointed David king over the house of Judah. And they told David, saying, *That* the men of Jabesh-gilead *were they* that buried Saul.

5 ¶ And David sent messengers unto the men of Jabesh-gilead, and said unto them, Blessed *be* ye of the LORD, that ye have shewed this kindness unto your lord, *even* unto Saul, and have buried him.

הָרֶ֫כֶב וּבַעֲלֵ֥י הַפָּרָשִׁ֖ים הִדְבִּקֻ֑הוּ: וַיִּ֤פֶן אַחֲרָיו֙ וַיִּרְאֵ֔נִי וַיִּקְרָ֖א אֵלָ֑י   7

וָאֹמַ֖ר הִנֵּֽנִי: וַיֹּ֥אמֶר לִ֖י מִי־אָ֑תָּה וַיֹּ֣אמֶר אֵלָ֔יו עֲמָלֵקִ֖י אָנֹֽכִי: וַיֹּ֣אמֶר   8,9   **וַיֹּאמֶר**

אֵלַ֗י עֲמָד־נָ֤א עָלַי֙ וּמֹ֣תְתֵ֔נִי כִּ֥י אֲחָזַ֖נִי הַשָּׁבָ֑ץ כִּֽי־כָל־ע֥וֹד נַפְשִׁ֖י בִּֽי:

וָאֶעֱמֹ֤ד עָלָיו֙ וַאֲמֹ֣תְתֵ֔הוּ כִּ֣י יָדַ֔עְתִּי כִּ֛י לֹ֥א יִֽחְיֶ֖ה אַחֲרֵ֣י נִפְל֑וֹ וָאֶקַּ֞ח   10

הַנֵּ֣זֶר ׀ אֲשֶׁ֣ר עַל־רֹאשׁ֗וֹ וְאֶצְעָדָה֙ אֲשֶׁ֣ר עַל־זְרֹע֔וֹ וָאֲבִיאֵ֖ם אֶל־אֲדֹנִ֥י

הֵֽנָּה: וַיַּחֲזֵ֤ק דָּוִד֙ בִּבְגָדָ֔יו וַיִּקְרָעֵ֑ם וְגַ֖ם כָּל־הָאֲנָשִׁ֥ים אֲשֶׁ֥ר אִתּֽוֹ:   11   **בִּבְגָדָיו**

וַֽיִּסְפְּדוּ֙ וַיִּבְכּ֔וּ וַיָּצֻ֖מוּ עַד־הָעָ֑רֶב כִּ֣י נָ֠פְלוּ נָפְל֤וּ כִ֨י נָפְל֜וּ בֶּחָ֗רֶב   12

יְהֹוָה֙ וְעַל־בֵּ֣ית יִשְׂרָאֵ֔ל כִּ֥י נָפְל֖וּ בֶּחָֽרֶב: וַיֹּ֣אמֶר דָּוִ֗ד אֶל־   13

הַנַּ֙עַר֙ הַמַּגִּ֣יד ל֔וֹ אֵ֥י מִזֶּ֖ה אָ֑תָּה וַיֹּ֕אמֶר בֶּן־אִ֛ישׁ גֵּ֥ר עֲמָלֵקִ֖י אָנֹֽכִי:

וַיֹּ֥אמֶר אֵלָ֖יו דָּוִ֑ד אֵ֚יךְ לֹ֣א יָרֵ֔אתָ לִשְׁלֹ֣חַ יָֽדְךָ֔ לְשַׁחֵ֖ת אֶת־מְשִׁ֥יחַ   14

יְהֹוָֽה: וַיִּקְרָ֣א דָוִ֗ד לְאַחַד֙ מֵֽהַנְּעָרִ֔ים וַיֹּ֖אמֶר גַּ֣שׁ פְּגַע־בּ֑וֹ וַיַּכֵּ֖הוּ וַיָּמֹֽת: 15

וַיֹּ֤אמֶר אֵלָיו֙ דָּוִ֔ד דָּמְךָ֖ עַל־רֹאשֶׁ֑ךָ כִּ֣י פִ֗יךָ עָנָ֤ה בְךָ֙ לֵאמֹ֔ר אָנֹכִ֖י   16   **דָּמְךָ**

מֹתַ֖תִּי אֶת־מְשִׁ֥יחַ יְהֹוָֽה: וַיְקֹנֵ֣ן דָּוִ֔ד אֶת־הַקִּינָ֖ה הַזֹּ֑את   17

עַל־שָׁא֖וּל וְעַל־יְהוֹנָתָ֥ן בְּנֽוֹ: וַיֹּ֕אמֶר לְלַמֵּ֥ד בְּנֵֽי־יְהוּדָ֖ה קָ֑שֶׁת הִנֵּ֥ה   18

כְתוּבָ֖ה עַל־סֵ֣פֶר הַיָּשָֽׁר: הַצְּבִי֙ יִשְׂרָאֵ֔ל עַל־בָּמוֹתֶ֖יךָ חָלָ֑ל אֵ֖יךְ נָפְל֥וּ   19

גִבּוֹרִֽים: אַל־תַּגִּ֣ידוּ בְגַ֔ת אַֽל־תְּבַשְּׂר֖וּ בְּחוּצֹ֣ת אַשְׁקְל֑וֹן פֶּן־תִּשְׂמַ֙חְנָה֙   20

בְּנ֣וֹת פְּלִשְׁתִּ֔ים פֶּֽן־תַּעֲלֹ֖זְנָה בְּנ֥וֹת הָעֲרֵלִֽים: הָרֵ֣י בַגִּלְבֹּ֗עַ אַל־טַ֧ל   21

וְאַל־מָטָ֛ר עֲלֵיכֶ֖ם וּשְׂדֵ֣י תְרוּמֹ֑ת כִּ֣י שָׁ֤ם נִגְעַל֙ מָגֵ֣ן גִּבּוֹרִ֔ים מָגֵ֣ן שָׁא֔וּל

בְּלִ֖י מָשִׁ֥יחַ בַּשָּֽׁמֶן: מִדַּ֣ם חֲלָלִ֗ים מֵחֵ֙לֶב֙ גִּבּוֹרִ֔ים קֶ֚שֶׁת יְה֣וֹנָתָ֔ן לֹ֥א   22

נָשׂ֖וֹג אָח֑וֹר וְחֶ֣רֶב שָׁא֔וּל לֹ֥א תָשׁ֖וּב רֵיקָֽם: שָׁא֣וּל וִיהֽוֹנָתָ֗ן הַנֶּאֱהָבִ֤ים   23

וְהַנְּעִימִם֙ בְּחַיֵּיהֶ֔ם וּבְמוֹתָ֖ם לֹ֣א נִפְרָ֑דוּ מִנְּשָׁרִ֣ים קַ֔לּוּ מֵאֲרָי֖וֹת גָּבֵֽרוּ:

בְּנוֹת֙ יִשְׂרָאֵ֔ל אֶל־שָׁא֖וּל בְּכֶ֑ינָה הַמַּלְבִּֽשְׁכֶ֤ם שָׁנִי֙ עִם־עֲדָנִ֔ים הַֽמַּעֲלֶ֥ה   24

עֲדִ֣י זָהָ֔ב עַ֖ל לְבוּשְׁכֶֽן: אֵ֚יךְ נָפְל֣וּ גִבֹּרִ֔ים בְּת֖וֹךְ הַמִּלְחָמָ֑ה יְה֣וֹנָתָ֔ן   25

עַל־בָּמוֹתֶ֖יךָ חָלָֽל: צַר־לִ֣י עָלֶ֗יךָ אָחִי֙ יְה֣וֹנָתָ֔ן נָעַ֥מְתָּ לִּ֖י מְאֹ֑ד   26

נִפְלְאַ֤תָה אַהֲבָֽתְךָ֙ לִ֔י מֵאַהֲבַ֖ת נָשִֽׁים: אֵ֚יךְ נָפְל֣וּ גִבּוֹרִ֔ים וַיֹּאבְד֖וּ   27

כְּלֵ֥י מִלְחָמָֽה:

וַיְהִ֣י אַחֲרֵי־כֵ֗ן וַיִּשְׁאַל֩ דָּוִ֨ד בַּֽיהֹוָ֜ה לֵאמֹ֗ר הַאֶעֱלֶה֙ בְּאַחַת֙ עָרֵ֣י יְהוּדָ֔ה   1   2

וַיֹּ֧אמֶר יְהֹוָ֛ה אֵלָ֖יו עֲלֵ֑ה וַיֹּ֧אמֶר דָּוִ֛ד אָ֥נָה אֶעֱלֶ֖ה וַיֹּ֥אמֶר חֶבְרֹֽנָה:

וַיַּ֤עַל שָׁם֙ דָּוִ֔ד וְגַ֖ם שְׁתֵּ֣י נָשָׁ֑יו אֲחִינֹ֙עַם֙ הַיִּזְרְעֵלִ֔ית וַאֲבִיגַ֕יִל אֵ֖שֶׁת   2

נָבָ֥ל הַֽכַּרְמְלִֽי: וַאֲנָשָׁ֧יו אֲשֶׁר־עִמּ֛וֹ הֶעֱלָ֥ה דָוִ֖ד אִ֣ישׁ וּבֵית֑וֹ וַיֵּ֖שְׁבוּ   3

בְּעָרֵ֣י חֶבְרֽוֹן: וַיָּבֹ֙אוּ֙ אַנְשֵׁ֣י יְהוּדָ֔ה וַיִּמְשְׁחוּ־שָׁ֧ם אֶת־דָּוִ֛ד לְמֶ֖לֶךְ עַל־   4

בֵּ֣ית יְהוּדָ֑ה וַיַּגִּ֤דוּ לְדָוִד֙ לֵאמֹ֔ר אַנְשֵׁי֙ יָבֵ֣ישׁ גִּלְעָ֔ד אֲשֶׁ֥ר קָבְר֖וּ אֶת־

שָׁאֽוּל: וַיִּשְׁלַ֤ח דָּוִד֙ מַלְאָכִ֔ים אֶל־אַנְשֵׁ֖י יָבֵ֣ישׁ גִּלְעָ֑ד   5   5A

וַיֹּ֣אמֶר אֲלֵיהֶ֗ם בְּרֻכִ֤ים אַתֶּם֙ לַֽיהֹוָ֔ה אֲשֶׁ֨ר עֲשִׂיתֶ֜ם הַחֶ֣סֶד הַזֶּ֗ה עִם־

אֲדֹֽנֵיכֶם֙ עִם־שָׁא֔וּל וַתִּקְבְּר֖וּ אֹת֑וֹ: וְעַתָּ֕ה יַֽעַשׂ־יְהֹוָ֧ה עִמָּכֶ֛ם חֶ֖סֶד   6

6 And now the LORD shew kindness and truth unto you: and I also will requite you this kindness, because ye have done this thing.

7 Therefore now let your hands be strengthened, and be ye valiant: for your master Saul is dead, and also the house of Judah have anointed me king over them.

8 ¶ But Abner the son of Ner, captain of Saul's host, took Ish-bosheth the son of Saul, and brought him over to Mahanaim;

9 And made him king over Gilead, and over the Ashurites, and over Jezreel, and over Ephraim, and over Benjamin, and over all Israel.

10 Ish-bosheth Saul's son *was* forty years old when he began to reign over Israel, and reigned two years. But the house of Judah followed David.

11 And the time that David was king in Hebron over the house of Judah was seven years and six months.

12 ¶ And Abner the son of Ner, and the servants of Ish-bosheth the son of Saul, went out from Mahanaim to Gibeon.

13 And Joab the son of Zeruiah, and the servants of David, went out, and met together by the pool of Gibeon: and they sat down, the one on the one side of the pool, and the other on the other side of the pool.

14 And Abner said to Joab, Let the young men now arise, and play before us. And Joab said, Let them arise.

15 Then there arose and went over by number twelve of Benjamin, which *pertained* to Ish-bosheth the son of Saul, and twelve of the servants of David.

16 And they caught every one his fellow by the head, and *thrust* his sword in his fellow's side; so they fell down together: wherefore that place was called Helkath-hazzurim, which *is* in Gibeon.

17 And there was a very sore battle that day; and Abner was beaten, and the men of Israel, before the servants of David.

18 ¶ And there were three sons of Zeruiah there, Joab, and Abishai, and Asahel: and Asahel *was as* light of foot as a wild roe.

19 And Asahel pursued after Abner; and in going he turned not to the right hand nor to the left from following Abner.

20 Then Abner looked behind him, and said, *Art* thou Asahel? And he answered, I *am*.

21 And Abner said to him, Turn thee aside to thy right hand or to thy left, and lay thee hold on one of the young men, and take thee his armour. But Asahel would not turn aside from following of him.

22 And Abner said again to Asahel, Turn thee aside from following me: wherefore should I smite thee to the ground? how then should I hold up my face to Joab thy brother?

23 Howbeit he refused to turn aside: wherefore Abner with the hinder end of the spear smote him under the fifth *rib*, that the spear came out behind him; and he fell down there, and died in the same place: and it came to pass, *that* as many as came to the place where Asahel fell down and died stood still.

24 Joab also and Abishai pursued after Abner: and the sun went down when they were come to the hill of Ammah, that *lieth* before Giah by the way of the wilderness of Gibeon.

25 ¶ And the children of Benjamin gathered themselves together after Abner, and became one troop, and stood on the top of an hill.

26 Then Abner called to Joab, and said, Shall the sword devour for ever? knowest thou not that it will be bitterness in the latter end? how long shall it be then, ere thou bid the people return from following their brethren?

27 And Joab said, *As* God liveth, unless thou hadst spoken, surely then in the morning the people had gone up every one from following his brother.

28 So Joab blew a trumpet, and all the people stood still, and pursued after Israel no more, neither fought they any more.

וֶאֱמֶת וְגַם אָנֹכִי אֶעֱשֶׂה אִתְּכֶם הַטּוֹבָה הַזֹּאת אֲשֶׁר עֲשִׂיתֶם הַדָּבָר

7 הַזֶּה: וְעַתָּה ׀ תֶּחֱזַקְנָה יְדֵיכֶם וְהְיוּ לִבְנֵי־חַיִל כִּי־מֵת אֲדֹנֵיכֶם שָׁאוּל וְגַם־אֹתִי מָשְׁחוּ בֵית־יְהוּדָה לְמֶלֶךְ עֲלֵיהֶם:

8 וְאַבְנֵר בֶּן־נֵר שַׂר־צָבָא אֲשֶׁר לְשָׁאוּל לָקַח אֶת־אִישׁ בֹּשֶׁת בֶּן־שָׁאוּל

9 וַיַּעֲבִרֵהוּ מַחֲנָיִם: וַיַּמְלִכֵהוּ אֶל־הַגִּלְעָד וְאֶל־הָאֲשׁוּרִי וְאֶל־יִזְרְעֶאל וְעַל־אֶפְרַיִם וְעַל־בִּנְיָמִן וְעַל־יִשְׂרָאֵל כֻּלֹּה:

10 בֶּן־אַרְבָּעִים שָׁנָה אִישׁ־בֹּשֶׁת בֶּן־שָׁאוּל בְּמָלְכוֹ עַל־יִשְׂרָאֵל וּשְׁתַּיִם

11 שָׁנִים מָלָךְ אַךְ בֵּית יְהוּדָה הָיוּ אַחֲרֵי דָוִד: וַיְהִי מִסְפַּר הַיָּמִים אֲשֶׁר הָיָה דָוִד מֶלֶךְ בְּחֶבְרוֹן עַל־בֵּית יְהוּדָה שֶׁבַע שָׁנִים וְשִׁשָּׁה

12 חֳדָשִׁים:　　　　　　　　　וַיֵּצֵא אַבְנֵר בֶּן־נֵר וְעַבְדֵי אִישׁ־בֹּשֶׁת בֶּן־שָׁאוּל

13 מִמַּחֲנַיִם גִּבְעוֹנָה: וְיוֹאָב בֶּן־צְרוּיָה וְעַבְדֵי דָוִד יָצְאוּ וַיִּפְגְּשׁוּם עַל־ בְּרֵכַת גִּבְעוֹן יַחְדָּו וַיֵּשְׁבוּ אֵלֶּה עַל־הַבְּרֵכָה מִזֶּה וְאֵלֶּה עַל־הַבְּרֵכָה

14 מִזֶּה: וַיֹּאמֶר אַבְנֵר אֶל־יוֹאָב יָקוּמוּ נָא הַנְּעָרִים וִישַׂחֲקוּ לְפָנֵינוּ

15 וַיֹּאמֶר יוֹאָב יָקֻמוּ: וַיָּקֻמוּ וַיַּעַבְרוּ בְּמִסְפָּר שְׁנֵים עָשָׂר לְבִנְיָמִן וּלְאִישׁ

16 בֹּשֶׁת בֶּן־שָׁאוּל וּשְׁנֵים עָשָׂר מֵעַבְדֵי דָוִד: וַיַּחֲזִקוּ אִישׁ ׀ בְּרֹאשׁ רֵעֵהוּ וְחַרְבּוֹ בְּצַד רֵעֵהוּ וַיִּפְּלוּ יַחְדָּו וַיִּקְרָא לַמָּקוֹם הַהוּא חֶלְקַת הַצֻּרִים

17 אֲשֶׁר בְּגִבְעוֹן: וַתְּהִי הַמִּלְחָמָה קָשָׁה עַד־מְאֹד בַּיּוֹם הַהוּא וַיִּנָּגֶף

18 אַבְנֵר וְאַנְשֵׁי יִשְׂרָאֵל לִפְנֵי עַבְדֵי דָוִד: וַיִּהְיוּ־שָׁם שְׁלֹשָׁה בְּנֵי צְרוּיָה יוֹאָב וַאֲבִישַׁי וַעֲשָׂהאֵל וַעֲשָׂהאֵל קַל בְּרַגְלָיו כְּאַחַד הַצְּבָיִם אֲשֶׁר

19 בַּשָּׂדֶה: וַיִּרְדֹּף עֲשָׂהאֵל אַחֲרֵי אַבְנֵר וְלֹא־נָטָה לָלֶכֶת עַל־הַיָּמִין

20 וְעַל־הַשְּׂמֹאול מֵאַחֲרֵי אַבְנֵר: וַיִּפֶן אַבְנֵר אַחֲרָיו וַיֹּאמֶר הַאַתָּה זֶה

21 עֲשָׂהאֵל וַיֹּאמֶר אָנֹכִי: וַיֹּאמֶר לוֹ אַבְנֵר נְטֵה לְךָ עַל־יְמִינְךָ אוֹ עַל־ שְׂמֹאלֶךָ וֶאֱחֹז לְךָ אֶחָד מֵהַנְּעָרִים וְקַח־לְךָ אֶת־חֲלָצָתוֹ וְלֹא־אָבָה

22 עֲשָׂהאֵל לָסוּר מֵאַחֲרָיו: וַיֹּסֶף עוֹד אַבְנֵר לֵאמֹר אֶל־עֲשָׂהאֵל סוּר לְךָ מֵאַחֲרָי לָמָּה אַכֶּכָּה אַרְצָה וְאֵיךְ אֶשָּׂא פָנַי אֶל־יוֹאָב אָחִיךָ:

23 וַיְמָאֵן לָסוּר וַיַּכֵּהוּ אַבְנֵר בְּאַחֲרֵי הַחֲנִית אֶל־הַחֹמֶשׁ וַתֵּצֵא הַחֲנִית מֵאַחֲרָיו וַיִּפָּל־שָׁם וַיָּמָת תַּחְתָּו וַיְהִי כָּל־הַבָּא אֶל־הַמָּקוֹם אֲשֶׁר־נָפַל　　　תחתיו

24 שָׁם עֲשָׂהאֵל וַיָּמֹת וַיַּעֲמֹדוּ: וַיִּרְדְּפוּ יוֹאָב וַאֲבִישַׁי אַחֲרֵי אַבְנֵר וְהַשֶּׁמֶשׁ בָּאָה וְהֵמָּה בָּאוּ עַד־גִּבְעַת אַמָּה אֲשֶׁר עַל־פְּנֵי־גִיחַ דֶּרֶךְ

25 מִדְבַּר גִּבְעוֹן: וַיִּתְקַבְּצוּ בְנֵי־בִנְיָמִן אַחֲרֵי אַבְנֵר וַיִּהְיוּ לַאֲגֻדָּה אֶחָת

26 וַיַּעַמְדוּ עַל רֹאשׁ־גִּבְעָה אֶחָת: וַיִּקְרָא אַבְנֵר אֶל־יוֹאָב וַיֹּאמֶר הֲלָנֶצַח תֹּאכַל חֶרֶב הֲלוֹא יָדַעְתָּה כִּי־מָרָה תִהְיֶה בָּאַחֲרוֹנָה וְעַד־מָתַי לֹא־

27 תֹאמַר לָעָם לָשׁוּב מֵאַחֲרֵי אֲחֵיהֶם: וַיֹּאמֶר יוֹאָב חַי הָאֱלֹהִים כִּי

28 לוּלֵא דִּבַּרְתָּ כִּי אָז מֵהַבֹּקֶר נַעֲלָה הָעָם אִישׁ מֵאַחֲרֵי אָחִיו: וַיִּתְקַע יוֹאָב בַּשּׁוֹפָר וַיַּעַמְדוּ כָּל־הָעָם וְלֹא־יִרְדְּפוּ עוֹד אַחֲרֵי יִשְׂרָאֵל וְלֹא־

29 And Abner and his men walked all that night through the plain, and passed over Jordan, and went through all Bithron, and they came to Mahanaim.

30 And Joab returned from following Abner: and when he had gathered all the people together, there lacked of David's servants nineteen men and Asahel.

31 But the servants of David had smitten of Benjamin, and of Abner's men, *so that* three hundred and threescore men died.

32 ¶ And they took up Asahel, and buried him in the sepulchre of his father, which *was in* Beth-lehem. And Joab and his men went all night, and they came to Hebron at break of day.

CHAPTER 3

1 Now there was long war between the house of Saul and the house of David: but David waxed stronger and stronger, and the house of Saul waxed weaker and weaker.

2 ¶ And unto David were sons born in Hebron: and his firstborn was Amnon, of Ahinoam the Jezreelitess;

3 And his second, Chileab, of Abigail the wife of Nabal the Carmelite; and the third, Absalom the son of Maacah the daughter of Talmai king of Geshur;

4 And the fourth, Adonijah the son of Haggith; and the fifth, Shephatiah the son of Abital;

5 And the sixth, Ithream, by Eglah David's wife. These were born to David in Hebron.

6 ¶ And it came to pass, while there was war between the house of Saul and the house of David, that Abner made himself strong for the house of Saul.

7 And Saul had a concubine, whose name *was* Rizpah, the daughter of Aiah: and *Ish-bosheth* said to Abner, Wherefore hast thou gone in unto my father's concubine?

8 Then was Abner very wroth for the words of Ish-bosheth, and said, *Am* I a dog's head, which against Judah do shew kindness this day unto the house of Saul thy father, to his brethren, and to his friends, and have not delivered thee into the hand of David, that thou chargest me to day with a fault concerning this woman?

9 So do God to Abner, and more also, except, as the LORD hath sworn to David, even so I do to him;

10 To translate the kingdom from the house of Saul, and to set up the throne of David over Israel and over Judah, from Dan even to Beer-sheba.

11 And he could not answer Abner a word again, because he feared him.

12 ¶ And Abner sent messengers to David on his behalf, saying, Whose *is* the land? saying *also,* Make thy league with me, and, behold, my hand *shall be* with thee, to bring about all Israel unto thee.

13 ¶ And he said, Well; I will make a league with thee: but one thing I require of thee, that is, Thou shalt not see my face, except thou first bring Michal Saul's daughter, when thou comest to see my face.

14 And David sent messengers to Ish-bosheth Saul's son, saying, Deliver *me* my wife Michal, which I espoused to me for an hundred foreskins of the Philistines.

15 And Ish-bosheth sent, and took her from *her* husband, *even* from Phaltiel the son of Laish.

16 And her husband went with her along weeping behind her to Bahurim. Then said Abner unto him, Go, return. And he returned.

17 ¶ And Abner had communication with the elders of Israel, saying, Ye sought for David in times past *to be* king over you:

18 Now then do *it:* for the LORD hath spoken of David, saying, By the hand of my servant David I will save my people Israel out of the hand of the Philistines, and out of the hand of all their enemies.

19 And Abner also spake in the ears of

29 יָסְפוּ עוֹד לְהִלָּחֶם: וְאַבְנֵר וַאֲנָשָׁיו הָלְכוּ בָּעֲרָבָה כֹּל הַלַּיְלָה הַהוּא

30 וַיַּעַבְרוּ אֶת־הַיַּרְדֵּן וַיֵּלְכוּ כָּל־הַבִּתְרוֹן וַיָּבֹאוּ מַחֲנָיִם: וְיוֹאָב שָׁב
מֵאַחֲרֵי אַבְנֵר וַיִּקְבֹּץ אֶת־כָּל־הָעָם וַיִּפָּקְדוּ מֵעַבְדֵי דָוִד תִּשְׁעָה־עָשָׂר

31 אִישׁ וַעֲשָׂה־אֵל: וְעַבְדֵי דָוִד הִכּוּ מִבִּנְיָמִן וּבְאַנְשֵׁי אַבְנֵר שְׁלֹשׁ־

32 מֵאוֹת וְשִׁשִּׁים אִישׁ מֵתוּ: וַיִּשְׂאוּ אֶת־עֲשָׂהאֵל וַיִּקְבְּרֻהוּ בְּקֶבֶר אָבִיו
אֲשֶׁר בֵּית לָחֶם וַיֵּלְכוּ כָל־הַלַּיְלָה יוֹאָב וַאֲנָשָׁיו וַיֵּאֹר לָהֶם בְּחֶבְרוֹן:

3 וַתְּהִי הַמִּלְחָמָה אֲרֻכָּה בֵּין בֵּית שָׁאוּל וּבֵין בֵּית דָּוִד וְדָוִד הֹלֵךְ

ויולדו 2 וְחָזֵק וּבֵית שָׁאוּל הֹלְכִים וְדַלִּים: וַיִּוָּלְדוּ לְדָוִד

3 בָנִים בְּחֶבְרוֹן וַיְהִי בְכוֹרוֹ אַמְנוֹן לַאֲחִינֹעַם הַיִּזְרְעֵאלִת: וּמִשְׁנֵהוּ

לאבניל כִלְאָב לֶאֲבִיגַל אֵשֶׁת נָבָל הַכַּרְמְלִי וְהַשְּׁלִשִׁי אַבְשָׁלוֹם בֶּן־מַעֲכָה

4 בַּת־תַּלְמַי מֶלֶךְ גְּשׁוּר: וְהָרְבִיעִי אֲדֹנִיָּה בֶן־חַגִּית וְהַחֲמִישִׁי שְׁפַטְיָה

5 בֶן־אֲבִיטָל: וְהַשִּׁשִּׁי יִתְרְעָם לְעֶגְלָה אֵשֶׁת דָּוִד אֵלֶּה יֻלְּדוּ לְדָוִד
בְּחֶבְרוֹן:

6 וַיְהִי בִּהְיוֹת הַמִּלְחָמָה בֵּין בֵּית שָׁאוּל וּבֵין בֵּית דָּוִד וְאַבְנֵר הָיָה

7 מִתְחַזֵּק בְּבֵית שָׁאוּל: וּלְשָׁאוּל פִּלֶגֶשׁ וּשְׁמָהּ רִצְפָּה בַת־אַיָּה וַיֹּאמֶר

8 אֶל־אַבְנֵר מַדּוּעַ בָּאתָה אֶל־פִּילֶגֶשׁ אָבִי: וַיִּחַר לְאַבְנֵר מְאֹד עַל־
דִּבְרֵי אִישׁ־בֹּשֶׁת וַיֹּאמֶר הֲרֹאשׁ כֶּלֶב אָנֹכִי אֲשֶׁר לִיהוּדָה הַיּוֹם
אֶעֱשֶׂה־חֶסֶד עִם־בֵּית ׀ שָׁאוּל אָבִיךָ אֶל־אֶחָיו וְאֶל־מֵרֵעֵהוּ וְלֹא

9 הִמְצִיתִךָ בְּיַד־דָּוִד וַתִּפְקֹד עָלַי עֲוֹן הָאִשָּׁה הַיּוֹם: כֹּה־יַעֲשֶׂה אֱלֹהִים
לְאַבְנֵר וְכֹה יֹסִיף לוֹ כִּי כַּאֲשֶׁר נִשְׁבַּע יְהוָה לְדָוִד כִּי־כֵן אֶעֱשֶׂה־לּוֹ:

10 לְהַעֲבִיר הַמַּמְלָכָה מִבֵּית שָׁאוּל וּלְהָקִים אֶת־כִּסֵּא דָוִד עַל־יִשְׂרָאֵל

11 וְעַל־יְהוּדָה מִדָּן וְעַד־בְּאֵר שָׁבַע: וְלֹא־יָכֹל עוֹד לְהָשִׁיב אֶת־אַבְנֵר

12 דָּבָר מִיִּרְאָתוֹ אֹתוֹ:   וַיִּשְׁלַח אַבְנֵר מַלְאָכִים ׀ אֶל־דָּוִד

תחתיו תַחְתָּו לֵאמֹר לְמִי־אָרֶץ לֵאמֹר כָּרְתָה בְרִיתְךָ אִתִּי וְהִנֵּה יָדִי עִמָּךְ

13 לְהָסֵב אֵלֶיךָ אֶת־כָּל־יִשְׂרָאֵל: וַיֹּאמֶר טוֹב אֲנִי אֶכְרֹת אִתְּךָ בְּרִית
אַךְ דָּבָר אֶחָד אָנֹכִי שֹׁאֵל מֵאִתְּךָ לֵאמֹר לֹא־תִרְאֶה אֶת־פָּנַי כִּי ׀
אִם־לִפְנֵי הֱבִיאֲךָ אֵת מִיכַל בַּת־שָׁאוּל בְּבֹאֲךָ לִרְאוֹת אֶת־

14 פָּנָי: וַיִּשְׁלַח דָּוִד מַלְאָכִים אֶל־אִישׁ־בֹּשֶׁת בֶּן־שָׁאוּל
לֵאמֹר תְּנָה אֶת־אִשְׁתִּי אֶת־מִיכַל אֲשֶׁר אֵרַשְׂתִּי לִי בְּמֵאָה עָרְלוֹת

15 פְּלִשְׁתִּים: וַיִּשְׁלַח אִישׁ־בֹּשֶׁת וַיִּקָּחֶהָ מֵעִם אִישׁ מֵעִם פַּלְטִיאֵל בֶּן־

16 לִישׁ: וַיֵּלֶךְ אִתָּהּ אִישָׁהּ הָלוֹךְ וּבָכֹה אַחֲרֶיהָ עַד־בַּחֻרִים וַיֹּאמֶר אֵלָיו

ליש 17 אַבְנֵר לֵךְ שׁוּב וַיָּשֹׁב: וּדְבַר־אַבְנֵר הָיָה עִם־זִקְנֵי יִשְׂרָאֵל לֵאמֹר גַּם־

18 תְּמוֹל גַּם־שִׁלְשֹׁם הֱיִיתֶם מְבַקְשִׁים אֶת־דָּוִד לְמֶלֶךְ עֲלֵיכֶם: וְעַתָּה
עֲשׂוּ כִּי יְהוָה אָמַר אֶל־דָּוִד לֵאמֹר ׀ בְּיַד ׀ דָּוִד עַבְדִּי הוֹשִׁיעַ אֶת־עַמִּי

19 יִשְׂרָאֵל מִיַּד פְּלִשְׁתִּים וּמִיַּד כָּל־אֹיְבֵיהֶם: וַיְדַבֵּר גַּם־אַבְנֵר בְּאָזְנֵי

Benjamin: and Abner went also to speak in the ears of David in Hebron all that seemed good to Israel, and that seemed good to the whole house of Benjamin.

20 So Abner came to David to Hebron, and twenty men with him. And David made Abner and the men that *were* with him a feast.

21 And Abner said unto David, I will arise and go, and will gather all Israel unto my lord the king, that they may make a league with thee, and that thou mayest reign over all that thine heart desireth. And David sent Abner away; and he went in peace.

22 ¶ And, behold, the servants of David and Joab came from *pursuing* a troop, and brought in a great spoil with them: but Abner *was* not with David in Hebron; for he had sent him away, and he was gone in peace.

23 When Joab and all the host that *was* with him were come, they told Joab, saying, Abner the son of Ner came to the king, and he hath sent him away, and he is gone in peace.

24 Then Joab came to the king, and said, What hast thou done? behold, Abner came unto thee; why *is* it *that* thou hast sent him away, and he is quite gone?

25 Thou knowest Abner the son of Ner, that he came to deceive thee, and to know thy going out and thy coming in, and to know all that thou doest.

26 And when Joab was come out from David, he sent messengers after Abner, which brought him again from the well of Sirah: but David knew *it* not.

27 And when Abner was returned to Hebron, Joab took him aside in the gate to speak with him quietly, and smote him there under the fifth *rib*, that he died, for the blood of Asahel his brother.

28 ¶ And afterward when David heard *it*, he said, I and my kingdom *are* guiltless before the LORD for ever from the blood of Abner the son of Ner:

29 Let it rest on the head of Joab, and on all his father's house; and let there not fail from the house of Joab one that hath an issue, or that is a leper, or that leaneth on a staff, or that falleth on the sword, or that lacketh bread.

30 So Joab and Abishai his brother slew Abner, because he had slain their brother Asahel at Gibeon in the battle.

31 ¶ And David said to Joab, and to all the people that *were* with him, Rend your clothes, and gird you with sackcloth, and mourn before Abner. And king David *himself* followed the bier.

32 And they buried Abner in Hebron: and the king lifted up his voice, and wept at the grave of Abner; and all the people wept.

33 And the king lamented over Abner, and said, Died Abner as a fool dieth?

34 Thy hands *were* not bound, nor thy feet put into fetters: as a man falleth before wicked men, *so* fellest thou. And all the people wept again over him.

35 And when all the people came to cause David to eat meat while it was yet day, David sware, saying, So do God to me, and more also, if I taste bread, or ought else, till the sun be down.

36 And all the people took notice *of it,* and it pleased them: as whatsoever the king did pleased all the people.

37 For all the people and all Israel understood that day that it was not of the king to slay Abner the son of Ner.

38 And the king said unto his servants, Know ye not that there is a prince and a great man fallen this day in Israel?

39 And I *am* this day weak, though anointed king; and these men the sons of Zeruiah *be* too hard for me: the LORD shall reward the doer of evil according to his wickedness.

בִּנְיָמִ֑ן וַיֵּ֣לֶךְ גַּם־אַבְנֵ֗ר לְדַבֵּ֞ר בְּאׇזְנֵ֤י דָוִד֙ בְּחֶבְר֔וֹן אֵ֥ת כׇּל־אֲשֶׁר־טוֹב֙

20 בְּעֵינֵ֣י יִשְׂרָאֵ֔ל וּבְעֵינֵ֖י כׇּל־בֵּ֣ית בִּנְיָמִ֑ן וַיָּבֹ֨א אַבְנֵ֤ר אֶל־דָּוִד֙ חֶבְר֔וֹן וְאִתּ֖וֹ עֶשְׂרִ֣ים אֲנָשִׁ֑ים וַיַּ֨עַשׂ דָּוִ֧ד לְאַבְנֵ֛ר וְלַאֲנָשִׁ֥ים אֲשֶׁר־אִתּ֖וֹ

21A 21 מִשְׁתֶּֽה׃ וַיֹּ֨אמֶר אַבְנֵ֜ר אֶל־דָּוִ֗ד אָק֣וּמָה ׀ וְאֵלֵ֡כָה וְאֶקְבְּצָ֩ה אֶל־אֲדֹנִ֨י הַמֶּ֜לֶךְ אֶת־כׇּל־יִשְׂרָאֵ֗ל וְיִכְרְת֤וּ אִתְּךָ֙ בְּרִ֔ית וּמָ֣לַכְתָּ֔ בְּכֹ֥ל אֲשֶׁר־תְּאַוֶּ֖ה

22 נַפְשֶׁ֑ךָ וַיְשַׁלַּ֥ח דָּוִ֛ד אֶת־אַבְנֵ֖ר וַיֵּ֥לֶךְ בְּשָׁלֽוֹם׃ וְהִנֵּה֩ עַבְדֵ֨י דָוִ֤ד וְיוֹאָב֙ בָּ֣א מֵֽהַגְּד֔וּד וְשָׁלָ֥ל רָ֖ב עִמָּ֣ם הֵבִ֑יאוּ וְאַבְנֵ֗ר אֵינֶ֤נּוּ עִם־דָּוִד֙ בְּחֶבְר֔וֹן

23 כִּ֥י שִׁלְּח֖וֹ וַיֵּ֥לֶךְ בְּשָׁלֽוֹם׃ וְיוֹאָ֛ב וְכׇל־הַצָּבָ֥א אֲשֶׁר־אִתּ֖וֹ בָּ֑אוּ וַיַּגִּ֤דוּ לְיוֹאָב֙ לֵאמֹ֔ר בָּֽא־אַבְנֵ֤ר בֶּן־נֵר֙ אֶל־הַמֶּ֔לֶךְ וַֽיְשַׁלְּחֵ֖הוּ וַיֵּ֥לֶךְ בְּשָׁלֽוֹם׃

24 וַיָּבֹ֤א יוֹאָב֙ אֶל־הַמֶּ֔לֶךְ וַיֹּ֖אמֶר מֶ֣ה עָשִׂ֑יתָה הִנֵּה־בָ֤א אַבְנֵר֙ אֵלֶ֔יךָ

25 לָמָּה־זֶּ֥ה שִׁלַּחְתּ֖וֹ וַיֵּ֥לֶךְ הָלֽוֹךְ׃ יָדַ֙עְתָּ֙ אֶת־אַבְנֵ֣ר בֶּן־נֵ֔ר כִּ֥י לְפַתֹּתְךָ֖ בָּ֑א וְלָדַ֜עַת אֶת־מוֹצָֽאֲךָ֙ וְאֶת־מ֣וֹבָאֶ֔ךָ וְלָדַ֕עַת אֵ֛ת כׇּל־אֲשֶׁ֥ר אַתָּ֖ה

מוֹבָאֶ֑ךָ

26 עֹשֶֽׂה׃ וַיֵּצֵ֤א יוֹאָב֙ מֵעִ֣ם דָּוִ֔ד וַיִּשְׁלַ֤ח מַלְאָכִים֙ אַחֲרֵ֣י אַבְנֵ֔ר וַיָּשִׁ֣בוּ

27 אֹת֗וֹ מִבּ֥וֹר הַסִּרָ֖ה וְדָוִ֥ד לֹ֣א יָדָֽע׃ וַיָּ֣שׇׁב אַבְנֵר֮ חֶבְרוֹן֒ וַיַּטֵּ֤הוּ יוֹאָב֙ אֶל־תּ֣וֹךְ הַשַּׁ֔עַר לְדַבֵּ֥ר אִתּ֖וֹ בַּשֶּׁ֑לִי וַיַּכֵּ֤הוּ שָׁם֙ הַחֹ֔מֶשׁ וַיָּ֕מׇת בְּדַ֖ם

28 עֲשָׂה־אֵ֥ל אָחִֽיו׃ וַיִּשְׁמַ֤ע דָּוִד֙ מֵאַ֣חֲרֵי כֵ֔ן וַיֹּ֕אמֶר נָקִ֨י אָנֹכִ֧י וּמַמְלַכְתִּ֛י

29 מֵעִ֥ם יְהֹוָ֖ה עַד־עוֹלָ֑ם מִדְּמֵ֖י אַבְנֵ֥ר בֶּן־נֵֽר׃ יָחֻ֩לוּ֩ עַל־רֹ֨אשׁ יוֹאָ֜ב וְאֶ֣ל כׇּל־בֵּ֣ית אָבִ֗יו וְֽאַל־יִכָּרֵ֞ת מִבֵּ֣ית יוֹאָ֗ב זָ֣ב וּמְצֹרָ֤ע וּמַחֲזִ֣יק בַּפֶּ֔לֶךְ וְנֹפֵ֥ל

30 בַּחֶ֖רֶב וַחֲסַר־לָֽחֶם׃ וְיוֹאָ֞ב וַאֲבִישַׁ֣י אָחִ֗יו הָרְג֖וּ לְאַבְנֵ֑ר עַ֚ל אֲשֶׁ֣ר הֵמִ֣ית אֶת־עֲשָׂהאֵ֣ל אֲחִיהֶ֔ם בְּגִבְע֖וֹן בַּמִּלְחָמָֽה׃

31 וַיֹּ֩אמֶר֩ דָּוִ֨ד אֶל־יוֹאָ֜ב וְאֶל־כׇּל־הָעָ֣ם אֲשֶׁר־אִתּ֗וֹ קִרְע֤וּ בִגְדֵיכֶם֙ וְחִגְר֣וּ

32A 32 שַׂקִּ֔ים וְסִפְד֖וּ לִפְנֵ֣י אַבְנֵ֑ר וְהַמֶּ֣לֶךְ דָּוִ֔ד הֹלֵ֖ךְ אַחֲרֵ֥י הַמִּטָּֽה׃ וַיִּקְבְּר֥וּ אֶת־אַבְנֵ֖ר בְּחֶבְר֑וֹן וַיִּשָּׂ֧א הַמֶּ֣לֶךְ אֶת־קוֹל֗וֹ וַיֵּבְךְּ֙ אֶל־קֶ֣בֶר אַבְנֵ֔ר וַיִּבְכּ֖וּ כׇּל־הָעָֽם׃

33 34 וַיְקֹנֵ֥ן הַמֶּ֛לֶךְ אֶל־אַבְנֵ֖ר וַיֹּאמַ֑ר הַכְּמ֥וֹת נָבָ֖ל יָמ֥וּת אַבְנֵֽר׃ יָדֶ֣ךָ לֹא־אֲסֻר֗וֹת וְרַגְלֶ֙יךָ֙ לֹא־לִנְחֻשְׁתַּ֣יִם הֻגָּ֔שׁוּ כִּנְפ֛וֹל לִפְנֵ֥י בְנֵֽי־עַוְלָ֖ה נָפָ֑לְתָּ

35 וַיֹּסִ֥פוּ כׇל־הָעָ֖ם לִבְכּ֥וֹת עָלָֽיו׃ וַיָּבֹ֣א כׇל־הָעָ֗ם לְהַבְר֧וֹת אֶת־דָּוִ֛ד לֶ֖חֶם בְּע֣וֹד הַיּ֑וֹם וַיִּשָּׁבַ֨ע דָּוִ֜ד לֵאמֹ֗ר כֹּ֣ה יַעֲשֶׂה־לִּ֤י אֱלֹהִים֙ וְכֹ֣ה יֹסִ֔יף

36 כִּ֣י אִם־לִפְנֵ֧י בֽוֹא־הַשֶּׁ֛מֶשׁ אֶטְעַם־לֶ֖חֶם א֥וֹ כׇל־מְאֽוּמָה׃ וְכׇל־הָעָ֣ם הִכִּ֔ירוּ וַיִּיטַ֖ב בְּעֵֽינֵיהֶ֑ם כְּכֹל֙ אֲשֶׁ֣ר עָשָׂ֣ה הַמֶּ֔לֶךְ בְּעֵינֵ֥י כׇל־הָעָ֖ם טֽוֹב׃

37 וַיֵּדְע֧וּ כׇל־הָעָ֛ם וְכׇל־יִשְׂרָאֵ֖ל בַּיּ֣וֹם הַה֑וּא כִּ֣י לֹ֤א הָֽיְתָה֙ מֵהַמֶּ֔לֶךְ לְהָמִ֖ית אֶת־אַבְנֵ֥ר בֶּן־נֵֽר׃

38 וַיֹּ֥אמֶר הַמֶּ֖לֶךְ אֶל־עֲבָדָ֑יו הֲל֣וֹא תֵֽדְע֔וּ כִּי־שַׂ֣ר וְגָד֗וֹל נָפַ֛ל הַיּ֥וֹם הַזֶּ֖ה

39 בְּיִשְׂרָאֵֽל׃ וְאָנֹכִ֨י הַיּ֤וֹם רַךְ֙ וּמָשׁ֣וּחַ מֶ֔לֶךְ וְהָאֲנָשִׁ֥ים הָאֵ֛לֶּה בְּנֵ֥י צְרוּיָ֖ה קָשִׁ֣ים מִמֶּ֑נִּי יְשַׁלֵּ֧ם יְהֹוָ֛ה לְעֹשֵׂ֥ה הָרָעָ֖ה כְּרָעָתֽוֹ׃

CHAPTER 4

1 And when Saul's son heard that Abner was dead in Hebron, his hands were feeble, and all the Israelites were troubled.

2 And Saul's son had two men *that were* captains of bands: the name of the one *was* Baanah, and the name of the other Rechab, the sons of Rimmon a Beerothite, of the children of Benjamin: (for Beeroth also was reckoned to Benjamin:

3 And the Beerothites fled to Gittaim, and were sojourners there until this day.)

4 And Jonathan, Saul's son, had a son *that was* lame of *his* feet. He was five years old when the tidings came of Saul and Jonathan out of Jezreel, and his nurse took him up, and fled: and it came to pass, as she made haste to flee, that he fell, and became lame. And his name *was* Mephibosheth.

5 And the sons of Rimmon the Beerothite, Rechab and Baanah, went, and came about the heat of the day to the house of Ish-bosheth, who lay on a bed at noon.

6 And they came thither into the midst of the house, *as though* they would have fetched wheat; and they smote him under the fifth *rib:* and Rechab and Baanah his brother escaped.

7 For when they came into the house, he lay on his bed in his bedchamber, and they smote him, and slew him, and beheaded him, and took his head, and gat them away through the plain all night.

8 And they brought the head of Ish-bosheth unto David to Hebron, and said to the king, Behold the head of Ish-bosheth the son of Saul thine enemy, which sought thy life; and the LORD hath avenged my lord the king this day of Saul, and of his seed.

9 ¶ And David answered Rechab and Baanah his brother, the sons of Rimmon the Beerothite, and said unto them, *As* the LORD liveth, who hath redeemed my soul out of all adversity,

10 When one told me, saying, Behold, Saul is dead, thinking to have brought good tidings, I took hold of him, and slew him in Ziklag, who *thought* that I would have given him a reward for his tidings:

11 How much more, when wicked men have slain a righteous person in his own house upon his bed? shall I not therefore now require his blood of your hand, and take you away from the earth?

12 And David commanded his young men, and they slew them, and cut off their hands and their feet, and hanged *them* up over the pool in Hebron. But they took the head of Ish-bosheth, and buried *it* in the sepulchre of Abner in Hebron.

CHAPTER 5

1 Then came all the tribes of Israel to David unto Hebron, and spake, saying, Behold, we *are* thy bone and thy flesh.

2 Also in time past, when Saul was king over us, thou wast he that leddest out and broughtest in Israel: and the LORD said to thee, Thou shalt feed my people Israel, and thou shalt be a captain over Israel.

3 So all the elders of Israel came to the king to Hebron; and king David made a league with them in Hebron before the LORD: and they anointed David king over Israel.

4 ¶ David *was* thirty years old when he began to reign, *and* he reigned forty years.

5 In Hebron he reigned over Judah seven years and six months: and in Jerusalem he reigned thirty and three years over all Israel and Judah.

6 ¶ And the king and his men went to Jerusalem unto the Jebusites, the inhabitants of the land: which spake unto David, saying, Except thou take away the blind and the lame, thou shalt not come in hither: thinking, David cannot come in hither.

7 Nevertheless David took the strong hold of Zion: the same *is* the city of David.

8 And David said on that day, Whosoever getteth up to the gutter, and smiteth

4 וַיִּשְׁמַע בֶּן־שָׁאוּל כִּי מֵת אַבְנֵר בְּחֶבְרוֹן וַיִּרְפּוּ יָדָיו וְכָל־יִשְׂרָאֵל
2 נִבְהָלוּ: וּשְׁנֵי אֲנָשִׁים שָׂרֵי־גְדוּדִים הָיוּ בֶן־שָׁאוּל שֵׁם הָאֶחָד בַּעֲנָה
וְשֵׁם הַשֵּׁנִי רֵכָב בְּנֵי רִמּוֹן הַבְּאֵרֹתִי מִבְּנֵי בִנְיָמִן כִּי גַם־בְּאֵרוֹת
3 תֵּחָשֵׁב עַל־בִּנְיָמִן: וַיִּבְרְחוּ הַבְּאֵרֹתִים גִּתָּיְמָה וַיִּהְיוּ־שָׁם גָּרִים עַד
4 הַיּוֹם הַזֶּה: וְלִיהוֹנָתָן בֶּן־שָׁאוּל בֵּן נְכֵה רַגְלָיִם בֶּן־חָמֵשׁ
שָׁנִים הָיָה בְּבֹא שְׁמֻעַת שָׁאוּל וִיהוֹנָתָן מִיִּזְרְעֶאל וַתִּשָּׂאֵהוּ אֹמַנְתּוֹ
5 וַתָּנֹס וַיְהִי בְּחָפְזָהּ לָנוּס וַיִּפֹּל וַיִּפָּסֵחַ וּשְׁמוֹ מְפִיבֹשֶׁת: וַיֵּלְכוּ בְּנֵי
רִמּוֹן הַבְּאֵרֹתִי רֵכָב וּבַעֲנָה וַיָּבֹאוּ כְּחֹם הַיּוֹם אֶל־בֵּית אִישׁ בֹּשֶׁת
6 וְהוּא שֹׁכֵב אֵת מִשְׁכַּב הַצָּהֳרָיִם: וְהֵנָּה בָּאוּ עַד־תּוֹךְ הַבַּיִת לֹקְחֵי
7 חִטִּים וַיַּכֻּהוּ אֶל־הַחֹמֶשׁ וְרֵכָב וּבַעֲנָה אָחִיו נִמְלָטוּ: וַיָּבֹאוּ הַבַּיִת
וְהוּא־שֹׁכֵב עַל־מִטָּתוֹ בַּחֲדַר מִשְׁכָּבוֹ וַיַּכֻּהוּ וַיְמִתֻהוּ וַיָּסִירוּ אֶת־
8 רֹאשׁוֹ וַיִּקְחוּ אֶת־רֹאשׁוֹ וַיֵּלְכוּ דֶּרֶךְ הָעֲרָבָה כָּל־הַלָּיְלָה: וַיָּבִאוּ אֶת־
רֹאשׁ אִישׁ־בֹּשֶׁת אֶל־דָּוִד חֶבְרוֹן וַיֹּאמְרוּ אֶל־הַמֶּלֶךְ הִנֵּה־רֹאשׁ אִישׁ־
בֹּשֶׁת בֶּן־שָׁאוּל אֹיִבְךָ אֲשֶׁר בִּקֵּשׁ אֶת־נַפְשֶׁךָ וַיִּתֵּן יְהוָה לַאדֹנִי
9 הַמֶּלֶךְ נְקָמוֹת הַיּוֹם הַזֶּה מִשָּׁאוּל וּמִזַּרְעוֹ: וַיַּעַן דָּוִד
אֶת־רֵכָב וְאֶת־בַּעֲנָה אָחִיו בְּנֵי רִמּוֹן הַבְּאֵרֹתִי וַיֹּאמֶר לָהֶם חַי־יְהוָה
10 אֲשֶׁר־פָּדָה אֶת־נַפְשִׁי מִכָּל־צָרָה: כִּי הַמַּגִּיד לִי לֵאמֹר הִנֵּה־מֵת
שָׁאוּל וְהוּא־הָיָה כִמְבַשֵּׂר בְּעֵינָיו וָאֹחֲזָה בוֹ וָאֶהְרְגֵהוּ בְּצִקְלָג אֲשֶׁר
11 לְתִתִּי־לוֹ בְּשֹׂרָה: אַף כִּי־אֲנָשִׁים רְשָׁעִים הָרְגוּ אֶת־אִישׁ־צַדִּיק
בְּבֵיתוֹ עַל־מִשְׁכָּבוֹ וְעַתָּה הֲלוֹא אֲבַקֵּשׁ אֶת־דָּמוֹ מִיֶּדְכֶם וּבִעַרְתִּי
12 אֶתְכֶם מִן־הָאָרֶץ: וַיְצַו דָּוִד אֶת־הַנְּעָרִים וַיַּהַרְגוּם וַיְקַצְּצוּ אֶת־
יְדֵיהֶם וְאֶת־רַגְלֵיהֶם וַיִּתְלוּ עַל־הַבְּרֵכָה בְּחֶבְרוֹן וְאֵת רֹאשׁ אִישׁ־
בֹּשֶׁת לָקָחוּ וַיִּקְבְּרוּ בְקֶבֶר־אַבְנֵר בְּחֶבְרוֹן:

5 וַיָּבֹאוּ כָּל־שִׁבְטֵי יִשְׂרָאֵל אֶל־דָּוִד חֶבְרוֹנָה וַיֹּאמְרוּ לֵאמֹר הִנְנוּ
2 עַצְמְךָ וּבְשָׂרְךָ אֲנָחְנוּ: גַּם־אֶתְמוֹל גַּם־שִׁלְשׁוֹם בִּהְיוֹת שָׁאוּל מֶלֶךְ
עָלֵינוּ אַתָּה הָיִיתָה מוֹצִיא וְהַמֵּבִי אֶת־יִשְׂרָאֵל וַיֹּאמֶר יְהוָה לְךָ אַתָּה
3 תִרְעֶה אֶת־עַמִּי אֶת־יִשְׂרָאֵל וְאַתָּה תִּהְיֶה לְנָגִיד עַל־יִשְׂרָאֵל: וַיָּבֹאוּ
כָּל־זִקְנֵי יִשְׂרָאֵל אֶל־הַמֶּלֶךְ חֶבְרוֹנָה וַיִּכְרֹת לָהֶם הַמֶּלֶךְ דָּוִד בְּרִית
בְּחֶבְרוֹן לִפְנֵי יְהוָה וַיִּמְשְׁחוּ אֶת־דָּוִד לְמֶלֶךְ עַל־יִשְׂרָאֵל:
4 בֶּן־שְׁלֹשִׁים שָׁנָה דָּוִד בְּמָלְכוֹ אַרְבָּעִים שָׁנָה מָלָךְ: בְּחֶבְרוֹן מָלַךְ
5 עַל־יְהוּדָה שֶׁבַע שָׁנִים וְשִׁשָּׁה חֳדָשִׁים וּבִירוּשָׁלַ͏ִם מָלַךְ שְׁלֹשִׁים
6 וְשָׁלֹשׁ שָׁנָה עַל כָּל־יִשְׂרָאֵל וִיהוּדָה: וַיֵּלֶךְ הַמֶּלֶךְ וַאֲנָשָׁיו יְרוּשָׁלַ͏ִם
אֶל־הַיְבֻסִי יוֹשֵׁב הָאָרֶץ וַיֹּאמֶר לְדָוִד לֵאמֹר לֹא־תָבוֹא הֵנָּה כִּי אִם־
7 הֱסִירְךָ הַעִוְרִים וְהַפִּסְחִים לֵאמֹר לֹא־יָבוֹא דָוִד הֵנָּה: וַיִּלְכֹּד דָּוִד
8 אֵת מְצֻדַת צִיּוֹן הִיא עִיר דָּוִד: וַיֹּאמֶר דָּוִד בַּיּוֹם הַהוּא כָּל־מַכֵּה

2A

הַמּוֹצִיא
וְהַמֵּבִיא

683

the Jebusites, and the lame and the blind, *that are* hated of David's soul, *he shall be chief and captain.* Wherefore they said, The blind and the lame shall not come into the house.

9 So David dwelt in the fort, and called it the city of David. And David built round about from Millo and inward.

10 And David went on, and grew great, and the LORD God of hosts *was* with him.

11 ¶ And Hiram king of Tyre sent messengers to David, and cedar trees, and carpenters, and masons: and they built David an house.

12 And David perceived that the LORD had established him king over Israel, and that he had exalted his kingdom for his people Israel's sake.

13 ¶ And David took *him* more concubines and wives out of Jerusalem, after he was come from Hebron: and there were yet sons and daughters born to David.

14 And these *be* the names of those that were born unto him in Jerusalem; Shammua, and Shobab, and Nathan, and Solomon,

15 Ibhar also, and Elishua, and Nepheg, and Japhia,

16 And Elishama, and Eliada, and Eliphalet.

17 ¶ But when the Philistines heard that they had anointed David king over Israel, all the Philistines came up to seek David; and David heard *of it,* and went down to the hold.

18 The Philistines also came and spread themselves in the valley of Rephaim.

19 And David enquired of the LORD, saying, Shall I go up to the Philistines? wilt thou deliver them into mine hand? And the LORD said unto David, Go up: for I will doubtless deliver the Philistines into thine hand.

20 And David came to Baal-perazim, and David smote them there, and said, The LORD hath broken forth upon mine enemies before me, as the breach of waters. Therefore he called the name of that place Baal-perazim.

21 And there they left their images, and David and his men burned them.

22 ¶ And the Philistines came up yet again, and spread themselves in the valley of Rephaim.

23 And when David enquired of the LORD, he said, Thou shalt not go up; *but* fetch a compass behind them, and come upon them over against the mulberry trees.

24 And let it be, when thou hearest the sound of a going in the tops of the mulberry trees, that then thou shalt bestir thyself: for then shall the LORD go out before thee, to smite the host of the Philistines.

25 And David did so, as the LORD had commanded him; and smote the Philistines from Geba until thou come to Gazer.

CHAPTER 6

1 Again, David gathered together all *the* chosen *men* of Israel, thirty thousand.

2 And David arose, and went with all the people that *were* with him from Baale of Judah, to bring up from thence the ark of God, whose name is called by the name of the LORD of hosts that dwelleth *between* the cherubims.

3 And they set the ark of God upon a new cart, and brought it out of the house of Abinadab that *was* in Gibeah: and Uzzah and Ahio, the sons of Abinadab, drave the new cart.

4 And they brought it out of the house of Abinadab which *was* at Gibeah, accompanying the ark of God: and Ahio went before the ark.

5 And David and all the house of Israel played before the LORD on all manner of *instruments made of* fir wood, even on harps, and on psalteries, and on timbrels, and on cornets, and on cymbals.

6 ¶ And when they came to Nachon's threshingfloor, Uzzah put forth *his hand* to the ark of God, and took hold of it; for the oxen shook *it.*

7 And the anger of the LORD was kindled against Uzzah; and God smote him there for *his* error; and there he died by the ark of God.

8 And David was displeased, because the LORD had made a breach upon Uzzah:

שְׁנָאֵי יְבָסִי וְיִגַּע בַּצִּנּוֹר וְאֶת־הַפִּסְחִים וְאֶת־הָעִוְרִים שנאו נֶפֶשׁ דָּוִד עַל־

9 כֵּן יֹאמְרוּ עִוֵּר וּפִסֵּחַ לֹא יָבוֹא אֶל־הַבָּיִת: וַיֵּשֶׁב דָּוִד בַּמְצֻדָה

10 וַיִּקְרָא־לָהּ עִיר דָּוִד וַיִּבֶן דָּוִד סָבִיב מִן־הַמִּלּוֹא וָבָיְתָה: וַיֵּלֶךְ דָּוִד

הָלוֹךְ וְגָדוֹל וַיהוָה אֱלֹהֵי צְבָאוֹת עִמּוֹ:

11 וַיִּשְׁלַח חִירָם מֶלֶךְ־צֹר מַלְאָכִים אֶל־דָּוִד וַעֲצֵי אֲרָזִים וְחָרָשֵׁי עֵץ

12 וְחָרָשֵׁי אֶבֶן קִיר וַיִּבְנוּ־בַיִת לְדָוִד: וַיֵּדַע דָּוִד כִּי־הֱכִינוֹ יְהוָה לְמֶלֶךְ

13 עַל־יִשְׂרָאֵל וְכִי נִשֵּׂא מַמְלַכְתּוֹ בַּעֲבוּר עַמּוֹ יִשְׂרָאֵל: וַיִּקַּח

דָּוִד עוֹד פִּלַגְשִׁים וְנָשִׁים מִירוּשָׁלַםִ אַחֲרֵי בֹּאוֹ מֵחֶבְרוֹן וַיִּוָּלְדוּ עוֹד

14 לְדָוִד בָּנִים וּבָנוֹת: וְאֵלֶּה שְׁמוֹת הַיִּלֹדִים לוֹ בִּירוּשָׁלָםִ שַׁמּוּעַ וְשׁוֹבָב

15 וְנָתָן וּשְׁלֹמֹה: וְיִבְחָר וֶאֱלִישׁוּעַ וְנֶפֶג וְיָפִיעַ: וֶאֱלִישָׁמָע וְאֶלְיָדָע
16 וֶאֱלִיפָלֶט:

17 וַיִּשְׁמְעוּ פְלִשְׁתִּים כִּי־מָשְׁחוּ אֶת־דָּוִד לְמֶלֶךְ עַל־יִשְׂרָאֵל וַיַּעֲלוּ כָל־

18 פְּלִשְׁתִּים לְבַקֵּשׁ אֶת־דָּוִד וַיִּשְׁמַע דָּוִד וַיֵּרֶד אֶל־הַמְּצוּדָה: וּפְלִשְׁתִּים

19 בָּאוּ וַיִּנָּטְשׁוּ בְּעֵמֶק רְפָאִים: וַיִּשְׁאַל דָּוִד בַּיהוָה לֵאמֹר הַאֶעֱלֶה

אֶל־פְּלִשְׁתִּים הֲתִתְּנֵם בְּיָדִי וַיֹּאמֶר יְהוָה אֶל־דָּוִד עֲלֵה כִּי־נָתֹן אֶתֵּן

20 אֶת־הַפְּלִשְׁתִּים בְּיָדֶךָ: וַיָּבֹא דָוִד בְּבַעַל־פְּרָצִים וַיַּכֵּם שָׁם דָּוִד

וַיֹּאמֶר פָּרַץ יְהוָה אֶת־אֹיְבַי לְפָנַי כְּפֶרֶץ מָיִם עַל־כֵּן קָרָא שֵׁם־

21 הַמָּקוֹם הַהוּא בַּעַל פְּרָצִים: וַיַּעַזְבוּ־שָׁם אֶת־עֲצַבֵּיהֶם וַיִּשָּׂאֵם דָּוִד

וַאֲנָשָׁיו:

22 וַיֹּסִפוּ עוֹד פְּלִשְׁתִּים לַעֲלוֹת וַיִּנָּטְשׁוּ בְּעֵמֶק רְפָאִים: וַיִּשְׁאַל דָּוִד
23 בַּיהוָה וַיֹּאמֶר לֹא תַעֲלֶה הָסֵב אֶל־אַחֲרֵיהֶם וּבָאתָ לָהֶם מִמּוּל

24 כְּשָׁמְעֲךָ בְּכָאִים: וִיהִי בשמעך אֶת־קוֹל צְעָדָה בְּרָאשֵׁי הַבְּכָאִים אָז תֶּחֱרָץ

25 כִּי אָז יָצָא יְהוָה לְפָנֶיךָ לְהַכּוֹת בְּמַחֲנֵה פְלִשְׁתִּים: וַיַּעַשׂ דָּוִד כֵּן

כַּאֲשֶׁר צִוָּהוּ יְהוָה וַיַּךְ אֶת־פְּלִשְׁתִּים מִגֶּבַע עַד־בֹּאֲךָ גָזֶר:

6
1 וַיֹּסֶף עוֹד דָּוִד אֶת־כָּל־בָּחוּר בְּיִשְׂרָאֵל שְׁלֹשִׁים אָלֶף: וַיָּקָם וַיֵּלֶךְ
2 דָּוִד וְכָל־הָעָם אֲשֶׁר אִתּוֹ מִבַּעֲלֵי יְהוּדָה לְהַעֲלוֹת מִשָּׁם אֵת אֲרוֹן

הָאֱלֹהִים אֲשֶׁר־נִקְרָא שֵׁם שֵׁם יְהוָה צְבָאוֹת יֹשֵׁב הַכְּרֻבִים עָלָיו:

3 וַיִּרְכִּבוּ אֶת־אֲרוֹן הָאֱלֹהִים אֶל־עֲגָלָה חֲדָשָׁה וַיִּשָּׂאֻהוּ מִבֵּית אֲבִינָדָב

אֲשֶׁר בַּגִּבְעָה וְעֻזָּא וְאַחְיוֹ בְּנֵי אֲבִינָדָב נֹהֲגִים אֶת־הָעֲגָלָה חֲדָשָׁה:

4 וַיִּשָּׂאֻהוּ מִבֵּית אֲבִינָדָב אֲשֶׁר בַּגִּבְעָה עִם אֲרוֹן הָאֱלֹהִים וְאַחְיוֹ הֹלֵךְ

5 לִפְנֵי הָאָרוֹן: וְדָוִד וְכָל־בֵּית יִשְׂרָאֵל מְשַׂחֲקִים לִפְנֵי יְהוָה בְּכֹל עֲצֵי

6 בְרוֹשִׁים וּבְכִנֹּרוֹת וּבִנְבָלִים וּבְתֻפִּים וּבִמְנַעַנְעִים וּבְצֶלְצֶלִים: וַיָּבֹאוּ

עַד־גֹּרֶן נָכוֹן וַיִּשְׁלַח עֻזָּא אֶל־אֲרוֹן הָאֱלֹהִים וַיֹּאחֶז בּוֹ כִּי שָׁמְטוּ

7A הַבָּקָר: וַיִּחַר־אַף יְהוָה בְּעֻזָּה וַיַּכֵּהוּ שָׁם הָאֱלֹהִים עַל־הַשַּׁל וַיָּמָת

8 שָׁם עִם אֲרוֹן הָאֱלֹהִים: וַיִּחַר לְדָוִד עַל אֲשֶׁר פָּרַץ יְהוָה פֶּרֶץ בְּעֻזָּה

and he called the name of the place Perez-uzzah to this day.

9 And David was afraid of the LORD that day, and said, How shall the ark of the LORD come to me?

10 So David would not remove the ark of the LORD unto him into the city of David: but David carried it aside into the house of Obed-edom the Gittite.

11 And the ark of the LORD continued in the house of Obed-edom the Gittite three months: and the LORD blessed Obed-edom, and all his household.

12 ¶ And it was told king David, saying, The LORD hath blessed the house of Obed-edom, and all that *pertaineth* unto him, because of the ark of God. So David went and brought up the ark of God from the house of Obed-edom into the city of David with gladness.

13 And it was *so*, that when they that bare the ark of the LORD had gone six paces, he sacrificed oxen and fatlings.

14 And David danced before the LORD with all *his* might; and David *was* girded with a linen ephod.

15 So David and all the house of Israel brought up the ark of the LORD with shouting, and with the sound of the trumpet.

16 And as the ark of the LORD came into the city of David, Michal Saul's daughter looked through a window, and saw king David leaping and dancing before the LORD; and she despised him in her heart.

17 ¶ And they brought in the ark of the LORD, and set it in his place, in the midst of the tabernacle that David had pitched for it: and David offered burnt offerings and peace offerings before the LORD.

18 And as soon as David had made an end of offering burnt offerings and peace offerings, he blessed the people in the name of the LORD of hosts.

19 And he dealt among all the people, *even* among the whole multitude of Israel, as well to the women as men, to every one a cake of bread, and a good piece *of flesh,* and a flagon *of wine.* So all the people departed every one to his house.

20 ¶ Then David returned to bless his household. And Michal the daughter of Saul came out to meet David, and said, How glorious was the king of Israel to day, who uncovered himself to day in the eyes of the handmaids of his servants, as one of the vain fellows shamelessly uncovereth himself!

21 And David said unto Michal, *It was* before the LORD, which chose me before thy father, and before all his house, to appoint me ruler over the people of the LORD, over Israel: therefore will I play before the LORD.

22 And I will yet be more vile than thus, and will be base in mine own sight: and of the maidservants which thou hast spoken of, of them shall I be had in honour.

23 Therefore Michal the daughter of Saul had no child unto the day of her death.

CHAPTER 7

1 And it came to pass, when the king sat in his house, and the LORD had given him rest round about from all his enemies;

2 That the king said unto Nathan the prophet, See now, I dwell in an house of cedar, but the ark of God dwelleth within curtains.

3 And Nathan said to the king, Go, do all that *is* in thine heart; for the LORD *is* with thee.

4 ¶ And it came to pass that night, that the word of the LORD came unto Nathan, saying,

5 Go and tell my servant David, Thus saith the LORD, Shalt thou build me an house for me to dwell in?

6 Whereas I have not dwelt in *any* house since the time that I brought up the children of Israel out of Egypt, even to this day, but have walked in a tent and in a tabernacle.

7 In all *the places* wherein I have walked with all the children of Israel spake I a word with any of the tribes of Israel, whom I commanded to feed my people Israel, saying, Why build ye not me an house of cedar?

8 Now therefore so shalt thou say unto my servant David, Thus saith the LORD of hosts, I took thee from the sheepcote,

9 וַיִּקְרָא לַמָּקוֹם הַהוּא פֶּרֶץ עֻזָּה עַד הַיּוֹם הַזֶּה: וַיִּרָא דָוִד אֶת־יְהוָה

10 בַּיּוֹם הַהוּא וַיֹּאמֶר אֵיךְ יָבוֹא אֵלַי אֲרוֹן יְהוָה: וְלֹא־אָבָה דָוִד לְהָסִיר אֵלָיו אֶת־אֲרוֹן יְהוָה עַל־עִיר דָּוִד וַיַּטֵּהוּ דָוִד בֵּית עֹבֵד־

11 אֱדֹם הַגִּתִּי: וַיֵּשֶׁב אֲרוֹן יְהוָה בֵּית עֹבֵד אֱדֹם הַגִּתִּי שְׁלֹשָׁה חֳדָשִׁים

12 וַיְבָרֶךְ יְהוָה אֶת־עֹבֵד אֱדֹם וְאֶת־כָּל־בֵּיתוֹ: וַיֻּגַּד לַמֶּלֶךְ דָּוִד לֵאמֹר בֵּרַךְ יְהוָה אֶת־בֵּית עֹבֵד אֱדֹם וְאֶת־כָּל־אֲשֶׁר־לוֹ בַּעֲבוּר אֲרוֹן הָאֱלֹהִים וַיֵּלֶךְ דָּוִד וַיַּעַל אֶת־אֲרוֹן הָאֱלֹהִים מִבֵּית עֹבֵד אֱדֹם עִיר

13 דָּוִד בְּשִׂמְחָה: וַיְהִי כִּי צָעֲדוּ נֹשְׂאֵי אֲרוֹן־יְהוָה שִׁשָּׁה צְעָדִים וַיִּזְבַּח

14 שׁוֹר וּמְרִיא: וְדָוִד מְכַרְכֵּר בְּכָל־עֹז לִפְנֵי יְהוָה וְדָוִד חָגוּר אֵפוֹד

15 בָּד: וְדָוִד וְכָל־בֵּית יִשְׂרָאֵל מַעֲלִים אֶת־אֲרוֹן יְהוָה בִּתְרוּעָה וּבְקוֹל

16 שׁוֹפָר: וְהָיָה אֲרוֹן יְהוָה בָּא עִיר דָּוִד וּמִיכַל בַּת־שָׁאוּל נִשְׁקְפָה ׀ בְּעַד הַחַלּוֹן וַתֵּרֶא אֶת־הַמֶּלֶךְ דָּוִד מְפַזֵּז וּמְכַרְכֵּר לִפְנֵי יְהוָה וַתִּבֶז

17 לוֹ בְּלִבָּהּ: וַיָּבִאוּ אֶת־אֲרוֹן יְהוָה וַיַּצִּגוּ אֹתוֹ בִּמְקוֹמוֹ בְּתוֹךְ הָאֹהֶל אֲשֶׁר נָטָה־לוֹ דָוִד וַיַּעַל דָּוִד עֹלוֹת לִפְנֵי יְהוָה וּשְׁלָמִים: וַיְכַל דָּוִד

18 מֵהַעֲלוֹת הָעוֹלָה וְהַשְּׁלָמִים וַיְבָרֶךְ אֶת־הָעָם בְּשֵׁם יְהוָה צְבָאוֹת:

19 וַיְחַלֵּק לְכָל־הָעָם לְכָל־הֲמוֹן יִשְׂרָאֵל לְמֵאִישׁ וְעַד־אִשָּׁה לְאִישׁ חַלַּת לֶחֶם אַחַת וְאֶשְׁפָּר אֶחָד וַאֲשִׁישָׁה אֶחָת וַיֵּלֶךְ כָּל־הָעָם אִישׁ לְבֵיתוֹ:

20 וַיָּשָׁב דָּוִד לְבָרֵךְ אֶת־בֵּיתוֹ וַתֵּצֵא מִיכַל בַּת־שָׁאוּל לִקְרַאת דָּוִד וַתֹּאמֶר מַה־נִּכְבַּד הַיּוֹם מֶלֶךְ יִשְׂרָאֵל אֲשֶׁר נִגְלָה הַיּוֹם לְעֵינֵי

21 אַמְהוֹת עֲבָדָיו כְּהִגָּלוֹת נִגְלוֹת אַחַד הָרֵקִים: וַיֹּאמֶר דָּוִד אֶל־מִיכַל לִפְנֵי יְהוָה אֲשֶׁר בָּחַר־בִּי מֵאָבִיךְ וּמִכָּל־בֵּיתוֹ לְצַוֺּת אֹתִי נָגִיד עַל־

22 עַם יְהוָה עַל־יִשְׂרָאֵל וְשִׂחַקְתִּי לִפְנֵי יְהוָה: וּנְקַלֹּתִי עוֹד מִזֹּאת וְהָיִיתִי שָׁפָל בְּעֵינָי וְעִם־הָאֲמָהוֹת אֲשֶׁר אָמַרְתְּ עִמָּם אִכָּבֵדָה:

23 וּלְמִיכַל בַּת־שָׁאוּל לֹא־הָיָה לָהּ יָלֶד עַד יוֹם מוֹתָהּ:

1 וַיְהִי כִּי־יָשַׁב הַמֶּלֶךְ בְּבֵיתוֹ וַיהוָה הֵנִיחַ־לוֹ מִסָּבִיב מִכָּל־אֹיְבָיו: 7

2 וַיֹּאמֶר הַמֶּלֶךְ אֶל־נָתָן הַנָּבִיא רְאֵה נָא אָנֹכִי יוֹשֵׁב בְּבֵית אֲרָזִים

3 וַאֲרוֹן הָאֱלֹהִים יֹשֵׁב בְּתוֹךְ הַיְרִיעָה: וַיֹּאמֶר נָתָן אֶל־הַמֶּלֶךְ כֹּל אֲשֶׁר

4 בִּלְבָבְךָ לֵךְ עֲשֵׂה כִּי יְהוָה עִמָּךְ: וַיְהִי בַּלַּיְלָה הַהוּא וַיְהִי

5 דְבַר־יְהוָה אֶל־נָתָן לֵאמֹר: לֵךְ וְאָמַרְתָּ אֶל־עַבְדִּי אֶל־דָּוִד כֹּה אָמַר

6 יְהוָה הַאַתָּה תִּבְנֶה־לִּי בַיִת לְשִׁבְתִּי: כִּי לֹא יָשַׁבְתִּי בְּבַיִת לְמִיּוֹם הַעֲלֹתִי אֶת־בְּנֵי יִשְׂרָאֵל מִמִּצְרַיִם וְעַד הַיּוֹם הַזֶּה וָאֶהְיֶה מִתְהַלֵּךְ

7 בְּאֹהֶל וּבְמִשְׁכָּן: בְּכֹל אֲשֶׁר־הִתְהַלַּכְתִּי בְּכָל־בְּנֵי יִשְׂרָאֵל הֲדָבָר דִּבַּרְתִּי אֶת־אַחַד שִׁבְטֵי יִשְׂרָאֵל אֲשֶׁר צִוִּיתִי לִרְעוֹת אֶת־עַמִּי אֶת־

8 יִשְׂרָאֵל לֵאמֹר לָמָּה לֹא־בְנִיתֶם לִי בֵּית אֲרָזִים: וְעַתָּה כֹּה־תֹאמַר לְעַבְדִּי לְדָוִד כֹּה אָמַר יְהוָה צְבָאוֹת אֲנִי לְקַחְתִּיךָ מִן־הַנָּוֶה מֵאַחַר

from following the sheep, to be ruler over my people, over Israel:

9 And I was with thee whithersoever thou wentest, and have cut off all thine enemies out of thy sight, and have made thee a great name, like unto the name of the great *men* that *are* in the earth.

10 Moreover I will appoint a place for my people Israel, and will plant them, that they may dwell in a place of their own, and move no more; neither shall the children of wickedness afflict them any more, as beforetime,

11 And as since the time that I commanded judges *to be* over my people Israel, and have caused thee to rest from all thine enemies. Also the LORD telleth thee that he will make thee an house.

12 ¶ And when thy days be fulfilled, and thou shalt sleep with thy fathers, I will set up thy seed after thee, which shall proceed out of thy bowels, and I will establish his kingdom.

13 He shall build an house for my name, and I will stablish the throne of his kingdom for ever.

14 I will be his father, and he shall be my son. If he commit iniquity, I will chasten him with the rod of men, and with the stripes of the children of men:

15 But my mercy shall not depart away from him, as I took *it* from Saul, whom I put away before thee.

16 And thine house and thy kingdom shall be established for ever before thee: thy throne shall be established for ever.

17 According to all these words, and according to all this vision, so did Nathan speak unto David.

18 ¶ Then went king David in, and sat before the LORD, and he said, Who *am* I, O Lord GOD? and what *is* my house, that thou hast brought me hitherto?

19 And this was yet a small thing in thy sight, O Lord GOD; but thou hast spoken also of thy servant's house for a great while to come. And *is* this the manner of man, O Lord GOD?

20 And what can David say more unto thee? for thou, Lord GOD, knowest thy servant.

21 For thy word's sake, and according to thine own heart, hast thou done all these great things, to make thy servant know *them.*

22 Wherefore thou art great, O LORD God: for *there is* none like thee, neither *is there any* God beside thee, according to all that we have heard with our ears.

23 And what one nation in the earth *is* like thy people, *even* like Israel, whom God went to redeem for a people to himself, and to make him a name, and to do for you great things and terrible, for thy land, before thy people, which thou redeemedst to thee from Egypt, *from* the nations and their gods?

24 For thou hast confirmed to thyself thy people Israel *to be* a people unto thee for ever: and thou, LORD, art become their God.

25 And now, O LORD God, the word that thou hast spoken concerning thy servant, and concerning his house, establish *it* for ever, and do as thou hast said.

26 And let thy name be magnified for ever, saying, The LORD of hosts *is* the God over Israel: and let the house of thy servant David be established before thee.

27 For thou, O LORD of hosts, God of Israel, hast revealed to thy servant, saying, I will build thee an house: therefore hath thy servant found in his heart to pray this prayer unto thee.

28 And now, O Lord GOD, thou *art* that God, and thy words be true, and thou hast promised this goodness unto thy servant:

29 Therefore now let it please thee to bless the house of thy servant, that it may continue for ever before thee: for thou, O Lord GOD, hast spoken *it:* and with thy blessing let the house of thy servant be blessed for ever.

CHAPTER 8

1 And after this it came to pass, that David smote the Philistines, and subdued them: and David took Metheg-ammah out of the hand of the Philistines.

2 And he smote Moab, and measured them with a line, casting them down to

9 הַצֹּאן לִהְיֹות נָגִיד עַל־עַמִּי עַל־יִשְׂרָאֵל: וָאֶהְיֶה עִמְּךָ בְּכֹל אֲשֶׁר הָלַכְתָּ וָאַכְרִתָה אֶת־כָּל־אֹיְבֶיךָ מִפָּנֶיךָ וְעָשִׂתִי לְךָ שֵׁם גָּדֹול כְּשֵׁם

10 הַגְּדֹלִים אֲשֶׁר בָּאָרֶץ: וְשַׂמְתִּי מָקֹום לְעַמִּי לְיִשְׂרָאֵל וּנְטַעְתִּיו וְשָׁכַן תַּחְתָּיו וְלֹא יִרְגַּז עֹוד וְלֹא־יֹסִיפוּ בְנֵי־עַוְלָה לְעַנֹּותֹו כַּאֲשֶׁר

11 בָּרִאשֹׁונָה: וּלְמִן־הַיֹּום אֲשֶׁר צִוִּיתִי שֹׁפְטִים עַל־עַמִּי יִשְׂרָאֵל וַהֲנִיחֹתִי לְךָ מִכָּל־אֹיְבֶיךָ וְהִגִּיד לְךָ יְהוָה כִּי־בַיִת יַעֲשֶׂה־לְּךָ יְהוָה:

12 כִּי ׀ יִמְלְאוּ יָמֶיךָ וְשָׁכַבְתָּ אֶת־אֲבֹתֶיךָ וַהֲקִימֹתִי אֶת־זַרְעֲךָ אַחֲרֶיךָ

13 אֲשֶׁר יֵצֵא מִמֵּעֶיךָ וַהֲכִינֹתִי אֶת־מַמְלַכְתֹּו: הוּא יִבְנֶה־בַּיִת לִשְׁמִי

14 וְכֹנַנְתִּי אֶת־כִּסֵּא מַמְלַכְתֹּו עַד־עֹולָם: אֲנִי אֶהְיֶה־לֹּו לְאָב וְהוּא יִהְיֶה־לִּי לְבֵן אֲשֶׁר בְּהַעֲוֹתֹו וְהֹכַחְתִּיו בְּשֵׁבֶט אֲנָשִׁים וּבְנִגְעֵי בְּנֵי

15 אָדָם: וְחַסְדִּי לֹא־יָסוּר מִמֶּנּוּ כַּאֲשֶׁר הֲסִרֹתִי מֵעִם שָׁאוּל אֲשֶׁר

16 הֲסִרֹתִי מִלְּפָנֶיךָ: וְנֶאְמַן בֵּיתְךָ וּמַמְלַכְתְּךָ עַד־עֹולָם לְפָנֶיךָ כִּסְאֲךָ

17 יִהְיֶה נָכֹון עַד־עֹולָם: כְּכֹל הַדְּבָרִים הָאֵלֶּה וּכְכֹל הַחִזָּיֹון הַזֶּה כֵּן

18 דִּבֶּר נָתָן אֶל־דָּוִד: ‏ וַיָּבֹא הַמֶּלֶךְ דָּוִד וַיֵּשֶׁב לִפְנֵי יְהוָה

19 וַיֹּאמֶר מִי אָנֹכִי אֲדֹנָי יְהוִה וּמִי בֵיתִי כִּי הֲבִיאֹתַנִי עַד־הֲלֹם: וַתִּקְטַן עֹוד זֹאת בְּעֵינֶיךָ אֲדֹנָי יְהוִה וַתְּדַבֵּר גַּם אֶל־בֵּית־עַבְדְּךָ לְמֵרָחֹוק

20 וְזֹאת תֹּורַת הָאָדָם אֲדֹנָי יְהוִה: וּמַה־יֹּוסִיף דָּוִד עֹוד לְדַבֵּר אֵלֶיךָ

21 וְאַתָּה יָדַעְתָּ אֶת־עַבְדְּךָ אֲדֹנָי יְהוִה: בַּעֲבוּר דְּבָרְךָ וּכְלִבְּךָ עָשִׂיתָ

22 אֵת כָּל־הַגְּדוּלָּה הַזֹּאת לְהֹודִיעַ אֶת־עַבְדֶּךָ: עַל־כֵּן גָּדַלְתָּ אֲדֹנָי יְהוִה כִּי־אֵין כָּמֹוךָ וְאֵין אֱלֹהִים זוּלָתֶךָ בְּכֹל אֲשֶׁר־שָׁמַעְנוּ בְּאָזְנֵינוּ:

23 וּמִי כְעַמְּךָ כְּיִשְׂרָאֵל גֹּוי אֶחָד בָּאָרֶץ אֲשֶׁר הָלְכוּ־אֱלֹהִים לִפְדֹּות־לֹו לְעָם וְלָשׂוּם לֹו שֵׁם וְלַעֲשֹׂות לָכֶם הַגְּדוּלָּה וְנֹרָאֹות לְאַרְצֶךָ מִפְּנֵי

24 עַמְּךָ אֲשֶׁר פָּדִיתָ לְּךָ מִמִּצְרַיִם גֹּויִם וֵאלֹהָיו: וַתְּכֹונֵן לְךָ אֶת־ עַמְּךָ יִשְׂרָאֵל ׀ לְךָ לְעָם עַד־עֹולָם וְאַתָּה יְהוָה הָיִיתָ לָהֶם

25 לֵאלֹהִים: ‏ וְעַתָּה יְהוָה אֱלֹהִים הַדָּבָר אֲשֶׁר דִּבַּרְתָּ עַל־ עַבְדְּךָ וְעַל־בֵּיתֹו הָקֵם עַד־עֹולָם וַעֲשֵׂה כַּאֲשֶׁר דִּבַּרְתָּ: וְיִגְדַּל שִׁמְךָ

26 עַד־עֹולָם לֵאמֹר יְהוָה צְבָאֹות אֱלֹהִים עַל־יִשְׂרָאֵל וּבֵית עַבְדְּךָ דָוִד

27 יִהְיֶה נָכֹון לְפָנֶיךָ: כִּי־אַתָּה יְהוָה צְבָאֹות אֱלֹהֵי יִשְׂרָאֵל גָּלִיתָה אֶת־ אֹזֶן עַבְדְּךָ לֵאמֹר בַּיִת אֶבְנֶה־לָּךְ עַל־כֵּן מָצָא עַבְדְּךָ אֶת־לִבֹּו

28 לְהִתְפַּלֵּל אֵלֶיךָ אֶת־הַתְּפִלָּה הַזֹּאת: וְעַתָּה ׀ אֲדֹנָי יְהוִה אַתָּה־הוּא הָאֱלֹהִים וּדְבָרֶיךָ יִהְיוּ אֱמֶת וַתְּדַבֵּר אֶל־עַבְדְּךָ אֶת־הַטֹּובָה הַזֹּאת:

29 וְעַתָּה הֹואֵל וּבָרֵךְ אֶת־בֵּית עַבְדְּךָ לִהְיֹות לְעֹולָם לְפָנֶיךָ כִּי־אַתָּה אֲדֹנָי יְהוִה דִּבַּרְתָּ וּמִבִּרְכָתְךָ יְבֹרַךְ בֵּית־עַבְדְּךָ לְעֹולָם:

1 וַיְהִי אַחֲרֵי־כֵן וַיַּךְ דָּוִד אֶת־פְּלִשְׁתִּים וַיַּכְנִיעֵם וַיִּקַּח דָּוִד אֶת־מֶתֶג 8 1A

2 הָאַמָּה מִיַּד פְּלִשְׁתִּים: וַיַּךְ אֶת־מֹואָב וַיְמַדְּדֵם בַּחֶבֶל הַשְׁכֵּב אֹותָם

689

the ground; even with two lines measured he to put to death, and with one full line to keep alive. And *so* the Moabites became David's servants, *and* brought gifts.

3 ¶ David smote also Hadadezer, the son of Rehob, king of Zobah, as he went to recover his border at the river Euphrates.

4 And David took from him a thousand *chariots,* and seven hundred horsemen, and twenty thousand footmen: and David houghed all the chariot *horses,* but reserved of them *for* an hundred chariots.

5 And when the Syrians of Damascus came to succour Hadadezer king of Zobah, David slew of the Syrians two and twenty thousand men.

6 Then David put garrisons in Syria of Damascus: and the Syrians became servants to David, *and* brought gifts. And the LORD preserved David whithersoever he went.

7 And David took the shields of gold that were on the servants of Hadadezer, and brought them to Jerusalem.

8 And from Betah, and from Berothai, cities of Hadadezer, king David took exceeding much brass.

9 ¶ When Toi king of Hamath heard that David had smitten all the host of Hadadezer,

10 Then Toi sent Joram his son unto king David, to salute him, and to bless him, because he had fought against Hadadezer, and smitten him: for Hadadezer had wars with Toi. And *Joram* brought with him vessels of silver, and vessels of gold, and vessels of brass:

11 Which also king David did dedicate unto the LORD, with the silver and gold that he had dedicated of all nations which he subdued;

12 Of Syria, and of Moab, and of the children of Ammon, and of the Philistines, and of Amalek, and of the spoil of Hadadezer, son of Rehob, king of Zobah.

13 And David gat *him* a name when he returned from smiting of the Syrians in the valley of salt, *being* eighteen thousand *men.*

14 ¶ And he put garrisons in Edom; throughout all Edom put he garrisons, and all they of Edom became David's servants. And the LORD preserved David whithersoever he went.

15 And David reigned over all Israel; and David executed judgment and justice unto all his people.

16 And Joab the son of Zeruiah *was* over the host; and Jehoshaphat the son of Ahilud *was* recorder;

17 And Zadok the son of Ahitub, and Ahimelech the son of Abiathar, *were* the priests; and Seraiah *was* the scribe;

18 And Benaiah the son of Jehoiada *was* over both the Cherethites and the Pelethites; and David's sons were chief rulers.

CHAPTER 9

1 And David said, Is there yet any that is left of the house of Saul, that I may shew him kindness for Jonathan's sake?

2 And *there was* of the house of Saul a servant whose name *was* Ziba. And when they had called him unto David, the king said unto him, *Art* thou Ziba? And he said, Thy servant *is* he.

3 And the king said, *Is* there not yet any of the house of Saul, that I may shew the kindness of God unto him? And Ziba said unto the king, Jonathan hath yet a son, *which is* lame on *his* feet.

4 And the king said unto him, Where *is* he? And Ziba said unto the king, Behold, he *is* in the house of Machir, the son of Ammiel, in Lo-debar.

5 ¶ Then king David sent, and fetched him out of the house of Machir, the son of Ammiel, from Lo-debar.

6 Now when Mephibosheth, the son of Jonathan, the son of Saul, was come unto David, he fell on his face, and did reverence. And David said, Mephibosheth. And he answered, Behold thy servant!

7 ¶ And David said unto him, Fear not: for I will surely shew thee kindness for Jonathan thy father's sake, and will restore thee all the land of Saul thy father; and thou shalt eat bread at my table continually.

8 And he bowed himself, and said, What *is* thy servant, that thou shouldest look upon such a dead dog as I *am?*

אַרְצָה וַיְמַדֵּד שְׁנֵי־חֲבָלִים לְהָמִית וּמְלֹא הַחֶבֶל לְהַחֲיוֹת וַתְּהִי מוֹאָב

3 לְדָוִד לַעֲבָדִים נֹשְׂאֵי מִנְחָה: וַיַּךְ דָּוִד אֶת־הֲדַדְעֶזֶר בֶּן־רְחֹב מֶלֶךְ

פְּרָת 4 צוֹבָה בְּלֶכְתּוֹ לְהָשִׁיב יָדוֹ בִּנְהַר־ ־: וַיִּלְכֹּד דָּוִד מִמֶּנּוּ אֶלֶף וְשֶׁבַע־

מֵאוֹת פָּרָשִׁים וְעֶשְׂרִים אֶלֶף אִישׁ רַגְלִי וַיְעַקֵּר דָּוִד אֶת־כָּל־הָרֶכֶב

5 וַיּוֹתֵר מִמֶּנּוּ מֵאָה רָכֶב: וַתָּבֹא אֲרַם דַּמֶּשֶׂק לַעֲזֹר לַהֲדַדְעֶזֶר מֶלֶךְ

6 צוֹבָה וַיַּךְ דָּוִד בַּאֲרָם עֶשְׂרִים־וּשְׁנַיִם אֶלֶף אִישׁ: וַיָּשֶׂם דָּוִד נְצִבִים

בַּאֲרַם דַּמֶּשֶׂק וַתְּהִי אֲרָם לְדָוִד לַעֲבָדִים נוֹשְׂאֵי מִנְחָה וַיֹּשַׁע יְהֹוָה

7 אֶת־דָּוִד בְּכֹל אֲשֶׁר הָלָךְ: וַיִּקַּח דָּוִד אֵת שִׁלְטֵי הַזָּהָב אֲשֶׁר הָיוּ

8 אֶל עַבְדֵי הֲדַדְעָזֶר וַיְבִיאֵם יְרוּשָׁלָ͏ִם: וּמִבֶּטַח וּמִבֵּרֹתַי עָרֵי הֲדַדְעֶזֶר

9 לָקַח הַמֶּלֶךְ דָּוִד נְחֹשֶׁת הַרְבֵּה מְאֹד: וַיִּשְׁמַע תֹּעִי מֶלֶךְ

10 חֲמָת כִּי הִכָּה דָוִד אֵת כָּל־חֵיל הֲדַדְעָזֶר: וַיִּשְׁלַח תֹּעִי אֶת־יוֹרָם־בְּנוֹ

אֶל־הַמֶּלֶךְ־דָּוִד לִשְׁאָל־לוֹ לְשָׁלוֹם וּלְבָרֲכוֹ עַל אֲשֶׁר נִלְחַם בַּהֲדַדְעֶזֶר

וַיַּכֵּהוּ כִּי־אִישׁ מִלְחֲמוֹת תֹּעִי הָיָה הֲדַדְעָזֶר וּבְיָדוֹ הָיוּ כְּלֵי־כֶסֶף

11 וּכְלֵי־זָהָב וּכְלֵי נְחֹשֶׁת: גַּם־אֹתָם הִקְדִּישׁ הַמֶּלֶךְ דָּוִד לַיהֹוָה עִם־

12 הַכֶּסֶף וְהַזָּהָב אֲשֶׁר הִקְדִּישׁ מִכָּל־הַגּוֹיִם אֲשֶׁר כִּבֵּשׁ: מֵאֲרָם

וּמִמּוֹאָב וּמִבְּנֵי עַמּוֹן וּמִפְּלִשְׁתִּים וּמֵעֲמָלֵק וּמִשְּׁלַל הֲדַדְעֶזֶר בֶּן־רְחֹב

13 מֶלֶךְ צוֹבָה: וַיַּעַשׂ דָּוִד שֵׁם בְּשֻׁבוֹ מֵהַכּוֹתוֹ אֶת־אֲרָם בְּגֵיא־מֶלַח

14 שְׁמוֹנָה עָשָׂר אָלֶף: וַיָּשֶׂם בֶּאֱדוֹם נְצִבִים בְּכָל־אֱדוֹם שָׂם נְצִבִים

וַיְהִי כָל־אֱדוֹם עֲבָדִים לְדָוִד וַיּוֹשַׁע יְהֹוָה אֶת־דָּוִד בְּכֹל אֲשֶׁר הָלָךְ:

15 וַיִּמְלֹךְ דָּוִד עַל־כָּל־יִשְׂרָאֵל וַיְהִי דָוִד עֹשֶׂה מִשְׁפָּט וּצְדָקָה לְכָל־עַמּוֹ:

16 וְיוֹאָב בֶּן־צְרוּיָה עַל־הַצָּבָא וִיהוֹשָׁפָט בֶּן־אֲחִילוּד מַזְכִּיר: וְצָדוֹק בֶּן־

17

18 אֲחִיטוּב וַאֲחִימֶלֶךְ בֶּן־אֶבְיָתָר כֹּהֲנִים וּשְׂרָיָה סוֹפֵר: וּבְנָיָהוּ בֶּן־

יְהוֹיָדָע וְהַכְּרֵתִי וְהַפְּלֵתִי וּבְנֵי דָוִד כֹּהֲנִים הָיוּ:

9 1 וַיֹּאמֶר דָּוִד הֲכִי יֶשׁ־עוֹד אֲשֶׁר נוֹתַר לְבֵית שָׁאוּל וְאֶעֱשֶׂה עִמּוֹ

2 חֶסֶד בַּעֲבוּר יְהוֹנָתָן: וּלְבֵית שָׁאוּל עֶבֶד וּשְׁמוֹ צִיבָא וַיִּקְרְאוּ־לוֹ

3 אֶל־דָּוִד וַיֹּאמֶר הַמֶּלֶךְ אֵלָיו הַאַתָּה צִיבָא וַיֹּאמֶר עַבְדֶּךָ: וַיֹּאמֶר

הַמֶּלֶךְ הַאֶפֶס עוֹד אִישׁ לְבֵית שָׁאוּל וְאֶעֱשֶׂה עִמּוֹ חֶסֶד אֱלֹהִים

4 וַיֹּאמֶר צִיבָא אֶל־הַמֶּלֶךְ עוֹד בֵּן לִיהוֹנָתָן נְכֵה רַגְלָיִם: וַיֹּאמֶר־לוֹ

הַמֶּלֶךְ אֵיפֹה הוּא וַיֹּאמֶר צִיבָא אֶל־הַמֶּלֶךְ הִנֵּה־הוּא בֵּית מָכִיר

5 בֶּן־עַמִּיאֵל בְּלוֹ דְבָר: וַיִּשְׁלַח הַמֶּלֶךְ דָּוִד וַיִּקָּחֵהוּ מִבֵּית מָכִיר בֶּן־

6 עַמִּיאֵל מִלּוֹ דְבָר: וַיָּבֹא מְפִיבֹשֶׁת בֶּן־יְהוֹנָתָן בֶּן־שָׁאוּל אֶל־דָּוִד וַיִּפֹּל

7 עַל־פָּנָיו וַיִּשְׁתָּחוּ וַיֹּאמֶר דָּוִד מְפִיבֹשֶׁת וַיֹּאמֶר הִנֵּה עַבְדֶּךָ: וַיֹּאמֶר

לוֹ דָוִד אַל־תִּירָא כִּי עָשֹׂה אֶעֱשֶׂה עִמְּךָ חֶסֶד בַּעֲבוּר יְהוֹנָתָן אָבִיךָ

וַהֲשִׁבֹתִי לְךָ אֶת־כָּל־שְׂדֵה שָׁאוּל אָבִיךָ וְאַתָּה תֹּאכַל לֶחֶם עַל־

8 שֻׁלְחָנִי תָּמִיד: וַיִּשְׁתַּחוּ וַיֹּאמֶר מֶה עַבְדֶּךָ כִּי פָנִיתָ אֶל־הַכֶּלֶב הַמֵּת

9 ¶ Then the king called to Ziba, Saul's servant, and said unto him, I have given unto thy master's son all that pertained to Saul and to all his house.

10 Thou therefore, and thy sons, and thy servants, shall till the land for him, and thou shalt bring in *the fruits,* that thy master's son may have food to eat: but Mephibosheth thy master's son shall eat bread alway at my table. Now Ziba had fifteen sons and twenty servants.

11 Then said Ziba unto the king, According to all that my lord the king hath commanded his servant, so shall thy servant do. As for Mephibosheth, *said the king,* he shall eat at my table, as one of the king's sons.

12 And Mephibosheth had a young son, whose name *was* Micha. And all that dwelt in the house of Ziba *were* servants unto Mephibosheth.

13 So Mephibosheth dwelt in Jerusalem: for he did eat continually at the king's table; and was lame on both his feet.

CHAPTER 10

1 And it came to pass after this, that the king of the children of Ammon died, and Hanun his son reigned in his stead.

2 Then said David, I will shew kindness unto Hanun the son of Nahash, as his father shewed kindness unto me. And David sent to comfort him by the hand of his servants for his father. And David's servants came into the land of the children of Ammon.

3 And the princes of the children of Ammon said unto Hanun their lord, Thinkest thou that David doth honour thy father, that he hath sent comforters unto thee? hath not David *rather* sent his servants unto thee, to search the city, and to spy it out, and to overthrow it?

4 Wherefore Hanun took David's servants, and shaved off the one half of their beards, and cut off their garments in the middle, *even* to their buttocks, and sent them away.

5 When they told *it* unto David, he sent to meet them, because the men were greatly ashamed: and the king said, Tarry at Jericho until your beards be grown, and *then* return.

6 ¶ And when the children of Ammon saw that they stank before David, the children of Ammon sent and hired the Syrians of Beth-rehob, and the Syrians of Zoba, twenty thousand footmen, and of king Maacah a thousand men, and of Ish-tob twelve thousand men.

7 And when David heard of *it,* he sent Joab, and all the host of the mighty men.

8 And the children of Ammon came out, and put the battle in array at the entering in of the gate: and the Syrians of Zoba, and of Rehob, and Ish-tob, and Maacah, *were* by themselves in the field.

9 When Joab saw that the front of the battle was against him before and behind, he chose of all the choice *men* of Israel, and put *them* in array against the Syrians:

10 And the rest of the people he delivered into the hand of Abishai his brother, that he might put *them* in array against the children of Ammon.

11 And he said, If the Syrians be too strong for me, then thou shalt help me: but if the children of Ammon be too strong for thee, then I will come and help thee.

12 Be of good courage, and let us play the men for our people, and for the cities of our God: and the LORD do that which seemeth him good.

13 And Joab drew nigh, and the people that *were* with him, unto the battle against the Syrians: and they fled before him.

14 And when the children of Ammon saw that the Syrians were fled, then fled they also before Abishai, and entered into the city. So Joab returned from the children of Ammon, and came to Jerusalem.

15 ¶ And when the Syrians saw that they were smitten before Israel, they gathered themselves together.

16 And Hadarezer sent, and brought out the Syrians that *were* beyond the river: and they came to Helam; and Shobach the captain of the host of Hadarezer *went* before them.

17 And when it was told David, he gathered all Israel together, and passed over Jordan, and came to Helam. And the Syr-

אֲשֶׁר כָּמוֹנִי: וַיִּקְרָא הַמֶּלֶךְ אֶל־צִיבָא נַעַר שָׁאוּל וַיֹּאמֶר אֵלָיו כֹּל 9

אֲשֶׁר הָיָה לְשָׁאוּל וּלְכָל־בֵּיתוֹ נָתַתִּי לְבֶן־אֲדֹנֶיךָ: וְעָבַדְתָּ לּוֹ אֶת־ 10

הָאֲדָמָה אַתָּה וּבָנֶיךָ וַעֲבָדֶיךָ וְהֵבֵאתָ וְהָיָה לְבֶן־אֲדֹנֶיךָ לֶחֶם וַאֲכָלוֹ

וּמְפִיבֹשֶׁת בֶּן־אֲדֹנֶיךָ יֹאכַל תָּמִיד לֶחֶם עַל־שֻׁלְחָנִי וּלְצִיבָא חֲמִשָּׁה

עָשָׂר בָּנִים וְעֶשְׂרִים עֲבָדִים: וַיֹּאמֶר צִיבָא אֶל־הַמֶּלֶךְ כְּכֹל אֲשֶׁר 11

יְצַוֶּה אֲדֹנִי הַמֶּלֶךְ אֶת־עַבְדּוֹ כֵּן יַעֲשֶׂה עַבְדֶּךָ וּמְפִיבֹשֶׁת אֹכֵל עַל־

שֻׁלְחָנִי כְּאַחַד מִבְּנֵי הַמֶּלֶךְ: וְלִמְפִיבֹשֶׁת בֵּן־קָטָן וּשְׁמוֹ מִיכָא וְכֹל 12

מוֹשַׁב בֵּית־צִיבָא עֲבָדִים לִמְפִיבֹשֶׁת: וּמְפִיבֹשֶׁת יֹשֵׁב בִּירוּשָׁלַ͏ִם כִּי 13

עַל־שֻׁלְחַן הַמֶּלֶךְ תָּמִיד הוּא אֹכֵל וְהוּא פִּסֵּחַ שְׁתֵּי רַגְלָיו:

וַיְהִי אַחֲרֵי־כֵן וַיָּמָת מֶלֶךְ בְּנֵי עַמּוֹן וַיִּמְלֹךְ חָנוּן בְּנוֹ תַּחְתָּיו: וַיֹּאמֶר 10 1 2

דָּוִד אֶעֱשֶׂה־חֶסֶד עִם־חָנוּן בֶּן־נָחָשׁ כַּאֲשֶׁר עָשָׂה אָבִיו עִמָּדִי חֶסֶד

וַיִּשְׁלַח דָּוִד לְנַחֲמוֹ בְּיַד־עֲבָדָיו אֶל־אָבִיו וַיָּבֹאוּ עַבְדֵי דָוִד אֶרֶץ בְּנֵי

עַמּוֹן: וַיֹּאמְרוּ שָׂרֵי בְנֵי־עַמּוֹן אֶל־חָנוּן אֲדֹנֵיהֶם הַמְכַבֵּד דָּוִד אֶת־ 3

אָבִיךָ בְּעֵינֶיךָ כִּי־שָׁלַח לְךָ מְנַחֲמִים הֲלוֹא בַּעֲבוּר חֲקוֹר אֶת־הָעִיר

וּלְרַגְּלָהּ וּלְהָפְכָהּ שָׁלַח דָּוִד אֶת־עֲבָדָיו אֵלֶיךָ: וַיִּקַּח חָנוּן אֶת־עַבְדֵי 4

דָוִד וַיְגַלַּח אֶת־חֲצִי זְקָנָם וַיִּכְרֹת אֶת־מַדְוֵיהֶם בַּחֵצִי עַד שְׁתוֹתֵיהֶם

וַיְשַׁלְּחֵם: וַיַּגִּדוּ לְדָוִד וַיִּשְׁלַח לִקְרָאתָם כִּי־הָיוּ הָאֲנָשִׁים נִכְלָמִים 5

מְאֹד וַיֹּאמֶר הַמֶּלֶךְ שְׁבוּ בִירֵחוֹ עַד־יְצַמַּח זְקַנְכֶם וְשַׁבְתֶּם: וַיִּרְאוּ 6

בְּנֵי עַמּוֹן כִּי נִבְאֲשׁוּ בְּדָוִד וַיִּשְׁלְחוּ בְנֵי־עַמּוֹן וַיִּשְׂכְּרוּ אֶת־אֲרַם בֵּית־

רְחוֹב וְאֶת־אֲרַם צוֹבָא עֶשְׂרִים אֶלֶף רַגְלִי וְאֶת־מֶלֶךְ מַעֲכָה אֶלֶף

אִישׁ וְאִישׁ טוֹב שְׁנֵים־עָשָׂר אֶלֶף אִישׁ: וַיִּשְׁמַע דָּוִד וַיִּשְׁלַח אֶת־ 7

יוֹאָב וְאֵת כָּל־הַצָּבָא הַגִּבֹּרִים: וַיֵּצְאוּ בְּנֵי עַמּוֹן וַיַּעַרְכוּ מִלְחָמָה 8

פֶּתַח הַשָּׁעַר וַאֲרַם צוֹבָא וּרְחוֹב וְאִישׁ־טוֹב וּמַעֲכָה לְבַדָּם בַּשָּׂדֶה:

וַיַּרְא יוֹאָב כִּי־הָיְתָה אֵלָיו פְּנֵי הַמִּלְחָמָה מִפָּנִים וּמֵאָחוֹר וַיִּבְחַר 9

מִכֹּל בְּחוּרֵי בְיִשְׂרָאֵל וַיַּעֲרֹךְ לִקְרַאת אֲרָם: וְאֵת יֶתֶר הָעָם נָתַן 10　יִשְׂרָאֵל

בְּיַד אַבְשַׁי אָחִיו וַיַּעֲרֹךְ לִקְרַאת בְּנֵי עַמּוֹן: וַיֹּאמֶר אִם־תֶּחֱזַק אֲרָם 11　11A

מִמֶּנִּי וְהָיִתָה לִּי לִישׁוּעָה וְאִם־בְּנֵי עַמּוֹן יֶחֶזְקוּ מִמְּךָ וְהָלַכְתִּי

לְהוֹשִׁיעַ לָךְ: חֲזַק וְנִתְחַזַּק בְּעַד־עַמֵּנוּ וּבְעַד עָרֵי אֱלֹהֵינוּ וַיהוָֹה 12

יַעֲשֶׂה הַטּוֹב בְּעֵינָיו: וַיִּגַּשׁ יוֹאָב וְהָעָם אֲשֶׁר עִמּוֹ לַמִּלְחָמָה בַּאֲרָם 13

וַיָּנֻסוּ מִפָּנָיו: וּבְנֵי עַמּוֹן רָאוּ כִּי־נָס אֲרָם וַיָּנֻסוּ מִפְּנֵי אֲבִישַׁי וַיָּבֹאוּ 14

הָעִיר וַיָּשָׁב יוֹאָב מֵעַל בְּנֵי עַמּוֹן וַיָּבֹא יְרוּשָׁלָ͏ִם: וַיַּרְא אֲרָם כִּי 15

נִגַּף לִפְנֵי יִשְׂרָאֵל וַיֵּאָסְפוּ יָחַד: וַיִּשְׁלַח הֲדַדְעֶזֶר וַיֹּצֵא אֶת־אֲרָם 16

אֲשֶׁר מֵעֵבֶר הַנָּהָר וַיָּבֹאוּ חֵילָם וְשׁוֹבַךְ שַׂר־צְבָא הֲדַדְעֶזֶר לִפְנֵיהֶם:

וַיֻּגַּד לְדָוִד　　　　　　　　　　וַיֶּאֱסֹף אֶת־כָּל־יִשְׂרָאֵל וַיַּעֲבֹר אֶת־הַיַּרְדֵּן וַיָּבֹא 17

חֵלָאמָה וַיַּעַרְכוּ אֲרָם לִקְרַאת דָּוִד וַיִּלָּחֲמוּ עִמּוֹ: וַיָּנָס אֲרָם מִפְּנֵי 18

ians set themselves in array against David, and fought with him.

18 And the Syrians fled before Israel; and David slew *the men of* seven hundred chariots of the Syrians, and forty thousand horsemen, and smote Shobach the captain of their host, who died there.

19 And when all the kings *that were* servants to Hadarezer saw that they were smitten before Israel, they made peace with Israel, and served them. So the Syrians feared to help the children of Ammon any more.

CHAPTER 11

1 And it came to pass, after the year was expired, at the time when kings go forth *to battle,* that David sent Joab, and his servants with him, and all Israel; and they destroyed the children of Ammon, and besieged Rabbah. But David tarried still at Jerusalem.

2 ¶ And it came to pass in an eveningtide, that David arose from off his bed, and walked upon the roof of the king's house: and from the roof he saw a woman washing herself; and the woman *was* very beautiful to look upon.

3 And David sent and enquired after the woman. And *one* said, *Is* not this Bath-sheba, the daughter of Eliam, the wife of Uriah the Hittite?

4 And David sent messengers, and took her; and she came in unto him, and he lay with her; for she was purified from her uncleanness: and she returned unto her house.

5 And the woman conceived, and sent and told David, and said, I *am* with child.

6 ¶ And David sent to Joab, *saying,* Send me Uriah the Hittite. And Joab sent Uriah to David.

7 And when Uriah was come unto him, David demanded *of him* how Joab did, and how the people did, and how the war prospered.

8 And David said to Uriah, Go down to thy house, and wash thy feet. And Uriah departed out of the king's house, and there followed him a mess *of meat* from the king.

9 But Uriah slept at the door of the king's house with all the servants of his lord, and went not down to his house.

10 And when they had told David, saying, Uriah went not down unto his house, David said unto Uriah, Camest thou not from *thy* journey? why *then* didst thou not go down unto thine house?

11 And Uriah said unto David, The ark, and Israel, and Judah, abide in tents; and my lord Joab, and the servants of my lord, are encamped in the open fields; shall I then go into mine house, to eat and to drink, and to lie with my wife? *as* thou livest, and *as* thy soul liveth, I will not do this thing.

12 And David said to Uriah, Tarry here to day also, and to morrow I will let thee depart. So Uriah abode in Jerusalem that day, and the morrow.

13 And when David had called him, he did eat and drink before him; and he made him drunk: and at even he went out to lie on his bed with the servants of his lord, but went not down to his house.

14 ¶ And it came to pass in the morning, that David wrote a letter to Joab, and sent *it* by the hand of Uriah.

15 And he wrote in the letter, saying, Set ye Uriah in the forefront of the hottest battle, and retire ye from him, that he may be smitten, and die.

16 And it came to pass, when Joab observed the city, that he assigned Uriah unto a place where he knew that valiant men *were.*

17 And the men of the city went out, and fought with Joab: and there fell *some* of the people of the servants of David; and Uriah the Hittite died also.

18 ¶ Then Joab sent and told David all the things concerning the war;

19 And charged the messenger, saying, When thou hast made an end of telling the matters of the war unto the king,

20 And if so be that the king's wrath arise, and he say unto thee, Wherefore approached ye so nigh unto the city when ye did fight? knew ye not that they would shoot from the wall?

21 Who smote Abimelech the son of Jerubbesheth? did not a woman cast a

יִשְׂרָאֵל וַיַּהֲרֹג דָּוִד מֵאֲרָם שְׁבַע מֵאוֹת רֶכֶב וְאַרְבָּעִים אֶלֶף פָּרָשִׁים

19 וְאֵת שׁוֹבַךְ שַׂר־צְבָאוֹ הִכָּה וַיָּמָת שָׁם: וַיִּרְאוּ כָל־הַמְּלָכִים עַבְדֵי הֲדַדְעֶזֶר כִּי נִגְּפוּ לִפְנֵי יִשְׂרָאֵל וַיַּשְׁלִמוּ אֶת־יִשְׂרָאֵל וַיַּעַבְדוּם וַיִּרְאוּ אֲרָם לְהוֹשִׁיעַ עוֹד אֶת־בְּנֵי עַמּוֹן:

11 1 וַיְהִי לִתְשׁוּבַת הַשָּׁנָה לְעֵת ׀ צֵאת הַמַּלְאָכִים וַיִּשְׁלַח דָּוִד אֶת־יוֹאָב 1A וְאֶת־עֲבָדָיו עִמּוֹ וְאֶת־כָּל־יִשְׂרָאֵל וַיַּשְׁחִתוּ אֶת־בְּנֵי עַמּוֹן וַיָּצֻרוּ עַל־

2 רַבָּה וְדָוִד יוֹשֵׁב בִּירוּשָׁלִָם: וַיְהִי ׀ לְעֵת הָעֶרֶב וַיָּקָם דָּוִד מֵעַל מִשְׁכָּבוֹ וַיִּתְהַלֵּךְ עַל־גַּג בֵּית־הַמֶּלֶךְ וַיַּרְא אִשָּׁה רֹחֶצֶת מֵעַל

3 הַגָּג וְהָאִשָּׁה טוֹבַת מַרְאֶה מְאֹד: וַיִּשְׁלַח דָּוִד וַיִּדְרֹשׁ לָאִשָּׁה וַיֹּאמֶר

4 הֲלוֹא־זֹאת בַּת־שֶׁבַע בַּת־אֱלִיעָם אֵשֶׁת אוּרִיָּה הַחִתִּי: וַיִּשְׁלַח דָּוִד מַלְאָכִים וַיִּקָּחֶהָ וַתָּבוֹא אֵלָיו וַיִּשְׁכַּב עִמָּהּ וְהִיא מִתְקַדֶּשֶׁת

5 מִטֻּמְאָתָהּ וַתָּשָׁב אֶל־בֵּיתָהּ: וַתַּהַר הָאִשָּׁה וַתִּשְׁלַח וַתַּגֵּד לְדָוִד

6 וַתֹּאמֶר הָרָה אָנֹכִי: וַיִּשְׁלַח דָּוִד אֶל־יוֹאָב שְׁלַח אֵלַי אֶת־אוּרִיָּה

7 הַחִתִּי וַיִּשְׁלַח יוֹאָב אֶת־אוּרִיָּה אֶל־דָּוִד: וַיָּבֹא אוּרִיָּה אֵלָיו וַיִּשְׁאַל

8 דָּוִד לִשְׁלוֹם יוֹאָב וְלִשְׁלוֹם הָעָם וְלִשְׁלוֹם הַמִּלְחָמָה: וַיֹּאמֶר דָּוִד 8A לְאוּרִיָּה רֵד לְבֵיתְךָ וּרְחַץ רַגְלֶיךָ וַיֵּצֵא אוּרִיָּה מִבֵּית הַמֶּלֶךְ וַתֵּצֵא

9 אַחֲרָיו מַשְׂאַת הַמֶּלֶךְ: וַיִּשְׁכַּב אוּרִיָּה פֶּתַח בֵּית הַמֶּלֶךְ אֵת כָּל־

10 עַבְדֵי אֲדֹנָיו וְלֹא יָרַד אֶל־בֵּיתוֹ: וַיַּגִּדוּ לְדָוִד לֵאמֹר לֹא־יָרַד אוּרִיָּה אֶל־בֵּיתוֹ וַיֹּאמֶר דָּוִד אֶל־אוּרִיָּה הֲלוֹא מִדֶּרֶךְ אַתָּה בָא מַדּוּעַ לֹא־

11 יָרַדְתָּ אֶל־בֵּיתֶךָ: וַיֹּאמֶר אוּרִיָּה אֶל־דָּוִד הָאָרוֹן וְיִשְׂרָאֵל וִיהוּדָה יֹשְׁבִים בַּסֻּכּוֹת וַאדֹנִי יוֹאָב וְעַבְדֵי אֲדֹנִי עַל־פְּנֵי הַשָּׂדֶה חֹנִים וַאֲנִי אָבוֹא אֶל־בֵּיתִי לֶאֱכֹל וְלִשְׁתּוֹת וְלִשְׁכַּב עִם־אִשְׁתִּי חַיֶּךָ וְחֵי נַפְשֶׁךָ

12 אִם־אֶעֱשֶׂה אֶת־הַדָּבָר הַזֶּה: וַיֹּאמֶר דָּוִד אֶל־אוּרִיָּה שֵׁב בָּזֶה גַּם־הַיּוֹם וּמָחָר אֲשַׁלְּחֶךָּ וַיֵּשֶׁב אוּרִיָּה בִירוּשָׁלִַם בַּיּוֹם הַהוּא וּמִמָּחֳרָת:

13 וַיִּקְרָא־לוֹ דָוִד וַיֹּאכַל לְפָנָיו וַיֵּשְׁתְּ וַיְשַׁכְּרֵהוּ וַיֵּצֵא בָעֶרֶב לִשְׁכַּב

14 בְּמִשְׁכָּבוֹ עִם־עַבְדֵי אֲדֹנָיו וְאֶל־בֵּיתוֹ לֹא יָרָד: וַיְהִי בַבֹּקֶר וַיִּכְתֹּב

15 דָּוִד סֵפֶר אֶל־יוֹאָב וַיִּשְׁלַח בְּיַד אוּרִיָּה: וַיִּכְתֹּב בַּסֵּפֶר לֵאמֹר הָבוּ אֶת־אוּרִיָּה אֶל־מוּל פְּנֵי הַמִּלְחָמָה הַחֲזָקָה וְשַׁבְתֶּם מֵאַחֲרָיו וְנִכָּה

16 וָמֵת: וַיְהִי בִּשְׁמוֹר יוֹאָב אֶל־הָעִיר וַיִּתֵּן אֶת־אוּרִיָּה אֶל־

17 הַמָּקוֹם אֲשֶׁר יָדַע כִּי אַנְשֵׁי־חַיִל שָׁם: וַיֵּצְאוּ אַנְשֵׁי הָעִיר וַיִּלָּחֲמוּ

18 אֶת־יוֹאָב וַיִּפֹּל מִן־הָעָם מֵעַבְדֵי דָוִד וַיָּמָת גַּם אוּרִיָּה הַחִתִּי: וַיִּשְׁלַח

19 יוֹאָב וַיַּגֵּד לְדָוִד אֶת־כָּל־דִּבְרֵי הַמִּלְחָמָה: וַיְצַו אֶת־הַמַּלְאָךְ לֵאמֹר

20 כְּכַלּוֹתְךָ אֵת כָּל־דִּבְרֵי הַמִּלְחָמָה לְדַבֵּר אֶל־הַמֶּלֶךְ: וְהָיָה אִם־תַּעֲלֶה חֲמַת הַמֶּלֶךְ וְאָמַר לְךָ מַדּוּעַ נִגַּשְׁתֶּם אֶל־הָעִיר לְהִלָּחֵם

21 הֲלוֹא יְדַעְתֶּם אֵת אֲשֶׁר־יֹרוּ מֵעַל הַחוֹמָה: מִי־הִכָּה אֶת־אֲבִימֶלֶךְ

piece of a millstone upon him from the wall, that he died in Thebez? why went ye nigh the wall? then say thou, Thy servant Uriah the Hittite is dead also.

22 ¶ So the messenger went, and came and shewed David all that Joab had sent him for.

23 And the messenger said unto David, Surely the men prevailed against us, and came out unto us into the field, and we were upon them even unto the entering of the gate.

24 And the shooters shot from off the wall upon thy servants; and *some* of the king's servants be dead, and thy servant Uriah the Hittite is dead also.

25 Then David said unto the messenger, Thus shalt thou say unto Joab, Let not this thing displease thee, for the sword devoureth one as well as another: make thy battle more strong against the city, and overthrow it: and encourage thou him.

26 ¶ And when the wife of Uriah heard that Uriah her husband was dead, she mourned for her husband.

27 And when the mourning was past, David sent and fetched her to his house, and she became his wife, and bare him a son. But the thing that David had done displeased the LORD.

CHAPTER 12

1 And the LORD sent Nathan unto David. And he came unto him, and said unto him, There were two men in one city; the one rich, and the other poor.

2 The rich *man* had exceeding many flocks and herds:

3 But the poor *man* had nothing, save one little ewe lamb, which he had bought and nourished up: and it grew up together with him, and with his children; it did eat of his own meat, and drank of his own cup, and lay in his bosom, and was unto him as a daughter.

4 And there came a traveller unto the rich man, and he spared to take of his own flock and of his own herd, to dress for the wayfaring man that was come unto him; but took the poor man's lamb, and dressed it for the man that was come to him.

5 And David's anger was greatly kindled against the man; and he said to Nathan, *As* the LORD liveth, the man that hath done this *thing* shall surely die:

6 And he shall restore the lamb fourfold, because he did this thing, and because he had no pity.

7 ¶ And Nathan said to David, Thou *art* the man. Thus saith the LORD God of Israel, I anointed thee king over Israel, and I delivered thee out of the hand of Saul;

8 And I gave thee thy master's house, and thy master's wives into thy bosom, and gave thee the house of Israel and of Judah; and if *that had been* too little, I would moreover have given unto thee such and such things.

9 Wherefore hast thou despised the commandment of the LORD, to do evil in his sight? thou hast killed Uriah the Hittite with the sword, and hast taken his wife *to be* thy wife, and hast slain him with the sword of the children of Ammon.

10 Now therefore the sword shall never depart from thine house; because thou hast despised me, and hast taken the wife of Uriah the Hittite to be thy wife.

11 Thus saith the LORD, Behold, I will raise up evil against thee out of thine own house, and I will take thy wives before thine eyes, and give *them* unto thy neighbour, and he shall lie with thy wives in the sight of this sun.

12 For thou didst *it* secretly: but I will do this thing before all Israel, and before the sun.

13 And David said unto Nathan, I have sinned against the LORD. And Nathan said unto David, The LORD also hath put away thy sin; thou shalt not die.

14 Howbeit, because by this deed thou hast given great occasion to the enemies

בֶּן־יְרֻבֶּשֶׁת הֲלוֹא־אִשָּׁה הִשְׁלִיכָה עָלָיו פֶּלַח רֶכֶב מֵעַל הַחוֹמָה

וַיָּמׇת בְּתֵבֵץ לָמָּה נִגַּשְׁתֶּם אֶל־הַחוֹמָה וְאָמַרְתָּ גַּם עַבְדְּךָ אוּרִיָּה

22 הַחִתִּי מֵת: וַיֵּלֶךְ הַמַּלְאָךְ וַיָּבֹא וַיַּגֵּד לְדָוִד אֵת כָּל־אֲשֶׁר שְׁלָחוֹ

23 יוֹאָב: וַיֹּאמֶר הַמַּלְאָךְ אֶל־דָּוִד כִּי־גָבְרוּ עָלֵינוּ הָאֲנָשִׁים וַיֵּצְאוּ אֵלֵינוּ

וַיֹּרוּ הַמּוֹרִים 24 הַשָּׂדֶה וַנִּהְיֶה עֲלֵיהֶם עַד־פֶּתַח הַשָּׁעַר: וַיֹּרוּ הַמּוֹרִאִים אֶל־עֲבָדֶךָ

מֵעַל הַחוֹמָה וַיָּמוּתוּ מֵעַבְדֵי הַמֶּלֶךְ וְגַם עַבְדְּךָ אוּרִיָּה הַחִתִּי

25 מֵת: וַיֹּאמֶר דָּוִד אֶל־הַמַּלְאָךְ כֹּה־תֹאמַר אֶל־יוֹאָב אַל־

יֵרַע בְּעֵינֶיךָ אֶת־הַדָּבָר הַזֶּה כִּי־כָזֹה וְכָזֶה תֹּאכַל הֶחָרֶב הַחֲזֵק

26 מִלְחַמְתְּךָ אֶל־הָעִיר וְהׇרְסָהּ וְחַזְּקֵהוּ: וַתִּשְׁמַע אֵשֶׁת אוּרִיָּה כִּי־מֵת

27 אוּרִיָּה אִישָׁהּ וַתִּסְפֹּד עַל־בַּעְלָהּ: וַיַּעֲבֹר הָאֵבֶל וַיִּשְׁלַח דָּוִד וַיַּאַסְפָהּ

אֶל־בֵּיתוֹ וַתְּהִי־לוֹ לְאִשָּׁה וַתֵּלֶד לוֹ בֵּן וַיֵּרַע הַדָּבָר אֲשֶׁר־עָשָׂה דָוִד

בְּעֵינֵי יְהוָה:

12 1 וַיִּשְׁלַח יְהוָה אֶת־נָתָן אֶל־דָּוִד וַיָּבֹא אֵלָיו וַיֹּאמֶר לוֹ שְׁנֵי אֲנָשִׁים

2 הָיוּ בְּעִיר אֶחָת אֶחָד עָשִׁיר וְאֶחָד רָאשׁ: לְעָשִׁיר הָיָה צֹאן וּבָקָר

3 הַרְבֵּה מְאֹד: וְלָרָשׁ אֵין־כֹּל כִּי אִם־כִּבְשָׂה אַחַת קְטַנָּה אֲשֶׁר קָנָה

וַיְחַיֶּהָ וַתִּגְדַּל עִמּוֹ וְעִם־בָּנָיו יַחְדָּו מִפִּתּוֹ תֹאכַל וּמִכֹּסוֹ תִשְׁתֶּה

4 וּבְחֵיקוֹ תִשְׁכָּב וַתְּהִי־לוֹ כְּבַת: וַיָּבֹא הֵלֶךְ לְאִישׁ הֶעָשִׁיר וַיַּחְמֹל

לָקַחַת מִצֹּאנוֹ וּמִבְּקָרוֹ לַעֲשׂוֹת לָאֹרֵחַ הַבָּא־לוֹ וַיִּקַּח אֶת־כִּבְשַׂת

5 הָאִישׁ הָרָאשׁ וַיַּעֲשֶׂהָ לָאִישׁ הַבָּא אֵלָיו: וַיִּחַר־אַף דָּוִד בָּאִישׁ מְאֹד

6 וַיֹּאמֶר אֶל־נָתָן חַי־יְהוָה כִּי בֶן־מָוֶת הָאִישׁ הָעֹשֶׂה זֹאת: וְאֶת־

הַכִּבְשָׂה יְשַׁלֵּם אַרְבַּעְתָּיִם עֵקֶב אֲשֶׁר עָשָׂה אֶת־הַדָּבָר הַזֶּה וְעַל

7 אֲשֶׁר לֹא־חָמָל: וַיֹּאמֶר נָתָן אֶל־דָּוִד אַתָּה הָאִישׁ כֹּה־אָמַר יְהוָה

אֱלֹהֵי יִשְׂרָאֵל אָנֹכִי מְשַׁחְתִּיךָ לְמֶלֶךְ עַל־יִשְׂרָאֵל וְאָנֹכִי הִצַּלְתִּיךָ

8 מִיַּד שָׁאוּל: וָאֶתְּנָה לְךָ אֶת־בֵּית אֲדֹנֶיךָ וְאֶת־נְשֵׁי אֲדֹנֶיךָ בְּחֵיקֶךָ

וָאֶתְּנָה לְךָ אֶת־בֵּית יִשְׂרָאֵל וִיהוּדָה וְאִם־מְעָט וְאֹסִפָה לְךָ כָּהֵנָּה

בְּעֵינָו 9 וְכָהֵנָּה: מַדּוּעַ בָּזִיתָ ׀ אֶת־דְּבַר יְהוָה לַעֲשׂוֹת הָרַע בְעֵינוֹ אֵת אוּרִיָּה

הַחִתִּי הִכִּיתָ בַחֶרֶב וְאֶת־אִשְׁתּוֹ לָקַחְתָּ לְּךָ לְאִשָּׁה וְאֹתוֹ הָרַגְתָּ

10 בְּחֶרֶב בְּנֵי עַמּוֹן: וְעַתָּה לֹא־תָסוּר חֶרֶב מִבֵּיתְךָ עַד־עוֹלָם עֵקֶב

כִּי בְזִתָנִי וַתִּקַּח אֶת־אֵשֶׁת אוּרִיָּה הַחִתִּי לִהְיוֹת לְךָ

11 לְאִשָּׁה: כֹּה ׀ אָמַר יְהוָה הִנְנִי מֵקִים עָלֶיךָ רָעָה מִבֵּיתֶךָ

וְלָקַחְתִּי אֶת־נָשֶׁיךָ לְעֵינֶיךָ וְנָתַתִּי לְרֵעֶיךָ וְשָׁכַב עִם־נָשֶׁיךָ לְעֵינֵי

12 הַשֶּׁמֶשׁ הַזֹּאת: כִּי אַתָּה עָשִׂיתָ בַסָּתֶר וַאֲנִי אֶעֱשֶׂה אֶת־הַדָּבָר הַזֶּה

13 נֶגֶד כָּל־יִשְׂרָאֵל וְנֶגֶד הַשָּׁמֶשׁ: וַיֹּאמֶר דָּוִד אֶל־נָתָן

חָטָאתִי לַיהוָה וַיֹּאמֶר נָתָן אֶל־דָּוִד גַּם־יְהוָה הֶעֱבִיר

14 חַטָּאתְךָ לֹא תָמוּת: אֶפֶס כִּי־נִאֵץ נִאַצְתָּ אֶת־אֹיְבֵי יְהוָה בַּדָּבָר

of the LORD to blaspheme, the child also *that is* born unto thee shall surely die.

15 ¶ And Nathan departed unto his house. And the LORD struck the child that Uriah's wife bare unto David, and it was very sick.

16 David therefore besought God for the child; and David fasted, and went in, and lay all night upon the earth.

17 And the elders of his house arose, *and went* to him, to raise him up from the earth: but he would not, neither did he eat bread with them.

18 And it came to pass on the seventh day, that the child died. And the servants of David feared to tell him that the child was dead: for they said, Behold, while the child was yet alive, we spake unto him, and he would not hearken unto our voice: how will he then vex himself, if we tell him that the child is dead?

19 But when David saw that his servants whispered, David perceived that the child was dead: therefore David said unto his servants, Is the child dead? And they said, He is dead.

20 Then David arose from the earth, and washed, and anointed *himself,* and changed his apparel, and came into the house of the LORD, and worshipped: then he came to his own house; and when he required, they set bread before him, and he did eat.

21 Then said his servants unto him, What thing *is* this that thou hast done? thou didst fast and weep for the child, *while it was* alive; but when the child was dead, thou didst rise and eat bread.

22 And he said, While the child was yet alive, I fasted and wept: for I said, Who can tell *whether* GOD will be gracious to me, that the child may live?

23 But now he is dead, wherefore should I fast? can I bring him back again? I shall go to him, but he shall not return to me.

24 ¶ And David comforted Bath-sheba his wife, and went in unto her, and lay with her: and she bare a son, and he called his name Solomon: and the LORD loved him.

25 And he sent by the hand of Nathan the prophet; and he called his name Jedidiah, because of the LORD.

26 ¶ And Joab fought against Rabbah of the children of Ammon, and took the royal city.

27 And Joab sent messengers to David, and said, I have fought against Rabbah, and have taken the city of waters.

28 Now therefore gather the rest of the people together, and encamp against the city, and take it: lest I take the city, and it be called after my name.

29 And David gathered all the people together, and went to Rabbah, and fought against it, and took it.

30 And he took their king's crown from off his head, the weight whereof *was* a talent of gold with the precious stones: and it was *set* on David's head. And he brought forth the spoil of the city in great abundance.

31 And he brought forth the people that *were* therein, and put *them* under saws, and under harrows of iron, and under axes of iron, and made them pass through the brickkiln: and thus did he unto all the cities of the children of Ammon. So David and all the people returned unto Jerusalem.

CHAPTER 13

1 And it came to pass after this, that Absalom the son of David had a fair sister, whose name *was* Tamar; and Amnon the son of David loved her.

2 And Amnon was so vexed, that he fell sick for his sister Tamar; for she *was* a virgin; and Amnon thought it hard for him to do any thing to her.

3 But Amnon had a friend, whose name *was* Jonadab, the son of Shimeah David's brother: and Jonadab *was* a very subtil man.

4 And he said unto him, Why *art* thou, *being* the king's son, lean from day to day? wilt thou not tell me? And Amnon said unto him, I love Tamar, my brother Absalom's sister.

5 And Jonadab said unto him, Lay thee down on thy bed, and make thyself sick: and when thy father cometh to see thee,

15 הַזֶּה גַּם הַבֵּן הַיִּלּוֹד לְךָ מוֹת יָמֽוּת: וַיֵּלֶךְ נָתָן אֶל־בֵּיתוֹ וַיִּגֹּף יְהוָה
16 אֶת־הַיֶּלֶד אֲשֶׁר יָלְדָה אֵשֶׁת־אוּרִיָּה לְדָוִד וַיֵּאָנַֽשׁ: וַיְבַקֵּשׁ דָּוִד אֶת־
17 הָאֱלֹהִים בְּעַד הַנָּעַר וַיָּצָם דָּוִד צוֹם וּבָא וְלָן וְשָׁכַב אָֽרְצָה: וַיָּקֻמוּ
זִקְנֵי בֵיתוֹ עָלָיו לַהֲקִימוֹ מִן־הָאָרֶץ וְלֹא אָבָה וְלֹא־בָרָא אִתָּם לָֽחֶם:
18 וַיְהִי בַּיּוֹם הַשְּׁבִיעִי וַיָּמָת הַיָּלֶד וַיִּֽרְאוּ עַבְדֵי דָוִד לְהַגִּיד לוֹ כִּי־מֵת
הַיֶּלֶד כִּי אָֽמְרוּ הִנֵּה בִהְיוֹת הַיֶּלֶד חַי דִּבַּרְנוּ אֵלָיו וְלֹא־שָׁמַע בְּקוֹלֵנוּ
19 וְאֵיךְ נֹאמַר אֵלָיו מֵת הַיֶּלֶד וְעָשָׂה רָעָֽה: וַיַּרְא דָּוִד כִּי עֲבָדָיו
מִֽתְלַחֲשִׁים וַיָּבֶן דָּוִד כִּי מֵת הַיָּלֶד וַיֹּאמֶר דָּוִד אֶל־עֲבָדָיו הֲמֵת
20 הַיֶּלֶד וַיֹּאמְרוּ מֵֽת: וַיָּקָם דָּוִד מֵהָאָרֶץ וַיִּרְחַץ וַיָּסֶךְ וַיְחַלֵּף שִׂמְלֹתָו ‏**שִׂמְלֹתָיו**
וַיָּבֹא בֵית־יְהוָה וַיִּשְׁתָּחוּ וַיָּבֹא אֶל־בֵּיתוֹ וַיִּשְׁאַל וַיָּשִׂימוּ לוֹ לֶחֶם
21 וַיֹּאכַֽל: וַיֹּאמְרוּ עֲבָדָיו אֵלָיו מָֽה־הַדָּבָר הַזֶּה אֲשֶׁר עָשִׂיתָה בַּעֲבוּר
22 הַיֶּלֶד חַי צַמְתָּ וַתֵּבְךְּ וְכַאֲשֶׁר מֵת הַיֶּלֶד קַמְתָּ וַתֹּאכַל לָֽחֶם: וַיֹּאמֶר
בְּעוֹד הַיֶּלֶד חַי צַמְתִּי וָאֶבְכֶּה כִּי אָמַרְתִּי מִי יוֹדֵעַ יחנני יְהוָה ‏**וְחַנַּנִי**
23 וְחַי הַיָּֽלֶד: וְעַתָּֽה ׀ מֵת לָמָּה זֶּה אֲנִי צָם הַאוּכַל לַהֲשִׁיבוֹ עוֹד אֲנִי
24 הֹלֵךְ אֵלָיו וְהוּא לֹא־יָשׁוּב אֵלָֽי: וַיְנַחֵם דָּוִד אֵת בַּת־שֶׁבַע אִשְׁתּוֹ
וַיָּבֹא אֵלֶיהָ וַיִּשְׁכַּב עִמָּהּ וַתֵּלֶד בֵּן וַיִּקְרָא אֶת־שְׁמוֹ שְׁלֹמֹה וַיהוָה ‏**וַתִּקְרָא**
25 אֲהֵבֽוֹ: וַיִּשְׁלַח בְּיַד נָתָן הַנָּבִיא וַיִּקְרָא אֶת־שְׁמוֹ יְדִידְיָהּ בַּעֲבוּר
יְהוָֽה:
26 וַיִּלָּחֶם יוֹאָב בְּרַבַּת בְּנֵי עַמּוֹן וַיִּלְכֹּד אֶת־עִיר הַמְּלוּכָֽה: וַיִּשְׁלַח יוֹאָב
27 מַלְאָכִים אֶל־דָּוִד וַיֹּאמֶר נִלְחַמְתִּי בְרַבָּה גַּם־לָכַדְתִּי אֶת־עִיר הַמָּֽיִם:
28 וְעַתָּה אֱסֹף אֶת־יֶתֶר הָעָם וַחֲנֵה עַל־הָעִיר וְלָכְדָהּ פֶּן־אֶלְכֹּד אֲנִי
29 אֶת־הָעִיר וְנִקְרָא שְׁמִי עָלֶֽיהָ: וַיֶּאֱסֹף דָּוִד אֶת־כָּל־הָעָם וַיֵּלֶךְ רַבָּתָה
30 וַיִּלָּחֶם בָּהּ וַֽיִּלְכְּדָֽהּ: וַיִּקַּח אֶת־עֲטֶרֶת־מַלְכָּם מֵעַל רֹאשׁוֹ וּמִשְׁקָלָהּ
כִּכַּר זָהָב וְאֶבֶן יְקָרָה וַתְּהִי עַל־רֹאשׁ דָּוִד וּשְׁלַל הָעִיר הוֹצִיא הַרְבֵּה
31 מְאֹֽד: וְאֶת־הָעָם אֲשֶׁר־בָּהּ הוֹצִיא וַיָּשֶׂם בַּמְּגֵרָה וּבַחֲרִצֵי הַבַּרְזֶל
וּֽבְמַגְזְרֹת הַבַּרְזֶל וְהֶעֱבִיר אוֹתָם במלכן כֵן יַעֲשֶׂה לְכֹל עָרֵי בְנֵי־ ‏**בַּמַּלְבֵּן**
עַמּוֹן וַיָּשָׁב דָּוִד וְכָל־הָעָם יְרוּשָׁלָֽͅם:
13 1 וַיְהִי אַחֲרֵי־כֵן וּלְאַבְשָׁלוֹם בֶּן־דָּוִד אָחוֹת יָפָה וּשְׁמָהּ תָּמָר וַיֶּאֱהָבֶהָ
2 אַמְנוֹן בֶּן־דָּוִֽד: וַיֵּצֶר לְאַמְנוֹן לְהִתְחַלּוֹת בַּעֲבוּר תָּמָר אֲחֹתוֹ כִּי
3 בְתוּלָה הִיא וַיִּפָּלֵא בְּעֵינֵי אַמְנוֹן לַעֲשׂוֹת לָהּ מְאֽוּמָה: וּלְאַמְנוֹן רֵעַ
4 וּשְׁמוֹ יְוֹנָדָב בֶּן־שִׁמְעָה אֲחִי דָוִד וְיֽוֹנָדָב אִישׁ חָכָם מְאֹֽד: וַיֹּאמֶר
לוֹ מַדּוּעַ אַתָּה כָּכָה דַּל בֶּן־הַמֶּלֶךְ בַּבֹּקֶר בַּבֹּקֶר הֲלוֹא תַּגִּיד לִֽי
5 וַיֹּאמֶר לוֹ אַמְנוֹן אֶת־תָּמָר אֲחוֹת אַבְשָׁלֹם אָחִי אֲנִי אֹהֵֽב: וַיֹּאמֶר
לוֹ יְהוֹנָדָב שְׁכַב עַל־מִשְׁכָּבְךָ וְהִתְחָל וּבָא אָבִיךָ לִרְאוֹתֶךָ וְאָמַרְתָּ
אֵלָיו תָּבֹא נָא תָמָר אֲחוֹתִי וְתַבְרֵנִי לֶחֶם וְעָשְׂתָה לְעֵינַי אֶת־הַבִּרְיָה

say unto him, I pray thee, let my sister Tamar come, and give me meat, and dress the meat in my sight, that I may see *it*, and eat *it* at her hand.

6 ¶ So Amnon lay down, and made himself sick: and when the king was come to see him, Amnon said unto the king, I pray thee, let Tamar my sister come, and make me a couple of cakes in my sight, that I may eat at her hand.

7 Then David sent home to Tamar, saying, Go now to thy brother Amnon's house, and dress him meat.

8 So Tamar went to her brother Amnon's house; and he was laid down. And she took flour, and kneaded *it*, and made cakes in his sight, and did bake the cakes.

9 And she took a pan, and poured *them* out before him; but he refused to eat. And Amnon said, Have out all men from me. And they went out every man from him.

10 And Amnon said unto Tamar, Bring the meat into the chamber, that I may eat of thine hand. And Tamar took the cakes which she had made, and brought *them* into the chamber to Amnon her brother.

11 And when she had brought *them* unto him to eat, he took hold of her, and said unto her, Come lie with me, my sister.

12 And she answered him, Nay, my brother, do not force me; for no such thing ought to be done in Israel: do not thou this folly.

13 And I, whither shall I cause my shame to go? and as for thee, thou shalt be as one of the fools in Israel. Now therefore, I pray thee, speak unto the king; for he will not withhold me from thee.

14 Howbeit he would not hearken unto her voice: but, being stronger than she, forced her, and lay with her.

15 ¶ Then Amnon hated her exceedingly; so that the hatred wherewith he hated her *was* greater than the love wherewith he had loved her. And Amnon said unto her, Arise, be gone.

16 And she said unto him, *There is* no cause: this evil in sending me away *is* greater than the other that thou didst unto me. But he would not hearken unto her.

17 Then he called his servant that ministered unto him, and said, Put now this *woman* out from me, and bolt the door after her.

18 And *she had* a garment of divers colours upon her: for with such robes were the king's daughters *that were* virgins apparelled. Then his servant brought her out, and bolted the door after her.

19 ¶ And Tamar put ashes on her head, and rent her garment of divers colours that *was* on her, and laid her hand on her head, and went on crying.

20 And Absalom her brother said unto her, Hath Amnon thy brother been with thee? but hold now thy peace, my sister: he *is* thy brother; regard not this thing. So Tamar remained desolate in her brother Absalom's house.

21 ¶ But when king David heard of all these things, he was very wroth.

22 And Absalom spake unto his brother Amnon neither good nor bad: for Absalom hated Amnon, because he had forced his sister Tamar.

23 ¶ And it came to pass after two full years, that Absalom had sheepshearers in Baal-hazor, which *is* beside Ephraim: and Absalom invited all the king's sons.

24 And Absalom came to the king, and said, Behold now, thy servant hath sheepshearers; let the king, I beseech thee, and his servants go with thy servant.

25 And the king said to Absalom, Nay, my son, let us not all now go, lest we be chargeable unto thee. And he pressed him: howbeit he would not go, but blessed him.

26 Then said Absalom, If not, I pray thee, let my brother Amnon go with us. And the king said unto him, Why should he go with thee?

27 But Absalom pressed him, that he let Amnon and all the king's sons go with him.

6 לְמַעַן אֶרְאֶה וְאָכַלְתִּי מִיָּדָהּ: וַיִּשְׁכַּב אַמְנוֹן וַיִּתְחָל וַיָּבֹא הַמֶּ֫לֶךְ
לִרְאֹתוֹ וַיֹּאמֶר אַמְנוֹן אֶל־הַמֶּ֫לֶךְ תָּבוֹא־נָא תָּמָר אֲחֹתִי וּתְלַבֵּב לְעֵינַי

7 שְׁתֵּי לְבִבוֹת וְאֶבְרֶה מִיָּדָהּ: וַיִּשְׁלַח דָּוִד אֶל־תָּמָר הַבַּיְתָה לֵאמֹר

8 לְכִי נָא בֵּית אַמְנוֹן אָחִיךְ וַעֲשִׂי־לוֹ הַבִּרְיָה: וַתֵּ֫לֶךְ תָּמָר בֵּית אַמְנוֹן
אָחִיהָ וְהוּא שֹׁכֵב וַתִּקַּח אֶת־הַבָּצֵק וַתָּלוֹשׁ וַתְּלַבֵּב לְעֵינָיו וַתְּבַשֵּׁל

9 אֶת־הַלְּבִבוֹת: וַתִּקַּח אֶת־הַמַּשְׂרֵת וַתִּצֹק לְפָנָיו וַיְמָאֵן לֶאֱכוֹל וַיֹּאמֶר

10A 10 אַמְנוֹן הוֹצִיאוּ כָל־אִישׁ מֵעָלַי וַיֵּצְאוּ כָל־אִישׁ מֵעָלָיו: וַיֹּאמֶר אַמְנוֹן
אֶל־תָּמָר הָבִיאִי הַבִּרְיָה הַחֶ֫דֶר וְאֶבְרֶה מִיָּדֵךְ וַתִּקַּח תָּמָר אֶת־

11 הַלְּבִבוֹת אֲשֶׁר עָשָׂתָה וַתָּבֵא לְאַמְנוֹן אָחִיהָ הֶחָ֑דְרָה: וַתַּגֵּשׁ אֵלָיו

12 לֶאֱכֹל וַיַּחֲזֶק־בָּהּ וַיֹּאמֶר לָהּ בּ֫וֹאִי שִׁכְבִי עִמִּי אֲחוֹתִי: וַתֹּאמֶר לוֹ
אַל־אָחִי אַל־תְּעַנֵּנִי כִּי לֹא־יֵעָשֶׂה כֵן בְּיִשְׂרָאֵל אַל־תַּעֲשֵׂה אֶת־

13 הַנְּבָלָה הַזֹּאת: וַאֲנִי אָ֫נָה אוֹלִיךְ אֶת־חֶרְפָּתִי וְאַתָּה תִּהְיֶה כְּאַחַד
הַנְּבָלִים בְּיִשְׂרָאֵל וְעַתָּה דַּבֶּר־נָא אֶל־הַמֶּ֫לֶךְ כִּי לֹא יִמְנָעֵנִי מִמֶּ֫ךָּ:

14 וְלֹא אָבָה לִשְׁמֹעַ בְּקוֹלָהּ וַיֶּחֱזַק מִמֶּ֫נָּה וַיְעַנֶּהָ וַיִּשְׁכַּב אֹתָהּ: וַיִּשְׂנָאֶהָ
15 אַמְנוֹן שִׂנְאָה גְּדוֹלָה מְאֹד כִּי גְדוֹלָה הַשִּׂנְאָה אֲשֶׁר שְׂנֵאָהּ מֵאַהֲבָה

16 אֲשֶׁר אֲהֵבָהּ וַיֹּאמֶר־לָהּ אַמְנוֹן ק֫וּמִי לֵ֫כִי: וַתֹּאמֶר לוֹ אַל־אֹדֹת
הָרָעָה הַגְּדוֹלָה הַזֹּאת מֵאַחֶ֫רֶת אֲשֶׁר־עָשִׂיתָ עִמִּי לְשַׁלְּחֵנִי וְלֹא אָבָה

17 לִשְׁמֹעַ לָהּ: וַיִּקְרָא אֶת־נַעֲרוֹ מְשָׁרְתוֹ וַיֹּאמֶר שִׁלְחוּ־נָא אֶת־זֹאת

18 מֵעָלַי הַח֫וּצָה וּנְעֹל הַדֶּ֫לֶת אַחֲרֶ֫יהָ: וְעָלֶ֫יהָ כְּתֹ֫נֶת פַּסִּים כִּי כֵן
תִּלְבַּ֫שְׁןָ בְנוֹת־הַמֶּ֫לֶךְ הַבְּתוּלֹת מְעִילִים וַיֹּצֵא אוֹתָהּ מְשָׁרְתוֹ הַח֫וּץ

19 וְנָעַל הַדֶּ֫לֶת אַחֲרֶ֫יהָ: וַתִּקַּח תָּמָר אֵ֫פֶר עַל־רֹאשָׁהּ וּכְתֹ֫נֶת הַפַּסִּים
אֲשֶׁר עָלֶ֫יהָ קָרָ֑עָה וַתָּ֫שֶׂם יָדָהּ עַל־רֹאשָׁהּ וַתֵּ֫לֶךְ הָל֫וֹךְ וְזָעָ֫קָה:

20 וַיֹּאמֶר אֵלֶ֫יהָ אַבְשָׁלוֹם אָחִיהָ הַאֲמִינוֹן אָחִיךְ הָיָה עִמָּךְ וְעַתָּה
אֲחוֹתִי הַחֲרִ֫ישִׁי אָחִיךְ הוּא אַל־תָּשִׁ֫יתִי אֶת־לִבֵּךְ לַדָּבָר הַזֶּה וַתֵּ֫שֶׁב

21 תָּמָר וְשֹׁמֵמָה בֵּית אַבְשָׁלוֹם אָחִיהָ: וְהַמֶּ֫לֶךְ דָּוִד שָׁמַע אֵת כָּל־

22 הַדְּבָרִים הָאֵ֫לֶּה וַיִּ֫חַר לוֹ מְאֹד: וְלֹא־דִבֶּר אַבְשָׁלוֹם עִם־אַמְנוֹן לְמֵרָע
וְעַד־טוֹב כִּי־שָׂנֵא אַבְשָׁלוֹם אֶת־אַמְנוֹן עַל־דְּבַר אֲשֶׁר עִנָּה אֵת תָּמָר
אֲחֹתוֹ:

23 וַיְהִי לִשְׁנָתַ֫יִם יָמִים וַיִּהְיוּ גֹזְזִים לְאַבְשָׁלוֹם בְּבַ֫עַל חָצוֹר אֲשֶׁר עִם־

24 אֶפְרָיִם וַיִּקְרָא אַבְשָׁלוֹם לְכָל־בְּנֵי הַמֶּ֫לֶךְ: וַיָּבֹא אַבְשָׁלוֹם אֶל־הַמֶּ֫לֶךְ
וַיֹּאמֶר הִנֵּה־נָא גֹזְזִים לְעַבְדֶּ֫ךָ יֵלֶךְ־נָא הַמֶּ֫לֶךְ וַעֲבָדָיו עִם־עַבְדֶּ֫ךָ:

25 וַיֹּאמֶר הַמֶּ֫לֶךְ אֶל־אַבְשָׁלוֹם אַל־בְּנִי אַל־נָא נֵלֵךְ כֻּלָּ֫נוּ וְלֹא נִכְבַּד

26 עָלֶ֫יךָ וַיִּפְרָץ־בּוֹ וְלֹא־אָבָה לָלֶ֫כֶת וַיְבָרֲכֵהוּ: וַיֹּאמֶר אַבְשָׁלוֹם וָלֹא

27 יֵלֶךְ־נָא אִתָּ֫נוּ אַמְנוֹן אָחִי וַיֹּאמֶר לוֹ הַמֶּ֫לֶךְ לָ֫מָּה יֵלֵךְ עִמָּךְ: וַיִּפְרָץ־בּוֹ

28 אַבְשָׁלוֹם וַיִּשְׁלַח אִתּוֹ אֶת־אַמְנוֹן וְאֵת כָּל־בְּנֵי הַמֶּ֫לֶךְ: וַיְצַו

וַתָּ֫לָשׁ

28 ¶ Now Absalom had commanded his servants, saying, Mark ye now when Amnon's heart is merry with wine, and when I say unto you, Smite Amnon; then kill him, fear not: have not I commanded you? be courageous, and be valiant.

29 And the servants of Absalom did unto Amnon as Absalom had commanded. Then all the king's sons arose, and every man gat him up upon his mule, and fled.

30 ¶ And it came to pass, while they were in the way, that tidings came to David, saying, Absalom hath slain all the king's sons, and there is not one of them left.

31 Then the king arose, and tare his garments, and lay on the earth; and all his servants stood by with their clothes rent.

32 And Jonadab, the son of Shimeah David's brother, answered and said, Let not my lord suppose *that* they have slain all the young men the king's sons; for Amnon only is dead: for by the appointment of Absalom this hath been determined from the day that he forced his sister Tamar.

33 Now therefore let not my lord the king take the thing to his heart, to think that all the king's sons are dead: for Amnon only is dead.

34 But Absalom fled. And the young man that kept the watch lifted up his eyes, and looked, and, behold, there came much people by the way of the hill side behind him.

35 And Jonadab said unto the king, Behold, the king's sons come: as thy servant said, so it is.

36 And it came to pass, as soon as he had made an end of speaking, that, behold, the king's sons came, and lifted up their voice and wept: and the king also and all his servants wept very sore.

37 ¶ But Absalom fled, and went to Talmai, the son of Ammihud, king of Geshur. And *David* mourned for his son every day.

38 So Absalom fled, and went to Geshur, and was there three years.

39 And *the soul of* king David longed to go forth unto Absalom: for he was comforted concerning Amnon, seeing he was dead.

CHAPTER 14

1 Now Joab the son of Zeruiah perceived that the king's heart *was* toward Absalom.

2 And Joab sent to Tekoah, and fetched thence a wise woman, and said unto her, I pray thee, feign thyself to be a mourner, and put on now mourning apparel, and anoint not thyself with oil, but be as a woman that had a long time mourned for the dead:

3 And come to the king, and speak on this manner unto him. So Joab put the words in her mouth.

4 ¶ And when the woman of Tekoah spake to the king, she fell on her face to the ground, and did obeisance, and said, Help, O king.

5 And the king said unto her, What aileth thee? And she answered, I *am* indeed a widow woman, and mine husband is dead.

6 And thy handmaid had two sons, and they two strove together in the field, and *there was* none to part them, but the one smote the other, and slew him.

7 And, behold, the whole family is risen against thine handmaid, and they said, Deliver him that smote his brother, that we may kill him, for the life of his brother whom he slew; and we will destroy the heir also: and so they shall quench my coal which is left, and shall not leave to my husband *neither* name nor remainder upon the earth.

8 And the king said unto the woman, Go to thine house, and I will give charge concerning thee.

9 And the woman of Tekoah said unto the king, My lord, O king, the iniquity *be* on me, and on my father's house: and the king and his throne *be* guiltless.

10 And the king said, Whosoever saith

אַבְשָׁלוֹם אֶת־נְעָרָיו לֵאמֹר רְאוּ נָא כְּטוֹב לֵב־אַמְנוֹן בַּיַּיִן וְאָמַרְתִּי
אֲלֵיכֶם הַכּוּ אֶת־אַמְנוֹן וַהֲמִתֶּם אֹתוֹ אַל־תִּירָאוּ הֲלוֹא כִּי אָנֹכִי

29 צִוִּיתִי אֶתְכֶם חִזְקוּ וִהְיוּ לִבְנֵי־חָיִל: וַיַּעֲשׂוּ נַעֲרֵי אַבְשָׁלוֹם לְאַמְנוֹן
כַּאֲשֶׁר צִוָּה אַבְשָׁלוֹם וַיָּקֻמוּ ׀ כָּל־בְּנֵי הַמֶּלֶךְ וַיִּרְכְּבוּ אִישׁ עַל־פִּרְדּוֹ

30A 30 וַיָּנֻסוּ: וַיְהִי הֵמָּה בַדֶּרֶךְ וְהַשְּׁמֻעָה בָאָה אֶל־דָּוִד לֵאמֹר הִכָּה
31 אַבְשָׁלוֹם אֶת־כָּל־בְּנֵי הַמֶּלֶךְ וְלֹא־נוֹתַר מֵהֶם אֶחָד: וַיָּקָם
הַמֶּלֶךְ וַיִּקְרַע אֶת־בְּגָדָיו וַיִּשְׁכַּב אָרְצָה וְכָל־עֲבָדָיו נִצָּבִים קְרֻעֵי

32 בְגָדִים: וַיַּעַן יוֹנָדָב ׀ בֶּן־שִׁמְעָה אֲחִי־דָוִד וַיֹּאמֶר אַל־יֹאמַר
אֲדֹנִי אֵת כָּל־הַנְּעָרִים בְּנֵי־הַמֶּלֶךְ הֵמִיתוּ כִּי־אַמְנוֹן לְבַדּוֹ מֵת כִּי־

33A 33 עַל־פִּי אַבְשָׁלוֹם הָיְתָה שׂוּמָה מִיּוֹם עַנֹּתוֹ אֵת תָּמָר אֲחֹתוֹ: וְעַתָּה
אַל־יָשֵׂם אֲדֹנִי הַמֶּלֶךְ אֶל־לִבּוֹ דָּבָר לֵאמֹר כָּל־בְּנֵי הַמֶּלֶךְ מֵתוּ כִּי־

אִם־אַמְנוֹן לְבַדּוֹ מֵת:

34 וַיִּבְרַח אַבְשָׁלוֹם וַיִּשָּׂא הַנַּעַר הַצֹּפֶה אֶת־עֵינוֹ וַיַּרְא וְהִנֵּה עַם־רָב
35 הֹלְכִים מִדֶּרֶךְ אַחֲרָיו מִצַּד הָהָר: וַיֹּאמֶר יוֹנָדָב אֶל־הַמֶּלֶךְ הִנֵּה בְנֵי־
36 הַמֶּלֶךְ בָּאוּ כִּדְבַר עַבְדְּךָ כֵּן הָיָה: וַיְהִי ׀ כְּכַלֹּתוֹ לְדַבֵּר וְהִנֵּה בְנֵי־
הַמֶּלֶךְ בָּאוּ וַיִּשְׂאוּ קוֹלָם וַיִּבְכּוּ וְגַם־הַמֶּלֶךְ וְכָל־עֲבָדָיו בָּכוּ בְּכִי גָּדוֹל

37A 37 מְאֹד: וְאַבְשָׁלוֹם בָּרַח וַיֵּלֶךְ אֶל־תַּלְמַי בֶּן־עַמִּיחוּר מֶלֶךְ גְּשׁוּר
38 וַיִּתְאַבֵּל עַל־בְּנוֹ כָּל־הַיָּמִים: וְאַבְשָׁלוֹם בָּרַח וַיֵּלֶךְ גְּשׁוּר וַיְהִי־שָׁם
39 שָׁלֹשׁ שָׁנִים: וַתְּכַל דָּוִד הַמֶּלֶךְ לָצֵאת אֶל־אַבְשָׁלוֹם כִּי־נִחַם עַל־

14 1 אַמְנוֹן כִּי־מֵת: וַיֵּדַע יוֹאָב בֶּן־צְרֻיָה כִּי־לֵב הַמֶּלֶךְ עַל־
2 אַבְשָׁלוֹם: וַיִּשְׁלַח יוֹאָב תְּקוֹעָה וַיִּקַּח מִשָּׁם אִשָּׁה חֲכָמָה וַיֹּאמֶר
אֵלֶיהָ הִתְאַבְּלִי־נָא וְלִבְשִׁי־נָא בִגְדֵי־אֵבֶל וְאַל־תָּסוּכִי שֶׁמֶן וְהָיִית
3 כְּאִשָּׁה זֶה יָמִים רַבִּים מִתְאַבֶּלֶת עַל־מֵת: וּבָאת אֶל־הַמֶּלֶךְ וְדִבַּרְתְּ
4 אֵלָיו כַּדָּבָר הַזֶּה וַיָּשֶׂם יוֹאָב אֶת־הַדְּבָרִים בְּפִיהָ: וַתֹּאמֶר הָאִשָּׁה
הַתְּקֹעִית אֶל־הַמֶּלֶךְ וַתִּפֹּל עַל־אַפֶּיהָ אַרְצָה וַתִּשְׁתָּחוּ וַתֹּאמֶר
5 הוֹשִׁעָה הַמֶּלֶךְ: וַיֹּאמֶר־לָהּ הַמֶּלֶךְ מַה־לָּךְ וַתֹּאמֶר אֲבָל
6 אִשָּׁה־אַלְמָנָה אָנִי וַיָּמָת אִישִׁי: וּלְשִׁפְחָתְךָ שְׁנֵי בָנִים וַיִּנָּצוּ שְׁנֵיהֶם
7A 7 בַּשָּׂדֶה וְאֵין מַצִּיל בֵּינֵיהֶם וַיַּכּוֹ הָאֶחָד אֶת־הָאֶחָד וַיָּמֶת אֹתוֹ: וְהִנֵּה
קָמָה כָל־הַמִּשְׁפָּחָה עַל־שִׁפְחָתֶךָ וַיֹּאמְרוּ תְּנִי ׀ אֶת־מַכֵּה אָחִיו
וּנְמִתֵהוּ בְּנֶפֶשׁ אָחִיו אֲשֶׁר הָרָג וְנַשְׁמִידָה גַּם אֶת־הַיּוֹרֵשׁ וְכִבּוּ אֶת־
גַּחַלְתִּי אֲשֶׁר נִשְׁאָרָה לְבִלְתִּי שִׂום־לְאִישִׁי שֵׁם וּשְׁאֵרִית עַל־פְּנֵי
הָאֲדָמָה:

8 9 וַיֹּאמֶר הַמֶּלֶךְ אֶל־הָאִשָּׁה לְכִי לְבֵיתֵךְ וַאֲנִי אֲצַוֶּה עָלָיִךְ: וַתֹּאמֶר
הָאִשָּׁה הַתְּקוֹעִית אֶל־הַמֶּלֶךְ עָלַי אֲדֹנִי הַמֶּלֶךְ הֶעָוֹן וְעַל־בֵּית אָבִי
10 וְהַמֶּלֶךְ וְכִסְאוֹ נָקִי: וַיֹּאמֶר הַמֶּלֶךְ הַמְדַבֵּר אֵלַיִךְ וַהֲבֵאתוֹ

ought unto thee, bring him to me, and he shall not touch thee any more.

11 Then said she, I pray thee, let the king remember the LORD thy God, that thou wouldest not suffer the revengers of blood to destroy any more, lest they destroy my son. And he said, *As* the LORD liveth, there shall not one hair of thy son fall to the earth.

12 Then the woman said, Let thine handmaid, I pray thee, speak *one* word unto my lord the king. And he said, Say on.

13 And the woman said, Wherefore then hast thou thought such a thing against the people of God? for the king doth speak this thing as one which is faulty, in that the king doth not fetch home again his banished.

14 For we must needs die, and *are* as water spilt on the ground, which cannot be gathered up again; neither doth God respect *any* person: yet doth he devise means, that his banished be not expelled from him.

15 Now therefore that I am come to speak of this thing unto my lord the king, *it is* because the people have made me afraid: and thy handmaid said, I will now speak unto the king; it may be that the king will perform the request of his handmaid.

16 For the king will hear, to deliver his handmaid out of the hand of the man *that would* destroy me and my son together out of the inheritance of God.

17 Then thine handmaid said, The word of my lord the king shall now be comfortable: for as an angel of God, so *is* my lord the king to discern good and bad: therefore the LORD thy God will be with thee.

18 Then the king answered and said unto the woman, Hide not from me, I pray thee, the thing that I shall ask thee. And the woman said, Let my lord the king now speak.

19 And the king said, *Is not* the hand of Joab with thee in all this? And the woman answered and said, As thy soul liveth, my lord the king, none can turn to the right hand or to the left from ought that my lord the king hath spoken: for thy servant Joab, he bade me, and he put all these words in the mouth of thine handmaid:

20 To fetch about this form of speech hath thy servant Joab done this thing: and my lord *is* wise, according to the wisdom of an angel of God, to know all *things* that *are* in the earth.

21 ¶ And the king said unto Joab, Behold now, I have done this thing: go therefore, bring the young man Absalom again.

22 And Joab fell to the ground on his face, and bowed himself, and thanked the king: and Joab said, To day thy servant knoweth that I have found grace in thy sight, my lord, O king, in that the king hath fulfilled the request of his servant.

23 So Joab arose and went to Geshur, and brought Absalom to Jerusalem.

24 And the king said, Let him turn to his own house, and let him not see my face. So Absalom returned to his own house, and saw not the king's face.

25 ¶ But in all Israel there was none to be so much praised as Absalom for his beauty: from the sole of his foot even to the crown of his head there was no blemish in him.

26 And when he polled his head, (for it was at every year's end that he polled *it*: because *the hair* was heavy on him, therefore he polled it:) he weighed the hair of his head at two hundred shekels after the king's weight.

27 And unto Absalom there were born three sons, and one daughter, whose name *was* Tamar: she was a woman of a fair countenance.

28 ¶ So Absalom dwelt two full years in Jerusalem, and saw not the king's face.

29 Therefore Absalom sent for Joab, to have sent him to the king; but he would

11 אֵלַי וְלֹא־יֹסִיף עוֹד לָגַעַת בָּךְ: וַתֹּאמֶר יִזְכָּר־נָא הַמֶּלֶךְ אֶת־יְהוָה

אֱלֹהֶיךָ מֵהַרְבִּית גֹּאֵל הַדָּם לְשַׁחֵת וְלֹא יַשְׁמִידוּ אֶת־בְּנִי וַיֹּאמֶר

12 חַי־יְהוָה אִם־יִפֹּל מִשַּׂעֲרַת בְּנֵךְ אָרְצָה: וַתֹּאמֶר הָאִשָּׁה תְּדַבֶּר־נָא

13 שִׁפְחָתְךָ אֶל־אֲדֹנִי הַמֶּלֶךְ דָּבָר וַיֹּאמֶר דַּבֵּרִי: וַתֹּאמֶר

הָאִשָּׁה וְלָמָּה חָשַׁבְתָּה כָּזֹאת עַל־עַם אֱלֹהִים וּמִדַּבֵּר הַמֶּלֶךְ הַדָּבָר

14 הַזֶּה כְּאָשֵׁם לְבִלְתִּי הָשִׁיב הַמֶּלֶךְ אֶת־נִדְּחוֹ: כִּי־מוֹת נָמוּת וְכַמַּיִם

הַנִּגָּרִים אַרְצָה אֲשֶׁר לֹא יֵאָסֵפוּ וְלֹא־יִשָּׂא אֱלֹהִים נֶפֶשׁ וְחָשַׁב

15 מַחֲשָׁבוֹת לְבִלְתִּי יִדַּח מִמֶּנּוּ נִדָּח: וְעַתָּה אֲשֶׁר־בָּאתִי לְדַבֵּר אֶל־

הַמֶּלֶךְ אֲדֹנִי אֶת־הַדָּבָר הַזֶּה כִּי יֵרְאֻנִי הָעָם וַתֹּאמֶר שִׁפְחָתְךָ

16 אֲדַבְּרָה־נָּא אֶל־הַמֶּלֶךְ אוּלַי יַעֲשֶׂה הַמֶּלֶךְ אֶת־דְּבַר אֲמָתוֹ: כִּי

יִשְׁמַע הַמֶּלֶךְ לְהַצִּיל אֶת־אֲמָתוֹ מִכַּף הָאִישׁ לְהַשְׁמִיד אֹתִי וְאֶת־בְּנִי

17 יַחַד מִנַּחֲלַת אֱלֹהִים: וַתֹּאמֶר שִׁפְחָתְךָ יִהְיֶה־נָּא דְּבַר־אֲדֹנִי הַמֶּלֶךְ

לִמְנֻחָה כִּי כְּמַלְאַךְ הָאֱלֹהִים כֵּן אֲדֹנִי הַמֶּלֶךְ לִשְׁמֹעַ הַטּוֹב וְהָרָע

וַיהוָה אֱלֹהֶיךָ יְהִי עִמָּךְ:

18 וַיַּעַן הַמֶּלֶךְ וַיֹּאמֶר אֶל־הָאִשָּׁה אַל־נָא תְכַחֲדִי מִמֶּנִּי דָּבָר אֲשֶׁר אָנֹכִי

19 שֹׁאֵל אֹתָךְ וַתֹּאמֶר הָאִשָּׁה יְדַבֶּר־נָא אֲדֹנִי הַמֶּלֶךְ: וַיֹּאמֶר הַמֶּלֶךְ

הֲיַד יוֹאָב אִתָּךְ בְּכָל־זֹאת וַתַּעַן הָאִשָּׁה וַתֹּאמֶר חֵי־נַפְשְׁךָ אֲדֹנִי

הַמֶּלֶךְ אִם־אִשׁ לְהֵמִין וּלְהַשְׂמִיל מִכֹּל אֲשֶׁר־דִּבֶּר אֲדֹנִי הַמֶּלֶךְ כִּי־

עַבְדְּךָ יוֹאָב הוּא צִוָּנִי וְהוּא שָׂם בְּפִי שִׁפְחָתְךָ אֵת כָּל־הַדְּבָרִים

20 הָאֵלֶּה: לְבַעֲבוּר סַבֵּב אֶת־פְּנֵי הַדָּבָר עָשָׂה עַבְדְּךָ יוֹאָב אֶת־הַדָּבָר

הַזֶּה וַאדֹנִי חָכָם כְּחָכְמַת מַלְאַךְ הָאֱלֹהִים לָדַעַת אֶת־כָּל־אֲשֶׁר

21 בָּאָרֶץ: וַיֹּאמֶר הַמֶּלֶךְ אֶל־יוֹאָב הִנֵּה־נָא עָשִׂיתִי אֶת־הַדָּבָר

22 הַזֶּה וְלֵךְ הָשֵׁב אֶת־הַנַּעַר אֶת־אַבְשָׁלוֹם: וַיִּפֹּל יוֹאָב אֶל־פָּנָיו אַרְצָה

וַיִּשְׁתַּחוּ וַיְבָרֶךְ אֶת־הַמֶּלֶךְ וַיֹּאמֶר יוֹאָב הַיּוֹם יָדַע עַבְדְּךָ כִּי־מָצָאתִי

23 חֵן בְּעֵינֶיךָ אֲדֹנִי הַמֶּלֶךְ אֲשֶׁר־עָשָׂה הַמֶּלֶךְ אֶת־דְּבַר עַבְדּוֹ: וַיָּקָם

יוֹאָב וַיֵּלֶךְ גְּשׁוּרָה וַיָּבֵא אֶת־אַבְשָׁלוֹם יְרוּשָׁלָם:

24 וַיֹּאמֶר הַמֶּלֶךְ יִסֹּב אֶל־בֵּיתוֹ וּפָנַי לֹא יִרְאֶה וַיִּסֹּב אַבְשָׁלוֹם אֶל־בֵּיתוֹ

25 וּפְנֵי הַמֶּלֶךְ לֹא רָאָה: וּכְאַבְשָׁלוֹם לֹא־הָיָה אִישׁ־יָפֶה

בְּכָל־יִשְׂרָאֵל לְהַלֵּל מְאֹד מִכַּף רַגְלוֹ וְעַד קָדְקֳדוֹ לֹא־הָיָה בוֹ מוּם:

26 וּבְגַלְּחוֹ אֶת־רֹאשׁוֹ וְהָיָה מִקֵּץ יָמִים לַיָּמִים אֲשֶׁר יְגַלֵּחַ כִּי־כָבֵד

עָלָיו וְגִלְּחוֹ וְשָׁקַל אֶת־שְׂעַר רֹאשׁוֹ מָאתַיִם שְׁקָלִים בְּאֶבֶן הַמֶּלֶךְ:

27 וַיִּוָּלְדוּ לְאַבְשָׁלוֹם שְׁלוֹשָׁה בָנִים וּבַת אַחַת וּשְׁמָהּ תָּמָר הִיא הָיְתָה

אִשָּׁה יְפַת מַרְאֶה:

28 וַיֵּשֶׁב אַבְשָׁלוֹם בִּירוּשָׁלַם שְׁנָתַיִם יָמִים וּפְנֵי הַמֶּלֶךְ לֹא רָאָה:

29 וַיִּשְׁלַח אַבְשָׁלוֹם אֶל־יוֹאָב לִשְׁלֹחַ אֹתוֹ אֶל־הַמֶּלֶךְ וְלֹא אָבָה לָבוֹא

not come to him: and when he sent again the second time, he would not come.

30 Therefore he said unto his servants, See, Joab's field is near mine, and he hath barley there; go and set it on fire. And Absalom's servants set the field on fire.

31 Then Joab arose, and came to Absalom unto *his* house, and said unto him, Wherefore have thy servants set my field on fire?

32 And Absalom answered Joab, Behold, I sent unto thee, saying, Come hither, that I may send thee to the king, to say, Wherefore am I come from Geshur? *it had been* good for me *to have been* there still: now therefore let me see the king's face; and if there be *any* iniquity in me, let him kill me.

33 So Joab came to the king, and told him: and when he had called for Absalom, he came to the king, and bowed himself on his face to the ground before the king: and the king kissed Absalom.

CHAPTER 15

1 And it came to pass after this, that Absalom prepared him chariots and horses, and fifty men to run before him.

2 And Absalom rose up early, and stood beside the way of the gate: and it was *so,* that when any man that had a controversy came to the king for judgment, then Absalom called unto him, and said, Of what city *art* thou? And he said, Thy servant *is* of one of the tribes of Israel.

3 And Absalom said unto him, See, thy matters *are* good and right; but *there is* no man *deputed* of the king to hear thee.

4 Absalom said moreover, Oh that I were made judge in the land, that every man which hath any suit or cause might come unto me, and I would do him justice!

5 And it was *so,* that when any man came nigh *to him* to do him obeisance, he put

forth his hand, and took him, and kissed him.

6 And on this manner did Absalom to all Israel that came to the king for judgment: so Absalom stole the hearts of the men of Israel.

7 ¶ And it came to pass after forty years, that Absalom said unto the king, I pray thee, let me go and pay my vow, which I have vowed unto the LORD, in Hebron.

8 For thy servant vowed a vow while I abode at Geshur in Syria, saying, If the LORD shall bring me again indeed to Jerusalem, then I will serve the LORD.

9 And the king said unto him, Go in peace. So he arose, and went to Hebron.

10 ¶ But Absalom sent spies throughout all the tribes of Israel, saying, As soon as ye hear the sound of the trumpet, then ye shall say, Absalom reigneth in Hebron.

11 And with Absalom went two hundred men out of Jerusalem, *that were* called; and they went in their simplicity, and they knew not any thing.

12 And Absalom sent for Ahithophel the Gilonite, David's counsellor, from his city, *even* from Giloh, while he offered sacrifices. And the conspiracy was strong; for the people increased continually with Absalom.

13 ¶ And there came a messenger to David, saying, The hearts of the men of Israel are after Absalom.

14 And David said unto all his servants that *were* with him at Jerusalem, Arise, and let us flee; for we shall not *else* escape from Absalom: make speed to depart, lest he overtake us suddenly, and bring evil upon us, and smite the city with the edge of the sword.

15 And the king's servants said unto the king, Behold, thy servants *are ready to do* whatsoever my lord the king shall appoint.

אֵלָיו וַיִּשְׁלַח עוֹד שֵׁנִית וְלֹא אָבָה לָבוֹא: וַיֹּאמֶר אֶל־עֲבָדָיו רְאוּ 30

וְהִצִּיתוּהָ חֶלְקַת יוֹאָב אֶל־יָדִי וְלוֹ־שָׁם שְׂעֹרִים לְכוּ וְהוֹצִתִיהָ בָאֵשׁ וַיַּצִּתוּ

עַבְדֵי אַבְשָׁלוֹם אֶת־הַחֶלְקָה בָּאֵשׁ:

וַיָּקָם יוֹאָב וַיָּבֹא אֶל־אַבְשָׁלוֹם הַבָּיְתָה וַיֹּאמֶר אֵלָיו לָמָּה הִצִּיתוּ 31

עֲבָדֶךָ אֶת־הַחֶלְקָה אֲשֶׁר־לִי בָּאֵשׁ: וַיֹּאמֶר אַבְשָׁלוֹם אֶל־יוֹאָב הִנֵּה 32

שָׁלַחְתִּי אֵלֶיךָ ׀ לֵאמֹר בֹּא הֵנָּה וְאֶשְׁלְחָה אֹתְךָ אֶל־הַמֶּלֶךְ לֵאמֹר

לָמָּה בָּאתִי מִגְּשׁוּר טוֹב לִי עֹד אֲנִי־שָׁם וְעַתָּה אֶרְאֶה פְּנֵי הַמֶּלֶךְ

וְאִם־יֶשׁ־בִּי עָוֹן וֶהֱמִתָנִי: וַיָּבֹא יוֹאָב אֶל־הַמֶּלֶךְ וַיַּגֶּד־לוֹ וַיִּקְרָא אֶל־ 33

אַבְשָׁלוֹם וַיָּבֹא אֶל־הַמֶּלֶךְ וַיִּשְׁתַּחוּ לוֹ עַל־אַפָּיו אַרְצָה לִפְנֵי הַמֶּלֶךְ

וַיִּשַּׁק הַמֶּלֶךְ לְאַבְשָׁלוֹם:

וַיְהִי מֵאַחֲרֵי כֵן וַיַּעַשׂ לוֹ אַבְשָׁלוֹם מֶרְכָּבָה וְסֻסִים וַחֲמִשִּׁים אִישׁ 15 1

רָצִים לְפָנָיו: וְהִשְׁכִּים אַבְשָׁלוֹם וְעָמַד עַל־יַד דֶּרֶךְ הַשָּׁעַר וַיְהִי כָּל־ 2

הָאִישׁ אֲשֶׁר־יִהְיֶה־לּוֹ־רִיב לָבוֹא אֶל־הַמֶּלֶךְ לַמִּשְׁפָּט וַיִּקְרָא אַבְשָׁלוֹם

אֵלָיו וַיֹּאמֶר אֵי־מִזֶּה עִיר אַתָּה וַיֹּאמֶר מֵאַחַד שִׁבְטֵי־יִשְׂרָאֵל עַבְדֶּךָ:

וַיֹּאמֶר אֵלָיו אַבְשָׁלוֹם רְאֵה דְבָרֶךָ טוֹבִים וּנְכֹחִים וְשֹׁמֵעַ אֵין־לְךָ 3

מֵאֵת הַמֶּלֶךְ: וַיֹּאמֶר אַבְשָׁלוֹם מִי־יְשִׂמֵנִי שֹׁפֵט בָּאָרֶץ וְעָלַי יָבוֹא 4

כָּל־אִישׁ אֲשֶׁר־יִהְיֶה־לּוֹ־רִיב וּמִשְׁפָּט וְהִצְדַּקְתִּיו: וְהָיָה בִּקְרָב־אִישׁ 5

לְהִשְׁתַּחֲוֹת לוֹ וְשָׁלַח אֶת־יָדוֹ וְהֶחֱזִיק לוֹ וְנָשַׁק לוֹ: וַיַּעַשׂ אַבְשָׁלוֹם 6

כַּדָּבָר הַזֶּה לְכָל־יִשְׂרָאֵל אֲשֶׁר־יָבֹאוּ לַמִּשְׁפָּט אֶל־הַמֶּלֶךְ וַיְגַנֵּב

אַבְשָׁלוֹם אֶת־לֵב אַנְשֵׁי יִשְׂרָאֵל:

וַיְהִי מִקֵּץ אַרְבָּעִים שָׁנָה וַיֹּאמֶר אַבְשָׁלוֹם אֶל־הַמֶּלֶךְ אֵלְכָה נָּא 7

וַאֲשַׁלֵּם אֶת־נִדְרִי אֲשֶׁר־נָדַרְתִּי לַיהוָה בְּחֶבְרוֹן: כִּי־נֵדֶר נָדַר עַבְדְּךָ 8

יָשׁוֹב בְּשִׁבְתִּי בִגְשׁוּר בַּאֲרָם לֵאמֹר אִם־יָשִׁיב יְשִׁיבֵנִי יְהוָה יְרוּשָׁלַם

וְעָבַדְתִּי אֶת־יְהוָה: וַיֹּאמֶר־לוֹ הַמֶּלֶךְ לֵךְ בְּשָׁלוֹם וַיָּקָם וַיֵּלֶךְ 9

חֶבְרוֹנָה:

וַיִּשְׁלַח אַבְשָׁלוֹם מְרַגְּלִים בְּכָל־שִׁבְטֵי יִשְׂרָאֵל לֵאמֹר כְּשָׁמְעֲכֶם אֶת־ 10

קוֹל הַשֹּׁפָר וַאֲמַרְתֶּם מָלַךְ אַבְשָׁלוֹם בְּחֶבְרוֹן: וְאֶת־אַבְשָׁלוֹם הָלְכוּ 11

מָאתַיִם אִישׁ מִירוּשָׁלַם קְרֻאִים וְהֹלְכִים לְתֻמָּם וְלֹא יָדְעוּ כָּל־דָּבָר:

וַיִּשְׁלַח אַבְשָׁלוֹם אֶת־אֲחִיתֹפֶל הַגִּילֹנִי ׀ דָּוִד מֵעִירוֹ מִגֹּלֹה 12

בְּזָבְחוֹ אֶת־הַזְּבָחִים וַיְהִי הַקֶּשֶׁר אַמִּץ וְהָעָם הוֹלֵךְ וָרָב אֶת־

אַבְשָׁלוֹם: וַיָּבֹא הַמַּגִּיד אֶל־דָּוִד לֵאמֹר הָיָה לֶב־אִישׁ יִשְׂרָאֵל אַחֲרֵי 13

אַבְשָׁלוֹם: וַיֹּאמֶר דָּוִד לְכָל־עֲבָדָיו אֲשֶׁר־אִתּוֹ בִירוּשָׁלַם קוּמוּ 14

וְנִבְרָחָה כִּי לֹא־תִהְיֶה־לָּנוּ פְלֵיטָה מִפְּנֵי אַבְשָׁלוֹם מַהֲרוּ לָלֶכֶת פֶּן־

יְמַהֵר וְהִשִּׂגָנוּ וְהִדִּיחַ עָלֵינוּ אֶת־הָרָעָה וְהִכָּה הָעִיר לְפִי־חָרֶב:

וַיֹּאמְרוּ עַבְדֵי־הַמֶּלֶךְ אֶל־הַמֶּלֶךְ כְּכֹל אֲשֶׁר־יִבְחַר אֲדֹנִי הַמֶּלֶךְ הִנֵּה 15

16 And the king went forth, and all his household after him. And the king left ten women, *which were* concubines, to keep the house.

17 And the king went forth, and all the people after him, and tarried in a place that was far off.

18 And all his servants passed on beside him; and all the Cherethites, and all the Pelethites, and all the Gittites, six hundred men which came after him from Gath, passed on before the king.

19 ¶ Then said the king to Ittai the Gittite, Wherefore goest thou also with us? return to thy place, and abide with the king: for thou *art* a stranger, and also an exile.

20 Whereas thou camest *but* yesterday, should I this day make thee go up and down with us? seeing I go whither I may, return thou, and take back thy brethren: mercy and truth *be* with thee.

21 And Ittai answered the king, and said, *As* the LORD liveth, and *as* my lord the king liveth, surely in what place my lord the king shall be, whether in death or life, even there also will thy servant be.

22 And David said to Ittai, Go and pass over. And Ittai the Gittite passed over, and all his men, and all the little ones that *were* with him.

23 And all the country wept with a loud voice, and all the people passed over: the king also himself passed over the brook Kidron, and all the people passed over, toward the way of the wilderness.

24 ¶ And lo Zadok also, and all the Levites *were* with him, bearing the ark of the covenant of God: and they set down the ark of God; and Abiathar went up, until all the people had done passing out of the city.

25 And the king said unto Zadok, Carry back the ark of God into the city: if I shall find favour in the eyes of the LORD, he will bring me again, and shew me *both* it, and his habitation:

26 But if he thus say, I have no delight in thee; behold, *here am* I, let him do to me as seemeth good unto him.

27 The king said also unto Zadok the priest, *Art not* thou a seer? return into the city in peace, and your two sons with you, Ahimaaz thy son, and Jonathan the son of Abiathar.

28 See, I will tarry in the plain of the wilderness, until there come word from you to certify me.

29 Zadok therefore and Abiathar carried the ark of God again to Jerusalem: and they tarried there.

30 ¶ And David went up by the ascent of *mount* Olivet, and wept as he went up, and had his head covered, and he went barefoot: and all the people that *was* with him covered every man his head, and they went up, weeping as they went up.

31 ¶ And *one* told David, saying, Ahithophel *is* among the conspirators with Absalom. And David said, O LORD, I pray thee, turn the counsel of Ahithophel into foolishness.

32 ¶ And it came to pass, that *when* David was come to the top *of the mount,* where he worshipped God, behold, Hushai the Archite came to meet him with his coat rent, and earth upon his head:

33 Unto whom David said, If thou passest on with me, then thou shalt be a burden unto me:

34 But if thou return to the city, and say unto Absalom, I will be thy servant, O king; *as* I *have been* thy father's servant hitherto, so *will* I now also *be* thy servant: then mayest thou for me defeat the counsel of Ahithophel.

35 And *hast thou* not there with thee Zadok and Abiathar the priests? therefore it shall be, *that* what thing soever thou shalt hear out of the king's house, thou shalt tell *it* to Zadok and Abiathar the priests.

36 Behold, *they have* there with them their two sons, Ahimaaz Zadok's *son,* and Jonathan Abiathar's *son;* and by them ye shall send unto me every thing that ye can hear.

37 So Hushai David's friend came into the city, and Absalom came into Jerusalem.

CHAPTER 16

1 And when David was a little past the top *of the hill,* behold, Ziba the servant of

עֲבָדֶיךָ: וַיֵּצֵא הַמֶּלֶךְ וְכָל־בֵּיתוֹ בְּרַגְלָיו וַיַּעֲזֹב הַמֶּלֶךְ אֵת עֶשֶׂר נָשִׁים 16

פִּלַגְשִׁים לִשְׁמֹר הַבָּיִת: וַיֵּצֵא הַמֶּלֶךְ וְכָל־הָעָם בְּרַגְלָיו וַיַּעַמְדוּ בֵּית 17

הַמֶּרְחָק: וְכָל־עֲבָדָיו עֹבְרִים עַל־יָדוֹ וְכָל־הַכְּרֵתִי וְכָל־הַפְּלֵתִי וְכָל־ 18

הַגִּתִּים שֵׁשׁ־מֵאוֹת אִישׁ אֲשֶׁר־בָּאוּ בְרַגְלוֹ מִגַּת עֹבְרִים עַל־פְּנֵי

הַמֶּלֶךְ: וַיֹּאמֶר הַמֶּלֶךְ אֶל־אִתַּי הַגִּתִּי לָמָּה תֵלֵךְ גַּם־אַתָּה אִתָּנוּ 19

שׁוּב וְשֵׁב עִם־הַמֶּלֶךְ כִּי־נָכְרִי אַתָּה וְגַם־גֹּלֶה אַתָּה לִמְקוֹמֶךָ: תְּמוֹל ׀ 20

אֲנִיעֲךָ

בּוֹאֶךָ וְהַיּוֹם אֲנוֹעֲךָ עִמָּנוּ לָלֶכֶת וַאֲנִי הוֹלֵךְ עַל אֲשֶׁר־אֲנִי הוֹלֵךְ

שׁוּב וְהָשֵׁב אֶת־אַחֶיךָ עִמָּךְ חֶסֶד וֶאֱמֶת: וַיַּעַן אִתַּי אֶת־הַמֶּלֶךְ 21 21A

אִם לֹא קרי

וַיֹּאמַר חַי־יְהוָה וְחֵי אֲדֹנִי הַמֶּלֶךְ כִּי אִם בִּמְקוֹם אֲשֶׁר יִהְיֶה־שָּׁם ׀

אֲדֹנִי הַמֶּלֶךְ אִם־לְמָוֶת אִם־לְחַיִּים כִּי־שָׁם יִהְיֶה עַבְדֶּךָ: וַיֹּאמֶר דָּוִד 22

אֶל־אִתַּי לֵךְ וַעֲבֹר וַיַּעֲבֹר אִתַּי הַגִּתִּי וְכָל־אֲנָשָׁיו וְכָל־הַטַּף אֲשֶׁר

אִתּוֹ: וְכָל־הָאָרֶץ בּוֹכִים קוֹל גָּדוֹל וְכָל־הָעָם עֹבְרִים וְהַמֶּלֶךְ עֹבֵר 23

בְּנַחַל קִדְרוֹן וְכָל־הָעָם עֹבְרִים עַל־פְּנֵי־דֶרֶךְ אֶת־הַמִּדְבָּר: וְהִנֵּה גַם־ 24

צָדוֹק וְכָל־הַלְוִיִּם אִתּוֹ נֹשְׂאִים אֶת־אֲרוֹן בְּרִית הָאֱלֹהִים וַיַּצִּקוּ אֶת־

אֲרוֹן הָאֱלֹהִים וַיַּעַל אֶבְיָתָר עַד־תֹּם כָּל־הָעָם לַעֲבוֹר מִן־הָעִיר:

וַיֹּאמֶר הַמֶּלֶךְ לְצָדוֹק הָשֵׁב אֶת־אֲרוֹן הָאֱלֹהִים הָעִיר אִם־אֶמְצָא 25

חֵן בְּעֵינֵי יְהוָה וֶהֱשִׁבַנִי וְהִרְאַנִי אֹתוֹ וְאֶת־נָוֵהוּ: וְאִם כֹּה יֹאמַר 26

וַיֹּאמֶר

לֹא חָפַצְתִּי בָּךְ הִנְנִי יַעֲשֶׂה־לִּי כַּאֲשֶׁר טוֹב בְּעֵינָיו: 27

הַמֶּלֶךְ אֶל־צָדוֹק הַכֹּהֵן הֲרוֹאֶה אַתָּה שֻׁבָה הָעִיר בְּשָׁלוֹם וַאֲחִימַעַץ

בִּנְךָ וִיהוֹנָתָן בֶּן־אֶבְיָתָר שְׁנֵי בְנֵיכֶם אִתְּכֶם: רְאוּ אָנֹכִי מִתְמַהְמֵהַּ 28

בְּעַרְבוֹת

בְּעַרְבוֹת הַמִּדְבָּר עַד בּוֹא דָבָר מֵעִמָּכֶם לְהַגִּיד לִי: וַיָּשֶׁב צָדוֹק 29

וְאֶבְיָתָר אֶת־אֲרוֹן הָאֱלֹהִים יְרוּשָׁלִָם וַיֵּשְׁבוּ שָׁם: וְדָוִד עֹלֶה בְמַעֲלֵה 30

הַזֵּיתִים עֹלֶה ׀ וּבוֹכֶה וְרֹאשׁ לוֹ חָפוּי וְהוּא הֹלֵךְ יָחֵף וְכָל־הָעָם

אֲשֶׁר־אִתּוֹ חָפוּ אִישׁ רֹאשׁוֹ וְעָלוּ עָלֹה וּבָכֹה: וְדָוִד הִגִּיד לֵאמֹר 31

אֲחִיתֹפֶל בַּקֹּשְׁרִים עִם־אַבְשָׁלוֹם וַיֹּאמֶר דָּוִד סַכֶּל־נָא אֶת־עֲצַת

אֲחִיתֹפֶל יְהוָה: וַיְהִי דָוִד בָּא עַד־הָרֹאשׁ אֲשֶׁר־יִשְׁתַּחֲוֶה שָׁם 32

לֵאלֹהִים וְהִנֵּה לִקְרָאתוֹ חוּשַׁי הָאַרְכִּי קָרוּעַ כֻּתָּנְתּוֹ וַאֲדָמָה עַל־

רֹאשׁוֹ: וַיֹּאמֶר לוֹ דָּוִד אִם עָבַרְתָּ אִתִּי וְהָיִתָ עָלַי לְמַשָּׂא: וְאִם־הָעִיר 33 34

תָּשׁוּב וְאָמַרְתָּ לְאַבְשָׁלוֹם עַבְדְּךָ אֲנִי הַמֶּלֶךְ אֶהְיֶה עֶבֶד אָבִיךָ וַאֲנִי

מֵאָז וְעַתָּה וַאֲנִי עַבְדֶּךָ וְהֵפַרְתָּה לִי אֵת עֲצַת אֲחִיתֹפֶל: וַהֲלוֹא 35

עִמְּךָ שָׁם צָדוֹק וְאֶבְיָתָר הַכֹּהֲנִים וְהָיָה כָּל־הַדָּבָר אֲשֶׁר תִּשְׁמַע

מִבֵּית הַמֶּלֶךְ תַּגִּיד לְצָדוֹק וּלְאֶבְיָתָר הַכֹּהֲנִים: הִנֵּה־שָׁם עִמָּם שְׁנֵי 36

בְנֵיהֶם אֲחִימַעַץ לְצָדוֹק וִיהוֹנָתָן לְאֶבְיָתָר וּשְׁלַחְתֶּם בְּיָדָם אֵלַי כָּל־

דָּבָר אֲשֶׁר תִּשְׁמָעוּ: וַיָּבֹא חוּשַׁי רֵעֶה דָוִד הָעִיר וְאַבְשָׁלֹם יָבֹא 37

יְרוּשָׁלִָם: וְדָוִד עָבַר מְעַט מֵהָרֹאשׁ וְהִנֵּה צִיבָא נַעַר מְפִי־בֹשֶׁת 16 1

Mephibosheth met him, with a couple of asses saddled, and upon them two hundred *loaves* of bread, and an hundred bunches of raisins, and an hundred of summer fruits, and a bottle of wine.

2 And the king said unto Ziba, What meanest thou by these? And Ziba said, The asses *be* for the king's household to ride on; and the bread and summer fruit for the young men to eat; and the wine, that such as be faint in the wilderness may drink.

3 And the king said, And where *is* thy master's son? And Ziba said unto the king, Behold, he abideth at Jerusalem: for he said, To day shall the house of Israel restore me the kingdom of my father.

4 Then said the king to Ziba, Behold, thine *are* all that *pertained* unto Mephibosheth. And Ziba said, I humbly beseech thee *that* I may find grace in thy sight, my lord, O king.

5 ¶ And when king David came to Bahurim, behold, thence came out a man of the family of the house of Saul, whose name *was* Shimei, the son of Gera: he came forth, and cursed still as he came.

6 And he cast stones at David, and at all the servants of king David: and all the people and all the mighty men *were* on his right hand and on his left.

7 And thus said Shimei when he cursed, Come out, come out, thou bloody man, and thou man of Belial:

8 The LORD hath returned upon thee all the blood of the house of Saul, in whose stead thou hast reigned; and the LORD hath delivered the kingdom into the hand of Absalom thy son: and, behold, thou *art taken* in thy mischief, because thou *art* a bloody man.

9 ¶ Then said Abishai the son of Zeruiah unto the king, Why should this dead dog curse my lord the king? let me go over, I pray thee, and take off his head.

10 And the king said, What have I to do with you, ye sons of Zeruiah? so let him curse, because the LORD hath said unto him, Curse David. Who shall then say, Wherefore hast thou done so?

11 And David said to Abishai, and to all his servants, Behold, my son, which came forth of my bowels, seeketh my life: how much more now *may this* Benjamite *do it?* let him alone, and let him curse; for the LORD hath bidden him.

12 It may be that the LORD will look on mine affliction, and that the LORD will requite me good for his cursing this day.

13 And as David and his men went by the way, Shimei went along on the hill's side over against him, and cursed as he went, and threw stones at him, and cast dust.

14 And the king, and all the people that *were* with him, came weary, and refreshed themselves there.

15 ¶ And Absalom, and all the people the men of Israel, came to Jerusalem, and Ahithophel with him.

16 And it came to pass, when Hushai the Archite, David's friend, was come unto Absalom, that Hushai said unto Absalom, God save the king, God save the king.

17 And Absalom said to Hushai, *Is* this thy kindness to thy friend? why wentest thou not with thy friend?

18 And Hushai said unto Absalom, Nay; but whom the LORD, and this people, and all the men of Israel, choose, his will I be, and with him will I abide.

19 And again, whom should I serve? *should* I not *serve* in the presence of his son? as I have served in thy father's presence, so will I be in thy presence.

20 ¶ Then said Absalom to Ahithophel, Give counsel among you what we shall do.

21 And Ahithophel said unto Absalom, Go in unto thy father's concubines, which he hath left to keep the house; and all Israel shall hear that thou art abhorred of thy father: then shall the hands of all that *are* with thee be strong.

22 So they spread Absalom a tent upon the top of the house; and Absalom went in unto his father's concubines in the sight of all Israel.

לִקְרָאתֶ֔וֹ וְצֶ֣מֶד חֲמֹרִים֮ חֲבֻשִׁים֒ וַעֲלֵיהֶם֩ מָאתַ֨יִם לֶ֜חֶם וּמֵאָ֣ה

2 צִמּוּקִ֗ים וּמֵ֥אָה קַ֛יִץ וְנֵ֥בֶל יָ֖יִן׃ וַיֹּ֧אמֶר הַמֶּ֛לֶךְ אֶל־צִיבָ֖א מָה־אֵ֣לֶּה

וְהַלֶּחֶם לָּ֑ךְ וַיֹּ֣אמֶר צִ֠יבָא הַחֲמוֹרִ֨ים לְבֵית־הַמֶּ֜לֶךְ לִרְכֹּ֗ב ולהלחם וְהַקַּ֛יִץ

3 לֶאֱכ֥וֹל הַנְּעָרִ֖ים וְהַיַּ֛יִן לִשְׁתּ֥וֹת הַיָּעֵ֖ף בַּמִּדְבָּֽר׃ וַיֹּ֣אמֶר הַמֶּ֔לֶךְ וְאַיֵּ֖ה

בֶּן־אֲדֹנֶ֑יךָ וַיֹּ֨אמֶר צִיבָ֜א אֶל־הַמֶּ֗לֶךְ הִנֵּה֙ יוֹשֵׁ֣ב בִּירֽוּשָׁלִַ֔ם כִּ֣י אָמַ֔ר

4 הַיּ֗וֹם יָשִׁ֤יבוּ לִי֙ בֵּ֣ית יִשְׂרָאֵ֔ל אֵ֖ת מַמְלְכ֥וּת אָבִֽי׃ וַיֹּ֤אמֶר הַמֶּ֙לֶךְ֙ לְצִבָ֔א

הִנֵּ֣ה לְךָ֔ כֹּ֖ל אֲשֶׁ֣ר לִמְפִי־בֹ֑שֶׁת וַיֹּ֤אמֶר צִיבָא֙ הִֽשְׁתַּחֲוֵ֔יתִי אֶמְצָא־חֵ֥ן

5 בְּעֵינֶ֖יךָ אֲדֹנִ֣י הַמֶּֽלֶךְ׃ וּבָ֛א הַמֶּ֥לֶךְ דָּוִ֖ד עַד־בַּחוּרִ֑ים וְהִנֵּ֣ה מִשָּׁם֩ אִ֨ישׁ

יוֹצֵ֜א מִמִּשְׁפַּ֣חַת בֵּית־שָׁא֗וּל וּשְׁמוֹ֙ שִׁמְעִ֣י בֶן־גֵּרָ֔א יֹצֵ֥א יָצ֖וֹא וּמְקַלֵּֽל׃

6 וַיְסַקֵּ֤ל בָּֽאֲבָנִים֙ אֶת־דָּוִ֔ד וְאֶת־כָּל־עַבְדֵ֖י הַמֶּ֣לֶךְ דָּוִ֑ד וְכָל־הָעָם֙ וְכָל־

7 הַגִּבֹּרִ֔ים מִימִינ֖וֹ וּמִשְּׂמֹאלֽוֹ׃ וְכֹֽה־אָמַ֥ר שִׁמְעִ֖י בְּקַלְל֑וֹ צֵ֥א צֵ֛א אִ֥ישׁ

8 הַדָּמִ֖ים וְאִ֥ישׁ הַבְּלִיָּֽעַל׃ הֵשִׁיב֩ עָלֶ֨יךָ יְהוָ֜ה כֹּ֣ל ׀ דְּמֵ֣י בֵית־שָׁא֗וּל אֲשֶׁ֣ר

תַּחְתָּיו מָלַ֣כְתָּ תַּחְתָּ֔יו וַיִּתֵּ֤ן יְהוָה֙ אֶת־הַמְּלוּכָ֔ה בְּיַ֖ד אַבְשָׁל֣וֹם בְּנֶ֑ךָ וְהִנְּךָ֙

9 בְּרָ֣עָתֶ֔ךָ כִּ֛י אִ֥ישׁ דָּמִ֖ים אָֽתָּה׃ וַיֹּ֨אמֶר אֲבִישַׁ֤י בֶּן־צְרוּיָה֙ אֶל־הַמֶּ֔לֶךְ

לָ֣מָּה יְקַלֵּ֞ל הַכֶּ֤לֶב הַמֵּת֙ הַזֶּ֔ה אֶת־אֲדֹנִ֖י הַמֶּ֑לֶךְ אֶעְבְּרָה־נָּ֖א וְאָסִ֥ירָה

10 אֶת־רֹאשֽׁוֹ׃ וַיֹּ֣אמֶר הַמֶּ֗לֶךְ מַה־לִּ֤י וְלָכֶם֙ בְּנֵ֣י צְרֻיָ֔ה כִּ֣י

כֹּה יְקַלֵּ֗ל וְכִ֤י יְהוָה֙ אָ֤מַר לוֹ֙ קַלֵּ֣ל אֶת־דָּוִ֔ד וּמִ֣י יֹאמַ֔ר מַדּ֖וּעַ עָשִׂ֥יתָה

כִּי כֵּֽן׃

11 וַיֹּ֨אמֶר דָּוִ֤ד אֶל־אֲבִישַׁי֙ וְאֶל־כָּל־עֲבָדָ֔יו הִנֵּ֣ה

בְנִ֛י אֲשֶׁר־יָצָ֥א מִמֵּעַ֖י מְבַקֵּ֣שׁ אֶת־נַפְשִׁ֑י וְאַ֛ף כִּֽי־עַתָּ֥ה בֶן־הַיְמִינִ֗י

12 הַנִּ֤חוּ לוֹ֙ וִֽיקַלֵּ֔ל כִּ֥י אָֽמַר־ל֖וֹ יְהוָֽה׃ אוּלַ֛י יִרְאֶ֥ה יְהוָ֖ה בְּעֵונִ֑י וְהֵשִׁ֨יב

בְּעֵינִי יְהוָ֥ה לִי֙ טוֹבָ֔ה תַּ֥חַת קִלְלָת֖וֹ הַיּ֥וֹם הַזֶּֽה׃ וַיֵּ֧לֶךְ דָּוִ֛ד וַאֲנָשָׁ֖יו

13 בַּדָּרֶךְ וְשִׁמְעִ֡י הֹלֵךְ֩ בְּצֵ֨לַע הָהָ֜ר לְעֻמָּת֗וֹ הָלוֹךְ֙ וַיְקַלֵּ֔ל

וַיְסַקֵּ֤ל בָּֽאֲבָנִים֙ לְעֻמָּת֔וֹ וְעִפַּ֖ר בֶּעָפָֽר׃

14
15 וַיָּבֹ֥א הַמֶּ֛לֶךְ וְכָל־הָעָ֥ם אֲשֶׁר־אִתּ֖וֹ עֲיֵפִ֑ים וַיִּנָּפֵ֖שׁ שָֽׁם׃ וְאַבְשָׁל֗וֹם

16 וְכָל־הָעָם֙ אִ֣ישׁ יִשְׂרָאֵ֔ל בָּ֖אוּ יְרוּשָׁלָ֑͏ִם וַאֲחִיתֹ֖פֶל אִתּֽוֹ׃ וַיְהִ֗י כַּֽאֲשֶׁר־

בָּ֞א חוּשַׁ֧י הָאַרְכִּ֛י רֵעֶ֥ה דָוִ֖ד אֶל־אַבְשָׁל֑וֹם וַיֹּ֤אמֶר חוּשַׁי֙ אֶל־אַבְשָׁל֔ם

17 יְחִ֥י הַמֶּ֖לֶךְ יְחִ֥י הַמֶּֽלֶךְ׃ וַיֹּ֤אמֶר אַבְשָׁלוֹם֙ אֶל־חוּשַׁ֔י זֶ֥ה חַסְדְּךָ֖ אֶת־

18 רֵעֶ֑ךָ לָ֥מָּה לֹֽא־הָלַ֖כְתָּ אֶת־רֵעֶֽךָ׃ וַיֹּ֣אמֶר חוּשַׁי֮ אֶל־אַבְשָׁלֹם֒ לֹ֕א כִּי֩

לוֹ אֲשֶׁ֨ר בָּחַ֧ר יְהוָ֛ה וְהָעָ֥ם הַזֶּ֖ה וְכָל־אִ֣ישׁ יִשְׂרָאֵ֑ל לֹ֥א אֶֽהְיֶ֖ה וְאִתּ֥וֹ

19 אֵשֵֽׁב׃ וְהַשֵּׁנִ֗ית לְמִי֙ אֲנִ֣י אֶֽעֱבֹ֔ד הֲל֖וֹא לִפְנֵ֣י בְנ֑וֹ כַּאֲשֶׁ֤ר עָבַ֙דְתִּי֙ לִפְנֵ֣י

אָבִ֔יךָ כֵּ֖ן אֶהְיֶ֥ה לְפָנֶֽיךָ׃

20
21 וַיֹּ֥אמֶר אַבְשָׁל֖וֹם אֶל־אֲחִיתֹ֑פֶל הָב֥וּ לָכֶ֛ם עֵצָ֖ה מַֽה־נַּעֲשֶֽׂה׃ וַיֹּ֤אמֶר

אֲחִיתֹ֙פֶל֙ אֶל־אַבְשָׁלֹ֔ם בּ֚וֹא אֶל־פִּֽלַגְשֵׁ֣י אָבִ֔יךָ אֲשֶׁ֥ר הִנִּ֖יחַ לִשְׁמ֣וֹר

הַבָּ֑יִת וְשָׁמַ֤ע כָּל־יִשְׂרָאֵל֙ כִּֽי־נִבְאַ֣שְׁתָּ אֶת־אָבִ֔יךָ וְחָזְק֕וּ יְדֵ֖י כָּל־אֲשֶׁ֥ר

22 אִתָּֽךְ׃ וַיַּטּ֧וּ לְאַבְשָׁל֛וֹם הָאֹ֖הֶל עַל־הַגָּ֑ג וַיָּבֹ֤א אַבְשָׁלוֹם֙ אֶל־פִּֽלַגְשֵׁ֣י

23 And the counsel of Ahithophel, which he counselled in those days, *was* as if a man had enquired at the oracle of God: so *was* all the counsel of Ahithophel both with David and with Absalom.

CHAPTER 17

1 Moreover Ahithophel said unto Absalom, Let me now choose out twelve thousand men, and I will arise and pursue after David this night:

2 And I will come upon him while he *is* weary and weak handed, and will make him afraid: and all the people that *are* with him shall flee; and I will smite the king only:

3 And I will bring back all the people unto thee: the man whom thou seekest *is* as if all returned: *so* all the people shall be in peace.

4 And the saying pleased Absalom well, and all the elders of Israel.

5 Then said Absalom, Call now Hushai the Archite also, and let us hear likewise what he saith.

6 And when Hushai was come to Absalom, Absalom spake unto him, saying, Ahithophel hath spoken after this manner: shall we do *after* his saying? if not; speak thou.

7 And Hushai said unto Absalom, The counsel that Ahithophel hath given *is* not good at this time.

8 For, said Hushai, thou knowest thy father and his men, that they *be* mighty men, and they *be* chafed in their minds, as a bear robbed of her whelps in the field: and thy father *is* a man of war, and will not lodge with the people.

9 Behold, he is hid now in some pit, or in some *other* place: and it will come to pass, when some of them be overthrown at the first, that whosoever heareth it will say, There is a slaughter among the people that follow Absalom.

10 And he also *that is* valiant, whose heart *is* as the heart of a lion, shall utterly melt: for all Israel knoweth that thy father *is* a mighty man, and *they* which *be* with him *are* valiant men.

11 Therefore I counsel that all Israel be generally gathered unto thee, from Dan even to Beer-sheba, as the sand that *is* by the sea for multitude; and that thou go to battle in thine own person.

12 So shall we come upon him in some place where he shall be found, and we will light upon him as the dew falleth on the ground: and of him and of all the men that *are* with him there shall not be left so much as one.

13 Moreover, if he be gotten into a city, then shall all Israel bring ropes to that city, and we will draw it into the river, until there be not one small stone found there.

14 And Absalom and all the men of Israel said, The counsel of Hushai the Archite *is* better than the counsel of Ahithophel. For the LORD had appointed to defeat the good counsel of Ahithophel, to the intent that the LORD might bring evil upon Absalom.

15 ¶ Then said Hushai unto Zadok and to Abiathar the priests, Thus and thus did Ahithophel counsel Absalom and the elders of Israel; and thus and thus have I counselled.

16 Now therefore send quickly, and tell David, saying, Lodge not this night in the plains of the wilderness, but speedily pass over; lest the king be swallowed up, and all the people that *are* with him.

17 Now Jonathan and Ahimaaz stayed by En-rogel; for they might not be seen to come into the city: and a wench went and told them; and they went and told king David.

18 Nevertheless a lad saw them, and told Absalom: but they went both of them away quickly, and came to a man's house in Bahurim, which had a well in his court; whither they went down.

19 And the woman took and spread a covering over the well's mouth, and

אָבִיו לְעֵינֵי כָל־יִשְׂרָאֵל: וַעֲצַת אֲחִיתֹפֶל אֲשֶׁר יָעַץ בַּיָּמִים הָהֵם 23

אִישׁ כַּאֲשֶׁר יִשְׁאַל־ בִּדְבַר הָאֱלֹהִים כֵּן כָּל־עֲצַת אֲחִיתֹפֶל גַּם־לְדָוִד

גַּם לְאַבְשָׁלֹם: וַיֹּאמֶר אֲחִיתֹפֶל אֶל־אַבְשָׁלֹם אֶבְחֲרָה נָּא 1 17

שְׁנֵים־עָשָׂר אֶלֶף אִישׁ וְאָקוּמָה וְאֶרְדְּפָה אַחֲרֵי־דָוִד הַלָּיְלָה: וְאָבוֹא 2

עָלָיו וְהוּא יָגֵעַ וּרְפֵה יָדַיִם וְהַחֲרַדְתִּי אֹתוֹ וְנָס כָּל־הָעָם אֲשֶׁר־אִתּוֹ

וְהִכֵּיתִי אֶת־הַמֶּלֶךְ לְבַדּוֹ: וְאָשִׁיבָה כָל־הָעָם אֵלֶיךָ כְּשׁוּב הַכֹּל 3

הָאִישׁ אֲשֶׁר אַתָּה מְבַקֵּשׁ כָּל־הָעָם יִהְיֶה שָׁלוֹם: וַיִּישַׁר הַדָּבָר בְּעֵינֵי 4

אַבְשָׁלֹם וּבְעֵינֵי כָּל־זִקְנֵי יִשְׂרָאֵל: וַיֹּאמֶר אַבְשָׁלוֹם קְרָא 5

נָא גַם לְחוּשַׁי הָאַרְכִּי וְנִשְׁמְעָה מַה־בְּפִיו גַּם־הוּא: וַיָּבֹא חוּשַׁי אֶל־ 6

אַבְשָׁלוֹם וַיֹּאמֶר אַבְשָׁלוֹם אֵלָיו לֵאמֹר כַּדָּבָר הַזֶּה דִּבֶּר אֲחִיתֹפֶל

הֲנַעֲשֶׂה אֶת־דְּבָרוֹ אִם־אַיִן אַתָּה דַבֵּר: וַיֹּאמֶר חוּשַׁי אֶל־ 7

אַבְשָׁלוֹם לֹא־טוֹבָה הָעֵצָה אֲשֶׁר־יָעַץ אֲחִיתֹפֶל בַּפַּעַם הַזֹּאת:

וַיֹּאמֶר חוּשַׁי אַתָּה יָדַעְתָּ אֶת־אָבִיךָ וְאֶת־אֲנָשָׁיו כִּי גִבֹּרִים הֵמָּה 8

וּמָרֵי נֶפֶשׁ הֵמָּה כְּדֹב שַׁכּוּל בַּשָּׂדֶה וְאָבִיךָ אִישׁ מִלְחָמָה וְלֹא יָלִין

אֶת־הָעָם: הִנֵּה עַתָּה הוּא־נֶחְבָּא בְּאַחַת הַפְּחָתִים אוֹ בְּאַחַד 9

הַמְּקוֹמֹת וְהָיָה כִּנְפֹל בָּהֶם בַּתְּחִלָּה וְשָׁמַע הַשֹּׁמֵעַ וְאָמַר הָיְתָה

מַגֵּפָה בָּעָם אֲשֶׁר אַחֲרֵי אַבְשָׁלֹם: וְהוּא גַם־בֶּן־חַיִל אֲשֶׁר לִבּוֹ כְּלֵב 10

הָאַרְיֵה הִמֵּס יִמָּס כִּי־יֹדֵעַ כָּל־יִשְׂרָאֵל כִּי־גִבּוֹר אָבִיךָ וּבְנֵי־חַיִל אֲשֶׁר

אִתּוֹ: כִּי יָעַצְתִּי הֵאָסֹף יֵאָסֵף עָלֶיךָ כָל־יִשְׂרָאֵל מִדָּן וְעַד־בְּאֵר שֶׁבַע 11

בְּאֶחָד כַּחוֹל אֲשֶׁר־עַל־הַיָּם לָרֹב וּפָנֶיךָ הֹלְכִים בַּקְרָב: וּבָאנוּ אֵלָיו בְּאַחַת 12

הַמְּקוֹמֹת אֲשֶׁר נִמְצָא שָׁם וְנַחְנוּ עָלָיו כַּאֲשֶׁר יִפֹּל הַטַּל עַל־הָאֲדָמָה

וְלֹא־נוֹתַר בּוֹ וּבְכָל־הָאֲנָשִׁים אֲשֶׁר־אִתּוֹ גַּם־אֶחָד: וְאִם־אֶל־עִיר 13

יֵאָסֵף וְהִשִּׂיאוּ כָל־יִשְׂרָאֵל אֶל־הָעִיר הַהִיא חֲבָלִים וְסָחַבְנוּ אֹתוֹ

עַד־הַנַּחַל עַד אֲשֶׁר־לֹא־נִמְצָא שָׁם גַּם־צְרוֹר:

וַיֹּאמֶר אַבְשָׁלוֹם וְכָל־אִישׁ יִשְׂרָאֵל טוֹבָה עֲצַת חוּשַׁי הָאַרְכִּי מֵעֲצַת 14

אֲחִיתֹפֶל וַיהוָה צִוָּה לְהָפֵר אֶת־עֲצַת אֲחִיתֹפֶל הַטּוֹבָה לְבַעֲבוּר

הָבִיא יְהוָה אֶל־אַבְשָׁלוֹם אֶת־הָרָעָה: וַיֹּאמֶר חוּשַׁי אֶל־ 15

צָדוֹק וְאֶל־אֶבְיָתָר הַכֹּהֲנִים כָּזֹאת וְכָזֹאת יָעַץ אֲחִיתֹפֶל אֶת־אַבְשָׁלֹם

וְאֵת זִקְנֵי יִשְׂרָאֵל וְכָזֹאת וְכָזֹאת יָעַצְתִּי אָנִי: וְעַתָּה שִׁלְחוּ מְהֵרָה 16

וְהַגִּידוּ לְדָוִד לֵאמֹר אַל־תָּלֶן הַלַּיְלָה בְּעַרְבוֹת הַמִּדְבָּר וְגַם עָבוֹר

תַּעֲבוֹר פֶּן יְבֻלַּע לַמֶּלֶךְ וּלְכָל־הָעָם אֲשֶׁר אִתּוֹ: וִיהוֹנָתָן וַאֲחִימַעַץ 17

עֹמְדִים בְּעֵין־רֹגֵל וְהָלְכָה הַשִּׁפְחָה וְהִגִּידָה לָהֶם וְהֵם יֵלְכוּ וְהִגִּידוּ

לַמֶּלֶךְ דָּוִד כִּי לֹא יוּכְלוּ לְהֵרָאוֹת לָבוֹא הָעִירָה: וַיַּרְא אֹתָם נַעַר 18

וַיַּגֵּד לְאַבְשָׁלֹם וַיֵּלְכוּ שְׁנֵיהֶם מְהֵרָה וַיָּבֹאוּ אֶל־בֵּית־אִישׁ בְּבַחוּרִים

וְלוֹ בְאֵר בַּחֲצֵרוֹ וַיֵּרְדוּ שָׁם: וַתִּקַּח הָאִשָּׁה וַתִּפְרֹשׂ אֶת־הַמָּסָךְ עַל־ 19

spread ground corn thereon; and the thing was not known.

20 And when Absalom's servants came to the woman to the house, they said, Where is Ahimaaz and Jonathan? And the woman said unto them, They be gone over the brook of water. And when they had sought and could not find them, they returned to Jerusalem.

21 And it came to pass, after they were departed, that they came up out of the well, and went and told king David, and said unto David, Arise, and pass quickly over the water: for thus hath Ahithophel counselled against you.

22 Then David arose, and all the people that were with him, and they passed over Jordan: by the morning light there lacked not one of them that was not gone over Jordan.

23 ¶ And when Ahithophel saw that his counsel was not followed, he saddled his ass, and arose, and gat him home to his house, to his city, and put his household in order, and hanged himself, and died, and was buried in the sepulchre of his father.

24 Then David came to Mahanaim. And Absalom passed over Jordan, he and all the men of Israel with him.

25 ¶ And Absalom made Amasa captain of the host instead of Joab: which Amasa was a man's son, whose name was Ithra an Israelite, that went in to Abigail the daughter of Nahash, sister to Zeruiah Joab's mother.

26 So Israel and Absalom pitched in the land of Gilead.

27 ¶ And it came to pass, when David was come to Mahanaim, that Shobi the son of Nahash of Rabbah of the children of Ammon, and Machir the son of Ammiel of Lo-debar, and Barzillai the Gileadite of Rogelim,

28 Brought beds, and basons, and earthen vessels, and wheat, and barley, and flour, and parched corn, and beans, and lentiles, and parched pulse,

29 And honey, and butter, and sheep, and cheese of kine, for David, and for the people that were with him, to eat: for they said, The people is hungry, and weary, and thirsty, in the wilderness.

CHAPTER 18

1 And David numbered the people that were with him, and set captains of thousands and captains of hundreds over them.

2 And David sent forth a third part of the people under the hand of Joab, and a third part under the hand of Abishai the son of Zeruiah, Joab's brother, and a third part under the hand of Ittai the Gittite. And the king said unto the people, I will surely go forth with you myself also.

3 But the people answered, Thou shalt not go forth: for if we flee away, they will not care for us; neither if half of us die, will they care for us: but now thou art worth ten thousand of us: therefore now it is better that thou succour us out of the city.

4 And the king said unto them, What seemeth you best I will do. And the king stood by the gate side, and all the people came out by hundreds and by thousands.

5 And the king commanded Joab and Abishai and Ittai, saying, Deal gently for my sake with the young man, even with Absalom. And all the people heard when the king gave all the captains charge concerning Absalom.

6 ¶ So the people went out into the field against Israel: and the battle was in the wood of Ephraim;

7 Where the people of Israel were slain before the servants of David, and there was there a great slaughter that day of twenty thousand men.

8 For the battle was there scattered over the face of all the country: and the wood devoured more people that day than the sword devoured.

9 ¶ And Absalom met the servants of David. And Absalom rode upon a mule, and the mule went under the thick boughs of a great oak, and his head caught hold of the oak, and he was taken up between the heaven and the earth; and the mule that was under him went away.

פְּנֵי הַבְּאֵר וַתִּשְׁטַח עָלָיו הָרִפוֹת וְלֹא נוֹדַע דָּבָר: וַיָּבֹאוּ עַבְדֵי 20
אַבְשָׁלוֹם אֶל־הָאִשָּׁה הַבַּיְתָה וַיֹּאמְרוּ אַיֵּה אֲחִימַעַץ וִיהוֹנָתָן וַתֹּאמֶר
לָהֶם הָאִשָּׁה עָבְרוּ מִיכַל הַמָּיִם וַיְבַקְשׁוּ וְלֹא מָצָאוּ וַיָּשֻׁבוּ
יְרוּשָׁלִָם: וַיְהִי אַחֲרֵי לֶכְתָּם וַיַּעֲלוּ מֵהַבְּאֵר וַיֵּלְכוּ וַיַּגִּדוּ 21
לַמֶּלֶךְ דָּוִד וַיֹּאמְרוּ אֶל־דָּוִד קוּמוּ וְעִבְרוּ מְהֵרָה אֶת־הַמַּיִם כִּי־כָכָה
יָעַץ עֲלֵיכֶם אֲחִיתֹפֶל: וַיָּקָם דָּוִד וְכָל־הָעָם אֲשֶׁר אִתּוֹ וַיַּעַבְרוּ אֶת־ 22
הַיַּרְדֵּן עַד־אוֹר הַבֹּקֶר עַד־אַחַד לֹא נֶעְדָּר אֲשֶׁר לֹא־עָבַר אֶת־
הַיַּרְדֵּן: וַאֲחִיתֹפֶל רָאָה כִּי לֹא נֶעֶשְׂתָה עֲצָתוֹ וַיַּחֲבֹשׁ אֶת־הַחֲמוֹר 23
וַיָּקָם וַיֵּלֶךְ אֶל־בֵּיתוֹ אֶל־עִירוֹ וַיְצַו אֶל־בֵּיתוֹ וַיֵּחָנַק וַיָּמָת וַיִּקָּבֵר
בְּקֶבֶר אָבִיו: וְדָוִד בָּא מַחֲנָיְמָה וְאַבְשָׁלֹם עָבַר אֶת־הַיַּרְדֵּן 24
הוּא וְכָל־אִישׁ יִשְׂרָאֵל עִמּוֹ: וְאֶת־עֲמָשָׂא שָׂם אַבְשָׁלֹם תַּחַת יוֹאָב 25
עַל־הַצָּבָא וַעֲמָשָׂא בֶן־אִישׁ וּשְׁמוֹ יִתְרָא הַיִּשְׂרְאֵלִי אֲשֶׁר־בָּא אֶל־
אֲבִיגַל בַּת־נָחָשׁ אֲחוֹת צְרוּיָה אֵם יוֹאָב: וַיִּחַן יִשְׂרָאֵל וְאַבְשָׁלֹם 26
אֶרֶץ הַגִּלְעָד: וַיְהִי כְּבוֹא דָוִד מַחֲנָיְמָה וְשֹׁבִי בֶן־נָחָשׁ 27
מֵרַבַּת בְּנֵי־עַמּוֹן וּמָכִיר בֶּן־עַמִּיאֵל מִלֹּא דְבָר וּבַרְזִלַּי הַגִּלְעָדִי
מֵרֹגְלִים: מִשְׁכָּב וְסַפּוֹת וּכְלִי יוֹצֵר וְחִטִּים וּשְׂעֹרִים וְקֶמַח וְקָלִי וּפוֹל 28
וַעֲדָשִׁים וְקָלִי: וּדְבַשׁ וְחֶמְאָה וְצֹאן וּשְׁפוֹת בָּקָר הִגִּישׁוּ לְדָוִד וְלָעָם 29
אֲשֶׁר־אִתּוֹ לֶאֱכוֹל כִּי אָמְרוּ הָעָם רָעֵב וְעָיֵף וְצָמֵא בַּמִּדְבָּר: וַיִּפְקֹד 18 1
דָּוִד אֶת־הָעָם אֲשֶׁר אִתּוֹ וַיָּשֶׂם עֲלֵיהֶם שָׂרֵי אֲלָפִים וְשָׂרֵי מֵאוֹת:
וַיְשַׁלַּח דָּוִד אֶת־הָעָם הַשְּׁלִשִׁית בְּיַד־יוֹאָב וְהַשְּׁלִשִׁית בְּיַד אֲבִישַׁי 2
בֶן־צְרוּיָה אֲחִי יוֹאָב וְהַשְּׁלִשִׁת בְּיַד אִתַּי הַגִּתִּי וַיֹּאמֶר
הַמֶּלֶךְ אֶל־הָעָם יָצֹא אֵצֵא גַם־אֲנִי עִמָּכֶם: וַיֹּאמֶר הָעָם לֹא תֵצֵא 3
כִּי אִם־נֹס נָנוּס לֹא־יָשִׂימוּ אֵלֵינוּ לֵב וְאִם־יָמֻתוּ חֶצְיֵנוּ לֹא־יָשִׂימוּ
אֵלֵינוּ לֵב כִּי־עַתָּה כָמֹנוּ עֲשָׂרָה אֲלָפִים וְעַתָּה טוֹב כִּי־תִהְיֶה־לָּנוּ
מֵעִיר לַעְזִיר: וַיֹּאמֶר אֲלֵיהֶם הַמֶּלֶךְ אֲשֶׁר־יִיטַב בְּעֵינֵיכֶם 4
אֶעֱשֶׂה וַיַּעֲמֹד הַמֶּלֶךְ אֶל־יַד הַשַּׁעַר וְכָל־הָעָם יָצְאוּ לְמֵאוֹת
וְלַאֲלָפִים: וַיְצַו הַמֶּלֶךְ אֶת־יוֹאָב וְאֶת־אֲבִישַׁי וְאֶת־אִתַּי לֵאמֹר לְאַט־ 5
לִי לַנַּעַר לְאַבְשָׁלוֹם וְכָל־הָעָם שָׁמְעוּ בְּצַוֹּת הַמֶּלֶךְ אֶת־כָּל־הַשָּׂרִים
עַל־דְּבַר אַבְשָׁלוֹם: וַיֵּצֵא הָעָם הַשָּׂדֶה לִקְרַאת יִשְׂרָאֵל וַתְּהִי 6
הַמִּלְחָמָה בְּיַעַר אֶפְרָיִם: וַיִּנָּגְפוּ שָׁם עַם יִשְׂרָאֵל לִפְנֵי עַבְדֵי דָוִד 7
וַתְּהִי־שָׁם הַמַּגֵּפָה גְדוֹלָה בַּיּוֹם הַהוּא עֶשְׂרִים אָלֶף: וַתְּהִי־שָׁם 8
הַמִּלְחָמָה נָפֹצֶת עַל־פְּנֵי כָל־הָאָרֶץ וַיֶּרֶב הַיַּעַר לֶאֱכֹל בָּעָם מֵאֲשֶׁר
אָכְלָה הַחֶרֶב בַּיּוֹם הַהוּא: וַיִּקָּרֵא אַבְשָׁלוֹם לִפְנֵי עַבְדֵי דָוִד 9
וְאַבְשָׁלוֹם רֹכֵב עַל־הַפֶּרֶד וַיָּבֹא הַפֶּרֶד תַּחַת שׂוֹבֶךְ הָאֵלָה הַגְּדוֹלָה
וַיֶּחֱזַק רֹאשׁוֹ בָאֵלָה וַיֻּתַּן בֵּין הַשָּׁמַיִם וּבֵין הָאָרֶץ וְהַפֶּרֶד אֲשֶׁר־

נָפֹצֶת

לַעְזִיר

10 And a certain man saw *it,* and told Joab, and said, Behold, I saw Absalom hanged in an oak.

11 And Joab said unto the man that told him, And, behold, thou sawest *him,* and why didst thou not smite him there to the ground? and I would have given thee ten *shekels* of silver, and a girdle.

12 And the man said unto Joab, Though I should receive a thousand *shekels* of silver in mine hand, *yet* would I not put forth mine hand against the king's son: for in our hearing the king charged thee and Abishai and Ittai, saying, Beware that none *touch* the young man Absalom.

13 Otherwise I should have wrought falsehood against mine own life: for there is no matter hid from the king, and thou thyself wouldest have set thyself against *me.*

14 Then said Joab, I may not tarry thus with thee. And he took three darts in his hand, and thrust them through the heart of Absalom, while he *was* yet alive in the midst of the oak.

15 And ten young men that bare Joab's armour compassed about and smote Absalom, and slew him.

16 And Joab blew the trumpet, and the people returned from pursuing after Israel: for Joab held back the people.

17 And they took Absalom, and cast him into a great pit in the wood, and laid a very great heap of stones upon him: and all Israel fled every one to his tent.

18 ¶ Now Absalom in his lifetime had taken and reared up for himself a pillar, which *is* in the king's dale: for he said, I have no son to keep my name in remembrance: and he called the pillar after his own name: and it is called unto this day, Absalom's place.

19 ¶ Then said Ahimaaz the son of Zadok, Let me now run, and bear the king tidings, how that the LORD hath avenged him of his enemies.

20 And Joab said unto him, Thou shalt not bear tidings this day, but thou shalt bear tidings another day: but this day thou shalt bear no tidings, because the king's son is dead.

21 Then said Joab to Cushi, Go tell the king what thou hast seen. And Cushi bowed himself unto Joab, and ran.

22 Then said Ahimaaz the son of Zadok yet again to Joab, But howsoever, let me, I pray thee, also run after Cushi. And Joab said, Wherefore wilt thou run, my son, seeing that thou hast no tidings ready?

23 But howsoever, *said he,* let me run. And he said unto him, Run. Then Ahimaaz ran by the way of the plain, and overran Cushi.

24 And David sat between the two gates: and the watchman went up to the roof over the gate unto the wall, and lifted up his eyes, and looked, and behold a man running alone.

25 And the watchman cried, and told the king. And the king said, If he *be* alone, *there is* tidings in his mouth. And he came apace, and drew near.

26 And the watchman saw another man running: and the watchman called unto the porter, and said, Behold *another* man running alone. And the king said, He also bringeth tidings.

27 And the watchman said, Me thinketh the running of the foremost is like the running of Ahimaaz the son of Zadok. And the king said, He *is* a good man, and cometh with good tidings.

28 And Ahimaaz called, and said unto the king, All is well. And he fell down to the earth upon his face before the king, and said, Blessed *be* the LORD thy God, which hath delivered up the men that lifted up their hand against my lord the king.

29 And the king said, Is the young man Absalom safe? And Ahimaaz answered, When Joab sent the king's servant, and *me* thy servant, I saw a great tumult, but I knew not what *it was.*

30 And the king said *unto him,* Turn aside, *and* stand here. And he turned aside, and stood still.

31 And, behold, Cushi came; and Cushi

10 תַּחְתָּיו עָבֵר: וַיַּרְא אִישׁ אֶחָד וַיַּגֵּד לְיוֹאָב וַיֹּאמֶר הִנֵּה רָאִיתִי אֶת־

11 אַבְשָׁלֹם תָּלוּי בָּאֵלָה: וַיֹּאמֶר יוֹאָב לָאִישׁ הַמַּגִּיד לוֹ וְהִנֵּה רָאִיתָ
וּמַדּוּעַ לֹא־הִכִּיתוֹ שָׁם אָרְצָה וְעָלַי לָתֶת לְךָ עֲשָׂרָה כֶסֶף וַחֲגֹרָה

12 אֶחָת: וַיֹּאמֶר הָאִישׁ אֶל־יוֹאָב וְלוּא אָנֹכִי שֹׁקֵל עַל־כַּפַּי אֶלֶף כֶּסֶף **וְלוּא**
לֹא־אֶשְׁלַח יָדִי אֶל־בֶּן־הַמֶּלֶךְ כִּי בְאָזְנֵינוּ צִוָּה הַמֶּלֶךְ אֹתְךָ וְאֶת־

13 אֲבִישַׁי וְאֶת־אִתַּי לֵאמֹר שִׁמְרוּ־מִי בַּנַּעַר בְּאַבְשָׁלוֹם: אוֹ־עָשִׂיתִי
בְנַפְשׁוֹ שֶׁקֶר וְכָל־דָּבָר לֹא־יִכָּחֵד מִן־הַמֶּלֶךְ וְאַתָּה תִּתְיַצֵּב מִנֶּגֶד: **בְנַפְשִׁי**

14 וַיֹּאמֶר יוֹאָב לֹא־כֵן אֹחִילָה לְפָנֶיךָ וַיִּקַּח שְׁלֹשָׁה שְׁבָטִים בְּכַפּוֹ

15 וַיִּתְקָעֵם בְּלֵב אַבְשָׁלוֹם עוֹדֶנּוּ חַי בְּלֵב הָאֵלָה: וַיָּסֹבּוּ עֲשָׂרָה נְעָרִים

16 נֹשְׂאֵי כְּלֵי יוֹאָב וַיַּכּוּ אֶת־אַבְשָׁלוֹם וַיְמִיתֻהוּ: וַיִּתְקַע יוֹאָב בַּשֹּׁפָר

17 וַיָּשָׁב הָעָם מִרְדֹף אַחֲרֵי יִשְׂרָאֵל כִּי־חָשַׂךְ יוֹאָב אֶת־הָעָם: וַיִּקְחוּ
אֶת־אַבְשָׁלוֹם וַיַּשְׁלִיכוּ אֹתוֹ בַיַּעַר אֶל־הַפַּחַת הַגָּדוֹל וַיַּצִּבוּ עָלָיו גַּל־

18 אֲבָנִים גָּדוֹל מְאֹד וְכָל־יִשְׂרָאֵל נָסוּ אִישׁ לְאֹהֱלוֹ: וְאַבְשָׁלֹם **לְאֹהָלָיו**
לָקַח וַיַּצֶּב־לוֹ בְחַיָּו אֶת־מַצֶּבֶת אֲשֶׁר בְּעֵמֶק־הַמֶּלֶךְ כִּי אָמַר אֵין־לִי **בְחַיָּיו**
בֵן בַּעֲבוּר הַזְכִּיר שְׁמִי וַיִּקְרָא לַמַּצֶּבֶת עַל־שְׁמוֹ וַיִּקָּרֵא לָהּ יַד

19 אַבְשָׁלֹם עַד הַיּוֹם הַזֶּה: וַאֲחִימַעַץ בֶּן־צָדוֹק אָמַר אָרוּצָה

20 נָּא וַאֲבַשְּׂרָה אֶת־הַמֶּלֶךְ כִּי־שְׁפָטוֹ יְהוָה מִיַּד אֹיְבָיו: וַיֹּאמֶר לוֹ יוֹאָב 20A
לֹא אִישׁ בְּשֹׂרָה אַתָּה הַיּוֹם הַזֶּה וּבִשַּׂרְתָּ בְּיוֹם אַחֵר וְהַיּוֹם הַזֶּה

21 לֹא תְבַשֵּׂר כִּי־עַ֯ל־כֵּ֯ן בֶּן־הַמֶּלֶךְ מֵת: וַיֹּאמֶר יוֹאָב לַכּוּשִׁי לֵךְ הַגֵּד **בֵּן**

22 לַמֶּלֶךְ אֲשֶׁר רָאִיתָה וַיִּשְׁתַּחוּ כוּשִׁי לְיוֹאָב וַיָּרֹץ: וַיֹּסֶף עוֹד אֲחִימַעַץ
בֶּן־צָדוֹק וַיֹּאמֶר אֶל־יוֹאָב וִיהִי מָה אָרֻצָה־נָּא גַם־אָנִי אַחֲרֵי הַכּוּשִׁי

23 וַיֹּאמֶר יוֹאָב לָמָּה־זֶּה אַתָּה רָץ בְּנִי וּלְכָה אֵין־בְּשׂוֹרָה מֹצֵאת: וִיהִי־
מָה אָרוּץ וַיֹּאמֶר לוֹ רוּץ וַיָּרָץ אֲחִימַעַץ דֶּרֶךְ הַכִּכָּר וַיַּעֲבֹר אֶת־

24 הַכּוּשִׁי: וְדָוִד יוֹשֵׁב בֵּין־שְׁנֵי הַשְּׁעָרִים וַיֵּלֶךְ הַצֹּפֶה אֶל־גַּג הַשַּׁעַר

25 אֶל־הַחוֹמָה וַיִּשָּׂא אֶת־עֵינָיו וַיַּרְא וְהִנֵּה־אִישׁ רָץ לְבַדּוֹ: וַיִּקְרָא
הַצֹּפֶה וַיַּגֵּד לַמֶּלֶךְ וַיֹּאמֶר הַמֶּלֶךְ אִם־לְבַדּוֹ בְּשׂוֹרָה בְּפִיו וַיֵּלֶךְ הָלוֹךְ

26 וְקָרֵב: וַיַּרְא הַצֹּפֶה אִישׁ־אַחֵר רָץ וַיִּקְרָא הַצֹּפֶה אֶל־הַשֹּׁעֵר וַיֹּאמֶר

27 הִנֵּה־אִישׁ רָץ לְבַדּוֹ וַיֹּאמֶר הַמֶּלֶךְ גַּם־זֶה מְבַשֵּׂר: וַיֹּאמֶר הַצֹּפֶה אֲנִי
רֹאֶה אֶת־מְרוּצַת הָרִאשׁוֹן כִּמְרֻצַת אֲחִימַעַץ בֶּן־צָדוֹק וַיֹּאמֶר הַמֶּלֶךְ

28 אִישׁ־טוֹב זֶה וְאֶל־בְּשׂוֹרָה טוֹבָה יָבוֹא: וַיִּקְרָא אֲחִימַעַץ וַיֹּאמֶר אֶל־
הַמֶּלֶךְ שָׁלוֹם וַיִּשְׁתַּחוּ לַמֶּלֶךְ לְאַפָּיו אָרְצָה וַיֹּאמֶר בָּרוּךְ
יְהוָה אֱלֹהֶיךָ אֲשֶׁר סִגַּר אֶת־הָאֲנָשִׁים אֲשֶׁר־נָשְׂאוּ אֶת־יָדָם בַּאדֹנִי

29 הַמֶּלֶךְ: וַיֹּאמֶר הַמֶּלֶךְ שָׁלוֹם לַנַּעַר לְאַבְשָׁלוֹם וַיֹּאמֶר אֲחִימַעַץ
רָאִיתִי הֶהָמוֹן הַגָּדוֹל לִשְׁלֹחַ אֶת־עֶבֶד הַמֶּלֶךְ יוֹאָב וְאֶת־עַבְדֶּךָ וְלֹא

30 יָדַעְתִּי מָה: וַיֹּאמֶר הַמֶּלֶךְ סֹב הִתְיַצֵּב כֹּה וַיִּסֹּב וַיַּעֲמֹד: וְהִנֵּה 31

said, Tidings, my lord the king: for the LORD hath avenged thee this day of all them that rose up against thee.

32 And the king said unto Cushi, Is the young man Absalom safe? And Cushi answered, The enemies of my lord the king, and all that rise against thee to do *thee* hurt, be as *that* young man *is.*

33[19:1] ¶ And the king was much moved, and went up to the chamber over the gate, and wept: and as he went, thus he said, O my son Absalom, my son, my son Absalom! would God I had died for thee, O Absalom, my son, my son!

CHAPTER 19

1[2] And it was told Joab, Behold, the king weepeth and mourneth for Absalom.

2[3] And the victory that day was *turned* into mourning unto all the people: for the people heard say that day how the king was grieved for his son.

3[4] And the people gat them by stealth that day into the city, as people being ashamed steal away when they flee in battle.

4[5] But the king covered his face, and the king cried with a loud voice, O my son Absalom, O Absalom, my son, my son!

5[6] And Joab came into the house to the king, and said, Thou hast shamed this day the faces of all thy servants, which this day have saved thy life, and the lives of thy sons and of thy daughters, and the lives of thy wives, and the lives of thy concubines;

6[7] In that thou lovest thine enemies, and hatest thy friends. For thou hast declared this day, that thou regardest neither princes nor servants: for this day I perceive, that if Absalom had lived, and all we had died this day, then it had pleased thee well.

7[8] Now therefore arise, go forth, and speak comfortably unto thy servants: for I swear by the LORD, if thou go not forth,

there will not tarry one with thee this night: and that will be worse unto thee than all the evil that befell thee from thy youth until now.

8[9] Then the king arose, and sat in the gate. And they told unto all the people, saying, Behold, the king doth sit in the gate. And all the people came before the king: for Israel had fled every man to his tent.

9[10] ¶ And all the people were at strife throughout all the tribes of Israel, saying, The king saved us out of the hand of our enemies, and he delivered us out of the hand of the Philistines; and now he is fled out of the land for Absalom.

10[11] And Absalom, whom we anointed over us, is dead in battle. Now therefore why speak ye not a word of bringing the king back?

11[12] ¶ And king David sent to Zadok and to Abiathar the priests, saying, Speak unto the elders of Judah, saying, Why are ye the last to bring the king back to his house? seeing the speech of all Israel is come to the king, *even* to his house.

12[13] Ye *are* my brethren, ye *are* my bones and my flesh: wherefore then are ye the last to bring back the king?

13[14] And say ye to Amasa, *Art* thou not of my bone, and of my flesh? God do so to me, and more also, if thou be not captain of the host before me continually in the room of Joab.

14[15] And he bowed the heart of all the men of Judah, even as *the heart of* one man; so that they sent *this word* unto the king, Return thou, and all thy servants.

15[16] So the king returned, and came to Jordan. And Judah came to Gilgal, to go to meet the king, to conduct the king over Jordan.

16[71] ¶ And Shimei the son of Gera, a Benjamite, which *was* of Bahurim, hasted and came down with the men of Judah to meet king David.

17[18] And *there were* a thousand men of Benjamin with him, and Ziba the serv-

הַכּוּשִׁי בָ֑א וַיֹּ֣אמֶר הַכּוּשִׁ֗י יִתְבַּשֵּׂר֙ אֲדֹנִ֣י הַמֶּ֔לֶךְ כִּֽי־שְׁפָטְךָ֥ יְהוָ֛ה

32 הַיּ֖וֹם מִיַּ֥ד כָּל־הַקָּמִ֖ים עָלֶֽיךָ׃   וַיֹּ֤אמֶר הַמֶּ֙לֶךְ֙ אֶל־הַכּוּשִׁ֔י

הֲשָׁל֥וֹם לַנַּ֖עַר לְאַבְשָׁל֑וֹם וַיֹּ֣אמֶר הַכּוּשִׁ֗י יִהְי֤וּ כַנַּ֙עַר֙ אֹיְבֵ֣י אֲדֹנִ֣י

19 1 הַמֶּ֔לֶךְ וְכֹ֛ל אֲשֶׁר־קָ֥מוּ עָלֶ֖יךָ לְרָעָֽה׃   וַיִּרְגַּ֣ז הַמֶּ֗לֶךְ וַיַּ֛עַל

עַל־עֲלִיַּ֥ת הַשַּׁ֖עַר וַיֵּ֑בְךְּ וְכֹ֣ה ׀ אָמַ֣ר בְּלֶכְתּ֗וֹ בְּנִ֤י אַבְשָׁלוֹם֙ בְּנִ֣י בְנִ֣י

2 אַבְשָׁל֗וֹם מִֽי־יִתֵּ֤ן מוּתִי֙ אֲנִ֣י תַחְתֶּ֔יךָ אַבְשָׁל֖וֹם בְּנִ֥י בְנִֽי׃ וַיֻּגַּ֖ד לְיוֹאָ֑ב

3 הִנֵּ֨ה הַמֶּ֧לֶךְ בֹּכֶ֛ה וַיִּתְאַבֵּ֖ל עַל־אַבְשָׁלֹֽם׃ וַתְּהִ֨י הַתְּשֻׁעָ֜ה בַּיּ֤וֹם הַהוּא֙

לְאֵ֣בֶל לְכָל־הָעָ֔ם כִּֽי־שָׁמַ֣ע הָעָ֗ם בַּיּ֤וֹם הַהוּא֙ לֵאמֹ֔ר נֶעֱצַ֥ב הַמֶּ֖לֶךְ

4 עַל־בְּנֽוֹ׃ וַיִּתְגַּנֵּ֤ב הָעָם֙ בַּיּ֣וֹם הַה֔וּא לָב֖וֹא הָעִ֑יר כַּאֲשֶׁ֣ר יִתְגַּנֵּ֔ב הָעָ֔ם

5 הַנִּכְלָמִ֔ים בְּנוּסָ֖ם בַּמִּלְחָמָֽה׃ וְהַמֶּ֙לֶךְ֙ לָאַ֣ט אֶת־פָּנָ֔יו וַיִּזְעַ֥ק הַמֶּ֖לֶךְ

6 ק֣וֹל גָּד֔וֹל בְּנִ֥י אַבְשָׁל֖וֹם אַבְשָׁל֥וֹם בְּנִ֥י בְנִֽי׃   וַיָּבֹ֤א יוֹאָב֙

אֶל־הַמֶּ֖לֶךְ הַבָּ֑יִת וַיֹּ֩אמֶר֩ הֹבַ֨שְׁתָּ הַיּ֜וֹם אֶת־פְּנֵ֣י כָל־עֲבָדֶ֗יךָ הַֽמְמַלְּטִ֤ים

אֶֽת־נַפְשְׁךָ֙ הַיּ֔וֹם וְאֵ֨ת נֶ֤פֶשׁ בָּנֶ֙יךָ֙ וּבְנֹתֶ֔יךָ וְנֶ֥פֶשׁ נָשֶׁ֖יךָ וְנֶ֥פֶשׁ

7 פִּלַגְשֶֽׁיךָ׃ לְאַֽהֲבָה֙ אֶת־שֹׂ֣נְאֶ֔יךָ וְלִשְׂנֹ֖א אֶת־אֹהֲבֶ֑יךָ כִּ֣י ׀ הִגַּ֣דְתָּ הַיּ֗וֹם

כִּ֣י אֵ֤ין לְךָ֙ שָׂרִ֣ים וַעֲבָדִ֔ים כִּ֣י ׀ יָדַ֣עְתִּי הַיּ֗וֹם כִּ֤י לֹ֣א אַבְשָׁל֥וֹם חַ֛י לו

8 וְכֻלָּ֨נוּ הַיּ֥וֹם מֵתִ֛ים כִּֽי־אָ֥ז יָשָׁ֖ר בְּעֵינֶֽיךָ׃ וְעַתָּה֙ ק֣וּם צֵ֔א וְדַבֵּ֖ר עַל־לֵ֣ב

עֲבָדֶ֑יךָ כִּי֩ בַיהוָ֨ה נִשְׁבַּ֜עְתִּי כִּֽי־אֵינְךָ֣ יוֹצֵ֗א אִם־יָלִ֨ין אִ֤ישׁ אִתְּךָ֙

הַלַּ֔יְלָה וְרָעָ֧ה לְךָ֣ זֹ֗את מִכָּל־הָרָעָ֛ה אֲשֶׁר־בָּ֥אָה עָלֶ֖יךָ מִנְּעֻרֶ֖יךָ עַד־

9 עָֽתָּה׃   וַיָּ֣קָם הַמֶּ֔לֶךְ וַיֵּ֖שֶׁב בַּשָּׁ֑עַר וּֽלְכָל־הָעָ֞ם הִגִּ֣ידוּ לֵאמֹ֗ר

הִנֵּ֤ה הַמֶּ֙לֶךְ֙ יוֹשֵׁ֣ב בַּשַּׁ֔עַר וַיָּבֹ֤א כָל־הָעָם֙ לִפְנֵ֣י הַמֶּ֔לֶךְ וְיִשְׂרָאֵ֔ל נָ֖ס

10 אִ֥ישׁ לְאֹהָלָֽיו׃   וַיְהִ֤י כָל־הָעָם֙ נָד֔וֹן בְּכָל־שִׁבְטֵ֖י יִשְׂרָאֵ֑ל

לֵאמֹ֗ר הַמֶּ֜לֶךְ הִצִּילָ֣נוּ ׀ מִכַּ֣ף אֹיְבֵ֗ינוּ וְה֤וּא מִלְּטָ֙נוּ֙ מִכַּ֣ף פְּלִשְׁתִּ֔ים

11 וְעַתָּ֛ה בָּרַ֥ח מִן־הָאָ֖רֶץ מֵעַ֥ל אַבְשָׁלֽוֹם׃ וְאַבְשָׁל֗וֹם אֲשֶׁ֤ר מָשַׁ֙חְנוּ֙

עָלֵ֔ינוּ מֵ֖ת בַּמִּלְחָמָ֑ה וְעַתָּ֗ה לָ֤מָּה אַתֶּם֙ מַחֲרִשִׁ֔ים לְהָשִׁ֖יב אֶת־

12 הַמֶּֽלֶךְ׃   וְהַמֶּ֣לֶךְ דָּוִ֗ד שָׁ֠לַח אֶל־צָד֨וֹק וְאֶל־אֶבְיָתָ֥ר הַכֹּהֲנִים֮

לֵאמֹר֒ דַּבְּר֞וּ אֶל־זִקְנֵ֤י יְהוּדָה֙ לֵאמֹ֔ר לָ֤מָּה תִֽהְיוּ֙ אַֽחֲרֹנִ֔ים לְהָשִׁ֥יב

אֶת־הַמֶּ֖לֶךְ אֶל־בֵּית֑וֹ וּדְבַר֙ כָּל־יִשְׂרָאֵ֔ל בָּ֥א אֶל־הַמֶּ֖לֶךְ אֶל־בֵּיתֽוֹ׃

13 אַחַ֣י אַתֶּ֔ם עַצְמִ֥י וּבְשָׂרִ֖י אַתֶּ֑ם וְלָ֧מָּה תִהְי֛וּ אַחֲרֹנִ֖ים לְהָשִׁ֥יב אֶת־

14 הַמֶּֽלֶךְ׃ וְלַֽעֲמָשָׂא֙ תֹּֽמְר֔וּ הֲל֛וֹא עַצְמִ֥י וּבְשָׂרִ֖י אָ֑תָּה כֹּ֣ה יַעֲשֶׂה־לִּ֤י

אֱלֹהִים֙ וְכֹ֣ה יוֹסִ֔יף אִם־לֹ֠א שַׂר־צָבָ֞א תִּהְיֶ֧ה לְפָנַ֛י כָּל־הַיָּמִ֖ים תַּ֥חַת

15 יוֹאָֽב׃ וַיַּ֛ט אֶת־לְבַ֥ב כָּל־אִישׁ־יְהוּדָ֖ה כְּאִ֣ישׁ אֶחָ֑ד וַֽיִּשְׁלְחוּ֙ אֶל־הַמֶּ֔לֶךְ

16 שׁ֥וּב אַתָּ֖ה וְכָל־עֲבָדֶֽיךָ׃ וַיָּ֣שָׁב הַמֶּ֔לֶךְ וַיָּבֹ֖א עַד־הַיַּרְדֵּ֑ן וִֽיהוּדָ֗ה בָּ֤א

הַגִּלְגָּ֙לָה֙ לָלֶ֣כֶת לִקְרַ֣את הַמֶּ֔לֶךְ לְהַעֲבִ֥יר אֶת־הַמֶּ֖לֶךְ אֶת־הַיַּרְדֵּֽן׃

17 וַיְמַהֵ֗ר שִׁמְעִ֤י בֶן־גֵּרָא֙ בֶּן־הַיְמִינִ֔י אֲשֶׁ֖ר מִבַּֽחוּרִ֑ים וַיֵּ֙רֶד֙ עִם־אִ֣ישׁ

18 יְהוּדָ֔ה לִקְרַ֖את הַמֶּ֥לֶךְ דָּוִֽד׃ וְאֶ֤לֶף אִישׁ֙ עִמּוֹ֙ מִבִּנְיָמִ֔ן וְצִיבָ֗א נַ֤עַר

ant of the house of Saul, and his fifteen sons and his twenty servants with him; and they went over Jordan before the king.

18[19] And there went over a ferry boat to carry over the king's household, and to do what he thought good. And Shimei the son of Gera fell down before the king, as he was come over Jordan;

19[20] And said unto the king, Let not my lord impute iniquity unto me, neither do thou remember that which thy servant did perversely the day that my lord the king went out of Jerusalem, that the king should take it to his heart.

20[21] For thy servant doth know that I have sinned: therefore, behold, I am come the first this day of all the house of Joseph to go down to meet my lord the king.

21[22] But Abishai the son of Zeruiah answered and said, Shall not Shimei be put to death for this, because he cursed the LORD's anointed?

22[23] And David said, What have I to do with you, ye sons of Zeruiah, that ye should this day be adversaries unto me? shall there any man be put to death this day in Israel? for do not I know that I *am* this day king over Israel?

23[24] Therefore the king said unto Shimei, Thou shalt not die. And the king sware unto him.

24[25] ¶ And Mephibosheth the son of Saul came down to meet the king, and had neither dressed his feet, nor trimmed his beard, nor washed his clothes, from the day the king departed until the day he came *again* in peace.

25[26] And it came to pass, when he was come to Jerusalem to meet the king, that the king said unto him, Wherefore wentest not thou with me, Mephibosheth?

26[27] And he answered, My lord, O king, my servant deceived me: for thy servant said, I will saddle me an ass, that I may ride thereon, and go to the king; because thy servant *is* lame.

27[28] And he hath slandered thy serv-

ant unto my lord the king; but my lord the king *is* as an angel of God: do therefore *what is* good in thine eyes.

28[29] For all *of* my father's house were but dead men before my lord the king: yet didst thou set thy servant among them that did eat at thine own table. What right therefore have I yet to cry any more unto the king?

29[30] And the king said unto him, Why speakest thou any more of thy matters? I have said, Thou and Ziba divide the land.

30[31] And Mephibosheth said unto the king, Yea, let him take all, forasmuch as my lord the king is come again in peace unto his own house.

31[32] ¶ And Barzillai the Gileadite came down from Rogelim, and went over Jordan with the king, to conduct him over Jordan.

32[33] Now Barzillai was a very aged man, *even* fourscore years old: and he had provided the king of sustenance while he lay at Mahanaim; for he *was* a very great man.

33[34] And the king said unto Barzillai, Come thou over with me, and I will feed thee with me in Jerusalem.

34[35] And Barzillai said unto the king, How long have I to live, that I should go up with the king unto Jerusalem?

35[36] I *am* this day fourscore years old: *and* can I discern between good and evil? can thy servant taste what I eat or what I drink? can I hear any more the voice of singing men and singing women? wherefore then should thy servant be yet a burden unto my lord the king?

36[37] Thy servant will go a little way over Jordan with the king: and why should the king recompense it me with such a reward?

37[38] Let thy servant, I pray thee, turn back again, that I may die in mine own city, *and be buried* by the grave of my father and of my mother. But behold thy servant Chimham; let him go over with my lord the king; and do to him what shall seem good unto thee.

בֵּית שָׁא֔וּל וַחֲמֵ֥שֶׁת עָשָׂ֖ר בָּנָ֑יו וְעֶשְׂרִ֤ים עֲבָדָיו֙ אִתּ֔וֹ וְצָלְח֥וּ הַיַּרְדֵּ֖ן

19 לִפְנֵ֣י הַמֶּֽלֶךְ: וְעָבְרָ֣ה הָעֲבָרָ֗ה לַעֲבִיר֙ אֶת־בֵּ֣ית הַמֶּ֔לֶךְ וְלַעֲשׂ֥וֹת הַטּ֖וֹב **בְּעֵינָ֑יו**

20 בְּעֵינָ֑יו וְשִׁמְעִ֣י בֶן־גֵּרָ֗א נָפַל֙ לִפְנֵ֣י הַמֶּ֔לֶךְ בְּעָבְר֖וֹ בַּיַּרְדֵּֽן: וַיֹּ֣אמֶר אֶל־
הַמֶּ֗לֶךְ אַל־יַחֲשָׁב־לִ֣י אֲדֹנִי֮ עָוֺן֒ וְאַל־תִּזְכֹּ֗ר אֵ֚ת אֲשֶׁ֣ר הֶעֱוָ֣ה עַבְדְּךָ֔
בַּיּ֕וֹם אֲשֶׁר־יָצָ֥א אֲדֹנִי־הַמֶּ֖לֶךְ מִירוּשָׁלָ֑ם לָשׂ֥וּם הַמֶּ֖לֶךְ אֶל־לִבּֽוֹ:

21 כִּ֚י יָדַ֣ע עַבְדְּךָ֔ כִּ֥י אֲנִ֖י חָטָ֑אתִי וְהִנֵּֽה־בָ֣אתִי הַיּ֗וֹם רִאשׁוֹן֙ לְכָל־בֵּ֣ית

22 יוֹסֵ֔ף לָרֶ֕דֶת לִקְרַ֖את אֲדֹנִ֣י הַמֶּֽלֶךְ: וַיַּ֨עַן אֲבִישַׁ֤י בֶּן־צְרוּיָה֙
וַיֹּ֗אמֶר הֲתַ֤חַת זֹאת֙ לֹ֣א יוּמַ֣ת שִׁמְעִ֔י כִּ֥י קִלֵּ֖ל אֶת־מְשִׁ֥יחַ

23 יְהוָֽה: וַיֹּ֣אמֶר דָּוִ֗ד מַה־לִּ֤י וְלָכֶם֙ בְּנֵ֣י צְרוּיָ֔ה כִּי־תִֽהְיוּ־לִ֥י
הַיּ֖וֹם לְשָׂטָ֑ן הַיּ֗וֹם י֤וּמַת אִישׁ֙ בְּיִשְׂרָאֵ֔ל כִּ֚י הֲל֣וֹא יָדַ֔עְתִּי כִּ֥י הַיּ֖וֹם

24 אֲנִי־מֶ֖לֶךְ עַל־יִשְׂרָאֵֽל: וַיֹּ֧אמֶר הַמֶּ֛לֶךְ אֶל־שִׁמְעִ֖י לֹ֣א תָמ֑וּת וַיִּשָּׁ֥בַע

25 ל֖וֹ הַמֶּֽלֶךְ: וּמְפִבֹ֨שֶׁת֙ בֶּן־שָׁא֔וּל יָרַ֖ד לִקְרַ֣את הַמֶּ֑לֶךְ וְלֹא־
עָשָׂ֨ה רַגְלָ֜יו וְלֹא־עָשָׂ֣ה שְׂפָמ֗וֹ וְאֶת־בְּגָדָיו֙ לֹ֣א כִבֵּ֔ס לְמִן־הַיּוֹם֙ לֶ֣כֶת

26 הַמֶּ֔לֶךְ עַד־הַיּ֖וֹם אֲשֶׁר־בָּ֥א בְשָׁלֽוֹם: וַיְהִ֛י כִּי־בָ֥א יְרוּשָׁלַ֖ם לִקְרַ֣את

27 הַמֶּ֑לֶךְ וַיֹּ֤אמֶר לוֹ֙ הַמֶּ֔לֶךְ לָ֛מָּה לֹא־הָלַ֥כְתָּ עִמִּ֖י מְפִיבֹֽשֶׁת: וַיֹּאמַ֕ר
אֲדֹנִ֣י הַמֶּ֗לֶךְ עַבְדִּ֣י רִמָּ֔נִי כִּֽי־אָמַ֤ר עַבְדְּךָ֙ אֶחְבְּשָׁה־לִּ֤י הַחֲמוֹר֙ וְאֶרְכַּ֣ב

28 עָלֶ֔יהָ וְאֵלֵ֖ךְ אֶת־הַמֶּ֑לֶךְ כִּ֥י פִסֵּ֖חַ עַבְדֶּֽךָ: וַיְרַגֵּ֣ל בְּעַבְדְּךָ֔ אֶל־אֲדֹנִ֣י

29 הַמֶּ֗לֶךְ וַאדֹנִ֤י הַמֶּ֙לֶךְ֙ כְּמַלְאַ֣ךְ הָאֱלֹהִ֔ים וַעֲשֵׂ֥ה הַטּ֖וֹב בְּעֵינֶֽיךָ: כִּי֩
לֹ֨א הָיָ֜ה כָּל־בֵּ֣ית אָבִ֗י כִּ֤י אִם־אַנְשֵׁי־מָ֙וֶת֙ לַאדֹנִ֣י הַמֶּ֔לֶךְ וַתָּ֙שֶׁת֙ אֶֽת־
עַבְדְּךָ֔ בְּאֹכְלֵ֖י שֻׁלְחָנֶ֑ךָ וּמַה־יֶּשׁ־לִ֥י עוֹד֙ צְדָקָ֔ה וְלִזְעֹ֥ק ע֖וֹד אֶל־
הַמֶּֽלֶךְ:

30 וַיֹּ֤אמֶר לוֹ֙ הַמֶּ֔לֶךְ לָ֛מָּה תְּדַבֵּ֥ר ע֖וֹד דְּבָרֶ֑יךָ אָמַ֕רְתִּי אַתָּ֣ה וְצִיבָ֔א

31A תַּחְלְק֖וּ אֶת־הַשָּׂדֶֽה: וַיֹּ֤אמֶר מְפִיבֹ֙שֶׁת֙ אֶל־הַמֶּ֔לֶךְ גַּ֥ם אֶת־הַכֹּ֖ל יִקָּ֑ח

32 אַחֲרֵ֛י אֲשֶׁר־בָּ֥א אֲדֹנִ֥י הַמֶּ֖לֶךְ בְּשָׁל֣וֹם אֶל־בֵּיתֽוֹ: **וּבַרְזִלַּי֙**
הַיַּרְדֵּן הַגִּלְעָדִ֔י יָרַ֖ד מֵרֹגְלִ֑ים וַיַּעֲבֹ֤ר אֶת־הַמֶּ֙לֶךְ֙ הַיַּרְדֵּ֔ן לְשַׁלְּח֖וֹ אֶת־בַּיַּרְדֵּֽן:

33 וּבַרְזִלַּי֙ זָקֵ֣ן מְאֹ֔ד בֶּן־שְׁמֹנִ֖ים שָׁנָ֑ה וְהֽוּא־כִלְכַּ֤ל אֶת־הַמֶּ֙לֶךְ֙ בְשִׁיבָת֣וֹ

34 בְמַחֲנַ֔יִם כִּֽי־אִ֥ישׁ גָּד֖וֹל ה֥וּא מְאֹֽד: וַיֹּ֥אמֶר הַמֶּ֖לֶךְ אֶל־בַּרְזִלָּ֑י אַתָּה֙

35 עֲבֹ֣ר אִתִּ֔י וְכִלְכַּלְתִּ֥י אֹתְךָ֛ עִמָּדִ֖י בִּירוּשָׁלָֽם: וַיֹּ֥אמֶר בַּרְזִלַּ֖י אֶל־הַמֶּ֑לֶךְ

36 כַּמָּ֗ה יְמֵי֙ שְׁנֵ֣י חַיַּ֔י כִּי־אֶעֱלֶ֥ה אֶת־הַמֶּ֖לֶךְ יְרוּשָׁלָֽם: בֶּן־שְׁמֹנִ֣ים שָׁנָה֩
אָנֹכִ֨י הַיּ֜וֹם הַאֵדַ֣ע ׀ בֵּין־ט֣וֹב לְרָ֗ע אִם־יִטְעַ֤ם עַבְדְּךָ֙ אֶת־אֲשֶׁ֣ר אֹכַ֔ל
וְאֶת־אֲשֶׁ֣ר אֶשְׁתֶּ֔ה אִם־אֶשְׁמַ֣ע ע֔וֹד בְּק֖וֹל שָׁרִ֣ים וְשָׁר֑וֹת וְלָ֩מָּה֩ יִֽהְיֶ֨ה

37 עַבְדְּךָ֥ עוֹד֙ לְמַשָּׂ֔א אֶל־אֲדֹנִ֖י הַמֶּֽלֶךְ: כִּמְעַ֞ט יַעֲבֹ֧ר עַבְדְּךָ֛ אֶת־הַיַּרְדֵּ֖ן

38 אֶת־הַמֶּ֑לֶךְ וְלָ֙מָּה֙ יִגְמְלֵ֣נִי הַמֶּ֔לֶךְ הַגְּמוּלָ֖ה הַזֹּֽאת: יָֽשָׁב־נָ֣א עַבְדְּךָ֗
וְאָמֻ֙ת בְּעִירִ֔י עִ֚ם קֶ֣בֶר אָבִ֖י וְאִמִּ֑י וְהִנֵּ֣ה ׀ עַבְדְּךָ֣ כִמְהָ֗ם יַֽעֲבֹ֤ר עִם־

39 אֲדֹנִ֣י הַמֶּ֔לֶךְ וַעֲשֵׂה־לּ֕וֹ אֵ֥ת אֲשֶׁר־ט֖וֹב בְּעֵינֶֽיךָ: וַיֹּ֣אמֶר

38[39] And the king answered, Chimham shall go over with me, and I will do to him that which shall seem good unto thee: and whatsoever thou shalt require of me, *that* will I do for thee.

39[40] And all the people went over Jordan. And when the king was come over, the king kissed Barzillai, and blessed him; and he returned unto his own place.

40[41] Then the king went on to Gilgal, and Chimham went on with him: and all the people of Judah conducted the king, and also half the people of Israel.

41[42] ¶ And, behold, all the men of Israel came to the king, and said unto the king, Why have our brethren the men of Judah stolen thee away, and have brought the king, and his household, and all David's men with him, over Jordan?

42[43] And all the men of Judah answered the men of Israel, Because the king *is* near of kin to us: wherefore then be ye angry for this matter? have we eaten at all of the king's *cost?* or hath he given us any gift?

43[44] And the men of Israel answered the men of Judah, and said, We have ten parts in the king, and we have also more *right* in David than ye: why then did ye despise us, that our advice should not be first had in bringing back our king? And the words of the men of Judah were fiercer than the words of the men of Israel.

CHAPTER 20

1 And there happened to be there a man of Belial, whose name *was* Sheba, the son of Bichri, a Benjamite: and he blew a trumpet, and said, We have no part in David, neither have we inheritance in the son of Jesse: every man to his tents, O Israel.

2 So every man of Israel went up from after David, *and* followed Sheba the son of Bichri: but the men of Judah clave unto their king, from Jordan even to Jerusalem.

3 ¶ And David came to his house at Jerusalem; and the king took the ten women

his concubines, whom he had left to keep the house, and put them in ward, and fed them, but went not in unto them. So they were shut up unto the day of their death, living in widowhood.

4 ¶ Then said the king to Amasa, Assemble me the men of Judah within three days, and be thou here present.

5 So Amasa went to assemble *the men of* Judah: but he tarried longer than the set time which he had appointed him.

6 And David said to Abishai, Now shall Sheba the son of Bichri do us more harm than *did* Absalom: take thou thy lord's servants, and pursue after him, lest he get him fenced cities, and escape us.

7 And there went out after him Joab's men, and the Cherethites, and the Pelethites, and all the mighty men: and they went out of Jerusalem, to pursue after Sheba the son of Bichri.

8 When they *were* at the great stone which *is* in Gibeon, Amasa went before them. And Joab's garment that he had put on was girded unto him, and upon it a girdle *with* a sword fastened upon his loins in the sheath thereof; and as he went forth it fell out.

9 And Joab said to Amasa, *Art* thou in health, my brother? And Joab took Amasa by the beard with the right hand to kiss him.

10 But Amasa took no heed to the sword that *was* in Joab's hand: so he smote him therewith in the fifth *rib,* and shed out his bowels to the ground, and struck him not again; and he died. So Joab and Abishai his brother pursued after Sheba the son of Bichri.

11 And one of Joab's men stood by him, and said, He that favoureth Joab, and he that *is* for David, *let him go* after Joab.

12 And Amasa wallowed in blood in the midst of the highway. And when the man saw that all the people stood still, he removed Amasa out of the highway into the field, and cast a cloth upon him, when he

הַמֶּלֶךְ אִתִּי יַעֲבֹר כִּמְהָם וַאֲנִי אֶעֱשֶׂה־לּוֹ אֶת־הַטּוֹב בְּעֵינֶיךָ וְכֹל

40 אֲשֶׁר־תִּבְחַר עָלַי אֶעֱשֶׂה־לָּךְ: וַיַּעֲבֹר כָּל־הָעָם אֶת־הַיַּרְדֵּן וְהַמֶּלֶךְ

41 עָבָר וַיִּשַּׁק הַמֶּלֶךְ לְבַרְזִלַּי וַיְבָרֲכֵהוּ וַיָּשָׁב לִמְקֹמוֹ: וַיַּעֲבֹר

הֶעֱבִירוּ   הַמֶּלֶךְ הַגִּלְגָּלָה וְכִמְהָן עָבַר עִמּוֹ וְכָל־עַם יְהוּדָה ויעברו אֶת־הַמֶּלֶךְ

42A 42 וְגַם חֲצִי עַם יִשְׂרָאֵל: וְהִנֵּה כָּל־אִישׁ יִשְׂרָאֵל בָּאִים אֶל־הַמֶּלֶךְ

וַיֹּאמְרוּ אֶל־הַמֶּלֶךְ מַדּוּעַ גְּנָבוּךָ אַחֵינוּ אִישׁ יְהוּדָה וַיַּעֲבִרוּ אֶת־

43 הַמֶּלֶךְ וְאֶת־בֵּיתוֹ אֶת־הַיַּרְדֵּן וְכָל־אַנְשֵׁי דָוִד עִמּוֹ: וַיַּעַן

כָּל־אִישׁ יְהוּדָה עַל־אִישׁ יִשְׂרָאֵל כִּי־קָרוֹב הַמֶּלֶךְ אֵלַי וְלָמָּה זֶּה

חָרָה לְךָ עַל־הַדָּבָר הַזֶּה הֶאָכוֹל אָכַלְנוּ מִן־הַמֶּלֶךְ אִם־נִשֵּׂאת נִשָּׂא

44 לָנוּ: וַיַּעַן אִישׁ־יִשְׂרָאֵל אֶת־אִישׁ יְהוּדָה וַיֹּאמֶר עֶשֶׂר־

יָדוֹת לִי בַמֶּלֶךְ וְגַם־בְּדָוִד אֲנִי מִמְּךָ וּמַדּוּעַ הֱקִלֹּתַנִי וְלֹא־הָיָה דְבָרִי

רִאשׁוֹן לִי לְהָשִׁיב אֶת־מַלְכִּי וַיִּקֶשׁ דְּבַר־אִישׁ יְהוּדָה מִדְּבַר אִישׁ

20 1 יִשְׂרָאֵל: וְשָׁם נִקְרָא אִישׁ בְּלִיַּעַל וּשְׁמוֹ שֶׁבַע בֶּן־בִּכְרִי אִישׁ יְמִינִי

וַיִּתְקַע בַּשֹּׁפָר וַיֹּאמֶר אֵין־לָנוּ חֵלֶק בְּדָוִד וְלֹא נַחֲלָה־לָנוּ בְּבֶן־יִשַׁי

2 אִישׁ לְאֹהָלָיו יִשְׂרָאֵל: וַיַּעַל כָּל־אִישׁ יִשְׂרָאֵל מֵאַחֲרֵי דָוִד

אַחֲרֵי שֶׁבַע בֶּן־בִּכְרִי וְאִישׁ יְהוּדָה דָּבְקוּ בְמַלְכָּם מִן־הַיַּרְדֵּן וְעַד־

3 יְרוּשָׁלִָם: וַיָּבֹא דָוִד אֶל־בֵּיתוֹ יְרוּשָׁלַםִ וַיִּקַּח הַמֶּלֶךְ אֵת עֶשֶׂר־נָשִׁים

פִּלַגְשִׁים אֲשֶׁר הִנִּיחַ לִשְׁמֹר הַבַּיִת וַיִּתְּנֵם בֵּית־מִשְׁמֶרֶת וַיְכַלְכְּלֵם

וַאֲלֵיהֶם לֹא־בָא וַתִּהְיֶינָה צְרֻרוֹת עַד־יוֹם מֻתָן אַלְמְנוּת

4 חַיּוּת: וַיֹּאמֶר הַמֶּלֶךְ אֶל־עֲמָשָׂא הַזְעֶק־לִי אֶת־אִישׁ־

5 יְהוּדָה שְׁלֹשֶׁת יָמִים וְאַתָּה פֹּה עֲמֹד: וַיֵּלֶךְ עֲמָשָׂא לְהַזְעִיק אֶת־

6 יְהוּדָה ויּיחר מִן־הַמּוֹעֵד אֲשֶׁר יְעָדוֹ: וַיֹּאמֶר דָּוִד אֶל־

אֲבִישַׁי עַתָּה יֵרַע לָנוּ שֶׁבַע בֶּן־בִּכְרִי מִן־אַבְשָׁלוֹם אַתָּה קַח אֶת־

עַבְדֵי אֲדֹנֶיךָ וּרְדֹף אַחֲרָיו פֶּן־מָצָא לוֹ עָרִים בְּצֻרוֹת וְהִצִּיל עֵינֵנוּ:

7 וַיֵּצְאוּ אַחֲרָיו אַנְשֵׁי יוֹאָב וְהַכְּרֵתִי וְהַפְּלֵתִי וְכָל־הַגִּבֹּרִים וַיֵּצְאוּ

8A 8 מִירוּשָׁלִַם לִרְדֹּף אַחֲרֵי שֶׁבַע בֶּן־בִּכְרִי: הֵם עִם־הָאֶבֶן הַגְּדוֹלָה אֲשֶׁר

וְעָלָיו   בְּגִבְעוֹן וַעֲמָשָׂא בָּא לִפְנֵיהֶם וְיוֹאָב חָגוּר מִדּוֹ לְבֻשׁוּ ועלו חֲגוֹר

9 חֶרֶב מְצֻמֶּדֶת עַל־מָתְנָיו בְּתַעְרָהּ וְהוּא יָצָא וַתִּפֹּל: וַיֹּאמֶר

יוֹאָב לַעֲמָשָׂא הֲשָׁלוֹם אַתָּה אָחִי וַתֹּחֶז יַד־יְמִין יוֹאָב בִּזְקַן עֲמָשָׂא

10 לִנְשָׁק־לוֹ: וַעֲמָשָׂא לֹא־נִשְׁמַר בַּחֶרֶב אֲשֶׁר בְּיַד־יוֹאָב וַיַּכֵּהוּ בָהּ אֶל־

וְיוֹאָב   הַחֹמֶשׁ וַיִּשְׁפֹּךְ מֵעָיו אַרְצָה וְלֹא־שָׁנָה לוֹ וַיָּמֹת

11 וַאֲבִישַׁי אָחִיו רָדַף אַחֲרֵי שֶׁבַע בֶּן־בִּכְרִי: וְאִישׁ עָמַד עָלָיו מִנַּעֲרֵי

יוֹאָב וַיֹּאמֶר מִי אֲשֶׁר חָפֵץ בְּיוֹאָב וּמִי אֲשֶׁר־לְדָוִד אַחֲרֵי יוֹאָב:

12 וַעֲמָשָׂא מִתְגֹּלֵל בַּדָּם בְּתוֹךְ הַמְסִלָּה וַיַּרְא הָאִישׁ כִּי־עָמַד כָּל־הָעָם

וַיַּסֵּב אֶת־עֲמָשָׂא מִן־הַמְסִלָּה הַשָּׂדֶה וַיַּשְׁלֵךְ עָלָיו בֶּגֶד כַּאֲשֶׁר רָאָה

saw that every one that came by him stood still.

13 When he was removed out of the highway, all the people went on after Joab, to pursue after Sheba the son of Bichri.

14 ¶ And he went through all the tribes of Israel unto Abel, and to Beth-maachah, and all the Berites: and they were gathered together, and went also after him.

15 And they came and besieged him in Abel of Beth-maachah, and they cast up a bank against the city, and it stood in the trench: and all the people that *were* with Joab battered the wall, to throw it down.

16 ¶ Then cried a wise woman out of the city, Hear, hear; say, I pray you, unto Joab, Come near hither, that I may speak with thee.

17 And when he was come near unto her, the woman said, *Art* thou Joab? And he answered, I *am he.* Then she said unto him, Hear the words of thine handmaid. And he answered, I do hear.

18 Then she spake, saying, They were wont to speak in old time, saying, They shall surely ask *counsel* at Abel: and so they ended *the matter.*

19 I *am one of them that are* peaceable *and* faithful in Israel: thou seekest to destroy a city and a mother in Israel: why wilt thou swallow up the inheritance of the LORD?

20 And Joab answered and said, Far be it, far be it from me, that I should swallow up or destroy.

21 The matter *is* not so: but a man of mount Ephraim, Sheba the son of Bichri by name, hath lifted up his hand against the king, *even* against David: deliver him only, and I will depart from the city. And the woman said unto Joab, Behold, his head shall be thrown to thee over the wall.

22 Then the woman went unto all the people in her wisdom. And they cut off the head of Sheba the son of Bichri, and cast *it* out to Joab. And he blew a trumpet, and they retired from the city, every man to his tent. And Joab returned to Jerusalem unto the king.

23 ¶ Now Joab *was* over all the host of Israel: and Benaiah the son of Jehoiada

was over the Cherethites and over the Pelethites:

24 And Adoram *was* over the tribute: and Jehoshaphat the son of Ahilud *was* recorder:

25 And Sheva *was* scribe: and Zadok and Abiathar *were* the priests:

26 And Ira also the Jairite was a chief ruler about David.

CHAPTER 21

1 Then there was a famine in the days of David three years, year after year; and David enquired of the LORD. And the LORD answered, *It is* for Saul, and for *his* bloody house, because he slew the Gibeonites.

2 And the king called the Gibeonites, and said unto them; (now the Gibeonites *were* not of the children of Israel, but of the remnant of the Amorites; and the children of Israel had sworn unto them: and Saul sought to slay them in his zeal to the children of Israel and Judah.)

3 Wherefore David said unto the Gibeonites, What shall I do for you? and wherewith shall I make the atonement, that ye may bless the inheritance of the LORD?

4 And the Gibeonites said unto him, We will have no silver nor gold of Saul, nor of his house; neither for us shalt thou kill any man in Israel. And he said, What ye shall say, *that* will I do for you.

5 And they answered the king, The man that consumed us, and that devised against us *that* we should be destroyed from remaining in any of the coasts of Israel,

6 Let seven men of his sons be delivered unto us, and we will hang them up unto the LORD in Gibeah of Saul, *whom* the LORD did choose. And the king said, I will give *them.*

7 But the king spared Mephibosheth, the son of Jonathan the son of Saul, because of the LORD's oath that *was* between them, between David and Jonathan the son of Saul.

8 But the king took the two sons of Rizpah the daughter of Aiah, whom she

כָּל־הַבָּא עָלָיו וְעָמָד: כַּאֲשֶׁר הִנֵּה מִן־הַמְסִלָּה עָבַר כָּל־אִישׁ אַחֲרֵי 13

יוֹאָב לִרְדֹּף אַחֲרֵי שֶׁבַע בֶּן־בִּכְרִי: וַיַּעֲבֹר בְּכָל־שִׁבְטֵי יִשְׂרָאֵל אָבֵלָה 14

וַיִּקָּהֲלוּ וּבֵית מַעֲכָה וְכָל־הַבֵּרִים וַיִּקְלֻהוּ וַיָּבֹאוּ אַף־אַחֲרָיו: וַיָּבֹאוּ 15

וַיָּצֻרוּ עָלָיו בְּאָבֵלָה בֵּית הַמַּעֲכָה וַיִּשְׁפְּכוּ סֹלְלָה אֶל־הָעִיר וַתַּעֲמֹד

בַּחֵל וְכָל־הָעָם אֲשֶׁר אֶת־יוֹאָב מַשְׁחִיתִם לְהַפִּיל הַחוֹמָה: וַתִּקְרָא 16

אִשָּׁה חֲכָמָה מִן־הָעִיר שִׁמְעוּ שִׁמְעוּ אִמְרוּ־נָא אֶל־יוֹאָב קְרַב עַד־

הֵנָּה וַאֲדַבְּרָה אֵלֶיךָ: וַיִּקְרַב אֵלֶיהָ וַתֹּאמֶר הָאִשָּׁה הַאַתָּה יוֹאָב 17

וַיֹּאמֶר אָנִי וַתֹּאמֶר לוֹ שְׁמַע דִּבְרֵי אֲמָתֶךָ וַיֹּאמֶר שֹׁמֵעַ אָנֹכִי:

וַתֹּאמֶר לֵאמֹר דַּבֵּר יְדַבְּרוּ בָרִאשֹׁנָה לֵאמֹר שָׁאֹל יְשָׁאֲלוּ בְּאָבֵל 18

וְכֵן הֵתַמּוּ: אָנֹכִי שְׁלֻמֵי אֱמוּנֵי יִשְׂרָאֵל אַתָּה מְבַקֵּשׁ לְהָמִית עִיר 19

וְאֵם בְּיִשְׂרָאֵל לָמָּה תְבַלַּע נַחֲלַת יְהוָה:

וַיַּעַן יוֹאָב וַיֹּאמַר חָלִילָה חָלִילָה לִי אִם־אֲבַלַּע וְאִם־אַשְׁחִית: לֹא־כֵן 20
21
הַדָּבָר כִּי אִישׁ מֵהַר אֶפְרַיִם שֶׁבַע בֶּן־בִּכְרִי שְׁמוֹ נָשָׂא יָדוֹ בַּמֶּלֶךְ

בְּדָוִד תְּנוּ־אֹתוֹ לְבַדּוֹ וְאֵלְכָה מֵעַל הָעִיר וַתֹּאמֶר הָאִשָּׁה אֶל־יוֹאָב

הִנֵּה רֹאשׁוֹ מֻשְׁלָךְ אֵלֶיךָ בְּעַד הַחוֹמָה: וַתָּבוֹא הָאִשָּׁה אֶל־כָּל־הָעָם 22

בְּחָכְמָתָהּ וַיִּכְרְתוּ אֶת־רֹאשׁ שֶׁבַע בֶּן־בִּכְרִי וַיַּשְׁלִכוּ אֶל־יוֹאָב וַיִּתְקַע

בַּשּׁוֹפָר וַיָּפֻצוּ מֵעַל־הָעִיר אִישׁ לְאֹהָלָיו וְיוֹאָב שָׁב יְרוּשָׁלַ͏ִם אֶל־

הַמֶּלֶךְ: וְיוֹאָב אֶל כָּל־הַצָּבָא יִשְׂרָאֵל וּבְנָיָה בֶּן־יְהוֹיָדָע 23

הַכְּרֵתִי עַל־הַכְּרִי וְעַל־הַפְּלֵתִי: וַאֲדֹרָם עַל־הַמַּס וִיהוֹשָׁפָט בֶּן־אֲחִילוּד 24

וְשִׁוְא הַמַּזְכִּיר: וּשְׁיָא סֹפֵר וְצָדוֹק וְאֶבְיָתָר כֹּהֲנִים: וְגַם עִירָא הַיָּאִרִי הָיָה 25
26

21 כֹּהֵן לְדָוִד: וַיְהִי רָעָב בִּימֵי דָוִד שָׁלֹשׁ שָׁנִים שָׁנָה אַחֲרֵי 1

שָׁנָה וַיְבַקֵּשׁ דָּוִד אֶת־פְּנֵי יְהוָה וַיֹּאמֶר יְהוָה אֶל־שָׁאוּל

וְאֶל־בֵּית הַדָּמִים עַל־אֲשֶׁר־הֵמִית אֶת־הַגִּבְעֹנִים: וַיִּקְרָא הַמֶּלֶךְ 2

לַגִּבְעֹנִים וַיֹּאמֶר אֲלֵיהֶם וְהַגִּבְעֹנִים לֹא מִבְּנֵי יִשְׂרָאֵל הֵמָּה כִּי אִם־

מִיֶּתֶר הָאֱמֹרִי וּבְנֵי יִשְׂרָאֵל נִשְׁבְּעוּ לָהֶם וַיְבַקֵּשׁ שָׁאוּל לְהַכֹּתָם

בְּקַנֹּאתוֹ לִבְנֵי־יִשְׂרָאֵל וִיהוּדָה: וַיֹּאמֶר דָּוִד אֶל־הַגִּבְעֹנִים מָה אֶעֱשֶׂה 3

לָכֶם וּבַמָּה אֲכַפֵּר וּבָרְכוּ אֶת־נַחֲלַת יְהוָה: וַיֹּאמְרוּ לוֹ הַגִּבְעֹנִים 4

לָנוּ אֵין־לִי כֶּסֶף וְזָהָב עִם־שָׁאוּל וְעִם־בֵּיתוֹ וְאֵין־לָנוּ אִישׁ לְהָמִית

בְּיִשְׂרָאֵל וַיֹּאמֶר מָה־אַתֶּם אֹמְרִים אֶעֱשֶׂה לָכֶם: וַיֹּאמְרוּ אֶל־הַמֶּלֶךְ 5

הָאִישׁ אֲשֶׁר כִּלָּנוּ וַאֲשֶׁר דִּמָּה־לָנוּ נִשְׁמַדְנוּ מֵהִתְיַצֵּב בְּכָל־גְּבֻל

יֻתַּן יִשְׂרָאֵל: יֻתַּן־לָנוּ שִׁבְעָה אֲנָשִׁים מִבָּנָיו וְהוֹקַעֲנוּם לַיהוָה בְּגִבְעַת 6

שָׁאוּל בְּחִיר יְהוָה וַיֹּאמֶר הַמֶּלֶךְ אֲנִי אֶתֵּן: וַיַּחְמֹל הַמֶּלֶךְ 7

עַל־מְפִי־בֹשֶׁת בֶּן־יְהוֹנָתָן בֶּן־שָׁאוּל עַל־שְׁבֻעַת יְהוָה אֲשֶׁר בֵּינֹתָם

בֵּין דָּוִד וּבֵין יְהוֹנָתָן בֶּן־שָׁאוּל: וַיִּקַּח הַמֶּלֶךְ אֶת־שְׁנֵי בְּנֵי רִצְפָּה 8

בַת־אַיָּה אֲשֶׁר יָלְדָה לְשָׁאוּל אֶת־אַרְמֹנִי וְאֶת־מְפִבֹשֶׁת וְאֶת־חֲמֵשֶׁת

bare unto Saul, Armoni and Mephi-bosheth; and the five sons of Michal the daughter of Saul, whom she brought up for Adriel the son of Barzillai the Meho-lathite:

9 And he delivered them into the hands of the Gibeonites, and they hanged them in the hill before the LORD: and they fell *all* seven together, and were put to death in the days of harvest, in the first *days,* in the beginning of barley harvest.

10 ¶ And Rizpah the daughter of Aiah took sackcloth, and spread it for her upon the rock, from the beginning of harvest until water dropped upon them out of heaven, and suffered neither the birds of the air to rest on them by day, nor the beasts of the field by night.

11 And it was told David what Rizpah the daughter of Aiah, the concubine of Saul, had done.

12 ¶ And David went and took the bones of Saul and the bones of Jonathan his son from the men of Jabesh-gilead, which had stolen them from the street of Beth-shan, where the Philistines had hanged them, when the Philistines had slain Saul in Gilboa:

13 And he brought up from thence the bones of Saul and the bones of Jonathan his son; and they gathered the bones of them that were hanged.

14 And the bones of Saul and Jonathan his son buried they in the country of Ben-jamin in Zelah, in the sepulchre of Kish his father: and they performed all that the king commanded. And after that God was intreated for the land.

15 ¶ Moreover the Philistines had yet war again with Israel; and David went down, and his servants with him, and fought against the Philistines: and David waxed faint.

16 And Ishbi-benob, which *was* of the sons of the giant, the weight of whose spear *weighed* three hundred *shekels* of brass in weight, he being girded with a new *sword,* thought to have slain David.

17 But Abishai the son of Zeruiah succoured him, and smote the Philistine, and killed him. Then the men of David sware unto him, saying, Thou shalt go no more out with us to battle, that thou quench not the light of Israel.

18 And it came to pass after this, that there was again a battle with the Philis-tines at Gob: then Sibbechai the Husha-thite slew Saph, which *was* of the sons of the giant.

19 And there was again a battle in Gob with the Philistines, where Elhanan the son of Jaare-oregim, a Beth-lehemite, slew *the brother of* Goliath the Gittite, the staff of whose spear *was* like a weaver's beam.

20 And there was yet a battle in Gath, where was a man of *great* stature, that had on every hand six fingers, and on every foot six toes, four and twenty in number; and he also was born to the giant.

21 And when he defied Israel, Jonathan the son of Shimea the brother of David slew him.

22 These four were born to the giant in Gath, and fell by the hand of David, and by the hand of his servants.

CHAPTER 22

1 And David spake unto the LORD the words of this song in the day *that* the LORD had delivered him out of the hand of all his enemies, and out of the hand of Saul:

2 And he said, The LORD *is* my rock, and my fortress, and my deliverer;

3 The God of my rock; in him will I trust: *he is* my shield, and the horn of my sal-vation, my high tower, and my refuge, my saviour; thou savest me from violence.

4 I will call on the LORD, *who is* worthy to be praised: so shall I be saved from mine enemies.

5 When the waves of death compassed me, the floods of ungodly men made me afraid;

בְּנֵי מִיכַל בַּת־שָׁאוּל אֲשֶׁר יָלְדָה לְעַדְרִיאֵל בֶּן־בַּרְזִלַּי הַמְּחֹלָתִי:

9 וַיִּתְּנֵם בְּיַד הַגִּבְעֹנִים וַיֹּקִיעֻם בָּהָר לִפְנֵי יְהֹוָה וַיִּפְּלוּ שְׁבַעְתָּם יָחַד שְׁבַעְתָּם

10 וְהֵם הֻמְתוּ בִּימֵי קָצִיר בָּרִאשֹׁנִים תְּחִלַּת קְצִיר שְׂעֹרִים: וַתִּקַּח וְהֵמָּה בִּתְחִלַּת רִצְפָּה בַת־אַיָּה אֶת־הַשַּׂק וַתַּטֵּהוּ לָהּ אֶל־הַצּוּר מִתְּחִלַּת קָצִיר עַד נִתַּךְ־מַיִם עֲלֵיהֶם מִן־הַשָּׁמָיִם וְלֹא־נָתְנָה עוֹף הַשָּׁמַיִם לָנוּחַ עֲלֵיהֶם

11 יוֹמָם וְאֶת־חַיַּת הַשָּׂדֶה לָיְלָה: וַיֻּגַּד לְדָוִד אֵת אֲשֶׁר־עָשְׂתָה רִצְפָּה

12 בַת־אַיָּה פִּלֶגֶשׁ שָׁאוּל: וַיֵּלֶךְ דָּוִד וַיִּקַּח אֶת־עַצְמוֹת שָׁאוּל וְאֶת־ עַצְמוֹת יְהוֹנָתָן בְּנוֹ מֵאֵת בַּעֲלֵי יָבֵישׁ גִּלְעָד אֲשֶׁר גָּנְבוּ אֹתָם מֵרְחֹב תִּלְאוּם שָׁמָּה בֵּית־שַׁן אֲשֶׁר תְּלָאוּם שָׁם הַפְּלִשְׁתִּים בְּיוֹם הַכּוֹת פְּלִשְׁתִּים אֶת־ פְּלִשְׁתִּים

13 שָׁאוּל בַּגִּלְבֹּעַ: וַיַּעַל מִשָּׁם אֶת־עַצְמוֹת שָׁאוּל וְאֶת־עַצְמוֹת יְהוֹנָתָן

14 בְּנוֹ וַיַּאַסְפוּ אֶת־עַצְמוֹת הַמּוּקָעִים: וַיִּקְבְּרוּ אֶת־עַצְמוֹת־שָׁאוּל וִיהוֹנָתָן־בְּנוֹ בְּאֶרֶץ בִּנְיָמִן בְּצֵלָע בְּקֶבֶר קִישׁ אָבִיו וַיַּעֲשׂוּ כֹּל אֲשֶׁר־ צִוָּה הַמֶּלֶךְ וַיֵּעָתֵר אֱלֹהִים לָאָרֶץ אַחֲרֵי־כֵן:

15A 15 וַתְּהִי־עוֹד מִלְחָמָה לַפְּלִשְׁתִּים אֶת־יִשְׂרָאֵל וַיֵּרֶד דָּוִד וַעֲבָדָיו עִמּוֹ

16 וַיִּלָּחֲמוּ אֶת־פְּלִשְׁתִּים וַיָּעַף דָּוִד: וְיִשְׁבּוֹ בְּנֹב אֲשֶׁר ׀ בִּילִידֵי הָרָפָה וְיִשְׁבִּי וּמִשְׁקַל קֵינוֹ שְׁלֹשׁ מֵאוֹת מִשְׁקַל נְחֹשֶׁת וְהוּא חָגוּר חֲדָשָׁה וַיֹּאמֶר

17 לְהַכּוֹת אֶת־דָּוִד: וַיַּעֲזָר־לוֹ אֲבִישַׁי בֶּן־צְרוּיָה וַיַּךְ אֶת־הַפְּלִשְׁתִּי וַיְמִיתֵהוּ אָז נִשְׁבְּעוּ אַנְשֵׁי־דָוִד לוֹ לֵאמֹר לֹא־תֵצֵא עוֹד אִתָּנוּ לַמִּלְחָמָה וְלֹא תְכַבֶּה אֶת־נֵר יִשְׂרָאֵל:

18 וַיְהִי אַחֲרֵי־כֵן וַתְּהִי־עוֹד הַמִּלְחָמָה בְּגוֹב עִם־פְּלִשְׁתִּים אָז הִכָּה סִבְּכַי הַחֻשָׁתִי אֶת־סַף אֲשֶׁר בִּילִדֵי הָרָפָה:

19 וַתְּהִי־עוֹד הַמִּלְחָמָה בְּגוֹב עִם־פְּלִשְׁתִּים וַיַּךְ אֶלְחָנָן בֶּן־יַעְרֵי מָדוֹן אֹרְגִים בֵּית הַלַּחְמִי אֵת גָּלְיָת הַגִּתִּי וְעֵץ חֲנִיתוֹ כִּמְנוֹר

20 אֹרְגִים: וַתְּהִי־עוֹד מִלְחָמָה בְּגַת וַיְהִי ׀ אִישׁ מָדִין וְאֶצְבְּעֹת מָדוֹן יָדָיו וְאֶצְבְּעֹת רַגְלָיו שֵׁשׁ וָשֵׁשׁ עֶשְׂרִים וְאַרְבַּע מִסְפָּר וְגַם־הוּא יֻלַּד

21 לְהָרָפָה: וַיְחָרֵף אֶת־יִשְׂרָאֵל וַיַּכֵּהוּ יְהוֹנָתָן בֶּן־שִׁמְעִי אֲחִי דָוִד: שִׁמְעָה

22 אֶת־אַרְבַּעַת אֵלֶּה יֻלְּדוּ לְהָרָפָה בְּגַת וַיִּפְּלוּ בְיַד־דָּוִד וּבְיַד עֲבָדָיו:

22 1 וַיְדַבֵּר דָּוִד לַיהֹוָה אֶת־דִּבְרֵי הַשִּׁירָה הַזֹּאת בְּיוֹם הִצִּיל יְהֹוָה אֹתוֹ מִכַּף כָּל־אֹיְבָיו וּמִכַּף שָׁאוּל:

2 וַיֹּאמַר יְהֹוָה סַלְעִי וּמְצֻדָתִי וּמְפַלְטִי־לִי:

3 אֱלֹהֵי צוּרִי אֶחֱסֶה־בּוֹ מָגִנִּי וְקֶרֶן יִשְׁעִי מִשְׂגַּבִּי וּמְנוּסִי מֹשִׁעִי מֵחָמָס תֹּשִׁעֵנִי:

4 מְהֻלָּל אֶקְרָא יְהֹוָה וּמֵאֹיְבַי אִוָּשֵׁעַ:

5 כִּי אֲפָפֻנִי מִשְׁבְּרֵי־מָוֶת נַחֲלֵי בְלִיַּעַל יְבַעֲתֻנִי:

6 The sorrows of hell compassed me about; the snares of death prevented me;

7 In my distress I called upon the Lord, and cried to my God: and he did hear my voice out of his temple, and my cry *did* enter into his ears.

8 Then the earth shook and trembled; the foundations of heaven moved and shook, because he was wroth.

9 There went up a smoke out of his nostrils, and fire out of his mouth devoured: coals were kindled by it.

10 He bowed the heavens also, and came down; and darkness *was* under his feet.

11 And he rode upon a cherub, and did fly: and he was seen upon the wings of the wind.

12 And he made darkness pavilions round about him, dark waters, *and* thick clouds of the skies.

13 Through the brightness before him were coals of fire kindled.

14 The Lord thundered from heaven, and the most High uttered his voice.

15 And he sent out arrows, and scattered them; lightning, and discomfited them.

16 And the channels of the sea appeared, the foundations of the world were discovered, at the rebuking of the Lord, at the blast of the breath of his nostrils.

17 He sent from above, he took me; he drew me out of many waters;

18 He delivered me from my strong enemy, *and* from them that hated me: for they were too strong for me.

19 They prevented me in the day of my calamity: but the Lord was my stay.

20 He brought me forth also into a large place: he delivered me, because he delighted in me.

21 The Lord rewarded me according to my righteousness: according to the cleanness of my hands hath he recompensed me.

22 For I have kept the ways of the Lord, and have not wickedly departed from my God.

23 For all his judgments *were* before me: and *as for* his statutes, I did not depart from them.

24 I was also upright before him, and have kept myself from mine iniquity.

25 Therefore the Lord hath recompensed me according to my righteousness; according to my cleanness in his eye sight.

26 With the merciful thou wilt shew thyself merciful, *and* with the upright man thou wilt shew thyself upright.

27 With the pure thou wilt shew thyself pure; and with the froward thou wilt shew thyself unsavoury.

28 And the afflicted people thou wilt save: but thine eyes *are* upon the haughty, *that* thou mayest bring *them* down.

29 For thou *art* my lamp, O Lord: and the Lord will lighten my darkness.

30 For by thee I have run through a troop: by my God have I leaped over a wall.

31 *As for* God, his way *is* perfect; the word of the Lord *is* tried: he *is* a buckler to all them that trust in him.

32 For who *is* God, save the Lord? and who *is* a rock, save our God?

33 God *is* my strength *and* power: and he maketh my way perfect.

34 He maketh my feet like hinds' *feet:* and setteth me upon my high places.

35 He teacheth my hands to war; so that a bow of steel is broken by mine arms.

36 Thou hast also given me the shield of thy salvation: and thy gentleness hath made me great.

37 Thou hast enlarged my steps under me; so that my feet did not slip.

38 I have pursued mine enemies, and destroyed them; and turned not again until I had consumed them.

39 And I have consumed them, and wounded them, that they could not arise: yea, they are fallen under my feet.

40 For thou hast girded me with strength to battle: them that rose up against me hast thou subdued under me.

41 Thou hast also given me the necks of mine enemies, that I might destroy them that hate me.

42 They looked, but *there was* none to save; *even* unto the Lord, but he answered them not.

חֶבְלֵי שְׁאוֹל סַבֻּנִי   קִדְּמֻנִי מֹקְשֵׁי מָוֶת: 6

בַּצַּר־לִי אֶקְרָא יְהוָה   וְאֶל־אֱלֹהַי אֶקְרָא 7

וַיִּשְׁמַע מֵהֵיכָלוֹ קוֹלִי   וְשַׁוְעָתִי בְּאָזְנָיו:

וַתִּגְעַשׁ וַתִּרְעַשׁ הָאָרֶץ   מוֹסְדוֹת הַשָּׁמַיִם יִרְגָּזוּ 8   **וַתִּגְעַשׁ**

עָלָה עָשָׁן בְּאַפּוֹ וְאֵשׁ מִפִּיו   וַיִּתְגָּעֲשׁוּ כִּי־חָרָה לוֹ: 9

וַיֵּט שָׁמַיִם וַיֵּרַד   תֹּאכֵל גֶּחָלִים בָּעֲרוּ מִמֶּנּוּ: 10

וַיִּרְכַּב עַל־כְּרוּב וַיָּעֹף   וַעֲרָפֶל תַּחַת רַגְלָיו: 11

וַיָּשֶׁת חֹשֶׁךְ סְבִיבֹתָיו סֻכּוֹת   וַיֵּרָא עַל־כַּנְפֵי־רוּחַ: 12

מִנֹּגַהּ נֶגְדּוֹ בָּעֲרוּ גַּחֲלֵי־אֵשׁ:   חַשְׁרַת־מַיִם עָבֵי שְׁחָקִים: 13

וְעֶלְיוֹן יִתֵּן קוֹלוֹ:   יַרְעֵם מִן־שָׁמַיִם יְהוָה 14

בָּרָק ויהמם   וַיִּשְׁלַח חִצִּים וַיְפִיצֵם 15   **וַיְהֻם**

יִגָּלוּ מֹסְדוֹת תֵּבֵל   וַיֵּרָאוּ אֲפִקֵי יָם 16

יִשְׁלַח מִמָּרוֹם   בְּגַעֲרַת יְהוָה מִנִּשְׁמַת רוּחַ אַפּוֹ: 17

יַצִּילֵנִי מֵאֹיְבִי עָז   יִקָּחֵנִי יַמְשֵׁנִי מִמַּיִם רַבִּים: 18

יְקַדְּמֻנִי בְּיוֹם אֵידִי   מִשֹּׂנְאַי כִּי אָמְצוּ מִמֶּנִּי: 19

וַיֹּצֵא לַמֶּרְחָב אֹתִי יְחַלְּצֵנִי: וַיְהִי יְהוָה מִשְׁעָן לִי: 20

יִגְמְלֵנִי יְהוָה כְּצִדְקָתִי כְּבֹר יָדַי   כִּי־חָפֵץ בִּי: 21

יָשִׁיב לִי: כִּי שָׁמַרְתִּי דַּרְכֵי יְהוָה וְלֹא רָשַׁעְתִּי מֵאֱלֹהָי: 22

וְחֻקֹּתָיו לֹא־אָסוּר מִמֶּנָּה: כִּי כָל־מִשְׁפָּטוֹ לְנֶגְדִּי 23   **מִשְׁפָּטָיו**

וָאֶשְׁתַּמְּרָה מֵעֲוֹנִי: וָאֶהְיֶה תָמִים לוֹ 24

כְּבֹרִי לְנֶגֶד עֵינָיו: וַיָּשֶׁב יְהוָה לִי כְּצִדְקָתִי 25

עִם־גִּבּוֹר תָּמִים תִּתַּמָּם: עִם־חָסִיד תִּתְחַסָּד 26

וְעִם־עִקֵּשׁ תִּתַּפָּל: עִם־נָבָר תִּתָּבָר 27

וְעֵינֶיךָ עַל־רָמִים תַּשְׁפִּיל: וְאֶת־עַם עָנִי תּוֹשִׁיעַ 28

וַיהוָה יַגִּיהַּ חָשְׁכִּי: כִּי־אַתָּה נֵירִי יְהוָה 29

כִּי בְכָה אָרוּץ גְּדוּד בֵּאלֹהַי אֲדַלֶּג־שׁוּר: הָאֵל תָּמִים דַּרְכּוֹ 30 31

אִמְרַת יְהוָה צְרוּפָה מָגֵן הוּא לְכֹל הַחֹסִים בּוֹ: כִּי מִי־אֵל מִבַּלְעֲדֵי יְהוָה 32

וּמִי צוּר מִבַּלְעֲדֵי אֱלֹהֵינוּ:   הָאֵל מָעוּזִּי חָיִל וַיַּתֵּר תָּמִים דרכו: 33   **דַּרְכִּי**

מְשַׁוֶּה רַגְלַי כָּאַיָּלוֹת וְעַל בָּמוֹתַי יַעֲמִדֵנִי: מְלַמֵּד יָדַי לַמִּלְחָמָה: 34 35   **רַגְלָי**

וְנִחַת קֶשֶׁת־נְחוּשָׁה זְרֹעֹתָי   וַתִּתֶּן־לִי מָגֵן יִשְׁעֶךָ 36

תַּרְחִיב צַעֲדִי תַּחְתֵּנִי וְלֹא מָעֲדוּ קַרְסֻלָּי: וַעֲנֹתְךָ תַּרְבֵּנִי: 37

וְלֹא אָשׁוּב עַד־כַּלּוֹתָם: אֶרְדְּפָה אֹיְבַי וָאַשְׁמִידֵם 38

וָאֲכַלֵּם וָאֶמְחָצֵם וְלֹא יְקוּמוּן וַיִּפְּלוּ תַּחַת רַגְלָי: וַתַּזְרֵנִי חַיִל לַמִּלְחָמָה: 39 40

תַּכְרִיעַ קָמַי תַּחְתֵּנִי: וְאֹיְבַי תַּתָּה לִּי עֹרֶף מְשַׂנְאַי וָאַצְמִיתֵם: 41

יִשְׁעוּ וְאֵין מֹשִׁיעַ   אֶל־יְהוָה וְלֹא עָנָם: 42

43 Then did I beat them as small as the dust of the earth, I did stamp them as the mire of the street, *and* did spread them abroad.

44 Thou also hast delivered me from the strivings of my people, thou hast kept me *to be* head of the heathen: a people *which* I knew not shall serve me.

45 Strangers shall submit themselves unto me: as soon as they hear, they shall be obedient unto me.

46 Strangers shall fade away, and they shall be afraid out of their close places.

47 The LORD liveth; and blessed *be* my rock; and exalted be the God of the rock of my salvation.

48 It *is* God that avengeth me, and that bringeth down the people under me,

49 And that bringeth me forth from mine enemies: thou also hast lifted me up on high above them that rose up against me: thou hast delivered me from the violent man.

50 Therefore I will give thanks unto thee, O LORD, among the heathen, and I will sing praises unto thy name.

51 *He is* the tower of salvation for his king: and sheweth mercy to his anointed, unto David, and to his seed for evermore.

CHAPTER 23

1 Now these *be* the last words of David. David the son of Jesse said, and the man *who was* raised up on high, the anointed of the God of Jacob, and the sweet psalmist of Israel, said,

2 The Spirit of the LORD spake by me, and his word *was* in my tongue.

3 The God of Israel said, the Rock of Israel spake to me, He that ruleth over men *must be* just, ruling in the fear of God.

4 And *he shall be* as the light of the morning, *when* the sun riseth, *even* a morning without clouds; *as* the tender grass *springing* out of the earth by clear shining after rain.

5 Although my house *be* not so with God; yet he hath made with me an everlasting covenant, ordered in all *things,* and sure: for *this is* all my salvation, and all

my desire, although he make *it* not to grow.

6 ¶ But *the sons* of Belial *shall be* all of them as thorns thrust away, because they cannot be taken with hands:

7 But the man *that* shall touch them must be fenced with iron and the staff of a spear; and they shall be utterly burned with fire in the *same* place.

8 ¶ These *be* the names of the mighty men whom David had: The Tachmonite that sat in the seat, chief among the captains; the same *was* Adino the Eznite: *he lift up his spear* against eight hundred, whom he slew at one time.

9 And after him *was* Eleazar the son of Dodo the Ahohite, *one* of the three mighty men with David, when they defied the Philistines *that* were there gathered together to battle, and the men of Israel were gone away:

10 He arose, and smote the Philistines until his hand was weary, and his hand clave unto the sword: and the LORD wrought a great victory that day; and the people returned after him only to spoil.

11 And after him *was* Shammah the son of Agee the Hararite. And the Philistines were gathered together into a troop, where was a piece of ground full of lentiles: and the people fled from the Philistines.

12 But he stood in the midst of the ground, and defended it, and slew the Philistines: and the LORD wrought a great victory.

13 And three of the thirty chief went down, and came to David in the harvest time unto the cave of Adullam: and the troop of the Philistines pitched in the valley of Rephaim.

14 And David *was* then in an hold, and the garrison of the Philistines *was* then *in* Beth-lehem.

15 And David longed, and said, Oh that one would give me drink of the water of the well of Beth-lehem, which *is* by the gate!

16 And the three mighty men brake through the host of the Philistines, and drew water out of the well of Beth-lehem, that *was* by the gate, and took *it,* and

וְאֶשְׁחָקֵם כַּעֲפַר־אָרֶץ   כְּטִיט־חוּצוֹת אֲדִקֵּם אֶרְקָעֵם: 43

וַתְּפַלְּטֵנִי מֵרִיבֵי עַמִּי   תִּשְׁמְרֵנִי לְרֹאשׁ גּוֹיִם עַם לֹא־יָדַעְתִּי יַעַבְדֻנִי: 44

בְּנֵי נֵכָר יִתְכַּחֲשׁוּ־לִי   לִשְׁמוֹעַ אֹזֶן יִשָּׁמְעוּ לִי: 45

בְּנֵי נֵכָר יִבֹּלוּ   וְיַחְגְּרוּ מִמִּסְגְּרוֹתָם: חַי־יְהוָה וּבָרוּךְ צוּרִי   46 47

וְיָרֻם אֱלֹהֵי צוּר יִשְׁעִי: הָאֵל הַנֹּתֵן נְקָמֹת לִי   48

וּמוֹרִיד עַמִּים תַּחְתֵּנִי: וּמוֹצִיאִי מֵאֹיְבָי וּמִקָּמַי תְּרוֹמְמֵנִי   49

מֵאִישׁ חֲמָסִים תַּצִּילֵנִי: עַל־כֵּן אוֹדְךָ יְהוָה בַּגּוֹיִם וּלְשִׁמְךָ אֲזַמֵּר: 50

מִגְדּוֹל   מַגְדִּיל יְשׁוּעוֹת מַלְכּוֹ   וְעֹשֶׂה־חֶסֶד לִמְשִׁיחוֹ לְדָוִד וּלְזַרְעוֹ   51
עַד־עוֹלָם:

וְאֵלֶּה דִּבְרֵי דָוִד הָאַחֲרֹנִים נְאֻם דָּוִד בֶּן־יִשַׁי וּנְאֻם הַגֶּבֶר הֻקַם   1   23

עַל מְשִׁיחַ אֱלֹהֵי יַעֲקֹב וּנְעִים זְמִרוֹת יִשְׂרָאֵל: רוּחַ יְהוָה דִּבֶּר־בִּי   2

וּמִלָּתוֹ עַל־לְשׁוֹנִי: אָמַר אֱלֹהֵי יִשְׂרָאֵל לִי דִבֶּר צוּר יִשְׂרָאֵל מוֹשֵׁל   3

בָּאָדָם צַדִּיק מוֹשֵׁל יִרְאַת אֱלֹהִים: וּכְאוֹר בֹּקֶר יִזְרַח־שָׁמֶשׁ בֹּקֶר   4

5A   לֹא עָבוֹת מִנֹּגַהּ מִמָּטָר דֶּשֶׁא מֵאָרֶץ: כִּי־לֹא־כֵן בֵּיתִי עִם־אֵל כִּי   5
בְרִית עוֹלָם שָׂם לִי עֲרוּכָה בַכֹּל וּשְׁמֻרָה כִּי־כָל־יִשְׁעִי וְכָל־חֵפֶץ כִּי־לֹא

יַצְמִיחַ: וּבְלִיַּעַל כְּקוֹץ מֻנָד כֻּלָּהַם כִּי־לֹא בְיָד יִקָּחוּ: וְאִישׁ יִגַּע בָּהֶם   6 7
יִמָּלֵא בַרְזֶל וְעֵץ חֲנִית וּבָאֵשׁ שָׂרוֹף יִשָּׂרְפוּ בַשָּׁבֶת:

אֵלֶּה שְׁמוֹת הַגִּבֹּרִים אֲשֶׁר לְדָוִד יֹשֵׁב בַּשֶּׁבֶת תַּחְכְּמֹנִי | רֹאשׁ   8

הֶעָצְנִי   הַשָּׁלִשִׁי הוּא עֲדִינוֹ הָעֶצְנוֹ עַל־שְׁמֹנֶה מֵאוֹת חָלָל בְּפַעַם
אֶחָת וְאַחֲרָיו   אֶחָד: וְאַחֲרָו אֶלְעָזָר בֶּן־דֹּדִי בֶּן־אֲחֹחִי בִּשְׁלֹשָׁה גִבֹּרִים   9
דֹּדוֹ הַגִּבֹּרִים   עִם־דָּוִד בְּחָרְפָם בַּפְּלִשְׁתִּים נֶאֶסְפוּ־שָׁם לַמִּלְחָמָה וַיַּעֲלוּ אִישׁ

יִשְׂרָאֵל: הוּא קָם וַיַּךְ בַּפְּלִשְׁתִּים עַד כִּי־יָגְעָה יָדוֹ וַתִּדְבַּק יָדוֹ אֶל־   10
הַחֶרֶב וַיַּעַשׂ יְהוָה תְּשׁוּעָה גְדוֹלָה בַּיּוֹם הַהוּא וְהָעָם יָשֻׁבוּ אַחֲרָיו

אַךְ־לְפַשֵּׁט: וְאַחֲרָיו שַׁמָּא בֶן־אָגֵא הָרָרִי וַיֵּאָסְפוּ   11
פְלִשְׁתִּים לַחַיָּה וַתְּהִי־שָׁם חֶלְקַת הַשָּׂדֶה מְלֵאָה עֲדָשִׁים וְהָעָם נָס

מִפְּנֵי פְלִשְׁתִּים: וַיִּתְיַצֵּב בְּתוֹךְ־הַחֶלְקָה וַיַּצִּילֶהָ וַיַּךְ אֶת־פְּלִשְׁתִּים   12

שְׁלֹשָׁה   וַיַּעַשׂ יְהוָה תְּשׁוּעָה גְדוֹלָה: וַיֵּרְדוּ שְׁלֹשִׁים מֵהַשְּׁלֹשִׁים   13
רֹאשׁ וַיָּבֹאוּ אֶל־קָצִיר אֶל־דָּוִד אֶל־מְעָרַת עֲדֻלָּם וְחַיַּת פְּלִשְׁתִּים

חֹנָה בְּעֵמֶק רְפָאִים: וְדָוִד אָז בַּמְּצוּדָה וּמַצַּב פְּלִשְׁתִּים אָז בֵּית   14

לָחֶם: וַיִּתְאַוֶּה דָוִד וַיֹּאמַר מִי יַשְׁקֵנִי מַיִם מִבֹּאר בֵּית־לֶחֶם אֲשֶׁר   15

בַּשָּׁעַר: וַיִּבְקְעוּ שְׁלֹשֶׁת הַגִּבֹּרִים בְּמַחֲנֵה פְלִשְׁתִּים וַיִּשְׁאֲבוּ־מַיִם   16
מִבֹּאר בֵּית־לֶחֶם אֲשֶׁר בַּשַּׁעַר וַיִּשְׂאוּ וַיָּבִאוּ אֶל־דָּוִד וְלֹא אָבָה

brought *it* to David: nevertheless he would not drink thereof, but poured it out unto the LORD.

17 And he said, Be it far from me, O LORD, that I should do this: *is not this* the blood of the men that went in jeopardy of their lives? therefore he would not drink it. These things did these three mighty men.

18 And Abishai, the brother of Joab, the son of Zeruiah, was chief among three. And he lifted up his spear against three hundred, *and* slew *them,* and had the name among three.

19 Was he not most honourable of three? therefore he was their captain: howbeit he attained not unto the *first* three.

20 And Benaiah the son of Jehoiada, the son of a valiant man, of Kabzeel, who had done many acts, he slew two lionlike men of Moab: he went down also and slew a lion in the midst of a pit in time of snow:

21 And he slew an Egyptian, a goodly man: and the Egyptian had a spear in his hand; but he went down to him with a staff, and plucked the spear out of the Egyptian's hand, and slew him with his own spear.

22 These *things* did Benaiah the son of Jehoiada, and had the name among three mighty men.

23 He was more honourable than the thirty, but he attained not to the *first* three. And David set him over his guard.

24 Asahel the brother of Joab *was* one of the thirty; Elhanan the son of Dodo of Beth-lehem,

25 Shammah the Harodite, Elika the Harodite,

26 Helez the Paltite, Ira the son of Ikkesh the Tekoite,

27 Abiezer the Anethothite, Mebunnai the Hushathite,

28 Zalmon the Ahohite, Maharai the Netophathite,

29 Heleb the son of Baanah, a Netophathite, Ittai the son of Ribai out of Gibeah of the children of Benjamin,

30 Benaiah the Pirathonite, Hiddai of the brooks of Gaash,

31 Abi-albon the Arbathite, Azmaveth the Barhumite,

32 Eliahba the Shaalbonite, of the sons of Jashen, Jonathan,

33 Shammah the Hararite, Ahiam the son of Sharar the Hararite,

34 Eliphelet the son of Ahasbai, the son of the Maachathite, Eliam the son of Ahithophel the Gilonite,

35 Hezrai the Carmelite, Paarai the Arbite,

36 Igal the son of Nathan of Zobah, Bani the Gadite,

37 Zelek the Ammonite, Naharai the Beerothite, armourbearer to Joab the son of Zeruiah,

38 Ira an Ithrite, Gareb an Ithrite,

39 Uriah the Hittite: thirty and seven in all.

CHAPTER 24

1 And again the anger of the LORD was kindled against Israel, and he moved David against them to say, Go, number Israel and Judah.

2 For the king said to Joab the captain of the host, which *was* with him, Go now through all the tribes of Israel, from Dan even to Beer-sheba, and number ye the people, that I may know the number of the people.

3 And Joab said unto the king, Now the LORD thy God add unto the people, how many soever they be, an hundredfold, and that the eyes of my lord the king may see *it:* but why doth my lord the king delight in this thing?

4 Notwithstanding the king's word prevailed against Joab, and against the captains of the host. And Joab and the captains of the host went out from the presence of the king, to number the people of Israel.

5 ¶ And they passed over Jordan, and pitched in Aroer, on the right side of the city that *lieth* in the midst of the river of Gad, and toward Jazer:

17 לִשְׁתּוֹתָ֑ם וַיַּסֵּ֥ךְ אֹתָ֖ם לַֽיהוָֽה: וַיֹּ֡אמֶר חָלִ֩ילָה֩ לִּ֨י יְהוָ֜ה מֵעֲשֹׂ֣תִי זֹ֗את הֲדַ֣ם הָאֲנָשִׁים֩ הַהֹלְכִ֨ים בְּנַפְשׁוֹתָ֔ם וְלֹ֥א אָבָ֖ה לִשְׁתּוֹתָ֑ם אֵ֣לֶּה עָשֹׂ֔וּ

18 שְׁלֹ֖שֶׁת הַגִּבֹּרִֽים: וַאֲבִישַׁ֣י אֲחִֽי־יוֹאָ֣ב בֶּן־צְרוּיָ֗ה ה֖וּא רֹ֣אשׁ הַשְּׁלֹשָׁ֑ה הַשְּׁלֹשִׁ֑י וְהוּא֩ עוֹרֵ֨ר אֶת־חֲנִית֜וֹ עַל־שְׁלֹ֣שׁ מֵא֛וֹת חָלָ֖ל וְלוֹ־שֵׁ֥ם

19 בַּשְּׁלֹשָֽׁה: מִן־הַשְּׁלֹשָׁה֙ הֲכִ֣י נִכְבָּ֔ד וַיְהִ֥י לָהֶ֖ם לְשָׂ֑ר וְעַד־הַשְּׁלֹשָׁ֖ה לֹא־ חַ֖יִל בָּֽא:

20 וּבְנָיָ֨הוּ בֶן־יְהוֹיָדָ֧ע בֶּן־אִֽישׁ־חַ֛י רַב־פְּעָלִ֖ים מִֽקַּבְצְאֵ֑ל הָאֲרִ֑י ה֣וּא הִכָּ֗ה אֵ֣ת שְׁנֵ֤י אֲרִאֵל֙ מוֹאָ֔ב וְ֠הוּא יָרַ֞ד וְהִכָּ֧ה אֶֽת־הָאֲרִ֛י בְּת֥וֹךְ

21 אִ֖ישׁ הַבֹּ֖אר בְּי֣וֹם הַשָּֽׁלֶג: וְהוּא־הִכָּה֩ אֶת־אִ֨ישׁ מִצְרִ֜י אֲשֶׁ֣ר מַרְאֶ֗ה וּבְיַ֤ד הַמִּצְרִי֙ חֲנִ֔ית וַיֵּ֥רֶד אֵלָ֖יו בַּשָּׁ֑בֶט וַיִּגְזֹ֤ל אֶֽת־הַחֲנִית֙ מִיַּ֣ד הַמִּצְרִ֔י

22 וַיַּהַרְגֵ֖הוּ בַּחֲנִיתֽוֹ: אֵ֣לֶּה עָשָׂ֔ה בְּנָיָ֖הוּ בֶּן־יְהוֹיָדָ֑ע וְלוֹ־שֵׁ֖ם בִּשְׁלֹשָׁ֥ה

23 הַגִּבֹּרִֽים: מִן־הַשְּׁלֹשִׁ֣ים נִכְבָּ֔ד וְאֶל־הַשְּׁלֹשָׁ֖ה לֹא־בָ֑א וַיְשִׂמֵ֥הוּ דָוִ֖ד אֶל־ מִשְׁמַעְתּֽוֹ: עֲשָׂה־אֵל֙ אֲחִֽי־יוֹאָ֔ב בַּשְּׁלֹשִׁ֑ים אֶלְחָנָ֥ן

24 בֶּן־דֹּד֖וֹ בֵּ֥ית לָֽחֶם: שַׁמָּה֙ הַֽחֲרֹדִ֔י אֱלִיקָ֖א

25 הַחֲרֹדִֽי: חֶ֥לֶץ הַפַּלְטִ֖י עִירָ֥א בֶן־עִקֵּ֖שׁ

26 הַתְּקוֹעִֽי: אֲבִיעֶ֙זֶר֙ הָֽעַנְּתֹתִ֔י מְבֻנַּ֖י הַחֻשָׁתִֽי: צַלְמ֖וֹן

27 הָֽאֲחֹחִ֔י מַהְרַ֖י הַנְּטֹפָתִֽי: חֵ֥לֶב בֶּֽן־בַּעֲנָ֖ה
28

29 הַנְּטֹפָתִ֔י אִתַּי֙ בֶּן־רִיבַ֔י מִגִּבְעַ֖ת בְּנֵ֣י בִנְיָמִֽן: בְּנָיָ֖הֽוּ

30 הַפִּרְעָתֹנִ֔י הִדַּ֖י מִנַּ֥חֲלֵי גָֽעַשׁ: אֲבִֽי־עַלְבוֹן֙ הָֽעַרְבָתִ֔י עַזְמָ֖וֶת

31 הַבַּרְחֻמִֽי: אֶלְיַחְבָּא֙ הַשַּׁעַלְבֹנִ֔י בְּנֵ֥י יָשֵׁ֖ן

32 יְהוֹנָתָֽן: שַׁמָּה֙ הַֽהֲרָרִ֔י אֲחִיאָ֥ם בֶּן־שָׁרָ֖ר

33 הָאֲרָרִֽי: אֱלִיפֶ֤לֶט בֶּן־אֲחַסְבַּי֙ בֶּן־הַמַּֽעֲכָתִ֔י אֱלִיעָ֖ם

34 בֶּן־אֲחִיתֹ֖פֶל הַגִּֽלֹנִֽי: חֶצְר֖וֹ הַֽכַּרְמְלִ֔י פַּֽעֲרַ֖י חֶצְרַ֖י

35 הָאַרְבִּֽי: יִגְאָ֥ל בֶּן־נָתָ֖ן מִצֹּבָ֑ה בָּנִ֖י נֹשֵׂ֥א

36 הַגָּדִֽי: צֶ֖לֶק הָֽעַמֹּנִ֑י נַחְרַי֙ הַבְּאֵ֣רֹתִ֔י נֹשְׂאֵ֖י כְּלֵ֣י

37 יוֹאָ֖ב בֶּן־צְרוּיָֽה: עִירָא֙ הַיִּתְרִ֔י גָּרֵ֖ב הַיִּתְרִֽי: אֽוּרִיָּה֙

38
39 הַֽחִתִּ֔י כֹּ֖ל שְׁלֹשִׁ֥ים וְשִׁבְעָֽה:

24 1 וַיֹּ֨סֶף אַף־יְהוָ֜ה לַחֲר֣וֹת בְּיִשְׂרָאֵ֗ל וַיָּ֨סֶת אֶת־דָּוִ֤ד בָּהֶם֙ לֵאמֹ֔ר לֵ֣ךְ

2 מְנֵ֥ה אֶת־יִשְׂרָאֵ֖ל וְאֶת־יְהוּדָֽה: וַיֹּ֣אמֶר הַמֶּ֡לֶךְ אֶל־יוֹאָב֩ שַׂר־הַחַ֨יִל אֲשֶׁר־אִתּ֜וֹ שֽׁוּט־נָ֗א בְּכָל־שִׁבְטֵ֤י יִשְׂרָאֵל֙ מִדָּן֙ וְעַד־בְּאֵ֣ר שֶׁ֔בַע וּפִקְד֖וּ

3 אֶת־הָעָ֑ם וְיָדַעְתִּ֕י אֵ֖ת מִסְפַּ֥ר הָעָֽם: וַיֹּ֨אמֶר יוֹאָ֜ב אֶל־ הַמֶּ֗לֶךְ וְיוֹסֵ֣ף יְהוָה֩ אֱלֹהֶ֨יךָ אֶל־הָעָ֤ם כָּהֵ֣ם ׀ וְכָהֵם֙ מֵאָ֣ה פְעָמִ֔ים וְעֵינֵ֥י

4 אֲדֹנִֽי־הַמֶּ֖לֶךְ רֹא֑וֹת וַאדֹנִ֣י הַמֶּ֔לֶךְ לָ֥מָּה חָפֵ֖ץ בַּדָּבָ֣ר הַזֶּֽה: וַיֶּחֱזַ֤ק דְּבַר־ הַמֶּ֙לֶךְ֙ אֶל־יוֹאָ֔ב וְעַ֖ל שָׂרֵ֣י הֶחָ֑יִל וַיֵּצֵ֨א יוֹאָ֜ב וְשָׂרֵ֤י הַחַ֙יִל֙ לִפְנֵ֣י הַמֶּ֔לֶךְ

5 לִפְקֹ֖ד אֶת־הָעָ֣ם אֶת־יִשְׂרָאֵֽל: וַיַּעַבְר֖וּ אֶת־הַיַּרְדֵּ֑ן וַיַּחֲנ֣וּ בַעֲרוֹעֵ֗ר יְמִ֤ין

6 הָעִ֜יר אֲשֶׁ֨ר בְּתוֹךְ־הַנַּ֧חַל הַגָּ֛ד וְאֶל־יַעְזֵֽר: וַיָּבֹ֙אוּ֙ הַגִּלְעָ֔דָה וְאֶל־אֶ֖רֶץ

6 Then they came to Gilead, and to the land of Tahtim-hodshi; and they came to Dan-jaan, and about to Zidon,

7 And came to the strong hold of Tyre, and to all the cities of the Hivites, and of the Canaanites: and they went out to the south of Judah, *even* to Beer-sheba.

8 So when they had gone through all the land, they came to Jerusalem at the end of nine months and twenty days.

9 And Joab gave up the sum of the number of the people unto the king: and there were in Israel eight hundred thousand valiant men that drew the sword; and the men of Judah *were* five hundred thousand men.

10 ¶ And David's heart smote him after that he had numbered the people. And David said unto the LORD, I have sinned greatly in that I have done: and now, I beseech thee, O LORD, take away the iniquity of thy servant; for I have done very foolishly.

11 For when David was up in the morning, the word of the LORD came unto the prophet Gad, David's seer, saying,

12 Go and say unto David, Thus saith the LORD, I offer thee three *things;* choose thee one of them, that I may *do it* unto thee.

13 So Gad came to David, and told him, and said unto him, Shall seven years of famine come unto thee in thy land? or wilt thou flee three months before thine enemies, while they pursue thee? or that there be three days' pestilence in thy land? now advise, and see what answer I shall return to him that sent me.

14 And David said unto Gad, I am in a great strait: let us fall now into the hand of the LORD; for his mercies *are* great: and let me not fall into the hand of man.

15 ¶ So the LORD sent a pestilence upon Israel from the morning even to the time appointed: and there died of the people from Dan even to Beer-sheba seventy thousand men.

16 And when the angel stretched out his hand upon Jerusalem to destroy it, the LORD repented him of the evil, and said to the angel that destroyed the people, It is enough: stay now thine hand. And the angel of the LORD was by the threshingplace of Araunah the Jebusite.

17 And David spake unto the LORD when he saw the angel that smote the people, and said, Lo, I have sinned, and I have done wickedly: but these sheep, what have they done? let thine hand, I pray thee, be against me, and against my father's house.

18 ¶ And Gad came that day to David, and said unto him, Go up, rear an altar unto the LORD in the threshingfloor of Araunah the Jebusite.

19 And David, according to the saying of Gad, went up as the LORD commanded.

20 And Araunah looked, and saw the king and his servants coming on toward him: and Araunah went out, and bowed himself before the king on his face upon the ground.

21 And Araunah said, Wherefore is my lord the king come to his servant? And David said, To buy the threshingfloor of thee, to build an altar unto the LORD, that the plague may be stayed from the people.

22 And Araunah said unto David, Let my lord the king take and offer up what *seemeth* good unto him: behold, *here be* oxen for burnt sacrifice, and threshing instruments and *other* instruments of the oxen for wood.

23 All these *things* did Araunah, *as* a king, give unto the king. And Araunah said unto the king, The LORD thy God accept thee.

24 And the king said unto Araunah, Nay; but I will surely buy *it* of thee at a price: neither will I offer burnt offerings unto the LORD my God of that which doth cost me nothing. So David bought the threshingfloor and the oxen for fifty shekels of silver.

25 And David built there an altar unto the LORD, and offered burnt offerings and peace offerings. So the LORD was intreated for the land, and the plague was stayed from Israel.

תַּחְתִּים חָדְשִׁי וַיָּבֹאוּ דָּנָה יַּעַן וְסָבִיב אֶל־צִידֹון: וַיָּבֹאוּ מִבְצַר־צֹר 7

וְכָל־עָרֵי הַחִוִּי וְהַכְּנַעֲנִי וַיֵּצְאוּ אֶל־נֶגֶב יְהוּדָה בְּאֵר שָׁבַע: וַיָּשֻׁטוּ 8
בְּכָל־הָאָרֶץ וַיָּבֹאוּ מִקְצֵה תִשְׁעָה חֳדָשִׁים וְעֶשְׂרִים יֹום יְרוּשָׁלָֽם:

וַיִּתֵּן יֹואָב אֶת־מִסְפַּר מִפְקַד־הָעָם אֶל־הַמֶּלֶךְ וַתְּהִי יִשְׂרָאֵל שְׁמֹנֶה 9
מֵאֹות אֶלֶף אִישׁ־חַיִל שֹׁלֵף חֶרֶב וְאִישׁ יְהוּדָה חֲמֵשׁ־מֵאֹות אֶלֶף

אִישׁ: וַיַּךְ לֵב־דָּוִד אֹתֹו אַחֲרֵי־כֵן סָפַר אֶת־הָעָם   וַיֹּאמֶר 10
דָּוִד אֶל־יְהֹוָה חָטָאתִי מְאֹד אֲשֶׁר עָשִׂיתִי וְעַתָּה יְהֹוָה הַעֲבֶר־נָא

אֶת־עֲוֹן עַבְדְּךָ כִּי נִסְכַּלְתִּי מְאֹד: וַיָּקָם דָּוִד בַּבֹּקֶר 11

וּדְבַר־יְהֹוָה הָיָה אֶל־גָּד הַנָּבִיא חֹזֵה דָוִד לֵאמֹר: הָלֹוךְ וְדִבַּרְתָּ אֶל־ 12
דָּוִד כֹּה אָמַר יְהֹוָה שָׁלֹשׁ אָנֹכִי נֹוטֵל עָלֶיךָ בְּחַר־לְךָ אַחַת־מֵהֶם

וְאֶעֱשֶׂה־לָּךְ: וַיָּבֹא־גָד אֶל־דָּוִד וַיַּגֶּד־לֹו וַיֹּאמֶר לֹו הֲתָבֹוא לְךָ 13
שֶׁבַע שָׁנִים ׀ רָעָב ׀ בְּאַרְצֶךָ אִם־שְׁלֹשָׁה חֳדָשִׁים נֻסְךָ לִפְנֵי־צָרֶיךָ וְהוּא
רֹדְפֶךָ וְאִם־הֱיֹות שְׁלֹשֶׁת יָמִים דֶּבֶר בְּאַרְצֶךָ עַתָּה דַּע וּרְאֵה מָה־

אָשִׁיב שֹׁלְחִי דָּבָר: וַיֹּאמֶר דָּוִד אֶל־גָּד צַר־לִי מְאֹד 14

רַחֲמָו נִפְּלָה־נָּא בְיַד־יְהֹוָה כִּי־רַבִּים רַחֲמָו וּבְיַד־אָדָם אַל־אֶפֹּלָה: וַיִּתֵּן 15
יְהֹוָה דֶּבֶר בְּיִשְׂרָאֵל מֵהַבֹּקֶר וְעַד־עֵת מֹועֵד וַיָּמָת מִן־הָעָם מִדָּן

16A וְעַד־בְּאֵר שֶׁבַע שִׁבְעִים אֶלֶף אִישׁ: וַיִּשְׁלַח יָדֹו הַמַּלְאָךְ ׀ יְרוּשָׁלַ͏ִם 16
לְשַׁחֲתָהּ וַיִּנָּחֶם יְהֹוָה אֶל־הָרָעָה וַיֹּאמֶר לַמַּלְאָךְ הַמַּשְׁחִית בָּעָם

הָאֲרַוְנָה רַב עַתָּה הֶרֶף יָדֶךָ וּמַלְאַךְ יְהֹוָה הָיָה עִם־גֹּרֶן הָאֲרַוְנָה
הַיְבֻסִי: וַיֹּאמֶר דָּוִד אֶל־יְהֹוָה בִּרְאֹתֹו ׀ אֶת־הַמַּלְאָךְ ׀ 17
הַמַּכֶּה בָעָם וַיֹּאמֶר הִנֵּה אָנֹכִי חָטָאתִי וְאָנֹכִי הֶעֱוֵיתִי וְאֵלֶּה הַצֹּאן
מֶה עָשׂוּ תְּהִי נָא יָדְךָ בִּי וּבְבֵית אָבִי:

וַיָּבֹא־גָד אֶל־דָּוִד בַּיֹּום הַהוּא וַיֹּאמֶר לֹו עֲלֵה הָקֵם לַיהֹוָה מִזְבֵּחַ 18

אֲרַוְנָה בְּגֹרֶן אֲרַנְיָה הַיְבֻסִי: וַיַּעַל דָּוִד כִּדְבַר־גָּד כַּאֲשֶׁר צִוָּה יְהֹוָה: וַיַּשְׁקֵף 19
אֲרַוְנָה וַיַּרְא אֶת־הַמֶּלֶךְ וְאֶת־עֲבָדָיו עֹבְרִים עָלָיו וַיֵּצֵא אֲרַוְנָה 20

וַיִּשְׁתַּחוּ לַמֶּלֶךְ אַפָּיו אָרְצָה: וַיֹּאמֶר אֲרַוְנָה מַדּוּעַ בָּא אֲדֹנִי־הַמֶּלֶךְ 21
אֶל־עַבְדֹּו וַיֹּאמֶר דָּוִד לִקְנֹות מֵעִמְּךָ אֶת־הַגֹּרֶן לִבְנֹות מִזְבֵּחַ לַיהֹוָה

וְתֵעָצַר הַמַּגֵּפָה מֵעַל הָעָם: וַיֹּאמֶר אֲרַוְנָה אֶל־דָּוִד יִקַּח וְיַעַל אֲדֹנִי 22

בְּעֵינָיו הַמֶּלֶךְ הַטֹּוב בְּעֵינָו רְאֵה הַבָּקָר לָעֹלָה וְהַמֹּרִגִּים וּכְלֵי הַבָּקָר
לָעֵצִים: הַכֹּל נָתַן אֲרַוְנָה הַמֶּלֶךְ לַמֶּלֶךְ   וַיֹּאמֶר אֲרַוְנָה 23

אֶל־הַמֶּלֶךְ יְהֹוָה אֱלֹהֶיךָ יִרְצֶךָ: וַיֹּאמֶר הַמֶּלֶךְ אֶל־אֲרַוְנָה לֹא כִּי־קָנֹו 24
אֶקְנֶה מֵאֹותְךָ בִּמְחִיר וְלֹא אַעֲלֶה לַיהֹוָה אֱלֹהַי עֹלֹות חִנָּם וַיִּקֶן

דָּוִד אֶת־הַגֹּרֶן וְאֶת־הַבָּקָר בְּכֶסֶף שְׁקָלִים חֲמִשִּׁים: וַיִּבֶן שָׁם דָּוִד 25
מִזְבֵּחַ לַיהֹוָה וַיַּעַל עֹלֹות וּשְׁלָמִים וַיֵּעָתֵר יְהֹוָה לָאָרֶץ וַתֵּעָצַר
הַמַּגֵּפָה מֵעַל יִשְׂרָאֵל:

THE FIRST BOOK OF THE

KINGS

COMMONLY CALLED THE THIRD BOOK OF THE KINGS

CHAPTER 1

1 Now king David was old *and* stricken in years; and they covered him with clothes, but he gat no heat.

2 Wherefore his servants said unto him, Let there be sought for my lord the king a young virgin: and let her stand before the king, and let her cherish him, and let her lie in thy bosom, that my lord the king may get heat.

3 So they sought for a fair damsel throughout all the coasts of Israel, and found Abishag a Shunammite, and brought her to the king.

4 And the damsel *was* very fair, and cherished the king, and ministered to him: but the king knew her not.

5 ¶ Then Adonijah the son of Haggith exalted himself, saying, I will be king: and he prepared him chariots and horsemen, and fifty men to run before him.

6 And his father had not displeased him at any time in saying, Why hast thou done so? and he also *was a* very goodly *man;* and *his mother* bare him after Absalom.

7 And he conferred with Joab the son of Zeruiah, and with Abiathar the priest: and they following Adonijah helped *him.*

8 But Zadok the priest, and Benaiah the son of Jehoiada, and Nathan the prophet, and Shimei, and Rei, and the mighty men which *belonged* to David, were not with Adonijah.

9 And Adonijah slew sheep and oxen and fat cattle by the stone of Zoheleth, which *is* by En-rogel, and called all his brethren the king's sons, and all the men of Judah the king's servants:

10 But Nathan the prophet, and Benaiah, and the mighty men, and Solomon his brother, he called not.

11 ¶ Wherefore Nathan spake unto Bath-sheba the mother of Solomon, saying, Hast thou not heard that Adonijah the son of Haggith doth reign, and David our lord knoweth *it* not?

12 Now therefore come, let me, I pray thee, give thee counsel, that thou mayest save thine own life, and the life of thy son Solomon.

13 Go and get thee in unto king David, and say unto him, Didst not thou, my lord, O king, swear unto thine handmaid, saying, Assuredly Solomon thy son shall reign after me, and he shall sit upon my throne? why then doth Adonijah reign?

14 Behold, while thou yet talkest there with the king, I also will come in after thee, and confirm thy words.

15 ¶ And Bath-sheba went in unto the king into the chamber: and the king was very old; and Abishag the Shunammite ministered unto the king.

16 And Bath-sheba bowed, and did obeisance unto the king. And the king said, What wouldest thou?

17 And she said unto him, My lord, thou swarest by the LORD thy God unto thine handmaid, *saying,* Assuredly Solomon thy son shall reign after me, and he shall sit upon my throne.

18 And now, behold, Adonijah reigneth; and now, my lord the king, thou knowest *it* not:

19 And he hath slain oxen and fat cattle and sheep in abundance, and hath called all the sons of the king, and Abiathar the priest, and Joab the captain of the host: but Solomon thy servant hath he not called.

20 And thou, my lord, O king, the eyes of all Israel *are* upon thee, that thou shouldest tell them who shall sit on the throne of my lord the king after him.

21 Otherwise it shall come to pass, when my lord the king shall sleep with his fathers, that I and my son Solomon shall be counted offenders.

22 ¶ And, lo, while she yet talked with

ספר מלכים

1 וְהַמֶּ֤לֶךְ דָּוִד֙ זָקֵ֔ן בָּ֖א בַּיָּמִ֑ים וַיְכַסֻּ֙הוּ֙ בַּבְּגָדִ֔ים וְלֹ֥א יִחַ֖ם לֽוֹ׃ וַיֹּ֧אמְרוּ
2 ל֣וֹ עֲבָדָ֗יו יְבַקְשׁ֞וּ לַאדֹנִ֤י הַמֶּ֙לֶךְ֙ נַעֲרָ֣ה בְתוּלָ֔ה וְעָֽמְדָ֖ה לִפְנֵ֣י הַמֶּ֑לֶךְ
3 וּתְהִי־ל֣וֹ סֹכֶ֔נֶת וְשָֽׁכְבָ֣ה בְחֵיקֶ֔ךָ וְחַ֖ם לַאדֹנִ֥י הַמֶּֽלֶךְ׃ וַיְבַקְשׁוּ֙ נַעֲרָ֣ה
   יָפָ֔ה בְּכֹ֖ל גְּב֣וּל יִשְׂרָאֵ֑ל וַֽיִּמְצְא֗וּ אֶת־אֲבִישַׁג֙ הַשּׁ֣וּנַמִּ֔ית וַיָּבִ֥אוּ אֹתָ֖הּ
4 לַמֶּֽלֶךְ׃ וְהַֽנַּעֲרָ֖ה יָפָ֣ה עַד־מְאֹ֑ד וַתְּהִ֨י לַמֶּ֤לֶךְ סֹכֶ֙נֶת֙ וַתְּשָׁ֣רְתֵ֔הוּ וְהַמֶּ֖לֶךְ
5 לֹ֥א יְדָעָֽהּ׃ וַאֲדֹנִיָּ֧ה בֶן־חַגִּ֛ית מִתְנַשֵּׂ֥א לֵאמֹ֖ר אֲנִ֣י אֶמְלֹ֑ךְ וַיַּ֣עַשׂ ל֗וֹ
6 רֶ֚כֶב וּפָ֣רָשִׁ֔ים וַחֲמִשִּׁ֥ים אִ֖ישׁ רָצִ֥ים לְפָנָֽיו׃ וְלֹֽא־עֲצָב֨וֹ אָבִ֤יו מִיָּמָיו֙
   לֵאמֹ֔ר מַדּ֖וּעַ כָּ֣כָה עָשִׂ֑יתָ וְגַם־ה֤וּא טֽוֹב־תֹּ֙אַר֙ מְאֹ֔ד וְאֹת֥וֹ יָֽלְדָ֖ה
7 אַחֲרֵ֥י אַבְשָׁלֽוֹם׃ וַיִּהְי֣וּ דְבָרָ֔יו עִ֚ם יוֹאָ֣ב בֶּן־צְרוּיָ֔ה וְעִ֖ם אֶבְיָתָ֣ר הַכֹּהֵ֑ן
8 וַֽיַּעְזְר֖וּ אַחֲרֵ֥י אֲדֹנִיָּֽה׃ וְצָד֣וֹק הַ֠כֹּהֵן וּבְנָיָ֨הוּ בֶן־יְהוֹיָדָ֜ע וְנָתָ֤ן הַנָּבִיא֙
9 וְשִׁמְעִ֣י וְרֵעִ֔י וְהַגִּבּוֹרִ֖ים אֲשֶׁ֣ר לְדָוִ֑ד לֹ֥א הָי֖וּ עִם־אֲדֹנִיָּֽהוּ׃ וַיִּזְבַּ֣ח
   אֲדֹנִיָּ֗הוּ צֹ֤אן וּבָקָר֙ וּמְרִ֔יא עִ֚ם אֶ֣בֶן הַזֹּחֶ֔לֶת אֲשֶׁר־אֵ֖צֶל עֵ֣ין רֹגֵ֑ל
   וַיִּקְרָ֗א אֶת־כָּל־אֶחָיו֙ בְּנֵ֣י הַמֶּ֔לֶךְ וּלְכָל־אַנְשֵׁ֥י יְהוּדָ֖ה עַבְדֵ֥י הַמֶּֽלֶךְ׃
10 וְאֶת־נָתָן֩ הַנָּבִ֨יא וּבְנָיָ֜הוּ וְאֶת־הַגִּבּוֹרִ֗ים וְאֶת־שְׁלֹמֹ֥ה אָחִ֖יו לֹ֥א קָרָֽא׃
11 וַיֹּ֣אמֶר נָתָ֗ן אֶל־בַּת־שֶׁ֤בַע אֵם־שְׁלֹמֹה֙ לֵאמֹ֔ר הֲל֣וֹא שָׁמַ֔עַתְּ כִּ֥י מָלַ֖ךְ
12 אֲדֹנִיָּ֣הוּ בֶן־חַגִּ֑ית וַאֲדֹנֵ֥ינוּ דָוִ֖ד לֹ֣א יָדָֽע׃ וְעַתָּ֕ה לְכִ֛י אִיעָצֵ֥ךְ נָ֖א עֵצָ֑ה
13 וּמַלְּטִי֙ אֶת־נַפְשֵׁ֔ךְ וְאֶת־נֶ֖פֶשׁ בְּנֵ֣ךְ שְׁלֹמֹֽה׃ לְכִ֞י וּבֹ֣אִי ׀ אֶל־הַמֶּ֣לֶךְ דָּוִ֗ד
13A
   וְאָמַ֤רְתְּ אֵלָיו֙ הֲלֹֽא־אַתָּ֞ה אֲדֹנִ֣י הַמֶּ֗לֶךְ נִשְׁבַּ֤עְתָּ לַֽאֲמָֽתְךָ֙ לֵאמֹ֔ר כִּֽי־
   שְׁלֹמֹ֤ה בְנֵךְ֙ יִמְלֹ֣ךְ אַחֲרַ֔י וְה֖וּא יֵשֵׁ֣ב עַל־כִּסְאִ֑י וּמַדּ֖וּעַ מָלַ֥ךְ אֲדֹנִיָּֽהוּ׃
14 הִנֵּ֗ה עוֹדָ֛ךְ מְדַבֶּ֥רֶת שָׁ֖ם עִם־הַמֶּ֑לֶךְ וַאֲנִי֙ אָב֣וֹא אַחֲרַ֔יִךְ וּמִלֵּאתִ֖י
15 אֶת־דְּבָרָֽיִךְ׃ וַתָּבֹ֣א בַת־שֶׁ֩בַע֩ אֶל־הַמֶּ֨לֶךְ הַחַ֜דְרָה וְהַמֶּ֖לֶךְ זָקֵ֣ן מְאֹ֑ד
15A
16 וַֽאֲבִישַׁג֙ הַשּׁ֣וּנַמִּ֔ית מְשָׁרַ֖ת אֶת־הַמֶּֽלֶךְ׃ וַתִּקֹּ֣ד בַּת־שֶׁ֔בַע וַתִּשְׁתַּ֖חוּ
17 לַמֶּ֑לֶךְ וַיֹּ֥אמֶר הַמֶּ֖לֶךְ מַה־לָּֽךְ׃ וַתֹּ֣אמֶר ל֗וֹ אֲדֹנִי֙ אַתָּ֨ה נִשְׁבַּ֤עְתָּ בַֽיהוָה֙
   אֱלֹהֶ֔יךָ לַֽאֲמָתֶ֔ךָ כִּֽי־שְׁלֹמֹ֥ה בְנֵ֖ךְ יִמְלֹ֣ךְ אַחֲרָ֑י וְה֖וּא יֵשֵׁ֥ב עַל־כִּסְאִֽי׃
18 וְעַתָּ֕ה הִנֵּ֥ה אֲדֹנִיָּ֖ה מָלָ֑ךְ וְעַתָּ֛ה אֲדֹנִ֥י הַמֶּ֖לֶךְ לֹ֥א יָדָֽעְתָּ׃ וַ֠יִּזְבַּח שׁ֥וֹר
19 וּֽמְרִיא־וְצֹאן֮ לָרֹב֒ וַיִּקְרָא֙ לְכָל־בְּנֵ֣י הַמֶּ֔לֶךְ וּלְאֶבְיָתָר֙ הַכֹּהֵ֔ן וּלְיֹאָ֖ב
20 שַׂ֣ר הַצָּבָ֑א וְלִשְׁלֹמֹ֥ה עַבְדְּךָ֖ לֹ֥א קָרָֽא׃ וְאַתָּה֙ אֲדֹנִ֣י הַמֶּ֔לֶךְ עֵינֵ֥י כָל־
   יִשְׂרָאֵ֖ל עָלֶ֑יךָ לְהַגִּ֣יד לָהֶ֔ם מִ֗י יֵשֵׁ֛ב עַל־כִּסֵּ֥א אֲדֹנִֽי־הַמֶּ֖לֶךְ אַחֲרָֽיו׃
21 וְהָיָ֕ה כִּשְׁכַ֥ב אֲדֹנִֽי־הַמֶּ֖לֶךְ עִם־אֲבֹתָ֑יו וְהָיִ֗יתִי אֲנִ֛י וּבְנִ֥י שְׁלֹמֹ֖ה
22 חַטָּאִֽים׃ וְהִנֵּ֛ה עוֹדֶ֥נָּה מְדַבֶּ֖רֶת עִם־הַמֶּ֑לֶךְ וְנָתָ֥ן הַנָּבִ֖יא בָּֽא׃ וַיַּגִּ֣ידוּ
23

the king, Nathan the prophet also came in.

23 And they told the king, saying, Behold Nathan the prophet. And when he was come in before the king, he bowed himself before the king with his face to the ground.

24 And Nathan said, My lord, O king, hast thou said, Adonijah shall reign after me, and he shall sit upon my throne?

25 For he is gone down this day, and hath slain oxen and fat cattle and sheep in abundance, and hath called all the king's sons, and the captains of the host, and Abiathar the priest; and, behold, they eat and drink before him, and say, God save king Adonijah.

26 But me, *even* me thy servant, and Zadok the priest, and Benaiah the son of Jehoiada, and thy servant Solomon, hath he not called.

27 Is this thing done by my lord the king, and thou hast not shewed *it* unto thy servant, who should sit on the throne of my lord the king after him?

28 ¶ Then king David answered and said, Call me Bath-sheba. And she came into the king's presence, and stood before the king.

29 And the king sware, and said, *As* the LORD liveth, that hath redeemed my soul out of all distress,

30 Even as I sware unto thee by the LORD God of Israel, saying, Assuredly Solomon thy son shall reign after me, and he shall sit upon my throne in my stead; even so will I certainly do this day.

31 Then Bath-sheba bowed with *her* face to the earth, and did reverence to the king, and said, Let my lord king David live for ever.

32 ¶ And king David said, Call me Zadok the priest, and Nathan the prophet, and Benaiah the son of Jehoiada. And they came before the king.

33 The king also said unto them, Take with you the servants of your lord, and cause Solomon my son to ride upon mine own mule, and bring him down to Gihon:

34 And let Zadok the priest and Nathan the prophet anoint him there king over Israel: and blow ye with the trumpet, and say, God save king Solomon.

35 Then ye shall come up after him, that he may come and sit upon my throne; for he shall be king in my stead: and I have appointed him to be ruler over Israel and over Judah.

36 And Benaiah the son of Jehoiada answered the king, and said, Amen: the LORD God of my lord the king say so *too*.

37 As the LORD hath been with my lord the king, even so be he with Solomon, and make his throne greater than the throne of my lord king David.

38 So Zadok the priest, and Nathan the prophet, and Benaiah the son of Jehoiada, and the Cherethites, and the Pelethites, went down, and caused Solomon to ride upon king David's mule, and brought him to Gihon.

39 And Zadok the priest took an horn of oil out of the tabernacle, and anointed Solomon. And they blew the trumpet; and all the people said, God save king Solomon.

40 And all the people came up after him, and the people piped with pipes, and rejoiced with great joy, so that the earth rent with the sound of them.

41 ¶ And Adonijah and all the guests that *were* with him heard *it* as they had made an end of eating. And when Joab heard the sound of the trumpet, he said, Wherefore *is this* noise of the city being in an uproar?

42 And while he yet spake, behold, Jonathan the son of Abiathar the priest came: and Adonijah said unto him, Come in; for thou *art* a valiant man, and bringest good tidings.

43 And Jonathan answered and said to Adonijah, Verily our lord king David hath made Solomon king.

44 And the king hath sent with him Zadok the priest, and Nathan the prophet, and Benaiah the son of Jehoiada, and the Cherethites, and the Pelethites, and they have caused him to ride upon the king's mule:

45 And Zadok the priest and Nathan the prophet have anointed him king in

לַמֶּ֙לֶךְ֙ לֵאמֹ֔ר הִנֵּ֛ה נָתָ֥ן הַנָּבִ֖יא וַיָּבֹ֣א לִפְנֵ֣י הַמֶּ֑לֶךְ וַיִּשְׁתַּ֥חוּ לַמֶּ֖לֶךְ

24 עַל־אַפָּ֣יו אָֽרְצָה׃ וַיֹּ֙אמֶר֙ נָתָ֔ן אֲדֹנִ֥י הַמֶּ֖לֶךְ אַתָּ֣ה אָמַ֔רְתָּ אֲדֹנִיָּ֖הוּ

25 יִמְלֹ֣ךְ אַֽחֲרָ֑י וְה֖וּא יֵשֵׁ֥ב עַל־כִּסְאִֽי׃ כִּ֣י ׀ יָרַ֣ד הַיּ֗וֹם וַ֠יִּזְבַּח שׁ֥וֹר וּֽמְרִיא־

וְצֹאן֮ לָרֹב֒ וַיִּקְרָא֙ לְכָל־בְּנֵ֣י הַמֶּ֔לֶךְ וּלְשָׂרֵ֥י הַצָּבָ֖א וּלְאֶבְיָתָ֣ר הַכֹּהֵ֑ן

26 וְהִנָּ֛ם אֹכְלִ֥ים וְשֹׁתִ֖ים לְפָנָ֑יו וַיֹּ֣אמְר֔וּ יְחִ֖י הַמֶּ֥לֶךְ אֲדֹנִיָּֽהוּ׃ וְלִ֣י אֲנִֽי־

עַ֠בְדֶּךָ וּלְצָדֹ֨ק הַכֹּהֵ֜ן וְלִבְנָיָ֣הוּ בֶן־יְהוֹיָדָ֗ע וְלִשְׁלֹמֹ֥ה עַבְדְּךָ֖ לֹ֥א קָרָֽא׃

27 אִ֗ם מֵאֵת֙ אֲדֹנִ֣י הַמֶּ֔לֶךְ נִהְיָ֖ה הַדָּבָ֣ר הַזֶּ֑ה וְלֹ֤א הוֹדַ֙עְתָּ֙ אֶֽת־עבדיך

28 מִ֣י יֵשֵׁ֗ב עַל־כִּסֵּ֛א אֲדֹנִֽי־הַמֶּ֖לֶךְ אַחֲרָֽיו׃ וַיַּ֙עַן הַמֶּ֤לֶךְ דָּוִד֙

וַיֹּ֙אמֶר֙ קִרְאוּ־לִ֣י לְבַת־שָׁ֔בַע וַתָּבֹא֙ לִפְנֵ֣י הַמֶּ֔לֶךְ וַֽתַּעֲמֹ֖ד לִפְנֵ֥י הַמֶּֽלֶךְ׃

29 וַיִּשָּׁבַ֣ע הַמֶּ֔לֶךְ וַיֹּאמַ֑ר חַי־יְהֹוָ֕ה אֲשֶׁר־פָּדָ֥ה אֶת־נַפְשִׁ֖י מִכָּל־צָרָֽה׃ כִּ֡י

30 כַּאֲשֶׁר֩ נִשְׁבַּ֨עְתִּי לָ֜ךְ בַּֽיהֹוָ֨ה אֱלֹהֵ֤י יִשְׂרָאֵל֙ לֵאמֹ֔ר כִּֽי־שְׁלֹמֹ֤ה בְנֵךְ֙

יִמְלֹ֣ךְ אַחֲרַ֔י וְה֛וּא יֵשֵׁ֥ב עַל־כִּסְאִ֖י תַּחְתָּ֑י כִּ֛י כֵּ֥ן אֶעֱשֶׂ֖ה הַיּ֥וֹם הַזֶּֽה׃

31 וַתִּקֹּ֨ד בַּת־שֶׁ֤בַע אַפַּ֙יִם֙ אֶ֔רֶץ וַתִּשְׁתַּ֖חוּ לַמֶּ֑לֶךְ וַתֹּ֕אמֶר יְחִ֗י אֲדֹנִ֛י

הַמֶּ֥לֶךְ דָּוִ֖ד לְעֹלָֽם׃

32 וַיֹּ֣אמֶר ׀ הַמֶּ֣לֶךְ דָּוִ֗ד קִרְאוּ־לִ֤י לְצָדוֹק֙ הַכֹּהֵ֔ן וּלְנָתָן֙ הַנָּבִ֔יא וְלִבְנָיָ֖הוּ

33 בֶּן־יְהוֹיָדָ֑ע וַיָּבֹ֖אוּ לִפְנֵ֣י הַמֶּֽלֶךְ׃ וַיֹּ֨אמֶר הַמֶּ֜לֶךְ לָהֶ֗ם קְח֤וּ עִמָּכֶם֙ אֶת־

עַבְדֵ֣י אֲדֹנֵיכֶ֔ם וְהִרְכַּבְתֶּם֙ אֶת־שְׁלֹמֹ֣ה בְנִ֔י עַל־הַפִּרְדָּ֖ה אֲשֶׁר־לִ֑י

34 וְהוֹרַדְתֶּ֥ם אֹת֖וֹ אֶל־גִּחֽוֹן׃ וּמָשַׁ֣ח אֹת֠וֹ שָׁ֣ם צָד֧וֹק הַכֹּהֵ֛ן וְנָתָ֥ן הַנָּבִ֖יא

לְמֶ֣לֶךְ עַל־יִשְׂרָאֵ֑ל וּתְקַעְתֶּם֙ בַּשּׁוֹפָ֔ר וַאֲמַרְתֶּ֕ם יְחִ֖י הַמֶּ֥לֶךְ שְׁלֹמֹֽה׃

35 וַעֲלִיתֶ֣ם אַחֲרָ֗יו וּבָא֙ וְיָשַׁ֣ב עַל־כִּסְאִ֔י וְה֥וּא יִמְלֹ֖ךְ תַּחְתָּ֑י וְאֹת֣וֹ צִוִּ֗יתִי

36 לִֽהְי֣וֹת נָגִ֔יד עַל־יִשְׂרָאֵ֖ל וְעַל־יְהוּדָֽה׃ וַיַּ֩עַן֩ בְּנָיָ֨הוּ בֶן־יְהֽוֹיָדָ֤ע אֶת־

37 הַמֶּ֙לֶךְ֙ וַיֹּ֣אמֶר ׀ אָמֵ֔ן כֵּ֚ן יֹאמַ֣ר יְהֹוָ֔ה אֱלֹהֵ֖י אֲדֹנִ֥י הַמֶּֽלֶךְ׃ כַּאֲשֶׁ֨ר הָיָ֤ה

יְהֹוָה֙ עִם־אֲדֹנִ֣י הַמֶּ֔לֶךְ כֵּ֖ן יהי עִם־שְׁלֹמֹ֑ה וִֽיגַדֵּל֙ אֶת־כִּסְא֔וֹ מִכִּסֵּ֖א

38 אֲדֹנִ֥י הַמֶּ֖לֶךְ דָּוִֽד׃ וַיֵּ֣רֶד צָד֣וֹק הַ֠כֹּהֵן וְנָתָ֨ן הַנָּבִ֜יא וּבְנָיָ֣הוּ בֶן־יְהוֹיָדָ֗ע

וְהַכְּרֵתִי֙ וְהַפְּלֵתִ֔י וַיַּרְכִּ֙בוּ֙ אֶת־שְׁלֹמֹ֔ה עַל־פִּרְדַּ֖ת הַמֶּ֣לֶךְ דָּוִ֑ד וַיֹּלִ֥כוּ

39 אֹת֖וֹ עַל־גִּחֽוֹן׃ וַיִּקַּח֩ צָד֨וֹק הַכֹּהֵ֜ן אֶת־קֶ֤רֶן הַשֶּׁ֙מֶן֙ מִן־הָאֹ֔הֶל וַיִּמְשַׁ֖ח

אֶת־שְׁלֹמֹ֑ה וַֽיִּתְקְעוּ֙ בַּשּׁוֹפָ֔ר וַיֹּֽאמְרוּ֙ כָּל־הָעָ֔ם יְחִ֖י הַמֶּ֥לֶךְ שְׁלֹמֹֽה׃

40 וַיַּעֲל֤וּ כָל־הָעָם֙ אַֽחֲרָ֔יו וְהָעָם֙ מְחַלְּלִ֣ים בַּֽחֲלִלִ֔ים וּשְׂמֵחִ֖ים שִׂמְחָ֣ה

41 גְדוֹלָ֑ה וַתִּבָּקַ֥ע הָאָ֖רֶץ בְּקוֹלָֽם׃ וַיִּשְׁמַ֣ע אֲדֹ֩נִיָּ֩הוּ וְכָל־הַקְּרֻאִ֖ים אֲשֶׁ֣ר

אִתּ֑וֹ וְהֵ֖ם כִּלּ֣וּ לֶאֱכֹ֑ל וַיִּשְׁמַ֤ע יוֹאָב֙ אֶת־ק֣וֹל הַשּׁוֹפָ֔ר וַיֹּ֕אמֶר מַדּ֥וּעַ

42 קֽוֹל־הַקִּרְיָ֖ה הוֹמָֽה׃ עוֹדֶ֣נּוּ מְדַבֵּ֔ר וְהִנֵּ֚ה יֽוֹנָתָ֣ן בֶּן־אֶבְיָתָ֥ר הַכֹּהֵ֖ן בָּ֑א

43 וַיֹּ֧אמֶר אֲדֹנִיָּ֛הוּ בֹּ֖א כִּ֣י אִ֥ישׁ חַ֛יִל אַ֖תָּה וְט֥וֹב תְּבַשֵּֽׂר׃ וַיַּ֙עַן֙ יֽוֹנָתָ֔ן

וַיֹּ֖אמֶר לַאֲדֹנִיָּ֑הוּ אֲבָ֕ל אֲדֹנֵ֥ינוּ הַמֶּֽלֶךְ־דָּוִ֖ד הִמְלִ֥יךְ אֶת־שְׁלֹמֹֽה׃

44 וַיִּשְׁלַ֣ח אִתּֽוֹ־הַמֶּ֡לֶךְ אֶת־צָד֣וֹק הַכֹּהֵ֣ן וְאֶת־נָתָ֣ן הַנָּבִ֡יא וּבְנָיָ֣הוּ בֶּן־

45 יְהוֹיָדָ֡ע וְהַכְּרֵתִ֣י וְהַפְּלֵתִ֑י וַיַּרְכִּ֣בוּ אֹת֔וֹ עַ֖ל פִּרְדַּ֣ת הַמֶּֽלֶךְ׃ וַיִּמְשְׁח֣וּ

45A

Gihon: and they are come up from thence rejoicing, so that the city rang again. This *is* the noise that ye have heard.

46 And also Solomon sitteth on the throne of the kingdom.

47 And moreover the king's servants came to bless our lord king David, saying, God make the name of Solomon better than thy name, and make his throne greater than thy throne. And the king bowed himself upon the bed.

48 And also thus said the king, Blessed *be* the LORD God of Israel, which hath given *one* to sit on my throne this day, mine eyes even seeing *it*.

49 And all the guests that *were* with Adonijah were afraid, and rose up, and went every man his way.

50 ¶ And Adonijah feared because of Solomon, and arose, and went, and caught hold on the horns of the altar.

51 And it was told Solomon, saying, Behold, Adonijah feareth king Solomon: for, lo, he hath caught hold on the horns of the altar, saying, Let king Solomon swear unto me to day that he will not slay his servant with the sword.

52 And Solomon said, If he will shew himself a worthy man, there shall not an hair of him fall to the earth: but if wickedness shall be found in him, he shall die.

53 So king Solomon sent, and they brought him down from the altar. And he came and bowed himself to king Solomon: and Solomon said unto him, Go to thine house.

CHAPTER 2

1 Now the days of David drew nigh that he should die; and he charged Solomon his son, saying,

2 I go the way of all the earth: be thou strong therefore, and shew thyself a man;

3 And keep the charge of the LORD thy God, to walk in his ways, to keep his statutes, and his commandments, and his judgments, and his testimonies, as it is written in the law of Moses, that thou

mayest prosper in all that thou doest, and whithersoever thou turnest thyself:

4 That the LORD may continue his word which he spake concerning me, saying, If thy children take heed to their way, to walk before me in truth with all their heart and with all their soul, there shall not fail thee (said he) a man on the throne of Israel.

5 Moreover thou knowest also what Joab the son of Zeruiah did to me, *and* what he did to the two captains of the hosts of Israel, unto Abner the son of Ner, and unto Amasa the son of Jether, whom he slew, and shed the blood of war in peace, and put the blood of war upon his girdle that *was* about his loins, and in his shoes that *were* on his feet.

6 Do therefore according to thy wisdom, and let not his hoar head go down to the grave in peace.

7 But shew kindness unto the sons of Barzillai the Gileadite, and let them be of those that eat at thy table: for so they came to me when I fled because of Absalom thy brother.

8 And, behold, *thou hast* with thee Shimei the son of Gera, a Benjamite of Bahurim, which cursed me with a grievous curse in the day when I went to Mahanaim: but he came down to meet me at Jordan, and I sware to him by the LORD, saying, I will not put thee to death with the sword.

9 Now therefore hold him not guiltless: for thou *art* a wise man, and knowest what thou oughtest to do unto him; but his hoar head bring thou down to the grave with blood.

10 So David slept with his fathers, and was buried in the city of David.

11 And the days that David reigned over Israel *were* forty years: seven years reigned he in Hebron, and thirty and three years reigned he in Jerusalem.

12 ¶ Then sat Solomon upon the throne of David his father; and his kingdom was established greatly.

13 ¶ And Adonijah the son of Haggith

אֹת֞וֹ צָד֣וֹק הַכֹּהֵ֗ן וְנָתָ֤ן הַנָּבִיא֙ לְמֶ֔לֶךְ‪|‬ בְּגִח֑וֹן וַיַּעֲל֤וּ מִשָּׁם֙ שְׂמֵחִ֔ים

46 וַתֵּהֹ֖ם הַקִּרְיָ֑ה ה֥וּא הַקּ֖וֹל אֲשֶׁ֥ר שְׁמַעְתֶּֽם: וְגַ֛ם יָשַׁ֥ב שְׁלֹמֹ֖ה עַ֥ל

47 כִּסֵּ֥א הַמְּלוּכָֽה: וְגַם־בָּ֜אוּ עַבְדֵ֣י הַמֶּ֗לֶךְ לְבָרֵ֞ךְ אֶת־אֲדֹנֵ֤ינוּ הַמֶּ֨לֶךְ֙ דָּוִ֔ד

אֱלֹהִ֗ים

לֵאמֹ֗ר יֵיטֵ֨ב אֱלֹהֶ֤יךָ אֶת־שֵׁ֤ם שְׁלֹמֹה֙ מִשְּׁמֶ֔ךָ וִֽיגַדֵּ֥ל אֶת־כִּסְא֖וֹ

48 מִכִּסְאֶ֑ךָ וַיִּשְׁתַּ֥חוּ הַמֶּ֖לֶךְ עַל־הַמִּשְׁכָּֽב: וְגַם־כָּ֖כָה אָמַ֣ר הַמֶּ֑לֶךְ בָּר֤וּךְ

יְהֹוָה֙ אֱלֹהֵ֣י יִשְׂרָאֵ֔ל אֲשֶׁ֨ר נָתַ֥ן הַיּ֛וֹם יֹשֵׁ֥ב עַל־כִּסְאִ֖י וְעֵינַ֥י רֹאֽוֹת:

49 וַיֶּחֶרְדוּ֙ וַיָּקֻ֨מוּ כָּל־הַקְּרֻאִ֔ים אֲשֶׁ֖ר לַאֲדֹנִיָּ֑הוּ וַיֵּלְכ֖וּ אִ֥ישׁ לְדַרְכּֽוֹ:

50 וַאֲדֹ֣נִיָּ֔הוּ יָרֵ֖א מִפְּנֵ֣י שְׁלֹמֹ֑ה וַיָּ֣קׇם וַיֵּ֔לֶךְ וַֽיַּחֲזֵ֖ק בְּקַרְנ֥וֹת הַמִּזְבֵּֽחַ: וַיֻּגַּ֤ד

51 לִשְׁלֹמֹה֙ לֵאמֹ֔ר הִנֵּה֙ אֲדֹ֣נִיָּ֔הוּ יָרֵ֖א אֶת־הַמֶּ֣לֶךְ שְׁלֹמֹ֑ה וְ֠הִנֵּ֠ה אָחַ֞ז

בְּקַרְנ֤וֹת הַמִּזְבֵּ֨חַ֙ לֵאמֹ֔ר יִשָּֽׁבַֽע־לִ֤י כַיּוֹם֙ הַמֶּ֣לֶךְ שְׁלֹמֹ֔ה אִם־יָמִ֥ית אֶת־

52 עַבְדּ֖וֹ בֶּחָֽרֶב: וַיֹּ֣אמֶר שְׁלֹמֹ֔ה אִ֚ם יִהְיֶ֣ה לְבֶן־חַ֔יִל לֹֽא־יִפֹּ֥ל מִשַּׂעֲרָת֖וֹ

53 אָ֑רְצָה וְאִם־רָעָ֥ה תִמָּצֵא־ב֖וֹ וָמֵֽת: וַיִּשְׁלַ֞ח הַמֶּ֣לֶךְ שְׁלֹמֹ֗ה וַיֹּ֥רִדֻ֨הוּ֙

מֵעַ֣ל הַמִּזְבֵּ֔חַ וַיָּבֹ֕א וַיִּשְׁתַּ֖חוּ לַמֶּ֣לֶךְ שְׁלֹמֹ֑ה וַיֹּֽאמֶר־ל֥וֹ שְׁלֹמֹ֖ה לֵ֥ךְ

לְבֵיתֶֽךָ:

2 1 וַיִּקְרְב֥וּ יְמֵֽי־דָוִ֖ד לָמ֑וּת וַיְצַ֛ו אֶת־שְׁלֹמֹ֥ה בְנ֖וֹ לֵאמֹֽר: אָנֹכִ֣י הֹלֵ֔ךְ בְּדֶ֖רֶךְ

2

3 כָּל־הָאָ֑רֶץ וְחָזַקְתָּ֖ וְהָיִ֥יתָֽ לְאִֽישׁ: וְשָׁמַרְתָּ֞ אֶת־מִשְׁמֶ֣רֶת‪|‬ יְהֹוָ֣ה אֱלֹהֶ֗יךָ

לָלֶ֤כֶת בִּדְרָכָיו֙ לִשְׁמֹ֨ר חֻקֹּתָ֤יו מִצְוֺתָיו֙ וּמִשְׁפָּטָ֣יו וְעֵדְוֺתָ֔יו כַּכָּת֖וּב

בְּתוֹרַ֣ת מֹשֶׁ֑ה לְמַ֣עַן תַּשְׂכִּ֗יל אֵ֤ת כָּל־אֲשֶׁ֣ר תַּעֲשֶׂ֔ה וְאֵ֖ת כָּל־אֲשֶׁ֥ר

4 תִּפְנֶ֥ה שָֽׁם: לְמַ֩עַן֩ יָקִ֨ים יְהֹוָ֜ה אֶת־דְּבָר֗וֹ אֲשֶׁ֨ר דִּבֶּ֣ר עָלַי֮ לֵאמֹר֒ אִם־

יִשְׁמְר֨וּ בָנֶ֜יךָ אֶת־דַּרְכָּ֗ם לָלֶ֤כֶת לְפָנַי֙ בֶּאֱמֶ֔ת בְּכָל־לְבָבָ֖ם וּבְכָל־נַפְשָׁ֑ם

5 לֵאמֹ֕ר לֹֽא־יִכָּרֵ֤ת לְךָ֙ אִ֔ישׁ מֵעַ֖ל כִּסֵּ֥א יִשְׂרָאֵֽל: וְגַ֣ם אַתָּ֣ה יָדַ֡עְתָּ אֵת֩

אֲשֶׁר־עָ֨שָׂה לִ֜י יוֹאָ֣ב בֶּן־צְרוּיָ֗ה אֲשֶׁ֣ר עָשָׂ֡ה לִשְׁנֵֽי־שָׂרֵ֨י צִבְא֤וֹת יִשְׂרָאֵל֙

לְאַבְנֵ֤ר בֶּן־נֵר֙ וְלַעֲמָשָׂ֣א בֶן־יֶ֔תֶר וַיַּ֣הַרְגֵ֔ם וַיָּ֥שֶׂם דְּמֵֽי־מִלְחָמָ֖ה בְּשָׁלֹ֑ם

6 וַיִּתֵּ֞ן דְּמֵ֣י מִלְחָמָ֗ה בַּחֲגֹֽרָתוֹ֙ אֲשֶׁ֣ר בְּמָתְנָ֔יו וּֽבְנַעֲל֖וֹ אֲשֶׁ֣ר בְּרַגְלָ֑יו וְעָשִׂ֖יתָ

7 כְּחׇכְמָתֶ֑ךָ וְלֹֽא־תוֹרֵ֧ד שֵׂיבָת֛וֹ בְּשָׁלֹ֖ם שְׁאֹֽל: וְלִבְנֵ֨י בַרְזִלַּ֤י

הַגִּלְעָדִי֙ תַּעֲשֶׂה־חֶ֔סֶד וְהָי֖וּ בְּאֹכְלֵ֣י שֻׁלְחָנֶ֑ךָ כִּי־כֵן֙ קָרְב֣וּ אֵלַ֔י בְּבׇרְחִ֕י

8 מִפְּנֵ֖י אַבְשָׁל֣וֹם אָחִֽיךָ: וְהִנֵּ֣ה עִ֠מְּךָ֠ שִׁמְעִ֨י בֶן־גֵּרָ֤א בֶן־הַיְמִינִי֙

מִבַּחֻרִ֔ים וְה֥וּא קִֽלְלַ֖נִי קְלָלָ֣ה נִמְרֶ֑צֶת בְּי֖וֹם לֶכְתִּ֣י מַחֲנָ֑יִם וְהֽוּא־יָרַ֤ד

9 לִקְרָאתִי֙ הַיַּרְדֵּ֔ן וָאֶשָּׁ֨בַֽע ל֤וֹ בַֽיהֹוָה֙ לֵאמֹ֔ר אִם־אֲמִֽיתְךָ֖ בֶּחָֽרֶב: וְעַתָּ֞ה

אַל־תְּנַקֵּ֗הוּ כִּ֣י אִ֤ישׁ חָכָם֙ אָ֔תָּה וְיָֽדַעְתָּ֙ אֵ֣ת אֲשֶׁ֣ר תַּֽעֲשֶׂה־לּ֔וֹ וְהוֹרַדְתָּ֧

10 אֶת־שֵׂיבָת֛וֹ בְּדָ֖ם שְׁאֹֽל: וַיִּשְׁכַּ֥ב דָּוִ֖ד עִם־אֲבֹתָ֑יו וַיִּקָּבֵ֖ר בְּעִ֥יר

דָּוִֽד:

11 וְהַיָּמִ֗ים אֲשֶׁ֨ר מָלַ֤ךְ דָּוִד֙ עַל־יִשְׂרָאֵ֔ל אַרְבָּעִ֖ים שָׁנָ֑ה בְּחֶבְר֤וֹן מָלַךְ֙

12 שֶׁ֣בַע שָׁנִ֔ים וּבִירוּשָׁלַ֣͏ִם מָלַ֔ךְ שְׁלֹשִׁ֥ים וְשָׁלֹ֖שׁ שָׁנִֽים: וּשְׁלֹמֹ֗ה יָשַׁ֙ב

13 עַל־כִּסֵּ֙א דָּוִ֣ד אָבִ֔יו וַתִּכֹּ֥ן מַלְכֻת֖וֹ מְאֹֽד: וַיָּבֹ֞א אֲדֹנִיָּ֤הוּ בֶן־חַגֵּית֙ אֶל־

13A

came to Bath-sheba the mother of Solomon. And she said, Comest thou peaceably? And he said, Peaceably.

14 He said moreover, I have somewhat to say unto thee. And she said, Say on.

15 And he said, Thou knowest that the kingdom was mine, and *that* all Israel set their faces on me, that I should reign: howbeit the kingdom is turned about, and is become my brother's: for it was his from the LORD.

16 And now I ask one petition of thee, deny me not. And she said unto him, Say on.

17 And he said, Speak, I pray thee, unto Solomon the king, (for he will not say thee nay,) that he give me Abishag the Shunammite to wife.

18 And Bath-sheba said, Well; I will speak for thee unto the king.

19 ¶ Bath-sheba therefore went unto king Solomon, to speak unto him for Adonijah. And the king rose up to meet her, and bowed himself unto her, and sat down on his throne, and caused a seat to be set for the king's mother; and she sat on his right hand.

20 Then she said, I desire one small petition of thee; *I pray thee,* say me not nay. And the king said unto her, Ask on, my mother: for I will not say thee nay.

21 And she said, Let Abishag the Shunammite be given to Adonijah thy brother to wife.

22 And king Solomon answered and said unto his mother, And why dost thou ask Abishag the Shunammite for Adonijah? ask for him the kingdom also; for he *is* mine elder brother; even for him, and for Abiathar the priest, and for Joab the son of Zeruiah.

23 Then king Solomon sware by the LORD, saying, God do so to me, and more also, if Adonijah have not spoken this word against his own life.

24 Now therefore, *as* the LORD liveth, which hath established me, and set me on the throne of David my father, and who

hath made me an house, as he promised, Adonijah shall be put to death this day.

25 And king Solomon sent by the hand of Benaiah the son of Jehoiada; and he fell upon him that he died.

26 ¶ And unto Abiathar the priest said the king, Get thee to Anathoth, unto thine own fields; for thou *art* worthy of death: but I will not at this time put thee to death, because thou barest the ark of the Lord GOD before David my father, and because thou hast been afflicted in all wherein my father was afflicted.

27 So Solomon thrust out Abiathar from being priest unto the LORD; that he might fulfil the word of the LORD, which he spake concerning the house of Eli in Shiloh.

28 ¶ Then tidings came to Joab: for Joab had turned after Adonijah, though he turned not after Absalom. And Joab fled unto the tabernacle of the LORD, and caught hold on the horns of the altar.

29 And it was told king Solomon that Joab was fled unto the tabernacle of the LORD; and, behold, *he is* by the altar. Then Solomon sent Benaiah the son of Jehoiada, saying, Go, fall upon him.

30 And Benaiah came to the tabernacle of the LORD, and said unto him, Thus saith the king, Come forth. And he said, Nay; but I will die here. And Benaiah brought the king word again, saying, Thus said Joab, and thus he answered me.

31 And the king said unto him, Do as he hath said, and fall upon him, and bury him; that thou mayest take away the innocent blood, which Joab shed, from me, and from the house of my father.

32 And the LORD shall return his blood upon his own head, who fell upon two men more righteous and better than he, and slew them with the sword, my father David not knowing *thereof, to wit,* Abner the son of Ner, captain of the host of Israel, and Amasa the son of Jether, captain of the host of Judah.

33 Their blood shall therefore return upon the head of Joab, and upon the head

14 בַּת־שֶׁבַע אֵם־שְׁלֹמֹה וַתֹּאמֶר הֲשָׁלוֹם בֹּאֶךְ וַיֹּאמֶר שָׁלוֹם: וַיֹּאמֶר

15 דָּבָר לִי אֵלַיִךְ וַתֹּאמֶר דַּבֵּר: וַיֹּאמֶר אַתְּ יָדַעַתְּ כִּי־לִי הָיְתָה הַמְּלוּכָה וְעָלַי שָׂמוּ כָל־יִשְׂרָאֵל פְּנֵיהֶם לִמְלֹךְ וַתִּסֹּב הַמְּלוּכָה וַתְּהִי לְאָחִי

16 כִּי מֵיהֹוָה הָיְתָה לּוֹ: וְעַתָּה שְׁאֵלָה אַחַת אָנֹכִי שֹׁאֵל מֵאִתָּךְ אַל־

17 תָּשִׁבִי אֶת־פָּנָי וַתֹּאמֶר אֵלָיו דַּבֵּר: וַיֹּאמֶר אִמְרִי־נָא לִשְׁלֹמֹה הַמֶּלֶךְ כִּי לֹא־יָשִׁיב אֶת־פָּנָיִךְ וְיִתֶּן־לִי אֶת־אֲבִישַׁג הַשּׁוּנַמִּית לְאִשָּׁה:

18 וַתֹּאמֶר בַּת־שֶׁבַע טוֹב אָנֹכִי אֲדַבֵּר עָלֶיךָ אֶל־הַמֶּלֶךְ: וַתָּבֹא בַת־

19 שֶׁבַע אֶל־הַמֶּלֶךְ שְׁלֹמֹה לְדַבֶּר־לוֹ עַל־אֲדֹנִיָּהוּ וַיָּקָם הַמֶּלֶךְ לִקְרָאתָהּ וַיִּשְׁתַּחוּ לָהּ וַיֵּשֶׁב עַל־כִּסְאוֹ וַיָּשֶׂם כִּסֵּא לְאֵם הַמֶּלֶךְ וַתֵּשֶׁב לִימִינוֹ:

20 וַתֹּאמֶר שְׁאֵלָה אַחַת קְטַנָּה אָנֹכִי שֹׁאֶלֶת מֵאִתָּךְ אַל־תָּשֶׁב אֶת־פָּנָי

21 וַיֹּאמֶר־לָהּ הַמֶּלֶךְ שַׁאֲלִי אִמִּי כִּי לֹא־אָשִׁיב אֶת־פָּנָיִךְ: וַתֹּאמֶר יֻתַּן

22 אֶת־אֲבִישַׁג הַשֻּׁנַמִּית לַאֲדֹנִיָּהוּ אָחִיךָ לְאִשָּׁה: וַיַּעַן הַמֶּלֶךְ שְׁלֹמֹה

22A וַיֹּאמֶר לְאִמּוֹ וְלָמָה אַתְּ שֹׁאֶלֶת אֶת־אֲבִישַׁג הַשֻּׁנַמִּית לַאֲדֹנִיָּהוּ וְשַׁאֲלִי־לוֹ אֶת־הַמְּלוּכָה כִּי הוּא אָחִי הַגָּדוֹל מִמֶּנִּי וְלוֹ וּלְאֶבְיָתָר הַכֹּהֵן וּלְיוֹאָב בֶּן־צְרוּיָה:

23 וַיִּשָּׁבַע הַמֶּלֶךְ שְׁלֹמֹה בַּיהֹוָה לֵאמֹר כֹּה יַעֲשֶׂה־לִּי אֱלֹהִים וְכֹה

24 יוֹסִיף כִּי בְנַפְשׁוֹ דִּבֶּר אֲדֹנִיָּהוּ אֶת־הַדָּבָר הַזֶּה: וְעַתָּה חַי־יְהֹוָה אֲשֶׁר הֱכִינַנִי וַיּוֹשִׁיבַנִי עַל־כִּסֵּא דָּוִד אָבִי וַאֲשֶׁר עָשָׂה־לִי בַּיִת

וַיּוֹשִׁיבַנִי

25 כַּאֲשֶׁר דִּבֵּר כִּי הַיּוֹם יוּמַת אֲדֹנִיָּהוּ: וַיִּשְׁלַח הַמֶּלֶךְ שְׁלֹמֹה בְּיַד

26 בְּנָיָהוּ בֶן־יְהוֹיָדָע וַיִּפְגַּע־בּוֹ וַיָּמֹת: וּלְאֶבְיָתָר הַכֹּהֵן אָמַר הַמֶּלֶךְ עֲנָתֹת לֵךְ עַל־שָׂדֶיךָ כִּי אִישׁ מָוֶת אָתָּה וּבַיּוֹם הַזֶּה לֹא אֲמִיתֶךָ כִּי־נָשָׂאתָ אֶת־אֲרוֹן אֲדֹנָי יְהֹוִה לִפְנֵי דָּוִד אָבִי וְכִי הִתְעַנִּיתָ

27 בְּכֹל אֲשֶׁר־הִתְעַנָּה אָבִי: וַיְגָרֶשׁ שְׁלֹמֹה אֶת־אֶבְיָתָר מִהְיוֹת כֹּהֵן לַיהֹוָה לְמַלֵּא אֶת־דְּבַר יְהֹוָה אֲשֶׁר דִּבֶּר עַל־בֵּית עֵלִי בְּשִׁלֹה:

28 וְהַשְּׁמֻעָה בָּאָה עַד־יוֹאָב כִּי יוֹאָב נָטָה אַחֲרֵי אֲדֹנִיָּה וְאַחֲרֵי אַבְשָׁלוֹם לֹא נָטָה וַיָּנָס יוֹאָב אֶל־אֹהֶל יְהֹוָה וַיַּחֲזֵק בְּקַרְנוֹת הַמִּזְבֵּחַ:

29 וַיֻּגַּד לַמֶּלֶךְ שְׁלֹמֹה כִּי נָס יוֹאָב אֶל־אֹהֶל יְהֹוָה וְהִנֵּה אֵצֶל הַמִּזְבֵּחַ

30 וַיִּשְׁלַח שְׁלֹמֹה אֶת־בְּנָיָהוּ בֶן־יְהוֹיָדָע לֵאמֹר לֵךְ פְּגַע־בּוֹ: וַיָּבֹא בְנָיָהוּ אֶל־אֹהֶל יְהֹוָה וַיֹּאמֶר אֵלָיו כֹּה־אָמַר הַמֶּלֶךְ צֵא וַיֹּאמֶר לֹא כִּי פֹה אָמוּת וַיָּשֶׁב בְּנָיָהוּ אֶת־הַמֶּלֶךְ דָּבָר לֵאמֹר כֹּה־דִבֶּר יוֹאָב וְכֹה

31 עָנָנִי: וַיֹּאמֶר לוֹ הַמֶּלֶךְ עֲשֵׂה כַּאֲשֶׁר דִּבֶּר וּפְגַע־בּוֹ וּקְבַרְתּוֹ

32 וַהֲסִירֹתָ דְּמֵי חִנָּם אֲשֶׁר שָׁפַךְ יוֹאָב מֵעָלַי וּמֵעַל בֵּית אָבִי: וְהֵשִׁיב יְהֹוָה אֶת־דָּמוֹ עַל־רֹאשׁוֹ אֲשֶׁר פָּגַע בִּשְׁנֵי־אֲנָשִׁים צַדִּקִים וְטֹבִים מִמֶּנּוּ וַיַּהַרְגֵם בַּחֶרֶב וְאָבִי דָוִד לֹא יָדָע אֶת־אַבְנֵר בֶּן־נֵר שַׂר־צְבָא

33 יִשְׂרָאֵל וְאֶת־עֲמָשָׂא בֶן־יֶתֶר שַׂר־צְבָא יְהוּדָה: וְשָׁבוּ דְמֵיהֶם בְּרֹאשׁ

of his seed for ever: but upon David, and upon his seed, and upon his house, and upon his throne, shall there be peace for ever from the LORD.

34 So Benaiah the son of Jehoiada went up, and fell upon him, and slew him: and he was buried in his own house in the wilderness.

35 ¶ And the king put Benaiah the son of Jehoiada in his room over the host: and Zadok the priest did the king put in the room of Abiathar.

36 ¶ And the king sent and called for Shimei, and said unto him, Build thee an house in Jerusalem, and dwell there, and go not forth thence any whither.

37 For it shall be, *that* on the day thou goest out, and passest over the brook Kidron, thou shalt know for certain that thou shalt surely die: thy blood shall be upon thine own head.

38 And Shimei said unto the king, The saying *is* good: as my lord the king hath said, so will thy servant do. And Shimei dwelt in Jerusalem many days.

39 And it came to pass at the end of three years, that two of the servants of Shimei ran away unto Achish son of Maachah king of Gath. And they told Shimei, saying, Behold, thy servants *be* in Gath.

40 And Shimei arose, and saddled his ass, and went to Gath to Achish to seek his servants: and Shimei went, and brought his servants from Gath.

41 And it was told Solomon that Shimei had gone from Jerusalem to Gath, and was come again.

42 And the king sent and called for Shimei, and said unto him, Did I not make thee to swear by the LORD, and protested unto thee, saying, Know for a certain, on the day thou goest out, and walkest abroad any whither, that thou shalt surely die? and thou saidst unto me, The word *that* I have heard *is* good.

43 Why then hast thou not kept the oath of the LORD, and the commandment that I have charged thee with?

44 The king said moreover to Shimei, Thou knowest all the wickedness which thine heart is privy to, that thou didst to David my father: therefore the LORD shall

return thy wickedness upon thine own head;

45 And king Solomon *shall be* blessed, and the throne of David shall be established before the LORD for ever.

46 So the king commanded Benaiah the son of Jehoiada; which went out, and fell upon him, that he died. And the kingdom was established in the hand of Solomon.

CHAPTER 3

1 And Solomon made affinity with Pharaoh king of Egypt, and took Pharaoh's daughter, and brought her into the city of David, until he had made an end of building his own house, and the house of the LORD, and the wall of Jerusalem round about.

2 Only the people sacrificed in high places, because there was no house built unto the name of the LORD, until those days.

3 And Solomon loved the LORD, walking in the statutes of David his father: only he sacrificed and burnt incense in high places.

4 And the king went to Gibeon to sacrifice there; for that *was* the great high place: a thousand burnt offerings did Solomon offer upon that altar.

5 ¶ In Gibeon the LORD appeared to Solomon in a dream by night: and God said, Ask what I shall give thee.

6 And Solomon said, Thou hast shewed unto thy servant David my father great mercy, according as he walked before thee in truth, and in righteousness, and in uprightness of heart with thee; and thou hast kept for him this great kindness, that thou hast given him a son to sit on his throne, as *it is* this day.

7 And now, O LORD my God, thou hast made thy servant king instead of David my father: and I *am but* a little child: I know not *how* to go out or come in.

8 And thy servant *is* in the midst of thy people which thou hast chosen, a great people, that cannot be numbered nor counted for multitude.

9 Give therefore thy servant an understanding heart to judge thy people, that

יוֹאָב וּבְרֹאשׁ זַרְעוֹ לְעֹלָם וּלְדָוִד וּלְזַרְעוֹ וּלְבֵיתוֹ וּלְכִסְאוֹ יִהְיֶה

34 שָׁלוֹם עַד־עוֹלָם מֵעִם יְהֹוָה: וַיַּעַל בְּנָיָהוּ בֶּן־יְהוֹיָדָע וַיִּפְגַּע־בּוֹ

35 וַיְמִתֵהוּ וַיִּקָּבֵר בְּבֵיתוֹ בַּמִּדְבָּר: וַיִּתֵּן הַמֶּלֶךְ אֶת־בְּנָיָהוּ בֶן־יְהוֹיָדָע
תַּחְתָּיו עַל־הַצָּבָא וְאֶת־צָדוֹק הַכֹּהֵן נָתַן הַמֶּלֶךְ תַּחַת אֶבְיָתָר:

36 וַיִּשְׁלַח הַמֶּלֶךְ וַיִּקְרָא לְשִׁמְעִי וַיֹּאמֶר לוֹ בְּנֵה־לְךָ בַיִת בִּירוּשָׁלַ͏ִם

37 וְיָשַׁבְתָּ שָּׁם וְלֹא־תֵצֵא מִשָּׁם אָנֶה וָאָנָה: וְהָיָה ׀ בְּיוֹם צֵאתְךָ וְעָבַרְתָּ
אֶת־נַחַל קִדְרוֹן יָדֹעַ תֵּדַע כִּי מוֹת תָּמוּת דָּמְךָ יִהְיֶה בְרֹאשֶׁךָ:

38 וַיֹּאמֶר שִׁמְעִי לַמֶּלֶךְ טוֹב הַדָּבָר כַּאֲשֶׁר דִּבֶּר אֲדֹנִי הַמֶּלֶךְ כֵּן יַעֲשֶׂה

39 עַבְדֶּךָ וַיֵּשֶׁב שִׁמְעִי בִּירוּשָׁלַ͏ִם יָמִים רַבִּים: וַיְהִי מִקֵּץ
שָׁלֹשׁ שָׁנִים וַיִּבְרְחוּ שְׁנֵי־עֲבָדִים לְשִׁמְעִי אֶל־אָכִישׁ בֶּן־מַעֲכָה מֶלֶךְ

40 גַּת וַיַּגִּידוּ לְשִׁמְעִי לֵאמֹר הִנֵּה עֲבָדֶיךָ בְּגַת: וַיָּקָם שִׁמְעִי וַיַּחֲבֹשׁ
אֶת־חֲמֹרוֹ וַיֵּלֶךְ גַּתָה אֶל־אָכִישׁ לְבַקֵּשׁ אֶת־עֲבָדָיו וַיֵּלֶךְ שִׁמְעִי וַיָּבֵא

41 אֶת־עֲבָדָיו מִגַּת: וַיֻּגַּד לִשְׁלֹמֹה כִּי־הָלַךְ שִׁמְעִי מִירוּשָׁלַ͏ִם גַּת וַיָּשֹׁב:

42 וַיִּשְׁלַח הַמֶּלֶךְ וַיִּקְרָא לְשִׁמְעִי וַיֹּאמֶר אֵלָיו הֲלוֹא הִשְׁבַּעְתִּיךָ בַיהֹוָה
וָאָעִד בְּךָ לֵאמֹר בְּיוֹם צֵאתְךָ וְהָלַכְתָּ אָנֶה וָאָנָה יָדֹעַ תֵּדַע כִּי

43 מוֹת תָּמוּת וַתֹּאמֶר אֵלַי טוֹב הַדָּבָר שָׁמָעְתִּי: וּמַדּוּעַ לֹא שָׁמַרְתָּ

44 אֵת שְׁבֻעַת יְהֹוָה וְאֶת־הַמִּצְוָה אֲשֶׁר־צִוִּיתִי עָלֶיךָ: וַיֹּאמֶר הַמֶּלֶךְ
אֶל־שִׁמְעִי אַתָּה יָדַעְתָּ אֵת כָּל־הָרָעָה אֲשֶׁר יָדַע לְבָבְךָ אֲשֶׁר עָשִׂיתָ

45 לְדָוִד אָבִי וְהֵשִׁיב יְהֹוָה אֶת־רָעָתְךָ בְּרֹאשֶׁךָ: וְהַמֶּלֶךְ שְׁלֹמֹה בָּרוּךְ

46 וְכִסֵּא דָוִד יִהְיֶה נָכוֹן לִפְנֵי יְהֹוָה עַד־עוֹלָם: וַיְצַו הַמֶּלֶךְ אֶת־בְּנָיָהוּ
בֶּן־יְהוֹיָדָע וַיֵּצֵא וַיִּפְגַּע־בּוֹ וַיָּמֹת וְהַמַּמְלָכָה נָכוֹנָה בְּיַד־שְׁלֹמֹה:

3 1 וַיִּתְחַתֵּן שְׁלֹמֹה אֶת־פַּרְעֹה מֶלֶךְ מִצְרָיִם וַיִּקַּח אֶת־בַּת־פַּרְעֹה
וַיְבִיאֶהָ אֶל־עִיר דָּוִד עַד כַּלֹּתוֹ לִבְנוֹת אֶת־בֵּיתוֹ וְאֶת־בֵּית יְהֹוָה

2 וְאֶת־חוֹמַת יְרוּשָׁלַ͏ִם סָבִיב: רַק הָעָם מְזַבְּחִים בַּבָּמוֹת כִּי לֹא־נִבְנָה
בַיִת לְשֵׁם יְהֹוָה עַד הַיָּמִים הָהֵם:

3 וַיֶּאֱהַב שְׁלֹמֹה אֶת־יְהֹוָה לָלֶכֶת בְּחֻקּוֹת דָּוִד אָבִיו רַק בַּבָּמוֹת הוּא

4 מְזַבֵּחַ וּמַקְטִיר: וַיֵּלֶךְ הַמֶּלֶךְ גִּבְעֹנָה לִזְבֹּחַ שָׁם כִּי הִיא הַבָּמָה

5 הַגְּדוֹלָה אֶלֶף עֹלוֹת יַעֲלֶה שְׁלֹמֹה עַל הַמִּזְבֵּחַ הַהוּא: בְּגִבְעוֹן נִרְאָה
יְהֹוָה אֶל־שְׁלֹמֹה בַּחֲלוֹם הַלָּיְלָה וַיֹּאמֶר אֱלֹהִים שְׁאַל מָה אֶתֶּן־לָךְ:

6 וַיֹּאמֶר שְׁלֹמֹה אַתָּה עָשִׂיתָ עִם־עַבְדְּךָ דָוִד אָבִי חֶסֶד גָּדוֹל כַּאֲשֶׁר
הָלַךְ לְפָנֶיךָ בֶּאֱמֶת וּבִצְדָקָה וּבְיִשְׁרַת לֵבָב עִמָּךְ וַתִּשְׁמָר־לוֹ אֶת־

7 הַחֶסֶד הַגָּדוֹל הַזֶּה וַתִּתֶּן־לוֹ בֵן יֹשֵׁב עַל־כִּסְאוֹ כַּיּוֹם הַזֶּה: וְעַתָּה
יְהֹוָה אֱלֹהָי אַתָּה הִמְלַכְתָּ אֶת־עַבְדְּךָ תַּחַת דָּוִד אָבִי וְאָנֹכִי נַעַר

8 קָטֹן לֹא אֵדַע צֵאת וָבֹא: וְעַבְדְּךָ בְּתוֹךְ עַמְּךָ אֲשֶׁר בָּחָרְתָּ עַם־רָב

9 אֲשֶׁר לֹא־יִמָּנֶה וְלֹא יִסָּפֵר מֵרֹב: וְנָתַתָּ לְעַבְדְּךָ לֵב שֹׁמֵעַ לִשְׁפֹּט

I may discern between good and bad: for who is able to judge this thy so great a people?

10 And the speech pleased the Lord, that Solomon had asked this thing.

11 And God said unto him, Because thou hast asked this thing, and hast not asked for thyself long life; neither hast asked riches for thyself, nor hast asked the life of thine enemies; but hast asked for thyself understanding to discern judgment;

12 Behold, I have done according to thy words: lo, I have given thee a wise and an understanding heart; so that there was none like thee before thee, neither after thee shall any arise like unto thee.

13 And I have also given thee that which thou hast not asked, both riches, and honour: so that there shall not be any among the kings like unto thee all thy days.

14 And if thou wilt walk in my ways, to keep my statutes and my commandments, as thy father David did walk, then I will lengthen thy days.

15 And Solomon awoke; and, behold, *it was* a dream. And he came to Jerusalem, and stood before the ark of the covenant of the LORD, and offered up burnt offerings, and offered peace offerings, and made a feast to all his servants.

16 ¶ Then came there two women, *that were* harlots, unto the king, and stood before him.

17 And the one woman said, O my lord, I and this woman dwell in one house; and I was delivered of a child with her in the house.

18 And it came to pass the third day after that I was delivered, that this woman was delivered also: and we *were* together; *there was* no stranger with us in the house, save we two in the house.

19 And this woman's child died in the night; because she overlaid it.

20 And she arose at midnight, and took my son from beside me, while thine hand-maid slept, and laid it in her bosom, and laid her dead child in my bosom.

21 And when I rose in the morning to give my child suck, behold, it was dead: but when I had considered it in the morning, behold, it was not my son, which I did bear.

22 And the other woman said, Nay; but the living *is* my son, and the dead *is* thy son. And this said, No; but the dead *is* thy son, and the living *is* my son. Thus they spake before the king.

23 Then said the king, The one saith, This *is* my son that liveth, and thy son *is* the dead: and the other saith, Nay; but thy son *is* the dead, and my son *is* the living.

24 And the king said, Bring me a sword. And they brought a sword before the king.

25 And the king said, Divide the living child in two, and give half to the one, and half to the other.

26 Then spake the woman whose the living child *was* unto the king, for her bowels yearned upon her son, and she said, O my lord, give her the living child, and in no wise slay it. But the other said, Let it be neither mine nor thine, *but* divide *it.*

27 Then the king answered and said, Give her the living child, and in no wise slay it: she *is* the mother thereof.

28 And all Israel heard of the judgment which the king had judged; and they feared the king: for they saw that the wisdom of God *was* in him, to do judgment.

CHAPTER 4

1 So king Solomon was king over all Israel.

2 And these *were* the princes which he had; Azariah the son of Zadok the priest,

3 Elihoreph and Ahiah, the sons of Shisha, scribes; Jehoshaphat the son of Ahilud, the recorder.

4 And Benaiah the son of Jehoiada *was* over the host: and Zadok and Abiathar *were* the priests:

אֶת־עַמְּךָ֗ לְהָבִין֙ בֵּין־ט֣וֹב לְרָ֔ע כִּ֣י מִ֤י יוּכַל֙ לִשְׁפֹּ֔ט אֶת־עַמְּךָ֥ הַכָּבֵ֖ד

10 הַזֶּֽה׃ וַיִּיטַ֥ב הַדָּבָ֖ר בְּעֵינֵ֣י אֲדֹנָ֑י כִּ֚י שָׁאַ֣ל שְׁלֹמֹ֔ה אֶת־הַדָּבָ֖ר הַזֶּֽה׃

11 וַיֹּ֨אמֶר אֱלֹהִ֜ים אֵלָ֗יו יַ֩עַן֩ אֲשֶׁ֨ר שָׁאַ֜לְתָּ אֶת־הַדָּבָ֣ר הַזֶּ֗ה וְלֹֽא־שָׁאַ֨לְתָּ
לְּךָ֜ יָמִ֣ים רַבִּ֗ים וְלֹֽא־שָׁאַ֤לְתָּ לְּךָ֙ עֹ֔שֶׁר וְלֹ֥א שָׁאַ֖לְתָּ נֶ֣פֶשׁ אֹיְבֶ֑יךָ

12 וְשָׁאַ֥לְתָּ לְּךָ֛ הָבִ֖ין לִשְׁמֹ֣עַ מִשְׁפָּ֑ט הִנֵּ֤ה עָשִׂ֙יתִי֙ כִּדְבָרֶ֔יךָ הִנֵּ֣ה ׀
נָתַ֣תִּי לְךָ֗ לֵ֚ב חָכָ֣ם וְנָב֔וֹן אֲשֶׁ֤ר כָּמ֙וֹךָ֙ לֹא־הָיָ֣ה לְפָנֶ֔יךָ וְאַחֲרֶ֖יךָ

13 לֹא־יָק֥וּם כָּמֽוֹךָ׃ וְגַ֨ם אֲשֶׁ֤ר לֹֽא־שָׁאַ֙לְתָּ֙ נָתַ֣תִּי לָ֔ךְ גַּם־עֹ֖שֶׁר גַּם־

14 כָּב֑וֹד אֲשֶׁ֨ר לֹא־הָיָ֥ה כָמ֛וֹךָ אִ֖ישׁ בַּמְּלָכִ֑ים כָּל־יָמֶֽיךָ׃ וְאִ֣ם ׀ תֵּלֵ֣ךְ 14A
בִּדְרָכַ֗י לִשְׁמֹ֤ר חֻקַּי֙ וּמִצְוֺתַ֔י כַּאֲשֶׁ֥ר הָלַ֖ךְ דָּוִ֣יד אָבִ֑יךָ וְהַאֲרַכְתִּ֖י אֶת־

15 יָמֶֽיךָ׃ וַיִּקַ֤ץ שְׁלֹמֹה֙ וְהִנֵּ֣ה חֲל֑וֹם וַיָּב֣וֹא יְרוּשָׁלַ֗ם וַיַּעֲמֹ֣ד ׀
לִפְנֵ֣י ׀ אֲר֣וֹן בְּרִית־אֲדֹנָ֗י וַיַּ֤עַל עֹלוֹת֙ וַיַּ֣עַשׂ שְׁלָמִ֔ים וַיַּ֥עַשׂ מִשְׁתֶּ֖ה
לְכָל־עֲבָדָֽיו׃

16 אָ֣ז תָּבֹ֗אנָה שְׁתַּ֛יִם נָשִׁ֥ים זֹנ֖וֹת אֶל־הַמֶּ֑לֶךְ וַֽתַּעֲמֹ֖דְנָה לְפָנָֽיו׃ וַתֹּ֜אמֶר
17 הָאִשָּׁ֤ה הָֽאַחַת֙ בִּ֣י אֲדֹנִ֔י אֲנִי֙ וְהָאִשָּׁ֣ה הַזֹּ֔את יֹשְׁבֹ֖ת בְּבַ֣יִת אֶחָ֑ד

18 וָאֵלֵ֥ד עִמָּ֖הּ בַּבָּֽיִת׃ וַיְהִ֞י בַּיּ֤וֹם הַשְּׁלִישִׁי֙ לְלִדְתִּ֔י וַתֵּ֖לֶד גַּם־הָאִשָּׁ֣ה
הַזֹּ֑את וַאֲנַ֣חְנוּ יַחְדָּ֗ו אֵֽין־זָ֤ר אִתָּ֙נוּ֙ בַּבַּ֔יִת זוּלָתִ֥י שְׁתַּֽיִם־אֲנַ֖חְנוּ בַּבָּֽיִת׃

19 וַיָּ֛מָת בֶּן־הָאִשָּׁ֥ה הַזֹּ֖את לָ֑יְלָה אֲשֶׁ֥ר שָׁכְבָ֖ה עָלָֽיו׃ וַתָּ֩קָם֩ בְּת֨וֹךְ
20 הַלַּ֜יְלָה וַתִּקַּ֧ח אֶת־בְּנִ֣י מֵֽאֶצְלִ֗י וַאֲמָֽתְךָ֙ יְשֵׁנָ֔ה וַתַּשְׁכִּיבֵ֖הוּ בְּחֵיקָ֑הּ

21 וְאֶת־בְּנָ֥הּ הַמֵּ֖ת הִשְׁכִּ֥יבָה בְחֵיקִֽי׃ וָאָקֻ֥ם בַּבֹּ֛קֶר לְהֵינִ֥יק אֶת־בְּנִ֖י
וְהִנֵּה־מֵ֑ת וָאֶתְבּוֹנֵ֤ן אֵלָיו֙ בַּבֹּ֔קֶר וְהִנֵּ֣ה לֹֽא־הָיָ֣ה בְנִ֔י אֲשֶׁ֥ר יָלָֽדְתִּי׃

22 וַתֹּ֩אמֶר֩ הָאִשָּׁ֨ה הָאַחֶ֜רֶת לֹ֣א כִ֗י בְּנִ֤י הַחַי֙ וּבְנֵ֣ךְ הַמֵּ֔ת וְזֹ֤את אֹמֶ֙רֶת֙

23 לֹ֣א כִ֔י בְּנֵ֥ךְ הַמֵּ֖ת וּבְנִ֣י הֶחָ֑י וַתְּדַבֵּ֖רְנָה לִפְנֵ֥י הַמֶּֽלֶךְ׃ וַיֹּ֣אמֶר הַמֶּ֗לֶךְ
זֹ֤את אֹמֶ֙רֶת֙ זֶה־בְּנִ֤י הַחַי֙ וּבְנֵ֣ךְ הַמֵּ֔ת וְזֹ֤את אֹמֶ֙רֶת֙ לֹ֣א כִ֔י בְּנֵ֥ךְ הַמֵּ֖ת
וּבְנִ֥י הֶחָֽי׃

24 וַיֹּ֥אמֶר הַמֶּ֖לֶךְ קְח֣וּ לִי־חָ֑רֶב וַיָּבִ֥אוּ הַחֶ֖רֶב לִפְנֵ֥י הַמֶּֽלֶךְ׃ וַיֹּ֣אמֶר הַמֶּ֗לֶךְ
25 גִּזְר֛וּ אֶת־הַיֶּ֥לֶד הַחַ֖י לִשְׁנָ֑יִם וּתְנ֤וּ אֶת־הַחֲצִי֙ לְאַחַ֔ת וְאֶת־הַחֲצִ֖י לְאֶחָֽת׃

26 וַתֹּ֣אמֶר הָאִשָּׁה֩ אֲשֶׁר־בְּנָ֨הּ הַחַ֜י אֶל־הַמֶּ֗לֶךְ כִּֽי־נִכְמְר֣וּ רַחֲמֶ֘יהָ֮ עַל־
בְּנָהּ֒ וַתֹּ֣אמֶר ׀ בִּ֣י אֲדֹנִ֗י תְּנוּ־לָהּ֙ אֶת־הַיָּל֣וּד הַחַ֔י וְהָמֵ֖ת אַל־תְּמִיתֻ֑הוּ

27 וְזֹ֣את אֹמֶ֗רֶת גַּם־לִ֥י גַם־לָ֛ךְ לֹ֥א יִהְיֶ֖ה גְּזֹֽרוּ׃ וַיַּ֨עַן הַמֶּ֜לֶךְ וַיֹּ֗אמֶר תְּנוּ־
לָהּ֙ אֶת־הַיָּל֣וּד הַחַ֔י וְהָמֵ֖ת לֹ֣א תְמִיתֻ֑הוּ הִ֖יא אִמּֽוֹ׃ וַיִּשְׁמְע֣וּ כָל־

28 יִשְׂרָאֵ֗ל אֶת־הַמִּשְׁפָּט֙ אֲשֶׁ֣ר שָׁפַ֣ט הַמֶּ֔לֶךְ וַיִּֽרְא֖וּ מִפְּנֵ֣י הַמֶּ֑לֶךְ כִּ֣י רָא֔וּ
כִּֽי־חָכְמַ֧ת אֱלֹהִ֛ים בְּקִרְבּ֖וֹ לַעֲשׂ֥וֹת מִשְׁפָּֽט׃ 4 וַֽיְהִי֙ הַמֶּ֣לֶךְ 1

2 שְׁלֹמֹ֔ה מֶ֖לֶךְ עַל־כָּל־יִשְׂרָאֵֽל׃ וְאֵ֥לֶּה הַשָּׂרִ֖ים אֲשֶׁר־לֽוֹ׃

3 עֲזַרְיָ֥הוּ בֶן־צָד֖וֹק הַכֹּהֵֽן׃ אֱלִיחֹ֣רֶף וַאֲחִיָּ֗ה בְּנֵ֤י שִׁישָׁא֙

4 סֹ֣פְרִ֔ים יְהוֹשָׁפָ֥ט בֶּן־אֲחִיל֖וּד הַמַּזְכִּֽיר׃ וּבְנָיָ֥הוּ בֶן־יְהוֹיָדָ֖ע עַל־הַצָּבָ֑א

5 And Azariah the son of Nathan *was* over the officers: and Zabud the son of Nathan *was* principal officer, *and* the king's friend:

6 And Ahishar *was* over the household: and Adoniram the son of Abda *was* over the tribute.

7 ¶ And Solomon had twelve officers over all Israel, which provided victuals for the king and his household: each man his month in a year made provision.

8 And these *are* their names: The son of Hur, in mount Ephraim:

9 The son of Dekar, in Makaz, and in Shaalbim, and Beth-shemesh, and Elon-beth-hanan:

10 The son of Hesed, in Aruboth; to him *pertained* Sochoh, and all the land of Hepher:

11 The son of Abinadab, in all the region of Dor; which had Taphath the daughter of Solomon to wife:

12 Baana the son of Ahilud; *to him per-tained* Taanach and Megiddo, and all Beth-shean, which *is* by Zartanah beneath Jezreel, from Beth-shean to Abel-meho-lah, *even* unto *the place that is* beyond Jokneam:

13 The son of Geber, in Ramoth-gilead; to him *pertained* the towns of Jair the son of Manasseh, which *are* in Gilead; to him *also pertained* the region of Argob, which *is* in Bashan, threescore great cities with walls and brasen bars:

14 Ahinadab the son of Iddo *had* Maha-naim:

15 Ahimaaz *was* in Naphtali; he also took Basmath the daughter of Solomon to wife:

16 Baanah the son of Hushai *was* in Asher and in Aloth:

17 Jehoshaphat the son of Paruah, in Is-sachar:

18 Shimei the son of Elah, in Benjamin:

19 Geber the son of Uri *was* in the coun-try of Gilead, *in* the country of Sihon king of the Amorites, and of Og king of Bashan; and *he was* the only officer which *was* in the land.

20 ¶ Judah and Israel *were* many, as the sand which *is* by the sea in multitude, eat-ing and drinking, and making merry.

21[5:1] And Solomon reigned over all kingdoms from the river unto the land of the Philistines, and unto the border of Egypt: they brought presents, and served Solomon all the days of his life.

22[5:2] ¶ And Solomon's provision for one day was thirty measures of fine flour, and threescore measures of meal,

23[5:3] Ten fat oxen, and twenty oxen out of the pastures, and an hundred sheep, beside harts, and roebucks, and fallowdeer, and fatted fowl.

24[5:4] For he had dominion over all *the region* on this side the river, from Tiphsah even to Azzah, over all the kings on this side the river: and he had peace on all sides round about him.

25[5:5] And Judah and Israel dwelt safely, every man under his vine and un-der his fig tree, from Dan even to Beer-sheba, all the days of Solomon.

26[5:6] ¶ And Solomon had forty thou-sand stalls of horses for his chariots, and twelve thousand horsemen.

27[5:7] And those officers provided vict-ual for king Solomon, and for all that came unto king Solomon's table, every man in his month: they lacked nothing.

28[5:8] Barley also and straw for the horses and dromedaries brought they unto the place where *the officers* were, every man according to his charge.

29[5:9] ¶ And God gave Solomon wis-dom and understanding exceeding much, and largeness of heart, even as the sand that *is* on the sea shore.

30[5:10] And Solomon's wisdom ex-celled the wisdom of all the children of the east country, and all the wisdom of Egypt.

31[5:11] For he was wiser than all men; than Ethan the Ezrahite, and Heman, and Chalcol, and Darda, the sons of Mahol: and his fame was in all nations round about.

5 וְצָדוֹק וְאֶבְיָתָר כֹּהֲנִים: וַעֲזַרְיָהוּ בֶן־נָתָן עַל־הַנִּצָּבִים

6 וְזָבוּד בֶּן־נָתָן כֹּהֵן רֵעֶה הַמֶּלֶךְ: וַאֲחִישָׁר עַל־הַבָּיִת וַאֲדֹנִירָם בֶּן־

7 עַבְדָּא עַל־הַמַּס: וְלִשְׁלֹמֹה שְׁנֵים־עָשָׂר נִצָּבִים עַל־כָּל־

יִשְׂרָאֵל וְכִלְכְּלוּ אֶת־הַמֶּלֶךְ וְאֶת־בֵּיתוֹ חֹדֶשׁ בַּשָּׁנָה יִהְיֶה עַל־אֶחָד הָאֶחָד

8 לְכַלְכֵּל: וְאֵלֶּה שְׁמוֹתָם בֶּן־חוּר בְּהַר אֶפְרָיִם: בֶּן־

9 דֶּקֶר בְּמָקַץ וּבְשַׁעַלְבִים וּבֵית שָׁמֶשׁ וְאֵילוֹן בֵּית חָנָן: בֶּן־

10 חֶסֶד בָּאֲרֻבּוֹת לוֹ שֹׂכֹה וְכָל־אֶרֶץ חֵפֶר: בֶּן־אֲבִינָדָב כָּל־

11 נָפַת דֹּאר טָפַת בַּת־שְׁלֹמֹה הָיְתָה לּוֹ לְאִשָּׁה: בַּעֲנָא

12 בֶּן־אֲחִילוּד תַּעְנַךְ וּמְגִדּוֹ וְכָל־בֵּית שְׁאָן אֲשֶׁר אֵצֶל צָרְתַנָה מִתַּחַת לְיִזְרְעֶאל מִבֵּית שְׁאָן עַד אָבֵל מְחוֹלָה עַד מֵעֵבֶר

13 לְיָקְמְעָם: בֶּן־גֶּבֶר בְּרָמֹת גִּלְעָד לוֹ חַוֹּת יָאִיר בֶּן־מְנַשֶּׁה אֲשֶׁר בַּגִּלְעָד לוֹ חֶבֶל אַרְגֹּב אֲשֶׁר בַּבָּשָׁן שִׁשִּׁים עָרִים גְּדֹלוֹת חוֹמָה

14 וּבְרִיחַ נְחֹשֶׁת: אֲחִינָדָב בֶּן־עִדֹּא מַחֲנָיְמָה: אֲחִימַעַץ

15 בְּנַפְתָּלִי גַּם־הוּא לָקַח אֶת־בָּשְׂמַת בַּת־שְׁלֹמֹה לְאִשָּׁה: בַּעֲנָא

16 בֶּן־חוּשָׁי בְּאָשֵׁר וּבְעָלוֹת: יְהוֹשָׁפָט בֶּן־פָּרוּחַ

17 בְּיִשָּׂשכָר: שִׁמְעִי בֶן־אֵלָא בְּבִנְיָמִן: גֶּבֶר בֶּן־

18 אֻרִי בְּאֶרֶץ גִּלְעָד אֶרֶץ סִיחוֹן מֶלֶךְ הָאֱמֹרִי וְעֹג מֶלֶךְ הַבָּשָׁן וּנְצִיב

19 אֶחָד אֲשֶׁר בָּאָרֶץ: יְהוּדָה וְיִשְׂרָאֵל רַבִּים כַּחוֹל אֲשֶׁר־עַל־הַיָּם לָרֹב

20 אֹכְלִים וְשֹׁתִים וּשְׂמֵחִים: וּשְׁלֹמֹה הָיָה מוֹשֵׁל בְּכָל־הַמַּמְלָכוֹת מִן־

5 הַנָּהָר אֶרֶץ פְּלִשְׁתִּים וְעַד גְּבוּל מִצְרָיִם מַגִּשִׁים מִנְחָה וְעֹבְדִים אֶת־שְׁלֹמֹה כָּל־יְמֵי חַיָּיו:

2 וַיְהִי לֶחֶם־שְׁלֹמֹה לְיוֹם אֶחָד שְׁלֹשִׁים כֹּר סֹלֶת וְשִׁשִּׁים כֹּר קָמַח:

3 עֲשָׂרָה בָקָר בְּרִאִים וְעֶשְׂרִים בָּקָר רְעִי וּמֵאָה צֹאן לְבַד מֵאַיָּל וּצְבִי

4 וְיַחְמוּר וּבַרְבֻּרִים אֲבוּסִים: כִּי־הוּא רֹדֶה בְּכָל־עֵבֶר הַנָּהָר מִתִּפְסַח וְעַד־עַזָּה בְּכָל־מַלְכֵי עֵבֶר הַנָּהָר וְשָׁלוֹם הָיָה לוֹ מִכָּל־עֲבָרָיו

5 מִסָּבִיב: וַיֵּשֶׁב יְהוּדָה וְיִשְׂרָאֵל לָבֶטַח אִישׁ תַּחַת גַּפְנוֹ וְתַחַת תְּאֵנָתוֹ

6 מִדָּן וְעַד־בְּאֵר שָׁבַע כֹּל יְמֵי שְׁלֹמֹה: וַיְהִי לִשְׁלֹמֹה אַרְבָּעִים אֶלֶף אֻרְוֹת סוּסִים לְמֶרְכָּבוֹ וּשְׁנֵים־עָשָׂר אֶלֶף פָּרָשִׁים:

7 וְכִלְכְּלוּ הַנִּצָּבִים הָאֵלֶּה אֶת־הַמֶּלֶךְ שְׁלֹמֹה וְאֵת כָּל־הַקָּרֵב אֶל־

8 שֻׁלְחַן הַמֶּלֶךְ־שְׁלֹמֹה אִישׁ חָדְשׁוֹ לֹא יְעַדְּרוּ דָּבָר: וְהַשְּׂעֹרִים וְהַתֶּבֶן לַסּוּסִים וְלָרֶכֶשׁ יָבִאוּ אֶל־הַמָּקוֹם אֲשֶׁר יִהְיֶה־שָּׁם אִישׁ

9 כְּמִשְׁפָּטוֹ: וַיִּתֵּן אֱלֹהִים חָכְמָה לִשְׁלֹמֹה וּתְבוּנָה הַרְבֵּה

10 מְאֹד וְרֹחַב לֵב כַּחוֹל אֲשֶׁר עַל־שְׂפַת הַיָּם: וַתֵּרֶב חָכְמַת שְׁלֹמֹה

11 מֵחָכְמַת כָּל־בְּנֵי־קֶדֶם וּמִכֹּל חָכְמַת מִצְרָיִם: וַיֶּחְכַּם מִכָּל־הָאָדָם מֵאֵיתָן הָאֶזְרָחִי וְהֵימָן וְכַלְכֹּל וְדַרְדַּע בְּנֵי מָחוֹל וַיְהִי־שְׁמוֹ בְכָל־

32[5:12] And he spake three thousand proverbs: and his songs were a thousand and five.

33[5:13] And he spake of trees, from the cedar tree that *is* in Lebanon even unto the hyssop that springeth out of the wall: he spake also of beasts, and of fowl, and of creeping things, and of fishes.

34[5:14] And there came of all people to hear the wisdom of Solomon, from all kings of the earth, which had heard of his wisdom.

CHAPTER 5

1[15] And Hiram king of Tyre sent his servants unto Solomon; for he had heard that they had anointed him king in the room of his father: for Hiram was ever a lover of David.

2[16] And Solomon sent to Hiram, saying,

3[17] Thou knowest how that David my father could not build an house unto the name of the LORD his God for the wars which were about him on every side, until the LORD put them under the soles of his feet.

4[18] But now the LORD my God hath given me rest on every side, *so that there is* neither adversary nor evil occurrent.

5[19] And, behold, I purpose to build an house unto the name of the LORD my God, as the LORD spake unto David my father, saying, Thy son, whom I will set upon thy throne in thy room, he shall build an house unto my name.

6[20] Now therefore command thou that they hew me cedar trees out of Lebanon; and my servants shall be with thy servants: and unto thee will I give hire for thy servants according to all that thou shalt appoint: for thou knowest that *there is* not among us any that can skill to hew timber like unto the Sidonians.

7[21] ¶ And it came to pass, when Hiram heard the words of Solomon, that he rejoiced greatly, and said, Blessed *be* the LORD this day, which hath given unto David a wise son over this great people.

8[22] And Hiram sent to Solomon, saying, I have considered the things which thou sentest to me for: *and* I will do all thy desire concerning timber of cedar, and concerning timber of fir.

9[23] My servants shall bring *them* down from Lebanon unto the sea: and I will convey them by sea in floats unto the place that thou shalt appoint me, and will cause them to be discharged there, and thou shalt receive *them:* and thou shalt accomplish my desire, in giving food for my household.

10[24] So Hiram gave Solomon cedar trees and fir trees *according to* all his desire.

11[25] And Solomon gave Hiram twenty thousand measures of wheat *for* food to his household, and twenty measures of pure oil: thus gave Solomon to Hiram year by year.

12[26] And the LORD gave Solomon wisdom, as he promised him: and there was peace between Hiram and Solomon; and they two made a league together.

13[27] ¶ And king Solomon raised a levy out of all Israel; and the levy was thirty thousand men.

14[28] And he sent them to Lebanon, ten thousand a month by courses: a month they were in Lebanon, *and* two months at home: and Adoniram *was* over the levy.

15[29] And Solomon had threescore and ten thousand that bare burdens, and fourscore thousand hewers in the mountains;

16[30] Beside the chief of Solomon's officers which *were* over the work, three thousand and three hundred, which ruled over the people that wrought in the work.

17[31] And the king commanded, and they brought great stones, costly stones, *and* hewed stones, to lay the foundation of the house.

18[32] And Solomon's builders and Hiram's builders did hew *them,* and the stonesquarers: so they prepared timber and stones to build the house.

CHAPTER 6

1 And it came to pass in the four hundred and eightieth year after the children of Israel were come out of the land of

הַגּוֹיִם סָבִיב: וַיְדַבֵּר שְׁלֹשֶׁת אֲלָפִים מָשָׁל וַיְהִי שִׁירוֹ חֲמִשָּׁה וָאָלֶף: 12

וַיְדַבֵּר עַל־הָעֵצִים מִן־הָאֶרֶז אֲשֶׁר בַּלְּבָנוֹן וְעַד הָאֵזוֹב אֲשֶׁר יֹצֵא   13

בַּקִּיר וַיְדַבֵּר עַל־הַבְּהֵמָה וְעַל־הָעוֹף וְעַל־הָרֶמֶשׂ וְעַל־הַדָּגִים: וַיָּבֹאוּ   14
מִכָּל־הָעַמִּים לִשְׁמֹעַ אֵת חָכְמַת שְׁלֹמֹה מֵאֵת כָּל־מַלְכֵי הָאָרֶץ אֲשֶׁר

שָׁמְעוּ אֶת־חָכְמָתוֹ:   וַיִּשְׁלַח חִירָם מֶלֶךְ־צוֹר אֶת־עֲבָדָיו   15
אֶל־שְׁלֹמֹה כִּי שָׁמַע כִּי אֹתוֹ מָשְׁחוּ לְמֶלֶךְ תַּחַת אָבִיהוּ כִּי אֹהֵב

הָיָה חִירָם לְדָוִד כָּל־הַיָּמִים: וַיִּשְׁלַח שְׁלֹמֹה אֶל־חִירָם   16

לֵאמֹר: אַתָּה יָדַעְתָּ אֶת־דָּוִד אָבִי כִּי לֹא יָכֹל לִבְנוֹת בַּיִת לְשֵׁם   17
יְהוָה אֱלֹהָיו מִפְּנֵי הַמִּלְחָמָה אֲשֶׁר סְבָבֻהוּ עַד תֵּת־יְהוָה אֹתָם תַּחַת

רַגְלָי   כַּפּוֹת רַגְלוֹ: וְעַתָּה הֵנִיחַ יְהוָה אֱלֹהַי לִי מִסָּבִיב אֵין שָׂטָן וְאֵין   18

פֶּגַע רָע: וְהִנְנִי אֹמֵר לִבְנוֹת בַּיִת לְשֵׁם יְהוָה אֱלֹהָי כַּאֲשֶׁר ׀ דִּבֶּר   19
יְהוָה אֶל־דָּוִד אָבִי לֵאמֹר בִּנְךָ אֲשֶׁר אֶתֵּן תַּחְתֶּיךָ עַל־כִּסְאֶךָ הוּא־

יִבְנֶה הַבַּיִת לִשְׁמִי: וְעַתָּה צַוֵּה וְיִכְרְתוּ־לִי אֲרָזִים מִן־הַלְּבָנוֹן וַעֲבָדַי   20
יִהְיוּ עִם־עֲבָדֶיךָ וּשְׂכַר עֲבָדֶיךָ אֶתֵּן לְךָ כְּכֹל אֲשֶׁר תֹּאמֵר כִּי ׀ אַתָּה

יָדַעְתָּ כִּי אֵין בָּנוּ אִישׁ יֹדֵעַ לִכְרָת־עֵצִים כַּצִּדֹנִים: וַיְהִי כִּשְׁמֹעַ   21
חִירָם אֶת־דִּבְרֵי שְׁלֹמֹה וַיִּשְׂמַח מְאֹד וַיֹּאמֶר בָּרוּךְ יְהוָה הַיּוֹם אֲשֶׁר

נָתַן לְדָוִד בֵּן חָכָם עַל־הָעָם הָרָב הַזֶּה: וַיִּשְׁלַח חִירָם אֶל־שְׁלֹמֹה   22
לֵאמֹר שָׁמַעְתִּי אֵת אֲשֶׁר־שָׁלַחְתָּ אֵלָי אֲנִי אֶעֱשֶׂה אֶת־כָּל־חֶפְצְךָ

בַּעֲצֵי אֲרָזִים וּבַעֲצֵי בְרוֹשִׁים: עֲבָדַי יֹרִדוּ מִן־הַלְּבָנוֹן יָמָּה וַאֲנִי   23
אֲשִׂימֵם דֹּבְרוֹת בַּיָּם עַד־הַמָּקוֹם אֲשֶׁר־תִּשְׁלַח אֵלַי וְנִפַּצְתִּים שָׁם

וְאַתָּה תִשָּׂא וְאַתָּה תַּעֲשֶׂה אֶת־חֶפְצִי לָתֵת לֶחֶם בֵּיתִי: וַיְהִי חִירוֹם   24

נֹתֵן לִשְׁלֹמֹה עֲצֵי אֲרָזִים וַעֲצֵי בְרוֹשִׁים כָּל־חֶפְצוֹ: וּשְׁלֹמֹה נָתַן   25
לְחִירָם עֶשְׂרִים אֶלֶף כֹּר חִטִּים מַכֹּלֶת לְבֵיתוֹ וְעֶשְׂרִים כֹּר שֶׁמֶן
כָּתִית כֹּה־יִתֵּן שְׁלֹמֹה לְחִירָם שָׁנָה בְשָׁנָה:

וַיהוָה נָתַן חָכְמָה לִשְׁלֹמֹה כַּאֲשֶׁר דִּבֶּר־לוֹ וַיְהִי שָׁלֹם בֵּין חִירָם   26

וּבֵין שְׁלֹמֹה וַיִּכְרְתוּ בְרִית שְׁנֵיהֶם: וַיַּעַל הַמֶּלֶךְ שְׁלֹמֹה מַס מִכָּל־   27

יִשְׂרָאֵל וַיְהִי הַמַּס שְׁלֹשִׁים אֶלֶף אִישׁ: וַיִּשְׁלָחֵם לְבָנוֹנָה עֲשֶׂרֶת   28
אֲלָפִים בַּחֹדֶשׁ חֲלִיפוֹת חֹדֶשׁ יִהְיוּ בַלְּבָנוֹן שְׁנַיִם חֳדָשִׁים בְּבֵיתוֹ

וַאֲדֹנִירָם עַל־הַמַּס: וַיְהִי לִשְׁלֹמֹה שִׁבְעִים אֶלֶף נֹשֵׂא סַבָּל   29

30A   וּשְׁמֹנִים אֶלֶף חֹצֵב בָּהָר: לְבַד מִשָּׂרֵי הַנִּצָּבִים לִשְׁלֹמֹה אֲשֶׁר עַל־   30
הַמְּלָאכָה שְׁלֹשֶׁת אֲלָפִים וּשְׁלֹשׁ מֵאוֹת הָרֹדִים בָּעָם הָעֹשִׂים

בַּמְּלָאכָה: וַיְצַו הַמֶּלֶךְ וַיַּסִּעוּ אֲבָנִים גְּדֹלוֹת אֲבָנִים יְקָרוֹת לְיַסֵּד   31

הַבָּיִת אַבְנֵי גָזִית: וַיִּפְסְלוּ בֹּנֵי שְׁלֹמֹה וּבֹנֵי חִירוֹם וְהַגִּבְלִים וַיָּכִינוּ   32
הָעֵצִים וְהָאֲבָנִים לִבְנוֹת הַבָּיִת:

6   1   וַיְהִי בִשְׁמוֹנִים שָׁנָה וְאַרְבַּע מֵאוֹת שָׁנָה לְצֵאת בְּנֵי־יִשְׂרָאֵל מֵאֶרֶץ

751

Egypt, in the fourth year of Solomon's reign over Israel, in the month Zif, which *is* the second month, that he began to build the house of the LORD.

2 And the house which king Solomon built for the LORD, the length thereof *was* threescore cubits, and the breadth thereof twenty *cubits*, and the height thereof thirty cubits.

3 And the porch before the temple of the house, twenty cubits *was* the length thereof, according to the breadth of the house; *and* ten cubits *was* the breadth thereof before the house.

4 And for the house he made windows of narrow lights.

5 ¶ And against the wall of the house he built chambers round about, *against* the walls of the house round about, *both* of the temple and of the oracle: and he made chambers round about:

6 The nethermost chamber *was* five cubits broad, and the middle *was* six cubits broad, and the third *was* seven cubits broad: for without *in the wall* of the house he made narrowed rests round about, that *the beams* should not be fastened in the walls of the house.

7 And the house, when it was in building, was built of stone made ready before it was brought thither: so that there was neither hammer nor axe *nor* any tool of iron heard in the house, while it was in building.

8 The door for the middle chamber *was* in the right side of the house: and they went up with winding stairs into the middle *chamber*, and out of the middle into the third.

9 So he built the house, and finished it; and covered the house with beams and boards of cedar.

10 And *then* he built chambers against all the house, five cubits high: and they rested on the house *with* timber of cedar.

11 ¶ And the word of the LORD came to Solomon, saying,

12 *Concerning* this house which thou art in building, if thou wilt walk in my statutes, and execute my judgments, and keep all my commandments to walk in them;

then will I perform my word with thee, which I spake unto David thy father:

13 And I will dwell among the children of Israel, and will not forsake my people Israel.

14 So Solomon built the house, and finished it.

15 And he built the walls of the house within with boards of cedar, both the floor of the house, and the walls of the cieling: *and* he covered *them* on the inside with wood, and covered the floor of the house with planks of fir.

16 And he built twenty cubits on the sides of the house, both the floor and the walls with boards of cedar: he even built *them* for it within, *even* for the oracle, *even* for the most holy *place.*

17 And the house, that *is,* the temple before it, was forty cubits *long.*

18 And the cedar of the house within *was* carved with knops and open flowers: all *was* cedar; there was no stone seen.

19 And the oracle he prepared in the house within, to set there the ark of the covenant of the LORD.

20 And the oracle in the forepart *was* twenty cubits in length, and twenty cubits in breadth, and twenty cubits in the height thereof: and he overlaid it with pure gold; and *so* covered the altar *which was of* cedar.

21 So Solomon overlaid the house within with pure gold: and he made a partition by the chains of gold before the oracle; and he overlaid it with gold.

22 And the whole house he overlaid with gold, until he had finished all the house: also the whole altar that *was* by the oracle he overlaid with gold.

23 ¶ And within the oracle he made two cherubims *of* olive tree, *each* ten cubits high.

24 And five cubits *was* the one wing of the cherub, and five cubits the other wing of the cherub: from the uttermost part of the one wing unto the uttermost part of the other *were* ten cubits.

25 And the other cherub *was* ten cubits: both the cherubims *were* of one measure and one size.

מִצְרַיִם בַּשָּׁנָה הָרְבִיעִית בְּחֹדֶשׁ זִו הוּא הַחֹדֶשׁ הַשֵּׁנִי לִמְלֹךְ שְׁלֹמֹה

2 עַל־יִשְׂרָאֵל וַיִּבֶן הַבַּיִת לַיהוָה: וְהַבַּיִת אֲשֶׁר בָּנָה הַמֶּלֶךְ שְׁלֹמֹה
לַיהוָה שִׁשִּׁים־אַמָּה אָרְכּוֹ וְעֶשְׂרִים רָחְבּוֹ וּשְׁלֹשִׁים אַמָּה קוֹמָתוֹ:

3 וְהָאוּלָם עַל־פְּנֵי הֵיכַל הַבַּיִת עֶשְׂרִים אַמָּה אָרְכּוֹ עַל־פְּנֵי רֹחַב

4 הַבָּיִת עֶשֶׂר בָּאַמָּה רָחְבּוֹ עַל־פְּנֵי הַבָּיִת: וַיַּעַשׂ לַבַּיִת חַלּוֹנֵי שְׁקֻפִים

5 אֲטֻמִים: וַיִּבֶן עַל־קִיר הַבַּיִת יָצִיעַ סָבִיב אֶת־קִירוֹת הַבַּיִת סָבִיב יָצוֹעַ הַיָּצוֹעַ

6 לַהֵיכָל וְלַדְּבִיר וַיַּעַשׂ צְלָעוֹת סָבִיב: הַיָּצוֹעַ הַתַּחְתֹּנָה חָמֵשׁ בָּאַמָּה
רָחְבָּהּ וְהַתִּיכֹנָה שֵׁשׁ בָּאַמָּה רָחְבָּהּ וְהַשְּׁלִישִׁית שֶׁבַע בָּאַמָּה רָחְבָּהּ
כִּי מִגְרָעוֹת נָתַן לַבַּיִת סָבִיב חוּצָה לְבִלְתִּי אֲחֹז בְּקִירוֹת־הַבָּיִת:

7 וְהַבַּיִת בְּהִבָּנֹתוֹ אֶבֶן־שְׁלֵמָה מַסָּע נִבְנָה וּמַקָּבוֹת וְהַגַּרְזֶן כָּל־כְּלִי

8 בַּרְזֶל לֹא־נִשְׁמַע בַּבַּיִת בְּהִבָּנֹתוֹ: פֶּתַח הַצֵּלָע הַתִּיכֹנָה אֶל־כֶּתֶף
הַבַּיִת הַיְמָנִית וּבְלוּלִּים יַעֲלוּ עַל־הַתִּיכֹנָה וּמִן־הַתִּיכֹנָה אֶל־

9 הַשְּׁלִשִׁים: וַיִּבֶן אֶת־הַבַּיִת וַיְכַלֵּהוּ וַיִּסְפֹּן אֶת־הַבַּיִת גֵּבִים וּשְׂדֵרֹת

10 בָּאֲרָזִים: וַיִּבֶן אֶת־הַיָּצִיעַ הַיָּצוֹעַ עַל־כָּל־הַבַּיִת חָמֵשׁ אַמּוֹת קוֹמָתוֹ וַיֶּאֱחֹז
אֶת־הַבַּיִת בַּעֲצֵי אֲרָזִים:

11 וַיְהִי דְּבַר־יְהוָה אֶל־שְׁלֹמֹה לֵאמֹר: הַבַּיִת הַזֶּה אֲשֶׁר־אַתָּה בֹנֶה אִם־
12 תֵּלֵךְ בְּחֻקֹּתַי וְאֶת־מִשְׁפָּטַי תַּעֲשֶׂה וְשָׁמַרְתָּ אֶת־כָּל־מִצְוֹתַי לָלֶכֶת

13 בָּהֶם וַהֲקִמֹתִי אֶת־דְּבָרִי אִתָּךְ אֲשֶׁר דִּבַּרְתִּי אֶל־דָּוִד אָבִיךָ: וְשָׁכַנְתִּי

14 בְּתוֹךְ בְּנֵי יִשְׂרָאֵל וְלֹא אֶעֱזֹב אֶת־עַמִּי יִשְׂרָאֵל: וַיִּבֶן

15 שְׁלֹמֹה אֶת־הַבַּיִת וַיְכַלֵּהוּ: וַיִּבֶן אֶת־קִירוֹת הַבַּיִת מִבַּיְתָה בְּצַלְעוֹת
אֲרָזִים מִקַּרְקַע הַבַּיִת עַד־קִירוֹת הַסִּפֻּן צִפָּה עֵץ מִבָּיִת וַיְצַף אֶת־

16 קַרְקַע הַבַּיִת בְּצַלְעוֹת בְּרוֹשִׁים: וַיִּבֶן אֶת־עֶשְׂרִים אַמָּה מִירְכְּתֵי מִירְכְּתֵי
הַבַּיִת בְּצַלְעוֹת אֲרָזִים מִן־הַקַּרְקַע עַד־הַקִּירוֹת וַיִּבֶן לוֹ מִבַּיִת לִדְבִיר

17 לְקֹדֶשׁ הַקֳּדָשִׁים: וְאַרְבָּעִים בָּאַמָּה הָיָה הַבָּיִת הוּא הַהֵיכָל לִפְנָי:

18 וְאֶרֶז אֶל־הַבַּיִת פְּנִימָה מִקְלַעַת פְּקָעִים וּפְטוּרֵי צִצִּים הַכֹּל אֶרֶז

19 אֵין אֶבֶן נִרְאָה: וּדְבִיר בְּתוֹךְ־הַבַּיִת מִפְּנִימָה הֵכִין לְתִתֵּן שָׁם אֶת־

20 אֲרוֹן בְּרִית יְהוָה: וְלִפְנֵי הַדְּבִיר עֶשְׂרִים אַמָּה אֹרֶךְ וְעֶשְׂרִים אַמָּה
רֹחַב וְעֶשְׂרִים אַמָּה קוֹמָתוֹ וַיְצַפֵּהוּ זָהָב סָגוּר וַיְצַף מִזְבֵּחַ אָרֶז:

21 וַיְצַף שְׁלֹמֹה אֶת־הַבַּיִת מִפְּנִימָה זָהָב סָגוּר וַיְעַבֵּר בְּרַתּוּקוֹת בְּרַתּוּקוֹת זָהָב

22 לִפְנֵי הַדְּבִיר וַיְצַפֵּהוּ זָהָב: וְאֶת־כָּל־הַבַּיִת צִפָּה זָהָב עַד־תֹּם כָּל־

23 הַבָּיִת וְכָל־הַמִּזְבֵּחַ אֲשֶׁר־לַדְּבִיר צִפָּה זָהָב: וַיַּעַשׂ בַּדְּבִיר שְׁנֵי

24 כְרוּבִים עֲצֵי־שָׁמֶן עֶשֶׂר אַמּוֹת קוֹמָתוֹ: וְחָמֵשׁ אַמּוֹת כְּנַף הַכְּרוּב
הָאֶחָת וְחָמֵשׁ אַמּוֹת כְּנַף הַכְּרוּב הַשֵּׁנִית עֶשֶׂר אַמּוֹת מִקְצוֹת כְּנָפָיו

25 וְעַד־קְצוֹת כְּנָפָיו: וְעֶשֶׂר בָּאַמָּה הַכְּרוּב הַשֵּׁנִי מִדָּה אַחַת וְקֶצֶב

26 The height of the one cherub *was* ten cubits, and so *was it* of the other cherub.

27 And he set the cherubims within the inner house: and they stretched forth the wings of the cherubims, so that the wing of the one touched the *one* wall, and the wing of the other cherub touched the other wall; and their wings touched one another in the midst of the house.

28 And he overlaid the cherubims with gold.

29 And he carved all the walls of the house round about with carved figures of cherubims and palm trees and open flowers, within and without.

30 And the floor of the house he overlaid with gold, within and without.

31 ¶ And for the entering of the oracle he made doors *of* olive tree: the lintel *and* side posts *were* a fifth part *of the wall.*

32 The two doors also *were of* olive tree; and he carved upon them carvings of cherubims and palm trees and open flowers, and overlaid *them* with gold, and spread gold upon the cherubims, and upon the palm trees.

33 So also made he for the door of the temple posts *of* olive tree, a fourth part *of the wall.*

34 And the two doors *were of* fir tree: the two leaves of the one door *were* folding, and the two leaves of the other door *were* folding.

35 And he carved *thereon* cherubims and palm trees and open flowers: and covered *them* with gold fitted upon the carved work.

36 ¶ And he built the inner court with three rows of hewed stone, and a row of cedar beams.

37 ¶ In the fourth year was the foundation of the house of the LORD laid, in the month Zif:

38 And in the eleventh year, in the month Bul, which *is* the eighth month, was the house finished throughout all the parts thereof, and according to all the fashion of it. So was he seven years in building it.

CHAPTER 7

1 But Solomon was building his own house thirteen years, and he finished all his house.

2 ¶ He built also the house of the forest of Lebanon; the length thereof *was* an hundred cubits, and the breadth thereof fifty cubits, and the height thereof thirty cubits, upon four rows of cedar pillars, with cedar beams upon the pillars.

3 And *it was* covered with cedar above upon the beams, that *lay* on forty five pillars, fifteen *in* a row.

4 And *there were* windows *in* three rows, and light *was* against light *in* three ranks.

5 And all the doors and posts *were* square, with the windows: and light *was* against light *in* three ranks.

6 ¶ And he made a porch of pillars; the length thereof *was* fifty cubits, and the breadth thereof thirty cubits: and the porch *was* before them: and the *other* pillars and the thick beam *were* before them.

7 ¶ Then he made a porch for the throne where he might judge, *even* the porch of judgment: and *it was* covered with cedar from one side of the floor to the other.

8 ¶ And his house where he dwelt *had* another court within the porch, *which* was of the like work. Solomon made also an house for Pharaoh's daughter, whom he had taken *to wife,* like unto this porch.

9 All these *were of* costly stones, according to the measures of hewed stones, sawed with saws, within and without, even from the foundation unto the coping, and *so* on the outside toward the great court.

10 And the foundation *was of* costly stones, even great stones, stones of ten cubits, and stones of eight cubits.

11 And above *were* costly stones, after the measures of hewed stones, and cedars.

12 And the great court round about *was* with three rows of hewed stones, and a row of cedar beams, both for the inner court of the house of the LORD, and for the porch of the house.

13 ¶ And king Solomon sent and fetched Hiram out of Tyre.

14 He *was* a widow's son of the tribe of

אֶחָד לִשְׁנֵי הַכְּרֻבִים: קוֹמַת הַכְּרוּב הָאֶחָד עֶשֶׂר בָּאַמָּה וְכֵן הַכְּרוּב 26

הַשֵּׁנִי: וַיִּתֵּן אֶת־הַכְּרוּבִים בְּתוֹךְ ׀ הַבַּיִת הַפְּנִימִי וַיִּפְרְשׂוּ אֶת־כַּנְפֵי 27

הַכְּרֻבִים וַתִּגַּע כְּנַף־הָאֶחָד בַּקִּיר וּכְנַף הַכְּרוּב הַשֵּׁנִי נֹגַעַת בַּקִּיר

הַשֵּׁנִי וְכַנְפֵיהֶם אֶל־תּוֹךְ הַבַּיִת נֹגְעֹת כָּנָף אֶל־כָּנָף: וַיְצַף אֶת־ 28

הַכְּרוּבִים זָהָב: וְאֵת כָּל־קִירוֹת הַבַּיִת מֵסַב ׀ קָלַע פִּתּוּחֵי מִקְלְעוֹת 29

כְּרוּבִים וְתִמֹרֹת וּפְטוּרֵי צִצִּים מִלִּפְנִים וְלַחִיצוֹן: וְאֶת־קַרְקַע הַבַּיִת 30

צִפָּה זָהָב לִפְנִימָה וְלַחִיצוֹן: וְאֵת פֶּתַח הַדְּבִיר עָשָׂה דַּלְתוֹת עֲצֵי־ 31

שָׁמֶן הָאַיִל מְזוּזוֹת חֲמִשִׁית: וּשְׁתֵּי דַּלְתוֹת עֲצֵי־שֶׁמֶן וְקָלַע עֲלֵיהֶם 32

מִקְלְעוֹת כְּרוּבִים וְתִמֹרוֹת וּפְטוּרֵי צִצִּים וְצִפָּה זָהָב וַיָּרֶד עַל־

הַכְּרוּבִים וְעַל־הַתִּמֹרוֹת אֶת־הַזָּהָב: וְכֵן עָשָׂה לְפֶתַח הַהֵיכָל מְזוּזוֹת 33

עֲצֵי־שָׁמֶן מֵאֵת רְבִעִית: וּשְׁתֵּי דַלְתוֹת עֲצֵי בְרוֹשִׁים שְׁנֵי צְלָעִים 34

הַדֶּלֶת הָאַחַת גְּלִילִים וּשְׁנֵי קְלָעִים הַדֶּלֶת הַשֵּׁנִית גְּלִילִים: וְקָלַע 35

כְּרוּבִים וְתִמֹרוֹת וּפְטֻרֵי צִצִּים וְצִפָּה זָהָב מְיֻשָּׁר עַל־הַמְּחֻקֶּה: וַיִּבֶן 36

אֶת־הֶחָצֵר הַפְּנִימִית שְׁלֹשָׁה טוּרֵי גָזִית וְטוּר כְּרֻתֹת אֲרָזִים: בַּשָּׁנָה 37

הָרְבִיעִית יֻסַּד בֵּית יְהוָה בְּיֶרַח זִו: וּבַשָּׁנָה הָאַחַת עֶשְׂרֵה בְּיֶרַח 38

בּוּל הוּא הַחֹדֶשׁ הַשְּׁמִינִי כָּלָה הַבַּיִת לְכָל־דְּבָרָיו וּלְכָל־מִשְׁפָּטָו

מִשְׁפָּטָיו

וְאֶת־בֵּיתוֹ בָּנָה שְׁלֹמֹה שְׁלֹשׁ עֶשְׂרֵה שָׁנָה וַיְכַל וַיִּבְנֵהוּ שֶׁבַע שָׁנִים: 7 1

אֶת־כָּל־בֵּיתוֹ: וַיִּבֶן אֶת־בֵּית ׀ יַעַר הַלְּבָנוֹן מֵאָה אַמָּה אָרְכּוֹ וַחֲמִשִּׁים 2

אַמָּה רָחְבּוֹ וּשְׁלֹשִׁים אַמָּה קוֹמָתוֹ עַל אַרְבָּעָה טוּרֵי עַמּוּדֵי אֲרָזִים

וּכְרֻתוֹת אֲרָזִים עַל־הָעַמּוּדִים: וְסָפֻן בָּאֶרֶז מִמַּעַל עַל־הַצְּלָעֹת אֲשֶׁר 3

עַל־הָעַמּוּדִים אַרְבָּעִים וַחֲמִשָּׁה חֲמִשָּׁה עָשָׂר הַטּוּר: וּשְׁקֻפִים 4

שְׁלֹשָׁה טוּרִים וּמֶחֱזָה אֶל־מֶחֱזָה שָׁלֹשׁ פְּעָמִים: וְכָל־הַפְּתָחִים 5

וְהַמְּזוּזוֹת רְבֻעִים שָׁקֶף וּמוּל מֶחֱזָה אֶל־מֶחֱזָה שָׁלֹשׁ פְּעָמִים: וְאֵת 6

אוּלָם הָעַמּוּדִים עָשָׂה חֲמִשִּׁים אַמָּה אָרְכּוֹ וּשְׁלֹשִׁים אַמָּה רָחְבּוֹ

וְאוּלָם עַל־פְּנֵיהֶם וְעַמֻּדִים וְעָב עַל־פְּנֵיהֶם: וְאוּלָם הַכִּסֵּא אֲשֶׁר 7

יִשְׁפָּט־שָׁם אֻלָם הַמִּשְׁפָּט עָשָׂה וְסָפוּן בָּאֶרֶז מֵהַקַּרְקַע עַד־הַקַּרְקָע:

וּבֵיתוֹ אֲשֶׁר־יֵשֵׁב שָׁם חָצֵר הָאַחֶרֶת מִבֵּית לָאוּלָם כַּמַּעֲשֶׂה הַזֶּה 8

הָיָה וּבַיִת יַעֲשֶׂה לְבַת־פַּרְעֹה אֲשֶׁר לָקַח שְׁלֹמֹה כָּאוּלָם הַזֶּה: כָּל־ 9

אֵלֶּה אֲבָנִים יְקָרֹת כְּמִדֹּת גָּזִית מְגֹרָרוֹת בַּמְּגֵרָה מִבַּיִת וּמִחוּץ

וּמִמַּסָּד עַד־הַטְּפָחוֹת וּמִחוּץ עַד־הֶחָצֵר הַגְּדוֹלָה: וּמְיֻסָּד אֲבָנִים 10

יְקָרוֹת אֲבָנִים גְּדֹלוֹת אַבְנֵי עֶשֶׂר אַמּוֹת וְאַבְנֵי שְׁמֹנֶה אַמּוֹת:

וּמִלְמַעְלָה אֲבָנִים יְקָרוֹת כְּמִדּוֹת גָּזִית וָאָרֶז: וְחָצֵר הַגְּדוֹלָה סָבִיב 11
12

שְׁלֹשָׁה טוּרִים גָּזִית וְטוּר כְּרֻתֹת אֲרָזִים וְלַחֲצַר בֵּית־יְהוָה הַפְּנִימִית

וּלְאֻלָם הַבָּיִת:

וַיִּשְׁלַח הַמֶּלֶךְ שְׁלֹמֹה וַיִּקַּח אֶת־חִירָם מִצֹּר: בֶּן־אִשָּׁה אַלְמָנָה הוּא 13
14

755

Naphtali, and his father *was* a man of Tyre, a worker in brass: and he was filled with wisdom, and understanding, and cunning to work all works in brass. And he came to king Solomon, and wrought all his work.

15 For he cast two pillars of brass, of eighteen cubits high apiece: and a line of twelve cubits did compass either of them about.

16 And he made two chapiters *of* molten brass, to set upon the tops of the pillars: the height of the one chapiter *was* five cubits, and the height of the other chapiter *was* five cubits:

17 *And* nets of checker work, and wreaths of chain work, for the chapiters which *were* upon the top of the pillars; seven for the one chapiter, and seven for the other chapiter.

18 And he made the pillars, and two rows round about upon the one network, to cover the chapiters that *were* upon the top, with pomegranates: and so did he for the other chapiter.

19 And the chapiters that *were* upon the top of the pillars *were* of lily work in the porch, four cubits.

20 And the chapiters upon the two pillars *had pomegranates* also above, over against the belly which *was* by the network: and the pomegranates *were* two hundred in rows round about upon the other chapiter.

21 And he set up the pillars in the porch of the temple: and he set up the right pillar, and called the name thereof Jachin: and he set up the left pillar, and called the name thereof Boaz.

22 And upon the top of the pillars *was* lily work: so was the work of the pillars finished.

23 ¶ And he made a molten sea, ten cubits from the one brim to the other: *it was* round all about, and his height *was* five cubits: and a line of thirty cubits did compass it round about.

24 And under the brim of it round about *there were* knops compassing it, ten in a cubit, compassing the sea round about: the knops *were* cast in two rows, when it was cast.

25 It stood upon twelve oxen, three looking toward the north, and three looking toward the west, and three looking toward the south, and three looking toward the east: and the sea *was set* above upon them, and all their hinder parts *were* inward.

26 And it *was* an hand breadth thick, and the brim thereof was wrought like the brim of a cup, with flowers of lilies: it contained two thousand baths.

27 ¶ And he made ten bases of brass; four cubits *was* the length of one base, and four cubits the breadth thereof, and three cubits the height of it.

28 And the work of the bases *was* on this *manner:* they had borders, and the borders *were* between the ledges:

29 And on the borders that *were* between the ledges *were* lions, oxen, and cherubims: and upon the ledges *there was* a base above: and beneath the lions and oxen *were* certain additions made of thin work.

30 And every base had four brasen wheels, and plates of brass: and the four corners thereof had undersetters: under the laver *were* undersetters molten, at the side of every addition.

31 And the mouth of it within the chapiter and above *was* a cubit: but the mouth thereof *was* round *after* the work of the base, a cubit and an half: and also upon the mouth of it *were* gravings with their borders, foursquare, not round.

32 And under the borders *were* four wheels; and the axletrees of the wheels *were joined* to the base: and the height of a wheel *was* a cubit and half a cubit.

33 And the work of the wheels *was* like

מִמַּטֵּה נַפְתָּלִי וְאָבִיו אִישׁ־צֹרִי חֹרֵשׁ נְחֹשֶׁת וַיִּמָּלֵא אֶת־הַחָכְמָה
וְאֶת־הַתְּבוּנָה וְאֶת־הַדַּעַת לַעֲשׂוֹת כָּל־מְלָאכָה בַּנְּחֹשֶׁת וַיָּבוֹא אֶל־
הַמֶּלֶךְ שְׁלֹמֹה וַיַּעַשׂ אֶת־כָּל־מְלַאכְתּוֹ: וַיָּצַר אֶת־שְׁנֵי הָעַמּוּדִים 15
נְחֹשֶׁת שְׁמֹנֶה עֶשְׂרֵה אַמָּה קוֹמַת הָעַמּוּד הָאֶחָד וְחוּט שְׁתֵּים־
עֶשְׂרֵה אַמָּה יָסֹב אֶת־הָעַמּוּד הַשֵּׁנִי: וּשְׁתֵּי כֹתָרֹת עָשָׂה לָתֵת עַל־ 16
רָאשֵׁי הָעַמּוּדִים מֻצַק נְחֹשֶׁת חָמֵשׁ אַמּוֹת קוֹמַת הַכֹּתֶרֶת הָאֶחָת
וְחָמֵשׁ אַמּוֹת קוֹמַת הַכֹּתֶרֶת הַשֵּׁנִית: שְׂבָכִים מַעֲשֵׂה שְׂבָכָה גְּדִלִים 17
מַעֲשֵׂה שַׁרְשְׁרוֹת לַכֹּתָרֹת אֲשֶׁר עַל־רֹאשׁ הָעַמּוּדִים שִׁבְעָה לַכֹּתֶרֶת
הָאֶחָת וְשִׁבְעָה לַכֹּתֶרֶת הַשֵּׁנִית: וַיַּעַשׂ אֶת־הָעַמּוּדִים וּשְׁנֵי טוּרִים 18
סָבִיב עַל־הַשְּׂבָכָה הָאֶחָת לְכַסּוֹת אֶת־הַכֹּתָרֹת אֲשֶׁר עַל־רֹאשׁ
הָרִמֹּנִים וְכֵן עָשָׂה לַכֹּתֶרֶת הַשֵּׁנִית: וְכֹתָרֹת אֲשֶׁר עַל־רֹאשׁ 19
הָעַמּוּדִים מַעֲשֵׂה שׁוּשַׁן בָּאוּלָם אַרְבַּע אַמּוֹת: וְכֹתָרֹת עַל־שְׁנֵי 20
הָעַמּוּדִים גַּם־מִמַּעַל מִלְּעֻמַּת הַבֶּטֶן אֲשֶׁר לְעֵבֶר שׂבכה וְהָרִמּוֹנִים

הַשְּׂבָכָה

מָאתַיִם טֻרִים סָבִיב עַל הַכֹּתֶרֶת הַשֵּׁנִית: וַיָּקֶם אֶת־הָעַמֻּדִים לְאֻלָם 21
הַהֵיכָל וַיָּקֶם אֶת־הָעַמּוּד הַיְמָנִי וַיִּקְרָא אֶת־שְׁמוֹ יָכִין וַיָּקֶם אֶת־
הָעַמּוּד הַשְּׂמָאלִי וַיִּקְרָא אֶת־שְׁמוֹ בֹּעַז: וְעַל רֹאשׁ הָעַמּוּדִים מַעֲשֵׂה 22
שׁוֹשָׁן וַתִּתֹּם מְלֶאכֶת הָעַמּוּדִים: וַיַּעַשׂ אֶת־הַיָּם מוּצָק עֶשֶׂר בָּאַמָּה 23
מִשְּׂפָתוֹ עַד־שְׂפָתוֹ עָגֹל ׀ סָבִיב וְחָמֵשׁ בָּאַמָּה קוֹמָתוֹ וקוה שְׁלֹשִׁים

וְקָו

בָּאַמָּה יָסֹב אֹתוֹ סָבִיב: וּפְקָעִים מִתַּחַת לִשְׂפָתוֹ ׀ סָבִיב סֹבְבִים אֹתוֹ 24
עֶשֶׂר בָּאַמָּה מַקִּפִים אֶת־הַיָּם סָבִיב שְׁנֵי טוּרִים הַפְּקָעִים יְצֻקִים
בִּיצֻקָתוֹ: עֹמֵד עַל־שְׁנֵי עָשָׂר בָּקָר שְׁלֹשָׁה פֹנִים ׀ צָפוֹנָה וּשְׁלֹשָׁה 25
פֹנִים ׀ יָמָּה וּשְׁלֹשָׁה ׀ פֹּנִים נֶגְבָּה וּשְׁלֹשָׁה פֹּנִים מִזְרָחָה וְהַיָּם עֲלֵיהֶם
מִלְמָעְלָה וְכָל־אֲחֹרֵיהֶם בָּיְתָה: וְעָבְיוֹ טֶפַח וּשְׂפָתוֹ כְּמַעֲשֵׂה שְׂפַת־ 26
כּוֹס פֶּרַח שׁוֹשָׁן אַלְפַּיִם בַּת יָכִיל:

וַיַּעַשׂ אֶת־הַמְּכֹנוֹת עֶשֶׂר נְחֹשֶׁת אַרְבַּע בָּאַמָּה אֹרֶךְ הַמְּכוֹנָה הָאֶחָת 27
וְאַרְבַּע בָּאַמָּה רָחְבָּהּ וְשָׁלֹשׁ בָּאַמָּה קוֹמָתָהּ: וְזֶה מַעֲשֵׂה הַמְּכוֹנָה 28
מִסְגְּרֹת לָהֶם וּמִסְגְּרֹת בֵּין הַשְׁלַבִּים: וְעַל־הַמִּסְגְּרוֹת אֲשֶׁר ׀ בֵּין 29
הַשְׁלַבִּים אֲרָיוֹת ׀ בָּקָר וּכְרוּבִים וְעַל־הַשְׁלַבִּים כֵּן מִמָּעַל וּמִתַּחַת
לַאֲרָיוֹת וְלַבָּקָר לֹיוֹת מַעֲשֵׂה מוֹרָד: וְאַרְבָּעָה אוֹפַנֵּי נְחֹשֶׁת לַמְּכוֹנָה 30
הָאַחַת וְסַרְנֵי נְחֹשֶׁת וְאַרְבָּעָה פַעֲמֹתָיו כְּתֵפֹת לָהֶם מִתַּחַת לַכִּיֹּר
הַכְּתֵפֹת יְצֻקוֹת מֵעֵבֶר אִישׁ לֹיוֹת: וּפִיהוּ מִבֵּית לַכֹּתֶרֶת וָמַעְלָה 31
בָּאַמָּה וּפִיהָ עָגֹל מַעֲשֵׂה־כֵן אַמָּה וַחֲצִי הָאַמָּה וְגַם־עַל־פִּיהָ
מִקְלָעוֹת וּמִסְגְּרֹתֵיהֶם מְרֻבָּעוֹת לֹא עֲגֻלּוֹת: וְאַרְבַּעַת הָאוֹפַנִּים 32
לְמִתַּחַת לַמִּסְגְּרוֹת וִידוֹת הָאוֹפַנִּים בַּמְּכוֹנָה וְקוֹמַת הָאוֹפַן הָאֶחָד
אַמָּה וַחֲצִי הָאַמָּה: וּמַעֲשֵׂה הָאוֹפַנִּים כְּמַעֲשֵׂה אוֹפַן הַמֶּרְכָּבָה 33

the work of a chariot wheel: their axletrees, and their naves, and their felloes, and their spokes, *were* all molten.

34 And *there were* four undersetters to the four corners of one base: *and* the undersetters *were* of the very base itself.

35 And in the top of the base *was there* a round compass of half a cubit high: and on the top of the base the ledges thereof and the borders thereof *were* of the same.

36 For on the plates of the ledges thereof, and on the borders thereof, he graved cherubims, lions, and palm trees, according to the proportion of every one, and additions round about.

37 After this *manner* he made the ten bases: all of them had one casting, one measure, *and* one size.

38 ¶ Then made he ten lavers of brass: one laver contained forty baths: *and* every laver was four cubits: *and* upon every one of the ten bases one laver.

39 And he put five bases on the right side of the house, and five on the left side of the house: and he set the sea on the right side of the house eastward over against the south.

40 ¶ And Hiram made the lavers, and the shovels, and the basons. So Hiram made an end of doing all the work that he made king Solomon for the house of the LORD:

41 The two pillars, and the *two* bowls of the chapiters that *were* on the top of the two pillars; and the two networks, to cover the two bowls of the chapiters which *were* upon the top of the pillars;

42 And four hundred pomegranates for the two networks, *even* two rows of pomegranates for one network, to cover the two bowls of the chapiters that *were* upon the pillars;

43 And the ten bases, and ten lavers on the bases;

44 And one sea, and twelve oxen under the sea;

45 And the pots, and the shovels, and the basons: and all these vessels, which Hiram made to king Solomon for the house of the LORD, *were of* bright brass.

46 In the plain of Jordan did the king cast them, in the clay ground between Succoth and Zarthan.

47 And Solomon left all the vessels *unweighed,* because they were exceeding many: neither was the weight of the brass found out.

48 And Solomon made all the vessels that *pertained* unto the house of the LORD: the altar of gold, and the table of gold, whereupon the shewbread *was,*

49 And the candlesticks of pure gold, five on the right *side,* and five on the left, before the oracle, with the flowers, and the lamps, and the tongs *of* gold,

50 And the bowls, and the snuffers, and the basons, and the spoons, and the censers *of* pure gold; and the hinges *of* gold, *both* for the doors of the inner house, the most holy *place, and* for the doors of the house, *to wit,* of the temple.

51 So was ended all the work that king Solomon made for the house of the LORD. And Solomon brought in the things which David his father had dedicated; *even* the silver, and the gold, and the vessels, did he put among the treasures of the house of the LORD.

CHAPTER 8

1 Then Solomon assembled the elders of Israel, and all the heads of the tribes, the chief of the fathers of the children of Israel, unto king Solomon in Jerusalem, that they might bring up the ark of the covenant of the LORD out of the city of David, which *is* Zion.

2 And all the men of Israel assembled themselves unto king Solomon at the feast in the month Ethanim, which *is* the seventh month.

3 And all the elders of Israel came, and the priests took up the ark.

34 יְדוֹתָם וְגַבֵּיהֶם וְחִשֻּׁקֵיהֶם וְחִשֻּׁרֵיהֶם הַכֹּל מוּצָק: וְאַרְבַּע כְּתֵפֹות

35 אֶל אַרְבַּע פִּנּוֹת הַמְּכֹנָה הָאֶחָת מִן־הַמְּכֹנָה כְּתֵפֶיהָ: וּבְרֹאשׁ

הַמְּכוֹנָה חֲצִי הָאַמָּה קוֹמָה עָגֹל ׀ סָבִיב וְעַל רֹאשׁ הַמְּכֹנָה יְדֹתֶיהָ

36 וּמִסְגְּרֹתֶיהָ מִמֶּנָּה: וַיְפַתַּח עַל־הַלֻּחֹת יְדֹתֶיהָ וְעַל ׀ מִסְגְּרֹתֶיהָ   מסגרתיה

37 כְּרוּבִים אֲרָיוֹת וְתִמֹרֹת כְּמַעַר־אִישׁ וְלֹיוֹת סָבִיב: כָּזֹאת עָשָׂה

אֵת עֶשֶׂר הַמְּכֹנוֹת מוּצָק אֶחָד מִדָּה אַחַת קֶצֶב אֶחָד

38 לְכֻלָּהְנָה: וַיַּעַשׂ עֲשָׂרָה כִיֹּרוֹת נְחֹשֶׁת אַרְבָּעִים בַּת יָכִיל ׀

הַכִּיּוֹר הָאֶחָד אַרְבַּע בָּאַמָּה הַכִּיּוֹר הָאֶחָד כִּיּוֹר אֶחָד עַל־הַמְּכוֹנָה

39 הָאַחַת לְעֶשֶׂר הַמְּכֹנוֹת: וַיִּתֵּן אֶת־הַמְּכֹנוֹת חָמֵשׁ עַל־כֶּתֶף הַבַּיִת

מִיָּמִין וְחָמֵשׁ עַל־כֶּתֶף הַבַּיִת מִשְּׂמֹאלֹו וְאֶת־הַיָּם נָתַן מִכֶּתֶף הַבַּיִת

40 הַיְמָנִית קֵדְמָה מִמּוּל נֶגֶב: וַיַּעַשׂ חִירוֹם אֶת־הַכִּיֹּרוֹת

וְאֶת־הַיָּעִים וְאֶת־הַמִּזְרָקוֹת וַיְכַל חִירָם לַעֲשׂוֹת אֶת־כָּל־הַמְּלָאכָה

41 אֲשֶׁר עָשָׂה לַמֶּלֶךְ שְׁלֹמֹה בֵּית יְהוָה: עַמֻּדִים שְׁנַיִם וְגֻלֹּת הַכֹּתָרֹת

אֲשֶׁר־עַל־רֹאשׁ הָעַמֻּדִים שְׁתָּיִם וְהַשְּׂבָכוֹת שְׁתַּיִם לְכַסּוֹת אֶת־שְׁתֵּי

42 גֻּלֹּת הַכֹּתָרֹת אֲשֶׁר עַל־רֹאשׁ הָעַמּוּדִים: וְאֶת־הָרִמֹּנִים אַרְבַּע מֵאוֹת

לִשְׁתֵּי הַשְּׂבָכוֹת שְׁנֵי־טוּרִים רִמֹּנִים לַשְּׂבָכָה הָאֶחָת לְכַסּוֹת אֶת־

43 שְׁתֵּי גֻּלֹּת הַכֹּתָרֹת אֲשֶׁר עַל־פְּנֵי הָעַמּוּדִים: וְאֶת־הַמְּכֹנוֹת עָשֶׂר

44 וְאֶת־הַכִּיֹּרֹת עֲשָׂרָה עַל־הַמְּכֹנוֹת: וְאֶת־הַיָּם הָאֶחָד וְאֶת־הַבָּקָר

45 שְׁנֵים־עָשָׂר תַּחַת הַיָּם: וְאֶת־הַסִּירוֹת וְאֶת־הַיָּעִים וְאֶת־הַמִּזְרָקוֹת

וְאֵת כָּל־הַכֵּלִים הָאֹהֶל אֲשֶׁר עָשָׂה חִירָם לַמֶּלֶךְ שְׁלֹמֹה בֵּית יְהוָה   הָאֵלֶּה

46 נְחֹשֶׁת מְמֹרָט: בְּכִכַּר הַיַּרְדֵּן יְצָקָם הַמֶּלֶךְ בְּמַעֲבֵה הָאֲדָמָה בֵּין

47 סֻכּוֹת וּבֵין צָרְתָן: וַיַּנַּח שְׁלֹמֹה אֶת־כָּל־הַכֵּלִים מֵרֹב מְאֹד מְאֹד

48 לֹא נֶחְקַר מִשְׁקַל הַנְּחֹשֶׁת: וַיַּעַשׂ שְׁלֹמֹה אֵת כָּל־הַכֵּלִים אֲשֶׁר בֵּית

יְהוָה אֵת מִזְבַּח הַזָּהָב וְאֶת־הַשֻּׁלְחָן אֲשֶׁר עָלָיו לֶחֶם הַפָּנִים זָהָב:

49 וְאֶת־הַמְּנֹרוֹת חָמֵשׁ מִיָּמִין וְחָמֵשׁ מִשְּׂמֹאול לִפְנֵי הַדְּבִיר זָהָב סָגוּר

50 וְהַפֶּרַח וְהַנֵּרֹת וְהַמֶּלְקַחַיִם זָהָב: וְהַסִּפּוֹת וְהַמְזַמְּרוֹת וְהַמִּזְרָקוֹת

וְהַכַּפּוֹת וְהַמַּחְתּוֹת זָהָב סָגוּר וְהַפֹּתוֹת לְדַלְתוֹת הַבַּיִת הַפְּנִימִי

לְקֹדֶשׁ הַקֳּדָשִׁים לְדַלְתֵי הַבַּיִת לַהֵיכָל זָהָב:

51 וַתִּשְׁלַם כָּל־הַמְּלָאכָה אֲשֶׁר עָשָׂה הַמֶּלֶךְ שְׁלֹמֹה בֵּית יְהוָה וַיָּבֵא

שְׁלֹמֹה אֶת־קָדְשֵׁי ׀ דָּוִד אָבִיו אֶת־הַכֶּסֶף וְאֶת־הַזָּהָב וְאֶת־הַכֵּלִים

נָתַן בְּאֹצְרוֹת בֵּית יְהוָה:

8 1 אָז יַקְהֵל שְׁלֹמֹה אֶת־זִקְנֵי יִשְׂרָאֵל אֶת־כָּל־רָאשֵׁי הַמַּטּוֹת נְשִׂיאֵי

הָאָבוֹת לִבְנֵי יִשְׂרָאֵל אֶל־הַמֶּלֶךְ שְׁלֹמֹה יְרוּשָׁלִָם לְהַעֲלוֹת אֶת־אֲרוֹן

2 בְּרִית־יְהוָה מֵעִיר דָּוִד הִיא צִיּוֹן: וַיִּקָּהֲלוּ אֶל־הַמֶּלֶךְ שְׁלֹמֹה כָּל־אִישׁ

3 יִשְׂרָאֵל בְּיֶרַח הָאֵתָנִים בֶּחָג הוּא הַחֹדֶשׁ הַשְּׁבִיעִי: וַיָּבֹאוּ כֹּל זִקְנֵי

4 And they brought up the ark of the LORD, and the tabernacle of the congregation, and all the holy vessels that *were* in the tabernacle, even those did the priests and the Levites bring up.

5 And king Solomon, and all the congregation of Israel, that were assembled unto him, *were* with him before the ark, sacrificing sheep and oxen, that could not be told nor numbered for multitude.

6 And the priests brought in the ark of the covenant of the LORD unto his place, into the oracle of the house, to the most holy *place, even* under the wings of the cherubims.

7 For the cherubims spread forth *their* two wings over the place of the ark, and the cherubims covered the ark and the staves thereof above.

8 And they drew out the staves, that the ends of the staves were seen out in the holy *place* before the oracle, and they were not seen without: and there they are unto this day.

9 *There was* nothing in the ark save the two tables of stone, which Moses put there at Horeb, when the LORD made *a covenant* with the children of Israel, when they came out of the land of Egypt.

10 And it came to pass, when the priests were come out of the holy *place,* that the cloud filled the house of the LORD,

11 So that the priests could not stand to minister because of the cloud: for the glory of the LORD had filled the house of the LORD.

12 ¶ Then spake Solomon, The LORD said that he would dwell in the thick darkness.

13 I have surely built thee an house to dwell in, a settled place for thee to abide in for ever.

14 And the king turned his face about, and blessed all the congregation of Israel: (and all the congregation of Israel stood;)

15 And he said, Blessed *be* the LORD God of Israel, which spake with his mouth unto David my father, and hath with his hand fulfilled *it,* saying,

16 Since the day that I brought forth my people Israel out of Egypt, I chose no city out of all the tribes of Israel to build an house, that my name might be therein; but I chose David to be over my people Israel.

17 And it was in the heart of David my father to build an house for the name of the LORD God of Israel.

18 And the LORD said unto David my father, Whereas it was in thine heart to build an house unto my name, thou didst well that it was in thine heart.

19 Nevertheless thou shalt not build the house; but thy son that shall come forth out of thy loins, he shall build the house unto my name.

20 And the LORD hath performed his word that he spake, and I am risen up in the room of David my father, and sit on the throne of Israel, as the LORD promised, and have built an house for the name of the LORD God of Israel.

21 And I have set there a place for the ark, wherein *is* the covenant of the LORD, which he made with our fathers, when he brought them out of the land of Egypt.

22 ¶ And Solomon stood before the altar of the LORD in the presence of all the congregation of Israel, and spread forth his hands toward heaven:

23 And he said, LORD God of Israel, *there is* no God like thee, in heaven above, or on earth beneath, who keepest covenant and mercy with thy servants that walk before thee with all their heart:

24 Who hast kept with thy servant David my father that thou promisedst him: thou spakest also with thy mouth, and hast fulfilled *it* with thine hand, as *it is* this day.

25 Therefore now, LORD God of Israel, keep with thy servant David my father that thou promisedst him, saying, There shall not fail thee a man in my sight to sit on the throne of Israel; so that thy children take heed to their way, that they walk before me as thou hast walked before me.

26 And now, O God of Israel, let thy

4 יִשְׂרָאֵל וַיִּשְׂאוּ הַכֹּהֲנִים אֶת־הָאָרוֹן: וַיַּעֲלוּ אֶת־אֲרוֹן יְהוָה וְאֶת־אֹהֶל
מוֹעֵד וְאֶת־כָּל־כְּלֵי הַקֹּדֶשׁ אֲשֶׁר בָּאֹהֶל וַיַּעֲלוּ אֹתָם הַכֹּהֲנִים

5 וְהַלְוִיִּם: וְהַמֶּלֶךְ שְׁלֹמֹה וְכָל־עֲדַת יִשְׂרָאֵל הַנּוֹעָדִים עָלָיו אִתּוֹ לִפְנֵי

6 הָאָרוֹן מְזַבְּחִים צֹאן וּבָקָר אֲשֶׁר לֹא־יִסָּפְרוּ וְלֹא יִמָּנוּ מֵרֹב: וַיָּבִאוּ
הַכֹּהֲנִים אֶת־אֲרוֹן בְּרִית־יְהוָה אֶל־מְקוֹמוֹ אֶל־דְּבִיר הַבַּיִת אֶל־קֹדֶשׁ

7 הַקֳּדָשִׁים אֶל־תַּחַת כַּנְפֵי הַכְּרוּבִים: כִּי הַכְּרוּבִים פֹּרְשִׂים כְּנָפַיִם
אֶל־מְקוֹם הָאָרוֹן וַיָּסֹכּוּ הַכְּרֻבִים עַל־הָאָרוֹן וְעַל־בַּדָּיו מִלְמָעְלָה:

8 וַיַּאֲרִכוּ הַבַּדִּים וַיֵּרָאוּ רָאשֵׁי הַבַּדִּים מִן־הַקֹּדֶשׁ עַל־פְּנֵי הַדְּבִיר וְלֹא

9 יֵרָאוּ הַחוּצָה וַיִּהְיוּ שָׁם עַד הַיּוֹם הַזֶּה: אֵין בָּאָרוֹן רַק שְׁנֵי לֻחוֹת
הָאֲבָנִים אֲשֶׁר הִנִּחַ שָׁם מֹשֶׁה בְּחֹרֵב אֲשֶׁר כָּרַת יְהוָה עִם־בְּנֵי

10 יִשְׂרָאֵל בְּצֵאתָם מֵאֶרֶץ מִצְרָיִם: וַיְהִי בְּצֵאת הַכֹּהֲנִים מִן־הַקֹּדֶשׁ

11 וְהֶעָנָן מָלֵא אֶת־בֵּית יְהוָה: וְלֹא־יָכְלוּ הַכֹּהֲנִים לַעֲמֹד לְשָׁרֵת מִפְּנֵי
הֶעָנָן כִּי־מָלֵא כְבוֹד־יְהוָה אֶת־בֵּית יְהוָה:

12 אָז אָמַר שְׁלֹמֹה יְהוָה אָמַר לִשְׁכֹּן בָּעֲרָפֶל: בָּנֹה בָנִיתִי בֵּית זְבֻל
13
14 לָךְ מָכוֹן לְשִׁבְתְּךָ עוֹלָמִים: וַיַּסֵּב הַמֶּלֶךְ אֶת־פָּנָיו וַיְבָרֶךְ אֵת כָּל־
קְהַל יִשְׂרָאֵל וְכָל־קְהַל יִשְׂרָאֵל עֹמֵד: וַיֹּאמֶר בָּרוּךְ יְהוָה אֱלֹהֵי

15 יִשְׂרָאֵל אֲשֶׁר דִּבֶּר בְּפִיו אֵת דָּוִד אָבִי וּבְיָדוֹ מִלֵּא לֵאמֹר: מִן־הַיּוֹם

16 אֲשֶׁר הוֹצֵאתִי אֶת־עַמִּי אֶת־יִשְׂרָאֵל מִמִּצְרַיִם לֹא־בָחַרְתִּי בְעִיר מִכֹּל
שִׁבְטֵי יִשְׂרָאֵל לִבְנוֹת בַּיִת לִהְיוֹת שְׁמִי שָׁם וָאֶבְחַר בְּדָוִד לִהְיוֹת

17 עַל־עַמִּי יִשְׂרָאֵל: וַיְהִי עִם־לְבַב דָּוִד אָבִי לִבְנוֹת בַּיִת לְשֵׁם יְהוָה

18 אֱלֹהֵי יִשְׂרָאֵל: וַיֹּאמֶר יְהוָה אֶל־דָּוִד אָבִי יַעַן אֲשֶׁר הָיָה עִם־לְבָבְךָ

19 לִבְנוֹת בַּיִת לִשְׁמִי הֱטִיבֹתָ כִּי הָיָה עִם־לְבָבֶךָ: רַק אַתָּה לֹא תִבְנֶה

20 הַבָּיִת כִּי אִם־בִּנְךָ הַיֹּצֵא מֵחֲלָצֶיךָ הוּא־יִבְנֶה הַבַּיִת לִשְׁמִי: וַיָּקֶם
יְהוָה אֶת־דְּבָרוֹ אֲשֶׁר דִּבֵּר וָאָקֻם תַּחַת דָּוִד אָבִי וָאֵשֵׁב עַל־כִּסֵּא
יִשְׂרָאֵל כַּאֲשֶׁר דִּבֶּר יְהוָה וָאֶבְנֶה הַבַּיִת לְשֵׁם יְהוָה אֱלֹהֵי יִשְׂרָאֵל:

21 וָאָשִׂם שָׁם מָקוֹם לָאָרוֹן אֲשֶׁר־שָׁם בְּרִית יְהוָה אֲשֶׁר כָּרַת עִם־

22 אֲבֹתֵינוּ בְּהוֹצִיאוֹ אֹתָם מֵאֶרֶץ מִצְרָיִם: וַיַּעֲמֹד שְׁלֹמֹה
לִפְנֵי מִזְבַּח יְהוָה נֶגֶד כָּל־קְהַל יִשְׂרָאֵל וַיִּפְרֹשׂ כַּפָּיו הַשָּׁמָיִם: וַיֹּאמַר

23 יְהוָה אֱלֹהֵי יִשְׂרָאֵל אֵין־כָּמוֹךָ אֱלֹהִים בַּשָּׁמַיִם מִמַּעַל וְעַל־הָאָרֶץ
מִתָּחַת שֹׁמֵר הַבְּרִית וְהַחֶסֶד לַעֲבָדֶיךָ הַהֹלְכִים לְפָנֶיךָ בְּכָל־לִבָּם:

24 אֲשֶׁר שָׁמַרְתָּ לְעַבְדְּךָ דָּוִד אָבִי אֵת אֲשֶׁר־דִּבַּרְתָּ לוֹ וַתְּדַבֵּר בְּפִיךָ

25 וּבְיָדְךָ מִלֵּאתָ כַּיּוֹם הַזֶּה: וְעַתָּה יְהוָה אֱלֹהֵי יִשְׂרָאֵל שְׁמֹר לְעַבְדְּךָ
דָוִד אָבִי אֵת אֲשֶׁר דִּבַּרְתָּ לּוֹ לֵאמֹר לֹא־יִכָּרֵת לְךָ אִישׁ מִלְּפָנַי
יֹשֵׁב עַל־כִּסֵּא יִשְׂרָאֵל רַק אִם־יִשְׁמְרוּ בָנֶיךָ אֶת־דַּרְכָּם לָלֶכֶת לְפָנַי

26 כַּאֲשֶׁר הָלַכְתָּ לְפָנָי: וְעַתָּה אֱלֹהֵי יִשְׂרָאֵל יֵאָמֶן נָא דִבְרֶיךָ אֲשֶׁר

דְּבָרְךָ

word, I pray thee, be verified, which thou spakest unto thy servant David my father.

27 But will God indeed dwell on the earth? behold, the heaven and heaven of heavens cannot contain thee; how much less this house that I have builded?

28 Yet have thou respect unto the prayer of thy servant, and to his supplication, O LORD my God, to hearken unto the cry and to the prayer, which thy servant prayeth before thee to day:

29 That thine eyes may be open toward this house night and day, *even* toward the place of which thou hast said, My name shall be there: that thou mayest hearken unto the prayer which thy servant shall make toward this place.

30 And hearken thou to the supplication of thy servant, and of thy people Israel, when they shall pray toward this place: and hear thou in heaven thy dwelling place: and when thou hearest, forgive.

31 ¶ If any man trespass against his neighbour, and an oath be laid upon him to cause him to swear, and the oath come before thine altar in this house:

32 Then hear thou in heaven, and do, and judge thy servants, condemning the wicked, to bring his way upon his head; and justifying the righteous, to give him according to his righteousness.

33 ¶ When thy people Israel be smitten down before the enemy, because they have sinned against thee, and shall turn again to thee, and confess thy name, and pray, and make supplication unto thee in this house:

34 Then hear thou in heaven, and forgive the sin of thy people Israel, and bring them again unto the land which thou gavest unto their fathers.

35 ¶ When heaven is shut up, and there is no rain, because they have sinned against thee; if they pray toward this place, and confess thy name, and turn from their sin, when thou afflictest them:

36 Then hear thou in heaven, and forgive the sin of thy servants, and of thy people Israel, that thou teach them the good way wherein they should walk, and give

rain upon thy land, which thou hast given to thy people for an inheritance.

37 ¶ If there be in the land famine, if there be pestilence, blasting, mildew, locust, *or* if there be caterpiller; if their enemy besiege them in the land of their cities; whatsoever plague, whatsoever sickness *there be;*

38 What prayer and supplication soever be *made* by any man, *or* by all thy people Israel, which shall know every man the plague of his own heart, and spread forth his hands toward this house:

39 Then hear thou in heaven thy dwelling place, and forgive, and do, and give to every man according to his ways, whose heart thou knowest; (for thou, *even* thou only, knowest the hearts of all the children of men;)

40 That they may fear thee all the days that they live in the land which thou gavest unto our fathers.

41 Moreover concerning a stranger, that *is* not of thy people Israel, but cometh out of a far country for thy name's sake;

42 (For they shall hear of thy great name, and of thy strong hand, and of thy stretched out arm;) when he shall come and pray toward this house;

43 Hear thou in heaven thy dwelling place, and do according to all that the stranger calleth to thee for: that all people of the earth may know thy name, to fear thee, as *do* thy people Israel; and that they may know that this house, which I have builded, is called by thy name.

44 ¶ If thy people go out to battle against their enemy, whithersoever thou shalt send them, and shall pray unto the LORD toward the city which thou hast chosen, and *toward* the house that I have built for thy name:

45 Then hear thou in heaven their prayer and their supplication, and maintain their cause.

46 If they sin against thee, (for *there is* no man that sinneth not,) and thou be angry with them, and deliver them to the enemy, so that they carry them away captives unto the land of the enemy, far or near;

27 דִּבַּ֖רְתָּ לְעַבְדְּךָ֣ דָוִ֣ד אָבִ֑י כִּ֚י הַֽאֻמְנָ֔ם יֵשֵׁ֥ב אֱלֹהִ֖ים עַל־הָאָ֑רֶץ הִנֵּ֣ה הַשָּׁמַ֗יִם וּשְׁמֵ֤י הַשָּׁמַ֙יִם֙ לֹ֣א יְכַלְכְּל֔וּךָ אַ֕ף כִּֽי־הַבַּ֥יִת הַזֶּ֖ה אֲשֶׁ֥ר בָּנִֽיתִי׃

28 וּפָנִ֜יתָ אֶל־תְּפִלַּ֤ת עַבְדְּךָ֙ וְאֶל־תְּחִנָּת֔וֹ יְהוָ֖ה אֱלֹהָ֑י לִשְׁמֹ֤עַ אֶל־הָֽרִנָּה֙

29 וְאֶל־הַתְּפִלָּ֔ה אֲשֶׁ֧ר עַבְדְּךָ֛ מִתְפַּלֵּ֥ל לְפָנֶ֖יךָ הַיּֽוֹם׃ לִהְי֨וֹת עֵינֶ֤ךָ פְתֻחוֹת֙ אֶל־הַבַּ֤יִת הַזֶּה֙ לַ֣יְלָה וָי֔וֹם אֶ֨ל־הַמָּק֔וֹם אֲשֶׁ֣ר אָמַ֔רְתָּ יִהְיֶ֥ה שְׁמִ֖י שָׁ֑ם לִשְׁמֹ֙עַ֙ אֶל־הַתְּפִלָּ֔ה אֲשֶׁ֥ר יִתְפַּלֵּ֛ל עַבְדְּךָ֖ אֶל־הַמָּק֥וֹם הַזֶּֽה׃

30 וְשָׁ֨מַעְתָּ֜ אֶל־תְּחִנַּ֤ת עַבְדְּךָ֙ וְעַמְּךָ֣ יִשְׂרָאֵ֔ל אֲשֶׁ֥ר יִֽתְפַּֽלְל֖וּ אֶל־הַמָּק֣וֹם הַזֶּ֑ה וְ֠אַתָּ֠ה תִּשְׁמַ֞ע אֶל־מְק֤וֹם שִׁבְתְּךָ֙ אֶל־הַשָּׁמַ֔יִם וְשָׁמַעְתָּ֖ וְסָלָֽחְתָּ׃

31 אֵת֩ אֲשֶׁ֨ר יֶחֱטָ֥א אִישׁ֙ לְרֵעֵ֔הוּ וְנָֽשָׁא־ב֥וֹ אָלָ֖ה לְהַֽאֲלֹת֑וֹ וּבָ֣א אָלָ֔ה לִפְנֵ֥י מִֽזְבַּחֲךָ֖ בַּבַּ֥יִת הַזֶּֽה׃

32 וְאַתָּ֣ה ׀ תִּשְׁמַ֣ע הַשָּׁמַ֗יִם וְעָשִׂ֙יתָ֙ וְשָׁפַטְתָּ֣ אֶת־עֲבָדֶ֔יךָ לְהַרְשִׁ֣יעַ רָשָׁ֔ע לָתֵ֥ת דַּרְכּ֖וֹ בְּרֹאשׁ֑וֹ וּלְהַצְדִּ֣יק צַדִּ֔יק לָ֥תֶת ל֖וֹ כְּצִדְקָתֽוֹ׃

33 בְּהִנָּגֵ֥ף עַמְּךָ֣ יִשְׂרָאֵ֛ל לִפְנֵ֥י אוֹיֵ֖ב אֲשֶׁ֣ר יֶחֶטְאוּ־לָ֑ךְ וְשָׁ֣בוּ אֵלֶ֗יךָ וְהוֹד֤וּ אֶת־שְׁמֶ֙ךָ֙ וְהִֽתְפַּֽלְל֧וּ וְהִֽתְחַנְּנ֛וּ אֵלֶ֖יךָ בַּבַּ֥יִת הַזֶּֽה׃

34 וְאַתָּה֙ תִּשְׁמַ֣ע הַשָּׁמַ֔יִם וְסָ֣לַחְתָּ֔ לְחַטַּ֖את עַמְּךָ֣ יִשְׂרָאֵ֑ל וַהֲשֵֽׁבֹתָם֙ אֶל־הָ֣אֲדָמָ֔ה אֲשֶׁ֥ר נָתַ֖תָּ לַאֲבוֹתָֽם׃

35 בְּהֵעָצֵ֥ר שָׁמַ֛יִם וְלֹא־יִהְיֶ֥ה מָטָ֖ר כִּ֣י יֶחֶטְאוּ־לָ֑ךְ וְהִֽתְפַּֽלְל֞וּ אֶל־הַמָּק֤וֹם הַזֶּה֙ וְהוֹד֣וּ אֶת־שְׁמֶ֔ךָ וּמֵחַטָּאתָ֖ם יְשׁוּב֑וּן כִּ֥י תַעֲנֵֽם׃

36 וְאַתָּ֣ה ׀ תִּשְׁמַ֣ע הַשָּׁמַ֗יִם וְסָ֣לַחְתָּ֞ לְחַטַּ֤את עֲבָדֶ֙יךָ֙ וְעַמְּךָ֣ יִשְׂרָאֵ֔ל כִּ֥י תוֹרֵ֛ם אֶת־הַדֶּ֥רֶךְ הַטּוֹבָ֖ה אֲשֶׁ֣ר יֵֽלְכוּ־בָ֑הּ וְנָתַתָּ֤ה מָטָר֙ עַל־אַרְצְךָ֔ אֲשֶׁר־נָתַ֥תָּה לְעַמְּךָ֖ לְנַחֲלָֽה׃

37 רָעָ֞ב כִּֽי־יִהְיֶ֣ה בָאָ֗רֶץ דֶּ֣בֶר כִּֽי־יִ֠הְיֶ֠ה שִׁדָּפ֨וֹן יֵרָק֜וֹן אַרְבֶּ֤ה חָסִיל֙ כִּ֣י יִהְיֶ֔ה כִּ֧י יָֽצַר־ל֛וֹ אֹיְב֖וֹ בְּאֶ֣רֶץ שְׁעָרָ֑יו כָּל־נֶ֖גַע כָּֽל־מַחֲלָֽה׃

38 כָּל־תְּפִלָּ֣ה כָל־תְּחִנָּ֗ה אֲשֶׁ֤ר תִֽהְיֶה֙ לְכָל־הָ֣אָדָ֔ם לְכֹ֖ל עַמְּךָ֣ יִשְׂרָאֵ֑ל אֲשֶׁ֣ר יֵדְע֗וּן אִ֚ישׁ נֶ֣גַע לְבָב֔וֹ וּפָרַ֥שׂ כַּפָּ֖יו אֶל־הַבַּ֥יִת הַזֶּֽה׃

39 וְ֠אַתָּ֠ה תִּשְׁמַ֨ע הַשָּׁמַ֜יִם מְכ֤וֹן שִׁבְתֶּ֙ךָ֙ וְסָלַחְתָּ֣ וְעָשִׂ֔יתָ וְנָתַתָּ֤ לָאִישׁ֙ כְּכָל־דְּרָכָ֔יו אֲשֶׁ֥ר תֵּדַ֖ע אֶת־לְבָב֑וֹ כִּֽי־אַתָּ֤ה יָדַ֙עְתָּ֙ לְבַדְּךָ֔ אֶת־לְבַ֖ב כָּל־בְּנֵ֥י הָאָדָֽם׃

40 לְמַ֙עַן֙ יִֽרָא֔וּךָ כָּל־הַ֨יָּמִ֔ים אֲשֶׁר־הֵ֥ם חַיִּ֖ים עַל־פְּנֵ֣י הָאֲדָמָ֑ה אֲשֶׁ֥ר נָתַ֖תָּה לַאֲבֹתֵֽינוּ׃

41 וְגַם֙ אֶל־הַנָּכְרִ֔י אֲשֶׁ֛ר לֹא־מֵעַמְּךָ֥

42 יִשְׂרָאֵ֖ל ה֑וּא וּבָ֞א מֵאֶ֤רֶץ רְחוֹקָה֙ לְמַ֣עַן שְׁמֶ֔ךָ כִּ֤י יִשְׁמְעוּן֙ אֶת־שִׁמְךָ֣ הַגָּד֔וֹל וְאֶת־יָֽדְךָ֙ הַחֲזָקָ֔ה וּֽזְרֹעֲךָ֖ הַנְּטוּיָ֑ה וּבָ֥א וְהִתְפַּלֵּ֖ל אֶל־הַבַּ֥יִת הַזֶּֽה׃

43 אַתָּ֞ה תִּשְׁמַ֤ע הַשָּׁמַ֙יִם֙ מְכ֣וֹן שִׁבְתֶּ֔ךָ וְעָשִׂ֕יתָ כְּכֹ֛ל אֲשֶׁר־יִקְרָ֥א אֵלֶ֖יךָ הַנָּכְרִ֑י לְמַ֣עַן יֵדְע֩וּן כָּל־עַמֵּ֨י הָאָ֜רֶץ אֶת־שְׁמֶ֗ךָ לְיִרְאָ֤ה אֹֽתְךָ֙ כְּעַמְּךָ֣ יִשְׂרָאֵ֔ל וְלָדַ֕עַת כִּי־שִׁמְךָ֣ נִקְרָ֔א עַל־הַבַּ֥יִת הַזֶּ֖ה אֲשֶׁ֥ר בָּנִֽיתִי׃

44 כִּֽי־יֵצֵ֨א עַמְּךָ֤ לַמִּלְחָמָה֙ עַל־אֹ֣יְב֔וֹ בַּדֶּ֖רֶךְ אֲשֶׁ֣ר תִּשְׁלָחֵ֑ם וְהִתְפַּֽלְל֣וּ אֶל־יְהוָ֗ה דֶּ֤רֶךְ הָעִיר֙ אֲשֶׁ֣ר בָּחַ֣רְתָּ בָּ֔הּ וְהַבַּ֖יִת אֲשֶׁר־בָּנִ֥תִי לִשְׁמֶֽךָ׃

45 וְשָׁמַעְתָּ֙ הַשָּׁמַ֔יִם אֶת־תְּפִלָּתָ֖ם וְאֶת־תְּחִנָּתָ֑ם וְעָשִׂ֖יתָ מִשְׁפָּטָֽם׃ כִּ֣י
46

47 *Yet* if they shall bethink themselves in the land whither they were carried captives, and repent, and make supplication unto thee in the land of them that carried them captives, saying, We have sinned, and have done perversely, we have committed wickedness;

48 And *so* return unto thee with all their heart, and with all their soul, in the land of their enemies, which led them away captive, and pray unto thee toward their land, which thou gavest unto their fathers, the city which thou hast chosen, and the house which I have built for thy name:

49 Then hear thou their prayer and their supplication in heaven thy dwelling place, and maintain their cause,

50 And forgive thy people that have sinned against thee, and all their transgressions wherein they have transgressed against thee, and give them compassion before them who carried them captive, that they may have compassion on them:

51 For they *be* thy people, and thine inheritance, which thou broughtest forth out of Egypt, from the midst of the furnace of iron:

52 That thine eyes may be open unto the supplication of thy servant, and unto the supplication of thy people Israel, to hearken unto them in all that they call for unto thee.

53 For thou didst separate them from among all the people of the earth, *to be* thine inheritance, as thou spakest by the hand of Moses thy servant, when thou broughtest our fathers out of Egypt, O Lord GOD.

54 And it was *so,* that when Solomon had made an end of praying all this prayer and supplication unto the LORD, he arose from before the altar of the LORD, from kneeling on his knees with his hands spread up to heaven.

55 And he stood, and blessed all the congregation of Israel with a loud voice, saying,

56 Blessed *be* the LORD, that hath given rest unto his people Israel, according to all that he promised: there hath not failed one word of all his good promise, which he promised by the hand of Moses his servant.

57 The LORD our God be with us, as he was with our fathers: let him not leave us, nor forsake us:

58 That he may incline our hearts unto him, to walk in all his ways, and to keep his commandments, and his statutes, and his judgments, which he commanded our fathers.

59 And let these my words, wherewith I have made supplication before the LORD, be nigh unto the LORD our God day and night, that he maintain the cause of his servant, and the cause of his people Israel at all times, as the matter shall require:

60 That all the people of the earth may know that the LORD *is* God, *and that there is* none else.

61 Let your heart therefore be perfect with the LORD our God, to walk in his statutes, and to keep his commandments, as at this day.

62 ¶ And the king, and all Israel with him, offered sacrifice before the LORD.

63 And Solomon offered a sacrifice of peace offerings, which he offered unto the LORD, two and twenty thousand oxen, and an hundred and twenty thousand sheep. So the king and all the children of Israel dedicated the house of the LORD.

64 The same day did the king hallow the middle of the court that *was* before the house of the LORD: for there he offered burnt offerings, and meat offerings, and the fat of the peace offerings: because the brasen altar that *was* before the LORD *was* too little to receive the burnt offerings, and meat offerings, and the fat of the peace offerings.

65 And at that time Solomon held a feast, and all Israel with him, a great congregation, from the entering in of Hamath unto the river of Egypt, before the LORD our God, seven days and seven days, *even* fourteen days.

66 On the eighth day he sent the people

יֶחֶטְאוּ־לָךְ כִּי אֵין אָדָם אֲשֶׁר לֹא־יֶחֱטָא וְאָנַפְתָּ בָם וּנְתַתָּם לִפְנֵי

47 אוֹיֵב וְשָׁבוּם שֹׁבֵיהֶם אֶל־אֶרֶץ הָאוֹיֵב רְחוֹקָה אוֹ קְרוֹבָה: וְהֵשִׁיבוּ
אֶל־לִבָּם בָּאָרֶץ אֲשֶׁר נִשְׁבּוּ־שָׁם וְשָׁבוּ וְהִתְחַנְּנוּ אֵלֶיךָ בְּאֶרֶץ

48 שֹׁבֵיהֶם לֵאמֹר חָטָאנוּ וְהֶעֱוִינוּ רָשָׁעְנוּ: וְשָׁבוּ אֵלֶיךָ בְּכָל־לְבָבָם
וּבְכָל־נַפְשָׁם בְּאֶרֶץ אֹיְבֵיהֶם אֲשֶׁר־שָׁבוּ אֹתָם וְהִתְפַּלְלוּ אֵלֶיךָ דֶּרֶךְ
אַרְצָם אֲשֶׁר נָתַתָּה לַאֲבוֹתָם הָעִיר אֲשֶׁר בָּחַרְתָּ וְהַבַּיִת אֲשֶׁר־בָּנִית בָּנִיתִי

49 לִשְׁמֶךָ: וְשָׁמַעְתָּ הַשָּׁמַיִם מְכוֹן שִׁבְתְּךָ אֶת־תְּפִלָּתָם וְאֶת־תְּחִנָּתָם

50 וְעָשִׂיתָ מִשְׁפָּטָם: וְסָלַחְתָּ לְעַמְּךָ אֲשֶׁר חָטְאוּ־לָךְ וּלְכָל־פִּשְׁעֵיהֶם

51 אֲשֶׁר פָּשְׁעוּ־בָךְ וּנְתַתָּם לְרַחֲמִים לִפְנֵי שֹׁבֵיהֶם וְרִחֲמוּם: כִּי־עַמְּךָ

52 וְנַחֲלָתְךָ הֵם אֲשֶׁר הוֹצֵאתָ מִמִּצְרַיִם מִתּוֹךְ כּוּר הַבַּרְזֶל: לִהְיוֹת
עֵינֶיךָ פְתֻחוֹת אֶל־תְּחִנַּת עַבְדְּךָ וְאֶל־תְּחִנַּת עַמְּךָ יִשְׂרָאֵל לִשְׁמֹעַ

53 אֲלֵיהֶם בְּכֹל קָרְאָם אֵלֶיךָ: כִּי־אַתָּה הִבְדַּלְתָּם לְךָ לְנַחֲלָה מִכֹּל
עַמֵּי הָאָרֶץ כַּאֲשֶׁר דִּבַּרְתָּ בְּיַד מֹשֶׁה עַבְדֶּךָ בְּהוֹצִיאֲךָ אֶת־אֲבֹתֵינוּ
מִמִּצְרַיִם אֲדֹנָי יְהוִה:

54 וַיְהִי כְּכַלּוֹת שְׁלֹמֹה לְהִתְפַּלֵּל אֶל־יְהוָה אֵת כָּל־הַתְּפִלָּה וְהַתְּחִנָּה
הַזֹּאת קָם מִלִּפְנֵי מִזְבַּח יְהוָה מִכְּרֹעַ עַל־בִּרְכָּיו וְכַפָּיו פְּרֻשׂוֹת

55
56 הַשָּׁמָיִם: וַיַּעֲמֹד וַיְבָרֶךְ אֵת כָּל־קְהַל יִשְׂרָאֵל קוֹל גָּדוֹל לֵאמֹר: בָּרוּךְ
יְהוָה אֲשֶׁר נָתַן מְנוּחָה לְעַמּוֹ יִשְׂרָאֵל כְּכֹל אֲשֶׁר דִּבֵּר לֹא־נָפַל

57 דָּבָר אֶחָד מִכֹּל דְּבָרוֹ הַטּוֹב אֲשֶׁר דִּבֶּר בְּיַד מֹשֶׁה עַבְדּוֹ: יְהִי יְהוָה
אֱלֹהֵינוּ עִמָּנוּ כַּאֲשֶׁר הָיָה עִם־אֲבֹתֵינוּ אַל־יַעַזְבֵנוּ וְאַל־יִטְּשֵׁנוּ:

58 לְהַטּוֹת לְבָבֵנוּ אֵלָיו לָלֶכֶת בְּכָל־דְּרָכָיו וְלִשְׁמֹר מִצְוֹתָיו וְחֻקָּיו

59 וּמִשְׁפָּטָיו אֲשֶׁר צִוָּה אֶת־אֲבֹתֵינוּ: וְיִהְיוּ דְבָרַי אֵלֶּה אֲשֶׁר הִתְחַנַּנְתִּי
לִפְנֵי יְהוָה קְרֹבִים אֶל־יְהוָה אֱלֹהֵינוּ יוֹמָם וָלָיְלָה לַעֲשׂוֹת מִשְׁפַּט

60 עַבְדּוֹ וּמִשְׁפַּט עַמּוֹ יִשְׂרָאֵל דְּבַר־יוֹם בְּיוֹמוֹ: לְמַעַן דַּעַת כָּל־עַמֵּי

61 הָאָרֶץ כִּי יְהוָה הוּא הָאֱלֹהִים אֵין עוֹד: וְהָיָה לְבַבְכֶם שָׁלֵם עִם

62 יְהוָה אֱלֹהֵינוּ לָלֶכֶת בְּחֻקָּיו וְלִשְׁמֹר מִצְוֹתָיו כַּיּוֹם הַזֶּה: וְהַמֶּלֶךְ וְכָל־

63 יִשְׂרָאֵל עִמּוֹ זֹבְחִים זֶבַח לִפְנֵי יְהוָה: וַיִּזְבַּח שְׁלֹמֹה אֵת זֶבַח
הַשְּׁלָמִים אֲשֶׁר זָבַח לַיהוָה בָּקָר עֶשְׂרִים וּשְׁנַיִם אֶלֶף וְצֹאן מֵאָה

64 וְעֶשְׂרִים אָלֶף וַיַּחְנְכוּ אֶת־בֵּית יְהוָה הַמֶּלֶךְ וְכָל־בְּנֵי יִשְׂרָאֵל: בַּיּוֹם
הַהוּא קִדַּשׁ הַמֶּלֶךְ אֶת־תּוֹךְ הֶחָצֵר אֲשֶׁר לִפְנֵי בֵית־יְהוָה כִּי־עָשָׂה
שָׁם אֶת־הָעֹלָה וְאֶת־הַמִּנְחָה וְאֵת חֶלְבֵי הַשְּׁלָמִים כִּי־מִזְבַּח הַנְּחֹשֶׁת
אֲשֶׁר לִפְנֵי יְהוָה קָטֹן מֵהָכִיל אֶת־הָעֹלָה וְאֶת־הַמִּנְחָה וְאֵת חֶלְבֵי

65 הַשְּׁלָמִים: וַיַּעַשׂ שְׁלֹמֹה בָעֵת־הַהִיא אֶת־הֶחָג וְכָל־יִשְׂרָאֵל עִמּוֹ
קָהָל גָּדוֹל מִלְּבוֹא חֲמָת עַד־נַחַל מִצְרַיִם לִפְנֵי יְהוָה אֱלֹהֵינוּ שִׁבְעַת

66 יָמִים וְשִׁבְעַת יָמִים אַרְבָּעָה עָשָׂר יוֹם: בַּיּוֹם הַשְּׁמִינִי שִׁלַּח אֶת־

away: and they blessed the king, and went unto their tents joyful and glad of heart for all the goodness that the LORD had done for David his servant, and for Israel his people.

CHAPTER 9

1 And it came to pass, when Solomon had finished the building of the house of the LORD, and the king's house, and all Solomon's desire which he was pleased to do,

2 That the LORD appeared to Solomon the second time, as he had appeared unto him at Gibeon.

3 And the LORD said unto him, I have heard thy prayer and thy supplication, that thou hast made before me: I have hallowed this house, which thou hast built, to put my name there for ever; and mine eyes and mine heart shall be there perpetually.

4 And if thou wilt walk before me, as David thy father walked, in integrity of heart, and in uprightness, to do according to all that I have commanded thee, *and* wilt keep my statutes and my judgments:

5 Then I will establish the throne of thy kingdom upon Israel for ever, as I promised to David thy father, saying, There shall not fail thee a man upon the throne of Israel.

6 *But* if ye shall at all turn from following me, ye or your children, and will not keep my commandments *and* my statutes which I have set before you, but go and serve other gods, and worship them:

7 Then will I cut off Israel out of the land which I have given them; and this house, which I have hallowed for my name, will I cast out of my sight; and Israel shall be a proverb and a byword among all people:

8 And at this house, *which* is high, every one that passeth by it shall be astonished, and shall hiss; and they shall say, Why hath the LORD done thus unto this land, and to this house?

9 And they shall answer, Because they forsook the LORD their God, who brought forth their fathers out of the land of Egypt, and have taken hold upon other gods, and have worshipped them, and served them: therefore hath the LORD brought upon them all this evil.

10 ¶ And it came to pass at the end of twenty years, when Solomon had built the two houses, the house of the LORD, and the king's house,

11 (*Now* Hiram the king of Tyre had furnished Solomon with cedar trees and fir trees, and with gold, according to all his desire,) that then king Solomon gave Hiram twenty cities in the land of Galilee.

12 And Hiram came out from Tyre to see the cities which Solomon had given him; and they pleased him not.

13 And he said, What cities *are* these which thou hast given me, my brother? And he called them the land of Cabul unto this day.

14 And Hiram sent to the king sixscore talents of gold.

15 ¶ And this *is* the reason of the levy which king Solomon raised; for to build the house of the LORD, and his own house, and Millo, and the wall of Jerusalem, and Hazor, and Megiddo, and Gezer.

16 *For* Pharaoh king of Egypt had gone up, and taken Gezer, and burnt it with fire, and slain the Canaanites that dwelt in the city, and given it *for* a present unto his daughter, Solomon's wife.

17 And Solomon built Gezer, and Beth-horon the nether,

18 And Baalath, and Tadmor in the wilderness, in the land,

19 And all the cities of store that Solomon had, and cities for his chariots, and cities for his horsemen, and that which Solomon desired to build in Jerusalem,

הָעָם וַיְבָרֲכוּ אֶת־הַמֶּלֶךְ וַיֵּלְכוּ לְאָהֳלֵיהֶם שְׂמֵחִים וְטוֹבֵי לֵב עַל

9 כָּל־הַטּוֹבָה אֲשֶׁר עָשָׂה יְהוָה לְדָוִד עַבְדּוֹ וּלְיִשְׂרָאֵל עַמּוֹ: וַיְהִי כְּכַלּוֹת שְׁלֹמֹה לִבְנוֹת אֶת־בֵּית־יְהוָה וְאֶת־בֵּית הַמֶּלֶךְ וְאֵת כָּל־ חֵשֶׁק שְׁלֹמֹה אֲשֶׁר חָפֵץ לַעֲשׂוֹת:

2 וַיֵּרָא יְהוָה אֶל־שְׁלֹמֹה שֵׁנִית כַּאֲשֶׁר נִרְאָה אֵלָיו בְּגִבְעוֹן: וַיֹּאמֶר 3 יְהוָה אֵלָיו שָׁמַעְתִּי אֶת־תְּפִלָּתְךָ וְאֶת־תְּחִנָּתְךָ אֲשֶׁר הִתְחַנַּנְתָּה לְפָנַי הִקְדַּשְׁתִּי אֶת־הַבַּיִת הַזֶּה אֲשֶׁר בָּנִתָה לָשׂוּם־שְׁמִי שָׁם עַד־עוֹלָם

4 וְהָיוּ עֵינַי וְלִבִּי שָׁם כָּל־הַיָּמִים: וְאַתָּה אִם־תֵּלֵךְ לְפָנַי כַּאֲשֶׁר הָלַךְ דָּוִד אָבִיךָ בְּתָם־לֵבָב וּבְיֹשֶׁר לַעֲשׂוֹת כְּכֹל אֲשֶׁר צִוִּיתִיךָ חֻקַּי

5 וּמִשְׁפָּטַי תִּשְׁמֹר: וַהֲקִמֹתִי אֶת־כִּסֵּא מַמְלַכְתְּךָ עַל־יִשְׂרָאֵל לְעֹלָם כַּאֲשֶׁר דִּבַּרְתִּי עַל־דָּוִד אָבִיךָ לֵאמֹר לֹא־יִכָּרֵת לְךָ אִישׁ מֵעַל כִּסֵּא

6 יִשְׂרָאֵל: אִם־שׁוֹב תְּשֻׁבוּן אַתֶּם וּבְנֵיכֶם מֵאַחֲרַי וְלֹא תִשְׁמְרוּ מִצְוֹתַי חֻקֹּתַי אֲשֶׁר נָתַתִּי לִפְנֵיכֶם וַהֲלַכְתֶּם וַעֲבַדְתֶּם אֱלֹהִים אֲחֵרִים

7 וְהִשְׁתַּחֲוִיתֶם לָהֶם: וְהִכְרַתִּי אֶת־יִשְׂרָאֵל מֵעַל פְּנֵי הָאֲדָמָה אֲשֶׁר נָתַתִּי לָהֶם וְאֶת־הַבַּיִת אֲשֶׁר הִקְדַּשְׁתִּי לִשְׁמִי אֲשַׁלַּח מֵעַל פָּנָי וְהָיָה

8 יִשְׂרָאֵל לְמָשָׁל וְלִשְׁנִינָה בְּכָל־הָעַמִּים: וְהַבַּיִת הַזֶּה יִהְיֶה עֶלְיוֹן כָּל־ עֹבֵר עָלָיו יִשֹּׁם וְשָׁרָק וְאָמְרוּ עַל־מֶה עָשָׂה יְהוָה כָּכָה לָאָרֶץ הַזֹּאת

9 וְלַבַּיִת הַזֶּה: וְאָמְרוּ עַל אֲשֶׁר עָזְבוּ אֶת־יְהוָה אֱלֹהֵיהֶם אֲשֶׁר הוֹצִיא אֶת־אֲבֹתָם מֵאֶרֶץ מִצְרַיִם וַיַּחֲזִקוּ בֵּאלֹהִים אֲחֵרִים וישתחו לָהֶם וַיַּעַבְדֻם עַל־כֵּן הֵבִיא יְהוָה עֲלֵיהֶם אֵת כָּל־הָרָעָה הַזֹּאת: 9A   וַיִּשְׁתַּחֲווּ

10 וַיְהִי מִקְצֵה עֶשְׂרִים שָׁנָה אֲשֶׁר־בָּנָה שְׁלֹמֹה אֶת־שְׁנֵי הַבָּתִּים אֶת־

11 בֵּית יְהוָה וְאֶת־בֵּית הַמֶּלֶךְ: חִירָם מֶלֶךְ־צֹר נִשָּׂא אֶת־שְׁלֹמֹה בַּעֲצֵי אֲרָזִים וּבַעֲצֵי בְרוֹשִׁים וּבַזָּהָב לְכָל־חֶפְצוֹ אָז יִתֵּן הַמֶּלֶךְ שְׁלֹמֹה

12 לְחִירָם עֶשְׂרִים עִיר בְּאֶרֶץ הַגָּלִיל: וַיֵּצֵא חִירָם מִצֹּר לִרְאוֹת אֶת־

13 הֶעָרִים אֲשֶׁר נָתַן־לוֹ שְׁלֹמֹה וְלֹא יָשְׁרוּ בְּעֵינָיו: וַיֹּאמֶר מָה הֶעָרִים הָאֵלֶּה אֲשֶׁר־נָתַתָּה לִּי אָחִי וַיִּקְרָא לָהֶם אֶרֶץ כָּבוּל עַד הַיּוֹם הַזֶּה:

14 וַיִּשְׁלַח חִירָם לַמֶּלֶךְ מֵאָה וְעֶשְׂרִים כִּכַּר זָהָב: וְזֶה דְבַר־הַמַּס 15 אֲשֶׁר־הֶעֱלָה הַמֶּלֶךְ שְׁלֹמֹה לִבְנוֹת אֶת־בֵּית יְהוָה וְאֶת־בֵּיתוֹ וְאֶת־

16 הַמִּלּוֹא וְאֵת חוֹמַת יְרוּשָׁלָ͏ִם וְאֶת־חָצֹר וְאֶת־מְגִדּוֹ וְאֶת־גָּזֶר: פַּרְעֹה מֶלֶךְ־מִצְרַיִם עָלָה וַיִּלְכֹּד אֶת־גֶּזֶר וַיִּשְׂרְפָהּ בָּאֵשׁ וְאֶת־הַכְּנַעֲנִי הַיֹּשֵׁב

17 בָּעִיר הָרָג וַיִּתְּנָהּ שִׁלֻּחִים לְבִתּוֹ אֵשֶׁת שְׁלֹמֹה: וַיִּבֶן שְׁלֹמֹה אֶת־גָּזֶר

18 וְאֶת־בֵּית חֹרֹן תַּחְתּוֹן: וְאֶת־בַּעֲלָת וְאֶת־תָּמָר בַּמִּדְבָּר בָּאָרֶץ: וְאֵת   תַּדְמֹר 19 כָּל־עָרֵי הַמִּסְכְּנוֹת אֲשֶׁר הָיוּ לִשְׁלֹמֹה וְאֵת עָרֵי הָרֶכֶב וְאֵת עָרֵי הַפָּרָשִׁים וְאֵת חֵשֶׁק שְׁלֹמֹה אֲשֶׁר חָשַׁק לִבְנוֹת בִּירוּשָׁלַ͏ִם וּבַלְּבָנוֹן

and in Lebanon, and in all the land of his dominion.

20 *And* all the people *that were* left of the Amorites, Hittites, Perizzites, Hivites, and Jebusites, which *were* not of the children of Israel,

21 Their children that were left after them in the land, whom the children of Israel also were not able utterly to destroy, upon those did Solomon levy a tribute of bondservice unto this day.

22 But of the children of Israel did Solomon make no bondmen: but they *were* men of war, and his servants, and his princes, and his captains, and rulers of his chariots, and his horsemen.

23 These *were* the chief of the officers that *were* over Solomon's work, five hundred and fifty, which bare rule over the people that wrought in the work.

24 ¶ But Pharaoh's daughter came up out of the city of David unto her house which *Solomon* had built for her: then did he build Millo.

25 ¶ And three times in a year did Solomon offer burnt offerings and peace offerings upon the altar which he built unto the LORD, and he burnt incense upon the altar that *was* before the LORD. So he finished the house.

26 ¶ And king Solomon made a navy of ships in Ezion-geber, which *is* beside Eloth, on the shore of the Red sea, in the land of Edom.

27 And Hiram sent in the navy his servants, shipmen that had knowledge of the sea, with the servants of Solomon.

28 And they came to Ophir, and fetched from thence gold, four hundred and twenty talents, and brought *it* to king Solomon.

CHAPTER 10

1 And when the queen of Sheba heard of the fame of Solomon concerning the name of the LORD, she came to prove him with hard questions.

2 And she came to Jerusalem with a very great train, with camels that bare spices, and very much gold, and precious stones:

and when she was come to Solomon, she communed with him of all that was in her heart.

3 And Solomon told her all her questions: there was not *any* thing hid from the king, which he told her not.

4 And when the queen of Sheba had seen all Solomon's wisdom, and the house that he had built,

5 And the meat of his table, and the sitting of his servants, and the attendance of his ministers, and their apparel, and his cupbearers, and his ascent by which he went up unto the house of the LORD; there was no more spirit in her.

6 And she said to the king, It was a true report that I heard in mine own land of thy acts and of thy wisdom.

7 Howbeit I believed not the words, until I came, and mine eyes had seen *it:* and, behold, the half was not told me: thy wisdom and prosperity exceedeth the fame which I heard.

8 Happy *are* thy men, happy *are* these thy servants, which stand continually before thee, *and* that hear thy wisdom.

9 Blessed be the LORD thy God, which delighted in thee, to set thee on the throne of Israel: because the LORD loved Israel for ever, therefore made he thee king, to do judgment and justice.

10 And she gave the king an hundred and twenty talents of gold, and of spices very great store, and precious stones: there came no more such abundance of spices as these which the queen of Sheba gave to king Solomon.

11 And the navy also of Hiram, that brought gold from Ophir, brought in from Ophir great plenty of almug trees, and precious stones.

12 And the king made of the almug trees pillars for the house of the LORD, and for the king's house, harps also and psalteries for singers: there came no such almug trees, nor were seen unto this day.

13 And king Solomon gave unto the queen of Sheba all her desire, whatsoever she asked, beside *that* which Solomon gave her of his royal bounty. So she turned

20 וּבְכֹל אֶרֶץ מֶמְשַׁלְתּוֹ: כָּל־הָעָם הַנּוֹתָר מִן־הָאֱמֹרִי הַחִתִּי הַפְּרִזִּי

21 הַחִוִּי וְהַיְבוּסִי אֲשֶׁר לֹא־מִבְּנֵי יִשְׂרָאֵל הֵמָּה: בְּנֵיהֶם אֲשֶׁר נֹתְרוּ
אַחֲרֵיהֶם בָּאָרֶץ אֲשֶׁר לֹא־יָכְלוּ בְּנֵי יִשְׂרָאֵל לְהַחֲרִימָם וַיַּעֲלֵם שְׁלֹמֹה

22 לְמַס־עֹבֵד עַד הַיּוֹם הַזֶּה: וּמִבְּנֵי יִשְׂרָאֵל לֹא־נָתַן שְׁלֹמֹה עָבֶד כִּי־
הֵם אַנְשֵׁי הַמִּלְחָמָה וַעֲבָדָיו וְשָׂרָיו וְשָׁלִשָׁיו וְשָׂרֵי רִכְבּוֹ

23A
23 וּפָרָשָׁיו: אֵלֶּה׀ שָׂרֵי הַנִּצָּבִים אֲשֶׁר עַל־הַמְּלָאכָה לִשְׁלֹמֹה

24 חֲמִשִּׁים וַחֲמֵשׁ מֵאוֹת הָרֹדִים בָּעָם הָעֹשִׂים בַּמְּלָאכָה: אַךְ בַּת־
פַּרְעֹה עָלְתָה מֵעִיר דָּוִד אֶל־בֵּיתָהּ אֲשֶׁר בָּנָה־לָהּ אָז בָּנָה אֶת־

25 הַמִּלּוֹא: וְהֶעֱלָה שְׁלֹמֹה שָׁלֹשׁ פְּעָמִים בַּשָּׁנָה עֹלוֹת וּשְׁלָמִים עַל־
הַמִּזְבֵּחַ אֲשֶׁר בָּנָה לַיהוָה וְהַקְטֵיר אִתּוֹ אֲשֶׁר לִפְנֵי יְהוָה וְשִׁלַּם אֶת־

26 הַבָּיִת: וָאֳנִי עָשָׂה הַמֶּלֶךְ שְׁלֹמֹה בְּעֶצְיוֹן־גֶּבֶר אֲשֶׁר אֶת־אֵלוֹת עַל־

27 שְׂפַת יַם־סוּף בְּאֶרֶץ אֱדוֹם: וַיִּשְׁלַח חִירָם בָּאֳנִי אֶת־עֲבָדָיו אַנְשֵׁי

28 אֳנִיּוֹת יֹדְעֵי הַיָּם עִם עַבְדֵי שְׁלֹמֹה: וַיָּבֹאוּ אוֹפִירָה וַיִּקְחוּ מִשָּׁם זָהָב
אַרְבַּע־מֵאוֹת וְעֶשְׂרִים כִּכָּר וַיָּבִאוּ אֶל־הַמֶּלֶךְ שְׁלֹמֹה:

10 1 וּמַלְכַּת־שְׁבָא שֹׁמַעַת אֶת־שֵׁמַע שְׁלֹמֹה לְשֵׁם יְהוָה וַתָּבֹא לְנַסֹּתוֹ

2 בְּחִידוֹת: וַתָּבֹא יְרוּשָׁלְַמָה בְּחַיִל כָּבֵד מְאֹד גְּמַלִּים נֹשְׂאִים בְּשָׂמִים
וְזָהָב רַב־מְאֹד וְאֶבֶן יְקָרָה וַתָּבֹא אֶל־שְׁלֹמֹה וַתְּדַבֵּר אֵלָיו אֵת כָּל־

3 אֲשֶׁר הָיָה עִם־לְבָבָהּ: וַיַּגֶּד־לָהּ שְׁלֹמֹה אֶת־כָּל־דְּבָרֶיהָ לֹא־הָיָה דָּבָר

4 נֶעְלָם מִן־הַמֶּלֶךְ אֲשֶׁר לֹא הִגִּיד לָהּ: וַתֵּרֶא מַלְכַּת־שְׁבָא אֵת כָּל־

5 חָכְמַת שְׁלֹמֹה וְהַבַּיִת אֲשֶׁר בָּנָה: וּמַאֲכַל שֻׁלְחָנוֹ וּמוֹשַׁב עֲבָדָיו
וּמַעֲמַד מְשָׁרְתוֹ וּמַלְבֻּשֵׁיהֶם וּמַשְׁקָיו וְעֹלָתוֹ אֲשֶׁר יַעֲלֶה בֵּית יְהוָה   מְשָׁרְתָיו

6 וְלֹא־הָיָה בָהּ עוֹד רוּחַ: וַתֹּאמֶר אֶל־הַמֶּלֶךְ אֱמֶת הָיָה הַדָּבָר אֲשֶׁר

7 שָׁמַעְתִּי בְּאַרְצִי עַל־דְּבָרֶיךָ וְעַל־חָכְמָתֶךָ: וְלֹא־הֶאֱמַנְתִּי לַדְּבָרִים עַד
אֲשֶׁר־בָּאתִי וַתִּרְאֶינָה עֵינַי וְהִנֵּה לֹא־הֻגַּד־לִי הַחֵצִי הוֹסַפְתָּ חָכְמָה

8 וָטוֹב אֶל־הַשְּׁמוּעָה אֲשֶׁר שָׁמָעְתִּי: אַשְׁרֵי אֲנָשֶׁיךָ אַשְׁרֵי עֲבָדֶיךָ

9 אֵלֶּה הָעֹמְדִים לְפָנֶיךָ תָּמִיד הַשֹּׁמְעִים אֶת־חָכְמָתֶךָ: יְהִי יְהוָה
אֱלֹהֶיךָ בָּרוּךְ אֲשֶׁר חָפֵץ בְּךָ לְתִתְּךָ עַל־כִּסֵּא יִשְׂרָאֵל בְּאַהֲבַת יְהוָה

10 אֶת־יִשְׂרָאֵל לְעֹלָם וַיְשִׂימְךָ לְמֶלֶךְ לַעֲשׂוֹת מִשְׁפָּט וּצְדָקָה: וַתִּתֵּן
לַמֶּלֶךְ מֵאָה וְעֶשְׂרִים׀ כִּכַּר זָהָב וּבְשָׂמִים הַרְבֵּה מְאֹד וְאֶבֶן יְקָרָה
לֹא־בָא כַבֹּשֶׂם הַהוּא עוֹד לָרֹב אֲשֶׁר־נָתְנָה מַלְכַּת־שְׁבָא לַמֶּלֶךְ

11 שְׁלֹמֹה: וְגַם אֳנִי חִירָם אֲשֶׁר־נָשָׂא זָהָב מֵאוֹפִיר הֵבִיא מֵאֹפִיר עֲצֵי

12 אַלְמֻגִּים הַרְבֵּה מְאֹד וְאֶבֶן יְקָרָה: וַיַּעַשׂ הַמֶּלֶךְ אֶת־עֲצֵי הָאַלְמֻגִּים
מִסְעָד לְבֵית־יְהוָה וּלְבֵית הַמֶּלֶךְ וְכִנֹּרוֹת וּנְבָלִים לַשָּׁרִים לֹא בָא־כֵן

13 עֲצֵי אַלְמֻגִּים וְלֹא נִרְאָה עַד הַיּוֹם הַזֶּה: וְהַמֶּלֶךְ שְׁלֹמֹה נָתַן
לְמַלְכַּת־שְׁבָא אֶת־כָּל־חֶפְצָהּ אֲשֶׁר שָׁאָלָה מִלְּבַד אֲשֶׁר נָתַן־לָהּ כְּיַד

and went to her own country, she and her servants.

14 ¶ Now the weight of gold that came to Solomon in one year was six hundred threescore and six talents of gold,

15 Beside *that he had* of the merchantmen, and of the traffick of the spice merchants, and of all the kings of Arabia, and of the governors of the country.

16 ¶ And king Solomon made two hundred targets *of* beaten gold: six hundred *shekels* of gold went to one target.

17 And *he made* three hundred shields *of* beaten gold; three pound of gold went to one shield: and the king put them in the house of the forest of Lebanon.

18 ¶ Moreover the king made a great throne of ivory, and overlaid it with the best gold.

19 The throne had six steps, and the top of the throne *was* round behind: and *there were* stays on either side on the place of the seat, and two lions stood beside the stays.

20 And twelve lions stood there on the one side and on the other upon the six steps: there was not the like made in any kingdom.

21 ¶ And all king Solomon's drinking vessels *were of* gold, and all the vessels of the house of the forest of Lebanon *were of* pure gold; none *were of* silver: it was nothing accounted of in the days of Solomon.

22 For the king had at sea a navy of Tharshish with the navy of Hiram: once in three years came the navy of Tharshish, bringing gold, and silver, ivory, and apes, and peacocks.

23 So king Solomon exceeded all the kings of the earth for riches and for wisdom.

24 ¶ And all the earth sought to Solomon, to hear his wisdom, which God had put in his heart.

25 And they brought every man his present, vessels of silver, and vessels of gold, and garments, and armour, and spices, horses, and mules, a rate year by year.

26 ¶ And Solomon gathered together chariots and horsemen: and he had a

thousand and four hundred chariots, and twelve thousand horsemen, whom he bestowed in the cities for chariots, and with the king at Jerusalem.

27 And the king made silver *to be* in Jerusalem as stones, and cedars made he *to be* as the sycomore trees that *are* in the vale, for abundance.

28 ¶ And Solomon had horses brought out of Egypt, and linen yarn: the king's merchants received the linen yarn at a price.

29 And a chariot came up and went out of Egypt for six hundred *shekels* of silver, and an horse for an hundred and fifty: and so for all the kings of the Hittites, and for the kings of Syria, did they bring *them* out by their means.

CHAPTER 11

1 But king Solomon loved many strange women, together with the daughter of Pharaoh, women of the Moabites, Ammonites, Edomites, Zidonians, *and* Hittites;

2 Of the nations *concerning* which the LORD said unto the children of Israel, Ye shall not go in to them, neither shall they come in unto you: *for* surely they will turn away your heart after their gods: Solomon clave unto these in love.

3 And he had seven hundred wives, princesses, and three hundred concubines: and his wives turned away his heart.

4 For it came to pass, when Solomon was old, *that* his wives turned away his heart after other gods: and his heart was not perfect with the LORD his God, as *was* the heart of David his father.

5 For Solomon went after Ashtoreth the goddess of the Zidonians, and after Milcom the abomination of the Ammonites.

6 And Solomon did evil in the sight of the LORD, and went not fully after the LORD, as *did* David his father.

7 Then did Solomon build an high place for Chemosh, the abomination of Moab, in the hill that *is* before Jerusalem, and for

14 הַמֶּלֶךְ שְׁלֹמֹה וַתֵּפֶן וַתֵּלֶךְ לְאַרְצָהּ הִיא וַעֲבָדֶיהָ: וַיְהִי
מִשְׁקַל הַזָּהָב אֲשֶׁר־בָּא לִשְׁלֹמֹה בְּשָׁנָה אֶחָת שֵׁשׁ מֵאוֹת שִׁשִּׁים
15 וָשֵׁשׁ כִּכַּר זָהָב: לְבַד מֵאַנְשֵׁי הַתָּרִים וּמִסְחַר הָרֹכְלִים וְכָל־מַלְכֵי
16 הָעֶרֶב וּפַחוֹת הָאָרֶץ: וַיַּעַשׂ הַמֶּלֶךְ שְׁלֹמֹה מָאתַיִם צִנָּה זָהָב שָׁחוּט
17 שֵׁשׁ־מֵאוֹת זָהָב יַעֲלֶה עַל־הַצִּנָּה הָאֶחָת: וּשְׁלֹשׁ־מֵאוֹת מָגִנִּים זָהָב
שָׁחוּט שְׁלֹשֶׁת מָנִים זָהָב יַעֲלֶה עַל־הַמָּגֵן הָאֶחָת וַיִּתְּנֵם הַמֶּלֶךְ בֵּית
יַעַר הַלְּבָנוֹן:
18 וַיַּעַשׂ הַמֶּלֶךְ כִּסֵּא־שֵׁן גָּדוֹל וַיְצַפֵּהוּ זָהָב מוּפָז: שֵׁשׁ מַעֲלוֹת לַכִּסֵּה
19 וְרֹאשׁ־עָגֹל לַכִּסֵּה מֵאַחֲרָיו וְיָדֹת מִזֶּה וּמִזֶּה אֶל־מְקוֹם הַשָּׁבֶת
20 וּשְׁנַיִם אֲרָיוֹת עֹמְדִים אֵצֶל הַיָּדוֹת: וּשְׁנֵים עָשָׂר אֲרָיִים עֹמְדִים
21 שָׁם עַל־שֵׁשׁ הַמַּעֲלוֹת מִזֶּה וּמִזֶּה לֹא־נַעֲשָׂה כֵן לְכָל־מַמְלָכוֹת: וְכֹל
כְּלֵי מַשְׁקֵה הַמֶּלֶךְ שְׁלֹמֹה זָהָב וְכֹל כְּלֵי בֵּית־יַעַר הַלְּבָנוֹן זָהָב סָגוּר
22 אֵין כֶּסֶף לֹא נֶחְשָׁב בִּימֵי שְׁלֹמֹה לִמְאוּמָה: כִּי אֳנִי תַרְשִׁישׁ לַמֶּלֶךְ
בַּיָּם עִם אֳנִי חִירָם אַחַת לְשָׁלֹשׁ שָׁנִים תָּבוֹא| אֳנִי תַרְשִׁישׁ נֹשְׂאֵת
23 זָהָב וָכֶסֶף שֶׁנְהַבִּים וְקֹפִים וְתֻכִּיִּים: וַיִּגְדַּל הַמֶּלֶךְ שְׁלֹמֹה מִכֹּל מַלְכֵי
24 הָאָרֶץ לְעֹשֶׁר וּלְחָכְמָה: וְכָל־הָאָרֶץ מְבַקְשִׁים אֶת־פְּנֵי שְׁלֹמֹה לִשְׁמֹעַ
25 אֶת־חָכְמָתוֹ אֲשֶׁר־נָתַן אֱלֹהִים בְּלִבּוֹ: וְהֵמָּה מְבִאִים אִישׁ מִנְחָתוֹ
כְּלֵי כֶסֶף וּכְלֵי זָהָב וּשְׂלָמוֹת וְנֶשֶׁק וּבְשָׂמִים סוּסִים וּפְרָדִים דְּבַר־
26 שָׁנָה בְּשָׁנָה: וַיֶּאֱסֹף שְׁלֹמֹה רֶכֶב וּפָרָשִׁים וַיְהִי־לוֹ אֶלֶף
וְאַרְבַּע־מֵאוֹת רֶכֶב וּשְׁנֵים־עָשָׂר אֶלֶף פָּרָשִׁים וַיַּנְחֵם בְּעָרֵי הָרֶכֶב
27 וְעִם־הַמֶּלֶךְ בִּירוּשָׁלָ͏ִם: וַיִּתֵּן הַמֶּלֶךְ אֶת־הַכֶּסֶף בִּירוּשָׁלַ͏ִם כָּאֲבָנִים
28 וְאֵת הָאֲרָזִים נָתַן כַּשִּׁקְמִים אֲשֶׁר־בַּשְּׁפֵלָה לָרֹב: וּמוֹצָא הַסּוּסִים
אֲשֶׁר לִשְׁלֹמֹה מִמִּצְרָיִם וּמִקְוֵה סֹחֲרֵי הַמֶּלֶךְ יִקְחוּ מִקְוֵה בִּמְחִיר:
29 וַתַּעֲלֶה וַתֵּצֵא מֶרְכָּבָה מִמִּצְרַיִם בְּשֵׁשׁ מֵאוֹת כֶּסֶף וְסוּס בַּחֲמִשִּׁים
וּמֵאָה וְכֵן לְכָל־מַלְכֵי הַחִתִּים וּלְמַלְכֵי אֲרָם בְּיָדָם יֹצִאוּ:

11 וְהַמֶּלֶךְ שְׁלֹמֹה אָהַב נָשִׁים נָכְרִיּוֹת רַבּוֹת וְאֶת־בַּת־פַּרְעֹה מוֹאֲבִיּוֹת
2 עַמֳּנִיּוֹת אֲדֹמִיֹּת צֵדְנִיֹּת חִתִּיֹּת: מִן־הַגּוֹיִם אֲשֶׁר אָמַר־יְהוָה אֶל־בְּנֵי
יִשְׂרָאֵל לֹא־תָבֹאוּ בָהֶם וְהֵם לֹא־יָבֹאוּ בָכֶם אָכֵן יַטּוּ אֶת־לְבַבְכֶם
3 אַחֲרֵי אֱלֹהֵיהֶם בָּהֶם דָּבַק שְׁלֹמֹה לְאַהֲבָה: וַיְהִי־לוֹ נָשִׁים שָׂרוֹת
4 שְׁבַע מֵאוֹת וּפִלַגְשִׁים שְׁלֹשׁ מֵאוֹת וַיַּטּוּ נָשָׁיו אֶת־לִבּוֹ: וַיְהִי לְעֵת
זִקְנַת שְׁלֹמֹה נָשָׁיו הִטּוּ אֶת־לְבָבוֹ אַחֲרֵי אֱלֹהִים אֲחֵרִים וְלֹא־הָיָה
5 לְבָבוֹ שָׁלֵם עִם־יְהוָה אֱלֹהָיו כִּלְבַב דָּוִיד אָבִיו: וַיֵּלֶךְ שְׁלֹמֹה אַחֲרֵי
6 עַשְׁתֹּרֶת אֱלֹהֵי צִדֹנִים וְאַחֲרֵי מִלְכֹּם שִׁקֻּץ עַמֹּנִים: וַיַּעַשׂ שְׁלֹמֹה
7 הָרַע בְּעֵינֵי יְהוָה וְלֹא מִלֵּא אַחֲרֵי יְהוָה כְּדָוִד אָבִיו: אָז
יִבְנֶה שְׁלֹמֹה בָּמָה לִכְמוֹשׁ שִׁקֻּץ מוֹאָב בָּהָר אֲשֶׁר עַל־פְּנֵי יְרוּשָׁלָ͏ִם

Molech, the abomination of the children of Ammon.

8 And likewise did he for all his strange wives, which burnt incense and sacrificed unto their gods.

9 ¶ And the LORD was angry with Solomon, because his heart was turned from the LORD God of Israel, which had appeared unto him twice,

10 And had commanded him concerning this thing, that he should not go after other gods: but he kept not that which the LORD commanded.

11 Wherefore the LORD said unto Solomon, Forasmuch as this is done of thee, and thou hast not kept my covenant and my statutes, which I have commanded thee, I will surely rend the kingdom from thee, and will give it to thy servant.

12 Notwithstanding in thy days I will not do it for David thy father's sake: *but* I will rend it out of the hand of thy son.

13 Howbeit I will not rend away all the kingdom; *but* will give one tribe to thy son for David my servant's sake, and for Jerusalem's sake which I have chosen.

14 ¶ And the LORD stirred up an adversary unto Solomon, Hadad the Edomite: he *was* of the king's seed in Edom.

15 For it came to pass, when David was in Edom, and Joab the captain of the host was gone up to bury the slain, after he had smitten every male in Edom;

16 (For six months did Joab remain there with all Israel, until he had cut off every male in Edom:)

17 That Hadad fled, he and certain Edomites of his father's servants with him, to go into Egypt; Hadad *being* yet a little child.

18 And they arose out of Midian, and came to Paran: and they took men with them out of Paran, and they came to Egypt, unto Pharaoh king of Egypt; which gave him an house, and appointed him victuals, and gave him land.

19 And Hadad found great favour in the sight of Pharaoh, so that he gave him to wife the sister of his own wife, the sister of Tahpenes the queen.

20 And the sister of Tahpenes bare him Genubath his son, whom Tahpenes weaned in Pharaoh's house: and Genubath was in Pharaoh's household among the sons of Pharaoh.

21 And when Hadad heard in Egypt that David slept with his fathers, and that Joab the captain of the host was dead, Hadad said to Pharaoh, Let me depart, that I may go to mine own country.

22 Then Pharaoh said unto him, But what hast thou lacked with me, that, behold, thou seekest to go to thine own country? And he answered, Nothing: howbeit let me go in any wise.

23 ¶ And God stirred him up *another* adversary, Rezon the son of Eliadah, which fled from his lord Hadadezer king of Zobah:

24 And he gathered men unto him, and became captain over a band, when David slew them *of Zobah:* and they went to Damascus, and dwelt therein, and reigned in Damascus.

25 And he was an adversary to Israel all the days of Solomon, beside the mischief that Hadad *did:* and he abhorred Israel, and reigned over Syria.

26 ¶ And Jeroboam the son of Nebat, an Ephrathite of Zereda, Solomon's servant, whose mother's name *was* Zeruah, a widow woman, even he lifted up *his* hand against the king.

27 And this *was* the cause that he lifted up *his* hand against the king: Solomon built Millo, *and* repaired the breaches of the city of David his father.

28 And the man Jeroboam *was* a mighty man of valour: and Solomon seeing the young man that he was industrious, he made him ruler over all the charge of the house of Joseph.

29 And it came to pass at that time when Jeroboam went out of Jerusalem, that the prophet Ahijah the Shilonite found him in the way; and he had clad himself with a new garment; and they two *were* alone in the field:

30 And Ahijah caught the new garment

8 וּלְמֹ֙לֶךְ֙ שִׁקֻּ֣ץ בְּנֵ֣י עַמּ֑וֹן וְכֵ֣ן עָשָׂ֗ה לְכָל־נָשָׁיו֙ הַנָּכְרִיּ֔וֹת מַקְטִיר֥וֹת

9 וּֽמְזַבְּח֖וֹת לֵאלֹֽהֵיהֶֽן׃ וַיִּתְאַנַּ֥ף יְהוָ֖ה בִּשְׁלֹמֹ֑ה כִּֽי־נָטָ֣ה לְבָב֗וֹ מֵעִ֤ם יְהוָה֙

10 אֱלֹהֵ֣י יִשְׂרָאֵ֔ל הַנִּרְאָ֥ה אֵלָ֖יו פַּעֲמָֽיִם׃ וְצִוָּ֤ה אֵלָיו֙ עַל־הַדָּבָ֣ר הַזֶּ֔ה לְבִלְתִּי־לֶ֗כֶת אַחֲרֵ֖י אֱלֹהִ֣ים אֲחֵרִ֑ים וְלֹ֣א שָׁמַ֔ר אֵ֥ת אֲשֶׁר־צִוָּ֖ה יְהוָֽה׃

11 וַיֹּ֨אמֶר יְהוָ֜ה לִשְׁלֹמֹ֗ה יַ֚עַן אֲשֶׁ֣ר הָֽיְתָה־זֹּ֣את עִמָּ֔ךְ וְלֹ֤א שָׁמַ֨רְתָּ֙ בְּרִיתִ֣י וְחֻקֹּתַ֔י אֲשֶׁ֥ר צִוִּ֖יתִי עָלֶ֑יךָ קָרֹ֨עַ אֶקְרַ֤ע אֶת־הַמַּמְלָכָה֙ מֵֽעָלֶ֔יךָ וּנְתַתִּ֖יהָ

12 לְעַבְדֶּֽךָ׃ אַךְ־בְּיָמֶ֙יךָ֙ לֹ֣א אֶעֱשֶׂ֔נָּה לְמַ֖עַן דָּוִ֣ד אָבִ֑יךָ מִיַּ֥ד בִּנְךָ֖

13 אֶקְרָעֶֽנָּה׃ רַ֠ק אֶת־כָּל־הַמַּמְלָכָה֙ לֹ֣א אֶקְרָ֔ע שֵׁ֥בֶט אֶחָ֖ד אֶתֵּ֣ן לִבְנֶ֑ךָ

14 לְמַ֙עַן֙ דָּוִ֣ד עַבְדִּ֔י וּלְמַ֥עַן יְרוּשָׁלַ֖͏ִם אֲשֶׁ֣ר בָּחָֽרְתִּי׃ וַיָּ֨קֶם יְהוָ֤ה שָׂטָן֙

15 לִשְׁלֹמֹ֔ה אֵ֖ת הֲדַ֣ד הָאֲדֹמִ֑י מִזֶּ֧רַע הַמֶּ֛לֶךְ ה֖וּא בֶּאֱדֽוֹם׃ וַיְהִ֗י בִּֽהְי֤וֹת דָּוִד֙ אֶת־אֱד֔וֹם בַּעֲל֗וֹת יוֹאָב֙ שַׂ֣ר הַצָּבָ֔א לְקַבֵּ֖ר אֶת־הַחֲלָלִ֑ים וַיַּ֥ךְ

16 כָּל־זָכָ֖ר בֶּאֱדֽוֹם׃ כִּ֣י שֵׁ֧שֶׁת חֳדָשִׁ֛ים יָֽשַׁב־שָׁ֥ם יוֹאָ֖ב וְכָל־יִשְׂרָאֵ֑ל עַד־

17 הִכְרִ֥ית כָּל־זָכָ֖ר בֶּאֱדֽוֹם׃ וַיִּבְרַ֣ח אֲדַ֗ד הוּא֩ וַאֲנָשִׁ֨ים אֲדֹמִיִּ֜ים מֵעַבְדֵ֥י

18 אָבִ֛יו אִתּ֖וֹ לָב֣וֹא מִצְרָ֑יִם וַהֲדַ֖ד נַ֣עַר קָטָֽן׃ וַיָּקֻ֣מוּ מִמִּדְיָ֗ן וַיָּבֹ֙אוּ֙ פָּארָ֔ן וַיִּקְח֨וּ אֲנָשִׁ֤ים עִמָּם֙ מִפָּארָ֔ן וַיָּבֹ֥אוּ מִצְרַ֖יִם אֶל־פַּרְעֹ֣ה מֶֽלֶךְ־מִצְרַ֑יִם

19 וַיִּתֶּן־ל֣וֹ בַ֗יִת וְלֶ֙חֶם֙ אָ֣מַר ל֔וֹ וְאֶ֖רֶץ נָ֥תַן לֽוֹ׃ וַיִּמְצָא֩ הֲדַ֨ד חֵ֤ן בְּעֵינֵי֙ פַרְעֹה֙ מְאֹ֔ד וַיִּתֶּן־ל֣וֹ אִשָּׁ֔ה אֶת־אֲח֖וֹת אִשְׁתּ֑וֹ אֲח֖וֹת תַּחְפְּנֵ֥יס

20 הַגְּבִירָֽה׃ וַתֵּ֨לֶד ל֜וֹ אֲח֣וֹת תַּחְפְּנֵ֗יס אֵ֚ת גְּנֻבַ֣ת בְּנ֔וֹ וַתִּגְמְלֵ֣הוּ תַחְפְּנֵ֔ס

21 בְּת֖וֹךְ בֵּ֣ית פַּרְעֹ֑ה וַיְהִ֣י גְנֻבַ֗ת בֵּ֤ית פַּרְעֹה֙ בְּת֖וֹךְ בְּנֵ֥י פַרְעֹֽה׃ וַהֲדַ֞ד שָׁמַ֣ע בְּמִצְרַ֗יִם כִּֽי־שָׁכַ֤ב דָּוִד֙ עִם־אֲבֹתָ֔יו וְכִי־מֵ֖ת יוֹאָ֣ב שַׂר־הַצָּבָ֑א

22 וַיֹּ֤אמֶר הֲדַד֙ אֶל־פַּרְעֹ֔ה שַׁלְּחֵ֖נִי וְאֵלֵ֣ךְ אֶל־אַרְצִ֑י וַיֹּ֧אמֶר ל֣וֹ פַרְעֹ֗ה כִּ֠י מָה־אַתָּ֤ה חָסֵר֙ עִמִּ֔י וְהִנְּךָ֥ מְבַקֵּ֖שׁ לָלֶ֣כֶת אֶל־אַרְצֶ֑ךָ וַיֹּ֥אמֶר ׀ לֹ֖א

23 כִּ֥י שַׁלֵּ֖חַ תְּשַׁלְּחֵֽנִי׃ וַיָּ֙קֶם אֱלֹהִ֥ים לוֹ֙ שָׂטָ֔ן אֶת־רְז֖וֹן בֶּן־אֶלְיָדָ֑ע אֲשֶׁ֣ר

24 בָּרַ֗ח מֵאֵ֛ת הֲדַדְעֶ֥זֶר מֶֽלֶךְ־צוֹבָ֖ה אֲדֹנָֽיו׃ וַיִּקְבֹּ֤ץ עָלָיו֙ אֲנָשִׁ֔ים וַיְהִ֤י שַׂר־גְּד֔וּד בַּהֲרֹ֥ג דָּוִ֖ד אֹתָ֑ם וַיֵּלְכ֤וּ דַמֶּ֙שֶׂק֙ וַיֵּ֣שְׁבוּ בָ֔הּ וַיִּמְלְכ֖וּ בְּדַמָּֽשֶׂק׃

25 וַיְהִ֨י שָׂטָ֤ן לְיִשְׂרָאֵל֙ כָּל־יְמֵ֣י שְׁלֹמֹ֔ה וְאֶת־הָרָעָ֖ה אֲשֶׁ֣ר הֲדָ֑ד וַיָּ֙קָץ֙ בְּיִשְׂרָאֵ֔ל וַיִּמְלֹ֖ךְ עַל־אֲרָֽם׃

26 וְיָרָבְעָם֩ בֶּן־נְבָ֨ט אֶפְרָתִ֜י מִן־הַצְּרֵדָ֗ה וְשֵׁ֤ם אִמּוֹ֙ צְרוּעָה֙ אִשָּׁ֣ה אַלְמָנָ֔ה

27 עֶ֖בֶד לִשְׁלֹמֹ֑ה וַיָּ֥רֶם יָ֖ד בַּמֶּֽלֶךְ׃ וְזֶ֣ה הַדָּבָ֔ר אֲשֶׁר־הֵרִ֥ים יָ֖ד בַּמֶּ֑לֶךְ

28 שְׁלֹמֹה֙ בָּנָ֣ה אֶת־הַמִּלּ֔וֹא סָגַ֕ר אֶת־פֶּ֖רֶץ עִ֥יר דָּוִ֥ד אָבִֽיו׃ וְהָאִ֤ישׁ יָרָבְעָם֙ גִּבּ֣וֹר חָ֔יִל וַיַּ֣רְא שְׁלֹמֹ֗ה אֶת־הַנַּ֙עַר֙ כִּֽי־עֹשֵׂ֥ה מְלָאכָ֖ה ה֑וּא

29 וַיַּפְקֵ֣ד אֹת֔וֹ לְכָל־סֵ֖בֶל בֵּ֥ית יוֹסֵֽף׃ וַֽיְהִי֙ בָּעֵ֣ת הַהִ֔יא וְיָרָבְעָ֖ם יָצָ֣א מִירוּשָׁלָ֑͏ִם וַיִּמְצָ֣א אֹת֡וֹ אֲחִיָּה֩ הַשִּׁילֹנִ֨י הַנָּבִ֜יא בַּדֶּ֗רֶךְ

30 וְה֤וּא מִתְכַּסֶּה֙ בְּשַׂלְמָ֣ה חֲדָשָׁ֔ה וּשְׁנֵיהֶ֥ם לְבַדָּ֖ם בַּשָּׂדֶֽה׃ וַיִּתְפֹּ֣שׂ

that *was* on him, and rent it *in* twelve pieces:

31 And he said to Jeroboam, Take thee ten pieces: for thus saith the Lord, the God of Israel, Behold, I will rend the kingdom out of the hand of Solomon, and will give ten tribes to thee:

32 (But he shall have one tribe for my servant David's sake, and for Jerusalem's sake, the city which I have chosen out of all the tribes of Israel:)

33 Because that they have forsaken me, and have worshipped Ashtoreth the goddess of the Zidonians, Chemosh the god of the Moabites, and Milcom the god of the children of Ammon, and have not walked in my ways, to do *that which is* right in mine eyes, and *to keep* my statutes and my judgments, as *did* David his father.

34 Howbeit I will not take the whole kingdom out of his hand: but I will make him prince all the days of his life for David my servant's sake, whom I chose, because he kept my commandments and my statutes:

35 But I will take the kingdom out of his son's hand, and will give it unto thee, *even* ten tribes.

36 And unto his son will I give one tribe, that David my servant may have a light alway before me in Jerusalem, the city which I have chosen me to put my name there.

37 And I will take thee, and thou shalt reign according to all that thy soul desireth, and shalt be king over Israel.

38 And it shall be, if thou wilt hearken unto all that I command thee, and wilt walk in my ways, and do *that is* right in my sight, to keep my statutes and my commandments, as David my servant did; that I will be with thee, and build thee a sure house, as I built for David, and will give Israel unto thee.

39 And I will for this afflict the seed of David, but not for ever.

40 Solomon sought therefore to kill Jeroboam. And Jeroboam arose, and fled into Egypt, unto Shishak king of Egypt, and was in Egypt until the death of Solomon.

41 ¶ And the rest of the acts of Solomon, and all that he did, and his wisdom, *are* they not written in the book of the acts of Solomon?

42 And the time that Solomon reigned in Jerusalem over all Israel *was* forty years.

43 And Solomon slept with his fathers, and was buried in the city of David his father: and Rehoboam his son reigned in his stead.

CHAPTER 12

1 And Rehoboam went to Shechem: for all Israel were come to Shechem to make him king.

2 And it came to pass, when Jeroboam the son of Nebat, who was yet in Egypt, heard *of it*, (for he was fled from the presence of king Solomon, and Jeroboam dwelt in Egypt;)

3 That they sent and called him. And Jeroboam and all the congregation of Israel came, and spake unto Rehoboam, saying,

4 Thy father made our yoke grievous: now therefore make thou the grievous service of thy father, and his heavy yoke which he put upon us, lighter, and we will serve thee.

5 And he said unto them, Depart yet *for* three days, then come again to me. And the people departed.

6 ¶ And king Rehoboam consulted with the old men, that stood before Solomon his father while he yet lived, and said, How do ye advise that I may answer this people?

7 And they spake unto him, saying, If thou wilt be a servant unto this people this day, and wilt serve them, and answer them, and speak good words to them, then they will be thy servants for ever.

8 But he forsook the counsel of the old men, which they had given him, and consulted with the young men that were grown up with him, *and* which stood before him:

9 And he said unto them, What counsel give ye that we may answer this people,

אֲחִיָּ֗ה בַּשַּׂלְמָ֣ה הַחֲדָשָׁ֑ה אֲשֶׁ֣ר עָלָ֔יו וַיִּקְרָעֶ֕הָ שְׁנֵ֥ים עָשָׂ֖ר קְרָעִֽים׃

31 וַיֹּ֙אמֶר֙ לְיָרׇבְעָ֔ם קַח־לְךָ֖ עֲשָׂרָ֣ה קְרָעִ֑ים כִּ֣י כֹ֩ה אָמַ֨ר יְהֹוָ֜ה אֱלֹהֵ֣י יִשְׂרָאֵ֗ל הִנְנִ֤י קֹרֵ֙עַ֙ אֶת־הַמַּמְלָכָ֔ה מִיַּ֖ד שְׁלֹמֹ֑ה וְנָתַתִּ֣י לְךָ֔ אֵ֖ת עֲשָׂרָ֥ה הַשְּׁבָטִֽים׃

32 וְהַשֵּׁ֥בֶט הָאֶחָ֖ד יִֽהְיֶה־לּ֑וֹ לְמַ֣עַן ׀ עַבְדִּ֣י דָוִ֗ד וּלְמַ֙עַן֙ יְר֣וּשָׁלַ֔͏ִם הָעִיר֙ אֲשֶׁ֣ר בָּחַ֣רְתִּי בָ֔הּ מִכֹּ֖ל שִׁבְטֵ֥י יִשְׂרָאֵֽל׃

33 יַ֣עַן ׀ אֲשֶׁ֣ר עֲזָב֗וּנִי וַיִּֽשְׁתַּחֲו֞וּ לְעַשְׁתֹּ֣רֶת֙ אֱלֹהֵ֣י צִֽדֹנִ֔ין לִכְמוֹשׁ֙ אֱלֹהֵ֣י מוֹאָ֔ב וּלְמִלְכֹּ֖ם אֱלֹהֵ֣י בְנֵֽי־עַמּ֑וֹן וְלֹא־הָלְכ֣וּ בִדְרָכַ֗י לַעֲשׂ֨וֹת הַיָּשָׁ֧ר בְּעֵינַ֛י וְחֻקֹּתַ֥י וּמִשְׁפָּטַ֖י כְּדָוִ֥ד אָבִֽיו׃

34 וְלֹֽא־אֶקַּ֥ח אֶת־כׇּל־הַמַּמְלָכָ֖ה מִיָּד֑וֹ כִּ֣י ׀ נָשִׂ֣יא אֲשִׁתֶ֗נּוּ כֹּ֚ל יְמֵ֣י חַיָּ֔יו לְמַ֙עַן֙ דָּוִ֣ד עַבְדִּ֔י אֲשֶׁ֤ר בָּחַ֨רְתִּי֙ אֹת֔וֹ אֲשֶׁ֥ר שָׁמַ֖ר מִצְוֺתַ֥י וְחֻקֹּתָֽי׃

35 וְלָקַחְתִּ֥י הַמְּלוּכָ֖ה מִיַּ֣ד בְּנ֑וֹ וּנְתַתִּ֣יהָ לְּךָ֔ אֵ֖ת עֲשֶׂ֥רֶת הַשְּׁבָטִֽים׃

36 וְלִבְנ֖וֹ אֶתֵּ֣ן שֵֽׁבֶט־אֶחָ֑ד לְמַ֣עַן הֱיֽוֹת־נִ֣יר לְדָֽוִיד־עַבְדִּ֣י כׇּל־הַיָּמִ֣ים ׀ לְפָנַ֗י בִּיר֣וּשָׁלַ֔͏ִם הָעִיר֙ אֲשֶׁ֣ר בָּחַ֣רְתִּי לִ֔י לָשׂ֥וּם שְׁמִ֖י שָֽׁם׃

37 וְאֹתְךָ֣ אֶקַּ֔ח וּמָ֣לַכְתָּ֔ בְּכֹ֥ל אֲשֶׁר־תְּאַוֶּ֖ה נַפְשֶׁ֑ךָ וְהָיִ֥יתָ מֶּ֖לֶךְ עַל־יִשְׂרָאֵֽל׃

38 וְהָיָ֗ה אִם־תִּשְׁמַע֙ אֶת־כׇּל־אֲשֶׁ֣ר אֲצַוֶּ֔ךָּ וְהָלַכְתָּ֣ בִדְרָכַ֗י וְעָשִׂ֨יתָ הַיָּשָׁ֜ר בְּעֵינַ֗י לִשְׁמ֤וֹר חֻקּוֹתַי֙ וּמִצְוֺתַ֔י כַּאֲשֶׁ֥ר עָשָׂ֖ה דָּוִ֣ד עַבְדִּ֑י וְהָיִ֣יתִי עִמָּ֗ךְ וּבָנִ֨יתִי לְךָ֤ בַֽיִת־נֶֽאֱמָן֙ כַּאֲשֶׁ֣ר בָּנִ֣יתִי לְדָוִ֔ד וְנָתַתִּ֥י לְךָ֖ אֶת־יִשְׂרָאֵֽל׃

39 וַֽאעַנֶּ֛ה אֶת־זֶ֥רַע דָּוִ֖ד לְמַ֣עַן זֹ֑את אַ֖ךְ לֹ֥א כׇּל־הַיָּמִֽים׃

40 וַיְבַקֵּ֥שׁ שְׁלֹמֹ֖ה לְהָמִ֣ית אֶת־יָרׇבְעָ֑ם וַיָּ֣קׇם יָרׇבְעָ֡ם וַיִּבְרַ֣ח מִצְרַ֩יִם֩ אֶל־שִׁישַׁ֨ק מֶֽלֶךְ־מִצְרַ֜יִם וַיְהִ֣י בְמִצְרַ֔יִם עַד־מ֖וֹת שְׁלֹמֹֽה׃

41 וְיֶ֨תֶר דִּבְרֵ֧י שְׁלֹמֹ֛ה וְכׇל־אֲשֶׁ֥ר עָשָׂ֖ה וְחׇכְמָת֑וֹ הֲלֽוֹא־הֵ֣ם כְּתֻבִ֔ים עַל־סֵ֖פֶר דִּבְרֵ֥י שְׁלֹמֹֽה׃

42 וְהַיָּמִ֗ים אֲשֶׁר֩ מָלַ֨ךְ שְׁלֹמֹ֤ה בִירֽוּשָׁלַ֙͏ִם֙ עַל־כׇּל־יִשְׂרָאֵ֔ל אַרְבָּעִ֖ים שָׁנָֽה׃

43 וַיִּשְׁכַּ֤ב שְׁלֹמֹה֙ עִם־אֲבֹתָ֔יו וַיִּקָּבֵ֕ר בְּעִ֖יר דָּוִ֣ד אָבִ֑יו וַיִּמְלֹ֛ךְ רְחַבְעָ֥ם בְּנ֖וֹ תַּחְתָּֽיו׃

12 1 וַיֵּ֥לֶךְ רְחַבְעָ֖ם שְׁכֶ֑ם כִּ֥י שְׁכֶ֛ם בָּ֥א כׇל־יִשְׂרָאֵ֖ל לְהַמְלִ֥יךְ אֹתֽוֹ׃

2 וַיְהִ֞י כִּשְׁמֹ֣עַ ׀ יָרׇבְעָ֣ם בֶּן־נְבָ֗ט וְהוּא֙ עוֹדֶ֣נּוּ בְמִצְרַ֔יִם אֲשֶׁ֣ר בָּרַ֔ח מִפְּנֵ֖י הַמֶּ֣לֶךְ שְׁלֹמֹ֑ה וַיֵּ֥שֶׁב יָרׇבְעָ֖ם בְּמִצְרָֽיִם׃

וַיָּבֹ֥א

3 וַֽיִּשְׁלְחוּ֙ וַיִּקְרְאוּ־ל֔וֹ וַיָּבֹ֥אוּ יָרׇבְעָ֖ם וְכׇל־קְהַ֣ל יִשְׂרָאֵ֑ל וַֽיְדַבְּר֔וּ אֶל־רְחַבְעָ֖ם לֵאמֹֽר׃

4 אָבִ֖יךָ הִקְשָׁ֣ה אֶת־עֻלֵּ֑נוּ וְאַתָּ֡ה עַתָּ֣ה הָקֵל֩ מֵעֲבֹדַ֨ת אָבִ֜יךָ הַקָּשָׁ֗ה וּמֵעֻלּ֧וֹ הַכָּבֵ֛ד אֲשֶׁר־נָתַ֥ן עָלֵ֖ינוּ וְנַעַבְדֶֽךָּ׃

5 וַיֹּ֣אמֶר אֲלֵיהֶ֗ם לְכ֥וּ עֹ֛ד שְׁלֹשָׁ֥ה יָמִ֖ים וְשׁ֣וּבוּ אֵלָ֑י וַיֵּלְכ֖וּ הָעָֽם׃

6 וַיִּוָּעַ֞ץ הַמֶּ֣לֶךְ רְחַבְעָ֗ם אֶת־הַזְּקֵנִים֙ אֲשֶׁר־הָי֣וּ עֹמְדִ֗ים אֶת־פְּנֵי֙ שְׁלֹמֹ֣ה אָבִ֔יו בִּֽהְיֹת֥וֹ חַ֖י לֵאמֹ֑ר אֵ֚יךְ אַתֶּ֣ם נֽוֹעָצִ֔ים לְהָשִׁ֥יב אֶת־הָעָם־הַזֶּ֖ה דָּבָֽר׃

וַיְדַבְּר֣וּ

7 וַיְדַבֵּ֨ר אֵלָ֜יו לֵאמֹ֗ר אִם־הַ֠יּ֠וֹם תִּֽהְיֶה־עֶ֜בֶד לָעָ֤ם הַזֶּה֙ וַעֲבַדְתָּ֔ם וַעֲנִיתָ֕ם וְדִבַּרְתָּ֥ אֲלֵיהֶ֖ם דְּבָרִ֣ים טוֹבִ֑ים וְהָי֥וּ לְךָ֛ עֲבָדִ֖ים כׇּל־הַיָּמִֽים׃

8 וַֽיַּעֲזֹ֛ב אֶת־עֲצַ֥ת הַזְּקֵנִ֖ים אֲשֶׁ֣ר יְעָצֻ֑הוּ וַיִּוָּעַ֗ץ אֶת־הַיְלָדִים֙ אֲשֶׁ֣ר גָּדְל֣וּ אִתּ֔וֹ אֲשֶׁ֥ר הָעֹמְדִ֖ים לְפָנָֽיו׃

9 וַיֹּ֣אמֶר אֲלֵיהֶ֗ם מָ֚ה אַתֶּ֣ם נֽוֹעָצִ֔ים וְנָשִׁ֥יב

who have spoken to me, saying, Make the yoke which thy father did put upon us lighter?

10 And the young men that were grown up with him spake unto him, saying, Thus shalt thou speak unto this people that spake unto thee, saying, Thy father made our yoke heavy, but make thou *it* lighter unto us; thus shalt thou say unto them, My little *finger* shall be thicker than my father's loins.

11 And now whereas my father did lade you with a heavy yoke, I will add to your yoke: my father hath chastised you with whips, but I will chastise you with scorpions.

12 ¶ So Jeroboam and all the people came to Rehoboam the third day, as the king had appointed, saying, Come to me again the third day.

13 And the king answered the people roughly, and forsook the old men's counsel that they gave him;

14 And spake to them after the counsel of the young men, saying, My father made your yoke heavy, and I will add to your yoke: my father *also* chastised you with whips, but I will chastise you with scorpions.

15 Wherefore the king hearkened not unto the people; for the cause was from the LORD, that he might perform his saying, which the LORD spake by Ahijah the Shilonite unto Jeroboam the son of Nebat.

16 ¶ So when all Israel saw that the king hearkened not unto them, the people answered the king, saying, What portion have we in David? neither *have we* inheritance in the son of Jesse: to your tents, O Israel: now see to thine own house, David. So Israel departed unto their tents.

17 But *as for* the children of Israel which dwelt in the cities of Judah, Rehoboam reigned over them.

18 Then king Rehoboam sent Adoram, who *was* over the tribute; and all Israel stoned him with stones, that he died.

Therefore king Rehoboam made speed to get him up to his chariot, to flee to Jerusalem.

19 So Israel rebelled against the house of David unto this day.

20 And it came to pass, when all Israel heard that Jeroboam was come again, that they sent and called him unto the congregation, and made him king over all Israel: there was none that followed the house of David, but the tribe of Judah only.

21 ¶ And when Rehoboam was come to Jerusalem, he assembled all the house of Judah, with the tribe of Benjamin, an hundred and fourscore thousand chosen men, which were warriors, to fight against the house of Israel, to bring the kingdom again to Rehoboam the son of Solomon.

22 But the word of God came unto Shemaiah the man of God, saying,

23 Speak unto Rehoboam, the son of Solomon, king of Judah, and unto all the house of Judah and Benjamin, and to the remnant of the people, saying,

24 Thus saith the LORD, Ye shall not go up, nor fight against your brethren the children of Israel: return every man to his house; for this thing is from me. They hearkened therefore to the word of the LORD, and returned to depart, according to the word of the LORD.

25 ¶ Then Jeroboam built Shechem in mount Ephraim, and dwelt therein; and went out from thence, and built Penuel.

26 And Jeroboam said in his heart, Now shall the kingdom return to the house of David:

27 If this people go up to do sacrifice in the house of the LORD at Jerusalem, then shall the heart of this people turn again unto their lord, *even* unto Rehoboam king of Judah, and they shall kill me, and go again to Rehoboam king of Judah.

28 Whereupon the king took counsel, and made two calves *of* gold, and said

דִּבֶּר אֶת־הָעָם הַזֶּה אֲשֶׁר דִּבְּרוּ אֵלַי לֵאמֹר הָקֵל מִן־הָעֹל אֲשֶׁר־נָתַן

10 אָבִיךָ עָלֵינוּ: וַיְדַבְּרוּ אֵלָיו הַיְלָדִים אֲשֶׁר גָּדְלוּ אִתּוֹ לֵאמֹר כֹּה־

תֹאמַר לָעָם הַזֶּה אֲשֶׁר דִּבְּרוּ אֵלֶיךָ לֵאמֹר אָבִיךָ הִכְבִּיד אֶת־עֻלֵּנוּ

וְאַתָּה הָקֵל מֵעָלֵינוּ כֹּה תְּדַבֵּר אֲלֵיהֶם קָטָנִּי עָבָה מִמָּתְנֵי אָבִי:

11 וְעַתָּה אָבִי הֶעְמִיס עֲלֵיכֶם עֹל כָּבֵד וַאֲנִי אוֹסִיף עַל־עֻלְּכֶם אָבִי

12 יִסַּר אֶתְכֶם בַּשּׁוֹטִים וַאֲנִי אֲיַסֵּר אֶתְכֶם בָּעַקְרַבִּים: וַיָּבוֹ יָרָבְעָם   וַיָּבוֹא

וְכָל־הָעָם אֶל־רְחַבְעָם בַּיּוֹם הַשְּׁלִישִׁי כַּאֲשֶׁר דִּבֶּר הַמֶּלֶךְ לֵאמֹר

13 שׁוּבוּ אֵלַי בַּיּוֹם הַשְּׁלִישִׁי: וַיַּעַן הַמֶּלֶךְ אֶת־הָעָם קָשָׁה וַיַּעֲזֹב אֶת־

14 עֲצַת הַזְּקֵנִים אֲשֶׁר יְעָצֻהוּ: וַיְדַבֵּר אֲלֵיהֶם כַּעֲצַת הַיְלָדִים לֵאמֹר

אָבִי הִכְבִּיד אֶת־עֻלְּכֶם וַאֲנִי אֹסִיף עַל־עֻלְּכֶם אָבִי יִסַּר אֶתְכֶם

15 בַּשּׁוֹטִים וַאֲנִי אֲיַסֵּר אֶתְכֶם בָּעַקְרַבִּים: וְלֹא־שָׁמַע הַמֶּלֶךְ אֶל־הָעָם

כִּי־הָיְתָה סִבָּה מֵעִם יְהוָה לְמַעַן הָקִים אֶת־דְּבָרוֹ אֲשֶׁר דִּבֶּר יְהוָה

16 בְּיַד אֲחִיָּה הַשִּׁילֹנִי אֶל־יָרָבְעָם בֶּן־נְבָט: וַיַּרְא כָּל־יִשְׂרָאֵל כִּי לֹא־

שָׁמַע הַמֶּלֶךְ אֲלֵיהֶם וַיָּשִׁבוּ הָעָם אֶת־הַמֶּלֶךְ דָּבָר לֵאמֹר מַה־לָּנוּ

חֵלֶק בְּדָוִד וְלֹא־נַחֲלָה בְּבֶן־יִשַׁי לְאֹהָלֶיךָ יִשְׂרָאֵל עַתָּה רְאֵה בֵיתְךָ

17 דָוִד וַיֵּלֶךְ יִשְׂרָאֵל לְאֹהָלָיו: וּבְנֵי יִשְׂרָאֵל הַיֹּשְׁבִים בְּעָרֵי יְהוּדָה

וַיִּמְלֹךְ עֲלֵיהֶם רְחַבְעָם:

18 וַיִּשְׁלַח הַמֶּלֶךְ רְחַבְעָם אֶת־אֲדֹרָם אֲשֶׁר עַל־הַמַּס וַיִּרְגְּמוּ כָל־יִשְׂרָאֵל

בּוֹ אֶבֶן וַיָּמֹת וְהַמֶּלֶךְ רְחַבְעָם הִתְאַמֵּץ לַעֲלוֹת בַּמֶּרְכָּבָה לָנוּס

19 יְרוּשָׁלִָם: וַיִּפְשְׁעוּ יִשְׂרָאֵל בְּבֵית דָּוִד עַד הַיּוֹם הַזֶּה: וַיְהִי
20

כִּשְׁמֹעַ כָּל־יִשְׂרָאֵל כִּי־שָׁב יָרָבְעָם וַיִּשְׁלְחוּ וַיִּקְרְאוּ אֹתוֹ אֶל־הָעֵדָה

וַיַּמְלִיכוּ אֹתוֹ עַל־כָּל־יִשְׂרָאֵל לֹא הָיָה אַחֲרֵי בֵית־דָּוִד זוּלָתִי שֵׁבֶט

21 יְהוּדָה לְבַדּוֹ: וַיָּבֹאו רְחַבְעָם יְרוּשָׁלִַם וַיַּקְהֵל אֶת־כָּל־בֵּית יְהוּדָה וְאֶת־   וַיָּבֹא

שֵׁבֶט בִּנְיָמִן מֵאָה וּשְׁמֹנִים אֶלֶף בָּחוּר עֹשֵׂה מִלְחָמָה לְהִלָּחֵם עִם־בֵּית

יִשְׂרָאֵל לְהָשִׁיב אֶת־הַמְּלוּכָה לִרְחַבְעָם בֶּן־שְׁלֹמֹה:

22 וַיְהִי דְּבַר הָאֱלֹהִים אֶל־שְׁמַעְיָה אִישׁ־הָאֱלֹהִים לֵאמֹר: אֱמֹר אֶל־
23

רְחַבְעָם בֶּן־שְׁלֹמֹה מֶלֶךְ יְהוּדָה וְאֶל־כָּל־בֵּית יְהוּדָה וּבִנְיָמִין וְיֶתֶר

24 הָעָם לֵאמֹר: כֹּה אָמַר יְהוָה לֹא־תַעֲלוּ וְלֹא־תִלָּחֲמוּן עִם־אֲחֵיכֶם

בְּנֵי־יִשְׂרָאֵל שׁוּבוּ אִישׁ לְבֵיתוֹ כִּי מֵאִתִּי נִהְיָה הַדָּבָר הַזֶּה וַיִּשְׁמְעוּ

25 אֶת־דְּבַר יְהוָה וַיָּשֻׁבוּ לָלֶכֶת כִּדְבַר יְהוָה: וַיִּבֶן יָרָבְעָם

אֶת־שְׁכֶם בְּהַר אֶפְרַיִם וַיֵּשֶׁב בָּהּ וַיֵּצֵא מִשָּׁם וַיִּבֶן אֶת־פְּנוּאֵל:

26 וַיֹּאמֶר יָרָבְעָם בְּלִבּוֹ עַתָּה תָּשׁוּב הַמַּמְלָכָה לְבֵית דָּוִד: אִם־יַעֲלֶה׀
27

הָעָם הַזֶּה לַעֲשׂוֹת זְבָחִים בְּבֵית־יְהוָה בִּירוּשָׁלִַם וְשָׁב לֵב הָעָם הַזֶּה

אֶל־אֲדֹנֵיהֶם אֶל־רְחַבְעָם מֶלֶךְ יְהוּדָה וַהֲרָגֻנִי וְשָׁבוּ אֶל־רְחַבְעָם

28 מֶלֶךְ־יְהוּדָה: וַיִּוָּעַץ הַמֶּלֶךְ וַיַּעַשׂ שְׁנֵי עֶגְלֵי זָהָב וַיֹּאמֶר אֲלֵהֶם רַב־

unto them, It is too much for you to go up to Jerusalem: behold thy gods, O Israel, which brought thee up out of the land of Egypt.

29 And he set the one in Beth-el, and the other put he in Dan.

30 And this thing became a sin: for the people went *to worship* before the one, *even* unto Dan.

31 And he made an house of high places, and made priests of the lowest of the people, which were not of the sons of Levi.

32 And Jeroboam ordained a feast in the eighth month, on the fifteenth day of the month, like unto the feast that *is* in Judah, and he offered upon the altar. So did he in Beth-el, sacrificing unto the calves that he had made: and he placed in Beth-el the priests of the high places which he had made.

33 So he offered upon the altar which he had made in Beth-el the fifteenth day of the eighth month, *even* in the month which he had devised of his own heart; and ordained a feast unto the children of Israel: and he offered upon the altar, and burnt incense.

CHAPTER 13

1 And, behold, there came a man of God out of Judah by the word of the Lord unto Beth-el: and Jeroboam stood by the altar to burn incense.

2 And he cried against the altar in the word of the Lord, and said, O altar, altar, thus saith the Lord; Behold, a child shall be born unto the house of David, Josiah by name; and upon thee shall he offer the priests of the high places that burn incense upon thee, and men's bones shall be burnt upon thee.

3 And he gave a sign the same day, saying, This *is* the sign which the Lord hath spoken; Behold, the altar shall be rent, and the ashes that *are* upon it shall be poured out.

4 And it came to pass, when king Jeroboam heard the saying of the man of God, which had cried against the altar in Beth-el, that he put forth his hand from the altar, saying, Lay hold on him. And his hand, which he put forth against him, dried up, so that he could not pull it in again to him.

5 The altar also was rent, and the ashes poured out from the altar, according to the sign which the man of God had given by the word of the Lord.

6 And the king answered and said unto the man of God, Intreat now the face of the Lord thy God, and pray for me, that my hand may be restored me again. And the man of God besought the Lord, and the king's hand was restored him again, and became as *it was* before.

7 And the king said unto the man of God, Come home with me, and refresh thyself, and I will give thee a reward.

8 And the man of God said unto the king, If thou wilt give me half thine house, I will not go in with thee, neither will I eat bread nor drink water in this place:

9 For so was it charged me by the word of the Lord, saying, Eat no bread, nor drink water, nor turn again by the same way that thou camest.

10 So he went another way, and returned not by the way that he came to Beth-el.

11 ¶ Now there dwelt an old prophet in Beth-el; and his sons came and told him all the works that the man of God had done that day in Beth-el: the words which he had spoken unto the king, them they told also to their father.

12 And their father said unto them, What way went he? For his sons had seen what way the man of God went, which came from Judah.

13 And he said unto his sons, Saddle me the ass. So they saddled him the ass: and he rode thereon,

14 And went after the man of God, and found him sitting under an oak: and he

לָכֶם֙ מֵעֲל֣וֹת יְרוּשָׁלִַ֔ם הִנֵּ֤ה אֱלֹהֶ֙יךָ֙ יִשְׂרָאֵ֔ל אֲשֶׁ֥ר הֶעֱל֖וּךָ מֵאֶ֥רֶץ

מִצְרָֽיִם: וַיָּ֤שֶׂם אֶת־הָֽאֶחָד֙ בְּבֵֽית־אֵ֔ל וְאֶת־הָאֶחָ֖ד נָתַ֥ן בְּדָֽן: וַיְהִ֛י

הַדָּבָ֥ר הַזֶּ֖ה לְחַטָּ֑את וַיֵּלְכ֧וּ הָעָ֛ם לִפְנֵ֥י הָאֶחָ֖ד עַד־דָּֽן: וַיַּ֖עַשׂ אֶת־בֵּ֣ית

בָּמ֑וֹת וַיַּ֤עַשׂ כֹּֽהֲנִים֙ מִקְצ֣וֹת הָעָ֔ם אֲשֶׁ֥ר לֹֽא־הָי֖וּ מִבְּנֵ֥י לֵוִֽי: וַיַּ֣עַשׂ

יָרׇבְעָ֣ם ׀ חָ֡ג בַּחֹ֣דֶשׁ הַשְּׁמִינִ֣י בַּחֲמִשָּֽׁה־עָשָׂ֣ר ׀ י֣וֹם ׀ לַחֹ֗דֶשׁ כֶּחָ֣ג ׀ אֲשֶׁ֣ר

בִּֽיהוּדָה֘ וַיַּ֣עַל עַל־הַמִּזְבֵּ֒חַ֒ כֵּ֣ן עָשָׂ֣ה ׀ בְּבֵֽית־אֵ֗ל לְזַבֵּ֙חַ֙ לָעֲגָלִ֣ים אֲשֶׁר־

עָשָׂ֔ה וְהֶעֱמִיד֙ בְּבֵ֣ית אֵ֔ל אֶת־כֹּהֲנֵ֥י הַבָּמ֖וֹת אֲשֶׁ֥ר עָשָֽׂה: וַיַּ֜עַל

עַל־הַמִּזְבֵּ֣חַ ׀ אֲשֶׁר־עָשָׂה֘ בְּבֵֽית־אֵל֒ בַּחֲמִשָּׁ֨ה עָשָׂ֥ר יוֹם֙ בַּחֹ֣דֶשׁ

הַשְּׁמִינִ֔י בַּחֹ֖דֶשׁ אֲשֶׁר־בָּדָ֣א מלבו מִלִּבּ֑וֹ וַיַּ֤עַשׂ חָג֙ לִבְנֵ֣י יִשְׂרָאֵ֔ל וַיַּ֖עַל עַל־

הַמִּזְבֵּ֥חַ לְהַקְטִֽיר:

וְהִנֵּ֣ה ׀ אִ֣ישׁ אֱלֹהִ֗ים בָּ֛א מִֽיהוּדָ֖ה בִּדְבַ֣ר יְהֹוָ֑ה אֶל־בֵּֽית־אֵ֖ל וְיָרׇבְעָ֥ם

עֹמֵ֥ד עַל־הַמִּזְבֵּ֖חַ לְהַקְטִֽיר: וַיִּקְרָ֤א עַל־הַמִּזְבֵּ֙חַ֙ בִּדְבַ֣ר יְהֹוָ֔ה וַיֹּ֨אמֶר֙

מִזְבֵּ֣חַ מִזְבֵּ֔חַ כֹּ֖ה אָמַ֣ר יְהֹוָ֑ה הִנֵּֽה־בֵ֡ן נוֹלָ֣ד לְבֵית־דָּוִד֩ יֹאשִׁיָּ֨הוּ שְׁמ֜וֹ

וְזָבַ֣ח עָלֶ֗יךָ אֶת־כֹּהֲנֵ֤י הַבָּמוֹת֙ הַמַּקְטִרִ֣ים עָלֶ֔יךָ וְעַצְמ֥וֹת אָדָ֖ם יִשְׂרְפ֥וּ

עָלֶֽיךָ: וְנָתַן֩ בַּיּ֨וֹם הַה֤וּא מוֹפֵת֙ לֵאמֹ֔ר זֶ֣ה הַמּוֹפֵ֔ת אֲשֶׁ֖ר דִּבֶּ֣ר יְהֹוָ֑ה

הִנֵּ֤ה הַמִּזְבֵּ֙חַ֙ נִקְרָ֔ע וְנִשְׁפַּ֥ךְ הַדֶּ֖שֶׁן אֲשֶׁר־עָלָֽיו: וַיְהִי֩ כִשְׁמֹ֨עַ הַמֶּ֜לֶךְ

אֶת־דְּבַ֣ר אִישׁ־הָאֱלֹהִ֗ים אֲשֶׁ֤ר קָרָא֙ עַל־הַמִּזְבֵּ֣חַ בְּבֵֽית־אֵ֔ל וַיִּשְׁלַ֨ח

יָרׇבְעָ֤ם אֶת־יָדוֹ֙ מֵעַ֣ל הַמִּזְבֵּ֔חַ לֵאמֹ֖ר ׀ תִּפְשֻׂ֑הוּ וַתִּיבַ֤שׁ יָדוֹ֙ אֲשֶׁ֣ר שָׁלַ֣ח

עָלָ֔יו וְלֹ֥א יָכֹ֖ל לַהֲשִׁיבָ֥הּ אֵלָֽיו: וְהַמִּזְבֵּ֣חַ נִקְרָ֔ע וַיִּשָּׁפֵ֥ךְ הַדֶּ֖שֶׁן מִן־

הַמִּזְבֵּ֑חַ כַּמּוֹפֵ֗ת אֲשֶׁ֥ר נָתַ֛ן אִ֥ישׁ הָאֱלֹהִ֖ים בִּדְבַ֥ר יְהֹוָֽה: וַיַּ֨עַן הַמֶּ֜לֶךְ

וַיֹּ֣אמֶר ׀ אֶל־אִ֣ישׁ הָאֱלֹהִ֗ים חַל־נָ֞א אֶת־פְּנֵ֨י יְהֹוָ֤ה אֱלֹהֶ֙יךָ֙ וְהִתְפַּלֵּ֣ל

בַּעֲדִ֔י וְתָשֹׁ֥ב יָדִ֖י אֵלָ֑י וַיְחַ֤ל אִישׁ־הָֽאֱלֹהִים֙ אֶת־פְּנֵ֣י יְהֹוָ֔ה וַתָּ֤שׇׁב יַד־

הַמֶּ֙לֶךְ֙ אֵלָ֔יו וַתְּהִ֖י כְּבָרִֽאשֹׁנָֽה: וַיְדַבֵּ֤ר הַמֶּ֙לֶךְ֙ אֶל־אִ֣ישׁ הָאֱלֹהִ֔ים

בֹּֽאָה־אִתִּ֥י הַבַּ֖יְתָה וּסְעָ֑דָה וְאֶתְּנָ֥ה לְךָ֖ מַתָּֽת: וַיֹּ֤אמֶר אִישׁ־הָֽאֱלֹהִים֙

אֶל־הַמֶּ֔לֶךְ אִם־תִּתֶּן־לִי֙ אֶת־חֲצִ֣י בֵיתֶ֔ךָ לֹ֥א אָבֹ֖א עִמָּ֑ךְ וְלֹֽא־אֹ֤כַל

לֶ֙חֶם֙ וְלֹ֣א אֶשְׁתֶּה־מַּ֔יִם בַּמָּק֖וֹם הַזֶּֽה: כִּֽי־כֵ֣ן ׀ צִוָּ֣ה אֹתִ֗י בִּדְבַ֤ר יְהֹוָה֙

לֵאמֹ֔ר לֹא־תֹ֥אכַל לֶ֖חֶם וְלֹ֣א תִשְׁתֶּה־מָּ֑יִם וְלֹ֣א תָשׁ֔וּב בַּדֶּ֖רֶךְ אֲשֶׁ֥ר

הָלָֽכְתָּ: וַיֵּ֖לֶךְ בְּדֶ֣רֶךְ אַחֵ֑ר וְלֹֽא־שָׁ֣ב בַּדֶּ֔רֶךְ אֲשֶׁ֛ר בָּ֥א בָ֖הּ אֶל־בֵּֽית־

אֵֽל:

וְנָבִ֤יא אֶחָד֙ זָקֵ֔ן יֹשֵׁ֖ב בְּבֵֽית־אֵ֑ל וַיָּב֣וֹא בְנ֗וֹ וַיְסַפֶּר־ל֣וֹ אֶת־כׇּל־

הַמַּעֲשֶׂ֡ה אֲשֶׁר־עָשָׂה֩ אִישׁ־הָאֱלֹהִ֨ים ׀ הַיּ֜וֹם בְּבֵֽית־אֵ֗ל אֶת־הַדְּבָרִים֙

אֲשֶׁ֣ר דִּבֶּ֣ר אֶל־הַמֶּ֔לֶךְ וַֽיְסַפְּר֖וּם לַאֲבִיהֶֽם: וַיְדַבֵּ֤ר אֲלֵהֶם֙ אֲבִיהֶ֔ם אֵֽי־

זֶ֥ה הַדֶּ֖רֶךְ הָלָ֑ךְ וַיִּרְא֣וּ בָנָ֗יו אֶת־הַדֶּ֙רֶךְ֙ אֲשֶׁ֤ר הָלַךְ֙ אִ֣ישׁ הָאֱלֹהִ֔ים

אֲשֶׁר־בָּ֖א מִֽיהוּדָֽה: וַיֹּ֙אמֶר֙ אֶל־בָּנָ֔יו חִבְשׁוּ־לִ֖י הַחֲמ֑וֹר וַיַּחְבְּשׁוּ־לוֹ֙

הַחֲמ֔וֹר וַיִּרְכַּ֖ב עָלָֽיו: וַיֵּ֗לֶךְ אַֽחֲרֵי֙ אִ֣ישׁ הָאֱלֹהִ֔ים וַֽיִּמְצָאֵ֙הוּ֙ יֹשֵׁ֣ב תַּ֣חַת

said unto him, *Art* thou the man of God that camest from Judah? And he said, I *am.*

15 Then he said unto him, Come home with me, and eat bread.

16 And he said, I may not return with thee, nor go in with thee: neither will I eat bread nor drink water with thee in this place:

17 For it was said to me by the word of the LORD, Thou shalt eat no bread nor drink water there, nor turn again to go by the way that thou camest.

18 He said unto him, I *am* a prophet also as thou *art;* and an angel spake unto me by the word of the LORD, saying, Bring him back with thee into thine house, that he may eat bread and drink water. *But* he lied unto him.

19 So he went back with him, and did eat bread in his house, and drank water.

20 ¶ And it came to pass, as they sat at the table, that the word of the LORD came unto the prophet that brought him back:

21 And he cried unto the man of God that came from Judah, saying, Thus saith the LORD, Forasmuch as thou hast disobeyed the mouth of the LORD, and hast not kept the commandment which the LORD thy God commanded thee,

22 But camest back, and hast eaten bread and drunk water in the place, of the which *the LORD* did say to thee, Eat no bread, and drink no water; thy carcase shall not come unto the sepulchre of thy fathers.

23 ¶ And it came to pass, after he had eaten bread, and after he had drunk, that he saddled for him the ass, *to wit,* for the prophet whom he had brought back.

24 And when he was gone, a lion met him by the way, and slew him: and his carcase was cast in the way, and the ass stood by it, the lion also stood by the carcase.

25 And, behold, men passed by, and saw the carcase cast in the way, and the lion standing by the carcase: and they came and told *it* in the city where the old prophet dwelt.

26 And when the prophet that brought him back from the way heard *thereof,* he said, It *is* the man of God, who was disobedient unto the word of the LORD: therefore the LORD hath delivered him unto the lion, which hath torn him, and slain him, according to the word of the LORD, which he spake unto him.

27 And he spake to his sons, saying, Saddle me the ass. And they saddled *him.*

28 And he went and found his carcase cast in the way, and the ass and the lion standing by the carcase: the lion had not eaten the carcase, nor torn the ass.

29 And the prophet took up the carcase of the man of God, and laid it upon the ass, and brought it back: and the old prophet came to the city, to mourn and to bury him.

30 And he laid his carcase in his own grave; and they mourned over him, *saying,* Alas, my brother!

31 And it came to pass, after he had buried him, that he spake to his sons, saying, When I am dead, then bury me in the sepulchre wherein the man of God *is* buried; lay my bones beside his bones:

32 For the saying which he cried by the word of the LORD against the altar in Beth-el, and against all the houses of the high places which *are* in the cities of Samaria, shall surely come to pass.

33 ¶ After this thing Jeroboam returned not from his evil way, but made again of the lowest of the people priests of the high places: whosoever would, he consecrated him, and he became *one* of the priests of the high places.

34 And this thing became sin unto the house of Jeroboam, even to cut *it* off, and to destroy *it* from off the face of the earth.

CHAPTER 14

1 At that time Abijah the son of Jeroboam fell sick.

2 And Jeroboam said to his wife, Arise, I pray thee, and disguise thyself, that thou

הָאֵ֑לֶּה וַיֹּ֣אמֶר אֵלָ֔יו הַאַתָּ֥ה אִישׁ־הָאֱלֹהִ֖ים אֲשֶׁר־בָּ֣אתָ מִיהוּדָ֑ה

15 וַיֹּ֖אמֶר אָֽנִי: וַיֹּ֣אמֶר אֵלָ֗יו לֵ֤ךְ אִתִּי֙ הַבָּ֔יְתָה וֶאֱכֹ֖ל לָֽחֶם: וַיֹּ֖אמֶר לֹ֣א
16 אוּכַ֥ל לָשׁ֖וּב אִתָּ֑ךְ וְלָב֣וֹא אִתָּ֑ךְ וְלֹֽא־אֹ֤כַל לֶ֙חֶם֙ וְלֹֽא־אֶשְׁתֶּ֤ה אִתְּךָ֙
17 מַ֔יִם בַּמָּק֖וֹם הַזֶּֽה: כִּֽי־דָבָ֤ר אֵלַי֙ בִּדְבַ֣ר יְהֹוָ֔ה לֹא־תֹאכַ֥ל לֶ֙חֶם֙ וְלֹֽא־
18 תִשְׁתֶּ֤ה שָׁם֙ מָ֔יִם לֹא־תָשׁ֣וּב לָלֶ֔כֶת בַּדֶּ֖רֶךְ אֲשֶׁר־הָלַ֥כְתָּ בָּֽהּ: וַיֹּ֣אמֶר
ל֗וֹ גַּם־אֲנִ֣י נָבִיא֮ כָּמ֒וֹךָ֒ וּמַלְאָ֡ךְ דִּבֶּ֣ר אֵלַי֩ בִּדְבַ֨ר יְהֹוָ֜ה לֵאמֹ֗ר הֲשִׁבֵ֤הוּ
19 אִתְּךָ֙ אֶל־בֵּיתֶ֔ךָ וְיֹ֥אכַל לֶ֖חֶם וְיֵ֣שְׁתְּ מָ֑יִם כִּחֵ֖שׁ לֽוֹ: וַיָּ֣שׇׁב אִתּ֔וֹ וַיֹּ֥אכַל
20 לֶ֖חֶם בְּבֵית֖וֹ וַיֵּ֥שְׁתְּ מָֽיִם: וַֽיְהִ֗י הֵ֤ם יֹֽשְׁבִים֙ אֶל־הַשֻּׁלְחָ֑ן
21 וַֽיְהִי֙ דְּבַר־יְהֹוָ֔ה אֶל־הַנָּבִ֖יא אֲשֶׁ֣ר הֱשִׁיב֑וֹ: וַיִּקְרָ֞א אֶל־אִ֣ישׁ הָאֱלֹהִ֗ים
אֲשֶׁר־בָּ֣א מִֽיהוּדָה֮ לֵאמֹר֒ כֹּ֚ה אָמַ֣ר יְהֹוָ֔ה יַ֛עַן כִּ֥י מָרִ֖יתָ פִּ֣י יְהֹוָ֑ה
22 וְלֹ֣א שָׁמַ֔רְתָּ אֶת־הַמִּצְוָ֔ה אֲשֶׁ֥ר צִוְּךָ֖ יְהֹוָ֣ה אֱלֹהֶֽיךָ: וַתָּ֗שׇׁב וַתֹּ֤אכַל
לֶ֙חֶם֙ וַתֵּ֣שְׁתְּ מַ֔יִם בַּמָּקוֹם֙ אֲשֶׁ֣ר דִּבֶּ֣ר אֵלֶ֔יךָ אַל־תֹּ֥אכַל לֶ֖חֶם וְאַל־
23 תֵּ֣שְׁתְּ מָ֑יִם לֹֽא־תָב֥וֹא נִבְלָֽתְךָ֖ אֶל־קֶ֥בֶר אֲבֹתֶֽיךָ: וַיְהִ֗י אַחֲרֵ֛י אׇכְל֥וֹ
24 לֶ֖חֶם וְאַחֲרֵ֣י שְׁתוֹת֑וֹ וַיַּחֲבׇשׁ־ל֣וֹ הַחֲמ֔וֹר לַנָּבִ֖יא אֲשֶׁ֥ר הֱשִׁיבֽוֹ: וַיֵּ֗לֶךְ
וַיִּמְצָאֵ֤הוּ אַרְיֵה֙ בַּדֶּ֔רֶךְ וַיְמִיתֵ֑הוּ וַתְּהִ֤י נִבְלָתוֹ֙ מֻשְׁלֶ֣כֶת בַּדֶּ֔רֶךְ
25 וְהַחֲמוֹר֙ עֹמֵ֣ד אֶצְלָ֔הּ וְהָ֣אַרְיֵ֔ה עֹמֵ֖ד אֵ֣צֶל הַנְּבֵלָֽה: וְהִנֵּ֤ה אֲנָשִׁים֙
עֹ֣בְרִ֔ים וַיִּרְא֤וּ אֶת־הַנְּבֵלָה֙ מֻשְׁלֶ֣כֶת בַּדֶּ֔רֶךְ וְאֶת־הָ֣אַרְיֵ֔ה עֹמֵ֖ד אֵ֣צֶל
26 הַנְּבֵלָ֑ה וַיָּבֹ֙אוּ֙ וַיְדַבְּר֣וּ בָעִ֔יר אֲשֶׁ֛ר הַנָּבִ֥יא הַזָּקֵ֖ן יֹשֵׁ֥ב בָּֽהּ: וַיִּשְׁמַ֣ע
הַנָּבִיא֮ אֲשֶׁ֣ר הֱשִׁיב֣וֹ מִן־הַדֶּ֒רֶךְ֒ וַיֹּ֗אמֶר אִ֤ישׁ הָֽאֱלֹהִים֙ ה֔וּא אֲשֶׁ֣ר
מָרָ֖ה אֶת־פִּ֣י יְהֹוָ֑ה וַיִּתְּנֵ֤הוּ יְהֹוָה֙ לָֽאַרְיֵ֔ה וַֽיִּשְׁבְּרֵ֙הוּ֙ וַיְמִתֵ֔הוּ כִּדְבַ֥ר
27 יְהֹוָ֖ה אֲשֶׁ֥ר דִּבֶּר־לֽוֹ: וַיְדַבֵּ֤ר אֶל־בָּנָיו֙ לֵאמֹ֔ר חִבְשׁוּ־לִ֖י אֶת־הַחֲמ֑וֹר
28 וַֽיַּחֲבֹֽשׁוּ: וַיֵּ֗לֶךְ וַיִּמְצָ֤א אֶת־נִבְלָתוֹ֙ מֻשְׁלֶ֣כֶת בַּדֶּ֔רֶךְ וַחֲמוֹר֙ וְהָ֣אַרְיֵ֔ה
עֹמְדִ֖ים אֵ֣צֶל הַנְּבֵלָ֑ה לֹֽא־אָכַ֤ל הָֽאַרְיֵה֙ אֶת־הַנְּבֵלָ֔ה וְלֹ֥א שָׁבַ֖ר אֶת־
29 הַחֲמֽוֹר: וַיִּשָּׂ֣א הַנָּבִ֗יא אֶת־נִבְלַ֤ת אִישׁ־הָֽאֱלֹהִים֙ וַיַּנִּחֵ֣הוּ אֶֽל־הַחֲמ֔וֹר
30 וַיְשִׁיבֵ֑הוּ וַיָּבֹ֗א אֶל־עִ֛יר הַנָּבִ֥יא הַזָּקֵ֖ן לִסְפֹּ֥ד וּלְקׇבְרֽוֹ: וַיַּנַּ֥ח אֶת־נִבְלָת֖וֹ
31 בְּקִבְר֑וֹ וַיִּסְפְּד֥וּ עָלָ֖יו ה֥וֹי אָחִֽי: וַיְהִ֘י אַחֲרֵ֣י קׇבְר֣וֹ אֹת֔וֹ וַיֹּ֤אמֶר אֶל־בָּנָיו֙
לֵאמֹ֔ר בְּמוֹתִי֙ וּקְבַרְתֶּ֣ם אֹתִ֔י בַּקֶּ֕בֶר אֲשֶׁ֛ר אִ֥ישׁ הָאֱלֹהִ֖ים קָב֣וּר בּ֑וֹ
32 אֵ֚צֶל עַצְמֹתָ֔יו הַנִּ֖יחוּ אֶת־עַצְמֹתָֽי: כִּי֩ הָיֹ֨ה יִהְיֶ֜ה הַדָּבָ֗ר אֲשֶׁ֤ר קָרָא֙
בִּדְבַ֣ר יְהֹוָ֔ה עַל־הַמִּזְבֵּ֖חַ אֲשֶׁ֣ר בְּבֵֽית־אֵ֑ל וְעַל֙ כׇּל־בָּתֵּ֣י הַבָּמ֔וֹת אֲשֶׁ֖ר
בְּעָרֵ֥י שֹׁמְרֽוֹן:
33 אַחַר֙ הַדָּבָ֣ר הַזֶּ֔ה לֹא־שָׁ֥ב יָֽרׇבְעָ֖ם מִדַּרְכּ֣וֹ הָֽרָעָ֑ה וַ֠יָּ֠שׇׁב וַיַּ֜עַשׂ מִקְצ֤וֹת
34 הָעָם֙ כֹּהֲנֵ֣י בָמ֔וֹת הֶֽחָפֵץ֙ יְמַלֵּ֣א אֶת־יָד֔וֹ וִיהִ֖י כֹּהֲנֵ֥י בָמֽוֹת: וַיְהִי֙
בַּדָּבָ֣ר הַזֶּ֔ה לְחַטַּ֖את בֵּ֣ית יָרׇבְעָ֑ם וּֽלְהַכְחִיד֙ וּלְהַשְׁמִ֔יד מֵעַ֖ל פְּנֵ֥י
הָאֲדָמָֽה:
14 בָּעֵ֣ת הַהִ֔יא חָלָ֖ה אֲבִיָּ֣ה בֶן־יָרׇבְעָֽם: וַיֹּ֤אמֶר יָֽרׇבְעָם֙ לְאִשְׁתּ֔וֹ ק֣וּמִי

be not known to be the wife of Jeroboam; and get thee to Shiloh: behold, there *is* Ahijah the prophet, which told me that *I should be* king over this people.

3 And take with thee ten loaves, and cracknels, and a cruse of honey, and go to him: he shall tell thee what shall become of the child.

4 And Jeroboam's wife did so, and arose, and went to Shiloh, and came to the house of Ahijah. But Ahijah could not see; for his eyes were set by reason of his age.

5 ¶ And the LORD said unto Ahijah, Behold, the wife of Jeroboam cometh to ask a thing of thee for her son; for he *is* sick: thus and thus shalt thou say unto her: for it shall be, when she cometh in, that she shall feign herself *to be* another *woman.*

6 And it was *so,* when Ahijah heard the sound of her feet, as she came in at the door, that he said, Come in, thou wife of Jeroboam; why feignest thou thyself *to be* another? for I *am* sent to thee *with* heavy *tidings.*

7 Go, tell Jeroboam, Thus saith the LORD God of Israel, Forasmuch as I exalted thee from among the people, and made thee prince over my people Israel,

8 And rent the kingdom away from the house of David, and gave it thee: and *yet* thou hast not been as my servant David, who kept my commandments, and who followed me with all his heart, to do *that* only *which was* right in mine eyes;

9 But hast done evil above all that were before thee: for thou hast gone and made thee other gods, and molten images, to provoke me to anger, and hast cast me behind thy back:

10 Therefore, behold, I will bring evil upon the house of Jeroboam, and will cut off from Jeroboam him that pisseth against the wall, *and* him that is shut up and left in Israel, and will take away the remnant of the house of Jeroboam, as a man taketh away dung, till it be all gone.

11 Him that dieth of Jeroboam in the city shall the dogs eat; and him that dieth

in the field shall the fowls of the air eat: for the LORD hath spoken *it.*

12 Arise thou therefore, get thee to thine own house: *and* when thy feet enter into the city, the child shall die.

13 And all Israel shall mourn for him, and bury him: for he only of Jeroboam shall come to the grave, because in him there is found *some* good thing toward the LORD God of Israel in the house of Jeroboam.

14 Moreover the LORD shall raise him up a king over Israel, who shall cut off the house of Jeroboam that day: but what? even now.

15 For the LORD shall smite Israel, as a reed is shaken in the water, and he shall root up Israel out of this good land, which he gave to their fathers, and shall scatter them beyond the river, because they have made their groves, provoking the LORD to anger.

16 And he shall give Israel up because of the sins of Jeroboam, who did sin, and who made Israel to sin.

17 ¶ And Jeroboam's wife arose, and departed, and came to Tirzah: *and* when she came to the threshold of the door, the child died;

18 And they buried him; and all Israel mourned for him, according to the word of the LORD, which he spake by the hand of his servant Ahijah the prophet.

19 And the rest of the acts of Jeroboam, how he warred, and how he reigned, behold, they *are* written in the book of the chronicles of the kings of Israel.

20 And the days which Jeroboam reigned *were* two and twenty years: and he slept with his fathers, and Nadab his son reigned in his stead.

21 ¶ And Rehoboam the son of Solomon reigned in Judah. Rehoboam *was* forty and one years old when he began to reign, and he reigned seventeen years in Jerusalem, the city which the LORD did choose out of all the tribes of Israel, to put his name there. And his mother's name *was* Naamah an Ammonitess.

אֶת נָא וְהִשְׁתַּנִּית וְלֹא יֵדְעוּ כִּי־אַתְּ אֵשֶׁת יָרָבְעָם וְהָלַכְתְּ שִׁלֹה הִנֵּה־שָׁם

3 אֲחִיָּה הַנָּבִיא הוּא־דִבֶּר עָלַי לְמֶלֶךְ עַל־הָעָם הַזֶּה: וְלָקַחַתְּ בְּיָדֵךְ
עֲשָׂרָה לֶחֶם וְנִקֻּדִים וּבַקְבֻּק דְּבַשׁ וּבָאת אֵלָיו הוּא יַגִּיד לָךְ מַה־יִּהְיֶה

4 לַנָּעַר: וַתַּעַשׂ כֵּן אֵשֶׁת יָרָבְעָם וַתָּקָם וַתֵּלֶךְ שִׁלֹה וַתָּבֹא בֵּית אֲחִיָּה

5 וַאֲחִיָּהוּ לֹא־יָכֹל לִרְאוֹת כִּי קָמוּ עֵינָיו מִשֵּׂיבוֹ: וַיהוָה אָמַר
אֶל־אֲחִיָּהוּ הִנֵּה אֵשֶׁת יָרָבְעָם בָּאָה לִדְרֹשׁ דָּבָר מֵעִמְּךָ אֶל־בְּנָהּ
כִּי־חֹלֶה הוּא כָּזֹה וְכָזֶה תְּדַבֵּר אֵלֶיהָ וִיהִי כְבֹאָהּ וְהִיא מִתְנַכֵּרָה:

6 וַיְהִי כִשְׁמֹעַ אֲחִיָּהוּ אֶת־קוֹל רַגְלֶיהָ בָּאָה בַפֶּתַח וַיֹּאמֶר בֹּאִי אֵשֶׁת

7 יָרָבְעָם לָמָּה זֶּה אַתְּ מִתְנַכֵּרָה וְאָנֹכִי שָׁלוּחַ אֵלַיִךְ קָשָׁה: לְכִי אִמְרִי
לְיָרָבְעָם כֹּה־אָמַר יְהוָה אֱלֹהֵי יִשְׂרָאֵל יַעַן אֲשֶׁר הֲרִימֹתִיךָ מִתּוֹךְ

8 הָעָם וָאֶתֶּנְךָ נָגִיד עַל עַמִּי יִשְׂרָאֵל: וָאֶקְרַע אֶת־הַמַּמְלָכָה מִבֵּית
דָּוִד וָאֶתְּנֶהָ לָךְ וְלֹא־הָיִיתָ כְּעַבְדִּי דָוִד אֲשֶׁר שָׁמַר מִצְוֹתַי וַאֲשֶׁר־

9 הָלַךְ אַחֲרַי בְּכָל־לְבָבוֹ לַעֲשׂוֹת רַק הַיָּשָׁר בְּעֵינָי: וַתָּרַע לַעֲשׂוֹת
מִכֹּל אֲשֶׁר־הָיוּ לְפָנֶיךָ וַתֵּלֶךְ וַתַּעֲשֶׂה־לְּךָ אֱלֹהִים אֲחֵרִים וּמַסֵּכוֹת

10 לְהַכְעִיסֵנִי וְאֹתִי הִשְׁלַכְתָּ אַחֲרֵי גַוֶּךָ: לָכֵן הִנְנִי מֵבִיא
רָעָה אֶל־בֵּית יָרָבְעָם וְהִכְרַתִּי לְיָרָבְעָם מַשְׁתִּין בְּקִיר עָצוּר וְעָזוּב
בְּיִשְׂרָאֵל וּבִעַרְתִּי אַחֲרֵי בֵית־יָרָבְעָם כַּאֲשֶׁר יְבַעֵר הַגָּלָל עַד־תֻּמּוֹ:

11 הַמֵּת לְיָרָבְעָם בָּעִיר יֹאכְלוּ הַכְּלָבִים וְהַמֵּת בַּשָּׂדֶה יֹאכְלוּ עוֹף

12 הַשָּׁמָיִם כִּי יְהוָה דִּבֵּר: וְאַתְּ קוּמִי לְכִי לְבֵיתֵךְ בְּבֹאָה רַגְלַיִךְ הָעִירָה

13 וּמֵת הַיָּלֶד: וְסָפְדוּ־לוֹ כָל־יִשְׂרָאֵל וְקָבְרוּ אֹתוֹ כִּי־זֶה לְבַדּוֹ יָבֹא
לְיָרָבְעָם אֶל־קָבֶר יַעַן נִמְצָא־בוֹ דָּבָר טוֹב אֶל־יְהוָה אֱלֹהֵי יִשְׂרָאֵל

14 בְּבֵית יָרָבְעָם: וְהֵקִים יְהוָה לוֹ מֶלֶךְ עַל־יִשְׂרָאֵל אֲשֶׁר יַכְרִית אֶת־

15 בֵּית יָרָבְעָם זֶה הַיּוֹם וּמֶה גַּם־עָתָּה: וְהִכָּה יְהוָה אֶת־יִשְׂרָאֵל כַּאֲשֶׁר
יָנוּד הַקָּנֶה בַּמַּיִם וְנָתַשׁ אֶת־יִשְׂרָאֵל מֵעַל הָאֲדָמָה הַטּוֹבָה הַזֹּאת
אֲשֶׁר נָתַן לַאֲבוֹתֵיהֶם וְזֵרָם מֵעֵבֶר לַנָּהָר יַעַן אֲשֶׁר עָשׂוּ אֶת־אֲשֵׁרֵיהֶם

16 מַכְעִיסִים אֶת־יְהוָה: וְיִתֵּן אֶת־יִשְׂרָאֵל בִּגְלַל חַטֹּאות יָרָבְעָם אֲשֶׁר

17 חָטָא וַאֲשֶׁר הֶחֱטִיא אֶת־יִשְׂרָאֵל: וַתָּקָם אֵשֶׁת יָרָבְעָם וַתֵּלֶךְ וַתָּבֹא

18 תִרְצָתָה הִיא בָּאָה בְסַף־הַבַּיִת וְהַנַּעַר מֵת: וַיִּקְבְּרוּ אֹתוֹ וַיִּסְפְּדוּ־לוֹ
כָּל־יִשְׂרָאֵל כִּדְבַר יְהוָה אֲשֶׁר דִּבֶּר בְּיַד־עַבְדּוֹ אֲחִיָּהוּ הַנָּבִיא: וְיֶתֶר

19 דִּבְרֵי יָרָבְעָם אֲשֶׁר נִלְחַם וַאֲשֶׁר מָלָךְ הִנָּם כְּתוּבִים עַל־סֵפֶר דִּבְרֵי

20 הַיָּמִים לְמַלְכֵי יִשְׂרָאֵל: וְהַיָּמִים אֲשֶׁר מָלַךְ יָרָבְעָם עֶשְׂרִים וּשְׁתַּיִם
שָׁנָה וַיִּשְׁכַּב עִם־אֲבֹתָיו וַיִּמְלֹךְ נָדָב בְּנוֹ תַּחְתָּיו:

21 וּרְחַבְעָם בֶּן־שְׁלֹמֹה מָלַךְ בִּיהוּדָה בֶּן־אַרְבָּעִים וְאַחַת שָׁנָה רְחַבְעָם
בְּמָלְכוֹ וְשֵׁבַע עֶשְׂרֵה שָׁנָה מָלַךְ בִּירוּשָׁלִַם הָעִיר אֲשֶׁר־בָּחַר יְהוָה
לָשׂוּם אֶת־שְׁמוֹ שָׁם מִכֹּל שִׁבְטֵי יִשְׂרָאֵל וְשֵׁם אִמּוֹ נַעֲמָה הָעַמֹּנִית:

22 And Judah did evil in the sight of the LORD, and they provoked him to jealousy with their sins which they had committed, above all that their fathers had done.

23 For they also built them high places, and images, and groves, on every high hill, and under every green tree.

24 And there were also sodomites in the land: *and* they did according to all the abominations of the nations which the LORD cast out before the children of Israel.

25 ¶ And it came to pass in the fifth year of king Rehoboam, *that* Shishak king of Egypt came up against Jerusalem:

26 And he took away the treasures of the house of the LORD, and the treasures of the king's house; he even took away all: and he took away all the shields of gold which Solomon had made.

27 And king Rehoboam made in their stead brasen shields, and committed *them* unto the hands of the chief of the guard, which kept the door of the king's house.

28 And it was *so,* when the king went into the house of the LORD, that the guard bare them, and brought them back into the guard chamber.

29 ¶ Now the rest of the acts of Rehoboam, and all that he did, *are* they not written in the book of the chronicles of the kings of Judah?

30 And there was war between Rehoboam and Jeroboam all *their* days.

31 And Rehoboam slept with his fathers, and was buried with his fathers in the city of David. And his mother's name *was* Naamah an Ammonitess. And Abijam his son reigned in his stead.

CHAPTER 15

1 Now in the eighteenth year of king Jeroboam the son of Nebat reigned Abijam over Judah.

2 Three years reigned he in Jerusalem. And his mother's name *was* Maachah, the daughter of Abishalom.

3 And he walked in all the sins of his father, which he had done before him: and his heart was not perfect with the LORD his God, as the heart of David his father.

4 Nevertheless for David's sake did the LORD his God give him a lamp in Jerusalem, to set up his son after him, and to establish Jerusalem:

5 Because David did *that which was* right in the eyes of the LORD, and turned not aside from any *thing* that he commanded him all the days of his life, save only in the matter of Uriah the Hittite.

6 And there was war between Rehoboam and Jeroboam all the days of his life.

7 Now the rest of the acts of Abijam, and all that he did, *are* they not written in the book of the chronicles of the kings of Judah? And there was war between Abijam and Jeroboam.

8 And Abijam slept with his fathers; and they buried him in the city of David: and Asa his son reigned in his stead.

9 ¶ And in the twentieth year of Jeroboam king of Israel reigned Asa over Judah.

10 And forty and one years reigned he in Jerusalem. And his mother's name *was* Maachah, the daughter of Abishalom.

11 And Asa did *that which was* right in the eyes of the LORD, as *did* David his father.

12 And he took away the sodomites out of the land, and removed all the idols that his fathers had made.

13 And also Maachah his mother, even her he removed from *being* queen, because she had made an idol in a grove; and Asa destroyed her idol, and burnt *it* by the brook Kidron.

14 But the high places were not removed: nevertheless Asa's heart was perfect with the LORD all his days.

15 And he brought in the things which his father had dedicated, and the things which himself had dedicated, into the house of the LORD, silver, and gold, and vessels.

16 ¶ And there was war between Asa and Baasha king of Israel all their days.

17 And Baasha king of Israel went up against Judah, and built Ramah, that he might not suffer any to go out or come in to Asa king of Judah.

22 וַיַּעַשׂ יְהוּדָה הָרַע בְּעֵינֵי יְהוָה וַיְקַנְאוּ אֹתוֹ מִכֹּל אֲשֶׁר עָשׂוּ אֲבֹתָם
23 בְּחַטֹּאתָם אֲשֶׁר חָטָאוּ: וַיִּבְנוּ גַם־הֵמָּה לָהֶם בָּמוֹת וּמַצֵּבוֹת וַאֲשֵׁרִים
24 עַל כָּל־גִּבְעָה גְּבֹהָה וְתַחַת כָּל־עֵץ רַעֲנָן: וְגַם־קָדֵשׁ הָיָה בָאָרֶץ עָשׂוּ
כְּכֹל הַתּוֹעֲבֹת הַגּוֹיִם אֲשֶׁר הוֹרִישׁ יְהוָה מִפְּנֵי בְּנֵי יִשְׂרָאֵל:

25 וַיְהִי בַּשָּׁנָה הַחֲמִישִׁית לַמֶּלֶךְ רְחַבְעָם עָלָה שׁוּשַׁק מֶלֶךְ־מִצְרַיִם עַל־ שׁישק
26 יְרוּשָׁלָ͏ִם: וַיִּקַּח אֶת־אֹצְרוֹת בֵּית־יְהוָה וְאֶת־אוֹצְרוֹת בֵּית הַמֶּלֶךְ
27 וְאֶת־הַכֹּל לָקָח וַיִּקַּח אֶת־כָּל־מָגִנֵּי הַזָּהָב אֲשֶׁר עָשָׂה שְׁלֹמֹה: וַיַּעַשׂ
הַמֶּלֶךְ רְחַבְעָם תַּחְתָּם מָגִנֵּי נְחֹשֶׁת וְהִפְקִיד עַל־יַד שָׂרֵי הָרָצִים
28 הַשֹּׁמְרִים פֶּתַח בֵּית הַמֶּלֶךְ: וַיְהִי מִדֵּי־בֹא הַמֶּלֶךְ בֵּית יְהוָה יִשָּׂאוּם
29 הָרָצִים וֶהֱשִׁיבוּם אֶל־תָּא הָרָצִים: וְיֶתֶר דִּבְרֵי רְחַבְעָם וְכָל־אֲשֶׁר
עָשָׂה הֲלֹא־הֵמָּה כְתוּבִים עַל־סֵפֶר דִּבְרֵי הַיָּמִים לְמַלְכֵי יְהוּדָה:
30 וּמִלְחָמָה הָיְתָה בֵין־רְחַבְעָם וּבֵין יָרָבְעָם כָּל־הַיָּמִים: וַיִּשְׁכַּב
31 רְחַבְעָם עִם־אֲבֹתָיו וַיִּקָּבֵר עִם־אֲבֹתָיו בְּעִיר דָּוִד וְשֵׁם אִמּוֹ נַעֲמָה
הָעַמֹּנִית וַיִּמְלֹךְ אֲבִיָּם בְּנוֹ תַּחְתָּיו:

15 וּבִשְׁנַת שְׁמֹנֶה עֶשְׂרֵה לַמֶּלֶךְ יָרָבְעָם בֶּן־נְבָט מָלַךְ אֲבִיָּם עַל־יְהוּדָה: 1
2 שָׁלֹשׁ שָׁנִים מָלַךְ בִּירוּשָׁלָ͏ִם וְשֵׁם אִמּוֹ מַעֲכָה בַּת־אֲבִישָׁלוֹם: וַיֵּלֶךְ
3 בְּכָל־חַטֹּאות אָבִיו אֲשֶׁר־עָשָׂה לְפָנָיו וְלֹא־הָיָה לְבָבוֹ שָׁלֵם עִם־יְהוָה
4 אֱלֹהָיו כִּלְבַב דָּוִד אָבִיו: כִּי לְמַעַן דָּוִד נָתַן יְהוָה אֱלֹהָיו לוֹ נִיר
5 בִּירוּשָׁלָ͏ִם לְהָקִים אֶת־בְּנוֹ אַחֲרָיו וּלְהַעֲמִיד אֶת־יְרוּשָׁלָ͏ִם: אֲשֶׁר
עָשָׂה דָוִד אֶת־הַיָּשָׁר בְּעֵינֵי יְהוָה וְלֹא־סָר מִכֹּל אֲשֶׁר־צִוָּהוּ כֹּל יְמֵי
6 חַיָּיו רַק בִּדְבַר אוּרִיָּה הַחִתִּי: וּמִלְחָמָה הָיְתָה בֵין־רְחַבְעָם וּבֵין
7 יָרָבְעָם כָּל־יְמֵי חַיָּיו: וְיֶתֶר דִּבְרֵי אֲבִיָּם וְכָל־אֲשֶׁר עָשָׂה הֲלוֹא־הֵם
כְּתוּבִים עַל־סֵפֶר דִּבְרֵי הַיָּמִים לְמַלְכֵי יְהוּדָה וּמִלְחָמָה הָיְתָה בֵּין
8 אֲבִיָּם וּבֵין יָרָבְעָם: וַיִּשְׁכַּב אֲבִיָּם עִם־אֲבֹתָיו וַיִּקְבְּרוּ אֹתוֹ בְּעִיר
דָּוִד וַיִּמְלֹךְ אָסָא בְּנוֹ תַּחְתָּיו:

9 וּבִשְׁנַת עֶשְׂרִים לְיָרָבְעָם מֶלֶךְ יִשְׂרָאֵל מָלַךְ אָסָא מֶלֶךְ יְהוּדָה:
10 וְאַרְבָּעִים וְאַחַת שָׁנָה מָלַךְ בִּירוּשָׁלָ͏ִם וְשֵׁם אִמּוֹ מַעֲכָה בַּת־
11 אֲבִישָׁלוֹם: וַיַּעַשׂ אָסָא הַיָּשָׁר בְּעֵינֵי יְהוָה כְּדָוִד אָבִיו: וַיַּעֲבֵר 12
13 הַקְּדֵשִׁים מִן־הָאָרֶץ וַיָּסַר אֶת־כָּל־הַגִּלֻּלִים אֲשֶׁר עָשׂוּ אֲבֹתָיו: וְגַם|
אֶת־מַעֲכָה אִמּוֹ וַיְסִרֶהָ מִגְּבִירָה אֲשֶׁר־עָשְׂתָה מִפְלֶצֶת לָאֲשֵׁרָה
14 וַיִּכְרֹת אָסָא אֶת־מִפְלַצְתָּהּ וַיִּשְׂרֹף בְּנַחַל קִדְרוֹן: וְהַבָּמוֹת לֹא־סָרוּ
15 רַק לְבַב־אָסָא הָיָה שָׁלֵם עִם־יְהוָה כָּל־יָמָיו: וַיָּבֵא אֶת־קָדְשֵׁי אָבִיו
16 וְקָדְשׁוֹ בֵּית יְהוָה כֶּסֶף וְזָהָב וְכֵלִים: וּמִלְחָמָה הָיְתָה בֵּין אָסָא וקדשי
17 וּבֵין בַּעְשָׁא מֶלֶךְ־יִשְׂרָאֵל כָּל־יְמֵיהֶם: וַיַּעַל בַּעְשָׁא מֶלֶךְ־יִשְׂרָאֵל עַל־
יְהוּדָה וַיִּבֶן אֶת־הָרָמָה לְבִלְתִּי תֵּת יֹצֵא וָבָא לְאָסָא מֶלֶךְ יְהוּדָה:

18 Then Asa took all the silver and the gold *that were* left in the treasures of the house of the LORD, and the treasures of the king's house, and delivered them into the hand of his servants: and king Asa sent them to Ben-hadad, the son of Tabrimon, the son of Hezion, king of Syria, that dwelt at Damascus, saying,

19 *There is* a league between me and thee, *and* between my father and thy father: behold, I have sent unto thee a present of silver and gold; come and break thy league with Baasha king of Israel, that he may depart from me.

20 So Ben-hadad hearkened unto king Asa, and sent the captains of the hosts which he had against the cities of Israel, and smote Ijon, and Dan, and Abel-beth-maachah, and all Cinneroth, with all the land of Naphtali.

21 And it came to pass, when Baasha heard *thereof,* that he left off building of Ramah, and dwelt in Tirzah.

22 Then king Asa made a proclamation throughout all Judah; none *was* exempted: and they took away the stones of Ramah, and the timber thereof, wherewith Baasha had builded; and king Asa built with them Geba of Benjamin, and Mizpah.

23 The rest of all the acts of Asa, and all his might, and all that he did, and the cities which he built, *are* they not written in the book of the chronicles of the kings of Judah? Nevertheless in the time of his old age he was diseased in his feet.

24 And Asa slept with his fathers, and was buried with his fathers in the city of David his father: and Jehoshaphat his son reigned in his stead.

25 ¶ And Nadab the son of Jeroboam began to reign over Israel in the second year of Asa king of Judah, and reigned over Israel two years.

26 And he did evil in the sight of the LORD, and walked in the way of his father, and in his sin wherewith he made Israel to sin.

27 ¶ And Baasha the son of Ahijah, of the house of Issachar, conspired against him; and Baasha smote him at Gibbethon, which *belonged* to the Philistines; for Nadab and all Israel laid siege to Gibbethon.

28 Even in the third year of Asa king of Judah did Baasha slay him, and reigned in his stead.

29 And it came to pass, when he reigned, *that* he smote all the house of Jeroboam; he left not to Jeroboam any that breathed, until he had destroyed him, according unto the saying of the LORD, which he spake by his servant Ahijah the Shilonite:

30 Because of the sins of Jeroboam which he sinned, and which he made Israel sin, by his provocation wherewith he provoked the LORD God of Israel to anger.

31 ¶ Now the rest of the acts of Nadab, and all that he did, *are* they not written in the book of the chronicles of the kings of Israel?

32 And there was war between Asa and Baasha king of Israel all their days.

33 In the third year of Asa king of Judah began Baasha the son of Ahijah to reign over all Israel in Tirzah, twenty and four years.

34 And he did evil in the sight of the LORD, and walked in the way of Jeroboam, and in his sin wherewith he made Israel to sin.

CHAPTER 16

1 Then the word of the LORD came to Jehu the son of Hanani against Baasha, saying,

2 Forasmuch as I exalted thee out of the dust, and made thee prince over my people Israel; and thou hast walked in the way of Jeroboam, and hast made my people Israel to sin, to provoke me to anger with their sins;

3 Behold, I will take away the posterity of Baasha, and the posterity of his house; and will make thy house like the house of Jeroboam the son of Nebat.

4 Him that dieth of Baasha in the city shall the dogs eat; and him that dieth of his in the fields shall the fowls of the air eat.

5 Now the rest of the acts of Baasha, and what he did, and his might, *are* they not

18 וַיִּקַּח אָסָא אֶת־כָּל־הַכֶּסֶף וְהַזָּהָב הַנּוֹתָרִים ׀ בְּאוֹצְרוֹת בֵּית־יְהוָה
וְאֶת־אוֹצְרוֹת בֵּית מֶלֶךְ וַיִּתְּנֵם בְּיַד־עֲבָדָיו וַיִּשְׁלָחֵם הַמֶּלֶךְ אָסָא   הַמֶּלֶךְ
אֶל־בֶּן־הֲדַד בֶּן־טַבְרִמֹּן בֶּן־חֶזְיוֹן מֶלֶךְ אֲרָם הַיֹּשֵׁב בְּדַמֶּשֶׂק לֵאמֹר:

19 בְּרִית בֵּינִי וּבֵינֶךָ בֵּין אָבִי וּבֵין אָבִיךָ הִנֵּה שָׁלַחְתִּי לְךָ שֹׁחַד כֶּסֶף
וְזָהָב לֵךְ הָפֵרָה אֶת־בְּרִיתְךָ אֶת־בַּעְשָׁא מֶלֶךְ־יִשְׂרָאֵל וְיַעֲלֶה מֵעָלָי:

20 וַיִּשְׁמַע בֶּן־הֲדַד אֶל־הַמֶּלֶךְ אָסָא וַיִּשְׁלַח אֶת־שָׂרֵי הַחֲיָלִים אֲשֶׁר־לוֹ
עַל־עָרֵי יִשְׂרָאֵל וַיַּךְ אֶת־עִיּוֹן וְאֶת־דָּן וְאֵת אָבֵל בֵּית־מַעֲכָה וְאֵת
כָּל־כִּנְּרוֹת עַל כָּל־אֶרֶץ נַפְתָּלִי: 21 וַיְהִי כִּשְׁמֹעַ בַּעְשָׁא וַיֶּחְדַּל מִבְּנוֹת
אֶת־הָרָמָה וַיֵּשֶׁב בְּתִרְצָה: 22 וְהַמֶּלֶךְ אָסָא הִשְׁמִיעַ אֶת־כָּל־יְהוּדָה אֵין
נָקִי וַיִּשְׂאוּ אֶת־אַבְנֵי הָרָמָה וְאֶת־עֵצֶיהָ אֲשֶׁר בָּנָה בַּעְשָׁא וַיִּבֶן בָּם
הַמֶּלֶךְ אָסָא אֶת־גֶּבַע בִּנְיָמִן וְאֶת־הַמִּצְפָּה: 23 וְיֶתֶר כָּל־דִּבְרֵי־אָסָא
וְכָל־גְּבוּרָתוֹ וְכָל־אֲשֶׁר עָשָׂה וְהֶעָרִים אֲשֶׁר בָּנָה הֲלֹא־הֵמָּה כְתוּבִים
עַל־סֵפֶר דִּבְרֵי הַיָּמִים לְמַלְכֵי יְהוּדָה רַק לְעֵת זִקְנָתוֹ חָלָה אֶת־
רַגְלָיו: 24 וַיִּשְׁכַּב אָסָא עִם־אֲבֹתָיו וַיִּקָּבֵר עִם־אֲבֹתָיו בְּעִיר דָּוִד אָבִיו
וַיִּמְלֹךְ יְהוֹשָׁפָט בְּנוֹ תַּחְתָּיו:

25 וְנָדָב בֶּן־יָרָבְעָם מָלַךְ עַל־יִשְׂרָאֵל בִּשְׁנַת שְׁתַּיִם לְאָסָא מֶלֶךְ יְהוּדָה
26 וַיִּמְלֹךְ עַל־יִשְׂרָאֵל שְׁנָתָיִם: וַיַּעַשׂ הָרַע בְּעֵינֵי יְהוָה וַיֵּלֶךְ בְּדֶרֶךְ אָבִיו
27A 27 וּבְחַטָּאתוֹ אֲשֶׁר הֶחֱטִיא אֶת־יִשְׂרָאֵל: וַיִּקְשֹׁר עָלָיו בַּעְשָׁא בֶן־אֲחִיָּה
לְבֵית יִשָּׂשכָר וַיַּכֵּהוּ בַעְשָׁא בְּגִבְּתוֹן אֲשֶׁר לַפְּלִשְׁתִּים וְנָדָב וְכָל־
28 יִשְׂרָאֵל צָרִים עַל־גִּבְּתוֹן: וַיְמִתֵהוּ בַעְשָׁא בִּשְׁנַת שָׁלֹשׁ לְאָסָא מֶלֶךְ
29 יְהוּדָה וַיִּמְלֹךְ תַּחְתָּיו: וַיְהִי כְמָלְכוֹ הִכָּה אֶת־כָּל־בֵּית יָרָבְעָם לֹא־
הִשְׁאִיר כָּל־נְשָׁמָה לְיָרָבְעָם עַד־הִשְׁמִדוֹ כִּדְבַר יְהוָה אֲשֶׁר דִּבֶּר
30 בְּיַד־עַבְדּוֹ אֲחִיָּה הַשִּׁילֹנִי: עַל־חַטֹּאות יָרָבְעָם אֲשֶׁר חָטָא וַאֲשֶׁר
הֶחֱטִיא אֶת־יִשְׂרָאֵל בְּכַעְסוֹ אֲשֶׁר הִכְעִיס אֶת־יְהוָה אֱלֹהֵי יִשְׂרָאֵל:
31 וְיֶתֶר דִּבְרֵי נָדָב וְכָל־אֲשֶׁר עָשָׂה הֲלֹא־הֵם כְּתוּבִים עַל־סֵפֶר דִּבְרֵי
32 הַיָּמִים לְמַלְכֵי יִשְׂרָאֵל: וּמִלְחָמָה הָיְתָה בֵּין אָסָא וּבֵין בַּעְשָׁא מֶלֶךְ־
יִשְׂרָאֵל כָּל־יְמֵיהֶם:

33 בִּשְׁנַת שָׁלֹשׁ לְאָסָא מֶלֶךְ יְהוּדָה מָלַךְ בַּעְשָׁא בֶן־אֲחִיָּה עַל־כָּל־
34 יִשְׂרָאֵל בְּתִרְצָה עֶשְׂרִים וְאַרְבַּע שָׁנָה: וַיַּעַשׂ הָרַע בְּעֵינֵי יְהוָה וַיֵּלֶךְ
16 1 בְּדֶרֶךְ יָרָבְעָם וּבְחַטָּאתוֹ אֲשֶׁר הֶחֱטִיא אֶת־יִשְׂרָאֵל: וַיְהִי
2 דְבַר־יְהוָה אֶל־יֵהוּא בֶן־חֲנָנִי עַל־בַּעְשָׁא לֵאמֹר: יַעַן אֲשֶׁר הֲרִימֹתִיךָ
מִן־הֶעָפָר וָאֶתֶּנְךָ נָגִיד עַל עַמִּי יִשְׂרָאֵל וַתֵּלֶךְ ׀ בְּדֶרֶךְ יָרָבְעָם וַתַּחֲטִא
3 אֶת־עַמִּי יִשְׂרָאֵל לְהַכְעִיסֵנִי בְּחַטֹּאתָם: הִנְנִי מַבְעִיר אַחֲרֵי בַעְשָׁא
4 וְאַחֲרֵי בֵיתוֹ וְנָתַתִּי אֶת־בֵּיתְךָ כְּבֵית יָרָבְעָם בֶּן־נְבָט: הַמֵּת לְבַעְשָׁא
5 בָּעִיר יֹאכְלוּ הַכְּלָבִים וְהַמֵּת לוֹ בַּשָּׂדֶה יֹאכְלוּ עוֹף הַשָּׁמָיִם: וְיֶתֶר

written in the book of the chronicles of the kings of Israel?

6 So Baasha slept with his fathers, and was buried in Tirzah: and Elah his son reigned in his stead.

7 And also by the hand of the prophet Jehu the son of Hanani came the word of the LORD against Baasha, and against his house, even for all the evil that he did in the sight of the LORD, in provoking him to anger with the work of his hands, in being like the house of Jeroboam; and because he killed him.

8 ¶ In the twenty and sixth year of Asa king of Judah began Elah the son of Baasha to reign over Israel in Tirzah, two years.

9 And his servant Zimri, captain of half *his* chariots, conspired against him, as he was in Tirzah, drinking himself drunk in the house of Arza steward of *his* house in Tirzah.

10 And Zimri went in and smote him, and killed him, in the twenty and seventh year of Asa king of Judah, and reigned in his stead.

11 ¶ And it came to pass, when he began to reign, as soon as he sat on his throne, *that* he slew all the house of Baasha: he left him not one that pisseth against a wall, neither of his kinsfolks, nor of his friends.

12 Thus did Zimri destroy all the house of Baasha, according to the word of the LORD, which he spake against Baasha by Jehu the prophet,

13 For all the sins of Baasha, and the sins of Elah his son, by which they sinned, and by which they made Israel to sin, in provoking the LORD God of Israel to anger with their vanities.

14 Now the rest of the acts of Elah, and all that he did, *are* they not written in the book of the chronicles of the kings of Israel?

15 ¶ In the twenty and seventh year of Asa king of Judah did Zimri reign seven days in Tirzah. And the people *were* encamped against Gibbethon, which *belonged* to the Philistines.

16 And the people *that were* encamped heard say, Zimri hath conspired, and hath also slain the king: wherefore all Israel made Omri, the captain of the host, king over Israel that day in the camp.

17 And Omri went up from Gibbethon, and all Israel with him, and they besieged Tirzah.

18 And it came to pass, when Zimri saw that the city was taken, that he went into the palace of the king's house, and burnt the king's house over him with fire, and died,

19 For his sins which he sinned in doing evil in the sight of the LORD, in walking in the way of Jeroboam, and in his sin which he did, to make Israel to sin.

20 Now the rest of the acts of Zimri, and his treason that he wrought, *are* they not written in the book of the chronicles of the kings of Israel?

21 ¶ Then were the people of Israel divided into two parts: half of the people followed Tibni the son of Ginath, to make him king; and half followed Omri.

22 But the people that followed Omri prevailed against the people that followed Tibni the son of Ginath: so Tibni died, and Omri reigned.

23 ¶ In the thirty and first year of Asa king of Judah began Omri to reign over Israel, twelve years: six years reigned he in Tirzah.

24 And he bought the hill Samaria of Shemer for two talents of silver, and built on the hill, and called the name of the city which he built, after the name of Shemer, owner of the hill, Samaria.

25 ¶ But Omri wrought evil in the eyes of the LORD, and did worse than all that *were* before him.

26 For he walked in all the way of Jeroboam the son of Nebat, and in his sin

דִּבְרֵי בַעְשָׁא וַאֲשֶׁר עָשָׂה וּגְבוּרָתוֹ הֲלֹא־הֵם כְּתוּבִים עַל־סֵפֶר דִּבְרֵי

6 הַיָּמִים לְמַלְכֵי יִשְׂרָאֵל: וַיִּשְׁכַּב בַּעְשָׁא עִם־אֲבֹתָיו וַיִּקָּבֵר בְּתִרְצָה

7 וַיִּמְלֹךְ אֵלָה בְנוֹ תַּחְתָּיו: וְגַם בְּיַד־יֵהוּא בֶן־חֲנָנִי הַנָּבִיא דְּבַר־יְהֹוָה
הָיָה אֶל־בַּעְשָׁא וְאֶל־בֵּיתוֹ וְעַל כָּל־הָרָעָה אֲשֶׁר־עָשָׂה בְּעֵינֵי יְהֹוָה
לְהַכְעִיסוֹ בְּמַעֲשֵׂה יָדָיו לִהְיוֹת כְּבֵית יָרָבְעָם וְעַל אֲשֶׁר־הִכָּה
אֹתוֹ:

8 בִּשְׁנַת עֶשְׂרִים וָשֵׁשׁ שָׁנָה לְאָסָא מֶלֶךְ יְהוּדָה מָלַךְ אֵלָה בֶן־בַּעְשָׁא

9 עַל־יִשְׂרָאֵל בְּתִרְצָה שְׁנָתָיִם: וַיִּקְשֹׁר עָלָיו עַבְדּוֹ זִמְרִי שַׂר מַחֲצִית
הָרָכֶב וְהוּא בְתִרְצָה שֹׁתֶה שִׁכּוֹר בֵּית אַרְצָא אֲשֶׁר עַל־הַבַּיִת

10 בְּתִרְצָה: וַיָּבֹא זִמְרִי וַיַּכֵּהוּ וַיְמִיתֵהוּ בִּשְׁנַת עֶשְׂרִים וָשֶׁבַע לְאָסָא

11 מֶלֶךְ יְהוּדָה וַיִּמְלֹךְ תַּחְתָּיו: וַיְהִי בְמָלְכוֹ כְּשִׁבְתּוֹ עַל־כִּסְאוֹ הִכָּה
אֶת־כָּל־בֵּית בַּעְשָׁא לֹא־הִשְׁאִיר לוֹ מַשְׁתִּין בְּקִיר וְגֹאֲלָיו וְרֵעֵהוּ:

12 וַיַּשְׁמֵד זִמְרִי אֵת כָּל־בֵּית בַּעְשָׁא כִּדְבַר יְהֹוָה אֲשֶׁר דִּבֶּר אֶל־בַּעְשָׁא

13 בְּיַד יֵהוּא הַנָּבִיא: אֶל כָּל־חַטֹּאות בַּעְשָׁא וְחַטֹּאות אֵלָה בְנוֹ אֲשֶׁר
חָטְאוּ וַאֲשֶׁר הֶחֱטִיאוּ אֶת־יִשְׂרָאֵל לְהַכְעִיס אֶת־יְהֹוָה אֱלֹהֵי יִשְׂרָאֵל

14 בְּהַבְלֵיהֶם: וְיֶתֶר דִּבְרֵי אֵלָה וְכָל־אֲשֶׁר עָשָׂה הֲלוֹא־הֵם כְּתוּבִים
עַל־סֵפֶר דִּבְרֵי הַיָּמִים לְמַלְכֵי יִשְׂרָאֵל:

15 בִּשְׁנַת עֶשְׂרִים וָשֶׁבַע שָׁנָה לְאָסָא מֶלֶךְ יְהוּדָה מָלַךְ זִמְרִי שִׁבְעַת

16 יָמִים בְּתִרְצָה וְהָעָם חֹנִים עַל־גִּבְּתוֹן אֲשֶׁר לַפְּלִשְׁתִּים: וַיִּשְׁמַע הָעָם
הַחֹנִים לֵאמֹר קָשַׁר זִמְרִי וְגַם הִכָּה אֶת־הַמֶּלֶךְ וַיַּמְלִכוּ כָל־יִשְׂרָאֵל

17 אֶת־עָמְרִי שַׂר־צָבָא עַל־יִשְׂרָאֵל בַּיּוֹם הַהוּא בַּמַּחֲנֶה: וַיַּעֲלֶה עָמְרִי

18 וְכָל־יִשְׂרָאֵל עִמּוֹ מִגִּבְּתוֹן וַיָּצֻרוּ עַל־תִּרְצָה: וַיְהִי כִּרְאוֹת זִמְרִי כִּי־
נִלְכְּדָה הָעִיר וַיָּבֹא אֶל־אַרְמוֹן בֵּית־הַמֶּלֶךְ וַיִּשְׂרֹף עָלָיו אֶת־בֵּית־

19 מֶלֶךְ בָּאֵשׁ וַיָּמֹת: עַל־חַטֹּאתוֹ אֲשֶׁר חָטָא לַעֲשׂוֹת הָרַע בְּעֵינֵי יְהֹוָה
לָלֶכֶת בְּדֶרֶךְ יָרָבְעָם וּבְחַטָּאתוֹ אֲשֶׁר עָשָׂה לְהַחֲטִיא אֶת־יִשְׂרָאֵל:

20 וְיֶתֶר דִּבְרֵי זִמְרִי וְקִשְׁרוֹ אֲשֶׁר קָשָׁר הֲלֹא־הֵם כְּתוּבִים עַל־סֵפֶר
דִּבְרֵי הַיָּמִים לְמַלְכֵי יִשְׂרָאֵל:

21 אָז יֵחָלֵק הָעָם יִשְׂרָאֵל לַחֵצִי חֲצִי הָעָם הָיָה אַחֲרֵי תִבְנִי בֶן־גִּינַת

22 לְהַמְלִיכוֹ וְהַחֲצִי אַחֲרֵי עָמְרִי: וַיֶּחֱזַק הָעָם אֲשֶׁר אַחֲרֵי עָמְרִי אֶת־
הָעָם אֲשֶׁר אַחֲרֵי תִּבְנִי בֶן־גִּינַת וַיָּמָת תִּבְנִי וַיִּמְלֹךְ עָמְרִי:

23 בִּשְׁנַת שְׁלֹשִׁים וְאַחַת שָׁנָה לְאָסָא מֶלֶךְ יְהוּדָה מָלַךְ עָמְרִי עַל־

24 יִשְׂרָאֵל שְׁתֵּים עֶשְׂרֵה שָׁנָה בְּתִרְצָה מָלַךְ שֵׁשׁ־שָׁנִים: וַיִּקֶן אֶת־הָהָר
שֹׁמְרוֹן מֵאֵת שֶׁמֶר בְּכִכְּרַיִם כָּסֶף וַיִּבֶן אֶת־הָהָר וַיִּקְרָא אֶת־שֵׁם

25 הָעִיר אֲשֶׁר בָּנָה עַל שֶׁם־שֶׁמֶר אֲדֹנֵי הָהָר שֹׁמְרוֹן: וַיַּעֲשֶׂה עָמְרִי

26 הָרַע בְּעֵינֵי יְהֹוָה וַיָּרַע מִכֹּל אֲשֶׁר לְפָנָיו: וַיֵּלֶךְ בְּכָל־דֶּרֶךְ יָרָבְעָם

wherewith he made Israel to sin, to provoke the LORD God of Israel to anger with their vanities.

27 Now the rest of the acts of Omri which he did, and his might that he shewed, *are* they not written in the book of the chronicles of the kings of Israel?

28 So Omri slept with his fathers, and was buried in Samaria: and Ahab his son reigned in his stead.

29 ¶ And in the thirty and eighth year of Asa king of Judah began Ahab the son of Omri to reign over Israel: and Ahab the son of Omri reigned over Israel in Samaria twenty and two years.

30 And Ahab the son of Omri did evil in the sight of the LORD above all that *were* before him.

31 And it came to pass, as if it had been a light thing for him to walk in the sins of Jeroboam the son of Nebat, that he took to wife Jezebel the daughter of Ethbaal king of the Zidonians, and went and served Baal, and worshipped him.

32 And he reared up an altar for Baal in the house of Baal, which he had built in Samaria.

33 And Ahab made a grove; and Ahab did more to provoke the LORD God of Israel to anger than all the kings of Israel that were before him.

34 ¶ In his days did Hiel the Beth-elite build Jericho: he laid the foundation thereof in Abiram his firstborn, and set up the gates thereof in his youngest *son* Segub, according to the word of the LORD, which he spake by Joshua the son of Nun.

CHAPTER 17

1 And Elijah the Tishbite, *who was* of the inhabitants of Gilead, said unto Ahab, *As* the LORD God of Israel liveth, before whom I stand, there shall not be dew nor rain these years, but according to my word.

2 And the word of the LORD came unto him, saying,

3 Get thee hence, and turn thee eastward, and hide thyself by the brook Cherith, that *is* before Jordan.

4 And it shall be, *that* thou shalt drink of the brook; and I have commanded the ravens to feed thee there.

5 So he went and did according unto the word of the LORD: for he went and dwelt by the brook Cherith, that *is* before Jordan.

6 And the ravens brought him bread and flesh in the morning, and bread and flesh in the evening; and he drank of the brook.

7 And it came to pass after a while, that the brook dried up, because there had been no rain in the land.

8 ¶ And the word of the LORD came unto him, saying,

9 Arise, get thee to Zarephath, which *belongeth* to Zidon, and dwell there: behold, I have commanded a widow woman there to sustain thee.

10 So he arose and went to Zarephath. And when he came to the gate of the city, behold, the widow woman *was* there gathering of sticks: and he called to her, and said, Fetch me, I pray thee, a little water in a vessel, that I may drink.

11 And as she was going to fetch *it,* he called to her, and said, Bring me, I pray thee, a morsel of bread in thine hand.

12 And she said, *As* the LORD thy God liveth, I have not a cake, but an handful of meal in a barrel, and a little oil in a cruse: and, behold, I *am* gathering two sticks, that I may go in and dress it for me and my son, that we may eat it, and die.

13 And Elijah said unto her, Fear not; go *and* do as thou hast said: but make me thereof a little cake first, and bring *it* unto me, and after make for thee and for thy son.

14 For thus saith the LORD God of Israel, The barrel of meal shall not waste, neither shall the cruse of oil fail, until the day *that* the LORD sendeth rain upon the earth.

15 And she went and did according to

וּבְחַטֹּאתוֹ בֶּן־נְבָט וּבְחַטֹּאתָיו אֲשֶׁר הֶחֱטִיא אֶת־יִשְׂרָאֵל לְהַכְעִיס אֶת־יְהוָה

27 אֱלֹהֵי יִשְׂרָאֵל בְּהַבְלֵיהֶם: וְיֶתֶר דִּבְרֵי עָמְרִי אֲשֶׁר עָשָׂה וּגְבוּרָתוֹ אֲשֶׁר עָשָׂה הֲלֹא־הֵם כְּתוּבִים עַל־סֵפֶר דִּבְרֵי הַיָּמִים לְמַלְכֵי

28 יִשְׂרָאֵל: וַיִּשְׁכַּב עָמְרִי עִם־אֲבֹתָיו וַיִּקָּבֵר בְּשֹׁמְרוֹן וַיִּמְלֹךְ אַחְאָב בְּנוֹ תַּחְתָּיו:

29 וְאַחְאָב בֶּן־עָמְרִי מָלַךְ עַל־יִשְׂרָאֵל בִּשְׁנַת שְׁלֹשִׁים וּשְׁמֹנֶה שָׁנָה לְאָסָא מֶלֶךְ יְהוּדָה וַיִּמְלֹךְ אַחְאָב בֶּן־עָמְרִי עַל־יִשְׂרָאֵל בְּשֹׁמְרוֹן

30 עֶשְׂרִים וּשְׁתַּיִם שָׁנָה: וַיַּעַשׂ אַחְאָב בֶּן־עָמְרִי הָרַע בְּעֵינֵי יְהוָה מִכֹּל

31 אֲשֶׁר לְפָנָיו: וַיְהִי הֲנָקֵל לֶכְתּוֹ בְּחַטֹּאות יָרָבְעָם בֶּן־נְבָט וַיִּקַּח אִשָּׁה אֶת־אִיזֶבֶל בַּת־אֶתְבַּעַל מֶלֶךְ צִידֹנִים וַיֵּלֶךְ וַיַּעֲבֹד אֶת־הַבַּעַל

32 וַיִּשְׁתַּחוּ לוֹ: וַיָּקֶם מִזְבֵּחַ לַבָּעַל בֵּית הַבַּעַל אֲשֶׁר בָּנָה בְּשֹׁמְרוֹן:

33 וַיַּעַשׂ אַחְאָב אֶת־הָאֲשֵׁרָה וַיּוֹסֶף אַחְאָב לַעֲשׂוֹת לְהַכְעִיס אֶת־יְהוָה

34 אֱלֹהֵי יִשְׂרָאֵל מִכֹּל מַלְכֵי יִשְׂרָאֵל אֲשֶׁר הָיוּ לְפָנָיו: בְּיָמָיו בָּנָה חִיאֵל

וּבִשְׂגוּב בֵּית הָאֱלִי אֶת־יְרִיחֹה בַּאֲבִירָם בְּכֹרוֹ יִסְּדָהּ וּבִשְׂגִיב צְעִירוֹ הִצִּיב

17 1 דְּלָתֶיהָ כִּדְבַר יְהוָה אֲשֶׁר דִּבֶּר בְּיַד יְהוֹשֻׁעַ בִּן־נוּן: וַיֹּאמֶר אֵלִיָּהוּ הַתִּשְׁבִּי מִתֹּשָׁבֵי גִלְעָד אֶל־אַחְאָב חַי־יְהוָה אֱלֹהֵי יִשְׂרָאֵל אֲשֶׁר עָמַדְתִּי לְפָנָיו אִם־יִהְיֶה הַשָּׁנִים הָאֵלֶּה טַל וּמָטָר כִּי אִם־לְפִי

2
3 דְבָרִי: וַיְהִי דְבַר־יְהוָה אֵלָיו לֵאמֹר: לֵךְ מִזֶּה וּפָנִיתָ לְּךָ קֵדְמָה וְנִסְתַּרְתָּ בְּנַחַל כְּרִית אֲשֶׁר עַל־פְּנֵי הַיַּרְדֵּן: וְהָיָה מֵהַנַּחַל

4
5 תִּשְׁתֶּה וְאֶת־הָעֹרְבִים צִוִּיתִי לְכַלְכֶּלְךָ שָׁם: וַיֵּלֶךְ וַיַּעַשׂ כִּדְבַר יְהוָה

6 וַיֵּלֶךְ וַיֵּשֶׁב בְּנַחַל כְּרִית אֲשֶׁר עַל־פְּנֵי הַיַּרְדֵּן: וְהָעֹרְבִים מְבִיאִים

7 לוֹ לֶחֶם וּבָשָׂר בַּבֹּקֶר וְלֶחֶם וּבָשָׂר בָּעָרֶב וּמִן־הַנַּחַל יִשְׁתֶּה: וַיְהִי

8 מִקֵּץ יָמִים וַיִּיבַשׁ הַנָּחַל כִּי לֹא־הָיָה גֶשֶׁם בָּאָרֶץ: וַיְהִי

9 דְבַר־יְהוָה אֵלָיו לֵאמֹר: קוּם לֵךְ צָרְפַתָה אֲשֶׁר לְצִידוֹן וְיָשַׁבְתָּ שָׁם

10 הִנֵּה צִוִּיתִי שָׁם אִשָּׁה אַלְמָנָה לְכַלְכְּלֶךָ: וַיָּקָם וַיֵּלֶךְ צָרְפַתָה וַיָּבֹא אֶל־פֶּתַח הָעִיר וְהִנֵּה־שָׁם אִשָּׁה אַלְמָנָה מְקֹשֶׁשֶׁת עֵצִים וַיִּקְרָא

11 אֵלֶיהָ וַיֹּאמַר קְחִי־נָא לִי מְעַט־מַיִם בַּכְּלִי וְאֶשְׁתֶּה: וַתֵּלֶךְ לָקַחַת

12 וַיִּקְרָא אֵלֶיהָ וַיֹּאמַר לִקְחִי־נָא לִי פַת־לֶחֶם בְּיָדֵךְ: וַתֹּאמֶר חַי־יְהוָה אֱלֹהֶיךָ אִם־יֶשׁ־לִי מָעוֹג כִּי אִם־מְלֹא כַף־קֶמַח בַּכַּד וּמְעַט־שֶׁמֶן בַּצַּפָּחַת וְהִנְנִי מְקֹשֶׁשֶׁת שְׁנַיִם עֵצִים וּבָאתִי וַעֲשִׂיתִיהוּ לִי וְלִבְנִי

13 13A וַאֲכַלְנֻהוּ וָמָתְנוּ: וַיֹּאמֶר אֵלֶיהָ אֵלִיָּהוּ אַל־תִּירְאִי בֹּאִי עֲשִׂי כִדְבָרֵךְ אַךְ עֲשִׂי־לִי מִשָּׁם עֻגָה קְטַנָּה בָרִאשֹׁנָה וְהוֹצֵאת לִי וְלָךְ וְלִבְנֵךְ

14 תַּעֲשִׂי בָּאַחֲרֹנָה: כִּי כֹה אָמַר יְהוָה אֱלֹהֵי יִשְׂרָאֵל כַּד

תַּת־ הַקֶּמַח לֹא תִכְלָה וְצַפַּחַת הַשֶּׁמֶן לֹא תֶחְסָר עַד יוֹם תִּתֵּן־יְהוָה

הִיא־ 15 גֶשֶׁם עַל־פְּנֵי הָאֲדָמָה: וַתֵּלֶךְ וַתַּעֲשֶׂה כִּדְבַר אֵלִיָּהוּ וַתֹּאכַל הִוא

the saying of Elijah: and she, and he, and her house, did eat *many* days.

16 *And* the barrel of meal wasted not, neither did the cruse of oil fail, according to the word of the LORD, which he spake by Elijah.

17 ¶ And it came to pass after these things, *that* the son of the woman, the mistress of the house, fell sick; and his sickness was so sore, that there was no breath left in him.

18 And she said unto Elijah, What have I to do with thee, O thou man of God? art thou come unto me to call my sin to remembrance, and to slay my son?

19 And he said unto her, Give me thy son. And he took him out of her bosom, and carried him up into a loft, where he abode, and laid him upon his own bed.

20 And he cried unto the LORD, and said, O LORD my God, hast thou also brought evil upon the widow with whom I sojourn, by slaying her son?

21 And he stretched himself upon the child three times, and cried unto the LORD, and said, O LORD my God, I pray thee, let this child's soul come into him again.

22 And the LORD heard the voice of Elijah; and the soul of the child came into him again, and he revived.

23 And Elijah took the child, and brought him down out of the chamber into the house, and delivered him unto his mother: and Elijah said, See, thy son liveth.

24 ¶ And the woman said to Elijah, Now by this I know that thou *art* a man of God, *and* that the word of the LORD in thy mouth *is* truth.

CHAPTER 18

1 And it came to pass *after* many days, that the word of the LORD came to Elijah in the third year, saying, Go, shew thyself unto Ahab; and I will send rain upon the earth.

2 And Elijah went to shew himself unto Ahab. And *there was* a sore famine in Samaria.

3 And Ahab called Obadiah, which *was* the governor of *his* house. (Now Obadiah feared the LORD greatly:

4 For it was *so*, when Jezebel cut off the prophets of the LORD, that Obadiah took an hundred prophets, and hid them by fifty in a cave, and fed them with bread and water.)

5 And Ahab said unto Obadiah, Go into the land, unto all fountains of water, and unto all brooks: peradventure we may find grass to save the horses and mules alive, that we lose not all the beasts.

6 So they divided the land between them to pass throughout it: Ahab went one way by himself, and Obadiah went another way by himself.

7 ¶ And as Obadiah was in the way, behold, Elijah met him: and he knew him, and fell on his face, and said, *Art* thou that my lord Elijah?

8 And he answered him, I *am*: go, tell thy lord, Behold, Elijah *is here*.

9 And he said, What have I sinned, that thou wouldest deliver thy servant into the hand of Ahab, to slay me?

10 *As* the LORD thy God liveth, there is no nation or kingdom, whither my lord hath not sent to seek thee: and when they said, *He is* not *there*; he took an oath of the kingdom and nation, that they found thee not.

11 And now thou sayest, Go, tell thy lord, Behold, Elijah *is here*.

12 And it shall come to pass, *as soon as* I am gone from thee, that the Spirit of the LORD shall carry thee whither I know not; and *so* when I come and tell Ahab, and he cannot find thee, he shall slay me: but I thy servant fear the LORD from my youth.

13 Was it not told my lord what I did when Jezebel slew the prophets of the LORD, how I hid an hundred men of the LORD's prophets by fifty in a cave, and fed them with bread and water?

14 And now thou sayest, Go, tell thy lord, Behold, Elijah *is here*: and he shall slay me.

15 And Elijah said, *As* the LORD of hosts

וְהוּא 16 וְהָיָה וּבֵיתָהּ יָמִים: כַּד הַקֶּמַח לֹא כָלָתָה וְצַפַּחַת הַשֶּׁמֶן לֹא חָסֵר כִּדְבַר יְהוָה אֲשֶׁר דִּבֶּר בְּיַד אֵלִיָּהוּ:

17 וַיְהִי אַחַר הַדְּבָרִים הָאֵלֶּה חָלָה בֶּן־הָאִשָּׁה בַּעֲלַת הַבָּיִת וַיְהִי חָלְיוֹ חָזָק מְאֹד עַד אֲשֶׁר לֹא־נוֹתְרָה־בּוֹ נְשָׁמָה: 18 וַתֹּאמֶר אֶל־אֵלִיָּהוּ מַה־ לִּי וָלָךְ אִישׁ הָאֱלֹהִים בָּאתָ אֵלַי לְהַזְכִּיר אֶת־עֲוֹנִי וּלְהָמִית אֶת־בְּנִי:

19 וַיֹּאמֶר אֵלֶיהָ תְּנִי־לִי אֶת־בְּנֵךְ וַיִּקָּחֵהוּ מֵחֵיקָהּ וַיַּעֲלֵהוּ אֶל־הָעֲלִיָּה אֲשֶׁר־הוּא יֹשֵׁב שָׁם וַיַּשְׁכִּבֵהוּ עַל־מִטָּתוֹ: 20 וַיִּקְרָא אֶל־יְהוָה וַיֹּאמַר יְהוָה אֱלֹהָי הֲגַם עַל־הָאַלְמָנָה אֲשֶׁר־אֲנִי מִתְגּוֹרֵר עִמָּהּ הֲרֵעוֹתָ לְהָמִית אֶת־בְּנָהּ: 21 וַיִּתְמֹדֵד עַל־הַיֶּלֶד שָׁלֹשׁ פְּעָמִים וַיִּקְרָא אֶל־יְהוָה וַיֹּאמַר יְהוָה אֱלֹהָי תָּשָׁב נָא נֶפֶשׁ־הַיֶּלֶד הַזֶּה עַל־קִרְבּוֹ: 22 וַיִּשְׁמַע יְהוָה בְּקוֹל אֵלִיָּהוּ וַתָּשָׁב נֶפֶשׁ־הַיֶּלֶד עַל־קִרְבּוֹ וַיֶּחִי: 23 וַיִּקַּח אֵלִיָּהוּ אֶת־הַיֶּלֶד וַיֹּרִדֵהוּ מִן־הָעֲלִיָּה הַבַּיְתָה וַיִּתְּנֵהוּ לְאִמּוֹ וַיֹּאמֶר אֵלִיָּהוּ רְאִי חַי בְּנֵךְ: 24 וַתֹּאמֶר הָאִשָּׁה אֶל־אֵלִיָּהוּ עַתָּה זֶה יָדַעְתִּי כִּי אִישׁ אֱלֹהִים אָתָּה וּדְבַר־יְהוָה בְּפִיךָ אֱמֶת:

18 1 וַיְהִי יָמִים רַבִּים וּדְבַר־יְהוָה הָיָה אֶל־אֵלִיָּהוּ בַּשָּׁנָה הַשְּׁלִישִׁית לֵאמֹר לֵךְ הֵרָאֵה אֶל־אַחְאָב וְאֶתְּנָה מָטָר עַל־פְּנֵי הָאֲדָמָה: 2 וַיֵּלֶךְ אֵלִיָּהוּ לְהֵרָאוֹת אֶל־אַחְאָב וְהָרָעָב חָזָק בְּשֹׁמְרוֹן: 3 וַיִּקְרָא אַחְאָב אֶל־עֹבַדְיָהוּ אֲשֶׁר עַל־הַבָּיִת וְעֹבַדְיָהוּ הָיָה יָרֵא אֶת־יְהוָה מְאֹד: 4 וַיְהִי בְּהַכְרִית אִיזֶבֶל אֵת נְבִיאֵי יְהוָה וַיִּקַּח עֹבַדְיָהוּ מֵאָה נְבִאִים וַיַּחְבִּיאֵם חֲמִשִּׁים אִישׁ בַּמְּעָרָה וְכִלְכְּלָם לֶחֶם וָמָיִם: 5 וַיֹּאמֶר אַחְאָב אֶל־עֹבַדְיָהוּ לֵךְ בָּאָרֶץ אֶל־כָּל־מַעְיְנֵי הַמַּיִם וְאֶל כָּל־הַנְּחָלִים אוּלַי נִמְצָא חָצִיר וּנְחַיֶּה סוּס וָפֶרֶד וְלוֹא נַכְרִית מֵהַבְּהֵמָה: 6 וַיְחַלְּקוּ לָהֶם אֶת־הָאָרֶץ לַעֲבָר־בָּהּ אַחְאָב הָלַךְ בְּדֶרֶךְ אֶחָד לְבַדּוֹ וְעֹבַדְיָהוּ הָלַךְ בְּדֶרֶךְ־אֶחָד לְבַדּוֹ: 7 וַיְהִי עֹבַדְיָהוּ בַּדֶּרֶךְ וְהִנֵּה אֵלִיָּהוּ לִקְרָאתוֹ וַיַּכִּרֵהוּ וַיִּפֹּל עַל־פָּנָיו וַיֹּאמֶר הַאַתָּה זֶה אֲדֹנִי אֵלִיָּהוּ: 8 וַיֹּאמֶר לוֹ אָנִי לֵךְ אֱמֹר לַאדֹנֶיךָ הִנֵּה אֵלִיָּהוּ: 9 וַיֹּאמֶר מֶה חָטָאתִי כִּי־אַתָּה נֹתֵן אֶת־עַבְדְּךָ בְּיַד־אַחְאָב לַהֲמִיתֵנִי: 10 חַי יְהוָה אֱלֹהֶיךָ אִם־יֶשׁ־גּוֹי וּמַמְלָכָה אֲשֶׁר לֹא־שָׁלַח אֲדֹנִי שָׁם לְבַקֶּשְׁךָ וְאָמְרוּ אָיִן וְהִשְׁבִּיעַ אֶת־הַמַּמְלָכָה וְאֶת־הַגּוֹי כִּי לֹא יִמְצָאֶכָּה: 11 וְעַתָּה אַתָּה אֹמֵר לֵךְ אֱמֹר לַאדֹנֶיךָ הִנֵּה אֵלִיָּהוּ: 12 וְהָיָה אֲנִי אֵלֵךְ מֵאִתָּךְ וְרוּחַ יְהוָה יִשָּׂאֲךָ עַל אֲשֶׁר לֹא־אֵדָע וּבָאתִי לְהַגִּיד לְאַחְאָב וְלֹא יִמְצָאֲךָ וַהֲרָגָנִי וְעַבְדְּךָ יָרֵא אֶת־יְהוָה מִנְּעֻרָי: 13 הֲלֹא־הֻגַּד לַאדֹנִי אֵת אֲשֶׁר־עָשִׂיתִי בַּהֲרֹג אִיזֶבֶל אֵת נְבִיאֵי יְהוָה וָאַחְבִּא מִנְּבִיאֵי יְהוָה מֵאָה אִישׁ חֲמִשִּׁים חֲמִשִּׁים אִישׁ בַּמְּעָרָה וָאֲכַלְכְּלֵם לֶחֶם וָמָיִם: 14 וְעַתָּה אַתָּה אֹמֵר לֵךְ אֱמֹר לַאדֹנֶיךָ הִנֵּה אֵלִיָּהוּ וַהֲרָגָנִי: 15 וַיֹּאמֶר

liveth, before whom I stand, I will surely shew myself unto him to day.

16 So Obadiah went to meet Ahab, and told him: and Ahab went to meet Elijah.

17 ¶ And it came to pass, when Ahab saw Elijah, that Ahab said unto him, Art thou he that troubleth Israel?

18 And he answered, I have not troubled Israel; but thou, and thy father's house, in that ye have forsaken the commandments of the LORD, and thou hast followed Baalim.

19 Now therefore send, and gather to me all Israel unto mount Carmel, and the prophets of Baal four hundred and fifty, and the prophets of the groves four hundred, which eat at Jezebel's table.

20 So Ahab sent unto all the children of Israel, and gathered the prophets together unto mount Carmel.

21 And Elijah came unto all the people, and said, How long halt ye between two opinions? if the LORD be God, follow him: but if Baal, then follow him. And the people answered him not a word.

22 Then said Elijah unto the people, I, even I only, remain a prophet of the LORD; but Baal's prophets are four hundred and fifty men.

23 Let them therefore give us two bullocks; and let them choose one bullock for themselves, and cut it in pieces, and lay it on wood, and put no fire under: and I will dress the other bullock, and lay it on wood, and put no fire under:

24 And call ye on the name of your gods, and I will call on the name of the LORD: and the God that answereth by fire, let him be God. And all the people answered and said, It is well spoken.

25 And Elijah said unto the prophets of Baal, Choose you one bullock for yourselves, and dress it first; for ye are many; and call on the name of your gods, but put no fire under.

26 And they took the bullock which was given them, and they dressed it, and called on the name of Baal from morning even until noon, saying, O Baal, hear us. But there was no voice, nor any that answered. And they leaped upon the altar which was made.

27 And it came to pass at noon, that Elijah mocked them, and said, Cry aloud: for he is a god; either he is talking, or he is pursuing, or he is in a journey, or peradventure he sleepeth, and must be awaked.

28 And they cried aloud, and cut themselves after their manner with knives and lancets, till the blood gushed out upon them.

29 And it came to pass, when midday was past, and they prophesied until the time of the offering of the evening sacrifice, that there was neither voice, nor any to answer, nor any that regarded.

30 And Elijah said unto all the people, Come near unto me. And all the people came near unto him. And he repaired the altar of the LORD that was broken down.

31 And Elijah took twelve stones, according to the number of the tribes of the sons of Jacob, unto whom the word of the LORD came, saying, Israel shall be thy name:

32 And with the stones he built an altar in the name of the LORD: and he made a trench about the altar, as great as would contain two measures of seed.

33[33-34a] And he put the wood in order, and cut the bullock in pieces, and laid him on the wood, and said, Fill four barrels with water, and pour it on the burnt sacrifice, and on the wood.

34[34b] And he said, Do it the second time. And they did it the second time. And he said, Do it the third time. And they did it the third time.

35 And the water ran round about the altar; and he filled the trench also with water.

36 And it came to pass at the time of the offering of the evening sacrifice, that Elijah the prophet came near, and said, LORD God of Abraham, Isaac, and of Israel, let it be known this day that thou art God in Israel, and that I am thy servant, and

אֵלִיָּהוּ חַי יְהֹוָה צְבָאוֹת אֲשֶׁר עָמַדְתִּי לְפָנָיו כִּי הַיּוֹם אֵרָאֶה אֵלָיו:

16 וַיֵּלֶךְ עֹבַדְיָהוּ לִקְרַאת אַחְאָב וַיַּגֶּד־לוֹ וַיֵּלֶךְ אַחְאָב לִקְרַאת אֵלִיָּהוּ:

17 וַיְהִי כִּרְאוֹת אַחְאָב אֶת־אֵלִיָּהוּ וַיֹּאמֶר אַחְאָב אֵלָיו הַאַתָּה זֶה עֹכֵר

18 יִשְׂרָאֵל: וַיֹּאמֶר לֹא עָכַרְתִּי אֶת־יִשְׂרָאֵל כִּי אִם־אַתָּה וּבֵית אָבִיךָ 18A

19 בַּעֲזָבְכֶם אֶת־מִצְוֹת יְהֹוָה וַתֵּלֶךְ אַחֲרֵי הַבְּעָלִים: וְעַתָּה שְׁלַח קְבֹץ
אֵלַי אֶת־כָּל־יִשְׂרָאֵל אֶל־הַר הַכַּרְמֶל וְאֶת־נְבִיאֵי הַבַּעַל אַרְבַּע
מֵאוֹת וַחֲמִשִּׁים וּנְבִיאֵי הָאֲשֵׁרָה אַרְבַּע מֵאוֹת אֹכְלֵי שֻׁלְחַן

20 אִיזָבֶל: וַיִּשְׁלַח אַחְאָב בְּכָל־בְּנֵי יִשְׂרָאֵל וַיִּקְבֹּץ אֶת־

21 הַנְּבִיאִים אֶל־הַר הַכַּרְמֶל: וַיִּגַּשׁ אֵלִיָּהוּ אֶל־כָּל־הָעָם וַיֹּאמֶר עַד־מָתַי
אַתֶּם פֹּסְחִים עַל־שְׁתֵּי הַסְּעִפִּים אִם־יְהֹוָה הָאֱלֹהִים לְכוּ אַחֲרָיו

22 וְאִם־הַבַּעַל לְכוּ אַחֲרָיו וְלֹא־עָנוּ הָעָם אֹתוֹ דָּבָר: וַיֹּאמֶר אֵלִיָּהוּ
אֶל־הָעָם אֲנִי נוֹתַרְתִּי נָבִיא לַיהֹוָה לְבַדִּי וּנְבִיאֵי הַבַּעַל אַרְבַּע־מֵאוֹת

23 וַחֲמִשִּׁים אִישׁ: וְיִתְּנוּ־לָנוּ שְׁנַיִם פָּרִים וְיִבְחֲרוּ לָהֶם הַפָּר הָאֶחָד
וִינַתְּחֻהוּ וְיָשִׂימוּ עַל־הָעֵצִים וְאֵשׁ לֹא יָשִׂימוּ וַאֲנִי אֶעֱשֶׂה אֶת־הַפָּר

24 הָאֶחָד וְנָתַתִּי עַל־הָעֵצִים וְאֵשׁ לֹא אָשִׂים: וּקְרָאתֶם בְּשֵׁם אֱלֹהֵיכֶם
וַאֲנִי אֶקְרָא בְשֵׁם־יְהֹוָה וְהָיָה הָאֱלֹהִים אֲשֶׁר־יַעֲנֶה בָאֵשׁ הוּא

25 הָאֱלֹהִים וַיַּעַן כָּל־הָעָם וַיֹּאמְרוּ טוֹב הַדָּבָר: וַיֹּאמֶר אֵלִיָּהוּ לִנְבִיאֵי
הַבַּעַל בַּחֲרוּ לָכֶם הַפָּר הָאֶחָד וַעֲשׂוּ רִאשֹׁנָה כִּי אַתֶּם הָרַבִּים

26 וְקִרְאוּ בְּשֵׁם אֱלֹהֵיכֶם וְאֵשׁ לֹא תָשִׂימוּ: וַיִּקְחוּ אֶת־הַפָּר אֲשֶׁר־נָתַן
לָהֶם וַיַּעֲשׂוּ וַיִּקְרְאוּ בְשֵׁם־הַבַּעַל מֵהַבֹּקֶר וְעַד־הַצָּהֳרַיִם לֵאמֹר
הַבַּעַל עֲנֵנוּ וְאֵין קוֹל וְאֵין עֹנֶה וַיְפַסְּחוּ עַל־הַמִּזְבֵּחַ אֲשֶׁר עָשָׂה:

27 וַיְהִי בַצָּהֳרַיִם וַיְהַתֵּל בָּהֶם אֵלִיָּהוּ וַיֹּאמֶר קִרְאוּ בְקוֹל־גָּדוֹל כִּי־
אֱלֹהִים הוּא כִּי שִׂיחַ וְכִי־שִׂיג לוֹ וְכִי־דֶרֶךְ לוֹ אוּלַי יָשֵׁן הוּא וְיִקָץ:

28 וַיִּקְרְאוּ בְּקוֹל גָּדוֹל וַיִּתְגֹּדְדוּ כְּמִשְׁפָּטָם בַּחֲרָבוֹת וּבָרְמָחִים עַד־

29 שְׁפָךְ־דָּם עֲלֵיהֶם: וַיְהִי כַּעֲבֹר הַצָּהֳרַיִם וַיִּתְנַבְּאוּ עַד לַעֲלוֹת הַמִּנְחָה

30 וְאֵין־קוֹל וְאֵין־עֹנֶה וְאֵין קָשֶׁב: וַיֹּאמֶר אֵלִיָּהוּ לְכָל־הָעָם גְּשׁוּ אֵלַי

31 וַיִּגְּשׁוּ כָל־הָעָם אֵלָיו וַיְרַפֵּא אֶת־מִזְבַּח יְהֹוָה הֶהָרוּס: וַיִּקַּח אֵלִיָּהוּ
שְׁתֵּים עֶשְׂרֵה אֲבָנִים כְּמִסְפַּר שִׁבְטֵי בְנֵי־יַעֲקֹב אֲשֶׁר הָיָה דְבַר־יְהֹוָה

32 אֵלָיו לֵאמֹר יִשְׂרָאֵל יִהְיֶה שְׁמֶךָ: וַיִּבְנֶה אֶת־הָאֲבָנִים מִזְבֵּחַ בְּשֵׁם

33 יְהֹוָה וַיַּעַשׂ תְּעָלָה כְּבֵית סָאתַיִם זֶרַע סָבִיב לַמִּזְבֵּחַ: וַיַּעֲרֹךְ אֶת־
הָעֵצִים וַיְנַתַּח אֶת־הַפָּר וַיָּשֶׂם עַל־הָעֵצִים: וַיֹּאמֶר מִלְאוּ אַרְבָּעָה

34 כַדִּים מַיִם וְיִצְקוּ עַל־הָעֹלָה וְעַל־הָעֵצִים וַיֹּאמֶר שְׁנוּ וַיִּשְׁנוּ וַיֹּאמֶר

35 שַׁלֵּשׁוּ וַיְשַׁלֵּשׁוּ: וַיֵּלְכוּ הַמַּיִם סָבִיב לַמִּזְבֵּחַ וְגַם אֶת־הַתְּעָלָה מִלֵּא־

36 מָיִם: וַיְהִי בַּעֲלוֹת הַמִּנְחָה וַיִּגַּשׁ אֵלִיָּהוּ הַנָּבִיא וַיֹּאמַר יְהֹוָה אֱלֹהֵי
אַבְרָהָם יִצְחָק וְיִשְׂרָאֵל הַיּוֹם יִוָּדַע כִּי־אַתָּה אֱלֹהִים בְּיִשְׂרָאֵל וַאֲנִי

that I have done all these things at thy word.

37 Hear me, O LORD, hear me, that this people may know that thou *art* the LORD God, and *that* thou hast turned their heart back again.

38 Then the fire of the LORD fell, and consumed the burnt sacrifice, and the wood, and the stones, and the dust, and licked up the water that *was* in the trench.

39 And when all the people saw *it,* they fell on their faces: and they said, The LORD, he *is* the God; the LORD, he *is* the God.

40 And Elijah said unto them, Take the prophets of Baal; let not one of them escape. And they took them: and Elijah brought them down to the brook Kishon, and slew them there.

41 ¶ And Elijah said unto Ahab, Get thee up, eat and drink; for *there is* a sound of abundance of rain.

42 So Ahab went up to eat and to drink. And Elijah went up to the top of Carmel; and he cast himself down upon the earth, and put his face between his knees,

43 And said to his servant, Go up now, look toward the sea. And he went up, and looked, and said, *There is* nothing. And he said, Go again seven times.

44 And it came to pass at the seventh time, that he said, Behold, there ariseth a little cloud out of the sea, like a man's hand. And he said, Go up, say unto Ahab, Prepare *thy chariot,* and get thee down, that the rain stop thee not.

45 And it came to pass in the mean while, that the heaven was black with clouds and wind, and there was a great rain. And Ahab rode, and went to Jezreel.

46 And the hand of the LORD was on Elijah; and he girded up his loins, and ran before Ahab to the entrance of Jezreel.

CHAPTER 19

1 And Ahab told Jezebel all that Elijah had done, and withal how he had slain all the prophets with the sword.

2 Then Jezebel sent a messenger unto Elijah, saying, So let the gods do *to me,* and more also, if I make not thy life as the life of one of them by to morrow about this time.

3 And when he saw *that,* he arose, and went for his life, and came to Beer-sheba, which *belongeth* to Judah, and left his servant there.

4 ¶ But he himself went a day's journey into the wilderness, and came and sat down under a juniper tree: and he requested for himself that he might die; and said, It is enough; now, O LORD, take away my life; for I *am* not better than my fathers.

5 And as he lay and slept under a juniper tree, behold, then an angel touched him, and said unto him, Arise *and* eat.

6 And he looked, and, behold, *there was* a cake baken on the coals, and a cruse of water at his head. And he did eat and drink, and laid him down again.

7 And the angel of the LORD came again the second time, and touched him, and said, Arise *and* eat; because the journey *is* too great for thee.

8 And he arose, and did eat and drink, and went in the strength of that meat forty days and forty nights unto Horeb the mount of God.

9 ¶ And he came thither unto a cave, and lodged there; and, behold, the word of the LORD *came* to him, and he said unto him, What doest thou here, Elijah?

10 And he said, I have been very jealous for the LORD God of hosts: for the children of Israel have forsaken thy covenant, thrown down thine altars, and slain thy prophets with the sword; and I, *even* I only, am left; and they seek my life, to take it away.

11 And he said, Go forth, and stand upon the mount before the LORD. And, behold, the LORD passed by, and a great and strong wind rent the mountains, and brake in pieces the rocks before the LORD; *but* the LORD *was* not in the wind: and after the wind an earthquake; *but* the LORD *was* not in the earthquake:

12 And after the earthquake a fire; *but* the LORD *was* not in the fire: and after the fire a still small voice.

13 And it was *so,* when Elijah heard *it,* that he wrapped his face in his mantle, and

וּבִדְבָרֶךָ ‎37 עַבְדֶּךָ וּבִדְבָרֶיךָ עָשִׂיתִי אֵת כָּל־הַדְּבָרִים הָאֵלֶּה עֲנֵנִי יְהוָה עֲנֵנִי וְיֵדְעוּ הָעָם הַזֶּה כִּי־אַתָּה יְהוָה הָאֱלֹהִים וְאַתָּה הֲסִבֹּתָ אֶת־לִבָּם

‎38 אֲחֹרַנִּית: וַתִּפֹּל אֵשׁ־יְהוָה וַתֹּאכַל אֶת־הָעֹלָה וְאֶת־הָעֵצִים וְאֶת־

‎39 הָאֲבָנִים וְאֶת־הֶעָפָר וְאֶת־הַמַּיִם אֲשֶׁר־בַּתְּעָלָה לִחֵכָה: וַיַּרְא כָּל־ הָעָם וַיִּפְּלוּ עַל־פְּנֵיהֶם וַיֹּאמְרוּ יְהוָה הוּא הָאֱלֹהִים יְהוָה הוּא

‎40 הָאֱלֹהִים: וַיֹּאמֶר אֵלִיָּהוּ לָהֶם תִּפְשׂוּ ׀ אֶת־נְבִיאֵי הַבַּעַל אִישׁ אַל־ יִמָּלֵט מֵהֶם וַיִּתְפְּשׂוּם וַיּוֹרִדֵם אֵלִיָּהוּ אֶל־נַחַל קִישׁוֹן וַיִּשְׁחָטֵם שָׁם:

‎41 וַיֹּאמֶר אֵלִיָּהוּ לְאַחְאָב עֲלֵה אֱכֹל וּשְׁתֵה כִּי־קוֹל הֲמוֹן הַגָּשֶׁם:

‎42 וַיַּעֲלֶה אַחְאָב לֶאֱכֹל וְלִשְׁתּוֹת וְאֵלִיָּהוּ עָלָה אֶל־רֹאשׁ הַכַּרְמֶל וַיִּגְהַר

בְּרֻכָּיו ‎43 אַרְצָה וַיָּשֶׂם פָּנָיו בֵּין בִּרְכָּו: וַיֹּאמֶר אֶל־נַעֲרוֹ עֲלֵה־נָא הַבֵּט דֶּרֶךְ־יָם

‎44A ‎44 וַיַּעַל וַיַּבֵּט וַיֹּאמֶר אֵין מְאוּמָה וַיֹּאמֶר שֻׁב שֶׁבַע פְּעָמִים: וַיְהִי בַּשְּׁבִעִית וַיֹּאמֶר הִנֵּה־עָב קְטַנָּה כְּכַף־אִישׁ עֹלָה מִיָּם וַיֹּאמֶר עֲלֵה

‎45 אֱמֹר אֶל־אַחְאָב אֱסֹר וָרֵד וְלֹא יַעַצָרְכָה הַגָּשֶׁם: וַיְהִי ׀ עַד־כֹּה וְעַד־ כֹּה וְהַשָּׁמַיִם הִתְקַדְּרוּ עָבִים וְרוּחַ וַיְהִי גֶּשֶׁם גָּדוֹל וַיִּרְכַּב אַחְאָב

‎46 וַיֵּלֶךְ יִזְרְעֶאלָה: וְיַד־יְהוָה הָיְתָה אֶל־אֵלִיָּהוּ וַיְשַׁנֵּס מָתְנָיו וַיָּרָץ לִפְנֵי

‎19 ‎1 אַחְאָב עַד־בֹּאֲכָה יִזְרְעֶאלָה: וַיַּגֵּד אַחְאָב לְאִיזֶבֶל אֵת כָּל־אֲשֶׁר עָשָׂה אֵלִיָּהוּ וְאֵת כָּל־אֲשֶׁר הָרַג אֶת־כָּל־הַנְּבִיאִים בֶּחָרֶב: וַתִּשְׁלַח

‎2 אִיזֶבֶל מַלְאָךְ אֶל־אֵלִיָּהוּ לֵאמֹר כֹּה־יַעֲשׂוּן אֱלֹהִים וְכֹה יוֹסִפוּן כִּי־ כָעֵת מָחָר אָשִׂים אֶת־נַפְשְׁךָ כְּנֶפֶשׁ אַחַד מֵהֶם: וַיַּרְא וַיָּקָם וַיֵּלֶךְ

‎3 אֶל־נַפְשׁוֹ וַיָּבֹא בְּאֵר שֶׁבַע אֲשֶׁר לִיהוּדָה וַיַּנַּח אֶת־נַעֲרוֹ שָׁם: וְהוּא־

‎4 הָלַךְ בַּמִּדְבָּר דֶּרֶךְ יוֹם וַיָּבֹא וַיֵּשֶׁב תַּחַת רֹתֶם אֶחָד וַיִּשְׁאַל אֶת־ אַחַד נַפְשׁוֹ לָמוּת וַיֹּאמֶר ׀ רַב עַתָּה יְהוָה קַח נַפְשִׁי כִּי־לֹא־טוֹב אָנֹכִי

‎5 מֵאֲבֹתָי: וַיִּשְׁכַּב וַיִּישַׁן תַּחַת רֹתֶם אֶחָד וְהִנֵּה־זֶה מַלְאָךְ נֹגֵעַ בּוֹ

‎6 וַיֹּאמֶר לוֹ קוּם אֱכוֹל: וַיַּבֵּט וְהִנֵּה מְרַאֲשֹׁתָיו עֻגַת רְצָפִים וְצַפַּחַת

‎7 מַיִם וַיֹּאכַל וַיֵּשְׁתְּ וַיָּשָׁב וַיִּשְׁכָּב: וַיָּשָׁב מַלְאַךְ יְהוָה ׀ שֵׁנִית וַיִּגַּע־בּוֹ

‎8 וַיֹּאמֶר קוּם אֱכֹל כִּי רַב מִמְּךָ הַדָּרֶךְ: וַיָּקָם וַיֹּאכַל וַיִּשְׁתֶּה וַיֵּלֶךְ בְּכֹחַ ׀ הָאֲכִילָה הַהִיא אַרְבָּעִים יוֹם וְאַרְבָּעִים לַיְלָה עַד הַר הָאֱלֹהִים

‎9 חֹרֵב: וַיָּבֹא־שָׁם אֶל־הַמְּעָרָה וַיָּלֶן שָׁם וְהִנֵּה דְבַר־יְהוָה אֵלָיו וַיֹּאמֶר

‎10 לוֹ מַה־לְּךָ פֹה אֵלִיָּהוּ: וַיֹּאמֶר קַנֹּא קִנֵּאתִי לַיהוָה ׀ אֱלֹהֵי צְבָאוֹת כִּי־עָזְבוּ בְרִיתְךָ בְּנֵי יִשְׂרָאֵל אֶת־מִזְבְּחֹתֶיךָ הָרָסוּ וְאֶת־נְבִיאֶיךָ הָרְגוּ

‎11A ‎11 בֶחָרֶב וָאִוָּתֵר אֲנִי לְבַדִּי וַיְבַקְשׁוּ אֶת־נַפְשִׁי לְקַחְתָּהּ: וַיֹּאמֶר צֵא וְעָמַדְתָּ בָהָר לִפְנֵי יְהוָה וְהִנֵּה יְהוָה עֹבֵר וְרוּחַ גְּדוֹלָה וְחָזָק מְפָרֵק הָרִים וּמְשַׁבֵּר סְלָעִים לִפְנֵי יְהוָה לֹא בָרוּחַ יְהוָה וְאַחַר הָרוּחַ רַעַשׁ

‎12 לֹא בָרַעַשׁ יְהוָה: וְאַחַר הָרַעַשׁ אֵשׁ לֹא בָאֵשׁ יְהוָה וְאַחַר הָאֵשׁ

‎13 קוֹל דְּמָמָה דַקָּה: וַיְהִי ׀ כִּשְׁמֹעַ אֵלִיָּהוּ וַיָּלֶט פָּנָיו בְּאַדַּרְתּוֹ וַיֵּצֵא

went out, and stood in the entering in of the cave. And, behold, *there came* a voice unto him, and said, What doest thou here, Elijah?

14 And he said, I have been very jealous for the Lord God of hosts: because the children of Israel have forsaken thy covenant, thrown down thine altars, and slain thy prophets with the sword; and I, *even* I only, am left; and they seek my life, to take it away.

15 And the Lord said unto him, Go, return on thy way to the wilderness of Damascus: and when thou comest, anoint Hazael *to be* king over Syria:

16 And Jehu the son of Nimshi shalt thou anoint *to be* king over Israel: and Elisha the son of Shaphat of Abel-meholah shalt thou anoint *to be* prophet in thy room.

17 And it shall come to pass, *that* him that escapeth the sword of Hazael shall Jehu slay: and him that escapeth from the sword of Jehu shall Elisha slay.

18 Yet I have left *me* seven thousand in Israel, all the knees which have not bowed unto Baal, and every mouth which hath not kissed him.

19 ¶ So he departed thence, and found Elisha the son of Shaphat, who *was* plowing *with* twelve yoke *of oxen* before him, and he with the twelfth: and Elijah passed by him, and cast his mantle upon him.

20 And he left the oxen, and ran after Elijah, and said, Let me, I pray thee, kiss my father and my mother, and *then* I will follow thee. And he said unto him, Go back again: for what have I done to thee?

21 And he returned back from him, and took a yoke of oxen, and slew them, and boiled their flesh with the instruments of the oxen, and gave unto the people, and they did eat. Then he arose, and went after Elijah, and ministered unto him.

CHAPTER 20

1 And Ben-hadad the king of Syria gathered all his host together: and *there were* thirty and two kings with him, and horses, and chariots: and he went up and besieged Samaria, and warred against it.

2[2-3a] And he sent messengers to Ahab king of Israel into the city, and said unto him, Thus saith Ben-hadad,

3[3b] Thy silver and thy gold *is* mine; thy wives also and thy children, *even* the goodliest, *are* mine.

4 And the king of Israel answered and said, My lord, O king, according to thy saying, I *am* thine, and all that I have.

5 And the messengers came again, and said, Thus speaketh Ben-hadad, saying, Although I have sent unto thee, saying, Thou shalt deliver me thy silver, and thy gold, and thy wives, and thy children;

6 Yet I will send my servants unto thee to morrow about this time, and they shall search thine house, and the houses of thy servants; and it shall be, *that* whatsoever is pleasant in thine eyes, they shall put *it* in their hand, and take *it* away.

7 Then the king of Israel called all the elders of the land, and said, Mark, I pray you, and see how this *man* seeketh mischief: for he sent unto me for my wives, and for my children, and for my silver, and for my gold; and I denied him not.

8 And all the elders and all the people said unto him, Hearken not *unto him*, nor consent.

9 Wherefore he said unto the messengers of Ben-hadad, Tell my lord the king, All that thou didst send for to thy servant at the first I will do: but this thing I may not do. And the messengers departed, and brought him word again.

10 And Ben-hadad sent unto him, and said, The gods do so unto me, and more also, if the dust of Samaria shall suffice for handfuls for all the people that follow me.

11 And the king of Israel answered and said, Tell *him*, Let not him that girdeth on *his harness* boast himself as he that putteth it off.

12 And it came to pass, when *Ben-hadad* heard this message, as he *was* drinking, he and the kings in the pavilions, that he said unto his servants, Set *yourselves in array*. And they set *themselves in array* against the city.

13 ¶ And, behold, there came a prophet unto Ahab king of Israel, saying, Thus

וַיַּעֲמֹד פֶּתַח הַמְּעָרָה וְהִנֵּה אֵלָיו קוֹל וַיֹּאמֶר מַה־לְּךָ פֹּה אֵלִיָּהוּ:

14 וַיֹּאמֶר קַנֹּא קִנֵּאתִי לַיהוָה אֱלֹהֵי צְבָאוֹת כִּי־עָזְבוּ בְרִיתְךָ בְּנֵי יִשְׂרָאֵל אֶת־מִזְבְּחֹתֶיךָ הָרָסוּ וְאֶת־נְבִיאֶיךָ הָרְגוּ בֶחָרֶב וָאִוָּתֵר אֲנִי

15 לְבַדִּי וַיְבַקְשׁוּ אֶת־נַפְשִׁי לְקַחְתָּהּ: וַיֹּאמֶר יְהוָה אֵלָיו לֵךְ שׁוּב לְדַרְכְּךָ מִדְבַּרָה דַמָּשֶׂק וּבָאתָ וּמָשַׁחְתָּ אֶת־חֲזָאֵל לְמֶלֶךְ עַל־

16 אֲרָם: וְאֵת יֵהוּא בֶן־נִמְשִׁי תִּמְשַׁח לְמֶלֶךְ עַל־יִשְׂרָאֵל וְאֶת־אֱלִישָׁע

17 בֶן־שָׁפָט מֵאָבֵל מְחוֹלָה תִּמְשַׁח לְנָבִיא תַּחְתֶּיךָ: וְהָיָה הַנִּמְלָט מֵחֶרֶב חֲזָאֵל יָמִית יֵהוּא וְהַנִּמְלָט מֵחֶרֶב יֵהוּא יָמִית אֱלִישָׁע:

18 וְהִשְׁאַרְתִּי בְיִשְׂרָאֵל שִׁבְעַת אֲלָפִים כָּל־הַבִּרְכַּיִם אֲשֶׁר לֹא־כָרְעוּ

19 לַבַּעַל וְכָל־הַפֶּה אֲשֶׁר לֹא־נָשַׁק לוֹ: וַיֵּלֶךְ מִשָּׁם וַיִּמְצָא אֶת־אֱלִישָׁע בֶּן־שָׁפָט וְהוּא חֹרֵשׁ שְׁנֵים־עָשָׂר צְמָדִים לְפָנָיו וְהוּא בִּשְׁנֵים הֶעָשָׂר

20 וַיַּעֲבֹר אֵלִיָּהוּ אֵלָיו וַיַּשְׁלֵךְ אַדַּרְתּוֹ אֵלָיו: וַיַּעֲזֹב אֶת־הַבָּקָר וַיָּרָץ אַחֲרֵי אֵלִיָּהוּ וַיֹּאמֶר אֶשְּׁקָה־נָּא לְאָבִי וּלְאִמִּי וְאֵלְכָה אַחֲרֶיךָ וַיֹּאמֶר

21 לוֹ לֵךְ שׁוּב כִּי מֶה־עָשִׂיתִי לָךְ: וַיָּשָׁב מֵאַחֲרָיו וַיִּקַּח אֶת־צֶמֶד הַבָּקָר וַיִּזְבָּחֵהוּ וּבִכְלִי הַבָּקָר בִּשְּׁלָם הַבָּשָׂר וַיִּתֵּן לָעָם וַיֹּאכֵלוּ וַיָּקָם וַיֵּלֶךְ אַחֲרֵי אֵלִיָּהוּ וַיְשָׁרְתֵהוּ:

20 1 וּבֶן־הֲדַד מֶלֶךְ־אֲרָם קָבַץ אֶת־כָּל־חֵילוֹ וּשְׁלֹשִׁים וּשְׁנַיִם מֶלֶךְ אִתּוֹ 1A

2 וְסוּס וָרָכֶב וַיַּעַל וַיָּצַר עַל־שֹׁמְרוֹן וַיִּלָּחֶם בָּהּ: וַיִּשְׁלַח מַלְאָכִים אֶל־

3 אַחְאָב מֶלֶךְ־יִשְׂרָאֵל הָעִירָה: וַיֹּאמֶר לוֹ כֹּה אָמַר בֶּן־הֲדַד כַּסְפְּךָ

4 וּזְהָבְךָ לִי־הוּא וְנָשֶׁיךָ וּבָנֶיךָ הַטּוֹבִים לִי־הֵם: וַיַּעַן מֶלֶךְ־יִשְׂרָאֵל וַיֹּאמֶר כִּדְבָרְךָ אֲדֹנִי הַמֶּלֶךְ לְךָ אֲנִי וְכָל־אֲשֶׁר־לִי: וַיָּשֻׁבוּ הַמַּלְאָכִים

5 וַיֹּאמְרוּ כֹּה־אָמַר בֶּן־הֲדַד לֵאמֹר כִּי־שָׁלַחְתִּי אֵלֶיךָ לֵאמֹר כַּסְפְּךָ

6 וּזְהָבְךָ וְנָשֶׁיךָ וּבָנֶיךָ לִי תִתֵּן: כִּי אִם־כָּעֵת מָחָר אֶשְׁלַח אֶת־עֲבָדַי אֵלֶיךָ וְחִפְּשׂוּ אֶת־בֵּיתְךָ וְאֵת בָּתֵּי עֲבָדֶיךָ וְהָיָה כָּל־מַחְמַד עֵינֶיךָ

7 יָשִׂימוּ בְיָדָם וְלָקָחוּ: וַיִּקְרָא מֶלֶךְ־יִשְׂרָאֵל לְכָל־זִקְנֵי הָאָרֶץ וַיֹּאמֶר דְּעוּ־נָא וּרְאוּ כִּי רָעָה זֶה מְבַקֵּשׁ כִּי־שָׁלַח אֵלַי לְנָשַׁי וּלְבָנַי וּלְכַסְפִּי

8 וְלִזְהָבִי וְלֹא מָנַעְתִּי מִמֶּנּוּ: וַיֹּאמְרוּ אֵלָיו כָּל־הַזְּקֵנִים וְכָל־הָעָם אַל־

9 תִּשְׁמַע וְלוֹא תֹאבֶה: וַיֹּאמֶר לְמַלְאֲכֵי בֶן־הֲדַד אִמְרוּ לַאדֹנִי הַמֶּלֶךְ כֹּל אֲשֶׁר־שָׁלַחְתָּ אֶל־עַבְדְּךָ בָרִאשֹׁנָה אֶעֱשֶׂה וְהַדָּבָר הַזֶּה לֹא אוּכַל

10 לַעֲשׂוֹת וַיֵּלְכוּ הַמַּלְאָכִים וַיְשִׁבֻהוּ דָּבָר: וַיִּשְׁלַח אֵלָיו בֶּן־הֲדַד וַיֹּאמֶר כֹּה־יַעֲשׂוּן לִי אֱלֹהִים וְכֹה יוֹסִפוּ אִם־יִשְׂפֹּק עֲפַר שֹׁמְרוֹן לִשְׁעָלִים

11 לְכָל־הָעָם אֲשֶׁר בְּרַגְלָי: וַיַּעַן מֶלֶךְ־יִשְׂרָאֵל וַיֹּאמֶר דַּבְּרוּ אַל־יִתְהַלֵּל

12 חֹגֵר כִּמְפַתֵּחַ: וַיְהִי כִּשְׁמֹעַ אֶת־הַדָּבָר הַזֶּה וְהוּא שֹׁתֶה הוּא

13 וְהַמְּלָכִים בַּסֻּכּוֹת וַיֹּאמֶר אֶל־עֲבָדָיו שִׂימוּ וַיָּשִׂימוּ עַל־הָעִיר: וְהִנֵּה 13A נָבִיא אֶחָד נִגַּשׁ אֶל־אַחְאָב מֶלֶךְ־יִשְׂרָאֵל וַיֹּאמֶר כֹּה אָמַר יְהוָה

saith the LORD, Hast thou seen all this great multitude? behold, I will deliver it into thine hand this day; and thou shalt know that I *am* the LORD.

14 And Ahab said, By whom? And he said, Thus saith the LORD, *Even* by the young men of the princes of the provinces. Then he said, Who shall order the battle? And he answered, Thou.

15 Then he numbered the young men of the princes of the provinces, and they were two hundred and thirty two: and after them he numbered all the people, *even* all the children of Israel, *being* seven thousand.

16 And they went out at noon. But Ben-hadad *was* drinking himself drunk in the pavilions, he and the kings, the thirty and two kings that helped him.

17 And the young men of the princes of the provinces went out first; and Ben-hadad sent out, and they told him, saying, There are men come out of Samaria.

18 And he said, Whether they be come out for peace, take them alive; or whether they be come out for war, take them alive.

19 So these young men of the princes of the provinces came out of the city, and the army which followed them.

20 And they slew every one his man: and the Syrians fled; and Israel pursued them: and Ben-hadad the king of Syria escaped on an horse with the horsemen.

21 And the king of Israel went out, and smote the horses and chariots, and slew the Syrians with a great slaughter.

22 ¶ And the prophet came to the king of Israel, and said unto him, Go, strengthen thyself, and mark, and see what thou doest: for at the return of the year the king of Syria will come up against thee.

23 And the servants of the king of Syria said unto him, Their gods *are* gods of the hills; therefore they were stronger than we; but let us fight against them in the plain, and surely we shall be stronger than they.

24 And do this thing, Take the kings away, every man out of his place, and put captains in their rooms:

25 And number thee an army, like the army that thou hast lost, horse for horse, and chariot for chariot: and we will fight against them in the plain, *and* surely we shall be stronger than they. And he hearkened unto their voice, and did so.

26 And it came to pass at the return of the year, that Ben-hadad numbered the Syrians, and went up to Aphek, to fight against Israel.

27 And the children of Israel were numbered, and were all present, and went against them: and the children of Israel pitched before them like two little flocks of kids; but the Syrians filled the country.

28 ¶ And there came a man of God, and spake unto the king of Israel, and said, Thus saith the LORD, Because the Syrians have said, The LORD *is* God of the hills, but he *is* not God of the valleys, therefore will I deliver all this great multitude into thine hand, and ye shall know that I *am* the LORD.

29 And they pitched one over against the other seven days. And *so* it was, that in the seventh day the battle was joined: and the children of Israel slew of the Syrians an hundred thousand footmen in one day.

30 But the rest fled to Aphek, into the city; and *there* a wall fell upon twenty and seven thousand of the men *that were* left. And Ben-hadad fled, and came into the city, into an inner chamber.

31 ¶ And his servants said unto him, Behold now, we have heard that the kings of the house of Israel *are* merciful kings: let us, I pray thee, put sackcloth on our loins, and ropes upon our heads, and go out to the king of Israel: peradventure he will save thy life.

32 So they girded sackcloth on their loins, and *put* ropes on their heads, and came to the king of Israel, and said, Thy servant Ben-hadad saith, I pray thee, let me live. And he said, *Is* he yet alive? he *is* my brother.

הָרְאִיתָ אֵת כָּל־הֶהָמוֹן הַגָּדוֹל הַזֶּה הִנְנִי נֹתְנוֹ בְיָדְךָ הַיּוֹם וְיָדַעְתָּ

14 כִּי־אֲנִי יְהוָה: וַיֹּאמֶר אַחְאָב בְּמִי וַיֹּאמֶר כֹּה־אָמַר יְהוָה בְּנַעֲרֵי שָׂרֵי

15 הַמְּדִינוֹת וַיֹּאמֶר מִי־יֶאְסֹר הַמִּלְחָמָה וַיֹּאמֶר אָתָּה: וַיִּפְקֹד אֶת־נַעֲרֵי שָׂרֵי הַמְּדִינוֹת וַיִּהְיוּ מָאתַיִם שְׁנַיִם וּשְׁלֹשִׁים וְאַחֲרֵיהֶם פָּקַד אֶת־

16 כָּל־הָעָם כָּל־בְּנֵי יִשְׂרָאֵל שִׁבְעַת אֲלָפִים: וַיֵּצְאוּ בַּצָּהֳרָיִם וּבֶן־הֲדַד שֹׁתֶה שִׁכּוֹר בַּסֻּכּוֹת הוּא וְהַמְּלָכִים שְׁלֹשִׁים־וּשְׁנַיִם מֶלֶךְ עֹזֵר אֹתוֹ:

17 וַיֵּצְאוּ נַעֲרֵי שָׂרֵי הַמְּדִינוֹת בָּרִאשֹׁנָה וַיִּשְׁלַח בֶּן־הֲדַד וַיַּגִּידוּ לוֹ

18 לֵאמֹר אֲנָשִׁים יָצְאוּ מִשֹּׁמְרוֹן: וַיֹּאמֶר אִם־לְשָׁלוֹם יָצָאוּ תִּפְשׂוּם

19 חַיִּים וְאִם לְמִלְחָמָה יָצָאוּ חַיִּים תִּפְשׂוּם: וְאֵלֶּה יָצְאוּ מִן־הָעִיר

20 נַעֲרֵי שָׂרֵי הַמְּדִינוֹת וְהַחַיִל אֲשֶׁר אַחֲרֵיהֶם: וַיַּכּוּ אִישׁ אִישׁוֹ וַיָּנֻסוּ אֲרָם וַיִּרְדְּפֵם יִשְׂרָאֵל וַיִּמָּלֵט בֶּן־הֲדַד מֶלֶךְ אֲרָם עַל־סוּס וּפָרָשִׁים:

21 וַיֵּצֵא מֶלֶךְ יִשְׂרָאֵל וַיַּךְ אֶת־הַסּוּס וְאֶת־הָרָכֶב וְהִכָּה בַאֲרָם מַכָּה

22 גְדוֹלָה: וַיִּגַּשׁ הַנָּבִיא אֶל־מֶלֶךְ יִשְׂרָאֵל וַיֹּאמֶר לוֹ לֵךְ הִתְחַזַּק וְדַע וּרְאֵה אֵת אֲשֶׁר־תַּעֲשֶׂה כִּי לִתְשׁוּבַת הַשָּׁנָה מֶלֶךְ אֲרָם עֹלֶה

23 עָלֶיךָ: וְעַבְדֵי מֶלֶךְ־אֲרָם אָמְרוּ אֵלָיו אֱלֹהֵי הָרִים אֱלֹהֵיהֶם עַל־כֵּן חָזְקוּ מִמֶּנּוּ וְאוּלָם נִלָּחֵם אִתָּם בַּמִּישׁוֹר אִם־לֹא

24 נֶחֱזַק מֵהֶם: וְאֶת־הַדָּבָר הַזֶּה עֲשֵׂה הָסֵר הַמְּלָכִים אִישׁ מִמְּקֹמוֹ

25 וְשִׂים פַּחוֹת תַּחְתֵּיהֶם: וְאַתָּה תִמְנֶה־לְךָ חַיִל כַּחַיִל הַנֹּפֵל מֵאוֹתָךְ וְסוּס כַּסּוּס וְרֶכֶב כָּרֶכֶב וְנִלָּחֲמָה אוֹתָם בַּמִּישׁוֹר אִם־לֹא נֶחֱזַק מֵהֶם וַיִּשְׁמַע לְקֹלָם וַיַּעַשׂ כֵּן:

26 וַיְהִי לִתְשׁוּבַת הַשָּׁנָה וַיִּפְקֹד בֶּן־הֲדַד אֶת־אֲרָם וַיַּעַל אֲפֵקָה

27 לַמִּלְחָמָה עִם־יִשְׂרָאֵל: וּבְנֵי יִשְׂרָאֵל הָתְפָּקְדוּ וְכָלְכְּלוּ וַיֵּלְכוּ לִקְרָאתָם וַיַּחֲנוּ בְנֵי־יִשְׂרָאֵל נֶגְדָּם כִּשְׁנֵי חֲשִׂפֵי עִזִּים וַאֲרָם מָלְאוּ

28 אֶת־הָאָרֶץ: וַיִּגַּשׁ אִישׁ הָאֱלֹהִים וַיֹּאמֶר אֶל־מֶלֶךְ יִשְׂרָאֵל וַיֹּאמֶר כֹּה־אָמַר יְהוָה יַעַן אֲשֶׁר אָמְרוּ אֲרָם אֱלֹהֵי הָרִים יְהוָה וְלֹא־אֱלֹהֵי עֲמָקִים הוּא וְנָתַתִּי אֶת־כָּל־הֶהָמוֹן הַגָּדוֹל הַזֶּה בְּיָדֶךָ וִידַעְתֶּם כִּי־

29 אֲנִי יְהוָה: וַיַּחֲנוּ אֵלֶּה נֹכַח־אֵלֶּה שִׁבְעַת יָמִים וַיְהִי בַּיּוֹם הַשְּׁבִיעִי וַתִּקְרַב הַמִּלְחָמָה וַיַּכּוּ בְנֵי־יִשְׂרָאֵל אֶת־אֲרָם מֵאָה־אֶלֶף רַגְלִי בְּיוֹם

30 אֶחָד: וַיָּנֻסוּ הַנּוֹתָרִים אֲפֵקָה אֶל־הָעִיר וַתִּפֹּל הַחוֹמָה עַל־עֶשְׂרִים וְשִׁבְעָה אֶלֶף אִישׁ הַנּוֹתָרִים וּבֶן־הֲדַד נָס וַיָּבֹא אֶל־הָעִיר חֶדֶר

31 בְּחָדֶר: וַיֹּאמְרוּ אֵלָיו עֲבָדָיו הִנֵּה־נָא שָׁמַעְנוּ כִּי מַלְכֵי בֵּית יִשְׂרָאֵל כִּי־מַלְכֵי חֶסֶד הֵם נָשִׂימָה נָּא שַׂקִּים בְּמָתְנֵינוּ וַחֲבָלִים

32 בְּרֹאשֵׁנוּ וְנֵצֵא אֶל־מֶלֶךְ יִשְׂרָאֵל אוּלַי יְחַיֶּה אֶת־נַפְשֶׁךָ: וַיַּחְגְּרוּ שַׂקִּים בְּמָתְנֵיהֶם וַחֲבָלִים בְּרָאשֵׁיהֶם וַיָּבֹאוּ אֶל־מֶלֶךְ יִשְׂרָאֵל וַיֹּאמְרוּ עַבְדְּךָ בֶן־הֲדַד אָמַר תְּחִי־נָא נַפְשִׁי וַיֹּאמֶר הַעוֹדֶנּוּ חַי אָחִי הוּא:

33 Now the men did diligently observe whether *any thing would come* from him, and did hastily catch *it:* and they said, Thy brother Ben-hadad. Then he said, Go ye, bring him. Then Ben-hadad came forth to him; and he caused him to come up into the chariot.

34 And *Ben-hadad* said unto him, The cities, which my father took from thy father, I will restore; and thou shalt make streets for thee in Damascus, as my father made in Samaria. Then *said Ahab,* I will send thee away with this covenant. So he made a covenant with him, and sent him away.

35 ¶ And a certain man of the sons of the prophets said unto his neighbour in the word of the LORD, Smite me, I pray thee. And the man refused to smite him.

36 Then said he unto him, Because thou hast not obeyed the voice of the LORD, behold, as soon as thou art departed from me, a lion shall slay thee. And as soon as he was departed from him, a lion found him, and slew him.

37 Then he found another man, and said, Smite me, I pray thee. And the man smote him, so that in smiting he wounded *him.*

38 So the prophet departed, and waited for the king by the way, and disguised himself with ashes upon his face.

39 And as the king passed by, he cried unto the king: and he said, Thy servant went out into the midst of the battle; and, behold, a man turned aside, and brought a man unto me, and said, Keep this man: if by any means he be missing, then shall thy life be for his life, or else thou shalt pay a talent of silver.

40 And as thy servant was busy here and there, he was gone. And the king of Israel said unto him, So *shall* thy judgment *be;* thyself hast decided *it.*

41 And he hasted, and took the ashes away from his face; and the king of Israel discerned him that he *was* of the prophets.

42 And he said unto him, Thus saith the LORD, Because thou hast let go out of *thy* hand a man whom I appointed to utter destruction, therefore thy life shall go for his life, and thy people for his people.

43 And the king of Israel went to his house heavy and displeased, and came to Samaria.

CHAPTER 21

1 And it came to pass after these things, *that* Naboth the Jezreelite had a vineyard, which *was* in Jezreel, hard by the palace of Ahab king of Samaria.

2 And Ahab spake unto Naboth, saying, Give me thy vineyard, that I may have it for a garden of herbs, because it *is* near unto my house: and I will give thee for it a better vineyard than it; *or,* if it seem good to thee, I will give thee the worth of it in money.

3 And Naboth said to Ahab, The LORD forbid it me, that I should give the inheritance of my fathers unto thee.

4 And Ahab came into his house heavy and displeased because of the word which Naboth the Jezreelite had spoken to him: for he had said, I will not give thee the inheritance of my fathers. And he laid him down upon his bed, and turned away his face, and would eat no bread.

5 ¶ But Jezebel his wife came to him, and said unto him, Why is thy spirit so sad, that thou eatest no bread?

6 And he said unto her, Because I spake unto Naboth the Jezreelite, and said unto him, Give me thy vineyard for money; or else, if it please thee, I will give thee *another* vineyard for it: and he answered, I will not give thee my vineyard.

7 And Jezebel his wife said unto him, Dost thou now govern the kingdom of Israel? arise, *and* eat bread, and let thine heart be merry: I will give thee the vineyard of Naboth the Jezreelite.

8 So she wrote letters in Ahab's name, and sealed *them* with his seal, and sent the letters unto the elders and to the nobles that *were* in his city, dwelling with Naboth.

9 And she wrote in the letters, saying, Proclaim a fast, and set Naboth on high among the people:

10 And set two men, sons of Belial, before him, to bear witness against him, saying, Thou didst blaspheme God and the

וְהָאֲנָשִׁים֙ יְנַחֲשׁ֔וּ וַיְמַהֲר֗וּ וַיַּחְלְטוּ֙ הֲמִמֶּ֔נּוּ וַיֹּאמְר֖וּ אָחִ֣יךָ בֶן־הֲדָ֑ד 33

וַיֹּ֙אמֶר֙ בֹּ֣אוּ קָחֻ֔הוּ וַיֵּצֵ֥א אֵלָ֖יו בֶּן־הֲדַ֑ד וַֽיַּעֲלֵ֖הוּ עַל־הַמֶּרְכָּבָֽה׃ וַיֹּ֣אמֶר 34

אֵלָ֡יו הֶעָרִ֣ים אֲשֶׁר־לָֽקַח־אָבִי֩ מֵאֵ֨ת אָבִ֜יךָ אָשִׁ֗יב וְחֻצוֹת֙ תָּשִׂ֣ים לְךָ֣

בְדַמֶּ֔שֶׂק כַּאֲשֶׁר־שָׂ֥ם אָבִ֖י בְּשֹֽׁמְר֑וֹן וַאֲנִ֗י בַּבְּרִית֙ אֲשַׁלְּחֶ֔ךָּ וַיִּכְרָת־ל֥וֹ

בְרִ֖ית וַֽיְשַׁלְּחֵֽהוּ׃ וְאִ֣ישׁ אֶחָ֞ד מִבְּנֵ֣י הַנְּבִיאִ֗ים אָמַ֧ר אֶל־ 35

רֵעֵ֛הוּ בִּדְבַ֥ר יְהוָ֖ה הַכֵּ֣ינִי נָ֑א וַיְמָאֵ֥ן הָאִ֖ישׁ לְהַכֹּתֽוֹ׃ וַיֹּ֣אמֶר ל֗וֹ יַ֚עַן 36

אֲשֶׁ֤ר לֹֽא־שָׁמַ֙עְתָּ֙ בְּק֣וֹל יְהוָ֔ה הִנְּךָ֤ הוֹלֵךְ֙ מֵֽאִתִּ֔י וְהִכְּךָ֖ הָאַרְיֵ֑ה וַיֵּ֙לֶךְ֙

מֵֽאֶצְל֔וֹ וַיִּמְצָאֵ֥הוּ הָאַרְיֵ֖ה וַיַּכֵּֽהוּ׃ וַיִּמְצָא֙ אִ֣ישׁ אַחֵ֔ר וַיֹּ֖אמֶר הַכֵּ֣ינִי 37

נָ֑א וַיַּכֵּ֥הוּ הָאִ֖ישׁ הַכֵּ֥ה וּפָצֹֽעַ׃ וַיֵּ֙לֶךְ֙ הַנָּבִ֔יא וַיַּעֲמֹ֥ד לַמֶּ֖לֶךְ עַל־הַדָּ֑רֶךְ 38

וַיִּתְחַפֵּ֥שׂ בָּאֲפֵ֖ר עַל־עֵינָֽיו׃ וַיְהִ֤י הַמֶּ֙לֶךְ֙ עֹבֵ֔ר וְה֖וּא צָעַ֣ק אֶל־הַמֶּ֑לֶךְ 39

וַיֹּ֡אמֶר עַבְדְּךָ֣ ׀ יָצָ֣א בְקֶֽרֶב־הַמִּלְחָמָ֗ה וְהִנֵּֽה־אִ֨ישׁ סָ֜ר וַיָּבֵ֧א אֵלַ֣י אִ֗ישׁ

וַיֹּ֙אמֶר֙ שְׁמֹר֙ אֶת־הָאִ֣ישׁ הַזֶּ֔ה אִם־הִפָּקֵד֙ יִפָּקֵ֔ד וְהָיְתָ֤ה נַפְשְׁךָ֙ תַּ֣חַת

נַפְשׁ֔וֹ א֥וֹ כִכַּר־כֶּ֖סֶף תִּשְׁקֽוֹל׃ וַיְהִ֣י עַבְדְּךָ֗ עֹשֵׂ֥ה הֵ֙נָּה֙ וָהֵ֔נָּה וְה֖וּא 40

אֵינֶ֑נּוּ וַיֹּ֤אמֶר אֵלָיו֙ מֶֽלֶךְ־יִשְׂרָאֵ֔ל כֵּ֥ן מִשְׁפָּטֶ֖ךָ אַתָּ֥ה חָרָֽצְתָּ׃ וַיְמַהֵ֕ר 41 מֵעָלַ֥י

וַיָּ֙סַר֙ אֶת־הָ֣אֲפֵ֔ר מֵעַ֖ל עֵינָ֑יו וַיַּכֵּ֤ר אֹתוֹ֙ מֶ֣לֶךְ יִשְׂרָאֵ֔ל כִּ֥י מֵֽהַנְּבִיאִ֖ים

ה֥וּא׃ וַיֹּ֣אמֶר אֵלָ֗יו כֹּ֚ה אָמַ֣ר יְהוָ֔ה יַ֛עַן שִׁלַּ֥חְתָּ אֶת־אִישׁ־חֶרְמִ֖י מִיָּדֶ֑ךָ 42

וְהָיְתָ֤ה נַפְשְׁךָ֙ תַּ֣חַת נַפְשׁ֔וֹ וְעַמְּךָ֖ תַּ֣חַת עַמּ֑וֹ׃ וַיֵּ֧לֶךְ מֶֽלֶךְ־יִשְׂרָאֵ֛ל עַל־ 43

בֵּית֖וֹ סַ֣ר וְזָעֵ֑ף וַיָּבֹ֖א שֹׁמְרֽוֹנָה׃

וַיְהִ֗י אַחַר֙ הַדְּבָרִ֣ים הָאֵ֔לֶּה כֶּ֧רֶם הָיָ֛ה לְנָב֥וֹת הַיִּזְרְעֵאלִ֖י אֲשֶׁ֣ר 21 1

בְּיִזְרְעֶ֑אל אֵ֚צֶל הֵיכַ֣ל אַחְאָ֔ב מֶ֖לֶךְ שֹׁמְרֽוֹן׃ וַיְדַבֵּ֣ר אַחְאָ֣ב אֶל־נָב֣וֹת ׀ 2

לֵאמֹ֣ר ׀ תְּנָה־לִּ֣י אֶֽת־כַּרְמְךָ֗ וִֽיהִי־לִ֣י לְגַן־יָרָ֗ק כִּ֣י ה֤וּא קָרוֹב֙ אֵ֣צֶל בֵּיתִ֔י

וְאֶתְּנָ֤ה לְךָ֙ תַּחְתָּ֔יו כֶּ֖רֶם ט֣וֹב מִמֶּ֑נּוּ אִ֚ם ט֣וֹב בְּעֵינֶ֔יךָ אֶתְּנָה־לְךָ֥

כֶ֖סֶף מְחִ֥יר זֶֽה׃ וַיֹּ֥אמֶר נָב֖וֹת אֶל־אַחְאָ֑ב חָלִ֤ילָה לִּי֙ מֵֽיהוָ֔ה מִתִּתִּ֛י 3

אֶת־נַחֲלַ֥ת אֲבֹתַ֖י לָֽךְ׃ וַיָּבֹא֩ אַחְאָ֨ב אֶל־בֵּית֜וֹ סַ֣ר וְזָעֵ֗ף עַל־הַדָּבָר֙ 4

אֲשֶׁר־דִּבֶּ֣ר אֵלָ֗יו נָבוֹת֙ הַיִּזְרְעֵאלִ֔י וַיֹּ֕אמֶר לֹֽא־אֶתֵּ֣ן לְךָ֔ אֶת־נַחֲלַ֖ת

אֲבוֹתָ֑י וַיִּשְׁכַּב֙ עַל־מִטָּת֔וֹ וַיַּסֵּ֥ב אֶת־פָּנָ֖יו וְלֹֽא־אָ֥כַל לָֽחֶם׃ וַתָּבֹ֥א אֵלָ֖יו 5

אִיזֶ֣בֶל אִשְׁתּ֑וֹ וַתְּדַבֵּ֣ר אֵלָ֗יו מַה־זֶּה֙ רֽוּחֲךָ֣ סָרָ֔ה וְאֵֽינְךָ֖ אֹכֵ֥ל לָֽחֶם׃

וַיְדַבֵּ֣ר אֵלֶ֗יהָ כִּֽי־אֲ֠דַבֵּר אֶל־נָב֨וֹת הַיִּזְרְעֵאלִ֜י וָאֹ֧מַר ל֣וֹ תְּנָה־לִּ֣י אֶֽת־ 6

כַּרְמְךָ֣ בְּכֶ֗סֶף א֚וֹ אִם־חָפֵ֣ץ אַתָּ֔ה אֶתְּנָה־לְךָ֥ כֶ֖רֶם תַּחְתָּ֑יו וַיֹּ֕אמֶר

לֹֽא־אֶתֵּ֥ן לְךָ֖ אֶת־כַּרְמִֽי׃ וַתֹּ֤אמֶר אֵלָיו֙ אִיזֶ֣בֶל אִשְׁתּ֔וֹ אַתָּ֕ה עַתָּ֛ה 7

תַּעֲשֶׂ֥ה מְלוּכָ֖ה עַל־יִשְׂרָאֵ֑ל ק֤וּם אֱכָל־לֶ֙חֶם֙ וְיִטַ֣ב לִבֶּ֔ךָ אֲנִי֙ אֶתֵּ֣ן לְךָ֔

אֶת־כֶּ֖רֶם נָב֥וֹת הַיִּזְרְעֵאלִֽי׃ וַתִּכְתֹּ֤ב סְפָרִים֙ בְּשֵׁ֣ם אַחְאָ֔ב וַתַּחְתֹּ֖ם 8 8A

בְּחֹתָמ֑וֹ וַתִּשְׁלַ֣ח הַסְּפָרִ֗ים אֶל־הַזְּקֵנִ֤ים וְאֶל־הַֽחֹרִים֙ אֲשֶׁ֣ר בְּעִיר֔וֹ סְפָרִים

הַיֹּשְׁבִ֖ים אֶת־נָבֽוֹת׃ וַתִּכְתֹּ֥ב בַּסְּפָרִ֖ים לֵאמֹ֑ר קִרְאוּ־צ֕וֹם וְהוֹשִׁ֥יבוּ 9

אֶת־נָב֖וֹת בְּרֹ֥אשׁ הָעָֽם׃ וְ֠הוֹשִׁיבוּ שְׁנַ֨יִם אֲנָשִׁ֥ים בְּנֵֽי־בְלִיַּ֛עַל נֶגְדּ֖וֹ 10

king. And *then* carry him out, and stone him, that he may die.

11 And the men of his city, *even* the elders and the nobles who were the inhabitants in his city, did as Jezebel had sent unto them, *and* as it *was* written in the letters which she had sent unto them.

12 They proclaimed a fast, and set Naboth on high among the people.

13 And there came in two men, children of Belial, and sat before him: and the men of Belial witnessed against him, *even* against Naboth, in the presence of the people, saying, Naboth did blaspheme God and the king. Then they carried him forth out of the city, and stoned him with stones, that he died.

14 Then they sent to Jezebel, saying, Naboth is stoned, and is dead.

15 ¶ And it came to pass, when Jezebel heard that Naboth was stoned, and was dead, that Jezebel said to Ahab, Arise, take possession of the vineyard of Naboth the Jezreelite, which he refused to give thee for money: for Naboth is not alive, but dead.

16 And it came to pass, when Ahab heard that Naboth was dead, that Ahab rose up to go down to the vineyard of Naboth the Jezreelite, to take possession of it.

17 ¶ And the word of the LORD came to Elijah the Tishbite, saying,

18 Arise, go down to meet Ahab king of Israel, which *is* in Samaria: behold, *he is* in the vineyard of Naboth, whither he is gone down to possess it.

19 And thou shalt speak unto him, saying, Thus saith the LORD, Hast thou killed, and also taken possession? And thou shalt speak unto him, saying, Thus saith the LORD, In the place where dogs licked the blood of Naboth shall dogs lick thy blood, even thine.

20 And Ahab said to Elijah, Hast thou found me, O mine enemy? And he answered, I have found *thee*: because thou hast sold thyself to work evil in the sight of the LORD.

21 Behold, I will bring evil upon thee, and will take away thy posterity, and will cut off from Ahab him that pisseth against the wall, and him that is shut up and left in Israel,

22 And will make thine house like the house of Jeroboam the son of Nebat, and like the house of Baasha the son of Ahijah, for the provocation wherewith thou hast provoked *me* to anger, and made Israel to sin.

23 And of Jezebel also spake the LORD, saying, The dogs shall eat Jezebel by the wall of Jezreel.

24 Him that dieth of Ahab in the city the dogs shall eat; and him that dieth in the field shall the fowls of the air eat.

25 ¶ But there was none like unto Ahab, which did sell himself to work wickedness in the sight of the LORD, whom Jezebel his wife stirred up.

26 And he did very abominably in following idols, according to all *things* as did the Amorites, whom the LORD cast out before the children of Israel.

27 And it came to pass, when Ahab heard those words, that he rent his clothes, and put sackcloth upon his flesh, and fasted, and lay in sackcloth, and went softly.

28 And the word of the LORD came to Elijah the Tishbite, saying,

29 Seest thou how Ahab humbleth himself before me? because he humbleth himself before me, I will not bring the evil in his days: *but* in his son's days will I bring the evil upon his house.

CHAPTER 22

1 And they continued three years without war between Syria and Israel.

2 And it came to pass in the third year, that Jehoshaphat the king of Judah came down to the king of Israel.

3 And the king of Israel said unto his servants, Know ye that Ramoth in Gilead *is* ours, and we *be* still, *and* take it not out of the hand of the king of Syria?

4 And he said unto Jehoshaphat, Wilt thou go with me to battle to Ramoth-gilead? And Jehoshaphat said to the king of Israel, I *am* as thou *art,* my people as thy people, my horses as thy horses.

יא וַיַּעֲדֻהוּ לֵאמֹר בֵּרַכְתָּ אֱלֹהִים וָמֶלֶךְ וַהּוֹצִיאֻהוּ וְסִקְלֻהוּ וַיָּמֹת: וַיַּעֲשׂוּ
אַנְשֵׁי עִירוֹ הַזְּקֵנִים וְהַחֹרִים אֲשֶׁר הַיֹּשְׁבִים בְּעִירוֹ כַּאֲשֶׁר שָׁלְחָה
יב אֲלֵיהֶם אִיזָבֶל כַּאֲשֶׁר כָּתוּב בַּסְּפָרִים אֲשֶׁר שָׁלְחָה אֲלֵיהֶם: קָרְאוּ
יג צוֹם וְהֹשִׁיבוּ אֶת־נָבוֹת בְּרֹאשׁ הָעָם: וַיָּבֹאוּ שְׁנֵי הָאֲנָשִׁים בְּנֵי־
בְלִיַּעַל וַיֵּשְׁבוּ נֶגְדּוֹ וַיְעִדֻהוּ אַנְשֵׁי הַבְּלִיַּעַל אֶת־נָבוֹת נֶגֶד הָעָם
לֵאמֹר בֵּרַךְ נָבוֹת אֱלֹהִים וָמֶלֶךְ וַיֹּצִאֻהוּ מִחוּץ לָעִיר וַיִּסְקְלֻהוּ
יד בָאֲבָנִים וַיָּמֹת: וַיִּשְׁלְחוּ אֶל־אִיזֶבֶל לֵאמֹר סֻקַּל נָבוֹת וַיָּמֹת: וַיְהִי
טו כִּשְׁמֹעַ אִיזֶבֶל כִּי־סֻקַּל נָבוֹת וַיָּמֹת וַתֹּאמֶר אִיזֶבֶל אֶל־אַחְאָב קוּם
רֵשׁ אֶת־כֶּרֶם ׀ נָבוֹת הַיִּזְרְעֵאלִי אֲשֶׁר מֵאֵן לָתֶת־לְךָ בְכֶסֶף כִּי אֵין
טז נָבוֹת חַי כִּי־מֵת: וַיְהִי כִּשְׁמֹעַ אַחְאָב כִּי מֵת נָבוֹת וַיָּקָם אַחְאָב
יז לָרֶדֶת אֶל־כֶּרֶם נָבוֹת הַיִּזְרְעֵאלִי לְרִשְׁתּוֹ: וַיְהִי דְּבַר־יְהֹוָה
יח אֶל־אֵלִיָּהוּ הַתִּשְׁבִּי לֵאמֹר: קוּם רֵד לִקְרַאת אַחְאָב מֶלֶךְ־יִשְׂרָאֵל
יט אֲשֶׁר בְּשֹׁמְרוֹן הִנֵּה בְּכֶרֶם נָבוֹת אֲשֶׁר־יָרַד שָׁם לְרִשְׁתּוֹ: וְדִבַּרְתָּ
אֵלָיו לֵאמֹר כֹּה אָמַר יְהֹוָה הֲרָצַחְתָּ וְגַם־יָרָשְׁתָּ וְדִבַּרְתָּ אֵלָיו לֵאמֹר
כֹּה אָמַר יְהֹוָה בִּמְקוֹם אֲשֶׁר לָקְקוּ הַכְּלָבִים אֶת־דַּם נָבוֹת יָלֹקּוּ
כ הַכְּלָבִים אֶת־דָּמְךָ גַּם־אָתָּה: וַיֹּאמֶר אַחְאָב אֶל־אֵלִיָּהוּ הַמְצָאתַנִי
כא אֹיְבִי וַיֹּאמֶר מָצָאתִי יַעַן הִתְמַכֶּרְךָ לַעֲשׂוֹת הָרַע בְּעֵינֵי יְהֹוָה: הִנְנִי

מֵבִיא אֵלֶיךָ רָעָה וּבִעַרְתִּי אַחֲרֶיךָ וְהִכְרַתִּי לְאַחְאָב מַשְׁתִּין בְּקִיר
כב וְעָצוּר וְעָזוּב בְּיִשְׂרָאֵל: וְנָתַתִּי אֶת־בֵּיתְךָ כְּבֵית יָרָבְעָם בֶּן־נְבָט
וּכְבֵית בַּעְשָׁא בֶן־אֲחִיָּה אֶל־הַכַּעַס אֲשֶׁר הִכְעַסְתָּ וַתַּחֲטִא אֶת־
כג יִשְׂרָאֵל: וְגַם־לְאִיזֶבֶל דִּבֶּר יְהֹוָה לֵאמֹר הַכְּלָבִים יֹאכְלוּ אֶת־אִיזֶבֶל
כד בְּחֵל יִזְרְעֶאל: הַמֵּת לְאַחְאָב בָּעִיר יֹאכְלוּ הַכְּלָבִים וְהַמֵּת בַּשָּׂדֶה
כה יֹאכְלוּ עוֹף הַשָּׁמָיִם: רַק לֹא־הָיָה כְאַחְאָב אֲשֶׁר הִתְמַכֵּר לַעֲשׂוֹת
הָרַע בְּעֵינֵי יְהֹוָה אֲשֶׁר־הֵסַתָּה אֹתוֹ אִיזֶבֶל אִשְׁתּוֹ: וַיַּתְעֵב מְאֹד
כו לָלֶכֶת אַחֲרֵי הַגִּלֻּלִים כְּכֹל אֲשֶׁר עָשׂוּ הָאֱמֹרִי אֲשֶׁר הוֹרִישׁ יְהֹוָה
כז מִפְּנֵי בְּנֵי יִשְׂרָאֵל: וַיְהִי כִשְׁמֹעַ אַחְאָב אֶת־הַדְּבָרִים
הָאֵלֶּה וַיִּקְרַע בְּגָדָיו וַיָּשֶׂם־שַׂק עַל־בְּשָׂרוֹ וַיָּצוֹם וַיִּשְׁכַּב בַּשָּׂק וַיְהַלֵּךְ
כח אַט: וַיְהִי דְּבַר־יְהֹוָה אֶל־אֵלִיָּהוּ הַתִּשְׁבִּי לֵאמֹר: הֲרָאִיתָ
כט כִּי־נִכְנַע אַחְאָב מִלְּפָנָי יַעַן כִּי־נִכְנַע מִפָּנַי לֹא־אָבִי הָרָעָה בְּיָמָיו

22 א בְּיָמֵי בְנוֹ אָבִיא הָרָעָה עַל־בֵּיתוֹ: וַיֵּשְׁבוּ שָׁלֹשׁ שָׁנִים אֵין מִלְחָמָה
בֵּין אֲרָם וּבֵין יִשְׂרָאֵל:
ב וַיְהִי בַּשָּׁנָה הַשְּׁלִישִׁית וַיֵּרֶד יְהוֹשָׁפָט מֶלֶךְ־יְהוּדָה אֶל־מֶלֶךְ יִשְׂרָאֵל:
ג וַיֹּאמֶר מֶלֶךְ־יִשְׂרָאֵל אֶל־עֲבָדָיו הַיְדַעְתֶּם כִּי־לָנוּ רָמֹת גִּלְעָד וַאֲנַחְנוּ
ד מַחְשִׁים מִקַּחַת אֹתָהּ מִיַּד מֶלֶךְ אֲרָם: וַיֹּאמֶר אֶל־יְהוֹשָׁפָט הֲתֵלֵךְ
אִתִּי לַמִּלְחָמָה רָמֹת גִּלְעָד וַיֹּאמֶר יְהוֹשָׁפָט אֶל־מֶלֶךְ יִשְׂרָאֵל כָּמוֹנִי

5 And Jehoshaphat said unto the king of Israel, Enquire, I pray thee, at the word of the LORD to day.

6 Then the king of Israel gathered the prophets together, about four hundred men, and said unto them, Shall I go against Ramoth-gilead to battle, or shall I forbear? And they said, Go up; for the Lord shall deliver *it* into the hand of the king.

7 And Jehoshaphat said, *Is there* not here a prophet of the LORD besides, that we might enquire of him?

8 And the king of Israel said unto Jehoshaphat, *There is* yet one man, Micaiah the son of Imlah, by whom we may enquire of the LORD: but I hate him; for he doth not prophesy good concerning me, but evil. And Jehoshaphat said, Let not the king say so.

9 Then the king of Israel called an officer, and said, Hasten *hither* Micaiah the son of Imlah.

10 And the king of Israel and Jehoshaphat the king of Judah sat each on his throne, having put on their robes, in a void place in the entrance of the gate of Samaria; and all the prophets prophesied before them.

11 And Zedekiah the son of Chenaanah made him horns of iron: and he said, Thus saith the LORD, With these shalt thou push the Syrians, until thou have consumed them.

12 And all the prophets prophesied so, saying, Go up to Ramoth-gilead, and prosper: for the LORD shall deliver *it* into the king's hand.

13 And the messenger that was gone to call Micaiah spake unto him, saying, Behold now, the words of the prophets *declare* good unto the king with one mouth: let thy word, I pray thee, be like the word of one of them, and speak *that which is* good.

14 And Micaiah said, *As* the LORD liveth, what the LORD saith unto me, that will I speak.

15 ¶ So he came to the king. And the king said unto him, Micaiah, shall we go against Ramoth-gilead to battle, or shall we forbear? And he answered him, Go,

and prosper: for the LORD shall deliver *it* into the hand of the king.

16 And the king said unto him, How many times shall I adjure thee that thou tell me nothing but *that which is* true in the name of the LORD?

17 And he said, I saw all Israel scattered upon the hills, as sheep that have not a shepherd: and the LORD said, These have no master: let them return every man to his house in peace.

18 And the king of Israel said unto Jehoshaphat, Did I not tell thee that he would prophesy no good concerning me, but evil?

19 And he said, Hear thou therefore the word of the LORD: I saw the LORD sitting on his throne, and all the host of heaven standing by him on his right hand and on his left.

20 And the LORD said, Who shall persuade Ahab, that he may go up and fall at Ramoth-gilead? And one said on this manner, and another said on that manner.

21[21a] And there came forth a spirit, and stood before the LORD, and said, I will persuade him.

22[21b-22] And the LORD said unto him, Wherewith? And he said, I will go forth, and I will be a lying spirit in the mouth of all his prophets. And he said, Thou shalt persuade *him*, and prevail also: go forth, and do so.

23 Now therefore, behold, the LORD hath put a lying spirit in the mouth of all these thy prophets, and the LORD hath spoken evil concerning thee.

24 But Zedekiah the son of Chenaanah went near, and smote Micaiah on the cheek, and said, Which way went the Spirit of the LORD from me to speak unto thee?

25 And Micaiah said, Behold, thou shalt see in that day, when thou shalt go into an inner chamber to hide thyself.

26 And the king of Israel said, Take Micaiah, and carry him back unto Amon the governor of the city, and to Joash the king's son;

27 And say, Thus saith the king, Put this *fellow* in the prison, and feed him with

כָּמ֖וֹנִי כָמ֣וֹךָ כְּעַמִּ֣י כְעַמֶּ֔ךָ כְּסוּסַ֖י כְּסוּסֶ֑יךָ: וַיֹּ֤אמֶר יְהֽוֹשָׁפָט֙ אֶל־מֶ֣לֶךְ 5

יִשְׂרָאֵ֔ל דְּרׇשׁ־נָ֥א כַיּ֖וֹם אֶת־דְּבַ֥ר יְהֹוָֽה: וַיִּקְבֹּ֨ץ מֶֽלֶךְ־יִשְׂרָאֵ֥ל אֶת־ 6
הַנְּבִיאִ֘ים כְּאַרְבַּ֣ע מֵא֣וֹת אִישׁ֒ וַיֹּ֣אמֶר אֲלֵהֶ֗ם הַאֵלֵ֞ךְ עַל־רָמֹ֥ת גִּלְעָ֛ד
לַמִּלְחָמָ֖ה אִם־אֶחְדָּ֑ל וַיֹּאמְר֣וּ עֲלֵ֔ה וְיִתֵּ֥ן אֲדֹנָ֖י בְּיַ֥ד הַמֶּֽלֶךְ: וַיֹּ֙אמֶר֙ 7
יְה֣וֹשָׁפָ֔ט הַאֵ֥ין פֹּ֛ה נָבִ֖יא לַֽיהֹוָ֣ה ע֑וֹד וְנִדְרְשָׁ֖ה מֵאוֹתֽוֹ: וַיֹּ֣אמֶר 8
מֶֽלֶךְ־יִשְׂרָאֵ֣ל ׀ אֶֽל־יְהוֹשָׁפָ֡ט ע֣וֹד אִישׁ־אֶחָ֡ד לִדְרֹשׁ֩ אֶת־יְהֹוָ֨ה מֵאֹת֜וֹ
וַאֲנִ֣י שְׂנֵאתִ֗יו כִּ֠י לֹֽא־יִתְנַבֵּ֤א עָלַי֙ ט֔וֹב כִּ֖י אִם־רָ֑ע מִיכָ֖יְהוּ בֶּן־יִמְלָ֑ה
וַיֹּ֙אמֶר֙ יְה֣וֹשָׁפָ֔ט אַל־יֹאמַ֖ר הַמֶּ֑לֶךְ כֵּֽן: וַיִּקְרָא֙ מֶ֣לֶךְ יִשְׂרָאֵ֔ל אֶל־סָרִ֖יס 9
אֶחָ֑ד וַיֹּ֕אמֶר מַהֲרָ֖ה מִיכָ֥יְהוּ בֶן־יִמְלָֽה: וּמֶ֣לֶךְ יִשְׂרָאֵ֡ל וִֽיהוֹשָׁפָ֣ט מֶֽלֶךְ־ 10
יְהוּדָ֡ה יֹשְׁבִים֩ אִ֨ישׁ עַל־כִּסְא֜וֹ מְלֻבָּשִׁ֤ים בְּגָדִים֙ בְּגֹ֔רֶן פֶּ֖תַח שַׁ֣עַר
שֹׁמְר֑וֹן וְכׇ֨ל־הַנְּבִיאִ֔ים מִֽתְנַבְּאִ֖ים לִפְנֵיהֶֽם: וַיַּ֥עַשׂ ל֛וֹ צִדְקִיָּ֥ה בֶֽן־ 11
כְּנַעֲנָ֖ה קַרְנֵ֣י בַרְזֶ֑ל וַיֹּ֙אמֶר֙ כֹּֽה־אָמַ֣ר יְהֹוָ֔ה בְּאֵ֛לֶּה תְּנַגַּ֥ח אֶת־אֲרָ֖ם
עַד־כַּלֹּתָֽם: וְכׇל־הַנְּבִאִ֔ים נִבְּאִ֖ים כֵּ֣ן לֵאמֹ֑ר עֲלֵ֞ה רָמֹ֤ת גִּלְעָד֙ וְהַצְלַ֔ח 12
וְנָתַ֥ן יְהֹוָ֖ה בְּיַ֥ד הַמֶּֽלֶךְ: וְהַמַּלְאָ֞ךְ אֲשֶׁר־הָלַ֣ךְ ׀ לִקְרֹ֣א מִיכָ֗יְהוּ דִּבֶּ֤ר 13
אֵלָיו֙ לֵאמֹ֔ר הִנֵּה־נָ֞א דִּבְרֵ֧י הַנְּבִיאִ֛ים פֶּֽה־אֶחָ֥ד ט֖וֹב אֶל־הַמֶּ֑לֶךְ יְהִי־

דְּבׇרְךָ

נָ֣א דְבָרְךָ֗ כִּדְבַ֛ר אַחַ֥ד מֵהֶ֖ם וְדִבַּ֥רְתָּ טּֽוֹב: וַיֹּ֖אמֶר מִיכָ֑יְהוּ חַי־יְהֹוָ֕ה 14
כִּ֠י אֶֽת־אֲשֶׁ֨ר יֹאמַ֧ר יְהֹוָ֛ה אֵלַ֖י אֹת֥וֹ אֲדַבֵּֽר: וַיָּבוֹא֙ אֶל־הַמֶּ֔לֶךְ וַיֹּ֤אמֶר 15
הַמֶּ֙לֶךְ֙ אֵלָ֔יו מִיכָ֕יְהוּ הֲנֵלֵ֗ךְ אֶל־רָמֹ֥ת גִּלְעָ֛ד לַמִּלְחָמָ֖ה אִם־נֶחְדָּ֑ל
וַיֹּ֤אמֶר אֵלָיו֙ עֲלֵ֣ה וְהַצְלַ֔ח וְנָתַ֥ן יְהֹוָ֖ה בְּיַ֥ד הַמֶּֽלֶךְ: וַיֹּ֤אמֶר אֵלָיו֙ הַמֶּ֔לֶךְ 16
עַד־כַּמֶּ֥ה פְעָמִ֖ים אֲנִ֣י מַשְׁבִּעֶ֑ךָ אֲ֠שֶׁ֠ר לֹֽא־תְדַבֵּ֥ר אֵלַ֛י רַק־אֱמֶ֖ת בְּשֵׁ֥ם
יְהֹוָֽה: וַיֹּ֗אמֶר רָאִ֤יתִי אֶת־כׇּל־יִשְׂרָאֵל֙ נְפֹצִ֣ים אֶל־הֶ֣הָרִ֔ים כַּצֹּ֕אן אֲשֶׁ֥ר 17
אֵין־לָהֶ֖ם רֹעֶ֑ה וַיֹּ֤אמֶר יְהֹוָה֙ לֹֽא־אֲדֹנִ֣ים לָאֵ֔לֶּה יָשׁ֥וּבוּ אִישׁ־לְבֵית֖וֹ
בְּשָׁלֽוֹם: וַיֹּ֥אמֶר מֶֽלֶךְ־יִשְׂרָאֵ֖ל אֶל־יְהֽוֹשָׁפָ֑ט הֲלוֹא֙ אָמַ֣רְתִּי אֵלֶ֔יךָ לֽוֹא־ 18
יִתְנַבֵּ֥א עָלַ֛י ט֖וֹב כִּ֥י אִם־רָֽע: וַיֹּ֕אמֶר לָכֵ֖ן שְׁמַ֣ע דְּבַר־יְהֹוָ֑ה רָאִ֤יתִי 19
אֶת־יְהֹוָה֙ יֹשֵׁ֣ב עַל־כִּסְא֔וֹ וְכׇל־צְבָ֤א הַשָּׁמַ֙יִם֙ עֹמֵ֣ד עָלָ֔יו מִימִינ֖וֹ
וּמִשְּׂמֹאלֽוֹ: וַיֹּ֤אמֶר יְהֹוָה֙ מִ֤י יְפַתֶּה֙ אֶת־אַחְאָ֔ב וְיַ֕עַל וְיִפֹּ֖ל בְּרָמֹ֣ת 20
גִּלְעָ֑ד וַיֹּ֤אמֶר זֶה֙ בְּכֹ֔ה וְזֶ֥ה אֹמֵ֖ר בְּכֹֽה: וַיֵּצֵ֣א הָר֗וּחַ וַֽיַּעֲמֹד֙ לִפְנֵ֣י 21
יְהֹוָ֔ה וַיֹּ֖אמֶר אֲנִ֣י אֲפַתֶּ֑נּוּ וַיֹּ֧אמֶר יְהֹוָ֛ה אֵלָ֖יו בַּמָּֽה: וַיֹּ֗אמֶר אֵצֵא֙ 22
וְהָיִ֙יתִי֙ ר֣וּחַ שֶׁ֔קֶר בְּפִ֖י כׇּל־נְבִיאָ֑יו וַיֹּ֗אמֶר תְּפַתֶּה֙ וְגַם־תּוּכָ֔ל צֵ֖א
וַעֲשֵׂה־כֵֽן: וְעַתָּ֗ה הִנֵּ֨ה נָתַ֤ן יְהֹוָה֙ ר֣וּחַ שֶׁ֔קֶר בְּפִ֖י כׇּל־נְבִיאֶ֣יךָ אֵ֑לֶּה 23
וַֽיהֹוָ֕ה דִּבֶּ֥ר עָלֶ֖יךָ רָעָֽה: וַיִּגַּשׁ֙ צִדְקִיָּ֣הוּ בֶֽן־כְּנַעֲנָ֔ה וַיַּכֶּ֥ה אֶת־מִיכָ֖יְהוּ 24
עַל־הַלֶּ֑חִי וַיֹּ֕אמֶר אֵי־זֶ֨ה עָבַ֧ר רֽוּחַ־יְהֹוָ֛ה מֵאִתִּ֖י לְדַבֵּ֥ר אוֹתָֽךְ: וַיֹּ֙אמֶר֙ 25
מִיכָ֔יְהוּ הִנְּךָ֥ רֹאֶ֖ה בַּיּ֣וֹם הַה֑וּא אֲשֶׁ֥ר תָּבֹ֛א חֶ֥דֶר בְּחֶ֖דֶר לְהֵחָבֵֽה:
וַיֹּ֙אמֶר֙ מֶ֣לֶךְ יִשְׂרָאֵ֔ל קַ֖ח אֶת־מִיכָ֑יְהוּ וַהֲשִׁיבֵ֙הוּ֙ אֶל־אָמֹ֣ן שַׂר־הָעִ֔יר 26
וְאֶל־יוֹאָ֖שׁ בֶּן־הַמֶּֽלֶךְ: וְאָמַרְתָּ֗ כֹּ֚ה אָמַ֣ר הַמֶּ֔לֶךְ שִׂ֥ימוּ אֶת־זֶ֖ה בֵּ֥ית 27

bread of affliction and with water of affliction, until I come in peace.

28 And Micaiah said, If thou return at all in peace, the LORD hath not spoken by me. And he said, Hearken, O people, every one of you.

29 So the king of Israel and Jehoshaphat the king of Judah went up to Ramoth-gilead.

30 And the king of Israel said unto Jehoshaphat, I will disguise myself, and enter into the battle; but put thou on thy robes. And the king of Israel disguised himself, and went into the battle.

31 But the king of Syria commanded his thirty and two captains that had rule over his chariots, saying, Fight neither with small nor great, save only with the king of Israel.

32 And it came to pass, when the captains of the chariots saw Jehoshaphat, that they said, Surely it *is* the king of Israel. And they turned aside to fight against him: and Jehoshaphat cried out.

33 And it came to pass, when the captains of the chariots perceived that it *was* not the king of Israel, that they turned back from pursuing him.

34 And a *certain* man drew a bow at a venture, and smote the king of Israel between the joints of the harness: wherefore he said unto the driver of his chariot, Turn thine hand, and carry me out of the host; for I am wounded.

35 And the battle increased that day: and the king was stayed up in his chariot against the Syrians, and died at even: and the blood ran out of the wound into the midst of the chariot.

36 And there went a proclamation throughout the host about the going down of the sun, saying, Every man to his city, and every man to his own country.

37 ¶ So the king died, and was brought to Samaria; and they buried the king in Samaria.

38 And *one* washed the chariot in the pool of Samaria; and the dogs licked up his blood; and they washed his armour; according unto the word of the LORD which he spake.

39 Now the rest of the acts of Ahab, and all that he did, and the ivory house which he made, and all the cities that he built, *are* they not written in the book of the chronicles of the kings of Israel?

40 So Ahab slept with his fathers; and Ahaziah his son reigned in his stead.

41 ¶ And Jehoshaphat the son of Asa began to reign over Judah in the fourth year of Ahab king of Israel.

42 Jehoshaphat *was* thirty and five years old when he began to reign; and he reigned twenty and five years in Jerusalem. And his mother's name *was* Azubah the daughter of Shilhi.

43[43-44] And he walked in all the ways of Asa his father; he turned not aside from it, doing *that which was* right in the eyes of the LORD: nevertheless the high places were not taken away; *for* the people offered and burnt incense yet in the high places.

44[45] And Jehoshaphat made peace with the king of Israel.

45[46] Now the rest of the acts of Jehoshaphat, and his might that he shewed, and how he warred, *are* they not written in the book of the chronicles of the kings of Judah?

46[47] And the remnant of the sodomites, which remained in the days of his father Asa, he took out of the land.

47[48] *There was* then no king in Edom: a deputy *was* king.

48[49] Jehoshaphat made ships of Tharshish to go to Ophir for gold: but they went not; for the ships were broken at Ezion-geber.

49[50] Then said Ahaziah the son of Ahab unto Jehoshaphat, Let my servants go with thy servants in the ships. But Jehoshaphat would not.

50[51] ¶ And Jehoshaphat slept with his fathers, and was buried with his fathers in the city of David his father: and Jehoram his son reigned in his stead.

51[52] ¶ Ahaziah the son of Ahab began to reign over Israel in Samaria the seventeenth year of Jehoshaphat king of Judah, and reigned two years over Israel.

28 הַכְלֵא וְהַאֲכִילֻהוּ לֶחֶם לַחַץ וּמַיִם לַחַץ עַד בֹּאִי בְשָׁלוֹם: וַיֹּאמֶר
מִיכָיְהוּ אִם־שׁוֹב תָּשׁוּב בְּשָׁלוֹם לֹא־דִבֶּר יְהוָה בִּי וַיֹּאמֶר שִׁמְעוּ

29 עַמִּים כֻּלָּם: וַיַּעַל מֶלֶךְ־יִשְׂרָאֵל וִיהוֹשָׁפָט מֶלֶךְ־יְהוּדָה רָמֹת גִּלְעָד:
29A

30 וַיֹּאמֶר מֶלֶךְ יִשְׂרָאֵל אֶל־יְהוֹשָׁפָט הִתְחַפֵּשׂ וָבֹא בַמִּלְחָמָה וְאַתָּה
31 לְבַשׁ בְּגָדֶיךָ וַיִּתְחַפֵּשׂ מֶלֶךְ יִשְׂרָאֵל וַיָּבוֹא בַּמִּלְחָמָה: וּמֶלֶךְ אֲרָם
צִוָּה אֶת־שָׂרֵי הָרֶכֶב אֲשֶׁר־לוֹ שְׁלֹשִׁים וּשְׁנַיִם לֵאמֹר לֹא תִּלָּחֲמוּ

32 אֶת־קָטֹן וְאֶת־גָּדוֹל כִּי אִם־אֶת־מֶלֶךְ יִשְׂרָאֵל לְבַדּוֹ: וַיְהִי כִּרְאוֹת
שָׂרֵי הָרֶכֶב אֶת־יְהוֹשָׁפָט וְהֵמָּה אָמְרוּ אַךְ מֶלֶךְ־יִשְׂרָאֵל הוּא וַיָּסֻרוּ
33 עָלָיו לְהִלָּחֵם וַיִּזְעַק יְהוֹשָׁפָט: וַיְהִי כִּרְאוֹת שָׂרֵי הָרֶכֶב כִּי־לֹא־מֶלֶךְ
34 יִשְׂרָאֵל הוּא וַיָּשׁוּבוּ מֵאַחֲרָיו: וְאִישׁ מָשַׁךְ בַּקֶּשֶׁת לְתֻמּוֹ וַיַּכֶּה אֶת־
מֶלֶךְ יִשְׂרָאֵל בֵּין הַדְּבָקִים וּבֵין הַשִּׁרְיָן וַיֹּאמֶר לְרַכָּבוֹ הֲפֹךְ יָדְךָ
35 וְהוֹצִיאֵנִי מִן־הַמַּחֲנֶה כִּי הָחֳלֵיתִי: וַתַּעֲלֶה הַמִּלְחָמָה בַּיּוֹם הַהוּא
וְהַמֶּלֶךְ הָיָה מָעֳמָד בַּמֶּרְכָּבָה נֹכַח אֲרָם וַיָּמָת בָּעֶרֶב וַיִּצֶק דַּם־
36 הַמַּכָּה אֶל־חֵיק הָרָכֶב: וַיַּעֲבֹר הָרִנָּה בַּמַּחֲנֶה כְּבֹא הַשֶּׁמֶשׁ לֵאמֹר
37 אִישׁ אֶל־עִירוֹ וְאִישׁ אֶל־אַרְצוֹ: וַיָּמָת הַמֶּלֶךְ וַיָּבוֹא שֹׁמְרוֹן וַיִּקְבְּרוּ
38 אֶת־הַמֶּלֶךְ בְּשֹׁמְרוֹן: וַיִּשְׁטֹף אֶת־הָרֶכֶב עַל בְּרֵכַת שֹׁמְרוֹן וַיָּלֹקּוּ
39 הַכְּלָבִים אֶת־דָּמוֹ וְהַזֹּנוֹת רָחָצוּ כִּדְבַר יְהוָה אֲשֶׁר דִּבֵּר: וְיֶתֶר דִּבְרֵי
אַחְאָב וְכָל־אֲשֶׁר עָשָׂה וּבֵית הַשֵּׁן אֲשֶׁר בָּנָה וְכָל־הֶעָרִים אֲשֶׁר
בָּנָה הֲלוֹא־הֵם כְּתוּבִים עַל־סֵפֶר דִּבְרֵי הַיָּמִים לְמַלְכֵי יִשְׂרָאֵל:
40 וַיִּשְׁכַּב אַחְאָב עִם־אֲבֹתָיו וַיִּמְלֹךְ אֲחַזְיָהוּ בְנוֹ תַּחְתָּיו:

41 וִיהוֹשָׁפָט בֶּן־אָסָא מָלַךְ עַל־יְהוּדָה בִּשְׁנַת אַרְבַּע לְאַחְאָב מֶלֶךְ
42 יִשְׂרָאֵל: יְהוֹשָׁפָט בֶּן־שְׁלֹשִׁים וְחָמֵשׁ שָׁנָה בְּמָלְכוֹ וְעֶשְׂרִים וְחָמֵשׁ
43 שָׁנָה מָלַךְ בִּירוּשָׁלִָם וְשֵׁם אִמּוֹ עֲזוּבָה בַּת־שִׁלְחִי: וַיֵּלֶךְ בְּכָל־דֶּרֶךְ
43A
44 אָסָא אָבִיו לֹא־סָר מִמֶּנּוּ לַעֲשׂוֹת הַיָּשָׁר בְּעֵינֵי יְהוָה: אַךְ הַבָּמוֹת
45 לֹא־סָרוּ עוֹד הָעָם מְזַבְּחִים וּמְקַטְּרִים בַּבָּמוֹת: וַיַּשְׁלֵם יְהוֹשָׁפָט
46 עִם־מֶלֶךְ יִשְׂרָאֵל: וְיֶתֶר דִּבְרֵי יְהוֹשָׁפָט וּגְבוּרָתוֹ אֲשֶׁר־עָשָׂה
וַאֲשֶׁר נִלְחָם הֲלֹא־הֵם כְּתוּבִים עַל־סֵפֶר דִּבְרֵי הַיָּמִים לְמַלְכֵי
47 יְהוּדָה: וְיֶתֶר הַקָּדֵשׁ אֲשֶׁר נִשְׁאַר בִּימֵי אָסָא אָבִיו בִּעֵר מִן־
48 הָאָרֶץ: וּמֶלֶךְ אֵין בֶּאֱדוֹם נִצָּב מֶלֶךְ: יְהוֹשָׁפָט עשה עָשָׂה אֳנִיּוֹת
49 תַרְשִׁישׁ לָלֶכֶת אוֹפִירָה לַזָּהָב וְלֹא הָלָךְ כִּי־נשברה נִשְׁבְּרוּ אֳנִיּוֹת
50 בְּעֶצְיוֹן גָּבֶר: אָז אָמַר אֲחַזְיָהוּ בֶן־אַחְאָב אֶל־יְהוֹשָׁפָט יֵלְכוּ עֲבָדַי
51 עִם־עֲבָדֶיךָ בָּאֳנִיּוֹת וְלֹא אָבָה יְהוֹשָׁפָט: וַיִּשְׁכַּב יְהוֹשָׁפָט עִם־
אֲבֹתָיו וַיִּקָּבֵר עִם־אֲבֹתָיו בְּעִיר דָּוִד אָבִיו וַיִּמְלֹךְ יְהוֹרָם בְּנוֹ
52 תַּחְתָּיו: אֲחַזְיָהוּ בֶן־אַחְאָב מָלַךְ עַל־יִשְׂרָאֵל בְּשֹׁמְרוֹן
בִּשְׁנַת שְׁבַע עֶשְׂרֵה לִיהוֹשָׁפָט מֶלֶךְ יְהוּדָה וַיִּמְלֹךְ עַל־יִשְׂרָאֵל

52[53] And he did evil in the sight of the LORD, and walked in the way of his father, and in the way of his mother, and in the way of Jeroboam the son of Nebat, who made Israel to sin:

53[54] For he served Baal, and worshipped him, and provoked to anger the LORD God of Israel, according to all that his father had done.

THE SECOND BOOK OF THE

KINGS

COMMONLY CALLED THE FOURTH BOOK OF THE KINGS

CHAPTER 1

1 Then Moab rebelled against Israel after the death of Ahab.

2 And Ahaziah fell down through a lattice in his upper chamber that *was* in Samaria, and was sick: and he sent messengers, and said unto them, Go, enquire of Baal-zebub the god of Ekron whether I shall recover of this disease.

3 But the angel of the LORD said to Elijah the Tishbite, Arise, go up to meet the messengers of the king of Samaria, and say unto them, *Is it* not because *there is* not a God in Israel, *that* ye go to enquire of Baal-zebub the god of Ekron?

4 Now therefore thus saith the LORD, Thou shalt not come down from that bed on which thou art gone up, but shalt surely die. And Elijah departed.

5 ¶ And when the messengers turned back unto him, he said unto them, Why are ye now turned back?

6 And they said unto him, There came a man up to meet us, and said unto us, Go, turn again unto the king that sent you, and say unto him, Thus saith the LORD, *Is it* not because *there is* not a God in Israel, *that* thou sendest to enquire of Baal-zebub the god of Ekron? therefore thou shalt not come down from that bed on which thou art gone up, but shalt surely die.

7 And he said unto them, What manner of man *was he* which came up to meet you, and told you these words?

8 And they answered him, *He was* an hairy man, and girt with a girdle of leather about his loins. And he said, It *is* Elijah the Tishbite.

9 Then the king sent unto him a captain of fifty with his fifty. And he went up to him: and, behold, he sat on the top of an hill. And he spake unto him, Thou man of God, the king hath said, Come down.

10 And Elijah answered and said to the captain of fifty, If I *be* a man of God, then let fire come down from heaven, and consume thee and thy fifty. And there came down fire from heaven, and consumed him and his fifty.

11 Again also he sent unto him another captain of fifty with his fifty. And he answered and said unto him, O man of God, thus hath the king said, Come down quickly.

12 And Elijah answered and said unto them, If I *be* a man of God, let fire come down from heaven, and consume thee and thy fifty. And the fire of God came down from heaven, and consumed him and his fifty.

13 ¶ And he sent again a captain of the third fifty with his fifty. And the third captain of fifty went up, and came and fell on his knees before Elijah, and besought him, and said unto him, O man of God, I pray thee, let my life, and the life of these fifty thy servants, be precious in thy sight.

14 Behold, there came fire down from heaven, and burnt up the two captains of the former fifties with their fifties: therefore let my life now be precious in thy sight.

15 And the angel of the LORD said unto Elijah, Go down with him: be not afraid of him. And he arose, and went down with him unto the king.

16 And he said unto him, Thus saith the

53 שְׁנָתָ֑יִם וַיַּ֥עַשׂ הָרַ֖ע בְּעֵינֵ֣י יְהוָ֑ה וַיֵּ֗לֶךְ בְּדֶ֤רֶךְ אָבִיו֙ וּבְדֶ֣רֶךְ אִמּ֔וֹ

54 וּבְדֶ֙רֶךְ֙ יָרָבְעָ֣ם בֶּן־נְבָ֔ט אֲשֶׁ֥ר הֶחֱטִ֖יא אֶת־יִשְׂרָאֵ֑ל וַיַּֽעֲבֹד֙ אֶת־הַבַּ֔עַל
וַיִּשְׁתַּ֖חוּ ל֑וֹ וַיַּכְעֵ֗ס אֶת־יְהוָה֙ אֱלֹהֵ֣י יִשְׂרָאֵ֔ל כְּכֹ֥ל אֲשֶׁר־עָשָׂ֖ה אָבִֽיו׃

1,2 וַיִּפְשַׁ֤ע מוֹאָב֙ בְּיִשְׂרָאֵ֔ל אַחֲרֵ֖י מ֥וֹת אַחְאָֽב׃ וַיִּפֹּ֣ל אֲחַזְיָ֗ה בְּעַ֣ד הַשְּׂבָכָ֞ה
בַּעֲלִיָּת֛וֹ אֲשֶׁ֥ר בְּשֹׁמְר֖וֹן וַיָּ֑חַל וַיִּשְׁלַ֣ח מַלְאָכִ֔ים וַיֹּ֤אמֶר אֲלֵהֶם֙ לְכ֣וּ

3 דִרְשׁ֗וּ בְּבַ֤עַל זְבוּב֙ אֱלֹהֵ֣י עֶקְר֔וֹן אִם־אֶחְיֶ֖ה מֵחֳלִ֥י זֶֽה׃   וּמַלְאַ֣ךְ
יְהוָ֗ה דִּבֶּר֙ אֶל־אֵלִיָּ֣ה הַתִּשְׁבִּ֔י ק֣וּם עֲלֵ֔ה לִקְרַ֖את מַלְאֲכֵ֣י מֶֽלֶךְ־שֹׁמְר֑וֹן
וְדַבֵּ֣ר אֲלֵהֶ֗ם הַֽמִבְּלִ֤י אֵין־אֱלֹהִים֙ בְּיִשְׂרָאֵ֔ל אַתֶּ֣ם הֹלְכִ֔ים לִדְרֹ֕שׁ

4 בְּבַ֥עַל זְב֖וּב אֱלֹהֵ֣י עֶקְר֑וֹן וְלָכֵ֞ן כֹּֽה־אָמַ֣ר יְהוָ֗ה הַמִּטָּ֞ה אֲשֶׁר־עָלִ֤יתָ
5 שָּׁם֙ לֹא־תֵרֵ֣ד מִמֶּ֔נָּה כִּ֥י מ֖וֹת תָּמ֑וּת וַיֵּ֖לֶךְ אֵלִיָּֽה׃ וַיָּשׁ֙וּבוּ֙ הַמַּלְאָכִ֔ים

6 אֵלָ֔יו וַיֹּ֥אמֶר אֲלֵהֶ֖ם מַה־זֶּ֣ה שַׁבְתֶּֽם׃ וַיֹּאמְר֣וּ אֵלָ֗יו אִ֣ישׁ ׀ עָלָ֣ה
לִקְרָאתֵ֗נוּ וַיֹּ֣אמֶר אֵלֵ֘ינוּ֮ לְכ֣וּ שׁוּבוּ֮ אֶל־הַמֶּ֣לֶךְ אֲשֶׁר־שָׁלַ֣ח אֶתְכֶם֒
וְדִבַּרְתֶּ֣ם אֵלָ֗יו כֹּ֚ה אָמַ֣ר יְהוָ֔ה הַֽמִבְּלִ֤י אֵין־אֱלֹהִים֙ בְּיִשְׂרָאֵ֔ל אַתָּ֣ה
שֹׁלֵ֛חַ לִדְרֹ֕שׁ בְּבַ֥עַל זְב֖וּב אֱלֹהֵ֣י עֶקְר֑וֹן לָ֠כֵן הַמִּטָּ֞ה אֲשֶׁר־עָלִ֤יתָ שָּׁם֙

7 לֹא־תֵרֵ֣ד מִמֶּ֔נָּה כִּי־מ֖וֹת תָּמֽוּת׃ וַיְדַבֵּ֣ר אֲלֵהֶ֔ם מֶ֚ה מִשְׁפַּ֣ט הָאִ֔ישׁ

8 אֲשֶׁ֥ר עָלָ֖ה לִקְרַאתְכֶ֑ם וַיְדַבֵּ֣ר אֲלֵיכֶ֔ם אֶת־הַדְּבָרִ֖ים הָאֵֽלֶּה׃ וַיֹּאמְר֣וּ
אֵלָ֗יו אִ֚ישׁ בַּ֣עַל שֵׂעָ֔ר וְאֵז֥וֹר ע֖וֹר אָז֣וּר בְּמָתְנָ֑יו וַיֹּאמַ֕ר אֵלִיָּ֥ה הַתִּשְׁבִּ֖י

9 הֽוּא׃ וַיִּשְׁלַ֥ח אֵלָ֛יו שַׂר־חֲמִשִּׁ֖ים וַחֲמִשָּׁ֑יו וַיַּ֣עַל אֵלָ֔יו וְהִנֵּה֙ יֹשֵׁ֔ב עַל־

10 רֹ֣אשׁ הָהָ֔ר וַיְדַבֵּ֣ר אֵלָ֔יו אִ֚ישׁ הָאֱלֹהִ֔ים הַמֶּ֥לֶךְ דִּבֶּ֖ר רֵֽדָה׃ וַיַּעֲנֶ֣ה
אֵלִיָּ֗הוּ וַיְדַבֵּר֮ אֶל־שַׂ֣ר הַחֲמִשִּׁים֒ וְאִם־אִ֤ישׁ אֱלֹהִים֙ אָ֔נִי תֵּ֣רֶד אֵ֔שׁ
מִן־הַשָּׁמַ֔יִם וְתֹאכַ֥ל אֹתְךָ֖ וְאֶת־חֲמִשֶּׁ֑יךָ וַתֵּ֤רֶד אֵשׁ֙ מִן־הַשָּׁמַ֔יִם

11 וַתֹּ֥אכַל אֹת֖וֹ וְאֶת־חֲמִשָּֽׁיו׃ וַיָּ֗שָׁב וַיִּשְׁלַ֥ח אֵלָ֛יו שַׂר־חֲמִשִּׁ֖ים אַחֵ֑ר
וַחֲמִשָּׁ֑יו וַיַּ֙עַן֙ וַיְדַבֵּ֣ר אֵלָ֔יו אִ֚ישׁ הָאֱלֹהִ֔ים כֹּֽה־אָמַ֥ר הַמֶּ֖לֶךְ מְהֵרָ֥ה

12 רֵֽדָה׃ וַיַּ֣עַן אֵלִיָּ֗ה וַיְדַבֵּ֣ר אֲלֵיהֶם֮ אִם־אִ֣ישׁ הָאֱלֹהִים֒ אָ֔נִי תֵּ֣רֶד אֵ֣שׁ
מִן־הַשָּׁמַ֔יִם וְתֹאכַ֥ל אֹתְךָ֖ וְאֶת־חֲמִשֶּׁ֑יךָ וַתֵּ֤רֶד אֵשׁ־אֱלֹהִים֙ מִן־

13 הַשָּׁמַ֔יִם וַתֹּ֥אכַל אֹת֖וֹ וְאֶת־חֲמִשָּֽׁיו׃ וַיָּ֗שָׁב וַיִּשְׁלַ֞ח שַׂר־חֲמִשִּׁ֤ים
שְׁלִשִׁים֙ וַחֲמִשָּׁ֔יו וַיַּ֗עַל וַיָּבֹא֩ שַׂר־הַחֲמִשִּׁ֨ים הַשְּׁלִישִׁ֜י וַיִּכְרַ֥ע
עַל־בִּרְכָּ֣יו ׀ לְנֶ֣גֶד אֵלִיָּ֗הוּ וַיִּתְחַנֵּ֤ן אֵלָיו֙ וַיְדַבֵּ֣ר אֵלָ֔יו אִ֣ישׁ הָאֱלֹהִ֗ים

14 תִּֽיקַר־נָ֣א נַפְשִׁ֗י וְנֶ֨פֶשׁ עֲבָדֶ֥יךָ אֵ֛לֶּה חֲמִשִּׁ֖ים בְּעֵינֶֽיךָ׃ הִ֠נֵּה יָ֤רְדָה
אֵשׁ֙ מִן־הַשָּׁמַ֔יִם וַ֠תֹּאכַל אֶת־שְׁנֵ֞י שָׂרֵ֧י הַחֲמִשִּׁ֛ים הָרִאשֹׁנִ֖ים וְאֶת־

15 חֲמִשֵּׁיהֶ֑ם וְעַתָּ֕ה תִּיקַ֥ר נַפְשִׁ֖י בְּעֵינֶֽיךָ׃   וַיְדַבֵּ֞ר מַלְאַ֤ךְ יְהוָה֙
אֶל־אֵלִיָּ֔הוּ רֵ֣ד אוֹת֔וֹ אַל־תִּירָ֖א מִפָּנָ֑יו וַיָּ֣קָם וַיֵּ֧רֶד אוֹת֛וֹ אֶל־הַמֶּֽלֶךְ׃

16 וַיְדַבֵּ֣ר אֵלָ֗יו כֹּֽה־אָמַ֣ר יְהוָ֔ה יַ֗עַן אֲשֶׁר־שָׁלַ֤חְתָּ מַלְאָכִים֙ לִדְרֹשׁ֙ בְּבַ֣עַל

LORD, Forasmuch as thou hast sent messengers to enquire of Baal-zebub the god of Ekron, *is it* not because *there is* no God in Israel to enquire of his word? therefore thou shalt not come down off that bed on which thou art gone up, but shalt surely die.

17 ¶ So he died according to the word of the LORD which Elijah had spoken. And Jehoram reigned in his stead in the second year of Jehoram the son of Jehoshaphat king of Judah; because he had no son.

18 Now the rest of the acts of Ahaziah which he did, *are* they not written in the book of the chronicles of the kings of Israel?

CHAPTER 2

1 And it came to pass, when the LORD would take up Elijah into heaven by a whirlwind, that Elijah went with Elisha from Gilgal.

2 And Elijah said unto Elisha, Tarry here, I pray thee; for the LORD hath sent me to Beth-el. And Elisha said *unto him,* As the LORD liveth, and *as* thy soul liveth, I will not leave thee. So they went down to Beth-el.

3 And the sons of the prophets that *were* at Beth-el came forth to Elisha, and said unto him, Knowest thou that the LORD will take away thy master from thy head to day? And he said, Yea, I know *it;* hold ye your peace.

4 And Elijah said unto him, Elisha, tarry here, I pray thee; for the LORD hath sent me to Jericho. And he said, As the LORD liveth, and *as* thy soul liveth, I will not leave thee. So they came to Jericho.

5 And the sons of the prophets that *were* at Jericho came to Elisha, and said unto him, Knowest thou that the LORD will take away thy master from thy head to day? And he answered, Yea, I know *it;* hold ye your peace.

6 And Elijah said unto him, Tarry, I pray thee, here; for the LORD hath sent me to Jordan. And he said, As the LORD liveth, and *as* thy soul liveth, I will not leave thee. And they two went on.

7 And fifty men of the sons of the proph-

ets went, and stood to view afar off: and they two stood by Jordan.

8 And Elijah took his mantle, and wrapped *it* together, and smote the waters, and they were divided hither and thither, so that they two went over on dry ground.

9 ¶ And it came to pass, when they were gone over, that Elijah said unto Elisha, Ask what I shall do for thee, before I be taken away from thee. And Elisha said, I pray thee, let a double portion of thy spirit be upon me.

10 And he said, Thou hast asked a hard thing: *nevertheless,* if thou see me *when I am* taken from thee, it shall be so unto thee; but if not, it shall not be *so.*

11 And it came to pass, as they still went on, and talked, that, behold, *there* appeared a chariot of fire, and horses of fire, and parted them both asunder; and Elijah went up by a whirlwind into heaven.

12 ¶ And Elisha saw *it,* and he cried, My father, my father, the chariot of Israel, and the horsemen thereof. And he saw him no more: and he took hold of his own clothes, and rent them in two pieces.

13 He took up also the mantle of Elijah that fell from him, and went back, and stood by the bank of Jordan;

14 And he took the mantle of Elijah that fell from him, and smote the waters, and said, Where *is* the LORD God of Elijah? and when he also had smitten the waters, they parted hither and thither: and Elisha went over.

15 And when the sons of the prophets which *were* to view at Jericho saw him, they said, The spirit of Elijah doth rest on Elisha. And they came to meet him, and bowed themselves to the ground before him.

16 ¶ And they said unto him, Behold now, there be with thy servants fifty strong men; let them go, we pray thee, and seek thy master: lest peradventure the Spirit of the LORD hath taken him up, and cast him upon some mountain, or into some valley. And he said, Ye shall not send.

17 And when they urged him till he was ashamed, he said, Send. They sent there-

זְבוּב֙ אֱלֹהֵ֣י עֶקְר֔וֹן הַֽמִבְּלִ֤י אֵין־אֱלֹהִים֙ בְּיִשְׂרָאֵ֔ל לִדְרֹ֖שׁ בִּדְבָר֑וֹ לָכֵ֩ן

17 הַמִּטָּ֜ה אֲשֶׁר־עָלִ֥יתָ שָּׁ֛ם לֹא־תֵרֵ֥ד מִמֶּ֖נָּה כִּֽי־מ֣וֹת תָּמ֑וּת: וַיָּ֜מָת כִּדְבַ֥ר
יְהוָ֣ה ׀ אֲשֶׁר־דִּבֶּ֣ר אֵלִיָּ֗הוּ וַיִּמְלֹ֤ךְ יְהוֹרָם֙ תַּחְתָּ֔יו
בִּשְׁנַ֣ת שְׁתַּ֗יִם לִיהוֹרָ֤ם בֶּן־יְהֽוֹשָׁפָט֙ מֶ֣לֶךְ יְהוּדָ֔ה כִּ֥י לֹֽא־הָ֥יָה ל֖וֹ בֵּֽן:

18 וְיֶ֛תֶר דִּבְרֵ֥י אֲחַזְיָ֖הוּ אֲשֶׁ֣ר עָשָׂ֑ה הֲלֽוֹא־הֵ֣מָּה כְתוּבִ֗ים עַל־סֵ֛פֶר דִּבְרֵ֥י
הַיָּמִ֖ים לְמַלְכֵ֥י יִשְׂרָאֵֽל:

2 1 וַיְהִ֗י בְּהַעֲל֤וֹת יְהוָה֙ אֶת־אֵ֣לִיָּ֔הוּ בַּֽסְעָרָ֖ה הַשָּׁמָ֑יִם וַיֵּ֧לֶךְ אֵלִיָּ֛הוּ

2 וֶֽאֱלִישָׁ֖ע מִן־הַגִּלְגָּֽל: וַיֹּאמֶר֩ אֵלִיָּ֨הוּ אֶל־אֱלִישָׁ֜ע שֵֽׁב־נָ֣א פֹ֗ה כִּ֤י יְהוָה֙
שְׁלָחַ֣נִי עַד־בֵּֽית־אֵ֔ל וַיֹּ֣אמֶר אֱלִישָׁ֗ע חַי־יְהוָ֤ה וְחֵֽי־נַפְשְׁךָ֙ אִם־אֶֽעֶזְבֶ֔ךָּ

3 וַיֵּרְד֖וּ בֵּֽית־אֵֽל: וַיֵּצְא֨וּ בְנֵֽי־הַנְּבִיאִ֤ים אֲשֶׁר־בֵּֽית־אֵל֙ אֶל־אֱלִישָׁ֔ע
וַיֹּאמְר֣וּ אֵלָ֗יו הֲיָדַ֙עְתָּ֙ כִּ֣י הַיּ֗וֹם יְהוָ֛ה לֹקֵ֥חַ אֶת־אֲדֹנֶ֖יךָ מֵעַ֣ל רֹאשֶׁ֑ךָ

4 וַיֹּ֛אמֶר גַּם־אֲנִ֥י יָדַ֖עְתִּי הֶחֱשֽׁוּ: וַיֹּאמֶר֩ ל֨וֹ אֵלִיָּ֜הוּ אֱלִישָׁ֣ע ׀ שֵֽׁב־נָ֣א
פֹ֗ה כִּ֤י יְהוָה֙ שְׁלָחַ֣נִי יְרִיח֔וֹ וַיֹּ֣אמֶר חַי־יְהוָ֤ה וְחֵֽי־נַפְשְׁךָ֙ אִם־אֶֽעֶזְבֶ֔ךָּ

5 וַיָּבֹ֖אוּ יְרִיחֽוֹ: וַיִּגְּשׁ֨וּ בְנֵֽי־הַנְּבִיאִ֥ים אֲשֶׁר־בִּֽירִיחוֹ֮ אֶל־אֱלִישָׁע֒ וַיֹּאמְר֣וּ
אֵלָ֗יו הֲיָדַ֙עְתָּ֙ כִּ֣י הַיּ֗וֹם יְהוָ֛ה לֹקֵ֥חַ אֶת־אֲדֹנֶ֖יךָ מֵעַ֣ל רֹאשֶׁ֑ךָ וַיֹּ֛אמֶר

6 גַּם־אֲנִ֥י יָדַ֖עְתִּי הֶחֱשֽׁוּ: וַיֹּאמֶר֩ ל֨וֹ אֵלִיָּ֜הוּ שֵֽׁב־נָ֣א פֹ֗ה כִּ֤י יְהוָה֙ שְׁלָחַ֣נִי
הַיַּרְדֵּ֔נָה וַיֹּ֣אמֶר חַי־יְהוָ֤ה וְחֵֽי־נַפְשְׁךָ֙ אִם־אֶֽעֶזְבֶ֔ךָּ וַיֵּלְכ֖וּ שְׁנֵיהֶֽם:

7 וַחֲמִשִּׁ֨ים אִ֜ישׁ מִבְּנֵ֤י הַנְּבִיאִים֙ הָֽלְכ֔וּ וַיַּעַמְד֥וּ מִנֶּ֖גֶד מֵֽרָח֑וֹק וּשְׁנֵיהֶ֖ם

8 עָמְד֣וּ עַל־הַיַּרְדֵּֽן: וַיִּקַּח֩ אֵלִיָּ֨הוּ אֶת־אַדַּרְתּ֤וֹ וַיִּגְלֹם֙ וַיַּכֶּ֣ה אֶת־הַמַּ֔יִם

9 וַיֵּחָצ֖וּ הֵ֣נָּה וָהֵ֑נָּה וַיַּעַבְר֥וּ שְׁנֵיהֶ֖ם בֶּחָרָבָֽה: וַיְהִ֣י כְעָבְרָ֗ם וְאֵ֨לִיָּ֜הוּ
אָמַ֣ר אֶל־אֱלִישָׁ֗ע שְׁאַל֙ מָ֣ה אֶֽעֱשֶׂה־לָּ֔ךְ בְּטֶ֖רֶם אֶלָּקַ֣ח מֵעִמָּ֑ךְ וַיֹּ֣אמֶר

10 אֱלִישָׁ֔ע וִ֥יהִי־נָ֛א פִּֽי־שְׁנַ֖יִם בְּרוּחֲךָ֖ אֵלָֽי: וַיֹּ֖אמֶר הִקְשִׁ֣יתָ לִשְׁא֑וֹל אִם־

11 תִּרְאֶ֨ה אֹתִ֜י לֻקָּ֤ח מֵֽאִתָּךְ֙ יְֽהִי־לְךָ֣ כֵ֔ן וְאִם־אַ֖יִן לֹ֣א יִהְיֶֽה: וַיְהִ֗י הֵ֣מָּה
הֹלְכִ֤ים הָלוֹךְ֙ וְדַבֵּ֔ר וְהִנֵּ֤ה רֶֽכֶב־אֵשׁ֙ וְס֣וּסֵי אֵ֔שׁ וַיַּפְרִ֖דוּ בֵּ֣ין שְׁנֵיהֶ֑ם

12 וַיַּ֙עַל֙ אֵ֣לִיָּ֔הוּ בַּֽסְעָרָ֖ה הַשָּׁמָֽיִם: וֶאֱלִישָׁ֣ע רֹאֶ֗ה וְה֤וּא מְצַעֵק֙ אָבִ֣י ׀
אָבִ֗י רֶ֤כֶב יִשְׂרָאֵל֙ וּפָ֣רָשָׁ֔יו וְלֹ֥א רָאָ֖הוּ ע֑וֹד וַֽיַּחֲזֵק֙ בִּבְגָדָ֔יו וַיִּקְרָעֵ֖ם

13 לִשְׁנַ֥יִם קְרָעִֽים: וַיָּ֙רֶם֙ אֶת־אַדֶּ֣רֶת אֵ֣לִיָּ֔הוּ אֲשֶׁ֥ר נָפְלָ֖ה מֵעָלָ֑יו וַיָּ֙שָׁב֙

14 וַֽיַּעֲמֹ֔ד עַל־שְׂפַ֖ת הַיַּרְדֵּֽן: וַיִּקַּח֩ אֶת־אַדֶּ֨רֶת אֵלִיָּ֜הוּ אֲשֶׁר־נָפְלָ֤ה מֵֽעָלָיו֙
וַיַּכֶּ֣ה אֶת־הַמַּ֔יִם וַיֹּאמַ֕ר אַיֵּ֕ה יְהוָ֖ה אֱלֹהֵ֣י אֵלִיָּ֑הוּ אַף־ה֣וּא ׀ וַיַּכֶּ֣ה אֶת־

15 הַמַּ֗יִם וַיֵּֽחָצוּ֙ הֵ֣נָּה וָהֵ֔נָּה וַֽיַּעֲבֹ֖ר אֱלִישָֽׁע: וַיִּרְאֻ֨הוּ בְנֵֽי־הַנְּבִיאִ֤ים אֲשֶׁר־
בִּֽירִיחוֹ֙ מִנֶּ֔גֶד וַיֹּ֣אמְר֔וּ נָ֛חָה ר֥וּחַ אֵלִיָּ֖הוּ עַל־אֱלִישָׁ֑ע וַיָּבֹ֙אוּ֙ לִקְרָאת֔וֹ

16 וַיִּשְׁתַּחֲווּ־ל֖וֹ אָֽרְצָה: וַיֹּאמְר֣וּ אֵלָ֗יו הִנֵּה־נָ֣א יֵֽשׁ־אֶת־עֲבָדֶיךָ֮ חֲמִשִּׁ֣ים
אֲנָשִׁ֣ים בְּנֵי־חַיִל֒ יֵ֣לְכוּ נָא֮ וִיבַקְשׁ֣וּ אֶת־אֲדֹנֶיךָ֒ פֶּן־נְשָׂאוֹ֙ ר֣וּחַ יְהוָ֔ה

17 וַיַּשְׁלִכֵ֙הוּ֙ בְּאַחַ֣ד הֶֽהָרִ֔ים א֖וֹ בְּאַחַ֣ת הגיאות [הַגֵּאָי֑וֹת] וַיֹּ֖אמֶר לֹ֥א תִשְׁלָֽחוּ: הַגֵּאָי֑וֹת
וַיִּפְצְרוּ־ב֤וֹ עַד־בֹּשׁ֙ וַיֹּ֣אמֶר שְׁלָ֔חוּ וַֽיִּשְׁלְחוּ֙ חֲמִשִּׁ֣ים אִ֔ישׁ וַיְבַקְשׁ֖וּ

fore fifty men; and they sought three days, but found him not.

18 And when they came again to him, (for he tarried at Jericho,) he said unto them, Did I not say unto you, Go not?

19 ¶ And the men of the city said unto Elisha, Behold, I pray thee, the situation of this city is pleasant, as my lord seeth: but the water is naught, and the ground barren.

20 And he said, Bring me a new cruse, and put salt therein. And they brought it to him.

21 And he went forth unto the spring of the waters, and cast the salt in there, and said, Thus saith the LORD, I have healed these waters; there shall not be from thence any more death or barren land.

22 So the waters were healed unto this day, according to the saying of Elisha which he spake.

23 ¶ And he went up from thence unto Beth-el: and as he was going up by the way, there came forth little children out of the city, and mocked him, and said unto him, Go up, thou bald head; go up, thou bald head.

24 And he turned back, and looked on them, and cursed them in the name of the LORD. And there came forth two she bears out of the wood, and tare forty and two children of them.

25 And he went from thence to mount Carmel, and from thence he returned to Samaria.

CHAPTER 3

1 Now Jehoram the son of Ahab began to reign over Israel in Samaria the eighteenth year of Jehoshaphat king of Judah, and reigned twelve years.

2 And he wrought evil in the sight of the LORD; but not like his father, and like his mother: for he put away the image of Baal that his father had made.

3 Nevertheless he cleaved unto the sins of Jeroboam the son of Nebat, which made Israel to sin; he departed not therefrom.

4 ¶ And Mesha king of Moab was a sheepmaster, and rendered unto the king of Israel an hundred thousand lambs, and an hundred thousand rams, with the wool.

5 But it came to pass, when Ahab was dead, that the king of Moab rebelled against the king of Israel.

6 ¶ And king Jehoram went out of Samaria the same time, and numbered all Israel.

7 And he went and sent to Jehoshaphat the king of Judah, saying, The king of Moab hath rebelled against me: wilt thou go with me against Moab to battle? And he said, I will go up: I am as thou art, my people as thy people, and my horses as thy horses.

8 And he said, Which way shall we go up? And he answered, The way through the wilderness of Edom.

9 So the king of Israel went, and the king of Judah, and the king of Edom: and they fetched a compass of seven days' journey: and there was no water for the host, and for the cattle that followed them.

10 And the king of Israel said, Alas! that the LORD hath called these three kings together, to deliver them into the hand of Moab!

11 But Jehoshaphat said, Is there not here a prophet of the LORD, that we may enquire of the LORD by him? And one of the king of Israel's servants answered and said, Here is Elisha the son of Shaphat, which poured water on the hands of Elijah.

12 And Jehoshaphat said, The word of the LORD is with him. So the king of Israel and Jehoshaphat and the king of Edom went down to him.

13 And Elisha said unto the king of Israel, What have I to do with thee? get thee to the prophets of thy father, and to the prophets of thy mother. And the king of Israel said unto him, Nay: for the LORD hath called these three kings together, to deliver them into the hand of Moab.

14 And Elisha said, As the LORD of hosts liveth, before whom I stand, surely, were it not that I regard the presence of Jehoshaphat the king of Judah, I would not look toward thee, nor see thee.

שְׁלֹשָׁה־יָמִים וְלֹא מְצָאֻהוּ: וַיָּשֻׁבוּ אֵלָיו וְהוּא יֹשֵׁב בִּירִיחוֹ וַיֹּאמֶר 18

אֲלֵהֶם הֲלוֹא־אָמַרְתִּי אֲלֵיכֶם אַל־תֵּלֵכוּ: וַיֹּאמְרוּ אַנְשֵׁי הָעִיר אֶל־ 19

אֱלִישָׁע הִנֵּה־נָא מוֹשַׁב הָעִיר טוֹב כַּאֲשֶׁר אֲדֹנִי רֹאֶה וְהַמַּיִם רָעִים

וְהָאָרֶץ מְשַׁכָּלֶת: וַיֹּאמֶר קְחוּ־לִי צְלֹחִית חֲדָשָׁה וְשִׂימוּ שָׁם מֶלַח 20

וַיִּקְחוּ אֵלָיו: וַיֵּצֵא אֶל־מוֹצָא הַמַּיִם וַיַּשְׁלֶךְ־שָׁם מֶלַח וַיֹּאמֶר כֹּה־ 21

אָמַר יְהוָה רִפִּאתִי לַמַּיִם הָאֵלֶּה לֹא־יִהְיֶה מִשָּׁם עוֹד מָוֶת

וּמְשַׁכָּלֶת: וַיֵּרָפוּ הַמַּיִם עַד הַיּוֹם הַזֶּה כִּדְבַר אֱלִישָׁע אֲשֶׁר 22

דִּבֵּר:

וַיַּעַל מִשָּׁם בֵּית־אֵל וְהוּא עֹלֶה בַדֶּרֶךְ וּנְעָרִים קְטַנִּים יָצְאוּ מִן־ 23

הָעִיר וַיִּתְקַלְּסוּ־בוֹ וַיֹּאמְרוּ לוֹ עֲלֵה קֵרֵחַ עֲלֵה קֵרֵחַ: וַיִּפֶן אַחֲרָיו 24

וַיִּרְאֵם וַיְקַלְלֵם בְּשֵׁם יְהוָה וַתֵּצֶאנָה שְׁתַּיִם דֻּבִּים מִן־הַיַּעַר

וַתְּבַקַּעְנָה מֵהֶם אַרְבָּעִים וּשְׁנֵי יְלָדִים: וַיֵּלֶךְ מִשָּׁם אֶל־הַר הַכַּרְמֶל 25

וּמִשָּׁם שָׁב שֹׁמְרוֹן:

וִיהוֹרָם בֶּן־אַחְאָב מָלַךְ עַל־יִשְׂרָאֵל בְּשֹׁמְרוֹן בִּשְׁנַת שְׁמֹנֶה עֶשְׂרֵה 3 1

לִיהוֹשָׁפָט מֶלֶךְ יְהוּדָה וַיִּמְלֹךְ שְׁתֵּים־עֶשְׂרֵה שָׁנָה: וַיַּעֲשֶׂה הָרַע 2

בְּעֵינֵי יְהוָה רַק לֹא כְאָבִיו וּכְאִמּוֹ וַיָּסַר אֶת־מַצְּבַת הַבַּעַל אֲשֶׁר

עָשָׂה אָבִיו: רַק בְּחַטֹּאות יָרָבְעָם בֶּן־נְבָט אֲשֶׁר־הֶחֱטִיא אֶת־יִשְׂרָאֵל 3

דָּבֵק לֹא־סָר מִמֶּנָּה: וּמֵישַׁע מֶלֶךְ־מוֹאָב הָיָה נֹקֵד וְהֵשִׁיב 4

לְמֶלֶךְ־יִשְׂרָאֵל מֵאָה־אֶלֶף כָּרִים וּמֵאָה אֶלֶף אֵילִים צָמֶר: וַיְהִי כְּמוֹת 5

אַחְאָב וַיִּפְשַׁע מֶלֶךְ־מוֹאָב בְּמֶלֶךְ יִשְׂרָאֵל: וַיֵּצֵא הַמֶּלֶךְ יְהוֹרָם בַּיּוֹם 6

הַהוּא מִשֹּׁמְרוֹן וַיִּפְקֹד אֶת־כָּל־יִשְׂרָאֵל: וַיֵּלֶךְ וַיִּשְׁלַח אֶל־יְהוֹשָׁפָט 7

מֶלֶךְ־יְהוּדָה לֵאמֹר מֶלֶךְ מוֹאָב פָּשַׁע בִּי הֲתֵלֵךְ אִתִּי אֶל־מוֹאָב

לַמִּלְחָמָה וַיֹּאמֶר אֶעֱלֶה כָּמוֹנִי כָמוֹךָ כְּעַמִּי כְעַמֶּךָ כְּסוּסַי כְּסוּסֶיךָ:

וַיֹּאמֶר אֵי־זֶה הַדֶּרֶךְ נַעֲלֶה וַיֹּאמֶר דֶּרֶךְ מִדְבַּר אֱדוֹם: וַיֵּלֶךְ מֶלֶךְ 8 9

יִשְׂרָאֵל וּמֶלֶךְ־יְהוּדָה וּמֶלֶךְ אֱדוֹם וַיָּסֹבּוּ דֶּרֶךְ שִׁבְעַת יָמִים וְלֹא־הָיָה

מַיִם לַמַּחֲנֶה וְלַבְּהֵמָה אֲשֶׁר בְּרַגְלֵיהֶם: וַיֹּאמֶר מֶלֶךְ יִשְׂרָאֵל אֲהָהּ 10

כִּי־קָרָא יְהוָה לִשְׁלֹשֶׁת הַמְּלָכִים הָאֵלֶּה לָתֵת אוֹתָם בְּיַד־מוֹאָב:

וַיֹּאמֶר יְהוֹשָׁפָט הַאֵין פֹּה נָבִיא לַיהוָה וְנִדְרְשָׁה אֶת־יְהוָה מֵאוֹתוֹ 11

וַיַּעַן אֶחָד מֵעַבְדֵי מֶלֶךְ־יִשְׂרָאֵל וַיֹּאמֶר פֹּה אֱלִישָׁע בֶּן־שָׁפָט אֲשֶׁר־

יָצַק מַיִם עַל־יְדֵי אֵלִיָּהוּ: וַיֹּאמֶר יְהוֹשָׁפָט יֵשׁ אוֹתוֹ דְּבַר־יְהוָה וַיֵּרְדוּ 12

אֵלָיו מֶלֶךְ יִשְׂרָאֵל וִיהוֹשָׁפָט וּמֶלֶךְ אֱדוֹם: וַיֹּאמֶר אֱלִישָׁע אֶל־מֶלֶךְ 13

יִשְׂרָאֵל מַה־לִּי וָלָךְ לֵךְ אֶל־נְבִיאֵי אָבִיךָ וְאֶל־נְבִיאֵי אִמֶּךָ וַיֹּאמֶר

לוֹ מֶלֶךְ יִשְׂרָאֵל אַל כִּי־קָרָא יְהוָה לִשְׁלֹשֶׁת הַמְּלָכִים הָאֵלֶּה לָתֵת

אוֹתָם בְּיַד־מוֹאָב: וַיֹּאמֶר אֱלִישָׁע חַי־יְהוָה צְבָאוֹת אֲשֶׁר עָמַדְתִּי 14

לְפָנָיו כִּי לוּלֵי פְּנֵי יְהוֹשָׁפָט מֶלֶךְ־יְהוּדָה אֲנִי נֹשֵׂא אִם־אַבִּיט אֵלֶיךָ

15 But now bring me a minstrel. And it came to pass, when the minstrel played, that the hand of the LORD came upon him.

16 And he said, Thus saith the LORD, Make this valley full of ditches.

17 For thus saith the LORD, Ye shall not see wind, neither shall ye see rain; yet that valley shall be filled with water, that ye may drink, both ye, and your cattle, and your beasts.

18 And this is *but* a light thing in the sight of the LORD: he will deliver the Moabites also into your hand.

19 And ye shall smite every fenced city, and every choice city, and shall fell every good tree, and stop all wells of water, and mar every good piece of land with stones.

20 And it came to pass in the morning, when the meat offering was offered, that, behold, there came water by the way of Edom, and the country was filled with water.

21 ¶ And when all the Moabites heard that the kings were come up to fight against them, they gathered all that were able to put on armour, and upward, and stood in the border.

22 And they rose up early in the morning, and the sun shone upon the water, and the Moabites saw the water on the other side *as* red as blood:

23 And they said, This *is* blood: the kings are surely slain, and they have smitten one another: now therefore, Moab, to the spoil.

24 And when they came to the camp of Israel, the Israelites rose up and smote the Moabites, so that they fled before them: but they went forward smiting the Moabites, even in *their* country.

25 And they beat down the cities, and on every good piece of land cast every man his stone, and filled it; and they stopped all the wells of water, and felled all the good trees: only in Kir-haraseth left they the stones thereof; howbeit the slingers went about *it,* and smote it.

26 ¶ And when the king of Moab saw that the battle was too sore for him, he took with him seven hundred men that drew swords, to break through *even* unto the king of Edom: but they could not.

27 Then he took his eldest son that should have reigned in his stead, and offered him *for* a burnt offering upon the wall. And there was great indignation against Israel: and they departed from him, and returned to *their own* land.

CHAPTER 4

1 Now there cried a certain woman of the wives of the sons of the prophets unto Elisha, saying, Thy servant my husband is dead; and thou knowest that thy servant did fear the LORD: and the creditor is come to take unto him my two sons to be bondmen.

2 And Elisha said unto her, What shall I do for thee? tell me, what hast thou in the house? And she said, Thine handmaid hath not any thing in the house, save a pot of oil.

3 Then he said, Go, borrow thee vessels abroad of all thy neighbours, *even* empty vessels; borrow not a few.

4 And when thou art come in, thou shalt shut the door upon thee and upon thy sons, and shalt pour out into all those vessels, and thou shalt set aside that which is full.

5 So she went from him, and shut the door upon her and upon her sons, who brought *the vessels* to her; and she poured out.

6 And it came to pass, when the vessels were full, that she said unto her son, Bring me yet a vessel. And he said unto her, *There is* not a vessel more. And the oil stayed.

7 Then she came and told the man of God. And he said, Go, sell the oil, and pay thy debt, and live thou and thy children of the rest.

8 ¶ And it fell on a day, that Elisha passed to Shunem, where *was* a great woman; and she constrained him to eat bread. And *so* it was, *that* as oft as he passed by, he turned in thither to eat bread.

9 And she said unto her husband, Behold now, I perceive that this *is* an holy man of God, which passeth by us continually.

וְאִם־אַרְאֶךָּ: וְעַתָּה קְחוּ־לִי מְנַגֵּן וְהָיָה כְּנַגֵּן הַמְנַגֵּן וַתְּהִי עָלָיו יַד־ 15

יְהוָה: וַיֹּאמֶר כֹּה אָמַר יְהוָה עָשֹׂה הַנַּחַל הַזֶּה גֵּבִים׀גֵּבִים: כִּי־כֹה 16
אָמַר יְהוָה לֹא־תִרְאוּ רוּחַ וְלֹא־תִרְאוּ גֶשֶׁם וְהַנַּחַל הַהוּא יִמָּלֵא 17

מָיִם וּשְׁתִיתֶם אַתֶּם וּמִקְנֵיכֶם וּבְהֶמְתְּכֶם: וְנָקַל זֹאת בְּעֵינֵי יְהוָה 18

וְנָתַן אֶת־מוֹאָב בְּיֶדְכֶם: וְהִכִּיתֶם כָּל־עִיר מִבְצָר וְכָל־עִיר מִבְחוֹר 19
וְכָל־עֵץ טוֹב תַּפִּילוּ וְכָל־מַעְיְנֵי־מַיִם תִּסְתֹּמוּ וְכֹל הַחֶלְקָה הַטּוֹבָה

תַּכְאִבוּ בָּאֲבָנִים: וַיְהִי בַבֹּקֶר כַּעֲלוֹת הַמִּנְחָה וְהִנֵּה־מַיִם בָּאִים 20

מִדֶּרֶךְ אֱדוֹם וַתִּמָּלֵא הָאָרֶץ אֶת־הַמָּיִם: וְכָל־מוֹאָב שָׁמְעוּ כִּי־עָלוּ 21
הַמְּלָכִים לְהִלָּחֶם בָּם וַיִּצָּעֲקוּ מִכֹּל חֹגֵר חֲגֹרָה וָמַעְלָה וַיַּעַמְדוּ עַל־

הַגְּבוּל: וַיַּשְׁכִּימוּ בַבֹּקֶר וְהַשֶּׁמֶשׁ זָרְחָה עַל־הַמָּיִם וַיִּרְאוּ מוֹאָב מִנֶּגֶד 22

אֶת־הַמַּיִם אֲדֻמִּים כַּדָּם: וַיֹּאמְרוּ דָּם זֶה הָחֳרֵב נֶחֶרְבוּ הַמְּלָכִים 23

וַיַּכּוּ אִישׁ אֶת־רֵעֵהוּ וְעַתָּה לַשָּׁלָל מוֹאָב: וַיָּבֹאוּ אֶל־מַחֲנֵה יִשְׂרָאֵל 24

וַיָּקֻמוּ יִשְׂרָאֵל וַיַּכּוּ אֶת־מוֹאָב וַיָּנֻסוּ מִפְּנֵיהֶם וַיָּבוֹ־בָהּ וְהַכּוֹת אֶת־ וַיַּכּוּ־

מוֹאָב: וְהֶעָרִים יַהֲרֹסוּ וְכָל־חֶלְקָה טוֹבָה יַשְׁלִיכוּ אִישׁ־אַבְנוֹ 25
וּמִלְאוּהָ וְכָל־מַעְיַן־מַיִם יִסְתֹּמוּ וְכָל־עֵץ־טוֹב יַפִּילוּ עַד־הִשְׁאִיר

אֲבָנֶיהָ בַּקִּיר חֲרָשֶׂת וַיָּסֹבּוּ הַקַּלָּעִים וַיַּכּוּהָ: וַיַּרְא מֶלֶךְ מוֹאָב כִּי־חָזַק 26
מִמֶּנּוּ הַמִּלְחָמָה וַיִּקַּח אוֹתוֹ שְׁבַע־מֵאוֹת אִישׁ שֹׁלֵף חֶרֶב לְהַבְקִיעַ

אֶל־מֶלֶךְ אֱדוֹם וְלֹא יָכֹלוּ: וַיִּקַּח אֶת־בְּנוֹ הַבְּכוֹר אֲשֶׁר־יִמְלֹךְ תַּחְתָּיו 27
וַיַּעֲלֵהוּ עֹלָה עַל־הַחֹמָה וַיְהִי קֶצֶף־גָּדוֹל עַל־יִשְׂרָאֵל וַיִּסְעוּ מֵעָלָיו
וַיָּשֻׁבוּ לָאָרֶץ:

וְאִשָּׁה אַחַת מִנְּשֵׁי בְנֵי־הַנְּבִיאִים צָעֲקָה אֶל־אֱלִישָׁע לֵאמֹר עַבְדְּךָ 4 1
אִישִׁי מֵת וְאַתָּה יָדַעְתָּ כִּי עַבְדְּךָ הָיָה יָרֵא אֶת־יְהוָה וְהַנֹּשֶׁה בָּא

לָקַחַת אֶת־שְׁנֵי יְלָדַי לוֹ לַעֲבָדִים: וַיֹּאמֶר אֵלֶיהָ אֱלִישָׁע מָה אֶעֱשֶׂה־ 2
לָּךְ הַגִּידִי לִי מַה־יֶּשׁ־לְכִי בַּבָּיִת וַתֹּאמֶר אֵין לְשִׁפְחָתְךָ כֹל בַּבַּיִת לָךְ

כִּי אִם־אָסוּךְ שָׁמֶן: וַיֹּאמֶר לְכִי שַׁאֲלִי־לָךְ כֵּלִים מִן־הַחוּץ מֵאֵת 3

כָּל־שְׁכֵנָכִי כֵּלִים רֵקִים אַל־תַּמְעִיטִי: וּבָאת וְסָגַרְתְּ הַדֶּלֶת בַּעֲדֵךְ שְׁכֵנַיִךְ 4
וּבְעַד־בָּנַיִךְ וְיָצַקְתְּ עַל כָּל־הַכֵּלִים הָאֵלֶּה וְהַמָּלֵא תַּסִּיעִי: וַתֵּלֶךְ 5
מֵאִתּוֹ וַתִּסְגֹּר הַדֶּלֶת בַּעֲדָהּ וּבְעַד בָּנֶיהָ הֵם מַגִּשִׁים אֵלֶיהָ וְהִיא

מוֹצָקֶת מִיצָקֶת: וַיְהִי׀כִּמְלֹאת הַכֵּלִים וַתֹּאמֶר אֶל־בְּנָהּ הַגִּישָׁה אֵלַי עוֹד 6

כֶּלִי וַיֹּאמֶר אֵלֶיהָ אֵין עוֹד כֶּלִי וַיַּעֲמֹד הַשָּׁמֶן: וַתָּבֹא וַתַּגֵּד לְאִישׁ 7
נְשָׁיֵךְ וּבָנָיִךְ הָאֱלֹהִים וַיֹּאמֶר לְכִי מִכְרִי אֶת־הַשֶּׁמֶן וְשַׁלְּמִי אֶת־נִשְׁיֵכִי וְאַתְּ בָּנֵיכִי
תִחְיִי בַּנּוֹתָר:

וַיְהִי הַיּוֹם וַיַּעֲבֹר אֱלִישָׁע אֶל־שׁוּנֵם וְשָׁם אִשָּׁה גְדוֹלָה וַתַּחֲזֶק־בּוֹ 8

לֶאֱכָל־לָחֶם וַיְהִי מִדֵּי עָבְרוֹ יָסֻר שָׁמָּה לֶאֱכָל־לָחֶם: וַתֹּאמֶר אֶל־ 9
אִישָׁהּ הִנֵּה־נָא יָדַעְתִּי כִּי אִישׁ אֱלֹהִים קָדוֹשׁ הוּא עֹבֵר עָלֵינוּ

10 Let us make a little chamber, I pray thee, on the wall; and let us set for him there a bed, and a table, and a stool, and a candlestick: and it shall be, when he cometh to us, that he shall turn in thither.

11 And it fell on a day, that he came thither, and he turned into the chamber, and lay there.

12 And he said to Gehazi his servant, Call this Shunammite. And when he had called her, she stood before him.

13 And he said unto him, Say now unto her, Behold, thou hast been careful for us with all this care; what *is* to be done for thee? wouldest thou be spoken for to the king, or to the captain of the host? And she answered, I dwell among mine own people.

14 And he said, What then *is* to be done for her? And Gehazi answered, Verily she hath no child, and her husband is old.

15 And he said, Call her. And when he had called her, she stood in the door.

16 And he said, About this season, according to the time of life, thou shalt embrace a son. And she said, Nay, my lord, *thou* man of God, do not lie unto thine handmaid.

17 And the woman conceived, and bare a son at that season that Elisha had said unto her, according to the time of life.

18 ¶ And when the child was grown, it fell on a day, that he went out to his father to the reapers.

19 And he said unto his father, My head, my head. And he said to a lad, Carry him to his mother.

20 And when he had taken him, and brought him to his mother, he sat on her knees till noon, and *then* died.

21 And she went up, and laid him on the bed of the man of God, and shut *the door* upon him, and went out.

22 And she called unto her husband, and said, Send me, I pray thee, one of the young men, and one of the asses, that I may run to the man of God, and come again.

23 And he said, Wherefore wilt thou go to him to day? *it is* neither new moon, nor sabbath. And she said, *It shall be* well.

24 Then she saddled an ass, and said to her servant, Drive, and go forward; slack not *thy* riding for me, except I bid thee.

25 So she went and came unto the man of God to mount Carmel. And it came to pass, when the man of God saw her afar off, that he said to Gehazi his servant, Behold, *yonder is* that Shunammite:

26 Run now, I pray thee, to meet her, and say unto her, *Is it* well with thee? *is it* well with thy husband? *is it* well with the child? And she answered, *It is* well.

27 And when she came to the man of God to the hill, she caught him by the feet: but Gehazi came near to thrust her away. And the man of God said, Let her alone; for her soul *is* vexed within her: and the LORD hath hid *it* from me, and hath not told me.

28 Then she said, Did I desire a son of my lord? did I not say, Do not deceive me?

29 Then he said to Gehazi, Gird up thy loins, and take my staff in thine hand, and go thy way: if thou meet any man, salute him not; and if any salute thee, answer him not again: and lay my staff upon the face of the child.

30 And the mother of the child said, *As* the LORD liveth, and *as* thy soul liveth, I will not leave thee. And he arose, and followed her.

31 And Gehazi passed on before them, and laid the staff upon the face of the child; but *there was* neither voice, nor hearing. Wherefore he went again to meet him, and told him, saying, The child is not awaked.

32 And when Elisha was come into the house, behold, the child was dead, *and* laid upon his bed.

33 He went in therefore, and shut the door upon them twain, and prayed unto the LORD.

34 And he went up, and lay upon the child, and put his mouth upon his mouth, and his eyes upon his eyes, and his hands upon his hands: and he stretched himself upon the child; and the flesh of the child waxed warm.

35 Then he returned, and walked in the house to and fro; and went up, and stretched himself upon him: and the child

10 תָּמִיד: נַעֲשֶׂה־נָּא עֲלִיַּת־קִיר קְטַנָּה וְנָשִׂים לוֹ שָׁם מִטָּה וְשֻׁלְחָן

11 וְכִסֵּא וּמְנוֹרָה וְהָיָה בְּבֹאוֹ אֵלֵינוּ יָסוּר שָׁמָּה: וַיְהִי הַיּוֹם וַיָּבֹא שָׁמָּה

12 וַיָּסַר אֶל־הָעֲלִיָּה וַיִּשְׁכַּב־שָׁמָּה: וַיֹּאמֶר אֶל־גֵּחֲזִי נַעֲרוֹ קְרָא לַשּׁוּנַמִּית

13 הַזֹּאת וַיִּקְרָא־לָהּ וַתַּעֲמֹד לְפָנָיו: וַיֹּאמֶר לוֹ אֱמָר־נָא אֵלֶיהָ הִנֵּה

חָרַדְתְּ ׀ אֵלֵינוּ אֶת־כָּל־הַחֲרָדָה הַזֹּאת מֶה לַעֲשׂוֹת לָךְ הֲיֵשׁ לְדַבֶּר־

לָךְ אֶל־הַמֶּלֶךְ אוֹ אֶל־שַׂר הַצָּבָא וַתֹּאמֶר בְּתוֹךְ עַמִּי אָנֹכִי יֹשָׁבֶת:

14 וַיֹּאמֶר וּמֶה לַעֲשׂוֹת לָהּ וַיֹּאמֶר גֵּחֲזִי אֲבָל בֵּן אֵין־לָהּ וְאִישָׁהּ זָקֵן:

15 וַיֹּאמֶר קְרָא־לָהּ וַיִּקְרָא־לָהּ וַתַּעֲמֹד בַּפָּתַח: וַיֹּאמֶר לַמּוֹעֵד הַזֶּה
16

אֵת   כָּעֵת חַיָּה אַתְּ חֹבֶקֶת בֵּן וַתֹּאמֶר אַל־אֲדֹנִי אִישׁ הָאֱלֹהִים אַל־תְּכַזֵּב

17 בְּשִׁפְחָתֶךָ: וַתַּהַר הָאִשָּׁה וַתֵּלֶד בֵּן לַמּוֹעֵד הַזֶּה כָּעֵת חַיָּה אֲשֶׁר־

18 דִּבֶּר אֵלֶיהָ אֱלִישָׁע: וַיִּגְדַּל הַיָּלֶד וַיְהִי הַיּוֹם וַיֵּצֵא אֶל־אָבִיו אֶל־

19 הַקֹּצְרִים: וַיֹּאמֶר אֶל־אָבִיו רֹאשִׁי ׀ רֹאשִׁי וַיֹּאמֶר אֶל־הַנַּעַר שָׂאֵהוּ

20 אֶל־אִמּוֹ: וַיִּשָּׂאֵהוּ וַיְבִיאֵהוּ אֶל־אִמּוֹ וַיֵּשֶׁב עַל־בִּרְכֶּיהָ עַד־הַצָּהֳרַיִם

21 וַיָּמֹת: וַתַּעַל וַתַּשְׁכִּבֵהוּ עַל־מִטַּת אִישׁ הָאֱלֹהִים וַתִּסְגֹּר בַּעֲדוֹ

22 וַתֵּצֵא: וַתִּקְרָא אֶל־אִישָׁהּ וַתֹּאמֶר שִׁלְחָה נָא לִי אֶחָד מִן־הַנְּעָרִים

23 וְאַחַת הָאֲתֹנוֹת וְאָרוּצָה עַד־אִישׁ הָאֱלֹהִים וְאָשׁוּבָה: וַיֹּאמֶר מַדּוּעַ

אַתְּ הֹלֶכֶת   אַתְּ הֹלַכְתִּי אֵלָיו הַיּוֹם לֹא־חֹדֶשׁ וְלֹא שַׁבָּת וַתֹּאמֶר שָׁלוֹם:

24 וַתַּחֲבֹשׁ הָאָתוֹן וַתֹּאמֶר אֶל־נַעֲרָהּ נְהַג וָלֵךְ אַל־תַּעֲצָר־לִי לִרְכֹּב

25 כִּי אִם־אָמַרְתִּי לָךְ: וַתֵּלֶךְ וַתָּבוֹא אֶל־אִישׁ הָאֱלֹהִים אֶל־הַר הַכַּרְמֶל

וַיְהִי כִּרְאוֹת אִישׁ־הָאֱלֹהִים אֹתָהּ מִנֶּגֶד וַיֹּאמֶר אֶל־גֵּחֲזִי נַעֲרוֹ הִנֵּה

26 הַשּׁוּנַמִּית הַלָּז: עַתָּה רוּץ־נָא לִקְרָאתָהּ וֶאֱמָר־לָהּ הֲשָׁלוֹם לָךְ

27 הֲשָׁלוֹם לְאִישֵׁךְ הֲשָׁלוֹם לַיָּלֶד וַתֹּאמֶר שָׁלוֹם: וַתָּבֹא אֶל־אִישׁ

הָאֱלֹהִים אֶל־הָהָר וַתַּחֲזֵק בְּרַגְלָיו וַיִּגַּשׁ גֵּחֲזִי לְהָדְפָהּ וַיֹּאמֶר אִישׁ

הָאֱלֹהִים הַרְפֵּה־לָהּ כִּי־נַפְשָׁהּ מָרָה־לָהּ וַיהוָה הֶעְלִים מִמֶּנִּי וְלֹא

28 הִגִּיד לִי: וַתֹּאמֶר הֲשָׁאַלְתִּי בֵן מֵאֵת אֲדֹנִי הֲלֹא אָמַרְתִּי לֹא תַשְׁלֶה

29 אֹתִי: וַיֹּאמֶר לְגֵחֲזִי חֲגֹר מָתְנֶיךָ וְקַח מִשְׁעַנְתִּי בְיָדְךָ וָלֵךְ כִּי־תִמְצָא

אִישׁ לֹא תְבָרְכֶנּוּ וְכִי־יְבָרֶכְךָ אִישׁ לֹא תַעֲנֶנּוּ וְשַׂמְתָּ מִשְׁעַנְתִּי עַל־

30 פְּנֵי הַנָּעַר: וַתֹּאמֶר אֵם הַנַּעַר חַי־יְהוָה וְחֵי־נַפְשְׁךָ אִם־אֶעֶזְבֶךָּ וַיָּקָם

31 וַיֵּלֶךְ אַחֲרֶיהָ: וְגֵחֲזִי עָבַר לִפְנֵיהֶם וַיָּשֶׂם אֶת־הַמִּשְׁעֶנֶת עַל־פְּנֵי הַנַּעַר

וְאֵין קוֹל וְאֵין קָשֶׁב וַיָּשָׁב לִקְרָאתוֹ וַיַּגֶּד־לוֹ לֵאמֹר לֹא הֵקִיץ הַנָּעַר:

32 וַיָּבֹא אֱלִישָׁע הַבָּיְתָה וְהִנֵּה הַנַּעַר מֵת מֻשְׁכָּב עַל־מִטָּתוֹ: וַיָּבֹא
33

34 וַיִּסְגֹּר הַדֶּלֶת בְּעַד שְׁנֵיהֶם וַיִּתְפַּלֵּל אֶל־יְהוָה: וַיַּעַל וַיִּשְׁכַּב עַל־הַיֶּלֶד

כַּפָּיו   וַיָּשֶׂם פִּיו עַל־פִּיו וְעֵינָיו עַל־עֵינָיו וְכַפָּיו עַל־כַּפּוֹ וַיִּגְהַר עָלָיו וַיָּחָם

35 בְּשַׂר הַיָּלֶד: וַיָּשָׁב וַיֵּלֶךְ בַּבַּיִת אַחַת הֵנָּה וְאַחַת הֵנָּה וַיַּעַל וַיִּגְהַר

36A   36 עָלָיו וַיְזוֹרֵר הַנַּעַר עַד־שֶׁבַע פְּעָמִים וַיִּפְקַח הַנַּעַר אֶת־עֵינָיו: וַיִּקְרָא

sneezed seven times, and the child opened his eyes.

36 And he called Gehazi, and said, Call this Shunammite. So he called her. And when she was come in unto him, he said, Take up thy son.

37 Then she went in, and fell at his feet, and bowed herself to the ground, and took up her son, and went out.

38 ¶ And Elisha came again to Gilgal: and *there was* a dearth in the land; and the sons of the prophets *were* sitting before him: and he said unto his servant, Set on the great pot, and seethe pottage for the sons of the prophets.

39 And one went out into the field to gather herbs, and found a wild vine, and gathered thereof wild gourds his lap full, and came and shred *them* into the pot of pottage: for they knew *them* not.

40 So they poured out for the men to eat. And it came to pass, as they were eating of the pottage, that they cried out, and said, O *thou* man of God, *there is* death in the pot. And they could not eat *thereof.*

41 But he said, Then bring meal. And he cast *it* into the pot; and he said, Pour out for the people, that they may eat. And there was no harm in the pot.

42 ¶ And there came a man from Baal-shalisha, and brought the man of God bread of the firstfruits, twenty loaves of barley, and full ears of corn in the husk thereof. And he said, Give unto the people, that they may eat.

43 And his servitor said, What, should I set this before an hundred men? He said again, Give the people, that they may eat: for thus saith the LORD, They shall eat, and shall leave *thereof.*

44 So he set *it* before them, and they did eat, and left *thereof,* according to the word of the LORD.

CHAPTER 5

1 Now Naaman, captain of the host of the king of Syria, was a great man with his master, and honourable, because by him the LORD had given deliverance unto Syria: he was also a mighty man in valour, *but he was* a leper.

2 And the Syrians had gone out by companies, and had brought away captive out of the land of Israel a little maid; and she waited on Naaman's wife.

3 And she said unto her mistress, Would God my lord *were* with the prophet that *is* in Samaria! for he would recover him of his leprosy.

4 And *one* went in, and told his lord, saying, Thus and thus said the maid that *is* of the land of Israel.

5 And the king of Syria said, Go to, go, and I will send a letter unto the king of Israel. And he departed, and took with him ten talents of silver, and six thousand *pieces* of gold, and ten changes of raiment.

6 And he brought the letter to the king of Israel, saying, Now when this letter is come unto thee, behold, I have *therewith* sent Naaman my servant to thee, that thou mayest recover him of his leprosy.

7 And it came to pass, when the king of Israel had read the letter, that he rent his clothes, and said, *Am* I God, to kill and to make alive, that this man doth send unto me to recover a man of his leprosy? wherefore consider, I pray you, and see how he seeketh a quarrel against me.

8 ¶ And it was *so,* when Elisha the man of God had heard that the king of Israel had rent his clothes, that he sent to the king, saying, Wherefore hast thou rent thy clothes? let him come now to me, and he shall know that there is a prophet in Israel.

9 So Naaman came with his horses and with his chariot, and stood at the door of the house of Elisha.

10 And Elisha sent a messenger unto him, saying, Go and wash in Jordan seven times, and thy flesh shall come again to thee, and thou shalt be clean.

11 But Naaman was wroth, and went away, and said, Behold, I thought, He will surely come out to me, and stand, and call on the name of the LORD his God, and strike his hand over the place, and recover the leper.

12 *Are* not Abana and Pharpar, rivers of Damascus, better than all the waters of Israel? may I not wash in them, and be clean? So he turned and went away in a rage.

אֶל־גֵּיחֲזִי וַיֹּאמֶר קְרָא אֶל־הַשֻּׁנַמִּית הַזֹּאת וַיִּקְרָאֶהָ וַתָּבוֹא אֵלָיו

37 וַיֹּאמֶר שְׂאִי בְנֵךְ: וַתָּבֹא וַתִּפֹּל עַל־רַגְלָיו וַתִּשְׁתַּחוּ אַרְצָה וַתִּשָּׂא
אֶת־בְּנָהּ וַתֵּצֵא:

38 וֶאֱלִישָׁע שָׁב הַגִּלְגָּלָה וְהָרָעָב בָּאָרֶץ וּבְנֵי הַנְּבִיאִים יֹשְׁבִים לְפָנָיו

39 וַיֹּאמֶר לְנַעֲרוֹ שְׁפֹת הַסִּיר הַגְּדוֹלָה וּבַשֵּׁל נָזִיד לִבְנֵי הַנְּבִיאִים: וַיֵּצֵא
אֶחָד אֶל־הַשָּׂדֶה לְלַקֵּט אֹרֹת וַיִּמְצָא גֶּפֶן שָׂדֶה וַיְלַקֵּט מִמֶּנּוּ פַּקֻּעֹת

40 שָׂדֶה מְלֹא בִגְדוֹ וַיָּבֹא וַיְפַלַּח אֶל־סִיר הַנָּזִיד כִּי־לֹא יָדָעוּ: וַיִּצְקוּ
לַאֲנָשִׁים לֶאֱכוֹל וַיְהִי כְּאָכְלָם מֵהַנָּזִיד וְהֵמָּה צָעָקוּ וַיֹּאמְרוּ מָוֶת

41 בַּסִּיר אִישׁ הָאֱלֹהִים וְלֹא יָכְלוּ לֶאֱכֹל: וַיֹּאמֶר וּקְחוּ־קֶמַח וַיַּשְׁלֵךְ
אֶל־הַסִּיר וַיֹּאמֶר צַק לָעָם וְיֹאכֵלוּ וְלֹא הָיָה דָּבָר רָע

42 בַּסִּיר: וְאִישׁ בָּא מִבַּעַל שָׁלִשָׁה וַיָּבֵא לְאִישׁ הָאֱלֹהִים
לֶחֶם בִּכּוּרִים עֶשְׂרִים־לֶחֶם שְׂעֹרִים וְכַרְמֶל בְּצִקְלֹנוֹ וַיֹּאמֶר תֵּן לָעָם

43 וְיֹאכֵלוּ: וַיֹּאמֶר מְשָׁרְתוֹ מָה אֶתֵּן זֶה לִפְנֵי מֵאָה אִישׁ וַיֹּאמֶר תֵּן

44 לָעָם וְיֹאכֵלוּ כִּי כֹה אָמַר יְהוָה אָכֹל וְהוֹתֵר: וַיִּתֵּן לִפְנֵיהֶם וַיֹּאכְלוּ
וַיּוֹתִרוּ כִּדְבַר יְהוָה:

5 1 וְנַעֲמָן שַׂר־צְבָא מֶלֶךְ־אֲרָם הָיָה אִישׁ גָּדוֹל לִפְנֵי אֲדֹנָיו וּנְשֻׂא פָנִים
כִּי־בוֹ נָתַן־יְהוָה תְּשׁוּעָה לַאֲרָם וְהָאִישׁ הָיָה גִּבּוֹר חַיִל מְצֹרָע:

2 וַאֲרָם יָצְאוּ גְדוּדִים וַיִּשְׁבּוּ מֵאֶרֶץ יִשְׂרָאֵל נַעֲרָה קְטַנָּה וַתְּהִי לִפְנֵי

3 אֵשֶׁת נַעֲמָן: וַתֹּאמֶר אֶל־גְּבִרְתָּהּ אַחֲלֵי אֲדֹנִי לִפְנֵי הַנָּבִיא אֲשֶׁר

4 בְּשֹׁמְרוֹן אָז יֶאֱסֹף אֹתוֹ מִצָּרַעְתּוֹ: וַיָּבֹא וַיַּגֵּד לַאדֹנָיו לֵאמֹר כָּזֹאת

5 וְכָזֹאת דִּבְּרָה הַנַּעֲרָה אֲשֶׁר מֵאֶרֶץ יִשְׂרָאֵל: וַיֹּאמֶר מֶלֶךְ־אֲרָם לֶךְ־
בֹּא וְאֶשְׁלְחָה סֵפֶר אֶל־מֶלֶךְ יִשְׂרָאֵל וַיֵּלֶךְ וַיִּקַּח בְּיָדוֹ עֶשֶׂר כִּכְּרֵי־

6 כֶסֶף וְשֵׁשֶׁת אֲלָפִים זָהָב וְעֶשֶׂר חֲלִיפוֹת בְּגָדִים: וַיָּבֵא הַסֵּפֶר אֶל־
מֶלֶךְ יִשְׂרָאֵל לֵאמֹר וְעַתָּה כְּבוֹא הַסֵּפֶר הַזֶּה אֵלֶיךָ הִנֵּה שָׁלַחְתִּי

7 אֵלֶיךָ אֶת־נַעֲמָן עַבְדִּי וַאֲסַפְתּוֹ מִצָּרַעְתּוֹ: וַיְהִי כִּקְרֹא מֶלֶךְ־יִשְׂרָאֵל
אֶת־הַסֵּפֶר וַיִּקְרַע בְּגָדָיו וַיֹּאמֶר הַאֱלֹהִים אָנִי לְהָמִית וּלְהַחֲיוֹת כִּי־
זֶה שֹׁלֵחַ אֵלַי לֶאֱסֹף אִישׁ מִצָּרַעְתּוֹ כִּי אַךְ־דְּעוּ־נָא וּרְאוּ כִּי־מִתְאַנֶּה

8 הוּא לִי: וַיְהִי כִּשְׁמֹעַ אֱלִישָׁע אִישׁ־הָאֱלֹהִים כִּי־קָרַע מֶלֶךְ־יִשְׂרָאֵל
אֶת־בְּגָדָיו וַיִּשְׁלַח אֶל־הַמֶּלֶךְ לֵאמֹר לָמָּה קָרַעְתָּ בְּגָדֶיךָ יָבֹא־נָא אֵלַי

9 וְיֵדַע כִּי יֵשׁ נָבִיא בְּיִשְׂרָאֵל: וַיָּבֹא נַעֲמָן בְּסוּסָו וּבְרִכְבּוֹ וַיַּעֲמֹד פֶּתַח־ בְּסוּסָיו

10 הַבַּיִת לֶאֱלִישָׁע: וַיִּשְׁלַח אֵלָיו אֱלִישָׁע מַלְאָךְ לֵאמֹר הָלוֹךְ וְרָחַצְתָּ

11 שֶׁבַע־פְּעָמִים בַּיַּרְדֵּן וְיָשֹׁב בְּשָׂרְךָ לְךָ וּטְהָר: וַיִּקְצֹף נַעֲמָן וַיֵּלַךְ
וַיֹּאמֶר הִנֵּה אָמַרְתִּי אֵלַי יֵצֵא יָצוֹא וְעָמַד וְקָרָא בְּשֵׁם־יְהוָה אֱלֹהָיו

12 וְהֵנִיף יָדוֹ אֶל־הַמָּקוֹם וְאָסַף הַמְצֹרָע: הֲלֹא טוֹב אֲבָנָה וּפַרְפַּר אֲמָנָה
נַהֲרוֹת דַּמֶּשֶׂק מִכֹּל מֵימֵי יִשְׂרָאֵל הֲלֹא־אֶרְחַץ בָּהֶם וְטָהָרְתִּי וַיִּפֶן

13 And his servants came near, and spake unto him, and said, My father, *if* the prophet had bid thee *do some* great thing, wouldest thou not have done *it?* how much rather then, when he saith to thee, Wash, and be clean?

14 Then went he down, and dipped himself seven times in Jordan, according to the saying of the man of God: and his flesh came again like unto the flesh of a little child, and he was clean.

15 ¶ And he returned to the man of God, he and all his company, and came, and stood before him: and he said, Behold, now I know that *there is* no God in all the earth, but in Israel: now therefore, I pray thee, take a blessing of thy servant.

16 But he said, *As* the LORD liveth, before whom I stand, I will receive none. And he urged him to take *it;* but he refused.

17 And Naaman said, Shall there not then, I pray thee, be given to thy servant two mules' burden of earth? for thy servant will henceforth offer neither burnt offering nor sacrifice unto other gods, but unto the LORD.

18 In this thing the LORD pardon thy servant, *that* when my master goeth into the house of Rimmon to worship there, and he leaneth on my hand, and I bow myself in the house of Rimmon: when I bow down myself in the house of Rimmon, the LORD pardon thy servant in this thing.

19 And he said unto him, Go in peace. So he departed from him a little way.

20 ¶ But Gehazi, the servant of Elisha the man of God, said, Behold, my master hath spared Naaman this Syrian, in not receiving at his hands that which he brought: but, *as* the LORD liveth, I will run after him, and take somewhat of him.

21 So Gehazi followed after Naaman. And when Naaman saw *him* running after him, he lighted down from the chariot to meet him, and said, *Is* all well?

22 And he said, All *is* well. My master hath sent me, saying, Behold, even now there be come to me from mount Ephraim two young men of the sons of the prophets: give them, I pray thee, a talent of silver, and two changes of garments.

23 And Naaman said, Be content, take two talents. And he urged him, and bound two talents of silver in two bags, with two changes of garments, and laid *them* upon two of his servants; and they bare *them* before him.

24 And when he came to the tower, he took *them* from their hand, and bestowed *them* in the house: and he let the men go, and they departed.

25 But he went in, and stood before his master. And Elisha said unto him, Whence *comest thou,* Gehazi? And he said, Thy servant went no whither.

26 And he said unto him, Went not mine heart *with thee,* when the man turned again from his chariot to meet thee? *Is it* a time to receive money, and to receive garments, and oliveyards, and vineyards, and sheep, and oxen, and menservants, and maidservants?

27 The leprosy therefore of Naaman shall cleave unto thee, and unto thy seed for ever. And he went out from his presence a leper *as white* as snow.

CHAPTER 6

1 And the sons of the prophets said unto Elisha, Behold now, the place where we dwell with thee is too strait for us.

2 Let us go, we pray thee, unto Jordan, and take thence every man a beam, and let us make us a place there, where we may dwell. And he answered, Go ye.

3 And one said, Be content, I pray thee, and go with thy servants. And he answered, I will go.

4 So he went with them. And when they came to Jordan, they cut down wood.

5 But as one was felling a beam, the axe head fell into the water: and he cried, and said, Alas, master! for it was borrowed.

6 And the man of God said, Where fell it? And he shewed him the place. And he cut down a stick, and cast *it* in thither; and the iron did swim.

7 Therefore said he, Take *it* up to thee. And he put out his hand, and took it.

וַיֵּ֖לֶךְ בְּחֵמָֽה: וַיִּגְּשׁ֣וּ עֲבָדָיו֮ וַיְדַבְּר֣וּ אֵלָיו֒ וַיֹּאמְר֗וּ אָבִי֙ דָּבָ֣ר גָּד֔וֹל 13

הַנָּבִ֛יא דִּבֶּ֥ר אֵלֶ֖יךָ הֲל֣וֹא תַעֲשֶׂ֑ה וְאַ֣ף כִּֽי־אָמַ֥ר אֵלֶ֖יךָ רְחַ֥ץ וּטְהָֽר:

וַיֵּ֗רֶד וַיִּטְבֹּ֤ל בַּיַּרְדֵּן֙ שֶׁ֣בַע פְּעָמִ֔ים כִּדְבַ֖ר אִ֣ישׁ הָאֱלֹהִ֑ים וַיָּ֣שָׁב בְּשָׂר֗וֹ 14

כִּבְשַׂ֛ר נַ֥עַר קָטֹ֖ן וַיִּטְהָֽר: וַיָּשָׁב֩ אֶל־אִ֨ישׁ הָאֱלֹהִ֜ים ה֣וּא וְכָֽל־מַחֲנֵ֗הוּ 15

וַיָּבֹא֮ וַיַּעֲמֹ֣ד לְפָנָיו֒ וַיֹּ֗אמֶר הִנֵּה־נָ֤א יָדַ֙עְתִּי֙ כִּ֣י אֵ֤ין אֱלֹהִים֙ בְּכָל־

הָאָ֔רֶץ כִּ֖י אִם־בְּיִשְׂרָאֵ֑ל וְעַתָּ֛ה קַח־נָ֥א בְרָכָ֖ה מֵאֵ֥ת עַבְדֶּֽךָ: וַיֹּ֕אמֶר 16

חַי־יְהֹוָ֛ה אֲשֶׁר־עָמַ֥דְתִּי לְפָנָ֖יו אִם־אֶקָּ֑ח וַיִּפְצַר־בּ֥וֹ לָקַ֖חַת וַיְמָאֵֽן:

וַיֹּאמֶר֮ נַעֲמָן֒ וָלֹ֕א יֻתַּן־נָ֣א לְעַבְדְּךָ֔ מַשָּׂ֥א צֶֽמֶד־פְּרָדִ֖ים אֲדָמָ֑ה כִּ֣י לֽוֹא־ 17

יַעֲשֶׂ֩ה ע֨וֹד עַבְדְּךָ֜ עֹלָ֤ה וָזֶ֙בַח֙ לֵאלֹהִ֣ים אֲחֵרִ֔ים כִּ֖י אִם־לַֽיהֹוָֽה: לַדָּבָ֣ר 18

הַזֶּ֔ה יִסְלַ֥ח יְהֹוָ֖ה לְעַבְדֶּ֑ךָ בְּב֣וֹא אֲדֹנִ֣י בֵית־רִמּוֹן֩ לְהִשְׁתַּחֲוֺ֨ת שָׁ֜מָּה

וְה֣וּא ׀ נִשְׁעָ֣ן עַל־יָדִ֗י וְהִֽשְׁתַּחֲוֵ֙יתִי֙ בֵּ֣ית רִמֹּ֔ן בְּהִשְׁתַּחֲוָיָ֙תִי֙ בֵּ֣ית רִמֹּ֔ן

נָא לֹא קרי

יִסְלַח־נָ֥א יְהֹוָ֛ה לְעַבְדְּךָ֖ בַּדָּבָ֣ר הַזֶּ֑ה: וַיֹּ֧אמֶר ל֛וֹ לֵ֥ךְ לְשָׁל֖וֹם וַיֵּ֥לֶךְ 19

מֵאִתּ֖וֹ כִּבְרַת־אָֽרֶץ: וַיֹּ֣אמֶר גֵּֽיחֲזִ֗י נַ֙עַר֙ אֱלִישָׁ֣ע אִישׁ־ 20

הָאֱלֹהִים֮ הִנֵּ֣ה ׀ חָשַׂ֣ךְ אֲדֹנִ֗י אֶֽת־נַעֲמָ֤ן הָֽאֲרַמִּי֙ הַזֶּ֔ה מִקַּ֖חַת מִיָּד֑וֹ אֵ֥ת

אֲשֶׁר־הֵבִ֑יא חַי־יְהֹוָה֙ כִּֽי־אִם־רַ֣צְתִּי אַחֲרָ֔יו וְלָקַחְתִּ֥י מֵאִתּ֖וֹ מְאֽוּמָה:

וַיִּרְדֹּ֥ף גֵּֽיחֲזִ֖י אַחֲרֵ֣י נַֽעֲמָ֑ן וַיִּרְאֶ֤ה נַֽעֲמָן֙ רָ֣ץ אַחֲרָ֔יו וַיִּפֹּ֥ל מֵעַ֖ל 21

הַמֶּרְכָּבָ֖ה לִקְרָאת֑וֹ וַיֹּ֖אמֶר הֲשָׁלֽוֹם: וַיֹּ֣אמֶר ׀ שָׁל֗וֹם אֲדֹנִי֮ שְׁלָחַ֣נִי 22

לֵאמֹר֒ הִנֵּ֣ה עַתָּ֡ה זֶ֠ה בָּ֣אוּ אֵלַ֧י שְׁנֵֽי־נְעָרִ֛ים מֵהַ֥ר אֶפְרַ֖יִם מִבְּנֵ֣י

הַנְּבִיאִ֑ים תְּנָה־נָּ֤א לָהֶם֙ כִּכַּר־כֶּ֔סֶף וּשְׁתֵּ֖י חֲלִפ֥וֹת בְּגָדִֽים: וַיֹּ֣אמֶר 23

נַעֲמָ֗ן הוֹאֵל֮ קַ֣ח כִּכָּרָ֒יִם֒ וַיִּפְרָץ־בּ֗וֹ וַיָּ֜צַר כִּכְּרַ֤יִם כֶּ֙סֶף֙ בִּשְׁנֵ֣י חֲרִטִ֔ים

וּשְׁתֵּי֙ חֲלִפ֣וֹת בְּגָדִ֔ים וַיִּתֵּן֙ אֶל־שְׁנֵ֣י נְעָרָ֔יו וַיִּשְׂא֖וּ לְפָנָ֑יו: וַיָּבֹא֮ אֶל־ 24

הָעֹ֒פֶל֒ וַיִּקַּ֣ח מִיָּדָ֔ם וַיִּפְקֹ֖ד בַּבָּ֑יִת וַיְשַׁלַּ֥ח אֶת־הָאֲנָשִׁ֖ים וַיֵּלֵ֑כוּ וְהוּא־ 25

בָ֗א וַיַּעֲמֹד֙ אֶל־אֲדֹנָ֔יו וַיֹּ֤אמֶר אֵלָיו֙ אֱלִישָׁ֔ע מֵאַ֖יִן גֵּחֲזִ֑י וַיֹּ֖אמֶר לֹֽא־הָלַ֥ךְ

מֵאַיִן

עַבְדְּךָ֖ אָ֥נֶה וָאָֽנָה: וַיֹּ֤אמֶר אֵלָיו֙ לֹא־לִבִּ֣י הָלַ֔ךְ כַּאֲשֶׁ֛ר הָֽפַךְ־אִ֥ישׁ מֵעַ֖ל 26

מֶרְכַּבְתּ֖וֹ לִקְרָאתֶ֑ךָ הַעֵ֞ת לָקַ֤חַת אֶת־הַכֶּ֙סֶף֙ וְלָקַ֤חַת בְּגָדִים֙ וְזֵיתִ֣ים

וּכְרָמִ֗ים וְצֹ֤אן וּבָקָר֙ וַעֲבָדִ֣ים וּשְׁפָח֑וֹת: וְצָרַ֤עַת נַֽעֲמָן֙ תִּֽדְבַּק־בְּךָ֔ 27 27A

וּֽבְזַרְעֲךָ֖ לְעוֹלָ֑ם וַיֵּצֵ֥א מִלְּפָנָ֖יו מְצֹרָ֥ע כַּשָּֽׁלֶג: וַיֹּאמְר֣וּ בְּנֵֽי־ 6 1

הַנְּבִיאִים֙ אֶל־אֱלִישָׁ֔ע הִנֵּה־נָ֣א הַמָּק֗וֹם אֲשֶׁ֨ר אֲנַ֜חְנוּ יֹשְׁבִ֥ים שָׁ֛ם

לְפָנֶ֖יךָ צַ֣ר מִמֶּ֑נּוּ: נֵֽלְכָה־נָּ֣א עַד־הַיַּרְדֵּ֗ן וְנִקְחָ֤ה מִשָּׁם֙ אִ֣ישׁ קוֹרָ֣ה 2

אַחַ֗ת וְנַעֲשֶׂה־לָּ֥נוּ שָׁ֛ם מָק֖וֹם לָשֶׁ֣בֶת שָׁ֑ם וַיֹּ֖אמֶר לֵֽכוּ: וַיֹּ֙אמֶר֙ הָֽאֶחָ֔ד 3

הוֹאֶ֥ל נָ֖א וְלֵ֣ךְ אֶת־עֲבָדֶ֑יךָ וַיֹּ֖אמֶר אֲנִ֥י אֵלֵֽךְ: וַיֵּ֖לֶךְ אִתָּ֑ם וַיָּבֹ֙אוּ֙ 4

הַיַּרְדֵּ֔נָה וַֽיִּגְזְר֖וּ הָעֵצִֽים: וַיְהִ֤י הָֽאֶחָד֙ מַפִּ֣יל הַקּוֹרָ֔ה וְאֶת־הַבַּרְזֶ֖ל נָפַ֣ל 5

אֶל־הַמָּ֑יִם וַיִּצְעַ֤ק וַיֹּ֙אמֶר֙ אֲהָ֣הּ אֲדֹנִ֔י וְה֖וּא שָׁאֽוּל: וַיֹּ֥אמֶר אִישׁ־ 6

הָאֱלֹהִ֖ים אָ֣נָה נָפָ֑ל וַיַּרְאֵ֙הוּ֙ אֶת־הַמָּק֔וֹם וַיִּקְצָב־עֵ֔ץ וַיַּשְׁלֶךְ־שָׁ֖מָּה

וַיָּ֥צֶף הַבַּרְזֶֽל: וַיֹּ֛אמֶר הָ֥רֶם לָ֖ךְ וַיִּשְׁלַ֣ח יָד֖וֹ וַיִּקָּחֵֽהוּ: 7

8 ¶ Then the king of Syria warred against Israel, and took counsel with his servants, saying, In such and such a place *shall be* my camp.

9 And the man of God sent unto the king of Israel, saying, Beware that thou pass not such a place; for thither the Syrians are come down.

10 And the king of Israel sent to the place which the man of God told him and warned him of, and saved himself there, not once nor twice.

11 Therefore the heart of the king of Syria was sore troubled for this thing; and he called his servants, and said unto them, Will ye not shew me which of us *is* for the king of Israel?

12 And one of his servants said, None, my lord, O king: but Elisha, the prophet that *is* in Israel, telleth the king of Israel the words that thou speakest in thy bedchamber.

13 ¶ And he said, Go and spy where he *is*, that I may send and fetch him. And it was told him, saying, Behold, *he is* in Dothan.

14 Therefore sent he thither horses, and chariots, and a great host: and they came by night, and compassed the city about.

15 And when the servant of the man of God was risen early, and gone forth, behold, an host compassed the city both with horses and chariots. And his servant said unto him, Alas, my master! how shall we do?

16 And he answered, Fear not: for they that *be* with us *are* more than they that *be* with them.

17 And Elisha prayed, and said, LORD, I pray thee, open his eyes, that he may see. And the LORD opened the eyes of the young man; and he saw: and, behold, the mountain *was* full of horses and chariots of fire round about Elisha.

18 And when they came down to him, Elisha prayed unto the LORD, and said, Smite this people, I pray thee, with blindness. And he smote them with blindness according to the word of Elisha.

19 ¶ And Elisha said unto them, This *is* not the way, neither *is* this the city: follow me, and I will bring you to the man whom ye seek. But he led them to Samaria.

20 And it came to pass, when they were come into Samaria, that Elisha said, LORD, open the eyes of these *men*, that they may see. And the LORD opened their eyes, and they saw; and, behold, *they were* in the midst of Samaria.

21 And the king of Israel said unto Elisha, when he saw them, My father, shall I smite *them?* shall I smite *them?*

22 And he answered, Thou shalt not smite *them:* wouldest thou smite those whom thou hast taken captive with thy sword and with thy bow? set bread and water before them, that they may eat and drink, and go to their master.

23 And he prepared great provision for them: and when they had eaten and drunk, he sent them away, and they went to their master. So the bands of Syria came no more into the land of Israel.

24 ¶ And it came to pass after this, that Ben-hadad king of Syria gathered all his host, and went up, and besieged Samaria.

25 And there was a great famine in Samaria: and, behold, they besieged it, until an ass's head was *sold* for fourscore *pieces* of silver, and the fourth part of a cab of dove's dung for five *pieces* of silver.

26 And as the king of Israel was passing by upon the wall, there cried a woman unto him, saying, Help, my lord, O king.

27 And he said, If the LORD do not help thee, whence shall I help thee? out of the barnfloor, or out of the winepress?

28 And the king said unto her, What aileth thee? And she answered, This woman said unto me, Give thy son, that we may eat him to day, and we will eat my son to morrow.

29 So we boiled my son, and did eat him: and I said unto her on the next day, Give thy son, that we may eat him: and she hath hid her son.

30 ¶ And it came to pass, when the king heard the words of the woman, that he

וּמֶֽלֶךְ־אֲרָ֣ם הָיָ֣ה נִלְחָ֣ם בְּיִשְׂרָאֵ֑ל וַיִּוָּעַץ֙ אֶל־עֲבָדָ֣יו לֵאמֹ֔ר אֶל־מְק֖וֹם 8

פְּלֹנִ֥י אַלְמֹנִ֖י תַּחֲנֹתִֽי: וַיִּשְׁלַ֞ח אִ֣ישׁ הָאֱלֹהִ֗ים אֶל־מֶ֤לֶךְ יִשְׂרָאֵל֙ לֵאמֹ֔ר 9

הִשָּׁ֕מֶר מֵעֲבֹ֖ר הַמָּק֣וֹם הַזֶּ֑ה כִּֽי־שָׁ֖ם אֲרָ֥ם נְחִתִּֽים: וַיִּשְׁלַ֞ח מֶ֣לֶךְ 10

יִשְׂרָאֵ֗ל אֶֽל־הַמָּק֞וֹם אֲשֶׁ֨ר אָֽמַר־ל֧וֹ אִישׁ־הָאֱלֹהִ֛ים וְהִזְהִירֹה וְנִשְׁמַ֥ר   וְהִזְהִירֹה

שָׁ֖ם לֹ֣א אַחַ֣ת וְלֹ֣א שְׁתָּֽיִם: וַיִּסָּעֵר֙ לֵ֣ב מֶ֣לֶךְ־אֲרָ֔ם עַל־הַדָּבָ֖ר הַזֶּ֑ה 11   11A

וַיִּקְרָ֣א אֶל־עֲבָדָ֗יו וַיֹּ֙אמֶר֙ אֲלֵיהֶ֔ם הֲלוֹא֙ תַּגִּ֣ידוּ לִ֔י מִ֥י מִשֶּׁלָּ֖נוּ אֶל־

מֶ֥לֶךְ יִשְׂרָאֵֽל: וַיֹּ֜אמֶר אַחַ֣ד מֵֽעֲבָדָ֗יו ל֚וֹא אֲדֹנִ֣י הַמֶּ֔לֶךְ כִּֽי־אֱלִישָׁ֣ע 12

הַנָּבִיא֙ אֲשֶׁ֣ר בְּיִשְׂרָאֵ֔ל יַגִּיד֙ לְמֶ֣לֶךְ יִשְׂרָאֵ֔ל אֶת־הַדְּבָרִ֖ים אֲשֶׁ֥ר תְּדַבֵּ֖ר

בַּחֲדַ֥ר מִשְׁכָּבֶֽךָ: וַיֹּ֗אמֶר לְכ֤וּ וּרְאוּ֙ אֵיכֹ֣ה ה֔וּא וְאֶשְׁלַ֖ח וְאֶקָּחֵ֑הוּ וַיֻּגַּד־ 13

ל֥וֹ לֵאמֹ֖ר הִנֵּ֥ה בְדֹתָֽן: וַיִּשְׁלַח־שָׁ֛מָּה סוּסִ֥ים וְרֶ֖כֶב וְחַ֣יִל כָּבֵ֑ד וַיָּבֹ֣אוּ 14

לַ֔יְלָה וַיַּקִּ֖פוּ עַל־הָעִֽיר: וַ֠יַּשְׁכֵּ֠ם מְשָׁרֵ֨ת אִ֤ישׁ הָאֱלֹהִים֙ לָק֔וּם וַיֵּצֵ֕א 15

וְהִנֵּה־חַ֛יִל סוֹבֵ֥ב אֶת־הָעִ֖יר וְס֣וּס וָרָ֑כֶב וַיֹּ֙אמֶר֙ נַעֲר֤וֹ אֵלָיו֙ אֲהָ֣הּ

אֲדֹנִ֖י אֵיכָ֥ה נַעֲשֶֽׂה: וַיֹּ֖אמֶר אַל־תִּירָ֑א כִּ֤י רַבִּים֙ אֲשֶׁ֣ר אִתָּ֔נוּ מֵאֲשֶׁ֥ר 16

אוֹתָֽם: וַיִּתְפַּלֵּ֤ל אֱלִישָׁע֙ וַיֹּאמַ֔ר יְהוָ֕ה פְּקַח־נָ֥א אֶת־עֵינָ֖יו וְיִרְאֶ֑ה 17   17A

וַיִּפְקַ֤ח יְהוָה֙ אֶת־עֵינֵ֣י הַנַּ֔עַר וַיַּ֗רְא וְהִנֵּ֤ה הָהָר֙ מָלֵ֤א סוּסִ֣ים וְרֶ֔כֶב

אֵ֥שׁ סְבִיבֹ֖ת אֱלִישָֽׁע: וַיֵּרְדוּ֮ אֵלָיו֒ וַיִּתְפַּלֵּ֨ל אֱלִישָׁ֤ע אֶל־יְהוָה֙ וַיֹּאמַ֔ר 18

הַךְ־נָ֥א אֶת־הַגּוֹי־הַזֶּ֖ה בַּסַּנְוֵרִ֑ים וַיַּכֵּ֥ם בַּסַּנְוֵרִ֖ים כִּדְבַ֥ר אֱלִישָֽׁע:

וַיֹּ֧אמֶר אֲלֵהֶ֣ם אֱלִישָׁ֗ע לֹ֣א זֶ֣ה הַדֶּרֶךְ֮ וְלֹ֣א זֹ֣ה הָעִיר֒ לְכ֣וּ אַחֲרַ֔י 19

וְאוֹלִ֣יכָה אֶתְכֶ֔ם אֶל־הָאִ֖ישׁ אֲשֶׁ֣ר תְּבַקֵּשׁ֑וּן וַיֹּ֥לֶךְ אוֹתָ֖ם שֹׁמְרֽוֹנָה:

וַיְהִי֮ כְּבֹאָ֣ם שֹׁמְרוֹן֒ וַיֹּ֣אמֶר אֱלִישָׁ֔ע יְהוָ֕ה פְּקַ֥ח אֶת־עֵינֵֽי־אֵ֖לֶּה וְיִרְא֑וּ 20

וַיִּפְקַ֤ח יְהוָה֙ אֶת־עֵ֣ינֵיהֶ֔ם וַיִּרְא֕וּ וְהִנֵּ֖ה בְּת֣וֹךְ שֹׁמְר֑וֹן: וַיֹּ֤אמֶר מֶֽלֶךְ־ 21

יִשְׂרָאֵל֙ אֶל־אֱלִישָׁ֔ע כִּרְאֹת֖וֹ אוֹתָ֑ם הַאַכֶּ֥ה אַכֶּ֖ה אָבִֽי: וַיֹּ֣אמֶר לֹ֣א 22

תַכֶּה֒ הַאֲשֶׁ֣ר שָׁבִ֗יתָ בְּחַרְבְּךָ֤ וּֽבְקַשְׁתְּךָ֙ אַתָּ֣ה מַכֶּ֔ה שִׂים֩ לֶ֨חֶם וָמַ֜יִם

לִפְנֵיהֶ֗ם וְיֹֽאכְלוּ֙ וְיִשְׁתּ֔וּ וְיֵלְכ֖וּ אֶל־אֲדֹנֵיהֶֽם: וַיִּכְרֶ֨ה לָהֶ֜ם כֵּרָ֣ה גְדוֹלָ֗ה 23

וַיֹּֽאכְלוּ֙ וַיִּשְׁתּ֔וּ וַֽיְשַׁלְּחֵ֔ם וַיֵּלְכ֖וּ אֶל־אֲדֹנֵיהֶ֑ם וְלֹֽא־יָ֨סְפוּ ע֜וֹד גְּדוּדֵ֣י

אֲרָ֔ם לָב֖וֹא בְּאֶ֥רֶץ יִשְׂרָאֵֽל:

וַיְהִי֙ אַחֲרֵי־כֵ֔ן וַיִּקְבֹּ֛ץ בֶּן־הֲדַ֥ד מֶֽלֶךְ־אֲרָ֖ם אֶת־כָּל־מַחֲנֵ֑הוּ וַיַּ֖עַל וַיָּ֥צַר 24

עַל־שֹׁמְרֽוֹן: וַיְהִ֤י רָעָ֤ב גָּדוֹל֙ בְּשֹׁ֣מְר֔וֹן וְהִנֵּ֖ה צָרִ֣ים עָלֶ֑יהָ עַ֣ד הֱי֧וֹת 25

רֹאשׁ־חֲמוֹר֙ בִּשְׁמֹנִ֣ים כֶּ֔סֶף וְרֹ֛בַע הַקַּ֥ב חֲרֵי־יוֹנִ֖ים בַּחֲמִשָּׁה־כָֽסֶף: וַיְהִי֩   דְּבִיוֹנִים 26

מֶ֨לֶךְ יִשְׂרָאֵ֜ל עֹבֵ֣ר עַל־הַחֹמָ֗ה וְאִשָּׁ֤ה צָעֲקָ֤ה אֵלָיו֙ לֵאמֹ֔ר הוֹשִׁ֖יעָה

אֲדֹנִ֣י הַמֶּ֑לֶךְ: וַיֹּ֙אמֶר֙ אַל־יוֹשִׁעֵ֣ךְ יְהוָ֔ה מֵאַ֖יִן אֽוֹשִׁיעֵ֑ךְ הֲמִן־הַגֹּ֖רֶן א֥וֹ 27

מִן־הַיָּֽקֶב: וַיֹּֽאמֶר־לָ֥הּ הַמֶּ֖לֶךְ מַה־לָּ֑ךְ וַתֹּ֗אמֶר הָאִשָּׁ֤ה הַזֹּאת֙ אָֽמְרָ֣ה 28

אֵלַ֗י תְּנִ֤י אֶת־בְּנֵךְ֙ וְנֹאכְלֶ֣נּוּ הַיּ֔וֹם וְאֶת־בְּנִ֖י נֹאכַ֥ל מָחָֽר: וַנְּבַשֵּׁ֤ל אֶת־ 29

בְּנִי֙ וַנֹּ֣אכְלֵ֔הוּ וָאֹמַ֨ר אֵלֶ֜יהָ בַּיּ֣וֹם הָאַחֵ֗ר תְּנִ֤י אֶת־בְּנֵךְ֙ וְנֹ֣אכְלֶ֔נּוּ

וַתַּחְבִּ֖א אֶת־בְּנָֽהּ: וַיְהִי֩ כִשְׁמֹ֨עַ הַמֶּ֜לֶךְ אֶת־דִּבְרֵ֤י הָֽאִשָּׁה֙ וַיִּקְרַ֣ע אֶת־ 30

rent his clothes; and he passed by upon the wall, and the people looked, and, behold, *he had* sackcloth within upon his flesh.

31 Then he said, God do so and more also to me, if the head of Elisha the son of Shaphat shall stand on him this day.

32 But Elisha sat in his house, and the elders sat with him; and *the king* sent a man from before him: but ere the messenger came to him, he said to the elders, See ye how this son of a murderer hath sent to take away mine head? look, when the messenger cometh, shut the door, and hold him fast at the door: *is* not the sound of his master's feet behind him?

33 And while he yet talked with them, behold, the messenger came down unto him: and he said, Behold, this evil *is* of the Lord; what should I wait for the Lord any longer?

CHAPTER 7

1 Then Elisha said, Hear ye the word of the Lord; Thus saith the Lord, To morrow about this time *shall* a measure of fine flour *be sold* for a shekel, and two measures of barley for a shekel, in the gate of Samaria.

2 Then a lord on whose hand the king leaned answered the man of God, and said, Behold, *if* the Lord would make windows in heaven, might this thing be? And he said, Behold, thou shalt see *it* with thine eyes, but shalt not eat thereof.

3 ¶ And there were four leprous men at the entering in of the gate: and they said one to another, Why sit we here until we die?

4 If we say, We will enter into the city, then the famine *is* in the city, and we shall die there: and if we sit still here, we die also. Now therefore come, and let us fall unto the host of the Syrians: if they save us alive, we shall live; and if they kill us, we shall but die.

5 And they rose up in the twilight, to go unto the camp of the Syrians: and when they were come to the uttermost part of the camp of Syria, behold, *there was* no man there.

6 For the Lord had made the host of the Syrians to hear a noise of chariots, and a noise of horses, *even* the noise of a great host: and they said one to another, Lo, the king of Israel hath hired against us the kings of the Hittites, and the kings of the Egyptians, to come upon us.

7 Wherefore they arose and fled in the twilight, and left their tents, and their horses, and their asses, even the camp as it *was,* and fled for their life.

8 And when these lepers came to the uttermost part of the camp, they went into one tent, and did eat and drink, and carried thence silver, and gold, and raiment, and went and hid *it;* and came again, and entered into another tent, and carried thence *also,* and went and hid *it.*

9 Then they said one to another, We do not well: this day *is* a day of good tidings, and we hold our peace: if we tarry till the morning light, some mischief will come upon us: now therefore come, that we may go and tell the king's household.

10 So they came and called unto the porter of the city: and they told them, saying, We came to the camp of the Syrians, and, behold, *there was* no man there, neither voice of man, but horses tied, and asses tied, and the tents as they *were.*

11 And he called the porters; and they told *it* to the king's house within.

12 ¶ And the king arose in the night, and said unto his servants, I will now shew you what the Syrians have done to us. They know that we *be* hungry; therefore are they gone out of the camp to hide themselves in the field, saying, When they come out of the city, we shall catch them alive, and get into the city.

13 And one of his servants answered and said, Let *some* take, I pray thee, five of the horses that remain, which are left in the city, (behold, they *are* as all the multitude

בִּגְדָיו וְהוּא עֹבֵר עַל־הַחֹמָה וַיַּרְא הָעָם וְהִנֵּה הַשַּׂק עַל־בְּשָׂרוֹ

31 מִבָּיִת: וַיֹּאמֶר כֹּה־יַעֲשֶׂה־לִּי אֱלֹהִים וְכֹה יוֹסִף אִם־יַעֲמֹד רֹאשׁ

32 אֱלִישָׁע בֶּן־שָׁפָט עָלָיו הַיּוֹם: וֶאֱלִישָׁע יֹשֵׁב בְּבֵיתוֹ וְהַזְּקֵנִים יֹשְׁבִים אִתּוֹ וַיִּשְׁלַח אִישׁ מִלְּפָנָיו בְּטֶרֶם יָבֹא הַמַּלְאָךְ אֵלָיו וְהוּא ׀ אָמַר אֶל־הַזְּקֵנִים הַרְּאִיתֶם כִּי־שָׁלַח בֶּן־הַמְרַצֵּחַ הַזֶּה לְהָסִיר אֶת־רֹאשִׁי רְאוּ ׀ כְּבֹא הַמַּלְאָךְ סִגְרוּ הַדֶּלֶת וּלְחַצְתֶּם אֹתוֹ בַּדֶּלֶת הֲלוֹא

33 קוֹל רַגְלֵי אֲדֹנָיו אַחֲרָיו: עוֹדֶנּוּ מְדַבֵּר עִמָּם וְהִנֵּה הַמַּלְאָךְ יֹרֵד אֵלָיו וַיֹּאמֶר הִנֵּה־זֹאת הָרָעָה מֵאֵת יְהוָה מָה־אוֹחִיל לַיהוָה

7 1 עוֹד: וַיֹּאמֶר אֱלִישָׁע שִׁמְעוּ דְּבַר־יְהוָה כֹּה ׀ אָמַר יְהוָה כָּעֵת ׀ מָחָר סְאָה־סֹלֶת בְּשֶׁקֶל וְסָאתַיִם שְׂעֹרִים בְּשֶׁקֶל בְּשַׁעַר

2 שֹׁמְרוֹן: וַיַּעַן הַשָּׁלִישׁ אֲשֶׁר־לַמֶּלֶךְ נִשְׁעָן עַל־יָדוֹ אֶת־אִישׁ הָאֱלֹהִים וַיֹּאמֶר הִנֵּה יְהוָה עֹשֶׂה אֲרֻבּוֹת בַּשָּׁמַיִם הֲיִהְיֶה הַדָּבָר הַזֶּה וַיֹּאמֶר

3 הִנְּכָה רֹאֶה בְּעֵינֶיךָ וּמִשָּׁם לֹא תֹאכֵל: וְאַרְבָּעָה אֲנָשִׁים הָיוּ מְצֹרָעִים פֶּתַח הַשָּׁעַר וַיֹּאמְרוּ אִישׁ אֶל־רֵעֵהוּ מָה אֲנַחְנוּ יֹשְׁבִים

4 פֹּה עַד־מָתְנוּ: אִם־אָמַרְנוּ נָבוֹא הָעִיר וְהָרָעָב בָּעִיר וָמַתְנוּ שָׁם וְאִם־יָשַׁבְנוּ פֹה וָמָתְנוּ וְעַתָּה לְכוּ וְנִפְּלָה אֶל־מַחֲנֵה אֲרָם אִם־יְחַיֻּנוּ

5 נִחְיֶה וְאִם־יְמִיתֻנוּ וָמָתְנוּ: וַיָּקוּמוּ בַנֶּשֶׁף לָבוֹא אֶל־מַחֲנֵה אֲרָם

6 וַיָּבֹאוּ עַד־קְצֵה מַחֲנֵה אֲרָם וְהִנֵּה אֵין־שָׁם אִישׁ: וַאדֹנָי הִשְׁמִיעַ ׀ אֶת־מַחֲנֵה אֲרָם קוֹל רֶכֶב קוֹל סוּס קוֹל חַיִל גָּדוֹל וַיֹּאמְרוּ אִישׁ אֶל־אָחִיו הִנֵּה שָׂכַר־עָלֵינוּ מֶלֶךְ יִשְׂרָאֵל אֶת־מַלְכֵי הַחִתִּים וְאֶת־

7A 7 מַלְכֵי מִצְרַיִם לָבוֹא עָלֵינוּ: וַיָּקוּמוּ וַיָּנוּסוּ בַנֶּשֶׁף וַיַּעַזְבוּ אֶת־אָהֳלֵיהֶם וְאֶת־סוּסֵיהֶם וְאֶת־חֲמֹרֵיהֶם הַמַּחֲנֶה כַּאֲשֶׁר־הִיא וַיָּנֻסוּ אֶל־נַפְשָׁם:

8 וַיָּבֹאוּ הַמְצֹרָעִים הָאֵלֶּה עַד־קְצֵה הַמַּחֲנֶה וַיָּבֹאוּ אֶל־אֹהֶל אֶחָד וַיֹּאכְלוּ וַיִּשְׁתּוּ וַיִּשְׂאוּ מִשָּׁם כֶּסֶף וְזָהָב וּבְגָדִים וַיֵּלְכוּ וַיַּטְמִנוּ וַיָּשֻׁבוּ

9 וַיָּבֹאוּ אֶל־אֹהֶל אַחֵר וַיִּשְׂאוּ מִשָּׁם וַיֵּלְכוּ וַיַּטְמִנוּ: וַיֹּאמְרוּ אִישׁ אֶל־רֵעֵהוּ לֹא־כֵן ׀ אֲנַחְנוּ עֹשִׂים הַיּוֹם הַזֶּה יוֹם־בְּשֹׂרָה הוּא וַאֲנַחְנוּ מַחְשִׁים וְחִכִּינוּ עַד־אוֹר הַבֹּקֶר וּמְצָאָנוּ עָווֹן וְעַתָּה לְכוּ וְנָבֹאָה

10 וְנַגִּידָה בֵּית הַמֶּלֶךְ: וַיָּבֹאוּ וַיִּקְרְאוּ אֶל־שֹׁעֵר הָעִיר וַיַּגִּידוּ לָהֶם לֵאמֹר בָּאנוּ אֶל־מַחֲנֵה אֲרָם וְהִנֵּה אֵין־שָׁם אִישׁ וְקוֹל אָדָם כִּי

11 אִם־הַסּוּס אָסוּר וְהַחֲמוֹר אָסוּר וְאֹהָלִים כַּאֲשֶׁר־הֵמָּה: וַיִּקְרָא

12 הַשֹּׁעֲרִים וַיַּגִּידוּ בֵּית הַמֶּלֶךְ פְּנִימָה: וַיָּקָם הַמֶּלֶךְ לַיְלָה וַיֹּאמֶר אֶל־עֲבָדָיו אַגִּידָה־נָּא לָכֶם אֵת אֲשֶׁר־עָשׂוּ לָנוּ אֲרָם יָדְעוּ כִּי־רְעֵבִים אֲנַחְנוּ וַיֵּצְאוּ מִן־הַמַּחֲנֶה לְהֵחָבֵה בַהשדה לֵאמֹר כִּי־יֵצְאוּ מִן־הָעִיר

בַּשָּׂדֶה

13 וְנִתְפְּשֵׂם חַיִּים וְאֶל־הָעִיר נָבֹא: וַיַּעַן אֶחָד מֵעֲבָדָיו וַיֹּאמֶר וְיִקְחוּ־נָא חֲמִשָּׁה מִן־הַסּוּסִים הַנִּשְׁאָרִים אֲשֶׁר נִשְׁאֲרוּ־בָהּ הִנָּם כְּכָל־הֲהָמוֹן

הֶהָמוֹן

827

of Israel that are left in it: behold, *I say,* they *are* even as all the multitude of the Israelites that are consumed:) and let us send and see.

14 They took therefore two chariot horses; and the king sent after the host of the Syrians, saying, Go and see.

15 And they went after them unto Jordan: and, lo, all the way *was* full of garments and vessels, which the Syrians had cast away in their haste. And the messengers returned, and told the king.

16 And the people went out, and spoiled the tents of the Syrians. So a measure of fine flour was *sold* for a shekel, and two measures of barley for a shekel, according to the word of the LORD.

17 ¶ And the king appointed the lord on whose hand he leaned to have the charge of the gate: and the people trode upon him in the gate, and he died, as the man of God had said, who spake when the king came down to him.

18 And it came to pass as the man of God had spoken to the king, saying, Two measures of barley for a shekel, and a measure of fine flour for a shekel, shall be to morrow about this time in the gate of Samaria:

19 And that lord answered the man of God, and said, Now, behold, *if* the LORD should make windows in heaven, might such a thing be? And he said, Behold, thou shalt see it with thine eyes, but shalt not eat thereof.

20 And so it fell out unto him: for the people trode upon him in the gate, and he died.

CHAPTER 8

1 Then spake Elisha unto the woman, whose son he had restored to life, saying, Arise, and go thou and thine household, and sojourn wheresoever thou canst sojourn: for the LORD hath called for a famine; and it shall also come upon the land seven years.

2 And the woman arose, and did after the saying of the man of God: and she went with her household, and sojourned in the land of the Philistines seven years.

3 And it came to pass at the seven years' end, that the woman returned out of the land of the Philistines: and she went forth to cry unto the king for her house and for her land.

4 And the king talked with Gehazi the servant of the man of God, saying, Tell me, I pray thee, all the great things that Elisha hath done.

5 And it came to pass, as he was telling the king how he had restored a dead body to life, that, behold, the woman, whose son he had restored to life, cried to the king for her house and for her land. And Gehazi said, My lord, O king, this *is* the woman, and this *is* her son, whom Elisha restored to life.

6 And when the king asked the woman, she told him. So the king appointed unto her a certain officer, saying, Restore all that *was* hers, and all the fruits of the field since the day that she left the land, even until now.

7 ¶ And Elisha came to Damascus; and Ben-hadad the king of Syria was sick; and it was told him, saying, The man of God is come hither.

8 And the king said unto Hazael, Take a present in thine hand, and go, meet the man of God, and enquire of the LORD by him, saying, Shall I recover of this disease?

9 So Hazael went to meet him, and took a present with him, even of every good thing of Damascus, forty camels' burden, and came and stood before him, and said, Thy son Ben-hadad king of Syria hath sent me to thee, saying, Shall I recover of this disease?

10 And Elisha said unto him, Go, say unto him, Thou mayest certainly recover: howbeit the LORD hath shewed me that he shall surely die.

11 And he settled his countenance stedfastly, until he was ashamed: and the man of God wept.

12 And Hazael said, Why weepeth my lord? And he answered, Because I know the evil that thou wilt do unto the children of Israel: their strong holds wilt thou set

יִשְׂרָאֵל֙ אֲשֶׁ֣ר נִשְׁאֲרוּ־בָ֔הּ הִנָּ֕ם כְּכָל־הֲמ֥וֹן יִשְׂרָאֵ֖ל אֲשֶׁר־תָּֽמּוּ

14 וְנִשְׁלְחָ֖ה וְנִרְאֶֽה: וַיִּקְח֗וּ שְׁנֵי֙ רֶ֣כֶב סוּסִ֔ים וַיִּשְׁלַ֥ח הַמֶּ֖לֶךְ אַחֲרֵ֣י

15 מַחֲנֵה־אֲרָ֛ם לֵאמֹ֖ר לְכ֥וּ וּרְאֽוּ: וַיֵּלְכ֣וּ אַחֲרֵיהֶם֮ עַד־הַיַּרְדֵּן֒ וְהִנֵּ֣ה כָל־

בְּחִפָּזָ֖ם ◌ הַדֶּ֗רֶךְ מְלֵאָ֤ה בְגָדִים֙ וְכֵלִ֔ים אֲשֶׁר־הִשְׁלִ֥יכוּ אֲרָ֖ם בהחפזם וַיָּשֻׁ֙בוּ֙

16 הַמַּלְאָכִ֔ים וַיַּגִּ֖דוּ לַמֶּֽלֶךְ: וַיֵּצֵ֣א הָעָ֔ם וַיָּבֹ֕זּוּ אֵ֖ת מַחֲנֵ֣ה אֲרָ֑ם וַֽיְהִ֨י

17 סְאָֽה־סֹ֜לֶת בְּשֶׁ֗קֶל וְסָאתַ֥יִם שְׂעֹרִ֛ים בְּשֶׁ֖קֶל כִּדְבַ֥ר יְהוָֽה: וְהַמֶּ֩לֶךְ֩

הִפְקִ֨יד אֶת־הַשָּׁלִ֜ישׁ אֲשֶׁר־נִשְׁעָ֤ן עַל־יָדוֹ֙ עַל־הַשַּׁ֔עַר וַיִּרְמְסֻ֧הוּ הָעָ֛ם

בַּשַּׁ֖עַר וַיָּמֹ֑ת כַּאֲשֶׁ֤ר דִּבֶּר֙ אִ֣ישׁ הָאֱלֹהִ֔ים אֲשֶׁ֣ר דִּבֶּ֔ר בְּרֶ֥דֶת הַמֶּ֖לֶךְ

18 אֵלָֽיו: וַיְהִ֗י כְּדַבֵּר֙ אִ֣ישׁ הָאֱלֹהִ֔ים אֶל־הַמֶּ֖לֶךְ לֵאמֹ֑ר סָאתַ֨יִם שְׂעֹרִ֜ים

19 בְּשֶׁ֗קֶל וּסְאָֽה־סֹ֙לֶת֙ בְּשֶׁ֔קֶל יִהְיֶה֙ כָּעֵ֣ת מָחָ֔ר בְּשַׁ֖עַר שֹׁמְר֑וֹן וַיַּ֣עַן

הַשָּׁלִ֡ישׁ אֶת־אִישׁ֩ הָאֱלֹהִ֨ים וַיֹּאמַ֜ר וְהִנֵּ֣ה יְהוָ֗ה עֹשֶׂ֤ה אֲרֻבּוֹת֙ בַּשָּׁמַ֔יִם

הֲיִהְיֶ֖ה כַּדָּבָ֣ר הַזֶּ֑ה וַיֹּ֗אמֶר הִנְּכָ֤ה רֹאֶה֙ בְּעֵינֶ֔יךָ וּמִשָּׁ֖ם לֹ֥א תֹאכֵֽל:

20 וַיְהִי־ל֖וֹ כֵּ֑ן וַיִּרְמְס֨וּ אֹת֥וֹ הָעָ֛ם בַּשַּׁ֖עַר וַיָּמֹֽת: ◌ וֶאֱלִישָׁ֣ע דִּבֶּ֗ר

אֶ֤ת ◌ 8 1 אֶל־הָֽאִשָּׁה֩ אֲשֶׁר־הֶחֱיָ֨ה אֶת־בְּנָ֜הּ לֵאמֹ֗ר ק֤וּמִי וּלְכִי֙ אתי [אַ֣תְּ] וּבֵיתֵ֔ךְ

וְג֖וּרִי בַּאֲשֶׁ֣ר תָּג֑וּרִי כִּֽי־קָרָ֤א יְהוָה֙ לָֽרָעָ֔ב וְגַם־בָּ֥א אֶל־הָאָ֖רֶץ שֶׁ֥בַע

2 שָׁנִֽים: וַתָּ֙קָם֙ הָֽאִשָּׁ֔ה וַתַּ֕עַשׂ כִּדְבַ֖ר אִ֣ישׁ הָאֱלֹהִ֑ים וַתֵּ֤לֶךְ הִיא֙ וּבֵיתָ֔הּ

3 וַתָּ֖גָר בְּאֶֽרֶץ־פְּלִשְׁתִּ֖ים שֶׁ֥בַע שָׁנִֽים: וַיְהִ֗י מִקְצֵה֙ שֶׁ֣בַע שָׁנִ֔ים וַתָּ֤שָׁב

הָֽאִשָּׁה֙ מֵאֶ֣רֶץ פְּלִשְׁתִּ֔ים וַתֵּצֵא֙ לִצְעֹ֣ק אֶל־הַמֶּ֔לֶךְ אֶל־בֵּיתָ֖הּ וְאֶל־

4 שָׂדָֽהּ: וְהַמֶּ֗לֶךְ מְדַבֵּר֙ אֶל־גֵּ֣חֲזִ֔י נַ֥עַר אִישׁ־הָאֱלֹהִ֖ים לֵאמֹ֑ר סַפְּרָה־נָּ֣א

5 לִ֔י אֵ֥ת כָּל־הַגְּדֹל֖וֹת אֲשֶׁר־עָשָׂ֥ה אֱלִישָֽׁע: וַ֠יְהִי ה֣וּא מְסַפֵּ֣ר לַמֶּ֗לֶךְ

אֵ֤ת אֲשֶׁר־הֶחֱיָה֙ אֶת־הַמֵּ֔ת וְהִנֵּ֨ה הָאִשָּׁ֜ה אֲשֶׁר־הֶחֱיָ֤ה אֶת־בְּנָהּ֙

צֹעֶ֣קֶת אֶל־הַמֶּ֔לֶךְ עַל־בֵּיתָ֖הּ וְעַל־שָׂדָ֑הּ וַיֹּ֤אמֶר גֵּֽחֲזִי֙ אֲדֹנִ֣י הַמֶּ֔לֶךְ זֹ֣את

6 הָֽאִשָּׁ֔ה וְזֶה־בְּנָ֖הּ אֲשֶׁר־הֶחֱיָ֥ה אֱלִישָֽׁע: וַיִּשְׁאַ֥ל הַמֶּ֛לֶךְ לָאִשָּׁ֖ה

וַתְּסַפֶּר־ל֑וֹ וַיִּתֶּן־לָ֣הּ הַמֶּ֩לֶךְ֩ סָרִ֨יס אֶחָ֜ד לֵאמֹ֗ר הָשֵׁ֤יב אֶת־כָּל־

אֲשֶׁר־לָ֗הּ וְאֵת֙ כָּל־תְּבוּאֹ֣ת הַשָּׂדֶ֔ה מִיּ֛וֹם עָזְבָ֥ה אֶת־הָאָ֖רֶץ וְעַד־

עָֽתָּה:

7 וַיָּבֹ֤א אֱלִישָׁע֙ דַּמֶּ֔שֶׂק וּבֶן־הֲדַ֥ד מֶֽלֶךְ־אֲרָ֖ם חֹלֶ֑ה וַיֻּגַּד־ל֣וֹ לֵאמֹ֔ר בָּ֥א

8 אִ֥ישׁ הָאֱלֹהִ֖ים עַד־הֵֽנָּה: וַיֹּ֨אמֶר הַמֶּ֜לֶךְ אֶל־חֲזָהאֵ֗ל קַ֤ח בְּיָֽדְךָ֙ מִנְחָ֔ה

וְלֵ֕ךְ לִקְרַ֖את אִ֣ישׁ הָאֱלֹהִ֑ים וְדָרַשְׁתָּ֨ אֶת־יְהוָ֤ה מֵֽאוֹתוֹ֙ לֵאמֹ֔ר הַאֶחְיֶ֖ה

9 מֵחֳלִ֥י זֶֽה: וַיֵּ֣לֶךְ חֲזָאֵ֣ל֮ לִקְרָאתוֹ֒ וַיִּקַּ֨ח מִנְחָ֤ה בְיָדוֹ֙ וְכָל־ט֣וּב דַּמֶּ֔שֶׂק

מַשָּׂ֖א אַרְבָּעִ֣ים גָּמָ֑ל וַיָּבֹא֙ וַיַּעֲמֹ֣ד לְפָנָ֔יו וַיֹּ֗אמֶר בִּנְךָ֙ בֶן־הֲדַ֤ד מֶֽלֶךְ־

10 אֲרָ֤ם שְׁלָחַ֨נִי֙ אֵלֶ֣יךָ לֵאמֹ֔ר הַאֶחְיֶ֖ה מֵחֳלִ֣י זֶ֑ה וַיֹּ֤אמֶר אֵלָיו֙ אֱלִישָׁ֔ע

לֽוֹ ◌ 11 לֵ֣ךְ אֱמָר־לֹ֧א [לוֹ֙] חָיֹ֣ה תִֽחְיֶ֔ה וְהִרְאַ֥נִי יְהוָ֖ה כִּֽי־מ֥וֹת יָמֽוּת: וַיַּעֲמֵ֥ד אֶת־

12 פָּנָ֛יו וַיָּ֥שֶׂם עַד־בֹּ֖שׁ וַיֵּ֑בְךְּ אִ֣ישׁ הָאֱלֹהִ֑ים וַיֹּ֣אמֶר חֲזָאֵ֔ל מַדּ֖וּעַ אֲדֹנִ֣י

בֹּכֶ֑ה וַיֹּ֗אמֶר כִּֽי־יָדַ֜עְתִּי אֵ֣ת אֲשֶׁר־תַּעֲשֶׂ֤ה לִבְנֵֽי יִשְׂרָאֵל֙ רָעָ֔ה

on fire, and their young men wilt thou slay with the sword, and wilt dash their children, and rip up their women with child.

13 And Hazael said, But what, *is* thy servant a dog, that he should do this great thing? And Elisha answered, The LORD hath shewed me that thou *shalt be* king over Syria.

14 So he departed from Elisha, and came to his master; who said to him, What said Elisha to thee? And he answered, He told me *that* thou shouldest surely recover.

15 And it came to pass on the morrow, that he took a thick cloth, and dipped *it* in water, and spread *it* on his face, so that he died: and Hazael reigned in his stead.

16 ¶ And in the fifth year of Joram the son of Ahab king of Israel, Jehoshaphat *being* then king of Judah, Jehoram the son of Jehoshaphat king of Judah began to reign.

17 Thirty and two years old was he when he began to reign; and he reigned eight years in Jerusalem.

18 And he walked in the way of the kings of Israel, as did the house of Ahab: for the daughter of Ahab was his wife: and he did evil in the sight of the LORD.

19 Yet the LORD would not destroy Judah for David his servant's sake, as he promised him to give him alway a light, *and* to his children.

20 ¶ In his days Edom revolted from under the hand of Judah, and made a king over themselves.

21 So Joram went over to Zair, and all the chariots with him: and he rose by night, and smote the Edomites which compassed him about, and the captains of the chariots: and the people fled into their tents.

22 Yet Edom revolted from under the hand of Judah unto this day. Then Libnah revolted at the same time.

23 And the rest of the acts of Joram, and all that he did, *are* they not written in the book of the chronicles of the kings of Judah?

24 And Joram slept with his fathers, and was buried with his fathers in the city of David: and Ahaziah his son reigned in his stead.

25 ¶ In the twelfth year of Joram the son of Ahab king of Israel did Ahaziah the son of Jehoram king of Judah begin to reign.

26 Two and twenty years old *was* Ahaziah when he began to reign; and he reigned one year in Jerusalem. And his mother's name *was* Athaliah, the daughter of Omri king of Israel.

27 And he walked in the way of the house of Ahab, and did evil in the sight of the LORD, as *did* the house of Ahab: for he *was* the son in law of the house of Ahab.

28 ¶ And he went with Joram the son of Ahab to the war against Hazael king of Syria in Ramoth-gilead; and the Syrians wounded Joram.

29 And king Joram went back to be healed in Jezreel of the wounds which the Syrians had given him at Ramah, when he fought against Hazael king of Syria. And Ahaziah the son of Jehoram king of Judah went down to see Joram the son of Ahab in Jezreel, because he was sick.

CHAPTER 9

1 And Elisha the prophet called one of the children of the prophets, and said unto him, Gird up thy loins, and take this box of oil in thine hand, and go to Ramoth-gilead:

2 And when thou comest thither, look out there Jehu the son of Jehoshaphat the son of Nimshi, and go in, and make him arise up from among his brethren, and carry him to an inner chamber;

3 Then take the box of oil, and pour *it* on his head, and say, Thus saith the LORD, I have anointed thee king over Israel. Then open the door, and flee, and tarry not.

4 ¶ So the young man, *even* the young man the prophet, went to Ramoth-gilead.

5 And when he came, behold, the cap-

מִבְצְרֵיהֶם֙ תְּשַׁלַּ֣ח בָּאֵ֔שׁ וּבַחֻרֵיהֶ֖ם בַּחֶ֣רֶב תַּהֲרֹ֑ג וְעֹלְלֵיהֶ֣ם תְּרַטֵּ֔שׁ

13   13A   וְהָרֹתֵיהֶ֖ם תְּבַקֵּֽעַ׃ וַיֹּ֣אמֶר חֲזָהאֵ֔ל כִּ֣י מָ֤ה עַבְדְּךָ֙ הַכֶּ֔לֶב כִּ֥י יַעֲשֶׂ֖ה הַדָּבָ֣ר הַגָּד֣וֹל הַזֶּ֑ה וַיֹּ֣אמֶר אֱלִישָׁ֗ע הִרְאַ֧נִי יְהוָ֛ה אֹתְךָ֖ מֶ֥לֶךְ עַל־אֲרָֽם׃

14   וַיֵּ֣לֶךְ ׀ מֵאֵ֣ת אֱלִישָׁ֗ע וַיָּבֹא֙ אֶל־אֲדֹנָ֔יו וַיֹּ֥אמֶר ל֖וֹ מָֽה־אָמַ֣ר לְךָ֣ אֱלִישָׁ֑ע

15   וַיֹּ֕אמֶר אָ֥מַר לִ֖י חָיֹ֣ה תִֽחְיֶֽה׃ וַיְהִ֣י מִֽמָּחֳרָ֗ת וַיִּקַּ֤ח הַמַּכְבֵּר֙ וַיִּטְבֹּ֣ל בַּמַּ֔יִם וַיִּפְרֹ֥שׂ עַל־פָּנָ֖יו וַיָּמֹ֑ת וַיִּמְלֹ֥ךְ חֲזָהאֵ֖ל תַּחְתָּֽיו׃

16   וּבִשְׁנַ֨ת חָמֵ֜שׁ לְיוֹרָ֤ם בֶּן־אַחְאָב֙ מֶ֣לֶךְ יִשְׂרָאֵ֔ל וִיהוֹשָׁפָ֖ט מֶ֣לֶךְ יְהוּדָ֑ה

17   מָלַ֛ךְ יְהוֹרָ֥ם בֶּן־יְהוֹשָׁפָ֖ט מֶ֣לֶךְ יְהוּדָֽה׃ בֶּן־שְׁלֹשִׁ֨ים וּשְׁתַּ֜יִם שָׁנָ֣ה הָיָ֣ה

18   שָׁנִ֨ים   בְמָלְכ֗וֹ וּשְׁמֹנֶ֤ה שָׁנָה֙ מָלַ֣ךְ בִּירוּשָׁלִָ֑ם וַיֵּ֜לֶךְ בְּדֶ֣רֶךְ ׀ מַלְכֵ֣י יִשְׂרָאֵ֗ל כַּאֲשֶׁ֤ר עָשׂוּ֙ בֵּ֣ית אַחְאָ֔ב כִּ֚י בַּת־אַחְאָ֔ב הָֽיְתָה־לּ֖וֹ לְאִשָּׁ֑ה וַיַּ֥עַשׂ הָרַ֖ע

19   בְּעֵינֵ֥י יְהוָֽה׃ וְלֹֽא־אָבָ֤ה יְהוָה֙ לְהַשְׁחִ֣ית אֶת־יְהוּדָ֔ה לְמַ֖עַן דָּוִ֣ד עַבְדּ֑וֹ

20   כַּֽאֲשֶׁ֣ר אָֽמַר־ל֗וֹ לָתֵ֨ת ל֥וֹ נִ֛יר לְבָנָ֖יו כָּל־הַיָּמִֽים׃ בְּיָמָיו֙ פָּשַׁ֣ע אֱד֔וֹם

21   מִתַּ֖חַת יַד־יְהוּדָ֑ה וַיַּמְלִ֖כוּ עֲלֵיהֶ֥ם מֶֽלֶךְ׃ וַיַּעֲבֹ֤ר יוֹרָם֙ צָעִ֔ירָה וְכָל־הָרֶ֖כֶב עִמּ֑וֹ וַֽיְהִי־ה֞וּא קָ֣ם לַ֗יְלָה וַיַּכֶּ֨ה אֶת־אֱד֜וֹם הַסֹּבֵ֤יב אֵלָיו֙ וְאֵת֙

22   שָׂרֵ֣י הָרֶ֔כֶב וַיָּ֥נָס הָעָ֖ם לְאֹהָלָֽיו׃ וַיִּפְשַׁ֣ע אֱד֗וֹם מִתַּ֣חַת יַד־יְהוּדָ֔ה

23   עַ֖ד הַיּ֣וֹם הַזֶּ֑ה אָ֛ז תִּפְשַׁ֥ע לִבְנָ֖ה בָּעֵ֥ת הַהִֽיא׃ וְיֶ֛תֶר דִּבְרֵ֥י יוֹרָ֖ם וְכָל־אֲשֶׁ֣ר עָשָׂ֑ה הֲלֽוֹא־הֵ֣ם כְּתוּבִ֗ים עַל־סֵ֛פֶר דִּבְרֵ֥י הַיָּמִ֖ים לְמַלְכֵ֥י

24   יְהוּדָֽה׃ וַיִּשְׁכַּ֤ב יוֹרָם֙ עִם־אֲבֹתָ֔יו וַיִּקָּבֵ֥ר עִם־אֲבֹתָ֖יו בְּעִ֣יר דָּוִ֑ד וַיִּמְלֹ֛ךְ אֲחַזְיָ֥הוּ בְנ֖וֹ תַּחְתָּֽיו׃

25   בִּשְׁנַ֨ת שְׁתֵּים־עֶשְׂרֵ֤ה שָׁנָה֙ לְיוֹרָ֣ם בֶּן־אַחְאָ֔ב מֶ֖לֶךְ יִשְׂרָאֵ֑ל מָלַ֛ךְ

26   אֲחַזְיָ֥הוּ בֶן־יְהוֹרָ֖ם מֶ֥לֶךְ יְהוּדָֽה׃ בֶּן־עֶשְׂרִ֨ים וּשְׁתַּ֤יִם שָׁנָה֙ אֲחַזְיָ֣הוּ בְמָלְכ֔וֹ וְשָׁנָ֣ה אַחַ֔ת מָלַ֖ךְ בִּירוּשָׁלִָ֑ם וְשֵׁ֤ם אִמּוֹ֙ עֲתַלְיָ֔הוּ בַּת־עָמְרִ֖י

27   מֶ֥לֶךְ יִשְׂרָאֵֽל׃ וַיֵּ֗לֶךְ בְּדֶ֙רֶךְ֙ בֵּ֣ית אַחְאָ֔ב וַיַּ֧עַשׂ הָרַ֛ע בְּעֵינֵ֥י יְהוָ֖ה כְּבֵ֣ית

28   אַחְאָ֑ב כִּ֛י חֲתַ֥ן בֵּית־אַחְאָ֖ב הֽוּא׃ וַיֵּ֜לֶךְ אֶת־יוֹרָ֣ם בֶּן־אַחְאָ֗ב לַמִּלְחָמָ֛ה עִם־חֲזָהאֵ֥ל מֶֽלֶךְ־אֲרָ֖ם בְּרָמֹ֣ת גִּלְעָ֑ד וַיַּכּ֥וּ אֲרַמִּ֖ים אֶת־

29   יוֹרָֽם׃ וַיָּ֩שָׁב֩ יוֹרָ֨ם הַמֶּ֜לֶךְ לְהִתְרַפֵּ֣א בִֽיְזְרְעֶ֗אל מִן־הַמַּכִּים֙ אֲשֶׁ֣ר יַכֻּ֣הוּ אֲרַמִּ֣ים בָּֽרָמָ֔ה בְּהִלָּ֣חֲמ֔וֹ אֶת־חֲזָהאֵ֖ל מֶ֣לֶךְ אֲרָ֑ם וַאֲחַזְיָ֨הוּ בֶן־יְהוֹרָ֜ם מֶ֣לֶךְ יְהוּדָ֗ה יָרַ֡ד לִרְא֞וֹת אֶת־יוֹרָ֧ם בֶּן־אַחְאָ֛ב בְּיִזְרְעֶ֖אל כִּֽי־חֹלֶ֥ה הֽוּא׃

1   9   וֶאֱלִישָׁע֙ הַנָּבִ֔יא קָרָ֕א לְאַחַ֖ד מִבְּנֵ֣י הַנְּבִיאִ֑ים וַיֹּ֤אמֶר לוֹ֙ חֲגֹ֣ר מָתְנֶ֔יךָ

2   2A   וְ֠קַח פַּ֣ךְ הַשֶּׁ֤מֶן הַזֶּה֙ בְּיָדֶ֔ךָ וְלֵ֖ךְ רָמֹ֣ת גִּלְעָֽד׃ וּבָ֣אתָ שָׁ֔מָּה וּרְאֵֽה־שָׁ֗ם יֵה֛וּא בֶן־יְהוֹשָׁפָ֖ט בֶּן־נִמְשִׁ֑י וּבָ֙אתָ֙ וַהֲקֵֽמֹת֔וֹ מִתּ֥וֹךְ אֶחָ֖יו וְהֵבֵיאתָ֥

3   אֹת֖וֹ חֶ֥דֶר בְּחָֽדֶר׃ וְלָקַחְתָּ֤ פַךְ־הַשֶּׁ֙מֶן֙ וְיָצַקְתָּ֣ עַל־רֹאשׁ֔וֹ וְאָֽמַרְתָּ֗ כֹּֽה־אָמַ֤ר יְהוָה֙ מְשַׁחְתִּ֣יךָֽ לְמֶ֣לֶךְ אֶל־יִשְׂרָאֵ֑ל וּפָתַחְתָּ֥ הַדֶּ֛לֶת וְנַ֖סְתָּה וְלֹ֥א

4   5   תְחַכֶּֽה׃ וַיֵּ֧לֶךְ הַנַּ֛עַר הַנַּ֥עַר הַנָּבִ֖יא רָמֹ֣ת גִּלְעָֽד׃ וַיָּבֹ֕א וְהִנֵּ֖ה שָׂרֵ֣י

tains of the host *were* sitting; and he said, I have an errand to thee, O captain. And Jehu said, Unto which of all us? And he said, To thee, O captain.

6 And he arose, and went into the house; and he poured the oil on his head, and said unto him, Thus saith the LORD God of Israel, I have anointed thee king over the people of the LORD, *even* over Israel.

7 And thou shalt smite the house of Ahab thy master, that I may avenge the blood of my servants the prophets, and the blood of all the servants of the LORD, at the hand of Jezebel.

8 For the whole house of Ahab shall perish: and I will cut off from Ahab him that pisseth against the wall, and him that is shut up and left in Israel:

9 And I will make the house of Ahab like the house of Jeroboam the son of Nebat, and like the house of Baasha the son of Ahijah:

10 And the dogs shall eat Jezebel in the portion of Jezreel, and *there shall be* none to bury *her*. And he opened the door, and fled.

11 ¶ Then Jehu came forth to the servants of his lord: and *one* said unto him, *Is* all well? wherefore came this mad *fellow* to thee? And he said unto them, Ye know the man, and his communication.

12 And they said, *It is* false; tell us now. And he said, Thus and thus spake he to me, saying, Thus saith the LORD, I have anointed thee king over Israel.

13 Then they hasted, and took every man his garment, and put *it* under him on the top of the stairs, and blew with trumpets, saying, Jehu is king.

14 So Jehu the son of Jehoshaphat the son of Nimshi conspired against Joram. (Now Joram had kept Ramoth-gilead, he and all Israel, because of Hazael king of Syria.

15 But king Joram was returned to be healed in Jezreel of the wounds which the Syrians had given him, when he fought with Hazael king of Syria.) And Jehu said, If it be your minds, *then* let none go forth *nor* escape out of the city to go to tell *it* in Jezreel.

16 So Jehu rode in a chariot, and went to Jezreel; for Joram lay there. And Ahaziah king of Judah was come down to see Joram.

17 And there stood a watchman on the tower in Jezreel, and he spied the company of Jehu as he came, and said, I see a company. And Joram said, Take an horseman, and send to meet them, and let him say, *Is it* peace?

18 So there went one on horseback to meet him, and said, Thus saith the king, *Is it* peace? And Jehu said, What hast thou to do with peace? turn thee behind me. And the watchman told, saying, The messenger came to them, but he cometh not again.

19 Then he sent out a second on horseback, which came to them, and said, Thus saith the king, *Is it* peace? And Jehu answered, What hast thou to do with peace? turn thee behind me.

20 And the watchman told, saying, He came even unto them, and cometh not again: and the driving *is* like the driving of Jehu the son of Nimshi; for he driveth furiously.

21 And Joram said, Make ready. And his chariot was made ready. And Joram king of Israel and Ahaziah king of Judah went out, each in his chariot, and they went out against Jehu, and met him in the portion of Naboth the Jezreelite.

22 And it came to pass, when Joram saw Jehu, that he said, *Is it* peace, Jehu? And he answered, What peace, so long as the whoredoms of thy mother Jezebel and her witchcrafts *are so* many?

23 And Joram turned his hands, and fled, and said to Ahaziah, *There is* treachery, O Ahaziah.

24 And Jehu drew a bow with his full strength, and smote Jehoram between his arms, and the arrow went out at his heart, and he sunk down in his chariot.

25 Then said *Jehu* to Bidkar his captain, Take up, *and* cast him in the portion of the field of Naboth the Jezreelite: for remember how that, when I and thou rode together after Ahab his father, the LORD laid this burden upon him;

הַחַיִל יֹשְׁבִים וַיֹּאמֶר דָּבָר לִי אֵלֶיךָ הַשָּׂר וַיֹּאמֶר יֵהוּא אֶל־מִי מִכֻּלָּנוּ

6 וַיֹּאמֶר אֵלֶיךָ הַשָּׂר: וַיָּקָם וַיָּבֹא הַבַּיְתָה וַיִּצֹק הַשֶּׁמֶן אֶל־רֹאשׁוֹ וַיֹּאמֶר לוֹ כֹּה־אָמַר יְהוָה אֱלֹהֵי יִשְׂרָאֵל מְשַׁחְתִּיךָ לְמֶלֶךְ אֶל־עַם

7 יְהוָה אֶל־יִשְׂרָאֵל: וְהִכִּיתָה אֶת־בֵּית אַחְאָב אֲדֹנֶיךָ וְנִקַּמְתִּי דְּמֵי

8 עֲבָדַי הַנְּבִיאִים וּדְמֵי כָּל־עַבְדֵי יְהוָה מִיַּד אִיזָבֶל: וְאָבַד כָּל־בֵּית

9 אַחְאָב וְהִכְרַתִּי לְאַחְאָב מַשְׁתִּין בְּקִיר וְעָצוּר וְעָזוּב בְּיִשְׂרָאֵל: וְנָתַתִּי אֶת־בֵּית אַחְאָב כְּבֵית יָרָבְעָם בֶּן־נְבָט וּכְבֵית בַּעְשָׁא בֶן־אֲחִיָּה:

10 וְאֶת־אִיזֶבֶל יֹאכְלוּ הַכְּלָבִים בְּחֵלֶק יִזְרְעֶאל וְאֵין קֹבֵר וַיִּפְתַּח הַדֶּלֶת

11 וַיָּנֹס: וְיֵהוּא יָצָא אֶל־עַבְדֵי אֲדֹנָיו וַיֹּאמֶר לוֹ הֲשָׁלוֹם מַדּוּעַ בָּא־הַמְשֻׁגָּע הַזֶּה אֵלֶיךָ וַיֹּאמֶר אֲלֵיהֶם אַתֶּם יְדַעְתֶּם אֶת־הָאִישׁ וְאֶת־

12 שִׂיחוֹ: וַיֹּאמְרוּ שֶׁקֶר הַגֶּד־נָא לָנוּ וַיֹּאמֶר כָּזֹאת וְכָזֹאת אָמַר אֵלַי

13 לֵאמֹר כֹּה אָמַר יְהוָה מְשַׁחְתִּיךָ לְמֶלֶךְ אֶל־יִשְׂרָאֵל: וַיְמַהֲרוּ וַיִּקְחוּ אִישׁ בִּגְדוֹ וַיָּשִׂימוּ תַחְתָּיו אֶל־גֶּרֶם הַמַּעֲלוֹת וַיִּתְקְעוּ בַּשּׁוֹפָר וַיֹּאמְרוּ

14 מָלַךְ יֵהוּא: וַיִּתְקַשֵּׁר יֵהוּא בֶּן־יְהוֹשָׁפָט בֶּן־נִמְשִׁי אֶל־יוֹרָם וְיוֹרָם הָיָה שֹׁמֵר בְּרָמֹת גִּלְעָד הוּא וְכָל־יִשְׂרָאֵל מִפְּנֵי חֲזָאֵל מֶלֶךְ־אֲרָם:

15 וַיָּשָׁב יְהוֹרָם הַמֶּלֶךְ לְהִתְרַפֵּא בְיִזְרְעֶאל מִן־הַמַּכִּים אֲשֶׁר יַכֻּהוּ אֲרַמִּים בְּהִלָּחֲמוֹ אֶת־חֲזָאֵל מֶלֶךְ אֲרָם וַיֹּאמֶר יֵהוּא אִם־יֵשׁ נַפְשְׁכֶם

16 אַל־יֵצֵא פָלִיט מִן־הָעִיר לָלֶכֶת לַגִּיד בְּיִזְרְעֶאל: וַיִּרְכַּב יֵהוּא וַיֵּלֶךְ לְהַגִּיד יִזְרְעֶאלָה כִּי יוֹרָם שֹׁכֵב שָׁמָּה וַאֲחַזְיָה מֶלֶךְ יְהוּדָה יָרַד לִרְאוֹת

17 אֶת־יוֹרָם: וְהַצֹּפֶה עֹמֵד עַל־הַמִּגְדָּל בְּיִזְרְעֶאל וַיַּרְא אֶת־שִׁפְעַת יֵהוּא 17A בְּבֹאוֹ וַיֹּאמֶר שִׁפְעַת אֲנִי רֹאֶה וַיֹּאמֶר יְהוֹרָם קַח רַכָּב וּשְׁלַח

18 לִקְרָאתָם וַיֹּאמֶר הֲשָׁלוֹם: וַיֵּלֶךְ רֹכֵב הַסּוּס לִקְרָאתוֹ וַיֹּאמֶר כֹּה־אָמַר הַמֶּלֶךְ הֲשָׁלוֹם וַיֹּאמֶר יֵהוּא מַה־לְּךָ וּלְשָׁלוֹם סֹב אֶל־אַחֲרָי

19 וַיַּגֵּד הַצֹּפֶה לֵאמֹר בָּא הַמַּלְאָךְ עַד־הֶם וְלֹא־שָׁב: וַיִּשְׁלַח רֹכֵב סוּס שֵׁנִי וַיָּבֹא אֲלֵהֶם וַיֹּאמֶר כֹּה־אָמַר הַמֶּלֶךְ שָׁלוֹם וַיֹּאמֶר יֵהוּא מַה־לְּךָ

20 וּלְשָׁלוֹם סֹב אֶל־אַחֲרָי: וַיַּגֵּד הַצֹּפֶה לֵאמֹר בָּא עַד־אֲלֵיהֶם וְלֹא־שָׁב וְהַמִּנְהָג כְּמִנְהַג יֵהוּא בֶן־נִמְשִׁי כִּי בְשִׁגָּעוֹן יִנְהָג: וַיֹּאמֶר יְהוֹרָם

21 אֱסֹר וַיֶּאְסֹר רִכְבּוֹ וַיֵּצֵא יְהוֹרָם מֶלֶךְ־יִשְׂרָאֵל וַאֲחַזְיָהוּ מֶלֶךְ־יְהוּדָה אִישׁ בְּרִכְבּוֹ וַיֵּצְאוּ לִקְרַאת יֵהוּא וַיִּמְצָאֻהוּ בְּחֶלְקַת נָבוֹת הַיִּזְרְעֵאלִי:

22 וַיְהִי כִּרְאוֹת יְהוֹרָם אֶת־יֵהוּא וַיֹּאמֶר הֲשָׁלוֹם יֵהוּא וַיֹּאמֶר מָה

23 הַשָּׁלוֹם עַד־זְנוּנֵי אִיזֶבֶל אִמְּךָ וּכְשָׁפֶיהָ הָרַבִּים: וַיַּהֲפֹךְ יְהוֹרָם יָדָיו

24 וַיָּנֹס וַיֹּאמֶר אֶל־אֲחַזְיָהוּ מִרְמָה אֲחַזְיָה: וְיֵהוּא מִלֵּא יָדוֹ בַקֶּשֶׁת

25 וַיַּךְ אֶת־יְהוֹרָם בֵּין זְרֹעָיו וַיֵּצֵא הַחֵצִי מִלִּבּוֹ וַיִּכְרַע בְּרִכְבּוֹ: וַיֹּאמֶר אֶל־בִּדְקַר שָׁלִשֹׁה שָׂא הַשְׁלִכֵהוּ בְּחֶלְקַת שְׂדֵה נָבוֹת הַיִּזְרְעֵאלִי כִּי־זְכֹר אֲנִי וָאַתָּה אֵת רֹכְבִים צְמָדִים אַחֲרֵי אַחְאָב אָבִיו וַיהוָה

26 Surely I have seen yesterday the blood of Naboth, and the blood of his sons, saith the LORD; and I will requite thee in this plat, saith the LORD. Now therefore take *and* cast him into the plat *of ground,* according to the word of the LORD.

27 ¶ But when Ahaziah the king of Judah saw *this,* he fled by the way of the garden house. And Jehu followed after him, and said, Smite him also in the chariot. *And they did so* at the going up to Gur, which *is* by Ibleam. And he fled to Megiddo, and died there.

28 And his servants carried him in a chariot to Jerusalem, and buried him in his sepulchre with his fathers in the city of David.

29 And in the eleventh year of Joram the son of Ahab began Ahaziah to reign over Judah.

30 ¶ And when Jehu was come to Jezreel, Jezebel heard *of it;* and she painted her face, and tired her head, and looked out at a window.

31 And as Jehu entered in at the gate, she said, *Had* Zimri peace, who slew his master?

32 And he lifted up his face to the window, and said, Who *is* on my side? who? And there looked out to him two *or* three eunuchs.

33 And he said, Throw her down. So they threw her down: and *some* of her blood was sprinkled on the wall, and on the horses: and he trode her under foot.

34 And when he was come in, he did eat and drink, and said, Go, see now this cursed *woman,* and bury her: for she *is* a king's daughter.

35 And they went to bury her: but they found no more of her than the skull, and the feet, and the palms of *her* hands.

36 Wherefore they came again, and told him. And he said, This *is* the word of the LORD, which he spake by his servant Elijah the Tishbite, saying, In the portion of Jezreel shall dogs eat the flesh of Jezebel:

37 And the carcase of Jezebel shall be as dung upon the face of the field in the portion of Jezreel; *so* that they shall not say, This *is* Jezebel.

CHAPTER 10

1 And Ahab had seventy sons in Samaria. And Jehu wrote letters, and sent to Samaria, unto the rulers of Jezreel, to the elders, and to them that brought up Ahab's *children,* saying,

2 Now as soon as this letter cometh to you, seeing your master's sons *are* with you, and *there are* with you chariots and horses, a fenced city also, and armour;

3 Look even out the best and meetest of your master's sons, and set *him* on his father's throne, and fight for your master's house.

4 But they were exceedingly afraid, and said, Behold, two kings stood not before him: how then shall we stand?

5 And he that *was* over the house, and he that *was* over the city, the elders also, and the bringers up *of the children,* sent to Jehu, saying, We *are* thy servants, and will do all that thou shalt bid us; we will not make any king: do thou *that which is* good in thine eyes.

6 Then he wrote a letter the second time to them, saying, If ye *be* mine, and *if* ye will hearken unto my voice, take ye the heads of the men your master's sons, and come to me to Jezreel by to morrow this time. Now the king's sons, *being* seventy persons, *were* with the great men of the city, which brought them up.

7 And it came to pass, when the letter came to them, that they took the king's sons, and slew seventy persons, and put their heads in baskets, and sent him *them* to Jezreel.

8 ¶ And there came a messenger, and told him, saying, They have brought the heads of the king's sons. And he said, Lay ye them in two heaps at the entering in of the gate until the morning.

9 And it came to pass in the morning, that he went out, and stood, and said to all the people, Ye *be* righteous: behold, I

26 נָשָׂ֣א עָלָ֔יו אֶת־הַמַּשָּׂ֖א הַזֶּ֑ה אִם־לֹ֡א אֶת־דְּמֵ֣י נָבוֹת֩ וְאֶת־דְּמֵ֨י בָנָ֜יו רָאִ֤יתִי אֶ֙מֶשׁ֙ נְאֻם־יְהֹוָ֔ה וְשִׁלַּמְתִּ֥י לְךָ֛ בַּחֶלְקָ֥ה הַזֹּ֖את נְאֻם־יְהֹוָ֑ה

27 וְעַתָּ֗ה שָׂ֚א הַשְׁלִכֵ֣הוּ בַּחֶלְקָ֔ה כִּדְבַ֖ר יְהֹוָ֑ה וַאֲחַזְיָ֤ה מֶֽלֶךְ־יְהוּדָה֙ רָאָ֔ה וַיָּ֕נׇס דֶּ֖רֶךְ בֵּ֣ית הַגָּ֑ן וַיִּרְדֹּ֨ף אַחֲרָ֜יו יֵה֗וּא וַיֹּ֩אמֶר֩ גַּם־אֹת֨וֹ הַכֻּ֜הוּ אֶל־הַמֶּרְכָּבָ֗ה בְּמַֽעֲלֵה־גוּר֙ אֲשֶׁ֣ר אֶת־יִבְלְעָ֔ם וַיָּ֥נׇס מְגִדּ֖וֹ וַיָּ֥מׇת שָֽׁם

28 וַיַּרְכִּ֧בוּ אֹת֛וֹ עֲבָדָ֖יו יְרוּשָׁלָ֑͏מָה וַיִּקְבְּר֨וּ אֹת֧וֹ בִקְבֻרָת֛וֹ עִם־אֲבֹתָ֖יו בְּעִ֥יר דָּוִֽד

29 וּבִשְׁנַת֙ אַחַ֣ת עֶשְׂרֵ֣ה שָׁנָ֔ה לְיוֹרָ֖ם בֶּן־אַחְאָ֑ב מָלַ֥ךְ אֲחַזְיָ֖ה עַל־יְהוּדָֽה

30 וַיָּב֥וֹא יֵה֖וּא יִזְרְעֶ֑אלָה וְאִיזֶ֣בֶל שָׁמְעָ֗ה וַתָּ֨שֶׂם בַּפּ֤וּךְ עֵינֶ֙יהָ֙ וַתֵּ֣יטֶב אֶת־רֹאשָׁ֔הּ וַתַּשְׁקֵ֖ף בְּעַ֥ד הַחַלּֽוֹן

31 וְיֵה֖וּא בָּ֣א בַשָּׁ֑עַר וַתֹּ֣אמֶר הֲשָׁל֔וֹם זִמְרִ֖י הֹרֵ֥ג אֲדֹנָֽיו

32 וַיִּשָּׂ֤א פָנָיו֙ אֶל־הַ֣חַלּ֔וֹן וַיֹּ֕אמֶר מִ֥י אִתִּ֖י מִ֑י וַיַּשְׁקִ֣יפוּ אֵלָ֔יו שְׁנַ֥יִם שְׁלֹשָׁ֖ה סָרִיסִֽים

שמטוה

33 וַיֹּ֣אמֶר שִׁמְט֗וּהָ וַיִּשְׁמְט֔וּהָ וַיִּ֧ז מִדָּמָ֛הּ אֶל־הַקִּ֖יר וְאֶל־הַסּוּסִ֑ים וַֽיִּרְמְסֶֽנָּה

34 וַיָּבֹ֖א וַיֹּ֣אכַל וַיֵּ֑שְׁתְּ וַיֹּ֗אמֶר פִּקְדוּ־

35A 35 נָ֞א אֶת־הָאֲרוּרָ֤ה הַזֹּאת֙ וְקִבְר֔וּהָ כִּ֥י בַת־מֶ֖לֶךְ הִ֑יא וַיֵּלְכ֣וּ לְקָבְרָ֔הּ

36 וְלֹא־מָ֣צְאוּ בָ֗הּ כִּ֧י אִם־הַגֻּלְגֹּ֛לֶת וְהָרַגְלַ֖יִם וְכַפּ֣וֹת הַיָּדָ֑יִם וַיָּשֻׁבוּ֮ וַיַּגִּ֣ידוּ לוֹ֒ וַיֹּ֙אמֶר֙ דְּבַר־יְהֹוָ֣ה ה֔וּא אֲשֶׁ֣ר דִּבֶּ֗ר בְּיַד־עַבְדּ֛וֹ אֵלִיָּ֥הוּ הַתִּשְׁבִּ֖י לֵאמֹ֑ר בְּחֵ֣לֶק יִזְרְעֶ֔אל יֹאכְל֥וּ הַכְּלָבִ֖ים אֶת־בְּשַׂ֥ר אִיזָֽבֶל

והיתה

37 וְהָיְתָ֣ נִבְלַ֣ת אִיזֶ֗בֶל כְּדֹ֛מֶן עַל־פְּנֵ֥י הַשָּׂדֶ֖ה בְּחֵ֣לֶק יִזְרְעֶ֑אל אֲשֶׁ֥ר לֹא־יֹאמְר֖וּ זֹ֥את אִיזָֽבֶל

10 1 וּלְאַחְאָ֛ב שִׁבְעִ֥ים בָּנִ֖ים בְּשֹׁמְר֑וֹן וַיִּכְתֹּב֩ יֵה֨וּא סְפָרִ֜ים וַיִּשְׁלַ֣ח שֹׁמְר֗וֹן

2 אֶל־שָׂרֵ֤י יִזְרְעֶאל֙ הַזְּקֵנִ֔ים וְאֶל־הָאֹמְנִ֖ים אַחְאָ֑ב לֵאמֹ֣ר וְעַתָּ֗ה כְּבֹ֨א הַסֵּ֤פֶר הַזֶּה֙ אֲלֵיכֶ֔ם וְאִתְּכֶ֖ם בְּנֵ֣י אֲדֹנֵיכֶ֑ם וְאִתְּכֶם֙ הָרֶ֣כֶב וְהַסּוּסִ֔ים

3 וְעִ֥יר מִבְצָ֖ר וְהַנָּֽשֶׁק וּרְאִיתֶ֞ם הַטּ֣וֹב וְהַיָּשָׁר֙ מִבְּנֵ֣י אֲדֹנֵיכֶ֔ם וְשַׂמְתֶּ֖ם

4 עַל־כִּסֵּ֣א אָבִ֑יו וְהִֽלָּחֲמ֖וּ עַל־בֵּ֣ית אֲדֹנֵיכֶֽם וַיִּֽרְאוּ֙ מְאֹ֣ד מְאֹ֔ד וַיֹּ֣אמְר֔וּ

5 הִנֵּה֙ שְׁנֵ֣י הַמְּלָכִ֔ים לֹ֥א עָמְד֖וּ לְפָנָ֑יו וְאֵ֖יךְ נַעֲמֹ֥ד אֲנָֽחְנוּ וַיִּשְׁלַ֣ח אֲשֶׁר־עַל־הַבַּ֣יִת וַאֲשֶׁ֣ר עַל־הָעִ֡יר וְהַזְּקֵנִים֩ וְהָאֹמְנִ֨ים אֶל־יֵה֜וּא ׀ לֵאמֹ֗ר עֲבָדֶ֤יךָ אֲנַ֙חְנוּ֙ וְכֹ֥ל אֲשֶׁר־תֹּאמַ֖ר אֵלֵ֣ינוּ נַעֲשֶׂ֑ה לֹא־נַמְלִ֣יךְ אִ֔ישׁ

6 הַטּ֥וֹב בְּעֵינֶ֖יךָ עֲשֵֽׂה וַיִּכְתֹּ֨ב אֲלֵיהֶ֥ם סֵ֣פֶר ׀ שֵׁנִית֮ לֵאמֹר֒ אִם־לִ֣י אַתֶּ֗ם וּלְקֹלִ֣י ׀ אַתֶּ֣ם שֹׁמְעִ֔ים קְח֤וּ אֶת־רָאשֵׁי֙ אַנְשֵׁ֣י בְנֵֽי־אֲדֹנֵיכֶ֔ם וּבֹ֧אוּ אֵלַ֛י כָּעֵ֥ת מָחָ֖ר יִזְרְעֶ֑אלָה וּבְנֵ֤י הַמֶּ֙לֶךְ֙ שִׁבְעִ֣ים אִ֔ישׁ אֶת־גְּדֹלֵ֖י הָעִ֥יר

7 מְגַדְּלִ֥ים אוֹתָֽם וַיְהִ֗י כְּבֹ֤א הַסֵּ֙פֶר֙ אֲלֵיהֶ֔ם וַיִּקְח֙וּ אֶת־בְּנֵ֣י הַמֶּ֔לֶךְ וַֽיִּשְׁחֲט֖וּ שִׁבְעִ֣ים אִ֑ישׁ וַיָּשִׂ֤ימוּ אֶת־רָֽאשֵׁיהֶם֙ בַּדּוּדִ֔ים וַיִּשְׁלְח֥וּ אֵלָ֖יו

8 יִזְרְעֶֽאלָה וַיָּבֹ֤א הַמַּלְאָךְ֙ וַיַּגֶּד־ל֣וֹ לֵאמֹ֔ר הֵבִ֖יאוּ רָאשֵׁ֣י בְנֵֽי־הַמֶּ֑לֶךְ

9 וַיֹּ֙אמֶר֙ שִׂ֤ימוּ אֹתָם֙ שְׁנֵ֣י צִבֻּרִ֔ים פֶּ֥תַח הַשַּׁ֖עַר עַד־הַבֹּֽקֶר וַיְהִ֤י בַבֹּ֙קֶר֙ וַיֵּצֵ֣א וַֽיַּעֲמֹ֔ד וַיֹּ֙אמֶר֙ אֶל־כׇּל־הָעָ֣ם צַדִּקִ֣ים אַתֶּ֑ם הִנֵּ֣ה אֲנִ֤י קָשַׁ֙רְתִּי֙

conspired against my master, and slew him: but who slew all these?

10 Know now that there shall fall unto the earth nothing of the word of the LORD, which the LORD spake concerning the house of Ahab: for the LORD hath done *that* which he spake by his servant Elijah.

11 So Jehu slew all that remained of the house of Ahab in Jezreel, and all his great men, and his kinsfolks, and his priests, until he left him none remaining.

12 ¶ And he arose and departed, and came to Samaria. *And* as he *was* at the shearing house in the way,

13 Jehu met with the brethren of Ahaziah king of Judah, and said, Who *are* ye? And they answered, We *are* the brethren of Ahaziah; and we go down to salute the children of the king and the children of the queen.

14 And he said, Take them alive. And they took them alive, and slew them at the pit of the shearing house, *even* two and forty men; neither left he any of them.

15 ¶ And when he was departed thence, he lighted on Jehonadab the son of Rechab *coming* to meet him: and he saluted him, and said to him, Is thine heart right, as my heart *is* with thy heart? And Jehonadab answered, It is. If it be, give *me* thine hand. And he gave *him* his hand; and he took him up to him into the chariot.

16 And he said, Come with me, and see my zeal for the LORD. So they made him ride in his chariot.

17 And when he came to Samaria, he slew all that remained unto Ahab in Samaria, till he had destroyed him, according to the saying of the LORD, which he spake to Elijah.

18 ¶ And Jehu gathered all the people together, and said unto them, Ahab served Baal a little; *but* Jehu shall serve him much.

19 Now therefore call unto me all the prophets of Baal, all his servants, and all his priests; let none be wanting: for I have a great sacrifice *to do* to Baal; whosoever shall be wanting, he shall not live. But Jehu did *it* in subtilty, to the intent that he might destroy the worshippers of Baal.

20 And Jehu said, Proclaim a solemn assembly for Baal. And they proclaimed *it.*

21 And Jehu sent through all Israel: and all the worshippers of Baal came, so that there was not a man left that came not. And they came into the house of Baal; and the house of Baal was full from one end to another.

22 And he said unto him that *was* over the vestry, Bring forth vestments for all the worshippers of Baal. And he brought them forth vestments.

23 And Jehu went, and Jehonadab the son of Rechab, into the house of Baal, and said unto the worshippers of Baal, Search, and look that there be here with you none of the servants of the LORD, but the worshippers of Baal only.

24 And when they went in to offer sacrifices and burnt offerings, Jehu appointed fourscore men without, and said, *If* any of the men whom I have brought into your hands escape, *he that letteth him go,* his life *shall be* for the life of him.

25 And it came to pass, as soon as he had made an end of offering the burnt offering, that Jehu said to the guard and to the captains, Go in, *and* slay them; let none come forth. And they smote them with the edge of the sword; and the guard and the captains cast *them* out, and went to the city of the house of Baal.

26 And they brought forth the images out of the house of Baal, and burned them.

27 And they brake down the image of Baal, and brake down the house of Baal, and made it a draught house unto this day.

28 Thus Jehu destroyed Baal out of Israel.

29 ¶ Howbeit *from* the sins of Jeroboam the son of Nebat, who made Israel to sin, Jehu departed not from after them, *to wit,* the golden calves that *were* in Beth-el, and that *were* in Dan.

30 And the LORD said unto Jehu, Because thou hast done well in executing *that which is* right in mine eyes, *and* hast

עַל־אֲדֹנִי וָאֶהְרְגֵהוּ וּמִי הִכָּה אֶת־כָּל־אֵלֶּה: דְּעוּ אֵפוֹא כִּי לֹא יִפֹּל
10 מִדְּבַר יְהוָה אַרְצָה אֲשֶׁר־דִּבֶּר יְהוָה עַל־בֵּית אַחְאָב וַיהוָה עָשָׂה
אֵת אֲשֶׁר דִּבֶּר בְּיַד עַבְדּוֹ אֵלִיָּהוּ: וַיַּךְ יֵהוּא אֵת כָּל־הַנִּשְׁאָרִים
11 לְבֵית־אַחְאָב בְּיִזְרְעֶאל וְכָל־גְּדֹלָיו וּמְיֻדָּעָיו וְכֹהֲנָיו עַד־בִּלְתִּי
הִשְׁאִיר־לוֹ שָׂרִיד: וַיָּקָם וַיָּבֹא וַיֵּלֶךְ שֹׁמְרוֹן הוּא בֵּית־עֵקֶד הָרֹעִים
12 בַּדָּרֶךְ: וְיֵהוּא מָצָא אֶת־אֲחֵי אֲחַזְיָהוּ מֶלֶךְ־יְהוּדָה וַיֹּאמֶר מִי אַתֶּם
13 וַיֹּאמְרוּ אֲחֵי אֲחַזְיָהוּ אֲנַחְנוּ וַנֵּרֶד לִשְׁלוֹם בְּנֵי־הַמֶּלֶךְ וּבְנֵי הַגְּבִירָה:
וַיֹּאמֶר תִּפְשׂוּם חַיִּים וַיִּתְפְּשׂוּם חַיִּים וַיִּשְׁחָטוּם אֶל־בּוֹר בֵּית־עֵקֶד
14 אַרְבָּעִים וּשְׁנַיִם אִישׁ וְלֹא־הִשְׁאִיר אִישׁ מֵהֶם: וַיֵּלֶךְ מִשָּׁם
15 וַיִּמְצָא אֶת־יְהוֹנָדָב בֶּן־רֵכָב לִקְרָאתוֹ וַיְבָרְכֵהוּ וַיֹּאמֶר אֵלָיו הֲיֵשׁ
אֶת־לְבָבְךָ יָשָׁר כַּאֲשֶׁר עִם־לְבָבִי וַיֹּאמֶר יְהוֹנָדָב יֵשׁ וָיֵשׁ תְּנָה
אֶת־יָדֶךָ וַיִּתֵּן יָדוֹ וַיַּעֲלֵהוּ אֵלָיו אֶל־הַמֶּרְכָּבָה: וַיֹּאמֶר לְכָה אִתִּי
16 וּרְאֵה בְּקִנְאָתִי לַיהוָה וַיַּרְכִּבוּ אֹתוֹ בְּרִכְבּוֹ: וַיָּבֹא שֹׁמְרוֹן וַיַּךְ אֶת־
17 כָּל־הַנִּשְׁאָרִים לְאַחְאָב בְּשֹׁמְרוֹן עַד־הִשְׁמִידוֹ כִּדְבַר יְהוָה אֲשֶׁר דִּבֶּר
אֶל־אֵלִיָּהוּ:
18 וַיִּקְבֹּץ יֵהוּא אֶת־כָּל־הָעָם וַיֹּאמֶר אֲלֵהֶם אַחְאָב עָבַד אֶת־הַבַּעַל
19 מְעָט יֵהוּא יַעַבְדֶנּוּ הַרְבֵּה: וְעַתָּה כָל־נְבִיאֵי הַבַּעַל כָּל־עֹבְדָיו וְכָל־
כֹּהֲנָיו קִרְאוּ אֵלַי אִישׁ אַל־יִפָּקֵד כִּי זֶבַח גָּדוֹל לִי לַבַּעַל כֹּל אֲשֶׁר־
יִפָּקֵד לֹא יִחְיֶה וְיֵהוּא עָשָׂה בְעָקְבָּה לְמַעַן הַאֲבִיד אֶת־עֹבְדֵי הַבָּעַל:
20 וַיֹּאמֶר יֵהוּא קַדְּשׁוּ עֲצָרָה לַבַּעַל וַיִּקְרָאוּ: וַיִּשְׁלַח יֵהוּא בְּכָל־יִשְׂרָאֵל
21 וַיָּבֹאוּ כָּל־עֹבְדֵי הַבַּעַל וְלֹא־נִשְׁאַר אִישׁ אֲשֶׁר לֹא־בָא וַיָּבֹאוּ בֵּית
22 הַבַּעַל וַיִּמָּלֵא בֵית־הַבַּעַל פֶּה לָפֶה: וַיֹּאמֶר לַאֲשֶׁר עַל־הַמֶּלְתָּחָה
23 הוֹצֵא לְבוּשׁ לְכֹל עֹבְדֵי הַבַּעַל וַיֹּצֵא לָהֶם הַמַּלְבּוּשׁ: וַיָּבֹא יֵהוּא
וִיהוֹנָדָב בֶּן־רֵכָב בֵּית הַבַּעַל וַיֹּאמֶר לְעֹבְדֵי הַבַּעַל חַפְּשׂוּ וּרְאוּ פֶּן
24 יֶשׁ־פֹּה עִמָּכֶם מֵעַבְדֵי יְהוָה כִּי אִם־עֹבְדֵי הַבַּעַל לְבַדָּם: וַיָּבֹאוּ
לַעֲשׂוֹת זְבָחִים וְעֹלוֹת וְיֵהוּא שָׂם־לוֹ בַחוּץ שְׁמֹנִים אִישׁ וַיֹּאמֶר
הָאִישׁ אֲשֶׁר־יִמָּלֵט מִן־הָאֲנָשִׁים אֲשֶׁר אֲנִי מֵבִיא עַל־יְדֵיכֶם נַפְשׁוֹ
25 תַּחַת נַפְשׁוֹ: וַיְהִי כְּכַלֹּתוֹ לַעֲשׂוֹת הָעֹלָה וַיֹּאמֶר יֵהוּא לָרָצִים
וְלַשָּׁלִשִׁים בֹּאוּ הַכּוּם אִישׁ אַל־יֵצֵא וַיַּכּוּם לְפִי־חָרֶב וַיַּשְׁלִכוּ הָרָצִים
26 וְהַשָּׁלִשִׁים וַיֵּלְכוּ עַד־עִיר בֵּית־הַבַּעַל: וַיֹּצִאוּ אֶת־מַצְּבוֹת בֵּית־הַבַּעַל
27 וַיִּשְׂרְפוּהָ: וַיִּתְּצוּ אֵת מַצְּבַת הַבָּעַל וַיִּתְּצוּ אֶת־בֵּית הַבַּעַל וַיְשִׂמֻהוּ
28 לְמֹוצָאוֹת עַד־הַיּוֹם: וַיַּשְׁמֵד יֵהוּא אֶת־הַבַּעַל מִיִּשְׂרָאֵל: רַק חֲטָאֵי
29 יָרָבְעָם בֶּן־נְבָט אֲשֶׁר הֶחֱטִיא אֶת־יִשְׂרָאֵל לֹא־סָר יֵהוּא מֵאַחֲרֵיהֶם
עֶגְלֵי הַזָּהָב אֲשֶׁר בֵּית־אֵל וַאֲשֶׁר בְּדָן: וַיֹּאמֶר יְהוָה אֶל־
30 יֵהוּא יַעַן אֲשֶׁר־הֱטִיבֹתָ לַעֲשׂוֹת הַיָּשָׁר בְּעֵינַי כְּכֹל אֲשֶׁר בִּלְבָבִי

done unto the house of Ahab according to all that *was* in mine heart, thy children of the fourth *generation* shall sit on the throne of Israel.

31 But Jehu took no heed to walk in the law of the Lord God of Israel with all his heart: for he departed not from the sins of Jeroboam, which made Israel to sin.

32 ¶ In those days the Lord began to cut Israel short: and Hazael smote them in all the coasts of Israel;

33 From Jordan eastward, all the land of Gilead, the Gadites, and the Reubenites, and the Manassites, from Aroer, which *is* by the river Arnon, even Gilead and Bashan.

34 Now the rest of the acts of Jehu, and all that he did, and all his might, *are* they not written in the book of the chronicles of the kings of Israel?

35 And Jehu slept with his fathers: and they buried him in Samaria. And Jehoahaz his son reigned in his stead.

36 And the time that Jehu reigned over Israel in Samaria *was* twenty and eight years.

CHAPTER 11

1 And when Athaliah the mother of Ahaziah saw that her son was dead, she arose and destroyed all the seed royal.

2 But Jehosheba, the daughter of king Joram, sister of Ahaziah, took Joash the son of Ahaziah, and stole him from among the king's sons *which were* slain; and they hid him, *even* him and his nurse, in the bedchamber from Athaliah, so that he was not slain.

3 And he was with her hid in the house of the Lord six years. And Athaliah did reign over the land.

4 ¶ And the seventh year Jehoiada sent and fetched the rulers over hundreds, with the captains and the guard, and brought them to him into the house of the Lord, and made a covenant with them, and took an oath of them in the house of the Lord, and shewed them the king's son.

5 And he commanded them, saying, This *is* the thing that ye shall do; A third part of you that enter in on the sabbath shall even be keepers of the watch of the king's house;

6 And a third part *shall be* at the gate of Sur; and a third part at the gate behind the guard: so shall ye keep the watch of the house, that it be not broken down.

7 And two parts of all you that go forth on the sabbath, even they shall keep the watch of the house of the Lord about the king.

8 And ye shall compass the king round about, every man with his weapons in his hand: and he that cometh within the ranges, let him be slain: and be ye with the king as he goeth out and as he cometh in.

9 And the captains over the hundreds did according to all *things* that Jehoiada the priest commanded: and they took every man his men that were to come in on the sabbath, with them that should go out on the sabbath, and came to Jehoiada the priest.

10 And to the captains over hundreds did the priest give king David's spears and shields, that *were* in the temple of the Lord.

11 And the guard stood, every man with his weapons in his hand, round about the king, from the right corner of the temple to the left corner of the temple, *along* by the altar and the temple.

12 And he brought forth the king's son, and put the crown upon him, and *gave him* the testimony; and they made him king, and anointed him; and they clapped their hands, and said, God save the king.

13 ¶ And when Athaliah heard the noise of the guard *and* of the people, she came to the people into the temple of the Lord.

14 And when she looked, behold, the king stood by a pillar, as the manner *was*, and the princes and the trumpeters by the king, and all the people of the land rejoiced, and blew with trumpets: and Athaliah rent her clothes, and cried, Treason, Treason.

עָשִׂיתָ לְבֵית אַחְאָב בְּנֵי רְבֵעִים יֵשְׁבוּ לְךָ עַל־כִּסֵּא יִשְׂרָאֵל: וְיֵהוּא 31
לֹא שָׁמַר לָלֶכֶת בְּתוֹרַת־יְהוָה אֱלֹהֵי־יִשְׂרָאֵל בְּכָל־לְבָבוֹ לֹא סָר
מֵעַל חַטֹּאות יָרָבְעָם אֲשֶׁר הֶחֱטִיא אֶת־יִשְׂרָאֵל: בַּיָּמִים הָהֵם הֵחֵל 32
יְהוָה לְקַצּוֹת בְּיִשְׂרָאֵל וַיַּכֵּם חֲזָאֵל בְּכָל־גְּבוּל יִשְׂרָאֵל: מִן־הַיַּרְדֵּן 33 33A
מִזְרַח הַשֶּׁמֶשׁ אֵת כָּל־אֶרֶץ הַגִּלְעָד הַגָּדִי וְהָראוּבֵנִי וְהַמְנַשִּׁי מֵעֲרֹעֵר
אֲשֶׁר עַל־נַחַל אַרְנֹן וְהַגִּלְעָד וְהַבָּשָׁן: וְיֶתֶר דִּבְרֵי יֵהוּא וְכָל־אֲשֶׁר 34
עָשָׂה וְכָל־גְּבוּרָתוֹ הֲלוֹא־הֵם כְּתוּבִים עַל־סֵפֶר דִּבְרֵי הַיָּמִים לְמַלְכֵי
יִשְׂרָאֵל: וַיִּשְׁכַּב יֵהוּא עִם־אֲבֹתָיו וַיִּקְבְּרוּ אֹתוֹ בְּשֹׁמְרוֹן וַיִּמְלֹךְ 35
יְהוֹאָחָז בְּנוֹ תַּחְתָּיו: וְהַיָּמִים אֲשֶׁר מָלַךְ יֵהוּא עַל־יִשְׂרָאֵל עֶשְׂרִים 36
וּשְׁמֹנֶה־שָׁנָה בְּשֹׁמְרוֹן:

וַעֲתַלְיָה אֵם אֲחַזְיָהוּ וְרָאֲתָה כִּי מֵת בְּנָהּ וַתָּקָם וַתְּאַבֵּד אֵת כָּל־זֶרַע 11 1
הַמַּמְלָכָה: וַתִּקַּח יְהוֹשֶׁבַע בַּת־הַמֶּלֶךְ־יוֹרָם אֲחוֹת אֲחַזְיָהוּ אֶת־יוֹאָשׁ 2
בֶּן־אֲחַזְיָה וַתִּגְנֹב אֹתוֹ מִתּוֹךְ בְּנֵי־הַמֶּלֶךְ הַמּוּמָתִים הַמּומָתִים אֹתוֹ וְאֶת־
מֵינִקְתּוֹ בַּחֲדַר הַמִּטּוֹת וַיַּסְתִּרוּ אֹתוֹ מִפְּנֵי עֲתַלְיָהוּ וְלֹא הוּמָת:
וַיְהִי אִתָּהּ בֵּית יְהוָה מִתְחַבֵּא שֵׁשׁ שָׁנִים וַעֲתַלְיָה מֹלֶכֶת עַל־ 3
הָאָרֶץ:

וּבַשָּׁנָה הַשְּׁבִיעִית שָׁלַח יְהוֹיָדָע וַיִּקַּח אֶת־שָׂרֵי הַמֵּאיוֹת הַמֵּאוֹת לַכָּרִי 4
וְלָרָצִים וַיָּבֵא אֹתָם אֵלָיו בֵּית יְהוָה וַיִּכְרֹת לָהֶם בְּרִית וַיַּשְׁבַּע אֹתָם
בְּבֵית יְהוָה וַיַּרְא אֹתָם אֶת־בֶּן־הַמֶּלֶךְ: וַיְצַוֵּם לֵאמֹר זֶה הַדָּבָר אֲשֶׁר 5
תַּעֲשׂוּן הַשְּׁלִשִׁית מִכֶּם בָּאֵי הַשַּׁבָּת וְשֹׁמְרֵי מִשְׁמֶרֶת בֵּית הַמֶּלֶךְ:
וְהַשְּׁלִשִׁית בְּשַׁעַר סוּר וְהַשְּׁלִשִׁית בַּשַּׁעַר אַחַר הָרָצִים וּשְׁמַרְתֶּם 6
אֶת־מִשְׁמֶרֶת הַבַּיִת מַסָּח: וּשְׁתֵּי הַיָּדוֹת בָּכֶם כֹּל יֹצְאֵי הַשַּׁבָּת 7
וְשָׁמְרוּ אֶת־מִשְׁמֶרֶת בֵּית־יְהוָה אֶל־הַמֶּלֶךְ: וְהִקַּפְתֶּם עַל־הַמֶּלֶךְ 8
סָבִיב אִישׁ וְכֵלָיו בְּיָדוֹ וְהַבָּא אֶל־הַשְּׂדֵרוֹת יוּמָת וִהְיוּ אֶת־הַמֶּלֶךְ
בְּצֵאתוֹ וּבְבֹאוֹ: וַיַּעֲשׂוּ שָׂרֵי הַמֵּאיוֹת הַמֵּאוֹת כְּכֹל אֲשֶׁר־צִוָּה יְהוֹיָדָע הַכֹּהֵן 9
וַיִּקְחוּ אִישׁ אֶת־אֲנָשָׁיו בָּאֵי הַשַּׁבָּת עִם יֹצְאֵי הַשַּׁבָּת וַיָּבֹאוּ אֶל־
יְהוֹיָדָע הַכֹּהֵן: וַיִּתֵּן הַכֹּהֵן לְשָׂרֵי הַמֵּאיוֹת הַמֵּאוֹת אֶת־הַחֲנִית וְאֶת־הַשְּׁלָטִים 10
אֲשֶׁר לַמֶּלֶךְ דָּוִד אֲשֶׁר בְּבֵית יְהוָה: וַיַּעַמְדוּ הָרָצִים אִישׁ וְכֵלָיו 11
בְּיָדוֹ מִכֶּתֶף הַבַּיִת הַיְמָנִית עַד־כֶּתֶף הַבַּיִת הַשְּׂמָאלִית לַמִּזְבֵּחַ
וְלַבָּיִת עַל־הַמֶּלֶךְ סָבִיב: וַיּוֹצִא אֶת־בֶּן־הַמֶּלֶךְ וַיִּתֵּן עָלָיו אֶת־ 12
הַנֵּזֶר וְאֶת־הָעֵדוּת וַיַּמְלִכוּ אֹתוֹ וַיִּמְשָׁחֻהוּ וַיַּכּוּ־כָף וַיֹּאמְרוּ יְחִי
הַמֶּלֶךְ: וַתִּשְׁמַע עֲתַלְיָה אֶת־קוֹל הָרָצִין הָעָם וַתָּבֹא 13
אֶל־הָעָם בֵּית יְהוָה: וַתֵּרֶא וְהִנֵּה הַמֶּלֶךְ עֹמֵד עַל־הָעַמּוּד 14
כַּמִּשְׁפָּט וְהַשָּׂרִים וְהַחֲצֹצְרוֹת אֶל־הַמֶּלֶךְ וְכָל־עַם הָאָרֶץ שָׂמֵחַ
וְתֹקֵעַ בַּחֲצֹצְרוֹת וַתִּקְרַע עֲתַלְיָה אֶת־בְּגָדֶיהָ וַתִּקְרָא קֶשֶׁר

15 But Jehoiada the priest commanded the captains of the hundreds, the officers of the host, and said unto them, Have her forth without the ranges: and him that followeth her kill with the sword. For the priest had said, Let her not be slain in the house of the LORD.

16 And they laid hands on her; and she went by the way by the which the horses came into the king's house: and there was she slain.

17 ¶ And Jehoiada made a covenant between the LORD and the king and the people, that they should be the LORD's people; between the king also and the people.

18 And all the people of the land went into the house of Baal, and brake it down; his altars and his images brake they in pieces thoroughly, and slew Mattan the priest of Baal before the altars. And the priest appointed officers over the house of the LORD.

19 And he took the rulers over hundreds, and the captains, and the guard, and all the people of the land; and they brought down the king from the house of the LORD, and came by the way of the gate of the guard to the king's house. And he sat on the throne of the kings.

20 And all the people of the land rejoiced, and the city was in quiet: and they slew Athaliah with the sword beside the king's house.

21[12:1] Seven years old was Jehoash when he began to reign.

CHAPTER 12

1[2] In the seventh year of Jehu Jehoash began to reign; and forty years reigned he in Jerusalem. And his mother's name was Zibiah of Beer-sheba.

2[3] And Jehoash did that which was right in the sight of the LORD all his days wherein Jehoiada the priest instructed him.

3[4] But the high places were not taken away: the people still sacrificed and burnt incense in the high places.

4[5] ¶ And Jehoash said to the priests, All the money of the dedicated things that is brought into the house of the LORD, even the money of every one that passeth the account, the money that every man is set at, and all the money that cometh into any man's heart to bring into the house of the LORD,

5[6] Let the priests take it to them, every man of his acquaintance: and let them repair the breaches of the house, wheresoever any breach shall be found.

6[7] But it was so, that in the three and twentieth year of king Jehoash the priests had not repaired the breaches of the house.

7[8] Then king Jehoash called for Jehoiada the priest, and the other priests, and said unto them, Why repair ye not the breaches of the house? now therefore receive no more money of your acquaintance, but deliver it for the breaches of the house.

8[9] And the priests consented to receive no more money of the people, neither to repair the breaches of the house.

9[10] But Jehoiada the priest took a chest, and bored a hole in the lid of it, and set it beside the altar, on the right side as one cometh into the house of the LORD: and the priests that kept the door put therein all the money that was brought into the house of the LORD.

10[11] And it was so, when they saw that there was much money in the chest, that the king's scribe and the high priest came up, and they put up in bags, and told the money that was found in the house of the LORD.

11[12] And they gave the money, being told, into the hands of them that did the work, that had the oversight of the house of the LORD: and they laid it out to the carpenters and builders, that wrought upon the house of the LORD,

12[13] And to masons, and hewers of stone, and to buy timber and hewed stone to repair the breaches of the house of the LORD, and for all that was laid out for the house to repair it.

13[14] Howbeit there were not made for the house of the LORD bowls of silver, snuffers, basons, trumpets, any vessels of gold, or vessels of silver, of the money that was brought into the house of the LORD:

קָשֶׁר: וַיְצַו יְהוֹיָדָע הַכֹּהֵן אֶת־שָׂרֵי המיאות | פְּקֻדֵי הַחַיִל 15

וַיֹּאמֶר אֲלֵיהֶם הוֹצִיאוּ אֹתָהּ אֶל־מִבֵּית לַשְּׂדֵרֹת וְהַבָּא אַחֲרֶיהָ הָמֵת

בֶּחָרֶב כִּי אָמַר הַכֹּהֵן אַל־תּוּמַת בֵּית יְהוָה: וַיָּשִׂמוּ לָהּ יָדַיִם וַתָּבוֹא 16

דֶּרֶךְ־מְבוֹא הַסּוּסִים בֵּית הַמֶּלֶךְ וַתּוּמַת שָׁם: וַיִּכְרֹת 17

יְהוֹיָדָע אֶת־הַבְּרִית בֵּין יְהוָה וּבֵין הַמֶּלֶךְ וּבֵין הָעָם לִהְיוֹת לְעָם

לַיהוָה וּבֵין הַמֶּלֶךְ וּבֵין הָעָם: וַיָּבֹאוּ כָל־עַם הָאָרֶץ בֵּית־הַבַּעַל 18

וַיִּתְּצֻהוּ אֶת־מִזְבְּחֹתָו וְאֶת־צְלָמָיו שִׁבְּרוּ הֵיטֵב וְאֵת מַתָּן כֹּהֵן הַבַּעַל

19A הָרְגוּ לִפְנֵי הַמִּזְבְּחוֹת וַיָּשֶׂם הַכֹּהֵן פְּקֻדֹּת עַל־בֵּית יְהוָה: וַיִּקַּח אֶת־ 19

שָׂרֵי הַמֵּאוֹת וְאֶת־הַכָּרִי וְאֶת־הָרָצִים וְאֵת | כָּל־עַם הָאָרֶץ וַיֹּרִידוּ

אֶת־הַמֶּלֶךְ מִבֵּית יְהוָה וַיָּבוֹאוּ דֶּרֶךְ־שַׁעַר הָרָצִים בֵּית הַמֶּלֶךְ וַיֵּשֶׁב

עַל־כִּסֵּא הַמְּלָכִים: וַיִּשְׂמַח כָּל־עַם־הָאָרֶץ וְהָעִיר שָׁקָטָה וְאֶת־ 20

12 1 עֲתַלְיָהוּ הֵמִיתוּ בַחֶרֶב בֵּית מֶלֶךְ: בֶּן־שֶׁבַע שָׁנִים יְהוֹאָשׁ

בְּמָלְכוֹ:

בִּשְׁנַת־שֶׁבַע לְיֵהוּא מָלַךְ יְהוֹאָשׁ וְאַרְבָּעִים שָׁנָה מָלַךְ בִּירוּשָׁלָ͏ִם 2

וְשֵׁם אִמּוֹ צִבְיָה מִבְּאֵר שָׁבַע: וַיַּעַשׂ יְהוֹאָשׁ הַיָּשָׁר בְּעֵינֵי יְהוָה 3

כָּל־יָמָיו אֲשֶׁר הוֹרָהוּ יְהוֹיָדָע הַכֹּהֵן: רַק הַבָּמוֹת לֹא־סָרוּ עוֹד הָעָם 4

מְזַבְּחִים וּמְקַטְּרִים בַּבָּמוֹת: וַיֹּאמֶר יְהוֹאָשׁ אֶל־הַכֹּהֲנִים כֹּל כֶּסֶף 5

הַקֳּדָשִׁים אֲשֶׁר־יוּבָא בֵית־יְהוָה כֶּסֶף עוֹבֵר אִישׁ כֶּסֶף נַפְשׁוֹת עֶרְכּוֹ

כָּל־כֶּסֶף אֲשֶׁר יַעֲלֶה עַל לֶב־אִישׁ לְהָבִיא בֵּית יְהוָה: יִקְחוּ לָהֶם 6

הַכֹּהֲנִים אִישׁ מֵאֵת מַכָּרוֹ וְהֵם יְחַזְּקוּ אֶת־בֶּדֶק הַבַּיִת לְכֹל אֲשֶׁר־

יִמָּצֵא שָׁם בָּדֶק:

וַיְהִי בִּשְׁנַת עֶשְׂרִים וְשָׁלֹשׁ שָׁנָה לַמֶּלֶךְ יְהוֹאָשׁ לֹא־חִזְּקוּ הַכֹּהֲנִים 7

אֶת־בֶּדֶק הַבָּיִת: וַיִּקְרָא הַמֶּלֶךְ יְהוֹאָשׁ לִיהוֹיָדָע הַכֹּהֵן וְלַכֹּהֲנִים 8

וַיֹּאמֶר אֲלֵהֶם מַדּוּעַ אֵינְכֶם מְחַזְּקִים אֶת־בֶּדֶק הַבָּיִת וְעַתָּה אַל־

תִּקְחוּ־כֶסֶף מֵאֵת מַכָּרֵיכֶם כִּי־לְבֶדֶק הַבַּיִת תִּתְּנֻהוּ: וַיֵּאֹתוּ הַכֹּהֲנִים 9

לְבִלְתִּי קְחַת־כֶּסֶף מֵאֵת הָעָם וּלְבִלְתִּי חַזֵּק אֶת־בֶּדֶק הַבָּיִת: וַיִּקַּח 10

יְהוֹיָדָע הַכֹּהֵן אֲרוֹן אֶחָד וַיִּקֹּב חֹר בְּדַלְתּוֹ וַיִּתֵּן אֹתוֹ אֵצֶל הַמִּזְבֵּחַ

בְּיָמִין בְּבוֹא־אִישׁ בֵּית יְהוָה וְנָתְנוּ־שָׁמָּה הַכֹּהֲנִים שֹׁמְרֵי הַסַּף אֶת־

כָּל־הַכֶּסֶף הַמּוּבָא בֵית־יְהוָה: וַיְהִי כִּרְאוֹתָם כִּי־רַב הַכֶּסֶף בָּאָרוֹן 11

וַיַּעַל סֹפֵר הַמֶּלֶךְ וְהַכֹּהֵן הַגָּדוֹל וַיָּצֻרוּ וַיִּמְנוּ אֶת־הַכֶּסֶף הַנִּמְצָא

בֵית־יְהוָה: וְנָתְנוּ אֶת־הַכֶּסֶף הַמְתֻכָּן עַל־יד עֹשֵׂי הַמְּלָאכָה הפקדים 12

בֵּית יְהוָה וַיּוֹצִיאֻהוּ לְחָרָשֵׁי הָעֵץ וְלַבֹּנִים הָעֹשִׂים בֵּית יְהוָה:

וְלַגֹּדְרִים וּלְחֹצְבֵי הָאֶבֶן וְלִקְנוֹת עֵצִים וְאַבְנֵי מַחְצֵב לְחַזֵּק אֶת־בֶּדֶק 13

בֵּית־יְהוָה וּלְכֹל אֲשֶׁר־יֵצֵא עַל־הַבַּיִת לְחָזְקָה: אַךְ לֹא יֵעָשֶׂה בֵּית 14

יְהוָה סִפּוֹת כֶּסֶף מְזַמְּרוֹת מִזְרָקוֹת חֲצֹצְרוֹת כָּל־כְּלִי זָהָב וּכְלִי־כָסֶף

14[15] But they gave that to the workmen, and repaired therewith the house of the LORD.

15[16] Moreover they reckoned not with the men, into whose hand they delivered the money to be bestowed on workmen: for they dealt faithfully.

16[17] The trespass money and sin money was not brought into the house of the LORD: it was the priests'.

17[18] ¶ Then Hazael king of Syria went up, and fought against Gath, and took it: and Hazael set his face to go up to Jerusalem.

18[19] And Jehoash king of Judah took all the hallowed things that Jehoshaphat, and Jehoram, and Ahaziah, his fathers, kings of Judah, had dedicated, and his own hallowed things, and all the gold *that was* found in the treasures of the house of the LORD, and in the king's house, and sent *it* to Hazael king of Syria: and he went away from Jerusalem.

19[20] ¶ And the rest of the acts of Joash, and all that he did, *are* they not written in the book of the chronicles of the kings of Judah?

20[21] And his servants arose, and made a conspiracy, and slew Joash in the house of Millo, which goeth down to Silla.

21[22] For Jozachar the son of Shimeath, and Jehozabad the son of Shomer, his servants, smote him, and he died; and they buried him with his fathers in the city of David: and Amaziah his son reigned in his stead.

CHAPTER 13

1 In the three and twentieth year of Joash the son of Ahaziah king of Judah Jehoahaz the son of Jehu began to reign over Israel in Samaria, *and reigned* seventeen years.

2 And he did *that which was* evil in the sight of the LORD, and followed the sins of Jeroboam the son of Nebat, which made Israel to sin; he departed not therefrom.

3 ¶ And the anger of the LORD was kin-

dled against Israel, and he delivered them into the hand of Hazael king of Syria, and into the hand of Ben-hadad the son of Hazael, all *their* days.

4 And Jehoahaz besought the LORD, and the LORD hearkened unto him: for he saw the oppression of Israel, because the king of Syria oppressed them.

5 (And the LORD gave Israel a saviour, so that they went out from under the hand of the Syrians: and the children of Israel dwelt in their tents, as beforetime.

6 Nevertheless they departed not from the sins of the house of Jeroboam, who made Israel sin, *but* walked therein: and there remained the grove also in Samaria.)

7 Neither did he leave of the people to Jehoahaz but fifty horsemen, and ten chariots, and ten thousand footmen; for the king of Syria had destroyed them, and had made them like the dust by threshing.

8 ¶ Now the rest of the acts of Jehoahaz, and all that he did, and his might, *are* they not written in the book of the chronicles of the kings of Israel?

9 And Jehoahaz slept with his fathers; and they buried him in Samaria: and Joash his son reigned in his stead.

10 ¶ In the thirty and seventh year of Joash king of Judah began Jehoash the son of Jehoahaz to reign over Israel in Samaria, *and reigned* sixteen years.

11 And he did *that which was* evil in the sight of the LORD; he departed not from all the sins of Jeroboam the son of Nebat, who made Israel sin: *but* he walked therein.

12 And the rest of the acts of Joash, and all that he did, and his might wherewith he fought against Amaziah king of Judah, *are* they not written in the book of the chronicles of the kings of Israel?

13 And Joash slept with his fathers; and Jeroboam sat upon his throne: and Joash was buried in Samaria with the kings of Israel.

14 ¶ Now Elisha was fallen sick of his sickness whereof he died. And Joash the king of Israel came down unto him, and

15 מִן־הַכֶּ֖סֶף הַמּוּבָ֣א בֵּית־יְהוָ֑ה כִּי־לְעֹשֵׂ֤י הַמְּלָאכָה֙ יִתְּנֻ֔הוּ וְחִזְּקוּ־בֹ֖ו

16 אֶת־בֵּ֣ית יְהוָֽה׃ וְלֹ֧א יְחַשְּׁב֣וּ אֶת־הָאֲנָשִׁ֗ים אֲשֶׁ֨ר יִתְּנ֤וּ אֶת־הַכֶּ֙סֶף֙

17 עַל־יָדָ֔ם לָתֵ֖ת לְעֹשֵׂ֣י הַמְּלָאכָ֑ה כִּ֥י בֶאֱמֻנָ֖ה הֵ֥ם עֹשִֽׂים׃ כֶּ֤סֶף אָשָׁם֙

וְכֶ֣סֶף חַטָּאֹ֔ות לֹ֥א יוּבָ֖א בֵּ֣ית יְהוָ֑ה לַכֹּהֲנִ֖ים יִהְיֽוּ׃

18 אָ֣ז יַעֲלֶ֗ה חֲזָאֵל֙ מֶ֣לֶךְ אֲרָ֔ם וַיִּלָּ֥חֶם עַל־גַּ֖ת וַֽיִּלְכְּדָ֑הּ וַיָּ֤שֶׂם חֲזָאֵל֙ פָּנָ֔יו

19 לַעֲלֹ֖ות עַל־יְרוּשָׁלִָֽם׃ וַיִּקַּ֞ח יְהֹואָ֣שׁ מֶֽלֶךְ־יְהוּדָ֗ה אֵ֣ת כָּל־הַקֳּדָשִׁ֡ים

אֲשֶׁר־הִקְדִּ֣ישׁוּ יְהֹושָׁפָ֣ט וִיהֹורָם֩ וַאֲחַזְיָ֨הוּ אֲבֹתָ֜יו מַלְכֵ֣י יְהוּדָה֮ וְאֶת־

קָדָשָׁיו֒ וְאֵ֣ת כָּל־הַזָּהָ֗ב הַנִּמְצָ֛א בְּאֹצְרֹ֥ות בֵּית־יְהוָ֖ה וּבֵ֣ית הַמֶּ֑לֶךְ

20 וַיִּשְׁלַ֕ח לַחֲזָאֵ֖ל מֶ֣לֶךְ אֲרָ֑ם וַיַּ֖עַל מֵעַ֥ל יְרוּשָׁלִָֽם׃ וְיֶ֛תֶר דִּבְרֵ֥י יֹואָ֖שׁ

וְכָל־אֲשֶׁ֣ר עָשָׂ֑ה הֲלֹוא־הֵ֣ם כְּתוּבִ֗ים עַל־סֵ֛פֶר דִּבְרֵ֥י הַיָּמִ֖ים לְמַלְכֵ֥י

21 יְהוּדָֽה׃ וַיָּקֻ֥מוּ עֲבָדָ֖יו וַיִּקְשְׁרוּ־קָ֑שֶׁר וַיַּכּוּ֙ אֶת־יֹואָ֔שׁ בֵּ֥ית מִלֹּ֖א הַיֹּורֵ֥ד

22 סִלָּֽא׃ וְיֹוזָבָ֣ד בֶּן־שִׁמְעָ֡ת וִיהֹוזָבָ֣ד בֶּן־שֹׁמֵר֩ ׀ עֲבָדָ֨יו הִכֻּ֜הוּ וַיָּמֹ֗ת וַיִּקְבְּר֥וּ

אֹתֹ֛ו עִם־אֲבֹתָ֖יו בְּעִ֣יר דָּוִ֑ד וַיִּמְלֹ֛ךְ אֲמַצְיָ֥ה בְנֹ֖ו תַּחְתָּֽיו׃

13 1 בִּשְׁנַ֨ת עֶשְׂרִ֤ים וְשָׁלֹשׁ֙ שָׁנָ֔ה לְיֹואָ֥שׁ בֶּן־אֲחַזְיָ֖הוּ מֶ֣לֶךְ יְהוּדָ֑ה מָ֠לַךְ

2 יְהֹואָחָ֨ז בֶּן־יֵה֤וּא עַל־יִשְׂרָאֵל֙ בְּשֹׁ֣מְרֹ֔ון שְׁבַ֥ע עֶשְׂרֵ֖ה שָׁנָֽה׃ וַיַּ֥עַשׂ הָרַ֛ע

בְּעֵינֵ֥י יְהוָ֖ה וַיֵּ֗לֶךְ אַחַ֞ר חַטֹּ֤את יָרָבְעָם֙ בֶּן־נְבָ֔ט אֲשֶׁר־הֶחֱטִ֖יא אֶת־

3 יִשְׂרָאֵ֑ל לֹא־סָ֖ר מִמֶּֽנָּה׃ וַיִּֽחַר־אַ֤ף יְהוָה֙ בְּיִשְׂרָאֵ֔ל וַֽיִּתְּנֵ֛ם בְּיַ֥ד ׀ חֲזָאֵ֣ל

4 מֶֽלֶךְ־אֲרָ֔ם וּבְיַ֥ד בֶּן־הֲדַ֖ד בֶּן־חֲזָאֵ֑ל כָּל־הַיָּמִֽים׃ וַיְחַ֥ל יְהֹואָחָ֖ז אֶת־פְּנֵ֣י

יְהוָ֑ה וַיִּשְׁמַ֤ע אֵלָיו֙ יְהוָ֔ה כִּ֤י רָאָה֙ אֶת־לַ֣חַץ יִשְׂרָאֵ֔ל כִּֽי־לָחַ֥ץ אֹתָ֖ם

5 מֶ֥לֶךְ אֲרָֽם׃ וַיִּתֵּ֨ן יְהוָ֤ה לְיִשְׂרָאֵל֙ מֹושִׁ֔יעַ וַיֵּ֣צְא֔וּ מִתַּ֖חַת יַד־אֲרָ֑ם וַיֵּשְׁב֧וּ

6 בְנֵֽי־יִשְׂרָאֵ֛ל בְּאָהֳלֵיהֶ֖ם כִּתְמֹ֥ול שִׁלְשֹֽׁום׃ אַ֠ךְ לֹֽא־סָ֜רוּ מֵחַטֹּ֣אות

הֶחֱטִיא

בֵית־יָרָבְעָ֛ם אֲשֶׁר־הֶחֱטִ֥יא אֶת־יִשְׂרָאֵ֖ל בָּ֣הּ הָלָ֑ךְ וְגַם֙ הָאֲשֵׁרָ֔ה עָֽמְדָ֖ה

7 בְּשֹׁמְרֹֽון׃ כִּ֣י לֹא֩ הִשְׁאִ֨יר לִיהֹואָחָ֜ז עָ֗ם כִּ֣י אִם־חֲמִשִּׁ֤ים פָּֽרָשִׁים֙

וַעֲשָׂ֣רָה רֶ֔כֶב וַעֲשֶׂ֖רֶת אֲלָפִ֣ים רַגְלִ֑י כִּ֤י אִבְּדָם֙ מֶ֣לֶךְ אֲרָ֔ם וַיְשִׂמֵ֥ם

8 כֶּעָפָ֖ר לָדֻֽשׁ׃ וְיֶ֨תֶר דִּבְרֵ֤י יְהֹואָחָז֙ וְכָל־אֲשֶׁ֣ר עָשָׂ֔ה וּגְבוּרָתֹ֑ו הֲלֹוא־הֵ֣ם

9 כְּתוּבִ֗ים עַל־סֵ֛פֶר דִּבְרֵ֥י הַיָּמִ֖ים לְמַלְכֵ֣י יִשְׂרָאֵֽל׃ וַיִּשְׁכַּ֤ב יְהֹואָחָז֙ עִם־

אֲבֹתָ֔יו וַֽיִּקְבְּרֻ֖הוּ בְּשֹׁמְרֹ֑ון וַיִּמְלֹ֛ךְ יֹואָ֥שׁ בְּנֹ֖ו תַּחְתָּֽיו׃

10 בִּשְׁנַ֨ת שְׁלֹשִׁ֤ים וָשֶׁ֙בַע֙ שָׁנָ֔ה לְיֹואָ֖שׁ מֶ֣לֶךְ יְהוּדָ֑ה מָ֠לַךְ יְהֹואָ֨שׁ בֶּן־

11 יְהֹואָחָ֤ז עַל־יִשְׂרָאֵל֙ בְּשֹׁ֣מְרֹ֔ון שֵׁ֥שׁ עֶשְׂרֵ֖ה שָׁנָֽה׃ וַיַּעֲשֶׂ֤ה הָרַע֙ בְּעֵינֵ֣י

יְהוָ֔ה לֹ֣א סָ֗ר מִכָּל־חַטֹּ֞אות יָרָבְעָ֧ם בֶּן־נְבָ֛ט אֲשֶׁר־הֶחֱטִ֥יא אֶת־

12 יִשְׂרָאֵ֖ל בָּ֥הּ הָלָֽךְ׃ וְיֶ֨תֶר דִּבְרֵ֤י יֹואָשׁ֙ וְכָל־אֲשֶׁ֣ר עָשָׂ֔ה וּגְבוּרָתֹ֗ו אֲשֶׁ֥ר

נִלְחַ֖ם עִ֣ם אֲמַצְיָ֣ה מֶֽלֶךְ־יְהוּדָ֑ה הֲלֹוא־הֵ֣ם כְּתוּבִ֗ים עַל־סֵ֛פֶר דִּבְרֵ֥י

13 הַיָּמִ֖ים לְמַלְכֵ֣י יִשְׂרָאֵֽל׃ וַיִּשְׁכַּ֤ב יֹואָשׁ֙ עִם־אֲבֹתָ֔יו וְיָרָבְעָ֖ם יָשַׁ֣ב עַל־

כִּסְאֹ֑ו וַיִּקָּבֵ֤ר יֹואָשׁ֙ בְּשֹׁ֣מְרֹ֔ון עִ֖ם מַלְכֵ֥י יִשְׂרָאֵֽל׃

14 וֶאֱלִישָׁע֙ חָלָ֣ה אֶת־חָלְיֹ֔ו אֲשֶׁ֥ר יָמ֖וּת בֹּ֑ו וַיֵּ֨רֶד אֵלָ֜יו יֹואָ֣שׁ מֶֽלֶךְ־

wept over his face, and said, O my father, my father, the chariot of Israel, and the horsemen thereof.

15 And Elisha said unto him, Take bow and arrows. And he took unto him bow and arrows.

16 And he said to the king of Israel, Put thine hand upon the bow. And he put his hand *upon it:* and Elisha put his hands upon the king's hands.

17 And he said, Open the window eastward. And he opened *it.* Then Elisha said, Shoot. And he shot. And he said, The arrow of the LORD's deliverance, and the arrow of deliverance from Syria: for thou shalt smite the Syrians in Aphek, till thou have consumed *them.*

18 And he said, Take the arrows. And he took *them.* And he said unto the king of Israel, Smite upon the ground. And he smote thrice, and stayed.

19 And the man of God was wroth with him, and said, Thou shouldest have smitten five or six times; then hadst thou smitten Syria till thou hadst consumed *it:* whereas now thou shalt smite Syria *but* thrice.

20 ¶ And Elisha died, and they buried him. And the bands of the Moabites invaded the land at the coming in of the year.

21 And it came to pass, as they were burying a man, that, behold, they spied a band *of men;* and they cast the man into the sepulchre of Elisha: and when the man was let down, and touched the bones of Elisha, he revived, and stood up on his feet.

22 ¶ But Hazael king of Syria oppressed Israel all the days of Jehoahaz.

23 And the LORD was gracious unto them, and had compassion on them, and had respect unto them, because of his covenant with Abraham, Isaac, and Jacob, and would not destroy them, neither cast he them from his presence as yet.

24 So Hazael king of Syria died; and Ben-hadad his son reigned in his stead.

25 And Jehoash the son of Jehoahaz took again out of the hand of Ben-hadad the son of Hazael the cities, which he had taken out of the hand of Jehoahaz his father by war. Three times did Joash beat him, and recovered the cities of Israel.

CHAPTER 14

1 In the second year of Joash son of Jehoahaz king of Israel reigned Amaziah the son of Joash king of Judah.

2 He was twenty and five years old when he began to reign, and reigned twenty and nine years in Jerusalem. And his mother's name *was* Jehoaddan of Jerusalem.

3 And he did *that which was* right in the sight of the LORD, yet not like David his father: he did according to all things as Joash his father did.

4 Howbeit the high places were not taken away: as yet the people did sacrifice and burnt incense on the high places.

5 ¶ And it came to pass, as soon as the kingdom was confirmed in his hand, that he slew his servants which had slain the king his father.

6 But the children of the murderers he slew not: according unto that which is written in the book of the law of Moses, wherein the LORD commanded, saying, The fathers shall not be put to death for the children, nor the children be put to death for the fathers; but every man shall be put to death for his own sin.

7 He slew of Edom in the valley of salt ten thousand, and took Selah by war, and called the name of it Joktheel unto this day.

8 ¶ Then Amaziah sent messengers to Jehoash, the son of Jehoahaz son of Jehu, king of Israel, saying, Come, let us look one another in the face.

9 And Jehoash the king of Israel sent to Amaziah king of Judah, saying, The thistle that *was* in Lebanon sent to the cedar that *was* in Lebanon, saying, Give thy daughter to my son to wife: and there passed by a wild beast that *was* in Lebanon, and trode down the thistle.

10 Thou hast indeed smitten Edom, and thine heart hath lifted thee up: glory *of*

15 יִשְׂרָאֵל וַיֵּבְךְּ עַל־פָּנָיו וַיֹּאמַר אָבִי ׀ אָבִי רֶכֶב יִשְׂרָאֵל וּפָרָשָׁיו: וַיֹּאמֶר

16 לוֹ אֱלִישָׁע קַח קֶשֶׁת וְחִצִּים וַיִּקַּח אֵלָיו קֶשֶׁת וְחִצִּים: וַיֹּאמֶר ׀ לְמֶלֶךְ

יִשְׂרָאֵל הַרְכֵּב יָדְךָ עַל־הַקֶּשֶׁת וַיַּרְכֵּב יָדוֹ וַיָּשֶׂם אֱלִישָׁע יָדָיו עַל־יְדֵי

17 הַמֶּלֶךְ: וַיֹּאמֶר פְּתַח הַחַלּוֹן קֵדְמָה וַיִּפְתָּח וַיֹּאמֶר אֱלִישָׁע יְרֵה וַיּוֹר

וַיֹּאמֶר חֵץ־תְּשׁוּעָה לַיהוָה וְחֵץ תְּשׁוּעָה בַאֲרָם וְהִכִּיתָ אֶת־אֲרָם

18 בַּאֲפֵק עַד־כַּלֵּה: וַיֹּאמֶר קַח הַחִצִּים וַיִּקָּח וַיֹּאמֶר לְמֶלֶךְ־יִשְׂרָאֵל הַךְ־

19 אַרְצָה וַיַּךְ שָׁלֹשׁ־פְּעָמִים וַיַּעֲמֹד: וַיִּקְצֹף עָלָיו אִישׁ הָאֱלֹהִים וַיֹּאמֶר

לְהַכּוֹת חָמֵשׁ אוֹ־שֵׁשׁ פְּעָמִים אָז הִכִּיתָ אֶת־אֲרָם עַד־כַּלֵּה וְעַתָּה

20 שָׁלֹשׁ פְּעָמִים תַּכֶּה אֶת־אֲרָם: וַיָּמָת אֱלִישָׁע וַיִּקְבְּרֻהוּ

21 וּגְדוּדֵי מוֹאָב יָבֹאוּ בָאָרֶץ בָּא שָׁנָה: וַיְהִי הֵם ׀ קֹבְרִים אִישׁ וְהִנֵּה

רָאוּ אֶת־הַגְּדוּד וַיַּשְׁלִיכוּ אֶת־הָאִישׁ בְּקֶבֶר אֱלִישָׁע וַיֵּלֶךְ וַיִּגַּע הָאִישׁ

בְּעַצְמוֹת אֱלִישָׁע וַיְחִי וַיָּקָם עַל־רַגְלָיו:

22 וַחֲזָאֵל מֶלֶךְ אֲרָם לָחַץ אֶת־יִשְׂרָאֵל כֹּל יְמֵי יְהוֹאָחָז: וַיָּחָן יְהוָה
23 אֹתָם וַיְרַחֲמֵם וַיִּפֶן אֲלֵיהֶם לְמַעַן בְּרִיתוֹ אֶת־אַבְרָהָם יִצְחָק וְיַעֲקֹב

24 וְלֹא אָבָה הַשְׁחִיתָם וְלֹא־הִשְׁלִיכָם מֵעַל־פָּנָיו עַד־עָתָּה: וַיָּמָת

25 חֲזָאֵל מֶלֶךְ־אֲרָם וַיִּמְלֹךְ בֶּן־הֲדַד בְּנוֹ תַּחְתָּיו: וַיָּשָׁב יְהוֹאָשׁ בֶּן־

יְהוֹאָחָז וַיִּקַּח אֶת־הֶעָרִים מִיַּד בֶּן־הֲדַד בֶּן־חֲזָאֵל אֲשֶׁר לָקַח מִיַּד

יְהוֹאָחָז אָבִיו בַּמִּלְחָמָה שָׁלֹשׁ פְּעָמִים הִכָּהוּ יוֹאָשׁ וַיָּשֶׁב אֶת־עָרֵי

יִשְׂרָאֵל:

14 1 בִּשְׁנַת שְׁתַּיִם לְיוֹאָשׁ בֶּן־יוֹאָחָז מֶלֶךְ יִשְׂרָאֵל מָלַךְ אֲמַצְיָהוּ בֶן־יוֹאָשׁ

2 מֶלֶךְ יְהוּדָה: בֶּן־עֶשְׂרִים וְחָמֵשׁ שָׁנָה הָיָה בְמָלְכוֹ וְעֶשְׂרִים וָתֵשַׁע

יְהוֹעַדָּן 3 שָׁנָה מָלַךְ בִּירוּשָׁלָ͏ִם וְשֵׁם אִמּוֹ יְהוֹעַדִּין מִן־יְרוּשָׁלָ͏ִם: וַיַּעַשׂ הַיָּשָׁר

בְּעֵינֵי יְהוָה רַק לֹא כְּדָוִד אָבִיו כְּכֹל אֲשֶׁר־עָשָׂה יוֹאָשׁ אָבִיו עָשָׂה:

4 רַק הַבָּמוֹת לֹא־סָרוּ עוֹד הָעָם מְזַבְּחִים וּמְקַטְּרִים בַּבָּמוֹת: וַיְהִי
5 כַּאֲשֶׁר חָזְקָה הַמַּמְלָכָה בְּיָדוֹ וַיַּךְ אֶת־עֲבָדָיו הַמַּכִּים אֶת־הַמֶּלֶךְ

6 אָבִיו: וְאֶת־בְּנֵי הַמַּכִּים לֹא הֵמִית כַּכָּתוּב בְּסֵפֶר תּוֹרַת־מֹשֶׁה אֲשֶׁר־

צִוָּה יְהוָה לֵאמֹר לֹא־יוּמְתוּ אָבוֹת עַל־בָּנִים וּבָנִים לֹא־יוּמְתוּ עַל־

יוּמַת מֶלַח 7 אָבוֹת כִּי אִם־אִישׁ בְּחֶטְאוֹ יָמוּת: הוּא־הִכָּה אֶת־אֱדוֹם בְּגֵיא־הַמֶּלַח

עֲשֶׂרֶת אֲלָפִים וְתָפַשׂ אֶת־הַסֶּלַע בַּמִּלְחָמָה וַיִּקְרָא אֶת־שְׁמָהּ יָקְתְאֵל

עַד הַיּוֹם הַזֶּה:

8A 8 אָז שָׁלַח אֲמַצְיָה מַלְאָכִים אֶל־יְהוֹאָשׁ בֶּן־יְהוֹאָחָז בֶּן־יֵהוּא מֶלֶךְ

9 יִשְׂרָאֵל לֵאמֹר לְכָה נִתְרָאֶה פָנִים: וַיִּשְׁלַח יְהוֹאָשׁ מֶלֶךְ־יִשְׂרָאֵל אֶל־

אֲמַצְיָהוּ מֶלֶךְ־יְהוּדָה לֵאמֹר הַחוֹחַ אֲשֶׁר בַּלְּבָנוֹן שָׁלַח אֶל־הָאֶרֶז

אֲשֶׁר בַּלְּבָנוֹן לֵאמֹר תְּנָה־אֶת־בִּתְּךָ לִבְנִי לְאִשָּׁה וַתַּעֲבֹר חַיַּת הַשָּׂדֶה

10 אֲשֶׁר בַּלְּבָנוֹן וַתִּרְמֹס אֶת־הַחוֹחַ: הַכֵּה הִכִּיתָ אֶת־אֱדוֹם וּנְשָׂאֲךָ

this, and tarry at home: for why shouldest thou meddle to *thy* hurt, that thou shouldest fall, *even* thou, and Judah with thee?

11 But Amaziah would not hear. Therefore Jehoash king of Israel went up; and he and Amaziah king of Judah looked one another in the face at Beth-shemesh, which *belongeth* to Judah.

12 And Judah was put to the worse before Israel; and they fled every man to their tents.

13 And Jehoash king of Israel took Amaziah king of Judah, the son of Jehoash the son of Ahaziah, at Beth-shemesh, and came to Jerusalem, and brake down the wall of Jerusalem from the gate of Ephraim unto the corner gate, four hundred cubits.

14 And he took all the gold and silver, and all the vessels that were found in the house of the LORD, and in the treasures of the king's house, and hostages, and returned to Samaria.

15 ¶ Now the rest of the acts of Jehoash which he did, and his might, and how he fought with Amaziah king of Judah, *are* they not written in the book of the chronicles of the kings of Israel?

16 And Jehoash slept with his fathers, and was buried in Samaria with the kings of Israel; and Jeroboam his son reigned in his stead.

17 ¶ And Amaziah the son of Joash king of Judah lived after the death of Jehoash son of Jehoahaz king of Israel fifteen years.

18 And the rest of the acts of Amaziah, *are* they not written in the book of the chronicles of the kings of Judah?

19 Now they made a conspiracy against him in Jerusalem: and he fled to Lachish; but they sent after him to Lachish, and slew him there.

20 And they brought him on horses: and he was buried at Jerusalem with his fathers in the city of David.

21 ¶ And all the people of Judah took Azariah, which *was* sixteen years old, and

made him king instead of his father Amaziah.

22 He built Elath, and restored it to Judah, after that the king slept with his fathers.

23 ¶ In the fifteenth year of Amaziah the son of Joash king of Judah Jeroboam the son of Joash king of Israel began to reign in Samaria, *and reigned* forty and one years.

24 And he did *that which was* evil in the sight of the LORD: he departed not from all the sins of Jeroboam the son of Nebat, who made Israel to sin.

25 He restored the coast of Israel from the entering of Hamath unto the sea of the plain, according to the word of the LORD God of Israel, which he spake by the hand of his servant Jonah, the son of Amittai, the prophet, which *was* of Gath-hepher.

26 For the LORD saw the affliction of Israel, *that it was* very bitter: for *there was* not any shut up, nor any left, nor any helper for Israel.

27 And the LORD said not that he would blot out the name of Israel from under heaven: but he saved them by the hand of Jeroboam the son of Joash.

28 ¶ Now the rest of the acts of Jeroboam, and all that he did, and his might, how he warred, and how he recovered Damascus, and Hamath, *which belonged* to Judah, for Israel, are they not written in the book of the chronicles of the kings of Israel?

29 And Jeroboam slept with his fathers, *even* with the kings of Israel; and Zachariah his son reigned in his stead.

CHAPTER 15

1 In the twenty and seventh year of Jeroboam king of Israel began Azariah son of Amaziah king of Judah to reign.

2 Sixteen years old was he when he began to reign, and he reigned two and fifty years

לִבֶּ֣ךָ הִכָּבֵד֮ וְשֵׁ֣ב בְּבֵיתֶךָ֒ וְלָ֤מָּה תִתְגָּרֶה֙ בְּרָעָ֔ה וְנָ֣פַלְתָּ֔ה אַתָּ֖ה

11 וִֽיהוּדָ֣ה עִמָּ֑ךְ וְלֹא־שָׁמַ֣ע אֲמַצְיָ֗הוּ וַיַּ֨עַל֙ יְהוֹאָ֣שׁ מֶֽלֶךְ־יִשְׂרָאֵ֔ל וַיִּתְרָא֤וּ

12 פָנִים֙ ה֣וּא וַאֲמַצְיָ֔הוּ מֶֽלֶךְ־יְהוּדָ֖ה בְּבֵ֣ית שֶׁ֑מֶשׁ אֲשֶׁ֖ר לִיהוּדָֽה׃ וַיִּנָּ֤גֶף

13 יְהוּדָה֙ לִפְנֵ֣י יִשְׂרָאֵ֔ל וַיָּנֻ֖סוּ אִ֣ישׁ לְאֹהָלָֽו׃ וְאֵ֣ת אֲמַצְיָ֣הוּ מֶֽלֶךְ־יְהוּדָ֡ה

בֶּן־יְהוֹאָשׁ֩ בֶּן־אֲחַזְיָ֨הוּ תָּפַ֜שׂ יְהוֹאָ֣שׁ מֶֽלֶךְ־יִשְׂרָאֵל֮ בְּבֵ֣ית שָׁ֒מֶשׁ֒ וַיָּבֹא֙

יְרֽוּשָׁלִַ֔ם וַיִּפְרֹ֞ץ בְּחוֹמַ֣ת יְרֽוּשָׁלִַ֗ם בְּשַׁ֤עַר אֶפְרַ֨יִם֙ עַד־שַׁ֣עַר הַפִּנָּ֔ה

14 אַרְבַּ֖ע מֵא֥וֹת אַמָּֽה׃ וְלָקַ֣ח אֶת־כָּל־הַזָּהָב־וְ֠הַכֶּסֶף וְאֵ֨ת כָּל־הַכֵּלִ֜ים

הַנִּמְצְאִ֣ים בֵּית־יְהוָ֗ה וּבְאֹֽצְרוֹת֙ בֵּ֣ית הַמֶּ֔לֶךְ וְאֵ֖ת בְּנֵ֣י הַתַּֽעֲרֻב֑וֹת

15 וַיָּ֖שָׁב שֹׁמְרֽוֹנָה׃ וְיֶ֨תֶר דִּבְרֵ֤י יְהוֹאָשׁ֙ אֲשֶׁ֣ר עָשָׂ֔ה וּגְבֽוּרָת֖וֹ וַאֲשֶׁ֣ר

נִלְחַ֔ם עִ֖ם אֲמַצְיָ֣הוּ מֶֽלֶךְ־יְהוּדָ֑ה הֲלֹא־הֵ֣ם כְּתוּבִ֗ים עַל־סֵ֛פֶר דִּבְרֵ֥י

16 הַיָּמִ֖ים לְמַלְכֵ֥י יִשְׂרָאֵֽל׃ וַיִּשְׁכַּ֤ב יְהוֹאָשׁ֙ עִם־אֲבֹתָ֔יו וַיִּקָּבֵר֙ בְּשֹׁ֣מְר֔וֹן

עִ֖ם מַלְכֵ֣י יִשְׂרָאֵ֑ל וַיִּמְלֹ֛ךְ יָרָבְעָ֥ם בְּנ֖וֹ תַּחְתָּֽיו׃

17 וַיְחִ֨י אֲמַצְיָ֤הוּ בֶן־יוֹאָשׁ֙ מֶ֣לֶךְ יְהוּדָ֔ה אַחֲרֵ֣י מ֗וֹת יְהוֹאָ֛שׁ בֶּן־יְהֽוֹאָחָ֖ז

18 מֶ֣לֶךְ יִשְׂרָאֵ֑ל חֲמֵ֥שׁ עֶשְׂרֵ֖ה שָׁנָֽה׃ וְיֶ֛תֶר דִּבְרֵ֥י אֲמַצְיָ֖הוּ הֲלֹא־הֵ֣ם

19 כְּתוּבִ֗ים עַל־סֵ֛פֶר דִּבְרֵ֥י הַיָּמִ֖ים לְמַלְכֵ֣י יְהוּדָֽה׃ וַיִּקְשְׁר֨וּ עָלָ֤יו קֶ֨שֶׁר֙

20 בִּירֽוּשָׁלִַ֔ם וַיָּ֖נָס לָכִ֑ישָׁה וַיִּשְׁלְח֤וּ אַחֲרָיו֙ לָכִ֔ישָׁה וַיְמִתֻ֖הוּ שָֽׁם׃ וַיִּשְׂא֖וּ

21 אֹת֣וֹ עַל־הַסּוּסִ֑ים וַיִּקָּבֵ֧ר בִּירֽוּשָׁלִַ֛ם עִם־אֲבֹתָ֖יו בְּעִ֥יר דָּוִֽד׃ וַיִּקְח֣וּ

כָל־עַ֣ם יְהוּדָ֗ה אֶת־עֲזַרְיָ֔ה וְה֕וּא בֶּן־שֵׁ֥שׁ עֶשְׂרֵ֖ה שָׁנָ֑ה וַיַּמְלִ֤כוּ אֹתוֹ֙

22 תַּ֖חַת אָבִ֣יו אֲמַצְיָֽהוּ׃ ה֣וּא בָּנָ֤ה אֶת־אֵילַת֙ וַיְשִׁבֶ֣הָ לִֽיהוּדָ֔ה אַחֲרֵ֥י

שְׁכַב־הַמֶּ֖לֶךְ עִם־אֲבֹתָֽיו׃

23 בִּשְׁנַת֩ חֲמֵ֨שׁ־עֶשְׂרֵ֜ה שָׁנָ֗ה לַאֲמַצְיָ֤הוּ בֶן־יוֹאָשׁ֙ מֶ֣לֶךְ יְהוּדָ֔ה מָ֠לַךְ

24 יָרָבְעָ֨ם בֶּן־יוֹאָ֤שׁ מֶֽלֶךְ־יִשְׂרָאֵל֙ בְּשֹׁ֣מְר֔וֹן אַרְבָּעִ֥ים וְאַחַ֖ת שָׁנָֽה׃ וַיַּ֣עַשׂ

הָרַ֖ע בְּעֵינֵ֣י יְהוָ֑ה לֹ֣א סָ֗ר מִכָּל־חַטֹּאות֙ יָרָבְעָ֣ם בֶּן־נְבָ֔ט אֲשֶׁ֥ר

25 הֶחֱטִ֖יא אֶת־יִשְׂרָאֵֽל׃ ה֗וּא הֵשִׁיב֙ אֶת־גְּב֣וּל יִשְׂרָאֵ֔ל מִלְּב֥וֹא חֲמָ֖ת

עַד־יָ֣ם הָעֲרָבָ֑ה כִּדְבַ֤ר יְהוָה֙ אֱלֹהֵ֣י יִשְׂרָאֵ֔ל אֲשֶׁ֣ר דִּבֶּ֔ר בְּיַד־עַבְדּ֞וֹ

26 יוֹנָ֤ה בֶן־אֲמִתַּי֙ הַנָּבִ֔יא אֲשֶׁ֖ר מִגַּ֣ת הַחֵֽפֶר׃ כִּֽי־רָאָ֤ה יְהוָה֙ אֶת־עֳנִ֣י

יִשְׂרָאֵ֖ל מֹרֶ֣ה מְאֹ֑ד וְאֶ֤פֶס עָצוּר֙ וְאֶ֣פֶס עָז֔וּב וְאֵ֥ין עֹזֵ֖ר לְיִשְׂרָאֵֽל׃

27 וְלֹא־דִבֶּ֣ר יְהוָ֔ה לִמְחוֹת֙ אֶת־שֵׁ֣ם יִשְׂרָאֵ֔ל מִתַּ֖חַת הַשָּׁמָ֑יִם וַיּ֣וֹשִׁיעֵ֔ם

28 בְּיַ֖ד יָרָבְעָ֥ם בֶּן־יוֹאָֽשׁ׃ וְיֶתֶר֩ דִּבְרֵ֨י יָרָבְעָ֜ם וְכָל־אֲשֶׁ֤ר עָשָׂה֙

וּגְב֣וּרָת֣וֹ אֲשֶׁר־נִלְחָ֗ם וַאֲשֶׁ֨ר הֵשִׁ֜יב אֶת־דַּמֶּ֧שֶׂק וְאֶת־חֲמָ֛ת לִיהוּדָ֖ה

בְּיִשְׂרָאֵ֑ל הֲלֹא־הֵ֣ם כְּתוּבִ֗ים עַל־סֵ֛פֶר דִּבְרֵ֥י הַיָּמִ֖ים לְמַלְכֵ֥י יִשְׂרָאֵֽל׃

29 וַיִּשְׁכַּ֤ב יָרָבְעָם֙ עִם־אֲבֹתָ֔יו עִ֖ם מַלְכֵ֣י יִשְׂרָאֵ֑ל וַיִּמְלֹ֛ךְ זְכַרְיָ֥ה בְנ֖וֹ

תַּחְתָּֽיו׃

15 1 בִּשְׁנַ֨ת עֶשְׂרִ֤ים וָשֶׁ֨בַע֙ שָׁנָ֔ה לְיָרָבְעָ֖ם מֶ֣לֶךְ יִשְׂרָאֵ֑ל מָלַ֛ךְ עֲזַרְיָ֥ה בֶן־

2 אֲמַצְיָ֖ה מֶ֥לֶךְ יְהוּדָֽה׃ בֶּן־שֵׁ֨שׁ עֶשְׂרֵ֤ה שָׁנָה֙ הָיָ֣ה בְמָלְכ֔וֹ וַחֲמִשִּׁ֤ים

in Jerusalem. And his mother's name *was* Jecholiah of Jerusalem.

3 And he did *that which was* right in the sight of the LORD, according to all that his father Amaziah had done;

4 Save that the high places were not removed: the people sacrificed and burnt incense still on the high places.

5 ¶ And the LORD smote the king, so that he was a leper unto the day of his death, and dwelt in a several house. And Jotham the king's son *was* over the house, judging the people of the land.

6 And the rest of the acts of Azariah, and all that he did, *are* they not written in the book of the chronicles of the kings of Judah?

7 So Azariah slept with his fathers; and they buried him with his fathers in the city of David: and Jotham his son reigned in his stead.

8 ¶ In the thirty and eighth year of Azariah king of Judah did Zachariah the son of Jeroboam reign over Israel in Samaria six months.

9 And he did *that which was* evil in the sight of the LORD, as his fathers had done: he departed not from the sins of Jeroboam the son of Nebat, who made Israel to sin.

10 And Shallum the son of Jabesh conspired against him, and smote him before the people, and slew him, and reigned in his stead.

11 And the rest of the acts of Zachariah, behold, they *are* written in the book of the chronicles of the kings of Israel.

12 This *was* the word of the LORD which he spake unto Jehu, saying, Thy sons shall sit on the throne of Israel unto the fourth *generation*. And so it came to pass.

13 ¶ Shallum the son of Jabesh began to reign in the nine and thirtieth year of Uzziah king of Judah; and he reigned a full month in Samaria.

14 For Menahem the son of Gadi went up from Tirzah, and came to Samaria, and smote Shallum the son of Jabesh in Samaria, and slew him, and reigned in his stead.

15 And the rest of the acts of Shallum, and his conspiracy which he made, behold, they *are* written in the book of the chronicles of the kings of Israel.

16 ¶ Then Menahem smote Tiphsah, and all that *were* therein, and the coasts thereof from Tirzah: because they opened not *to him*, therefore he smote *it; and* all the women therein that were with child he ripped up.

17 In the nine and thirtieth year of Azariah king of Judah began Menahem the son of Gadi to reign over Israel, *and reigned* ten years in Samaria.

18 And he did *that which was* evil in the sight of the LORD: he departed not all his days from the sins of Jeroboam the son of Nebat, who made Israel to sin.

19 *And* Pul the king of Assyria came against the land: and Menahem gave Pul a thousand talents of silver, that his hand might be with him to confirm the kingdom in his hand.

20 And Menahem exacted the money of Israel, *even* of all the mighty men of wealth, of each man fifty shekels of silver, to give to the king of Assyria. So the king of Assyria turned back, and stayed not there in the land.

21 ¶ And the rest of the acts of Menahem, and all that he did, *are* they not written in the book of the chronicles of the kings of Israel?

22 And Menahem slept with his fathers; and Pekahiah his son reigned in his stead.

23 ¶ In the fiftieth year of Azariah king of Judah Pekahiah the son of Menahem began to reign over Israel in Samaria, *and reigned* two years.

24 And he did *that which was* evil in the sight of the LORD: he departed not from the sins of Jeroboam the son of Nebat, who made Israel to sin.

וּשְׁתַּיִם֩ שָׁנָ֨ה מָלַ֜ךְ בִּירוּשָׁלִַ֗ם וְשֵׁ֤ם אִמּוֹ֙ יְכָלְיָ֔הוּ מִירוּשָׁלָֽ͏ִם: וַיַּ֨עַשׂ 3

הַיָּשָׁ֤ר בְּעֵינֵ֣י יְהֹוָ֔ה כְּכֹ֥ל אֲשֶׁר־עָשָׂ֖ה אֲמַצְיָ֣הוּ אָבִ֑יו: רַ֤ק הַבָּמ֨וֹת֙ לֹא־ 4

סָ֔רוּ ע֥וֹד הָעָ֛ם מְזַבְּחִ֥ים וּֽמְקַטְּרִ֖ים בַּבָּמֽוֹת: וַיְנַגַּ֨ע יְהֹוָ֜ה אֶת־הַמֶּ֗לֶךְ 5

וַיְהִ֤י מְצֹרָע֙ עַד־י֣וֹם מֹת֔וֹ וַיֵּ֖שֶׁב בְּבֵ֣ית הַֽחׇפְשִׁ֑ית וְיוֹתָ֤ם בֶּן־הַמֶּ֙לֶךְ֙

עַל־הַבַּ֔יִת שֹׁפֵ֖ט אֶת־עַ֥ם הָאָֽרֶץ: וְיֶ֛תֶר דִּבְרֵ֥י עֲזַרְיָ֖הוּ וְכׇל־אֲשֶׁ֣ר עָשָׂ֑ה 6

הֲלֹא־הֵ֣ם כְּתוּבִ֗ים עַל־סֵ֛פֶר דִּבְרֵ֥י הַיָּמִ֖ים לְמַלְכֵ֥י יְהוּדָֽה: וַיִּשְׁכַּ֨ב 7

עֲזַרְיָ֜ה עִם־אֲבֹתָ֗יו וַיִּקְבְּר֨וּ אֹת֤וֹ עִם־אֲבֹתָיו֙ בְּעִ֣יר דָּוִ֔ד וַיִּמְלֹ֥ךְ יוֹתָ֖ם

בְּנ֥וֹ תַּחְתָּֽיו:

בִּשְׁנַ֨ת שְׁלֹשִׁ֤ים וּשְׁמֹנֶה֙ שָׁנָ֔ה לַעֲזַרְיָ֖הוּ מֶ֣לֶךְ יְהוּדָ֑ה מָלַ֛ךְ זְכַרְיָ֥הוּ 8

בֶן־יָרׇבְעָ֛ם עַל־יִשְׂרָאֵ֖ל בְּשֹׁמְר֥וֹן שִׁשָּׁ֥ה חֳדָשִֽׁים: וַיַּ֤עַשׂ הָרַע֙ בְּעֵינֵ֣י 9

יְהֹוָ֔ה כַּאֲשֶׁ֥ר עָשׂ֖וּ אֲבֹתָ֑יו לֹ֣א סָ֗ר מֵֽחַטֹּאות֙ יָרׇבְעָ֣ם בֶּן־נְבָ֔ט אֲשֶׁ֥ר

הֶחֱטִ֖יא אֶת־יִשְׂרָאֵֽל: וַיִּקְשֹׁ֤ר עָלָיו֙ שַׁלֻּ֣ם בֶּן־יָבֵ֔שׁ וַיַּכֵּ֥הוּ קׇבׇלְעָ֖ם 10 10A

וַיְמִיתֵ֑הוּ וַיִּמְלֹ֖ךְ תַּחְתָּֽיו: וְיֶ֨תֶר֙ דִּבְרֵ֣י זְכַרְיָ֔ה הִנָּ֥ם כְּתוּבִ֖ים עַל־סֵ֑פֶר 11

דִּבְרֵ֥י הַיָּמִ֖ים לְמַלְכֵ֥י יִשְׂרָאֵֽל: ה֣וּא דְבַר־יְהֹוָ֗ה אֲשֶׁ֨ר דִּבֶּ֤ר אֶל־יֵהוּא֙ 12

לֵאמֹ֔ר בְּנֵ֣י רְבִיעִ֔ים יֵשְׁב֥וּ לְךָ֖ עַל־כִּסֵּ֣א יִשְׂרָאֵ֑ל וַֽיְהִי־כֵֽן:

שַׁלּ֤וּם בֶּן־יָבֵישׁ֙ מָלַ֔ךְ בִּשְׁנַ֛ת שְׁלֹשִׁ֥ים וָתֵ֖שַׁע שָׁנָ֑ה לְעֻזִיָּ֖ה מֶ֥לֶךְ יְהוּדָ֑ה 13 13A

וַיִּמְלֹ֥ךְ יֶֽרַח־יָמִ֖ים בְּשֹׁמְרֽוֹן: וַיַּ֩עַל֩ מְנַחֵ֨ם בֶּן־גָּדִ֤י מִתִּרְצָה֙ וַיָּבֹ֣א שֹׁמְר֔וֹן 14

וַיַּ֛ךְ אֶת־שַׁלּ֥וּם בֶּן־יָבֵ֖ישׁ בְּשֹׁמְר֑וֹן וַיְמִיתֵ֖הוּ וַיִּמְלֹ֥ךְ תַּחְתָּֽיו: וְיֶ֨תֶר֙ 15

דִּבְרֵ֤י שַׁלּוּם֙ וְקִשְׁר֣וֹ אֲשֶׁ֣ר קָשָׁ֔ר הִנָּ֥ם כְּתֻבִ֖ים עַל־סֵ֑פֶר דִּבְרֵ֥י הַיָּמִ֖ים

לְמַלְכֵ֥י יִשְׂרָאֵֽל: אָ֣ז יַכֶּֽה־מְ֠נַחֵ֠ם אֶת־תִּפְסַ֨ח וְאֶת־כׇּל־ 16

אֲשֶׁר־בָּ֜הּ וְאֶת־גְּבוּלֶ֙יהָ֙ מִתִּרְצָ֔ה כִּ֣י לֹ֣א פָתַ֔ח וַיַּ֕ךְ אֵ֖ת כׇּל־הֶהָ֣רוֹתֶ֑יהָ

בִּקֵּֽעַ:

בִּשְׁנַ֨ת שְׁלֹשִׁ֤ים וָתֵ֙שַׁע֙ שָׁנָ֔ה לַעֲזַרְיָ֖ה מֶ֣לֶךְ יְהוּדָ֑ה מָלַ֞ךְ מְנַחֵ֤ם בֶּן־גָּדִי֙ 17

עַל־יִשְׂרָאֵ֔ל עֶ֥שֶׂר שָׁנִ֖ים בְּשֹׁמְרֽוֹן: וַיַּ֥עַשׂ הָרַ֖ע בְּעֵינֵ֣י יְהֹוָ֑ה לֹ֣א סָ֗ר 18

מֵעַ֛ל חַטֹּאות֙ יָרׇבְעָ֣ם בֶּן־נְבָ֔ט אֲשֶׁ֥ר הֶחֱטִ֖יא אֶת־יִשְׂרָאֵ֥ל כׇּל־יָמָֽיו:

בָּ֣א פ֤וּל מֶֽלֶךְ־אַשּׁוּר֙ עַל־הָאָ֔רֶץ וַיִּתֵּ֤ן מְנַחֵם֙ לְפ֔וּל אֶ֖לֶף כִּכַּר־כָּ֑סֶף 19

לִהְי֤וֹת יָדָיו֙ אִתּ֔וֹ לְהַחֲזִ֥יק הַמַּמְלָכָ֖ה בְּיָדֽוֹ: וַיֹּצֵא֩ מְנַחֵ֨ם אֶת־הַכֶּ֜סֶף 20

עַל־יִשְׂרָאֵ֗ל עַ֚ל כׇּל־גִּבּוֹרֵ֣י הַחַ֔יִל לָתֵת֙ לְמֶ֣לֶךְ אַשּׁ֔וּר חֲמִשִּׁ֥ים שְׁקָלִ֖ים

כֶּ֙סֶף֙ לְאִ֣ישׁ אֶחָ֔ד וַיָּ֙שׇׁב֙ מֶ֣לֶךְ אַשּׁ֔וּר וְלֹא־עָ֥מַד שָׁ֖ם בָּאָֽרֶץ: וְיֶ֤תֶר 21

דִּבְרֵ֤י מְנַחֵם֙ וְכׇל־אֲשֶׁ֣ר עָשָׂ֔ה הֲלוֹא־הֵ֣ם כְּתוּבִ֗ים עַל־סֵ֛פֶר דִּבְרֵ֥י

הַיָּמִ֖ים לְמַלְכֵ֥י יִשְׂרָאֵֽל: וַיִּשְׁכַּ֤ב מְנַחֵם֙ עִם־אֲבֹתָ֔יו וַיִּמְלֹ֛ךְ פְּקַחְיָ֥ה בְנ֖וֹ 22

תַּחְתָּֽיו:

בִּשְׁנַ֨ת חֲמִשִּׁ֤ים שָׁנָה֙ לַעֲזַרְיָ֣ה מֶ֣לֶךְ יְהוּדָ֔ה מָלַ֛ךְ פְּקַחְיָ֥ה בֶן־מְנַחֵ֖ם 23

עַל־יִשְׂרָאֵ֖ל בְּשֹׁמְר֑וֹן שְׁנָתָֽיִם: וַיַּ֥עַשׂ הָרַ֖ע בְּעֵינֵ֣י יְהֹוָ֑ה לֹ֣א סָ֗ר 24

מֵֽחַטֹּאות֙ יָרׇבְעָ֣ם בֶּן־נְבָ֔ט אֲשֶׁ֥ר הֶחֱטִ֖יא אֶת־יִשְׂרָאֵֽל: וַיִּקְשֹׁ֣ר עָלָ֡יו 25

25 But Pekah the son of Remaliah, a captain of his, conspired against him, and smote him in Samaria, in the palace of the king's house, with Argob and Arieh, and with him fifty men of the Gileadites: and he killed him, and reigned in his room.

26 And the rest of the acts of Pekahiah, and all that he did, behold, they *are* written in the book of the chronicles of the kings of Israel.

27 ¶ In the two and fiftieth year of Azariah king of Judah Pekah the son of Remaliah began to reign over Israel in Samaria, *and reigned* twenty years.

28 And he did *that which was* evil in the sight of the LORD: he departed not from the sins of Jeroboam the son of Nebat, who made Israel to sin.

29 In the days of Pekah king of Israel came Tiglath-pileser king of Assyria, and took Ijon, and Abel-beth-maachah, and Janoah, and Kedesh, and Hazor, and Gilead, and Galilee, all the land of Naphtali, and carried them captive to Assyria.

30 And Hoshea the son of Elah made a conspiracy against Pekah the son of Remaliah, and smote him, and slew him, and reigned in his stead, in the twentieth year of Jotham the son of Uzziah.

31 And the rest of the acts of Pekah, and all that he did, behold, they *are* written in the book of the chronicles of the kings of Israel.

32 ¶ In the second year of Pekah the son of Remaliah king of Israel began Jotham the son of Uzziah king of Judah to reign.

33 Five and twenty years old was he when he began to reign, and he reigned sixteen years in Jerusalem. And his mother's name *was* Jerusha, the daughter of Zadok.

34 And he did *that which was* right in the sight of the LORD: he did according to all that his father Uzziah had done.

35 ¶ Howbeit the high places were not removed: the people sacrificed and burned incense still in the high places. He built the higher gate of the house of the LORD.

36 ¶ Now the rest of the acts of Jotham, and all that he did, *are* they not written in the book of the chronicles of the kings of Judah?

37 In those days the LORD began to send against Judah Rezin the king of Syria, and Pekah the son of Remaliah.

38 And Jotham slept with his fathers, and was buried with his fathers in the city of David his father: and Ahaz his son reigned in his stead.

CHAPTER 16

1 In the seventeenth year of Pekah the son of Remaliah Ahaz the son of Jotham king of Judah began to reign.

2 Twenty years old *was* Ahaz when he began to reign, and reigned sixteen years in Jerusalem, and did not *that which was* right in the sight of the LORD his God, like David his father.

3 But he walked in the way of the kings of Israel, yea, and made his son to pass through the fire, according to the abominations of the heathen, whom the LORD cast out from before the children of Israel.

4 And he sacrificed and burnt incense in the high places, and on the hills, and under every green tree.

5 ¶ Then Rezin king of Syria and Pekah son of Remaliah king of Israel came up to Jerusalem to war: and they besieged Ahaz, but could not overcome *him.*

6 At that time Rezin king of Syria recovered Elath to Syria, and drave the Jews from Elath: and the Syrians came to Elath, and dwelt there unto this day.

7 So Ahaz sent messengers to Tiglath-pileser king of Assyria, saying, I *am* thy servant and thy son: come up, and save me out of the hand of the king of Syria,

פֶּקַח בֶּן־רְמַלְיָהוּ שָׁלִישׁוֹ וַיַּכֵּהוּ בְשֹׁמְרוֹן בְּאַרְמוֹן בֵּית־מֶלֶךְ אֶת־
אַרְגֹּב וְאֶת־הָאַרְיֵה וְעִמּוֹ חֲמִשִּׁים אִישׁ מִבְּנֵי גִלְעָדִים וַיְמִיתֵהוּ

26 וַיִּמְלֹךְ תַּחְתָּיו: וְיֶתֶר דִּבְרֵי פְקַחְיָה וְכָל־אֲשֶׁר עָשָׂה הִנָּם כְּתוּבִים
עַל־סֵפֶר דִּבְרֵי הַיָּמִים לְמַלְכֵי יִשְׂרָאֵל:

27 בִּשְׁנַת חֲמִשִּׁים וּשְׁתַּיִם שָׁנָה לַעֲזַרְיָה מֶלֶךְ יְהוּדָה מָלַךְ פֶּקַח בֶּן־
רְמַלְיָהוּ עַל־יִשְׂרָאֵל בְּשֹׁמְרוֹן עֶשְׂרִים שָׁנָה: 28 וַיַּעַשׂ הָרַע בְּעֵינֵי יְהוָה
29 לֹא סָר מִן־חַטֹּאות יָרָבְעָם בֶּן־נְבָט אֲשֶׁר הֶחֱטִיא אֶת־יִשְׂרָאֵל: בִּימֵי
פֶּקַח מֶלֶךְ־יִשְׂרָאֵל בָּא תִּגְלַת פִּלְאֶסֶר מֶלֶךְ אַשּׁוּר וַיִּקַּח אֶת־עִיּוֹן
וְאֶת־אָבֵל בֵּית־מַעֲכָה וְאֶת־יָנוֹחַ וְאֶת־קֶדֶשׁ וְאֶת־חָצוֹר וְאֶת־הַגִּלְעָד

30A 30 וְאֶת־הַגָּלִילָה כֹּל אֶרֶץ נַפְתָּלִי וַיַּגְלֵם אַשּׁוּרָה: וַיִּקְשָׁר־קֶשֶׁר הוֹשֵׁעַ
בֶּן־אֵלָה עַל־פֶּקַח בֶּן־רְמַלְיָהוּ וַיַּכֵּהוּ וַיְמִיתֵהוּ וַיִּמְלֹךְ תַּחְתָּיו בִּשְׁנַת
31 עֶשְׂרִים לְיוֹתָם בֶּן־עֻזִּיָּה: וְיֶתֶר דִּבְרֵי־פֶקַח וְכָל־אֲשֶׁר עָשָׂה הִנָּם
כְּתוּבִים עַל־סֵפֶר דִּבְרֵי הַיָּמִים לְמַלְכֵי יִשְׂרָאֵל:

32A 32 בִּשְׁנַת שְׁתַּיִם לְפֶקַח בֶּן־רְמַלְיָהוּ מֶלֶךְ יִשְׂרָאֵל מָלַךְ יוֹתָם בֶּן־עֻזִּיָּהוּ
33 מֶלֶךְ יְהוּדָה: בֶּן־עֶשְׂרִים וְחָמֵשׁ שָׁנָה הָיָה בְמָלְכוֹ וְשֵׁשׁ־עֶשְׂרֵה שָׁנָה

34A 34 מָלַךְ בִּירוּשָׁלִָם וְשֵׁם אִמּוֹ יְרוּשָׁא בַּת־צָדוֹק: וַיַּעַשׂ הַיָּשָׁר בְּעֵינֵי
35 יְהוָה בְּכֹל אֲשֶׁר־עָשָׂה עֻזִּיָּהוּ אָבִיו עָשָׂה: רַק הַבָּמוֹת לֹא סָרוּ
עוֹד הָעָם מְזַבְּחִים וּמְקַטְּרִים בַּבָּמוֹת הוּא בָּנָה אֶת־שַׁעַר בֵּית־יְהוָה
36 הָעֶלְיוֹן: וְיֶתֶר דִּבְרֵי יוֹתָם אֲשֶׁר עָשָׂה הֲלֹא־הֵם כְּתוּבִים עַל־סֵפֶר
37 דִּבְרֵי הַיָּמִים לְמַלְכֵי יְהוּדָה: בַּיָּמִים הָהֵם הֵחֵל יְהוָה לְהַשְׁלִיחַ
38 בִּיהוּדָה רְצִין מֶלֶךְ אֲרָם וְאֵת פֶּקַח בֶּן־רְמַלְיָהוּ: וַיִּשְׁכַּב יוֹתָם עִם־
אֲבֹתָיו וַיִּקָּבֵר עִם־אֲבֹתָיו בְּעִיר דָּוִד אָבִיו וַיִּמְלֹךְ אָחָז בְּנוֹ
תַּחְתָּיו:

16 1 בִּשְׁנַת שְׁבַע־עֶשְׂרֵה שָׁנָה לְפֶקַח בֶּן־רְמַלְיָהוּ מָלַךְ אָחָז בֶּן־יוֹתָם מֶלֶךְ
2 יְהוּדָה: בֶּן־עֶשְׂרִים שָׁנָה אָחָז בְּמָלְכוֹ וְשֵׁשׁ־עֶשְׂרֵה שָׁנָה מָלַךְ
3 בִּירוּשָׁלִָם וְלֹא־עָשָׂה הַיָּשָׁר בְּעֵינֵי יְהוָה אֱלֹהָיו כְּדָוִד אָבִיו: וַיֵּלֶךְ
בְּדֶרֶךְ מַלְכֵי יִשְׂרָאֵל וְגַם אֶת־בְּנוֹ הֶעֱבִיר בָּאֵשׁ כְּתֹעֲבוֹת הַגּוֹיִם
4 אֲשֶׁר הוֹרִישׁ יְהוָה אֹתָם מִפְּנֵי בְּנֵי יִשְׂרָאֵל: וַיְזַבֵּחַ וַיְקַטֵּר בַּבָּמוֹת
5 וְעַל־הַגְּבָעוֹת וְתַחַת כָּל־עֵץ רַעֲנָן: אָז יַעֲלֶה רְצִין מֶלֶךְ־אֲרָם וּפֶקַח
בֶּן־רְמַלְיָהוּ מֶלֶךְ־יִשְׂרָאֵל יְרוּשָׁלִַם לַמִּלְחָמָה וַיָּצֻרוּ עַל־אָחָז וְלֹא יָכְלוּ
6 לְהִלָּחֵם: בָּעֵת הַהִיא הֵשִׁיב רְצִין מֶלֶךְ־אֲרָם אֶת־אֵילַת לַאֲרָם וַיְנַשֵּׁל

אֶת־הַיְהוּדִים מֵאֵילוֹת וַאֲרַמִּים בָּאוּ אֵילַת וַיֵּשְׁבוּ שָׁם עַד הַיּוֹם
הַזֶּה:

7 וַיִּשְׁלַח אָחָז מַלְאָכִים אֶל־תִּגְלַת פְּלֶסֶר מֶלֶךְ־אַשּׁוּר לֵאמֹר עַבְדְּךָ
וּבִנְךָ אָנִי עֲלֵה וְהוֹשִׁעֵנִי מִכַּף מֶלֶךְ־אֲרָם וּמִכַּף מֶלֶךְ יִשְׂרָאֵל

and out of the hand of the king of Israel, which rise up against me.

8 And Ahaz took the silver and gold that was found in the house of the LORD, and in the treasures of the king's house, and sent *it for* a present to the king of Assyria.

9 And the king of Assyria hearkened unto him: for the king of Assyria went up against Damascus, and took it, and carried *the people of* it captive to Kir, and slew Rezin.

10 ¶ And king Ahaz went to Damascus to meet Tiglath-pileser king of Assyria, and saw an altar that *was* at Damascus: and king Ahaz sent to Urijah the priest the fashion of the altar, and the pattern of it, according to all the workmanship thereof.

11 And Urijah the priest built an altar according to all that king Ahaz had sent from Damascus: so Urijah the priest made *it* against king Ahaz came from Damascus.

12 And when the king was come from Damascus, the king saw the altar: and the king approached to the altar, and offered thereon.

13 And he burnt his burnt offering and his meat offering, and poured his drink offering, and sprinkled the blood of his peace offerings, upon the altar.

14 And he brought also the brasen altar, which *was* before the LORD, from the forefront of the house, from between the altar and the house of the LORD, and put it on the north side of the altar.

15 And king Ahaz commanded Urijah the priest, saying, Upon the great altar burn the morning burnt offering, and the evening meat offering, and the king's burnt sacrifice, and his meat offering, with the burnt offering of all the people of the land, and their meat offering, and their drink offerings; and sprinkle upon it all the blood of the burnt offering, and all the blood of the sacrifice: and the brasen altar shall be for me to enquire *by.*

16 Thus did Urijah the priest, according to all that king Ahaz commanded.

17 ¶ And king Ahaz cut off the borders of the bases, and removed the laver from off them; and took down the sea from off the brasen oxen that *were* under it, and put it upon a pavement of stones.

18 And the covert for the sabbath that they had built in the house, and the king's entry without, turned he from the house of the LORD for the king of Assyria.

19 ¶ Now the rest of the acts of Ahaz which he did, *are* they not written in the book of the chronicles of the kings of Judah?

20 And Ahaz slept with his fathers, and was buried with his fathers in the city of David: and Hezekiah his son reigned in his stead.

CHAPTER 17

1 In the twelfth year of Ahaz king of Judah began Hoshea the son of Elah to reign in Samaria over Israel nine years.

2 And he did *that which was* evil in the sight of the LORD, but not as the kings of Israel that were before him.

3 ¶ Against him came up Shalmaneser king of Assyria; and Hoshea became his servant, and gave him presents.

4 And the king of Assyria found conspiracy in Hoshea: for he had sent messengers to So king of Egypt, and brought no present to the king of Assyria, as *he had done* year by year: therefore the king of Assyria shut him up, and bound him in prison.

5 ¶ Then the king of Assyria came up throughout all the land, and went up to Samaria, and besieged it three years.

6 ¶ In the ninth year of Hoshea the king of Assyria took Samaria, and carried Israel away into Assyria, and placed them in Halah and in Habor *by* the river of Gozan, and in the cities of the Medes.

7 For *so* it was, that the children of Israel had sinned against the LORD their God,

8 הַקּוֹמִ֣ים עָלָ֑י וַיִּקַּ֨ח אָחָ֜ז אֶת־הַכֶּ֣סֶף וְאֶת־הַזָּהָ֗ב הַנִּמְצָא֙ בֵּ֣ית יְהֹוָ֔ה

9 וּבְאֹֽצְרוֹת֙ בֵּ֣ית הַמֶּ֔לֶךְ וַיִּשְׁלַ֥ח לְמֶֽלֶךְ־אַשּׁ֖וּר שֹׁ֑חַד וַיִּשְׁמַ֨ע אֵלָ֜יו מֶ֣לֶךְ אַשּׁ֗וּר וַיַּ֩עַל֩ מֶ֨לֶךְ אַשּׁ֤וּר אֶל־דַּמֶּ֙שֶׂק֙ וַֽיִּתְפְּשֶׂ֔הָ וַיַּגְלֶ֖הָ קִ֑ירָה וְאֶת־רְצִ֖ין

10 הֵמִֽית׃ וַיֵּ֣לֶךְ הַמֶּ֣לֶךְ אָחָ֡ז לִ֠קְרַ֠את תִּגְלַ֨ת פִּלְאֶ֤סֶר מֶֽלֶךְ־אַשּׁוּר֙ דּוּמֶּ֔שֶׂק וַיַּ֥רְא אֶת־הַמִּזְבֵּ֖חַ אֲשֶׁ֣ר בְּדַמָּ֑שֶׂק וַיִּשְׁלַח֩ הַמֶּ֨לֶךְ אָחָ֜ז אֶל־אוּרִיָּ֣ה

11 הַכֹּהֵ֗ן אֶת־דְּמ֤וּת הַמִּזְבֵּ֙חַ֙ וְאֶת־תַּבְנִית֔וֹ לְכׇֽל־מַעֲשֵֽׂהוּ׃ וַיִּ֛בֶן אוּרִיָּ֥ה הַכֹּהֵ֖ן אֶת־הַמִּזְבֵּ֑חַ כְּכֹ֣ל אֲשֶׁר־שָׁלַ֞ח הַמֶּ֤לֶךְ אָחָז֙ מִדַּמֶּ֔שֶׂק כֵּ֣ן עָשָׂ֗ה

12 אוּרִיָּ֣ה הַכֹּהֵ֔ן עַד־בּ֥וֹא הַמֶּֽלֶךְ־אָחָ֖ז מִדַּמָּֽשֶׂק׃ וַיָּבֹ֤א הַמֶּ֙לֶךְ֙ מִדַּמֶּ֔שֶׂק

13 וַיַּ֥רְא הַמֶּ֖לֶךְ אֶת־הַמִּזְבֵּ֑חַ וַיִּקְרַ֥ב הַמֶּ֛לֶךְ עַל־הַמִּזְבֵּ֖חַ וַיַּ֥עַל עָלָֽיו׃ וַיַּקְטֵ֤ר אֶת־עֹֽלָתוֹ֙ וְאֶת־מִנְחָת֔וֹ וַיַּסֵּ֖ךְ אֶת־נִסְכּ֑וֹ וַיִּזְרֹ֛ק אֶת־דַּֽם־הַשְּׁלָמִ֖ים

14 אֲשֶׁר־ל֥וֹ עַל־הַמִּזְבֵּֽחַ׃ וְאֵ֨ת הַמִּזְבַּ֣ח הַנְּחֹ֘שֶׁת֮ אֲשֶׁ֣ר לִפְנֵ֣י יְהֹוָה֒ וַיַּקְרֵ֗ב מֵאֵת֙ פְּנֵ֣י הַבַּ֔יִת מִבֵּין֙ הַמִּזְבֵּ֔חַ וּמִבֵּ֖ין בֵּ֣ית יְהֹוָ֑ה וַיִּתֵּ֥ן אֹת֛וֹ עַל־יֶ֥רֶךְ

וַיְצַוֶּה

15 הַמִּזְבֵּ֖חַ צָפֽוֹנָה׃ וַיְצַוֶּ֣ה הַמֶּֽלֶךְ־אָ֠חָ֠ז אֶת־אוּרִיָּ֣ה הַכֹּהֵן֮ לֵאמֹר֒ עַ֣ל הַמִּזְבֵּ֣חַ הַגָּד֡וֹל הַקְטֵ֣ר אֶת־עֹֽלַת־הַבֹּ֣קֶר וְאֶת־מִנְחַ֣ת הָעֶ֡רֶב וְֽאֶת־עֹלַ֣ת הַמֶּ֩לֶךְ֩ וְאֶת־מִנְחָת֨וֹ וְ֠אֵ֠ת עֹלַ֤ת כׇּל־עַ֤ם הָאָ֙רֶץ֙ וּמִנְחָתָ֣ם וְנִסְכֵּיהֶ֔ם וְכׇל־דַּ֥ם עֹלָ֛ה וְכׇל־דַּם־זֶ֖בַח עָלָ֣יו תִּזְרֹ֑ק וּמִזְבַּ֧ח הַנְּחֹ֛שֶׁת יִֽהְיֶה־לִּ֖י

אֶת־

16 לְבַקֵּֽר׃ וַיַּ֙עַשׂ֙ אוּרִיָּ֣ה הַכֹּהֵ֔ן כְּכֹ֥ל אֲשֶׁר־צִוָּ֖ה הַמֶּ֥לֶךְ אָחָֽז׃ וַיְקַצֵּץ֩

17 הַמֶּ֨לֶךְ אָחָ֜ז אֶת־הַמִּסְגְּר֣וֹת הַמְּכֹנ֗וֹת וַיָּ֤סַר מֵֽעֲלֵיהֶם֙ וְאֶת־הַכִּיֹּ֔ר וְאֶת־הַיָּ֣ם הוֹרִ֔ד מֵעַ֛ל הַבָּקָ֥ר הַנְּחֹ֖שֶׁת אֲשֶׁ֣ר תַּחְתֶּ֑יהָ וַיִּתֵּ֣ן אֹת֔וֹ עַ֖ל מַרְצֶ֥פֶת

מוּסַךְ

18 אֲבָנִֽים׃ וְאֶת־[מוּסַ֨ךְ] הַשַּׁבָּ֜ת אֲשֶׁר־בָּנ֣וּ בַבַּ֗יִת וְאֶת־מְב֤וֹא הַמֶּ֙לֶךְ֙ הַחִ֣יצ֔וֹנָה הֵסֵ֖ב בֵּ֣ית יְהֹוָ֑ה מִפְּנֵ֖י מֶ֥לֶךְ אַשּֽׁוּר׃

19 וְיֶ֛תֶר דִּבְרֵ֥י אָחָ֖ז אֲשֶׁ֣ר עָשָׂ֑ה הֲלֹא־הֵ֣ם כְּתוּבִ֗ים עַל־סֵ֛פֶר דִּבְרֵ֥י הַיָּמִ֖ים לְמַלְכֵ֥י יְהוּדָֽה׃

20 וַיִּשְׁכַּ֤ב אָחָז֙ עִם־אֲבֹתָ֔יו וַיִּקָּבֵ֥ר עִם־אֲבֹתָ֖יו בְּעִ֣יר דָּוִ֑ד וַיִּמְלֹ֛ךְ חִזְקִיָּ֥הוּ בְנ֖וֹ תַּחְתָּֽיו׃

17 1 בִּשְׁנַת֙ שְׁתֵּ֣ים עֶשְׂרֵ֔ה לְאָחָ֖ז מֶ֣לֶךְ יְהוּדָ֑ה מָ֠לַ֠ךְ הוֹשֵׁ֨עַ בֶּן־אֵלָ֧ה

2 בְשֹׁמְר֛וֹן עַל־יִשְׂרָאֵ֖ל תֵּ֥שַׁע שָׁנִֽים׃ וַיַּ֥עַשׂ הָרַ֖ע בְּעֵינֵ֣י יְהֹוָ֑ה רַ֗ק לֹ֚א

3 כְּמַלְכֵ֣י יִשְׂרָאֵ֔ל אֲשֶׁ֥ר הָי֖וּ לְפָנָֽיו׃ עָלָ֣יו עָלָ֔ה שַׁלְמַנְאֶ֖סֶר מֶ֣לֶךְ אַשּׁ֑וּר

4 וַֽיְהִי־ל֤וֹ הוֹשֵׁ֙עַ֙ עֶ֔בֶד וַיָּ֥שֶׁב ל֖וֹ מִנְחָֽה׃ וַיִּמְצָא֩ מֶֽלֶךְ־אַשּׁ֨וּר בְּהוֹשֵׁ֜עַ קֶ֗שֶׁר אֲשֶׁ֨ר שָׁלַ֤ח מַלְאָכִים֙ אֶל־ס֣וֹא מֶֽלֶךְ־מִצְרַ֔יִם וְלֹא־הֶעֱלָ֥ה מִנְחָ֛ה לְמֶ֥לֶךְ אַשּׁ֖וּר כְּשָׁנָ֣ה בְשָׁנָ֑ה וַֽיַּעַצְרֵ֙הוּ֙ מֶ֣לֶךְ אַשּׁ֔וּר וַיַּאַסְרֵ֖הוּ בֵּ֥ית

5 כֶּֽלֶא׃ וַיַּ֥עַל מֶֽלֶךְ־אַשּׁ֖וּר בְּכׇל־הָאָ֑רֶץ וַיַּ֙עַל֙ שֹׁ֣מְר֔וֹן וַיָּ֥צַר עָלֶ֖יהָ שָׁלֹ֥שׁ

6 שָׁנִֽים׃ בִּשְׁנַ֨ת הַתְּשִׁיעִ֜ית לְהוֹשֵׁ֗עַ לָכַ֤ד מֶֽלֶךְ־אַשּׁוּר֙ אֶת־שֹׁ֣מְר֔וֹן וַיֶּ֥גֶל אֶת־יִשְׂרָאֵ֖ל אַשּׁ֑וּרָה וַיֹּ֨שֶׁב אֹתָ֜ם בַּחְלַ֣ח וּבְחָב֗וֹר נְהַ֣ר גּוֹזָ֔ן וְעָרֵ֖י מָדָֽי׃

7 וַיְהִ֗י כִּֽי־חָטְא֤וּ בְנֵֽי־יִשְׂרָאֵל֙ לַיהֹוָ֣ה אֱלֹֽהֵיהֶ֔ם הַמַּעֲלֶ֥ה אֹתָ֖ם מֵאֶ֥רֶץ

which had brought them up out of the land of Egypt, from under the hand of Pharaoh king of Egypt, and had feared other gods,

8 And walked in the statutes of the heathen, whom the LORD cast out from before the children of Israel, and of the kings of Israel, which they had made.

9 And the children of Israel did secretly *those* things that *were* not right against the LORD their God, and they built them high places in all their cities, from the tower of the watchmen to the fenced city.

10 And they set them up images and groves in every high hill, and under every green tree:

11 And there they burnt incense in all the high places, as *did* the heathen whom the LORD carried away before them; and wrought wicked things to provoke the LORD to anger:

12 For they served idols, whereof the LORD had said unto them, Ye shall not do this thing.

13 Yet the LORD testified against Israel, and against Judah, by all the prophets, *and by* all the seers, saying, Turn ye from your evil ways, and keep my commandments *and* my statutes, according to all the law which I commanded your fathers, and which I sent to you by my servants the prophets.

14 Notwithstanding they would not hear, but hardened their necks, like to the neck of their fathers, that did not believe in the LORD their God.

15 And they rejected his statutes, and his covenant that he made with their fathers, and his testimonies which he testified against them; and they followed vanity, and became vain, and went after the heathen that *were* round about them, *concerning* whom the LORD had charged them, that they should not do like them.

16 And they left all the commandments of the LORD their God, and made them molten images, *even* two calves, and made a grove, and worshipped all the host of heaven, and served Baal.

17 And they caused their sons and their daughters to pass through the fire, and used divination and enchantments, and sold themselves to do evil in the sight of the LORD, to provoke him to anger.

18 Therefore the LORD was very angry with Israel, and removed them out of his sight: there was none left but the tribe of Judah only.

19 Also Judah kept not the commandments of the LORD their God, but walked in the statutes of Israel which they made.

20 And the LORD rejected all the seed of Israel, and afflicted them, and delivered them into the hand of spoilers, until he had cast them out of his sight.

21 For he rent Israel from the house of David; and they made Jeroboam the son of Nebat king: and Jeroboam drave Israel from following the LORD, and made them sin a great sin.

22 For the children of Israel walked in all the sins of Jeroboam which he did; they departed not from them;

23 Until the LORD removed Israel out of his sight, as he had said by all his servants the prophets. So was Israel carried away out of their own land to Assyria unto this day.

24 ¶ And the king of Assyria brought *men* from Babylon, and from Cuthah, and from Ava, and from Hamath, and from Sepharvaim, and placed *them* in the cities of Samaria instead of the children of Israel: and they possessed Samaria, and dwelt in the cities thereof.

25 And *so* it was at the beginning of their dwelling there, *that* they feared not the LORD: therefore the LORD sent lions among them, which slew *some* of them.

26 Wherefore they spake to the king of Assyria, saying, The nations which thou hast removed, and placed in the cities of Samaria, know not the manner of the God of the land: therefore he hath sent lions among them, and, behold, they slay them, because they know not the manner of the God of the land.

27 Then the king of Assyria com-

מִצְרַיִם מִתַּחַת יַד פַּרְעֹה מֶלֶךְ־מִצְרָיִם וַיִּירְאוּ אֱלֹהִים אֲחֵרִים: וַיֵּלְכוּ 8

בְּחֻקּוֹת הַגּוֹיִם אֲשֶׁר הוֹרִישׁ יְהוָה מִפְּנֵי בְּנֵי יִשְׂרָאֵל וּמַלְכֵי יִשְׂרָאֵל

אֲשֶׁר עָשׂוּ: וַיְחַפְּאוּ בְנֵי־יִשְׂרָאֵל דְּבָרִים אֲשֶׁר לֹא־כֵן עַל־יְהוָה 9

אֱלֹהֵיהֶם וַיִּבְנוּ לָהֶם בָּמוֹת בְּכָל־עָרֵיהֶם מִמִּגְדַּל נוֹצְרִים עַד־עִיר

מִבְצָר: וַיַּצִּבוּ לָהֶם מַצֵּבוֹת וַאֲשֵׁרִים עַל כָּל־גִּבְעָה גְבֹהָה וְתַחַת 10

כָּל־עֵץ רַעֲנָן: וַיְקַטְּרוּ־שָׁם בְּכָל־בָּמוֹת כַּגּוֹיִם אֲשֶׁר־הֶגְלָה יְהוָה 11

מִפְּנֵיהֶם וַיַּעֲשׂוּ דְּבָרִים רָעִים לְהַכְעִיס אֶת־יְהוָה: וַיַּעַבְדוּ הַגִּלֻּלִים 12

אֲשֶׁר אָמַר יְהוָה לָהֶם לֹא תַעֲשׂוּ אֶת־הַדָּבָר הַזֶּה: וַיָּעַד יְהוָה 13

בְּיִשְׂרָאֵל וּבִיהוּדָה בְּיַד כָּל־נְבִיאוֹ כָל־חֹזֶה לֵאמֹר שֻׁבוּ מִדַּרְכֵיכֶם

הָרָעִים וְשִׁמְרוּ מִצְוֹתַי חֻקּוֹתַי כְּכָל־הַתּוֹרָה אֲשֶׁר צִוִּיתִי אֶת־

אֲבֹתֵיכֶם וַאֲשֶׁר שָׁלַחְתִּי אֲלֵיכֶם בְּיַד עֲבָדַי הַנְּבִיאִים: וְלֹא שָׁמֵעוּ 14

וַיַּקְשׁוּ אֶת־עָרְפָּם כְּעֹרֶף אֲבוֹתָם אֲשֶׁר לֹא הֶאֱמִינוּ בַּיהוָה אֱלֹהֵיהֶם:

וַיִּמְאֲסוּ אֶת־חֻקָּיו וְאֶת־בְּרִיתוֹ אֲשֶׁר כָּרַת אֶת־אֲבוֹתָם וְאֵת עֵדְוֹתָיו 15

אֲשֶׁר הֵעִיד בָּם וַיֵּלְכוּ אַחֲרֵי הַהֶבֶל וַיֶּהְבָּלוּ וְאַחֲרֵי הַגּוֹיִם אֲשֶׁר

סְבִיבֹתָם אֲשֶׁר צִוָּה יְהוָה אֹתָם לְבִלְתִּי עֲשׂוֹת כָּהֶם: וַיַּעַזְבוּ אֶת־ 16

כָּל־מִצְוֹת יְהוָה אֱלֹהֵיהֶם וַיַּעֲשׂוּ לָהֶם מַסֵּכָה שְׁנַיִם עֲגָלִים וַיַּעֲשׂוּ

אֲשֵׁירָה וַיִּשְׁתַּחֲווּ לְכָל־צְבָא הַשָּׁמַיִם וַיַּעַבְדוּ אֶת־הַבָּעַל: וַיַּעֲבִירוּ 17

אֶת־בְּנֵיהֶם וְאֶת־בְּנוֹתֵיהֶם בָּאֵשׁ וַיִּקְסְמוּ קְסָמִים וַיְנַחֵשׁוּ וַיִּתְמַכְּרוּ

לַעֲשׂוֹת הָרַע בְּעֵינֵי יְהוָה לְהַכְעִיסוֹ: וַיִּתְאַנַּף יְהוָה מְאֹד בְּיִשְׂרָאֵל 18

וַיְסִרֵם מֵעַל פָּנָיו לֹא נִשְׁאַר רַק שֵׁבֶט יְהוּדָה לְבַדּוֹ: גַּם־יְהוּדָה 19

לֹא שָׁמַר אֶת־מִצְוֹת יְהוָה אֱלֹהֵיהֶם וַיֵּלְכוּ בְּחֻקּוֹת יִשְׂרָאֵל אֲשֶׁר

עָשׂוּ: וַיִּמְאַס יְהוָה בְּכָל־זֶרַע יִשְׂרָאֵל וַיְעַנֵּם וַיִּתְּנֵם בְּיַד־שֹׁסִים עַד 20

אֲשֶׁר הִשְׁלִיכָם מִפָּנָיו: כִּי־קָרַע יִשְׂרָאֵל מֵעַל בֵּית דָּוִד וַיַּמְלִיכוּ אֶת־ 21

יָרָבְעָם בֶּן־נְבָט וַיַּדִּא יָרָבְעָם אֶת־יִשְׂרָאֵל מֵאַחֲרֵי יְהוָה וְהֶחֱטִיאָם

חֲטָאָה גְדוֹלָה: וַיֵּלְכוּ בְּנֵי יִשְׂרָאֵל בְּכָל־חַטֹּאות יָרָבְעָם אֲשֶׁר עָשָׂה 22

לֹא־סָרוּ מִמֶּנָּה: עַד אֲשֶׁר־הֵסִיר יְהוָה אֶת־יִשְׂרָאֵל מֵעַל פָּנָיו כַּאֲשֶׁר 23

דִּבֶּר בְּיַד כָּל־עֲבָדָיו הַנְּבִיאִים וַיִּגֶל יִשְׂרָאֵל מֵעַל אַדְמָתוֹ אַשּׁוּרָה

עַד הַיּוֹם הַזֶּה:

וַיָּבֵא מֶלֶךְ־אַשּׁוּר מִבָּבֶל וּמִכּוּתָה וּמֵעַוָּא וּמֵחֲמָת וּסְפַרְוַיִם וַיֹּשֶׁב 24

בְּעָרֵי שֹׁמְרוֹן תַּחַת בְּנֵי יִשְׂרָאֵל וַיִּרְשׁוּ אֶת־שֹׁמְרוֹן וַיֵּשְׁבוּ בְּעָרֶיהָ:

וַיְהִי בִּתְחִלַּת שִׁבְתָּם שָׁם לֹא יָרְאוּ אֶת־יְהוָה וַיְשַׁלַּח יְהוָה בָּהֶם 25

אֶת־הָאֲרָיוֹת וַיִּהְיוּ הֹרְגִים בָּהֶם: וַיֹּאמְרוּ לְמֶלֶךְ אַשּׁוּר לֵאמֹר הַגּוֹיִם 26

אֲשֶׁר הִגְלִיתָ וַתּוֹשֶׁב בְּעָרֵי שֹׁמְרוֹן לֹא יָדְעוּ אֶת־מִשְׁפַּט אֱלֹהֵי הָאָרֶץ

וַיְשַׁלַּח־בָּם אֶת־הָאֲרָיוֹת וְהִנָּם מְמִיתִים אוֹתָם כַּאֲשֶׁר אֵינָם יֹדְעִים

אֶת־מִשְׁפַּט אֱלֹהֵי הָאָרֶץ: וַיְצַו מֶלֶךְ־אַשּׁוּר לֵאמֹר הֹלִיכוּ שָׁמָּה אֶחָד 27

manded, saying, Carry thither one of the priests whom ye brought from thence; and let them go and dwell there, and let him teach them the manner of the God of the land.

28 Then one of the priests whom they had carried away from Samaria came and dwelt in Beth-el, and taught them how they should fear the LORD.

29 Howbeit every nation made gods of their own, and put *them* in the houses of the high places which the Samaritans had made, every nation in their cities wherein they dwelt.

30 And the men of Babylon made Succoth-benoth, and the men of Cuth made Nergal, and the men of Hamath made Ashima,

31 And the Avites made Nibhaz and Tartak, and the Sepharvites burnt their children in fire to Adrammelech and Anammelech, the gods of Sepharvaim.

32 So they feared the LORD, and made unto themselves of the lowest of them priests of the high places, which sacrificed for them in the houses of the high places.

33 They feared the LORD, and served their own gods, after the manner of the nations whom they carried away from thence.

34 Unto this day they do after the former manners: they fear not the LORD, neither do they after their statutes, or after their ordinances, or after the law and commandment which the LORD commanded the children of Jacob, whom he named Israel;

35 With whom the LORD had made a covenant, and charged them, saying, Ye shall not fear other gods, nor bow yourselves to them, nor serve them, nor sacrifice to them:

36 But the LORD, who brought you up out of the land of Egypt with great power and a stretched out arm, him shall ye fear, and him shall ye worship, and to him shall ye do sacrifice.

37 And the statutes, and the ordinances, and the law, and the commandment, which he wrote for you, ye shall observe to do for evermore; and ye shall not fear other gods.

38 And the covenant that I have made with you ye shall not forget; neither shall ye fear other gods.

39 But the LORD your God ye shall fear; and he shall deliver you out of the hand of all your enemies.

40 Howbeit they did not hearken, but they did after their former manner.

41 So these nations feared the LORD, and served their graven images, both their children, and their children's children: as did their fathers, so do they unto this day.

CHAPTER 18

1 Now it came to pass in the third year of Hoshea son of Elah king of Israel, *that* Hezekiah the son of Ahaz king of Judah began to reign.

2 Twenty and five years old was he when he began to reign; and he reigned twenty and nine years in Jerusalem. His mother's name also *was* Abi, the daughter of Zachariah.

3 And he did *that which was* right in the sight of the LORD, according to all that David his father did.

4 ¶ He removed the high places, and brake the images, and cut down the groves, and brake in pieces the brasen serpent that Moses had made: for unto those days the children of Israel did burn incense to it: and he called it Nehushtan.

5 He trusted in the LORD God of Israel; so that after him was none like him among all the kings of Judah, nor *any* that were before him.

6 For he clave to the LORD, *and* departed not from following him, but kept his commandments, which the LORD commanded Moses.

7 And the LORD was with him; *and* he prospered whithersoever he went forth: and he rebelled against the king of Assyria, and served him not.

8 He smote the Philistines, *even* unto Gaza, and the borders thereof, from the tower of the watchmen to the fenced city.

מֵהַכֹּהֲנִים אֲשֶׁר הִגְלִיתֶם מִשָּׁם וְיֵלְכוּ וְיֵשְׁבוּ שָׁם וְיֹרֵם אֶת־מִשְׁפַּט

28 אֱלֹהֵי הָאָרֶץ: וַיָּבֹא אֶחָד מֵהַכֹּהֲנִים אֲשֶׁר הִגְלוּ מִשֹּׁמְרוֹן וַיֵּשֶׁב

29 בְּבֵית־אֵל וַיְהִי מוֹרֶה אֹתָם אֵיךְ יִירְאוּ אֶת־יְהוָה: וַיִּהְיוּ עֹשִׂים גּוֹי

גּוֹי אֱלֹהָיו וַיַּנִּיחוּ ׀ בְּבֵית הַבָּמוֹת אֲשֶׁר עָשׂוּ הַשֹּׁמְרֹנִים גּוֹי גּוֹי

30 בְּעָרֵיהֶם אֲשֶׁר הֵם יֹשְׁבִים שָׁם: וְאַנְשֵׁי בָבֶל עָשׂוּ אֶת־סֻכּוֹת בְּנוֹת

31 וְאַנְשֵׁי־כוּת עָשׂוּ אֶת־נֵרְגַל וְאַנְשֵׁי חֲמָת עָשׂוּ אֶת־אֲשִׁימָא: וְהָעַוִּים

עָשׂוּ נִבְחַז וְאֶת־תַּרְתָּק וְהַסְפַרְוִים שֹׂרְפִים אֶת־בְּנֵיהֶם בָּאֵשׁ

32 אֱלֹהֵי סְפַרְוָיִם לְאַדְרַמֶּלֶךְ וַעֲנַמֶּלֶךְ אֱלֹהֵי סְפַרְוָיִם: וַיִּהְיוּ יְרֵאִים אֶת־יְהוָה וַיַּעֲשׂוּ

33 לָהֶם מִקְצוֹתָם כֹּהֲנֵי בָמוֹת וַיִּהְיוּ עֹשִׂים לָהֶם בְּבֵית הַבָּמוֹת: אֶת־

יְהוָה הָיוּ יְרֵאִים וְאֶת־אֱלֹהֵיהֶם הָיוּ עֹבְדִים כְּמִשְׁפַּט הַגּוֹיִם אֲשֶׁר־

34 הִגְלוּ אֹתָם מִשָּׁם: עַד הַיּוֹם הַזֶּה הֵם עֹשִׂים כַּמִּשְׁפָּטִים הָרִאשֹׁנִים

אֵינָם יְרֵאִים אֶת־יְהוָה וְאֵינָם עֹשִׂים כְּחֻקֹּתָם וּכְמִשְׁפָּטָם וְכַתּוֹרָה

וְכַמִּצְוָה אֲשֶׁר צִוָּה יְהוָה אֶת־בְּנֵי יַעֲקֹב אֲשֶׁר־שָׂם שְׁמוֹ יִשְׂרָאֵל:

35 וַיִּכְרֹת יְהוָה אִתָּם בְּרִית וַיְצַוֵּם לֵאמֹר לֹא תִירְאוּ אֱלֹהִים אֲחֵרִים

36 וְלֹא־תִשְׁתַּחֲווּ לָהֶם וְלֹא תַעַבְדוּם וְלֹא תִזְבְּחוּ לָהֶם: כִּי אִם־אֶת־

יְהוָה אֲשֶׁר הֶעֱלָה אֶתְכֶם מֵאֶרֶץ מִצְרַיִם בְּכֹחַ גָּדוֹל וּבִזְרוֹעַ נְטוּיָה

37 אֹתוֹ תִירָאוּ וְלוֹ תִשְׁתַּחֲווּ וְלוֹ תִזְבָּחוּ: וְאֶת־הַחֻקִּים וְאֶת־הַמִּשְׁפָּטִים

וְהַתּוֹרָה וְהַמִּצְוָה אֲשֶׁר כָּתַב לָכֶם תִּשְׁמְרוּן לַעֲשׂוֹת כָּל־הַיָּמִים וְלֹא

38 תִירְאוּ אֱלֹהִים אֲחֵרִים: וְהַבְּרִית אֲשֶׁר־כָּרַתִּי אִתְּכֶם לֹא תִשְׁכָּחוּ

39 וְלֹא תִירְאוּ אֱלֹהִים אֲחֵרִים: כִּי אִם־אֶת־יְהוָה אֱלֹהֵיכֶם תִּירָאוּ וְהוּא

40 יַצִּיל אֶתְכֶם מִיַּד כָּל־אֹיְבֵיכֶם: וְלֹא שָׁמֵעוּ כִּי אִם־כְּמִשְׁפָּטָם

41 הָרִאשׁוֹן הֵם עֹשִׂים: וַיִּהְיוּ ׀ הַגּוֹיִם הָאֵלֶּה יְרֵאִים אֶת־יְהוָה וְאֶת־

פְּסִילֵיהֶם הָיוּ עֹבְדִים גַּם־בְּנֵיהֶם ׀ וּבְנֵי בְנֵיהֶם כַּאֲשֶׁר עָשׂוּ אֲבֹתָם

הֵם עֹשִׂים עַד הַיּוֹם הַזֶּה:

18 1 וַיְהִי בִּשְׁנַת שָׁלֹשׁ לְהוֹשֵׁעַ בֶּן־אֵלָה מֶלֶךְ יִשְׂרָאֵל מָלַךְ חִזְקִיָּה בֶן־אָחָז

2 מֶלֶךְ יְהוּדָה: בֶּן־עֶשְׂרִים וְחָמֵשׁ שָׁנָה הָיָה בְמָלְכוֹ וְעֶשְׂרִים וָתֵשַׁע

3 שָׁנָה מָלַךְ בִּירוּשָׁלָ͏ִם וְשֵׁם אִמּוֹ אֲבִי בַּת־זְכַרְיָה: וַיַּעַשׂ הַיָּשָׁר בְּעֵינֵי

4 יְהוָה כְּכֹל אֲשֶׁר־עָשָׂה דָּוִד אָבִיו: הוּא ׀ הֵסִיר אֶת־הַבָּמוֹת וְשִׁבַּר

אֶת־הַמַּצֵּבֹת וְכָרַת אֶת־הָאֲשֵׁרָה וְכִתַּת נְחַשׁ הַנְּחֹשֶׁת אֲשֶׁר־עָשָׂה

מֹשֶׁה כִּי עַד־הַיָּמִים הָהֵמָּה הָיוּ בְנֵי־יִשְׂרָאֵל מְקַטְּרִים לוֹ וַיִּקְרָא־לוֹ

5 נְחֻשְׁתָּן: בַּיהוָה אֱלֹהֵי־יִשְׂרָאֵל בָּטָח וְאַחֲרָיו לֹא־הָיָה כָמֹהוּ בְּכֹל

6 מַלְכֵי יְהוּדָה וַאֲשֶׁר הָיוּ לְפָנָיו: וַיִּדְבַּק בַּיהוָה לֹא־סָר מֵאַחֲרָיו וַיִּשְׁמֹר

7 מִצְוֹתָיו אֲשֶׁר־צִוָּה יְהוָה אֶת־מֹשֶׁה: וְהָיָה יְהוָה עִמּוֹ בְּכֹל אֲשֶׁר־יֵצֵא

8 יַשְׂכִּיל וַיִּמְרֹד בְּמֶלֶךְ־אַשּׁוּר וְלֹא עֲבָדוֹ: הוּא־הִכָּה אֶת־פְּלִשְׁתִּים עַד־

עַזָּה וְאֶת־גְּבוּלֶיהָ מִמִּגְדַּל נוֹצְרִים עַד־עִיר מִבְצָר:

9 ¶ And it came to pass in the fourth year of king Hezekiah, which *was* the seventh year of Hoshea son of Elah king of Israel, *that* Shalmaneser king of Assyria came up against Samaria, and besieged it.

10 And at the end of three years they took it: *even* in the sixth year of Hezekiah, that *is* the ninth year of Hoshea king of Israel, Samaria was taken.

11 And the king of Assyria did carry away Israel unto Assyria, and put them in Halah and in Habor *by* the river of Gozan, and in the cities of the Medes:

12 Because they obeyed not the voice of the LORD their God, but transgressed his covenant, *and* all that Moses the servant of the LORD commanded, and would not hear *them*, nor do *them*.

13 ¶ Now in the fourteenth year of king Hezekiah did Sennacherib king of Assyria come up against all the fenced cities of Judah, and took them.

14 And Hezekiah king of Judah sent to the king of Assyria to Lachish, saying, I have offended; return from me: that which thou puttest on me will I bear. And the king of Assyria appointed unto Hezekiah king of Judah three hundred talents of silver and thirty talents of gold.

15 And Hezekiah gave *him* all the silver that was found in the house of the LORD, and in the treasures of the king's house.

16 At that time did Hezekiah cut off *the gold from* the doors of the temple of the LORD, and *from* the pillars which Hezekiah king of Judah had overlaid, and gave it to the king of Assyria.

17 ¶ And the king of Assyria sent Tartan and Rabsaris and Rab-shakeh from Lachish to king Hezekiah with a great host against Jerusalem. And they went up and came to Jerusalem. And when they were come up, they came and stood by the conduit of the upper pool, which *is* in the highway of the fuller's field.

18 And when they had called to the king, there came out to them Eliakim the son of Hilkiah, which *was* over the household, and Shebna the scribe, and Joah the son of Asaph the recorder.

19 And Rab-shakeh said unto them, Speak ye now to Hezekiah, Thus saith the great king, the king of Assyria, What confidence *is* this wherein thou trustest?

20 Thou sayest, (but *they are but* vain words,) *I have* counsel and strength for the war. Now on whom dost thou trust, that thou rebellest against me?

21 Now, behold, thou trustest upon the staff of this bruised reed, *even* upon Egypt, on which if a man lean, it will go into his hand, and pierce it: so *is* Pharaoh king of Egypt unto all that trust on him.

22 But if ye say unto me, We trust in the LORD our God: *is* not that he, whose high places and whose altars Hezekiah hath taken away, and hath said to Judah and Jerusalem, Ye shall worship before this altar in Jerusalem?

23 Now therefore, I pray thee, give pledges to my lord the king of Assyria, and I will deliver thee two thousand horses, if thou be able on thy part to set riders upon them.

24 How then wilt thou turn away the face of one captain of the least of my master's servants, and put thy trust on Egypt for chariots and for horsemen?

25 Am I now come up without the LORD against this place to destroy it? The LORD said to me, Go up against this land, and destroy it.

26 Then said Eliakim the son of Hilkiah, and Shebna, and Joah, unto Rab-shakeh, Speak, I pray thee, to thy servants in the Syrian language; for we understand *it:* and talk not with us in the Jews' language in the ears of the people that *are* on the wall.

27 But Rab-shakeh said unto them, Hath my master sent me to thy master, and to

9 וַיְהִ֞י בַּשָּׁנָ֤ה הָרְבִיעִית֙ לַמֶּ֣לֶךְ חִזְקִיָּ֔הוּ הִ֣יא הַשָּׁנָ֤ה הַשְּׁבִיעִית֙ לְהוֹשֵׁ֙עַ֙
בֶּן־אֵלָ֖ה מֶ֣לֶךְ יִשְׂרָאֵ֑ל עָלָ֞ה שַׁלְמַנְאֶ֧סֶר מֶֽלֶךְ־אַשּׁ֛וּר עַל־שֹׁמְר֖וֹן וַיָּ֥צַר
10 עָלֶֽיהָ: וַֽיִּלְכְּדֻ֗הָ מִקְצֵה֙ שָׁלֹ֣שׁ שָׁנִ֔ים בִּשְׁנַת־שֵׁ֖שׁ לְחִזְקִיָּ֑ה הִ֣יא שְׁנַת־
11 תֵּ֗שַׁע לְהוֹשֵׁ֙עַ֙ מֶ֣לֶךְ יִשְׂרָאֵ֔ל נִלְכְּדָ֖ה שֹׁמְרֽוֹן: וַיֶּ֧גֶל מֶֽלֶךְ־אַשּׁ֛וּר אֶת־
12 יִשְׂרָאֵ֖ל אַשּׁ֑וּרָה וַיַּנְחֵ֞ם בַּחְלַ֧ח וּבְחָב֛וֹר נְהַ֥ר גּוֹזָ֖ן וְעָרֵ֣י מָדָֽי׀ עַ֣ל
אֲשֶׁ֣ר לֹֽא־שָׁמְע֗וּ בְּקוֹל֙ יְהוָ֣ה אֱלֹֽהֵיהֶ֔ם וַיַּֽעַבְרוּ֙ אֶת־בְּרִית֔וֹ אֵ֚ת כָּל־
אֲשֶׁ֣ר צִוָּ֔ה מֹשֶׁ֖ה עֶ֣בֶד יְהוָ֑ה וְלֹ֥א שָׁמְע֖וּ וְלֹ֥א עָשֽׂוּ:

13 וּבְאַרְבַּע֩ עֶשְׂרֵ֨ה שָׁנָ֜ה לַמֶּ֣לֶךְ חִזְקִיָּ֗ה עָלָ֞ה סַנְחֵרִ֤יב מֶֽלֶךְ־אַשּׁוּר֙ עַ֣ל
14 כָּל־עָרֵ֧י יְהוּדָ֛ה הַבְּצֻר֖וֹת וַֽיִּתְפְּשֵֽׂם: וַיִּשְׁלַ֣ח חִזְקִיָּ֣ה מֶֽלֶךְ־יְהוּדָ֣ה
אֶל־מֶֽלֶךְ־אַשּׁ֣וּר׀ לָכִישָׁה֩׀ לֵאמֹ֨ר׀ חָטָ֜אתִי שׁ֤וּב מֵֽעָלַי֙ אֵ֣ת אֲשֶׁר־תִּתֵּ֣ן
עָלַ֣י אֶשָּׂ֔א וַיָּ֨שֶׂם מֶֽלֶךְ־אַשּׁ֜וּר עַל־חִזְקִיָּ֤ה מֶֽלֶךְ־יְהוּדָה֙ שְׁלֹ֣שׁ מֵא֣וֹת
15 כִּכַּר־כֶּ֔סֶף וּשְׁלֹשִׁ֖ים כִּכַּ֣ר זָהָ֑ב: וַיִּתֵּן֙ חִזְקִיָּ֔ה אֶת־כָּל־הַכֶּ֖סֶף הַנִּמְצָ֥א
16 בֵית־יְהוָ֖ה וּבְאֹצְר֣וֹת בֵּ֣ית הַמֶּֽלֶךְ: בָּעֵ֣ת הַהִ֗יא קִצַּ֨ץ חִזְקִיָּ֜ה אֶת־
דַּלְת֨וֹת הֵיכַ֤ל יְהוָה֙ וְאֶת־הָאֹ֣מְנ֔וֹת אֲשֶׁ֣ר צִפָּ֔ה חִזְקִיָּ֖ה מֶ֣לֶךְ יְהוּדָ֑ה
וַֽיִּתְּנֵ֖ם לְמֶ֥לֶךְ אַשּֽׁוּר:

17 וַיִּשְׁלַ֣ח מֶֽלֶךְ־אַשּׁ֡וּר אֶת־תַּרְתָּ֣ן וְאֶת־רַב־סָרִ֣יס׀ וְאֶת־רַב־שָׁקֵ֣ה מִן־
לָכִ֛ישׁ אֶל־הַמֶּ֥לֶךְ חִזְקִיָּ֖הוּ בְּחֵ֣יל כָּבֵ֑ד יְרוּשָׁלָ֑͏ִם וַֽיַּעֲלוּ֙ וַיָּבֹ֣אוּ יְרוּשָׁלַ֔͏ִם
וַֽיַּעֲלוּ֙ וַיָּבֹ֔אוּ וַיַּֽעַמְד֗וּ בִּתְעָלַת֙ הַבְּרֵכָ֣ה הָעֶלְיוֹנָ֔ה אֲשֶׁ֕ר בִּמְסִלַּ֖ת שְׂדֵ֥ה
18 כוֹבֵֽס: וַֽיִּקְרְאוּ֙ אֶל־הַמֶּ֔לֶךְ וַיֵּצֵ֧א אֲלֵהֶ֛ם אֶלְיָקִ֥ים בֶּן־חִלְקִיָּ֖הוּ אֲשֶׁ֣ר
19 עַל־הַבָּ֑יִת וְשֶׁבְנָה֙ הַסֹּפֵ֔ר וְיוֹאָ֥ח בֶּן־אָסָ֖ף הַמַּזְכִּֽיר: וַיֹּ֤אמֶר אֲלֵהֶם֙
רַב־שָׁקֵ֔ה אִמְרוּ־נָ֖א אֶל־חִזְקִיָּ֑הוּ כֹּֽה־אָמַ֞ר הַמֶּ֤לֶךְ הַגָּדוֹל֙ מֶ֣לֶךְ אַשּׁ֔וּר
20 מָ֧ה הַבִּטָּח֛וֹן הַזֶּ֖ה אֲשֶׁ֥ר בָּטָֽחְתָּ: אָמַ֙רְתָּ֙ אַךְ־דְּבַר־שְׂפָתַ֔יִם עֵצָ֥ה
21 וּגְבוּרָ֖ה לַמִּלְחָמָ֑ה עַתָּה֙ עַל־מִ֣י בָטַ֔חְתָּ כִּ֥י מָרַ֖דְתָּ בִּֽי: עַתָּ֡ה הִנֵּ֣ה
בָטַ֣חְתָּ לְּךָ֡ עַל־מִשְׁעֶנֶת֩ הַקָּנֶ֨ה הָרָצ֤וּץ הַזֶּה֙ עַל־מִצְרַ֔יִם אֲשֶׁ֨ר יִסָּמֵ֥ךְ
אִ֤ישׁ עָלָיו֙ וּבָ֣א בְכַפּ֔וֹ וּנְקָבָ֑הּ כֵּ֚ן פַּרְעֹ֣ה מֶֽלֶךְ־מִצְרַ֔יִם לְכָל־הַבֹּטְחִ֖ים
22 עָלָֽיו: וְכִי־תֹאמְר֣וּן אֵלַ֔י אֶל־יְהוָ֥ה אֱלֹהֵ֖ינוּ בָּטָ֑חְנוּ הֲלוֹא־ה֗וּא אֲשֶׁ֨ר
הֵסִ֤יר חִזְקִיָּ֙הוּ֙ אֶת־בָּמֹתָ֣יו וְאֶת־מִזְבְּחֹתָ֔יו וַיֹּ֤אמֶר לִֽיהוּדָה֙ וְלִיר֣וּשָׁלַ֔͏ִם
23 לִפְנֵי֙ הַמִּזְבֵּ֣חַ הַזֶּ֔ה תִּֽשְׁתַּחֲו֖וּ בִּירוּשָׁלָֽ͏ִם: וְעַתָּה֙ הִתְעָ֣רֶב נָ֔א אֶת־אֲדֹנִ֖י
אֶת־מֶ֣לֶךְ אַשּׁ֑וּר וְאֶתְּנָ֤ה לְךָ֙ אַלְפַּ֣יִם סוּסִ֔ים אִם־תּוּכַ֕ל לָ֥תֶת לְךָ֖
24 רֹכְבִ֣ים עֲלֵיהֶֽם: וְאֵ֣יךְ תָּשִׁ֗יב אֵ֠ת פְּנֵ֨י פַחַ֥ת אַחַ֛ד עַבְדֵ֥י אֲדֹנִ֖י
25 הַקְּטַנִּ֑ים וַתִּבְטַ֤ח לְךָ֙ עַל־מִצְרַ֔יִם לְרֶ֖כֶב וּלְפָרָשִֽׁים: עַתָּה֙ הֲמִבַּלְעֲדֵ֣י
יְהוָ֔ה עָלִ֛יתִי עַל־הַמָּק֥וֹם הַזֶּ֖ה לְהַשְׁחִת֑וֹ יְהוָה֙ אָמַ֣ר אֵלַ֔י עֲלֵ֛ה עַל־
26 הָאָ֥רֶץ הַזֹּ֖את וְהַשְׁחִיתָֽהּ: וַיֹּ֣אמֶר אֶלְיָקִ֣ים בֶּן־חִ֠לְקִיָּהוּ וְשֶׁבְנָ֨ה וְיוֹאָ֜ח
אֶל־רַב־שָׁקֵ֗ה דַּבֶּר־נָ֤א אֶל־עֲבָדֶ֙יךָ֙ אֲרָמִ֔ית כִּ֥י שֹׁמְעִ֖ים אֲנָ֑חְנוּ וְאַל־
27 תְּדַבֵּ֤ר עִמָּ֙נוּ֙ יְהוּדִ֔ית בְּאָזְנֵ֣י הָעָ֔ם אֲשֶׁ֖ר עַל־הַֽחֹמָֽה: וַיֹּ֤אמֶר אֲלֵיהֶם֙
27A

thee, to speak these words? *hath he* not *sent me* to the men which sit on the wall, that they may eat their own dung, and drink their own piss with you?

28 Then Rab-shakeh stood and cried with a loud voice in the Jews' language, and spake, saying, Hear the word of the great king, the king of Assyria:

29 Thus saith the king, Let not Hezekiah deceive you: for he shall not be able to deliver you out of his hand:

30 Neither let Hezekiah make you trust in the LORD, saying, The LORD will surely deliver us, and this city shall not be delivered into the hand of the king of Assyria.

31 Hearken not to Hezekiah: for thus saith the king of Assyria, Make *an agreement* with me by a present, and come out to me, and *then* eat ye every man of his own vine, and every one of his fig tree, and drink ye every one the waters of his cistern:

32 Until I come and take you away to a land like your own land, a land of corn and wine, a land of bread and vineyards, a land of oil olive and of honey, that ye may live, and not die: and hearken not unto Hezekiah, when he persuadeth you, saying, The LORD will deliver us.

33 Hath any of the gods of the nations delivered at all his land out of the hand of the king of Assyria?

34 Where *are* the gods of Hamath, and of Arpad? where *are* the gods of Sepharvaim, Hena, and Ivah? have they delivered Samaria out of mine hand?

35 Who *are* they among all the gods of the countries, that have delivered their country out of mine hand, that the LORD should deliver Jerusalem out of mine hand?

36 But the people held their peace, and answered him not a word: for the king's commandment was, saying, Answer him not.

37 Then came Eliakim the son of Hilkiah, which *was* over the household, and Shebna the scribe, and Joah the son of Asaph the recorder, to Hezekiah with *their* clothes rent, and told him the words of Rab-shakeh.

CHAPTER 19

1 And it came to pass, when king Hezekiah heard *it*, that he rent his clothes, and covered himself with sackcloth, and went into the house of the LORD.

2 And he sent Eliakim, which *was* over the household, and Shebna the scribe, and the elders of the priests, covered with sackcloth, to Isaiah the prophet the son of Amoz.

3 And they said unto him, Thus saith Hezekiah, This day *is* a day of trouble, and of rebuke, and blasphemy: for the children are come to the birth, and *there is* not strength to bring forth.

4 It may be the LORD thy God will hear all the words of Rab-shakeh, whom the king of Assyria his master hath sent to reproach the living God; and will reprove the words which the LORD thy God hath heard: wherefore lift up *thy* prayer for the remnant that are left.

5 So the servants of king Hezekiah came to Isaiah.

6 ¶ And Isaiah said unto them, Thus shall ye say to your master, Thus saith the LORD, Be not afraid of the words which thou hast heard, with which the servants of the king of Assyria have blasphemed me.

7 Behold, I will send a blast upon him, and he shall hear a rumour, and shall return to his own land; and I will cause him to fall by the sword in his own land.

8 ¶ So Rab-shakeh returned, and found the king of Assyria warring against Libnah: for he had heard that he was departed from Lachish.

9 And when he heard say of Tirhakah king of Ethiopia, Behold, he is come out to fight against thee: he sent messengers again unto Hezekiah, saying,

10 Thus shall ye speak to Hezekiah king of Judah, saying, Let not thy God in whom thou trustest deceive thee, saying, Jerusalem shall not be delivered into the hand of the king of Assyria.

11 Behold, thou hast heard what the kings of Assyria have done to all lands, by destroying them utterly: and shalt thou be delivered?

צוֹאָתָ֗ם
מֵימֵ֥י רַגְלֵיהֶֽם

רַבְשָׁקֵ֜ה הַעַ֣ל אֲדֹנֶ֣יךָ וְאֵלֶ֗יךָ שְׁלָחַ֣נִי אֲדֹנִ֔י לְדַבֵּ֖ר אֶת־הַדְּבָרִ֣ים הָאֵ֑לֶּה הֲלֹ֣א עַל־הָאֲנָשִׁ֗ים הַיֹּֽשְׁבִים֙ עַל־הַ֣חֹמָ֔ה לֶאֱכֹ֣ל אֶת־חֲרֵיהֶ֗ם

28 וְלִשְׁתּ֛וֹת אֶת־שֵׁינֵיהֶ֖ם עִמָּכֶֽם: וַֽיַּעֲמֹד֙ רַב־שָׁקֵ֔ה וַיִּקְרָ֥א בְקוֹל־גָּד֖וֹל

29 יְהוּדִ֑ית וַיְדַבֵּ֣ר וַיֹּ֔אמֶר שִׁמְע֛וּ דְּבַר־הַמֶּ֥לֶךְ הַגָּד֖וֹל מֶ֣לֶךְ אַשּֽׁוּר: כֹּ֚ה אָמַ֣ר הַמֶּ֔לֶךְ אַל־יַשִּׁ֥יא לָכֶ֖ם חִזְקִיָּ֑הוּ כִּי־לֹ֣א יוּכַ֔ל לְהַצִּ֥יל אֶתְכֶ֖ם

30 מִיָּדֽוֹ: וְאַל־יַבְטַ֨ח אֶתְכֶ֤ם חִזְקִיָּ֙הוּ֙ אֶל־יְהֹוָ֣ה לֵאמֹ֔ר הַצֵּ֥ל יַצִּילֵ֖נוּ יְהֹוָ֑ה

31 וְלֹ֤א תִנָּתֵן֙ אֶת־הָעִ֣יר הַזֹּ֔את בְּיַ֖ד מֶ֥לֶךְ אַשּֽׁוּר: אַֽל־תִּשְׁמְע֖וּ אֶל־חִזְקִיָּ֑הוּ כִּ֣י כֹ֣ה אָמַר֩ מֶ֨לֶךְ אַשּׁ֜וּר עֲשֽׂוּ־אִתִּ֤י בְרָכָה֙ וּצְא֣וּ אֵלַ֔י וְאִכְל֤וּ

32 אִישׁ־גַּפְנוֹ֙ וְאִ֣ישׁ תְּאֵ֣נָת֔וֹ וּשְׁת֖וּ אִ֣ישׁ מֵֽי־בוֹר֑וֹ: עַד־בֹּאִי֩ וְלָקַחְתִּ֨י אֶתְכֶ֜ם אֶל־אֶ֣רֶץ כְּאַרְצְכֶ֗ם אֶרֶץ֩ דָּגָ֨ן וְתִיר֜וֹשׁ אֶ֧רֶץ לֶ֣חֶם וּכְרָמִ֗ים אֶ֣רֶץ זֵ֤ית יִצְהָר֙ וּדְבַ֔שׁ וִֽחְי֖וּ וְלֹ֣א תָמֻ֑תוּ וְאַֽל־תִּשְׁמְעוּ֙ אֶל־חִזְקִיָּ֔הוּ

33 כִּֽי־יַסִּ֤ית אֶתְכֶם֙ לֵאמֹ֔ר יְהֹוָ֖ה יַצִּילֵ֑נוּ: הַהַצֵּ֤ל הִצִּ֙ילוּ֙ אֱלֹהֵ֣י הַגּוֹיִ֔ם

34 אִ֥ישׁ אֶת־אַרְצ֖וֹ מִיַּ֥ד מֶ֥לֶךְ אַשּֽׁוּר: אַיֵּ֞ה אֱלֹהֵ֤י חֲמָת֙ וְאַרְפָּ֔ד אַיֵּ֛ה

35 אֱלֹהֵ֥י סְפַרְוַ֖יִם הֵנַ֣ע וְעִוָּ֑ה כִּֽי־הִצִּ֥ילוּ אֶת־שֹׁמְר֖וֹן מִיָּדִֽי: מִ֠י בְּכָל־אֱלֹהֵ֤י הָֽאֲרָצוֹת֙ אֲשֶׁר־הִצִּ֥ילוּ אֶת־אַרְצָ֖ם מִיָּדִ֑י כִּֽי־יַצִּ֧יל יְהֹוָ֛ה אֶת־יְרוּשָׁלִַ֖ם

36 מִיָּדִֽי: וְהֶחֱרִ֣ישׁוּ הָעָ֔ם וְלֹֽא־עָנ֥וּ אֹת֖וֹ דָּבָ֑ר כִּי־מִצְוַ֨ת הַמֶּ֥לֶךְ הִ֛יא

37 לֵאמֹ֖ר לֹ֥א תַֽעֲנֻֽהוּ: וַיָּבֹ֣א אֶלְיָקִ֣ים בֶּן־חִלְקִיָּ֡ה אֲשֶׁר־עַל־הַבַּ֩יִת֩ וְשֶׁבְנָ֨א הַסֹּפֵ֜ר וְיוֹאָ֣ח בֶּן־אָסָ֣ף הַמַּזְכִּ֗יר אֶל־חִזְקִיָּ֛הוּ קְרוּעֵ֥י בְגָדִ֖ים וַיַּגִּ֥דוּ ל֖וֹ

19 1 דִּבְרֵ֥י רַב־שָׁקֵֽה: וַיְהִ֗י כִּשְׁמֹ֙עַ֙ הַמֶּ֣לֶךְ חִזְקִיָּ֔הוּ וַיִּקְרַ֖ע אֶת־בְּגָדָ֑יו וַיִּתְכַּ֣ס

2 בַּשָּׂ֔ק וַיָּבֹ֖א בֵּ֥ית יְהֹוָֽה: וַ֠יִּשְׁלַ֠ח אֶת־אֶלְיָקִ֨ים אֲשֶׁר־עַל־הַבַּ֜יִת וְשֶׁבְנָ֣א הַסֹּפֵ֗ר וְאֵת֙ זִקְנֵ֣י הַכֹּֽהֲנִ֔ים מִתְכַּסִּ֖ים בַּשַּׂקִּ֑ים אֶל־יְשַֽׁעְיָ֥הוּ הַנָּבִ֖יא בֶּן־

3 אָמֽוֹץ: וַיֹּאמְר֣וּ אֵלָ֗יו כֹּ֚ה אָמַ֣ר חִזְקִיָּ֔הוּ יוֹם־צָרָ֧ה וְתוֹכֵחָ֛ה וּנְאָצָ֖ה הַיּ֣וֹם הַזֶּ֑ה כִּ֣י בָ֤אוּ בָנִים֙ עַד־מַשְׁבֵּ֔ר וְכֹ֥חַ אַ֖יִן לְלֵדָֽה:

4 אוּלַ֡י יִשְׁמַע֩ יְהֹוָ֨ה אֱלֹהֶ֜יךָ אֵ֣ת ׀ כָּל־דִּבְרֵ֣י רַב־שָׁקֵ֗ה אֲשֶׁר֩ שְׁלָח֨וֹ מֶֽלֶךְ־אַשּׁ֤וּר ׀ אֲדֹנָיו֙ לְחָרֵף֙ אֱלֹהִ֣ים חַ֔י וְהוֹכִ֙יחַ֙ בַּדְּבָרִ֔ים אֲשֶׁ֥ר שָׁמַ֖ע יְהֹוָ֣ה אֱלֹהֶ֑יךָ

5A 5 וְנָשָׂ֣אתָ תְפִלָּ֔ה בְּעַ֥ד הַשְּׁאֵרִ֖ית הַנִּמְצָאָֽה: וַיָּבֹ֗אוּ עַבְדֵ֛י הַמֶּ֥לֶךְ חִזְקִיָּ֖הוּ

6 אֶל־יְשַֽׁעְיָֽהוּ: וַיֹּ֤אמֶר לָהֶם֙ יְשַֽׁעְיָ֔הוּ כֹּ֥ה תֹאמְר֖וּן אֶל־אֲדֹֽנֵיכֶ֑ם כֹּ֣ה ׀ אָמַ֣ר יְהֹוָ֗ה אַל־תִּירָא֙ מִפְּנֵ֤י הַדְּבָרִים֙ אֲשֶׁ֣ר שָׁמַ֔עְתָּ אֲשֶׁ֧ר גִּדְּפ֛וּ נַעֲרֵ֥י

7 מֶלֶךְ־אַשּׁ֖וּר אֹתִֽי: הִנְנִ֨י נֹתֵ֥ן בּ֙וֹ ר֔וּחַ וְשָׁמַ֥ע שְׁמוּעָ֖ה וְשָׁ֣ב לְאַרְצ֑וֹ

8 וְהִפַּלְתִּ֥יו בַּחֶ֖רֶב בְּאַרְצֽוֹ: וַיָּ֙שָׁב֙ רַב־שָׁקֵ֔ה וַיִּמְצָא֙ אֶת־מֶ֣לֶךְ אַשּׁ֔וּר

9A 9 נִלְחָ֖ם עַל־לִבְנָ֑ה כִּ֣י שָׁמַ֔ע כִּ֥י נָסַ֖ע מִלָּכִֽישׁ: וַיִּשְׁמַ֗ע אֶל־תִּרְהָ֤קָה מֶֽלֶךְ־כּוּשׁ֙ לֵאמֹ֔ר הִנֵּ֥ה יָצָ֖א לְהִלָּחֵ֣ם אִתָּ֑ךְ וַיָּ֙שָׁב֙ וַיִּשְׁלַ֣ח מַלְאָכִ֔ים

10 אֶל־חִזְקִיָּ֖הוּ לֵאמֹֽר: כֹּ֣ה תֹאמְר֗וּן אֶל־חִזְקִיָּ֤הוּ מֶֽלֶךְ־יְהוּדָה֙ לֵאמֹ֔ר אַל־יַשִּֽׁאֲךָ֣ אֱלֹהֶ֔יךָ אֲשֶׁ֥ר אַתָּ֖ה בֹּטֵ֣חַ בּ֑וֹ לֵאמֹ֔ר לֹ֤א תִנָּתֵן֙ יְר֣וּשָׁלִַ֔ם בְּיַ֖ד

11 מֶ֥לֶךְ אַשּֽׁוּר: הִנֵּ֣ה ׀ אַתָּ֣ה שָׁמַ֗עְתָּ אֵת֩ אֲשֶׁ֨ר עָשׂ֜וּ מַלְכֵ֥י אַשּׁ֛וּר לְכָל־

12 Have the gods of the nations delivered them which my fathers have destroyed; *as* Gozan, and Haran, and Rezeph, and the children of Eden which *were* in Thelasar?

13 Where *is* the king of Hamath, and the king of Arpad, and the king of the city of Sepharvaim, of Hena, and Ivah?

14 ¶ And Hezekiah received the letter of the hand of the messengers, and read it: and Hezekiah went up into the house of the LORD, and spread it before the LORD.

15 And Hezekiah prayed before the LORD, and said, O LORD God of Israel, which dwellest *between* the cherubims, thou art the God, *even* thou alone, of all the kingdoms of the earth; thou hast made heaven and earth.

16 LORD, bow down thine ear, and hear: open, LORD, thine eyes, and see: and hear the words of Sennacherib, which hath sent him to reproach the living God.

17 Of a truth, LORD, the kings of Assyria have destroyed the nations and their lands,

18 And have cast their gods into the fire: for they *were* no gods, but the work of men's hands, wood and stone: therefore they have destroyed them.

19 Now therefore, O LORD our God, I beseech thee, save thou us out of his hand, that all the kingdoms of the earth may know that thou *art* the LORD God, *even* thou only.

20 ¶ Then Isaiah the son of Amoz sent to Hezekiah, saying, Thus saith the LORD God of Israel, *That* which thou hast prayed to me against Sennacherib king of Assyria I have heard.

21 This *is* the word that the LORD hath spoken concerning him; The virgin the daughter of Zion hath despised thee, *and* laughed thee to scorn; the daughter of Jerusalem hath shaken her head at thee.

22 Whom hast thou reproached and blasphemed? and against whom hast thou exalted *thy* voice, and lifted up thine eyes on high? *even* against the Holy *One* of Israel.

23 By thy messengers thou hast reproached the LORD, and hast said, With the multitude of my chariots I am come up to the height of the mountains, to the sides of Lebanon, and will cut down the tall cedar trees thereof, *and* the choice fir trees thereof: and I will enter into the lodgings of his borders, *and into* the forest of his Carmel.

24 I have digged and drunk strange waters, and with the sole of my feet have I dried up all the rivers of besieged places.

25 Hast thou not heard long ago *how* I have done it, *and* of ancient times that I have formed it? now have I brought it to pass, that thou shouldest be to lay waste fenced cities *into* ruinous heaps.

26 Therefore their inhabitants were of small power, they were dismayed and confounded; they were *as* the grass of the field, and *as* the green herb, *as* the grass on the housetops, and *as corn* blasted before it be grown up.

27 But I know thy abode, and thy going out, and thy coming in, and thy rage against me.

28 Because thy rage against me and thy tumult is come up into mine ears, therefore I will put my hook in thy nose, and my bridle in thy lips, and I will turn thee back by the way by which thou camest.

29 And this *shall be* a sign unto thee, Ye shall eat this year such things as grow of themselves, and in the second year that which springeth of the same; and in the third year sow ye, and reap, and plant vineyards, and eat the fruits thereof.

30 And the remnant that is escaped of the house of Judah shall yet again take root downward, and bear fruit upward.

31 For out of Jerusalem shall go forth a remnant, and they that escape out of mount Zion: the zeal of the LORD *of hosts* shall do this.

32 Therefore thus saith the LORD concerning the king of Assyria, He shall not come into this city, nor shoot an arrow there, nor come before it with shield, nor cast a bank against it.

33 By the way that he came, by the same shall he return, and shall not come into this city, saith the LORD.

34 For I will defend this city, to save it, for mine own sake, and for my servant David's sake.

הָאֲרָצוֹת לְהַחֲרִימָם וְאַתָּה תִּנָּצֵל: הַהִצִּילוּ אֹתָם אֱלֹהֵי הַגּוֹיִם אֲשֶׁר 12

שִׁחֲתוּ אֲבוֹתַי אֶת־גּוֹזָן וְאֶת־חָרָן וְרֶצֶף וּבְנֵי־עֶדֶן אֲשֶׁר בִּתְלַאשָּׂר:

אַיּוֹ מֶלֶךְ־חֲמָת וּמֶלֶךְ אַרְפָּד וּמֶלֶךְ לָעִיר סְפַרְוָיִם הֵנַע וְעִוָּה: וַיִּקַּח 13
14

חִזְקִיָּהוּ אֶת־הַסְּפָרִים מִיַּד הַמַּלְאָכִים וַיִּקְרָאֵם וַיַּעַל בֵּית יְהוָה

וַיִּפְרְשֵׂהוּ חִזְקִיָּהוּ לִפְנֵי יְהוָה:

וַיִּתְפַּלֵּל חִזְקִיָּהוּ לִפְנֵי יְהוָה וַיֹּאמַר יְהוָה אֱלֹהֵי יִשְׂרָאֵל יֹשֵׁב הַכְּרֻבִים 15

אַתָּה־הוּא הָאֱלֹהִים לְבַדְּךָ לְכֹל מַמְלְכוֹת הָאָרֶץ אַתָּה עָשִׂיתָ אֶת־

הַשָּׁמַיִם וְאֶת־הָאָרֶץ: הַטֵּה יְהוָה אָזְנְךָ וּשֲׁמָע פְּקַח יְהוָה עֵינֶיךָ 16

וּרְאֵה וּשְׁמַע אֵת דִּבְרֵי סַנְחֵרִיב אֲשֶׁר שְׁלָחוֹ לְחָרֵף אֱלֹהִים חָי:

אָמְנָם יְהוָה הֶחֱרִיבוּ מַלְכֵי אַשּׁוּר אֶת־הַגּוֹיִם וְאֶת־אַרְצָם: וְנָתְנוּ 17
18

אֶת־אֱלֹהֵיהֶם בָּאֵשׁ כִּי לֹא אֱלֹהִים הֵמָּה כִּי אִם־מַעֲשֵׂה יְדֵי־אָדָם

עֵץ וָאֶבֶן וַיְאַבְּדוּם: וְעַתָּה יְהוָה אֱלֹהֵינוּ הוֹשִׁיעֵנוּ נָא מִיָּדוֹ וְיֵדְעוּ 19

כָּל־מַמְלְכוֹת הָאָרֶץ כִּי אַתָּה יְהוָה אֱלֹהִים לְבַדֶּךָ: וַיִּשְׁלַח 20

יְשַׁעְיָהוּ בֶן־אָמוֹץ אֶל־חִזְקִיָּהוּ לֵאמֹר כֹּה־אָמַר יְהוָה אֱלֹהֵי יִשְׂרָאֵל

אֲשֶׁר הִתְפַּלַּלְתָּ אֵלַי אֶל־סַנְחֵרִב מֶלֶךְ־אַשּׁוּר שָׁמָעְתִּי: זֶה הַדָּבָר 21

אֲשֶׁר־דִּבֶּר יְהוָה עָלָיו בָּזָה לְךָ לָעֲגָה לְךָ בְּתוּלַת בַּת־צִיּוֹן אַחֲרֶיךָ

רֹאשׁ הֵנִיעָה בַּת יְרוּשָׁלִָם: אֶת־מִי חֵרַפְתָּ וְגִדַּפְתָּ וְעַל־מִי הֲרִימוֹתָ 22

קוֹל וַתִּשָּׂא מָרוֹם עֵינֶיךָ עַל־קְדוֹשׁ יִשְׂרָאֵל: בְּיַד מַלְאָכֶיךָ חֵרַפְתָּ ׀ 23

אֲדֹנָי וַתֹּאמֶר בְּרֶכֶב רִכְבִּי אֲנִי עָלִיתִי מְרוֹם הָרִים יַרְכְּתֵי לְבָנוֹן בְּרֶכֶב

וְאֶכְרֹת קוֹמַת אֲרָזָיו מִבְחוֹר בְּרֹשָׁיו וְאָבוֹאָה מְלוֹן קִצֹּה יַעַר כַּרְמִלּוֹ:

אֲנִי קַרְתִּי וְשָׁתִיתִי מַיִם זָרִים וְאַחְרִב בְּכַף־פְּעָמַי כֹּל יְאֹרֵי מָצוֹר: 24

הֲלֹא־שָׁמַעְתָּ לְמֵרָחוֹק אֹתָהּ עָשִׂיתִי לְמִימֵי קֶדֶם וִיצַרְתִּיהָ עַתָּה 25 25A

הֲבֵיאתִיהָ וּתְהִי לַהְשׁוֹת גַּלִּים נִצִּים עָרִים בְּצֻרוֹת: וְיֹשְׁבֵיהֶן קִצְרֵי־יָד 26

חַתּוּ וַיֵּבֹשׁוּ הָיוּ עֵשֶׂב שָׂדֶה וִירַק דֶּשֶׁא חֲצִיר גַּגּוֹת וּשְׁדֵפָה לִפְנֵי

קָמָה: וְשִׁבְתְּךָ וְצֵאתְךָ וּבֹאֲךָ יָדָעְתִּי וְאֵת הִתְרַגֶּזְךָ אֵלָי: יַעַן הִתְרַגֶּזְךָ 27
28

אֵלַי וְשַׁאֲנַנְךָ עָלָה בְאָזְנָי וְשַׂמְתִּי חַחִי בְּאַפֶּךָ וּמִתְגִּי בִּשְׂפָתֶיךָ

וַהֲשִׁבֹתִיךָ בַּדֶּרֶךְ אֲשֶׁר־בָּאתָ בָּהּ: וְזֶה־לְּךָ הָאוֹת אָכוֹל הַשָּׁנָה סָפִיחַ 29

וּבַשָּׁנָה הַשֵּׁנִית סָחִישׁ וּבַשָּׁנָה הַשְּׁלִישִׁית זִרְעוּ וְקִצְרוּ וְנִטְעוּ כְרָמִים

וְאָכְלוּ פִרְיָם: וְיָסְפָה פְּלֵיטַת בֵּית־יְהוּדָה הַנִּשְׁאָרָה שֹׁרֶשׁ לְמָטָּה 30

וְעָשָׂה פְרִי לְמָעְלָה: כִּי מִירוּשָׁלִַם תֵּצֵא שְׁאֵרִית וּפְלֵיטָה מֵהַר צִיּוֹן 31

קִנְאַת יְהוָה צְבָאוֹת תַּעֲשֶׂה־זֹּאת: לָכֵן כֹּה־אָמַר יְהוָה 32

אֶל־מֶלֶךְ אַשּׁוּר לֹא יָבֹא אֶל־הָעִיר הַזֹּאת וְלֹא־יוֹרֶה שָׁם חֵץ וְלֹא־

יְקַדְּמֶנָּה מָגֵן וְלֹא־יִשְׁפֹּךְ עָלֶיהָ סֹלְלָה: בַּדֶּרֶךְ אֲשֶׁר־יָבֹא בָּהּ יָשׁוּב 33

וְאֶל־הָעִיר הַזֹּאת לֹא יָבֹא נְאֻם־יְהוָה: וְגַנּוֹתִי אֶל־הָעִיר הַזֹּאת 34

לְהוֹשִׁיעָהּ לְמַעֲנִי וּלְמַעַן דָּוִד עַבְדִּי: וַיְהִי בַּלַּיְלָה הַהוּא וַיֵּצֵא ׀ מַלְאַךְ 35

35 ¶ And it came to pass that night, that the angel of the LORD went out, and smote in the camp of the Assyrians an hundred fourscore and five thousand: and when they arose early in the morning, behold, they *were* all dead corpses.

36 So Sennacherib king of Assyria departed, and went and returned, and dwelt at Nineveh.

37 And it came to pass, as he was worshipping in the house of Nisroch his god, that Adrammelech and Sharezer his sons smote him with the sword: and they escaped into the land of Armenia. And Esarhaddon his son reigned in his stead.

CHAPTER 20

1 In those days was Hezekiah sick unto death. And the prophet Isaiah the son of Amoz came to him, and said unto him, Thus saith the LORD, Set thine house in order; for thou shalt die, and not live.

2 Then he turned his face to the wall, and prayed unto the LORD, saying,

3 I beseech thee, O LORD, remember now how I have walked before thee in truth and with a perfect heart, and have done *that which is* good in thy sight. And Hezekiah wept sore.

4 And it came to pass, afore Isaiah was gone out into the middle court, that the word of the LORD came to him, saying,

5 Turn again, and tell Hezekiah the captain of my people, Thus saith the LORD, the God of David thy father, I have heard thy prayer, I have seen thy tears: behold, I will heal thee: on the third day thou shalt go up unto the house of the LORD.

6 And I will add unto thy days fifteen years; and I will deliver thee and this city out of the hand of the king of Assyria; and I will defend this city for mine own sake, and for my servant David's sake.

7 And Isaiah said, Take a lump of figs. And they took and laid *it* on the boil, and he recovered.

8 ¶ And Hezekiah said unto Isaiah, What *shall be* the sign that the LORD will heal me, and that I shall go up into the house of the LORD the third day?

9 And Isaiah said, This sign shalt thou have of the LORD, that the LORD will do the thing that he hath spoken: shall the shadow go forward ten degrees, or go back ten degrees?

10 And Hezekiah answered, It is a light thing for the shadow to go down ten degrees: nay, but let the shadow return backward ten degrees.

11 And Isaiah the prophet cried unto the LORD: and he brought the shadow ten degrees backward, by which it had gone down in the dial of Ahaz.

12 ¶ At that time Berodach-baladan, the son of Baladan, king of Babylon, sent letters and a present unto Hezekiah: for he had heard that Hezekiah had been sick.

13 And Hezekiah hearkened unto them, and shewed them all the house of his precious things, the silver, and the gold, and the spices, and the precious ointment, and *all* the house of his armour, and all that was found in his treasures: there was nothing in his house, nor in all his dominion, that Hezekiah shewed them not.

14 ¶ Then came Isaiah the prophet unto king Hezekiah, and said unto him, What said these men? and from whence came they unto thee? And Hezekiah said, They are come from a far country, *even* from Babylon.

15 And he said, What have they seen in thine house? And Hezekiah answered, All *the things* that *are* in mine house have they seen: there is nothing among my treasures that I have not shewed them.

16 And Isaiah said unto Hezekiah, Hear the word of the LORD.

17 Behold, the days come, that all that *is* in thine house, and that which thy fathers have laid up in store unto this day, shall be carried into Babylon: nothing shall be left, saith the LORD.

יְהוָ֗ה וַיַּךְ֙ בְּמַחֲנֵ֣ה אַשּׁ֔וּר מֵאָ֛ה שְׁמוֹנִ֥ים וַחֲמִשָּׁ֖ה אָ֑לֶף וַיַּשְׁכִּ֣ימוּ בַבֹּ֔קֶר

36 וְהִנֵּ֥ה כֻלָּ֖ם פְּגָרִ֥ים מֵתִֽים: וַיִּסַּ֣ע וַיֵּ֔לֶךְ וַיָּ֖שָׁב סַנְחֵרִ֣יב מֶֽלֶךְ־אַשּׁ֑וּר

37 וַיֵּ֖שֶׁב בְּנִֽינְוֵֽה: וַיְהִי֩ ה֨וּא מִֽשְׁתַּחֲוֶ֜ה בֵּ֣ית׀ נִסְרֹ֣ךְ אֱלֹהָ֗יו וְֽאַדְרַמֶּ֨לֶךְ

בָּנָ֑יו וְשַׂרְאֶ֤צֶר ְְ הִכֻּ֣הוּ בַחֶ֔רֶב וְהֵ֥מָּה נִמְלְט֖וּ אֶ֣רֶץ אֲרָרָ֑ט וַיִּמְלֹ֛ךְ אֵֽסַר־

חַדֹּ֥ן בְּנ֖וֹ תַּחְתָּֽיו:

20 1 בַּיָּמִ֣ים הָהֵ֔ם חָלָ֥ה חִזְקִיָּ֖הוּ לָמ֑וּת וַיָּבֹ֣א אֵ֠לָיו יְשַׁעְיָ֨הוּ בֶן־אָמ֜וֹץ

הַנָּבִ֗יא וַיֹּ֨אמֶר אֵלָ֜יו כֹּֽה־אָמַ֤ר יְהוָה֙ צַ֣ו לְבֵיתֶ֔ךָ כִּ֛י מֵ֥ת אַתָּ֖ה וְלֹ֥א

2 תִֽחְיֶֽה: וַיַּסֵּ֥ב אֶת־פָּנָ֖יו אֶל־הַקִּ֑יר וַיִּתְפַּלֵּ֖ל אֶל־יְהוָ֥ה לֵאמֹֽר: אָנָּ֣ה

3 יְהוָ֗ה זְכָר־נָ֞א אֵ֣ת אֲשֶׁ֧ר הִתְהַלַּ֣כְתִּי לְפָנֶ֗יךָ בֶּאֱמֶת֙ וּבְלֵבָ֣ב שָׁלֵ֔ם

4 וְהַטּ֥וֹב בְּעֵינֶ֖יךָ עָשִׂ֑יתִי וַיֵּ֥בְךְּ חִזְקִיָּ֖הוּ בְּכִ֥י גָדֽוֹל: וַיְהִ֣י

5 **חָצֵ֑ר** יְשַׁעְיָ֔הוּ לֹ֣א יָצָ֔א הָעִ֖יר הַתִּֽיכֹנָ֑ה וּדְבַר־יְהוָ֔ה הָיָ֥ה אֵלָ֖יו לֵאמֹֽר: שׁ֣וּב

וְאָמַרְתָּ֞ אֶל־חִזְקִיָּ֣הוּ נְגִיד־עַמִּ֗י כֹּֽה־אָמַ֤ר יְהוָה֙ אֱלֹהֵי֙ דָּוִ֣ד אָבִ֔יךָ

שָׁמַ֙עְתִּי֙ אֶת־תְּפִלָּתֶ֔ךָ רָאִ֖יתִי אֶת־דִּמְעָתֶ֑ךָ הִנְנִי֙ רֹ֣פֶא לָ֔ךְ בַּיּוֹם֙

6 הַשְּׁלִישִׁ֔י תַּעֲלֶ֖ה בֵּ֥ית יְהוָֽה: וְהֹסַפְתִּ֣י עַל־יָמֶ֗יךָ חֲמֵ֤שׁ עֶשְׂרֵה֙ שָׁנָ֔ה

וּמִכַּ֤ף מֶֽלֶךְ־אַשּׁוּר֙ אַצִּ֣ילְךָ֔ וְאֵ֖ת הָעִ֣יר הַזֹּ֑את וְגַנּוֹתִי֙ עַל־הָעִ֣יר הַזֹּ֔את

7 לְמַעֲנִ֖י וּלְמַ֥עַן דָּוִ֥ד עַבְדִּֽי: וַיֹּ֣אמֶר יְשַׁעְיָ֔הוּ קְח֖וּ דְּבֶ֣לֶת תְּאֵנִ֑ים וַיִּקְח֤וּ

8 וַיָּשִׂ֙ימוּ֙ עַֽל־הַשְּׁחִ֔ין וַיֶּֽחִי: וַיֹּ֤אמֶר חִזְקִיָּ֙הוּ֙ אֶל־יְשַׁעְיָ֔הוּ מָ֣ה א֔וֹת כִּֽי־

9 יִרְפָּ֥א יְהוָ֖ה לִ֑י וְעָלִ֛יתִי בַּיּ֥וֹם הַשְּׁלִישִׁ֖י בֵּ֥ית יְהוָֽה: וַיֹּ֣אמֶר יְשַׁעְיָ֗הוּ

זֶה־לְּךָ֤ הָאוֹת֙ מֵאֵ֣ת יְהוָ֔ה כִּ֚י יַעֲשֶׂ֣ה יְהוָ֔ה אֶת־הַדָּבָ֖ר אֲשֶׁ֣ר דִּבֵּ֑ר

10 הָלַ֤ךְ הַצֵּל֙ עֶ֣שֶׂר מַעֲל֔וֹת אִם־יָשׁ֖וּב עֶ֣שֶׂר מַעֲל֑וֹת וַיֹּ֙אמֶר֙ יְחִזְקִיָּ֔הוּ

נָקֵ֣ל לַצֵּ֔ל לִנְט֖וֹת עֶ֣שֶׂר מַעֲל֑וֹת לֹ֣א כִ֣י יָשׁ֥וּב הַצֵּ֛ל אֲחֹרַנִּ֖ית עֶ֥שֶׂר

11 מַעֲלֽוֹת: וַיִּקְרָ֛א יְשַׁעְיָ֥הוּ הַנָּבִ֖יא אֶל־יְהוָ֑ה וַיָּ֣שֶׁב אֶת־הַצֵּ֗ל בַּֽמַּעֲלוֹת֙

אֲשֶׁ֨ר יָרְדָ֜ה בְּמַעֲל֥וֹת אָחָ֛ז אֲחֹרַנִּ֖ית עֶ֥שֶׂר מַעֲלֽוֹת:

12 בָּעֵ֣ת הַהִ֡יא שָׁלַ֡ח בְּרֹאדַ֣ךְ בַּ֠לְאֲדָן בֶּֽן־בַּלְאֲדָ֧ן מֶֽלֶךְ־בָּבֶ֛ל סְפָרִ֥ים

13 וּמִנְחָ֖ה אֶל־חִזְקִיָּ֑הוּ כִּ֣י שָׁמַ֔ע כִּ֥י חָלָ֖ה חִזְקִיָּֽהוּ: וַיִּשְׁמַ֣ע עֲלֵיהֶם֮

חִזְקִיָּהוּ֒ וַיַּרְאֵ֣ם אֶת־כָּל־בֵּ֣ית נְכֹתֹ֡ה אֶת־הַכֶּסֶף֩ וְאֶת־הַזָּהָ֨ב וְאֶת־

הַבְּשָׂמִ֜ים וְאֵ֣ת׀ שֶׁ֣מֶן הַטּ֗וֹב וְאֵת֙ בֵּ֣ית כֵּלָ֔יו וְאֵ֖ת כָּל־אֲשֶׁ֣ר נִמְצָ֣א

בְּאֽוֹצְרֹתָ֑יו לֹֽא־הָיָ֣ה דָבָ֗ר אֲשֶׁ֧ר לֹֽא־הֶרְאָ֛ם חִזְקִיָּ֖הוּ בְּבֵית֥וֹ וּבְכָל־

14 מֶמְשַׁלְתּֽוֹ: וַיָּבֹא֙ יְשַֽׁעְיָ֣הוּ הַנָּבִ֔יא אֶל־הַמֶּ֖לֶךְ חִזְקִיָּ֑הוּ וַיֹּ֨אמֶר אֵלָ֜יו מָ֥ה

אָמְר֣וּ׀ הָאֲנָשִׁ֣ים הָאֵ֗לֶּה וּמֵאַ֙יִן֙ יָבֹ֣אוּ אֵלֶ֔יךָ וַיֹּ֙אמֶר֙ חִזְקִיָּ֔הוּ מֵאֶ֥רֶץ

15 רְחוֹקָ֛ה בָּ֖אוּ מִבָּבֶֽל: וַיֹּ֕אמֶר מָ֥ה רָא֖וּ בְּבֵיתֶ֑ךָ וַיֹּ֣אמֶר חִזְקִיָּ֗הוּ אֵ֣ת

כָּל־אֲשֶׁ֤ר בְּבֵיתִי֙ רָא֔וּ לֹא־הָיָ֥ה דָבָ֛ר אֲשֶׁ֥ר לֹֽא־הִרְאִיתִ֖ם בְּאֽוֹצְרֹתָֽי:

16 וַיֹּ֥אמֶר יְשַֽׁעְיָ֖הוּ אֶל־חִזְקִיָּ֑הוּ שְׁמַ֖ע דְּבַר־יְהוָֽה: הִנֵּה֮ יָמִ֣ים בָּאִים֒

17 וְנִשָּׂ֣א׀ כָּל־אֲשֶׁ֣ר בְּבֵיתֶ֗ךָ וַאֲשֶׁ֨ר אָצְר֧וּ אֲבֹתֶ֛יךָ עַד־הַיּ֥וֹם הַזֶּ֖ה בָּבֶ֑לָה

18 לֹֽא־יִוָּתֵ֥ר דָּבָ֖ר אָמַ֣ר יְהוָֽה: וּמִבָּנֶ֜יךָ אֲשֶׁ֧ר יֵצְא֛וּ מִמְּךָ֖ אֲשֶׁ֣ר תּוֹלִ֑יד

18 And of thy sons that shall issue from thee, which thou shalt beget, shall they take away; and they shall be eunuchs in the palace of the king of Babylon.

19 Then said Hezekiah unto Isaiah, Good *is* the word of the LORD which thou hast spoken. And he said, *Is it* not *good,* if peace and truth be in my days?

20 ¶ And the rest of the acts of Hezekiah, and all his might, and how he made a pool, and a conduit, and brought water into the city, *are* they not written in the book of the chronicles of the kings of Judah?

21 And Hezekiah slept with his fathers: and Manasseh his son reigned in his stead.

CHAPTER 21

1 Manasseh *was* twelve years old when he began to reign, and reigned fifty and five years in Jerusalem. And his mother's name *was* Hephzi-bah.

2 And he did *that which was* evil in the sight of the LORD, after the abominations of the heathen, whom the LORD cast out before the children of Israel.

3 For he built up again the high places which Hezekiah his father had destroyed; and he reared up altars for Baal, and made a grove, as did Ahab king of Israel; and worshipped all the host of heaven, and served them.

4 And he built altars in the house of the LORD, of which the LORD said, In Jerusalem will I put my name.

5 And he built altars for all the host of heaven in the two courts of the house of the LORD.

6 And he made his son pass through the fire, and observed times, and used enchantments, and dealt with familiar spirits and wizards: he wrought much wickedness in the sight of the LORD, to provoke *him* to anger.

7 And he set a graven image of the grove that he had made in the house, of which the LORD said to David, and to Solomon his son, In this house, and in Jerusalem, which I have chosen out of all tribes of Israel, will I put my name for ever:

8 Neither will I make the feet of Israel move any more out of the land which I gave their fathers; only if they will observe to do according to all that I have commanded them, and according to all the law that my servant Moses commanded them.

9 But they hearkened not: and Manasseh seduced them to do more evil than did the nations whom the LORD destroyed before the children of Israel.

10 ¶ And the LORD spake by his servants the prophets, saying,

11 Because Manasseh king of Judah hath done these abominations, *and* hath done wickedly above all that the Amorites did, which *were* before him, and hath made Judah also to sin with his idols:

12 Therefore thus saith the LORD God of Israel, Behold, I *am* bringing *such* evil upon Jerusalem and Judah, that whosoever heareth of it, both his ears shall tingle.

13 And I will stretch over Jerusalem the line of Samaria, and the plummet of the house of Ahab: and I will wipe Jerusalem as *a man* wipeth a dish, wiping *it,* and turning *it* upside down.

14 And I will forsake the remnant of mine inheritance, and deliver them into the hand of their enemies; and they shall become a prey and a spoil to all their enemies;

15 Because they have done *that which was* evil in my sight, and have provoked me to anger, since the day their fathers came forth out of Egypt, even unto this day.

16 Moreover Manasseh shed innocent blood very much, till he had filled Jerusalem from one end to another; beside his sin wherewith he made Judah to sin, in doing *that which was* evil in the sight of the LORD.

17 ¶ Now the rest of the acts of Manasseh, and all that he did, and his sin that he sinned, *are* they not written in the book of the chronicles of the kings of Judah?

18 And Manasseh slept with his fathers, and was buried in the garden of his own house, in the garden of Uzza: and Amon his son reigned in his stead.

יִקָּ֣ח וְהָי֤וּ סָרִיסִים֙ בְּהֵיכַ֣ל מֶ֣לֶךְ בָּבֶֽל: וַיֹּ֤אמֶר חִזְקִיָּ֙הוּ֙ אֶל־יְשַׁעְיָ֔הוּ 19

ט֥וֹב דְּבַר־יְהוָ֖ה אֲשֶׁ֣ר דִּבַּ֑רְתָּ וַיֹּ֕אמֶר הֲל֛וֹא אִם־שָׁל֥וֹם וֶאֱמֶ֖ת יִהְיֶ֥ה

בְיָמָֽי: וְיֶ֨תֶר דִּבְרֵ֤י חִזְקִיָּ֙הוּ֙ וְכָל־גְּב֣וּרָת֔וֹ וַאֲשֶׁ֣ר עָשָׂ֗ה אֶת־הַבְּרֵכָה֙ 20

וְאֶת־הַתְּעָלָ֔ה וַיָּבֵ֥א אֶת־הַמַּ֖יִם הָעִ֑ירָה הֲלֹא־הֵ֣ם כְּתוּבִ֗ים עַל־סֵ֛פֶר

דִּבְרֵ֥י הַיָּמִ֖ים לְמַלְכֵ֣י יְהוּדָֽה: וַיִּשְׁכַּ֤ב חִזְקִיָּ֙הוּ֙ עִם־אֲבֹתָ֔יו וַיִּמְלֹ֛ךְ 21

מְנַשֶּׁ֥ה בְנ֖וֹ תַּחְתָּֽיו:

בֶּן־שְׁתֵּ֥ים עֶשְׂרֵ֛ה שָׁנָ֥ה מְנַשֶּׁ֖ה בְמָלְכ֑וֹ וַחֲמִשִּׁ֤ים וְחָמֵשׁ֙ שָׁנָ֔ה מָלַ֖ךְ 1 **21**

בִּירוּשָׁלִָ֑ם וְשֵׁ֥ם אִמּ֖וֹ חֶפְצִי־בָֽהּ: וַיַּ֥עַשׂ הָרַ֖ע בְּעֵינֵ֣י יְהוָ֑ה כְּתוֹעֲבֹת֙ 2

הַגּוֹיִ֔ם אֲשֶׁר֙ הוֹרִ֣ישׁ יְהוָ֔ה מִפְּנֵ֖י בְּנֵ֥י יִשְׂרָאֵֽל: וַיָּ֗שָׁב וַיִּ֙בֶן֙ אֶת־הַבָּמ֔וֹת 3

אֲשֶׁ֥ר אִבַּ֖ד חִזְקִיָּ֣הוּ אָבִ֑יו וַיָּ֨קֶם מִזְבְּחֹ֤ת לַבַּ֙עַל֙ וַיַּ֣עַשׂ אֲשֵׁרָ֔ה כַּאֲשֶׁ֣ר

עָשָׂ֗ה אַחְאָב֙ מֶ֣לֶךְ יִשְׂרָאֵ֔ל וַיִּשְׁתַּ֙חוּ֙ לְכָל־צְבָ֣א הַשָּׁמַ֔יִם וַיַּעֲבֹ֖ד אֹתָֽם:

וּבָנָ֥ה מִזְבְּחֹ֖ת בְּבֵ֣ית יְהוָ֑ה אֲשֶׁר֙ אָמַ֣ר יְהוָ֔ה בִּירוּשָׁלַ֖ם אָשִׂ֥ים אֶת־ 4

שְׁמִֽי: וַיִּ֥בֶן מִזְבְּח֖וֹת לְכָל־צְבָ֣א הַשָּׁמָ֑יִם בִּשְׁתֵּ֖י חַצְר֥וֹת בֵּית־יְהוָֽה: 5

וְהֶעֱבִ֤יר אֶת־בְּנוֹ֙ בָּאֵ֔שׁ וְעוֹנֵ֣ן וְנִחֵ֔שׁ וְעָ֥שָׂה א֖וֹב וְיִדְּעֹנִ֑ים הִרְבָּ֗ה 6

לַעֲשׂ֥וֹת הָרַ֛ע בְּעֵינֵ֥י יְהוָ֖ה לְהַכְעִֽיס: וַיָּ֙שֶׂם֙ אֶת־פֶּ֣סֶל הָאֲשֵׁרָ֖ה אֲשֶׁ֣ר 7

עָשָׂ֑ה בַּבַּ֗יִת אֲשֶׁ֨ר אָמַ֤ר יְהוָה֙ אֶל־דָּוִ֔ד וְאֶל־שְׁלֹמֹ֣ה בְנ֔וֹ בַּבַּ֤יִת הַזֶּה֙

וּבִיר֣וּשָׁלִַ֔ם אֲשֶׁ֤ר בָּחַ֙רְתִּי֙ מִכֹּל֙ שִׁבְטֵ֣י יִשְׂרָאֵ֔ל אָשִׂ֥ים אֶת־שְׁמִ֖י

לְעוֹלָֽם: וְלֹ֣א אֹסִ֗יף לְהָנִיד֙ רֶ֣גֶל יִשְׂרָאֵ֔ל מִן־הָ֣אֲדָמָ֔ה אֲשֶׁ֥ר נָתַ֖תִּי 8

לַאֲבוֹתָ֑ם רַ֣ק ׀ אִם־יִשְׁמְר֣וּ לַעֲשׂ֗וֹת כְּכֹל֙ אֲשֶׁ֣ר צִוִּיתִ֔ים וּלְכָל־הַתּוֹרָ֔ה

אֲשֶׁר־צִוָּ֥ה אֹתָ֖ם עַבְדִּ֣י מֹשֶׁ֑ה וְלֹ֣א שָׁמֵ֑עוּ וַיַּתְעֵ֥ם מְנַשֶּׁ֖ה לַעֲשׂ֣וֹת 9

אֶת־הָרָ֔ע מִן־הַגּוֹיִ֔ם אֲשֶׁר֙ הִשְׁמִ֣יד יְהוָ֔ה מִפְּנֵ֖י בְּנֵ֥י יִשְׂרָאֵֽל: וַיְדַבֵּ֧ר 10

יְהוָ֛ה בְּיַד־עֲבָדָ֥יו הַנְּבִיאִ֖ים לֵאמֹֽר: יַ֗עַן אֲשֶׁ֨ר עָשָׂ֜ה מְנַשֶּׁ֤ה מֶֽלֶךְ־ 11

יְהוּדָה֙ הַתֹּעֵב֣וֹת הָאֵ֔לֶּה הֵרַ֕ע מִכֹּ֛ל אֲשֶׁר־עָשׂ֥וּ הָאֱמֹרִ֖י אֲשֶׁ֣ר לְפָנָ֑יו

וַיַּחֲטִ֥א גַֽם־אֶת־יְהוּדָ֖ה בְּגִלּוּלָֽיו:

לָכֵ֗ן כֹּֽה־אָמַ֤ר יְהוָה֙ אֱלֹהֵ֣י יִשְׂרָאֵ֔ל הִנְנִ֥י מֵבִ֛יא רָעָ֖ה עַל־יְרוּשָׁלִַ֣ם 12

וִיהוּדָ֑ה אֲשֶׁר֙ כָּל־שֹׁמְעָ֔יו תִּצַּ֖לְנָה שְׁתֵּ֥י אָזְנָֽיו: וְנָטִ֣יתִי עַל־יְרוּשָׁלִַ֗ם 13

אֵ֚ת קָ֣ו שֹׁמְר֔וֹן וְאֶת־מִשְׁקֹ֖לֶת בֵּ֣ית אַחְאָ֑ב וּמָחִ֣יתִי אֶת־יְרוּשָׁלִַ֗ם

כַּֽאֲשֶׁר־יִמְחֶ֤ה אֶת־הַצַּלַּ֙חַת֙ מָחָ֔ה וְהָפַ֖ךְ עַל־פָּנֶֽיהָ: וְנָטַשְׁתִּ֗י אֵ֚ת שְׁאֵרִ֣ית 14

נַחֲלָתִ֔י וּנְתַתִּ֖ים בְּיַ֣ד אֹֽיְבֵיהֶ֑ם וְהָי֥וּ לְבַ֛ז וְלִמְשִׁסָּ֖ה לְכָל־אֹיְבֵיהֶֽם: יַ֗עַן 15

אֲשֶׁ֨ר עָשׂ֤וּ אֶת־הָרַע֙ בְּעֵינַ֔י וַיִּהְי֥וּ מַכְעִסִ֖ים אֹתִ֑י מִן־הַיּ֗וֹם אֲשֶׁ֨ר יָצְא֤וּ

אֲבוֹתָם֙ מִמִּצְרַ֔יִם וְעַ֖ד הַיּ֥וֹם הַזֶּֽה: וְגַם֩ דָּ֨ם נָקִ֜י שָׁפַ֤ךְ מְנַשֶּׁה֙ הַרְבֵּ֣ה 16

מְאֹ֔ד עַ֛ד אֲשֶׁר־מִלֵּ֥א אֶת־יְרוּשָׁלִַ֖ם פֶּ֣ה לָפֶ֑ה לְבַ֤ד מֵֽחַטָּאתוֹ֙ אֲשֶׁ֣ר

הֶחֱטִ֣יא אֶת־יְהוּדָ֔ה לַעֲשׂ֥וֹת הָרַ֖ע בְּעֵינֵ֣י יְהוָֽה: וְיֶ֨תֶר דִּבְרֵ֤י מְנַשֶּׁה֙ 17

וְכָל־אֲשֶׁ֣ר עָשָׂ֔ה וְחַטָּאת֖וֹ אֲשֶׁ֣ר חָטָ֑א הֲלֹא־הֵ֣ם כְּתוּבִ֗ים עַל־סֵ֛פֶר

דִּבְרֵ֥י הַיָּמִ֖ים לְמַלְכֵ֣י יְהוּדָֽה: וַיִּשְׁכַּ֤ב מְנַשֶּׁה֙ עִם־אֲבֹתָ֔יו וַיִּקָּבֵ֥ר בְּגַן־ 18

19 ¶ Amon *was* twenty and two years old when he began to reign, and he reigned two years in Jerusalem. And his mother's name *was* Meshullemeth, the daughter of Haruz of Jotbah.

20 And he did *that which was* evil in the sight of the LORD, as his father Manasseh did.

21 And he walked in all the way that his father walked in, and served the idols that his father served, and worshipped them:

22 And he forsook the LORD God of his fathers, and walked not in the way of the LORD.

23 ¶ And the servants of Amon conspired against him, and slew the king in his own house.

24 And the people of the land slew all them that had conspired against king Amon; and the people of the land made Josiah his son king in his stead.

25 Now the rest of the acts of Amon which he did, *are* they not written in the book of the chronicles of the kings of Judah?

26 And he was buried in his sepulchre in the garden of Uzza: and Josiah his son reigned in his stead.

CHAPTER 22

1 Josiah *was* eight years old when he began to reign, and he reigned thirty and one years in Jerusalem. And his mother's name *was* Jedidah, the daughter of Adaiah of Boscath.

2 And he did *that which was* right in the sight of the LORD, and walked in all the way of David his father, and turned not aside to the right hand or to the left.

3 ¶ And it came to pass in the eighteenth year of king Josiah, *that* the king sent Shaphan the son of Azaliah, the son of Meshullam, the scribe, to the house of the LORD, saying,

4 Go up to Hilkiah the high priest, that he may sum the silver which is brought into the house of the LORD, which the keepers of the door have gathered of the people:

5 And let them deliver it into the hand of the doers of the work, that have the oversight of the house of the LORD: and let them give it to the doers of the work which *is* in the house of the LORD, to repair the breaches of the house,

6 Unto carpenters, and builders, and masons, and to buy timber and hewn stone to repair the house.

7 Howbeit there was no reckoning made with them of the money that was delivered into their hand, because they dealt faithfully.

8 ¶ And Hilkiah the high priest said unto Shaphan the scribe, I have found the book of the law in the house of the LORD. And Hilkiah gave the book to Shaphan, and he read it.

9 And Shaphan the scribe came to the king, and brought the king word again, and said, Thy servants have gathered the money that was found in the house, and have delivered it into the hand of them that do the work, that have the oversight of the house of the LORD.

10 And Shaphan the scribe shewed the king, saying, Hilkiah the priest hath delivered me a book. And Shaphan read it before the king.

11 And it came to pass, when the king had heard the words of the book of the law, that he rent his clothes.

12 And the king commanded Hilkiah the priest, and Ahikam the son of Shaphan, and Achbor the son of Michaiah, and Shaphan the scribe, and Asahiah a servant of the king's, saying,

13 Go ye, enquire of the LORD for me, and for the people, and for all Judah, concerning the words of this book that is found: for great *is* the wrath of the LORD that is kindled against us, because our fathers have not hearkened unto the words of this book, to do according unto all that which is written concerning us.

14 So Hilkiah the priest, and Ahikam, and Achbor, and Shaphan, and Asahiah, went unto Huldah the prophetess, the wife of Shallum the son of Tikvah, the son of Harhas, keeper of the wardrobe; (now she dwelt in Jerusalem in the college;) and they communed with her.

15 ¶ And she said unto them, Thus saith

בֵּיתוֹ בְּגַן־עֻזָּא וַיִּמְלֹךְ אָמוֹן בְּנוֹ תַּחְתָּיו:

19 בֶּן־עֶשְׂרִים וּשְׁתַּיִם שָׁנָה אָמוֹן בְּמָלְכוֹ וּשְׁתַּיִם שָׁנִים מָלַךְ בִּירוּשָׁלָ͏ִם

20 וְשֵׁם אִמּוֹ מְשֻׁלֶּמֶת בַּת־חָרוּץ מִן־יָטְבָה: וַיַּעַשׂ הָרַע בְּעֵינֵי יְהוָה

21 כַּאֲשֶׁר עָשָׂה מְנַשֶּׁה אָבִיו: וַיֵּלֶךְ בְּכָל־הַדֶּרֶךְ אֲשֶׁר־הָלַךְ אָבִיו וַיַּעֲבֹד

22 אֶת־הַגִּלֻּלִים אֲשֶׁר עָבַד אָבִיו וַיִּשְׁתַּחוּ לָהֶם: וַיַּעֲזֹב אֶת־יְהוָה אֱלֹהֵי

23 אֲבֹתָיו וְלֹא הָלַךְ בְּדֶרֶךְ יְהוָה: וַיִּקְשְׁרוּ עַבְדֵי־אָמוֹן עָלָיו וַיָּמִיתוּ

24 אֶת־הַמֶּלֶךְ בְּבֵיתוֹ: וַיַּךְ עַם־הָאָרֶץ אֵת כָּל־הַקֹּשְׁרִים עַל־הַמֶּלֶךְ אָמוֹן

25 וַיַּמְלִיכוּ עַם־הָאָרֶץ אֶת־יֹאשִׁיָּהוּ בְנוֹ תַּחְתָּיו: וְיֶתֶר דִּבְרֵי אָמוֹן אֲשֶׁר

26 עָשָׂה הֲלֹא־הֵם כְּתוּבִים עַל־סֵפֶר דִּבְרֵי הַיָּמִים לְמַלְכֵי יְהוּדָה: וַיִּקְבֹּר   26A

אֹתוֹ בִּקְבֻרָתוֹ בְּגַן־עֻזָּא וַיִּמְלֹךְ יֹאשִׁיָּהוּ בְנוֹ תַּחְתָּיו:

22 1 בֶּן־שְׁמֹנֶה שָׁנָה יֹאשִׁיָּהוּ בְמָלְכוֹ וּשְׁלֹשִׁים וְאַחַת שָׁנָה מָלַךְ בִּירוּשָׁלָ͏ִם   1A

2 וְשֵׁם אִמּוֹ יְדִידָה בַת־עֲדָיָה מִבָּצְקַת: וַיַּעַשׂ הַיָּשָׁר בְּעֵינֵי יְהוָה וַיֵּלֶךְ
בְּכָל־דֶּרֶךְ דָּוִד אָבִיו וְלֹא־סָר יָמִין וּשְׂמֹאול:

3 וַיְהִי בִּשְׁמֹנֶה עֶשְׂרֵה שָׁנָה לַמֶּלֶךְ יֹאשִׁיָּהוּ שָׁלַח הַמֶּלֶךְ אֶת־שָׁפָן

4 בֶּן־אֲצַלְיָהוּ בֶן־מְשֻׁלָּם הַסֹּפֵר בֵּית יְהוָה לֵאמֹר: עֲלֵה אֶל־חִלְקִיָּהוּ
הַכֹּהֵן הַגָּדוֹל וְיַתֵּם אֶת־הַכֶּסֶף הַמּוּבָא בֵּית יְהוָה אֲשֶׁר אָסְפוּ שֹׁמְרֵי

5 הַסַּף מֵאֵת הָעָם: וְיִתְּנֻה עַל־יַד עֹשֵׂי הַמְּלָאכָה הַמֻּפְקָדִים בְּבֵית   וַיִּתְּנֻהוּ   בֵּית
יְהוָה וְיִתְּנוּ אֹתוֹ לְעֹשֵׂי הַמְּלָאכָה אֲשֶׁר בְּבֵית יְהוָה לְחַזֵּק בֶּדֶק

6 הַבָּיִת: לֶחָרָשִׁים וְלַבֹּנִים וְלַגֹּדְרִים וְלִקְנוֹת עֵצִים וְאַבְנֵי מַחְצֵב לְחַזֵּק

7 אֶת־הַבָּיִת: אַךְ לֹא־יֵחָשֵׁב אִתָּם הַכֶּסֶף הַנִּתָּן עַל־יָדָם כִּי בֶאֱמוּנָה

8 הֵם עֹשִׂים: וַיֹּאמֶר חִלְקִיָּהוּ הַכֹּהֵן הַגָּדוֹל עַל־שָׁפָן הַסֹּפֵר סֵפֶר
הַתּוֹרָה מָצָאתִי בְּבֵית יְהוָה וַיִּתֵּן חִלְקִיָּה אֶת־הַסֵּפֶר אֶל־שָׁפָן

9 וַיִּקְרָאֵהוּ: וַיָּבֹא שָׁפָן הַסֹּפֵר אֶל־הַמֶּלֶךְ וַיָּשֶׁב אֶת־הַמֶּלֶךְ דָּבָר וַיֹּאמֶר
הִתִּיכוּ עֲבָדֶיךָ אֶת־הַכֶּסֶף הַנִּמְצָא בַבַּיִת וַיִּתְּנֻהוּ עַל־יַד עֹשֵׂי

10 הַמְּלָאכָה הַמֻּפְקָדִים בֵּית יְהוָה: וַיַּגֵּד שָׁפָן הַסֹּפֵר לַמֶּלֶךְ לֵאמֹר סֵפֶר

11 נָתַן לִי חִלְקִיָּה הַכֹּהֵן וַיִּקְרָאֵהוּ שָׁפָן לִפְנֵי הַמֶּלֶךְ: וַיְהִי כִּשְׁמֹעַ הַמֶּלֶךְ

12 אֶת־דִּבְרֵי סֵפֶר הַתּוֹרָה וַיִּקְרַע אֶת־בְּגָדָיו: וַיְצַו הַמֶּלֶךְ אֶת־חִלְקִיָּה
הַכֹּהֵן וְאֶת־אֲחִיקָם בֶּן־שָׁפָן וְאֶת־עַכְבּוֹר בֶּן־מִיכָיָה וְאֵת ׀ שָׁפָן הַסֹּפֵר

13 וְאֵת עֲשָׂיָה עֶבֶד־הַמֶּלֶךְ לֵאמֹר: לְכוּ דִרְשׁוּ אֶת־יְהוָה בַּעֲדִי וּבְעַד־
הָעָם וּבְעַד כָּל־יְהוּדָה עַל־דִּבְרֵי הַסֵּפֶר הַנִּמְצָא הַזֶּה כִּי־גְדוֹלָה
חֲמַת יְהוָה אֲשֶׁר־הִיא נִצְּתָה בָנוּ עַל אֲשֶׁר לֹא־שָׁמְעוּ אֲבֹתֵינוּ עַל־

14 דִּבְרֵי הַסֵּפֶר הַזֶּה לַעֲשׂוֹת כְּכָל־הַכָּתוּב עָלֵינוּ: וַיֵּלֶךְ חִלְקִיָּהוּ הַכֹּהֵן
וַאֲחִיקָם וְעַכְבּוֹר וְשָׁפָן וַעֲשָׂיָה אֶל־חֻלְדָּה הַנְּבִיאָה אֵשֶׁת ׀ שַׁלֻּם בֶּן־
תִּקְוָה בֶּן־חַרְחַס שֹׁמֵר הַבְּגָדִים וְהִיא יֹשֶׁבֶת בִּירוּשָׁלַ͏ִם בַּמִּשְׁנֶה

15 וַיְדַבְּרוּ אֵלֶיהָ: וַתֹּאמֶר אֲלֵיהֶם כֹּה־אָמַר יְהוָה אֱלֹהֵי יִשְׂרָאֵל אִמְרוּ

the LORD God of Israel, Tell the man that sent you to me,

16 Thus saith the LORD, Behold, I will bring evil upon this place, and upon the inhabitants thereof, *even* all the words of the book which the king of Judah hath read:

17 Because they have forsaken me, and have burned incense unto other gods, that they might provoke me to anger with all the works of their hands; therefore my wrath shall be kindled against this place, and shall not be quenched.

18 But to the king of Judah which sent you to enquire of the LORD, thus shall ye say to him, Thus saith the LORD God of Israel, *As touching* the words which thou hast heard;

19 Because thine heart was tender, and thou hast humbled thyself before the LORD, when thou heardest what I spake against this place, and against the inhabitants thereof, that they should become a desolation and a curse, and hast rent thy clothes, and wept before me; I also have heard *thee,* saith the LORD.

20 Behold therefore, I will gather thee unto thy fathers, and thou shalt be gathered into thy grave in peace; and thine eyes shall not see all the evil which I will bring upon this place. And they brought the king word again.

CHAPTER 23

1 And the king sent, and they gathered unto him all the elders of Judah and of Jerusalem.

2 And the king went up into the house of the LORD, and all the men of Judah and all the inhabitants of Jerusalem with him, and the priests, and the prophets, and all the people, both small and great: and he read in their ears all the words of the book of the covenant which was found in the house of the LORD.

3 ¶ And the king stood by a pillar, and made a covenant before the LORD, to walk after the LORD, and to keep his commandments and his testimonies and his statutes with all *their* heart and all *their* soul, to perform the words of this covenant that

were written in this book. And all the people stood to the covenant.

4 And the king commanded Hilkiah the high priest, and the priests of the second order, and the keepers of the door, to bring forth out of the temple of the LORD all the vessels that were made for Baal, and for the grove, and for all the host of heaven: and he burned them without Jerusalem in the fields of Kidron, and carried the ashes of them unto Beth-el.

5 And he put down the idolatrous priests, whom the kings of Judah had ordained to burn incense in the high places in the cities of Judah, and in the places round about Jerusalem; them also that burned incense unto Baal, to the sun, and to the moon, and to the planets, and to all the host of heaven.

6 And he brought out the grove from the house of the LORD, without Jerusalem, unto the brook Kidron, and burned it at the brook Kidron, and stamped *it* small to powder, and cast the powder thereof upon the graves of the children of the people.

7 And he brake down the houses of the sodomites, that *were* by the house of the LORD, where the women wove hangings for the grove.

8 And he brought all the priests out of the cities of Judah, and defiled the high places where the priests had burned incense, from Geba to Beer-sheba, and brake down the high places of the gates that *were* in the entering in of the gate of Joshua the governor of the city, which *were* on a man's left hand at the gate of the city.

9 Nevertheless the priests of the high places came not up to the altar of the LORD in Jerusalem, but they did eat of the unleavened bread among their brethren.

10 And he defiled Topheth, which *is* in the valley of the children of Hinnom, that no man might make his son or his daughter to pass through the fire to Molech.

11 And he took away the horses that the kings of Judah had given to the sun, at the entering in of the house of the LORD, by the chamber of Nathan-melech the chamberlain, which *was* in the suburbs,

16 לָאִישׁ אֲשֶׁר־שָׁלַח אֶתְכֶם אֵלַי כֹּה אָמַר יְהֹוָה הִנְנִי מֵבִיא רָעָה
אֶל־הַמָּקוֹם הַזֶּה וְעַל־יֹשְׁבָיו אֵת כָּל־דִּבְרֵי הַסֵּפֶר אֲשֶׁר קָרָא מֶלֶךְ

17 יְהוּדָה: תַּחַת אֲשֶׁר עֲזָבוּנִי וַיְקַטְּרוּ לֵאלֹהִים אֲחֵרִים לְמַעַן הַכְעִיסֵנִי

18 בְּכֹל מַעֲשֵׂה יְדֵיהֶם וְנִצְּתָה חֲמָתִי בַּמָּקוֹם הַזֶּה וְלֹא תִכְבֶּה: וְאֶל־
מֶלֶךְ יְהוּדָה הַשֹּׁלֵחַ אֶתְכֶם לִדְרֹשׁ אֶת־יְהֹוָה כֹּה תֹאמְרוּ אֵלָיו כֹּה־

19 אָמַר יְהֹוָה אֱלֹהֵי יִשְׂרָאֵל הַדְּבָרִים אֲשֶׁר שָׁמָעְתָּ: יַעַן רַךְ־לְבָבְךָ
וַתִּכָּנַע מִפְּנֵי יְהֹוָה בְּשָׁמְעֲךָ אֲשֶׁר דִּבַּרְתִּי עַל־הַמָּקוֹם הַזֶּה וְעַל־
יֹשְׁבָיו לִהְיוֹת לְשַׁמָּה וְלִקְלָלָה וַתִּקְרַע אֶת־בְּגָדֶיךָ וַתִּבְכֶּה לְפָנָי וְגַם

20 אָנֹכִי שָׁמָעְתִּי נְאֻם־יְהֹוָה: לָכֵן הִנְנִי אֹסִפְךָ עַל־אֲבֹתֶיךָ וְנֶאֱסַפְתָּ אֶל־
קִבְרֹתֶיךָ בְּשָׁלוֹם וְלֹא־תִרְאֶינָה עֵינֶיךָ בְּכֹל הָרָעָה אֲשֶׁר־אֲנִי מֵבִיא

23 1 עַל־הַמָּקוֹם הַזֶּה וַיָּשִׁיבוּ אֶת־הַמֶּלֶךְ דָּבָר: וַיִּשְׁלַח הַמֶּלֶךְ וַיַּאַסְפוּ

2 אֵלָיו כָּל־זִקְנֵי יְהוּדָה וִירוּשָׁלָ͏ִם: וַיַּעַל הַמֶּלֶךְ בֵּית־יְהֹוָה וְכָל־אִישׁ
יְהוּדָה וְכָל־יֹשְׁבֵי יְרוּשָׁלַ͏ִם אִתּוֹ וְהַכֹּהֲנִים וְהַנְּבִיאִים וְכָל־הָעָם
לְמִקָּטֹן וְעַד־גָּדוֹל וַיִּקְרָא בְאָזְנֵיהֶם אֶת־כָּל־דִּבְרֵי סֵפֶר הַבְּרִית

3 הַנִּמְצָא בְּבֵית יְהֹוָה: וַיַּעֲמֹד הַמֶּלֶךְ עַל־הָעַמּוּד וַיִּכְרֹת אֶת־הַבְּרִית
לִפְנֵי יְהֹוָה לָלֶכֶת אַחַר יְהֹוָה וְלִשְׁמֹר מִצְוֹתָיו וְאֶת־עֵדְוֹתָיו וְאֶת־
חֻקֹּתָיו בְּכָל־לֵב וּבְכָל־נֶפֶשׁ לְהָקִים אֶת־דִּבְרֵי הַבְּרִית הַזֹּאת

4 הַכְּתֻבִים עַל־הַסֵּפֶר הַזֶּה וַיַּעֲמֹד כָּל־הָעָם בַּבְּרִית: וַיְצַו הַמֶּלֶךְ אֶת־
חִלְקִיָּהוּ הַכֹּהֵן הַגָּדוֹל וְאֶת־כֹּהֲנֵי הַמִּשְׁנֶה וְאֶת־שֹׁמְרֵי הַסַּף לְהוֹצִיא
מֵהֵיכַל יְהֹוָה אֵת כָּל־הַכֵּלִים הָעֲשׂוּיִם לַבַּעַל וְלָאֲשֵׁרָה וּלְכֹל צְבָא
הַשָּׁמָיִם וַיִּשְׂרְפֵם מִחוּץ לִירוּשָׁלַ͏ִם בְּשַׁדְמוֹת קִדְרוֹן וְנָשָׂא אֶת־עֲפָרָם

5 בֵּית־אֵל: וְהִשְׁבִּית אֶת־הַכְּמָרִים אֲשֶׁר נָתְנוּ מַלְכֵי יְהוּדָה וַיְקַטֵּר
בַּבָּמוֹת בְּעָרֵי יְהוּדָה וּמְסִבֵּי יְרוּשָׁלָ͏ִם וְאֶת־הַמְקַטְּרִים לַבַּעַל לַשֶּׁמֶשׁ

6 וְלַיָּרֵחַ וְלַמַּזָּלוֹת וּלְכֹל צְבָא הַשָּׁמָיִם: וַיֹּצֵא אֶת־הָאֲשֵׁרָה מִבֵּית יְהֹוָה
מִחוּץ לִירוּשָׁלַ͏ִם אֶל־נַחַל קִדְרוֹן וַיִּשְׂרֹף אֹתָהּ בְּנַחַל קִדְרוֹן וַיָּדֶק

7 לְעָפָר וַיַּשְׁלֵךְ אֶת־עֲפָרָהּ עַל־קֶבֶר בְּנֵי הָעָם: וַיִּתֹּץ אֶת־בָּתֵּי
הַקְּדֵשִׁים אֲשֶׁר בְּבֵית יְהֹוָה אֲשֶׁר הַנָּשִׁים אֹרְגוֹת שָׁם בָּתִּים

8 לָאֲשֵׁרָה: וַיָּבֵא אֶת־כָּל־הַכֹּהֲנִים מֵעָרֵי יְהוּדָה וַיְטַמֵּא אֶת־הַבָּמוֹת
אֲשֶׁר קִטְּרוּ־שָׁמָּה הַכֹּהֲנִים מִגֶּבַע עַד־בְּאֵר שָׁבַע וְנָתַץ אֶת־בָּמוֹת
הַשְּׁעָרִים אֲשֶׁר־פֶּתַח שַׁעַר יְהוֹשֻׁעַ שַׂר־הָעִיר אֲשֶׁר־עַל־שְׂמֹאול אִישׁ

9 בְּשַׁעַר הָעִיר: אַךְ לֹא יַעֲלוּ כֹּהֲנֵי הַבָּמוֹת אֶל־מִזְבַּח יְהֹוָה בִּירוּשָׁלָ͏ִם

10 כִּי אִם־אָכְלוּ מַצּוֹת בְּתוֹךְ אֲחֵיהֶם: וְטִמֵּא אֶת־הַתֹּפֶת אֲשֶׁר בְּגֵי
בֶן־ בֶן־הִנֹּם לְבִלְתִּי לְהַעֲבִיר אִישׁ אֶת־בְּנוֹ וְאֶת־בִּתּוֹ בָּאֵשׁ לַמֹּלֶךְ:

11 וַיַּשְׁבֵּת אֶת־הַסּוּסִים אֲשֶׁר נָתְנוּ מַלְכֵי יְהוּדָה לַשֶּׁמֶשׁ מִבֹּא בֵית־
יְהֹוָה אֶל־לִשְׁכַּת נְתַן־מֶלֶךְ הַסָּרִיס אֲשֶׁר בַּפַּרְוָרִים וְאֶת־מַרְכְּבוֹת

and burned the chariots of the sun with fire.

12 And the altars that *were* on the top of the upper chamber of Ahaz, which the kings of Judah had made, and the altars which Manasseh had made in the two courts of the house of the LORD, did the king beat down, and brake *them* down from thence, and cast the dust of them into the brook Kidron.

13 And the high places that *were* before Jerusalem, which *were* on the right hand of the mount of corruption, which Solomon the king of Israel had builded for Ashtoreth the abomination of the Zidonians, and for Chemosh the abomination of the Moabites, and for Milcom the abomination of the children of Ammon, did the king defile.

14 And he brake in pieces the images, and cut down the groves, and filled their places with the bones of men.

15 ¶ Moreover the altar that *was* at Beth-el, *and* the high place which Jeroboam the son of Nebat, who made Israel to sin, had made, both that altar and the high place he brake down, and burned the high place, *and* stamped *it* small to powder, and burned the grove.

16 And as Josiah turned himself, he spied the sepulchres that *were* there in the mount, and sent, and took the bones out of the sepulchres, and burned *them* upon the altar, and polluted it, according to the word of the LORD which the man of God proclaimed, who proclaimed these words.

17 Then he said, What title *is* that that I see? And the men of the city told him, *It is* the sepulchre of the man of God, which came from Judah, and proclaimed these things that thou hast done against the altar of Beth-el.

18 And he said, Let him alone; let no man move his bones. So they let his bones alone, with the bones of the prophet that came out of Samaria.

19 And all the houses also of the high places that *were* in the cities of Samaria, which the kings of Israel had made to provoke *the* LORD to anger, Josiah took away, and did to them according to all the acts that he had done in Beth-el.

20 And he slew all the priests of the high places that *were* there upon the altars, and burned men's bones upon them, and returned to Jerusalem.

21 ¶ And the king commanded all the people, saying, Keep the passover unto the LORD your God, as *it is* written in the book of this covenant.

22 Surely there was not holden such a passover from the days of the judges that judged Israel, nor in all the days of the kings of Israel, nor of the kings of Judah;

23 But in the eighteenth year of king Josiah, *wherein* this passover was holden to the LORD in Jerusalem.

24 ¶ Moreover the *workers with* familiar spirits, and the wizards, and the images, and the idols, and all the abominations that were spied in the land of Judah and in Jerusalem, did Josiah put away, that he might perform the words of the law which were written in the book that Hilkiah the priest found in the house of the LORD.

25 And like unto him was there no king before him, that turned to the LORD with all his heart, and with all his soul, and with all his might, according to all the law of Moses; neither after him arose there *any* like him.

26 ¶ Notwithstanding the LORD turned not from the fierceness of his great wrath, wherewith his anger was kindled against Judah, because of all the provocations that Manasseh had provoked him withal.

27 And the LORD said, I will remove Judah also out of my sight, as I have removed Israel, and will cast off this city Jerusalem which I have chosen, and the house of which I said, My name shall be there.

28 Now the rest of the acts of Josiah, and all that he did, *are* they not written in the

12 הַשֶּׁמֶשׁ שָׂרַף בָּאֵשׁ: וְאֶת־הַמִּזְבְּחוֹת אֲשֶׁר עַל־הַגָּג עֲלִיַּת אָחָז
אֲשֶׁר־עָשׂוּ ׀ מַלְכֵי יְהוּדָה וְאֶת־הַמִּזְבְּחוֹת אֲשֶׁר־עָשָׂה מְנַשֶּׁה בִּשְׁתֵּי
חַצְרוֹת בֵּית־יְהוָה נָתַץ הַמֶּלֶךְ וַיָּרָץ מִשָּׁם וְהִשְׁלִיךְ אֶת־עֲפָרָם אֶל־

13 נַחַל קִדְרוֹן: וְאֶת־הַבָּמוֹת אֲשֶׁר ׀ עַל־פְּנֵי יְרוּשָׁלַ͏ִם אֲשֶׁר מִימִין לְהַר־
הַמַּשְׁחִית אֲשֶׁר בָּנָה שְׁלֹמֹה מֶלֶךְ־יִשְׂרָאֵל לְעַשְׁתֹּרֶת ׀ שִׁקֻּץ צִידֹנִים

14 וְלִכְמוֹשׁ שִׁקֻּץ מוֹאָב וּלְמִלְכֹּם תּוֹעֲבַת בְּנֵי־עַמּוֹן טִמֵּא הַמֶּלֶךְ: וְשִׁבַּר
אֶת־הַמַּצֵּבוֹת וַיִּכְרֹת אֶת־הָאֲשֵׁרִים וַיְמַלֵּא אֶת־מְקוֹמָם עַצְמוֹת

15 אָדָם: וְגַם אֶת־הַמִּזְבֵּחַ אֲשֶׁר בְּבֵית־אֵל הַבָּמָה אֲשֶׁר עָשָׂה יָרָבְעָם
בֶּן־נְבָט אֲשֶׁר הֶחֱטִיא אֶת־יִשְׂרָאֵל גַּם אֶת־הַמִּזְבֵּחַ הַהוּא וְאֶת־

16 הַבָּמָה נָתָץ וַיִּשְׂרֹף אֶת־הַבָּמָה הֵדַק לְעָפָר וְשָׂרַף אֲשֵׁרָה: וַיִּפֶן
יֹאשִׁיָּהוּ וַיַּרְא אֶת־הַקְּבָרִים אֲשֶׁר־שָׁם בָּהָר וַיִּשְׁלַח וַיִּקַּח אֶת־
הָעֲצָמוֹת מִן־הַקְּבָרִים וַיִּשְׂרֹף עַל־הַמִּזְבֵּחַ וַיְטַמְּאֵהוּ כִּדְבַר יְהוָה

17 אֲשֶׁר קָרָא אִישׁ הָאֱלֹהִים אֲשֶׁר קָרָא אֶת־הַדְּבָרִים הָאֵלֶּה: וַיֹּאמֶר
מָה הַצִּיּוּן הַלָּז אֲשֶׁר אֲנִי רֹאֶה וַיֹּאמְרוּ אֵלָיו אַנְשֵׁי הָעִיר הַקֶּבֶר
אִישׁ־הָאֱלֹהִים אֲשֶׁר־בָּא מִיהוּדָה וַיִּקְרָא אֶת־הַדְּבָרִים הָאֵלֶּה אֲשֶׁר

18 עָשִׂיתָ עַל הַמִּזְבֵּחַ בֵּית־אֵל: וַיֹּאמֶר הַנִּיחוּ לוֹ אִישׁ אַל־יָנַע עַצְמֹתָיו

19 וַיְמַלְּטוּ עַצְמֹתָיו אֵת עַצְמוֹת הַנָּבִיא אֲשֶׁר־בָּא מִשֹּׁמְרוֹן: וְגַם אֶת־
כָּל־בָּתֵּי הַבָּמוֹת אֲשֶׁר ׀ בְּעָרֵי שֹׁמְרוֹן אֲשֶׁר עָשׂוּ מַלְכֵי יִשְׂרָאֵל
לְהַכְעִיס הֵסִיר יֹאשִׁיָּהוּ וַיַּעַשׂ לָהֶם כְּכָל־הַמַּעֲשִׂים אֲשֶׁר עָשָׂה

20 בְּבֵית־אֵל: וַיִּזְבַּח אֶת־כָּל־כֹּהֲנֵי הַבָּמוֹת אֲשֶׁר־שָׁם עַל־הַמִּזְבְּחוֹת

21 וַיִּשְׂרֹף אֶת־עַצְמוֹת אָדָם עֲלֵיהֶם וַיָּשָׁב יְרוּשָׁלָ͏ִם: וַיְצַו הַמֶּלֶךְ אֶת־
כָּל־הָעָם לֵאמֹר עֲשׂוּ פֶסַח לַיהוָה אֱלֹהֵיכֶם כַּכָּתוּב עַל סֵפֶר הַבְּרִית

22 הַזֶּה: כִּי לֹא נַעֲשָׂה כַּפֶּסַח הַזֶּה מִימֵי הַשֹּׁפְטִים אֲשֶׁר שָׁפְטוּ אֶת־

23 יִשְׂרָאֵל וְכֹל יְמֵי מַלְכֵי יִשְׂרָאֵל וּמַלְכֵי יְהוּדָה: כִּי אִם־בִּשְׁמֹנֶה עֶשְׂרֵה

24 שָׁנָה לַמֶּלֶךְ יֹאשִׁיָּהוּ נַעֲשָׂה הַפֶּסַח הַזֶּה לַיהוָה בִּירוּשָׁלָ͏ִם: וְגַם אֶת־
הָאֹבוֹת וְאֶת־הַיִּדְּעֹנִים וְאֶת־הַתְּרָפִים וְאֶת־הַגִּלֻּלִים וְאֵת כָּל־
הַשִּׁקֻּצִים אֲשֶׁר נִרְאוּ בְּאֶרֶץ יְהוּדָה וּבִירוּשָׁלַ͏ִם בִּעֵר יֹאשִׁיָּהוּ לְמַעַן
הָקִים אֶת־דִּבְרֵי הַתּוֹרָה הַכְּתֻבִים עַל־הַסֵּפֶר אֲשֶׁר מָצָא חִלְקִיָּהוּ

25 הַכֹּהֵן בֵּית יְהוָה: וְכָמֹהוּ לֹא־הָיָה לְפָנָיו מֶלֶךְ אֲשֶׁר־שָׁב אֶל־יְהוָה
בְּכָל־לְבָבוֹ וּבְכָל־נַפְשׁוֹ וּבְכָל־מְאֹדוֹ כְּכֹל תּוֹרַת מֹשֶׁה וְאַחֲרָיו לֹא־

26 קָם כָּמֹהוּ: אַךְ ׀ לֹא־שָׁב יְהוָה מֵחֲרוֹן אַפּוֹ הַגָּדוֹל אֲשֶׁר־חָרָה אַפּוֹ
בִּיהוּדָה עַל כָּל־הַכְּעָסִים אֲשֶׁר הִכְעִיסוֹ מְנַשֶּׁה:

27 וַיֹּאמֶר יְהוָה גַּם
אֶת־יְהוּדָה אָסִיר מֵעַל פָּנַי כַּאֲשֶׁר הֲסִרֹתִי אֶת־יִשְׂרָאֵל וּמָאַסְתִּי
אֶת־הָעִיר הַזֹּאת אֲשֶׁר־בָּחַרְתִּי אֶת־יְרוּשָׁלַ͏ִם וְאֶת־הַבַּיִת אֲשֶׁר

28 אָמַרְתִּי יִהְיֶה שְׁמִי שָׁם: וְיֶתֶר דִּבְרֵי יֹאשִׁיָּהוּ וְכָל־אֲשֶׁר עָשָׂה הֲלֹא־

book of the chronicles of the kings of Judah?

29 ¶ In his days Pharaoh-nechoh king of Egypt went up against the king of Assyria to the river Euphrates: and king Josiah went against him; and he slew him at Megiddo, when he had seen him.

30 And his servants carried him in a chariot dead from Megiddo, and brought him to Jerusalem, and buried him in his own sepulchre. And the people of the land took Jehoahaz the son of Josiah, and anointed him, and made him king in his father's stead.

31 ¶ Jehoahaz *was* twenty and three years old when he began to reign; and he reigned three months in Jerusalem. And his mother's name *was* Hamutal, the daughter of Jeremiah of Libnah.

32 And he did *that which was* evil in the sight of the LORD, according to all that his fathers had done.

33 And Pharaoh-nechoh put him in bands at Riblah in the land of Hamath, that he might not reign in Jerusalem; and put the land to a tribute of an hundred talents of silver, and a talent of gold.

34 And Pharaoh-nechoh made Eliakim the son of Josiah king in the room of Josiah his father, and turned his name to Jehoiakim, and took Jehoahaz away: and he came to Egypt, and died there.

35 And Jehoiakim gave the silver and the gold to Pharaoh; but he taxed the land to give the money according to the commandment of Pharaoh: he exacted the silver and the gold of the people of the land, of every one according to his taxation, to give *it* unto Pharaoh-nechoh.

36 ¶ Jehoiakim *was* twenty and five years old when he began to reign; and he reigned eleven years in Jerusalem. And his mother's name *was* Zebudah, the daughter of Pedaiah of Rumah.

37 And he did *that which was* evil in the sight of the LORD, according to all that his fathers had done.

CHAPTER 24

1 In his days Nebuchadnezzar king of Babylon came up, and Jehoiakim became his servant three years: then he turned and rebelled against him.

2 And the LORD sent against him bands of the Chaldees, and bands of the Syrians, and bands of the Moabites, and bands of the children of Ammon, and sent them against Judah to destroy it, according to the word of the LORD, which he spake by his servants the prophets.

3 Surely at the commandment of the LORD came *this* upon Judah, to remove *them* out of his sight, for the sins of Manasseh, according to all that he did;

4 And also for the innocent blood that he shed: for he filled Jerusalem with innocent blood; which the LORD would not pardon.

5 ¶ Now the rest of the acts of Jehoiakim, and all that he did, *are* they not written in the book of the chronicles of the kings of Judah?

6 So Jehoiakim slept with his fathers: and Jehoiachin his son reigned in his stead.

7 And the king of Egypt came not again any more out of his land: for the king of Babylon had taken from the river of Egypt unto the river Euphrates all that pertained to the king of Egypt.

8 ¶ Jehoiachin *was* eighteen years old when he began to reign, and he reigned in Jerusalem three months. And his mother's name *was* Nehushta, the daughter of Elnathan of Jerusalem.

9 And he did *that which was* evil in the sight of the LORD, according to all that his father had done.

10 ¶ At that time the servants of Nebuchadnezzar king of Babylon came up against Jerusalem, and the city was besieged.

11 And Nebuchadnezzar king of Babylon came against the city, and his servants did besiege it.

12 And Jehoiachin the king of Judah went out to the king of Babylon, he, and his mother, and his servants, and his princes, and his officers: and the king of Babylon took him in the eighth year of his reign.

13 And he carried out thence all the treasures of the house of the LORD, and the treasures of the king's house, and cut in

29 הֵ֣ם כְּתוּבִ֗ים עַל־סֵ֛פֶר דִּבְרֵ֥י הַיָּמִ֖ים לְמַלְכֵ֥י יְהוּדָֽה: בְּיָמָ֡יו עָלָה֩ פַרְעֹ֨ה נְכֹ֤ה מֶֽלֶךְ־מִצְרַ֙יִם֙ עַל־מֶ֣לֶךְ אַשּׁ֔וּר עַל־נְהַר־פְּרָ֑ת וַיֵּ֙לֶךְ֙ הַמֶּ֣לֶךְ

30 יֹֽאשִׁיָּ֣הוּ לִקְרָאת֔וֹ וַיְמִיתֵ֙הוּ֙ בִּמְגִדּ֔וֹ כִּרְאֹת֖וֹ אֹתֽוֹ: וַיַּרְכִּבֻ֨הוּ עֲבָדָ֜יו מֵ֣ת מִמְּגִדּ֗וֹ וַיְבִאֻ֙הוּ֙ יְר֣וּשָׁלַ֔͏ִם וַֽיִּקְבְּרֻ֖הוּ בִּקְבֻֽרָת֑וֹ וַיִּקַּ֣ח עַם־הָאָ֗רֶץ אֶת־יְהֽוֹאָחָז֙ בֶּן־יֹ֣אשִׁיָּ֔הוּ וַיִּמְשְׁח֥וּ אֹת֛וֹ וַיַּמְלִ֥יכוּ אֹת֖וֹ תַּ֥חַת אָבִֽיו:

31 בֶּן־עֶשְׂרִ֨ים וְשָׁלֹ֤שׁ שָׁנָה֙ יְהֽוֹאָחָז֙ בְּמׇלְכ֔וֹ וּשְׁלֹשָׁ֣ה חֳדָשִׁ֔ים מָלַ֖ךְ

32 בִּירוּשָׁלָ֑͏ִם וְשֵׁ֣ם אִמּ֔וֹ חֲמוּטַ֥ל בַּֽת־יִרְמְיָ֖הוּ מִלִּבְנָֽה: וַיַּ֥עַשׂ הָרַ֖ע בְּעֵינֵ֣י

33 יְהֹוָ֑ה כְּכֹ֥ל אֲשֶׁר־עָשׂ֖וּ אֲבֹתָֽיו: וַיַּאַסְרֵ֩הוּ֩ פַרְעֹ֨ה נְכֹ֤ה בְרִבְלָה֙ בְּאֶ֣רֶץ חֲמָ֔ת בִּמְלֹ֖ךְ בִּירוּשָׁלָ֑͏ִם וַיִּתֶּן־עֹ֙נֶשׁ֙ עַל־הָאָ֔רֶץ מֵאָ֥ה כִכַּר־כֶּ֖סֶף וְכִכַּ֥ר

34 זָהָֽב: וַיַּמְלֵךְ֩ פַּרְעֹ֨ה נְכֹ֜ה אֶת־אֶלְיָקִ֣ים בֶּן־יֹאשִׁיָּ֗הוּ תַּ֚חַת יֹאשִׁיָּ֣הוּ אָבִ֔יו וַיַּסֵּ֥ב אֶת־שְׁמ֖וֹ יְהוֹיָקִ֑ים וְאֶת־יְהוֹאָחָ֣ז לָקָ֔ח וַיָּבֹ֥א מִצְרַ֖יִם וַיָּ֥מׇת שָֽׁם:

35 וְהַכֶּ֣סֶף וְהַזָּהָ֗ב נָתַ֤ן יְהוֹיָקִים֙ לְפַרְעֹ֔ה אַ֚ךְ הֶעֱרִ֣יךְ אֶת־הָאָ֔רֶץ לָתֵ֥ת אֶת־הַכֶּ֖סֶף עַל־פִּ֣י פַרְעֹ֑ה אִ֣ישׁ כְּעֶרְכּ֗וֹ נָגַ֞שׂ אֶת־הַכֶּ֤סֶף וְאֶת־הַזָּהָב֙

36 אֶת־עַ֣ם הָאָ֔רֶץ לָתֵ֖ת לְפַרְעֹ֥ה נְכֹֽה: בֶּן־עֶשְׂרִ֨ים וְחָמֵ֤שׁ שָׁנָה֙ יְהוֹיָקִ֣ים בְּמׇלְכ֔וֹ וְאַחַ֤ת עֶשְׂרֵה֙ שָׁנָ֔ה מָלַ֖ךְ בִּירוּשָׁלָ֑͏ִם וְשֵׁ֣ם אִמּ֔וֹ

37 זְבִידָּ֥ה בַת־פְּדָיָ֖ה מִן־רוּמָֽה: וַיַּ֥עַשׂ הָרַ֖ע בְּעֵינֵ֣י יְהֹוָ֑ה כְּכֹ֥ל אֲשֶׁר־עָשׂ֖וּ

24 1 אֲבֹתָֽיו: בְּיָמָ֣יו עָלָ֔ה נְבֻכַדְנֶאצַּ֖ר מֶ֣לֶךְ בָּבֶ֑ל וַיְהִי־ל֤וֹ יְהוֹיָקִים֙ עֶ֙בֶד֙

2 שָׁלֹ֣שׁ שָׁנִ֔ים וַיָּ֥שׇׁב וַיִּמְרׇד־בּֽוֹ: וַיְשַׁלַּ֣ח יְהֹוָ֣ה ׀ בּ֡וֹ אֶת־גְּדוּדֵ֣י כַשְׂדִּים֩ וְאֶת־גְּדוּדֵ֨י אֲרָ֜ם וְאֶ֣ת ׀ גְּדוּדֵ֣י מוֹאָ֗ב וְאֵת֙ גְּדוּדֵ֣י בְנֵֽי־עַמּ֔וֹן וַיְשַׁלְּחֵ֥ם בִּֽיהוּדָ֖ה לְהַֽאֲבִיד֑וֹ כִּדְבַ֣ר יְהֹוָ֔ה אֲשֶׁ֣ר דִּבֶּ֔ר בְּיַ֖ד עֲבָדָ֥יו הַנְּבִיאִֽים:

3 אַ֣ךְ ׀ עַל־פִּ֣י יְהֹוָ֗ה הָֽיְתָה֙ בִּֽיהוּדָ֔ה לְהָסִ֖יר מֵעַ֣ל פָּנָ֑יו בְּחַטֹּ֣את מְנַשֶּׁ֔ה

4 כְּכֹ֖ל אֲשֶׁ֥ר עָשָֽׂה: וְגַ֤ם דַּֽם־הַנָּקִי֙ אֲשֶׁ֣ר שָׁפָ֔ךְ וַיְמַלֵּ֥א אֶת־יְרוּשָׁלַ֖͏ִם

5 דָּ֣ם נָקִ֑י וְלֹֽא־אָבָ֥ה יְהֹוָ֖ה לִסְלֹֽחַ: וְיֶ֛תֶר דִּבְרֵ֥י יְהוֹיָקִ֖ים וְכׇל־אֲשֶׁ֣ר עָשָׂ֑ה

6 הֲלֹא־הֵ֤ם כְּתוּבִים֙ עַל־סֵ֙פֶר֙ דִּבְרֵ֣י הַיָּמִ֔ים לְמַלְכֵ֖י יְהוּדָ֑ה: וַיִּשְׁכַּ֤ב

7 יְהֽוֹיָקִים֙ עִם־אֲבֹתָ֔יו וַיִּמְלֹ֛ךְ יְהוֹיָכִ֥ין בְּנ֖וֹ תַּחְתָּֽיו: וְלֹא־הֹסִ֥יף עוֹד֙ מֶ֣לֶךְ מִצְרַ֔יִם לָצֵ֖את מֵֽאַרְצ֑וֹ כִּֽי־לָקַ֣ח מֶ֣לֶךְ בָּבֶ֗ל מִנַּ֤חַל מִצְרַ֙יִם֙ עַד־נְהַר־פְּרָ֔ת כֹּ֚ל אֲשֶׁ֣ר הָֽיְתָ֔ה לְמֶ֖לֶךְ מִצְרָֽיִם:

8 בֶּן־שְׁמֹנֶ֙ה עֶשְׂרֵ֤ה שָׁנָה֙ יְהוֹיָכִ֣ין בְּמׇלְכ֔וֹ וּשְׁלֹשָׁ֣ה חֳדָשִׁ֔ים מָלַ֖ךְ

9 בִּירוּשָׁלָ֑͏ִם וְשֵׁ֣ם אִמּ֔וֹ נְחֻשְׁתָּ֥א בַת־אֶלְנָתָ֖ן מִירֽוּשָׁלָֽ͏ִם: וַיַּ֥עַשׂ הָרַ֖ע

10 בְּעֵינֵ֣י יְהֹוָ֑ה כְּכֹ֥ל אֲשֶׁר־עָשָׂ֖ה אָבִֽיו: בָּעֵ֣ת הַהִ֔יא עָלָ֗ה עַבְדֵ֛י

11 נְבֻכַדְנֶאצַּ֥ר מֶֽלֶךְ־בָּבֶ֖ל יְרֽוּשָׁלָ֑͏ִם וַתָּבֹ֥א הָעִ֖יר בַּמָּצֽוֹר: וַיָּבֹ֛א

12 נְבוּכַדְנֶאצַּ֥ר מֶֽלֶךְ־בָּבֶ֖ל עַל־הָעִ֑יר וַעֲבָדָ֖יו צָרִ֣ים עָלֶ֑יהָ: וַיֵּצֵ֞א יְהוֹיָכִ֤ין מֶֽלֶךְ־יְהוּדָה֙ עַל־מֶ֣לֶךְ בָּבֶ֔ל ה֣וּא וְאִמּ֔וֹ וַעֲבָדָ֖יו וְשָׂרָ֣יו וְסָרִיסָ֑יו וַיִּקַּ֤ח

13 אֹתוֹ֙ מֶ֣לֶךְ בָּבֶ֔ל בִּשְׁנַ֥ת שְׁמֹנֶ֖ה לְמׇלְכֽוֹ: וַיּוֹצֵ֣א מִשָּׁ֗ם אֶת־כׇּל־אוֹצְרוֹת֙ בֵּ֣ית יְהֹוָ֔ה וְא֖וֹצְר֣וֹת בֵּ֣ית הַמֶּ֑לֶךְ וַיְקַצֵּ֞ץ אֶת־כׇּל־כְּלֵ֣י הַזָּהָ֗ב אֲשֶׁ֣ר

pieces all the vessels of gold which Solomon king of Israel had made in the temple of the LORD, as the LORD had said.

14 And he carried away all Jerusalem, and all the princes, and all the mighty men of valour, *even* ten thousand captives, and all the craftsmen and smiths: none remained, save the poorest sort of the people of the land.

15 And he carried away Jehoiachin to Babylon, and the king's mother, and the king's wives, and his officers, and the mighty of the land, *those* carried he into captivity from Jerusalem to Babylon.

16 And all the men of might, *even* seven thousand, and craftsmen and smiths a thousand, all *that were* strong *and* apt for war, even them the king of Babylon brought captive to Babylon.

17 ¶ And the king of Babylon made Mattaniah his father's brother king in his stead, and changed his name to Zedekiah.

18 Zedekiah *was* twenty and one years old when he began to reign, and he reigned eleven years in Jerusalem. And his mother's name *was* Hamutal, the daughter of Jeremiah of Libnah.

19 And he did *that which was* evil in the sight of the LORD, according to all that Jehoiakim had done.

20 For through the anger of the LORD it came to pass in Jerusalem and Judah, until he had cast them out from his presence, that Zedekiah rebelled against the king of Babylon.

CHAPTER 25

1 And it came to pass in the ninth year of his reign, in the tenth month, in the tenth *day* of the month, *that* Nebuchadnezzar king of Babylon came, he, and all his host, against Jerusalem, and pitched against it; and they built forts against it round about.

2 And the city was besieged unto the eleventh year of king Zedekiah.

3 And on the ninth *day* of the *fourth* month the famine prevailed in the city, and there was no bread for the people of the land.

4 ¶ And the city was broken up, and all the men of war *fled* by night by the way of the gate between two walls, which *is* by the king's garden: (now the Chaldees *were* against the city round about:) and *the king* went the way toward the plain.

5 And the army of the Chaldees pursued after the king, and overtook him in the plains of Jericho: and all his army were scattered from him.

6 So they took the king, and brought him up to the king of Babylon to Riblah; and they gave judgment upon him.

7 And they slew the sons of Zedekiah before his eyes, and put out the eyes of Zedekiah, and bound him with fetters of brass, and carried him to Babylon.

8 ¶ And in the fifth month, on the seventh *day* of the month, which *is* the nineteenth year of king Nebuchadnezzar king of Babylon, came Nebuzar-adan, captain of the guard, a servant of the king of Babylon, unto Jerusalem:

9 And he burnt the house of the LORD, and the king's house, and all the houses of Jerusalem, and every great *man's* house burnt he with fire.

10 And all the army of the Chaldees, that *were with* the captain of the guard, brake down the walls of Jerusalem round about.

11 Now the rest of the people *that were* left in the city, and the fugitives that fell away to the king of Babylon, with the remnant of the multitude, did Nebuzar-adan the captain of the guard carry away.

12 But the captain of the guard left of the poor of the land *to be* vinedressers and husbandmen.

13 And the pillars of brass that *were* in the house of the LORD, and the bases, and the brasen sea that *was* in the house of the LORD, did the Chaldees break in pieces, and carried the brass of them to Babylon.

14 And the pots, and the shovels, and the snuffers, and the spoons, and all the vessels of brass wherewith they ministered, took they away.

15 And the firepans, and the bowls, *and* such things as *were* of gold, *in* gold, and of silver, *in* silver, the captain of the guard took away.

עֲשָׂה שְׁלֹמֹה מֶלֶךְ־יִשְׂרָאֵל בְּהֵיכַל יְהוָה כַּאֲשֶׁר דִּבֶּר יְהוָה: וְהִגְלָה   14

עֲשֶׂרֶת   אֶת־כָּל־יְרוּשָׁלַ͏ִם וְאֶת־כָּל־הַשָּׂרִים וְאֵת ׀ כָּל־גִּבּוֹרֵי הַחַיִל עֲשָׂרָה

אֲלָפִים גּוֹלֶה וְכָל־הֶחָרָשׁ וְהַמַּסְגֵּר לֹא נִשְׁאַר זוּלַת דַּלַּת עַם־הָאָרֶץ:

וַיֶּגֶל אֶת־יְהוֹיָכִין בָּבֶלָה וְאֶת־אֵם הַמֶּלֶךְ וְאֶת־נְשֵׁי הַמֶּלֶךְ וְאֶת־   15

אֵילֵי   סָרִיסָיו וְאֵת אוּלֵי הָאָרֶץ הוֹלִיךְ גּוֹלָה מִירוּשָׁלַ͏ִם בָּבֶלָה: וְאֵת כָּל   16

אַנְשֵׁי הַחַיִל שִׁבְעַת אֲלָפִים וְהֶחָרָשׁ וְהַמַּסְגֵּר אֶלֶף הַכֹּל גִּבּוֹרִים

עֹשֵׂי מִלְחָמָה וַיְבִיאֵם מֶלֶךְ־בָּבֶל גּוֹלָה בָּבֶלָה: וַיַּמְלֵךְ מֶלֶךְ־בָּבֶל אֶת־   17

מַתַּנְיָה דֹדוֹ תַּחְתָּיו וַיַּסֵּב אֶת־שְׁמוֹ צִדְקִיָּהוּ:

בֶּן־עֶשְׂרִים וְאַחַת שָׁנָה צִדְקִיָּהוּ בְמָלְכוֹ וְאַחַת עֶשְׂרֵה שָׁנָה מָלַךְ   18

חֲמוּטַל   בִּירוּשָׁלָ͏ִם וְשֵׁם אִמּוֹ חֲמִיטַל בַּת־יִרְמְיָהוּ מִלִּבְנָה: וַיַּעַשׂ הָרַע בְּעֵינֵי   19

יְהוָה כְּכֹל אֲשֶׁר־עָשָׂה יְהוֹיָקִים: כִּי ׀ עַל־אַף יְהוָה הָיְתָה בִירוּשָׁלַ͏ִם   20

וּבִיהוּדָה עַד־הִשְׁלִכוֹ אֹתָם מֵעַל פָּנָיו וַיִּמְרֹד צִדְקִיָּהוּ בְּמֶלֶךְ

בָּבֶל: וַיְהִי בִשְׁנַת הַתְּשִׁיעִית לְמָלְכוֹ בַּחֹדֶשׁ הָעֲשִׂירִי   25 1

בֶּעָשׂוֹר לַחֹדֶשׁ בָּא נְבֻכַדְנֶאצַּר מֶלֶךְ־בָּבֶל הוּא וְכָל־חֵילוֹ עַל־

יְרוּשָׁלַ͏ִם וַיִּחַן עָלֶיהָ וַיִּבְנוּ עָלֶיהָ דָּיֵק סָבִיב: וַתָּבֹא הָעִיר בַּמָּצוֹר   2

עַד עַשְׁתֵּי עֶשְׂרֵה שָׁנָה לַמֶּלֶךְ צִדְקִיָּהוּ: בְּתִשְׁעָה לַחֹדֶשׁ וַיֶּחֱזַק   3

הָרָעָב בָּעִיר וְלֹא־הָיָה לֶחֶם לְעַם הָאָרֶץ: וַתִּבָּקַע הָעִיר וְכָל־אַנְשֵׁי   4

הַמִּלְחָמָה הַלַּיְלָה ׀ דֶּרֶךְ שַׁעַר ׀ בֵּין הַחֹמֹתַיִם אֲשֶׁר עַל־גַּן הַמֶּלֶךְ

וְכַשְׂדִּים עַל־הָעִיר סָבִיב וַיֵּלֶךְ דֶּרֶךְ הָעֲרָבָה: וַיִּרְדְּפוּ חֵיל־כַּשְׂדִּים   5

אַחַר הַמֶּלֶךְ וַיַּשִּׂגוּ אֹתוֹ בְּעַרְבוֹת יְרֵחוֹ וְכָל־חֵילוֹ נָפֹצוּ מֵעָלָיו:

וַיִּתְפְּשׂוּ אֶת־הַמֶּלֶךְ וַיַּעֲלוּ אֹתוֹ אֶל־מֶלֶךְ בָּבֶל רִבְלָתָה וַיְדַבְּרוּ אִתּוֹ   6

מִשְׁפָּט: וְאֶת־בְּנֵי צִדְקִיָּהוּ שָׁחֲטוּ לְעֵינָיו וְאֶת־עֵינֵי צִדְקִיָּהוּ עִוֵּר   7

וַיַּאַסְרֵהוּ בַנְחֻשְׁתַּיִם וַיְבִאֵהוּ בָּבֶל: וּבַחֹדֶשׁ הַחֲמִישִׁי   8

בְּשִׁבְעָה לַחֹדֶשׁ הִיא שְׁנַת תְּשַׁע־עֶשְׂרֵה שָׁנָה לַמֶּלֶךְ נְבֻכַדְנֶאצַּר

מֶלֶךְ־בָּבֶל בָּא נְבוּזַרְאֲדָן רַב־טַבָּחִים עֶבֶד מֶלֶךְ־בָּבֶל יְרוּשָׁלָ͏ִם:

וַיִּשְׂרֹף אֶת־בֵּית־יְהוָה וְאֶת־בֵּית הַמֶּלֶךְ וְאֵת כָּל־בָּתֵּי יְרוּשָׁלַ͏ִם וְאֶת־   9

כָּל־בֵּית גָּדוֹל שָׂרַף בָּאֵשׁ: וְאֶת־חוֹמֹת יְרוּשָׁלַ͏ִם סָבִיב נָתְצוּ כָּל־חֵיל   10

כַּשְׂדִּים אֲשֶׁר רַב־טַבָּחִים: וְאֵת יֶתֶר הָעָם הַנִּשְׁאָרִים בָּעִיר וְאֶת־   11

הַנֹּפְלִים אֲשֶׁר נָפְלוּ עַל־הַמֶּלֶךְ בָּבֶל וְאֵת יֶתֶר הֶהָמוֹן הֶגְלָה

נְבוּזַרְאֲדָן רַב־טַבָּחִים: וּמִדַּלַּת הָאָרֶץ הִשְׁאִיר רַב־טַבָּחִים לְכֹרְמִים   12

וּלְיֹגְבִים: וְאֶת־עַמּוּדֵי הַנְּחֹשֶׁת אֲשֶׁר בֵּית־יְהוָה וְאֶת־הַמְּכֹנוֹת וְאֶת־   13

יָם הַנְּחֹשֶׁת אֲשֶׁר בְּבֵית־יְהוָה שִׁבְּרוּ כַשְׂדִּים וַיִּשְׂאוּ אֶת־נְחֻשְׁתָּם

בָּבֶלָה: וְאֶת־הַסִּירֹת וְאֶת־הַיָּעִים וְאֶת־הַמְזַמְּרוֹת וְאֶת־הַכַּפּוֹת וְאֵת   14

15A   כָּל־כְּלֵי הַנְּחֹשֶׁת אֲשֶׁר יְשָׁרְתוּ־בָם לָקָחוּ: וְאֶת־הַמַּחְתּוֹת וְאֶת־   15

הַמִּזְרָקוֹת אֲשֶׁר זָהָב זָהָב וַאֲשֶׁר־כֶּסֶף כָּסֶף לָקַח רַב־טַבָּחִים:

16 The two pillars, one sea, and the bases which Solomon had made for the house of the LORD; the brass of all these vessels was without weight.

17 The height of the one pillar *was* eighteen cubits, and the chapiter upon it *was* brass: and the height of the chapiter three cubits; and the wreathen work, and pomegranates upon the chapiter round about, all of brass: and like unto these had the second pillar with wreathen work.

18 ¶ And the captain of the guard took Seraiah the chief priest, and Zephaniah the second priest, and the three keepers of the door:

19 And out of the city he took an officer that was set over the men of war, and five men of them that were in the king's presence, which were found in the city, and the principal scribe of the host, which mustered the people of the land, and threescore men of the people of the land *that were* found in the city:

20 And Nebuzar-adan captain of the guard took these, and brought them to the king of Babylon to Riblah:

21 And the king of Babylon smote them, and slew them at Riblah in the land of Hamath. So Judah was carried away out of their land.

22 ¶ And *as for* the people that remained in the land of Judah, whom Nebuchadnezzar king of Babylon had left, even over them he made Gedaliah the son of Ahikam, the son of Shaphan, ruler.

23 And when all the captains of the armies, they and their men, heard that the king of Babylon had made Gedaliah governor, there came to Gedaliah to Mizpah,

even Ishmael the son of Nethaniah, and Johanan the son of Careah, and Seraiah the son of Tanhumeth the Netophathite, and Jaazaniah the son of a Maachathite, they and their men.

24 And Gedaliah sware to them, and to their men, and said unto them, Fear not to be the servants of the Chaldees: dwell in the land, and serve the king of Babylon; and it shall be well with you.

25 But it came to pass in the seventh month, that Ishmael the son of Nethaniah, the son of Elishama, of the seed royal, came, and ten men with him, and smote Gedaliah, that he died, and the Jews and the Chaldees that were with him at Mizpah.

26 And all the people, both small and great, and the captains of the armies, arose, and came to Egypt: for they were afraid of the Chaldees.

27 ¶ And it came to pass in the seven and thirtieth year of the captivity of Jehoiachin king of Judah, in the twelfth month, on the seven and twentieth *day* of the month, *that* Evil-merodach king of Babylon in the year that he began to reign did lift up the head of Jehoiachin king of Judah out of prison;

28 And he spake kindly to him, and set his throne above the throne of the kings that *were* with him in Babylon;

29 And changed his prison garments: and he did eat bread continually before him all the days of his life.

30 And his allowance *was* a continual allowance given him of the king, a daily rate for every day, all the days of his life.

THE FIRST BOOK OF THE
CHRONICLES

CHAPTER 1

1 Adam, Sheth, Enosh,

2 Kenan, Mahalaleel, Jered,

3 Henoch, Methuselah, Lamech,

4 Noah, Shem, Ham, and Japheth.

5 ¶ The sons of Japheth; Gomer, and Magog, and Madai, and Javan, and Tubal, and Meshech, and Tiras.

6 And the sons of Gomer; Ashchenaz, and Riphath, and Togarmah.

הָעַמּוּדִים ׀ שְׁנַ֖יִם הַיָּ֣ם הָאֶחָ֑ד וְהַמְּכֹנ֛וֹת אֲשֶׁר־עָשָׂ֥ה שְׁלֹמֹ֖ה לְבֵ֥ית 16

יְהוָ֑ה לֹא־הָיָ֣ה מִשְׁקָ֔ל לִנְחֹ֖שֶׁת כָּל־הַכֵּלִ֥ים הָאֵֽלֶּה׃ שְׁמֹנֶ֣ה עֶשְׂרֵ֣ה 17

אַמָּ֣ה קוֹמַת ׀ הָעַמּ֣וּד הָאֶחָ֗ד וְכֹתֶ֨רֶת עָלָ֜יו ׀ נְחֹ֗שֶׁת וְקוֹמַ֣ת הַכֹּתֶ֡רֶת

שָׁלֹ֣שׁ אמה וּשְׂבָכָ֧ה וְרִמּוֹנִ֛ים עַל־הַכֹּתֶ֥רֶת סָבִ֖יב הַכֹּ֣ל נְחֹ֑שֶׁת וְכָאֵ֖לֶּה אַמֽוֹת

לַעַמּ֥וּד הַשֵּׁנִ֖י עַל־הַשְּׂבָכָֽה׃ וַיִּקַּ֣ח רַב־טַבָּחִ֗ים אֶת־שְׂרָיָה֙ כֹּהֵ֣ן הָרֹ֔אשׁ 18

וְאֶת־צְפַנְיָ֖הוּ כֹּהֵ֣ן מִשְׁנֶ֑ה וְאֶת־שְׁלֹ֖שֶׁת שֹׁמְרֵ֥י הַסַּֽף׃ וּמִן־הָעִ֡יר לָקַח֩ 19

סָרִ֨יס אֶחָ֜ד אֲֽשֶׁר־ה֥וּא פָקִ֣יד ׀ עַל־אַנְשֵׁ֣י הַמִּלְחָמָ֗ה וַחֲמִשָּׁ֨ה אֲנָשִׁ֜ים

מֵרֹאֵ֤י פְנֵֽי־הַמֶּ֙לֶךְ֙ אֲשֶׁ֣ר נִמְצְא֣וּ בָעִ֔יר וְאֵ֗ת הַסֹּפֵר֙ שַׂ֣ר הַצָּבָ֔א

אֶת־עַ֣ם הָאָ֑רֶץ וְשִׁשִּׁ֣ים אִישׁ֙ מֵעַ֣ם הָאָ֔רֶץ הַֽנִּמְצְאִ֖ים בָּעִֽיר׃ וַיִּקַּ֣ח 20

אֹתָ֗ם נְבֽוּזַרְאֲדָ֛ן רַב־טַבָּחִ֖ים וַיֹּ֥לֶךְ אֹתָ֛ם עַל־מֶ֥לֶךְ בָּבֶ֖ל רִבְלָֽתָה׃ וַיַּ֣ךְ 21

אֹתָם֩ מֶ֨לֶךְ בָּבֶ֤ל וַיְמִיתֵם֙ בְּרִבְלָ֔ה בְּאֶ֖רֶץ חֲמָ֑ת וַיִּ֥גֶל יְהוּדָ֖ה מֵעַ֥ל

אַדְמָתֽוֹ׃ וְהָעָ֗ם הַנִּשְׁאָר֙ בְּאֶ֣רֶץ יְהוּדָ֔ה אֲשֶׁ֣ר הִשְׁאִ֔יר נְבֽוּכַדְנֶאצַּ֖ר 22

מֶ֣לֶךְ בָּבֶ֑ל וַיַּפְקֵ֣ד עֲלֵיהֶ֗ם אֶת־גְּדַלְיָ֖הוּ בֶּן־אֲחִיקָ֥ם בֶּן־שָׁפָֽן׃ ס

וַיִּשְׁמְע֣וּ כָל־שָׂרֵ֣י הַחֲיָלִ֡ים הֵ֣מָּה וְהָאֲנָשִׁים֩ כִּֽי־הִפְקִ֨יד מֶֽלֶךְ־בָּבֶ֜ל אֶת־ 23

גְּדַלְיָ֗הוּ וַיָּבֹ֣אוּ אֶל־גְּדַלְיָהוּ֮ הַמִּצְפָּה֒ וְיִשְׁמָעֵ֣אל בֶּן־נְתַנְיָ֡ה וְיֽוֹחָנָ֣ן בֶּן־

קָרֵ֡חַ וּשְׂרָיָ֣ה בֶן־תַּנְחֻ֩מֶת֩ הַנְּטֹפָתִ֨י וְיַֽאֲזַנְיָ֤הוּ בֶּן־הַמַּֽעֲכָתִ֔י הֵ֖מָּה

וְאַנְשֵׁיהֶֽם׃ וַיִּשָּׁבַ֨ע לָהֶ֤ם גְּדַלְיָ֙הוּ֙ וּלְאַנְשֵׁיהֶ֔ם וַיֹּ֣אמֶר לָהֶ֔ם אַל־תִּֽירְא֖וּ 24

מֵעַבְדֵ֣י הַכַּשְׂדִּ֑ים שְׁב֣וּ בָאָ֗רֶץ וְעִבְד֛וּ אֶת־מֶ֥לֶךְ בָּבֶ֖ל וְיִטַ֥ב

לָכֶֽם׃   וַיְהִ֣י ׀ בַּחֹ֣דֶשׁ הַשְּׁבִיעִ֗י בָּ֣א יִשְׁמָעֵ֣אל בֶּן־נְתַנְיָ֣ה בֶן־ 25

אֱלִ֣ישָׁמָ֣ע מִזֶּ֣רַע הַמְּלוּכָ֡ה וַעֲשָׂרָ֣ה אֲנָשִׁ֣ים אִתּ֗וֹ וַיַּכּ֤וּ אֶת־גְּדַלְיָ֙הוּ֙

וַיָּמֹ֔ת וְאֶת־הַיְּהוּדִים֙ וְאֶת־הַכַּשְׂדִּ֔ים אֲשֶׁר־הָי֥וּ אִתּ֖וֹ בַּמִּצְפָּֽה׃ וַיָּקֻ֣מוּ 26

כָל־הָעָ֗ם מִקָּטֹן֙ וְעַד־גָּד֔וֹל וְשָׂרֵ֖י הַחֲיָלִ֑ים וַיָּבֹ֣אוּ מִצְרַ֔יִם כִּ֥י יָרְא֖וּ

מִפְּנֵ֥י כַשְׂדִּֽים׃

וַיְהִי֩ בִשְׁלֹשִׁ֨ים וָשֶׁ֜בַע שָׁנָ֗ה לְגָלוּת֙ יְהוֹיָכִ֣ין מֶֽלֶךְ־יְהוּדָ֔ה בִּשְׁנֵ֤ים עָשָׂר֙ 27

חֹ֔דֶשׁ בְּעֶשְׂרִ֥ים וְשִׁבְעָ֖ה לַחֹ֑דֶשׁ נָשָׂ֡א אֱוִ֣יל מְרֹדַךְ֩ מֶ֨לֶךְ בָּבֶ֜ל בִּשְׁנַ֣ת

מָלְכ֗וֹ אֶת־רֹ֛אשׁ יְהוֹיָכִ֥ין מֶֽלֶךְ־יְהוּדָ֖ה מִבֵּ֣ית כֶּ֑לֶא וַיְדַבֵּ֥ר אִתּ֖וֹ טֹב֑וֹת 28

וַיִּתֵּ֗ן אֶת־כִּסְא֔וֹ מֵעַ֕ל כִּסֵּ֣א הַמְּלָכִ֔ים אֲשֶׁ֥ר אִתּ֖וֹ בְּבָבֶֽל׃ וְשִׁנָּ֕א אֵ֖ת 29

בִּגְדֵ֣י כִלְא֑וֹ וְאָכַ֨ל לֶ֧חֶם תָּמִ֛יד לְפָנָ֖יו כָּל־יְמֵ֥י חַיָּֽיו׃ וַאֲרֻֽחָתוֹ֙ אֲרֻחַ֣ת 30

תָּמִ֗יד נִתְּנָה־לּ֛וֹ מֵאֵ֥ת הַמֶּ֖לֶךְ דְּבַר־י֣וֹם בְּיוֹמ֑וֹ כֹּ֖ל יְמֵ֥י חַיָּֽו׃

סֵפֶר דִּבְרֵי הַיָּמִים

אָדָ֥ם שֵׁ֖ת אֱנֽוֹשׁ׃ קֵינָ֥ן מַהֲלַלְאֵ֖ל יָֽרֶד׃ חֲנ֥וֹךְ מְתוּשֶׁ֖לַח לָ֑מֶךְ׃ נֹֽחַ 1 1/4

שֵׁ֖ם חָ֥ם וָיָֽפֶת׃   בְּנֵ֣י יֶ֔פֶת גֹּ֣מֶר וּמָג֔וֹג וּמָדַ֥י וְיָוָ֖ן וְתֻבָ֑ל 5

וּמֶ֖שֶׁךְ וְתִירָֽס׃   וּבְנֵ֖י גֹּ֑מֶר אַשְׁכְּנַ֥ז וְדִיפַ֖ת וְתוֹגַרְמָֽה׃ וּבְנֵ֥י 6 / 7

7 And the sons of Javan; Elishah, and Tarshish, Kittim, and Dodanim.

8 ¶ The sons of Ham; Cush, and Mizraim, Put, and Canaan.

9 And the sons of Cush; Seba, and Havilah, and Sabta, and Raamah, and Sabtecha. And the sons of Raamah; Sheba, and Dedan.

10 And Cush begat Nimrod: he began to be mighty upon the earth.

11 And Mizraim begat Ludim, and Anamim, and Lehabim, and Naphtuhim,

12 And Pathrusim, and Casluhim, (of whom came the Philistines,) and Caphthorim.

13 And Canaan begat Zidon his firstborn, and Heth,

14 The Jebusite also, and the Amorite, and the Girgashite,

15 And the Hivite, and the Arkite, and the Sinite,

16 And the Arvadite, and the Zemarite, and the Hamathite.

17 ¶ The sons of Shem; Elam, and Asshur, and Arphaxad, and Lud, and Aram, and Uz, and Hul, and Gether, and Meshech.

18 And Arphaxad begat Shelah, and Shelah begat Eber.

19 And unto Eber were born two sons: the name of the one *was* Peleg; because in his days the earth was divided: and his brother's name *was* Joktan.

20 And Joktan begat Almodad, and Sheleph, and Hazarmaveth, and Jerah,

21 Hadoram also, and Uzal, and Diklah,

22 And Ebal, and Abimael, and Sheba,

23 And Ophir, and Havilah, and Jobab. All these *were* the sons of Joktan.

24 ¶ Shem, Arphaxad, Shelah,

25 Eber, Peleg, Reu,

26 Serug, Nahor, Terah,

27 Abram; the same *is* Abraham.

28 The sons of Abraham; Isaac, and Ishmael.

29 ¶ These *are* their generations: The firstborn of Ishmael, Nebaioth; then Kedar, and Adbeel, and Mibsam,

30 Mishma, and Dumah, Massa, Hadad, and Tema,

31 Jetur, Naphish, and Kedemah. These are the sons of Ishmael.

32 ¶ Now the sons of Keturah, Abraham's concubine: she bare Zimran, and Jokshan, and Medan, and Midian, and Ishbak, and Shuah. And the sons of Jokshan; Sheba, and Dedan.

33 And the sons of Midian; Ephah, and Epher, and Henoch, and Abida, and Eldaah. All these *are* the sons of Keturah.

34 And Abraham begat Isaac. The sons of Isaac; Esau and Israel.

35 ¶ The sons of Esau; Eliphaz, Reuel, and Jeush, and Jaalam, and Korah.

36 The sons of Eliphaz; Teman, and Omar, Zephi, and Gatam, Kenaz, and Timna, and Amalek.

37 The sons of Reuel; Nahath, Zerah, Shammah, and Mizzah.

38 And the sons of Seir; Lotan, and Shobal, and Zibeon, and Anah, and Dishon, and Ezer, and Dishan.

39 And the sons of Lotan; Hori, and Homam: and Timna *was* Lotan's sister.

40 The sons of Shobal; Alian, and Manahath, and Ebal, Shephi, and Onam. And the sons of Zibeon; Aiah, and Anah.

41 The sons of Anah; Dishon. And the sons of Dishon; Amram, and Eshban, and Ithran, and Cheran.

42 The sons of Ezer; Bilhan, and Zavan, *and* Jakan. The sons of Dishan; Uz, and Aran.

43 ¶ Now these *are* the kings that reigned in the land of Edom before *any* king reigned over the children of Israel; Bela the son of Beor: and the name of his city *was* Dinhabah.

44 And when Bela was dead, Jobab the son of Zerah of Bozrah reigned in his stead.

45 And when Jobab was dead, Husham of the land of the Temanites reigned in his stead.

46 And when Husham was dead, Hadad the son of Bedad, which smote Midian in the field of Moab, reigned in his stead: and the name of his city *was* Avith.

בְּנֵי חָם כּוּשׁ 8 יָוָן אֱלִישָׁה וְתַרְשִׁישָׁה כִּתִּים וְרוֹדָנִים:

9 וּמִצְרַיִם פּוּט וּכְנָעַן: וּבְנֵי כוּשׁ סְבָא וַחֲוִילָה וְסַבְתָּא וְרַעְמָא

10 וְסַבְתְּכָא וּבְנֵי רַעְמָא שְׁבָא וּדְדָן: וְכוּשׁ יָלַד אֶת־נִמְרֹד

לוּדִים 11 הוּא הֵחֵל לִהְיוֹת גִּבּוֹר בָּאָרֶץ: וּמִצְרַיִם יָלַד אֶת־לוּדִיים

12 וְאֶת־עֲנָמִים וְאֶת־לְהָבִים וְאֶת־נַפְתֻּחִים: וְאֶת־פַּתְרֻסִים וְאֶת־כַּסְלֻחִים

וּכְנַעַן יָלַד 13 אֲשֶׁר יָצְאוּ מִשָּׁם פְּלִשְׁתִּים וְאֶת־כַּפְתֹּרִים:

14 אֶת־צִידוֹן בְּכֹרוֹ וְאֶת־חֵת: וְאֶת־הַיְבוּסִי וְאֶת־הָאֱמֹרִי וְאֶת הַגִּרְגָּשִׁי:

15 וְאֶת־הַחִוִּי וְאֶת־הַעַרְקִי וְאֶת־הַסִּינִי: וְאֶת־הָאַרְוָדִי וְאֶת־הַצְּמָרִי
16

17 וְאֶת־הַחֲמָתִי: בְּנֵי שֵׁם עֵילָם וְאַשּׁוּר וְאַרְפַּכְשַׁד וְלוּד

18 וַאֲרָם וְעוּץ וְחוּל וְגֶתֶר וָמֶשֶׁךְ: וְאַרְפַּכְשַׁד יָלַד אֶת־שָׁלַח

19 וְשֶׁלַח יָלַד אֶת־עֵבֶר: וּלְעֵבֶר יֻלַּד שְׁנֵי בָנִים שֵׁם הָאֶחָד פֶּלֶג כִּי

20 בְיָמָיו נִפְלְגָה הָאָרֶץ וְשֵׁם אָחִיו יָקְטָן: וְיָקְטָן יָלַד אֶת־אַלְמוֹדָד וְאֶת־

21 שָׁלֶף וְאֶת־חֲצַרְמָוֶת וְאֶת־יָרַח: וְאֶת־הֲדוֹרָם וְאֶת־אוּזָל וְאֶת־דִּקְלָה:

22 וְאֶת־עֵיבָל וְאֶת־אֲבִימָאֵל וְאֶת־שְׁבָא: וְאֶת־אוֹפִיר וְאֶת־חֲוִילָה וְאֶת־
23

24 יוֹבָב כָּל־אֵלֶּה בְּנֵי יָקְטָן: שֵׁם ׀ אַרְפַּכְשַׁד שָׁלַח: עֵבֶר פֶּלֶג
25

26 רְעוּ: שְׂרוּג נָחוֹר תָּרַח: אַבְרָם הוּא אַבְרָהָם: בְּנֵי אַבְרָהָם
28

29 יִצְחָק וְיִשְׁמָעֵאל: אֵלֶּה תֹּלְדוֹתָם בְּכוֹר יִשְׁמָעֵאל נְבָיוֹת

30 וְקֵדָר וְאַדְבְּאֵל וּמִבְשָׂם: מִשְׁמָע וְדוּמָה מַשָּׂא חֲדַד וְתֵימָא: יְטוּר
31

32 נָפִישׁ וָקֵדְמָה אֵלֶּה הֵם בְּנֵי יִשְׁמָעֵאל: וּבְנֵי קְטוּרָה

פִּילֶגֶשׁ אַבְרָהָם יָלְדָה אֶת־זִמְרָן וְיָקְשָׁן וּמְדָן וּמִדְיָן וְיִשְׁבָּק וְשׁוּחַ

33 וּבְנֵי יָקְשָׁן שְׁבָא וּדְדָן: וּבְנֵי מִדְיָן עֵיפָה וָעֵפֶר וַחֲנוֹךְ

34 וַאֲבִידָע וְאֶלְדָּעָה כָּל־אֵלֶּה בְּנֵי קְטוּרָה: וַיּוֹלֶד אַבְרָהָם

בְּנֵי עֵשָׂו 35 אֶת־יִצְחָק: בְּנֵי יִצְחָק עֵשָׂו וְיִשְׂרָאֵל:

36 אֱלִיפַז רְעוּאֵל וִיעוּשׁ וְיַעְלָם וְקֹרַח: בְּנֵי אֱלִיפַז תֵּימָן

37 וְאוֹמָר צְפִי וְגַעְתָּם קְנַז וְתִמְנָע וַעֲמָלֵק: בְּנֵי רְעוּאֵל נַחַת

38 זֶרַח שַׁמָּה וּמִזָּה: וּבְנֵי שֵׂעִיר לוֹטָן וְשׁוֹבָל וְצִבְעוֹן

39 וַעֲנָה וְדִישֹׁן וְאֵצֶר וְדִישָׁן: וּבְנֵי לוֹטָן חֹרִי וְהוֹמָם וַאֲחוֹת לוֹטָן

40 תִּמְנָע: בְּנֵי שׁוֹבָל עַלְיָן וּמָנַחַת וְעֵיבָל

41 שְׁפִי וְאוֹנָם וּבְנֵי צִבְעוֹן אַיָּה וַעֲנָה: בְּנֵי עֲנָה

42 דִּישׁוֹן וּבְנֵי דִישׁוֹן חַמְרָן וְאֶשְׁבָּן וְיִתְרָן וּכְרָן: בְּנֵי־

אֵצֶר בִּלְהָן וְזַעֲוָן יַעֲקָן בְּנֵי דִישׁוֹן עוּץ וַאֲרָן:

43 וְאֵלֶּה הַמְּלָכִים אֲשֶׁר מָלְכוּ בְּאֶרֶץ אֱדוֹם לִפְנֵי מְלָךְ־מֶלֶךְ לִבְנֵי

44 יִשְׂרָאֵל בֶּלַע בֶּן־בְּעוֹר וְשֵׁם עִירוֹ דִּנְהָבָה: וַיָּמָת בָּלַע וַיִּמְלֹךְ תַּחְתָּיו

45 יוֹבָב בֶּן־זֶרַח מִבָּצְרָה: וַיָּמָת יוֹבָב וַיִּמְלֹךְ תַּחְתָּיו חוּשָׁם מֵאֶרֶץ

46 הַתֵּימָנִי: וַיָּמָת חוּשָׁם וַיִּמְלֹךְ תַּחְתָּיו הֲדַד בֶּן־בְּדַד הַמַּכֶּה אֶת־מִדְיָן

47 And when Hadad was dead, Samlah of Masrekah reigned in his stead.

48 And when Samlah was dead, Shaul of Rehoboth by the river reigned in his stead.

49 And when Shaul was dead, Baal-hanan the son of Achbor reigned in his stead.

50 And when Baal-hanan was dead, Hadad reigned in his stead: and the name of his city *was* Pai; and his wife's name *was* Mehetabel, the daughter of Matred, the daughter of Mezahab.

51 ¶ Hadad died also. And the dukes of Edom were; duke Timnah, duke Aliah, duke Jetheth,

52 Duke Aholibamah, duke Elah, duke Pinon,

53 Duke Kenaz, duke Teman, duke Mibzar,

54 Duke Magdiel, duke Iram. These *are* the dukes of Edom.

CHAPTER 2

1 These *are* the sons of Israel; Reuben, Simeon, Levi, and Judah, Issachar, and Zebulun,

2 Dan, Joseph, and Benjamin, Naphtali, Gad, and Asher.

3 ¶ The sons of Judah; Er, and Onan, and Shelah: *which* three were born unto him of the daughter of Shua the Canaanitess. And Er, the firstborn of Judah, was evil in the sight of the LORD; and he slew him.

4 And Tamar his daughter in law bare him Pharez and Zerah. All the sons of Judah *were* five.

5 The sons of Pharez; Hezron, and Hamul.

6 And the sons of Zerah; Zimri, and Ethan, and Heman, and Calcol, and Dara: five of them in all.

7 And the sons of Carmi; Achar, the troubler of Israel, who transgressed in the thing accursed.

8 And the sons of Ethan; Azariah.

9 The sons also of Hezron, that were born unto him; Jerahmeel, and Ram, and Chelubai.

10 And Ram begat Amminadab; and Amminadab begat Nahshon, prince of the children of Judah;

11 And Nahshon begat Salma, and Salma begat Boaz,

12 And Boaz begat Obed, and Obed begat Jesse,

13 ¶ And Jesse begat his firstborn Eliab, and Abinadab the second, and Shimma the third,

14 Nethaneel the fourth, Raddai the fifth,

15 Ozem the sixth, David the seventh:

16 Whose sisters *were* Zeruiah, and Abigail. And the sons of Zeruiah; Abishai, and Joab, and Asahel, three.

17 And Abigail bare Amasa: and the father of Amasa *was* Jether the Ishmeelite.

18 ¶ And Caleb the son of Hezron begat *children* of Azubah *his* wife, and of Jerioth: her sons *are* these; Jesher, and Shobab, and Ardon.

19 And when Azubah was dead, Caleb took unto him Ephrath, which bare him Hur.

20 And Hur begat Uri, and Uri begat Bezaleel.

21 ¶ And afterward Hezron went in to the daughter of Machir the father of Gilead, whom he married when he *was* threescore years old; and she bare him Segub.

22 And Segub begat Jair, who had three and twenty cities in the land of Gilead.

23 And he took Geshur, and Aram, with the towns of Jair, from them, with Kenath, and the towns thereof, *even* threescore cities. All these *belonged to* the sons of Machir the father of Gilead.

24 And after that Hezron was dead in Caleb-ephratah, then Abiah Hezron's wife bare him Ashur the father of Tekoa.

25 ¶ And the sons of Jerahmeel the firstborn of Hezron were, Ram the firstborn, and Bunah, and Oren, and Ozem, *and* Ahijah.

26 Jerahmeel had also another wife, whose name *was* Atarah; she *was* the mother of Onam.

27 And the sons of Ram the firstborn of Jerahmeel were, Maaz, and Jamin, and Eker.

28 And the sons of Onam were, Sham-

עֲוִית 47 בְּשָׂדֵה מוֹאָב וְשֵׁם עִירוֹ עֲוִית: וַיָּמָת הֲדַד וַיִּמְלֹךְ תַּחְתָּיו שַׂמְלָה

48 מִמַּשְׂרֵקָה: וַיָּמָת שַׂמְלָה וַיִּמְלֹךְ תַּחְתָּיו שָׁאוּל מֵרְחֹבוֹת הַנָּהָר: וַיָּמָת
49

50 שָׁאוּל וַיִּמְלֹךְ תַּחְתָּיו בַּעַל חָנָן בֶּן־עַכְבּוֹר: וַיָּמָת בַּעַל חָנָן וַיִּמְלֹךְ

תַּחְתָּיו הֲדַד וְשֵׁם עִירוֹ פָּעִי וְשֵׁם אִשְׁתּוֹ מְהֵיטַבְאֵל בַּת־מַטְרֵד בַּת

51 מֵי זָהָב: וַיָּמָת הֲדַד   וַיִּהְיוּ אַלּוּפֵי אֱדוֹם אַלּוּף תִּמְנָע

עַלְוָה 52 אַלּוּף עַלְוָה אַלּוּף יְתֵת: אַלּוּף אָהֳלִיבָמָה אַלּוּף אֵלָה אַלּוּף פִּינֹן:

53A 53 אַלּוּף קְנַז אַלּוּף תֵּימָן אַלּוּף מִבְצָר: אַלּוּף מַגְדִּיאֵל אַלּוּף עִירָם
54

אֵלֶּה אַלּוּפֵי אֱדוֹם:

2 1 אֵלֶּה בְּנֵי יִשְׂרָאֵל רְאוּבֵן שִׁמְעוֹן לֵוִי וִיהוּדָה יִשָּׂשכָר וּזְבֻלוּן: דָּן
2

3 יוֹסֵף וּבִנְיָמִן נַפְתָּלִי גָד וְאָשֵׁר: בְּנֵי יְהוּדָה עֵר וְאוֹנָן

וְשֵׁלָה שְׁלוֹשָׁה נוֹלַד לוֹ מִבַּת־שׁוּעַ הַכְּנַעֲנִית וַיְהִי עֵר׀ בְּכוֹר יְהוּדָה

4 רַע בְּעֵינֵי יְהוָה וַיְמִיתֵהוּ:   וְתָמָר כַּלָּתוֹ יָלְדָה לּוֹ אֶת־פֶּרֶץ

5 וְאֶת־זֶרַח כָּל־בְּנֵי יְהוּדָה חֲמִשָּׁה: בְּנֵי־פֶרֶץ חֶצְרוֹן

6 וְחָמוּל: וּבְנֵי זֶרַח זִמְרִי וְאֵיתָן וְהֵימָן וְכַלְכֹּל וָדָרַע כֻּלָּם

7 חֲמִשָּׁה: וּבְנֵי כַּרְמִי עָכָר עוֹכֵר יִשְׂרָאֵל אֲשֶׁר מָעַל

8 בַּחֵרֶם: וּבְנֵי אֵיתָן עֲזַרְיָה: וּבְנֵי חֶצְרוֹן אֲשֶׁר נוֹלַד־
9

10 לוֹ אֶת־יְרַחְמְאֵל וְאֶת־רָם וְאֶת־כְּלוּבָי: וְרָם הוֹלִיד אֶת־עַמִּינָדָב

11 וְעַמִּינָדָב הוֹלִיד אֶת־נַחְשׁוֹן נְשִׂיא בְּנֵי יְהוּדָה: וְנַחְשׁוֹן הוֹלִיד אֶת־

12 שַׂלְמָא וְשַׂלְמָא הוֹלִיד אֶת־בֹּעַז: וּבֹעַז הוֹלִיד אֶת־עוֹבֵד וְעוֹבֵד

13 הוֹלִיד אֶת־יִשָׁי: וְאִישַׁי הוֹלִיד אֶת־בְּכֹרוֹ אֶת־אֱלִיאָב וַאֲבִינָדָב הַשֵּׁנִי

14 וְשִׁמְעָא הַשְּׁלִישִׁי: נְתַנְאֵל הָרְבִיעִי רַדַּי הַחֲמִישִׁי: אֹצֶם הַשִּׁשִּׁי דָוִיד
15

וְאַחְיוֹתֵיהֶם 16 הַשְּׁבִעִי: וְאַחְיֹתֵיהֶם צְרוּיָה וַאֲבִיגָיִל וּבְנֵי צְרוּיָה אַבְשַׁי וְיוֹאָב וַעֲשָׂה־

17 אֵל שְׁלֹשָׁה: וַאֲבִיגַיִל יָלְדָה אֶת־עֲמָשָׂא וַאֲבִי עֲמָשָׂא יֶתֶר

18 הַיִּשְׁמְעֵאלִי: וְכָלֵב בֶּן־חֶצְרוֹן הוֹלִיד אֶת־עֲזוּבָה אִשָּׁה וְאֶת־יְרִיעוֹת

19 וְאֵלֶּה בָנֶיהָ יֵשֶׁר וְשׁוֹבָב וְאַרְדּוֹן: וַתָּמָת עֲזוּבָה וַיִּקַּח־לוֹ כָלֵב אֶת־

20 אֶפְרָת וַתֵּלֶד לוֹ אֶת־חוּר: וְחוּר הוֹלִיד אֶת־אוּרִי וְאוּרִי הוֹלִיד אֶת־

21 בְּצַלְאֵל: וְאַחַר בָּא חֶצְרוֹן אֶל־בַּת־מָכִיר אֲבִי גִלְעָד וְהוּא

22 לְקָחָהּ וְהוּא בֶּן־שִׁשִּׁים שָׁנָה וַתֵּלֶד לוֹ אֶת־שְׂגוּב: וּשְׂגוּב הוֹלִיד

23 אֶת־יָאִיר וַיְהִי־לוֹ עֶשְׂרִים וְשָׁלוֹשׁ עָרִים בְּאֶרֶץ הַגִּלְעָד: וַיִּקַּח גְּשׁוּר־

וַאֲרָם אֶת־חַוֺּת יָאִיר מֵאִתָּם אֶת־קְנָת וְאֶת־בְּנֹתֶיהָ שִׁשִּׁים עִיר כָּל־

24 אֵלֶּה בְּנֵי מָכִיר אֲבִי־גִלְעָד: וְאַחַר מוֹת־חֶצְרוֹן בְּכָלֵב אֶפְרָתָה וְאֵשֶׁת

25 חֶצְרוֹן אֲבִיָּה וַתֵּלֶד לוֹ אֶת־אַשְׁחוּר אֲבִי תְקוֹעַ: וַיִּהְיוּ בְנֵי־יְרַחְמְאֵל

26 בְּכוֹר חֶצְרוֹן הַבְּכוֹר׀ רָם וּבוּנָה וָאֹרֶן וָאֹצֶם אֲחִיָּה: וַתְּהִי אִשָּׁה

27 אַחֶרֶת לִירַחְמְאֵל וּשְׁמָהּ עֲטָרָה הִיא אֵם אוֹנָם: וַיִּהְיוּ

28 בְנֵי־רָם בְּכוֹר יְרַחְמְאֵל מַעַץ וְיָמִין וָעֵקֶר: וַיִּהְיוּ בְנֵי־אוֹנָם שַׁמַּי וְיָדָע

mai, and Jada. And the sons of Shammai; Nadab, and Abishur.

29 And the name of the wife of Abishur *was* Abihail, and she bare him Ahban, and Molid.

30 And the sons of Nadab; Seled, and Appaim: but Seled died without children.

31 And the sons of Appaim; Ishi. And the sons of Ishi; Sheshan. And the children of Sheshan; Ahlai.

32 And the sons of Jada the brother of Shammai; Jether, and Jonathan: and Jether died without children.

33 And the sons of Jonathan; Peleth, and Zaza. These were the sons of Jerahmeel.

34 ¶ Now Sheshan had no sons, but daughters. And Sheshan had a servant, an Egyptian, whose name *was* Jarha.

35 And Sheshan gave his daughter to Jarha his servant to wife; and she bare him Attai.

36 And Attai begat Nathan, and Nathan begat Zabad,

37 And Zabad begat Ephlal, and Ephlal begat Obed,

38 And Obed begat Jehu, and Jehu begat Azariah,

39 And Azariah begat Helez, and Helez begat Eleasah,

40 And Eleasah begat Sisamai, and Sisamai begat Shallum,

41 And Shallum begat Jekamiah, and Jekamiah begat Elishama.

42 ¶ Now the sons of Caleb the brother of Jerahmeel *were*, Mesha his firstborn, which was the father of Ziph; and the sons of Mareshah the father of Hebron.

43 And the sons of Hebron; Korah, and Tappuah, and Rekem, and Shema.

44 And Shema begat Raham, the father of Jorkoam: and Rekem begat Shammai.

45 And the son of Shammai *was* Maon: and Maon *was* the father of Beth-zur.

46 And Ephah, Caleb's concubine, bare Haran, and Moza, and Gazez: and Haran begat Gazez.

47 And the sons of Jahdai; Regem, and Jotham, and Geshan, and Pelet, and Ephah, and Shaaph.

48 Maachah, Caleb's concubine, bare Sheber, and Tirhanah.

49 She bare also Shaaph the father of Madmannah, Sheva the father of Machbenah, and the father of Gibea: and the daughter of Caleb *was* Achsah.

50 ¶ These were the sons of Caleb the son of Hur, the firstborn of Ephratah; Shobal the father of Kirjath-jearim,

51 Salma the father of Beth-lehem, Hareph the father of Beth-gader.

52 And Shobal the father of Kirjath-jearim had sons; Haroeh, *and* half of the Manahethites.

53 And the families of Kirjath-jearim; the Ithrites, and the Puhites, and the Shumathites, and the Mishraites; of them came the Zareathites, and the Eshtaulites.

54 The sons of Salma; Beth-lehem, and the Netophathites, Ataroth, the house of Joab, and half of the Manahethites, the Zorites.

55 And the families of the scribes which dwelt at Jabez; the Tirathites, the Shimeathites, *and* Suchathites. These *are* the Kenites that came of Hemath, the father of the house of Rechab.

CHAPTER 3

1 Now these were the sons of David, which were born unto him in Hebron; the firstborn Amnon, of Ahinoam the Jezreelitess; the second Daniel, of Abigail the Carmelitess:

2 The third, Absalom the son of Maachah the daughter of Talmai king of Geshur: the fourth, Adonijah the son of Haggith:

3 The fifth, Shephatiah of Abital: the sixth, Ithream by Eglah his wife.

4 *These* six were born unto him in Hebron; and there he reigned seven years and six months: and in Jerusalem he reigned thirty and three years.

5 And these were born unto him in Jerusalem; Shimea, and Shobab, and Nathan, and Solomon, four, of Bath-shua the daughter of Ammiel:

6 Ibhar also, and Elishama, and Eliphelet,

7 And Nogah, and Nepheg, and Japhia,

8 And Elishama, and Eliada, and Eliphelet, nine.

9 *These were* all the sons of David, beside

29 וּבְנֵי שַׁמַּי נָדָב וַאֲבִישׁוּר: וְשֵׁם אֵשֶׁת אֲבִישׁוּר אֲבִיהָיִל וַתֵּלֶד לוֹ

30 אֶת־אַחְבָּן וְאֶת־מוֹלִיד: וּבְנֵי נָדָב סֶלֶד וְאַפָּיִם וַיָּמָת סֶלֶד לֹא בָנִים:

31 וּבְנֵי אַפַּיִם יִשְׁעִי וּבְנֵי יִשְׁעִי שֵׁשָׁן וּבְנֵי שֵׁשָׁן אַחְלָי: וּבְנֵי יָדָע אֲחִי
32

33 שַׁמַּי יֶתֶר וְיוֹנָתָן וַיָּמָת יֶתֶר לֹא בָנִים: וּבְנֵי יוֹנָתָן פֶּלֶת

34 וְזָזָא אֵלֶּה הָיוּ בְּנֵי יְרַחְמְאֵל: וְלֹא־הָיָה לְשֵׁשָׁן בָּנִים כִּי אִם־בָּנוֹת

35 וּלְשֵׁשָׁן עֶבֶד מִצְרִי וּשְׁמוֹ יַרְחָע: וַיִּתֵּן שֵׁשָׁן אֶת־בִּתּוֹ לְיַרְחָע עַבְדּוֹ

36 לְאִשָּׁה וַתֵּלֶד לוֹ אֶת־עַתָּי: וְעַתַּי הֹלִיד אֶת־נָתָן וְנָתָן הוֹלִיד אֶת־

37 זָבָד: וְזָבָד הוֹלִיד אֶת־אֶפְלָל וְאֶפְלָל הוֹלִיד אֶת־עוֹבֵד: וְעוֹבֵד הוֹלִיד
38

39 אֶת־יֵהוּא וְיֵהוּא הוֹלִיד אֶת־עֲזַרְיָה: וַעֲזַרְיָה הוֹלִיד אֶת־חָלֶץ וְחֶלֶץ

40 הֹלִיד אֶת־אֶלְעָשָׂה: וְאֶלְעָשָׂה הֹלִיד אֶת־סִסְמָי וְסִסְמַי הֹלִיד אֶת־

41 שַׁלּוּם: וְשַׁלּוּם הוֹלִיד אֶת־יְקַמְיָה וִיקַמְיָה הֹלִיד אֶת־אֱלִישָׁמָע: וּבְנֵי
42

43 כָלֵב אֲחִי יְרַחְמְאֵל מֵישָׁע בְּכֹרוֹ הוּא אֲבִי־זִיף וּבְנֵי מָרֵשָׁה אֲבִי

44 חֶבְרוֹן: וּבְנֵי חֶבְרוֹן קֹרַח וְתַפֻּחַ וְרֶקֶם וָשָׁמַע: וְשֶׁמַע הוֹלִיד אֶת־

45 רַחַם אֲבִי יָרְקְעָם וְרֶקֶם הוֹלִיד אֶת־שַׁמָּי: וּבֶן־שַׁמַּי מָעוֹן וּמָעוֹן אֲבִי

46 בֵית־צוּר: וְעֵיפָה פִּילֶגֶשׁ כָּלֵב יָלְדָה אֶת־חָרָן וְאֶת־מוֹצָא וְאֶת־גָּזֵז

47 וְחָרָן הֹלִיד אֶת־גָּזֵז: וּבְנֵי יָהְדָּי רֶגֶם וְיוֹתָם וְגֵישָׁן וָפֶלֶט

48 וְעֵיפָה וָשָׁעַף: פִּלֶגֶשׁ כָּלֵב מַעֲכָה יָלַד שֶׁבֶר וְאֶת־תִּרְחֲנָה: וַתֵּלֶד
49 שַׁעַף אֲבִי מַדְמַנָּה אֶת־שְׁוָא אֲבִי מַכְבֵּנָה וַאֲבִי גִבְעָא וּבַת־כָּלֵב

50 עַכְסָה: אֵלֶּה הָיוּ בְּנֵי כָלֵב בֶּן־חוּר בְּכוֹר אֶפְרָתָה שׁוֹבָל

51 אֲבִי קִרְיַת יְעָרִים: שַׂלְמָא אֲבִי בֵית־לָחֶם חָרֵף אֲבִי בֵית־גָּדֵר: וַיִּהְיוּ
52

53 בָנִים לְשׁוֹבָל אֲבִי קִרְיַת יְעָרִים הָרֹאֶה חֲצִי הַמְּנֻחוֹת: וּמִשְׁפְּחוֹת
קִרְיַת יְעָרִים הַיִּתְרִי וְהַפּוּתִי וְהַשֻּׁמָתִי וְהַמִּשְׁרָעִי מֵאֵלֶּה יָצְאוּ

54 הַצָּרְעָתִי וְהָאֶשְׁתָּאֻלִי: בְּנֵי שַׂלְמָא בֵּית לֶחֶם וּנְטוֹפָתִי

55 עַטְרוֹת בֵּית יוֹאָב וַחֲצִי הַמָּנַחְתִּי הַצָּרְעִי: וּמִשְׁפְּחוֹת סֹפְרִים יֹשְׁבֵי יַשְׁבֵי
יַעְבֵּץ תִּרְעָתִים שִׁמְעָתִים שׂוּכָתִים הֵמָּה הַקִּינִים הַבָּאִים מֵחַמַּת

3 אֲבִי בֵית־רֵכָב: וְאֵלֶּה הָיוּ בְּנֵי דָוִיד אֲשֶׁר נוֹלַד־לוֹ בְּחֶבְרוֹן
1 הַבְּכוֹר אַמְנֹן לַאֲחִינֹעַם הַיִּזְרְעֵאלִית שֵׁנִי דָנִיֵּאל לַאֲבִיגַיִל הַכַּרְמְלִית:

2 הַשְּׁלִשִׁי לְאַבְשָׁלוֹם בֶּן־מַעֲכָה בַּת־תַּלְמַי מֶלֶךְ גְּשׁוּר הָרְבִיעִי אֲדֹנִיָּה

3 בֶן־חַגִּית: הַחֲמִישִׁי שְׁפַטְיָה לַאֲבִיטָל הַשִּׁשִּׁי יִתְרְעָם לְעֶגְלָה אִשְׁתּוֹ:

4 שִׁשָּׁה נוֹלַד־לוֹ בְחֶבְרוֹן וַיִּמְלָךְ־שָׁם שֶׁבַע שָׁנִים וְשִׁשָּׁה חֳדָשִׁים

5 וּשְׁלֹשִׁים וְשָׁלוֹשׁ שָׁנָה מָלַךְ בִּירוּשָׁלָ͏ִם: וְאֵלֶּה נוּלְּדוּ־לוֹ
בִירוּשָׁלַיִם שִׁמְעָא וְשׁוֹבָב וְנָתָן וּשְׁלֹמֹה אַרְבָּעָה לְבַת־שׁוּעַ בַּת־

6 עַמִּיאֵל: וְיִבְחָר וֶאֱלִישָׁמָע וֶאֱלִיפָלֶט: וְנֹגַהּ וְנֶפֶג וְיָפִיעַ: וֶאֱלִישָׁמָע
8

9 וְאֶלְיָדָע וֶאֱלִיפֶלֶט תִּשְׁעָה: כֹּל בְּנֵי דָוִיד מִלְּבַד בְּנֵי־פִילַגְשִׁים וְתָמָר
אֲחוֹתָם:

the sons of the concubines, and Tamar their sister.

10 ¶ And Solomon's son was Rehoboam, Abia his son, Asa his son, Jehoshaphat his son,

11 Joram his son, Ahaziah his son, Joash his son,

12 Amaziah his son, Azariah his son, Jotham his son,

13 Ahaz his son, Hezekiah his son, Manasseh his son,

14 Amon his son, Josiah his son.

15 And the sons of Josiah were, the firstborn Johanan, the second Jehoiakim, the third Zedekiah, the fourth Shallum.

16 And the sons of Jehoiakim: Jeconiah his son, Zedekiah his son.

17 ¶ And the sons of Jeconiah; Assir, Salathiel his son,

18 Malchiram also, and Pedaiah, and Shenazar, Jecamiah, Hoshama, and Nedabiah.

19 And the sons of Pedaiah were, Zerubbabel, and Shimei: and the sons of Zerubbabel; Meshullam, and Hananiah, and Shelomith their sister:

20 And Hashubah, and Ohel, and Berechiah, and Hasadiah, Jushab-hesed, five.

21 And the sons of Hananiah; Pelatiah, and Jesaiah: the sons of Rephaiah, the sons of Arnan, the sons of Obadiah, the sons of Shechaniah.

22 And the sons of Shechaniah; Shemaiah: and the sons of Shemaiah; Hattush, and Igeal, and Bariah, and Neariah, and Shaphat, six.

23 And the sons of Neariah; Elioenai, and Hezekiah, and Azrikam, three.

24 And the sons of Elioenai were, Hodaiah, and Eliashib, and Pelaiah, and Akkub, and Johanan, and Dalaiah, and Anani, seven.

CHAPTER 4

1 The sons of Judah; Pharez, Hezron, and Carmi, and Hur, and Shobal.

2 And Reaiah the son of Shobal begat Jahath; and Jahath begat Ahumai, and Lahad. These are the families of the Zorathites.

3 And these were of the father of Etam;

Jezreel, and Ishma, and Idbash: and the name of their sister was Hazelelponi:

4 And Penuel the father of Gedor, and Ezer the father of Hushah. These are the sons of Hur, the firstborn of Ephratah, the father of Beth-lehem.

5 ¶ And Ashur the father of Tekoa had two wives, Helah and Naarah.

6 And Naarah bare him Ahuzam, and Hepher, and Temeni, and Haahashtari. These were the sons of Naarah.

7 And the sons of Helah were, Zereth, and Jezoar, and Ethnan.

8 And Coz begat Anub, and Zobebah, and the families of Aharhel the son of Harum.

9 ¶ And Jabez was more honourable than his brethren: and his mother called his name Jabez, saying, Because I bare him with sorrow.

10 And Jabez called on the God of Israel, saying, Oh that thou wouldest bless me indeed, and enlarge my coast, and that thine hand might be with me, and that thou wouldest keep me from evil, that it may not grieve me! And God granted him that which he requested.

11 ¶ And Chelub the brother of Shuah begat Mehir, which was the father of Eshton.

12 And Eshton begat Beth-rapha, and Paseah, and Tehinnah the father of Irnahash. These are the men of Rechah.

13 And the sons of Kenaz; Othniel, and Seraiah: and the sons of Othniel; Hathath.

14 And Meonothai begat Ophrah: and Seraiah begat Joab, the father of the valley of Charashim; for they were craftsmen.

15 And the sons of Caleb the son of Jephunneh; Iru, Elah, and Naam: and the sons of Elah, even Kenaz.

16 And the sons of Jehaleleel; Ziph, and Ziphah, Tiria, and Asareel.

17 And the sons of Ezra were, Jether, and Mered, and Epher, and Jalon: and she bare Miriam, and Shammai, and Ishbah the father of Eshtemoa.

18 And his wife Jehudijah bare Jered the father of Gedor, and Heber the father of Socho, and Jekuthiel the father of Zanoah. And these are the sons of Bithiah the daughter of Pharaoh, which Mered took.

וּבֶן־שְׁלֹמֹה רְחַבְעָם אֲבִיָּה בְנוֹ אָסָא בְנוֹ יְהוֹשָׁפָט בְּנוֹ: יוֹרָם בְּנוֹ 10
אֲחַזְיָהוּ בְנוֹ יוֹאָשׁ בְּנוֹ: אֲמַצְיָהוּ בְנוֹ עֲזַרְיָה בְנוֹ יוֹתָם בְּנוֹ: אָחָז 11 12
בְּנוֹ חִזְקִיָּהוּ בְנוֹ מְנַשֶּׁה בְנוֹ: אָמוֹן בְּנוֹ יֹאשִׁיָּהוּ בְנוֹ: וּבְנֵי יֹאשִׁיָּהוּ 13 14
הַבְּכוֹר יוֹחָנָן הַשֵּׁנִי יְהוֹיָקִים הַשְּׁלִשִׁי צִדְקִיָּהוּ הָרְבִיעִי שַׁלּוּם: וּבְנֵי 15 16
יְהוֹיָקִים יְכָנְיָה בְנוֹ צִדְקִיָּה בְנוֹ: וּבְנֵי יְכָנְיָה אַסִּר שְׁאַלְתִּיאֵל בְּנוֹ: 17
וּמַלְכִּירָם וּפְדָיָה וְשֶׁנְאַצַּר יְקַמְיָה הוֹשָׁמָע וּנְדַבְיָה: וּבְנֵי פְדָיָה זְרֻבָּבֶל 18 19
וְשִׁמְעִי וּבֶן־זְרֻבָּבֶל מְשֻׁלָּם וַחֲנַנְיָה וּשְׁלֹמִית אֲחוֹתָם: וַחֲשֻׁבָה וָאֹהֶל 20
וּבֶרֶכְיָה וַחֲסַדְיָה יוּשַׁב חֶסֶד חָמֵשׁ: וּבֶן־חֲנַנְיָה פְּלַטְיָה וִישַׁעְיָה בְּנֵי 21
רְפָיָה בְּנֵי אַרְנָן בְּנֵי עֹבַדְיָה בְּנֵי שְׁכַנְיָה: וּבְנֵי שְׁכַנְיָה 22
שְׁמַעְיָה וּבְנֵי שְׁמַעְיָה חַטּוּשׁ וְיִגְאָל וּבָרִיחַ וּנְעַרְיָה וְשָׁפָט שִׁשָּׁה:
וּבֶן־נְעַרְיָה אֶלְיוֹעֵינַי וְחִזְקִיָּה וְעַזְרִיקָם שְׁלֹשָׁה: וּבְנֵי אֶלְיוֹעֵינַי הוֹדַוְיָהוּ 23
וְאֶלְיָשִׁיב וּפְלָיָה וְעַקּוּב וְיוֹחָנָן וּדְלָיָה וַעֲנָנִי שִׁבְעָה: בְּנֵי 24

וְאֶלְיָשִׁיב וּפְלָיָה וְעַקּוּב וְיוֹחָנָן וּדְלָיָה וַעֲנָנִי שִׁבְעָה: 4 1
יְהוּדָה פֶּרֶץ חֶצְרוֹן וְכַרְמִי וְחוּר וְשׁוֹבָל: וּרְאָיָה בֶן־שׁוֹבָל הוֹלִיד 2
אֶת־יַחַת וְיַחַת הֹלִיד אֶת־אֲחוּמַי וְאֶת־לָהַד אֵלֶּה מִשְׁפְּחוֹת
הַצָּרְעָתִי: וְאֵלֶּה אֲבִי עֵיטָם יִזְרְעֶאל וְיִשְׁמָא וְיִדְבָּשׁ וְשֵׁם 3
אֲחוֹתָם הַצְלֶלְפּוֹנִי: וּפְנוּאֵל אֲבִי גְדֹר וְעֵזֶר אֲבִי חוּשָׁה אֵלֶּה בְנֵי־חוּר 4
בְּכוֹר אֶפְרָתָה אֲבִי בֵּית לָחֶם: וּלְאַשְׁחוּר אֲבִי תְקוֹעַ הָיוּ שְׁתֵּי נָשִׁים 5
חֶלְאָה וְנַעֲרָה: וַתֵּלֶד לוֹ נַעֲרָה אֶת־אֲחֻזָּם וְאֶת־חֵפֶר וְאֶת־תֵּימְנִי 6
וְאֶת־הָאֲחַשְׁתָּרִי אֵלֶּה בְּנֵי נַעֲרָה: וּבְנֵי חֶלְאָה צֶרֶת יִצְחָר וְאֶתְנָן: 7
וְקוֹץ הוֹלִיד אֶת־עָנוּב וְאֶת־הַצֹּבֵבָה וּמִשְׁפְּחוֹת אֲחַרְחֵל בֶּן־הָרוּם: 8
וַיְהִי יַעְבֵּץ נִכְבָּד מֵאֶחָיו וְאִמּוֹ קָרְאָה שְׁמוֹ יַעְבֵּץ לֵאמֹר כִּי יָלַדְתִּי 9
בְּעֹצֶב: וַיִּקְרָא יַעְבֵּץ לֵאלֹהֵי יִשְׂרָאֵל לֵאמֹר אִם־בָּרֵךְ תְּבָרֲכֵנִי 10
וְהִרְבִּיתָ אֶת־גְּבוּלִי וְהָיְתָה יָדְךָ עִמִּי וְעָשִׂיתָ מֵּרָעָה לְבִלְתִּי עָצְבִּי
וַיָּבֵא אֱלֹהִים אֵת אֲשֶׁר־שָׁאָל: וּכְלוּב אֲחִי־שׁוּחָה הוֹלִיד אֶת־מְחִיר 11
הוּא אֲבִי אֶשְׁתּוֹן: וְאֶשְׁתּוֹן הוֹלִיד אֶת־בֵּית רָפָא וְאֶת־פָּסֵחַ וְאֶת־ 12
תְּחִנָּה אֲבִי עִיר נָחָשׁ אֵלֶּה אַנְשֵׁי רֵכָה: וּבְנֵי קְנַז עָתְנִיאֵל 13
וּשְׂרָיָה וּבְנֵי עָתְנִיאֵל חֲתַת: וּמְעוֹנֹתַי הוֹלִיד אֶת־עָפְרָה וּשְׂרָיָה 14
הוֹלִיד אֶת־יוֹאָב אֲבִי גֵּיא חֲרָשִׁים כִּי חֲרָשִׁים הָיוּ:
וּבְנֵי כָּלֵב בֶּן־יְפֻנֶּה עִירוּ אֵלָה וָנָעַם וּבְנֵי אֵלָה וּקְנַז: וּבְנֵי יְהַלֶּלְאֵל 15 16
זִיף וְזִיפָה תִּירְיָא וַאֲשַׂרְאֵל: וּבֶן־עֶזְרָה יֶתֶר וּמֶרֶד וְעֵפֶר וְיָלוֹן וַתַּהַר 17
אֶת־מִרְיָם וְאֶת־שַׁמַּי וְאֶת־יִשְׁבָּח אֲבִי אֶשְׁתְּמֹעַ: וְאִשְׁתּוֹ הַיְהֻדִיָּה 18
יָלְדָה אֶת־יֶרֶד אֲבִי גְדוֹר וְאֶת־חֶבֶר אֲבִי שׂוֹכוֹ וְאֶת־יְקוּתִיאֵל אֲבִי
זָנוֹחַ וְאֵלֶּה בְּנֵי בִּתְיָה בַת־פַּרְעֹה אֲשֶׁר לָקַח מָרֶד: וּבְנֵי 19

19 And the sons of *his* wife Hodiah the sister of Naham, the father of Keilah the Garmite, and Eshtemoa the Maachathite.

20 And the sons of Shimon *were,* Amnon, and Rinnah, Ben-hanan, and Tilon. And the sons of Ishi *were,* Zoheth, and Ben-zoheth.

21 ¶ The sons of Shelah the son of Judah *were,* Er the father of Lecah, and Laadah the father of Mareshah, and the families of the house of them that wrought fine linen, of the house of Ashbea,

22 And Jokim, and the men of Chozeba, and Joash, and Saraph, who had the dominion in Moab, and Jashubi-lehem. And *these are* ancient things.

23 These *were* the potters, and those that dwelt among plants and hedges: there they dwelt with the king for his work.

24 ¶ The sons of Simeon *were,* Nemuel, and Jamin, Jarib, Zerah, *and* Shaul:

25 Shallum his son, Mibsam his son, Mishma his son.

26 And the sons of Mishma; Hamuel his son, Zacchur his son, Shimei his son.

27 And Shimei had sixteen sons and six daughters; but his brethren had not many children, neither did all their family multiply, like to the children of Judah.

28 And they dwelt at Beer-sheba, and Moladah, and Hazar-shual,

29 And at Bilhah, and at Ezem, and at Tolad,

30 And at Bethuel, and at Hormah, and at Ziklag,

31 And at Beth-marcaboth, and Hazar-susim, and at Beth-birei, and at Shaaraim. These *were* their cities unto the reign of David.

32 And their villages *were,* Etam, and Ain, Rimmon, and Tochen, and Ashan, five cities:

33 And all their villages that *were* round about the same cities, unto Baal. These *were* their habitations, and their genealogy.

34 And Meshobab, and Jamlech, and Joshah the son of Amaziah,

35 And Joel, and Jehu the son of Josibiah, the son of Seraiah, the son of Asiel,

36 And Elioenai, and Jaakobah, and Jeshohaiah, and Asaiah, and Adiel, and Jesimiel, and Benaiah,

37 And Ziza the son of Shiphi, the son of Allon, the son of Jedaiah, the son of Shimri, the son of Shemaiah;

38 These mentioned by *their* names *were* princes in their families: and the house of their fathers increased greatly.

39 ¶ And they went to the entrance of Gedor, *even* unto the east side of the valley, to seek pasture for their flocks.

40 And they found fat pasture and good, and the land *was* wide, and quiet, and peaceable; for *they* of Ham had dwelt there of old.

41 And these written by name came in the days of Hezekiah king of Judah, and smote their tents, and the habitations that were found there, and destroyed them utterly unto this day, and dwelt in their rooms: because *there was* pasture there for their flocks.

42 And *some* of them, *even* of the sons of Simeon, five hundred men, went to mount Seir, having for their captains Pelatiah, and Neariah, and Rephaiah, and Uzziel, the sons of Ishi.

43 And they smote the rest of the Amalekites that were escaped, and dwelt there unto this day.

CHAPTER 5

1 Now the sons of Reuben the firstborn of Israel, (for he *was* the firstborn; but, forasmuch as he defiled his father's bed, his birthright was given unto the sons of Joseph the son of Israel: and the genealogy is not to be reckoned after the birthright.

2 For Judah prevailed above his brethren, and of him *came* the chief ruler; but the birthright *was* Joseph's:)

3 The sons, *I say,* of Reuben the firstborn of Israel *were,* Hanoch, and Pallu, Hezron, and Carmi.

4 The sons of Joel; Shemaiah his son, Gog his son, Shimei his son,

5 Micah his son, Reaia his son, Baal his son,

6 Beerah his son, whom Tilgath-pilneser king of Assyria carried away *captive:* he *was* prince of the Reubenites.

אֵשֶׁת הוֹדִיָּה אֲחוֹת נַחַם אֲבִי קְעִילָה הַגַּרְמִי וְאֶשְׁתְּמֹעַ הַמַּעֲכָתִי:

וּבְנֵי שִׁימוֹן אַמְנוֹן וְרִנָּה בֶּן־חָנָן וְתוֹלוֹן וּבְנֵי יִשְׁעִי זוֹחֵת וּבֶן־זוֹחֵת: וְתִילוֹן   20

בְּנֵי שֵׁלָה בֶן־יְהוּדָה עֵר אֲבִי לֵכָה וְלַעְדָּה אֲבִי מָרֵשָׁה וּמִשְׁפְּחוֹת   21

בֵּית־עֲבֹדַת הַבֻּץ לְבֵית אַשְׁבֵּעַ: וְיוֹקִים וְאַנְשֵׁי כֹזֵבָא וְיוֹאָשׁ וְשָׂרָף   22

אֲשֶׁר־בָּעֲלוּ לְמוֹאָב וְיָשֻׁבִי לָחֶם וְהַדְּבָרִים עַתִּיקִים: הֵמָּה הַיּוֹצְרִים   23

וְיֹשְׁבֵי נְטָעִים וּגְדֵרָה עִם־הַמֶּלֶךְ בִּמְלַאכְתּוֹ יָשְׁבוּ שָׁם: בְּנֵי   24

שִׁמְעוֹן נְמוּאֵל וְיָמִין יָרִיב זֶרַח שָׁאוּל: שַׁלֻּם בְּנוֹ מִבְשָׂם בְּנוֹ מִשְׁמָע   25

בְּנוֹ: וּבְנֵי מִשְׁמָע חַמּוּאֵל בְּנוֹ זַכּוּר בְּנוֹ שִׁמְעִי בְּנוֹ: וּלְשִׁמְעִי בָּנִים   26 27

שִׁשָּׁה עָשָׂר וּבָנוֹת שֵׁשׁ וּלְאֶחָיו אֵין בָּנִים רַבִּים וְכֹל מִשְׁפַּחְתָּם

לֹא הִרְבּוּ עַד־בְּנֵי יְהוּדָה: וַיֵּשְׁבוּ בִּבְאֵר־שֶׁבַע וּמוֹלָדָה   28

וַחֲצַר שׁוּעָל: וּבְבִלְהָה וּבְעֶצֶם וּבְתוֹלָד: וּבְבְתוּאֵל וּבְחָרְמָה   29 30

וּבְצִיקְלָג: וּבְבֵית מַרְכָּבוֹת וּבַחֲצַר סוּסִים וּבְבֵית בִּרְאִי וּבְשַׁעֲרָיִם   31

אֵלֶּה עָרֵיהֶם עַד־מְלֹךְ דָּוִיד: וְחַצְרֵיהֶם עֵיטָם וָעַיִן רִמּוֹן וְתֹכֶן וְעָשָׁן   32

עָרִים חָמֵשׁ: וְכָל־חַצְרֵיהֶם אֲשֶׁר סְבִיבוֹת הֶעָרִים הָאֵלֶּה עַד־בָּעַל   33

זֹאת מוֹשְׁבֹתָם וְהִתְיַחְשָׂם לָהֶם: וּמְשׁוֹבָב וְיַמְלֵךְ וְיוֹשָׁה בֶּן־אֲמַצְיָה: 34

וְיוֹאֵל וְיֵהוּא בֶּן־יוֹשִׁבְיָה בֶּן־שְׂרָיָה בֶּן־עֲשִׂיאֵל: וְאֶלְיוֹעֵינַי וְיַעֲקֹבָה   35 36

וִישׁוֹחָיָה וַעֲשָׂיָה וַעֲדִיאֵל וִישִׂימִאֵל וּבְנָיָה: וְזִיזָא בֶן־שִׁפְעִי בֶן־אַלּוֹן   37

בֶּן־יְדָיָה בֶן־שִׁמְרִי בֶּן־שְׁמַעְיָה: אֵלֶּה הַבָּאִים בְּשֵׁמוֹת נְשִׂיאִים   38

בְּמִשְׁפְּחוֹתָם וּבֵית אֲבוֹתֵיהֶם פָּרְצוּ לָרוֹב: וַיֵּלְכוּ לִמְבוֹא גְדֹר עַד   39

לְמִזְרַח הַגָּיְא לְבַקֵּשׁ מִרְעֶה לְצֹאנָם: וַיִּמְצְאוּ מִרְעֶה שָׁמֵן וָטוֹב   40

וְהָאָרֶץ רַחֲבַת יָדַיִם וְשֹׁקֶטֶת וּשְׁלֵוָה כִּי מִן־חָם הַיֹּשְׁבִים שָׁם לְפָנִים:

וַיָּבֹאוּ אֵלֶּה הַכְּתוּבִים בְּשֵׁמוֹת בִּימֵי יְחִזְקִיָּהוּ מֶלֶךְ־יְהוּדָה וַיַּכּוּ אֶת־   41

אָהֳלֵיהֶם וְאֶת־הַמְּעִינִים אֲשֶׁר נִמְצְאוּ־שָׁמָּה וַיַּחֲרִימֻם עַד־הַיּוֹם הַזֶּה   הַמְּעוּנִים

וַיֵּשְׁבוּ תַּחְתֵּיהֶם כִּי־מִרְעֶה לְצֹאנָם שָׁם: וּמֵהֶם מִן־בְּנֵי שִׁמְעוֹן הָלְכוּ   42

לְהַר שֵׂעִיר אֲנָשִׁים חֲמֵשׁ מֵאוֹת וּפְלַטְיָה וּנְעַרְיָה וּרְפָיָה וְעֻזִּיאֵל

בְּנֵי יִשְׁעִי בְּרֹאשָׁם: וַיַּכּוּ אֶת־שְׁאֵרִית הַפְּלֵטָה לַעֲמָלֵק וַיֵּשְׁבוּ שָׁם   43

עַד הַיּוֹם הַזֶּה: וּבְנֵי רְאוּבֵן בְּכוֹר־יִשְׂרָאֵל כִּי הוּא הַבְּכוֹר וּבְחַלְּלוֹ   5 1

יְצוּעֵי אָבִיו נִתְּנָה בְּכֹרָתוֹ לִבְנֵי יוֹסֵף בֶּן־יִשְׂרָאֵל וְלֹא לְהִתְיַחֵשׂ לַבְּכֹרָה:

כִּי יְהוּדָה גָּבַר בְּאֶחָיו וּלְנָגִיד מִמֶּנּוּ וְהַבְּכֹרָה לְיוֹסֵף: בְּנֵי   2 3

רְאוּבֵן בְּכוֹר יִשְׂרָאֵל חֲנוֹךְ וּפַלּוּא חֶצְרוֹן וְכַרְמִי: בְּנֵי יוֹאֵל שְׁמַעְיָה   4

בְנוֹ גּוֹג בְּנוֹ שִׁמְעִי בְּנוֹ: מִיכָה בְּנוֹ רְאָיָה בְנוֹ בַּעַל בְּנוֹ: בְּאֵרָה   5 6

בְנוֹ אֲשֶׁר הֶגְלָה תִּלְּגַת פִּלְנְאֶסֶר מֶלֶךְ אַשֻּׁר הוּא נָשִׂיא לָראוּבֵנִי:

וְאֶחָיו לְמִשְׁפְּחֹתָיו בְּהִתְיַחֵשׂ לְתֹלְדוֹתָם הָרֹאשׁ יְעִיאֵל וּזְכַרְיָהוּ:   7

7 And his brethren by their families, when the genealogy of their generations was reckoned, *were* the chief, Jeiel, and Zechariah,

8 And Bela the son of Azaz, the son of Shema, the son of Joel, who dwelt in Aroer, even unto Nebo and Baal-meon:

9 And eastward he inhabited unto the entering in of the wilderness from the river Euphrates: because their cattle were multiplied in the land of Gilead.

10 And in the days of Saul they made war with the Hagarites, who fell by their hand: and they dwelt in their tents throughout all the east *land* of Gilead.

11 ¶ And the children of Gad dwelt over against them, in the land of Bashan unto Salchah:

12 Joel the chief, and Shapham the next, and Jaanai, and Shaphat in Bashan.

13 And their brethren of the house of their fathers *were*, Michael, and Meshullam, and Sheba, and Jorai, and Jachan, and Zia, and Heber, seven.

14 These *are* the children of Abihail the son of Huri, the son of Jaroah, the son of Gilead, the son of Michael, the son of Jeshishai, the son of Jahdo, the son of Buz;

15 Ahi the son of Abdiel, the son of Guni, chief of the house of their fathers.

16 And they dwelt in Gilead in Bashan, and in her towns, and in all the suburbs of Sharon, upon their borders.

17 All these were reckoned by genealogies in the days of Jotham king of Judah, and in the days of Jeroboam king of Israel.

18 ¶ The sons of Reuben, and the Gadites, and half the tribe of Manasseh, of valiant men, men able to bear buckler and sword, and to shoot with bow, and skilful in war, *were* four and forty thousand seven hundred and threescore, that went out to the war.

19 And they made war with the Hagarites, with Jetur, and Nephish, and Nodab.

20 And they were helped against them, and the Hagarites were delivered into their hand, and all that *were* with them: for they cried to God in the battle, and he was intreated of them; because they put their trust in him.

21 And they took away their cattle; of their camels fifty thousand, and of sheep two hundred and fifty thousand, and of asses two thousand, and of men an hundred thousand.

22 For there fell down many slain, because the war *was* of God. And they dwelt in their steads until the captivity.

23 ¶ And the children of the half tribe of Manasseh dwelt in the land: they increased from Bashan unto Baal-hermon and Senir, and unto mount Hermon.

24 And these *were* the heads of the house of their fathers, even Epher, and Ishi, and Eliel, and Azriel, and Jeremiah, and Hodaviah, and Jahdiel, mighty men of valour, famous men, *and* heads of the house of their fathers.

25 ¶ And they transgressed against the God of their fathers, and went a whoring after the gods of the people of the land, whom God destroyed before them.

26 And the God of Israel stirred up the spirit of Pul king of Assyria, and the spirit of Tilgath-pilneser king of Assyria, and he carried them away, even the Reubenites, and the Gadites, and the half tribe of Manasseh, and brought them unto Halah, and Habor, and Hara, and to the river Gozan, unto this day.

CHAPTER 6

1[5:27] The sons of Levi; Gershon, Kohath, and Merari.

2[5:28] And the sons of Kohath; Amram, Izhar, and Hebron, and Uzziel.

3[5:29] And the children of Amram; Aaron, and Moses, and Miriam. The sons also of Aaron; Nadab, and Abihu, Eleazar, and Ithamar.

4[5:30] ¶ Eleazar begat Phinehas, Phinehas begat Abishua,

5[5:31] And Abishua begat Bukki, and Bukki begat Uzzi,

6[5:32] And Uzzi begat Zerahiah, and Zerahiah begat Meraioth,

7[5:33] Meraioth begat Amariah, and Amariah begat Ahitub,

8[5:34] And Ahitub begat Zadok, and Zadok begat Ahimaaz,

8 וּבֶ֫לַע בֶּן־עָזָ֗ז בֶּן־שֶׁ֫מַע בֶּן־יוֹאֵ֖ל ה֑וּא יוֹשֵׁ֣ב בַּעֲרֹעֵ֔ר וְעַד־נְב֖וֹ וּבַ֥עַל

9 מְעֽוֹן׃ וְלַמִּזְרָ֣ח יָשַׁ֗ב עַד־לְב֛וֹא מִדְבָּ֖רָה לְמִן־הַנָּהָ֣ר פְּרָ֑ת כִּ֧י מִקְנֵיהֶ֛ם

10 רַבּ֖וּ בְּאֶ֥רֶץ גִּלְעָֽד׃ וּבִימֵ֣י שָׁא֗וּל עָשׂ֤וּ מִלְחָמָה֙ עִם־הַֽהַגְרִאִ֔ים וַֽיִּפְּל֖וּ בְּיָדָ֑ם וַיֵּשְׁבוּ֙ בְּאָ֣הֳלֵיהֶ֔ם עַֽל־כָּל־פְּנֵ֖י מִזְרָ֥ח לַגִּלְעָֽד׃

11 וּבְנֵי־גָ֣ד לְנֶגְדָּ֗ם יָשְׁב֛וּ בְּאֶ֥רֶץ הַבָּשָׁ֖ן עַד־סַלְכָֽה׃ יוֹאֵ֣ל הָרֹ֔אשׁ וְשָׁפָ֖ם
12 הַמִּשְׁנֶ֑ה וְיַעְנַ֥י וְשָׁפָ֖ט בַּבָּשָֽׁן׃ וַאֲחֵיהֶ֞ם לְבֵ֣ית אֲבוֹתֵיהֶ֗ם מִֽיכָאֵ֣ל
13 וּמְשֻׁלָּ֣ם וְשֶׁ֗בַע וְיוֹרַ֤י וְיַעְכָּן֙ וְזִ֣יעַ וָעֵ֔בֶר שִׁבְעָֽה׃   אֵ֣לֶּה ׀ בְּנֵ֣י

14 אֲבִיחַ֗יִל בֶּן־חוּרִ֡י בֶּן־יָ֠ר֠וֹחַ בֶּן־גִּלְעָ֧ד בֶּן־מִֽיכָאֵ֛ל בֶּן־יְשִׁישַׁ֥י בֶּן־יַחְדּ֖וֹ
15 בֶּן־בּֽוּז׃ אֲחִי֙ בֶּן־עַבְדִּיאֵ֣ל בֶּן־גּוּנִ֔י רֹ֖אשׁ לְבֵ֥ית אֲבוֹתָֽם׃ וַיֵּשְׁב֣וּ בַגִּלְעָ֔ד
16 בַּבָּשָׁ֖ן וּבִבְנֹתֶ֑יהָ וּבְכָל־מִגְרְשֵׁ֥י שָׁר֖וֹן עַל־תּוֹצְאוֹתָֽם׃ כֻּלָּם֙ הִתְיַחְשׂ֔וּ
17 בִּימֵ֖י יוֹתָ֣ם מֶֽלֶךְ־יְהוּדָ֑ה וּבִימֵ֖י יָרָבְעָ֥ם מֶֽלֶךְ־יִשְׂרָאֵֽל׃

18 בְּנֵֽי־רְאוּבֵ֨ן וְגָדִ֜י וַחֲצִ֣י שֵֽׁבֶט־מְנַשֶּׁה֮ מִן־בְּנֵי־חַיִל֒ אֲנָשִׁ֡ים נֹשְׂאֵ֣י מָגֵן֩ וְחֶ֨רֶב וְדֹרְכֵ֥י קֶ֙שֶׁת֙ וּלְמוּדֵ֣י מִלְחָמָ֔ה אַרְבָּעִ֧ים וְאַרְבָּעָ֛ה אֶ֖לֶף וּשְׁבַע־
19 מֵא֣וֹת וְשִׁשִּׁ֑ים יֹצְאֵ֖י צָבָֽא׃ וַיַּעֲשׂ֥וּ מִלְחָמָ֖ה עִם־הַֽהַגְרִיאִ֑ים וִיט֥וּר
20 וְנָפִ֖ישׁ וְנוֹדָֽב׃ וַיֵּעָזְר֣וּ עֲלֵיהֶ֔ם וַיִּנָּתְנ֤וּ בְיָדָם֙ הַֽהַגְרִיאִ֔ים וְכֹ֖ל שֶׁעִמָּהֶ֑ם
21 כִּ֠י לֵאלֹהִ֤ים זָעֲקוּ֙ בַּמִּלְחָמָ֔ה וְנַעְתּ֥וֹר לָהֶ֖ם כִּֽי־בָ֥טְחוּ בֽוֹ׃ וַיִּשְׁבּ֣וּ מִקְנֵיהֶ֗ם גְּמַלֵּיהֶ֞ם חֲמִשִּׁ֥ים אֶ֙לֶף֙ וְצֹ֗אן מָאתַ֤יִם וַחֲמִשִּׁים֙ אֶ֔לֶף
22 וַחֲמוֹרִ֖ים אַלְפָּ֑יִם וְנֶ֥פֶשׁ אָדָ֖ם מֵ֥אָה אָֽלֶף׃ כִּֽי־חֲלָלִ֤ים רַבִּים֙ נָפָ֔לוּ כִּ֥י מֵהָאֱלֹהִ֖ים הַמִּלְחָמָ֑ה וַיֵּשְׁב֥וּ תַחְתֵּיהֶ֖ם עַד־הַגֹּלָֽה׃

23 וּבְנֵ֗י חֲצִי֙ שֵׁ֣בֶט מְנַשֶּׁ֔ה יָשְׁב֖וּ בָּאָ֑רֶץ מִבָּשָׁ֞ן עַד־בַּ֧עַל חֶרְמ֛וֹן וּשְׂנִ֖יר
24 וְהַר־חֶרְמ֑וֹן הֵ֖מָּה רָבֽוּ׃ וְאֵ֙לֶּה֙ רָאשֵׁ֣י בֵית־אֲבוֹתָ֔ם וְעֵ֤פֶר וְיִשְׁעִי֙ וֶאֱלִיאֵ֣ל וְעַזְרִיאֵ֗ל וְיִרְמְיָ֧ה וְהֽוֹדַוְיָ֛ה וְיַחְדִּיאֵ֖ל אֲנָשִׁ֑ים גִּבּ֣וֹרֵי חַ֗יִל אַנְשֵׁ֤י
25 שֵׁמוֹת֙ רָאשִׁ֔ים לְבֵ֖ית אֲבוֹתָֽם׃ וַיִּֽמְעֲל֔וּ בֵּאלֹהֵ֖י אֲבוֹתֵיהֶ֑ם וַיִּזְנ֗וּ אַחֲרֵי֙
26 אֱלֹהֵ֣י עַמֵּֽי־הָאָ֔רֶץ אֲשֶׁר־הִשְׁמִ֥יד אֱלֹהִ֖ים מִפְּנֵיהֶֽם׃ וַיָּעַר֩ אֱלֹהֵ֨י יִשְׂרָאֵ֜ל אֶת־ר֣וּחַ ׀ פּ֣וּל מֶֽלֶךְ־אַשּׁ֗וּר וְאֶת־ר֙וּחַ֙ תִּלְּגַ֤ת פִּלְנֶ֙סֶר֙ מֶ֣לֶךְ אַשּׁ֔וּר וַיַּגְלֵם֙ לָראוּבֵנִ֣י וְלַגָּדִ֔י וְלַחֲצִ֖י שֵׁ֣בֶט מְנַשֶּׁ֑ה וַ֠יְבִיאֵם לַחְלַ֨ח וְחָב֤וֹר וְהָרָא֙ וּנְהַ֣ר גּוֹזָ֔ן עַ֖ד הַיּ֥וֹם הַזֶּֽה׃

27 בְּנֵ֖י לֵוִ֑י גֵּרְשׁ֕וֹן קְהָ֖ת וּמְרָרִֽי׃ וּבְנֵ֖י קְהָ֑ת עַמְרָ֣ם יִצְהָ֔ר וְחֶבְר֖וֹן
28 וְעֻזִּיאֵֽל׃   וּבְנֵ֖י עַמְרָ֑ם אַהֲרֹ֥ן וּמֹשֶׁ֖ה וּמִרְיָ֑ם   וּבְנֵ֖י
29 אַהֲרֹ֔ן נָדָ֕ב וַאֲבִיה֖וּא אֶלְעָזָ֥ר וְאִיתָמָֽר׃   אֶלְעָזָ֖ר הוֹלִ֣יד אֶת־
31 פִּֽינְחָ֔ס פִּֽינְחָ֖ס הֹלִ֣יד אֶת־אֲבִישֽׁוּעַ׃ וַאֲבִישׁ֙וּעַ֙ הוֹלִ֣יד אֶת־בֻּקִּ֔י וּבֻקִּ֖י
32 הוֹלִ֥יד אֶת־עֻזִּֽי׃ וְעֻזִּי֙ הוֹלִ֣יד אֶת־זְרַֽחְיָ֔ה וּֽזְרַֽחְיָ֖ה הוֹלִ֥יד אֶת־מְרָיֽוֹת׃
33 מְרָיוֹת֙ הוֹלִ֣יד אֶת־אֲמַרְיָ֔ה וַאֲמַרְיָ֖ה הוֹלִ֥יד אֶת־אֲחִיטֽוּב׃ וַאֲחִיט֗וּב
35 הוֹלִיד֙ אֶת־צָד֔וֹק וְצָד֖וֹק הוֹלִ֣יד אֶת־אֲחִימָֽעַץ׃ וַאֲחִימַ֙עַץ֙ הוֹלִ֣יד אֶת־

9[5:35] And Ahimaaz begat Azariah, and Azariah begat Johanan,

10[5:36] And Johanan begat Azariah, (he *it is* that executed the priest's office in the temple that Solomon built in Jerusalem:)

11[5:37] And Azariah begat Amariah, and Amariah begat Ahitub,

12[5:38] And Ahitub begat Zadok, and Zadok begat Shallum,

13[5:39] And Shallum begat Hilkiah, and Hilkiah begat Azariah,

14[5:40] And Azariah begat Seraiah, and Seraiah begat Jehozadak,

15[5:41] And Jehozadak went *into captivity*, when the LORD carried away Judah and Jerusalem by the hand of Nebuchadnezzar.

16[1] ¶ The sons of Levi; Gershom, Kohath, and Merari.

17[2] And these *be* the names of the sons of Gershom; Libni, and Shimei.

18[3] And the sons of Kohath *were*, Amram, and Izhar, and Hebron, and Uzziel.

19[4] The sons of Merari; Mahli, and Mushi. And these *are* the families of the Levites according to their fathers.

20[5] Of Gershom; Libni his son, Jahath his son, Zimmah his son,

21[6] Joah his son, Iddo his son, Zerah his son, Jeaterai his son.

22[7] The sons of Kohath; Amminadab his son, Korah his son, Assir his son,

23[8] Elkanah his son, and Ebiasaph his son, and Assir his son,

24[9] Tahath his son, Uriel his son, Uzziah his son, and Shaul his son.

25[10] And the sons of Elkanah; Amasai, and Ahimoth.

26[11] *As for* Elkanah: the sons of Elkanah; Zophai his son, and Nahath his son,

27[12] Eliab his son, Jeroham his son, Elkanah his son.

28[13] And the sons of Samuel; the firstborn Vashni, and Abiah.

29[14] The sons of Merari; Mahli, Libni his son, Shimei his son, Uzza his son,

30[15] Shimea his son, Haggiah his son, Asaiah his son.

31[16] And these *are they* whom David set over the service of song in the house of the LORD, after that the ark had rest.

32[17] And they ministered before the dwelling place of the tabernacle of the congregation with singing, until Solomon had built the house of the LORD in Jerusalem: and *then* they waited on their office according to their order.

33[18] And these *are* they that waited with their children. Of the sons of the Kohathites: Heman a singer, the son of Joel, the son of Shemuel,

34[19] The son of Elkanah, the son of Jeroham, the son of Eliel, the son of Toah,

35[20] The son of Zuph, the son of Elkanah, the son of Mahath, the son of Amasai,

36[21] The son of Elkanah, the son of Joel, the son of Azariah, the son of Zephaniah,

37[22] The son of Tahath, the son of Assir, the son of Ebiasaph, the son of Korah,

38[23] The son of Izhar, the son of Kohath, the son of Levi, the son of Israel.

39[24] And his brother Asaph, who stood on his right hand, *even* Asaph the son of Berachiah, the son of Shimea,

40[25] The son of Michael, the son of Baaseiah, the son of Malchiah,

41[26] The son of Ethni, the son of Zerah, the son of Adaiah,

42[27] The son of Ethan, the son of Zimmah, the son of Shimei,

43[28] The son of Jahath, the son of Gershom, the son of Levi.

44[29] And their brethren the sons of Merari *stood* on the left hand: Ethan the son of Kishi, the son of Abdi, the son of Malluch,

45[30] The son of Hashabiah, the son of Amaziah, the son of Hilkiah,

46[31] The son of Amzi, the son of Bani, the son of Shamer,

47[32] The son of Mahli, the son of Mushi, the son of Merari, the son of Levi.

48[33] Their brethren also the Levites *were* appointed unto all manner of service of the tabernacle of the house of God.

49[34] ¶ But Aaron and his sons offered upon the altar of the burnt offering, and on the altar of incense, *and were appointed* for all the work of the *place* most holy, and to make an atonement for Israel, ac-

עֲזַרְיָה וַעֲזַרְיָה הוֹלִיד אֶת־יוֹחָנָן: וְיוֹחָנָן הוֹלִיד אֶת־עֲזַרְיָה הוּא אֲשֶׁר 36

כִּהֵן בַּבַּיִת אֲשֶׁר־בָּנָה שְׁלֹמֹה בִּירוּשָׁלָ͏ִם: וַיּוֹלֶד עֲזַרְיָה אֶת־אֲמַרְיָה 37

וַאֲמַרְיָה הוֹלִיד אֶת־אֲחִיטוּב: וַאֲחִיטוּב הוֹלִיד אֶת־צָדוֹק וְצָדוֹק הוֹלִיד 38

אֶת־שַׁלּוּם: וְשַׁלּוּם הוֹלִיד אֶת־חִלְקִיָּה וְחִלְקִיָּה הוֹלִיד אֶת־עֲזַרְיָה: 39

וַעֲזַרְיָה הוֹלִיד אֶת־שְׂרָיָה וּשְׂרָיָה הוֹלִיד אֶת־יְהוֹצָדָק: וִיהוֹצָדָק הָלַךְ 40
41

בְּהַגְלוֹת יְהוָה אֶת־יְהוּדָה וִירוּשָׁלָ͏ִם בְּיַד נְבֻכַדְנֶאצַּר: 6 1 בְּנֵי

לֵוִי גֵּרְשֹׁם קְהָת וּמְרָרִי: וְאֵלֶּה שְׁמוֹת בְּנֵי־גֵרְשׁוֹם לִבְנִי וְשִׁמְעִי: 2

וּבְנֵי קְהָת עַמְרָם וְיִצְהָר וְחֶבְרוֹן וְעֻזִּיאֵל: בְּנֵי מְרָרִי מַחְלִי וּמֻשִׁי 3
4

וְאֵלֶּה מִשְׁפְּחוֹת הַלֵּוִי לַאֲבוֹתֵיהֶם: לְגֵרְשׁוֹם לִבְנִי בְנוֹ יַחַת בְּנוֹ זִמָּה 5

בְּנוֹ: יוֹאָח בְּנוֹ עִדּוֹ בְנוֹ זֶרַח בְּנוֹ יְאָתְרַי בְּנוֹ: בְּנֵי קְהָת עַמִּינָדָב 6
7

בְּנוֹ קֹרַח בְּנוֹ אַסִּיר בְּנוֹ: אֶלְקָנָה בְנוֹ וְאֶבְיָסָף בְּנוֹ וְאַסִּיר בְּנוֹ: תַּחַת 8
9

בְּנוֹ אוּרִיאֵל בְּנוֹ עֻזִּיָּה בְנוֹ וְשָׁאוּל בְּנוֹ: וּבְנֵי אֶלְקָנָה עֲמָשַׂי וַאֲחִימוֹת: 10

אֶלְקָנָה בְנוֹ אֶלְקָנָה צוֹפַי בְּנוֹ וְנַחַת בְּנוֹ: אֱלִיאָב בְּנוֹ יְרֹחָם בְּנוֹ 11
12

אֶלְקָנָה בְנוֹ: וּבְנֵי שְׁמוּאֵל הַבְּכֹר וַשְׁנִי וַאֲבִיָּה: בְּנֵי מְרָרִי 13
14

מַחְלִי לִבְנִי בְנוֹ שִׁמְעִי בְנוֹ עֻזָּה בְנוֹ: שִׁמְעָא בְנוֹ חַגִּיָּה בְנוֹ עֲשָׂיָה 15

בְּנוֹ:

וְאֵלֶּה אֲשֶׁר הֶעֱמִיד דָּוִיד עַל־יְדֵי־שִׁיר בֵּית יְהוָה מִמְּנוֹחַ הָאָרוֹן: 16

וַיִּהְיוּ מְשָׁרְתִים לִפְנֵי מִשְׁכַּן אֹהֶל־מוֹעֵד בַּשִּׁיר עַד־בְּנוֹת שְׁלֹמֹה אֶת־ 17

בֵּית יְהוָה בִּירוּשָׁלָ͏ִם וַיַּעַמְדוּ כְמִשְׁפָּטָם עַל־עֲבוֹדָתָם: וְאֵלֶּה 18

הָעֹמְדִים וּבְנֵיהֶם מִבְּנֵי הַקְּהָתִי הֵימָן הַמְשׁוֹרֵר בֶּן־יוֹאֵל בֶּן־שְׁמוּאֵל:

בֶּן־אֶלְקָנָה בֶּן־יְרֹחָם בֶּן־אֱלִיאֵל בֶּן־תּוֹחַ: בֶּן־צִיף בֶּן־אֶלְקָנָה בֶּן־מַחַת 19
20

בֶּן־עֲמָשָׂי: בֶּן־אֶלְקָנָה בֶּן־יוֹאֵל בֶּן־עֲזַרְיָה בֶּן־צְפַנְיָה: בֶּן־תַּחַת בֶּן־ 21
22

אַסִּיר בֶּן־אֶבְיָסָף בֶּן־קֹרַח: בֶּן־יִצְהָר בֶּן־קְהָת בֶּן־לֵוִי בֶּן־יִשְׂרָאֵל: 23

וְאָחִיו אָסָף הָעֹמֵד עַל־יְמִינוֹ אָסָף בֶּן־בֶּרֶכְיָהוּ בֶּן־שִׁמְעָא: בֶּן־מִיכָאֵל 24
25

בֶּן־בַּעֲשֵׂיָה בֶּן־מַלְכִּיָּה: בֶּן־אֶתְנִי בֶן־זֶרַח בֶּן־עֲדָיָה: בֶּן־אֵיתָן בֶּן־זִמָּה 26
27

בֶּן־שִׁמְעִי: בֶּן־יַחַת בֶּן־גֵּרְשֹׁם בֶּן־לֵוִי: וּבְנֵי מְרָרִי אֲחֵיהֶם 28
29

עַל־הַשְּׂמֹאול אֵיתָן בֶּן־קִישִׁי בֶּן־עַבְדִּי בֶּן־מַלּוּךְ: בֶּן־חֲשַׁבְיָה בֶּן־ 30

אֲמַצְיָה בֶּן־חִלְקִיָּה: בֶּן־אַמְצִי בֶן־בָּנִי בֶּן־שָׁמֶר: בֶּן־מַחְלִי בֶּן־מוּשִׁי 31
32

בֶּן־מְרָרִי בֶּן־לֵוִי: וַאֲחֵיהֶם הַלְוִיִּם נְתוּנִים לְכָל־עֲבוֹדַת 33

מִשְׁכַּן בֵּית הָאֱלֹהִים: וְאַהֲרֹן וּבָנָיו מַקְטִירִים עַל־מִזְבַּח הָעוֹלָה וְעַל־ 34

מִזְבַּח הַקְּטֹרֶת לְכֹל מְלֶאכֶת קֹדֶשׁ הַקֳּדָשִׁים וּלְכַפֵּר עַל־יִשְׂרָאֵל כְּכֹל

אֲשֶׁר צִוָּה מֹשֶׁה עֶבֶד הָאֱלֹהִים:

בְּנֵי

צוּף

בְּנֵי

cording to all that Moses the servant of God had commanded.

50[35] And these *are* the sons of Aaron; Eleazar his son, Phinehas his son, Abishua his son,

51[36] Bukki his son, Uzzi his son, Zerahiah his son,

52[37] Meraioth his son, Amariah his son, Ahitub his son,

53[38] Zadok his son, Ahimaaz his son.

54[39] ¶ Now these *are* their dwelling places throughout their castles in their coasts, of the sons of Aaron, of the families of the Kohathites: for theirs was the lot.

55[40] And they gave them Hebron in the land of Judah, and the suburbs thereof round about it.

56[41] But the fields of the city, and the villages thereof, they gave to Caleb the son of Jephunneh.

57[42] And to the sons of Aaron they gave the cities of Judah, *namely,* Hebron, *the city* of refuge, and Libnah with her suburbs, and Jattir, and Eshtemoa, with their suburbs,

58[43] And Hilen with her suburbs, Debir with her suburbs,

59[44] And Ashan with her suburbs, and Beth-shemesh with her suburbs:

60[45] And out of the tribe of Benjamin; Geba with her suburbs, and Alemeth with her suburbs, and Anathoth with her suburbs. All their cities throughout their families *were* thirteen cities.

61[46] And unto the sons of Kohath, *which were* left of the family of that tribe, *were* cities given out of the half tribe, *namely, out of* the half *tribe* of Manasseh, by lot, ten cities.

62[47] And to the sons of Gershom throughout their families out of the tribe of Issachar, and out of the tribe of Asher, and out of the tribe of Naphtali, and out of the tribe of Manasseh in Bashan, thirteen cities.

63[48] Unto the sons of Merari *were given* by lot, throughout their families, out of the tribe of Reuben, and out of the tribe of Gad, and out of the tribe of Zebulun, twelve cities.

64[49] And the children of Israel gave to the Levites *these* cities with their suburbs.

65[50] And they gave by lot out of the tribe of the children of Judah, and out of the tribe of the children of Simeon, and out of the tribe of the children of Benjamin, these cities, which are called by *their* names.

66[51] And *the residue* of the families of the sons of Kohath had cities of their coasts out of the tribe of Ephraim.

67[52] And they gave unto them, *of* the cities of refuge, Shechem in mount Ephraim with her suburbs; *they gave* also Gezer with her suburbs,

68[53] And Jokmeam with her suburbs, and Beth-horon with her suburbs,

69[54] And Aijalon with her suburbs, and Gath-rimmon with her suburbs:

70[55] And out of the half tribe of Manasseh; Aner with her suburbs, and Bileam with her suburbs, for the family of the remnant of the sons of Kohath.

71[56] Unto the sons of Gershom *were given* out of the family of the half tribe of Manasseh, Golan in Bashan with her suburbs, and Ashtaroth with her suburbs:

72[57] And out of the tribe of Issachar; Kedesh with her suburbs, Daberath with her suburbs,

73[58] And Ramoth with her suburbs, and Anem with her suburbs:

74[59] And out of the tribe of Asher; Mashal with her suburbs, and Abdon with her suburbs,

75[60] And Hukok with her suburbs, and Rehob with her suburbs:

76[61] And out of the tribe of Naphtali; Kedesh in Galilee with her suburbs, and Hammon with her suburbs, and Kirjathaim with her suburbs.

77[62] Unto the rest of the children of Merari *were given* out of the tribe of Zebulun, Rimmon with her suburbs, Tabor with her suburbs:

78[63] And on the other side Jordan by Jericho, on the east side of Jordan, *were given them* out of the tribe of Reuben,

³⁵ וְאֵ֣לֶּה בְּנֵ֤י אַהֲרֹן֙ אֶלְעָזָ֣ר בְּנ֔וֹ פִּֽינְחָ֥ס בְּנ֖וֹ אֲבִישׁ֥וּעַ בְּנֽוֹ: בֻּקִּ֥י בְנ֖וֹ
³⁶

³⁷ עֻזִּ֥י בְנ֛וֹ זְרַֽחְיָ֖ה בְּנֽוֹ: מְרָי֥וֹת בְּנ֛וֹ אֲמַרְיָ֥ה בְּנ֖וֹ אֲחִיט֥וּב בְּנֽוֹ: צָד֥וֹק
³⁸

³⁹ בְּנ֛וֹ אֲחִימַ֖עַץ בְּנֽוֹ: וְאֵ֙לֶּה֙ מוֹשְׁבוֹתָ֔ם לְטִירוֹתָ֖ם בִּגְבוּלָ֑ם ^{39A}

⁴⁰ לִבְנֵ֤י אַהֲרֹן֙ לְמִשְׁפַּ֣חַת הַקְּהָתִ֔י כִּ֥י לָהֶ֖ם הָיָ֥ה הַגּוֹרָֽל: וַיִּתְּנ֣וּ לָהֶ֗ם

⁴¹ אֶת־חֶבְר֤וֹן בְּאֶ֙רֶץ֙ יְהוּדָ֔ה וְאֶת־מִגְרָשֶׁ֖יהָ סְבִיבֹתֶֽיהָ: וְאֶת־שְׂדֵ֥ה הָעִ֛יר

⁴² וְאֶת־חֲצֵרֶ֑יהָ נָתְנ֖וּ לְכָלֵ֥ב בֶּן־יְפֻנֶּֽה: וְלִבְנֵ֤י אַהֲרֹן֙

נָתְנ֗וּ אֶת־עָרֵי֙ הַמִּקְלָ֔ט אֶת־חֶבְר֥וֹן וְאֶת־לִבְנָ֖ה וְאֶת־מִגְרָשֶׁ֑יהָ וְאֶת־

⁴³ יַתִּ֥ר וְאֶת־אֶשְׁתְּמֹ֖עַ וְאֶת־מִגְרָשֶֽׁיהָ: וְאֶת־חִילֵ֥ז וְאֶת־מִגְרָשֶׁ֖יהָ אֶת־

⁴⁴ דְּבִ֖יר וְאֶת־מִגְרָשֶֽׁיהָ: וְאֶת־עָשָׁ֥ן וְאֶת־מִגְרָשֶׁ֖יהָ וְאֶת־בֵּ֥ית שֶׁ֖מֶשׁ וְאֶת־

⁴⁵ מִגְרָשֶֽׁיהָ: וּמִמַּטֵּ֣ה בִנְיָמִ֗ן אֶת־גֶּ֙בַע֙ וְאֶת־מִגְרָשֶׁ֔יהָ וְאֶת־

עָלֶ֖מֶת וְאֶת־מִגְרָשֶׁ֑יהָ וְאֶת־עֲנָת֖וֹת וְאֶת־מִגְרָשֶׁ֑יהָ כָּל־עָרֵיהֶ֛ם שְׁלֹ֥שׁ

⁴⁶ עֶשְׂרֵ֥ה עִ֖יר בְּמִשְׁפְּחוֹתֵיהֶֽם: וְלִבְנֵ֤י קְהָת֙

הַנּֽוֹתָרִ֗ים מִמִּשְׁפַּ֣חַת הַמַּטֶּ֡ה מִֽמַּחֲצִ֣ית מַטֵּה֩ חֲצִ֨י מְנַשֶּׁ֤ה בַגּוֹרָל֙ עָרִ֖ים

⁴⁷ עָֽשֶׂר: וְלִבְנֵ֣י גֵרְשׁ֗וֹם לְמִשְׁפְּחוֹתָ֛ם מִמַּטֵּ֥ה יִשָּׂשכָ֖ר

וּמִמַּטֵּ֣ה אָשֵׁ֗ר וּמִמַּטֵּ֤ה נַפְתָּלִי֙ וּמִמַּטֵּ֤ה מְנַשֶּׁה֙ בַּבָּשָׁ֔ן עָרִ֖ים שְׁלֹ֥שׁ

⁴⁸ עֶשְׂרֵֽה: לִבְנֵ֤י מְרָרִי֙ לְמִשְׁפְּחוֹתָ֔ם מִמַּטֵּ֤ה רְאוּבֵן֙ וּמִמַּטֵּה־

⁴⁹ גָד֙ וּמִמַּטֵּ֣ה זְבֻל֔וּן בַּגּוֹרָ֖ל עָרִ֖ים שְׁתֵּ֥ים עֶשְׂרֵֽה: וַיִּתְּנ֥וּ בְנֵֽי־יִשְׂרָאֵ֖ל

⁵⁰ לַלְוִיִּ֔ם אֶת־הֶֽעָרִ֖ים וְאֶת־מִגְרְשֵׁיהֶֽם: וַיִּתְּנ֣וּ בַגּוֹרָ֗ל מִמַּטֵּ֤ה בְנֵֽי־יְהוּדָה֙

וּמִמַּטֵּ֣ה בְנֵֽי־שִׁמְע֗וֹן וּמִמַּטֵּה֙ בְּנֵ֣י בִנְיָמִ֔ן אֵ֚ת הֶעָרִ֣ים הָאֵ֔לֶּה אֲשֶׁר־

⁵¹ יִקְרְא֥וּ אֶתְהֶ֖ם בְּשֵׁמֽוֹת: וּמִמִּשְׁפְּח֖וֹת בְּנֵ֣י קְהָ֑ת וַיְהִי֙ עָרֵ֣י

⁵² גְבוּלָ֔ם מִמַּטֵּ֖ה אֶפְרָֽיִם: וַיִּתְּנ֨וּ לָהֶ֜ם אֶת־עָרֵ֤י הַמִּקְלָט֙ אֶת־שְׁכֶ֔ם וְאֶת־

⁵³ מִגְרָשֶׁ֖יהָ בְּהַ֣ר אֶפְרָ֑יִם וְאֶת־גֶּ֥זֶר וְאֶת־מִגְרָשֶֽׁיהָ: וְאֶת־יָקְמְעָ֖ם וְאֶת־

⁵⁴ מִגְרָשֶׁ֖יהָ וְאֶת־בֵּ֥ית חוֹר֖וֹן וְאֶת־מִגְרָשֶֽׁיהָ: וְאֶת־אַיָּלוֹן֙ וְאֶת־מִגְרָשֶׁ֔יהָ

וְאֶת־גַּת־רִמּ֖וֹן וְאֶת־מִגְרָשֶֽׁיהָ:

⁵⁵ וּמִֽמַּחֲצִית֩ מַטֵּ֨ה מְנַשֶּׁ֜ה אֶת־עָנֵ֣ר וְאֶת־מִגְרָשֶׁ֗יהָ וְאֶת־בִּלְעָ֖ם וְאֶת־

מִגְרָשֶׁ֑יהָ לְמִשְׁפַּ֥חַת לִבְנֵֽי־קְהָ֖ת הַנּוֹתָרִֽים:

⁵⁶ לִבְנֵי֙ גֵרְשׁ֔וֹם מִמִּשְׁפַּ֗חַת חֲצִ֤י מַטֵּ֣ה מְנַשֶּׁ֔ה אֶת־גּוֹלָ֥ן בַּבָּשָׁ֖ן וְאֶת־

⁵⁷ מִגְרָשֶׁ֖יהָ וְאֶת־עַשְׁתָּר֖וֹת וְאֶת־מִגְרָשֶֽׁיהָ: וּמִמַּטֵּ֣ה יִשָּׂשכָ֗ר

⁵⁸ אֶת־קֶ֙דֶשׁ֙ וְאֶת־מִגְרָשֶׁ֔יהָ אֶת־דָּבְרַ֖ת וְאֶת־מִגְרָשֶֽׁיהָ: וְאֶת־רָאמ֖וֹת

⁵⁹ וְאֶת־מִגְרָשֶׁ֖יהָ וְאֶת־עָנֵ֖ם וְאֶת־מִגְרָשֶֽׁיהָ: וּמִמַּטֵּ֣ה אָשֵׁ֗ר

⁶⁰ אֶת־מָשָׁל֙ וְאֶת־מִגְרָשֶׁ֔יהָ וְאֶת־עַבְד֖וֹן וְאֶת־מִגְרָשֶֽׁיהָ: וְאֶת־חוּקֹק֙

⁶¹ וְאֶת־מִגְרָשֶׁ֔יהָ וְאֶת־רְחֹ֖ב וְאֶת־מִגְרָשֶֽׁיהָ: וּמִמַּטֵּ֣ה נַפְתָּלִ֗י אֶת־קֶ֤דֶשׁ

בַּגָּלִיל֙ וְאֶת־מִגְרָשֶׁ֔יהָ וְאֶת־חַמּ֖וֹן וְאֶת־מִגְרָשֶׁ֑יהָ וְאֶת־קִרְיָתַ֖יִם וְאֶת־

⁶² מִגְרָשֶֽׁיהָ: לִבְנֵ֤י מְרָרִי֙ הַנּ֣וֹתָרִ֔ים מִמַּטֵּ֣ה זְבֻל֔וּן אֶת־רִמּוֹנוֹ֙

⁶³ וְאֶת־מִגְרָשֶׁ֔יהָ אֶת־תָּב֖וֹר וְאֶת־מִגְרָשֶֽׁיהָ: וּמֵעֵ֨בֶר לְיַרְדֵּ֤ן יְרֵחוֹ֙ לְמִזְרַ֣ח

Bezer in the wilderness with her suburbs, and Jahzah with her suburbs,

79[64] Kedemoth also with her suburbs, and Mephaath with her suburbs:

80[65] And out of the tribe of Gad; Ramoth in Gilead with her suburbs, and Mahanaim with her suburbs,

81[66] And Heshbon with her suburbs, and Jazer with her suburbs.

CHAPTER 7

1 Now the sons of Issachar *were*, Tola, and Puah, Jashub, and Shimron, four.

2 And the sons of Tola; Uzzi, and Rephaiah, and Jeriel, and Jahmai, and Jibsam, and Shemuel, heads of their father's house, *to wit*, of Tola: *they were* valiant men of might in their generations; whose number *was* in the days of David two and twenty thousand and six hundred.

3 And the sons of Uzzi; Izrahiah: and the sons of Izrahiah; Michael, and Obadiah, and Joel, Ishiah, five: all of them chief men.

4 And with them, by their generations, after the house of their fathers, *were* bands of soldiers for war, six and thirty thousand *men:* for they had many wives and sons.

5 And their brethren among all the families of Issachar *were* valiant men of might, reckoned in all by their genealogies fourscore and seven thousand.

6 ¶ *The sons* of Benjamin; Bela, and Becher, and Jediael, three.

7 And the sons of Bela; Ezbon, and Uzzi, and Uzziel, and Jerimoth, and Iri, five; heads of the house of *their* fathers, mighty men of valour; and were reckoned by their genealogies twenty and two thousand and thirty and four.

8 And the sons of Becher; Zemira, and Joash, and Eliezer, and Elioenai, and Omri, and Jerimoth, and Abiah, and Anathoth, and Alameth. All these *are* the sons of Becher.

9 And the number of them, after their genealogy by their generations, heads of the house of their fathers, mighty men of valour, *was* twenty thousand and two hundred.

10 The sons also of Jediael; Bilhan: and the sons of Bilhan; Jeush, and Benjamin, and Ehud, and Chenaanah, and Zethan, and Tharshish, and Ahishahar.

11 All these the sons of Jediael, by the heads of their fathers, mighty men of valour, *were* seventeen thousand and two hundred *soldiers*, fit to go out for war *and* battle.

12 Shuppim also, and Huppim, the children of Ir, *and* Hushim, the sons of Aher.

13 ¶ The sons of Naphtali; Jahziel, and Guni, and Jezer, and Shallum, the sons of Bilhah.

14 ¶ The sons of Manasseh; Ashriel, whom she bare: (*but* his concubine the Aramitess bare Machir the father of Gilead:

15 And Machir took to wife *the sister* of Huppim and Shuppim, whose sister's name *was* Maachah;) and the name of the second *was* Zelophehad: and Zelophehad had daughters.

16 And Maachah the wife of Machir bare a son, and she called his name Peresh; and the name of his brother *was* Sheresh; and his sons *were* Ulam and Rakem.

17 And the sons of Ulam; Bedan. These *were* the sons of Gilead, the son of Machir, the son of Manasseh.

18 And his sister Hammoleketh bare Ishod, and Abiezer, and Mahalah.

19 And the sons of Shemida were, Ahian, and Shechem, and Likhi, and Aniam.

20 ¶ And the sons of Ephraim; Shuthelah, and Bered his son, and Tahath his son, and Eladah his son, and Tahath his son,

21 ¶ And Zabad his son, and Shuthelah his son, and Ezer, and Elead, whom the men of Gath *that were* born in *that* land slew, because they came down to take away their cattle.

22 And Ephraim their father mourned many days, and his brethren came to comfort him.

23 ¶ And when he went in to his wife, she conceived, and bare a son, and he called his name Beriah, because it went evil with his house.

24 (And his daughter *was* Sherah, who

הַיַּרְדֵּן מִמַּטֵּה רְאוּבֵן אֶת־בֶּצֶר בַּמִּדְבָּר וְאֶת־מִגְרָשֶׁיהָ וְאֶת־יַהְצָה

64 וְאֶת־מִגְרָשֶׁיהָ: וְאֶת־קְדֵמוֹת וְאֶת־מִגְרָשֶׁיהָ וְאֶת־מֵיפַעַת וְאֶת־

65 מִגְרָשֶׁיהָ: וּמִמַּטֵּה־גָד אֶת־רָאמוֹת בַּגִּלְעָד וְאֶת־מִגְרָשֶׁיהָ וְאֶת־

66 מַחֲנַיִם וְאֶת־מִגְרָשֶׁיהָ: וְאֶת־חֶשְׁבּוֹן וְאֶת־מִגְרָשֶׁיהָ וְאֶת־יַעְזֵיר וְאֶת־

7 1 מִגְרָשֶׁיהָ:   וְלִבְנֵי יִשָּׂשכָר תּוֹלָע וּפוּאָה יָשִׁיב וְשִׁמְרוֹן   יָשׁוּב

2 אַרְבָּעָה: וּבְנֵי תוֹלָע עֻזִּי וּרְפָיָה

וִירִיאֵל וְיַחְמַי וְיִבְשָׂם וּשְׁמוּאֵל רָאשִׁים לְבֵית־אֲבוֹתָם לְתוֹלָע גִּבּוֹרֵי

חַיִל לְתֹלְדוֹתָם מִסְפָּרָם בִּימֵי דָוִיד עֶשְׂרִים־וּשְׁנַיִם אֶלֶף וְשֵׁשׁ

3 מֵאוֹת: וּבְנֵי עֻזִּי יִזְרַחְיָה וּבְנֵי יִזְרַחְיָה מִיכָאֵל וְעֹבַדְיָה

4 וְיוֹאֵל יִשִּׁיָּה חֲמִשָּׁה רָאשִׁים כֻּלָּם: וַעֲלֵיהֶם לְתֹלְדוֹתָם לְבֵית אֲבוֹתָם

גְּדוּדֵי צְבָא מִלְחָמָה שְׁלֹשִׁים וְשִׁשָּׁה אָלֶף כִּי־הִרְבּוּ נָשִׁים וּבָנִים:

5 וַאֲחֵיהֶם לְכֹל מִשְׁפְּחוֹת יִשָּׂשכָר גִּבּוֹרֵי חֲיָלִים שְׁמוֹנִים וְשִׁבְעָה אֶלֶף

הִתְיַחְשָׂם לַכֹּל:

6 בִּנְיָמִן בֶּלַע וָבֶכֶר וִידִיעֲאֵל שְׁלֹשָׁה: וּבְנֵי בֶלַע אֶצְבּוֹן וְעֻזִּי וְעֻזִּיאֵל
7

וִירִימוֹת וְעִירִי חֲמִשָּׁה רָאשֵׁי בֵּית אָבוֹת גִּבּוֹרֵי חֲיָלִים וְהִתְיַחְשָׂם

8 עֶשְׂרִים וּשְׁנַיִם אֶלֶף וּשְׁלֹשִׁים וְאַרְבָּעָה: וּבְנֵי בֶכֶר זְמִירָה

וְיוֹעָשׁ וֶאֱלִיעֶזֶר וְאֶלְיוֹעֵינַי וְעָמְרִי וִירֵמוֹת וַאֲבִיָּה וַעֲנָתוֹת וָעָלָמֶת

9 כָּל־אֵלֶּה בְּנֵי־בָכֶר: וְהִתְיַחְשָׂם לְתֹלְדוֹתָם רָאשֵׁי בֵּית אֲבוֹתָם גִּבּוֹרֵי

10 חָיִל עֶשְׂרִים אֶלֶף וּמָאתָיִם: וּבְנֵי יְדִיעֲאֵל בִּלְהָן וּבְנֵי

11 בִלְהָן יעוש יְעִישׁ וּבִנְיָמִן וְאֵהוּד וּכְנַעֲנָה וְזֵיתָן וְתַרְשִׁישׁ וַאֲחִישָׁחַר: כָּל־

אֵלֶּה בְּנֵי יְדִיעֲאֵל לְרָאשֵׁי הָאָבוֹת גִּבּוֹרֵי חֲיָלִים שִׁבְעָה־עָשָׂר אֶלֶף

12 וּמָאתַיִם יֹצְאֵי צָבָא לַמִּלְחָמָה: וְשֻׁפִּם וְחֻפִּם בְּנֵי עִיר חֻשִׁם בְּנֵי

13 אַחֵר: בְּנֵי נַפְתָּלִי יַחֲצִיאֵל וְגוּנִי וְיֵצֶר וְשַׁלּוּם בְּנֵי בִלְהָה:

14 בְּנֵי מְנַשֶּׁה אַשְׂרִיאֵל אֲשֶׁר יָלָדָה פִּילַגְשׁוֹ הָאֲרַמִּיָּה יָלְדָה אֶת־מָכִיר

15 אֲבִי גִלְעָד: וּמָכִיר לָקַח אִשָּׁה לְחֻפִּים וּלְשֻׁפִּים וְשֵׁם אֲחֹתוֹ מַעֲכָה

16 וְשֵׁם הַשֵּׁנִי צְלָפְחָד וַתִּהְיֶינָה לִצְלָפְחָד בָּנוֹת: וַתֵּלֶד מַעֲכָה אֵשֶׁת־

מָכִיר בֵּן וַתִּקְרָא שְׁמוֹ פֶּרֶשׁ וְשֵׁם אָחִיו שָׁרֶשׁ וּבָנָיו אוּלָם וָרָקֶם:

17 וּבְנֵי אוּלָם בְּדָן אֵלֶּה בְּנֵי גִלְעָד בֶּן־מָכִיר בֶּן־מְנַשֶּׁה: וַאֲחֹתוֹ הַמֹּלֶכֶת
18

19 יָלְדָה אֶת־אִישְׁהוֹד וְאֶת־אֲבִיעֶזֶר וְאֶת־מַחְלָה: וַיִּהְיוּ בְּנֵי שְׁמִידָע

אַחְיָן וָשֶׁכֶם וְלִקְחִי וַאֲנִיעָם:

20 וּבְנֵי אֶפְרַיִם שׁוּתָלַח וּבֶרֶד בְּנוֹ וְתַחַת בְּנוֹ וְאֶלְעָדָה בְנוֹ וְתַחַת בְּנוֹ:

21 וְזָבָד בְּנוֹ וְשׁוּתֶלַח בְּנוֹ וְעֵזֶר וְאֶלְעָד וַהֲרָגוּם אַנְשֵׁי־גַת הַנּוֹלָדִים

22 בָּאָרֶץ כִּי יָרְדוּ לָקַחַת אֶת־מִקְנֵיהֶם: וַיִּתְאַבֵּל אֶפְרַיִם אֲבִיהֶם יָמִים

23 רַבִּים וַיָּבֹאוּ אֶחָיו לְנַחֲמוֹ: וַיָּבֹא אֶל־אִשְׁתּוֹ וַתַּהַר וַתֵּלֶד בֵּן וַיִּקְרָא

24 אֶת־שְׁמוֹ בְּרִיעָה כִּי בְרָעָה הָיְתָה בְּבֵיתוֹ: וּבִתּוֹ שֶׁאֱרָה וַתִּבֶן אֶת־

built Beth-horon the nether, and the upper, and Uzzen-sherah.)

25 And Rephah *was* his son, also Resheph, and Telah his son, and Tahan his son,

26 Laadan his son, Ammihud his son, Elishama his son,

27 Non his son, Jehoshua his son.

28 ¶ And their possessions and habitations *were*, Beth-el and the towns thereof, and eastward Naaran, and westward Gezer, with the towns thereof; Shechem also and the towns thereof, unto Gaza and the towns thereof:

29 And by the borders of the children of Manasseh, Beth-shean and her towns, Taanach and her towns, Megiddo and her towns, Dor and her towns. In these dwelt the children of Joseph the son of Israel.

30 ¶ The sons of Asher; Imnah, and Isuah, and Ishuai, and Beriah, and Serah their sister.

31 And the sons of Beriah; Heber, and Malchiel, who *is* the father of Birzavith.

32 And Heber begat Japhlet, and Shomer, and Hotham, and Shua their sister.

33 And the sons of Japhlet; Pasach, and Bimhal, and Ashvath. These *are* the children of Japhlet.

34 And the sons of Shamer; Ahi, and Rohgah, Jehubbah, and Aram.

35 And the sons of his brother Helem; Zophah, and Imna, and Shelesh, and Amal.

36 The sons of Zophah; Suah, and Harnepher, and Shual, and Beri, and Imrah,

37 Bezer, and Hod, and Shamma, and Shilshah, and Ithran, and Beera.

38 And the sons of Jether; Jephunneh, and Pispah, and Ara.

39 And the sons of Ulla; Arah, and Haniel, and Rezia.

40 All these *were* the children of Asher, heads of *their* father's house, choice *and* mighty men of valour, chief of the princes. And the number throughout the genealogy of them that were apt to the war *and* to battle *was* twenty and six thousand men.

CHAPTER 8

1 Now Benjamin begat Bela his firstborn, Ashbel the second, and Aharah the third,

2 Nohah the fourth, and Rapha the fifth.

3 And the sons of Bela were, Addar, and Gera, and Abihud,

4 And Abishua, and Naaman, and Ahoah,

5 And Gera, and Shephuphan, and Huram.

6 And these *are* the sons of Ehud: these are the heads of the fathers of the inhabitants of Geba, and they removed them to Manahath:

7 And Naaman, and Ahiah, and Gera, he removed them, and begat Uzza, and Ahihud.

8 And Shaharaim begat *children* in the country of Moab, after he had sent them away; Hushim and Baara *were* his wives.

9 And he begat of Hodesh his wife, Jobab, and Zibia, and Mesha, and Malcham,

10 And Jeuz, and Shachia, and Mirma. These *were* his sons, heads of the fathers.

11 And of Hushim he begat Abitub, and Elpaal.

12 The sons of Elpaal; Eber, and Misham, and Shamed, who built Ono, and Lod, with the towns thereof:

13 Beriah also, and Shema, who *were* heads of the fathers of the inhabitants of Aijalon, who drove away the inhabitants of Gath:

14 And Ahio, Shashak, and Jeremoth,

15 And Zebadiah, and Arad, and Ader,

16 And Michael, and Ispah, and Joha, the sons of Beriah;

17 And Zebadiah, and Meshullam, and Hezeki, and Heber,

18 Ishmerai also, and Jezliah, and Jobab, the sons of Elpaal;

19 And Jakim, and Zichri, and Zabdi,

20 And Elienai, and Zilthai, and Eliel,

21 And Adaiah, and Beraiah, and Shimrath, the sons of Shimhi;

22 And Ishpan, and Heber, and Eliel,

23 And Abdon, and Zichri, and Hanan,

24 And Hananiah, and Elam, and Antothijah,

בֵּית־חוֹרוֹן הַתַּחְתּוֹן וְאֶת־הָעֶלְיוֹן וְאֵת אֻזֵּן שֶׁאֱרָה: וְרֶפַח בְּנוֹ וְרֶשֶׁף 25
וְתֶלַח בְּנוֹ וְתַחַן בְּנוֹ: לַעְדָּן בְּנוֹ עַמִּיהוּד בְּנוֹ אֱלִישָׁמָע בְּנוֹ: נוֹן 26
27
בְּנוֹ יְהוֹשֻׁעַ בְּנוֹ: וַאֲחֻזָּתָם וּמֹשְׁבוֹתָם בֵּית־אֵל וּבְנֹתֶיהָ וְלַמִּזְרָח נַעֲרָן 28
וְלַמַּעֲרָב גֶּזֶר וּבְנֹתֶיהָ וּשְׁכֶם וּבְנֹתֶיהָ עַד־עַיָּה וּבְנֹתֶיהָ: וְעַל־יְדֵי בְנֵי־ 29
מְנַשֶּׁה בֵּית־שְׁאָן וּבְנֹתֶיהָ תַּעְנַךְ וּבְנֹתֶיהָ מְגִדּוֹ וּבְנוֹתֶיהָ דּוֹר וּבְנוֹתֶיהָ
בְּאֵלֶּה יָשְׁבוּ בְּנֵי יוֹסֵף בֶּן־יִשְׂרָאֵל:
בְּנֵי אָשֵׁר יִמְנָה וְיִשְׁוָה וְיִשְׁוִי וּבְרִיעָה וְשֶׂרַח אֲחוֹתָם: וּבְנֵי בְרִיעָה 30
31
חֶבֶר וּמַלְכִּיאֵל הוּא אֲבִי בִרְזָוִת: וְחֶבֶר הוֹלִיד אֶת־יַפְלֵט וְאֶת־שׁוֹמֵר 32 **בִּרְזָוִת**
וְאֶת־חוֹתָם וְאֵת שׁוּעָא אֲחוֹתָם: וּבְנֵי יַפְלֵט פָּסַךְ וּבִמְהָל וְעַשְׂוָת 33
אֵלֶּה בְּנֵי יַפְלֵט: וּבְנֵי שָׁמֶר אֲחִי וְרוֹהְגָּה יַחְבָּה וַאֲרָם: וּבֶן־הֵלֶם 34 **וְרָהְגָּה וְחֻבָּה**
35
אָחִיו צוֹפַח וְיִמְנָע וְשֵׁלֶשׁ וְעָמָל: בְּנֵי צוֹפַח סוּחַ וְחַרְנֶפֶר וְשׁוּעָל 36
וּבֵרִי וְיִמְרָה: בֶּצֶר וָהוֹד וְשַׁמָּא וְשִׁלְשָׁה וְיִתְרָן וּבְאֵרָא: וּבְנֵי יֶתֶר 37
38
יְפֻנֶּה וּפִסְפָּה וַאֲרָא: וּבְנֵי עֻלָּא אָרַח וְחַנִּיאֵל וְרִצְיָא: כָּל־אֵלֶּה בְנֵי־ 39
40
אָשֵׁר רָאשֵׁי בֵית־הָאָבוֹת בְּרוּרִים גִּבּוֹרֵי חֲיָלִים רָאשֵׁי הַנְּשִׂיאִים
וְהִתְיַחְשָׂם בַּצָּבָא בַּמִּלְחָמָה מִסְפָּרָם אֲנָשִׁים עֶשְׂרִים וְשִׁשָּׁה
אָלֶף: וּבִנְיָמִן הוֹלִיד אֶת־בֶּלַע בְּכֹרוֹ אַשְׁבֵּל הַשֵּׁנִי וְאַחְרַח 8 1
הַשְּׁלִישִׁי: נוֹחָה הָרְבִיעִי וְרָפָא הַחֲמִישִׁי: וַיִּהְיוּ בָנִים 2
3
לְבֶלַע אַדָּר וְגֵרָא וַאֲבִיהוּד: וַאֲבִישׁוּעַ וְנַעֲמָן וַאֲחוֹחַ: וְגֵרָא וּשְׁפוּפָן 4
5
וְחוּרָם: וְאֵלֶּה בְּנֵי אֵחוּד אֵלֶּה הֵם רָאשֵׁי אָבוֹת לְיוֹשְׁבֵי גֶבַע וַיַּגְלוּם 6
אֶל־מָנָחַת: וְנַעֲמָן וַאֲחִיָּה וְגֵרָא הוּא הֶגְלָם וְהוֹלִיד אֶת־עֻזָּא וְאֶת־ 7
אֲחִיחֻד: וְשַׁחֲרַיִם הוֹלִיד בִּשְׂדֵה מוֹאָב מִן־שִׁלְחוֹ אֹתָם חוּשִׁים וְאֶת־ 8
בַּעֲרָא נָשָׁיו: וַיּוֹלֶד מִן־חֹדֶשׁ אִשְׁתּוֹ אֶת־יוֹבָב וְאֶת־צִבְיָא וְאֶת־ 9
מֵישָׁא וְאֶת־מַלְכָּם: וְאֶת־יְעוּץ וְאֶת־שָׂכְיָה וְאֶת־מִרְמָה אֵלֶּה בָנָיו 10
רָאשֵׁי אָבוֹת: וּמֵחֻשִׁים הוֹלִיד אֶת־אֲבִיטוּב וְאֶת־אֶלְפָּעַל: וּבְנֵי 11
12
אֶלְפַּעַל עֵבֶר וּמִשְׁעָם וָשָׁמֶד הוּא בָּנָה אֶת־אוֹנוֹ וְאֶת־לֹד וּבְנֹתֶיהָ:
וּבְרִעָה וָשֶׁמַע הֵמָּה רָאשֵׁי הָאָבוֹת לְיוֹשְׁבֵי אַיָּלוֹן הֵמָּה הִבְרִיחוּ 13
אֶת־יוֹשְׁבֵי גַת: וְאַחְיוֹ שָׁשָׁק וִירֵמוֹת: וּזְבַדְיָה וַעֲרָד וָעָדֶר: וּמִיכָאֵל 14
16
וְיִשְׁפָּה וְיוֹחָא בְּנֵי בְרִיעָה: וּזְבַדְיָה וּמְשֻׁלָּם וְחִזְקִי וָחָבֶר: וְיִשְׁמְרַי 17
18
וְיִזְלִיאָה וְיוֹבָב בְּנֵי אֶלְפָּעַל: וְיָקִים וְזִכְרִי וְזַבְדִּי: וֶאֱלִיעֵנַי וְצִלְּתַי 19
20
וֶאֱלִיאֵל: וַעֲדָיָה וּבְרָאיָה וְשִׁמְרָת בְּנֵי שִׁמְעִי: וְיִשְׁפָּן וָעֵבֶר וֶאֱלִיאֵל: 21
22
וְעַבְדּוֹן וְזִכְרִי וְחָנָן: וַחֲנַנְיָה וְעֵילָם וְעַנְתֹתִיָּה: וְיִפְדְיָה וּפְנוּאֵל בְּנֵי 23 **וּפְנוּאֵל**
25

25 And Iphedeiah, and Penuel, the sons of Shashak;

26 And Shamsherai, and Shehariah, and Athaliah,

27 And Jaresiah, and Eliah, and Zichri, the sons of Jeroham.

28 These *were* heads of the fathers, by their generations, chief *men*. These dwelt in Jerusalem.

29 And at Gibeon dwelt the father of Gibeon; whose wife's name *was* Maachah:

30 And his firstborn son Abdon, and Zur, and Kish, and Baal, and Nadab,

31 And Gedor, and Ahio, and Zacher.

32 And Mikloth begat Shimeah. And these also dwelt with their brethren in Jerusalem, over against them.

33 ¶ And Ner begat Kish, and Kish begat Saul, and Saul begat Jonathan, and Malchi-shua, and Abinadab, and Esh-baal.

34 And the son of Jonathan *was* Merib-baal; and Merib-baal begat Micah.

35 And the sons of Micah *were*, Pithon, and Melech, and Tarea, and Ahaz.

36 And Ahaz begat Jehoadah; and Jehoadah begat Alemeth, and Azmaveth, and Zimri; and Zimri begat Moza,

37 And Moza begat Binea: Rapha *was* his son, Eleasah his son, Azel his son:

38 And Azel had six sons, whose names *are* these, Azrikam, Bocheru, and Ishmael, and Sheariah, and Obadiah, and Hanan. All these *were* the sons of Azel.

39 And the sons of Eshek his brother *were*, Ulam his firstborn, Jehush the second, and Eliphelet the third.

40 And the sons of Ulam were mighty men of valour, archers, and had many sons, and sons' sons, an hundred and fifty. All these *are* of the sons of Benjamin.

CHAPTER 9

1 So all Israel were reckoned by genealogies; and, behold, they *were* written in the book of the kings of Israel and Judah, *who* were carried away to Babylon for their transgression.

2 ¶ Now the first inhabitants that *dwelt* in their possessions in their cities *were*, the Israelites, the priests, Levites, and the Nethinims.

3 And in Jerusalem dwelt of the children of Judah, and of the children of Benjamin, and of the children of Ephraim, and Manasseh;

4 Uthai the son of Ammihud, the son of Omri, the son of Imri, the son of Bani, of the children of Pharez the son of Judah.

5 And of the Shilonites; Asaiah the first-born, and his sons.

6 And of the sons of Zerah; Jeuel, and their brethren, six hundred and ninety.

7 And of the sons of Benjamin; Sallu the son of Meshullam, the son of Hodaviah, the son of Hasenuah,

8 And Ibneiah the son of Jeroham, and Elah the son of Uzzi, the son of Michri, and Meshullam the son of Shephathiah, the son of Reuel, the son of Ibnijah;

9 And their brethren, according to their generations, nine hundred and fifty and six. All these men *were* chief of the fathers in the house of their fathers.

10 ¶ And of the priests; Jedaiah, and Jehoiarib, and Jachin,

11 And Azariah the son of Hilkiah, the son of Meshullam, the son of Zadok, the son of Meraioth, the son of Ahitub, the ruler of the house of God;

12 And Adaiah the son of Jeroham, the son of Pashur, the son of Malchijah, and Maasiai the son of Adiel, the son of Jahzerah, the son of Meshullam, the son of Meshillemith, the son of Immer;

13 And their brethren, heads of the house of their fathers, a thousand and seven hundred and threescore; very able men for the work of the service of the house of God.

14 And of the Levites; Shemaiah the son of Hasshub, the son of Azrikam, the son of Hashabiah, of the sons of Merari;

15 And Bakbakkar, Heresh, and Galal, and Mattaniah the son of Micah, the son of Zichri, the son of Asaph;

16 And Obadiah the son of Shemaiah, the son of Galal, the son of Jeduthun, and Berechiah the son of Asa, the son of Elkanah, that dwelt in the villages of the Netophathites.

17 And the porters *were*, Shallum, and

שָׁשָׁק: וְשַׁמְשְׁרַי וּשְׁחַרְיָה וַעֲתַלְיָה: וְיַעֲרֶשְׁיָה וְאֵלִיָּה וְזִכְרִי בְּנֵי 26
27
יְרֹחָם: אֵלֶּה רָאשֵׁי אָבוֹת לְתֹלְדוֹתָם רָאשִׁים אֵלֶּה יָשְׁבוּ 28
בִּירוּשָׁלִָם: וּבְגִבְעוֹן יָשְׁבוּ אֲבִי גִבְעוֹן וְשֵׁם אִשְׁתּוֹ מַעֲכָה: 29
וּבְנוֹ הַבְּכוֹר עַבְדּוֹן וְצוּר וְקִישׁ וּבַעַל וְנָדָב: וּגְדוֹר וְאַחְיוֹ וָזָכֶר: 30
31
וּמִקְלוֹת הוֹלִיד אֶת־שִׁמְאָה וְאַף־הֵמָּה נֶגֶד אֲחֵיהֶם יָשְׁבוּ בִירוּשָׁלִַם 32
עִם־אֲחֵיהֶם: וְנֵר הוֹלִיד אֶת־קִישׁ וְקִישׁ הוֹלִיד 33
אֶת־שָׁאוּל וְשָׁאוּל הוֹלִיד אֶת־יְהוֹנָתָן וְאֶת־מַלְכִּי־שׁוּעַ וְאֶת־אֲבִינָדָב
וְאֶת־אֶשְׁבָּעַל: וּבֶן־יְהוֹנָתָן מְרִיב בָּעַל וּמְרִיב בַּעַל הוֹלִיד אֶת־ 34
מִיכָה: וּבְנֵי מִיכָה פִּיתוֹן וָמֶלֶךְ וְתַאְרֵעַ וְאָחָז: וְאָחָז 35
36
הוֹלִיד אֶת־יְהוֹעַדָּה וִיהוֹעַדָּה הוֹלִיד אֶת־עָלֶמֶת וְאֶת־עַזְמָוֶת וְאֶת־
זִמְרִי וְזִמְרִי הוֹלִיד אֶת־מוֹצָא: וּמוֹצָא הוֹלִיד אֶת־בִּנְעָא רָפָה בְנוֹ 37
אֶלְעָשָׂה בְנוֹ אָצֵל בְּנוֹ: וּלְאָצֵל שִׁשָּׁה בָנִים וְאֵלֶּה שְׁמוֹתָם עַזְרִיקָם׀ 38
בֹּכְרוּ וְיִשְׁמָעֵאל וּשְׁעַרְיָה וְעֹבַדְיָה וְחָנָן כָּל־אֵלֶּה בְּנֵי אָצַל: וּבְנֵי 39
עֵשֶׁק אָחִיו אוּלָם בְּכֹרוֹ יְעוּשׁ הַשֵּׁנִי וֶאֱלִיפֶלֶט הַשְּׁלִשִׁי: וַיִּהְיוּ בְנֵי־ 40
אוּלָם אֲנָשִׁים גִּבּוֹרֵי־חַיִל דֹּרְכֵי קֶשֶׁת וּמַרְבִּים בָּנִים וּבְנֵי בָנִים מֵאָה
וַחֲמִשִּׁים כָּל־אֵלֶּה מִבְּנֵי בִנְיָמִן:

וְכָל־יִשְׂרָאֵל הִתְיַחְשׂוּ וְהִנָּם כְּתוּבִים עַל־סֵפֶר מַלְכֵי יִשְׂרָאֵל וִיהוּדָה 1 9
הָגְלוּ לְבָבֶל בְּמַעֲלָם: וְהַיּוֹשְׁבִים הָרִאשֹׁנִים אֲשֶׁר בַּאֲחֻזָּתָם 2
בְּעָרֵיהֶם יִשְׂרָאֵל הַכֹּהֲנִים הַלְוִיִּם וְהַנְּתִינִים: וּבִירוּשָׁלִַם יָשְׁבוּ מִן־בְּנֵי 3
יְהוּדָה וּמִן־בְּנֵי בִנְיָמִן וּמִן־בְּנֵי אֶפְרַיִם וּמְנַשֶּׁה: עוּתַי בֶּן־עַמִּיהוּד 4
בֶּן־עָמְרִי בֶּן־אִמְרִי בֶן־בנימן בֶּן־בָּנִי מִבְּנֵי־פֶרֶץ בֶּן־יְהוּדָה: וּמִן־הַשִּׁילוֹנִי עֲשָׂיָה 5 בְּנֵי מִן
הַבְּכוֹר וּבָנָיו: וּמִן־בְּנֵי־זֶרַח יְעוּאֵל וַאֲחֵיהֶם שֵׁשׁ־מֵאוֹת וְתִשְׁעִים: 6
וּמִן־בְּנֵי בִּנְיָמִן סַלּוּא בֶּן־מְשֻׁלָּם בֶּן־הוֹדַוְיָה בֶּן־הַסְּנֻאָה: וְיִבְנְיָה בֶּן־ 7
8
יְרֹחָם וְאֵלָה בֶן־עֻזִּי בֶּן־מִכְרִי וּמְשֻׁלָּם בֶּן־שְׁפַטְיָה בֶּן־רְעוּאֵל בֶּן־
יִבְנִיָּה: וַאֲחֵיהֶם לְתֹלְדוֹתָם תְּשַׁע מֵאוֹת וַחֲמִשִּׁים וְשִׁשָּׁה כָּל־אֵלֶּה 9
אֲנָשִׁים רָאשֵׁי אָבוֹת לְבֵית אֲבֹתֵיהֶם: וּמִן־הַכֹּהֲנִים יְדַעְיָה 10
וִיהוֹיָרִיב וְיָכִין: וַעֲזַרְיָה בֶן־חִלְקִיָּה בֶּן־מְשֻׁלָּם בֶּן־צָדוֹק בֶּן־מְרָיוֹת בֶּן־ 11
אֲחִיטוּב נְגִיד בֵּית הָאֱלֹהִים: וַעֲדָיָה בֶּן־יְרֹחָם בֶּן־פַּשְׁחוּר 12
בֶּן־מַלְכִּיָּה וּמַעְשַׂי בֶּן־עֲדִיאֵל בֶּן־יַחְזֵרָה בֶּן־מְשֻׁלָּם בֶּן־מְשִׁלֵּמִית בֶּן־
אִמֵּר: וַאֲחֵיהֶם רָאשִׁים לְבֵית אֲבוֹתָם אֶלֶף וּשְׁבַע מֵאוֹת וְשִׁשִּׁים 13
גִּבּוֹרֵי חֵיל מְלֶאכֶת עֲבוֹדַת בֵּית־הָאֱלֹהִים: וּמִן־הַלְוִיִּם שְׁמַעְיָה בֶן־ 14
חַשּׁוּב בֶּן־עַזְרִיקָם בֶּן־חֲשַׁבְיָה מִן־בְּנֵי מְרָרִי: וּבַקְבַּקַּר חֶרֶשׁ וְגָלָל 15
וּמַתַּנְיָה בֶּן־מִיכָא בֶּן־זִכְרִי בֶּן־אָסָף: וְעֹבַדְיָה בֶּן־שְׁמַעְיָה בֶּן־גָּלָל בֶּן־ 16
יְדוּתוּן וּבֶרֶכְיָה בֶן־אָסָא בֶּן־אֶלְקָנָה הַיּוֹשֵׁב בְּחַצְרֵי נְטוֹפָתִי:
וְהַשֹּׁעֲרִים שַׁלּוּם וְעַקּוּב וְטַלְמֹן וַאֲחִימָן וַאֲחִיהֶם שַׁלּוּם הָרֹאשׁ: 17

Akkub, and Talmon, and Ahiman, and their brethren: Shallum *was* the chief;

18 Who hitherto *waited* in the king's gate eastward: they *were* porters in the companies of the children of Levi.

19 And Shallum the son of Kore, the son of Ebiasaph, the son of Korah, and his brethren, of the house of his father, the Korahites, *were* over the work of the service, keepers of the gates of the tabernacle: and their fathers, *being* over the host of the Lord, *were* keepers of the entry.

20 And Phinehas the son of Eleazar was the ruler over them in time past, *and* the Lord *was* with him.

21 *And* Zechariah the son of Meshelemiah *was* porter of the door of the tabernacle of the congregation.

22 All these *which were* chosen to be porters in the gates *were* two hundred and twelve. These were reckoned by their genealogy in their villages, whom David and Samuel the seer did ordain in their set office.

23 So they and their children *had* the oversight of the gates of the house of the Lord, *namely*, the house of the tabernacle, by wards.

24 In four quarters were the porters, toward the east, west, north, and south.

25 And their brethren, *which were* in their villages, *were* to come after seven days from time to time with them.

26 For these Levites, the four chief porters, were in *their* set office, and were over the chambers and treasuries of the house of God.

27 ¶ And they lodged round about the house of God, because the charge *was* upon them, and the opening thereof every morning *pertained* to them.

28 And *certain* of them had the charge of the ministering vessels, that they should bring them in and out by tale.

29 *Some* of them also *were* appointed to oversee the vessels, and all the instruments of the sanctuary, and the fine flour, and the wine, and the oil, and the frankincense, and the spices.

30 And *some* of the sons of the priests made the ointment of the spices.

31 And Mattithiah, *one* of the Levites, who *was* the firstborn of Shallum the Korahite, had the set office over the things that were made in the pans.

32 And *other* of their brethren, of the sons of the Kohathites, *were* over the shewbread, to prepare *it* every sabbath.

33 And these *are* the singers, chief of the fathers of the Levites, *who remaining* in the chambers *were* free: for they were employed in *that* work day and night.

34 These chief fathers of the Levites *were* chief throughout their generations; these dwelt at Jerusalem.

35 ¶ And in Gibeon dwelt the father of Gibeon, Jehiel, whose wife's name *was* Maachah:

36 And his firstborn son Abdon, then Zur, and Kish, and Baal, and Ner, and Nadab,

37 And Gedor, and Ahio, and Zechariah, and Mikloth.

38 And Mikloth begat Shimeam. And they also dwelt with their brethren at Jerusalem, over against their brethren.

39 And Ner begat Kish; and Kish begat Saul; and Saul begat Jonathan, and Malchi-shua, and Abinadab, and Eshbaal.

40 And the son of Jonathan *was* Meribbaal: and Merib-baal begat Micah.

41 And the sons of Micah *were*, Pithon, and Melech, and Tahrea, *and Ahaz.*

42 And Ahaz begat Jarah; and Jarah begat Alemeth, and Azmaveth, and Zimri; and Zimri begat Moza;

43 And Moza begat Binea; and Rephaiah his son, Eleasah his son, Azel his son.

44 And Azel had six sons, whose names *are* these, Azrikam, Bocheru, and Ishmael, and Sheariah, and Obadiah, and Hanan: these *were* the sons of Azel.

CHAPTER 10

1 Now the Philistines fought against Israel; and the men of Israel fled from before the Philistines, and fell down slain in mount Gilboa.

2 And the Philistines followed hard after Saul, and after his sons; and the Philistines slew Jonathan, and Abinadab, and Malchi-shua, the sons of Saul.

וְעַד־הֵנָּה בְּשַׁעַר הַמֶּלֶךְ מִזְרָחָה הֵמָּה הַשֹּׁעֲרִים לְמַחֲנוֹת בְּנֵי לֵוִי: 18

וְשַׁלּוּם בֶּן־קוֹרֵא בֶּן־אֶבְיָסָף בֶּן־קֹרַח וְאֶחָיו לְבֵית־אָבִיו הַקָּרְחִים עַל 19
מְלֶאכֶת הָעֲבוֹדָה שֹׁמְרֵי הַסִּפִּים לָאֹהֶל וַאֲבֹתֵיהֶם עַל־מַחֲנֵה יְהוָה

שֹׁמְרֵי הַמָּבוֹא: וּפִינְחָס בֶּן־אֶלְעָזָר נָגִיד הָיָה עֲלֵיהֶם לְפָנִים יְהוָה 20
עִמּוֹ: זְכַרְיָה בֶּן מְשֶׁלֶמְיָה שֹׁעֵר פֶּתַח לְאֹהֶל מוֹעֵד: כֻּלָּם הַבְּרוּרִים 21 22
לְשֹׁעֲרִים בַּסִּפִּים מָאתַיִם וּשְׁנֵים עָשָׂר הֵמָּה בְחַצְרֵיהֶם הִתְיַחְשָׂם

הֵמָּה יִסַּד דָּוִיד וּשְׁמוּאֵל הָרֹאֶה בֶּאֱמוּנָתָם: וְהֵם וּבְנֵיהֶם עַל־ 23
הַשְּׁעָרִים לְבֵית־יְהוָה לְבֵית הָאֹהֶל לְמִשְׁמָרוֹת: לְאַרְבַּע רוּחוֹת יִהְיוּ 24
הַשְּׁעָרִים מִזְרָח יָמָּה צָפוֹנָה וָנֶגְבָּה: וַאֲחֵיהֶם בְּחַצְרֵיהֶם לָבוֹא 25
לְשִׁבְעַת הַיָּמִים מֵעֵת אֶל־עֵת עִם־אֵלֶּה: כִּי בֶאֱמוּנָה הֵמָּה אַרְבַּעַת 26
גִּבֹּרֵי הַשֹּׁעֲרִים הֵם הַלְוִיִּם וְהָיוּ עַל־הַלְּשָׁכוֹת וְעַל הָאֹצְרוֹת בֵּית
הָאֱלֹהִים: וּסְבִיבוֹת בֵּית־הָאֱלֹהִים יָלִינוּ כִּי־עֲלֵיהֶם מִשְׁמֶרֶת וְהֵם 27
עַל־הַמַּפְתֵּחַ וְלַבֹּקֶר לַבֹּקֶר: וּמֵהֶם עַל־כְּלֵי הָעֲבוֹדָה כִּי־בְמִסְפָּר 28
יְבִיאוּם וּבְמִסְפָּר יוֹצִיאוּם: וּמֵהֶם מְמֻנִּים עַל־הַכֵּלִים וְעַל כָּל־כְּלֵי 29
הַקֹּדֶשׁ וְעַל־הַסֹּלֶת וְהַיַּיִן וְהַשֶּׁמֶן וְהַלְּבוֹנָה וְהַבְּשָׂמִים: וּמִן־בְּנֵי 30
הַכֹּהֲנִים רֹקְחֵי הַמִּרְקַחַת לַבְּשָׂמִים: וּמַתִּתְיָה מִן־הַלְוִיִּם הוּא הַבְּכוֹר 31
לְשַׁלֻּם הַקָּרְחִי בֶּאֱמוּנָה עַל מַעֲשֵׂה הַחֲבִתִּים: וּמִן־בְּנֵי הַקְּהָתִי מִן־ 32
אֲחֵיהֶם עַל־לֶחֶם הַמַּעֲרֶכֶת לְהָכִין שַׁבַּת שַׁבָּת: וְאֵלֶּה 33

פְּטוּרִים הַמְשֹׁרְרִים רָאשֵׁי אָבוֹת לַלְוִיִּם בַּלְּשָׁכֹת פְּטִירִים כִּי־יוֹמָם וָלַיְלָה
עֲלֵיהֶם בַּמְּלָאכָה: אֵלֶּה רָאשֵׁי הָאָבוֹת לַלְוִיִּם לְתֹלְדוֹתָם רָאשִׁים 34
אֵלֶּה יָשְׁבוּ בִירוּשָׁלָם:

יְעִיאֵל וּבְגִבְעוֹן יָשְׁבוּ אֲבִי־גִבְעוֹן יְעִיאֵל וְשֵׁם אִשְׁתּוֹ מַעֲכָה: וּבְנוֹ הַבְּכוֹר 35 36
עַבְדּוֹן וְצוּר וְקִישׁ וּבַעַל וְנֵר וְנָדָב: וּגְדוֹר וְאַחְיוֹ וּזְכַרְיָה וּמִקְלוֹת: 37
וּמִקְלוֹת הוֹלִיד אֶת־שִׁמְאָם וְאַף־הֵם נֶגֶד אֲחֵיהֶם יָשְׁבוּ בִירוּשָׁלַם 38
עִם־אֲחֵיהֶם: וְנֵר הוֹלִיד אֶת־קִישׁ וְקִישׁ הוֹלִיד אֶת־שָׁאוּל 39
וְשָׁאוּל הוֹלִיד אֶת־יְהוֹנָתָן וְאֶת־מַלְכִּי־שׁוּעַ וְאֶת־אֲבִינָדָב וְאֶת־ 40
אֶשְׁבָּעַל: וּבֶן־יְהוֹנָתָן מְרִיב בָּעַל וּמְרִי־בַעַל הוֹלִיד אֶת־מִיכָה: וּבְנֵי 41
מִיכָה פִּיתוֹן וָמֶלֶךְ וְתַחְרֵעַ: וְאָחָז הוֹלִיד אֶת־יַעְרָה וְיַעְרָה הוֹלִיד 42
אֶת־עָלֶמֶת וְאֶת־עַזְמָוֶת וְאֶת־זִמְרִי וְזִמְרִי הוֹלִיד אֶת־מוֹצָא: וּמוֹצָא 43
הוֹלִיד אֶת־בִּנְעָא וּרְפָיָה בְנוֹ אֶלְעָשָׂה בְנוֹ אָצֵל בְּנוֹ: וּלְאָצֵל שִׁשָּׁה 44
בָנִים וְאֵלֶּה שְׁמוֹתָם עַזְרִיקָם בֹּכְרוּ וְיִשְׁמָעֵאל וּשְׁעַרְיָה וְעֹבַדְיָה וְחָנָן
אֵלֶּה בְּנֵי אָצֵל:

וּפְלִשְׁתִּים נִלְחֲמוּ בְיִשְׂרָאֵל וַיָּנָס אִישׁ־יִשְׂרָאֵל מִפְּנֵי פְלִשְׁתִּים וַיִּפְּלוּ 10 1
חֲלָלִים בְּהַר גִּלְבֹּעַ: וַיַּדְבְּקוּ פְלִשְׁתִּים אַחֲרֵי שָׁאוּל וְאַחֲרֵי בָנָיו וַיַּכּוּ 2
פְלִשְׁתִּים אֶת־יוֹנָתָן וְאֶת־אֲבִינָדָב וְאֶת־מַלְכִּי־שׁוּעַ בְּנֵי שָׁאוּל:

3 And the battle went sore against Saul, and the archers hit him, and he was wounded of the archers.

4 Then said Saul to his armourbearer, Draw thy sword, and thrust me through therewith; lest these uncircumcised come and abuse me. But his armourbearer would not; for he was sore afraid. So Saul took a sword, and fell upon it.

5 And when his armourbearer saw that Saul was dead, he fell likewise on the sword, and died.

6 So Saul died, and his three sons, and all his house died together.

7 And when all the men of Israel that *were* in the valley saw that they fled, and that Saul and his sons were dead, then they forsook their cities, and fled: and the Philistines came and dwelt in them.

8 ¶ And it came to pass on the morrow, when the Philistines came to strip the slain, that they found Saul and his sons fallen in mount Gilboa.

9 And when they had stripped him, they took his head, and his armour, and sent into the land of the Philistines round about, to carry tidings unto their idols, and to the people.

10 And they put his armour in the house of their gods, and fastened his head in the temple of Dagon.

11 ¶ And when all Jabesh-gilead heard all that the Philistines had done to Saul,

12 They arose, all the valiant men, and took away the body of Saul, and the bodies of his sons, and brought them to Jabesh, and buried their bones under the oak in Jabesh, and fasted seven days.

13 ¶ So Saul died for his transgression which he committed against the LORD, *even* against the word of the LORD, which he kept not, and also for asking *counsel* of *one that had* a familiar spirit, to enquire *of it;*

14 And enquired not of the LORD: therefore he slew him, and turned the kingdom unto David the son of Jesse.

CHAPTER 11

1 Then all Israel gathered themselves to David unto Hebron, saying, Behold, we *are* thy bone and thy flesh.

2 And moreover in time past, even when Saul was king, thou *wast* he that leddest out and broughtest in Israel: and the LORD thy God said unto thee, Thou shalt feed my people Israel, and thou shalt be ruler over my people Israel.

3 Therefore came all the elders of Israel to the king to Hebron; and David made a covenant with them in Hebron before the LORD; and they anointed David king over Israel, according to the word of the LORD by Samuel.

4 ¶ And David and all Israel went to Jerusalem, which *is* Jebus; where the Jebusites *were,* the inhabitants of the land.

5 And the inhabitants of Jebus said to David, Thou shalt not come hither. Nevertheless David took the castle of Zion, which *is* the city of David.

6 And David said, Whosoever smiteth the Jebusites first shall be chief and captain. So Joab the son of Zeruiah went first up, and was chief.

7 And David dwelt in the castle; therefore they called it the city of David.

8 And he built the city round about, even from Millo round about: and Joab repaired the rest of the city.

9 So David waxed greater and greater: for the LORD of hosts *was* with him.

10 ¶ These also *are* the chief of the mighty men whom David had, who strengthened themselves with him in his kingdom, *and* with all Israel, to make him king, according to the word of the LORD concerning Israel.

11 And this *is* the number of the mighty men whom David had; Jashobeam, an Hachmonite, the chief of the captains: he lifted up his spear against three hundred slain *by him* at one time.

12 And after him *was* Eleazar the son of

3 וַתִּכְבַּד הַמִּלְחָמָה עַל־שָׁאוּל וַיִּמְצָאֻהוּ הַמּוֹרִים בַּקָּשֶׁת וַיָּחֶל מִן־

4 הַיּוֹרִים: וַיֹּאמֶר שָׁאוּל אֶל־נֹשֵׂא כֵלָיו שְׁלֹף חַרְבְּךָ וְדָקְרֵנִי בָהּ פֶּן־
יָבֹאוּ הָעֲרֵלִים הָאֵלֶּה וְהִתְעַלְּלוּ־בִי וְלֹא אָבָה נֹשֵׂא כֵלָיו כִּי יָרֵא

5 מְאֹד   וַיִּקַּח שָׁאוּל אֶת־הַחֶרֶב וַיִּפֹּל עָלֶיהָ: וַיַּרְא נֹשֵׂא־כֵלָיו

6 כִּי מֵת שָׁאוּל וַיִּפֹּל גַּם־הוּא עַל־הַחֶרֶב וַיָּמֹת: וַיָּמָת

7 שָׁאוּל וּשְׁלֹשֶׁת בָּנָיו וְכָל־בֵּיתוֹ יַחְדָּו מֵתוּ: וַיִּרְאוּ כָל־אִישׁ יִשְׂרָאֵל
אֲשֶׁר־בָּעֵמֶק כִּי נָסוּ וְכִי־מֵתוּ שָׁאוּל וּבָנָיו וַיַּעַזְבוּ עָרֵיהֶם וַיָּנֻסוּ

8 וַיָּבֹאוּ פְלִשְׁתִּים וַיֵּשְׁבוּ בָּהֶם: וַיְהִי מִמָּחֳרָת וַיָּבֹאוּ
פְלִשְׁתִּים לְפַשֵּׁט אֶת־הַחֲלָלִים וַיִּמְצְאוּ אֶת־שָׁאוּל וְאֶת־בָּנָיו נֹפְלִים

9 בְּהַר גִּלְבֹּעַ: וַיַּפְשִׁיטֻהוּ וַיִּשְׂאוּ אֶת־רֹאשׁוֹ וְאֶת־כֵּלָיו וַיְשַׁלְּחוּ בְאֶרֶץ־   9A

10 פְלִשְׁתִּים סָבִיב לְבַשֵּׂר אֶת־עֲצַבֵּיהֶם וְאֶת־הָעָם: וַיָּשִׂימוּ אֶת־כֵּלָיו

11 בֵּית אֱלֹהֵיהֶם וְאֶת־גֻּלְגָּלְתּוֹ תָּקְעוּ בֵּית דָּגוֹן: וַיִּשְׁמְעוּ כֹּל

12 יָבֵישׁ גִּלְעָד אֵת כָּל־אֲשֶׁר־עָשׂוּ פְלִשְׁתִּים לְשָׁאוּל: וַיָּקוּמוּ כָּל־אִישׁ
חַיִל וַיִּשְׂאוּ אֶת־גּוּפַת שָׁאוּל וְאֵת גּוּפֹת בָּנָיו וַיְבִיאוּם יָבֵישָׁה וַיִּקְבְּרוּ

13 אֶת־עַצְמוֹתֵיהֶם תַּחַת הָאֵלָה בְּיָבֵשׁ וַיָּצֻמוּ שִׁבְעַת יָמִים: וַיָּמָת
שָׁאוּל בְּמַעֲלוֹ אֲשֶׁר מָעַל בַּיהֹוָה עַל־דְּבַר יְהֹוָה אֲשֶׁר לֹא־שָׁמָר

14 וְגַם־לִשְׁאוֹל בָּאוֹב לִדְרוֹשׁ: וְלֹא־דָרַשׁ בַּיהֹוָה וַיְמִיתֵהוּ וַיַּסֵּב אֶת־
הַמְּלוּכָה לְדָוִיד בֶּן־יִשָׁי:

11 1 וַיִּקָּבְצוּ כָל־יִשְׂרָאֵל אֶל־דָּוִיד חֶבְרוֹנָה לֵאמֹר הִנֵּה עַצְמְךָ וּבְשָׂרְךָ

2 אֲנָחְנוּ: גַּם־תְּמוֹל גַּם־שִׁלְשׁוֹם גַּם בִּהְיוֹת שָׁאוּל מֶלֶךְ אַתָּה הַמּוֹצִיא
וְהַמֵּבִיא אֶת־יִשְׂרָאֵל וַיֹּאמֶר יְהֹוָה אֱלֹהֶיךָ לְךָ אַתָּה תִרְעֶה אֶת־עַמִּי

3 אֶת־יִשְׂרָאֵל וְאַתָּה תִּהְיֶה נָגִיד עַל עַמִּי יִשְׂרָאֵל: וַיָּבֹאוּ כָּל־זִקְנֵי
יִשְׂרָאֵל אֶל־הַמֶּלֶךְ חֶבְרוֹנָה וַיִּכְרֹת לָהֶם דָּוִיד בְּרִית בְּחֶבְרוֹן לִפְנֵי
יְהֹוָה וַיִּמְשְׁחוּ אֶת־דָּוִיד לְמֶלֶךְ עַל־יִשְׂרָאֵל כִּדְבַר יְהֹוָה בְּיַד־

4 שְׁמוּאֵל: וַיֵּלֶךְ דָּוִיד וְכָל־יִשְׂרָאֵל יְרוּשָׁלַ͏ִם הִיא יְבוּס וְשָׁם

5 הַיְבוּסִי יֹשְׁבֵי הָאָרֶץ: וַיֹּאמְרוּ יֹשְׁבֵי יְבוּס לְדָוִיד לֹא תָבוֹא הֵנָּה

6 וַיִּלְכֹּד דָּוִיד אֶת־מְצֻדַת צִיּוֹן הִיא עִיר דָּוִיד: וַיֹּאמֶר דָּוִיד כָּל־מַכֵּה
יְבוּסִי בָּרִאשׁוֹנָה יִהְיֶה לְרֹאשׁ וּלְשָׂר וַיַּעַל בָּרִאשׁוֹנָה יוֹאָב בֶּן־צְרוּיָה

7 וַיְהִי לְרֹאשׁ: וַיֵּשֶׁב דָּוִיד בַּמְצָד עַל־כֵּן קָרְאוּ־לוֹ עִיר דָּוִיד: וַיִּבֶן
8 הָעִיר מִסָּבִיב מִן־הַמִּלּוֹא וְעַד־הַסָּבִיב וְיוֹאָב יְחַיֶּה אֶת־שְׁאָר הָעִיר:

9 וַיֵּלֶךְ דָּוִיד הָלוֹךְ וְגָדוֹל וַיהֹוָה צְבָאוֹת עִמּוֹ:

10 וְאֵלֶּה רָאשֵׁי הַגִּבּוֹרִים אֲשֶׁר לְדָוִיד הַמִּתְחַזְּקִים עִמּוֹ בְמַלְכוּתוֹ עִם־

11 כָּל־יִשְׂרָאֵל לְהַמְלִיכוֹ כִּדְבַר יְהֹוָה עַל־יִשְׂרָאֵל: וְאֵלֶּה
הַשְּׁלֹשִׁים   מִסְפַּר הַגִּבֹּרִים אֲשֶׁר לְדָוִיד יָשָׁבְעָם בֶּן־חַכְמוֹנִי רֹאשׁ הַשָּׁלוֹשִׁים

12 הוּא־עוֹרֵר אֶת־חֲנִיתוֹ עַל־שְׁלֹשׁ־מֵאוֹת חָלָל בְּפַעַם אֶחָת: וְאַחֲרָיו

Dodo, the Ahohite, who *was one* of the three mighties.

13 He was with David at Pas-dammim, and there the Philistines were gathered together to battle, where was a parcel of ground full of barley; and the people fled from before the Philistines.

14 And they set themselves in the midst of *that* parcel, and delivered it, and slew the Philistines; and the LORD saved *them* by a great deliverance.

15 ¶ Now three of the thirty captains went down to the rock to David, into the cave of Adullam; and the host of the Philistines encamped in the valley of Rephaim.

16 And David *was* then in the hold, and the Philistines' garrison *was* then at Beth-lehem.

17 And David longed, and said, Oh that one would give me drink of the water of the well of Beth-lehem, that *is* at the gate!

18 And the three brake through the host of the Philistines, and drew water out of the well of Beth-lehem, that *was* by the gate, and took *it*, and brought *it* to David: but David would not drink *of* it, but poured it out to the LORD,

19 And said, My God forbid it me, that I should do this thing: shall I drink the blood of these men that have put their lives in jeopardy? for with *the jeopardy of* their lives they brought it. Therefore he would not drink it. These things did these three mightiest.

20 ¶ And Abishai the brother of Joab, he was chief of the three: for lifting up his spear against three hundred, he slew *them*, and had a name among the three.

21 Of the three, he was more honourable than the two; for he was their captain: howbeit he attained not to the *first* three.

22 Benaiah the son of Jehoiada, the son of a valiant man of Kabzeel, who had done many acts; he slew two lionlike men of Moab: also he went down and slew a lion in a pit in a snowy day.

23 And he slew an Egyptian, a man of *great* stature, five cubits high; and in the Egyptian's hand *was* a spear like a weaver's beam; and he went down to him with a staff, and plucked the spear out of the Egyptian's hand, and slew him with his own spear.

24 These *things* did Benaiah the son of Jehoiada, and had the name among the three mighties.

25 Behold, he was honourable among the thirty, but attained not to the *first* three: and David set him over his guard.

26 ¶ Also the valiant men of the armies *were*, Asahel the brother of Joab, Elhanan the son of Dodo of Beth-lehem.

27 Shammoth the Harorite, Helez the Pelonite,

28 Ira the son of Ikkesh the Tekoite, Abi-ezer the Antothite,

29 Sibbecai the Hushathite, Ilai the Ahohite,

30 Maharai the Netophathite, Heled the son of Baanah the Netophathite,

31 Ithai the son of Ribai of Gibeah, *that pertained* to the children of Benjamin, Benaiah the Pirathonite,

32 Hurai of the brooks of Gaash, Abiel the Arbathite,

33 Azmaveth the Baharumite, Eliahba the Shaalbonite,

34 The sons of Hashem the Gizonite, Jonathan the son of Shage the Hararite,

35 Ahiam the son of Sacar the Hararite, Eliphal the son of Ur,

36 Hepher the Mecherathite, Ahijah the Pelonite,

37 Hezro the Carmelite, Naarai the son of Ezbai,

38 Joel the brother of Nathan, Mibhar the son of Haggeri,

39 Zelek the Ammonite, Naharai the Berothite, the armourbearer of Joab the son of Zeruiah,

40 Ira the Ithrite, Gareb the Ithrite,

41 Uriah the Hittite, Zabad the son of Ahlai,

42 Adina the son of Shiza the Reubenite, a captain of the Reubenites, and thirty with him,

13 אֶלְעָזָר בֶּן־דּוֹדוֹ הָאֲחוֹחִי הוּא בִּשְׁלוֹשָׁה הַגִּבֹּרִים: הוּא־הָיָה עִם־ 13A
דָּוִיד בַּפַּס דַּמִּים וְהַפְּלִשְׁתִּים נֶאֶסְפוּ־שָׁם לַמִּלְחָמָה וַתְּהִי חֶלְקַת
14 הַשָּׂדֶה מְלֵאָה שְׂעוֹרִים וְהָעָם נָסוּ מִפְּנֵי פְלִשְׁתִּים: וַיִּתְיַצְּבוּ בְתוֹךְ־
הַחֶלְקָה וַיַּצִּילוּהָ וַיַּכּוּ אֶת־פְּלִשְׁתִּים וַיּוֹשַׁע יְהוָה תְּשׁוּעָה גְדוֹלָה:
15 וַיֵּרְדוּ שְׁלוֹשָׁה מִן־הַשְּׁלוֹשִׁים רֹאשׁ עַל־הַצֻּר אֶל־דָּוִיד אֶל־מְעָרַת
16 עֲדֻלָּם וּמַחֲנֵה פְלִשְׁתִּים חֹנָה בְּעֵמֶק רְפָאִים: וְדָוִיד אָז בַּמְּצוּדָה וַיִּתְאָו
17 וּנְצִיב פְּלִשְׁתִּים אָז בְּבֵית לָחֶם: ויתאו דָוִיד וַיֹּאמַר מִי יַשְׁקֵנִי מַיִם
18 מִבּוֹר בֵּית־לֶחֶם אֲשֶׁר בַּשָּׁעַר: וַיִּבְקְעוּ הַשְּׁלֹשָׁה בְּמַחֲנֵה פְלִשְׁתִּים
וַיִּשְׁאֲבוּ־מַיִם מִבּוֹר בֵּית־לֶחֶם אֲשֶׁר בַּשַּׁעַר וַיִּשְׂאוּ וַיָּבִאוּ אֶל־דָּוִיד
19 וְלֹא־אָבָה דָוִיד לִשְׁתּוֹתָם וַיְנַסֵּךְ אֹתָם לַיהוָה: וַיֹּאמֶר חָלִילָה לִּי
מֵאֱלֹהַי מֵעֲשׂוֹת זֹאת הֲדַם הָאֲנָשִׁים הָאֵלֶּה אֶשְׁתֶּה בְּנַפְשׁוֹתָם כִּי
בְנַפְשׁוֹתָם הֱבִיאוּם וְלֹא אָבָה לִשְׁתּוֹתָם אֵלֶּה עָשׂוּ שְׁלֹשֶׁת הַגִּבּוֹרִים:
20 וְאַבְשַׁי אֲחִי־יוֹאָב הוּא הָיָה רֹאשׁ הַשְּׁלוֹשָׁה וְהוּא עוֹרֵר אֶת־חֲנִיתוֹ
21 עַל־שְׁלֹשׁ מֵאוֹת חָלָל וְלֹא־שֵׁם בַּשְּׁלוֹשָׁה: מִן־הַשְּׁלוֹשָׁה בַּשְּׁנַיִם ולו־
22 נִכְבָּד וַיְהִי לָהֶם לְשָׂר וְעַד־הַשְּׁלוֹשָׁה לֹא־בָא: בְּנָיָה בֶן־
יְהוֹיָדָע בֶּן־אִישׁ־חַיִל רַב־פְּעָלִים מִן־קַבְצְאֵל הוּא הִכָּה אֵת שְׁנֵי
אֲרִיאֵל מוֹאָב וְהוּא יָרַד וְהִכָּה אֶת־הָאֲרִי בְּתוֹךְ הַבּוֹר בְּיוֹם הַשָּׁלֶג:
23 וְהוּא־הִכָּה אֶת־הָאִישׁ הַמִּצְרִי אִישׁ מִדָּה חָמֵשׁ בָּאַמָּה וּבְיַד הַמִּצְרִי
חֲנִית כִּמְנוֹר אֹרְגִים וַיֵּרֶד אֵלָיו בַּשָּׁבֶט וַיִּגְזֹל אֶת־הַחֲנִית מִיַּד הַמִּצְרִי
24 וַיַּהַרְגֵהוּ בַּחֲנִיתוֹ: אֵלֶּה עָשָׂה בְּנָיָהוּ בֶּן־יְהוֹיָדָע וְלוֹ־שֵׁם בִּשְׁלוֹשָׁה
25 הַגִּבֹּרִים: מִן־הַשְּׁלוֹשִׁים הִנּוֹ נִכְבָּד הוּא וְאֶל־הַשְּׁלוֹשָׁה לֹא־בָא
26 וַיְשִׂימֵהוּ דָוִיד עַל־מִשְׁמַעְתּוֹ: וְגִבּוֹרֵי הַחֲיָלִים עֲשָׂהאֵל
27 אֲחִי יוֹאָב אֶלְחָנָן בֶּן־דּוֹדוֹ מִבֵּית לָחֶם: שַׁמּוֹת הַהֲרוֹרִי
28 חֶלֶץ הַפְּלוֹנִי: עִירָא בֶן־עִקֵּשׁ הַתְּקוֹעִי אֲבִיעֶזֶר 28A
29 הָעַנְּתוֹתִי: סִבְּכַי הַחֻשָׁתִי עִילַי הָאֲחוֹחִי מַהְרַי
30
31 הַנְּטֹפָתִי חֵלֶד בֶּן־בַּעֲנָה הַנְּטוֹפָתִי: אִיתַי בֶּן־רִיבַי
32 מִגִּבְעַת בְּנֵי בִנְיָמִן בְּנָיָה הַפִּרְעָתֹנִי: חוּרַי מִנַּחֲלֵי
33 גָעַשׁ אֲבִיאֵל הָעַרְבָתִי: עַזְמָוֶת
34 הַבַּחֲרוּמִי אֶלְיַחְבָּא הַשַּׁעַלְבֹנִי: בְּנֵי הָשֵׁם הַגִּזוֹנִי יוֹנָתָן בֶּן־
35 שָׁגֵה הַהֲרָרִי: אֲחִיאָם בֶּן־שָׂכָר הַהֲרָרִי אֱלִיפַל בֶּן־
36 אוּר: חֵפֶר הַמְּכֵרָתִי אֲחִיָּה הַפְּלֹנִי: חֶצְרוֹ
37
38 הַכַּרְמְלִי נַעֲרַי בֶּן־אֶזְבָּי: יוֹאֵל אֲחִי נָתָן מִבְחָר בֶּן־
39 הַגְרִי: צֶלֶק הָעַמּוֹנִי נַחְרַי הַבֵּרֹתִי נֹשֵׂא כְּלֵי יוֹאָב בֶּן־
40 צְרוּיָה: עִירָא הַיִּתְרִי גָּרֵב הַיִּתְרִי: אוּרִיָּה
41
42 הַחִתִּי זָבָד בֶּן־אַחְלָי: עֲדִינָא בֶן־שִׁיזָא הָראוּבֵנִי רֹאשׁ

43 Hanan the son of Maachah, and Joshaphat the Mithnite,

44 Uzzia the Ashterathite, Shama and Jehiel the sons of Hothan the Aroerite,

45 Jediael the son of Shimri, and Joha his brother, the Tizite,

46 Eliel the Mahavite, and Jeribai, and Joshaviah, the sons of Elnaam, and Ithmah the Moabite,

47 Eliel, and Obed, and Jasiel the Mesobaite.

CHAPTER 12

1 Now these *are* they that came to David to Ziklag, while he yet kept himself close because of Saul the son of Kish: and they *were* among the mighty men, helpers of the war.

2 *They were* armed with bows, and could use both the right hand and the left in *hurling* stones and *shooting* arrows out of a bow, *even* of Saul's brethren of Benjamin.

3 The chief *was* Ahiezer, then Joash, the sons of Shemaah the Gibeathite; and Jeziel, and Pelet, the sons of Azmaveth; and Berachah, and Jehu the Antothite,

4[4-5] And Ismaiah the Gibeonite, a mighty man among the thirty, and over the thirty; and Jeremiah, and Jahaziel, and Johanan, and Josabad the Gederathite,

5[6] Eluzai, and Jerimoth, and Bealiah, and Shemariah, and Shephatiah the Haruphite,

6[7] Elkanah, and Jesiah, and Azareel, and Joezer, and Jashobeam, the Korhites,

7[8] And Joelah, and Zebadiah, the sons of Jeroham of Gedor.

8[9] And of the Gadites there separated themselves unto David into the hold to the wilderness men of might, *and* men of war *fit* for the battle, that could handle shield and buckler, whose faces *were like* the faces of lions, and *were* as swift as the roes upon the mountains;

9[10] Ezer the first, Obadiah the second, Eliab the third,

10[11] Mishmannah the fourth, Jeremiah the fifth,

11[12] Attai the sixth, Eliel the seventh,

12[13] Johanan the eighth, Elzabad the ninth,

13[14] Jeremiah the tenth, Machbanai the eleventh.

14[15] These *were* of the sons of Gad, captains of the host: one of the least *was* over an hundred, and the greatest over a thousand.

15[16] These *are* they that went over Jordan in the first month, when it had overflown all his banks; and they put to flight all *them* of the valleys, *both* toward the east, and toward the west.

16[17] And there came of the children of Benjamin and Judah to the hold unto David.

17[18] And David went out to meet them, and answered and said unto them, If ye be come peaceably unto me to help me, mine heart shall be knit unto you: but if *ye be come* to betray me to mine enemies, seeing *there is* no wrong in mine hands, the God of our fathers look *thereon*, and rebuke *it*.

18[19] Then the spirit came upon Amasai, *who was* chief of the captains, *and he said*, Thine *are* we, David, and on thy side, thou son of Jesse: peace, peace *be* unto thee, and peace *be* to thine helpers; for thy God helpeth thee. Then David received them, and made them captains of the band.

19[20] And there fell *some* of Manasseh to David, when he came with the Philistines against Saul to battle: but they helped them not: for the lords of the Philistines upon advisement sent him away, saying, He will fall to his master Saul to *the jeopardy of* our heads.

20[21] As he went to Ziklag, there fell to him of Manasseh, Adnah, and Jozabad, and Jediael, and Michael, and Jozabad, and Elihu, and Zilthai, captains of the thousands that *were* of Manasseh.

21[22] And they helped David against the band *of the rovers:* for they *were* all mighty men of valour, and were captains in the host.

22[23] For at *that* time day by day there came to David to help him, until *it was* a great host, like the host of God.

23[24] ¶ And these *are* the numbers of

43 לִרְאוּבֵנִי וְעָלָיו שְׁלוֹשִׁים: חָנָן בֶּן־מַעֲכָה וְיֽוֹשָׁפָֽט

וְיַעֲשִׂיאֵל 44 הַמִּתְנִי: עֻזִּיָּא הָעַשְׁתְּרָתִי שָׁמָע וִיעוּאֵל בְּנֵי 44A
45 חוֹתָם הָעֲרֹעֵרִי: יְדִיעֲאֵל בֶּן־שִׁמְרִי וְיֹחָא אָחִיו
הַתִּיצִי: 46 אֱלִיאֵל הַמַּחֲוִים וִירִיבַי וְיֽוֹשַׁוְיָה בְּנֵי אֶלְנָעַם
47 וְיִתְמָה הַמּוֹאָבִֽי: אֱלִיאֵל וְעוֹבֵד וַיֽעֲשִׂיאֵל הַמְּצֹבָיָֽה:

12 1 וְאֵלֶּה הַבָּאִים אֶל־דָּוִיד לְצִיקְלַג עוֹד עָצוּר מִפְּנֵי שָׁאוּל בֶּן־קִישׁ
2 וְהֵמָּה בַּגִּבּוֹרִים עֹזְרֵי הַמִּלְחָמָה: נֹשְׁקֵי קֶשֶׁת מַיְמִינִים וּמַשְׂמִאלִים

3 בָּאֲבָנִים וּבַחִצִּים בַּקָּשֶׁת מֵאֲחֵי שָׁאוּל מִבִּנְיָמִֽן: הָרֹאשׁ אֲחִיעֶזֶר 3A
וִיזִיאֵל וְיוֹאָשׁ בְּנֵי הַשְּׁמָעָה הַגִּבְעָתִי וִיזוּאֵל וָפֶלֶט בְּנֵי עַזְמָוֶת וּבְרָכָה וְיֵהוּא
4 הָעֲנְתֹתִֽי: וְיִשְׁמַֽעְיָה הַגִּבְעוֹנִי גִּבּוֹר בַּשְּׁלֹשִׁים וְעַל־הַשְּׁלֹשִֽׁים: וְיִרְמְיָה
5 וִיחֲזִיאֵל וְיֽוֹחָנָן וְיֽוֹזָבָד הַגְּדֵרָתִֽי: אֶלְעוּזַי וִירִימוֹת וּבְעַלְיָה וּשְׁמַרְיָֽהוּ
6

הַחֲרוּפִֽי 7 וּשְׁפַטְיָהוּ הַחֲרוּפִֽי: אֶלְקָנָה וְיִשִּׁיָּהוּ וַעֲזַרְאֵל וְיֽוֹעֶזֶר וְיָשָׁבְעָם הַקָּרְחִֽים: 7A
8 וְיֽוֹעֵאלָה וּזְבַדְיָה בְּנֵי יְרֹחָם מִן־הַגְּדֽוֹר: וּמִן־הַגָּדִי נִבְדְּלוּ אֶל־דָּוִיד
9 לַמְּצָד מִדְבָּרָה גִּבֹּרֵי הַחַיִל אַנְשֵׁי צָבָא לַמִּלְחָמָה עֹרְכֵי צִנָּה וָרֹמַח
10 וּפְנֵי אַרְיֵה פְּנֵיהֶם וְכִצְבָאיִם עַל־הֶהָרִים לְמַהֵֽר: עֵזֶר
11 הָרֹאשׁ עֹבַדְיָה הַשֵּׁנִי אֱלִיאָב הַשְּׁלִשִֽׁי: מִשְׁמַנָּה הָרְבִיעִי יִרְמְיָה
12 הַחֲמִישִֽׁי: עַתַּי הַשִּׁשִּׁי אֱלִיאֵל הַשְּׁבִעִֽי: יֽוֹחָנָן הַשְּׁמִינִי אֶלְזָבָד
13 הַתְּשִׁיעִֽי: יִרְמְיָהוּ הָעֲשִׂירִי מַכְבַּנַּי עַשְׁתֵּי עָשָׂר: אֵלֶּה
14
15 מִבְּנֵי־גָד רָאשֵׁי הַצָּבָא אֶחָד לְמֵאָה הַקָּטֹן וְהַגָּדוֹל לְאָֽלֶף: אֵלֶּה הֵם
16 אֲשֶׁר עָבְרוּ אֶת־הַיַּרְדֵּן בַּחֹדֶשׁ הָרִאשׁוֹן וְהוּא מְמַלֵּא עַל־כָּל־גְּדוֹתָֽיו

גְּדוֹתָֽיו וַיַּבְרִיחוּ אֶת־כָּל־הָעֲמָקִים לַמִּזְרָח וְלַֽמַּעֲרָֽב: וַיָּבֹאוּ
17
18 מִן־בְּנֵי בִנְיָמִן וִיהוּדָה עַד־לַמְּצָד לְדָוִֽיד: וַיֵּצֵא דָוִיד לִפְנֵיהֶם וַיַּעַן
וַיֹּאמֶר לָהֶם אִם־לְשָׁלוֹם בָּאתֶם אֵלַי לְעָזְרֵנִי יִֽהְיֶה־לִּי עֲלֵיכֶם לֵבָב
לְיָחַד וְאִם־לְרַמּוֹתַנִי לְצָרַי בְּלֹא חָמָס בְּכַפַּי יֵרֶא אֱלֹהֵי אֲבוֹתֵינוּ
19 וְיוֹכַֽח: וְרוּחַ לָבְשָׁה אֶת־עֲמָשַׂי רֹאשׁ הַשָּׁלוֹשִׁים לְךָ דָוִיד **הַשָּׁלִישִׁים**
וְעִמְּךָ בֶן־יִשַׁי שָׁלוֹם ׀ שָׁלוֹם לְךָ וְשָׁלוֹם לְעֹזְרֶךָ כִּי עֲזָרְךָ אֱלֹהֶיךָ
וַיְקַבְּלֵם דָּוִיד וַיִּתְּנֵם בְּרָאשֵׁי הַגְּדֽוּד:
20 וּמִֽמְּנַשֶּׁה נָפְלוּ עַל־דָּוִיד בְּבֹאוֹ עִם־פְּלִשְׁתִּים עַל־שָׁאוּל לַמִּלְחָמָה
וְלֹא עֲזָרֻם כִּי בְעֵצָה שִׁלְּחֻהוּ סַרְנֵי פְלִשְׁתִּים לֵאמֹר בְּרָאשֵׁינוּ יִפּוֹל
21 אֶל־אֲדֹנָיו שָׁאֽוּל: בְּלֶכְתּוֹ אֶל־צִיקְלַג נָפְלוּ עָלָיו ׀ מִֽמְּנַשֶּׁה עַדְנַח
וְיוֹזָבָד וִידִֽיעֲאֵל וּמִיכָאֵל וְיֽוֹזָבָד וֶאֱלִיהוּא וְצִלְּתַי רָאשֵׁי הָאֲלָפִים
22 אֲשֶׁר לִמְנַשֶּֽׁה: וְהֵמָּה עָזְרוּ עִם־דָּוִיד עַל־הַגְּדוּד כִּֽי־גִבּוֹרֵי חַיִל כֻּלָּם
23 וַיִּהְיוּ שָׂרִים בַּצָּבָֽא: כִּי לְעֶת־יוֹם בְּיוֹם יָבֹאוּ עַל־דָּוִיד לְעָזְרוֹ עַד־
לְמַחֲנֶה גָדוֹל כְּמַחֲנֵה אֱלֹהִֽים:
24 וְאֵלֶּה מִסְפְּרֵי רָאשֵׁי הֶֽחָלוּץ לַצָּבָא בָּאוּ עַל־דָּוִיד חֶבְרוֹנָה לְהָסֵב

the bands *that were* ready armed to the war, *and* came to David to Hebron, to turn the kingdom of Saul to him, according to the word of the LORD.

24[25] The children of Judah that bare shield and spear *were* six thousand and eight hundred, ready armed to the war.

25[26] Of the children of Simeon, mighty men of valour for the war, seven thousand and one hundred.

26[27] Of the children of Levi four thousand and six hundred.

27[28] And Jehoiada *was* the leader of the Aaronites, and with him *were* three thousand and seven hundred;

28[29] And Zadok, a young man mighty of valour, and of his father's house twenty and two captains.

29[30] And of the children of Benjamin, the kindred of Saul, three thousand: for hitherto the greatest part of them had kept the ward of the house of Saul.

30[31] And of the children of Ephraim twenty thousand and eight hundred, mighty men of valour, famous throughout the house of their fathers.

31[32] And of the half tribe of Manasseh eighteen thousand, which were expressed by name, to come and make David king.

32[33] And of the children of Issachar, *which were men* that had understanding of the times, to know what Israel ought to do; the heads of them *were* two hundred; and all their brethren *were* at their commandment.

33[34] Of Zebulun, such as went forth to battle, expert in war, with all instruments of war, fifty thousand, which could keep rank: *they were* not of double heart.

34[35] And of Naphtali a thousand captains, and with them with shield and spear thirty and seven thousand.

35[36] And of the Danites expert in war twenty and eight thousand and six hundred.

36[37] And of Asher, such as went forth to battle, expert in war, forty thousand.

37[38] And on the other side of Jordan, of the Reubenites, and the Gadites, and of the half tribe of Manasseh, with all manner of instruments of war for the battle, an hundred and twenty thousand.

38[39] All these men of war, that could keep rank, came with a perfect heart to Hebron, to make David king over all Israel: and all the rest also of Israel *were* of one heart to make David king.

39[40] And there they were with David three days, eating and drinking: for their brethren had prepared for them.

40[41] Moreover they that were nigh them, *even* unto Issachar and Zebulun and Naphtali, brought bread on asses, and on camels, and on mules, and on oxen, *and* meat, meal, cakes of figs, and bunches of raisins, and wine, and oil, and oxen, and sheep abundantly: for *there was* joy in Israel.

CHAPTER 13

1 And David consulted with the captains of thousands and hundreds, *and* with every leader.

2 And David said unto all the congregation of Israel, If *it seem* good unto you, and *that it be* of the LORD our God, let us send abroad unto our brethren every where, *that are* left in all the land of Israel, and with them *also* to the priests and Levites *which are* in their cities *and* suburbs, that they may gather themselves unto us:

3 And let us bring again the ark of our God to us: for we enquired not at it in the days of Saul.

4 And all the congregation said that they would do so: for the thing was right in the eyes of all the people.

5 So David gathered all Israel together, from Shihor of Egypt even unto the entering of Hemath, to bring the ark of God from Kirjath-jearim.

6 And David went up, and all Israel, to Baalah, *that is,* to Kirjath-jearim, which *belonged* to Judah, to bring up thence the ark of God the LORD, that dwelleth *between* the cherubims, whose name is called *on it.*

7 And they carried the ark of God in a new cart out of the house of Abinadab: and Uzza and Ahio drave the cart.

בְּנֵי יְהוּדָה נֹשְׂאֵי צִנָּה   מַלְכוּת שָׁאוּל אֵלָיו כְּפִי יְהוָה: 25

מִן־בְּנֵי   וָרֹמַח שֵׁשֶׁת אֲלָפִים וּשְׁמוֹנֶה מֵאוֹת חֲלוּצֵי צָבָא: 26

מִן־בְּנֵי   שִׁמְעוֹן גִּבּוֹרֵי חַיִל לַצָּבָא שִׁבְעַת אֲלָפִים וּמֵאָה: 27

וִיהוֹיָדָע הַנָּגִיד לְאַהֲרֹן   הַלֵּוִי אַרְבַּעַת אֲלָפִים וְשֵׁשׁ מֵאוֹת: 28

וְצָדוֹק נַעַר גִּבּוֹר חָיִל   וְעִמּוֹ שְׁלֹשֶׁת אֲלָפִים וּשְׁבַע מֵאוֹת: 29

וּמִן־בְּנֵי בִנְיָמִן אֲחֵי   וּבֵית־אָבִיו שָׂרִים עֶשְׂרִים וּשְׁנָיִם: 30

שָׁאוּל שְׁלֹשֶׁת אֲלָפִים וְעַד־הֵנָּה מַרְבִּיתָם שֹׁמְרִים מִשְׁמֶרֶת בֵּית

וּמִן־בְּנֵי אֶפְרַיִם עֶשְׂרִים אֶלֶף וּשְׁמוֹנֶה מֵאוֹת   שָׁאוּל: 31

וּמֵחֲצִי   גִּבּוֹרֵי חַיִל אַנְשֵׁי שֵׁמוֹת לְבֵית אֲבוֹתָם: 32

מַטֵּה מְנַשֶּׁה שְׁמוֹנָה עָשָׂר אָלֶף אֲשֶׁר נִקְּבוּ בְּשֵׁמוֹת לָבוֹא לְהַמְלִיךְ

וּמִבְּנֵי יִשָּׂשכָר יוֹדְעֵי בִינָה לַעִתִּים   אֶת־דָּוִיד: 33

לָדַעַת מַה־יַּעֲשֶׂה יִשְׂרָאֵל רָאשֵׁיהֶם מָאתַיִם וְכָל־אֲחֵיהֶם עַל־

מִזְּבֻלוּן יוֹצְאֵי צָבָא עֹרְכֵי מִלְחָמָה בְּכָל־כְּלֵי מִלְחָמָה   פִּיהֶם: 34

חֲמִשִּׁים אֶלֶף וְלַעֲדֹר בְּלֹא־לֵב וָלֵב: וּמִנַּפְתָּלִי שָׂרִים אֶלֶף 35

וְעִמָּהֶם בְּצִנָּה וַחֲנִית שְׁלֹשִׁים וְשִׁבְעָה אָלֶף: וּמִן־הַדָּנִי עֹרְכֵי 36

וּמֵאָשֵׁר   מִלְחָמָה עֶשְׂרִים־וּשְׁמוֹנָה אֶלֶף וְשֵׁשׁ מֵאוֹת: 37

וּמֵעֵבֶר לַיַּרְדֵּן   יוֹצְאֵי צָבָא לַעֲרֹךְ מִלְחָמָה אַרְבָּעִים אָלֶף: 38

מִן־הָראוּבֵנִי וְהַגָּדִי וַחֲצִי שֵׁבֶט מְנַשֶּׁה בְּכָל כְּלֵי צְבָא מִלְחָמָה מֵאָה

וְעֶשְׂרִים אָלֶף: כָּל־אֵלֶּה אַנְשֵׁי מִלְחָמָה עֹדְרֵי מַעֲרָכָה בְּלֵבָב שָׁלֵם 39

בָּאוּ חֶבְרוֹנָה לְהַמְלִיךְ אֶת־דָּוִיד עַל־כָּל־יִשְׂרָאֵל וְגַם כָּל־שֵׁרִית

יִשְׂרָאֵל לֵב אֶחָד לְהַמְלִיךְ אֶת־דָּוִיד: וַיִּהְיוּ־שָׁם עִם־דָּוִיד יָמִים 40

שְׁלוֹשָׁה אֹכְלִים וְשׁוֹתִים כִּי־הֵכִינוּ לָהֶם אֲחֵיהֶם: וְגַם הַקְּרוֹבִים־ 41

אֲלֵיהֶם עַד־יִשָּׂשכָר וּזְבֻלוּן וְנַפְתָּלִי מְבִיאִים לֶחֶם בַּחֲמוֹרִים וּבַגְּמַלִּים

וּבַפְּרָדִים וּבַבָּקָר מַאֲכָל קֶמַח דְּבֵלִים וְצִמּוּקִים וְיַיִן־וְשֶׁמֶן וּבָקָר וְצֹאן

לָרֹב כִּי שִׂמְחָה בְיִשְׂרָאֵל:

13 וַיִּוָּעַץ דָּוִיד עִם־שָׂרֵי הָאֲלָפִים וְהַמֵּאוֹת לְכָל־נָגִיד: וַיֹּאמֶר דָּוִיד לְכֹל 1 2

קְהַל יִשְׂרָאֵל אִם־עֲלֵיכֶם טוֹב וּמִן־יְהוָה אֱלֹהֵינוּ נִפְרְצָה נִשְׁלְחָה

עַל־אַחֵינוּ הַנִּשְׁאָרִים בְּכֹל אַרְצוֹת יִשְׂרָאֵל וְעִמָּהֶם הַכֹּהֲנִים וְהַלְוִיִּם

בְּעָרֵי מִגְרְשֵׁיהֶם וְיִקָּבְצוּ אֵלֵינוּ: וְנָסֵבָּה אֶת־אֲרוֹן אֱלֹהֵינוּ אֵלֵינוּ כִּי־ 3

לֹא דְרַשְׁנֻהוּ בִּימֵי שָׁאוּל: וַיֹּאמְרוּ כָל־הַקָּהָל לַעֲשׂוֹת כֵּן כִּי־יָשַׁר 4

הַדָּבָר בְּעֵינֵי כָל־הָעָם: וַיַּקְהֵל דָּוִיד אֶת־כָּל־יִשְׂרָאֵל מִן־שִׁיחוֹר 5

מִצְרַיִם וְעַד־לְבוֹא חֲמָת לְהָבִיא אֶת־אֲרוֹן הָאֱלֹהִים מִקִּרְיַת יְעָרִים:

וַיַּעַל דָּוִיד וְכָל־יִשְׂרָאֵל בַּעֲלָתָה אֶל־קִרְיַת יְעָרִים אֲשֶׁר לִיהוּדָה 6

לְהַעֲלוֹת מִשָּׁם אֵת אֲרוֹן הָאֱלֹהִים יְהוָה יוֹשֵׁב הַכְּרוּבִים אֲשֶׁר־נִקְרָא

שֵׁם: וַיַּרְכִּיבוּ אֶת־אֲרוֹן הָאֱלֹהִים עַל־עֲגָלָה חֲדָשָׁה מִבֵּית אֲבִינָדָב 7

8 And David and all Israel played before God with all *their* might, and with singing, and with harps, and with psalteries, and with timbrels, and with cymbals, and with trumpets.

9 ¶ And when they came unto the threshingfloor of Chidon, Uzza put forth his hand to hold the ark; for the oxen stumbled.

10 And the anger of the LORD was kindled against Uzza, and he smote him, because he put his hand to the ark: and there he died before God.

11 And David was displeased, because the LORD had made a breach upon Uzza: wherefore that place is called Perez-uzza to this day.

12 And David was afraid of God that day, saying, How shall I bring the ark of God *home* to me?

13 So David brought not the ark *home* to himself to the city of David, but carried it aside into the house of Obed-edom the Gittite.

14 And the ark of God remained with the family of Obed-edom in his house three months. And the LORD blessed the house of Obed-edom, and all that he had.

CHAPTER 14

1 Now Hiram king of Tyre sent messengers to David, and timber of cedars, with masons and carpenters, to build him an house.

2 And David perceived that the LORD had confirmed him king over Israel, for his kingdom was lifted up on high, because of his people Israel.

3 ¶ And David took more wives at Jerusalem: and David begat more sons and daughters.

4 Now these *are* the names of *his* children which he had in Jerusalem; Shammua, and Shobab, Nathan, and Solomon,

5 And Ibhar, and Elishua, and Elpalet,

6 And Nogah, and Nepheg, and Japhia,

7 And Elishama, and Beeliada, and Eliphalet.

8 ¶ And when the Philistines heard that David was anointed king over all Israel, all the Philistines went up to seek David. And David heard *of it,* and went out against them.

9 And the Philistines came and spread themselves in the valley of Rephaim.

10 And David enquired of God, saying, Shall I go up against the Philistines? and wilt thou deliver them into mine hand? And the LORD said unto him, Go up; for I will deliver them into thine hand.

11 So they came up to Baal-perazim; and David smote them there. Then David said, God hath broken in upon mine enemies by mine hand like the breaking forth of waters: therefore they called the name of that place Baal-perazim.

12 And when they had left their gods there, David gave a commandment, and they were burned with fire.

13 And the Philistines yet again spread themselves abroad in the valley.

14 Therefore David enquired again of God; and God said unto him, Go not up after them; turn away from them, and come upon them over against the mulberry trees.

15 And it shall be, when thou shalt hear a sound of going in the tops of the mulberry trees, *that* then thou shalt go out to battle: for God is gone forth before thee to smite the host of the Philistines.

16 David therefore did as God commanded him: and they smote the host of the Philistines from Gibeon even to Gazer.

17 And the fame of David went out into all lands; and the LORD brought the fear of him upon all nations.

CHAPTER 15

1 And *David* made him houses in the city of David, and prepared a place for the ark of God, and pitched for it a tent.

2 Then David said, None ought to carry the ark of God but the Levites: for them hath the LORD chosen to carry the ark of God, and to minister unto him for ever.

3 And David gathered all Israel together to Jerusalem, to bring up the ark of the

8 וְעֻזָּא וְאַחְיוֹ נֹהֲגִים בָּעֲגָלָה: וְדָוִיד וְכָל־יִשְׂרָאֵל מְשַׂחֲקִים לִפְנֵי הָאֱלֹהִים בְּכָל־עֹז וּבְשִׁירִים וּבְכִנֹּרוֹת וּבִנְבָלִים וּבְתֻפִּים וּבִמְצִלְתַּיִם

9 וּבַחֲצֹצְרוֹת: וַיָּבֹאוּ עַד־גֹּרֶן כִּידֹן וַיִּשְׁלַח עֻזָּא אֶת־יָדוֹ לֶאֱחֹז אֶת־

10 הָאָרוֹן כִּי שָׁמְטוּ הַבָּקָר: וַיִּחַר־אַף יְהוָה בְּעֻזָּא וַיַּכֵּהוּ עַל אֲשֶׁר־שָׁלַח

11 יָדוֹ עַל־הָאָרוֹן וַיָּמָת שָׁם לִפְנֵי אֱלֹהִים: וַיִּחַר לְדָוִיד כִּי־פָרַץ יְהוָה

12 פֶּרֶץ בְּעֻזָּא וַיִּקְרָא לַמָּקוֹם הַהוּא פֶּרֶץ עֻזָּא עַד הַיּוֹם הַזֶּה: וַיִּירָא דָוִיד אֶת־הָאֱלֹהִים בַּיּוֹם הַהוּא לֵאמֹר הֵיךְ אָבִיא אֵלַי אֵת אֲרוֹן

13 הָאֱלֹהִים: וְלֹא־הֵסִיר דָּוִיד אֶת־הָאָרוֹן אֵלָיו אֶל־עִיר דָּוִיד וַיַּטֵּהוּ

14 אֶל־בֵּית עֹבֵד־אֱדֹם הַגִּתִּי: וַיֵּשֶׁב אֲרוֹן הָאֱלֹהִים עִם־בֵּית עֹבֵד אֱדֹם בְּבֵיתוֹ שְׁלֹשָׁה חֳדָשִׁים וַיְבָרֶךְ יְהוָה אֶת־בֵּית עֹבֵד־אֱדֹם וְאֶת־כָּל־אֲשֶׁר־לוֹ:

חוּרָם
14 1 וַיִּשְׁלַח חִירָם מֶלֶךְ־צֹר מַלְאָכִים אֶל־דָּוִיד וַעֲצֵי אֲרָזִים וְחָרָשֵׁי קִיר

2 וְחָרָשֵׁי עֵצִים לִבְנוֹת לוֹ בָּיִת: וַיֵּדַע דָּוִיד כִּי־הֱכִינוֹ יְהוָה לְמֶלֶךְ עַל־יִשְׂרָאֵל כִּי־נִשֵּׂאת לְמַעְלָה מַלְכוּתוֹ בַּעֲבוּר עַמּוֹ יִשְׂרָאֵל:

3
4 וַיִּקַּח דָּוִיד עוֹד נָשִׁים בִּירוּשָׁלָ͏ִם וַיּוֹלֶד דָּוִיד עוֹד בָּנִים וּבָנוֹת: וְאֵלֶּה שְׁמוֹת הַיְלוּדִים אֲשֶׁר הָיוּ־לוֹ בִּירוּשָׁלָ͏ִם שַׁמּוּעַ וְשׁוֹבָב נָתָן וּשְׁלֹמֹה:

5
7 וְיִבְחָר וֶאֱלִישׁוּעַ וְאֶלְפָּלֶט: וְנֹגַהּ וְנֶפֶג וְיָפִיעַ: וֶאֱלִישָׁמָע וּבְעֶלְיָדָע

8 וֶאֱלִיפָלֶט: וַיִּשְׁמְעוּ פְלִשְׁתִּים כִּי־נִמְשַׁח דָּוִיד לְמֶלֶךְ עַל־כָּל־יִשְׂרָאֵל וַיַּעֲלוּ כָל־פְּלִשְׁתִּים לְבַקֵּשׁ אֶת־דָּוִיד וַיִּשְׁמַע דָּוִיד וַיֵּצֵא לִפְנֵיהֶם:

9
10 וּפְלִשְׁתִּים בָּאוּ וַיִּפְשְׁטוּ בְּעֵמֶק רְפָאִים: וַיִּשְׁאַל דָּוִיד בֵּאלֹהִים לֵאמֹר

פְּלִשְׁתִּים
הַאֶעֱלֶה עַל־פְּלִשְׁתִּיִים וּנְתַתָּם בְּיָדִי וַיֹּאמֶר לוֹ יְהוָה עֲלֵה וּנְתַתִּים

11 בְּיָדֶךָ: וַיַּעֲלוּ בְּבַעַל־פְּרָצִים וַיַּכֵּם שָׁם דָּוִיד וַיֹּאמֶר דָּוִיד פָּרַץ הָאֱלֹהִים אֶת־אוֹיְבַי בְּיָדִי כְּפֶרֶץ מָיִם עַל־כֵּן קָרְאוּ שֵׁם־הַמָּקוֹם

12 הַהוּא בַּעַל פְּרָצִים: וַיַּעַזְבוּ־שָׁם אֶת־אֱלֹהֵיהֶם וַיֹּאמֶר דָּוִיד וַיִּשָּׂרְפוּ בָּאֵשׁ:

13
14 וַיֹּסִיפוּ עוֹד פְּלִשְׁתִּים וַיִּפְשְׁטוּ בָּעֵמֶק: וַיִּשְׁאַל עוֹד דָּוִיד בֵּאלֹהִים וַיֹּאמֶר לוֹ הָאֱלֹהִים לֹא תַעֲלֶה אַחֲרֵיהֶם הָסֵב מֵעֲלֵיהֶם וּבָאתָ לָהֶם

15 מִמּוּל הַבְּכָאִים: וִיהִי כְּשָׁמְעֲךָ אֶת־קוֹל הַצְּעָדָה בְּרָאשֵׁי הַבְּכָאִים אָז תֵּצֵא בַמִּלְחָמָה כִּי־יָצָא הָאֱלֹהִים לְפָנֶיךָ לְהַכּוֹת אֶת־מַחֲנֵה

16 פְלִשְׁתִּים: וַיַּעַשׂ דָּוִיד כַּאֲשֶׁר צִוָּהוּ הָאֱלֹהִים וַיַּכּוּ אֶת־מַחֲנֵה

17 פְלִשְׁתִּים מִגִּבְעוֹן וְעַד־גָּזְרָה: וַיֵּצֵא שֵׁם־דָּוִיד בְּכָל־הָאֲרָצוֹת וַיהוָה

15 1 נָתַן אֶת־פַּחְדּוֹ עַל־כָּל־הַגּוֹיִם: וַיַּעַשׂ־לוֹ בָתִּים בְּעִיר דָּוִיד וַיָּכֶן מָקוֹם

2 לַאֲרוֹן הָאֱלֹהִים וַיֶּט־לוֹ אֹהֶל: אָז אָמַר דָּוִיד לֹא לָשֵׂאת אֶת־אֲרוֹן הָאֱלֹהִים כִּי אִם־הַלְוִיִּם כִּי־בָם בָּחַר יְהוָה לָשֵׂאת אֶת־אֲרוֹן יְהוָה

3 וּלְשָׁרְתוֹ עַד־עוֹלָם: וַיַּקְהֵל דָּוִיד אֶת־כָּל־יִשְׂרָאֵל אֶל־

LORD unto his place, which he had prepared for it.

4 And David assembled the children of Aaron, and the Levites:

5 Of the sons of Kohath; Uriel the chief, and his brethren an hundred and twenty:

6 Of the sons of Merari; Asaiah the chief, and his brethren two hundred and twenty:

7 Of the sons of Gershom; Joel the chief, and his brethren an hundred and thirty:

8 Of the sons of Elizaphan; Shemaiah the chief, and his brethren two hundred:

9 Of the sons of Hebron; Eliel the chief, and his brethren fourscore:

10 Of the sons of Uzziel; Amminadab the chief, and his brethren an hundred and twelve.

11 And David called for Zadok and Abiathar the priests, and for the Levites, for Uriel, Asaiah, and Joel, Shemaiah, and Eliel, and Amminadab,

12 And said unto them, Ye *are* the chief of the fathers of the Levites: sanctify yourselves, *both* ye and your brethren, that ye may bring up the ark of the LORD God of Israel unto *the place that* I have prepared for it.

13 For because ye *did it* not at the first, the LORD our God made a breach upon us, for that we sought him not after the due order.

14 So the priests and the Levites sanctified themselves to bring up the ark of the LORD God of Israel.

15 And the children of the Levites bare the ark of God upon their shoulders with the staves thereon, as Moses commanded according to the word of the LORD.

16 And David spake to the chief of the Levites to appoint their brethren *to be* the singers with instruments of musick, psalteries and harps and cymbals, sounding, by lifting up the voice with joy.

17 So the Levites appointed Heman the son of Joel; and of his brethren, Asaph the son of Berechiah; and of the sons of Merari their brethren, Ethan the son of Kushaiah;

18 And with them their brethren of the second *degree*, Zechariah, Ben, and Jaaziel, and Shemiramoth, and Jehiel, and Unni, Eliab, and Benaiah, and Maaseiah, and Mattithiah, and Elipheleh, and Mikneiah, and Obed-edom, and Jeiel, the porters.

19 So the singers, Heman, Asaph, and Ethan, *were appointed* to sound with cymbals of brass;

20 And Zechariah, and Aziel, and Shemiramoth, and Jehiel, and Unni, and Eliab, and Maaseiah, and Benaiah, with psalteries on Alamoth;

21 And Mattithiah, and Elipheleh, and Mikneiah, and Obed-edom, and Jeiel, and Azaziah, with harps on the Sheminith to excel.

22 And Chenaniah, chief of the Levites, *was* for song: he instructed about the song, because he *was* skilful.

23 And Berechiah and Elkanah *were* doorkeepers for the ark.

24 And Shebaniah, and Jehoshaphat, and Nethaneel, and Amasai, and Zechariah, and Benaiah, and Eliezer, the priests, did blow with the trumpets before the ark of God: and Obed-edom and Jehiah *were* doorkeepers for the ark.

25 ¶ So David, and the elders of Israel, and the captains over thousands, went to bring up the ark of the covenant of the LORD out of the house of Obed-edom with joy.

26 And it came to pass, when God helped the Levites that bare the ark of the covenant of the LORD, that they offered seven bullocks and seven rams.

27 And David *was* clothed with a robe of fine linen, and all the Levites that bare the ark, and the singers, and Chenaniah the master of the song with the singers: David also *had* upon him an ephod of linen.

28 Thus all Israel brought up the ark of the covenant of the LORD with shouting, and with sound of the cornet, and with

4 יְרוּשָׁלִָם לְהַעֲלוֹת אֶת־אֲרוֹן יְהוָה אֶל־מְקוֹמוֹ אֲשֶׁר־הֵכִין לוֹ: וַיֶּאֱסֹף

5 דָּוִיד אֶת־בְּנֵי אַהֲרֹן וְאֶת־הַלְוִיִּם: לִבְנֵי קְהָת אוּרִיאֵל הַשָּׂר וְאֶחָיו

6 מֵאָה וְעֶשְׂרִים: לִבְנֵי מְרָרִי עֲשָׂיָה הַשָּׂר וְאֶחָיו מָאתָיִם

7 וְעֶשְׂרִים: לִבְנֵי גֵּרְשׁוֹם יוֹאֵל הַשָּׂר וְאֶחָיו מֵאָה

8 וּשְׁלֹשִׁים: לִבְנֵי אֱלִיצָפָן שְׁמַעְיָה הַשָּׂר וְאֶחָיו

9 מָאתָיִם: לִבְנֵי חֶבְרוֹן אֱלִיאֵל הַשָּׂר וְאֶחָיו

10 שְׁמוֹנִים: לִבְנֵי עֻזִּיאֵל עַמִּינָדָב הַשָּׂר וְאֶחָיו מֵאָה וּשְׁנֵים

11 עָשָׂר: וַיִּקְרָא דָוִיד לְצָדוֹק וּלְאֶבְיָתָר הַכֹּהֲנִים וְלַלְוִיִּם

12 לְאוּרִיאֵל עֲשָׂיָה וְיוֹאֵל שְׁמַעְיָה וֶאֱלִיאֵל וְעַמִּינָדָב: וַיֹּאמֶר לָהֶם אַתֶּם

רָאשֵׁי הָאָבוֹת לַלְוִיִּם הִתְקַדְּשׁוּ אַתֶּם וַאֲחֵיכֶם וְהַעֲלִיתֶם אֵת אֲרוֹן

13 יְהוָה אֱלֹהֵי יִשְׂרָאֵל אֶל־הֲכִינוֹתִי לוֹ: כִּי לְמַבָּרִאשׁוֹנָה לֹא אַתֶּם

14 פָּרַץ יְהוָה אֱלֹהֵינוּ בָּנוּ כִּי־לֹא דְרַשְׁנֻהוּ כַּמִּשְׁפָּט: וַיִּתְקַדְּשׁוּ הַכֹּהֲנִים

15 וְהַלְוִיִּם לְהַעֲלוֹת אֶת־אֲרוֹן יְהוָה אֱלֹהֵי יִשְׂרָאֵל: וַיִּשְׂאוּ בְנֵי־הַלְוִיִּם

אֵת אֲרוֹן הָאֱלֹהִים כַּאֲשֶׁר צִוָּה מֹשֶׁה כִּדְבַר יְהוָה בִּכְתֵפָם בַּמֹּטוֹת

עֲלֵיהֶם:

16 וַיֹּאמֶר דָּוִיד לְשָׂרֵי הַלְוִיִּם לְהַעֲמִיד אֶת־אֲחֵיהֶם הַמְשֹׁרְרִים בִּכְלֵי־שִׁיר

נְבָלִים וְכִנֹּרוֹת וּמְצִלְתָּיִם מַשְׁמִיעִים לְהָרִים־בְּקוֹל לְשִׂמְחָה:

17 וַיַּעֲמִידוּ הַלְוִיִּם אֵת הֵימָן בֶּן־יוֹאֵל וּמִן־אֶחָיו אָסָף בֶּן־

18 בֶּרֶכְיָהוּ וּמִן־בְּנֵי מְרָרִי אֲחֵיהֶם אֵיתָן בֶּן־קוּשָׁיָהוּ: וְעִמָּהֶם

אֲחֵיהֶם הַמִּשְׁנִים זְכַרְיָהוּ בֵּן וְיַעֲזִיאֵל וּשְׁמִירָמוֹת וִיחִיאֵל וְעֻנִּי

אֱלִיאָב וּבְנָיָהוּ וּמַעֲשֵׂיָהוּ וּמַתִּתְיָהוּ וֶאֱלִיפְלֵהוּ וּמִקְנֵיָהוּ וְעֹבֵד אֱדֹם

19 וִיעִיאֵל הַשֹּׁעֲרִים: וְהַמְשֹׁרְרִים הֵימָן אָסָף וְאֵיתָן בִּמְצִלְתַּיִם נְחֹשֶׁת

20 לְהַשְׁמִיעַ: וּזְכַרְיָה וַעֲזִיאֵל וּשְׁמִירָמוֹת וִיחִיאֵל וְעֻנִּי וֶאֱלִיאָב וּמַעֲשֵׂיָהוּ

21 וּבְנָיָהוּ בִּנְבָלִים עַל־עֲלָמוֹת: וּמַתִּתְיָהוּ וֶאֱלִיפְלֵהוּ וּמִקְנֵיָהוּ וְעֹבֵד

22 אֱדֹם וִיעִיאֵל וַעֲזַזְיָהוּ בְּכִנֹּרוֹת עַל־הַשְּׁמִינִית לְנַצֵּחַ: וּכְנַנְיָהוּ שַׂר־

23 הַלְוִיִּם בְּמַשָּׂא יָסֹר בַּמַּשָּׂא כִּי מֵבִין הוּא: וּבֶרֶכְיָה וְאֶלְקָנָה שֹׁעֲרִים

24 לָאָרוֹן: וּשְׁבַנְיָהוּ וְיוֹשָׁפָט וּנְתַנְאֵל וַעֲמָשַׂי וּזְכַרְיָהוּ וּבְנָיָהוּ וֶאֱלִיעֶזֶר

מַחְצְרִים הַכֹּהֲנִים מַחְצְרִים בַּחֲצֹצְרוֹת לִפְנֵי אֲרוֹן הָאֱלֹהִים וְעֹבֵד אֱדֹם

25 וִיחִיָּה שֹׁעֲרִים לָאָרוֹן: וַיְהִי דָוִיד וְזִקְנֵי יִשְׂרָאֵל וְשָׂרֵי הָאֲלָפִים

הַהֹלְכִים לְהַעֲלוֹת אֶת־אֲרוֹן בְּרִית־יְהוָה מִן־בֵּית עֹבֵד־אֱדֹם

26 בְּשִׂמְחָה: וַיְהִי בֶּעְזֹר הָאֱלֹהִים אֶת־הַלְוִיִּם נֹשְׂאֵי אֲרוֹן

27 בְּרִית־יְהוָה וַיִּזְבְּחוּ שִׁבְעָה־פָרִים וְשִׁבְעָה אֵילִים: וְדָוִיד מְכֻרְבָּל

בִּמְעִיל בּוּץ וְכָל־הַלְוִיִּם הַנֹּשְׂאִים אֶת־הָאָרוֹן וְהַמְשֹׁרְרִים וּכְנַנְיָה

28 הַשַּׂר הַמַּשָּׂא הַמְשֹׁרְרִים וְעַל־דָּוִיד אֵפוֹד בָּד: וְכָל־יִשְׂרָאֵל מַעֲלִים

אֶת־אֲרוֹן בְּרִית־יְהוָה בִּתְרוּעָה וּבְקוֹל שׁוֹפָר וּבַחֲצֹצְרוֹת וּבִמְצִלְתָּיִם

trumpets, and with cymbals, making a noise with psalteries and harps.

29 ¶ And it came to pass, *as* the ark of the covenant of the LORD came to the city of David, that Michal the daughter of Saul looking out at a window saw king David dancing and playing: and she despised him in her heart.

CHAPTER 16

1 So they brought the ark of God, and set it in the midst of the tent that David had pitched for it: and they offered burnt sacrifices and peace offerings before God.

2 And when David had made an end of offering the burnt offerings and the peace offerings, he blessed the people in the name of the LORD.

3 And he dealt to every one of Israel, both man and woman, to every one a loaf of bread, and a good piece of flesh, and a flagon *of wine*.

4 ¶ And he appointed *certain* of the Levites to minister before the ark of the LORD, and to record, and to thank and praise the LORD God of Israel:

5 Asaph the chief, and next to him Zechariah, Jeiel, and Shemiramoth, and Jehiel, and Mattithiah, and Eliab, and Benaiah, and Obed-edom: and Jeiel with psalteries and with harps; but Asaph made a sound with cymbals;

6 Benaiah also and Jahaziel the priests with trumpets continually before the ark of the covenant of God.

7 ¶ Then on that day David delivered first *this psalm* to thank the LORD into the hand of Asaph and his brethren.

8 Give thanks unto the LORD, call upon his name, make known his deeds among the people.

9 Sing unto him, sing psalms unto him, talk ye of all his wondrous works.

10 Glory ye in his holy name: let the heart of them rejoice that seek the LORD.

11 Seek the LORD and his strength, seek his face continually.

12 Remember his marvellous works that he hath done, his wonders, and the judgments of his mouth;

13 O ye seed of Israel his servant, ye children of Jacob, his chosen ones.

14 He *is* the LORD our God; his judgments *are* in all the earth.

15 Be ye mindful always of his covenant; the word *which* he commanded to a thousand generations;

16 *Even of the covenant* which he made with Abraham, and of his oath unto Isaac;

17 And hath confirmed the same to Jacob for a law, *and* to Israel *for* an everlasting covenant,

18 Saying, Unto thee will I give the land of Canaan, the lot of your inheritance;

19 When ye were but few, even a few, and strangers in it.

20 And *when* they went from nation to nation, and from *one* kingdom to another people;

21 He suffered no man to do them wrong: yea, he reproved kings for their sakes,

22 *Saying,* Touch not mine anointed, and do my prophets no harm.

23 Sing unto the LORD, all the earth; shew forth from day to day his salvation.

24 Declare his glory among the heathen; his marvellous works among all nations.

25 For great *is* the LORD, and greatly to be praised: he also *is* to be feared above all gods.

26 For all the gods of the people *are* idols: but the LORD made the heavens.

27 Glory and honour *are* in his presence; strength and gladness *are* in his place.

28 Give unto the LORD, ye kindreds of the people, give unto the LORD glory and strength.

29 Give unto the LORD the glory *due* unto his name: bring an offering, and

29 מַשְׁמִעִים בִּנְבָלִים וְכִנֹּרוֹת: וַיְהִי אֲרוֹן בְּרִית יְהוָה בָּא עַד־עִיר דָּוִיד
וּמִיכַל בַּת־שָׁאוּל נִשְׁקְפָה ׀ בְּעַד הַחַלּוֹן וַתֵּרֶא אֶת־הַמֶּלֶךְ דָּוִיד מְרַקֵּד
וּמְשַׂחֵק וַתִּבֶז לוֹ בְּלִבָּהּ:

16 1 וַיָּבִיאוּ אֶת־אֲרוֹן הָאֱלֹהִים וַיַּצִּיגוּ אֹתוֹ בְּתוֹךְ הָאֹהֶל אֲשֶׁר נָטָה־לוֹ
2 דָּוִיד וַיַּקְרִיבוּ עֹלוֹת וּשְׁלָמִים לִפְנֵי הָאֱלֹהִים: וַיְכַל דָּוִיד מֵהַעֲלוֹת
3 הָעֹלָה וְהַשְּׁלָמִים וַיְבָרֶךְ אֶת־הָעָם בְּשֵׁם יְהוָה: וַיְחַלֵּק לְכָל־אִישׁ
4 יִשְׂרָאֵל מֵאִישׁ וְעַד־אִשָּׁה לְאִישׁ כִּכַּר־לֶחֶם וְאֶשְׁפָּר וַאֲשִׁישָׁה: וַיִּתֵּן
לִפְנֵי אֲרוֹן יְהוָה מִן־הַלְוִיִּם מְשָׁרְתִים וּלְהַזְכִּיר וּלְהוֹדוֹת וּלְהַלֵּל
לַיהוָה אֱלֹהֵי יִשְׂרָאֵל:

5 אָסָף הָרֹאשׁ וּמִשְׁנֵהוּ זְכַרְיָה יְעִיאֵל וּשְׁמִירָמוֹת וִיחִיאֵל וּמַתִּתְיָה
וֶאֱלִיאָב וּבְנָיָהוּ וְעֹבֵד אֱדֹם וִיעִיאֵל בִּכְלֵי נְבָלִים וּבְכִנֹּרוֹת וְאָסָף
6 בִּמְצִלְתַּיִם מַשְׁמִיעַ: וּבְנָיָהוּ וְיַחֲזִיאֵל הַכֹּהֲנִים בַּחֲצֹצְרוֹת תָּמִיד לִפְנֵי
7 אֲרוֹן בְּרִית־הָאֱלֹהִים: בַּיּוֹם הַהוּא אָז נָתַן דָּוִיד בָּרֹאשׁ לְהֹדוֹת
לַיהוָה בְּיַד־אָסָף וְאֶחָיו:

8 הוֹדוּ לַיהוָה קִרְאוּ בִשְׁמוֹ   הוֹדִיעוּ בָעַמִּים עֲלִילֹתָיו:
9 שִׁירוּ לוֹ זַמְּרוּ־לוֹ   שִׂיחוּ בְּכָל־נִפְלְאֹתָיו:
10 הִתְהַלְלוּ בְּשֵׁם קָדְשׁוֹ   יִשְׂמַח לֵב מְבַקְשֵׁי יְהוָה:
11 דִּרְשׁוּ יְהוָה וְעֻזּוֹ   בַּקְּשׁוּ פָנָיו תָּמִיד:
12 זִכְרוּ נִפְלְאֹתָיו אֲשֶׁר עָשָׂה   מֹפְתָיו וּמִשְׁפְּטֵי־פִיהוּ:
13 זֶרַע יִשְׂרָאֵל עַבְדּוֹ   בְּנֵי יַעֲקֹב בְּחִירָיו:
14 הוּא יְהוָה אֱלֹהֵינוּ   בְּכָל־הָאָרֶץ מִשְׁפָּטָיו:
15 זִכְרוּ לְעוֹלָם בְּרִיתוֹ   דָּבָר צִוָּה לְאֶלֶף דּוֹר:
16 אֲשֶׁר כָּרַת אֶת־אַבְרָהָם   וּשְׁבוּעָתוֹ לְיִצְחָק:
17 וַיַּעֲמִידֶהָ לְיַעֲקֹב לְחֹק   לְיִשְׂרָאֵל בְּרִית עוֹלָם:
18 לֵאמֹר לְךָ אֶתֵּן אֶרֶץ־כְּנָעַן   חֶבֶל נַחֲלַתְכֶם:
19 בִּהְיוֹתְכֶם מְתֵי מִסְפָּר   כִּמְעַט וְגָרִים בָּהּ:
20 20A וַיִּתְהַלְּכוּ מִגּוֹי אֶל־גּוֹי   וּמִמַּמְלָכָה אֶל־עַם אַחֵר:
21 לֹא־הִנִּיחַ לְאִישׁ לְעָשְׁקָם   וַיּוֹכַח עֲלֵיהֶם מְלָכִים:
22 אַל־תִּגְּעוּ בִּמְשִׁיחָי   וּבִנְבִיאַי אַל־תָּרֵעוּ:

23 24 שִׁירוּ לַיהוָה כָּל־הָאָרֶץ   בַּשְּׂרוּ מִיּוֹם־אֶל־יוֹם יְשׁוּעָתוֹ: סַפְּרוּ
25 בַגּוֹיִם אֶת־כְּבוֹדוֹ   בְּכָל־הָעַמִּים נִפְלְאֹתָיו: כִּי גָדוֹל יְהוָה
26 וּמְהֻלָּל מְאֹד וְנוֹרָא הוּא   עַל־כָּל־אֱלֹהִים: כִּי כָּל־אֱלֹהֵי הָעַמִּים
27 אֱלִילִים וַיהוָה שָׁמַיִם עָשָׂה: הוֹד וְהָדָר לְפָנָיו עֹז וְחֶדְוָה בִּמְקֹמוֹ:
28 29 הָבוּ לַיהוָה מִשְׁפְּחוֹת עַמִּים   הָבוּ לַיהוָה כָּבוֹד וָעֹז: הָבוּ לַיהוָה

come before him: worship the LORD in the beauty of holiness.

30 Fear before him, all the earth: the world also shall be stable, that it be not moved.

31 Let the heavens be glad, and let the earth rejoice: and let *men* say among the nations, The LORD reigneth.

32 Let the sea roar, and the fulness thereof: let the fields rejoice, and all that *is* therein.

33 Then shall the trees of the wood sing out at the presence of the LORD, because he cometh to judge the earth.

34 O give thanks unto the LORD; for *he is* good; for his mercy *endureth* for ever.

35 And say ye, Save us, O God of our salvation, and gather us together, and deliver us from the heathen, that we may give thanks to thy holy name, *and* glory in thy praise.

36 Blessed *be* the LORD God of Israel for ever and ever. And all the people said, Amen, and praised the LORD.

37 ¶ So he left there before the ark of the covenant of the LORD Asaph and his brethren, to minister before the ark continually, as every day's work required:

38 And Obed-edom with their brethren, threescore and eight; Obed-edom also the son of Jeduthun and Hosah *to be* porters:

39 And Zadok the priest, and his brethren the priests, before the tabernacle of the LORD in the high place that *was* at Gibeon,

40 To offer burnt offerings unto the LORD upon the altar of the burnt offering continually morning and evening, and *to do* according to all that is written in the law of the LORD, which he commanded Israel;

41 And with them Heman and Jeduthun, and the rest that were chosen, who were expressed by name, to give thanks to the LORD, because his mercy *endureth* for ever;

42 And with them Heman and Jeduthun with trumpets and cymbals for those that should make a sound, and with musical instruments of God. And the sons of Jeduthun *were* porters.

43 And all the people departed every man to his house: and David returned to bless his house.

CHAPTER 17

1 Now it came to pass, as David sat in his house, that David said to Nathan the prophet, Lo, I dwell in an house of cedars, but the ark of the covenant of the LORD *remaineth* under curtains.

2 Then Nathan said unto David, Do all that *is* in thine heart; for God *is* with thee.

3 ¶ And it came to pass the same night, that the word of God came to Nathan, saying,

4 Go and tell David my servant, Thus saith the LORD, Thou shalt not build me an house to dwell in:

5 For I have not dwelt in an house since the day that I brought up Israel unto this day; but have gone from tent to tent, and from *one* tabernacle *to another*.

6 Wheresoever I have walked with all Israel, spake I a word to any of the judges of Israel, whom I commanded to feed my people, saying, Why have ye not built me an house of cedars?

7 Now therefore thus shalt thou say unto my servant David, Thus saith the LORD of hosts, I took thee from the sheepcote, *even* from following the sheep, that thou shouldest be ruler over my people Israel:

8 And I have been with thee whithersoever thou hast walked, and have cut off all thine enemies from before thee, and have made thee a name like the name of the great men that *are* in the earth.

9 Also I will ordain a place for my people Israel, and will plant them, and they shall dwell in their place, and shall be moved no more; neither shall the children of wickedness waste them any more, as at the beginning,

10 And since the time that I commanded judges *to be* over my people Israel. Moreover I will subdue all thine enemies. Fur-

כְּב֣וֹד שְׁמ֑וֹ שְׂא֥וּ מִנְחָה֙　　　　　וּבֹ֣אוּ לְפָנָ֔יו הִשְׁתַּחֲו֥וּ לַיהֹוָ֖ה

30　בְּהַדְרַת־קֹֽדֶשׁ׃ חִ֤ילוּ מִלְּפָנָיו֙ כָּל־הָאָ֔רֶץ אַף־תִּכּ֥וֹן תֵּבֵ֖ל בַּל־תִּמּֽוֹט׃

31　יִשְׂמְח֤וּ הַשָּׁמַ֙יִם֙ וְתָגֵ֣ל הָאָ֔רֶץ　　　　וְיֹאמְר֥וּ בַגּוֹיִ֖ם יְהֹוָ֥ה מָלָֽךְ׃

32
33　יִרְעַ֤ם הַיָּם֙ וּמְלוֹא֔וֹ יַעֲלֹ֥ץ הַשָּׂדֶ֖ה　　　　וְכָל־אֲשֶׁר־בּֽוֹ׃ אָ֥ז יְרַנְּנ֖וּ

34　עֲצֵ֣י הַיָּ֑עַר מִלִּפְנֵ֣י יְהֹוָ֔ה כִּי־בָ֖א לִשְׁפּ֣וֹט אֶת־הָאָֽרֶץ׃ הוֹד֤וּ לַֽיהֹוָה֙ כִּ֣י

35　ט֔וֹב כִּ֥י לְעוֹלָ֖ם חַסְדּֽוֹ׃　　　　וְאִמְר֗וּ הוֹשִׁיעֵ֙נוּ֙ אֱלֹהֵ֣י יִשְׁעֵ֔נוּ וְקַבְּצֵ֕נוּ

וְהַצִּילֵ֖נוּ　　　　מִן־הַגּוֹיִ֑ם לְהֹדוֹת֙　　　　לְשֵׁ֣ם קָדְשֶׁ֔ךָ

לְהִשְׁתַּבֵּ֖חַ בִּתְהִלָּתֶֽךָ׃

36　בָּר֤וּךְ יְהֹוָה֙ אֱלֹהֵ֣י יִשְׂרָאֵ֔ל מִן־הָעוֹלָ֖ם　　　　וְעַ֣ד הָעֹלָ֑ם

וַיֹּאמְר֤וּ כָל־הָעָם֙ אָמֵ֔ן וְהַלֵּ֖ל לַיהֹוָֽה׃

37　וַיַּֽעֲזָב־שָׁ֗ם לִפְנֵ֛י אֲר֥וֹן בְּרִית־יְהֹוָ֖ה לְאָסָ֣ף וּלְאֶחָ֑יו לְשָׁרֵ֞ת לִפְנֵ֧י הָאָר֛וֹן

38　תָּמִ֖יד לִדְבַר־י֣וֹם בְּיוֹמֽוֹ׃ וְעֹבֵ֨ד אֱדֹ֜ם וַאֲחֵיהֶ֗ם שִׁשִּׁ֣ים וּשְׁמוֹנָ֑ה וְעֹבֵ֨ד

39　אֱדֹ֧ם בֶּן־יְדִית֛וּן וְחֹסָ֖ה לְשֹׁעֲרִֽים׃ וְאֵ֣ת ׀ צָד֣וֹק הַכֹּהֵ֗ן וְאֶחָיו֙ הַכֹּ֣הֲנִ֔ים

40　לִפְנֵ֖י מִשְׁכַּ֣ן יְהֹוָ֑ה בַּבָּמָ֖ה אֲשֶׁ֥ר בְּגִבְעֽוֹן׃ לְהַעֲלוֹת֩ עֹל֨וֹת לַיהֹוָ֜ה עַל־

מִזְבַּ֧ח הָעֹלָ֛ה תָּמִ֖יד לַבֹּ֣קֶר וְלָעָ֑רֶב וּלְכָל־הַכָּתוּב֙ בְּתוֹרַ֣ת יְהֹוָ֔ה אֲשֶׁ֥ר

41　צִוָּ֖ה עַל־יִשְׂרָאֵֽל׃ וְעִמָּהֶם֙ הֵימָ֣ן וִֽידוּת֔וּן וּשְׁאָר֙ הַבְּרוּרִ֔ים אֲשֶׁ֖ר נִקְּב֣וּ

42　בְּשֵׁמ֑וֹת לְהֹדוֹת֙ לַֽיהֹוָ֔ה כִּ֥י לְעוֹלָ֖ם חַסְדּֽוֹ׃ וְעִמָּהֶ֜ם הֵימָ֤ן וִֽידוּתוּן֙

חֲצֹ֣צְר֔וֹת וּמְצִלְתַּ֖יִם לְמַשְׁמִיעִ֑ים וּכְלֵ֛י שִׁ֥יר הָאֱלֹהִ֖ים וּבְנֵ֥י יְדוּת֖וּן

43　לַשָּֽׁעַר׃ וַיֵּלְכ֥וּ כָל־הָעָ֖ם אִ֣ישׁ לְבֵית֑וֹ וַיִּסֹּ֣ב דָּוִ֔יד לְבָרֵ֖ךְ אֶת־

בֵּיתֽוֹ׃

17　1　וַיְהִ֕י כַּאֲשֶׁ֛ר יָשַׁ֥ב דָּוִ֖יד בְּבֵית֑וֹ וַיֹּ֨אמֶר דָּוִ֜יד אֶל־נָתָ֣ן הַנָּבִ֗יא הִנֵּ֨ה אָנֹכִ֤י

2　יוֹשֵׁב֙ בְּבֵ֣ית הָֽאֲרָזִ֔ים וַאֲר֥וֹן בְּרִית־יְהֹוָ֖ה תַּ֣חַת יְרִיע֑וֹת וַיֹּ֤אמֶר נָתָן֙

3　אֶל־דָּוִ֔יד כֹּ֛ל אֲשֶׁ֥ר בִּֽלְבָבְךָ֖ עֲשֵׂ֑ה כִּ֥י הָאֱלֹהִ֖ים עִמָּֽךְ׃　　　　וַֽיְהִ֖י

4　בַּלַּ֣יְלָה הַה֑וּא וַיְהִי֙ דְּבַר־אֱלֹהִ֔ים אֶל־נָתָ֖ן לֵאמֹֽר׃ לֵ֤ךְ וְאָמַרְתָּ֙ אֶל־

5　דָּוִ֣יד עַבְדִּ֔י כֹּ֚ה אָמַ֣ר יְהֹוָ֔ה לֹ֥א אַתָּ֛ה תִּבְנֶה־לִּ֥י הַבַּ֖יִת לָשָֽׁבֶת׃ כִּ֣י

לֹ֤א יָשַׁ֙בְתִּי֙ בְּבַ֔יִת מִן־הַיּ֗וֹם אֲשֶׁ֤ר הֶעֱלֵ֙יתִי֙ אֶת־יִשְׂרָאֵ֔ל עַ֖ד הַיּ֣וֹם

6　הַזֶּ֑ה וָאֶֽהְיֶ֛ה מֵאֹ֥הֶל אֶל־אֹ֖הֶל וּמִמִּשְׁכָּֽן׃ בְּכֹ֥ל אֲשֶֽׁר־הִתְהַלַּכְתִּי֮ בְּכָל־

יִשְׂרָאֵל֒ הֲדָבָ֣ר דִּבַּ֗רְתִּי אֶת־אַחַד֙ שֹׁפְטֵ֣י יִשְׂרָאֵ֔ל אֲשֶׁ֥ר צִוִּ֖יתִי לִרְע֣וֹת

7　אֶת־עַמִּ֣י לֵאמֹ֑ר לָ֛מָּה לֹא־בְנִיתֶ֥ם לִ֖י בֵּ֥ית אֲרָזִֽים׃ וְ֠עַתָּ֠ה כֹּֽה־תֹאמַ֞ר

לְעַבְדִּ֣י לְדָוִ֗יד　　　　כֹּ֤ה אָמַר֙ יְהֹוָ֣ה צְבָא֔וֹת אֲנִ֤י לְקַחְתִּ֙יךָ֙ מִן־

8　הַנָּוֶ֔ה מִֽן־אַחֲרֵ֖י הַצֹּ֑אן לִהְי֣וֹת נָגִ֔יד עַ֖ל עַמִּ֥י יִשְׂרָאֵֽל׃ וָאֶהְיֶ֣ה עִמְּךָ֗

בְּכֹל֙ אֲשֶׁ֣ר הָלַ֔כְתָּ וָאַכְרִ֥ית אֶת־כׇּל־אוֹיְבֶ֖יךָ מִפָּנֶ֑יךָ וְעָשִׂ֤יתִֽי לְךָ֙ שֵׁ֔ם

9　כְּשֵׁ֥ם הַגְּדוֹלִ֖ים אֲשֶׁ֣ר בָּאָֽרֶץ׃ וְשַׂמְתִּ֣י מָ֠ק֠וֹם לְעַמִּ֨י יִשְׂרָאֵ֜ל וּנְטַעְתִּ֗יהוּ

וְשָׁכַ֤ן תַּחְתָּיו֙ וְלֹ֣א יִרְגַּ֣ז ע֔וֹד וְלֹֽא־יוֹסִ֧יפוּ בְנֵי־עַוְלָ֛ה לְבַלֹּת֖וֹ כַּאֲשֶׁ֥ר

10　בָרִאשׁוֹנָֽה׃ וּלְמִיָּמִ֗ים אֲשֶׁ֨ר צִוִּ֤יתִי שֹֽׁפְטִים֙ עַל־עַמִּ֣י יִשְׂרָאֵ֔ל וְהִכְנַ֙עְתִּי֙

thermore I tell thee that the LORD will build thee an house.

11 ¶ And it shall come to pass, when thy days be expired that thou must go *to be* with thy fathers, that I will raise up thy seed after thee, which shall be of thy sons; and I will establish his kingdom.

12 He shall build me an house, and I will stablish his throne for ever.

13 I will be his father, and he shall be my son: and I will not take my mercy away from him, as I took *it* from *him* that was before thee:

14 But I will settle him in mine house and in my kingdom for ever: and his throne shall be established for evermore.

15 According to all these words, and according to all this vision, so did Nathan speak unto David.

16 ¶ And David the king came and sat before the LORD, and said, Who *am* I, O LORD God, and what *is* mine house, that thou hast brought me hitherto?

17 And *yet* this was a small thing in thine eyes, O God; for thou hast *also* spoken of thy servant's house for a great while to come, and hast regarded me according to the estate of a man of high degree, O LORD God.

18 What can David *speak* more to thee for the honour of thy servant? for thou knowest thy servant.

19 O LORD, for thy servant's sake, and according to thine own heart, hast thou done all this greatness, in making known all *these* great things.

20 O LORD, *there is* none like thee, neither *is there any* God beside thee, according to all that we have heard with our ears.

21 And what one nation in the earth *is* like thy people Israel, whom God went to redeem *to be* his own people, to make thee a name of greatness and terribleness, by driving out nations from before thy people, whom thou hast redeemed out of Egypt?

22 For thy people Israel didst thou make thine own people for ever; and thou, LORD, becamest their God.

23 Therefore now, LORD, let the thing that thou hast spoken concerning thy servant and concerning his house be es-

tablished for ever, and do as thou hast said.

24 Let it even be established, that thy name may be magnified for ever, saying, The LORD of hosts *is* the God of Israel, *even* a God to Israel: and *let* the house of David thy servant *be* established before thee.

25 For thou, O my God, hast told thy servant that thou wilt build him an house: therefore thy servant hath found *in his heart* to pray before thee.

26 And now, LORD, thou art God, and hast promised this goodness unto thy servant:

27 Now therefore let it please thee to bless the house of thy servant, that it may be before thee for ever: for thou blessest, O LORD, and *it shall be* blessed for ever.

CHAPTER 18

1 Now after this it came to pass, that David smote the Philistines, and subdued them, and took Gath and her towns out of the hand of the Philistines.

2 And he smote Moab; and the Moabites became David's servants, *and* brought gifts.

3 ¶ And David smote Hadarezer king of Zobah unto Hamath, as he went to stablish his dominion by the river Euphrates.

4 And David took from him a thousand chariots, and seven thousand horsemen, and twenty thousand footmen: David also houghed all the chariot *horses*, but reserved of them an hundred chariots.

5 And when the Syrians of Damascus came to help Hadarezer king of Zobah, David slew of the Syrians two and twenty thousand men.

6 Then David put *garrisons* in Syria-damascus; and the Syrians became David's servants, *and* brought gifts. Thus the LORD preserved David whithersoever he went.

7 And David took the shields of gold that were on the servants of Hadarezer, and brought them to Jerusalem.

8 Likewise from Tibhath, and from Chun, cities of Hadarezer, brought David very much brass, wherewith Solomon

11 אֶת־כָּל־אוֹיְבֶ֑יךָ וָאַגִּ֣ד לָ֔ךְ וּבַ֖יִת יִבְנֶה־לְּךָ֣ יְהוָ֑ה וְהָיָ֣ה כִּי־מָלְא֣וּ יָמֶ֗יךָ
לָלֶ֙כֶת֙ עִם־אֲבֹתֶ֔יךָ וַהֲקִֽימוֹתִ֤י אֶֽת־זַרְעֲךָ֙ אַחֲרֶ֔יךָ אֲשֶׁ֥ר יִהְיֶ֖ה מִבָּנֶ֑יךָ

12 וַהֲכִינוֹתִ֖י אֶת־מַלְכוּתֽוֹ׃ ה֚וּא יִבְנֶה־לִּ֣י בַ֔יִת וְכֹנַנְתִּ֥י אֶת־כִּסְא֖וֹ עַד־

13 עוֹלָֽם׃ אֲנִי֙ אֶֽהְיֶה־לּ֣וֹ לְאָ֔ב וְה֖וּא יִֽהְיֶה־לִּ֣י לְבֵ֑ן וְחַסְדִּי֙ לֹא־אָסִ֣יר

14 מֵֽעִמּ֔וֹ כַּאֲשֶׁ֥ר הֲסִירֹ֖ותִי מֵאֲשֶׁ֥ר הָיָ֣ה לְפָנֶֽיךָ׃ וְהַֽעֲמַדְתִּ֤יהוּ בְּבֵיתִי֙

15 וּבְמַלְכוּתִ֖י עַד־הָעוֹלָ֑ם וְכִסְא֕וֹ יִהְיֶ֥ה נָכ֖וֹן עַד־עוֹלָֽם׃ כְּכֹל֙ הַדְּבָרִ֣ים
הָאֵ֔לֶּה וּכְכֹ֖ל הֶחָז֣וֹן הַזֶּ֑ה כֵּ֛ן דִּבֶּ֥ר נָתָ֖ן אֶל־דָּוִֽיד׃

16 וַיָּבֹא֙ הַמֶּ֣לֶךְ דָּוִ֔יד וַיֵּ֖שֶׁב לִפְנֵ֣י יְהוָ֑ה וַיֹּ֗אמֶר מִֽי־אֲנִ֞י יְהוָ֣ה אֱלֹהִ֗ים

17 וּמִ֣י בֵיתִ֔י כִּ֥י הֲבִֽיאֹתַ֖נִי עַד־הֲלֹ֑ם וַתִּקְטַ֨ן זֹ֤את בְּעֵינֶ֙יךָ֙ אֱלֹהִ֔ים וַתְּדַבֵּ֗ר
עַל־בֵּֽית־עַבְדְּךָ֖ לְמֵֽרָח֑וֹק וּרְאִיתַ֗נִי כְּת֛וֹר הָאָדָ֥ם הַֽמַּעֲלָ֖ה יְהוָ֥ה

18 אֱלֹהִֽים׃ מַה־יּוֹסִ֨יף ע֥וֹד דָּוִ֛יד אֵלֶ֖יךָ לְכָב֣וֹד אֶת־עַבְדֶּ֑ךָ וְאַתָּ֖ה אֶֽת־

19 עַבְדְּךָ֥ יָדָֽעְתָּ׃ יְהוָ֕ה בַּעֲב֤וּר עַבְדְּךָ֙ וּֽכְלִבְּךָ֔ עָשִׂ֕יתָ אֵ֖ת כָּל־הַגְּדוּלָּ֣ה

20 הַזֹּ֑את לְהֹדִ֖יעַ אֶת־כָּל־הַגְּדֻלּֽוֹת׃ יְהוָה֙ אֵ֣ין כָּמ֔וֹךָ וְאֵ֥ין אֱלֹהִ֖ים זוּלָתֶ֑ךָ

21 בְּכֹ֥ל אֲשֶׁר־שָׁמַ֖עְנוּ בְּאָזְנֵֽינוּ׃ וּמִי֙ כְּעַמְּךָ֣ יִשְׂרָאֵ֔ל גּ֥וֹי אֶחָ֖ד בָּאָ֑רֶץ אֲשֶׁר֩
הָלַ֨ךְ הָאֱלֹהִ֜ים לִפְדּ֧וֹת ל֣וֹ עָ֗ם לָשׂ֤וּם לְךָ֙ שֵׁ֣ם גְּדֻלּ֣וֹת וְנֹרָא֔וֹת לְגָרֵ֗שׁ

22 מִפְּנֵ֧י עַמְּךָ֛ אֲשֶׁר־פָּדִ֥יתָ מִמִּצְרַ֖יִם גּוֹיִֽם׃ וַתִּתֵּ֣ן אֶת־עַמְּךָ֩ יִשְׂרָאֵ֨ל ׀ לְךָ֜

23 לְעָ֣ם עַד־עוֹלָ֗ם וְאַתָּ֣ה יְהוָ֔ה הָיִ֥יתָ לָהֶ֖ם לֵאלֹהִֽים׃ וְעַתָּ֣ה יְהוָ֔ה הַדָּבָ֗ר
אֲשֶׁ֨ר דִּבַּ֤רְתָּ עַֽל־עַבְדְּךָ֙ וְעַל־בֵּית֔וֹ יֵֽאָמֵ֖ן עַד־עוֹלָ֑ם וַעֲשֵׂ֖ה כַּאֲשֶׁ֥ר

24 דִּבַּֽרְתָּ׃ וְיֵֽאָמֵ֕ן וְיִגְדַּ֥ל שִׁמְךָ֖ עַד־עוֹלָ֣ם לֵאמֹ֑ר יְהוָ֤ה צְבָאוֹת֙ אֱלֹהֵ֣י

25 יִשְׂרָאֵ֔ל אֱלֹהִ֖ים לְיִשְׂרָאֵ֑ל וּבֵ֥ית־דָּוִ֛יד עַבְדְּךָ֖ נָכ֣וֹן לְפָנֶֽיךָ׃ כִּ֣י ׀ אַתָּ֣ה
אֱלֹהַ֗י גָּלִ֙יתָ֙ אֶת־אֹ֣זֶן עַבְדְּךָ֔ לִבְנ֥וֹת ל֖וֹ בָּ֑יִת עַל־כֵּן֙ מָצָ֣א עַבְדְּךָ֔

26 לְהִתְפַּלֵּ֖ל לְפָנֶֽיךָ׃ וְעַתָּ֣ה יְהוָ֔ה אַתָּה־ה֖וּא הָאֱלֹהִ֑ים וַתְּדַבֵּר֙ עַֽל־עַבְדְּךָ֔

27 הַטּוֹבָ֖ה הַזֹּֽאת׃ וְעַתָּ֗ה הוֹאַ֙לְתָּ֙ לְבָרֵךְ֙ אֶת־בֵּ֣ית עַבְדְּךָ֔ לִהְי֥וֹת לְעוֹלָ֖ם
לְפָנֶ֑יךָ כִּֽי־אַתָּ֤ה יְהוָה֙ בֵּרַ֔כְתָּ וּמְבֹרָ֖ךְ לְעוֹלָֽם׃

18 1 וַיְהִי֙ אַחֲרֵי־כֵ֔ן וַיַּ֥ךְ דָּוִ֛יד אֶת־פְּלִשְׁתִּ֖ים וַיַּכְנִיעֵ֑ם וַיִּקַּ֛ח אֶת־גַּ֥ת וּבְנֹתֶ֖יהָ

2 מִיַּ֥ד פְּלִשְׁתִּֽים׃ וַיַּ֖ךְ אֶת־מוֹאָ֑ב וַיִּהְי֤וּ מוֹאָב֙ עֲבָדִ֣ים לְדָוִ֔יד נֹשְׂאֵ֖י

3 מִנְחָֽה׃ וַיַּ֥ךְ דָּוִ֛יד אֶת־הֲדַדְעֶ֥זֶר מֶֽלֶךְ־צוֹבָ֖ה חֲמָ֑תָה בְּלֶכְתּ֕וֹ לְהַצִּ֥יב

4 יָד֖וֹ בִּֽנְהַר־פְּרָֽת׃ וַיִּלְכֹּ֨ד דָּוִ֜יד מִמֶּ֗נּוּ אֶ֤לֶף רֶ֙כֶב֙ וְשִׁבְעַ֣ת אֲלָפִ֣ים
פָּרָשִׁ֔ים וְעֶשְׂרִ֥ים אֶ֖לֶף אִ֣ישׁ רַגְלִ֑י וַיְעַקֵּ֤ר דָּוִיד֙ אֶת־כָּל־הָרֶ֔כֶב וַיּוֹתֵ֥ר

5 מִמֶּ֖נּוּ מֵ֥אָה רָֽכֶב׃ וַיָּבֹא֙ אֲרַ֣ם דַּרְמֶ֔שֶׂק לַעְז֕וֹר לַהֲדַדְעֶ֖זֶר מֶ֣לֶךְ צוֹבָ֑ה

6 וַיַּ֤ךְ דָּוִיד֙ בַּאֲרָ֔ם עֶשְׂרִ֥ים וּשְׁנַ֖יִם אֶ֣לֶף אִ֑ישׁ׃ וַיָּ֤שֶׂם דָּוִיד֙ בַּאֲרַ֣ם
דַּרְמֶ֔שֶׂק וַיְהִ֤י אֲרָם֙ לְדָוִ֔יד עֲבָדִ֖ים נֹשְׂאֵ֣י מִנְחָ֑ה וַיּ֤וֹשַׁע יְהוָה֙ לְדָוִ֔יד

7 בְּכֹ֖ל אֲשֶׁ֥ר הָלָֽךְ׃ וַיִּקַּ֣ח דָּוִ֗יד אֵ֚ת שִׁלְטֵ֣י הַזָּהָ֔ב אֲשֶׁ֣ר הָי֔וּ עַ֖ל עַבְדֵ֣י

8 הֲדַדְעָ֑זֶר וַיְבִיאֵ֖ם יְרוּשָׁלָֽ͏ִם׃ וּמִטִּבְחַ֤ת וּמִכּוּן֙ עָרֵ֣י הֲדַדְעֶ֔זֶר לָקַ֥ח דָּוִ֖יד
נְחֹ֣שֶׁת רַבָּ֣ה מְאֹ֑ד בָּ֣הּ ׀ עָשָׂ֨ה שְׁלֹמֹ֜ה אֶת־יָ֤ם הַנְּחֹ֙שֶׁת֙ וְאֶת־הָֽעַמּוּדִ֔ים

made the brasen sea, and the pillars, and the vessels of brass.

9 ¶ Now when Tou king of Hamath heard how David had smitten all the host of Hadarezer king of Zobah;

10 He sent Hadoram his son to king David, to enquire of his welfare, and to congratulate him, because he had fought against Hadarezer, and smitten him; (for Hadarezer had war with Tou;) and *with him* all manner of vessels of gold and silver and brass.

11 ¶ Them also king David dedicated unto the LORD, with the silver and the gold that he brought from all *these* nations; from Edom, and from Moab, and from the children of Ammon, and from the Philistines, and from Amalek.

12 Moreover Abishai the son of Zeruiah slew of the Edomites in the valley of salt eighteen thousand.

13 ¶ And he put garrisons in Edom; and all the Edomites became David's servants. Thus the LORD preserved David whithersoever he went.

14 ¶ So David reigned over all Israel, and executed judgment and justice among all his people.

15 And Joab the son of Zeruiah *was* over the host; and Jehoshaphat the son of Ahilud, recorder.

16 And Zadok the son of Ahitub, and Abimelech the son of Abiathar, *were* the priests; and Shavsha was scribe;

17 And Benaiah the son of Jehoiada *was* over the Cherethites and the Pelethites; and the sons of David *were* chief about the king.

CHAPTER 19

1 Now it came to pass after this, that Nahash the king of the children of Ammon died, and his son reigned in his stead.

2 And David said, I will shew kindness unto Hanun the son of Nahash, because his father shewed kindness to me. And David sent messengers to comfort him concerning his father. So the servants of David came into the land of the children of Ammon to Hanun, to comfort him.

3 But the princes of the children of Ammon said to Hanun, Thinkest thou that David doth honour thy father, that he hath sent comforters unto thee? are not his servants come unto thee for to search, and to overthrow, and to spy out the land?

4 Wherefore Hanun took David's servants, and shaved them, and cut off their garments in the midst hard by their buttocks, and sent them away.

5 Then there went *certain,* and told David how the men were served. And he sent to meet them: for the men were greatly ashamed. And the king said, Tarry at Jericho until your beards be grown, and *then* return.

6 ¶ And when the children of Ammon saw that they had made themselves odious to David, Hanun and the children of Ammon sent a thousand talents of silver to hire them chariots and horsemen out of Mesopotamia, and out of Syria-maachah, and out of Zobah.

7 So they hired thirty and two thousand chariots, and the king of Maachah and his people; who came and pitched before Medeba. And the children of Ammon gathered themselves together from their cities, and came to battle.

8 And when David heard *of it,* he sent Joab, and all the host of the mighty men.

9 And the children of Ammon came out, and put the battle in array before the gate of the city: and the kings that were come *were* by themselves in the field.

10 Now when Joab saw that the battle was set against him before and behind, he chose out of all the choice of Israel, and put *them* in array against the Syrians.

11 And the rest of the people he delivered unto the hand of Abishai his brother, and they set *themselves* in array against the children of Ammon.

12 And he said, If the Syrians be too strong for me, then thou shalt help me: but if the children of Ammon be too strong for thee, then I will help thee.

13 Be of good courage, and let us behave ourselves valiantly for our people, and for the cities of our God: and let the LORD do *that which is* good in his sight.

וְאֵת כְּלֵי הַנְּחֹֽשֶׁת:

9 וַיִּשְׁמַ֗ע תֹּ֚עוּ מֶ֣לֶךְ חֲמָ֔ת כִּ֥י הִכָּ֛ה דָוִ֖יד אֶת־כָּל־חֵ֥יל הֲדַדְעֶ֖זֶר מֶֽלֶךְ־

לִשְׁאָל־ 10 צוֹבָֽה: וַיִּשְׁלַ֣ח אֶת־הֲדוֹרָ֣ם־בְּנ֣וֹ אֶל־הַמֶּֽלֶךְ־דָּ֠וִיד לשאול־ל֨וֹ לְשָׁל֜וֹם וּלְבָ֣רֲכ֗וֹ עַל֩ אֲשֶׁ֨ר נִלְחַ֤ם בַּהֲדַדְעֶ֙זֶר֙ וַיַּכֵּ֔הוּ כִּי־אִ֛ישׁ מִלְחֲמ֥וֹת תֹּ֖עוּ

11 הָיָ֣ה הֲדַדְעֶ֑זֶר וְכֹ֗ל כְּלֵ֛י זָהָ֥ב וָכֶ֖סֶף וּנְחֹֽשֶׁת: גַּם־אֹתָ֗ם הִקְדִּ֞ישׁ הַמֶּ֣לֶךְ דָּוִ֣יד לַֽיהֹוָ֑ה עִם־הַכֶּ֣סֶף וְהַזָּהָ֔ב אֲשֶׁ֥ר נָשָׂ֖א מִכָּל־הַגּוֹיִ֑ם מֵאֱד֣וֹם

12 וּמִמּוֹאָב֙ וּמִבְּנֵ֣י עַמּ֔וֹן וּמִפְּלִשְׁתִּ֖ים וּמֵֽעֲמָלֵֽק: וְאַבְשַׁ֣י בֶּן־צְרוּיָ֗ה הִכָּ֤ה

13 אֶת־אֱדוֹם֙ בְּגֵ֣יא הַמֶּ֔לַח שְׁמוֹנָ֥ה עָשָׂ֖ר אָֽלֶף: וַיָּ֤שֶׂם בֶּֽאֱדוֹם֙ נְצִיבִ֔ים וַיִּהְי֥וּ כָל־אֱד֖וֹם עֲבָדִ֣ים לְדָוִ֑יד וַיּ֤וֹשַׁע יְהֹוָה֙ אֶת־דָּוִ֔יד בְּכֹ֖ל אֲשֶׁ֥ר

14 הָלָֽךְ: וַיִּמְלֹ֥ךְ דָּוִ֖יד עַל־כָּל־יִשְׂרָאֵ֑ל וַיְהִ֗י עֹשֶׂ֛ה מִשְׁפָּ֥ט וּצְדָקָ֖ה לְכָל־

15 עַמּֽוֹ: וְיוֹאָ֥ב בֶּן־צְרוּיָ֖ה עַל־הַצָּבָ֑א וִיהוֹשָׁפָ֥ט בֶּן־אֲחִיל֖וּד מַזְכִּֽיר:

16 וְצָד֧וֹק בֶּן־אֲחִיט֛וּב וַאֲבִימֶ֥לֶךְ בֶּן־אֶבְיָתָ֖ר כֹּהֲנִ֑ים וְשַׁוְשָׁ֖א סוֹפֵֽר:

17 וּבְנָיָ֙הוּ֙ בֶּן־יְה֣וֹיָדָ֔ע עַל־הַכְּרֵתִ֖י וְהַפְּלֵתִ֑י וּבְנֵֽי־דָוִ֥יד הָרִאשֹׁנִ֖ים לְיַ֥ד הַמֶּֽלֶךְ:

19 1 וַֽיְהִי֙ אַֽחֲרֵי־כֵ֔ן וַיָּ֕מׇת נָחָ֖שׁ מֶ֣לֶךְ בְּנֵֽי־עַמּ֑וֹן וַיִּמְלֹ֥ךְ בְּנ֖וֹ תַּחְתָּֽיו: וַיֹּ֨אמֶר

2 דָּוִ֜יד אֶֽעֱשֶׂה־חֶ֣סֶד ׀ עִם־חָנ֣וּן בֶּן־נָחָ֗שׁ כִּֽי־עָשָׂ֨ה אָבִ֤יו עִמִּי֙ חֶ֔סֶד וַיִּשְׁלַ֥ח דָּוִ֛יד מַלְאָכִ֖ים לְנַחֲמ֣וֹ עַל־אָבִ֑יו וַיָּבֹ֩אוּ֩ עַבְדֵ֨י דָוִ֤יד אֶל־אֶ֙רֶץ֙

3 בְּנֵֽי־עַמּ֛וֹן אֶל־חָנ֖וּן לְנַחֲמֽוֹ: וַיֹּֽאמְרוּ֩ שָׂרֵ֨י בְנֵֽי־עַמּ֜וֹן לְחָנ֗וּן הַֽמְכַבֵּ֨ד דָּוִ֤יד אֶת־אָבִ֙יךָ֙ בְּעֵינֶ֔יךָ כִּֽי־שָׁלַ֥ח לְךָ֖ מְנַחֲמִ֑ים הֲ֠לֹ֠א בַּ֠עֲב֠וּר לַחְקֹ֨ר וְלַהֲפֹ֤ךְ וּלְרַגֵּל֙ הָאָ֔רֶץ בָּ֥אוּ עֲבָדָ֖יו אֵלֶֽיךָ:

4 וַיִּקַּ֨ח חָנ֜וּן אֶת־עַבְדֵ֣י דָוִ֗יד וַֽיְגַלְּחֵם֙ וַיִּכְרֹ֤ת אֶת־מַדְוֵיהֶם֙ בַּחֵ֔צִי עַד־

5 הַמִּפְשָׂעָ֖ה וַֽיְשַׁלְּחֵֽם: וַיֵּלְכוּ֙ וַיַּגִּ֣ידוּ לְדָוִ֔יד עַל־הָאֲנָשִׁ֖ים וַיִּשְׁלַ֣ח לִקְרָאתָ֔ם כִּי־הָי֥וּ הָאֲנָשִׁ֖ים נִכְלָמִ֣ים מְאֹ֑ד וַיֹּ֤אמֶר הַמֶּ֙לֶךְ֙ שְׁב֣וּ בִֽירֵח֔וֹ

6 עַ֛ד אֲשֶׁר־יְצַמַּ֥ח זְקַנְכֶ֖ם וְשַׁבְתֶּֽם: וַיִּרְא֖וּ בְּנֵ֣י עַמּ֑וֹן כִּ֣י הִתְבָּֽאֲשׁוּ֮ עִם־ דָּוִיד֒ וַיִּשְׁלַ֣ח חָ֠נ֠וּן וּבְנֵ֨י עַמּ֜וֹן אֶ֣לֶף כִּכַּר־כֶּ֗סֶף לִשְׂכֹּ֣ר לָ֠הֶ֠ם מִן־אֲרַ֨ם

7 נַהֲרַ֜יִם וּמִן־אֲרַ֤ם מַעֲכָה֙ וּמִצּוֹבָ֔ה רֶ֖כֶב וּפָרָשִׁ֑ים וַיִּשְׂכְּר֣וּ לָהֶ֗ם שְׁנַ֛יִם וּשְׁלֹשִׁ֥ים אֶ֙לֶף֙ רֶ֔כֶב וְאֶת־מֶ֣לֶךְ מַעֲכָ֔ה וְאֶת־עַמּ֑וֹ וַיָּבֹ֙אוּ֙ וַֽיַּחֲנ֣וּ לִפְנֵ֣י

8 מֵֽידְבָ֔א וּבְנֵ֣י עַמּ֗וֹן נֶֽאֶסְפוּ֙ מֵעָ֣רֵיהֶ֔ם וַיָּבֹ֖אוּ לַמִּלְחָמָֽה: וַיִּשְׁמַ֖ע דָּוִ֑יד

9 וַיִּשְׁלַח֙ אֶת־יוֹאָ֔ב וְאֵ֥ת כָּל־צָבָ֖א הַגִּבֹּרִֽים: וַיֵּצְאוּ֙ בְּנֵ֣י עַמּ֔וֹן וַיַּ֣עַרְכ֔וּ

10 מִלְחָמָ֖ה פֶּ֣תַח הָעִ֑יר וְהַמְּלָכִ֣ים אֲשֶׁר־בָּ֔אוּ לְבַדָּ֖ם בַּשָּׂדֶֽה: וַיַּ֣רְא יוֹאָ֗ב כִּֽי־הָיְתָ֧ה פְנֵֽי־הַמִּלְחָמָ֛ה אֵלָ֖יו פָּנִ֣ים וְאָח֑וֹר וַיִּבְחַ֗ר מִכָּל־בָּחוּר֙

11 בְּיִשְׂרָאֵ֔ל וַֽיַּעֲרֹ֖ךְ לִקְרַ֣את אֲרָֽם: וְאֵת֙ יֶ֣תֶר הָעָ֔ם נָתַ֕ן בְּיַ֖ד אַבְשַׁ֣י אָחִ֑יו

12 וַיַּ֣עַרְכ֔וּ לִקְרַ֖את בְּנֵ֥י עַמּֽוֹן: וַיֹּ֗אמֶר אִם־תֶּחֱזַ֤ק מִמֶּ֙נִּי֙ אֲרָ֔ם וְהָיִ֥יתָ לִּ֖י

13 לִתְשׁוּעָ֑ה וְאִם־בְּנֵ֥י עַמּ֛וֹן יֶחֶזְק֥וּ מִמְּךָ֖ וְהֽוֹשַׁעְתִּֽיךָ: חֲזַ֤ק וְנִֽתְחַזְּקָה֙ בְּעַד־עַמֵּ֔נוּ וּבְעַ֖ד עָרֵ֣י אֱלֹהֵ֑ינוּ וַֽיהֹוָ֔ה הַטּ֥וֹב בְּעֵינָ֖יו יַעֲשֶֽׂה:

14 So Joab and the people that *were* with him drew nigh before the Syrians unto the battle; and they fled before him.

15 And when the children of Ammon saw that the Syrians were fled, they likewise fled before Abishai his brother, and entered into the city. Then Joab came to Jerusalem.

16 ¶ And when the Syrians saw that they were put to the worse before Israel, they sent messengers, and drew forth the Syrians that *were* beyond the river: and Shophach the captain of the host of Hadarezer *went* before them.

17 And it was told David; and he gathered all Israel, and passed over Jordan, and came upon them, and set *the battle* in array against them. So when David had put the battle in array against the Syrians, they fought with him.

18 But the Syrians fled before Israel; and David slew of the Syrians seven thousand *men which fought in* chariots, and forty thousand footmen, and killed Shophach the captain of the host.

19 And when the servants of Hadarezer saw that they were put to the worse before Israel, they made peace with David, and became his servants: neither would the Syrians help the children of Ammon any more.

CHAPTER 20

1 And it came to pass, that after the year was expired, at the time that kings go out *to battle,* Joab led forth the power of the army, and wasted the country of the children of Ammon, and came and besieged Rabbah. But David tarried at Jerusalem. And Joab smote Rabbah, and destroyed it.

2 And David took the crown of their king from off his head, and found it to weigh a talent of gold, and *there were* precious stones in it; and it was set upon David's head: and he brought also exceeding much spoil out of the city.

3 And he brought out the people that *were* in it, and cut *them* with saws, and with harrows of iron, and with axes. Even so dealt David with all the cities of the children of Ammon. And David and all the people returned to Jerusalem.

4 ¶ And it came to pass after this, that there arose war at Gezer with the Philistines; at which time Sibbechai the Hushathite slew Sippai, *that was* of the children of the giant: and they were subdued.

5 And there was war again with the Philistines; and Elhanan the son of Jair slew Lahmi the brother of Goliath the Gittite, whose spear staff *was* like a weaver's beam.

6 And yet again there was war at Gath, where was a man of *great* stature, whose fingers and toes *were* four and twenty, six *on each hand,* and six *on each foot:* and he also was the son of the giant.

7 But when he defied Israel, Jonathan the son of Shimea David's brother slew him.

8 These were born unto the giant in Gath; and they fell by the hand of David, and by the hand of his servants.

CHAPTER 21

1 And Satan stood up against Israel, and provoked David to number Israel.

2 And David said to Joab and to the rulers of the people, Go, number Israel from Beer-sheba even to Dan; and bring the number of them to me, that I may know *it.*

3 And Joab answered, The Lord make his people an hundred times so many more as they *be:* but, my lord the king, *are* they not all my lord's servants? why then doth my lord require this thing? why will he be a cause of trespass to Israel?

4 Nevertheless the king's word prevailed against Joab. Wherefore Joab departed, and went throughout all Israel, and came to Jerusalem.

5 ¶ And Joab gave the sum of the number of the people unto David. And all *they of* Israel were a thousand thousand and an hundred thousand men that drew sword: and Judah *was* four hundred threescore and ten thousand men that drew sword.

6 But Levi and Benjamin counted he not among them: for the king's word was abominable to Joab.

7 And God was displeased with this thing; therefore he smote Israel.

14 וַיִּגַּשׁ יוֹאָב וְהָעָם אֲשֶׁר־עִמּוֹ לִפְנֵי אֲרָם לַמִּלְחָמָה וַיָּנוּסוּ מִפָּנָיו:

15 וּבְנֵי עַמּוֹן רָאוּ כִּי־נָס אֲרָם וַיָּנוּסוּ גַם־הֵם מִפְּנֵי אַבְשַׁי אָחִיו וַיָּבֹאוּ
הָעִירָה וַיָּבֹא יוֹאָב יְרוּשָׁלָ͏ִם:

16 וַיַּרְא אֲרָם כִּי נִגְּפוּ לִפְנֵי יִשְׂרָאֵל וַיִּשְׁלְחוּ מַלְאָכִים וַיּוֹצִיאוּ אֶת־אֲרָם

17 אֲשֶׁר מֵעֵבֶר הַנָּהָר וְשׁוֹפַךְ שַׂר־צְבָא הֲדַדְעֶזֶר לִפְנֵיהֶם: וַיֻּגַּד לְדָוִיד
וַיֶּאֱסֹף אֶת־כָּל־יִשְׂרָאֵל וַיַּעֲבֹר הַיַּרְדֵּן וַיָּבֹא אֲלֵהֶם וַיַּעֲרֹךְ אֲלֵהֶם

18 וַיַּעֲרֹךְ דָּוִיד לִקְרַאת אֲרָם מִלְחָמָה וַיִּלָּחֲמוּ עִמּוֹ: וַיָּנָס אֲרָם מִלִּפְנֵי
יִשְׂרָאֵל וַיַּהֲרֹג דָּוִיד מֵאֲרָם שִׁבְעַת אֲלָפִים רֶכֶב וְאַרְבָּעִים אֶלֶף אִישׁ

19 רַגְלִי וְאֵת שׁוֹפַךְ שַׂר־הַצָּבָא הֵמִית: וַיִּרְאוּ עַבְדֵי הֲדַדְעֶזֶר כִּי נִגְּפוּ
לִפְנֵי יִשְׂרָאֵל וַיַּשְׁלִימוּ עִם־דָּוִיד וַיַּעַבְדֻהוּ וְלֹא־אָבָה אֲרָם לְהוֹשִׁיעַ
אֶת־בְּנֵי־עַמּוֹן עוֹד:

20 וַיְהִי לְעֵת תְּשׁוּבַת הַשָּׁנָה לְעֵת׀ צֵאת הַמְּלָכִים וַיִּנְהַג יוֹאָב אֶת־חֵיל
הַצָּבָא וַיַּשְׁחֵת אֶת־אֶרֶץ׀ בְּנֵי־עַמּוֹן וַיָּבֹא וַיָּצַר אֶת־רַבָּה וְדָוִיד יֹשֵׁב

2 בִּירוּשָׁלָ͏ִם וַיַּךְ יוֹאָב אֶת־רַבָּה וַיֶּהֶרְסֶהָ: וַיִּקַּח דָּוִיד אֶת־עֲטֶרֶת־מַלְכָּם
מֵעַל רֹאשׁוֹ וַיִּמְצָאָהּ׀ מִשְׁקַל כִּכַּר־זָהָב וּבָהּ אֶבֶן יְקָרָה וַתְּהִי עַל־

3 רֹאשׁ דָּוִיד וּשְׁלַל הָעִיר הוֹצִיא הַרְבֵּה מְאֹד: וְאֶת־הָעָם אֲשֶׁר־בָּהּ
הוֹצִיא וַיָּשַׂר בַּמְּגֵרָה וּבַחֲרִיצֵי הַבַּרְזֶל וּבַמְּגֵרוֹת וְכֵן יַעֲשֶׂה דָוִיד
לְכֹל עָרֵי בְנֵי־עַמּוֹן וַיָּשָׁב דָּוִיד וְכָל־הָעָם יְרוּשָׁלָ͏ִם:

4A 4 וַיְהִי אַחֲרֵי־כֵן וַתַּעֲמֹד מִלְחָמָה בְּגֶזֶר עִם־פְּלִשְׁתִּים אָז הִכָּה סִבְּכַי

5 הַחֻשָׁתִי אֶת־סִפַּי מִילִדֵי הָרְפָאִים וַיִּכָּנֵעוּ: וַתְּהִי־עוֹד מִלְחָמָה אֶת־
פְּלִשְׁתִּים וַיַּךְ אֶלְחָנָן בֶּן־יָעִור אֶת־לַחְמִי אֲחִי גָּלְיָת הַגִּתִּי וְעֵץ חֲנִיתוֹ

יָעִיר

6 כִּמְנוֹר אֹרְגִים: וַתְּהִי־עוֹד מִלְחָמָה בְּגַת וַיְהִי׀ אִישׁ מִדָּה׀ וְאֶצְבְּעֹתָיו

7 שֵׁשׁ־וָשֵׁשׁ עֶשְׂרִים וְאַרְבַּע וְגַם־הוּא נוֹלַד לְהָרָפָא: וַיְחָרֵף אֶת־

8 יִשְׂרָאֵל וַיַּכֵּהוּ יְהוֹנָתָן בֶּן־שִׁמְעָא אֲחִי דָוִיד: אֵל נוּלְּדוּ לְהָרָפָא בְּגַת
וַיִּפְּלוּ בְיַד־דָּוִיד וּבְיַד־עֲבָדָיו:

21 1,2 וַיַּעֲמֹד שָׂטָן עַל־יִשְׂרָאֵל וַיָּסֶת אֶת־דָּוִיד לִמְנוֹת אֶת־יִשְׂרָאֵל: וַיֹּאמֶר
דָּוִיד אֶל־יוֹאָב וְאֶל־שָׂרֵי הָעָם לְכוּ סִפְרוּ אֶת־יִשְׂרָאֵל מִבְּאֵר שֶׁבַע

3 וְעַד־דָּן וְהָבִיאוּ אֵלַי וְאֵדְעָה אֶת־מִסְפָּרָם: וַיֹּאמֶר יוֹאָב יוֹסֵף יְהֹוָה
עַל־עַמּוֹ׀ כָּהֵם מֵאָה פְעָמִים הֲלֹא אֲדֹנִי הַמֶּלֶךְ כֻּלָּם לַאדֹנִי לַעֲבָדִים

4 לָמָּה יְבַקֵּשׁ זֹאת אֲדֹנִי לָמָּה יִהְיֶה לְאַשְׁמָה לְיִשְׂרָאֵל: וּדְבַר־הַמֶּלֶךְ

5 חָזַק עַל־יוֹאָב וַיֵּצֵא יוֹאָב וַיִּתְהַלֵּךְ בְּכָל־יִשְׂרָאֵל וַיָּבֹא יְרוּשָׁלָ͏ִם: וַיִּתֵּן
יוֹאָב אֶת־מִסְפַּר מִפְקַד־הָעָם אֶל־דָּוִיד וַיְהִי כָל־יִשְׂרָאֵל אֶלֶף אֲלָפִים
וּמֵאָה אֶלֶף אִישׁ שֹׁלֵף חֶרֶב וִיהוּדָה אַרְבַּע מֵאוֹת וְשִׁבְעִים אֶלֶף

6 אִישׁ שֹׁלֵף חָרֶב: וְלֵוִי וּבִנְיָמִן לֹא פָקַד בְּתוֹכָם כִּי־נִתְעַב דְּבַר־הַמֶּלֶךְ

7 אֶת־יוֹאָב: וַיֵּרַע בְּעֵינֵי הָאֱלֹהִים עַל־הַדָּבָר הַזֶּה וַיַּךְ אֶת־

8 And David said unto God, I have sinned greatly, because I have done this thing: but now, I beseech thee, do away the iniquity of thy servant; for I have done very foolishly.

9 ¶ And the LORD spake unto Gad, David's seer, saying,

10 Go and tell David, saying, Thus saith the LORD, I offer thee three *things:* choose thee one of them, that I may do *it* unto thee.

11 So Gad came to David, and said unto him, Thus saith the LORD, Choose thee

12 Either three years' famine; or three months to be destroyed before thy foes, while that the sword of thine enemies overtaketh *thee;* or else three days the sword of the LORD, even the pestilence, in the land, and the angel of the LORD destroying throughout all the coasts of Israel. Now therefore advise thyself what word I shall bring again to him that sent me.

13 And David said unto Gad, I am in a great strait: let me fall now into the hand of the LORD; for very great *are* his mercies: but let me not fall into the hand of man.

14 ¶ So the LORD sent pestilence upon Israel: and there fell of Israel seventy thousand men.

15 And God sent an angel unto Jerusalem to destroy it: and as he was destroying, the LORD beheld, and he repented him of the evil, and said to the angel that destroyed, It is enough, stay now thine hand. And the angel of the LORD stood by the threshingfloor of Ornan the Jebusite.

16 And David lifted up his eyes, and saw the angel of the LORD stand between the earth and the heaven, having a drawn sword in his hand stretched out over Jerusalem. Then David and the elders *of Israel, who were* clothed in sackcloth, fell upon their faces.

17 And David said unto God, *Is it* not I *that* commanded the people to be numbered? even I it is that have sinned and done evil indeed; but *as for* these sheep, what have they done? let thine hand, I pray thee, O LORD my God, be on me, and on my father's house; but not on thy people, that they should be plagued.

18 ¶ Then the angel of the LORD commanded Gad to say to David, that David should go up, and set up an altar unto the LORD in the threshingfloor of Ornan the Jebusite.

19 And David went up at the saying of Gad, which he spake in the name of the LORD.

20 And Ornan turned back, and saw the angel; and his four sons with him hid themselves. Now Ornan was threshing wheat.

21 And as David came to Ornan, Ornan looked and saw David, and went out of the threshingfloor, and bowed himself to David with *his* face to the ground.

22 Then David said to Ornan, Grant me the place of *this* threshingfloor, that I may build an altar therein unto the LORD: thou shalt grant it me for the full price: that the plague may be stayed from the people.

23 And Ornan said unto David, Take *it* to thee, and let my lord the king do *that which is* good in his eyes: lo, I give *thee* the oxen *also* for burnt offerings, and the threshing instruments for wood, and the wheat for the meat offering; I give it all.

24 And king David said to Ornan, Nay; but I will verily buy it for the full price: for I will not take *that* which *is* thine for the LORD, nor offer burnt offerings without cost.

25 So David gave to Ornan for the place six hundred shekels of gold by weight.

26 And David built there an altar unto the LORD, and offered burnt offerings and peace offerings, and called upon the LORD; and he answered him from heaven by fire upon the altar of burnt offering.

27 And the LORD commanded the angel; and he put up his sword again into the sheath thereof.

28 ¶ At that time when David saw that the LORD had answered him in the

יִשְׂרָאֵל:

8 וַיֹּאמֶר דָּוִיד אֶל־הָאֱלֹהִים חָטָאתִי מְאֹד אֲשֶׁר עָשִׂיתִי אֶת־הַדָּבָר
הַזֶּה וְעַתָּה הַעֲבֶר־נָא אֶת־עֲוֹן עַבְדְּךָ כִּי נִסְכַּלְתִּי מְאֹד:

9 וַיְדַבֵּר יְהוָה אֶל־גָּד חֹזֵה דָוִיד לֵאמֹר: לֵךְ וְדִבַּרְתָּ אֶל־דָּוִיד לֵאמֹר
10 כֹּה אָמַר יְהוָה שָׁלוֹשׁ אֲנִי נֹטֶה עָלֶיךָ בְּחַר־לְךָ אַחַת מֵהֵנָּה

11 וְאֶעֱשֶׂה־לָּךְ: וַיָּבֹא גָד אֶל־דָּוִיד וַיֹּאמֶר לוֹ כֹּה־אָמַר יְהוָה קַבֶּל־לָךְ:
12 אִם־שָׁלוֹשׁ שָׁנִים רָעָב וְאִם־שְׁלֹשָׁה חֳדָשִׁים נִסְפֶּה מִפְּנֵי־צָרֶיךָ וְחֶרֶב
אוֹיְבֶךָ לְמַשֶּׂגֶת וְאִם־שְׁלֹשֶׁת יָמִים חֶרֶב יְהוָה וְדֶבֶר בָּאָרֶץ וּמַלְאַךְ
יְהוָה מַשְׁחִית בְּכָל־גְּבוּל יִשְׂרָאֵל וְעַתָּה רְאֵה מָה־אָשִׁיב אֶת־שֹׁלְחִי
דָּבָר:

13 וַיֹּאמֶר דָּוִיד אֶל־גָּד צַר־לִי מְאֹד אֶפְּלָה־נָּא בְיַד־יְהוָה כִּי־רַבִּים
14 רַחֲמָיו מְאֹד וּבְיַד־אָדָם אַל־אֶפֹּל: וַיִּתֵּן יְהוָה דֶּבֶר בְּיִשְׂרָאֵל וַיִּפֹּל
15 מִיִּשְׂרָאֵל שִׁבְעִים אֶלֶף אִישׁ: וַיִּשְׁלַח הָאֱלֹהִים מַלְאָךְ לִירוּשָׁלַ͏ִם
לְהַשְׁחִיתָהּ וּכְהַשְׁחִית רָאָה יְהוָה וַיִּנָּחֶם עַל־הָרָעָה וַיֹּאמֶר לַמַּלְאָךְ
הַמַּשְׁחִית רַב עַתָּה הֶרֶף יָדֶךָ וּמַלְאַךְ יְהוָה עֹמֵד עִם־גֹּרֶן אָרְנָן
16 הַיְבֻסִי: וַיִּשָּׂא דָוִיד אֶת־עֵינָיו וַיַּרְא אֶת־מַלְאַךְ יְהוָה
עֹמֵד בֵּין הָאָרֶץ וּבֵין הַשָּׁמַיִם וְחַרְבּוֹ שְׁלוּפָה בְּיָדוֹ נְטוּיָה עַל־
17 יְרוּשָׁלָ͏ִם וַיִּפֹּל דָּוִיד וְהַזְּקֵנִים מְכֻסִּים בַּשַּׂקִּים עַל־פְּנֵיהֶם: וַיֹּאמֶר
דָּוִיד אֶל־הָאֱלֹהִים הֲלֹא אֲנִי אָמַרְתִּי לִמְנוֹת בָּעָם וַאֲנִי־הוּא אֲשֶׁר־
חָטָאתִי וְהָרֵעַ הֲרֵעוֹתִי וְאֵלֶּה הַצֹּאן מֶה עָשׂוּ יְהוָה אֱלֹהַי תְּהִי
18 נָא יָדְךָ בִּי וּבְבֵית אָבִי וּבְעַמְּךָ לֹא לְמַגֵּפָה: וּמַלְאַךְ יְהוָה
אָמַר אֶל־גָּד לֵאמֹר לְדָוִיד כִּי יַעֲלֶה דָוִיד לְהָקִים מִזְבֵּחַ לַיהוָה בְּגֹרֶן
19 אָרְנָן הַיְבֻסִי: וַיַּעַל דָּוִיד בִּדְבַר־גָּד אֲשֶׁר דִּבֶּר בְּשֵׁם יְהוָה: וַיָּשָׁב
20 אָרְנָן וַיַּרְא אֶת־הַמַּלְאָךְ וְאַרְבַּעַת בָּנָיו עִמּוֹ מִתְחַבְּאִים וְאָרְנָן דָּשׁ
21 חִטִּים: וַיָּבֹא דָוִיד עַד־אָרְנָן וַיַּבֵּט אָרְנָן וַיַּרְא אֶת־דָּוִיד וַיֵּצֵא מִן־
22 הַגֹּרֶן וַיִּשְׁתַּחוּ לְדָוִיד אַפַּיִם אָרְצָה: וַיֹּאמֶר דָּוִיד אֶל־אָרְנָן תְּנָה־לִּי
מְקוֹם הַגֹּרֶן וְאֶבְנֶה־בּוֹ מִזְבֵּחַ לַיהוָה בְּכֶסֶף מָלֵא תְּנֵהוּ לִי וְתֵעָצַר
23 הַמַּגֵּפָה מֵעַל הָעָם: וַיֹּאמֶר אָרְנָן אֶל־דָּוִיד קַח־לָךְ וְיַעַשׂ אֲדֹנִי
הַמֶּלֶךְ הַטּוֹב בְּעֵינָיו רְאֵה נָתַתִּי הַבָּקָר לָעֹלוֹת וְהַמּוֹרִגִּים לָעֵצִים
24 וְהַחִטִּים לַמִּנְחָה הַכֹּל נָתָתִּי: וַיֹּאמֶר הַמֶּלֶךְ דָּוִיד לְאָרְנָן לֹא כִּי־קָנֹה
אֶקְנֶה בְּכֶסֶף מָלֵא כִּי לֹא־אֶשָּׂא אֲשֶׁר־לְךָ לַיהוָה וְהַעֲלוֹת עוֹלָה
25 חִנָּם: וַיִּתֵּן דָּוִיד לְאָרְנָן בַּמָּקוֹם שִׁקְלֵי זָהָב מִשְׁקָל שֵׁשׁ מֵאוֹת: וַיִּבֶן
26 שָׁם דָּוִיד מִזְבֵּחַ לַיהוָה וַיַּעַל עֹלוֹת וּשְׁלָמִים וַיִּקְרָא אֶל־יְהוָה וַיַּעֲנֵהוּ
בָאֵשׁ מִן־הַשָּׁמַיִם עַל מִזְבַּח הָעֹלָה:

27 וַיֹּאמֶר יְהוָה לַמַּלְאָךְ וַיָּשֶׁב חַרְבּוֹ אֶל־נְדָנָהּ: בָּעֵת הַהִיא בִּרְאוֹת
28

threshingfloor of Ornan the Jebusite, then he sacrificed there.

29 For the tabernacle of the LORD, which Moses made in the wilderness, and the altar of the burnt offering, *were* at that season in the high place at Gibeon.

30 But David could not go before it to enquire of God: for he was afraid because of the sword of the angel of the LORD.

CHAPTER 22

1 Then David said, This *is* the house of the LORD God, and this *is* the altar of the burnt offering for Israel.

2 And David commanded to gather together the strangers that *were* in the land of Israel; and he set masons to hew wrought stones to build the house of God.

3 And David prepared iron in abundance for the nails for the doors of the gates, and for the joinings; and brass in abundance without weight;

4 Also cedar trees in abundance: for the Zidonians and they of Tyre brought much cedar wood to David.

5 And David said, Solomon my son *is* young and tender, and the house *that is* to be builded for the LORD *must be* exceeding magnifical, of fame and of glory throughout all countries: I will *therefore* now make preparation for it. So David prepared abundantly before his death.

6 ¶ Then he called for Solomon his son, and charged him to build an house for the LORD God of Israel.

7 And David said to Solomon, My son, as for me, it was in my mind to build an house unto the name of the LORD my God:

8 But the word of the LORD came to me, saying, Thou hast shed blood abundantly, and hast made great wars: thou shalt not build an house unto my name, because thou hast shed much blood upon the earth in my sight.

9 Behold, a son shall be born to thee, who shall be a man of rest; and I will give him rest from all his enemies round about: for his name shall be Solomon, and

I will give peace and quietness unto Israel in his days.

10 He shall build an house for my name; and he shall be my son, and I *will be* his father; and I will establish the throne of his kingdom over Israel for ever.

11 Now, my son, the LORD be with thee; and prosper thou, and build the house of the LORD thy God, as he hath said of thee.

12 Only the LORD give thee wisdom and understanding, and give thee charge concerning Israel, that thou mayest keep the law of the LORD thy God.

13 Then shalt thou prosper, if thou takest heed to fulfil the statutes and judgments which the LORD charged Moses with concerning Israel: be strong, and of good courage; dread not, nor be dismayed.

14 Now, behold, in my trouble I have prepared for the house of the LORD an hundred thousand talents of gold, and a thousand thousand talents of silver; and of brass and iron without weight; for it is in abundance: timber also and stone have I prepared; and thou mayest add thereto.

15 Moreover *there are* workmen with thee in abundance, hewers and workers of stone and timber, and all manner of cunning men for every manner of work.

16 Of the gold, the silver, and the brass, and the iron, *there is* no number. Arise *therefore*, and be doing, and the LORD be with thee.

17 ¶ David also commanded all the princes of Israel to help Solomon his son, *saying,*

18 *Is* not the LORD your God with you? and hath he *not* given you rest on every side? for he hath given the inhabitants of the land into mine hand; and the land is subdued before the LORD, and before his people.

19 Now set your heart and your soul to seek the LORD your God; arise therefore, and build ye the sanctuary of the LORD God, to bring the ark of the covenant of the LORD, and the holy vessels of God, into the house that is to be built to the name of the LORD.

29 דָּוִיד כִּי־עָנָהוּ יְהוָה בְּגֹרֶן אָרְנָן הַיְבוּסִי וַיִּזְבַּח שָׁם: וּמִשְׁכַּן יְהוָה אֲשֶׁר־עָשָׂה מֹשֶׁה בַמִּדְבָּר וּמִזְבַּח הָעוֹלָה בָּעֵת הַהִיא בַּבָּמָה

30 בְּגִבְעוֹן: וְלֹא־יָכֹל דָּוִיד לָלֶכֶת לְפָנָיו לִדְרֹשׁ אֱלֹהִים כִּי נִבְעַת מִפְּנֵי חֶרֶב מַלְאַךְ יְהוָה: וַיֹּאמֶר דָּוִיד זֶה הוּא בֵּית יְהוָה

22 1

2 הָאֱלֹהִים וְזֶה־מִּזְבֵּחַ לְעֹלָה לְיִשְׂרָאֵל: וַיֹּאמֶר דָּוִיד לִכְנוֹס אֶת־הַגֵּרִים אֲשֶׁר בְּאֶרֶץ יִשְׂרָאֵל וַיַּעֲמֵד חֹצְבִים לַחְצוֹב אַבְנֵי גָזִית

3 לִבְנוֹת בֵּית הָאֱלֹהִים: וּבַרְזֶל לָרֹב לַמַּסְמְרִים לְדַלְתוֹת הַשְּׁעָרִים וְלַמְחַבְּרוֹת הֵכִין דָּוִיד וּנְחֹשֶׁת לָרֹב אֵין מִשְׁקָל: וַעֲצֵי אֲרָזִים לְאֵין

4 מִסְפָּר כִּי־הֵבִיאוּ הַצִּידֹנִים וְהַצֹּרִים עֲצֵי אֲרָזִים לָרֹב לְדָוִיד:

5 וַיֹּאמֶר דָּוִיד שְׁלֹמֹה בְנִי נַעַר וָרָךְ וְהַבַּיִת לִבְנוֹת לַיהוָה לְהַגְדִּיל לְמַעְלָה לְשֵׁם וּלְתִפְאֶרֶת לְכָל־הָאֲרָצוֹת אָכִינָה נָּא לוֹ וַיָּכֶן דָּוִיד

6 לָרֹב לִפְנֵי מוֹתוֹ: וַיִּקְרָא לִשְׁלֹמֹה בְנוֹ וַיְצַוֵּהוּ לִבְנוֹת בַּיִת לַיהוָה

7 אֱלֹהֵי יִשְׂרָאֵל: וַיֹּאמֶר דָּוִיד לִשְׁלֹמֹה בנו אֲנִי הָיָה עִם־ בְּנִי

8 לְבָבִי לִבְנוֹת בַּיִת לְשֵׁם יְהוָה אֱלֹהָי: וַיְהִי עָלַי דְּבַר־יְהוָה לֵאמֹר דָּם לָרֹב שָׁפַכְתָּ וּמִלְחָמוֹת גְּדֹלוֹת עָשִׂיתָ לֹא־תִבְנֶה בַיִת לִשְׁמִי

9 כִּי דָּמִים רַבִּים שָׁפַכְתָּ אַרְצָה לְפָנָי: הִנֵּה־בֵן נוֹלָד לָךְ הוּא יִהְיֶה אִישׁ מְנוּחָה וַהֲנִחוֹתִי לוֹ מִכָּל־אוֹיְבָיו מִסָּבִיב כִּי שְׁלֹמֹה יִהְיֶה שְׁמוֹ

10 וְשָׁלוֹם וָשֶׁקֶט אֶתֵּן עַל־יִשְׂרָאֵל בְּיָמָיו: הוּא־יִבְנֶה בַיִת לִשְׁמִי וְהוּא יִהְיֶה־לִּי לְבֵן וַאֲנִי־לוֹ לְאָב וַהֲכִינוֹתִי כִּסֵּא מַלְכוּתוֹ עַל־יִשְׂרָאֵל עַד־

11 עוֹלָם: עַתָּה בְנִי יְהִי יְהוָה עִמָּךְ וְהִצְלַחְתָּ וּבָנִיתָ בֵּית יְהוָה אֱלֹהֶיךָ

12 כַּאֲשֶׁר דִּבֶּר עָלֶיךָ: אַךְ יִתֶּן־לְךָ יְהוָה שֵׂכֶל וּבִינָה וִיצַוְּךָ עַל־יִשְׂרָאֵל

13 וְלִשְׁמוֹר אֶת־תּוֹרַת יְהוָה אֱלֹהֶיךָ: אָז תַּצְלִיחַ אִם־תִּשְׁמוֹר לַעֲשׂוֹת אֶת־הַחֻקִּים וְאֶת־הַמִּשְׁפָּטִים אֲשֶׁר צִוָּה יְהוָה אֶת־מֹשֶׁה עַל־יִשְׂרָאֵל

14 חֲזַק וֶאֱמָץ אַל־תִּירָא וְאַל־תֵּחָת: וְהִנֵּה בְעָנְיִי הֲכִינוֹתִי לְבֵית־יְהוָה זָהָב כִּכָּרִים מֵאָה־אֶלֶף וְכֶסֶף אֶלֶף אֲלָפִים כִּכָּרִים וְלַנְּחֹשֶׁת וְלַבַּרְזֶל אֵין מִשְׁקָל כִּי לָרֹב הָיָה וְעֵצִים וַאֲבָנִים הֲכִינוֹתִי וַעֲלֵיהֶם תּוֹסִיף:

15 וְעִמְּךָ לָרֹב עֹשֵׂי מְלָאכָה חֹצְבִים וְחָרָשֵׁי אֶבֶן וָעֵץ וְכָל־חָכָם בְּכָל־

16 מְלָאכָה: לַזָּהָב לַכֶּסֶף וְלַנְּחֹשֶׁת וְלַבַּרְזֶל אֵין מִסְפָּר קוּם וַעֲשֵׂה וִיהִי

17 יְהוָה עִמָּךְ: וַיְצַו דָּוִיד לְכָל־שָׂרֵי יִשְׂרָאֵל לַעְזֹר לִשְׁלֹמֹה בְנוֹ: הֲלֹא

18 יְהוָה אֱלֹהֵיכֶם עִמָּכֶם וְהֵנִיחַ לָכֶם מִסָּבִיב כִּי נָתַן בְּיָדִי אֵת יֹשְׁבֵי

19 הָאָרֶץ וְנִכְבְּשָׁה הָאָרֶץ לִפְנֵי יְהוָה וְלִפְנֵי עַמּוֹ: עַתָּה תְּנוּ לְבַבְכֶם וְנַפְשְׁכֶם לִדְרוֹשׁ לַיהוָה אֱלֹהֵיכֶם וְקוּמוּ וּבְנוּ אֶת־מִקְדַּשׁ יְהוָה הָאֱלֹהִים לְהָבִיא אֶת־אֲרוֹן בְּרִית־יְהוָה וּכְלֵי קֹדֶשׁ הָאֱלֹהִים לַבַּיִת הַנִּבְנֶה לְשֵׁם־יְהוָה:

CHAPTER 23

1 So when David was old and full of days, he made Solomon his son king over Israel.

2 ¶ And he gathered together all the princes of Israel, with the priests and the Levites.

3 Now the Levites were numbered from the age of thirty years and upward: and their number by their polls, man by man, was thirty and eight thousand.

4 Of which, twenty and four thousand *were* to set forward the work of the house of the LORD; and six thousand *were* officers and judges:

5 Moreover four thousand *were* porters; and four thousand praised the LORD with the instruments which I made, *said David,* to praise *therewith.*

6 And David divided them into courses among the sons of Levi, *namely,* Gershon, Kohath, and Merari.

7 ¶ Of the Gershonites *were,* Laadan, and Shimei.

8 The sons of Laadan; the chief *was* Jehiel, and Zetham, and Joel, three.

9 The sons of Shimei; Shelomith, and Haziel, and Haran, three. These *were* the chief of the fathers of Laadan.

10 And the sons of Shimei *were,* Jahath, Zina, and Jeush, and Beriah. These four *were* the sons of Shimei.

11 And Jahath was the chief, and Zizah the second: but Jeush and Beriah had not many sons; therefore they were in one reckoning, according to *their* father's house.

12 ¶ The sons of Kohath; Amram, Izhar, Hebron, and Uzziel, four.

13 The sons of Amram; Aaron and Moses: and Aaron was separated, that he should sanctify the most holy things, he and his sons for ever, to burn incense before the LORD, to minister unto him, and to bless in his name for ever.

14 Now *concerning* Moses the man of God, his sons were named of the tribe of Levi.

15 The sons of Moses *were,* Gershom, and Eliezer.

16 Of the sons of Gershom, Shebuel *was* the chief.

17 And the sons of Eliezer *were,* Rehabiah the chief. And Eliezer had none other sons; but the sons of Rehabiah were very many.

18 Of the sons of Izhar; Shelomith the chief.

19 Of the sons of Hebron; Jeriah the first, Amariah the second, Jahaziel the third, and Jekameam the fourth.

20 Of the sons of Uzziel; Michah the first, and Jesiah the second.

21 ¶ The sons of Merari; Mahli, and Mushi. The sons of Mahli; Eleazar, and Kish.

22 And Eleazar died, and had no sons, but daughters: and their brethren the sons of Kish took them.

23 The sons of Mushi; Mahli, and Eder, and Jeremoth, three.

24 ¶ These *were* the sons of Levi after the house of their fathers; *even* the chief of the fathers, as they were counted by number of names by their polls, that did the work for the service of the house of the LORD, from the age of twenty years and upward.

25 For David said, The LORD God of Israel hath given rest unto his people, that they may dwell in Jerusalem for ever:

26 And also unto the Levites; they shall no *more* carry the tabernacle, nor any vessels of it for the service thereof.

27 For by the last words of David the Levites *were* numbered from twenty years old and above:

28 Because their office *was* to wait on the sons of Aaron for the service of the house of the LORD, in the courts, and in the chambers, and in the purifying of all holy things, and the work of the service of the house of God;

29 Both for the shewbread, and for the fine flour for meat offering, and for the unleavened cakes, and for *that which is baked in* the pan, and for that which is fried, and for all manner of measure and size;

30 And to stand every morning to thank and praise the LORD, and likewise at even;

31 And to offer all burnt sacrifices unto the LORD in the sabbaths, in the new moons, and on the set feasts, by number,

23 וְדָוִיד זָקֵן וְשָׂבַע יָמִים וַיַּמְלֵךְ אֶת־שְׁלֹמֹה בְנוֹ עַל־יִשְׂרָאֵל: וַיֶּאֱסֹף
אֶת־כָּל־שָׂרֵי יִשְׂרָאֵל וְהַכֹּהֲנִים וְהַלְוִיִּם: וַיִּסָּפְרוּ הַלְוִיִּם מִבֶּן שְׁלֹשִׁים
שָׁנָה וָמָעְלָה וַיְהִי מִסְפָּרָם לְגֻלְגְּלֹתָם לִגְבָרִים שְׁלֹשִׁים וּשְׁמוֹנָה
אָלֶף: מֵאֵלֶּה לְנַצֵּחַ עַל־מְלֶאכֶת בֵּית־יְהוָה עֶשְׂרִים וְאַרְבָּעָה אָלֶף
וְשֹׁטְרִים וְשֹׁפְטִים שֵׁשֶׁת אֲלָפִים: וְאַרְבַּעַת אֲלָפִים שֹׁעֲרִים וְאַרְבַּעַת
אֲלָפִים מְהַלְלִים לַיהוָה בַּכֵּלִים אֲשֶׁר עָשִׂיתִי לְהַלֵּל: וַיֶּחָלְקֵם דָּוִיד

7 מַחְלְקוֹת   לִבְנֵי לֵוִי לְגֵרְשׁוֹן קְהָת וּמְרָרִי: לְגֵרְשַׁנִּי

8 לַעְדָּן וְשִׁמְעִי: בְּנֵי לַעְדָּן הָרֹאשׁ יְחִיאֵל וְזֵתָם וְיוֹאֵל   שְׁלוֹמִית

9 שְׁלֹשָׁה: בְּנֵי שִׁמְעִי שְׁלֹמוֹת וַחֲזִיאֵל וְהָרָן שְׁלֹשָׁה אֵלֶּה

10 רָאשֵׁי הָאָבוֹת לְלַעְדָּן: וּבְנֵי שִׁמְעִי יַחַת זִינָא

11 וִיעוּשׁ וּבְרִיעָה אֵלֶּה בְנֵי־שִׁמְעִי אַרְבָּעָה: וַיְהִי־יַחַת הָרֹאשׁ וְזִיזָה
הַשֵּׁנִי וִיעוּשׁ וּבְרִיעָה לֹא־הִרְבּוּ בָנִים וַיִּהְיוּ לְבֵית אָב לִפְקֻדָּה

12 אֶחָת: בְּנֵי קְהָת עַמְרָם יִצְהָר חֶבְרוֹן וְעֻזִּיאֵל

13 אַרְבָּעָה: בְּנֵי עַמְרָם אַהֲרֹן וּמֹשֶׁה וַיִּבָּדֵל אַהֲרֹן לְהַקְדִּישׁוֹ
קֹדֶשׁ קָדָשִׁים הוּא־וּבָנָיו עַד־עוֹלָם לְהַקְטִיר לִפְנֵי יְהוָה לְשָׁרְתוֹ

14 וּלְבָרֵךְ בִּשְׁמוֹ עַד־עוֹלָם: וּמֹשֶׁה אִישׁ הָאֱלֹהִים בָּנָיו יִקָּרְאוּ עַל־שֵׁבֶט

15/17 הַלֵּוִי: בְּנֵי מֹשֶׁה גֵּרְשֹׁם וֶאֱלִיעֶזֶר: בְּנֵי גֵרְשׁוֹם שְׁבוּאֵל הָרֹאשׁ: וַיִּהְיוּ
בְנֵי־אֱלִיעֶזֶר רְחַבְיָה הָרֹאשׁ וְלֹא־הָיָה לֶאֱלִיעֶזֶר בָּנִים אֲחֵרִים וּבְנֵי

18/19 רְחַבְיָה רָבוּ לְמָעְלָה: בְּנֵי יִצְהָר שְׁלֹמִית הָרֹאשׁ:   בְּנֵי
חֶבְרוֹן יְרִיָּהוּ הָרֹאשׁ אֲמַרְיָה הַשֵּׁנִי יַחֲזִיאֵל הַשְּׁלִישִׁי וִיקַמְעָם

20/21 הָרְבִיעִי: בְּנֵי עֻזִּיאֵל מִיכָה הָרֹאשׁ וְיִשִּׁיָּה הַשֵּׁנִי: בְּנֵי

22 מְרָרִי מַחְלִי וּמוּשִׁי בְּנֵי מַחְלִי אֶלְעָזָר וְקִישׁ: וַיָּמָת אֶלְעָזָר וְלֹא־הָיוּ

23 לוֹ בָּנִים כִּי אִם־בָּנוֹת וַיִּשָּׂאוּם בְּנֵי־קִישׁ אֲחֵיהֶם: בְּנֵי מוּשִׁי מַחְלִי

24 וְעֵדֶר וִירֵמוֹת שְׁלֹשָׁה: אֵלֶּה בְנֵי־לֵוִי לְבֵית אֲבֹתֵיהֶם רָאשֵׁי הָאָבוֹת
לִפְקוּדֵיהֶם בְּמִסְפַּר שֵׁמוֹת לְגֻלְגְּלֹתָם עֹשֵׂה הַמְּלָאכָה לַעֲבֹדַת בֵּית

25 יְהוָה מִבֶּן עֶשְׂרִים שָׁנָה וָמָעְלָה: כִּי אָמַר דָּוִיד הֵנִיחַ יְהוָה אֱלֹהֵי־

26 יִשְׂרָאֵל לְעַמּוֹ וַיִּשְׁכֹּן בִּירוּשָׁלִַם עַד־לְעוֹלָם: וְגַם לַלְוִיִּם אֵין־לָשֵׂאת

27 אֶת־הַמִּשְׁכָּן וְאֶת־כָּל־כֵּלָיו לַעֲבֹדָתוֹ: כִּי בְדִבְרֵי דָוִיד הָאַחֲרֹנִים

28 הֵמָּה מִסְפַּר בְּנֵי־לֵוִי מִבֶּן עֶשְׂרִים שָׁנָה וּלְמָעְלָה: כִּי מַעֲמָדָם לְיַד־
בְּנֵי אַהֲרֹן לַעֲבֹדַת בֵּית יְהוָה עַל־הַחֲצֵרוֹת וְעַל־הַלְּשָׁכוֹת וְעַל־

29 טָהֳרַת לְכָל־קֹדֶשׁ וּמַעֲשֵׂה עֲבֹדַת בֵּית הָאֱלֹהִים: וּלְלֶחֶם הַמַּעֲרֶכֶת
וּלְסֹלֶת לְמִנְחָה וְלִרְקִיקֵי הַמַּצּוֹת וְלַמַּחֲבַת וְלַמֻּרְבָּכֶת וּלְכָל־מְשׂוּרָה

30/31 וּמִדָּה: וְלַעֲמֹד בַּבֹּקֶר בַּבֹּקֶר לְהֹדוֹת וּלְהַלֵּל לַיהוָה וְכֵן לָעָרֶב: וּלְכֹל
הַעֲלוֹת עֹלוֹת לַיהוָה לַשַּׁבָּתוֹת לֶחֳדָשִׁים וְלַמֹּעֲדִים בְּמִסְפָּר כְּמִשְׁפָּט

according to the order commanded unto them, continually before the LORD:

32 And that they should keep the charge of the tabernacle of the congregation, and the charge of the holy *place,* and the charge of the sons of Aaron their brethren, in the service of the house of the LORD.

CHAPTER 24

1 Now *these are* the divisions of the sons of Aaron. The sons of Aaron; Nadab, and Abihu, Eleazar, and Ithamar.

2 But Nadab and Abihu died before their father, and had no children: therefore Eleazar and Ithamar executed the priest's office.

3 And David distributed them, both Zadok of the sons of Eleazar, and Ahimelech of the sons of Ithamar, according to their offices in their service.

4 And there were more chief men found of the sons of Eleazar than of the sons of Ithamar; and *thus* were they divided. Among the sons of Eleazar *there were* sixteen chief men of the house of *their* fathers, and eight among the sons of Ithamar according to the house of their fathers.

5 Thus were they divided by lot, one sort with another; for the governors of the sanctuary, and governors *of the house* of God, were of the sons of Eleazar, and of the sons of Ithamar.

6 And Shemaiah the son of Nethaneel the scribe, *one* of the Levites, wrote them before the king, and the princes, and Zadok the priest, and Ahimelech the son of Abiathar, and *before* the chief of the fathers of the priests and Levites: one principal household being taken for Eleazar, and *one* taken for Ithamar.

7 Now the first lot came forth to Jehoiarib, the second to Jedaiah,

8 The third to Harim, the fourth to Seorim,

9 The fifth to Malchijah, the sixth to Mijamin,

10 The seventh to Hakkoz, the eighth to Abijah,

11 The ninth to Jeshua, the tenth to Shecaniah,

12 The eleventh to Eliashib, the twelfth to Jakim,

13 The thirteenth to Huppah, the fourteenth to Jeshebeab,

14 The fifteenth to Bilgah, the sixteenth to Immer,

15 The seventeenth to Hezir, the eighteenth to Aphses,

16 The nineteenth to Pethahiah, the twentieth to Jehezekel,

17 The one and twentieth to Jachin, the two and twentieth to Gamul,

18 The three and twentieth to Delaiah, the four and twentieth to Maaziah.

19 These *were* the orderings of them in their service to come into the house of the LORD, according to their manner, under Aaron their father, as the LORD God of Israel had commanded him.

20 ¶ And the rest of the sons of Levi *were these:* Of the sons of Amram; Shubael: of the sons of Shubael; Jehdeiah.

21 Concerning Rehabiah: of the sons of Rehabiah, the first *was* Isshiah.

22 Of the Izharites; Shelomoth: of the sons of Shelomoth; Jahath.

23 And the sons *of Hebron;* Jeriah *the first,* Amariah the second, Jahaziel the third, Jekameam the fourth.

24 *Of* the sons of Uzziel; Micah: of the sons of Micah; Shamir.

32 עֲלֵיהֶם תָּמִיד לִפְנֵי יְהֹוָה: וְשָׁמְרוּ אֶת־מִשְׁמֶרֶת אֹהֶל־מוֹעֵד וְאֵת
מִשְׁמֶרֶת הַקֹּדֶשׁ וּמִשְׁמֶרֶת בְּנֵי אַהֲרֹן אֲחֵיהֶם לַעֲבֹדַת בֵּית
יְהֹוָה:

24 1 וְלִבְנֵי אַהֲרֹן מַחְלְקוֹתָם בְּנֵי אַהֲרֹן נָדָב וַאֲבִיהוּא אֶלְעָזָר וְאִיתָמָר:

2 וַיָּמׇת נָדָב וַאֲבִיהוּא לִפְנֵי אֲבִיהֶם וּבָנִים לֹא־הָיוּ לָהֶם וַיְכַהֲנוּ אֶלְעָזָר

3 וְאִיתָמָר: וַיֶּחָלְקֵם דָּוִיד וְצָדוֹק מִן־בְּנֵי אֶלְעָזָר וַאֲחִימֶלֶךְ מִן־בְּנֵי

4 אִיתָמָר לִפְקֻדָּתָם בַּעֲבֹדָתָם: וַיִּמָּצְאוּ בְנֵי־אֶלְעָזָר רַבִּים לְרָאשֵׁי
הַגְּבָרִים מִן־בְּנֵי אִיתָמָר וַיַּחְלְקוּם לִבְנֵי אֶלְעָזָר רָאשִׁים לְבֵית־אָבוֹת

5 שִׁשָּׁה עָשָׂר וְלִבְנֵי אִיתָמָר לְבֵית אֲבוֹתָם שְׁמוֹנָה: וַיַּחְלְקוּם בְּגוֹרָלוֹת
אֵלֶּה עִם־אֵלֶּה כִּי־הָיוּ שָׂרֵי־קֹדֶשׁ וְשָׂרֵי הָאֱלֹהִים מִבְּנֵי אֶלְעָזָר וּבִבְנֵי

6 אִיתָמָר: וַיִּכְתְּבֵם שְׁמַעְיָה בֶן־נְתַנְאֵל הַסּוֹפֵר מִן־הַלֵּוִי
לִפְנֵי הַמֶּלֶךְ וְהַשָּׂרִים וְצָדוֹק הַכֹּהֵן וַאֲחִימֶלֶךְ בֶּן־אֶבְיָתָר וְרָאשֵׁי
הָאָבוֹת לַכֹּהֲנִים וְלַלְוִיִּם בֵּית־אָב אֶחָד אָחֻז לְאֶלְעָזָר וְאָחֻז| אָחֻז
לְאִיתָמָר:

7 וַיֵּצֵא הַגּוֹרָל הָרִאשׁוֹן לִיהוֹיָרִיב לִידַעְיָה הַשֵּׁנִי: לְחָרִם
8
9 הַשְּׁלִישִׁי   לִשְׂעֹרִים הָרְבִעִי: לְמַלְכִּיָּה
10 הַחֲמִישִׁי   לְמִיָּמִן הַשִּׁשִּׁי: לְהַקּוֹץ
הַשְּׁבִעִי
11 לַאֲבִיָּה הַשְּׁמִינִי: לְיֵשׁוּעַ
12 הַתְּשִׁעִי   לִשְׁכַנְיָהוּ הָעֲשִׂרִי: לְאֶלְיָשִׁיב
13 עַשְׁתֵּי עָשָׂר   לְיָקִים שְׁנֵים עָשָׂר: לְחֻפָּה
שְׁלֹשָׁה עָשָׂר   לְיֶשֶׁבְאָב אַרְבָּעָה
14 עָשָׂר: לְבִלְגָּה חֲמִשָּׁה עָשָׂר   לְאִמֵּר
15 שִׁשָּׁה עָשָׂר   לְחֵזִיר שִׁבְעָה עָשָׂר   לְהַפִּצֵּץ
16 שְׁמוֹנָה עָשָׂר: לִפְתַחְיָה תִּשְׁעָה
17 עָשָׂר   לִיחֶזְקֵאל הָעֶשְׂרִים: לְיָכִין אֶחָד
18 וְעֶשְׂרִים   לְגָמוּל שְׁנַיִם וְעֶשְׂרִים: לִדְלָיָהוּ
שְׁלֹשָׁה וְעֶשְׂרִים   לְמַעַזְיָהוּ אַרְבָּעָה וְעֶשְׂרִים:

19 אֵלֶּה פְקֻדָּתָם לַעֲבֹדָתָם לָבוֹא לְבֵית־יְהֹוָה כְּמִשְׁפָּטָם בְּיַד אַהֲרֹן
אֲבִיהֶם כַּאֲשֶׁר צִוָּהוּ יְהֹוָה אֱלֹהֵי יִשְׂרָאֵל:

20 וְלִבְנֵי לֵוִי הַנּוֹתָרִים לִבְנֵי עַמְרָם שׁוּבָאֵל לִבְנֵי שׁוּבָאֵל
21 יֶחְדְּיָהוּ: לִרְחַבְיָהוּ לִבְנֵי רְחַבְיָהוּ הָרֹאשׁ
22 יִשִּׁיָּה: לַיִּצְהָרִי שְׁלֹמוֹת לִבְנֵי שְׁלֹמוֹת
23 יָחַת: וּבְנֵי יְרִיָּהוּ אֲמַרְיָהוּ הַשֵּׁנִי יַחֲזִיאֵל הַשְּׁלִישִׁי יְקַמְעָם
25 24 הָרְבִיעִי: בְּנֵי עֻזִּיאֵל מִיכָה לִבְנֵי מִיכָה שָׁמוּר: אֲחִי   שָׁמִיר

25 The brother of Michah *was* Isshiah: of the sons of Isshiah; Zechariah.

26 The sons of Merari *were* Mahli and Mushi: the sons of Jaaziah; Beno.

27 ¶ The sons of Merari by Jaaziah; Beno, and Shoham, and Zaccur, and Ibri.

28 Of Mahli *came* Eleazar, who had no sons.

29 Concerning Kish: the son of Kish *was* Jerahmeel.

30 The sons also of Mushi; Mahli, and Eder, and Jerimoth. These *were* the sons of the Levites after the house of their fathers.

31 These likewise cast lots over against their brethren the sons of Aaron in the presence of David the king, and Zadok, and Ahimelech, and the chief of the fathers of the priests and Levites, even the principal fathers over against their younger brethren.

CHAPTER 25

1 Moreover David and the captains of the host separated to the service of the sons of Asaph, and of Heman, and of Jeduthun, who should prophesy with harps, with psalteries, and with cymbals: and the number of the workmen according to their service was:

2 Of the sons of Asaph; Zaccur, and Joseph, and Nethaniah, and Asarelah, the sons of Asaph under the hands of Asaph, which prophesied according to the order of the king.

3 Of Jeduthun: the sons of Jeduthun; Gedaliah, and Zeri, and Jeshaiah, Hashabiah, and Mattithiah, six, under the hands of their father Jeduthun, who prophesied with a harp, to give thanks and to praise the LORD.

4 Of Heman: the sons of Heman; Bukkiah, Mattaniah, Uzziel, Shebuel, and Jerimoth, Hananiah, Hanani, Eliathah, Giddalti, and Romamti-ezer, Joshbkashah, Mallothi, Hothir, *and* Mahazioth:

5 All these *were* the sons of Heman the king's seer in the words of God, to lift up the horn. And God gave to Heman fourteen sons and three daughters.

6 All these *were* under the hands of their father for song *in* the house of the LORD, with cymbals, psalteries, and harps, for the service of the house of God, according to the king's order to Asaph, Jeduthun, and Heman.

7 So the number of them, with their brethren that were instructed in the songs of the LORD, *even* all that were cunning, was two hundred fourscore and eight.

8 ¶ And they cast lots, ward against *ward*, as well the small as the great, the teacher as the scholar.

9 Now the first lot came forth for Asaph to Joseph: the second to Gedaliah, who with his brethren and sons *were* twelve:

10 The third to Zaccur, *he,* his sons, and his brethren, *were* twelve:

11 The fourth to Izri, *he,* his sons, and his brethren, *were* twelve:

12 The fifth to Nethaniah, *he,* his sons, and his brethren, *were* twelve:

13 The sixth to Bukkiah, *he,* his sons, and his brethren, *were* twelve:

14 The seventh to Jesharelah, *he,* his sons, and his brethren, *were* twelve:

15 The eighth to Jeshaiah, *he,* his sons, and his brethren, *were* twelve:

16 The ninth to Mattaniah, *he,* his sons, and his brethren, *were* twelve:

17 The tenth to Shimei, *he,* his sons, and his brethren, *were* twelve:

18 The eleventh to Azareel, *he,* his sons, and his brethren, *were* twelve:

19 The twelfth to Hashabiah, *he,* his sons, and his brethren, *were* twelve:

20 The thirteenth to Shubael, *he,* his sons, and his brethren, *were* twelve:

21 The fourteenth to Mattithiah, *he,* his sons, and his brethren, *were* twelve:

בְּנֵי מְרָרִ֑י   לִבְנֵי יִשִׁיָּ֖ה זְכַרְיָֽהוּ:   מִיכָה֙ יִשִּׁיָּ֔ה 26

בְּנֵי מְרָרִ֖י   בְּנֵ֥י יַעֲזִיָּ֖הוּ בְּנֽוֹ:   מַחְלִ֣י וּמוּשִׁ֔י 27

לְמַחְלִ֖י אֶלְעָזָ֥ר וְלֹא־   לְיַעֲזִיָּ֖הוּ בְּנ֑וֹ וְשֹׁ֥הַם וְזַכּ֖וּר וְעִבְרִֽי: 28

לְקִ֖ישׁ בְּנֵֽי־   הָ֥יָה ל֖וֹ בָּנִֽים: 29

וּבְנֵ֣י מוּשִׁ֔י מַחְלִ֥י וְעֵ֖דֶר וִירִימֽוֹת אֵ֛לֶּה בְּנֵ֥י   קִ֖ישׁ יְרַחְמְאֵֽל: 30

הַלְוִיִּ֖ם לְבֵ֣ית אֲבֹתֵיהֶ֑ם וַיַּפִּ֣ילוּ גַם־הֵ֡ם גּוֹרָלוֹת֩ לְעֻמַּ֨ת ׀ אֲחֵיהֶ֜ם בְּנֵֽי־ 31

אַהֲרֹ֗ן לִפְנֵ֨י דָוִ֤יד הַמֶּ֙לֶךְ֙ וְצָד֣וֹק וַאֲחִימֶ֔לֶךְ וְרָאשֵׁי֙ הָֽאָב֔וֹת לַכֹּהֲנִ֖ים

וַיַּבְדֵּ֣ל דָּוִ֡יד   וְלַלְוִיִּ֑ם אָב֣וֹת הָרֹ֔אשׁ לְעֻמַּ֖ת אָחִ֥יו הַקָּטָֽן: 25 1

הַנְּבִיאִ֗ים   וְ֠שָׂרֵי הַצָּבָ֤א לַעֲבֹדָה֙ לִבְנֵ֨י אָסָ֤ף וְהֵימָן֙ וִֽידוּת֔וּן הַֽנִּבְּאִ֛ים בְּכִנֹּר֥וֹת

בִּנְבָלִ֖ים וּבִֽמְצִלְתָּ֑יִם וַיְהִי֙ מִסְפָּרָ֔ם אַנְשֵׁ֥י מְלָאכָ֖ה לַעֲבֹדָתָֽם: לִבְנֵ֣י 2

אָסָ֗ף זַכּ֧וּר וְיוֹסֵ֛ף וּנְתַנְיָ֥ה וַאֲשַׂרְאֵ֖לָה בְּנֵ֣י אָסָ֑ף עַ֚ל יַד־אָסָ֔ף הַנִּבָּ֖א

עַל־יְדֵ֥י הַמֶּֽלֶךְ: לִֽידוּת֗וּן בְּנֵ֣י יְדוּת֡וּן גְּדַלְיָ֡הוּ וּצְרִ֣י וִֽישַׁעְיָ֡הוּ חֲשַׁבְיָ֨הוּ 3

וּמַתִּתְיָ֜הוּ שִׁשָּׁ֗ה עַ֚ל יְדֵ֣י אֲבִיהֶ֣ם יְדוּת֔וּן בַּכִּנּ֕וֹר הַנִּבָּ֛א עַל־הֹד֥וֹת

וְהַלֵּ֖ל לַיהֹוָֽה: לְהֵימָ֗ן בְּנֵ֣י הֵימָ֔ן בֻּקִּיָּ֣הוּ מַתַּנְיָ֡הוּ עֻזִּיאֵ֡ל 4

שְׁבוּאֵ֡ל וִירִימוֹת֩ חֲנַנְיָ֨ה חֲנָ֜נִי אֱלִיאָ֗תָה גִדַּ֗לְתִּי וְרֹמַ֥מְתִּי עֶ֙זֶר֙

יָשְׁבְּקָ֔שָׁה מַלּ֖וֹתִי הוֹתִ֣יר מַחֲזִיאֽוֹת: כָּל־אֵ֣לֶּה בָנִים֩ לְהֵימָ֨ן חֹזֵ֥ה 5

הַמֶּ֛לֶךְ בְּדִבְרֵ֥י הָאֱלֹהִ֖ים לְהָרִ֣ים קָ֑רֶן וַיִּתֵּ֨ן הָאֱלֹהִ֜ים לְהֵימָ֗ן בָּנִ֛ים

אַרְבָּעָ֥ה עָשָׂ֖ר וּבָנ֥וֹת שָׁלֽוֹשׁ: כָּל־אֵ֡לֶּה עַל־יְדֵי֩ אֲבִיהֶ֨ם בַּשִּׁ֜יר בֵּ֣ית 6

יְהֹוָ֗ה בִּמְצִלְתַּ֙יִם֙ נְבָלִ֣ים וְכִנֹּר֔וֹת לַעֲבֹדַ֖ת בֵּ֣ית הָאֱלֹהִ֑ים עַ֚ל יְדֵ֣י

הַמֶּ֔לֶךְ   אָסָ֖ף וִידוּת֥וּן וְהֵימָֽן: וַיְהִ֣י מִסְפָּרָ֞ם עִם־אֲחֵיהֶ֗ם 7

מְלֻמְּדֵי־שִׁ֤יר לַֽיהֹוָה֙ כָּל־הַמֵּבִ֔ין מָאתַ֖יִם שְׁמוֹנִ֥ים וּשְׁמוֹנָֽה: וַיַּפִּ֜ילוּ 8

גּוֹרָל֗וֹת מִשְׁמֶ֙רֶת֙ לְעֻמַּ֔ת כַּקָּטֹ֖ן כַּגָּד֑וֹל מֵבִ֖ין עִם־תַּלְמִֽיד:

וַיֵּצֵ֞א הַגּוֹרָ֧ל הָרִאשׁ֛וֹן לְאָסָ֖ף לְיוֹסֵ֑ף גְּדַלְיָ֙הוּ֙ הַשֵּׁנִ֔י הֽוּא־וְאֶחָ֥יו וּבָנָ֖יו 9

שְׁנֵ֥ים עָשָֽׂר: הַשְּׁלִשִׁ֖י זַכּ֑וּר 10

הָרְבִיעִי֙ לַיִּצְרִ֔י   בָּנָ֥יו וְאֶחָ֖יו שְׁנֵ֥ים עָשָֽׂר: 11

הַחֲמִישִׁ֖י נְתַנְיָ֑הוּ   בָּנָ֥יו וְאֶחָ֖יו שְׁנֵ֥ים עָשָֽׂר: 12

הַשִּׁשִּׁ֖י בֻּקִּיָּ֑הוּ   בָּנָ֥יו וְאֶחָ֖יו שְׁנֵ֥ים עָשָֽׂר: 13

הַשְּׁבִעִ֖י יְשַׂרְאֵ֑לָה   בָּנָ֥יו וְאֶחָ֖יו שְׁנֵ֥ים עָשָֽׂר: 14

הַשְּׁמִינִ֖י יְשַׁעְיָ֑הוּ   בָּנָ֥יו וְאֶחָ֖יו שְׁנֵ֥ים עָשָֽׂר: 15

הַתְּשִׁיעִ֖י מַתַּנְיָ֑הוּ   בָּנָ֥יו וְאֶחָ֖יו שְׁנֵ֥ים עָשָֽׂר: 16

הָעֲשִׂירִ֖י שִׁמְעִ֑י   בָּנָ֥יו וְאֶחָ֖יו שְׁנֵ֥ים עָשָֽׂר: 17

עַשְׁתֵּֽי־עָשָׂ֖ר עֲזַרְאֵ֑ל   בָּנָ֥יו וְאֶחָ֖יו שְׁנֵ֥ים עָשָֽׂר: 18

הַשְּׁנֵ֤ים עָשָׂר֙ לַחֲשַׁבְיָ֔ה   בָּנָ֥יו וְאֶחָ֖יו שְׁנֵ֥ים עָשָֽׂר: 19

לִשְׁלֹשָׁ֤ה עָשָׂר֙ שֽׁוּבָאֵ֔ל   בָּנָ֥יו וְאֶחָ֖יו שְׁנֵ֥ים עָשָֽׂר: 20

לְאַרְבָּעָ֤ה עָשָׂר֙ מַתִּתְיָ֔הוּ   בָּנָ֥יו וְאֶחָ֖יו שְׁנֵ֥ים עָשָֽׂר: 21

935

22 The fifteenth to Jeremoth, *he,* his sons, and his brethren, *were* twelve:

23 The sixteenth to Hananiah, *he,* his sons, and his brethren, *were* twelve:

24 The seventeenth to Joshbekashah, *he,* his sons, and his brethren, *were* twelve:

25 The eighteenth to Hanani, *he,* his sons, and his brethren, *were* twelve:

26 The nineteenth to Mallothi, *he,* his sons, and his brethren, *were* twelve:

27 The twentieth to Eliathah, *he,* his sons, and his brethren, *were* twelve:

28 The one and twentieth to Hothir, *he,* his sons, and his brethren, *were* twelve:

29 The two and twentieth to Giddalti, *he,* his sons, and his brethren, *were* twelve:

30 The three and twentieth to Mahazioth, *he,* his sons, and his brethren, *were* twelve:

31 The four and twentieth to Romamti-ezer, *he,* his sons, and his brethren, *were* twelve.

CHAPTER 26

1 Concerning the divisions of the porters: Of the Korhites *was* Meshelemiah the son of Kore, of the sons of Asaph.

2 And the sons of Meshelemiah *were,* Zechariah the firstborn, Jediael the second, Zebadiah the third, Jathniel the fourth,

3 Elam the fifth, Jehohanan the sixth, Elioenai the seventh.

4 Moreover the sons of Obed-edom *were,* Shemaiah the firstborn, Jehozabad the second, Joah the third, and Sacar the fourth, and Nethaneel the fifth,

5 Ammiel the sixth, Issachar the seventh, Peulthai the eighth: for God blessed him.

6 Also unto Shemaiah his son were sons born, that ruled throughout the house of their father: for they *were* mighty men of valour.

7 The sons of Shemaiah; Othni, and Rephael, and Obed, Elzabad, whose brethren *were* strong men, Elihu, and Semachiah.

8 All these of the sons of Obed-edom: they and their sons and their brethren, able men for strength for the service, *were* threescore and two of Obed-edom.

9 And Meshelemiah had sons and brethren, strong men, eighteen.

10 Also Hosah, of the children of Merari, had sons; Simri the chief, (for *though* he was not the firstborn, yet his father made him the chief;)

11 Hilkiah the second, Tebaliah the third, Zechariah the fourth: all the sons and brethren of Hosah *were* thirteen.

12 Among these *were* the divisions of the porters, *even* among the chief men, *having* wards one against another, to minister in the house of the LORD.

13 ¶ And they cast lots, as well the small as the great, according to the house of their fathers, for every gate.

14 And the lot eastward fell to Shelemiah. Then for Zechariah his son, a wise counsellor, they cast lots; and his lot came out northward.

15 To Obed-edom southward; and to his sons the house of Asuppim.

16 To Shuppim and Hosah *the lot came forth* westward, with the gate Shallecheth, by the causeway of the going up, ward against ward.

17 Eastward *were* six Levites, northward four a day, southward four a day, and toward Asuppim two *and* two.

18 At Parbar westward, four at the causeway, *and* two at Parbar.

19 These *are* the divisions of the porters among the sons of Kore, and among the sons of Merari.

20 ¶ And of the Levites, Ahijah *was* over

לַחֲמִשָּׁה עָשָׂר לִירֵמ֔וֹת   בָּנָ֖יו וְאֶחָ֑יו שְׁנֵ֥ים עָשָֽׂר׃ 22

לְשִׁשָּׁ֤ה עָשָׂר֙ לַחֲנַנְיָ֔הוּ   בָּנָ֖יו וְאֶחָ֑יו שְׁנֵ֥ים עָשָֽׂר׃ 23

לְשִׁבְעָ֤ה עָשָׂר֙ לְיָשְׁבְּקָ֔שָׁה   בָּנָ֖יו וְאֶחָ֑יו שְׁנֵ֥ים עָשָֽׂר׃ 24

לִשְׁמוֹנָ֤ה עָשָׂר֙ לַחֲנָ֔נִי   בָּנָ֖יו וְאֶחָ֑יו שְׁנֵ֥ים עָשָֽׂר׃ 25

לְתִשְׁעָ֤ה עָשָׂר֙ לְמַלּ֔וֹתִי   בָּנָ֖יו וְאֶחָ֑יו שְׁנֵ֥ים עָשָֽׂר׃ 26

לְעֶשְׂרִ֖ים לֶאֱלִיָּ֑תָה   בָּנָ֖יו וְאֶחָ֑יו שְׁנֵ֥ים עָשָֽׂר׃ 27

לְאֶחָ֤ד וְעֶשְׂרִים֙ לְהוֹתִ֔יר   בָּנָ֖יו וְאֶחָ֑יו שְׁנֵ֥ים עָשָֽׂר׃ 28

לִשְׁנַ֤יִם וְעֶשְׂרִים֙ לְגִדַּ֔לְתִּי   בָּנָ֖יו וְאֶחָ֑יו שְׁנֵ֥ים עָשָֽׂר׃ 29

לִשְׁלֹשָׁ֤ה וְעֶשְׂרִים֙ לְמַחֲזִיא֔וֹת   בָּנָ֖יו וְאֶחָ֑יו שְׁנֵ֥ים עָשָֽׂר׃ 30

לְאַרְבָּעָ֤ה וְעֶשְׂרִים֙ לְרוֹמַ֣מְתִּי עֶ֔זֶר   בָּנָ֖יו וְאֶחָ֑יו שְׁנֵ֥ים עָשָֽׂר׃ 31

בָּנָ֖יו וְאֶחָ֑יו שְׁנֵ֥ים עָשָֽׂר׃

26 1 לְמַחְלְק֖וֹת לְשֹׁעֲרִ֑ים לַקָּרְחִ֕ים מְשֶֽׁלֶמְיָ֥הוּ בֶן־קֹרֵ֖א מִן־בְּנֵ֥י אָסָֽף׃

2 וְלִמְשֶֽׁלֶמְיָ֖הוּ בָּנִ֑ים זְכַרְיָ֣הוּ הַבְּכ֗וֹר יְדִֽיעֲאֵל֙ הַשֵּׁנִ֔י זְבַדְיָ֙הוּ֙ הַשְּׁלִישִׁ֔י

3 יַתְנִיאֵ֖ל הָרְבִיעִֽי׃ עֵילָ֤ם הַחֲמִישִׁי֙ יְהוֹחָנָ֣ן הַשִּׁשִּׁ֔י אֶלְיְהוֹעֵינַ֖י הַשְּׁבִיעִֽי׃

4 וּלְעֹבֵ֤ד אֱדֹם֙ בָּנִ֔ים שְׁמַֽעְיָ֣ה הַבְּכ֔וֹר יְהוֹזָבָ֣ד הַשֵּׁנִ֔י יוֹאָ֖ח הַשְּׁלִשִׁ֑י

5 וְשָׂכָ֤ר הָרְבִיעִי֙ וּנְתַנְאֵ֣ל הַחֲמִישִׁ֔י עַמִּיאֵ֤ל הַשִּׁשִּׁי֙ יִשָׂשכָ֣ר הַשְּׁבִיעִ֔י

פְּעֻלְּתַ֖י הַשְּׁמִינִ֑י כִּ֥י בֵרֲכ֖וֹ אֱלֹהִֽים׃

6 וְלִשְֽׁמַעְיָ֤ה בְנוֹ֙ נוֹלַ֣ד בָּנִ֔ים הַמִּמְשָׁלִ֖ים לְבֵ֣ית אֲבִיהֶ֑ם כִּֽי־גִבּ֥וֹרֵי חַ֖יִל

7 הֵֽמָּה׃ בְּנֵ֣י שְׁמַֽעְיָ֗ה עׇתְנִי֙ וּרְפָאֵ֣ל וְעוֹבֵ֤ד אֶלְזָבָ֔ד אֶחָ֖יו בְּנֵי־חָ֑יִל אֱלִיה֖וּ

8 וּסְמַכְיָֽהוּ׃ כׇּל־אֵ֜לֶּה מִבְּנֵ֣י׀ עֹבֵ֣ד אֱדֹ֗ם הֵ֤מָּה וּבְנֵיהֶם֙ וַאֲחֵיהֶ֔ם אִֽישׁ־

9 חַ֥יִל בַּכֹּ֖חַ לַעֲבֹדָ֑ה שִׁשִּׁ֥ים וּשְׁנַ֖יִם לְעֹבֵ֥ד אֱדֹֽם׃ וְלִמְשֶׁלֶמְיָ֗הוּ בָּנִ֧ים

10 וְאַחִ֛ים בְּנֵי־חָ֖יִל שְׁמֹנָ֥ה עָשָֽׂר׃   וּלְחֹסָ֥ה מִן־בְּנֵי־מְרָרִ֖י בָּנִ֑ים

11 שִׁמְרִ֣י הָרֹ֔אשׁ כִּ֛י לֹא־הָיָ֥ה בְכ֖וֹר וַיְשִׂימֵ֥הוּ אָבִ֖יהוּ לְרֹֽאשׁ׃ חִלְקִיָּ֙הוּ֙

הַשֵּׁנִ֔י טְבַלְיָ֣הוּ הַשְּׁלִשִׁ֔י זְכַרְיָ֖הוּ הָרְבִעִ֑י כׇּל־בָּנִ֧ים וְאַחִ֛ים לְחֹסָ֖ה

12 שְׁלֹשָׁ֥ה עָשָֽׂר׃ לְ֠אֵ֠לֶּה מַחְלְק֨וֹת הַשֹּׁעֲרִ֜ים לְרָאשֵׁ֣י הַגְּבָרִ֗ים מִשְׁמָרוֹת֙

13 לְעֻמַּ֣ת אֲחֵיהֶ֔ם לְשָׁרֵ֖ת בְּבֵ֣ית יְהֹוָֽה׃ וַיַּפִּ֨ילוּ גוֹרָל֜וֹת כַּקָּטֹ֧ן כַּגָּד֛וֹל

לְבֵ֥ית אֲבוֹתָ֖ם לְשַׁ֥עַר וָשָֽׁעַר׃

14 וַיִּפֹּ֤ל הַגּוֹרָל֙ מִזְרָ֔חָה לְשֶֽׁלֶמְיָ֑הוּ וּזְכַרְיָ֣הוּ בְנ֗וֹ יוֹעֵץ֙׀ בְּשֶׂ֣כֶל הִפִּ֔ילוּ

15 גּ֣וֹרָל֔וֹת וַיֵּצֵ֥א גוֹרָל֖וֹ צָפֽוֹנָה׃   לְעֹבֵ֥ד אֱדֹ֖ם נֶ֑גְבָּה וּלְבָנָ֖יו

16 בֵּ֣ית הָאֲסֻפִּֽים׃ לְשֻׁפִּ֣ים וּלְחֹסָ֗ה לַֽמַּעֲרָב֙ עִ֚ם שַׁ֣עַר שַׁלֶּ֔כֶת בַּֽמְסִלָּ֖ה

17 הָעוֹלָ֑ה מִשְׁמָ֖ר לְעֻמַּ֥ת מִשְׁמָֽר׃ לַמִּזְרָח֙ הַלְוִיִּ֣ם שִׁשָּׁ֔ה לַצָּפ֥וֹנָה לַיּ֖וֹם

18 אַרְבָּעָ֑ה לַנֶּ֙גְבָּה֙ לַיּ֣וֹם אַרְבָּעָ֔ה וְלָאֲסֻפִּ֖ים שְׁנַ֥יִם שְׁנָֽיִם׃ לַפַּרְבָּ�röאר

19 לַֽמַּעֲרָ֔ב אַרְבָּעָה֙ לַֽמְסִלָּ֔ה שְׁנַ֖יִם לַפַּרְבָּֽר׃ אֵ֣לֶּה מַחְלְק֖וֹת הַשֹּֽׁעֲרִ֑ים

20 לִבְנֵ֤י הַקׇּרְחִי֙ וְלִבְנֵ֣י מְרָרִ֔י׃ וְהַ֙לְוִיִּ֔ם אֲחִיָּ֕ה עַל־א֖וֹצְר֣וֹת בֵּ֣ית הָאֱלֹהִ֑ים

21 וּֽלְאֹצְר֖וֹת הַקֳּדָשִֽׁים׃ בְּנֵ֣י לַעְדָּ֗ן בְּנֵ֤י הַגֵּֽרְשֻׁנִּי֙ לְלַעְדָּ֔ן רָאשֵׁ֥י הָאָב֖וֹת

the treasures of the house of God, and over the treasures of the dedicated things.

21 *As concerning* the sons of Laadan; the sons of the Gershonite Laadan, chief fathers, *even* of Laadan the Gershonite, *were* Jehieli.

22 The sons of Jehieli; Zetham, and Joel his brother, *which were* over the treasures of the house of the LORD.

23 Of the Amramites, *and* the Izharites, the Hebronites, *and* the Uzzielites:

24 And Shebuel the son of Gershom, the son of Moses, *was* ruler of the treasures.

25 And his brethren by Eliezer; Rehabiah his son, and Jeshaiah his son, and Joram his son, and Zichri his son, and Shelomith his son.

26 Which Shelomith and his brethren *were* over all the treasures of the dedicated things, which David the king, and the chief fathers, the captains over thousands and hundreds, and the captains of the host, had dedicated.

27 Out of the spoils won in battles did they dedicate to maintain the house of the LORD.

28 And all that Samuel the seer, and Saul the son of Kish, and Abner the son of Ner, and Joab the son of Zeruiah, had dedicated; *and* whosoever had dedicated *any thing, it was* under the hand of Shelomith, and of his brethren.

29 ¶ Of the Izharites, Chenaniah and his sons *were* for the outward business over Israel, for officers and judges.

30 *And* of the Hebronites, Hashabiah and his brethren, men of valour, a thousand and seven hundred, *were* officers among them of Israel on this side Jordan westward in all the business of the LORD, and in the service of the king.

31 Among the Hebronites *was* Jerijah the chief, *even* among the Hebronites, according to the generations of his fathers. In the fortieth year of the reign of David they were sought for, and there were found among them mighty men of valour at Jazer of Gilead.

32 And his brethren, men of valour, *were* two thousand and seven hundred chief fathers, whom king David made rulers over the Reubenites, the Gadites, and the half tribe of Manasseh, for every matter pertaining to God, and affairs of the king.

CHAPTER 27

1 Now the children of Israel after their number, *to wit,* the chief fathers and captains of thousands and hundreds, and their officers that served the king in any matter of the courses, which came in and went out month by month throughout all the months of the year, of every course *were* twenty and four thousand.

2 Over the first course for the first month *was* Jashobeam the son of Zabdiel: and in his course *were* twenty and four thousand.

3 Of the children of Perez *was* the chief of all the captains of the host for the first month.

4 And over the course of the second month *was* Dodai an Ahohite, and of his course *was* Mikloth also the ruler: in his course likewise *were* twenty and four thousand.

5 The third captain of the host for the third month *was* Benaiah the son of Jehoiada, a chief priest: and in his course *were* twenty and four thousand.

6 This *is that* Benaiah, *who was* mighty among the thirty, and above the thirty: and in his course *was* Ammizabad his son.

7 The fourth *captain* for the fourth month *was* Asahel the brother of Joab, and Zebadiah his son after him: and in his course *were* twenty and four thousand.

8 The fifth captain for the fifth month *was* Shamhuth the Izrahite: and in his course *were* twenty and four thousand.

9 The sixth *captain* for the sixth month *was* Ira the son of Ikkesh the Tekoite: and in his course *were* twenty and four thousand.

10 The seventh *captain* for the seventh month *was* Helez the Pelonite, of the children of Ephraim: and in his course *were* twenty and four thousand.

11 The eighth *captain* for the eighth month *was* Sibbecai the Hushathite, of the Zarhites: and in his course *were* twenty and four thousand.

22 לְלַעְדָּן הַגֵּרְשֻׁנִּי יְחִיאֵלִי: בְּנֵי יְחִיאֵלִי זֵתָם וְיוֹאֵל אָחִיו עַל־אֹצְרוֹת

23 בֵּית יְהוָה: לַעַמְרָמִי לַיִּצְהָרִי לַחֶבְרוֹנִי לָעָזִּיאֵלִי: וּשְׁבָאֵל בֶּן־גֵּרְשׁוֹם

24

25 בֶּן־מֹשֶׁה נָגִיד עַל־הָאֹצָרוֹת: וְאֶחָיו לֶאֱלִיעֶזֶר רְחַבְיָהוּ בְנוֹ וִישַׁעְיָהוּ

26 בְנוֹ וְיֹרָם בְּנוֹ וְזִכְרִי בְנוֹ וּשְׁלֹמִות בְּנוֹ: הוּא שְׁלֹמִות וְאֶחָיו עַל

כָּל־אֹצְרוֹת הַקֳּדָשִׁים אֲשֶׁר הִקְדִּישׁ דָּוִיד הַמֶּלֶךְ וְרָאשֵׁי הָאָבוֹת

27 לְשָׂרֵי־הָאֲלָפִים וְהַמֵּאוֹת וְשָׂרֵי הַצָּבָא: מִן־הַמִּלְחָמוֹת וּמִן־הַשָּׁלָל

28 הִקְדִּישׁוּ לְחַזֵּק לְבֵית יְהוָה: וְכֹל הַהִקְדִּישׁ שְׁמוּאֵל הָרֹאֶה וְשָׁאוּל

בֶּן־קִישׁ וְאַבְנֵר בֶּן־נֵר וְיוֹאָב בֶּן־צְרוּיָה כֹּל הַמַּקְדִּישׁ עַל יַד־שְׁלֹמִית

וְאֶחָיו:

29 לַיִּצְהָרִי כְּנַנְיָהוּ וּבָנָיו לַמְּלָאכָה הַחִיצוֹנָה עַל־יִשְׂרָאֵל לְשֹׁטְרִים

30 וּלְשֹׁפְטִים: לַחֶבְרוֹנִי חֲשַׁבְיָהוּ וְאֶחָיו בְּנֵי־חַיִל אֶלֶף וּשְׁבַע־מֵאוֹת עַל

פְּקֻדַּת יִשְׂרָאֵל מֵעֵבֶר לַיַּרְדֵּן מַעְרָבָה לְכֹל מְלֶאכֶת יְהוָה וְלַעֲבֹדַת

31 הַמֶּלֶךְ: לַחֶבְרוֹנִי יְרִיָּה הָרֹאשׁ לַחֶבְרוֹנִי לְתֹלְדֹתָיו לְאָבוֹת בִּשְׁנַת

הָאַרְבָּעִים לְמַלְכוּת דָּוִיד נִדְרָשׁוּ וַיִּמָּצֵא בָהֶם גִּבּוֹרֵי חַיִל בְּיַעְזֵיר

32 גִּלְעָד: וְאֶחָיו בְּנֵי־חַיִל אַלְפַּיִם וּשְׁבַע מֵאוֹת רָאשֵׁי הָאָבוֹת וַיַּפְקִידֵם

דָּוִיד הַמֶּלֶךְ עַל־הָראוּבֵנִי וְהַגָּדִי וַחֲצִי שֵׁבֶט הַמְנַשִּׁי לְכָל־דְּבַר

הָאֱלֹהִים וּדְבַר הַמֶּלֶךְ:

27 1 וּבְנֵי יִשְׂרָאֵל לְמִסְפָּרָם רָאשֵׁי הָאָבוֹת וְשָׂרֵי הָאֲלָפִים וְהַמֵּאוֹת

וְשֹׁטְרֵיהֶם הַמְשָׁרְתִים אֶת־הַמֶּלֶךְ לְכֹל דְּבַר הַמַּחְלְקוֹת הַבָּאָה

וְהַיֹּצֵאת חֹדֶשׁ בְּחֹדֶשׁ לְכֹל חָדְשֵׁי הַשָּׁנָה הַמַּחֲלֹקֶת הָאַחַת עֶשְׂרִים

2 וְאַרְבָּעָה אָלֶף: עַל הַמַּחֲלֹקֶת הָרִאשׁוֹנָה לַחֹדֶשׁ הָרִאשׁוֹן

3 יָשָׁבְעָם בֶּן־זַבְדִּיאֵל וְעַל מַחֲלֻקְתּוֹ עֶשְׂרִים וְאַרְבָּעָה אָלֶף: מִן־בְּנֵי־

4 פֶרֶץ הָרֹאשׁ לְכָל־שָׂרֵי הַצְּבָאוֹת לַחֹדֶשׁ הָרִאשׁוֹן: וְעַל מַחֲלֹקֶת

הַחֹדֶשׁ הַשֵּׁנִי דּוֹדַי הָאֲחוֹחִי וּמַחֲלֻקְתּוֹ וּמִקְלוֹת הַנָּגִיד וְעַל מַחֲלֻקְתּוֹ

5 עֶשְׂרִים וְאַרְבָּעָה אָלֶף: שַׂר הַצָּבָא הַשְּׁלִישִׁי לַחֹדֶשׁ

הַשְּׁלִישִׁי בְּנָיָהוּ בֶן־יְהוֹיָדָע הַכֹּהֵן רֹאשׁ וְעַל מַחֲלֻקְתּוֹ עֶשְׂרִים

6 וְאַרְבָּעָה אָלֶף: הוּא בְנָיָהוּ גִּבּוֹר הַשְּׁלֹשִׁים וְעַל־הַשְּׁלֹשִׁים וּמַחֲלֻקְתּוֹ

7 עֲמִיזָבָד בְּנוֹ:   הָרְבִיעִי לַחֹדֶשׁ הָרְבִיעִי עֲשָׂה־אֵל

אֲחִי יוֹאָב וּזְבַדְיָה בְנוֹ אַחֲרָיו וְעַל מַחֲלֻקְתּוֹ עֶשְׂרִים וְאַרְבָּעָה

8A 8 אָלֶף: הַחֲמִישִׁי לַחֹדֶשׁ הַחֲמִישִׁי הַשַּׂר שַׁמְהוּת הַיִּזְרָח

9 וְעַל מַחֲלֻקְתּוֹ עֶשְׂרִים וְאַרְבָּעָה אָלֶף: הַשִּׁשִּׁי לַחֹדֶשׁ

הַשִּׁשִּׁי עִירָא בֶן־עִקֵּשׁ הַתְּקוֹעִי וְעַל מַחֲלֻקְתּוֹ עֶשְׂרִים וְאַרְבָּעָה

10 אָלֶף: הַשְּׁבִיעִי לַחֹדֶשׁ הַשְּׁבִיעִי חֶלֶץ הַפְּלוֹנִי מִן־בְּנֵי

11 אֶפְרַיִם וְעַל מַחֲלֻקְתּוֹ עֶשְׂרִים וְאַרְבָּעָה אָלֶף: הַשְּׁמִינִי

לַחֹדֶשׁ הַשְּׁמִינִי סִבְּכַי הַחֻשָׁתִי לַזַּרְחִי וְעַל מַחֲלֻקְתּוֹ עֶשְׂרִים

12 The ninth *captain* for the ninth month *was* Abiezer the Anetothite, of the Benjamites: and in his course *were* twenty and four thousand.

13 The tenth *captain* for the tenth month *was* Maharai the Netophathite, of the Zarhites: and in his course *were* twenty and four thousand.

14 The eleventh *captain* for the eleventh month *was* Benaiah the Pirathonite, of the children of Ephraim: and in his course *were* twenty and four thousand.

15 The twelfth *captain* for the twelfth month *was* Heldai the Netophathite, of Othniel: and in his course *were* twenty and four thousand.

16 ¶ Furthermore over the tribes of Israel: the ruler of the Reubenites *was* Eliezer the son of Zichri: of the Simeonites, Shephatiah the son of Maachah:

17 Of the Levites, Hashabiah the son of Kemuel: of the Aaronites, Zadok:

18 Of Judah, Elihu, *one* of the brethren of David: of Issachar, Omri the son of Michael:

19 Of Zebulun, Ishmaiah the son of Obadiah: of Naphtali, Jerimoth the son of Azriel:

20 Of the children of Ephraim, Hoshea the son of Azaziah: of the half tribe of Manasseh, Joel the son of Pedaiah:

21 Of the half *tribe* of Manasseh in Gilead, Iddo the son of Zechariah: of Benjamin, Jaasiel the son of Abner:

22 Of Dan, Azareel the son of Jeroham. These *were* the princes of the tribes of Israel.

23 ¶ But David took not the number of them from twenty years old and under: because the LORD had said he would increase Israel like to the stars of the heavens.

24 Joab the son of Zeruiah began to number, but he finished not, because there fell wrath for it against Israel; neither was the number put in the account of the chronicles of king David.

25 ¶ And over the king's treasures *was* Azmaveth the son of Adiel: and over the storehouses in the fields, in the cities, and in the villages, and in the castles, *was* Jehonathan the son of Uzziah:

26 And over them that did the work of the field for tillage of the ground *was* Ezri the son of Chelub:

27 And over the vineyards *was* Shimei the Ramathite: over the increase of the vineyards for the wine cellars *was* Zabdi the Shiphmite:

28 And over the olive trees and the sycomore trees that *were* in the low plains *was* Baal-hanan the Gederite: and over the cellars of oil *was* Joash:

29 And over the herds that fed in Sharon *was* Shitrai the Sharonite: and over the herds *that were* in the valleys *was* Shaphat the son of Adlai:

30 Over the camels also *was* Obil the Ishmaelite: and over the asses *was* Jehdeiah the Meronothite:

31 And over the flocks *was* Jaziz the Hagerite. All these *were* the rulers of the substance which *was* king David's.

32 Also Jonathan David's uncle was a counsellor, a wise man, and a scribe: and Jehiel the son of Hachmoni *was* with the king's sons:

33 And Ahithophel *was* the king's counsellor: and Hushai the Archite *was* the king's companion:

34 And after Ahithophel *was* Jehoiada the son of Benaiah, and Abiathar: and the general of the king's army *was* Joab.

CHAPTER 28

1 And David assembled all the princes of Israel, the princes of the tribes, and the captains of the companies that ministered to the king by course, and the captains over the thousands, and captains over the hundreds, and the stewards over all the substance and possession of the king, and of his sons, with the officers, and with the mighty men, and with all the valiant men, unto Jerusalem.

2 Then David the king stood up upon his feet, and said, Hear me, my brethren,

וְאַרְבָּעָ֖ה אָ֑לֶף הַתְּשִׁיעִי֙ לַחֹ֣דֶשׁ הַתְּשִׁיעִ֔י 12

לַבֵּ֣ן ׀ יְמִינִ֗י אֲבִיעֶ֙זֶר֙ הָֽעַנְּתֹתִ֔י לְבֶנְיָמִ֑ינִי וְעַ֣ל מַחֲלֻקְתּ֔וֹ עֶשְׂרִ֥ים וְאַרְבָּעָ֖ה 13

אָֽלֶף׃ הָעֲשִׂירִי֙ לַחֹ֣דֶשׁ הָעֲשִׂירִ֔י מַהְרַי֙ הַנְּטֽוֹפָתִ֔י לַזַּרְחִ֑י וְעַל֙ 14

מַחֲלֻקְתּ֔וֹ עֶשְׂרִ֥ים וְאַרְבָּעָ֖ה אָֽלֶף׃ עַשְׁתֵּֽי־עָשָׂר֙ לְעַשְׁתֵּ֣י

עָשָׂ֣ר הַחֹ֔דֶשׁ בְּנָיָ֕ה מִן־בְּנֵ֖י אֶפְרָ֑יִם וְעַ֣ל מַחֲלֻקְתּ֔וֹ עֶשְׂרִ֥ים

וְאַרְבָּעָ֖ה אָֽלֶף׃ הַשְּׁנֵ֣ים עָשָׂר֙ לִשְׁנֵ֣ים עָשָׂ֣ר הַחֹ֔דֶשׁ חֶלְדַּי֙ 15

הַנְּטֽוֹפָתִ֔י לְעָתְנִיאֵ֑ל וְעַ֣ל מַחֲלֻקְתּ֔וֹ עֶשְׂרִ֥ים וְאַרְבָּעָ֖ה אָֽלֶף׃

וְעַ֖ל שִׁבְטֵ֣י יִשְׂרָאֵ֑ל לָרֽאוּבֵנִ֣י נָגִ֗יד אֱלִיעֶ֙זֶר֙ בֶּן־זִכְרִ֔י לַשִּׁמְעֹנִ֕י 16

שְׁפַטְיָ֖הוּ בֶּן־מַעֲכָֽה׃ לְלֵוִ֕י חֲשַׁבְיָ֖ה בֶּן־קְמוּאֵ֑ל לְאַהֲרֹ֖ן 17

צָדֽוֹק׃ לִֽיהוּדָ֕ה אֱלִיה֖וּ מֵאֲחֵ֣י דָוִ֑יד לְיִ֙שָּׂשׂכָר֙ עָמְרִ֖י בֶּן־ 18

מִיכָאֵֽל׃ לִזְבוּלֻ֕ן יִֽשְׁמַֽעְיָ֖הוּ בֶּן־עֹבַדְיָ֑הוּ לְנַ֙פְתָּלִי֙ יְרִימ֖וֹת בֶּן־ 19

עַזְרִיאֵֽל׃ לִבְנֵ֣י אֶפְרַ֔יִם הוֹשֵׁ֖עַ בֶּן־עֲזַזְיָ֑הוּ לַחֲצִי֙ שֵׁ֣בֶט 20

מְנַשֶּׁ֔ה יוֹאֵ֖ל בֶּן־פְּדָיָֽהוּ׃ לַחֲצִ֤י הַֽמְנַשֶּׁה֙ גִּלְעָ֔דָה יִדּ֖וֹ בֶּן־ 21

זְכַרְיָ֑הוּ לְבִ֙נְיָמִ֔ן יַעֲשִׂיאֵ֖ל בֶּן־אַבְנֵֽר׃ לְדָ֕ן 22

עֲזַרְאֵ֖ל בֶּן־יְרֹחָ֑ם אֵ֕לֶּה שָׂרֵ֖י שִׁבְטֵ֥י יִשְׂרָאֵֽל׃ וְלֹא־נָשָׂ֤א דָוִיד֙ מִסְפָּרָ֔ם 23

לְמִבֶּ֛ן עֶשְׂרִ֥ים שָׁנָ֖ה וּלְמָ֑טָּה כִּ֚י אָמַ֣ר יְהֹוָ֔ה לְהַרְבּ֥וֹת אֶת־יִשְׂרָאֵ֖ל

כְּכוֹכְבֵ֥י הַשָּׁמָֽיִם׃ יוֹאָ֤ב בֶּן־צְרוּיָה֙ הֵחֵ֣ל לִמְנ֔וֹת וְלֹ֥א כִלָּ֖ה וַיְהִ֤י בָזֹאת֙ 24

קֶ֙צֶף֙ עַל־יִשְׂרָאֵ֔ל וְלֹ֤א עָלָה֙ הַמִּסְפָּ֔ר בְּמִסְפַּ֥ר דִּבְרֵֽי־הַיָּמִ֖ים לַמֶּ֥לֶךְ

דָּוִֽיד׃ וְעַל֙ אֹצְר֣וֹת הַמֶּ֔לֶךְ עַזְמָ֖וֶת בֶּן־ 25 25A

עֲדִיאֵ֑ל וְעַ֣ל הָֽאֹצָר֡וֹת בַּשָּׂדֶ֞ה בֶּעָרִ֣ים וּבַכְּפָרִים֮ וּבַמִּגְדָּלוֹת֒

יְהוֹנָתָ֖ן בֶּן־עֻזִּיָּֽהוּ׃ וְעַ֗ל עֹשֵׂי֙ מְלֶ֣אכֶת הַשָּׂדֶ֔ה לַעֲבֹדַ֖ת 26

הָאֲדָמָ֑ה עֶזְרִ֖י בֶּן־כְּלֽוּב׃ וְעַל־הַ֙כְּרָמִ֔ים שִׁמְעִ֖י הָֽרָמָתִ֑י וְעַ֤ל שֶׁבַּכְּרָמִים֙ 27

לְאֹצְר֣וֹת הַיַּ֔יִן זַבְדִּ֖י הַשִּׁפְמִֽי׃ וְעַל־הַזֵּיתִ֤ים וְהַשִּׁקְמִים֙ 28

אֲשֶׁ֣ר בַּשְּׁפֵלָ֔ה בַּ֖עַל חָנָ֣ן הַגְּדֵרִ֑י וְעַל־אֹצְר֥וֹת הַשֶּׁ֖מֶן

יוֹעָֽשׁ׃ וְעַל־הַבָּקָר֙ הָרֹעִ֣ים בַּשָּׁר֔וֹן שִׁטְרַ֖י הַשָּׁר֣וֹנִ֑י וְעַל־ 29 שָׂרַ֣י

הַבָּקָר֙ בָּֽעֲמָקִ֔ים שָׁפָ֖ט בֶּן־עַדְלָֽי׃ וְעַל־הַגְּמַלִּ֔ים אוֹבִ֖יל 30

הַיִּשְׁמְעֵלִ֑י וְעַל־הָ֣אֲתֹנ֔וֹת יֶחְדְּיָ֖הוּ הַמֵּרֹֽנֹתִֽי׃ וְעַל־הַצֹּ֖אן יָזִ֣יז 31

הַֽהַגְרִ֑י כָּל־אֵ֙לֶּה֙ שָׂרֵ֣י הָֽרְכ֔וּשׁ אֲשֶׁ֖ר לַמֶּ֥לֶךְ דָּוִֽיד׃ וִיהוֹנָתָ֤ן דּֽוֹד־דָּוִיד֙ 32

יוֹעֵ֔ץ אִישׁ־מֵבִ֥ין וְסוֹפֵ֖ר ה֑וּא וִֽיחִיאֵ֥ל בֶּן־חַכְמוֹנִ֖י עִם־בְּנֵ֥י הַמֶּֽלֶךְ׃

וַאֲחִיתֹ֥פֶל יוֹעֵ֖ץ לַמֶּ֑לֶךְ וְחוּשַׁ֥י הָאַרְכִּ֖י רֵ֣עַ הַמֶּֽלֶךְ׃ וְאַחֲרֵ֣י 33 34

אֲחִיתֹ֗פֶל יְהוֹיָדָ֤ע בֶּן־בְּנָיָ֙הוּ֙ וְאֶבְיָתָ֔ר וְשַׂר־צָבָ֥א לַמֶּ֖לֶךְ יוֹאָֽב׃

וַיַּקְהֵ֣ל דָּוִ֡יד אֶת־כָּל־שָׂרֵ֣י יִשְׂרָאֵ֡ל שָׂרֵ֣י הַשְּׁבָטִ֣ים וְשָׂרֵ֣י הַמַּחְלְק֡וֹת 1 28

הַמְשָׁרְתִ֣ים אֶת־הַמֶּ֩לֶךְ֩ וְשָׂרֵ֨י הָאֲלָפִ֜ים וְשָׂרֵ֣י הַמֵּא֗וֹת וְשָׂרֵ֣י

כָל־רְכֽוּשׁ־וּמִקְנֶ֣ה ׀ לַמֶּ֣לֶךְ וּלְבָנָ֗יו עִם־הַסָּרִיסִ֛ים וְהַגִּבּוֹרִ֖ים וּלְכָל־גִּבּ֣וֹר

חָ֑יִל אֶל־יְרוּשָׁלָֽ͏ִם׃ וַיָּ֧קָם דָּוִ֣יד הַמֶּ֗לֶךְ עַל־רַגְלָ֔יו וַיֹּ֕אמֶר שְׁמָע֖וּנִי אַחַ֥י 2

and my people: *As for me,* I *had* in mine heart to build an house of rest for the ark of the covenant of the LORD, and for the footstool of our God, and had made ready for the building:

3 But God said unto me, Thou shalt not build an house for my name, because thou *hast been* a man of war, and hast shed blood.

4 Howbeit the LORD God of Israel chose me before all the house of my father to be king over Israel for ever: for he hath chosen Judah *to be* the ruler; and of the house of Judah, the house of my father; and among the sons of my father he liked me to make *me* king over all Israel:

5 And of all my sons, (for the LORD hath given me many sons,) he hath chosen Solomon my son to sit upon the throne of the kingdom of the LORD over Israel.

6 And he said unto me, Solomon thy son, he shall build my house and my courts: for I have chosen him *to be* my son, and I will be his father.

7 Moreover I will establish his kingdom for ever, if he be constant to do my commandments and my judgments, as at this day.

8 Now therefore in the sight of all Israel the congregation of the LORD, and in the audience of our God, keep and seek for all the commandments of the LORD your God: that ye may possess this good land, and leave *it* for an inheritance for your children after you for ever.

9 ¶ And thou, Solomon my son, know thou the God of thy father, and serve him with a perfect heart and with a willing mind: for the LORD searcheth all hearts, and understandeth all the imaginations of the thoughts: if thou seek him, he will be found of thee; but if thou forsake him, he will cast thee off for ever.

10 Take heed now; for the LORD hath chosen thee to build an house for the sanctuary: be strong, and do *it.*

11 ¶ Then David gave to Solomon his son the pattern of the porch, and of the houses thereof, and of the treasuries thereof, and of the upper chambers thereof, and of the inner parlours thereof, and of the place of the mercy seat,

12 And the pattern of all that he had by the spirit, of the courts of the house of the LORD, and of all the chambers round about, of the treasuries of the house of God, and of the treasuries of the dedicated things:

13 Also for the courses of the priests and the Levites, and for all the work of the service of the house of the LORD, and for all the vessels of service in the house of the LORD.

14 *He gave* of gold by weight for *things* of gold, for all instruments of all manner of service; *silver also* for all instruments of silver by weight, for all instruments of every kind of service:

15 Even the weight for the candlesticks of gold, and for their lamps of gold, by weight for every candlestick, and for the lamps thereof: and for the candlesticks of silver by weight, *both* for the candlestick, and *also* for the lamps thereof, according to the use of every candlestick.

16 And by weight *he gave* gold for the tables of shewbread, for every table; and *likewise* silver for the tables of silver:

17 Also pure gold for the fleshhooks, and the bowls, and the cups: and for the golden basons *he gave gold* by weight for every bason; and *likewise silver* by weight for every bason of silver:

18 And for the altar of incense refined gold by weight; and gold for the pattern of the chariot of the cherubims, that spread out *their wings,* and covered the ark of the covenant of the LORD.

19 All *this, said David,* the LORD made me understand in writing by *his* hand upon me, *even* all the works of this pattern.

20 And David said to Solomon his son, Be strong and of good courage, and do *it:* fear not, nor be dismayed: for the LORD God, *even* my God, *will be* with thee; he will not fail thee, nor forsake thee, until thou hast finished all the work for the service of the house of the LORD.

21 And, behold, the courses of the priests and the Levites, *even they shall be with thee* for all the service of the house of God: and *there shall be* with thee for all manner of workmanship every willing skilful man,

וְעָמֵי אֲנִי עִם־לְבָבִי לִבְנוֹת בֵּית מְנוּחָה לַאֲרוֹן בְּרִית־יְהוָה וְלַהֲדֹם

3 רַגְלֵי אֱלֹהֵינוּ וַהֲכִינוֹתִי לִבְנוֹת: וְהָאֱלֹהִים אָמַר לִי לֹא־תִבְנֶה בַיִת

4 לִשְׁמִי כִּי אִישׁ מִלְחָמוֹת אַתָּה וְדָמִים שָׁפָכְתָּ: וַיִּבְחַר יְהוָה אֱלֹהֵי
יִשְׂרָאֵל בִּי מִכֹּל בֵּית־אָבִי לִהְיוֹת לְמֶלֶךְ עַל־יִשְׂרָאֵל לְעוֹלָם כִּי
בִיהוּדָה בָּחַר לְנָגִיד וּבְבֵית יְהוּדָה בֵּית אָבִי וּבִבְנֵי אָבִי בִּי רָצָה

5 לְהַמְלִיךְ עַל־כָּל־יִשְׂרָאֵל: וּמִכָּל־בָּנַי כִּי רַבִּים בָּנִים נָתַן לִי יְהוָה
וַיִּבְחַר בִּשְׁלֹמֹה בְנִי לָשֶׁבֶת עַל־כִּסֵּא מַלְכוּת יְהוָה עַל־יִשְׂרָאֵל:

6 וַיֹּאמֶר לִי שְׁלֹמֹה בִנְךָ הוּא־יִבְנֶה בֵיתִי וַחֲצֵרוֹתָי כִּי־בָחַרְתִּי בוֹ לִי

7 לְבֵן וַאֲנִי אֶהְיֶה־לּוֹ לְאָב: וַהֲכִינוֹתִי אֶת־מַלְכוּתוֹ עַד־לְעוֹלָם אִם־

8 יֶחֱזַק לַעֲשׂוֹת מִצְוֹתַי וּמִשְׁפָּטַי כַּיּוֹם הַזֶּה: וְעַתָּה לְעֵינֵי כָל־יִשְׂרָאֵל
קְהַל־יְהוָה וּבְאָזְנֵי אֱלֹהֵינוּ שִׁמְרוּ וְדִרְשׁוּ כָּל־מִצְוֹת יְהוָה אֱלֹהֵיכֶם
לְמַעַן תִּירְשׁוּ אֶת־הָאָרֶץ הַטּוֹבָה וְהִנְחַלְתֶּם לִבְנֵיכֶם אַחֲרֵיכֶם עַד־
עוֹלָם:

9 וְאַתָּה שְׁלֹמֹה־בְנִי דַּע אֶת־אֱלֹהֵי אָבִיךָ וְעָבְדֵהוּ בְּלֵב שָׁלֵם וּבְנֶפֶשׁ
חֲפֵצָה כִּי כָל־לְבָבוֹת דּוֹרֵשׁ יְהוָה וְכָל־יֵצֶר מַחֲשָׁבוֹת מֵבִין אִם־

10 תִּדְרְשֶׁנּוּ יִמָּצֵא לָךְ וְאִם־תַּעַזְבֶנּוּ יַזְנִיחֲךָ לָעַד: רְאֵה עַתָּה כִּי־יְהוָה
בָּחַר בְּךָ לִבְנוֹת־בַּיִת לַמִּקְדָּשׁ חֲזַק וַעֲשֵׂה:

11 וַיִּתֵּן דָּוִיד לִשְׁלֹמֹה בְנוֹ אֶת־תַּבְנִית הָאוּלָם וְאֶת־בָּתָּיו וְגַנְזַכָּיו

12 וַעֲלִיֹּתָיו וַחֲדָרָיו הַפְּנִימִים וּבֵית הַכַּפֹּרֶת: וְתַבְנִית כֹּל אֲשֶׁר הָיָה
בָרוּחַ עִמּוֹ לְחַצְרוֹת בֵּית־יְהוָה וּלְכָל־הַלְּשָׁכוֹת סָבִיב לְאֹצְרוֹת בֵּית

13 הָאֱלֹהִים וּלְאֹצְרוֹת הַקֳּדָשִׁים: וּלְמַחְלְקוֹת הַכֹּהֲנִים וְהַלְוִיִּם וּלְכָל־

14 מְלֶאכֶת עֲבוֹדַת בֵּית־יְהוָה וּלְכָל־כְּלֵי עֲבוֹדַת בֵּית־יְהוָה: לַזָּהָב
בַּמִּשְׁקָל לַזָּהָב לְכָל־כְּלֵי עֲבוֹדָה וַעֲבוֹדָה לְכֹל כְּלֵי הַכֶּסֶף בְּמִשְׁקָל

15 לְכָל־כְּלֵי עֲבוֹדָה וַעֲבוֹדָה: וּמִשְׁקָל לִמְנֹרוֹת הַזָּהָב וְנֵרֹתֵיהֶם זָהָב
בְּמִשְׁקַל־מְנוֹרָה וּמְנוֹרָה וְנֵרֹתֶיהָ וְלִמְנֹרוֹת הַכֶּסֶף בְּמִשְׁקָל לִמְנוֹרָה

16 וְנֵרֹתֶיהָ כַּעֲבוֹדַת מְנוֹרָה וּמְנוֹרָה: וְאֶת־הַזָּהָב מִשְׁקָל לְשֻׁלְחֲנוֹת

17 הַמַּעֲרֶכֶת לְשֻׁלְחַן וְשֻׁלְחָן וְכֶסֶף לְשֻׁלְחֲנוֹת הַכָּסֶף: וְהַמִּזְלָגוֹת
וְהַמִּזְרָקוֹת וְהַקְּשָׂוֹת זָהָב טָהוֹר וְלִכְפוֹרֵי הַזָּהָב בְּמִשְׁקָל לִכְפוֹר

18 וּכְפוֹר וְלִכְפוֹרֵי הַכֶּסֶף בְּמִשְׁקָל לִכְפוֹר וּכְפוֹר: וּלְמִזְבַּח הַקְּטֹרֶת זָהָב
מְזֻקָּק בַּמִּשְׁקָל וּלְתַבְנִית הַמֶּרְכָּבָה הַכְּרֻבִים זָהָב לְפֹרְשִׂים וְסֹכְכִים

19 עַל־אֲרוֹן בְּרִית־יְהוָה: הַכֹּל בִּכְתָב מִיַּד יְהוָה עָלַי הִשְׂכִּיל כֹּל
מַלְאֲכוֹת הַתַּבְנִית:

20 וַיֹּאמֶר דָּוִיד לִשְׁלֹמֹה בְנוֹ חֲזַק וֶאֱמַץ וַעֲשֵׂה אַל־תִּירָא וְאַל־תֵּחָת
כִּי יְהוָה אֱלֹהִים אֱלֹהַי עִמָּךְ לֹא יַרְפְּךָ וְלֹא יַעַזְבֶךָּ עַד־לִכְלוֹת כָּל־

21 מְלֶאכֶת עֲבוֹדַת בֵּית־יְהוָה: וְהִנֵּה מַחְלְקוֹת הַכֹּהֲנִים וְהַלְוִיִּם לְכָל־

for any manner of service: also the princes and all the people *will be* wholly at thy commandment.

CHAPTER 29

1 Furthermore David the king said unto all the congregation, Solomon my son, whom alone God hath chosen, *is yet* young and tender, and the work *is* great: for the palace *is* not for man, but for the Lord God.

2 Now I have prepared with all my might for the house of my God the gold for *things to be made* of gold, and the silver for *things* of silver, and the brass for *things* of brass, the iron for *things* of iron, and wood for *things* of wood; onyx stones, and *stones* to be set, glistering stones, and of divers colours, and all manner of precious stones, and marble stones in abundance.

3 Moreover, because I have set my affection to the house of my God, I have of mine own proper good, of gold and silver, *which* I have given to the house of my God, over and above all that I have prepared for the holy house,

4 *Even* three thousand talents of gold, of the gold of Ophir, and seven thousand talents of refined silver, to overlay the walls of the houses *withal:*

5 The gold for *things* of gold, and the silver for *things* of silver, and for all manner of work *to be made* by the hands of artificers. And who *then* is willing to consecrate his service this day unto the Lord?

6 ¶ Then the chief of the fathers and princes of the tribes of Israel, and the captains of thousands and of hundreds, with the rulers of the king's work, offered willingly,

7 And gave for the service of the house of God of gold five thousand talents and ten thousand drams, and of silver ten thousand talents, and of brass eighteen thousand talents, and one hundred thousand talents of iron.

8 And they with whom *precious* stones were found gave *them* to the treasure of the house of the Lord, by the hand of Jehiel the Gershonite.

9 Then the people rejoiced, for that they offered willingly, because with perfect heart they offered willingly to the Lord: and David the king also rejoiced with great joy.

10 ¶ Wherefore David blessed the Lord before all the congregation: and David said, Blessed *be* thou, Lord God of Israel our father, for ever and ever.

11 Thine, O Lord, *is* the greatness, and the power, and the glory, and the victory, and the majesty: for all *that is* in the heaven and in the earth *is thine;* thine *is* the kingdom, O Lord, and thou art exalted as head above all.

12 Both riches and honour *come* of thee, and thou reignest over all; and in thine hand *is* power and might; and in thine hand *it is* to make great, and to give strength unto all.

13 Now therefore, our God, we thank thee, and praise thy glorious name.

14 But who *am* I, and what *is* my people, that we should be able to offer so willingly after this sort? for all things *come* of thee, and of thine own have we given thee.

15 For we *are* strangers before thee, and sojourners, as *were* all our fathers: our days on the earth *are* as a shadow, and *there is* none abiding.

16 O Lord our God, all this store that we have prepared to build thee an house for thine holy name *cometh* of thine hand, and *is* all thine own.

17 I know also, my God, that thou triest the heart, and hast pleasure in uprightness. As for me, in the uprightness of mine heart I have willingly offered all these things: and now have I seen with joy thy people, which are present here, to offer willingly unto thee.

18 O Lord God of Abraham, Isaac, and of Israel, our fathers, keep this for ever in the imagination of the thoughts of the heart of thy people, and prepare their heart unto thee:

19 And give unto Solomon my son a perfect heart, to keep thy commandments, thy testimonies, and thy statutes, and to do all *these things,* and to build the palace, *for* the which I have made provision.

20 ¶ And David said to all the congregation, Now bless the Lord your God. And all the congregation blessed the Lord

עֲבוֹדַת בֵּית הָאֱלֹהִים וְעִמְּךָ בְכָל־מְלָאכָה לְכָל־נָדִיב בַּחָכְמָה לְכָל־
עֲבוֹדָה וְהַשָּׂרִים וְכָל־הָעָם לְכָל־דְּבָרֶיךָ:

29 וַיֹּאמֶר דָּוִיד הַמֶּלֶךְ לְכָל־הַקָּהָל שְׁלֹמֹה בְנִי אֶחָד בָּחַר־בּוֹ אֱלֹהִים 1
נַעַר וָרָךְ וְהַמְּלָאכָה גְדוֹלָה כִּי לֹא לְאָדָם הַבִּירָה כִּי לַיהוָה אֱלֹהִים:
וּבְכָל־כֹּחִי הֲכִינוֹתִי לְבֵית־אֱלֹהַי הַזָּהָב לַזָּהָב וְהַכֶּסֶף לַכֶּסֶף 2
וְהַנְּחֹשֶׁת לַנְּחֹשֶׁת הַבַּרְזֶל לַבַּרְזֶל וְהָעֵצִים לָעֵצִים אַבְנֵי־שֹׁהַם
וּמִלּוּאִים אַבְנֵי־פוּךְ וְרִקְמָה וְכֹל אֶבֶן יְקָרָה וְאַבְנֵי־שַׁיִשׁ לָרֹב: וְעוֹד 3
בִּרְצוֹתִי בְּבֵית אֱלֹהַי יֶשׁ־לִי סְגֻלָּה זָהָב וָכָסֶף נָתַתִּי לְבֵית־אֱלֹהַי
לְמַעְלָה מִכָּל־הֲכִינוֹתִי לְבֵית הַקֹּדֶשׁ: שְׁלֹשֶׁת אֲלָפִים כִּכְּרֵי זָהָב 4
מִזְּהַב אוֹפִיר וְשִׁבְעַת אֲלָפִים כִּכַּר־כֶּסֶף מְזֻקָּק לָטוּחַ קִירוֹת הַבָּתִּים:
לַזָּהָב לַזָּהָב וְלַכֶּסֶף לַכֶּסֶף וּלְכָל־מְלָאכָה בְּיַד חָרָשִׁים וּמִי מִתְנַדֵּב 5
לְמַלֹּאות יָדוֹ הַיּוֹם לַיהוָה: וַיִּתְנַדְּבוּ שָׂרֵי הָאָבוֹת וְשָׂרֵי שִׁבְטֵי יִשְׂרָאֵל 6
וְשָׂרֵי הָאֲלָפִים וְהַמֵּאוֹת וּלְשָׂרֵי מְלֶאכֶת הַמֶּלֶךְ: וַיִּתְּנוּ לַעֲבוֹדַת בֵּית־ 7
הָאֱלֹהִים זָהָב כִּכָּרִים חֲמֵשֶׁת־אֲלָפִים וַאֲדַרְכֹנִים רִבּוֹ וְכֶסֶף כִּכָּרִים
עֲשֶׂרֶת אֲלָפִים וּנְחֹשֶׁת רִבּוֹ וּשְׁמוֹנַת אֲלָפִים כִּכָּרִים וּבַרְזֶל מֵאָה־
אֶלֶף כִּכָּרִים: וְהַנִּמְצָא אִתּוֹ אֲבָנִים נָתְנוּ לְאוֹצַר בֵּית־יְהוָה עַל יַד־ 8
יְחִיאֵל הַגֵּרְשֻׁנִּי: וַיִּשְׂמְחוּ הָעָם עַל־הִתְנַדְּבָם כִּי בְּלֵב שָׁלֵם הִתְנַדְּבוּ 9
לַיהוָה וְגַם דָּוִיד הַמֶּלֶךְ שָׂמַח שִׂמְחָה גְדוֹלָה:
וַיְבָרֶךְ דָּוִיד אֶת־יְהוָה לְעֵינֵי כָּל־הַקָּהָל וַיֹּאמֶר דָּוִיד בָּרוּךְ אַתָּה 10
יְהוָה אֱלֹהֵי יִשְׂרָאֵל אָבִינוּ מֵעוֹלָם וְעַד־עוֹלָם: לְךָ יְהוָה הַגְּדֻלָּה 11
וְהַגְּבוּרָה וְהַתִּפְאֶרֶת וְהַנֵּצַח וְהַהוֹד כִּי־כֹל בַּשָּׁמַיִם וּבָאָרֶץ לְךָ יְהוָה
הַמַּמְלָכָה וְהַמִּתְנַשֵּׂא לְכֹל לְרֹאשׁ: וְהָעֹשֶׁר וְהַכָּבוֹד מִלְּפָנֶיךָ וְאַתָּה 12
מוֹשֵׁל בַּכֹּל וּבְיָדְךָ כֹּחַ וּגְבוּרָה וּבְיָדְךָ לְגַדֵּל וּלְחַזֵּק לַכֹּל: וְעַתָּה 13
אֱלֹהֵינוּ מוֹדִים אֲנַחְנוּ לָךְ וּמְהַלְלִים לְשֵׁם תִּפְאַרְתֶּךָ: וְכִי מִי אֲנִי 14
וּמִי עַמִּי כִּי־נַעְצֹר כֹּחַ לְהִתְנַדֵּב כָּזֹאת כִּי־מִמְּךָ הַכֹּל וּמִיָּדְךָ נָתַנּוּ
לָךְ: כִּי־גֵרִים אֲנַחְנוּ לְפָנֶיךָ וְתוֹשָׁבִים כְּכָל־אֲבֹתֵינוּ כַּצֵּל יָמֵינוּ עַל־ 15
הָאָרֶץ וְאֵין מִקְוֶה: יְהוָה אֱלֹהֵינוּ כֹּל הֶהָמוֹן הַזֶּה אֲשֶׁר הֲכִינֹנוּ 16
הוּא   לִבְנוֹת־לְךָ בַיִת לְשֵׁם קָדְשֶׁךָ מִיָּדְךָ הִיא וּלְךָ הַכֹּל: וְיָדַעְתִּי אֱלֹהַי 17
כִּי אַתָּה בֹּחֵן לֵבָב וּמֵישָׁרִים תִּרְצֶה אֲנִי בְּיֹשֶׁר לְבָבִי הִתְנַדַּבְתִּי
כָל־אֵלֶּה וְעַתָּה עַמְּךָ הַנִּמְצְאוּ־פֹה רָאִיתִי בְשִׂמְחָה לְהִתְנַדֶּב־לָךְ:
יְהוָה אֱלֹהֵי אַבְרָהָם יִצְחָק וְיִשְׂרָאֵל אֲבֹתֵינוּ שָׁמְרָה־זֹּאת לְעוֹלָם 18
לְיֵצֶר מַחְשְׁבוֹת לְבַב עַמֶּךָ וְהָכֵן לְבָבָם אֵלֶיךָ: וְלִשְׁלֹמֹה בְנִי תֵּן 19
לֵבָב שָׁלֵם לִשְׁמוֹר מִצְוֹתֶיךָ עֵדְוֹתֶיךָ וְחֻקֶּיךָ וְלַעֲשׂוֹת הַכֹּל וְלִבְנוֹת
הַבִּירָה אֲשֶׁר־הֲכִינוֹתִי:
וַיֹּאמֶר דָּוִיד לְכָל־הַקָּהָל בָּרְכוּ נָא אֶת־יְהוָה אֱלֹהֵיכֶם וַיְבָרְכוּ כָל־ 20

God of their fathers, and bowed down their heads, and worshipped the Lord, and the king.

21 And they sacrificed sacrifices unto the Lord, and offered burnt offerings unto the Lord, on the morrow after that day, *even* a thousand bullocks, a thousand rams, *and* a thousand lambs, with their drink offerings, and sacrifices in abundance for all Israel:

22 And did eat and drink before the Lord on that day with great gladness. And they made Solomon the son of David king the second time, and anointed *him* unto the Lord *to be* the chief governor, and Zadok *to be* priest.

23 Then Solomon sat on the throne of the Lord as king instead of David his father, and prospered; and all Israel obeyed him.

24 And all the princes, and the mighty men, and all the sons likewise of king David, submitted themselves unto Solomon the king.

25 And the Lord magnified Solomon exceedingly in the sight of all Israel, and bestowed upon him *such* royal majesty as had not been on any king before him in Israel.

26 ¶ Thus David the son of Jesse reigned over all Israel.

27 And the time that he reigned over Israel *was* forty years; seven years reigned he in Hebron, and thirty and three *years* reigned he in Jerusalem.

28 And he died in a good old age, full of days, riches, and honour: and Solomon his son reigned in his stead.

29 Now the acts of David the king, first and last, behold, they *are* written in the book of Samuel the seer, and in the book of Nathan the prophet, and in the book of Gad the seer,

30 With all his reign and his might, and the times that went over him, and over Israel, and over all the kingdoms of the countries.

THE SECOND BOOK OF THE
CHRONICLES

CHAPTER 1

1 And Solomon the son of David was strengthened in his kingdom, and the Lord his God *was* with him, and magnified him exceedingly.

2 Then Solomon spake unto all Israel, to the captains of thousands and of hundreds, and to the judges, and to every governor in all Israel, the chief of the fathers.

3 So Solomon, and all the congregation with him, went to the high place that *was* at Gibeon; for there was the tabernacle of the congregation of God, which Moses the servant of the Lord had made in the wilderness.

4 But the ark of God had David brought up from Kirjath-jearim to *the place which* David had prepared for it: for he had pitched a tent for it at Jerusalem.

5 Moreover the brasen altar, that Bezal-

eel the son of Uri, the son of Hur, had made, he put before the tabernacle of the Lord: and Solomon and the congregation sought unto it.

6 And Solomon went up thither to the brasen altar before the Lord, which *was* at the tabernacle of the congregation, and offered a thousand burnt offerings upon it.

7 ¶ In that night did God appear unto Solomon, and said unto him, Ask what I shall give thee.

8 And Solomon said unto God, Thou hast shewed great mercy unto David my father, and hast made me to reign in his stead.

9 Now, O Lord God, let thy promise unto David my father be established: for thou hast made me king over a people like the dust of the earth in multitude.

10 Give me now wisdom and knowl-

הַקָּהָל לַיהוָה אֱלֹהֵי אֲבֹתֵיהֶם וַיִּקְּדוּ וַיִּשְׁתַּחֲווּ לַיהוָה וְלַמֶּלֶךְ: וַיִּזְבְּחוּ 21
לַיהוָה ׀ זְבָחִים וַיַּעֲלוּ עֹלוֹת לַיהוָה לְמָחֳרַת הַיּוֹם הַהוּא פָּרִים אֶלֶף
אֵילִים אֶלֶף כְּבָשִׂים אֶלֶף וְנִסְכֵּיהֶם וּזְבָחִים לָרֹב לְכָל־יִשְׂרָאֵל:
וַיֹּאכְלוּ וַיִּשְׁתּוּ לִפְנֵי יְהוָה בַּיּוֹם הַהוּא בְּשִׂמְחָה גְדוֹלָה וַיַּמְלִיכוּ 22
שֵׁנִית לִשְׁלֹמֹה בֶן־דָּוִיד וַיִּמְשְׁחוּ לַיהוָה לְנָגִיד וּלְצָדוֹק לְכֹהֵן: וַיֵּשֶׁב 23
שְׁלֹמֹה עַל־כִּסֵּא יְהוָה ׀ לְמֶלֶךְ תַּחַת־דָּוִיד אָבִיו וַיַּצְלַח וַיִּשְׁמְעוּ אֵלָיו
כָל־יִשְׂרָאֵל: וְכָל־הַשָּׂרִים וְהַגִּבֹּרִים וְגַם כָּל־בְּנֵי הַמֶּלֶךְ דָּוִיד נָתְנוּ 24
יָד תַּחַת שְׁלֹמֹה הַמֶּלֶךְ: וַיְגַדֵּל יְהוָה אֶת־שְׁלֹמֹה לְמַעְלָה לְעֵינֵי כָּל־ 25
יִשְׂרָאֵל וַיִּתֵּן עָלָיו הוֹד מַלְכוּת אֲשֶׁר לֹא־הָיָה עַל־כָּל־מֶלֶךְ לְפָנָיו
עַל־יִשְׂרָאֵל:
וְדָוִיד בֶּן־יִשָׁי מָלַךְ עַל־כָּל־יִשְׂרָאֵל: וְהַיָּמִים אֲשֶׁר מָלַךְ עַל־יִשְׂרָאֵל 26
אַרְבָּעִים שָׁנָה בְּחֶבְרוֹן מָלַךְ שֶׁבַע שָׁנִים וּבִירוּשָׁלַ͏ִם מָלַךְ שְׁלֹשִׁים 27
וְשָׁלוֹשׁ: וַיָּמָת בְּשֵׂיבָה טוֹבָה שְׂבַע יָמִים עֹשֶׁר וְכָבוֹד וַיִּמְלֹךְ שְׁלֹמֹה 28
בְנוֹ תַּחְתָּיו: וְדִבְרֵי דָּוִיד הַמֶּלֶךְ הָרִאשֹׁנִים וְהָאַחֲרֹנִים הִנָּם כְּתוּבִים 29   29A
עַל־דִּבְרֵי שְׁמוּאֵל הָרֹאֶה וְעַל־דִּבְרֵי נָתָן הַנָּבִיא וְעַל־דִּבְרֵי גָּד הַחֹזֶה:
עִם כָּל־מַלְכוּתוֹ וּגְבוּרָתוֹ וְהָעִתִּים אֲשֶׁר עָבְרוּ עָלָיו וְעַל־יִשְׂרָאֵל 30
וְעַל כָּל־מַמְלְכוֹת הָאֲרָצוֹת:

דברי
הימים ב

וַיִּתְחַזֵּק שְׁלֹמֹה בֶן־דָּוִיד עַל־מַלְכוּתוֹ וַיהוָה אֱלֹהָיו עִמּוֹ וַיְגַדְּלֵהוּ 1 1
לְמָעְלָה: וַיֹּאמֶר שְׁלֹמֹה לְכָל־יִשְׂרָאֵל לְשָׂרֵי הָאֲלָפִים וְהַמֵּאוֹת 2
וְלַשֹּׁפְטִים וּלְכֹל נָשִׂיא לְכָל־יִשְׂרָאֵל רָאשֵׁי הָאָבוֹת: וַיֵּלְכוּ שְׁלֹמֹה 3
וְכָל־הַקָּהָל עִמּוֹ לַבָּמָה אֲשֶׁר בְּגִבְעוֹן כִּי־שָׁם הָיָה אֹהֶל מוֹעֵד
הָאֱלֹהִים אֲשֶׁר עָשָׂה מֹשֶׁה עֶבֶד־יְהוָה בַּמִּדְבָּר: אֲבָל אֲרוֹן הָאֱלֹהִים 4
הֶעֱלָה דָוִיד מִקִּרְיַת יְעָרִים בַּהֵכִין לוֹ דָּוִיד כִּי נָטָה־לוֹ אֹהֶל
בִּירוּשָׁלָ͏ִם: וּמִזְבַּח הַנְּחֹשֶׁת אֲשֶׁר עָשָׂה בְּצַלְאֵל בֶּן־אוּרִי בֶן־חוּר שָׂם 5
לִפְנֵי מִשְׁכַּן יְהוָה וַיִּדְרְשֵׁהוּ שְׁלֹמֹה וְהַקָּהָל: וַיַּעַל שְׁלֹמֹה שָׁם עַל־ 6
מִזְבַּח הַנְּחֹשֶׁת לִפְנֵי יְהוָה אֲשֶׁר לְאֹהֶל מוֹעֵד וַיַּעַל עָלָיו עֹלוֹת
אָלֶף: בַּלַּיְלָה הַהוּא נִרְאָה אֱלֹהִים לִשְׁלֹמֹה וַיֹּאמֶר לוֹ שְׁאַל מָה 7
אֶתֶּן־לָךְ: וַיֹּאמֶר שְׁלֹמֹה לֵאלֹהִים אַתָּה עָשִׂיתָ עִם־דָּוִיד אָבִי חֶסֶד 8
גָּדוֹל וְהִמְלַכְתַּנִי תַּחְתָּיו: עַתָּה יְהוָה אֱלֹהִים יֵאָמֵן דְּבָרְךָ עִם דָּוִיד 9
אָבִי כִּי אַתָּה הִמְלַכְתַּנִי עַל־עַם רַב כַּעֲפַר הָאָרֶץ: עַתָּה חָכְמָה 10

edge, that I may go out and come in before this people: for who can judge this thy people, *that is so* great?

11 And God said to Solomon, Because this was in thine heart, and thou hast not asked riches, wealth, or honour, nor the life of thine enemies, neither yet hast asked long life; but hast asked wisdom and knowledge for thyself, that thou mayest judge my people, over whom I have made thee king:

12 Wisdom and knowledge *is* granted unto thee; and I will give thee riches, and wealth, and honour, such as none of the kings have had that *have been* before thee, neither shall there any after thee have the like.

13 ¶ Then Solomon came *from his journey* to the high place that *was* at Gibeon to Jerusalem, from before the tabernacle of the congregation, and reigned over Israel.

14 And Solomon gathered chariots and horsemen: and he had a thousand and four hundred chariots, and twelve thousand horsemen, which he placed in the chariot cities, and with the king at Jerusalem.

15 And the king made silver and gold at Jerusalem *as plenteous* as stones, and cedar trees made he as the sycomore trees that *are* in the vale for abundance.

16 And Solomon had horses brought out of Egypt, and linen yarn: the king's merchants received the linen yarn at a price.

17 And they fetched up, and brought forth out of Egypt a chariot for six hundred *shekels* of silver, and an horse for an hundred and fifty: and so brought they out *horses* for all the kings of the Hittites, and for the kings of Syria, by their means.

CHAPTER 2

1[1:18] And Solomon determined to build an house for the name of the Lord, and an house for his kingdom.

2[1] And Solomon told out threescore and ten thousand men to bear burdens,

and fourscore thousand to hew in the mountain, and three thousand and six hundred to oversee them.

3[2] ¶ And Solomon sent to Huram the king of Tyre, saying, As thou didst deal with David my father, and didst send him cedars to build him an house to dwell therein, *even so deal with me.*

4[3] Behold, I build an house to the name of the Lord my God, to dedicate *it* to him, *and* to burn before him sweet incense, and for the continual shewbread, and for the burnt offerings morning and evening, on the sabbaths, and on the new moons, and on the solemn feasts of the Lord our God. This *is an ordinance* for ever to Israel.

5[4] And the house which I build *is* great: for great *is* our God above all gods.

6[5] But who is able to build him an house, seeing the heaven and heaven of heavens cannot contain him? who *am* I then, that I should build him an house, save only to burn sacrifice before him?

7[6] Send me now therefore a man cunning to work in gold, and in silver, and in brass, and in iron, and in purple, and crimson, and blue, and that can skill to grave with the cunning men that *are* with me in Judah and in Jerusalem, whom David my father did provide.

8[7] Send me also cedar trees, fir trees, and algum trees, out of Lebanon: for I know that thy servants can skill to cut timber in Lebanon; and, behold, my servants *shall be* with thy servants,

9[8] Even to prepare me timber in abundance: for the house which I am about to build *shall be* wonderful great.

10[9] And, behold, I will give to thy servants, the hewers that cut timber, twenty thousand measures of beaten wheat, and twenty thousand measures of barley, and twenty thousand baths of wine, and twenty thousand baths of oil.

11[10] ¶ Then Huram the king of Tyre answered in writing, which he sent to Solomon, Because the Lord hath loved his people, he hath made thee king over them.

וּמַדָּע תֶּן־לִי וְאֵצְאָה לִפְנֵי הָעָם־הַזֶּה וְאָבוֹאָה כִּי־מִי יִשְׁפֹּט אֶת־

11 עַמְּךָ הַזֶּה הַגָּדוֹל: וַיֹּאמֶר אֱלֹהִים לִשְׁלֹמֹה יַעַן אֲשֶׁר   11A

הָיְתָה זֹאת עִם־לְבָבֶךָ וְלֹא־שָׁאַלְתָּ עֹשֶׁר נְכָסִים וְכָבוֹד וְאֵת נֶפֶשׁ

שֹׂנְאֶיךָ וְגַם־יָמִים רַבִּים לֹא שָׁאָלְתָּ וַתִּשְׁאַל־לְךָ חָכְמָה וּמַדָּע אֲשֶׁר

12 תִּשְׁפּוֹט אֶת־עַמִּי אֲשֶׁר הִמְלַכְתִּיךָ עָלָיו: הַחָכְמָה וְהַמַּדָּע נָתוּן לָךְ

וְעֹשֶׁר וּנְכָסִים וְכָבוֹד אֶתֶּן־לָךְ אֲשֶׁר לֹא־הָיָה כֵן לַמְּלָכִים אֲשֶׁר

13 לְפָנֶיךָ וְאַחֲרֶיךָ לֹא יִהְיֶה־כֵּן: וַיָּבֹא שְׁלֹמֹה לַבָּמָה אֲשֶׁר־בְּגִבְעוֹן

יְרוּשָׁלִַם מִלִּפְנֵי אֹהֶל מוֹעֵד וַיִּמְלֹךְ עַל־יִשְׂרָאֵל:

14 וַיֶּאֱסֹף שְׁלֹמֹה רֶכֶב וּפָרָשִׁים וַיְהִי־לוֹ אֶלֶף וְאַרְבַּע־מֵאוֹת רֶכֶב

וּשְׁנֵים־עָשָׂר אֶלֶף פָּרָשִׁים וַיַּנִּיחֵם בְּעָרֵי הָרֶכֶב וְעִם־הַמֶּלֶךְ

15 בִּירוּשָׁלִָם: וַיִּתֵּן הַמֶּלֶךְ אֶת־הַכֶּסֶף וְאֶת־הַזָּהָב בִּירוּשָׁלִַם כָּאֲבָנִים

16 וְאֵת הָאֲרָזִים נָתַן כַּשִּׁקְמִים אֲשֶׁר־בַּשְּׁפֵלָה לָרֹב: וּמוֹצָא הַסּוּסִים

אֲשֶׁר לִשְׁלֹמֹה מִמִּצְרָיִם וּמִקְוֵא סֹחֲרֵי הַמֶּלֶךְ מִקְוֵא יִקְחוּ בִּמְחִיר:

17 וַיַּעֲלוּ וַיּוֹצִיאוּ מִמִּצְרַיִם מֶרְכָּבָה בְּשֵׁשׁ מֵאוֹת כֶּסֶף וְסוּס בַּחֲמִשִּׁים

18 וּמֵאָה וְכֵן לְכָל־מַלְכֵי הַחִתִּים וּמַלְכֵי אֲרָם בְּיָדָם יוֹצִיאוּ: וַיֹּאמֶר

2 1 שְׁלֹמֹה לִבְנוֹת בַּיִת לְשֵׁם יְהוָה וּבַיִת לְמַלְכוּתוֹ: וַיִּסְפֹּר שְׁלֹמֹה

שִׁבְעִים אֶלֶף אִישׁ סַבָּל וּשְׁמוֹנִים אֶלֶף אִישׁ חֹצֵב בָּהָר וּמְנַצְּחִים

עֲלֵיהֶם שְׁלֹשֶׁת אֲלָפִים וְשֵׁשׁ מֵאוֹת:

2 וַיִּשְׁלַח שְׁלֹמֹה אֶל־חוּרָם מֶלֶךְ־צֹר לֵאמֹר כַּאֲשֶׁר עָשִׂיתָ עִם־דָּוִיד

3 אָבִי וַתִּשְׁלַח־לוֹ אֲרָזִים לִבְנוֹת־לוֹ בַיִת לָשֶׁבֶת בּוֹ: הִנֵּה אֲנִי בוֹנֶה־

בַּיִת לְשֵׁם יְהוָה אֱלֹהָי לְהַקְדִּישׁ לוֹ לְהַקְטִיר לְפָנָיו קְטֹרֶת־סַמִּים

וּמַעֲרֶכֶת תָּמִיד וְעֹלוֹת לַבֹּקֶר וְלָעֶרֶב לַשַּׁבָּתוֹת וְלֶחֳדָשִׁים וּלְמוֹעֲדֵי

4 יְהוָה אֱלֹהֵינוּ לְעוֹלָם זֹאת עַל־יִשְׂרָאֵל: וְהַבַּיִת אֲשֶׁר־אֲנִי בוֹנֶה גָדוֹל

5 כִּי־גָדוֹל אֱלֹהֵינוּ מִכָּל־הָאֱלֹהִים: וּמִי יַעֲצָר־כֹּחַ לִבְנוֹת־לוֹ בַיִת כִּי

הַשָּׁמַיִם וּשְׁמֵי הַשָּׁמַיִם לֹא יְכַלְכְּלֻהוּ וּמִי אֲנִי אֲשֶׁר אֶבְנֶה־לּוֹ בַיִת

6 כִּי אִם־לְהַקְטִיר לְפָנָיו: וְעַתָּה שְׁלַח־לִי אִישׁ־חָכָם לַעֲשׂוֹת בַּזָּהָב

וּבַכֶּסֶף וּבַנְּחֹשֶׁת וּבַבַּרְזֶל וּבָאַרְגְּוָן וְכַרְמִיל וּתְכֵלֶת וְיֹדֵעַ לְפַתֵּחַ

פִּתּוּחִים עִם־הַחֲכָמִים אֲשֶׁר עִמִּי בִּיהוּדָה וּבִירוּשָׁלִַם אֲשֶׁר הֵכִין

7 דָּוִיד אָבִי: וּשְׁלַח־לִי עֲצֵי אֲרָזִים בְּרוֹשִׁים וְאַלְגּוּמִּים מֵהַלְּבָנוֹן כִּי

אֲנִי יָדַעְתִּי אֲשֶׁר עֲבָדֶיךָ יוֹדְעִים לִכְרוֹת עֲצֵי לְבָנוֹן וְהִנֵּה עֲבָדַי

8 עִם־עֲבָדֶיךָ: וּלְהָכִין לִי עֵצִים לָרֹב כִּי הַבַּיִת אֲשֶׁר־אֲנִי בוֹנֶה גָּדוֹל

9 וְהַפְלֵא: וְהִנֵּה לַחֹטְבִים לְכֹרְתֵי הָעֵצִים נָתַתִּי חִטִּים מַכּוֹת לַעֲבָדֶיךָ

כֹּרִים עֶשְׂרִים אֶלֶף וּשְׂעֹרִים כֹּרִים עֶשְׂרִים אָלֶף וְיַיִן בַּתִּים עֶשְׂרִים

אֶלֶף וְשֶׁמֶן בַּתִּים עֶשְׂרִים אָלֶף:

10 וַיֹּאמֶר חוּרָם מֶלֶךְ־צֹר בִּכְתָב וַיִּשְׁלַח אֶל־שְׁלֹמֹה בְּאַהֲבַת יְהוָה אֶת־

12[11] Huram said moreover, Blessed *be* the LORD God of Israel, that made heaven and earth, who hath given to David the king a wise son, endued with prudence and understanding, that might build an house for the LORD, and an house for his kingdom.

13[12] And now I have sent a cunning man, endued with understanding, of Huram my father's,

14[13] The son of a woman of the daughters of Dan, and his father *was* a man of Tyre, skilful to work in gold, and in silver, in brass, in iron, in stone, and in timber, in purple, in blue, and in fine linen, and in crimson; also to grave any manner of graving, and to find out every device which shall be put to him, with thy cunning men, and with the cunning men of my lord David thy father.

15[14] Now therefore the wheat, and the barley, the oil, and the wine, which my lord hath spoken of, let him send unto his servants:

16[15] And we will cut wood out of Lebanon, as much as thou shalt need: and we will bring it to thee in floats by sea to Joppa; and thou shalt carry it up to Jerusalem.

17[16] ¶ And Solomon numbered all the strangers that *were* in the land of Israel, after the numbering wherewith David his father had numbered them; and they were found an hundred and fifty thousand and three thousand and six hundred.

18[17] And he set threescore and ten thousand of them *to be* bearers of burdens, and fourscore thousand *to be* hewers in the mountain, and three thousand and six hundred overseers to set the people a work.

CHAPTER 3

1 Then Solomon began to build the house of the LORD at Jerusalem in mount Moriah, where *the* LORD appeared unto David his father, in the place that David had prepared in the threshingfloor of Ornan the Jebusite.

2 And he began to build in the second *day* of the second month, in the fourth year of his reign.

3 ¶ Now these *are the things wherein* Solomon was instructed for the building of the house of God. The length by cubits after the first measure *was* threescore cubits, and the breadth twenty cubits.

4 And the porch that *was* in the front *of the house,* the length *of it was* according to the breadth of the house, twenty cubits, and the height *was* an hundred and twenty: and he overlaid it within with pure gold.

5 And the greater house he cieled with fir tree, which he overlaid with fine gold, and set thereon palm trees and chains.

6 And he garnished the house with precious stones for beauty: and the gold *was* gold of Parvaim.

7 He overlaid also the house, the beams, the posts, and the walls thereof, and the doors thereof, with gold; and graved cherubims on the walls.

8 And he made the most holy house, the length whereof *was* according to the breadth of the house, twenty cubits, and the breadth thereof twenty cubits: and he overlaid it with fine gold, *amounting* to six hundred talents.

9 And the weight of the nails *was* fifty shekels of gold. And he overlaid the upper chambers with gold.

10 And in the most holy house he made two cherubims of image work, and overlaid them with gold.

11 ¶ And the wings of the cherubims *were* twenty cubits long: one wing *of the one cherub was* five cubits, reaching to the wall of the house: and the other wing *was likewise* five cubits, reaching to the wing of the other cherub.

12 And *one* wing of the other cherub *was* five cubits, reaching to the wall of the house: and the other wing *was* five cubits *also,* joining to the wing of the other cherub.

13 The wings of these cherubims spread themselves forth twenty cubits: and they stood on their feet, and their faces *were* inward.

14 ¶ And he made the vail *of* blue, and purple, and crimson, and fine linen, and wrought cherubims thereon.

11 עַמּוֹ נְתָנְךָ עֲלֵיהֶם מֶלֶךְ: וַיֹּאמֶר חוּרָם בָּרוּךְ יְהוָה אֱלֹהֵי יִשְׂרָאֵל
אֲשֶׁר עָשָׂה אֶת־הַשָּׁמַיִם וְאֶת־הָאָרֶץ אֲשֶׁר נָתַן לְדָוִיד הַמֶּלֶךְ בֵּן
חָכָם יוֹדֵעַ שֵׂכֶל וּבִינָה אֲשֶׁר יִבְנֶה־בַּיִת לַיהוָה וּבַיִת לְמַלְכוּתוֹ:
12 וְעַתָּה שָׁלַחְתִּי אִישׁ־חָכָם יוֹדֵעַ בִּינָה לְחוּרָם אָבִי: בֶּן־אִשָּׁה מִן־
13 בְּנוֹת דָּן וְאָבִיו אִישׁ־צֹרִי יוֹדֵעַ לַעֲשׂוֹת בַּזָּהָב־וּבַכֶּסֶף בַּנְּחֹשֶׁת בַּבַּרְזֶל
בָּאֲבָנִים וּבָעֵצִים בָּאַרְגָּמָן בַּתְּכֵלֶת וּבַבּוּץ וּבַכַּרְמִיל וּלְפַתֵּחַ כָּל־
פִּתּוּחַ וְלַחְשֹׁב כָּל־מַחֲשָׁבֶת אֲשֶׁר יִנָּתֶן־לוֹ עִם־חֲכָמֶיךָ וְחַכְמֵי אֲדֹנִי
14 דָוִיד אָבִיךָ: וְעַתָּה הַחִטִּים וְהַשְּׂעֹרִים הַשֶּׁמֶן וְהַיַּיִן אֲשֶׁר אָמַר אֲדֹנִי
15 יִשְׁלַח לַעֲבָדָיו: וַאֲנַחְנוּ נִכְרֹת עֵצִים מִן־הַלְּבָנוֹן כְּכָל־צָרְכֶּךָ וּנְבִיאֵם
לְךָ רַפְסֹדוֹת עַל־יָם יָפוֹ וְאַתָּה תַּעֲלֶה אֹתָם יְרוּשָׁלָ͏ִם:
16 וַיִּסְפֹּר שְׁלֹמֹה כָּל־הָאֲנָשִׁים הַגֵּירִים אֲשֶׁר בְּאֶרֶץ יִשְׂרָאֵל אַחֲרֵי
הַסְּפָר אֲשֶׁר סְפָרָם דָּוִיד אָבִיו וַיִּמָּצְאוּ מֵאָה וַחֲמִשִּׁים אֶלֶף וּשְׁלֹשֶׁת
17 אֲלָפִים וְשֵׁשׁ מֵאוֹת: וַיַּעַשׂ מֵהֶם שִׁבְעִים אֶלֶף סַבָּל וּשְׁמֹנִים אֶלֶף
חֹצֵב בָּהָר וּשְׁלֹשֶׁת אֲלָפִים וְשֵׁשׁ מֵאוֹת מְנַצְּחִים לְהַעֲבִיד אֶת־
3 1 הָעָם: וַיָּחֶל שְׁלֹמֹה לִבְנוֹת אֶת־בֵּית־יְהוָה בִּירוּשָׁלַ͏ִם בְּהַר הַמּוֹרִיָּה
אֲשֶׁר נִרְאָה לְדָוִיד אָבִיהוּ אֲשֶׁר הֵכִין בִּמְקוֹם דָּוִיד בְּגֹרֶן אָרְנָן
2 הַיְבוּסִי: וַיָּחֶל לִבְנוֹת בַּחֹדֶשׁ הַשֵּׁנִי בַּשֵּׁנִי בִּשְׁנַת אַרְבַּע לְמַלְכוּתוֹ:
3 וְאֵלֶּה הוּסַד שְׁלֹמֹה לִבְנוֹת אֶת־בֵּית הָאֱלֹהִים הָאֹרֶךְ אַמּוֹת בַּמִּדָּה
4 הָרִאשׁוֹנָה אַמּוֹת שִׁשִּׁים וְרֹחַב אַמּוֹת עֶשְׂרִים: וְהָאוּלָם אֲשֶׁר עַל־
פְּנֵי הָאֹרֶךְ עַל־פְּנֵי רֹחַב־הַבַּיִת אַמּוֹת עֶשְׂרִים וְהַגֹּבַהּ מֵאָה וְעֶשְׂרִים
5 וַיְצַפֵּהוּ מִפְּנִימָה זָהָב טָהוֹר: וְאֵת הַבַּיִת הַגָּדוֹל חִפָּה עֵץ בְּרוֹשִׁים
6 וַיְחַפֵּהוּ זָהָב טוֹב וַיַּעַל עָלָיו תִּמֹרִים וְשַׁרְשְׁרוֹת: וַיְצַף אֶת־הַבַּיִת
7 אֶבֶן יְקָרָה לְתִפְאָרֶת וְהַזָּהָב זְהַב פַּרְוָיִם: וַיְחַף אֶת־הַבַּיִת הַקֹּרוֹת
הַסִּפִּים וְקִירוֹתָיו וְדַלְתוֹתָיו זָהָב וּפִתַּח כְּרוּבִים עַל־
8 הַקִּירוֹת: וַיַּעַשׂ אֶת־בֵּית־קֹדֶשׁ הַקֳּדָשִׁים אָרְכּוֹ עַל־פְּנֵי
רֹחַב־הַבַּיִת אַמּוֹת עֶשְׂרִים וְרָחְבּוֹ אַמּוֹת עֶשְׂרִים וַיְחַפֵּהוּ זָהָב טוֹב
9 לְכִכָּרִים שֵׁשׁ מֵאוֹת: וּמִשְׁקָל לְמִסְמְרוֹת לִשְׁקָלִים חֲמִשִּׁים זָהָב
10 וְהָעֲלִיּוֹת חִפָּה זָהָב: וַיַּעַשׂ בְּבֵית־קֹדֶשׁ הַקֳּדָשִׁים כְּרוּבִים שְׁנַיִם
11 מַעֲשֵׂה צַעֲצֻעִים וַיְצַפּוּ אֹתָם זָהָב: וְכַנְפֵי הַכְּרוּבִים אָרְכָּם אַמּוֹת
עֶשְׂרִים כְּנַף הָאֶחָד לְאַמּוֹת חָמֵשׁ מַגַּעַת לְקִיר הַבַּיִת וְהַכָּנָף
12 הָאַחֶרֶת אַמּוֹת חָמֵשׁ מַגִּיעַ לִכְנַף הַכְּרוּב הָאַחֵר: וּכְנַף הַכְּרוּב
הָאֶחָד אַמּוֹת חָמֵשׁ מַגִּיעַ לְקִיר הַבָּיִת וְהַכָּנָף הָאַחֶרֶת אַמּוֹת חָמֵשׁ
13 דְּבֵקָה לִכְנַף הַכְּרוּב הָאַחֵר: כַּנְפֵי הַכְּרוּבִים הָאֵלֶּה פֹּרְשִׂים אַמּוֹת
14 עֶשְׂרִים וְהֵם עֹמְדִים עַל־רַגְלֵיהֶם וּפְנֵיהֶם לַבָּיִת: וַיַּעַשׂ
אֶת־הַפָּרֹכֶת תְּכֵלֶת וְאַרְגָּמָן וְכַרְמִיל וּבוּץ וַיַּעַל עָלָיו

15 Also he made before the house two pillars of thirty and five cubits high, and the chapiter that *was* on the top of each of them *was* five cubits.

16 And he made chains, *as* in the oracle, and put *them* on the heads of the pillars; and made an hundred pomegranates, and put *them* on the chains.

17 And he reared up the pillars before the temple, one on the right hand, and the other on the left; and called the name of that on the right hand Jachin, and the name of that on the left Boaz.

CHAPTER 4

1 Moreover he made an altar of brass, twenty cubits the length thereof, and twenty cubits the breadth thereof, and ten cubits the height thereof.

2 ¶ Also he made a molten sea of ten cubits from brim to brim, round in compass, and five cubits the height thereof; and a line of thirty cubits did compass it round about.

3 And under it *was* the similitude of oxen, which did compass it round about: ten in a cubit, compassing the sea round about. Two rows of oxen *were* cast, when it was cast.

4 It stood upon twelve oxen, three looking toward the north, and three looking toward the west, and three looking toward the south, and three looking toward the east: and the sea *was set* above upon them, and all their hinder parts *were* inward.

5 And the thickness of it *was* an handbreadth, and the brim of it like the work of the brim of a cup, with flowers of lilies; *and* it received and held three thousand baths.

6 ¶ He made also ten lavers, and put five on the right hand, and five on the left, to wash in them: such things as they offered for the burnt offering they washed in them; but the sea *was* for the priests to wash in.

7 And he made ten candlesticks of gold according to their form, and set *them* in the temple, five on the right hand, and five on the left.

8 He made also ten tables, and placed *them* in the temple, five on the right side, and five on the left. And he made an hundred basons of gold.

9 ¶ Furthermore he made the court of the priests, and the great court, and doors for the court, and overlaid the doors of them with brass.

10 And he set the sea on the right side of the east end, over against the south.

11 And Huram made the pots, and the shovels, and the basons. And Huram finished the work that he was to make for king Solomon for the house of God;

12 *To wit,* the two pillars, and the pommels, and the chapiters *which were* on the top of the two pillars, and the two wreaths to cover the two pommels of the chapiters which *were* on the top of the pillars;

13 And four hundred pomegranates on the two wreaths; two rows of pomegranates on each wreath, to cover the two pommels of the chapiters which *were* upon the pillars.

14 He made also bases, and lavers made he upon the bases;

15 One sea, and twelve oxen under it.

16 The pots also, and the shovels, and the fleshhooks, and all their instruments, did Huram his father make to king Solomon for the house of the LORD of bright brass.

17 In the plain of Jordan did the king cast them, in the clay ground between Succoth and Zeredathah.

18 Thus Solomon made all these vessels in great abundance: for the weight of the brass could not be found out.

19 ¶ And Solomon made all the vessels that *were for* the house of God, the golden altar also, and the tables whereon the shewbread *was set;*

כְּרוּבִֽים: 15 וַיַּ֣עַשׂ לִפְנֵ֣י הַבַּ֗יִת עַמּוּדִים֙ שְׁנַ֔יִם אַמּ֖וֹת שְׁלֹשִׁ֣ים

וָחֵ֑מֶשׁ אֹ֕רֶךְ וְהַצֶּ֥פֶת אֲשֶׁר־עַל־רֹאשׁ֖וֹ אַמּ֥וֹת חָמֵֽשׁ: 16 וַיַּ֤עַשׂ

שַׁרְשְׁרוֹת֙ בַּדְּבִ֔יר וַיִּתֵּ֖ן עַל־רֹ֣אשׁ הָעַמֻּדִ֑ים וַיַּ֤עַשׂ רִמּוֹנִים֙ מֵאָ֔ה וַיִּתֵּ֖ן

בַּֽשַּׁרְשְׁרֽוֹת: 17 וַיָּ֤קֶם אֶת־הָֽעַמּוּדִים֙ עַל־פְּנֵ֣י הַהֵיכָ֔ל אֶחָ֥ד מִיָּמִ֖ין

וְאֶחָ֣ד מֵֽהַשְּׂמֹ֑אול וַיִּקְרָ֤א שֵׁם־הַיְמָנִי֙ יָכִ֔ין וְשֵׁ֥ם הַשְּׂמָאלִ֖י הַיְמָנִֽי

בֹּֽעַז: 4 1 וַיַּ֙עַשׂ֙ מִזְבַּ֣ח נְחֹ֔שֶׁת עֶשְׂרִ֤ים אַמָּה֙ אָרְכּ֔וֹ וְעֶשְׂרִ֥ים

אַמָּ֖ה רָחְבּ֑וֹ וְעֶ֥שֶׂר אַמּ֖וֹת קֽוֹמָתֽוֹ: 2 וַיַּ֥עַשׂ אֶת־הַיָּ֖ם מוּצָ֑ק

עֶ֣שֶׂר בָּֽ֠אַמָּה מִשְּׂפָת֨וֹ אֶל־שְׂפָת֜וֹ עָג֣וֹל ׀ סָבִ֗יב וְחָמֵ֤שׁ בָּֽאַמָּה֙ קֽוֹמָת֔וֹ

וְקָו֙ שְׁלֹשִׁ֣ים בָּֽאַמָּ֔ה יָסֹ֥ב אֹת֖וֹ סָבִֽיב: 3 וּדְמ֣וּת בְּקָרִים֩ תַּ֙חַת ל֜וֹ סָבִ֣יב ׀

סָבִ֣יב סוֹבְבִ֣ים אֹת֗וֹ עֶ֚שֶׂר בָּֽאַמָּ֔ה מַקִּיפִ֥ים אֶת־הַיָּ֖ם סָבִ֑יב שְׁנַ֤יִם

טוּרִים֙ הַבָּקָ֔ר יְצוּקִ֖ים בְּמֻֽצַקְתּֽוֹ: 4 עוֹמֵ֞ד עַל־שְׁנֵ֧ים עָשָׂ֣ר בָּקָ֗ר שְׁלֹשָׁ֣ה

פֹנִ֣ים ׀ צָפ֡וֹנָה וּשְׁלֹשָׁה֩ פֹנִ֙ים ׀ יָ֜מָּה וּשְׁלֹשָׁ֣ה ׀ פֹּנִ֣ים נֶ֗גְבָּה וּשְׁלֹשָׁה֙ פֹּנִ֣ים

מִזְרָ֔חָה וְהַיָּ֥ם עֲלֵיהֶ֖ם מִלְמָ֑עְלָה וְכָל־אֲחֹֽרֵיהֶ֖ם בָּֽיְתָה: 5 וְעָבְי֣וֹ טֶ֔פַח

וּשְׂפָתוֹ֙ כְּמַעֲשֵׂ֣ה שְׂפַת־כּ֔וֹס פֶּ֖רַח שֽׁוֹשַׁנָּ֑ה מַחֲזִ֣יק בַּתִּ֗ים שְׁלֹ֥שֶׁת

אֲלָפִ֖ים יָכִֽיל: 6 וַיַּ֣עַשׂ כִּיּוֹרִים֮ עֲשָׂרָה֒ וַ֠יִּתֵּ֠ן חֲמִשָּׁ֨ה

מִיָּמִ֜ין וַחֲמִשָּׁ֣ה מִשְּׂמֹ֗אול לְרָחְצָ֣ה בָהֶ֔ם אֶת־מַעֲשֵׂ֥ה הָעוֹלָ֖ה יָדִ֣יחוּ

בָ֑ם וְהַיָּ֕ם לְרָחְצָ֥ה לַכֹּהֲנִ֖ים בּֽוֹ: 7 וַיַּ֙עַשׂ֙ אֶת־

מְנֹר֧וֹת הַזָּהָ֛ב עֶ֖שֶׂר כְּמִשְׁפָּטָ֑ם וַיִּתֵּן֙ בַּֽהֵיכָ֔ל חָמֵ֥שׁ מִיָּמִ֖ין וְחָמֵ֥שׁ

מִשְּׂמֹֽאול: 8 וַיַּ֣עַשׂ שֻׁלְחָנוֹת֮ עֲשָׂרָה֒ וַיַּנַּ֣ח בַּֽהֵיכָ֔ל חֲמִשָּׁ֤ה

מִיָּמִין֙ וַחֲמִשָּׁ֣ה מִשְּׂמֹ֔אול וַיַּ֛עַשׂ מִזְרְקֵ֥י זָהָ֖ב מֵאָֽה: 9 וַיַּ֙עַשׂ֙ חֲצַ֣ר

הַכֹּהֲנִ֔ים וְהָעֲזָרָ֖ה הַגְּדוֹלָ֑ה וּדְלָת֥וֹת לָֽעֲזָרָ֖ה וְדַלְתֽוֹתֵיהֶ֥ם צִפָּ֖ה

נְחֹֽשֶׁת: 10 וְאֶת־הַיָּ֗ם נָתַ֞ן מִכֶּ֨תֶף הַיְמָנִ֧ית קֵ֛דְמָה מִמּ֖וּל נֶֽגְבָּה: 11 וַיַּ֣עַשׂ

חוּרָ֔ם אֶת־הַ֨סִּיר֔וֹת וְאֶת־הַיָּעִ֖ים וְאֶת־הַמִּזְרָק֑וֹת וַיְכַ֣ל חירם חוּרָ֔ם

לַֽעֲשׂוֹת֙ אֶת־הַמְּלָאכָ֔ה אֲשֶׁ֥ר עָשָׂ֖ה לַמֶּ֣לֶךְ שְׁלֹמֹ֑ה בְּבֵ֖ית הָאֱלֹהִֽים:

12 עַמּוּדִ֣ים שְׁנַ֔יִם וְהַגֻּלּ֧וֹת וְהַכֹּתָר֛וֹת עַל־רֹ֥אשׁ הָעַמּוּדִ֖ים שְׁתָּ֑יִם

וְהַשְּׂבָכ֣וֹת שְׁתַּ֔יִם לְכַסּ֗וֹת אֶת־שְׁתֵּי֙ גֻּלּ֣וֹת הַכֹּֽתָר֔וֹת אֲשֶׁ֖ר עַל־רֹ֥אשׁ

הָעַמּוּדִֽים: 13 וְאֶת־הָֽרִמּוֹנִ֛ים אַרְבַּ֥ע מֵא֖וֹת לִשְׁתֵּ֣י הַשְּׂבָכ֑וֹת שְׁנַ֨יִם

טוּרִ֤ים רִמּוֹנִים֙ לַשְּׂבָכָ֣ה הָֽאֶחָ֔ת לְכַסּ֗וֹת אֶת־שְׁתֵּי֙ גֻּלּ֣וֹת הַכֹּֽתָר֔וֹת

אֲשֶׁ֖ר עַל־פְּנֵ֥י הָעַמּוּדִֽים: 14 וְאֶת־הַמְּכֹנ֖וֹת עָשָׂ֑ה וְאֶת־הַכִּיֹּר֛וֹת עָשָׂ֖ה

עַל־הַמְּכֹנֽוֹת: 15 אֶת־הַיָּ֖ם אֶחָ֑ד וְאֶת־הַבָּקָ֥ר שְׁנֵים־עָשָׂ֖ר תַּחְתָּֽיו: 16 וְאֶת־

הַ֠סִּיר֠וֹת וְאֶת־הַיָּעִ֤ים וְאֶת־הַמִּזְלָגוֹת֙ וְאֶת־כָּל־כְּלֵיהֶ֔ם עָשָׂ֛ה חוּרָ֥ם

אָבִ֛יו לַמֶּ֥לֶךְ שְׁלֹמֹ֖ה לְבֵ֣ית יְהוָ֑ה נְחֹ֖שֶׁת מָרֽוּק: 17 בְּכִכַּ֣ר הַיַּרְדֵּ֔ן יְצָקָ֖ם

הַמֶּ֑לֶךְ בַּעֲבִ֖י הָֽאֲדָמָ֑ה בֵּ֥ין סֻכּ֖וֹת וּבֵ֥ין צְרֵֽדָֽתָה: 18 וַיַּ֧עַשׂ שְׁלֹמֹ֛ה כָּל־

הַכֵּלִ֥ים הָאֵ֖לֶּה לָרֹ֣ב מְאֹ֑ד כִּ֛י לֹ֥א נֶחְקַ֖ר מִשְׁקַ֥ל הַנְּחֹֽשֶׁת:

19 וַיַּ֣עַשׂ שְׁלֹמֹ֗ה אֵ֚ת כָּל־הַכֵּלִ֔ים אֲשֶׁ֖ר בֵּ֣ית הָאֱלֹהִ֑ים וְאֵת֙ מִזְבַּ֣ח הַזָּהָ֔ב

20 Moreover the candlesticks with their lamps, that they should burn after the manner before the oracle, of pure gold;

21 And the flowers, and the lamps, and the tongs, *made he of* gold, *and* that perfect gold;

22 And the snuffers, and the basons, and the spoons, and the censers, *of* pure gold: and the entry of the house, the inner doors thereof for the most holy *place,* and the doors of the house of the temple, *were of* gold.

CHAPTER 5

1 Thus all the work that Solomon made for the house of the LORD was finished: and Solomon brought in *all* the things that David his father had dedicated; and the silver, and the gold, and all the instruments, put he among the treasures of the house of God.

2 ¶ Then Solomon assembled the elders of Israel, and all the heads of the tribes, the chief of the fathers of the children of Israel, unto Jerusalem, to bring up the ark of the covenant of the LORD out of the city of David, which *is* Zion.

3 Wherefore all the men of Israel assembled themselves unto the king in the feast which *was* in the seventh month.

4 And all the elders of Israel came; and the Levites took up the ark.

5 And they brought up the ark, and the tabernacle of the congregation, and all the holy vessels that *were* in the tabernacle, these did the priests *and* the Levites bring up.

6 Also king Solomon, and all the congregation of Israel that were assembled unto him before the ark, sacrificed sheep and oxen, which could not be told nor numbered for multitude.

7 And the priests brought in the ark of the covenant of the LORD unto his place, to the oracle of the house, into the most holy *place, even* under the wings of the cherubims:

8 For the cherubims spread forth *their* wings over the place of the ark, and the cherubims covered the ark and the staves thereof above.

9 And they drew out the staves *of the ark,* that the ends of the staves were seen from the ark before the oracle; but they were not seen without. And there it is unto this day.

10 *There was* nothing in the ark save the two tables which Moses put *therein* at Horeb, when the LORD made *a covenant* with the children of Israel, when they came out of Egypt.

11 ¶ And it came to pass, when the priests were come out of the holy *place:* (for all the priests *that were* present were sanctified, *and* did not *then* wait by course:

12 Also the Levites *which were* the singers, all of them of Asaph, of Heman, of Jeduthun, with their sons and their brethren, *being* arrayed in white linen, having cymbals and psalteries and harps, stood at the east end of the altar, and with them an hundred and twenty priests sounding with trumpets:)

13 It came even to pass, as the trumpeters and singers *were* as one, to make one sound to be heard in praising and thanking the LORD; and when they lifted up *their* voice with the trumpets and cymbals and instruments of musick, and praised the LORD, *saying,* For *he is* good; for his mercy *endureth* for ever: that *then* the house was filled with a cloud, *even* the house of the LORD;

14 So that the priests could not stand to minister by reason of the cloud: for the glory of the LORD had filled the house of God.

CHAPTER 6

1 Then said Solomon, The LORD hath said that he would dwell in the thick darkness.

2 But I have built an house of habitation for thee, and a place for thy dwelling for ever.

3 And the king turned his face, and blessed the whole congregation of Israel: and all the congregation of Israel stood.

4 And he said, Blessed *be* the LORD God of Israel, who hath with his hands fulfilled *that* which he spake with his mouth to my father David, saying,

וְאֶת־הַשֻּׁלְחָנוֹת וַעֲלֵיהֶם לֶחֶם הַפָּנִים: וְאֶת־הַמְּנֹרוֹת וְנֵרֹתֵיהֶם 20

לְבַעֲרָם כַּמִּשְׁפָּט לִפְנֵי הַדְּבִיר זָהָב סָגוּר: וְהַפֶּרַח וְהַנֵּרוֹת 21

וְהַמֶּלְקָחַיִם זָהָב הוּא מִכְלוֹת זָהָב: וְהַמְזַמְּרוֹת וְהַמִּזְרָקוֹת וְהַכַּפּוֹת 22

וְהַמַּחְתּוֹת זָהָב סָגוּר וּפֶתַח הַבַּיִת דַּלְתוֹתָיו הַפְּנִימִיּוֹת לְקֹדֶשׁ

הַקֳּדָשִׁים וְדַלְתֵי הַבַּיִת לַהֵיכָל זָהָב: וַתִּשְׁלַם כָּל־הַמְּלָאכָה אֲשֶׁר־ 5

עָשָׂה שְׁלֹמֹה לְבֵית יְהוָה   וַיָּבֵא שְׁלֹמֹה אֶת־קָדְשֵׁי דָוִיד

אָבִיו וְאֶת־הַכֶּסֶף וְאֶת־הַזָּהָב וְאֶת־כָּל־הַכֵּלִים נָתַן בְּאֹצְרוֹת בֵּית

הָאֱלֹהִים:

אָז יַקְהֵל שְׁלֹמֹה אֶת־זִקְנֵי יִשְׂרָאֵל וְאֶת־כָּל־רָאשֵׁי הַמַּטּוֹת נְשִׂיאֵי 2

הָאָבוֹת לִבְנֵי יִשְׂרָאֵל אֶל־יְרוּשָׁלָ͏ִם לְהַעֲלוֹת אֶת־אֲרוֹן בְּרִית־יְהוָה

מֵעִיר דָּוִיד הִיא צִיּוֹן: וַיִּקָּהֲלוּ אֶל־הַמֶּלֶךְ כָּל־אִישׁ יִשְׂרָאֵל בֶּחָג הוּא 3

הַחֹדֶשׁ הַשְּׁבִעִי: וַיָּבֹאוּ כֹּל זִקְנֵי יִשְׂרָאֵל וַיִּשְׂאוּ הַלְוִיִּם אֶת־הָאָרוֹן: 4

וַיַּעֲלוּ אֶת־הָאָרוֹן וְאֶת־אֹהֶל מוֹעֵד וְאֶת־כָּל־כְּלֵי הַקֹּדֶשׁ אֲשֶׁר בָּאֹהֶל 5

הֶעֱלוּ אֹתָם הַכֹּהֲנִים הַלְוִיִּם: וְהַמֶּלֶךְ שְׁלֹמֹה וְכָל־עֲדַת יִשְׂרָאֵל 6

הַנּוֹעָדִים עָלָיו לִפְנֵי הָאָרוֹן מְזַבְּחִים צֹאן וּבָקָר אֲשֶׁר לֹא־יִסָּפְרוּ

וְלֹא יִמָּנוּ מֵרֹב: וַיָּבִיאוּ הַכֹּהֲנִים אֶת־אֲרוֹן בְּרִית־יְהוָה אֶל־מְקוֹמוֹ 7

אֶל־דְּבִיר הַבַּיִת אֶל־קֹדֶשׁ הַקֳּדָשִׁים אֶל־תַּחַת כַּנְפֵי הַכְּרוּבִים: וַיִּהְיוּ 8

הַכְּרוּבִים פֹּרְשִׂים כְּנָפַיִם עַל־מְקוֹם הָאָרוֹן וַיְכַסּוּ הַכְּרוּבִים עַל־

הָאָרוֹן וְעַל־בַּדָּיו מִלְמָעְלָה: וַיַּאֲרִיכוּ הַבַּדִּים וַיֵּרָאוּ רָאשֵׁי הַבַּדִּים 9

מִן־הָאָרוֹן עַל־פְּנֵי הַדְּבִיר וְלֹא יֵרָאוּ הַחוּצָה וַיְהִי־שָׁם עַד הַיּוֹם

הַזֶּה: אֵין בָּאָרוֹן רַק שְׁנֵי הַלֻּחוֹת אֲשֶׁר־נָתַן מֹשֶׁה בְּחֹרֵב אֲשֶׁר כָּרַת 10

יְהוָה עִם־בְּנֵי יִשְׂרָאֵל בְּצֵאתָם מִמִּצְרָיִם:

וַיְהִי בְּצֵאת הַכֹּהֲנִים מִן־הַקֹּדֶשׁ כִּי כָּל־הַכֹּהֲנִים הַנִּמְצְאִים הִתְקַדָּשׁוּ 11

אֵין לִשְׁמוֹר לְמַחְלְקוֹת: וְהַלְוִיִּם הַמְשֹׁרֲרִים לְכֻלָּם לְאָסָף לְהֵימָן 12

לִידֻתוּן וְלִבְנֵיהֶם וְלַאֲחֵיהֶם מְלֻבָּשִׁים בּוּץ בִּמְצִלְתַּיִם וּבִנְבָלִים

וְכִנֹּרוֹת עֹמְדִים מִזְרָח לַמִּזְבֵּחַ וְעִמָּהֶם כֹּהֲנִים לְמֵאָה וְעֶשְׂרִים

מַחְצְרִים בַּחֲצֹצְרוֹת: וַיְהִי כְאֶחָד לַמְחַצְּרִים וְלַמְשֹׁרֲרִים לְהַשְׁמִיעַ 13

מחצרים
למחצרים

קוֹל־אֶחָד לְהַלֵּל וּלְהֹדוֹת לַיהוָה וּכְהָרִים קוֹל בַּחֲצֹצְרוֹת וּבִמְצִלְתַּיִם

וּבִכְלֵי הַשִּׁיר וּבְהַלֵּל לַיהוָה כִּי טוֹב כִּי לְעוֹלָם חַסְדּוֹ וְהַבַּיִת מָלֵא

עָנָן בֵּית יְהוָה: וְלֹא־יָכְלוּ הַכֹּהֲנִים לַעֲמוֹד לְשָׁרֵת מִפְּנֵי הֶעָנָן כִּי־ 14

מָלֵא כְבוֹד־יְהוָה אֶת־בֵּית הָאֱלֹהִים:

אָז אָמַר שְׁלֹמֹה יְהוָה אָמַר לִשְׁכּוֹן בָּעֲרָפֶל: וַאֲנִי בָּנִיתִי בֵית־זְבֻל 6 / 2

לָךְ וּמָכוֹן לְשִׁבְתְּךָ עוֹלָמִים: וַיַּסֵּב הַמֶּלֶךְ אֶת־פָּנָיו וַיְבָרֶךְ אֵת כָּל־ 3

קְהַל יִשְׂרָאֵל וְכָל־קְהַל יִשְׂרָאֵל עוֹמֵד: וַיֹּאמֶר בָּרוּךְ יְהוָה אֱלֹהֵי 4

יִשְׂרָאֵל אֲשֶׁר דִּבֶּר בְּפִיו אֵת דָּוִיד אָבִי וּבְיָדָיו מִלֵּא לֵאמֹר: מִן־הַיּוֹם 5

5 Since the day that I brought forth my people out of the land of Egypt I chose no city among all the tribes of Israel to build an house in, that my name might be there; neither chose I any man to be a ruler over my people Israel:

6 But I have chosen Jerusalem, that my name might be there; and have chosen David to be over my people Israel.

7 Now it was in the heart of David my father to build an house for the name of the LORD God of Israel.

8 But the LORD said to David my father, Forasmuch as it was in thine heart to build an house for my name, thou didst well in that it was in thine heart:

9 Notwithstanding thou shalt not build the house; but thy son which shall come forth out of thy loins, he shall build the house for my name.

10 The LORD therefore hath performed his word that he hath spoken: for I am risen up in the room of David my father, and am set on the throne of Israel, as the LORD promised, and have built the house for the name of the LORD God of Israel.

11 And in it have I put the ark, wherein *is* the covenant of the LORD, that he made with the children of Israel.

12 ¶ And he stood before the altar of the LORD in the presence of all the congregation of Israel, and spread forth his hands:

13 For Solomon had made a brasen scaffold, of five cubits long, and five cubits broad, and three cubits high, and had set it in the midst of the court: and upon it he stood, and kneeled down upon his knees before all the congregation of Israel, and spread forth his hands toward heaven,

14 And said, O LORD God of Israel, *there is* no God like thee in the heaven, nor in the earth; which keepest covenant, and *shewest* mercy unto thy servants, that walk before thee with all their hearts:

15 Thou which hast kept with thy servant David my father that which thou hast promised him; and spakest with thy mouth, and hast fulfilled *it* with thine hand, as *it is* this day.

16 Now therefore, O LORD God of Israel, keep with thy servant David my father that which thou hast promised him, saying, There shall not fail thee a man in my sight to sit upon the throne of Israel; yet so that thy children take heed to their way to walk in my law, as thou hast walked before me.

17 Now then, O LORD God of Israel, let thy word be verified, which thou hast spoken unto thy servant David.

18 But will God in very deed dwell with men on the earth? behold, heaven and the heaven of heavens cannot contain thee; how much less this house which I have built!

19 Have respect therefore to the prayer of thy servant, and to his supplication, O LORD my God, to hearken unto the cry and the prayer which thy servant prayeth before thee:

20 That thine eyes may be open upon this house day and night, upon the place whereof thou hast said that thou wouldest put thy name there; to hearken unto the prayer which thy servant prayeth toward this place.

21 Hearken therefore unto the supplications of thy servant, and of thy people Israel, which they shall make toward this place: hear thou from thy dwelling place, *even* from heaven; and when thou hearest, forgive.

22 ¶ If a man sin against his neighbour, and an oath be laid upon him to make him swear, and the oath come before thine altar in this house;

23 Then hear thou from heaven, and do, and judge thy servants, by requiting the wicked, by recompensing his way upon his own head; and by justifying the righteous, by giving him according to his righteousness.

24 ¶ And if thy people Israel be put to the worse before the enemy, because they have sinned against thee; and shall return and confess thy name, and pray and make supplication before thee in this house;

25 Then hear thou from the heavens, and forgive the sin of thy people Israel,

אֲשֶׁר הוֹצֵאתִי אֶת־עַמִּי מֵאֶרֶץ מִצְרַיִם לֹא־בָחַרְתִּי בְעִיר מִכֹּל שִׁבְטֵי
יִשְׂרָאֵל לִבְנוֹת בַּיִת לִהְיוֹת שְׁמִי שָׁם וְלֹא־בָחַרְתִּי בְאִישׁ לִהְיוֹת

6 נָגִיד עַל־עַמִּי יִשְׂרָאֵל: וָאֶבְחַר בִּירוּשָׁלִַם לִהְיוֹת שְׁמִי שָׁם וָאֶבְחַר

7 בְּדָוִיד לִהְיוֹת עַל־עַמִּי יִשְׂרָאֵל: וַיְהִי עִם־לְבַב דָּוִיד אָבִי לִבְנוֹת בַּיִת

8 לְשֵׁם יְהוָה אֱלֹהֵי יִשְׂרָאֵל: וַיֹּאמֶר יְהוָה אֶל־דָּוִיד אָבִי יַעַן אֲשֶׁר

9 הָיָה עִם־לְבָבְךָ לִבְנוֹת בַּיִת לִשְׁמִי הֱטִיבוֹתָ כִּי הָיָה עִם־לְבָבֶךָ: רַק
אַתָּה לֹא תִבְנֶה הַבָּיִת כִּי בִנְךָ הַיּוֹצֵא מֵחֲלָצֶיךָ הוּא־יִבְנֶה הַבַּיִת

10 לִשְׁמִי: וַיָּקֶם יְהוָה אֶת־דְּבָרוֹ אֲשֶׁר דִּבֵּר וָאָקוּם תַּחַת דָּוִיד אָבִי
וָאֵשֵׁב ׀ עַל־כִּסֵּא יִשְׂרָאֵל כַּאֲשֶׁר דִּבֶּר יְהוָה וָאֶבְנֶה הַבַּיִת לְשֵׁם יְהוָה

11 אֱלֹהֵי יִשְׂרָאֵל: וָאָשִׂים שָׁם אֶת־הָאָרוֹן אֲשֶׁר־שָׁם בְּרִית יְהוָה אֲשֶׁר

12 כָּרַת עִם־בְּנֵי יִשְׂרָאֵל: וַיַּעֲמֹד לִפְנֵי מִזְבַּח יְהוָה נֶגֶד כָּל־קְהַל יִשְׂרָאֵל

13 וַיִּפְרֹשׂ כַּפָּיו: כִּי־עָשָׂה שְׁלֹמֹה כִּיּוֹר נְחֹשֶׁת וַיִּתְּנֵהוּ בְּתוֹךְ הָעֲזָרָה
חָמֵשׁ אַמּוֹת אָרְכּוֹ וְחָמֵשׁ אַמּוֹת רָחְבּוֹ וְאַמּוֹת שָׁלוֹשׁ קוֹמָתוֹ וַיַּעֲמֹד
עָלָיו וַיִּבְרַךְ עַל־בִּרְכָּיו נֶגֶד כָּל־קְהַל יִשְׂרָאֵל וַיִּפְרֹשׂ כַּפָּיו הַשָּׁמָיְמָה:

14 וַיֹּאמַר יְהוָה אֱלֹהֵי יִשְׂרָאֵל אֵין־כָּמוֹךָ אֱלֹהִים בַּשָּׁמַיִם וּבָאָרֶץ שֹׁמֵר

15 הַבְּרִית וְהַחֶסֶד לַעֲבָדֶיךָ הַהֹלְכִים לְפָנֶיךָ בְּכָל־לִבָּם: אֲשֶׁר שָׁמַרְתָּ
לְעַבְדְּךָ דָּוִיד אָבִי אֵת אֲשֶׁר־דִּבַּרְתָּ לוֹ וַתְּדַבֵּר בְּפִיךָ וּבְיָדְךָ מִלֵּאתָ

16 כַּיּוֹם הַזֶּה: וְעַתָּה יְהוָה ׀ אֱלֹהֵי יִשְׂרָאֵל שְׁמֹר לְעַבְדְּךָ דָוִיד אָבִי אֵת
אֲשֶׁר דִּבַּרְתָּ לּוֹ לֵאמֹר לֹא־יִכָּרֵת לְךָ אִישׁ מִלְּפָנַי יוֹשֵׁב עַל־כִּסֵּא
יִשְׂרָאֵל רַק אִם־יִשְׁמְרוּ בָנֶיךָ אֶת־דַּרְכָּם לָלֶכֶת בְּתוֹרָתִי כַּאֲשֶׁר

17 הָלַכְתָּ לְפָנָי: וְעַתָּה יְהוָה אֱלֹהֵי יִשְׂרָאֵל יֵאָמֵן דְּבָרְךָ אֲשֶׁר דִּבַּרְתָּ

18 לְעַבְדְּךָ לְדָוִיד: כִּי הַאֻמְנָם יֵשֵׁב אֱלֹהִים אֶת־הָאָדָם עַל־הָאָרֶץ הִנֵּה
שָׁמַיִם וּשְׁמֵי הַשָּׁמַיִם לֹא יְכַלְכְּלוּךָ אַף כִּי־הַבַּיִת הַזֶּה אֲשֶׁר בָּנִיתִי:

19 וּפָנִיתָ אֶל־תְּפִלַּת עַבְדְּךָ וְאֶל־תְּחִנָּתוֹ יְהוָה אֱלֹהָי לִשְׁמֹעַ אֶל־הָרִנָּה

20 וְאֶל־הַתְּפִלָּה אֲשֶׁר עַבְדְּךָ מִתְפַּלֵּל לְפָנֶיךָ: לִהְיוֹת עֵינֶיךָ פְתֻחוֹת
אֶל־הַבַּיִת הַזֶּה יוֹמָם וָלַיְלָה אֶל־הַמָּקוֹם אֲשֶׁר אָמַרְתָּ לָשׂוּם שִׁמְךָ
שָׁם לִשְׁמוֹעַ אֶל־הַתְּפִלָּה אֲשֶׁר יִתְפַּלֵּל עַבְדְּךָ אֶל־הַמָּקוֹם הַזֶּה:

21 וְשָׁמַעְתָּ אֶל־תַּחֲנוּנֵי עַבְדְּךָ וְעַמְּךָ יִשְׂרָאֵל אֲשֶׁר יִתְפַּלְלוּ אֶל־הַמָּקוֹם
הַזֶּה וְאַתָּה תִּשְׁמַע מִמְּקוֹם שִׁבְתְּךָ מִן־הַשָּׁמַיִם וְשָׁמַעְתָּ וְסָלָחְתָּ:

22 אִם־יֶחֱטָא אִישׁ לְרֵעֵהוּ וְנָשָׁא־בוֹ אָלָה לְהַאֲלֹתוֹ וּבָא אָלָה לִפְנֵי

23 מִזְבַּחֲךָ בַּבַּיִת הַזֶּה: וְאַתָּה ׀ תִּשְׁמַע מִן־הַשָּׁמַיִם וְעָשִׂיתָ וְשָׁפַטְתָּ אֶת־
עֲבָדֶיךָ לְהָשִׁיב לְרָשָׁע לָתֵת דַּרְכּוֹ בְּרֹאשׁוֹ וּלְהַצְדִּיק צַדִּיק לָתֶת

24 לוֹ כְּצִדְקָתוֹ: וְאִם־יִנָּגֵף עַמְּךָ יִשְׂרָאֵל לִפְנֵי אוֹיֵב כִּי
יֶחֶטְאוּ־לָךְ וְשָׁבוּ וְהוֹדוּ אֶת־שְׁמֶךָ וְהִתְפַּלְלוּ וְהִתְחַנְּנוּ לְפָנֶיךָ בַּבַּיִת

25 הַזֶּה: וְאַתָּה תִּשְׁמַע מִן־הַשָּׁמַיִם וְסָלַחְתָּ לְחַטַּאת עַמְּךָ יִשְׂרָאֵל

and bring them again unto the land which thou gavest to them and to their fathers.

26 ¶ When the heaven is shut up, and there is no rain, because they have sinned against thee; *yet* if they pray toward this place, and confess thy name, and turn from their sin, when thou dost afflict them;

27 Then hear thou from heaven, and forgive the sin of thy servants, and of thy people Israel, when thou hast taught them the good way, wherein they should walk; and send rain upon thy land, which thou hast given unto thy people for an inheritance.

28 ¶ If there be dearth in the land, if there be pestilence, if there be blasting, or mildew, locusts, or caterpillers; if their enemies besiege them in the cities of their land; whatsoever sore or whatsoever sickness *there be:*

29 *Then* what prayer *or* what supplication soever shall be made of any man, or of all thy people Israel, when every one shall know his own sore and his own grief, and shall spread forth his hands in this house:

30 Then hear thou from heaven thy dwelling place, and forgive, and render unto every man according unto all his ways, whose heart thou knowest; (for thou only knowest the hearts of the children of men:)

31 That they may fear thee, to walk in thy ways, so long as they live in the land which thou gavest unto our fathers.

32 ¶ Moreover concerning the stranger, which is not of thy people Israel, but is come from a far country for thy great name's sake, and thy mighty hand, and thy stretched out arm; if they come and pray in this house;

33 Then hear thou from the heavens, *even* from thy dwelling place, and do according to all that the stranger calleth to thee for; that all people of the earth may know thy name, and fear thee, as *doth* thy people Israel, and may know that this house which I have built is called by thy name.

34 If thy people go out to war against their enemies by the way that thou shalt send them, and they pray unto thee toward this city which thou hast chosen, and the house which I have built for thy name;

35 Then hear thou from the heavens their prayer and their supplication, and maintain their cause.

36 If they sin against thee, (for *there is* no man which sinneth not,) and thou be angry with them, and deliver them over before *their* enemies, and they carry them away captives unto a land far off or near;

37 Yet *if* they bethink themselves in the land whither they are carried captive, and turn and pray unto thee in the land of their captivity, saying, We have sinned, we have done amiss, and have dealt wickedly;

38 If they return to thee with all their heart and with all their soul in the land of their captivity, whither they have carried them captives, and pray toward their land, which thou gavest unto their fathers, and *toward* the city which thou hast chosen, and toward the house which I have built for thy name:

39 Then hear thou from the heavens, *even* from thy dwelling place, their prayer and their supplications, and maintain their cause, and forgive thy people which have sinned against thee.

40 Now, my God, let, I beseech thee, thine eyes be open, and *let* thine ears *be* attent unto the prayer *that is made* in this place.

41 Now therefore arise, O LORD God, into thy resting place, thou, and the ark of thy strength: let thy priests, O LORD God, be clothed with salvation, and let thy saints rejoice in goodness.

42 O LORD God, turn not away the face of thine anointed: remember the mercies of David thy servant.

CHAPTER 7

1 Now when Solomon had made an end of praying, the fire came down from heaven, and consumed the burnt offering

וַהֲשֵׁבֹתָם אֶל־הָאֲדָמָה אֲשֶׁר־נָתַתָּה לָהֶם וְלַאֲבֹתֵיהֶם:

26 בְּהֵעָצֵר הַשָּׁמַיִם וְלֹא־יִהְיֶה מָטָר כִּי יֶחֶטְאוּ־לָךְ וְהִתְפַּלְלוּ אֶל־

27 הַמָּקוֹם הַזֶּה וְהוֹדוּ אֶת־שְׁמֶךָ מֵחַטָּאתָם יְשׁוּבוּן כִּי תַעֲנֵם: וְאַתָּה‌ תִּשְׁמַע הַשָּׁמַיִם וְסָלַחְתָּ לְחַטַּאת עֲבָדֶיךָ וְעַמְּךָ יִשְׂרָאֵל כִּי תוֹרֵם אֶל־הַדֶּרֶךְ הַטּוֹבָה אֲשֶׁר יֵלְכוּ־בָהּ וְנָתַתָּה מָטָר עַל־אַרְצְךָ אֲשֶׁר־

28 נָתַתָּה לְעַמְּךָ לְנַחֲלָה: רָעָב כִּי־יִהְיֶה בָאָרֶץ דֶּבֶר כִּי־יִהְיֶה שִׁדָּפוֹן וְיֵרָקוֹן אַרְבֶּה וְחָסִיל כִּי יִהְיֶה כִּי יָצַר־לוֹ אוֹיְבָיו בְּאֶרֶץ

29 שְׁעָרָיו כָּל־נֶגַע וְכָל־מַחֲלָה: כָּל־תְּפִלָּה כָל־תְּחִנָּה אֲשֶׁר יִהְיֶה לְכָל־ הָאָדָם וּלְכֹל עַמְּךָ יִשְׂרָאֵל אֲשֶׁר יֵדְעוּ אִישׁ נִגְעוֹ וּמַכְאֹבוֹ וּפָרַשׂ

30 כַּפָּיו אֶל־הַבַּיִת הַזֶּה: וְאַתָּה תִּשְׁמַע מִן־הַשָּׁמַיִם מְכוֹן שִׁבְתֶּךָ וְסָלַחְתָּ וְנָתַתָּה לָאִישׁ כְּכָל־דְּרָכָיו אֲשֶׁר תֵּדַע אֶת־לְבָבוֹ כִּי אַתָּה

31 לְבַדְּךָ יָדַעְתָּ אֶת־לְבַב בְּנֵי הָאָדָם: לְמַעַן יִירָאוּךָ לָלֶכֶת בִּדְרָכֶיךָ כָּל־הַיָּמִים אֲשֶׁר־הֵם חַיִּים עַל־פְּנֵי הָאֲדָמָה אֲשֶׁר נָתַתָּה

32 לַאֲבֹתֵינוּ: וְגַם אֶל־הַנָּכְרִי אֲשֶׁר לֹא מֵעַמְּךָ יִשְׂרָאֵל הוּא וּבָא‌ מֵאֶרֶץ רְחוֹקָה לְמַעַן שִׁמְךָ הַגָּדוֹל וְיָדְךָ הַחֲזָקָה וּזְרוֹעֲךָ הַנְּטוּיָה

33 וּבָאוּ וְהִתְפַּלְלוּ אֶל־הַבַּיִת הַזֶּה: וְאַתָּה תִּשְׁמַע מִן־הַשָּׁמַיִם מִמְּכוֹן שִׁבְתֶּךָ וְעָשִׂיתָ כְּכֹל אֲשֶׁר־יִקְרָא אֵלֶיךָ הַנָּכְרִי לְמַעַן יֵדְעוּ כָל־עַמֵּי הָאָרֶץ אֶת־שְׁמֶךָ וּלְיִרְאָה אֹתְךָ כְּעַמְּךָ יִשְׂרָאֵל וְלָדַעַת כִּי־שִׁמְךָ

34 נִקְרָא עַל־הַבַּיִת הַזֶּה אֲשֶׁר בָּנִיתִי: כִּי־יֵצֵא עַמְּךָ לַמִּלְחָמָה עַל־ אוֹיְבָיו בַּדֶּרֶךְ אֲשֶׁר תִּשְׁלָחֵם וְהִתְפַּלְלוּ אֵלֶיךָ דֶּרֶךְ הָעִיר הַזֹּאת

35 אֲשֶׁר בָּחַרְתָּ בָּהּ וְהַבַּיִת אֲשֶׁר־בָּנִיתִי לִשְׁמֶךָ: וְשָׁמַעְתָּ מִן־הַשָּׁמַיִם

36 אֶת־תְּפִלָּתָם וְאֶת־תְּחִנָּתָם וְעָשִׂיתָ מִשְׁפָּטָם: כִּי יֶחֶטְאוּ־לָךְ כִּי אֵין אָדָם אֲשֶׁר לֹא־יֶחֱטָא וְאָנַפְתָּ בָם וּנְתַתָּם לִפְנֵי אוֹיֵב וְשָׁבוּם

37 שׁוֹבֵיהֶם אֶל־אֶרֶץ רְחוֹקָה אוֹ קְרוֹבָה: וְהֵשִׁיבוּ אֶל־לְבָבָם בָּאָרֶץ אֲשֶׁר נִשְׁבּוּ־שָׁם וְשָׁבוּ‌ וְהִתְחַנְּנוּ אֵלֶיךָ בְּאֶרֶץ שִׁבְיָם לֵאמֹר חָטָאנוּ

38 הֶעֱוִינוּ וְרָשָׁעְנוּ: וְשָׁבוּ אֵלֶיךָ בְּכָל־לִבָּם וּבְכָל־נַפְשָׁם בְּאֶרֶץ שִׁבְיָם אֲשֶׁר־שָׁבוּ אֹתָם וְהִתְפַּלְלוּ דֶּרֶךְ אַרְצָם אֲשֶׁר נָתַתָּה לַאֲבוֹתָם וְהָעִיר

39 אֲשֶׁר בָּחַרְתָּ וְלַבַּיִת אֲשֶׁר־בָּנִיתִי לִשְׁמֶךָ: וְשָׁמַעְתָּ מִן־הַשָּׁמַיִם מִמְּכוֹן שִׁבְתְּךָ אֶת־תְּפִלָּתָם וְאֶת־תְּחִנֹּתֵיהֶם וְעָשִׂיתָ מִשְׁפָּטָם וְסָלַחְתָּ לְעַמְּךָ

40 אֲשֶׁר חָטְאוּ־לָךְ: עַתָּה אֱלֹהַי יִהְיוּ־נָא עֵינֶיךָ פְּתֻחוֹת וְאָזְנֶיךָ קַשֻּׁבוֹת

41 לִתְפִלַּת הַמָּקוֹם הַזֶּה: וְעַתָּה קוּמָה יְהוָה אֱלֹהִים לְנוּחֶךָ אַתָּה וַאֲרוֹן עֻזֶּךָ כֹּהֲנֶיךָ יְהוָה אֱלֹהִים יִלְבְּשׁוּ תְשׁוּעָה וַחֲסִידֶיךָ

42 יִשְׂמְחוּ בַטּוֹב: יְהוָה אֱלֹהִים אַל־תָּשֵׁב פְּנֵי מְשִׁיחֶיךָ זָכְרָה לְחַסְדֵי דָּוִיד עַבְדֶּךָ:

7 1 וּכְכַלּוֹת שְׁלֹמֹה לְהִתְפַּלֵּל וְהָאֵשׁ יָרְדָה מֵהַשָּׁמַיִם וַתֹּאכַל הָעֹלָה

and the sacrifices; and the glory of the Lord filled the house.

2 And the priests could not enter into the house of the Lord, because the glory of the Lord had filled the Lord's house.

3 And when all the children of Israel saw how the fire came down, and the glory of the Lord upon the house, they bowed themselves with their faces to the ground upon the pavement, and worshipped, and praised the Lord, *saying,* For *he is* good; for his mercy *endureth* for ever.

4 ¶ Then the king and all the people offered sacrifices before the Lord.

5 And king Solomon offered a sacrifice of twenty and two thousand oxen, and an hundred and twenty thousand sheep: so the king and all the people dedicated the house of God.

6 And the priests waited on their offices: the Levites also with instruments of musick of the Lord, which David the king had made to praise the Lord, because his mercy *endureth* for ever, when David praised by their ministry; and the priests sounded trumpets before them, and all Israel stood.

7 Moreover Solomon hallowed the middle of the court that *was* before the house of the Lord: for there he offered burnt offerings, and the fat of the peace offerings, because the brasen altar which Solomon had made was not able to receive the burnt offerings, and the meat offerings, and the fat.

8 ¶ Also at the same time Solomon kept the feast seven days, and all Israel with him, a very great congregation, from the entering in of Hamath unto the river of Egypt.

9 And in the eighth day they made a solemn assembly: for they kept the dedication of the altar seven days, and the feast seven days.

10 And on the three and twentieth day of the seventh month he sent the people away into their tents, glad and merry in heart for the goodness that the Lord had shewed unto David, and to Solomon, and to Israel his people.

11 Thus Solomon finished the house of the Lord, and the king's house: and all that came into Solomon's heart to make in the house of the Lord, and in his own house, he prosperously effected.

12 ¶ And the Lord appeared to Solomon by night, and said unto him, I have heard thy prayer, and have chosen this place to myself for an house of sacrifice.

13 If I shut up heaven that there be no rain, or if I command the locusts to devour the land, or if I send pestilence among my people;

14 If my people, which are called by my name, shall humble themselves, and pray, and seek my face, and turn from their wicked ways; then will I hear from heaven, and will forgive their sin, and will heal their land.

15 Now mine eyes shall be open, and mine ears attent unto the prayer *that is made* in this place.

16 For now have I chosen and sanctified this house, that my name may be there for ever: and mine eyes and mine heart shall be there perpetually.

17 And as for thee, if thou wilt walk before me, as David thy father walked, and do according to all that I have commanded thee, and shalt observe my statutes and my judgments;

18 Then will I stablish the throne of thy kingdom, according as I have covenanted with David thy father, saying, There shall not fail thee a man *to be* ruler in Israel.

19 But if ye turn away, and forsake my statutes and my commandments, which I have set before you, and shall go and serve other gods, and worship them;

20 Then will I pluck them up by the roots out of my land which I have given them; and this house, which I have sanctified for my name, will I cast out of my sight, and will make it *to be* a proverb and a byword among all nations.

21 And this house, which is high, shall be an astonishment to every one that

2 וְהַזְּבָחִים וּכְבוֹד יְהוָה מָלֵא אֶת־הַבָּיִת: וְלֹא יָכְלוּ הַכֹּהֲנִים לָבוֹא

3 אֶל־בֵּית יְהוָה כִּי־מָלֵא כְבוֹד־יְהוָה אֶת־בֵּית יְהוָה: וְכֹל ׀ בְּנֵי יִשְׂרָאֵל רֹאִים בְּרֶדֶת הָאֵשׁ וּכְבוֹד יְהוָה עַל־הַבָּיִת וַיִּכְרְעוּ אַפַּיִם אַרְצָה עַל־הָרִצְפָה וַיִּשְׁתַּחֲווּ וְהוֹדוֹת לַיהוָה כִּי טוֹב כִּי לְעוֹלָם חַסְדּוֹ:

4 וְהַמֶּלֶךְ וְכָל־הָעָם זֹבְחִים זֶבַח לִפְנֵי יְהוָה: וַיִּזְבַּח הַמֶּלֶךְ

5 שְׁלֹמֹה אֶת־זֶבַח הַבָּקָר עֶשְׂרִים וּשְׁנַיִם אֶלֶף וְצֹאן מֵאָה וְעֶשְׂרִים

6 אֶלֶף וַיַּחְנְכוּ אֶת־בֵּית הָאֱלֹהִים הַמֶּלֶךְ וְכָל־הָעָם: וְהַכֹּהֲנִים עַל־מִשְׁמְרוֹתָם עֹמְדִים וְהַלְוִיִּם בִּכְלֵי־שִׁיר יְהוָה אֲשֶׁר עָשָׂה דָּוִיד הַמֶּלֶךְ לְהֹדוֹת לַיהוָה כִּי־לְעוֹלָם חַסְדּוֹ בְּהַלֵּל דָּוִיד בְּיָדָם וְהַכֹּהֲנִים

מַחְצְרִים 7 מַחְצְרִים נֶגְדָּם וְכָל־יִשְׂרָאֵל עֹמְדִים: וַיְקַדֵּשׁ שְׁלֹמֹה אֶת־תּוֹךְ הֶחָצֵר אֲשֶׁר לִפְנֵי בֵית־יְהוָה כִּי־עָשָׂה שָׁם הָעֹלוֹת וְאֵת חֶלְבֵי הַשְּׁלָמִים כִּי־מִזְבַּח הַנְּחֹשֶׁת אֲשֶׁר עָשָׂה שְׁלֹמֹה לֹא יָכוֹל

8 לְהָכִיל אֶת־הָעֹלָה וְאֶת־הַמִּנְחָה וְאֶת־הַחֲלָבִים: וַיַּעַשׂ שְׁלֹמֹה אֶת־הֶחָג בָּעֵת הַהִיא שִׁבְעַת יָמִים וְכָל־יִשְׂרָאֵל עִמּוֹ קָהָל גָּדוֹל מְאֹד

9 מִלְּבוֹא חֲמָת עַד־נַחַל מִצְרָיִם: וַיַּעֲשׂוּ בַּיּוֹם הַשְּׁמִינִי עֲצָרֶת כִּי ׀

10 חֲנֻכַּת הַמִּזְבֵּחַ עָשׂוּ שִׁבְעַת יָמִים וְהֶחָג שִׁבְעַת יָמִים: וּבְיוֹם עֶשְׂרִים וּשְׁלֹשָׁה לַחֹדֶשׁ הַשְּׁבִיעִי שִׁלַּח אֶת־הָעָם לְאָהֳלֵיהֶם שְׂמֵחִים וְטוֹבֵי לֵב עַל־הַטּוֹבָה אֲשֶׁר עָשָׂה יְהוָה לְדָוִיד וְלִשְׁלֹמֹה וּלְיִשְׂרָאֵל עַמּוֹ:

11 וַיְכַל שְׁלֹמֹה אֶת־בֵּית יְהוָה וְאֶת־בֵּית הַמֶּלֶךְ וְאֵת כָּל־הַבָּא עַל־לֵב שְׁלֹמֹה לַעֲשׂוֹת בְּבֵית־יְהוָה וּבְבֵיתוֹ הִצְלִיחַ:

12 וַיֵּרָא יְהוָה אֶל־שְׁלֹמֹה בַּלָּיְלָה וַיֹּאמֶר לוֹ שָׁמַעְתִּי אֶת־תְּפִלָּתֶךָ

13 וּבָחַרְתִּי בַּמָּקוֹם הַזֶּה לִי לְבֵית זָבַח: הֵן אֶעֱצֹר הַשָּׁמַיִם וְלֹא־יִהְיֶה מָטָר וְהֵן־אֲצַוֶּה עַל־חָגָב לֶאֱכוֹל הָאָרֶץ וְאִם־אֲשַׁלַּח דֶּבֶר בְּעַמִּי:

14 וְיִכָּנְעוּ עַמִּי אֲשֶׁר נִקְרָא־שְׁמִי עֲלֵיהֶם וְיִתְפַּלְלוּ וִיבַקְשׁוּ פָנַי וְיָשֻׁבוּ מִדַּרְכֵיהֶם הָרָעִים וַאֲנִי אֶשְׁמַע מִן־הַשָּׁמַיִם וְאֶסְלַח לְחַטָּאתָם

15 וְאֶרְפָּא אֶת־אַרְצָם: עַתָּה עֵינַי יִהְיוּ פְתֻחוֹת וְאָזְנַי קַשֻּׁבוֹת לִתְפִלַּת

16 הַמָּקוֹם הַזֶּה: וְעַתָּה בָּחַרְתִּי וְהִקְדַּשְׁתִּי אֶת־הַבַּיִת הַזֶּה לִהְיוֹת־שְׁמִי

17 שָׁם עַד־עוֹלָם וְהָיוּ עֵינַי וְלִבִּי שָׁם כָּל־הַיָּמִים: וְאַתָּה אִם־תֵּלֵךְ לְפָנַי כַּאֲשֶׁר הָלַךְ דָּוִיד אָבִיךָ וְלַעֲשׂוֹת כְּכֹל אֲשֶׁר צִוִּיתִיךָ וְחֻקַּי וּמִשְׁפָּטַי

18 תִּשְׁמוֹר: וַהֲקִימוֹתִי אֶת כִּסֵּא מַלְכוּתֶךָ כַּאֲשֶׁר כָּרַתִּי לְדָוִיד אָבִיךָ

19 לֵאמֹר לֹא־יִכָּרֵת לְךָ אִישׁ מוֹשֵׁל בְּיִשְׂרָאֵל: וְאִם־תְּשׁוּבוּן אַתֶּם וַעֲזַבְתֶּם חֻקּוֹתַי וּמִצְוֹתַי אֲשֶׁר נָתַתִּי לִפְנֵיכֶם וַהֲלַכְתֶּם וַעֲבַדְתֶּם

20 אֱלֹהִים אֲחֵרִים וְהִשְׁתַּחֲוִיתֶם לָהֶם: וּנְתַשְׁתִּים מֵעַל אַדְמָתִי אֲשֶׁר נָתַתִּי לָהֶם וְאֶת־הַבַּיִת הַזֶּה אֲשֶׁר הִקְדַּשְׁתִּי לִשְׁמִי אַשְׁלִיךְ מֵעַל

21 פָּנָי וְאֶתְּנֶנּוּ לְמָשָׁל וְלִשְׁנִינָה בְּכָל־הָעַמִּים: וְהַבַּיִת הַזֶּה אֲשֶׁר הָיָה

passeth by it; so that he shall say, Why hath the LORD done thus unto this land, and unto this house?

22 And it shall be answered, Because they forsook the LORD God of their fathers, which brought them forth out of the land of Egypt, and laid hold on other gods, and worshipped them, and served them: therefore hath he brought all this evil upon them.

CHAPTER 8

1 And it came to pass at the end of twenty years, wherein Solomon had built the house of the LORD, and his own house,

2 That the cities which Huram had restored to Solomon, Solomon built them, and caused the children of Israel to dwell there.

3 And Solomon went to Hamath-zobah, and prevailed against it.

4 And he built Tadmor in the wilderness, and all the store cities, which he built in Hamath.

5 Also he built Beth-horon the upper, and Beth-horon the nether, fenced cities, with walls, gates, and bars;

6 And Baalath, and all the store cities that Solomon had, and all the chariot cities, and the cities of the horsemen, and all that Solomon desired to build in Jerusalem, and in Lebanon, and throughout all the land of his dominion.

7 ¶ As for all the people that were left of the Hittites, and the Amorites, and the Perizzites, and the Hivites, and the Jebusites, which were not of Israel,

8 But of their children, who were left after them in the land, whom the children of Israel consumed not, them did Solomon make to pay tribute until this day.

9 But of the children of Israel did Solomon make no servants for his work; but they were men of war, and chief of his captains, and captains of his chariots and horsemen.

10 And these were the chief of king Solomon's officers, even two hundred and fifty, that bare rule over the people.

11 ¶ And Solomon brought up the daughter of Pharaoh out of the city of David unto the house that he had built for her: for he said, My wife shall not dwell in the house of David king of Israel, because the places are holy, whereunto the ark of the LORD hath come.

12 ¶ Then Solomon offered burnt offerings unto the LORD on the altar of the LORD, which he had built before the porch,

13 Even after a certain rate every day, offering according to the commandment of Moses, on the sabbaths, and on the new moons, and on the solemn feasts, three times in the year, even in the feast of unleavened bread, and in the feast of weeks, and in the feast of tabernacles.

14 ¶ And he appointed, according to the order of David his father, the courses of the priests to their service, and the Levites to their charges, to praise and minister before the priests, as the duty of every day required: the porters also by their courses at every gate: for so had David the man of God commanded.

15 And they departed not from the commandment of the king unto the priests and Levites concerning any matter, or concerning the treasures.

16 Now all the work of Solomon was prepared unto the day of the foundation of the house of the LORD, and until it was finished. So the house of the LORD was perfected.

17 ¶ Then went Solomon to Eziongeber, and to Eloth, at the sea side in the land of Edom.

18 And Huram sent him by the hands of his servants ships, and servants that had knowledge of the sea; and they went with the servants of Solomon to Ophir, and took thence four hundred and fifty talents of gold, and brought them to king Solomon.

CHAPTER 9

1 And when the queen of Sheba heard of the fame of Solomon, she came to

עֶלְיֹ֔ון לְכָל־עֹבֵ֖ר עָלָ֑יו יִשֹּׁ֕ם וְאָמַ֕ר בַּמֶּ֣ה עָשָׂ֤ה יְהוָה֙ כָּ֔כָה לָאָ֥רֶץ

22 הַזֹּ֖את וְלַבַּ֣יִת הַזֶּֽה׃ וְאָמְר֗וּ עַ֤ל אֲשֶׁ֣ר עָֽזְבוּ֙ אֶת־יְהוָ֣ה׀ אֱלֹהֵ֣י אֲבֹתֵיהֶ֗ם

אֲשֶׁ֤ר הֹוצִיאָם֙ מֵאֶ֣רֶץ מִצְרַ֔יִם וַֽיַּחֲזִ֙יקוּ֙ בֵּֽאלֹהִ֣ים אֲחֵרִ֔ים וַיִּֽשְׁתַּחֲו֥וּ

לָהֶ֖ם וַיַּֽעַבְד֑וּם עַל־כֵּן֙ הֵבִ֣יא עֲלֵיהֶ֔ם אֵ֥ת כָּל־הָרָעָ֖ה הַזֹּֽאת׃

8 1 וַיְהִ֞י מִקֵּ֣ץ׀ עֶשְׂרִ֣ים שָׁנָ֗ה אֲשֶׁ֨ר בָּנָ֤ה שְׁלֹמֹה֙ אֶת־בֵּ֣ית יְהוָ֔ה וְאֶת־

2 בֵּיתֹֽו׃ וְהֶעָרִ֗ים אֲשֶׁ֨ר נָתַ֤ן חוּרָם֙ לִשְׁלֹמֹ֔ה בָּנָ֥ה שְׁלֹמֹ֖ה אֹתָ֑ם וַיֹּ֥ושֶׁב

3 שָׁ֖ם אֶת־בְּנֵ֥י יִשְׂרָאֵֽל׃ וַיֵּ֤לֶךְ שְׁלֹמֹה֙ חֲמָ֣ת צֹובָ֔ה וַיֶּחֱזַ֖ק עָלֶֽיהָ׃ וַיִּ֥בֶן
4
5 אֶת־תַּדְמֹ֣ר בַּמִּדְבָּ֑ר וְאֵת֙ כָּל־עָרֵ֣י הַֽמִּסְכְּנֹ֔ות אֲשֶׁ֥ר בָּנָ֖ה בַּֽחֲמָֽת׃ וַיִּ֜בֶן

אֶת־בֵּ֤ית חֹורֹון֙ הָֽעֶלְיֹ֔ון וְאֶת־בֵּ֥ית חֹורֹ֖ון הַתַּחְתֹּ֑ון עָרֵ֣י מָצֹ֔ור חֹומֹ֥ות

6 דְּלָתַ֖יִם וּבְרִֽיחַ׃ וְאֶֽת־בַּעֲלָ֗ת וְאֵ֨ת כָּל־עָרֵ֤י הַֽמִּסְכְּנֹות֙ אֲשֶׁ֣ר הָי֣וּ

לִשְׁלֹמֹ֔ה וְאֵת֙ כָּל־עָרֵ֣י הָרֶ֔כֶב וְאֵ֖ת עָרֵ֣י הַפָּֽרָשִׁ֑ים וְאֵ֣ת׀ כָּל־חֵ֣שֶׁק

שְׁלֹמֹ֗ה אֲשֶׁ֤ר חָשַׁק֙ לִבְנֹ֤ות בִּירֽוּשָׁלִַ֙ם֙ וּבַלְּבָנֹ֔ון וּבְכֹ֖ל אֶ֥רֶץ מֶמְשַׁלְתֹּֽו׃

7 כָּל־הָ֠עָם הַנֹּותָ֨ר מִן־הַֽחִתִּ֜י וְהָאֱמֹרִ֤י וְהַפְּרִזִּי֙ וְהַֽחִוִּ֣י וְהַיְבוּסִ֔י אֲשֶׁ֛ר

8 לֹ֥א מִיִּשְׂרָאֵ֖ל הֵֽמָּה׃ מִן־בְּנֵיהֶ֗ם אֲשֶׁ֨ר נֹותְר֤וּ אַֽחֲרֵיהֶם֙ בָּאָ֔רֶץ אֲשֶׁ֧ר

9 לֹֽא־כִלּ֣וּם בְּנֵ֣י יִשְׂרָאֵ֑ל וַיַּֽעֲלֵ֤ם שְׁלֹמֹה֙ לְמַ֔ס עַ֖ד הַיֹּ֥ום הַזֶּֽה׃ וּמִן־בְּנֵ֣י

יִשְׂרָאֵ֗ל אֲֽשֶׁ֨ר לֹא־נָתַ֤ן שְׁלֹמֹה֙ לַֽעֲבָדִ֖ים לִמְלַאכְתֹּ֑ו כִּי־הֵ֜מָּה אַנְשֵׁ֣י

מִלְחָמָ֗ה וְשָׂרֵ֤י שָֽׁלִישָׁיו֙ וְשָׂרֵ֣י רִכְבֹּ֔ו וּפָֽרָשָֽׁיו׃

10 **הַנִּצָּבִים**   וְאֵ֨לֶּה שָׂרֵ֤י הַנִּצָּבִים֙ אֲשֶׁר־לַמֶּ֣לֶךְ שְׁלֹמֹ֔ה חֲמִשִּׁ֖ים וּמָאתָ֑יִם הָֽרֹדִ֖ים

11 בָּעָֽם׃ וְאֶת־בַּת־פַּרְעֹ֗ה הֶעֱלָ֤ה שְׁלֹמֹה֙ מֵעִ֣יר דָּוִ֔יד לַבַּ֖יִת אֲשֶׁ֣ר בָּֽנָה־

לָ֑הּ כִּ֣י אָמַ֗ר לֹא־תֵשֵׁ֨ב אִשָּׁ֥ה לִי֙ בְּבֵית֙ דָּוִ֣יד מֶֽלֶךְ־יִשְׂרָאֵ֔ל כִּי־קֹ֣דֶשׁ

הֵ֔מָּה אֲשֶׁר־בָּֽאָה אֲלֵיהֶ֖ם אֲרֹ֥ון יְהוָֽה׃

12 אָ֣ז הֶעֱלָ֧ה שְׁלֹמֹ֛ה עֹלֹ֖ות לַֽיהוָ֑ה עַ֚ל מִזְבַּ֣ח יְהוָ֔ה אֲשֶׁ֥ר בָּנָ֖ה לִפְנֵ֥י

13 הָֽאוּלָֽם׃ וּבִדְבַר־יֹ֣ום בְּיֹ֗ום לְהַֽעֲלֹות֙ כְּמִצְוַ֣ת מֹשֶׁ֔ה לַשַּׁבָּתֹות֙

וְלֶ֣חֳדָשִׁ֔ים וְלַמֹּ֣ועֲדֹ֔ות שָׁלֹ֥ושׁ פְּעָמִ֖ים בַּשָּׁנָ֑ה בְּחַ֧ג הַמַּצֹּ֛ות וּבְחַ֥ג

14 הַשָּֽׁבֻעֹ֖ות וּבְחַ֥ג הַסֻּכֹּֽות׃ וַיַּֽעֲמֵ֣ד כְּמִשְׁפַּ֣ט דָּֽוִיד־אָבִ֡יו אֶת־מַחְלְקֹ֣ות

הַכֹּֽהֲנִים֩ עַל־עֲבֹֽדָתָ֨ם וְהַלְוִיִּ֜ם עַל־מִשְׁמְרֹותָ֗ם לְהַלֵּ֤ל וּלְשָׁרֵת֙ נֶ֣גֶד

הַכֹּֽהֲנִ֔ים לִדְבַר־יֹ֖ום בְּיֹומֹ֑ו וְהַשֹּׁועֲרִים֙ בְּמַחְלְקֹותָ֔ם לְשַׁ֖עַר וָשָׁ֑עַר כִּ֣י

15 כֵ֔ן מִצְוַ֖ת דָּוִ֥יד אִישׁ־הָֽאֱלֹהִֽים׃ וְלֹ֣א סָֽרוּ֩ מִצְוַ֨ת הַמֶּ֧לֶךְ עַל־הַכֹּֽהֲנִ֛ים

16 וְהַלְוִיִּ֖ם לְכָל־דָּבָ֣ר וְלָאֹֽצָרֹֽות׃ וַתִּכֹּ֖ן כָּל־מְלֶ֣אכֶת שְׁלֹמֹ֑ה עַד־הַיֹּ֛ום

17 מוּסַ֥ד בֵּית־יְהוָ֖ה וְעַד־כְּלֹתֹ֑ו שָׁלֵ֖ם בֵּ֥ית יְהוָֽה׃   אָ֣ז הָלַ֤ךְ

שְׁלֹמֹה֙ לְעֶצְיֹ֣ון־גֶּ֔בֶר וְאֶל־אֵלֹ֖ות עַל־שְׂפַ֣ת הַיָּ֑ם בְּאֶ֖רֶץ אֱדֹֽום׃

18 **אֳנִיֹּות**   וַיִּֽשְׁלַֽח־לֹ֣ו חוּרָ֡ם בְּיַד־עֲבָדָיו֩ אֳנִיֹּ֨ות וַֽעֲבָדִ֜ים יֹ֣ודְעֵי יָ֗ם וַיָּבֹ֜אוּ עִם־

עַבְדֵ֤י שְׁלֹמֹה֙ אֹופִ֔ירָה וַיִּקְח֣וּ מִשָּׁ֔ם אַרְבַּע־מֵאֹ֥ות וַֽחֲמִשִּׁ֖ים כִּכַּ֣ר זָהָ֑ב

וַיָּבִ֖יאוּ אֶל־הַמֶּ֥לֶךְ שְׁלֹמֹֽה׃

9 1 וּמַֽלְכַּת־שְׁבָ֗א שָֽׁמְעָה֙ אֶת־שֵׁ֣מַע שְׁלֹמֹ֔ה וַתָּבֹ֗וא לְנַסֹּ֤ות אֶת־שְׁלֹמֹה֙

prove Solomon with hard questions at Jerusalem, with a very great company, and camels that bare spices, and gold in abundance, and precious stones: and when she was come to Solomon, she communed with him of all that was in her heart.

2 And Solomon told her all her questions: and there was nothing hid from Solomon which he told her not.

3 And when the queen of Sheba had seen the wisdom of Solomon, and the house that he had built,

4 And the meat of his table, and the sitting of his servants, and the attendance of his ministers, and their apparel; his cupbearers also, and their apparel; and his ascent by which he went up into the house of the LORD; there was no more spirit in her.

5 And she said to the king, *It was* a true report which I heard in mine own land of thine acts, and of thy wisdom:

6 Howbeit I believed not their words, until I came, and mine eyes had seen *it:* and, behold, the one half of the greatness of thy wisdom was not told me: *for* thou exceedest the fame that I heard.

7 Happy *are* thy men, and happy *are* these thy servants, which stand continually before thee, and hear thy wisdom.

8 Blessed be the LORD thy God, which delighted in thee to set thee on his throne, *to be* king for the LORD thy God: because thy God loved Israel, to establish them for ever, therefore made he thee king over them, to do judgment and justice.

9 And she gave the king an hundred and twenty talents of gold, and of spices great abundance, and precious stones: neither was there any such spice as the queen of Sheba gave king Solomon.

10 And the servants also of Huram, and the servants of Solomon, which brought gold from Ophir, brought algum trees and precious stones.

11 And the king made *of* the algum trees terraces to the house of the LORD, and to the king's palace, and harps and psalteries for singers: and there were none such seen before in the land of Judah.

12 And king Solomon gave to the queen of Sheba all her desire, whatsoever she asked, beside *that* which she had brought unto the king. So she turned, and went away to her own land, she and her servants.

13 ¶ Now the weight of gold that came to Solomon in one year was six hundred and threescore and six talents of gold;

14 Beside *that which* chapmen and merchants brought. And all the kings of Arabia and governors of the country brought gold and silver to Solomon.

15 ¶ And king Solomon made two hundred targets *of* beaten gold: six hundred *shekels* of beaten gold went to one target.

16 And three hundred shields *made he of* beaten gold: three hundred *shekels* of gold went to one shield. And the king put them in the house of the forest of Lebanon.

17 Moreover the king made a great throne of ivory, and overlaid it with pure gold.

18 And *there were* six steps to the throne, with a footstool of gold, *which were* fastened to the throne, and stays on each side of the sitting place, and two lions standing by the stays:

19 And twelve lions stood there on the one side and on the other upon the six steps. There was not the like made in any kingdom.

20 ¶ And all the drinking vessels of king Solomon *were of* gold, and all the vessels of the house of the forest of Lebanon *were of* pure gold: none *were of* silver; it was *not* any thing accounted of in the days of Solomon.

21 For the king's ships went to Tarshish with the servants of Huram: every three years once came the ships of Tarshish bringing gold, and silver, ivory, and apes, and peacocks.

בְּחִידוֹת בִּירוּשָׁלַ֙ם בְּחַ֙יִל כָּבֵ֣ד מְאֹד֒ וּגְמַלִּ֗ים נֹשְׂאִ֤ים בְּשָׂמִים֙ וְזָהָ֣ב

לָרֹ֣ב וְאֶ֣בֶן יְקָרָ֑ה וַתָּבוֹא֙ אֶל־שְׁלֹמֹ֔ה וַתְּדַבֵּ֣ר עִמּ֔וֹ אֵ֖ת כָּל־אֲשֶׁ֥ר הָיָ֖ה

2 עִם־לְבָבָֽהּ׃ וַיַּגֶּד־לָ֥הּ שְׁלֹמֹ֖ה אֶת־כָּל־דְּבָרֶ֑יהָ וְלֹֽא־נֶעְלַ֤ם דָּבָר֙

3 מִשְּׁלֹמֹ֔ה אֲשֶׁ֖ר לֹ֥א הִגִּ֖יד לָֽהּ׃ וַתֵּ֙רֶא֙ מַלְכַּת־שְׁבָ֔א אֵ֖ת חָכְמַ֥ת שְׁלֹמֹ֖ה

4 וְהַבַּ֖יִת אֲשֶׁ֥ר בָּנָֽה׃ וּמַאֲכַ֣ל שֻׁלְחָנ֗וֹ וּמוֹשַׁ֤ב עֲבָדָיו֙ וּמַעֲמַ֣ד מְשָׁרְתָ֔יו

וּמַלְבּֽוּשֵׁיהֶם֙ וּמַשְׁקָ֔יו וּמַלְבּ֣וּשֵׁיהֶ֔ם וַעֲלִיָּת֔וֹ אֲשֶׁ֥ר יַעֲלֶ֖ה בֵּ֣ית יְהוָ֑ה

5 וְלֹא־הָ֥יָה ע֛וֹד בָּ֖הּ רֽוּחַ׃ וַתֹּ֙אמֶר֙ אֶל־הַמֶּ֔לֶךְ אֱמֶת֙ הַדָּבָ֔ר אֲשֶׁ֥ר

6 שָׁמַ֖עְתִּי בְּאַרְצִ֑י עַל־דְּבָרֶ֖יךָ וְעַל־חָכְמָתֶֽךָ׃ וְלֹֽא־הֶאֱמַ֣נְתִּי לְדִבְרֵיהֶ֗ם

עַ֤ד אֲשֶׁר־בָּ֙אתִי֙ וַתִּרְאֶ֣ינָה עֵינַ֔י וְהִנֵּ֙ה לֹ֤א הֻגַּד־לִי֙ חֲצִ֣י מַרְבִּ֣ית

7 חָכְמָתֶ֔ךָ יָסַ֖פְתָּ עַל־הַשְּׁמוּעָ֖ה אֲשֶׁ֣ר שָׁמָ֑עְתִּי אַשְׁרֵ֣י אֲנָשֶׁ֔יךָ וְאַשְׁרֵ֞י

8 עֲבָדֶ֣יךָ אֵ֗לֶּה הָעֹמְדִ֤ים לְפָנֶ֙יךָ֙ תָּמִ֔יד וְשֹׁמְעִ֖ים אֶת־חָכְמָתֶ֑ךָ יְהִ֤י

יְהוָ֤ה אֱלֹהֶ֙יךָ֙ בָּר֔וּךְ אֲשֶׁ֣ר ׀ חָפֵ֣ץ בְּךָ֗ לְתִתְּךָ֤ עַל־כִּסְאוֹ֙ לְמֶ֙לֶךְ֙ לַיהוָ֣ה

אֱלֹהֶ֔יךָ בְּאַהֲבַ֤ת אֱלֹהֶ֙יךָ֙ אֶת־יִשְׂרָאֵ֔ל לְהַעֲמִיד֖וֹ לְעוֹלָ֑ם וַֽיִּתֶּנְךָ֤ עֲלֵיהֶם֙

9 לְמֶ֔לֶךְ לַעֲשׂ֥וֹת מִשְׁפָּ֖ט וּצְדָקָֽה׃ וַתִּתֵּ֤ן לַמֶּ֙לֶךְ֙ מֵאָ֤ה וְעֶשְׂרִים֙ ׀ כִּכַּ֣ר

זָהָ֗ב וּבְשָׂמִ֛ים לָרֹ֥ב מְאֹ֖ד וְאֶ֣בֶן יְקָרָ֑ה וְלֹ֤א הָיָה֙ כַּבֹּ֣שֶׂם הַה֔וּא אֲשֶׁר־

חוּרָם֙ 10 נָתְנָ֛ה מַלְכַּת־שְׁבָ֖א לַמֶּ֥לֶךְ שְׁלֹמֹֽה׃ וְגַם־עַבְדֵ֤י חוּרָם֙ וְעַבְדֵ֣י שְׁלֹמֹ֔ה

11 אֲשֶׁר־הֵבִ֥יאוּ זָהָ֖ב מֵאוֹפִ֑יר הֵבִ֛יאוּ עֲצֵ֥י אַלְגּוּמִּ֖ים וְאֶ֥בֶן יְקָרָֽה׃ וַיַּ֣עַשׂ

הַמֶּ֡לֶךְ אֶת־עֲצֵ֣י הָֽאַלְגּוּמִּ֡ים מְסִלּ֞וֹת לְבֵית־יְהוָה֙ וּלְבֵ֣ית הַמֶּ֔לֶךְ וְכִנֹּר֥וֹת

12 וּנְבָלִ֖ים לַשָּׁרִ֑ים וְלֹא־נִרְא֥וּ כָהֵ֛ם לְפָנִ֖ים בְּאֶ֥רֶץ יְהוּדָֽה׃ וְהַמֶּ֣לֶךְ שְׁלֹמֹ֗ה

נָתַ֞ן לְמַלְכַּת־שְׁבָ֣א אֶת־כָּל־חֶפְצָהּ֮ אֲשֶׁ֣ר שָׁאָלָה֒ מִלְּבַ֖ד אֲשֶׁר־הֵבִ֣יאָה

אֶל־הַמֶּ֑לֶךְ וַֽתַּהֲפֹ֛ךְ וַתֵּ֥לֶךְ לְאַרְצָ֖הּ הִ֥יא וַעֲבָדֶֽיהָ׃

13 וַיְהִי֙ מִשְׁקַ֣ל הַזָּהָ֔ב אֲשֶׁר־בָּ֥א לִשְׁלֹמֹ֖ה בְּשָׁנָ֣ה אֶחָ֑ת שֵׁ֥שׁ מֵא֖וֹת

14 וְשִׁשִּׁ֥ים וָשֵׁ֖שׁ כִּכְּרֵ֥י זָהָֽב׃ לְבַ֞ד מֵאַנְשֵׁ֤י הַתָּרִים֙ וְהַסֹּחֲרִ֣ים מְבִיאִ֑ים

15 וְכָל־מַלְכֵ֤י עֲרַב֙ וּפַח֣וֹת הָאָ֔רֶץ מְבִיאִ֛ים זָהָ֥ב וָכֶ֖סֶף לִשְׁלֹמֹֽה׃ וַיַּ֣עַשׂ

הַמֶּ֣לֶךְ שְׁלֹמֹ֗ה מָאתַ֙יִם֙ צִנָּ֣ה זָהָ֣ב שָׁח֑וּט שֵׁ֤שׁ מֵאוֹת֙ זָהָ֣ב שָׁח֔וּט יַעֲלֶ֖ה

16 עַל־הַצִּנָּ֥ה הָאֶחָֽת׃ וּשְׁלֹשׁ־מֵא֤וֹת מָֽגִנִּים֙ זָהָ֣ב שָׁח֔וּט שְׁלֹ֥שׁ מֵא֖וֹת זָהָ֔ב

יַעֲלֶ֖ה עַל־הַמָּגֵ֣ן הָאֶחָ֑ת וַיִּתְּנֵ֣ם הַמֶּ֔לֶךְ בְּבֵ֖ית יַ֥עַר הַלְּבָנֽוֹן׃

17 וַיַּ֧עַשׂ הַמֶּ֛לֶךְ כִּסֵּא־שֵׁ֥ן גָּד֖וֹל וַיְצַפֵּ֣הוּ זָהָ֣ב טָה֑וֹר וְשֵׁ֣שׁ מַעֲל֤וֹת לַכִּסֵּא֙

18

וְכֶ֤בֶשׁ בַּזָּהָב֙ לַכִּסֵּ֣א מָֽאֳחָזִ֔ים וְיָד֛וֹת מִזֶּ֥ה וּמִזֶּ֖ה עַל־מְק֣וֹם הַשָּׁ֑בֶת

19 וּשְׁנַ֣יִם אֲרָי֔וֹת עֹמְדִ֖ים אֵ֣צֶל הַיָּד֑וֹת וּשְׁנֵ֧ים עָשָׂ֣ר אֲרָי֗וֹת עֹמְדִ֣ים

20 שָׁ֞ם עַל־שֵׁ֧שׁ הַֽמַּעֲל֛וֹת מִזֶּ֥ה וּמִזֶּ֖ה לֹא־נַעֲשָׂ֥ה כֵ֖ן לְכָל־מַמְלָכָֽה׃ וְכֹ֗ל

כְּלֵ֞י מַשְׁקֵ֙ה הַמֶּ֤לֶךְ שְׁלֹמֹה֙ זָהָ֔ב וְכֹ֗ל כְּלֵ֛י בֵּֽית־יַ֥עַר הַלְּבָנ֖וֹן זָהָ֣ב סָג֑וּר

21 אֵ֣ין כֶּ֗סֶף נֶחְשָׁ֛ב בִּימֵ֥י שְׁלֹמֹ֖ה לִמְאֽוּמָה׃ כִּֽי־אֳנִיּ֤וֹת לַמֶּ֙לֶךְ֙ הֹלְכ֣וֹת

תַּרְשִׁ֔ישׁ עִ֖ם עַבְדֵ֣י חוּרָ֑ם אַחַת֩ לְשָׁל֨וֹשׁ שָׁנִ֜ים תָּב֣וֹאנָה ׀ אֳנִיּ֣וֹת

תַּרְשִׁ֗ישׁ נֹֽשְׂאוֹת֙ זָהָ֣ב וָכֶ֔סֶף שֶׁנְהַבִּ֖ים וְקוֹפִ֥ים וְתוּכִּיִּֽים׃

22 And king Solomon passed all the kings of the earth in riches and wisdom.

23 ¶ And all the kings of the earth sought the presence of Solomon, to hear his wisdom, that God had put in his heart.

24 And they brought every man his present, vessels of silver, and vessels of gold, and raiment, harness, and spices, horses, and mules, a rate year by year.

25 ¶ And Solomon had four thousand stalls for horses and chariots, and twelve thousand horsemen; whom he bestowed in the chariot cities, and with the king at Jerusalem.

26 ¶ And he reigned over all the kings from the river even unto the land of the Philistines, and to the border of Egypt.

27 And the king made silver in Jerusalem as stones, and cedar trees made he as the sycomore trees that *are* in the low plains in abundance.

28 And they brought unto Solomon horses out of Egypt, and out of all lands.

29 ¶ Now the rest of the acts of Solomon, first and last, *are* they not written in the book of Nathan the prophet, and in the prophecy of Ahijah the Shilonite, and in the visions of Iddo the seer against Jeroboam the son of Nebat?

30 And Solomon reigned in Jerusalem over all Israel forty years.

31 And Solomon slept with his fathers, and he was buried in the city of David his father: and Rehoboam his son reigned in his stead.

CHAPTER 10

1 And Rehoboam went to Shechem: for to Shechem were all Israel come to make him king.

2 And it came to pass, when Jeroboam the son of Nebat, who *was* in Egypt, whither he had fled from the presence of Solomon the king, heard *it,* that Jeroboam returned out of Egypt.

3 And they sent and called him. So Jeroboam and all Israel came and spake to Rehoboam, saying,

4 Thy father made our yoke grievous: now therefore ease thou somewhat the grievous servitude of thy father, and his heavy yoke that he put upon us, and we will serve thee.

5 And he said unto them, Come again unto me after three days. And the people departed.

6 ¶ And king Rehoboam took counsel with the old men that had stood before Solomon his father while he yet lived, saying, What counsel give ye *me* to return answer to this people?

7 And they spake unto him, saying, If thou be kind to this people, and please them, and speak good words to them, they will be thy servants for ever.

8 But he forsook the counsel which the old men gave him, and took counsel with the young men that were brought up with him, that stood before him.

9 And he said unto them, What advice give ye that we may return answer to this people, which have spoken to me, saying, Ease somewhat the yoke that thy father did put upon us?

10 And the young men that were brought up with him spake unto him, saying, Thus shalt thou answer the people that spake unto thee, saying, Thy father made our yoke heavy, but make thou *it* somewhat lighter for us; thus shalt thou say unto them, My little *finger* shall be thicker than my father's loins.

11 For whereas my father put a heavy yoke upon you, I will put more to your yoke: my father chastised you with whips, but I *will chastise you* with scorpions.

12 So Jeroboam and all the people came to Rehoboam on the third day, as the king bade, saying, Come again to me on the third day.

13 And the king answered them roughly; and king Rehoboam forsook the counsel of the old men,

14 And answered them after the advice of the young men, saying, My father made your yoke heavy, but I will add thereto:

וַיִּגְדַּל הַמֶּלֶךְ שְׁלֹמֹה מִכֹּל מַלְכֵי הָאָרֶץ לְעֹשֶׁר וְחָכְמָה: וְכֹל מַלְכֵי 22
הָאָרֶץ מְבַקְשִׁים אֶת־פְּנֵי שְׁלֹמֹה לִשְׁמֹעַ אֶת־חָכְמָתוֹ אֲשֶׁר־נָתַן 23
הָאֱלֹהִים בְּלִבּוֹ: וְהֵם מְבִיאִים אִישׁ מִנְחָתוֹ כְּלֵי כֶסֶף וּכְלֵי זָהָב 24
וּשְׂלָמוֹת נֵשֶׁק וּבְשָׂמִים סוּסִים וּפְרָדִים דְּבַר־שָׁנָה בְּשָׁנָה:
וַיְהִי לִשְׁלֹמֹה אַרְבַּעַת אֲלָפִים אֻרְיוֹת סוּסִים וּמַרְכָּבוֹת וּשְׁנֵים־עָשָׂר 25
אֶלֶף פָּרָשִׁים וַיַּנִּיחֵם בְּעָרֵי הָרֶכֶב וְעִם־הַמֶּלֶךְ בִּירוּשָׁלָ͏ִם: וַיְהִי מוֹשֵׁל 26
בְּכָל־הַמְּלָכִים מִן־הַנָּהָר וְעַד־אֶרֶץ פְּלִשְׁתִּים וְעַד גְּבוּל מִצְרָיִם: וַיִּתֵּן 27
הַמֶּלֶךְ אֶת־הַכֶּסֶף בִּירוּשָׁלַ͏ִם כָּאֲבָנִים וְאֵת הָאֲרָזִים נָתַן כַּשִּׁקְמִים
אֲשֶׁר־בַּשְּׁפֵלָה לָרֹב: וּמוֹצִיאִים סוּסִים מִמִּצְרַיִם לִשְׁלֹמֹה וּמִכָּל־ 28
הָאֲרָצוֹת: וּשְׁאָר דִּבְרֵי שְׁלֹמֹה הָרִאשֹׁנִים וְהָאַחֲרוֹנִים הֲלֹא־הֵם 29   29A
כְּתוּבִים עַל־דִּבְרֵי נָתָן הַנָּבִיא וְעַל־נְבוּאַת אֲחִיָּה הַשִּׁילוֹנִי וּבַחֲזוֹת
יֶעְדּוֹ יֶעְדִּי הַחֹזֶה עַל־יָרָבְעָם בֶּן־נְבָט: וַיִּמְלֹךְ שְׁלֹמֹה בִירוּשָׁלַ͏ִם עַל־כָּל־ 30
יִשְׂרָאֵל אַרְבָּעִים שָׁנָה: וַיִּשְׁכַּב שְׁלֹמֹה עִם־אֲבֹתָיו וַיִּקְבְּרֻהוּ בְּעִיר 31
דָּוִיד אָבִיו וַיִּמְלֹךְ רְחַבְעָם בְּנוֹ תַּחְתָּיו:

וַיֵּלֶךְ רְחַבְעָם שְׁכֶמָה כִּי שְׁכֶם בָּאוּ כָל־יִשְׂרָאֵל לְהַמְלִיךְ אֹתוֹ: וַיְהִי 1   10
כִּשְׁמֹעַ יָרָבְעָם בֶּן־נְבָט וְהוּא בְמִצְרַיִם אֲשֶׁר בָּרַח מִפְּנֵי שְׁלֹמֹה 2
הַמֶּלֶךְ וַיֵּשֶׁב יָרָבְעָם מִמִּצְרָיִם: וַיִּשְׁלְחוּ וַיִּקְרְאוּ־לוֹ וַיָּבֹא יָרָבְעָם 3
וְכָל־יִשְׂרָאֵל וַיְדַבְּרוּ אֶל־רְחַבְעָם לֵאמֹר: אָבִיךָ הִקְשָׁה אֶת־עֻלֵּנוּ 4
וְעַתָּה הָקֵל מֵעֲבֹדַת אָבִיךָ הַקָּשָׁה וּמֵעֻלּוֹ הַכָּבֵד אֲשֶׁר־נָתַן עָלֵינוּ
וְנַעַבְדֶךָּ: וַיֹּאמֶר אֲלֵהֶם עוֹד שְׁלֹשֶׁת יָמִים וְשׁוּבוּ אֵלָי וַיֵּלֶךְ 5
הָעָם: וַיִּוָּעַץ הַמֶּלֶךְ רְחַבְעָם אֶת־הַזְּקֵנִים אֲשֶׁר־הָיוּ עֹמְדִים 6
לִפְנֵי שְׁלֹמֹה אָבִיו בִּהְיֹתוֹ חַי לֵאמֹר אֵיךְ אַתֶּם נוֹעָצִים לְהָשִׁיב
לָעָם־הַזֶּה דָּבָר: וַיְדַבְּרוּ אֵלָיו לֵאמֹר אִם־תִּהְיֶה לְטוֹב לְהָעָם הַזֶּה 7
וּרְצִיתָם וְדִבַּרְתָּ אֲלֵהֶם דְּבָרִים טוֹבִים וְהָיוּ לְךָ עֲבָדִים כָּל־הַיָּמִים:
וַיַּעֲזֹב אֶת־עֲצַת הַזְּקֵנִים אֲשֶׁר יְעָצֻהוּ וַיִּוָּעַץ אֶת־הַיְלָדִים אֲשֶׁר גָּדְלוּ 8
אִתּוֹ הָעֹמְדִים לְפָנָיו: וַיֹּאמֶר אֲלֵהֶם מָה אַתֶּם נוֹעָצִים וְנָשִׁיב דָּבָר 9
אֶת־הָעָם הַזֶּה אֲשֶׁר דִּבְּרוּ אֵלַי לֵאמֹר הָקֵל מִן־הָעֹל אֲשֶׁר־נָתַן
אָבִיךָ עָלֵינוּ: וַיְדַבְּרוּ אִתּוֹ הַיְלָדִים אֲשֶׁר גָּדְלוּ אִתּוֹ לֵאמֹר כֹּה־ 10
תֹאמַר לָעָם אֲשֶׁר־דִּבְּרוּ אֵלֶיךָ לֵאמֹר אָבִיךָ הִכְבִּיד אֶת־עֻלֵּנוּ וְאַתָּה
הָקֵל מֵעָלֵינוּ כֹּה תֹּאמַר אֲלֵהֶם קָטָנִּי עָבָה מִמָּתְנֵי אָבִי: וְעַתָּה 11   11A
אָבִי הֶעְמִיס עֲלֵיכֶם עֹל כָּבֵד וַאֲנִי אֹסִיף עַל־עֻלְּכֶם אָבִי יִסַּר אֶתְכֶם
בַּשּׁוֹטִים וַאֲנִי בָּעַקְרַבִּים: וַיָּבֹא יָרָבְעָם וְכָל־ 12
הָעָם אֶל־רְחַבְעָם בַּיּוֹם הַשְּׁלִשִׁי כַּאֲשֶׁר דִּבֶּר הַמֶּלֶךְ לֵאמֹר שׁוּבוּ
אֵלַי בַּיּוֹם הַשְּׁלִשִׁי: וַיַּעֲנֵם הַמֶּלֶךְ קָשָׁה וַיַּעֲזֹב הַמֶּלֶךְ רְחַבְעָם אֵת 13
עֲצַת הַזְּקֵנִים: וַיְדַבֵּר אֲלֵהֶם כַּעֲצַת הַיְלָדִים לֵאמֹר אַכְבִּיד אֶת־ 14   14A

my father chastised you with whips, but I *will chastise you* with scorpions.

15 So the king hearkened not unto the people: for the cause was of God, that the LORD might perform his word, which he spake by the hand of Ahijah the Shilonite to Jeroboam the son of Nebat.

16 ¶ And when all Israel *saw* that the king would not hearken unto them, the people answered the king, saying, What portion have we in David? and *we have* none inheritance in the son of Jesse: every man to your tents, O Israel: *and* now, David, see to thine own house. So all Israel went to their tents.

17 But *as for* the children of Israel that dwelt in the cities of Judah, Rehoboam reigned over them.

18 Then king Rehoboam sent Hadoram that *was* over the tribute; and the children of Israel stoned him with stones, that he died. But king Rehoboam made speed to get him up to *his* chariot, to flee to Jerusalem.

19 And Israel rebelled against the house of David unto this day.

CHAPTER 11

1 And when Rehoboam was come to Jerusalem, he gathered of the house of Judah and Benjamin an hundred and fourscore thousand chosen *men,* which were warriors, to fight against Israel, that he might bring the kingdom again to Rehoboam.

2 But the word of the LORD came to Shemaiah the man of God, saying,

3 Speak unto Rehoboam the son of Solomon, king of Judah, and to all Israel in Judah and Benjamin, saying,

4 Thus saith the LORD, Ye shall not go up, nor fight against your brethren: return every man to his house: for this thing is done of me. And they obeyed the words of the LORD, and returned from going against Jeroboam.

5 ¶ And Rehoboam dwelt in Jerusalem, and built cities for defence in Judah.

6 He built even Beth-lehem, and Etam, and Tekoa,

7 And Beth-zur, and Shoco, and Adullam,

8 And Gath, and Mareshah, and Ziph,

9 And Adoraim, and Lachish, and Azekah,

10 And Zorah, and Aijalon, and Hebron, which *are* in Judah and in Benjamin fenced cities.

11 And he fortified the strong holds, and put captains in them, and store of victual, and of oil and wine.

12 And in every several city *he put* shields and spears, and made them exceeding strong, having Judah and Benjamin on his side.

13 ¶ And the priests and the Levites that *were* in all Israel resorted to him out of all their coasts.

14 For the Levites left their suburbs and their possession, and came to Judah and Jerusalem: for Jeroboam and his sons had cast them off from executing the priest's office unto the LORD:

15 And he ordained him priests for the high places, and for the devils, and for the calves which he had made.

16 And after them out of all the tribes of Israel such as set their hearts to seek the LORD God of Israel came to Jerusalem, to sacrifice unto the LORD God of their fathers.

17 So they strengthened the kingdom of Judah, and made Rehoboam the son of Solomon strong, three years: for three years they walked in the way of David and Solomon.

18 ¶ And Rehoboam took him Mahalath the daughter of Jerimoth the son of David to wife, *and* Abihail the daughter of Eliab the son of Jesse;

19 Which bare him children; Jeush, and Shamariah, and Zaham.

20 And after her he took Maachah the daughter of Absalom; which bare him Abijah, and Attai, and Ziza, and Shelomith.

עֲלֵכֶם וַאֲנִי אֹסִיף עַל־עֻלְּכֶם אָבִי יִסַּר אֶתְכֶם בַּשּׁוֹטִים וַאֲנִי בָּעַקְרַבִּים:

15 וְלֹא־שָׁמַע הַמֶּלֶךְ אֶל־הָעָם כִּי־הָיְתָה נְסִבָּה מֵעִם הָאֱלֹהִים לְמַעַן הָקִים יְהוָה אֶת־דְּבָרוֹ אֲשֶׁר דִּבֶּר בְּיַד אֲחִיָּהוּ הַשִּׁלוֹנִי אֶל־יָרָבְעָם

16 בֶּן־נְבָט: וְכָל־יִשְׂרָאֵל כִּי לֹא־שָׁמַע הַמֶּלֶךְ לָהֶם וַיָּשִׁיבוּ הָעָם אֶת־הַמֶּלֶךְ ׀ לֵאמֹר מַה־לָּנוּ חֵלֶק בְּדָוִיד וְלֹא־נַחֲלָה בְּבֶן־יִשַׁי אִישׁ לְאֹהָלֶיךָ יִשְׂרָאֵל עַתָּה רְאֵה בֵיתְךָ דָּוִיד וַיֵּלֶךְ כָּל־יִשְׂרָאֵל

17 לְאֹהָלָיו: וּבְנֵי יִשְׂרָאֵל הַיֹּשְׁבִים בְּעָרֵי יְהוּדָה וַיִּמְלֹךְ

18 עֲלֵיהֶם רְחַבְעָם: וַיִּשְׁלַח הַמֶּלֶךְ רְחַבְעָם אֶת־הֲדֹרָם אֲשֶׁר עַל־הַמַּס וַיִּרְגְּמוּ־בוֹ בְנֵי־יִשְׂרָאֵל אֶבֶן וַיָּמֹת וְהַמֶּלֶךְ רְחַבְעָם הִתְאַמֵּץ לַעֲלוֹת

19 בַּמֶּרְכָּבָה לָנוּס יְרוּשָׁלָ͏ִם: וַיִּפְשְׁעוּ יִשְׂרָאֵל בְּבֵית דָּוִיד עַד

11 1 הַיּוֹם הַזֶּה: וַיָּבֹא רְחַבְעָם יְרוּשָׁלַ͏ִם וַיַּקְהֵל אֶת־בֵּית יְהוּדָה וּבִנְיָמִן מֵאָה וּשְׁמוֹנִים אֶלֶף בָּחוּר עֹשֵׂה מִלְחָמָה לְהִלָּחֵם עִם־ יִשְׂרָאֵל לְהָשִׁיב אֶת־הַמַּמְלָכָה לִרְחַבְעָם:

2 3 וַיְהִי דְּבַר־יְהוָה אֶל־שְׁמַעְיָהוּ אִישׁ־הָאֱלֹהִים לֵאמֹר: אֱמֹר אֶל־ רְחַבְעָם בֶּן־שְׁלֹמֹה מֶלֶךְ יְהוּדָה וְאֶל כָּל־יִשְׂרָאֵל בִּיהוּדָה וּבִנְיָמִן

4 לֵאמֹר: כֹּה אָמַר יְהוָה לֹא־תַעֲלוּ וְלֹא־תִלָּחֲמוּ עִם־אֲחֵיכֶם שׁוּבוּ אִישׁ לְבֵיתוֹ כִּי מֵאִתִּי נִהְיָה הַדָּבָר הַזֶּה וַיִּשְׁמְעוּ אֶת־דִּבְרֵי יְהוָה וַיָּשֻׁבוּ מִלֶּכֶת אֶל־יָרָבְעָם:

5 6 וַיֵּשֶׁב רְחַבְעָם בִּירוּשָׁלָ͏ִם וַיִּבֶן עָרִים לְמָצוֹר בִּיהוּדָה: וַיִּבֶן אֶת־

7 בֵּית־לֶחֶם וְאֶת־עֵיטָם וְאֶת־תְּקוֹעַ: וְאֶת־בֵּית־צוּר וְאֶת־שׂוֹכוֹ וְאֶת־

8 9 עֲדֻלָּם: וְאֶת־גַּת וְאֶת־מָרֵשָׁה וְאֶת־זִיף: וְאֶת־אֲדוֹרַיִם וְאֶת־לָכִישׁ

10 וְאֶת־עֲזֵקָה: וְאֶת־צָרְעָה וְאֶת־אַיָּלוֹן וְאֶת־חֶבְרוֹן אֲשֶׁר בִּיהוּדָה

11 וּבְנְיָמִן עָרֵי מְצֻרוֹת: וַיְחַזֵּק אֶת־הַמְּצֻרוֹת וַיִּתֵּן בָּהֶם נְגִידִים

12 וְאֹצְרוֹת מַאֲכָל וְשֶׁמֶן וָיָיִן: וּבְכָל־עִיר וָעִיר צִנּוֹת וּרְמָחִים וַיְחַזְּקֵם

13 לְהַרְבֵּה מְאֹד וַיְהִי־לוֹ יְהוּדָה וּבִנְיָמִן: וְהַכֹּהֲנִים וְהַלְוִיִּם

14 אֲשֶׁר בְּכָל־יִשְׂרָאֵל הִתְיַצְּבוּ עָלָיו מִכָּל־גְּבוּלָם: כִּי־עָזְבוּ הַלְוִיִּם אֶת־ מִגְרְשֵׁיהֶם וַאֲחֻזָּתָם וַיֵּלְכוּ לִיהוּדָה וְלִירוּשָׁלָ͏ִם כִּי־הִזְנִיחָם יָרָבְעָם

15 וּבָנָיו מִכַּהֵן לַיהוָה: וַיַּעֲמֶד־לוֹ כֹּהֲנִים לַבָּמוֹת וְלַשְּׂעִירִים וְלָעֲגָלִים

16 אֲשֶׁר עָשָׂה: וְאַחֲרֵיהֶם מִכֹּל שִׁבְטֵי יִשְׂרָאֵל הַנֹּתְנִים אֶת־לְבָבָם לְבַקֵּשׁ אֶת־יְהוָה אֱלֹהֵי יִשְׂרָאֵל בָּאוּ יְרוּשָׁלַ͏ִם לִזְבּוֹחַ לַיהוָה אֱלֹהֵי

17 אֲבוֹתֵיהֶם: וַיְחַזְּקוּ אֶת־מַלְכוּת יְהוּדָה וַיְאַמְּצוּ אֶת־רְחַבְעָם בֶּן־ שְׁלֹמֹה לְשָׁנִים שָׁלוֹשׁ כִּי הָלְכוּ בְּדֶרֶךְ דָּוִיד וּשְׁלֹמֹה לְשָׁנִים שָׁלוֹשׁ:

18 וַיִּקַּח־לוֹ רְחַבְעָם אִשָּׁה אֶת־מַחֲלַת בֶּן־יְרִימוֹת בֶּן־דָּוִיד אֲבִיהַיִל בַּת־ בַּת־

19 אֱלִיאָב בֶּן־יִשָׁי: וַתֵּלֶד לוֹ בָּנִים אֶת־יְעוּשׁ וְאֶת־שְׁמַרְיָה וְאֶת־זָהַם:

20 וְאַחֲרֶיהָ לָקַח אֶת־מַעֲכָה בַת־אַבְשָׁלוֹם וַתֵּלֶד לוֹ אֶת־אֲבִיָּה וְאֶת־

21 And Rehoboam loved Maachah the daughter of Absalom above all his wives and his concubines: (for he took eighteen wives, and threescore concubines; and begat twenty and eight sons, and threescore daughters.)

22 And Rehoboam made Abijah the son of Maachah the chief, *to be* ruler among his brethren: for *he thought* to make him king.

23 And he dealt wisely, and dispersed of all his children throughout all the countries of Judah and Benjamin, unto every fenced city: and he gave them victual in abundance. And he desired many wives.

CHAPTER 12

1 And it came to pass, when Rehoboam had established the kingdom, and had strengthened himself, he forsook the law of the LORD, and all Israel with him.

2 And it came to pass, *that* in the fifth year of king Rehoboam Shishak king of Egypt came up against Jerusalem, because they had transgressed against the LORD,

3 With twelve hundred chariots, and threescore thousand horsemen: and the people *were* without number that came with him out of Egypt; the Lubims, the Sukkiims, and the Ethiopians.

4 And he took the fenced cities which *pertained* to Judah, and came to Jerusalem.

5 ¶ Then came Shemaiah the prophet to Rehoboam, and *to* the princes of Judah, that were gathered together to Jerusalem because of Shishak, and said unto them, Thus saith the LORD, Ye have forsaken me, and therefore have I also left you in the hand of Shishak.

6 Whereupon the princes of Israel and the king humbled themselves; and they said, The LORD *is* righteous.

7 And when the LORD saw that they humbled themselves, the word of the LORD came to Shemaiah, saying, They have humbled themselves; *therefore* I will not destroy them, but I will grant them some deliverance; and my wrath shall not be poured out upon Jerusalem by the hand of Shishak.

8 Nevertheless they shall be his servants; that they may know my service, and the service of the kingdoms of the countries.

9 So Shishak king of Egypt came up against Jerusalem, and took away the treasures of the house of the LORD, and the treasures of the king's house; he took all: he carried away also the shields of gold which Solomon had made.

10 Instead of which king Rehoboam made shields of brass, and committed *them* to the hands of the chief of the guard, that kept the entrance of the king's house.

11 And when the king entered into the house of the LORD, the guard came and fetched them, and brought them again into the guard chamber.

12 And when he humbled himself, the wrath of the LORD turned from him, that he would not destroy *him* altogether: and also in Judah things went well.

13 ¶ So king Rehoboam strengthened himself in Jerusalem, and reigned: for Rehoboam *was* one and forty years old when he began to reign, and he reigned seventeen years in Jerusalem, the city which the LORD had chosen out of all the tribes of Israel, to put his name there. And his mother's name *was* Naamah an Ammonitess.

14 And he did evil, because he prepared not his heart to seek the LORD.

15 Now the acts of Rehoboam, first and last, *are* they not written in the book of Shemaiah the prophet, and of Iddo the seer concerning genealogies? And *there were* wars between Rehoboam and Jeroboam continually.

16 And Rehoboam slept with his fathers, and was buried in the city of David: and Abijah his son reigned in his stead.

CHAPTER 13

1 Now in the eighteenth year of king Jeroboam began Abijah to reign over Judah.

2 He reigned three years in Jerusalem. His mother's name also *was* Michaiah the daughter of Uriel of Gibeah. And there was war between Abijah and Jeroboam.

3 And Abijah set the battle in array with

עַתַּי וְאֶת־זִיזָא וְאֶת־שְׁלֹמִית: וַיֶּאֱהַב רְחַבְעָם אֶת־מַעֲכָה בַת־ 21
אַבְשָׁלוֹם מִכָּל־נָשָׁיו וּפִילַגְשָׁיו כִּי נָשִׁים שְׁמוֹנֶה־עֶשְׂרֵה נָשָׂא

וּפִילַגְשִׁים שִׁשִּׁים וַיּוֹלֶד עֶשְׂרִים וּשְׁמוֹנָה בָּנִים וְשִׁשִּׁים בָּנוֹת: וַיַּעֲמֵד 22
לָרֹאשׁ רְחַבְעָם אֶת־אֲבִיָּה בֶן־מַעֲכָה לְנָגִיד בְּאֶחָיו כִּי לְהַמְלִיכוֹ:

וַיָּבֶן וַיִּפְרֹץ מִכָּל־בָּנָיו לְכָל־אַרְצוֹת יְהוּדָה וּבִנְיָמִן לְכֹל עָרֵי הַמְּצֻרוֹת 23

וַיִּתֵּן לָהֶם הַמָּזוֹן לָרֹב וַיִּשְׁאַל הֲמוֹן נָשִׁים: וַיְהִי כְּהָכִין מַלְכוּת 12 1
רְחַבְעָם וּכְחֶזְקָתוֹ עָזַב אֶת־תּוֹרַת יְהוָה וְכָל־יִשְׂרָאֵל עִמּוֹ:

וַיְהִי בַּשָּׁנָה הַחֲמִישִׁית לַמֶּלֶךְ רְחַבְעָם עָלָה שִׁישַׁק מֶלֶךְ־מִצְרַיִם 2
עַל־יְרוּשָׁלָ͏ִם כִּי מָעֲלוּ בַּיהוָה: בְּאֶלֶף וּמָאתַיִם רֶכֶב וּבְשִׁשִּׁים אֶלֶף 3
פָּרָשִׁים וְאֵין מִסְפָּר לָעָם אֲשֶׁר־בָּאוּ עִמּוֹ מִמִּצְרַיִם לוּבִים סֻכִּיִּים
וְכוּשִׁים: וַיִּלְכֹּד אֶת־עָרֵי הַמְּצֻרוֹת אֲשֶׁר לִיהוּדָה וַיָּבֹא עַד־ 4
יְרוּשָׁלָ͏ִם: וּשְׁמַעְיָה הַנָּבִיא בָּא אֶל־רְחַבְעָם וְשָׂרֵי יְהוּדָה 5
אֲשֶׁר־נֶאֶסְפוּ אֶל־יְרוּשָׁלַ͏ִם מִפְּנֵי שִׁישָׁק וַיֹּאמֶר לָהֶם כֹּה־אָמַר יְהוָה
אַתֶּם עֲזַבְתֶּם אֹתִי וְאַף־אֲנִי עָזַבְתִּי אֶתְכֶם בְּיַד־שִׁישָׁק: וַיִּכָּנְעוּ שָׂרֵי־ 6
יִשְׂרָאֵל וְהַמֶּלֶךְ וַיֹּאמְרוּ צַדִּיק ׀ יְהוָה: וּבִרְאוֹת יְהוָה כִּי נִכְנָעוּ הָיָה 7
דְבַר־יְהוָה אֶל־שְׁמַעְיָה ׀ לֵאמֹר נִכְנְעוּ לֹא אַשְׁחִיתֵם וְנָתַתִּי לָהֶם
כִּמְעַט לִפְלֵיטָה וְלֹא־תִתַּךְ חֲמָתִי בִּירוּשָׁלַ͏ִם בְּיַד־שִׁישָׁק: כִּי יִהְיוּ־לוֹ 8
לַעֲבָדִים וְיֵדְעוּ עֲבוֹדָתִי וַעֲבוֹדַת מַמְלְכוֹת הָאֲרָצוֹת: וַיַּעַל 9
שִׁישַׁק מֶלֶךְ־מִצְרַיִם עַל־יְרוּשָׁלַ͏ִם וַיִּקַּח אֶת־אֹצְרוֹת בֵּית־יְהוָה וְאֶת־
אֹצְרוֹת בֵּית הַמֶּלֶךְ אֶת־הַכֹּל לָקָח וַיִּקַּח אֶת־מָגִנֵּי הַזָּהָב אֲשֶׁר עָשָׂה
שְׁלֹמֹה: וַיַּעַשׂ הַמֶּלֶךְ רְחַבְעָם תַּחְתֵּיהֶם מָגִנֵּי נְחֹשֶׁת וְהִפְקִיד עַל־יַד 10
שָׂרֵי הָרָצִים הַשֹּׁמְרִים פֶּתַח בֵּית הַמֶּלֶךְ: וַיְהִי מִדֵּי־בוֹא הַמֶּלֶךְ בֵּית 11
יְהוָה בָּאוּ הָרָצִים וּנְשָׂאוּם וֶהֱשִׁבוּם אֶל־תָּא הָרָצִים: וּבְהִכָּנְעוֹ שָׁב 12
מִמֶּנּוּ אַף־יְהוָה וְלֹא לְהַשְׁחִית לְכָלָה וְגַם בִּיהוּדָה הָיָה דְּבָרִים
טוֹבִים: וַיִּתְחַזֵּק הַמֶּלֶךְ רְחַבְעָם בִּירוּשָׁלַ͏ִם וַיִּמְלֹךְ כִּי בֶן־ 13
אַרְבָּעִים וְאַחַת שָׁנָה רְחַבְעָם בְּמָלְכוֹ וּשְׁבַע עֶשְׂרֵה שָׁנָה ׀ מָלַךְ
בִּירוּשָׁלַ͏ִם הָעִיר אֲשֶׁר־בָּחַר יְהוָה לָשׂוּם אֶת־שְׁמוֹ שָׁם מִכֹּל שִׁבְטֵי
יִשְׂרָאֵל וְשֵׁם אִמּוֹ נַעֲמָה הָעַמֹּנִית: וַיַּעַשׂ הָרָע כִּי לֹא הֵכִין לִבּוֹ 14
לִדְרוֹשׁ אֶת־יְהוָה: וְדִבְרֵי רְחַבְעָם הָרִאשֹׁנִים וְהָאַחֲרוֹנִים 15 15A
הֲלֹא־הֵם כְּתוּבִים בְּדִבְרֵי שְׁמַעְיָה הַנָּבִיא וְעִדּוֹ הַחֹזֶה לְהִתְיַחֵשׂ
וּמִלְחֲמוֹת רְחַבְעָם וְיָרָבְעָם כָּל־הַיָּמִים: וַיִּשְׁכַּב רְחַבְעָם עִם־אֲבֹתָיו 16
וַיִּקָּבֵר בְּעִיר דָּוִיד וַיִּמְלֹךְ אֲבִיָּה בְנוֹ תַּחְתָּיו:

בִּשְׁנַת שְׁמוֹנֶה עֶשְׂרֵה לַמֶּלֶךְ יָרָבְעָם וַיִּמְלֹךְ אֲבִיָּה עַל־יְהוּדָה: שָׁלוֹשׁ 13 1
שָׁנִים מָלַךְ בִּירוּשָׁלָ͏ִם וְשֵׁם אִמּוֹ מִיכָיָהוּ בַת־אוּרִיאֵל מִן־גִּבְעָה 2
וּמִלְחָמָה הָיְתָה בֵּין אֲבִיָּה וּבֵין יָרָבְעָם: וַיֶּאְסֹר אֲבִיָּה אֶת־הַמִּלְחָמָה 3

an army of valiant men of war, *even* four hundred thousand chosen men: Jeroboam also set the battle in array against him with eight hundred thousand chosen men, *being* mighty men of valour.

4 ¶ And Abijah stood up upon mount Zemaraim, which *is* in mount Ephraim, and said, Hear me, thou Jeroboam, and all Israel;

5 Ought ye not to know that the LORD God of Israel gave the kingdom over Israel to David for ever, *even* to him and to his sons by a covenant of salt?

6 Yet Jeroboam the son of Nebat, the servant of Solomon the son of David, is risen up, and hath rebelled against his lord.

7 And there are gathered unto him vain men, the children of Belial, and have strengthened themselves against Rehoboam the son of Solomon, when Rehoboam was young and tenderhearted, and could not withstand them.

8 And now ye think to withstand the kingdom of the LORD in the hand of the sons of David; and ye *be* a great multitude, and *there are* with you golden calves, which Jeroboam made you for gods.

9 Have ye not cast out the priests of the LORD, the sons of Aaron, and the Levites, and have made you priests after the manner of the nations of *other* lands? so that whosoever cometh to consecrate himself with a young bullock and seven rams, *the same* may be a priest of *them that are* no gods.

10 But as for us, the LORD *is* our God, and we have not forsaken him; and the priests, which minister unto the LORD, *are* the sons of Aaron, and the Levites *wait* upon *their* business:

11 And they burn unto the LORD every morning and every evening burnt sacrifices and sweet incense: the shewbread also *set they in order* upon the pure table; and the candlestick of gold with the lamps thereof, to burn every evening: for we keep the charge of the LORD our God; but ye have forsaken him.

12 And, behold, God himself *is* with us

for *our* captain, and his priests with sounding trumpets to cry alarm against you. O children of Israel, fight ye not against the LORD God of your fathers; for ye shall not prosper.

13 ¶ But Jeroboam caused an ambushment to come about behind them: so they were before Judah, and the ambushment *was* behind them.

14 And when Judah looked back, behold, the battle *was* before and behind: and they cried unto the LORD, and the priests sounded with the trumpets.

15 Then the men of Judah gave a shout: and as the men of Judah shouted, it came to pass, that God smote Jeroboam and all Israel before Abijah and Judah.

16 And the children of Israel fled before Judah: and God delivered them into their hand.

17 And Abijah and his people slew them with a great slaughter: so there fell down slain of Israel five hundred thousand chosen men.

18 Thus the children of Israel were brought under at that time, and the children of Judah prevailed, because they relied upon the LORD God of their fathers.

19 And Abijah pursued after Jeroboam, and took cities from him, Beth-el with the towns thereof, and Jeshanah with the towns thereof, and Ephraim with the towns thereof.

20 Neither did Jeroboam recover strength again in the days of Abijah: and the LORD struck him, and he died.

21 ¶ But Abijah waxed mighty, and married fourteen wives, and begat twenty and two sons, and sixteen daughters.

22 And the rest of the acts of Abijah, and his ways, and his sayings, *are* written in the story of the prophet Iddo.

CHAPTER 14

1[13:23] So Abijah slept with his fathers, and they buried him in the city of David: and Asa his son reigned in his stead. In his days the land was quiet ten years.

בְּחַיִל֩ גִּבּ֨וֹרֵי מִלְחָמָ֜ה אַרְבַּע־מֵא֥וֹת אֶ֛לֶף אִ֖ישׁ בָּח֑וּר וְיָרָבְעָ֗ם

עָרַ֤ךְ עִמּוֹ֙ מִלְחָמָ֔ה בִּשְׁמוֹנֶ֥ה מֵא֛וֹת אֶ֖לֶף אִ֣ישׁ בָּח֑וּר גִּבּ֥וֹר

4 חָֽיִל: וַיָּ֣קׇם אֲבִיָּ֗ה מֵעַל֙ לְהַ֣ר צְמָרַ֔יִם אֲשֶׁ֖ר בְּהַ֣ר אֶפְרָ֑יִם

5 וַיֹּ֘אמֶר֮ שְׁמָע֣וּנִי יָרׇבְעָ֣ם וְכׇל־יִשְׂרָאֵ֒ל הֲלֹ֤א לָכֶם֙ לָדַ֔עַת כִּ֣י יְהֹוָ֣ה ׀

אֱלֹהֵ֣י יִשְׂרָאֵ֗ל נָתַ֨ן מַמְלָכָ֧ה לְדָוִ֛יד עַל־יִשְׂרָאֵ֖ל לְעוֹלָ֑ם ל֖וֹ וּלְבָנָ֑יו

6 בְּרִ֥ית מֶֽלַח: וַיָּ֙קׇם֙ יָרׇבְעָ֣ם בֶּן־נְבָ֔ט עֶ֖בֶד שְׁלֹמֹ֣ה בֶן־דָּוִ֑יד

7 וַיִּמְרֹ֖ד עַל־אֲדֹנָֽיו: וַיִּקָּבְצ֣וּ עָלָ֗יו אֲנָשִׁ֤ים רֵקִים֙ בְּנֵ֣י בְלִיַּ֔עַל וַיִּֽתְאַמְּצ֖וּ

עַל־רְחַבְעָ֣ם בֶּן־שְׁלֹמֹ֑ה וּרְחַבְעָ֗ם הָיָ֥ה נַ֙עַר֙ וְרַךְ־לֵבָ֔ב וְלֹ֥א הִתְחַזַּ֖ק

8 לִפְנֵיהֶֽם: וְעַתָּ֣ה ׀ אַתֶּ֣ם אֹֽמְרִ֗ים לְהִתְחַזֵּק֙ לִפְנֵי֙ מַמְלֶ֣כֶת יְהֹוָ֔ה בְּיַ֖ד

בְּנֵ֣י דָוִ֑יד וְאַתֶּם֙ הָמ֣וֹן רָ֔ב וְעִמָּכֶם֙ עֶגְלֵ֣י זָהָ֔ב אֲשֶׁ֨ר עָשָׂ֥ה לָכֶ֛ם יָרׇבְעָ֖ם

9 לֵאלֹהִֽים: הֲלֹ֤א הִדַּחְתֶּם֙ אֶת־כֹּהֲנֵ֣י יְהֹוָ֔ה אֶת־בְּנֵ֥י אַהֲרֹ֖ן וְהַלְוִיִּ֑ם

וַתַּעֲשׂ֨וּ לָכֶ֤ם כֹּֽהֲנִים֙ כְּעַמֵּ֣י הָאֲרָצ֔וֹת כׇּל־הַבָּ֗א לְמַלֵּ֣א יָד֞וֹ בְּפַ֣ר בֶּן־

10 בָּקָ֤ר וְאֵילִם֙ שִׁבְעָ֔ה וְהָיָ֥ה כֹהֵ֖ן לְלֹ֣א אֱלֹהִֽים: וַאֲנַ֙חְנוּ֙ יְהֹוָ֣ה

אֱלֹהֵ֔ינוּ וְלֹ֣א עֲזַבְנֻ֑הוּ וְכֹהֲנִ֗ים מְשָׁרְתִ֤ים לַֽיהֹוָה֙ בְּנֵ֣י אַהֲרֹ֔ן וְהַלְוִיִּ֖ם

11 בַּמְלָֽאכֶת: וּמַקְטִרִ֣ים לַיהֹוָ֡ה עֹל֣וֹת בַּבֹּֽקֶר־בַּ֠בֹּ֠קֶר וּבָעֶֽרֶב־בָּעֶ֜רֶב

וּקְטֹֽרֶת־סַמִּים֙ וּמַעֲרֶ֤כֶת לֶ֙חֶם֙ עַל־הַשֻּׁלְחָ֣ן הַטָּה֔וֹר וּמְנוֹרַ֧ת הַזָּהָ֛ב

וְנֵרֹתֶ֥יהָ לְבָעֵ֖ר בָּעֶ֣רֶב בָּעֶ֑רֶב כִּֽי־שֹׁמְרִ֣ים אֲנַ֔חְנוּ אֶת־מִשְׁמֶ֖רֶת יְהֹוָ֣ה

12 אֱלֹהֵ֔ינוּ וְאַתֶּ֖ם עֲזַבְתֶּ֥ם אֹתֽוֹ: וְהִנֵּה֩ עִמָּ֨נוּ בָרֹ֤אשׁ הָֽאֱלֹהִים֙ וְכֹהֲנָ֔יו

וַחֲצֹצְר֣וֹת הַתְּרוּעָ֔ה לְהָרִ֖יעַ עֲלֵיכֶ֑ם בְּנֵ֣י יִשְׂרָאֵ֗ל אַל־תִּלָּֽחֲמ֛וּ עִם־יְהֹוָ֥ה

13 אֱלֹהֵֽי־אֲבֹתֵיכֶ֖ם כִּי־לֹ֥א תַצְלִֽיחוּ: וְיָרׇבְעָ֗ם הֵסֵב֙ אֶת־הַמַּאְרָ֔ב לָב֖וֹא

14 מֵאַחֲרֵיהֶ֑ם וַיִּהְי֤וּ לִפְנֵי֙ יְהוּדָ֔ה וְהַמַּאְרָ֖ב מֵאַחֲרֵיהֶֽם: וַיִּפְנ֣וּ יְהוּדָ֗ה

וְהִנֵּ֨ה לָהֶ֤ם הַמִּלְחָמָה֙ פָּנִ֣ים וְאָח֔וֹר וַֽיִּצְעֲק֖וּ לַיהֹוָ֑ה וְהַכֹּ֣הֲנִ֔ים

15 מַחְצְרִ֖ים מחצרים בַּחֲצֹצְרֽוֹת: וַיָּרִ֙יעוּ֙ אִ֣ישׁ יְהוּדָ֔ה וַֽיְהִ֗י בְּהָרִ֙יעַ֙ אִ֣ישׁ יְהוּדָ֔ה

16 וְהָ֣אֱלֹהִ֗ים נָגַ֤ף אֶת־יָֽרׇבְעָם֙ וְכׇל־יִשְׂרָאֵ֔ל לִפְנֵ֥י אֲבִיָּ֖ה וִיהוּדָֽה: וַיָּנ֥וּסוּ

17 בְנֵֽי־יִשְׂרָאֵ֖ל מִפְּנֵ֣י יְהוּדָ֑ה וַיִּתְּנֵ֥ם אֱלֹהִ֖ים בְּיָדָֽם: וַיַּכּ֥וּ בָהֶ֛ם אֲבִיָּ֥ה

וְעַמּ֖וֹ מַכָּ֣ה רַבָּ֑ה וַיִּפְּל֤וּ חֲלָלִים֙ מִיִּשְׂרָאֵ֔ל חֲמֵשׁ־מֵא֥וֹת אֶ֖לֶף אִ֥ישׁ

18 בָּחֽוּר: וַיִּכָּנְע֥וּ בְנֵֽי־יִשְׂרָאֵ֖ל בָּעֵ֣ת הַהִ֑יא וַיֶּֽאֶמְצוּ֙ בְּנֵ֣י יְהוּדָ֔ה כִּ֣י נִשְׁעֲנ֔וּ

19 עַל־יְהֹוָ֖ה אֱלֹהֵ֥י אֲבֽוֹתֵיהֶֽם: וַיִּרְדֹּ֤ף אֲבִיָּה֙ אַחֲרֵ֣י יָרׇבְעָ֔ם וַיִּלְכֹּ֥ד מִמֶּ֖נּוּ

עָרִ֑ים אֶת־בֵּֽית־אֵ֣ל וְאֶת־בְּנוֹתֶ֗יהָ וְאֶת־יְשָׁנָה֙ וְאֶת־בְּנוֹתֶ֔יהָ וְאֶת־

20 עֶפְרַ֖יִן עפרון וּבְנֹתֶֽיהָ: וְלֹֽא־עָצַ֧ר כֹּֽחַ־יָרׇבְעָ֛ם ע֖וֹד בִּימֵ֣י אֲבִיָּ֑הוּ וַיִּגְּפֵ֥הוּ יְהֹוָ֖ה

וַיָּמֹֽת:

21 וַיִּתְחַזֵּ֣ק אֲבִיָּ֔הוּ וַיִּ֨שָּׂא־ל֔וֹ נָשִׁ֖ים אַרְבַּ֣ע עֶשְׂרֵ֑ה וַיּ֙וֹלֶד֙ עֶשְׂרִ֣ים וּשְׁנַ֔יִם

22 בָּנִ֖ים וְשֵׁ֥שׁ עֶשְׂרֵ֖ה בָּנֽוֹת: וְיֶ֙תֶר֙ דִּבְרֵ֣י אֲבִיָּ֔ה וּדְרָכָ֖יו וּדְבָרָ֑יו כְּתוּבִ֕ים

23 בְּמִדְרַ֖שׁ הַנָּבִ֣יא עִדּֽוֹ: וַיִּשְׁכַּ֨ב אֲבִיָּ֜ה עִם־אֲבֹתָ֗יו וַיִּקְבְּר֤וּ אֹתוֹ֙ בְּעִ֣יר

דָּוִ֔יד וַיִּמְלֹ֛ךְ אָסָ֥א בְנ֖וֹ תַּחְתָּ֑יו בְּיָמָ֛יו שָׁקְטָ֥ה הָאָ֖רֶץ עֶ֥שֶׂר

2[1] And Asa did *that which was* good and right in the eyes of the LORD his God:

3[2] For he took away the altars of the strange *gods,* and the high places, and brake down the images, and cut down the groves:

4[3] And commanded Judah to seek the LORD God of their fathers, and to do the law and the commandment.

5[4] Also he took away out of all the cities of Judah the high places and the images: and the kingdom was quiet before him.

6[5] ¶ And he built fenced cities in Judah: for the land had rest, and he had no war in those years; because the LORD had given him rest.

7[6] Therefore he said unto Judah, Let us build these cities, and make about *them* walls, and towers, gates, and bars, *while* the land *is* yet before us; because we have sought the LORD our God, we have sought *him,* and he hath given us rest on every side. So they built and prospered.

8[7] And Asa had an army *of men* that bare targets and spears, out of Judah three hundred thousand; and out of Benjamin, that bare shields and drew bows, two hundred and fourscore thousand: all these *were* mighty men of valour.

9[8] ¶ And there came out against them Zerah the Ethiopian with an host of a thousand thousand, and three hundred chariots; and came unto Mareshah.

10[9] Then Asa went out against him, and they set the battle in array in the valley of Zephathah at Mareshah.

11[10] And Asa cried unto the LORD his God, and said, LORD, *it is* nothing with thee to help, whether with many, or with them that have no power: help us, O LORD our God; for we rest on thee, and in thy name we go against this multitude. O LORD, thou *art* our God; let not man prevail against thee.

12[11] So the LORD smote the Ethiopians before Asa, and before Judah; and the Ethiopians fled.

13[12] And Asa and the people that *were* with him pursued them unto Gerar: and the Ethiopians were overthrown, that they could not recover themselves; for they were destroyed before the LORD, and before his host; and they carried away very much spoil.

14[13] And they smote all the cities round about Gerar; for the fear of the LORD came upon them: and they spoiled all the cities; for there was exceeding much spoil in them.

15[14] They smote also the tents of cattle, and carried away sheep and camels in abundance, and returned to Jerusalem.

CHAPTER 15

1 And the Spirit of God came upon Azariah the son of Oded:

2 And he went out to meet Asa, and said unto him, Hear ye me, Asa, and all Judah and Benjamin; The LORD *is* with you, while ye be with him; and if ye seek him, he will be found of you; but if ye forsake him, he will forsake you.

3 Now for a long season Israel *hath been* without the true God, and without a teaching priest, and without law.

4 But when they in their trouble did turn unto the LORD God of Israel, and sought him, he was found of them.

5 And in those times *there was* no peace to him that went out, nor to him that came in, but great vexations *were* upon all the inhabitants of the countries.

6 And nation was destroyed of nation, and city of city: for God did vex them with all adversity.

7 Be ye strong therefore, and let not your hands be weak: for your work shall be rewarded.

8 And when Asa heard these words, and the prophecy of Oded the prophet, he took courage, and put away the abominable idols out of all the land of Judah and Benjamin, and out of the cities which he had taken from mount Ephraim, and renewed the altar of the LORD, that *was* before the porch of the LORD.

9 And he gathered all Judah and Benjamin, and the strangers with them out of

שָׁנִֽים׃

14 וַיַּ֤עַשׂ אָסָא֙ הַטּ֣וֹב וְהַיָּשָׁ֔ר בְּעֵינֵ֖י יְהוָ֣ה אֱלֹהָֽיו׃ וַיָּ֖סַר אֶת־מִזְבְּח֣וֹת

3 הַנֵּכָ֣ר וְהַבָּמ֑וֹת וַיְשַׁבֵּר֙ אֶת־הַמַּצֵּב֔וֹת וַיְגַדַּ֖ע אֶת־הָאֲשֵׁרִֽים׃ וַיֹּ֣אמֶר

לִֽיהוּדָ֗ה לִדְר֞וֹשׁ אֶת־יְהוָ֛ה אֱלֹהֵ֥י אֲבוֹתֵיהֶ֖ם וְלַעֲשׂ֥וֹת הַתּוֹרָ֖ה

4 וְהַמִּצְוָֽה׃ וַיָּ֨סַר֙ מִכָּל־עָרֵ֣י יְהוּדָ֔ה אֶת־הַבָּמ֖וֹת וְאֶת־הַֽחַמָּנִ֑ים וַתִּשְׁקֹ֥ט

5 הַמַּמְלָכָ֖ה לְפָנָֽיו׃ וַיִּ֛בֶן עָרֵ֥י מְצוּרָ֖ה בִּֽיהוּדָ֑ה כִּֽי־שָׁקְטָ֣ה הָאָ֗רֶץ וְאֵין־

6 עִמּ֤וֹ מִלְחָמָה֙ בַּשָּׁנִ֣ים הָאֵ֔לֶּה כִּֽי־הֵנִ֥יחַ יְהוָ֖ה לֽוֹ׃ וַיֹּ֣אמֶר לִֽיהוּדָ֡ה

נִבְנֶ֣ה ׀ אֶת־הֶעָרִ֣ים הָאֵ֩לֶּה֩ וְנָסֵ֨ב חוֹמָ֜ה וּמִגְדָּלִ֣ים דְּלָתַ֣יִם וּבְרִיחִ֗ים

עוֹדֶ֣נּוּ הָאָרֶץ֮ לְפָנֵינוּ֒ כִּ֤י דָרַ֙שְׁנוּ֙ אֶת־יְהוָ֣ה אֱלֹהֵ֔ינוּ דָּרַ֕שְׁנוּ וַיָּ֥נַֽח לָ֖נוּ

מִסָּבִ֑יב וַיִּבְנ֖וּ וַיַּצְלִֽיחוּ׃

7 וַיְהִ֣י לְאָסָ֡א חַיִל֩ נֹשֵׂ֨א צִנָּ֤ה וָרֹ֙מַח֙ מִֽיהוּדָ֔ה שְׁלֹ֥שׁ מֵא֖וֹת

אָ֑לֶף וּמִבִּנְיָמִ֗ן נֹשְׂאֵ֤י מָגֵן֙ וְדֹ֣רְכֵי קֶ֔שֶׁת מָאתַ֖יִם וּשְׁמוֹנִ֣ים

8 אָ֑לֶף כָּל־אֵ֖לֶּה גִּבּ֣וֹרֵי חָֽיִל׃ וַיֵּצֵ֨א אֲלֵיהֶ֜ם זֶ֣רַח הַכּוּשִׁ֗י בְּחַ֙יִל֙ אֶ֣לֶף

9 אֲלָפִ֔ים וּמַרְכָּב֖וֹת שְׁלֹ֣שׁ מֵא֑וֹת וַיָּבֹ֖א עַד־מָרֵשָֽׁה׃ וַיֵּצֵ֥א אָסָ֖א לְפָנָ֑יו

10 וַיַּֽעַרְכוּ֙ מִלְחָמָ֔ה בְּגֵ֥יא צְפַ֖תָה לְמָרֵשָֽׁה׃ וַיִּקְרָ֨א אָסָ֜א אֶל־יְהוָ֣ה אֱלֹהָיו֮

וַיֹּאמַר֒ יְהוָ֗ה אֵֽין־עִמְּךָ֤ לַעְזוֹר֙ בֵּ֥ין רַב֙ לְאֵ֣ין כֹּ֔חַ עָזְרֵ֜נוּ יְהוָ֤ה אֱלֹהֵ֙ינוּ֙

כִּֽי־עָלֶ֣יךָ נִשְׁעַ֔נּוּ וּבְשִׁמְךָ֣ בָ֔אנוּ עַל־הֶהָמ֖וֹן הַזֶּ֑ה יְהוָ֤ה אֱלֹהֵ֙ינוּ֙ אַ֔תָּה

11 אַל־יַעְצֹ֥ר עִמְּךָ֖ אֱנֽוֹשׁ׃ וַיִּגֹּ֤ף יְהוָה֙ אֶת־הַכּוּשִׁ֔ים לִפְנֵ֥י

12 אָסָ֖א וְלִפְנֵ֣י יְהוּדָ֑ה וַיָּנֻ֖סוּ הַכּוּשִֽׁים׃ וַיִּרְדְּפֵ֨ם אָסָ֜א וְהָעָ֣ם אֲשֶׁר־עִמּוֹ֮

עַד־לִגְרָר֒ וַיִּפֹּ֤ל מִכּוּשִׁים֙ לְאֵ֣ין לָהֶ֣ם מִֽחְיָ֔ה כִּֽי־נִשְׁבְּר֥וּ לִפְנֵֽי־יְהוָ֖ה

13 וְלִפְנֵ֣י מַחֲנֵ֑הוּ וַיִּשְׂא֥וּ שָׁלָ֖ל הַרְבֵּ֥ה מְאֹֽד׃ וַיַּכּ֗וּ אֵ֤ת כָּל־הֶֽעָרִים֙

סְבִיב֣וֹת גְּרָ֔ר כִּֽי־הָיָ֥ה פַֽחַד־יְהוָ֖ה עֲלֵיהֶ֑ם וַיָּבֹ֙זּוּ֙ אֶת־כָּל־הֶ֣עָרִ֔ים כִּֽי־

14 בִזָּ֥ה רַבָּ֖ה הָיְתָ֥ה בָהֶֽם׃ וְגַם־אָהֳלֵ֥י מִקְנֶ֖ה הִכּ֑וּ וַיִּשְׁבּ֨וּ צֹ֤אן לָרֹב֙

15 וּגְמַלִּ֔ים וַיָּשֻׁ֖בוּ יְרוּשָׁלִָֽם׃ וַעֲזַרְיָ֙הוּ֙ בֶּן־עוֹדֵ֔ד הָיְתָ֥ה עָלָ֖יו

2 ר֣וּחַ אֱלֹהִֽים׃ וַיֵּצֵא֮ לִפְנֵ֣י אָסָא֒ וַיֹּ֣אמֶר ל֔וֹ שְׁמָע֣וּנִי אָסָ֔א וְכָל־יְהוּדָ֖ה

וּבִנְיָמִ֑ן יְהוָ֤ה עִמָּכֶם֙ בִּֽהְיֽוֹתְכֶ֣ם עִמּ֔וֹ וְאִם־תִּדְרְשֻׁ֙הוּ֙ יִמָּצֵ֣א לָכֶ֔ם וְאִם־

3 תַּֽעַזְבֻ֖הוּ יַעֲזֹ֥ב אֶתְכֶֽם׃ וְיָמִ֥ים רַבִּ֖ים לְיִשְׂרָאֵ֑ל לְלֹ֣א ׀ אֱלֹהֵ֣י

4 אֱמֶ֗ת וּלְלֹ֛א כֹּהֵ֥ן מוֹרֶ֖ה וּלְלֹ֥א תוֹרָֽה׃ וַיָּ֙שָׁב֙ בַּצַּר־ל֔וֹ עַל־יְהוָ֖ה אֱלֹהֵ֣י

5 יִשְׂרָאֵ֑ל וַיְבַקְשֻׁ֖הוּ וַיִּמָּצֵ֥א לָהֶֽם׃ וּבָעִתִּ֣ים הָהֵ֔ם אֵ֥ין שָׁל֖וֹם לַיּוֹצֵ֣א

6 וְלַבָּ֑א כִּ֚י מְהוּמֹ֣ת רַבּ֔וֹת עַ֥ל כָּל־יוֹשְׁבֵ֖י הָאֲרָצֽוֹת׃ וְכֻתְּת֥וּ גוֹי־בְּג֙וֹי֙

7 וְעִ֣יר בְּעִ֔יר כִּֽי־אֱלֹהִ֥ים הֲמָמָ֖ם בְּכָל־צָרָֽה׃ וְאַתֶּ֣ם חִזְק֔וּ וְאַל־יִרְפּ֖וּ

8 יְדֵיכֶ֑ם כִּ֛י יֵ֥שׁ שָׂכָ֖ר לִפְעֻלַּתְכֶֽם׃ וְכִשְׁמֹ֙עַ֙ אָסָ֜א הַדְּבָרִ֣ים

הָאֵ֗לֶּה וְהַנְּבוּאָה֮ עֹדֵ֣ד הַנָּבִיא֒ הִתְחַזַּ֗ק וַיַּעֲבֵ֤ר הַשִּׁקּוּצִים֙ מִכָּל־אֶ֤רֶץ

יְהוּדָה֙ וּבִנְיָמִ֔ן וּמִן־הֶ֣עָרִ֔ים אֲשֶׁ֥ר לָכַ֖ד מֵהַ֣ר אֶפְרָ֑יִם וַיְחַדֵּשׁ֙ אֶת־מִזְבַּ֣ח

9 יְהוָ֔ה אֲשֶׁ֖ר לִפְנֵ֥י אוּלָ֖ם יְהוָֽה׃ וַיִּקְבֹּ֗ץ אֶת־כָּל־יְהוּדָה֙ וּבִנְיָמִ֔ן וְהַגָּרִים֙

Ephraim and Manasseh, and out of Simeon: for they fell to him out of Israel in abundance, when they saw that the LORD his God *was* with him.

10 So they gathered themselves together at Jerusalem in the third month, in the fifteenth year of the reign of Asa.

11 And they offered unto the LORD the same time, of the spoil *which* they had brought, seven hundred oxen and seven thousand sheep.

12 And they entered into a covenant to seek the LORD God of their fathers with all their heart and with all their soul;

13 That whosoever would not seek the LORD God of Israel should be put to death, whether small or great, whether man or woman.

14 And they sware unto the LORD with a loud voice, and with shouting, and with trumpets, and with cornets.

15 And all Judah rejoiced at the oath: for they had sworn with all their heart, and sought him with their whole desire; and he was found of them: and the LORD gave them rest round about.

16 ¶ And also *concerning* Maachah the mother of Asa the king, he removed her from *being* queen, because she had made an idol in a grove: and Asa cut down her idol, and stamped *it,* and burnt *it* at the brook Kidron.

17 But the high places were not taken away out of Israel: nevertheless the heart of Asa was perfect all his days.

18 ¶ And he brought into the house of God the things that his father had dedicated, and that he himself had dedicated, silver, and gold, and vessels.

19 And there was no *more* war unto the five and thirtieth year of the reign of Asa.

CHAPTER 16

1 In the six and thirtieth year of the reign of Asa Baasha king of Israel came up against Judah, and built Ramah, to the intent that he might let none go out or come in to Asa king of Judah.

2 Then Asa brought out silver and gold out of the treasures of the house of the LORD and of the king's house, and sent to Ben-hadad king of Syria, that dwelt at Damascus, saying,

3 *There is* a league between me and thee, as *there was* between my father and thy father: behold, I have sent thee silver and gold; go, break thy league with Baasha king of Israel, that he may depart from me.

4 And Ben-hadad hearkened unto king Asa, and sent the captains of his armies against the cities of Israel; and they smote Ijon, and Dan, and Abel-maim, and all the store cities of Naphtali.

5 And it came to pass, when Baasha heard *it,* that he left off building of Ramah, and let his work cease.

6 Then Asa the king took all Judah; and they carried away the stones of Ramah, and the timber thereof, wherewith Baasha was building; and he built therewith Geba and Mizpah.

7 ¶ And at that time Hanani the seer came to Asa king of Judah, and said unto him, Because thou hast relied on the king of Syria, and not relied on the LORD thy God, therefore is the host of the king of Syria escaped out of thine hand.

8 Were not the Ethiopians and the Lubims a huge host, with very many chariots and horsemen? yet, because thou didst rely on the LORD, he delivered them into thine hand.

9 For the eyes of the LORD run to and fro throughout the whole earth, to shew himself strong in the behalf of *them* whose heart *is* perfect toward him. Herein thou hast done foolishly: therefore from henceforth thou shalt have wars.

10 Then Asa was wroth with the seer, and put him in a prison house; for *he was* in a rage with him because of this *thing.* And Asa oppressed *some* of the people the same time.

11 ¶ And, behold, the acts of Asa, first and last, lo, they *are* written in the book of the kings of Judah and Israel.

12 And Asa in the thirty and ninth year of his reign was diseased in his feet, until

עִמָּהֶם מֵאֶפְרַיִם וּמְנַשֶּׁה וּמִשִּׁמְעוֹן כִּי־נָפְלוּ עָלָיו מִיִּשְׂרָאֵל לָרֹב בְּרָאֹתָם כִּי־יְהֹוָה אֱלֹהָיו עִמּוֹ:

10 וַיִּקָּבְצוּ יְרוּשָׁלַ͏ִם בַּחֹדֶשׁ הַשְּׁלִישִׁי לִשְׁנַת חֲמֵשׁ־עֶשְׂרֵה לְמַלְכוּת

11 אָסָא: וַיִּזְבְּחוּ לַיהֹוָה בַּיּוֹם הַהוּא מִן־הַשָּׁלָל הֵבִיאוּ בָּקָר שְׁבַע מֵאוֹת

12 וְצֹאן שִׁבְעַת אֲלָפִים: וַיָּבֹאוּ בַבְּרִית לִדְרוֹשׁ אֶת־יְהֹוָה אֱלֹהֵי

13 אֲבוֹתֵיהֶם בְּכָל־לְבָבָם וּבְכָל־נַפְשָׁם: וְכֹל אֲשֶׁר לֹא־יִדְרֹשׁ לַיהֹוָה

14 אֱלֹהֵי־יִשְׂרָאֵל יוּמָת לְמִן־קָטֹן וְעַד־גָּדוֹל לְמֵאִישׁ וְעַד־אִשָּׁה: וַיִּשָּׁבְעוּ

15 לַיהֹוָה בְּקוֹל גָּדוֹל וּבִתְרוּעָה וּבַחֲצֹצְרוֹת וּבְשׁוֹפָרוֹת: וַיִּשְׂמְחוּ כָל־

יְהוּדָה עַל־הַשְּׁבוּעָה כִּי בְכָל־לְבָבָם נִשְׁבָּעוּ וּבְכָל־רְצוֹנָם בִּקְשֻׁהוּ

16 וַיִּמָּצֵא לָהֶם וַיָּנַח יְהֹוָה לָהֶם מִסָּבִיב: וְגַם־מַעֲכָה אֵם אָסָא הַמֶּלֶךְ

הֱסִירָהּ מִגְּבִירָה אֲשֶׁר־עָשְׂתָה לָאֲשֵׁרָה מִפְלָצֶת וַיִּכְרֹת אָסָא אֶת־

17 מִפְלַצְתָּהּ וַיָּדֶק וַיִּשְׂרֹף בְּנַחַל קִדְרוֹן: וְהַבָּמוֹת לֹא־סָרוּ מִיִּשְׂרָאֵל רַק

18 לְבַב־אָסָא הָיָה שָׁלֵם כָּל־יָמָיו: וַיָּבֵא אֶת־קָדְשֵׁי אָבִיו וְקָדָשָׁיו בֵּית

19 הָאֱלֹהִים כֶּסֶף וְזָהָב וְכֵלִים: וּמִלְחָמָה לֹא הָיְתָה עַד שְׁנַת־שְׁלֹשִׁים

16 1 וְחָמֵשׁ לְמַלְכוּת אָסָא: בִּשְׁנַת שְׁלֹשִׁים וָשֵׁשׁ לְמַלְכוּת

אָסָא עָלָה בַּעְשָׁא מֶלֶךְ־יִשְׂרָאֵל עַל־יְהוּדָה וַיִּבֶן אֶת־הָרָמָה לְבִלְתִּי

2 תֵּת יוֹצֵא וָבָא לְאָסָא מֶלֶךְ יְהוּדָה: וַיֹּצֵא אָסָא כֶּסֶף וְזָהָב מֵאֹצְרוֹת

בֵּית יְהֹוָה וּבֵית הַמֶּלֶךְ וַיִּשְׁלַח אֶל־בֶּן־הֲדַד מֶלֶךְ אֲרָם הַיּוֹשֵׁב

3 בְּדַרְמֶשֶׂק לֵאמֹר: בְּרִית בֵּינִי וּבֵינֶךָ וּבֵין אָבִי וּבֵין אָבִיךָ הִנֵּה

שָׁלַחְתִּי לְךָ כֶּסֶף וְזָהָב לֵךְ הָפֵר בְּרִיתְךָ אֶת־בַּעְשָׁא מֶלֶךְ יִשְׂרָאֵל

4 וְיַעֲלֶה מֵעָלָי: וַיִּשְׁמַע בֶּן־הֲדַד אֶל־הַמֶּלֶךְ אָסָא וַיִּשְׁלַח אֶת־שָׂרֵי

הַחֲיָלִים אֲשֶׁר־לוֹ אֶל־עָרֵי יִשְׂרָאֵל וַיַּכּוּ אֶת־עִיּוֹן וְאֶת־דָּן וְאֵת אָבֵל

5 מָיִם וְאֵת כָּל־מִסְכְּנוֹת עָרֵי נַפְתָּלִי: וַיְהִי כִּשְׁמֹעַ בַּעְשָׁא וַיֶּחְדַּל

6 מִבְּנוֹת אֶת־הָרָמָה וַיַּשְׁבֵּת אֶת־מְלַאכְתּוֹ:   וְאָסָא הַמֶּלֶךְ

לָקַח אֶת־כָּל־יְהוּדָה וַיִּשְׂאוּ אֶת־אַבְנֵי הָרָמָה וְאֶת־עֵצֶיהָ אֲשֶׁר בָּנָה

7 בַעְשָׁא וַיִּבֶן בָּהֶם אֶת־גֶּבַע וְאֶת־הַמִּצְפָּה: וּבָעֵת הַהִיא

בָּא חֲנָנִי הָרֹאֶה אֶל־אָסָא מֶלֶךְ יְהוּדָה וַיֹּאמֶר אֵלָיו בְּהִשָּׁעֶנְךָ עַל־

מֶלֶךְ אֲרָם וְלֹא נִשְׁעַנְתָּ עַל־יְהֹוָה אֱלֹהֶיךָ עַל־כֵּן נִמְלַט חֵיל מֶלֶךְ־

8 אֲרָם מִיָּדֶךָ: הֲלֹא הַכּוּשִׁים וְהַלּוּבִים הָיוּ לְחַיִל לָרֹב לְרֶכֶב וּלְפָרָשִׁים

9 לְהַרְבֵּה מְאֹד וּבְהִשָּׁעֶנְךָ עַל־יְהֹוָה נְתָנָם בְּיָדֶךָ: כִּי יְהֹוָה עֵינָיו

מְשֹׁטְטוֹת בְּכָל־הָאָרֶץ לְהִתְחַזֵּק עִם־לְבָבָם שָׁלֵם אֵלָיו נִסְכַּלְתָּ עַל־

10 זֹאת כִּי מֵעַתָּה יֵשׁ עִמְּךָ מִלְחָמוֹת: וַיִּכְעַס אָסָא אֶל־הָרֹאֶה וַיִּתְּנֵהוּ

בֵּית הַמַּהְפֶּכֶת כִּי־בְזַעַף עִמּוֹ עַל־זֹאת וַיְרַצֵּץ אָסָא מִן־הָעָם בָּעֵת

11 הַהִיא: וְהִנֵּה דִּבְרֵי אָסָא הָרִאשׁוֹנִים וְהָאַחֲרוֹנִים הִנָּם כְּתוּבִים עַל־

12 סֵפֶר הַמְּלָכִים לִיהוּדָה וְיִשְׂרָאֵל: וַיֶּחֱלֶא אָסָא בִּשְׁנַת שְׁלֹשִׁים

his disease *was* exceeding *great:* yet in his disease he sought not to the Lord, but to the physicians.

13 ¶ And Asa slept with his fathers, and died in the one and fortieth year of his reign.

14 And they buried him in his own sepulchres, which he had made for himself in the city of David, and laid him in the bed which was filled with sweet odours and divers kinds *of spices* prepared by the apothecaries' art: and they made a very great burning for him.

CHAPTER 17

1 And Jehoshaphat his son reigned in his stead, and strengthened himself against Israel.

2 And he placed forces in all the fenced cities of Judah, and set garrisons in the land of Judah, and in the cities of Ephraim, which Asa his father had taken.

3 And the Lord was with Jehoshaphat, because he walked in the first ways of his father David, and sought not unto Baalim;

4 But sought to the *Lord* God of his father, and walked in his commandments, and not after the doings of Israel.

5 Therefore the Lord stablished the kingdom in his hand; and all Judah brought to Jehoshaphat presents; and he had riches and honour in abundance.

6 And his heart was lifted up in the ways of the Lord: moreover he took away the high places and groves out of Judah.

7 ¶ Also in the third year of his reign he sent to his princes, *even* to Ben-hail, and to Obadiah, and to Zechariah, and to Nethaneel, and to Michaiah, to teach in the cities of Judah.

8 And with them *he sent* Levites, *even* Shemaiah, and Nethaniah, and Zebadiah, and Asahel, and Shemiramoth, and Jehonathan, and Adonijah, and Tobijah, and Tob-adonijah, Levites; and with them Elishama and Jehoram, priests.

9 And they taught in Judah, and *had* the book of the law of the Lord with them, and went about throughout all the cities of Judah, and taught the people.

10 ¶ And the fear of the Lord fell upon all the kingdoms of the lands that *were* round about Judah, so that they made no war against Jehoshaphat.

11 Also *some* of the Philistines brought Jehoshaphat presents, and tribute silver; and the Arabians brought him flocks, seven thousand and seven hundred rams, and seven thousand and seven hundred he goats.

12 ¶ And Jehoshaphat waxed great exceedingly; and he built in Judah castles, and cities of store.

13 And he had much business in the cities of Judah: and the men of war, mighty men of valour, *were* in Jerusalem.

14 And these *are* the numbers of them according to the house of their fathers: Of Judah, the captains of thousands; Adnah the chief, and with him mighty men of valour three hundred thousand.

15 And next to him *was* Jehohanan the captain, and with him two hundred and fourscore thousand.

16 And next him *was* Amasiah the son of Zichri, who willingly offered himself unto the Lord; and with him two hundred thousand mighty men of valour.

17 And of Benjamin; Eliada a mighty man of valour, and with him armed men with bow and shield two hundred thousand.

18 And next him *was* Jehozabad, and with him an hundred and fourscore thousand ready prepared for the war.

19 These waited on the king, beside *those* whom the king put in the fenced cities throughout all Judah.

CHAPTER 18

1 Now Jehoshaphat had riches and honour in abundance, and joined affinity with Ahab.

2 And after *certain* years he went down to Ahab to Samaria. And Ahab killed sheep and oxen for him in abundance, and for the people that *he had* with him, and persuaded him to go up *with him* to Ramoth-gilead.

3 And Ahab king of Israel said unto Jehoshaphat king of Judah, Wilt thou go with me to Ramoth-gilead? And he an-

וַתֵּשַׁע לְמַלְכוּתוֹ בְּרַגְלָיו עַד־לְמַעְלָה חָלְיוֹ וְגַם־בְּחָלְיוֹ לֹא־דָרַשׁ אֶת־

13 יְהֹוָה כִּי בָּרֹפְאִים: וַיִּשְׁכַּב אָסָא עִם־אֲבֹתָיו וַיָּמָת בִּשְׁנַת אַרְבָּעִים

14 וְאַחַת לְמָלְכוֹ: וַיִּקְבְּרֻהוּ בְקִבְרֹתָיו אֲשֶׁר כָּרָה־לוֹ בְּעִיר דָּוִיד

וַיַּשְׁכִּיבֻהוּ בַּמִּשְׁכָּב אֲשֶׁר מִלֵּא בְּשָׂמִים וּזְנִים מְרֻקָּחִים בְּמִרְקַחַת

מַעֲשֶׂה וַיִּשְׂרְפוּ־לוֹ שְׂרֵפָה גְּדוֹלָה עַד־לִמְאֹד:

17 ¹ וַיִּמְלֹךְ יְהוֹשָׁפָט בְּנוֹ תַּחְתָּיו וַיִּתְחַזֵּק עַל־יִשְׂרָאֵל: וַיִּתֶּן־חַיִל בְּכָל־עָרֵי
²

יְהוּדָה הַבְּצֻרוֹת וַיִּתֵּן נְצִיבִים בְּאֶרֶץ יְהוּדָה וּבְעָרֵי אֶפְרַיִם אֲשֶׁר לָכַד

3 אָסָא אָבִיו: וַיְהִי יְהֹוָה עִם־יְהוֹשָׁפָט כִּי הָלַךְ בְּדַרְכֵי דָּוִיד אָבִיו

4 הָרִאשֹׁנִים וְלֹא דָרַשׁ לַבְּעָלִים: כִּי לֵאלֹהֵי אָבִיו דָּרָשׁ וּבְמִצְוֹתָיו הָלָךְ

5 וְלֹא כְּמַעֲשֵׂה יִשְׂרָאֵל: וַיָּכֶן יְהֹוָה אֶת־הַמַּמְלָכָה בְּיָדוֹ וַיִּתְּנוּ כָל־

6 יְהוּדָה מִנְחָה לִיהוֹשָׁפָט וַיְהִי־לוֹ עֹשֶׁר־וְכָבוֹד לָרֹב: וַיִּגְבַּהּ לִבּוֹ בְּדַרְכֵי

יְהֹוָה וְעוֹד הֵסִיר אֶת־הַבָּמוֹת וְאֶת־הָאֲשֵׁרִים מִיהוּדָה:

7 וּבִשְׁנַת שָׁלוֹשׁ לְמָלְכוֹ שָׁלַח לְשָׂרָיו לְבֶן־חַיִל וּלְעֹבַדְיָה וְלִזְכַרְיָה

8 וְלִנְתַנְאֵל וּלְמִיכָיָהוּ לְלַמֵּד בְּעָרֵי יְהוּדָה: וְעִמָּהֶם הַלְוִיִּם שְׁמַעְיָהוּ

וּשְׁמִירָמוֹת   וּנְתַנְיָהוּ וּזְבַדְיָהוּ וַעֲשָׂהאֵל וּשְׁמִירָמוֹת וִיהוֹנָתָן וַאֲדֹנִיָּהוּ וְטֽוֹבִיָּהוּ

9 וְטוֹב אֲדוֹנִיָּה הַלְוִיִּם וְעִמָּהֶם אֱלִישָׁמָע וִיהוֹרָם הַכֹּהֲנִים: וַיְלַמְּדוּ

בִּיהוּדָה וְעִמָּהֶם סֵפֶר תּוֹרַת יְהֹוָה וַיָּסֹבּוּ בְּכָל־עָרֵי יְהוּדָה וַיְלַמְּדוּ

10 בָּעָם: וַיְהִי ׀ פַּחַד יְהֹוָה עַל כָּל־מַמְלְכוֹת הָאֲרָצוֹת אֲשֶׁר סְבִיבוֹת

11 יְהוּדָה וְלֹא נִלְחֲמוּ עִם־יְהוֹשָׁפָט: וּמִן־פְּלִשְׁתִּים מְבִיאִים לִיהוֹשָׁפָט

מִנְחָה וְכֶסֶף מַשָּׂא גַּם הָעַרְבִיאִים מְבִיאִים לוֹ צֹאן אֵילִים שִׁבְעַת

אֲלָפִים וּשְׁבַע מֵאוֹת וּתְיָשִׁים שִׁבְעַת אֲלָפִים וּשְׁבַע מֵאוֹת:

12 וַיְהִי יְהוֹשָׁפָט הֹלֵךְ וְגָדֵל עַד־לְמָעְלָה וַיִּבֶן בִּיהוּדָה בִּירָנִיּוֹת וְעָרֵי

13 מִסְכְּנוֹת: וּמְלָאכָה רַבָּה הָיָה לוֹ בְּעָרֵי יְהוּדָה וְאַנְשֵׁי מִלְחָמָה גִּבּוֹרֵי

14 חַיִל בִּירוּשָׁלָ͏ִם: וְאֵלֶּה פְּקֻדָּתָם לְבֵית אֲבוֹתֵיהֶם לִיהוּדָה שָׂרֵי אֲלָפִים

15 עַדְנָה הַשָּׂר וְעִמּוֹ גִּבּוֹרֵי חַיִל שְׁלֹשׁ מֵאוֹת אָלֶף: וְעַל־יָדוֹ

16 יְהוֹחָנָן הַשָּׂר וְעִמּוֹ מָאתַיִם וּשְׁמוֹנִים אָלֶף: וְעַל־

יָדוֹ עֲמַסְיָה בֶן־זִכְרִי הַמִּתְנַדֵּב לַיהֹוָה וְעִמּוֹ מָאתַיִם אֶלֶף גִּבּוֹר

17 חָיִל: וּמִן־בִּנְיָמִן גִּבּוֹר חַיִל אֶלְיָדָע וְעִמּוֹ נֹשְׁקֵי־קֶשֶׁת וּמָגֵן

18 מָאתַיִם אָלֶף: וְעַל־יָדוֹ יְהוֹזָבָד וְעִמּוֹ מֵאָה־וּשְׁמוֹנִים אֶלֶף

19 חֲלוּצֵי צָבָא: אֵלֶּה הַמְשָׁרְתִים אֶת־הַמֶּלֶךְ מִלְּבַד אֲשֶׁר־

נָתַן הַמֶּלֶךְ בְּעָרֵי הַמִּבְצָר בְּכָל־יְהוּדָה:

18 ¹ וַיְהִי לִיהוֹשָׁפָט עֹשֶׁר וְכָבוֹד לָרֹב וַיִּתְחַתֵּן לְאַחְאָב: וַיֵּרֶד לְקֵץ שָׁנִים
²

אֶל־אַחְאָב לְשֹׁמְרוֹן וַיִּזְבַּח־לוֹ אַחְאָב צֹאן וּבָקָר לָרֹב וְלָעָם אֲשֶׁר

3 עִמּוֹ וַיְסִיתֵהוּ לַעֲלוֹת אֶל־רָמוֹת גִּלְעָד: וַיֹּאמֶר אַחְאָב מֶלֶךְ־יִשְׂרָאֵל

אֶל־יְהוֹשָׁפָט מֶלֶךְ יְהוּדָה הֲתֵלֵךְ עִמִּי רָמֹת גִּלְעָד וַיֹּאמֶר לוֹ כָּמוֹנִי

swered him, I *am* as thou *art,* and my people as thy people; and *we will be* with thee in the war.

4 ¶ And Jehoshaphat said unto the king of Israel, Enquire, I pray thee, at the word of the LORD to day.

5 Therefore the king of Israel gathered together of prophets four hundred men, and said unto them, Shall we go to Ramoth-gilead to battle, or shall I forbear? And they said, Go up; for God will deliver *it* into the king's hand.

6 But Jehoshaphat said, *Is there* not here a prophet of the LORD besides, that we might enquire of him?

7 And the king of Israel said unto Jehoshaphat, *There is* yet one man, by whom we may enquire of the LORD: but I hate him; for he never prophesied good unto me, but always evil: the same *is* Micaiah the son of Imla. And Jehoshaphat said, Let not the king say so.

8 And the king of Israel called for one *of his* officers, and said, Fetch quickly Micaiah the son of Imla.

9 And the king of Israel and Jehoshaphat king of Judah sat either of them on his throne, clothed in *their* robes, and they sat in a void place at the entering in of the gate of Samaria; and all the prophets prophesied before them.

10 And Zedekiah the son of Chenaanah had made him horns of iron, and said, Thus saith the LORD, With these thou shalt push Syria until they be consumed.

11 And all the prophets prophesied so, saying, Go up to Ramoth-gilead, and prosper: for the LORD shall deliver *it* into the hand of the king.

12 And the messenger that went to call Micaiah spake to him, saying, Behold, the words of the prophets *declare* good to the king with one assent; let thy word therefore, I pray thee, be like one of theirs, and speak thou good.

13 And Micaiah said, *As* the LORD liveth, even what my God saith, that will I speak.

14 And when he was come to the king, the king said unto him, Micaiah, shall we go to Ramoth-gilead to battle, or shall I

forbear? And he said, Go ye up, and prosper, and they shall be delivered into your hand.

15 And the king said to him, How many times shall I adjure thee that thou say nothing but the truth to me in the name of the LORD?

16 Then he said, I did see all Israel scattered upon the mountains, as sheep that have no shepherd: and the LORD said, These have no master; let them return *therefore* every man to his house in peace.

17 And the king of Israel said to Jehoshaphat, Did I not tell thee *that* he would not prophesy good unto me, but evil?

18 Again he said, Therefore hear the word of the LORD; I saw the LORD sitting upon his throne, and all the host of heaven standing on his right hand and *on* his left.

19 And the LORD said, Who shall entice Ahab king of Israel, that he may go up and fall at Ramoth-gilead? And one spake saying after this manner, and another saying after that manner.

20 Then there came out a spirit, and stood before the LORD, and said, I will entice him. And the LORD said unto him, Wherewith?

21 And he said, I will go out, and be a lying spirit in the mouth of all his prophets. And *the* LORD said, Thou shalt entice *him,* and thou shalt also prevail: go out, and do *even* so.

22 Now therefore, behold, the LORD hath put a lying spirit in the mouth of these thy prophets, and the LORD hath spoken evil against thee.

23 Then Zedekiah the son of Chenaanah came near, and smote Micaiah upon the cheek, and said, Which way went the Spirit of the LORD from me to speak unto thee?

24 And Micaiah said, Behold, thou shalt see on that day when thou shalt go into an inner chamber to hide thyself.

25 Then the king of Israel said, Take ye Micaiah, and carry him back to Amon the governor of the city, and to Joash the king's son;

4 כָּמ֖וֹךָ וּכְעַמְּךָ֣ עַמִּ֑י וְעִמְּךָ֖ בַּמִּלְחָמָֽה׃ וַיֹּ֤אמֶר יְהוֹשָׁפָט֙ אֶל־מֶ֣לֶךְ

5 יִשְׂרָאֵ֔ל דְּרָשׁ־נָ֥א כַיּ֖וֹם אֶת־דְּבַ֣ר יְהֹוָֽה׃ וַיִּקְבֹּ֣ץ מֶֽלֶךְ־יִשְׂרָאֵ֣ל אֶֽת־
הַנְּבִאִ֗ים אַרְבַּ֣ע מֵא֣וֹת אִישׁ֮ וַיֹּ֣אמֶר אֲלֵהֶם֒ הֲנֵלֵ֞ךְ אֶל־רָמֹ֥ת גִּלְעָ֛ד

6 לַמִּלְחָמָ֖ה אִם־אֶחְדָּ֑ל וַיֹּאמְר֣וּ עֲלֵ֔ה וְיִתֵּ֥ן הָאֱלֹהִ֖ים בְּיַ֥ד הַמֶּֽלֶךְ׃ וַיֹּ֙אמֶר֙

7 יְה֣וֹשָׁפָ֔ט הַאֵ֨ין פֹּ֥ה נָבִ֛יא לַיהֹוָ֖ה ע֑וֹד וְנִדְרְשָׁ֖ה מֵאֹתֽוֹ׃ וַיֹּ֣אמֶר
מֶֽלֶךְ־יִשְׂרָאֵ֣ל ׀ אֶֽל־יְהוֹשָׁפָ֡ט ע֣וֹד אִישׁ־אֶחָ֡ד לִדְרוֹשׁ֩ אֶת־יְהֹוָ֨ה מֵאֹת֜וֹ
וַאֲנִ֣י שְׂנֵאתִ֗יהוּ כִּֽי־אֵינֶ֜נּוּ מִתְנַבֵּ֤א עָלַי֙ לְטוֹבָ֔ה כִּ֥י כׇל־יָמָ֖יו לְרָעָ֑ה

8 ה֥וּא מִיכָ֖יְהוּ בֶן־יִמְלָ֑א וַיֹּ֤אמֶר יְהֽוֹשָׁפָט֙ אַל־יֹאמַ֣ר הַמֶּ֔לֶךְ כֵּ֑ן וַיִּקְרָא֙

9 מֶ֣לֶךְ יִשְׂרָאֵ֗ל אֶל־סָרִ֣יס אֶחָ֔ד וַיֹּ֕אמֶר מַהֵ֖ר מִיכָ֥הוּ בֶן־יִמְלָֽא׃ וּמֶ֣לֶךְ מִיכָ֖יְהוּ
יִשְׂרָאֵ֡ל וִֽיהוֹשָׁפָ֣ט מֶֽלֶךְ־יְהוּדָ֡ה יוֹשְׁבִים֩ אִ֨ישׁ עַל־כִּסְא֜וֹ מְלֻבָּשִׁ֤ים
בְּגָדִים֙ וְיֹשְׁבִ֣ים בְּגֹ֔רֶן פֶּ֖תַח שַׁ֣עַר שֹׁמְר֑וֹן וְכׇ֨ל־הַנְּבִיאִ֔ים מִֽתְנַבְּאִ֖ים

10 לִפְנֵיהֶֽם׃ וַיַּ֥עַשׂ ל֛וֹ צִדְקִיָּ֥הוּ בֶֽן־כְּנַעֲנָ֖ה קַרְנֵ֣י בַרְזֶ֑ל וַיֹּ֙אמֶר֙ כֹּ֣ה־אָמַ֣ר

11 יְהֹוָ֔ה בְּאֵ֛לֶּה תְּנַגַּ֥ח אֶת־אֲרָ֖ם עַד־כַּלּוֹתָֽם׃ וְכׇ֨ל־הַנְּבִאִ֔ים נִבְּאִ֖ים כֵּ֣ן

12 לֵאמֹ֑ר עֲלֵ֞ה רָמֹ֤ת גִּלְעָד֙ וְהַצְלַ֔ח וְנָתַ֥ן יְהֹוָ֖ה בְּיַ֥ד הַמֶּֽלֶךְ׃ וְהַמַּלְאָ֞ךְ
אֲשֶׁר־הָלַ֣ךְ ׀ לִקְרֹ֣א לְמִיכָ֗יְהוּ דִּבֶּ֤ר אֵלָיו֙ לֵאמֹ֔ר הִנֵּ֞ה דִּבְרֵ֧י הַנְּבִאִ֛ים
פֶּֽה־אֶחָ֥ד ט֖וֹב אֶל־הַמֶּ֑לֶךְ וִֽיהִי־נָ֣א דְבָרְךָ֗ כְּאַחַ֥ד מֵהֶ֖ם וְדִבַּ֥רְתָּ טּֽוֹב׃

13 וַיֹּ֙אמֶר֙ מִיכָ֔יְהוּ חַי־יְהֹוָ֕ה כִּ֛י אֶת־אֲשֶׁר־יֹאמַ֥ר אֱלֹהַ֖י אֹת֥וֹ אֲדַבֵּֽר׃ וַיָּבֹא֙

14 אֶל־הַמֶּ֔לֶךְ וַיֹּ֤אמֶר הַמֶּ֙לֶךְ֙ אֵלָ֔יו מִיכָ֕ה הֲנֵלֵ֛ךְ אֶל־רָמֹ֥ת גִּלְעָ֖ד

15 לַמִּלְחָמָ֖ה אִם־אֶחְדָּ֑ל וַיֹּ֙אמֶר֙ עֲל֣וּ וְהַצְלִ֔יחוּ וְיִנָּתְנ֖וּ בְּיֶדְכֶֽם׃ וַיֹּ֤אמֶר
אֵלָיו֙ הַמֶּ֔לֶךְ עַד־כַּמֶּ֥ה פְעָמִ֖ים אֲנִ֣י מַשְׁבִּיעֶ֑ךָ אֲ֠שֶׁ֠ר לֹֽא־תְדַבֵּ֥ר אֵלַ֛י

16 רַק־אֱמֶ֖ת בְּשֵׁ֥ם יְהֹוָֽה׃ וַיֹּ֗אמֶר רָאִ֤יתִי אֶת־כׇּל־יִשְׂרָאֵל֙ נְפוֹצִ֣ים עַל־
הֶֽהָרִ֔ים כַּצֹּ֕אן אֲשֶׁ֥ר אֵין־לָהֶ֖ן רֹעֶ֑ה וַיֹּ֤אמֶר יְהֹוָה֙ לֹֽא־אֲדֹנִ֣ים לָאֵ֔לֶּה

17 יָשׁ֥וּבוּ אִישׁ־לְבֵית֖וֹ בְּשָׁלֽוֹם׃ וַיֹּ֙אמֶר֙ מֶֽלֶךְ־יִשְׂרָאֵ֔ל אֶל־יְהֽוֹשָׁפָ֑ט הֲלֹ֤א

18 אָמַ֙רְתִּי֙ אֵלֶ֔יךָ לֹא־יִתְנַבֵּ֥א עָלַ֛י ט֖וֹב כִּ֥י אִם־לְרָֽע׃ וַיֹּ֕אמֶר
לָכֵ֖ן שִׁמְע֣וּ דְבַר־יְהֹוָ֑ה רָאִ֤יתִי אֶת־יְהֹוָה֙ יוֹשֵׁב֙ עַל־כִּסְא֔וֹ וְכׇ֨ל־צְבָ֤א

19 הַשָּׁמַ֙יִם֙ עֹֽמְדִ֔ים עַל־יְמִינ֖וֹ וּשְׂמֹאלֽוֹ׃ וַיֹּ֣אמֶר יְהֹוָ֗ה מִ֤י יְפַתֶּה֙ אֶת־
אַחְאָ֤ב מֶֽלֶךְ־יִשְׂרָאֵל֙ וְיַ֔עַל וְיִפֹּ֖ל בְּרָמֹ֣ת גִּלְעָ֑ד וַיֹּ֕אמֶר זֶ֚ה אֹמֵ֣ר כָּ֔כָה

20 וְזֶ֖ה אֹמֵ֥ר כָּֽכָה׃ וַיֵּצֵ֣א הָר֗וּחַ וַֽיַּעֲמֹד֙ לִפְנֵ֣י יְהֹוָ֔ה וַיֹּ֖אמֶר אֲנִ֣י אֲפַתֶּ֑נּוּ

21 וַיֹּ֧אמֶר יְהֹוָ֛ה אֵלָ֖יו בַּמָּֽה׃ וַיֹּ֗אמֶר אֵצֵא֙ וְהָיִ֙יתִי֙ לְר֣וּחַ שֶׁ֔קֶר בְּפִ֖י כׇּל־

22 נְבִיאָ֑יו וַיֹּ֗אמֶר תְּפַתֶּה֙ וְגַם־תּוּכָ֔ל צֵ֖א וַעֲשֵׂה־כֵֽן׃ וְעַתָּ֗ה הִנֵּ֨ה נָתַ֤ן
יְהֹוָה֙ ר֣וּחַ שֶׁ֔קֶר בְּפִ֖י נְבִיאֶ֣יךָ אֵ֑לֶּה וַֽיהֹוָ֔ה דִּבֶּ֥ר עָלֶ֖יךָ

23 רָעָֽה׃ וַיִּגַּשׁ֙ צִדְקִיָּ֣הוּ בֶֽן־כְּנַעֲנָ֔ה וַיַּ֥ךְ אֶת־מִיכָ֖יְהוּ עַל־הַלֶּ֑חִי

24 וַיֹּ֗אמֶר אֵ֣י זֶ֤ה הַדֶּ֙רֶךְ֙ עָבַ֧ר רֽוּחַ־יְהֹוָ֛ה מֵאִתִּ֖י לְדַבֵּ֥ר אֹתָֽךְ׃ וַיֹּ֣אמֶר
מִיכָ֔יְהוּ הִנְּךָ֥ רֹאֶ֖ה בַּיּ֣וֹם הַה֑וּא אֲשֶׁ֥ר תָּב֛וֹא חֶ֥דֶר בְּחֶ֖דֶר לְהֵחָבֵֽא׃

25 וַיֹּ֙אמֶר֙ מֶ֣לֶךְ יִשְׂרָאֵ֔ל קְח֖וּ אֶת־מִ֣יכָ֑יְהוּ וַהֲשִׁיבֻ֙הוּ֙ אֶל־אָמ֣וֹן שַׂר־הָעִ֔יר

26 And say, Thus saith the king, Put this *fellow* in the prison, and feed him with bread of affliction and with water of affliction, until I return in peace.

27 And Micaiah said, If thou certainly return in peace, *then* hath not the LORD spoken by me. And he said, Hearken, all ye people.

28 So the king of Israel and Jehoshaphat the king of Judah went up to Ramoth-gilead.

29 And the king of Israel said unto Jehoshaphat, I will disguise myself, and will go to the battle; but put thou on thy robes. So the king of Israel disguised himself; and they went to the battle.

30 Now the king of Syria had commanded the captains of the chariots that *were* with him, saying, Fight ye not with small or great, save only with the king of Israel.

31 And it came to pass, when the captains of the chariots saw Jehoshaphat, that they said, It *is* the king of Israel. Therefore they compassed about him to fight: but Jehoshaphat cried out, and the LORD helped him; and God moved them *to depart* from him.

32 For it came to pass, that, when the captains of the chariots perceived that it was not the king of Israel, they turned back again from pursuing him.

33 And a *certain* man drew a bow at a venture, and smote the king of Israel between the joints of the harness: therefore he said to his chariot man, Turn thine hand, that thou mayest carry me out of the host; for I am wounded.

34 And the battle increased that day: howbeit the king of Israel stayed *himself* up in *his* chariot against the Syrians until the even: and about the time of the sun going down he died.

CHAPTER 19

1 And Jehoshaphat the king of Judah returned to his house in peace to Jerusalem.

2 And Jehu the son of Hanani the seer went out to meet him, and said to king Jehoshaphat, Shouldest thou help the ungodly, and love them that hate the LORD? therefore *is* wrath upon thee from before the LORD.

3 Nevertheless there are good things found in thee, in that thou hast taken away the groves out of the land, and hast prepared thine heart to seek God.

4 And Jehoshaphat dwelt at Jerusalem: and he went out again through the people from Beer-sheba to mount Ephraim, and brought them back unto the LORD God of their fathers.

5 ¶ And he set judges in the land throughout all the fenced cities of Judah, city by city,

6 And said to the judges, Take heed what ye do: for ye judge not for man, but for the LORD, who *is* with you in the judgment.

7 Wherefore now let the fear of the LORD be upon you; take heed and do *it:* for *there is* no iniquity with the LORD our God, nor respect of persons, nor taking of gifts.

8 ¶ Moreover in Jerusalem did Jehoshaphat set of the Levites, and *of* the priests, and of the chief of the fathers of Israel, for the judgment of the LORD, and for controversies, when they returned to Jerusalem.

9 And he charged them, saying, Thus shall ye do in the fear of the LORD, faithfully, and with a perfect heart.

10 And what cause soever shall come to you of your brethren that dwell in their cities, between blood and blood, between law and commandment, statutes and judgments, ye shall even warn them that they trespass not against the LORD, and *so* wrath come upon you, and upon your brethren: this do, and ye shall not trespass.

11 And, behold, Amariah the chief priest *is* over you in all matters of the LORD; and Zebadiah the son of Ishmael, the ruler of the house of Judah, for all the king's matters: also the Levites *shall be* officers before you. Deal courageously, and the LORD shall be with the good.

26 וְאֶל־יוֹאָשׁ בֶּן־הַמֶּלֶךְ: וַאֲמַרְתֶּם כֹּה אָמַר הַמֶּלֶךְ שִׂימוּ זֶה בֵּית

27 הַכֶּלֶא וְהַאֲכִלֻהוּ לֶחֶם לַחַץ וּמַיִם לַחַץ עַד שׁוּבִי בְשָׁלוֹם וַיֹּאמֶר מִיכָיְהוּ אִם־שׁוֹב תָּשׁוּב בְּשָׁלוֹם לֹא־דִבֶּר יְהֹוָה בִּי וַיֹּאמֶר שִׁמְעוּ עַמִּים כֻּלָּם:

28 וַיַּעַל מֶלֶךְ־יִשְׂרָאֵל וִיהוֹשָׁפָט מֶלֶךְ־יְהוּדָה אֶל־רָמֹת גִּלְעָד: וַיֹּאמֶר
29 מֶלֶךְ יִשְׂרָאֵל אֶל־יְהוֹשָׁפָט הִתְחַפֵּשׂ וָבוֹא בַמִּלְחָמָה וְאַתָּה לְבַשׁ

30 בְּגָדֶיךָ וַיִּתְחַפֵּשׂ מֶלֶךְ יִשְׂרָאֵל וַיָּבֹאוּ בַּמִּלְחָמָה: וּמֶלֶךְ אֲרָם צִוָּה אֶת־שָׂרֵי הָרֶכֶב אֲשֶׁר־לוֹ לֵאמֹר לֹא תִּלָּחֲמוּ אֶת־הַקָּטֹן אֶת־הַגָּדוֹל

31 כִּי אִם־אֶת־מֶלֶךְ יִשְׂרָאֵל לְבַדּוֹ: וַיְהִי כִּרְאוֹת שָׂרֵי הָרֶכֶב אֶת־יְהוֹשָׁפָט וְהֵמָּה אָמְרוּ מֶלֶךְ יִשְׂרָאֵל הוּא וַיָּסֹבּוּ עָלָיו לְהִלָּחֵם וַיִּזְעַק יְהוֹשָׁפָט וַיהֹוָה עֲזָרוֹ וַיְסִיתֵם אֱלֹהִים מִמֶּנּוּ:

32 וַיְהִי כִּרְאוֹת שָׂרֵי הָרֶכֶב כִּי לֹא־הָיָה מֶלֶךְ יִשְׂרָאֵל וַיָּשֻׁבוּ מֵאַחֲרָיו: וְאִישׁ מָשַׁךְ בַּקֶּשֶׁת לְתֻמּוֹ

33 וַיַּךְ אֶת־מֶלֶךְ יִשְׂרָאֵל בֵּין הַדְּבָקִים וּבֵין הַשִּׁרְיָן וַיֹּאמֶר לָרַכָּב הֲפֹךְ

34 יָדְךָ יָדֶךָ, וְהוֹצֵאתַנִי מִן־הַמַּחֲנֶה כִּי הָחֳלֵיתִי: וַתַּעַל הַמִּלְחָמָה בַּיּוֹם הַהוּא וּמֶלֶךְ יִשְׂרָאֵל הָיָה מַעֲמִיד בַּמֶּרְכָּבָה נֹכַח אֲרָם עַד־הָעָרֶב

19 1 וַיָּמָת לְעֵת בּוֹא הַשָּׁמֶשׁ: וַיָּשָׁב יְהוֹשָׁפָט מֶלֶךְ־יְהוּדָה אֶל־בֵּיתוֹ
2 בְּשָׁלוֹם לִירוּשָׁלָ͏ִם: וַיֵּצֵא אֶל־פָּנָיו יֵהוּא בֶן־חֲנָנִי הַחֹזֶה וַיֹּאמֶר אֶל־הַמֶּלֶךְ יְהוֹשָׁפָט הֲלָרָשָׁע לַעְזֹר וּלְשֹׂנְאֵי יְהֹוָה תֶּאֱהָב וּבָזֹאת עָלֶיךָ

3 קֶצֶף מִלִּפְנֵי יְהֹוָה: אֲבָל דְּבָרִים טוֹבִים נִמְצְאוּ עִמָּךְ כִּי־בִעַרְתָּ הָאֲשֵׁרוֹת מִן־הָאָרֶץ וַהֲכִינוֹתָ לְבָבְךָ לִדְרֹשׁ הָאֱלֹהִים:

4 וַיֵּשֶׁב יְהוֹשָׁפָט בִּירוּשָׁלָ͏ִם וַיָּשָׁב וַיֵּצֵא בָּעָם מִבְּאֵר שֶׁבַע עַד־הַר אֶפְרַיִם

5 וַיְשִׁיבֵם אֶל־יְהֹוָה אֱלֹהֵי אֲבוֹתֵיהֶם: וַיַּעֲמֵד שֹׁפְטִים בָּאָרֶץ בְּכָל־עָרֵי

6 יְהוּדָה הַבְּצֻרוֹת לְעִיר וָעִיר: וַיֹּאמֶר אֶל־הַשֹּׁפְטִים רְאוּ מָה־אַתֶּם עֹשִׂים כִּי לֹא לְאָדָם תִּשְׁפְּטוּ כִּי לַיהֹוָה וְעִמָּכֶם בִּדְבַר מִשְׁפָּט:

7 וְעַתָּה יְהִי פַחַד־יְהֹוָה עֲלֵיכֶם שִׁמְרוּ וַעֲשׂוּ כִּי־אֵין עִם־יְהֹוָה אֱלֹהֵינוּ

8 עַוְלָה וּמַשֹּׂא פָנִים וּמִקַּח־שֹׁחַד: וְגַם בִּירוּשָׁלַ͏ִם הֶעֱמִיד יְהוֹשָׁפָט מִן־הַלְוִיִּם וְהַכֹּהֲנִים וּמֵרָאשֵׁי הָאָבוֹת לְיִשְׂרָאֵל לְמִשְׁפַּט יְהֹוָה וְלָרִיב

9 וַיָּשֻׁבוּ יְרוּשָׁלָ͏ִם: וַיְצַו עֲלֵיהֶם לֵאמֹר כֹּה תַעֲשׂוּן בְּיִרְאַת יְהֹוָה

10 בֶּאֱמוּנָה וּבְלֵבָב שָׁלֵם: וְכָל־רִיב אֲשֶׁר־יָבוֹא עֲלֵיכֶם מֵאֲחֵיכֶם הַיֹּשְׁבִים בְּעָרֵיהֶם בֵּין־דָּם לְדָם בֵּין־תּוֹרָה לְמִצְוָה לְחֻקִּים וּלְמִשְׁפָּטִים וְהִזְהַרְתֶּם אֹתָם וְלֹא יֶאְשְׁמוּ לַיהֹוָה וְהָיָה־קֶצֶף עֲלֵיכֶם

11 וְעַל־אֲחֵיכֶם כֹּה תַעֲשׂוּן וְלֹא תֶאְשָׁמוּ: וְהִנֵּה אֲמַרְיָהוּ כֹהֵן הָרֹאשׁ עֲלֵיכֶם לְכֹל דְּבַר־יְהֹוָה וּזְבַדְיָהוּ בֶן־יִשְׁמָעֵאל הַנָּגִיד לְבֵית־יְהוּדָה לְכֹל דְּבַר־הַמֶּלֶךְ וְשֹׁטְרִים הַלְוִיִּם לִפְנֵיכֶם חִזְקוּ וַעֲשׂוּ וִיהִי יְהֹוָה עִם־הַטּוֹב:

CHAPTER 20

1 It came to pass after this also, *that* the children of Moab, and the children of Ammon, and with them *other* beside the Ammonites, came against Jehoshaphat to battle.

2 Then there came some that told Jehoshaphat, saying, There cometh a great multitude against thee from beyond the sea on this side Syria; and, behold, they *be* in Hazazon-tamar, which *is* En-gedi.

3 And Jehoshaphat feared, and set himself to seek the LORD, and proclaimed a fast throughout all Judah.

4 And Judah gathered themselves together, to ask *help* of the LORD: even out of all the cities of Judah they came to seek the LORD.

5 ¶ And Jehoshaphat stood in the congregation of Judah and Jerusalem, in the house of the LORD, before the new court,

6 And said, O LORD God of our fathers, *art* not thou God in heaven? and rulest *not* thou over all the kingdoms of the heathen? and in thine hand *is there not* power and might, so that none is able to withstand thee?

7 *Art* not thou our God, *who* didst drive out the inhabitants of this land before thy people Israel, and gavest it to the seed of Abraham thy friend for ever?

8 And they dwelt therein, and have built thee a sanctuary therein for thy name, saying,

9 If, *when* evil cometh upon us, *as* the sword, judgment, or pestilence, or famine, we stand before this house, and in thy presence, (for thy name *is* in this house,) and cry unto thee in our affliction, then thou wilt hear and help.

10 And now, behold, the children of Ammon and Moab and mount Seir, whom thou wouldest not let Israel invade, when they came out of the land of Egypt, but they turned from them, and destroyed them not;

11 Behold, *I say, how* they reward us, to come to cast us out of thy possession, which thou hast given us to inherit.

12 O our God, wilt thou not judge them? for we have no might against this great company that cometh against us; neither know we what to do: but our eyes *are* upon thee.

13 And all Judah stood before the LORD, with their little ones, their wives, and their children.

14 ¶ Then upon Jahaziel the son of Zechariah, the son of Benaiah, the son of Jeiel, the son of Mattaniah, a Levite of the sons of Asaph, came the Spirit of the LORD in the midst of the congregation;

15 And he said, Hearken ye, all Judah, and ye inhabitants of Jerusalem, and thou king Jehoshaphat, Thus saith the LORD unto you, Be not afraid nor dismayed by reason of this great multitude; for the battle *is* not yours, but God's.

16 To morrow go ye down against them: behold, they come up by the cliff of Ziz; and ye shall find them at the end of the brook, before the wilderness of Jeruel.

17 Ye shall not *need* to fight in this *battle:* set yourselves, stand ye *still,* and see the salvation of the LORD with you, O Judah and Jerusalem: fear not, nor be dismayed; to morrow go out against them: for the LORD *will be* with you.

18 And Jehoshaphat bowed his head with *his* face to the ground: and all Judah and the inhabitants of Jerusalem fell before the LORD, worshipping the LORD.

19 And the Levites, of the children of the Kohathites, and of the children of the Korhites, stood up to praise the LORD God of Israel with a loud voice on high.

20 ¶ And they rose early in the morning, and went forth into the wilderness of Tekoa: and as they went forth, Jehoshaphat stood and said, Hear me, O Judah, and ye inhabitants of Jerusalem; Believe in the LORD your God, so shall ye be established; believe his prophets, so shall ye prosper.

21 And when he had consulted with the people, he appointed singers unto the LORD, and that should praise the beauty of holiness, as they went out before the army, and to say, Praise the LORD; for his mercy *endureth* for ever.

22 ¶ And when they began to sing and to praise, the LORD set ambushments against the children of Ammon, Moab,

1A 20 וַיְהִי אַחֲרֵי־כֵן בָּאוּ בְנֵי־מוֹאָב וּבְנֵי עַמּוֹן וְעִמָּהֶם ׀ מֵהָעַמּוֹנִים עַל־ 1

יְהוֹשָׁפָט לַמִּלְחָמָה: וַיָּבֹאוּ וַיַּגִּידוּ לִיהוֹשָׁפָט לֵאמֹר בָּא עָלֶיךָ הָמוֹן 2

רָב מֵעֵבֶר לַיָּם מֵאֲרָם וְהִנָּם בְּחַצְצוֹן תָּמָר הִיא עֵין גֶּדִי: וַיִּרָא 3

וַיִּתֵּן יְהוֹשָׁפָט אֶת־פָּנָיו לִדְרוֹשׁ לַיהוָה וַיִּקְרָא־צוֹם עַל־כָּל־יְהוּדָה:

וַיִּקָּבְצוּ יְהוּדָה לְבַקֵּשׁ מֵיְהוָה גַּם מִכָּל־עָרֵי יְהוּדָה בָּאוּ לְבַקֵּשׁ אֶת־ 4

יְהוָה: וַיַּעֲמֹד יְהוֹשָׁפָט בִּקְהַל יְהוּדָה וִירוּשָׁלַ͏ִם בְּבֵית יְהוָה לִפְנֵי 5

הֶחָצֵר הַחֲדָשָׁה: וַיֹּאמַר יְהוָה אֱלֹהֵי אֲבֹתֵינוּ הֲלֹא אַתָּה־הוּא 6

אֱלֹהִים בַּשָּׁמַיִם וְאַתָּה מוֹשֵׁל בְּכֹל מַמְלְכוֹת הַגּוֹיִם וּבְיָדְךָ כֹּחַ

וּגְבוּרָה וְאֵין עִמְּךָ לְהִתְיַצֵּב: הֲלֹא ׀ אַתָּה אֱלֹהֵינוּ הוֹרַשְׁתָּ אֶת־יֹשְׁבֵי 7

הָאָרֶץ הַזֹּאת מִלִּפְנֵי עַמְּךָ יִשְׂרָאֵל וַתִּתְּנָהּ לְזֶרַע אַבְרָהָם אֹהַבְךָ

לְעוֹלָם: וַיֵּשְׁבוּ־בָהּ וַיִּבְנוּ לְךָ ׀ בָּהּ מִקְדָּשׁ לְשִׁמְךָ לֵאמֹר: אִם־תָּבוֹא 8
9

עָלֵינוּ רָעָה חֶרֶב שְׁפוֹט וְדֶבֶר וְרָעָב נַעַמְדָה לִפְנֵי הַבַּיִת הַזֶּה וּלְפָנֶיךָ

כִּי שִׁמְךָ בַּבַּיִת הַזֶּה וְנִזְעַק אֵלֶיךָ מִצָּרָתֵנוּ וְתִשְׁמַע וְתוֹשִׁיעַ: וְעַתָּה 10

הִנֵּה בְנֵי־עַמּוֹן וּמוֹאָב וְהַר־שֵׂעִיר אֲשֶׁר לֹא־נָתַתָּה לְיִשְׂרָאֵל לָבוֹא

בָהֶם בְּבֹאָם מֵאֶרֶץ מִצְרָיִם כִּי סָרוּ מֵעֲלֵיהֶם וְלֹא הִשְׁמִידוּם: וְהִנֵּה־ 11

הֵם גֹּמְלִים עָלֵינוּ לָבוֹא לְגָרְשֵׁנוּ מִיְּרֻשָּׁתְךָ אֲשֶׁר הוֹרַשְׁתָּנוּ: אֱלֹהֵינוּ 12

הֲלֹא תִשְׁפָּט־בָּם כִּי אֵין בָּנוּ כֹּחַ לִפְנֵי הֶהָמוֹן הָרָב הַזֶּה הַבָּא עָלֵינוּ

וַאֲנַחְנוּ לֹא נֵדַע מַה־נַּעֲשֶׂה כִּי עָלֶיךָ עֵינֵינוּ: וְכָל־יְהוּדָה עֹמְדִים 13

לִפְנֵי יְהוָה גַּם־טַפָּם נְשֵׁיהֶם וּבְנֵיהֶם:

וְיַחֲזִיאֵל בֶּן־זְכַרְיָהוּ בֶּן־בְּנָיָה בֶּן־יְעִיאֵל בֶּן־מַתַּנְיָה הַלֵּוִי מִן־בְּנֵי אָסָף 14

הָיְתָה עָלָיו רוּחַ יְהוָה בְּתוֹךְ הַקָּהָל: וַיֹּאמֶר הַקְשִׁיבוּ כָל־יְהוּדָה 15

וְיֹשְׁבֵי יְרוּשָׁלַ͏ִם וְהַמֶּלֶךְ יְהוֹשָׁפָט כֹּה־אָמַר יְהוָה לָכֶם אַתֶּם אַל־

תִּירְאוּ וְאַל־תֵּחַתּוּ מִפְּנֵי הֶהָמוֹן הָרָב הַזֶּה כִּי לֹא לָכֶם הַמִּלְחָמָה

כִּי לֵאלֹהִים: מָחָר רְדוּ עֲלֵיהֶם הִנָּם עֹלִים בְּמַעֲלֵה הַצִּיץ וּמְצָאתֶם 16

אֹתָם בְּסוֹף הַנַּחַל פְּנֵי מִדְבַּר יְרוּאֵל: לֹא לָכֶם לְהִלָּחֵם בָּזֹאת 17

הִתְיַצְּבוּ עִמְדוּ וּרְאוּ אֶת־יְשׁוּעַת יְהוָה עִמָּכֶם יְהוּדָה וִירוּשָׁלַ͏ִם אַל־

תִּירְאוּ וְאַל־תֵּחַתּוּ מָחָר צְאוּ לִפְנֵיהֶם וַיהוָה עִמָּכֶם: וַיִּקֹּד יְהוֹשָׁפָט 18

אַפַּיִם אָרְצָה וְכָל־יְהוּדָה וְיֹשְׁבֵי יְרוּשָׁלַ͏ִם נָפְלוּ לִפְנֵי יְהוָה לְהִשְׁתַּחֲוֹת

לַיהוָה: וַיָּקֻמוּ הַלְוִיִּם מִן־בְּנֵי הַקְּהָתִים וּמִן־בְּנֵי הַקָּרְחִים לְהַלֵּל 19

לַיהוָה אֱלֹהֵי יִשְׂרָאֵל בְּקוֹל גָּדוֹל לְמָעְלָה: וַיַּשְׁכִּימוּ בַבֹּקֶר וַיֵּצְאוּ 20

לְמִדְבַּר תְּקוֹעַ וּבְצֵאתָם עָמַד יְהוֹשָׁפָט וַיֹּאמֶר שְׁמָעוּנִי יְהוּדָה וְיֹשְׁבֵי

יְרוּשָׁלַ͏ִם הַאֲמִינוּ בַּיהוָה אֱלֹהֵיכֶם וְתֵאָמֵנוּ הַאֲמִינוּ בִנְבִיאָיו

וְהַצְלִיחוּ: וַיִּוָּעַץ אֶל־הָעָם וַיַּעֲמֵד מְשֹׁרְרִים לַיהוָה וּמְהַלְלִים 21

לְהַדְרַת־קֹדֶשׁ בְּצֵאת לִפְנֵי הֶחָלוּץ וְאֹמְרִים הוֹדוּ לַיהוָה כִּי לְעוֹלָם

חַסְדּוֹ: וּבְעֵת הֵחֵלּוּ בְרִנָּה וּתְהִלָּה נָתַן יְהוָה ׀ מְאָרְבִים עַל־בְּנֵי עַמּוֹן 22

and mount Seir, which were come against Judah; and they were smitten.

23 For the children of Ammon and Moab stood up against the inhabitants of mount Seir, utterly to slay and destroy *them:* and when they had made an end of the inhabitants of Seir, every one helped to destroy another.

24 And when Judah came toward the watch tower in the wilderness, they looked unto the multitude, and, behold, they *were* dead bodies fallen to the earth, and none escaped.

25 And when Jehoshaphat and his people came to take away the spoil of them, they found among them in abundance both riches with the dead bodies, and precious jewels, which they stripped off for themselves, more than they could carry away: and they were three days in gathering of the spoil, it was so much.

26 ¶ And on the fourth day they assembled themselves in the valley of Berachah; for there they blessed the LORD: therefore the name of the same place was called, The valley of Berachah, unto this day.

27 Then they returned, every man of Judah and Jerusalem, and Jehoshaphat in the forefront of them, to go again to Jerusalem with joy; for the LORD had made them to rejoice over their enemies.

28 And they came to Jerusalem with psalteries and harps and trumpets unto the house of the LORD.

29 And the fear of God was on all the kingdoms of *those* countries, when they had heard that the LORD fought against the enemies of Israel.

30 So the realm of Jehoshaphat was quiet: for his God gave him rest round about.

31 ¶ And Jehoshaphat reigned over Judah: *he was* thirty and five years old when he began to reign, and he reigned twenty and five years in Jerusalem. And his mother's name *was* Azubah the daughter of Shilhi.

32 And he walked in the way of Asa his father, and departed not from it, doing *that which was* right in the sight of the LORD.

33 Howbeit the high places were not taken away: for as yet the people had not prepared their hearts unto the God of their fathers.

34 Now the rest of the acts of Jehoshaphat, first and last, behold, they *are* written in the book of Jehu the son of Hanani, who *is* mentioned in the book of the kings of Israel.

35 ¶ And after this did Jehoshaphat king of Judah join himself with Ahaziah king of Israel, who did very wickedly:

36 And he joined himself with him to make ships to go to Tarshish: and they made the ships in Ezion-geber.

37 Then Eliezer the son of Dodavah of Mareshah prophesied against Jehoshaphat, saying, Because thou hast joined thyself with Ahaziah, the LORD hath broken thy works. And the ships were broken, that they were not able to go to Tarshish.

CHAPTER 21

1 Now Jehoshaphat slept with his fathers, and was buried with his fathers in the city of David. And Jehoram his son reigned in his stead.

2 And he had brethren the sons of Jehoshaphat, Azariah, and Jehiel, and Zechariah, and Azariah, and Michael, and Shephatiah: all these *were* the sons of Jehoshaphat king of Israel.

3 And their father gave them great gifts of silver, and of gold, and of precious things, with fenced cities in Judah: but the kingdom gave he to Jehoram; because he *was* the firstborn.

4 Now when Jehoram was risen up to the kingdom of his father, he strengthened himself, and slew all his brethren with the sword, and *divers* also of the princes of Israel.

5 ¶ Jehoram *was* thirty and two years old when he began to reign, and he reigned eight years in Jerusalem.

6 And he walked in the way of the kings of Israel, like as did the house of Ahab: for he had the daughter of Ahab to wife: and he wrought *that which was* evil in the eyes of the LORD.

7 Howbeit the LORD would not destroy the house of David, because of the cove-

מוֹאָב וְהַר־שֵׂעִיר הַבָּאִים לִיהוּדָה וַיִּנָּגֵפוּ: וַיַּעַמְדוּ בְּנֵי עַמּוֹן וּמוֹאָב 23
עַל־יֹשְׁבֵי הַר־שֵׂעִיר לְהַחֲרִים וּלְהַשְׁמִיד וּכְכַלּוֹתָם בְּיוֹשְׁבֵי שֵׂעִיר
עָזְרוּ אִישׁ־בְּרֵעֵהוּ לְמַשְׁחִית: וִיהוּדָה בָּא עַל־הַמִּצְפֶּה לַמִּדְבָּר וַיִּפְנוּ 24
אֶל־הֶהָמוֹן וְהִנָּם פְּגָרִים נֹפְלִים אַרְצָה וְאֵין פְּלֵיטָה: וַיָּבֹא יְהוֹשָׁפָט 25
וְעַמּוֹ לָבֹז אֶת־שְׁלָלָם וַיִּמְצְאוּ בָהֶם לָרֹב וּרְכוּשׁ וּפְגָרִים וּכְלֵי
חֲמֻדוֹת וַיְנַצְּלוּ לָהֶם לְאֵין מַשָּׂא וַיִּהְיוּ יָמִים שְׁלוֹשָׁה בֹּזְזִים אֶת־
הַשָּׁלָל כִּי רַב־הוּא: וּבַיּוֹם הָרְבִעִי נִקְהֲלוּ לְעֵמֶק בְּרָכָה כִּי־שָׁם בֵּרְכוּ 26
אֶת־יְהֹוָה עַל־כֵּן קָרְאוּ אֶת־שֵׁם הַמָּקוֹם הַהוּא עֵמֶק בְּרָכָה עַד־
הַיּוֹם: וַיָּשֻׁבוּ כָּל־אִישׁ יְהוּדָה וִירוּשָׁלַ͏ִם וִיהוֹשָׁפָט בְּרֹאשָׁם לָשׁוּב 27
אֶל־יְרוּשָׁלַ͏ִם בְּשִׂמְחָה כִּי־שִׂמְּחָם יְהֹוָה מֵאוֹיְבֵיהֶם: וַיָּבֹאוּ יְרוּשָׁלַ͏ִם 28
בִּנְבָלִים וּבְכִנֹּרוֹת וּבַחֲצֹצְרוֹת אֶל־בֵּית יְהֹוָה: וַיְהִי פַּחַד אֱלֹהִים עַל 29
כָּל־מַמְלְכוֹת הָאֲרָצוֹת בְּשָׁמְעָם כִּי נִלְחַם יְהֹוָה עִם אוֹיְבֵי יִשְׂרָאֵל:
וַתִּשְׁקֹט מַלְכוּת יְהוֹשָׁפָט וַיָּנַח לוֹ אֱלֹהָיו מִסָּבִיב: 30
וַיִּמְלֹךְ יְהוֹשָׁפָט עַל־יְהוּדָה בֶּן־שְׁלֹשִׁים וְחָמֵשׁ שָׁנָה בְּמָלְכוֹ וְעֶשְׂרִים 31
וְחָמֵשׁ שָׁנָה מָלַךְ בִּירוּשָׁלַ͏ִם וְשֵׁם אִמּוֹ עֲזוּבָה בַּת־שִׁלְחִי: וַיֵּלֶךְ 32
בְּדֶרֶךְ אָבִיו אָסָא וְלֹא־סָר מִמֶּנָּה לַעֲשׂוֹת הַיָּשָׁר בְּעֵינֵי יְהֹוָה: אַךְ 33
הַבָּמוֹת לֹא־סָרוּ וְעוֹד הָעָם לֹא־הֵכִינוּ לְבָבָם לֵאלֹהֵי אֲבֹתֵיהֶם:
וְיֶתֶר דִּבְרֵי יְהוֹשָׁפָט הָרִאשֹׁנִים וְהָאַחֲרֹנִים הִנָּם כְּתוּבִים בְּדִבְרֵי 34
יֵהוּא בֶן־חֲנָנִי אֲשֶׁר הֹעֲלָה עַל־סֵפֶר מַלְכֵי יִשְׂרָאֵל: וְאַחֲרֵי־כֵן 35 | 35A
אֶתְחַבַּר יְהוֹשָׁפָט מֶלֶךְ־יְהוּדָה עִם אֲחַזְיָה מֶלֶךְ־יִשְׂרָאֵל הוּא הִרְשִׁיעַ
לַעֲשׂוֹת: וַיְחַבְּרֵהוּ עִמּוֹ לַעֲשׂוֹת אֳנִיּוֹת לָלֶכֶת תַּרְשִׁישׁ וַיַּעֲשׂוּ אֳנִיּוֹת 36
בְּעֶצְיוֹן גָּבֶר: וַיִּתְנַבֵּא אֱלִיעֶזֶר בֶּן־דֹּדָוָהוּ מִמָּרֵשָׁה עַל־יְהוֹשָׁפָט 37
לֵאמֹר כְּהִתְחַבֶּרְךָ עִם־אֲחַזְיָהוּ פָּרַץ יְהֹוָה אֶת־מַעֲשֶׂיךָ וַיִּשָּׁבְרוּ
אֳנִיּוֹת וְלֹא עָצְרוּ לָלֶכֶת אֶל־תַּרְשִׁישׁ: וַיִּשְׁכַּב יְהוֹשָׁפָט עִם־אֲבֹתָיו 21 | 1
וַיִּקָּבֵר עִם־אֲבֹתָיו בְּעִיר דָּוִיד וַיִּמְלֹךְ יְהוֹרָם בְּנוֹ תַּחְתָּיו: וְלוֹ־אַחִים 2
בְּנֵי יְהוֹשָׁפָט עֲזַרְיָה וִיחִיאֵל וּזְכַרְיָהוּ וַעֲזַרְיָהוּ וּמִיכָאֵל וּשְׁפַטְיָהוּ כָּל־
אֵלֶּה בְּנֵי יְהוֹשָׁפָט מֶלֶךְ־יִשְׂרָאֵל: וַיִּתֵּן לָהֶם אֲבִיהֶם מַתָּנוֹת רַבּוֹת 3
לְכֶסֶף וּלְזָהָב וּלְמִגְדָּנוֹת עִם־עָרֵי מְצֻרוֹת בִּיהוּדָה וְאֶת־הַמַּמְלָכָה
נָתַן לִיהוֹרָם כִּי־הוּא הַבְּכוֹר:
וַיָּקָם יְהוֹרָם עַל־מַמְלֶכֶת אָבִיו וַיִּתְחַזַּק וַיַּהֲרֹג אֶת־כָּל־אֶחָיו בֶּחָרֶב 4 | 4A
וְגַם מִשָּׂרֵי יִשְׂרָאֵל: בֶּן־שְׁלֹשִׁים וּשְׁתַּיִם שָׁנָה יְהוֹרָם בְּמָלְכוֹ וּשְׁמוֹנֶה 5
שָׁנִים מָלַךְ בִּירוּשָׁלָ͏ִם: וַיֵּלֶךְ בְּדֶרֶךְ מַלְכֵי יִשְׂרָאֵל כַּאֲשֶׁר עָשׂוּ בֵּית 6
אַחְאָב כִּי בַּת־אַחְאָב הָיְתָה לּוֹ אִשָּׁה וַיַּעַשׂ הָרַע בְּעֵינֵי יְהֹוָה: וְלֹא־ 7
אָבָה יְהֹוָה לְהַשְׁחִית אֶת־בֵּית דָּוִיד לְמַעַן הַבְּרִית אֲשֶׁר כָּרַת לְדָוִיד

nant that he had made with David, and as he promised to give a light to him and to his sons for ever.

8 ¶ In his days the Edomites revolted from under the dominion of Judah, and made themselves a king.

9 Then Jehoram went forth with his princes, and all his chariots with him: and he rose up by night, and smote the Edomites which compassed him in, and the captains of the chariots.

10 So the Edomites revolted from under the hand of Judah unto this day. The same time *also* did Libnah revolt from under his hand; because he had forsaken the LORD God of his fathers.

11 Moreover he made high places in the mountains of Judah, and caused the inhabitants of Jerusalem to commit fornication, and compelled Judah *thereto*.

12 ¶ And there came a writing to him from Elijah the prophet, saying, Thus saith the LORD God of David thy father, Because thou hast not walked in the ways of Jehoshaphat thy father, nor in the ways of Asa king of Judah,

13 But hast walked in the way of the kings of Israel, and hast made Judah and the inhabitants of Jerusalem to go a whoring, like to the whoredoms of the house of Ahab, and also hast slain thy brethren of thy father's house, *which were* better than thyself:

14 Behold, with a great plague will the LORD smite thy people, and thy children, and thy wives, and all thy goods:

15 And thou *shalt have* great sickness by disease of thy bowels, until thy bowels fall out by reason of the sickness day by day.

16 ¶ Moreover the LORD stirred up against Jehoram the spirit of the Philistines, and of the Arabians, that *were* near the Ethiopians:

17 And they came up into Judah, and brake into it, and carried away all the substance that was found in the king's house, and his sons also, and his wives; so that there was never a son left him, save Jehoahaz, the youngest of his sons.

18 ¶ And after all this the LORD smote him in his bowels with an incurable disease.

19 And it came to pass, that in process of time, after the end of two years, his bowels fell out by reason of his sickness: so he died of sore diseases. And his people made no burning for him, like the burning of his fathers.

20 Thirty and two years old was he when he began to reign, and he reigned in Jerusalem eight years, and departed without being desired. Howbeit they buried him in the city of David, but not in the sepulchres of the kings.

CHAPTER 22

1 And the inhabitants of Jerusalem made Ahaziah his youngest son king in his stead: for the band of men that came with the Arabians to the camp had slain all the eldest. So Ahaziah the son of Jehoram king of Judah reigned.

2 Forty and two years old *was* Ahaziah when he began to reign, and he reigned one year in Jerusalem. His mother's name also *was* Athaliah the daughter of Omri.

3 He also walked in the ways of the house of Ahab: for his mother was his counsellor to do wickedly.

4 Wherefore he did evil in the sight of the LORD like the house of Ahab: for they were his counsellors after the death of his father to his destruction.

5 ¶ He walked also after their counsel, and went with Jehoram the son of Ahab king of Israel to war against Hazael king of Syria at Ramoth-gilead: and the Syrians smote Joram.

6 And he returned to be healed in Jezreel because of the wounds which were given him at Ramah, when he fought with Hazael king of Syria. And Azariah the son of Jehoram king of Judah went down to see Jehoram the son of Ahab at Jezreel, because he was sick.

7 And the destruction of Ahaziah was of God by coming to Joram: for when he was come, he went out with Jehoram against Jehu the son of Nimshi, whom the LORD had anointed to cut off the house of Ahab.

8 And it came to pass, that, when Jehu was executing judgment upon the house

8 וְכַאֲשֶׁר אָמַר לָתֵת לוֹ נִיר וּלְבָנָיו כָּל־הַיָּמִים: בְּיָמָיו פָּשַׁע אֱדוֹם

9 מִתַּחַת יַד־יְהוּדָה וַיַּמְלִיכוּ עֲלֵיהֶם מֶלֶךְ: וַיַּעֲבֹר יְהוֹרָם עִם־שָׂרָיו וְכָל־הָרֶכֶב עִמּוֹ וַיְהִי קָם לַיְלָה וַיַּךְ אֶת־אֱדוֹם הַסּוֹבֵב אֵלָיו וְאֵת

10 שָׂרֵי הָרָכֶב: וַיִּפְשַׁע אֱדוֹם מִתַּחַת יַד־יְהוּדָה עַד הַיּוֹם הַזֶּה אָז תִּפְשַׁע לִבְנָה בָּעֵת הַהִיא מִתַּחַת יָדוֹ כִּי עָזַב אֶת־יְהוָה אֱלֹהֵי

11 אֲבֹתָיו: גַּם־הוּא עָשָׂה־בָמוֹת בְּהָרֵי יְהוּדָה וַיֶּזֶן אֶת־יֹשְׁבֵי יְרוּשָׁלַ͏ִם וַיַּדַּח אֶת־יְהוּדָה:

12 וַיָּבֹא אֵלָיו מִכְתָּב מֵאֵלִיָּהוּ הַנָּבִיא לֵאמֹר כֹּה אָמַר יְהוָה אֱלֹהֵי דָּוִיד אָבִיךָ תַּחַת אֲשֶׁר לֹא־הָלַכְתָּ בְּדַרְכֵי יְהוֹשָׁפָט אָבִיךָ וּבְדַרְכֵי

13 אָסָא מֶלֶךְ־יְהוּדָה: וַתֵּלֶךְ בְּדֶרֶךְ מַלְכֵי יִשְׂרָאֵל וַתַּזְנֶה אֶת־יְהוּדָה וְאֶת־יֹשְׁבֵי יְרוּשָׁלַ͏ִם כְּהַזְנוֹת בֵּית אַחְאָב וְגַם אֶת־אַחֶיךָ בֵית־אָבִיךָ

14 הַטּוֹבִים מִמְּךָ הָרָגְתָּ: הִנֵּה יְהוָה נֹגֵף מַגֵּפָה גְדוֹלָה בְּעַמֶּךָ וּבְבָנֶיךָ

15 וּבְנָשֶׁיךָ וּבְכָל־רְכוּשֶׁךָ: וְאַתָּה בָּחֳלָיִים רַבִּים בְּמַחֲלֵה מֵעֶיךָ עַד־יֵצְאוּ

16 מֵעֶיךָ מִן־הַחֹלִי יָמִים עַל־יָמִים: וַיָּעַר יְהוָה עַל־יְהוֹרָם אֵת רוּחַ

17 הַפְּלִשְׁתִּים וְהָעַרְבִים אֲשֶׁר עַל־יַד כּוּשִׁים: וַיַּעֲלוּ בִיהוּדָה וַיִּבְקָעוּהָ וַיִּשְׁבּוּ אֵת כָּל־הָרְכוּשׁ הַנִּמְצָא לְבֵית־הַמֶּלֶךְ וְגַם־בָּנָיו וְנָשָׁיו וְלֹא

18 נִשְׁאַר־לוֹ בֵן כִּי אִם־יְהוֹאָחָז קְטֹן בָּנָיו: וְאַחֲרֵי כָּל־זֹאת נְגָפוֹ יְהוָה |

19 בְּמֵעָיו לָחֳלִי לְאֵין מַרְפֵּא: וַיְהִי לְיָמִים | מִיָּמִים וּכְעֵת צֵאת הַקֵּץ לְיָמִים | שְׁנַיִם יָצְאוּ מֵעָיו עִם־חָלְיוֹ וַיָּמָת בְּתַחֲלֻאִים רָעִים וְלֹא־עָשׂוּ

20 לוֹ עַמּוֹ שְׂרֵפָה כִּשְׂרֵפַת אֲבֹתָיו: בֶּן־שְׁלֹשִׁים וּשְׁתַּיִם הָיָה בְמָלְכוֹ וּשְׁמוֹנֶה שָׁנִים מָלַךְ בִּירוּשָׁלָ͏ִם וַיֵּלֶךְ בְּלֹא חֶמְדָּה וַיִּקְבְּרֻהוּ בְּעִיר

22 1 דָּוִיד וְלֹא בְּקִבְרוֹת הַמְּלָכִים: וַיַּמְלִיכוּ יוֹשְׁבֵי יְרוּשָׁלַ͏ִם אֶת־אֲחַזְיָהוּ בְנוֹ הַקָּטֹן תַּחְתָּיו כִּי כָל־הָרִאשֹׁנִים הָרַג הַגְּדוּד הַבָּא בָעַרְבִים לַמַּחֲנֶה וַיִּמְלֹךְ אֲחַזְיָהוּ בֶן־יְהוֹרָם מֶלֶךְ יְהוּדָה:

2 בֶּן־אַרְבָּעִים וּשְׁתַּיִם שָׁנָה אֲחַזְיָהוּ בְמָלְכוֹ וְשָׁנָה אַחַת מָלַךְ

3 בִּירוּשָׁלָ͏ִם וְשֵׁם אִמּוֹ עֲתַלְיָהוּ בַּת־עָמְרִי: גַּם־הוּא הָלַךְ בְּדַרְכֵי בֵּית

4 אַחְאָב כִּי אִמּוֹ הָיְתָה יוֹעַצְתּוֹ לְהַרְשִׁיעַ: וַיַּעַשׂ הָרַע בְּעֵינֵי יְהוָה כְּבֵית אַחְאָב כִּי־הֵמָּה הָיוּ־לוֹ יוֹעֲצִים אַחֲרֵי מוֹת אָבִיו לְמַשְׁחִית

5 לוֹ: גַּם בַּעֲצָתָם הָלַךְ וַיֵּלֶךְ אֶת־יְהוֹרָם בֶּן־אַחְאָב מֶלֶךְ יִשְׂרָאֵל לַמִּלְחָמָה עַל־חֲזָאֵל מֶלֶךְ־אֲרָם בְּרָמוֹת גִּלְעָד וַיַּכּוּ הָרַמִּים אֶת־יוֹרָם:

6 וַיָּשָׁב לְהִתְרַפֵּא בְיִזְרְעֶאל כִּי הַמַּכִּים אֲשֶׁר הִכֻּהוּ בְרָמָה בְּהִלָּחֲמוֹ אֶת־חֲזָהאֵל מֶלֶךְ אֲרָם וַעֲזַרְיָהוּ בֶן־יְהוֹרָם מֶלֶךְ יְהוּדָה יָרַד לִרְאוֹת

7 אֶת־יְהוֹרָם בֶּן־אַחְאָב בְּיִזְרְעֶאל כִּי־חֹלֶה הוּא: וּמֵאֱלֹהִים הָיְתָה תְּבוּסַת אֲחַזְיָהוּ לָבוֹא אֶל־יוֹרָם וּבְבֹאוֹ יָצָא עִם־יְהוֹרָם אֶל־יֵהוּא

8 בֶן־נִמְשִׁי אֲשֶׁר מְשָׁחוֹ יְהוָה לְהַכְרִית אֶת־בֵּית אַחְאָב: וַיְהִי כְּהִשָּׁפֵט

of Ahab, and found the princes of Judah, and the sons of the brethren of Ahaziah, that ministered to Ahaziah, he slew them.

9 And he sought Ahaziah: and they caught him, (for he was hid in Samaria,) and brought him to Jehu: and when they had slain him, they buried him: Because, said they, he *is* the son of Jehoshaphat, who sought the LORD with all his heart. So the house of Ahaziah had no power to keep still the kingdom.

10 ¶ But when Athaliah the mother of Ahaziah saw that her son was dead, she arose and destroyed all the seed royal of the house of Judah.

11 But Jehoshabeath, the daughter of the king, took Joash the son of Ahaziah, and stole him from among the king's sons that were slain, and put him and his nurse in a bedchamber. So Jehoshabeath, the daughter of king Jehoram, the wife of Jehoiada the priest, (for she was the sister of Ahaziah,) hid him from Athaliah, so that she slew him not.

12 And he was with them hid in the house of God six years: and Athaliah reigned over the land.

CHAPTER 23

1 And in the seventh year Jehoiada strengthened himself, and took the captains of hundreds, Azariah the son of Jeroham, and Ishmael the son of Jehohanan, and Azariah the son of Obed, and Maaseiah the son of Adaiah, and Elishaphat the son of Zichri, into covenant with him.

2 And they went about in Judah, and gathered the Levites out of all the cities of Judah, and the chief of the fathers of Israel, and they came to Jerusalem.

3 And all the congregation made a covenant with the king in the house of God. And he said unto them, Behold, the king's son shall reign, as the LORD hath said of the sons of David.

4 This *is* the thing that ye shall do; A third part of you entering on the sabbath,

of the priests and of the Levites, *shall be* porters of the doors;

5 And a third part *shall be* at the king's house; and a third part at the gate of the foundation: and all the people *shall be* in the courts of the house of the LORD.

6 But let none come into the house of the LORD, save the priests, and they that minister of the Levites; they shall go in, for they *are* holy: but all the people shall keep the watch of the LORD.

7 And the Levites shall compass the king round about, every man with his weapons in his hand; and whosoever *else* cometh into the house, he shall be put to death: but be ye with the king when he cometh in, and when he goeth out.

8 So the Levites and all Judah did according to all things that Jehoiada the priest had commanded, and took every man his men that were to come in on the sabbath, with them that were to go *out* on the sabbath: for Jehoiada the priest dismissed not the courses.

9 Moreover Jehoiada the priest delivered to the captains of hundreds spears, and bucklers, and shields, that *had been* king David's, which *were* in the house of God.

10 And he set all the people, every man having his weapon in his hand, from the right side of the temple to the left side of the temple, along by the altar and the temple, by the king round about.

11 Then they brought out the king's son, and put upon him the crown, and *gave him* the testimony, and made him king. And Jehoiada and his sons anointed him, and said, God save the king.

12 ¶ Now when Athaliah heard the noise of the people running and praising the king, she came to the people into the house of the LORD:

13 And she looked, and, behold, the king stood at his pillar at the entering in, and the princes and the trumpets by the king: and all the people of the land rejoiced, and sounded with trumpets, also the singers with instruments of musick, and such as taught to sing praise. Then Athaliah rent her clothes, and said, Treason, Treason.

יֵהוּא עִם־בֵּית אַחְאָב וַיִּמְצָא אֶת־שָׂרֵי יְהוּדָה וּבְנֵי אֲחֵי אֲחַזְיָהוּ

9 מְשָׁרְתִים לַאֲחַזְיָהוּ וַיַּהַרְגֵם: וַיְבַקֵּשׁ אֶת־אֲחַזְיָהוּ וַיִּלְכְּדֻהוּ וְהוּא
מִתְחַבֵּא בְשֹׁמְרוֹן וַיְבִאֻהוּ אֶל־יֵהוּא וַיְמִתֻהוּ וַיִּקְבְּרֻהוּ כִּי אָמְרוּ בֶּן־
יְהוֹשָׁפָט הוּא אֲשֶׁר־דָּרַשׁ אֶת־יְהוָה בְּכָל־לְבָבוֹ וְאֵין לְבֵית אֲחַזְיָהוּ

10 לַעְצֹר כֹּחַ לְמַמְלָכָה: וַעֲתַלְיָהוּ אֵם אֲחַזְיָהוּ רָאֲתָה כִּי מֵת בְּנָהּ

11 וַתָּקָם וַתְּדַבֵּר אֶת־כָּל־זֶרַע הַמַּמְלָכָה לְבֵית יְהוּדָה: וַתִּקַּח יְהוֹשַׁבְעַת
בַּת־הַמֶּלֶךְ אֶת־יוֹאָשׁ בֶּן־אֲחַזְיָהוּ וַתִּגְנֹב אֹתוֹ מִתּוֹךְ בְּנֵי־הַמֶּלֶךְ
הַמּוּמָתִים וַתִּתֵּן אֹתוֹ וְאֶת־מֵינִקְתּוֹ בַּחֲדַר הַמִּטּוֹת וַתַּסְתִּירֵהוּ
יְהוֹשַׁבְעַת בַּת־הַמֶּלֶךְ יְהוֹרָם אֵשֶׁת יְהוֹיָדָע הַכֹּהֵן כִּי הִיא הָיְתָה

12 אֲחוֹת אֲחַזְיָהוּ מִפְּנֵי עֲתַלְיָהוּ וְלֹא הֱמִיתָתְהוּ: וַיְהִי אִתָּם בְּבֵית
הָאֱלֹהִים מִתְחַבֵּא שֵׁשׁ שָׁנִים וַעֲתַלְיָה מֹלֶכֶת עַל־הָאָרֶץ:

23 1 וּבַשָּׁנָה הַשְּׁבִעִית הִתְחַזַּק יְהוֹיָדָע וַיִּקַּח אֶת־שָׂרֵי הַמֵּאוֹת לַעֲזַרְיָהוּ
בֶן־יְרֹחָם וּלְיִשְׁמָעֵאל בֶּן־יְהוֹחָנָן וְלַעֲזַרְיָהוּ בֶן־עוֹבֵד וְאֶת־מַעֲשֵׂיָהוּ

2 בֶן־עֲדָיָהוּ וְאֶת־אֱלִישָׁפָט בֶּן־זִכְרִי עִמּוֹ בַבְּרִית: וַיָּסֹבּוּ בִּיהוּדָה
וַיִּקְבְּצוּ אֶת־הַלְוִיִּם מִכָּל־עָרֵי יְהוּדָה וְרָאשֵׁי הָאָבוֹת לְיִשְׂרָאֵל וַיָּבֹאוּ

3 אֶל־יְרוּשָׁלָ͏ִם: וַיִּכְרֹת כָּל־הַקָּהָל בְּרִית בְּבֵית הָאֱלֹהִים עִם־הַמֶּלֶךְ
וַיֹּאמֶר לָהֶם הִנֵּה בֶן־הַמֶּלֶךְ יִמְלֹךְ כַּאֲשֶׁר דִּבֶּר יְהוָה עַל־בְּנֵי דָוִיד:

4A 4 זֶה הַדָּבָר אֲשֶׁר תַּעֲשׂוּ הַשְּׁלִשִׁית מִכֶּם בָּאֵי הַשַּׁבָּת לַכֹּהֲנִים וְלַלְוִיִּם

5 לְשֹׁעֲרֵי הַסִּפִּים: וְהַשְּׁלִשִׁית בְּבֵית הַמֶּלֶךְ וְהַשְּׁלִשִׁית בְּשַׁעַר הַיְסוֹד

6 וְכָל־הָעָם בְּחַצְרוֹת בֵּית יְהוָה: וְאַל־יָבוֹא בֵית־יְהוָה כִּי אִם־הַכֹּהֲנִים
וְהַמְשָׁרְתִים לַלְוִיִּם הֵמָּה יָבֹאוּ כִּי־קֹדֶשׁ הֵמָּה וְכָל־הָעָם יִשְׁמְרוּ

7 מִשְׁמֶרֶת יְהוָה: וְהִקִּיפוּ הַלְוִיִּם אֶת־הַמֶּלֶךְ סָבִיב אִישׁ וְכֵלָיו בְּיָדוֹ

8A 8 וְהַבָּא אֶל־הַבַּיִת יוּמָת וִהְיוּ אֶת־הַמֶּלֶךְ בְּבֹאוֹ וּבְצֵאתוֹ: וַיַּעֲשׂוּ
הַלְוִיִּם וְכָל־יְהוּדָה כְּכֹל אֲשֶׁר־צִוָּה יְהוֹיָדָע הַכֹּהֵן וַיִּקְחוּ אִישׁ אֶת־
אֲנָשָׁיו בָּאֵי הַשַּׁבָּת עִם יוֹצְאֵי הַשַּׁבָּת כִּי לֹא פָטַר יְהוֹיָדָע הַכֹּהֵן

9 אֶת־הַמַּחְלְקוֹת: וַיִּתֵּן יְהוֹיָדָע הַכֹּהֵן לְשָׂרֵי הַמֵּאוֹת אֶת־הַחֲנִיתִים
וְאֶת־הַמָּגִנּוֹת וְאֶת־הַשְּׁלָטִים אֲשֶׁר לַמֶּלֶךְ דָּוִיד אֲשֶׁר בֵּית הָאֱלֹהִים:

10 וַיַּעֲמֵד אֶת־כָּל־הָעָם וְאִישׁ ׀ שִׁלְחוֹ בְיָדוֹ מִכֶּתֶף הַבַּיִת הַיְמָנִית עַד־

11 כֶּתֶף הַבַּיִת הַשְּׂמָאלִית לַמִּזְבֵּחַ וְלַבָּיִת עַל־הַמֶּלֶךְ סָבִיב: וַיּוֹצִיאוּ
אֶת־בֶּן־הַמֶּלֶךְ וַיִּתְּנוּ עָלָיו אֶת־הַנֵּזֶר וְאֶת־הָעֵדוּת וַיַּמְלִיכוּ אֹתוֹ

12 וַיִּמְשָׁחֻהוּ יְהוֹיָדָע וּבָנָיו וַיֹּאמְרוּ יְחִי הַמֶּלֶךְ: וַתִּשְׁמַע
עֲתַלְיָהוּ אֶת־קוֹל הָעָם הָרָצִים וְהַמְהַלְלִים אֶת־הַמֶּלֶךְ וַתָּבוֹא אֶל־

13 הָעָם בֵּית יְהוָה: וַתֵּרֶא וְהִנֵּה הַמֶּלֶךְ עוֹמֵד עַל־עַמּוּדוֹ בַּמָּבוֹא
וְהַשָּׂרִים וְהַחֲצֹצְרוֹת עַל־הַמֶּלֶךְ וְכָל־עַם הָאָרֶץ שָׂמֵחַ וְתוֹקֵעַ
בַּחֲצֹצְרוֹת וְהַמְשֹׁרֲרִים בִּכְלֵי הַשִּׁיר וּמוֹדִיעִים לְהַלֵּל וַתִּקְרַע

14 Then Jehoiada the priest brought out the captains of hundreds that were set over the host, and said unto them, Have her forth of the ranges: and whoso followeth her, let him be slain with the sword. For the priest said, Slay her not in the house of the LORD.

15 So they laid hands on her; and when she was come to the entering of the horse gate by the king's house, they slew her there.

16 ¶ And Jehoiada made a covenant between him, and between all the people, and between the king, that they should be the LORD's people.

17 Then all the people went to the house of Baal, and brake it down, and brake his altars and his images in pieces, and slew Mattan the priest of Baal before the altars.

18 Also Jehoiada appointed the offices of the house of the LORD by the hand of the priests the Levites, whom David had distributed in the house of the LORD, to offer the burnt offerings of the LORD, as *it is* written in the law of Moses, with rejoicing and with singing, *as it was ordained* by David.

19 And he set the porters at the gates of the house of the LORD, that none *which was* unclean in any thing should enter in.

20 And he took the captains of hundreds, and the nobles, and the governors of the people, and all the people of the land, and brought down the king from the house of the LORD: and they came through the high gate into the king's house, and set the king upon the throne of the kingdom.

21 And all the people of the land rejoiced: and the city was quiet, after that they had slain Athaliah with the sword.

CHAPTER 24

1 Joash *was* seven years old when he began to reign, and he reigned forty years in Jerusalem. His mother's name also *was* Zibiah of Beer-sheba.

2 And Joash did *that which was* right in the sight of the LORD all the days of Jehoiada the priest.

3 And Jehoiada took for him two wives; and he begat sons and daughters.

4 ¶ And it came to pass after this, *that* Joash was minded to repair the house of the LORD.

5 And he gathered together the priests and the Levites, and said to them, Go out unto the cities of Judah, and gather of all Israel money to repair the house of your God from year to year, and see that ye hasten the matter. Howbeit the Levites hastened *it* not.

6 And the king called for Jehoiada the chief, and said unto him, Why hast thou not required of the Levites to bring in out of Judah and out of Jerusalem the collection, *according to the commandment* of Moses the servant of the LORD, and of the congregation of Israel, for the tabernacle of witness?

7 For the sons of Athaliah, that wicked woman, had broken up the house of God; and also all the dedicated things of the house of the LORD did they bestow upon Baalim.

8 And at the king's commandment they made a chest, and set it without at the gate of the house of the LORD.

9 And they made a proclamation through Judah and Jerusalem, to bring in to the LORD the collection *that* Moses the servant of God *laid* upon Israel in the wilderness.

10 And all the princes and all the people rejoiced, and brought in, and cast into the chest, until they had made an end.

11 Now it came to pass, that at what time the chest was brought unto the king's office by the hand of the Levites, and when they saw that *there was* much money, the king's scribe and the high priest's officer came and emptied the chest, and took it, and carried it to his place again. Thus they did day by day, and gathered money in abundance.

12 And the king and Jehoiada gave it to such as did the work of the service of the house of the LORD, and hired masons and carpenters to repair the house of the LORD, and also such as wrought iron and brass to mend the house of the LORD.

13 So the workmen wrought, and the

14 עֲתַלְיָהוּ אֶת־בְּגָדֶיהָ וַתֹּאמֶר קֶשֶׁר קָשֶׁר: וַיּוֹצֵא יְהוֹיָדָע הַכֹּהֵן אֶת־שָׂרֵי הַמֵּאוֹת ׀ פְּקוּדֵי הַחַיִל וַיֹּאמֶר אֲלֵהֶם הוֹצִיאוּהָ אֶל־מִבֵּית הַשְּׂדֵרוֹת וְהַבָּא אַחֲרֶיהָ יוּמַת בֶּחָרֶב כִּי אָמַר הַכֹּהֵן לֹא

15 תְמִיתוּהָ בֵּית יְהוָה: וַיָּשִׂימוּ לָהּ יָדַיִם וַתָּבוֹא אֶל־מְבוֹא שַׁעַר־הַסּוּסִים בֵּית הַמֶּלֶךְ וַיְמִיתוּהָ שָׁם:

16 וַיִּכְרֹת יְהוֹיָדָע בְּרִית בֵּינוֹ וּבֵין כָּל־הָעָם וּבֵין הַמֶּלֶךְ לִהְיוֹת לְעָם

17 לַיהוָה: וַיָּבֹאוּ כָל־הָעָם בֵּית־הַבַּעַל וַיִּתְּצֻהוּ וְאֶת־מִזְבְּחֹתָיו וְאֶת־

18 צְלָמָיו שִׁבֵּרוּ וְאֵת מַתָּן כֹּהֵן הַבַּעַל הָרְגוּ לִפְנֵי הַמִּזְבְּחוֹת: וַיָּשֶׂם יְהוֹיָדָע פְּקֻדֹּת בֵּית יְהוָה בְּיַד הַכֹּהֲנִים הַלְוִיִּם אֲשֶׁר חָלַק דָּוִיד עַל־בֵּית יְהוָה לְהַעֲלוֹת עֹלוֹת יְהוָה כַּכָּתוּב בְּתוֹרַת מֹשֶׁה בְּשִׂמְחָה

19 וּבְשִׁיר עַל יְדֵי דָוִיד: וַיַּעֲמֵד הַשּׁוֹעֲרִים עַל־שַׁעֲרֵי בֵּית יְהוָה וְלֹא־

20 יָבֹא טָמֵא לְכָל־דָּבָר: וַיִּקַּח אֶת־שָׂרֵי הַמֵּאוֹת וְאֶת־הָאַדִּירִים וְאֶת־הַמּוֹשְׁלִים בָּעָם וְאֵת ׀ כָּל־עַם הָאָרֶץ וַיּוֹרֶד אֶת־הַמֶּלֶךְ מִבֵּית יְהוָה וַיָּבֹאוּ בְּתוֹךְ־שַׁעַר הָעֶלְיוֹן בֵּית הַמֶּלֶךְ וַיּוֹשִׁיבוּ אֶת־הַמֶּלֶךְ עַל כִּסֵּא

21 הַמַּמְלָכָה: וַיִּשְׂמְחוּ כָל־עַם־הָאָרֶץ וְהָעִיר שָׁקָטָה וְאֶת־עֲתַלְיָהוּ הֵמִיתוּ בֶחָרֶב:

24 1 בֶּן־שֶׁבַע שָׁנִים יֹאָשׁ בְּמָלְכוֹ וְאַרְבָּעִים

2 שָׁנָה מָלַךְ בִּירוּשָׁלָ͏ִם וְשֵׁם אִמּוֹ צִבְיָה מִבְּאֵר שָׁבַע: וַיַּעַשׂ יוֹאָשׁ

3 הַיָּשָׁר בְּעֵינֵי יְהוָה כָּל־יְמֵי יְהוֹיָדָע הַכֹּהֵן: וַיִּשָּׂא־לוֹ יְהוֹיָדָע נָשִׁים

4 שְׁתָּיִם וַיּוֹלֶד בָּנִים וּבָנוֹת: וַיְהִי אַחֲרֵי־כֵן הָיָה עִם־לֵב יוֹאָשׁ לְחַדֵּשׁ

5 אֶת־בֵּית יְהוָה: וַיִּקְבֹּץ אֶת־הַכֹּהֲנִים וְהַלְוִיִּם וַיֹּאמֶר לָהֶם צְאוּ לְעָרֵי יְהוּדָה וְקִבְצוּ מִכָּל־יִשְׂרָאֵל כֶּסֶף לְחַזֵּק ׀ אֶת־בֵּית אֱלֹהֵיכֶם מִדֵּי שָׁנָה

6 בְּשָׁנָה וְאַתֶּם תְּמַהֲרוּ לַדָּבָר וְלֹא מִהֲרוּ הַלְוִיִּם: וַיִּקְרָא הַמֶּלֶךְ לִיהוֹיָדָע הָרֹאשׁ וַיֹּאמֶר לוֹ מַדּוּעַ לֹא־דָרַשְׁתָּ עַל־הַלְוִיִּם לְהָבִיא מִיהוּדָה וּמִירוּשָׁלַ͏ִם אֶת־מַשְׂאַת מֹשֶׁה עֶבֶד־יְהוָה וְהַקָּהָל לְיִשְׂרָאֵל

7 לְאֹהֶל הָעֵדוּת: כִּי עֲתַלְיָהוּ הַמִּרְשַׁעַת בָּנֶיהָ פָרְצוּ אֶת־בֵּית הָאֱלֹהִים

8 וְגַם כָּל־קָדְשֵׁי בֵית־יְהוָה עָשׂוּ לַבְּעָלִים: וַיֹּאמֶר הַמֶּלֶךְ וַיַּעֲשׂוּ אֲרוֹן

9 אֶחָד וַיִּתְּנֻהוּ בְּשַׁעַר בֵּית־יְהוָה חוּצָה: וַיִּתְּנוּ־קוֹל בִּיהוּדָה וּבִירוּשָׁלַ͏ִם לְהָבִיא לַיהוָה מַשְׂאַת מֹשֶׁה עֶבֶד־הָאֱלֹהִים עַל־יִשְׂרָאֵל בַּמִּדְבָּר:

10 וַיִּשְׂמְחוּ כָל־הַשָּׂרִים וְכָל־הָעָם וַיָּבִיאוּ וַיַּשְׁלִיכוּ לָאָרוֹן עַד־לְכַלֵּה:

11 וַיְהִי בְּעֵת יָבִיא אֶת־הָאָרוֹן אֶל־פְּקֻדַּת הַמֶּלֶךְ בְּיַד הַלְוִיִּם וְכִרְאוֹתָם כִּי־רַב הַכֶּסֶף וּבָא סוֹפֵר הַמֶּלֶךְ וּפְקִיד כֹּהֵן הָרֹאשׁ וִיעָרוּ אֶת־הָאָרוֹן וְיִשָּׂאֻהוּ וִישִׁיבֻהוּ אֶל־מְקֹמוֹ כֹּה עָשׂוּ לְיוֹם ׀ בְּיוֹם וַיַּאַסְפוּ־כֶסֶף לָרֹב:

12 וַיִּתְּנֵהוּ הַמֶּלֶךְ וִיהוֹיָדָע אֶל־עוֹשֵׂה מְלֶאכֶת עֲבוֹדַת בֵּית־יְהוָה וַיִּהְיוּ שֹׂכְרִים חֹצְבִים וְחָרָשִׁים לְחַדֵּשׁ בֵּית יְהוָה וְגַם לְחָרָשֵׁי בַרְזֶל וּנְחֹשֶׁת

13 לְחַזֵּק אֶת־בֵּית יְהוָה: וַיַּעֲשׂוּ עֹשֵׂי הַמְּלָאכָה וַתַּעַל אֲרוּכָה לַמְּלָאכָה

work was perfected by them, and they set the house of God in his state, and strengthened it.

14 And when they had finished *it,* they brought the rest of the money before the king and Jehoiada, whereof were made vessels for the house of the LORD, *even* vessels to minister, and to offer *withal,* and spoons, and vessels of gold and silver. And they offered burnt offerings in the house of the LORD continually all the days of Jehoiada.

15 ¶ But Jehoiada waxed old, and was full of days when he died; an hundred and thirty years old *was he* when he died.

16 And they buried him in the city of David among the kings, because he had done good in Israel, both toward God, and toward his house.

17 Now after the death of Jehoiada came the princes of Judah, and made obeisance to the king. Then the king hearkened unto them.

18 And they left the house of the LORD God of their fathers, and served groves and idols: and wrath came upon Judah and Jerusalem for this their trespass.

19 Yet he sent prophets to them, to bring them again unto the LORD; and they testified against them: but they would not give ear.

20 And the Spirit of God came upon Zechariah the son of Jehoiada the priest, which stood above the people, and said unto them, Thus saith God, Why transgress ye the commandments of the LORD, that ye cannot prosper? because ye have forsaken the LORD, he hath also forsaken you.

21 And they conspired against him, and stoned him with stones at the commandment of the king in the court of the house of the LORD.

22 Thus Joash the king remembered not the kindness which Jehoiada his father had done to him, but slew his son. And when he died, he said, The LORD look upon *it,* and require *it.*

23 ¶ And it came to pass at the end of the year, *that* the host of Syria came up against him: and they came to Judah and Jerusalem, and destroyed all the princes of the people from among the people, and sent all the spoil of them unto the king of Damascus.

24 For the army of the Syrians came with a small company of men, and the LORD delivered a very great host into their hand, because they had forsaken the LORD God of their fathers. So they executed judgment against Joash.

25 And when they were departed from him, (for they left him in great diseases,) his own servants conspired against him for the blood of the sons of Jehoiada the priest, and slew him on his bed, and he died: and they buried him in the city of David, but they buried him not in the sepulchres of the kings.

26 And these are they that conspired against him; Zabad the son of Shimeath an Ammonitess, and Jehozabad the son of Shimrith a Moabitess.

27 ¶ Now *concerning* his sons, and the greatness of the burdens *laid* upon him, and the repairing of the house of God, behold, they *are* written in the story of the book of the kings. And Amaziah his son reigned in his stead.

CHAPTER 25

1 Amaziah *was* twenty and five years old *when* he began to reign, and he reigned twenty and nine years in Jerusalem. And his mother's name *was* Jehoaddan of Jerusalem.

2 And he did *that which was* right in the sight of the LORD, but not with a perfect heart.

3 ¶ Now it came to pass, when the kingdom was established to him, that he slew his servants that had killed the king his father.

4 But he slew not their children, but *did* as *it is* written in the law in the book of Moses, where the LORD commanded, saying, The fathers shall not die for the children, neither shall the children die for the fathers, but every man shall die for his own sin.

5 ¶ Moreover Amaziah gathered Judah together, and made them captains over thousands, and captains over hundreds,

בְּיָדָם וַיַּעֲמִידוּ אֶת־בֵּית הָאֱלֹהִים עַל־מַתְכֻּנְתּוֹ וַיְאַמְּצֻהוּ: וּכְכַלּוֹתָם 14
הֵבִיאוּ לִפְנֵי הַמֶּלֶךְ וִיהוֹיָדָע אֶת־שְׁאָר הַכֶּסֶף וַיַּעֲשֵׂהוּ כֵלִים לְבֵית־
יְהוָה כְּלֵי שָׁרֵת וְהַעֲלוֹת וְכַפּוֹת וּכְלֵי זָהָב וָכָסֶף וַיִּהְיוּ מַעֲלִים עֹלוֹת
בְּבֵית־יְהוָה תָּמִיד כֹּל יְמֵי יְהוֹיָדָע:

וַיִּזְקַן יְהוֹיָדָע וַיִּשְׂבַּע יָמִים וַיָּמֹת בֶּן־מֵאָה וּשְׁלֹשִׁים שָׁנָה בְּמוֹתוֹ: 15
וַיִּקְבְּרֻהוּ בְעִיר־דָּוִיד עִם־הַמְּלָכִים כִּי־עָשָׂה טוֹבָה בְּיִשְׂרָאֵל וְעִם 16
הָאֱלֹהִים וּבֵיתוֹ: וְאַחֲרֵי מוֹת יְהוֹיָדָע בָּאוּ שָׂרֵי יְהוּדָה 17
וַיִּשְׁתַּחֲווּ לַמֶּלֶךְ אָז שָׁמַע הַמֶּלֶךְ אֲלֵיהֶם: וַיַּעַזְבוּ אֶת־בֵּית יְהוָה 18
אֱלֹהֵי אֲבוֹתֵיהֶם וַיַּעַבְדוּ אֶת־הָאֲשֵׁרִים וְאֶת־הָעֲצַבִּים וַיְהִי־קֶצֶף עַל־
יְהוּדָה וִירוּשָׁלַ͏ִם בְּאַשְׁמָתָם זֹאת: וַיִּשְׁלַח בָּהֶם נְבִאִים לַהֲשִׁיבָם אֶל־ 19
יְהוָה וַיָּעִידוּ בָם וְלֹא הֶאֱזִינוּ: וְרוּחַ אֱלֹהִים לָבְשָׁה אֶת־ 20
זְכַרְיָה בֶּן־יְהוֹיָדָע הַכֹּהֵן וַיַּעֲמֹד מֵעַל לָעָם וַיֹּאמֶר לָהֶם כֹּה אָמַר
הָאֱלֹהִים לָמָה אַתֶּם עֹבְרִים אֶת־מִצְוֹת יְהוָה וְלֹא תַצְלִיחוּ כִּי־
עֲזַבְתֶּם אֶת־יְהוָה וַיַּעֲזֹב אֶתְכֶם: וַיִּקְשְׁרוּ עָלָיו וַיִּרְגְּמֻהוּ אֶבֶן בְּמִצְוַת 21
הַמֶּלֶךְ בַּחֲצַר בֵּית יְהוָה: וְלֹא־זָכַר יוֹאָשׁ הַמֶּלֶךְ הַחֶסֶד אֲשֶׁר עָשָׂה 22
יְהוֹיָדָע אָבִיו עִמּוֹ וַיַּהֲרֹג אֶת־בְּנוֹ וּכְמוֹתוֹ אָמַר יֵרֶא יְהוָה
וְיִדְרֹשׁ:

וַיְהִי לִתְקוּפַת הַשָּׁנָה עָלָה עָלָיו חֵיל אֲרָם וַיָּבֹאוּ אֶל־יְהוּדָה 23
וִירוּשָׁלַ͏ִם וַיַּשְׁחִיתוּ אֶת־כָּל־שָׂרֵי הָעָם מֵעָם וְכָל־שְׁלָלָם שִׁלְּחוּ לְמֶלֶךְ
דַּרְמָשֶׂק: כִּי בְמִצְעַר אֲנָשִׁים בָּאוּ חֵיל אֲרָם וַיהוָה נָתַן בְּיָדָם חַיִל 24
לָרֹב מְאֹד כִּי עָזְבוּ אֶת־יְהוָה אֱלֹהֵי אֲבוֹתֵיהֶם וְאֶת־יוֹאָשׁ עָשׂוּ
שְׁפָטִים: וּבְלֶכְתָּם מִמֶּנּוּ כִּי־עָזְבוּ אֹתוֹ בְּמַחֲלִיִים רַבִּים הִתְקַשְּׁרוּ 25 בְּמַחֲלוּיִם
עָלָיו עֲבָדָיו בִּדְמֵי בְּנֵי יְהוֹיָדָע הַכֹּהֵן וַיַּהַרְגֻהוּ עַל־מִטָּתוֹ וַיָּמֹת
וַיִּקְבְּרֻהוּ בְּעִיר דָּוִיד וְלֹא קְבָרֻהוּ בְּקִבְרוֹת הַמְּלָכִים: וְאֵלֶּה 26
הַמִּתְקַשְּׁרִים עָלָיו זָבָד בֶּן־שִׁמְעָת הָעַמּוֹנִית וִיהוֹזָבָד בֶּן־שִׁמְרִית
הַמּוֹאָבִית: וּבָנָיו וְרֹב הַמַּשָּׂא עָלָיו וִיסוֹד בֵּית הָאֱלֹהִים הִנָּם 27 יֶרֶב
כְּתוּבִים עַל־מִדְרַשׁ סֵפֶר הַמְּלָכִים וַיִּמְלֹךְ אֲמַצְיָהוּ בְנוֹ
תַּחְתָּיו:

בֶּן־עֶשְׂרִים וְחָמֵשׁ שָׁנָה מָלַךְ אֲמַצְיָהוּ וְעֶשְׂרִים וָתֵשַׁע שָׁנָה מָלַךְ 25 1
בִּירוּשָׁלָ͏ִם וְשֵׁם אִמּוֹ יְהוֹעַדָּן מִירוּשָׁלָ͏ִם: וַיַּעַשׂ הַיָּשָׁר בְּעֵינֵי יְהוָה 2
רַק לֹא בְּלֵבָב שָׁלֵם: וַיְהִי כַּאֲשֶׁר חָזְקָה הַמַּמְלָכָה עָלָיו וַיַּהֲרֹג אֶת־ 3
עֲבָדָיו הַמַּכִּים אֶת־הַמֶּלֶךְ אָבִיו: וְאֶת־בְּנֵיהֶם לֹא הֵמִית כִּי כַכָּתוּב 4
בַּתּוֹרָה בְּסֵפֶר מֹשֶׁה אֲשֶׁר־צִוָּה יְהוָה לֵאמֹר לֹא־יָמוּתוּ אָבוֹת עַל־
בָּנִים וּבָנִים לֹא־יָמוּתוּ עַל־אָבוֹת כִּי אִישׁ בְּחֶטְאוֹ יָמוּתוּ:

וַיִּקְבֹּץ אֲמַצְיָהוּ אֶת־יְהוּדָה וַיַּעֲמִידֵם לְבֵית־אָבוֹת לְשָׂרֵי הָאֲלָפִים 5

according to the houses of *their* fathers, throughout all Judah and Benjamin: and he numbered them from twenty years old and above, and found them three hundred thousand choice *men, able* to go forth to war, that could handle spear and shield.

6 He hired also an hundred thousand mighty men of valour out of Israel for an hundred talents of silver.

7 But there came a man of God to him, saying, O king, let not the army of Israel go with thee; for the Lord *is* not with Israel, *to wit, with* all the children of Ephraim.

8 But if thou wilt go, do *it,* be strong for the battle: God shall make thee fall before the enemy: for God hath power to help, and to cast down.

9 And Amaziah said to the man of God, But what shall we do for the hundred talents which I have given to the army of Israel? And the man of God answered, The Lord is able to give thee much more than this.

10 Then Amaziah separated them, *to wit,* the army that was come to him out of Ephraim, to go home again: wherefore their anger was greatly kindled against Judah, and they returned home in great anger.

11 ¶ And Amaziah strengthened himself, and led forth his people, and went to the valley of salt, and smote of the children of Seir ten thousand.

12 And *other* ten thousand *left* alive did the children of Judah carry away captive, and brought them unto the top of the rock, and cast them down from the top of the rock, that they all were broken in pieces.

13 ¶ But the soldiers of the army which Amaziah sent back, that they should not go with him to battle, fell upon the cities of Judah, from Samaria even unto Beth-horon, and smote three thousand of them, and took much spoil.

14 ¶ Now it came to pass, after that Amaziah was come from the slaughter of the Edomites, that he brought the gods of the children of Seir, and set them up *to be* his gods, and bowed down himself before them, and burned incense unto them.

15 Wherefore the anger of the Lord was kindled against Amaziah, and he sent unto him a prophet, which said unto him, Why hast thou sought after the gods of the people, which could not deliver their own people out of thine hand?

16 And it came to pass, as he talked with him, that *the king* said unto him, Art thou made of the king's counsel? forbear; why shouldest thou be smitten? Then the prophet forbare, and said, I know that God hath determined to destroy thee, because thou hast done this, and hast not hearkened unto my counsel.

17 ¶ Then Amaziah king of Judah took advice, and sent to Joash, the son of Jehoahaz, the son of Jehu, king of Israel, saying, Come, let us see one another in the face.

18 And Joash king of Israel sent to Amaziah king of Judah, saying, The thistle that *was* in Lebanon sent to the cedar that *was* in Lebanon, saying, Give thy daughter to my son to wife: and there passed by a wild beast that *was* in Lebanon, and trode down the thistle.

19 Thou sayest, Lo, thou hast smitten the Edomites; and thine heart lifteth thee up to boast: abide now at home; why shouldest thou meddle to *thine* hurt, that thou shouldest fall, *even* thou, and Judah with thee?

20 But Amaziah would not hear; for it *came* of God, that he might deliver them into the hand *of their enemies,* because they sought after the gods of Edom.

21 So Joash the king of Israel went up; and they saw one another in the face, *both* he and Amaziah king of Judah, at Beth-shemesh, which *belongeth* to Judah.

22 And Judah was put to the worse before Israel, and they fled every man to his tent.

23 And Joash the king of Israel took Amaziah king of Judah, the son of Joash, the

וּלְשָׂרֵי הַמֵּאוֹת לְכָל־יְהוּדָה וּבִנְיָמִן וַיִּפְקְדֵם לְמִבֶּן עֶשְׂרִים שָׁנָה
וָמַעְלָה וַיִּמְצָאֵם שְׁלֹשׁ־מֵאוֹת אֶלֶף בָּחוּר יוֹצֵא צָבָא אֹחֵז רֹמַח
6 וְצִנָּה: וַיִּשְׂכֹּר מִיִּשְׂרָאֵל מֵאָה אֶלֶף גִּבּוֹר חָיִל בְּמֵאָה כִכַּר־כָּסֶף:
7 וְאִישׁ הָאֱלֹהִים בָּא אֵלָיו לֵאמֹר הַמֶּלֶךְ אַל־יָבֹא עִמְּךָ צְבָא יִשְׂרָאֵל
8 כִּי אֵין יְהוָה עִם־יִשְׂרָאֵל כֹּל בְּנֵי אֶפְרָיִם: כִּי אִם־בֹּא אַתָּה עֲשֵׂה
חֲזַק לַמִּלְחָמָה יַכְשִׁילְךָ הָאֱלֹהִים לִפְנֵי אוֹיֵב כִּי יֶשׁ־כֹּחַ בֵּאלֹהִים
9 לַעְזוֹר וּלְהַכְשִׁיל: וַיֹּאמֶר אֲמַצְיָהוּ לְאִישׁ הָאֱלֹהִים וּמַה־לַּעֲשׂוֹת
לִמְאַת הַכִּכָּר אֲשֶׁר נָתַתִּי לִגְדוּד יִשְׂרָאֵל וַיֹּאמֶר אִישׁ הָאֱלֹהִים יֵשׁ
10 לַיהוָה לָתֶת לְךָ הַרְבֵּה מִזֶּה: וַיַּבְדִּילֵם אֲמַצְיָהוּ לְהַגְּדוּד אֲשֶׁר־בָּא
אֵלָיו מֵאֶפְרַיִם לָלֶכֶת לִמְקוֹמָם וַיִּחַר אַפָּם מְאֹד בִּיהוּדָה וַיָּשׁוּבוּ
לִמְקוֹמָם בָּחֳרִי־אָף:
11 וַאֲמַצְיָהוּ הִתְחַזַּק וַיִּנְהַג אֶת־עַמּוֹ וַיֵּלֶךְ גֵּיא הַמֶּלַח וַיַּךְ אֶת־
12 בְּנֵי־שֵׂעִיר עֲשֶׂרֶת אֲלָפִים: וַעֲשֶׂרֶת אֲלָפִים חַיִּים שָׁבוּ בְּנֵי
יְהוּדָה וַיְבִיאוּם לְרֹאשׁ הַסֶּלַע וַיַּשְׁלִיכוּם מֵרֹאשׁ־הַסֶּלַע וְכֻלָּם
13 נִבְקָעוּ: וּבְנֵי הַגְּדוּד אֲשֶׁר הֵשִׁיב אֲמַצְיָהוּ מִלֶּכֶת עִמּוֹ
לַמִּלְחָמָה וַיִּפְשְׁטוּ בְּעָרֵי יְהוּדָה מִשֹּׁמְרוֹן וְעַד־בֵּית חוֹרוֹן וַיַּכּוּ מֵהֶם
14 שְׁלֹשֶׁת אֲלָפִים וַיָּבֹזּוּ בִּזָּה רַבָּה: וַיְהִי אַחֲרֵי בוֹא
אֲמַצְיָהוּ מֵהַכּוֹת אֶת־אֲדוֹמִים וַיָּבֵא אֶת־אֱלֹהֵי בְּנֵי שֵׂעִיר וַיַּעֲמִידֵם
15 לוֹ לֵאלֹהִים וְלִפְנֵיהֶם יִשְׁתַּחֲוֶה וְלָהֶם יְקַטֵּר: וַיִּחַר־אַף יְהוָה
בַּאֲמַצְיָהוּ וַיִּשְׁלַח אֵלָיו נָבִיא וַיֹּאמֶר לוֹ לָמָּה דָרַשְׁתָּ אֶת־אֱלֹהֵי הָעָם
16 אֲשֶׁר לֹא־הִצִּילוּ אֶת־עַמָּם מִיָּדֶךָ: וַיְהִי בְּדַבְּרוֹ אֵלָיו וַיֹּאמֶר לוֹ
הַלְיוֹעֵץ לַמֶּלֶךְ נְתַנּוּךָ חֲדַל־לְךָ לָמָּה יַכּוּךָ וַיֶּחְדַּל הַנָּבִיא וַיֹּאמֶר
יָדַעְתִּי כִּי־יָעַץ אֱלֹהִים לְהַשְׁחִיתֶךָ כִּי־עָשִׂיתָ זֹּאת וְלֹא שָׁמַעְתָּ
לַעֲצָתִי:
17 וַיִּוָּעַץ אֲמַצְיָהוּ מֶלֶךְ יְהוּדָה וַיִּשְׁלַח אֶל־יוֹאָשׁ בֶּן־יְהוֹאָחָז בֶּן־יֵהוּא
18 מֶלֶךְ יִשְׂרָאֵל לֵאמֹר לְךָ נִתְרָאֶה פָנִים: וַיִּשְׁלַח יוֹאָשׁ מֶלֶךְ־יִשְׂרָאֵל לְכָה
אֶל־אֲמַצְיָהוּ מֶלֶךְ־יְהוּדָה לֵאמֹר הַחוֹחַ אֲשֶׁר בַּלְּבָנוֹן שָׁלַח אֶל־הָאֶרֶז
אֲשֶׁר בַּלְּבָנוֹן לֵאמֹר תְּנָה־אֶת־בִּתְּךָ לִבְנִי לְאִשָּׁה וַתַּעֲבֹר חַיַּת הַשָּׂדֶה
19 אֲשֶׁר בַּלְּבָנוֹן וַתִּרְמֹס אֶת־הַחוֹחַ: אָמַרְתָּ הִנֵּה הִכִּיתָ אֶת־אֱדוֹם
וּנְשָׂאֲךָ לִבְּךָ לְהַכְבִּיד עַתָּה שְׁבָה בְּבֵיתֶךָ לָמָּה תִתְגָּרֶה בְּרָעָה
20 וְנָפַלְתָּ אַתָּה וִיהוּדָה עִמָּךְ: וְלֹא־שָׁמַע אֲמַצְיָהוּ כִּי מֵהָאֱלֹהִים הִיא
21 לְמַעַן תִּתָּם בְּיָד כִּי דָרְשׁוּ אֵת אֱלֹהֵי אֱדוֹם: וַיַּעַל יוֹאָשׁ מֶלֶךְ־
יִשְׂרָאֵל וַיִּתְרָאוּ פָנִים הוּא וַאֲמַצְיָהוּ מֶלֶךְ־יְהוּדָה בְּבֵית שֶׁמֶשׁ אֲשֶׁר
22 לִיהוּדָה: וַיִּנָּגֶף יְהוּדָה לִפְנֵי יִשְׂרָאֵל וַיָּנֻסוּ אִישׁ לְאֹהָלָיו: וְאֵת
23 אֲמַצְיָהוּ מֶלֶךְ־יְהוּדָה בֶּן־יוֹאָשׁ בֶּן־יְהוֹאָחָז תָּפַשׂ יוֹאָשׁ מֶלֶךְ־יִשְׂרָאֵל

son of Jehoahaz, at Beth-shemesh, and brought him to Jerusalem, and brake down the wall of Jerusalem from the gate of Ephraim to the corner gate, four hundred cubits.

24 And *he took* all the gold and the silver, and all the vessels that were found in the house of God with Obed-edom, and the treasures of the king's house, the hostages also, and returned to Samaria.

25 ¶ And Amaziah the son of Joash king of Judah lived after the death of Joash son of Jehoahaz king of Israel fifteen years.

26 Now the rest of the acts of Amaziah, first and last, behold, *are* they not written in the book of the kings of Judah and Israel?

27 ¶ Now after the time that Amaziah did turn away from following the LORD they made a conspiracy against him in Jerusalem; and he fled to Lachish: but they sent to Lachish after him, and slew him there.

28 And they brought him upon horses, and buried him with his fathers in the city of Judah.

CHAPTER 26

1 Then all the people of Judah took Uzziah, who *was* sixteen years old, and made him king in the room of his father Amaziah.

2 He built Eloth, and restored it to Judah, after that the king slept with his fathers.

3 Sixteen years old *was* Uzziah when he began to reign, and he reigned fifty and two years in Jerusalem. His mother's name also *was* Jecoliah of Jerusalem.

4 And he did *that which was* right in the sight of the LORD, according to all that his father Amaziah did.

5 And he sought God in the days of Zechariah, who had understanding in the visions of God: and as long as he sought the LORD, God made him to prosper.

6 And he went forth and warred against the Philistines, and brake down the wall

of Gath, and the wall of Jabneh, and the wall of Ashdod, and built cities about Ashdod, and among the Philistines.

7 And God helped him against the Philistines, and against the Arabians that dwelt in Gur-baal, and the Mehunims.

8 And the Ammonites gave gifts to Uzziah: and his name spread abroad *even* to the entering in of Egypt; for he strengthened *himself* exceedingly.

9 Moreover Uzziah built towers in Jerusalem at the corner gate, and at the valley gate, and at the turning *of the wall,* and fortified them.

10 Also he built towers in the desert, and digged many wells: for he had much cattle, both in the low country, and in the plains: husbandmen *also,* and vine dressers in the mountains, and in Carmel: for he loved husbandry.

11 Moreover Uzziah had an host of fighting men, that went out to war by bands, according to the number of their account by the hand of Jeiel the scribe and Maaseiah the ruler, under the hand of Hananiah, *one* of the king's captains.

12 The whole number of the chief of the fathers of the mighty men of valour *were* two thousand and six hundred.

13 And under their hand *was* an army, three hundred thousand and seven thousand and five hundred, that made war with mighty power, to help the king against the enemy.

14 And Uzziah prepared for them throughout all the host shields, and spears, and helmets, and habergeons, and bows, and slings *to cast* stones.

15 And he made in Jerusalem engines, invented by cunning men, to be on the towers and upon the bulwarks, to shoot arrows and great stones withal. And his name spread far abroad; for he was marvellously helped, till he was strong.

16 ¶ But when he was strong, his heart was lifted up to *his* destruction: for he transgressed against the LORD his God, and went into the temple of the LORD to burn incense upon the altar of incense.

בְּבֵית שֶׁמֶשׁ וַיְבִיאֵהוּ יְרוּשָׁלַ͏ִם וַיִּפְרֹץ בְּחוֹמַת יְרוּשָׁלַ͏ִם מִשַּׁעַר אֶפְרַ֫יִם

24 עַד־שַׁעַר הַפּוֹנֶה אַרְבַּע מֵאוֹת אַמָּה: וְכָל־הַזָּהָב וְהַכֶּסֶף וְאֵת כָּל־
הַכֵּלִים הַנִּמְצְאִים בְּבֵית־הָאֱלֹהִים עִם־עֹבֵד אֱדוֹם וְאֶת־אֹצְרוֹת בֵּית
הַמֶּלֶךְ וְאֵת בְּנֵי הַתַּעֲרֻבוֹת וַיָּשָׁב שֹׁמְרוֹן:

25 וַיְחִי אֲמַצְיָהוּ בֶן־יוֹאָשׁ מֶלֶךְ יְהוּדָה אַחֲרֵי מוֹת יוֹאָשׁ בֶּן־יְהוֹאָחָז

26 מֶלֶךְ יִשְׂרָאֵל חֲמֵשׁ עֶשְׂרֵה שָׁנָה: וְיֶתֶר דִּבְרֵי אֲמַצְיָהוּ הָרִאשֹׁנִים
וְהָאַחֲרוֹנִים הֲלֹא הִנָּם כְּתוּבִים עַל־סֵפֶר מַלְכֵי־יְהוּדָה וְיִשְׂרָאֵל:

27 וּמֵעֵת אֲשֶׁר־סָר אֲמַצְיָהוּ מֵאַחֲרֵי יְהוָה וַיִּקְשְׁרוּ עָלָיו קֶשֶׁר בִּירוּשָׁלַ͏ִם

28 וַיָּנָס לָכִישָׁה וַיִּשְׁלְחוּ אַחֲרָיו לָכִישָׁה וַיְמִיתֻהוּ שָׁם: וַיִּשָּׂאֻהוּ עַל־

1A 26 1 הַסּוּסִים וַיִּקְבְּרוּ אֹתוֹ עִם־אֲבֹתָיו בְּעִיר יְהוּדָה: וַיִּקְחוּ כָּל־עַם יְהוּדָה
אֶת־עֻזִּיָּהוּ וְהוּא בֶּן־שֵׁשׁ עֶשְׂרֵה שָׁנָה וַיַּמְלִיכוּ אֹתוֹ תַּחַת אָבִיו

2 אֲמַצְיָהוּ: הוּא בָּנָה אֶת־אֵילוֹת וַיְשִׁיבֶהָ לִיהוּדָה אַחֲרֵי שְׁכַב־הַמֶּלֶךְ
עִם־אֲבֹתָיו:

3A 3 בֶּן־שֵׁשׁ עֶשְׂרֵה שָׁנָה עֻזִּיָּהוּ בְמָלְכוֹ וַחֲמִשִּׁים וּשְׁתַּיִם שָׁנָה מָלַךְ

יְכָלְיָה 4 בִּירוּשָׁלָ͏ִם וְשֵׁם אִמּוֹ יְכָלְיָה מִן־יְרוּשָׁלָ͏ִם: וַיַּעַשׂ הַיָּשָׁר בְּעֵינֵי יְהוָה

5 כְּכֹל אֲשֶׁר־עָשָׂה אֲמַצְיָהוּ אָבִיו: וַיְהִי לִדְרֹשׁ אֱלֹהִים בִּימֵי זְכַרְיָהוּ
הַמֵּבִין בִּרְאֹת הָאֱלֹהִים וּבִימֵי דָּרְשׁוֹ אֶת־יְהוָה הִצְלִיחוֹ

6 הָאֱלֹהִים: וַיֵּצֵא וַיִּלָּחֶם בַּפְּלִשְׁתִּים וַיִּפְרֹץ אֶת־חוֹמַת גַּת
וְאֵת חוֹמַת יַבְנֵה וְאֵת חוֹמַת אַשְׁדּוֹד וַיִּבְנֶה עָרִים בְּאַשְׁדּוֹד

הָעַרְבִים 7 וּבַפְּלִשְׁתִּים: וַיַּעְזְרֵהוּ הָאֱלֹהִים עַל־פְּלִשְׁתִּים וְעַל־הָעַרְבִיִּים הַיֹּשְׁבִים

8 בְּגוּר־בָּעַל וְהַמְּעוּנִים: וַיִּתְּנוּ הָעַמּוֹנִים מִנְחָה לְעֻזִּיָּהוּ וַיֵּלֶךְ שְׁמוֹ עַד־

9 לְבוֹא מִצְרַיִם כִּי הֶחֱזִיק עַד־לְמָעְלָה: וַיִּבֶן עֻזִּיָּהוּ מִגְדָּלִים בִּירוּשָׁלַ͏ִם

10 עַל־שַׁעַר הַפִּנָּה וְעַל־שַׁעַר הַגַּיְא וְעַל־הַמִּקְצוֹעַ וַיְחַזְּקֵם: וַיִּבֶן
מִגְדָּלִים בַּמִּדְבָּר וַיַּחְצֹב בֹּרוֹת רַבִּים כִּי מִקְנֶה־רַּב הָיָה לוֹ וּבַשְּׁפֵלָה
וּבַמִּישׁוֹר אִכָּרִים וְכֹרְמִים בֶּהָרִים וּבַכַּרְמֶל כִּי־אֹהֵב אֲדָמָה

11 הָיָה: וַיְהִי לְעֻזִּיָּהוּ חַיִל עֹשֵׂה מִלְחָמָה יוֹצְאֵי צָבָא לִגְדוּד

יְעִיאֵל בְּמִסְפַּר פְּקֻדָּתָם בְּיַד יְעִיאֵל הַסּוֹפֵר וּמַעֲשֵׂיָהוּ הַשּׁוֹטֵר עַל יַד־

12 חֲנַנְיָהוּ מִשָּׂרֵי הַמֶּלֶךְ: כֹּל מִסְפַּר רָאשֵׁי הָאָבוֹת לְגִבּוֹרֵי חָיִל אַלְפַּיִם

13 וְשֵׁשׁ מֵאוֹת: וְעַל־יָדָם חֵיל צָבָא שְׁלֹשׁ מֵאוֹת אֶלֶף וְשִׁבְעַת אֲלָפִים

14 וַחֲמֵשׁ מֵאוֹת עוֹשֵׂי מִלְחָמָה בְּכֹחַ חָיִל לַעֲזֹר לַמֶּלֶךְ עַל־הָאוֹיֵב: וַיָּכֶן
לָהֶם עֻזִּיָּהוּ לְכָל־הַצָּבָא מָגִנִּים וּרְמָחִים וְכוֹבָעִים וְשִׁרְיֹנוֹת וּקְשָׁתוֹת

15A 15 וּלְאַבְנֵי קְלָעִים: וַיַּעַשׂ בִּירוּשָׁלַ͏ִם חִשְּׁבֹנוֹת מַחֲשֶׁבֶת חוֹשֵׁב לִהְיוֹת
עַל־הַמִּגְדָּלִים וְעַל־הַפִּנּוֹת לִירוֹא בַּחִצִּים וּבָאֲבָנִים גְּדֹלוֹת וַיֵּצֵא שְׁמוֹ

16 עַד־לְמֵרָחוֹק כִּי־הִפְלִיא לְהֵעָזֵר עַד כִּי־חָזָק: וּכְחֶזְקָתוֹ גָּבַהּ לִבּוֹ עַד־
לְהַשְׁחִית וַיִּמְעַל בַּיהוָה אֱלֹהָיו וַיָּבֹא אֶל־הֵיכַל יְהוָה לְהַקְטִיר עַל־

17 And Azariah the priest went in after him, and with him fourscore priests of the LORD, *that were* valiant men:

18 And they withstood Uzziah the king, and said unto him, *It appertaineth* not unto thee, Uzziah, to burn incense unto the LORD, but to the priests the sons of Aaron, that are consecrated to burn incense: go out of the sanctuary; for thou hast trespassed; neither *shall it be* for thine honour from the LORD God.

19 Then Uzziah was wroth, and *had* a censer in his hand to burn incense: and while he was wroth with the priests, the leprosy even rose up in his forehead before the priests in the house of the LORD, from beside the incense altar.

20 And Azariah the chief priest, and all the priests, looked upon him, and, behold, he *was* leprous in his forehead, and they thrust him out from thence; yea, himself hasted also to go out, because the LORD had smitten him.

21 And Uzziah the king was a leper unto the day of his death, and dwelt in a several house, *being* a leper; for he was cut off from the house of the LORD: and Jotham his son *was* over the king's house, judging the people of the land.

22 ¶ Now the rest of the acts of Uzziah, first and last, did Isaiah the prophet, the son of Amoz, write.

23 So Uzziah slept with his fathers, and they buried him with his fathers in the field of the burial which *belonged* to the kings; for they said, He *is* a leper: and Jotham his son reigned in his stead.

CHAPTER 27

1 Jotham *was* twenty and five years old when he began to reign, and he reigned sixteen years in Jerusalem. His mother's name also *was* Jerushah, the daughter of Zadok.

2 And he did *that which was* right in the sight of the LORD, according to all that his father Uzziah did: howbeit he entered not into the temple of the LORD. And the people did yet corruptly.

3 He built the high gate of the house of the LORD, and on the wall of Ophel he built much.

4 Moreover he built cities in the mountains of Judah, and in the forests he built castles and towers.

5 ¶ He fought also with the king of the Ammonites, and prevailed against them. And the children of Ammon gave him the same year an hundred talents of silver, and ten thousand measures of wheat, and ten thousand of barley. So much did the children of Ammon pay unto him, both the second year, and the third.

6 So Jotham became mighty, because he prepared his ways before the LORD his God.

7 ¶ Now the rest of the acts of Jotham, and all his wars, and his ways, lo, they *are* written in the book of the kings of Israel and Judah.

8 He was five and twenty years old when he began to reign, and reigned sixteen years in Jerusalem.

9 ¶ And Jotham slept with his fathers, and they buried him in the city of David: and Ahaz his son reigned in his stead.

CHAPTER 28

1 Ahaz *was* twenty years old when he began to reign, and he reigned sixteen years in Jerusalem: but he did not *that which was* right in the sight of the LORD, like David his father:

2 For he walked in the ways of the kings of Israel, and made also molten images for Baalim.

3 Moreover he burnt incense in the valley of the son of Hinnom, and burnt his children in the fire, after the abominations of the heathen whom the LORD had cast out before the children of Israel.

4 He sacrificed also and burnt incense in the high places, and on the hills, and under every green tree.

5 Wherefore the LORD his God delivered him into the hand of the king of Syria; and they smote him, and carried away a great multitude of them captives, and brought *them* to Damascus. And he was also delivered into the hand of the king

17 מִזְבֵּ֣חַ הַקְּטֹ֑רֶת וַיָּבֹ֣א אַחֲרָ֗יו עֲזַרְיָ֙הוּ הַכֹּהֵ֔ן וְעִמּ֖וֹ כֹּהֲנִ֥ים ׀ לַֽיהוָ֛ה

18 שְׁמוֹנִ֖ים בְּנֵי־חָ֑יִל: וַיַּעַמְד֞וּ עַל־עֻזִּיָּ֣הוּ הַמֶּ֗לֶךְ וַיֹּ֤אמְרוּ לוֹ֙ לֹא־לְךָ֣
עֻזִּיָּ֗הוּ לְהַקְטִ֣יר לַֽיהוָ֔ה כִּ֣י לַכֹּהֲנִ֧ים בְּנֵֽי־אַהֲרֹ֛ן הַמְקֻדָּשִׁ֖ים לְהַקְטִ֑יר

19 צֵ֣א מִן־הַמִּקְדָּ֗שׁ כִּ֣י מָעַ֔לְתָּ וְלֹֽא־לְךָ֥ לְכָב֖וֹד מֵיְהוָ֣ה אֱלֹהִ֑ים: וַיִּזְעַף֩
עֻזִּיָּ֜הוּ וּבְיָד֤וֹ מִקְטֶ֙רֶת֙ לְהַקְטִ֔יר וּבְזַעְפּ֣וֹ עִם־הַכֹּהֲנִ֗ים וְ֠הַצָּרַעַת זָֽרְחָ֨ה

20 בְמִצְח֜וֹ לִפְנֵ֣י הַכֹּהֲנִ֗ים בְּבֵ֣ית יְהוָ֔ה מֵעַ֖ל לְמִזְבַּ֣ח הַקְּטֹ֑רֶת: וַיִּ֣פֶן אֵלָ֡יו
עֲזַרְיָ֣הוּ כֹהֵ֣ן הָרֹ֡אשׁ וְכָל־הַכֹּהֲנִ֗ים וְהִנֵּה־ה֤וּא מְצֹרָע֙ בְּמִצְח֔וֹ

21A
הַחֲפְשִׁית֙
21 וַיַּבְהִל֖וּהוּ מִשָּׁ֑ם וְגַם־הוּא֙ נִדְחַ֣ף לָצֵ֔את כִּ֥י נִגְּע֖וֹ יְהוָ֑ה: וַיְהִ֣י עֻזִּיָּ֣הוּ
הַמֶּ֣לֶךְ מְצֹרָ֣ע ׀ עַד־י֣וֹם מוֹת֗וֹ וַיֵּ֜שֶׁב בֵּ֤ית הַֽחָפְשִׁית֙ מְצֹרָ֔ע כִּ֥י נִגְזַ֛ר

22A
22 מִבֵּ֣ית יְהוָ֑ה וְיוֹתָ֨ם בְּנ֤וֹ עַל־בֵּ֣ית הַמֶּ֔לֶךְ שׁוֹפֵ֖ט אֶת־עַ֥ם הָאָֽרֶץ: וְיֶ֨תֶר֙
דִּבְרֵ֣י עֻזִּיָּ֔הוּ הָרִֽאשֹׁנִ֖ים וְהָאַחֲרֹנִ֑ים כָּתַ֛ב יְשַֽׁעְיָ֥הוּ בֶן־אָמ֖וֹץ הַנָּבִֽיא:

23 וַיִּשְׁכַּ֨ב עֻזִּיָּ֜הוּ עִם־אֲבֹתָ֗יו וַיִּקְבְּר֨וּ אֹת֤וֹ עִם־אֲבֹתָיו֙ בִּשְׂדֵ֤ה הַקְּבוּרָה֙
אֲשֶׁ֣ר לַמְּלָכִ֔ים כִּ֥י אָמְר֖וּ מְצוֹרָ֣ע ה֑וּא וַיִּמְלֹ֛ךְ יוֹתָ֥ם בְּנ֖וֹ
תַּחְתָּֽיו:

27 1 בֶּן־עֶשְׂרִ֨ים וְחָמֵ֤שׁ שָׁנָה֙ יוֹתָ֔ם בְּמָלְכ֕וֹ וְשֵׁשׁ־עֶשְׂרֵ֥ה שָׁנָ֖ה מָלַ֣ךְ
2 בִּירֽוּשָׁלִָ֑ם וְשֵׁ֣ם אִמּ֔וֹ יְרוּשָׁ֖ה בַּת־צָד֑וֹק: וַיַּ֨עַשׂ הַיָּשָׁ֜ר בְּעֵינֵ֣י יְהוָ֗ה
כְּכֹ֤ל אֲשֶׁר־עָשָׂה֙ עֻזִּיָּ֣הוּ אָבִ֔יו רַ֛ק לֹא־בָ֖א אֶל־הֵיכַ֣ל יְהוָ֑ה וְע֥וֹד הָעָ֖ם
3 מַשְׁחִיתִֽים: ה֗וּא בָּנָ֛ה אֶת־שַׁ֥עַר בֵּית־יְהוָ֖ה הָעֶלְי֑וֹן וּבְחוֹמַ֥ת הָעֹ֖פֶל

4A
4 בָּנָ֥ה לָרֹֽב: וְעָרִ֥ים בָּנָ֖ה בְּהַר־יְהוּדָ֑ה וּבֶחֳרָשִׁ֛ים בָּנָ֥ה בִּֽירָנִיּ֖וֹת
5 וּמִגְדָּלִֽים: וְ֠הוּא נִלְחַ֞ם עִם־מֶ֣לֶךְ בְּנֵֽי־עַמּוֹן֮ וַיֶּחֱזַ֣ק עֲלֵיהֶם֒ וַיִּתְּנוּ־ל֣וֹ
בְנֵֽי־עַמּ֣וֹן בַּשָּׁנָ֣ה הַהִ֗יא מֵאָה֙ כִּכַּר־כֶּ֔סֶף וַעֲשֶׂ֤רֶת אֲלָפִים֙ כֹּרִ֣ים חִטִּ֔ים
וּשְׂעוֹרִ֖ים עֲשֶׂ֣רֶת אֲלָפִ֑ים זֹ֗את הֵשִׁ֤יבוּ לוֹ֙ בְּנֵ֣י עַמּ֔וֹן   וּבַשָּׁנָ֥ה
6 הַשֵּׁנִ֖ית וְהַשְּׁלִשִֽׁית: וַיִּתְחַזֵּ֖ק יוֹתָ֑ם כִּ֚י הֵכִ֣ין דְּרָכָ֔יו לִפְנֵ֖י יְהוָ֥ה אֱלֹהָֽיו:
7 וְיֶ֛תֶר דִּבְרֵ֥י יוֹתָ֖ם וְכָל־מִלְחֲמֹתָ֣יו וּדְרָכָ֑יו הִנָּ֣ם כְּתוּבִ֔ים עַל־סֵ֖פֶר
8 מַלְכֵֽי־יִשְׂרָאֵ֥ל וִיהוּדָֽה: בֶּן־עֶשְׂרִ֧ים וְחָמֵ֛שׁ שָׁנָ֖ה הָיָ֣ה בְמָלְכ֑וֹ וְשֵׁשׁ־
9 עֶשְׂרֵ֥ה שָׁנָ֖ה מָלַ֣ךְ בִּירוּשָׁלִָ֑ם: וַיִּשְׁכַּ֤ב יוֹתָם֙ עִם־אֲבֹתָ֔יו וַיִּקְבְּר֥וּ אֹת֖וֹ
בְּעִ֣יר דָּוִ֑יד וַיִּמְלֹ֛ךְ אָחָ֥ז בְּנ֖וֹ תַּחְתָּֽיו:

28 1 בֶּן־עֶשְׂרִ֤ים שָׁנָה֙ אָחָ֔ז בְּמָלְכ֕וֹ וְשֵׁשׁ־עֶשְׂרֵ֥ה שָׁנָ֖ה מָלַ֣ךְ בִּירוּשָׁלִָ֑ם
2 וְלֹא־עָשָׂ֥ה הַיָּשָׁ֛ר בְּעֵינֵ֥י יְהוָ֖ה כְּדָוִ֣יד אָבִֽיו: וַיֵּ֕לֶךְ בְּדַרְכֵ֖י מַלְכֵ֥י
3 יִשְׂרָאֵ֑ל וְגַ֧ם מַסֵּכ֛וֹת עָשָׂ֖ה לַבְּעָלִֽים: וְה֤וּא הִקְטִיר֙ בְּגֵ֣יא בֶן־הִנֹּ֔ם
וַיַּבְעֵ֤ר אֶת־בָּנָיו֙ בָּאֵ֔שׁ כְּתֹֽעֲב֖וֹת הַגּוֹיִ֑ם אֲשֶׁר֙ הֹרִ֣ישׁ יְהוָ֔ה מִפְּנֵ֖י בְּנֵ֥י
4 יִשְׂרָאֵֽל: וַיְזַבֵּ֧חַ וַיְקַטֵּ֛ר בַּבָּמ֖וֹת וְעַל־הַגְּבָע֑וֹת וְתַ֖חַת כָּל־עֵ֥ץ רַעֲנָֽן:
5 וַֽיִּתְּנֵ֜הוּ יְהוָ֣ה אֱלֹהָיו֮ בְּיַ֣ד מֶ֣לֶךְ אֲרָם֒ וַיַּ֨כּוּ־ב֔וֹ וַיִּשְׁבּ֤וּ מִמֶּ֙נּוּ֙ שִׁבְיָ֣ה
גְדוֹלָ֔ה וַיָּבִ֖יאוּ דַּרְמָ֑שֶׂק וְ֠גַם בְּיַד־מֶ֤לֶךְ יִשְׂרָאֵל֙ נִתָּ֔ן וַיַּךְ־בּ֖וֹ מַכָּ֥ה

of Israel, who smote him with a great slaughter.

6 ¶ For Pekah the son of Remaliah slew in Judah an hundred and twenty thousand in one day, *which were* all valiant men; because they had forsaken the LORD God of their fathers.

7 And Zichri, a mighty man of Ephraim, slew Maaseiah the king's son, and Azrikam the governor of the house, and Elkanah *that was* next to the king.

8 And the children of Israel carried away captive of their brethren two hundred thousand, women, sons, and daughters, and took also away much spoil from them, and brought the spoil to Samaria.

9 But a prophet of the LORD was there, whose name *was* Oded: and he went out before the host that came to Samaria, and said unto them, Behold, because the LORD God of your fathers was wroth with Judah, he hath delivered them into your hand, and ye have slain them in a rage *that* reacheth up unto heaven.

10 And now ye purpose to keep under the children of Judah and Jerusalem for bondmen and bondwomen unto you: *but are there* not with you, even with you, sins against the LORD your God?

11 Now hear me therefore, and deliver the captives again, which ye have taken captive of your brethren: for the fierce wrath of the LORD *is* upon you.

12 Then certain of the heads of the children of Ephraim, Azariah the son of Johanan, Berechiah the son of Meshillemoth, and Jehizkiah the son of Shallum, and Amasa the son of Hadlai, stood up against them that came from the war,

13 And said unto them, Ye shall not bring in the captives hither: for whereas we have offended against the LORD *already*, ye intend to add *more* to our sins and to our trespass: for our trespass is great, and *there is* fierce wrath against Israel.

14 So the armed men left the captives and the spoil before the princes and all the congregation.

15 And the men which were expressed by name rose up, and took the captives, and with the spoil clothed all that were naked among them, and arrayed them, and shod them, and gave them to eat and to drink, and anointed them, and carried all the feeble of them upon asses, and brought them to Jericho, the city of palm trees, to their brethren: then they returned to Samaria.

16 ¶ At that time did king Ahaz send unto the kings of Assyria to help him.

17 For again the Edomites had come and smitten Judah, and carried away captives.

18 The Philistines also had invaded the cities of the low country, and of the south of Judah, and had taken Beth-shemesh, and Ajalon, and Gederoth, and Shocho with the villages thereof, and Timnah with the villages thereof, Gimzo also and the villages thereof: and they dwelt there.

19 For the LORD brought Judah low because of Ahaz king of Israel; for he made Judah naked, and transgressed sore against the LORD.

20 And Tilgath-pilneser king of Assyria came unto him, and distressed him, but strengthened him not.

21 For Ahaz took away a portion *out* of the house of the LORD, and *out* of the house of the king, and of the princes, and gave *it* unto the king of Assyria: but he helped him not.

22 ¶ And in the time of his distress did he trespass yet more against the LORD: this *is that* king Ahaz.

23 For he sacrificed unto the gods of Damascus, which smote him: and he said, Because the gods of the kings of Syria help them, *therefore* will I sacrifice to them, that they may help me. But they were the ruin of him, and of all Israel.

24 And Ahaz gathered together the vessels of the house of God, and cut in pieces the vessels of the house of God, and shut up the doors of the house of the LORD, and he made him altars in every corner of Jerusalem.

25 And in every several city of Judah he made high places to burn incense unto other gods, and provoked to anger the LORD God of his fathers.

6 גְדוֹלָֽה:	וַיַּהֲרֹ֠ג פֶּ֣קַח בֶּן־רְמַלְיָ֜הוּ בִּיהוּדָ֗ה מֵאָ֤ה וְעֶשְׂרִים֙
אֶ֖לֶף בְּי֣וֹם אֶחָ֑ד הַכֹּ֖ל בְּנֵי־חָ֑יִל בְּעָזְבָ֕ם אֶת־יְהֹוָ֖ה אֱלֹהֵ֥י אֲבוֹתָֽם:

7 וַיַּהֲרֹ֞ג זִכְרִ֣י ׀ גִּבּ֣וֹר אֶפְרַ֗יִם אֶת־מַעֲשֵׂיָ֙הוּ֙ בֶּן־הַמֶּ֔לֶךְ וְאֶת־עַזְרִיקָ֖ם נְגִ֣יד
8 הַבָּ֑יִת וְאֶת־אֶלְקָנָ֖ה מִשְׁנֵ֥ה הַמֶּֽלֶךְ:	וַיִּשְׁבּוּ֩ בְנֵֽי־יִשְׂרָאֵ֨ל
מֵֽאֲחֵיהֶ֜ם מָאתַ֣יִם אֶ֗לֶף נָשִׁ֤ים בָּנִים֙ וּבָנ֔וֹת וְגַם־שָׁלָ֥ל רָ֖ב בָּזְז֣וּ מֵהֶ֑ם

9 וַיָּבִ֥יאוּ אֶת־הַשָּׁלָ֖ל לְשֹׁמְרֽוֹן:	וְ֠שָׁם הָיָ֨ה נָבִ֤יא לַֽיהֹוָה֙ עֹדֵ֣ד 9A
שְׁמ֔וֹ וַיֵּצֵ֗א לִפְנֵ֤י הַצָּבָא֙ הַבָּ֣א לְשֹׁמְר֔וֹן וַיֹּ֣אמֶר לָהֶ֗ם הִ֠נֵּה בַּחֲמַ֨ת
יְהֹוָ֧ה אֱלֹהֵֽי־אֲבוֹתֵיכֶ֛ם עַל־יְהוּדָ֖ה נְתָנָ֣ם בְּיֶדְכֶ֑ם וַתַּֽהַרְגוּ־בָ֣ם בְּזַ֔עַף
10 עַ֥ד לַשָּׁמַ֖יִם הִגִּֽיעַ: וְ֠עַתָּה בְּנֵֽי־יְהוּדָ֤ה וִירֽוּשָׁלִַ֙ם֙ אַתֶּ֣ם אֹמְרִ֔ים לִכְבֹּ֛שׁ
לַעֲבָדִ֥ים וְלִשְׁפָח֖וֹת לָכֶ֑ם הֲלֹ֤א רַק־אַתֶּם֙ עִמָּכֶ֣ם אֲשָׁמ֔וֹת לַיהֹוָ֖ה
11 אֱלֹהֵיכֶֽם: וְעַתָּ֣ה שְׁמָע֔וּנִי וְהָשִׁ֙יבוּ֙ הַשִּׁבְיָ֔ה אֲשֶׁ֥ר שְׁבִיתֶ֖ם מֵאֲחֵיכֶ֑ם
12 כִּ֛י חֲר֥וֹן אַף־יְהֹוָ֖ה עֲלֵיכֶֽם:	וַיָּקֻ֨מוּ אֲנָשִׁ֜ים מֵרָאשֵׁ֣י בְנֵֽי־
אֶפְרַ֗יִם עֲזַרְיָ֤הוּ בֶן־יְהֽוֹחָנָן֙ בֶּ֣רֶכְיָ֣הוּ בֶן־מְשִׁלֵּמ֔וֹת וִֽיחִזְקִיָּ֙הוּ֙ בֶּן־שַׁלֻּ֔ם
13 וַעֲמָשָׂ֖א בֶּן־חַדְלָ֑י עַל־הַבָּאִ֖ים מִן־הַצָּבָֽא: וַיֹּאמְר֣וּ לָהֶ֗ם לֹא־תָבִ֤יאוּ
אֶת־הַשִּׁבְיָה֙ הֵ֔נָּה כִּי֩ לְאַשְׁמַ֨ת יְהֹוָ֤ה עָלֵ֙ינוּ֙ אַתֶּ֣ם אֹמְרִ֔ים לְהֹסִ֥יף
עַל־חַטֹּאתֵ֖ינוּ וְעַל־אַשְׁמָתֵ֑ינוּ כִּֽי־רַבָּ֤ה אַשְׁמָה֙ לָ֔נוּ וַחֲר֥וֹן אָ֖ף עַל־
14 יִשְׂרָאֵֽל:	וַיַּעֲזֹ֣ב הֶחָל֗וּץ אֶת־הַשִּׁבְיָה֙ וְאֶת־הַבִּזָּ֔ה לִפְנֵ֥י
15 הַשָּׂרִ֖ים וְכָל־הַקָּהָֽל: וַיָּקֻ֣מוּ הָאֲנָשִׁים֩ אֲשֶׁר־נִקְּב֨וּ בְשֵׁמ֜וֹת וַיַּחֲזִ֣יקוּ
בַשִּׁבְיָ֗ה וְכׇל־מַֽעֲרֻמֵּיהֶם֮ הִלְבִּ֣ישׁוּ מִן־הַשָּׁלָל֒ וַיַּלְבִּשׁ֣וּם וַ֠יַּנְעִל֠וּם
וַיַּאֲכִל֨וּם וַיַּשְׁק֜וּם וַיְסֻכ֗וּם וַֽיְנַהֲל֤וּם בַּחֲמֹרִים֙ לְכָל־כּוֹשֵׁ֔ל וַיְבִיא֨וּם
יְרֵח֣וֹ עִיר־הַתְּמָרִ֗ים אֵ֚צֶל אֲחֵיהֶ֔ם וַיָּשׁ֖וּבוּ שֹׁמְרֽוֹן:

16 בָּעֵ֣ת הַהִ֗יא שָׁלַ֞ח הַמֶּ֧לֶךְ אָחָ֛ז עַל־מַלְכֵ֥י אַשּׁ֖וּר לַעְזֹ֣ר לֽוֹ: וְע֥וֹד 17
18 אֲדוֹמִ֖ים בָּ֑אוּ וַיַּכּ֣וּ בִֽיהוּדָ֖ה וַיִּשְׁבּוּ־שֶֽׁבִי: וּפְלִשְׁתִּ֣ים פָּשְׁט֗וּ בְּעָרֵ֨י
הַשְּׁפֵלָ֣ה וְהַנֶּגֶב֮ לִֽיהוּדָה֒ וַֽ֠יִּלְכְּד֠וּ אֶת־בֵּֽית־שֶׁ֨מֶשׁ וְאֶת־אַיָּל֜וֹן וְאֶת־
הַגְּדֵר֗וֹת וְאֶת־שׂוֹכ֤וֹ וּבְנוֹתֶ֙יהָ֙ וְאֶת־תִּמְנָ֣ה וּבְנוֹתֶ֔יהָ וְאֶת־גִּמְז֖וֹ וְאֶת־
19 בְּנֹתֶ֑יהָ וַיֵּשְׁב֖וּ שָֽׁם: כִּֽי־הִכְנִ֤יעַ יְהֹוָה֙ אֶת־יְהוּדָ֔ה בַּעֲב֖וּר אָחָ֣ז מֶ֣לֶךְ
20 יִשְׂרָאֵ֑ל כִּ֤י הִפְרִ֙יעַ֙ בִּֽיהוּדָ֔ה וּמָע֥וֹל מַ֖עַל בַּֽיהֹוָֽה: וַיָּבֹ֣א עָלָ֔יו תִּלְּגַ֥ת
21 פִּלְנֶ֖אֶסֶר מֶ֣לֶךְ אַשּׁ֑וּר וַיָּ֥צַר ל֖וֹ וְלֹ֥א חֲזָקֽוֹ: כִּֽי־חָלַ֤ק אָחָז֙ אֶת־בֵּ֣ית
יְהֹוָ֔ה וְאֶת־בֵּ֥ית הַמֶּ֖לֶךְ וְהַשָּׂרִ֑ים וַיִּתֵּן֙ לְמֶ֣לֶךְ אַשּׁ֔וּר וְלֹ֥א לְעֶזְרָ֖ה לֽוֹ:
22 וּבְעֵת֙ הָצֵ֣ר ל֔וֹ וַיּ֖וֹסֶף לִמְע֣וֹל בַּֽיהֹוָ֑ה ה֖וּא הַמֶּ֥לֶךְ אָחָֽז: וַיִּזְבַּ֗ח לֵֽאלֹהֵ֣י 23
דַרְמֶ֙שֶׂק֙ הַמַּכִּ֣ים בּ֔וֹ וַיֹּ֙אמֶר֙ כִּ֣י אֱלֹהֵ֤י מַלְכֵֽי־אֲרָם֙ הֵ֚ם מַעְזְרִ֣ים אוֹתָ֔ם
24 לָהֶ֣ם אֲזַבֵּ֔חַ וְיַעְזְר֑וּנִי וְהֵ֛ם הָֽיוּ־ל֥וֹ לְהַכְשִׁיל֖וֹ וּלְכָל־יִשְׂרָאֵֽל: וַיֶּאֱסֹ֨ף
אָחָ֜ז אֶת־כְּלֵ֣י בֵית־הָֽאֱלֹהִ֗ים וַיְקַצֵּץ֙ אֶת־כְּלֵ֣י בֵית־הָֽאֱלֹהִ֔ים וַיִּסְגֹּ֖ר
אֶת־דַּלְת֣וֹת בֵּית־יְהֹוָ֑ה וַיַּ֨עַשׂ ל֤וֹ מִזְבְּחוֹת֙ בְּכָל־פִּנָּ֖ה בִּירֽוּשָׁלִָֽם:
25 וּבְכׇל־עִ֨יר וָעִ֤יר לִֽיהוּדָה֙ עָשָׂ֣ה בָמ֔וֹת לְקַטֵּ֖ר לֵֽאלֹהִ֣ים אֲחֵרִ֑ים וַיַּכְעֵ֕ס

26 ¶ Now the rest of his acts and of all his ways, first and last, behold, they *are* written in the book of the kings of Judah and Israel.

27 And Ahaz slept with his fathers, and they buried him in the city, *even* in Jerusalem: but they brought him not into the sepulchres of the kings of Israel: and Hezekiah his son reigned in his stead.

CHAPTER 29

1 Hezekiah began to reign *when he was* five and twenty years old, and he reigned nine and twenty years in Jerusalem. And his mother's name *was* Abijah, the daughter of Zechariah.

2 And he did *that which was* right in the sight of the LORD, according to all that David his father had done.

3 ¶ He in the first year of his reign, in the first month, opened the doors of the house of the LORD, and repaired them.

4 And he brought in the priests and the Levites, and gathered them together into the east street,

5 And said unto them, Hear me, ye Levites, sanctify now yourselves, and sanctify the house of the LORD God of your fathers, and carry forth the filthiness out of the holy *place.*

6 For our fathers have trespassed, and done *that which was* evil in the eyes of the LORD our God, and have forsaken him, and have turned away their faces from the habitation of the LORD, and turned *their* backs.

7 Also they have shut up the doors of the porch, and put out the lamps, and have not burned incense nor offered burnt offerings in the holy *place* unto the God of Israel.

8 Wherefore the wrath of the LORD was upon Judah and Jerusalem, and he hath delivered them to trouble, to astonishment, and to hissing, as ye see with your eyes.

9 For, lo, our fathers have fallen by the sword, and our sons and our daughters and our wives *are* in captivity for this.

10 Now *it is* in mine heart to make a covenant with the LORD God of Israel, that his fierce wrath may turn away from us.

11 My sons, be not now negligent: for the LORD hath chosen you to stand before him, to serve him, and that ye should minister unto him, and burn incense.

12 ¶ Then the Levites arose, Mahath the son of Amasai, and Joel the son of Azariah, of the sons of the Kohathites: and of the sons of Merari, Kish the son of Abdi, and Azariah the son of Jehalelel: and of the Gershonites; Joah the son of Zimmah, and Eden the son of Joah:

13 And of the sons of Elizaphan; Shimri, and Jeiel: and of the sons of Asaph; Zechariah, and Mattaniah:

14 And of the sons of Heman; Jehiel, and Shimei: and of the sons of Jeduthun; Shemaiah, and Uzziel.

15 And they gathered their brethren, and sanctified themselves, and came, according to the commandment of the king, by the words of the LORD, to cleanse the house of the LORD.

16 And the priests went into the inner part of the house of the LORD, to cleanse *it,* and brought out all the uncleanness that they found in the temple of the LORD into the court of the house of the LORD. And the Levites took *it,* to carry *it* out abroad into the brook Kidron.

17 Now they began on the first *day* of the first month to sanctify, and on the eighth day of the month came they to the porch of the LORD: so they sanctified the house of the LORD in eight days; and in the sixteenth day of the first month they made an end.

18 Then they went in to Hezekiah the king, and said, We have cleansed all the house of the LORD, and the altar of burnt offering, with all the vessels thereof, and the shewbread table, with all the vessels thereof.

19 Moreover all the vessels, which king Ahaz in his reign did cast away in his transgression, have we prepared and sanctified, and, behold, they *are* before the altar of the LORD.

20 ¶ Then Hezekiah the king rose early, and gathered the rulers of the city, and went up to the house of the LORD.

אֶת־יְהוָה אֱלֹהֵי אֲבֹתָיו: וְיֶתֶר דְּבָרָיו וְכָל־דְּרָכָיו הָרִאשֹׁנִים 26

וְהָאַחֲרוֹנִים הִנָּם כְּתוּבִים עַל־סֵפֶר מַלְכֵי־יְהוּדָה וְיִשְׂרָאֵל: וַיִּשְׁכַּב 27
אָחָז עִם־אֲבֹתָיו וַיִּקְבְּרֻהוּ בָעִיר בִּירוּשָׁלִַם כִּי לֹא הֱבִיאֻהוּ לְקִבְרֵי
מַלְכֵי יִשְׂרָאֵל וַיִּמְלֹךְ יְחִזְקִיָּהוּ בְנוֹ תַּחְתָּיו:

יְחִזְקִיָּהוּ מָלַךְ בֶּן־עֶשְׂרִים וְחָמֵשׁ שָׁנָה וְעֶשְׂרִים וָתֵשַׁע שָׁנָה מָלַךְ 29 1
בִּירוּשָׁלִָם וְשֵׁם אִמּוֹ אֲבִיָּה בַּת־זְכַרְיָהוּ: וַיַּעַשׂ הַיָּשָׁר בְּעֵינֵי יְהוָה 2
כְּכֹל אֲשֶׁר־עָשָׂה דָּוִיד אָבִיו: הוּא בַשָּׁנָה הָרִאשׁוֹנָה לְמָלְכוֹ בַּחֹדֶשׁ 3
הָרִאשׁוֹן פָּתַח אֶת־דַּלְתוֹת בֵּית־יְהוָה וַיְחַזְּקֵם: וַיָּבֵא אֶת־הַכֹּהֲנִים 4
וְאֶת־הַלְוִיִּם וַיַּאַסְפֵם לִרְחוֹב הַמִּזְרָח: וַיֹּאמֶר לָהֶם שְׁמָעוּנִי הַלְוִיִּם 5
עַתָּה הִתְקַדְּשׁוּ וְקַדְּשׁוּ אֶת־בֵּית יְהוָה אֱלֹהֵי אֲבֹתֵיכֶם וְהוֹצִיאוּ אֶת־
הַנִּדָּה מִן־הַקֹּדֶשׁ: כִּי־מָעֲלוּ אֲבֹתֵינוּ וְעָשׂוּ הָרַע בְּעֵינֵי יְהוָה־אֱלֹהֵינוּ 6
וַיַּעַזְבֻהוּ וַיַּסֵּבּוּ פְנֵיהֶם מִמִּשְׁכַּן יְהוָה וַיִּתְּנוּ־עֹרֶף: גַּם סָגְרוּ דַּלְתוֹת 7
הָאוּלָם וַיְכַבּוּ אֶת־הַנֵּרוֹת וּקְטֹרֶת לֹא הִקְטִירוּ וְעֹלָה לֹא־הֶעֱלוּ
בַקֹּדֶשׁ לֵאלֹהֵי יִשְׂרָאֵל: וַיְהִי קֶצֶף יְהוָה עַל־יְהוּדָה וִירוּשָׁלִָם וַיִּתְּנֵם 8

לְזַעֲוָה לְזַעֲוָה לְשַׁמָּה וְלִשְׁרֵקָה כַּאֲשֶׁר אַתֶּם רֹאִים בְּעֵינֵיכֶם: וְהִנֵּה נָפְלוּ 9
אֲבוֹתֵינוּ בֶּחָרֶב וּבָנֵינוּ וּבְנוֹתֵינוּ וְנָשֵׁינוּ בַּשְּׁבִי עַל־זֹאת: עַתָּה עִם־ 10
לְבָבִי לִכְרוֹת בְּרִית לַיהוָה אֱלֹהֵי יִשְׂרָאֵל וְיָשֹׁב מִמֶּנּוּ חֲרוֹן אַפּוֹ:
בָּנַי עַתָּה אַל־תִּשָּׁלוּ כִּי־בָכֶם בָּחַר יְהוָה לַעֲמֹד לְפָנָיו לְשָׁרְתוֹ 11
וְלִהְיוֹת לוֹ מְשָׁרְתִים וּמַקְטִרִים: וַיָּקֻמוּ 12
הַלְוִיִּם מַחַת בֶּן־עֲמָשַׂי וְיוֹאֵל בֶּן־עֲזַרְיָהוּ מִן־בְּנֵי הַקְּהָתִי וּמִן־בְּנֵי
מְרָרִי קִישׁ בֶּן־עַבְדִּי וַעֲזַרְיָהוּ בֶּן־יְהַלֶּלְאֵל וּמִן־הַגֵּרְשֻׁנִּי יוֹאָח בֶּן־זִמָּה

וִיעִיאֵל וְעֵדֶן בֶּן־יוֹאָח: וּמִן־בְּנֵי אֱלִיצָפָן שִׁמְרִי וִיעוּאֵל וּמִן־בְּנֵי אָסָף זְכַרְיָהוּ 13
יְחִיאֵל וּמַתַּנְיָהוּ: וּמִן־בְּנֵי הֵימָן יְחוּאֵל וְשִׁמְעִי וּמִן־בְּנֵי 14
יְדוּתוּן שְׁמַעְיָה וְעֻזִּיאֵל: וַיַּאַסְפוּ אֶת־אֲחֵיהֶם וַיִּתְקַדְּשׁוּ וַיָּבֹאוּ 15
כְמִצְוַת־הַמֶּלֶךְ בְּדִבְרֵי יְהוָה לְטַהֵר בֵּית יְהוָה: וַיָּבֹאוּ הַכֹּהֲנִים 16
לִפְנִימָה בֵית־יְהוָה לְטַהֵר וַיּוֹצִיאוּ אֵת כָּל־הַטֻּמְאָה אֲשֶׁר מָצְאוּ
בְּהֵיכַל יְהוָה לַחֲצַר בֵּית יְהוָה וַיְקַבְּלוּ הַלְוִיִּם לְהוֹצִיא לְנַחַל־קִדְרוֹן
חוּצָה: וַיָּחֵלּוּ בְּאֶחָד לַחֹדֶשׁ הָרִאשׁוֹן לְקַדֵּשׁ וּבְיוֹם שְׁמוֹנָה לַחֹדֶשׁ 17
בָּאוּ לְאוּלָם יְהוָה וַיְקַדְּשׁוּ אֶת־בֵּית־יְהוָה לְיָמִים שְׁמוֹנָה וּבְיוֹם
שִׁשָּׁה עָשָׂר לַחֹדֶשׁ הָרִאשׁוֹן כִּלּוּ: וַיָּבוֹאוּ פְנִימָה אֶל־ 18
חִזְקִיָּהוּ הַמֶּלֶךְ וַיֹּאמְרוּ טִהַרְנוּ אֶת־כָּל־בֵּית יְהוָה אֶת־מִזְבַּח הָעוֹלָה
וְאֶת־כָּל־כֵּלָיו וְאֶת־שֻׁלְחַן הַמַּעֲרֶכֶת וְאֶת־כָּל־כֵּלָיו: וְאֵת כָּל־הַכֵּלִים 19
אֲשֶׁר הִזְנִיחַ הַמֶּלֶךְ אָחָז בְּמַלְכוּתוֹ בְּמַעֲלוֹ הֵכַנּוּ וְהִקְדָּשְׁנוּ וְהִנָּם
לִפְנֵי מִזְבַּח יְהוָה: וַיַּשְׁכֵּם יְחִזְקִיָּהוּ הַמֶּלֶךְ וַיֶּאֱסֹף אֵת 20
שָׂרֵי הָעִיר וַיַּעַל בֵּית יְהוָה: וַיָּבִיאוּ פָרִים־שִׁבְעָה וְאֵילִים שִׁבְעָה 21

21 And they brought seven bullocks, and seven rams, and seven lambs, and seven he goats, for a sin offering for the kingdom, and for the sanctuary, and for Judah. And he commanded the priests the sons of Aaron to offer *them* on the altar of the LORD.

22 So they killed the bullocks, and the priests received the blood, and sprinkled *it* on the altar: likewise, when they had killed the rams, they sprinkled the blood upon the altar: they killed also the lambs, and they sprinkled the blood upon the altar.

23 And they brought forth the he goats *for* the sin offering before the king and the congregation; and they laid their hands upon them:

24 And the priests killed them, and they made reconciliation with their blood upon the altar, to make an atonement for all Israel: for the king commanded *that* the burnt offering and the sin offering *should be made* for all Israel.

25 And he set the Levites in the house of the LORD with cymbals, with psalteries, and with harps, according to the commandment of David, and of Gad the king's seer, and Nathan the prophet: for *so was* the commandment of the LORD by his prophets.

26 And the Levites stood with the instruments of David, and the priests with the trumpets.

27 And Hezekiah commanded to offer the burnt offering upon the altar. And when the burnt offering began, the song of the LORD began *also* with the trumpets, and with the instruments *ordained* by David king of Israel.

28 And all the congregation worshipped, and the singers sang, and the trumpeters sounded: *and* all *this continued* until the burnt offering was finished.

29 And when they had made an end of offering, the king and all that were present with him bowed themselves, and worshipped.

30 Moreover Hezekiah the king and the princes commanded the Levites to sing praise unto the LORD with the words of David, and of Asaph the seer. And they sang praises with gladness, and they bowed their heads and worshipped.

31 Then Hezekiah answered and said, Now ye have consecrated yourselves unto the LORD, come near and bring sacrifices and thank offerings into the house of the LORD. And the congregation brought in sacrifices and thank offerings; and as many as were of a free heart burnt offerings.

32 And the number of the burnt offerings, which the congregation brought, was threescore and ten bullocks, an hundred rams, *and* two hundred lambs: all these *were* for a burnt offering to the LORD.

33 And the consecrated things *were* six hundred oxen and three thousand sheep.

34 But the priests were too few, so that they could not flay all the burnt offerings: wherefore their brethren the Levites did help them, till the work was ended, and until the *other* priests had sanctified themselves: for the Levites *were* more upright in heart to sanctify themselves than the priests.

35 And also the burnt offerings *were* in abundance, with the fat of the peace offerings, and the drink offerings for *every* burnt offering. So the service of the house of the LORD was set in order.

36 And Hezekiah rejoiced, and all the people, that God had prepared the people: for the thing was *done* suddenly.

CHAPTER 30

1 And Hezekiah sent to all Israel and Judah, and wrote letters also to Ephraim and Manasseh, that they should come to the house of the LORD at Jerusalem, to keep the passover unto the LORD God of Israel.

2 For the king had taken counsel, and his princes, and all the congregation in Jerusalem, to keep the passover in the second month.

3 For they could not keep it at that time, because the priests had not sanctified themselves sufficiently, neither had the people gathered themselves together to Jerusalem.

וּכְבָשִׂים שִׁבְעָה וּצְפִירֵי עִזִּים שִׁבְעָה לְחַטָּאת עַל־הַמַּמְלָכָה וְעַל־
הַמִּקְדָּשׁ וְעַל־יְהוּדָה וַיֹּאמֶר לִבְנֵי אַהֲרֹן הַכֹּהֲנִים לְהַעֲלוֹת עַל־מִזְבַּח

22 יְהוָה: וַיִּשְׁחֲטוּ הַבָּקָר וַיְקַבְּלוּ הַכֹּהֲנִים אֶת־הַדָּם וַיִּזְרְקוּ הַמִּזְבֵּחָה
וַיִּשְׁחֲטוּ הָאֵלִים וַיִּזְרְקוּ הַדָּם הַמִּזְבֵּחָה וַיִּשְׁחֲטוּ הַכְּבָשִׂים וַיִּזְרְקוּ

23 הַדָּם הַמִּזְבֵּחָה: וַיַּגִּישׁוּ אֶת־שְׂעִירֵי הַחַטָּאת לִפְנֵי הַמֶּלֶךְ וְהַקָּהָל

24 וַיִּסְמְכוּ יְדֵיהֶם עֲלֵיהֶם: וַיִּשְׁחָטוּם הַכֹּהֲנִים וַיְחַטְּאוּ אֶת־דָּמָם
הַמִּזְבֵּחָה לְכַפֵּר עַל־כָּל־יִשְׂרָאֵל כִּי לְכָל־יִשְׂרָאֵל אָמַר הַמֶּלֶךְ הָעוֹלָה

25 וְהַחַטָּאת: וַיַּעֲמֵד אֶת־הַלְוִיִּם בֵּית יְהוָה בִּמְצִלְתַּיִם בִּנְבָלִים וּבְכִנֹּרוֹת
בְּמִצְוַת דָּוִיד וְגָד חֹזֵה־הַמֶּלֶךְ וְנָתָן הַנָּבִיא כִּי בְיַד־יְהוָה הַמִּצְוָה

26 בְּיַד־נְבִיאָיו: וַיַּעַמְדוּ הַלְוִיִּם בִּכְלֵי דָוִיד וְהַכֹּהֲנִים

27 בַּחֲצֹצְרוֹת: וַיֹּאמֶר חִזְקִיָּהוּ לְהַעֲלוֹת הָעֹלָה לְהַמִּזְבֵּחַ
וּבְעֵת הֵחֵל הָעוֹלָה הֵחֵל שִׁיר־יְהוָה וְהַחֲצֹצְרוֹת וְעַל־יְדֵי כְּלֵי דָּוִיד

28 מֶלֶךְ־יִשְׂרָאֵל: וְכָל־הַקָּהָל מִשְׁתַּחֲוִים וְהַשִּׁיר מְשׁוֹרֵר וְהַחֲצֹצְרוֹת

29 מַחֲצֹצְרִים הַכֹּל עַד לִכְלוֹת הָעֹלָה: וּכְכַלּוֹת לְהַעֲלוֹת כָּרְעוּ הַמֶּלֶךְ

30 וְכָל־הַנִּמְצְאִים אִתּוֹ וַיִּשְׁתַּחֲווּ: וַיֹּאמֶר יְחִזְקִיָּהוּ הַמֶּלֶךְ וְהַשָּׂרִים
לַלְוִיִּם לְהַלֵּל לַיהוָה בְּדִבְרֵי דָוִיד וְאָסָף הַחֹזֶה וַיְהַלְלוּ עַד־לְשִׂמְחָה
וַיִּקְּדוּ וַיִּשְׁתַּחֲווּ:

31 וַיַּעַן יְחִזְקִיָּהוּ וַיֹּאמֶר עַתָּה מִלֵּאתֶם יֶדְכֶם לַיהוָה גֹּשׁוּ וְהָבִיאוּ זְבָחִים
וְתוֹדוֹת לְבֵית יְהוָה וַיָּבִיאוּ הַקָּהָל זְבָחִים וְתוֹדוֹת וְכָל־נְדִיב לֵב

32 עֹלוֹת: וַיְהִי מִסְפַּר הָעֹלָה אֲשֶׁר הֵבִיאוּ הַקָּהָל בָּקָר שִׁבְעִים אֵילִים

33 מֵאָה כְּבָשִׂים מָאתַיִם לְעֹלָה לַיהוָה כָּל־אֵלֶּה: וְהַקֳּדָשִׁים בָּקָר שֵׁשׁ

34 מֵאוֹת וְצֹאן שְׁלֹשֶׁת אֲלָפִים: רַק הַכֹּהֲנִים הָיוּ לִמְעָט וְלֹא יָכְלוּ
לְהַפְשִׁיט אֶת־כָּל־הָעֹלוֹת וַיְחַזְּקוּם אֲחֵיהֶם הַלְוִיִּם עַד־כְּלוֹת
הַמְּלָאכָה וְעַד יִתְקַדְּשׁוּ הַכֹּהֲנִים כִּי הַלְוִיִּם יִשְׁרֵי לֵבָב לְהִתְקַדֵּשׁ

35 מֵהַכֹּהֲנִים: וְגַם־עֹלָה לָרֹב בְּחֶלְבֵי הַשְּׁלָמִים וּבַנְּסָכִים לָעֹלָה וַתִּכּוֹן

36 עֲבוֹדַת בֵּית־יְהוָה: וַיִּשְׂמַח יְחִזְקִיָּהוּ וְכָל־הָעָם עַל הַהֵכִין הָאֱלֹהִים
לָעָם כִּי בְּפִתְאֹם הָיָה הַדָּבָר:

30 1 וַיִּשְׁלַח יְחִזְקִיָּהוּ עַל־כָּל־יִשְׂרָאֵל וִיהוּדָה וְגַם־אִגְּרוֹת כָּתַב עַל־אֶפְרַיִם
וּמְנַשֶּׁה לָבוֹא לְבֵית־יְהוָה בִּירוּשָׁלִַם לַעֲשׂוֹת פֶּסַח לַיהוָה אֱלֹהֵי

2 יִשְׂרָאֵל: וַיִּוָּעַץ הַמֶּלֶךְ וְשָׂרָיו וְכָל־הַקָּהָל בִּירוּשָׁלִָם לַעֲשׂוֹת הַפֶּסַח

3 בַּחֹדֶשׁ הַשֵּׁנִי: כִּי לֹא יָכְלוּ לַעֲשֹׂתוֹ בָּעֵת הַהִיא כִּי הַכֹּהֲנִים לֹא־

4 הִתְקַדְּשׁוּ לְמַדַּי וְהָעָם לֹא־נֶאֶסְפוּ לִירוּשָׁלִָם: וַיִּישַׁר הַדָּבָר בְּעֵינֵי

מַחֲצֹצְרִים

4 And the thing pleased the king and all the congregation.

5 So they established a decree to make proclamation throughout all Israel, from Beer-sheba even to Dan, that they should come to keep the passover unto the LORD God of Israel at Jerusalem: for they had not done *it* of a long *time in such sort* as it was written.

6 So the posts went with the letters from the king and his princes throughout all Israel and Judah, and according to the commandment of the king, saying, Ye children of Israel, turn again unto the LORD God of Abraham, Isaac, and Israel, and he will return to the remnant of you, that are escaped out of the hand of the kings of Assyria.

7 And be not ye like your fathers, and like your brethren, which trespassed against the LORD God of their fathers, *who* therefore gave them up to desolation, as ye see.

8 Now be ye not stiffnecked, as your fathers *were, but* yield yourselves unto the LORD, and enter into his sanctuary, which he hath sanctified for ever: and serve the LORD your God, that the fierceness of his wrath may turn away from you.

9 For if ye turn again unto the LORD, your brethren and your children *shall find* compassion before them that lead them captive, so that they shall come again into this land: for the LORD your God *is* gracious and merciful, and will not turn away *his* face from you, if ye return unto him.

10 So the posts passed from city to city through the country of Ephraim and Manasseh even unto Zebulun: but they laughed them to scorn, and mocked them.

11 Nevertheless divers of Asher and Manasseh and of Zebulun humbled themselves, and came to Jerusalem.

12 Also in Judah the hand of God was to give them one heart to do the commandment of the king and of the princes, by the word of the LORD.

13 ¶ And there assembled at Jerusalem much people to keep the feast of unleavened bread in the second month, a very great congregation.

14 And they arose and took away the altars that *were* in Jerusalem, and all the altars for incense took they away, and cast *them* into the brook Kidron.

15 Then they killed the passover on the fourteenth *day* of the second month: and the priests and the Levites were ashamed, and sanctified themselves, and brought in the burnt offerings into the house of the LORD.

16 And they stood in their place after their manner, according to the law of Moses the man of God: the priests sprinkled the blood, *which they received* of the hand of the Levites.

17 For *there were* many in the congregation that were not sanctified: therefore the Levites had the charge of the killing of the passovers for every one *that was* not clean, to sanctify *them* unto the LORD.

18 For a multitude of the people, *even* many of Ephraim, and Manasseh, Issachar, and Zebulun, had not cleansed themselves, yet did they eat the passover otherwise than it was written. But Hezekiah prayed for them, saying, The good LORD pardon every one

19 *That* prepareth his heart to seek God, the LORD God of his fathers, though *he* be not *cleansed* according to the purification of the sanctuary.

20 And the LORD hearkened to Hezekiah, and healed the people.

21 And the children of Israel that were present at Jerusalem kept the feast of unleavened bread seven days with great gladness: and the Levites and the priests praised the LORD day by day, *singing* with loud instruments unto the LORD.

22 And Hezekiah spake comfortably unto all the Levites that taught the good knowledge of the LORD: and they did eat throughout the feast seven days, offering peace offerings, and making confession to the LORD God of their fathers.

23 And the whole assembly took counsel to keep other seven days: and they kept *other* seven days with gladness.

24 For Hezekiah king of Judah did give to the congregation a thousand bullocks and seven thousand sheep; and the princes gave to the congregation a thousand bullocks and ten thousand sheep:

5 הַמֶּלֶךְ וּבְעֵינֵי כָּל־הַקָּהָל: וַיַּעֲמִידוּ דָבָר לְהַעֲבִיר קוֹל בְּכָל־יִשְׂרָאֵל
מִבְּאֵר־שֶׁבַע וְעַד־דָּן לָבוֹא לַעֲשׂוֹת פֶּסַח לַיהוָה אֱלֹהֵי־יִשְׂרָאֵל

6 בִּירוּשָׁלָ͏ִם כִּי לֹא לָרֹב עָשׂוּ כַּכָּתוּב: וַיֵּלְכוּ הָרָצִים בָּאִגְּרוֹת מִיַּד
הַמֶּלֶךְ וְשָׂרָיו בְּכָל־יִשְׂרָאֵל וִיהוּדָה וּכְמִצְוַת הַמֶּלֶךְ לֵאמֹר בְּנֵי
יִשְׂרָאֵל שׁוּבוּ אֶל־יְהוָה אֱלֹהֵי אַבְרָהָם יִצְחָק וְיִשְׂרָאֵל וְיָשֹׁב אֶל־

7 הַפְּלֵיטָה הַנִּשְׁאֶרֶת לָכֶם מִכַּף מַלְכֵי אַשּׁוּר: וְאַל־תִּהְיוּ כַּאֲבוֹתֵיכֶם
וְכַאֲחֵיכֶם אֲשֶׁר מָעֲלוּ בַּיהוָה אֱלֹהֵי אֲבוֹתֵיהֶם וַיִּתְּנֵם לְשַׁמָּה כַּאֲשֶׁר

8 אַתֶּם רֹאִים: עַתָּה אַל־תַּקְשׁוּ עָרְפְּכֶם כַּאֲבוֹתֵיכֶם תְּנוּ־יָד לַיהוָה
וּבֹאוּ לְמִקְדָּשׁוֹ אֲשֶׁר הִקְדִּישׁ לְעוֹלָם וְעִבְדוּ אֶת־יְהוָה אֱלֹהֵיכֶם

9 וְיָשֹׁב מִכֶּם חֲרוֹן אַפּוֹ: כִּי בְשׁוּבְכֶם עַל־יְהוָה אֲחֵיכֶם וּבְנֵיכֶם
לְרַחֲמִים לִפְנֵי שׁוֹבֵיהֶם וְלָשׁוּב לָאָרֶץ הַזֹּאת כִּי־חַנּוּן וְרַחוּם יְהוָה
אֱלֹהֵיכֶם וְלֹא־יָסִיר פָּנִים מִכֶּם אִם־תָּשׁוּבוּ אֵלָיו:

10 וַיִּהְיוּ הָרָצִים עֹבְרִים מֵעִיר לָעִיר בְּאֶרֶץ־אֶפְרַיִם וּמְנַשֶּׁה וְעַד־זְבֻלוּן

11 וַיִּהְיוּ מַשְׂחִיקִים עֲלֵיהֶם וּמַלְעִגִים בָּם: אַךְ־אֲנָשִׁים מֵאָשֵׁר וּמְנַשֶּׁה 11A

12 וּמִזְּבֻלוּן נִכְנְעוּ וַיָּבֹאוּ לִירוּשָׁלָ͏ִם: גַּם בִּיהוּדָה הָיְתָה יַד הָאֱלֹהִים
לָתֵת לָהֶם לֵב אֶחָד לַעֲשׂוֹת מִצְוַת הַמֶּלֶךְ וְהַשָּׂרִים בִּדְבַר יְהוָה:

13 וַיֵּאָסְפוּ יְרוּשָׁלַ͏ִם עַם־רָב לַעֲשׂוֹת אֶת־חַג הַמַּצּוֹת בַּחֹדֶשׁ הַשֵּׁנִי קָהָל

14 לָרֹב מְאֹד: וַיָּקֻמוּ וַיָּסִירוּ אֶת־הַמִּזְבְּחוֹת אֲשֶׁר בִּירוּשָׁלָ͏ִם וְאֵת כָּל־
הַמְקַטְּרוֹת הֵסִירוּ וַיַּשְׁלִיכוּ לְנַחַל קִדְרוֹן:

15 וַיִּשְׁחֲטוּ הַפֶּסַח בְּאַרְבָּעָה
עָשָׂר לַחֹדֶשׁ הַשֵּׁנִי וְהַכֹּהֲנִים וְהַלְוִיִּם נִכְלְמוּ וַיִּתְקַדְּשׁוּ וַיָּבִיאוּ עֹלוֹת

16 בֵּית יְהוָה: וַיַּעַמְדוּ עַל־עָמְדָם כְּמִשְׁפָּטָם כְּתוֹרַת מֹשֶׁה אִישׁ־

17 הָאֱלֹהִים הַכֹּהֲנִים זֹרְקִים אֶת־הַדָּם מִיַּד הַלְוִיִּם: כִּי־רַבַּת בַּקָּהָל
אֲשֶׁר לֹא־הִתְקַדָּשׁוּ וְהַלְוִיִּם עַל־שְׁחִיטַת הַפְּסָחִים לְכֹל לֹא טָהוֹר

18 לְהַקְדִּישׁ לַיהוָה: כִּי מַרְבִּית הָעָם רַבַּת מֵאֶפְרַיִם וּמְנַשֶּׁה יִשָּׂשכָר
וּזְבֻלוּן לֹא הִטֶּהָרוּ כִּי־אָכְלוּ אֶת־הַפֶּסַח בְּלֹא כַכָּתוּב כִּי הִתְפַּלֵּל

19 יְחִזְקִיָּהוּ עֲלֵיהֶם לֵאמֹר יְהוָה הַטּוֹב יְכַפֵּר בְּעַד: כָּל־לְבָבוֹ הֵכִין
לִדְרוֹשׁ הָאֱלֹהִים ׀ יְהוָה אֱלֹהֵי אֲבוֹתָיו וְלֹא כְּטָהֳרַת

20 הַקֹּדֶשׁ: וַיִּשְׁמַע יְהוָה אֶל־יְחִזְקִיָּהוּ וַיִּרְפָּא אֶת־

21 הָעָם: וַיַּעֲשׂוּ בְנֵי־יִשְׂרָאֵל הַנִּמְצְאִים בִּירוּשָׁלַ͏ִם אֶת־חַג
הַמַּצּוֹת שִׁבְעַת יָמִים בְּשִׂמְחָה גְדוֹלָה וּמְהַלְלִים לַיהוָה יוֹם ׀ בְּיוֹם
הַלְוִיִּם וְהַכֹּהֲנִים בִּכְלֵי־עֹז לַיהוָה:

22 וַיְדַבֵּר יְחִזְקִיָּהוּ עַל־
לֵב כָּל־הַלְוִיִּם הַמַּשְׂכִּילִים שֵׂכֶל־טוֹב לַיהוָה וַיֹּאכְלוּ אֶת־הַמּוֹעֵד
שִׁבְעַת הַיָּמִים מְזַבְּחִים זִבְחֵי שְׁלָמִים וּמִתְוַדִּים לַיהוָה אֱלֹהֵי

23 אֲבוֹתֵיהֶם: וַיִּוָּעֲצוּ כָּל־הַקָּהָל לַעֲשׂוֹת שִׁבְעַת יָמִים

24 אֲחֵרִים וַיַּעֲשׂוּ שִׁבְעַת־יָמִים שִׂמְחָה: כִּי חִזְקִיָּהוּ מֶלֶךְ־יְהוּדָה הֵרִים

and a great number of priests sanctified themselves.

25 And all the congregation of Judah, with the priests and the Levites, and all the congregation that came out of Israel, and the strangers that came out of the land of Israel, and that dwelt in Judah, rejoiced.

26 So there was great joy in Jerusalem: for since the time of Solomon the son of David king of Israel *there was* not the like in Jerusalem.

27 ¶ Then the priests the Levites arose and blessed the people: and their voice was heard, and their prayer came *up* to his holy dwelling place, *even* unto heaven.

CHAPTER 31

1 Now when all this was finished, all Israel that were present went out to the cities of Judah, and brake the images in pieces, and cut down the groves, and threw down the high places and the altars out of all Judah and Benjamin, in Ephraim also and Manasseh, until they had utterly destroyed them all. Then all the children of Israel returned, every man to his possession, into their own cities.

2 ¶ And Hezekiah appointed the courses of the priests and the Levites after their courses, every man according to his service, the priests and Levites for burnt offerings and for peace offerings, to minister, and to give thanks, and to praise in the gates of the tents of the LORD.

3 *He appointed* also the king's portion of his substance for the burnt offerings, *to wit,* for the morning and evening burnt offerings, and the burnt offerings for the sabbaths, and for the new moons, and for the set feasts, as *it is* written in the law of the LORD.

4 Moreover he commanded the people that dwelt in Jerusalem to give the portion of the priests and the Levites, that they might be encouraged in the law of the LORD.

5 ¶ And as soon as the commandment came abroad, the children of Israel brought in abundance the firstfruits of corn, wine, and oil, and honey, and of all

the increase of the field; and the tithe of all *things* brought they in abundantly.

6 And *concerning* the children of Israel and Judah, that dwelt in the cities of Judah, they also brought in the tithe of oxen and sheep, and the tithe of holy things which were consecrated unto the LORD their God, and laid *them* by heaps.

7 In the third month they began to lay the foundation of the heaps, and finished *them* in the seventh month.

8 And when Hezekiah and the princes came and saw the heaps, they blessed the LORD, and his people Israel.

9 Then Hezekiah questioned with the priests and the Levites concerning the heaps.

10 And Azariah the chief priest of the house of Zadok answered him, and said, Since *the people* began to bring the offerings into the house of the LORD, we have had enough to eat, and have left plenty: for the LORD hath blessed his people; and that which is left *is* this great store.

11 ¶ Then Hezekiah commanded to prepare chambers in the house of the LORD; and they prepared *them,*

12 And brought in the offerings and the tithes and the dedicated *things* faithfully: over which Cononiah the Levite *was* ruler, and Shimei his brother *was* the next.

13 And Jehiel, and Azaziah, and Nahath, and Asahel, and Jerimoth, and Jozabad, and Eliel, and Ismachiah, and Mahath, and Benaiah, *were* overseers under the hand of Cononiah and Shimei his brother, at the commandment of Hezekiah the king, and Azariah the ruler of the house of God.

14 And Kore the son of Imnah the Levite, the porter toward the east, *was* over the freewill offerings of God, to distribute the oblations of the LORD, and the most holy things.

15 And next him *were* Eden, and Miniamin, and Jeshua, and Shemaiah, Amariah, and Shecaniah, in the cities of the priests, in *their* set office, to give to their brethren by courses, as well to the great as to the small:

16 Beside their genealogy of males, from three years old and upward, *even* unto

לַקָּהָל אֶלֶף פָּרִים וְשִׁבְעַת אֲלָפִים צֹאן   וְהַשָּׂרִים הֵרִימוּ
לַקָּהָל פָּרִים אֶלֶף וְצֹאן עֲשֶׂרֶת אֲלָפִים וַיִּתְקַדְּשׁוּ כֹהֲנִים לָרֹב:

25 וַיִּשְׂמְחוּ ׀ כָּל־קְהַל יְהוּדָה וְהַכֹּהֲנִים וְהַלְוִיִּם וְכָל־הַקָּהָל הַבָּאִים

26 מִיִּשְׂרָאֵל וְהַגֵּרִים הַבָּאִים מֵאֶרֶץ יִשְׂרָאֵל וְהַיּוֹשְׁבִים בִּיהוּדָה: וַתְּהִי
שִׂמְחָה־גְדוֹלָה בִּירוּשָׁלִָם כִּי מִימֵי שְׁלֹמֹה בֶן־דָּוִיד מֶלֶךְ יִשְׂרָאֵל לֹא

27 כָזֹאת בִּירוּשָׁלִָם: וַיָּקֻמוּ הַכֹּהֲנִים הַלְוִיִּם וַיְבָרְכוּ אֶת־הָעָם
וַיִּשָּׁמַע בְּקוֹלָם וַתָּבוֹא תְפִלָּתָם לִמְעוֹן קָדְשׁוֹ לַשָּׁמָיִם:

31 1 וּכְכַלּוֹת כָּל־זֹאת יָצְאוּ כָל־יִשְׂרָאֵל הַנִּמְצְאִים לְעָרֵי יְהוּדָה וַיְשַׁבְּרוּ
הַמַּצֵּבוֹת וַיְגַדְּעוּ הָאֲשֵׁרִים וַיְנַתְּצוּ אֶת־הַבָּמוֹת וְאֶת־הַמִּזְבְּחֹת מִכָּל־
יְהוּדָה וּבִנְיָמִן וּבְאֶפְרַיִם וּמְנַשֶּׁה עַד־לְכַלֵּה וַיָּשׁוּבוּ כָּל־בְּנֵי יִשְׂרָאֵל

2 אִישׁ לַאֲחֻזָּתוֹ לְעָרֵיהֶם: וַיַּעֲמֵד יְחִזְקִיָּהוּ אֶת־
מַחְלְקוֹת הַכֹּהֲנִים וְהַלְוִיִּם עַל־מַחְלְקוֹתָם אִישׁ ׀ כְּפִי עֲבֹדָתוֹ לַכֹּהֲנִים
וְלַלְוִיִּם לְעֹלָה וְלִשְׁלָמִים לְשָׁרֵת וּלְהֹדוֹת וּלְהַלֵּל בְּשַׁעֲרֵי מַחֲנוֹת

3 יְהוָה: וּמְנָת הַמֶּלֶךְ מִן־רְכוּשׁוֹ לָעֹלוֹת לְעֹלוֹת הַבֹּקֶר
וְהָעֶרֶב וְהָעֹלוֹת לַשַּׁבָּתוֹת וְלֶחֳדָשִׁים וְלַמֹּעֲדִים כַּכָּתוּב בְּתוֹרַת

4 יְהוָה: וַיֹּאמֶר לָעָם לְיוֹשְׁבֵי יְרוּשָׁלִַם לָתֵת מְנָת הַכֹּהֲנִים וְהַלְוִיִּם

5 לְמַעַן יֶחֶזְקוּ בְּתוֹרַת יְהוָה: וְכִפְרֹץ הַדָּבָר הִרְבּוּ בְנֵי־יִשְׂרָאֵל רֵאשִׁית
דָּגָן תִּירוֹשׁ וְיִצְהָר וּדְבַשׁ וְכֹל תְּבוּאַת שָׂדֶה וּמַעְשַׂר הַכֹּל לָרֹב

6 הֵבִיאוּ: וּבְנֵי יִשְׂרָאֵל וִיהוּדָה הַיּוֹשְׁבִים בְּעָרֵי יְהוּדָה גַּם־הֵם מַעְשַׂר
בָּקָר וָצֹאן וּמַעְשַׂר קָדָשִׁים הַמְקֻדָּשִׁים לַיהוָה אֱלֹהֵיהֶם הֵבִיאוּ וַיִּתְּנוּ

7 עֲרֵמוֹת עֲרֵמוֹת: בַּחֹדֶשׁ הַשְּׁלִשִׁי הֵחֵלּוּ הָעֲרֵמוֹת לְיִסּוֹד

8 וּבַחֹדֶשׁ הַשְּׁבִיעִי כִּלּוּ:   וַיָּבֹאוּ יְחִזְקִיָּהוּ וְהַשָּׂרִים וַיִּרְאוּ
אֶת־הָעֲרֵמוֹת וַיְבָרְכוּ אֶת־יְהוָה וְאֵת עַמּוֹ יִשְׂרָאֵל:

9
10 וַיִּדְרֹשׁ יְחִזְקִיָּהוּ עַל־הַכֹּהֲנִים וְהַלְוִיִּם עַל־הָעֲרֵמוֹת: וַיֹּאמֶר אֵלָיו
עֲזַרְיָהוּ הַכֹּהֵן הָרֹאשׁ לְבֵית צָדוֹק וַיֹּאמֶר מֵהָחֵל הַתְּרוּמָה לָבִיא
בֵית־יְהוָה אָכוֹל וְשָׂבוֹעַ וְהוֹתֵר עַד־לָרוֹב כִּי יְהוָה בֵּרַךְ אֶת־עַמּוֹ

11 וְהַנּוֹתָר אֶת־הֶהָמוֹן הַזֶּה: וַיֹּאמֶר יְחִזְקִיָּהוּ לְהָכִין לְשָׁכוֹת

12 בְּבֵית יְהוָה וַיָּכִינוּ:   וַיָּבִיאוּ אֶת־הַתְּרוּמָה וְהַמַּעֲשֵׂר וְהַקֳּדָשִׁים

13 בֶּאֱמוּנָה וַעֲלֵיהֶם נָגִיד כָּונַנְיָהוּ הַלֵּוִי וְשִׁמְעִי אָחִיהוּ מִשְׁנֶה: וִיחִיאֵל כָּנַנְיָהוּ
וַעֲזַזְיָהוּ וְנַחַת וַעֲשָׂהאֵל וִירִימוֹת וְיוֹזָבָד וֶאֱלִיאֵל וְיִסְמַכְיָהוּ וּמַחַת
וּבְנָיָהוּ פְּקִידִים מִיַּד כָּונַנְיָהוּ וְשִׁמְעִי אָחִיו בְּמִפְקַד יְחִזְקִיָּהוּ הַמֶּלֶךְ כָּנַנְיָהוּ

14 וַעֲזַרְיָהוּ נָגִיד בֵּית־הָאֱלֹהִים: וְקוֹרֵא בֶן־יִמְנָה הַלֵּוִי הַשּׁוֹעֵר לַמִּזְרָחָה

15 עַל נִדְבוֹת הָאֱלֹהִים לָתֵת תְּרוּמַת יְהוָה וְקָדְשֵׁי הַקֳּדָשִׁים: וְעַל־יָדוֹ
עֵדֶן וּמִנְיָמִן וְיֵשׁוּעַ וּשְׁמַעְיָהוּ אֲמַרְיָהוּ וּשְׁכַנְיָהוּ בְּעָרֵי הַכֹּהֲנִים

16 בֶּאֱמוּנָה לָתֵת לַאֲחֵיהֶם בְּמַחְלְקוֹת כַּגָּדוֹל כַּקָּטָן: מִלְּבַד הִתְיַחְשָׂם

every one that entereth into the house of the LORD, his daily portion for their service in their charges according to their courses;

17 Both to the genealogy of the priests by the house of their fathers, and the Levites from twenty years old and upward, in their charges by their courses;

18 And to the genealogy of all their little ones, their wives, and their sons, and their daughters, through all the congregation: for in their set office they sanctified themselves in holiness:

19 Also of the sons of Aaron the priests, *which were* in the fields of the suburbs of their cities, in every several city, the men that were expressed by name, to give portions to all the males among the priests, and to all that were reckoned by genealogies among the Levites.

20 ¶ And thus did Hezekiah throughout all Judah, and wrought *that which was* good and right and truth before the LORD his God.

21 And in every work that he began in the service of the house of God, and in the law, and in the commandments, to seek his God, he did *it* with all his heart, and prospered.

CHAPTER 32

1 After these things, and the establishment thereof, Sennacherib king of Assyria came, and entered into Judah, and encamped against the fenced cities, and thought to win them for himself.

2 And when Hezekiah saw that Sennacherib was come, and that he was purposed to fight against Jerusalem,

3 He took counsel with his princes and his mighty men to stop the waters of the fountains which *were* without the city: and they did help him.

4 So there was gathered much people together, who stopped all the fountains, and the brook that ran through the midst of the land, saying, Why should the kings of Assyria come, and find much water?

5 Also he strengthened himself, and built up all the wall that was broken, and raised *it* up to the towers, and another wall without, and repaired Millo *in* the city of David, and made darts and shields in abundance.

6 And he set captains of war over the people, and gathered them together to him in the street of the gate of the city, and spake comfortably to them, saying,

7 Be strong and courageous, be not afraid nor dismayed for the king of Assyria, nor for all the multitude that *is* with him: for *there be* more with us than with him:

8 With him *is* an arm of flesh; but with us *is* the LORD our God to help us, and to fight our battles. And the people rested themselves upon the words of Hezekiah king of Judah.

9 ¶ After this did Sennacherib king of Assyria send his servants to Jerusalem, (but he *himself laid siege* against Lachish, and all his power with him,) unto Hezekiah king of Judah, and unto all Judah that *were* at Jerusalem, saying,

10 Thus saith Sennacherib king of Assyria, Whereon do ye trust, that ye abide in the siege in Jerusalem?

11 Doth not Hezekiah persuade you to give over yourselves to die by famine and by thirst, saying, The LORD our God shall deliver us out of the hand of the king of Assyria?

12 Hath not the same Hezekiah taken away his high places and his altars, and commanded Judah and Jerusalem, saying, Ye shall worship before one altar, and burn incense upon it?

13 Know ye not what I and my fathers have done unto all the people of *other* lands? were the gods of the nations of those lands any ways able to deliver their lands out of mine hand?

14 Who *was there* among all the gods of those nations that my fathers utterly destroyed, that could deliver his people out of mine hand, that your God should be able to deliver you out of mine hand?

15 Now therefore let not Hezekiah deceive you, nor persuade you on this manner, neither yet believe him: for no god of any nation or kingdom was able to deliver his people out of mine hand, and out of the hand of my fathers: how much less

לִזְכָרִים מִבֶּן שָׁל֣וֹשׁ שָׁנִים֙ וּלְמַ֔עְלָה לְכָל־הַבָּ֥א לְבֵית־יְהוָ֖ה לִדְבַר־י֥וֹם

17 בְּיוֹמֽוֹ לַעֲבוֹדָתָם֙ בְּמִשְׁמְרוֹתָ֔ם כְּמַחְלְקוֹתֵיהֶ֑ם וְאֵ֤ת הִתְיַחֵ֣שׂ הַכֹּהֲנִים֙ לְבֵ֣ית אֲבוֹתֵיהֶ֔ם וְהַלְוִיִּ֗ם מִבֶּ֛ן עֶשְׂרִ֥ים שָׁנָ֖ה וּלְמָ֑עְלָה בְּמִשְׁמְרוֹתֵיהֶ֖ם

18 בְּמַחְלְקוֹתֵיהֶֽם׃ וּלְהִתְיַחֵ֗שׂ בְּכָל־טַפָּ֛ם נְשֵׁיהֶ֥ם וּבְנֵיהֶ֖ם וּבְנוֹתֵיהֶ֑ם

19 לְכָל־קָהָ֑ל כִּ֥י בֶאֱמוּנָתָ֖ם יִתְקַדְּשׁוּ־קֹֽדֶשׁ׃ וְלִבְנֵי֩ אַהֲרֹ֨ן הַכֹּהֲנִ֜ים בִּשְׂדֵ֧י מִגְרַ֣שׁ עָרֵיהֶ֗ם בְּכָל־עִ֣יר וָעִ֔יר אֲנָשִׁ֕ים אֲשֶׁ֥ר נִקְּב֖וּ בְּשֵׁמ֑וֹת לָתֵ֣ת

20 מָנ֗וֹת לְכָל־זָכָר֙ בַּכֹּ֣הֲנִ֔ים וּלְכָל־הִתְיַחֵ֖שׂ בַּלְוִיִּֽם׃ וַיַּ֧עַשׂ כָּזֹ֛את יְחִזְקִיָּ֖הוּ

21 בְּכָל־יְהוּדָ֑ה וַיַּ֨עַשׂ הַטּ֤וֹב וְהַיָּשָׁר֙ וְהָ֣אֱמֶ֔ת לִפְנֵ֖י יְהוָ֥ה אֱלֹהָֽיו׃ וּבְכָל־ מַעֲשֶׂ֞ה אֲשֶׁר־הֵחֵ֣ל ׀ בַּעֲבוֹדַ֣ת בֵּית־הָאֱלֹהִ֗ים וּבַתּוֹרָה֙ וּבַמִּצְוָ֔ה לִדְרֹ֖שׁ לֵֽאלֹהָ֑יו בְּכָל־לְבָב֥וֹ עָשָׂ֖ה וְהִצְלִֽיחַ׃

32 1 אַחֲרֵ֞י הַדְּבָרִ֤ים וְהָאֱמֶת֙ הָאֵ֔לֶּה בָּ֖א סַנְחֵרִ֣יב מֶֽלֶךְ־אַשּׁ֑וּר וַיָּבֹ֣א

2 בִֽיהוּדָ֗ה וַיִּ֙חַן֙ עַל־הֶעָרִ֣ים הַבְּצֻר֔וֹת וַיֹּ֖אמֶר לְבִקְעָ֥ם אֵלָֽיו׃ וַיַּ֣רְא

3 יְחִזְקִיָּ֔הוּ כִּי־בָ֖א סַנְחֵרִ֑יב וּפָנָ֕יו לַמִּלְחָמָ֖ה עַל־יְרוּשָׁלָֽ͏ִם׃ וַיִּוָּעַ֣ץ עִם־ שָׂרָיו֩ וְגִבֹּרָ֨יו לִסְתּ֜וֹם אֶת־מֵימֵ֤י הָעֲיָנוֹת֙ אֲשֶׁ֣ר מִח֣וּץ לָעִ֔יר וַֽיַּעְזְרֽוּהוּ׃

4 וַיִּקָּבְצ֣וּ עַם־רָ֔ב וַֽיִּסְתְּמוּ֙ אֶת־כָּל־הַמַּעְיָנ֔וֹת וְאֶת־הַנַּ֖חַל הַשּׁוֹטֵ֣ף בְּתוֹךְ־הָאָ֖רֶץ לֵאמֹ֑ר לָ֤מָּה יָב֙וֹאוּ֙ מַלְכֵ֣י אַשּׁ֔וּר וּמָצְא֖וּ מַ֥יִם רַבִּֽים׃

5 וַיִּתְחַזַּ֡ק וַיִּ֣בֶן אֶת־כָּל־הַחוֹמָ֣ה הַפְּרוּצָה֩ וַיַּ֨עַל עַל־הַמִּגְדָּל֜וֹת וְלַח֣וּצָה הַחוֹמָ֣ה אַחֶ֗רֶת וַיְחַזֵּ֤ק אֶת־הַמִּלּוֹא֙ עִ֣יר דָּוִ֔יד וַיַּ֥עַשׂ שֶׁ֖לַח לָרֹ֑ב

6 וּמָגִנִּֽים׃ וַיִּתֵּ֛ן שָׂרֵ֥י מִלְחָמ֖וֹת עַל־הָעָ֑ם וַיִּקְבְּצֵ֣ם אֵלָ֗יו אֶל־רְח֙וֹב֙ שַׁ֣עַר

7 הָעִ֔יר וַיְדַבֵּ֥ר עַל־לְבָבָ֖ם לֵאמֹֽר׃ חִזְק֣וּ וְאִמְצ֔וּ אַל־תִּֽירְא֣וּ וְאַל־תֵּחַ֗תּוּ מִפְּנֵ֤י מֶ֣לֶךְ אַשּׁ֔וּר וּמִלִּפְנֵ֖י כָּל־הֶהָמ֣וֹן אֲשֶׁר־עִמּ֑וֹ כִּֽי־עִמָּ֥נוּ רַ֖ב מֵעִמּֽוֹ׃

8A 8 עִמּוֹ֙ זְר֣וֹעַ בָּשָׂ֔ר וְעִמָּ֜נוּ יְהוָ֤ה אֱלֹהֵ֙ינוּ֙ לְעָזְרֵ֔נוּ וּלְהִלָּחֵ֖ם מִלְחֲמֹתֵ֑נוּ וַיִּסָּמְכ֣וּ הָעָ֔ם עַל־דִּבְרֵ֖י יְחִזְקִיָּ֥הוּ מֶֽלֶךְ־יְהוּדָֽה׃

9 אַ֣חַר זֶ֡ה שָׁלַח֩ סַנְחֵרִ֨יב מֶֽלֶךְ־אַשּׁ֤וּר עֲבָדָיו֙ יְר֣וּשָׁלַ֔יְמָה וְהוּא֙ עַל־ לָכִ֔ישׁ וְכָל־מֶמְשַׁלְתּ֖וֹ עִמּ֑וֹ עַל־יְחִזְקִיָּ֙הוּ֙ מֶ֣לֶךְ יְהוּדָ֔ה וְעַל־כָּל־יְהוּדָ֛ה

10 אֲשֶׁ֥ר בִּירוּשָׁלַ֖͏ִם לֵאמֹֽר׃ כֹּ֣ה אָמַ֔ר סַנְחֵרִ֖יב מֶ֣לֶךְ אַשּׁ֑וּר עַל־מָ֤ה אַתֶּם֙

11 בֹּֽטְחִ֔ים וְיֹשְׁבִ֖ים בְּמָצ֥וֹר בִּירוּשָׁלָֽ͏ִם׃ הֲלֹ֤א יְחִזְקִיָּ֙הוּ֙ מַסִּ֣ית אֶתְכֶ֔ם לָתֵ֣ת אֶתְכֶ֗ם לָמ֛וּת בְּרָעָ֥ב וּבְצָמָ֖א לֵאמֹ֑ר יְהוָ֣ה אֱלֹהֵ֔ינוּ יַצִּילֵ֕נוּ מִכַּ֖ף מֶ֥לֶךְ

12A 12 אַשּֽׁוּר׃ הֲלֹא־הוּא֙ יְחִזְקִיָּ֔הוּ הֵסִ֥יר אֶת־בָּמֹתָ֖יו וְאֶת־מִזְבְּחֹתָ֑יו וַיֹּ֤אמֶר לִֽיהוּדָה֙ וְלִיר֣וּשָׁלַ֔͏ִם לֵאמֹ֗ר לִפְנֵ֨י מִזְבֵּ֧חַ אֶחָ֛ד תִּֽשְׁתַּחֲו֖וּ וְעָלָ֥יו

13 תַּקְטִֽירוּ׃ הֲלֹ֣א תֵדְע֗וּ מֶ֤ה עָשִׂ֙יתִי֙ אֲנִ֣י וַאֲבוֹתַ֔י לְכֹ֖ל עַמֵּ֣י הָאֲרָצ֑וֹת

14 הֲיָכ֣וֹל יָֽכְל֗וּ אֱלֹהֵי֙ גּוֹיֵ֣ הָאֲרָצ֔וֹת לְהַצִּ֥יל אֶת־אַרְצָ֖ם מִיָּדִֽי׃ מִ֠י בְּכָל־ אֱלֹהֵ֞י הַגּוֹיִ֤ם הָאֵ֙לֶּה֙ אֲשֶׁ֣ר הֶחֱרִ֣ימוּ אֲבוֹתַ֔י אֲשֶׁ֣ר יָכ֔וֹל לְהַצִּ֥יל אֶת־

15A 15 עַמּ֖וֹ מִיָּדִ֑י כִּ֤י יוּכַל֙ אֱלֹֽהֵיכֶ֔ם לְהַצִּ֥יל אֶתְכֶ֖ם מִיָּדִֽי׃ וְעַתָּ֗ה אַל־יַשִּׁיא֩ אֶתְכֶ֨ם חִזְקִיָּ֜הוּ וְאַל־יַסִּ֨ית אֶתְכֶ֣ם כָּזֹאת֘ וְאַל־תַּאֲמִ֣ינוּ לוֹ֒ כִּי־לֹ֤א יוּכַל֙

shall your God deliver you out of mine hand?

16 And his servants spake yet *more* against the Lord God, and against his servant Hezekiah.

17 He wrote also letters to rail on the Lord God of Israel, and to speak against him, saying, As the gods of the nations of *other* lands have not delivered their people out of mine hand, so shall not the God of Hezekiah deliver his people out of mine hand.

18 Then they cried with a loud voice in the Jews' speech unto the people of Jerusalem that *were* on the wall, to affright them, and to trouble them; that they might take the city.

19 And they spake against the God of Jerusalem, as against the gods of the people of the earth, *which were* the work of the hands of man.

20 And for this *cause* Hezekiah the king, and the prophet Isaiah the son of Amoz, prayed and cried to heaven.

21 ¶ And the Lord sent an angel, which cut off all the mighty men of valour, and the leaders and captains in the camp of the king of Assyria. So he returned with shame of face to his own land. And when he was come into the house of his god, they that came forth of his own bowels slew him there with the sword.

22 Thus the Lord saved Hezekiah and the inhabitants of Jerusalem from the hand of Sennacherib the king of Assyria, and from the hand of all *other*, and guided them on every side.

23 And many brought gifts unto the Lord to Jerusalem, and presents to Hezekiah king of Judah: so that he was magnified in the sight of all nations from thenceforth.

24 ¶ In those days Hezekiah was sick to the death, and prayed unto the Lord: and he spake unto him, and he gave him a sign.

25 But Hezekiah rendered not again according to the benefit *done* unto him; for his heart was lifted up: therefore there was wrath upon him, and upon Judah and Jerusalem.

26 Notwithstanding Hezekiah humbled himself for the pride of his heart, *both* he and the inhabitants of Jerusalem, so that the wrath of the Lord came not upon them in the days of Hezekiah.

27 ¶ And Hezekiah had exceeding much riches and honour: and he made himself treasuries for silver, and for gold, and for precious stones, and for spices, and for shields, and for all manner of pleasant jewels;

28 Storehouses also for the increase of corn, and wine, and oil; and stalls for all manner of beasts, and cotes for flocks.

29 Moreover he provided him cities, and possessions of flocks and herds in abundance: for God had given him substance very much.

30 This same Hezekiah also stopped the upper watercourse of Gihon, and brought it straight down to the west side of the city of David. And Hezekiah prospered in all his works.

31 ¶ Howbeit in *the business of* the ambassadors of the princes of Babylon, who sent unto him to enquire of the wonder that was *done* in the land, God left him, to try him, that he might know all *that was* in his heart.

32 ¶ Now the rest of the acts of Hezekiah, and his goodness, behold, they *are* written in the vision of Isaiah the prophet, the son of Amoz, *and* in the book of the kings of Judah and Israel.

33 And Hezekiah slept with his fathers, and they buried him in the chiefest of the sepulchres of the sons of David: and all Judah and the inhabitants of Jerusalem did him honour at his death. And Manasseh his son reigned in his stead.

CHAPTER 33

1 Manasseh *was* twelve years old when he began to reign, and he reigned fifty and five years in Jerusalem:

2 But did *that which was* evil in the sight of the Lord, like unto the abominations of the heathen, whom the Lord had cast out before the children of Israel.

3 ¶ For he built again the high places which Hezekiah his father had broken down, and he reared up altars for Baalim,

כָּל־אֱלוֹהֵ֨ כָּל־גּוֹיִ֤ וּמַמְלָכָה֙ לְהַצִּ֣יל עַמּ֣וֹ מִיָּדִ֔י וּמִיַּ֖ד אֲבוֹתָ֑י אַ֚ף כִּ֣י

16 אֱלֹֽהֵיכֶ֔ם לֹא־יַצִּ֥ילוּ אֶתְכֶ֖ם מִיָּדִֽי: וְעוֹד֙ דִּבְּר֣וּ עֲבָדָ֔יו עַל־יְהוָ֖ה

17 הָאֱלֹהִ֑ים וְעַ֖ל יְחִזְקִיָּ֣הוּ עַבְדּֽוֹ: וּסְפָרִ֣ים כָּתַ֔ב לְחָרֵ֕ף לַיהוָ֖ה אֱלֹהֵ֣י

יִשְׂרָאֵל֮ וְלֵֽאמֹ֣ר עָלָיו֮ לֵאמֹר֒ כֵּֽאלֹהֵ֞י גּוֹיֵ֤ הָֽאֲרָצוֹת֙ אֲשֶׁ֣ר לֹא־הִצִּ֣ילוּ

18 עַמָּ֖ם מִיָּדִ֑י כֵּ֗ן לֹֽא־יַצִּ֞יל אֱלֹהֵ֧י יְחִזְקִיָּ֛הוּ עַמּ֖וֹ מִיָּדִֽי: וַיִּקְרְא֣וּ בְקוֹל־

גָּד֜וֹל יְהוּדִ֗ית עַל־עַ֤ם יְרוּשָׁלִַ֨ם֙ אֲשֶׁ֣ר עַל־הַֽחוֹמָ֔ה לְיָֽרְאָ֖ם וּֽלְבַהֲלָ֑ם

19 לְמַ֖עַן יִלְכְּד֣וּ אֶת־הָעִֽיר: וַֽיְדַבְּר֔וּ אֶל־אֱלֹהֵ֖י יְרוּשָׁלִָ֑ם כְּעַ֗ל אֱלֹהֵ֖י עַמֵּ֣י

20 הָאָ֖רֶץ מַעֲשֵׂ֥ה יְדֵ֥י הָאָדָֽם: וַיִּתְפַּלֵּ֞ל יְחִזְקִיָּ֣הוּ הַמֶּ֗לֶךְ

וִֽישַׁעְיָ֧הוּ בֶן־אָמ֛וֹץ הַנָּבִ֖יא עַל־זֹ֑את וַֽיִּזְעֲק֖וּ הַשָּׁמָֽיִם:

21 וַיִּשְׁלַ֨ח יְהוָ֜ה מַלְאָ֗ךְ וַיַּכְחֵ֞ד כָּל־גִּבּ֥וֹר חַ֨יִל֙ וְנָגִ֣יד וְשָׂ֔ר בְּמַחֲנֵ֖ה מֶ֣לֶךְ

אַשּׁ֑וּר וַיָּ֩שָׁב֩ בְּבֹ֨שֶׁת פָּנִ֜ים לְאַרְצ֗וֹ וַיָּבֹא֙ בֵּ֣ית אֱלֹהָ֔יו ומיציאֵי וּמִיצִיאֵ֣יו מֵעָ֔יו

22 שָׁ֖ם הִפִּילֻ֥הוּ בֶחָֽרֶב: וַיּ֩וֹשַׁע֩ יְהוָ֨ה אֶת־יְחִזְקִיָּ֜הוּ וְאֵ֣ת ׀ יֹשְׁבֵ֣י יְרוּשָׁלִַ֗ם

23 מִיַּ֛ד סַנְחֵרִ֥יב מֶֽלֶךְ־אַשּׁ֖וּר וּמִיַּד־כֹּ֑ל וַֽיְנַהֲלֵ֖ם מִסָּבִֽיב: וְ֠רַבִּים מְבִיאִ֨ים

מִנְחָ֤ה לַֽיהוָה֙ לִיר֣וּשָׁלִַ֔ם וּמִ֨גְדָּנ֔וֹת לִֽיחִזְקִיָּ֖הוּ מֶ֣לֶךְ יְהוּדָ֑ה וַיִּנַּשֵּׂ֛א

24 לְעֵינֵ֥י כָל־הַגּוֹיִ֖ם מֵאַֽחֲרֵי־כֵֽן: בַּיָּמִ֣ים הָהֵ֔ם חָלָ֥ה יְחִזְקִיָּ֖הוּ

25 עַד־לָמ֑וּת וַיִּתְפַּלֵּל֙ אֶל־יְהוָ֔ה וַיֹּ֣אמֶר ל֔וֹ וּמוֹפֵ֖ת נָ֣תַן לֽוֹ: וְלֹא־כִגְמֻ֤ל

עָלָיו֙ הֵשִׁ֣יב יְחִזְקִיָּ֔הוּ כִּ֥י גָבַ֖הּ לִבּ֑וֹ וַיְהִ֤י עָלָיו֙ קֶ֔צֶף וְעַל־יְהוּדָ֖ה

26 וִירֽוּשָׁלִָֽם: וַיִּכָּנַ֤ע יְחִזְקִיָּ֨הוּ֙ בְּגֹ֣בַהּ לִבּ֔וֹ ה֖וּא וְיֹשְׁבֵ֣י יְרוּשָׁלִָ֑ם וְלֹא־בָ֤א

27 עֲלֵיהֶם֙ קֶ֣צֶף יְהוָ֔ה בִּימֵ֖י יְחִזְקִיָּֽהוּ: וַיְהִ֧י לִֽיחִזְקִיָּ֛הוּ עֹ֥שֶׁר וְכָב֖וֹד הַרְבֵּ֣ה

מְאֹ֑ד וְאֹֽצָר֣וֹת עָֽשָׂה־ל֠וֹ לְכֶ֨סֶף וּלְזָהָ֜ב וּלְאֶ֣בֶן יְקָרָ֗ה וְלִבְשָׂמִים֙

28 וּלְמָ֣גִנִּ֔ים וּלְכֹ֖ל כְּלֵ֥י חֶמְדָּֽה: וּמִ֨סְכְּנ֔וֹת לִתְבוּאַ֥ת דָּגָ֖ן וְתִיר֣וֹשׁ וְיִצְהָ֑ר

29 וְאֻֽרָוֹת֙ לְכָל־בְּהֵמָ֣ה וּבְהֵמָ֔ה וַעֲדָרִ֖ים לָאֲוֵרֽוֹת: וְעָרִים֮ עָ֣שָׂה לוֹ֒

30 וּמִקְנֵה־צֹ֥אן וּבָקָ֖ר לָרֹ֑ב כִּ֤י נָֽתַן־לוֹ֙ אֱלֹהִ֔ים רְכ֖וּשׁ רַ֥ב מְאֹֽד: וְה֣וּא

יְחִזְקִיָּ֗הוּ סָתַם֙ אֶת־מוֹצָ֞א מֵימֵ֤י גִיחוֹן֙ הָֽעֶלְי֔וֹן וַֽיַּישְּׁרֵ֥ם לְמַֽטָּה־מַּֽעְרָ֖בָה

31 לְעִ֣יר דָּוִ֑יד וַיַּצְלַ֥ח יְחִזְקִיָּ֖הוּ בְּכָֽל־מַעֲשֵֽׂהוּ: וְכֵ֞ן בִּמְלִיצֵ֣י ׀ שָׂרֵ֣י בָּבֶ֗ל

הַֽמְשַׁלְּחִ֣ים עָלָיו֮ לִדְרֹ֣שׁ הַמּוֹפֵת֮ אֲשֶׁ֣ר הָיָ֣ה בָאָרֶץ֒ עֲזָב֖וֹ הָֽאֱלֹהִ֑ים

32 לְנַ֨סּוֹת֔וֹ לָדַ֖עַת כָּל־בִּלְבָבֽוֹ: וְיֶ֛תֶר דִּבְרֵ֥י יְחִזְקִיָּ֖הוּ וַחֲסָדָ֑יו הִנָּ֣ם

כְּתוּבִ֗ים בַּֽחֲזוֹן֙ יְשַֽׁעְיָ֣הוּ בֶן־אָמ֔וֹץ הַנָּבִ֖יא עַל־סֵ֥פֶר מַלְכֵֽי־יְהוּדָ֖ה

33 וְיִשְׂרָאֵֽל: וַיִּשְׁכַּ֨ב יְחִזְקִיָּ֜הוּ עִם־אֲבֹתָ֗יו וַֽיִּקְבְּרֻ֨הוּ֙ בְּֽמַעֲלֵה֙ קִבְרֵ֣י בְנֵֽי־

דָוִ֔יד וְכָבוֹד֙ עָֽשׂוּ־ל֣וֹ בְמוֹת֔וֹ כָּל־יְהוּדָ֖ה וְיֹשְׁבֵ֣י יְרוּשָׁלִָ֑ם וַיִּמְלֹ֛ךְ מְנַשֶּׁ֥ה

בְנ֖וֹ תַּחְתָּֽיו:

33 1 בֶּן־שְׁתֵּ֥ים עֶשְׂרֵ֛ה שָׁנָ֖ה מְנַשֶּׁ֣ה בְמָלְכ֑וֹ וַחֲמִשִּׁ֤ים וְחָמֵשׁ֙ שָׁנָ֔ה מָלַ֖ךְ

2 בִּירֽוּשָׁלִָֽם: וַיַּ֥עַשׂ הָרַ֖ע בְּעֵינֵ֣י יְהוָ֑ה כְּתֽוֹעֲבוֹת֙ הַגּוֹיִ֔ם אֲשֶׁר֙ הוֹרִ֣ישׁ

3 יְהוָ֔ה מִפְּנֵ֖י בְּנֵ֣י יִשְׂרָאֵֽל: וַיָּ֗שָׁב וַיִּ֨בֶן֙ אֶת־הַבָּמ֔וֹת אֲשֶׁ֥ר נִתַּ֖ץ יְחִזְקִיָּ֣הוּ

אָבִ֑יו וַיָּ֨קֶם מִזְבְּח֤וֹת לַבְּעָלִים֙ וַיַּ֣עַשׂ אֲשֵׁר֔וֹת וַיִּשְׁתַּ֖חוּ לְכָל־צְבָ֥א

and made groves, and worshipped all the host of heaven, and served them.

4 Also he built altars in the house of the LORD, whereof the LORD had said, In Jerusalem shall my name be for ever.

5 And he built altars for all the host of heaven in the two courts of the house of the LORD.

6 And he caused his children to pass through the fire in the valley of the son of Hinnom: also he observed times, and used enchantments, and used witchcraft, and dealt with a familiar spirit, and with wizards: he wrought much evil in the sight of the LORD, to provoke him to anger.

7 And he set a carved image, the idol which he had made, in the house of God, of which God had said to David and to Solomon his son, In this house, and in Jerusalem, which I have chosen before all the tribes of Israel, will I put my name for ever:

8 Neither will I any more remove the foot of Israel from out of the land which I have appointed for your fathers; so that they will take heed to do all that I have commanded them, according to the whole law and the statutes and the ordinances by the hand of Moses.

9 So Manasseh made Judah and the inhabitants of Jerusalem to err, *and* to do worse than the heathen, whom the LORD had destroyed before the children of Israel.

10 And the LORD spake to Manasseh, and to his people: but they would not hearken.

11 ¶ Wherefore the LORD brought upon them the captains of the host of the king of Assyria, which took Manasseh among the thorns, and bound him with fetters, and carried him to Babylon.

12 And when he was in affliction, he besought the LORD his God, and humbled himself greatly before the God of his fathers,

13 And prayed unto him: and he was intreated of him, and heard his supplication, and brought him again to Jerusalem into his kingdom. Then Manasseh knew that the LORD he *was* God.

14 Now after this he built a wall without the city of David, on the west side of Gihon, in the valley, even to the entering in at the fish gate, and compassed about Ophel, and raised it up a very great height, and put captains of war in all the fenced cities of Judah.

15 And he took away the strange gods, and the idol out of the house of the LORD, and all the altars that he had built in the mount of the house of the LORD, and in Jerusalem, and cast *them* out of the city.

16 And he repaired the altar of the LORD, and sacrificed thereon peace offerings and thank offerings, and commanded Judah to serve the LORD God of Israel.

17 Nevertheless the people did sacrifice still in the high places, *yet* unto the LORD their God only.

18 ¶ Now the rest of the acts of Manasseh, and his prayer unto his God, and the words of the seers that spake to him in the name of the LORD God of Israel, behold, they *are written* in the book of the kings of Israel.

19 His prayer also, and *how God* was intreated of him, and all his sin, and his trespass, and the places wherein he built high places, and set up groves and graven images, before he was humbled: behold, they *are* written among the sayings of the seers.

20 ¶ So Manasseh slept with his fathers, and they buried him in his own house: and Amon his son reigned in his stead.

21 ¶ Amon *was* two and twenty years old when he began to reign, and reigned two years in Jerusalem.

22 But he did *that which was* evil in the sight of the LORD, as did Manasseh his father: for Amon sacrificed unto all the carved images which Manasseh his father had made, and served them;

23 And humbled not himself before the LORD, as Manasseh his father had humbled himself; but Amon trespassed more and more.

24 And his servants conspired against him, and slew him in his own house.

25 ¶ But the people of the land slew all them that had conspired against king

4 הַשָּׁמַ֔יִם וַיַּעֲבֹ֖ד אֹתָ֑ם וּבָנָ֣ה מִזְבְּח֔וֹת בְּבֵ֣ית יְהוָ֑ה אֲשֶׁר֙ אָמַ֣ר יְהוָ֔ה

5 בִּירוּשָׁלַ֖͏ִם יִֽהְיֶה־שְּׁמִ֥י לְעוֹלָֽם: וַיִּ֥בֶן מִזְבְּח֖וֹת לְכָל־צְבָ֣א הַשָּׁמָ֑יִם

6 בִּשְׁתֵּ֖י חַצְר֣וֹת בֵּית־יְהוָֽה: וְה֣וּא הֶעֱבִ֣יר אֶת־בָּנָיו֩ בָּאֵ֨שׁ בְּגֵ֜י בֶן־הִנֹּ֗ם

וְעוֹנֵ֤ן וְנִחֵשׁ֙ וְכִשֵּׁ֔ף וְעָ֥שָׂה א֖וֹב וְיִדְּעוֹנִ֑י הִרְבָּ֗ה לַעֲשׂ֥וֹת הָרַ֛ע בְּעֵינֵ֥י

7 יְהוָ֖ה לְהַכְעִיסֽוֹ: וַיָּ֨שֶׂם אֶת־פֶּ֧סֶל הַסֶּ֛מֶל אֲשֶׁ֥ר עָשָׂ֖ה בְּבֵ֣ית הָאֱלֹהִ֑ים

אֲשֶׁ֨ר אָמַ֤ר אֱלֹהִים֙ אֶל־דָּוִ֔יד וְאֶל־שְׁלֹמֹ֣ה בְנ֔וֹ בַּבַּ֤יִת הַזֶּה֙ וּבִ֣ירוּשָׁלַ֔͏ִם

8 אֲשֶׁ֤ר בָּחַ֙רְתִּי֙ מִכֹּל֙ שִׁבְטֵ֣י יִשְׂרָאֵ֔ל אָשִׂ֥ים אֶת־שְׁמִ֖י לְעֵילֽוֹם: וְלֹ֣א

אוֹסִ֗יף לְהָסִיר֙ אֶת־רֶ֣גֶל יִשְׂרָאֵ֔ל מֵעַל֙ הָֽאֲדָמָ֔ה אֲשֶׁ֥ר הֶעֱמַ֖דְתִּי

לַאֲבֹֽתֵיכֶ֑ם רַ֣ק ׀ אִם־יִשְׁמְר֣וּ לַעֲשׂ֗וֹת אֵ֚ת כָּל־אֲשֶׁ֣ר צִוִּיתִ֔ים לְכָל־

9 הַתּוֹרָ֥ה וְהַֽחֻקִּ֖ים וְהַמִּשְׁפָּטִ֑ים בְּיַד־מֹשֶֽׁה: וַיֶּ֣תַע מְנַשֶּׁ֔ה אֶת־יְהוּדָ֖ה

וְיֹשְׁבֵ֣י יְרוּשָׁלָ֑͏ִם לַעֲשׂ֣וֹת רָ֔ע מִן־הַ֨גּוֹיִ֔ם אֲשֶׁר֙ הִשְׁמִ֣יד יְהוָ֔ה מִפְּנֵ֖י בְּנֵ֥י

יִשְׂרָאֵֽל:

10 וַיְדַבֵּ֧ר יְהוָ֛ה אֶל־מְנַשֶּׁ֥ה וְאֶל־עַמּ֖וֹ וְלֹ֣א הִקְשִׁ֑יבוּ: וַיָּבֵ֨א יְהוָ֜ה עֲלֵיהֶ֗ם

11 אֶת־שָׂרֵ֤י הַצָּבָא֙ אֲשֶׁר֙ לְמֶ֣לֶךְ אַשּׁ֔וּר וַיִּלְכְּד֥וּ אֶת־מְנַשֶּׁ֖ה בַּחֹחִ֑ים

12 וַיַּאַסְרֻ֙הוּ֙ בַּֽנְחֻשְׁתַּ֔יִם וַיּוֹלִיכֻ֖הוּ בָּבֶֽלָה: וּכְהָצֵ֣ר ל֗וֹ חִלָּ֕ה אֶת־פְּנֵ֖י יְהוָ֣ה

13 אֱלֹהָ֑יו וַיִּכָּנַ֣ע מְאֹ֔ד מִלִּפְנֵ֖י אֱלֹהֵ֥י אֲבֹתָֽיו: וַיִּתְפַּלֵּ֣ל אֵלָ֗יו וַיֵּעָ֤תֶר לוֹ֙

וַיִּשְׁמַ֣ע תְּחִנָּת֔וֹ וַיְשִׁיבֵ֥הוּ יְרוּשָׁלַ֖͏ִם לְמַלְכוּת֑וֹ וַיֵּ֣דַע מְנַשֶּׁ֔ה כִּ֥י יְהוָ֖ה

14 ה֥וּא הָאֱלֹהִֽים: וְאַחֲרֵי־כֵ֡ן בָּנָ֣ה חוֹמָ֣ה חִיצוֹנָ֣ה ׀ לְעִיר־דָּוִ֡יד מַעְרָ֣בָה

לְגִיח֣וֹן בַּנַּ֩חַל֩ וְלָב֨וֹא בְשַׁ֤עַר הַדָּגִים֙ וְסָבַ֣ב לָעֹ֔פֶל וַיַּגְבִּיהֶ֖הָ מְאֹ֑ד וַיָּ֧שֶׂם

15 שָׂרֵי־חַ֛יִל בְּכָל־הֶעָרִ֥ים הַבְּצֻר֖וֹת בִּיהוּדָֽה: וַיָּ֡סַר אֶת־אֱלֹהֵ֣י הַנֵּכָ֣ר

וְאֶת־הַסֶּ֜מֶל מִבֵּ֣ית יְהוָ֗ה וְכָל־הַֽמִּזְבְּחוֹת֙ אֲשֶׁ֣ר בָּנָ֗ה בְּהַ֛ר בֵּית־יְהוָ֖ה

16 וּבִירוּשָׁלַ֑͏ִם וַיַּשְׁלֵ֖ךְ ח֣וּצָה לָעִֽיר: וַיִּ֙כֶן֙ אֶת־מִזְבַּ֣ח יְהוָ֔ה וַיִּזְבַּ֣ח עָלָ֗יו וַיִּ֥בֶן

זִבְחֵ֥י שְׁלָמִ֖ים וְתוֹדָ֑ה וַיֹּ֙אמֶר֙ לִֽיהוּדָ֔ה לַעֲב֕וֹד אֶת־יְהוָ֖ה אֱלֹהֵ֥י

17 יִשְׂרָאֵֽל: אֲבָ֗ל ע֤וֹד הָעָם֙ זֹבְחִ֣ים בַּבָּמ֔וֹת רַ֖ק לַיהוָ֥ה אֱלֹהֵיהֶֽם: וְיֶ֣תֶר

18 דִּבְרֵ֣י מְנַשֶּׁ֗ה וּתְפִלָּתוֹ֙ אֶל־אֱלֹהָ֔יו וְדִבְרֵי֙ הַֽחֹזִ֔ים הַֽמְדַבְּרִ֥ים אֵלָ֖יו

19 בְּשֵׁ֛ם יְהוָ֥ה אֱלֹהֵ֖י יִשְׂרָאֵ֑ל הִנָּ֕ם עַל־דִּבְרֵ֖י מַלְכֵ֥י יִשְׂרָאֵֽל: וּתְפִלָּת֣וֹ

וְהֵֽעָתֶר־ל֣וֹ וְכָל־חַטָּאת֣וֹ וּמַעְל֡וֹ וְהַמְּקֹמ֣וֹת אֲשֶׁר֩ בָּנָ֨ה בָהֶ֤ם בָּמוֹת֙

וְהֶעֱמִיד֙ הָאֲשֵׁרִ֣ים וְהַפְּסִלִ֔ים לִפְנֵ֖י הִכָּֽנְע֑וֹ הִנָּ֣ם כְּתוּבִ֔ים עַ֖ל דִּבְרֵ֥י

20 חוֹזָֽי: וַיִּשְׁכַּ֤ב מְנַשֶּׁה֙ עִם־אֲבֹתָ֔יו וַיִּקְבְּרֻ֖הוּ בֵּית֑וֹ וַיִּמְלֹ֛ךְ אָמ֥וֹן בְּנ֖וֹ

תַּחְתָּֽיו:

21 בֶּן־עֶשְׂרִ֤ים וּשְׁתַּ֙יִם֙ שָׁנָ֣ה אָמ֣וֹן בְּמָלְכ֔וֹ וּשְׁתַּ֣יִם שָׁנִ֔ים מָלַ֖ךְ בִּירוּשָׁלָֽ͏ִם:

22 וַיַּ֤עַשׂ הָרַע֙ בְּעֵינֵ֣י יְהוָ֔ה כַּאֲשֶׁ֥ר עָשָׂ֖ה מְנַשֶּׁ֣ה אָבִ֑יו וּֽלְכָל־הַפְּסִילִ֡ים

23 אֲשֶׁ֣ר עָשָׂה֩ מְנַשֶּׁ֨ה אָבִ֜יו זִבַּ֤ח אָמוֹן֙ וַיַּֽעַבְדֵ֔ם: וְלֹ֥א נִכְנַ֖ע מִלִּפְנֵ֣י יְהוָ֑ה

24 כְּהִכָּנַ֖ע מְנַשֶּׁ֣ה אָבִ֑יו כִּ֚י ה֣וּא אָמ֔וֹן הִרְבָּ֖ה אַשְׁמָֽה: וַיִּקְשְׁר֤וּ עָלָיו֙

25 עֲבָדָ֔יו וַיְמִיתֻ֖הוּ בְּבֵית֑וֹ: וַיַּכּוּ֙ עַם־הָאָ֔רֶץ אֵ֥ת כָּל־הַקֹּשְׁרִ֖ים עַל־הַמֶּ֣לֶךְ

Amon; and the people of the land made Josiah his son king in his stead.

CHAPTER 34

1 Josiah *was* eight years old when he began to reign, and he reigned in Jerusalem one and thirty years.

2 And he did *that which was* right in the sight of the LORD, and walked in the ways of David his father, and declined *neither* to the right hand, nor to the left.

3 ¶ For in the eighth year of his reign, while he was yet young, he began to seek after the God of David his father: and in the twelfth year he began to purge Judah and Jerusalem from the high places, and the groves, and the carved images, and the molten images.

4 And they brake down the altars of Baalim in his presence; and the images, that *were* on high above them, he cut down; and the groves, and the carved images, and the molten images, he brake in pieces, and made dust *of them,* and strowed *it* upon the graves of them that had sacrificed unto them.

5 And he burnt the bones of the priests upon their altars, and cleansed Judah and Jerusalem.

6 And *so did he* in the cities of Manasseh, and Ephraim, and Simeon, even unto Naphtali, with their mattocks round about.

7 And when he had broken down the altars and the groves, and had beaten the graven images into powder, and cut down all the idols throughout all the land of Israel, he returned to Jerusalem.

8 ¶ Now in the eighteenth year of his reign, when he had purged the land, and the house, he sent Shaphan the son of Azaliah, and Maaseiah the governor of the city, and Joah the son of Joahaz the recorder, to repair the house of the LORD his God.

9 And when they came to Hilkiah the high priest, they delivered the money that was brought into the house of God, which the Levites that kept the doors had gathered of the hand of Manasseh and Ephraim, and of all the remnant of Israel,

and of all Judah and Benjamin; and they returned to Jerusalem.

10 And they put *it* in the hand of the workmen that had the oversight of the house of the LORD, and they gave it to the workmen that wrought in the house of the LORD, to repair and amend the house:

11 Even to the artificers and builders gave they *it,* to buy hewn stone, and timber for couplings, and to floor the houses which the kings of Judah had destroyed.

12 And the men did the work faithfully: and the overseers of them *were* Jahath and Obadiah, the Levites, of the sons of Merari; and Zechariah and Meshullam, of the sons of the Kohathites, to set *it* forward; and *other of* the Levites, all that could skill of instruments of musick.

13 Also *they were* over the bearers of burdens, and *were* overseers of all that wrought the work in any manner of service: and of the Levites *there were* scribes, and officers, and porters.

14 ¶ And when they brought out the money that was brought into the house of the LORD, Hilkiah the priest found a book of the law of the LORD *given* by Moses.

15 And Hilkiah answered and said to Shaphan the scribe, I have found the book of the law in the house of the LORD. And Hilkiah delivered the book to Shaphan.

16 And Shaphan carried the book to the king, and brought the king word back again, saying, All that was committed to thy servants, they do *it.*

17 And they have gathered together the money that was found in the house of the LORD, and have delivered it into the hand of the overseers, and to the hand of the workmen.

18 Then Shaphan the scribe told the king, saying, Hilkiah the priest hath given me a book. And Shaphan read it before the king.

19 And it came to pass, when the king had heard the words of the law, that he rent his clothes.

20 And the king commanded Hilkiah, and Ahikam the son of Shaphan, and Abdon the son of Micah, and Shaphan the

אָמֹון וַיַּמְלִיכוּ עַם־הָאָרֶץ אֶת־יֹאשִׁיָּהוּ בְנוֹ תַּחְתָּיו:

34 1 בֶּן־שְׁמֹונֶה שָׁנִים יֹאשִׁיָּהוּ בְמָלְכוֹ וּשְׁלֹשִׁים וְאַחַת שָׁנָה מָלַךְ

2 בִּירוּשָׁלָ͏ִם: וַיַּעַשׂ הַיָּשָׁר בְּעֵינֵי יְהוָה וַיֵּלֶךְ בְּדַרְכֵי דָוִיד אָבִיו וְלֹא־סָר

3 יָמִין וּשְׂמֹאול: וּבִשְׁמֹונֶה שָׁנִים לְמָלְכוֹ וְהוּא עֹודֶנּוּ נַעַר הֵחֵל לִדְרֹושׁ לֵאלֹהֵי דָּוִיד אָבִיו וּבִשְׁתֵּים עֶשְׂרֵה שָׁנָה הֵחֵל לְטַהֵר אֶת־

4 יְהוּדָה וִירוּשָׁלַ͏ִם מִן־הַבָּמֹות וְהָאֲשֵׁרִים וְהַפְּסִלִים וְהַמַּסֵּכֹות: וַיְנַתְּצוּ לְפָנָיו אֵת מִזְבְּחֹות הַבְּעָלִים וְהַחַמָּנִים אֲשֶׁר־לְמַעְלָה מֵעֲלֵיהֶם גִּדֵּעַ וְהָאֲשֵׁרִים וְהַפְּסִלִים וְהַמַּסֵּכֹות שִׁבַּר וְהֵדַק וַיִּזְרֹק עַל־פְּנֵי הַקְּבָרִים

5 הַזֹּבְחִים לָהֶם: וְעַצְמֹות כֹּהֲנִים שָׂרַף עַל־מִזְבְּחֹותָם וַיְטַהֵר אֶת־ מִזְבְּחֹותָם

6 יְהוּדָה וְאֶת־יְרוּשָׁלָ͏ִם: וּבְעָרֵי מְנַשֶּׁה וְאֶפְרַיִם וְשִׁמְעֹון וְעַד־נַפְתָּלִי

7 בְּהַר בָּתֵּיהֶם סָבִיב: וַיְנַתֵּץ אֶת־הַמִּזְבְּחֹות וְאֶת־הָאֲשֵׁרִים וְהַפְּסִלִים בְּחַרְבֹתֵיהֶם כִּתַּת לְהֵדַק וְכָל־הַחַמָּנִים גִּדַּע בְּכָל־אֶרֶץ יִשְׂרָאֵל וַיָּשָׁב

8 לִירוּשָׁלָ͏ִם: וּבִשְׁנַת שְׁמֹונֶה עֶשְׂרֵה לְמָלְכוֹ לְטַהֵר הָאָרֶץ וְהַבָּיִת שָׁלַח אֶת־שָׁפָן בֶּן־אֲצַלְיָהוּ וְאֶת־מַעֲשֵׂיָהוּ שַׂר־הָעִיר וְאֵת

9 יֹואָח בֶּן־יֹואָחָז הַמַּזְכִּיר לְחַזֵּק אֶת־בֵּית יְהוָה אֱלֹהָיו: וַיָּבֹאוּ אֶל־חִלְקִיָּהוּ הַכֹּהֵן הַגָּדֹול וַיִּתְּנוּ אֶת־הַכֶּסֶף הַמּוּבָא בֵית־אֱלֹהִים אֲשֶׁר אָסְפוּ־הַלְוִיִּם שֹׁמְרֵי הַסַּף מִיַּד מְנַשֶּׁה וְאֶפְרַיִם וּמִכֹּל שְׁאֵרִית וַיָּשֻׁבוּ

10 יִשְׂרָאֵל וּמִכָּל־יְהוּדָה וּבִנְיָמִן וַיָּשֻׁבוּ יֹשְׁבֵי יְרוּשָׁלָ͏ִם: וַיִּתְּנוּ עַל־יַד עֹשֵׂה הַמְּלָאכָה הַמֻּפְקָדִים בְּבֵית יְהוָה וַיִּתְּנוּ אֹתֹו עֹושֵׂי הַמְּלָאכָה אֲשֶׁר

11 עֹשִׂים בְּבֵית יְהוָה לִבְדֹּוק וּלְחַזֵּק הַבָּיִת: וַיִּתְּנוּ לֶחָרָשִׁים וְלַבֹּנִים לִקְנֹות אַבְנֵי מַחְצֵב וְעֵצִים לַמְחַבְּרֹות וּלְקָרֹות אֶת־הַבָּתִּים אֲשֶׁר

12 הִשְׁחִיתוּ מַלְכֵי יְהוּדָה: וְהָאֲנָשִׁים עֹשִׂים בֶּאֱמוּנָה בַּמְּלָאכָה וַעֲלֵיהֶם מֻפְקָדִים יַחַת וְעֹבַדְיָהוּ הַלְוִיִּם מִן־בְּנֵי מְרָרִי וּזְכַרְיָה וּמְשֻׁלָּם

13 מִן־בְּנֵי הַקְּהָתִים לְנַצֵּחַ וְהַלְוִיִּם כָּל־מֵבִין בִּכְלֵי־שִׁיר: וְעַל הַסַּבָּלִים וּמְנַצְּחִים לְכֹל עֹשֵׂה מְלָאכָה לַעֲבֹודָה וַעֲבֹודָה וּמֵהַלְוִיִּם סֹפְרִים

14 וְשֹׁטְרִים וְשֹׁועֲרִים: וּבְהֹוצִיאָם אֶת־הַכֶּסֶף הַמּוּבָא בֵּית יְהוָה מָצָא

15 חִלְקִיָּהוּ הַכֹּהֵן אֶת־סֵפֶר תֹּורַת־יְהוָה בְּיַד־מֹשֶׁה: וַיַּעַן חִלְקִיָּהוּ וַיֹּאמֶר אֶל־שָׁפָן הַסֹּופֵר סֵפֶר הַתֹּורָה מָצָאתִי בְּבֵית יְהוָה וַיִּתֵּן

16 חִלְקִיָּהוּ אֶת־הַסֵּפֶר אֶל־שָׁפָן: וַיָּבֵא שָׁפָן אֶת־הַסֵּפֶר אֶל־הַמֶּלֶךְ וַיָּשֶׁב עֹוד אֶת־הַמֶּלֶךְ דָּבָר לֵאמֹר כֹּל אֲשֶׁר־נִתַּן בְּיַד־עֲבָדֶיךָ הֵם עֹשִׂים:

17 וַיַּתִּיכוּ אֶת־הַכֶּסֶף הַנִּמְצָא בְּבֵית־יְהוָה וַיִּתְּנוּהוּ עַל־יַד הַמֻּפְקָדִים

18 וְעַל־יַד עֹושֵׂי הַמְּלָאכָה: וַיַּגֵּד שָׁפָן הַסֹּופֵר לַמֶּלֶךְ לֵאמֹר סֵפֶר נָתַן

19 לִי חִלְקִיָּהוּ הַכֹּהֵן וַיִּקְרָא־בֹו שָׁפָן לִפְנֵי הַמֶּלֶךְ: וַיְהִי כִּשְׁמֹעַ הַמֶּלֶךְ

20 אֵת דִּבְרֵי הַתֹּורָה וַיִּקְרַע אֶת־בְּגָדָיו: וַיְצַו הַמֶּלֶךְ אֶת־חִלְקִיָּהוּ וְאֶת־ אֲחִיקָם בֶּן־שָׁפָן וְאֶת־עַבְדֹּון בֶּן־מִיכָה וְאֵת שָׁפָן הַסֹּופֵר וְאֵת עֲשָׂיָה

scribe, and Asaiah a servant of the king's, saying,

21 Go, enquire of the LORD for me, and for them that are left in Israel and in Judah, concerning the words of the book that is found: for great *is* the wrath of the LORD that is poured out upon us, because our fathers have not kept the word of the LORD, to do after all that is written in this book.

22 And Hilkiah, and *they* that the king *had appointed,* went to Huldah the prophetess, the wife of Shallum the son of Tikvath, the son of Hasrah, keeper of the wardrobe; (now she dwelt in Jerusalem in the college:) and they spake to her to that *effect.*

23 ¶ And she answered them, Thus saith the LORD God of Israel, Tell ye the man that sent you to me,

24 Thus saith the LORD, Behold, I will bring evil upon this place, and upon the inhabitants thereof, *even* all the curses that are written in the book which they have read before the king of Judah:

25 Because they have forsaken me, and have burned incense unto other gods, that they might provoke me to anger with all the works of their hands; therefore my wrath shall be poured out upon this place, and shall not be quenched.

26 And as for the king of Judah, who sent you to enquire of the LORD, so shall ye say unto him, Thus saith the LORD God of Israel *concerning* the words which thou hast heard;

27 Because thine heart was tender, and thou didst humble thyself before God, when thou heardest his words against this place, and against the inhabitants thereof, and humbledst thyself before me, and didst rend thy clothes, and weep before me; I have even heard *thee* also, saith the LORD.

28 Behold, I will gather thee to thy fathers, and thou shalt be gathered to thy grave in peace, neither shall thine eyes see all the evil that I will bring upon this place,

and upon the inhabitants of the same. So they brought the king word again.

29 ¶ Then the king sent and gathered together all the elders of Judah and Jerusalem.

30 And the king went up into the house of the LORD, and all the men of Judah, and the inhabitants of Jerusalem, and the priests, and the Levites, and all the people, great and small: and he read in their ears all the words of the book of the covenant that was found in the house of the LORD.

31 And the king stood in his place, and made a covenant before the LORD, to walk after the LORD, and to keep his commandments, and his testimonies, and his statutes, with all his heart, and with all his soul, to perform the words of the covenant which are written in this book.

32 And he caused all that were present in Jerusalem and Benjamin to stand *to it.* And the inhabitants of Jerusalem did according to the covenant of God, the God of their fathers.

33 And Josiah took away all the abominations out of all the countries that *pertained* to the children of Israel, and made all that were present in Israel to serve, *even* to serve the LORD their God. *And* all his days they departed not from following the LORD, the God of their fathers.

CHAPTER 35

1 Moreover Josiah kept a passover unto the LORD in Jerusalem: and they killed the passover on the fourteenth *day* of the first month.

2 And he set the priests in their charges, and encouraged them to the service of the house of the LORD,

3 And said unto the Levites that taught all Israel, which were holy unto the LORD, Put the holy ark in the house which Solomon the son of David king of Israel did build; *it shall* not *be* a burden upon *your* shoulders: serve now the LORD your God, and his people Israel,

21 עֶבֶד־הַמֶּלֶךְ לֵאמֹר׃ לְכוּ דִרְשׁוּ אֶת־יְהוָה בַּעֲדִי וּבְעַד הַנִּשְׁאָר
בְּיִשְׂרָאֵל וּבִיהוּדָה עַל־דִּבְרֵי הַסֵּפֶר אֲשֶׁר נִמְצָא כִּי־גְדוֹלָה חֲמַת־
יְהוָה אֲשֶׁר נִתְּכָה בָנוּ עַל אֲשֶׁר לֹא־שָׁמְרוּ אֲבוֹתֵינוּ אֶת־דְּבַר יְהוָה
לַעֲשׂוֹת כְּכָל־הַכָּתוּב עַל־הַסֵּפֶר הַזֶּה׃

22 וַיֵּלֶךְ חִלְקִיָּהוּ וַאֲשֶׁר הַמֶּלֶךְ אֶל־חֻלְדָּה הַנְּבִיאָה אֵשֶׁת ׀ שַׁלֻּם בֶּן־
תָּקְהַת בֶּן־חַסְרָה שׁוֹמֵר הַבְּגָדִים וְהִיא יוֹשֶׁבֶת בִּירוּשָׁלַ͏ִם בַּמִּשְׁנֶה
תָּקְהַת
23 וַיְדַבְּרוּ אֵלֶיהָ כָּזֹאת׃ וַתֹּאמֶר לָהֶם כֹּה־אָמַר יְהוָה אֱלֹהֵי

24 יִשְׂרָאֵל אִמְרוּ לָאִישׁ אֲשֶׁר־שָׁלַח אֶתְכֶם אֵלָי׃ כֹּה אָמַר
יְהוָה הִנְנִי מֵבִיא רָעָה עַל־הַמָּקוֹם הַזֶּה וְעַל־יוֹשְׁבָיו אֵת כָּל־הָאָלוֹת

25 הַכְּתוּבוֹת עַל־הַסֵּפֶר אֲשֶׁר קָרְאוּ לִפְנֵי מֶלֶךְ יְהוּדָה׃ תַּחַת ׀ אֲשֶׁר
עֲזָבוּנִי וַיְקַטְּרוּ לֵאלֹהִים אֲחֵרִים לְמַעַן הַכְעִיסֵנִי בְּכֹל מַעֲשֵׂי יְדֵיהֶם
וַיְקַטְּרוּ
26 וְתִתַּךְ חֲמָתִי בַּמָּקוֹם הַזֶּה וְלֹא תִכְבֶּה׃ וְאֶל־מֶלֶךְ יְהוּדָה הַשֹּׁלֵחַ
אֶתְכֶם לִדְרוֹשׁ בַּיהוָה כֹּה תֹאמְרוּ אֵלָיו כֹּה־אָמַר יְהוָה

27 אֱלֹהֵי יִשְׂרָאֵל הַדְּבָרִים אֲשֶׁר שָׁמָעְתָּ׃ יַעַן רַךְ־לְבָבְךָ וַתִּכָּנַע ׀ מִלִּפְנֵי
אֱלֹהִים בְּשָׁמְעֲךָ אֶת־דְּבָרָיו עַל־הַמָּקוֹם הַזֶּה וְעַל־יֹשְׁבָיו וַתִּכָּנַע
לְפָנַי וַתִּקְרַע אֶת־בְּגָדֶיךָ וַתֵּבְךְּ לְפָנָי וְגַם־אֲנִי שָׁמַעְתִּי נְאֻם־יְהוָה׃

28 הִנְנִי אֹסִפְךָ אֶל־אֲבֹתֶיךָ וְנֶאֱסַפְתָּ אֶל־קִבְרֹתֶיךָ בְּשָׁלוֹם וְלֹא־תִרְאֶינָה
עֵינֶיךָ בְּכֹל הָרָעָה אֲשֶׁר אֲנִי מֵבִיא עַל־הַמָּקוֹם הַזֶּה וְעַל־יֹשְׁבָיו
וַיָּשִׁיבוּ אֶת־הַמֶּלֶךְ דָּבָר׃

29 וַיִּשְׁלַח הַמֶּלֶךְ וַיֶּאֱסֹף אֶת־כָּל־זִקְנֵי יְהוּדָה וִירוּשָׁלָ͏ִם׃ וַיַּעַל הַמֶּלֶךְ
30 בֵּית־יְהוָה וְכָל־אִישׁ יְהוּדָה וְיֹשְׁבֵי יְרוּשָׁלַ͏ִם וְהַכֹּהֲנִים וְהַלְוִיִּם וְכָל־
הָעָם מִגָּדוֹל וְעַד־קָטָן וַיִּקְרָא בְאָזְנֵיהֶם אֶת־כָּל־דִּבְרֵי סֵפֶר הַבְּרִית

31 הַנִּמְצָא בֵּית יְהוָה׃ וַיַּעֲמֹד הַמֶּלֶךְ עַל־עָמְדוֹ וַיִּכְרֹת אֶת־הַבְּרִית לִפְנֵי
יְהוָה לָלֶכֶת אַחֲרֵי יְהוָה וְלִשְׁמוֹר אֶת־מִצְוֹתָיו וְעֵדְוֹתָיו וְחֻקָּיו בְּכָל־
לְבָבוֹ וּבְכָל־נַפְשׁוֹ לַעֲשׂוֹת אֶת־דִּבְרֵי הַבְּרִית הַכְּתוּבִים עַל־הַסֵּפֶר

32 הַזֶּה׃ וַיַּעֲמֵד אֵת כָּל־הַנִּמְצָא בִירוּשָׁלַ͏ִם וּבִנְיָמִן וַיַּעֲשׂוּ יֹשְׁבֵי יְרוּשָׁלַ͏ִם

33 כִּבְרִית אֱלֹהִים אֱלֹהֵי אֲבוֹתֵיהֶם׃ וַיָּסַר יֹאשִׁיָּהוּ אֶת־כָּל־הַתּוֹעֵבוֹת
מִכָּל־הָאֲרָצוֹת אֲשֶׁר לִבְנֵי יִשְׂרָאֵל וַיַּעֲבֵד אֵת כָּל־הַנִּמְצָא בְּיִשְׂרָאֵל
לַעֲבוֹד אֶת־יְהוָה אֱלֹהֵיהֶם כָּל־יָמָיו לֹא סָרוּ מֵאַחֲרֵי יְהוָה אֱלֹהֵי
אֲבוֹתֵיהֶם׃

35 וַיַּעַשׂ יֹאשִׁיָּהוּ בִירוּשָׁלַ͏ִם פֶּסַח לַיהוָה וַיִּשְׁחֲטוּ הַפֶּסַח בְּאַרְבָּעָה עָשָׂר
2 לַחֹדֶשׁ הָרִאשׁוֹן׃ וַיַּעֲמֵד הַכֹּהֲנִים עַל־מִשְׁמְרוֹתָם וַיְחַזְּקֵם לַעֲבוֹדַת
3 בֵּית יְהוָה׃ וַיֹּאמֶר לַלְוִיִּם הַמְּבִינִים לְכָל־יִשְׂרָאֵל הַקְּדוֹשִׁים לַיהוָה
הַמְּבִינִים
תְּנוּ אֶת־אֲרוֹן־הַקֹּדֶשׁ בַּבַּיִת אֲשֶׁר בָּנָה שְׁלֹמֹה בֶן־דָּוִיד מֶלֶךְ יִשְׂרָאֵל
אֵין־לָכֶם מַשָּׂא בַּכָּתֵף עַתָּה עִבְדוּ אֶת־יְהוָה אֱלֹהֵיכֶם וְאֵת עַמּוֹ

4 And prepare *yourselves* by the houses of your fathers, after your courses, according to the writing of David king of Israel, and according to the writing of Solomon his son.

5 And stand in the holy *place* according to the divisions of the families of the fathers of your brethren the people, and *after* the division of the families of the Levites.

6 So kill the passover, and sanctify yourselves, and prepare your brethren, that *they* may do according to the word of the LORD by the hand of Moses.

7 And Josiah gave to the people, of the flock, lambs and kids, all for the passover offerings, for all that were present, to the number of thirty thousand, and three thousand bullocks: these *were* of the king's substance.

8 And his princes gave willingly unto the people, to the priests, and to the Levites: Hilkiah and Zechariah and Jehiel, rulers of the house of God, gave unto the priests for the passover offerings two thousand and six hundred *small cattle,* and three hundred oxen.

9 Conaniah also, and Shemaiah and Nethaneel, his brethren, and Hashabiah and Jeiel and Jozabad, chief of the Levites, gave unto the Levites for passover offerings five thousand *small cattle,* and five hundred oxen.

10 So the service was prepared, and the priests stood in their place, and the Levites in their courses, according to the king's commandment.

11 And they killed the passover, and the priests sprinkled *the blood* from their hands, and the Levites flayed *them.*

12 And they removed the burnt offerings, that they might give according to the divisions of the families of the people, to offer unto the LORD, as *it is* written in the book of Moses. And so *did they* with the oxen.

13 And they roasted the passover with fire according to the ordinance: but the *other* holy *offerings* sod they in pots, and in caldrons, and in pans, and divided *them* speedily among all the people.

14 And afterward they made ready for themselves, and for the priests: because the priests the sons of Aaron *were busied* in offering of burnt offerings and the fat until night; therefore the Levites prepared for themselves, and for the priests the sons of Aaron.

15 And the singers the sons of Asaph *were* in their place, according to the commandment of David, and Asaph, and Heman, and Jeduthun the king's seer; and the porters *waited* at every gate; they might not depart from their service; for their brethren the Levites prepared for them.

16 So all the service of the LORD was prepared the same day, to keep the passover, and to offer burnt offerings upon the altar of the LORD, according to the commandment of king Josiah.

17 And the children of Israel that were present kept the passover at that time, and the feast of unleavened bread seven days.

18 And there was no passover like to that kept in Israel from the days of Samuel the prophet; neither did all the kings of Israel keep such a passover as Josiah kept, and the priests, and the Levites, and all Judah and Israel that were present, and the inhabitants of Jerusalem.

19 In the eighteenth year of the reign of Josiah was this passover kept.

20 ¶ After all this, when Josiah had prepared the temple, Necho king of Egypt came up to fight against Carchemish by Euphrates: and Josiah went out against him.

21 But he sent ambassadors to him, saying, What have I to do with thee, thou king of Judah? *I come* not against thee this day, but against the house wherewith I have war: for God commanded me to make haste: forbear thee from *meddling with* God, who *is* with me, that he destroy thee not.

22 Nevertheless Josiah would not turn his face from him, but disguised himself, that he might fight with him, and hearkened not unto the words of Necho from the mouth of God, and came to fight in the valley of Megiddo.

23 And the archers shot at king Josiah;

וְהָכִינוּ 4 יִשְׂרָאֵל: וְהָכִ֫ינוּ לְבֵית־אֲבֽוֹתֵיכֶ֖ם כְּמַחְלְקֽוֹתֵיכֶ֑ם בִּכְתָ֗ב דָּוִ֣יד מֶ֣לֶךְ

5 יִשְׂרָאֵ֔ל וּבְמִכְתַּ֖ב שְׁלֹמֹ֥ה בְנֽוֹ: וְעִמְד֣וּ בַקֹּ֗דֶשׁ לִפְלֻגּוֹת֙ בֵּ֣ית הָֽאָב֔וֹת

6 לַֽאֲחֵיכֶ֖ם בְּנֵ֣י הָעָ֑ם וַֽחֲלֻקַּ֥ת בֵּֽית־אָ֖ב לַלְוִיִּֽם: וְשַֽׁחֲט֣וּ הַפָּ֑סַח וְהִ֨תְקַדְּשׁ֔וּ
וְהָכִ֨ינוּ֙ לַֽאֲחֵיכֶ֔ם לַֽעֲשׂ֖וֹת כִּדְבַר־יְהֹוָ֥ה בְּיַד־מֹשֶֽׁה:

7 וַיָּ֣רֶם יֹֽאשִׁיָּ֣הוּ לִבְנֵ֣י הָ֠עָם צֹ֣אן כְּבָשִׂ֤ים וּבְנֵֽי־עִזִּים֙ הַכֹּ֣ל לַפְּסָחִ֔ים
לְכָל־הַנִּמְצָא֙ לְמִסְפַּ֣ר שְׁלֹשִׁ֣ים אֶ֔לֶף וּבָקָ֖ר שְׁלֹ֣שֶׁת אֲלָפִ֑ים אֵ֖לֶּה

8 מֵֽרְכ֥וּשׁ הַמֶּֽלֶךְ:   וְשָׂרָ֣יו לִנְדָבָ֗ה לָעָ֤ם לַכֹּֽהֲנִים֙ וְלַלְוִיִּ֔ם
הֵרִ֨ימוּ חִלְקִיָּ֧ה וּזְכַרְיָ֛הוּ וִֽיחִיאֵ֖ל נְגִידֵ֣י בֵּ֣ית הָֽאֱלֹהִ֑ים לַכֹּֽהֲנִ֣ים נָֽתְנ֣וּ

וְכָֽנַנְיָ֨הוּ 9 לַפְּסָחִ֣ים אֲלָפַ֔יִם וְשֵׁ֥שׁ מֵא֖וֹת וּבָקָ֖ר שְׁלֹ֣שׁ מֵא֑וֹת: וְכָֽנַנְיָ֨הוּ וּשְׁמַֽעְיָ֜הוּ 9A
וּנְתַנְאֵ֣ל אֶחָ֗יו וַֽחֲשַׁבְיָ֤הוּ וִֽיעִיאֵל֙ וְיֽוֹזָבָ֔ד שָׂרֵ֥י הַלְוִיִּ֖ם הֵרִ֣ימוּ לַלְוִיִּ֑ם

10 לַפְּסָחִ֞ים חֲמֵ֣שֶׁת אֲלָפִ֔ים וּבָקָ֖ר חֲמֵ֣שׁ מֵא֑וֹת: וַתִּכּ֖וֹן הָֽעֲבוֹדָ֑ה וַיַּֽעַמְד֧וּ

11 הַכֹּֽהֲנִ֣ים עַל־עָמְדָ֗ם וְהַלְוִיִּ֛ם עַל־מַחְלְקוֹתָ֖ם כְּמִצְוַ֥ת הַמֶּֽלֶךְ: וַֽיִּשְׁחֲט֖וּ

12 הַפָּ֑סַח וַיִּזְרְק֤וּ הַכֹּֽהֲנִים֙ מִיָּדָ֔ם וְהַלְוִיִּ֖ם מַפְשִׁיטִֽים: וַיָּסִ֣ירוּ הָֽעֹלָ֗ה
לְֽתִתָּ֞ם לְמִפְלַגּ֤וֹת לְבֵית־אָבוֹת֙ לִבְנֵ֣י הָעָ֔ם לְהַקְרִיב֙ לַֽיהֹוָ֔ה כַּכָּת֖וּב

13 בְּסֵ֣פֶר מֹשֶׁ֑ה וְכֵ֖ן לַבָּקָֽר: וַיְבַשְּׁל֥וּ הַפֶּ֛סַח בָּאֵ֖שׁ כַּמִּשְׁפָּ֑ט וְהַקֳּדָשִׁ֣ים

14 בִּשְּׁל֗וּ בַּסִּיר֤וֹת וּבַדְּוָדִים֙ וּבַצֵּ֣לָח֔וֹת וַיָּרִ֖יצוּ לְכָל־בְּנֵ֥י הָעָֽם: וְאַחַ֗ר
הֵכִ֤ינוּ לָהֶם֙ וְלַכֹּ֣הֲנִ֔ים כִּ֤י הַכֹּֽהֲנִים֙ בְּנֵ֣י אַֽהֲרֹ֔ן בְּהַֽעֲל֥וֹת הָֽעוֹלָ֖ה
וְהַֽחֲלָבִ֣ים עַד־לָ֑יְלָה וְהַלְוִיִּם֙ הֵכִ֣ינוּ לָהֶ֔ם וְלַכֹּֽהֲנִ֖ים בְּנֵ֥י אַֽהֲרֹֽן:

15 וְהַֽמְשֹֽׁרֲרִ֨ים בְּנֵֽי־אָסָ֜ף עַל־מַֽעֲמָדָ֗ם כְּמִצְוַ֤ת דָּוִיד֙ וְאָסָ֤ף וְהֵימָן֙ וִֽידֻת֣וּן
חוֹזֵ֣ה הַמֶּ֔לֶךְ וְהַשֹּֽׁעֲרִ֖ים לְשַׁ֣עַר וָשָׁ֑עַר אֵ֣ין לָהֶ֗ם לָסוּר֙ מֵעַ֣ל עֲבֹ֣דָתָ֔ם

16 כִּֽי־אֲחֵיהֶ֥ם הַלְוִיִּ֖ם הֵכִ֥ינוּ לָהֶֽם: וַ֠תִּכּוֹן כָּל־עֲבוֹדַ֤ת יְהֹוָה֙ בַּיּ֣וֹם הַה֔וּא
לַֽעֲשׂ֣וֹת הַפֶּ֔סַח וְהַֽעֲל֥וֹת עֹל֖וֹת עַ֣ל מִזְבַּ֣ח יְהֹוָ֑ה כְּמִצְוַ֖ת הַמֶּ֣לֶךְ

17 יֹֽאשִׁיָּֽהוּ: וַיַּֽעֲשׂ֣וּ בְנֵֽי־יִשְׂרָאֵ֧ל הַנִּמְצְאִ֛ים אֶת־הַפֶּ֖סַח בָּעֵ֣ת הַהִ֑יא וְאֶת־

18 חַ֥ג הַמַּצּ֖וֹת שִׁבְעַ֥ת יָמִֽים: וְלֹֽא־נַֽעֲשָׂ֨ה פֶ֤סַח כָּמֹ֨הוּ֙ בְּיִשְׂרָאֵ֔ל מִימֵ֖י
שְׁמוּאֵ֣ל הַנָּבִ֑יא וְכָל־מַלְכֵ֣י יִשְׂרָאֵ֣ל ׀ לֹֽא־עָשׂ֗וּ כַּפֶּ֨סַח֙ אֲשֶׁר־עָשָׂ֣ה
יֹֽאשִׁיָּ֗הוּ וְהַכֹּֽהֲנִ֤ים וְהַלְוִיִּם֙ וְכָל־יְהוּדָ֣ה וְיִשְׂרָאֵל֙ הַנִּמְצָ֔א וְיֽוֹשְׁבֵ֖י

19 יְרֽוּשָׁלָֽ͏ִם: בִּשְׁמוֹנֶ֤ה עֶשְׂרֵה֙ שָׁנָ֔ה לְמַלְכ֖וּת

20 יֹֽאשִׁיָּ֑הוּ נַֽעֲשָׂ֖ה הַפֶּ֥סַח הַזֶּֽה: אַֽחֲרֵ֣י כָל־זֹ֗את אֲשֶׁ֨ר הֵכִ֤ין יֹֽאשִׁיָּ֨הוּ֙
אֶת־הַבַּ֔יִת עָלָ֞ה נְכ֥וֹ מֶֽלֶךְ־מִצְרַ֛יִם לְהִלָּחֵ֥ם בְּכַרְכְּמִ֖ישׁ עַל־פְּרָ֑ת וַיֵּצֵ֖א

21 לִקְרָאת֣וֹ יֹֽאשִׁיָּֽהוּ: וַיִּשְׁלַ֣ח אֵלָ֣יו מַלְאָכִ֣ים ׀ לֵאמֹר֩ מַה־לִּ֨י וָלָ֜ךְ מֶ֣לֶךְ
יְהוּדָ֗ה לֹֽא־עָלֶ֤יךָ אַתָּה֙ הַיּ֔וֹם כִּ֚י אֶל־בֵּ֣ית מִלְחַמְתִּ֔י וֵֽאלֹהִ֖ים אָמַ֣ר

22 לְבַֽהֲלֵ֑נִי חֲדַל־לְךָ֗ מֵֽאֱלֹהִים֙ אֲשֶׁר־עִמִּ֔י וְאַל־יַשְׁחִיתֶֽךָ: וְלֹֽא־הֵסֵ֩ב
יֹֽאשִׁיָּ֨הוּ פָנָ֜יו מִמֶּ֗נּוּ כִּ֤י לְהִלָּ֨חֶם־בּוֹ֙ הִתְחַפֵּ֔שׂ וְלֹ֥א שָׁמַ֖ע אֶל־דִּבְרֵ֥י

23 נְכ֖וֹ מִפִּ֣י אֱלֹהִ֑ים וַיָּבֹ֖א לְהִלָּחֵ֥ם בְּבִקְעַ֣ת מְגִדּֽוֹ: וַיֹּרוּ֙ הַיֹּרִ֔ים לַמֶּ֣לֶךְ

and the king said to his servants, Have me away; for I am sore wounded.

24 His servants therefore took him out of that chariot, and put him in the second chariot that he had; and they brought him to Jerusalem, and he died, and was buried in *one of* the sepulchres of his fathers. And all Judah and Jerusalem mourned for Josiah.

25 ¶ And Jeremiah lamented for Josiah: and all the singing men and the singing women spake of Josiah in their lamentations to this day, and made them an ordinance in Israel: and, behold, they *are* written in the lamentations.

26 Now the rest of the acts of Josiah, and his goodness, according to *that which was* written in the law of the LORD,

27 And his deeds, first and last, behold, they *are* written in the book of the kings of Israel and Judah.

CHAPTER 36

1 Then the people of the land took Jehoahaz the son of Josiah, and made him king in his father's stead in Jerusalem.

2 Jehoahaz *was* twenty and three years old when he began to reign, and he reigned three months in Jerusalem.

3 And the king of Egypt put him down at Jerusalem, and condemned the land in an hundred talents of silver and a talent of gold.

4 And the king of Egypt made Eliakim his brother king over Judah and Jerusalem, and turned his name to Jehoiakim. And Necho took Jehoahaz his brother, and carried him to Egypt.

5 ¶ Jehoiakim *was* twenty and five years old when he began to reign, and he reigned eleven years in Jerusalem: and he did *that which was* evil in the sight of the LORD his God.

6 Against him came up Nebuchadnezzar king of Babylon, and bound him in fetters, to carry him to Babylon.

7 Nebuchadnezzar also carried of the vessels of the house of the LORD to Babylon, and put them in his temple at Babylon.

8 Now the rest of the acts of Jehoiakim, and his abominations which he did, and that which was found in him, behold, they *are* written in the book of the kings of Israel and Judah: and Jehoiachin his son reigned in his stead.

9 ¶ Jehoiachin *was* eight years old when he began to reign, and he reigned three months and ten days in Jerusalem: and he did *that which was* evil in the sight of the LORD.

10 And when the year was expired, king Nebuchadnezzar sent, and brought him to Babylon, with the goodly vessels of the house of the LORD, and made Zedekiah his brother king over Judah and Jerusalem.

11 ¶ Zedekiah *was* one and twenty years old when he began to reign, and reigned eleven years in Jerusalem.

12 And he did *that which was* evil in the sight of the LORD his God, *and* humbled not himself before Jeremiah the prophet *speaking* from the mouth of the LORD.

13 And he also rebelled against king Nebuchadnezzar, who had made him swear by God: but he stiffened his neck, and hardened his heart from turning unto the LORD God of Israel.

14 ¶ Moreover all the chief of the priests, and the people, transgressed very much after all the abominations of the heathen; and polluted the house of the LORD which he had hallowed in Jerusalem.

15 And the LORD God of their fathers sent to them by his messengers, rising up betimes, and sending; because he had compassion on his people, and on his dwelling place:

16 But they mocked the messengers of God, and despised his words, and misused his prophets, until the wrath of the LORD arose against his people, till *there was* no remedy.

17 Therefore he brought upon them the king of the Chaldees, who slew their young men with the sword in the house of their sanctuary, and had no compassion upon young man or maiden, old man, or him that stooped for age: he gave *them* all into his hand.

יֹֽאשִׁיָּ֔הוּ וַיֹּ֨אמֶר הַמֶּ֜לֶךְ לַעֲבָדָיו֙ הַעֲבִיר֔וּנִי כִּ֥י הָחֳלֵ֖יתִי מְאֹֽד:

24 וַיַּעֲבִירֻ֨הוּ עֲבָדָ֜יו מִן־הַמֶּרְכָּבָ֗ה וַיַּרְכִּיבֻ֜הוּ עַ֣ל רֶ֣כֶב הַמִּשְׁנֶה֮ אֲשֶׁר־לוֹ֒ וַיּוֹלִיכֻ֣הוּ יְרוּשָׁלִַ֔ם וַיָּ֕מָת וַיִּקָּבֵ֖ר בְּקִבְר֣וֹת אֲבֹתָ֑יו וְכָל־יְהוּדָה֙ וִיר֣וּשָׁלִַ֔ם מִֽתְאַבְּלִ֖ים עַל־יֹאשִׁיָּֽהוּ:

25 וַיְקוֹנֵ֣ן יִרְמְיָהוּ֮ עַל־יֹאשִׁיָּהוּ֒ וַיֹּאמְר֣וּ כָל־הַשָּׁרִ֣ים ׀ וְ֠הַשָּׁר֠וֹת בְּקִינֽוֹתֵיהֶ֤ם עַל־יֹאשִׁיָּ֙הוּ֙ עַד־הַיּ֔וֹם וַיִּתְּנ֥וּם לְחֹ֖ק עַל־יִשְׂרָאֵ֑ל וְהִנָּ֥ם כְּתוּבִ֖ים עַל־הַקִּינֽוֹת:

26 וְיֶ֛תֶר דִּבְרֵ֥י יֹאשִׁיָּ֖הוּ וַחֲסָדָ֑יו כַּכָּת֖וּב בְּתוֹרַ֥ת יְהוָֽה:
27 וּדְבָרָ֞יו הָרִֽאשֹׁנִ֣ים וְהָאַחֲרֹנִ֗ים הִנָּ֤ם כְּתוּבִים֙ עַל־סֵ֔פֶר מַלְכֵֽי־יִשְׂרָאֵ֖ל וִיהוּדָֽה:

36 1 וַיִּקְח֣וּ עַם־הָאָ֗רֶץ אֶת־יְהֽוֹאָחָז֙ בֶּן־יֹ֣אשִׁיָּ֔הוּ וַיַּמְלִיכֻ֥הוּ תַֽחַת־אָבִ֖יו

2 בִּירֽוּשָׁלִָֽם: בֶּן־שָׁל֧וֹשׁ וְעֶשְׂרִ֛ים שָׁנָ֖ה יוֹאָחָ֣ז בְּמָלְכ֑וֹ וּשְׁלֹשָׁ֣ה חֳדָשִׁ֔ים

3 מָלַ֖ךְ בִּירוּשָׁלִָֽם: וַיְסִירֵ֥הוּ מֶֽלֶךְ־מִצְרַ֖יִם בִּירֽוּשָׁלִָ֑ם וַֽיַּעֲנֹשׁ֙ אֶת־הָאָ֔רֶץ

4 מֵאָ֥ה כִכַּר־כֶּ֖סֶף וְכִכַּ֥ר זָהָֽב: וַיַּמְלֵ֣ךְ מֶֽלֶךְ־מִצְרַ֗יִם אֶת־אֶלְיָקִ֤ים אָחִיו֙ עַל־יְהוּדָ֣ה וִירוּשָׁלִַ֔ם וַיַּסֵּ֥ב אֶת־שְׁמ֖וֹ יְהוֹיָקִ֑ים וְאֶת־יוֹאָחָ֤ז אָחִיו֙ לָקַ֣ח נְכ֔וֹ וַיְבִיאֵ֖הוּ מִצְרָֽיְמָה:

5 בֶּן־עֶשְׂרִ֨ים וְחָמֵ֤שׁ שָׁנָה֙ יְה֣וֹיָקִ֔ים בְּמָלְכ֔וֹ וְאַחַ֤ת עֶשְׂרֵה֙ שָׁנָ֔ה מָלַ֖ךְ

6 בִּירוּשָׁלִָ֑ם וַיַּ֣עַשׂ הָרַ֔ע בְּעֵינֵ֖י יְהוָ֥ה אֱלֹהָֽיו: עָלָ֣יו עָלָ֔ה נְבֽוּכַדְנֶאצַּ֖ר

7 מֶ֣לֶךְ בָּבֶ֑ל וַיַּֽאַסְרֵ֙הוּ֙ בַּֽנְחֻשְׁתַּ֔יִם לְהֹלִיכ֖וֹ בָּבֶֽלָה: וּמִכְּלֵי֙ בֵּ֣ית יְהוָ֔ה

8 הֵבִ֤יא נְבֽוּכַדְנֶאצַּר֙ לְבָבֶ֔ל וַיִּתְּנֵ֥ם בְּהֵיכָל֖וֹ בְּבָבֶֽל: וְיֶ֩תֶר֩ דִּבְרֵ֨י יְהֽוֹיָקִ֜ים וְתֹֽעֲבֹתָ֣יו אֲשֶׁר־עָשָׂ֗ה וְהַנִּמְצָ֣א עָלָ֔יו הִנָּ֣ם כְּתוּבִ֗ים עַל־סֵ֛פֶר מַלְכֵ֥י יִשְׂרָאֵ֖ל וִיהוּדָ֑ה וַיִּמְלֹ֛ךְ יְהוֹיָכִ֥ין בְּנ֖וֹ תַּחְתָּֽיו:

9 בֶּן־שְׁמוֹנֶ֤ה שָׁנִים֙ יְהוֹיָכִ֣ין בְּמָלְכ֔וֹ וּשְׁלֹשָׁ֤ה חֳדָשִׁים֙ וַעֲשֶׂ֣רֶת יָמִ֔ים מָלַ֖ךְ

10 בִּירוּשָׁלִָ֑ם וַיַּ֥עַשׂ הָרַ֖ע בְּעֵינֵ֥י יְהוָֽה: וְלִתְשׁוּבַ֣ת הַשָּׁנָ֗ה שָׁלַח֙ הַמֶּ֣לֶךְ נְבֽוּכַדְנֶאצַּ֔ר וַיְבִאֵ֣הוּ בָבֶ֔לָה עִם־כְּלֵ֖י חֶמְדַּ֣ת בֵּית־יְהוָ֑ה וַיַּמְלֵךְ֙ אֶת־צִדְקִיָּ֣הוּ אָחִ֔יו עַל־יְהוּדָ֖ה וִירוּשָׁלִָֽם:

11 בֶּן־עֶשְׂרִ֧ים וְאַחַ֛ת שָׁנָ֖ה צִדְקִיָּ֣הוּ בְמָלְכ֑וֹ וְאַחַ֤ת עֶשְׂרֵה֙ שָׁנָ֔ה מָלַ֖ךְ

12 בִּירוּשָׁלִָֽם: וַיַּ֕עַשׂ הָרַ֖ע בְּעֵינֵ֣י יְהוָ֣ה אֱלֹהָ֑יו לֹ֣א נִכְנַ֗ע מִלִּפְנֵ֛י יִרְמְיָ֥הוּ

13 הַנָּבִ֖יא מִפִּ֥י יְהוָֽה: וְ֠גַם בַּמֶּ֤לֶךְ נְבֽוּכַדְנֶאצַּר֙ מָרָ֔ד אֲשֶׁ֣ר הִשְׁבִּיע֖וֹ בֵּֽאלֹהִ֑ים וַיֶּ֤קֶשׁ אֶת־עָרְפּוֹ֙ וַיְאַמֵּ֣ץ אֶת־לְבָב֔וֹ מִשּׁ֕וּב אֶל־יְהוָ֖ה אֱלֹהֵ֥י

14 לְמָֽעַל־ יִשְׂרָאֵֽל: גַּ֠ם כָּל־שָׂרֵ֨י הַכֹּהֲנִ֤ים וְהָעָם֙ הִרְבּ֣וּ לִמְעָול־מַ֔עַל כְּכֹ֖ל תֹּעֲב֣וֹת הַגּוֹיִ֑ם וַֽיְטַמְּאוּ֙ אֶת־בֵּ֣ית יְהוָ֔ה אֲשֶׁ֥ר הִקְדִּ֖ישׁ בִּירוּשָׁלִָֽם:

15 וַיִּשְׁלַ֡ח יְהוָה֩ אֱלֹהֵ֨י אֲבוֹתֵיהֶ֧ם עֲלֵיהֶ֛ם בְּיַ֥ד מַלְאָכָ֖יו הַשְׁכֵּ֣ם וְשָׁל֑וֹחַ

16 כִּֽי־חָמַ֥ל עַל־עַמּ֖וֹ וְעַל־מְעוֹנֽוֹ: וַיִּֽהְי֤וּ מַלְעִבִים֙ בְּמַלְאֲכֵ֣י הָאֱלֹהִ֔ים וּבוֹזִ֣ים דְּבָרָ֔יו וּמִֽתַּעְתְּעִ֖ים בִּנְבִאָ֑יו עַ֠ד עֲל֧וֹת חֲמַת־יְהוָ֛ה בְּעַמּ֖וֹ עַד־

17 כַּשְׂדִּֽים־ לְאֵ֥ין מַרְפֵּֽא: וַיַּ֨עַל עֲלֵיהֶ֜ם אֶת־מֶ֣לֶךְ כשדיים וַיַּהֲרֹ֤ג בַּחוּרֵיהֶם֙ בַּחֶ֔רֶב בְּבֵ֖ית מִקְדָּשָׁ֑ם וְלֹ֨א חָמַ֜ל עַל־בָּח֤וּר וּבְתוּלָה֙ זָקֵ֣ן וְיָשֵׁ֔שׁ הַכֹּ֖ל נָתַ֥ן

18 And all the vessels of the house of God, great and small, and the treasures of the house of the LORD, and the treasures of the king, and of his princes; all *these* he brought to Babylon.

19 And they burnt the house of God, and brake down the wall of Jerusalem, and burnt all the palaces thereof with fire, and destroyed all the goodly vessels thereof.

20 And them that had escaped from the sword carried he away to Babylon; where they were servants to him and his sons until the reign of the kingdom of Persia:

21 To fulfil the word of the LORD by the mouth of Jeremiah, until the land had enjoyed her sabbaths: *for* as long as she lay desolate she kept sabbath, to fulfil threescore and ten years.

22 ¶ Now in the first year of Cyrus king of Persia, that the word of the LORD *spoken* by the mouth of Jeremiah might be accomplished, the LORD stirred up the spirit of Cyrus king of Persia, that he made a proclamation throughout all his kingdom, and *put it* also in writing, saying,

23 Thus saith Cyrus king of Persia, All the kingdoms of the earth hath the LORD God of heaven given me; and he hath charged me to build him an house in Jerusalem, which *is* in Judah. Who *is there* among you of all his people? The LORD his God *be* with him, and let him go up.

EZRA

CHAPTER 1

1 Now in the first year of Cyrus king of Persia, that the word of the LORD by the mouth of Jeremiah might be fulfilled, the LORD stirred up the spirit of Cyrus king of Persia, that he made a proclamation throughout all his kingdom, and *put it* also in writing, saying,

2 Thus saith Cyrus king of Persia, The LORD God of heaven hath given me all the kingdoms of the earth; and he hath charged me to build him an house at Jerusalem, which *is* in Judah.

3 Who *is there* among you of all his people? his God be with him, and let him go up to Jerusalem, which *is* in Judah, and build the house of the LORD God of Israel, (he *is* the God,) which *is* in Jerusalem.

4 And whosoever remaineth in any place where he sojourneth, let the men of his place help him with silver, and with gold, and with goods, and with beasts, beside the freewill offering for the house of God that *is* in Jerusalem.

5 ¶ Then rose up the chief of the fathers of Judah and Benjamin, and the priests, and the Levites, with all *them* whose spirit God had raised, to go up to build the house of the LORD which *is* in Jerusalem.

6 And all they that *were* about them strengthened their hands with vessels of silver, with gold, with goods, and with beasts, and with precious things, beside all *that* was willingly offered.

7 ¶ Also Cyrus the king brought forth the vessels of the house of the LORD, which Nebuchadnezzar had brought forth out of Jerusalem, and had put them in the house of his gods;

8 Even those did Cyrus king of Persia bring forth by the hand of Mithredath the treasurer, and numbered them unto Sheshbazzar, the prince of Judah.

9 And this *is* the number of them: thirty chargers of gold, a thousand chargers of silver, nine and twenty knives,

10 Thirty basons of gold, silver basons of a second *sort* four hundred and ten, *and* other vessels a thousand.

11 All the vessels of gold and of silver *were* five thousand and four hundred. All *these* did Sheshbazzar bring up with *them of* the captivity that were brought up from Babylon unto Jerusalem.

18 בְּיָדוֹ: וְכֹל כְּלֵי בֵית הָאֱלֹהִים הַגְּדֹלִים וְהַקְּטַנִּים וְאֹצְרוֹת בֵּית יְהוָה

19 וְאֹצְרוֹת הַמֶּלֶךְ וְשָׂרָיו הַכֹּל הֵבִיא בָבֶל: וַיִּשְׂרְפוּ אֶת־בֵּית הָאֱלֹהִים וַיְנַתְּצוּ אֵת חוֹמַת יְרוּשָׁלִָם וְכָל־אַרְמְנוֹתֶיהָ שָׂרְפוּ בָאֵשׁ וְכָל־כְּלֵי

20 מַחֲמַדֶּיהָ לְהַשְׁחִית: וַיֶּגֶל הַשְּׁאֵרִית מִן־הַחֶרֶב אֶל־בָּבֶל

21 וַיִּהְיוּ־לוֹ וּלְבָנָיו לַעֲבָדִים עַד־מְלֹךְ מַלְכוּת פָּרָס: לְמַלֹּאות דְּבַר־יְהוָה בְּפִי יִרְמְיָהוּ עַד־רָצְתָה הָאָרֶץ אֶת־שַׁבְּתוֹתֶיהָ כָּל־יְמֵי הָשַּׁמָּה שָׁבָתָה לְמַלֹּאות שִׁבְעִים שָׁנָה:

22 וּבִשְׁנַת אַחַת לְכוֹרֶשׁ מֶלֶךְ פָּרַס לִכְלוֹת דְּבַר־יְהוָה בְּפִי יִרְמְיָהוּ הֵעִיר יְהוָה אֶת־רוּחַ כּוֹרֶשׁ מֶלֶךְ־פָּרַס וַיַּעֲבֶר־קוֹל בְּכָל־מַלְכוּתוֹ

23 וְגַם־בְּמִכְתָּב לֵאמֹר: כֹּה־אָמַר כּוֹרֶשׁ מֶלֶךְ פָּרַס כָּל־ מַמְלְכוֹת הָאָרֶץ נָתַן לִי יְהוָה אֱלֹהֵי הַשָּׁמַיִם וְהוּא־פָקַד עָלַי לִבְנוֹת־ לוֹ בַיִת בִּירוּשָׁלִַם אֲשֶׁר בִּיהוּדָה מִי־בָכֶם מִכָּל־עַמּוֹ יְהוָה אֱלֹהָיו עִמּוֹ וְיָעַל:

ספר עזרא ונחמיה

1 וּבִשְׁנַת אַחַת לְכוֹרֶשׁ מֶלֶךְ פָּרַס לִכְלוֹת דְּבַר־יְהוָה מִפִּי יִרְמְיָה הֵעִיר יְהוָה אֶת־רוּחַ כֹּרֶשׁ מֶלֶךְ־פָּרַס וַיַּעֲבֶר־קוֹל בְּכָל־מַלְכוּתוֹ וְגַם־

2 בְּמִכְתָּב לֵאמֹר: כֹּה אָמַר כֹּרֶשׁ מֶלֶךְ פָּרַס כֹּל מַמְלְכוֹת הָאָרֶץ נָתַן לִי יְהוָה אֱלֹהֵי הַשָּׁמַיִם וְהוּא־פָקַד עָלַי לִבְנוֹת־לוֹ בַיִת

3 בִּירוּשָׁלִַם אֲשֶׁר בִּיהוּדָה: מִי־בָכֶם מִכָּל־עַמּוֹ יְהִי אֱלֹהָיו עִמּוֹ וְיַעַל לִירוּשָׁלִַם אֲשֶׁר בִּיהוּדָה וְיִבֶן אֶת־בֵּית יְהוָה אֱלֹהֵי יִשְׂרָאֵל הוּא

4 הָאֱלֹהִים אֲשֶׁר בִּירוּשָׁלִָם: וְכָל־הַנִּשְׁאָר מִכָּל־הַמְּקֹמוֹת אֲשֶׁר הוּא גָר־שָׁם יְנַשְּׂאוּהוּ אַנְשֵׁי מְקֹמוֹ בְּכֶסֶף וּבְזָהָב וּבִרְכוּשׁ וּבִבְהֵמָה עִם־

5 הַנְּדָבָה לְבֵית הָאֱלֹהִים אֲשֶׁר בִּירוּשָׁלִָם: וַיָּקוּמוּ רָאשֵׁי הָאָבוֹת לִיהוּדָה וּבִנְיָמִן וְהַכֹּהֲנִים וְהַלְוִיִּם לְכֹל הֵעִיר הָאֱלֹהִים אֶת־רוּחוֹ

6 לַעֲלוֹת לִבְנוֹת אֶת־בֵּית יְהוָה אֲשֶׁר בִּירוּשָׁלִָם: וְכָל־סְבִיבֹתֵיהֶם חִזְּקוּ בִידֵיהֶם בִּכְלֵי־כֶסֶף בַּזָּהָב בָּרְכוּשׁ וּבַבְּהֵמָה וּבַמִּגְדָּנוֹת לְבַד

7 עַל־כָּל־הִתְנַדֵּב: וְהַמֶּלֶךְ כּוֹרֶשׁ הוֹצִיא אֶת־כְּלֵי בֵית־ יְהוָה אֲשֶׁר הוֹצִיא נְבוּכַדְנֶצַּר מִירוּשָׁלִַם וַיִּתְּנֵם בְּבֵית אֱלֹהָיו:

8 וַיּוֹצִיאֵם כּוֹרֶשׁ מֶלֶךְ פָּרַס עַל־יַד מִתְרְדָת הַגִּזְבָּר וַיִּסְפְּרֵם לְשֵׁשְׁבַּצַּר

9 הַנָּשִׂיא לִיהוּדָה: וְאֵלֶּה מִסְפָּרָם אֲגַרְטְלֵי זָהָב שְׁלֹשִׁים אֲגַרְטְלֵי־כֶסֶף

10 אָלֶף מַחֲלָפִים תִּשְׁעָה וְעֶשְׂרִים: כְּפוֹרֵי זָהָב שְׁלֹשִׁים כְּפוֹרֵי כֶסֶף מִשְׁנִים אַרְבַּע מֵאוֹת וַעֲשָׂרָה כֵּלִים

11 אֲחֵרִים אָלֶף: כָּל־כֵּלִים לַזָּהָב וְלַכֶּסֶף חֲמֵשֶׁת אֲלָפִים

CHAPTER 2

1 Now these *are* the children of the province that went up out of the captivity, of those which had been carried away, whom Nebuchadnezzar the king of Babylon had carried away unto Babylon, and came again unto Jerusalem and Judah, every one unto his city;

2 Which came with Zerubbabel: Jeshua, Nehemiah, Seraiah, Reelaiah, Mordecai, Bilshan, Mispar, Bigvai, Rehum, Baanah. The number of the men of the people of Israel:

3 The children of Parosh, two thousand an hundred seventy and two.

4 The children of Shephatiah, three hundred seventy and two.

5 The children of Arah, seven hundred seventy and five.

6 The children of Pahath-moab, of the children of Jeshua *and* Joab, two thousand eight hundred and twelve.

7 The children of Elam, a thousand two hundred fifty and four.

8 The children of Zattu, nine hundred forty and five.

9 The children of Zaccai, seven hundred and threescore.

10 The children of Bani, six hundred forty and two.

11 The children of Bebai, six hundred twenty and three.

12 The children of Azgad, a thousand two hundred twenty and two.

13 The children of Adonikam, six hundred sixty and six.

14 The children of Bigvai, two thousand fifty and six.

15 The children of Adin, four hundred fifty and four.

16 The children of Ater of Hezekiah, ninety and eight.

17 The children of Bezai, three hundred twenty and three.

18 The children of Jorah, an hundred and twelve.

19 The children of Hashum, two hundred twenty and three.

20 The children of Gibbar, ninety and five.

21 The children of Beth-lehem, an hundred twenty and three.

22 The men of Netophah, fifty and six.

23 The men of Anathoth, an hundred twenty and eight.

24 The children of Azmaveth, forty and two.

25 The children of Kirjath-arim, Chephirah, and Beeroth, seven hundred and forty and three.

26 The children of Ramah and Gaba, six hundred twenty and one.

27 The men of Michmas, an hundred twenty and two.

28 The men of Beth-el and Ai, two hundred twenty and three.

29 The children of Nebo, fifty and two.

30 The children of Magbish, an hundred fifty and six.

31 The children of the other Elam, a thousand two hundred fifty and four.

32 The children of Harim, three hundred and twenty.

33 The children of Lod, Hadid, and Ono, seven hundred twenty and five.

34 The children of Jericho, three hundred forty and five.

35 The children of Senaah, three thousand and six hundred and thirty.

36 ¶ The priests: the children of Jedaiah, of the house of Jeshua, nine hundred seventy and three.

37 The children of Immer, a thousand fifty and two.

וְאַרְבַּע מֵאוֹת הַכֹּל הֶעָלָה שֵׁשְׁבַּצַּר עִם הֵעָלוֹת הַגּוֹלָה מִבָּבֶל
לִירוּשָׁלָ‍ִם:

2 1 נְבוּכַדְנֶצַּר וְאֵלֶּה‍ ׀ בְּנֵי הַמְּדִינָה הָעֹלִים מִשְּׁבִי הַגּוֹלָה אֲשֶׁר הֶגְלָה נְבוּכַדְנֶצּוֹר

2 מֶלֶךְ־בָּבֶל לְבָבֶל וַיָּשׁוּבוּ לִירוּשָׁלַ‍ִם וִיהוּדָה אִישׁ לְעִירוֹ: אֲשֶׁר־בָּאוּ
עִם־זְרֻבָּבֶל יֵשׁוּעַ נְחֶמְיָה שְׂרָיָה רְעֵלָיָה מָרְדֳּכַי בִּלְשָׁן מִסְפָּר בִּגְוַי

3 רְחוּם בַּעֲנָה מִסְפַּר אַנְשֵׁי עַם יִשְׂרָאֵל: בְּנֵי פַרְעֹשׁ אַלְפַּיִם

4 מֵאָה שִׁבְעִים וּשְׁנָ‍ִים: בְּנֵי שְׁפַטְיָה שְׁלֹשׁ מֵאוֹת

5 שִׁבְעִים וּשְׁנָ‍ִים: בְּנֵי אָרַח שְׁבַע מֵאוֹת חֲמִשָּׁה

6 וְשִׁבְעִים: בְּנֵי־פַחַת מוֹאָב לִבְנֵי יֵשׁוּעַ יוֹאָב אַלְפַּיִם שְׁמֹנֶה

7 מֵאוֹת וּשְׁנֵים עָשָׂר: בְּנֵי עֵילָם אֶלֶף מָאתַיִם חֲמִשִּׁים

8 וְאַרְבָּעָה: בְּנֵי זַתּוּא תְּשַׁע מֵאוֹת וְאַרְבָּעִים

9 וַחֲמִשָּׁה: בְּנֵי זַכָּי שְׁבַע מֵאוֹת וְשִׁשִּׁים: בְּנֵי בָנִי
10

11 שֵׁשׁ מֵאוֹת אַרְבָּעִים וּשְׁנָ‍ִים: בְּנֵי בֵבָי שֵׁשׁ מֵאוֹת

12 עֶשְׂרִים וּשְׁלֹשָׁה: בְּנֵי עַזְגָּד אֶלֶף מָאתַיִם עֶשְׂרִים

13 וּשְׁנָ‍ִים: בְּנֵי אֲדֹנִיקָם שֵׁשׁ מֵאוֹת שִׁשִּׁים

14 וְשִׁשָּׁה: בְּנֵי בִגְוַי אַלְפַּיִם חֲמִשִּׁים וְשִׁשָּׁה: בְּנֵי
15

16 עָדִין אַרְבַּע מֵאוֹת חֲמִשִּׁים וְאַרְבָּעָה: בְּנֵי־אָטֵר לִיחִזְקִיָּה

17 תִּשְׁעִים וּשְׁמֹנָה: בְּנֵי בֵצָי שְׁלֹשׁ מֵאוֹת עֶשְׂרִים

18 וּשְׁלֹשָׁה: בְּנֵי יוֹרָה מֵאָה וּשְׁנֵים עָשָׂר: בְּנֵי
19

20 חָשֻׁם מָאתַיִם עֶשְׂרִים וּשְׁלֹשָׁה: בְּנֵי גִבָּר תִּשְׁעִים

21 וַחֲמִשָּׁה: בְּנֵי בֵית־לָחֶם מֵאָה עֶשְׂרִים

22 וּשְׁלֹשָׁה: אַנְשֵׁי נְטֹפָה חֲמִשִּׁים וְשִׁשָּׁה: אַנְשֵׁי עֲנָתוֹת
23

24 מֵאָה עֶשְׂרִים וּשְׁמֹנָה: בְּנֵי עַזְמָוֶת אַרְבָּעִים

25 וּשְׁנָ‍ִים: בְּנֵי קִרְיַת עָרִים כְּפִירָה וּבְאֵרוֹת שְׁבַע מֵאוֹת

26 וְאַרְבָּעִים וּשְׁלֹשָׁה: בְּנֵי הָרָמָה וָגָבַע שֵׁשׁ מֵאוֹת

27 עֶשְׂרִים וְאֶחָד: אַנְשֵׁי מִכְמָס מֵאָה עֶשְׂרִים

28 וּשְׁנָ‍ִים: אַנְשֵׁי בֵית־אֵל וְהָעָי מָאתַיִם עֶשְׂרִים

29 וּשְׁלֹשָׁה: בְּנֵי נְבוֹ חֲמִשִּׁים וּשְׁנָ‍ִים: בְּנֵי מַגְבִּישׁ
30

31 מֵאָה חֲמִשִּׁים וְשִׁשָּׁה: בְּנֵי עֵילָם אַחֵר אֶלֶף מָאתַיִם

32 חֲמִשִּׁים וְאַרְבָּעָה: בְּנֵי חָרִם שְׁלֹשׁ מֵאוֹת

33 וְעֶשְׂרִים: בְּנֵי־לֹד חָדִיד וְאוֹנוֹ שְׁבַע מֵאוֹת עֶשְׂרִים

34 וַחֲמִשָּׁה: בְּנֵי יְרֵחוֹ שְׁלֹשׁ מֵאוֹת אַרְבָּעִים

35 וַחֲמִשָּׁה: בְּנֵי סְנָאָה שְׁלֹשֶׁת אֲלָפִים וְשֵׁשׁ מֵאוֹת

36 וּשְׁלֹשִׁים: הַכֹּהֲנִים בְּנֵי יְדַעְיָה לְבֵית יֵשׁוּעַ

37 תְּשַׁע מֵאוֹת שִׁבְעִים וּשְׁלֹשָׁה: בְּנֵי אִמֵּר אֶלֶף חֲמִשִּׁים

38 The children of Pashur, a thousand two hundred forty and seven.

39 The children of Harim, a thousand and seventeen.

40 ¶ The Levites: the children of Jeshua and Kadmiel, of the children of Hodaviah, seventy and four.

41 ¶ The singers: the children of Asaph, an hundred twenty and eight.

42 ¶ The children of the porters: the children of Shallum, the children of Ater, the children of Talmon, the children of Akkub, the children of Hatita, the children of Shobai, *in* all an hundred thirty and nine.

43 ¶ The Nethinims: the children of Ziha, the children of Hasupha, the children of Tabbaoth,

44 The children of Keros, the children of Siaha, the children of Padon,

45 The children of Lebanah, the children of Hagabah, the children of Akkub,

46 The children of Hagab, the children of Shalmai, the children of Hanan,

47 The children of Giddel, the children of Gahar, the children of Reaiah,

48 The children of Rezin, the children of Nekoda, the children of Gazzam,

49 The children of Uzza, the children of Paseah, the children of Besai,

50 The children of Asnah, the children of Mehunim, the children of Nephusim,

51 The children of Bakbuk, the children of Hakupha, the children of Harhur,

38 וּשְׁנָיִם: ‏ בְּנֵי פַשְׁחוּר אֶלֶף מָאתַיִם אַרְבָּעִים

39 וְשִׁבְעָה: ‏ בְּנֵי חָרִם אֶלֶף וְשִׁבְעָה

40 עָשָׂר: ‏ הַלְוִיִּם בְּנֵי־יֵשׁוּעַ וְקַדְמִיאֵל לִבְנֵי הוֹדַוְיָה שִׁבְעִים

41 וְאַרְבָּעָה: ‏ הַמְשֹׁרְרִים בְּנֵי אָסָף מֵאָה עֶשְׂרִים

וּשְׁמֹנָה:

42 בְּנֵי הַשֹּׁעֲרִים בְּנֵי־שַׁלּוּם בְּנֵי־אָטֵר בְּנֵי־טַלְמוֹן בְּנֵי־עַקּוּב בְּנֵי חֲטִיטָא

בְּנֵי שֹׁבָי הַכֹּל מֵאָה שְׁלֹשִׁים וְתִשְׁעָה:

43 הַנְּתִינִים — בְּנֵי

צִיחָא — בְּנֵי

חֲשׂוּפָא — בְּנֵי

44 טַבָּעוֹת: — בְּנֵי

קֵרֹס — בְּנֵי

סִיעֲהָא — בְּנֵי

45 פָדוֹן: — בְּנֵי

לְבָנָה — בְּנֵי

חֲגָבָה — בְּנֵי

46 עַקּוּב: — בְּנֵי

חָגָב — בְּנֵי

שַׁלְמָי   שַׂמְלַי — בְּנֵי

47 חָנָן: — בְּנֵי

גִדֵּל — בְּנֵי

גַחַר — בְּנֵי

48 רְאָיָה: — בְּנֵי

רְצִין — בְּנֵי

נְקוֹדָא — בְּנֵי

49 גַזָּם: — בְּנֵי

עֻזָּא — בְּנֵי

פָסֵחַ — בְּנֵי

50 בֵסָי: — בְּנֵי

אַסְנָה — בְּנֵי

מְעוּנִים   מְעִינִים — בְּנֵי

51 נְפוּסִים   נְפִיסִים: — בְּנֵי

בַקְבּוּק — בְּנֵי

חֲקוּפָא — בְּנֵי

52 חַרְחוּר: — בְּנֵי

52 The children of Bazluth, the children of Mehida, the children of Harsha,

53 The children of Barkos, the children of Sisera, the children of Thamah,

54 The children of Neziah, the children of Hatipha.

55 ¶ The children of Solomon's servants: the children of Sotai, the children of Sophereth, the children of Peruda,

56 The children of Jaalah, the children of Darkon, the children of Giddel,

57 The children of Shephatiah, the children of Hattil, the children of Pochereth of Zebaim, the children of Ami.

58 All the Nethinims, and the children of Solomon's servants, *were* three hundred ninety and two.

59 And these *were* they which went up from Telmelah, Telharsa, Cherub, Addan, *and* Immer: but they could not shew their father's house, and their seed, whether they *were* of Israel:

60 The children of Delaiah, the children of Tobiah, the children of Nekoda, six hundred fifty and two.

61 ¶ And of the children of the priests: the children of Habaiah, the children of Koz, the children of Barzillai; which took a wife of the daughters of Barzillai the Gileadite, and was called after their name:

62 These sought their register *among* those that were reckoned by genealogy, but they were not found: therefore were they, as polluted, put from the priesthood.

63 And the Tirshatha said unto them, that they should not eat of the most holy things, till there stood up a priest with Urim and with Thummim.

64 ¶ The whole congregation together *was* forty and two thousand three hundred *and* threescore,

65 Beside their servants and their maids, of whom *there were* seven thousand three hundred thirty and seven: and *there were* among them two hundred singing men and singing women.

66 Their horses *were* seven hundred thirty and six; their mules, two hundred forty and five;

67 Their camels, four hundred thirty and five; *their* asses, six thousand seven hundred and twenty.

68 ¶ And *some* of the chief of the fathers, when they came to the house of the LORD which *is* at Jerusalem, offered freely for the house of God to set it up in his place:

69 They gave after their ability unto the treasure of the work threescore and one thousand drams of gold, and five thou-

בְּנֵי בְּצָלוּת
בְּנֵי מְחִידָא
53 בְּנֵי חַרְשָׁא:
בְּנֵי בַרְקוֹס
בְּנֵי סִיסְרָא
54 בְּנֵי תָמַח:
בְּנֵי נְצִיחַ
55 בְּנֵי חֲטִיפָא:
בְּנֵי עַבְדֵי שְׁלֹמֹה
בְּנֵי סֹטַי
בְּנֵי הַסֹּפֶרֶת
56 בְּנֵי פְרוּדָא:
בְּנֵי יַעְלָה
בְּנֵי דַרְקוֹן
57 בְּנֵי גִדֵּל:
בְּנֵי שְׁפַטְיָה
בְּנֵי חַטִּיל
בְּנֵי פֹכֶרֶת הַצְּבָיִים

58 אָמֵי כָּל־הַנְּתִינִים וּבְנֵי עַבְדֵי שְׁלֹמֹה שְׁלֹשׁ מֵאוֹת תִּשְׁעִים וּשְׁנָיִם:
59 וְאֵלֶּה הָעֹלִים מִתֵּל מֶלַח תֵּל חַרְשָׁא כְּרוּב אַדָּן אִמֵּר וְלֹא יָכְלוּ לְהַגִּיד בֵּית־אֲבוֹתָם וְזַרְעָם אִם מִיִּשְׂרָאֵל הֵם:
60 בְּנֵי־דְלָיָה בְנֵי־טוֹבִיָּה בְּנֵי נְקוֹדָא שֵׁשׁ מֵאוֹת חֲמִשִּׁים וּשְׁנָיִם:
61 וּמִבְּנֵי הַכֹּהֲנִים בְּנֵי חֳבַיָּה בְּנֵי הַקּוֹץ בְּנֵי בַרְזִלַּי אֲשֶׁר לָקַח מִבְּנוֹת בַּרְזִלַּי הַגִּלְעָדִי אִשָּׁה וַיִּקָּרֵא עַל־שְׁמָם: אֵלֶּה
62 בִּקְשׁוּ כְתָבָם הַמִּתְיַחְשִׂים וְלֹא נִמְצָאוּ וַיְגֹאֲלוּ מִן־הַכְּהֻנָּה: וַיֹּאמֶר
63 הַתִּרְשָׁתָא לָהֶם אֲשֶׁר לֹא־יֹאכְלוּ מִקֹּדֶשׁ הַקֳּדָשִׁים עַד עֲמֹד כֹּהֵן לְאוּרִים וּלְתֻמִּים:
64 כָּל־הַקָּהָל כְּאֶחָד אַרְבַּע רִבּוֹא אַלְפַּיִם שְׁלֹשׁ־מֵאוֹת שִׁשִּׁים:
65 מִלְּבַד עַבְדֵיהֶם וְאַמְהֹתֵיהֶם אֵלֶּה שִׁבְעַת אֲלָפִים שְׁלֹשׁ מֵאוֹת שְׁלֹשִׁים וְשִׁבְעָה וְלָהֶם מְשֹׁרְרִים וּמְשֹׁרְרוֹת מָאתָיִם:
66 סוּסֵיהֶם שְׁבַע מֵאוֹת שְׁלֹשִׁים וְשִׁשָּׁה פִּרְדֵיהֶם מָאתַיִם אַרְבָּעִים וַחֲמִשָּׁה:
67 גְּמַלֵּיהֶם אַרְבַּע מֵאוֹת שְׁלֹשִׁים וַחֲמִשָּׁה חֲמֹרִים שֵׁשֶׁת אֲלָפִים שְׁבַע מֵאוֹת וְעֶשְׂרִים:
68 וּמֵרָאשֵׁי הָאָבוֹת בְּבוֹאָם לְבֵית יְהוָה אֲשֶׁר בִּירוּשָׁלַ͏ִם הִתְנַדְּבוּ לְבֵית
69 הָאֱלֹהִים לְהַעֲמִידוֹ עַל־מְכוֹנוֹ: כְּכֹחָם נָתְנוּ לְאוֹצַר הַמְּלָאכָה זָהָב דַּרְכְּמוֹנִים שֵׁשׁ־רִבֹּאות וָאֶלֶף וְכֶסֶף מָנִים חֲמֵשֶׁת אֲלָפִים

sand pound of silver, and one hundred priests' garments.

70 So the priests, and the Levites, and *some* of the people, and the singers, and the porters, and the Nethinims, dwelt in their cities, and all Israel in their cities.

CHAPTER 3

1 And when the seventh month was come, and the children of Israel *were* in the cities, the people gathered themselves together as one man to Jerusalem.

2 Then stood up Jeshua the son of Jozadak, and his brethren the priests, and Zerubbabel the son of Shealtiel, and his brethren, and builded the altar of the God of Israel, to offer burnt offerings thereon, as *it is* written in the law of Moses the man of God.

3 And they set the altar upon his bases; for fear *was* upon them because of the people of those countries: and they offered burnt offerings thereon unto the LORD, *even* burnt offerings morning and evening.

4 They kept also the feast of tabernacles, as *it is* written, and *offered* the daily burnt offerings by number, according to the custom, as the duty of every day required;

5 And afterward *offered* the continual burnt offering, both of the new moons, and of all the set feasts of the LORD that were consecrated, and of every one that willingly offered a freewill offering unto the LORD.

6 From the first day of the seventh month began they to offer burnt offerings unto the LORD. But the foundation of the temple of the LORD was not *yet* laid.

7 They gave money also unto the masons, and to the carpenters; and meat, and drink, and oil, unto them of Zidon, and to them of Tyre, to bring cedar trees from Lebanon to the sea of Joppa, according to the grant that they had of Cyrus king of Persia.

8 ¶ Now in the second year of their coming unto the house of God at Jerusalem, in the second month, began Zerubbabel the son of Shealtiel, and Jeshua the son

of Jozadak, and the remnant of their brethren the priests and the Levites, and all they that were come out of the captivity unto Jerusalem; and appointed the Levites, from twenty years old and upward, to set forward the work of the house of the LORD.

9 Then stood Jeshua *with* his sons and his brethren, Kadmiel and his sons, the sons of Judah, together, to set forward the workmen in the house of God: the sons of Henadad, *with* their sons and their brethren the Levites.

10 And when the builders laid the foundation of the temple of the LORD, they set the priests in their apparel with trumpets, and the Levites the sons of Asaph with cymbals, to praise the LORD, after the ordinance of David king of Israel.

11 And they sang together by course in praising and giving thanks unto the LORD; because *he is* good, for his mercy *endureth* for ever toward Israel. And all the people shouted with a great shout, when they praised the LORD, because the foundation of the house of the LORD was laid.

12 But many of the priests and Levites and chief of the fathers, *who were* ancient men, that had seen the first house, when the foundation of this house was laid before their eyes, wept with a loud voice; and many shouted aloud for joy:

13 So that the people could not discern the noise of the shout of joy from the noise of the weeping of the people: for the people shouted with a loud shout, and the noise was heard afar off.

CHAPTER 4

1 Now when the adversaries of Judah and Benjamin heard that the children of the captivity builded the temple unto the LORD God of Israel;

2 Then they came to Zerubbabel, and to the chief of the fathers, and said unto them, Let us build with you: for we seek your God, as ye *do*; and we do sacrifice unto him since the days of Esar-haddon king of Assur, which brought us up hither.

3 But Zerubbabel, and Jeshua, and the

70 וְכֹהֲנֹ֤ת כֹּהֲנִים֙ מֵאָ֔ה וַיֵּשְׁב֣וּ הַכֹּהֲנִ֣ים וְהַלְוִיִּ֡ם
וּמִן־הָעָ֣ם וְהַמְשֹׁרְרִ֣ים וְהַשּׁוֹעֲרִ֗ים וְהַנְּתִינִים֙ בְּעָרֵיהֶ֔ם וְכָל־יִשְׂרָאֵ֖ל

3 בְּעָרֵיהֶֽם: וַיִּגַּע֙ הַחֹ֣דֶשׁ הַשְּׁבִיעִ֔י וּבְנֵ֥י יִשְׂרָאֵ֖ל
בֶּעָרִ֑ים וַיֵּאָסְפ֥וּ הָעָ֛ם כְּאִ֥ישׁ אֶחָ֖ד אֶל־

2 יְרוּשָׁלָֽ͏ִם: וַיָּ֣קׇם יֵשׁ֣וּעַ בֶּן־יֽוֹצָדָ֗ק וְאֶחָ֤יו הַכֹּֽהֲנִים֙ וּזְרֻבָּבֶ֣ל
בֶּן־שְׁאַלְתִּיאֵ֖ל וְאֶחָ֑יו וַיִּבְנ֕וּ אֶת־מִזְבַּ֖ח אֱלֹהֵ֣י יִשְׂרָאֵ֑ל לְהַעֲל֤וֹת עָלָיו֙

3 עֹל֔וֹת כַּכָּת֕וּב בְּתוֹרַ֖ת מֹשֶׁ֥ה אִישׁ־הָאֱלֹהִֽים: וַיָּכִ֤ינוּ הַמִּזְבֵּ֙חַ֙ עַל־
מְכ֣וֹנֹתָ֔יו כִּ֚י בְּאֵימָ֣ה עֲלֵיהֶ֔ם מֵעַמֵּ֖י הָאֲרָצ֑וֹת וַיַּ֨עַל֩ עָלָ֤יו עֹלוֹת֙ לַֽיהֹוָ֔ה   וַיַּֽעֲל֤וּ

4 עֹל֖וֹת לַבֹּ֣קֶר וְלָעָ֑רֶב: וַֽיַּעֲשׂ֛וּ אֶת־חַ֥ג הַסֻּכּ֖וֹת כַּכָּת֑וּב וְעֹלַ֤ת י֣וֹם בְּיוֹם֙

5 בְּמִסְפָּ֔ר כְּמִשְׁפַּ֖ט דְּבַר־י֣וֹם בְּיוֹמֽוֹ: וְאַֽחֲרֵי־כֵ֞ן עֹלַ֤ת תָּמִיד֙ וְלֶ֣חֳדָשִׁ֔ים   5A

6 וּֽלְכׇל־מוֹעֲדֵ֧י יְהֹוָ֛ה הַמְקֻדָּשִׁ֖ים וּלְכֹ֛ל מִתְנַדֵּ֥ב נְדָבָ֖ה לַֽיהֹוָֽה: מִיּ֤וֹם
אֶחָד֙ לַחֹ֣דֶשׁ הַשְּׁבִיעִ֔י הֵחֵ֕לּוּ לְהַעֲל֥וֹת עֹל֖וֹת לַֽיהֹוָ֑ה וְהֵיכַ֥ל יְהֹוָ֖ה

7 לֹ֥א יֻסָּֽד: וַיִּ֨תְּנוּ־כֶ֔סֶף לַחֹצְבִ֖ים וְלֶחָרָשִׁ֑ים וּמַאֲכָ֨ל וּמִשְׁתֶּ֜ה וָשֶׁ֗מֶן
לַצִּֽדֹנִים֙ וְלַצֹּרִ֔ים לְהָבִיא֩ עֲצֵ֨י אֲרָזִ֤ים מִן־הַלְּבָנוֹן֙ אֶל־יָ֣ם יָפ֔וֹא כְּרִשְׁי֛וֹן
כּ֥וֹרֶשׁ מֶלֶךְ־פָּרַ֖ס עֲלֵיהֶֽם:

8 וּבַשָּׁנָ֣ה הַשֵּׁנִ֗ית לְבוֹאָ֞ם אֶל־בֵּ֤ית הָֽאֱלֹהִים֙ לִיר֣וּשָׁלַ֔͏ִם בַּחֹ֖דֶשׁ הַשֵּׁנִ֑י
הֵחֵ֡לּוּ זְרֻבָּבֶ֣ל בֶּן־שְׁאַלְתִּיאֵ֣ל וְיֵשׁ֪וּעַ בֶּן־יֽוֹצָדָ֟ק וּשְׁאָ֣ר אֲחֵיהֶ֣ם ׀ הַכֹּהֲנִ֣ים
וְהַלְוִיִּ֗ם וְכָל־הַבָּאִים֙ מֵהַשְּׁבִי֙ יְר֣וּשָׁלַ֔͏ִם וַיַּעֲמִ֣ידוּ אֶת־הַלְוִיִּ֗ם מִבֶּ֨ן
עֶשְׂרִ֤ים שָׁנָה֙ וָמַ֔עְלָה לְנַצֵּ֖חַ עַל־מְלֶ֥אכֶת בֵּית־יְהֹוָֽה:

9 וַיַּעֲמֹ֣ד יֵשׁ֡וּעַ בָּנָ֣יו וְ֠אֶחָ֠יו קַדְמִיאֵ֨ל וּבָנָ֤יו בְּנֵֽי־יְהוּדָה֙ כְּאֶחָ֔ד לְנַצֵּ֖חַ
עַל־עֹשֵׂ֣ה הַמְּלָאכָ֑ה בְּבֵ֖ית הָאֱלֹהִ֑ים   בְּנֵ֥י חֵנָדָ֖ד בְּנֵיהֶ֥ם

10 וַאֲחֵיהֶ֖ם הַלְוִיִּֽם: וְיִסְּד֖וּ הַבֹּנִ֑ים אֶת־הֵיכַ֣ל יְהֹוָ֑ה וַיַּעֲמִ֩ידוּ֩ הַכֹּהֲנִ֨ים
מְלֻבָּשִׁים֙ בַּחֲצֹ֣צְר֔וֹת וְהַלְוִיִּ֤ם בְּנֵֽי־אָסָף֙ בַּֽמְצִלְתַּ֔יִם לְהַלֵּל֙ אֶת־יְהֹוָ֔ה

11 עַל־יְדֵ֖י דָּוִ֥יד מֶֽלֶךְ־יִשְׂרָאֵֽל: וַֽ֠יַּעֲנ֠וּ בְּהַלֵּ֨ל וּבְהוֹדֹ֤ת לַֽיהֹוָה֙ כִּ֣י ט֔וֹב
כִּֽי־לְעוֹלָ֥ם חַסְדּ֖וֹ עַל־יִשְׂרָאֵ֑ל וְכָל־הָעָ֡ם הֵרִ֩יעוּ֩ תְרוּעָ֨ה גְדוֹלָ֤ה בְהַלֵּל֙

12 לַֽיהֹוָ֔ה עַ֖ל הוּסַ֥ד בֵּית־יְהֹוָֽה: וְרַבִּ֣ים מֵהַכֹּהֲנִ֣ים
וְהַלְוִיִּ֡ם וְרָאשֵׁ֣י הָאָבוֹת֩ הַזְּקֵנִ֨ים אֲשֶׁ֨ר רָא֜וּ אֶת־הַבַּ֤יִת הָֽרִאשׁוֹן֙
בְּיׇסְד֔וֹ זֶ֤ה הַבַּ֙יִת֙ בְּעֵ֣ינֵיהֶ֔ם בֹּכִ֖ים בְּק֣וֹל גָּד֑וֹל וְרַבִּ֛ים בִּתְרוּעָ֥ה

13 בְשִׂמְחָ֖ה לְהָרִ֣ים ק֑וֹל: וְאֵ֣ין הָעָ֗ם מַכִּירִים֙ ק֚וֹל תְּרוּעַ֣ת הַשִּׂמְחָ֔ה
לְק֖וֹל בְּכִ֣י הָעָ֑ם כִּ֣י הָעָ֗ם מְרִיעִים֙ תְּרוּעָ֣ה גְדוֹלָ֔ה וְהַקּ֥וֹל נִשְׁמַ֖ע
עַד־לְמֵֽרָחֽוֹק:

4 וַֽיִּשְׁמְע֔וּ צָרֵ֥י יְהוּדָ֖ה וּבִנְיָמִ֑ן כִּֽי־בְנֵ֤י הַגּוֹלָה֙ בּוֹנִ֣ים הֵיכָ֔ל לַֽיהֹוָ֖ה אֱלֹהֵ֥י

2 יִשְׂרָאֵֽל: וַיִּגְּשׁ֨וּ אֶל־זְרֻבָּבֶ֜ל וְאֶל־רָאשֵׁ֣י הָֽאָב֗וֹת וַיֹּאמְר֤וּ לָהֶם֙ נִבְנֶ֣ה   וְל֖וֹ ׀
עִמָּכֶ֔ם כִּ֣י כָכֶ֔ם נִדְר֖וֹשׁ לֵאלֹֽהֵיכֶ֑ם ולא[וְל֣וֹ ׀ אֲנַ֤חְנוּ] זֹֽבְחִים֙ מִימֵי֙ אֵסַ֣ר

3 חַדֹּן֙ מֶ֣לֶךְ אַשּׁ֔וּר הַמַּעֲלֶ֥ה אֹתָ֖נוּ פֹּֽה: וַיֹּ֩אמֶר֩ לָהֶ֨ם זְרֻבָּבֶ֜ל וְיֵשׁ֗וּעַ

1035

rest of the chief of the fathers of Israel, said unto them, Ye have nothing to do with us to build an house unto our God; but we ourselves together will build unto the LORD God of Israel, as king Cyrus the king of Persia hath commanded us.

4 Then the people of the land weakened the hands of the people of Judah, and troubled them in building,

5 And hired counsellors against them, to frustrate their purpose, all the days of Cyrus king of Persia, even until the reign of Darius king of Persia.

6 And in the reign of Ahasuerus, in the beginning of his reign, wrote they *unto him* an accusation against the inhabitants of Judah and Jerusalem.

7 ¶ And in the days of Artaxerxes wrote Bishlam, Mithredath, Tabeel, and the rest of their companions, unto Artaxerxes king of Persia; and the writing of the letter *was* written in the Syrian tongue, and interpreted in the Syrian tongue.

8 Rehum the chancellor and Shimshai the scribe wrote a letter against Jerusalem to Artaxerxes the king in this sort:

9 Then *wrote* Rehum the chancellor, and Shimshai the scribe, and the rest of their companions; the Dinaites, the Apharsathchites, the Tarpelites, the Apharsites, the Archevites, the Babylonians, the Susanchites, the Dehavites, *and* the Elamites,

10 And the rest of the nations whom the great and noble Asnappar brought over, and set in the cities of Samaria, and the rest *that are* on this side the river, and at such a time.

11 ¶ This *is* the copy of the letter that they sent unto him, *even* unto Artaxerxes the king; Thy servants the men on this side the river, and at such a time.

12 Be it known unto the king, that the Jews which came up from thee to us are come unto Jerusalem, building the rebel-lious and the bad city, and have set up the walls *thereof,* and joined the foundations.

13 Be it known now unto the king, that, if this city be builded, and the walls set up *again, then* will they not pay toll, tribute, and custom, and *so* thou shalt endamage the revenue of the kings.

14 Now because we have maintenance from *the king's* palace, and it was not meet for us to see the king's dishonour, therefore have we sent and certified the king;

15 That search may be made in the book of the records of thy fathers: so shalt thou find in the book of the records, and know that this city *is* a rebellious city, and hurtful unto kings and provinces, and that they have moved sedition within the same of old time: for which cause was this city destroyed.

16 We certify the king that, if this city be builded *again,* and the walls thereof set up, by this means thou shalt have no portion on this side the river.

17 ¶ *Then* sent the king an answer unto Rehum the chancellor, and *to* Shimshai the scribe, and *to* the rest of their companions that dwell in Samaria, and *unto* the rest beyond the river, Peace, and at such a time.

18 The letter which ye sent unto us hath been plainly read before me.

19 And I commanded, and search hath been made, and it is found that this city of old time hath made insurrection against kings, and *that* rebellion and sedition have been made therein.

20 There have been mighty kings also over Jerusalem, which have ruled over all *countries* beyond the river; and toll, tribute, and custom, was paid unto them.

21 Give ye now commandment to cause these men to cease, and that this city be not builded, until *another* commandment shall be given from me.

22 Take heed now that ye fail not to do

וּשְׁאָר רָאשֵׁי הָאָבוֹת לְיִשְׂרָאֵל לֹא־לָכֶם וָלָנוּ לִבְנוֹת בַּיִת לֵאלֹהֵינוּ
כִּי אֲנַחְנוּ יַחַד נִבְנֶה לַיהוָה אֱלֹהֵי יִשְׂרָאֵל כַּאֲשֶׁר צִוָּנוּ הַמֶּלֶךְ כּוֹרֶשׁ

וּמְבַהֲלִים 4 מֶלֶךְ־פָּרָס: וַיְהִי עַם־הָאָרֶץ מְרַפִּים יְדֵי עַם־יְהוּדָה וּמְבַלֲהִים אוֹתָם
5 לִבְנוֹת: וְסֹכְרִים עֲלֵיהֶם יוֹעֲצִים לְהָפֵר עֲצָתָם כָּל־יְמֵי כּוֹרֶשׁ מֶלֶךְ
6 פָּרַס וְעַד־מַלְכוּת דָּרְיָוֶשׁ מֶלֶךְ־פָּרָס: וּבְמַלְכוּת אֲחַשְׁוֵרוֹשׁ בִּתְחִלַּת
7 מַלְכוּתוֹ כָּתְבוּ שִׂטְנָה עַל־יֹשְׁבֵי יְהוּדָה וִירוּשָׁלָ͏ִם: וּבִימֵי

כְּנָוֹתָיו אַרְתַּחְשַׁשְׂתָּא כָּתַב בִּשְׁלָם מִתְרְדָת טָבְאֵל וּשְׁאָר כְּנָוֹתוֹ עַל־
אַרְתַּחְשַׁשְׂתְּ אַרְתַּחְשַׁשְׂתָּא מֶלֶךְ פָּרָס וּכְתָב הַנִּשְׁתְּוָן כָּתוּב אֲרָמִית וּמְתֻרְגָּם
אֲרָמִית:

8 רְחוּם בְּעֵל־טְעֵם וְשִׁמְשַׁי סָפְרָא כְּתַבוּ אִגְּרָה חֲדָה עַל־יְרוּשְׁלֶם
9 לְאַרְתַּחְשַׁשְׂתָּא מַלְכָּא כְּנֵמָא: אֱדַיִן רְחוּם בְּעֵל־טְעֵם וְשִׁמְשַׁי סָפְרָא
אַרְכְּוָיֵא וּשְׁאָר כְּנָוָתְהוֹן דִּינָיֵא וַאֲפַרְסַתְכָיֵא טַרְפְּלָיֵא אֲפָרְסָיֵא אַרְכְּוָי בָּבְלָיֵא
דֶּהָיֵא 10 שׁוּשַׁנְכָיֵא דֶהָוֵא עֵלְמָיֵא: וּשְׁאָר אֻמַּיָּא דִּי הַגְלִי אָסְנַפַּר רַבָּא וְיַקִּירָא
11 וְהוֹתֵב הִמּוֹ בְּקִרְיָה דִּי שָׁמְרָיִן וּשְׁאָר עֲבַר־נַהֲרָה וּכְעֶנֶת: דְּנָה
עֲבְדָךְ פַּרְשֶׁגֶן אִגַּרְתָּא דִּי שְׁלַחוּ עֲלוֹהִי עַל־אַרְתַּחְשַׁשְׂתָּא מַלְכָּא עַבְדָיךְ
אֱנָשׁ עֲבַר־נַהֲרָה וּכְעֶנֶת:

12 יְדִיעַ לֶהֱוֵא לְמַלְכָּא דִּי יְהוּדָיֵא דִּי סְלִקוּ מִן־לְוָתָךְ עֲלֶינָא אֲתוֹ
וְשׁוּרַיָּא שַׁכְלִלוּ לִירוּשְׁלֶם קִרְיְתָא מָרָדְתָּא וּבָאישְׁתָּא בָּנַיִן וְשׁוּרַי אֶשְׁכְלִלוּ וְאֻשַּׁיָּא
13 יַחִיטוּ: כְּעַן יְדִיעַ לֶהֱוֵא לְמַלְכָּא דִּי הֵן קִרְיְתָא דָךְ תִּתְבְּנֵא וְשׁוּרַיָּה
14 יִשְׁתַּכְלְלוּן מִנְדָּה־בְלוֹ וַהֲלָךְ לָא יִנְתְּנוּן וְאַפְּתֹם מַלְכִים תְּהַנְזִק: כְּעַן
כָּל־קֳבֵל דִּי־מְלַח הֵיכְלָא מְלַחְנָא וְעַרְוַת מַלְכָּא לָא אֲרִיךְ־לַנָא
15 לְמֶחֱזֵא עַל־דְּנָה שְׁלַחְנָא וְהוֹדַעְנָא לְמַלְכָּא: דִּי יְבַקַּר בִּסְפַר־דָּכְרָנַיָּא
דִּי אֲבָהָתָךְ וּתְהַשְׁכַּח בִּסְפַר דָּכְרָנַיָּא וְתִנְדַּע דִּי קִרְיְתָא דָךְ קִרְיָא
מָרָדָא וּמְהַנְזְקַת מַלְכִין וּמְדִנָן וְאֶשְׁתַּדּוּר עָבְדִין בְּגַוַּהּ מִן־יוֹמָת
16 עָלְמָא עַל־דְּנָה קִרְיְתָא דָךְ הָחָרְבַת: מְהוֹדְעִין אֲנַחְנָה לְמַלְכָּא דִּי
הֵן קִרְיְתָא דָךְ תִּתְבְּנֵא וְשׁוּרַיָּה יִשְׁתַּכְלְלוּן לָקֳבֵל דְּנָה חֲלָק בַּעֲבַר
נַהֲרָא לָא אִיתַי לָךְ:

17 פִּתְגָמָא שְׁלַח מַלְכָּא עַל־רְחוּם בְּעֵל־טְעֵם וְשִׁמְשַׁי סָפְרָא
וּשְׁאָר כְּנָוָתְהוֹן דִּי יָתְבִין בְּשָׁמְרָיִן וּשְׁאָר עֲבַר־נַהֲרָה שְׁלָם
18 וּכְעֶת: נִשְׁתְּוָנָא דִּי שְׁלַחְתּוּן עֲלֶינָא מְפָרַשׁ קֱרִי קֳדָמָי:
19 וּמִנִּי שִׂים טְעֵם וּבַקַּרוּ וְהַשְׁכַּחוּ דִּי קִרְיְתָא דָךְ מִן־יוֹמָת עָלְמָא
20 עַל־מַלְכִין מִתְנַשְּׂאָה וּמְרַד וְאֶשְׁתַּדּוּר מִתְעֲבֶד־בַּהּ: וּמַלְכִין תַּקִּיפִין
הֲווֹ עַל־יְרוּשְׁלֶם וְשַׁלִּיטִין בְּכֹל עֲבַר נַהֲרָה וּמִדָּה בְלוֹ וַהֲלָךְ מִתְיְהֵב
21 לְהוֹן: כְּעַן שִׂימוּ טְּעֵם לְבַטָּלָא גֻּבְרַיָּא אִלֵּךְ וְקִרְיְתָא דָךְ לָא תִתְבְּנֵא
22 עַד־מִנִּי טַעְמָא יִתְּשָׂם: וּזְהִירִין הֱווֹ שָׁלוּ לְמֶעְבַּד עַל־דְּנָה לְמָה

this: why should damage grow to the hurt of the kings?

23 ¶ Now when the copy of king Artaxerxes' letter *was* read before Rehum, and Shimshai the scribe, and their companions, they went up in haste to Jerusalem unto the Jews, and made them to cease by force and power.

24 Then ceased the work of the house of God which *is* at Jerusalem. So it ceased unto the second year of the reign of Darius king of Persia.

CHAPTER 5

1 Then the prophets, Haggai the prophet, and Zechariah the son of Iddo, prophesied unto the Jews that *were* in Judah and Jerusalem in the name of the God of Israel, *even* unto them.

2 Then rose up Zerubbabel the son of Shealtiel, and Jeshua the son of Jozadak, and began to build the house of God which *is* at Jerusalem: and with them *were* the prophets of God helping them.

3 ¶ At the same time came to them Tatnai, governor on this side the river, and Shethar-boznai, and their companions, and said thus unto them, Who hath commanded you to build this house, and to make up this wall?

4 Then said we unto them after this manner, What are the names of the men that make this building?

5 But the eye of their God was upon the elders of the Jews, that they could not cause them to cease, till the matter came to Darius: and then they returned answer by letter concerning this *matter*.

6 ¶ The copy of the letter that Tatnai, governor on this side the river, and Shethar-boznai, and his companions the Apharsachites, which *were* on this side the river, sent unto Darius the king:

7 They sent a letter unto him, wherein was written thus; Unto Darius the king, all peace.

8 Be it known unto the king, that we went into the province of Judea, to the house of the great God, which is builded with great stones, and timber is laid in the walls, and this work goeth fast on, and prospereth in their hands.

9 Then asked we those elders, *and* said unto them thus, Who commanded you to build this house, and to make up these walls?

10 We asked their names also, to certify thee, that we might write the names of the men that *were* the chief of them.

11 And thus they returned us answer, saying, We are the servants of the God of heaven and earth, and build the house that was builded these many years ago, which a great king of Israel builded and set up.

12 But after that our fathers had provoked the God of heaven unto wrath, he gave them into the hand of Nebuchadnezzar the king of Babylon, the Chaldean, who destroyed this house, and carried the people away into Babylon.

13 But in the first year of Cyrus the king of Babylon *the same* king Cyrus made a decree to build this house of God.

14 And the vessels also of gold and silver of the house of God, which Nebuchadnezzar took out of the temple that *was* in Jerusalem, and brought them into the temple of Babylon, those did Cyrus the king take out of the temple of Babylon, and they were delivered unto *one*, whose name *was* Sheshbazzar, whom he had made governor;

15 And said unto him, Take these vessels, go, carry them into the temple that *is* in Jerusalem, and let the house of God be builded in his place.

אַרְתַּחְשַׁשְׂתְּ

23 יִשְׂגֵּא חֲבָלָא לְהַנְזָקַת מַלְכִין: אֱדַיִן מִן־דִּי פַּרְשֶׁגֶן
נִשְׁתְּוָנָא דִּי אַרְתַּחְשַׁשְׂתְּא מַלְכָּא קֱרִי קֳדָם־רְחוּם וְשִׁמְשַׁי סָפְרָא
וּכְנָוָתְהוֹן אֲזַלוּ בִבְהִילוּ לִירוּשְׁלֶם עַל־יְהוּדָיֵא וּבַטִּלוּ הִמּוֹ בְּאֶדְרָע

נְבִיָּא

24 וְחָיִל: בֵּאדַיִן בְּטֵלַת עֲבִידַת בֵּית־אֱלָהָא דִּי בִּירוּשְׁלֶם
וַהֲוָת בָּטְלָא עַד שְׁנַת תַּרְתֵּין לְמַלְכוּת דָּרְיָוֶשׁ מֶלֶךְ־פָּרָס:

נְבִיָּא 5 1 וְהִתְנַבִּי חַגַּי נביאה וּזְכַרְיָה בַר־עִדּוֹא נְבִיַּאיָא עַל־יְהוּדָיֵא דִּי בִיהוּד
2 וּבִירוּשְׁלֶם בְּשֻׁם אֱלָהּ יִשְׂרָאֵל עֲלֵיהוֹן: בֵּאדַיִן קָמוּ זְרֻבָּבֶל
בַּר־שְׁאַלְתִּיאֵל וְיֵשׁוּעַ בַּר־יוֹצָדָק וְשָׁרִיו לְמִבְנֵא בֵּית אֱלָהָא דִּי

נְבִיַּיָּא

בִירוּשְׁלֶם וְעִמְּהוֹן נְבִיַּאיָא דִי־אֱלָהָא מְסָעֲדִין לְהוֹן:

3 בֵּהּ־זִמְנָא אֲתָא עֲלֵיהוֹן תַּתְּנַי פַּחַת עֲבַר־נַהֲרָה וּשְׁתַר בּוֹזְנַי
וּכְנָוָתְהוֹן וְכֵן אָמְרִין לְהֹם מַן־שָׂם לְכֹם טְעֵם בַּיְתָא דְנָה לִבְּנֵא
4 וְאֻשַּׁרְנָא דְנָה לְשַׁכְלָלָה: אֱדַיִן כְּנֵמָא אֲמַרְנָא לְהֹם מַן
5 אִנּוּן שְׁמָהָת גֻּבְרַיָּא דִּי־דְנָה בִנְיָנָא בָּנַיִן: וְעֵין אֱלָהֲהֹם הֲוָת עַל־שָׂבֵי
יְהוּדָיֵא וְלָא־בַטִּלוּ הִמּוֹ עַד־טַעְמָא לְדָרְיָוֶשׁ יְהָךְ וֶאֱדַיִן יְתִיבוּן
נִשְׁתְּוָנָא עַל־דְּנָה:

6 פַּרְשֶׁגֶן אִגַּרְתָּא דִּי־שְׁלַח תַּתְּנַי ׀ פַּחַת עֲבַר־נַהֲרָה וּשְׁתַר בּוֹזְנַי
7 וּכְנָוָתֵהּ אֲפַרְסְכָיֵא דִּי בַּעֲבַר נַהֲרָה עַל־דָּרְיָוֶשׁ מַלְכָּא: פִּתְגָמָא
שְׁלַחוּ עֲלֹוהִי וְכִדְנָה כְּתִיב בְּגַוֵּהּ לְדָרְיָוֶשׁ מַלְכָּא שְׁלָמָא
8 כֹלָּא: יְדִיעַ ׀ לֶהֱוֵא לְמַלְכָּא דִּי־אֲזַלְנָא לִיהוּד מְדִינְתָּא
לְבֵית אֱלָהָא רַבָּא וְהוּא מִתְבְּנֵא אֶבֶן גְּלָל וְאָע מִתְּשָׂם בְּכֻתְלַיָּא
9 וַעֲבִידְתָּא דָךְ אָסְפַּרְנָא מִתְעַבְדָא וּמַצְלַח בְּיֶדְהֹם: אֱדַיִן
שְׁאֵלְנָא לְשָׂבַיָּא אִלֵּךְ כְּנֵמָא אֲמַרְנָא לְהֹם מַן־שָׂם לְכֹם טְעֵם בַּיְתָא
10 דְנָה לְמִבְנְיָה וְאֻשַּׁרְנָא דְנָה לְשַׁכְלָלָה: וְאַף שְׁמָהָתְהֹם שְׁאֵלְנָא לְהֹם
11 לְהוֹדָעוּתָךְ דִּי נִכְתֻּב שֻׁם־גֻּבְרַיָּא דִּי בְרָאשֵׁיהֹם: וּכְנֵמָא
פִתְגָמָא הֲתִיבוּנָא לְמֵמַר אֲנַחְנָא הִמּוֹ עַבְדוֹהִי דִּי־אֱלָהּ שְׁמַיָּא
וְאַרְעָא וּבָנַיִן בַּיְתָא דִּי־הֲוָא בְנֵה מִקַּדְמַת דְּנָה שְׁנִין שַׂגִּיאָן וּמֶלֶךְ

12A

כַּסְדָּאֵה

12 לְיִשְׂרָאֵל רַב בְּנָהִי וְשַׁכְלְלֵהּ: לָהֵן מִן־דִּי הַרְגִּזוּ אֲבָהָתַנָא לֶאֱלָהּ
שְׁמַיָּא יְהַב הִמּוֹ בְּיַד נְבוּכַדְנֶצַּר מֶלֶךְ־בָּבֶל כַּסְדָּיָא וּבַיְתָה דְנָה
13 סַתְרֵהּ וְעַמָּה הַגְלִי לְבָבֶל: בְּרַם בִּשְׁנַת חֲדָה לְכוֹרֶשׁ
מַלְכָּא דִּי בָבֶל כּוֹרֶשׁ מַלְכָּא שָׂם טְעֵם בֵּית־אֱלָהָא דְנָה לִבְּנֵא:
14 וְאַף מָאנַיָּא דִי־בֵית־אֱלָהָא דִּי דַהֲבָה וְכַסְפָּא דִּי נְבוּכַדְנֶצַּר הַנְפֵּק
מִן־הֵיכְלָא דִּי בִירוּשְׁלֶם וְהֵיבֵל הִמּוֹ לְהֵיכְלָא דִּי בָבֶל הַנְפֵּק הִמּוֹ
כּוֹרֶשׁ מַלְכָּא מִן־הֵיכְלָא דִּי בָבֶל וִיהִיבוּ לְשֵׁשְׁבַּצַּר שְׁמֵהּ דִּי פֶחָה

אֵל

15 שָׂמֵהּ: וַאֲמַר־לֵהּ ׀ אֵלֶּה מָאנַיָּא שֵׂא אֵזֶל־אֲחֵת הִמּוֹ בְּהֵיכְלָא דִּי
16 בִירוּשְׁלֶם וּבֵית אֱלָהָא יִתְבְּנֵא עַל־אַתְרֵהּ: אֱדַיִן שֵׁשְׁבַּצַּר

16 Then came the same Sheshbazzar, *and* laid the foundation of the house of God which *is* in Jerusalem: and since that time even until now hath it been in building, and *yet* it is not finished.

17 Now therefore, if *it seem* good to the king, let there be search made in the king's treasure house, which *is* there at Babylon, whether it be *so*, that a decree was made of Cyrus the king to build this house of God at Jerusalem, and let the king send his pleasure to us concerning this matter.

CHAPTER 6

1 Then Darius the king made a decree, and search was made in the house of the rolls, where the treasures were laid up in Babylon.

2 And there was found at Achmetha, in the palace that *is* in the province of the Medes, a roll, and therein *was* a record thus written:

3 In the first year of Cyrus the king *the same* Cyrus the king made a decree *concerning* the house of God at Jerusalem, Let the house be builded, the place where they offered sacrifices, and let the foundations thereof be strongly laid; the height thereof threescore cubits, *and* the breadth thereof threescore cubits;

4 *With* three rows of great stones, and a row of new timber: and let the expenses be given out of the king's house:

5 And also let the golden and silver vessels of the house of God, which Nebuchadnezzar took forth out of the temple which *is* at Jerusalem, and brought unto Babylon, be restored, and brought again unto the temple which *is* at Jerusalem, *every one* to his place, and place *them* in the house of God.

6 Now *therefore*, Tatnai, governor beyond the river, Shethar-boznai, and your companions the Apharsachites, which *are* beyond the river, be ye far from thence:

7 Let the work of this house of God alone; let the governor of the Jews and the elders of the Jews build this house of God in his place.

8 Moreover I make a decree what ye shall do to the elders of these Jews for the building of this house of God: that of the king's goods, *even* of the tribute beyond the river, forthwith expenses be given unto these men, that they be not hindered.

9 And that which they have need of, both young bullocks, and rams, and lambs, for the burnt offerings of the God of heaven, wheat, salt, wine, and oil, according to the appointment of the priests which *are* at Jerusalem, let it be given them day by day without fail:

10 That they may offer sacrifices of sweet savours unto the God of heaven, and pray for the life of the king, and of his sons.

11 Also I have made a decree, that whosoever shall alter this word, let timber be pulled down from his house, and being set up, let him be hanged thereon; and let his house be made a dunghill for this.

12 And the God that hath caused his name to dwell there destroy all kings and people, that shall put to their hand to alter *and* to destroy this house of God which *is* at Jerusalem. I Darius have made a decree; let it be done with speed.

13 ¶ Then Tatnai, governor on this side the river, Shethar-boznai, and their companions, according to that which Darius the king had sent, so they did speedily.

14 And the elders of the Jews builded, and they prospered through the prophesying of Haggai the prophet and Zechariah the son of Iddo. And they builded, and finished *it*, according to the commandment of the God of Israel, and according to the commandment of Cyrus, and Darius, and Artaxerxes king of Persia.

15 And this house was finished on the third day of the month Adar, which was in the sixth year of the reign of Darius the king.

16 ¶ And the children of Israel, the priests, and the Levites, and the rest of the

דֵּךְ אֲתָא יְהַב אֶשַּׁיָּא דִּי־בֵית אֱלָהָא דִּי בִירוּשְׁלֶם וּמִן־אֱדַיִן וְעַד־

17 כְּעַן מִתְבְּנֵא וְלָא שְׁלִם: וּכְעַן הֵן עַל־מַלְכָּא טָב יִתְבַּקַּר בְּבֵית גִּנְזַיָּא
דִּי־מַלְכָּא תַמָּה דִּי בְּבָבֶל הֵן אִיתַי דִּי־מִן־כּוֹרֶשׁ מַלְכָּא שִׂים טְעֵם
לְמִבְנֵא בֵית־אֱלָהָא דֵךְ בִּירוּשְׁלֶם וּרְעוּת מַלְכָּא עַל־דְּנָה יִשְׁלַח
עֲלֶינָא:

6 1 בֵּאדַיִן דָּרְיָוֶשׁ מַלְכָּא שָׂם טְעֵם וּבַקַּרוּ
2A בְּבֵית סִפְרַיָּא דִּי גִנְזַיָּא מְהַחֲתִין תַּמָּה בְּבָבֶל: וְהִשְׁתְּכַח בְּאַחְמְתָא
בְּבִירְתָא דִּי בְּמָדַי מְדִינְתָּה מְגִלָּה חֲדָה וְכֵן־כְּתִיב בְּגַוַּהּ
דִּכְרוֹנָה:

3 בִּשְׁנַת חֲדָה לְכוֹרֶשׁ מַלְכָּא כּוֹרֶשׁ מַלְכָּא שָׂם טְעֵם בֵּית־אֱלָהָא
בִירוּשְׁלֶם בַּיְתָא יִתְבְּנֵא אֲתַר דִּי־דָבְחִין דִּבְחִין וְאֻשּׁוֹהִי מְסוֹבְלִין
4 רוּמֵהּ אַמִּין שִׁתִּין פְּתָיֵהּ אַמִּין שִׁתִּין: נִדְבָּכִין דִּי־אֶבֶן גְּלָל תְּלָתָא
5 וְנִדְבָּךְ דִּי־אָע חֲדַת וְנִפְקְתָא מִן־בֵּית מַלְכָּא תִּתְיְהִב: וְאַף מָאנֵי
בֵית־אֱלָהָא דִּי דַהֲבָה וְכַסְפָּא דִּי נְבוּכַדְנֶצַּר הַנְפֵּק מִן־הֵיכְלָא דִּי־
בִירוּשְׁלֶם וְהֵיבֵל לְבָבֶל יַהֲתִיבוּן וִיהָךְ לְהֵיכְלָא דִּי־בִירוּשְׁלֶם לְאַתְרֵהּ
6 וְתַחֵת בְּבֵית אֱלָהָא: כְּעַן תַּתְּנַי פַּחַת עֲבַר־נַהֲרָה שְׁתַר
בּוֹזְנַי וּכְנָוָתְהוֹן אֲפַרְסְכָיֵא דִּי בַּעֲבַר נַהֲרָה רַחִיקִין הֲווֹ מִן־תַּמָּה:
7 שְׁבֻקוּ לַעֲבִידַת בֵּית־אֱלָהָא דֵךְ פַּחַת יְהוּדָיֵא וּלְשָׂבֵי יְהוּדָיֵא בֵּית־
8 אֱלָהָא דֵךְ יִבְנוֹן עַל־אַתְרֵהּ: וּמִנִּי שִׂים טְעֵם לְמָא דִי־תַעַבְדוּן עִם־
שָׂבֵי יְהוּדָיֵא אִלֵּךְ לְמִבְנֵא בֵית־אֱלָהָא דֵךְ וּמִנִּכְסֵי מַלְכָּא דִּי מִדַּת
עֲבַר נַהֲרָה אָסְפַּרְנָא נִפְקְתָא תֶּהֱוֵא מִתְיַהֲבָא לְגֻבְרַיָּא אִלֵּךְ דִּי־לָא
9A לְבַטָּלָא: וּמָה חַשְׁחָן וּבְנֵי תוֹרִין וְדִכְרִין וְאִמְּרִין לַעֲלָוָן לֶאֱלָהּ שְׁמַיָּא
חִנְטִין מְלַח חֲמַר וּמְשַׁח כְּמֵאמַר כָּהֲנַיָּא דִּי־בִירוּשְׁלֶם לֶהֱוֵא מִתְיְהֵב
10 לְהֹם יוֹם בְּיוֹם דִּי־לָא שָׁלוּ: דִּי־לֶהֱוֹן מְהַקְרְבִין נִיחוֹחִין לֶאֱלָהּ
11 שְׁמַיָּא וּמְצַלַּיִן לְחַיֵּי מַלְכָּא וּבְנוֹהִי: וּמִנִּי שִׂים טְעֵם דִּי כָל־אֱנָשׁ
דִּי יְהַשְׁנֵא פִּתְגָמָא דְנָה יִתְנְסַח אָע מִן־בַּיְתֵהּ וּזְקִיף יִתְמְחֵא עֲלֹהִי
12 וּבַיְתֵהּ נְוָלוּ יִתְעֲבֵד עַל־דְּנָה: וֵאלָהָא דִּי שַׁכִּן שְׁמֵהּ תַּמָּה יְמַגַּר
כָּל־מֶלֶךְ וְעַם דִּי יִשְׁלַח יְדֵהּ לְהַשְׁנָיָה לְחַבָּלָה בֵּית־אֱלָהָא דֵךְ דִּי
בִירוּשְׁלֶם אֲנָה דָרְיָוֶשׁ שָׂמֵת טְעֵם אָסְפַּרְנָא יִתְעֲבֵד:
13 אֱדַיִן תַּתְּנַי פַּחַת עֲבַר־נַהֲרָה שְׁתַר בּוֹזְנַי וּכְנָוָתְהוֹן לָקֳבֵל דִּי־שְׁלַח
14 דָּרְיָוֶשׁ מַלְכָּא כְּנֵמָא אָסְפַּרְנָא עֲבַדוּ: וְשָׂבֵי יְהוּדָיֵא בָּנַיִן וּמַצְלְחִין
נְבִיָה בִּנְבוּאַת חַגַּי נְבִיָּאה וּזְכַרְיָה בַּר־עִדּוֹא וּבְנוֹ וְשַׁכְלִלוּ מִן־טַעַם אֱלָהּ
15 יִשְׂרָאֵל וּמִטְּעֵם כּוֹרֶשׁ וְדָרְיָוֶשׁ וְאַרְתַּחְשַׁשְׂתְּא מֶלֶךְ פָּרָס: וְשֵׁיצִיא
בַּיְתָה דְנָה עַד יוֹם תְּלָתָה לִירַח אֲדָר דִּי־הִיא שְׁנַת־שֵׁת לְמַלְכוּת
דָּרְיָוֶשׁ מַלְכָּא:
16 וַעֲבַדוּ בְנֵי־יִשְׂרָאֵל כָּהֲנַיָּא וְלֵוָיֵא וּשְׁאָר בְּנֵי־גָלוּתָא חֲנֻכַּת בֵּית־

children of the captivity, kept the dedication of this house of God with joy,

17 And offered at the dedication of this house of God an hundred bullocks, two hundred rams, four hundred lambs; and for a sin offering for all Israel, twelve he goats, according to the number of the tribes of Israel.

18 And they set the priests in their divisions, and the Levites in their courses, for the service of God, which *is* at Jerusalem; as it is written in the book of Moses.

19 And the children of the captivity kept the passover upon the fourteenth *day* of the first month.

20 For the priests and the Levites were purified together, all of them *were* pure, and killed the passover for all the children of the captivity, and for their brethren the priests, and for themselves.

21 And the children of Israel, which were come again out of captivity, and all such as had separated themselves unto them from the filthiness of the heathen of the land, to seek the LORD God of Israel, did eat,

22 And kept the feast of unleavened bread seven days with joy: for the LORD had made them joyful, and turned the heart of the king of Assyria unto them, to strengthen their hands in the work of the house of God, the God of Israel.

CHAPTER 7

1 Now after these things, in the reign of Artaxerxes king of Persia, Ezra the son of Seraiah, the son of Azariah, the son of Hilkiah,

2 The son of Shallum, the son of Zadok, the son of Ahitub,

3 The son of Amariah, the son of Azariah, the son of Meraioth,

4 The son of Zerahiah, the son of Uzzi, the son of Bukki,

5 The son of Abishua, the son of Phinehas, the son of Eleazar, the son of Aaron the chief priest:

6 This Ezra went up from Babylon; and he *was* a ready scribe in the law of Moses, which the LORD God of Israel had given:

and the king granted him all his request, according to the hand of the LORD his God upon him.

7 And there went up *some* of the children of Israel, and of the priests, and the Levites, and the singers, and the porters, and the Nethinims, unto Jerusalem, in the seventh year of Artaxerxes the king.

8 And he came to Jerusalem in the fifth month, which *was* in the seventh year of the king.

9 For upon the first *day* of the first month began he to go up from Babylon, and on the first *day* of the fifth month came he to Jerusalem, according to the good hand of his God upon him.

10 For Ezra had prepared his heart to seek the law of the LORD, and to do *it,* and to teach in Israel statutes and judgments.

11 ¶ Now this *is* the copy of the letter that the king Artaxerxes gave unto Ezra the priest, the scribe, *even* a scribe of the words of the commandments of the LORD, and of his statutes to Israel.

12 Artaxerxes, king of kings, unto Ezra the priest, a scribe of the law of the God of heaven, perfect *peace,* and at such a time.

13 I make a decree, that all they of the people of Israel, and *of* his priests and Levites, in my realm, which are minded of their own freewill to go up to Jerusalem, go with thee.

14 Forasmuch as thou art sent of the king, and of his seven counsellors, to enquire concerning Judah and Jerusalem, according to the law of thy God which *is* in thine hand;

15 And to carry the silver and gold, which the king and his counsellors have freely offered unto the God of Israel, whose habitation *is* in Jerusalem,

16 And all the silver and gold that thou canst find in all the province of Babylon, with the freewill offering of the people, and of the priests, offering willingly for the house of their God which *is* in Jerusalem:

17 That thou mayest buy speedily with this money bullocks, rams, lambs, with their meat offerings and their drink offerings, and offer them upon the altar of

אֱלָהָא דְנָה בְּחֶדְוָה: וְהַקְרִבוּ לַחֲנֻכַּת֙ בֵּית־אֱלָהָא דְנָה֙ תּוֹרִין מְאָה 17

דִּכְרִין מָאתַ֖יִן אִמְּרִין אַרְבַּ֣ע מְאָ֑ה וּצְפִירֵ֤י עִזִּין֙ לחטיא עַל־כָּל־

יִשְׂרָאֵל֙ תְּרֵי־עֲשַׂ֔ר לְמִנְיָ֖ן שִׁבְטֵ֥י יִשְׂרָאֵֽל: וַהֲקִ֤ימוּ כָהֲנַיָּא֙ בִּפְלֻגָּתְהֹ֔ון 18

וְלֵוָיֵא֙ בְּמַחְלְקָתְהֹ֔ון עַל־עֲבִידַ֥ת אֱלָהָ֖א דִּ֣י בִירוּשְׁלֶ֑ם כִּכְתָ֖ב סְפַ֥ר

מֹשֶֽׁה:

וַיַּעֲשׂ֥וּ בְנֵי־הַגּוֹלָ֖ה אֶת־הַפָּ֑סַח בְּאַרְבָּעָ֥ה עָשָׂ֖ר לַחֹ֥דֶשׁ הָרִאשֽׁוֹן: כִּ֣י 19 20

הִֽטַּהֲר֞וּ הַכֹּהֲנִ֤ים וְהַלְוִיִּם֙ כְּאֶחָ֔ד כֻּלָּ֖ם טְהוֹרִ֑ים וַיִּשְׁחֲט֣וּ הַפֶּ֗סַח לְכָל־

בְּנֵ֤י הַגּוֹלָה֙ וְלַאֲחֵיהֶ֣ם הַכֹּהֲנִ֔ים וְלָהֶֽם: וַיֹּאכְל֣וּ בְנֵֽי־יִשְׂרָאֵ֗ל הַשָּׁבִ֤ים 21

מֵהַגּוֹלָה֙ וְכֹ֗ל הַנִּבְדָּ֛ל מִטֻּמְאַ֥ת גּוֹיֵֽ־הָאָ֖רֶץ אֲלֵהֶ֑ם לִדְרֹ֕שׁ לַֽיהוָ֖ה אֱלֹהֵ֥י

יִשְׂרָאֵֽל: וַיַּֽעֲשׂ֧וּ חַג־מַצּ֛וֹת שִׁבְעַ֥ת יָמִ֖ים בְּשִׂמְחָ֑ה כִּ֣י ׀ שִׂמְּחָ֣ם יְהוָ֗ה 22

וְֽהֵסֵ֞ב לֵ֤ב מֶֽלֶךְ־אַשּׁוּר֙ עֲלֵיהֶ֔ם לְחַזֵּ֣ק יְדֵיהֶ֔ם בִּמְלֶ֖אכֶת בֵּית־הָאֱלֹהִ֥ים

אֱלֹהֵ֥י יִשְׂרָאֵֽל:

וְאַחַר֙ הַדְּבָרִ֣ים הָאֵ֔לֶּה בְּמַלְכ֖וּת אַרְתַּחְשַׁ֣סְתְּא מֶֽלֶךְ־פָּרָ֑ס עֶזְרָא֙ בֶּן־ 1 7

שְׂרָיָ֔ה בֶּן־עֲזַרְיָ֖ה בֶּן־חִלְקִיָּֽה: בֶּן־שַׁלּ֥וּם בֶּן־צָד֖וֹק בֶּן־אֲחִיטֽוּב: בֶּן־ 2 3

אֲמַרְיָ֥ה בֶן־עֲזַרְיָ֖ה בֶן־מְרָיֽוֹת: בֶּן־זְרַֽחְיָ֥ה בֶן־עֻזִּ֖י בֶּן־בֻּקִּֽי: בֶּן־אֲבִישׁ֗וּעַ 4 5

בֶּן־פִּֽינְחָס֙ בֶּן־אֶלְעָזָ֔ר בֶּן־אַהֲרֹ֖ן הַכֹּהֵ֣ן הָרֹֽאשׁ: ה֤וּא עֶזְרָא֙ עָלָ֣ה מִבָּבֶ֔ל 6

וְהֽוּא־סֹפֵ֤ר מָהִיר֙ בְּתוֹרַ֣ת מֹשֶׁ֔ה אֲשֶׁר־נָתַ֥ן יְהוָ֖ה אֱלֹהֵ֣י יִשְׂרָאֵ֑ל וַיִּתֶּן־

ל֣וֹ הַמֶּ֗לֶךְ כְּיַד־יְהוָ֤ה אֱלֹהָיו֙ עָלָ֔יו כֹּ֖ל בַּקָּשָׁתֽוֹ:

וַיַּֽעֲל֣וּ מִבְּנֵֽי־יִ֠שְׂרָאֵל וּמִן־הַכֹּהֲנִ֨ים וְהַלְוִיִּ֜ם וְהַמְשֹׁרְרִ֧ים וְהַשֹּׁעֲרִ֛ים 7

וְהַנְּתִינִ֖ים אֶל־יְרוּשָׁלָ֑͏ִם בִּשְׁנַת־שֶׁ֖בַע לְאַרְתַּחְשַׁ֥סְתְּא הַמֶּֽלֶךְ: וַיָּבֹ֥א 8

יְרוּשָׁלַ֖͏ִם בַּחֹ֣דֶשׁ הַחֲמִישִׁ֑י הִ֛יא שְׁנַ֥ת הַשְּׁבִיעִ֖ית לַמֶּֽלֶךְ: כִּ֗י בְּאֶחָד֙ לַחֹ֣דֶשׁ 9

הָרִאשׁ֔וֹן ה֣וּא יְסֻ֔ד הַֽמַּעֲלָ֖ה מִבָּבֶ֑ל וּבְאֶחָ֞ד לַחֹ֣דֶשׁ הַחֲמִישִׁ֗י בָּ֚א אֶל־

יְר֣וּשָׁלַ֔͏ִם כְּיַד־אֱלֹהָ֖יו הַטּוֹבָ֥ה עָלָֽיו: כִּ֤י עֶזְרָא֙ הֵכִ֣ין לְבָב֔וֹ לִדְר֛וֹשׁ אֶת־ 10

תּוֹרַ֥ת יְהוָ֖ה וְלַעֲשֹׂ֑ת וּלְלַמֵּ֥ד בְּיִשְׂרָאֵ֖ל חֹ֥ק וּמִשְׁפָּֽט: וְזֶ֣ה ׀ 11

פַּרְשֶׁ֣גֶן הַֽנִּשְׁתְּוָ֗ן אֲשֶׁ֤ר נָתַן֙ הַמֶּ֣לֶךְ אַרְתַּחְשַׁ֔סְתְּא לְעֶזְרָ֥א הַכֹּהֵ֖ן הַסֹּפֵ֑ר

סֹפֵ֞ר דִּבְרֵ֧י מִצְוֺת־יְהוָ֛ה וְחֻקָּ֖יו עַל־יִשְׂרָאֵֽל:

אַ֨רְתַּחְשַׁ֔סְתְּא מֶ֖לֶךְ מַלְכַיָּ֑א לְעֶזְרָ֣א כָהֲנָ֗א סָפַ֧ר דָּתָ֛א דִּֽי־אֱלָ֥הּ שְׁמַיָּ֖א 12

גְּמִ֥יר וּכְעֶֽנֶת: מִנִּי֮ שִׂ֣ים טְעֵם֒ דִּ֣י כָל־מִתְנַדַּ֣ב בְּמַלְכוּתִ֗י מִן־עַמָּ֤ה 13

יִשְׂרָאֵל֙ וְכָהֲנֹ֣והִי וְלֵוָיֵ֔א לִמְהָ֧ךְ לִֽירוּשְׁלֶ֛ם עִמָּ֖ךְ יְהָֽךְ: כָּל־קֳבֵ֗ל דִּי֩ 14

מִן־קֳדָ֨ם מַלְכָּ֜א וְשִׁבְעַ֤ת יָעֲטֹ֙והִי֙ שְׁלִ֔יחַ לְבַקָּרָ֥א עַל־יְה֖וּד וְלִֽירוּשְׁלֶ֑ם

בְּדָ֥ת אֱלָהָ֖ךְ דִּ֥י בִידָֽךְ: וּלְהֵיבָלָ֗ה כְּסַ֤ף וּדְהַב֙ דִּֽי־מַלְכָּ֣א וְיָעֲטֹ֔והִי 15

הִתְנַדַּ֖בוּ לֶאֱלָ֣הּ יִשְׂרָאֵ֑ל דִּ֥י בִירוּשְׁלֶ֖ם מִשְׁכְּנֵֽהּ: וְכֹל֙ כְּסַ֣ף וּדְהַ֔ב דִּ֣י 16

תְהַשְׁכַּ֔ח בְּכֹ֖ל מְדִינַ֣ת בָּבֶ֑ל עִ֣ם הִתְנַדָּב֣וּת עַמָּ֗א וְכָֽהֲנַיָּא֙ מִֽתְנַדְּבִ֔ין

לְבֵ֥ית אֱלָהֲהֹ֖ם דִּ֥י בִירוּשְׁלֶֽם: כָּל־קֳבֵ֣ל דְּנָ֗ה אָסְפַּ֤רְנָא תִקְנֵא֙ בְּכַסְפָּ֣א 17

דְנָ֜ה תּוֹרִ֤ין ׀ דִּכְרִין֙ אִמְּרִ֔ין וּמִנְחָתְהֹ֖ון וְנִסְכֵּיהֹ֑ון וּתְקָרֵ֥ב הִמּ֖וֹ עַֽל־

the house of your God which *is* in Jerusalem.

18 And whatsoever shall seem good to thee, and to thy brethren, to do with the rest of the silver and the gold, that do after the will of your God.

19 The vessels also that are given thee for the service of the house of thy God, *those* deliver thou before the God of Jerusalem.

20 And whatsoever more shall be needful for the house of thy God, which thou shalt have occasion to bestow, bestow *it* out of the king's treasure house.

21 And I, *even* I Artaxerxes the king, do make a decree to all the treasurers which *are* beyond the river, that whatsoever Ezra the priest, the scribe of the law of the God of heaven, shall require of you, it be done speedily,

22 Unto an hundred talents of silver, and to an hundred measures of wheat, and to an hundred baths of wine, and to an hundred baths of oil, and salt without prescribing *how much*.

23 Whatsoever is commanded by the God of heaven, let it be diligently done for the house of the God of heaven: for why should there be wrath against the realm of the king and his sons?

24 Also we certify you, that touching any of the priests and Levites, singers, porters, Nethinims, or ministers of this house of God, it shall not be lawful to impose toll, tribute, or custom, upon them.

25 And thou, Ezra, after the wisdom of thy God, that *is* in thine hand, set magistrates and judges, which may judge all the people that *are* beyond the river, all such as know the laws of thy God; and teach ye them that know *them* not.

26 And whosoever will not do the law of thy God, and the law of the king, let judgment be executed speedily upon him, whether *it be* unto death, or to banishment, or to confiscation of goods, or to imprisonment.

27 ¶ Blessed *be* the LORD God of our fathers, which hath put *such a thing* as this in the king's heart, to beautify the house of the LORD which *is* in Jerusalem:

28 And hath extended mercy unto me before the king, and his counsellors, and before all the king's mighty princes. And I was strengthened as the hand of the LORD my God *was* upon me, and I gathered together out of Israel chief men to go up with me.

CHAPTER 8

1 These *are* now the chief of their fathers, and *this is* the genealogy of them that went up with me from Babylon, in the reign of Artaxerxes the king.

2 Of the sons of Phinehas; Gershom: of the sons of Ithamar; Daniel: of the sons of David; Hattush.

3 Of the sons of Shechaniah, of the sons of Pharosh; Zechariah: and with him were reckoned by genealogy of the males an hundred and fifty.

4 Of the sons of Pahath-moab; Elihoenai the son of Zerahiah, and with him two hundred males.

5 Of the sons of Shechaniah; the son of Jahaziel, and with him three hundred males.

6 Of the sons also of Adin; Ebed the son of Jonathan, and with him fifty males.

7 And of the sons of Elam; Jeshaiah the son of Athaliah, and with him seventy males.

8 And of the sons of Shephatiah; Zebadiah the son of Michael, and with him fourscore males.

9 Of the sons of Joab; Obadiah the son of Jehiel, and with him two hundred and eighteen males.

10 And of the sons of Shelomith; the son of Josiphiah, and with him an hundred and threescore males.

11 And of the sons of Bebai; Zechariah the son of Bebai, and with him twenty and eight males.

12 And of the sons of Azgad; Johanan the son of Hakkatan, and with him an hundred and ten males.

עֲלָךְ אֱחָרְ 18 מַדְבְּחָה דִּי בֵית אֱלָהֲכֹם דִּי בִירוּשְׁלֶם: וּמָה דִּי עֲלָיךְ וְעַל־אֶחָיךְ
יִיטַב בִּשְׁאָר כַּסְפָּא וְדַהֲבָה לְמֶעְבַּד כִּרְעוּת אֱלָהֲכֹם תַּעַבְדוּן:

19 וּמָאנַיָּא דִּי־מִתְיַהֲבִין לָךְ לְפָלְחָן בֵּית אֱלָהָךְ הַשְׁלֵם קֳדָם אֱלָהּ

20A 20 יְרוּשְׁלֶם: וּשְׁאָר חַשְׁחוּת בֵּית אֱלָהָךְ דִּי יִפֶּל־לָךְ לְמִנְתַּן תִּנְתֵּן מִן־

21 בֵּית גִּנְזֵי מַלְכָּא: וּמִנִּי אֲנָה אַרְתַּחְשַׁסְתְּא מַלְכָּא שִׂים טְעֵם לְכֹל
גִּזַּבְרַיָּא דִּי בַּעֲבַר נַהֲרָה דִּי כָל־דִּי יִשְׁאֲלֶנְכוֹן עֶזְרָא כָהֲנָה סָפַר

22 דָּתָא דִּי־אֱלָהּ שְׁמַיָּא אָסְפַּרְנָא יִתְעֲבִד: עַד־כְּסַף כַּכְּרִין מְאָה וְעַד־
חִנְטִין כֹּרִין מְאָה וְעַד־חֲמַר בַּתִּין מְאָה וְעַד־בַּתִּין מְשַׁח מְאָה וּמְלַח

23 דִּי־לָא כְתָב: כָּל־דִּי מִן־טַעַם אֱלָהּ שְׁמַיָּא יִתְעֲבֵד אַדְרַזְדָּא לְבֵית

24 אֱלָהּ שְׁמַיָּא דִּי־לְמָה לֶהֱוֵא קְצַף עַל־מַלְכוּת מַלְכָּא וּבְנוֹהִי: וּלְכֹם
מְהוֹדְעִין דִּי כָל־כָּהֲנַיָּא וְלֵוָיֵא זַמָּרַיָּא תָּרָעַיָּא נְתִינַיָּא וּפָלְחֵי בֵּית

25 אֱלָהָא דְנָה מִנְדָּה בְלוֹ וַהֲלָךְ לָא שַׁלִּיט לְמִרְמֵא עֲלֵיהֹם: וְאַנְתְּ
עֶזְרָא כְּחָכְמַת אֱלָהָךְ דִּי־בִידָךְ מֶנִּי שָׁפְטִין וְדַיָּנִין דִּי־לֶהֱוֹן דָּאיְנִין
דָּאיְנִין לְכָל־עַמָּה דִּי בַּעֲבַר נַהֲרָה לְכָל־יָדְעֵי דָּתֵי אֱלָהָךְ וְדִי לָא יָדַע

26 תְּהוֹדְעוּן: וְכָל־דִּי־לָא לֶהֱוֵא עָבֵד דָּתָא דִּי־אֱלָהָךְ וְדָתָא דִּי מַלְכָּא
לְשַׁרְשׁוּ אָסְפַּרְנָא דִּינָה לֶהֱוֵא מִתְעֲבִד מִנֵּהּ הֵן לְמוֹת הֵן לשרשו הֵן־לַעֲנָשׁ
נִכְסִין וְלֶאֱסוּרִין:

27 בָּרוּךְ יְהוָה אֱלֹהֵי אֲבוֹתֵינוּ אֲשֶׁר נָתַן כָּזֹאת בְּלֵב הַמֶּלֶךְ לְפָאֵר

28 אֶת־בֵּית יְהוָה אֲשֶׁר בִּירוּשָׁלָ͏ִם: וְעָלַי הִטָּה־חֶסֶד לִפְנֵי הַמֶּלֶךְ
וְיוֹעֲצָיו וּלְכָל־שָׂרֵי הַמֶּלֶךְ הַגִּבֹּרִים וַאֲנִי הִתְחַזַּקְתִּי כְּיַד־יְהוָה אֱלֹהַי
עָלַי וָאֶקְבְּצָה מִיִּשְׂרָאֵל רָאשִׁים לַעֲלוֹת עִמִּי:

8 1 וְאֵלֶּה רָאשֵׁי אֲבֹתֵיהֶם וְהִתְיַחְשָׂם הָעֹלִים עִמִּי בְּמַלְכוּת
2 אַרְתַּחְשַׁסְתְּא הַמֶּלֶךְ מִבָּבֶל: מִבְּנֵי פִינְחָס
גֵּרְשֹׁם מִבְּנֵי אִיתָמָר דָּנִיֵּאל מִבְּנֵי דָוִיד
3 חַטּוּשׁ: מִבְּנֵי שְׁכַנְיָה מִבְּנֵי פַרְעֹשׁ זְכַרְיָה וְעִמּוֹ
4 הִתְיַחֵשׂ לִזְכָרִים מֵאָה וַחֲמִשִּׁים: מִבְּנֵי פַּחַת מוֹאָב
5 אֶלְיְהוֹעֵינַי בֶּן־זְרַחְיָה וְעִמּוֹ מָאתַיִם הַזְּכָרִים: מִבְּנֵי שְׁכַנְיָה
6 בֶּן־יַחֲזִיאֵל וְעִמּוֹ שְׁלֹשׁ מֵאוֹת הַזְּכָרִים: וּמִבְּנֵי עָדִין עֶבֶד
7 בֶּן־יוֹנָתָן וְעִמּוֹ חֲמִשִּׁים הַזְּכָרִים: וּמִבְּנֵי עֵילָם יְשַׁעְיָה בֶּן־
8 עֲתַלְיָה וְעִמּוֹ שִׁבְעִים הַזְּכָרִים: וּמִבְּנֵי שְׁפַטְיָה זְבַדְיָה בֶּן־
9 מִיכָאֵל וְעִמּוֹ שְׁמֹנִים הַזְּכָרִים: מִבְּנֵי יוֹאָב עֹבַדְיָה בֶּן־
10 יְחִיאֵל וְעִמּוֹ מָאתַיִם וּשְׁמֹנָה עָשָׂר הַזְּכָרִים: וּמִבְּנֵי
11 שְׁלוֹמִית בֶּן־יוֹסִפְיָה וְעִמּוֹ מֵאָה וְשִׁשִּׁים הַזְּכָרִים: וּמִבְּנֵי
12 בֵּבַי זְכַרְיָה בֶּן־בֵּבָי וְעִמּוֹ עֶשְׂרִים וּשְׁמֹנָה הַזְּכָרִים: וּמִבְּנֵי
13 עַזְגָּד יוֹחָנָן בֶּן־הַקָּטָן וְעִמּוֹ מֵאָה וַעֲשָׂרָה הַזְּכָרִים: וּמִבְּנֵי

13 And of the last sons of Adonikam, whose names *are* these, Eliphelet, Jeiel, and Shemaiah, and with them threescore males.

14 Of the sons also of Bigvai; Uthai, and Zabbud, and with them seventy males.

15 ¶ And I gathered them together to the river that runneth to Ahava; and there abode we in tents three days: and I viewed the people, and the priests, and found there none of the sons of Levi.

16 Then sent I for Eliezer, for Ariel, for Shemaiah, and for Elnathan, and for Jarib, and for Elnathan, and for Nathan, and for Zechariah, and for Meshullam, chief men; also for Joiarib, and for Elnathan, men of understanding.

17 And I sent them with commandment unto Iddo the chief at the place Casiphia, and I told them what they should say unto Iddo, *and* to his brethren the Nethinims, at the place Casiphia, that they should bring unto us ministers for the house of our God.

18 And by the good hand of our God upon us they brought us a man of understanding, of the sons of Mahli, the son of Levi, the son of Israel; and Sherebiah, with his sons and his brethren, eighteen;

19 And Hashabiah, and with him Jeshaiah of the sons of Merari, his brethren and their sons, twenty;

20 Also of the Nethinims, whom David and the princes had appointed for the service of the Levites, two hundred and twenty Nethinims: all of them were expressed by name.

21 ¶ Then I proclaimed a fast there, at the river of Ahava, that we might afflict ourselves before our God, to seek of him a right way for us, and for our little ones, and for all our substance.

22 For I was ashamed to require of the king a band of soldiers and horsemen to help us against the enemy in the way: because we had spoken unto the king, saying, The hand of our God *is* upon all them for good that seek him; but his power and his wrath *is* against all them that forsake him.

23 So we fasted and besought our God for this: and he was intreated of us.

24 ¶ Then I separated twelve of the chief of the priests, Sherebiah, Hashabiah, and ten of their brethren with them,

25 And weighed unto them the silver, and the gold, and the vessels, *even* the offering of the house of our God, which the king, and his counsellors, and his lords, and all Israel *there* present, had offered:

26 I even weighed unto their hand six hundred and fifty talents of silver, and silver vessels an hundred talents, *and* of gold an hundred talents;

27 Also twenty basons of gold, of a thousand drams; and two vessels of fine copper, precious as gold.

28 And I said unto them, Ye *are* holy unto the LORD; the vessels *are* holy also; and the silver and the gold *are* a freewill offering unto the LORD God of your fathers.

29 Watch ye, and keep *them*, until ye weigh *them* before the chief of the priests and the Levites, and chief of the fathers of Israel, at Jerusalem, in the chambers of the house of the LORD.

30 So took the priests and the Levites the weight of the silver, and the gold, and the vessels, to bring *them* to Jerusalem unto the house of our God.

31 ¶ Then we departed from the river of Ahava on the twelfth *day* of the first month, to go unto Jerusalem: and the hand of our God was upon us, and he delivered us from the hand of the enemy, and of such as lay in wait by the way.

32 And we came to Jerusalem, and abode there three days.

33 ¶ Now on the fourth day was the silver and the gold and the vessels weighed in the house of our God by the hand of Meremoth the son of Uriah the priest; and with him *was* Eleazar the son of Phinehas; and with them *was* Jozabad the son of Jeshua, and Noadiah the son of Binnui, Levites;

34 By number *and* by weight of every one: and all the weight was written at that time.

אֲדֹנִיקָם֙ אַחֲרֹנִים֙ וְאֵ֣לֶּה שְׁמוֹתָ֔ם אֱלִיפֶ֥לֶט יְעִיאֵ֖ל וּֽשְׁמַעְיָ֑ה וְעִמָּהֶ֖ם

14 וְזָכ֑וּר שִׁשִּׁ֖ים הַזְּכָרִֽים: וּמִבְּנֵ֣י בִגְוַ֔י עוּתַ֖י וזבוד וְעִמּ֖וֹ שִׁבְעִ֥ים הַזְּכָרִֽים:

15 וָֽאֶקְבְּצֵ֗ם אֶל־הַנָּהָר֙ הַבָּ֣א אֶֽל־אַהֲוָ֔א וַנַּחֲנֶ֥ה שָׁ֖ם יָמִ֣ים שְׁלֹשָׁ֑ה

16 וָאָבִ֣ינָה בָעָ֗ם וּבַכֹּֽהֲנִים֙ וּמִבְּנֵ֣י לֵוִ֔י לֹא־מָצָ֖אתִי שָֽׁם: וָאֶשְׁלְחָ֡ה לֶאֱלִיעֶ֡זֶר לַֽאֲרִיאֵ֡ל לִ֠שְׁמַעְיָ֡ה וּלְאֶלְנָתָ֣ן וּלְיָרִ֡יב וּלְאֶלְנָתָ֣ן וּלְנָתָ֣ן

17 וְלִזְכַרְיָ֣ה וְלִמְשֻׁלָּ֔ם רָאשִׁ֑ים וּלְיוֹיָרִ֥יב וּלְאֶלְנָתָ֖ן מְבִינִֽים: וָאֲצַוֶּ֤ה אוֹתָם֙ עַל־אִדּ֣וֹ הָרֹ֔אשׁ בְּכָסִפְיָ֖א הַמָּק֑וֹם וָאָשִׂ֨ימָה בְּפִיהֶ֤ם דְּבָרִים֙ לְדַבֵּ֣ר אֶל־אִדּ֗וֹ אָחִ֛יו הַנְּתוּנִ֖ים בְּכָסִפְיָ֣א הַמָּק֑וֹם לְהָֽבִיא־לָ֛נוּ

18 מְשָׁרְתִ֖ים לְבֵ֣ית אֱלֹהֵֽינוּ: וַיָּבִ֣יאוּ לָ֗נוּ כְּיַד־אֱלֹהֵ֤ינוּ הַטּוֹבָה֙ עָלֵ֔ינוּ אִ֣ישׁ שֶׂ֔כֶל מִבְּנֵ֣י מַחְלִ֔י בֶּן־לֵוִ֖י בֶּן־יִשְׂרָאֵ֑ל וְשֵׁרֵֽבְיָ֥ה וּבָנָ֛יו וְאֶחָ֖יו שְׁמֹנָ֥ה

19 עָשָֽׂר: וְאֶת־חֲשַׁבְיָ֔ה וְאִתּ֥וֹ יְֽשַׁעְיָ֖ה מִבְּנֵ֣י מְרָרִ֑י אֶחָ֖יו וּבְנֵיהֶ֥ם

20 עֶשְׂרִֽים: וּמִן־הַנְּתִינִ֗ים שֶׁנָּתַ֤ן דָּוִיד֙ וְהַשָּׂרִ֔ים לַעֲבֹדַ֣ת הַלְוִיִּ֔ם נְתִינִ֥ים מָאתַ֖יִם וְעֶשְׂרִ֑ים כֻּלָּ֖ם נִקְּב֥וּ בְשֵׁמֽוֹת:

21 וָאֶקְרָ֨א שָׁ֜ם צ֗וֹם עַל־הַנָּהָ֣ר אַֽהֲוָ֔א לְהִתְעַנּ֖וֹת לִפְנֵ֣י אֱלֹהֵ֑ינוּ לְבַקֵּ֤שׁ מִמֶּ֨נּוּ֙ דֶּ֣רֶךְ

22 יְשָׁרָ֔ה לָ֥נוּ וּלְטַפֵּ֖נוּ וּלְכָל־רְכוּשֵֽׁנוּ: כִּ֣י בֹ֗שְׁתִּי לִשְׁא֤וֹל מִן־הַמֶּ֨לֶךְ֙ חַ֣יִל וּפָרָשִׁ֔ים לְעָזְרֵ֥נוּ מֵאוֹיֵ֖ב בַּדָּ֑רֶךְ כִּֽי־אָמַ֤רְנוּ לַמֶּ֨לֶךְ֙ לֵאמֹ֔ר יַד־אֱלֹהֵ֤ינוּ

23 עַל־כָּל־מְבַקְשָׁיו֙ לְטוֹבָ֔ה וְעֻזּ֣וֹ וְאַפּ֔וֹ עַ֖ל כָּל־עֹזְבָֽיו: וַנָּצ֛וּמָה וַנְּבַקְשָׁ֥ה

24 מֵאֱלֹהֵ֖ינוּ עַל־זֹ֑את וַיֵּעָתֵ֖ר לָֽנוּ: וָאַבְדִּ֛ילָה מִשָּׂרֵ֥י הַכֹּהֲנִ֖ים שְׁנֵ֣ים עָשָׂ֑ר

25 לְשֵׁרֵֽבְיָ֣ה חֲשַׁבְיָ֔ה וְעִמָּהֶ֥ם מֵאֲחֵיהֶ֖ם עֲשָׂרָֽה: וָאֶשְׁקֳלָ֣ה לָהֶ֗ם אֶת־הַכֶּ֨סֶף וְאֶת־הַזָּהָ֜ב וְאֶת־הַכֵּלִ֗ים תְּרוּמַ֤ת בֵּית־אֱלֹהֵ֨ינוּ֙ הַהֵרִ֨ימוּ֙ הַמֶּ֨לֶךְ֙

26 וְיֹעֲצָ֣יו וְשָׂרָ֔יו וְכָל־יִשְׂרָאֵ֖ל הַנִּמְצָאִֽים: וָאֶשְׁקֳלָ֨ה עַל־יָדָ֜ם כֶּ֗סֶף כִּכָּרִים֙ שֵׁשׁ־מֵא֣וֹת וַחֲמִשִּׁ֔ים וּכְלֵי־כֶ֥סֶף מֵאָ֖ה לְכִכָּרִ֑ים זָהָ֖ב מֵאָ֥ה כִכָּֽר:

27 וּכְפֹרֵ֤י זָהָב֙ עֶשְׂרִ֔ים לַאֲדַרְכֹנִ֖ים אָ֑לֶף וּכְלֵ֨י נְחֹ֜שֶׁת מֻצְהָ֤ב טוֹבָה֙ שְׁנַ֔יִם

28 חֲמוּדֹ֖ת כַּזָּהָֽב: וָאֹמְרָ֣ה אֲלֵהֶ֗ם אַתֶּ֥ם קֹ֨דֶשׁ֙ לַֽיהוָ֔ה וְהַכֵּלִ֖ים קֹ֑דֶשׁ

29 וְהַכֶּ֤סֶף וְהַזָּהָב֙ נְדָבָ֔ה לַיהוָ֖ה אֱלֹהֵ֣י אֲבֹתֵיכֶֽם: שִׁקְד֣וּ וְשִׁמְר֗וּ עַד־ תִּשְׁקְל֡וּ לִפְנֵי֩ שָׂרֵ֨י הַכֹּהֲנִ֜ים וְהַלְוִיִּ֗ם וְשָׂרֵֽי־הָֽאָב֛וֹת לְיִשְׂרָאֵ֖ל בִּירוּשָׁלָ֑͏ִם

30 הַלִּשְׁכ֖וֹת בֵּ֣ית יְהוָֽה: וְקִבְּלוּ֙ הַכֹּהֲנִ֣ים וְהַלְוִיִּ֔ם מִשְׁקַ֛ל הַכֶּ֥סֶף וְהַזָּהָ֖ב וְהַכֵּלִ֑ים לְהָבִ֥יא לִירוּשָׁלַ֖͏ִם לְבֵ֥ית אֱלֹהֵֽינוּ:

31 וַנִּסְעָ֞ה מִנְּהַ֣ר אַֽהֲוָ֗א בִּשְׁנֵ֤ים עָשָׂר֙ לַחֹ֣דֶשׁ הָרִאשׁ֔וֹן לָלֶ֖כֶת יְרוּשָׁלָ֑͏ִם

32 וְיַד־אֱלֹהֵ֨ינוּ֙ הָיְתָ֣ה עָלֵ֔ינוּ וַיַּ֨צִּילֵ֔נוּ מִכַּ֥ף אוֹיֵ֛ב וְאוֹרֵ֖ב עַל־הַדָּֽרֶךְ: וַנָּב֖וֹא

33 יְרוּשָׁלָ֑͏ִם וַנֵּ֥שֶׁב שָׁ֖ם יָמִ֥ים שְׁלֹשָֽׁה: וּבַיּ֣וֹם הָרְבִיעִ֡י נִשְׁקַ֣ל הַכֶּסֶף֩ וְהַזָּהָ֨ב וְהַכֵּלִ֜ים בְּבֵ֣ית אֱלֹהֵ֗ינוּ עַ֠ל יַד־מְרֵמ֤וֹת בֶּן־אֽוּרִיָּה֙ הַכֹּהֵ֔ן וְעִמּ֖וֹ אֶלְעָזָ֣ר בֶּן־פִּֽינְחָ֑ס וְעִמָּהֶ֞ם יוֹזָבָ֧ד בֶּן־יֵשׁ֛וּעַ וְנֽוֹעַדְיָ֥ה בֶן־בִּנּ֖וּי הַלְוִיִּֽם:

34 בְּמִסְפָּ֥ר בְּמִשְׁקָ֖ל לַכֹּ֑ל וַיִּכָּתֵ֥ב כָּֽל־הַמִּשְׁקָ֖ל בָּעֵ֥ת הַהִֽיא:

35 *Also* the children of those that had been carried away, which were come out of the captivity, offered burnt offerings unto the God of Israel, twelve bullocks for all Israel, ninety and six rams, seventy and seven lambs, twelve he goats *for* a sin offering: all *this was* a burnt offering unto the LORD.

36 ¶ And they delivered the king's commissions unto the king's lieutenants, and to the governors on this side the river: and they furthered the people, and the house of God.

CHAPTER 9

1 Now when these things were done, the princes came to me, saying, The people of Israel, and the priests, and the Levites, have not separated themselves from the people of the lands, *doing* according to their abominations, *even* of the Canaanites, the Hittites, the Perizzites, the Jebusites, the Ammonites, the Moabites, the Egyptians, and the Amorites.

2 For they have taken of their daughters for themselves, and for their sons: so that the holy seed have mingled themselves with the people of *those* lands: yea, the hand of the princes and rulers hath been chief in this trespass.

3 And when I heard this thing, I rent my garment and my mantle, and plucked off the hair of my head and of my beard, and sat down astonied.

4 Then were assembled unto me every one that trembled at the words of the God of Israel, because of the transgression of those that had been carried away; and I sat astonied until the evening sacrifice.

5 ¶ And at the evening sacrifice I arose up from my heaviness; and having rent my garment and my mantle, I fell upon my knees, and spread out my hands unto the LORD my God,

6 And said, O my God, I am ashamed and blush to lift up my face to thee, my God: for our iniquities are increased over *our* head, and our trespass is grown up unto the heavens.

7 Since the days of our fathers *have* we *been* in a great trespass unto this day; and

for our iniquities have we, our kings, *and* our priests, been delivered into the hand of the kings of the lands, to the sword, to captivity, and to a spoil, and to confusion of face, as *it is* this day.

8 And now for a little space grace hath been *shewed* from the LORD our God, to leave us a remnant to escape, and to give us a nail in his holy place, that our God may lighten our eyes, and give us a little reviving in our bondage.

9 For we *were* bondmen; yet our God hath not forsaken us in our bondage, but hath extended mercy unto us in the sight of the kings of Persia, to give us a reviving, to set up the house of our God, and to repair the desolations thereof, and to give us a wall in Judah and in Jerusalem.

10 And now, O our God, what shall we say after this? for we have forsaken thy commandments,

11 Which thou hast commanded by thy servants the prophets, saying, The land, unto which ye go to possess it, is an unclean land with the filthiness of the people of the lands, with their abominations, which have filled it from one end to another with their uncleanness.

12 Now therefore give not your daughters unto their sons, neither take their daughters unto your sons, nor seek their peace or their wealth for ever: that ye may be strong, and eat the good of the land, and leave *it* for an inheritance to your children for ever.

13 And after all that is come upon us for our evil deeds, and for our great trespass, seeing that thou our God hast punished us less than our iniquities *deserve,* and hast given us *such* deliverance as this;

14 Should we again break thy commandments, and join in affinity with the people of these abominations? wouldest not thou be angry with us till thou hadst consumed *us,* so that *there should be* no remnant nor escaping?

15 O LORD God of Israel, thou *art* righteous: for we remain yet escaped, as *it is* this day: behold, we *are* before thee in our trespasses: for we cannot stand before thee because of this.

35 הַבָּאִים מֵהַשְּׁבִי בְנֵי־הַגּוֹלָה הִקְרִיבוּ עֹלוֹת ׀ לֵאלֹהֵי יִשְׂרָאֵל פָּרִים שְׁנֵים־עָשָׂר עַל־כָּל־יִשְׂרָאֵל אֵילִים ׀ תִּשְׁעִים וְשִׁשָּׁה כְּבָשִׂים שִׁבְעִים וְשִׁבְעָה צְפִירֵי חַטָּאת שְׁנֵים עָשָׂר הַכֹּל עוֹלָה לַיהֹוָה׃

36 וַיִּתְּנוּ ׀ אֶת־דָּתֵי הַמֶּלֶךְ לַאֲחַשְׁדַּרְפְּנֵי הַמֶּלֶךְ וּפַחֲווֹת עֵבֶר הַנָּהָר וְנִשְּׂאוּ אֶת־הָעָם וְאֶת־בֵּית־הָאֱלֹהִים׃

9 1 וּכְכַלּוֹת אֵלֶּה נִגְּשׁוּ אֵלַי הַשָּׂרִים לֵאמֹר לֹא־נִבְדְּלוּ הָעָם יִשְׂרָאֵל וְהַכֹּהֲנִים וְהַלְוִיִּם מֵעַמֵּי הָאֲרָצוֹת כְּתוֹעֲבֹתֵיהֶם לַכְּנַעֲנִי הַחִתִּי הַפְּרִזִּי הַיְבוּסִי הָעַמֹּנִי הַמֹּאָבִי 2 הַמִּצְרִי וְהָאֱמֹרִי׃ כִּי־נָשְׂאוּ מִבְּנֹתֵיהֶם לָהֶם וְלִבְנֵיהֶם וְהִתְעָרְבוּ זֶרַע הַקֹּדֶשׁ בְּעַמֵּי הָאֲרָצוֹת וְיַד הַשָּׂרִים וְהַסְּגָנִים הָיְתָה בַּמַּעַל הַזֶּה רִאשׁוֹנָה׃ 3 וּכְשָׁמְעִי אֶת־הַדָּבָר הַזֶּה קָרַעְתִּי אֶת־בִּגְדִי וּמְעִילִי וָאֶמְרְטָה מִשְּׂעַר רֹאשִׁי וּזְקָנִי וָאֵשְׁבָה מְשׁוֹמֵם׃ 4 וְאֵלַי יֵאָסְפוּ כֹּל חָרֵד בְּדִבְרֵי אֱלֹהֵי־יִשְׂרָאֵל עַל מַעַל הַגּוֹלָה וַאֲנִי יֹשֵׁב מְשׁוֹמֵם עַד לְמִנְחַת הָעָרֶב׃ 5 וּבְמִנְחַת הָעֶרֶב קַמְתִּי מִתַּעֲנִיתִי וּבְקָרְעִי בִגְדִי וּמְעִילִי וָאֶכְרְעָה עַל־בִּרְכַּי וָאֶפְרְשָׂה כַפַּי אֶל־יְהֹוָה אֱלֹהָי׃ 6 וָאֹמְרָה אֱלֹהַי בֹּשְׁתִּי וְנִכְלַמְתִּי לְהָרִים אֱלֹהַי פָּנַי אֵלֶיךָ כִּי עֲוֹנֹתֵינוּ רָבוּ לְמַעְלָה רֹּאשׁ וְאַשְׁמָתֵנוּ גָדְלָה עַד לַשָּׁמָיִם׃ 7 מִימֵי אֲבֹתֵינוּ אֲנַחְנוּ בְּאַשְׁמָה גְדֹלָה עַד הַיּוֹם הַזֶּה וּבַעֲוֹנֹתֵינוּ נִתַּנּוּ אֲנַחְנוּ מְלָכֵינוּ כֹהֲנֵינוּ בְּיַד ׀ מַלְכֵי הָאֲרָצוֹת בַּחֶרֶב בַּשְּׁבִי וּבַבִּזָּה וּבְבֹשֶׁת פָּנִים כְּהַיּוֹם הַזֶּה׃ 8 וְעַתָּה כִּמְעַט־רֶגַע הָיְתָה תְחִנָּה מֵאֵת ׀ יְהֹוָה אֱלֹהֵינוּ לְהַשְׁאִיר לָנוּ פְּלֵיטָה וְלָתֶת־לָנוּ יָתֵד בִּמְקוֹם קָדְשׁוֹ לְהָאִיר עֵינֵינוּ אֱלֹהֵינוּ וּלְתִתֵּנוּ 9 מִחְיָה מְעַט בְּעַבְדֻתֵנוּ׃ כִּי־עֲבָדִים אֲנַחְנוּ וּבְעַבְדֻתֵנוּ לֹא עֲזָבָנוּ אֱלֹהֵינוּ וַיַּט־עָלֵינוּ חֶסֶד לִפְנֵי מַלְכֵי פָרַס לָתֶת־לָנוּ מִחְיָה לְרוֹמֵם אֶת־בֵּית אֱלֹהֵינוּ וּלְהַעֲמִיד אֶת־חָרְבֹתָיו וְלָתֶת־לָנוּ גָדֵר בִּיהוּדָה וּבִירוּשָׁלָ͏ִם׃ 10 וְעַתָּה מַה־נֹּאמַר אֱלֹהֵינוּ אַחֲרֵי־זֹאת כִּי עָזַבְנוּ מִצְוֹתֶיךָ׃ 11 אֲשֶׁר צִוִּיתָ בְּיַד עֲבָדֶיךָ הַנְּבִיאִים לֵאמֹר הָאָרֶץ אֲשֶׁר אַתֶּם בָּאִים לְרִשְׁתָּהּ אֶרֶץ נִדָּה הִיא בְּנִדַּת עַמֵּי הָאֲרָצוֹת בְּתוֹעֲבֹתֵיהֶם אֲשֶׁר מִלְאוּהָ מִפֶּה אֶל־פֶּה בְּטֻמְאָתָם׃ 12 וְעַתָּה בְּנוֹתֵיכֶם אַל־תִּתְּנוּ לִבְנֵיהֶם וּבְנֹתֵיהֶם אַל־תִּשְׂאוּ לִבְנֵיכֶם וְלֹא־תִדְרְשׁוּ שְׁלֹמָם וְטוֹבָתָם עַד־עוֹלָם לְמַעַן תֶּחֶזְקוּ וַאֲכַלְתֶּם אֶת־טוּב הָאָרֶץ וְהוֹרַשְׁתֶּם לִבְנֵיכֶם עַד־עוֹלָם׃ 13 וְאַחֲרֵי כָּל־הַבָּא עָלֵינוּ בְּמַעֲשֵׂינוּ הָרָעִים וּבְאַשְׁמָתֵנוּ הַגְּדֹלָה כִּי ׀ אַתָּה אֱלֹהֵינוּ חָשַׂכְתָּ לְמַטָּה מֵעֲוֹנֵנוּ וְנָתַתָּה לָנוּ פְּלֵיטָה כָּזֹאת׃ 14 הֲנָשׁוּב לְהָפֵר מִצְוֹתֶיךָ וּלְהִתְחַתֵּן בְּעַמֵּי הַתֹּעֵבוֹת הָאֵלֶּה הֲלוֹא תֶאֱנַף־בָּנוּ עַד־כַּלֵּה לְאֵין שְׁאֵרִית וּפְלֵיטָה׃ 15 יְהֹוָה אֱלֹהֵי יִשְׂרָאֵל צַדִּיק אַתָּה כִּי־נִשְׁאַרְנוּ פְלֵיטָה כְּהַיּוֹם הַזֶּה הִנְנוּ לְפָנֶיךָ בְּאַשְׁמָתֵינוּ כִּי אֵין לַעֲמוֹד לְפָנֶיךָ עַל־זֹאת׃

CHAPTER 10

1 Now when Ezra had prayed, and when he had confessed, weeping and casting himself down before the house of God, there assembled unto him out of Israel a very great congregation of men and women and children: for the people wept very sore.

2 And Shechaniah the son of Jehiel, *one* of the sons of Elam, answered and said unto Ezra, We have trespassed against our God, and have taken strange wives of the people of the land: yet now there is hope in Israel concerning this thing.

3 Now therefore let us make a covenant with our God to put away all the wives, and such as are born of them, according to the counsel of my lord, and of those that tremble at the commandment of our God; and let it be done according to the law.

4 Arise; for *this* matter *belongeth* unto thee: we also *will be* with thee: be of good courage, and do *it.*

5 Then arose Ezra, and made the chief priests, the Levites, and all Israel, to swear that they should do according to this word. And they sware.

6 ¶ Then Ezra rose up from before the house of God, and went into the chamber of Johanan the son of Eliashib: and *when* he came thither, he did eat no bread, nor drink water: for he mourned because of the transgression of them that had been carried away.

7 And they made proclamation throughout Judah and Jerusalem unto all the children of the captivity, that they should gather themselves together unto Jerusalem;

8 And that whosoever would not come within three days, according to the counsel of the princes and the elders, all his substance should be forfeited, and himself separated from the congregation of those that had been carried away.

9 ¶ Then all the men of Judah and Benjamin gathered themselves together unto Jerusalem within three days. It *was* the ninth month, on the twentieth *day* of the month; and all the people sat in the street of the house of God, trembling because of *this* matter, and for the great rain.

10 And Ezra the priest stood up, and said unto them, Ye have transgressed, and have taken strange wives, to increase the trespass of Israel.

11 Now therefore make confession unto the LORD God of your fathers, and do his pleasure: and separate yourselves from the people of the land, and from the strange wives.

12 Then all the congregation answered and said with a loud voice, As thou hast said, so must we do.

13 But the people *are* many, and *it is* a time of much rain, and we are not able to stand without, neither *is this* a work of one day or two: for we are many that have transgressed in this thing.

14 Let now our rulers of all the congregation stand, and let all them which have taken strange wives in our cities come at appointed times, and with them the elders of every city, and the judges thereof, until the fierce wrath of our God for this matter be turned from us.

15 ¶ Only Jonathan the son of Asahel and Jahaziah the son of Tikvah were employed about this *matter:* and Meshullam and Shabbethai the Levite helped them.

16 And the children of the captivity did so. And Ezra the priest, *with* certain chief of the fathers, after the house of their fathers, and all of them by *their* names, were separated, and sat down in the first day of the tenth month to examine the matter.

17 And they made an end with all the men that had taken strange wives by the first day of the first month.

18 ¶ And among the sons of the priests there were found that had taken strange wives: *namely,* of the sons of Jeshua the son of Jozadak, and his brethren; Maaseiah, and Eliezer, and Jarib, and Gedaliah.

19 And they gave their hands that they would put away their wives; and *being* guilty, *they offered* a ram of the flock for their trespass.

20 And of the sons of Immer; Hanani, and Zebadiah.

10 וּכְהִתְפַּלֵּל עֶזְרָא וּכְהִתְוַדֹּתוֹ בֹּכֶה וּמִתְנַפֵּל לִפְנֵי בֵּית הָאֱלֹהִים 1
נִקְבְּצוּ אֵלָיו מִיִּשְׂרָאֵל קָהָל רַב־מְאֹד אֲנָשִׁים וְנָשִׁים וִילָדִים כִּי־בָכוּ
עֵילָם　　　　הָעָם הַרְבֵּה־בֶכֶה:　　　　　　　　　וַיַּעַן שְׁכַנְיָה בֶן־יְחִיאֵל מִבְּנֵי עוֹלָם 2
וַיֹּאמֶר לְעֶזְרָא אֲנַחְנוּ מָעַלְנוּ בֵאלֹהֵינוּ וַנֹּשֶׁב נָשִׁים נָכְרִיּוֹת מֵעַמֵּי
הָאָרֶץ וְעַתָּה יֵשׁ־מִקְוֶה לְיִשְׂרָאֵל עַל־זֹאת: וְעַתָּה נִכְרָת־בְּרִית 3
לֵאלֹהֵינוּ לְהוֹצִיא כָל־נָשִׁים וְהַנּוֹלָד מֵהֶם בַּעֲצַת אֲדֹנָי וְהַחֲרֵדִים
בְּמִצְוַת אֱלֹהֵינוּ וְכַתּוֹרָה יֵעָשֶׂה: קוּם כִּי־עָלֶיךָ הַדָּבָר וַאֲנַחְנוּ עִמָּךְ 4
חֲזַק וַעֲשֵׂה:
וַיָּקָם עֶזְרָא וַיַּשְׁבַּע אֶת־שָׂרֵי הַכֹּהֲנִים הַלְוִיִּם וְכָל־יִשְׂרָאֵל לַעֲשׂוֹת 5
כַּדָּבָר הַזֶּה וַיִּשָּׁבֵעוּ: וַיָּקָם עֶזְרָא מִלִּפְנֵי בֵּית הָאֱלֹהִים וַיֵּלֶךְ אֶל־ 6
לִשְׁכַּת יְהוֹחָנָן בֶּן־אֶלְיָשִׁיב וַיֵּלֶךְ שָׁם לֶחֶם לֹא־אָכַל וּמַיִם לֹא־שָׁתָה
כִּי מִתְאַבֵּל עַל־מַעַל הַגּוֹלָה:　　　　　　וַיַּעֲבִירוּ קוֹל בִּיהוּדָה 7
וִירוּשָׁלַ͏ִם לְכֹל בְּנֵי הַגּוֹלָה לְהִקָּבֵץ יְרוּשָׁלָ͏ִם: וְכֹל אֲשֶׁר לֹא־יָבוֹא 8
לִשְׁלֹשֶׁת הַיָּמִים כַּעֲצַת הַשָּׂרִים וְהַזְּקֵנִים יָחֳרַם כָּל־רְכוּשׁוֹ וְהוּא
יִבָּדֵל מִקְּהַל הַגּוֹלָה:　　　　　　　　　וַיִּקָּבְצוּ כָל־אַנְשֵׁי־יְהוּדָה 9
וּבִנְיָמִן ׀ יְרוּשָׁלַ͏ִם לִשְׁלֹשֶׁת הַיָּמִים הוּא חֹדֶשׁ הַתְּשִׁיעִי בְּעֶשְׂרִים
בַּחֹדֶשׁ וַיֵּשְׁבוּ כָל־הָעָם בִּרְחוֹב בֵּית הָאֱלֹהִים מַרְעִידִים עַל־הַדָּבָר
וּמֵהַגְּשָׁמִים:
וַיָּקָם עֶזְרָא הַכֹּהֵן וַיֹּאמֶר אֲלֵהֶם אַתֶּם מְעַלְתֶּם וַתֹּשִׁיבוּ נָשִׁים 10
נָכְרִיּוֹת לְהוֹסִיף עַל־אַשְׁמַת יִשְׂרָאֵל: וְעַתָּה תְּנוּ תוֹדָה לַיהוָה 11
אֱלֹהֵי־אֲבֹתֵיכֶם וַעֲשׂוּ רְצוֹנוֹ וְהִבָּדְלוּ מֵעַמֵּי הָאָרֶץ וּמִן־הַנָּשִׁים
כִּדְבָרְךָ　　　　הַנָּכְרִיּוֹת: וַיַּעֲנוּ כָל־הַקָּהָל וַיֹּאמְרוּ קוֹל גָּדוֹל כֵּן כדבריך עָלֵינוּ 12
לַעֲשׂוֹת: אֲבָל הָעָם רָב וְהָעֵת גְּשָׁמִים וְאֵין כֹּחַ לַעֲמוֹד בַּחוּץ 13
וְהַמְּלָאכָה לֹא־לְיוֹם אֶחָד וְלֹא לִשְׁנַיִם כִּי־הִרְבִּינוּ לִפְשֹׁעַ בַּדָּבָר
הַזֶּה: יַעֲמְדוּ־נָא שָׂרֵינוּ לְכָל־הַקָּהָל וְכֹל ׀ אֲשֶׁר בְּעָרֵינוּ הַהֹשִׁיב נָשִׁים 14
נָכְרִיּוֹת יָבֹא לְעִתִּים מְזֻמָּנִים וְעִמָּהֶם זִקְנֵי־עִיר וָעִיר וְשֹׁפְטֶיהָ עַד
לְהָשִׁיב חֲרוֹן אַף־אֱלֹהֵינוּ מִמֶּנּוּ עַד לַדָּבָר הַזֶּה:
אַךְ יוֹנָתָן בֶּן־עֲשָׂהאֵל וְיַחְזְיָה בֶן־תִּקְוָה עָמְדוּ עַל־זֹאת וּמְשֻׁלָּם 15
וְשַׁבְּתַי הַלֵּוִי עֲזָרֻם: וַיַּעֲשׂוּ־כֵן בְּנֵי הַגּוֹלָה וַיִּבָּדְלוּ עֶזְרָא הַכֹּהֵן 16
אֲנָשִׁים רָאשֵׁי הָאָבוֹת לְבֵית אֲבֹתָם וְכֻלָּם בְּשֵׁמוֹת וַיֵּשְׁבוּ בְּיוֹם אֶחָד
לַחֹדֶשׁ הָעֲשִׂירִי לְדַרְיוֹשׁ הַדָּבָר: וַיְכַלּוּ בַכֹּל אֲנָשִׁים הַהֹשִׁיבוּ נָשִׁים 17
נָכְרִיּוֹת עַד יוֹם אֶחָד לַחֹדֶשׁ הָרִאשׁוֹן:
וַיִּמָּצֵא מִבְּנֵי הַכֹּהֲנִים אֲשֶׁר הֹשִׁיבוּ נָשִׁים נָכְרִיּוֹת מִבְּנֵי יֵשׁוּעַ בֶּן־ 18
יוֹצָדָק וְאֶחָיו מַעֲשֵׂיָה וֶאֱלִיעֶזֶר וְיָרִיב וּגְדַלְיָה: וַיִּתְּנוּ יָדָם לְהוֹצִיא 19
נְשֵׁיהֶם וַאֲשֵׁמִים אֵיל־צֹאן עַל־אַשְׁמָתָם:　　　　וּמִבְּנֵי אִמֵּר חֲנָנִי 20

21 And of the sons of Harim; Maaseiah, and Elijah, and Shemaiah, and Jehiel, and Uzziah.

22 And of the sons of Pashur; Elioenai, Maaseiah, Ishmael, Nethaneel, Jozabad, and Elasah.

23 Also of the Levites; Jozabad, and Shimei, and Kelaiah, (the same is Kelita,) Pethahiah, Judah, and Eliezer.

24 Of the singers also; Eliashib: and of the porters; Shallum, and Telem, and Uri.

25 Moreover of Israel: of the sons of Parosh; Ramiah, and Jeziah, and Malchiah, and Miamin, and Eleazar, and Malchijah, and Benaiah.

26 And of the sons of Elam; Mattaniah, Zechariah, and Jehiel, and Abdi, and Jeremoth, and Eliah.

27 And of the sons of Zattu; Elioenai, Eliashib, Mattaniah, and Jeremoth, and Zabad, and Aziza.

28 Of the sons also of Bebai; Jehohanan, Hananiah, Zabbai, and Athlai.

29 And of the sons of Bani; Meshullam, Malluch, and Adaiah, Jashub, and Sheal, and Ramoth.

30 And of the sons of Pahath-moab; Adna, and Chelal, Benaiah, Maaseiah, Mattaniah, Bezaleel, and Binnui, and Manasseh.

31 And of the sons of Harim; Eliezer, Ishijah, Malchiah, Shemaiah, Shimeon,

32 Benjamin, Malluch, and Shemariah.

33 Of the sons of Hashum; Mattenai, Mattathah, Zabad, Eliphelet, Jeremai, Manasseh, and Shimei.

34 Of the sons of Bani; Maadai, Amram, and Uel,

35 Benaiah, Bedeiah, Chelluh,

36 Vaniah, Meremoth, Eliashib,

37 Mattaniah, Mattenai, and Jaasau,

38 And Bani, and Binnui, Shimei,

39 And Shelemiah, and Nathan, and Adaiah,

40 Machnadebai, Shashai, Sharai,

41 Azareel, and Shelemiah, Shemariah,

42 Shallum, Amariah, and Joseph.

43 Of the sons of Nebo; Jeiel, Mattithiah, Zabad, Zebina, Jadau, and Joel, Benaiah.

44 All these had taken strange wives: and some of them had wives by whom they had children.

THE BOOK OF
NEHEMIAH

CHAPTER 1

1 The words of Nehemiah the son of Hachaliah. And it came to pass in the month Chisleu, in the twentieth year, as I was in Shushan the palace,

2 That Hanani, one of my brethren, came, he and certain men of Judah; and I asked them concerning the Jews that had escaped, which were left of the captivity, and concerning Jerusalem.

3 And they said unto me, The remnant that are left of the captivity there in the province are in great affliction and reproach: the wall of Jerusalem also is broken down, and the gates thereof are burned with fire.

4 ¶ And it came to pass, when I heard these words, that I sat down and wept, and mourned certain days, and fasted, and prayed before the God of heaven,

5 And said, I beseech thee, O LORD God of heaven, the great and terrible God, that keepeth covenant and mercy for them that love him and observe his commandments:

6 Let thine ear now be attentive, and thine eyes open, that thou mayest hear the prayer of thy servant, which I pray before thee now, day and night, for the children of Israel thy servants, and confess the sins of the children of Israel, which we have sinned against thee: both I and my father's house have sinned.

7 We have dealt very corruptly against thee, and have not kept the command-

21 וּמִבְּנֵי חָרִם מַעֲשֵׂיָה וְאֵלִיָּה וּשְׁמַעְיָה וִיחִיאֵל וְזַבַדְיָה: 21A

22 וּמִבְּנֵי פַּשְׁחוּר אֶלְיוֹעֵינַי מַעֲשֵׂיָה יִשְׁמָעֵאל נְתַנְאֵל יוֹזָבָד וְעָזִיֶּה:

23 וּמִן־הַלְוִיִּם יוֹזָבָד וְשִׁמְעִי וְקֵלָיָה הוּא קְלִיטָא וְאֶלְעָשָׂה:

24 פְּתַחְיָה יְהוּדָה וֶאֱלִיעֶזֶר: וּמִן־הַמְשֹׁרְרִים אֶלְיָשִׁיב וּמִן־

25 הַשֹּׁעֲרִים שַׁלֻּם וָטֶלֶם וְאוּרִי: וּמִיִּשְׂרָאֵל מִבְּנֵי פַרְעֹשׁ

26 רַמְיָה וְיִזִּיָּה וּמַלְכִּיָּה וּמִיָּמִן וְאֶלְעָזָר וּמַלְכִּיָּה וּבְנָיָה: וּמִבְּנֵי

27 עֵילָם מַתַּנְיָה זְכַרְיָה וִיחִיאֵל וְעַבְדִּי וִירֵמוֹת וְאֵלִיָּה: וּמִבְּנֵי

28 זַתּוּא אֶלְיוֹעֵינַי אֶלְיָשִׁיב מַתַּנְיָה וִירֵמוֹת וְזָבָד וַעֲזִיזָא: וּמִבְּנֵי

29 בֵּבָי יְהוֹחָנָן חֲנַנְיָה זַבַּי עַתְלָי: וּמִבְּנֵי בָּנִי מְשֻׁלָּם מַלּוּךְ

30 וַעֲדָיָה יָשׁוּב וּשְׁאָל יְרֵמוֹת: וּמִבְּנֵי פַּחַת מוֹאָב עַדְנָא וְרֵמוֹת

31 וּכְלָל בְּנָיָה מַעֲשֵׂיָה מַתַּנְיָה בְצַלְאֵל וּבִנּוּי וּמְנַשֶּׁה: וּבְנֵי

32 חָרִם אֱלִיעֶזֶר יִשִּׁיָּה מַלְכִּיָּה שְׁמַעְיָה שִׁמְעוֹן: בִּנְיָמִן מַלּוּךְ 32A

33 שְׁמַרְיָה: מִבְּנֵי חָשֻׁם מַתְּנַי מַתַּתָּה זָבָד אֱלִיפֶלֶט יְרֵמַי

34 מְנַשֶּׁה שִׁמְעִי: מִבְּנֵי בָנִי מַעֲדַי עַמְרָם

35 וְאוּאֵל: בְּנָיָה בֵדְיָה כְּלֻהִי: וַנְיָה מְרֵמוֹת אֶלְיָשִׁיב מַתַּנְיָה כְּלֻהוּ 35 37

38 מַתְּנַי וְיַעְשׂוּ: וּבָנִי וּבִנּוּי שִׁמְעִי: וְשֶׁלֶמְיָה וְנָתָן וַעֲדָיָה: מַכְנַדְבַי שָׁשַׁי וְיַעֲשָׂי 38 40

41 שָׁרָי: עֲזַרְאֵל וְשֶׁלֶמְיָהוּ שְׁמַרְיָה: שַׁלּוּם אֲמַרְיָה יוֹסֵף: מִבְּנֵי 41 43

44 נְבוֹ יְעִיאֵל מַתִּתְיָה זָבָד זְבִינָא יַדַּי וְיוֹאֵל בְּנָיָה: כָּל־אֵלֶּה נָשְׂאֵי נָשְׂאוּ יָדַי
נָשִׁים נָכְרִיּוֹת וְיֵשׁ מֵהֶם נָשִׁים וַיָּשִׂימוּ בָּנִים:

1 1 דִּבְרֵי נְחֶמְיָה בֶּן־חֲכַלְיָה וַיְהִי בְחֹדֶשׁ־כִּסְלֵו שְׁנַת עֶשְׂרִים וַאֲנִי הָיִיתִי כסלו

2 בְּשׁוּשַׁן הַבִּירָה: וַיָּבֹא חֲנָנִי אֶחָד מֵאַחַי הוּא וַאֲנָשִׁים מִיהוּדָה
וָאֶשְׁאָלֵם עַל־הַיְּהוּדִים הַפְּלֵיטָה אֲשֶׁר־נִשְׁאֲרוּ מִן־הַשֶּׁבִי וְעַל־

3 יְרוּשָׁלָ͏ִם: וַיֹּאמְרוּ לִי הַנִּשְׁאָרִים אֲשֶׁר־נִשְׁאֲרוּ מִן־הַשְּׁבִי שָׁם בַּמְּדִינָה
בְּרָעָה גְדֹלָה וּבְחֶרְפָּה וְחוֹמַת יְרוּשָׁלַ͏ִם מְפֹרָצֶת וּשְׁעָרֶיהָ נִצְּתוּ בָאֵשׁ:

4 וַיְהִי כְּשָׁמְעִי אֶת־הַדְּבָרִים הָאֵלֶּה יָשַׁבְתִּי וָאֶבְכֶּה וָאֶתְאַבְּלָה יָמִים

5 וָאֱהִי צָם וּמִתְפַּלֵּל לִפְנֵי אֱלֹהֵי הַשָּׁמָיִם: וָאֹמַר אָנָּא יְהוָה אֱלֹהֵי
הַשָּׁמַיִם הָאֵל הַגָּדוֹל וְהַנּוֹרָא שֹׁמֵר הַבְּרִית וָחֶסֶד לְאֹהֲבָיו וּלְשֹׁמְרֵי

6 מִצְוֹתָיו: תְּהִי נָא אָזְנְךָ־קַשֶּׁבֶת וְעֵינֶיךָ פְתוּחוֹת לִשְׁמֹעַ אֶל־תְּפִלַּת 6A
עַבְדְּךָ אֲשֶׁר אָנֹכִי מִתְפַּלֵּל לְפָנֶיךָ הַיּוֹם יוֹמָם וָלַיְלָה עַל־בְּנֵי יִשְׂרָאֵל
עֲבָדֶיךָ וּמִתְוַדֶּה עַל־חַטֹּאות בְּנֵי־יִשְׂרָאֵל אֲשֶׁר חָטָאנוּ לָךְ וַאֲנִי

7 וּבֵית־אָבִי חָטָאנוּ: חֲבֹל חָבַלְנוּ לָךְ וְלֹא־שָׁמַרְנוּ אֶת־הַמִּצְוֹת וְאֶת־

ments, nor the statutes, nor the judgments, which thou commandedst thy servant Moses.

8 Remember, I beseech thee, the word that thou commandedst thy servant Moses, saying, *If* ye transgress, I will scatter you abroad among the nations:

9 But *if* ye turn unto me, and keep my commandments, and do them; though there were of you cast out unto the uttermost part of the heaven, *yet* will I gather them from thence, and will bring them unto the place that I have chosen to set my name there.

10 Now these *are* thy servants and thy people, whom thou hast redeemed by thy great power, and by thy strong hand.

11 O Lord, I beseech thee, let now thine ear be attentive to the prayer of thy servant, and to the prayer of thy servants, who desire to fear thy name: and prosper, I pray thee, thy servant this day, and grant him mercy in the sight of this man. For I was the king's cupbearer.

CHAPTER 2

1 And it came to pass in the month Nisan, in the twentieth year of Artaxerxes the king, *that* wine *was* before him: and I took up the wine, and gave *it* unto the king. Now I had not been *beforetime* sad in his presence.

2 Wherefore the king said unto me, Why *is* thy countenance sad, seeing thou *art* not sick? this *is* nothing *else* but sorrow of heart. Then I was very sore afraid,

3 And said unto the king, Let the king live for ever: why should not my countenance be sad, when the city, the place of my fathers' sepulchres, *lieth* waste, and the gates thereof are consumed with fire?

4 Then the king said unto me, For what dost thou make request? So I prayed to the God of heaven.

5 And I said unto the king, If it please the king, and if thy servant have found favour in thy sight, that thou wouldest send me unto Judah, unto the city of my fathers' sepulchres, that I may build it.

6 And the king said unto me, (the queen also sitting by him,) For how long shall thy journey be? and when wilt thou return? So it pleased the king to send me; and I set him a time.

7 Moreover I said unto the king, If it please the king, let letters be given me to the governors beyond the river, that they may convey me over till I come into Judah;

8 And a letter unto Asaph the keeper of the king's forest, that he may give me timber to make beams for the gates of the palace which *appertained* to the house, and for the wall of the city, and for the house that I shall enter into. And the king granted me, according to the good hand of my God upon me.

9 ¶ Then I came to the governors beyond the river, and gave them the king's letters. Now the king had sent captains of the army and horsemen with me.

10 When Sanballat the Horonite, and Tobiah the servant, the Ammonite, heard *of it,* it grieved them exceedingly that there was come a man to seek the welfare of the children of Israel.

11 So I came to Jerusalem, and was there three days.

12 ¶ And I arose in the night, I and some few men with me; neither told I *any* man what my God had put in my heart to do at Jerusalem: neither *was there any* beast with me, save the beast that I rode upon.

13 And I went out by night by the gate of the valley, even before the dragon well, and to the dung port, and viewed the walls of Jerusalem, which were broken down, and the gates thereof were consumed with fire.

14 Then I went on to the gate of the fountain, and to the king's pool: but *there was* no place for the beast *that was* under me to pass.

15 Then went I up in the night by the brook, and viewed the wall, and turned

8 הַחֻקִּים וְאֶת־הַמִּשְׁפָּטִים אֲשֶׁר צִוִּיתָ אֶת־מֹשֶׁה עַבְדֶּךָ: זְכָר־נָא אֶת־
הַדָּבָר אֲשֶׁר צִוִּיתָ אֶת־מֹשֶׁה עַבְדְּךָ לֵאמֹר אַתֶּם תִּמְעָלוּ אֲנִי אָפִיץ
9 אֶתְכֶם בָּעַמִּים: וְשַׁבְתֶּם אֵלַי וּשְׁמַרְתֶּם מִצְוֺתַי וַעֲשִׂיתֶם אֹתָם אִם־
יִהְיֶה נִדַּחֲכֶם בִּקְצֵה הַשָּׁמַיִם מִשָּׁם אֲקַבְּצֵם והבואתים אֶל־הַמָּקוֹם וַהֲבִיאוֹתִים
10 אֲשֶׁר בָּחַרְתִּי לְשַׁכֵּן אֶת־שְׁמִי שָׁם: וְהֵם עֲבָדֶיךָ וְעַמֶּךָ אֲשֶׁר פָּדִיתָ
11 בְּכֹחֲךָ הַגָּדוֹל וּבְיָדְךָ הַחֲזָקָה: אָנָּא אֲדֹנָי תְּהִי נָא אָזְנְךָ־קַשֶּׁבֶת אֶל־
תְּפִלַּת עַבְדְּךָ וְאֶל־תְּפִלַּת עֲבָדֶיךָ הַחֲפֵצִים לְיִרְאָה אֶת־שְׁמֶךָ
וְהַצְלִיחָה־נָּא לְעַבְדְּךָ הַיּוֹם וּתְנֵהוּ לְרַחֲמִים לִפְנֵי הָאִישׁ הַזֶּה וַאֲנִי
הָיִיתִי מַשְׁקֶה לַמֶּלֶךְ:

2 1 וַיְהִי ׀ בְּחֹדֶשׁ נִיסָן שְׁנַת עֶשְׂרִים לְאַרְתַּחְשַׁסְתְּא הַמֶּלֶךְ יַיִן לְפָנָיו
2 וָאֶשָּׂא אֶת־הַיַּיִן וָאֶתְּנָה לַמֶּלֶךְ וְלֹא־הָיִיתִי רַע לְפָנָיו: וַיֹּאמֶר לִי
הַמֶּלֶךְ מַדּוּעַ ׀ פָּנֶיךָ רָעִים וְאַתָּה אֵינְךָ חוֹלֶה אֵין זֶה כִּי־אִם רֹעַ
3 לֵב וָאִירָא הַרְבֵּה מְאֹד: וָאֹמַר לַמֶּלֶךְ הַמֶּלֶךְ לְעוֹלָם יִחְיֶה מַדּוּעַ
לֹא־יֵרְעוּ פָנַי אֲשֶׁר הָעִיר בֵּית־קִבְרוֹת אֲבֹתַי חֲרֵבָה וּשְׁעָרֶיהָ אֻכְּלוּ
4 בָאֵשׁ: וַיֹּאמֶר לִי הַמֶּלֶךְ עַל־מַה־זֶּה אַתָּה מְבַקֵּשׁ
5 5A וָאֶתְפַּלֵּל אֶל־אֱלֹהֵי הַשָּׁמָיִם: וָאֹמַר לַמֶּלֶךְ אִם־עַל־הַמֶּלֶךְ טוֹב וְאִם־
יִיטַב עַבְדְּךָ לְפָנֶיךָ אֲשֶׁר תִּשְׁלָחֵנִי אֶל־יְהוּדָה אֶל־עִיר קִבְרוֹת אֲבֹתַי
6 וְאֶבְנֶנָּה: וַיֹּאמֶר לִי הַמֶּלֶךְ וְהַשֵּׁגַל ׀ יוֹשֶׁבֶת אֶצְלוֹ עַד־מָתַי יִהְיֶה
מַהֲלָכֲךָ וּמָתַי תָּשׁוּב וַיִּיטַב לִפְנֵי־הַמֶּלֶךְ וַיִּשְׁלָחֵנִי וָאֶתְּנָה לוֹ זְמָן:
7 וָאוֹמַר לַמֶּלֶךְ אִם־עַל־הַמֶּלֶךְ טוֹב אִגְּרוֹת יִתְּנוּ־לִי עַל־פַּחֲווֹת עֵבֶר
8 הַנָּהָר אֲשֶׁר יַעֲבִירוּנִי עַד אֲשֶׁר־אָבוֹא אֶל־יְהוּדָה: וְאִגֶּרֶת אֶל־אָסָף
שֹׁמֵר הַפַּרְדֵּס אֲשֶׁר לַמֶּלֶךְ אֲשֶׁר יִתֶּן־לִי עֵצִים לְקָרוֹת אֶת־שַׁעֲרֵי
הַבִּירָה אֲשֶׁר־לַבַּיִת וּלְחוֹמַת הָעִיר וְלַבַּיִת אֲשֶׁר־אָבוֹא אֵלָיו וַיִּתֶּן־לִי
9 הַמֶּלֶךְ כְּיַד־אֱלֹהַי הַטּוֹבָה עָלָי: וָאָבוֹא אֶל־פַּחֲווֹת עֵבֶר הַנָּהָר
וָאֶתְּנָה לָהֶם אֵת אִגְּרוֹת הַמֶּלֶךְ וַיִּשְׁלַח עִמִּי הַמֶּלֶךְ שָׂרֵי חַיִל
וּפָרָשִׁים:
10 וַיִּשְׁמַע סַנְבַלַּט הַחֹרֹנִי וְטוֹבִיָּה הָעֶבֶד הָעַמֹּנִי וַיֵּרַע לָהֶם רָעָה גְדֹלָה
11 אֲשֶׁר־בָּא אָדָם לְבַקֵּשׁ טוֹבָה לִבְנֵי יִשְׂרָאֵל: וָאָבוֹא אֶל־יְרוּשָׁלִָם
12 וָאֱהִי־שָׁם יָמִים שְׁלֹשָׁה: וָאָקוּם ׀ לַיְלָה אֲנִי וַאֲנָשִׁים ׀ מְעַט עִמִּי וְלֹא־
הִגַּדְתִּי לְאָדָם מָה אֱלֹהַי נֹתֵן אֶל־לִבִּי לַעֲשׂוֹת לִירוּשָׁלִָם וּבְהֵמָה
13 אֵין עִמִּי כִּי אִם־הַבְּהֵמָה אֲשֶׁר אֲנִי רֹכֵב בָּהּ: וָאֵצְאָה בְשַׁעַר־הַגַּיְא
לַיְלָה וְאֶל־פְּנֵי עֵין הַתַּנִּין וְאֶל־שַׁעַר הָאַשְׁפֹּת וָאֱהִי שֹׂבֵר בְּחוֹמֹת
14 יְרוּשָׁלִַם אֲשֶׁר־המפרוצים וּשְׁעָרֶיהָ אֻכְּלוּ בָאֵשׁ: וָאֶעֱבֹר אֶל־שַׁעַר הֵם ׀ פְּרוּצִים
15 הָעַיִן וְאֶל־בְּרֵכַת הַמֶּלֶךְ וְאֵין־מָקוֹם לַבְּהֵמָה לַעֲבֹר תַּחְתָּי: וָאֱהִי
עֹלֶה בַנַּחַל לַיְלָה וָאֱהִי שֹׂבֵר בַּחוֹמָה וָאָשׁוּב וָאָבוֹא בְּשַׁעַר הַגַּיְא

back, and entered by the gate of the valley, and *so* returned.

16 And the rulers knew not whither I went, or what I did; neither had I as yet told *it* to the Jews, nor to the priests, nor to the nobles, nor to the rulers, nor to the rest that did the work.

17 ¶ Then said I unto them, Ye see the distress that we *are* in, how Jerusalem *lieth* waste, and the gates thereof are burned with fire: come, and let us build up the wall of Jerusalem, that we be no more a reproach.

18 Then I told them of the hand of my God which was good upon me; as also the king's words that he had spoken unto me. And they said, Let us rise up and build. So they strengthened their hands for *this* good *work*.

19 But when Sanballat the Horonite, and Tobiah the servant, the Ammonite, and Geshem the Arabian, heard *it,* they laughed us to scorn, and despised us, and said, What *is* this thing that ye do? will ye rebel against the king?

20 Then answered I them, and said unto them, The God of heaven, he will prosper us; therefore we his servants will arise and build: but ye have no portion, nor right, nor memorial, in Jerusalem.

CHAPTER 3

1 Then Eliashib the high priest rose up with his brethren the priests, and they builded the sheep gate; they sanctified it, and set up the doors of it; even unto the tower of Meah they sanctified it, unto the tower of Hananeel.

2 And next unto him builded the men of Jericho. And next to them builded Zaccur the son of Imri.

3 But the fish gate did the sons of Hassenaah build, who *also* laid the beams thereof, and set up the doors thereof, the locks thereof, and the bars thereof.

4 And next unto them repaired Meremoth the son of Urijah, the son of Koz.

And next unto them repaired Meshullam the son of Berechiah, the son of Meshezabeel. And next unto them repaired Zadok the son of Baana.

5 And next unto them the Tekoites repaired; but their nobles put not their necks to the work of their LORD.

6 Moreover the old gate repaired Jehoiada the son of Paseah, and Meshullam son of Besodeiah; they laid the beams thereof, and set up the doors thereof, and the locks thereof, and the bars thereof.

7 And next unto them repaired Melatiah the Gibeonite, and Jadon the Meronothite, the men of Gibeon, and of Mizpah, unto the throne of the governor on this side the river.

8 Next unto him repaired Uzziel the son of Harhaiah, of the goldsmiths. Next unto him also repaired Hananiah the son of *one of* the apothecaries, and they fortified Jerusalem unto the broad wall.

9 And next unto them repaired Rephaiah the son of Hur, the ruler of the half part of Jerusalem.

10 And next unto them repaired Jedaiah the son of Harumaph, even over against his house. And next unto him repaired Hattush the son of Hashabniah.

11 Malchijah the son of Harim, and Hashub the son of Pahath-moab, repaired the other piece, and the tower of the furnaces.

12 And next unto him repaired Shallum the son of Halohesh, the ruler of the half part of Jerusalem, he and his daughters.

13 The valley gate repaired Hanun, and the inhabitants of Zanoah; they built it, and set up the doors thereof, the locks thereof, and the bars thereof, and a thousand cubits on the wall unto the dung gate.

14 But the dung gate repaired Malchiah the son of Rechab, the ruler of part of Beth-haccerem; he built it, and set up the doors thereof, the locks thereof, and the bars thereof.

15 But the gate of the fountain repaired

16 וְאָשׁוּב: וְהַסְּגָנִים לֹא יָדְעוּ אָנָה הָלַכְתִּי וּמָה אֲנִי עֹשֶׂה וְלַיְּהוּדִים
וְלַכֹּהֲנִים וְלַחֹרִים וְלַסְּגָנִים וּלְיֶתֶר עֹשֵׂה הַמְּלָאכָה עַד־כֵּן לֹא

17 הִגַּדְתִּי: וָאוֹמַר אֲלֵהֶם אַתֶּם רֹאִים הָרָעָה אֲשֶׁר אֲנַחְנוּ בָהּ אֲשֶׁר
יְרוּשָׁלַ͏ִם חֲרֵבָה וּשְׁעָרֶיהָ נִצְּתוּ בָאֵשׁ לְכוּ וְנִבְנֶה אֶת־חוֹמַת יְרוּשָׁלַ͏ִם

18 וְלֹא־נִהְיֶה עוֹד חֶרְפָּה: וָאַגִּיד לָהֶם אֶת־יַד אֱלֹהַי אֲשֶׁר־הִיא טוֹבָה
עָלַי וְאַף־דִּבְרֵי הַמֶּלֶךְ אֲשֶׁר אָמַר־לִי וַיֹּאמְרוּ נָקוּם וּבָנִינוּ וַיְחַזְּקוּ
יְדֵיהֶם לַטּוֹבָה:

19 וַיִּשְׁמַע סַנְבַלַּט הַחֹרֹנִי וְטֹבִיָּה הָעֶבֶד הָעַמּוֹנִי וְגֶשֶׁם הָעַרְבִי וַיַּלְעִגוּ
לָנוּ וַיִּבְזוּ עָלֵינוּ וַיֹּאמְרוּ מָה־הַדָּבָר הַזֶּה אֲשֶׁר אַתֶּם עֹשִׂים הַעַל

20 הַמֶּלֶךְ אַתֶּם מֹרְדִים: וָאָשִׁיב אוֹתָם דָּבָר וָאוֹמַר לָהֶם אֱלֹהֵי הַשָּׁמַיִם
הוּא יַצְלִיחַ לָנוּ וַאֲנַחְנוּ עֲבָדָיו נָקוּם וּבָנִינוּ וְלָכֶם אֵין־חֵלֶק וּצְדָקָה

3 1 וְזִכָּרוֹן בִּירוּשָׁלָ͏ִם: וַיָּקָם אֶלְיָשִׁיב הַכֹּהֵן הַגָּדוֹל וְאֶחָיו הַכֹּהֲנִים וַיִּבְנוּ
אֶת־שַׁעַר הַצֹּאן הֵמָּה קִדְּשׁוּהוּ וַיַּעֲמִידוּ דַּלְתֹתָיו וְעַד־מִגְדַּל הַמֵּאָה

2 קִדְּשׁוּהוּ עַד מִגְדַּל חֲנַנְאֵל: וְעַל־יָדוֹ בָּנוּ אַנְשֵׁי

3 יְרֵחוֹ וְעַל־יָדוֹ בָנָה זַכּוּר בֶּן־אִמְרִי: וְאֵת שַׁעַר
הַדָּגִים בָּנוּ בְּנֵי הַסְּנָאָה הֵמָּה קֵרוּהוּ וַיַּעֲמִידוּ דַּלְתֹתָיו מַנְעוּלָיו

4 וּבְרִיחָיו: וְעַל־יָדָם הֶחֱזִיק מְרֵמוֹת
בֶּן־אוּרִיָּה בֶּן־הַקּוֹץ וְעַל־יָדָם הֶחֱזִיק מְשֻׁלָּם בֶּן־בֶּרֶכְיָה
בֶּן־מְשֵׁיזַבְאֵל וְעַל־יָדָם הֶחֱזִיק צָדוֹק בֶּן־

5 בַּעֲנָא: וְעַל־יָדָם הֶחֱזִיקוּ הַתְּקוֹעִים וְאַדִּירֵיהֶם לֹא־הֵבִיאוּ

6 צַוָּרָם בַּעֲבֹדַת אֲדֹנֵיהֶם: וְאֵת שַׁעַר הַיְשָׁנָה הֶחֱזִיקוּ יוֹיָדָע
בֶּן־פָּסֵחַ וּמְשֻׁלָּם בֶּן־בְּסוֹדְיָה הֵמָּה קֵרוּהוּ וַיַּעֲמִידוּ דַּלְתֹתָיו וּמַנְעֻלָיו

7 וּבְרִיחָיו: וְעַל־יָדָם הֶחֱזִיק מְלַטְיָה הַגִּבְעֹנִי וְיָדוֹן הַמֵּרֹנֹתִי
8 אַנְשֵׁי גִבְעוֹן וְהַמִּצְפָּה לְכִסֵּא פַּחַת עֵבֶר הַנָּהָר: עַל־יָדוֹ
הֶחֱזִיק עֻזִּיאֵל בֶּן־חַרְהֲיָה צוֹרְפִים וְעַל־יָדוֹ הֶחֱזִיק חֲנַנְיָה

9 בֶּן־הָרַקָּחִים וַיַּעַזְבוּ יְרוּשָׁלַ͏ִם עַד הַחוֹמָה הָרְחָבָה: וְעַל־
10 יָדָם הֶחֱזִיק רְפָיָה בֶן־חוּר שַׂר חֲצִי פֶּלֶךְ יְרוּשָׁלָ͏ִם: וְעַל־
יָדָם הֶחֱזִיק יְדָיָה בֶן־חֲרוּמַף וְנֶגֶד בֵּיתוֹ וְעַל־יָדוֹ הֶחֱזִיק

11 חַטּוּשׁ בֶּן־חֲשַׁבְנְיָה: מִדָּה שֵׁנִית הֶחֱזִיק מַלְכִּיָּה בֶן־חָרִם וְחַשּׁוּב בֶּן־
12 פַּחַת מוֹאָב וְאֵת מִגְדַּל הַתַּנּוּרִים: וְעַל־יָדוֹ הֶחֱזִיק שַׁלּוּם
13 בֶּן־הַלּוֹחֵשׁ שַׂר חֲצִי פֶּלֶךְ יְרוּשָׁלָ͏ִם הוּא וּבְנוֹתָיו: אֵת
שַׁעַר הַגַּיְא הֶחֱזִיק חָנוּן וְיֹשְׁבֵי זָנוֹחַ הֵמָּה בָנוּהוּ וַיַּעֲמִידוּ דַּלְתֹתָיו

14 מַנְעֻלָיו וּבְרִיחָיו וְאֶלֶף אַמָּה בַּחוֹמָה עַד שַׁעַר הָשְׁפוֹת: וְאֵת שַׁעַר
הָאַשְׁפּוֹת הֶחֱזִיק מַלְכִּיָּה בֶן־רֵכָב שַׂר פֶּלֶךְ בֵּית־הַכָּרֶם הוּא יִבְנֶנּוּ

15 וְיַעֲמִיד דַּלְתֹתָיו מַנְעֻלָיו וּבְרִיחָיו: וְאֵת שַׁעַר הָעַיִן הֶחֱזִיק

Shallun the son of Col-hozeh, the ruler of part of Mizpah; he built it, and covered it, and set up the doors thereof, the locks thereof, and the bars thereof, and the wall of the pool of Siloah by the king's garden, and unto the stairs that go down from the city of David.

16 After him repaired Nehemiah the son of Azbuk, the ruler of the half part of Beth-zur, unto *the place* over against the sepulchres of David, and to the pool that was made, and unto the house of the mighty.

17 After him repaired the Levites, Rehum the son of Bani. Next unto him repaired Hashabiah, the ruler of the half part of Keilah, in his part.

18 After him repaired their brethren, Bavai the son of Henadad, the ruler of the half part of Keilah.

19 And next to him repaired Ezer the son of Jeshua, the ruler of Mizpah, another piece over against the going up to the armoury at the turning *of the wall.*

20 After him Baruch the son of Zabbai earnestly repaired the other piece, from the turning *of the wall* unto the door of the house of Eliashib the high priest.

21 After him repaired Meremoth the son of Urijah the son of Koz another piece, from the door of the house of Eliashib even to the end of the house of Eliashib.

22 And after him repaired the priests, the men of the plain.

23 After him repaired Benjamin and Hashub over against their house. After him repaired Azariah the son of Maaseiah the son of Ananiah by his house.

24 After him repaired Binnui the son of Henadad another piece, from the house of Azariah unto the turning *of the wall,* even unto the corner.

25 Palal the son of Uzai, over against the turning *of the wall,* and the tower which lieth out from the king's high house, that *was* by the court of the prison. After him Pedaiah the son of Parosh.

26 Moreover the Nethinims dwelt in Ophel, unto *the place* over against the water gate toward the east, and the tower that lieth out.

27 After them the Tekoites repaired another piece, over against the great tower that lieth out, even unto the wall of Ophel.

28 From above the horse gate repaired the priests, every one over against his house.

29 After them repaired Zadok the son of Immer over against his house. After him repaired also Shemaiah the son of Shechaniah, the keeper of the east gate.

30 After him repaired Hananiah the son of Shelemiah, and Hanun the sixth son of Zalaph, another piece. After him repaired Meshullam the son of Berechiah over against his chamber.

31 After him repaired Malchiah the goldsmith's son unto the place of the Nethinims, and of the merchants, over against the gate Miphkad, and to the going up of the corner.

32 And between the going up of the corner unto the sheep gate repaired the goldsmiths and the merchants.

CHAPTER 4

1[3:33] But it came to pass, that when Sanballat heard that we builded the wall, he was wroth, and took great indignation, and mocked the Jews.

2[3:34] And he spake before his brethren and the army of Samaria, and said, What do these feeble Jews? will they fortify themselves? will they sacrifice? will they make an end in a day? will they revive the stones out of the heaps of the rubbish which are burned?

3[3:35] Now Tobiah the Ammonite *was* by him, and he said, Even that which they build, if a fox go up, he shall even break down their stone wall.

4[3:36] Hear, O our God; for we are despised: and turn their reproach upon their own head, and give them for a prey in the land of captivity:

וַיַּעֲמִיד֩ שַׁלּ֨וּן בֶּן־כָּל־חֹזֶה֙ שַׂ֣ר פֶּ֣לֶךְ הַמִּצְפָּ֔ה ה֤וּא יִבְנֶ֙נּוּ֙ וִיטַֽלְלֶ֔נּוּ וְיַעֲמִידוּ֙ דַּלְתֹתָ֔יו מַנְעֻלָ֖יו וּבְרִיחָ֑יו וְ֠אֵת חוֹמַ֞ת בְּרֵכַ֤ת הַשֶּׁ֙לַח֙ לְגַן־הַמֶּ֔לֶךְ וְעַד־

16 הַֽמַּעֲל֔וֹת הַיּוֹרְד֖וֹת מֵעִ֥יר דָּוִֽיד׃　　אַחֲרָ֣יו הֶחֱזִ֗יק נְחֶמְיָ֣ה בֶן־עַזְבּ֔וּק שַׂ֕ר חֲצִ֖י פֶּ֣לֶךְ בֵּֽית־צ֑וּר עַד־נֶ֙גֶד֙ קִבְרֵ֣י דָוִ֔יד וְעַד־הַבְּרֵכָה֙

17 הָעֲשׂוּיָ֔ה וְעַ֖ד בֵּ֥ית הַגִּבֹּרִֽים׃　　אַחֲרָ֛יו הֶחֱזִ֥יקוּ הַלְוִיִּ֖ם רְח֣וּם בֶּן־בָּנִ֑י עַל־יָד֣וֹ הֶחֱזִ֗יק חֲשַׁבְיָ֛ה שַׂר־חֲצִי־פֶ֥לֶךְ קְעִילָ֖ה

18 לְפִלְכּֽוֹ׃　　אַחֲרָיו֙ הֶחֱזִ֣יקוּ אֲחֵיהֶ֔ם בַּוַּ֖י בֶּן־חֵנָדָ֑ד שַׂ֕ר חֲצִ֖י

19 פֶּ֥לֶךְ קְעִילָֽה׃　　וַיְחַזֵּ֨ק עַל־יָד֜וֹ עֵ֤זֶר בֶּן־יֵשׁ֙וּעַ֙ שַׂ֣ר הַמִּצְפָּ֔ה

20 מִדָּ֣ה שֵׁנִ֑ית מִנֶּ֕גֶד עֲלֹ֖ת הַנֶּ֥שֶׁק הַמִּקְצֹֽעַ׃　　אַחֲרָ֨יו הֶחֱרָ֧ה הֶחֱזִ֛יק בָּר֥וּךְ בֶּן־זַבַּ֖י מִדָּ֣ה שֵׁנִ֑ית מִן־הַ֙מִּקְצ֔וֹעַ עַד־פֶּ֙תַח֙ בֵּ֣ית אֶלְיָשִׁ֔יב

21 הַכֹּהֵ֖ן הַגָּדֽוֹל׃　　אַחֲרָ֣יו הֶחֱזִ֗יק מְרֵמ֤וֹת בֶּן־אוּרִיָּה֙ בֶּן־הַקּ֔וֹץ מִדָּ֣ה שֵׁנִ֑ית מִפֶּ֙תַח֙ בֵּ֣ית אֶלְיָשִׁ֔יב וְעַד־תַּכְלִ֖ית בֵּ֥ית

22 אֶלְיָשִֽׁיב׃　　וְאַחֲרָ֛יו הֶחֱזִ֥יקוּ הַכֹּהֲנִ֖ים אַנְשֵׁ֥י הַכִּכָּֽר׃　　אַחֲרָ֧יו
23 הֶחֱזִ֛יק בִּנְיָמִ֥ן וְחַשּׁ֖וּב נֶ֣גֶד בֵּיתָ֑ם　　אַחֲרָ֣יו הֶחֱזִ֗יק עֲזַרְיָ֧ה בֶן־

24 מַעֲשֵׂיָ֛ה בֶּן־עֲנָנְיָ֖ה אֵ֥צֶל בֵּיתֽוֹ׃　　אַחֲרָ֣יו הֶחֱזִ֗יק בִּנּ֛וּי בֶּן־
25 חֵנָדָ֖ד מִדָּ֣ה שֵׁנִ֑ית מִבֵּ֣ית עֲזַרְיָ֔ה עַד־הַמִּקְצ֖וֹעַ וְעַד־הַפִּנָּֽה׃　　פָּלָ֣ל בֶּן־אוּזַי֮ מִנֶּ֣גֶד הַמִּקְצוֹעַ֒ וְהַמִּגְדָּ֗ל הַיּוֹצֵא֙ מִבֵּ֤ית הַמֶּ֙לֶךְ֙ הָֽעֶלְי֔וֹן אֲשֶׁ֖ר

26 לַחֲצַ֣ר הַמַּטָּרָ֑ה אַחֲרָ֖יו פְּדָיָ֥ה בֶן־פַּרְעֹֽשׁ׃　　וְהַ֨נְּתִינִ֔ים הָי֥וּ יֹשְׁבִ֖ים בָּעֹ֑פֶל עַ֠ד נֶ֜גֶד שַׁ֤עַר הַמַּ֙יִם֙ לַמִּזְרָ֔ח וְהַמִּגְדָּ֖ל

27 הַיּוֹצֵֽא׃　　אַחֲרָ֛יו הֶחֱזִ֥יקוּ הַתְּקֹעִ֖ים מִדָּ֣ה שֵׁנִ֑ית מִנֶּ֜גֶד

28 הַמִּגְדָּ֤ל הַגָּדוֹל֙ הַיּוֹצֵ֔א וְעַ֖ד חוֹמַ֥ת הָעֹֽפֶל׃　מֵעַ֣ל ׀ שַׁ֣עַר הַסּוּסִ֗ים
29 הֶחֱזִ֙יקוּ֙ הַכֹּ֣הֲנִ֔ים אִ֖ישׁ לְנֶ֣גֶד בֵּיתֽוֹ׃　　אַחֲרָ֧יו הֶחֱזִ֣יק צָד֗וֹק בֶּן־אִמֵּ֖ר נֶ֣גֶד בֵּיתֽוֹ　　וְאַחֲרָ֤יו הֶחֱזִיק֙ שְׁמַֽעְיָ֣ה בֶן־שְׁכַנְיָ֔ה שֹׁמֵ֖ר

30 שַׁ֣עַר הַמִּזְרָֽח׃　　אַחֲרֵ֧י הֶחֱזִ֛יק חֲנַנְיָ֥ה בֶן־שֶׁלֶמְיָ֖ה וְחָנ֥וּן בֶּן־צָלָ֖ף הַשִּׁשִּׁ֑י מִדָּ֣ה שֵׁנִ֑י　　אַחֲרָ֣יו הֶחֱזִ֗יק מְשֻׁלָּ֛ם בֶּן־בֶּרֶכְיָ֖ה

31 נֶ֣גֶד נִשְׁכָּתֽוֹ׃　　אַחֲרֵ֞י הֶחֱזִ֣יק מַלְכִּיָּ֗ה בֶּן־הַצֹּֽרְפִ֔י עַד־בֵּ֥ית

32 הַנְּתִינִ֖ים וְהָרֹכְלִ֑ים נֶ֚גֶד שַׁ֣עַר הַמִּפְקָ֔ד וְעַ֖ד עֲלִיַּ֥ת הַפִּנָּֽה׃ וּבֵ֨ין עֲלִיַּ֤ת הַפִּנָּה֙ לְשַׁ֣עַר הַצֹּ֔אן הֶחֱזִ֖יקוּ הַצֹּרְפִ֥ים וְהָרֹכְלִֽים׃

33 וַיְהִ֗י כַּאֲשֶׁ֤ר שָׁמַע֙ סַנְבַלַּ֔ט כִּֽי־אֲנַ֥חְנוּ בוֹנִ֖ים אֶת־הַֽחוֹמָ֑ה וַיִּ֣חַר ל֔וֹ

34 וַיִּכְעַ֖ס הַרְבֵּ֑ה וַיַּלְעֵ֖ג עַל־הַיְּהוּדִֽים׃　וַיֹּ֣אמֶר ׀ לִפְנֵ֣י אֶחָ֗יו וְחֵיל֙ שֹֽׁמְר֔וֹן וַיֹּ֕אמֶר מָ֛ה הַיְּהוּדִ֥ים הָאֲמֵלָלִ֖ים עֹשִׂ֑ים הֲיַעַזְב֨וּ לָהֶ֤ם הֲיִזְבָּ֙חוּ֙ הַיְכַלּ֣וּ

35 בַיּ֔וֹם הַיְחַיּ֧וּ אֶת־הָאֲבָנִ֛ים מֵעֲרֵמ֥וֹת הֶעָפָ֖ר וְהֵ֥מָּה שְׂרוּפֽוֹת׃　וְטוֹבִיָּ֨ה הָעַמֹּנִ֤י אֶצְלוֹ֙ וַיֹּ֔אמֶר גַּ֚ם אֲשֶׁר־הֵ֣ם בּוֹנִ֔ים אִם־יַעֲלֶ֣ה שׁוּעָ֔ל וּפָרַ֖ץ חוֹמַ֥ת אַבְנֵיהֶֽם׃

36 שְׁמַ֤ע אֱלֹהֵ֙ינוּ֙ כִּֽי־הָיִ֣ינוּ בוּזָ֔ה וְהָשֵׁ֥ב חֶרְפָּתָ֖ם אֶל־רֹאשָׁ֑ם וּתְנֵ֥ם לְבִזָּ֖ה

5[3:37] And cover not their iniquity, and let not their sin be blotted out from before thee: for they have provoked *thee* to anger before the builders.

6[3:38] So built we the wall; and all the wall was joined together unto the half thereof: for the people had a mind to work.

7[1] ¶ But it came to pass, *that* when Sanballat, and Tobiah, and the Arabians, and the Ammonites, and the Ashdodites, heard that the walls of Jerusalem were made up, *and* that the breaches began to be stopped, then they were very wroth,

8[2] And conspired all of them together to come *and* to fight against Jerusalem, and to hinder it.

9[3] Nevertheless we made our prayer unto our God, and set a watch against them day and night, because of them.

10[4] And Judah said, The strength of the bearers of burdens is decayed, and *there is* much rubbish; so that we are not able to build the wall.

11[5] And our adversaries said, They shall not know, neither see, till we come in the midst among them, and slay them, and cause the work to cease.

12[6] And it came to pass, that when the Jews which dwelt by them came, they said unto us ten times, From all places whence ye shall return unto us *they will be upon you.*

13[7] ¶ Therefore set I in the lower places behind the wall, *and* on the higher places, I even set the people after their families with their swords, their spears, and their bows.

14[8] And I looked, and rose up, and said unto the nobles, and to the rulers, and to the rest of the people, Be not ye afraid of them: remember the Lord, *which is* great and terrible, and fight for your brethren, your sons, and your daughters, your wives, and your houses.

15[9] And it came to pass, when our enemies heard that it was known unto us, and God had brought their counsel to nought, that we returned all of us to the wall, every one unto his work.

16[10] And it came to pass from that time forth, *that* the half of my servants

wrought in the work, and the other half of them held both the spears, the shields, and the bows, and the habergeons; and the rulers *were* behind all the house of Judah.

17[11] They which builded on the wall, and they that bare burdens, with those that laded, *every one* with one of his hands wrought in the work, and with the other *hand* held a weapon.

18[12] For the builders, every one had his sword girded by his side, and *so* builded. And he that sounded the trumpet *was* by me.

19[13] ¶ And I said unto the nobles, and to the rulers, and to the rest of the people, The work *is* great and large, and we are separated upon the wall, one far from another.

20[14] In what place *therefore* ye hear the sound of the trumpet, resort ye thither unto us: our God shall fight for us.

21[15] So we laboured in the work: and half of them held the spears from the rising of the morning till the stars appeared.

22[16] Likewise at the same time said I unto the people, Let every one with his servant lodge within Jerusalem, that in the night they may be a guard to us, and labour on the day.

23[17] So neither I, nor my brethren, nor my servants, nor the men of the guard which followed me, none of us put off our clothes, *saving that* every one put them off for washing.

CHAPTER 5

1 And there was a great cry of the people and of their wives against their brethren the Jews.

2 For there were that said, We, our sons, and our daughters, *are* many: therefore we take up corn *for them,* that we may eat, and live.

3 *Some* also there were that said, We have mortgaged our lands, vineyards, and houses, that we might buy corn, because of the dearth.

4 There were also that said, We have borrowed money for the king's tribute, *and that upon* our lands and vineyards.

37 בְּאֶרֶץ שִׁבְיָה: וְאַל־תְּכַס עַל־עֲוֺנָם וְחַטָּאתָם מִלְּפָנֶיךָ אַל־תִּמָּחֶה

38 כִּי הִכְעִיסוּ לְנֶגֶד הַבּוֹנִים: וַנִּבְנֶה אֶת־הַחוֹמָה וַתִּקָּשֵׁר כָּל־הַחוֹמָה
עַד־חֶצְיָהּ וַיְהִי לֵב לָעָם לַעֲשׂוֹת:

4 1 וַיְהִי כַאֲשֶׁר שָׁמַע סַנְבַלַּט וְטוֹבִיָּה וְהָעַרְבִים וְהָעַמֹּנִים וְהָאַשְׁדּוֹדִים
כִּי־עָלְתָה אֲרוּכָה לְחֹמוֹת יְרוּשָׁלַ͏ִם כִּי־הֵחֵלּוּ הַפְּרֻצִים לְהִסָּתֵם וַיִּחַר

2 לָהֶם מְאֹד: וַיִּקְשְׁרוּ כֻלָּם יַחְדָּו לָבוֹא לְהִלָּחֵם בִּירוּשָׁלָ͏ִם וְלַעֲשׂוֹת

3 לוֹ תּוֹעָה: וַנִּתְפַּלֵּל אֶל־אֱלֹהֵינוּ וַנַּעֲמִיד מִשְׁמָר עֲלֵיהֶם יוֹמָם וָלַיְלָה

4 מִפְּנֵיהֶם: וַיֹּאמֶר יְהוּדָה כָּשַׁל כֹּחַ הַסַּבָּל וְהֶעָפָר הַרְבֵּה וַאֲנַחְנוּ לֹא

5 נוּכַל לִבְנוֹת בַּחוֹמָה: וַיֹּאמְרוּ צָרֵינוּ לֹא יֵדְעוּ וְלֹא יִרְאוּ עַד אֲשֶׁר־

6 נָבוֹא אֶל־תּוֹכָם וַהֲרַגְנוּם וְהִשְׁבַּתְנוּ אֶת־הַמְּלָאכָה: וַיְהִי כַּאֲשֶׁר־בָּאוּ
הַיְּהוּדִים הַיֹּשְׁבִים אֶצְלָם וַיֹּאמְרוּ לָנוּ עֶשֶׂר פְּעָמִים מִכָּל־הַמְּקֹמוֹת

7 אֲשֶׁר־תָּשׁוּבוּ עָלֵינוּ: וָאַעֲמִיד מִתַּחְתִּיּוֹת לַמָּקוֹם מֵאַחֲרֵי לַחוֹמָה
בַּצְּחִיחִים וָאַעֲמִיד אֶת־הָעָם לְמִשְׁפָּחוֹת עִם־חַרְבֹתֵיהֶם רָמְחֵיהֶם | בַּצְּחִיחִים

8 וְקַשְּׁתֹתֵיהֶם: וָאֵרֶא וָאָקוּם וָאֹמַר אֶל־הַחֹרִים וְאֶל־הַסְּגָנִים וְאֶל־יֶתֶר
הָעָם אַל־תִּירְאוּ מִפְּנֵיהֶם אֶת־אֲדֹנָי הַגָּדוֹל וְהַנּוֹרָא זְכֹרוּ וְהִלָּחֲמוּ
עַל־אֲחֵיכֶם בְּנֵיכֶם וּבְנֹתֵיכֶם נְשֵׁיכֶם וּבָתֵּיכֶם:

9 וַיְהִי כַּאֲשֶׁר־שָׁמְעוּ אוֹיְבֵינוּ כִּי־נוֹדַע לָנוּ וַיָּפֶר הָאֱלֹהִים אֶת־עֲצָתָם

10 וַנָּשׁוּב כֻּלָּנוּ אֶל־הַחוֹמָה אִישׁ אֶל־מְלַאכְתּוֹ: וַיְהִי | מִן־הַיּוֹם הַהוּא | וַנָּשֶׁב
חֲצִי נְעָרַי עֹשִׂים בַּמְּלָאכָה וְחֶצְיָם מַחֲזִיקִים וְהָרְמָחִים הַמָּגִנִּים

11 וְהַקְּשָׁתוֹת וְהַשִּׁרְיֹנִים וְהַשָּׂרִים אַחֲרֵי כָּל־בֵּית יְהוּדָה: הַבּוֹנִים
בַּחוֹמָה וְהַנֹּשְׂאִים בַּסֶּבֶל עֹמְשִׂים בְּאַחַת יָדוֹ עֹשֶׂה בַמְּלָאכָה וְאַחַת

12 מַחֲזֶקֶת הַשָּׁלַח: וְהַבּוֹנִים אִישׁ חַרְבּוֹ אֲסוּרִים עַל־מָתְנָיו וּבוֹנִים

13 וְהַתּוֹקֵעַ בַּשּׁוֹפָר אֶצְלִי: וָאֹמַר אֶל־הַחֹרִים וְאֶל־הַסְּגָנִים וְאֶל־יֶתֶר
הָעָם הַמְּלָאכָה הַרְבֵּה וּרְחָבָה וַאֲנַחְנוּ נִפְרָדִים עַל־הַחוֹמָה רְחוֹקִים

14 אִישׁ מֵאָחִיו: בִּמְקוֹם אֲשֶׁר תִּשְׁמְעוּ אֶת־קוֹל הַשּׁוֹפָר שָׁמָּה תִּקָּבְצוּ

15 אֵלֵינוּ אֱלֹהֵינוּ יִלָּחֶם לָנוּ: וַאֲנַחְנוּ עֹשִׂים בַּמְּלָאכָה וְחֶצְיָם מַחֲזִיקִים

16 בָּרְמָחִים מֵעֲלוֹת הַשַּׁחַר עַד צֵאת הַכּוֹכָבִים: גַּם בָּעֵת הַהִיא
אָמַרְתִּי לָעָם אִישׁ וְנַעֲרוֹ יָלִינוּ בְּתוֹךְ יְרוּשָׁלָ͏ִם וְהָיוּ־לָנוּ הַלַּיְלָה

17 מִשְׁמָר וְהַיּוֹם מְלָאכָה: וְאֵין אֲנִי וְאַחַי וּנְעָרַי וְאַנְשֵׁי הַמִּשְׁמָר אֲשֶׁר

5 1 אַחֲרַי אֵין־אֲנַחְנוּ פֹשְׁטִים בְּגָדֵינוּ אִישׁ שִׁלְחוֹ הַמָּיִם: וַתְּהִי

2 צַעֲקַת הָעָם וּנְשֵׁיהֶם גְּדוֹלָה אֶל־אֲחֵיהֶם הַיְּהוּדִים: וְיֵשׁ אֲשֶׁר

3 אֹמְרִים בָּנֵינוּ וּבְנֹתֵינוּ אֲנַחְנוּ רַבִּים וְנִקְחָה דָגָן וְנֹאכְלָה וְנִחְיֶה: וְיֵשׁ
אֲשֶׁר אֹמְרִים שְׂדֹתֵינוּ וּכְרָמֵינוּ וּבָתֵּינוּ אֲנַחְנוּ עֹרְבִים וְנִקְחָה דָגָן

4 בָּרָעָב: וְיֵשׁ אֲשֶׁר אֹמְרִים לָוִינוּ כֶסֶף לְמִדַּת הַמֶּלֶךְ שְׂדֹתֵינוּ

5 Yet now our flesh *is* as the flesh of our brethren, our children as their children: and, lo, we bring into bondage our sons and our daughters to be servants, and *some* of our daughters are brought unto bondage *already:* neither *is it* in our power *to redeem them;* for other men have our lands and vineyards.

6 ¶ And I was very angry when I heard their cry and these words.

7 Then I consulted with myself, and I rebuked the nobles, and the rulers, and said unto them, Ye exact usury, every one of his brother. And I set a great assembly against them.

8 And I said unto them, We after our ability have redeemed our brethren the Jews, which were sold unto the heathen; and will ye even sell your brethren? or shall they be sold unto us? Then held they their peace, and found nothing *to answer.*

9 Also I said, It *is* not good that ye do: ought ye not to walk in the fear of our God because of the reproach of the heathen our enemies?

10 I likewise, *and* my brethren, and my servants, might exact of them money and corn: I pray you, let us leave off this usury.

11 Restore, I pray you, to them, even this day, their lands, their vineyards, their oliveyards, and their houses, also the hundredth *part* of the money, and of the corn, the wine, and the oil, that ye exact of them.

12 Then said they, We will restore *them,* and will require nothing of them; so will we do as thou sayest. Then I called the priests, and took an oath of them, that they should do according to this promise.

13 Also I shook my lap, and said, So God shake out every man from his house, and from his labour, that performeth not this promise, even thus be he shaken out, and emptied. And all the congregation said, Amen, and praised the Lord. And the people did according to this promise.

14 ¶ Moreover from the time that I was appointed to be their governor in the land of Judah, from the twentieth year even unto the two and thirtieth year of Artaxerxes the king, *that is,* twelve years, I and my brethren have not eaten the bread of the governor.

15 But the former governors that *had been* before me were chargeable unto the people, and had taken of them bread and wine, beside forty shekels of silver; yea, even their servants bare rule over the people: but so did not I, because of the fear of God.

16 Yea, also I continued in the work of this wall, neither bought we any land: and all my servants *were* gathered thither unto the work.

17 Moreover *there were* at my table an hundred and fifty of the Jews and rulers, beside those that came unto us from among the heathen that *are* about us.

18 Now *that* which was prepared *for me* daily *was* one ox *and* six choice sheep; also fowls were prepared for me, and once in ten days store of all sorts of wine: yet for all this required not I the bread of the governor, because the bondage was heavy upon this people.

19 Think upon me, my God, for good, *according* to all that I have done for this people.

CHAPTER 6

1 Now it came to pass, when Sanballat, and Tobiah, and Geshem the Arabian, and the rest of our enemies, heard that I had builded the wall, and *that* there was no breach left therein; (though at that time I had not set up the doors upon the gates;)

2 That Sanballat and Geshem sent unto me, saying, Come, let us meet together in *some one of* the villages in the plain of Ono. But they thought to do me mischief.

3 And I sent messengers unto them, saying, I *am* doing a great work, so that I cannot come down: why should the work

5 וְכַרְמֵינוּ: וְעַתָּה כִּבְשַׂר אַחֵינוּ בְּשָׂרֵנוּ כִּבְנֵיהֶם בָּנֵינוּ וְהִנֵּה אֲנַחְנוּ כֹבְשִׁים אֶת־בָּנֵינוּ וְאֶת־בְּנֹתֵינוּ לַעֲבָדִים וְיֵשׁ מִבְּנֹתֵינוּ נִכְבָּשׁוֹת וְאֵין

6 לְאֵל יָדֵנוּ וּשְׂדֹתֵינוּ וּכְרָמֵינוּ לַאֲחֵרִים: וַיִּחַר לִי מְאֹד כַּאֲשֶׁר שָׁמַעְתִּי

7 אֶת־זַעֲקָתָם וְאֵת הַדְּבָרִים הָאֵלֶּה: וַיִּמָּלֵךְ לִבִּי עָלַי וָאָרִיבָה אֶת־ הַחֹרִים וְאֶת־הַסְּגָנִים וָאֹמְרָה לָהֶם מַשָּׁא אִישׁ־בְּאָחִיו אַתֶּם נֹשִׁאים

נֹשִׁים

8 וָאֶתֵּן עֲלֵיהֶם קְהִלָּה גְדוֹלָה: וָאֹמְרָה לָהֶם אֲנַחְנוּ קָנִינוּ אֶת־אַחֵינוּ הַיְּהוּדִים הַנִּמְכָּרִים לַגּוֹיִם כְּדֵי בָנוּ וְגַם־אַתֶּם תִּמְכְּרוּ אֶת־אֲחֵיכֶם

9 וְנִמְכְּרוּ־לָנוּ וַיַּחֲרִישׁוּ וְלֹא מָצְאוּ דָּבָר: וַיֹּאמֶר לֹא־טוֹב הַדָּבָר אֲשֶׁר־אַתֶּם עֹשִׂים הֲלוֹא בְּיִרְאַת אֱלֹהֵינוּ תֵּלֵכוּ מֵחֶרְפַּת

וָאֹמַר

10 הַגּוֹיִם אוֹיְבֵינוּ: וְגַם־אֲנִי אַחַי וּנְעָרַי נֹשִׁים בָּהֶם כֶּסֶף וְדָגָן נַעַזְבָה־נָּא

11 אֶת־הַמַּשָּׁא הַזֶּה: הָשִׁיבוּ נָא לָהֶם כְּהַיּוֹם שְׂדֹתֵיהֶם כַּרְמֵיהֶם זֵיתֵיהֶם וּבָתֵּיהֶם וּמְאַת הַכֶּסֶף וְהַדָּגָן הַתִּירוֹשׁ וְהַיִּצְהָר אֲשֶׁר אַתֶּם

12 נֹשִׁים בָּהֶם: וַיֹּאמְרוּ נָשִׁיב וּמֵהֶם לֹא נְבַקֵּשׁ כֵּן נַעֲשֶׂה כַּאֲשֶׁר אַתָּה

13 אוֹמֵר וָאֶקְרָא אֶת־הַכֹּהֲנִים וָאַשְׁבִּיעֵם לַעֲשׂוֹת כַּדָּבָר הַזֶּה: גַּם־חָצְנִי נָעַרְתִּי וָאֹמְרָה כָּכָה יְנַעֵר הָאֱלֹהִים אֶת־כָּל־הָאִישׁ אֲשֶׁר לֹא־יָקִים אֶת־הַדָּבָר הַזֶּה מִבֵּיתוֹ וּמִיגִיעוֹ וְכָכָה יִהְיֶה נָעוּר וָרֵק וַיֹּאמְרוּ כָל־

14 הַקָּהָל אָמֵן וַיְהַלְלוּ אֶת־יְהֹוָה וַיַּעַשׂ הָעָם כַּדָּבָר הַזֶּה: גַּם מִיּוֹם אֲשֶׁר־צִוָּה אֹתִי לִהְיוֹת פֶּחָם בְּאֶרֶץ יְהוּדָה מִשְּׁנַת עֶשְׂרִים וְעַד שְׁנַת שְׁלֹשִׁים וּשְׁתַּיִם לְאַרְתַּחְשַׁסְתְּא הַמֶּלֶךְ שָׁנִים שְׁתֵּים עֶשְׂרֵה אֲנִי

15 וְאַחַי לֶחֶם הַפֶּחָה לֹא אָכַלְתִּי: וְהַפַּחוֹת הָרִאשֹׁנִים אֲשֶׁר־לְפָנַי הִכְבִּידוּ עַל־הָעָם וַיִּקְחוּ מֵהֶם בְּלֶחֶם וָיַיִן אַחַר כֶּסֶף־שְׁקָלִים אַרְבָּעִים גַּם נַעֲרֵיהֶם שָׁלְטוּ עַל־הָעָם וַאֲנִי לֹא־עָשִׂיתִי כֵן מִפְּנֵי

16 יִרְאַת אֱלֹהִים: וְגַם בִּמְלֶאכֶת הַחוֹמָה הַזֹּאת הֶחֱזַקְתִּי וְשָׂדֶה לֹא

17 קָנִינוּ וְכָל־נְעָרַי קְבוּצִים שָׁם עַל־הַמְּלָאכָה: וְהַיְּהוּדִים וְהַסְּגָנִים מֵאָה וַחֲמִשִּׁים אִישׁ וְהַבָּאִים אֵלֵינוּ מִן־הַגּוֹיִם אֲשֶׁר־סְבִיבֹתֵינוּ עַל־

18 שֻׁלְחָנִי: וַאֲשֶׁר הָיָה נַעֲשֶׂה לְיוֹם אֶחָד שׁוֹר אֶחָד צֹאן שֵׁשׁ־בְּרֻרוֹת וְצִפֳּרִים נַעֲשׂוּ־לִי וּבֵין עֲשֶׂרֶת יָמִים בְּכָל־יַיִן לְהַרְבֵּה וְעִם־זֶה לֶחֶם

19 הַפֶּחָה לֹא בִקַּשְׁתִּי כִּי־כָבְדָה הָעֲבֹדָה עַל־הָעָם הַזֶּה: זָכְרָה־לִּי אֱלֹהַי לְטוֹבָה כֹּל אֲשֶׁר־עָשִׂיתִי עַל־הָעָם הַזֶּה:

6 1 וַיְהִי כַאֲשֶׁר נִשְׁמַע לְסַנְבַלַּט וְטוֹבִיָּה וּלְגֶשֶׁם הָעַרְבִי וּלְיֶתֶר אֹיְבֵינוּ כִּי בָנִיתִי אֶת־הַחוֹמָה וְלֹא־נוֹתַר בָּהּ פָּרֶץ גַּם עַד־הָעֵת הַהִיא

2 דְּלָתוֹת לֹא־הֶעֱמַדְתִּי בַשְּׁעָרִים: וַיִּשְׁלַח סַנְבַלַּט וְגֶשֶׁם אֵלַי לֵאמֹר לְכָה וְנִוָּעֲדָה יַחְדָּו בַּכְּפִירִים בְּבִקְעַת אוֹנוֹ וְהֵמָּה חֹשְׁבִים לַעֲשׂוֹת

3 לִי רָעָה: וָאֶשְׁלְחָה עֲלֵיהֶם מַלְאָכִים לֵאמֹר מְלָאכָה גְדוֹלָה אֲנִי עֹשֶׂה וְלֹא אוּכַל לָרֶדֶת לָמָּה תִשְׁבַּת הַמְּלָאכָה כַּאֲשֶׁר אַרְפֶּהָ

cease, whilst I leave it, and come down to you?

4 Yet they sent unto me four times after this sort; and I answered them after the same manner.

5 Then sent Sanballat his servant unto me in like manner the fifth time with an open letter in his hand;

6 Wherein *was* written, It is reported among the heathen, and Gashmu saith *it, that* thou and the Jews think to rebel: for which cause thou buildest the wall, that thou mayest be their king, according to these words.

7 And thou hast also appointed prophets to preach of thee at Jerusalem, saying, *There is* a king in Judah: and now shall it be reported to the king according to these words. Come now therefore, and let us take counsel together.

8 Then I sent unto him, saying, There are no such things done as thou sayest, but thou feignest them out of thine own heart.

9 For they all made us afraid, saying, Their hands shall be weakened from the work, that it be not done. Now therefore, *O God,* strengthen my hands.

10 Afterward I came unto the house of Shemaiah the son of Delaiah the son of Mehetabeel, who *was* shut up; and he said, Let us meet together in the house of God, within the temple, and let us shut the doors of the temple: for they will come to slay thee; yea, in the night will they come to slay thee.

11 And I said, Should such a man as I flee? and who *is there,* that, *being* as I *am,* would go into the temple to save his life? I will not go in.

12 And, lo, I perceived that God had not sent him; but that he pronounced this prophecy against me: for Tobiah and Sanballat had hired him.

13 Therefore *was* he hired, that I should be afraid, and do so, and sin, and *that* they might have *matter* for an evil report, that they might reproach me.

14 My God, think thou upon Tobiah and Sanballat according to these their works,

and on the prophetess Noadiah, and the rest of the prophets, that would have put me in fear.

15 ¶ So the wall was finished in the twenty and fifth *day* of *the month* Elul, in fifty and two days.

16 And it came to pass, that when all our enemies heard *thereof,* and all the heathen that *were* about us saw *these things,* they were much cast down in their own eyes: for they perceived that this work was wrought of our God.

17 ¶ Moreover in those days the nobles of Judah sent many letters unto Tobiah, and *the letters* of Tobiah came unto them.

18 For *there were* many in Judah sworn unto him, because he *was* the son in law of Shechaniah the son of Arah; and his son Johanan had taken the daughter of Meshullam the son of Berechiah.

19 Also they reported his good deeds before me, and uttered my words to him. *And* Tobiah sent letters to put me in fear.

CHAPTER 7

1 Now it came to pass, when the wall was built, and I had set up the doors, and the porters and the singers and the Levites were appointed,

2 That I gave my brother Hanani, and Hananiah the ruler of the palace, charge over Jerusalem: for he *was* a faithful man, and feared God above many.

3 And I said unto them, Let not the gates of Jerusalem be opened until the sun be hot; and while they stand by, let them shut the doors, and bar *them:* and appoint watches of the inhabitants of Jerusalem, every one in his watch, and every one *to be* over against his house.

4 Now the city *was* large and great: but the people *were* few therein, and the houses *were* not builded.

5 ¶ And my God put into mine heart to gather together the nobles, and the rulers, and the people, that they might be reckoned by genealogy. And I found a register of the genealogy of them which came up at the first, and found written therein,

4 וְיָרַדְתִּי אֲלֵיכֶם: וַיִּשְׁלְחוּ אֵלַי כַּדָּבָר הַזֶּה אַרְבַּע פְּעָמִים וָאָשִׁיב

5 אוֹתָם כַּדָּבָר הַזֶּה: וַיִּשְׁלַח אֵלַי סַנְבַלַּט

6 כַּדָּבָר הַזֶּה פַּעַם חֲמִישִׁית אֶת־נַעֲרוֹ וְאִגֶּרֶת פְּתוּחָה בְּיָדוֹ: כָּתוּב בָּהּ בַּגּוֹיִם נִשְׁמָע וְגַשְׁמוּ אֹמֵר אַתָּה וְהַיְּהוּדִים חֹשְׁבִים לִמְרוֹד עַל־ כֵּן אַתָּה בוֹנֶה הַחוֹמָה וְאַתָּה הֹוֶה לָהֶם לְמֶלֶךְ כַּדְּבָרִים הָאֵלֶּה:

7 וְגַם־נְבִיאִים הֶעֱמַדְתָּ לִקְרֹא עָלֶיךָ בִירוּשָׁלַ͏ִם לֵאמֹר מֶלֶךְ בִּיהוּדָה וְעַתָּה יִשָּׁמַע לַמֶּלֶךְ כַּדְּבָרִים הָאֵלֶּה וְעַתָּה לְכָה וְנִוָּעֲצָה

8 יַחְדָּו: וָאֶשְׁלְחָה אֵלָיו לֵאמֹר לֹא נִהְיָה כַּדְּבָרִים הָאֵלֶּה

9 אֲשֶׁר אַתָּה אוֹמֵר כִּי מִלִּבְּךָ אַתָּה בוֹדָאם: כִּי כֻלָּם מְיָרְאִים אוֹתָנוּ לֵאמֹר יִרְפּוּ יְדֵיהֶם מִן־הַמְּלָאכָה וְלֹא תֵעָשֶׂה וְעַתָּה חַזֵּק אֶת־יָדָי:

10 וַאֲנִי־בָאתִי בֵּית שְׁמַעְיָה בֶן־דְּלָיָה בֶּן־מְהֵיטַבְאֵל וְהוּא עָצוּר וַיֹּאמֶר נִוָּעֵד אֶל־בֵּית הָאֱלֹהִים אֶל־תּוֹךְ הַהֵיכָל וְנִסְגְּרָה דַּלְתוֹת הַהֵיכָל

11 כִּי בָּאִים לְהָרְגֶךָ וְלַיְלָה בָּאִים לְהָרְגֶךָ: וָאֹמְרָה הַאִישׁ כָּמוֹנִי יִבְרָח

12 וּמִי כָמוֹנִי אֲשֶׁר־יָבוֹא אֶל־הַהֵיכָל וָחָי לֹא אָבוֹא: וָאַכִּירָה וְהִנֵּה לֹא־אֱלֹהִים שְׁלָחוֹ כִּי הַנְּבוּאָה דִּבֶּר עָלַי וְטוֹבִיָּה וְסַנְבַלַּט שְׂכָרוֹ:

13 לְמַעַן שָׂכוּר הוּא לְמַעַן־אִירָא וְאֶעֱשֶׂה־כֵּן וְחָטָאתִי וְהָיָה לָהֶם לְשֵׁם רָע לְמַעַן יְחָרְפוּנִי:

14 זָכְרָה אֱלֹהַי לְטוֹבִיָּה וּלְסַנְבַלַּט כְּמַעֲשָׂיו אֵלֶּה וְגַם לְנוֹעַדְיָה הַנְּבִיאָה

15 וּלְיֶתֶר הַנְּבִיאִים אֲשֶׁר הָיוּ מְיָרְאִים אוֹתִי: וַתִּשְׁלַם הַחוֹמָה בְּעֶשְׂרִים וַחֲמִשָּׁה לֶאֱלוּל לַחֲמִשִּׁים וּשְׁנַיִם יוֹם:

16 וַיְהִי כַּאֲשֶׁר שָׁמְעוּ כָּל־אוֹיְבֵינוּ וַיִּרְאוּ כָּל־הַגּוֹיִם אֲשֶׁר סְבִיבֹתֵינוּ וַיִּפְּלוּ מְאֹד בְּעֵינֵיהֶם וַיֵּדְעוּ כִּי מֵאֵת אֱלֹהֵינוּ נֶעֶשְׂתָה הַמְּלָאכָה

17 הַזֹּאת: גַּם בַּיָּמִים הָהֵם מַרְבִּים חֹרֵי יְהוּדָה אִגְּרֹתֵיהֶם הוֹלְכוֹת

18 עַל־טוֹבִיָּה וַאֲשֶׁר לְטוֹבִיָּה בָּאוֹת אֲלֵיהֶם: כִּי־רַבִּים בִּיהוּדָה בַּעֲלֵי שְׁבוּעָה לוֹ כִּי־חָתָן הוּא לִשְׁכַנְיָה בֶן־אָרַח וִיהוֹחָנָן בְּנוֹ לָקַח אֶת־

19 בַּת־מְשֻׁלָּם בֶּן בֶּרֶכְיָה: גַּם טוֹבֹתָיו הָיוּ אֹמְרִים לְפָנַי וּדְבָרַי הָיוּ 19A

7 מוֹצִיאִים לוֹ אִגְּרוֹת שָׁלַח טוֹבִיָּה לְיָרְאֵנִי: וַיְהִי כַּאֲשֶׁר נִבְנְתָה הַחוֹמָה וָאַעֲמִיד הַדְּלָתוֹת וַיִּפָּקְדוּ הַשּׁוֹעֲרִים וְהַמְשֹׁרְרִים וְהַלְוִיִּם:

2 וָאֲצַוֶּה אֶת־חֲנָנִי אָחִי וְאֶת־חֲנַנְיָה שַׂר הַבִּירָה עַל־יְרוּשָׁלָ͏ִם כִּי־הוּא

3 כְּאִישׁ אֱמֶת וְיָרֵא אֶת־הָאֱלֹהִים מֵרַבִּים: וַיֹּאמֶר לָהֶם לֹא יִפָּתְחוּ שַׁעֲרֵי יְרוּשָׁלַ͏ִם עַד־חֹם הַשֶּׁמֶשׁ וְעַד הֵם עֹמְדִים יָגִיפוּ הַדְּלָתוֹת וֶאֱחֹזוּ וְהַעֲמֵיד מִשְׁמְרוֹת יֹשְׁבֵי יְרוּשָׁלַ͏ִם אִישׁ בְּמִשְׁמָרוֹ וְאִישׁ נֶגֶד

4 בֵּיתוֹ: וְהָעִיר רַחֲבַת יָדַיִם וּגְדוֹלָה וְהָעָם מְעַט בְּתוֹכָהּ וְאֵין בָּתִּים

5 בְּנוּיִם: וַיִּתֵּן אֱלֹהַי אֶל־לִבִּי וָאֶקְבְּצָה אֶת־הַחֹרִים וְאֶת־הַסְּגָנִים וְאֶת־ הָעָם לְהִתְיַחֵשׂ וָאֶמְצָא סֵפֶר הַיַּחַשׂ הָעוֹלִים בָּרִאשׁוֹנָה וָאֶמְצָא

וָאֹמַר

6 These *are* the children of the province, that went up out of the captivity, of those that had been carried away, whom Nebuchadnezzar the king of Babylon had carried away, and came again to Jerusalem and to Judah, every one unto his city;

7 Who came with Zerubbabel, Jeshua, Nehemiah, Azariah, Raamiah, Nahamani, Mordecai, Bilshan, Mispereth, Bigvai, Nehum, Baanah. The number, *I say,* of the men of the people of Israel *was this;*

8 The children of Parosh, two thousand an hundred seventy and two.

9 The children of Shephatiah, three hundred seventy and two.

10 The children of Arah, six hundred fifty and two.

11 The children of Pahath-moab, of the children of Jeshua and Joab, two thousand and eight hundred *and* eighteen.

12 The children of Elam, a thousand two hundred fifty and four.

13 The children of Zattu, eight hundred forty and five.

14 The children of Zaccai, seven hundred and threescore.

15 The children of Binnui, six hundred forty and eight.

16 The children of Bebai, six hundred twenty and eight.

17 The children of Azgad, two thousand three hundred twenty and two.

18 The children of Adonikam, six hundred threescore and seven.

19 The children of Bigvai, two thousand threescore and seven.

20 The children of Adin, six hundred fifty and five.

21 The children of Ater of Hezekiah, ninety and eight.

22 The children of Hashum, three hundred twenty and eight.

23 The children of Bezai, three hundred twenty and four.

24 The children of Hariph, an hundred and twelve.

25 The children of Gibeon, ninety and five.

26 The men of Beth-lehem and Netophah, an hundred fourscore and eight.

27 The men of Anathoth, an hundred twenty and eight.

28 The men of Beth-azmaveth, forty and two.

29 The men of Kirjath-jearim, Chephirah, and Beeroth, seven hundred forty and three.

30 The men of Ramah and Gaba, six hundred twenty and one.

31 The men of Michmas, an hundred and twenty and two.

32 The men of Beth-el and Ai, an hundred twenty and three.

33 The men of the other Nebo, fifty and two.

34 The children of the other Elam, a thousand two hundred fifty and four.

35 The children of Harim, three hundred and twenty.

36 The children of Jericho, three hundred forty and five.

37 The children of Lod, Hadid, and Ono, seven hundred twenty and one.

38 The children of Senaah, three thousand nine hundred and thirty.

39 ¶ The priests: the children of Jedaiah, of the house of Jeshua, nine hundred seventy and three.

40 The children of Immer, a thousand fifty and two.

41 The children of Pashur, a thousand two hundred forty and seven.

42 The children of Harim, a thousand and seventeen.

כָּתוּב בּוֹ:

6 אֵלֶּה | בְּנֵי הַמְּדִינָה הָעֹלִים מִשְּׁבִי הַגּוֹלָה אֲשֶׁר הֶגְלָה נְבוּכַדְנֶצַּר

7 מֶלֶךְ בָּבֶל וַיָּשׁוּבוּ לִירוּשָׁלַ͏ִם וְלִיהוּדָה אִישׁ לְעִירוֹ: הַבָּאִים עִם־

זְרֻבָּבֶל יֵשׁוּעַ נְחֶמְיָה עֲזַרְיָה רַעַמְיָה נַחֲמָנִי מָרְדֳּכַי בִּלְשָׁן מִסְפֶּרֶת

8 בִּגְוַי נְחוּם בַּעֲנָה מִסְפַּר אַנְשֵׁי עַם יִשְׂרָאֵל: בְּנֵי פַרְעֹשׁ

9 אַלְפַּיִם מֵאָה וְשִׁבְעִים וּשְׁנָיִם: בְּנֵי שְׁפַטְיָה שְׁלֹשׁ מֵאוֹת

10 שִׁבְעִים וּשְׁנָיִם: בְּנֵי אָרַח שֵׁשׁ מֵאוֹת חֲמִשִּׁים

11 וּשְׁנָיִם: בְּנֵי־פַחַת מוֹאָב לִבְנֵי יֵשׁוּעַ וְיוֹאָב אַלְפַּיִם וּשְׁמֹנֶה

12 מֵאוֹת שְׁמֹנָה עָשָׂר: בְּנֵי עֵילָם אֶלֶף מָאתַיִם חֲמִשִּׁים

13 וְאַרְבָּעָה: בְּנֵי זַתּוּא שְׁמֹנֶה מֵאוֹת אַרְבָּעִים

14 וַחֲמִשָּׁה: בְּנֵי זַכָּי שְׁבַע מֵאוֹת וְשִׁשִּׁים: בְּנֵי
15

16 בִנּוּי שֵׁשׁ מֵאוֹת אַרְבָּעִים וּשְׁמֹנָה: בְּנֵי בֵבָי שֵׁשׁ מֵאוֹת

17 עֶשְׂרִים וּשְׁמֹנָה: בְּנֵי עַזְגָּד אַלְפַּיִם שְׁלֹשׁ מֵאוֹת עֶשְׂרִים

18 וּשְׁנָיִם: בְּנֵי אֲדֹנִיקָם שֵׁשׁ מֵאוֹת שִׁשִּׁים

19 וְשִׁבְעָה: בְּנֵי בִגְוָי אַלְפַּיִם שִׁשִּׁים וְשִׁבְעָה: בְּנֵי
20

21 עָדִין שֵׁשׁ מֵאוֹת חֲמִשִּׁים וַחֲמִשָּׁה: בְּנֵי־אָטֵר לְחִזְקִיָּה

22 תִּשְׁעִים וּשְׁמֹנָה: בְּנֵי חָשֻׁם שְׁלֹשׁ מֵאוֹת עֶשְׂרִים

23 וּשְׁמֹנָה: בְּנֵי בֵצָי שְׁלֹשׁ מֵאוֹת עֶשְׂרִים

24 וְאַרְבָּעָה: בְּנֵי חָרִיף מֵאָה שְׁנֵים עָשָׂר: בְּנֵי
25

26 גִבְעוֹן תִּשְׁעִים וַחֲמִשָּׁה: אַנְשֵׁי בֵית־לֶחֶם וּנְטֹפָה

27 מֵאָה שְׁמֹנִים וּשְׁמֹנָה: אַנְשֵׁי עֲנָתוֹת

28 מֵאָה עֶשְׂרִים וּשְׁמֹנָה: אַנְשֵׁי בֵית־עַזְמָוֶת אַרְבָּעִים

29 וּשְׁנָיִם: אַנְשֵׁי קִרְיַת יְעָרִים כְּפִירָה וּבְאֵרוֹת שְׁבַע מֵאוֹת

30 אַרְבָּעִים וּשְׁלֹשָׁה: אַנְשֵׁי הָרָמָה וָגָבַע שֵׁשׁ מֵאוֹת

31 עֶשְׂרִים וְאֶחָד: אַנְשֵׁי מִכְמָס מֵאָה וְעֶשְׂרִים

32 וּשְׁנָיִם: אַנְשֵׁי בֵית־אֵל וְהָעָי מֵאָה עֶשְׂרִים

33 וּשְׁלֹשָׁה: אַנְשֵׁי נְבוֹ אַחֵר חֲמִשִּׁים וּשְׁנָיִם: בְּנֵי
34

35 עֵילָם אַחֵר אֶלֶף מָאתַיִם חֲמִשִּׁים וְאַרְבָּעָה: בְּנֵי חָרִם

36 שְׁלֹשׁ מֵאוֹת וְעֶשְׂרִים: בְּנֵי יְרֵחוֹ שְׁלֹשׁ מֵאוֹת אַרְבָּעִים

37 וַחֲמִשָּׁה: בְּנֵי־לֹד חָדִיד וְאוֹנוֹ שְׁבַע מֵאוֹת וְעֶשְׂרִים

38 וְאֶחָד: בְּנֵי סְנָאָה שְׁלֹשֶׁת אֲלָפִים תְּשַׁע מֵאוֹת

וּשְׁלֹשִׁים:

39 הַכֹּהֲנִים בְּנֵי יְדַעְיָה לְבֵית יֵשׁוּעַ תְּשַׁע מֵאוֹת שִׁבְעִים

40 וּשְׁלֹשָׁה: בְּנֵי אִמֵּר אֶלֶף חֲמִשִּׁים וּשְׁנָיִם: בְּנֵי
41

42 פַשְׁחוּר אֶלֶף מָאתַיִם אַרְבָּעִים וְשִׁבְעָה: בְּנֵי חָרִם אֶלֶף

43 ¶ The Levites: the children of Jeshua, of Kadmiel, *and* of the children of Hodevah, seventy and four.

44 ¶ The singers: the children of Asaph, an hundred forty and eight.

45 ¶ The porters: the children of Shallum, the children of Ater, the children of Talmon, the children of Akkub, the children of Hatita, the children of Shobai, an hundred thirty and eight.

46 ¶ The Nethinims: the children of Ziha, the children of Hashupha, the children of Tabbaoth,

47 The children of Keros, the children of Sia, the children of Padon,

48 The children of Lebana, the children of Hagaba, the children of Shalmai,

49 The children of Hanan, the children of Giddel, the children of Gahar,

50 The children of Reaiah, the children of Rezin, the children of Nekoda,

51 The children of Gazzam, the children of Uzza, the children of Phaseah,

52 The children of Besai, the children of Meunim, the children of Nephishesim,

53 The children of Bakbuk, the children of Hakupha, the children of Harhur,

54 The children of Bazlith, the children of Mehida, the children of Harsha,

55 The children of Barkos, the children of Sisera, the children of Tamah,

56 The children of Neziah, the children of Hatipha.

57 ¶ The children of Solomon's servants: the children of Sotai, the children of Sophereth, the children of Perida,

58 The children of Jaala, the children of Darkon, the children of Giddel,

59 The children of Shephatiah, the children of Hattil, the children of Pochereth of Zebaim, the children of Amon.

60 All the Nethinims, and the children of Solomon's servants, *were* three hundred ninety and two.

61 And these *were* they which went up *also* from Tel-melah, Tel-haresha, Cherub, Addon, and Immer: but they could not shew their father's house, nor their seed, whether they *were* of Israel.

62 The children of Delaiah, the children of Tobiah, the children of Nekoda, six hundred forty and two.

63 ¶ And of the priests: the children of Habaiah, the children of Koz, the children of Barzillai, which took *one* of the daughters of Barzillai the Gileadite to wife, and was called after their name.

64 These sought their register *among* those that were reckoned by genealogy, but it was not found: therefore were they, as polluted, put from the priesthood.

65 And the Tirshatha said unto them, that they should not eat of the most holy things, till there stood *up* a priest with Urim and Thummim.

66 ¶ The whole congregation together *was* forty and two thousand three hundred and threescore,

67 Beside their manservants and their maidservants, of whom *there were* seven thousand three hundred thirty and seven: and they had two hundred forty and five singing men and singing women.

68[-] Their horses, seven hundred thirty and six: their mules, two hundred forty and five:

69[68] *Their* camels, four hundred thirty and five: six thousand seven hundred and twenty asses.

The KJV follows Hebrew manuscripts that have an additional verse (7:68). See the corresponding note for the Hebrew text.

שִׁבְעָ֥ה עָשָֽׂר:

43 הַלְוִיִּ֑ם בְּנֵי־יֵשׁ֧וּעַ לְקַדְמִיאֵ֛ל לִבְנֵ֥י לְהוֹדְוָ֖ה שִׁבְעִ֥ים   43A
44 וְאַרְבָּעָֽה: הַמְשֹׁרְרִ֑ים בְּנֵ֣י אָסָ֔ף מֵאָ֖ה אַרְבָּעִ֥ים
45 וּשְׁמֹנָֽה: הַשֹּׁעֲרִ֗ים בְּנֵֽי־שַׁלּ֤וּם בְּנֵֽי־
אָטֵר֙ בְּנֵי־טַלְמֹ֣ן בְּנֵי־עַקּ֔וּב בְּנֵ֥י חֲטִיטָ֖א בְּנֵ֣י שֹׁבָ֑י מֵאָ֖ה שְׁלֹשִׁ֥ים
46 וּשְׁמֹנָֽה: הַנְּתִינִ֑ים בְּנֵֽי־
47/48 צִחָ֥א בְנֵי־חֲשֻׂפָ֖א בְּנֵ֣י טַבָּעֽוֹת: בְּנֵי־קֵירֹ֥ס בְּנֵי־סִיעָ֖א בְּנֵ֣י פָדֽוֹן: בְּנֵי־
49/50 לְבָנָ֥ה בְנֵי־חֲגָבָ֖ה בְּנֵ֥י שַׁלְמָֽי: בְּנֵי־חָנָ֥ן בְּנֵי־גִדֵּ֖ל בְּנֵי־גָֽחַר: בְּנֵי־רְאָיָ֥ה
51/52 בְנֵי־רְצִ֖ין בְּנֵ֣י נְקוֹדָֽא: בְּנֵי־גַזָּ֥ם בְּנֵי־עֻזָּ֖א בְּנֵ֣י פָסֵֽחַ: בְּנֵי־בֵסַ֥י בְּנֵי־
53/54 מְעוּנִ֖ים בְּנֵ֥י נפושסים: בְּנֵי־בַקְבּ֥וּק בְּנֵֽי־חֲקוּפָ֖א בְּנֵ֣י חַרְח֑וּר: בְּנֵי־

			נְפִֽישְׁסִֽים
בְּנֵ֥י	בְּנֵֽי־מְחִידָ֖א	בַצְל֛וּת	
בְּנֵֽי־	בְּנֵֽי־בַרְק֥וֹס	55 חַרְשָֽׁא:	
בְּנֵ֥י	בְּנֵי־תָֽמַח:	56 סִֽיסְרָ֖א	
בְּנֵ֥י	בְּנֵ֣י חֲטִיפָֽא:	57 נְצִ֖יחַ	
בְּנֵ֖י	עַבְדֵ֥י שְׁלֹמֹ֑ה		
בְּנֵ֥י	בְּנֵי־סוֹפֶ֖רֶת	ס֥וֹטַי	
בְּנֵ֖י	בְּנֵֽי־יַעְלָ֥א	58 פְרִידָֽא:	
בְּנֵ֥י	בְּנֵ֣י גִדֵּֽל:	59 דַרְק֖וֹן	
בְּנֵ֥י	בְּנֵֽי־חַטִּ֖יל	שְׁפַטְיָ֥ה	
בְּנֵ֖י	פֹּכֶ֥רֶת הַצְּבָיִ֖ים		

60 אָמֽוֹן: כָּל־הַ֨נְּתִינִ֔ים וּבְנֵ֖י עַבְדֵ֣י שְׁלֹמֹ֑ה שְׁלֹ֥שׁ מֵא֖וֹת תִּשְׁעִ֥ים
וּשְׁנָֽיִם:

61 וְאֵ֗לֶּה הָעוֹלִים֙ מִתֵּ֤ל מֶ֨לַח֙ תֵּ֣ל חַרְשָׁ֔א כְּר֥וּב אַדּ֖וֹן וְאִמֵּ֑ר וְלֹ֣א יָֽכְל֗וּ
62 לְהַגִּ֤יד בֵּית־אֲבוֹתָם֙ וְזַרְעָ֔ם אִ֥ם מִיִּשְׂרָאֵ֖ל הֵֽם: בְּנֵי־דְלָיָ֥ה בְנֵֽי־טוֹבִיָּ֖ה
63 בְּנֵ֣י נְקוֹדָ֑א שֵׁ֥שׁ מֵא֖וֹת וְאַרְבָּעִ֥ים וּשְׁנָֽיִם: וּמִן־הַכֹּ֣הֲנִ֔ים
בְּנֵ֥י חֳבַיָּ֖ה בְּנֵ֣י הַקּ֑וֹץ בְּנֵ֣י בַרְזִלַּ֗י אֲשֶׁ֣ר לָ֠קַח מִבְּנ֞וֹת בַּרְזִלַּ֤י הַגִּלְעָדִי֙
64 אִשָּׁ֔ה וַיִּקָּרֵ֖א עַל־שְׁמָֽם: אֵ֗לֶּה בִּקְשׁ֧וּ כְתָבָ֛ם הַמִּתְיַחְשִׂ֖ים וְלֹ֣א נִמְצָ֑א
65 וַיְגֹֽאֲל֖וּ מִן־הַכְּהֻנָּֽה: וַיֹּ֤אמֶר הַתִּרְשָׁ֨תָא֙ לָהֶ֔ם אֲשֶׁ֥ר לֹא־יֹאכְל֖וּ מִקֹּ֣דֶשׁ
66 הַקֳּדָשִׁ֑ים עַ֛ד עֲמֹ֥ד הַכֹּהֵ֖ן לְאוּרִ֥ים וְתוּמִּֽים: כָּל־הַקָּהָ֖ל כְּאֶחָ֑ד אַרְבַּ֣ע
67 רִבּ֔וֹא אַלְפַּ֖יִם שְׁלֹשׁ־מֵא֥וֹת וְשִׁשִּֽׁים: מִ֠לְּבַד עַבְדֵיהֶ֤ם וְאַמְהֹֽתֵיהֶם֙
אֵ֔לֶּה שִׁבְעַ֣ת אֲלָפִ֔ים שְׁלֹ֥שׁ מֵא֖וֹת שְׁלֹשִׁ֣ים וְשִׁבְעָ֑ה וְלָהֶ֛ם מְשֹׁרֲרִ֥ים
68 וּֽמְשֹׁרֲר֔וֹת מָאתַ֖יִם וְאַרְבָּעִ֥ים וַחֲמִשָּֽׁה: גְּמַלִּ֖ים אַרְבַּ֣ע
מֵא֖וֹת שְׁלֹשִׁ֣ים וַחֲמִשָּׁ֑ה ׀ חֲמֹרִ֕ים שֵׁ֣שֶׁת אֲלָפִ֔ים שְׁבַ֥ע מֵא֖וֹת

A few other manuscripts include an additional verse after verse 67:

סוּסֵיהֶ֕ם שְׁבַ֥ע מֵא֖וֹת שְׁלֹשִׁ֣ים וְשִׁשָּׁ֑ה פִּרְדֵיהֶ֕ם מָאתַ֖יִם אַרְבָּעִ֥ים וַחֲמִשָּֽׁה:

70[69] ¶ And some of the chief of the fathers gave unto the work. The Tirshatha gave to the treasure a thousand drams of gold, fifty basons, five hundred and thirty priests' garments.

71[70] And *some* of the chief of the fathers gave to the treasure of the work twenty thousand drams of gold, and two thousand and two hundred pound of silver.

72[71] And *that* which the rest of the people gave *was* twenty thousand drams of gold, and two thousand pound of silver, and threescore and seven priests' garments.

73[72] So the priests, and the Levites, and the porters, and the singers, and *some* of the people, and the Nethinims, and all Israel, dwelt in their cities; and when the seventh month came, the children of Israel *were* in their cities.

CHAPTER 8

1 And all the people gathered themselves together as one man into the street that *was* before the water gate; and they spake unto Ezra the scribe to bring the book of the law of Moses, which the LORD had commanded to Israel.

2 And Ezra the priest brought the law before the congregation both of men and women, and all that could hear with understanding, upon the first day of the seventh month.

3 And he read therein before the street that *was* before the water gate from the morning until midday, before the men and the women, and those that could understand; and the ears of all the people *were attentive* unto the book of the law.

4 And Ezra the scribe stood upon a pulpit of wood, which they had made for the purpose; and beside him stood Mattithiah, and Shema, and Anaiah, and Urijah, and Hilkiah, and Maaseiah, on his right hand; and on his left hand, Pedaiah, and

Mishael, and Malchiah, and Hashum, and Hashbadana, Zechariah, *and* Meshullam.

5 And Ezra opened the book in the sight of all the people; (for he was above all the people;) and when he opened it, all the people stood up:

6 And Ezra blessed the LORD, the great God. And all the people answered, Amen, Amen, with lifting up their hands: and they bowed their heads, and worshipped the LORD with *their* faces to the ground.

7 Also Jeshua, and Bani, and Sherebiah, Jamin, Akkub, Shabbethai, Hodijah, Maaseiah, Kelita, Azariah, Jozabad, Hanan, Pelaiah, and the Levites, caused the people to understand the law: and the people *stood* in their place.

8 So they read in the book in the law of God distinctly, and gave the sense, and caused *them* to understand the reading.

9 ¶ And Nehemiah, which *is* the Tirshatha, and Ezra the priest the scribe, and the Levites that taught the people, said unto all the people, This day *is* holy unto the LORD your God; mourn not, nor weep. For all the people wept, when they heard the words of the law.

10 Then he said unto them, Go your way, eat the fat, and drink the sweet, and send portions unto them for whom nothing is prepared: for *this* day *is* holy unto our Lord: neither be ye sorry; for the joy of the LORD is your strength.

11 So the Levites stilled all the people, saying, Hold your peace, for the day *is* holy; neither be ye grieved.

12 And all the people went their way to eat, and to drink, and to send portions, and to make great mirth, because they had understood the words that were declared unto them.

13 ¶ And on the second day were gathered together the chief of the fathers of all the people, the priests, and the Levites, unto Ezra the scribe, even to understand the words of the law.

14 And they found written in the law which the LORD had commanded by Mo-

69 וְעֶשְׂרִֽים: וּמִקְצָת֙ רָאשֵׁ֣י הָֽאָב֔וֹת נָתְנ֖וּ לַמְּלָאכָ֑ה הַתִּרְשָׁ֗תָא נָתַ֤ן לָאוֹצָר֙ זָהָ֞ב דַּרְכְּמֹנִ֣ים אֶ֗לֶף מִזְרָק֣וֹת חֲמִשִּׁ֔ים כָּתְנוֹת֙ כֹּֽהֲנִ֔ים שְׁלֹשִׁ֖ים

70 וַחֲמֵ֥שׁ מֵאֽוֹת: וּמֵֽרָאשֵׁ֣י הָֽאָב֗וֹת נָֽתְנוּ֙ לְאוֹצַ֣ר הַמְּלָאכָ֔ה זָהָ֕ב

71 דַּרְכְּמוֹנִ֖ים שְׁתֵּ֣י רִבּ֑וֹת וְכֶ֕סֶף מָנִ֖ים אַלְפַּ֥יִם וּמָאתָֽיִם: וַאֲשֶׁ֣ר נָֽתְנוּ֮ שְׁאֵרִ֣ית הָעָם֒ זָהָ֗ב דַּרְכְּמוֹנִים֙ שְׁתֵּ֣י רִבּ֔וֹא וְכֶ֖סֶף מָנִ֣ים אַלְפָּ֑יִם וְכָתְנֹ֥ת כֹּהֲנִ֖ים שִׁשִּׁ֥ים וְשִׁבְעָֽה:

72 וַיֵּשְׁב֣וּ הַכֹּהֲנִ֣ים וְהַלְוִיִּ֡ם וְהַשּׁוֹעֲרִים֩ וְהַמְשֹׁרְרִ֨ים וּמִן־הָעָ֜ם וְהַנְּתִינִ֗ים וְכָל־יִשְׂרָאֵ֖ל בְּעָרֵיהֶ֑ם וַיִּגַּע֙ הַחֹ֣דֶשׁ הַשְּׁבִיעִ֔י וּבְנֵ֥י יִשְׂרָאֵ֖ל בְּעָרֵיהֶֽם:

8 1 וַיֵּאָסְפ֤וּ כָל־הָעָם֙ כְּאִ֣ישׁ אֶחָ֔ד אֶל־הָ֣רְח֔וֹב אֲשֶׁ֖ר לִפְנֵ֣י שַֽׁעַר־הַמָּ֑יִם וַיֹּֽאמְרוּ֙ לְעֶזְרָ֣א הַסֹּפֵ֔ר לְהָבִ֗יא אֶת־סֵ֙פֶר֙ תּוֹרַ֣ת מֹשֶׁ֔ה אֲשֶׁר־צִוָּ֥ה

2 יְהוָ֖ה אֶת־יִשְׂרָאֵֽל: וַיָּבִ֣יא עֶזְרָ֣א הַ֠כֹּהֵן אֶֽת־הַתּוֹרָ֞ה לִפְנֵ֤י הַקָּהָל֙ מֵאִ֣ישׁ וְעַד־אִשָּׁ֔ה וְכֹ֖ל מֵבִ֣ין לִשְׁמֹ֑עַ בְּי֥וֹם אֶחָ֖ד לַחֹ֥דֶשׁ הַשְּׁבִיעִֽי:

3 וַיִּקְרָא־בֹ֡ו לִפְנֵ֣י הָרְח֣וֹב אֲשֶׁ֣ר ׀ לִפְנֵ֣י שַֽׁעַר־הַמַּ֗יִם מִן־הָאוֹר֙ עַד־ מַחֲצִ֣ית הַיּ֔וֹם נֶ֛גֶד הָאֲנָשִׁ֥ים וְהַנָּשִׁ֖ים וְהַמְּבִינִ֑ים וְאָזְנֵ֥י כָל־הָעָ֖ם אֶל־

4 סֵ֥פֶר הַתּוֹרָֽה: וַֽיַּעֲמֹ֣ד עֶזְרָ֣א הַסֹּפֵ֗ר עַֽל־מִגְדַּל־עֵץ֮ אֲשֶׁ֣ר עָשׂ֣וּ לַדָּבָר֒ וַיַּעֲמֹ֣ד אֶצְל֡וֹ מַתִּתְיָ֡ה וְשֶׁ֡מַע וַ֠עֲנָיָה וְאוּרִיָּ֧ה וְחִלְקִיָּ֛ה וּמַעֲשֵׂיָ֖ה עַל־ יְמִינ֑וֹ וּמִשְּׂמֹאל֗וֹ פְּדָיָ֡ה וּמִֽישָׁאֵ֡ל וּמַלְכִּיָּ֡ה וְחָשֻׁם֩ וְחַשְׁבַּדָּ֨נָה זְכַרְיָ֖ה מְשֻׁלָּֽם:

5 וַיִּפְתַּ֨ח עֶזְרָ֤א הַסֵּ֙פֶר֙ לְעֵינֵ֣י כָל־הָעָ֔ם כִּֽי־מֵעַ֥ל כָּל־הָעָ֖ם הָיָ֑ה וּכְפִתְח֖וֹ עָמְד֥וּ כָל־הָעָֽם:

6A 6 וַיְבָ֣רֶךְ עֶזְרָ֔א אֶת־יְהוָ֥ה הָאֱלֹהִ֖ים הַגָּד֑וֹל וַיַּעֲנ֨וּ כָל־ הָעָ֜ם אָמֵ֤ן ׀ אָמֵן֙ בְּמֹ֣עַל יְדֵיהֶ֔ם וַיִּקְּד֧וּ וַיִּֽשְׁתַּחֲוֻֻ֛ לַיהוָ֖ה אַפַּ֥יִם אָֽרְצָה:

7 וְיֵשׁ֡וּעַ וּבָנִ֡י וְשֵׁרֵ֥בְיָ֣ה ׀ יָמִ֡ין עַקּ֡וּב שַׁבְּתַ֣י ׀ הֽוֹדִיָּ֡ה מַעֲשֵׂיָ֣ה קְלִיטָ֣א עֲזַרְיָ֣ה יוֹזָבָ֡ד חָנָ֡ן פְּלָאיָ֣ה וְהַלְוִיִּ֔ם מְבִינִ֥ים אֶת־הָעָ֖ם לַתּוֹרָ֑ה וְהָעָ֖ם עַל־

8 עָמְדָֽם: וַֽיִּקְרְא֥וּ בַסֵּ֛פֶר בְּתוֹרַ֥ת הָאֱלֹהִ֖ים מְפֹרָ֑שׁ וְשׂ֣וֹם שֶׂ֔כֶל וַיָּבִ֖ינוּ

9 בַּמִּקְרָֽא: וַיֹּ֣אמֶר נְחֶמְיָ֣ה ה֣וּא הַתִּרְשָׁ֡תָא וְעֶזְרָ֣א הַכֹּהֵ֣ן ׀ הַסֹּפֵ֡ר וְהַלְוִיִּם֩ הַמְּבִינִ֨ים אֶת־הָעָ֜ם לְכָל־הָעָ֗ם הַיּ֤וֹם קָדֹֽשׁ־הוּא֙ לַיהוָ֣ה אֱלֹֽהֵיכֶ֔ם אַל־תִּֽתְאַבְּל֖וּ וְאַל־תִּבְכּ֑וּ כִּ֤י בוֹכִים֙ כָּל־הָעָ֔ם

10 כְּשָׁמְעָ֖ם אֶת־דִּבְרֵ֥י הַתּוֹרָֽה: וַיֹּ֣אמֶר לָהֶ֡ם לְכוּ֩ אִכְל֨וּ מַשְׁמַנִּ֜ים וּשְׁת֣וּ מַֽמְתַקִּ֗ים וְשִׁלְח֤וּ מָנוֹת֙ לְאֵ֣ין נָכ֣וֹן ל֔וֹ כִּֽי־קָד֥וֹשׁ הַיּ֖וֹם לַאֲדֹנֵ֑ינוּ וְאַל־

11 תֵּ֣עָצֵ֔בוּ כִּֽי־חֶדְוַ֥ת יְהוָ֖ה הִ֥יא מָֽעֻזְּכֶֽם: וְהַלְוִיִּ֗ם מַחְשִׁים֙ לְכָל־הָעָ֣ם

12 לֵאמֹ֣ר הַ֔סּוּ כִּ֥י הַיּ֖וֹם קָדֹ֑שׁ וְאַל־תֵּעָצֵֽבוּ: וַיֵּלְכ֨וּ כָל־הָעָ֜ם לֶאֱכֹ֤ל וְלִשְׁתּוֹת֙ וּלְשַׁלַּ֣ח מָנ֔וֹת וְלַעֲשׂ֖וֹת שִׂמְחָ֣ה גְדוֹלָ֑ה כִּ֤י הֵבִ֙ינוּ֙ בַּדְּבָרִ֔ים

13 אֲשֶׁ֥ר הוֹדִ֖יעוּ לָהֶֽם: וּבַיּ֣וֹם הַשֵּׁנִ֡י נֶאֶסְפוּ֩ רָאשֵׁ֨י הָאָב֜וֹת לְכָל־הָעָ֗ם הַכֹּֽהֲנִים֙ וְהַלְוִיִּ֔ם אֶל־עֶזְרָ֖א הַסֹּפֵ֑ר וּלְהַשְׂכִּ֖יל אֶל־דִּבְרֵ֥י

14 הַתּוֹרָֽה: וַֽיִּמְצְא֖וּ כָּת֣וּב בַּתּוֹרָ֑ה אֲשֶׁ֨ר צִוָּ֤ה יְהוָה֙ בְּיַד־מֹשֶׁ֔ה אֲשֶׁר֩

ses, that the children of Israel should dwell in booths in the feast of the seventh month:

15 And that they should publish and proclaim in all their cities, and in Jerusalem, saying, Go forth unto the mount, and fetch olive branches, and pine branches, and myrtle branches, and palm branches, and branches of thick trees, to make booths, as *it is* written.

16 ¶ So the people went forth, and brought *them,* and made themselves booths, every one upon the roof of his house, and in their courts, and in the courts of the house of God, and in the street of the water gate, and in the street of the gate of Ephraim.

17 And all the congregation of them that were come again out of the captivity made booths, and sat under the booths: for since the days of Jeshua the son of Nun unto that day had not the children of Israel done so. And there was very great gladness.

18 Also day by day, from the first day unto the last day, he read in the book of the law of God. And they kept the feast seven days; and on the eighth day *was* a solemn assembly, according unto the manner.

CHAPTER 9

1 Now in the twenty and fourth day of this month the children of Israel were assembled with fasting, and with sackclothes, and earth upon them.

2 And the seed of Israel separated themselves from all strangers, and stood and confessed their sins, and the iniquities of their fathers.

3 And they stood up in their place, and read in the book of the law of the LORD their God *one* fourth part of the day; and *another* fourth part they confessed, and worshipped the LORD their God.

4 ¶ Then stood up upon the stairs, of the Levites, Jeshua, and Bani, Kadmiel, Shebaniah, Bunni, Sherebiah, Bani, *and* Chenani, and cried with a loud voice unto the LORD their God.

5 Then the Levites, Jeshua, and Kadmiel, Bani, Hashabniah, Sherebiah, Hodijah, Shebaniah, *and* Pethahiah, said, Stand up *and* bless the LORD your God for ever and ever: and blessed be thy glorious name, which is exalted above all blessing and praise.

6 Thou, *even* thou, *art* LORD alone; thou hast made heaven, the heaven of heavens, with all their host, the earth, and all *things* that *are* therein, the seas, and all that *is* therein, and thou preservest them all; and the host of heaven worshippeth thee.

7 Thou *art* the LORD the God, who didst choose Abram, and broughtest him forth out of Ur of the Chaldees, and gavest him the name of Abraham;

8 And foundest his heart faithful before thee, and madest a covenant with him to give the land of the Canaanites, the Hittites, the Amorites, and the Perizzites, and the Jebusites, and the Girgashites, to give *it, I say,* to his seed, and hast performed thy words; for thou *art* righteous:

9 And didst see the affliction of our fathers in Egypt, and heardest their cry by the Red sea;

10 And shewedst signs and wonders upon Pharaoh, and on all his servants, and on all the people of his land: for thou knewest that they dealt proudly against them. So didst thou get thee a name, as *it is* this day.

11 And thou didst divide the sea before them, so that they went through the midst of the sea on the dry land; and their persecutors thou threwest into the deeps, as a stone into the mighty waters.

12 Moreover thou leddest them in the day by a cloudy pillar; and in the night by a pillar of fire, to give them light in the way wherein they should go.

13 Thou camest down also upon mount Sinai, and spakest with them from heaven, and gavest them right judgments, and true laws, good statutes and commandments:

14 And madest known unto them thy holy sabbath, and commandedst them precepts, statutes, and laws, by the hand of Moses thy servant:

15 יֵשְׁבוּ בְנֵי־יִשְׂרָאֵל בַּסֻּכּוֹת בֶּחָג בַּחֹדֶשׁ הַשְּׁבִיעִי: וַאֲשֶׁר יַשְׁמִיעוּ
וְיַעֲבִירוּ קוֹל בְּכָל־עָרֵיהֶם וּבִירוּשָׁלַ͏ִם לֵאמֹר צְאוּ הָהָר וְהָבִיאוּ עֲלֵי־
זַיִת וַעֲלֵי־עֵץ שֶׁמֶן וַעֲלֵי הֲדַס וַעֲלֵי תְמָרִים וַעֲלֵי עֵץ עָבֹת לַעֲשֹׂת
סֻכֹּת כַּכָּתוּב:

16 וַיֵּצְאוּ הָעָם וַיָּבִיאוּ וַיַּעֲשׂוּ לָהֶם סֻכּוֹת אִישׁ עַל־גַּגּוֹ וּבְחַצְרֹתֵיהֶם
וּבְחַצְרוֹת בֵּית הָאֱלֹהִים וּבִרְחוֹב שַׁעַר הַמַּיִם וּבִרְחוֹב שַׁעַר אֶפְרָיִם:

17 וַיַּעֲשׂוּ כָל־הַקָּהָל הַשָּׁבִים מִן־הַשְּׁבִי ׀ סֻכּוֹת וַיֵּשְׁבוּ בַסֻּכּוֹת כִּי לֹא־
עָשׂוּ מִימֵי יֵשׁוּעַ בִּן־נוּן כֵּן בְּנֵי יִשְׂרָאֵל עַד הַיּוֹם הַהוּא וַתְּהִי שִׂמְחָה

18 גְדוֹלָה מְאֹד: וַיִּקְרָא בְּסֵפֶר תּוֹרַת הָאֱלֹהִים יוֹם ׀ בְּיוֹם מִן־הַיּוֹם
הָרִאשׁוֹן עַד הַיּוֹם הָאַחֲרוֹן וַיַּעֲשׂוּ־חָג שִׁבְעַת יָמִים וּבַיּוֹם הַשְּׁמִינִי
עֲצֶרֶת כַּמִּשְׁפָּט:

9 וּבְיוֹם עֶשְׂרִים וְאַרְבָּעָה לַחֹדֶשׁ הַזֶּה נֶאֶסְפוּ בְנֵי־יִשְׂרָאֵל בְּצוֹם

2 וּבְשַׂקִּים וַאֲדָמָה עֲלֵיהֶם: וַיִּבָּדְלוּ זֶרַע יִשְׂרָאֵל מִכֹּל בְּנֵי נֵכָר וַיַּעַמְדוּ

3 וַיִּתְוַדּוּ עַל־חַטֹּאתֵיהֶם וַעֲוֹנוֹת אֲבֹתֵיהֶם: וַיָּקוּמוּ עַל־עָמְדָם וַיִּקְרְאוּ
בְּסֵפֶר תּוֹרַת יְהוָה אֱלֹהֵיהֶם רְבִעִית הַיּוֹם וּרְבִעִית מִתְוַדִּים
וּמִשְׁתַּחֲוִים לַיהוָה אֱלֹהֵיהֶם:

4 וַיָּקָם עַל־מַעֲלֵה הַלְוִיִּם יֵשׁוּעַ וּבָנִי קַדְמִיאֵל שְׁבַנְיָה בֻּנִּי שֵׁרֵבְיָה בָּנִי

5 כְנָנִי וַיִּזְעֲקוּ בְּקוֹל גָּדוֹל אֶל־יְהוָה אֱלֹהֵיהֶם: וַיֹּאמְרוּ הַלְוִיִּם יֵשׁוּעַ
וְקַדְמִיאֵל בָּנִי חֲשַׁבְנְיָה שֵׁרֵבְיָה הוֹדִיָּה שְׁבַנְיָה פְתַחְיָה קוּמוּ בָּרְכוּ
אֶת־יְהוָה אֱלֹהֵיכֶם מִן־הָעוֹלָם עַד־הָעוֹלָם וִיבָרְכוּ שֵׁם כְּבוֹדֶךָ

6 וּמְרוֹמַם עַל־כָּל־בְּרָכָה וּתְהִלָּה: אַתָּה־הוּא יְהוָה לְבַדֶּךָ אַתָּה עָשִׂיתָ   **אַתָּה**
אֶת־הַשָּׁמַיִם שְׁמֵי הַשָּׁמַיִם וְכָל־צְבָאָם הָאָרֶץ וְכָל־אֲשֶׁר עָלֶיהָ
הַיַּמִּים וְכָל־אֲשֶׁר בָּהֶם וְאַתָּה מְחַיֶּה אֶת־כֻּלָּם וּצְבָא הַשָּׁמַיִם לְךָ

7 מִשְׁתַּחֲוִים: אַתָּה־הוּא יְהוָה הָאֱלֹהִים אֲשֶׁר בָּחַרְתָּ בְּאַבְרָם

8 וְהוֹצֵאתוֹ מֵאוּר כַּשְׂדִּים וְשַׂמְתָּ שְּׁמוֹ אַבְרָהָם: וּמָצָאתָ אֶת־לְבָבוֹ
נֶאֱמָן לְפָנֶיךָ וְכָרוֹת עִמּוֹ הַבְּרִית לָתֵת אֶת־אֶרֶץ הַכְּנַעֲנִי הַחִתִּי
הָאֱמֹרִי וְהַפְּרִזִּי וְהַיְבוּסִי וְהַגִּרְגָּשִׁי לָתֵת לְזַרְעוֹ וַתָּקֶם אֶת־דְּבָרֶיךָ

9 כִּי צַדִּיק אָתָּה: וַתֵּרֶא אֶת־עֳנִי אֲבֹתֵינוּ בְּמִצְרָיִם וְאֶת־זַעֲקָתָם

10 שָׁמַעְתָּ עַל־יַם־סוּף: וַתִּתֵּן אֹתֹת וּמֹפְתִים בְּפַרְעֹה וּבְכָל־עֲבָדָיו
וּבְכָל־עַם אַרְצוֹ כִּי יָדַעְתָּ כִּי הֵזִידוּ עֲלֵיהֶם וַתַּעַשׂ־לְךָ שֵׁם כְּהַיּוֹם

11 הַזֶּה: וְהַיָּם בָּקַעְתָּ לִפְנֵיהֶם וַיַּעַבְרוּ בְתוֹךְ־הַיָּם בַּיַּבָּשָׁה וְאֶת־רֹדְפֵיהֶם

12 הִשְׁלַכְתָּ בִמְצוֹלֹת כְּמוֹ־אֶבֶן בְּמַיִם עַזִּים: וּבְעַמּוּד עָנָן הִנְחִיתָם יוֹמָם

13 וּבְעַמּוּד אֵשׁ לַיְלָה לְהָאִיר לָהֶם אֶת־הַדֶּרֶךְ אֲשֶׁר יֵלְכוּ־בָהּ: וְעַל
הַר־סִינַי יָרַדְתָּ וְדַבֵּר עִמָּהֶם מִשָּׁמָיִם וַתִּתֵּן לָהֶם מִשְׁפָּטִים יְשָׁרִים

14A
14 וְתוֹרוֹת אֱמֶת חֻקִּים וּמִצְוֺת טוֹבִים: וְאֶת־שַׁבַּת קָדְשְׁךָ הוֹדַעְתָּ לָהֶם

15 And gavest them bread from heaven for their hunger, and broughtest forth water for them out of the rock for their thirst, and promisedst them that they should go in to possess the land which thou hadst sworn to give them.

16 But they and our fathers dealt proudly, and hardened their necks, and hearkened not to thy commandments,

17 And refused to obey, neither were mindful of thy wonders that thou didst among them; but hardened their necks, and in their rebellion appointed a captain to return to their bondage: but thou *art* a God ready to pardon, gracious and merciful, slow to anger, and of great kindness, and forsookest them not.

18 Yea, when they had made them a molten calf, and said, This *is* thy God that brought thee up out of Egypt, and had wrought great provocations;

19 Yet thou in thy manifold mercies forsookest them not in the wilderness: the pillar of the cloud departed not from them by day, to lead them in the way; neither the pillar of fire by night, to shew them light, and the way wherein they should go.

20 Thou gavest also thy good spirit to instruct them, and withheldest not thy manna from their mouth, and gavest them water for their thirst.

21 Yea, forty years didst thou sustain them in the wilderness, *so that* they lacked nothing; their clothes waxed not old, and their feet swelled not.

22 Moreover thou gavest them kingdoms and nations, and didst divide them into corners: so they possessed the land of Sihon, and the land of the king of Heshbon, and the land of Og king of Bashan.

23 Their children also multipliedst thou as the stars of heaven, and broughtest them into the land, concerning which thou hadst promised to their fathers, that they should go in to possess *it*.

24 So the children went in and possessed the land, and thou subduedst before them the inhabitants of the land, the Canaanites, and gavest them into their hands, with their kings, and the people of the land, that they might do with them as they would.

25 And they took strong cities, and a fat land, and possessed houses full of all goods, wells digged, vineyards, and oliveyards, and fruit trees in abundance: so they did eat, and were filled, and became fat, and delighted themselves in thy great goodness.

26 Nevertheless they were disobedient, and rebelled against thee, and cast thy law behind their backs, and slew thy prophets which testified against them to turn them to thee, and they wrought great provocations.

27 Therefore thou deliveredst them into the hand of their enemies, who vexed them: and in the time of their trouble, when they cried unto thee, thou heardest *them* from heaven; and according to thy manifold mercies thou gavest them saviours, who saved them out of the hand of their enemies.

28 But after they had rest, they did evil again before thee: therefore leftest thou them in the hand of their enemies, so that they had the dominion over them: yet when they returned, and cried unto thee, thou heardest *them* from heaven; and many times didst thou deliver them according to thy mercies;

29 And testifiedst against them, that thou mightest bring them again unto thy law: yet they dealt proudly, and hearkened not unto thy commandments, but sinned against thy judgments, (which if a man do, he shall live in them;) and withdrew the shoulder, and hardened their neck, and would not hear.

30 Yet many years didst thou forbear them, and testifiedst against them by thy spirit in thy prophets: yet would they not give ear: therefore gavest thou them into the hand of the people of the lands.

31 Nevertheless for thy great mercies' sake thou didst not utterly consume them, nor forsake them; for thou *art* a gracious and merciful God.

32 Now therefore, our God, the great, the mighty, and the terrible God, who keepest covenant and mercy, let not all the trouble seem little before thee, that hath

15 וּמִצְוֺת וְחֻקִּים וְתוֹרָה צִוִּיתָ לָהֶם בְּיַד־מֹשֶׁה עַבְדֶּךָ: וְלֶחֶם מִשָּׁמַיִם
נָתַתָּה לָהֶם לִרְעָבָם וּמַיִם מִסֶּלַע הוֹצֵאתָ לָהֶם לִצְמָאָם וַתֹּאמֶר
לָהֶם לָבוֹא לָרֶשֶׁת אֶת־הָאָרֶץ אֲשֶׁר־נָשָׂאתָ אֶת־יָדְךָ לָתֵת לָהֶם:

16 וְהֵם וַאֲבֹתֵינוּ הֵזִידוּ וַיַּקְשׁוּ אֶת־עָרְפָּם וְלֹא שָׁמְעוּ אֶל־מִצְוֺתֶיךָ:

17 וַיְמָאֲנוּ לִשְׁמֹעַ וְלֹא־זָכְרוּ נִפְלְאֹתֶיךָ אֲשֶׁר עָשִׂיתָ עִמָּהֶם וַיַּקְשׁוּ אֶת־
עָרְפָּם וַיִּתְּנוּ־רֹאשׁ לָשׁוּב לְעַבְדֻתָם בְּמִרְיָם וְאַתָּה אֱלוֹהַּ סְלִיחוֹת

18 חַנּוּן וְרַחוּם אֶרֶךְ־אַפַּיִם וְרַב־וָחֶסֶד וְלֹא עֲזַבְתָּם: אַף כִּי־עָשׂוּ לָהֶם ‖ חֶסֶד
עֵגֶל מַסֵּכָה וַיֹּאמְרוּ זֶה אֱלֹהֶיךָ אֲשֶׁר הֶעֶלְךָ מִמִּצְרָיִם וַיַּעֲשׂוּ נֶאָצוֹת

19 גְּדֹלוֹת: וְאַתָּה בְּרַחֲמֶיךָ הָרַבִּים לֹא עֲזַבְתָּם בַּמִּדְבָּר אֶת־עַמּוּד הֶעָנָן
לֹא־סָר מֵעֲלֵיהֶם בְּיוֹמָם לְהַנְחֹתָם בְּהַדֶּרֶךְ וְאֶת־עַמּוּד הָאֵשׁ בְּלַיְלָה

20 לְהָאִיר לָהֶם וְאֶת־הַדֶּרֶךְ אֲשֶׁר יֵלְכוּ־בָהּ: וְרוּחֲךָ הַטּוֹבָה נָתַתָּ
לְהַשְׂכִּילָם וּמַנְךָ לֹא־מָנַעְתָּ מִפִּיהֶם וּמַיִם נָתַתָּה לָהֶם לִצְמָאָם:

21 וְאַרְבָּעִים שָׁנָה כִּלְכַּלְתָּם בַּמִּדְבָּר לֹא חָסֵרוּ שַׂלְמֹתֵיהֶם לֹא בָלוּ

22 וְרַגְלֵיהֶם לֹא בָצֵקוּ: וַתִּתֵּן לָהֶם מַמְלָכוֹת וַעֲמָמִים וַתַּחְלְקֵם לְפֵאָה
וַיִּירְשׁוּ אֶת־אֶרֶץ סִיחוֹן וְאֶת־אֶרֶץ מֶלֶךְ חֶשְׁבּוֹן וְאֶת־אֶרֶץ עוֹג מֶלֶךְ

23 הַבָּשָׁן: וּבְנֵיהֶם הִרְבִּיתָ כְּכֹכְבֵי הַשָּׁמָיִם וַתְּבִיאֵם אֶל־הָאָרֶץ אֲשֶׁר־

24 אָמַרְתָּ לַאֲבֹתֵיהֶם לָבוֹא לָרָשֶׁת: וַיָּבֹאוּ הַבָּנִים וַיִּירְשׁוּ אֶת־הָאָרֶץ
וַתַּכְנַע לִפְנֵיהֶם אֶת־יֹשְׁבֵי הָאָרֶץ הַכְּנַעֲנִים וַתִּתְּנֵם בְּיָדָם וְאֶת־

25 מַלְכֵיהֶם וְאֶת־עַמְמֵי הָאָרֶץ לַעֲשׂוֹת בָּהֶם כִּרְצוֹנָם: וַיִּלְכְּדוּ עָרִים
בְּצֻרוֹת וַאֲדָמָה שְׁמֵנָה וַיִּירְשׁוּ בָּתִּים מְלֵאִים־כָּל־טוּב בֹּרוֹת חֲצוּבִים
כְּרָמִים וְזֵיתִים וְעֵץ מַאֲכָל לָרֹב וַיֹּאכְלוּ וַיִּשְׂבְּעוּ וַיַּשְׁמִינוּ וַיִּתְעַדְּנוּ

26 בְּטוּבְךָ הַגָּדוֹל: וַיַּמְרוּ וַיִּמְרְדוּ בָּךְ וַיַּשְׁלִכוּ אֶת־תּוֹרָתְךָ אַחֲרֵי גַוָּם
וְאֶת־נְבִיאֶיךָ הָרָגוּ אֲשֶׁר־הֵעִידוּ בָם לַהֲשִׁיבָם אֵלֶיךָ וַיַּעֲשׂוּ נֶאָצוֹת

27 גְּדוֹלֹת: וַתִּתְּנֵם בְּיַד צָרֵיהֶם וַיָּצֵרוּ לָהֶם וּבְעֵת צָרָתָם יִצְעֲקוּ אֵלֶיךָ
וְאַתָּה מִשָּׁמַיִם תִּשְׁמָע וּכְרַחֲמֶיךָ הָרַבִּים תִּתֵּן לָהֶם מוֹשִׁיעִים

28 וְיוֹשִׁיעוּם מִיַּד צָרֵיהֶם: וּכְנוֹחַ לָהֶם יָשׁוּבוּ לַעֲשׂוֹת רַע לְפָנֶיךָ
וַתַּעַזְבֵם בְּיַד אֹיְבֵיהֶם וַיִּרְדּוּ בָהֶם וַיָּשׁוּבוּ וַיִּזְעָקוּךָ וְאַתָּה מִשָּׁמַיִם

29 תִּשְׁמַע וְתַצִּילֵם כְּרַחֲמֶיךָ רַבּוֹת עִתִּים: וַתָּעַד בָּהֶם לַהֲשִׁיבָם אֶל־
תּוֹרָתֶךָ וְהֵמָּה הֵזִידוּ וְלֹא־שָׁמְעוּ לְמִצְוֺתֶיךָ וּבְמִשְׁפָּטֶיךָ חָטְאוּ־בָם
אֲשֶׁר־יַעֲשֶׂה אָדָם וְחָיָה בָהֶם וַיִּתְּנוּ כָתֵף סוֹרֶרֶת וְעָרְפָּם הִקְשׁוּ

30 וְלֹא שָׁמֵעוּ: וַתִּמְשֹׁךְ עֲלֵיהֶם שָׁנִים רַבּוֹת וַתָּעַד בָּם בְּרוּחֲךָ בְּיַד־
נְבִיאֶיךָ וְלֹא הֶאֱזִינוּ וַתִּתְּנֵם בְּיַד עַמֵּי הָאֲרָצֹת: וּבְרַחֲמֶיךָ הָרַבִּים

31 לֹא־עֲשִׂיתָם כָּלָה וְלֹא עֲזַבְתָּם כִּי אֵל־חַנּוּן וְרַחוּם אָתָּה: וְעַתָּה

32 אֱלֹהֵינוּ הָאֵל הַגָּדוֹל הַגִּבּוֹר וְהַנּוֹרָא שׁוֹמֵר הַבְּרִית וְהַחֶסֶד אַל־
יִמְעַט לְפָנֶיךָ אֵת כָּל־הַתְּלָאָה אֲשֶׁר־מְצָאַתְנוּ לִמְלָכֵינוּ לְשָׂרֵינוּ

come upon us, on our kings, on our princes, and on our priests, and on our prophets, and on our fathers, and on all thy people, since the time of the kings of Assyria unto this day.

33 Howbeit thou *art* just in all that is brought upon us; for thou hast done right, but we have done wickedly:

34 Neither have our kings, our princes, our priests, nor our fathers, kept thy law, nor hearkened unto thy commandments and thy testimonies, wherewith thou didst testify against them.

35 For they have not served thee in their kingdom, and in thy great goodness that thou gavest them, and in the large and fat land which thou gavest before them, neither turned they from their wicked works.

36 Behold, we *are* servants this day, and *for* the land that thou gavest unto our fathers to eat the fruit thereof and the good thereof, behold, we *are* servants in it:

37 And it yieldeth much increase unto the kings whom thou hast set over us because of our sins: also they have dominion over our bodies, and over our cattle, at their pleasure, and we *are* in great distress.

38[10:1] And because of all this we make a sure *covenant,* and write *it;* and our princes, Levites, *and* priests, seal *unto it.*

CHAPTER 10

1[2] Now those that sealed *were,* Nehemiah, the Tirshatha, the son of Hachaliah, and Zidkijah,

2[3] Seraiah, Azariah, Jeremiah,

3[4] Pashur, Amariah, Malchijah,

4[5] Hattush, Shebaniah, Malluch,

5[6] Harim, Meremoth, Obadiah,

6[7] Daniel, Ginnethon, Baruch,

7[8] Meshullam, Abijah, Mijamin,

8[9] Maaziah, Bilgai, Shemaiah: these *were* the priests.

9[10] And the Levites: both Jeshua the son of Azaniah, Binnui of the sons of Henadad, Kadmiel;

10[11] And their brethren, Shebaniah, Hodijah, Kelita, Pelaiah, Hanan,

11[12] Micha, Rehob, Hashabiah,

12[13] Zaccur, Sherebiah, Shebaniah,

13[14] Hodijah, Bani, Beninu.

14[15] The chief of the people; Parosh, Pahath-moab, Elam, Zatthu, Bani,

15[16] Bunni, Azgad, Bebai,

16[17] Adonijah, Bigvai, Adin,

17[18] Ater, Hizkijah, Azzur,

18[19] Hodijah, Hashum, Bezai,

19[20] Hariph, Anathoth, Nebai,

20[21] Magpiash, Meshullam, Hezir,

21[22] Meshezabeel, Zadok, Jaddua,

22[23] Pelatiah, Hanan, Anaiah,

23[24] Hoshea, Hananiah, Hashub,

24[25] Hallohesh, Pileha, Shobek,

25[26] Rehum, Hashabnah, Maaseiah,

26[27] And Ahijah, Hanan, Anan,

27[28] Malluch, Harim, Baanah.

28[29] ¶ And the rest of the people, the priests, the Levites, the porters, the singers, the Nethinims, and all they that had separated themselves from the people of the lands unto the law of God, their wives, their sons, and their daughters, every one having knowledge, and having understanding;

29[30] They clave to their brethren, their nobles, and entered into a curse, and into an oath, to walk in God's law, which was given by Moses the servant of God, and to observe and do all the commandments of the LORD our Lord, and his judgments and his statutes;

30[31] And that we would not give our daughters unto the people of the land, nor take their daughters for our sons:

31[32] And *if* the people of the land bring ware or any victuals on the sabbath day to sell, *that* we would not buy it of them on the sabbath, or on the holy day: and *that* we would leave the seventh year, and the exaction of every debt.

32[33] Also we made ordinances for us, to charge ourselves yearly with the third part of a shekel for the service of the house of our God;

33[34] For the shewbread, and for the continual meat offering, and for the continual burnt offering, of the sabbaths, of the new moons, for the set feasts, and for the holy *things,* and for the sin offerings to make an atonement for Israel, and *for* all the work of the house of our God.

34[35] And we cast the lots among the priests, the Levites, and the people, for the

וּלְכֹהֲנֵינוּ וְלִנְבִיאֵנוּ וְלַאֲבֹתֵינוּ וּלְכָל־עַמֶּךָ מִימֵי מַלְכֵי אַשּׁוּר עַד

33 הַיּוֹם הַזֶּה: וְאַתָּה צַדִּיק עַל כָּל־הַבָּא עָלֵינוּ כִּי־אֱמֶת עָשִׂיתָ וַאֲנַחְנוּ

34 הִרְשָׁעְנוּ: וְאֶת־מְלָכֵינוּ שָׂרֵינוּ כֹּהֲנֵינוּ וַאֲבֹתֵינוּ לֹא עָשׂוּ תּוֹרָתֶךָ וְלֹא

35 הִקְשִׁיבוּ אֶל־מִצְוֺתֶיךָ וּלְעֵדְוֺתֶיךָ אֲשֶׁר הַעִידֹתָ בָּהֶם: וְהֵם

בְּמַלְכוּתָם וּבְטוּבְךָ הָרָב אֲשֶׁר־נָתַתָּ לָהֶם וּבְאֶרֶץ הָרְחָבָה וְהַשְּׁמֵנָה

36 אֲשֶׁר־נָתַתָּ לִפְנֵיהֶם לֹא עֲבָדוּךָ וְלֹא־שָׁבוּ מִמַּעַלְלֵיהֶם הָרָעִים: הִנֵּה

אֲנַחְנוּ הַיּוֹם עֲבָדִים וְהָאָרֶץ אֲשֶׁר־נָתַתָּה לַאֲבֹתֵינוּ לֶאֱכֹל אֶת־פִּרְיָהּ

37 וְאֶת־טוּבָהּ הִנֵּה אֲנַחְנוּ עֲבָדִים עָלֶיהָ: וּתְבוּאָתָהּ מַרְבָּה לַמְּלָכִים

אֲשֶׁר־נָתַתָּה עָלֵינוּ בְּחַטֹּאותֵינוּ וְעַל גְּוִיֹּתֵינוּ מֹשְׁלִים וּבִבְהֶמְתֵּנוּ

כִּרְצוֹנָם וּבְצָרָה גְדוֹלָה אֲנַחְנוּ:

10 1 וּבְכָל־זֹאת אֲנַחְנוּ כֹּרְתִים אֲמָנָה וְכֹתְבִים וְעַל הֶחָתוּם שָׂרֵינוּ לְוִיֵּנוּ

2 כֹּהֲנֵינוּ: וְעַל הַחֲתוּמִים נְחֶמְיָה הַתִּרְשָׁתָא בֶּן־חֲכַלְיָה וְצִדְקִיָּה: שְׂרָיָה
3
4 עֲזַרְיָה יִרְמְיָה: פַּשְׁחוּר אֲמַרְיָה מַלְכִּיָּה: חַטּוּשׁ שְׁבַנְיָה מַלּוּךְ: חָרִם
6
7 מְרֵמוֹת עֹבַדְיָה: דָּנִיֵּאל גִּנְּתוֹן בָּרוּךְ: מְשֻׁלָּם אֲבִיָּה מִיָּמִן: מַעַזְיָה
9
10 בִּלְגַּי שְׁמַעְיָה אֵלֶּה הַכֹּהֲנִים: וְהַלְוִיִּם וְיֵשׁוּעַ בֶּן־

11 אֲזַנְיָה בִּנּוּי מִבְּנֵי חֵנָדָד קַדְמִיאֵל: וַאֲחֵיהֶם שְׁבַנְיָה הוֹדִיָּה קְלִיטָא
12 פְּלָאיָה חָנָן: מִיכָא רְחוֹב חֲשַׁבְיָה: זַכּוּר שֵׁרֵבְיָה שְׁבַנְיָה: הוֹדִיָּה
14
15 בָּנִי בְּנִינוּ: רָאשֵׁי הָעָם פַּרְעֹשׁ פַּחַת מוֹאָב עֵילָם

16 זַתּוּא בָּנִי: בֻּנִּי עַזְגָּד בֵּבָי: אֲדֹנִיָּה בִגְוַי עָדִין: אָטֵר חִזְקִיָּה עַזּוּר:
18
19 הוֹדִיָּה חָשֻׁם בֵּצָי: חָרִיף עֲנָתוֹת נוֹבָי: מַגְפִּיעָשׁ מְשֻׁלָּם חֵזִיר:
21
22 מְשֵׁיזַבְאֵל צָדוֹק יַדּוּעַ: פְּלַטְיָה חָנָן עֲנָיָה: הוֹשֵׁעַ חֲנַנְיָה חַשּׁוּב:
24
25 הַלּוֹחֵשׁ פִּלְחָא שׁוֹבֵק: רְחוּם חֲשַׁבְנָה מַעֲשֵׂיָה: וַאֲחִיָּה חָנָן עָנָן:
27
28 מַלּוּךְ חָרִם בַּעֲנָה: וּשְׁאָר הָעָם הַכֹּהֲנִים הַלְוִיִּם הַשּׁוֹעֲרִים
29

הַמְשֹׁרְרִים הַנְּתִינִים וְכָל־הַנִּבְדָּל מֵעַמֵּי הָאֲרָצוֹת אֶל־תּוֹרַת הָאֱלֹהִים

30 נְשֵׁיהֶם בְּנֵיהֶם וּבְנֹתֵיהֶם כֹּל יוֹדֵעַ מֵבִין: מַחֲזִיקִים עַל־אֲחֵיהֶם

אַדִּירֵיהֶם וּבָאִים בְּאָלָה וּבִשְׁבוּעָה לָלֶכֶת בְּתוֹרַת הָאֱלֹהִים אֲשֶׁר

נִתְּנָה בְּיַד מֹשֶׁה עֶבֶד־הָאֱלֹהִים וְלִשְׁמוֹר וְלַעֲשׂוֹת אֶת־כָּל־מִצְוֺת

31 יְהוָה אֲדֹנֵינוּ וּמִשְׁפָּטָיו וְחֻקָּיו: וַאֲשֶׁר לֹא־נִתֵּן בְּנֹתֵינוּ לְעַמֵּי הָאָרֶץ

32 וְאֶת־בְּנֹתֵיהֶם לֹא נִקַּח לְבָנֵינוּ: וְעַמֵּי הָאָרֶץ הַמְבִיאִים אֶת־הַמַּקָּחוֹת

וְכָל־שֶׁבֶר בְּיוֹם הַשַּׁבָּת לִמְכּוֹר לֹא־נִקַּח מֵהֶם בַּשַּׁבָּת וּבְיוֹם קֹדֶשׁ

33 וְנִטֹּשׁ אֶת־הַשָּׁנָה הַשְּׁבִיעִית וּמַשָּׁא כָל־יָד: וְהֶעֱמַדְנוּ עָלֵינוּ מִצְוֺת

34 לָתֵת עָלֵינוּ שְׁלִשִׁית הַשֶּׁקֶל בַּשָּׁנָה לַעֲבֹדַת בֵּית אֱלֹהֵינוּ: לְלֶחֶם

הַמַּעֲרֶכֶת וּמִנְחַת הַתָּמִיד וּלְעוֹלַת הַתָּמִיד הַשַּׁבָּתוֹת הֶחֳדָשִׁים

לַמּוֹעֲדִים וְלַקֳּדָשִׁים וְלַחַטָּאוֹת לְכַפֵּר עַל־יִשְׂרָאֵל וְכֹל מְלֶאכֶת בֵּית־

35 אֱלֹהֵינוּ: וְהַגּוֹרָלוֹת הִפַּלְנוּ עַל־קֻרְבַּן הָעֵצִים הַכֹּהֲנִים

נְבִיאֵי

wood offering, to bring *it* into the house of our God, after the houses of our fathers, at times appointed year by year, to burn upon the altar of the LORD our God, as *it is* written in the law:

35[36] And to bring the firstfruits of our ground, and the firstfruits of all fruit of all trees, year by year, unto the house of the LORD:

36[37] Also the firstborn of our sons, and of our cattle, as *it is* written in the law, and the firstlings of our herds and of our flocks, to bring to the house of our God, unto the priests that minister in the house of our God:

37[38] And *that* we should bring the firstfruits of our dough, and our offerings, and the fruit of all manner of trees, of wine and of oil, unto the priests, to the chambers of the house of our God; and the tithes of our ground unto the Levites, that the same Levites might have the tithes in all the cities of our tillage.

38[39] And the priest the son of Aaron shall be with the Levites, when the Levites take tithes: and the Levites shall bring up the tithe of the tithes unto the house of our God, to the chambers, into the treasure house.

39[40] For the children of Israel and the children of Levi shall bring the offering of the corn, of the new wine, and the oil, unto the chambers, where *are* the vessels of the sanctuary, and the priests that minister, and the porters, and the singers: and we will not forsake the house of our God.

CHAPTER 11

1 And the rulers of the people dwelt at Jerusalem: the rest of the people also cast lots, to bring one of ten to dwell in Jerusalem the holy city, and nine parts *to dwell* in *other* cities.

2 And the people blessed all the men, that willingly offered themselves to dwell at Jerusalem.

3 ¶ Now these *are* the chief of the province that dwelt in Jerusalem: but in the cities of Judah dwelt every one in his possession in their cities, *to wit*, Israel, the priests, and the Levites, and the Nethinims, and the children of Solomon's servants.

4 And at Jerusalem dwelt *certain* of the children of Judah, and of the children of Benjamin. Of the children of Judah; Athaiah the son of Uzziah, the son of Zechariah, the son of Amariah, the son of Shephatiah, the son of Mahalaleel, of the children of Perez;

5 And Maaseiah the son of Baruch, the son of Col-hozeh, the son of Hazaiah, the son of Adaiah, the son of Joiarib, the son of Zechariah, the son of Shiloni.

6 All the sons of Perez that dwelt at Jerusalem *were* four hundred threescore and eight valiant men.

7 And these *are* the sons of Benjamin; Sallu the son of Meshullam, the son of Joed, the son of Pedaiah, the son of Kolaiah, the son of Maaseiah, the son of Ithiel, the son of Jesaiah.

8 And after him Gabbai, Sallai, nine hundred twenty and eight.

9 And Joel the son of Zichri *was* their overseer: and Judah the son of Senuah *was* second over the city.

10 Of the priests: Jedaiah the son of Joiarib, Jachin.

11 Seraiah the son of Hilkiah, the son of Meshullam, the son of Zadok, the son of Meraioth, the son of Ahitub, *was* the ruler of the house of God.

12 And their brethren that did the work of the house *were* eight hundred twenty and two: and Adaiah the son of Jeroham, the son of Pelaliah, the son of Amzi, the son of Zechariah, the son of Pashur, the son of Malchiah,

13 And his brethren, chief of the fathers, two hundred forty and two: and Amashai the son of Azareel, the son of Ahasai, the son of Meshillemoth, the son of Immer,

14 And their brethren, mighty men of valour, an hundred twenty and eight: and their overseer *was* Zabdiel, the son of *one of* the great men.

15 Also of the Levites: Shemaiah the son of Hashub, the son of Azrikam, the son of Hashabiah, the son of Bunni;

16 And Shabbethai and Jozabad, of the chief of the Levites, *had* the oversight of the outward business of the house of God.

הַלְוִיִּם וְהָעָם לְהָבִיא לְבֵית אֱלֹהֵינוּ לְבֵית־אֲבֹתֵינוּ לְעִתִּים מְזֻמָּנִים

36 שָׁנָה בְשָׁנָה לְבַעֵר עַל־מִזְבַּח יְהוָה אֱלֹהֵינוּ כַּכָּתוּב בַּתּוֹרָה: וּלְהָבִיא אֶת־בִּכּוּרֵי אַדְמָתֵנוּ וּבִכּוּרֵי כָּל־פְּרִי כָל־עֵץ שָׁנָה בְשָׁנָה לְבֵית יְהוָה:

37 וְאֶת־בְּכֹרוֹת בָּנֵינוּ וּבְהֶמְתֵּינוּ כַּכָּתוּב בַּתּוֹרָה וְאֶת־בְּכוֹרֵי בְקָרֵינוּ וְצֹאנֵינוּ לְהָבִיא לְבֵית אֱלֹהֵינוּ לַכֹּהֲנִים הַמְשָׁרְתִים בְּבֵית אֱלֹהֵינוּ:

38 וְאֶת־רֵאשִׁית עֲרִיסֹתֵנוּ וּתְרוּמֹתֵינוּ וּפְרִי כָל־עֵץ תִּירוֹשׁ וְיִצְהָר נָבִיא לַכֹּהֲנִים אֶל־לִשְׁכוֹת בֵּית־אֱלֹהֵינוּ וּמַעְשַׂר אַדְמָתֵנוּ לַלְוִיִּם וְהֵם

39 הַלְוִיִּם הַמְעַשְּׂרִים בְּכֹל עָרֵי עֲבֹדָתֵנוּ: וְהָיָה הַכֹּהֵן בֶּן־אַהֲרֹן עִם־הַלְוִיִּם בַּעְשֵׂר הַלְוִיִּם וְהַלְוִיִּם יַעֲלוּ אֶת־מַעֲשַׂר הַמַּעֲשֵׂר לְבֵית

40 אֱלֹהֵינוּ אֶל־הַלְּשָׁכוֹת לְבֵית הָאוֹצָר: כִּי אֶל־הַלְּשָׁכוֹת יָבִיאוּ בְנֵי־יִשְׂרָאֵל וּבְנֵי הַלֵּוִי אֶת־תְּרוּמַת הַדָּגָן הַתִּירוֹשׁ וְהַיִּצְהָר וְשָׁם כְּלֵי הַמִּקְדָּשׁ וְהַכֹּהֲנִים הַמְשָׁרְתִים וְהַשּׁוֹעֲרִים וְהַמְשֹׁרְרִים וְלֹא נַעֲזֹב

11 אֶת־בֵּית אֱלֹהֵינוּ: וַיֵּשְׁבוּ שָׂרֵי־הָעָם בִּירוּשָׁלִָם וּשְׁאָר הָעָם הִפִּילוּ גוֹרָלוֹת לְהָבִיא ׀ אֶחָד מִן־הָעֲשָׂרָה לָשֶׁבֶת בִּירוּשָׁלִַם עִיר הַקֹּדֶשׁ

2 וְתֵשַׁע הַיָּדוֹת בֶּעָרִים: וַיְבָרֲכוּ הָעָם לְכֹל הָאֲנָשִׁים הַמִּתְנַדְּבִים לָשֶׁבֶת בִּירוּשָׁלִָם:

3 וְאֵלֶּה רָאשֵׁי הַמְּדִינָה אֲשֶׁר יָשְׁבוּ בִּירוּשָׁלִָם וּבְעָרֵי יְהוּדָה יָשְׁבוּ אִישׁ בַּאֲחֻזָּתוֹ בְּעָרֵיהֶם יִשְׂרָאֵל הַכֹּהֲנִים וְהַלְוִיִּם וְהַנְּתִינִים וּבְנֵי

4 עַבְדֵי שְׁלֹמֹה: וּבִירוּשָׁלִַם יָשְׁבוּ מִבְּנֵי יְהוּדָה וּמִבְּנֵי בִנְיָמִן מִבְּנֵי יְהוּדָה עֲתָיָה בֶן־עֻזִּיָּה בֶּן־זְכַרְיָה בֶן־אֲמַרְיָה בֶּן־שְׁפַטְיָה בֶּן־מַהֲלַלְאֵל

5 מִבְּנֵי־פָרֶץ: וּמַעֲשֵׂיָה בֶן־בָּרוּךְ בֶּן־כָּל־חֹזֶה בֶּן־חֲזָיָה בֶן־עֲדָיָה בֶן־

6 יוֹיָרִיב בֶּן־זְכַרְיָה בֶּן־הַשִּׁלֹנִי: כָּל־בְּנֵי־פֶרֶץ הַיֹּשְׁבִים בִּירוּשָׁלִַם אַרְבַּע

7 מֵאוֹת שִׁשִּׁים וּשְׁמֹנָה אַנְשֵׁי־חָיִל: וְאֵלֶּה בְּנֵי בִנְיָמִן סַלֻּא בֶן־מְשֻׁלָּם בֶּן־יוֹעֵד בֶּן־פְּדָיָה בֶן־קוֹלָיָה בֶן־מַעֲשֵׂיָה בֶּן־אִיתִיאֵל בֶּן־

8 יְשַׁעְיָה: וְאַחֲרָיו גַּבַּי סַלַּי תְּשַׁע מֵאוֹת עֶשְׂרִים וּשְׁמֹנָה: וְיוֹאֵל בֶּן־
9 זִכְרִי פָּקִיד עֲלֵיהֶם וִיהוּדָה בֶן־הַסְּנוּאָה עַל־הָעִיר מִשְׁנֶה:

10 מִן־הַכֹּהֲנִים יְדַעְיָה בֶן־יוֹיָרִיב יָכִין: שְׂרָיָה בֶן־חִלְקִיָּה בֶּן־מְשֻׁלָּם בֶּן־
11 צָדוֹק בֶּן־מְרָיוֹת בֶּן־אֲחִיטוּב נְגִד בֵּית הָאֱלֹהִים: וַאֲחֵיהֶם עֹשֵׂי

12 הַמְּלָאכָה לַבַּיִת שְׁמֹנֶה מֵאוֹת עֶשְׂרִים וּשְׁנַיִם וַעֲדָיָה בֶּן־יְרֹחָם בֶּן־

13 פְּלַלְיָה בֶּן־אַמְצִי בֶן־זְכַרְיָה בֶּן־פַּשְׁחוּר בֶּן־מַלְכִּיָּה: וְאֶחָיו רָאשִׁים לְאָבוֹת מָאתַיִם אַרְבָּעִים וּשְׁנָיִם וַעֲמַשְׁסַי בֶּן־עֲזַרְאֵל בֶּן־אַחְזַי בֶּן־

14 מְשִׁלֵּמוֹת בֶּן־אִמֵּר: וַאֲחֵיהֶם גִּבּוֹרֵי חַיִל מֵאָה עֶשְׂרִים וּשְׁמֹנָה וּפָקִיד

15 עֲלֵיהֶם זַבְדִּיאֵל בֶּן־הַגְּדוֹלִים: וּמִן־הַלְוִיִּם שְׁמַעְיָה בֶן־

16 חַשּׁוּב בֶּן־עַזְרִיקָם בֶּן־חֲשַׁבְיָה בֶּן־בּוּנִּי: וְשַׁבְּתַי וְיוֹזָבָד עַל־הַמְּלָאכָה

17 הַחִיצֹנָה לְבֵית הָאֱלֹהִים מֵרָאשֵׁי הַלְוִיִּם: וּמַתַּנְיָה בֶן־מִיכָה בֶּן־זַבְדִּי

17 And Mattaniah the son of Micha, the son of Zabdi, the son of Asaph, *was* the principal to begin the thanksgiving in prayer: and Bakbukiah the second among his brethren, and Abda the son of Shammua, the son of Galal, the son of Jeduthun.

18 All the Levites in the holy city *were* two hundred fourscore and four.

19 Moreover the porters, Akkub, Talmon, and their brethren that kept the gates, *were* an hundred seventy and two.

20 ¶ And the residue of Israel, of the priests, *and* the Levites, *were* in all the cities of Judah, every one in his inheritance.

21 But the Nethinims dwelt in Ophel: and Ziha and Gispa *were* over the Nethinims.

22 The overseer also of the Levites at Jerusalem *was* Uzzi the son of Bani, the son of Hashabiah, the son of Mattaniah, the son of Micha. Of the sons of Asaph, the singers *were* over the business of the house of God.

23 For *it was* the king's commandment concerning them, that a certain portion should be for the singers, due for every day.

24 And Pethahiah the son of Meshezabeel, of the children of Zerah the son of Judah, *was* at the king's hand in all matters concerning the people.

25 And for the villages, with their fields, *some* of the children of Judah dwelt at Kirjath-arba, and *in* the villages thereof, and at Dibon, and *in* the villages thereof, and at Jekabzeel, and *in* the villages thereof,

26 And at Jeshua, and at Moladah, and at Beth-phelet,

27 And at Hazar-shual, and at Beersheba, and *in* the villages thereof,

28 And at Ziklag, and at Mekonah, and in the villages thereof,

29 And at En-rimmon, and at Zareah, and at Jarmuth,

30 Zanoah, Adullam, and *in* their villages, at Lachish, and the fields thereof, at Azekah, and *in* the villages thereof. And they dwelt from Beer-sheba unto the valley of Hinnom.

31 The children also of Benjamin from Geba *dwelt* at Michmash, and Aija, and Beth-el, and *in* their villages,

32 *And* at Anathoth, Nob, Ananiah,

33 Hazor, Ramah, Gittaim,

34 Hadid, Zeboim, Neballat,

35 Lod, and Ono, the valley of craftsmen.

36 And of the Levites *were* divisions *in* Judah, *and* in Benjamin.

CHAPTER 12

1 Now these *are* the priests and the Levites that went up with Zerubbabel the son of Shealtiel, and Jeshua: Seraiah, Jeremiah, Ezra,

2 Amariah, Malluch, Hattush,

3 Shechaniah, Rehum, Meremoth,

4 Iddo, Ginnetho, Abijah,

5 Miamin, Maadiah, Bilgah,

6 Shemaiah, and Joiarib, Jedaiah,

7 Sallu, Amok, Hilkiah, Jedaiah. These *were* the chief of the priests and of their brethren in the days of Jeshua.

8 Moreover the Levites: Jeshua, Binnui, Kadmiel, Sherebiah, Judah, *and* Mattaniah, *which was* over the thanksgiving, he and his brethren.

9 Also Bakbukiah and Unni, their brethren, *were* over against them in the watches.

10 ¶ And Jeshua begat Joiakim, Joiakim also begat Eliashib, and Eliashib begat Joiada,

11 And Joiada begat Jonathan, and Jonathan begat Jaddua.

12 And in the days of Joiakim were priests, the chief of the fathers: of Seraiah, Meraiah; of Jeremiah, Hananiah;

13 Of Ezra, Meshullam; of Amariah, Jehohanan;

14 Of Melicu, Jonathan; of Shebaniah, Joseph;

15 Of Harim, Adna; of Meraioth, Helkai;

16 Of Iddo, Zechariah; of Ginnethon, Meshullam;

17 Of Abijah, Zichri; of Miniamin, of Moadiah, Piltai;

18 Of Bilgah, Shammua; of Shemaiah, Jehonathan;

19 And of Joiarib, Mattenai; of Jedaiah, Uzzi;

בֶּן־אָסָף רֹאשׁ הַתְּחִלָּה יְהוֹדֶה לַתְּפִלָּה וּבַקְבֻּקְיָה מִשְׁנֶה מֵאֶחָיו

18 וְעַבְדָּא בֶּן־שַׁמּוּעַ בֶּן־גָּלָל בֶּן־יְדִיתוּן: כָּל־הַלְוִיִּם בְּעִיר הַקֹּדֶשׁ מָאתַיִם שְׁמֹנִים וְאַרְבָּעָה:

19 וְהַשּׁוֹעֲרִים עַקּוּב טַלְמוֹן וַאֲחֵיהֶם הַשֹּׁמְרִים בַּשְּׁעָרִים מֵאָה שִׁבְעִים

20 וּשְׁנָיִם: וּשְׁאָר יִשְׂרָאֵל הַכֹּהֲנִים הַלְוִיִּם בְּכָל־עָרֵי יְהוּדָה אִישׁ בְּנַחֲלָתוֹ:

21 וְהַנְּתִינִים יֹשְׁבִים בָּעֹפֶל וְצִיחָא וְגִשְׁפָּא עַל־הַנְּתִינִים:

22 וּפְקִיד הַלְוִיִּם בִּירוּשָׁלַ͏ִם עֻזִּי בֶן־בָּנִי בֶּן־חֲשַׁבְיָה בֶּן־מַתַּנְיָה בֶּן־מִיכָא

23 מִבְּנֵי אָסָף הַמְשֹׁרְרִים לְנֶגֶד מְלֶאכֶת בֵּית־הָאֱלֹהִים: כִּי־מִצְוַת הַמֶּלֶךְ

24 עֲלֵיהֶם וַאֲמָנָה עַל־הַמְשֹׁרְרִים דְּבַר־יוֹם בְּיוֹמוֹ: וּפְתַחְיָה בֶּן־

25 מְשֵׁיזַבְאֵל מִבְּנֵי־זֶרַח בֶּן־יְהוּדָה לְיַד הַמֶּלֶךְ לְכָל־דָּבָר לָעָם: וְאֶל־הַחֲצֵרִים בִּשְׂדֹתָם מִבְּנֵי יְהוּדָה יָשְׁבוּ בְּקִרְיַת הָאַרְבַּע וּבְנֹתֶיהָ

26 וּבְדִיבֹן וּבְנֹתֶיהָ וּבִיקַּבְצְאֵל וַחֲצֵרֶיהָ: וּבְיֵשׁוּעַ וּבְמוֹלָדָה וּבְבֵית פָּלֶט:

27 וּבַחֲצַר שׁוּעָל וּבִבְאֵר שֶׁבַע וּבְנֹתֶיהָ: וּבְצִקְלַג וּבִמְכֹנָה וּבִבְנֹתֶיהָ:

28
29 וּבְעֵין רִמּוֹן וּבְצָרְעָה וּבְיַרְמוּת: זָנֹחַ עֲדֻלָּם וְחַצְרֵיהֶם לָכִישׁ וּשְׂדֹתֶיהָ

30
31 עֲזֵקָה וּבְנֹתֶיהָ וַיַּחֲנוּ מִבְּאֵר־שֶׁבַע עַד־גֵּיא־הִנֹּם: וּבְנֵי בִנְיָמִן מִגָּבַע

32 מִכְמָשׂ וְעַיָּה וּבֵית־אֵל וּבְנֹתֶיהָ: עֲנָתוֹת נֹב עֲנָנְיָה: חָצוֹר רָמָה

33
34 גִּתָּיִם: חָדִיד צְבֹעִים נְבַלָּט: לֹד וְאוֹנוֹ גֵּי הַחֲרָשִׁים: וּמִן־הַלְוִיִּם

36 מַחְלְקוֹת יְהוּדָה לְבִנְיָמִן:

12 1 וְאֵלֶּה הַכֹּהֲנִים וְהַלְוִיִּם אֲשֶׁר עָלוּ עִם־זְרֻבָּבֶל בֶּן־שְׁאַלְתִּיאֵל וְיֵשׁוּעַ

2 שְׂרָיָה יִרְמְיָה עֶזְרָא: אֲמַרְיָה מַלּוּךְ חַטּוּשׁ: שְׁכַנְיָה רְחֻם מְרֵמֹת:

3
4 עִדּוֹא גִנְּתוֹי אֲבִיָּה: מִיָּמִין מַעַדְיָה בִּלְגָּה: שְׁמַעְיָה וְיוֹיָרִיב יְדַעְיָה:

6
7 סַלּוּ עָמוֹק חִלְקִיָּה יְדַעְיָה אֵלֶּה רָאשֵׁי הַכֹּהֲנִים וַאֲחֵיהֶם בִּימֵי יֵשׁוּעַ:

8 וְהַלְוִיִּם יֵשׁוּעַ בִּנּוּי קַדְמִיאֵל שֵׁרֵבְיָה יְהוּדָה מַתַּנְיָה עַל־הֻיְּדוֹת הוּא

9 וְאֶחָיו: וּבַקְבֻּקְיָה וְעֻנּוֹ אֲחֵיהֶם לְנֶגְדָּם לְמִשְׁמָרוֹת: וְיֵשׁוּעַ הוֹלִיד

10 אֶת־יוֹיָקִים וְיוֹיָקִים הוֹלִיד אֶת־אֶלְיָשִׁיב וְאֶלְיָשִׁיב אֶת־יוֹיָדָע: וְיוֹיָדָע

11 הוֹלִיד אֶת־יוֹנָתָן וְיוֹנָתָן הוֹלִיד אֶת־יַדּוּעַ: וּבִימֵי יוֹיָקִים הָיוּ כֹהֲנִים

12 רָאשֵׁי הָאָבוֹת לִשְׂרָיָה מְרָיָה לְיִרְמְיָה חֲנַנְיָה: לְעֶזְרָא מְשֻׁלָּם

13 לַאֲמַרְיָה יְהוֹחָנָן: לִמְלוּכִי יוֹנָתָן לִשְׁבַנְיָה יוֹסֵף: לְחָרִם עַדְנָא

14 לִמְרָיוֹת חֶלְקָי: לְעִדּוֹא זְכַרְיָה לְגִנְּתוֹן מְשֻׁלָּם: לַאֲבִיָּה זִכְרִי לְמִנְיָמִין

15
16
17 לְמוֹעַדְיָה פִּלְטָי: לְבִלְגָּה שַׁמּוּעַ לִשְׁמַעְיָה יְהוֹנָתָן: וּלְיוֹיָרִיב מַתְּנַי

18
19

יְדוּתוּן 18

וְעֻנִּי 9

לְמַלִּיכוּ 14

לְעִדּוֹא 16

20 Of Sallai, Kallai; of Amok, Eber;

21 Of Hilkiah, Hashabiah; of Jedaiah, Nethaneel.

22 ¶ The Levites in the days of Eliashib, Joiada, and Johanan, and Jaddua, *were* recorded chief of the fathers: also the priests, to the reign of Darius the Persian.

23 The sons of Levi, the chief of the fathers, *were* written in the book of the chronicles, even until the days of Johanan the son of Eliashib.

24 And the chief of the Levites: Hashabiah, Sherebiah, and Jeshua the son of Kadmiel, with their brethren over against them, to praise *and* to give thanks, according to the commandment of David the man of God, ward over against ward.

25 Mattaniah, and Bakbukiah, Obadiah, Meshullam, Talmon, Akkub, *were* porters keeping the ward at the thresholds of the gates.

26 These *were* in the days of Joiakim the son of Jeshua, the son of Jozadak, and in the days of Nehemiah the governor, and of Ezra the priest, the scribe.

27 ¶ And at the dedication of the wall of Jerusalem they sought the Levites out of all their places, to bring them to Jerusalem, to keep the dedication with gladness, both with thanksgivings, and with singing, *with* cymbals, psalteries, and with harps.

28 And the sons of the singers gathered themselves together, both out of the plain country round about Jerusalem, and from the villages of Netophathi;

29 Also from the house of Gilgal, and out of the fields of Geba and Azmaveth: for the singers had builded them villages round about Jerusalem.

30 And the priests and the Levites purified themselves, and purified the people, and the gates, and the wall.

31 Then I brought up the princes of Judah upon the wall, and appointed two great *companies of them that gave* thanks, *whereof one* went on the right hand upon the wall toward the dung gate:

32 And after them went Hoshaiah, and half of the princes of Judah,

33 And Azariah, Ezra, and Meshullam,

34 Judah, and Benjamin, and Shemaiah, and Jeremiah,

35 And *certain* of the priests' sons with trumpets; *namely,* Zechariah the son of Jonathan, the son of Shemaiah, the son of Mattaniah, the son of Michaiah, the son of Zaccur, the son of Asaph:

36 And his brethren, Shemaiah, and Azarael, Milalai, Gilalai, Maai, Nethaneel, and Judah, Hanani, with the musical instruments of David the man of God, and Ezra the scribe before them.

37 And at the fountain gate, which was over against them, they went up by the stairs of the city of David, at the going up of the wall, above the house of David, even unto the water gate eastward.

38 And the other *company of them that gave* thanks went over against *them,* and I after them, and the half of the people upon the wall, from beyond the tower of the furnaces even unto the broad wall;

39 And from above the gate of Ephraim, and above the old gate, and above the fish gate, and the tower of Hananeel, and the tower of Meah, even unto the sheep gate: and they stood still in the prison gate.

40 So stood the two *companies of them that gave* thanks in the house of God, and I, and the half of the rulers with me:

41 And the priests; Eliakim, Maaseiah, Miniamin, Michaiah, Elioenai, Zechariah, *and* Hananiah, with trumpets;

42 And Maaseiah, and Shemaiah, and Eleazar, and Uzzi, and Jehohanan, and Malchijah, and Elam, and Ezer. And the singers sang loud, with Jezrahiah *their* overseer.

43 Also that day they offered great sacrifices, and rejoiced: for God had made them rejoice with great joy: the wives also and the children rejoiced: so that the joy of Jerusalem was heard even afar off.

44 ¶ And at that time were some appointed over the chambers for the treasures, for the offerings, for the firstfruits, and for the tithes, to gather into them out of the fields of the cities the portions of the law for the priests and Levites: for Ju-

20 לִידַעְיָ֖ה עֻזִּ֑י לְסַלַּ֥י קַלָּ֖י לְעָמ֣וֹק עֵ֑בֶר: לְחִלְקִיָּ֣ה חֲשַׁבְיָ֔ה לִֽידַעְיָ֖ה

21

22 נְתַנְאֵֽל: הַלְוִיִּם֩ בִּימֵ֨י אֶלְיָשִׁ֜יב יוֹיָדָ֤ע וְיוֹחָנָן֙ וְיַדּ֔וּעַ כְּתוּבִ֖ים רָאשֵׁ֣י
אָב֑וֹת וְהַכֹּ֣הֲנִ֔ים עַל־מַלְכ֖וּת דָּרְיָ֥וֶשׁ הַפָּרְסִֽי:

23 בְּנֵ֣י לֵוִ֗י רָאשֵׁ֤י הָֽאָבוֹת֙ כְּתוּבִ֔ים עַל־סֵ֖פֶר דִּבְרֵ֣י הַיָּמִ֑ים וְעַד־יְמֵ֖י יֽוֹחָנָ֥ן

24 בֶּן־אֶלְיָשִֽׁיב: וְרָאשֵׁ֣י הַ֠לְוִיִּם חֲשַׁבְיָ֨ה שֵׁרֵֽבְיָ֜ה וְיֵשׁ֤וּעַ בֶּן־קַדְמִיאֵל֙
וַאֲחֵיהֶ֣ם לְנֶגְדָּ֔ם לְהַלֵּ֣ל לְהוֹד֔וֹת בְּמִצְוַ֖ת דָּוִ֣יד אִישׁ־הָאֱלֹהִ֑ים מִשְׁמָ֥ר

25 לְעֻמַּ֖ת מִשְׁמָֽר: מַתַּנְיָ֧ה וּבַקְבֻּֽקְיָ֛ה עֹבַדְיָ֥ה מְשֻׁלָּ֖ם טַלְמ֣וֹן עַקּ֑וּב

26 שֹׁמְרִ֤ים שֽׁוֹעֲרִים֙ מִשְׁמָ֔ר בַּאֲסֻפֵּ֖י הַשְּׁעָרִֽים: אֵ֕לֶּה בִּימֵ֛י יוֹיָקִ֥ים בֶּן־יֵשׁ֖וּעַ
בֶּן־יֽוֹצָדָ֑ק וּבִימֵי֙ נְחֶמְיָ֣ה הַפֶּחָ֔ה וְעֶזְרָ֥א הַכֹּהֵ֖ן הַסּוֹפֵֽר:

27 וּבַחֲנֻכַּ֞ת חוֹמַ֣ת יְרוּשָׁלַ֗͏ִם בִּקְשׁ֤וּ אֶת־הַלְוִיִּם֙ מִכָּל־מְק֣וֹמֹתָ֔ם לַהֲבִיאָ֖ם
לִֽירוּשָׁלָ֑͏ִם לַעֲשֹׂ֨ת חֲנֻכָּ֤ה וְשִׂמְחָה֙ וּבְתוֹד֣וֹת וּבְשִׁ֔יר מְצִלְתַּ֖יִם נְבָלִ֥ים

28 וּבְכִנֹּרֽוֹת: וַיֵּאָ֣סְפ֔וּ בְּנֵ֖י הַמְשֹׁרְרִ֑ים וּמִן־הַכִּכָּר֙ סְבִיב֣וֹת יְרוּשָׁלַ֔͏ִם וּמִן־

29 חַצְרֵ֖י נְטֹפָתִֽי: וּמִבֵּית֙ הַגִּלְגָּ֔ל וּמִשְּׂד֥וֹת גֶּ֖בַע וְעַזְמָ֑וֶת כִּ֣י חֲצֵרִ֗ים

30 בָּנ֤וּ לָהֶם֙ הַמְשֹׁ֣רְרִ֔ים סְבִיב֖וֹת יְרוּשָׁלָֽ͏ִם: וַיִּֽטַּהֲר֔וּ הַכֹּהֲנִ֖ים וְהַלְוִיִּ֑ם

31 וַֽיְטַהֲרוּ֙ אֶת־הָעָ֔ם וְאֶת־הַשְּׁעָרִ֖ים וְאֶֽת־הַחוֹמָֽה: וָאַעֲלֶה֙ אֶת־שָׂרֵ֣י
יְהוּדָ֔ה מֵעַ֖ל לַחוֹמָ֑ה וָאַעֲמִ֡ידָה שְׁתֵּ֣י תוֹדֹת֩ גְּדוֹלֹ֨ת וְתַהֲלֻכֹ֤ת לַיָּמִין֙

32 מֵעַ֣ל לַחוֹמָ֔ה לְשַׁ֖עַר הָאַשְׁפֹּֽת: וַיֵּ֣לֶךְ אַחֲרֵיהֶ֗ם הוֹשַֽׁעְיָ֔ה וַחֲצִ֖י שָׂרֵ֥י

33 יְהוּדָֽה: וַעֲזַרְיָ֥ה   עֶזְרָ֖א   וּמְשֻׁלָּֽם: יְהוּדָ֥ה וּבִנְיָמִ֖ן וּֽשְׁמַֽעְיָ֣ה

34

35 וְיִרְמְיָֽה: וּמִבְּנֵ֥י הַכֹּהֲנִ֖ים בַּחֲצֹצְר֑וֹת זְכַרְיָ֨ה בֶן־יֽוֹנָתָ֜ן בֶּן־

36 שְׁמַֽעְיָ֗ה בֶּן־מַתַּנְיָה֙ בֶּן־מִ֣יכָיָ֔ה בֶּן־זַכּ֖וּר בֶּן־אָסָֽף: וְאֶחָ֡יו שְׁמַעְיָ֡ה
וַעֲזַרְאֵ֡ל מִֽלֲלַ֡י גִּֽלֲלַ֡י מָאַ֞י נְתַנְאֵ֤ל וִֽיהוּדָה֙ חֲנָ֔נִי בִּכְלֵי־שִׁ֥יר דָּוִ֖יד אִ֣ישׁ

37 הָאֱלֹהִ֑ים וְעֶזְרָ֥א הַסּוֹפֵ֖ר לִפְנֵיהֶֽם: וְעַ֨ל שַׁ֤עַר הָעַ֨יִן֙ וְנֶגְדָּ֔ם עָלוּ֙ עַֽל־
מַעֲל֔וֹת עִ֣יר דָּוִ֔יד בַּֽמַּעֲלֶ֖ה לַחוֹמָ֑ה מֵעַל֙ לְבֵ֣ית דָּוִ֔יד וְעַ֛ד שַׁ֥עַר הַמַּ֖יִם

38 מִזְרָֽח: וְהַתּוֹדָ֧ה הַשֵּׁנִ֛ית הַהוֹלֶ֥כֶת לְמ֖וֹאל וַאֲנִ֣י אַחֲרֶ֑יהָ וַחֲצִ֥י הָעָ֖ם

39 מֵעַ֣ל לְהַחוֹמָ֗ה מֵעַל֙ לְמִגְדַּ֣ל הַתַּנּוּרִ֔ים וְעַ֖ד הַחוֹמָ֣ה הָרְחָבָֽה: וּמֵעַ֣ל
לְשַֽׁעַר־אֶפְרַ֡יִם וְעַל־שַׁ֣עַר הַיְשָׁנָ֩ה וְעַל־שַׁ֨עַר הַדָּגִ֜ים וּמִגְדַּ֣ל חֲנַנְאֵל֩

40 וּמִגְדַּ֨ל הַמֵּאָ֜ה וְעַ֖ד שַׁ֣עַר הַצֹּ֑אן וְעָ֣מְד֔וּ בְּשַׁ֖עַר הַמַּטָּרָֽה: וַֽתַּעֲמֹ֛דְנָה

41 שְׁתֵּ֥י הַתּוֹדֹ֖ת בְּבֵ֣ית הָאֱלֹהִ֑ים וַאֲנִ֕י וַחֲצִ֥י הַסְּגָנִ֖ים עִמִּֽי: וְהַכֹּהֲנִ֡ים
אֶלְיָקִ֡ים מַעֲשֵׂיָ֡ה מִ֠נְיָמִין מִֽיכָיָ֧ה אֶלְיוֹעֵינַ֛י זְכַרְיָ֥ה חֲנַנְיָ֖ה בַּחֲצֹצְרֽוֹת:

42 וּמַעֲשֵׂיָ֨ה וּֽשְׁמַֽעְיָ֜ה וְאֶלְעָזָ֧ר וְעֻזִּ֛י וִיהוֹחָנָ֥ן וּמַלְכִּיָּ֖ה וְעֵילָ֣ם וָעָ֑זֶר
וַיַּשְׁמִ֨יעוּ֙ הַמְשֹׁ֣רְרִ֔ים וְיִֽזְרַחְיָ֖ה הַפָּקִֽיד: וַיִּזְבְּח֣וּ בַיּוֹם־הַה֗וּא זְבָחִים֙

43 גְּדוֹלִים֙ וַיִּשְׂמָ֔חוּ כִּ֤י הָאֱלֹהִים֙ שִׂמְּחָ֔ם שִׂמְחָ֖ה גְדוֹלָ֑ה וְגַ֤ם הַנָּשִׁים֙

44 וְהַיְלָדִ֖ים שָׂמֵ֑חוּ וַתִּשָּׁמַ֛ע שִׂמְחַ֥ת יְרוּשָׁלַ֖͏ִם מֵרָחֽוֹק: וַיִּפָּקְד֣וּ בַיּוֹם֩
הַה֨וּא אֲנָשִׁ֜ים עַל־הַנְּשָׁכ֗וֹת לָא֨וֹצָר֥וֹת לַתְּרוּמוֹת֮ לָרֵאשִׁית֒
וְלַמַּֽעַשְׂרוֹת֒ לִכְנ֨וֹס בָּהֶ֜ם לִשְׂדֵ֤י הֶעָרִים֙ מְנָא֣וֹת הַתּוֹרָ֔ה לַכֹּהֲנִ֖ים

dah rejoiced for the priests and for the Levites that waited.

45 And both the singers and the porters kept the ward of their God, and the ward of the purification, according to the commandment of David, *and* of Solomon his son.

46 For in the days of David and Asaph of old *there were* chief of the singers, and songs of praise and thanksgiving unto God.

47 And all Israel in the days of Zerubbabel, and in the days of Nehemiah, gave the portions of the singers and the porters, every day his portion: and they sanctified *holy things* unto the Levites; and the Levites sanctified *them* unto the children of Aaron.

CHAPTER 13

1 On that day they read in the book of Moses in the audience of the people; and therein was found written, that the Ammonite and the Moabite should not come into the congregation of God for ever;

2 Because they met not the children of Israel with bread and with water, but hired Balaam against them, that he should curse them: howbeit our God turned the curse into a blessing.

3 Now it came to pass, when they had heard the law, that they separated from Israel all the mixed multitude.

4 ¶ And before this, Eliashib the priest, having the oversight of the chamber of the house of our God, *was* allied unto Tobiah:

5 And he had prepared for him a great chamber, where aforetime they laid the meat offerings, the frankincense, and the vessels, and the tithes of the corn, the new wine, and the oil, which was commanded *to be given* to the Levites, and the singers, and the porters; and the offerings of the priests.

6 But in all this *time* was not I at Jerusalem: for in the two and thirtieth year of Artaxerxes king of Babylon came I unto the king, and after certain days obtained I leave of the king:

7 And I came to Jerusalem, and understood of the evil that Eliashib did for

Tobiah, in preparing him a chamber in the courts of the house of God.

8 And it grieved me sore: therefore I cast forth all the household stuff of Tobiah out of the chamber.

9 Then I commanded, and they cleansed the chambers: and thither brought I again the vessels of the house of God, with the meat offering and the frankincense.

10 ¶ And I perceived that the portions of the Levites had not been given *them:* for the Levites and the singers, that did the work, were fled every one to his field.

11 Then contended I with the rulers, and said, Why is the house of God forsaken? And I gathered them together, and set them in their place.

12 Then brought all Judah the tithe of the corn and the new wine and the oil unto the treasuries.

13 And I made treasurers over the treasuries, Shelemiah the priest, and Zadok the scribe, and of the Levites, Pedaiah: and next to them *was* Hanan the son of Zaccur, the son of Mattaniah: for they were counted faithful, and their office *was* to distribute unto their brethren.

14 Remember me, O my God, concerning this, and wipe not out my good deeds that I have done for the house of my God, and for the offices thereof.

15 ¶ In those days saw I in Judah *some* treading wine presses on the sabbath, and bringing in sheaves, and lading asses; as also wine, grapes, and figs, and all *manner of* burdens, which they brought into Jerusalem on the sabbath day: and I testified *against them* in the day wherein they sold victuals.

16 There dwelt men of Tyre also therein, which brought fish, and all manner of ware, and sold on the sabbath unto the children of Judah, and in Jerusalem.

17 Then I contended with the nobles of Judah, and said unto them, What evil thing *is* this that ye do, and profane the sabbath day?

18 Did not your fathers thus, and did not our God bring all this evil upon us, and upon this city? yet ye bring more wrath upon Israel by profaning the sabbath.

וְלַלְוִיֵּם כִּי שִׂמְחַת יְהוּדָה עַל־הַכֹּהֲנִים וְעַל־הַלְוִיִּם הָעֹמְדִים:

45 וַיִּשְׁמְרוּ מִשְׁמֶרֶת אֱלֹהֵיהֶם וּמִשְׁמֶרֶת הַטָּהֳרָה וְהַמְשֹׁרְרִים וְהַשֹּׁעֲרִים

רָאשֵׁי 46 כְּמִצְוַת דָּוִיד שְׁלֹמֹה בְנוֹ: כִּי־בִימֵי דָוִיד וְאָסָף מִקֶּדֶם רֹאשׁ

47 הַמְשֹׁרְרִים וְשִׁיר־תְּהִלָּה וְהֹדוֹת לֵאלֹהִים: וְכָל־יִשְׂרָאֵל בִּימֵי זְרֻבָּבֶל

וּבִימֵי נְחֶמְיָה נֹתְנִים מְנָיוֹת הַמְשֹׁרְרִים וְהַשֹּׁעֲרִים דְּבַר־יוֹם בְּיוֹמוֹ

וּמַקְדִּשִׁים לַלְוִיִּם וְהַלְוִיִּם מַקְדִּשִׁים לִבְנֵי אַהֲרֹן:

13 1 בַּיּוֹם הַהוּא נִקְרָא בְּסֵפֶר מֹשֶׁה בְּאָזְנֵי הָעָם וְנִמְצָא כָּתוּב בּוֹ אֲשֶׁר

2 לֹא־יָבוֹא עַמֹּנִי וּמֹאָבִי בִּקְהַל הָאֱלֹהִים עַד־עוֹלָם: כִּי לֹא קִדְּמוּ

אֶת־בְּנֵי יִשְׂרָאֵל בַּלֶּחֶם וּבַמָּיִם וַיִּשְׂכֹּר עָלָיו אֶת־בִּלְעָם לְקַלְלוֹ וַיַּהֲפֹךְ

3A 3 אֱלֹהֵינוּ הַקְּלָלָה לִבְרָכָה: וַיְהִי כְּשָׁמְעָם אֶת־הַתּוֹרָה וַיַּבְדִּילוּ כָל־

4 עֵרֶב מִיִּשְׂרָאֵל: וְלִפְנֵי מִזֶּה אֶלְיָשִׁיב הַכֹּהֵן נָתוּן בְּלִשְׁכַּת בֵּית־

5 אֱלֹהֵינוּ קָרוֹב לְטוֹבִיָּה: וַיַּעַשׂ לוֹ לִשְׁכָּה גְדוֹלָה וְשָׁם הָיוּ לְפָנִים

נֹתְנִים אֶת־הַמִּנְחָה הַלְּבוֹנָה וְהַכֵּלִים וּמַעְשַׂר הַדָּגָן הַתִּירוֹשׁ וְהַיִּצְהָר

6 מִצְוַת הַלְוִיִּם וְהַמְשֹׁרְרִים וְהַשֹּׁעֲרִים וּתְרוּמַת הַכֹּהֲנִים: וּבְכָל־זֶה לֹא

הָיִיתִי בִּירוּשָׁלִָם כִּי בִּשְׁנַת שְׁלֹשִׁים וּשְׁתַּיִם לְאַרְתַּחְשַׁסְתְּא מֶלֶךְ־

7 בָּבֶל בָּאתִי אֶל־הַמֶּלֶךְ וּלְקֵץ יָמִים נִשְׁאַלְתִּי מִן־הַמֶּלֶךְ: וָאָבוֹא

לִירוּשָׁלִַם וָאָבִינָה בָרָעָה אֲשֶׁר עָשָׂה אֶלְיָשִׁיב לְטוֹבִיָּה לַעֲשׂוֹת לוֹ

8 נִשְׁכָּה בְּחַצְרֵי בֵּית הָאֱלֹהִים: וַיֵּרַע לִי מְאֹד וָאַשְׁלִיכָה אֶת־כָּל־כְּלֵי

9 בֵית־טוֹבִיָּה הַחוּץ מִן־הַלִּשְׁכָּה: וָאֹמְרָה וַיְטַהֲרוּ הַלְּשָׁכוֹת וָאָשִׁיבָה

שָׁם כְּלֵי בֵּית הָאֱלֹהִים אֶת־הַמִּנְחָה וְהַלְּבוֹנָה:

10 וָאֵדְעָה כִּי־מְנָיוֹת הַלְוִיִּם לֹא נִתָּנָה וַיִּבְרְחוּ אִישׁ־לְשָׂדֵהוּ הַלְוִיִּם

11 וְהַמְשֹׁרְרִים עֹשֵׂי הַמְּלָאכָה: וָאָרִיבָה אֶת־הַסְּגָנִים וָאֹמְרָה מַדּוּעַ

12 נֶעֱזַב בֵּית־הָאֱלֹהִים וָאֶקְבְּצֵם וָאַעֲמִדֵם עַל־עָמְדָם: וְכָל־יְהוּדָה

13 הֵבִיאוּ מַעְשַׂר הַדָּגָן וְהַתִּירוֹשׁ וְהַיִּצְהָר לָאוֹצָרוֹת: וָאוֹצְרָה עַל־

אוֹצָרוֹת שֶׁלֶמְיָה הַכֹּהֵן וְצָדוֹק הַסּוֹפֵר וּפְדָיָה מִן־הַלְוִיִּם וְעַל־יָדָם

חָנָן בֶּן־זַכּוּר בֶּן־מַתַּנְיָה כִּי נֶאֱמָנִים נֶחְשָׁבוּ וַעֲלֵיהֶם לַחֲלֹק

לַאֲחֵיהֶם:

14 זָכְרָה־לִּי אֱלֹהַי עַל־זֹאת וְאַל־תֶּמַח חֲסָדַי אֲשֶׁר עָשִׂיתִי בְּבֵית אֱלֹהַי

15 וּבְמִשְׁמָרָיו: בַּיָּמִים הָהֵמָּה רָאִיתִי בִיהוּדָה דֹרְכִים־גִּתּוֹת בַּשַּׁבָּת

וּמְבִיאִים הָעֲרֵמוֹת וְעֹמְסִים עַל־הַחֲמֹרִים וְאַף־יַיִן עֲנָבִים וּתְאֵנִים

וְכָל־מַשָּׂא וּמְבִיאִים יְרוּשָׁלִַם בְּיוֹם הַשַּׁבָּת וָאָעִיד בְּיוֹם מִכְרָם צָיִד:

16 וְהַצֹּרִים יָשְׁבוּ בָהּ מְבִיאִים דָּאג וְכָל־מֶכֶר וּמֹכְרִים בַּשַּׁבָּת לִבְנֵי

17A 17 יְהוּדָה וּבִירוּשָׁלִָם: וָאָרִיבָה אֵת חֹרֵי יְהוּדָה וָאֹמְרָה לָהֶם מָה־הַדָּבָר

18 הָרָע הַזֶּה אֲשֶׁר אַתֶּם עֹשִׂים וּמְחַלְּלִים אֶת־יוֹם הַשַּׁבָּת: הֲלוֹא כֹה

עָשׂוּ אֲבֹתֵיכֶם וַיָּבֵא אֱלֹהֵינוּ עָלֵינוּ אֵת כָּל־הָרָעָה הַזֹּאת וְעַל הָעִיר

19 And it came to pass, that when the gates of Jerusalem began to be dark before the sabbath, I commanded that the gates should be shut, and charged that they should not be opened till after the sabbath: and *some* of my servants set I at the gates, *that* there should no burden be brought in on the sabbath day.

20 So the merchants and sellers of all kind of ware lodged without Jerusalem once or twice.

21 Then I testified against them, and said unto them, Why lodge ye about the wall? if ye do *so* again, I will lay hands on you. From that time forth came they no *more* on the sabbath.

22 And I commanded the Levites that they should cleanse themselves, and *that* they should come *and* keep the gates, to sanctify the sabbath day. Remember me, O my God, *concerning* this also, and spare me according to the greatness of thy mercy.

23 ¶ In those days also saw I Jews *that* had married wives of Ashdod, of Ammon, *and* of Moab:

24 And their children spake half in the speech of Ashdod, and could not speak in the Jews' language, but according to the language of each people.

25 And I contended with them, and cursed them, and smote certain of them, and plucked off their hair, and made them swear by God, *saying,* Ye shall not give your daughters unto their sons, nor take their daughters unto your sons, or for yourselves.

26 Did not Solomon king of Israel sin by these things? yet among many nations was there no king like him, who was beloved of his God, and God made him king over all Israel: nevertheless even him did outlandish women cause to sin.

27 Shall we then hearken unto you to do all this great evil, to transgress against our God in marrying strange wives?

28 And *one* of the sons of Joiada, the son of Eliashib the high priest, *was* son in law to Sanballat the Horonite: therefore I chased him from me.

29 Remember them, O my God, because they have defiled the priesthood, and the covenant of the priesthood, and of the Levites.

30 Thus cleansed I them from all strangers, and appointed the wards of the priests and the Levites, every one in his business;

31 And for the wood offering, at times appointed, and for the firstfruits. Remember me, O my God, for good.

THE BOOK OF
ESTHER

CHAPTER 1

1 Now it came to pass in the days of Ahasuerus, (this *is* Ahasuerus which reigned, from India even unto Ethiopia, *over* an hundred and seven and twenty provinces:)

2 *That* in those days, when the king Ahasuerus sat on the throne of his kingdom, which *was* in Shushan the palace,

3 In the third year of his reign, he made a feast unto all his princes and his servants; the power of Persia and Media, the nobles and princes of the provinces, *being* before him:

4 When he shewed the riches of his glorious kingdom and the honour of his excellent majesty many days, *even* an hundred and fourscore days.

5 And when these days were expired, the king made a feast unto all the people that were present in Shushan the palace, both unto great and small, seven days, in the court of the garden of the king's palace;

6 *Where were* white, green, and blue, *hangings,* fastened with cords of fine linen and purple to silver rings and pillars of marble: the beds *were of* gold and silver, upon a pavement of red, and blue, and white, and black, marble.

הַזֹּאת וְאַתֶּם מוֹסִיפִים חָרוֹן עַל־יִשְׂרָאֵל לְחַלֵּל אֶת־הַשַּׁבָּת:

19 וַיְהִי כַּאֲשֶׁר צָלֲלוּ שַׁעֲרֵי יְרוּשָׁלַ͏ִם לִפְנֵי הַשַּׁבָּת וָאֹמְרָה וַיִּסָּגְרוּ הַדְּלָתוֹת וָאֹמְרָה אֲשֶׁר לֹא יִפְתָּחוּם עַד אַחַר הַשַּׁבָּת וּמִנְּעָרַי 19A

20 הֶעֱמַדְתִּי עַל־הַשְּׁעָרִים לֹא־יָבוֹא מַשָּׂא בְּיוֹם הַשַּׁבָּת: וַיָּלִינוּ הָרֹכְלִים

21 וּמֹכְרֵי כָל־מִמְכָּר מִחוּץ לִירוּשָׁלַ͏ִם פַּעַם וּשְׁתָּיִם: וָאָעִידָה בָהֶם 21A וָאֹמְרָה אֲלֵיהֶם מַדּוּעַ אַתֶּם לֵנִים נֶגֶד הַחוֹמָה אִם־תִּשְׁנוּ יָד אֶשְׁלַח

22 בָּכֶם מִן־הָעֵת הַהִיא לֹא־בָאוּ בַּשַּׁבָּת: וָאֹמְרָה לַלְוִיִּם 22A אֲשֶׁר יִהְיוּ מִטַּהֲרִים וּבָאִים שֹׁמְרִים הַשְּׁעָרִים לְקַדֵּשׁ אֶת־יוֹם הַשַּׁבָּת גַּם־זֹאת זָכְרָה־לִּי אֱלֹהַי וְחוּסָה עָלַי כְּרֹב חַסְדֶּךָ:

23 גַּם ׀ בַּיָּמִים הָהֵם רָאִיתִי אֶת־הַיְּהוּדִים הֹשִׁיבוּ נָשִׁים אַשְׁדֳּדִיּוֹת אַשְׁדֳּדִיּוֹת

24 עַמֳּנִיּוֹת מוֹאֲבִיּוֹת: וּבְנֵיהֶם חֲצִי מְדַבֵּר אַשְׁדּוֹדִית וְאֵינָם מַכִּירִים עַמֳּנִיּוֹת

25 לְדַבֵּר יְהוּדִית וְכִלְשׁוֹן עַם וָעָם: וָאָרִיב עִמָּם וָאֲקַלְלֵם וָאַכֶּה מֵהֶם אֲנָשִׁים וָאֶמְרְטֵם וָאַשְׁבִּיעֵם בֵּאלֹהִים אִם־תִּתְּנוּ בְנֹתֵיכֶם לִבְנֵיהֶם

26 וְאִם־תִּשְׂאוּ מִבְּנֹתֵיהֶם לִבְנֵיכֶם וְלָכֶם: הֲלוֹא עַל־אֵלֶּה חָטָא־שְׁלֹמֹה מֶלֶךְ יִשְׂרָאֵל וּבַגּוֹיִם הָרַבִּים לֹא־הָיָה מֶלֶךְ כָּמֹהוּ וְאָהוּב לֵאלֹהָיו הָיָה וַיִּתְּנֵהוּ אֱלֹהִים מֶלֶךְ עַל־כָּל־יִשְׂרָאֵל גַּם־אוֹתוֹ הֶחֱטִיאוּ הַנָּשִׁים

27 הַנָּכְרִיּוֹת: וְלָכֶם הֲנִשְׁמַע לַעֲשֹׂת אֵת כָּל־הָרָעָה הַגְּדוֹלָה הַזֹּאת 27A

28 לִמְעֹל בֵּאלֹהֵינוּ לְהֹשִׁיב נָשִׁים נָכְרִיּוֹת: וּמִבְּנֵי יוֹיָדָע בֶּן־אֶלְיָשִׁיב

29 הַכֹּהֵן הַגָּדוֹל חָתָן לְסַנְבַלַּט הַחֹרֹנִי וָאַבְרִיחֵהוּ מֵעָלָי: זָכְרָה לָהֶם

30 אֱלֹהָי עַל גָּאֳלֵי הַכְּהֻנָּה וּבְרִית הַכְּהֻנָּה וְהַלְוִיִּם: וְטִהַרְתִּים מִכָּל־נֵכָר

31 וָאַעֲמִידָה מִשְׁמָרוֹת לַכֹּהֲנִים וְלַלְוִיִּם אִישׁ בִּמְלַאכְתּוֹ: וּלְקֻרְבַּן הָעֵצִים בְּעִתִּים מְזֻמָּנוֹת וְלַבִּכּוּרִים זָכְרָה־לִּי אֱלֹהַי לְטוֹבָה:

מְגִלַּת אֶסְתֵּר

1 1 וַיְהִי בִּימֵי אֲחַשְׁוֵרוֹשׁ הוּא אֲחַשְׁוֵרוֹשׁ הַמֹּלֵךְ מֵהֹדּוּ וְעַד־כּוּשׁ שֶׁבַע

2 וְעֶשְׂרִים וּמֵאָה מְדִינָה: בַּיָּמִים הָהֵם כְּשֶׁבֶת ׀ הַמֶּלֶךְ אֲחַשְׁוֵרוֹשׁ עַל

3 כִּסֵּא מַלְכוּתוֹ אֲשֶׁר בְּשׁוּשַׁן הַבִּירָה: בִּשְׁנַת שָׁלוֹשׁ לְמָלְכוֹ עָשָׂה מִשְׁתֶּה לְכָל־שָׂרָיו וַעֲבָדָיו חֵיל ׀ פָּרַס וּמָדַי הַפַּרְתְּמִים וְשָׂרֵי הַמְּדִינוֹת

4 לְפָנָיו: בְּהַרְאֹתוֹ אֶת־עֹשֶׁר כְּבוֹד מַלְכוּתוֹ וְאֶת־יְקָר תִּפְאֶרֶת גְּדוּלָּתוֹ

5 יָמִים רַבִּים שְׁמוֹנִים וּמְאַת יוֹם: וּבִמְלוֹאת ׀ הַיָּמִים הָאֵלֶּה עָשָׂה הַמֶּלֶךְ לְכָל־הָעָם הַנִּמְצְאִים בְּשׁוּשַׁן הַבִּירָה לְמִגָּדוֹל וְעַד־קָטָן

6 מִשְׁתֶּה שִׁבְעַת יָמִים בַּחֲצַר גִּנַּת בִּיתַן הַמֶּלֶךְ: חוּר ׀ כַּרְפַּס וּתְכֵלֶת אָחוּז בְּחַבְלֵי־בוּץ וְאַרְגָּמָן עַל־גְּלִילֵי כֶסֶף וְעַמּוּדֵי שֵׁשׁ מִטּוֹת ׀ זָהָב

7 וָכֶסֶף עַל רִצְפַת בַּהַט־וָשֵׁשׁ וְדַר וְסֹחָרֶת: וְהַשְׁקוֹת בִּכְלֵי זָהָב

7 And they gave *them* drink in vessels of gold, (the vessels being diverse one from another,) and royal wine in abundance, according to the state of the king.

8 And the drinking *was* according to the law; none did compel: for so the king had appointed to all the officers of his house, that they should do according to every man's pleasure.

9 Also Vashti the queen made a feast for the women *in* the royal house which *belonged* to king Ahasuerus.

10 ¶ On the seventh day, when the heart of the king was merry with wine, he commanded Mehuman, Biztha, Harbona, Bigtha, and Abagtha, Zethar, and Carcas, the seven chamberlains that served in the presence of Ahasuerus the king,

11 To bring Vashti the queen before the king with the crown royal, to shew the people and the princes her beauty: for she *was* fair to look on.

12 But the queen Vashti refused to come at the king's commandment by *his* chamberlains: therefore was the king very wroth, and his anger burned in him.

13 ¶ Then the king said to the wise men, which knew the times, (for so *was* the king's manner toward all that knew law and judgment:

14 And the next unto him *was* Carshena, Shethar, Admatha, Tarshish, Meres, Marsena, *and* Memucan, the seven princes of Persia and Media, which saw the king's face, *and* which sat the first in the kingdom;)

15 What shall we do unto the queen Vashti according to law, because she hath not performed the commandment of the king Ahasuerus by the chamberlains?

16 And Memucan answered before the king and the princes, Vashti the queen hath not done wrong to the king only, but also to all the princes, and to all the people that *are* in all the provinces of the king Ahasuerus.

17 For *this* deed of the queen shall come abroad unto all women, so that they shall despise their husbands in their eyes, when it shall be reported, The king Ahasuerus

commanded Vashti the queen to be brought in before him, but she came not.

18 *Likewise* shall the ladies of Persia and Media say this day unto all the king's princes, which have heard of the deed of the queen. Thus *shall there arise* too much contempt and wrath.

19 If it please the king, let there go a royal commandment from him, and let it be written among the laws of the Persians and the Medes, that it be not altered, That Vashti come no more before king Ahasuerus; and let the king give her royal estate unto another that is better than she.

20 And when the king's decree which he shall make shall be published throughout all his empire, (for it is great,) all the wives shall give to their husbands honour, both to great and small.

21 And the saying pleased the king and the princes; and the king did according to the word of Memucan:

22 For he sent letters into all the king's provinces, into every province according to the writing thereof, and to every people after their language, that every man should bear rule in his own house, and that *it* should be published according to the language of every people.

CHAPTER 2

1 After these things, when the wrath of king Ahasuerus was appeased, he remembered Vashti, and what she had done, and what was decreed against her.

2 Then said the king's servants that ministered unto him, Let there be fair young virgins sought for the king:

3 And let the king appoint officers in all the provinces of his kingdom, that they may gather together all the fair young virgins unto Shushan the palace, to the house of the women, unto the custody of Hege the king's chamberlain, keeper of the women; and let their things for purification be given *them*:

4 And let the maiden which pleaseth the king be queen instead of Vashti. And the thing pleased the king; and he did so.

8 וְכֵלִים מִכֵּלִים שׁוֹנִים וְיֵין מַלְכוּת רָב כְּיַד הַמֶּלֶךְ: וְהַשְּׁתִיָּה כַדָּת
אֵין אֹנֵס כִּי־כֵן ׀ יִסַּד הַמֶּלֶךְ עַל כָּל־רַב בֵּיתוֹ לַעֲשׂוֹת כִּרְצוֹן אִישׁ־
וָאִישׁ:   גַּם וַשְׁתִּי הַמַּלְכָּה עָשְׂתָה מִשְׁתֵּה נָשִׁים בֵּית 9

10 הַמַּלְכוּת אֲשֶׁר לַמֶּלֶךְ אֲחַשְׁוֵרוֹשׁ: בַּיּוֹם הַשְּׁבִיעִי כְּטוֹב לֵב־הַמֶּלֶךְ
בַּיָּיִן אָמַר לִמְהוּמָן בִּזְּתָא חַרְבוֹנָא בִּגְתָא וַאֲבַגְתָא זֵתַר וְכַרְכַּס
11 שִׁבְעַת הַסָּרִיסִים הַמְשָׁרְתִים אֶת־פְּנֵי הַמֶּלֶךְ אֲחַשְׁוֵרוֹשׁ: לְהָבִיא
אֶת־וַשְׁתִּי הַמַּלְכָּה לִפְנֵי הַמֶּלֶךְ בְּכֶתֶר מַלְכוּת לְהַרְאוֹת הָעַמִּים
12 וְהַשָּׂרִים אֶת־יָפְיָהּ כִּי־טוֹבַת מַרְאֶה הִיא: וַתְּמָאֵן הַמַּלְכָּה וַשְׁתִּי
לָבוֹא בִּדְבַר הַמֶּלֶךְ אֲשֶׁר בְּיַד הַסָּרִיסִים וַיִּקְצֹף הַמֶּלֶךְ מְאֹד וַחֲמָתוֹ
בָּעֲרָה בוֹ:   וַיֹּאמֶר הַמֶּלֶךְ לַחֲכָמִים יֹדְעֵי הָעִתִּים כִּי־כֵן 13
14 דְּבַר הַמֶּלֶךְ לִפְנֵי כָּל־יֹדְעֵי דָּת וָדִין: וְהַקָּרֹב אֵלָיו כַּרְשְׁנָא שֵׁתָר
אַדְמָתָא תַרְשִׁישׁ מֶרֶס מַרְסְנָא מְמוּכָן שִׁבְעַת שָׂרֵי ׀ פָּרַס וּמָדַי רֹאֵי
15 פְּנֵי הַמֶּלֶךְ הַיֹּשְׁבִים רִאשֹׁנָה בַּמַּלְכוּת: כְּדָת מַה־לַּעֲשׂוֹת בַּמַּלְכָּה
וַשְׁתִּי עַל ׀ אֲשֶׁר לֹא־עָשְׂתָה אֶת־מַאֲמַר הַמֶּלֶךְ אֲחַשְׁוֵרוֹשׁ בְּיַד
הַסָּרִיסִים: מְמוּכָן   וַיֹּאמֶר מוֹמְכָן לִפְנֵי הַמֶּלֶךְ וְהַשָּׂרִים לֹא עַל־ 16
הַמֶּלֶךְ לְבַדּוֹ עָוְתָה וַשְׁתִּי הַמַּלְכָּה כִּי עַל־כָּל־הַשָּׂרִים וְעַל־כָּל־
17 הָעַמִּים אֲשֶׁר בְּכָל־מְדִינוֹת הַמֶּלֶךְ אֲחַשְׁוֵרוֹשׁ: כִּי־יֵצֵא דְבַר־הַמַּלְכָּה
עַל־כָּל־הַנָּשִׁים לְהַבְזוֹת בַּעְלֵיהֶן בְּעֵינֵיהֶן בְּאָמְרָם הַמֶּלֶךְ אֲחַשְׁוֵרוֹשׁ
18 אָמַר לְהָבִיא אֶת־וַשְׁתִּי הַמַּלְכָּה לְפָנָיו וְלֹא־בָאָה: וְהַיּוֹם הַזֶּה
תֹּאמַרְנָה ׀ שָׂרוֹת פָּרַס־וּמָדַי אֲשֶׁר שָׁמְעוּ אֶת־דְּבַר הַמַּלְכָּה לְכֹל שָׂרֵי
19 הַמֶּלֶךְ וּכְדַי בִּזָּיוֹן וָקָצֶף: אִם־עַל־הַמֶּלֶךְ טוֹב יֵצֵא דְבַר־מַלְכוּת
מִלְּפָנָיו וְיִכָּתֵב בְּדָתֵי פָרַס־וּמָדַי וְלֹא יַעֲבוֹר אֲשֶׁר לֹא־תָבוֹא וַשְׁתִּי
לִפְנֵי הַמֶּלֶךְ אֲחַשְׁוֵרוֹשׁ וּמַלְכוּתָהּ יִתֵּן הַמֶּלֶךְ לִרְעוּתָהּ הַטּוֹבָה
20 מִמֶּנָּה: וְנִשְׁמַע פִּתְגָם הַמֶּלֶךְ אֲשֶׁר־יַעֲשֶׂה בְּכָל־מַלְכוּתוֹ כִּי רַבָּה
21 הִיא וְכָל־הַנָּשִׁים יִתְּנוּ יְקָר לְבַעְלֵיהֶן לְמִגָּדוֹל וְעַד־קָטָן: וַיִּיטַב
22 הַדָּבָר בְּעֵינֵי הַמֶּלֶךְ וְהַשָּׂרִים וַיַּעַשׂ הַמֶּלֶךְ כִּדְבַר מְמוּכָן: וַיִּשְׁלַח
סְפָרִים אֶל־כָּל־מְדִינוֹת הַמֶּלֶךְ אֶל־מְדִינָה וּמְדִינָה כִּכְתָבָהּ וְאֶל־עַם
וָעָם כִּלְשׁוֹנוֹ לִהְיוֹת כָּל־אִישׁ שֹׂרֵר בְּבֵיתוֹ וּמְדַבֵּר כִּלְשׁוֹן
2 עַמּוֹ:   אַחַר הַדְּבָרִים הָאֵלֶּה כְּשֹׁךְ חֲמַת הַמֶּלֶךְ אֲחַשְׁוֵרוֹשׁ 1
2 זָכַר אֶת־וַשְׁתִּי וְאֵת אֲשֶׁר־עָשָׂתָה וְאֵת אֲשֶׁר־נִגְזַר עָלֶיהָ: וַיֹּאמְרוּ
נַעֲרֵי־הַמֶּלֶךְ מְשָׁרְתָיו יְבַקְשׁוּ לַמֶּלֶךְ נְעָרוֹת בְּתוּלוֹת טוֹבוֹת מַרְאֶה:
3 וְיַפְקֵד הַמֶּלֶךְ פְּקִידִים בְּכָל־מְדִינוֹת מַלְכוּתוֹ וְיִקְבְּצוּ אֶת־כָּל־נַעֲרָה־
בְתוּלָה טוֹבַת מַרְאֶה אֶל־שׁוּשַׁן הַבִּירָה אֶל־בֵּית הַנָּשִׁים אֶל־יַד הֵגֶא
4 סְרִיס הַמֶּלֶךְ שֹׁמֵר הַנָּשִׁים וְנָתוֹן תַּמְרוּקֵיהֶן: וְהַנַּעֲרָה אֲשֶׁר תִּיטַב
בְּעֵינֵי הַמֶּלֶךְ תִּמְלֹךְ תַּחַת וַשְׁתִּי וַיִּיטַב הַדָּבָר בְּעֵינֵי הַמֶּלֶךְ וַיַּעַשׂ

5 ¶ *Now* in Shushan the palace there was a certain Jew, whose name *was* Mordecai, the son of Jair, the son of Shimei, the son of Kish, a Benjamite;

6 Who had been carried away from Jerusalem with the captivity which had been carried away with Jeconiah king of Judah, whom Nebuchadnezzar the king of Babylon had carried away.

7 And he brought up Hadassah, that *is,* Esther, his uncle's daughter: for she had neither father nor mother, and the maid *was* fair and beautiful; whom Mordecai, when her father and mother were dead, took for his own daughter.

8 ¶ So it came to pass, when the king's commandment and his decree was heard, and when many maidens were gathered together unto Shushan the palace, to the custody of Hegai, that Esther was brought also unto the king's house, to the custody of Hegai, keeper of the women.

9 And the maiden pleased him, and she obtained kindness of him; and he speedily gave her her things for purification, with such things as belonged to her, and seven maidens, *which were* meet to be given her, out of the king's house: and he preferred her and her maids unto the best *place* of the house of the women.

10 Esther had not shewed her people nor her kindred: for Mordecai had charged her that she should not shew *it.*

11 And Mordecai walked every day before the court of the women's house, to know how Esther did, and what should become of her.

12 ¶ Now when every maid's turn was come to go in to king Ahasuerus, after that she had been twelve months, according to the manner of the women, (for so were the days of their purifications accomplished, *to wit,* six months with oil of myrrh, and six months with sweet odours, and with *other* things for the purifying of the women;)

13 Then thus came *every* maiden unto the king; whatsoever she desired was given her to go with her out of the house of the women unto the king's house.

14 In the evening she went, and on the morrow she returned into the second house of the women, to the custody of Shaashgaz, the king's chamberlain, which kept the concubines: she came in unto the king no more, except the king delighted in her, and that she were called by name.

15 ¶ Now when the turn of Esther, the daughter of Abihail the uncle of Mordecai, who had taken her for his daughter, was come to go in unto the king, she required nothing but what Hegai the king's chamberlain, the keeper of the women, appointed. And Esther obtained favour in the sight of all them that looked upon her.

16 So Esther was taken unto king Ahasuerus into his house royal in the tenth month, which *is* the month Tebeth, in the seventh year of his reign.

17 And the king loved Esther above all the women, and she obtained grace and favour in his sight more than all the virgins; so that he set the royal crown upon her head, and made her queen instead of Vashti.

18 Then the king made a great feast unto all his princes and his servants, *even* Esther's feast; and he made a release to the provinces, and gave gifts, according to the state of the king.

19 And when the virgins were gathered together the second time, then Mordecai sat in the king's gate.

20 Esther had not *yet* shewed her kindred nor her people; as Mordecai had charged her: for Esther did the commandment of Mordecai, like as when she was brought up with him.

21 ¶ In those days, while Mordecai sat in the king's gate, two of the king's chamberlains, Bigthan and Teresh, of those which kept the door, were wroth, and sought to lay hand on the king Ahasuerus.

22 And the thing was known to Mordecai, who told *it* unto Esther the queen; and Esther certified the king *thereof* in Mordecai's name.

23 And when inquisition was made of the matter, it was found out; therefore they were both hanged on a tree: and it

5 כֵּן: אִישׁ יְהוּדִי הָיָה בְּשׁוּשַׁן הַבִּירָה וּשְׁמוֹ מָרְדֳּכַי בֶּן

6 יָאִיר בֶּן־שִׁמְעִי בֶּן־קִישׁ אִישׁ יְמִינִי: אֲשֶׁר הָגְלָה מִירוּשָׁלַיִם עִם־ הַגֹּלָה אֲשֶׁר הָגְלְתָה עִם יְכָנְיָה מֶלֶךְ־יְהוּדָה אֲשֶׁר הֶגְלָה נְבוּכַדְנֶאצַּר

7 מֶלֶךְ בָּבֶל: וַיְהִי אֹמֵן אֶת־הֲדַסָּה הִיא אֶסְתֵּר בַּת־דֹּדוֹ כִּי אֵין לָהּ אָב וָאֵם וְהַנַּעֲרָה יְפַת־תֹּאַר וְטוֹבַת מַרְאֶה וּבְמוֹת אָבִיהָ וְאִמָּהּ

8 לְקָחָהּ מָרְדֳּכַי לוֹ לְבַת: וַיְהִי בְּהִשָּׁמַע דְּבַר־הַמֶּלֶךְ וְדָתוֹ וּבְהִקָּבֵץ נְעָרוֹת רַבּוֹת אֶל־שׁוּשַׁן הַבִּירָה אֶל־יַד הֵגָי וַתִּלָּקַח אֶסְתֵּר אֶל־בֵּית

9 הַמֶּלֶךְ אֶל־יַד הֵגַי שֹׁמֵר הַנָּשִׁים: וַתִּיטַב הַנַּעֲרָה בְעֵינָיו וַתִּשָּׂא חֶסֶד לְפָנָיו וַיְבַהֵל אֶת־תַּמְרוּקֶיהָ וְאֶת־מָנוֹתֶהָ לָתֵת לָהּ וְאֵת שֶׁבַע הַנְּעָרוֹת הָרְאֻיוֹת לָתֶת־לָהּ מִבֵּית הַמֶּלֶךְ וַיְשַׁנֶּהָ וְאֶת־נַעֲרוֹתֶיהָ

10 לְטוֹב בֵּית הַנָּשִׁים: לֹא־הִגִּידָה אֶסְתֵּר אֶת־עַמָּהּ וְאֶת־מוֹלַדְתָּהּ כִּי

11 מָרְדֳּכַי צִוָּה עָלֶיהָ אֲשֶׁר לֹא־תַגִּיד: וּבְכָל־יוֹם וָיוֹם מָרְדֳּכַי מִתְהַלֵּךְ לִפְנֵי חֲצַר בֵּית־הַנָּשִׁים לָדַעַת אֶת־שְׁלוֹם אֶסְתֵּר וּמַה־יֵּעָשֶׂה בָּהּ:

12 וּבְהַגִּיעַ תֹּר נַעֲרָה וְנַעֲרָה לָבוֹא ׀ אֶל־הַמֶּלֶךְ אֲחַשְׁוֵרוֹשׁ מִקֵּץ הֱיוֹת לָהּ כְּדָת הַנָּשִׁים שְׁנֵים עָשָׂר חֹדֶשׁ כִּי כֵּן יִמְלְאוּ יְמֵי מְרוּקֵיהֶן שִׁשָּׁה חֳדָשִׁים בְּשֶׁמֶן הַמֹּר וְשִׁשָּׁה חֳדָשִׁים בַּבְּשָׂמִים וּבְתַמְרוּקֵי

13 הַנָּשִׁים: וּבָזֶה הַנַּעֲרָה בָּאָה אֶל־הַמֶּלֶךְ אֵת כָּל־אֲשֶׁר תֹּאמַר יִנָּתֵן

14 לָהּ לָבוֹא עִמָּהּ מִבֵּית הַנָּשִׁים עַד־בֵּית הַמֶּלֶךְ: בָּעֶרֶב ׀ הִיא בָאָה 14A וּבַבֹּקֶר הִיא שָׁבָה אֶל־בֵּית הַנָּשִׁים שֵׁנִי אֶל־יַד שַׁעַשְׁגַז סְרִיס הַמֶּלֶךְ שֹׁמֵר הַפִּילַגְשִׁים לֹא־תָבוֹא עוֹד אֶל־הַמֶּלֶךְ כִּי אִם־חָפֵץ בָּהּ הַמֶּלֶךְ

15 וְנִקְרְאָה בְשֵׁם: וּבְהַגִּיעַ תֹּר־אֶסְתֵּר בַּת־אֲבִיחַיִל דֹּד מָרְדֳּכַי אֲשֶׁר לָקַח־לוֹ לְבַת לָבוֹא אֶל־הַמֶּלֶךְ לֹא בִקְשָׁה דָּבָר כִּי אִם אֶת־אֲשֶׁר יֹאמַר הֵגַי סְרִיס־הַמֶּלֶךְ שֹׁמֵר הַנָּשִׁים וַתְּהִי אֶסְתֵּר נֹשֵׂאת חֵן בְּעֵינֵי

16 כָּל־רֹאֶיהָ: וַתִּלָּקַח אֶסְתֵּר אֶל־הַמֶּלֶךְ אֲחַשְׁוֵרוֹשׁ אֶל־בֵּית מַלְכוּתוֹ

17 בַּחֹדֶשׁ הָעֲשִׂירִי הוּא־חֹדֶשׁ טֵבֵת בִּשְׁנַת־שֶׁבַע לְמַלְכוּתוֹ: וַיֶּאֱהַב הַמֶּלֶךְ אֶת־אֶסְתֵּר מִכָּל־הַנָּשִׁים וַתִּשָּׂא־חֵן וָחֶסֶד לְפָנָיו מִכָּל־

18 הַבְּתוּלֹת וַיָּשֶׂם כֶּתֶר־מַלְכוּת בְּרֹאשָׁהּ וַיַּמְלִיכֶהָ תַּחַת וַשְׁתִּי: וַיַּעַשׂ הַמֶּלֶךְ מִשְׁתֶּה גָדוֹל לְכָל־שָׂרָיו וַעֲבָדָיו אֵת מִשְׁתֵּה אֶסְתֵּר וַהֲנָחָה

19 לַמְּדִינוֹת עָשָׂה וַיִּתֵּן מַשְׂאֵת כְּיַד הַמֶּלֶךְ: וּבְהִקָּבֵץ בְּתוּלוֹת שֵׁנִית

20 וּמָרְדֳּכַי יֹשֵׁב בְּשַׁעַר־הַמֶּלֶךְ: אֵין אֶסְתֵּר מַגֶּדֶת מוֹלַדְתָּהּ וְאֶת־עַמָּהּ כַּאֲשֶׁר צִוָּה עָלֶיהָ מָרְדֳּכַי וְאֶת־מַאֲמַר מָרְדֳּכַי אֶסְתֵּר עֹשָׂה כַּאֲשֶׁר

21 הָיְתָה בְאָמְנָה אִתּוֹ:   בַּיָּמִים הָהֵם וּמָרְדֳּכַי יֹשֵׁב בְּשַׁעַר־ הַמֶּלֶךְ קָצַף בִּגְתָן וָתֶרֶשׁ שְׁנֵי־סָרִיסֵי הַמֶּלֶךְ מִשֹּׁמְרֵי הַסַּף וַיְבַקְשׁוּ

22 לִשְׁלֹחַ יָד בַּמֶּלֶךְ אֲחַשְׁוֵרֹשׁ: וַיִּוָּדַע הַדָּבָר לְמָרְדֳּכַי וַיַּגֵּד לְאֶסְתֵּר

23 הַמַּלְכָּה וַתֹּאמֶר אֶסְתֵּר לַמֶּלֶךְ בְּשֵׁם מָרְדֳּכָי: וַיְבֻקַּשׁ הַדָּבָר וַיִּמָּצֵא

was written in the book of the chronicles before the king.

CHAPTER 3

1 After these things did king Ahasuerus promote Haman the son of Hammedatha the Agagite, and advanced him, and set his seat above all the princes that *were* with him.

2 And all the king's servants, that *were* in the king's gate, bowed, and reverenced Haman: for the king had so commanded concerning him. But Mordecai bowed not, nor did *him* reverence.

3 Then the king's servants, which *were* in the king's gate, said unto Mordecai, Why transgressest thou the king's commandment?

4 Now it came to pass, when they spake daily unto him, and he hearkened not unto them, that they told Haman, to see whether Mordecai's matters would stand: for he had told them that he *was* a Jew.

5 And when Haman saw that Mordecai bowed not, nor did him reverence, then was Haman full of wrath.

6 And he thought scorn to lay hands on Mordecai alone; for they had shewed him the people of Mordecai: wherefore Haman sought to destroy all the Jews that *were* throughout the whole kingdom of Ahasuerus, *even* the people of Mordecai.

7 ¶ In the first month, that *is,* the month Nisan, in the twelfth year of king Ahasuerus, they cast Pur, that *is,* the lot, before Haman from day to day, and from month to month, *to* the twelfth *month,* that *is,* the month Adar.

8 ¶ And Haman said unto king Ahasuerus, There is a certain people scattered abroad and dispersed among the people in all the provinces of thy kingdom; and their laws *are* diverse from all people; neither keep they the king's laws: therefore it *is* not for the king's profit to suffer them.

9 If it please the king, let it be written that they may be destroyed: and I will pay ten thousand talents of silver to the hands of those that have the charge of the business, to bring *it* into the king's treasuries.

10 And the king took his ring from his hand, and gave it unto Haman the son of Hammedatha the Agagite, the Jews' enemy.

11 And the king said unto Haman, The silver *is* given to thee, the people also, to do with them as it seemeth good to thee.

12 Then were the king's scribes called on the thirteenth day of the first month, and there was written according to all that Haman had commanded unto the king's lieutenants, and to the governors that *were* over every province, and to the rulers of every people of every province according to the writing thereof, and *to* every people after their language; in the name of king Ahasuerus was it written, and sealed with the king's ring.

13 And the letters were sent by posts into all the king's provinces, to destroy, to kill, and to cause to perish, all Jews, both young and old, little children and women, in one day, *even* upon the thirteenth *day* of the twelfth month, which is the month Adar, and *to take* the spoil of them for a prey.

14 The copy of the writing for a commandment to be given in every province was published unto all people, that they should be ready against that day.

15 The posts went out, being hastened by the king's commandment, and the decree was given in Shushan the palace. And the king and Haman sat down to drink; but the city Shushan was perplexed.

CHAPTER 4

1 When Mordecai perceived all that was done, Mordecai rent his clothes, and put on sackcloth with ashes, and went out into the midst of the city, and cried with a loud and a bitter cry;

2 And came even before the king's gate: for none *might* enter into the king's gate clothed with sackcloth.

3 And in every province, whithersoever the king's commandment and his decree

וַיִּתָּל֤וּ שְׁנֵיהֶם֙ עַל־עֵ֔ץ וַיִּכָּתֵ֗ב בְּסֵ֛פֶר דִּבְרֵ֥י הַיָּמִ֖ים לִפְנֵ֥י
הַמֶּֽלֶךְ׃ 3 אַחַ֣ר ׀ הַדְּבָרִ֣ים הָאֵ֗לֶּה גִּדַּל֩ הַמֶּ֨לֶךְ אֲחַשְׁוֵר֜וֹשׁ
אֶת־הָמָ֧ן בֶּֽן־הַמְּדָ֛תָא הָאֲגָגִ֖י וַֽיְנַשְּׂאֵ֑הוּ וַיָּ֙שֶׂם֙ אֶת־כִּסְא֔וֹ מֵעַ֕ל כָּל־
הַשָּׂרִ֖ים אֲשֶׁ֥ר אִתּֽוֹ׃ 2 וְכָל־עַבְדֵ֨י הַמֶּ֜לֶךְ אֲשֶׁר־בְּשַׁ֣עַר הַמֶּ֗לֶךְ כֹּֽרְעִ֤ים
וּמִֽשְׁתַּחֲוִים֙ לְהָמָ֔ן כִּי־כֵ֖ן צִוָּה־ל֣וֹ הַמֶּ֑לֶךְ וּמָ֨רְדֳּכַ֔י לֹ֥א יִכְרַ֖ע וְלֹ֥א
יִֽשְׁתַּחֲוֶֽה׃ 3 וַיֹּ֨אמְר֜וּ עַבְדֵ֤י הַמֶּ֙לֶךְ֙ אֲשֶׁר־בְּשַׁ֣עַר הַמֶּ֔לֶךְ לְמָרְדֳּכָ֑י מַדּ֙וּעַ֙
אַתָּ֣ה עוֹבֵ֔ר אֵ֖ת מִצְוַ֥ת הַמֶּֽלֶךְ׃ 4 וַיְהִ֗י כְּאָמְרָם בְּאָמְרָ֤ם אֵלָיו֙ י֣וֹם וָי֔וֹם וְלֹ֥א
שָׁמַ֖ע אֲלֵיהֶ֑ם וַיַּגִּ֣ידוּ לְהָמָ֗ן לִרְאוֹת֙ הֲיַֽעַמְדוּ֙ דִּבְרֵ֣י מָרְדֳּכַ֔י כִּֽי־הִגִּ֥יד
לָהֶ֖ם אֲשֶׁר־ה֥וּא יְהוּדִֽי׃ 5 וַיַּ֣רְא הָמָ֔ן כִּי־אֵ֥ין מָרְדֳּכַ֛י כֹּרֵ֥עַ וּמִֽשְׁתַּחֲוֶ֖ה
ל֑וֹ וַיִּמָּלֵ֥א הָמָ֖ן חֵמָֽה׃ 6 וַיִּ֣בֶז בְּעֵינָ֗יו לִשְׁלֹ֤חַ יָד֙ בְּמָרְדֳּכַ֣י לְבַדּ֔וֹ כִּֽי־הִגִּ֥ידוּ 6A
ל֖וֹ אֶת־עַ֣ם מָרְדֳּכָ֑י וַיְבַקֵּ֣שׁ הָמָ֗ן לְהַשְׁמִ֧יד אֶת־כָּל־הַיְּהוּדִ֛ים אֲשֶׁ֥ר
בְּכָל־מַלְכ֥וּת אֲחַשְׁוֵר֖וֹשׁ עַ֥ם מָרְדֳּכָֽי׃ 7 בַּחֹ֤דֶשׁ הָרִאשׁוֹן֙ הוּא־חֹ֣דֶשׁ
נִיסָ֔ן בִּשְׁנַת֙ שְׁתֵּ֣ים עֶשְׂרֵ֔ה לַמֶּ֖לֶךְ אֲחַשְׁוֵר֑וֹשׁ הִפִּ֣יל פּוּר֩ ה֨וּא הַגּוֹרָ֜ל
לִפְנֵ֣י הָמָ֗ן מִיּ֧וֹם ׀ לְי֛וֹם וּמֵחֹ֛דֶשׁ לְחֹ֥דֶשׁ שְׁנֵים־עָשָׂ֖ר הוּא־חֹ֥דֶשׁ
אֲדָֽר׃ 8 וַיֹּ֤אמֶר הָמָן֙ לַמֶּ֣לֶךְ אֲחַשְׁוֵר֔וֹשׁ יֶשְׁנ֣וֹ עַם־אֶחָ֗ד מְפֻזָּ֤ר
וּמְפֹרָד֙ בֵּ֣ין הָֽעַמִּ֔ים בְּכֹ֖ל מְדִינ֣וֹת מַלְכוּתֶ֑ךָ וְדָֽתֵיהֶ֞ם שֹׁנ֣וֹת מִכָּל־עָ֗ם
וְאֶת־דָּתֵ֤י הַמֶּ֙לֶךְ֙ אֵינָ֣ם עֹשִׂ֔ים וְלַמֶּ֥לֶךְ אֵין־שֹׁוֶ֖ה לְהַנִּיחָֽם׃ 9 אִם־עַל־
הַמֶּ֣לֶךְ ט֔וֹב יִכָּתֵ֖ב לְאַבְּדָ֑ם וַעֲשֶׂ֨רֶת אֲלָפִ֜ים כִּכַּר־כֶּ֗סֶף אֶשְׁקוֹל֙ עַל־
יְדֵי֙ עֹשֵׂ֣י הַמְּלָאכָ֔ה לְהָבִ֖יא אֶל־גִּנְזֵ֥י הַמֶּֽלֶךְ׃ 10 וַיָּ֧סַר הַמֶּ֛לֶךְ אֶת־טַבַּעְתּ֖וֹ
מֵעַ֣ל יָד֑וֹ וַֽיִּתְּנָ֗הּ לְהָמָ֧ן בֶּֽן־הַמְּדָ֛תָא הָאֲגָגִ֖י צֹרֵ֥ר הַיְּהוּדִֽים׃ 11 וַיֹּ֤אמֶר
הַמֶּ֙לֶךְ֙ לְהָמָ֔ן הַכֶּ֖סֶף נָת֣וּן לָ֑ךְ וְהָעָ֕ם לַעֲשׂ֥וֹת בּ֖וֹ כַּטּ֥וֹב בְּעֵינֶֽיךָ׃
12 וַיִּקָּרְאוּ֩ סֹפְרֵ֨י הַמֶּ֜לֶךְ בַּחֹ֣דֶשׁ הָרִאשׁ֗וֹן בִּשְׁלוֹשָׁ֨ה עָשָׂ֣ר יוֹם֮ בּוֹ֒ וַיִּכָּתֵ֣ב
כְּֽכָל־אֲשֶׁר־צִוָּ֣ה הָמָ֡ן אֶ֣ל אֲחַשְׁדַּרְפְּנֵֽי־הַ֠מֶּלֶךְ וְֽאֶל־הַפַּח֞וֹת אֲשֶׁ֣ר ׀ עַל־
מְדִינָ֣ה וּמְדִינָ֗ה וְאֶל־שָׂ֤רֵי עַם֙ וָעָ֔ם מְדִינָ֤ה וּמְדִינָה֙ כִּכְתָבָ֔הּ וְעַ֥ם וָעָ֖ם
כִּלְשׁוֹנ֑וֹ בְּשֵׁ֨ם הַמֶּ֤לֶךְ אֲחַשְׁוֵרֹשׁ֙ נִכְתָּ֔ב וְנֶחְתָּ֖ם בְּטַבַּ֥עַת הַמֶּֽלֶךְ׃
13 וְנִשְׁל֨וֹחַ סְפָרִ֜ים בְּיַ֣ד הָרָצִים֮ אֶל־כָּל־מְדִינ֣וֹת הַמֶּלֶךְ֒ לְהַשְׁמִ֣יד לַהֲרֹ֣ג
וּלְאַבֵּ֡ד אֶת־כָּל־הַ֠יְּהוּדִים מִנַּ֨עַר וְעַד־זָקֵ֜ן טַ֤ף וְנָשִׁים֙ בְּי֣וֹם אֶחָ֔ד
בִּשְׁלוֹשָׁ֥ה עָשָׂ֛ר לְחֹ֥דֶשׁ שְׁנֵים־עָשָׂ֖ר הוּא־חֹ֣דֶשׁ אֲדָ֑ר וּשְׁלָלָ֖ם לָבֽוֹז׃
14 פַּתְשֶׁ֣גֶן הַכְּתָ֗ב לְהִנָּ֤תֵֽן דָּת֙ בְּכָל־מְדִינָ֣ה וּמְדִינָ֔ה גָּל֖וּי לְכָל־הָֽעַמִּֽים
15 לִהְי֥וֹת עֲתִדִ֖ים לַיּ֥וֹם הַזֶּֽה׃ הָרָצִ֞ים יָצְא֤וּ דְחוּפִים֙ בִּדְבַ֣ר הַמֶּ֔לֶךְ וְהַדָּ֥ת
נִתְּנָ֖ה בְּשׁוּשַׁ֣ן הַבִּירָ֑ה וְהַמֶּ֤לֶךְ וְהָמָן֙ יָשְׁב֣וּ לִשְׁתּ֔וֹת וְהָעִ֥יר שׁוּשָׁ֖ן
נָב֑וֹכָה׃ 4 וּמָרְדֳּכַ֣י יָדַע֮ אֶת־כָּל־אֲשֶׁ֣ר נַעֲשָׂה֒ וַיִּקְרַ֤ע מָרְדֳּכַי֙
אֶת־בְּגָדָ֔יו וַיִּלְבַּ֥שׁ שַׂ֖ק וָאֵ֑פֶר וַיֵּצֵא֙ בְּת֣וֹךְ הָעִ֔יר וַיִּזְעַ֛ק זְעָקָ֥ה גְדֹלָ֖ה
וּמָרָֽה׃ 2 וַיָּב֕וֹא עַ֖ד לִפְנֵ֣י שַֽׁעַר־הַמֶּ֑לֶךְ כִּ֣י אֵ֥ין לָב֛וֹא אֶל־שַׁ֥עַר הַמֶּ֖לֶךְ
בִּלְב֥וּשׁ שָֽׂק׃ 3 וּבְכָל־מְדִינָ֣ה וּמְדִינָ֗ה מְקוֹם֙ אֲשֶׁ֤ר דְּבַר־הַמֶּ֙לֶךְ֙ וְדָת֔וֹ

came, *there was* great mourning among the Jews, and fasting, and weeping, and wailing; and many lay in sackcloth and ashes.

4 ¶ So Esther's maids and her chamberlains came and told *it* her. Then was the queen exceedingly grieved; and she sent raiment to clothe Mordecai, and to take away his sackcloth from him: but he received *it* not.

5 Then called Esther for Hatach, *one of* the king's chamberlains, whom he had appointed to attend upon her, and gave him a commandment to Mordecai, to know what it *was,* and why it *was.*

6 So Hatach went forth to Mordecai unto the street of the city, which *was* before the king's gate.

7 And Mordecai told him of all that had happened unto him, and of the sum of the money that Haman had promised to pay to the king's treasuries for the Jews, to destroy them.

8 Also he gave him the copy of the writing of the decree that was given at Shushan to destroy them, to shew *it* unto Esther, and to declare *it* unto her, and to charge her that she should go in unto the king, to make supplication unto him, and to make request before him for her people.

9 And Hatach came and told Esther the words of Mordecai.

10 ¶ Again Esther spake unto Hatach, and gave him commandment unto Mordecai;

11 All the king's servants, and the people of the king's provinces, do know, that whosoever, whether man or woman, shall come unto the king into the inner court, who is not called, *there is* one law of his to put *him* to death, except such to whom the king shall hold out the golden sceptre, that he may live: but I have not been called to come in unto the king these thirty days.

12 And they told to Mordecai Esther's words.

13 Then Mordecai commanded to answer Esther, Think not with thyself that thou shalt escape in the king's house, more than all the Jews.

14 For if thou altogether holdest thy peace at this time, *then* shall there enlargement and deliverance arise to the Jews from another place; but thou and thy father's house shall be destroyed: and who knoweth whether thou art come to the kingdom for *such* a time as this?

15 ¶ Then Esther bade *them* return Mordecai *this answer,*

16 Go, gather together all the Jews that are present in Shushan, and fast ye for me, and neither eat nor drink three days, night or day: I also and my maidens will fast likewise; and so will I go in unto the king, which *is* not according to the law: and if I perish, I perish.

17 So Mordecai went his way, and did according to all that Esther had commanded him.

CHAPTER 5

1 Now it came to pass on the third day, that Esther put on *her* royal *apparel,* and stood in the inner court of the king's house, over against the king's house: and the king sat upon his royal throne in the royal house, over against the gate of the house.

2 And it was so, when the king saw Esther the queen standing in the court, *that* she obtained favour in his sight: and the king held out to Esther the golden sceptre that *was* in his hand. So Esther drew near, and touched the top of the sceptre.

3 Then said the king unto her, What wilt thou, queen Esther? and what *is* thy request? it shall be even given thee to the half of the kingdom.

4 And Esther answered, If *it seem* good unto the king, let the king and Haman come this day unto the banquet that I have prepared for him.

5 Then the king said, Cause Haman to make haste, that he may do as Esther hath said. So the king and Haman came to the banquet that Esther had prepared.

6 ¶ And the king said unto Esther at the banquet of wine, What *is* thy petition? and it shall be granted thee: and what *is* thy request? even to the half of the kingdom it shall be performed.

מַגִּיעַ אֵבֶל גָּדוֹל לַיְּהוּדִים וְצוֹם וּבְכִי וּמִסְפֵּד שַׂק וָאֵפֶר יֻצַּע לָרַבִּים:

וַתָּבוֹאנָה 4 וַתָּבוֹאנָה נַעֲרוֹת אֶסְתֵּר וְסָרִיסֶיהָ וַיַּגִּידוּ לָהּ וַתִּתְחַלְחַל הַמַּלְכָּה מְאֹד וַתִּשְׁלַח בְּגָדִים לְהַלְבִּישׁ אֶת־מָרְדֳּכַי וּלְהָסִיר שַׂקּוֹ מֵעָלָיו וְלֹא

5 קִבֵּל: וַתִּקְרָא אֶסְתֵּר לַהֲתָךְ מִסָּרִיסֵי הַמֶּלֶךְ אֲשֶׁר הֶעֱמִיד לְפָנֶיהָ

6 וַתְּצַוֵּהוּ עַל־מָרְדֳּכָי לָדַעַת מַה־זֶּה וְעַל־מַה־זֶּה: וַיֵּצֵא הֲתָךְ אֶל־

7 מָרְדֳּכָי אֶל־רְחוֹב הָעִיר אֲשֶׁר לִפְנֵי שַׁעַר־הַמֶּלֶךְ: וַיַּגֶּד־לוֹ מָרְדֳּכַי אֵת כָּל־אֲשֶׁר קָרָהוּ וְאֵת ׀ פָּרָשַׁת הַכֶּסֶף אֲשֶׁר אָמַר הָמָן לִשְׁקוֹל

בַּיְּהוּדִים 8 עַל־גִּנְזֵי הַמֶּלֶךְ בַּיְּהוּדִיים לְאַבְּדָם: וְאֶת־פַּתְשֶׁגֶן כְּתָב־הַדָּת אֲשֶׁר־ נִתַּן בְּשׁוּשָׁן לְהַשְׁמִידָם נָתַן לוֹ לְהַרְאוֹת אֶת־אֶסְתֵּר וּלְהַגִּיד לָהּ וּלְצַוּוֹת עָלֶיהָ לָבוֹא אֶל־הַמֶּלֶךְ לְהִתְחַנֶּן־לוֹ וּלְבַקֵּשׁ מִלְּפָנָיו עַל־

9 עַמָּהּ: וַיָּבוֹא הֲתָךְ וַיַּגֵּד לְאֶסְתֵּר אֵת דִּבְרֵי מָרְדֳּכָי: וַתֹּאמֶר אֶסְתֵּר
10

11 לַהֲתָךְ וַתְּצַוֵּהוּ אֶל־מָרְדֳּכָי: כָּל־עַבְדֵי הַמֶּלֶךְ וְעַם־מְדִינוֹת הַמֶּלֶךְ יוֹדְעִים אֲשֶׁר כָּל־אִישׁ וְאִשָּׁה אֲשֶׁר יָבוֹא־אֶל־הַמֶּלֶךְ אֶל־הֶחָצֵר הַפְּנִימִית אֲשֶׁר לֹא־יִקָּרֵא אַחַת דָּתוֹ לְהָמִית לְבַד מֵאֲשֶׁר יוֹשִׁיט־לוֹ הַמֶּלֶךְ אֶת־שַׁרְבִיט הַזָּהָב וְחָיָה וַאֲנִי לֹא נִקְרֵאתִי לָבוֹא אֶל־הַמֶּלֶךְ

12 זֶה שְׁלוֹשִׁים יוֹם: וַיַּגִּידוּ לְמָרְדֳּכָי אֵת דִּבְרֵי אֶסְתֵּר: וַיֹּאמֶר מָרְדֳּכַי
13 לְהָשִׁיב אֶל־אֶסְתֵּר אַל־תְּדַמִּי בְנַפְשֵׁךְ לְהִמָּלֵט בֵּית־הַמֶּלֶךְ מִכָּל־

14 הַיְּהוּדִים: כִּי אִם־הַחֲרֵשׁ תַּחֲרִישִׁי בָּעֵת הַזֹּאת רֶוַח וְהַצָּלָה יַעֲמוֹד לַיְּהוּדִים מִמָּקוֹם אַחֵר וְאַתְּ וּבֵית־אָבִיךְ תֹּאבֵדוּ וּמִי יוֹדֵעַ אִם־לְעֵת

15 כָּזֹאת הִגַּעַתְּ לַמַּלְכוּת: וַתֹּאמֶר אֶסְתֵּר לְהָשִׁיב אֶל־מָרְדֳּכָי: לֵךְ כְּנוֹס
16 אֶת־כָּל־הַיְּהוּדִים הַנִּמְצְאִים בְּשׁוּשָׁן וְצוּמוּ עָלַי וְאַל־תֹּאכְלוּ וְאַל־ תִּשְׁתּוּ שְׁלֹשֶׁת יָמִים לַיְלָה וָיוֹם גַּם־אֲנִי וְנַעֲרֹתַי אָצוּם כֵּן וּבְכֵן

17 אָבוֹא אֶל־הַמֶּלֶךְ אֲשֶׁר לֹא־כַדָּת וְכַאֲשֶׁר אָבַדְתִּי אָבָדְתִּי: וַיַּעֲבֹר

5 מָרְדֳּכָי וַיַּעַשׂ כְּכֹל אֲשֶׁר־צִוְּתָה עָלָיו אֶסְתֵּר: וַיְהִי ׀ בַּיּוֹם הַשְּׁלִישִׁי וַתִּלְבַּשׁ אֶסְתֵּר מַלְכוּת וַתַּעֲמֹד בַּחֲצַר בֵּית־הַמֶּלֶךְ הַפְּנִימִית נֹכַח בֵּית הַמֶּלֶךְ וְהַמֶּלֶךְ יוֹשֵׁב עַל־כִּסֵּא מַלְכוּתוֹ בְּבֵית הַמַּלְכוּת נֹכַח

2 פֶּתַח הַבָּיִת: וַיְהִי כִרְאוֹת הַמֶּלֶךְ אֶת־אֶסְתֵּר הַמַּלְכָּה עֹמֶדֶת בֶּחָצֵר נָשְׂאָה חֵן בְּעֵינָיו וַיּוֹשֶׁט הַמֶּלֶךְ לְאֶסְתֵּר אֶת־שַׁרְבִיט הַזָּהָב אֲשֶׁר

3 בְּיָדוֹ וַתִּקְרַב אֶסְתֵּר וַתִּגַּע בְּרֹאשׁ הַשַּׁרְבִיט: וַיֹּאמֶר לָהּ הַמֶּלֶךְ מַה־ לָּךְ אֶסְתֵּר הַמַּלְכָּה וּמַה־בַּקָּשָׁתֵךְ עַד־חֲצִי הַמַּלְכוּת וְיִנָּתֵן לָךְ:

4 וַתֹּאמֶר אֶסְתֵּר אִם־עַל־הַמֶּלֶךְ טוֹב יָבוֹא הַמֶּלֶךְ וְהָמָן הַיּוֹם אֶל־

5 הַמִּשְׁתֶּה אֲשֶׁר־עָשִׂיתִי לוֹ: וַיֹּאמֶר הַמֶּלֶךְ מַהֲרוּ אֶת־הָמָן לַעֲשׂוֹת אֶת־דְּבַר אֶסְתֵּר וַיָּבֹא הַמֶּלֶךְ וְהָמָן אֶל־הַמִּשְׁתֶּה אֲשֶׁר־עָשְׂתָה

6 אֶסְתֵּר: וַיֹּאמֶר הַמֶּלֶךְ לְאֶסְתֵּר בְּמִשְׁתֵּה הַיַּיִן מַה־שְּׁאֵלָתֵךְ וְיִנָּתֵן

7 לָךְ וּמַה־בַּקָּשָׁתֵךְ עַד־חֲצִי הַמַּלְכוּת וְתֵעָשׂ: וַתַּעַן אֶסְתֵּר וַתֹּאמַר

7 Then answered Esther, and said, My petition and my request *is;*

8 If I have found favour in the sight of the king, and if it please the king to grant my petition, and to perform my request, let the king and Haman come to the banquet that I shall prepare for them, and I will do to morrow as the king hath said.

9 ¶ Then went Haman forth that day joyful and with a glad heart: but when Haman saw Mordecai in the king's gate, that he stood not up, nor moved for him, he was full of indignation against Mordecai.

10 Nevertheless Haman refrained himself: and when he came home, he sent and called for his friends, and Zeresh his wife.

11 And Haman told them of the glory of his riches, and the multitude of his children, and all *the things* wherein the king had promoted him, and how he had advanced him above the princes and servants of the king.

12 Haman said moreover, Yea, Esther the queen did let no man come in with the king unto the banquet that she had prepared but myself; and to morrow am I invited unto her also with the king.

13 Yet all this availeth me nothing, so long as I see Mordecai the Jew sitting at the king's gate.

14 ¶ Then said Zeresh his wife and all his friends unto him, Let a gallows be made of fifty cubits high, and to morrow speak thou unto the king that Mordecai may be hanged thereon: then go thou in merrily with the king unto the banquet. And the thing pleased Haman; and he caused the gallows to be made.

CHAPTER 6

1 On that night could not the king sleep, and he commanded to bring the book of records of the chronicles; and they were read before the king.

2 And it was found written, that Mordecai had told of Bigthana and Teresh, two of the king's chamberlains, the keepers of the door, who sought to lay hand on the king Ahasuerus.

3 And the king said, What honour and dignity hath been done to Mordecai for this? Then said the king's servants that ministered unto him, There is nothing done for him.

4 ¶ And the king said, Who *is* in the court? Now Haman was come into the outward court of the king's house, to speak unto the king to hang Mordecai on the gallows that he had prepared for him.

5 And the king's servants said unto him, Behold, Haman standeth in the court. And the king said, Let him come in.

6 So Haman came in. And the king said unto him, What shall be done unto the man whom the king delighteth to honour? Now Haman thought in his heart, To whom would the king delight to do honour more than to myself?

7 And Haman answered the king, For the man whom the king delighteth to honour,

8 Let the royal apparel be brought which the king *useth* to wear, and the horse that the king rideth upon, and the crown royal which is set upon his head:

9 And let this apparel and horse be delivered to the hand of one of the king's most noble princes, that they may array the man *withal* whom the king delighteth to honour, and bring him on horseback through the street of the city, and proclaim before him, Thus shall it be done to the man whom the king delighteth to honour.

10 Then the king said to Haman, Make haste, *and* take the apparel and the horse, as thou hast said, and do even so to Mordecai the Jew, that sitteth at the king's gate: let nothing fail of all that thou hast spoken.

11 Then took Haman the apparel and the horse, and arrayed Mordecai, and brought him on horseback through the street of the city, and proclaimed before him, Thus shall it be done unto the man whom the king delighteth to honour.

12 ¶ And Mordecai came again to the king's gate. But Haman hasted to his house mourning, and having his head covered.

13 And Haman told Zeresh his wife and

8 שְׁאֵלָתִי וּבַקָּשָׁתִי: אִם־מָצָאתִי חֵן בְּעֵינֵי הַמֶּלֶךְ וְאִם־עַל־הַמֶּלֶךְ טוֹב לָתֵת אֶת־שְׁאֵלָתִי וְלַעֲשׂוֹת אֶת־בַּקָּשָׁתִי יָבוֹא הַמֶּלֶךְ וְהָמָן אֶל־

9 הַמִּשְׁתֶּה אֲשֶׁר אֶעֱשֶׂה לָהֶם וּמָחָר אֶעֱשֶׂה כִּדְבַר הַמֶּלֶךְ: וַיֵּצֵא הָמָן בַּיּוֹם הַהוּא שָׂמֵחַ וְטוֹב לֵב וְכִרְאוֹת הָמָן אֶת־מָרְדֳּכַי בְּשַׁעַר הַמֶּלֶךְ

10 וְלֹא־קָם וְלֹא־זָע מִמֶּנּוּ וַיִּמָּלֵא הָמָן עַל־מָרְדֳּכַי חֵמָה: וַיִּתְאַפַּק הָמָן

11 וַיָּבוֹא אֶל־בֵּיתוֹ וַיִּשְׁלַח וַיָּבֵא אֶת־אֹהֲבָיו וְאֶת־זֶרֶשׁ אִשְׁתּוֹ: וַיְסַפֵּר לָהֶם הָמָן אֶת־כְּבוֹד עָשְׁרוֹ וְרֹב בָּנָיו וְאֵת כָּל־אֲשֶׁר גִּדְּלוֹ הַמֶּלֶךְ

12 וְאֵת אֲשֶׁר נִשְּׂאוֹ עַל־הַשָּׂרִים וְעַבְדֵי הַמֶּלֶךְ: וַיֹּאמֶר הָמָן אַף לֹא־ הֵבִיאָה אֶסְתֵּר הַמַּלְכָּה עִם־הַמֶּלֶךְ אֶל־הַמִּשְׁתֶּה אֲשֶׁר־עָשָׂתָה כִּי

13 אִם־אוֹתִי וְגַם־לְמָחָר אֲנִי קָרוּא־לָהּ עִם־הַמֶּלֶךְ: וְכָל־זֶה אֵינֶנּוּ שֹׁוֶה לִי בְּכָל־עֵת אֲשֶׁר אֲנִי רֹאֶה אֶת־מָרְדֳּכַי הַיְּהוּדִי יוֹשֵׁב בְּשַׁעַר הַמֶּלֶךְ:

14 וַתֹּאמֶר לוֹ זֶרֶשׁ אִשְׁתּוֹ וְכָל־אֹהֲבָיו יַעֲשׂוּ־עֵץ גָּבֹהַּ חֲמִשִּׁים אַמָּה וּבַבֹּקֶר ׀ אֱמֹר לַמֶּלֶךְ וְיִתְלוּ אֶת־מָרְדֳּכַי עָלָיו וּבֹא־עִם־הַמֶּלֶךְ אֶל־

6 1 הַמִּשְׁתֶּה שָׂמֵחַ וַיִּיטַב הַדָּבָר לִפְנֵי הָמָן וַיַּעַשׂ הָעֵץ: בַּלַּיְלָה הַהוּא נָדְדָה שְׁנַת הַמֶּלֶךְ וַיֹּאמֶר לְהָבִיא אֶת־סֵפֶר הַזִּכְרֹנוֹת דִּבְרֵי

2 הַיָּמִים וַיִּהְיוּ נִקְרָאִים לִפְנֵי הַמֶּלֶךְ: וַיִּמָּצֵא כָתוּב אֲשֶׁר הִגִּיד מָרְדֳּכַי עַל־בִּגְתָנָא וָתֶרֶשׁ שְׁנֵי סָרִיסֵי הַמֶּלֶךְ מִשֹּׁמְרֵי הַסַּף אֲשֶׁר בִּקְשׁוּ

3 לִשְׁלֹחַ יָד בַּמֶּלֶךְ אֲחַשְׁוֵרוֹשׁ: וַיֹּאמֶר הַמֶּלֶךְ מַה־נַּעֲשָׂה יְקָר וּגְדוּלָּה לְמָרְדֳּכַי עַל־זֶה וַיֹּאמְרוּ נַעֲרֵי הַמֶּלֶךְ מְשָׁרְתָיו לֹא־נַעֲשָׂה עִמּוֹ דָּבָר:

4 וַיֹּאמֶר הַמֶּלֶךְ מִי בֶחָצֵר וְהָמָן בָּא לַחֲצַר בֵּית־הַמֶּלֶךְ הַחִיצוֹנָה

5 לֵאמֹר לַמֶּלֶךְ לִתְלוֹת אֶת־מָרְדֳּכַי עַל־הָעֵץ אֲשֶׁר־הֵכִין לוֹ: וַיֹּאמְרוּ

6 נַעֲרֵי הַמֶּלֶךְ אֵלָיו הִנֵּה הָמָן עֹמֵד בֶּחָצֵר וַיֹּאמֶר הַמֶּלֶךְ יָבוֹא: וַיָּבוֹא הָמָן וַיֹּאמֶר לוֹ הַמֶּלֶךְ מַה־לַעֲשׂוֹת בָּאִישׁ אֲשֶׁר הַמֶּלֶךְ חָפֵץ בִּיקָרוֹ

7 וַיֹּאמֶר הָמָן בְּלִבּוֹ לְמִי יַחְפֹּץ הַמֶּלֶךְ לַעֲשׂוֹת יְקָר יוֹתֵר מִמֶּנִּי: וַיֹּאמֶר

8 הָמָן אֶל־הַמֶּלֶךְ אִישׁ אֲשֶׁר הַמֶּלֶךְ חָפֵץ בִּיקָרוֹ: יָבִיאוּ לְבוּשׁ מַלְכוּת אֲשֶׁר לָבַשׁ־בּוֹ הַמֶּלֶךְ וְסוּס אֲשֶׁר רָכַב עָלָיו הַמֶּלֶךְ וַאֲשֶׁר נִתַּן כֶּתֶר

9 מַלְכוּת בְּרֹאשׁוֹ: וְנָתוֹן הַלְּבוּשׁ וְהַסּוּס עַל־יַד־אִישׁ מִשָּׂרֵי הַמֶּלֶךְ הַפַּרְתְּמִים וְהִלְבִּישׁוּ אֶת־הָאִישׁ אֲשֶׁר הַמֶּלֶךְ חָפֵץ בִּיקָרוֹ וְהִרְכִּיבֻהוּ עַל־הַסּוּס בִּרְחוֹב הָעִיר וְקָרְאוּ לְפָנָיו כָּכָה יֵעָשֶׂה לָאִישׁ אֲשֶׁר

10 הַמֶּלֶךְ חָפֵץ בִּיקָרוֹ: וַיֹּאמֶר הַמֶּלֶךְ לְהָמָן מַהֵר קַח אֶת־הַלְּבוּשׁ וְאֶת־ הַסּוּס כַּאֲשֶׁר דִּבַּרְתָּ וַעֲשֵׂה־כֵן לְמָרְדֳּכַי הַיְּהוּדִי הַיּוֹשֵׁב בְּשַׁעַר

11 11A הַמֶּלֶךְ אַל־תַּפֵּל דָּבָר מִכֹּל אֲשֶׁר דִּבַּרְתָּ: וַיִּקַּח הָמָן אֶת־הַלְּבוּשׁ וְאֶת־הַסּוּס וַיַּלְבֵּשׁ אֶת־מָרְדֳּכָי וַיַּרְכִּיבֵהוּ בִּרְחוֹב הָעִיר וַיִּקְרָא לְפָנָיו

12 כָּכָה יֵעָשֶׂה לָאִישׁ אֲשֶׁר הַמֶּלֶךְ חָפֵץ בִּיקָרוֹ: וַיָּשָׁב מָרְדֳּכַי אֶל־שַׁעַר

13 הַמֶּלֶךְ וְהָמָן נִדְחַף אֶל־בֵּיתוֹ אָבֵל וַחֲפוּי רֹאשׁ: וַיְסַפֵּר הָמָן לְזֶרֶשׁ

all his friends every *thing* that had befallen him. Then said his wise men and Zeresh his wife unto him, If Mordecai *be* of the seed of the Jews, before whom thou hast begun to fall, thou shalt not prevail against him, but shalt surely fall before him.

14 And while they *were* yet talking with him, came the king's chamberlains, and hasted to bring Haman unto the banquet that Esther had prepared.

CHAPTER 7

1 So the king and Haman came to banquet with Esther the queen.

2 And the king said again unto Esther on the second day at the banquet of wine, What *is* thy petition, queen Esther? and it shall be granted thee: and what *is* thy request? and it shall be performed, *even* to the half of the kingdom.

3 Then Esther the queen answered and said, If I have found favour in thy sight, O king, and if it please the king, let my life be given me at my petition, and my people at my request:

4 For we are sold, I and my people, to be destroyed, to be slain, and to perish. But if we had been sold for bondmen and bondwomen, I had held my tongue, although the enemy could not countervail the king's damage.

5 ¶ Then the king Ahasuerus answered and said unto Esther the queen, Who is he, and where is he, that durst presume in his heart to do so?

6 And Esther said, The adversary and enemy *is* this wicked Haman. Then Haman was afraid before the king and the queen.

7 ¶ And the king arising from the banquet of wine in his wrath *went* into the palace garden: and Haman stood up to make request for his life to Esther the queen; for he saw that there was evil determined against him by the king.

8 Then the king returned out of the palace garden into the place of the banquet of wine; and Haman was fallen upon the bed whereon Esther *was*. Then said the king, Will he force the queen also before me in the house? As the word went out of the king's mouth, they covered Haman's face.

9 And Harbonah, one of the chamberlains, said before the king, Behold also, the gallows fifty cubits high, which Haman had made for Mordecai, who had spoken good for the king, standeth in the house of Haman. Then the king said, Hang him thereon.

10 So they hanged Haman on the gallows that he had prepared for Mordecai. Then was the king's wrath pacified.

CHAPTER 8

1 On that day did the king Ahasuerus give the house of Haman the Jews' enemy unto Esther the queen. And Mordecai came before the king; for Esther had told what he *was* unto her.

2 And the king took off his ring, which he had taken from Haman, and gave it unto Mordecai. And Esther set Mordecai over the house of Haman.

3 ¶ And Esther spake yet again before the king, and fell down at his feet, and besought him with tears to put away the mischief of Haman the Agagite, and his device that he had devised against the Jews.

4 Then the king held out the golden sceptre toward Esther. So Esther arose, and stood before the king,

5 And said, If it please the king, and if I have found favour in his sight, and the thing *seem* right before the king, and I *be* pleasing in his eyes, let it be written to reverse the letters devised by Haman the son of Hammedatha the Agagite, which he wrote to destroy the Jews which *are* in all the king's provinces:

6 For how can I endure to see the evil that shall come unto my people? or how can I endure to see the destruction of my kindred?

7 ¶ Then the king Ahasuerus said unto

אִשְׁתּוֹ וּלְכָל־אֹהֲבָיו אֵת כָּל־אֲשֶׁר קָרָהוּ וַיֹּאמְרוּ לוֹ חֲכָמָיו וְזֶרֶשׁ
אִשְׁתּוֹ אִם מִזֶּרַע הַיְּהוּדִים מָרְדֳּכַי אֲשֶׁר הַחִלּוֹתָ לִנְפֹּל לְפָנָיו לֹא־
14 תוּכַל לוֹ כִּי־נָפוֹל תִּפּוֹל לְפָנָיו: עוֹדָם מְדַבְּרִים עִמּוֹ וְסָרִיסֵי הַמֶּלֶךְ
הִגִּיעוּ וַיַּבְהִלוּ לְהָבִיא אֶת־הָמָן אֶל־הַמִּשְׁתֶּה אֲשֶׁר־עָשְׂתָה אֶסְתֵּר:

7 1 וַיָּבֹא הַמֶּלֶךְ וְהָמָן לִשְׁתּוֹת עִם־אֶסְתֵּר הַמַּלְכָּה: וַיֹּאמֶר הַמֶּלֶךְ
2 לְאֶסְתֵּר גַּם בַּיּוֹם הַשֵּׁנִי בְּמִשְׁתֵּה הַיַּיִן מַה־שְּׁאֵלָתֵךְ אֶסְתֵּר הַמַּלְכָּה
3 וְתִנָּתֵן לָךְ וּמַה־בַּקָּשָׁתֵךְ עַד־חֲצִי הַמַּלְכוּת וְתֵעָשׂ: וַתַּעַן אֶסְתֵּר
הַמַּלְכָּה וַתֹּאמַר אִם־מָצָאתִי חֵן בְּעֵינֶיךָ הַמֶּלֶךְ וְאִם־עַל־הַמֶּלֶךְ טוֹב
4 תִּנָּתֶן־לִי נַפְשִׁי בִּשְׁאֵלָתִי וְעַמִּי בְּבַקָּשָׁתִי: כִּי נִמְכַּרְנוּ אֲנִי וְעַמִּי
לְהַשְׁמִיד לַהֲרוֹג וּלְאַבֵּד וְאִלּוּ לַעֲבָדִים וְלִשְׁפָחוֹת נִמְכַּרְנוּ הֶחֱרַשְׁתִּי
5 כִּי אֵין הַצָּר שֹׁוֶה בְּנֵזֶק הַמֶּלֶךְ:   וַיֹּאמֶר הַמֶּלֶךְ אֲחַשְׁוֵרוֹשׁ
וַיֹּאמֶר לְאֶסְתֵּר הַמַּלְכָּה מִי הוּא זֶה וְאֵי־זֶה הוּא אֲשֶׁר־מְלָאוֹ לִבּוֹ
6 לַעֲשׂוֹת כֵּן: וַתֹּאמֶר אֶסְתֵּר אִישׁ צַר וְאוֹיֵב הָמָן הָרָע הַזֶּה וְהָמָן
6A
7 נִבְעַת מִלִּפְנֵי הַמֶּלֶךְ וְהַמַּלְכָּה: וְהַמֶּלֶךְ קָם בַּחֲמָתוֹ מִמִּשְׁתֵּה הַיַּיִן
אֶל־גִּנַּת הַבִּיתָן וְהָמָן עָמַד לְבַקֵּשׁ עַל־נַפְשׁוֹ מֵאֶסְתֵּר הַמַּלְכָּה כִּי
8 רָאָה כִּי־כָלְתָה אֵלָיו הָרָעָה מֵאֵת הַמֶּלֶךְ: וְהַמֶּלֶךְ שָׁב מִגִּנַּת הַבִּיתָן
אֶל־בֵּית ׀ מִשְׁתֵּה הַיַּיִן וְהָמָן נֹפֵל עַל־הַמִּטָּה אֲשֶׁר אֶסְתֵּר עָלֶיהָ
וַיֹּאמֶר הַמֶּלֶךְ הֲגַם לִכְבּוֹשׁ אֶת־הַמַּלְכָּה עִמִּי בַּבָּיִת הַדָּבָר יָצָא
9 מִפִּי הַמֶּלֶךְ וּפְנֵי הָמָן חָפוּ: וַיֹּאמֶר חַרְבוֹנָה אֶחָד מִן־הַסָּרִיסִים
לִפְנֵי הַמֶּלֶךְ גַּם הִנֵּה־הָעֵץ אֲשֶׁר־עָשָׂה הָמָן לְמָרְדֳּכַי אֲשֶׁר דִּבֶּר־טוֹב
עַל־הַמֶּלֶךְ עֹמֵד בְּבֵית הָמָן גָּבֹהַּ חֲמִשִּׁים אַמָּה וַיֹּאמֶר הַמֶּלֶךְ תְּלֻהוּ
10 עָלָיו: וַיִּתְלוּ אֶת־הָמָן עַל־הָעֵץ אֲשֶׁר־הֵכִין לְמָרְדֳּכָי וַחֲמַת הַמֶּלֶךְ
8 1 שָׁכָכָה: בַּיּוֹם הַהוּא נָתַן הַמֶּלֶךְ אֲחַשְׁוֵרוֹשׁ לְאֶסְתֵּר
הַיְּהוּדִים
הַמַּלְכָּה אֶת־בֵּית הָמָן צֹרֵר הַיְּהוּדִיים וּמָרְדֳּכַי בָּא לִפְנֵי הַמֶּלֶךְ כִּי־
2 הִגִּידָה אֶסְתֵּר מַה הוּא־לָהּ: וַיָּסַר הַמֶּלֶךְ אֶת־טַבַּעְתּוֹ אֲשֶׁר הֶעֱבִיר
מֵהָמָן וַיִּתְּנָהּ לְמָרְדֳּכָי וַתָּשֶׂם אֶסְתֵּר אֶת־מָרְדֳּכַי עַל־בֵּית
3 הָמָן: וַתּוֹסֶף אֶסְתֵּר וַתְּדַבֵּר לִפְנֵי הַמֶּלֶךְ וַתִּפֹּל לִפְנֵי
רַגְלָיו וַתֵּבְךְּ וַתִּתְחַנֶּן־לוֹ לְהַעֲבִיר אֶת־רָעַת הָמָן הָאֲגָגִי וְאֵת
4 מַחֲשַׁבְתּוֹ אֲשֶׁר חָשַׁב עַל־הַיְּהוּדִים: וַיּוֹשֶׁט הַמֶּלֶךְ לְאֶסְתֵּר אֵת
5 שַׁרְבִט הַזָּהָב וַתָּקָם אֶסְתֵּר וַתַּעֲמֹד לִפְנֵי הַמֶּלֶךְ: וַתֹּאמֶר אִם־עַל־
הַמֶּלֶךְ טוֹב וְאִם־מָצָאתִי חֵן לְפָנָיו וְכָשֵׁר הַדָּבָר לִפְנֵי הַמֶּלֶךְ וְטוֹבָה
אֲנִי בְּעֵינָיו יִכָּתֵב לְהָשִׁיב אֶת־הַסְּפָרִים מַחֲשֶׁבֶת הָמָן בֶּן־הַמְּדָתָא
הָאֲגָגִי אֲשֶׁר כָּתַב לְאַבֵּד אֶת־הַיְּהוּדִים אֲשֶׁר בְּכָל־מְדִינוֹת הַמֶּלֶךְ:
6 כִּי אֵיכָכָה אוּכַל וְרָאִיתִי בָּרָעָה אֲשֶׁר־יִמְצָא אֶת־עַמִּי וְאֵיכָכָה אוּכַל
7 וְרָאִיתִי בְּאָבְדַן מוֹלַדְתִּי: וַיֹּאמֶר הַמֶּלֶךְ אֲחַשְׁוֵרוֹשׁ לְאֶסְתֵּר

Esther the queen and to Mordecai the Jew, Behold, I have given Esther the house of Haman, and him they have hanged upon the gallows, because he laid his hand upon the Jews.

8 Write ye also for the Jews, as it liketh you, in the king's name, and seal *it* with the king's ring: for the writing which is written in the king's name, and sealed with the king's ring, may no man reverse.

9 Then were the king's scribes called at that time in the third month, that *is,* the month Sivan, on the three and twentieth *day* thereof; and it was written according to all that Mordecai commanded unto the Jews, and to the lieutenants, and the deputies and rulers of the provinces which *are* from India unto Ethiopia, an hundred twenty and seven provinces, unto every province according to the writing thereof, and unto every people after their language, and to the Jews according to their writing, and according to their language.

10 And he wrote in the king Ahasuerus' name, and sealed *it* with the king's ring, and sent letters by posts on horseback, *and* riders on mules, camels, *and* young dromedaries:

11 Wherein the king granted the Jews which *were* in every city to gather themselves together, and to stand for their life, to destroy, to slay, and to cause to perish, all the power of the people and province that would assault them, *both* little ones and women, and *to take* the spoil of them for a prey,

12 Upon one day in all the provinces of king Ahasuerus, *namely,* upon the thirteenth *day* of the twelfth month, which *is* the month Adar.

13 The copy of the writing for a commandment to be given in every province *was* published unto all people, and that the Jews should be ready against that day to avenge themselves on their enemies.

14 *So* the posts that rode upon mules *and* camels went out, being hastened and pressed on by the king's commandment.

And the decree was given at Shushan the palace.

15 ¶ And Mordecai went out from the presence of the king in royal apparel of blue and white, and with a great crown of gold, and with a garment of fine linen and purple: and the city of Shushan rejoiced and was glad.

16 The Jews had light, and gladness, and joy, and honour.

17 And in every province, and in every city, whithersoever the king's commandment and his decree came, the Jews had joy and gladness, a feast and a good day. And many of the people of the land became Jews; for the fear of the Jews fell upon them.

CHAPTER 9

1 Now in the twelfth month, that *is,* the month Adar, on the thirteenth day of the same, when the king's commandment and his decree drew near to be put in execution, in the day that the enemies of the Jews hoped to have power over them, (though it was turned to the contrary, that the Jews had rule over them that hated them;)

2 The Jews gathered themselves together in their cities throughout all the provinces of the king Ahasuerus, to lay hand on such as sought their hurt: and no man could withstand them; for the fear of them fell upon all people.

3 And all the rulers of the provinces, and the lieutenants, and the deputies, and officers of the king, helped the Jews; because the fear of Mordecai fell upon them.

4 For Mordecai *was* great in the king's house, and his fame went out throughout all the provinces: for this man Mordecai waxed greater and greater.

5 Thus the Jews smote all their enemies with the stroke of the sword, and slaughter, and destruction, and did what they would unto those that hated them.

6 And in Shushan the palace the Jews slew and destroyed five hundred men.

הַמַּלְכָּה וּלְמָרְדֳּכַי הַיְּהוּדִי הִנֵּה בֵית־הָמָן נָתַתִּי לְאֶסְתֵּר וְאֹתוֹ תָּלוּ

בַּיְּהוּדִים   8   עַל־הָעֵץ עַל אֲשֶׁר־שָׁלַח יָדוֹ בַּיְּהוּדִיים: וְאַתֶּם כִּתְבוּ עַל־הַיְּהוּדִים

כַּטּוֹב בְּעֵינֵיכֶם בְּשֵׁם הַמֶּלֶךְ וְחִתְמוּ בְּטַבַּעַת הַמֶּלֶךְ כִּי־כְתָב אֲשֶׁר־

9A   9   נִכְתָּב בְּשֵׁם־הַמֶּלֶךְ וְנַחְתּוֹם בְּטַבַּעַת הַמֶּלֶךְ אֵין לְהָשִׁיב: וַיִּקָּרְאוּ

סֹפְרֵי־הַמֶּלֶךְ בָּעֵת־הַהִיא בַּחֹדֶשׁ הַשְּׁלִישִׁי הוּא־חֹדֶשׁ סִיוָן בִּשְׁלוֹשָׁה

וְעֶשְׂרִים בּוֹ וַיִּכָּתֵב כְּכָל־אֲשֶׁר־צִוָּה מָרְדֳּכַי אֶל־הַיְּהוּדִים וְאֶל

הָאֲחַשְׁדַּרְפְּנִים־וְהַפַּחוֹת וְשָׂרֵי הַמְּדִינוֹת אֲשֶׁר ׀ מֵהֹדּוּ וְעַד־כּוּשׁ שֶׁבַע

וְעֶשְׂרִים וּמֵאָה מְדִינָה מְדִינָה וּמְדִינָה כִּכְתָבָהּ וְעַם וָעָם כִּלְשֹׁנוֹ

10   וְאֶל־הַיְּהוּדִים כִּכְתָבָם וְכִלְשׁוֹנָם: וַיִּכְתֹּב בְּשֵׁם הַמֶּלֶךְ אֲחַשְׁוֵרֹשׁ

וַיַּחְתֹּם בְּטַבַּעַת הַמֶּלֶךְ וַיִּשְׁלַח סְפָרִים בְּיַד הָרָצִים בַּסּוּסִים רֹכְבֵי

11   הָרֶכֶשׁ הָאֲחַשְׁתְּרָנִים בְּנֵי הָרַמָּכִים: אֲשֶׁר נָתַן הַמֶּלֶךְ לַיְּהוּדִים ׀

אֲשֶׁר בְּכָל־עִיר־וָעִיר לְהִקָּהֵל וְלַעֲמֹד עַל־נַפְשָׁם לְהַשְׁמִיד וְלַהֲרֹג

וּלְאַבֵּד אֶת־כָּל־חֵיל עַם וּמְדִינָה הַצָּרִים אֹתָם טַף וְנָשִׁים וּשְׁלָלָם

12   לָבוֹז: בְּיוֹם אֶחָד בְּכָל־מְדִינוֹת הַמֶּלֶךְ אֲחַשְׁוֵרוֹשׁ בִּשְׁלוֹשָׁה עָשָׂר

13   לְחֹדֶשׁ שְׁנֵים־עָשָׂר הוּא־חֹדֶשׁ אֲדָר: פַּתְשֶׁגֶן הַכְּתָב לְהִנָּתֵן דָּת

הַיְּהוּדִים   בְּכָל־מְדִינָה וּמְדִינָה גָּלוּי לְכָל־הָעַמִּים וְלִהְיוֹת הַיְּהוּדִיים עֲתוּדִים

עֲתִידִים   14   לַיּוֹם הַזֶּה לְהִנָּקֵם מֵאֹיְבֵיהֶם: הָרָצִים רֹכְבֵי הָרֶכֶשׁ הָאֲחַשְׁתְּרָנִים

יָצְאוּ מְבֹהָלִים וּדְחוּפִים בִּדְבַר הַמֶּלֶךְ וְהַדָּת נִתְּנָה בְּשׁוּשַׁן

15   הַבִּירָה: וּמָרְדֳּכַי יָצָא ׀ מִלִּפְנֵי הַמֶּלֶךְ בִּלְבוּשׁ מַלְכוּת

תְּכֵלֶת וָחוּר וַעֲטֶרֶת זָהָב גְּדוֹלָה וְתַכְרִיךְ בּוּץ וְאַרְגָּמָן וְהָעִיר שׁוּשָׁן

16   צָהֲלָה וְשָׂמֵחָה: לַיְּהוּדִים הָיְתָה אוֹרָה וְשִׂמְחָה וְשָׂשֹׂן וִיקָר: וּבְכָל־
17

מְדִינָה וּמְדִינָה וּבְכָל־עִיר וָעִיר מְקוֹם אֲשֶׁר דְּבַר־הַמֶּלֶךְ וְדָתוֹ מַגִּיעַ

שִׂמְחָה וְשָׂשׂוֹן לַיְּהוּדִים מִשְׁתֶּה וְיוֹם טוֹב וְרַבִּים מֵעַמֵּי הָאָרֶץ

9   1   מִתְיַהֲדִים כִּי־נָפַל פַּחַד־הַיְּהוּדִים עֲלֵיהֶם: וּבִשְׁנֵים עָשָׂר חֹדֶשׁ הוּא־

חֹדֶשׁ אֲדָר בִּשְׁלוֹשָׁה עָשָׂר יוֹם בּוֹ אֲשֶׁר הִגִּיעַ דְּבַר־הַמֶּלֶךְ וְדָתוֹ

לְהֵעָשׂוֹת בַּיּוֹם אֲשֶׁר שִׂבְּרוּ אֹיְבֵי הַיְּהוּדִים לִשְׁלוֹט בָּהֶם וְנַהֲפוֹךְ הוּא

2A   2   אֲשֶׁר יִשְׁלְטוּ הַיְּהוּדִים הֵמָּה בְּשֹׂנְאֵיהֶם: נִקְהֲלוּ הַיְּהוּדִים בְּעָרֵיהֶם

בְּכָל־מְדִינוֹת הַמֶּלֶךְ אֲחַשְׁוֵרוֹשׁ לִשְׁלֹחַ יָד בִּמְבַקְשֵׁי רָעָתָם וְאִישׁ לֹא־

3   עָמַד לִפְנֵיהֶם כִּי־נָפַל פַּחְדָּם עַל־כָּל־הָעַמִּים: וְכָל־שָׂרֵי הַמְּדִינוֹת

וְהָאֲחַשְׁדַּרְפְּנִים וְהַפַּחוֹת וְעֹשֵׂי הַמְּלָאכָה אֲשֶׁר לַמֶּלֶךְ מְנַשְּׂאִים אֶת־

4   הַיְּהוּדִים כִּי־נָפַל פַּחַד־מָרְדֳּכַי עֲלֵיהֶם: כִּי־גָדוֹל מָרְדֳּכַי בְּבֵית הַמֶּלֶךְ

5   וְשָׁמְעוֹ הוֹלֵךְ בְּכָל־הַמְּדִינוֹת כִּי־הָאִישׁ מָרְדֳּכַי הוֹלֵךְ וְגָדוֹל: וַיַּכּוּ

הַיְּהוּדִים בְּכָל־אֹיְבֵיהֶם מַכַּת־חֶרֶב וְהֶרֶג וְאַבְדָן וַיַּעֲשׂוּ בְשֹׂנְאֵיהֶם

6   כִּרְצוֹנָם: וּבְשׁוּשַׁן הַבִּירָה הָרְגוּ הַיְּהוּדִים וְאַבֵּד חֲמֵשׁ מֵאוֹת

7   אִישׁ:   וְאֵת ׀

7 And Parshandatha, and Dalphon, and Aspatha,

8 And Poratha, and Adalia, and Aridatha,

9 And Parmashta, and Arisai, and Aridai, and Vajezatha,

10 The ten sons of Haman the son of Hammedatha, the enemy of the Jews, slew they; but on the spoil laid they not their hand.

11 On that day the number of those that were slain in Shushan the palace was brought before the king.

12 ¶ And the king said unto Esther the queen, The Jews have slain and destroyed five hundred men in Shushan the palace, and the ten sons of Haman; what have they done in the rest of the king's provinces? now what *is* thy petition? and it shall be granted thee: or what *is* thy request further? and it shall be done.

13 Then said Esther, If it please the king, let it be granted to the Jews which *are* in Shushan to do to morrow also according unto this day's decree, and let Haman's ten sons be hanged upon the gallows.

14 And the king commanded it so to be done: and the decree was given at Shushan; and they hanged Haman's ten sons.

15 For the Jews that *were* in Shushan gathered themselves together on the fourteenth day also of the month Adar, and slew three hundred men at Shushan; but on the prey they laid not their hand.

16 But the other Jews that *were* in the king's provinces gathered themselves together, and stood for their lives, and had rest from their enemies, and slew of their foes seventy and five thousand, but they laid not their hands on the prey,

17 On the thirteenth day of the month Adar; and on the fourteenth day of the same rested they, and made it a day of feasting and gladness.

18 But the Jews that *were* at Shushan assembled together on the thirteenth *day* thereof, and on the fourteenth thereof; and on the fifteenth *day* of the same they rested, and made it a day of feasting and gladness.

19 Therefore the Jews of the villages, that dwelt in the unwalled towns, made the fourteenth day of the month Adar *a day of* gladness and feasting, and a good day, and of sending portions one to another.

20 ¶ And Mordecai wrote these things, and sent letters unto all the Jews that *were* in all the provinces of the king Ahasuerus, *both* nigh and far,

21 To stablish *this* among them, that they should keep the fourteenth day of the month Adar, and the fifteenth day of the same, yearly,

22 As the days wherein the Jews rested from their enemies, and the month which was turned unto them from sorrow to joy, and from mourning into a good day: that they should make them days of feasting and joy, and of sending portions one to another, and gifts to the poor.

23 And the Jews undertook to do as they had begun, and as Mordecai had written unto them;

וְאֵת וַ	פַּרְשַׁנְדָּתָא
וְאֵת וַ	דַּלְפוֹן
וְאֵת וַ	8 אַסְפָּתָא:
וְאֵת וַ	פּוֹרָתָא
וְאֵת וַ	אֲדַלְיָא
וְאֵת וַ	9 אֲרִידָתָא:
וְאֵת וַ	פַּרְמַשְׁתָּא
וְאֵת וַ	אֲרִיסַי
וְאֵת וַ	אֲרִדַי
עֲשֶׂרֶת	10 וַיְזָתָא:

בְּנֵי הָמָן בֶּן־הַמְּדָתָא צֹרֵר הַיְּהוּדִים הָרָגוּ וּבַבִּזָּה לֹא שָׁלְחוּ אֶת־
11 יָדָם: בַּיּוֹם הַהוּא בָּא מִסְפַּר הַהֲרוּגִים בְּשׁוּשַׁן הַבִּירָה לִפְנֵי הַמֶּלֶךְ:
12 וַיֹּאמֶר הַמֶּלֶךְ לְאֶסְתֵּר הַמַּלְכָּה בְּשׁוּשַׁן הַבִּירָה הָרְגוּ הַיְּהוּדִים וְאַבֵּד
חֲמֵשׁ מֵאוֹת אִישׁ וְאֵת עֲשֶׂרֶת בְּנֵי־הָמָן בִּשְׁאָר מְדִינוֹת הַמֶּלֶךְ מֶה
13 עָשׂוּ וּמַה־שְּׁאֵלָתֵךְ וְיִנָּתֵן לָךְ וּמַה־בַּקָּשָׁתֵךְ עוֹד וְתֵעָשׂ: וַתֹּאמֶר
אֶסְתֵּר אִם־עַל־הַמֶּלֶךְ טוֹב יִנָּתֵן גַּם־מָחָר לַיְּהוּדִים אֲשֶׁר בְּשׁוּשָׁן
14 לַעֲשׂוֹת כְּדָת הַיּוֹם וְאֵת עֲשֶׂרֶת בְּנֵי־הָמָן יִתְלוּ עַל־הָעֵץ: וַיֹּאמֶר
הַמֶּלֶךְ לְהֵעָשׂוֹת כֵּן וַתִּנָּתֵן דָּת בְּשׁוּשָׁן וְאֵת עֲשֶׂרֶת בְּנֵי־הָמָן תָּלוּ:
15 וַיִּקָּהֲלוּ הַיְּהוּדִיים אֲשֶׁר־בְּשׁוּשָׁן גַּם בְּיוֹם אַרְבָּעָה עָשָׂר לְחֹדֶשׁ אֲדָר | הַיְּהוּדִים
16 וַיַּהַרְגוּ בְשׁוּשָׁן שְׁלֹשׁ מֵאוֹת אִישׁ וּבַבִּזָּה לֹא שָׁלְחוּ אֶת־יָדָם: וּשְׁאָר
הַיְּהוּדִים אֲשֶׁר בִּמְדִינוֹת הַמֶּלֶךְ | נִקְהֲלוּ | וְעָמֹד עַל־נַפְשָׁם וְנוֹחַ
מֵאֹיְבֵיהֶם וְהָרֹג בְּשֹׂנְאֵיהֶם חֲמִשָּׁה וְשִׁבְעִים אָלֶף וּבַבִּזָּה לֹא שָׁלְחוּ
17 אֶת־יָדָם: בְּיוֹם־שְׁלֹשָׁה עָשָׂר לְחֹדֶשׁ אֲדָר וְנוֹחַ בְּאַרְבָּעָה עָשָׂר בּוֹ
18 וְעָשֹׂה אֹתוֹ יוֹם מִשְׁתֶּה וְשִׂמְחָה: וְהַיְּהוּדִיים אֲשֶׁר־בְּשׁוּשָׁן נִקְהֲלוּ | וְהַיְּהוּדִים
בִּשְׁלֹשָׁה עָשָׂר בּוֹ וּבְאַרְבָּעָה עָשָׂר בּוֹ וְנוֹחַ בַּחֲמִשָּׁה עָשָׂר בּוֹ וְעָשֹׂה
19 אֹתוֹ יוֹם מִשְׁתֶּה וְשִׂמְחָה: עַל־כֵּן הַיְּהוּדִים הפרזים הַפְּרָזִים הַיֹּשְׁבִים בְּעָרֵי | הַפְּרָזִים
הַפְּרָזוֹת עֹשִׂים אֵת יוֹם אַרְבָּעָה עָשָׂר לְחֹדֶשׁ אֲדָר שִׂמְחָה וּמִשְׁתֶּה
20 וְיוֹם טוֹב וּמִשְׁלֹחַ מָנוֹת אִישׁ לְרֵעֵהוּ: וַיִּכְתֹּב מָרְדֳּכַי אֶת־הַדְּבָרִים
הָאֵלֶּה וַיִּשְׁלַח סְפָרִים אֶל־כָּל־הַיְּהוּדִים אֲשֶׁר בְּכָל־מְדִינוֹת הַמֶּלֶךְ
21 אֲחַשְׁוֵרוֹשׁ הַקְּרוֹבִים וְהָרְחוֹקִים: לְקַיֵּם עֲלֵיהֶם לִהְיוֹת עֹשִׂים אֵת
יוֹם אַרְבָּעָה עָשָׂר לְחֹדֶשׁ אֲדָר וְאֵת יוֹם־חֲמִשָּׁה עָשָׂר בּוֹ בְּכָל־שָׁנָה
22 וְשָׁנָה: כַּיָּמִים אֲשֶׁר־נָחוּ בָהֶם הַיְּהוּדִים מֵאֹיְבֵיהֶם וְהַחֹדֶשׁ אֲשֶׁר
נֶהְפַּךְ לָהֶם מִיָּגוֹן לְשִׂמְחָה וּמֵאֵבֶל לְיוֹם טוֹב לַעֲשׂוֹת אוֹתָם יְמֵי
מִשְׁתֶּה וְשִׂמְחָה וּמִשְׁלֹחַ מָנוֹת אִישׁ לְרֵעֵהוּ וּמַתָּנוֹת לָאֶבְיוֹנִים:
23 וְקִבֵּל הַיְּהוּדִים אֵת אֲשֶׁר־הֵחֵלּוּ לַעֲשׂוֹת וְאֵת אֲשֶׁר־כָּתַב מָרְדֳּכַי

24 Because Haman the son of Hammedatha, the Agagite, the enemy of all the Jews, had devised against the Jews to destroy them, and had cast Pur, that *is,* the lot, to consume them, and to destroy them;

25 But when *Esther* came before the king, he commanded by letters that his wicked device, which he devised against the Jews, should return upon his own head, and that he and his sons should be hanged on the gallows.

26 Wherefore they called these days Purim after the name of Pur. Therefore for all the words of this letter, and *of that* which they had seen concerning this matter, and which had come unto them,

27 The Jews ordained, and took upon them, and upon their seed, and upon all such as joined themselves unto them, so as it should not fail, that they would keep these two days according to their writing, and according to their *appointed* time every year;

28 And *that* these days *should be* remembered and kept throughout every generation, every family, every province, and every city; and *that* these days of Purim should not fail from among the Jews, nor the memorial of them perish from their seed.

29 Then Esther the queen, the daughter of Abihail, and Mordecai the Jew, wrote with all authority, to confirm this second letter of Purim.

30 And he sent the letters unto all the Jews, to the hundred twenty and seven provinces of the kingdom of Ahasuerus, *with* words of peace and truth,

31 To confirm these days of Purim in their times *appointed,* according as Mordecai the Jew and Esther the queen had enjoined them, and as they had decreed for themselves and for their seed, the matters of the fastings and their cry.

32 And the decree of Esther confirmed these matters of Purim; and it was written in the book.

CHAPTER 10

1 And the king Ahasuerus laid a tribute upon the land, and *upon* the isles of the sea.

2 And all the acts of his power and of his might, and the declaration of the greatness of Mordecai, whereunto the king advanced him, *are* they not written in the book of the chronicles of the kings of Media and Persia?

3 For Mordecai the Jew *was* next unto king Ahasuerus, and great among the Jews, and accepted of the multitude of his brethren, seeking the wealth of his people, and speaking peace to all his seed.

THE BOOK OF

JOB

CHAPTER 1

1 There was a man in the land of Uz, whose name *was* Job; and that man was perfect and upright, and one that feared God, and eschewed evil.

2 And there were born unto him seven sons and three daughters.

3 His substance also was seven thousand sheep, and three thousand camels, and five hundred yoke of oxen, and five hundred she asses, and a very great household; so that this man was the greatest of all the men of the east.

4 And his sons went and feasted *in their* houses, every one his day; and sent and called for their three sisters to eat and to drink with them.

5 And it was so, when the days of *their* feasting were gone about, that Job sent and sanctified them, and rose up early in the morning, and offered burnt offerings *according* to the number of them all: for Job said, It may be that my sons have

אֲלֵיהֶ֑ם כִּ֣י הָמָ֣ן בֶּֽן־הַמְּדָ֡תָא הָֽאֲגָגִי֩ צֹרֵ֨ר כָּל־הַיְּהוּדִ֜ים חָשַׁ֣ב עַל־ 24

הַיְּהוּדִ֖ים לְאַבְּדָ֑ם וְהִפִּ֥ל פּוּר֙ ה֣וּא הַגּוֹרָ֔ל לְהֻמָּ֖ם וּֽלְאַבְּדָֽם: וּבְבֹאָהּ֮ 25

לִפְנֵ֣י הַמֶּלֶךְ֒ אָמַ֣ר עִם־הַסֵּ֔פֶר יָשׁ֞וּב מַחֲשַׁבְתּ֧וֹ הָרָעָ֛ה אֲשֶׁר־חָשַׁ֥ב

עַל־הַיְּהוּדִ֖ים עַל־רֹאשׁ֑וֹ וְתָל֥וּ אֹת֛וֹ וְאֶת־בָּנָ֖יו עַל־הָעֵֽץ: עַל־כֵּ֡ן קָֽרְאוּ֩ 26

לַיָּמִ֨ים הָאֵ֤לֶּה פוּרִים֙ עַל־שֵׁ֣ם הַפּ֔וּר עַל־כֵּ֕ן עַל־כָּל־דִּבְרֵ֖י הָאִגֶּ֥רֶת

הַזֹּ֑את וּמָה־רָא֣וּ עַל־כָּ֔כָה וּמָ֥ה הִגִּ֖יעַ אֲלֵיהֶֽם: קִיְּמ֣וּ וקבל (וְקִבְּל֣וּ) הַיְּהוּדִים֩ 27

עֲלֵיהֶ֨ם ׀ וְעַל־זַרְעָ֜ם וְעַ֨ל כָּל־הַנִּלְוִ֤ים עֲלֵיהֶם֙ וְלֹ֣א יַעֲב֔וֹר לִהְי֣וֹת

עֹשִׂ֗ים אֵ֣ת שְׁנֵ֤י הַיָּמִים֙ הָאֵ֔לֶּה כִּכְתָבָ֖ם וְכִזְמַנָּ֑ם בְּכָל־שָׁנָ֥ה וְשָׁנָֽה:

וְהַיָּמִ֣ים הָ֠אֵלֶּה נִזְכָּרִ֨ים וְנַעֲשִׂ֜ים בְּכָל־דּ֣וֹר וָד֗וֹר מִשְׁפָּחָה֙ וּמִשְׁפָּחָ֔ה 28

מְדִינָ֥ה וּמְדִינָ֖ה וְעִ֣יר וָעִ֑יר וִימֵ֞י הַפּוּרִ֣ים הָאֵ֗לֶּה לֹ֤א יַֽעַבְרוּ֙ מִתּ֣וֹךְ

הַיְּהוּדִ֔ים וְזִכְרָ֖ם לֹא־יָס֥וּף מִזַּרְעָֽם: וַ֠תִּכְתֹּב אֶסְתֵּ֨ר 29

הַמַּלְכָּ֧ה בַת־אֲבִיחַ֛יִל וּמָרְדֳּכַ֥י הַיְּהוּדִ֖י אֶת־כָּל־תֹּ֑קֶף לְקַיֵּ֗ם אֵ֣ת

אִגֶּ֧רֶת הַפֻּרִ֛ים הַזֹּ֖את הַשֵּׁנִֽית: וַיִּשְׁלַ֨ח סְפָרִ֜ים אֶל־כָּל־הַיְּהוּדִ֗ים 30

אֶל־שֶׁ֨בַע וְעֶשְׂרִ֤ים וּמֵאָה֙ מְדִינָ֔ה מַלְכ֖וּת אֲחַשְׁוֵר֑וֹשׁ דִּבְרֵ֥י שָׁל֖וֹם

וֶאֱמֶֽת: לְקַיֵּ֡ם אֶת־יְמֵי֩ הַפֻּרִ֨ים הָאֵ֜לֶּה בִּזְמַנֵּיהֶ֗ם כַּאֲשֶׁר֩ קִיַּ֨ם עֲלֵיהֶ֜ם 31

מָרְדֳּכַ֤י הַיְּהוּדִי֙ וְאֶסְתֵּ֣ר הַמַּלְכָּ֔ה וְכַאֲשֶׁ֛ר קִיְּמ֥וּ עַל־נַפְשָׁ֖ם וְעַל־זַרְעָ֑ם

דִּבְרֵ֥י הַצֹּמ֖וֹת וְזַעֲקָתָֽם: וּמַאֲמַ֣ר אֶסְתֵּ֔ר קִיַּ֕ם דִּבְרֵ֥י הַפֻּרִ֖ים הָאֵ֑לֶּה 32

וְנִכְתָּ֖ב בַּסֵּֽפֶר: וַיָּשֶׂם֩ הַמֶּ֨לֶךְ אֲחַשְׁרֹ֧שׁ ׀ מַ֛ס עַל־הָאָ֖רֶץ וְאִיֵּ֥י 10 1 אֲחַשְׁוֵר֨וֹשׁ

הַיָּֽם: וְכָל־מַעֲשֵׂ֤ה תָקְפּוֹ֙ וּגְב֣וּרָת֔וֹ וּפָרָשַׁת֙ גְּדֻלַּ֣ת מָרְדֳּכַ֔י אֲשֶׁ֥ר גִּדְּל֖וֹ 2

הַמֶּ֑לֶךְ הֲלוֹא־הֵ֣ם כְּתוּבִ֗ים עַל־סֵ֙פֶר֙ דִּבְרֵ֣י הַיָּמִ֔ים לְמַלְכֵ֖י מָדַ֥י וּפָרָֽס:

כִּ֣י ׀ מָרְדֳּכַ֣י הַיְּהוּדִ֗י מִשְׁנֶה֙ לַמֶּ֣לֶךְ אֲחַשְׁוֵר֔וֹשׁ וְגָדוֹל֙ לַיְּהוּדִ֔ים וְרָצ֖וּי 3

לְרֹ֣ב אֶחָ֑יו דֹּרֵ֥שׁ טוֹב֙ לְעַמּ֔וֹ וְדֹבֵ֥ר שָׁל֖וֹם לְכָל־זַרְעֽוֹ:

סֵפֶר אִיּוֹב

אִ֛ישׁ הָיָ֥ה בְאֶֽרֶץ־ע֖וּץ אִיּ֣וֹב שְׁמ֑וֹ וְהָיָ֣ה ׀ הָאִ֣ישׁ הַה֗וּא תָּ֧ם וְיָשָׁ֛ר וִירֵ֥א 1 1

אֱלֹהִ֖ים וְסָ֥ר מֵרָֽע: וַיִּוָּ֣לְדוּ ל֗וֹ שִׁבְעָ֥ה בָנִ֖ים וְשָׁל֥וֹשׁ בָּנֽוֹת: וַיְהִ֣י 2 3

מִ֠קְנֵהוּ שִֽׁבְעַ֨ת אַלְפֵי־צֹ֜אן וּשְׁל֧וֹשֶׁת אַלְפֵ֣י גְמַלִּ֗ים וַחֲמֵ֨שׁ מֵא֤וֹת צֶֽמֶד־

בָּקָר֙ וַחֲמֵ֣שׁ מֵא֣וֹת אֲתוֹנ֔וֹת וַעֲבֻדָּ֖ה רַבָּ֣ה מְאֹ֑ד וַיְהִי֙ הָאִ֣ישׁ הַה֔וּא

גָּד֖וֹל מִכָּל־בְּנֵי־קֶֽדֶם: וְהָלְכ֤וּ בָנָיו֙ וְעָשׂ֣וּ מִשְׁתֶּ֔ה בֵּ֖ית אִ֣ישׁ יוֹמ֑וֹ 4

וְשָׁלְח֗וּ וְקָֽרְאוּ֙ לִשְׁל֣שֶׁת אחיתיהם (אַחְיֽוֹתֵיהֶ֔ם) לֶאֱכֹ֥ל וְלִשְׁתּ֖וֹת עִמָּהֶֽם: וַיְהִ֡י כִּ֣י 5

הִקִּיפוּ֩ יְמֵ֨י הַמִּשְׁתֶּ֜ה וַיִּשְׁלַ֧ח אִיּ֣וֹב וַֽיְקַדְּשֵׁ֗ם וְהִשְׁכִּ֣ים בַּבֹּקֶר֮ וְהֶעֱלָ֣ה

עֹל֣וֹת מִסְפַּ֣ר כֻּלָּם֒ כִּ֚י אָמַ֣ר אִיּ֔וֹב אוּלַי֙ חָטְא֣וּ בָנַ֔י וּבֵרֲכ֥וּ אֱלֹהִ֖ים

sinned, and cursed God in their hearts. Thus did Job continually.

6 ¶ Now there was a day when the sons of God came to present themselves before the Lord, and Satan came also among them.

7 And the Lord said unto Satan, Whence comest thou? Then Satan answered the Lord, and said, From going to and fro in the earth, and from walking up and down in it.

8 And the Lord said unto Satan, Hast thou considered my servant Job, that *there is* none like him in the earth, a perfect and an upright man, one that feareth God, and escheweth evil?

9 Then Satan answered the Lord, and said, Doth Job fear God for nought?

10 Hast not thou made an hedge about him, and about his house, and about all that he hath on every side? thou hast blessed the work of his hands, and his substance is increased in the land.

11 But put forth thine hand now, and touch all that he hath, and he will curse thee to thy face.

12 And the Lord said unto Satan, Behold, all that he hath *is* in thy power; only upon himself put not forth thine hand. So Satan went forth from the presence of the Lord.

13 ¶ And there was a day when his sons and his daughters *were* eating and drinking wine in their eldest brother's house:

14 And there came a messenger unto Job, and said, The oxen were plowing, and the asses feeding beside them:

15 And the Sabeans fell *upon them,* and took them away; yea, they have slain the servants with the edge of the sword; and I only am escaped alone to tell thee.

16 While he *was* yet speaking, there came also another, and said, The fire of God is fallen from heaven, and hath burned up the sheep, and the servants, and consumed them; and I only am escaped alone to tell thee.

17 While he *was* yet speaking, there came also another, and said, The Chaldeans made out three bands, and fell upon the camels, and have carried them away, yea, and slain the servants with the edge of the

sword; and I only am escaped alone to tell thee.

18 While he *was* yet speaking, there came also another, and said, Thy sons and thy daughters *were* eating and drinking wine in their eldest brother's house:

19 And, behold, there came a great wind from the wilderness, and smote the four corners of the house, and it fell upon the young men, and they are dead; and I only am escaped alone to tell thee.

20 Then Job arose, and rent his mantle, and shaved his head, and fell down upon the ground, and worshipped,

21 And said, Naked came I out of my mother's womb, and naked shall I return thither: the Lord gave, and the Lord hath taken away; blessed be the name of the Lord.

22 In all this Job sinned not, nor charged God foolishly.

CHAPTER 2

1 Again there was a day when the sons of God came to present themselves before the Lord, and Satan came also among them to present himself before the Lord.

2 And the Lord said unto Satan, From whence comest thou? And Satan answered the Lord, and said, From going to and fro in the earth, and from walking up and down in it.

3 And the Lord said unto Satan, Hast thou considered my servant Job, that *there is* none like him in the earth, a perfect and an upright man, one that feareth God, and escheweth evil? and still he holdeth fast his integrity, although thou movedst me against him, to destroy him without cause.

4 And Satan answered the Lord, and said, Skin for skin, yea, all that a man hath will he give for his life.

5 But put forth thine hand now, and touch his bone and his flesh, and he will curse thee to thy face.

6 And the Lord said unto Satan, Behold, he *is* in thine hand; but save his life.

7 ¶ So went Satan forth from the presence of the Lord, and smote Job with sore

בִּלְבָבְכֶם כָּכָה יַעֲשֶׂה אִיּוֹב כָּל־הַיָּמִים:

6 וַיְהִי הַיּוֹם וַיָּבֹאוּ בְּנֵי הָאֱלֹהִים לְהִתְיַצֵּב עַל־יְהֹוָה וַיָּבוֹא גַם־הַשָּׂטָן

7 בְּתוֹכָם: וַיֹּאמֶר יְהֹוָה אֶל־הַשָּׂטָן מֵאַיִן תָּבֹא וַיַּעַן הַשָּׂטָן אֶת־יְהֹוָה

8 וַיֹּאמַר מִשּׁוּט בָּאָרֶץ וּמֵהִתְהַלֵּךְ בָּהּ: וַיֹּאמֶר יְהֹוָה אֶל־הַשָּׂטָן הֲשַׂמְתָּ

לִבְּךָ עַל־עַבְדִּי אִיּוֹב כִּי אֵין כָּמֹהוּ בָּאָרֶץ אִישׁ תָּם וְיָשָׁר יְרֵא

9 אֱלֹהִים וְסָר מֵרָע: וַיַּעַן הַשָּׂטָן אֶת־יְהֹוָה וַיֹּאמַר הַחִנָּם יָרֵא אִיּוֹב

10 אֱלֹהִים: הֲלֹא־אַתָּ שַׂכְתָּ בַעֲדוֹ וּבְעַד־בֵּיתוֹ וּבְעַד כָּל־אֲשֶׁר־לוֹ **אַתָּ**

11 מִסָּבִיב מַעֲשֵׂה יָדָיו בֵּרַכְתָּ וּמִקְנֵהוּ פָּרַץ בָּאָרֶץ: וְאוּלָם שְׁלַח־נָא

12 יָדְךָ וְגַע בְּכָל־אֲשֶׁר־לוֹ אִם־לֹא עַל־פָּנֶיךָ יְבָרֲכֶךָּ: וַיֹּאמֶר יְהֹוָה אֶל־

הַשָּׂטָן הִנֵּה כָל־אֲשֶׁר־לוֹ בְּיָדֶךָ רַק אֵלָיו אַל־תִּשְׁלַח יָדֶךָ וַיֵּצֵא הַשָּׂטָן

13 מֵעִם פְּנֵי יְהֹוָה: וַיְהִי הַיּוֹם וּבָנָיו וּבְנֹתָיו אֹכְלִים וְשֹׁתִים יַיִן בְּבֵית

14 אֲחִיהֶם הַבְּכוֹר: וּמַלְאָךְ בָּא אֶל־אִיּוֹב וַיֹּאמַר הַבָּקָר הָיוּ חֹרְשׁוֹת

15 וְהָאֲתֹנוֹת רֹעוֹת עַל־יְדֵיהֶם: וַתִּפֹּל שְׁבָא וַתִּקָּחֵם וְאֶת־הַנְּעָרִים הִכּוּ

16 לְפִי־חָרֶב וָאִמָּלְטָה רַק־אֲנִי לְבַדִּי לְהַגִּיד לָךְ: עוֹד זֶה מְדַבֵּר וְזֶה

בָּא וַיֹּאמַר אֵשׁ אֱלֹהִים נָפְלָה מִן־הַשָּׁמַיִם וַתִּבְעַר בַּצֹּאן וּבַנְּעָרִים

17 וַתֹּאכְלֵם וָאִמָּלְטָה רַק־אֲנִי לְבַדִּי לְהַגִּיד לָךְ: עוֹד זֶה מְדַבֵּר וְזֶה

בָּא וַיֹּאמַר כַּשְׂדִּים שָׂמוּ שְׁלֹשָׁה רָאשִׁים וַיִּפְשְׁטוּ עַל־הַגְּמַלִּים

וַיִּקָּחוּם וְאֶת־הַנְּעָרִים הִכּוּ לְפִי־חָרֶב וָאִמָּלְטָה רַק־אֲנִי לְבַדִּי לְהַגִּיד

18 לָךְ: עַד זֶה מְדַבֵּר וְזֶה בָּא וַיֹּאמַר בָּנֶיךָ וּבְנוֹתֶיךָ אֹכְלִים וְשֹׁתִים

19 יַיִן בְּבֵית אֲחִיהֶם הַבְּכוֹר: וְהִנֵּה רוּחַ גְּדוֹלָה בָּאָה מֵעֵבֶר הַמִּדְבָּר

וַיִּגַּע בְּאַרְבַּע פִּנּוֹת הַבַּיִת וַיִּפֹּל עַל־הַנְּעָרִים וַיָּמוּתוּ וָאִמָּלְטָה רַק־אֲנִי

20 לְבַדִּי לְהַגִּיד לָךְ: וַיָּקָם אִיּוֹב וַיִּקְרַע אֶת־מְעִלוֹ וַיָּגָז אֶת־רֹאשׁוֹ וַיִּפֹּל

21 אַרְצָה וַיִּשְׁתָּחוּ: וַיֹּאמֶר עָרֹם יָצָתִי מִבֶּטֶן אִמִּי וְעָרֹם אָשׁוּב שָׁמָּה **יָצָאתִי** 21A

22 יְהֹוָה נָתַן וַיהֹוָה לָקָח יְהִי שֵׁם יְהֹוָה מְבֹרָךְ: בְּכָל־זֹאת לֹא־חָטָא

אִיּוֹב וְלֹא־נָתַן תִּפְלָה לֵאלֹהִים:

2 1 וַיְהִי הַיּוֹם וַיָּבֹאוּ בְּנֵי הָאֱלֹהִים לְהִתְיַצֵּב עַל־יְהֹוָה וַיָּבוֹא גַם־הַשָּׂטָן

2 בְּתֹכָם לְהִתְיַצֵּב עַל־יְהֹוָה: וַיֹּאמֶר יְהֹוָה אֶל־הַשָּׂטָן אֵי מִזֶּה תָּבֹא

3 וַיַּעַן הַשָּׂטָן אֶת־יְהֹוָה וַיֹּאמַר מִשֻּׁט בָּאָרֶץ וּמֵהִתְהַלֵּךְ בָּהּ: וַיֹּאמֶר

יְהֹוָה אֶל־הַשָּׂטָן הֲשַׂמְתָּ לִבְּךָ אֶל־עַבְדִּי אִיּוֹב כִּי אֵין כָּמֹהוּ בָּאָרֶץ

אִישׁ תָּם וְיָשָׁר יְרֵא אֱלֹהִים וְסָר מֵרָע וְעֹדֶנּוּ מַחֲזִיק בְּתֻמָּתוֹ

4 וַתְּסִיתֵנִי בוֹ לְבַלְּעוֹ חִנָּם: וַיַּעַן הַשָּׂטָן אֶת־יְהֹוָה וַיֹּאמַר עוֹר בְּעַד־

5 עוֹר וְכֹל אֲשֶׁר לָאִישׁ יִתֵּן בְּעַד נַפְשׁוֹ: אוּלָם שְׁלַח־נָא יָדְךָ וְגַע

6 אֶל־עַצְמוֹ וְאֶל־בְּשָׂרוֹ אִם־לֹא אֶל־פָּנֶיךָ יְבָרֲכֶךָּ: וַיֹּאמֶר יְהֹוָה אֶל־

7 הַשָּׂטָן הִנּוֹ בְיָדֶךָ אַךְ אֶת־נַפְשׁוֹ שְׁמֹר: וַיֵּצֵא הַשָּׂטָן מֵאֵת פְּנֵי יְהֹוָה

boils from the sole of his foot unto his crown.

8 And he took him a potsherd to scrape himself withal; and he sat down among the ashes.

9 ¶ Then said his wife unto him, Dost thou still retain thine integrity? curse God, and die.

10 But he said unto her, Thou speakest as one of the foolish women speaketh. What? shall we receive good at the hand of God, and shall we not receive evil? In all this did not Job sin with his lips.

11 ¶ Now when Job's three friends heard of all this evil that was come upon him, they came every one from his own place; Eliphaz the Temanite, and Bildad the Shuhite, and Zophar the Naamathite: for they had made an appointment together to come to mourn with him and to comfort him.

12 And when they lifted up their eyes afar off, and knew him not, they lifted up their voice, and wept; and they rent every one his mantle, and sprinkled dust upon their heads toward heaven.

13 So they sat down with him upon the ground seven days and seven nights, and none spake a word unto him: for they saw that *his* grief was very great.

CHAPTER 3

1 After this opened Job his mouth, and cursed his day.

2 And Job spake, and said,

3 Let the day perish wherein I was born, and the night *in which* it was said, There is a man child conceived.

4 Let that day be darkness; let not God regard it from above, neither let the light shine upon it.

5 Let darkness and the shadow of death stain it; let a cloud dwell upon it; let the blackness of the day terrify it.

6 As *for* that night, let darkness seize upon it; let it not be joined unto the days of the year, let it not come into the number of the months.

7 Lo, let that night be solitary, let no joyful voice come therein.

8 Let them curse it that curse the day, who are ready to raise up their mourning.

9 Let the stars of the twilight thereof be dark; let it look for light, but *have* none; neither let it see the dawning of the day:

10 Because it shut not up the doors of my *mother's* womb, nor hid sorrow from mine eyes.

11 Why died I not from the womb? *why* did I *not* give up the ghost when I came out of the belly?

12 Why did the knees prevent me? or why the breasts that I should suck?

13 For now should I have lain still and been quiet, I should have slept: then had I been at rest,

14 With kings and counsellors of the earth, which built desolate places for themselves;

15 Or with princes that had gold, who filled their houses with silver:

16 Or as an hidden untimely birth I had not been; as infants *which* never saw light.

17 There the wicked cease *from* troubling; and there the weary be at rest.

18 *There* the prisoners rest together; they hear not the voice of the oppressor.

19 The small and great are there; and the servant *is* free from his master.

20 Wherefore is light given to him that is in misery, and life unto the bitter *in* soul;

21 Which long for death, but it *cometh* not; and dig for it more than for hid treasures;

22 Which rejoice exceedingly, *and* are glad, when they can find the grave?

23 *Why is light given* to a man whose way is hid, and whom God hath hedged in?

24 For my sighing cometh before I eat, and my roarings are poured out like the waters.

25 For the thing which I greatly feared is come upon me, and that which I was afraid of is come unto me.

26 I was not in safety, neither had I rest, neither was I quiet; yet trouble came.

CHAPTER 4

1 Then Eliphaz the Temanite answered and said,

וְעַד 8 וַיַּךְ אֶת־אִיּוֹב בִּשְׁחִין רָע מִכַּף רַגְלוֹ עַד קָדְקֳדוֹ: וַיִּקַּח־לוֹ חֶרֶשׂ

9 לְהִתְגָּרֵד בּוֹ וְהוּא יֹשֵׁב בְּתוֹךְ־הָאֵפֶר: וַתֹּאמֶר לוֹ אִשְׁתּוֹ עֹדְךָ מַחֲזִיק

10 בְּתֻמָּתֶךָ בָּרֵךְ אֱלֹהִים וָמֻת: וַיֹּאמֶר אֵלֶיהָ כְּדַבֵּר אַחַת הַנְּבָלוֹת

תְּדַבֵּרִי גַּם אֶת־הַטּוֹב נְקַבֵּל מֵאֵת הָאֱלֹהִים וְאֶת־הָרָע לֹא נְקַבֵּל

בְּכָל־זֹאת לֹא־חָטָא אִיּוֹב בִּשְׂפָתָיו:

11 וַיִּשְׁמְעוּ שְׁלֹשֶׁת רֵעֵי אִיּוֹב אֵת כָּל־הָרָעָה הַזֹּאת הַבָּאָה עָלָיו וַיָּבֹאוּ

אִישׁ מִמְּקֹמוֹ אֱלִיפַז הַתֵּימָנִי וּבִלְדַּד הַשּׁוּחִי וְצוֹפַר הַנַּעֲמָתִי וַיִּוָּעֲדוּ

12 יַחְדָּו לָבוֹא לָנוּד־לוֹ וּלְנַחֲמוֹ: וַיִּשְׂאוּ אֶת־עֵינֵיהֶם מֵרָחוֹק וְלֹא

הִכִּירֻהוּ וַיִּשְׂאוּ קוֹלָם וַיִּבְכּוּ וַיִּקְרְעוּ אִישׁ מְעִלוֹ וַיִּזְרְקוּ עָפָר עַל־

13 רָאשֵׁיהֶם הַשָּׁמָיְמָה: וַיֵּשְׁבוּ אִתּוֹ לָאָרֶץ שִׁבְעַת יָמִים וְשִׁבְעַת לֵילוֹת

3 1 וְאֵין־דֹּבֵר אֵלָיו דָּבָר כִּי רָאוּ כִּי־גָדַל הַכְּאֵב מְאֹד: אַחֲרֵי־כֵן פָּתַח

אִיּוֹב אֶת־פִּיהוּ וַיְקַלֵּל אֶת־יוֹמוֹ:

2 וַיַּעַן אִיּוֹב וַיֹּאמַר:

3 יֹאבַד יוֹם אִוָּלֶד בּוֹ וְהַלַּיְלָה אָמַר הֹרָה גָבֶר: הַיּוֹם הַהוּא יְהִי חֹשֶׁךְ
4

5 אַל־יִדְרְשֵׁהוּ אֱלוֹהַּ מִמָּעַל וְאַל־תּוֹפַע עָלָיו נְהָרָה: יִגְאָלֻהוּ חֹשֶׁךְ

6 וְצַלְמָוֶת תִּשְׁכָּן־עָלָיו עֲנָנָה יְבַעֲתֻהוּ כִּמְרִירֵי יוֹם: הַלַּיְלָה הַהוּא

7 יִקָּחֵהוּ אֹפֶל אַל־יִחַדְּ בִּימֵי שָׁנָה בְּמִסְפַּר יְרָחִים אַל־יָבֹא: הִנֵּה

8 הַלַּיְלָה הַהוּא יְהִי גַלְמוּד אַל־תָּבֹא רְנָנָה בוֹ: יִקְּבֻהוּ אֹרְרֵי־יוֹם

9 הָעֲתִידִים עֹרֵר לִוְיָתָן: יֶחְשְׁכוּ כּוֹכְבֵי נִשְׁפּוֹ יְקַו־לְאוֹר וָאַיִן וְאַל־

10 יִרְאֶה בְּעַפְעַפֵּי־שָׁחַר: כִּי לֹא סָגַר דַּלְתֵי בִטְנִי וַיַּסְתֵּר עָמָל מֵעֵינָי:

11 לָמָּה לֹּא מֵרֶחֶם אָמוּת מִבֶּטֶן יָצָאתִי וְאֶגְוָע: מַדּוּעַ קִדְּמוּנִי בִרְכָּיִם
12

13 וּמַה־שָּׁדַיִם כִּי אִינָק: כִּי־עַתָּה שָׁכַבְתִּי וְאֶשְׁקוֹט יָשַׁנְתִּי אָז יָנוּחַ

14 לִי: עִם־מְלָכִים וְיֹעֲצֵי אָרֶץ הַבֹּנִים חֳרָבוֹת לָמוֹ: אוֹ עִם־שָׂרִים זָהָב
15

16 לָהֶם הַמְמַלְאִים בָּתֵּיהֶם כָּסֶף: אוֹ כְנֵפֶל טָמוּן לֹא אֶהְיֶה כְּעֹלְלִים

17 לֹא־רָאוּ אוֹר: שָׁם רְשָׁעִים חָדְלוּ רֹגֶז וְשָׁם יָנוּחוּ יְגִיעֵי כֹחַ: יַחַד
18

19 אֲסִירִים שַׁאֲנָנוּ לֹא שָׁמְעוּ קוֹל נֹגֵשׂ: קָטֹן וְגָדוֹל שָׁם הוּא וְעֶבֶד

20 חָפְשִׁי מֵאֲדֹנָיו: לָמָּה יִתֵּן לְעָמֵל אוֹר וְחַיִּים לְמָרֵי נָפֶשׁ: הַמְחַכִּים
21

22 לַמָּוֶת וְאֵינֶנּוּ וַיַּחְפְּרֻהוּ מִמַּטְמוֹנִים: הַשְּׂמֵחִים אֱלֵי־גִיל יָשִׂישׂוּ כִּי

23 יִמְצְאוּ־קָבֶר: לְגֶבֶר אֲשֶׁר־דַּרְכּוֹ נִסְתָּרָה וַיָּסֶךְ אֱלוֹהַּ בַּעֲדוֹ: כִּי־לִפְנֵי
24

25 לַחְמִי אַנְחָתִי תָבֹא וַיִּתְּכוּ כַמַּיִם שַׁאֲגֹתָי: כִּי פַחַד פָּחַדְתִּי וַיֶּאֱתָיֵנִי

26 וַאֲשֶׁר יָגֹרְתִּי יָבֹא לִי: לֹא שָׁלַוְתִּי וְלֹא שָׁקַטְתִּי וְלֹא־נָחְתִּי וַיָּבֹא

רֹגֶז:

4 1 וַיַּעַן אֱלִיפַז הַתֵּימָנִי וַיֹּאמַר:

2 *If* we assay to commune with thee, wilt thou be grieved? but who can withhold himself from speaking?

3 Behold, thou hast instructed many, and thou hast strengthened the weak hands.

4 Thy words have upholden him that was falling, and thou hast strengthened the feeble knees.

5 But now it is come upon thee, and thou faintest; it toucheth thee, and thou art troubled.

6 *Is* not *this* thy fear, thy confidence, thy hope, and the uprightness of thy ways?

7 Remember, I pray thee, who *ever* perished, being innocent? or where were the righteous cut off?

8 Even as I have seen, they that plow iniquity, and sow wickedness, reap the same.

9 By the blast of God they perish, and by the breath of his nostrils are they consumed.

10 The roaring of the lion, and the voice of the fierce lion, and the teeth of the young lions, are broken.

11 The old lion perisheth for lack of prey, and the stout lion's whelps are scattered abroad.

12 Now a thing was secretly brought to me, and mine ear received a little thereof.

13 In thoughts from the visions of the night, when deep sleep falleth on men,

14 Fear came upon me, and trembling, which made all my bones to shake.

15 Then a spirit passed before my face; the hair of my flesh stood up:

16 It stood still, but I could not discern the form thereof: an image *was* before mine eyes, *there was* silence, and I heard a voice, *saying,*

17 Shall mortal man be more just than God? shall a man be more pure than his maker?

18 Behold, he put no trust in his servants; and his angels he charged with folly:

19 How much less *in* them that dwell in houses of clay, whose foundation *is* in the dust, *which* are crushed before the moth?

20 They are destroyed from morning to evening: they perish for ever without any regarding *it.*

21 Doth not their excellency *which is* in them go away? they die, even without wisdom.

CHAPTER 5

1 Call now, if there be any that will answer thee; and to which of the saints wilt thou turn?

2 For wrath killeth the foolish man, and envy slayeth the silly one.

3 I have seen the foolish taking root: but suddenly I cursed his habitation.

4 His children are far from safety, and they are crushed in the gate, neither *is there* any to deliver *them.*

5 Whose harvest the hungry eateth up, and taketh it even out of the thorns, and the robber swalloweth up their substance.

6 Although affliction cometh not forth of the dust, neither doth trouble spring out of the ground;

7 Yet man is born unto trouble, as the sparks fly upward.

8 I would seek unto God, and unto God would I commit my cause:

9 Which doeth great things and unsearchable; marvellous things without number:

10 Who giveth rain upon the earth, and sendeth waters upon the fields:

11 To set up on high those that be low; that those which mourn may be exalted to safety.

12 He disappointeth the devices of the crafty, so that their hands cannot perform *their* enterprise.

13 He taketh the wise in their own craftiness: and the counsel of the froward is carried headlong.

14 They meet with darkness in the daytime, and grope in the noonday as in the night.

15 But he saveth the poor from the sword, from their mouth, and from the hand of the mighty.

16 So the poor hath hope, and iniquity stoppeth her mouth.

17 Behold, happy *is* the man whom God correcteth: therefore despise not thou the chastening of the Almighty:

הֲנִסָּ֖ה דָבָ֥ר אֵלֶ֣יךָ תִּלְאֶ֑ה וַעְצֹ֥ר בְּמִלִּ֗ין מִ֣י יוּכָֽל׃ הִ֭נֵּה יִסַּ֣רְתָּ רַבִּ֑ים 2
וְיָדַ֖יִם רָפ֣וֹת תְּחַזֵּֽק׃ כּ֭וֹשֵׁל יְקִימ֣וּן מִלֶּ֑יךָ וּבִרְכַּ֖יִם כֹּרְע֣וֹת תְּאַמֵּֽץ׃ 3, 4

כִּ֤י עַתָּ֨ה ׀ תָּב֣וֹא אֵלֶ֣יךָ וַתֵּ֑לֶא תִּגַּ֥ע עָ֝דֶ֗יךָ וַתִּבָּהֵֽל׃ הֲלֹ֣א יִ֭רְאָתְךָ 5, 6
כִּסְלָתֶ֑ךָ תִּ֝קְוָתְךָ֗ וְתֹ֣ם דְּרָכֶֽיךָ׃ זְכָר־נָ֗א מִ֤י ה֣וּא נָקִ֣י אָבָ֑ד וְ֝אֵיפֹ֗ה 7
יְשָׁרִ֥ים נִכְחָֽדוּ׃ כַּאֲשֶׁ֣ר רָ֭אִיתִי חֹ֣רְשֵׁי אָ֑וֶן וְזֹרְעֵ֖י עָמָ֣ל יִקְצְרֻֽהוּ׃ 8

מִנִּשְׁמַ֣ת אֱל֣וֹהַ יֹאבֵ֑דוּ וּמֵר֖וּחַ אַפּ֣וֹ יִכְלֽוּ׃ שַׁאֲגַ֣ת אַ֭רְיֵה וְק֣וֹל שָׁ֑חַל 9
וְשִׁנֵּ֖י כְפִירִ֣ים נִתָּֽעוּ׃ לַ֭יִשׁ אֹבֵ֣ד מִבְּלִי־טָ֑רֶף וּבְנֵ֥י לָ֝בִ֗יא יִתְפָּרָֽדוּ׃ וְ֭אֵלַי 10, 11
דָּבָ֣ר יְגֻנָּ֑ב וַתִּקַּ֥ח אָ֝זְנִ֗י שֵׁ֣מֶץ מֶֽנְהֽוּ׃ בִּשְׂעִפִּ֗ים מֵחֶזְיֹנ֥וֹת לָ֑יְלָה בִּנְפֹ֥ל 12, 13
תַּ֝רְדֵּמָ֗ה עַל־אֲנָשִֽׁים׃ פַּ֣חַד קְ֭רָאַנִי וּרְעָדָ֑ה וְרֹ֖ב עַצְמוֹתַ֣י הִפְחִֽיד׃ 14
וְ֭רוּחַ עַל־פָּנַ֣י יַחֲלֹ֑ף תְּ֝סַמֵּ֗ר שַֽׂעֲרַ֥ת בְּשָׂרִֽי׃ יַעֲמֹ֤ד ׀ וְֽלֹא־אַכִּ֬יר מַרְאֵ֗הוּ 15, 16
תְּ֭מוּנָה לְנֶ֣גֶד עֵינָ֑י דְּמָמָ֖ה וָק֣וֹל אֶשְׁמָֽע׃ הַֽ֭אֱנוֹשׁ מֵאֱל֣וֹהַ יִצְדָּ֑ק אִ֥ם 17
מֵֽ֝עֹשֵׂ֗הוּ יִטְהַר־גָּֽבֶר׃ הֵ֣ן בַּ֭עֲבָדָיו לֹ֣א יַאֲמִ֑ין וּ֝בְמַלְאָכָ֗יו יָשִׂ֥ים תָּהֳלָֽה׃ 18
אַ֤ף ׀ שֹׁכְנֵ֬י בָֽתֵּי־חֹ֗מֶר אֲשֶׁר־בֶּעָפָ֥ר יְסוֹדָ֑ם יְ֝דַכְּא֗וּם לִפְנֵי־עָֽשׁ׃ מִבֹּ֣קֶר 19, 20
לָעֶ֣רֶב יֻכַּ֑תּוּ מִבְּלִ֥י מֵ֝שִׂ֗ים לָנֶ֥צַח יֹאבֵֽדוּ׃ הֲלֹא־נִסַּ֣ע יִתְרָ֣ם בָּ֑ם יָ֝מ֗וּתוּ 21

וְלֹ֣א בְחָכְמָֽה׃ קְֽרָא־נָ֭א הֲיֵ֣שׁ עוֹנֶ֑ךָּ וְאֶל־מִ֖י מִקְּדֹשִׁ֣ים תִּפְנֶֽה׃ כִּֽי־ 5 1
לֶ֭אֱוִיל יַהֲרָג־כָּ֑עַשׂ וּ֝פֹתֶ֗ה תָּמִ֥ית קִנְאָֽה׃ אֲֽנִי־רָ֭אִיתִי אֱוִ֣יל מַשְׁרִ֑ישׁ 2, 3
וָאֶקּ֖וֹב נָוֵ֣הוּ פִתְאֹֽם׃ יִרְחֲק֬וּ בָנָ֣יו מִיֶּ֑שַׁע וְיִֽדַּכְּא֥וּ בַ֝שַּׁ֗עַר וְאֵ֣ין מַצִּֽיל׃ 4
אֲשֶׁ֤ר קְצִיר֨וֹ ׀ רָעֵ֣ב יֹאכֵ֗ל וְאֶֽל־מִצִּנִּ֥ים יִקָּחֵ֑הוּ וְשָׁאַ֖ף צַמִּ֣ים חֵילָֽם׃ 5
כִּ֤י ׀ לֹא־יֵצֵ֣א מֵעָפָ֣ר אָ֑וֶן וּ֝מֵאֲדָמָ֗ה לֹא־יִצְמַ֥ח עָמָֽל׃ כִּֽי־אָ֭דָם לְעָמָ֣ל 6, 7
יוּלָּ֑ד וּבְנֵי־רֶ֝֗שֶׁף יַגְבִּ֥יהוּ עֽוּף׃ אוּלָ֗ם אֲ֭נִי אֶדְרֹ֣שׁ אֶל־אֵ֑ל וְאֶל־אֱ֝לֹהִ֗ים 8
אָשִׂ֥ים דִּבְרָתִֽי׃ עֹשֶׂ֣ה גְ֭דֹלוֹת וְאֵ֣ין חֵ֑קֶר נִ֝פְלָא֗וֹת עַד־אֵ֥ין מִסְפָּֽר׃ 9
הַנֹּתֵ֣ן מָ֭טָר עַל־פְּנֵי־אָ֑רֶץ וְשֹׁ֥לֵ֥חַ מַ֝֗יִם עַל־פְּנֵ֥י חוּצֽוֹת׃ לָשׂ֣וּם שְׁפָלִ֣ים 10, 11
לְמָר֑וֹם וְ֝קֹדְרִ֗ים שָׂ֣גְבוּ יֶֽשַׁע׃ מֵ֭פֵר מַחְשְׁב֣וֹת עֲרוּמִ֑ים וְֽלֹא־תַעֲשֶׂ֥ינָה 12
יְ֝דֵיהֶ֗ם תּוּשִׁיָּֽה׃ לֹכֵ֣ד חֲכָמִ֣ים בְּעָרְמָ֑ם וַעֲצַ֖ת נִפְתָּלִ֣ים נִמְהָֽרָה׃ יוֹמָ֥ם 13, 14
יְפַגְּשׁוּ־חֹ֑שֶׁךְ וְ֝כַלַּ֗יְלָה יְֽמַשְׁשׁ֥וּ בַֽצָּהֳרָֽיִם׃ וַיֹּ֗שַׁע מֵ֭חֶרֶב מִפִּיהֶ֑ם וּמִיַּ֖ד 15
חָזָ֣ק אֶבְיֽוֹן׃ וַתְּהִ֣י לַדַּ֣ל תִּקְוָ֑ה וְ֝עֹלָ֗תָה קָ֣פְצָה פִּֽיהָ׃ הִנֵּ֤ה אַשְׁרֵ֣י אֱ֭נוֹשׁ 16, 17
יוֹכִחֶ֣נּוּ אֱל֑וֹהַּ וּמוּסַ֥ר שַׁ֝דַּ֗י אַל־תִּמְאָֽס׃ כִּ֤י ה֣וּא יַכְאִ֣יב וְיֶחְבָּ֑שׁ יִ֝מְחַ֗ץ 18

18 For he maketh sore, and bindeth up: he woundeth, and his hands make whole.

19 He shall deliver thee in six troubles: yea, in seven there shall no evil touch thee.

20 In famine he shall redeem thee from death: and in war from the power of the sword.

21 Thou shalt be hid from the scourge of the tongue: neither shalt thou be afraid of destruction when it cometh.

22 At destruction and famine thou shalt laugh: neither shalt thou be afraid of the beasts of the earth.

23 For thou shalt be in league with the stones of the field: and the beasts of the field shall be at peace with thee.

24 And thou shalt know that thy tabernacle *shall be* in peace; and thou shalt visit thy habitation, and shalt not sin.

25 Thou shalt know also that thy seed *shall be* great, and thine offspring as the grass of the earth.

26 Thou shalt come to *thy* grave in a full age, like as a shock of corn cometh in in his season.

27 Lo this, we have searched it, so it *is;* hear it, and know thou *it* for thy good.

CHAPTER 6

1 But Job answered and said,

2 Oh that my grief were throughly weighed, and my calamity laid in the balances together!

3 For now it would be heavier than the sand of the sea: therefore my words are swallowed up.

4 For the arrows of the Almighty *are* within me, the poison whereof drinketh up my spirit: the terrors of God do set themselves in array against me.

5 Doth the wild ass bray when he hath grass? or loweth the ox over his fodder?

6 Can that which is unsavoury be eaten without salt? or is there *any* taste in the white of an egg?

7 The things *that* my soul refused to touch *are* as my sorrowful meat.

8 Oh that I might have my request; and that God would grant *me* the thing that I long for!

9 Even that it would please God to de-stroy me; that he would let loose his hand, and cut me off!

10 Then should I yet have comfort; yea, I would harden myself in sorrow: let him not spare; for I have not concealed the words of the Holy One.

11 What *is* my strength, that I should hope? and what *is* mine end, that I should prolong my life?

12 *Is* my strength the strength of stones? or *is* my flesh of brass?

13 *Is* not my help in me? and is wisdom driven quite from me?

14 To him that is afflicted pity *should be shewed* from his friend; but he forsaketh the fear of the Almighty.

15 My brethren have dealt deceitfully as a brook, *and* as the stream of brooks they pass away;

16 Which are blackish by reason of the ice, *and* wherein the snow is hid:

17 What time they wax warm, they vanish: when it is hot, they are consumed out of their place.

18 The paths of their way are turned aside; they go to nothing, and perish.

19 The troops of Tema looked, the companies of Sheba waited for them.

20 They were confounded because they had hoped; they came thither, and were ashamed.

21 For now ye are nothing; ye see *my* casting down, and are afraid.

22 Did I say, Bring unto me? or, Give a reward for me of your substance?

23 Or, Deliver me from the enemy's hand? or, Redeem me from the hand of the mighty?

24 Teach me, and I will hold my tongue: and cause me to understand wherein I have erred.

25 How forcible are right words! but what doth your arguing reprove?

26 Do ye imagine to reprove words, and the speeches of one that is desperate, *which are* as wind?

27 Yea, ye overwhelm the fatherless, and ye dig *a pit* for your friend.

28 Now therefore be content, look upon me; for *it is* evident unto you if I lie.

29 Return, I pray you, let it not be in-

וַיָּדוּ תִּרְפֶּֽינָה: בְּשֵׁשׁ צָרוֹת יַצִּילֶ֑ךָ וּבְשֶׁ֓בַע ׀ לֹא־יִגַּ֖ע בְּךָ֣ רָֽע: בְּרָעָ֗ב ‏וַיָּדוּ‏ 19
20

פָּֽדְךָ֥ מִמָּ֑וֶת וּבְמִלְחָמָ֗ה מִ֣ידֵי חָֽרֶב: בְּשׁ֣וֹט לָ֭שׁוֹן תֵּחָבֵ֑א וְֽלֹא־תִירָ֥א 21

מִ֝שֹּׁ֗ד כִּ֣י יָבֽוֹא: לְשֹׁ֣ד וּלְכָפָ֣ן תִּשְׂחָ֑ק וּֽמֵחַיַּ֥ת הָ֝אָ֗רֶץ אַל־תִּירָֽא: כִּ֤י 22
23

עִם־אַבְנֵ֣י הַשָּׂדֶ֣ה בְרִיתֶ֑ךָ וְחַיַּ֥ת הַ֝שָּׂדֶ֗ה הָשְׁלְמָה־לָּֽךְ: וְֽ֭יָדַעְתָּ כִּֽי־ 24

שָׁל֣וֹם אָהֳלֶ֑ךָ וּפָקַדְתָּ֥ נָ֝וְךָ֗ וְלֹ֣א תֶחֱטָֽא: וְֽ֭יָדַעְתָּ כִּי־רַ֣ב זַרְעֶ֑ךָ 25

וְ֝צֶאֱצָאֶ֗יךָ כְּעֵ֣שֶׂב הָאָֽרֶץ: תָּב֣וֹא בְכֶ֣לַח אֱלֵי־קָ֑בֶר כַּעֲל֖וֹת גָּדִ֣ישׁ 26

בְּעִתּֽוֹ: הִנֵּה־זֹ֭את חֲקַרְנ֥וּהָ כֶּֽן־הִ֑יא שְׁ֝מָעֶ֗נָּה וְאַתָּ֥ה דַֽע־לָֽךְ: 27

וַיַּ֥עַן אִיּ֗וֹב וַיֹּאמַֽר: **6** 1

ל֤וּ שָׁק֣וֹל יִשָּׁקֵ֣ל כַּעְשִׂ֑י וְ֝הַוָּתִ֗י בְּֽמֹאזְנַ֥יִם יִשְׂאוּ־יָֽחַד: כִּֽי־עַתָּ֗ה מֵח֣וֹל ‏וְֽהַוָּתִ֗י‏ 2
3

יַמִּ֣ים יִכְבָּ֑ד עַל־כֵּ֝֗ן דְּבָרַ֥י לָֽעוּ: כִּ֤י חִצֵּ֪י שַׁדַּ֡י עִמָּדִ֗י אֲשֶׁ֣ר חֲ֭מָתָם 4

שֹׁתָ֣ה רוּחִ֑י בִּעוּתֵ֖י אֱל֣וֹהַּ יַֽעַרְכֽוּנִי: הֲיִֽנְהַק־פֶּ֥רֶא עֲלֵי־דֶ֑שֶׁא אִ֥ם 5

יִגְעֶה־שּׁ֝֗וֹר עַל־בְּלִילֽוֹ: הֲיֵאָכֵ֣ל תָּ֭פֵל מִבְּלִי־מֶ֑לַח אִם־יֶשׁ־טַ֝֗עַם בְּרִ֣יר 6

חַלָּמֽוּת: מֵאֲנָ֣ה לִנְגּ֣וֹעַ נַפְשִׁ֑י הֵ֝֗מָּה כִּדְוֵ֥י לַחְמִֽי: מִֽי־יִתֵּ֣ן תָּב֣וֹא 7
8

שֶֽׁאֱלָתִ֑י וְ֝תִקְוָתִ֗י יִתֵּ֥ן אֱלֽוֹהַּ: וְיֹאֵ֣ל אֱ֭לוֹהַּ וִֽידַכְּאֵ֑נִי יַתֵּ֥ר יָ֝ד֗וֹ וִֽיבַצְּעֵֽנִי: 9

וּתְהִ֤י ע֨וֹד ׀ נֶ֥חָמָתִ֗י וַאֲסַלְּדָ֣ה בְ֭חִילָה לֹ֣א יַחְמ֑וֹל כִּי־לֹ֥א כִ֝חַ֗דְתִּי אִמְרֵ֥י 10

קָדֽוֹשׁ: מַה־כֹּחִ֥י כִֽי־אֲיַחֵ֑ל וּמַה־קִּ֝צִּ֗י כִּֽי־אַאֲרִ֥יךְ נַפְשִֽׁי: אִם־כֹּ֣חַ 11
12

אֲבָנִ֣ים כֹּחִ֑י אִֽם־בְּשָׂרִ֥י נָחֽוּשׁ: הַאִ֖ם אֵ֣ין עֶזְרָתִ֣י בִ֑י וְ֝תֻשִׁיָּ֗ה נִדְּחָ֥ה 13

מִמֶּֽנִּי: לַמָּ֣ס מֵרֵעֵ֣הוּ חָ֑סֶד וְיִרְאַ֖ת שַׁדַּ֣י יַעֲזֽוֹב: אַ֭חַי בָּגְד֣וּ כְמוֹ־נָ֑חַל 14
15

כַּאֲפִ֖יק נְחָלִ֣ים יַעֲבֹֽרוּ: הַקֹּדְרִ֥ים מִנִּי־קָ֑רַח עָ֝לֵ֗ימוֹ יִתְעַלֶּם־שָֽׁלֶג: בְּ֭עֵת 16
17

יְזֹרְב֣וּ נִצְמָ֑תוּ בְּ֝חֻמּ֗וֹ נִדְעֲכ֥וּ מִמְּקוֹמָֽם: יִ֭לָּ֣פְתוּ אָרְח֣וֹת דַּרְכָּ֑ם יַעֲל֖וּ 18

בַתֹּ֣הוּ וְיֹאבֵֽדוּ: הִ֭בִּיטוּ אָרְח֣וֹת תֵּמָ֑א הֲלִיכֹ֥ת שְׁ֝בָ֗א קִוּוּ־לָֽמוֹ: בֹּ֤שׁוּ 19
20

כִּֽי־בָטָ֑ח בָּ֥אוּ עָדֶ֗יהָ וַיֶּחְפָּֽרוּ: כִּֽי־עַ֭תָּה הֱיִ֣יתֶם לֹ֑א תִּֽרְא֥וּ חֲ֝תַ֗ת ‏ל֤וּ‏ 21

וַתִּירָֽאוּ: הֲֽכִי־אָ֭מַרְתִּי הָ֣בוּ לִ֑י וּ֝מִכֹּחֲכֶ֗ם שִׁחֲד֥וּ בַעֲדִֽי: וּמַלְּט֥וּנִי מִיַּד־ 22
23

צָ֑ר וּמִיַּ֖ד עָֽרִיצִ֣ים תִּפְדּֽוּנִי: ה֭וֹרוּנִי וַאֲנִ֣י אַחֲרִ֑ישׁ וּמַה־שָּׁ֝גִ֗יתִי הָבִ֥ינוּ 24

לִֽי: מַה־נִּמְרְצ֥וּ אִמְרֵי־יֹ֑שֶׁר וּמַה־יּוֹכִ֖יחַ הוֹכֵ֣חַ מִכֶּֽם: הַלְהוֹכַ֣ח מִלִּ֣ים 25
26

תַּחְשֹׁ֑בוּ וּ֝לְר֗וּחַ אִמְרֵ֥י נֹאָֽשׁ: אַף־עַל־יָת֥וֹם תַּפִּ֑ילוּ וְ֝תִכְר֗וּ עַל־רֵֽיעֲכֶֽם: 27

וְ֭עַתָּה הוֹאִ֣ילוּ פְנוּ־בִ֑י וְעַל־פְּנֵ֝יכֶ֗ם אִם־אֲכַזֵּֽב: שֻֽׁבוּ־נָ֭א אַל־תְּהִ֣י 28
29

iquity; yea, return again, my righteousness *is* in it.

30 Is there iniquity in my tongue? cannot my taste discern perverse things?

CHAPTER 7

1 *Is there* not an appointed time to man upon earth? *are not* his days also like the days of an hireling?

2 As a servant earnestly desireth the shadow, and as an hireling looketh for *the reward of* his work:

3 So am I made to possess months of vanity, and wearisome nights are appointed to me.

4 When I lie down, I say, When shall I arise, and the night be gone? and I am full of tossings to and fro unto the dawning of the day.

5 My flesh is clothed with worms and clods of dust; my skin is broken, and become loathsome.

6 My days are swifter than a weaver's shuttle, and are spent without hope.

7 O remember that my life *is* wind: mine eye shall no more see good.

8 The eye of him that hath seen me shall see me no *more*: thine eyes *are* upon me, and I *am* not.

9 *As* the cloud is consumed and vanisheth away: so he that goeth down to the grave shall come up no *more*.

10 He shall return no more to his house, neither shall his place know him any more.

11 Therefore I will not refrain my mouth; I will speak in the anguish of my spirit; I will complain in the bitterness of my soul.

12 *Am* I a sea, or a whale, that thou settest a watch over me?

13 When I say, My bed shall comfort me, my couch shall ease my complaint;

14 Then thou scarest me with dreams, and terrifiest me through visions:

15 So that my soul chooseth strangling, *and* death rather than my life.

16 I loathe *it;* I would not live alway: let me alone; for my days *are* vanity.

17 What *is* man, that thou shouldest

magnify him? and that thou shouldest set thine heart upon him?

18 And *that* thou shouldest visit him every morning, *and* try him every moment?

19 How long wilt thou not depart from me, nor let me alone till I swallow down my spittle?

20 I have sinned; what shall I do unto thee, O thou preserver of men? why hast thou set me as a mark against thee, so that I am a burden to myself?

21 And why dost thou not pardon my transgression, and take away mine iniquity? for now shall I sleep in the dust; and thou shalt seek me in the morning, but I *shall* not *be.*

CHAPTER 8

1 Then answered Bildad the Shuhite, and said,

2 How long wilt thou speak these *things?* and *how long shall* the words of thy mouth *be like* a strong wind?

3 Doth God pervert judgment? or doth the Almighty pervert justice?

4 If thy children have sinned against him, and he have cast them away for their transgression;

5 If thou wouldest seek unto God betimes, and make thy supplication to the Almighty;

6 If thou *wert* pure and upright; surely now he would awake for thee, and make the habitation of thy righteousness prosperous.

7 Though thy beginning was small, yet thy latter end should greatly increase.

8 For enquire, I pray thee, of the former age, and prepare thyself to the search of their fathers:

9 (For we *are but of* yesterday, and know nothing, because our days upon earth *are* a shadow:)

10 Shall not they teach thee, *and* tell thee, and utter words out of their heart?

11 Can the rush grow up without mire? can the flag grow without water?

12 Whilst it *is* yet in his greenness, *and* not cut down, it withereth before any *other* herb.

וְשׁוּבוּ 30 עוֹלָה וְשֻׁבִי עוֹד צִדְקִי־בָהּ: הֲיֵשׁ־בִּלְשׁוֹנִי עַוְלָה אִם־חִכִּי לֹא־יָבִין:

עֲלֵי־ 1A 7 הֲלֹא־צָבָא לֶאֱנוֹשׁ עַל־אָרֶץ וְכִימֵי שָׂכִיר יָמָיו: כְּעֶבֶד יִשְׁאַף־
2
3 צֵל וּכְשָׂכִיר יְקַוֶּה פָעֳלוֹ: כֵּן הָנְחַלְתִּי לִי יַרְחֵי־שָׁוְא וְלֵילוֹת עָמָל
4 מִנּוּ־לִי: אִם־שָׁכַבְתִּי וְאָמַרְתִּי מָתַי אָקוּם וּמִדַּד־עָרֶב וְשָׂבַעְתִּי נְדֻדִים

וְגוּשׁ 5 עֲדֵי־נָשֶׁף: לָבַשׁ בְּשָׂרִי רִמָּה וְגִישׁ עָפָר עוֹרִי רָגַע וַיִּמָּאֵס: יָמַי קַלּוּ
6
7 מִנִּי־אָרֶג וַיִּכְלוּ בְּאֶפֶס תִּקְוָה: זְכֹר כִּי־רוּחַ חַיָּי לֹא־תָשׁוּב עֵינִי

9A 8 לִרְאוֹת טוֹב: לֹא־תְשׁוּרֵנִי עֵין רֹאִי עֵינֶיךָ בִּי וְאֵינֶנִּי: כָּלָה עָנָן וַיֵּלַךְ
9
10 כֵּן יוֹרֵד שְׁאוֹל לֹא יַעֲלֶה: לֹא־יָשׁוּב עוֹד לְבֵיתוֹ וְלֹא־יַכִּירֶנּוּ עוֹד
11 מְקֹמוֹ: גַּם־אֲנִי לֹא אֶחֱשָׂךְ פִּי אֲדַבְּרָה בְּצַר רוּחִי אָשִׂיחָה בְּמַר
12 נַפְשִׁי: הֲיָם־אָנִי אִם־תַּנִּין כִּי־תָשִׂים עָלַי מִשְׁמָר: כִּי־אָמַרְתִּי תְּנַחֲמֵנִי
13
14 עַרְשִׂי יִשָּׂא בְשִׂיחִי מִשְׁכָּבִי: וְחִתַּתַּנִי בַחֲלֹמוֹת וּמֵחֶזְיֹנוֹת תְּבַעֲתַנִּי:
15 וַתִּבְחַר מַחֲנָק נַפְשִׁי מָוֶת מֵעַצְמוֹתָי: מָאַסְתִּי לֹא־לְעֹלָם אֶחְיֶה חֲדַל
16
17 מִמֶּנִּי כִּי־הֶבֶל יָמָי: מָה־אֱנוֹשׁ כִּי תְגַדְּלֶנּוּ וְכִי־תָשִׁית אֵלָיו לִבֶּךָ:
18 וַתִּפְקְדֶנּוּ לִבְקָרִים לִרְגָעִים תִּבְחָנֶנּוּ: כַּמָּה לֹא־תִשְׁעֶה מִמֶּנִּי לֹא־
19
20 תַרְפֵּנִי עַד־בִּלְעִי רֻקִּי: חָטָאתִי מָה אֶפְעַל לָךְ נֹצֵר הָאָדָם לָמָה
21A 21 שַׂמְתַּנִי לְמִפְגָּע לָךְ וָאֶהְיֶה עָלַי לְמַשָּׂא: וּמֶה לֹא־תִשָּׂא פִשְׁעִי
וְתַעֲבִיר אֶת־עֲוֺנִי כִּי־עַתָּה לֶעָפָר אֶשְׁכָּב וְשִׁחֲרְתַּנִי וְאֵינֶנִּי:

1A 1 8 וַיַּעַן בִּלְדַּד הַשּׁוּחִי וַיֹּאמַר:
2 עַד־אָן תְּמַלֶּל־אֵלֶּה וְרוּחַ כַּבִּיר אִמְרֵי־פִיךָ: הָאֵל יְעַוֵּת מִשְׁפָּט וְאִם־
3
4 שַׁדַּי יְעַוֵּת־צֶדֶק: אִם־בָּנֶיךָ חָטְאוּ־לוֹ וַיְשַׁלְּחֵם בְּיַד־פִּשְׁעָם: אִם־
5
6 אַתָּה תְּשַׁחֵר אֶל־אֵל וְאֶל־שַׁדַּי תִּתְחַנָּן: אִם־זַךְ וְיָשָׁר אָתָּה כִּי־עַתָּה
7A 7 יָעִיר עָלֶיךָ וְשִׁלַּם נְוַת צִדְקֶךָ: וְהָיָה רֵאשִׁיתְךָ מִצְעָר וְאַחֲרִיתְךָ
8 יִשְׂגֶּה מְאֹד: כִּי־שְׁאַל־נָא לְדֹר רִישׁוֹן וְכוֹנֵן לְחֵקֶר אֲבוֹתָם: כִּי־תְמוֹל
9
10 אֲנַחְנוּ וְלֹא נֵדָע כִּי צֵל יָמֵינוּ עֲלֵי־אָרֶץ: הֲלֹא־הֵם יוֹרוּךָ יֹאמְרוּ
11 לָךְ וּמִלִּבָּם יוֹצִאוּ מִלִּים: הֲיִגְאֶה־גֹּמֶא בְּלֹא בִצָּה יִשְׂגֶּה־אָחוּ בְלִי־
12 מָיִם: עֹדֶנּוּ בְאִבּוֹ לֹא יִקָּטֵף וְלִפְנֵי כָל־חָצִיר יִיבָשׁ: כֵּן אָרְחוֹת כָּל־
13

13 So *are* the paths of all that forget God; and the hypocrite's hope shall perish:

14 Whose hope shall be cut off, and whose trust *shall be* a spider's web.

15 He shall lean upon his house, but it shall not stand: he shall hold it fast, but it shall not endure.

16 He *is* green before the sun, and his branch shooteth forth in his garden.

17 His roots are wrapped about the heap, *and* seeth the place of stones.

18 If he destroy him from his place, then *it* shall deny him, *saying,* I have not seen thee.

19 Behold, this *is* the joy of his way, and out of the earth shall others grow.

20 Behold, God will not cast away a perfect *man,* neither will he help the evil doers:

21 Till he fill thy mouth with laughing, and thy lips with rejoicing.

22 They that hate thee shall be clothed with shame; and the dwelling place of the wicked shall come to nought.

CHAPTER 9

1 Then Job answered and said,

2 I know *it is* so of a truth: but how should man be just with God?

3 If he will contend with him, he cannot answer him one of a thousand.

4 *He is* wise in heart, and mighty in strength: who hath hardened *himself* against him, and hath prospered?

5 Which removeth the mountains, and they know not: which overturneth them in his anger.

6 Which shaketh the earth out of her place, and the pillars thereof tremble.

7 Which commandeth the sun, and it riseth not; and sealeth up the stars.

8 Which alone spreadeth out the heavens, and treadeth upon the waves of the sea.

9 Which maketh Arcturus, Orion, and Pleiades, and the chambers of the south.

10 Which doeth great things past finding out; yea, and wonders without number.

11 Lo, he goeth by me, and I see *him* not: he passeth on also, but I perceive him not.

12 Behold, he taketh away, who can hinder him? who will say unto him, What doest thou?

13 *If* God will not withdraw his anger, the proud helpers do stoop under him.

14 How much less shall I answer him, *and* choose out my words *to reason* with him?

15 Whom, though I were righteous, *yet* would I not answer, *but* I would make supplication to my judge.

16 If I had called, and he had answered me; *yet* would I not believe that he had hearkened unto my voice.

17 For he breaketh me with a tempest, and multiplieth my wounds without cause.

18 He will not suffer me to take my breath, but filleth me with bitterness.

19 If *I speak* of strength, lo, *he is* strong: and if of judgment, who shall set me a time *to plead?*

20 If I justify myself, mine own mouth shall condemn me: if I say, I *am* perfect, it shall also prove me perverse.

21 *Though* I *were* perfect, *yet* would I not know my soul: I would despise my life.

22 This *is* one *thing,* therefore I said *it,* He destroyeth the perfect and the wicked.

23 If the scourge slay suddenly, he will laugh at the trial of the innocent.

24 The earth is given into the hand of the wicked: he covereth the faces of the judges thereof; if not, where, *and* who *is* he?

25 Now my days are swifter than a post: they flee away, they see no good.

26 They are passed away as the swift ships: as the eagle *that* hasteth to the prey.

27 If I say, I will forget my complaint, I will leave off my heaviness, and comfort *myself:*

28 I am afraid of all my sorrows, I know that thou wilt not hold me innocent.

29 *If* I be wicked, why then labour I in vain?

30 If I wash myself with snow water, and make my hands never so clean;

31 Yet shalt thou plunge me in the ditch, and mine own clothes shall abhor me.

32 For *he is* not a man, as I *am, that* I

שֶׁבְחֵי אֵל וְתִקְוַת חָנֵף תֹּאבֵד: אֲשֶׁר־יָקוֹט כִּסְלוֹ וּבֵית עַכָּבִישׁ 14

מִבְטַחוֹ: יִשָּׁעֵן עַל־בֵּיתוֹ וְלֹא יַעֲמֹד יַחֲזִיק בּוֹ וְלֹא יָקוּם: רָטֹב הוּא 15 16

לִפְנֵי־שָׁמֶשׁ וְעַל גַּנָּתוֹ יֹנַקְתּוֹ תֵצֵא: עַל־גַּל שָׁרָשָׁיו יְסֻבָּכוּ בֵּית 17

אֲבָנִים יֶחֱזֶה: אִם־יְבַלְּעֶנּוּ מִמְּקוֹמוֹ וְכִחֶשׁ בּוֹ לֹא רְאִיתִיךָ: הֶן־הוּא 18 19

מְשׂוֹשׂ דַּרְכּוֹ וּמֵעָפָר אַחֵר יִצְמָחוּ: הֶן־אֵל לֹא יִמְאַס־תָּם וְלֹא־יַחֲזִיק 20

בְּיַד־מְרֵעִים: עַד־יְמַלֶּה שְׂחוֹק פִּיךָ וּשְׂפָתֶיךָ תְרוּעָה: שֹׂנְאֶיךָ 21 22

יִלְבְּשׁוּ־בֹשֶׁת וְאֹהֶל רְשָׁעִים אֵינֶנּוּ:

וַיַּעַן אִיּוֹב וַיֹּאמַר: **9** 1

אׇמְנָם יָדַעְתִּי כִי־כֵן וּמַה־יִּצְדַּק אֱנוֹשׁ עִם־אֵל: אִם־יַחְפֹּץ לָרִיב עִמּוֹ 2 3

לֹא־יַעֲנֶנּוּ אַחַת מִנִּי־אָלֶף: חֲכַם לֵבָב וְאַמִּיץ כֹּחַ מִי־הִקְשָׁה אֵלָיו 4

וַיִּשְׁלָם: הַמַּעְתִּיק הָרִים וְלֹא יָדָעוּ אֲשֶׁר הֲפָכָם בְּאַפּוֹ: הַמַּרְגִּיז אֶרֶץ 5 6

מִמְּקוֹמָהּ וְעַמּוּדֶיהָ יִתְפַּלָּצוּן: הָאֹמֵר לַחֶרֶס וְלֹא יִזְרָח וּבְעַד כּוֹכָבִים 7

יַחְתֹּם: נֹטֶה שָׁמַיִם לְבַדּוֹ וְדוֹרֵךְ עַל־בָּמֳתֵי יָם: עֹשֶׂה־עָשׁ כְּסִיל 8 9

וְכִימָה וְחַדְרֵי תֵמָן: עֹשֶׂה גְדֹלוֹת עַד־אֵין חֵקֶר וְנִפְלָאוֹת עַד־אֵין 10

מִסְפָּר: הֵן יַעֲבֹר עָלַי וְלֹא אֶרְאֶה וְיַחֲלֹף וְלֹא־אָבִין לוֹ: הֵן יַחְתֹּף 11 12

מִי יְשִׁיבֶנּוּ מִי־יֹאמַר אֵלָיו מַה־תַּעֲשֶׂה: אֱלוֹהַּ לֹא־יָשִׁיב אַפּוֹ תַּחַת 13

תַּחְתָּיו

שָׁחֲחוּ עֹזְרֵי רָהַב: אַף כִּי־אָנֹכִי אֶעֱנֶנּוּ אֶבְחֲרָה דְבָרַי עִמּוֹ: אֲשֶׁר 14 15

14A

אִם־צָדַקְתִּי לֹא אֶעֱנֶה לִמְשֹׁפְטִי אֶתְחַנָּן: אִם־קָרָאתִי וַיַּעֲנֵנִי לֹא־ 16

אַאֲמִין כִּי־יַאֲזִין קוֹלִי: אֲשֶׁר־בִּשְׂעָרָה יְשׁוּפֵנִי וְהִרְבָּה פְצָעַי חִנָּם: 17

לֹא־יִתְּנֵנִי הָשֵׁב רוּחִי כִּי יַשְׂבִּעַנִי מַמְּרֹרִים: אִם־לְכֹחַ אַמִּיץ הִנֵּה 18 19

וְאִם־לְמִשְׁפָּט מִי יוֹעִידֵנִי: אִם־אֶצְדָּק פִּי יַרְשִׁיעֵנִי תָּם־אָנִי וַיַּעְקְשֵׁנִי: 20

תָּם־אָנִי לֹא־אֵדַע נַפְשִׁי אֶמְאַס חַיָּי: אַחַת הִיא עַל־כֵּן אָמַרְתִּי תָּם 21 22

וְרָשָׁע הוּא מְכַלֶּה: אִם־שׁוֹט יָמִית פִּתְאֹם לְמַסַּת נְקִיִּם יִלְעָג: אֶרֶץ 23 24

נִתְּנָה בְיַד־רָשָׁע פְּנֵי־שֹׁפְטֶיהָ יְכַסֶּה אִם־לֹא אֵפוֹא מִי־הוּא: וְיָמַי 25

קַלּוּ מִנִּי־רָץ בָּרְחוּ לֹא־רָאוּ טוֹבָה: חָלְפוּ עִם־אֳנִיּוֹת אֵבֶה כְּנֶשֶׁר 26

יָטוּשׂ עֲלֵי־אֹכֶל: אִם־אָמְרִי אֶשְׁכְּחָה שִׂיחִי אֶעֶזְבָה פָנַי וְאַבְלִיגָה: 27

יָגֹרְתִּי כָל־עַצְּבֹתָי יָדַעְתִּי כִּי־לֹא תְנַקֵּנִי: אָנֹכִי אֶרְשָׁע לָמָּה־זֶּה הֶבֶל 28 29

אִיגָע: אִם־הִתְרָחַצְתִּי בְמוֹ־שָׁלֶג וַהֲזִכּוֹתִי בְּבֹר כַּפָּי: אָז בַּשַּׁחַת 30A 30 31

בְּמוֹ־

תִּטְבְּלֵנִי וְתִעֲבוּנִי שַׂלְמוֹתָי: כִּי־לֹא־אִישׁ כָּמֹנִי אֶעֱנֶנּוּ נָבוֹא יַחְדָּו 32

should answer him, *and* we should come together in judgment.

33 Neither is there any daysman betwixt us, *that* might lay his hand upon us both.

34 Let him take his rod away from me, and let not his fear terrify me:

35 *Then* would I speak, and not fear him; but *it is* not so with me.

CHAPTER 10

1 My soul is weary of my life; I will leave my complaint upon myself; I will speak in the bitterness of my soul.

2 I will say unto God, Do not condemn me; shew me wherefore thou contendest with me.

3 *Is it* good unto thee that thou shouldest oppress, that thou shouldest despise the work of thine hands, and shine upon the counsel of the wicked?

4 Hast thou eyes of flesh? or seest thou as man seeth?

5 *Are* thy days as the days of man? *are* thy years as man's days,

6 That thou enquirest after mine iniquity, and searchest after my sin?

7 Thou knowest that I am not wicked; and *there is* none that can deliver out of thine hand.

8 Thine hands have made me and fashioned me together round about; yet thou dost destroy me.

9 Remember, I beseech thee, that thou hast made me as the clay; and wilt thou bring me into dust again?

10 Hast thou not poured me out as milk, and curdled me like cheese?

11 Thou hast clothed me with skin and flesh, and hast fenced me with bones and sinews.

12 Thou hast granted me life and favour, and thy visitation hath preserved my spirit.

13 And these *things* hast thou hid in thine heart: I know that this *is* with thee.

14 If I sin, then thou markest me, and thou wilt not acquit me from mine iniquity.

15 If I be wicked, woe unto me; and *if* I be righteous, *yet* will I not lift up my head. *I am* full of confusion; therefore see thou mine affliction;

16 For it increaseth. Thou huntest me as a fierce lion: and again thou shewest thyself marvellous upon me.

17 Thou renewest thy witnesses against me, and increasest thine indignation upon me; changes and war *are* against me.

18 Wherefore then hast thou brought me forth out of the womb? Oh that I had given up the ghost, and no eye had seen me!

19 I should have been as though I had not been; I should have been carried from the womb to the grave.

20 *Are* not my days few? cease *then, and* let me alone, that I may take comfort a little,

21 Before I go *whence* I shall not return, *even* to the land of darkness and the shadow of death;

22 A land of darkness, as darkness *itself; and* of the shadow of death, without any order, and *where* the light *is* as darkness.

CHAPTER 11

1 Then answered Zophar the Naamathite, and said,

2 Should not the multitude of words be answered? and should a man full of talk be justified?

3 Should thy lies make men hold their peace? and when thou mockest, shall no man make thee ashamed?

4 For thou hast said, My doctrine *is* pure, and I am clean in thine eyes.

5 But oh that God would speak, and open his lips against thee;

6 And that he would shew thee the secrets of wisdom, that *they are* double to that which is! Know therefore that God exacteth of thee *less* than thine iniquity *deserveth.*

7 Canst thou by searching find out God? canst thou find out the Almighty unto perfection?

8 *It is* as high as heaven; what canst thou do? deeper than hell; what canst thou know?

9 The measure thereof *is* longer than the earth, and broader than the sea.

בְּמִשְׁפָּט: לֹא יֵשׁ־בֵּינֵינוּ מוֹכִיחַ יָשֵׁת יָדוֹ עַל־שְׁנֵינוּ: יָסֵר מֵעָלַי 33 34

שִׁבְטוֹ וְאֵמָתוֹ אַל־תְּבַעֲתַנִּי: אֲדַבְּרָה וְלֹא אִירָאֶנּוּ כִּי לֹא־כֵן אָנֹכִי 35 35A

עִמָּדִי: נָקְטָה נַפְשִׁי בְּחַיָּי אֶעֶזְבָה עָלַי שִׂיחִי אֲדַבְּרָה בְּמַר נַפְשִׁי: 1 10 1A

אֹמַר אֶל־אֱלוֹהַּ אַל־תַּרְשִׁיעֵנִי הוֹדִיעֵנִי עַל מַה־תְּרִיבֵנִי: הֲטוֹב לְךָ ׀ 2 3

כִּי־תַעֲשֹׁק כִּי־תִמְאַס יְגִיעַ כַּפֶּיךָ וְעַל־עֲצַת רְשָׁעִים הוֹפָעְתָּ: הַעֵינֵי 4

בָשָׂר לָךְ אִם־כִּרְאוֹת אֱנוֹשׁ תִּרְאֶה: הֲכִימֵי אֱנוֹשׁ יָמֶיךָ אִם־שְׁנוֹתֶיךָ 5

כִּימֵי גָבֶר: כִּי־תְבַקֵּשׁ לַעֲוֹנִי וּלְחַטָּאתִי תִדְרוֹשׁ: עַל־דַּעְתְּךָ כִּי־לֹא 6 7

אֶרְשָׁע וְאֵין מִיָּדְךָ מַצִּיל: יָדֶיךָ עִצְּבוּנִי וַיַּעֲשׂוּנִי יַחַד סָבִיב וַתְּבַלְּעֵנִי: 8

זְכָר־נָא כִּי־כַחֹמֶר עֲשִׂיתָנִי וְאֶל־עָפָר תְּשִׁיבֵנִי: הֲלֹא כֶחָלָב תַּתִּיכֵנִי 9 10

וְכַגְּבִנָּה תַּקְפִּיאֵנִי: עוֹר וּבָשָׂר תַּלְבִּישֵׁנִי וּבַעֲצָמוֹת וְגִידִים תְּסֹכְכֵנִי: 11

חַיִּים וָחֶסֶד עָשִׂיתָ עִמָּדִי וּפְקֻדָּתְךָ שָׁמְרָה רוּחִי: וְאֵלֶּה צָפַנְתָּ 12 13

בִלְבָבֶךָ יָדַעְתִּי כִּי־זֹאת עִמָּךְ: אִם־חָטָאתִי וּשְׁמַרְתָּנִי וּמֵעֲוֹנִי לֹא 14

תְנַקֵּנִי: אִם־רָשַׁעְתִּי אַלְלַי לִי וְצָדַקְתִּי לֹא־אֶשָּׂא רֹאשִׁי שְׂבַע קָלוֹן 15 15A

וּרְאֵה עָנְיִי: וְיִגְאֶה כַּשַּׁחַל תְּצוּדֵנִי וְתָשֹׁב תִּתְפַּלָּא־בִי: תְּחַדֵּשׁ עֵדֶיךָ ׀ 16 17

נֶגְדִּי וְתֶרֶב כַּעַשְׂךָ עִמָּדִי חֲלִיפוֹת וְצָבָא עִמִּי: וְלָמָּה מֵרֶחֶם הֹצֵאתָנִי 18

אֶגְוַע וְעַיִן לֹא־תִרְאֵנִי: כַּאֲשֶׁר לֹא־הָיִיתִי אֶהְיֶה מִבֶּטֶן לַקֶּבֶר אוּבָל: 19

הֲלֹא־מְעַט יָמַי יַחְדָּל יָשִׁית מִמֶּנִּי וְאַבְלִיגָה מְּעָט: בְּטֶרֶם אֵלֵךְ וְלֹא 20 21　וַחֲדַל וְשִׁית

אָשׁוּב אֶל־אֶרֶץ חֹשֶׁךְ וְצַלְמָוֶת: אֶרֶץ עֵיפָתָה ׀ כְּמוֹ אֹפֶל צַלְמָוֶת 22

וְלֹא סְדָרִים וַתֹּפַע כְּמוֹ־אֹפֶל:

וַיַּעַן צֹפַר הַנַּעֲמָתִי וַיֹּאמַר: 1 11

הֲרֹב דְּבָרִים לֹא יֵעָנֶה וְאִם־אִישׁ שְׂפָתַיִם יִצְדָּק: בַּדֶּיךָ מְתִים 2 3 3A

יַחֲרִישׁוּ וַתִּלְעַג וְאֵין מַכְלִם: וַתֹּאמֶר זַךְ לִקְחִי וּבַר הָיִיתִי בְעֵינֶיךָ: 4

וְאוּלָם מִי־יִתֵּן אֱלוֹהַּ דַּבֵּר וְיִפְתַּח שְׂפָתָיו עִמָּךְ: וְיַגֶּד־לְךָ ׀ תַּעֲלֻמוֹת 5 6A 6

חָכְמָה כִּי־כִפְלַיִם לְתוּשִׁיָּה וְדַע כִּי־יַשֶּׁה לְךָ אֱלוֹהַּ מֵעֲוֹנֶךָ: הַחֵקֶר 7 7A

אֱלוֹהַּ תִּמְצָא אִם עַד־תַּכְלִית שַׁדַּי תִּמְצָא: גָּבְהֵי שָׁמַיִם מַה־תִּפְעָל 8

עֲמֻקָּה מִשְּׁאוֹל מַה־תֵּדָע: אֲרֻכָּה מֵאֶרֶץ מִדָּהּ וּרְחָבָה מִנִּי־יָם: אִם־ 9 10

10 If he cut off, and shut up, or gather together, then who can hinder him?

11 For he knoweth vain men: he seeth wickedness also; will he not then consider *it?*

12 For vain man would be wise, though man be born *like* a wild ass's colt.

13 If thou prepare thine heart, and stretch out thine hands toward him;

14 If iniquity *be* in thine hand, put it far away, and let not wickedness dwell in thy tabernacles.

15 For then shalt thou lift up thy face without spot; yea, thou shalt be stedfast, and shalt not fear:

16 Because thou shalt forget *thy* misery, *and* remember *it* as waters *that* pass away:

17 And *thine* age shall be clearer than the noonday; thou shalt shine forth, thou shalt be as the morning.

18 And thou shalt be secure, because there is hope; yea, thou shalt dig *about thee, and* thou shalt take thy rest in safety.

19 Also thou shalt lie down, and none shall make *thee* afraid; yea, many shall make suit unto thee.

20 But the eyes of the wicked shall fail, and they shall not escape, and their hope *shall be as* the giving up of the ghost.

CHAPTER 12

1 And Job answered and said,

2 No doubt but ye *are* the people, and wisdom shall die with you.

3 But I have understanding as well as you; I *am* not inferior to you: yea, who knoweth not such things as these?

4 I am *as* one mocked of his neighbour, who calleth upon God, and he answereth him: the just upright *man is* laughed to scorn.

5 He that is ready to slip with *his* feet *is as* a lamp despised in the thought of him that is at ease.

6 The tabernacles of robbers prosper, and they that provoke God are secure; into whose hand God bringeth *abundantly.*

7 But ask now the beasts, and they shall teach thee; and the fowls of the air, and they shall tell thee:

8 Or speak to the earth, and it shall teach thee: and the fishes of the sea shall declare unto thee.

9 Who knoweth not in all these that the hand of the LORD hath wrought this?

10 In whose hand *is* the soul of every living thing, and the breath of all mankind.

11 Doth not the ear try words? and the mouth taste his meat?

12 With the ancient *is* wisdom; and in length of days understanding.

13 With him *is* wisdom and strength, he hath counsel and understanding.

14 Behold, he breaketh down, and it cannot be built again: he shutteth up a man, and there can be no opening.

15 Behold, he withholdeth the waters, and they dry up: also he sendeth them out, and they overturn the earth.

16 With him *is* strength and wisdom: the deceived and the deceiver *are* his.

17 He leadeth counsellors away spoiled, and maketh the judges fools.

18 He looseth the bond of kings, and girdeth their loins with a girdle.

19 He leadeth princes away spoiled, and overthroweth the mighty.

20 He removeth away the speech of the trusty, and taketh away the understanding of the aged.

21 He poureth contempt upon princes, and weakeneth the strength of the mighty.

22 He discovereth deep things out of darkness, and bringeth out to light the shadow of death.

23 He increaseth the nations, and destroyeth them: he enlargeth the nations, and straiteneth them *again.*

24 He taketh away the heart of the chief of the people of the earth, and causeth them to wander in a wilderness *where there is* no way.

25 They grope in the dark without light, and he maketh them to stagger like *a* drunken *man.*

CHAPTER 13

1 Lo, mine eye hath seen all *this,* mine ear hath heard and understood it.

2 What ye know, *the same* do I know also: I *am* not inferior unto you.

יַחֲלֹף וְיַסְגִּיר וְיַקְהִיל וּמִי יְשִׁיבֶנּוּ: כִּי־הוּא יָדַע מְתֵי־שָׁוְא וַיַּרְא־אָוֶן 11
וְלֹא יִתְבּוֹנָן: וְאִישׁ נָבוּב יִלָּבֵב וְעַיִר פֶּרֶא אָדָם יִוָּלֵד: אִם־אַתָּה 12 13
הֲכִינוֹתָ לִבֶּךָ וּפָרַשְׂתָּ אֵלָיו כַּפֶּךָ: אִם־אָוֶן בְּיָדְךָ הַרְחִיקֵהוּ וְאַל־ 14
תַּשְׁכֵּן בְּאֹהָלֶיךָ עַוְלָה: כִּי־אָז תִּשָּׂא פָנֶיךָ מִמּוּם וְהָיִיתָ מֻצָק וְלֹא 15
תִירָא: כִּי־אַתָּה עָמָל תִּשְׁכָּח כְּמַיִם עָבְרוּ תִזְכֹּר: וּמִצָּהֳרַיִם יָקוּם 16 17
חָלֶד תָּעֻפָה כַּבֹּקֶר תִּהְיֶה: וּבָטַחְתָּ כִּי־יֵשׁ תִּקְוָה וְחָפַרְתָּ לָבֶטַח 18
תִּשְׁכָּב: וְרָבַצְתָּ וְאֵין מַחֲרִיד וְחִלּוּ פָנֶיךָ רַבִּים: וְעֵינֵי רְשָׁעִים 19 20
תִּכְלֶינָה וּמָנוֹס אָבַד מִנְהֶם וְתִקְוָתָם מַפַּח־נָפֶשׁ:

12 וַיַּעַן אִיּוֹב וַיֹּאמַר: 1

אָמְנָם כִּי אַתֶּם־עָם וְעִמָּכֶם תָּמוּת חָכְמָה: גַּם־לִי לֵבָב כְּמוֹכֶם לֹא־ 2 3 3A
נֹפֵל אָנֹכִי מִכֶּם וְאֶת־מִי־אֵין כְּמוֹ־אֵלֶּה: שְׂחֹק לְרֵעֵהוּ אֶהְיֶה קֹרֵא 4
לֶאֱלוֹהַּ וַיַּעֲנֵהוּ שְׂחוֹק צַדִּיק תָּמִים: לַפִּיד בּוּז לְעַשְׁתּוּת שַׁאֲנָן נָכוֹן 5
לְמוֹעֲדֵי רָגֶל: יִשְׁלָיוּ אֹהָלִים לְשֹׁדְדִים וּבַטֻּחוֹת לְמַרְגִּיזֵי אֵל לַאֲשֶׁר 6
הֵבִיא אֱלוֹהַּ בְּיָדוֹ: וְאוּלָם שְׁאַל־נָא בְהֵמוֹת וְתֹרֶךָּ וְעוֹף הַשָּׁמַיִם 7
וְיַגֶּד־לָךְ: אוֹ שִׂיחַ לָאָרֶץ וְתֹרֶךָּ וִיסַפְּרוּ לְךָ דְּגֵי הַיָּם: מִי לֹא־יָדַע 8 9
בְּכָל־אֵלֶּה כִּי יַד־יְהוָה עָשְׂתָה זֹּאת: אֲשֶׁר בְּיָדוֹ נֶפֶשׁ כָּל־חָי וְרוּחַ 10
כָּל־בְּשַׂר־אִישׁ: הֲלֹא־אֹזֶן מִלִּין תִּבְחָן וְחֵךְ אֹכֶל יִטְעַם־לוֹ: בִּישִׁישִׁים 11 12
חָכְמָה וְאֹרֶךְ יָמִים תְּבוּנָה: עִמּוֹ חָכְמָה וּגְבוּרָה לוֹ עֵצָה וּתְבוּנָה: 13
הֵן יַהֲרוֹס וְלֹא יִבָּנֶה יִסְגֹּר עַל־אִישׁ וְלֹא יִפָּתֵחַ: הֵן יַעְצֹר בַּמַּיִם 14 15
וְיִבָשׁוּ וִישַׁלְּחֵם וְיַהַפְכוּ אָרֶץ: עִמּוֹ עֹז וְתוּשִׁיָּה לוֹ שֹׁגֵג וּמַשְׁגֶּה: 16
מוֹלִיךְ יוֹעֲצִים שׁוֹלָל וְשֹׁפְטִים יְהוֹלֵל: מוּסַר מְלָכִים פִּתֵּחַ וַיֶּאְסֹר 17 18
אֵזוֹר בְּמָתְנֵיהֶם: מוֹלִיךְ כֹּהֲנִים שׁוֹלָל וְאֵתָנִים יְסַלֵּף: מֵסִיר שָׂפָה 19 20
לְנֶאֱמָנִים וְטַעַם זְקֵנִים יִקָּח: שׁוֹפֵךְ בּוּז עַל־נְדִיבִים וּמְזִיחַ אֲפִיקִים 21
רִפָּה: מְגַלֶּה עֲמֻקוֹת מִנִּי־חֹשֶׁךְ וַיֹּצֵא לָאוֹר צַלְמָוֶת: מַשְׂגִּיא לַגּוֹיִם 22 23
וַיְאַבְּדֵם שֹׁטֵחַ לַגּוֹיִם וַיַּנְחֵם: מֵסִיר לֵב רָאשֵׁי עַם־הָאָרֶץ וַיַּתְעֵם 24
בְּתֹהוּ לֹא־דָרֶךְ: יְמַשְּׁשׁוּ־חֹשֶׁךְ וְלֹא־אוֹר וַיַּתְעֵם כַּשִּׁכּוֹר: הֶן־כֹּל 25
13 רָאֲתָה עֵינִי שָׁמְעָה אָזְנִי וַתָּבֶן לָהּ: כְּדַעְתְּכֶם יָדַעְתִּי גַם־אָנִי לֹא־ 1 2
נֹפֵל אָנֹכִי מִכֶּם: אוּלָם אֲנִי אֶל־שַׁדַּי אֲדַבֵּר וְהוֹכֵחַ אֶל־אֵל אֶחְפָּץ: 3

3 Surely I would speak to the Almighty, and I desire to reason with God.

4 But ye *are* forgers of lies, ye *are* all physicians of no value.

5 O that ye would altogether hold your peace! and it should be your wisdom.

6 Hear now my reasoning, and hearken to the pleadings of my lips.

7 Will ye speak wickedly for God? and talk deceitfully for him?

8 Will ye accept his person? will ye contend for God?

9 Is it good that he should search you out? or as one man mocketh another, do ye *so* mock him?

10 He will surely reprove you, if ye do secretly accept persons.

11 Shall not his excellency make you afraid? and his dread fall upon you?

12 Your remembrances *are* like unto ashes, your bodies to bodies of clay.

13 Hold your peace, let me alone, that I may speak, and let come on me what *will.*

14 Wherefore do I take my flesh in my teeth, and put my life in mine hand?

15 Though he slay me, yet will I trust in him: but I will maintain mine own ways before him.

16 He also *shall be* my salvation: for an hypocrite shall not come before him.

17 Hear diligently my speech, and my declaration with your ears.

18 Behold now, I have ordered *my* cause; I know that I shall be justified.

19 Who *is* he *that* will plead with me? for now, if I hold my tongue, I shall give up the ghost.

20 Only do not two *things* unto me: then will I not hide myself from thee.

21 Withdraw thine hand far from me: and let not thy dread make me afraid.

22 Then call thou, and I will answer: or let me speak, and answer thou me.

23 How many *are* mine iniquities and sins? make me to know my transgression and my sin.

24 Wherefore hidest thou thy face, and holdest me for thine enemy?

25 Wilt thou break a leaf driven to and fro? and wilt thou pursue the dry stubble?

26 For thou writest bitter things against me, and makest me to possess the iniquities of my youth.

27 Thou puttest my feet also in the stocks, and lookest narrowly unto all my paths; thou settest a print upon the heels of my feet.

28 And he, as a rotten thing, consumeth, as a garment that is moth eaten.

CHAPTER 14

1 Man *that is* born of a woman *is* of few days, and full of trouble.

2 He cometh forth like a flower, and is cut down: he fleeth also as a shadow, and continueth not.

3 And dost thou open thine eyes upon such an one, and bringest me into judgment with thee?

4 Who can bring a clean *thing* out of an unclean? not one.

5 Seeing his days *are* determined, the number of his months *are* with thee, thou hast appointed his bounds that he cannot pass;

6 Turn from him, that he may rest, till he shall accomplish, as an hireling, his day.

7 For there is hope of a tree, if it be cut down, that it will sprout again, and that the tender branch thereof will not cease.

8 Though the root thereof wax old in the earth, and the stock thereof die in the ground;

9 *Yet* through the scent of water it will bud, and bring forth boughs like a plant.

10 But man dieth, and wasteth away: yea, man giveth up the ghost, and where *is* he?

11 *As* the waters fail from the sea, and the flood decayeth and drieth up:

12 So man lieth down, and riseth not: till the heavens *be* no more, they shall not awake, nor be raised out of their sleep.

13 O that thou wouldest hide me in the grave, that thou wouldest keep me secret, until thy wrath be past, that thou wouldest appoint me a set time, and remember me!

14 If a man die, shall he live *again?* all the days of my appointed time will I wait, till my change come.

15 Thou shalt call, and I will answer thee:

4 וְאוּלָם אַתֶּם טֹפְלֵי־שָׁקֶר רֹפְאֵי אֱלִל כֻּלְּכֶם: מִי־יִתֵּן הַחֲרֵשׁ תַּחֲרִישׁוּן
5
6 וּתְהִי לָכֶם לְחָכְמָה: שִׁמְעוּ־נָא תוֹכַחְתִּי וְרִבוֹת שְׂפָתַי הַקְשִׁיבוּ:
7 הַלְאֵל תְּדַבְּרוּ עַוְלָה וְלוֹ תְּדַבְּרוּ רְמִיָּה: הֲפָנָיו תִּשָּׂאוּן אִם־לָאֵל
8
9 תְּרִיבוּן: הֲטוֹב כִּי־יַחְקֹר אֶתְכֶם אִם־כְּהָתֵל בֶּאֱנוֹשׁ תְּהָתֵלּוּ בוֹ:
10 הוֹכֵחַ יוֹכִיחַ אֶתְכֶם אִם־בַּסֵּתֶר פָּנִים תִּשָּׂאוּן: הֲלֹא שְׂאֵתוֹ תְּבַעֵת
11
12 אֶתְכֶם וּפַחְדּוֹ יִפֹּל עֲלֵיכֶם: זִכְרֹנֵיכֶם מִשְׁלֵי־אֵפֶר לְגַבֵּי־חֹמֶר גַּבֵּיכֶם:
13 הַחֲרִישׁוּ מִמֶּנִּי וַאֲדַבְּרָה־אָנִי וְיַעֲבֹר עָלַי מָה: עַל־מָה אֶשָּׂא בְשָׂרִי
14
15 בְשִׁנָּי וְנַפְשִׁי אָשִׂים בְּכַפִּי: הֵן יִקְטְלֵנִי לֹא אֲיַחֵל אַךְ־דְּרָכַי אֶל־פָּנָיו

לוֹ

16 אוֹכִיחַ: גַּם־הוּא־לִי לִישׁוּעָה כִּי־לֹא לְפָנָיו חָנֵף יָבוֹא: שִׁמְעוּ שָׁמוֹעַ
17
18 מִלָּתִי וְאַחֲוָתִי בְּאָזְנֵיכֶם: הִנֵּה־נָא עָרַכְתִּי מִשְׁפָּט יָדַעְתִּי כִּי־אָנִי
19 אֶצְדָּק: מִי־הוּא יָרִיב עִמָּדִי כִּי־עַתָּה אַחֲרִישׁ וְאֶגְוָע: אַךְ־שְׁתַּיִם אַל־
20
21 תַּעַשׂ עִמָּדִי אָז מִפָּנֶיךָ לֹא אֶסָּתֵר: כַּפְּךָ מֵעָלַי הַרְחַק וְאֵמָתְךָ אַל־
22 תְּבַעֲתַנִּי: וּקְרָא וְאָנֹכִי אֶעֱנֶה אוֹ־אֲדַבֵּר וַהֲשִׁיבֵנִי: כַּמָּה לִי עֲוֺנוֹת
23
24 וְחַטָּאוֹת פִּשְׁעִי וְחַטָּאתִי הֹדִיעֵנִי: לָמָּה־פָנֶיךָ תַסְתִּיר וְתַחְשְׁבֵנִי
25 לְאוֹיֵב לָךְ: הֶעָלֶה נִדָּף תַּעֲרוֹץ וְאֶת־קַשׁ יָבֵשׁ תִּרְדֹּף: כִּי־תִכְתֹּב
26
27 עָלַי מְרֹרוֹת וְתוֹרִישֵׁנִי עֲוֺנוֹת נְעוּרָי: וְתָשֵׂם בַּסַּד רַגְלַי וְתִשְׁמוֹר
28 כָּל־אָרְחוֹתָי עַל־שָׁרְשֵׁי רַגְלַי תִּתְחַקֶּה: וְהוּא כְּרָקָב יִבְלֶה כְּבֶגֶד

14 אֲכָלוֹ עָשׁ: אָדָם יְלוּד אִשָּׁה קְצַר יָמִים וּשְׂבַע־רֹגֶז: כְּצִיץ יָצָא וַיִּמָּל
1
2
3 וַיִּבְרַח כַּצֵּל וְלֹא יַעֲמוֹד: אַף־עַל־זֶה פָּקַחְתָּ עֵינֶךָ וְאֹתִי תָבִיא
4 בְמִשְׁפָּט עִמָּךְ: מִי־יִתֵּן טָהוֹר מִטָּמֵא לֹא אֶחָד: אִם חֲרוּצִים יָמָיו
5
6 מִסְפַּר־חֳדָשָׁיו אִתָּךְ חֻקּוֹ עָשִׂיתָ וְלֹא יַעֲבוֹר: שְׁעֵה מֵעָלָיו וְיֶחְדָּל

חֻקָּיו

7 עַד־יִרְצֶה כְּשָׂכִיר יוֹמוֹ: כִּי יֵשׁ לָעֵץ תִּקְוָה אִם־יִכָּרֵת וְעוֹד יַחֲלִיף
8 וְיֹנַקְתּוֹ לֹא תֶחְדָּל: אִם־יַזְקִין בָּאָרֶץ שָׁרְשׁוֹ וּבֶעָפָר יָמוּת גִּזְעוֹ: מֵרֵיחַ
9

9A

10 מַיִם יַפְרִחַ וְעָשָׂה קָצִיר כְּמוֹ־נָטַע: וְגֶבֶר יָמוּת וַיֶּחֱלָשׁ וַיִּגְוַע אָדָם
11 וְאַיּוֹ: אָזְלוּ־מַיִם מִנִּי־יָם וְנָהָר יֶחֱרַב וְיָבֵשׁ: וְאִישׁ שָׁכַב וְלֹא־יָקוּם
12
13 עַד־בִּלְתִּי שָׁמַיִם לֹא יָקִיצוּ וְלֹא־יֵעֹרוּ מִשְּׁנָתָם: מִי יִתֵּן בִּשְׁאוֹל
14 תַּצְפִּנֵנִי תַּסְתִּירֵנִי עַד־שׁוּב אַפֶּךָ תָּשִׁית לִי חֹק וְתִזְכְּרֵנִי: אִם־יָמוּת
15 גֶּבֶר הֲיִחְיֶה כָּל־יְמֵי צְבָאִי אֲיַחֵל עַד־בּוֹא חֲלִיפָתִי: תִּקְרָא וְאָנֹכִי

thou wilt have a desire to the work of thine hands.

16 For now thou numberest my steps: dost thou not watch over my sin?

17 My transgression *is* sealed up in a bag, and thou sewest up mine iniquity.

18 And surely the mountain falling cometh to nought, and the rock is removed out of his place.

19 The waters wear the stones: thou washest away the things which grow *out* of the dust of the earth; and thou destroyest the hope of man.

20 Thou prevailest for ever against him, and he passeth: thou changest his countenance, and sendest him away.

21 His sons come to honour, and he knoweth *it* not; and they are brought low, but he perceiveth *it* not of them.

22 But his flesh upon him shall have pain, and his soul within him shall mourn.

CHAPTER 15

1 Then answered Eliphaz the Temanite, and said,

2 Should a wise man utter vain knowledge, and fill his belly with the east wind?

3 Should he reason with unprofitable talk? or with speeches wherewith he can do no good?

4 Yea, thou castest off fear, and restrainest prayer before God.

5 For thy mouth uttereth thine iniquity, and thou choosest the tongue of the crafty.

6 Thine own mouth condemneth thee, and not I: yea, thine own lips testify against thee.

7 *Art* thou the first man *that* was born? or wast thou made before the hills?

8 Hast thou heard the secret of God? and dost thou restrain wisdom to thyself?

9 What knowest thou, that we know not? *what* understandest thou, which *is* not in us?

10 With us *are* both the grayheaded and very aged men, much elder than thy father.

11 *Are* the consolations of God small

with thee? is there any secret thing with thee?

12 Why doth thine heart carry thee away? and what do thy eyes wink at,

13 That thou turnest thy spirit against God, and lettest *such* words go out of thy mouth?

14 What *is* man, that he should be clean? and *he which is* born of a woman, that he should be righteous?

15 Behold, he putteth no trust in his saints; yea, the heavens are not clean in his sight.

16 How much more abominable and filthy *is* man, which drinketh iniquity like water?

17 I will shew thee, hear me; and that *which* I have seen I will declare;

18 Which wise men have told from their fathers, and have not hid *it*:

19 Unto whom alone the earth was given, and no stranger passed among them.

20 The wicked man travaileth with pain all *his* days, and the number of years is hidden to the oppressor.

21 A dreadful sound *is* in his ears: in prosperity the destroyer shall come upon him.

22 He believeth not that he shall return out of darkness, and he is waited for of the sword.

23 He wandereth abroad for bread, *saying*, Where *is it*? he knoweth that the day of darkness is ready at his hand.

24 Trouble and anguish shall make him afraid; they shall prevail against him, as a king ready to the battle.

25 For he stretcheth out his hand against God, and strengtheneth himself against the Almighty.

26 He runneth upon him, *even on his* neck, upon the thick bosses of his bucklers:

27 Because he covereth his face with his fatness, and maketh collops of fat on *his* flanks.

28 And he dwelleth in desolate cities, *and* in houses which no man inhabiteth, which are ready to become heaps.

29 He shall not be rich, neither shall his substance continue, neither shall he pro-

אֱנֹושׁ לְמַעֲשֵׂה יָדֶיךָ תִּכְסֹף: כִּי־עַתָּה צְעָדַי תִּסְפֹּור לֹא־תִשְׁמֹור 16

עַל־חַטָּאתִי: חָתֻם בִּצְרֹור פִּשְׁעִי וַתִּטְפֹּל עַל־עֲוֹנִי: וְאוּלָם הַר־נֹופֵל 17 18

יִבֹּול וְצוּר יֶעְתַּק מִמְּקֹמֹו: אֲבָנִים שָׁחֲקוּ מַיִם תִּשְׁטֹף־סְפִיחֶיהָ עֲפַר־ 19

אָרֶץ וְתִקְוַת אֱנֹושׁ הֶאֱבַדְתָּ: תִּתְקְפֵהוּ לָנֶצַח וַיַּהֲלֹךְ מְשַׁנֶּה פָנָיו 20

וַתְּשַׁלְּחֵהוּ: יִכְבְּדוּ בָנָיו וְלֹא יֵדָע וְיִצְעֲרוּ וְלֹא־יָבִין לָמֹו: אַךְ־בְּשָׂרֹו 21 22

עָלָיו יִכְאָב וְנַפְשֹׁו עָלָיו תֶּאֱבָל:

וַיַּעַן אֱלִיפַז הַתֵּימָנִי וַיֹּאמַר: 15 1

הֶחָכָם יַעֲנֶה דַעַת־רוּחַ וִימַלֵּא קָדִים בִּטְנֹו: הֹוכֵחַ בְּדָבָר לֹא יִסְכֹּון 2 3

וּמִלִּים לֹא־יֹועִיל בָּם: אַף־אַתָּה תָּפֵר יִרְאָה וְתִגְרַע שִׂיחָה לִפְנֵי־אֵל: 4

כִּי יְאַלֵּף עֲוֹנְךָ פִיךָ וְתִבְחַר לְשֹׁון עֲרוּמִים: יַרְשִׁיעֲךָ פִיךָ וְלֹא־אָנִי 5 6

וּשְׂפָתֶיךָ יַעֲנוּ־בָךְ: הֲרִאישׁוֹן אָדָם תִּוָּלֵד וְלִפְנֵי גְבָעֹות חֹולָלְתָּ: 7

הַבְסֹוד אֱלֹוהַ תִּשְׁמָע וְתִגְרַע אֵלֶיךָ חָכְמָה: מַה־יָדַעְתָּ וְלֹא נֵדָע 8 9

תָּבִין וְלֹא־עִמָּנוּ הוּא: גַּם־שָׂב גַּם־יָשִׁישׁ בָּנוּ כַּבִּיר מֵאָבִיךָ יָמִים: 10

הַמְעַט מִמְּךָ תַּנְחֻמֹות אֵל וְדָבָר לָאַט עִמָּךְ: מַה־יִּקָּחֲךָ לִבֶּךָ וּמַה־ 11 12

יִּרְזְמוּן עֵינֶיךָ: כִּי־תָשִׁיב אֶל־אֵל רוּחֶךָ וְהֹצֵאתָ מִפִּיךָ מִלִּין: מָה־ 13 14

אֱנֹושׁ כִּי־יִזְכֶּה וְכִי־יִצְדַּק יְלוּד אִשָּׁה: הֵן בקדשו לֹא יַאֲמִין וְשָׁמַיִם 15

לֹא־זַכּוּ בְעֵינָיו: אַף כִּי־נִתְעָב וְנֶאֱלָח אִישׁ־שֹׁתֶה כַמַּיִם עַוְלָה: אֲחַוְךָ 16 17

שְׁמַע־לִי וְזֶה־חָזִיתִי וַאֲסַפֵּרָה: אֲשֶׁר־חֲכָמִים יַגִּידוּ וְלֹא כִחֲדוּ 18

מֵאֲבֹותָם: לָהֶם לְבַדָּם נִתְּנָה הָאָרֶץ וְלֹא־עָבַר זָר בְּתֹוכָם: כָּל־יְמֵי 19 20

רָשָׁע הוּא מִתְחֹולֵל וּמִסְפַּר שָׁנִים נִצְפְּנוּ לֶעָרִיץ: קֹול־פְּחָדִים בְּאָזְנָיו 21

בַּשָּׁלֹום שֹׁודֵד יְבֹואֶנּוּ: לֹא־יַאֲמִין שׁוּב מִנִּי־חֹשֶׁךְ וְצָפוּ הוּא אֱלֵי־ 22

חָרֶב: נֹדֵד הוּא לַלֶּחֶם אַיֵּה יָדַע כִּי־נָכֹון בְּיָדֹו יֹום־חֹשֶׁךְ: יְבַעֲתֻהוּ 23 24

צַר וּמְצוּקָה תִּתְקְפֵהוּ כְּמֶלֶךְ עָתִיד לַכִּידֹור: כִּי־נָטָה אֶל־אֵל יָדֹו 25

וְאֶל־שַׁדַּי יִתְגַּבָּר: יָרוּץ אֵלָיו בְּצַוָּאר בַּעֲבִי גַּבֵּי מָגִנָּיו: כִּי־כִסָּה פָנָיו 26 27

בְּחֶלְבֹּו וַיַּעַשׂ פִּימָה עֲלֵי־כָסֶל: וַיִּשְׁכֹּון עָרִים נִכְחָדֹות בָּתִּים לֹא־ 28

יֵשְׁבוּ לָמֹו אֲשֶׁר הִתְעַתְּדוּ לְגַלִּים: לֹא־יֶעְשַׁר וְלֹא־יָקוּם חֵילֹו וְלֹא־ 29

long the perfection thereof upon the earth.

30 He shall not depart out of darkness; the flame shall dry up his branches, and by the breath of his mouth shall he go away.

31 Let not him that is deceived trust in vanity: for vanity shall be his recompence.

32 It shall be accomplished before his time, and his branch shall not be green.

33 He shall shake off his unripe grape as the vine, and shall cast off his flower as the olive.

34 For the congregation of hypocrites *shall be* desolate, and fire shall consume the tabernacles of bribery.

35 They conceive mischief, and bring forth vanity, and their belly prepareth deceit.

CHAPTER 16

1 Then Job answered and said,

2 I have heard many such things: miserable comforters *are* ye all.

3 Shall vain words have an end? or what emboldeneth thee that thou answerest?

4 I also could speak as ye *do:* if your soul were in my soul's stead, I could heap up words against you, and shake mine head at you.

5 *But* I would strengthen you with my mouth, and the moving of my lips should asswage *your grief.*

6 Though I speak, my grief is not asswaged: and *though* I forbear, what am I eased?

7 But now he hath made me weary: thou hast made desolate all my company.

8 And thou hast filled me with wrinkles, *which* is a witness *against me:* and my leanness rising up in me beareth witness to my face.

9 He teareth *me* in his wrath, who hateth me: he gnasheth upon me with his teeth; mine enemy sharpeneth his eyes upon me.

10 They have gaped upon me with their mouth; they have smitten me upon the cheek reproachfully; they have gathered themselves together against me.

11 God hath delivered me to the ungodly, and turned me over into the hands of the wicked.

12 I was at ease, but he hath broken me asunder: he hath also taken *me* by my neck, and shaken me to pieces, and set me up for his mark.

13 His archers compass me round about, he cleaveth my reins asunder, and doth not spare; he poureth out my gall upon the ground.

14 He breaketh me with breach upon breach, he runneth upon me like a giant.

15 I have sewed sackcloth upon my skin, and defiled my horn in the dust.

16 My face is foul with weeping, and on my eyelids *is* the shadow of death;

17 Not for *any* injustice in mine hands: also my prayer *is* pure.

18 O earth, cover not thou my blood, and let my cry have no place.

19 Also now, behold, my witness *is* in heaven, and my record *is* on high.

20 My friends scorn me: *but* mine eye poureth out *tears* unto God.

21 O that one might plead for a man with God, as a man *pleadeth* for his neighbour!

22 When a few years are come, then I shall go the way *whence* I shall not return.

CHAPTER 17

1 My breath is corrupt, my days are extinct, the graves *are ready* for me.

2 *Are there* not mockers with me? and doth not mine eye continue in their provocation?

3 Lay down now, put me in a surety with thee; who *is* he *that* will strike hands with me?

4 For thou hast hid their heart from understanding: therefore shalt thou not exalt *them.*

5 He that speaketh flattery to *his* friends, even the eyes of his children shall fail.

6 He hath made me also a byword of the people; and aforetime I was as a tabret.

7 Mine eye also is dim by reason of sorrow, and all my members *are* as a shadow.

8 Upright *men* shall be astonied at this, and the innocent shall stir up himself against the hypocrite.

30 יָטֶה לָאָרֶץ מִנְלָם׀ לֹא־יָסוּר׀מִנִּי־חֹשֶׁךְ יֹנַקְתּוֹ תְּיַבֵּשׁ שַׁלְהָבֶת וְיָסוּר

בְּשָׁיו 31 בְּרוּחַ פִּיו׃ אַל־יַאֲמֵן בַּשָּׁו נִתְעָה כִּי־שָׁוְא תִּהְיֶה תְמוּרָתוֹ׃ בְּלֹא־יוֹמוֹ
32

33 תִּמָּלֵא וְכִפָּתוֹ לֹא רַעֲנָנָה׃ יַחְמֹס כַּגֶּפֶן בִּסְרוֹ וְיַשְׁלֵךְ כַּזַּיִת נִצָּתוֹ׃

34A 34 כִּי־עֲדַת חָנֵף גַּלְמוּד וְאֵשׁ אָכְלָה אָהֳלֵי־שֹׁחַד׃ הָרֹה עָמָל וְיָלֹד אָוֶן
35

וּבִטְנָם תָּכִין מִרְמָה׃

16 1 וַיַּעַן אִיּוֹב וַיֹּאמַר׃

2 שָׁמַעְתִּי כְאֵלֶּה רַבּוֹת מְנַחֲמֵי עָמָל כֻּלְּכֶם׃ הֲקֵץ לְדִבְרֵי־רוּחַ אוֹ
3

4A 4 מַה־יַּמְרִיצְךָ כִּי תַעֲנֶה׃ גַּם׀אָנֹכִי כָּכֶם אֲדַבֵּרָה לוּ יֵשׁ נַפְשְׁכֶם תַּחַת

נַפְשִׁי אַחְבִּירָה עֲלֵיכֶם בְּמִלִּים וְאָנִיעָה עֲלֵיכֶם בְּמוֹ רֹאשִׁי׃

5 אֲאַמִּצְכֶם בְּמוֹ־פִי וְנִיד שְׂפָתַי יַחְשֹׂךְ׃ אִם־אֲדַבְּרָה לֹא־יֵחָשֵׂךְ כְּאֵבִי
6

7 וְאַחְדְּלָה מַה־מִנִּי יַהֲלֹךְ׃ אַךְ־עַתָּה הֶלְאָנִי הֲשִׁמּוֹתָ כָּל־עֲדָתִי׃

8 וַתִּקְמְטֵנִי לְעֵד הָיָה וַיָּקָם בִּי כַחֲשִׁי בְּפָנַי יַעֲנֶה׃ אַפּוֹ טָרַף׀וַיִּשְׂטְמֵנִי
9

חָרַק עָלַי בְּשִׁנָּיו צָרִי׀יִלְטוֹשׁ עֵינָיו לִי׃ פָּעֲרוּ עָלַי׀בְּפִיהֶם בְּחֶרְפָּה 10

11 הִכּוּ לְחָיַי יַחַד עָלַי יִתְמַלָּאוּן׃ יַסְגִּירֵנִי אֵל אֶל עֲוִיל וְעַל־יְדֵי רְשָׁעִים

יִרְטֵנִי׃ שָׁלֵו הָיִיתִי׀וַיְפַרְפְּרֵנִי וְאָחַז בְּעָרְפִּי וַיְפַצְפְּצֵנִי וַיְקִימֵנִי לוֹ 12

13A 13 לְמַטָּרָה׃ יָסֹבּוּ עָלַי׀רַבָּיו יְפַלַּח כִּלְיוֹתַי וְלֹא יַחְמוֹל יִשְׁפֹּךְ לָאָרֶץ

14 מְרֵרָתִי׃ יִפְרְצֵנִי פֶרֶץ עַל־פְּנֵי־פָרֶץ יָרֻץ עָלַי כְּגִבּוֹר׃ שַׂק תָּפַרְתִּי
15

חֲמַרְמְרוּ 16 עֲלֵי גִלְדִּי וְעֹלַלְתִּי בֶעָפָר קַרְנִי׃ פָּנַי חֳמַרְמְרָה מִנִּי־בֶכִי וְעַל עַפְעַפַּי

17 צַלְמָוֶת׃ עַל לֹא־חָמָס בְּכַפָּי וּתְפִלָּתִי זַכָּה׃ אֶרֶץ אַל־תְּכַסִּי דָמִי
18

19 וְאַל־יְהִי מָקוֹם לְזַעֲקָתִי׃ גַּם־עַתָּה הִנֵּה־בַשָּׁמַיִם עֵדִי וְשָׂהֲדִי

20A 20 בַּמְּרוֹמִים׃ מְלִיצַי רֵעָי אֶל־אֱלוֹהַּ דָּלְפָה עֵינִי׃ וְיוֹכַח לְגֶבֶר עִם־אֱלוֹהַּ
21

וּבֶן־אָדָם לְרֵעֵהוּ׃ כִּי־שְׁנוֹת מִסְפָּר יֶאֱתָיוּ וְאֹרַח לֹא־אָשׁוּב אֶהֱלֹךְ׃ 22

17 1 רוּחִי חֻבָּלָה יָמַי נִזְעָכוּ קְבָרִים לִי׃ אִם־לֹא הֲתֻלִים עִמָּדִי וּבְהַמְּרוֹתָם
2

3 תָּלַן עֵינִי׃ שִׂימָה־נָּא עָרְבֵנִי עִמָּךְ מִי הוּא לְיָדִי יִתָּקֵעַ׃ כִּי־לִבָּם
4

5 צָפַנְתָּ מִשָּׂכֶל עַל־כֵּן לֹא תְרֹמֵם׃ לְחֵלֶק יַגִּיד רֵעִים וְעֵינֵי בָנָיו

6 תִּכְלֶנָה׃ וְהִצִּגַנִי לִמְשֹׁל עַמִּים וְתֹפֶת לְפָנִים אֶהְיֶה׃ וַתֵּכַהּ מִכַּעַשׂ
7

8 עֵינִי וִיצֻרַי כַּצֵּל כֻּלָּם׃ יָשֹׁמּוּ יְשָׁרִים עַל־זֹאת וְנָקִי עַל־חָנֵף יִתְעֹרָר׃

9 The righteous also shall hold on his way, and he that hath clean hands shall be stronger and stronger.

10 But as for you all, do ye return, and come now: for I cannot find *one* wise *man* among you.

11 My days are past, my purposes are broken off, *even* the thoughts of my heart.

12 They change the night into day: the light *is* short because of darkness.

13 If I wait, the grave *is* mine house: I have made my bed in the darkness.

14 I have said to corruption, Thou *art* my father: to the worm, *Thou art* my mother, and my sister.

15 And where *is* now my hope? as for my hope, who shall see it?

16 They shall go down to the bars of the pit, when *our* rest together *is* in the dust.

CHAPTER 18

1 Then answered Bildad the Shuhite, and said,

2 How long *will it be ere* ye make an end of words? mark, and afterwards we will speak.

3 Wherefore are we counted as beasts, *and* reputed vile in your sight?

4 He teareth himself in his anger: shall the earth be forsaken for thee? and shall the rock be removed out of his place?

5 Yea, the light of the wicked shall be put out, and the spark of his fire shall not shine.

6 The light shall be dark in his tabernacle, and his candle shall be put out with him.

7 The steps of his strength shall be straitened, and his own counsel shall cast him down.

8 For he is cast into a net by his own feet, and he walketh upon a snare.

9 The gin shall take *him* by the heel, *and* the robber shall prevail against him.

10 The snare *is* laid for him in the ground, and a trap for him in the way.

11 Terrors shall make him afraid on every side, and shall drive him to his feet.

12 His strength shall be hungerbitten, and destruction *shall be* ready at his side.

13 It shall devour the strength of his skin: *even* the firstborn of death shall devour his strength.

14 His confidence shall be rooted out of his tabernacle, and it shall bring him to the king of terrors.

15 It shall dwell in his tabernacle, because *it is* none of his: brimstone shall be scattered upon his habitation.

16 His roots shall be dried up beneath, and above shall his branch be cut off.

17 His remembrance shall perish from the earth, and he shall have no name in the street.

18 He shall be driven from light into darkness, and chased out of the world.

19 He shall neither have son nor nephew among his people, nor any remaining in his dwellings.

20 They that come after *him* shall be astonied at his day, as they that went before were affrighted.

21 Surely such *are* the dwellings of the wicked, and this *is* the place *of him that* knoweth not God.

CHAPTER 19

1 Then Job answered and said,

2 How long will ye vex my soul, and break me in pieces with words?

3 These ten times have ye reproached me: ye are not ashamed *that* ye make yourselves strange to me.

4 And be it indeed *that* I have erred, mine error remaineth with myself.

5 If indeed ye will magnify *yourselves* against me, and plead against me my reproach:

6 Know now that God hath overthrown me, and hath compassed me with his net.

7 Behold, I cry out of wrong, but I am not heard: I cry aloud, but *there is* no judgment.

8 He hath fenced up my way that I cannot pass, and he hath set darkness in my paths.

9 He hath stripped me of my glory, and taken the crown *from* my head.

10 He hath destroyed me on every side, and I am gone: and mine hope hath he removed like a tree.

וְיֹאחֵז צַדִּיק דַּרְכּוֹ וְטָהָר־יָדַיִם יֹסִיף אֹמֶץ׃ וְאוּלָם כֻּלָּם תָּשֻׁבוּ וּבֹאוּ 9 10

נָא וְלֹא־אֶמְצָא בָכֶם חָכָם׃ יָמַי עָבְרוּ זִמֹּתַי נִתְּקוּ מוֹרָשֵׁי לְבָבִי׃ 11

לַיְלָה לְיוֹם יָשִׂימוּ אוֹר קָרוֹב מִפְּנֵי־חֹשֶׁךְ׃ אִם־אֲקַוֶּה שְׁאוֹל בֵּיתִי 12 13

בַּחֹשֶׁךְ רִפַּדְתִּי יְצוּעָי׃ לַשַּׁחַת קָרָאתִי אָבִי אָתָּה אִמִּי וַאֲחֹתִי לָרִמָּה׃ 14

וְאַיֵּה אֵפוֹ תִקְוָתִי וְתִקְוָתִי מִי יְשׁוּרֶנָּה׃ בַּדֵּי שְׁאֹל תֵּרַדְנָה אִם־יַחַד 15 16

עַל־עָפָר נָחַת׃

וַיַּעַן בִּלְדַּד הַשֻּׁחִי וַיֹּאמַר׃ 18 1

עַד־אָנָה ׀ תְּשִׂימוּן קִנְצֵי לְמִלִּין תָּבִינוּ וְאַחַר נְדַבֵּר׃ מַדּוּעַ נֶחְשַׁבְנוּ 2 3

כַּבְּהֵמָה נִטְמִינוּ בְּעֵינֵיכֶם׃ טֹרֵף נַפְשׁוֹ בְּאַפּוֹ הַלְמַעַנְךָ תֵּעָזַב אָרֶץ 4 4A

וְיֶעְתַּק־צוּר מִמְּקֹמוֹ׃ גַּם אוֹר רְשָׁעִים יִדְעָךְ וְלֹא־יִגַּהּ שְׁבִיב אִשּׁוֹ׃ 5

אוֹר חָשַׁךְ בְּאָהֳלוֹ וְנֵרוֹ עָלָיו יִדְעָךְ׃ יֵצְרוּ צַעֲדֵי אוֹנוֹ וְתַשְׁלִיכֵהוּ 6 6A 7

עֲצָתוֹ׃ כִּי־שֻׁלַּח בְּרֶשֶׁת בְּרַגְלָיו וְעַל־שְׂבָכָה יִתְהַלָּךְ׃ יֹאחֵז בְּעָקֵב 8 9

פָּח יַחֲזֵק עָלָיו צַמִּים׃ טָמוּן בָּאָרֶץ חַבְלוֹ וּמַלְכֻּדְתּוֹ עֲלֵי נָתִיב׃ סָבִיב 10 11

בִּעֲתֻהוּ בַלָּהוֹת וֶהֱפִיצֻהוּ לְרַגְלָיו׃ יְהִי־רָעֵב אֹנוֹ וְאֵיד נָכוֹן לְצַלְעוֹ׃ 12

יֹאכַל בַּדֵּי עוֹרוֹ יֹאכַל בַּדָּיו בְּכוֹר מָוֶת׃ יִנָּתֵק מֵאָהֳלוֹ מִבְטַחוֹ 13 14

וְתַצְעִדֵהוּ לְמֶלֶךְ בַּלָּהוֹת׃ תִּשְׁכּוֹן בְּאָהֳלוֹ מִבְּלִי־לוֹ יְזֹרֶה עַל־נָוֵהוּ 15

גָפְרִית׃ מִתַּחַת שָׁרָשָׁיו יִבָשׁוּ וּמִמַּעַל יִמַּל קְצִירוֹ׃ זִכְרוֹ־אָבַד מִנִּי־ 16 17

אָרֶץ וְלֹא־שֵׁם לוֹ עַל־פְּנֵי־חוּץ׃ יֶהְדְּפֻהוּ מֵאוֹר אֶל־חֹשֶׁךְ וּמִתֵּבֵל 18

יְנִדֻּהוּ׃ לֹא נִין לוֹ וְלֹא־נֶכֶד בְּעַמּוֹ וְאֵין שָׂרִיד בִּמְגוּרָיו׃ עַל־יוֹמוֹ 19 20

נָשַׁמּוּ אַחֲרֹנִים וְקַדְמֹנִים אָחֲזוּ שָׂעַר׃ אַךְ־אֵלֶּה מִשְׁכְּנוֹת עַוָּל וְזֶה 21

מְקוֹם לֹא־יָדַע־אֵל׃

וַיַּעַן אִיּוֹב וַיֹּאמַר׃ 19 1

עַד־אָנָה תּוֹגְיוּן נַפְשִׁי וּתְדַכְּאוּנַנִי בְמִלִּים׃ זֶה עֶשֶׂר פְּעָמִים 2 3

תַּכְלִימוּנִי לֹא־תֵבֹשׁוּ תַּהְכְּרוּ־לִי׃ וְאַף־אָמְנָם שָׁגִיתִי אִתִּי תָּלִין 4

מְשׁוּגָתִי׃ אִם־אָמְנָם עָלַי תַּגְדִּילוּ וְתוֹכִיחוּ עָלַי חֶרְפָּתִי׃ דְּעוּ־אֵפוֹ 5 5A 6

כִּי־אֱלוֹהַּ עִוְּתַנִי וּמְצוּדוֹ עָלַי הִקִּיף׃ הֵן אֶצְעַק חָמָס וְלֹא אֵעָנֶה 7

אֲשַׁוַּע וְאֵין מִשְׁפָּט׃ אָרְחִי גָדַר וְלֹא אֶעֱבוֹר וְעַל נְתִיבוֹתַי חֹשֶׁךְ 8

יָשִׂים׃ כְּבוֹדִי מֵעָלַי הִפְשִׁיט וַיָּסַר עֲטֶרֶת רֹאשִׁי׃ יִתְּצֵנִי סָבִיב וָאֵלַךְ 9 10

11 He hath also kindled his wrath against me, and he counteth me unto him as *one of* his enemies.

12 His troops come together, and raise up their way against me, and encamp round about my tabernacle.

13 He hath put my brethren far from me, and mine acquaintance are verily estranged from me.

14 My kinsfolk have failed, and my familiar friends have forgotten me.

15 They that dwell in mine house, and my maids, count me for a stranger: I am an alien in their sight.

16 I called my servant, and he gave *me* no answer; I intreated him with my mouth.

17 My breath is strange to my wife, though I intreated for the children's *sake* of mine own body.

18 Yea, young children despised me; I arose, and they spake against me.

19 All my inward friends abhorred me: and they whom I loved are turned against me.

20 My bone cleaveth to my skin and to my flesh, and I am escaped with the skin of my teeth.

21 Have pity upon me, have pity upon me, O ye my friends; for the hand of God hath touched me.

22 Why do ye persecute me as God, and are not satisfied with my flesh?

23 Oh that my words were now written! oh that they were printed in a book!

24 That they were graven with an iron pen and lead in the rock for ever!

25 For I know *that* my redeemer liveth, and *that* he shall stand at the latter *day* upon the earth:

26 And *though* after my skin *worms* destroy this *body,* yet in my flesh shall I see God:

27 Whom I shall see for myself, and mine eyes shall behold, and not another; *though* my reins be consumed within me.

28 But ye should say, Why persecute we him, seeing the root of the matter is found in me?

29 Be ye afraid of the sword: for wrath *bringeth* the punishments of the sword, that ye may know *there is* a judgment.

CHAPTER 20

1 Then answered Zophar the Naamathite, and said,

2 Therefore do my thoughts cause me to answer, and for *this* I make haste.

3 I have heard the check of my reproach, and the spirit of my understanding causeth me to answer.

4 Knowest thou *not* this of old, since man was placed upon earth,

5 That the triumphing of the wicked *is* short, and the joy of the hypocrite *but* for a moment?

6 Though his excellency mount up to the heavens, and his head reach unto the clouds;

7 *Yet* he shall perish for ever like his own dung: they which have seen him shall say, Where *is* he?

8 He shall fly away as a dream, and shall not be found: yea, he shall be chased away as a vision of the night.

9 The eye also *which* saw him shall *see him* no more; neither shall his place any more behold him.

10 His children shall seek to please the poor, and his hands shall restore their goods.

11 His bones are full *of the sin* of his youth, which shall lie down with him in the dust.

12 Though wickedness be sweet in his mouth, *though* he hide it under his tongue;

13 *Though* he spare it, and forsake it not; but keep it still within his mouth:

14 *Yet* his meat in his bowels is turned, *it is* the gall of asps within him.

15 He hath swallowed down riches, and he shall vomit them up again: God shall cast them out of his belly.

16 He shall suck the poison of asps: the viper's tongue shall slay him.

17 He shall not see the rivers, the floods, the brooks of honey and butter.

18 That which he laboured for shall he restore, and shall not swallow *it* down: according to *his* substance *shall* the restitution *be,* and he shall not rejoice *therein.*

19 Because he hath oppressed *and* hath forsaken the poor; *because* he hath vio-

וַיִּסַּע כָּעֵץ תִּקְוָתִי: וַיַּחַר עָלַי אַפּוֹ וַיַּחְשְׁבֵנִי לוֹ כְצָרָיו: יַחַד ׀ יָבֹאוּ

גְדוּדָיו וַיָּסֹלּוּ עָלַי דַּרְכָּם וַיַּחֲנוּ סָבִיב לְאָהֳלִי: אַחַי מֵעָלַי הִרְחִיק

וְיֹדְעַי אַךְ־זָרוּ מִמֶּנִּי: חָדְלוּ קְרוֹבָי וּמְיֻדָּעַי שְׁכֵחוּנִי: גָּרֵי בֵיתִי

וְאַמְהֹתַי לְזָר תַּחְשְׁבֻנִי נָכְרִי הָיִיתִי בְעֵינֵיהֶם: לְעַבְדִּי קָרָאתִי וְלֹא

יַעֲנֶה בְּמוֹ־פִי אֶתְחַנֶּן־לוֹ: רוּחִי זָרָה לְאִשְׁתִּי וְחַנֹּתִי לִבְנֵי בִטְנִי: גַּם־

עֲוִילִים מָאֲסוּ בִי אָקוּמָה וַיְדַבְּרוּ־בִי: תִּעֲבוּנִי כָּל־מְתֵי סוֹדִי וְזֶה־

אָהַבְתִּי נֶהְפְּכוּ־בִי: בְּעוֹרִי וּבִבְשָׂרִי דָּבְקָה עַצְמִי וָאֶתְמַלְּטָה בְּעוֹר

שִׁנָּי: חָנֻּנִי חָנֻּנִי אַתֶּם רֵעָי כִּי יַד־אֱלוֹהַּ נָגְעָה בִּי: לָמָּה תִּרְדְּפֻנִי

כְמוֹ־אֵל וּמִבְּשָׂרִי לֹא תִשְׂבָּעוּ: מִי־יִתֵּן אֵפוֹ וְיִכָּתְבוּן מִלָּי מִי־יִתֵּן

בַּסֵּפֶר וְיֻחָקוּ: בְּעֵט־בַּרְזֶל וְעֹפָרֶת לָעַד בַּצּוּר יֵחָצְבוּן: וַאֲנִי יָדַעְתִּי

גֹּאֲלִי חָי וְאַחֲרוֹן עַל־עָפָר יָקוּם: וְאַחַר עוֹרִי נִקְּפוּ־זֹאת וּמִבְּשָׂרִי

אֶחֱזֶה אֱלוֹהַּ: אֲשֶׁר אֲנִי ׀ אֶחֱזֶה־לִּי וְעֵינַי רָאוּ וְלֹא־זָר כָּלוּ כִלְיֹתַי

בְּחֵקִי: כִּי תֹאמְרוּ מַה־נִּרְדָּף־לוֹ וְשֹׁרֶשׁ דָּבָר נִמְצָא־בִי: גּוּרוּ לָכֶם ׀

שַׁדּוּן מִפְּנֵי־חֶרֶב כִּי־חֵמָה עֲוֺנוֹת חָרֶב לְמַעַן תֵּדְעוּן שַׁדּוּן (שַׁדִּין):

20 וַיַּעַן צֹפַר הַנַּעֲמָתִי וַיֹּאמַר:

לָכֵן שְׂעִפַּי יְשִׁיבוּנִי וּבַעֲבוּר חוּשִׁי בִי: מוּסַר כְּלִמָּתִי אֶשְׁמָע וְרוּחַ

מִבִּינָתִי יַעֲנֵנִי: הֲזֹאת יָדַעְתָּ מִנִּי־עַד מִנִּי שִׂים אָדָם עֲלֵי־אָרֶץ: כִּי

רִנְנַת רְשָׁעִים מִקָּרוֹב וְשִׂמְחַת חָנֵף עֲדֵי־רָגַע: אִם־יַעֲלֶה לַשָּׁמַיִם

שִׂיאוֹ וְרֹאשׁוֹ לָעָב יַגִּיעַ: כְּגֶלֲלוֹ לָנֶצַח יֹאבֵד רֹאָיו יֹאמְרוּ אַיּוֹ:

כַּחֲלוֹם יָעוּף וְלֹא יִמְצָאוּהוּ וְיֻדַּד כְּחֶזְיוֹן לָיְלָה: עַיִן שְׁזָפַתּוּ וְלֹא

תוֹסִיף וְלֹא־עוֹד תְּשׁוּרֶנּוּ מְקוֹמוֹ: בָּנָיו יְרַצּוּ דַלִּים וְיָדָיו תָּשֵׁבְנָה

עֲלוּמָיו אוֹנוֹ: עַצְמוֹתָיו מָלְאוּ עֲלוּמָו (עֲלוּמָיו) וְעִמּוֹ עַל־עָפָר תִּשְׁכָּב: אִם־תַּמְתִּיק

בְּפִיו רָעָה יַכְחִידֶנָּה תַּחַת לְשׁוֹנוֹ: יַחְמֹל עָלֶיהָ וְלֹא יַעַזְבֶנָּה וְיִמְנָעֶנָּה

בְּתוֹךְ חִכּוֹ: לַחְמוֹ בְּמֵעָיו נֶהְפָּךְ מְרוֹרַת פְּתָנִים בְּקִרְבּוֹ: חַיִל בָּלַע

וַיְקִאֶנּוּ מִבִּטְנוֹ יוֹרִשֶׁנּוּ אֵל: רֹאשׁ־פְּתָנִים יִינָק תַּהַרְגֵהוּ לְשׁוֹן אֶפְעֶה:

אַל־יֵרֶא בִפְלַגּוֹת נַהֲרֵי נַחֲלֵי דְּבַשׁ וְחֶמְאָה: מֵשִׁיב יָגָע וְלֹא יִבְלָע

כְּחֵיל תְּמוּרָתוֹ וְלֹא יַעֲלֹס: כִּי־רִצַּץ עָזַב דַּלִּים בַּיִת גָּזַל וְלֹא יִבְנֵהוּ:

lently taken away an house which he builded not;

20 Surely he shall not feel quietness in his belly, he shall not save of that which he desired.

21 There shall none of his meat be left; therefore shall no man look for his goods.

22 In the fulness of his sufficiency he shall be in straits: every hand of the wicked shall come upon him.

23 *When* he is about to fill his belly, *God* shall cast the fury of his wrath upon him, and shall rain *it* upon him while he is eating.

24 He shall flee from the iron weapon, *and* the bow of steel shall strike him through.

25 It is drawn, and cometh out of the body; yea, the glittering sword cometh out of his gall: terrors *are* upon him.

26 All darkness *shall be* hid in his secret places: a fire not blown shall consume him; it shall go ill with him that is left in his tabernacle.

27 The heaven shall reveal his iniquity; and the earth shall rise up against him.

28 The increase of his house shall depart, *and his goods* shall flow away in the day of his wrath.

29 This *is* the portion of a wicked man from God, and the heritage appointed unto him by God.

CHAPTER 21

1 But Job answered and said,

2 Hear diligently my speech, and let this be your consolations.

3 Suffer me that I may speak; and after that I have spoken, mock on.

4 As for me, *is* my complaint to man? and if *it were so*, why should not my spirit be troubled?

5 Mark me, and be astonished, and lay *your* hand upon *your* mouth.

6 Even when I remember I am afraid, and trembling taketh hold on my flesh.

7 Wherefore do the wicked live, become old, yea, are mighty in power?

8 Their seed is established in their sight with them, and their offspring before their eyes.

9 Their houses *are* safe from fear, neither *is* the rod of God upon them.

10 Their bull gendereth, and faileth not; their cow calveth, and casteth not her calf.

11 They send forth their little ones like a flock, and their children dance.

12 They take the timbrel and harp, and rejoice at the sound of the organ.

13 They spend their days in wealth, and in a moment go down to the grave.

14 Therefore they say unto God, Depart from us; for we desire not the knowledge of thy ways.

15 What *is* the Almighty, that we should serve him? and what profit should we have, if we pray unto him?

16 Lo, their good *is* not in their hand: the counsel of the wicked is far from me.

17 How oft is the candle of the wicked put out! and *how oft* cometh their destruction upon them! *God* distributeth sorrows in his anger.

18 They are as stubble before the wind, and as chaff that the storm carrieth away.

19 God layeth up his iniquity for his children: he rewardeth him, and he shall know *it*.

20 His eyes shall see his destruction, and he shall drink of the wrath of the Almighty.

21 For what pleasure *hath* he in his house after him, when the number of his months is cut off in the midst?

22 Shall *any* teach God knowledge? seeing he judgeth those that are high.

23 One dieth in his full strength, being wholly at ease and quiet.

24 His breasts are full of milk, and his bones are moistened with marrow.

25 And another dieth in the bitterness of his soul, and never eateth with pleasure.

26 They shall lie down alike in the dust, and the worms shall cover them.

27 Behold, I know your thoughts, and the devices *which* ye wrongfully imagine against me.

28 For ye say, Where *is* the house of the prince? and where *are* the dwelling places of the wicked?

29 Have ye not asked them that go by the way? and do ye not know their tokens,

כִּי ׀ לֹא־יָדַע שָׁלֵו בְּבִטְנ֑וֹ בַּחֲמוּד֗וֹ לֹ֣א יְמַלֵּֽט׃ אֵין־שָׂרִ֥יד לְאָכְל֑וֹ עַל־ ²⁰
כֵּ֝֗ן לֹא־יָחִ֥יל טוּבֽוֹ׃ בִּמְלֹ֣אות שִׂ֭פְקוֹ יֵ֣צֶר ל֑וֹ כָּל־יַ֖ד עָמֵ֣ל תְּבוֹאֶֽנּוּ׃ ²¹ ²²
יְהִ֤י ׀ לְמַלֵּ�֮ בִטְנוֹ֒ יְֽשַׁלַּ֫ח־בּ֥וֹ חֲר֣וֹן אַפּ֑וֹ וְיַמְטֵ֥ר עָ֝לֵ֗ימוֹ בִּלְחוּמֽוֹ׃ יִ֭בְרַח ²³ ²⁴
מִנֵּ֣שֶׁק בַּרְזֶ֑ל תַּ֝חְלְפֵ֗הוּ קֶ֣שֶׁת נְחוּשָֽׁה׃ שָׁלַף֮ וַיֵּצֵ֪א מִגֵּ֫וָ֥ה וּ֭בָרָק ²⁵
מִֽמְּרֹרָת֣וֹ יַהֲלֹ֑ךְ עָלָ֥יו אֵמִֽים׃ כָּל־חֹשֶׁךְ֮ טָמ֪וּן לִצְפּ֫וּנָ֥יו תְּ֭אָכְלֵהוּ אֵ֣שׁ ²⁶
לֹֽא־נֻפָּ֑ח יֵ֖רַע שָׂרִ֣יד בְּאָהֳלֽוֹ׃ יְגַלּ֣וּ שָׁמַ֣יִם עֲוֹנ֑וֹ וְ֝אֶ֗רֶץ מִתְקוֹמָ֥מָה לֽוֹ׃ ²⁷
יִ֭גֶל יְב֣וּל בֵּית֑וֹ נִ֝גָּר֗וֹת בְּי֣וֹם אַפּֽוֹ׃ זֶ֤ה ׀ חֵֽלֶק־אָדָ֣ם רָ֭שָׁע מֵאֱלֹהִ֑ים ²⁸ ²⁹
וְנַחֲלַ֖ת אִמְר֣וֹ מֵאֵֽל׃

וַיַּ֥עַן אִיּ֗וֹב וַיֹּאמַֽר׃ ¹ **21**

שִׁ֭מְעוּ שָׁמ֣וֹעַ מִלָּתִ֑י וּתְהִי־זֹ֝֗את תַּנְח֥וּמֹתֵיכֶֽם׃ שָׂ֭אוּנִי וְאָנֹכִ֣י אֲדַבֵּ֑ר ² ³
וְאַחַ֖ר דַּבְּרִ֣י תַלְעִֽיג׃ הֶ֭אָנֹכִי לְאָדָ֣ם שִׂיחִ֑י וְאִם־מַ֝דּ֗וּעַ לֹא־תִקְצַ֥ר ⁴
רוּחִֽי׃ פְּנוּ־אֵלַ֥י וְהָשַׁ֑מּוּ וְשִׂ֖ימוּ יָ֣ד עַל־פֶּֽה׃ וְאִם־זָכַ֥רְתִּי וְנִבְהָ֑לְתִּי ⁵ ⁶
וְאָחַ֖ז בְּשָׂרִ֣י פַּלָּצֽוּת׃ מַ֭דּוּעַ רְשָׁעִ֣ים יִחְי֑וּ עָ֝תְק֗וּ גַּם־גָּ֥בְרוּ חָֽיִל׃ זַרְעָ֤ם ⁷ ⁸
נָכ֣וֹן לִפְנֵיהֶ֣ם עִמָּ֑ם וְ֝צֶאֱצָאֵיהֶ֗ם לְעֵינֵיהֶֽם׃ בָּתֵּיהֶ֣ם שָׁל֣וֹם מִפָּ֑חַד וְלֹ֤א ⁹
שֵׁ֖בֶט אֱל֣וֹהַּ עֲלֵיהֶֽם׃ שׁוֹר֣וֹ עִ֭בַּר וְלֹ֣א יַגְעִ֑ל תְּפַלֵּ֥ט פָּ֝רָת֗וֹ וְלֹ֣א ¹⁰
תְשַׁכֵּֽל׃ יְשַׁלְּח֣וּ כַ֭צֹּאן עֲוִֽילֵיהֶ֑ם וְ֝יַלְדֵיהֶ֗ם יְרַקֵּדֽוּן׃ יִ֭שְׂאוּ כְּתֹ֣ף וְכִנּ֑וֹר ¹¹ ¹²
וְ֝יִשְׂמְח֗וּ לְק֣וֹל עוּגָֽב׃ יְבַלּ֣וּ בַטּ֣וֹב יְמֵיהֶ֑ם וּ֝בְרֶ֗גַע שְׁא֣וֹל יֵחָֽתּוּ׃ וַיֹּאמְר֣וּ ¹³ ¹⁴ **יְכַלּוּ**
לָ֭אֵל ס֣וּר מִמֶּ֑נּוּ וְדַ֥עַת דְּ֝רָכֶ֗יךָ לֹ֣א חָפָֽצְנוּ׃ מַה־שַּׁדַּ֥י כִּֽי־נַעַבְדֶ֑נּוּ וּמַה־ ¹⁵
נּ֝וֹעִ֗יל כִּ֣י נִפְגַּע־בּֽוֹ׃ הֵ֤ן לֹ֣א בְיָדָ֣ם טוּבָ֑ם עֲצַ֥ת רְ֝שָׁעִ֗ים רָ֣חֲקָה מֶֽנִּי׃ ¹⁶
כַּמָּ֤ה ׀ נֵר־רְשָׁעִ֣ים יִדְעָךְ֮ וְיָבֹ֪א עָלֵ֫ימ֥וֹ אֵידָ֑ם חֲ֝בָלִ֗ים יְחַלֵּ֥ק בְּאַפּֽוֹ׃ יִהְי֗וּ ¹⁷ ¹⁸
כְּתֶ֥בֶן לִפְנֵי־ר֑וּחַ וּ֝כְמֹ֗ץ גְּנָבַ֥תּוּ סוּפָֽה׃ אֱל֗וֹהַּ יִצְפֹּן־לְבָנָ֥יו אוֹנ֑וֹ יְשַׁלֵּ֖ם ¹⁹
אֵלָ֣יו וְיֵדָֽע׃ יִרְא֣וּ עֵינָ֣יו כִּיד֑וֹ וּמֵחֲמַ֖ת שַׁדַּ֣י יִשְׁתֶּֽה׃ כִּ֤י מַה־חֶפְצ֣וֹ ²⁰ ²¹ **עֵינָיו**
בְּבֵית֣וֹ אַחֲרָ֑יו וּמִסְפַּ֖ר חֳדָשָׁ֣יו חֻצָּֽצוּ׃ הַלְאֵ֥ל יְלַמֶּד־דָּ֑עַת וְ֝ה֗וּא רָמִ֥ים ²²
יִשְׁפּֽוֹט׃ זֶ֗ה יָ֭מוּת בְּעֶ֣צֶם תֻּמּ֑וֹ כֻּ֝לּ֗וֹ שַׁלְאֲנַ֥ן וְשָׁלֵֽיו׃ עֲ֭טִינָיו מָלְא֣וּ ²³ ²⁴
חָלָ֑ב וּמֹ֖חַ עַצְמוֹתָ֣יו יְשֻׁקֶּֽה׃ וְזֶ֗ה יָ֭מוּת בְּנֶ֣פֶשׁ מָרָ֑ה וְלֹֽא־אָ֝כַ֗ל בַּטּוֹבָֽה׃ ²⁵ **25A**
יַ֭חַד עַל־עָפָ֣ר יִשְׁכָּ֑בוּ וְ֝רִמָּ֗ה תְּכַסֶּ֥ה עֲלֵיהֶֽם׃ הֵ֣ן יָ֭דַעְתִּי מַחְשְׁבֽוֹתֵיכֶ֑ם ²⁶ ²⁷
וּ֝מְזִמּ֗וֹת עָלַ֥י תַּחְמֹֽסוּ׃ כִּ֤י תֹֽאמְר֗וּ אַיֵּ֥ה בֵית־נָדִ֑יב וְ֝אַיֵּ֗ה אֹ֤הֶל ׀ ²⁸
מִֽשְׁכְּנ֬וֹת רְשָׁעִֽים׃ הֲלֹ֣א שְׁ֭אֶלְתֶּם ע֣וֹבְרֵי דָ֑רֶךְ וְ֝אֹתֹתָ֗ם לֹ֣א תְנַכֵּֽרוּ׃ ²⁹

30 That the wicked is reserved to the day of destruction? they shall be brought forth to the day of wrath.

31 Who shall declare his way to his face? and who shall repay him *what* he hath done?

32 Yet shall he be brought to the grave, and shall remain in the tomb.

33 The clods of the valley shall be sweet unto him, and every man shall draw after him, as *there are* innumerable before him.

34 How then comfort ye me in vain, seeing in your answers there remaineth falsehood?

CHAPTER 22

1 Then Eliphaz the Temanite answered and said,

2 Can a man be profitable unto God, as he that is wise may be profitable unto himself?

3 *Is it* any pleasure to the Almighty, that thou art righteous? or *is it* gain *to him*, that thou makest thy ways perfect?

4 Will he reprove thee for fear of thee? will he enter with thee into judgment?

5 *Is* not thy wickedness great? and thine iniquities infinite?

6 For thou hast taken a pledge from thy brother for nought, and stripped the naked of their clothing.

7 Thou hast not given water to the weary to drink, and thou hast withholden bread from the hungry.

8 But *as for* the mighty man, he had the earth; and the honourable man dwelt in it.

9 Thou hast sent widows away empty, and the arms of the fatherless have been broken.

10 Therefore snares *are* round about thee, and sudden fear troubleth thee;

11 Or darkness, *that* thou canst not see; and abundance of waters cover thee.

12 *Is* not God in the height of heaven? and behold the height of the stars, how high they are!

13 And thou sayest, How doth God know? can he judge through the dark cloud?

14 Thick clouds *are* a covering to him, that he seeth not; and he walketh in the circuit of heaven.

15 Hast thou marked the old way which wicked men have trodden?

16 Which were cut down out of time, whose foundation was overflown with a flood:

17 Which said unto God, Depart from us: and what can the Almighty do for them?

18 Yet he filled their houses with good *things:* but the counsel of the wicked is far from me.

19 The righteous see *it,* and are glad: and the innocent laugh them to scorn.

20 Whereas our substance is not cut down, but the remnant of them the fire consumeth.

21 Acquaint now thyself with him, and be at peace: thereby good shall come unto thee.

22 Receive, I pray thee, the law from his mouth, and lay up his words in thine heart.

23 If thou return to the Almighty, thou shalt be built up, thou shalt put away iniquity far from thy tabernacles.

24 Then shalt thou lay up gold as dust, and the *gold* of Ophir as the stones of the brooks.

25 Yea, the Almighty shall be thy defence, and thou shalt have plenty of silver.

26 For then shalt thou have thy delight in the Almighty, and shalt lift up thy face unto God.

27 Thou shalt make thy prayer unto him, and he shall hear thee, and thou shalt pay thy vows.

28 Thou shalt also decree a thing, and it shall be established unto thee: and the light shall shine upon thy ways.

29 When *men* are cast down, then thou shalt say, *There is* lifting up; and he shall save the humble person.

30 He shall deliver the island of the innocent: and it is delivered by the pureness of thine hands.

CHAPTER 23

1 Then Job answered and said,

2 Even to day *is* my complaint bitter: my stroke is heavier than my groaning.

כִּי לְיוֹם אֵיד יֵחָשֶׂךְ רָע לְיוֹם עֲבָרוֹת יוּבָלוּ: מִי־יַגִּיד עַל־פָּנָיו דַּרְכּוֹ 30
31 וְהוּא־עָשָׂה מִי יְשַׁלֶּם־לוֹ: וְהוּא לִקְבָרוֹת יוּבָל וְעַל־גָּדִישׁ יִשְׁקוֹד: 32
מָתְקוּ־לוֹ רִגְבֵי נָחַל וְאַחֲרָיו כָּל־אָדָם יִמְשׁוֹךְ וּלְפָנָיו אֵין מִסְפָּר: 33
וְאֵיךְ תְּנַחֲמוּנִי הָבֶל וּתְשׁוּבֹתֵיכֶם נִשְׁאַר־מָעַל: 34

וַיַּעַן אֱלִיפַז הַתֵּמָנִי וַיֹּאמַר: 22 1

הַלְאֵל יִסְכָּן־גָּבֶר כִּי־יִסְכֹּן עָלֵימוֹ מַשְׂכִּיל: הַחֵפֶץ לְשַׁדַּי כִּי תִצְדָּק 2
3 וְאִם־בֶּצַע כִּי־תַתֵּם דְּרָכֶיךָ: הֲמִיִּרְאָתְךָ יֹכִיחֶךָ יָבוֹא עִמְּךָ בַּמִּשְׁפָּט: 4
הֲלֹא רָעָתְךָ רַבָּה וְאֵין־קֵץ לַעֲוֹנֹתֶיךָ: כִּי־תַחְבֹּל אַחֶיךָ חִנָּם וּבִגְדֵי 5
6 עֲרוּמִּים תַּפְשִׁיט: לֹא־מַיִם עָיֵף תַּשְׁקֶה וּמֵרָעֵב תִּמְנַע־לָחֶם: וְאִישׁ 7
8 זְרוֹעַ לוֹ הָאָרֶץ וּנְשׂוּא פָנִים יֵשֶׁב בָּהּ: אַלְמָנוֹת שִׁלַּחְתָּ רֵיקָם וּזְרֹעוֹת 9
יְתֹמִים יְדֻכָּא: עַל־כֵּן סְבִיבוֹתֶיךָ פַחִים וִיבַהֶלְךָ פַּחַד פִּתְאֹם: אוֹ־ 10
11 חֹשֶׁךְ לֹא־תִרְאֶה וְשִׁפְעַת־מַיִם תְּכַסֶּךָּ: הֲלֹא־אֱלוֹהַּ גֹּבַהּ שָׁמָיִם וּרְאֵה 12
רֹאשׁ כּוֹכָבִים כִּי־רָמּוּ: וְאָמַרְתָּ מַה־יָּדַע אֵל הַבְעַד עֲרָפֶל יִשְׁפּוֹט: 13
עָבִים סֵתֶר־לוֹ וְלֹא יִרְאֶה וְחוּג שָׁמַיִם יִתְהַלָּךְ: הַאֹרַח עוֹלָם תִּשְׁמֹר 14
15 אֲשֶׁר דָּרְכוּ מְתֵי־אָוֶן: אֲשֶׁר־קֻמְּטוּ וְלֹא־עֵת נָהָר יוּצַק יְסוֹדָם: 16
הָאֹמְרִים לָאֵל סוּר מִמֶּנּוּ וּמַה־יִּפְעַל שַׁדַּי לָמוֹ: וְהוּא מִלֵּא בָתֵּיהֶם 17
18 טוֹב וַעֲצַת רְשָׁעִים רָחֲקָה מֶנִּי: יִרְאוּ צַדִּיקִים וְיִשְׂמָחוּ וְנָקִי יִלְעַג־ 19
לָמוֹ: אִם־לֹא נִכְחַד קִימָנוּ וְיִתְרָם אָכְלָה אֵשׁ: הַסְכֶּן־נָא עִמּוֹ וּשְׁלָם 20 21A
21 בָּהֶם תְּבוֹאַתְךָ טוֹבָה: קַח־נָא מִפִּיו תּוֹרָה וְשִׂים אֲמָרָיו בִּלְבָבֶךָ: 22
אִם־תָּשׁוּב עַד־שַׁדַּי תִּבָּנֶה תַּרְחִיק עַוְלָה מֵאָהֳלֶךָ: וְשִׁית־עַל־עָפָר 23
24 בָּצֶר וּבְצוּר נְחָלִים אוֹפִיר: וְהָיָה שַׁדַּי בְּצָרֶיךָ וְכֶסֶף תּוֹעָפוֹת לָךְ: 25
כִּי־אָז עַל־שַׁדַּי תִּתְעַנָּג וְתִשָּׂא אֶל־אֱלוֹהַּ פָּנֶיךָ: תַּעְתִּיר אֵלָיו 26 27
וְיִשְׁמָעֶךָּ וּנְדָרֶיךָ תְשַׁלֵּם: וְתִגְזַר־אוֹמֶר וְיָקָם לָךְ וְעַל־דְּרָכֶיךָ נָגַהּ 28 28A
אוֹר: כִּי־הִשְׁפִּילוּ וַתֹּאמֶר גֵּוָה וְשַׁח עֵינַיִם יוֹשִׁעַ: יְמַלֵּט אִי־נָקִי 29
30 וְנִמְלַט בְּבֹר כַּפֶּיךָ:

וַיַּעַן אִיּוֹב וַיֹּאמַר: 23 1

גַּם־הַיּוֹם מְרִי שִׂחִי יָדִי כָּבְדָה עַל־אַנְחָתִי: מִי־יִתֵּן יָדַעְתִּי וְאֶמְצָאֵהוּ 2
3

3 Oh that I knew where I might find him! *that* I might come *even* to his seat!

4 I would order *my* cause before him, and fill my mouth with arguments.

5 I would know the words *which* he would answer me, and understand what he would say unto me.

6 Will he plead against me with *his* great power? No; but he would put *strength* in me.

7 There the righteous might dispute with him; so should I be delivered for ever from my judge.

8 Behold, I go forward, but he *is* not *there;* and backward, but I cannot perceive him:

9 On the left hand, where he doth work, but I cannot behold *him:* he hideth himself on the right hand, that I cannot see *him:*

10 But he knoweth the way that I take: *when* he hath tried me, I shall come forth as gold.

11 My foot hath held his steps, his way have I kept, and not declined.

12 Neither have I gone back from the commandment of his lips; I have esteemed the words of his mouth more than my necessary *food.*

13 But he *is* in one *mind,* and who can turn him? and *what* his soul desireth, even *that* he doeth.

14 For he performeth *the thing that is* appointed for me: and many such *things are* with him.

15 Therefore am I troubled at his presence: when I consider, I am afraid of him.

16 For God maketh my heart soft, and the Almighty troubleth me:

17 Because I was not cut off before the darkness, *neither* hath he covered the darkness from my face.

CHAPTER 24

1 Why, seeing times are not hidden from the Almighty, do they that know him not see his days?

2 *Some* remove the landmarks; they violently take away flocks, and feed *thereof.*

3 They drive away the ass of the fatherless, they take the widow's ox for a pledge.

4 They turn the needy out of the way: the poor of the earth hide themselves together.

5 Behold, *as* wild asses in the desert, go they forth to their work; rising betimes for a prey: the wilderness *yieldeth* food for them *and* for *their* children.

6 They reap *every one* his corn in the field: and they gather the vintage of the wicked.

7 They cause the naked to lodge without clothing, that *they have* no covering in the cold.

8 They are wet with the showers of the mountains, and embrace the rock for want of a shelter.

9 They pluck the fatherless from the breast, and take a pledge of the poor.

10 They cause *him* to go naked without clothing, and they take away the sheaf *from* the hungry;

11 *Which* make oil within their walls, *and* tread *their* winepresses, and suffer thirst.

12 Men groan from out of the city, and the soul of the wounded crieth out: yet God layeth not folly *to them.*

13 They are of those that rebel against the light; they know not the ways thereof, nor abide in the paths thereof.

14 The murderer rising with the light killeth the poor and needy, and in the night is as a thief.

15 The eye also of the adulterer waiteth for the twilight, saying, No eye shall see me: and disguiseth *his* face.

16 In the dark they dig through houses, *which* they had marked for themselves in the daytime: they know not the light.

17 For the morning *is* to them even as the shadow of death: if *one* know *them, they are in* the terrors of the shadow of death.

18 He *is* swift as the waters; their portion is cursed in the earth: he beholdeth not the way of the vineyards.

19 Drought and heat consume the snow waters: *so doth* the grave *those which* have sinned.

20 The womb shall forget him; the worm shall feed sweetly on him; he shall be no

אָב֥וֹא עַד־תְּכוּנָת֑וֹ אֶעֶרְכָ֖ה לְפָנָ֣יו מִשְׁפָּ֑ט וּפִ֝֗י אֲמַלֵּ֥א תוֹכָחֽוֹת׃ 4

אֵ֭דְעָה מִלִּ֣ים יַעֲנֵ֑נִי וְ֝אָבִ֗ינָה מַה־יֹּ֥אמַר לִֽי׃ הַבְּרָב־כֹּ֭חַ יָרִ֣יב עִמָּדִ֑י 5
6

לֹ֥א אַךְ־ה֗וּא יָשֵׂ֥ם בִּֽי׃ שָׁ֗ם יָ֭שָׁר נוֹכָ֣ח עִמּ֑וֹ וַאֲפַלְּטָ֥ה לָ֝נֶ֗צַח מִשֹּׁפְטִֽי׃ 7

הֵ֤ן קֶ֣דֶם אֶהֱלֹ֣ךְ וְאֵינֶ֑נּוּ וְ֝אָחֹ֗ור וְֽלֹא־אָבִ֥ין לֽוֹ׃ שְׂמֹ֣אול בַּעֲשֹׂת֣וֹ וְלֹא־ 8
9

אָ֑חַז יַעְטֹ֥ף יָ֝מִ֗ין וְלֹ֣א אֶרְאֶֽה׃ כִּֽי־יָ֭דַע דֶּ֣רֶךְ עִמָּדִ֑י בְּ֝חָנַ֗נִי כַּזָּהָ֥ב 10

אֵצֵֽא׃ בַּ֭אֲשֻׁרוֹ אָחֲזָ֣ה רַגְלִ֑י דַּרְכּ֖וֹ שָׁמַ֣רְתִּי וְלֹא־אָֽט׃ מִצְוַ֣ת שְׂ֭פָתָיו 11
12

וְלֹ֣א אָמִ֑ישׁ מֵ֝חֻקִּ֗י צָפַ֥נְתִּי אִמְרֵי־פִֽיו׃ וְה֣וּא בְ֭אֶחָד וּמִ֣י יְשִׁיבֶ֑נּוּ 13

וְנַפְשׁ֖וֹ אִוְּתָ֣ה וַיָּֽעַשׂ׃ כִּ֭י יַשְׁלִ֣ים חֻקִּ֑י וְכָהֵ֖נָּה רַבּ֣וֹת עִמּֽוֹ׃ עַל־כֵּ֭ן 14
15

מִפָּנָ֣יו אֶבָּהֵ֑ל אֶ֝תְבּוֹנֵ֗ן וְאֶפְחַ֥ד מִמֶּֽנּוּ׃ וְאֵ֭ל הֵרַ֣ךְ לִבִּ֑י וְ֝שַׁדַּ֗י הִבְהִילָֽנִי׃ 16

כִּֽי־לֹ֣א נִ֭צְמַתִּי מִפְּנֵי־חֹ֑שֶׁךְ וּ֝מִפָּנַ֗י כִּסָּה־אֹֽפֶל׃ מַדּ֗וּעַ מִ֭שַּׁדַּי לֹא־ 17
1

נִצְפְּנ֣וּ עִתִּ֑ים וְ֝יֹדְעָ֗יו לֹא־חָ֥זוּ יָמָֽיו׃ גְּבֻל֥וֹת יַשִּׂ֑יגוּ עֵ֥דֶר גָּ֝זְל֗וּ וַיִּרְעֽוּ׃ 2

חֲמ֣וֹר יְתוֹמִ֣ים יִנְהָ֑גוּ יַ֝חְבְּל֗וּ שׁ֣וֹר אַלְמָנָֽה׃ יַטּ֣וּ אֶבְיוֹנִ֣ים מִדָּ֑רֶךְ יַ֥חַד 3
4

חֻ֝בְּא֗וּ עֲנִיֵּי־אָֽרֶץ׃ הֵ֤ן פְּרָאִ֨ים ׀ בַּֽמִּדְבָּ֗ר יָצְא֣וּ בְּ֭פָעֳלָם מְשַׁחֲרֵ֣י לַטָּ֑רֶף 5

עֲרָבָ֬ה ל֣וֹ לֶ֭חֶם לַנְּעָרִֽים׃ בַּ֭שָּׂדֶה בְּלִיל֣וֹ יִקְצֹ֑רוּ וְכֶ֖רֶם רָשָׁ֣ע יְלַקֵּֽשׁוּ׃ 6

עָר֣וֹם יָ֭לִינוּ מִבְּלִ֣י לְב֑וּשׁ וְאֵ֥ין כְּ֝ס֗וּת בַּקָּרָֽה׃ מִזֶּ֣רֶם הָרִ֣ים יִרְטָ֑בוּ 7
8

וּֽמִבְּלִ֥י מַ֝חְסֶ֗ה חִבְּקוּ־צֽוּר׃ יִ֭גְזְלוּ מִשֹּׁ֣ד יָת֑וֹם וְֽעַל־עָנִ֥י יַחְבֹּֽלוּ׃ עָר֣וֹם 9
10

הִ֭לְּכוּ בְּלִ֣י לְב֑וּשׁ וּ֝רְעֵבִ֗ים נָ֣שְׂאוּ עֹֽמֶר׃ בֵּין־שׁוּרֹתָ֥ם יַצְהִ֑ירוּ יְקָבִ֥ים 11

דָּ֝רְכ֗וּ וַיִּצְמָֽאוּ׃ מֵ֤עִ֨יר ׀ מְתִ֨ים ׀ יִנְאָ֗קוּ וְנֶֽפֶשׁ־חֲלָלִ֥ים תְּשַׁוֵּ֑עַ וֶ֝אֱל֗וֹהַּ לֹא־ 12

יָשִׂ֥ים תִּפְלָֽה׃ הֵ֤מָּה ׀ הָי֮וּ בְּֽמֹרְדֵ֫י־א֥וֹר לֹֽא־הִכִּ֥ירוּ דְרָכָ֑יו וְלֹ֥א יָ֝שְׁב֗וּ 13

בִּנְתִיבֹתָֽיו׃ לָא֡וֹר יָ֘ק֤וּם רוֹצֵ֗חַ יִֽקְטָל־עָנִ֥י וְאֶבְי֑וֹן וּ֝בַלַּ֗יְלָה יְהִ֥י כַגַּנָּֽב׃ 14

וְעֵ֤ין נֹאֵ֨ף ׀ שָׁ֤מְרָֽה נֶ֣שֶׁף לֵ֭אמֹר לֹא־תְשׁוּרֵ֣נִי עָ֑יִן וְסֵ֖תֶר פָּנִ֣ים יָשִֽׂים׃ 15

חָתַ֥ר בַּחֹ֗שֶׁךְ בָּ֫תִּ֥ים יוֹמָ֥ם חִתְּמוּ־לָ֑מוֹ לֹא־יָ֥דְעוּ אֽוֹר׃ כִּ֤י יַחְדָּ֨ו ׀ 16
17

בֹּ֗קֶר לָ֥מוֹ צַלְמָ֑וֶת כִּֽי־יַ֝כִּ֗יר בַּלְה֥וֹת צַלְמָֽוֶת׃ קַֽל־ה֤וּא ׀ עַל־פְּנֵי־מַ֗יִם 18

תְּקֻלַּ֣ל חֶלְקָתָ֣ם בָּאָ֑רֶץ לֹֽא־יִ֝פְנֶ֗ה דֶּ֣רֶךְ כְּרָמִֽים׃ צִיָּ֤ה גַם־חֹ֭ם יִגְזְל֣וּ 19

מֵֽימֵי־שֶׁ֑לֶג שְׁא֣וֹל חָטָֽאוּ׃ יִשְׁכָּחֵ֬הוּ רֶ֨חֶם ׀ מְתָ֘ק֤וֹ רִמָּ֗ה ע֥וֹד לֹֽא־יִזָּכֵ֗ר 20

more remembered; and wickedness shall be broken as a tree.

21 He evil entreateth the barren *that* beareth not: and doeth not good to the widow.

22 He draweth also the mighty with his power: he riseth up, and no *man* is sure of life.

23 *Though* it be given him *to be* in safety, whereon he resteth; yet his eyes *are* upon their ways.

24 They are exalted for a little while, but are gone and brought low; they are taken out of the way as all *other,* and cut off as the tops of the ears of corn.

25 And if *it be* not *so* now, who will make me a liar, and make my speech nothing worth?

CHAPTER 25

1 Then answered Bildad the Shuhite, and said,

2 Dominion and fear *are* with him, he maketh peace in his high places.

3 Is there any number of his armies? and upon whom doth not his light arise?

4 How then can man be justified with God? or how can he be clean *that is* born of a woman?

5 Behold even to the moon, and it shineth not; yea, the stars are not pure in his sight.

6 How much less man, *that is* a worm? and the son of man, *which is* a worm?

CHAPTER 26

1 But Job answered and said,

2 How hast thou helped *him that is* without power? *how* savest thou the arm *that hath* no strength?

3 How hast thou counselled *him that hath* no wisdom? and *how* hast thou plentifully declared the thing as it is?

4 To whom hast thou uttered words? and whose spirit came from thee?

5 Dead *things* are formed from under the waters, and the inhabitants thereof.

6 Hell *is* naked before him, and destruction hath no covering.

7 He stretcheth out the north over the empty place, *and* hangeth the earth upon nothing.

8 He bindeth up the waters in his thick clouds; and the cloud is not rent under them.

9 He holdeth back the face of his throne, *and* spreadeth his cloud upon it.

10 He hath compassed the waters with bounds, until the day and night come to an end.

11 The pillars of heaven tremble and are astonished at his reproof.

12 He divideth the sea with his power, and by his understanding he smiteth through the proud.

13 By his spirit he hath garnished the heavens; his hand hath formed the crooked serpent.

14 Lo, these *are* parts of his ways: but how little a portion is heard of him? but the thunder of his power who can understand?

CHAPTER 27

1 Moreover Job continued his parable, and said,

2 *As* God liveth, *who* hath taken away my judgment; and the Almighty, *who* hath vexed my soul;

3 All the while my breath *is* in me, and the spirit of God *is* in my nostrils;

4 My lips shall not speak wickedness, nor my tongue utter deceit.

5 God forbid that I should justify you: till I die I will not remove mine integrity from me.

6 My righteousness I hold fast, and will not let it go: my heart shall not reproach *me* so long as I live.

7 Let mine enemy be as the wicked, and he that riseth up against me as the unrighteous.

8 For what *is* the hope of the hypocrite, though he hath gained, when God taketh away his soul?

9 Will God hear his cry when trouble cometh upon him?

10 Will he delight himself in the Almighty? will he always call upon God?

11 I will teach you by the hand of God:

21 וַתְּשַׁבֵּר כָּעֵץ עוֹלָה: רֹעֶה עֲקָרָה לֹא תֵלֵד וְאַלְמָנָה לֹא יְיֵטִיב: 21A

22 וּמָשַׁךְ אַבִּירִים בְּכֹחוֹ יָקוּם וְלֹא־יַאֲמִין בַּחַיִּין: יִתֶּן־לוֹ לָבֶטַח וְיִשָּׁעֵן
23

24 וְעֵינֵיהוּ עַל־דַּרְכֵיהֶם: רוֹמּוּ מְעַט וְאֵינֶנּוּ וְהֻמְכּוּ כַּכֹּל יִקָּפְצוּן

25 וּכְרֹאשׁ שִׁבֹּלֶת יִמָּלוּ: וְאִם־לֹא אֵפוֹ מִי יַכְזִיבֵנִי וְיָשֵׂם לְאַל מִלָּתִי:

1 25 וַיַּעַן בִּלְדַּד הַשֻּׁחִי וַיֹּאמַר:

2 הַמְשֵׁל וָפַחַד עִמּוֹ עֹשֶׂה שָׁלוֹם בִּמְרוֹמָיו: הֲיֵשׁ מִסְפָּר לִגְדוּדָיו וְעַל־
3

4 מִי לֹא־יָקוּם אוֹרֵהוּ: וּמַה־יִּצְדַּק אֱנוֹשׁ עִם־אֵל וּמַה־יִּזְכֶּה יְלוּד
5

6 אִשָּׁה: הֵן עַד־יָרֵחַ וְלֹא יַאֲהִיל וְכוֹכָבִים לֹא־זַכּוּ בְעֵינָיו: אַף כִּי־
אֱנוֹשׁ רִמָּה וּבֶן־אָדָם תּוֹלֵעָה:

1 26 וַיַּעַן אִיּוֹב וַיֹּאמַר:

2 מֶה־עָזַרְתָּ לְלֹא־כֹחַ הוֹשַׁעְתָּ זְרוֹעַ לֹא־עֹז: מַה־יָּעַצְתָּ לְלֹא חָכְמָה
3

4 וְתוּשִׁיָּה לָרֹב הוֹדָעְתָּ: אֶת־מִי הִגַּדְתָּ מִלִּין וְנִשְׁמַת־מִי יָצְאָה מִמֶּךָּ:

5 הָרְפָאִים יְחוֹלָלוּ מִתַּחַת מַיִם וְשֹׁכְנֵיהֶם: עָרוֹם שְׁאוֹל נֶגְדּוֹ וְאֵין
6

7 כְּסוּת לָאֲבַדּוֹן: נֹטֶה צָפוֹן עַל־תֹּהוּ תֹּלֶה אֶרֶץ עַל־בְּלִי־מָה: צֹרֵר־
8

9 מַיִם בְּעָבָיו וְלֹא־נִבְקַע עָנָן תַּחְתָּם: מְאַחֵז פְּנֵי־כִסֵּה פַּרְשֵׁז עָלָיו

10 עֲנָנוֹ: חֹק־חָג עַל־פְּנֵי־מָיִם עַד־תַּכְלִית אוֹר עִם־חֹשֶׁךְ: עַמּוּדֵי שָׁמַיִם
11

12 יְרוֹפָפוּ וְיִתְמְהוּ מִגַּעֲרָתוֹ: בְּכֹחוֹ רָגַע הַיָּם וּבִתְבוּנָתוֹ מָחַץ רָהַב: וּבִתְבוּנָתוֹ

13 בְּרוּחוֹ שָׁמַיִם שִׁפְרָה חֹלֲלָה יָדוֹ נָחָשׁ בָּרִיחַ: הֶן־אֵלֶּה קְצוֹת דְּרָכָו דְּרָכָיו
14

וּמַה־שֵּׁמֶץ דָּבָר נִשְׁמַע־בּוֹ וְרַעַם גְּבוּרֹתָו מִי יִתְבּוֹנָן: גְּבוּרוֹתָיו

1 27 וַיֹּסֶף אִיּוֹב שְׂאֵת מְשָׁלוֹ וַיֹּאמַר:

2 חַי־אֵל הֵסִיר מִשְׁפָּטִי וְשַׁדַּי הֵמַר נַפְשִׁי: כִּי־כָל־עוֹד נִשְׁמָתִי בִי וְרוּחַ 2A
3

4 אֱלוֹהַּ בְּאַפִּי: אִם־תְּדַבֵּרְנָה שְׂפָתַי עַוְלָה וּלְשׁוֹנִי אִם־יֶהְגֶּה רְמִיָּה:

5 חָלִילָה לִּי אִם־אַצְדִּיק אֶתְכֶם עַד־אֶגְוָע לֹא־אָסִיר תֻּמָּתִי מִמֶּנִּי:

6 בְּצִדְקָתִי הֶחֱזַקְתִּי וְלֹא אַרְפֶּהָ לֹא־יֶחֱרַף לְבָבִי מִיָּמָי: יְהִי כְרָשָׁע
7

8 אֹיְבִי וּמִתְקוֹמְמִי כְעַוָּל: כִּי מַה־תִּקְוַת חָנֵף כִּי יִבְצָע כִּי יֵשֶׁל אֱלוֹהַּ

9 נַפְשׁוֹ: הַצַעֲקָתוֹ יִשְׁמַע אֵל כִּי־תָבוֹא עָלָיו צָרָה: אִם־עַל־שַׁדַּי
10

11 יִתְעַנָּג יִקְרָא אֱלוֹהַּ בְּכָל־עֵת: אוֹרֶה אֶתְכֶם בְּיַד־אֵל אֲשֶׁר עִם־שַׁדַּי

that which *is* with the Almighty will I not conceal.

12 Behold, all ye yourselves have seen *it;* why then are ye thus altogether vain?

13 This *is* the portion of a wicked man with God, and the heritage of oppressors, *which* they shall receive of the Almighty.

14 If his children be multiplied, *it is* for the sword: and his offspring shall not be satisfied with bread.

15 Those that remain of him shall be buried in death: and his widows shall not weep.

16 Though he heap up silver as the dust, and prepare raiment as the clay;

17 He may prepare *it,* but the just shall put *it* on, and the innocent shall divide the silver.

18 He buildeth his house as a moth, and as a booth *that* the keeper maketh.

19 The rich man shall lie down, but he shall not be gathered: he openeth his eyes, and he *is* not.

20 Terrors take hold on him as waters, a tempest stealeth him away in the night.

21 The east wind carrieth him away, and he departeth: and as a storm hurleth him out of his place.

22 For *God* shall cast upon him, and not spare: he would fain flee out of his hand.

23 *Men* shall clap their hands at him, and shall hiss him out of his place.

CHAPTER 28

1 Surely there is a vein for the silver, and a place for gold *where* they fine *it.*

2 Iron is taken out of the earth, and brass *is* molten *out of* the stone.

3 He setteth an end to darkness, and searcheth out all perfection: the stones of darkness, and the shadow of death.

4 The flood breaketh out from the inhabitant; *even the waters* forgotten of the foot: they are dried up, they are gone away from men.

5 *As for* the earth, out of it cometh bread: and under it is turned up as it were fire.

6 The stones of it *are* the place of sapphires: and it hath dust of gold.

7 *There is* a path which no fowl knoweth, and which the vulture's eye hath not seen:

8 The lion's whelps have not trodden it, nor the fierce lion passed by it.

9 He putteth forth his hand upon the rock; he overturneth the mountains by the roots.

10 He cutteth out rivers among the rocks; and his eye seeth every precious thing.

11 He bindeth the floods from overflowing; and *the thing that is* hid bringeth he forth to light.

12 But where shall wisdom be found? and where *is* the place of understanding?

13 Man knoweth not the price thereof; neither is it found in the land of the living.

14 The depth saith, It *is* not in me: and the sea saith, *It is* not with me.

15 It cannot be gotten for gold, neither shall silver be weighed *for* the price thereof.

16 It cannot be valued with the gold of Ophir, with the precious onyx, or the sapphire.

17 The gold and the crystal cannot equal it: and the exchange of it *shall not be for* jewels of fine gold.

18 No mention shall be made of coral, or of pearls: for the price of wisdom *is* above rubies.

19 The topaz of Ethiopia shall not equal it, neither shall it be valued with pure gold.

20 Whence then cometh wisdom? and where *is* the place of understanding?

21 Seeing it is hid from the eyes of all living, and kept close from the fowls of the air.

22 Destruction and death say, We have heard the fame thereof with our ears.

23 God understandeth the way thereof, and he knoweth the place thereof.

24 For he looketh to the ends of the earth, *and* seeth under the whole heaven;

25 To make the weight for the winds; and he weigheth the waters by measure.

26 When he made a decree for the rain, and a way for the lightning of the thunder:

27 Then did he see it, and declare it; he prepared it, yea, and searched it out.

28 And unto man he said, Behold, the fear of the Lord, that *is* wisdom; and to depart from evil *is* understanding.

לֹא אָכַחֵד: הֵן־אַתֶּם כֻּלְּכֶם חֲזִיתֶם וְלָמָּה־זֶּה הֶבֶל תֶּהְבָּלוּ: זֶה‬ ‬ ‭12
‭13

חֵלֶק־אָדָם רָשָׁע ׀ עִם־אֵל וְנַחֲלַת עָרִיצִים מִשַּׁדַּי יִקָּחוּ: אִם־יִרְבּוּ בָנָיו‬ ‭14

לְמוֹ־חָרֶב וְצֶאֱצָאָיו לֹא יִשְׂבְּעוּ־לָחֶם: שְׂרִידָו בַּמָּוֶת יִקָּבֵרוּ וְאַלְמְנֹתָיו‬ ‭15

לֹא תִבְכֶּינָה: אִם־יִצְבֹּר כֶּעָפָר כָּסֶף וְכַחֹמֶר יָכִין מַלְבּוּשׁ: יָכִין וְצַדִּיק‬ ‭16
‭17

יִלְבָּשׁ וְכֶסֶף נָקִי יַחֲלֹק: בָּנָה כָעָשׁ בֵּיתוֹ וּכְסֻכָּה עָשָׂה נֹצֵר: עָשִׁיר‬ ‭18

יִשְׁכַּב וְלֹא יֵאָסֵף עֵינָיו פָּקַח וְאֵינֶנּוּ: תַּשִּׂיגֵהוּ כַמַּיִם בַּלָּהוֹת לַיְלָה‬ ‭19
‭20

גְּנָבַתּוּ סוּפָה: יִשָּׂאֵהוּ קָדִים וְיֵלַךְ וִישָׂעֲרֵהוּ מִמְּקֹמוֹ: וְיַשְׁלֵךְ עָלָיו‬ ‭21
‭22

וְלֹא יַחְמֹל מִיָּדוֹ בָּרוֹחַ יִבְרָח: יִשְׂפֹּק עָלֵימוֹ כַפֵּימוֹ וְיִשְׁרֹק עָלָיו‬ ‭23

מִמְּקֹמוֹ: כִּי יֵשׁ לַכֶּסֶף מוֹצָא וּמָקוֹם לַזָּהָב יָזֹקּוּ: בַּרְזֶל מֵעָפָר יֻקָּח‬ ‭28 ‭1
‭2

וְאֶבֶן יָצוּק נְחוּשָׁה: קֵץ ׀ שָׂם לַחֹשֶׁךְ וּלְכָל־תַּכְלִית הוּא חוֹקֵר אֶבֶן‬ ‭3

אֹפֶל וְצַלְמָוֶת: פָּרַץ נַחַל ׀ מֵעִם־גָּר הַנִּשְׁכָּחִים מִנִּי־רָגֶל דַּלּוּ מֵאֱנוֹשׁ‬ ‭4

נָעוּ: אֶרֶץ מִמֶּנָּה יֵצֵא־לָחֶם וְתַחְתֶּיהָ נֶהְפַּךְ כְּמוֹ־אֵשׁ: מְקוֹם־סַפִּיר‬ ‭5
‭6

אֲבָנֶיהָ וְעַפְרֹת זָהָב לוֹ: נָתִיב לֹא־יְדָעוֹ עָיִט וְלֹא שְׁזָפַתּוּ עֵין אַיָּה:‬ ‭7

לֹא־הִדְרִיכֻהוּ בְנֵי־שָׁחַץ לֹא־עָדָה עָלָיו שָׁחַל: בַּחַלָּמִישׁ שָׁלַח יָדוֹ‬ ‭8 ‭8A
‭9

הָפַךְ מִשֹּׁרֶשׁ הָרִים: בַּצּוּרוֹת יְאֹרִים בִּקֵּעַ וְכָל־יְקָר רָאֲתָה עֵינוֹ:‬ ‭10

מִבְּכִי נְהָרוֹת חִבֵּשׁ וְתַעֲלֻמָהּ יֹצִא אוֹר:‬ ‭11

וְהַחָכְמָה מֵאַיִן תִּמָּצֵא וְאֵי זֶה מְקוֹם בִּינָה: לֹא־יָדַע אֱנוֹשׁ עֶרְכָּהּ‬ ‭12
‭13

וְלֹא תִמָּצֵא בְּאֶרֶץ הַחַיִּים: תְּהוֹם אָמַר לֹא בִי־הִיא וְיָם אָמַר אֵין‬ ‭14

עִמָּדִי: לֹא־יֻתַּן סְגוֹר תַּחְתֶּיהָ וְלֹא יִשָּׁקֵל כֶּסֶף מְחִירָהּ: לֹא־תְסֻלֶּה‬ ‭15
‭16

בְּכֶתֶם אוֹפִיר בְּשֹׁהַם יָקָר וְסַפִּיר: לֹא־יַעַרְכֶנָּה זָהָב וּזְכוֹכִית‬ ‭17

וּתְמוּרָתָהּ כְּלִי־פָז: רָאמוֹת וְגָבִישׁ לֹא יִזָּכֵר וּמֶשֶׁךְ חָכְמָה מִפְּנִינִים:‬ ‭18

לֹא־יַעַרְכֶנָּה פִּטְדַת־כּוּשׁ בְּכֶתֶם טָהוֹר לֹא תְסֻלֶּה:‬ ‭19

וְהַחָכְמָה מֵאַיִן תָּבוֹא וְאֵי זֶה מְקוֹם בִּינָה: וְנֶעֶלְמָה מֵעֵינֵי כָל־חָי‬ ‭20
‭21

וּמֵעוֹף הַשָּׁמַיִם נִסְתָּרָה: אֲבַדּוֹן וָמָוֶת אָמְרוּ בְּאָזְנֵינוּ שָׁמַעְנוּ שִׁמְעָהּ:‬ ‭22

אֱלֹהִים הֵבִין דַּרְכָּהּ וְהוּא יָדַע אֶת־מְקוֹמָהּ: כִּי־הוּא לִקְצוֹת־הָאָרֶץ‬ ‭23
‭24

יַבִּיט תַּחַת כָּל־הַשָּׁמַיִם יִרְאֶה: לַעֲשׂוֹת לָרוּחַ מִשְׁקָל וּמַיִם תִּכֵּן‬ ‭25

בְּמִדָּה: בַּעֲשֹׂתוֹ לַמָּטָר חֹק וְדֶרֶךְ לַחֲזִיז קֹלוֹת: אָז רָאָהּ וַיְסַפְּרָהּ‬ ‭26
‭27

הֱכִינָהּ וְגַם־חֲקָרָהּ: וַיֹּאמֶר ׀ לָאָדָם הֵן יִרְאַת אֲדֹנָי הִיא חָכְמָה וְסוּר‬ ‭28

מֵרָע בִּינָה:‬

CHAPTER 29

1 Moreover Job continued his parable, and said,

2 Oh that I were as *in* months past, as *in* the days *when* God preserved me;

3 When his candle shined upon my head, *and when* by his light I walked *through* darkness;

4 As I was in the days of my youth, when the secret of God *was* upon my tabernacle;

5 When the Almighty *was* yet with me, *when* my children *were* about me;

6 When I washed my steps with butter, and the rock poured me out rivers of oil;

7 When I went out to the gate through the city, *when* I prepared my seat in the street!

8 The young men saw me, and hid themselves: and the aged arose, *and* stood up.

9 The princes refrained talking, and laid *their* hand on their mouth.

10 The nobles held their peace, and their tongue cleaved to the roof of their mouth.

11 When the ear heard *me,* then it blessed me; and when the eye saw *me,* it gave witness to me:

12 Because I delivered the poor that cried, and the fatherless, and *him that had* none to help him.

13 The blessing of him that was ready to perish came upon me: and I caused the widow's heart to sing for joy.

14 I put on righteousness, and it clothed me: my judgment *was* as a robe and a diadem.

15 I was eyes to the blind, and feet *was* I to the lame.

16 I *was* a father to the poor: and the cause *which* I knew not I searched out.

17 And I brake the jaws of the wicked, and plucked the spoil out of his teeth.

18 Then I said, I shall die in my nest, and I shall multiply *my* days as the sand.

19 My root *was* spread out by the waters, and the dew lay all night upon my branch.

20 My glory *was* fresh in me, and my bow was renewed in my hand.

21 Unto me *men* gave ear, and waited, and kept silence at my counsel.

22 After my words they spake not again; and my speech dropped upon them.

23 And they waited for me as for the rain; and they opened their mouth wide *as* for the latter rain.

24 *If* I laughed on them, they believed *it* not; and the light of my countenance they cast not down.

25 I chose out their way, and sat chief, and dwelt as a king in the army, as one *that* comforteth the mourners.

CHAPTER 30

1 But now *they that are* younger than I have me in derision, whose fathers I would have disdained to have set with the dogs of my flock.

2 Yea, whereto *might* the strength of their hands *profit* me, in whom old age was perished?

3 For want and famine *they were* solitary; fleeing into the wilderness in former time desolate and waste.

4 Who cut up mallows by the bushes, and juniper roots *for* their meat.

5 They were driven forth from among *men,* (they cried after them as *after* a thief;)

6 To dwell in the cliffs of the valleys, *in* caves of the earth, and *in* the rocks.

7 Among the bushes they brayed; under the nettles they were gathered together.

8 *They were* children of fools, yea, children of base men: they were viler than the earth.

9 And now am I their song, yea, I am their byword.

10 They abhor me, they flee far from me, and spare not to spit in my face.

11 Because he hath loosed my cord, and afflicted me, they have also let loose the bridle before me.

12 Upon *my* right *hand* rise the youth; they push away my feet, and they raise up against me the ways of their destruction.

13 They mar my path, they set forward my calamity, they have no helper.

14 They came *upon me* as a wide breaking in *of waters:* in the desolation they rolled themselves *upon me.*

15 Terrors are turned upon me: they pursue my soul as the wind: and my welfare passeth away as a cloud.

29 וַיֹּסֶף אִיּוֹב שְׂאֵת מְשָׁלוֹ וַיֹּאמַר:

מִי־יִתְּנֵנִי כְיַרְחֵי־קֶדֶם כִּימֵי אֱלוֹהַּ יִשְׁמְרֵנִי: בְּהִלּוֹ נֵרוֹ עֲלֵי רֹאשִׁי
לְאוֹרוֹ אֵלֶךְ חֹשֶׁךְ: כַּאֲשֶׁר הָיִיתִי בִּימֵי חָרְפִּי בְּסוֹד אֱלוֹהַּ עֲלֵי
אָהֳלִי: בְּעוֹד שַׁדַּי עִמָּדִי סְבִיבוֹתַי נְעָרָי: בִּרְחֹץ הֲלִיכַי בְּחֵמָה וְצוּר
יָצוּק עִמָּדִי פַּלְגֵי־שָׁמֶן: בְּצֵאתִי שַׁעַר עֲלֵי־קָרֶת בָּרְחוֹב אָכִין מוֹשָׁבִי:
רָאוּנִי נְעָרִים וְנֶחְבָּאוּ וִישִׁישִׁים קָמוּ עָמָדוּ: שָׂרִים עָצְרוּ בְמִלִּים
וְכַף יָשִׂימוּ לְפִיהֶם: קוֹל־נְגִידִים נֶחְבָּאוּ וּלְשׁוֹנָם לְחִכָּם דָּבֵקָה: כִּי
אֹזֶן שָׁמְעָה וַתְּאַשְּׁרֵנִי וְעַיִן רָאֲתָה וַתְּעִידֵנִי: כִּי־אֲמַלֵּט עָנִי מְשַׁוֵּעַ
וְיָתוֹם וְלֹא־עֹזֵר לוֹ: בִּרְכַּת אֹבֵד עָלַי תָּבֹא וְלֵב אַלְמָנָה אַרְנִן: צֶדֶק
לָבַשְׁתִּי וַיִּלְבָּשֵׁנִי כִּמְעִיל וְצָנִיף מִשְׁפָּטִי: עֵינַיִם הָיִיתִי לַעִוֵּר וְרַגְלַיִם
לַפִּסֵּחַ אָנִי: אָב אָנֹכִי לָאֶבְיוֹנִים וְרִב לֹא־יָדַעְתִּי אֶחְקְרֵהוּ: וָאֲשַׁבְּרָה
מְתַלְּעוֹת עַוָּל וּמִשִּׁנָּיו אַשְׁלִיךְ טָרֶף: וָאֹמַר עִם־קִנִּי אֶגְוָע וְכַחוֹל
אַרְבֶּה יָמִים: שָׁרְשִׁי פָתוּחַ אֱלֵי־מָיִם וְטַל יָלִין בִּקְצִירִי: כְּבוֹדִי חָדָשׁ
עִמָּדִי וְקַשְׁתִּי בְּיָדִי תַחֲלִיף: לִי־שָׁמְעוּ וְיִחֵלּוּ וְיִדְּמוּ לְמוֹ עֲצָתִי:
אַחֲרֵי דְבָרִי לֹא יִשְׁנוּ וְעָלֵימוֹ תִּטֹּף מִלָּתִי: וְיִחֲלוּ כַמָּטָר לִי וּפִיהֶם
פָּעֲרוּ לְמַלְקוֹשׁ: אֶשְׂחַק אֲלֵהֶם לֹא יַאֲמִינוּ וְאוֹר פָּנַי לֹא יַפִּילוּן:
אֶבְחַר דַּרְכָּם וְאֵשֵׁב רֹאשׁ וְאֶשְׁכּוֹן כְּמֶלֶךְ בַּגְּדוּד כַּאֲשֶׁר אֲבֵלִים
יְנַחֵם:

30 וְעַתָּה שָׂחֲקוּ עָלַי צְעִירִים מִמֶּנִּי לְיָמִים אֲשֶׁר־מָאַסְתִּי אֲבוֹתָם
לָשִׁית עִם־כַּלְבֵי צֹאנִי: גַּם־כֹּחַ יְדֵיהֶם לָמָּה לִּי עָלֵימוֹ אָבַד כָּלַח:
בְּחֶסֶר וּבְכָפָן גַּלְמוּד הַעֹרְקִים צִיָּה אֶמֶשׁ שׁוֹאָה וּמְשֹׁאָה: הַקֹּטְפִים
מַלּוּחַ עֲלֵי־שִׂיחַ וְשֹׁרֶשׁ רְתָמִים לַחְמָם: מִן־גֵּו יְגֹרָשׁוּ יָרִיעוּ עָלֵימוֹ
כַּגַּנָּב: בַּעֲרוּץ נְחָלִים לִשְׁכֹּן חֹרֵי עָפָר וְכֵפִים: בֵּין־שִׂיחִים יִנְהָקוּ
תַּחַת חָרוּל יְסֻפָּחוּ: בְּנֵי־נָבָל גַּם־בְּנֵי בְלִי־שֵׁם נִכְּאוּ מִן־הָאָרֶץ:
וְעַתָּה נְגִינָתָם הָיִיתִי וָאֱהִי לָהֶם לְמִלָּה: תִּעֲבוּנִי רָחֲקוּ מֶנִּי וּמִפָּנַי
לֹא־חָשְׂכוּ רֹק: כִּי־יִתְרוֹ פִּתַּח וַיְעַנֵּנִי וְרֶסֶן מִפָּנַי שִׁלֵּחוּ: עַל־יָמִין
פִּרְחַח יָקוּמוּ רַגְלַי שִׁלֵּחוּ וַיָּסֹלּוּ עָלַי אָרְחוֹת אֵידָם: נָתְסוּ נְתִיבָתִי
לְהַוָּתִי יֹעִילוּ לֹא עֹזֵר לָמוֹ: כְּפֶרֶץ רָחָב יֶאֱתָיוּ תַּחַת שֹׁאָה
הִתְגַּלְגָּלוּ: הָהְפַּךְ עָלַי בַּלָּהוֹת תִּרְדֹּף כָּרוּחַ נְדִבָתִי וּכְעָב עָבְרָה

16 And now my soul is poured out upon me; the days of affliction have taken hold upon me.

17 My bones are pierced in me in the night season: and my sinews take no rest.

18 By the great force *of my disease* is my garment changed: it bindeth me about as the collar of my coat.

19 He hath cast me into the mire, and I am become like dust and ashes.

20 I cry unto thee, and thou dost not hear me: I stand up, and thou regardest me *not.*

21 Thou art become cruel to me: with thy strong hand thou opposest thyself against me.

22 Thou liftest me up to the wind; thou causest me to ride *upon it,* and dissolvest my substance.

23 For I know *that* thou wilt bring me *to* death, and *to* the house appointed for all living.

24 Howbeit he will not stretch out *his* hand to the grave, though they cry in his destruction.

25 Did not I weep for him that was in trouble? was *not* my soul grieved for the poor?

26 When I looked for good, then evil came *unto me:* and when I waited for light, there came darkness.

27 My bowels boiled, and rested not: the days of affliction prevented me.

28 I went mourning without the sun: I stood up, *and* I cried in the congregation.

29 I am a brother to dragons, and a companion to owls.

30 My skin is black upon me, and my bones are burned with heat.

31 My harp also *is* turned to mourning, and my organ into the voice of them that weep.

CHAPTER 31

1 I made a covenant with mine eyes; why then should I think upon a maid?

2 For what portion of God *is there* from above? and *what* inheritance of the Almighty from on high?

3 *Is* not destruction to the wicked? and a strange *punishment* to the workers of iniquity?

4 Doth not he see my ways, and count all my steps?

5 If I have walked with vanity, or if my foot hath hasted to deceit;

6 Let me be weighed in an even balance, that God may know mine integrity.

7 If my step hath turned out of the way, and mine heart walked after mine eyes, and if any blot hath cleaved to mine hands;

8 *Then* let me sow, and let another eat; yea, let my offspring be rooted out.

9 If mine heart have been deceived by a woman, or *if* I have laid wait at my neighbour's door;

10 *Then* let my wife grind unto another, and let others bow down upon her.

11 For this *is* an heinous crime; yea, it *is* an iniquity *to be punished by* the judges.

12 For it *is* a fire *that* consumeth to destruction, and would root out all mine increase.

13 If I did despise the cause of my manservant or of my maidservant, when they contended with me;

14 What then shall I do when God riseth up? and when he visiteth, what shall I answer him?

15 Did not he that made me in the womb make him? and did not one fashion us in the womb?

16 If I have withheld the poor from *their* desire, or have caused the eyes of the widow to fail;

17 Or have eaten my morsel myself alone, and the fatherless hath not eaten thereof;

18 (For from my youth he was brought up with me, as *with* a father, and I have guided her from my mother's womb;)

19 If I have seen any perish for want of clothing, or any poor without covering;

20 If his loins have not blessed me, and *if* he were *not* warmed with the fleece of my sheep;

21 If I have lifted up my hand against the fatherless, when I saw my help in the gate:

22 *Then* let mine arm fall from my

יְשֻׁעָתִי׃ וְעַתָּ֗ה עָלַ֤י תִּשְׁתַּפֵּ֣ךְ נַפְשִׁ֑י יֹ֖אחֲז֣וּנִי יְמֵי־עֹֽנִי׃ ¹⁶
לַ֗יְלָה עֲצָמַ֥י ¹⁷
נִקַּ֣ר מֵעָלָ֑י וְ֝עֹרְקַ֗י לֹ֣א יִשְׁכָּבֽוּן׃ בְּרָב־כֹּ֭חַ יִתְחַפֵּ֣שׂ לְבוּשִׁ֑י כְּפִ֖י כֻתָּנְתִּ֣י ¹⁸
יַֽאַזְרֵֽנִי׃ הֹרָ֥נִי לַחֹ֑מֶר וָ֝אֶתְמַשֵּׁ֗ל כֶּעָפָ֥ר וָאֵֽפֶר׃ אֲשַׁוַּ֣ע אֵ֭לֶיךָ וְלֹ֣א תַעֲנֵ֑נִי ¹⁹
²⁰
עָ֝מַ֗דְתִּי וַתִּתְבֹּ֥נֶן בִּֽי׃ תֵּהָפֵ֣ךְ לְאַכְזָ֣ר לִ֑י בְּעֹ֖צֶם יָדְךָ֣ תִשְׂטְמֵֽנִי׃ תִּשָּׂאֵ֣נִי ²¹
²²
אֶל־ר֖וּחַ תַּרְכִּיבֵ֑נִי וּ֝תְמֹגְגֵ֗נִי תֻּשִׁיָּֽה׃ כִּֽי־יָ֭דַעְתִּי מָ֣וֶת תְּשִׁיבֵ֑נִי וּבֵ֖ית ²³
מוֹעֵ֣ד לְכָל־חָֽי׃ אַ֣ךְ לֹא־בְ֭עִי יִשְׁלַח־יָ֑ד אִם־בְּ֝פִיד֗וֹ לָהֶ֥ן שֽׁוּעַ׃ אִם־לֹ֤א ²⁴
²⁵
בָ֭כִיתִי לִקְשֵׁה־י֑וֹם עָֽגְמָ֥ה נַ֝פְשִׁ֗י לָאֶבְיֽוֹן׃ כִּ֤י ט֣וֹב קִ֭וִּיתִי וַיָּ֣בֹא רָ֑ע ²⁶
וַאֲיַחֲלָ֥ה לְ֝א֗וֹר וַיָּ֥בֹא אֹֽפֶל׃ מֵעַ֖י רֻתְּח֥וּ וְלֹא־דָ֑מּוּ קִדְּמֻ֥נִי יְמֵי־עֹֽנִי׃ ²⁷
קֹדֵ֣ר הִ֭לַּכְתִּי בְּלֹ֣א חַמָּ֑ה קַ֖מְתִּי בַקָּהָ֣ל אֲשַׁוֵּֽעַ׃ אָ֭ח הָיִ֣יתִי לְתַנִּ֑ים ²⁸
²⁹
וְ֝רֵ֗עַ לִבְנ֥וֹת יַעֲנָֽה׃ ע֭וֹרִי שָׁחַ֣ר מֵעָלָ֑י וְעַצְמִי־חָ֝֗רָה מִנִּי־חֹֽרֶב׃ וַיְהִ֣י ³⁰
³¹
לְ֭אֵבֶל כִּנֹּרִ֑י וְ֝עֻגָבִ֗י לְק֣וֹל בֹּכִֽים׃ בְּ֭רִית כָּרַ֣תִּי לְעֵינָ֑י וּמָ֥ה אֶ֝תְבּוֹנֵ֗ן **31** ¹
עַל־בְּתוּלָֽה׃ וּמֶ֤ה ׀ חֵ֣לֶק אֱל֣וֹהַּ מִמָּ֑עַל וְֽנַחֲלַ֥ת שַׁ֝דַּ֗י מִמְּרֹמִֽים׃ הֲלֹא־ ²
³
אֵ֭יד לְעַוָּ֑ל וְ֝נֵ֗כֶר לְפֹ֣עֲלֵי אָֽוֶן׃ הֲלֹא־ה֭וּא יִרְאֶ֣ה דְרָכָ֑י וְֽכָל־צְעָדַ֥י ⁴
יִסְפּֽוֹר׃ אִם־הָלַ֥כְתִּי עִם־שָׁ֑וְא וַתַּ֖חַשׁ עַל־מִרְמָ֣ה רַגְלִֽי׃ יִשְׁקְלֵ֥נִי ^{5A}
⁶
בְמֹאזְנֵי־צֶ֑דֶק וְיֵדַ֥ע אֱ֝ל֗וֹהַּ תֻּמָּתִֽי׃ אִ֥ם תִּטֶּ֥ה אַשֻּׁרִי֮ מִנִּ֪י הַ֫דָּ֥רֶךְ וְאַחַ֣ר ^{7A}
עֵ֭ינַי הָלַ֣ךְ לִבִּ֑י וּ֝בְכַפַּ֗י דָּ֣בַק מֻאֽוּם׃
אֶ֭זְרְעָה וְאַחֵ֣ר יֹאכֵ֑ל וְֽצֶאֱצָאַ֥י יְשֹׁרָֽשׁוּ׃ אִם־נִפְתָּ֣ה לִ֭בִּי עַל־אִשָּׁ֑ה וְעַל־ ⁸
⁹
פֶּ֖תַח רֵעִ֣י אָרָֽבְתִּי׃ תִּטְחַ֣ן לְאַחֵ֣ר אִשְׁתִּ֑י וְ֝עָלֶ֗יהָ יִכְרְע֥וּן אֲחֵרִֽין׃ כִּי־ ¹⁰
¹¹
הִ֥יא זִמָּ֑ה וְֽה֗וּא עָוֺ֥ן פְּלִילִֽים׃ כִּ֤י אֵ֣שׁ הִ֭יא עַד־אֲבַדּ֣וֹן תֹּאכֵ֑ל וּֽבְכָל־ ¹²
תְּב֖וּאָתִ֣י תְשָׁרֵֽשׁ׃ אִם־אֶמְאַ֗ס מִשְׁפַּ֣ט עַ֭בְדִּי וַאֲמָתִ֑י בְּ֝רִבָ֗ם עִמָּדִֽי׃ ¹³
וּמָ֣ה אֶֽ֭עֱשֶׂה כִּֽי־יָק֣וּם אֵ֑ל וְכִֽי־יִ֝פְקֹ֗ד מָ֣ה אֲשִׁיבֶֽנּוּ׃ הֲ‍ֽלֹא־בַ֭בֶּטֶן עֹשֵׂ֣נִי ¹⁴
¹⁵
עָשָׂ֑הוּ וַ֝יְכֻנֶ֗נּוּ בָּרֶ֥חֶם אֶחָֽד׃ אִם־אֶ֭מְנַע מֵחֵ֣פֶץ דַּלִּ֑ים וְעֵינֵ֖י אַלְמָנָ֣ה ¹⁶
אֲכַלֶּֽה׃ וְאֹכַ֣ל פִּתִּ֣י לְבַדִּ֑י וְלֹא־אָכַ֖ל יָת֣וֹם מִמֶּֽנָּה׃ כִּ֣י מִ֭נְּעוּרַי גְּדֵלַ֣נִי ¹⁷
¹⁸
כְאָ֑ב וּמִבֶּ֖טֶן אִמִּ֣י אַנְחֶֽנָּה׃ אִם־אֶרְאֶ֣ה א֭וֹבֵד מִבְּלִ֣י לְב֑וּשׁ וְאֵ֥ין כְּ֝ס֗וּת ¹⁹
לָאֶבְיֽוֹן׃ אִם־לֹ֣א בֵרֲכ֣וּנִי חֲלָצ֑וֹ וּמִגֵּ֥ז כְּ֝בָשַׂ֗י יִתְחַמָּֽם׃ אִם־הֲנִיפ֣וֹתִי ²⁰
²¹
עַל־יָת֣וֹם יָדִ֑י כִּֽי־אֶרְאֶ֥ה בַ֝שַּׁ֗עַר עֶזְרָתִֽי׃ כְּ֭תֵפִי מִשִּׁכְמָ֣ה תִפּ֑וֹל וְ֝אֶזְרֹעִ֗י ²²

תּוּשִׁיָּה   ²³

הִ֥יא   וְֽה֗וּא   ¹²

חֲלָצ֑וֹ   ²⁰

shoulder blade, and mine arm be broken from the bone.

23 For destruction *from* God *was* a terror to me, and by reason of his highness I could not endure.

24 If I have made gold my hope, or have said to the fine gold, *Thou art* my confidence;

25 If I rejoiced because my wealth *was* great, and because mine hand had gotten much;

26 If I beheld the sun when it shined, or the moon walking *in* brightness;

27 And my heart hath been secretly enticed, or my mouth hath kissed my hand:

28 This also *were* an iniquity *to be punished by* the judge: for I should have denied the God *that is* above.

29 If I rejoiced at the destruction of him that hated me, or lifted up myself when evil found him:

30 Neither have I suffered my mouth to sin by wishing a curse to his soul.

31 If the men of my tabernacle said not, Oh that we had of his flesh! we cannot be satisfied.

32 The stranger did not lodge in the street: *but* I opened my doors to the traveller.

33 If I covered my transgressions as Adam, by hiding mine iniquity in my bosom:

34 Did I fear a great multitude, or did the contempt of families terrify me, that I kept silence, *and* went not out of the door?

35 Oh that one would hear me! behold, my desire *is, that* the Almighty would answer me, and *that* mine adversary had written a book.

36 Surely I would take it upon my shoulder, *and* bind it *as* a crown to me.

37 I would declare unto him the number of my steps; as a prince would I go near unto him.

38 If my land cry against me, or that the furrows likewise thereof complain;

39 If I have eaten the fruits thereof without money, or have caused the owners thereof to lose their life:

40 Let thistles grow instead of wheat, and cockle instead of barley. The words of Job are ended.

CHAPTER 32

1 So these three men ceased to answer Job, because he *was* righteous in his own eyes.

2 Then was kindled the wrath of Elihu the son of Barachel the Buzite, of the kindred of Ram: against Job was his wrath kindled, because he justified himself rather than God.

3 Also against his three friends was his wrath kindled, because they had found no answer, and *yet* had condemned Job.

4 Now Elihu had waited till Job had spoken, because they *were* elder than he.

5 When Elihu saw that *there was* no answer in the mouth of *these* three men, then his wrath was kindled.

6 And Elihu the son of Barachel the Buzite answered and said, I *am* young, and ye *are* very old; wherefore I was afraid, and durst not shew you mine opinion.

7 I said, Days should speak, and multitude of years should teach wisdom.

8 But *there is* a spirit in man: and the inspiration of the Almighty giveth them understanding.

9 Great men are not *always* wise: neither do the aged understand judgment.

10 Therefore I said, Hearken to me; I also will shew mine opinion.

11 Behold, I waited for your words; I gave ear to your reasons, whilst ye searched out what to say.

12 Yea, I attended unto you, and, behold, *there was* none of you that convinced Job, *or* that answered his words:

13 Lest ye should say, We have found out wisdom: God thrusteth him down, not man.

14 Now he hath not directed *his* words against me: neither will I answer him with your speeches.

15 They were amazed, they answered no more: they left off speaking.

16 When I had waited, (for they spake not, but stood still, *and* answered no more;)

מִקְנֶה תִשְׁבֵּר: כִּי פַחַד אֵלַי אֵיד אֵל וּמִשְּׂאֵתוֹ לֹא אוּכָל: אִם־שָׂמַחְתִּי 23
זָהָב כִּסְלִי וְלַכֶּתֶם אָמַרְתִּי מִבְטַחִי: אִם־אֶשְׂמַח כִּי־רַב חֵילִי וְכִי־ 24, 25
כַבִּיר מָצְאָה יָדִי: אִם־אֶרְאֶה אוֹר כִּי יָהֵל וְיָרֵחַ יָקָר הֹלֵךְ: וַיִּפְתְּ 26
בַּסֵּתֶר לִבִּי וַתִּשַּׁק יָדִי לְפִי: גַּם־הוּא עָוֺן פְּלִילִי כִּי־כִחַשְׁתִּי לָאֵל 27, 28
מִמָּעַל: אִם־אֶשְׂמַח בְּפִיד מְשַׂנְאִי וְהִתְעֹרַרְתִּי כִּי־מְצָאוֹ רָע: וְלֹא־ 29, 30
נָתַתִּי לַחֲטֹא חִכִּי לִשְׁאֹל בְּאָלָה נַפְשׁוֹ: אִם־לֹא אָמְרוּ מְתֵי אָהֳלִי 31
מִי־יִתֵּן מִבְּשָׂרוֹ לֹא נִשְׂבָּע: בַּחוּץ לֹא־יָלִין גֵּר דְּלָתַי לָאֹרַח אֶפְתָּח: 32
אִם־כִּסִּיתִי כְאָדָם פְּשָׁעָי לִטְמוֹן בְּחֻבִּי עֲוֺנִי: כִּי אֶעֱרוֹץ הֲמוֹן רַבָּה 33, 34
וּבוּז־מִשְׁפָּחוֹת יְחִתֵּנִי וָאֶדֹּם לֹא־אֵצֵא פָתַח: מִי יִתֶּן־לִי שֹׁמֵעַ לִי 35
הֶן־תָּוִי שַׁדַּי יַעֲנֵנִי וְסֵפֶר כָּתַב אִישׁ רִיבִי: אִם־לֹא עַל־שִׁכְמִי אֶשָּׂאֶנּוּ 36
אֶעֶנְדֶנּוּ עֲטָרוֹת לִי: מִסְפַּר צְעָדַי אַגִּידֶנּוּ כְּמוֹ־נָגִיד אֲקָרֲבֶנּוּ: אִם־ 37, 38
עָלַי אַדְמָתִי תִזְעָק וְיַחַד תְּלָמֶיהָ יִבְכָּיוּן: אִם־כֹּחָהּ אָכַלְתִּי בְלִי־כָסֶף 39
וְנֶפֶשׁ בְּעָלֶיהָ הִפָּחְתִּי: תַּחַת חִטָּה יֵצֵא חוֹחַ וְתַחַת־שְׂעֹרָה בָאְשָׁה 40
תַּמּוּ דִּבְרֵי אִיּוֹב:

וַיִּשְׁבְּתוּ שְׁלֹשֶׁת הָאֲנָשִׁים הָאֵלֶּה מֵעֲנוֹת אֶת־אִיּוֹב כִּי הוּא צַדִּיק 32 1
בְּעֵינָיו:
וַיִּחַר אַף אֱלִיהוּא בֶן־בַּרַכְאֵל הַבּוּזִי מִמִּשְׁפַּחַת רָם בְּאִיּוֹב חָרָה 2
אַפּוֹ עַל־צַדְּקוֹ נַפְשׁוֹ מֵאֱלֹהִים: וּבִשְׁלֹשֶׁת רֵעָיו חָרָה אַפּוֹ עַל אֲשֶׁר 3
לֹא־מָצְאוּ מַעֲנֶה וַיַּרְשִׁיעוּ אֶת־אִיּוֹב: וֶאֱלִיהוּ חִכָּה אֶת־אִיּוֹב 4
בִּדְבָרִים כִּי זְקֵנִים־הֵמָּה מִמֶּנּוּ לְיָמִים: וַיַּרְא אֱלִיהוּא כִּי אֵין מַעֲנֶה 5
בְּפִי שְׁלֹשֶׁת הָאֲנָשִׁים וַיִּחַר אַפּוֹ:
וַיַּעַן אֱלִיהוּא בֶן־בַּרַכְאֵל הַבּוּזִי וַיֹּאמַר צָעִיר אֲנִי לְיָמִים וְאַתֶּם 6
יְשִׁישִׁים עַל־כֵּן זָחַלְתִּי וָאִירָא מֵחַוֺּת דֵּעִי אֶתְכֶם: אָמַרְתִּי יָמִים 7
יְדַבֵּרוּ וְרֹב שָׁנִים יֹדִיעוּ חָכְמָה: אָכֵן רוּחַ־הִיא בֶאֱנוֹשׁ וְנִשְׁמַת שַׁדַּי 8
תְּבִינֵם: לֹא־רַבִּים יֶחְכָּמוּ וּזְקֵנִים יָבִינוּ מִשְׁפָּט: לָכֵן אָמַרְתִּי שִׁמְעָה־ 9, 10
לִּי אֲחַוֶּה דֵּעִי אַף־אָנִי: הֵן הוֹחַלְתִּי לְדִבְרֵיכֶם אָזִין עַד־תְּבוּנֹתֵיכֶם 11
עַד־תַּחְקְרוּן מִלִּין: וְעָדֵיכֶם אֶתְבּוֹנָן וְהִנֵּה אֵין לְאִיּוֹב מוֹכִיחַ עוֹנֶה 12
אֲמָרָיו מִכֶּם: פֶּן־תֹּאמְרוּ מָצָאנוּ חָכְמָה אֵל יִדְּפֶנּוּ לֹא־אִישׁ: וְלֹא־ 13, 14
עָרַךְ אֵלַי מִלִּין וּבְאִמְרֵיכֶם לֹא אֲשִׁיבֶנּוּ: חַתּוּ לֹא־עָנוּ עוֹד הֶעְתִּיקוּ 15
מֵהֶם מִלִּים: וְהוֹחַלְתִּי כִּי־לֹא יְדַבֵּרוּ כִּי עָמְדוּ לֹא־עָנוּ עוֹד: אַעֲנֶה 16, 17

33A
6A

17 *I said,* I will answer also my part, I also will shew mine opinion.

18 For I am full of matter, the spirit within me constraineth me.

19 Behold, my belly *is* as wine *which* hath no vent; it is ready to burst like new bottles.

20 I will speak, that I may be refreshed: I will open my lips and answer.

21 Let me not, I pray you, accept any man's person, neither let me give flattering titles unto man.

22 For I know not to give flattering titles; *in so doing* my maker would soon take me away.

CHAPTER 33

1 Wherefore, Job, I pray thee, hear my speeches, and hearken to all my words.

2 Behold, now I have opened my mouth, my tongue hath spoken in my mouth.

3 My words *shall be of* the uprightness of my heart: and my lips shall utter knowledge clearly.

4 The spirit of God hath made me, and the breath of the Almighty hath given me life.

5 If thou canst answer me, set *thy words* in order before me, stand up.

6 Behold, I *am* according to thy wish in God's stead: I also am formed out of the clay.

7 Behold, my terror shall not make thee afraid, neither shall my hand be heavy upon thee.

8 Surely thou hast spoken in mine hearing, and I have heard the voice of *thy* words, *saying,*

9 I am clean without transgression, I *am* innocent; neither *is there* iniquity in me.

10 Behold, he findeth occasions against me, he counteth me for his enemy,

11 He putteth my feet in the stocks, he marketh all my paths.

12 Behold, *in* this thou art not just: I will answer thee, that God is greater than man.

13 Why dost thou strive against him? for he giveth not account of any of his matters.

14 For God speaketh once, yea twice, *yet man* perceiveth it not.

15 In a dream, in a vision of the night, when deep sleep falleth upon men, in slumberings upon the bed;

16 Then he openeth the ears of men, and sealeth their instruction,

17 That he may withdraw man *from his* purpose, and hide pride from man.

18 He keepeth back his soul from the pit, and his life from perishing by the sword.

19 He is chastened also with pain upon his bed, and the multitude of his bones with strong *pain:*

20 So that his life abhorreth bread, and his soul dainty meat.

21 His flesh is consumed away, that it cannot be seen; and his bones *that* were not seen stick out.

22 Yea, his soul draweth near unto the grave, and his life to the destroyers.

23 If there be a messenger with him, an interpreter, one among a thousand, to shew unto man his uprightness:

24 Then he is gracious unto him, and saith, Deliver him from going down to the pit: I have found a ransom.

25 His flesh shall be fresher than a child's: he shall return to the days of his youth:

26 He shall pray unto God, and he will be favourable unto him: and he shall see his face with joy: for he will render unto man his righteousness.

27 He looketh upon men, and *if any* say, I have sinned, and perverted *that which was* right, and it profited me not;

28 He will deliver his soul from going into the pit, and his life shall see the light.

29 Lo, all these *things* worketh God oftentimes with man,

30 To bring back his soul from the pit, to be enlightened with the light of the living.

31 Mark well, O Job, hearken unto me: hold thy peace, and I will speak.

32 If thou hast any thing to say, answer me: speak, for I desire to justify thee.

33 If not, hearken unto me: hold thy peace, and I shall teach thee wisdom.

אַף־אֲנִי חֶלְקִי אֲחַוֶּה דֵעִי אַף־אָנִי: כִּי מָלֵתִי מִלִּים הֱצִיקַתְנִי רוּחַ 18

בִּטְנִי: הִנֵּה־בִטְנִי כְּיַיִן לֹא־יִפָּתֵחַ כְּאֹבוֹת חֲדָשִׁים יִבָּקֵעַ: אֲדַבְּרָה 19 20

וְיִרְוַח־לִי אֶפְתַּח שְׂפָתַי וְאֶעֱנֶה: אַל־נָא אֶשָּׂא פְנֵי־אִישׁ וְאֶל־אָדָם 21

לֹא אֲכַנֶּה: כִּי לֹא יָדַעְתִּי אֲכַנֶּה כִּמְעַט יִשָּׂאֵנִי עֹשֵׂנִי: וְאוּלָם שְׁמַע־ 22 33 1

נָא אִיּוֹב מִלָּי וְכָל־דְּבָרַי הַאֲזִינָה: הִנֵּה־נָא פָּתַחְתִּי פִי דִּבְּרָה לְשׁוֹנִי 2

בְחִכִּי: יֹשֶׁר־לִבִּי אֲמָרָי וְדַעַת שְׂפָתַי בָּרוּר מִלֵּלוּ: רוּחַ־אֵל עָשָׂתְנִי 3 4

וְנִשְׁמַת שַׁדַּי תְּחַיֵּנִי: אִם־תּוּכַל הֲשִׁיבֵנִי עֶרְכָה לְפָנַי הִתְיַצָּבָה: הֶן 5 6

אֲנִי כְפִיךָ לָאֵל מֵחֹמֶר קֹרַצְתִּי גַם־אָנִי: הִנֵּה אֵמָתִי לֹא תְבַעֲתֶךָּ 7

וְאַכְפִּי עָלֶיךָ לֹא־יִכְבָּד: אַךְ אָמַרְתָּ בְאָזְנָי וְקוֹל מִלִּין אֶשְׁמָע: זַךְ 8 9

אֲנִי בְּלִי פָשַׁע חַף אָנֹכִי וְלֹא עָוֹן לִי: הֵן תְּנוּאוֹת עָלַי יִמְצָא יַחְשְׁבֵנִי 10

12A לְאוֹיֵב לוֹ: יָשֵׂם בַּסַּד רַגְלָי יִשְׁמֹר כָּל־אָרְחֹתָי: הֶן־זֹאת לֹא־צָדַקְתָּ 11 12

אֶעֱנֶךָּ כִּי־יִרְבֶּה אֱלוֹהַּ מֵאֱנוֹשׁ: מַדּוּעַ אֵלָיו רִיבוֹתָ כִּי כָל־דְּבָרָיו 13

לֹא יַעֲנֶה: כִּי־בְאַחַת יְדַבֶּר־אֵל וּבִשְׁתַּיִם לֹא יְשׁוּרֶנָּה: בַּחֲלוֹם חֶזְיוֹן 14 15

לַיְלָה בִּנְפֹל תַּרְדֵּמָה עַל־אֲנָשִׁים בִּתְנוּמוֹת עֲלֵי מִשְׁכָּב: אָז יִגְלֶה 16

אֹזֶן אֲנָשִׁים וּבְמֹסָרָם יַחְתֹּם: לְהָסִיר אָדָם מַעֲשֶׂה וְגֵוָה מִגֶּבֶר יְכַסֶּה: 17

יַחְשֹׂךְ נַפְשׁוֹ מִנִּי־שָׁחַת וְחַיָּתוֹ מֵעֲבֹר בַּשָּׁלַח: וְהוּכַח בְּמַכְאוֹב עַל־ 18 19

וְרוֹב מִשְׁכָּבוֹ וְרִיב עֲצָמָיו אֵתָן: וְזִהֲמַתּוּ חַיָּתוֹ לָחֶם וְנַפְשׁוֹ מַאֲכַל תַּאֲוָה: 20

וְשֻׁפּוּ יִכֶל בְּשָׂרוֹ מֵרֹאִי וְשֻׁפִּי עַצְמוֹתָיו לֹא רֻאּוּ: וַתִּקְרַב לַשַּׁחַת נַפְשׁוֹ 21 22

וְחַיָּתוֹ לַמְמִתִים: אִם־יֵשׁ עָלָיו מַלְאָךְ מֵלִיץ אֶחָד מִנִּי־אָלֶף לְהַגִּיד 23

לְאָדָם יָשְׁרוֹ: וַיְחֻנֶּנּוּ וַיֹּאמֶר פְּדָעֵהוּ מֵרֶדֶת שָׁחַת מָצָאתִי כֹפֶר: 24

רֻטֲפַשׁ בְּשָׂרוֹ מִנֹּעַר יָשׁוּב לִימֵי עֲלוּמָיו: יֶעְתַּר אֶל־אֱלוֹהַּ וַיִּרְצֵהוּ 25 26

וַיַּרְא פָּנָיו בִּתְרוּעָה וַיָּשֶׁב לֶאֱנוֹשׁ צִדְקָתוֹ: יָשֹׁר עַל־אֲנָשִׁים וַיֹּאמֶר 27

נַפְשׁוֹ וְחַיָּתוֹ חָטָאתִי וְיָשָׁר הֶעֱוֵיתִי וְלֹא־שָׁוָה לִי: פָּדָה נַפְשִׁי מֵעֲבֹר בַּשָּׁחַת וְחַיָּתִי 28

בָּאוֹר תִּרְאֶה: הֶן־כָּל־אֵלֶּה יִפְעַל־אֵל פַּעֲמַיִם שָׁלוֹשׁ עִם־גָּבֶר: 29

30A לְהָשִׁיב נַפְשׁוֹ מִנִּי־שָׁחַת לֵאוֹר בְּאוֹר הַחַיִּים: הַקְשֵׁב אִיּוֹב שְׁמַע־לִי 30 31

הַחֲרֵשׁ וְאָנֹכִי אֲדַבֵּר: אִם־יֵשׁ־מִלִּין הֲשִׁיבֵנִי דַּבֵּר כִּי־חָפַצְתִּי צַדְּקֶךָּ: 32

אִם־אַיִן אַתָּה שְׁמַע־לִי הַחֲרֵשׁ וַאֲאַלֶּפְךָ חָכְמָה: 33

CHAPTER 34

1 Furthermore Elihu answered and said,

2 Hear my words, O ye wise *men;* and give ear unto me, ye that have knowledge.

3 For the ear trieth words, as the mouth tasteth meat.

4 Let us choose to us judgment: let us know among ourselves what *is* good.

5 For Job hath said, I am righteous: and God hath taken away my judgment.

6 Should I lie against my right? my wound *is* incurable without transgression.

7 What man *is* like Job, *who* drinketh up scorning like water?

8 Which goeth in company with the workers of iniquity, and walketh with wicked men.

9 For he hath said, It profiteth a man nothing that he should delight himself with God.

10 Therefore hearken unto me, ye men of understanding: far be it from God, *that he should do* wickedness; and *from* the Almighty, *that he should commit* iniquity.

11 For the work of a man shall he render unto him, and cause every man to find according to *his* ways.

12 Yea, surely God will not do wickedly, neither will the Almighty pervert judgment.

13 Who hath given him a charge over the earth? or who hath disposed the whole world?

14 If he set his heart upon man, *if* he gather unto himself his spirit and his breath;

15 All flesh shall perish together, and man shall turn again unto dust.

16 If now *thou hast* understanding, hear this: hearken to the voice of my words.

17 Shall even he that hateth right govern? and wilt thou condemn him that is most just?

18 *Is it fit* to say to a king, *Thou art* wicked? *and* to princes, *Ye are* ungodly?

19 *How much less to him* that accepteth not the persons of princes, nor regardeth the rich more than the poor? for they all *are* the work of his hands.

20 In a moment shall they die, and the people shall be troubled at midnight, and pass away: and the mighty shall be taken away without hand.

21 For his eyes *are* upon the ways of man, and he seeth all his goings.

22 *There is* no darkness, nor shadow of death, where the workers of iniquity may hide themselves.

23 For he will not lay upon man more *than right;* that he should enter into judgment with God.

24 He shall break in pieces mighty men without number, and set others in their stead.

25 Therefore he knoweth their works, and he overturneth *them* in the night, so that they are destroyed.

26 He striketh them as wicked men in the open sight of others;

27 Because they turned back from him, and would not consider any of his ways:

28 So that they cause the cry of the poor to come unto him, and he heareth the cry of the afflicted.

29 When he giveth quietness, who then can make trouble? and when he hideth *his* face, who then can behold him? whether *it be done* against a nation, or against a man only:

30 That the hypocrite reign not, lest the people be ensnared.

31 Surely it is meet to be said unto God, I have borne *chastisement,* I will not offend *any more:*

32 *That which* I see not teach thou me: if I have done iniquity, I will do no more.

33 *Should it be* according to thy mind? he will recompense it, whether thou refuse, or whether thou choose; and not I: therefore speak what thou knowest.

34 Let men of understanding tell me, and let a wise man hearken unto me.

35 Job hath spoken without knowledge, and his words *were* without wisdom.

36 My desire *is that* Job may be tried unto the end because of *his* answers for wicked men.

37 For he addeth rebellion unto his sin, he clappeth *his hands* among us, and multiplieth his words against God.

וַיַּעַן אֱלִיהוּא וַיֹּאמַר:

שִׁמְעוּ חֲכָמִים מִלָּי וְיֹדְעִים הַאֲזִינוּ לִי: כִּי־אֹזֶן מִלִּין תִּבְחָן וְחֵךְ

יִטְעַם לֶאֱכֹל: מִשְׁפָּט נִבְחֲרָה־לָּנוּ נֵדְעָה בֵינֵינוּ מַה־טּוֹב: כִּי־אָמַר

אִיּוֹב צָדַקְתִּי וְאֵל הֵסִיר מִשְׁפָּטִי: עַל־מִשְׁפָּטִי אֲכַזֵּב אָנוּשׁ חִצִּי בְלִי־

פָשַׁע: מִי־גֶבֶר כְּאִיּוֹב יִשְׁתֶּה־לַּעַג כַּמָּיִם: וְאָרַח לְחֶבְרָה עִם־פֹּעֲלֵי

אָוֶן וְלָלֶכֶת עִם־אַנְשֵׁי־רֶשַׁע: כִּי־אָמַר לֹא יִסְכָּן־גָּבֶר בִּרְצֹתוֹ עִם־

אֱלֹהִים: לָכֵן אַנְשֵׁי לֵבָב שִׁמְעוּ לִי חָלִלָה לָאֵל מֵרֶשַׁע וְשַׁדַּי מֵעָוֶל:

כִּי פֹעַל אָדָם יְשַׁלֶּם־לוֹ וּכְאֹרַח אִישׁ יַמְצִאֶנּוּ: אַף־אָמְנָם אֵל לֹא־

יַרְשִׁיעַ וְשַׁדַּי לֹא־יְעַוֵּת מִשְׁפָּט: מִי־פָקַד עָלָיו אָרְצָה וּמִי שָׂם תֵּבֵל

כֻּלָּהּ: אִם־יָשִׂים אֵלָיו לִבּוֹ רוּחוֹ וְנִשְׁמָתוֹ אֵלָיו יֶאֱסֹף: יִגְוַע כָּל־בָּשָׂר

יָחַד וְאָדָם עַל־עָפָר יָשׁוּב: וְאִם־בִּינָה שִׁמְעָה־זֹּאת הַאֲזִינָה לְקוֹל

מִלָּי: הַאַף שׂוֹנֵא מִשְׁפָּט יַחֲבוֹשׁ וְאִם־צַדִּיק כַּבִּיר תַּרְשִׁיעַ: הַאֲמֹר

לְמֶלֶךְ בְּלִיָּעַל רָשָׁע אֶל־נְדִיבִים: אֲשֶׁר לֹא־נָשָׂא פְּנֵי שָׂרִים וְלֹא

נִכַּר־שׁוֹעַ לִפְנֵי־דָל כִּי־מַעֲשֵׂה יָדָיו כֻּלָּם: רֶגַע יָמֻתוּ וַחֲצוֹת לָיְלָה

יְגֹעֲשׁוּ עָם וְיַעֲבֹרוּ וְיָסִירוּ אַבִּיר לֹא בְיָד: כִּי־עֵינָיו עַל־דַּרְכֵי־אִישׁ

וְכָל־צְעָדָיו יִרְאֶה: אֵין־חֹשֶׁךְ וְאֵין צַלְמָוֶת לְהִסָּתֶר שָׁם פֹּעֲלֵי אָוֶן:

כִּי לֹא עַל־אִישׁ יָשִׂים עוֹד לַהֲלֹךְ אֶל־אֵל בַּמִּשְׁפָּט: יָרֹעַ כַּבִּירִים

לֹא־חֵקֶר וַיַּעֲמֵד אֲחֵרִים תַּחְתָּם: לָכֵן יַכִּיר מַעְבָּדֵיהֶם וְהָפַךְ לַיְלָה

וְיִדַּכָּאוּ: תַּחַת־רְשָׁעִים סְפָקָם בִּמְקוֹם רֹאִים: אֲשֶׁר עַל־כֵּן סָרוּ

מֵאַחֲרָיו וְכָל־דְּרָכָיו לֹא הִשְׂכִּילוּ: לְהָבִיא עָלָיו צַעֲקַת־דָּל וְצַעֲקַת

עֲנִיִּים יִשְׁמָע: וְהוּא יַשְׁקִט וּמִי יַרְשִׁעַ וְיַסְתֵּר פָּנִים וּמִי יְשׁוּרֶנּוּ וְעַל־

גּוֹי וְעַל־אָדָם יָחַד: מִמְּלֹךְ אָדָם חָנֵף מִמֹּקְשֵׁי עָם: כִּי־אֶל־אֵל הֶאָמַר

נָשָׂאתִי לֹא אֶחְבֹּל: בִּלְעֲדֵי אֶחֱזֶה אַתָּה הֹרֵנִי אִם־עָוֶל פָּעַלְתִּי לֹא

אֹסִיף: הֲמֵעִמְּךָ יְשַׁלְמֶנָּה כִּי־מָאַסְתָּ כִּי־אַתָּה תִבְחַר וְלֹא־אָנִי וּמַה־

יָדַעְתָּ דַבֵּר: אַנְשֵׁי לֵבָב יֹאמְרוּ לִי וְגֶבֶר חָכָם שֹׁמֵעַ לִי: אִיּוֹב לֹא־

בְדַעַת יְדַבֵּר וּדְבָרָיו לֹא בְהַשְׂכֵּיל: אָבִי יִבָּחֵן אִיּוֹב עַד־נֶצַח עַל־

תְּשֻׁבֹת בְּאַנְשֵׁי־אָוֶן: כִּי יֹסִיף עַל־חַטָּאתוֹ פֶשַׁע בֵּינֵינוּ יִסְפּוֹק וְיֶרֶב

אֲמָרָיו לָאֵל:

CHAPTER 35

1 Elihu spake moreover, and said,

2 Thinkest thou this to be right, *that* thou saidst, My righteousness *is* more than God's?

3 For thou saidst, What advantage will it be unto thee? *and,* What profit shall I have, *if I be cleansed* from my sin?

4 I will answer thee, and thy companions with thee.

5 Look unto the heavens, and see; and behold the clouds *which* are higher than thou.

6 If thou sinnest, what doest thou against him? or *if* thy transgressions be multiplied, what doest thou unto him?

7 If thou be righteous, what givest thou him? or what receiveth he of thine hand?

8 Thy wickedness *may hurt* a man as thou *art;* and thy righteousness *may profit* the son of man.

9 By reason of the multitude of oppressions they make *the oppressed* to cry: they cry out by reason of the arm of the mighty.

10 But none saith, Where *is* God my maker, who giveth songs in the night;

11 Who teacheth us more than the beasts of the earth, and maketh us wiser than the fowls of heaven?

12 There they cry, but none giveth answer, because of the pride of evil men.

13 Surely God will not hear vanity, neither will the Almighty regard it.

14 Although thou sayest thou shalt not see him, *yet* judgment *is* before him; therefore trust thou in him.

15 But now, because *it is* not *so,* he hath visited in his anger; yet he knoweth *it* not in great extremity:

16 Therefore doth Job open his mouth in vain; he multiplieth words without knowledge.

CHAPTER 36

1 Elihu also proceeded, and said,

2 Suffer me a little, and I will shew thee that *I have* yet to speak on God's behalf.

3 I will fetch my knowledge from afar, and will ascribe righteousness to my Maker.

4 For truly my words *shall* not *be* false: he that is perfect in knowledge *is* with thee.

5 Behold, God *is* mighty, and despiseth not *any: he is* mighty in strength *and* wisdom.

6 He preserveth not the life of the wicked: but giveth right to the poor.

7 He withdraweth not his eyes from the righteous: but with kings *are they* on the throne; yea, he doth establish them for ever, and they are exalted.

8 And if *they be* bound in fetters, *and* be holden in cords of affliction;

9 Then he sheweth them their work, and their transgressions that they have exceeded.

10 He openeth also their ear to discipline, and commandeth that they return from iniquity.

11 If they obey and serve *him,* they shall spend their days in prosperity, and their years in pleasures.

12 But if they obey not, they shall perish by the sword, and they shall die without knowledge.

13 But the hypocrites in heart heap up wrath: they cry not when he bindeth them.

14 They die in youth, and their life *is* among the unclean.

15 He delivereth the poor in his affliction, and openeth their ears in oppression.

16 Even so would he have removed thee out of the strait *into* a broad place, where *there is* no straitness; and that which should be set on thy table *should be* full of fatness.

17 But thou hast fulfilled the judgment of the wicked: judgment and justice take hold *on thee.*

18 Because *there is* wrath, *beware* lest he take thee away with *his* stroke: then a great ransom cannot deliver thee.

19 Will he esteem thy riches? *no,* not gold, nor all the forces of strength.

20 Desire not the night, when people are cut off in their place.

21 Take heed, regard not iniquity: for this hast thou chosen rather than affliction.

וַיַּעַן אֱלִיהוּ וַיֹּאמַר: 35 1

הֲזֹאת חָשַׁבְתָּ לְמִשְׁפָּט אָמַרְתָּ צִדְקִי מֵאֵל: כִּי־תֹאמַר מַה־יִּסְכָּן־לָךְ 2 3
מָה־אֹעִיל מֵחַטָּאתִי: אֲנִי אֲשִׁיבְךָ מִלִּין וְאֶת־רֵעֶיךָ עִמָּךְ: הַבֵּט 4 5
שָׁמַיִם וּרְאֵה וְשׁוּר שְׁחָקִים גָּבְהוּ מִמֶּךָּ: אִם־חָטָאתָ מַה־תִּפְעָל־בּוֹ 6
וְרַבּוּ פְשָׁעֶיךָ מַה־תַּעֲשֶׂה־לּוֹ: אִם־צָדַקְתָּ מַה־תִּתֶּן־לוֹ אוֹ מַה־מִּיָּדְךָ 7
יִקָּח: לְאִישׁ־כָּמוֹךָ רִשְׁעֶךָ וּלְבֶן־אָדָם צִדְקָתֶךָ: מֵרֹב עֲשׁוּקִים יַזְעִיקוּ 8 9
יְשַׁוְּעוּ מִזְּרוֹעַ רַבִּים: וְלֹא־אָמַר אַיֵּה אֱלוֹהַּ עֹשָׂי נֹתֵן זְמִרוֹת בַּלָּיְלָה: 10
מַלְּפֵנוּ מִבַּהֲמוֹת אָרֶץ וּמֵעוֹף הַשָּׁמַיִם יְחַכְּמֵנוּ: שָׁם יִצְעֲקוּ וְלֹא 11 12
יַעֲנֶה מִפְּנֵי גְּאוֹן רָעִים: אַךְ־שָׁוְא לֹא־יִשְׁמַע אֵל וְשַׁדַּי לֹא יְשׁוּרֶנָּה: 13
אַף כִּי־תֹאמַר לֹא תְשׁוּרֶנּוּ דִּין לְפָנָיו וּתְחוֹלֵל לוֹ: וְעַתָּה כִּי־אַיִן 14 15
פָּקַד אַפּוֹ וְלֹא־יָדַע בַּפַּשׁ מְאֹד: וְאִיּוֹב הֶבֶל יִפְצֶה־פִּיהוּ בִּבְלִי־דַעַת 16
מִלִּין יַכְבִּר:

וַיֹּסֶף אֱלִיהוּא וַיֹּאמַר: 36 1

כַּתַּר־לִי זְעֵיר וַאֲחַוֶּךָּ כִּי עוֹד לֶאֱלוֹהַּ מִלִּים: אֶשָּׂא דֵעִי לְמֵרָחוֹק 2 3
וּלְפֹעֲלִי אֶתֵּן־צֶדֶק: כִּי־אָמְנָם לֹא־שֶׁקֶר מִלָּי תְּמִים דֵּעוֹת עִמָּךְ: הֶן 4 5
אֵל כַּבִּיר וְלֹא יִמְאָס כַּבִּיר כֹּחַ לֵב: לֹא־יְחַיֶּה רָשָׁע וּמִשְׁפַּט עֲנִיִּים 6
יִתֵּן: לֹא־יִגְרַע מִצַּדִּיק עֵינָיו וְאֶת־מְלָכִים לַכִּסֵּא וַיֹּשִׁיבֵם לָנֶצַח 7
וַיִּגְבָּהוּ: וְאִם־אֲסוּרִים בַּזִּקִּים יִלָּכְדוּן בְּחַבְלֵי־עֹנִי: וַיַּגֵּד לָהֶם פָּעֳלָם 8 9
וּפִשְׁעֵיהֶם כִּי יִתְגַּבָּרוּ: וַיִּגֶל אָזְנָם לַמּוּסָר וַיֹּאמֶר כִּי־יְשֻׁבוּן מֵאָוֶן: 10
אִם־יִשְׁמְעוּ וְיַעֲבֹדוּ יְכַלּוּ יְמֵיהֶם בַּטּוֹב וּשְׁנֵיהֶם בַּנְּעִימִים: וְאִם־לֹא 11 12
יִשְׁמְעוּ בְּשֶׁלַח יַעֲבֹרוּ וְיִגְוְעוּ בִּבְלִי־דָעַת: וְחַנְפֵי־לֵב יָשִׂימוּ אָף לֹא 13
יְשַׁוְּעוּ כִּי אֲסָרָם: תָּמֹת בַּנֹּעַר נַפְשָׁם וְחַיָּתָם בַּקְּדֵשִׁים: יְחַלֵּץ עָנִי 14 15
בְעָנְיוֹ וְיִגֶל בַּלַּחַץ אָזְנָם: וְאַף הֲסִיתְךָ מִפִּי־צָר רַחַב לֹא־מוּצָק 16
תַּחְתֶּיהָ וְנַחַת שֻׁלְחָנְךָ מָלֵא דָשֶׁן: וְדִין־רָשָׁע מָלֵאתָ דִּין וּמִשְׁפָּט 17
יִתְמֹכוּ: כִּי־חֵמָה פֶּן־יְסִיתְךָ בְסָפֶק וְרָב־כֹּפֶר אַל־יַטֶּךָּ: הֲיַעֲרֹךְ שׁוּעֲךָ 18 19
לֹא בְצָר וְכֹל מַאֲמַצֵּי־כֹחַ: אַל־תִּשְׁאַף הַלָּיְלָה לַעֲלוֹת עַמִּים תַּחְתָּם: 20
הִשָּׁמֶר אַל־תֵּפֶן אֶל־אָוֶן כִּי־עַל־זֶה בָּחַרְתָּ מֵעֹנִי: הֶן־אֵל יַשְׂגִּיב 21 22

22 Behold, God exalteth by his power: who teacheth like him?

23 Who hath enjoined him his way? or who can say, Thou hast wrought iniquity?

24 Remember that thou magnify his work, which men behold.

25 Every man may see it; man may behold *it* afar off.

26 Behold, God *is* great, and we know *him* not, neither can the number of his years be searched out.

27 For he maketh small the drops of water: they pour down rain according to the vapour thereof:

28 Which the clouds do drop *and* distil upon man abundantly.

29 Also can *any* understand the spreadings of the clouds, *or* the noise of his tabernacle?

30 Behold, he spreadeth his light upon it, and covereth the bottom of the sea.

31 For by them judgeth he the people; he giveth meat in abundance.

32 With clouds he covereth the light; and commandeth it *not to shine* by *the cloud* that cometh betwixt.

33 The noise thereof sheweth concerning it, the cattle also concerning the vapour.

CHAPTER 37

1 At this also my heart trembleth, and is moved out of his place.

2 Hear attentively the noise of his voice, and the sound *that* goeth out of his mouth.

3 He directeth it under the whole heaven, and his lightning unto the ends of the earth.

4 After it a voice roareth: he thundereth with the voice of his excellency; and he will not stay them when his voice is heard.

5 God thundereth marvellously with his voice; great things doeth he, which we cannot comprehend.

6 For he saith to the snow, Be thou *on* the earth; likewise to the small rain, and to the great rain of his strength.

7 He sealeth up the hand of every man; that all men may know his work.

8 Then the beasts go into dens, and remain in their places.

9 Out of the south cometh the whirlwind: and cold out of the north.

10 By the breath of God frost is given: and the breadth of the waters is straitened.

11 Also by watering he wearieth the thick cloud: he scattereth his bright cloud:

12 And it is turned round about by his counsels: that they may do whatsoever he commandeth them upon the face of the world in the earth.

13 He causeth it to come, whether for correction, or for his land, or for mercy.

14 Hearken unto this, O Job: stand still, and consider the wondrous works of God.

15 Dost thou know when God disposed them, and caused the light of his cloud to shine?

16 Dost thou know the balancings of the clouds, the wondrous works of him which is perfect in knowledge?

17 How thy garments *are* warm, when he quieteth the earth by the south *wind?*

18 Hast thou with him spread out the sky, *which is* strong, *and* as a molten looking glass?

19 Teach us what we shall say unto him; *for* we cannot order *our speech* by reason of darkness.

20 Shall it be told him that I speak? if a man speak, surely he shall be swallowed up.

21 And now *men* see not the bright light which *is* in the clouds: but the wind passeth, and cleanseth them.

22 Fair weather cometh out of the north: with God *is* terrible majesty.

23 *Touching* the Almighty, we cannot find him out: *he is* excellent in power, and in judgment, and in plenty of justice: he will not afflict.

24 Men do therefore fear him: he respecteth not any *that are* wise of heart.

CHAPTER 38

1 Then the LORD answered Job out of the whirlwind, and said,

2 Who *is* this that darkeneth counsel by words without knowledge?

3 Gird up now thy loins like a man; for

23 בְּכֹחוֹ מִי כָמֹהוּ מוֹרֶה: מִי־פָקַד עָלָיו דַּרְכּוֹ וּמִי־אָמַר פָּעַלְתָּ עַוְלָה:

24 זְכֹר כִּי־תַשְׂגִּיא פָעֳלוֹ אֲשֶׁר שֹׁרְרוּ אֲנָשִׁים: כָּל־אָדָם חָזוּ־בוֹ אֱנוֹשׁ
25

26 יַבִּיט מֵרָחוֹק: הֶן־אֵל שַׂגִּיא וְלֹא נֵדָע מִסְפַּר שָׁנָיו וְלֹא־חֵקֶר: כִּי
27

28 יְגָרַע נִטְפֵי־מָיִם יָזֹקּוּ מָטָר לְאֵדוֹ: אֲשֶׁר־יִזְּלוּ שְׁחָקִים יִרְעֲפוּ עֲלֵי

29 אָדָם רָב: אַף אִם־יָבִין מִפְרְשֵׂי־עָב תְּשֻׁאוֹת סֻכָּתוֹ: הֵן־פָּרַשׂ עָלָיו
30 29A

31 אוֹרוֹ וְשָׁרְשֵׁי הַיָּם כִּסָּה: כִּי־בָם יָדִין עַמִּים יִתֶּן־אֹכֶל לְמַכְבִּיר: עַל־
32

33 כַּפַּיִם כִּסָּה־אוֹר וַיְצַו עָלֶיהָ בְמַפְגִּיעַ: יַגִּיד עָלָיו רֵעוֹ מִקְנֶה אַף

37 עַל־עוֹלֶה: אַף־לְזֹאת יֶחֱרַד לִבִּי וְיִתַּר מִמְּקוֹמוֹ: שִׁמְעוּ שָׁמוֹעַ בְּרֹגֶז
1
2

3 קֹלוֹ וְהֶגֶה מִפִּיו יֵצֵא: תַּחַת־כָּל־הַשָּׁמַיִם יִשְׁרֵהוּ וְאוֹרוֹ עַל־כַּנְפוֹת

4 הָאָרֶץ: אַחֲרָיו יִשְׁאַג־קוֹל יַרְעֵם בְּקוֹל גְּאוֹנוֹ וְלֹא יְעַקְּבֵם כִּי־יִשָּׁמַע

5 קוֹלוֹ: יַרְעֵם אֵל בְּקוֹלוֹ נִפְלָאוֹת עֹשֶׂה גְדֹלוֹת וְלֹא נֵדָע: כִּי לַשֶּׁלֶג
6 6A

7 יֹאמַר הֱוֵא אָרֶץ וְגֶשֶׁם מָטָר וְגֶשֶׁם מִטְרוֹת עֻזּוֹ: בְּיַד־כָּל־אָדָם

8 יַחְתּוֹם לָדַעַת כָּל־אַנְשֵׁי מַעֲשֵׂהוּ: וַתָּבֹא חַיָּה בְמוֹ־אָרֶב וּבִמְעוֹנֹתֶיהָ

9 תִשְׁכֹּן: מִן־הַחֶדֶר תָּבוֹא סוּפָה וּמִמְּזָרִים קָרָה: מִנִּשְׁמַת־אֵל יִתֶּן־
10

11 קָרַח וְרֹחַב מַיִם בְּמוּצָק: אַף־בְּרִי יַטְרִיחַ עָב יָפִיץ עֲנַן אוֹרוֹ: וְהוּא
12

בְּתַחְבּוּלֹתָיו   מְסִבּוֹת מִתְהַפֵּךְ בְּתַחְבּוּלֹתָו לְפָעֳלָם כֹּל אֲשֶׁר יְצַוֵּם עַל־פְּנֵי תֵבֵל

13 אָרְצָה: אִם־לְשֵׁבֶט אִם־לְאַרְצוֹ אִם־לְחֶסֶד יַמְצִאֵהוּ: הַאֲזִינָה זֹּאת
14

15 אִיּוֹב עֲמֹד וְהִתְבּוֹנֵן נִפְלְאוֹת אֵל: הֲתֵדַע בְּשׂוּם־אֱלוֹהַּ עֲלֵיהֶם

16 וְהוֹפִיעַ אוֹר עֲנָנוֹ: הֲתֵדַע עַל־מִפְלְשֵׂי־עָב מִפְלְאוֹת תְּמִים דֵּעִים:

17 אֲשֶׁר־בְּגָדֶיךָ חַמִּים בְּהַשְׁקִט אֶרֶץ מִדָּרוֹם: תַּרְקִיעַ עִמּוֹ לִשְׁחָקִים
18

19 חֲזָקִים כִּרְאִי מוּצָק: הוֹדִיעֵנוּ מַה־נֹּאמַר לוֹ לֹא נַעֲרֹךְ מִפְּנֵי־חֹשֶׁךְ:

20 הַיְסֻפַּר־לוֹ כִּי אֲדַבֵּר אִם־אָמַר אִישׁ כִּי יְבֻלָּע: וְעַתָּה לֹא רָאוּ אוֹר
21

22 בָּהִיר הוּא בַּשְּׁחָקִים וְרוּחַ עָבְרָה וַתְּטַהֲרֵם: מִצָּפוֹן זָהָב יֶאֱתֶה עַל־

23 אֱלוֹהַּ נוֹרָא הוֹד: שַׁדַּי לֹא־מְצָאנֻהוּ שַׂגִּיא־כֹחַ וּמִשְׁפָּט וְרֹב־צְדָקָה

24 לֹא יְעַנֶּה: לָכֵן יְרֵאוּהוּ אֲנָשִׁים לֹא־יִרְאֶה כָּל־חַכְמֵי־לֵב:

38 וַיַּעַן־יְהוָה אֶת־אִיּוֹב מִן־הַסְּעָרָה מִן הַסְּעָרָה וַיֹּאמַר: מִי זֶה מַחְשִׁיךְ עֵצָה בְמִלִּין
1
2

3 בְּלִי־דָעַת: אֱזָר־נָא כְגֶבֶר חֲלָצֶיךָ וְאֶשְׁאָלְךָ וְהוֹדִיעֵנִי: אֵיפֹה הָיִיתָ
4

I will demand of thee, and answer thou me.

4 Where wast thou when I laid the foundations of the earth? declare, if thou hast understanding.

5 Who hath laid the measures thereof, if thou knowest? or who hath stretched the line upon it?

6 Whereupon are the foundations thereof fastened? or who laid the corner stone thereof;

7 When the morning stars sang together, and all the sons of God shouted for joy?

8 Or *who* shut up the sea with doors, when it brake forth, *as if* it had issued out of the womb?

9 When I made the cloud the garment thereof, and thick darkness a swaddlingband for it,

10 And brake up for it my decreed *place,* and set bars and doors,

11 And said, Hitherto shalt thou come, but no further: and here shall thy proud waves be stayed?

12 Hast thou commanded the morning since thy days; *and* caused the dayspring to know his place;

13 That it might take hold of the ends of the earth, that the wicked might be shaken out of it?

14 It is turned as clay *to* the seal; and they stand as a garment.

15 And from the wicked their light is withholden, and the high arm shall be broken.

16 Hast thou entered into the springs of the sea? or hast thou walked in the search of the depth?

17 Have the gates of death been opened unto thee? or hast thou seen the doors of the shadow of death?

18 Hast thou perceived the breadth of the earth? declare if thou knowest it all.

19 Where *is* the way *where* light dwelleth? and *as for* darkness, where *is* the place thereof,

20 That thou shouldest take it to the bound thereof, and that thou shouldest know the paths *to* the house thereof?

21 Knowest thou *it,* because thou wast then born? or *because* the number of thy days *is* great?

22 Hast thou entered into the treasures of the snow? or hast thou seen the treasures of the hail,

23 Which I have reserved against the time of trouble, against the day of battle and war?

24 By what way is the light parted, *which* scattereth the east wind upon the earth?

25 Who hath divided a watercourse for the overflowing of waters, or a way for the lightning of thunder;

26 To cause it to rain on the earth, *where* no man *is; on* the wilderness, wherein *there is* no man;

27 To satisfy the desolate and waste *ground;* and to cause the bud of the tender herb to spring forth?

28 Hath the rain a father? or who hath begotten the drops of dew?

29 Out of whose womb came the ice? and the hoary frost of heaven, who hath gendered it?

30 The waters are hid as *with* a stone, and the face of the deep is frozen.

31 Canst thou bind the sweet influences of Pleiades, or loose the bands of Orion?

32 Canst thou bring forth Mazzaroth in his season? or canst thou guide Arcturus with his sons?

33 Knowest thou the ordinances of heaven? canst thou set the dominion thereof in the earth?

34 Canst thou lift up thy voice to the clouds, that abundance of waters may cover thee?

35 Canst thou send lightnings, that they may go, and say unto thee, Here we *are?*

36 Who hath put wisdom in the inward parts? or who hath given understanding to the heart?

37 Who can number the clouds in wisdom? or who can stay the bottles of heaven,

38 When the dust groweth into hardness, and the clods cleave fast together?

39 Wilt thou hunt the prey for the lion? or fill the appetite of the young lions,

40 When they couch in *their* dens, *and* abide in the covert to lie in wait?

41 Who provideth for the raven his food? when his young ones cry unto God, they wander for lack of meat.

בְּיַסְדִי־אָרֶץ הַגֵּד אִם־יָדַעְתָּ בִינָה: מִי־שָׂם מְמַדֶּיהָ כִּי תֵדָע אוֹ מִי־ 5

נָטָה עָלֶיהָ קָו: עַל־מָה אֲדָנֶיהָ הָטְבָּעוּ אוֹ מִי־יָרָה אֶבֶן פִּנָּתָהּ: 6

בְּרָן־יַחַד כּוֹכְבֵי בֹקֶר וַיָּרִיעוּ כָּל־בְּנֵי אֱלֹהִים: וַיָּסֶךְ בִּדְלָתַיִם יָם 7 / 8

בְּגִיחוֹ מֵרֶחֶם יֵצֵא: בְּשׂוּמִי עָנָן לְבֻשׁוֹ וַעֲרָפֶל חֲתֻלָּתוֹ: וָאֶשְׁבֹּר עָלָיו 9 / 10

חֻקִּי וָאָשִׂים בְּרִיחַ וּדְלָתָיִם: וָאֹמַר עַד־פֹּה תָבוֹא וְלֹא תֹסִיף וּפֹא־ 11

ידעתה השחר 12A

יָשִׁית בִּגְאוֹן גַּלֶּיךָ: הְמִיָּמֶיךָ צִוִּיתָ בֹּקֶר יִדַּעְתָּה שַׁחַר מְקֹמוֹ: לֶאֱחֹז 12 / 13

בְּכַנְפוֹת הָאָרֶץ וְיִנָּעֲרוּ רְשָׁעִים מִמֶּנָּה: תִּתְהַפֵּךְ כְּחֹמֶר חוֹתָם 14

וְיִתְיַצְּבוּ כְּמוֹ לְבוּשׁ: וְיִמָּנַע מֵרְשָׁעִים אוֹרָם וּזְרוֹעַ רָמָה תִּשָּׁבֵר: 15

הֲבָאתָ עַד־נִבְכֵי־יָם וּבְחֵקֶר תְּהוֹם הִתְהַלָּכְתָּ: הֲנִגְלוּ לְךָ שַׁעֲרֵי־מָוֶת 16 / 17

וְשַׁעֲרֵי צַלְמָוֶת תִּרְאֶה: הִתְבֹּנַנְתָּ עַד־רַחֲבֵי־אָרֶץ הַגֵּד אִם־יָדַעְתָּ 18

כֻלָּהּ: אֵי־זֶה הַדֶּרֶךְ יִשְׁכָּן־אוֹר וְחֹשֶׁךְ אֵי־זֶה מְקֹמוֹ: כִּי תִקָּחֶנּוּ אֶל־ 19 / 20

גְּבוּלוֹ וְכִי־תָבִין נְתִיבוֹת בֵּיתוֹ: יָדַעְתָּ כִּי־אָז תִּוָּלֵד וּמִסְפַּר יָמֶיךָ 21

רַבִּים: הֲבָאתָ אֶל־אֹצְרוֹת שָׁלֶג וְאֹצְרוֹת בָּרָד תִּרְאֶה: אֲשֶׁר־חָשַׂכְתִּי 22 / 23

לְעֶת־צָר לְיוֹם קְרָב וּמִלְחָמָה: אֵי־זֶה הַדֶּרֶךְ יֵחָלֶק אוֹר יָפֵץ קָדִים 24

עֲלֵי־אָרֶץ: מִי־פִלַּג לַשֶּׁטֶף תְּעָלָה וְדֶרֶךְ לַחֲזִיז קֹלוֹת: לְהַמְטִיר עַל־ 25 / 26

אֶרֶץ לֹא־אִישׁ מִדְבָּר לֹא־אָדָם בּוֹ: לְהַשְׂבִּיעַ שֹׁאָה וּמְשֹׁאָה 27

וּלְהַצְמִיחַ מֹצָא דֶשֶׁא: הֲיֵשׁ־לַמָּטָר אָב אוֹ מִי־הוֹלִיד אֶגְלֵי־טָל: 28

מִבֶּטֶן מִי יָצָא הַקָּרַח וּכְפֹר שָׁמַיִם מִי יְלָדוֹ: כָּאֶבֶן מַיִם יִתְחַבָּאוּ 29 / 30

וּפְנֵי תְהוֹם יִתְלַכָּדוּ: הַתְקַשֵּׁר מַעֲדַנּוֹת כִּימָה אוֹ־מֹשְׁכוֹת כְּסִיל 31

תְּפַתֵּחַ: הֲתֹצִיא מַזָּרוֹת בְּעִתּוֹ וְעַיִשׁ עַל־בָּנֶיהָ תַנְחֵם: הֲיָדַעְתָּ חֻקּוֹת 32 / 33

שָׁמָיִם אִם־תָּשִׂים מִשְׁטָרוֹ בָאָרֶץ: הֲתָרִים לָעָב קוֹלֶךָ וְשִׁפְעַת־מַיִם 34

תְּכַסֶּךָּ: הַתְשַׁלַּח בְּרָקִים וְיֵלֵכוּ וְיֹאמְרוּ לְךָ הִנֵּנוּ: מִי־שָׁת בַּטֻּחוֹת 35 / 36

חָכְמָה אוֹ מִי־נָתַן לַשֶּׂכְוִי בִינָה: מִי־יְסַפֵּר שְׁחָקִים בְּחָכְמָה וְנִבְלֵי 37

שָׁמַיִם מִי יַשְׁכִּיב: בְּצֶקֶת עָפָר לַמּוּצָק וּרְגָבִים יְדֻבָּקוּ: הֲתָצוּד 38 / 39

לְלָבִיא טָרֶף וְחַיַּת כְּפִירִים תְּמַלֵּא: כִּי־יָשֹׁחוּ בַמְּעוֹנוֹת יֵשְׁבוּ בַסֻּכָּה 40

ילדיו

לְמוֹ־אָרֶב: מִי יָכִין לָעֹרֵב צֵידוֹ כִּי־יְלָדָו אֶל־אֵל יְשַׁוֵּעוּ יִתְעוּ לִבְלִי־ 41

CHAPTER 39

1 Knowest thou the time when the wild goats of the rock bring forth? *or* canst thou mark when the hinds do calve?

2 Canst thou number the months *that* they fulfil? or knowest thou the time when they bring forth?

3 They bow themselves, they bring forth their young ones, they cast out their sorrows.

4 Their young ones are in good liking, they grow up with corn; they go forth, and return not unto them.

5 Who hath sent out the wild ass free? or who hath loosed the bands of the wild ass?

6 Whose house I have made the wilderness, and the barren land his dwellings.

7 He scorneth the multitude of the city, neither regardeth he the crying of the driver.

8 The range of the mountains *is* his pasture, and he searcheth after every green thing.

9 Will the unicorn be willing to serve thee, or abide by thy crib?

10 Canst thou bind the unicorn with his band in the furrow? or will he harrow the valleys after thee?

11 Wilt thou trust him, because his strength *is* great? or wilt thou leave thy labour to him?

12 Wilt thou believe him, that he will bring home thy seed, and gather *it into* thy barn?

13 *Gavest thou* the goodly wings unto the peacocks? or wings and feathers unto the ostrich?

14 Which leaveth her eggs in the earth, and warmeth them in dust,

15 And forgetteth that the foot may crush them, or that the wild beast may break them.

16 She is hardened against her young ones, as though *they were* not hers: her labour is in vain without fear;

17 Because God hath deprived her of wisdom, neither hath he imparted to her understanding.

18 What time she lifteth up herself on high, she scorneth the horse and his rider.

19 Hast thou given the horse strength? hast thou clothed his neck with thunder?

20 Canst thou make him afraid as a grasshopper? the glory of his nostrils *is* terrible.

21 He paweth in the valley, and rejoiceth in *his* strength: he goeth on to meet the armed men.

22 He mocketh at fear, and is not affrighted; neither turneth he back from the sword.

23 The quiver rattleth against him, the glittering spear and the shield.

24 He swalloweth the ground with fierceness and rage: neither believeth he that *it is* the sound of the trumpet.

25 He saith among the trumpets, Ha, ha; and he smelleth the battle afar off, the thunder of the captains, and the shouting.

26 Doth the hawk fly by thy wisdom, *and* stretch her wings toward the south?

27 Doth the eagle mount up at thy command, and make her nest on high?

28 She dwelleth and abideth on the rock, upon the crag of the rock, and the strong place.

29 From thence she seeketh the prey, *and* her eyes behold afar off.

30 Her young ones also suck up blood: and where the slain *are,* there *is* she.

CHAPTER 40

1 Moreover the LORD answered Job, and said,

2 Shall he that contendeth with the Almighty instruct *him?* he that reproveth God, let him answer it.

3 ¶ Then Job answered the LORD, and said,

4 Behold, I am vile; what shall I answer thee? I will lay mine hand upon my mouth.

5 Once have I spoken; but I will not answer: yea, twice; but I will proceed no further.

6 ¶ Then answered the LORD unto Job out of the whirlwind, and said,

7 Gird up thy loins now like a man: I will demand of thee, and declare thou unto me.

8 Wilt thou also disannul my judgment?

39 אָכֶל: הֲיָדַעְתָּ עֵת לֶדֶת יַעֲלֵי־סָלַע חֹלֵל אַיָּלוֹת תִּשְׁמֹר: תִּסְפֹּר 1 2 2A

יְרָחִים תְּמַלֶּאנָה וְיָדַעְתָּ עֵת לִדְתֶּנָה: תִּכְרַעְנָה יַלְדֵיהֶן תְּפַלַּחְנָה 3

חֶבְלֵיהֶם תְּשַׁלַּחְנָה: יַחְלְמוּ בְנֵיהֶם יִרְבּוּ בַבָּר יָצְאוּ וְלֹא־שָׁבוּ לָמוֹ: 4

מִי־שִׁלַּח פֶּרֶא חָפְשִׁי וּמֹסְרוֹת עָרוֹד מִי פִתֵּחַ: אֲשֶׁר־שַׂמְתִּי עֲרָבָה 5 6 6A

בֵיתוֹ וּמִשְׁכְּנוֹתָיו מְלֵחָה: יִשְׂחַק לַהֲמוֹן קִרְיָה תְּשֻׁאוֹת נוֹגֵשׂ לֹא 7

יִשְׁמָע: יְתוּר הָרִים מִרְעֵהוּ וְאַחַר כָּל־יָרוֹק יִדְרוֹשׁ: הֲיֹאבֶה רֵּים 8 9

עָבְדֶךָ אִם־יָלִין עַל־אֲבוּסֶךָ: הֲתִקְשָׁר־רֵים בְּתֶלֶם עֲבֹתוֹ אִם־יְשַׂדֵּד 10

עֲמָקִים אַחֲרֶיךָ: הֲתִבְטַח־בּוֹ כִּי־רַב כֹּחוֹ וְתַעֲזֹב אֵלָיו יְגִיעֶךָ: 11

הֲתַאֲמִין בּוֹ כִּי־יָשׁוּב זַרְעֶךָ וְגָרְנְךָ יֶאֱסֹף: כְּנַף־רְנָנִים נֶעֱלָסָה אִם־ 12 13 יָשִׁיב 13A

אֶבְרָה חֲסִידָה וְנֹצָה: כִּי־תַעֲזֹב לָאָרֶץ בֵּצֶיהָ וְעַל־עָפָר תְּחַמֵּם: 14

וַתִּשְׁכַּח כִּי־רֶגֶל תְּזוּרֶהָ וְחַיַּת הַשָּׂדֶה תְּדוּשֶׁהָ: הִקְשִׁיחַ בָּנֶיהָ לְּלֹא־ 15 16

לָהּ לְרִיק יְגִיעָהּ בְּלִי־פָחַד: כִּי־הִשָּׁהּ אֱלוֹהַּ חָכְמָה וְלֹא־חָלַק לָהּ 17

בַּבִּינָה: כָּעֵת בַּמָּרוֹם תַּמְרִיא תִּשְׂחַק לַסּוּס וּלְרֹכְבוֹ: הֲתִתֵּן לַסּוּס 18 19

גְּבוּרָה הֲתַלְבִּישׁ צַוָּארוֹ רַעְמָה: הֲתַרְעִישֶׁנּוּ כָּאַרְבֶּה הוֹד נַחְרוֹ 20 20A

אֵימָה: יַחְפְּרוּ בָעֵמֶק וְיָשִׂישׂ בְּכֹחַ יֵצֵא לִקְרַאת־נָשֶׁק: יִשְׂחַק לְפַחַד 21 22

וְלֹא יֵחָת וְלֹא־יָשׁוּב מִפְּנֵי־חָרֶב: עָלָיו תִּרְנֶה אַשְׁפָּה לַהַב חֲנִית 23

וְכִידוֹן: בְּרַעַשׁ וְרֹגֶז יְגַמֶּא־אָרֶץ וְלֹא־יַאֲמִין כִּי־קוֹל שׁוֹפָר: בְּדֵי שֹׁפָר 24 25

יֹאמַר הֶאָח וּמֵרָחוֹק יָרִיחַ מִלְחָמָה רַעַם שָׂרִים וּתְרוּעָה: הֲמִבִּינָתְךָ 26

יַאֲבֶר־נֵץ יִפְרֹשׂ כְּנָפוֹ לְתֵימָן: אִם־עַל־פִּיךָ יַגְבִּיהַּ נָשֶׁר וְכִי יָרִים קִנּוֹ: 27 כְּנָפָיו

סֶלַע יִשְׁכֹּן וְיִתְלֹנָן עַל שֶׁן־סֶלַע וּמְצוּדָה: מִשָּׁם חָפַר־אֹכֶל לְמֵרָחוֹק 28 29

עֵינָיו יַבִּיטוּ: וְאֶפְרֹחוֹ יְעַלְעוּ־דָם וּבַאֲשֶׁר חֲלָלִים שָׁם הוּא: 30 וְאֶפְרֹחָיו

וַיַּעַן יְהוָה אֶת־אִיּוֹב וַיֹּאמַר: 40 1

הֲרֹב עִם־שַׁדַּי יִסּוֹר מוֹכִיחַ אֱלוֹהַּ יַעֲנֶנָּה: 2

וַיַּעַן אִיּוֹב אֶת־יְהוָה וַיֹּאמַר: 3

הֵן קַלֹּתִי מָה אֲשִׁיבֶךָּ יָדִי שַׂמְתִּי לְמוֹ־פִי: אַחַת דִּבַּרְתִּי וְלֹא אֶעֱנֶה 4 5

וּשְׁתַּיִם וְלֹא אוֹסִיף:

וַיַּעַן־יְהוָה אֶת־אִיּוֹב מִנסערה וַיֹּאמַר: 6 מִן | סְעָרָה

אֱזָר־נָא כְגֶבֶר חֲלָצֶיךָ אֶשְׁאָלְךָ וְהוֹדִיעֵנִי: הַאַף תָּפֵר מִשְׁפָּטִי 7 8

wilt thou condemn me, that thou mayest be righteous?

9 Hast thou an arm like God? or canst thou thunder with a voice like him?

10 Deck thyself now *with* majesty and excellency; and array thyself with glory and beauty.

11 Cast abroad the rage of thy wrath: and behold every one *that is* proud, and abase him.

12 Look on every one *that is* proud, *and* bring him low; and tread down the wicked in their place.

13 Hide them in the dust together; *and* bind their faces in secret.

14 Then will I also confess unto thee that thine own right hand can save thee.

15 ¶ Behold now behemoth, which I made with thee; he eateth grass as an ox.

16 Lo now, his strength *is* in his loins, and his force *is* in the navel of his belly.

17 He moveth his tail like a cedar: the sinews of his stones are wrapped together.

18 His bones *are as* strong pieces of brass; his bones *are* like bars of iron.

19 He *is* the chief of the ways of God: he that made him can make his sword to approach *unto him.*

20 Surely the mountains bring him forth food, where all the beasts of the field play.

21 He lieth under the shady trees, in the covert of the reed, and fens.

22 The shady trees cover him *with* their shadow; the willows of the brook compass him about.

23 Behold, he drinketh up a river, *and* hasteth not: he trusteth that he can draw up Jordan into his mouth.

24 He taketh it with his eyes: *his* nose pierceth through snares.

CHAPTER 41

1[40:25] Canst thou draw out leviathan with an hook? or his tongue with a cord *which* thou lettest down?

2[40:26] Canst thou put an hook into his nose? or bore his jaw through with a thorn?

3[40:27] Will he make many supplications unto thee? will he speak soft *words* unto thee?

4[40:28] Will he make a covenant with thee? wilt thou take him for a servant for ever?

5[40:29] Wilt thou play with him as *with* a bird? or wilt thou bind him for thy maidens?

6[40:30] Shall the companions make a banquet of him? shall they part him among the merchants?

7[40:31] Canst thou fill his skin with barbed irons? or his head with fish spears?

8[40:32] Lay thine hand upon him, remember the battle, do no more.

9[1] Behold, the hope of him is in vain: shall not *one* be cast down even at the sight of him?

10[2] None *is so* fierce that dare stir him up: who then is able to stand before me?

11[3] Who hath prevented me, that I should repay *him? whatsoever is* under the whole heaven is mine.

12[4] I will not conceal his parts, nor his power, nor his comely proportion.

13[5] Who can discover the face of his garment? *or* who can come *to him* with his double bridle?

14[6] Who can open the doors of his face? his teeth *are* terrible round about.

15[7] *His* scales *are his* pride, shut up together *as with* a close seal.

16[8] One is so near to another, that no air can come between them.

17[9] They are joined one to another, they stick together, that they cannot be sundered.

18[10] By his neesings a light doth shine, and his eyes *are* like the eyelids of the morning.

19[11] Out of his mouth go burning lamps, *and* sparks of fire leap out.

20[12] Out of his nostrils goeth smoke, as *out* of a seething pot or caldron.

21[13] His breath kindleth coals, and a flame goeth out of his mouth.

22[14] In his neck remaineth strength, and sorrow is turned into joy before him.

23[15] The flakes of his flesh are joined together: they are firm in themselves; they cannot be moved.

24[16] His heart is as firm as a stone; yea, as hard as a piece of the nether *millstone.*

תַּרְשִׁיעֵנִי לְמַעַן תִּצְדָּק: וְאִם־זְרוֹעַ כָּאֵל׀ לָךְ וּבְקוֹל כָּמֹהוּ תַרְעֵם: 9

עֲדֵה נָא גָאוֹן וָגֹבַהּ וְהוֹד וְהָדָר תִּלְבָּשׁ: הָפֵץ עֶבְרוֹת אַפֶּךָ וּרְאֵה 10, 11 10A

כָל־גֵּאֶה וְהַשְׁפִּילֵהוּ: רְאֵה כָל־גֵּאֶה הַכְנִיעֵהוּ וַהֲדֹךְ רְשָׁעִים תַּחְתָּם: 12

טָמְנֵם בֶּעָפָר יָחַד פְּנֵיהֶם חֲבֹשׁ בַּטָּמוּן: וְגַם־אֲנִי אוֹדֶךָּ כִּי־תוֹשִׁעַ 13, 14

לָךְ יְמִינֶךָ: הִנֵּה־נָא בְהֵמוֹת אֲשֶׁר־עָשִׂיתִי עִמָּךְ חָצִיר כַּבָּקָר יֹאכֵל: 15

הִנֵּה־נָא כֹחוֹ בְמָתְנָיו וְאֹנוֹ בִּשְׁרִירֵי בִטְנוֹ: יַחְפֹּץ זְנָבוֹ כְמוֹ־אָרֶז גִּדֵי 16, 17

פַחֲדָו יְשֹׂרָגוּ: עֲצָמָיו אֲפִיקֵי נְחוּשָׁה גְּרָמָיו כִּמְטִיל בַּרְזֶל: הוּא 18, 19 פַחֲדָיו

רֵאשִׁית דַּרְכֵי־אֵל הָעֹשׂוֹ יַגֵּשׁ חַרְבּוֹ: כִּי־בוּל הָרִים יִשְׂאוּ־לוֹ וְכָל־ 20

חַיַּת הַשָּׂדֶה יְשַׂחֲקוּ־שָׁם: תַּחַת־צֶאֱלִים יִשְׁכָּב בְּסֵתֶר קָנֶה וּבִצָּה: 21

יְסֻכֻּהוּ צֶאֱלִים צִלֲלוֹ יְסֻבּוּהוּ עַרְבֵי־נָחַל: הֵן יַעֲשֹׁק נָהָר לֹא יַחְפֹּז 22, 23

יִבְטַח׀ כִּי־יָגִיחַ יַרְדֵּן אֶל־פִּיהוּ: בְּעֵינָיו יִקָּחֶנּוּ בְּמוֹקְשִׁים יִנְקָב־אָף: 24

תִּמְשֹׁךְ לִוְיָתָן בְּחַכָּה וּבְחֶבֶל תַּשְׁקִיעַ לְשֹׁנוֹ: הֲתָשִׂים אַגְמֹן בְּאַפּוֹ 25, 26 26A

וּבְחוֹחַ תִּקֹּב לֶחֱיוֹ: הֲיַרְבֶּה אֵלֶיךָ תַּחֲנוּנִים אִם־יְדַבֵּר אֵלֶיךָ רַכּוֹת: 27

הֲיִכְרֹת בְּרִית עִמָּךְ תִּקָּחֶנּוּ לְעֶבֶד עוֹלָם: הַתְשַׂחֶק־בּוֹ כַּצִּפּוֹר 28, 29

וְתִקְשְׁרֶנּוּ לְנַעֲרוֹתֶיךָ: יִכְרוּ עָלָיו חַבָּרִים יֶחֱצוּהוּ בֵּין כְּנַעֲנִים: 30

הַתְמַלֵּא בְשֻׂכּוֹת עוֹרוֹ וּבְצִלְצַל דָּגִים רֹאשׁוֹ: שִׂים־עָלָיו כַּפֶּךָ זְכֹר 31, 32

מִלְחָמָה אַל־תּוֹסַף: הֶן־תֹּחַלְתּוֹ נִכְזָבָה הֲגַם אֶל־מַרְאָיו יֻטָל: לֹא־ 41 1, 2

אַכְזָר כִּי יְעוּרֶנּוּ וּמִי הוּא לְפָנַי יִתְיַצָּב: מִי הִקְדִּימַנִי וַאֲשַׁלֵּם תַּחַת 3

כָּל־הַשָּׁמַיִם לִי־הוּא: לֹא־אַחֲרִישׁ בַּדָּיו וּדְבַר־גְּבוּרוֹת וְחִין עֶרְכּוֹ: 4 לוֹ־

מִי־גִלָּה פְּנֵי לְבוּשׁוֹ בְּכֶפֶל רִסְנוֹ מִי יָבוֹא: דַּלְתֵי פָנָיו מִי פִתֵּחַ 5, 6

סְבִיבוֹת שִׁנָּיו אֵימָה: גַּאֲוָה אֲפִיקֵי מָגִנִּים סָגוּר חוֹתָם צָר: אֶחָד 7, 8

בְּאֶחָד יִגַּשׁוּ וְרוּחַ לֹא־יָבוֹא בֵינֵיהֶם: אִישׁ־בְּאָחִיהוּ יְדֻבָּקוּ יִתְלַכְּדוּ 9

וְלֹא יִתְפָּרָדוּ: עֲטִישֹׁתָיו תָּהֶל אוֹר וְעֵינָיו כְּעַפְעַפֵּי־שָׁחַר: מִפִּיו 10, 11

לַפִּידִים יַהֲלֹכוּ כִּידוֹדֵי אֵשׁ יִתְמַלָּטוּ: מִנְּחִירָיו יֵצֵא עָשָׁן כְּדוּד נָפוּחַ 12

וְאַגְמֹן: נַפְשׁוֹ גֶּחָלִים תְּלַהֵט וְלַהַב מִפִּיו יֵצֵא: בְּצַוָּארוֹ יָלִין עֹז 13, 14

וּלְפָנָיו תָּדוּץ דְּאָבָה: מַפְּלֵי בְשָׂרוֹ דָבֵקוּ יָצוּק עָלָיו בַּל־יִמּוֹט: לִבּוֹ 15, 16

יָצוּק כְּמוֹ־אָבֶן וְיָצוּק כְּפֶלַח תַּחְתִּית: מִשֵּׂתוֹ יָגוּרוּ אֵלִים מִשְּׁבָרִים 17

25[17] When he raiseth up himself, the mighty are afraid: by reason of breakings they purify themselves.

26[18] The sword of him that layeth at him cannot hold: the spear, the dart, nor the habergeon.

27[19] He esteemeth iron as straw, *and* brass as rotten wood.

28[20] The arrow cannot make him flee: slingstones are turned with him into stubble.

29[21] Darts are counted as stubble: he laugheth at the shaking of a spear.

30[22] Sharp stones *are* under him: he spreadeth sharp pointed things upon the mire.

31[23] He maketh the deep to boil like a pot: he maketh the sea like a pot of ointment.

32[24] He maketh a path to shine after him; *one* would think the deep *to be* hoary.

33[25] Upon earth there is not his like, who is made without fear.

34[26] He beholdeth all high *things:* he *is* a king over all the children of pride.

CHAPTER 42

1 Then Job answered the LORD, and said,

2 I know that thou canst do every *thing,* and *that* no thought can be withholden from thee.

3 Who *is* he that hideth counsel without knowledge? therefore have I uttered that I understood not; things too wonderful for me, which I knew not.

4 Hear, I beseech thee, and I will speak: I will demand of thee, and declare thou unto me.

5 I have heard of thee by the hearing of the ear: but now mine eye seeth thee.

6 Wherefore I abhor *myself,* and repent in dust and ashes.

7 ¶ And it was *so,* that after the LORD had spoken these words unto Job, the LORD said to Eliphaz the Temanite, My wrath is kindled against thee, and against thy two friends: for ye have not spoken of me *the thing that is* right, as my servant Job *hath.*

8 Therefore take unto you now seven bullocks and seven rams, and go to my servant Job, and offer up for yourselves a burnt offering; and my servant Job shall pray for you: for him will I accept: lest I deal with you *after your* folly, in that ye have not spoken of me *the thing which is* right, like my servant Job.

9 So Eliphaz the Temanite and Bildad the Shuhite *and* Zophar the Naamathite went, and did according as the LORD commanded them: the LORD also accepted Job.

10 And the LORD turned the captivity of Job, when he prayed for his friends: also the LORD gave Job twice as much as he had before.

11 Then came there unto him all his brethren, and all his sisters, and all they that had been of his acquaintance before, and did eat bread with him in his house: and they bemoaned him, and comforted him over all the evil that the LORD had brought upon him: every man also gave him a piece of money, and every one an earring of gold.

12 So the LORD blessed the latter end of Job more than his beginning: for he had fourteen thousand sheep, and six thousand camels, and a thousand yoke of oxen, and a thousand she asses.

13 He had also seven sons and three daughters.

14 And he called the name of the first, Jemima; and the name of the second, Kezia; and the name of the third, Keren-happuch.

15 And in all the land were no women found *so* fair as the daughters of Job: and their father gave them inheritance among their brethren.

16 After this lived Job an hundred and forty years, and saw his sons, and his sons' sons, *even* four generations.

17 So Job died, *being* old and full of days.

יִתְחַטָּאוּ: מַשִּׂיגֵהוּ חֶרֶב בְּלִי תָקוּם חֲנִית מַסָּע וְשִׁרְיָה: יַחְשֹׁב לְתֶבֶן 18
בַּרְזֶל לְעֵץ רִקָּבוֹן נְחוּשָׁה: לֹא־יַבְרִיחֶנּוּ בֶן־קָשֶׁת לְקַשׁ נֶהְפְּכוּ־לוֹ 19 20
אַבְנֵי־קָלַע: כְּקַשׁ נֶחְשְׁבוּ תוֹתָח וְיִשְׂחַק לְרַעַשׁ כִּידוֹן: תַּחְתָּיו חַדּוּדֵי 21 22
חָרֶשׂ יִרְפַּד חָרוּץ עֲלֵי־טִיט: יַרְתִּיחַ כַּסִּיר מְצוּלָה יָם יָשִׂים 23
כַּמֶּרְקָחָה: אַחֲרָיו יָאִיר נָתִיב יַחְשֹׁב תְּהוֹם לְשֵׂיבָה: אֵין־עַל־עָפָר 24 25
מָשְׁלוֹ הֶעָשׂוּ לִבְלִי־חָת: אֶת־כָּל־גָּבֹהַּ יִרְאֶה הוּא מֶלֶךְ עַל־כָּל־ 25A 26
בְּנֵי־שָׁחַץ:

וַיַּעַן אִיּוֹב אֶת־יְהֹוָה וַיֹּאמַר: 1 42

יָדַעְתִּי יָדַעְתָּ כִּי־כֹל תּוּכָל וְלֹא־יִבָּצֵר מִמְּךָ מְזִמָּה: מִי זֶה ׀ מַעְלִים עֵצָה 2 3
בְּלִי דַעַת לָכֵן הִגַּדְתִּי וְלֹא אָבִין נִפְלָאוֹת מִמֶּנִּי וְלֹא אֵדָע: שְׁמַע־נָא 4
וְאָנֹכִי אֲדַבֵּר אֶשְׁאָלְךָ וְהוֹדִיעֵנִי: לְשֵׁמַע־אֹזֶן שְׁמַעְתִּיךָ וְעַתָּה עֵינִי 5
רָאָתְךָ: עַל־כֵּן אֶמְאַס וְנִחַמְתִּי עַל־עָפָר וָאֵפֶר: 6

וַיְהִי אַחַר דִּבֶּר יְהֹוָה אֶת־הַדְּבָרִים הָאֵלֶּה אֶל־אִיּוֹב וַיֹּאמֶר יְהֹוָה 7
אֶל־אֱלִיפַז הַתֵּימָנִי חָרָה אַפִּי בְךָ וּבִשְׁנֵי רֵעֶיךָ כִּי לֹא דִבַּרְתֶּם אֵלַי
נְכוֹנָה כְּעַבְדִּי אִיּוֹב: וְעַתָּה קְחוּ־לָכֶם שִׁבְעָה־פָרִים וְשִׁבְעָה אֵילִים 8
וּלְכוּ ׀ אֶל־עַבְדִּי אִיּוֹב וְהַעֲלִיתֶם עוֹלָה בַּעַדְכֶם וְאִיּוֹב עַבְדִּי יִתְפַּלֵּל
עֲלֵיכֶם כִּי אִם־פָּנָיו אֶשָּׂא לְבִלְתִּי עֲשׂוֹת עִמָּכֶם נְבָלָה כִּי לֹא
דִבַּרְתֶּם אֵלַי נְכוֹנָה כְּעַבְדִּי אִיּוֹב: וַיֵּלְכוּ אֱלִיפַז הַתֵּימָנִי וּבִלְדַּד 9
הַשּׁוּחִי צֹפַר הַנַּעֲמָתִי וַיַּעֲשׂוּ כַּאֲשֶׁר דִּבֶּר יְהֹוָה אֲלֵיהֶם וַיִּשָּׂא יְהֹוָה
אֶת־פְּנֵי אִיּוֹב: **שְׁבוּת** וַיהֹוָה שָׁב אֶת־שְׁבִית אִיּוֹב בְּהִתְפַּלְלוֹ בְּעַד רֵעֵהוּ 10
וַיֹּסֶף יְהֹוָה אֶת־כָּל־אֲשֶׁר לְאִיּוֹב לְמִשְׁנֶה: וַיָּבֹאוּ אֵלָיו כָּל־אֶחָיו וְכָל־ 11
אַחְיוֹתָיו אֲחְיוֹתָיו וְכָל־יֹדְעָיו לְפָנִים וַיֹּאכְלוּ עִמּוֹ לֶחֶם בְּבֵיתוֹ וַיָּנֻדוּ לוֹ וַיְנַחֲמוּ
אֹתוֹ עַל כָּל־הָרָעָה אֲשֶׁר־הֵבִיא יְהֹוָה עָלָיו וַיִּתְּנוּ־לוֹ אִישׁ קְשִׂיטָה
אֶחָת וְאִישׁ נֶזֶם זָהָב אֶחָד: וַיהֹוָה בֵּרַךְ אֶת־אַחֲרִית אִיּוֹב 12
מֵרֵאשִׁתוֹ וַיְהִי־לוֹ אַרְבָּעָה עָשָׂר אֶלֶף צֹאן וְשֵׁשֶׁת אֲלָפִים גְּמַלִּים
וְאֶלֶף־צֶמֶד בָּקָר וְאֶלֶף אֲתוֹנוֹת: וַיְהִי־לוֹ שִׁבְעָנָה בָנִים וְשָׁלוֹשׁ 13
בָּנוֹת: וַיִּקְרָא שֵׁם־הָאַחַת יְמִימָה וְשֵׁם הַשֵּׁנִית קְצִיעָה וְשֵׁם 14
הַשְּׁלִישִׁית קֶרֶן הַפּוּךְ: וְלֹא נִמְצָא נָשִׁים יָפוֹת כִּבְנוֹת אִיּוֹב בְּכָל־ 15
הָאָרֶץ וַיִּתֵּן לָהֶם אֲבִיהֶם נַחֲלָה בְּתוֹךְ אֲחֵיהֶם: **וַיְחִי אִיּוֹב** 16
וַיִּרְאֶה אַחֲרֵי־זֹאת מֵאָה וְאַרְבָּעִים שָׁנָה וַיִּרְאֶ אֶת־בָּנָיו וְאֶת־בְּנֵי בָנָיו
אַרְבָּעָה דֹּרוֹת: וַיָּמָת אִיּוֹב זָקֵן וּשְׂבַע יָמִים: 17

THE BOOK OF

PSALMS

PSALM 1

1 Blessed *is* the man that walketh not in the counsel of the ungodly, nor standeth in the way of sinners, nor sitteth in the seat of the scornful.

2 But his delight *is* in the law of the LORD; and in his law doth he meditate day and night.

3 And he shall be like a tree planted by the rivers of water, that bringeth forth his fruit in his season; his leaf also shall not wither; and whatsoever he doeth shall prosper.

4 The ungodly *are* not so: but *are* like the chaff which the wind driveth away.

5 Therefore the ungodly shall not stand in the judgment, nor sinners in the congregation of the righteous.

6 For the LORD knoweth the way of the righteous: but the way of the ungodly shall perish.

PSALM 2

1 Why do the heathen rage, and the people imagine a vain thing?

2 The kings of the earth set themselves, and the rulers take counsel together, against the LORD, and against his anointed, *saying,*

3 Let us break their bands asunder, and cast away their cords from us.

4 He that sitteth in the heavens shall laugh: the Lord shall have them in derision.

5 Then shall he speak unto them in his wrath, and vex them in his sore displeasure.

6 Yet have I set my king upon my holy hill of Zion.

7 I will declare the decree: the LORD hath said unto me, Thou *art* my Son; this day have I begotten thee.

8 Ask of me, and I shall give *thee* the heathen *for* thine inheritance, and the uttermost parts of the earth *for* thy possession.

9 Thou shalt break them with a rod of iron; thou shalt dash them in pieces like a potter's vessel.

10 Be wise now therefore, O ye kings: be instructed, ye judges of the earth.

11 Serve the LORD with fear, and rejoice with trembling.

12 Kiss the Son, lest he be angry, and ye perish *from* the way, when his wrath is kindled but a little. Blessed *are* all they that put their trust in him.

PSALM 3

[1] A Psalm of David, when he fled from Absalom his son.

1[2] LORD, how are they increased that trouble me! many *are* they that rise up against me.

2[3] Many *there be* which say of my soul, *There is* no help for him in God. Selah.

3[4] But thou, O LORD, *art* a shield for me; my glory, and the lifter up of mine head.

4[5] I cried unto the LORD with my voice, and he heard me out of his holy hill. Selah.

5[6] I laid me down and slept; I awaked; for the LORD sustained me.

6[7] I will not be afraid of ten thousands of people, that have set *themselves* against me round about.

7[8] Arise, O LORD; save me, O my God: for thou hast smitten all mine enemies *upon* the cheek bone; thou hast broken the teeth of the ungodly.

8[9] Salvation *belongeth* unto the LORD: thy blessing *is* upon thy people. Selah.

PSALM 4

[1] To the chief Musician on Neginoth, A Psalm of David.

1[2] Hear me when I call, O God of my righteousness: thou hast enlarged me *when I was* in distress; have mercy upon me, and hear my prayer.

ספר תהלים

1 ספר ראשון אַשְׁרֵי־הָאִישׁ אֲשֶׁר ׀ לֹא הָלַךְ בַּעֲצַת רְשָׁעִים וּבְדֶרֶךְ חַטָּאִים לֹא

2 עָמָד וּבְמוֹשַׁב לֵצִים לֹא יָשָׁב: כִּי אִם בְּתוֹרַת יְהֹוָה חֶפְצוֹ וּבְתוֹרָתוֹ

3 יֶהְגֶּה יוֹמָם וָלָיְלָה: וְהָיָה כְּעֵץ שָׁתוּל עַל־פַּלְגֵי מָיִם אֲשֶׁר פִּרְיוֹ ׀

4 יִתֵּן בְּעִתּוֹ וְעָלֵהוּ לֹא־יִבּוֹל וְכֹל אֲשֶׁר־יַעֲשֶׂה יַצְלִיחַ: לֹא־כֵן הָרְשָׁעִים

5 כִּי אִם־כַּמֹּץ אֲשֶׁר־תִּדְּפֶנּוּ רוּחַ: עַל־כֵּן ׀ לֹא־יָקֻמוּ רְשָׁעִים בַּמִּשְׁפָּט

6 וְחַטָּאִים בַּעֲדַת צַדִּיקִים: כִּי־יוֹדֵעַ יְהֹוָה דֶּרֶךְ צַדִּיקִים וְדֶרֶךְ רְשָׁעִים
תֹּאבֵד:

2 לָמָּה רָגְשׁוּ גוֹיִם וּלְאֻמִּים יֶהְגּוּ־רִיק: יִתְיַצְּבוּ ׀ מַלְכֵי־אֶרֶץ וְרוֹזְנִים

3 נוֹסְדוּ־יָחַד עַל־יְהֹוָה וְעַל־מְשִׁיחוֹ: נְנַתְּקָה אֶת־מוֹסְרוֹתֵימוֹ וְנַשְׁלִיכָה

4/5 מִמֶּנּוּ עֲבֹתֵימוֹ: יוֹשֵׁב בַּשָּׁמַיִם יִשְׂחָק אֲדֹנָי יִלְעַג־לָמוֹ: אָז יְדַבֵּר

6 אֵלֵימוֹ בְאַפּוֹ וּבַחֲרוֹנוֹ יְבַהֲלֵמוֹ: וַאֲנִי נָסַכְתִּי מַלְכִּי עַל־צִיּוֹן הַר־

7 קָדְשִׁי: אֲסַפְּרָה אֶל חֹק יְהֹוָה אָמַר אֵלַי בְּנִי אַתָּה אֲנִי הַיּוֹם יְלִדְתִּיךָ:

8/9 שְׁאַל מִמֶּנִּי וְאֶתְּנָה גוֹיִם נַחֲלָתֶךָ וַאֲחֻזָּתְךָ אַפְסֵי־אָרֶץ: תְּרֹעֵם בְּשֵׁבֶט

10 בַּרְזֶל כִּכְלִי יוֹצֵר תְּנַפְּצֵם: וְעַתָּה מְלָכִים הַשְׂכִּילוּ הִוָּסְרוּ שֹׁפְטֵי אָרֶץ:

11/12 עִבְדוּ אֶת־יְהֹוָה בְּיִרְאָה וְגִילוּ בִּרְעָדָה: נַשְּׁקוּ־בַר פֶּן־יֶאֱנַף ׀ וְתֹאבְדוּ
דֶרֶךְ כִּי־יִבְעַר כִּמְעַט אַפּוֹ אַשְׁרֵי כָּל־חוֹסֵי בוֹ:

3 מִזְמוֹר לְדָוִד בְּבָרְחוֹ מִפְּנֵי ׀ אַבְשָׁלוֹם בְּנוֹ:

2/3 יְהֹוָה מָה־רַבּוּ צָרָי רַבִּים קָמִים עָלָי: רַבִּים אֹמְרִים לְנַפְשִׁי אֵין

4 יְשׁוּעָתָה לּוֹ בֵאלֹהִים סֶלָה: וְאַתָּה יְהֹוָה מָגֵן בַּעֲדִי כְּבוֹדִי וּמֵרִים

5/6 רֹאשִׁי: קוֹלִי אֶל־יְהֹוָה אֶקְרָא וַיַּעֲנֵנִי מֵהַר קָדְשׁוֹ סֶלָה: אֲנִי שָׁכַבְתִּי

7 וָאִישָׁנָה הֱקִיצוֹתִי כִּי יְהֹוָה יִסְמְכֵנִי: לֹא־אִירָא מֵרִבְבוֹת עָם אֲשֶׁר

8 סָבִיב שָׁתוּ עָלָי: קוּמָה יְהֹוָה ׀ הוֹשִׁיעֵנִי אֱלֹהַי כִּי־הִכִּיתָ אֶת־כָּל־

9 אֹיְבַי לֶחִי שִׁנֵּי רְשָׁעִים שִׁבַּרְתָּ: לַיהֹוָה הַיְשׁוּעָה עַל־עַמְּךָ בִרְכָתֶךָ
סֶלָה:

4 לַמְנַצֵּחַ בִּנְגִינוֹת מִזְמוֹר לְדָוִד:

2 בְּקָרְאִי עֲנֵנִי ׀ אֱלֹהֵי צִדְקִי בַּצָּר הִרְחַבְתָּ לִּי חָנֵּנִי וּשְׁמַע תְּפִלָּתִי:

2[3] O ye sons of men, how long *will ye turn* my glory into shame? *how long* will ye love vanity, *and* seek after leasing? Selah.

3[4] But know that the LORD hath set apart him that is godly for himself: the LORD will hear when I call unto him.

4[5] Stand in awe, and sin not: commune with your own heart upon your bed, and be still. Selah.

5[6] Offer the sacrifices of righteousness, and put your trust in the LORD.

6[7] *There be* many that say, Who will shew us *any* good? LORD, lift thou up the light of thy countenance upon us.

7[8] Thou hast put gladness in my heart, more than in the time *that* their corn and their wine increased.

8[9] I will both lay me down in peace, and sleep: for thou, LORD, only makest me dwell in safety.

PSALM 5

[1] To the chief Musician upon Nehiloth, A Psalm of David.

1[2] Give ear to my words, O LORD, consider my meditation.

2[3] Hearken unto the voice of my cry, my King, and my God: for unto thee will I pray.

3[4] My voice shalt thou hear in the morning, O LORD; in the morning will I direct *my prayer* unto thee, and will look up.

4[5] For thou *art* not a God that hath pleasure in wickedness: neither shall evil dwell with thee.

5[6] The foolish shall not stand in thy sight: thou hatest all workers of iniquity.

6[7] Thou shalt destroy them that speak leasing: the LORD will abhor the bloody and deceitful man.

7[8] But as for me, I will come *into* thy house in the multitude of thy mercy: *and* in thy fear will I worship toward thy holy temple.

8[9] Lead me, O LORD, in thy righteousness because of mine enemies; make thy way straight before my face.

9[10] For *there is* no faithfulness in their mouth; their inward part *is* very wicked-ness; their throat *is* an open sepulchre; they flatter with their tongue.

10[11] Destroy thou them, O God; let them fall by their own counsels; cast them out in the multitude of their transgressions; for they have rebelled against thee.

11[12] But let all those that put their trust in thee rejoice: let them ever shout for joy, because thou defendest them: let them also that love thy name be joyful in thee.

12[13] For thou, LORD, wilt bless the righteous; with favour wilt thou compass him as *with* a shield.

PSALM 6

[1] To the chief Musician on Neginoth upon Sheminith, A Psalm of David.

1[2] O LORD, rebuke me not in thine anger, neither chasten me in thy hot displeasure.

2[3] Have mercy upon me, O LORD; for I *am* weak: O LORD, heal me; for my bones are vexed.

3[4] My soul is also sore vexed: but thou, O LORD, how long?

4[5] Return, O LORD, deliver my soul: oh save me for thy mercies' sake.

5[6] For in death *there is* no remembrance of thee: in the grave who shall give thee thanks?

6[7] I am weary with my groaning; all the night make I my bed to swim; I water my couch with my tears.

7[8] Mine eye is consumed because of grief; it waxeth old because of all mine enemies.

8[9] Depart from me, all ye workers of iniquity; for the LORD hath heard the voice of my weeping.

9[10] The LORD hath heard my supplication; the LORD will receive my prayer.

10[11] Let all mine enemies be ashamed and sore vexed: let them return *and* be ashamed suddenly.

PSALM 7

[1] Shiggaion of David, which he sang unto the LORD, concerning the words of Cush the Benjamite.

1[2] O LORD my God, in thee do I put

בְּנֵי אִישׁ עַד־מֶה כְבוֹדִי לִכְלִמָּה תֶּאֱהָבוּן רִיק תְּבַקְשׁוּ כָזָב סֶלָה: 3

וּדְעוּ כִּי־הִפְלָה יְהוָה חָסִיד לוֹ יְהוָה יִשְׁמַע בְּקָרְאִי אֵלָיו: רִגְזוּ וְאַל־ 4
תֶּחֱטָאוּ אִמְרוּ בִלְבַבְכֶם עַל־מִשְׁכַּבְכֶם וְדֹמּוּ סֶלָה: זִבְחוּ זִבְחֵי־צֶדֶק 5
6

וּבִטְחוּ אֶל־יְהוָה: רַבִּים אֹמְרִים מִי־יַרְאֵנוּ טוֹב נְסָה־עָלֵינוּ אוֹר פָּנֶיךָ 7

יְהוָה: נָתַתָּה שִׂמְחָה בְלִבִּי מֵעֵת דְּגָנָם וְתִירוֹשָׁם רָבּוּ: בְּשָׁלוֹם יַחְדָּו 8
9

אֶשְׁכְּבָה וְאִישָׁן כִּי־אַתָּה יְהוָה לְבָדָד לָבֶטַח תּוֹשִׁיבֵנִי:

לַמְנַצֵּחַ אֶל־הַנְּחִילוֹת מִזְמוֹר לְדָוִד: 5 1

אֲמָרַי הַאֲזִינָה יְהוָה בִּינָה הֲגִיגִי: הַקְשִׁיבָה לְקוֹל שַׁוְעִי מַלְכִּי וֵאלֹהָי 2A 2
3

כִּי־אֵלֶיךָ אֶתְפַּלָּל: יְהוָה בֹּקֶר תִּשְׁמַע קוֹלִי בֹּקֶר אֶעֱרָךְ־לְךָ וַאֲצַפֶּה: 4

כִּי לֹא אֵל־חָפֵץ רֶשַׁע אָתָּה לֹא יְגֻרְךָ רָע: לֹא־יִתְיַצְּבוּ הוֹלְלִים 5
6

לְנֶגֶד עֵינֶיךָ שָׂנֵאתָ כָּל־פֹּעֲלֵי אָוֶן: תְּאַבֵּד דֹּבְרֵי כָזָב אִישׁ־דָּמִים 7

וּמִרְמָה יְתָעֵב יְהוָה: וַאֲנִי בְּרֹב חַסְדְּךָ אָבוֹא בֵיתֶךָ אֶשְׁתַּחֲוֶה אֶל־ 8

הֵיכַל־קָדְשְׁךָ בְּיִרְאָתֶךָ: יְהוָה נְחֵנִי בְצִדְקָתֶךָ לְמַעַן שׁוֹרְרָי הוֹשַׁר 9 הַיְשַׁר

לְפָנַי דַּרְכֶּךָ: כִּי אֵין בְּפִיהוּ נְכוֹנָה קִרְבָּם הַוּוֹת קֶבֶר־פָּתוּחַ גְּרוֹנָם 10A 10

לְשׁוֹנָם יַחֲלִיקוּן: הַאֲשִׁימֵם אֱלֹהִים יִפְּלוּ מִמֹּעֲצוֹתֵיהֶם בְּרֹב פִּשְׁעֵיהֶם 11

הַדִּיחֵמוֹ כִּי־מָרוּ בָךְ: וְיִשְׂמְחוּ כָל־חוֹסֵי בָךְ לְעוֹלָם יְרַנֵּנוּ וְתָסֵךְ 12

עָלֵימוֹ וְיַעְלְצוּ בְךָ אֹהֲבֵי שְׁמֶךָ: כִּי־אַתָּה תְּבָרֵךְ צַדִּיק יְהוָה כַּצִּנָּה 13
רָצוֹן תַּעְטְרֶנּוּ:

לַמְנַצֵּחַ בִּנְגִינוֹת עַל־הַשְּׁמִינִית מִזְמוֹר לְדָוִד: 6 1

יְהוָה אַל־בְּאַפְּךָ תוֹכִיחֵנִי וְאַל־בַּחֲמָתְךָ תְיַסְּרֵנִי: חָנֵּנִי יְהוָה כִּי 3A 2
3

אֻמְלַל אָנִי רְפָאֵנִי יְהוָה כִּי נִבְהֲלוּ עֲצָמָי: וְנַפְשִׁי נִבְהֲלָה מְאֹד וְאַתְּ וְאַתָּה 4

יְהוָה עַד־מָתָי: שׁוּבָה יְהוָה חַלְּצָה נַפְשִׁי הוֹשִׁיעֵנִי לְמַעַן חַסְדֶּךָ: 5

כִּי אֵין בַּמָּוֶת זִכְרֶךָ בִּשְׁאוֹל מִי יוֹדֶה־לָּךְ: יָגַעְתִּי בְּאַנְחָתִי אַשְׂחֶה 6
7

בְכָל־לַיְלָה מִטָּתִי בְּדִמְעָתִי עַרְשִׂי אַמְסֶה: עָשְׁשָׁה מִכַּעַס עֵינִי 8

עָתְקָה בְּכָל־צוֹרְרָי: סוּרוּ מִמֶּנִּי כָּל־פֹּעֲלֵי אָוֶן כִּי־שָׁמַע יְהוָה קוֹל 9

בִּכְיִי: שָׁמַע יְהוָה תְּחִנָּתִי יְהוָה תְּפִלָּתִי יִקָּח: יֵבֹשׁוּ וְיִבָּהֲלוּ מְאֹד 10
11

כָּל־אֹיְבָי יָשֻׁבוּ יֵבֹשׁוּ רָגַע:

שִׁגָּיוֹן לְדָוִד 7 1

אֲשֶׁר־שָׁר לַיהוָה עַל־דִּבְרֵי־כוּשׁ בֶּן־יְמִינִי: יְהוָה אֱלֹהַי בְּךָ חָסִיתִי 2

my trust: save me from all them that persecute me, and deliver me:

2[3] Lest he tear my soul like a lion, rending *it* in pieces, while *there is* none to deliver.

3[4] O LORD my God, if I have done this; if there be iniquity in my hands;

4[5] If I have rewarded evil unto him that was at peace with me; (yea, I have delivered him that without cause is mine enemy:)

5[6] Let the enemy persecute my soul, and take *it;* yea, let him tread down my life upon the earth, and lay mine honour in the dust. Selah.

6[7] Arise, O LORD, in thine anger, lift up thyself because of the rage of mine enemies: and awake for me *to* the judgment *that* thou hast commanded.

7[8] So shall the congregation of the people compass thee about: for their sakes therefore return thou on high.

8[9] The LORD shall judge the people: judge me, O LORD, according to my righteousness, and according to mine integrity *that is* in me.

9[10] Oh let the wickedness of the wicked come to an end; but establish the just: for the righteous God trieth the hearts and reins.

10[11] My defence *is* of God, which saveth the upright in heart.

11[12] God judgeth the righteous, and God is angry *with the wicked* every day.

12[13] If he turn not, he will whet his sword; he hath bent his bow, and made it ready.

13[14] He hath also prepared for him the instruments of death; he ordaineth his arrows against the persecutors.

14[15] Behold, he travaileth with iniquity, and hath conceived mischief, and brought forth falsehood.

15[16] He made a pit, and digged it, and is fallen into the ditch *which* he made.

16[17] His mischief shall return upon his own head, and his violent dealing shall come down upon his own pate.

17[18] I will praise the LORD according to his righteousness: and will sing praise to the name of the LORD most high.

PSALM 8

[1] To the chief Musician upon Gittith,
A Psalm of David.

1[2] O LORD our Lord, how excellent *is* thy name in all the earth! who hast set thy glory above the heavens.

2[3] Out of the mouth of babes and sucklings hast thou ordained strength because of thine enemies, that thou mightest still the enemy and the avenger.

3[4] When I consider thy heavens, the work of thy fingers, the moon and the stars, which thou hast ordained;

4[5] What is man, that thou art mindful of him? and the son of man, that thou visitest him?

5[6] For thou hast made him a little lower than the angels, and hast crowned him with glory and honour.

6[7] Thou madest him to have dominion over the works of thy hands; thou hast put all *things* under his feet:

7[8] All sheep and oxen, yea, and the beasts of the field;

8[9] The fowl of the air, and the fish of the sea, *and whatsoever* passeth through the paths of the seas.

9[10] O LORD our Lord, how excellent *is* thy name in all the earth!

PSALM 9

[1] To the chief Musician upon Muth-labben,
A Psalm of David.

1[2] I will praise *thee,* O LORD, with my whole heart; I will shew forth all thy marvellous works.

2[3] I will be glad and rejoice in thee: I will sing praise to thy name, O thou most High.

3[4] When mine enemies are turned back, they shall fall and perish at thy presence.

4[5] For thou hast maintained my right and my cause; thou satest in the throne judging right.

5[6] Thou hast rebuked the heathen, thou hast destroyed the wicked, thou hast put out their name for ever and ever.

6[7] O thou enemy, destructions are come to a perpetual end: and thou hast

הוֹשִׁיעֵנִי מִכָּל־רֹדְפַי וְהַצִּילֵנִי: פֶּן־יִטְרֹף כְּאַרְיֵה נַפְשִׁי פֹּרֵק וְאֵין 3

מַצִּיל: יְהוָה אֱלֹהַי אִם־עָשִׂיתִי זֹאת אִם־יֶשׁ־עָוֶל בְּכַפָּי: אִם־גָּמַלְתִּי 4 5

שׁוֹלְמִי רָע וָאֲחַלְּצָה צוֹרְרִי רֵיקָם: יִרַדֹּף אוֹיֵב נַפְשִׁי וְיַשֵּׂג וְיִרְמֹס 6

לָאָרֶץ חַיָּי וּכְבוֹדִי לֶעָפָר יַשְׁכֵּן סֶלָה: קוּמָה יְהוָה בְּאַפֶּךָ הִנָּשֵׂא 7

בְּעַבְרוֹת צוֹרְרָי וְעוּרָה אֵלַי מִשְׁפָּט צִוִּיתָ: וַעֲדַת לְאֻמִּים תְּסוֹבְבֶךָּ 8

וְעָלֶיהָ לַמָּרוֹם שׁוּבָה: יְהוָה יָדִין עַמִּים שָׁפְטֵנִי יְהוָה כְּצִדְקִי וּכְתֻמִּי 9

עָלָי: יִגְמָר־נָא רַע רְשָׁעִים וּתְכוֹנֵן צַדִּיק וּבֹחֵן לִבּוֹת וּכְלָיוֹת אֱלֹהִים 10 10A

צַדִּיק: מָגִנִּי עַל־אֱלֹהִים מוֹשִׁיעַ יִשְׁרֵי־לֵב: אֱלֹהִים שׁוֹפֵט צַדִּיק וְאֵל 11 12

זֹעֵם בְּכָל־יוֹם: אִם־לֹא יָשׁוּב חַרְבּוֹ יִלְטוֹשׁ קַשְׁתּוֹ דָרַךְ וַיְכוֹנְנֶהָ: 13

וְלוֹ הֵכִין כְּלֵי־מָוֶת חִצָּיו לְדֹלְקִים יִפְעָל: הִנֵּה יְחַבֶּל־אָוֶן וְהָרָה עָמָל 14 15

וְיָלַד שָׁקֶר: בּוֹר כָּרָה וַיַּחְפְּרֵהוּ וַיִּפֹּל בְּשַׁחַת יִפְעָל: יָשׁוּב עֲמָלוֹ 16 17

בְרֹאשׁוֹ וְעַל קָדְקֳדוֹ חֲמָסוֹ יֵרֵד: אוֹדֶה יְהוָה כְּצִדְקוֹ וַאֲזַמְּרָה שֵׁם־ 18

יְהוָה עֶלְיוֹן:

לַמְנַצֵּחַ עַל־הַגִּתִּית מִזְמוֹר לְדָוִד: 8 1

יְהוָה אֲדֹנֵינוּ מָה־אַדִּיר שִׁמְךָ בְּכָל־הָאָרֶץ אֲשֶׁר תְּנָה הוֹדְךָ עַל־ 2

הַשָּׁמָיִם: מִפִּי עוֹלְלִים וְיֹנְקִים יִסַּדְתָּ עֹז לְמַעַן צוֹרְרֶיךָ לְהַשְׁבִּית 3

אוֹיֵב וּמִתְנַקֵּם: כִּי־אֶרְאֶה שָׁמֶיךָ מַעֲשֵׂי אֶצְבְּעֹתֶיךָ יָרֵחַ וְכוֹכָבִים 4

אֲשֶׁר כּוֹנָנְתָּה: מָה־אֱנוֹשׁ כִּי־תִזְכְּרֶנּוּ וּבֶן־אָדָם כִּי תִפְקְדֶנּוּ: 5

וַתְּחַסְּרֵהוּ מְּעַט מֵאֱלֹהִים וְכָבוֹד וְהָדָר תְּעַטְּרֵהוּ: תַּמְשִׁילֵהוּ בְּמַעֲשֵׂי 6 7

יָדֶיךָ כֹּל שַׁתָּה תַחַת־רַגְלָיו: צֹנֶה וַאֲלָפִים כֻּלָּם וְגַם בַּהֲמוֹת שָׂדָי: 8

צִפּוֹר שָׁמַיִם וּדְגֵי הַיָּם עֹבֵר אָרְחוֹת יַמִּים: יְהוָה אֲדֹנֵינוּ מָה־אַדִּיר 9 10

שִׁמְךָ בְּכָל־הָאָרֶץ:

לַמְנַצֵּחַ עַלְמוּת לַבֵּן מִזְמוֹר לְדָוִד: 9 1

אוֹדֶה יְהוָה בְּכָל־לִבִּי אֲסַפְּרָה כָּל־נִפְלְאוֹתֶיךָ: אֶשְׂמְחָה וְאֶעֶלְצָה 2 3

בְךָ אֲזַמְּרָה שִׁמְךָ עֶלְיוֹן: בְּשׁוּב־אוֹיְבַי אָחוֹר יִכָּשְׁלוּ וְיֹאבְדוּ מִפָּנֶיךָ: 4

כִּי־עָשִׂיתָ מִשְׁפָּטִי וְדִינִי יָשַׁבְתָּ לְכִסֵּא שׁוֹפֵט צֶדֶק: גָּעַרְתָּ גוֹיִם 5 6

אִבַּדְתָּ רָשָׁע שְׁמָם מָחִיתָ לְעוֹלָם וָעֶד: הָאוֹיֵב תַּמּוּ חֳרָבוֹת לָנֶצַח 7

destroyed cities; their memorial is perished with them.

7[8] But the LORD shall endure for ever: he hath prepared his throne for judgment.

8[9] And he shall judge the world in righteousness, he shall minister judgment to the people in uprightness.

9[10] The LORD also will be a refuge for the oppressed, a refuge in times of trouble.

10[11] And they that know thy name will put their trust in thee: for thou, LORD, hast not forsaken them that seek thee.

11[12] Sing praises to the LORD, which dwelleth in Zion: declare among the people his doings.

12[13] When he maketh inquisition for blood, he remembereth them: he forgetteth not the cry of the humble.

13[14] Have mercy upon me, O LORD; consider my trouble *which I suffer* of them that hate me, thou that liftest me up from the gates of death:

14[15] That I may shew forth all thy praise in the gates of the daughter of Zion: I will rejoice in thy salvation.

15[16] The heathen are sunk down in the pit *that* they made: in the net which they hid is their own foot taken.

16[17] The LORD is known *by* the judgment *which* he executeth: the wicked is snared in the work of his own hands. Higgaion. Selah.

17[18] The wicked shall be turned into hell, *and* all the nations that forget God.

18[19] For the needy shall not alway be forgotten: the expectation of the poor shall *not* perish for ever.

19[20] Arise, O LORD; let not man prevail: let the heathen be judged in thy sight.

20[21] Put them in fear, O LORD: *that* the nations may know themselves *to be but* men. Selah.

PSALM 10

1 Why standest thou afar off, O LORD? *why* hidest thou *thyself* in times of trouble?

2 The wicked in *his* pride doth persecute the poor: let them be taken in the devices that they have imagined.

3 For the wicked boasteth of his heart's desire, and blesseth the covetous, *whom* the LORD abhorreth.

4 The wicked, through the pride of his countenance, will not seek *after God:* God *is* not in all his thoughts.

5 His ways are always grievous; thy judgments *are* far above out of his sight: *as for* all his enemies, he puffeth at them.

6 He hath said in his heart, I shall not be moved: for *I shall* never *be in* adversity.

7 His mouth is full of cursing and deceit and fraud: under his tongue *is* mischief and vanity.

8 He sitteth in the lurking places of the villages: in the secret places doth he murder the innocent: his eyes are privily set against the poor.

9 He lieth in wait secretly as a lion in his den: he lieth in wait to catch the poor: he doth catch the poor, when he draweth him into his net.

10 He croucheth, *and* humbleth himself, that the poor may fall by his strong ones.

11 He hath said in his heart, God hath forgotten: he hideth his face; he will never see *it.*

12 Arise, O LORD; O God, lift up thine hand: forget not the humble.

13 Wherefore doth the wicked contemn God? he hath said in his heart, Thou wilt not require *it.*

14 Thou hast seen *it;* for thou beholdest mischief and spite, to requite *it* with thy hand: the poor committeth himself unto thee; thou art the helper of the fatherless.

15 Break thou the arm of the wicked and the evil *man:* seek out his wickedness *till* thou find none.

16 The LORD *is* King for ever and ever: the heathen are perished out of his land.

17 LORD, thou hast heard the desire of the humble: thou wilt prepare their heart, thou wilt cause thine ear to hear:

18 To judge the fatherless and the oppressed, that the man of the earth may no more oppress.

PSALM 11

[1a] To the chief Musician, *A Psalm* of David.

1[1b] In the LORD put I my trust: how say ye to my soul, Flee *as* a bird to your mountain?

8 וְעָרִים נָתַשְׁתָּ אָבַד זִכְרָם הֵמָּה: וַיהוָה לְעוֹלָם יֵשֵׁב כּוֹנֵן לַמִּשְׁפָּט

9 כִּסְאוֹ: וְהוּא יִשְׁפֹּט־תֵּבֵל בְּצֶדֶק יָדִין לְאֻמִּים בְּמֵישָׁרִים: וִיהִי יְהוָה 9A
10

11 מִשְׂגָּב לַדָּךְ מִשְׂגָּב לְעִתּוֹת בַּצָּרָה: וְיִבְטְחוּ בְךָ יוֹדְעֵי שְׁמֶךָ כִּי לֹא־

12 עָזַבְתָּ דֹרְשֶׁיךָ יְהוָה: זַמְּרוּ לַיהוָה יֹשֵׁב צִיּוֹן הַגִּידוּ בָעַמִּים עֲלִילוֹתָיו:

13 כִּי־דֹרֵשׁ דָּמִים אוֹתָם זָכָר לֹא־שָׁכַח צַעֲקַת עֲנָוִים: חָנְנֵנִי יְהוָה רְאֵה 13A   עָנָוִים
14

15 עָנְיִי מִשֹּׂנְאָי מְרוֹמְמִי מִשַּׁעֲרֵי מָוֶת: לְמַעַן אֲסַפְּרָה כָּל־תְּהִלָּתֶיךָ

16 בְּשַׁעֲרֵי בַת־צִיּוֹן אָגִילָה בִּישׁוּעָתֶךָ: טָבְעוּ גוֹיִם בְּשַׁחַת עָשׂוּ בְּרֶשֶׁת־

17 זוּ טָמָנוּ נִלְכְּדָה רַגְלָם: נוֹדַע יְהוָה מִשְׁפָּט עָשָׂה בְּפֹעַל כַּפָּיו נוֹקֵשׁ

18 רָשָׁע הִגָּיוֹן סֶלָה: יָשׁוּבוּ רְשָׁעִים לִשְׁאוֹלָה כָּל־גּוֹיִם שְׁכֵחֵי אֱלֹהִים:

19 כִּי לֹא לָנֶצַח יִשָּׁכַח אֶבְיוֹן תִּקְוַת עֲנָוִים תֹּאבַד לָעַד: קוּמָה יְהוָה 19A   עֲנָוִים
20

21 אַל־יָעֹז אֱנוֹשׁ יִשָּׁפְטוּ גוֹיִם עַל־פָּנֶיךָ: שִׁיתָה יְהוָה מוֹרָה לָהֶם יֵדְעוּ
גוֹיִם אֱנוֹשׁ הֵמָּה סֶלָה:

10 לָמָה יְהוָה תַּעֲמֹד בְּרָחוֹק תַּעְלִים לְעִתּוֹת בַּצָּרָה: בְּגַאֲוַת רָשָׁע 1A
1
2

3 יִדְלַק עָנִי יִתָּפְשׂוּ בִּמְזִמּוֹת זוּ חָשָׁבוּ: כִּי־הִלֵּל רָשָׁע עַל־תַּאֲוַת נַפְשׁוֹ

4 וּבֹצֵעַ בֵּרֵךְ נִאֵץ יְהוָה: רָשָׁע כְּגֹבַהּ אַפּוֹ בַּל־יִדְרֹשׁ אֵין אֱלֹהִים כָּל־

5 מְזִמּוֹתָיו: יָחִילוּ דְרָכָו בְּכָל־עֵת מָרוֹם מִשְׁפָּטֶיךָ מִנֶּגְדּוֹ כָּל־צוֹרְרָיו   דְּרָכָו
6 יָפִיחַ בָּהֶם: אָמַר בְּלִבּוֹ בַּל־אֶמּוֹט לְדֹר וָדֹר אֲשֶׁר לֹא־בְרָע: אָלָה
7

8 פִּיהוּ מָלֵא וּמִרְמוֹת וָתֹךְ תַּחַת לְשׁוֹנוֹ עָמָל וָאָוֶן: יֵשֵׁב בְּמַאְרַב

9 חֲצֵרִים בַּמִּסְתָּרִים יַהֲרֹג נָקִי עֵינָיו לְחֵלְכָה יִצְפֹּנוּ: יֶאֱרֹב בַּמִּסְתָּר

10 כְּאַרְיֵה בְסֻכֹּה יֶאֱרֹב לַחֲטוֹף עָנִי יַחְטֹף עָנִי בְּמָשְׁכוֹ בְרִשְׁתּוֹ: וְדָכָה 10A   יִדְכֶּה

11 יָשֹׁחַ וְנָפַל בַּעֲצוּמָיו חֵל כָּאִים חֶלְכָּאִים: אָמַר בְּלִבּוֹ שָׁכַח אֵל הִסְתִּיר פָּנָיו   חֵיל כָּאִים

12 בַּל־רָאָה לָנֶצַח: קוּמָה יְהוָה אֵל נְשָׂא יָדֶךָ אַל־תִּשְׁכַּח עֲנָוִים עניים: 12A   עֲנָוִים

13 עַל־מֶה נִאֵץ רָשָׁע אֱלֹהִים אָמַר בְּלִבּוֹ לֹא תִדְרֹשׁ: רָאִתָה כִּי־אַתָּה
14

עָמָל וָכַעַס תַּבִּיט לָתֵת בְּיָדֶךָ עָלֶיךָ יַעֲזֹב חֵלְכָה יָתוֹם אַתָּה הָיִיתָ

15 עוֹזֵר: שְׁבֹר זְרוֹעַ רָשָׁע וָרָע תִּדְרוֹשׁ־רִשְׁעוֹ בַל־תִּמְצָא: יְהוָה מֶלֶךְ
16

17 עוֹלָם וָעֶד אָבְדוּ גוֹיִם מֵאַרְצוֹ: תַּאֲוַת עֲנָוִים שָׁמַעְתָּ יְהוָה תָּכִין

18 לִבָּם תַּקְשִׁיב אָזְנֶךָ: לִשְׁפֹּט יָתוֹם וָדָךְ בַּל־יוֹסִיף עוֹד לַעֲרֹץ אֱנוֹשׁ
מִן־הָאָרֶץ:

11 לַמְנַצֵּחַ לְדָוִד
1

2 בַּיהוָה חָסִיתִי אֵיךְ תֹּאמְרוּ לְנַפְשִׁי נודו נוּדִי הַרְכֶם צִפּוֹר: כִּי הִנֵּה   נוּדִי

2 For, lo, the wicked bend *their* bow, they make ready their arrow upon the string, that they may privily shoot at the upright in heart.

3 If the foundations be destroyed, what can the righteous do?

4 The LORD *is* in his holy temple, the LORD's throne *is* in heaven: his eyes behold, his eyelids try, the children of men.

5 The LORD trieth the righteous: but the wicked and him that loveth violence his soul hateth.

6 Upon the wicked he shall rain snares, fire and brimstone, and an horrible tempest: *this shall be* the portion of their cup.

7 For the righteous LORD loveth righteousness; his countenance doth behold the upright.

PSALM 12

[1] To the chief Musician upon Sheminith, A Psalm of David.

1[2] Help, LORD; for the godly man ceaseth; for the faithful fail from among the children of men.

2[3] They speak vanity every one with his neighbour: *with* flattering lips *and* with a double heart do they speak.

3[4] The LORD shall cut off all flattering lips, *and* the tongue that speaketh proud things:

4[5] Who have said, With our tongue will we prevail; our lips *are* our own: who *is* lord over us?

5[6] For the oppression of the poor, for the sighing of the needy, now will I arise, saith the LORD; I will set *him* in safety *from* him *that* puffeth at him.

6[7] The words of the LORD *are* pure words: *as* silver tried in a furnace of earth, purified seven times.

7[8] Thou shalt keep them, O LORD, thou shalt preserve them from this generation for ever.

8[9] The wicked walk on every side, when the vilest men are exalted.

PSALM 13

[1] To the chief Musician, A Psalm of David.

1[2] How long wilt thou forget me, O LORD? for ever? how long wilt thou hide thy face from me?

2[3] How long shall I take counsel in my soul, *having* sorrow in my heart daily? how long shall mine enemy be exalted over me?

3[4] Consider *and* hear me, O LORD my God: lighten mine eyes, lest I sleep the *sleep of* death;

4[5] Lest mine enemy say, I have prevailed against him; *and* those that trouble me rejoice when I am moved.

5[6a] But I have trusted in thy mercy; my heart shall rejoice in thy salvation.

6[6b] I will sing unto the LORD, because he hath dealt bountifully with me.

PSALM 14

[1a] To the chief Musician, *A Psalm* of David.

1[1b] The fool hath said in his heart, *There is* no God. They are corrupt, they have done abominable works, *there is* none that doeth good.

2 The LORD looked down from heaven upon the children of men, to see if there were any that did understand, *and* seek God.

3 They are all gone aside, they are *all* together become filthy: *there is* none that doeth good, no, not one.

4 Have all the workers of iniquity no knowledge? who eat up my people *as* they eat bread, and call not upon the LORD.

5 There were they in great fear: for God *is* in the generation of the righteous.

6 Ye have shamed the counsel of the poor, because the LORD *is* his refuge.

7 Oh that the salvation of Israel *were* come out of Zion! when the LORD bringeth back the captivity of his people, Jacob shall rejoice, *and* Israel shall be glad.

PSALM 15

[1a] A Psalm of David.

1[1b] LORD, who shall abide in thy tabernacle? who shall dwell in thy holy hill?

2 He that walketh uprightly, and worketh righteousness, and speaketh the truth in his heart.

3 *He that* backbiteth not with his tongue, nor doeth evil to his neighbour, nor taketh up a reproach against his neighbour.

הָרְשָׁעִים יִדְרְכוּן קֶשֶׁת כּוֹנְנוּ חִצָּם עַל־יֶתֶר לִירוֹת בְּמוֹ־אֹפֶל לְיִשְׁרֵי־

3A לֵב: כִּי הַשָּׁתוֹת יֵהָרֵסוּן צַדִּיק מַה־פָּעָל: יְהוָה ׀ בְּהֵיכַל קָדְשׁוֹ יְהוָה
4

5 בַּשָּׁמַיִם כִּסְאוֹ עֵינָיו יֶחֱזוּ עַפְעַפָּיו יִבְחֲנוּ בְּנֵי אָדָם: יְהוָה צַדִּיק

6 יִבְחָן וְרָשָׁע וְאֹהֵב חָמָס שָׂנְאָה נַפְשׁוֹ: יַמְטֵר עַל־רְשָׁעִים פַּחִים אֵשׁ

7 וְגָפְרִית וְרוּחַ זִלְעָפוֹת מְנָת כּוֹסָם: כִּי־צַדִּיק יְהוָה צְדָקוֹת אָהֵב יָשָׁר

יֶחֱזוּ פָנֵימוֹ:

12 1 לַמְנַצֵּחַ עַל־הַשְּׁמִינִית   מִזְמוֹר לְדָוִד:

2 הוֹשִׁיעָה יְהוָה כִּי־גָמַר חָסִיד כִּי־פַסּוּ אֱמוּנִים מִבְּנֵי אָדָם: שָׁוְא ׀
3

4 יְדַבְּרוּ אִישׁ אֶת־רֵעֵהוּ שְׂפַת חֲלָקוֹת בְּלֵב וָלֵב יְדַבֵּרוּ: יַכְרֵת יְהוָה

5 כָּל־שִׂפְתֵי חֲלָקוֹת לָשׁוֹן מְדַבֶּרֶת גְּדֹלוֹת: אֲשֶׁר אָמְרוּ ׀ לִלְשֹׁנֵנוּ נַגְבִּיר

6 שְׂפָתֵינוּ אִתָּנוּ מִי אָדוֹן לָנוּ: מִשֹּׁד עֲנִיִּים מֵאַנְקַת אֶבְיוֹנִים עַתָּה

7 אָקוּם יֹאמַר יְהוָה אָשִׁית בְּיֵשַׁע יָפִיחַ לוֹ: אִמֲרוֹת יְהוָה אֲמָרוֹת

8 טְהֹרוֹת כֶּסֶף צָרוּף בַּעֲלִיל לָאָרֶץ מְזֻקָּק שִׁבְעָתָיִם: אַתָּה־יְהוָה

9 תִּשְׁמְרֵם תִּצְּרֶנּוּ ׀ מִן־הַדּוֹר זוּ לְעוֹלָם: סָבִיב רְשָׁעִים יִתְהַלָּכוּן כְּרֻם

זֻלּוּת לִבְנֵי אָדָם:

13 1 לַמְנַצֵּחַ מִזְמוֹר לְדָוִד:

2 עַד־אָנָה יְהוָה תִּשְׁכָּחֵנִי נֶצַח עַד־אָנָה ׀ תַּסְתִּיר אֶת־פָּנֶיךָ מִמֶּנִּי: עַד־
3

אָנָה אָשִׁית עֵצוֹת בְּנַפְשִׁי יָגוֹן בִּלְבָבִי יוֹמָם עַד־אָנָה ׀ יָרוּם אֹיְבִי

4 עָלָי: הַבִּיטָה עֲנֵנִי יְהוָה אֱלֹהָי הָאִירָה עֵינַי פֶּן־אִישַׁן הַמָּוֶת: פֶּן־
5

6 יֹאמַר אֹיְבִי יְכָלְתִּיו צָרַי יָגִילוּ כִּי אֶמּוֹט: וַאֲנִי ׀ בְּחַסְדְּךָ בָטַחְתִּי יָגֵל

לִבִּי בִּישׁוּעָתֶךָ אָשִׁירָה לַיהוָה כִּי גָמַל עָלָי:

14 1 לַמְנַצֵּחַ לְדָוִד   אָמַר נָבָל בְּלִבּוֹ אֵין אֱלֹהִים

2A הִשְׁחִיתוּ הִתְעִיבוּ עֲלִילָה אֵין עֹשֵׂה־טוֹב: יְהוָה מִשָּׁמַיִם הִשְׁקִיף

3 עַל־בְּנֵי־אָדָם לִרְאוֹת הֲיֵשׁ מַשְׂכִּיל דֹּרֵשׁ אֶת־אֱלֹהִים: הַכֹּל סָר יַחְדָּו

4 נֶאֱלָחוּ אֵין עֹשֵׂה־טוֹב אֵין גַּם־אֶחָד: הֲלֹא יָדְעוּ כָּל־פֹּעֲלֵי אָוֶן אֹכְלֵי

5 עַמִּי אָכְלוּ לֶחֶם יְהוָה לֹא קָרָאוּ: שָׁם ׀ פָּחֲדוּ פָחַד כִּי־אֱלֹהִים בְּדוֹר

6 צַדִּיק: עֲצַת־עָנִי תָבִישׁוּ כִּי יְהוָה מַחְסֵהוּ: מִי יִתֵּן מִצִּיּוֹן יְשׁוּעַת
7

יִשְׂרָאֵל בְּשׁוּב יְהוָה שְׁבוּת עַמּוֹ יָגֵל יַעֲקֹב יִשְׂמַח יִשְׂרָאֵל:

1A

15 1 מִזְמוֹר לְדָוִד:

2A יְהוָה מִי־יָגוּר בְּאָהֳלֶךָ מִי־יִשְׁכֹּן בְּהַר קָדְשֶׁךָ: הֹלֵךְ תָּמִים וּפֹעֵל

3A צֶדֶק וְדֹבֵר אֱמֶת בִּלְבָבוֹ: לֹא־רָגַל ׀ עַל־לְשֹׁנוֹ לֹא־עָשָׂה לְרֵעֵהוּ רָעָה

4 In whose eyes a vile person is contemned; but he honoureth them that fear the LORD. *He that* sweareth to *his own* hurt, and changeth not.

5 *He that* putteth not out his money to usury, nor taketh reward against the innocent. He that doeth these *things* shall never be moved.

PSALM 16

[1a] Michtam of David.

1[1b] Preserve me, O God: for in thee do I put my trust.

2 *O my soul,* thou hast said unto the LORD, Thou *art* my Lord: my goodness *extendeth* not to thee;

3 *But* to the saints that *are* in the earth, and *to* the excellent, in whom *is* all my delight.

4 Their sorrows shall be multiplied *that* hasten *after* another *god:* their drink offerings of blood will I not offer, nor take up their names into my lips.

5 The LORD *is* the portion of mine inheritance and of my cup: thou maintainest my lot.

6 The lines are fallen unto me in pleasant *places;* yea, I have a goodly heritage.

7 I will bless the LORD, who hath given me counsel: my reins also instruct me in the night seasons.

8 I have set the LORD always before me: because *he is* at my right hand, I shall not be moved.

9 Therefore my heart is glad, and my glory rejoiceth: my flesh also shall rest in hope.

10 For thou wilt not leave my soul in hell; neither wilt thou suffer thine Holy One to see corruption.

11 Thou wilt shew me the path of life: in thy presence *is* fulness of joy; at thy right hand *there are* pleasures for evermore.

PSALM 17

[1a] A Prayer of David.

1[1b] Hear the right, O LORD, attend unto my cry, give ear unto my prayer, *that* goeth not out of feigned lips.

2 Let my sentence come forth from thy presence; let thine eyes behold the things that are equal.

3 Thou hast proved mine heart; thou hast visited *me* in the night; thou hast tried me, *and* shalt find nothing; I am purposed *that* my mouth shall not transgress.

4 Concerning the works of men, by the word of thy lips I have kept *me from* the paths of the destroyer.

5 Hold up my goings in thy paths, *that* my footsteps slip not.

6 I have called upon thee, for thou wilt hear me, O God: incline thine ear unto me, *and hear* my speech.

7 Shew thy marvellous lovingkindness, O thou that savest by thy right hand them which put their trust *in thee* from those that rise up *against them.*

8 Keep me as the apple of the eye, hide me under the shadow of thy wings,

9 From the wicked that oppress me, *from* my deadly enemies, *who* compass me about.

10 They are inclosed in their own fat: with their mouth they speak proudly.

11 They have now compassed us in our steps: they have set their eyes bowing down to the earth;

12 Like as a lion *that* is greedy of his prey, and as it were a young lion lurking in secret places.

13 Arise, O LORD, disappoint him, cast him down: deliver my soul from the wicked, *which is* thy sword:

14 From men *which are* thy hand, O LORD, from men of the world, *which have* their portion in *this* life, and whose belly thou fillest with thy hid *treasure:* they are full of children, and leave the rest of their *substance* to their babes.

15 As for me, I will behold thy face in righteousness: I shall be satisfied, when I awake, with thy likeness.

PSALM 18

[1-2a] To the chief Musician, *A Psalm* of David, the servant of the LORD, who spake unto the LORD the words of this song in the day *that* the LORD delivered him from the hand of all his enemies, and from the hand of Saul: And he said,

1[2b] I will love thee, O LORD, my strength.

4 וְחֶרְפָּה לֹא־נָשָׂא עַל־קְרֹבֽוֹ׃ נִבְזֶ֤ה בְּֽעֵינָ֨יו נִמְאָ֗ס וְאֶת־יִרְאֵ֥י יְהֹוָ֪ה

5 יְכַבֵּ֑ד נִשְׁבַּ֥ע לְ֝הָרַ֗ע וְלֹ֣א יָמִֽר׃ כַּסְפּ֤וֹ ׀ לֹא־נָתַ֣ן בְּנֶשֶׁךְ֮ וְשֹׁ֥חַד עַל־נָקִ֗י

לֹא־לָ֫קָ֥ח עֹֽשֵׂה־אֵ֑לֶּה לֹ֖א יִמּ֣וֹט לְעוֹלָֽם׃

16 1 מִכְתָּ֥ם לְדָוִ֑ד

2 שׇׁמְרֵ֥נִי אֵ֝֗ל כִּֽי־חָסִ֥יתִי בָֽךְ׃ אָמַ֣רְתְּ לַֽ֭יהֹוָה אֲדֹנָ֣י אָ֑תָּה ט֝וֹבָתִ֗י בַּל־

3 עָלֶֽיךָ׃ לִ֭קְדוֹשִׁים אֲשֶׁר־בָּאָ֣רֶץ הֵ֑מָּה וְ֝אַדִּירֵ֗י כׇּל־חֶפְצִי־בָֽם׃ יִרְבּ֥וּ

4 עַצְּבוֹתָם֮ אַחֵ֢ר מָ֫הָ֥רוּ בַּל־אַסִּ֣יךְ נִסְכֵּיהֶ֣ם מִדָּ֑ם וּֽבַל־אֶשָּׂ֥א אֶת־שְׁ֝מוֹתָ֗ם

5 עַל־שְׂפָתָֽי׃ יְֽהֹוָ֗ה מְנָת־חֶלְקִ֥י וְכוֹסִ֑י אַ֝תָּ֗ה תּוֹמִ֥יךְ גּוֹרָלִֽי׃ חֲבָלִ֣ים

6

7 נָֽפְלוּ־לִ֭י בַּנְּעִמִ֑ים אַף־נַ֝חֲלָ֗ת שָֽׁפְרָ֥ה עָלָֽי׃ אֲבָרֵ֗ךְ אֶת־יְ֭הֹוָה אֲשֶׁ֣ר

8 יְעָצָ֑נִי אַף־לֵ֝יל֗וֹת יִסְּר֥וּנִי כִלְיוֹתָֽי׃ שִׁוִּ֬יתִי יְהֹוָ֣ה לְנֶגְדִּ֣י תָמִ֑יד כִּ֥י מִ֝ימִינִ֗י

9 בַּל־אֶמּֽוֹט׃ לָכֵ֤ן ׀ שָׂמַ֣ח לִ֭בִּי וַיָּ֣גֶל כְּבוֹדִ֑י אַף־בְּ֝שָׂרִ֗י יִשְׁכֹּ֥ן לָבֶֽטַח׃ כִּ֤י ׀

10

11 לֹא־תַעֲזֹ֣ב נַפְשִׁ֣י לִשְׁא֑וֹל לֹֽא־תִתֵּ֥ן חֲ֝סִידְךָ֗ לִרְא֥וֹת שָֽׁחַת׃ תּ֘וֹדִיעֵ֤נִי

אֹ֬רַח חַיִּ֗ים שֹׂ֣בַע שְׂ֭מָחוֹת אֶת־פָּנֶ֑יךָ נְעִמ֖וֹת בִּימִינְךָ֣ נֶֽצַח׃

17 1 תְּפִלָּ֗ה לְדָ֫וִ֥ד שִׁמְעָ֤ה יְהֹוָ֨ה ׀ צֶ֗דֶק הַקְשִׁ֥יבָה רִנָּתִ֗י

2 הַאֲזִ֥ינָה תְפִלָּתִ֑י בְּ֝לֹ֗א שִׂפְתֵ֥י מִרְמָֽה׃ מִ֭לְּפָנֶיךָ מִשְׁפָּטִ֣י יֵצֵ֑א עֵ֝ינֶ֗יךָ

3 תֶּחֱזֶ֥ינָה מֵישָׁרִֽים׃ בָּ֘חַ֤נְתָּ לִבִּ֨י ׀ פָּ֘קַ֤דְתָּ לַּ֗יְלָה צְרַפְתַּ֥נִי בַל־תִּמְצָ֑א זַ֝מֹּתִ֗י

4 בַּל־יַעֲבׇר־פִּֽי׃ לִפְעֻלּ֣וֹת אָ֭דָם בִּדְבַ֣ר שְׂפָתֶ֑יךָ אֲנִ֥י שָׁ֝מַ֗רְתִּי אׇרְח֥וֹת

5 פָּרִֽיץ׃ תָּמֹ֣ךְ אֲ֭שֻׁרַי בְּמַעְגְּלוֹתֶ֑יךָ בַּל־נָמ֥וֹטּוּ פְעָמָֽי׃ אֲנִֽי־קְרָאתִ֣יךָ כִֽי־

6

7 תַעֲנֵ֣נִי אֵ֑ל הַֽט־אׇזְנְךָ֥ לִ֝֗י שְׁמַ֣ע אִמְרָתִֽי׃ הַפְלֵ֣ה חֲ֭סָדֶיךָ מוֹשִׁ֣יעַ חוֹסִ֑ים

8 מִ֝מִּתְקוֹמְמִ֗ים בִּֽימִינֶֽךָ׃ שׇׁ֭מְרֵנִי כְּאִישׁ֣וֹן בַּת־עָ֑יִן בְּצֵ֥ל כְּ֝נָפֶ֗יךָ תַּסְתִּירֵֽנִי׃

9 מִפְּנֵ֣י רְ֭שָׁעִים ז֣וּ שַׁדּ֑וּנִי אֹיְבַ֥י בְּ֝נֶ֗פֶשׁ יַקִּ֥יפוּ עָלָֽי׃ חֶלְבָּ֥מוֹ סָּגְר֑וּ פִּ֝֗ימוֹ

10

סְבָב֑וּנוּ

11 דִּ֝בְּר֗וּ בְגֵאֽוּת׃ אַ֭שֻּׁרֵינוּ עַתָּ֣ה סְבָב֑וּנוּ עֵינֵיהֶ֥ם יָ֝שִׁ֗יתוּ לִנְט֥וֹת בָּאָֽרֶץ׃

12 דִּמְיֹנ֗וֹ כְּ֭אַרְיֵה יִכְס֣וֹף לִטְר֑וֹף וְ֝כִכְפִ֗יר יֹשֵׁ֥ב בְּמִסְתָּרִֽים׃ קוּמָ֤ה יְהֹוָ֗ה

13

14A 14 קַדְּמָ֣ה פָ֭נָיו הַכְרִיעֵ֑הוּ פַּלְּטָ֥ה נַ֝פְשִׁ֗י מֵרָשָׁ֥ע חַרְבֶּֽךָ׃ מִֽמְתִ֥ים יָדְךָ֨ ׀ יְהֹוָ֡ה

מִֽמְתִ֬ים מֵחֶ֗לֶד חֶלְקָ֥ם בַּֽחַיִּים֮ וּֽצְפִינְךָ֮ תְּמַלֵּ֢א בִ֫טְנָ֥ם יִשְׂבְּע֥וּ בָנִ֑ים

וּֽצְפִינְךָ֮

15 וְהִנִּ֥יחוּ יִ֝תְרָ֗ם לְעוֹלְלֵיהֶֽם׃ אֲנִ֗י בְּ֭צֶדֶק אֶחֱזֶ֣ה פָנֶ֑יךָ אֶשְׂבְּעָ֥ה בְ֝הָקִ֗יץ

תְּמוּנָתֶֽךָ׃

18 1 לַמְנַצֵּ֤חַ ׀ לְעֶ֥בֶד יְהֹוָ֗ה לְדָ֫וִ֥ד אֲשֶׁ֤ר דִּבֶּ֨ר ׀ לַֽיהֹוָ֡ה

2 אֶת־דִּ֭בְרֵי הַשִּׁירָ֣ה הַזֹּ֑את בְּי֤וֹם הִֽצִּיל־יְהֹוָ֘ה אוֹת֥וֹ מִכַּ֥ף כׇּל־אֹ֝יְבָ֗יו

3 וּמִיַּ֥ד שָׁאֽוּל׃ וַיֹּאמַ֡ר אֶרְחׇמְךָ֖ יְהֹוָ֣ה חִזְקִֽי׃ יְהֹוָ֤ה ׀ סַ֥לְעִי וּמְצוּדָתִ֗י

2[3] The LORD *is* my rock, and my fortress, and my deliverer; my God, my strength, in whom I will trust; my buckler, and the horn of my salvation, *and* my high tower.

3[4] I will call upon the LORD, *who is worthy* to be praised: so shall I be saved from mine enemies.

4[5] The sorrows of death compassed me, and the floods of ungodly men made me afraid.

5[6] The sorrows of hell compassed me about: the snares of death prevented me.

6[7] In my distress I called upon the LORD, and cried unto my God: he heard my voice out of his temple, and my cry came before him, *even* into his ears.

7[8] Then the earth shook and trembled; the foundations also of the hills moved and were shaken, because he was wroth.

8[9] There went up a smoke out of his nostrils, and fire out of his mouth devoured: coals were kindled by it.

9[10] He bowed the heavens also, and came down: and darkness *was* under his feet.

10[11] And he rode upon a cherub, and did fly: yea, he did fly upon the wings of the wind.

11[12] He made darkness his secret place; his pavilion round about him *were* dark waters *and* thick clouds of the skies.

12[13] At the brightness *that was* before him his thick clouds passed, hail *stones* and coals of fire.

13[14] The LORD also thundered in the heavens, and the Highest gave his voice; hail *stones* and coals of fire.

14[15] Yea, he sent out his arrows, and scattered them; and he shot out lightnings, and discomfited them.

15[16] Then the channels of waters were seen, and the foundations of the world were discovered at thy rebuke, O LORD, at the blast of the breath of thy nostrils.

16[17] He sent from above, he took me, he drew me out of many waters.

17[18] He delivered me from my strong enemy, and from them which hated me: for they were too strong for me.

18[19] They prevented me in the day of my calamity: but the LORD was my stay.

19[20] He brought me forth also into a large place; he delivered me, because he delighted in me.

20[21] The LORD rewarded me according to my righteousness; according to the cleanness of my hands hath he recompensed me.

21[22] For I have kept the ways of the LORD, and have not wickedly departed from my God.

22[23] For all his judgments *were* before me, and I did not put away his statutes from me.

23[24] I was also upright before him, and I kept myself from mine iniquity.

24[25] Therefore hath the LORD recompensed me according to my righteousness, according to the cleanness of my hands in his eyesight.

25[26] With the merciful thou wilt shew thyself merciful; with an upright man thou wilt shew thyself upright;

26[27] With the pure thou wilt shew thyself pure; and with the froward thou wilt shew thyself froward.

27[28] For thou wilt save the afflicted people; but wilt bring down high looks.

28[29] For thou wilt light my candle: the LORD my God will enlighten my darkness.

29[30] For by thee I have run through a troop; and by my God have I leaped over a wall.

30[31] *As for* God, his way *is* perfect: the word of the LORD is tried: he *is* a buckler to all those that trust in him.

31[32] For who *is* God save the LORD? or who *is* a rock save our God?

32[33] *It is* God that girdeth me with strength, and maketh my way perfect.

33[34] He maketh my feet like hinds' *feet*, and setteth me upon my high places.

34[35] He teacheth my hands to war, so that a bow of steel is broken by mine arms.

35[36] Thou hast also given me the shield of thy salvation: and thy right hand hath holden me up, and thy gentleness hath made me great.

36[37] Thou hast enlarged my steps under me, that my feet did not slip.

37[38] I have pursued mine enemies, and overtaken them: neither did I turn again till they were consumed.

וּֽמְפַלְטִ֗י לִ֥י צוּרִ֗י אֶחֱסֶה־בּ֑וֹ מָֽגִנִּ֥י וְקֶֽרֶן־יִ֝שְׁעִ֗י מִשְׂגַּבִּֽי׃ מְ֭הֻלָּל אֶקְרָ֣א 4

יְהוָ֑ה וּמִן־אֹ֝יְבַ֗י אִוָּשֵֽׁעַ׃ אֲפָפ֥וּנִי חֶבְלֵי־מָ֑וֶת וְֽנַחֲלֵ֖י בְלִיַּ֣עַל יְבַֽעֲתֽוּנִי׃ 5

חֶבְלֵ֣י שְׁא֣וֹל סְבָב֑וּנִי קִ֝דְּמ֗וּנִי מ֣וֹקְשֵׁי מָֽוֶת׃ בַּצַּר־לִ֤י ׀ אֶֽקְרָ֣א יְהוָה֮ 6 7

וְאֶל־אֱלֹהַ֪י אֲשַׁ֫וֵּ֥עַ יִשְׁמַ֣ע מֵהֵיכָל֣וֹ קוֹלִ֑י וְ֝שַׁוְעָתִ֗י לְפָנָ֤יו ׀ תָּב֬וֹא בְאָזְנָֽיו׃

וַתִּגְעַ֬שׁ וַתִּרְעַ֨שׁ ׀ הָאָ֗רֶץ וּמוֹסְדֵ֣י הָרִ֣ים יִרְגָּ֑זוּ וַ֝יִּֽתְגָּֽעֲשׁ֗וּ כִּי־חָ֥רָה לֽוֹ׃ 8

עָ֤לָ֥ה עָשָׁ֨ן ׀ בְּאַפּ֗וֹ וְאֵשׁ־מִפִּ֥יו תֹּאכֵ֑ל גֶּ֝חָלִ֗ים בָּעֲר֥וּ מִמֶּֽנּוּ׃ וַיֵּ֣ט שָׁ֭מַיִם 9 10

וַיֵּרַ֑ד וַ֝עֲרָפֶ֗ל תַּ֣חַת רַגְלָֽיו׃ וַיִּרְכַּ֣ב עַל־כְּ֭רוּב וַיָּעֹ֑ף וַ֝יֵּ֗דֶא עַל־כַּנְפֵי־רֽוּחַ׃ 11

יָ֤שֶׁת חֹ֨שֶׁךְ ׀ סִתְר֗וֹ סְבִֽיבוֹתָ֥יו סֻכָּת֑וֹ חֶשְׁכַת־מַ֝֗יִם עָבֵ֥י שְׁחָקִֽים׃ מִנֹּ֗גַהּ 12 13

נֶ֫גְדּ֥וֹ עָבָ֥יו עָבְר֑וּ בָּ֝רָ֗ד וְגַֽחֲלֵי־אֵֽשׁ׃ וַיַּרְעֵ֬ם בַּשָּׁמַ֨יִם ׀ יְֽהוָ֗ה וְ֭עֶלְיוֹן יִתֵּ֣ן 14

קֹל֑וֹ בָּ֝רָ֗ד וְגַֽחֲלֵי־אֵֽשׁ׃ וַיִּשְׁלַ֣ח חִ֭צָּיו וַיְפִיצֵ֑ם וּבְרָקִ֥ים רָ֝֗ב וַיְהֻמֵּֽם׃ 15

וַיֵּ֤רָא֨וּ ׀ אֲפִ֬יקֵי מַ֗יִם וַֽיִּגָּלוּ֮ מוֹסְד֢וֹת תֵּ֫בֵ֥ל מִגַּעֲרָ֣תְךָ֣ יְהוָ֑ה מִ֝נִּשְׁמַ֗ת ר֣וּחַ 16

אַפֶּֽךָ׃ יִשְׁלַ֣ח מִ֭מָּרוֹם יִקָּחֵ֑נִי יַֽ֝מְשֵׁ֗נִי מִמַּ֥יִם רַבִּֽים׃ יַצִּילֵ֗נִי מֵאֹיְבִ֥י עָ֑ז 17 18

וּ֝מִשֹּׂנְאַ֗י כִּֽי־אָמְצ֥וּ מִמֶּֽנִּי׃ יְקַדְּמ֥וּנִי בְיוֹם־אֵידִ֑י וַֽיְהִי־יְהוָ֖ה לְמִשְׁעָ֣ן לִֽי׃ 19

וַיּוֹצִיאֵ֥נִי לַמֶּרְחָ֑ב יְ֝חַלְּצֵ֗נִי כִּ֘י חָ֥פֵֽץ בִּֽי׃ יִגְמְלֵ֣נִי יְהוָ֣ה כְּצִדְקִ֑י כְּבֹ֥ר 20 21

יָ֝דַ֗י יָשִׁ֥יב לִֽי׃ כִּֽי־שָׁ֭מַרְתִּי דַּרְכֵ֣י יְהוָ֑ה וְלֹֽא־רָ֝שַׁ֗עְתִּי מֵאֱלֹהָֽי׃ כִּ֥י כָל־ 22 23

מִשְׁפָּטָ֥יו לְנֶגְדִּ֑י וְ֝חֻקֹּתָ֗יו לֹא־אָסִ֥יר מֶֽנִּי׃ וָאֱהִ֣י תָמִ֣ים עִמּ֑וֹ וָ֝אֶשְׁתַּמֵּ֗ר 24

מֵעֲוֺנִֽי׃ וַיָּֽשֶׁב־יְהוָ֣ה לִ֣י כְצִדְקִ֑י כְּבֹ֥ר יָ֝דַ֗י לְנֶ֣גֶד עֵינָֽיו׃ עִם־חָסִ֥יד 25 26

תִּתְחַסָּ֑ד עִם־גְּבַ֥ר תָּ֝מִ֗ים תִּתַּמָּֽם׃ עִם־נָבָ֥ר תִּתְבָּרָ֑ר וְעִם־עִ֝קֵּ֗שׁ 27

תִּתְפַּתָּֽל׃ כִּֽי־אַ֭תָּה עַם־עָנִ֣י תוֹשִׁ֑יעַ וְעֵינַ֖יִם רָמ֣וֹת תַּשְׁפִּֽיל׃ כִּֽי־אַ֭תָּה 28 29

תָּאִ֣יר נֵרִ֑י יְהוָ֥ה אֱ֝לֹהַ֗י יַגִּ֥יהַּ חָשְׁכִּֽי׃ כִּֽי־בְ֭ךָ אָרֻ֣ץ גְּד֑וּד וּ֝בֵֽאלֹהַ֗י 30

אֲדַלֶּג־שֽׁוּר׃ הָאֵל֮ תָּמִ֢ים דַּ֫רְכּ֥וֹ אִמְרַֽת־יְהוָ֥ה צְרוּפָ֑ה מָגֵ֥ן ה֝֗וּא לְכֹ֤ל ׀ 31

הַחֹסִ֬ים בּֽוֹ׃ כִּ֤י מִ֣י אֱ֭לוֹהַּ מִבַּלְעֲדֵ֣י יְהוָ֑ה וּמִ֥י צ֝֗וּר זוּלָתִ֥י אֱלֹהֵֽינוּ׃ 32

הָ֭אֵל הַמְאַזְּרֵ֣נִי חָ֑יִל וַיִּתֵּ֖ן תָּמִ֣ים דַּרְכִּֽי׃ מְשַׁוֶּ֣ה רַ֭גְלַי כָּאַיָּל֑וֹת וְעַ֥ל 33 34

בָּ֝מֹתַ֗י יַֽעֲמִידֵֽנִי׃ מְלַמֵּ֣ד יָ֭דַי לַמִּלְחָמָ֑ה וְֽנִחֲתָ֥ה קֶֽשֶׁת־נְ֝חוּשָׁ֗ה זְרוֹעֹתָֽי׃ 35

וַתִּתֶּן־לִי֮ מָגֵ֪ן יִ֫שְׁעֶ֥ךָ וִֽימִינְךָ֥ תִסְעָדֵ֑נִי וְֽעַנְוַתְךָ֥ תַרְבֵּֽנִי׃ תַּרְחִ֣יב צַעֲדִ֣י 36 37

תַחְתָּ֑י וְלֹ֥א מָ֝עֲד֗וּ קַרְסֻלָּֽי׃ אֶרְדּ֣וֹף א֭וֹיְבַי וְאַשִּׂיגֵ֑ם וְלֹֽא־אָ֝שׁ֗וּב עַד־ 38

38[39] I have wounded them that they were not able to rise: they are fallen under my feet.

39[40] For thou hast girded me with strength unto the battle: thou hast subdued under me those that rose up against me.

40[41] Thou hast also given me the necks of mine enemies; that I might destroy them that hate me.

41[42] They cried, but *there was* none to save *them: even* unto the LORD, but he answered them not.

42[43] Then did I beat them small as the dust before the wind: I did cast them out as the dirt in the streets.

43[44] Thou hast delivered me from the strivings of the people; *and* thou hast made me the head of the heathen: a people *whom* I have not known shall serve me.

44[45] As soon as they hear of me, they shall obey me: the strangers shall submit themselves unto me.

45[46] The strangers shall fade away, and be afraid out of their close places.

46[47] The LORD liveth; and blessed *be* my rock; and let the God of my salvation be exalted.

47[48] *It is* God that avengeth me, and subdueth the people under me.

48[49] He delivereth me from mine enemies: yea, thou liftest me up above those that rise up against me: thou hast delivered me from the violent man.

49[50] Therefore will I give thanks unto thee, O LORD, among the heathen, and sing praises unto thy name.

50[51] Great deliverance giveth he to his king; and sheweth mercy to his anointed, to David, and to his seed for evermore.

PSALM 19

[1] To the chief Musician, A Psalm of David.

1[2] The heavens declare the glory of God; and the firmament sheweth his handywork.

2[3] Day unto day uttereth speech, and night unto night sheweth knowledge.

3[4] *There is* no speech nor language, *where* their voice is not heard.

4[5] Their line is gone out through all the earth, and their words to the end of the world. In them hath he set a tabernacle for the sun,

5[6] Which *is* as a bridegroom coming out of his chamber, *and* rejoiceth as a strong man to run a race.

6[7] His going forth *is* from the end of the heaven, and his circuit unto the ends of it: and there is nothing hid from the heat thereof.

7[8] The law of the LORD *is* perfect, converting the soul: the testimony of the LORD *is* sure, making wise the simple.

8[9] The statutes of the LORD *are* right, rejoicing the heart: the commandment of the LORD *is* pure, enlightening the eyes.

9[10] The fear of the LORD *is* clean, enduring for ever: the judgments of the LORD *are* true *and* righteous altogether.

10[11] More to be desired *are they* than gold, yea, than much fine gold: sweeter also than honey and the honeycomb.

11[12] Moreover by them is thy servant warned: *and* in keeping of them *there is* great reward.

12[13] Who can understand *his* errors? cleanse thou me from secret *faults.*

13[14] Keep back thy servant also from presumptuous *sins;* let them not have dominion over me: then shall I be upright, and I shall be innocent from the great transgression.

14[15] Let the words of my mouth, and the meditation of my heart, be acceptable in thy sight, O LORD, my strength, and my redeemer.

PSALM 20

[1] To the chief Musician, A Psalm of David.

1[2] The LORD hear thee in the day of trouble; the name of the God of Jacob defend thee;

2[3] Send thee help from the sanctuary, and strengthen thee out of Zion;

3[4] Remember all thy offerings, and accept thy burnt sacrifice; Selah.

4[5] Grant thee according to thine own heart, and fulfil all thy counsel.

5[6] We will rejoice in thy salvation, and in the name of our God we will set up *our* banners: the LORD fulfil all thy petitions.

כִּלּוֹתָם אֶמְחָצֵם וְלֹא־יֻכְלוּ קוּם יִפְּלוּ תַּחַת רַגְלָי: וַתְּאַזְּרֵנִי חַיִל 39
40
לַמִּלְחָמָה תַּכְרִיעַ קָמַי תַּחְתָּי: וְאֹיְבַי נָתַתָּה לִּי עֹרֶף וּמְשַׂנְאַי 41
אַצְמִיתֵם: יְשַׁוְּעוּ וְאֵין־מוֹשִׁיעַ עַל־יְהֹוָה וְלֹא עָנָם: וְאֶשְׁחָקֵם כְּעָפָר 42
43
עַל־פְּנֵי־רוּחַ כְּטִיט חוּצוֹת אֲרִיקֵם: תְּפַלְּטֵנִי מֵרִיבֵי עָם תְּשִׂימֵנִי 44
לְרֹאשׁ גּוֹיִם עַם לֹא־יָדַעְתִּי יַעַבְדוּנִי: לְשֵׁמַע אֹזֶן יִשָּׁמְעוּ לִי בְּנֵי־נֵכָר 45
יְכַחֲשׁוּ־לִי: בְּנֵי־נֵכָר יִבֹּלוּ וְיַחְרְגוּ מִמִּסְגְּרוֹתֵיהֶם: חַי־יְהֹוָה וּבָרוּךְ 46
47
צוּרִי וְיָרוּם אֱלוֹהֵי יִשְׁעִי: הָאֵל הַנּוֹתֵן נְקָמוֹת לִי וַיַּדְבֵּר עַמִּים 48
תַּחְתָּי: מְפַלְּטִי מֵאֹיְבָי אַף מִן־קָמַי תְּרוֹמְמֵנִי מֵאִישׁ חָמָס תַּצִּילֵנִי: 49
מַגְדִּיל~ עַל־כֵּן ׀ אוֹדְךָ בַגּוֹיִם ׀ יְהֹוָה וּלְשִׁמְךָ אֲזַמֵּרָה: מִגְדֹּל~ יְשׁוּעוֹת מַלְכּוֹ 50
51
וְעֹשֶׂה חֶסֶד ׀ לִמְשִׁיחוֹ לְדָוִד ׀ וּלְזַרְעוֹ עַד־עוֹלָם:

19 לַמְנַצֵּחַ מִזְמוֹר לְדָוִד: 1
2   הַשָּׁמַיִם מְסַפְּרִים כְּבוֹד־
אֵל וּמַעֲשֵׂה יָדָיו מַגִּיד הָרָקִיעַ: יוֹם לְיוֹם יַבִּיעַ אֹמֶר וְלַיְלָה לְּלַיְלָה 3
יְחַוֶּה־דָּעַת: אֵין־אֹמֶר וְאֵין דְּבָרִים בְּלִי נִשְׁמָע קוֹלָם: בְּכָל־הָאָרֶץ ׀ 4
5
יָצָא קַוָּם וּבִקְצֵה תֵבֵל מִלֵּיהֶם לַשֶּׁמֶשׁ שָׂם־אֹהֶל בָּהֶם: וְהוּא כְּחָתָן 6
7א יֹצֵא מֵחֻפָּתוֹ יָשִׂישׂ כְּגִבּוֹר לָרוּץ אֹרַח: מִקְצֵה הַשָּׁמַיִם ׀ מוֹצָאוֹ 7
וּתְקוּפָתוֹ עַל־קְצוֹתָם וְאֵין נִסְתָּר מֵחַמָּתוֹ: תּוֹרַת יְהֹוָה תְּמִימָה 8
מְשִׁיבַת נָפֶשׁ עֵדוּת יְהֹוָה נֶאֱמָנָה מַחְכִּימַת פֶּתִי: פִּקּוּדֵי יְהֹוָה 9
יְשָׁרִים מְשַׂמְּחֵי־לֵב מִצְוַת יְהֹוָה בָּרָה מְאִירַת עֵינָיִם: יִרְאַת יְהֹוָה ׀ 10
טְהוֹרָה~ עוֹמֶדֶת לָעַד מִשְׁפְּטֵי־יְהֹוָה אֱמֶת צָדְקוּ יַחְדָּו: הַנֶּחֱמָדִים 11
מִזָּהָב וּמִפַּז רָב וּמְתוּקִים מִדְּבַשׁ וְנֹפֶת צוּפִים: גַּם־עַבְדְּךָ נִזְהָר בָּהֶם 12
בְּשָׁמְרָם עֵקֶב רָב: שְׁגִיאוֹת מִי־יָבִין מִנִּסְתָּרוֹת נַקֵּנִי: גַּם מִזֵּדִים ׀ 13
14
חֲשֹׂךְ עַבְדֶּךָ אַל־יִמְשְׁלוּ־בִי אָז אֵיתָם וְנִקֵּיתִי מִפֶּשַׁע רָב: יִהְיוּ־ 15
לְרָצוֹן ׀ אִמְרֵי־פִי וְהֶגְיוֹן לִבִּי לְפָנֶיךָ יְהֹוָה צוּרִי וְגֹאֲלִי:

20 לַמְנַצֵּחַ מִזְמוֹר לְדָוִד: 1
יַעַנְךָ יְהֹוָה בְּיוֹם צָרָה יְשַׂגֶּבְךָ שֵׁם ׀ אֱלֹהֵי יַעֲקֹב: יִשְׁלַח־עֶזְרְךָ מִקֹּדֶשׁ 2
3
וּמִצִּיּוֹן יִסְעָדֶךָּ: יִזְכֹּר כָּל־מִנְחֹתֶךָ וְעוֹלָתְךָ יְדַשְּׁנֶה סֶלָה: יִתֶּן־לְךָ 4
5
כִלְבָבֶךָ וְכָל־עֲצָתְךָ יְמַלֵּא: נְרַנְּנָה ׀ בִּישׁוּעָתֶךָ וּבְשֵׁם־אֱלֹהֵינוּ נִדְגֹּל 6

6[7] Now know I that the LORD saveth his anointed; he will hear him from his holy heaven with the saving strength of his right hand.

7[8] Some *trust* in chariots, and some in horses: but we will remember the name of the LORD our God.

8[9] They are brought down and fallen: but we are risen, and stand upright.

9[10] Save, LORD: let the king hear us when we call.

PSALM 21

[1] To the chief Musician, A Psalm of David.

1[2] The king shall joy in thy strength, O LORD; and in thy salvation how greatly shall he rejoice!

2[3] Thou hast given him his heart's desire, and hast not withholden the request of his lips. Selah.

3[4] For thou preventest him with the blessings of goodness: thou settest a crown of pure gold on his head.

4[5] He asked life of thee, *and* thou gavest *it* him, *even* length of days for ever and ever.

5[6] His glory *is* great in thy salvation: honour and majesty hast thou laid upon him.

6[7] For thou hast made him most blessed for ever: thou hast made him exceeding glad with thy countenance.

7[8] For the king trusteth in the LORD, and through the mercy of the most High he shall not be moved.

8[9] Thine hand shall find out all thine enemies: thy right hand shall find out those that hate thee.

9[10] Thou shalt make them as a fiery oven in the time of thine anger: the LORD shall swallow them up in his wrath, and the fire shall devour them.

10[11] Their fruit shalt thou destroy from the earth, and their seed from among the children of men.

11[12] For they intended evil against thee: they imagined a mischievous device, *which* they are not able *to perform.*

12[13] Therefore shalt thou make them turn their back, *when* thou shalt make ready *thine arrows* upon thy strings against the face of them.

13[14] Be thou exalted, LORD, in thine own strength: *so* will we sing and praise thy power.

PSALM 22

[1] To the chief Musician upon Aijeleth Shahar, A Psalm of David.

1[2] My God, my God, why hast thou forsaken me? *why art thou so* far from helping me, *and from* the words of my roaring?

2[3] O my God, I cry in the daytime, but thou hearest not; and in the night season, and am not silent.

3[4] But thou *art* holy, *O thou* that inhabitest the praises of Israel.

4[5] Our fathers trusted in thee: they trusted, and thou didst deliver them.

5[6] They cried unto thee, and were delivered: they trusted in thee, and were not confounded.

6[7] But I *am* a worm, and no man; a reproach of men, and despised of the people.

7[8] All they that see me laugh me to scorn: they shoot out the lip, they shake the head, *saying,*

8[9] He trusted on the LORD *that* he would deliver him: let him deliver him, seeing he delighted in him.

9[10] But thou *art* he that took me out of the womb: thou didst make me hope *when I was* upon my mother's breasts.

10[11] I was cast upon thee from the womb: thou *art* my God from my mother's belly.

11[12] Be not far from me; for trouble *is* near; for *there is* none to help.

12[13] Many bulls have compassed me: strong *bulls* of Bashan have beset me round.

13[14] They gaped upon me *with* their mouths, *as* a ravening and a roaring lion.

14[15] I am poured out like water, and all my bones are out of joint: my heart is like wax; it is melted in the midst of my bowels.

יְמַלֵּא יְהֹוָה כָּל־מִשְׁאֲלוֹתֶיךָ: עַתָּה יָדַעְתִּי כִּי הוֹשִׁיעַ יְהֹוָה מְשִׁיחוֹ 7

יַעֲנֵהוּ מִשְּׁמֵי קָדְשׁוֹ בִּגְבֻרוֹת יֵשַׁע יְמִינוֹ: אֵלֶּה בָרֶכֶב וְאֵלֶּה בַסּוּסִים 8

וַאֲנַחְנוּ בְּשֵׁם־יְהֹוָה אֱלֹהֵינוּ נַזְכִּיר: הֵמָּה כָּרְעוּ וְנָפָלוּ וַאֲנַחְנוּ קַּמְנוּ 9

וַנִּתְעוֹדָד: יְהֹוָה הוֹשִׁיעָה הַמֶּלֶךְ יַעֲנֵנוּ בְיוֹם־קָרְאֵנוּ: 10

21 לַמְנַצֵּחַ מִזְמוֹר לְדָוִד: 1
יְהֹוָה בְּעָזְּךָ יִשְׂמַח־מֶלֶךְ 2

יָגֵל וּבִישׁוּעָתְךָ מַה־יָּגִיל מְאֹד: תַּאֲוַת לִבּוֹ נָתַתָּה לּוֹ וַאֲרֶשֶׁת שְׂפָתָיו 3

בַּל־מָנַעְתָּ סֶּלָה: כִּי־תְקַדְּמֶנּוּ בִּרְכוֹת טוֹב תָּשִׁית לְרֹאשׁוֹ עֲטֶרֶת פָּז: 4

חַיִּים שָׁאַל מִמְּךָ נָתַתָּה לּוֹ אֹרֶךְ יָמִים עוֹלָם וָעֶד: גָּדוֹל כְּבוֹדוֹ 5
6

בִּישׁוּעָתֶךָ הוֹד וְהָדָר תְּשַׁוֶּה עָלָיו: כִּי־תְשִׁיתֵהוּ בְרָכוֹת לָעַד תְּחַדֵּהוּ 7

בְשִׂמְחָה אֶת־פָּנֶיךָ: כִּי־הַמֶּלֶךְ בֹּטֵחַ בַּיהֹוָה וּבְחֶסֶד עֶלְיוֹן בַּל־יִמּוֹט: 8

תִּמְצָא יָדְךָ לְכָל־אֹיְבֶיךָ יְמִינְךָ תִּמְצָא שֹׂנְאֶיךָ: תְּשִׁיתֵמוֹ כְּתַנּוּר אֵשׁ 9
10

לְעֵת פָּנֶיךָ יְהֹוָה בְּאַפּוֹ יְבַלְּעֵם וְתֹאכְלֵם אֵשׁ: פִּרְיָמוֹ מֵאֶרֶץ תְּאַבֵּד 11

וְזַרְעָם מִבְּנֵי אָדָם: כִּי־נָטוּ עָלֶיךָ רָעָה חָשְׁבוּ מְזִמָּה בַּל־יוּכָלוּ: כִּי 12
13

תְּשִׁיתֵמוֹ שֶׁכֶם בְּמֵיתָרֶיךָ תְּכוֹנֵן עַל־פְּנֵיהֶם: רוּמָה יְהֹוָה בְעֻזֶּךָ 14
נָשִׁירָה וּנְזַמְּרָה גְּבוּרָתֶךָ:

22 לַמְנַצֵּחַ עַל־אַיֶּלֶת הַשַּׁחַר מִזְמוֹר לְדָוִד: 1

אֵלִי אֵלִי לָמָה עֲזַבְתָּנִי רָחוֹק מִישׁוּעָתִי דִּבְרֵי שַׁאֲגָתִי: אֱלֹהַי אֶקְרָא 2
3

יוֹמָם וְלֹא תַעֲנֶה וְלַיְלָה וְלֹא־דוּמִיָּה לִי: וְאַתָּה קָדוֹשׁ יוֹשֵׁב תְּהִלּוֹת 4

יִשְׂרָאֵל: בְּךָ בָּטְחוּ אֲבֹתֵינוּ בָּטְחוּ וַתְּפַלְּטֵמוֹ: אֵלֶיךָ זָעֲקוּ וְנִמְלָטוּ 5
6

בְּךָ בָטְחוּ וְלֹא־בוֹשׁוּ: וְאָנֹכִי תוֹלַעַת וְלֹא־אִישׁ חֶרְפַּת אָדָם וּבְזוּי 7

עָם: כָּל־רֹאַי יַלְעִגוּ לִי יַפְטִירוּ בְשָׂפָה יָנִיעוּ רֹאשׁ: גֹּל אֶל־יְהֹוָה 8
9

יְפַלְּטֵהוּ יַצִּילֵהוּ כִּי חָפֵץ בּוֹ: כִּי־אַתָּה גֹחִי מִבָּטֶן מַבְטִיחִי עַל־שְׁדֵי 10

אִמִּי: עָלֶיךָ הָשְׁלַכְתִּי מֵרָחֶם מִבֶּטֶן אִמִּי אֵלִי אָתָּה: אַל־תִּרְחַק מִמֶּנִּי 11
12

כִּי־צָרָה קְרוֹבָה כִּי־אֵין עוֹזֵר: סְבָבוּנִי פָּרִים רַבִּים אַבִּירֵי בָשָׁן 13

כִּתְּרוּנִי: פָּצוּ עָלַי פִּיהֶם אַרְיֵה טֹרֵף וְשֹׁאֵג: כַּמַּיִם נִשְׁפַּכְתִּי 14
15

וְהִתְפָּרְדוּ כָּל־עַצְמוֹתָי הָיָה לִבִּי כַּדּוֹנָג נָמֵס בְּתוֹךְ מֵעָי: יָבֵשׁ 16

15[16] My strength is dried up like a potsherd; and my tongue cleaveth to my jaws; and thou hast brought me into the dust of death.

16[17] For dogs have compassed me: the assembly of the wicked have inclosed me: they pierced my hands and my feet.

17[18] I may tell all my bones: they look *and* stare upon me.

18[19] They part my garments among them, and cast lots upon my vesture.

19[20] But be not thou far from me, O LORD: O my strength, haste thee to help me.

20[21] Deliver my soul from the sword; my darling from the power of the dog.

21[22] Save me from the lion's mouth: for thou hast heard me from the horns of the unicorns.

22[23] I will declare thy name unto my brethren: in the midst of the congregation will I praise thee.

23[24] Ye that fear the LORD, praise him; all ye the seed of Jacob, glorify him; and fear him, all ye the seed of Israel.

24[25] For he hath not despised nor abhorred the affliction of the afflicted; neither hath he hid his face from him; but when he cried unto him, he heard.

25[26] My praise *shall be* of thee in the great congregation: I will pay my vows before them that fear him.

26[27] The meek shall eat and be satisfied: they shall praise the LORD that seek him: your heart shall live for ever.

27[28] All the ends of the world shall remember and turn unto the LORD: and all the kindreds of the nations shall worship before thee.

28[29] For the kingdom *is* the LORD's: and he *is* the governor among the nations.

29[30] All *they that be* fat upon earth shall eat and worship: all they that go down to the dust shall bow before him: and none can keep alive his own soul.

30[31] A seed shall serve him; it shall be accounted to the Lord for a generation.

31[32] They shall come, and shall declare his righteousness unto a people that shall be born, that he hath done *this.*

PSALM 23
[1a] A Psalm of David.

1[1b] The LORD *is* my shepherd; I shall not want.

2 He maketh me to lie down in green pastures: he leadeth me beside the still waters.

3 He restoreth my soul: he leadeth me in the paths of righteousness for his name's sake.

4 Yea, though I walk through the valley of the shadow of death, I will fear no evil: for thou *art* with me; thy rod and thy staff they comfort me.

5 Thou preparest a table before me in the presence of mine enemies: thou anointest my head with oil; my cup runneth over.

6 Surely goodness and mercy shall follow me all the days of my life: and I will dwell in the house of the LORD for ever.

PSALM 24
[1a] A Psalm of David.

1[1b] The earth *is* the LORD's, and the fulness thereof; the world, and they that dwell therein.

2 For he hath founded it upon the seas, and established it upon the floods.

3 Who shall ascend into the hill of the LORD? or who shall stand in his holy place?

4 He that hath clean hands, and a pure heart; who hath not lifted up his soul unto vanity, nor sworn deceitfully.

5 He shall receive the blessing from the LORD, and righteousness from the God of his salvation.

6 This *is* the generation of them that seek him, that seek thy face, O Jacob. Selah.

7 Lift up your heads, O ye gates; and be ye lift up, ye everlasting doors; and the King of glory shall come in.

8 Who *is* this King of glory? The LORD strong and mighty, the LORD mighty in battle.

9 Lift up your heads, O ye gates; even lift *them* up, ye everlasting doors; and the King of glory shall come in.

17 כַּחֶרֶשׂ ׀ כֹּחִי וּלְשׁוֹנִי מֻדְבָּק מַלְקוֹחָי וְלַעֲפַר־מָוֶת תִּשְׁפְּתֵנִי: כִּי

18 סְבָבוּנִי כְּלָבִים עֲדַת מְרֵעִים הִקִּיפוּנִי כָּאֲרִי יָדַי וְרַגְלָי: אֲסַפֵּר כָּל־

19 עַצְמוֹתָי הֵמָּה יַבִּיטוּ יִרְאוּ־בִי: יְחַלְּקוּ בְגָדַי לָהֶם וְעַל־לְבוּשִׁי יַפִּילוּ

20/21 גוֹרָל: וְאַתָּה יְהוָה אַל־תִּרְחָק אֱיָלוּתִי לְעֶזְרָתִי חוּשָׁה: הַצִּילָה מֵחֶרֶב

22 נַפְשִׁי מִיַּד־כֶּלֶב יְחִידָתִי: הוֹשִׁיעֵנִי מִפִּי אַרְיֵה וּמִקַּרְנֵי רֵמִים עֲנִיתָנִי:

23/24 אֲסַפְּרָה שִׁמְךָ לְאֶחָי בְּתוֹךְ קָהָל אֲהַלְלֶךָּ: יִרְאֵי יְהוָה ׀ הַלְלוּהוּ כָּל־

25 זֶרַע יַעֲקֹב כַּבְּדוּהוּ וְגוּרוּ מִמֶּנּוּ כָּל־זֶרַע יִשְׂרָאֵל: כִּי לֹא־בָזָה וְלֹא

26 שִׁקַּץ עֱנוּת עָנִי וְלֹא־הִסְתִּיר פָּנָיו מִמֶּנּוּ וּבְשַׁוְּעוֹ אֵלָיו שָׁמֵעַ: מֵאִתְּךָ

27 תְהִלָּתִי בְּקָהָל רָב נְדָרַי אֲשַׁלֵּם נֶגֶד יְרֵאָיו: יֹאכְלוּ עֲנָוִים ׀ וְיִשְׂבָּעוּ

28 יְהַלְלוּ יְהוָה דֹּרְשָׁיו יְחִי לְבַבְכֶם לָעַד: יִזְכְּרוּ ׀ וְיָשֻׁבוּ אֶל־יְהוָה כָּל־

29 אַפְסֵי־אָרֶץ וְיִשְׁתַּחֲווּ לְפָנֶיךָ כָּל־מִשְׁפְּחוֹת גּוֹיִם: כִּי לַיהוָה הַמְּלוּכָה

30 וּמֹשֵׁל בַּגּוֹיִם: אָכְלוּ וַיִּשְׁתַּחֲווּ ׀ כָּל־דִּשְׁנֵי־אֶרֶץ לְפָנָיו יִכְרְעוּ כָּל־יוֹרְדֵי

31/32 עָפָר וְנַפְשׁוֹ לֹא חִיָּה: זֶרַע יַעַבְדֶנּוּ יְסֻפַּר לַאדֹנָי לַדּוֹר: יָבֹאוּ וְיַגִּידוּ

30A

צִדְקָתוֹ לְעַם נוֹלָד כִּי עָשָׂה:

23 1 מִזְמוֹר לְדָוִד   יְהוָה רֹעִי לֹא אֶחְסָר:

2/3 בִּנְאוֹת דֶּשֶׁא יַרְבִּיצֵנִי עַל־מֵי מְנֻחוֹת יְנַהֲלֵנִי: נַפְשִׁי יְשׁוֹבֵב יַנְחֵנִי

4 בְמַעְגְּלֵי־צֶדֶק לְמַעַן שְׁמוֹ: גַּם כִּי־אֵלֵךְ בְּגֵיא צַלְמָוֶת לֹא־אִירָא רָע

5 כִּי־אַתָּה עִמָּדִי שִׁבְטְךָ וּמִשְׁעַנְתֶּךָ הֵמָּה יְנַחֲמֻנִי: תַּעֲרֹךְ לְפָנַי ׀ שֻׁלְחָן

6 נֶגֶד צֹרְרָי דִּשַּׁנְתָּ בַשֶּׁמֶן רֹאשִׁי כּוֹסִי רְוָיָה: אַךְ ׀ טוֹב וָחֶסֶד יִרְדְּפוּנִי

כָּל־יְמֵי חַיָּי וְשַׁבְתִּי בְּבֵית־יְהוָה לְאֹרֶךְ יָמִים:

1A

24 1 לְדָוִד מִזְמוֹר

2 לַיהוָה הָאָרֶץ וּמְלוֹאָהּ תֵּבֵל וְיֹשְׁבֵי בָהּ: כִּי־הוּא עַל־יַמִּים יְסָדָהּ

3 וְעַל־נְהָרוֹת יְכוֹנְנֶהָ: מִי־יַעֲלֶה בְהַר־יְהוָה וּמִי־יָקוּם בִּמְקוֹם קָדְשׁוֹ:

4 נְקִי כַפַּיִם וּבַר־לֵבָב אֲשֶׁר ׀ לֹא־נָשָׂא לַשָּׁוְא נַפְשִׁי וְלֹא נִשְׁבַּע

5/6 לְמִרְמָה: יִשָּׂא בְרָכָה מֵאֵת יְהוָה וּצְדָקָה מֵאֱלֹהֵי יִשְׁעוֹ: זֶה דּוֹר

7 דֹּרְשָׁו מְבַקְשֵׁי פָנֶיךָ יַעֲקֹב סֶלָה: שְׂאוּ שְׁעָרִים ׀ רָאשֵׁיכֶם וְהִנָּשְׂאוּ   דֹּרְשָׁיו

8 פִּתְחֵי עוֹלָם וְיָבוֹא מֶלֶךְ הַכָּבוֹד: מִי זֶה מֶלֶךְ הַכָּבוֹד יְהוָה עִזּוּז

9 וְגִבּוֹר יְהוָה גִּבּוֹר מִלְחָמָה: שְׂאוּ שְׁעָרִים ׀ רָאשֵׁיכֶם וּשְׂאוּ פִּתְחֵי

10 Who is this King of glory? The LORD of hosts, he *is* the King of glory. Selah.

PSALM 25

[1a] *A Psalm* of David.

1[1b] Unto thee, O LORD, do I lift up my soul.

2 O my God, I trust in thee: let me not be ashamed, let not mine enemies triumph over me.

3 Yea, let none that wait on thee be ashamed: let them be ashamed which transgress without cause.

4 Shew me thy ways, O LORD; teach me thy paths.

5 Lead me in thy truth, and teach me: for thou *art* the God of my salvation; on thee do I wait all the day.

6 Remember, O LORD, thy tender mercies and thy lovingkindnesses; for they *have been* ever of old.

7 Remember not the sins of my youth, nor my transgressions: according to thy mercy remember thou me for thy goodness' sake, O LORD.

8 Good and upright *is* the LORD: therefore will he teach sinners in the way.

9 The meek will he guide in judgment: and the meek will he teach his way.

10 All the paths of the LORD *are* mercy and truth unto such as keep his covenant and his testimonies.

11 For thy name's sake, O LORD, pardon mine iniquity; for it *is* great.

12 What man *is* he that feareth the LORD? him shall he teach in the way *that* he shall choose.

13 His soul shall dwell at ease; and his seed shall inherit the earth.

14 The secret of the LORD *is* with them that fear him; and he will shew them his covenant.

15 Mine eyes *are* ever toward the LORD; for he shall pluck my feet out of the net.

16 Turn thee unto me, and have mercy upon me; for I *am* desolate and afflicted.

17 The troubles of my heart are enlarged: O bring thou me out of my distresses.

18 Look upon mine affliction and my pain; and forgive all my sins.

19 Consider mine enemies; for they are many; and they hate me with cruel hatred.

20 O keep my soul, and deliver me: let me not be ashamed; for I put my trust in thee.

21 Let integrity and uprightness preserve me; for I wait on thee.

22 Redeem Israel, O God, out of all his troubles.

PSALM 26

[1a] *A Psalm* of David.

1[1b] Judge me, O LORD; for I have walked in mine integrity: I have trusted also in the LORD; *therefore* I shall not slide.

2 Examine me, O LORD, and prove me; try my reins and my heart.

3 For thy lovingkindness *is* before mine eyes: and I have walked in thy truth.

4 I have not sat with vain persons, neither will I go in with dissemblers.

5 I have hated the congregation of evil doers; and will not sit with the wicked.

6 I will wash mine hands in innocency: so will I compass thine altar, O LORD:

7 That I may publish with the voice of thanksgiving, and tell of all thy wondrous works.

8 LORD, I have loved the habitation of thy house, and the place where thine honour dwelleth.

9 Gather not my soul with sinners, nor my life with bloody men:

10 In whose hands *is* mischief, and their right hand is full of bribes.

11 But as for me, I will walk in mine integrity: redeem me, and be merciful unto me.

12 My foot standeth in an even place: in the congregations will I bless the LORD.

PSALM 27

[1a] *A Psalm* of David.

1[1b] The LORD *is* my light and my salvation; whom shall I fear? the LORD *is* the strength of my life; of whom shall I be afraid?

2 When the wicked, *even* mine enemies and my foes, came upon me to eat up my flesh, they stumbled and fell.

10 עוֹלָם וְיָבוֹא מֶלֶךְ הַכָּבוֹד: מִי הוּא זֶה מֶלֶךְ הַכָּבוֹד יְהוָה צְבָאוֹת הוּא מֶלֶךְ הַכָּבוֹד סֶלָה:

25 1 לְדָוִד

2 אֵלֶיךָ יְהוָה נַפְשִׁי אֶשָּׂא: אֱלֹהַי בְּךָ בָטַחְתִּי אַל־אֵבוֹשָׁה אַל־יַעַלְצוּ

3 אֹיְבַי לִי: גַּם כָּל־קֹוֶיךָ לֹא יֵבֹשׁוּ יֵבֹשׁוּ הַבּוֹגְדִים רֵיקָם: דְּרָכֶיךָ 3A
4 יְהוָה הוֹדִיעֵנִי אֹרְחוֹתֶיךָ לַמְּדֵנִי: הַדְרִיכֵנִי בַאֲמִתֶּךָ וְלַמְּדֵנִי כִּי־אַתָּה

5 אֱלֹהֵי יִשְׁעִי אוֹתְךָ קִוִּיתִי כָּל־הַיּוֹם: זְכֹר־רַחֲמֶיךָ יְהוָה וַחֲסָדֶיךָ

6 כִּי מֵעוֹלָם הֵמָּה: חַטֹּאות נְעוּרַי וּפְשָׁעַי אַל־תִּזְכֹּר כְּחַסְדְּךָ זְכָר־

7 לִי־אַתָּה לְמַעַן טוּבְךָ יְהוָה: טוֹב־וְיָשָׁר יְהוָה עַל־כֵּן יוֹרֶה חַטָּאִים

8 בַּדָּרֶךְ: יַדְרֵךְ עֲנָוִים בַּמִּשְׁפָּט וִילַמֵּד עֲנָוִים דַּרְכּוֹ: כָּל־אָרְחוֹת יְהוָה
9
10 חֶסֶד וֶאֱמֶת לְנֹצְרֵי בְרִיתוֹ וְעֵדֹתָיו: לְמַעַן־שִׁמְךָ יְהוָה וְסָלַחְתָּ לַעֲוֹנִי

11 כִּי רַב־הוּא: מִי־זֶה הָאִישׁ יְרֵא יְהוָה יוֹרֶנּוּ בְּדֶרֶךְ יִבְחָר: נַפְשׁוֹ
12
13 בְּטוֹב תָּלִין וְזַרְעוֹ יִירַשׁ אָרֶץ: סוֹד יְהוָה לִירֵאָיו וּבְרִיתוֹ לְהוֹדִיעָם:

14 עֵינַי תָּמִיד אֶל־יְהוָה כִּי הוּא־יוֹצִיא מֵרֶשֶׁת רַגְלָי: פְּנֵה־אֵלַי וְחָנֵּנִי
15
16 כִּי־יָחִיד וְעָנִי אָנִי: צָרוֹת לְבָבִי הִרְחִיבוּ מִמְּצוּקוֹתַי הוֹצִיאֵנִי: רְאֵה
17
18 עָנְיִי וַעֲמָלִי וְשָׂא לְכָל־חַטֹּאותָי: רְאֵה־אוֹיְבַי כִּי־רָבּוּ וְשִׂנְאַת חָמָס

19 שְׂנֵאוּנִי: שָׁמְרָה נַפְשִׁי וְהַצִּילֵנִי אַל־אֵבוֹשׁ כִּי־חָסִיתִי בָךְ: תֹּם־
20
21 וָיֹשֶׁר יִצְּרוּנִי כִּי קִוִּיתִיךָ: פְּדֵה אֱלֹהִים אֶת־יִשְׂרָאֵל מִכֹּל צָרוֹתָיו: 22A
22

26 1 לְדָוִד

שָׁפְטֵנִי יְהוָה כִּי־אֲנִי בְּתֻמִּי הָלַכְתִּי וּבַיהוָה בָּטַחְתִּי לֹא אֶמְעָד:

2 בְּחָנֵנִי יְהוָה וְנַסֵּנִי צָרֹפָה כִלְיוֹתַי וְלִבִּי: כִּי־חַסְדְּךָ לְנֶגֶד עֵינָי צָרְפָה
3
4 וְהִתְהַלַּכְתִּי בַּאֲמִתֶּךָ: לֹא־יָשַׁבְתִּי עִם־מְתֵי־שָׁוְא וְעִם נַעֲלָמִים 4A

5 לֹא אָבוֹא: שָׂנֵאתִי קְהַל מְרֵעִים וְעִם־רְשָׁעִים לֹא אֵשֵׁב: אֶרְחַץ
6
7 בְּנִקָּיוֹן כַּפָּי וַאֲסֹבְבָה אֶת־מִזְבַּחֲךָ יְהוָה: לַשְׁמִעַ בְּקוֹל תּוֹדָה

8 וּלְסַפֵּר כָּל־נִפְלְאוֹתֶיךָ: יְהוָה אָהַבְתִּי מְעוֹן בֵּיתֶךָ וּמְקוֹם מִשְׁכַּן

9 כְּבוֹדֶךָ: אַל־תֶּאֱסֹף עִם־חַטָּאִים נַפְשִׁי וְעִם־אַנְשֵׁי דָמִים חַיָּי:

10 אֲשֶׁר־בִּידֵיהֶם זִמָּה וִימִינָם מָלְאָה שֹּׁחַד: וַאֲנִי בְּתֻמִּי אֵלֵךְ
11
12 פְּדֵנִי וְחָנֵּנִי: רַגְלִי עָמְדָה בְמִישׁוֹר בְּמַקְהֵלִים אֲבָרֵךְ יְהוָה:

27 1 לְדָוִד

2 יְהוָה אוֹרִי וְיִשְׁעִי מִמִּי אִירָא יְהוָה מָעוֹז־חַיַּי מִמִּי אֶפְחָד: בִּקְרֹב

עָלַי מְרֵעִים לֶאֱכֹל אֶת־בְּשָׂרִי צָרַי וְאֹיְבַי לִי הֵמָּה כָשְׁלוּ וְנָפָלוּ:

3 Though an host should encamp against me, my heart shall not fear: though war should rise against me, in this *will* I *be* confident.

4 One *thing* have I desired of the LORD, that will I seek after; that I may dwell in the house of the LORD all the days of my life, to behold the beauty of the LORD, and to enquire in his temple.

5 For in the time of trouble he shall hide me in his pavilion: in the secret of his tabernacle shall he hide me; he shall set me up upon a rock.

6 And now shall mine head be lifted up above mine enemies round about me: therefore will I offer in his tabernacle sacrifices of joy; I will sing, yea, I will sing praises unto the LORD.

7 Hear, O LORD, *when* I cry with my voice: have mercy also upon me, and answer me.

8 *When thou saidst,* Seek ye my face; my heart said unto thee, Thy face, LORD, will I seek.

9 Hide not thy face *far* from me; put not thy servant away in anger: thou hast been my help; leave me not, neither forsake me, O God of my salvation.

10 When my father and my mother forsake me, then the LORD will take me up.

11 Teach me thy way, O LORD, and lead me in a plain path, because of mine enemies.

12 Deliver me not over unto the will of mine enemies: for false witnesses are risen up against me, and such as breathe out cruelty.

13 *I had fainted,* unless I had believed to see the goodness of the LORD in the land of the living.

14 Wait on the LORD: be of good courage, and he shall strengthen thine heart: wait, I say, on the LORD.

PSALM 28

[1a] *A Psalm* of David.

1[1b] Unto thee will I cry, O LORD my rock; be not silent to me: lest, *if* thou be silent to me, I become like them that go down into the pit.

2 Hear the voice of my supplications, when I cry unto thee, when I lift up my hands toward thy holy oracle.

3 Draw me not away with the wicked, and with the workers of iniquity, which speak peace to their neighbours, but mischief *is* in their hearts.

4 Give them according to their deeds, and according to the wickedness of their endeavours: give them after the work of their hands; render to them their desert.

5 Because they regard not the works of the LORD, nor the operation of his hands, he shall destroy them, and not build them up.

6 Blessed *be* the LORD, because he hath heard the voice of my supplications.

7 The LORD *is* my strength and my shield; my heart trusted in him, and I am helped: therefore my heart greatly rejoiceth; and with my song will I praise him.

8 The LORD *is* their strength, and he *is* the saving strength of his anointed.

9 Save thy people, and bless thine inheritance: feed them also, and lift them up for ever.

PSALM 29

[1a] A Psalm of David.

1[1b] Give unto the LORD, O ye mighty, give unto the LORD glory and strength.

2 Give unto the LORD the glory due unto his name; worship the LORD in the beauty of holiness.

3 The voice of the LORD *is* upon the waters: the God of glory thundereth: the LORD *is* upon many waters.

4 The voice of the LORD *is* powerful; the voice of the LORD *is* full of majesty.

5 The voice of the LORD breaketh the cedars; yea, the LORD breaketh the cedars of Lebanon.

6 He maketh them also to skip like a calf; Lebanon and Sirion like a young unicorn.

7 The voice of the LORD divideth the flames of fire.

8 The voice of the LORD shaketh the wilderness; the LORD shaketh the wilderness of Kadesh.

9 The voice of the LORD maketh the hinds to calve, and discovereth the forests:

אִם־תַּחֲנֶ֨ה עָלַ֨י ׀ מַחֲנֶה֮ לֹֽא־יִירָ֢א לִ֫בִּ֥י אִם־תָּק֥וּם עָלַ֗י מִ֭לְחָמָה בְּ֝זֹ֗את 3

אֲנִ֣י בוֹטֵֽחַ׃ אַחַ֤ת ׀ שָׁאַ֣לְתִּי מֵֽאֵת־יְהוָה֮ אוֹתָ֢הּ אֲבַ֫קֵּ֥שׁ שִׁבְתִּ֣י בְּבֵית־ 4

יְ֭הוָה כָּל־יְמֵ֣י חַיַּ֑י לַחֲז֥וֹת בְּנֹֽעַם־יְ֝הוָ֗ה וּלְבַקֵּ֥ר בְּהֵיכָלֽוֹ׃ כִּ֤י יִצְפְּנֵ֨נִי ׀ 5

בְּסֻכֹּה֮ בְּי֢וֹם רָ֫עָ֥ה יַ֭סְתִּרֵנִי בְּסֵ֣תֶר אָהֳל֑וֹ בְּ֝צ֗וּר יְרוֹמְמֵֽנִי׃ וְעַתָּ֡ה 6

יָר֤וּם רֹאשִׁ֨י עַ֥ל אֹיְבַ֪י סְֽבִיבוֹתַ֗י וְאֶזְבְּחָ֣ה בְ֭אָהֳלוֹ זִבְחֵ֣י תְרוּעָ֑ה

אָשִׁ֥ירָה וַ֝אֲזַמְּרָ֗ה לַיהוָֽה׃ שְׁמַע־יְהוָ֖ה קוֹלִ֥י אֶקְרָ֗א וְחָנֵּ֥נִי וַעֲנֵֽנִי׃ לְךָ֤ ׀ 7
8

אָמַ֣ר לִ֭בִּי בַּקְּשׁ֣וּ פָנָ֑י אֶת־פָּנֶ֖יךָ יְהוָ֣ה אֲבַקֵּֽשׁ׃ אַל־תַּסְתֵּ֬ר פָּנֶ֨יךָ ׀ 9

מִמֶּנִּי֮ אַֽל־תַּט־בְּאַף֮ עַבְדֶּ֒ךָ֒ עֶזְרָתִ֥י הָיִ֑יתָ אַֽל־תִּטְּשֵׁ֥נִי וְאַל־תַּ֝עַזְבֵ֗נִי

אֱלֹהֵ֥י יִשְׁעִֽי׃ כִּי־אָבִ֣י וְאִמִּ֣י עֲזָב֑וּנִי וַֽיהוָ֣ה יַֽאַסְפֵֽנִי׃ ה֤וֹרֵ֥נִי יְהוָ֗ה 10
11

דַּ֫רְכֶּ֥ךָ וּ֭נְחֵנִי בְּאֹ֣רַח מִישׁ֑וֹר לְ֝מַ֗עַן שׁוֹרְרָֽי׃ אַֽל־תִּ֭תְּנֵנִי בְּנֶ֣פֶשׁ צָרָ֑י 12

כִּ֥י קָֽמוּ־בִ֥י עֵֽדֵי־שֶׁ֗קֶר וִיפֵ֥חַ חָמָֽס׃ לׅׄוּׅׄלֵׅׅׄ֗ׄאׅׄ הֶ֭אֱמַנְתִּי לִרְא֥וֹת בְּֽטוּב־ 13

יְהוָ֗ה בְּאֶ֣רֶץ חַיִּֽים׃ קַוֵּ֗ה אֶל־יְ֫הוָ֥ה חֲ֭זַק וְיַאֲמֵ֣ץ לִבֶּ֑ךָ וְ֝קַוֵּ֗ה אֶל־ 14

יְהוָֽה׃

28 לְדָוִ֡ד 1

אֵ֘לֶ֤יךָ יְהוָ֨ה ׀ אֶקְרָ֗א צוּרִי֮ אַֽל־תֶּחֱרַ֢שׁ מִ֫מֶּ֥נִּי פֶּן־תֶּֽחֱשֶׁ֥ה מִמֶּ֑נִּי וְ֝נִמְשַׁ֗לְתִּי

עִם־י֥וֹרְדֵי בֽוֹר׃ שְׁמַ֤ע ק֣וֹל תַּ֭חֲנוּנַי בְּשַׁוְּעִ֣י אֵלֶ֑יךָ בְּנָשְׂאִ֥י יָ֝דַ֗י אֶל־דְּבִ֥יר 2

קָדְשֶֽׁךָ׃ אַל־תִּמְשְׁכֵ֣נִי עִם־רְשָׁעִים֮ וְעִם־פֹּ֢עֲלֵ֫י אָ֥וֶן דֹּבְרֵ֣י שָׁ֭לוֹם עִם־ 3

רֵֽעֵיהֶ֑ם וְ֝רָעָ֗ה בִּלְבָבָֽם׃ תֶּן־לָהֶ֣ם כְּפָעֳלָם֮ וּכְרֹ֢עַ מַֽעַלְלֵ֫יהֶ֥ם כְּמַעֲשֵׂ֣ה 4

יְ֭דֵיהֶם תֵּ֣ן לָהֶ֑ם הָשֵׁ֖ב גְּמוּלָ֣ם לָהֶֽם׃ כִּ֤י לֹ֤א יָבִ֡ינוּ אֶל־פְּעֻלֹּ֣ת יְהוָה֮ 5

וְאֶל־מַעֲשֵׂ֪ה יָ֫דָ֥יו יֶ֭הֶרְסֵם וְלֹ֣א יִבְנֵֽם׃ בָּר֥וּךְ יְהוָ֑ה כִּי־שָׁ֝מַ֗ע ק֣וֹל 6

7A תַּחֲנוּנָֽי׃ יְהוָ֤ה ׀ עֻזִּ֥י וּמָגִנִּי֮ בּ֤וֹ בָטַ֢ח לִ֫בִּ֥י וְֽנֶעֱזָ֥רְתִּי וַיַּעֲלֹ֥ז לִבִּ֑י וּֽמִשִּׁירִ֥י 7

אֲהוֹדֶֽנּוּ׃ יְהוָ֥ה עֹֽז־לָ֑מוֹ וּמָ֘ע֤וֹז יְשׁוּע֖וֹת מְשִׁיח֣וֹ הֽוּא׃ הוֹשִׁ֤יעָה ׀ אֶת־ 8
9

עַמֶּ֗ךָ וּבָרֵ֥ךְ אֶת־נַחֲלָתֶ֑ךָ וּֽרְעֵ֥ם וְ֝נַשְּׂאֵ֗ם עַד־הָעוֹלָֽם׃

29 מִזְמ֗וֹר לְדָ֫וִ֥ד הָב֣וּ לַֽ֭יהוָה בְּנֵ֣י אֵלִ֑ים הָב֥וּ לַ֝יהוָ֗ה כָּב֥וֹד וָעֹֽז׃ הָב֣וּ 1
2

לַֽ֭יהוָה כְּב֣וֹד שְׁמ֑וֹ הִשְׁתַּחֲו֥וּ לַ֝יהוָ֗ה בְּהַדְרַת־קֹֽדֶשׁ׃ ק֥וֹל יְהוָ֗ה עַל־ 3

הַ֫מָּ֥יִם אֵֽל־הַכָּב֥וֹד הִרְעִ֑ים יְ֝הוָ֗ה עַל־מַ֥יִם רַבִּֽים׃ קוֹל־יְהוָ֥ה בַּכֹּ֑חַ ק֥וֹל 4

יְ֝הוָ֗ה בֶּהָדָֽר׃ ק֣וֹל יְ֭הוָה שֹׁבֵ֣ר אֲרָזִ֑ים וַיְשַׁבֵּ֥ר יְ֝הוָ֗ה אֶת־אַרְזֵ֥י הַלְּבָנֽוֹן׃ 5

וַיַּרְקִידֵ֥ם כְּמוֹ־עֵ֑גֶל לְבָנ֥וֹן וְ֝שִׂרְיֹ֗ן כְּמ֣וֹ בֶן־רְאֵמִֽים׃ קוֹל־יְהוָ֥ה חֹצֵ֗ב 6
7

לַהֲב֥וֹת אֵֽשׁ׃ ק֣וֹל יְ֭הוָה יָחִ֣יל מִדְבָּ֑ר יָחִ֥יל יְ֝הוָ֗ה מִדְבַּ֥ר קָדֵֽשׁ׃ ק֤וֹל 8
9

and in his temple doth every one speak of *his* glory.

10 The LORD sitteth upon the flood; yea, the LORD sitteth King for ever.

11 The LORD will give strength unto his people; the LORD will bless his people with peace.

PSALM 30

[1] A Psalm *and* Song *at* the dedication of the house of David.

1[2] I will extol thee, O LORD; for thou hast lifted me up, and hast not made my foes to rejoice over me.

2[3] O LORD my God, I cried unto thee, and thou hast healed me.

3[4] O LORD, thou hast brought up my soul from the grave: thou hast kept me alive, that I should not go down to the pit.

4[5] Sing unto the LORD, O ye saints of his, and give thanks at the remembrance of his holiness.

5[6] For his anger *endureth but* a moment; in his favour *is* life: weeping may endure for a night, but joy *cometh* in the morning.

6[7] And in my prosperity I said, I shall never be moved.

7[8] LORD, by thy favour thou hast made my mountain to stand strong: thou didst hide thy face, *and* I was troubled.

8[9] I cried to thee, O LORD; and unto the LORD I made supplication.

9[10] What profit *is there* in my blood, when I go down to the pit? Shall the dust praise thee? shall it declare thy truth?

10[11] Hear, O LORD, and have mercy upon me: LORD, be thou my helper.

11[12] Thou hast turned for me my mourning into dancing: thou hast put off my sackcloth, and girded me with gladness;

12[13] To the end that *my* glory may sing praise to thee, and not be silent. O LORD my God, I will give thanks unto thee for ever.

PSALM 31

[1] To the chief Musician, A Psalm of David.

1[2] In thee, O LORD, do I put my trust; let me never be ashamed: deliver me in thy righteousness.

2[3] Bow down thine ear to me; deliver me speedily: be thou my strong rock, for an house of defence to save me.

3[4] For thou *art* my rock and my fortress; therefore for thy name's sake lead me, and guide me.

4[5] Pull me out of the net that they have laid privily for me: for thou *art* my strength.

5[6] Into thine hand I commit my spirit: thou hast redeemed me, O LORD God of truth.

6[7] I have hated them that regard lying vanities: but I trust in the LORD.

7[8] I will be glad and rejoice in thy mercy: for thou hast considered my trouble; thou hast known my soul in adversities;

8[9] And hast not shut me up into the hand of the enemy: thou hast set my feet in a large room.

9[10] Have mercy upon me, O LORD, for I am in trouble: mine eye is consumed with grief, *yea,* my soul and my belly.

10[11] For my life is spent with grief, and my years with sighing: my strength faileth because of mine iniquity, and my bones are consumed.

11[12] I was a reproach among all mine enemies, but especially among my neighbours, and a fear to mine acquaintance: they that did see me without fled from me.

12[13] I am forgotten as a dead man out of mind: I am like a broken vessel.

13[14] For I have heard the slander of many: fear *was* on every side: while they took counsel together against me, they devised to take away my life.

14[15] But I trusted in thee, O LORD: I said, Thou *art* my God.

15[16] My times *are* in thy hand: deliver me from the hand of mine enemies, and from them that persecute me.

16[17] Make thy face to shine upon thy servant: save me for thy mercies' sake.

17[18] Let me not be ashamed, O LORD; for I have called upon thee: let the wicked be ashamed, *and* let them be silent in the grave.

18[19] Let the lying lips be put to silence;

10 יְהוָה। יְחוֹלֵל אַיָּלוֹת וַיֶּחֱשֹׂף יְעָרוֹת וּבְהֵיכָלוֹ כֻּלּוֹ אֹמֵר כָּבוֹד: יְהוָה

11 לַמַּבּוּל יָשָׁב וַיֵּשֶׁב יְהוָה מֶלֶךְ לְעוֹלָם: יְהוָה עֹז לְעַמּוֹ יִתֵּן יְהוָה।
יְבָרֵךְ אֶת־עַמּוֹ בַשָּׁלוֹם:

30 מִזְמוֹר שִׁיר־חֲנֻכַּת הַבַּיִת לְדָוִד:

2
3 אֲרוֹמִמְךָ יְהוָה כִּי דִלִּיתָנִי וְלֹא־שִׂמַּחְתָּ אֹיְבַי לִי: יְהוָה אֱלֹהָי שִׁוַּעְתִּי

4A אֵלֶיךָ וַתִּרְפָּאֵנִי: יְהוָה הֶעֱלִיתָ מִן־שְׁאוֹל נַפְשִׁי חִיִּיתַנִי מִיּוֹרְדִי־בוֹר: מִיָּרְדִי

5
6 זַמְּרוּ לַיהוָה חֲסִידָיו וְהוֹדוּ לְזֵכֶר קָדְשׁוֹ: כִּי רֶגַע। בְּאַפּוֹ חַיִּים בִּרְצוֹנוֹ

7 בָּעֶרֶב יָלִין בֶּכִי וְלַבֹּקֶר רִנָּה: וַאֲנִי אָמַרְתִּי בְשַׁלְוִי בַּל־אֶמּוֹט לְעוֹלָם:

8 יְהוָה בִּרְצוֹנְךָ הֶעֱמַדְתָּה לְהַרְרִי עֹז הִסְתַּרְתָּ פָנֶיךָ הָיִיתִי נִבְהָל:

9
10 אֵלֶיךָ יְהוָה אֶקְרָא וְאֶל־אֲדֹנָי אֶתְחַנָּן: מַה־בֶּצַע בְּדָמִי בְּרִדְתִּי אֶל־

11 שָׁחַת הֲיוֹדְךָ עָפָר הֲיַגִּיד אֲמִתֶּךָ: שְׁמַע־יְהוָה וְחָנֵּנִי יְהוָה הֱיֵה־עֹזֵר

12
13 לִי: הָפַכְתָּ מִסְפְּדִי לְמָחוֹל לִי פִּתַּחְתָּ שַׂקִּי וַתְּאַזְּרֵנִי שִׂמְחָה: לְמַעַן।
יְזַמֶּרְךָ כָבוֹד וְלֹא יִדֹּם יְהוָה אֱלֹהַי לְעוֹלָם אוֹדֶךָּ:

1
2 31 לַמְנַצֵּחַ מִזְמוֹר לְדָוִד: בְּךָ־יְהוָה חָסִיתִי אַל־

3 אֵבוֹשָׁה לְעוֹלָם בְּצִדְקָתְךָ פַלְּטֵנִי: הַטֵּה אֵלַי। אָזְנְךָ מְהֵרָה הַצִּילֵנִי

4 הֱיֵה לִי। לְצוּר־מָעוֹז לְבֵית מְצוּדוֹת לְהוֹשִׁיעֵנִי: כִּי־סַלְעִי וּמְצוּדָתִי

5A אָתָּה וּלְמַעַן שִׁמְךָ תַּנְחֵנִי וּתְנַהֲלֵנִי: תּוֹצִיאֵנִי מֵרֶשֶׁת זוּ טָמְנוּ לִי כִּי־

6 אַתָּה מָעוּזִי: בְּיָדְךָ אַפְקִיד רוּחִי פָּדִיתָה אוֹתִי יְהוָה אֵל אֱמֶת:

7A שָׂנֵאתִי הַשֹּׁמְרִים הַבְלֵי־שָׁוְא וַאֲנִי אֶל־יְהוָה בָּטָחְתִּי: אָגִילָה

8
9 וְאֶשְׂמְחָה בְּחַסְדֶּךָ אֲשֶׁר רָאִיתָ אֶת־עָנְיִי יָדַעְתָּ בְּצָרוֹת נַפְשִׁי: וְלֹא

10 הִסְגַּרְתַּנִי בְּיַד־אוֹיֵב הֶעֱמַדְתָּ בַמֶּרְחָב רַגְלָי: חָנֵּנִי יְהוָה כִּי צַר־לִי

11 עָשְׁשָׁה בְכַעַס עֵינִי נַפְשִׁי וּבִטְנִי: כִּי כָלוּ בְיָגוֹן חַיַּי וּשְׁנוֹתַי בַּאֲנָחָה

12 כָּשַׁל בַּעֲוֹנִי כֹחִי וַעֲצָמַי עָשֵׁשׁוּ: מִכָּל־צֹרְרַי הָיִיתִי חֶרְפָּה וְלִשֲׁכֵנַי।

13 מְאֹד וּפַחַד לִמְיֻדָּעַי רֹאַי בַּחוּץ נָדְדוּ מִמֶּנִּי: נִשְׁכַּחְתִּי כְּמֵת מִלֵּב

14 הָיִיתִי כִּכְלִי אֹבֵד: כִּי שָׁמַעְתִּי। דִּבַּת רַבִּים מָגוֹר מִסָּבִיב בְּהִוָּסְדָם

15 יַחַד עָלַי לָקַחַת נַפְשִׁי זָמָמוּ: וַאֲנִי। עָלֶיךָ בָטַחְתִּי יְהוָה אָמַרְתִּי אֱלֹהַי

16
17 אָתָּה: בְּיָדְךָ עִתֹּתָי הַצִּילֵנִי מִיַּד־אוֹיְבַי וּמֵרֹדְפָי: הָאִירָה פָנֶיךָ עַל־

18 עַבְדֶּךָ הוֹשִׁיעֵנִי בְחַסְדֶּךָ: יְהוָה אַל־אֵבוֹשָׁה כִּי קְרָאתִיךָ יֵבֹשׁוּ רְשָׁעִים

19 יִדְּמוּ לִשְׁאוֹל: תֵּאָלַמְנָה שִׂפְתֵי שָׁקֶר הַדֹּבְרוֹת עַל־צַדִּיק עָתָק בְּגַאֲוָה

which speak grievous things proudly and contemptuously against the righteous.

19[20] *Oh* how great *is* thy goodness, which thou hast laid up for them that fear thee; *which* thou hast wrought for them that trust in thee before the sons of men!

20[21] Thou shalt hide them in the secret of thy presence from the pride of man: thou shalt keep them secretly in a pavilion from the strife of tongues.

21[22] Blessed *be* the LORD: for he hath shewed me his marvellous kindness in a strong city.

22[23] For I said in my haste, I am cut off from before thine eyes: nevertheless thou heardest the voice of my supplications when I cried unto thee.

23[24] O love the LORD, all ye his saints: *for* the LORD preserveth the faithful, and plentifully rewardeth the proud doer.

24[25] Be of good courage, and he shall strengthen your heart, all ye that hope in the LORD.

PSALM 32

[1a] *A Psalm* of David, Maschil.

1[1b] Blessed *is he whose* transgression *is* forgiven, *whose* sin *is* covered.

2 Blessed *is* the man unto whom the LORD imputeth not iniquity, and in whose spirit *there is* no guile.

3 When I kept silence, my bones waxed old through my roaring all the day long.

4 For day and night thy hand was heavy upon me: my moisture is turned into the drought of summer. Selah.

5 I acknowledged my sin unto thee, and mine iniquity have I not hid. I said, I will confess my transgressions unto the LORD; and thou forgavest the iniquity of my sin. Selah.

6 For this shall every one that is godly pray unto thee in a time when thou mayest be found: surely in the floods of great waters they shall not come nigh unto him.

7 Thou *art* my hiding place; thou shalt preserve me from trouble; thou shalt compass me about with songs of deliverance. Selah.

8 I will instruct thee and teach thee in the way which thou shalt go: I will guide thee with mine eye.

9 Be ye not as the horse, *or* as the mule, *which* have no understanding: whose mouth must be held in with bit and bridle, lest they come near unto thee.

10 Many sorrows *shall be* to the wicked: but he that trusteth in the LORD, mercy shall compass him about.

11 Be glad in the LORD, and rejoice, ye righteous: and shout for joy, all *ye that are* upright in heart.

PSALM 33

1 Rejoice in the LORD, O ye righteous: *for* praise is comely for the upright.

2 Praise the LORD with harp: sing unto him with the psaltery *and* an instrument of ten strings.

3 Sing unto him a new song; play skilfully with a loud noise.

4 For the word of the LORD *is* right; and all his works *are done* in truth.

5 He loveth righteousness and judgment: the earth is full of the goodness of the LORD.

6 By the word of the LORD were the heavens made; and all the host of them by the breath of his mouth.

7 He gathereth the waters of the sea together as an heap: he layeth up the depth in storehouses.

8 Let all the earth fear the LORD: let all the inhabitants of the world stand in awe of him.

9 For he spake, and it was *done;* he commanded, and it stood fast.

10 The LORD bringeth the counsel of the heathen to nought: he maketh the devices of the people of none effect.

11 The counsel of the LORD standeth for ever, the thoughts of his heart to all generations.

12 Blessed *is* the nation whose God *is* the LORD; *and* the people *whom* he hath chosen for his own inheritance.

13 The LORD looketh from heaven; he beholdeth all the sons of men.

14 From the place of his habitation he looketh upon all the inhabitants of the earth.

20 וָכוּ: מָה רַב־טוּבְךָ אֲשֶׁר־צָפַנְתָּ לִּירֵאֶיךָ פָּעַלְתָּ לַחֹסִים בָּךְ נֶגֶד בְּנֵי
21 אָדָם: תַּסְתִּירֵם ׀ בְּסֵתֶר פָּנֶיךָ מֵרֻכְסֵי אִישׁ תִּצְפְּנֵם בְּסֻכָּה מֵרִיב
22 לְשֹׁנוֹת: בָּרוּךְ יְהוָה כִּי הִפְלִיא חַסְדּוֹ לִי בְּעִיר מָצוֹר: וַאֲנִי ׀ אָמַרְתִּי
23 בְחָפְזִי נִגְרַזְתִּי מִנֶּגֶד עֵינֶיךָ אָכֵן שָׁמַעְתָּ קוֹל תַּחֲנוּנַי בְּשַׁוְּעִי אֵלֶיךָ:
24 אֶהֱבוּ אֶת־יְהוָה כָּל־חֲסִידָיו אֱמוּנִים נֹצֵר יְהוָה וּמְשַׁלֵּם עַל־יֶתֶר עֹשֵׂה
25 גַאֲוָה: חִזְקוּ וְיַאֲמֵץ לְבַבְכֶם כָּל־הַמְיַחֲלִים לַיהוָה:

32 1 לְדָוִד מַשְׂכִּיל אַשְׁרֵי נְשׂוּי־פֶּשַׁע כְּסוּי חֲטָאָה:
2 אַשְׁרֵי אָדָם לֹא יַחְשֹׁב יְהוָה לוֹ עָוֹן וְאֵין בְּרוּחוֹ רְמִיָּה: כִּי־הֶחֱרַשְׁתִּי
3 בָּלוּ עֲצָמָי בְּשַׁאֲגָתִי כָּל־הַיּוֹם: כִּי ׀ יוֹמָם וָלַיְלָה תִּכְבַּד עָלַי יָדֶךָ
4 נֶהְפַּךְ לְשַׁדִּי בְּחַרְבֹנֵי קַיִץ סֶלָה: חַטָּאתִי אוֹדִיעֲךָ וַעֲוֹנִי לֹא־כִסִּיתִי
5 אָמַרְתִּי אוֹדֶה עֲלֵי פְשָׁעַי לַיהוָה וְאַתָּה נָשָׂאתָ עֲוֹן חַטָּאתִי סֶלָה:
6 עַל־זֹאת יִתְפַּלֵּל כָּל־חָסִיד ׀ אֵלֶיךָ לְעֵת מְצֹא רַק לְשֵׁטֶף מַיִם רַבִּים
7 אֵלָיו לֹא יַגִּיעוּ: אַתָּה ׀ סֵתֶר לִי מִצַּר תִּצְּרֵנִי רָנֵּי פַלֵּט תְּסוֹבְבֵנִי
8 סֶלָה: אַשְׂכִּילְךָ ׀ וְאוֹרְךָ בְּדֶרֶךְ־זוּ תֵלֵךְ אִיעֲצָה עָלֶיךָ עֵינִי: אַל־תִּהְיוּ ׀
9 כְּסוּס כְּפֶרֶד אֵין הָבִין בְּמֶתֶג־וָרֶסֶן עֶדְיוֹ לִבְלוֹם בַּל קְרֹב אֵלֶיךָ:
10 רַבִּים מַכְאוֹבִים לָרָשָׁע וְהַבּוֹטֵחַ בַּיהוָה חֶסֶד יְסוֹבְבֶנּוּ: שִׂמְחוּ
11 בַיהוָה וְגִילוּ צַדִּיקִים וְהַרְנִינוּ כָּל־יִשְׁרֵי־לֵב:

33 1 רַנְּנוּ צַדִּיקִים בַּיהוָה לַיְשָׁרִים נָאוָה תְהִלָּה:
2 הוֹדוּ לַיהוָה בְּכִנּוֹר בְּנֵבֶל עָשׂוֹר זַמְּרוּ־לוֹ: שִׁירוּ־לוֹ שִׁיר חָדָשׁ
3 הֵיטִיבוּ נַגֵּן בִּתְרוּעָה: כִּי־יָשָׁר דְּבַר־יְהוָה וְכָל־מַעֲשֵׂהוּ בֶּאֱמוּנָה:
4
5 אֹהֵב צְדָקָה וּמִשְׁפָּט חֶסֶד יְהוָה מָלְאָה הָאָרֶץ: בִּדְבַר יְהוָה שָׁמַיִם
6 נַעֲשׂוּ וּבְרוּחַ פִּיו כָּל־צְבָאָם: כֹּנֵס כַּנֵּד מֵי הַיָּם נֹתֵן בְּאֹצָרוֹת
7 תְּהוֹמוֹת: יִירְאוּ מֵיְהוָה כָּל־הָאָרֶץ מִמֶּנּוּ יָגוּרוּ כָּל־יֹשְׁבֵי תֵבֵל: כִּי
8 הוּא אָמַר וַיֶּהִי הוּא־צִוָּה וַיַּעֲמֹד: יְהוָה הֵפִיר עֲצַת־גּוֹיִם הֵנִיא
9
10 מַחְשְׁבוֹת עַמִּים: עֲצַת יְהוָה לְעוֹלָם תַּעֲמֹד מַחְשְׁבוֹת לִבּוֹ לְדֹר
11 וָדֹר: אַשְׁרֵי הַגּוֹי אֲשֶׁר־יְהוָה אֱלֹהָיו הָעָם ׀ בָּחַר לְנַחֲלָה לוֹ: מִשָּׁמַיִם
12
13 הִבִּיט יְהוָה רָאָה אֶת־כָּל־בְּנֵי הָאָדָם: מִמְּכוֹן־שִׁבְתּוֹ הִשְׁגִּיחַ אֶל
14

15 He fashioneth their hearts alike; he considereth all their works.

16 There is no king saved by the multitude of an host: a mighty man is not delivered by much strength.

17 An horse *is* a vain thing for safety: neither shall he deliver *any* by his great strength.

18 Behold, the eye of the LORD *is* upon them that fear him, upon them that hope in his mercy;

19 To deliver their soul from death, and to keep them alive in famine.

20 Our soul waiteth for the LORD: he *is* our help and our shield.

21 For our heart shall rejoice in him, because we have trusted in his holy name.

22 Let thy mercy, O LORD, be upon us, according as we hope in thee.

PSALM 34

[1] *A Psalm* of David, when he changed his behaviour before Abimelech; who drove him away, and he departed.

1[2] I will bless the LORD at all times: his praise *shall* continually *be* in my mouth.

2[3] My soul shall make her boast in the LORD: the humble shall hear *thereof,* and be glad.

3[4] O magnify the LORD with me, and let us exalt his name together.

4[5] I sought the LORD, and he heard me, and delivered me from all my fears.

5[6] They looked unto him, and were lightened: and their faces were not ashamed.

6[7] This poor man cried, and the LORD heard *him,* and saved him out of all his troubles.

7[8] The angel of the LORD encampeth round about them that fear him, and delivereth them.

8[9] O taste and see that the LORD *is* good: blessed *is* the man *that* trusteth in him.

9[10] O fear the LORD, ye his saints: for *there is* no want to them that fear him.

10[11] The young lions do lack, and suffer hunger: but they that seek the LORD shall not want any good *thing.*

11[12] Come, ye children, hearken unto me: I will teach you the fear of the LORD.

12[13] What man *is he that* desireth life, *and* loveth *many* days, that he may see good?

13[14] Keep thy tongue from evil, and thy lips from speaking guile.

14[15] Depart from evil, and do good; seek peace, and pursue it.

15[16] The eyes of the LORD *are* upon the righteous, and his ears *are open* unto their cry.

16[17] The face of the LORD *is* against them that do evil, to cut off the remembrance of them from the earth.

17[18] *The righteous* cry, and the LORD heareth, and delivereth them out of all their troubles.

18[19] The LORD *is* nigh unto them that are of a broken heart; and saveth such as be of a contrite spirit.

19[20] Many *are* the afflictions of the righteous: but the LORD delivereth him out of them all.

20[21] He keepeth all his bones: not one of them is broken.

21[22] Evil shall slay the wicked: and they that hate the righteous shall be desolate.

22[23] The LORD redeemeth the soul of his servants: and none of them that trust in him shall be desolate.

PSALM 35

[1a] *A Psalm* of David.

1[1b] Plead *my cause,* O LORD, with them that strive with me: fight against them that fight against me.

2 Take hold of shield and buckler, and stand up for mine help.

3 Draw out also the spear, and stop *the way* against them that persecute me: say unto my soul, I *am* thy salvation.

4 Let them be confounded and put to shame that seek after my soul: let them be turned back and brought to confusion that devise my hurt.

5 Let them be as chaff before the wind: and let the angel of the LORD chase *them.*

6 Let their way be dark and slippery: and let the angel of the LORD persecute them.

כָּל־יֹשְׁבֵי הָאָרֶץ: הַיֹּצֵר יַחַד לִבָּם הַמֵּבִין אֶל־כָּל־מַעֲשֵׂיהֶם: אֵין־ 15
16
הַמֶּלֶךְ נוֹשָׁע בְּרָב־חָיִל גִּבּוֹר לֹא־יִנָּצֵל בְּרָב־כֹּחַ: שֶׁקֶר הַסּוּס 17

לִתְשׁוּעָה וּבְרֹב חֵילוֹ לֹא יְמַלֵּט: הִנֵּה עֵין יְהוָה אֶל־יְרֵאָיו לַמְיַחֲלִים 18

לְחַסְדּוֹ: לְהַצִּיל מִמָּוֶת נַפְשָׁם וּלְחַיּוֹתָם בָּרָעָב: נַפְשֵׁנוּ חִכְּתָה לַיהוָה 19
20
עֶזְרֵנוּ וּמָגִנֵּנוּ הוּא: כִּי־בוֹ יִשְׂמַח לִבֵּנוּ כִּי בְשֵׁם קָדְשׁוֹ בָטָחְנוּ: יְהִי־ 21
22
חַסְדְּךָ יְהוָה עָלֵינוּ כַּאֲשֶׁר יִחַלְנוּ לָךְ:

34 1 לְדָוִד

בְּשַׁנּוֹתוֹ אֶת־טַעְמוֹ לִפְנֵי אֲבִימֶלֶךְ וַיְגָרְשֵׁהוּ וַיֵּלַךְ: אֲבָרֲכָה אֶת־יְהוָה 2

בְּכָל־עֵת תָּמִיד תְּהִלָּתוֹ בְּפִי: בַּיהוָה תִּתְהַלֵּל נַפְשִׁי יִשְׁמְעוּ עֲנָוִים 3

וְיִשְׂמָחוּ: גַּדְּלוּ לַיהוָה אִתִּי וּנְרוֹמְמָה שְׁמוֹ יַחְדָּו: דָּרַשְׁתִּי אֶת־יְהוָה 4
5
וְעָנָנִי וּמִכָּל־מְגוּרוֹתַי הִצִּילָנִי: הִבִּיטוּ אֵלָיו וְנָהָרוּ וּפְנֵיהֶם אַל־יֶחְפָּרוּ: 6

זֶה עָנִי קָרָא וַיהוָה שָׁמֵעַ וּמִכָּל־צָרוֹתָיו הוֹשִׁיעוֹ: חֹנֶה מַלְאַךְ־יְהוָה 7
8
סָבִיב לִירֵאָיו וַיְחַלְּצֵם: טַעֲמוּ וּרְאוּ כִּי־טוֹב יְהוָה אַשְׁרֵי הַגֶּבֶר יֶחֱסֶה־ 9

בּוֹ: יְראוּ אֶת־יְהוָה קְדֹשָׁיו כִּי־אֵין מַחְסוֹר לִירֵאָיו: כְּפִירִים רָשׁוּ 10
11
וְרָעֵבוּ וְדֹרְשֵׁי יְהוָה לֹא־יַחְסְרוּ כָל־טוֹב: לְכוּ־בָנִים שִׁמְעוּ־לִי יִרְאַת 12

יְהוָה אֲלַמֶּדְכֶם: מִי־הָאִישׁ הֶחָפֵץ חַיִּים אֹהֵב יָמִים לִרְאוֹת טוֹב: 13

נְצֹר לְשׁוֹנְךָ מֵרָע וּשְׂפָתֶיךָ מִדַּבֵּר מִרְמָה: סוּר מֵרָע וַעֲשֵׂה־טוֹב 14
15
בַּקֵּשׁ שָׁלוֹם וְרָדְפֵהוּ: עֵינֵי יְהוָה אֶל־צַדִּיקִים וְאָזְנָיו אֶל־שַׁוְעָתָם: 16

פְּנֵי יְהוָה בְּעֹשֵׂי רָע לְהַכְרִית מֵאֶרֶץ זִכְרָם: צָעֲקוּ וַיהוָה שָׁמֵעַ וּמִכָּל־ 17
18
צָרוֹתָם הִצִּילָם: קָרוֹב יְהוָה לְנִשְׁבְּרֵי־לֵב וְאֶת־דַּכְּאֵי־רוּחַ יוֹשִׁיעַ: 19

רַבּוֹת רָעוֹת צַדִּיק וּמִכֻּלָּם יַצִּילֶנּוּ יְהוָה: שֹׁמֵר כָּל־עַצְמוֹתָיו אַחַת 20
21
מֵהֵנָּה לֹא נִשְׁבָּרָה: תְּמוֹתֵת רָשָׁע רָעָה וְשֹׂנְאֵי צַדִּיק יֶאְשָׁמוּ: פּוֹדֶה 22
23
יְהוָה נֶפֶשׁ עֲבָדָיו וְלֹא יֶאְשְׁמוּ כָּל־הַחֹסִים בּוֹ:

35 1 לְדָוִד ׀

רִיבָה יְהוָה אֶת־יְרִיבַי לְחַם אֶת־לֹחֲמָי: הַחֲזֵק מָגֵן וְצִנָּה וְקוּמָה 2

בְּעֶזְרָתִי: וְהָרֵק חֲנִית וּסְגֹר לִקְרַאת רֹדְפָי אֱמֹר לְנַפְשִׁי יְשֻׁעָתֵךְ אָנִי: 3

יֵבֹשׁוּ וְיִכָּלְמוּ מְבַקְשֵׁי נַפְשִׁי יִסֹּגוּ אָחוֹר וְיַחְפְּרוּ חֹשְׁבֵי רָעָתִי: יִהְיוּ 4
5
כְּמֹץ לִפְנֵי־רוּחַ וּמַלְאַךְ יְהוָה דֹּחֶה: יְהִי־דַרְכָּם חֹשֶׁךְ וַחֲלַקְלַקּוֹת 6

7 For without cause have they hid for me their net *in* a pit, *which* without cause they have digged for my soul.

8 Let destruction come upon him at unawares; and let his net that he hath hid catch himself: into that very destruction let him fall.

9 And my soul shall be joyful in the Lord: it shall rejoice in his salvation.

10 All my bones shall say, Lord, who *is* like unto thee, which deliverest the poor from him that is too strong for him, yea, the poor and the needy from him that spoileth him?

11 False witnesses did rise up; they laid to my charge *things* that I knew not.

12 They rewarded me evil for good *to* the spoiling of my soul.

13 But as for me, when they were sick, my clothing *was* sackcloth: I humbled my soul with fasting; and my prayer returned into mine own bosom.

14 I behaved myself as though *he had been* my friend *or* brother: I bowed down heavily, as one that mourneth *for his* mother.

15 But in mine adversity they rejoiced, and gathered themselves together: *yea,* the abjects gathered themselves together against me, and I knew *it* not; they did tear *me,* and ceased not:

16 With hypocritical mockers in feasts, they gnashed upon me with their teeth.

17 Lord, how long wilt thou look on? rescue my soul from their destructions, my darling from the lions.

18 I will give thee thanks in the great congregation: I will praise thee among much people.

19 Let not them that are mine enemies wrongfully rejoice over me: *neither* let them wink with the eye that hate me without a cause.

20 For they speak not peace: but they devise deceitful matters against *them that are* quiet in the land.

21 Yea, they opened their mouth wide against me, *and* said, Aha, aha, our eye hath seen *it.*

22 *This* thou hast seen, O Lord: keep not silence: O Lord, be not far from me.

23 Stir up thyself, and awake to my judg-ment, *even* unto my cause, my God and my Lord.

24 Judge me, O Lord my God, according to thy righteousness; and let them not rejoice over me.

25 Let them not say in their hearts, Ah, so would we have it: let them not say, We have swallowed him up.

26 Let them be ashamed and brought to confusion together that rejoice at mine hurt: let them be clothed with shame and dishonour that magnify *themselves* against me.

27 Let them shout for joy, and be glad, that favour my righteous cause: yea, let them say continually, Let the Lord be magnified, which hath pleasure in the prosperity of his servant.

28 And my tongue shall speak of thy righteousness *and* of thy praise all the day long.

PSALM 36

[1] To the chief Musician, *A Psalm* of David the servant of the Lord.

1[2] The transgression of the wicked saith within my heart, *that there is* no fear of God before his eyes.

2[3] For he flattereth himself in his own eyes, until his iniquity be found to be hateful.

3[4] The words of his mouth *are* iniquity and deceit: he hath left off to be wise, *and* to do good.

4[5] He deviseth mischief upon his bed; he setteth himself in a way *that is* not good; he abhorreth not evil.

5[6] Thy mercy, O Lord, *is* in the heavens; *and* thy faithfulness *reacheth* unto the clouds.

6[7] Thy righteousness *is* like the great mountains; thy judgments *are* a great deep: O Lord, thou preservest man and beast.

7[8] How excellent *is* thy lovingkindness, O God! therefore the children of men put their trust under the shadow of thy wings.

8[9] They shall be abundantly satisfied with the fatness of thy house; and thou shalt make them drink of the river of thy pleasures.

7 וּמַלְאַ֖ךְ יְהֹוָ֣ה רֹדְפָֽם: כִּֽי־חִנָּ֣ם טָֽמְנוּ־לִ֭י שַׁ֣חַת רִשְׁתָּ֑ם חִ֝נָּ֗ם חָֽפְר֥וּ

8 לְנַפְשִֽׁי: תְּבוֹאֵ֣הוּ שׁוֹאָה֮ לֹֽא־יֵ֫דָ֥ע וְרִשְׁתּ֣וֹ אֲשֶׁר־טָמַ֣ן תִּלְכְּד֑וֹ בְּ֝שׁוֹאָ֗ה

9 יִפָּל־בָּֽהּ: וְ֭נַפְשִׁי תָּגִ֣יל בַּֽיהֹוָ֑ה תָּ֝שִׂ֗ישׂ בִּישֽׁוּעָתֽוֹ: כָּ֥ל עַצְמוֹתַ֨י ׀
10

תֹּאמַרְנָה֮ יְהֹוָ֗ה מִ֥י כָ֫מ֥וֹךָ מַצִּ֣יל עָ֭נִי מֵֽחָזָ֣ק מִמֶּ֑נּוּ וְעָנִ֥י וְ֝אֶבְי֗וֹן מִגֹּֽזְלֽוֹ:

11 יְ֭קוּמוּן עֵדֵ֣י חָמָ֑ס אֲשֶׁ֥ר לֹֽא־יָ֝דַ֗עְתִּי יִשְׁאָלֽוּנִי: יְשַׁלְּמ֣וּנִי רָ֭עָה תַּ֣חַת
12

13 טוֹבָ֗ה שְׁכ֣וֹל לְנַפְשִֽׁי: וַאֲנִ֤י ׀ בַּחֲלוֹתָ֡ם לְב֬וּשִׁי שָׂ֗ק עִנֵּ֣יתִי בַצּ֣וֹם נַפְשִׁ֑י

14 וּ֝תְפִלָּתִ֗י עַל־חֵיקִ֥י תָשֽׁוּב: כְּרֵ֥עַ־כְּאָ֣ח לִ֭י הִתְהַלָּ֑כְתִּי כַּאֲבֶל־אֵ֝֗ם קֹדֵ֥ר

15 שַׁחֽוֹתִי: וּבְצַלְעִי֮ שָׂמְח֢וּ וְֽנֶאֱ֫סָ֥פוּ נֶאֶסְפ֬וּ עָלַ֣י נֵ֭כִים וְלֹ֣א יָדַ֑עְתִּי קָֽרְע֥וּ

16 וְלֹא־דָֽמּוּ: בְּ֭חַנְפֵי לַעֲגֵ֣י מָע֑וֹג חָרֹ֖ק עָלַ֣י שִׁנֵּֽימוֹ: אֲדֹנָי֮ כַּמָּ֢ה תִּרְ֫אֶ֥ה
17

18 הָשִׁ֣יבָה נַ֭פְשִׁי מִשֹּׁאֵיהֶ֑ם מִ֝כְּפִירִ֗ים יְחִידָתִֽי: א֭וֹדְךָ בְּקָהָ֣ל רָ֑ב בְּעַ֖ם

19 עָצ֣וּם אֲהַֽלְלֶֽךָּ: אַֽל־יִשְׂמְחוּ־לִ֣י אֹיְבַ֣י שֶׁ֑קֶר שֹׂנְאַ֥י חִ֝נָּ֗ם יִקְרְצוּ־עָֽיִן:

20 כִּ֤י לֹ֥א שָׁל֗וֹם יְדַ֫בֵּ֥רוּ וְעַ֥ל רִגְעֵי־אֶ֑רֶץ דִּבְרֵ֥י מִ֝רְמ֗וֹת יַחֲשֹׁבֽוּן: וַיַּרְחִ֥יבוּ
21

22 עָלַ֗י פִּ֫יהֶ֥ם אָ֭מְרוּ הֶאָ֣ח ׀ הֶאָ֑ח רָאֲתָ֥ה עֵינֵֽינוּ: רָאִ֣יתָה יְ֭הֹוָה אַֽל־
22A

23 תֶּחֱרַ֑שׁ אֲ֝דֹנָ֗י אַל־תִּרְחַ֥ק מִמֶּֽנִּי: הָעִ֣ירָה וְ֭הָקִיצָה לְמִשְׁפָּטִ֑י אֱלֹהַ֖י

24 וַֽאדֹנָ֣י לְרִיבִֽי: שָׁפְטֵ֣נִי כְצִדְקְךָ֣ יְהֹוָ֣ה אֱלֹהָ֑י וְאַל־יִשְׂמְחוּ־לִֽי: אַל־
25

26 יֹאמְר֣וּ בְ֭לִבָּם הֶאָ֣ח נַפְשֵׁ֑נוּ אַל־יֹ֝אמְר֗וּ בִּֽלַּעֲנֽוּהוּ: יֵ֘בֹ֤שׁוּ וְיַחְפְּר֨וּ ׀ יַחְדָּו֮

27 שְׂמֵחֵ֪י רָעָ֫תִ֥י יִֽלְבְּשׁוּ־בֹ֥שֶׁת וּכְלִמָּ֑ה הַֽמַּגְדִּילִ֥ים עָלָֽי: יָרֹ֣נּוּ וְיִשְׂמְחוּ֮

28 חֲפֵצֵ֪י צִ֫דְקִ֥י וְיֹאמְר֣וּ תָ֭מִיד יִגְדַּ֣ל יְהֹוָ֑ה הֶ֝חָפֵ֗ץ שְׁל֣וֹם עַבְדּֽוֹ: וּ֭לְשׁוֹנִי

תֶּהְגֶּ֣ה צִדְקֶ֑ךָ כָּל־הַ֝יּ֗וֹם תְּהִלָּתֶֽךָ:

36 לַמְנַצֵּ֬חַ ׀ לְעֶֽבֶד־יְהֹוָ֬ה לְדָוִֽד: נְאֻֽם־פֶּ֣שַׁע לָ֭רָשָׁע בְּקֶ֣רֶב לִבִּ֑י אֵֽין־פַּ֥חַד
2

3 אֱ֝לֹהִ֗ים לְנֶ֣גֶד עֵינָֽיו: כִּֽי־הֶחֱלִ֣יק אֵלָ֣יו בְּעֵינָ֑יו לִמְצֹ֖א עֲוֺנ֣וֹ לִשְׂנֹֽא:

4 דִּבְרֵי־פִ֭יו אָ֣וֶן וּמִרְמָ֑ה חָדַ֖ל לְהַשְׂכִּ֣יל לְהֵיטִֽיב: אָ֤וֶן ׀ יַחְשֹׁ֗ב עַֽל־
5

6 מִשְׁכָּב֗וֹ יִ֭תְיַצֵּב עַל־דֶּ֣רֶךְ לֹא־ט֑וֹב רָ֝֗ע לֹ֣א יִמְאָֽס: יְ֭הֹוָה בְּהַשָּׁמַ֣יִם

7 חַסְדֶּ֑ךָ אֱ֝מֽוּנָתְךָ֗ עַד־שְׁחָקִֽים: צִדְקָֽתְךָ֨ ׀ כְּֽהַרְרֵי־אֵ֗ל מִ֭שְׁפָּטֶךָ תְּה֣וֹם

8 רַבָּ֑ה אָ֤דָֽם־וּבְהֵמָ� תוֹשִׁ֣יעַ יְהֹוָֽה: מַה־יָּקָ֥ר חַסְדְּךָ֗ אֱלֹ֫הִ֥ים וּבְנֵ֥י אָדָ֑ם

9 בְּצֵ֥ל כְּ֝נָפֶ֗יךָ יֶחֱסָיֽוּן: יִ֭רְוְיֻן מִדֶּ֣שֶׁן בֵּיתֶ֑ךָ וְנַ֖חַל עֲדָנֶ֣יךָ תַשְׁקֵֽם: כִּֽי־עִמְּךָ֥
9A
10

9[10] For with thee *is* the fountain of life: in thy light shall we see light.

10[11] O continue thy lovingkindness unto them that know thee; and thy righteousness to the upright in heart.

11[12] Let not the foot of pride come against me, and let not the hand of the wicked remove me.

12[13] There are the workers of iniquity fallen: they are cast down, and shall not be able to rise.

PSALM 37

[1a] *A Psalm* of David.

1[1b] Fret not thyself because of evildoers, neither be thou envious against the workers of iniquity.

2 For they shall soon be cut down like the grass, and wither as the green herb.

3 Trust in the LORD, and do good; *so* shalt thou dwell in the land, and verily thou shalt be fed.

4 Delight thyself also in the LORD; and he shall give thee the desires of thine heart.

5 Commit thy way unto the LORD; trust also in him; and he shall bring *it* to pass.

6 And he shall bring forth thy righteousness as the light, and thy judgment as the noonday.

7 Rest in the LORD, and wait patiently for him: fret not thyself because of him who prospereth in his way, because of the man who bringeth wicked devices to pass.

8 Cease from anger, and forsake wrath: fret not thyself in any wise to do evil.

9 For evildoers shall be cut off: but those that wait upon the LORD, they shall inherit the earth.

10 For yet a little while, and the wicked *shall* not *be:* yea, thou shalt diligently consider his place, and it *shall* not *be.*

11 But the meek shall inherit the earth; and shall delight themselves in the abundance of peace.

12 The wicked plotteth against the just, and gnasheth upon him with his teeth.

13 The Lord shall laugh at him: for he seeth that his day is coming.

14 The wicked have drawn out the sword, and have bent their bow, to cast down the poor and needy, *and* to slay such as be of upright conversation.

15 Their sword shall enter into their own heart, and their bows shall be broken.

16 A little that a righteous man hath *is* better than the riches of many wicked.

17 For the arms of the wicked shall be broken: but the LORD upholdeth the righteous.

18 The LORD knoweth the days of the upright: and their inheritance shall be for ever.

19 They shall not be ashamed in the evil time: and in the days of famine they shall be satisfied.

20 But the wicked shall perish, and the enemies of the LORD *shall be* as the fat of lambs: they shall consume; into smoke shall they consume away.

21 The wicked borroweth, and payeth not again: but the righteous sheweth mercy, and giveth.

22 For *such as be* blessed of him shall inherit the earth; and *they that be* cursed of him shall be cut off.

23 The steps of a *good* man are ordered by the LORD: and he delighteth in his way.

24 Though he fall, he shall not be utterly cast down: for the LORD upholdeth *him with* his hand.

25 I have been young, and *now* am old; yet have I not seen the righteous forsaken, nor his seed begging bread.

26 *He is* ever merciful, and lendeth; and his seed *is* blessed.

27 Depart from evil, and do good; and dwell for evermore.

28 For the LORD loveth judgment, and forsaketh not his saints; they are preserved for ever: but the seed of the wicked shall be cut off.

29 The righteous shall inherit the land, and dwell therein for ever.

30 The mouth of the righteous speaketh wisdom, and his tongue talketh of judgment.

31 The law of his God *is* in his heart; none of his steps shall slide.

32 The wicked watcheth the righteous, and seeketh to slay him.

33 The LORD will not leave him in his

מְקוֹר חַיִּים בְּאוֹרְךָ נִרְאֶה־אוֹר: מְשֹׁךְ חַסְדְּךָ לְיֹדְעֶיךָ וְצִדְקָתְךָ 11

לְיִשְׁרֵי־לֵב: אַל־תְּבוֹאֵנִי רֶגֶל גַּאֲוָה וְיַד־רְשָׁעִים אַל־תְּנִדֵנִי: שָׁם נָפְלוּ 12
13

פֹּעֲלֵי אָוֶן דֹּחוּ וְלֹא־יָכְלוּ קוּם:

לְדָוִד ׀ 37 1   אַל־תִּתְחַר בַּמְּרֵעִים אַל־תְּקַנֵּא בְּעֹשֵׂי עַוְלָה:

כִּי כֶחָצִיר מְהֵרָה יִמָּלוּ וּכְיֶרֶק דֶּשֶׁא יִבּוֹלוּן: בְּטַח בַּיהוָה וַעֲשֵׂה־טוֹב 2
3

שְׁכָן־אֶרֶץ וּרְעֵה אֱמוּנָה: וְהִתְעַנַּג עַל־יְהוָה וְיִתֶּן־לְךָ מִשְׁאֲלֹת לִבֶּךָ: 4

גּוֹל עַל־יְהוָה דַּרְכֶּךָ וּבְטַח עָלָיו וְהוּא יַעֲשֶׂה: וְהוֹצִיא כָאוֹר צִדְקֶךָ 5
6

וּמִשְׁפָּטֶךָ כַּצָּהֳרָיִם: דּוֹם ׀ לַיהוָה וְהִתְחוֹלֵל לוֹ אַל־תִּתְחַר בְּמַצְלִיחַ 7

דַּרְכּוֹ בְּאִישׁ עֹשֶׂה מְזִמּוֹת: הֶרֶף מֵאַף וַעֲזֹב חֵמָה אַל־תִּתְחַר אַךְ 8

לְהָרֵעַ: כִּי־מְרֵעִים יִכָּרֵתוּן וְקֹוֵי יְהוָה הֵמָּה יִירְשׁוּ־אָרֶץ: וְעוֹד מְעַט 9
10

וְאֵין רָשָׁע וְהִתְבּוֹנַנְתָּ עַל־מְקוֹמוֹ וְאֵינֶנּוּ: וַעֲנָוִים יִירְשׁוּ־אָרֶץ 11

וְהִתְעַנְּגוּ עַל־רֹב שָׁלוֹם: זֹמֵם רָשָׁע לַצַּדִּיק וְחֹרֵק עָלָיו שִׁנָּיו: אֲדֹנָי 12
13

יִשְׂחַק־לוֹ כִּי־רָאָה כִּי־יָבֹא יוֹמוֹ: חֶרֶב ׀ פָּתְחוּ רְשָׁעִים וְדָרְכוּ קַשְׁתָּם 14

לְהַפִּיל עָנִי וְאֶבְיוֹן לִטְבוֹחַ יִשְׁרֵי־דָרֶךְ: חַרְבָּם תָּבוֹא בְלִבָּם 15

וְקַשְּׁתוֹתָם תִּשָּׁבַרְנָה: טוֹב־מְעַט לַצַּדִּיק מֵהֲמוֹן רְשָׁעִים רַבִּים: כִּי 16
17

זְרוֹעוֹת רְשָׁעִים תִּשָּׁבַרְנָה וְסוֹמֵךְ צַדִּיקִים יְהוָה: יוֹדֵעַ יְהוָה יְמֵי 18

תְמִימִם וְנַחֲלָתָם לְעוֹלָם תִּהְיֶה: לֹא־יֵבֹשׁוּ בְּעֵת רָעָה וּבִימֵי רְעָבוֹן 19

יִשְׂבָּעוּ: כִּי רְשָׁעִים ׀ יֹאבֵדוּ וְאֹיְבֵי יְהוָה כִּיקַר כָּרִים כָּלוּ בֶעָשָׁן כָּלוּ: 20

לֹוֶה רָשָׁע וְלֹא יְשַׁלֵּם וְצַדִּיק חוֹנֵן וְנוֹתֵן: כִּי מְבֹרָכָיו יִירְשׁוּ אָרֶץ 21
22

וּמְקֻלָּלָיו יִכָּרֵתוּ: מֵיְהוָה מִצְעֲדֵי־גֶבֶר כּוֹנָנוּ וְדַרְכּוֹ יֶחְפָּץ: כִּי־יִפֹּל 23
24

לֹא־יוּטָל כִּי־יְהוָה סוֹמֵךְ יָדוֹ: נַעַר ׀ הָיִיתִי גַּם־זָקַנְתִּי וְלֹא־רָאִיתִי 25

צַדִּיק נֶעֱזָב וְזַרְעוֹ מְבַקֶּשׁ־לָחֶם: כָּל־הַיּוֹם חוֹנֵן וּמַלְוֶה וְזַרְעוֹ לִבְרָכָה: 26

סוּר מֵרָע וַעֲשֵׂה־טוֹב וּשְׁכֹן לְעוֹלָם: כִּי יְהוָה ׀ אֹהֵב מִשְׁפָּט וְלֹא־יַעֲזֹב 27
28

אֶת־חֲסִידָיו לְעוֹלָם נִשְׁמָרוּ וְזֶרַע רְשָׁעִים נִכְרָת: צַדִּיקִים יִירְשׁוּ־אָרֶץ 29

וְיִשְׁכְּנוּ לָעַד עָלֶיהָ: פִּי־צַדִּיק יֶהְגֶּה חָכְמָה וּלְשׁוֹנוֹ תְּדַבֵּר מִשְׁפָּט: 30

תּוֹרַת אֱלֹהָיו בְּלִבּוֹ לֹא תִמְעַד אֲשֻׁרָיו: צוֹפֶה רָשָׁע לַצַּדִּיק וּמְבַקֵּשׁ 31   31A
32

לַהֲמִיתוֹ: יְהוָה לֹא־יַעַזְבֶנּוּ בְיָדוֹ וְלֹא יַרְשִׁיעֶנּוּ בְּהִשָּׁפְטוֹ: קַוֵּה 33
34

hand, nor condemn him when he is judged.

34 Wait on the LORD, and keep his way, and he shall exalt thee to inherit the land: when the wicked are cut off, thou shalt see *it*.

35 I have seen the wicked in great power, and spreading himself like a green bay tree.

36 Yet he passed away, and, lo, he *was* not: yea, I sought him, but he could not be found.

37 Mark the perfect *man*, and behold the upright: for the end of *that* man *is* peace.

38 But the transgressors shall be destroyed together: the end of the wicked shall be cut off.

39 But the salvation of the righteous *is* of the LORD: *he is* their strength in the time of trouble.

40 And the LORD shall help them, and deliver them: he shall deliver them from the wicked, and save them, because they trust in him.

PSALM 38

[1] A Psalm of David, to bring to remembrance.

1[2] O LORD, rebuke me not in thy wrath: neither chasten me in thy hot displeasure.

2[3] For thine arrows stick fast in me, and thy hand presseth me sore.

3[4] *There is* no soundness in my flesh because of thine anger; neither *is there any* rest in my bones because of my sin.

4[5] For mine iniquities are gone over mine head: as an heavy burden they are too heavy for me.

5[6] My wounds stink *and* are corrupt because of my foolishness.

6[7] I am troubled; I am bowed down greatly; I go mourning all the day long.

7[8] For my loins are filled with a loathsome *disease:* and *there is* no soundness in my flesh.

8[9] I am feeble and sore broken: I have roared by reason of the disquietness of my heart.

9[10] Lord, all my desire *is* before thee; and my groaning is not hid from thee.

10[11] My heart panteth, my strength faileth me: as for the light of mine eyes, it also is gone from me.

11[12] My lovers and my friends stand aloof from my sore; and my kinsmen stand afar off.

12[13] They also that seek after my life lay snares *for me:* and they that seek my hurt speak mischievous things, and imagine deceits all the day long.

13[14] But I, as a deaf *man*, heard not; and *I was* as a dumb man *that* openeth not his mouth.

14[15] Thus I was as a man that heareth not, and in whose mouth *are* no reproofs.

15[16] For in thee, O LORD, do I hope: thou wilt hear, O Lord my God.

16[17] For I said, *Hear me,* lest *otherwise* they should rejoice over me: when my foot slippeth, they magnify *themselves* against me.

17[18] For I *am* ready to halt, and my sorrow *is* continually before me.

18[19] For I will declare mine iniquity; I will be sorry for my sin.

19[20] But mine enemies *are* lively, *and* they are strong: and they that hate me wrongfully are multiplied.

20[21] They also that render evil for good are mine adversaries; because I follow *the thing that* good *is*.

21[22] Forsake me not, O LORD: O my God, be not far from me.

22[23] Make haste to help me, O Lord my salvation.

PSALM 39

[1] To the chief Musician, *even* to Jeduthun, A Psalm of David.

1[2] I said, I will take heed to my ways, that I sin not with my tongue: I will keep my mouth with a bridle, while the wicked is before me.

2[3] I was dumb with silence, I held my peace, *even* from good; and my sorrow was stirred.

3[4] My heart was hot within me, while I was musing the fire burned: *then* spake I with my tongue,

4[5] LORD, make me to know mine end, and the measure of my days, what it *is;* *that* I may know how frail I *am*.

אֶל־יְהֹוָה ׀ וּשְׁמֹר דַּרְכּוֹ וִירוֹמִמְךָ לָרֶשֶׁת אָרֶץ בְּהִכָּרֵת רְשָׁעִים

35 תִּרְאֶה: רָאִיתִי רָשָׁע עָרִיץ וּמִתְעָרֶה כְּאֶזְרָח רַעֲנָן: וַיַּעֲבֹר וְהִנֵּה
36

37 אֵינֶנּוּ וָאֲבַקְשֵׁהוּ וְלֹא נִמְצָא: שְׁמָר־תָּם וּרְאֵה יָשָׁר כִּי־אַחֲרִית לְאִישׁ

38 שָׁלוֹם: וּפֹשְׁעִים נִשְׁמְדוּ יַחְדָּו אַחֲרִית רְשָׁעִים נִכְרָתָה: וּתְשׁוּעַת
39

40 צַדִּיקִים מֵיְהֹוָה מָעוּזָּם בְּעֵת צָרָה: וַיַּעְזְרֵם יְהֹוָה וַיְפַלְּטֵם יְפַלְּטֵם

מֵרְשָׁעִים וְיוֹשִׁיעֵם כִּי־חָסוּ בוֹ:

1 **38** מִזְמוֹר לְדָוִד לְהַזְכִּיר:

2 יְהֹוָה אַל־בְּקֶצְפְּךָ תוֹכִיחֵנִי וּבַחֲמָתְךָ תְיַסְּרֵנִי: כִּי־חִצֶּיךָ נִחֲתוּ בִי
3

4 וַתִּנְחַת עָלַי יָדֶךָ: אֵין־מְתֹם בִּבְשָׂרִי מִפְּנֵי זַעְמֶךָ אֵין־שָׁלוֹם בַּעֲצָמַי

5 מִפְּנֵי חַטָּאתִי: כִּי עֲוֹנֹתַי עָבְרוּ רֹאשִׁי כְּמַשָּׂא כָבֵד יִכְבְּדוּ מִמֶּנִּי:

6 הִבְאִישׁוּ נָמַקּוּ חַבּוּרֹתָי מִפְּנֵי אִוַּלְתִּי: נַעֲוֵיתִי שַׁחֹתִי עַד־מְאֹד כָּל־
7

8 הַיּוֹם קֹדֵר הִלָּכְתִּי: כִּי־כְסָלַי מָלְאוּ נִקְלֶה וְאֵין מְתֹם בִּבְשָׂרִי:

9 נְפוּגוֹתִי וְנִדְכֵּיתִי עַד־מְאֹד שָׁאַגְתִּי מִנַּהֲמַת לִבִּי: אֲדֹנָי נֶגְדְּךָ כָל־
10A
10

11 תַּאֲוָתִי וְאַנְחָתִי מִמְּךָ לֹא־נִסְתָּרָה: לִבִּי סְחַרְחַר עֲזָבַנִי כֹחִי וְאוֹר־

12 עֵינַי גַּם־הֵם אֵין אִתִּי: אֹהֲבַי ׀ וְרֵעַי מִנֶּגֶד נִגְעִי יַעֲמֹדוּ וּקְרוֹבַי מֵרָחֹק

13 עָמָדוּ: וַיְנַקְשׁוּ ׀ מְבַקְשֵׁי נַפְשִׁי וְדֹרְשֵׁי רָעָתִי דִּבְּרוּ הַוּוֹת וּמִרְמוֹת

14 כָּל־הַיּוֹם יֶהְגּוּ: וַאֲנִי כְחֵרֵשׁ לֹא אֶשְׁמָע וּכְאִלֵּם לֹא יִפְתַּח־פִּיו: וָאֱהִי
15A
15

16 כְּאִישׁ אֲשֶׁר לֹא־שֹׁמֵעַ וְאֵין בְּפִיו תּוֹכָחוֹת: כִּי־לְךָ יְהֹוָה הוֹחָלְתִּי

17 אַתָּה תַעֲנֶה אֲדֹנָי אֱלֹהָי: כִּי־אָמַרְתִּי פֶּן־יִשְׂמְחוּ־לִי בְּמוֹט רַגְלִי עָלַי

18 הִגְדִּילוּ: כִּי־אֲנִי לְצֶלַע נָכוֹן וּמַכְאוֹבִי נֶגְדִּי תָמִיד: כִּי־עֲוֹנִי אַגִּיד
19

20 אֶדְאַג מֵחַטָּאתִי: וְאֹיְבַי חַיִּים עָצֵמוּ וְרַבּוּ שֹׂנְאַי שָׁקֶר: וּמְשַׁלְּמֵי רָעָה
21

רֹדְפִי־ 22 תַּחַת טוֹבָה יִשְׂטְנוּנִי תַּחַת רָדְפִי־טוֹב: אַל־תַּעַזְבֵנִי יְהֹוָה אֱלֹהַי אַל־

23 תִּרְחַק מִמֶּנִּי: חוּשָׁה לְעֶזְרָתִי אֲדֹנָי תְּשׁוּעָתִי:

לִידוּתוּן 1 **39** לַמְנַצֵּחַ לִידִיתוּן מִזְמוֹר לְדָוִד:

2 אָמַרְתִּי אֶשְׁמְרָה דְרָכַי מֵחֲטוֹא בִלְשׁוֹנִי אֶשְׁמְרָה לְפִי מַחְסוֹם בְּעֹד

3 רָשָׁע לְנֶגְדִּי: נֶאֱלַמְתִּי דוּמִיָּה הֶחֱשֵׁיתִי מִטּוֹב וּכְאֵבִי נֶעְכָּר: חַם־לִבִּי
4A
4

5 בְּקִרְבִּי בַּהֲגִיגִי תִבְעַר־אֵשׁ דִּבַּרְתִּי בִּלְשׁוֹנִי: הוֹדִיעֵנִי יְהֹוָה ׀ קִצִּי וּמִדַּת

5[6] Behold, thou hast made my days *as* an handbreadth; and mine age *is* as nothing before thee: verily every man at his best state *is* altogether vanity. Selah.

6[7] Surely every man walketh in a vain shew: surely they are disquieted in vain: he heapeth up *riches,* and knoweth not who shall gather them.

7[8] And now, Lord, what wait I for? my hope *is* in thee.

8[9] Deliver me from all my transgressions: make me not the reproach of the foolish.

9[10] I was dumb, I opened not my mouth; because thou didst *it.*

10[11] Remove thy stroke away from me: I am consumed by the blow of thine hand.

11[12] When thou with rebukes dost correct man for iniquity, thou makest his beauty to consume away like a moth: surely every man *is* vanity. Selah.

12[13] Hear my prayer, O Lord, and give ear unto my cry; hold not thy peace at my tears: for I *am* a stranger with thee, *and* a sojourner, as all my fathers *were.*

13[14] O spare me, that I may recover strength, before I go hence, and be no more.

PSALM 40

[1] To the chief Musician, A Psalm of David.

1[2] I waited patiently for the Lord; and he inclined unto me, and heard my cry.

2[3] He brought me up also out of an horrible pit, out of the miry clay, and set my feet upon a rock, *and* established my goings.

3[4] And he hath put a new song in my mouth, *even* praise unto our God: many shall see *it,* and fear, and shall trust in the Lord.

4[5] Blessed *is* that man that maketh the Lord his trust, and respecteth not the proud, nor such as turn aside to lies.

5[6] Many, O Lord my God, *are* thy wonderful works *which* thou hast done, and thy thoughts *which are* to us-ward: they cannot be reckoned up in order unto thee: *if* I would declare and speak *of them,* they are more than can be numbered.

6[7] Sacrifice and offering thou didst not desire; mine ears hast thou opened: burnt offering and sin offering hast thou not required.

7[8] Then said I, Lo, I come: in the volume of the book *it is* written of me,

8[9] I delight to do thy will, O my God: yea, thy law *is* within my heart.

9[10] I have preached righteousness in the great congregation: lo, I have not refrained my lips, O Lord, thou knowest.

10[11] I have not hid thy righteousness within my heart; I have declared thy faithfulness and thy salvation: I have not concealed thy lovingkindness and thy truth from the great congregation.

11[12] Withhold not thou thy tender mercies from me, O Lord: let thy lovingkindness and thy truth continually preserve me.

12[13] For innumerable evils have compassed me about: mine iniquities have taken hold upon me, so that I am not able to look up; they are more than the hairs of mine head: therefore my heart faileth me.

13[14] Be pleased, O Lord, to deliver me: O Lord, make haste to help me.

14[15] Let them be ashamed and confounded together that seek after my soul to destroy it; let them be driven backward and put to shame that wish me evil.

15[16] Let them be desolate for a reward of their shame that say unto me, Aha, aha.

16[17] Let all those that seek thee rejoice and be glad in thee: let such as love thy salvation say continually, The Lord be magnified.

17[18] But I *am* poor and needy; *yet* the Lord thinketh upon me: thou *art* my help and my deliverer; make no tarrying, O my God.

PSALM 41

[1] To the chief Musician, A Psalm of David.

1[2] Blessed *is* he that considereth the poor: the Lord will deliver him in time of trouble.

2[3] The Lord will preserve him, and keep him alive; *and* he shall be blessed

6 יָמַי מַה־הִיא אֵדְעָה מֶה־חָדֵל אָנִי: הִנֵּה טְפָחוֹת נָתַתָּה יָמַי וְחֶלְדִּי

7A 7 כְאַיִן נֶגְדֶּךָ אַךְ כָּל־הֶבֶל כָּל־אָדָם נִצָּב סֶלָה: אַךְ־בְּצֶלֶם יִתְהַלֶּךְ־

8 אִישׁ אַךְ־הֶבֶל יֶהֱמָיוּן יִצְבֹּר וְלֹא־יֵדַע מִי־אֹסְפָם: וְעַתָּה מַה־קִּוִּיתִי

9 אֲדֹנָי תּוֹחַלְתִּי לְךָ הִיא: מִכָּל־פְּשָׁעַי הַצִּילֵנִי חֶרְפַּת נָבָל אַל־

10 11 תְּשִׂימֵנִי: נֶאֱלַמְתִּי לֹא אֶפְתַּח־פִּי כִּי אַתָּה עָשִׂיתָ: הָסֵר מֵעָלַי נִגְעֶךָ

12 מִתִּגְרַת יָדְךָ אֲנִי כָלִיתִי: בְּתוֹכָחוֹת עַל־עָוֹן יִסַּרְתָּ אִישׁ וַתֶּמֶס כָּעָשׁ

13 חֲמוּדוֹ אַךְ הֶבֶל כָּל־אָדָם סֶלָה: שִׁמְעָה־תְפִלָּתִי יְהֹוָה וְשַׁוְעָתִי

הַאֲזִינָה אֶל־דִּמְעָתִי אַל־תֶּחֱרַשׁ כִּי גֵר אָנֹכִי עִמָּךְ תּוֹשָׁב כְּכָל־

14 אֲבוֹתָי: הָשַׁע מִמֶּנִּי וְאַבְלִיגָה בְּטֶרֶם אֵלֵךְ וְאֵינֶנִּי:

40 1 2 לַמְנַצֵּחַ לְדָוִד מִזְמוֹר: קַוֹּה קִוִּיתִי יְהֹוָה

3 וַיֵּט אֵלַי וַיִּשְׁמַע שַׁוְעָתִי: וַיַּעֲלֵנִי מִבּוֹר שָׁאוֹן מִטִּיט הַיָּוֵן וַיָּקֶם עַל־

4 סֶלַע רַגְלַי כּוֹנֵן אֲשֻׁרָי: וַיִּתֵּן בְּפִי שִׁיר חָדָשׁ תְּהִלָּה לֵאלֹהֵינוּ יִרְאוּ

5 רַבִּים וְיִירָאוּ וְיִבְטְחוּ בַּיהֹוָה: אַשְׁרֵי הַגֶּבֶר אֲשֶׁר־שָׂם יְהֹוָה מִבְטַחוֹ

6 וְלֹא־פָנָה אֶל־רְהָבִים וְשָׂטֵי כָזָב: רַבּוֹת עָשִׂיתָ אַתָּה יְהֹוָה אֱלֹהַי

נִפְלְאֹתֶיךָ וּמַחְשְׁבֹתֶיךָ אֵלֵינוּ אֵין עֲרֹךְ אֵלֶיךָ אַגִּידָה וַאֲדַבֵּרָה עָצְמוּ

7 מִסַּפֵּר: זֶבַח וּמִנְחָה לֹא־חָפַצְתָּ אָזְנַיִם כָּרִיתָ לִּי עוֹלָה וַחֲטָאָה לֹא

8 9 שָׁאָלְתָּ: אָז אָמַרְתִּי הִנֵּה־בָאתִי בִּמְגִלַּת־סֵפֶר כָּתוּב עָלָי: לַעֲשׂוֹת־

10 רְצוֹנְךָ אֱלֹהַי חָפָצְתִּי וְתוֹרָתְךָ בְּתוֹךְ מֵעָי: בִּשַּׂרְתִּי צֶדֶק בְּקָהָל רָב

11 הִנֵּה שְׂפָתַי לֹא אֶכְלָא יְהֹוָה אַתָּה יָדָעְתָּ: צִדְקָתְךָ לֹא־כִסִּיתִי בְּתוֹךְ

לִבִּי אֱמוּנָתְךָ וּתְשׁוּעָתְךָ אָמָרְתִּי לֹא־כִחַדְתִּי חַסְדְּךָ וַאֲמִתְּךָ לְקָהָל

12 רָב: אַתָּה יְהֹוָה לֹא־תִכְלָא רַחֲמֶיךָ מִמֶּנִּי חַסְדְּךָ וַאֲמִתְּךָ תָּמִיד

13 יִצְּרוּנִי: כִּי אָפְפוּ־עָלַי רָעוֹת עַד־אֵין מִסְפָּר הִשִּׂיגוּנִי עֲוֹנֹתַי וְלֹא־

14 יָכֹלְתִּי לִרְאוֹת עָצְמוּ מִשַּׂעֲרוֹת רֹאשִׁי וְלִבִּי עֲזָבָנִי: רְצֵה יְהֹוָה

15 לְהַצִּילֵנִי יְהֹוָה לְעֶזְרָתִי חוּשָׁה: יֵבֹשׁוּ וְיַחְפְּרוּ יַחַד מְבַקְשֵׁי נַפְשִׁי

16 לִסְפּוֹתָהּ יִסֹּגוּ אָחוֹר וְיִכָּלְמוּ חֲפֵצֵי רָעָתִי: יָשֹׁמּוּ עַל־עֵקֶב בָּשְׁתָּם

17 הָאֹמְרִים לִי הֶאָח הֶאָח: יָשִׂישׂוּ וְיִשְׂמְחוּ בְּךָ כָּל־מְבַקְשֶׁיךָ יֹאמְרוּ

18 תָמִיד יִגְדַּל יְהֹוָה אֹהֲבֵי תְּשׁוּעָתֶךָ: וַאֲנִי עָנִי וְאֶבְיוֹן אֲדֹנָי יַחֲשָׁב

לִי עֶזְרָתִי וּמְפַלְטִי אַתָּה אֱלֹהַי אַל־תְּאַחַר:

41 1 2 לַמְנַצֵּחַ מִזְמוֹר לְדָוִד: אַשְׁרֵי מַשְׂכִּיל אֶל־דָּל

וְאַשֵׁר 3 בְּיוֹם רָעָה יְמַלְּטֵהוּ יְהֹוָה: יְהֹוָה יִשְׁמְרֵהוּ וִיחַיֵּהוּ יֻאשַּׁר בָּאָרֶץ וְאַל־

upon the earth: and thou wilt not deliver him unto the will of his enemies.

3[4] The LORD will strengthen him upon the bed of languishing: thou wilt make all his bed in his sickness.

4[5] I said, LORD, be merciful unto me: heal my soul; for I have sinned against thee.

5[6] Mine enemies speak evil of me, When shall he die, and his name perish?

6[7] And if he come to see *me,* he speaketh vanity: his heart gathereth iniquity to itself; *when* he goeth abroad, he telleth *it.*

7[8] All that hate me whisper together against me: against me do they devise my hurt.

8[9] An evil disease, *say they,* cleaveth fast unto him: and *now* that he lieth he shall rise up no more.

9[10] Yea, mine own familiar friend, in whom I trusted, which did eat of my bread, hath lifted up *his* heel against me.

10[11] But thou, O LORD, be merciful unto me, and raise me up, that I may requite them.

11[12] By this I know that thou favourest me, because mine enemy doth not triumph over me.

12[13] And as for me, thou upholdest me in mine integrity, and settest me before thy face for ever.

13[14] Blessed *be* the LORD God of Israel from everlasting, and to everlasting. Amen, and Amen.

PSALM 42

[1] To the chief Musician, Maschil, for the sons of Korah.

1[2] As the hart panteth after the water brooks, so panteth my soul after thee, O God.

2[3] My soul thirsteth for God, for the living God: when shall I come and appear before God?

3[4] My tears have been my meat day and night, while they continually say unto me, Where *is* thy God?

4[5] When I remember these *things,* I pour out my soul in me: for I had gone with the multitude, I went with them to the house of God, with the voice of joy and praise, with a multitude that kept holyday.

5[6] Why art thou cast down, O my soul? and *why* art thou disquieted in me? hope thou in God: for I shall yet praise him *for* the help of his countenance.

6[7] O my God, my soul is cast down within me: therefore will I remember thee from the land of Jordan, and of the Hermonites, from the hill Mizar.

7[8] Deep calleth unto deep at the noise of thy waterspouts: all thy waves and thy billows are gone over me.

8[9] *Yet* the LORD will command his lovingkindness in the daytime, and in the night his song *shall be* with me, *and* my prayer unto the God of my life.

9[10] I will say unto God my rock, Why hast thou forgotten me? why go I mourning because of the oppression of the enemy?

10[11] *As* with a sword in my bones, mine enemies reproach me; while they say daily unto me, Where *is* thy God?

11[12] Why art thou cast down, O my soul? and why art thou disquieted within me? hope thou in God: for I shall yet praise him, *who is* the health of my countenance, and my God.

PSALM 43

1 Judge me, O God, and plead my cause against an ungodly nation: O deliver me from the deceitful and unjust man.

2 For thou *art* the God of my strength: why dost thou cast me off? why go I mourning because of the oppression of the enemy?

3 O send out thy light and thy truth: let them lead me; let them bring me unto thy holy hill, and to thy tabernacles.

4 Then will I go unto the altar of God, unto God my exceeding joy: yea, upon the harp will I praise thee, O God my God.

5 Why art thou cast down, O my soul? and why art thou disquieted within me? hope in God: for I shall yet praise him, *who is* the health of my countenance, and my God.

תִּתְּנֵהוּ בְּנֶפֶשׁ אֹיְבָיו: יְהֹוָה יִסְעָדֶנּוּ עַל־עֶרֶשׂ דְּוָי כָּל־מִשְׁכָּבוֹ 4

הָפַכְתָּ בְחָלְיוֹ: אֲנִי־אָמַרְתִּי יְהֹוָה חָנֵּנִי רְפָאָה נַפְשִׁי כִּי־חָטָאתִי לָךְ: 5

אוֹיְבַי יֹאמְרוּ רַע לִי מָתַי יָמוּת וְאָבַד שְׁמוֹ: וְאִם־בָּא לִרְאוֹת ׀ 6
7

שָׁוְא יְדַבֵּר לִבּוֹ יִקְבָּץ־אָוֶן לוֹ יֵצֵא לַחוּץ יְדַבֵּר: יַחַד עָלַי יִתְלַחֲשׁוּ 8

כָּל־שֹׂנְאָי עָלַי ׀ יַחְשְׁבוּ רָעָה לִי: דְּבַר־בְּלִיַּעַל יָצוּק בּוֹ וַאֲשֶׁר שָׁכַב 9

לֹא־יוֹסִיף לָקוּם: גַּם־אִישׁ שְׁלוֹמִי ׀ אֲשֶׁר־בָּטַחְתִּי בוֹ אוֹכֵל לַחְמִי 10

הִגְדִּיל עָלַי עָקֵב: וְאַתָּה יְהֹוָה חָנֵּנִי וַהֲקִימֵנִי וַאֲשַׁלְּמָה לָהֶם: בְּזֹאת 11
12

יָדַעְתִּי כִּי־חָפַצְתָּ בִּי כִּי לֹא־יָרִיעַ אֹיְבִי עָלָי: וַאֲנִי בְּתֻמִּי תָּמַכְתָּ 13

בִּי וַתַּצִּיבֵנִי לְפָנֶיךָ לְעוֹלָם: בָּרוּךְ יְהֹוָה ׀ אֱלֹהֵי יִשְׂרָאֵל ׀ מֵהָעוֹלָם 14

וְעַד הָעוֹלָם   אָמֵן ׀ וְאָמֵן:

ספר שני 42 1 לַמְנַצֵּחַ מַשְׂכִּיל לִבְנֵי־קֹרַח:

כְּאַיָּל תַּעֲרֹג עַל־אֲפִיקֵי־מָיִם כֵּן נַפְשִׁי תַעֲרֹג אֵלֶיךָ אֱלֹהִים: צָמְאָה 2
3

נַפְשִׁי ׀ לֵאלֹהִים לְאֵל חָי מָתַי אָבוֹא וְאֵרָאֶה פְּנֵי אֱלֹהִים: הָיְתָה־לִּי 4

דִמְעָתִי לֶחֶם יוֹמָם וָלַיְלָה בֶּאֱמֹר אֵלַי כָּל־הַיּוֹם אַיֵּה אֱלֹהֶיךָ: אֵלֶּה 5

אֶזְכְּרָה ׀ וְאֶשְׁפְּכָה עָלַי ׀ נַפְשִׁי כִּי אֶעֱבֹר ׀ בַּסָּךְ ׀ אֶדַּדֵּם עַד־בֵּית אֱלֹהִים

בְּקוֹל־רִנָּה וְתוֹדָה הָמוֹן חוֹגֵג: מַה־תִּשְׁתּוֹחֲחִי ׀ נַפְשִׁי וַתֶּהֱמִי עָלָי 6

הוֹחִילִי לֵאלֹהִים כִּי־עוֹד אוֹדֶנּוּ יְשׁוּעוֹת פָּנָיו: אֱלֹהַי עָלַי נַפְשִׁי 7

תִשְׁתּוֹחָח עַל־כֵּן אֶזְכָּרְךָ מֵאֶרֶץ יַרְדֵּן וְחֶרְמוֹנִים מֵהַר מִצְעָר: תְּהוֹם־ 8

אֶל־תְּהוֹם קוֹרֵא לְקוֹל צִנּוֹרֶיךָ כָּל־מִשְׁבָּרֶיךָ וְגַלֶּיךָ עָלַי עָבָרוּ ׀ יוֹמָם 9

שִׁירוֹ   יְצַוֶּה יְהֹוָה ׀ חַסְדּוֹ ׀ וּבַלַּיְלָה שִׁירֹה עִמִּי תְּפִלָּה לְאֵל חַיָּי ׀ אוֹמְרָה ׀ 10

לְאֵל סַלְעִי לָמָה שְׁכַחְתָּנִי לָמָּה־קֹדֵר אֵלֵךְ בְּלַחַץ אוֹיֵב: בְּרֶצַח ׀ 11

בְּעַצְמוֹתַי חֵרְפוּנִי צוֹרְרָי בְּאָמְרָם אֵלַי כָּל־הַיּוֹם אַיֵּה אֱלֹהֶיךָ:

מַה־תִּשְׁתּוֹחֲחִי ׀ נַפְשִׁי וּמַה־תֶּהֱמִי עָלָי הוֹחִילִי לֵאלֹהִים כִּי־עוֹד 12

אוֹדֶנּוּ יְשׁוּעֹת פָּנַי וֵאלֹהָי:

שָׁפְטֵנִי אֱלֹהִים וְרִיבָה רִיבִי מִגּוֹי לֹא־חָסִיד מֵאִישׁ־מִרְמָה וְעַוְלָה 43 1

תְפַלְּטֵנִי: כִּי־אַתָּה ׀ אֱלֹהֵי מָעוּזִּי לָמָה זְנַחְתָּנִי לָמָּה־קֹדֵר אֶתְהַלֵּךְ 2

בְּלַחַץ אוֹיֵב: שְׁלַח־אוֹרְךָ וַאֲמִתְּךָ הֵמָּה יַנְחוּנִי יְבִיאוּנִי אֶל־הַר־ 3

קָדְשְׁךָ וְאֶל־מִשְׁכְּנוֹתֶיךָ: וְאָבוֹאָה ׀ אֶל־מִזְבַּח אֱלֹהִים אֶל־אֵל שִׂמְחַת 4

גִּילִי וְאוֹדְךָ בְכִנּוֹר אֱלֹהִים אֱלֹהָי: מַה־תִּשְׁתּוֹחֲחִי ׀ נַפְשִׁי וּמַה־תֶּהֱמִי 5

עָלָי הוֹחִילִי לֵאלֹהִים כִּי־עוֹד אוֹדֶנּוּ יְשׁוּעֹת פָּנַי וֵאלֹהָי:

PSALM 44

[1] To the chief Musician for the sons of Korah,
Maschil.

1[2] We have heard with our ears, O
God, our fathers have told us, *what* work
thou didst in their days, in the times of
old.

2[3] *How* thou didst drive out the hea-
then with thy hand, and plantedst them;
how thou didst afflict the people, and cast
them out.

3[4] For they got not the land in pos-
session by their own sword, neither did
their own arm save them: but thy right
hand, and thine arm, and the light of thy
countenance, because thou hadst a favour
unto them.

4[5] Thou art my King, O God: com-
mand deliverances for Jacob.

5[6] Through thee will we push down
our enemies: through thy name will we
tread them under that rise up against us.

6[7] For I will not trust in my bow, nei-
ther shall my sword save me.

7[8] But thou hast saved us from our en-
emies, and hast put them to shame that
hated us.

8[9] In God we boast all the day long,
and praise thy name for ever. Selah.

9[10] But thou hast cast off, and put us
to shame; and goest not forth with our
armies.

10[11] Thou makest us to turn back
from the enemy: and they which hate us
spoil for themselves.

11[12] Thou hast given us like sheep *ap-
pointed* for meat; and hast scattered us
among the heathen.

12[13] Thou sellest thy people for
nought, and dost not increase *thy wealth*
by their price.

13[14] Thou makest us a reproach to
our neighbours, a scorn and a derision to
them that are round about us.

14[15] Thou makest us a byword among
the heathen, a shaking of the head among
the people.

15[16] My confusion *is* continually be-
fore me, and the shame of my face hath
covered me,

16[17] For the voice of him that re-
proacheth and blasphemeth; by reason of
the enemy and avenger.

17[18] All this is come upon us; yet have
we not forgotten thee, neither have we
dealt falsely in thy covenant.

18[19] Our heart is not turned back, nei-
ther have our steps declined from thy way;

19[20] Though thou hast sore broken us
in the place of dragons, and covered us
with the shadow of death.

20[21] If we have forgotten the name of
our God, or stretched out our hands to
a strange god;

21[22] Shall not God search this out? for
he knoweth the secrets of the heart.

22[23] Yea, for thy sake are we killed all
the day long; we are counted as sheep for
the slaughter.

23[24] Awake, why sleepest thou, O
Lord? arise, cast *us* not off for ever.

24[25] Wherefore hidest thou thy face,
and forgettest our affliction and our op-
pression?

25[26] For our soul is bowed down to
the dust: our belly cleaveth unto the earth.

26[27] Arise for our help, and redeem
us for thy mercies' sake.

PSALM 45

[1] To the chief Musician upon Shoshannim,
for the sons of Korah, Maschil, A Song of loves.

1[2] My heart is inditing a good matter:
I speak of the things which I have made
touching the king: my tongue *is* the pen
of a ready writer.

2[3] Thou art fairer than the children of
men: grace is poured into thy lips: there-
fore God hath blessed thee for ever.

3[4] Gird thy sword upon *thy* thigh, O
most mighty, with thy glory and thy maj-
esty.

4[5] And in thy majesty ride prosper-
ously because of truth and meekness *and*
righteousness; and thy right hand shall
teach thee terrible things.

5[6] Thine arrows *are* sharp in the heart
of the king's enemies; *whereby* the people
fall under thee.

6[7] Thy throne, O God, *is* for ever and
ever: the sceptre of thy kingdom *is* a right
sceptre.

44 לַמְנַצֵּחַ לִבְנֵי־קֹרַח מַשְׂכִּיל: אֱלֹהִים ׀ בְּאָזְנֵינוּ
שָׁמַעְנוּ אֲבוֹתֵינוּ סִפְּרוּ־לָנוּ פֹּעַל פָּעַלְתָּ בִימֵיהֶם בִּימֵי קֶדֶם: אַתָּה ׀
יָדְךָ גּוֹיִם הוֹרַשְׁתָּ וַתִּטָּעֵם תָּרַע לְאֻמִּים וַתְּשַׁלְּחֵם: כִּי לֹא בְחַרְבָּם
יָרְשׁוּ אָרֶץ וּזְרוֹעָם לֹא־הוֹשִׁיעָה לָּמוֹ כִּי־יְמִינְךָ וּזְרוֹעֲךָ וְאוֹר פָּנֶיךָ
כִּי רְצִיתָם: אַתָּה־הוּא מַלְכִּי אֱלֹהִים צַוֵּה יְשׁוּעוֹת יַעֲקֹב: בְּךָ צָרֵינוּ
נְנַגֵּחַ בְּשִׁמְךָ נָבוּס קָמֵינוּ: כִּי לֹא בְקַשְׁתִּי אֶבְטָח וְחַרְבִּי לֹא
תוֹשִׁיעֵנִי: כִּי הוֹשַׁעְתָּנוּ מִצָּרֵינוּ וּמְשַׂנְאֵינוּ הֱבִישׁוֹתָ: בֵּאלֹהִים הִלַּלְנוּ
כָל־הַיּוֹם וְשִׁמְךָ ׀ לְעוֹלָם נוֹדֶה סֶלָה: אַף־זָנַחְתָּ וַתַּכְלִימֵנוּ וְלֹא־תֵצֵא
בְּצִבְאוֹתֵינוּ: תְּשִׁיבֵנוּ אָחוֹר מִנִּי־צָר וּמְשַׂנְאֵינוּ שָׁסוּ לָמוֹ: תִּתְּנֵנוּ
כְּצֹאן מַאֲכָל וּבַגּוֹיִם זֵרִיתָנוּ: תִּמְכֹּר־עַמְּךָ בְלֹא־הוֹן וְלֹא־רִבִּיתָ
בִּמְחִירֵיהֶם: תְּשִׂימֵנוּ חֶרְפָּה לִשְׁכֵנֵינוּ לַעַג וָקֶלֶס לִסְבִיבוֹתֵינוּ:
תְּשִׂימֵנוּ מָשָׁל בַּגּוֹיִם מְנוֹד־רֹאשׁ בַּל־אֻמִּים: כָּל־הַיּוֹם כְּלִמָּתִי נֶגְדִּי
וּבֹשֶׁת פָּנַי כִּסָּתְנִי: מִקּוֹל מְחָרֵף וּמְגַדֵּף מִפְּנֵי אוֹיֵב וּמִתְנַקֵּם: כָּל־
זֹאת בָּאַתְנוּ וְלֹא שְׁכַחֲנוּךָ וְלֹא־שִׁקַּרְנוּ בִּבְרִיתֶךָ: לֹא־נָסוֹג אָחוֹר
לִבֵּנוּ וַתֵּט אֲשֻׁרֵינוּ מִנִּי אָרְחֶךָ: כִּי דִכִּיתָנוּ בִּמְקוֹם תַּנִּים וַתְּכַס
עָלֵינוּ בְצַלְמָוֶת: אִם־שָׁכַחְנוּ שֵׁם אֱלֹהֵינוּ וַנִּפְרֹשׂ כַּפֵּינוּ לְאֵל זָר:
הֲלֹא אֱלֹהִים יַחֲקָר־זֹאת כִּי־הוּא יֹדֵעַ תַּעֲלֻמוֹת לֵב: כִּי־עָלֶיךָ הֹרַגְנוּ
כָל־הַיּוֹם נֶחְשַׁבְנוּ כְּצֹאן טִבְחָה: עוּרָה ׀ לָמָּה תִישַׁן ׀ אֲדֹנָי הָקִיצָה
אַל־תִּזְנַח לָנֶצַח: לָמָּה־פָנֶיךָ תַסְתִּיר תִּשְׁכַּח עָנְיֵנוּ וְלַחֲצֵנוּ: כִּי שָׁחָה
לֶעָפָר נַפְשֵׁנוּ דָּבְקָה לָאָרֶץ בִּטְנֵנוּ: קוּמָה עֶזְרָתָה לָּנוּ וּפְדֵנוּ לְמַעַן
חַסְדֶּךָ:

45 לַמְנַצֵּחַ עַל־שֹׁשַׁנִּים לִבְנֵי־קֹרַח מַשְׂכִּיל שִׁיר יְדִידֹת: רָחַשׁ לִבִּי ׀ דָּבָר
טוֹב אֹמֵר אָנִי מַעֲשַׂי לְמֶלֶךְ לְשׁוֹנִי עֵט ׀ סוֹפֵר מָהִיר: יָפְיָפִיתָ מִבְּנֵי
אָדָם הוּצַק חֵן בְּשִׂפְתוֹתֶיךָ עַל־כֵּן בֵּרַכְךָ אֱלֹהִים לְעוֹלָם: חֲגוֹר־
חַרְבְּךָ עַל־יָרֵךְ גִּבּוֹר הוֹדְךָ וַהֲדָרֶךָ: וַהֲדָרְךָ ׀ צְלַח רְכַב עַל־דְּבַר־אֱמֶת
וְעַנְוָה־צֶדֶק וְתוֹרְךָ נוֹרָאוֹת יְמִינֶךָ: חִצֶּיךָ שְׁנוּנִים עַמִּים תַּחְתֶּיךָ
יִפְּלוּ בְּלֵב אוֹיְבֵי הַמֶּלֶךְ: כִּסְאֲךָ אֱלֹהִים עוֹלָם וָעֶד שֵׁבֶט מִישֹׁר

7[8] Thou lovest righteousness, and hatest wickedness: therefore God, thy God, hath anointed thee with the oil of gladness above thy fellows.

8[9] All thy garments *smell* of myrrh, and aloes, *and* cassia, out of the ivory palaces, whereby they have made thee glad.

9[10] Kings' daughters *were* among thy honourable women: upon thy right hand did stand the queen in gold of Ophir.

10[11] Hearken, O daughter, and consider, and incline thine ear; forget also thine own people, and thy father's house;

11[12] So shall the king greatly desire thy beauty: for he *is* thy Lord; and worship thou him.

12[13] And the daughter of Tyre *shall be there* with a gift; *even* the rich among the people shall intreat thy favour.

13[14] The king's daughter *is* all glorious within: her clothing *is* of wrought gold.

14[15] She shall be brought unto the king in raiment of needlework: the virgins her companions that follow her shall be brought unto thee.

15[16] With gladness and rejoicing shall they be brought: they shall enter into the king's palace.

16[17] Instead of thy fathers shall be thy children, whom thou mayest make princes in all the earth.

17[18] I will make thy name to be remembered in all generations: therefore shall the people praise thee for ever and ever.

PSALM 46

[1] To the chief Musician for the sons of Korah, A Song upon Alamoth.

1[2] God *is* our refuge and strength, a very present help in trouble.

2[3] Therefore will not we fear, though the earth be removed, and though the mountains be carried into the midst of the sea;

3[4] *Though* the waters thereof roar *and* be troubled, *though* the mountains shake with the swelling thereof. Selah.

4[5] *There is* a river, the streams whereof shall make glad the city of God, the holy *place* of the tabernacles of the most High.

5[6] God *is* in the midst of her; she shall not be moved: God shall help her, *and that* right early.

6[7] The heathen raged, the kingdoms were moved: he uttered his voice, the earth melted.

7[8] The Lord of hosts *is* with us; the God of Jacob *is* our refuge. Selah.

8[9] Come, behold the works of the Lord, what desolations he hath made in the earth.

9[10] He maketh wars to cease unto the end of the earth; he breaketh the bow, and cutteth the spear in sunder; he burneth the chariot in the fire.

10[11] Be still, and know that I *am* God: I will be exalted among the heathen, I will be exalted in the earth.

11[12] The Lord of hosts *is* with us; the God of Jacob *is* our refuge. Selah.

PSALM 47

[1] To the chief Musician, A Psalm for the sons of Korah.

1[2] O clap your hands, all ye people; shout unto God with the voice of triumph.

2[3] For the Lord most high *is* terrible; *he is* a great King over all the earth.

3[4] He shall subdue the people under us, and the nations under our feet.

4[5] He shall choose our inheritance for us, the excellency of Jacob whom he loved. Selah.

5[6] God is gone up with a shout, the Lord with the sound of a trumpet.

6[7] Sing praises to God, sing praises: sing praises unto our King, sing praises.

7[8] For God *is* the King of all the earth: sing ye praises with understanding.

8[9] God reigneth over the heathen: God sitteth upon the throne of his holiness.

9[10] The princes of the people are gathered together, *even* the people of the God of Abraham: for the shields of the earth *belong* unto God: he is greatly exalted.

PSALM 48

[1] A Song *and* Psalm for the sons of Korah.

1[2] Great *is* the Lord, and greatly to be praised in the city of our God, *in* the mountain of his holiness.

8 שֵׁבֶט מַלְכוּתֶךָ: אָהַבְתָּ צֶּדֶק וַתִּשְׂנָא רֶשַׁע עַל־כֵּן ׀ מְשָׁחֲךָ אֱלֹהִים

9 אֱלֹהֶיךָ שֶׁמֶן שָׂשׂוֹן מֵחֲבֵרֶיךָ: מֹר־וַאֲהָלוֹת קְצִיעוֹת כָּל־בִּגְדֹתֶיךָ מִן־

10 הֵיכְלֵי שֵׁן מִנִּי שִׂמְּחוּךָ: בְּנוֹת מְלָכִים בְּיִקְּרוֹתֶיךָ נִצְּבָה שֵׁגַל לִימִינְךָ

11 בְּכֶתֶם אוֹפִיר: שִׁמְעִי־בַת וּרְאִי וְהַטִּי אָזְנֵךְ וְשִׁכְחִי עַמֵּךְ וּבֵית אָבִיךְ:

12
13 וְיִתְאָו הַמֶּלֶךְ יָפְיֵךְ כִּי־הוּא אֲדֹנַיִךְ וְהִשְׁתַּחֲוִי־לוֹ: וּבַת־צֹר ׀ בְּמִנְחָה

14 פָּנַיִךְ יְחַלּוּ עֲשִׁירֵי עָם: כָּל־כְּבוּדָּה בַת־מֶלֶךְ פְּנִימָה מִמִּשְׁבְּצוֹת זָהָב

15 לְבוּשָׁהּ: לִרְקָמוֹת תּוּבַל לַמֶּלֶךְ בְּתוּלוֹת אַחֲרֶיהָ רֵעוֹתֶיהָ מוּבָאוֹת

16
17 לָךְ: תּוּבַלְנָה בִּשְׂמָחֹת וָגִיל תְּבֹאֶינָה בְּהֵיכַל מֶלֶךְ: תַּחַת אֲבֹתֶיךָ

18 יִהְיוּ בָנֶיךָ תְּשִׁיתֵמוֹ לְשָׂרִים בְּכָל־הָאָרֶץ: אַזְכִּירָה שִׁמְךָ בְּכָל־דֹּר

וָדֹר עַל־כֵּן עַמִּים יְהוֹדֻךָ לְעֹלָם וָעֶד:

46
1 לַמְנַצֵּחַ לִבְנֵי־קֹרַח עַל־עֲלָמוֹת שִׁיר: אֱלֹהִים לָנוּ מַחֲסֶה וָעֹז עֶזְרָה
2

3 בְצָרוֹת נִמְצָא מְאֹד: עַל־כֵּן לֹא־נִירָא בְּהָמִיר אָרֶץ וּבְמוֹט הָרִים

4
5 בְּלֵב יַמִּים: יֶהֱמוּ יֶחְמְרוּ מֵימָיו יִרְעֲשׁוּ־הָרִים בְּגַאֲוָתוֹ סֶלָה: נָהָר

6 פְּלָגָיו יְשַׂמְּחוּ עִיר־אֱלֹהִים קְדֹשׁ מִשְׁכְּנֵי עֶלְיוֹן: אֱלֹהִים בְּקִרְבָּהּ בַּל־   6A

7 תִּמּוֹט יַעְזְרֶהָ אֱלֹהִים לִפְנוֹת בֹּקֶר: הָמוּ גוֹיִם מָטוּ מַמְלָכוֹת נָתַן

8 בְּקוֹלוֹ תָּמוּג אָרֶץ: יְהֹוָה צְבָאוֹת עִמָּנוּ מִשְׂגָּב־לָנוּ אֱלֹהֵי יַעֲקֹב סֶלָה:

9 לְכוּ־חֲזוּ מִפְעֲלוֹת יְהֹוָה אֲשֶׁר־שָׂם שַׁמּוֹת בָּאָרֶץ: מַשְׁבִּית מִלְחָמוֹת
10

11 עַד־קְצֵה הָאָרֶץ קֶשֶׁת יְשַׁבֵּר וְקִצֵּץ חֲנִית עֲגָלוֹת יִשְׂרֹף בָּאֵשׁ: הַרְפּוּ

12 וּדְעוּ כִּי־אָנֹכִי אֱלֹהִים אָרוּם בַּגּוֹיִם אָרוּם בָּאָרֶץ: יְהֹוָה צְבָאוֹת

עִמָּנוּ מִשְׂגָּב־לָנוּ אֱלֹהֵי יַעֲקֹב סֶלָה:

47
1 לַמְנַצֵּחַ ׀ לִבְנֵי־קֹרַח מִזְמוֹר: כָּל־הָעַמִּים תִּקְעוּ־כָף
2

3 הָרִיעוּ לֵאלֹהִים בְּקוֹל רִנָּה: כִּי־יְהֹוָה עֶלְיוֹן נוֹרָא מֶלֶךְ גָּדוֹל עַל־

4
5 כָּל־הָאָרֶץ: יַדְבֵּר עַמִּים תַּחְתֵּינוּ וּלְאֻמִּים תַּחַת רַגְלֵינוּ: יִבְחַר־לָנוּ

6 אֶת־נַחֲלָתֵנוּ אֶת גְּאוֹן יַעֲקֹב אֲשֶׁר־אָהֵב סֶלָה: עָלָה אֱלֹהִים

7 בִּתְרוּעָה יְהֹוָה בְּקוֹל שׁוֹפָר: זַמְּרוּ אֱלֹהִים זַמֵּרוּ זַמְּרוּ לְמַלְכֵּנוּ זַמֵּרוּ:

8
9 כִּי מֶלֶךְ כָּל־הָאָרֶץ אֱלֹהִים זַמְּרוּ מַשְׂכִּיל: מָלַךְ אֱלֹהִים עַל־גּוֹיִם

10 אֱלֹהִים יָשַׁב ׀ עַל־כִּסֵּא קָדְשׁוֹ: נְדִיבֵי עַמִּים ׀ נֶאֱסָפוּ עַם אֱלֹהֵי

אַבְרָהָם כִּי לֵאלֹהִים מָגִנֵּי־אֶרֶץ מְאֹד נַעֲלָה:

48
1 שִׁיר מִזְמוֹר לִבְנֵי־קֹרַח: גָּדוֹל יְהֹוָה וּמְהֻלָּל מְאֹד
2

3 בְּעִיר אֱלֹהֵינוּ הַר־קָדְשׁוֹ: יְפֵה נוֹף מְשׂוֹשׂ כָּל־הָאָרֶץ הַר־צִיּוֹן יַרְכְּתֵי

2[3] Beautiful for situation, the joy of the whole earth, *is* mount Zion, *on the* sides of the north, the city of the great King.

3[4] God is known in her palaces for a refuge.

4[5] For, lo, the kings were assembled, they passed by together.

5[6] They saw *it, and* so they marvelled; they were troubled, *and* hasted away.

6[7] Fear took hold upon them there, *and* pain, as of a woman in travail.

7[8] Thou breakest the ships of Tarshish with an east wind.

8[9] As we have heard, so have we seen in the city of the LORD of hosts, in the city of our God: God will establish it for ever. Selah.

9[10] We have thought of thy loving-kindness, O God, in the midst of thy temple.

10[11] According to thy name, O God, so *is* thy praise unto the ends of the earth: thy right hand is full of righteousness.

11[12] Let mount Zion rejoice, let the daughters of Judah be glad, because of thy judgments.

12[13] Walk about Zion, and go round about her: tell the towers thereof.

13[14] Mark ye well her bulwarks, consider her palaces; that ye may tell *it* to the generation following.

14[15] For this God *is* our God for ever and ever: he will be our guide *even* unto death.

PSALM 49

[1] To the chief Musician, A Psalm for the sons of Korah.

1[2] Hear this, all *ye* people; give ear, all *ye* inhabitants of the world:

2[3] Both low and high, rich and poor, together.

3[4] My mouth shall speak of wisdom; and the meditation of my heart *shall be* of understanding.

4[5] I will incline mine ear to a parable: I will open my dark saying upon the harp.

5[6] Wherefore should I fear in the days of evil, *when* the iniquity of my heels shall compass me about?

6[7] They that trust in their wealth, and boast themselves in the multitude of their riches;

7[8] None *of them* can by any means redeem his brother, nor give to God a ransom for him:

8[9] (For the redemption of their soul *is* precious, and it ceaseth for ever:)

9[10] That he should still live for ever, *and* not see corruption.

10[11] For he seeth *that* wise men die, likewise the fool and the brutish person perish, and leave their wealth to others.

11[12] Their inward thought *is, that* their houses *shall continue* for ever, *and* their dwelling places to all generations; they call *their* lands after their own names.

12[13] Nevertheless man *being* in honour abideth not: he is like the beasts *that* perish.

13[14] This their way *is* their folly: yet their posterity approve their sayings. Selah.

14[15] Like sheep they are laid in the grave; death shall feed on them; and the upright shall have dominion over them in the morning; and their beauty shall consume in the grave from their dwelling.

15[16] But God will redeem my soul from the power of the grave: for he shall receive me. Selah.

16[17] Be not thou afraid when one is made rich, when the glory of his house is increased;

17[18] For when he dieth he shall carry nothing away: his glory shall not descend after him.

18[19] Though while he lived he blessed his soul: and *men* will praise thee, when thou doest well to thyself.

19[20] He shall go to the generation of his fathers; they shall never see light.

20[21] Man *that is* in honour, and understandeth not, is like the beasts *that* perish.

PSALM 50

[1a] A Psalm of Asaph.

1[1b] The mighty God, *even* the LORD, hath spoken, and called the earth from the rising of the sun unto the going down thereof.

4
5   צְפוֹן קִרְיַת מֶלֶךְ רָב: אֱלֹהִים בְּאַרְמְנוֹתֶיהָ נוֹדַע לְמִשְׂגָּב: כִּי־הִנֵּה

6   הַמְּלָכִים נוֹעֲדוּ עָבְרוּ יַחְדָּו: הֵמָּה רָאוּ כֵּן תָּמָהוּ נִבְהֲלוּ נֶחְפָּזוּ:

7
8   רְעָדָה אֲחָזָתַם שָׁם חִיל כַּיּוֹלֵדָה: בְּרוּחַ קָדִים תְּשַׁבֵּר אֳנִיּוֹת   7A

9   תַּרְשִׁישׁ: כַּאֲשֶׁר שָׁמַעְנוּ ׀ כֵּן רָאִינוּ בְּעִיר־יְהוָה צְבָאוֹת בְּעִיר אֱלֹהֵינוּ

10   אֱלֹהִים יְכוֹנְנֶהָ עַד־עוֹלָם סֶלָה: דִּמִּינוּ אֱלֹהִים חַסְדֶּךָ בְּקֶרֶב הֵיכָלֶךָ:

11   כְּשִׁמְךָ אֱלֹהִים כֵּן תְּהִלָּתְךָ עַל־קַצְוֵי־אֶרֶץ צֶדֶק מָלְאָה יְמִינֶךָ:

12
13   יִשְׂמַח ׀ הַר־צִיּוֹן תָּגֵלְנָה בְּנוֹת יְהוּדָה לְמַעַן מִשְׁפָּטֶיךָ: סֹבּוּ צִיּוֹן

14   וְהַקִּיפוּהָ סִפְרוּ מִגְדָּלֶיהָ: שִׁיתוּ לִבְּכֶם ׀ לְחֵילָה פַּסְּגוּ אַרְמְנוֹתֶיהָ

15   לְמַעַן תְּסַפְּרוּ לְדוֹר אַחֲרוֹן: כִּי זֶה ׀ אֱלֹהִים אֱלֹהֵינוּ עוֹלָם וָעֶד הוּא
       יְנַהֲגֵנוּ עַל־מוּת:

49
1
2   לַמְנַצֵּחַ ׀ לִבְנֵי־קֹרַח מִזְמוֹר: שִׁמְעוּ־זֹאת כָּל־הָעַמִּים

3   הַאֲזִינוּ כָּל־יֹשְׁבֵי חָלֶד: גַּם־בְּנֵי אָדָם גַּם־בְּנֵי־אִישׁ יַחַד עָשִׁיר

4
5   וְאֶבְיוֹן: פִּי יְדַבֵּר חָכְמוֹת וְהָגוּת לִבִּי תְבוּנוֹת: אַטֶּה לְמָשָׁל אָזְנִי

6   אֶפְתַּח בְּכִנּוֹר חִידָתִי: לָמָּה אִירָא בִּימֵי רָע עֲוֺן עֲקֵבַי יְסוּבֵּנִי:

7
8   הַבֹּטְחִים עַל־חֵילָם וּבְרֹב עָשְׁרָם יִתְהַלָּלוּ: אָח לֹא־פָדֹה יִפְדֶּה אִישׁ

9
10   לֹא־יִתֵּן לֵאלֹהִים כָּפְרוֹ: וְיֵקַר פִּדְיוֹן נַפְשָׁם וְחָדַל לְעוֹלָם: וִיחִי־עוֹד

11   לָנֶצַח לֹא יִרְאֶה הַשָּׁחַת: כִּי יִרְאֶה ׀ חֲכָמִים יָמוּתוּ יַחַד כְּסִיל וָבַעַר

12   יֹאבֵדוּ וְעָזְבוּ לַאֲחֵרִים חֵילָם: קִרְבָּם בָּתֵּימוֹ ׀ לְעוֹלָם מִשְׁכְּנֹתָם לְדֹר

13   וָדֹר קָרְאוּ בִשְׁמוֹתָם עֲלֵי אֲדָמוֹת: וְאָדָם בִּיקָר בַּל־יָלִין נִמְשַׁל

14   כַּבְּהֵמוֹת נִדְמוּ: זֶה דַרְכָּם כֵּסֶל לָמוֹ ׀ וְאַחֲרֵיהֶם ׀ בְּפִיהֶם יִרְצוּ סֶלָה:

15   כַּצֹּאן ׀ לִשְׁאוֹל שַׁתּוּ מָוֶת יִרְעֵם וַיִּרְדּוּ בָם יְשָׁרִים ׀ לַבֹּקֶר ׀ וְצִירָם   וְצוּרָם

16   לְבַלּוֹת שְׁאוֹל מִזְּבֻל לוֹ: אַךְ־אֱלֹהִים יִפְדֶּה נַפְשִׁי מִיַּד־שְׁאוֹל כִּי

17
18   יִקָּחֵנִי סֶלָה: אַל־תִּירָא כִּי־יַעֲשִׁר אִישׁ כִּי־יִרְבֶּה כְּבוֹד בֵּיתוֹ: כִּי לֹא

19   בְמוֹתוֹ יִקַּח הַכֹּל לֹא־יֵרֵד אַחֲרָיו כְּבוֹדוֹ: כִּי־נַפְשׁוֹ בְּחַיָּיו יְבָרֵךְ וְיוֹדֻךָ

20
21   כִּי־תֵיטִיב לָךְ: תָּבוֹא עַד־דּוֹר אֲבוֹתָיו עַד־נֵצַח לֹא יִרְאוּ־אוֹר: אָדָם
       בִּיקָר וְלֹא יָבִין נִמְשַׁל כַּבְּהֵמוֹת נִדְמוּ:

50
1   מִזְמוֹר לְאָסָף

2   אֵל ׀ אֱלֹהִים יְהוָה דִּבֶּר וַיִּקְרָא־אָרֶץ מִמִּזְרַח־שֶׁמֶשׁ עַד־מְבֹאוֹ: מִצִּיּוֹן

2 Out of Zion, the perfection of beauty, God hath shined.

3 Our God shall come, and shall not keep silence: a fire shall devour before him, and it shall be very tempestuous round about him.

4 He shall call to the heavens from above, and to the earth, that he may judge his people.

5 Gather my saints together unto me; those that have made a covenant with me by sacrifice.

6 And the heavens shall declare his righteousness: for God *is* judge himself. Selah.

7 Hear, O my people, and I will speak; O Israel, and I will testify against thee: I *am* God, *even* thy God.

8 I will not reprove thee for thy sacrifices or thy burnt offerings, *to have been* continually before me.

9 I will take no bullock out of thy house, *nor* he goats out of thy folds.

10 For every beast of the forest *is* mine, *and* the cattle upon a thousand hills.

11 I know all the fowls of the mountains: and the wild beasts of the field *are* mine.

12 If I were hungry, I would not tell thee: for the world *is* mine, and the fulness thereof.

13 Will I eat the flesh of bulls, or drink the blood of goats?

14 Offer unto God thanksgiving; and pay thy vows unto the most High:

15 And call upon me in the day of trouble: I will deliver thee, and thou shalt glorify me.

16 But unto the wicked God saith, What hast thou to do to declare my statutes, or *that* thou shouldest take my covenant in thy mouth?

17 Seeing thou hatest instruction, and castest my words behind thee.

18 When thou sawest a thief, then thou consentedst with him, and hast been partaker with adulterers.

19 Thou givest thy mouth to evil, and thy tongue frameth deceit.

20 Thou sittest *and* speakest against thy brother; thou slanderest thine own mother's son.

21 These *things* hast thou done, and I kept silence; thou thoughtest that I was altogether *such an one* as thyself: *but* I will reprove thee, and set *them* in order before thine eyes.

22 Now consider this, ye that forget God, lest I tear *you* in pieces, and *there be* none to deliver.

23 Whoso offereth praise glorifieth me: and to him that ordereth *his* conversation *aright* will I shew the salvation of God.

PSALM 51

[1-2] To the chief Musician, A Psalm of David, when Nathan the prophet came unto him, after he had gone in to Bath-sheba.

1[3] Have mercy upon me, O God, according to thy lovingkindness: according unto the multitude of thy tender mercies blot out my transgressions.

2[4] Wash me throughly from mine iniquity, and cleanse me from my sin.

3[5] For I acknowledge my transgressions: and my sin *is* ever before me.

4[6] Against thee, thee only, have I sinned, and done *this* evil in thy sight: that thou mightest be justified when thou speakest, *and* be clear when thou judgest.

5[7] Behold, I was shapen in iniquity; and in sin did my mother conceive me.

6[8] Behold, thou desirest truth in the inward parts: and in the hidden *part* thou shalt make me to know wisdom.

7[9] Purge me with hyssop, and I shall be clean: wash me, and I shall be whiter than snow.

8[10] Make me to hear joy and gladness; *that* the bones *which* thou hast broken may rejoice.

9[11] Hide thy face from my sins, and blot out all mine iniquities.

10[12] Create in me a clean heart, O God; and renew a right spirit within me.

11[13] Cast me not away from thy presence; and take not thy holy spirit from me.

12[14] Restore unto me the joy of thy salvation; and uphold me *with thy* free spirit.

13[15] *Then* will I teach transgressors thy ways; and sinners shall be converted unto thee.

14[16] Deliver me from bloodguiltiness, O God, thou God of my salvation: *and* my

מִכְלַל־יֹפִי אֱלֹהִים הוֹפִיעַ: יָבֹא אֱלֹהֵינוּ וְאַל־יֶחֱרַשׁ אֵשׁ־לְפָנָיו תֹּאכֵל 3

וּסְבִיבָיו נִשְׂעֲרָה מְאֹד: יִקְרָא אֶל־הַשָּׁמַיִם מֵעָל וְאֶל־הָאָרֶץ לָדִין 4

עַמּוֹ: אִסְפוּ־לִי חֲסִידָי כֹּרְתֵי בְרִיתִי עֲלֵי־זָבַח: וַיַּגִּידוּ שָׁמַיִם צִדְקוֹ 5
6

כִּי־אֱלֹהִים שֹׁפֵט הוּא סֶלָה: שִׁמְעָה עַמִּי וַאֲדַבֵּרָה יִשְׂרָאֵל וְאָעִידָה 7

בָּךְ אֱלֹהִים אֱלֹהֶיךָ אָנֹכִי: לֹא עַל־זְבָחֶיךָ אוֹכִיחֶךָ וְעוֹלֹתֶיךָ לְנֶגְדִּי 8

תָמִיד: לֹא־אֶקַּח מִבֵּיתְךָ פָר מִמִּכְלְאֹתֶיךָ עַתּוּדִים: כִּי־לִי כָל־חַיְתוֹ־ 9
10

יָעַר בְּהֵמוֹת בְּהַרְרֵי־אָלֶף: יָדַעְתִּי כָּל־עוֹף הָרִים וְזִיז שָׂדַי עִמָּדִי: 11

אִם־אֶרְעַב לֹא־אֹמַר לָךְ כִּי־לִי תֵבֵל וּמְלֹאָהּ: הַאוֹכַל בְּשַׂר אַבִּירִים 12
13

וְדַם עַתּוּדִים אֶשְׁתֶּה: זְבַח לֵאלֹהִים תּוֹדָה וְשַׁלֵּם לְעֶלְיוֹן נְדָרֶיךָ: 14

וּקְרָאֵנִי בְּיוֹם צָרָה אֲחַלֶּצְךָ וּתְכַבְּדֵנִי: וְלָרָשָׁע אָמַר אֱלֹהִים מַה־לְּךָ 15
16

לְסַפֵּר חֻקָּי וַתִּשָּׂא בְרִיתִי עֲלֵי־פִיךָ: וְאַתָּה שָׂנֵאתָ מוּסָר וַתַּשְׁלֵךְ 17

דְּבָרַי אַחֲרֶיךָ: אִם־רָאִיתָ גַנָּב וַתִּרֶץ עִמּוֹ וְעִם מְנָאֲפִים חֶלְקֶךָ: פִּיךָ 18
19

שָׁלַחְתָּ בְרָעָה וּלְשׁוֹנְךָ תַּצְמִיד מִרְמָה: תֵּשֵׁב בְּאָחִיךָ תְדַבֵּר בְּבֶן־ 20

אִמְּךָ תִּתֶּן־דֹּפִי: אֵלֶּה עָשִׂיתָ וְהֶחֱרַשְׁתִּי דִּמִּיתָ הֱיוֹת־אֶהְיֶה כָמוֹךָ 21

אוֹכִיחֲךָ וְאֶעֶרְכָה לְעֵינֶיךָ: בִּינוּ־נָא זֹאת שֹׁכְחֵי אֱלוֹהַּ פֶּן־אֶטְרֹף וְאֵין 22

מַצִּיל: זֹבֵחַ תּוֹדָה יְכַבְּדָנְנִי וְשָׂם דֶּרֶךְ אַרְאֶנּוּ בְּיֵשַׁע אֱלֹהִים: 23

לַמְנַצֵּחַ מִזְמוֹר לְדָוִד: בְּבוֹא־אֵלָיו נָתָן הַנָּבִיא 51 1
2

כַּאֲשֶׁר־בָּא אֶל־בַּת־שָׁבַע: חָנֵּנִי אֱלֹהִים כְּחַסְדֶּךָ כְּרֹב רַחֲמֶיךָ מְחֵה 3

פְשָׁעָי: הֶרֶב כַּבְּסֵנִי מֵעֲוֹנִי וּמֵחַטָּאתִי טַהֲרֵנִי: כִּי־פְשָׁעַי אֲנִי אֵדָע   הֶרֶב 4
5

וְחַטָּאתִי נֶגְדִּי תָמִיד: לְךָ לְבַדְּךָ חָטָאתִי וְהָרַע בְּעֵינֶיךָ עָשִׂיתִי לְמַעַן 6

תִּצְדַּק בְּדָבְרֶךָ תִּזְכֶּה בְשָׁפְטֶךָ: הֵן־בְּעָווֹן חוֹלָלְתִּי וּבְחֵטְא יֶחֱמַתְנִי 7

אִמִּי: הֵן־אֱמֶת חָפַצְתָּ בַטֻּחוֹת וּבְסָתֻם חָכְמָה תוֹדִיעֵנִי: תְּחַטְּאֵנִי 8
9

בְאֵזוֹב וְאֶטְהָר תְּכַבְּסֵנִי וּמִשֶּׁלֶג אַלְבִּין: תַּשְׁמִיעֵנִי שָׂשׂוֹן וְשִׂמְחָה 10

תָּגֵלְנָה עֲצָמוֹת דִּכִּיתָ: הַסְתֵּר פָּנֶיךָ מֵחֲטָאָי וְכָל־עֲוֹנֹתַי מְחֵה: לֵב 11
12

טָהוֹר בְּרָא־לִי אֱלֹהִים וְרוּחַ נָכוֹן חַדֵּשׁ בְּקִרְבִּי: אַל־תַּשְׁלִיכֵנִי מִלְּפָנֶיךָ 13

וְרוּחַ קָדְשְׁךָ אַל־תִּקַּח מִמֶּנִּי: הָשִׁיבָה לִּי שְׂשׂוֹן יִשְׁעֶךָ וְרוּחַ נְדִיבָה 14

תִסְמְכֵנִי: אֲלַמְּדָה פֹשְׁעִים דְּרָכֶיךָ וְחַטָּאִים אֵלֶיךָ יָשׁוּבוּ: הַצִּילֵנִי 15
16

מִדָּמִים אֱלֹהִים אֱלֹהֵי תְּשׁוּעָתִי תְּרַנֵּן לְשׁוֹנִי צִדְקָתֶךָ: אֲדֹנָי שְׂפָתַי 17

tongue shall sing aloud of thy righteousness.

15[17] O Lord, open thou my lips; and my mouth shall shew forth thy praise.

16[18] For thou desirest not sacrifice; else would I give it: thou delightest not in burnt offering.

17[19] The sacrifices of God are a broken spirit: a broken and a contrite heart, O God, thou wilt not despise.

18[20] Do good in thy good pleasure unto Zion: build thou the walls of Jerusalem.

19[21] Then shalt thou be pleased with the sacrifices of righteousness, with burnt offering and whole burnt offering: then shall they offer bullocks upon thine altar.

PSALM 52

[1-2] To the chief Musician, Maschil, A Psalm of David, when Doeg the Edomite came and told Saul, and said unto him, David is come to the house of Ahimelech.

1[3] Why boastest thou thyself in mischief, O mighty man? the goodness of God endureth continually.

2[4] Thy tongue deviseth mischiefs; like a sharp razor, working deceitfully.

3[5] Thou lovest evil more than good; and lying rather than to speak righteousness. Selah.

4[6] Thou lovest all devouring words, O thou deceitful tongue.

5[7] God shall likewise destroy thee for ever, he shall take thee away, and pluck thee out of thy dwelling place, and root thee out of the land of the living. Selah.

6[8] The righteous also shall see, and fear, and shall laugh at him:

7[9] Lo, this is the man that made not God his strength; but trusted in the abundance of his riches, and strengthened himself in his wickedness.

8[10] But I am like a green olive tree in the house of God: I trust in the mercy of God for ever and ever.

9[11] I will praise thee for ever, because thou hast done it: and I will wait on thy name; for it is good before thy saints.

PSALM 53

[1] To the chief Musician upon Mahalath, Maschil, A Psalm of David.

1[2] The fool hath said in his heart, There is no God. Corrupt are they, and have done abominable iniquity: there is none that doeth good.

2[3] God looked down from heaven upon the children of men, to see if there were any that did understand, that did seek God.

3[4] Every one of them is gone back: they are altogether become filthy; there is none that doeth good, no, not one.

4[5] Have the workers of iniquity no knowledge? who eat up my people as they eat bread: they have not called upon God.

5[6] There were they in great fear, where no fear was: for God hath scattered the bones of him that encampeth against thee: thou hast put them to shame, because God hath despised them.

6[7] Oh that the salvation of Israel were come out of Zion! When God bringeth back the captivity of his people, Jacob shall rejoice, and Israel shall be glad.

PSALM 54

[1-2] To the chief Musician on Neginoth, Maschil, A Psalm of David, when the Ziphims came and said to Saul, Doth not David hide himself with us?

1[3] Save me, O God, by thy name, and judge me by thy strength.

2[4] Hear my prayer, O God; give ear to the words of my mouth.

3[5] For strangers are risen up against me, and oppressors seek after my soul: they have not set God before them. Selah.

4[6] Behold, God is mine helper: the Lord is with them that uphold my soul.

5[7] He shall reward evil unto mine enemies: cut them off in thy truth.

6[8] I will freely sacrifice unto thee: I will praise thy name, O LORD; for it is good.

7[9] For he hath delivered me out of all trouble: and mine eye hath seen his desire upon mine enemies.

18 תִּפְתָּח וּפִי יַגִּיד תְּהִלָּתֶךָ: כִּי ׀ לֹא־תַחְפֹּץ זֶבַח וְאֶתֵּנָה עוֹלָה לֹא

19 תִרְצֶה: זִבְחֵי אֱלֹהִים רוּחַ נִשְׁבָּרָה לֵב־נִשְׁבָּר וְנִדְכֶּה אֱלֹהִים לֹא

20
21 תִבְזֶה: הֵיטִיבָה בִרְצוֹנְךָ אֶת־צִיּוֹן תִּבְנֶה חוֹמוֹת יְרוּשָׁלִָם: אָז תַּחְפֹּץ

זִבְחֵי־צֶדֶק עוֹלָה וְכָלִיל אָז יַעֲלוּ עַל־מִזְבַּחֲךָ פָרִים:

52
1 לַמְנַצֵּחַ מַשְׂכִּיל לְדָוִד: בְּבוֹא ׀ דּוֹאֵג הָאֲדֹמִי וַיַּגֵּד
2

3 לְשָׁאוּל וַיֹּאמֶר לוֹ בָּא דָוִד אֶל־בֵּית אֲחִימֶלֶךְ: מַה־תִּתְהַלֵּל בְּרָעָה

4 הַגִּבּוֹר חֶסֶד אֵל כָּל־הַיּוֹם: הַוּוֹת תַּחְשֹׁב לְשׁוֹנֶךָ כְּתַעַר מְלֻטָּשׁ עֹשֵׂה

5 רְמִיָּה: אָהַבְתָּ רָּע מִטּוֹב שֶׁקֶר ׀ מִדַּבֵּר צֶדֶק סֶלָה: אָהַבְתָּ כָל־דִּבְרֵי־
6

7 בָלַע לְשׁוֹן מִרְמָה: גַּם־אֵל יִתָּצְךָ לָנֶצַח יַחְתְּךָ וְיִסָּחֲךָ מֵאֹהֶל וְשֵׁרֶשְׁךָ

8 מֵאֶרֶץ חַיִּים סֶלָה: וְיִרְאוּ צַדִּיקִים וְיִירָאוּ וְעָלָיו יִשְׂחָקוּ: הִנֵּה הַגֶּבֶר
9

10 לֹא יָשִׂים אֱלֹהִים מָעוּזּוֹ וַיִּבְטַח בְּרֹב עָשְׁרוֹ יָעֹז בְּהַוָּתוֹ: וַאֲנִי ׀ כְּזַיִת

11 רַעֲנָן בְּבֵית אֱלֹהִים בָּטַחְתִּי בְחֶסֶד־אֱלֹהִים עוֹלָם וָעֶד: אוֹדְךָ לְעוֹלָם

כִּי עָשִׂיתָ וַאֲקַוֶּה שִׁמְךָ כִי־טוֹב נֶגֶד חֲסִידֶיךָ:

53
1 לַמְנַצֵּחַ עַל־מָחֲלַת מַשְׂכִּיל לְדָוִד:

2 אָמַר נָבָל בְּלִבּוֹ אֵין אֱלֹהִים הִשְׁחִיתוּ וְהִתְעִיבוּ עָוֶל אֵין עֹשֵׂה־טוֹב:

3 אֱלֹהִים מִשָּׁמַיִם הִשְׁקִיף עַל־בְּנֵי אָדָם לִרְאוֹת הֲיֵשׁ מַשְׂכִּיל דֹּרֵשׁ

4 אֶת־אֱלֹהִים: כֻּלּוֹ סָג יַחְדָּו נֶאֱלָחוּ אֵין עֹשֵׂה־טוֹב אֵין גַּם־אֶחָד:

5 הֲלֹא יָדְעוּ פֹּעֲלֵי אָוֶן אֹכְלֵי עַמִּי אָכְלוּ לֶחֶם אֱלֹהִים לֹא קָרָאוּ:

6 שָׁם ׀ פָּחֲדוּ פַחַד לֹא־הָיָה פָחַד כִּי־אֱלֹהִים פִּזַּר עַצְמוֹת חֹנָךְ

7 הֱבִשֹׁתָה כִּי־אֱלֹהִים מְאָסָם: מִי יִתֵּן מִצִּיּוֹן יְשֻׁעוֹת יִשְׂרָאֵל בְּשׁוּב

אֱלֹהִים שְׁבוּת עַמּוֹ יָגֵל יַעֲקֹב יִשְׂמַח יִשְׂרָאֵל:

54
1 לַמְנַצֵּחַ בִּנְגִינֹת מַשְׂכִּיל לְדָוִד:

2 בְּבוֹא הַזִּיפִים וַיֹּאמְרוּ לְשָׁאוּל הֲלֹא דָוִד מִסְתַּתֵּר עִמָּנוּ: אֱלֹהִים
3

4 בְּשִׁמְךָ הוֹשִׁיעֵנִי וּבִגְבוּרָתְךָ תְדִינֵנִי: אֱלֹהִים שְׁמַע תְּפִלָּתִי הַאֲזִינָה

5 לְאִמְרֵי־פִי: כִּי זָרִים ׀ קָמוּ עָלַי וְעָרִיצִים בִּקְשׁוּ נַפְשִׁי לֹא שָׂמוּ אֱלֹהִים

6 לְנֶגְדָּם סֶלָה: הִנֵּה אֱלֹהִים עֹזֵר לִי אֲדֹנָי בְּסֹמְכֵי נַפְשִׁי: יָשׁוּב הָרַע
7

יָשִׁיב

8 לְשֹׁרְרָי בַּאֲמִתְּךָ הַצְמִיתֵם: בִּנְדָבָה אֶזְבְּחָה־לָּךְ אוֹדֶה שִּׁמְךָ יְהוָה

9 כִּי־טוֹב: כִּי מִכָּל־צָרָה הִצִּילָנִי וּבְאֹיְבַי רָאֲתָה עֵינִי:

PSALM 55

[1] To the chief Musician on Neginoth, Maschil, *A Psalm* of David.

1[2] Give ear to my prayer, O God; and hide not thyself from my supplication.

2[3] Attend unto me, and hear me: I mourn in my complaint, and make a noise;

3[4] Because of the voice of the enemy, because of the oppression of the wicked: for they cast iniquity upon me, and in wrath they hate me.

4[5] My heart is sore pained within me: and the terrors of death are fallen upon me.

5[6] Fearfulness and trembling are come upon me, and horror hath overwhelmed me.

6[7] And I said, Oh that I had wings like a dove! *for then* would I fly away, and be at rest.

7[8] Lo, *then* would I wander far off, *and* remain in the wilderness. Selah.

8[9] I would hasten my escape from the windy storm *and* tempest.

9[10] Destroy, O Lord, *and* divide their tongues: for I have seen violence and strife in the city.

10[11] Day and night they go about it upon the walls thereof: mischief also and sorrow *are* in the midst of it.

11[12] Wickedness *is* in the midst thereof: deceit and guile depart not from her streets.

12[13] For *it was* not an enemy *that* reproached me; then I could have borne *it:* neither *was it* he that hated me *that* did magnify *himself* against me; then I would have hid myself from him:

13[14] But *it was* thou, a man mine equal, my guide, and mine acquaintance.

14[15] We took sweet counsel together, *and* walked unto the house of God in company.

15[16] Let death seize upon them, *and* let them go down quick into hell: for wickedness *is* in their dwellings, *and* among them.

16[17] As for me, I will call upon God; and the LORD shall save me.

17[18] Evening, and morning, and at noon, will I pray, and cry aloud: and he shall hear my voice.

18[19] He hath delivered my soul in peace from the battle *that was* against me: for there were many with me.

19[20] God shall hear, and afflict them, even he that abideth of old. Selah. Because they have no changes, therefore they fear not God.

20[21] He hath put forth his hands against such as be at peace with him: he hath broken his covenant.

21[22] *The words* of his mouth were smoother than butter, but war *was* in his heart: his words were softer than oil, yet *were* they drawn swords.

22[23] Cast thy burden upon the LORD, and he shall sustain thee: he shall never suffer the righteous to be moved.

23[24] But thou, O God, shalt bring them down into the pit of destruction: bloody and deceitful men shall not live out half their days; but I will trust in thee.

PSALM 56

[1] To the chief Musician upon Jonath-elem-rechokim, Michtam of David, when the Philistines took him in Gath.

1[2] Be merciful unto me, O God: for man would swallow me up; he fighting daily oppresseth me.

2[3] Mine enemies would daily swallow *me* up: for *they be* many that fight against me, O thou most High.

3[4] What time I am afraid, I will trust in thee.

4[5] In God I will praise his word, in God I have put my trust; I will not fear what flesh can do unto me.

5[6] Every day they wrest my words: all their thoughts *are* against me for evil.

6[7] They gather themselves together, they hide themselves, they mark my steps, when they wait for my soul.

7[8] Shall they escape by iniquity? in *thine* anger cast down the people, O God.

8[9] Thou tellest my wanderings: put thou my tears into thy bottle: *are they* not in thy book?

9[10] When I cry *unto thee*, then shall

55 לַמְנַצֵּחַ בִּנְגִינֹת מַשְׂכִּיל לְדָוִד׃
2 הַאֲזִינָה אֱלֹהִים תְּפִלָּתִי וְאַל־תִּתְעַלַּם מִתְּחִנָּתִי׃ הַקְשִׁיבָה לִּי וַעֲנֵנִי
3
4 אָרִיד בְּשִׂיחִי וְאָהִימָה׃ מִקּוֹל אוֹיֵב מִפְּנֵי עָקַת רָשָׁע כִּי־יָמִיטוּ עָלַי
5 אָוֶן וּבְאַף יִשְׂטְמוּנִי׃ לִבִּי יָחִיל בְּקִרְבִּי וְאֵימוֹת מָוֶת נָפְלוּ עָלָי׃ יִרְאָה
6
7 וָרַעַד יָבֹא בִי וַתְּכַסֵּנִי פַּלָּצוּת׃ וָאֹמַר מִי־יִתֶּן־לִי אֵבֶר כַּיּוֹנָה אָעוּפָה
8 וְאֶשְׁכֹּנָה׃ הִנֵּה אַרְחִיק נְדֹד אָלִין בַּמִּדְבָּר סֶלָה׃ אָחִישָׁה מִפְלָט
9
10 לִי מֵרוּחַ סֹעָה מִסָּעַר׃ בַּלַּע אֲדֹנָי פַּלַּג לְשׁוֹנָם כִּי־רָאִיתִי חָמָס
11 וְרִיב בָּעִיר׃ יוֹמָם וָלַיְלָה יְסוֹבְבֻהָ עַל־חוֹמֹתֶיהָ וְאָוֶן וְעָמָל בְּקִרְבָּהּ׃
12 הַוּוֹת בְּקִרְבָּהּ וְלֹא־יָמִישׁ מֵרְחֹבָהּ תֹּךְ וּמִרְמָה׃ כִּי לֹא־אוֹיֵב יְחָרְפֵנִי
13
14A 14 וְאֶשָּׂא לֹא־מְשַׂנְאִי עָלַי הִגְדִּיל וְאֶסָּתֵר מִמֶּנּוּ׃ וְאַתָּה אֱנוֹשׁ כְּעֶרְכִּי
15 אַלּוּפִי וּמְיֻדָּעִי׃ אֲשֶׁר יַחְדָּו נַמְתִּיק סוֹד בְּבֵית אֱלֹהִים נְהַלֵּךְ בְּרָגֶשׁ׃
16 יַשֵּׁי מָוֶת׀ יַשִּׁימָוֶת׀ עָלֵימוֹ יֵרְדוּ שְׁאוֹל חַיִּים כִּי־רָעוֹת בִּמְגוּרָם בְּקִרְבָּם׃ אֲנִי
17
18 אֶל־אֱלֹהִים אֶקְרָא וַיהוָה יוֹשִׁיעֵנִי׃ עֶרֶב וָבֹקֶר וְצָהֳרַיִם אָשִׂיחָה
19 וְאֶהֱמֶה וַיִּשְׁמַע קוֹלִי׃ פָּדָה בְשָׁלוֹם נַפְשִׁי מִקֲּרָב־לִי כִּי־בְרַבִּים הָיוּ
20 עִמָּדִי׃ יִשְׁמַע׀ אֵל׀ וְיַעֲנֵם וְיֹשֵׁב קֶדֶם סֶלָה אֲשֶׁר אֵין חֲלִיפוֹת לָמוֹ
21 וְלֹא יָרְאוּ אֱלֹהִים׃ שָׁלַח יָדָיו בִּשְׁלֹמָיו חִלֵּל בְּרִיתוֹ׃ חָלְקוּ׀ מַחְמָאֹת
22
23 פִּיו וְקֳרָב־לִבּוֹ רַכּוּ דְבָרָיו מִשֶּׁמֶן וְהֵמָּה פְתִחוֹת׃ הַשְׁלֵךְ עַל־יְהוָה׀
24 יְהָבְךָ וְהוּא יְכַלְכְּלֶךָ לֹא־יִתֵּן לְעוֹלָם מוֹט לַצַּדִּיק׃ וְאַתָּה אֱלֹהִים׀
תוֹרִדֵם׀ לִבְאֵר שַׁחַת אַנְשֵׁי דָמִים וּמִרְמָה לֹא־יֶחֱצוּ יְמֵיהֶם וַאֲנִי
אֶבְטַח־בָּךְ׃

56 לַמְנַצֵּחַ׀ עַל־יוֹנַת אֵלֶם רְחֹקִים לְדָוִד מִכְתָּם
2 בֶּאֱחֹז אֹתוֹ פְלִשְׁתִּים בְּגַת׃ חָנֵּנִי אֱלֹהִים כִּי־שְׁאָפַנִי אֱנוֹשׁ כָּל־הַיּוֹם
3 לֹחֵם יִלְחָצֵנִי׃ שָׁאֲפוּ שׁוֹרְרַי כָּל־הַיּוֹם כִּי־רַבִּים לֹחֲמִים לִי מָרוֹם׃
4 יוֹם אִירָא אֲנִי אֵלֶיךָ אֶבְטָח׃ בֵּאלֹהִים אֲהַלֵּל דְּבָרוֹ בֵּאלֹהִים בָּטַחְתִּי
5
6 לֹא אִירָא מַה־יַּעֲשֶׂה בָשָׂר לִי׃ כָּל־הַיּוֹם דְּבָרַי יְעַצֵּבוּ עָלַי כָּל־
7 יִצְפֹּונוּ מַחְשְׁבֹתָם לָרָע׃ יָגוּרוּ׀ יִצְפֹּונוּ יִצְפֹּנוּ הֵמָּה עֲקֵבַי יִשְׁמֹרוּ כַּאֲשֶׁר קִוּוּ נַפְשִׁי׃
8 עַל־אָוֶן פַּלֶּט־לָמוֹ בְּאַף עַמִּים׀ הוֹרֵד אֱלֹהִים׃ נֹדִי סָפַרְתָּה אָתָּה
9
10 שִׂימָה דִמְעָתִי בְנֹאדֶךָ הֲלֹא בְּסִפְרָתֶךָ׃ אָז יָשׁוּבוּ אוֹיְבַי אָחוֹר בְּיוֹם

mine enemies turn back: this I know; for God *is* for me.

10[11] In God will I praise *his* word: in the LORD will I praise *his* word.

11[12] In God have I put my trust: I will not be afraid what man can do unto me.

12[13] Thy vows *are* upon me, O God: I will render praises unto thee.

13[14] For thou hast delivered my soul from death: *wilt* not *thou deliver* my feet from falling, that I may walk before God in the light of the living?

PSALM 57

[1]　To the chief Musician, Al-taschith, Michtam of David, when he fled from Saul in the cave.

1[2] Be merciful unto me, O God, be merciful unto me: for my soul trusteth in thee: yea, in the shadow of thy wings will I make my refuge, until *these* calamities be overpast.

2[3] I will cry unto God most high; unto God that performeth *all things* for me.

3[4] He shall send from heaven, and save me *from* the reproach of him that would swallow me up. Selah. God shall send forth his mercy and his truth.

4[5] My soul *is* among lions: *and* I lie *even among* them that are set on fire, *even* the sons of men, whose teeth *are* spears and arrows, and their tongue a sharp sword.

5[6] Be thou exalted, O God, above the heavens; *let* thy glory *be* above all the earth.

6[7] They have prepared a net for my steps; my soul is bowed down: they have digged a pit before me, into the midst whereof they are fallen *themselves*. Selah.

7[8] My heart is fixed, O God, my heart is fixed: I will sing and give praise.

8[9] Awake up, my glory; awake, psaltery and harp: I *myself* will awake early.

9[10] I will praise thee, O Lord, among the people: I will sing unto thee among the nations.

10[11] For thy mercy *is* great unto the heavens, and thy truth unto the clouds.

11[12] Be thou exalted, O God, above the heavens: *let* thy glory *be* above all the earth.

PSALM 58

[1]　To the chief Musician, Al-taschith, Michtam of David.

1[2] Do ye indeed speak righteousness, O congregation? do ye judge uprightly, O ye sons of men?

2[3] Yea, in heart ye work wickedness; ye weigh the violence of your hands in the earth.

3[4] The wicked are estranged from the womb: they go astray as soon as they be born, speaking lies.

4[5] Their poison *is* like the poison of a serpent: *they are* like the deaf adder *that* stoppeth her ear;

5[6] Which will not hearken to the voice of charmers, charming never so wisely.

6[7] Break their teeth, O God, in their mouth: break out the great teeth of the young lions, O LORD.

7[8] Let them melt away as waters *which* run continually: *when* he bendeth *his bow to shoot* his arrows, let them be as cut in pieces.

8[9] As a snail *which* melteth, let *every one of them* pass away: *like* the untimely birth of a woman, *that* they may not see the sun.

9[10] Before your pots can feel the thorns, he shall take them away as with a whirlwind, both living, and in *his* wrath.

10[11] The righteous shall rejoice when he seeth the vengeance: he shall wash his feet in the blood of the wicked.

11[12] So that a man shall say, Verily *there is* a reward for the righteous: verily he is a God that judgeth in the earth.

PSALM 59

[1]　To the chief Musician, Al-taschith, Michtam of David; when Saul sent, and they watched the house to kill him.

1[2] Deliver me from mine enemies, O my God: defend me from them that rise up against me.

2[3] Deliver me from the workers of iniquity, and save me from bloody men.

אֶקְרָא זֶה־יָדַעְתִּי כִּי־אֱלֹהִים לִי: בֵּאלֹהִים אֲהַלֵּל דָּבָר בַּיהֹוָה אֲהַלֵּל ‏11

דָּבָר: בֵּאלֹהִים בָּטַחְתִּי לֹא אִירָא מַה־יַּעֲשֶׂה אָדָם לִי: עָלַי אֱלֹהִים ‏12
‏13

נְדָרֶיךָ אֲשַׁלֵּם תּוֹדֹת לָךְ: כִּי הִצַּלְתָּ נַפְשִׁי מִמָּוֶת הֲלֹא רַגְלַי מִדֶּחִי ‏14

לְהִתְהַלֵּךְ לִפְנֵי אֱלֹהִים בְּאוֹר הַחַיִּים:

57 לַמְנַצֵּחַ אַל־תַּשְׁחֵת   לְדָוִד מִכְתָּם בְּבָרְחוֹ מִפְּנֵי־ ‏1

שָׁאוּל בַּמְּעָרָה: חָנֵּנִי אֱלֹהִים חָנֵּנִי כִּי בְךָ חָסָיָה נַפְשִׁי וּבְצֵל־כְּנָפֶיךָ ‏2

אֶחְסֶה עַד יַעֲבֹר הַוּוֹת: אֶקְרָא לֵאלֹהִים עֶלְיוֹן לָאֵל גֹּמֵר עָלָי: יִשְׁלַח ‏3
‏4

מִשָּׁמַיִם וְיוֹשִׁיעֵנִי חֵרֵף שֹׁאֲפִי סֶלָה יִשְׁלַח אֱלֹהִים חַסְדּוֹ וַאֲמִתּוֹ:

נַפְשִׁי בְּתוֹךְ לְבָאִם אֶשְׁכְּבָה לֹהֲטִים בְּנֵי־אָדָם שִׁנֵּיהֶם חֲנִית וְחִצִּים ‏5

וּלְשׁוֹנָם חֶרֶב חַדָּה: רוּמָה עַל־הַשָּׁמַיִם אֱלֹהִים עַל כָּל־הָאָרֶץ ‏6

כְּבוֹדֶךָ: רֶשֶׁת הֵכִינוּ לִפְעָמַי כָּפַף נַפְשִׁי כָּרוּ לְפָנַי שִׁיחָה נָפְלוּ ‏7

בְתוֹכָהּ סֶלָה: נָכוֹן לִבִּי אֱלֹהִים נָכוֹן לִבִּי אָשִׁירָה וַאֲזַמֵּרָה: עוּרָה ‏8
‏9

כְבוֹדִי עוּרָה הַנֵּבֶל וְכִנּוֹר אָעִירָה שָּׁחַר: אוֹדְךָ בָעַמִּים אֲדֹנָי אֲזַמֶּרְךָ ‏10

בַּל־אֻמִּים: כִּי־גָדֹל עַד־שָׁמַיִם חַסְדֶּךָ וְעַד־שְׁחָקִים אֲמִתֶּךָ: רוּמָה ‏11
‏12

עַל־שָׁמַיִם אֱלֹהִים עַל כָּל־הָאָרֶץ כְּבוֹדֶךָ:

58 לַמְנַצֵּחַ אַל־תַּשְׁחֵת לְדָוִד מִכְתָּם: הַאֻמְנָם אֵלֶם ‏1
‏2

צֶדֶק תְּדַבֵּרוּן מֵישָׁרִים תִּשְׁפְּטוּ בְּנֵי אָדָם: אַף־בְּלֵב עוֹלֹת תִּפְעָלוּן ‏3

בָּאָרֶץ חֲמַס יְדֵיכֶם תְּפַלֵּסוּן: זֹרוּ רְשָׁעִים מֵרָחֶם תָּעוּ מִבֶּטֶן דֹּבְרֵי ‏4

כָזָב: חֲמַת־לָמוֹ כִּדְמוּת חֲמַת־נָחָשׁ כְּמוֹ־פֶתֶן חֵרֵשׁ יַאְטֵם אָזְנוֹ: ‏5

אֲשֶׁר לֹא־יִשְׁמַע לְקוֹל מְלַחֲשִׁים חוֹבֵר חֲבָרִים מְחֻכָּם: אֱלֹהִים הֲרָס־ ‏6
‏7

שִׁנֵּימוֹ בְּפִימוֹ מַלְתְּעוֹת כְּפִירִים נְתֹץ יְהֹוָה: יִמָּאֲסוּ כְמוֹ־מַיִם ‏8

יִתְהַלְּכוּ־לָמוֹ יִדְרֹךְ חִצָּו כְּמוֹ יִתְמֹלָלוּ: כְּמוֹ שַׁבְּלוּל תֶּמֶס יַהֲלֹךְ נֵפֶל ‏9   חִצָּיו

אֵשֶׁת בַּל־חָזוּ שָׁמֶשׁ: בְּטֶרֶם יָבִינוּ סִּירֹתֵיכֶם אָטָד כְּמוֹ־חַי כְּמוֹ־חָרוֹן ‏10

יִשְׂעָרֶנּוּ: יִשְׂמַח צַדִּיק כִּי־חָזָה נָקָם פְּעָמָיו יִרְחַץ בְּדַם הָרָשָׁע: וְיֹאמַר ‏11
‏12

אָדָם אַךְ־פְּרִי לַצַּדִּיק אַךְ יֵשׁ־אֱלֹהִים שֹׁפְטִים בָּאָרֶץ:

59 לַמְנַצֵּחַ אַל־תַּשְׁחֵת לְדָוִד מִכְתָּם   בִּשְׁלֹחַ שָׁאוּל ‏1

וַיִּשְׁמְרוּ אֶת־הַבַּיִת לַהֲמִיתוֹ: הַצִּילֵנִי מֵאֹיְבַי אֱלֹהָי מִמִּתְקוֹמְמַי ‏2   2A

תְּשַׂגְּבֵנִי: הַצִּילֵנִי מִפֹּעֲלֵי אָוֶן וּמֵאַנְשֵׁי דָמִים הוֹשִׁיעֵנִי: כִּי הִנֵּה אָרְבוּ ‏3   4A
‏4

3[4] For, lo, they lie in wait for my soul: the mighty are gathered against me; not *for* my transgression, nor *for* my sin, O LORD.

4[5] They run and prepare themselves without *my* fault: awake to help me, and behold.

5[6] Thou therefore, O LORD God of hosts, the God of Israel, awake to visit all the heathen: be not merciful to any wicked transgressors. Selah.

6[7] They return at evening: they make a noise like a dog, and go round about the city.

7[8] Behold, they belch out with their mouth: swords *are* in their lips: for who, *say they*, doth hear?

8[9] But thou, O LORD, shalt laugh at them; thou shalt have all the heathen in derision.

9[10] *Because of* his strength will I wait upon thee: for God *is* my defence.

10[11] The God of my mercy shall prevent me: God shall let me see *my desire* upon mine enemies.

11[12] Slay them not, lest my people forget: scatter them by thy power; and bring them down, O Lord our shield.

12[13] *For* the sin of their mouth *and* the words of their lips let them even be taken in their pride: and for cursing and lying *which* they speak.

13[14] Consume *them* in wrath, consume *them*, that they *may* not *be*: and let them know that God ruleth in Jacob unto the ends of the earth. Selah.

14[15] And at evening let them return; *and* let them make a noise like a dog, and go round about the city.

15[16] Let them wander up and down for meat, and grudge if they be not satisfied.

16[17] But I will sing of thy power; yea, I will sing aloud of thy mercy in the morning: for thou hast been my defence and refuge in the day of my trouble.

17[18] Unto thee, O my strength, will I sing: for God *is* my defence, *and* the God of my mercy.

PSALM 60

[1-2] To the chief Musician upon Shushan-eduth, Michtam of David, to teach; when he strove with Aram-naharaim and with Aram-zobah, when Joab returned, and smote of Edom in the valley of salt twelve thousand.

1[3] O God, thou hast cast us off, thou hast scattered us, thou hast been displeased; O turn thyself to us again.

2[4] Thou hast made the earth to tremble; thou hast broken it: heal the breaches thereof; for it shaketh.

3[5] Thou hast shewed thy people hard things: thou hast made us to drink the wine of astonishment.

4[6] Thou hast given a banner to them that fear thee, that it may be displayed because of the truth. Selah.

5[7] That thy beloved may be delivered; save *with* thy right hand, and hear me.

6[8] God hath spoken in his holiness; I will rejoice, I will divide Shechem, and mete out the valley of Succoth.

7[9] Gilead *is* mine, and Manasseh *is* mine; Ephraim also *is* the strength of mine head; Judah *is* my lawgiver;

8[10] Moab *is* my washpot; over Edom will I cast out my shoe: Philistia, triumph thou because of me.

9[11] Who will bring me *into* the strong city? who will lead me into Edom?

10[12] *Wilt* not thou, O God, *which* hadst cast us off? and *thou*, O God, *which* didst not go out with our armies?

11[13] Give us help from trouble: for vain *is* the help of man.

12[14] Through God we shall do valiantly: for he *it is that* shall tread down our enemies.

PSALM 61

[1] To the chief Musician upon Neginah, *A Psalm* of David.

1[2] Hear my cry, O God; attend unto my prayer.

2[3] From the end of the earth will I cry unto thee, when my heart is overwhelmed: lead me to the rock *that* is higher than I.

5 לְנַפְשִׁי יָגוּרוּ עָלַי עַזִּים לֹא־פִשְׁעִי וְלֹא־חַטָּאתִי יְהוָה: בְּלִי־עָוֹן יְרוּצוּן 5A

6 וְיִכּוֹנָנוּ עוּרָה לִקְרָאתִי וּרְאֵה: וְאַתָּה יְהוָה־אֱלֹהִים‖צְבָאוֹת אֱלֹהֵי

7 יִשְׂרָאֵל הָקִיצָה לִפְקֹד כָּל־הַגּוֹיִם אַל־תָּחֹן כָּל־בֹּגְדֵי אָוֶן סֶלָה: יָשׁוּבוּ

8 לָעֶרֶב יֶהֱמוּ כַכָּלֶב וִיסוֹבְבוּ עִיר: הִנֵּה‖יַבִּיעוּן בְּפִיהֶם חֲרָבוֹת

9 בְּשִׂפְתוֹתֵיהֶם כִּי־מִי שֹׁמֵעַ: וְאַתָּה יְהוָה תִּשְׂחַק־לָמוֹ תִּלְעַג לְכָל־

10 גּוֹיִם: עֻזּוֹ אֵלֶיךָ אֶשְׁמֹרָה כִּי־אֱלֹהִים מִשְׂגַּבִּי: אֱלֹהֵי חַסְדּוֹ יְקַדְּמֵנִי חַסְדִּי
11

12 אֱלֹהִים יַרְאֵנִי בְשֹׁרְרָי: אַל־תַּהַרְגֵם‖פֶּן־יִשְׁכְּחוּ עַמִּי הֲנִיעֵמוֹ בְחֵילְךָ

13 וְהוֹרִידֵמוֹ מָגִנֵּנוּ אֲדֹנָי: חַטַּאת־פִּימוֹ דְּבַר־שְׂפָתֵימוֹ וְיִלָּכְדוּ בִגְאוֹנָם

14 וּמֵאָלָה וּמִכַּחַשׁ יְסַפֵּרוּ: כַּלֵּה בְחֵמָה כַּלֵּה וְאֵינֵמוֹ וְיֵדְעוּ כִּי־אֱלֹהִים

15 מֹשֵׁל בְּיַעֲקֹב לְאַפְסֵי הָאָרֶץ סֶלָה: וְיָשׁוּבוּ לָעֶרֶב יֶהֱמוּ כַכָּלֶב

16 וִיסוֹבְבוּ עִיר: הֵמָּה יְנִיעוּן לֶאֱכֹל אִם־לֹא יִשְׂבְּעוּ וַיָּלִינוּ: וַאֲנִי‖אָשִׁיר יְנִיעוּן
17

עֻזֶּךָ וַאֲרַנֵּן לַבֹּקֶר חַסְדֶּךָ כִּי־הָיִיתָ מִשְׂגָּב לִי וּמָנוֹס בְּיוֹם צַר־לִי:

18 עֻזִּי אֵלֶיךָ אֲזַמֵּרָה כִּי־אֱלֹהִים מִשְׂגַּבִּי אֱלֹהֵי חַסְדִּי:

60 לַמְנַצֵּחַ עַל־שׁוּשַׁן עֵדוּת מִכְתָּם לְדָוִד לְלַמֵּד:
1

2 בְּהַצּוֹתוֹ‖אֶת אֲרַם נַהֲרַיִם וְאֶת־אֲרַם צוֹבָה וַיָּשָׁב יוֹאָב וַיַּךְ אֶת־

3 אֱדוֹם בְּגֵיא־מֶלַח שְׁנֵים עָשָׂר אָלֶף: אֱלֹהִים זְנַחְתָּנוּ פְרַצְתָּנוּ אָנַפְתָּ

4 תְּשׁוֹבֵב לָנוּ: הִרְעַשְׁתָּה אֶרֶץ פְּצַמְתָּהּ רְפָה שְׁבָרֶיהָ כִי־מָטָה:

5 הִרְאִיתָ עַמְּךָ קָשָׁה הִשְׁקִיתָנוּ יַיִן תַּרְעֵלָה: נָתַתָּה לִּירֵאֶיךָ נֵּס
6

7 לְהִתְנוֹסֵס מִפְּנֵי קֹשֶׁט סֶלָה: לְמַעַן יֵחָלְצוּן יְדִידֶיךָ הוֹשִׁיעָה יְמִינְךָ

8 וַעֲנֵנוּ: אֱלֹהִים‖דִּבֶּר בְּקָדְשׁוֹ אֶעְלֹזָה אֲחַלְּקָה שְׁכֶם וְעֵמֶק סֻכּוֹת וַעֲנֵנִי

9 אֲמַדֵּד: לִי גִלְעָד‖וְלִי מְנַשֶּׁה וְאֶפְרַיִם מָעוֹז רֹאשִׁי יְהוּדָה מְחֹקְקִי: 9A

10 מוֹאָב‖סִיר רַחְצִי עַל־אֱדוֹם אַשְׁלִיךְ נַעֲלִי עָלַי פְּלֶשֶׁת הִתְרֹעָעִי:

11 מִי יֹבִלֵנִי עִיר מָצוֹר מִי נָחַנִי עַד־אֱדוֹם: הֲלֹא־אַתָּה אֱלֹהִים זְנַחְתָּנוּ
12

13 וְלֹא־תֵצֵא אֱלֹהִים בְּצִבְאוֹתֵינוּ: הָבָה־לָּנוּ עֶזְרָת מִצָּר וְשָׁוְא תְּשׁוּעַת

14 אָדָם: בֵּאלֹהִים נַעֲשֶׂה־חָיִל וְהוּא יָבוּס צָרֵינוּ:

61 לַמְנַצֵּחַ‖עַל־נְגִינַת לְדָוִד: שִׁמְעָה אֱלֹהִים רִנָּתִי
1
2

3 הַקְשִׁיבָה תְּפִלָּתִי: מִקְצֵה הָאָרֶץ‖אֵלֶיךָ אֶקְרָא בַּעֲטֹף לִבִּי בְּצוּר־יָרוּם

3[4] For thou hast been a shelter for me, *and* a strong tower from the enemy.

4[5] I will abide in thy tabernacle for ever: I will trust in the covert of thy wings. Selah.

5[6] For thou, O God, hast heard my vows: thou hast given *me* the heritage of those that fear thy name.

6[7] Thou wilt prolong the king's life: *and* his years as many generations.

7[8] He shall abide before God for ever: O prepare mercy and truth, *which* may preserve him.

8[9] So will I sing praise unto thy name for ever, that I may daily perform my vows.

PSALM 62

[1] To the chief Musician, to Jeduthun, A Psalm of David.

1[2] Truly my soul waiteth upon God: from him *cometh* my salvation.

2[3] He only *is* my rock and my salvation; *he is* my defence; I shall not be greatly moved.

3[4] How long will ye imagine mischief against a man? ye shall be slain all of you: as a bowing wall *shall ye be, and as* a tottering fence.

4[5] They only consult to cast *him* down from his excellency: they delight in lies: they bless with their mouth, but they curse inwardly. Selah.

5[6] My soul, wait thou only upon God; for my expectation *is* from him.

6[7] He only *is* my rock and my salvation: *he is* my defence; I shall not be moved.

7[8] In God *is* my salvation and my glory: the rock of my strength, *and* my refuge, *is* in God.

8[9] Trust in him at all times; *ye* people, pour out your heart before him: God *is* a refuge for us. Selah.

9[10] Surely men of low degree *are* vanity, *and* men of high degree *are* a lie: to be laid in the balance, they *are* altogether *lighter* than vanity.

10[11] Trust not in oppression, and become not vain in robbery: if riches increase, set not your heart *upon them.*

11[12] God hath spoken once; twice have I heard this; that power *belongeth* unto God.

12[13] Also unto thee, O Lord, *belongeth* mercy: for thou renderest to every man according to his work.

PSALM 63

[1] A Psalm of David, when he was in the wilderness of Judah.

1[2] O God, thou *art* my God; early will I seek thee: my soul thirsteth for thee, my flesh longeth for thee in a dry and thirsty land, where no water is;

2[3] To see thy power and thy glory, so *as* I have seen thee in the sanctuary.

3[4] Because thy lovingkindness *is* better than life, my lips shall praise thee.

4[5] Thus will I bless thee while I live: I will lift up my hands in thy name.

5[6] My soul shall be satisfied as *with* marrow and fatness; and my mouth shall praise *thee* with joyful lips:

6[7] When I remember thee upon my bed, *and* meditate on thee in the *night* watches.

7[8] Because thou hast been my help, therefore in the shadow of thy wings will I rejoice.

8[9] My soul followeth hard after thee: thy right hand upholdeth me.

9[10] But those *that* seek my soul, to destroy *it,* shall go into the lower parts of the earth.

10[11] They shall fall by the sword: they shall be a portion for foxes.

11[12] But the king shall rejoice in God; every one that sweareth by him shall glory: but the mouth of them that speak lies shall be stopped.

PSALM 64

[1] To the chief Musician, A Psalm of David.

1[2] Hear my voice, O God, in my prayer: preserve my life from fear of the enemy.

2[3] Hide me from the secret counsel of the wicked; from the insurrection of the workers of iniquity:

מִמֶּנִּי תַנְחֵנִי: כִּי־הָיִיתָ מַחְסֶה לִי מִגְדַּל־עֹז מִפְּנֵי אוֹיֵב: אָגוּרָה 4
                                                                                           5
בְאָהָלְךָ עוֹלָמִים אֶחֱסֶה בְסֵתֶר כְּנָפֶיךָ סֶּלָה: כִּי־אַתָּה אֱלֹהִים 6
שָׁמַעְתָּ לִנְדָרָי נָתַתָּ יְרֻשַּׁת יִרְאֵי שְׁמֶךָ: יָמִים עַל־יְמֵי־מֶלֶךְ תּוֹסִיף 7
שְׁנוֹתָיו כְּמוֹ־דֹר וָדֹר: יֵשֵׁב עוֹלָם לִפְנֵי אֱלֹהִים חֶסֶד וֶאֱמֶת מַן 8
יִנְצְרֻהוּ: כֵּן אֲזַמְּרָה שִׁמְךָ לָעַד לְשַׁלְּמִי נְדָרַי יוֹם׀יוֹם: 9

לַמְנַצֵּחַ עַל־יְדוּתוּן   מִזְמוֹר לְדָוִד: 62 1
אַךְ אֶל־אֱלֹהִים דּוּמִיָּה נַפְשִׁי מִמֶּנּוּ יְשׁוּעָתִי: אַךְ־הוּא צוּרִי וִישׁוּעָתִי 2
                                                                                           3
מִשְׂגַּבִּי לֹא־אֶמּוֹט רַבָּה: עַד־אָנָה׀תְּהוֹתְתוּ עַל־אִישׁ תְּרָצְּחוּ כֻלְּכֶם 4A 4
כְּקִיר נָטוּי גָּדֵר הַדְּחוּיָה: אַךְ מִשְּׂאֵתוֹ׀יָעֲצוּ לְהַדִּיחַ יִרְצוּ כָזָב בְּפִיו 5
יְבָרֵכוּ וּבְקִרְבָּם יְקַלְלוּ־סֶלָה: אַךְ לֵאלֹהִים דּוֹמִּי נַפְשִׁי כִּי־מִמֶּנּוּ 6
תִּקְוָתִי: אַךְ־הוּא צוּרִי וִישׁוּעָתִי מִשְׂגַּבִּי לֹא אֶמּוֹט: עַל־אֱלֹהִים יִשְׁעִי 7
                                                                                           8
וּכְבוֹדִי צוּר־עֻזִּי מַחְסִי בֵּאלֹהִים: בִּטְחוּ בוֹ בְכָל־עֵת׀עָם שִׁפְכוּ־ 9
לְפָנָיו לְבַבְכֶם אֱלֹהִים מַחֲסֶה־לָּנוּ סֶלָה: אַךְ׀הֶבֶל בְּנֵי־אָדָם כָּזָב 10
בְּנֵי אִישׁ בְּמֹאזְנַיִם לַעֲלוֹת הֵמָּה מֵהֶבֶל יָחַד: אַל־תִּבְטְחוּ בְעֹשֶׁק 11
וּבְגָזֵל אַל־תֶּהְבָּלוּ חַיִל׀כִּי־יָנוּב אַל־תָּשִׁיתוּ לֵב: אַחַת׀דִּבֶּר אֱלֹהִים 12
שְׁתַּיִם־זוּ שָׁמָעְתִּי כִּי עֹז לֵאלֹהִים: וּלְךָ־אֲדֹנָי חָסֶד כִּי־אַתָּה תְשַׁלֵּם 13
לְאִישׁ כְּמַעֲשֵׂהוּ:

מִזְמוֹר לְדָוִד   בִּהְיוֹתוֹ בְּמִדְבַּר יְהוּדָה: 63 1
אֱלֹהִים׀אֵלִי אַתָּה אֲשַׁחֲרֶךָּ צָמְאָה לְךָ׀נַפְשִׁי כָּמַהּ לְךָ בְשָׂרִי בְּאֶרֶץ־ 2
צִיָּה וְעָיֵף בְּלִי־מָיִם: כֵּן בַּקֹּדֶשׁ חֲזִיתִיךָ לִרְאוֹת עֻזְּךָ וּכְבוֹדֶךָ: כִּי־ 3
                                                                                           4
טוֹב חַסְדְּךָ מֵחַיִּים שְׂפָתַי יְשַׁבְּחוּנְךָ: כֵּן אֲבָרֶכְךָ בְחַיָּי בְּשִׁמְךָ אֶשָּׂא 5
כַפָּי: כְּמוֹ חֵלֶב וָדֶשֶׁן תִּשְׂבַּע נַפְשִׁי וְשִׂפְתֵי רְנָנוֹת יְהַלֶּל־פִּי: אִם־ 6
                                                                                           7
זְכַרְתִּיךָ עַל־יְצוּעָי בְּאַשְׁמֻרוֹת אֶהְגֶּה־בָּךְ: כִּי־הָיִיתָ עֶזְרָתָה לִּי וּבְצֵל 8
כְּנָפֶיךָ אֲרַנֵּן: דָּבְקָה נַפְשִׁי אַחֲרֶיךָ בִּי תָּמְכָה יְמִינֶךָ: וְהֵמָּה לְשׁוֹאָה 9
                                                                                           10
יְבַקְשׁוּ נַפְשִׁי יָבֹאוּ בְּתַחְתִּיּוֹת הָאָרֶץ: יַגִּירֻהוּ עַל־יְדֵי־חָרֶב מְנָת 11
שֻׁעָלִים יִהְיוּ: וְהַמֶּלֶךְ יִשְׂמַח בֵּאלֹהִים יִתְהַלֵּל כָּל־הַנִּשְׁבָּע בּוֹ כִּי 12
יִסָּכֵר פִּי דוֹבְרֵי־שָׁקֶר:

לַמְנַצֵּחַ מִזְמוֹר לְדָוִד: שְׁמַע־אֱלֹהִים קוֹלִי בְשִׂיחִי 64 1
                                                                                           2
מִפַּחַד אוֹיֵב תִּצֹּר חַיָּי: תַּסְתִּירֵנִי מִסּוֹד מְרֵעִים מֵרִגְשַׁת פֹּעֲלֵי אָוֶן: 3

3[4] Who whet their tongue like a sword, *and* bend *their bows to shoot* their arrows, *even* bitter words:

4[5] That they may shoot in secret at the perfect: suddenly do they shoot at him, and fear not.

5[6] They encourage themselves *in* an evil matter: they commune of laying snares privily; they say, Who shall see them?

6[7] They search out iniquities; they accomplish a diligent search: both the inward *thought* of every one *of them,* and the heart, *is* deep.

7[8] But God shall shoot at them *with* an arrow; suddenly shall they be wounded.

8[9] So they shall make their own tongue to fall upon themselves: all that see them shall flee away.

9[10] And all men shall fear, and shall declare the work of God; for they shall wisely consider of his doing.

10[11] The righteous shall be glad in the LORD, and shall trust in him; and all the upright in heart shall glory.

PSALM 65

[1] To the chief Musician, A Psalm *and* Song of David.

1[2] Praise waiteth for thee, O God, in Sion: and unto thee shall the vow be performed.

2[3] O thou that hearest prayer, unto thee shall all flesh come.

3[4] Iniquities prevail against me: *as for* our transgressions, thou shalt purge them away.

4[5] Blessed *is the man whom* thou choosest, and causest to approach *unto thee, that* he may dwell in thy courts: we shall be satisfied with the goodness of thy house, *even* of thy holy temple.

5[6] *By* terrible things in righteousness wilt thou answer us, O God of our salvation; *who art* the confidence of all the ends of the earth, and of them that are afar off *upon* the sea:

6[7] Which by his strength setteth fast the mountains; *being* girded with power:

7[8] Which stilleth the noise of the seas,

the noise of their waves, and the tumult of the people.

8[9] They also that dwell in the uttermost parts are afraid at thy tokens: thou makest the outgoings of the morning and evening to rejoice.

9[10] Thou visitest the earth, and waterest it: thou greatly enrichest it with the river of God, *which* is full of water: thou preparest them corn, when thou hast so provided for it.

10[11] Thou waterest the ridges thereof abundantly: thou settlest the furrows thereof: thou makest it soft with showers: thou blessest the springing thereof.

11[12] Thou crownest the year with thy goodness; and thy paths drop fatness.

12[13] They drop *upon* the pastures of the wilderness: and the little hills rejoice on every side.

13[14] The pastures are clothed with flocks; the valleys also are covered over with corn; they shout for joy, they also sing.

PSALM 66

[1a] To the chief Musician, A Song *or* Psalm.

1[1b] Make a joyful noise unto God, all ye lands:

2 Sing forth the honour of his name: make his praise glorious.

3 Say unto God, How terrible *art thou in* thy works! through the greatness of thy power shall thine enemies submit themselves unto thee.

4 All the earth shall worship thee, and shall sing unto thee; they shall sing *to* thy name. Selah.

5 Come and see the works of God: *he is* terrible *in his* doing toward the children of men.

6 He turned the sea into dry *land:* they went through the flood on foot: there did we rejoice in him.

7 He ruleth by his power for ever; his eyes behold the nations: let not the rebellious exalt themselves. Selah.

8 O bless our God, ye people, and make the voice of his praise to be heard:

9 Which holdeth our soul in life, and suffereth not our feet to be moved.

אֲשֶׁר שָׁנְנוּ כַחֶרֶב לְשׁוֹנָם דָּרְכוּ חִצָּם דָּבָר מָר: לִירוֹת בַּמִּסְתָּרִים ⁴₅

תָּם פִּתְאֹם יֹרֻהוּ וְלֹא יִירָאוּ: יְחַזְּקוּ־לָמוֹ דָּבָר רָע יְסַפְּרוּ לִטְמוֹן ⁶

מוֹקְשִׁים אָמְרוּ מִי יִרְאֶה־לָּמוֹ: יַחְפְּשׂוּ־עוֹלֹת תַּמְנוּ חֵפֶשׂ מְחֻפָּשׂ ⁷

וְקֶרֶב אִישׁ וְלֵב עָמֹק: וַיֹּרֵם אֱלֹהִים חֵץ פִּתְאוֹם הָיוּ מַכּוֹתָם: ⁸

וַיַּכְשִׁילוּהוּ עָלֵימוֹ לְשׁוֹנָם יִתְנֹדֲדוּ כָּל־רֹאֵה בָם: וַיִּירְאוּ כָּל־אָדָם ⁹₁₀

וַיַּגִּידוּ פֹּעַל אֱלֹהִים וּמַעֲשֵׂהוּ הִשְׂכִּילוּ: יִשְׂמַח צַדִּיק בַּיהוָה וְחָסָה ₁₁

בוֹ וְיִתְהַלְלוּ כָּל־יִשְׁרֵי־לֵב:

לַמְנַצֵּחַ מִזְמוֹר   לְדָוִד שִׁיר: לְךָ דֻמִיָּה תְהִלָּה **65** ¹₂

אֱלֹהִים בְּצִיּוֹן וּלְךָ יְשֻׁלַּם־נֶדֶר: שֹׁמֵעַ תְּפִלָּה עָדֶיךָ כָּל־בָּשָׂר יָבֹאוּ: ₃

דִּבְרֵי עֲוֺנֹת גָּבְרוּ מֶנִּי פְּשָׁעֵינוּ אַתָּה תְכַפְּרֵם: אַשְׁרֵי תִּבְחַר וּתְקָרֵב ⁴₅

יִשְׁכֹּן חֲצֵרֶיךָ נִשְׂבְּעָה בְּטוּב בֵּיתֶךָ קְדֹשׁ הֵיכָלֶךָ: נוֹרָאוֹת בְּצֶדֶק ⁶

תַּעֲנֵנוּ אֱלֹהֵי יִשְׁעֵנוּ מִבְטָח כָּל־קַצְוֵי־אֶרֶץ וְיָם רְחֹקִים: מֵכִין הָרִים ⁷

בְּכֹחוֹ נֶאְזָר בִּגְבוּרָה: מַשְׁבִּיחַ שְׁאוֹן יַמִּים שְׁאוֹן גַּלֵּיהֶם וַהֲמוֹן ⁸

לְאֻמִּים: וַיִּירְאוּ יֹשְׁבֵי קְצָוֺת מֵאוֹתֹתֶיךָ מוֹצָאֵי־בֹקֶר וָעֶרֶב תַּרְנִין: ⁹

פָּקַדְתָּ הָאָרֶץ וַתְּשֹׁקְקֶהָ רַבַּת תַּעְשְׁרֶנָּה פֶּלֶג אֱלֹהִים מָלֵא מָיִם תָּכִין ₁₀

דְּגָנָם כִּי־כֵן תְּכִינֶהָ: תְּלָמֶיהָ רַוֵּה נַחֵת גְּדוּדֶיהָ בִּרְבִיבִים תְּמֹגְגֶנָּה ₁₁

צִמְחָהּ תְּבָרֵךְ: עִטַּרְתָּ שְׁנַת טוֹבָתֶךָ וּמַעְגָּלֶיךָ יִרְעֲפוּן דָּשֶׁן: יִרְעֲפוּ ₁₂₁₃

נְאוֹת מִדְבָּר וְגִיל גְּבָעוֹת תַּחְגֹּרְנָה: לָבְשׁוּ כָרִים הַצֹּאן וַעֲמָקִים ₁₄

יַעַטְפוּ־בָר יִתְרוֹעֲעוּ אַף־יָשִׁירוּ:

לַמְנַצֵּחַ שִׁיר מִזְמוֹר   הָרִיעוּ לֵאלֹהִים כָּל־הָאָרֶץ: **66** ¹

זַמְּרוּ כְבוֹד־שְׁמוֹ שִׂימוּ כָבוֹד תְּהִלָּתוֹ: אִמְרוּ לֵאלֹהִים מַה־נּוֹרָא ²₃ 2A

מַעֲשֶׂיךָ בְּרֹב עֻזְּךָ יְכַחֲשׁוּ לְךָ אֹיְבֶיךָ: כָּל־הָאָרֶץ יִשְׁתַּחֲווּ לְךָ ⁴

וִיזַמְּרוּ־לָךְ יְזַמְּרוּ שִׁמְךָ סֶלָה: לְכוּ וּרְאוּ מִפְעֲלוֹת אֱלֹהִים נוֹרָא ⁵

עֲלִילָה עַל־בְּנֵי אָדָם: הָפַךְ יָם לְיַבָּשָׁה בַּנָּהָר יַעַבְרוּ בְרָגֶל שָׁם ⁶

נִשְׂמְחָה־בּוֹ: מֹשֵׁל בִּגְבוּרָתוֹ עוֹלָם עֵינָיו בַּגּוֹיִם תִּצְפֶּינָה הַסּוֹרְרִים ⁷ 7A

אַל־יָרִימוּ לָמוֹ סֶלָה: בָּרְכוּ עַמִּים אֱלֹהֵינוּ וְהַשְׁמִיעוּ קוֹל תְּהִלָּתוֹ: ⁸   יָרוּמוּ

הַשָּׂם נַפְשֵׁנוּ בַּחַיִּים וְלֹא־נָתַן לַמּוֹט רַגְלֵנוּ: כִּי־בְחַנְתָּנוּ אֱלֹהִים ⁹₁₀

10 For thou, O God, hast proved us: thou hast tried us, as silver is tried.

11 Thou broughtest us into the net; thou laidst affliction upon our loins.

12 Thou hast caused men to ride over our heads; we went through fire and through water: but thou broughtest us out into a wealthy *place*.

13 I will go into thy house with burnt offerings: I will pay thee my vows,

14 Which my lips have uttered, and my mouth hath spoken, when I was in trouble.

15 I will offer unto thee burnt sacrifices of fatlings, with the incense of rams; I will offer bullocks with goats. Selah.

16 Come *and* hear, all ye that fear God, and I will declare what he hath done for my soul.

17 I cried unto him with my mouth, and he was extolled with my tongue.

18 If I regard iniquity in my heart, the Lord will not hear *me:*

19 *But* verily God hath heard *me;* he hath attended to the voice of my prayer.

20 Blessed *be* God, which hath not turned away my prayer, nor his mercy from me.

PSALM 67

[1] To the chief Musician on Neginoth, A Psalm *or* Song.

1[2] God be merciful unto us, and bless us; *and* cause his face to shine upon us; Selah.

2[3] That thy way may be known upon earth, thy saving health among all nations.

3[4] Let the people praise thee, O God; let all the people praise thee.

4[5] O let the nations be glad and sing for joy: for thou shalt judge the people righteously, and govern the nations upon earth. Selah.

5[6] Let the people praise thee, O God; let all the people praise thee.

6[7] *Then* shall the earth yield her increase; *and* God, *even* our own God, shall bless us.

7[8] God shall bless us; and all the ends of the earth shall fear him.

PSALM 68

[1] To the chief Musician, A Psalm *or* Song of David.

1[2] Let God arise, let his enemies be scattered: let them also that hate him flee before him.

2[3] As smoke is driven away, *so* drive *them* away: as wax melteth before the fire, *so* let the wicked perish at the presence of God.

3[4] But let the righteous be glad; let them rejoice before God: yea, let them exceedingly rejoice.

4[5] Sing unto God, sing praises to his name: extol him that rideth upon the heavens by his name JAH, and rejoice before him.

5[6] A father of the fatherless, and a judge of the widows, *is* God in his holy habitation.

6[7] God setteth the solitary in families: he bringeth out those which are bound with chains: but the rebellious dwell in a dry *land.*

7[8] O God, when thou wentest forth before thy people, when thou didst march through the wilderness; Selah:

8[9] The earth shook, the heavens also dropped at the presence of God: *even* Sinai itself *was moved* at the presence of God, the God of Israel.

9[10] Thou, O God, didst send a plentiful rain, whereby thou didst confirm thine inheritance, when it was weary.

10[11] Thy congregation hath dwelt therein: thou, O God, hast prepared of thy goodness for the poor.

11[12] The Lord gave the word: great *was* the company of those that published it.

12[13] Kings of armies did flee apace: and she that tarried at home divided the spoil.

13[14] Though ye have lien among the pots, *yet shall ye be as* the wings of a dove covered with silver, and her feathers with yellow gold.

14[15] When the Almighty scattered kings in it, it was *white* as snow in Salmon.

15[16] The hill of God *is as* the hill of Bashan; an high hill *as* the hill of Bashan.

11 צְרַפְתָּנוּ כִּצְרָף־כָּסֶף: הֲבֵאתָנוּ בַמְּצוּדָה שַׂמְתָּ מוּעָקָה בְמָתְנֵינוּ:

12 הִרְכַּבְתָּ אֱנוֹשׁ לְרֹאשֵׁנוּ בָּאנוּ־בָאֵשׁ וּבַמַּיִם וַתּוֹצִיאֵנוּ לָרְוָיָה: אָבוֹא
13

14 בֵיתְךָ בְעוֹלוֹת אֲשַׁלֵּם לְךָ נְדָרָי: אֲשֶׁר־פָּצוּ שְׂפָתָי וְדִבֶּר־פִּי בַּצַּר־לִי:

15 עֹלוֹת מֵחִים אַעֲלֶה־לָּךְ עִם־קְטֹרֶת אֵילִים אֶעֱשֶׂה בָקָר עִם־עַתּוּדִים

16 סֶלָה: לְכוּ־שִׁמְעוּ וַאֲסַפְּרָה כָּל־יִרְאֵי אֱלֹהִים אֲשֶׁר עָשָׂה לְנַפְשִׁי:

17 אֵלָיו פִּי־קָרָאתִי וְרוֹמַם תַּחַת לְשׁוֹנִי: אָוֶן אִם־רָאִיתִי בְלִבִּי לֹא
18

19 יִשְׁמַע ׀ אֲדֹנָי: אָכֵן שָׁמַע אֱלֹהִים הִקְשִׁיב בְּקוֹל תְּפִלָּתִי: בָּרוּךְ
20

אֱלֹהִים אֲשֶׁר לֹא־הֵסִיר תְּפִלָּתִי וְחַסְדּוֹ מֵאִתִּי:

1A   מִזְמוֹר שִׁיר: 67 1 לַמְנַצֵּחַ בִּנְגִינֹת

2A   2 אֱלֹהִים יְחָנֵּנוּ וִיבָרְכֵנוּ יָאֵר פָּנָיו אִתָּנוּ סֶלָה: לָדַעַת בָּאָרֶץ דַּרְכֶּךָ
3

4 בְּכָל־גּוֹיִם יְשׁוּעָתֶךָ: יוֹדוּךָ עַמִּים ׀ אֱלֹהִים אֱלֹהִים יוֹדוּךָ עַמִּים כֻּלָּם: יִשְׂמְחוּ
5

וִירַנְּנוּ לְאֻמִּים כִּי־תִשְׁפֹּט עַמִּים מִישׁוֹר וּלְאֻמִּים ׀ בָּאָרֶץ תַּנְחֵם סֶלָה:

6 יוֹדוּךָ עַמִּים ׀ אֱלֹהִים יוֹדוּךָ עַמִּים כֻּלָּם: אֶרֶץ נָתְנָה יְבוּלָהּ יְבָרְכֵנוּ
7

8 אֱלֹהִים אֱלֹהֵינוּ: יְבָרְכֵנוּ אֱלֹהִים וְיִירְאוּ אֹתוֹ כָּל־אַפְסֵי־אָרֶץ:

   מִזְמוֹר שִׁיר: 68 1 לַמְנַצֵּחַ לְדָוִד

2 יָקוּם אֱלֹהִים יָפוּצוּ אוֹיְבָיו וְיָנוּסוּ מְשַׂנְאָיו מִפָּנָיו: כְּהִנְדֹּף עָשָׁן
3

4 תִּנְדֹּף כְּהִמֵּס דּוֹנַג מִפְּנֵי־אֵשׁ יֹאבְדוּ רְשָׁעִים מִפְּנֵי אֱלֹהִים: וְצַדִּיקִים

5 יִשְׂמְחוּ יַעַלְצוּ לִפְנֵי אֱלֹהִים וְיָשִׂישׂוּ בְשִׂמְחָה: שִׁירוּ ׀ לֵאלֹהִים זַמְּרוּ

6 שְׁמוֹ סֹלּוּ לָרֹכֵב בָּעֲרָבוֹת בְּיָהּ שְׁמוֹ וְעִלְזוּ לְפָנָיו: אֲבִי יְתוֹמִים וְדַיַּן

7 אַלְמָנוֹת אֱלֹהִים בִּמְעוֹן קָדְשׁוֹ: אֱלֹהִים ׀ מוֹשִׁיב יְחִידִים ׀ בַּיְתָה מוֹצִיא

8 אֲסִירִים בַּכּוֹשָׁרוֹת אַךְ סוֹרְרִים שָׁכְנוּ צְחִיחָה: אֱלֹהִים בְּצֵאתְךָ לִפְנֵי

9 עַמֶּךָ בְּצַעְדְּךָ בִישִׁימוֹן סֶלָה: אֶרֶץ רָעָשָׁה ׀ אַף־שָׁמַיִם נָטְפוּ מִפְּנֵי

10 אֱלֹהִים זֶה סִינַי מִפְּנֵי אֱלֹהִים אֱלֹהֵי יִשְׂרָאֵל: גֶּשֶׁם נְדָבוֹת תָּנִיף

11 אֱלֹהִים נַחֲלָתְךָ וְנִלְאָה אַתָּה כוֹנַנְתָּהּ: חַיָּתְךָ יָשְׁבוּ־בָהּ תָּכִין

12 בְּטוֹבָתְךָ לֶעָנִי אֱלֹהִים: אֲדֹנָי יִתֶּן־אֹמֶר הַמְבַשְּׂרוֹת צָבָא רָב: מַלְכֵי
13

14 צְבָאוֹת יִדֹּדוּן יִדֹּדוּן וּנְוַת־בַּיִת תְּחַלֵּק שָׁלָל: אִם־תִּשְׁכְּבוּן בֵּין

15 שְׁפַתָּיִם כַּנְפֵי יוֹנָה נֶחְפָּה בַכֶּסֶף וְאֶבְרוֹתֶיהָ בִּירַקְרַק חָרוּץ: בְּפָרֵשׂ

16 שַׁדַּי מְלָכִים בָּהּ תַּשְׁלֵג בְּצַלְמוֹן: הַר־אֱלֹהִים הַר־בָּשָׁן הַר גַּבְנֻנִּים

16[17] Why leap ye, ye high hills? *this is* the hill *which* God desireth to dwell in; yea, the LORD will dwell *in it* for ever.

17[18] The chariots of God *are* twenty thousand, *even* thousands of angels: the Lord *is* among them, *as in* Sinai, in the holy *place.*

18[19] Thou hast ascended on high, thou hast led captivity captive: thou hast received gifts for men; yea, *for* the rebellious also, that the LORD God might dwell *among them.*

19[20] Blessed *be* the Lord, *who* daily loadeth us *with benefits, even* the God of our salvation. Selah.

20[21] *He that is* our God *is* the God of salvation; and unto GOD the Lord *belong* the issues from death.

21[22] But God shall wound the head of his enemies, *and* the hairy scalp of such an one as goeth on still in his trespasses.

22[23] The Lord said, I will bring again from Bashan, I will bring *my people* again from the depths of the sea:

23[24] That thy foot may be dipped in the blood of *thine* enemies, *and* the tongue of thy dogs in the same.

24[25] They have seen thy goings, O God; *even* the goings of my God, my King, in the sanctuary.

25[26] The singers went before, the players on instruments *followed* after; among *them were* the damsels playing with timbrels.

26[27] Bless ye God in the congregations, *even* the Lord, from the fountain of Israel.

27[28] There *is* little Benjamin *with* their ruler, the princes of Judah *and* their council, the princes of Zebulun, *and* the princes of Naphtali.

28[29] Thy God hath commanded thy strength: strengthen, O God, that which thou hast wrought for us.

29[30] Because of thy temple at Jerusalem shall kings bring presents unto thee.

30[31] Rebuke the company of spearmen, the multitude of the bulls, with the calves of the people, *till every one* submit himself with pieces of silver: scatter thou the people *that* delight in war.

31[32] Princes shall come out of Egypt; Ethiopia shall soon stretch out her hands unto God.

32[33] Sing unto God, ye kingdoms of the earth; O sing praises unto the Lord; Selah:

33[34] To him that rideth upon the heavens of heavens, *which were* of old; lo, he doth send out his voice, *and that* a mighty voice.

34[35] Ascribe ye strength unto God: his excellency *is* over Israel, and his strength *is* in the clouds.

35[36] O God, *thou art* terrible out of thy holy places: the God of Israel *is* he that giveth strength and power unto *his* people. Blessed *be* God.

PSALM 69

[1] To the chief Musician upon Shoshannim, *A Psalm* of David.

1[2] Save me, O God; for the waters are come in unto *my* soul.

2[3] I sink in deep mire, where *there is* no standing: I am come into deep waters, where the floods overflow me.

3[4] I am weary of my crying: my throat is dried: mine eyes fail while I wait for my God.

4[5] They that hate me without a cause are more than the hairs of mine head: they that would destroy me, *being* mine enemies wrongfully, are mighty: then I restored *that* which I took not away.

5[6] O God, thou knowest my foolishness; and my sins are not hid from thee.

6[7] Let not them that wait on thee, O Lord GOD of hosts, be ashamed for my sake: let not those that seek thee be confounded for my sake, O God of Israel.

7[8] Because for thy sake I have borne reproach; shame hath covered my face.

8[9] I am become a stranger unto my brethren, and an alien unto my mother's children.

9[10] For the zeal of thine house hath eaten me up; and the reproaches of them that reproached thee are fallen upon me.

10[11] When I wept, *and chastened* my soul with fasting, that was to my reproach.

11[12] I made sackcloth also my garment; and I became a proverb to them.

הַר־בָּשָׁן: לָמָּה ׀ תְּרַצְּדוּן הָרִים גַּבְנֻנִּים הָהָר חָמַד אֱלֹהִים לְשִׁבְתּוֹ 17

אַף־יְהֹוָה יִשְׁכֹּן לָנֶצַח: רֶכֶב אֱלֹהִים רִבֹּתַיִם אַלְפֵי שִׁנְאָן אֲדֹנָי בָם 18

סִינַי בַּקֹּדֶשׁ: עָלִיתָ לַמָּרוֹם שָׁבִיתָ שֶּׁבִי לָקַחְתָּ מַתָּנוֹת בָּאָדָם וְאַף 19

סוֹרְרִים לִשְׁכֹּן ׀ יָהּ אֱלֹהִים: בָּרוּךְ אֲדֹנָי יוֹם ׀ יוֹם יַעֲמָס־לָנוּ הָאֵל 20

יְשׁוּעָתֵנוּ סֶלָה: הָאֵל ׀ לָנוּ אֵל לְמוֹשָׁעוֹת וְלֵיהֹוִה אֲדֹנָי לַמָּוֶת 21

תּוֹצָאוֹת: אַךְ־אֱלֹהִים יִמְחַץ רֹאשׁ אֹיְבָיו קָדְקֹד שֵׂעָר מִתְהַלֵּךְ 22

בַּאֲשָׁמָיו: אָמַר אֲדֹנָי מִבָּשָׁן אָשִׁיב אָשִׁיב מִמְּצֻלוֹת יָם: לְמַעַן ׀ תִּמְחַץ 23
24

רַגְלְךָ בְּדָם לְשׁוֹן כְּלָבֶיךָ מֵאֹיְבִים מִנֵּהוּ: רָאוּ הֲלִיכוֹתֶיךָ אֱלֹהִים 25

הֲלִיכוֹת אֵלִי מַלְכִּי בַקֹּדֶשׁ: קִדְּמוּ שָׁרִים אַחַר נֹגְנִים בְּתוֹךְ עֲלָמוֹת 26

תּוֹפֵפוֹת: בְּמַקְהֵלוֹת בָּרְכוּ אֱלֹהִים יְהֹוָה מִמְּקוֹר יִשְׂרָאֵל: שָׁם בִּנְיָמִן ׀ 27
28

צָעִיר רֹדֵם שָׂרֵי יְהוּדָה רִגְמָתָם שָׂרֵי זְבֻלוּן שָׂרֵי נַפְתָּלִי: צִוָּה אֱלֹהֶיךָ 29

עֻזֶּךָ עוּזָּה אֱלֹהִים זוּ פָּעַלְתָּ לָּנוּ: מֵהֵיכָלֶךָ עַל־יְרוּשָׁלָ͏ִם לְךָ יוֹבִילוּ 30

מְלָכִים שָׁי: גְּעַר חַיַּת קָנֶה עֲדַת אַבִּירִים ׀ בְּעֶגְלֵי עַמִּים מִתְרַפֵּס 31

בְּרַצֵּי־כָסֶף בִּזַּר עַמִּים קְרָבוֹת יֶחְפָּצוּ: יֶאֱתָיוּ חַשְׁמַנִּים מִנִּי מִצְרָיִם 32

כּוּשׁ תָּרִיץ יָדָיו לֵאלֹהִים: מַמְלְכוֹת הָאָרֶץ שִׁירוּ לֵאלֹהִים זַמְּרוּ אֲדֹנָי 33

סֶלָה: לָרֹכֵב בִּשְׁמֵי שְׁמֵי־קֶדֶם הֵן יִתֵּן בְּקוֹלוֹ קוֹל עֹז: תְּנוּ עֹז 34
35

לֵאלֹהִים עַל־יִשְׂרָאֵל גַּאֲוָתוֹ וְעֻזּוֹ בַּשְּׁחָקִים: נוֹרָא אֱלֹהִים מִמִּקְדָּשֶׁיךָ 36

אֵל יִשְׂרָאֵל הוּא נֹתֵן ׀ עֹז וְתַעֲצֻמוֹת לָעָם בָּרוּךְ אֱלֹהִים:

69 לַמְנַצֵּחַ ׀ עַל־שׁוֹשַׁנִּים לְדָוִד: הוֹשִׁיעֵנִי אֱלֹהִים 1
2

כִּי בָאוּ מַיִם עַד־נָפֶשׁ: טָבַעְתִּי בִּיוֵן מְצוּלָה וְאֵין מָעֳמָד בָּאתִי 3

בְמַעֲמַקֵּי־מַיִם וְשִׁבֹּלֶת שְׁטָפָתְנִי: יָגַעְתִּי בְקָרְאִי נִחַר גְּרוֹנִי כָּלוּ עֵינַי 4

מְיַחֵל לֵאלֹהָי: רַבּוּ ׀ מִשַּׂעֲרוֹת רֹאשִׁי שֹׂנְאַי חִנָּם עָצְמוּ מַצְמִיתַי אֹיְבַי 5

שֶׁקֶר אֲשֶׁר לֹא־גָזַלְתִּי אָז אָשִׁיב: אֱלֹהִים אַתָּה יָדַעְתָּ לְאִוַּלְתִּי 6

וְאַשְׁמוֹתַי מִמְּךָ לֹא־נִכְחָדוּ: אַל־יֵבֹשׁוּ בִי ׀ קֹוֶיךָ אֲדֹנָי יֱהֹוִה צְבָאוֹת 7

אַל־יִכָּלְמוּ בִי מְבַקְשֶׁיךָ אֱלֹהֵי יִשְׂרָאֵל: כִּי־עָלֶיךָ נָשָׂאתִי חֶרְפָּה 8

כִּסְּתָה כְלִמָּה פָנָי: מוּזָר הָיִיתִי לְאֶחָי וְנָכְרִי לִבְנֵי אִמִּי: כִּי־קִנְאַת 9
10

בֵּיתְךָ אֲכָלָתְנִי וְחֶרְפּוֹת חוֹרְפֶיךָ נָפְלוּ עָלָי: וָאֶבְכֶּה בַצּוֹם נַפְשִׁי וַתְּהִי 11

לַחֲרָפוֹת לִי: וָאֶתְּנָה לְבוּשִׁי שָׂק וָאֱהִי לָהֶם לְמָשָׁל: יָשִׂיחוּ בִי יֹשְׁבֵי 12
13

12[13] They that sit in the gate speak against me; and I *was* the song of the drunkards.

13[14] But as for me, my prayer *is* unto thee, O LORD, *in* an acceptable time: O God, in the multitude of thy mercy hear me, in the truth of thy salvation.

14[15] Deliver me out of the mire, and let me not sink: let me be delivered from them that hate me, and out of the deep waters.

15[16] Let not the waterflood overflow me, neither let the deep swallow me up, and let not the pit shut her mouth upon me.

16[17] Hear me, O LORD; for thy lovingkindness *is* good: turn unto me according to the multitude of thy tender mercies.

17[18] And hide not thy face from thy servant; for I am in trouble: hear me speedily.

18[19] Draw nigh unto my soul, *and* redeem it: deliver me because of mine enemies.

19[20] Thou hast known my reproach, and my shame, and my dishonour: mine adversaries *are* all before thee.

20[21] Reproach hath broken my heart; and I am full of heaviness: and I looked *for some* to take pity, but *there was* none; and for comforters, but I found none.

21[22] They gave me also gall for my meat; and in my thirst they gave me vinegar to drink.

22[23] Let their table become a snare before them: and *that which should have been* for *their* welfare, *let it become* a trap.

23[24] Let their eyes be darkened, that they see not; and make their loins continually to shake.

24[25] Pour out thine indignation upon them, and let thy wrathful anger take hold of them.

25[26] Let their habitation be desolate; *and* let none dwell in their tents.

26[27] For they persecute *him* whom thou hast smitten; and they talk to the grief of those whom thou hast wounded.

27[28] Add iniquity unto their iniquity: and let them not come into thy righteousness.

28[29] Let them be blotted out of the book of the living, and not be written with the righteous.

29[30] But I *am* poor and sorrowful: let thy salvation, O God, set me up on high.

30[31] I will praise the name of God with a song, and will magnify him with thanksgiving.

31[32] *This* also shall please the LORD better than an ox *or* bullock that hath horns and hoofs.

32[33] The humble shall see *this, and* be glad: and your heart shall live that seek God.

33[34] For the LORD heareth the poor, and despiseth not his prisoners.

34[35] Let the heaven and earth praise him, the seas, and every thing that moveth therein.

35[36] For God will save Zion, and will build the cities of Judah: that they may dwell there, and have it in possession.

36[37] The seed also of his servants shall inherit it: and they that love his name shall dwell therein.

PSALM 70

[1] To the chief Musician, *A Psalm* of David, to bring to remembrance.

1[2] *Make haste*, O God, to deliver me; make haste to help me, O LORD.

2[3] Let them be ashamed and confounded that seek after my soul: let them be turned backward, and put to confusion, that desire my hurt.

3[4] Let them be turned back for a reward of their shame that say, Aha, aha.

4[5] Let all those that seek thee rejoice and be glad in thee: and let such as love thy salvation say continually, Let God be magnified.

5[6] But I *am* poor and needy: make haste unto me, O God: thou *art* my help and my deliverer; O LORD, make no tarrying.

PSALM 71

1 In thee, O LORD, do I put my trust: let me never be put to confusion.

2 Deliver me in thy righteousness, and

שָׁעָר וּנְגִינוֹת שׁוֹתֵי שֵׁכָר: וַאֲנִי תְפִלָּתִי־לְךָ ׀ יְהוָה עֵת רָצוֹן אֱלֹהִים 14

בְּרָב־חַסְדֶּךָ עֲנֵנִי בֶּאֱמֶת יִשְׁעֶךָ: הַצִּילֵנִי מִטִּיט וְאַל־אֶטְבָּעָה אִנָּצְלָה 15

מִשֹּׂנְאַי וּמִמַּעֲמַקֵּי־מָיִם: אַל־תִּשְׁטְפֵנִי ׀ שִׁבֹּלֶת מַיִם וְאַל־תִּבְלָעֵנִי 16

מְצוּלָה וְאַל־תֶּאְטַר־עָלַי בְּאֵר פִּיהָ: עֲנֵנִי יְהוָה כִּי־טוֹב חַסְדֶּךָ כְּרֹב 17

רַחֲמֶיךָ פְּנֵה אֵלָי: וְאַל־תַּסְתֵּר פָּנֶיךָ מֵעַבְדֶּךָ כִּי־צַר־לִי מַהֵר עֲנֵנִי: 18

קָרְבָה אֶל־נַפְשִׁי גְאָלָהּ לְמַעַן אֹיְבַי פְּדֵנִי: אַתָּה יָדַעְתָּ חֶרְפָּתִי וּבָשְׁתִּי 19 20

וּכְלִמָּתִי נֶגְדְּךָ כָּל־צוֹרְרָי: חֶרְפָּה ׀ שָׁבְרָה לִבִּי וָאָנוּשָׁה וָאֲקַוֶּה לָנוּד 21

וָאַיִן וְלַמְנַחֲמִים וְלֹא מָצָאתִי: וַיִּתְּנוּ בְּבָרוּתִי רֹאשׁ וְלִצְמָאִי יַשְׁקוּנִי 22

חֹמֶץ: יְהִי־שֻׁלְחָנָם לִפְנֵיהֶם לְפָח וְלִשְׁלוֹמִים לְמוֹקֵשׁ: תֶּחְשַׁכְנָה 23 24 24A

עֵינֵיהֶם מֵרְאוֹת וּמָתְנֵיהֶם תָּמִיד הַמְעַד: שְׁפָךְ־עֲלֵיהֶם זַעְמֶךָ וַחֲרוֹן 25

אַפְּךָ יַשִּׂיגֵם: תְּהִי־טִירָתָם נְשַׁמָּה בְּאָהֳלֵיהֶם אַל־יְהִי יֹשֵׁב: כִּי־אַתָּה 26 27

אֲשֶׁר־הִכִּיתָ רָדָפוּ וְאֶל־מַכְאוֹב חֲלָלֶיךָ יְסַפֵּרוּ: תְּנָה־עָוֹן עַל־עֲוֹנָם 28

וְאַל־יָבֹאוּ בְּצִדְקָתֶךָ: יִמָּחוּ מִסֵּפֶר חַיִּים וְעִם צַדִּיקִים אַל־יִכָּתֵבוּ: 29

וַאֲנִי עָנִי וְכוֹאֵב יְשׁוּעָתְךָ אֱלֹהִים תְּשַׂגְּבֵנִי: אֲהַלְלָה שֵׁם־אֱלֹהִים 30 31

בְּשִׁיר וַאֲגַדְּלֶנּוּ בְתוֹדָה: וְתִיטַב לַיהוָה מִשּׁוֹר פָּר מַקְרִן מַפְרִיס: 32

רָאוּ עֲנָוִים יִשְׂמָחוּ דֹּרְשֵׁי אֱלֹהִים וִיחִי לְבַבְכֶם: כִּי־שֹׁמֵעַ אֶל־ 33 34 33A

אֶבְיוֹנִים יְהוָה וְאֶת־אֲסִירָיו לֹא בָזָה: יְהַלְלוּהוּ שָׁמַיִם וָאָרֶץ יַמִּים 35

וְכָל־רֹמֵשׂ בָּם: כִּי אֱלֹהִים ׀ יוֹשִׁיעַ צִיּוֹן וְיִבְנֶה עָרֵי יְהוּדָה וְיָשְׁבוּ שָׁם 36

וִירֵשׁוּהָ: וְזֶרַע עֲבָדָיו יִנְחָלוּהָ וְאֹהֲבֵי שְׁמוֹ יִשְׁכְּנוּ־בָהּ: 37

לַמְנַצֵּחַ לְדָוִד לְהַזְכִּיר: אֱלֹהִים לְהַצִּילֵנִי 70 1 2

יְהוָה לְעֶזְרָתִי חוּשָׁה: יֵבֹשׁוּ וְיַחְפְּרוּ מְבַקְשֵׁי נַפְשִׁי יִסֹּגוּ אָחוֹר 3

וְיִכָּלְמוּ חֲפֵצֵי רָעָתִי: יָשׁוּבוּ עַל־עֵקֶב בָּשְׁתָּם הָאֹמְרִים הֶאָח ׀ הֶאָח: 4

יָשִׂישׂוּ וְיִשְׂמְחוּ ׀ בְּךָ כָּל־מְבַקְשֶׁיךָ וְיֹאמְרוּ תָמִיד יִגְדַּל אֱלֹהִים אֹהֲבֵי 5

יְשׁוּעָתֶךָ: וַאֲנִי ׀ עָנִי וְאֶבְיוֹן אֱלֹהִים חוּשָׁה־לִּי עֶזְרִי וּמְפַלְטִי אַתָּה 6

יְהוָה אַל־תְּאַחַר:

בְּךָ־יְהוָה חָסִיתִי אַל־אֵבוֹשָׁה לְעוֹלָם: בְּצִדְקָתְךָ תַּצִּילֵנִי וּתְפַלְּטֵנִי 71 1 2

cause me to escape: incline thine ear unto me, and save me.

3 Be thou my strong habitation, whereunto I may continually resort: thou hast given commandment to save me; for thou *art* my rock and my fortress.

4 Deliver me, O my God, out of the hand of the wicked, out of the hand of the unrighteous and cruel man.

5 For thou *art* my hope, O Lord GOD: *thou art* my trust from my youth.

6 By thee have I been holden up from the womb: thou art he that took me out of my mother's bowels: my praise *shall be* continually of thee.

7 I am as a wonder unto many; but thou *art* my strong refuge.

8 Let my mouth be filled *with* thy praise *and with* thy honour all the day.

9 Cast me not off in the time of old age; forsake me not when my strength faileth.

10 For mine enemies speak against me; and they that lay wait for my soul take counsel together,

11 Saying, God hath forsaken him: persecute and take him; for *there is* none to deliver *him.*

12 O God, be not far from me: O my God, make haste for my help.

13 Let them be confounded *and* consumed that are adversaries to my soul; let them be covered *with* reproach and dishonour that seek my hurt.

14 But I will hope continually, and will yet praise thee more and more.

15 My mouth shall shew forth thy righteousness *and* thy salvation all the day; for I know not the numbers *thereof.*

16 I will go in the strength of the Lord GOD: I will make mention of thy righteousness, *even* of thine only.

17 O God, thou hast taught me from my youth: and hitherto have I declared thy wondrous works.

18 Now also when I am old and grayheaded, O God, forsake me not; until I have shewed thy strength unto *this* generation, *and* thy power to every one *that* is to come.

19 Thy righteousness also, O God, *is* very high, who hast done great things: O God, who *is* like unto thee!

20 *Thou,* which hast shewed me great and sore troubles, shalt quicken me again, and shalt bring me up again from the depths of the earth.

21 Thou shalt increase my greatness, and comfort me on every side.

22 I will also praise thee with the psaltery, *even* thy truth, O my God: unto thee will I sing with the harp, O thou Holy One of Israel.

23 My lips shall greatly rejoice when I sing unto thee; and my soul, which thou hast redeemed.

24 My tongue also shall talk of thy righteousness all the day long: for they are confounded, for they are brought unto shame, that seek my hurt.

PSALM 72

[1a] *A Psalm* for Solomon.

1[1b] Give the king thy judgments, O God, and thy righteousness unto the king's son.

2 He shall judge thy people with righteousness, and thy poor with judgment.

3 The mountains shall bring peace to the people, and the little hills, by righteousness.

4 He shall judge the poor of the people, he shall save the children of the needy, and shall break in pieces the oppressor.

5 They shall fear thee as long as the sun and moon endure, throughout all generations.

6 He shall come down like rain upon the mown grass: as showers *that* water the earth.

7 In his days shall the righteous flourish; and abundance of peace so long as the moon endureth.

8 He shall have dominion also from sea to sea, and from the river unto the ends of the earth.

9 They that dwell in the wilderness shall bow before him; and his enemies shall lick the dust.

10 The kings of Tarshish and of the isles shall bring presents: the kings of Sheba and Seba shall offer gifts.

11 Yea, all kings shall fall down before him: all nations shall serve him.

הַטֵּה־אֵלַי ׀ אָזְנְךָ וְהוֹשִׁיעֵנִי: הֱיֵה לִי ׀ לְצוּר מָעוֹן לָבוֹא תָּמִיד צִוִּיתָ 3

לְהוֹשִׁיעֵנִי כִּי־סַלְעִי וּמְצוּדָתִי אָתָּה: אֱלֹהַי פַּלְּטֵנִי מִיַּד רָשָׁע מִכַּף 4

מְעַוֵּל וְחוֹמֵץ: כִּי־אַתָּה תִקְוָתִי אֲדֹנָי יְהוִה מִבְטַחִי מִנְּעוּרָי: עָלֶיךָ ׀ 5 6

נִסְמַכְתִּי מִבֶּטֶן מִמְּעֵי אִמִּי אַתָּה גוֹזִי בְּךָ תְהִלָּתִי תָמִיד: כְּמוֹפֵת 7

הָיִיתִי לְרַבִּים וְאַתָּה מַחֲסִי־עֹז: יִמָּלֵא פִי תְּהִלָּתֶךָ כָּל־הַיּוֹם תִּפְאַרְתֶּךָ: 8

אַל־תַּשְׁלִיכֵנִי לְעֵת זִקְנָה כִּכְלוֹת כֹּחִי אַל־תַּעַזְבֵנִי: כִּי־אָמְרוּ אוֹיְבַי 9 10

לִי וְשֹׁמְרֵי נַפְשִׁי נוֹעֲצוּ יַחְדָּו: לֵאמֹר אֱלֹהִים עֲזָבוֹ רִדְפוּ וְתִפְשׂוּהוּ 11

כִּי־אֵין מַצִּיל: אֱלֹהִים אַל־תִּרְחַק מִמֶּנִּי אֱלֹהַי לְעֶזְרָתִי חִישָׁה: יֵבֹשׁוּ 12 13

יִכְלוּ שֹׂטְנֵי נַפְשִׁי יַעֲטוּ חֶרְפָּה וּכְלִמָּה מְבַקְשֵׁי רָעָתִי: וַאֲנִי תָּמִיד 14

אֲיַחֵל וְהוֹסַפְתִּי עַל־כָּל־תְּהִלָּתֶךָ: פִּי ׀ יְסַפֵּר צִדְקָתֶךָ כָּל־הַיּוֹם 15

תְּשׁוּעָתֶךָ כִּי לֹא יָדַעְתִּי סְפֹרוֹת: אָבוֹא בִּגְבֻרוֹת אֲדֹנָי יְהוִה אַזְכִּיר 16

צִדְקָתְךָ לְבַדֶּךָ: אֱלֹהִים לִמַּדְתַּנִי מִנְּעוּרָי וְעַד־הֵנָּה אַגִּיד נִפְלְאוֹתֶיךָ: 17

וְגַם עַד־זִקְנָה ׀ וְשֵׂיבָה אֱלֹהִים אַל־תַּעַזְבֵנִי עַד־אַגִּיד זְרוֹעֲךָ לְדוֹר לְכָל־ 18

יָבוֹא גְּבוּרָתֶךָ: וְצִדְקָתְךָ אֱלֹהִים עַד־מָרוֹם אֲשֶׁר־עָשִׂיתָ גְדֹלוֹת 19

אֱלֹהִים מִי כָמוֹךָ: אֲשֶׁר הִרְאִיתַנוּ ׀ צָרוֹת רַבּוֹת וְרָעוֹת תָּשׁוּב תְּחַיֵּינוּ 20

וּמִתְּהֹמוֹת הָאָרֶץ תָּשׁוּב תַּעֲלֵנִי: תֶּרֶב ׀ גְּדֻלָּתִי וְתִסֹּב תְּנַחֲמֵנִי: גַּם־אֲנִי ׀ 21 22

אוֹדְךָ בִכְלִי־נֶבֶל אֲמִתְּךָ אֱלֹהָי אֲזַמְּרָה לְךָ בְכִנּוֹר קְדוֹשׁ יִשְׂרָאֵל: 23

תְּרַנֵּנָּה שְׂפָתַי כִּי אֲזַמְּרָה־לָּךְ וְנַפְשִׁי אֲשֶׁר פָּדִיתָ: גַּם־לְשׁוֹנִי כָּל־הַיּוֹם 24

תֶּהְגֶּה צִדְקָתֶךָ כִּי־בֹשׁוּ כִי־חָפְרוּ מְבַקְשֵׁי רָעָתִי:

לִשְׁלֹמֹה ׀ 72 1

אֱלֹהִים מִשְׁפָּטֶיךָ לְמֶלֶךְ תֵּן וְצִדְקָתְךָ לְבֶן־מֶלֶךְ: יָדִין עַמְּךָ בְצֶדֶק 2

וַעֲנִיֶּיךָ בְמִשְׁפָּט: יִשְׂאוּ הָרִים שָׁלוֹם לָעָם וּגְבָעוֹת בִּצְדָקָה: יִשְׁפֹּט 3 4

עֲנִיֵּי־עָם יוֹשִׁיעַ לִבְנֵי אֶבְיוֹן וִידַכֵּא עוֹשֵׁק: יִירָאוּךָ עִם־שָׁמֶשׁ וְלִפְנֵי 5

יָרֵחַ דּוֹר דּוֹרִים: יֵרֵד כְּמָטָר עַל־גֵּז כִּרְבִיבִים זַרְזִיף אָרֶץ: יִפְרַח־ 6 7

בְּיָמָיו צַדִּיק וְרֹב שָׁלוֹם עַד־בְּלִי יָרֵחַ: וְיֵרְדְּ מִיָּם עַד־יָם וּמִנָּהָר עַד־ 8

אַפְסֵי־אָרֶץ: לְפָנָיו יִכְרְעוּ צִיִּים וְאֹיְבָיו עָפָר יְלַחֵכוּ: מַלְכֵי תַרְשִׁישׁ 9 10

וְאִיִּים מִנְחָה יָשִׁיבוּ מַלְכֵי שְׁבָא וּסְבָא אֶשְׁכָּר יַקְרִיבוּ: וְיִשְׁתַּחֲווּ־לוֹ 11

12 For he shall deliver the needy when he crieth; the poor also, and *him* that hath no helper.

13 He shall spare the poor and needy, and shall save the souls of the needy.

14 He shall redeem their soul from deceit and violence: and precious shall their blood be in his sight.

15 And he shall live, and to him shall be given of the gold of Sheba: prayer also shall be made for him continually; *and* daily shall he be praised.

16 There shall be an handful of corn in the earth upon the top of the mountains; the fruit thereof shall shake like Lebanon: and *they* of the city shall flourish like grass of the earth.

17 His name shall endure for ever: his name shall be continued as long as the sun: and *men* shall be blessed in him: all nations shall call him blessed.

18 Blessed *be* the LORD God, the God of Israel, who only doeth wondrous things.

19 And blessed *be* his glorious name for ever: and let the whole earth be filled *with* his glory; Amen, and Amen.

20 The prayers of David the son of Jesse are ended.

PSALM 73

[1a] A Psalm of Asaph.

1[1b] Truly God *is* good to Israel, *even* to such as are of a clean heart.

2 But as for me, my feet were almost gone; my steps had well nigh slipped.

3 For I was envious at the foolish, *when* I saw the prosperity of the wicked.

4 For *there are* no bands in their death: but their strength *is* firm.

5 They *are* not in trouble *as other* men; neither are they plagued like *other* men.

6 Therefore pride compasseth them about as a chain; violence covereth them *as* a garment.

7 Their eyes stand out with fatness: they have more than heart could wish.

8 They are corrupt, and speak wickedly *concerning* oppression: they speak loftily.

9 They set their mouth against the heavens, and their tongue walketh through the earth.

10 Therefore his people return hither: and waters of a full *cup* are wrung out to them.

11 And they say, How doth God know? and is there knowledge in the most High?

12 Behold, these *are* the ungodly, who prosper in the world; they increase *in* riches.

13 Verily I have cleansed my heart *in* vain, and washed my hands in innocency.

14 For all the day long have I been plagued, and chastened every morning.

15 If I say, I will speak thus; behold, I should offend *against* the generation of thy children.

16 When I thought to know this, it *was* too painful for me;

17 Until I went into the sanctuary of God; *then* understood I their end.

18 Surely thou didst set them in slippery places: thou castedst them down into destruction.

19 How are they *brought* into desolation, as in a moment! they are utterly consumed with terrors.

20 As a dream when *one* awaketh; *so,* O Lord, when thou awakest, thou shalt despise their image.

21 Thus my heart was grieved, and I was pricked in my reins.

22 So foolish *was* I, and ignorant: I was *as* a beast before thee.

23 Nevertheless I *am* continually with thee: thou hast holden *me* by my right hand.

24 Thou shalt guide me with thy counsel, and afterward receive me *to* glory.

25 Whom have I in heaven *but thee?* and *there is* none upon earth *that* I desire beside thee.

26 My flesh and my heart faileth: *but* God *is* the strength of my heart, and my portion for ever.

27 For, lo, they that are far from thee shall perish: thou hast destroyed all them that go a whoring from thee.

28 But *it is* good for me to draw near to God: I have put my trust in the Lord GOD, that I may declare all thy works.

כָּל־מְלָכִים כָּל־גּוֹיִם יַעַבְדוּהוּ: כִּי־יַצִּיל אֶבְיוֹן מְשַׁוֵּעַ וְעָנִי וְאֵין־עֹזֵר 12
לוֹ: יָחֹס עַל־דַּל וְאֶבְיוֹן וְנַפְשׁוֹת אֶבְיוֹנִים יוֹשִׁיעַ: מִתּוֹךְ וּמֵחָמָס 13
14
יִגְאַל נַפְשָׁם וְיֵיקַר דָּמָם בְּעֵינָיו: וִיחִי וְיִתֶּן־לוֹ מִזְּהַב שְׁבָא וְיִתְפַּלֵּל 15
בַּעֲדוֹ תָמִיד כָּל־הַיּוֹם יְבָרֲכֶנְהוּ: יְהִי פִסַּת־בַּר בָּאָרֶץ בְּרֹאשׁ הָרִים 16
יִרְעַשׁ כַּלְּבָנוֹן פִּרְיוֹ וְיָצִיצוּ מֵעִיר כְּעֵשֶׂב הָאָרֶץ: יְהִי שְׁמוֹ לְעוֹלָם 17
לִפְנֵי־שֶׁמֶשׁ יִנּוֹן שְׁמוֹ וְיִתְבָּרֲכוּ בוֹ כָּל־גּוֹיִם יְאַשְּׁרוּהוּ: בָּרוּךְ יְהוָה 18 יִנּוֹן
אֱלֹהִים אֱלֹהֵי יִשְׂרָאֵל עֹשֵׂה נִפְלָאוֹת לְבַדּוֹ: וּבָרוּךְ שֵׁם כְּבוֹדוֹ 19
לְעוֹלָם וְיִמָּלֵא כְבוֹדוֹ אֶת־כָּל־הָאָרֶץ אָמֵן וְאָמֵן: כָּלּוּ תְפִלּוֹת 20
דָּוִד בֶּן־יִשָׁי:

ספר שלישי 73 מִזְמוֹר לְאָסָף 1

אַךְ טוֹב לְיִשְׂרָאֵל אֱלֹהִים לְבָרֵי לֵבָב: וַאֲנִי כִּמְעַט נָטוּי רַגְלָי כְּאַיִן 2 נָטָיו
שֻׁפְּכָה אֲשֻׁרָי: כִּי־קִנֵּאתִי בַּהוֹלְלִים שְׁלוֹם רְשָׁעִים אֶרְאֶה: כִּי אֵין 3 שֻׁפְּכוּ
4
חַרְצֻבּוֹת לְמוֹתָם וּבָרִיא אוּלָם: בַּעֲמַל אֱנוֹשׁ אֵינֵמוֹ וְעִם־אָדָם לֹא 5
יְנֻגָּעוּ: לָכֵן עֲנָקַתְמוֹ גַאֲוָה יַעֲטָף־שִׁית חָמָס לָמוֹ: יָצָא מֵחֵלֶב עֵינֵמוֹ 6
7
עָבְרוּ מַשְׂכִּיּוֹת לֵבָב: יָמִיקוּ וִידַבְּרוּ בְרָע עֹשֶׁק מִמָּרוֹם יְדַבֵּרוּ: שַׁתּוּ 8
9
בַשָּׁמַיִם פִּיהֶם וּלְשׁוֹנָם תִּהֲלַךְ בָּאָרֶץ: לָכֵן יָשׁוּב עַמּוֹ הֲלֹם וּמֵי 10 יָשׁוּב
מָלֵא יִמָּצוּ לָמוֹ: וְאָמְרוּ אֵיכָה יָדַע־אֵל וְיֵשׁ דֵּעָה בְעֶלְיוֹן: הִנֵּה־אֵלֶּה 11
12
רְשָׁעִים וְשַׁלְוֵי עוֹלָם הִשְׂגּוּ־חָיִל: אַךְ־רִיק זִכִּיתִי לְבָבִי וָאֶרְחַץ בְּנִקָּיוֹן 13
כַּפָּי: וָאֱהִי נָגוּעַ כָּל־הַיּוֹם וְתוֹכַחְתִּי לַבְּקָרִים: אִם־אָמַרְתִּי אֲסַפְּרָה 14
15
כְּמוֹ הִנֵּה דוֹר בָּנֶיךָ בָגָדְתִּי: וָאֲחַשְּׁבָה לָדַעַת זֹאת עָמָל הִיא בְעֵינָי: 16 הוּא
עַד־אָבוֹא אֶל־מִקְדְּשֵׁי־אֵל אָבִינָה לְאַחֲרִיתָם: אַךְ בַּחֲלָקוֹת תָּשִׁית 17
18
לָמוֹ הִפַּלְתָּם לְמַשּׁוּאוֹת: אֵיךְ הָיוּ לְשַׁמָּה כְרָגַע סָפוּ תַמּוּ מִן 19
בַּלָּהוֹת: כַּחֲלוֹם מֵהָקִיץ אֲדֹנָי בָּעִיר צַלְמָם תִּבְזֶה: כִּי יִתְחַמֵּץ לְבָבִי 20
21
וְכִלְיוֹתַי אֶשְׁתּוֹנָן: וַאֲנִי־בַעַר וְלֹא אֵדָע בְּהֵמוֹת הָיִיתִי עִמָּךְ: וַאֲנִי 22
23
תָמִיד עִמָּךְ אָחַזְתָּ בְּיַד־יְמִינִי: בַּעֲצָתְךָ תַנְחֵנִי וְאַחַר כָּבוֹד תִּקָּחֵנִי: 24
מִי־לִי בַשָּׁמָיִם וְעִמְּךָ לֹא־חָפַצְתִּי בָאָרֶץ: כָּלָה שְׁאֵרִי וּלְבָבִי צוּר־ 25
26
לְבָבִי וְחֶלְקִי אֱלֹהִים לְעוֹלָם: כִּי־הִנֵּה רְחֵקֶיךָ יֹאבֵדוּ הִצְמַתָּה כָּל־ 27
זוֹנֶה מִמֶּךָּ: וַאֲנִי קִרֲבַת אֱלֹהִים לִי־טוֹב שַׁתִּי בַּאדֹנָי יְהוִה מַחְסִי 28
לְסַפֵּר כָּל־מַלְאֲכוֹתֶיךָ:

PSALM 74

[1a] Maschil of Asaph.

1[1b] O God, why hast thou cast *us* off for ever? *why* doth thine anger smoke against the sheep of thy pasture?

2 Remember thy congregation, *which* thou hast purchased of old; the rod of thine inheritance, *which* thou hast redeemed; this mount Zion, wherein thou hast dwelt.

3 Lift up thy feet unto the perpetual desolations; *even* all *that* the enemy hath done wickedly in the sanctuary.

4 Thine enemies roar in the midst of thy congregations; they set up their ensigns *for* signs.

5 *A man* was famous according as he had lifted up axes upon the thick trees.

6 But now they break down the carved work thereof at once with axes and hammers.

7 They have cast fire into thy sanctuary, they have defiled *by casting down* the dwelling place of thy name to the ground.

8 They said in their hearts, Let us destroy them together: they have burned up all the synagogues of God in the land.

9 We see not our signs: *there is* no more any prophet: neither *is there* among us any that knoweth how long.

10 O God, how long shall the adversary reproach? shall the enemy blaspheme thy name for ever?

11 Why withdrawest thou thy hand, even thy right hand? pluck *it* out of thy bosom.

12 For God *is* my King of old, working salvation in the midst of the earth.

13 Thou didst divide the sea by thy strength: thou brakest the heads of the dragons in the waters.

14 Thou brakest the heads of leviathan in pieces, *and* gavest him *to be* meat to the people inhabiting the wilderness.

15 Thou didst cleave the fountain and the flood: thou driedst up mighty rivers.

16 The day *is* thine, the night also *is* thine: thou hast prepared the light and the sun.

17 Thou hast set all the borders of the earth: thou hast made summer and winter.

18 Remember this, *that* the enemy hath reproached, O Lord, and *that* the foolish people have blasphemed thy name.

19 O deliver not the soul of thy turtledove unto the multitude *of the wicked:* forget not the congregation of thy poor for ever.

20 Have respect unto the covenant: for the dark places of the earth are full of the habitations of cruelty.

21 O let not the oppressed return ashamed: let the poor and needy praise thy name.

22 Arise, O God, plead thine own cause: remember how the foolish man reproacheth thee daily.

23 Forget not the voice of thine enemies: the tumult of those that rise up against thee increaseth continually.

PSALM 75

[1] To the chief Musician, Al-taschith, A Psalm *or* Song of Asaph.

1[2] Unto thee, O God, do we give thanks, *unto thee* do we give thanks: for *that* thy name is near thy wondrous works declare.

2[3] When I shall receive the congregation I will judge uprightly.

3[4] The earth and all the inhabitants thereof are dissolved: I bear up the pillars of it. Selah.

4[5] I said unto the fools, Deal not foolishly: and to the wicked, Lift not up the horn:

5[6] Lift not up your horn on high: speak *not with* a stiff neck.

6[7] For promotion *cometh* neither from the east, nor from the west, nor from the south.

7[8] But God *is* the judge: he putteth down one, and setteth up another.

8[9] For in the hand of the Lord *there is* a cup, and the wine is red; it is full of mixture; and he poureth out of the same: but the dregs thereof, all the wicked of the earth shall wring *them* out, *and* drink *them.*

74 1 מַשְׂכִּיל לְאָסָף   לָמָה אֱלֹהִים זָנַחְתָּ לָנֶצַח יֶעְשַׁן

2 אַפְּךָ בְּצֹאן מַרְעִיתֶךָ: זְכֹר עֲדָתְךָ ׀ קָנִיתָ קֶּדֶם גָּאַלְתָּ שֵׁבֶט נַחֲלָתֶךָ

3 הַר־צִיּוֹן זֶה ׀ שָׁכַנְתָּ בּוֹ: הָרִימָה פְעָמֶיךָ לְמַשֻּׁאוֹת נֶצַח כָּל־הֵרַע אוֹיֵב

4 בַּקֹּדֶשׁ: שָׁאֲגוּ צֹרְרֶיךָ בְּקֶרֶב מוֹעֲדֶךָ שָׂמוּ אוֹתֹתָם אֹתוֹת: יִוָּדַע
5

6 כְּמֵבִיא לְמָעְלָה בִּסֲבָךְ־עֵץ קַרְדֻּמּוֹת: וְעֵת פִּתּוּחֶיהָ יָּחַד בְּכַשִּׁיל   וְעַתָּה

7 וְכֵילַפֹּת יַהֲלֹמוּן: שִׁלְחוּ בָאֵשׁ מִקְדָּשֶׁךָ לָאָרֶץ חִלְּלוּ מִשְׁכַּן־שְׁמֶךָ:

8 אָמְרוּ בְלִבָּם נִינָם יָחַד שָׂרְפוּ כָל־מוֹעֲדֵי־אֵל בָּאָרֶץ: אוֹתֹתֵינוּ לֹא
9

10 רָאִינוּ אֵין־עוֹד נָבִיא וְלֹא־אִתָּנוּ יֹדֵעַ עַד־מָה: עַד־מָתַי אֱלֹהִים יְחָרֶף

11 צָר יְנָאֵץ אוֹיֵב שִׁמְךָ לָנֶצַח: לָמָה תָשִׁיב יָדְךָ וִימִינֶךָ מִקֶּרֶב חוֹקְךָ   חֵיקְךָ

12 כַלֵּה: וֵאלֹהִים מַלְכִּי מִקֶּדֶם פֹּעֵל יְשׁוּעוֹת בְּקֶרֶב הָאָרֶץ: אַתָּה
13

14 פוֹרַרְתָּ בְעָזְּךָ יָם שִׁבַּרְתָּ רָאשֵׁי תַנִּינִים עַל־הַמָּיִם: אַתָּה רִצַּצְתָּ

15 רָאשֵׁי לִוְיָתָן תִּתְּנֶנּוּ מַאֲכָל לְעָם לְצִיִּים: אַתָּה בָקַעְתָּ מַעְיָן וָנָחַל

16 אַתָּה הוֹבַשְׁתָּ נַהֲרוֹת אֵיתָן: לְךָ יוֹם אַף־לְךָ לָיְלָה אַתָּה הֲכִינוֹתָ

17 מָאוֹר וָשָׁמֶשׁ: אַתָּה הִצַּבְתָּ כָּל־גְּבוּלוֹת אָרֶץ קַיִץ וָחֹרֶף אַתָּה   17A

18 יְצַרְתָּם: זְכָר־זֹאת אוֹיֵב חֵרֵף ׀ יְהוָה וְעַם נָבָל נִאֲצוּ שְׁמֶךָ: אַל־תִּתֵּן
19

20 לְחַיַּת נֶפֶשׁ תּוֹרֶךָ חַיַּת עֲנִיֶּיךָ אַל־תִּשְׁכַּח לָנֶצַח: הַבֵּט לַבְּרִית כִּי

21 מָלְאוּ מַחֲשַׁכֵּי־אֶרֶץ נְאוֹת חָמָס: אַל־יָשֹׁב דַּךְ נִכְלָם עָנִי וְאֶבְיוֹן

22 יְהַלְלוּ שְׁמֶךָ: קוּמָה אֱלֹהִים רִיבָה רִיבֶךָ זְכֹר חֶרְפָּתְךָ מִנִּי־נָבָל כָּל־

23 הַיּוֹם: אַל־תִּשְׁכַּח קוֹל צֹרְרֶיךָ שְׁאוֹן קָמֶיךָ עֹלֶה תָמִיד:

75 1 לַמְנַצֵּחַ אַל־תַּשְׁחֵת   מִזְמוֹר לְאָסָף שִׁיר:

2 הוֹדִינוּ לְּךָ ׀ אֱלֹהִים הוֹדִינוּ וְקָרוֹב שְׁמֶךָ סִפְּרוּ נִפְלְאוֹתֶיךָ: כִּי אֶקַּח   2A
3

4 מוֹעֵד אֲנִי מֵישָׁרִים אֶשְׁפֹּט: נְמֹגִים אֶרֶץ וְכָל־יֹשְׁבֶיהָ אָנֹכִי תִכַּנְתִּי

5 עַמּוּדֶיהָ סֶּלָה: אָמַרְתִּי לַהוֹלְלִים אַל־תָּהֹלּוּ וְלָרְשָׁעִים אַל־תָּרִימוּ

6 קָרֶן: אַל־תָּרִימוּ לַמָּרוֹם קַרְנְכֶם תְּדַבְּרוּ בְצַוָּאר עָתָק: כִּי לֹא מִמּוֹצָא
7

8 וּמִמַּעֲרָב וְלֹא מִמִּדְבַּר הָרִים: כִּי־אֱלֹהִים שֹׁפֵט זֶה יַשְׁפִּיל וְזֶה יָרִים:

9 כִּי כוֹס בְּיַד־יְהוָה וְיַיִן חָמַר ׀ מָלֵא מֶסֶךְ וַיַּגֵּר מִזֶּה אַךְ־שְׁמָרֶיהָ יִמְצוּ

9[10] But I will declare for ever; I will sing praises to the God of Jacob.

10[11] All the horns of the wicked also will I cut off; *but* the horns of the righteous shall be exalted.

PSALM 76

[1] To the chief Musician on Neginoth, A Psalm *or* Song of Asaph.

1[2] In Judah *is* God known: his name *is* great in Israel.

2[3] In Salem also is his tabernacle, and his dwelling place in Zion.

3[4] There brake he the arrows of the bow, the shield, and the sword, and the battle. Selah.

4[5] Thou *art* more glorious *and* excellent than the mountains of prey.

5[6] The stouthearted are spoiled, they have slept their sleep: and none of the men of might have found their hands.

6[7] At thy rebuke, O God of Jacob, both the chariot and horse are cast into a dead sleep.

7[8] Thou, *even* thou, *art* to be feared: and who may stand in thy sight when once thou art angry?

8[9] Thou didst cause judgment to be heard from heaven; the earth feared, and was still,

9[10] When God arose to judgment, to save all the meek of the earth. Selah.

10[11] Surely the wrath of man shall praise thee: the remainder of wrath shalt thou restrain.

11[12] Vow, and pay unto the LORD your God: let all that be round about him bring presents unto him that ought to be feared.

12[13] He shall cut off the spirit of princes: *he is* terrible to the kings of the earth.

PSALM 77

[1] To the chief Musician, to Jeduthun, A Psalm of Asaph.

1[2] I cried unto God with my voice, *even* unto God with my voice; and he gave ear unto me.

2[3] In the day of my trouble I sought the Lord: my sore ran in the night, and ceased not: my soul refused to be comforted.

3[4] I remembered God, and was troubled: I complained, and my spirit was overwhelmed. Selah.

4[5] Thou holdest mine eyes waking: I am so troubled that I cannot speak.

5[6] I have considered the days of old, the years of ancient times.

6[7] I call to remembrance my song in the night: I commune with mine own heart: and my spirit made diligent search.

7[8] Will the Lord cast off for ever? and will he be favourable no more?

8[9] Is his mercy clean gone for ever? doth *his* promise fail for evermore?

9[10] Hath God forgotten to be gracious? hath he in anger shut up his tender mercies? Selah.

10[11] And I said, This *is* my infirmity: *but I will remember* the years of the right hand of the most High.

11[12] I will remember the works of the LORD: surely I will remember thy wonders of old.

12[13] I will meditate also of all thy work, and talk of thy doings.

13[14] Thy way, O God, *is* in the sanctuary: who *is* so great a God as *our* God?

14[15] Thou *art* the God that doest wonders: thou hast declared thy strength among the people.

15[16] Thou hast with *thine* arm redeemed thy people, the sons of Jacob and Joseph. Selah.

16[17] The waters saw thee, O God, the waters saw thee; they were afraid: the depths also were troubled.

17[18] The clouds poured out water: the skies sent out a sound: thine arrows also went abroad.

18[19] The voice of thy thunder *was* in the heaven: the lightnings lightened the world: the earth trembled and shook.

19[20] Thy way *is* in the sea, and thy path in the great waters, and thy footsteps are not known.

20[21] Thou leddest thy people like a flock by the hand of Moses and Aaron.

יִשְׁתּוּ כֹּל רִשְׁעֵי־אָרֶץ: וַאֲנִי אַגִּיד לְעֹלָם אֲזַמְּרָה לֵאלֹהֵי יַעֲקֹב: וְכָל־ 11A
קַרְנֵי רְשָׁעִים אֲגַדֵּעַ תְּרוֹמַמְנָה קַרְנוֹת צַדִּיק:

76 לַמְנַצֵּחַ בִּנְגִינֹת מִזְמוֹר לְאָסָף שִׁיר:
נוֹדָע בִּיהוּדָה אֱלֹהִים בְּיִשְׂרָאֵל גָּדוֹל שְׁמוֹ: וַיְהִי בְשָׁלֵם סֻכּוֹ
וּמְעוֹנָתוֹ בְצִיּוֹן: שָׁמָּה שִׁבַּר רִשְׁפֵי־קָשֶׁת מָגֵן וְחֶרֶב וּמִלְחָמָה סֶלָה:
נָאוֹר אַתָּה אַדִּיר מֵהַרְרֵי־טָרֶף: אֶשְׁתּוֹלְלוּ אַבִּירֵי לֵב נָמוּ שְׁנָתָם
וְלֹא־מָצְאוּ כָל־אַנְשֵׁי־חַיִל יְדֵיהֶם: מִגַּעֲרָתְךָ אֱלֹהֵי יַעֲקֹב נִרְדָּם וְרֶכֶב
וָסוּס: אַתָּה נוֹרָא אַתָּה וּמִי־יַעֲמֹד לְפָנֶיךָ מֵאָז אַפֶּךָ: מִשָּׁמַיִם
הִשְׁמַעְתָּ דִּין אֶרֶץ יָרְאָה וְשָׁקָטָה: בְּקוּם־לַמִּשְׁפָּט אֱלֹהִים לְהוֹשִׁיעַ
כָּל־עַנְוֵי־אֶרֶץ סֶלָה: כִּי־חֲמַת אָדָם תּוֹדֶךָּ שְׁאֵרִית חֵמֹת תַּחְגֹּר:
נִדְרוּ וְשַׁלְּמוּ לַיהוָה אֱלֹהֵיכֶם כָּל־סְבִיבָיו יוֹבִילוּ שַׁי לַמּוֹרָא: יִבְצֹר
רוּחַ נְגִידִים נוֹרָא לְמַלְכֵי־אָרֶץ:

77 לַמְנַצֵּחַ עַל־יְדִיתוּן לְאָסָף מִזְמוֹר: יְדוּתוּן
קוֹלִי אֶל־אֱלֹהִים וְאֶצְעָקָה קוֹלִי אֶל־אֱלֹהִים וְהַאֲזִין אֵלָי: בְּיוֹם צָרָתִי
אֲדֹנָי דָּרָשְׁתִּי יָדִי לַיְלָה נִגְּרָה וְלֹא תָפוּג מֵאֲנָה הִנָּחֵם נַפְשִׁי: אֶזְכְּרָה
אֱלֹהִים וְאֶהֱמָיָה אָשִׂיחָה וְתִתְעַטֵּף רוּחִי סֶלָה: אָחַזְתָּ שְׁמֻרוֹת עֵינָי
נִפְעַמְתִּי וְלֹא אֲדַבֵּר: חִשַּׁבְתִּי יָמִים מִקֶּדֶם שְׁנוֹת עוֹלָמִים: אֶזְכְּרָה
נְגִינָתִי בַּלַּיְלָה עִם־לְבָבִי אָשִׂיחָה וַיְחַפֵּשׂ רוּחִי: הַלְעוֹלָמִים יִזְנַח
אֲדֹנָי וְלֹא־יֹסִיף לִרְצוֹת עוֹד: הֶאָפֵס לָנֶצַח חַסְדּוֹ גָּמַר אֹמֶר לְדֹר
וָדֹר: הֲשָׁכַח חַנּוֹת אֵל אִם־קָפַץ בְּאַף רַחֲמָיו סֶלָה: וָאֹמַר חַלּוֹתִי
הִיא שְׁנוֹת יְמִין עֶלְיוֹן: אֶזְכּוֹר מַעַלְלֵי־יָהּ כִּי־אֶזְכְּרָה מִקֶּדֶם פִּלְאֶךָ: אֶזְכּוֹר
וְהָגִיתִי בְכָל־פָּעֳלֶךָ וּבַעֲלִילוֹתֶיךָ אָשִׂיחָה: אֱלֹהִים בַּקֹּדֶשׁ דַּרְכֶּךָ מִי־
אֵל גָּדוֹל כֵּאלֹהִים: אַתָּה הָאֵל עֹשֵׂה פֶלֶא הוֹדַעְתָּ בָעַמִּים עֻזֶּךָ:
גָּאַלְתָּ בִּזְרוֹעַ עַמֶּךָ בְּנֵי־יַעֲקֹב וְיוֹסֵף סֶלָה: רָאוּךָ מַּיִם אֱלֹהִים רָאוּךָ
מַּיִם יָחִילוּ אַף יִרְגְּזוּ תְּהֹמוֹת: זֹרְמוּ מַיִם עָבוֹת קוֹל נָתְנוּ שְׁחָקִים
אַף־חֲצָצֶיךָ יִתְהַלָּכוּ: קוֹל רַעַמְךָ בַּגַּלְגַּל הֵאִירוּ בְרָקִים תֵּבֵל רָגְזָה וּשְׁבִילְךָ
וַתִּרְעַשׁ הָאָרֶץ: בַּיָּם דַּרְכֶּךָ וּשְׁבִילְיךָ בְּמַיִם רַבִּים וְעִקְּבוֹתֶיךָ לֹא
נֹדָעוּ: נָחִיתָ כַצֹּאן עַמֶּךָ בְּיַד־מֹשֶׁה וְאַהֲרֹן:

PSALM 78

[1a] Maschil of Asaph.

1[1b] Give ear, O my people, *to* my law: incline your ears to the words of my mouth.

2 I will open my mouth in a parable: I will utter dark sayings of old:

3 Which we have heard and known, and our fathers have told us.

4 We will not hide *them* from their children, shewing to the generation to come the praises of the LORD, and his strength, and his wonderful works that he hath done.

5 For he established a testimony in Jacob, and appointed a law in Israel, which he commanded our fathers, that they should make them known to their children:

6 That the generation to come might know *them, even* the children *which* should be born; *who* should arise and declare *them* to their children:

7 That they might set their hope in God, and not forget the works of God, but keep his commandments:

8 And might not be as their fathers, a stubborn and rebellious generation; a generation *that* set not their heart aright, and whose spirit was not stedfast with God.

9 The children of Ephraim, *being* armed, *and* carrying bows, turned back in the day of battle.

10 They kept not the covenant of God, and refused to walk in his law;

11 And forgat his works, and his wonders that he had shewed them.

12 Marvellous things did he in the sight of their fathers, in the land of Egypt, *in* the field of Zoan.

13 He divided the sea, and caused them to pass through; and he made the waters to stand as an heap.

14 In the daytime also he led them with a cloud, and all the night with a light of fire.

15 He clave the rocks in the wilderness, and gave *them* drink as *out of* the great depths.

16 He brought streams also out of the rock, and caused waters to run down like rivers.

17 And they sinned yet more against him by provoking the most High in the wilderness.

18 And they tempted God in their heart by asking meat for their lust.

19 Yea, they spake against God; they said, Can God furnish a table in the wilderness?

20 Behold, he smote the rock, that the waters gushed out, and the streams overflowed; can he give bread also? can he provide flesh for his people?

21 Therefore the LORD heard *this,* and was wroth: so a fire was kindled against Jacob, and anger also came up against Israel;

22 Because they believed not in God, and trusted not in his salvation:

23 Though he had commanded the clouds from above, and opened the doors of heaven,

24 And had rained down manna upon them to eat, and had given them of the corn of heaven.

25 Man did eat angels' food: he sent them meat to the full.

26 He caused an east wind to blow in the heaven: and by his power he brought in the south wind.

27 He rained flesh also upon them as dust, and feathered fowls like as the sand of the sea:

28 And he let *it* fall in the midst of their camp, round about their habitations.

29 So they did eat, and were well filled: for he gave them their own desire;

30 They were not estranged from their lust. But while their meat *was* yet in their mouths,

31 The wrath of God came upon them, and slew the fattest of them, and smote down the chosen *men* of Israel.

32 For all this they sinned still, and believed not for his wondrous works.

33 Therefore their days did he consume in vanity, and their years in trouble.

34 When he slew them, then they sought him: and they returned and enquired early after God.

35 And they remembered that God *was*

78 מַשְׂכִּיל לְאָסָף הַאֲזִינָה עַמִּי תּֽוֹרָתִי הַטּ֣וּ ‏1A

אָזְנְכֶ֗ם לְאִמְרֵי־פִי: אֶפְתְּחָ֣ה בְמָשָׁ֣ל פִּ֑י אַבִּ֥יעָה חִ֝ידוֹת מִנִּי־קֶֽדֶם: ‏2

אֲשֶׁ֣ר שָׁ֭מַעְנוּ וַנֵּדָעֵ֑ם וַ֝אֲבוֹתֵ֗ינוּ סִפְּרוּ־לָֽנוּ: לֹ֤א נְכַחֵ֨ד ׀ מִבְּנֵיהֶ֗ם לְד֥וֹר ‏3‏4

אַחֲר֗וֹן מְֽסַפְּרִ֥ים תְּהִלּ֣וֹת יְהֹוָ֑ה וֶעֱזוּז֥וֹ וְ֝נִפְלְאֹתָ֗יו אֲשֶׁ֣ר עָשָֽׂה: וַיָּ֤קֶם ‏5

עֵד֨וּת ׀ בְּֽיַעֲקֹ֗ב וְתוֹרָה֮ שָׂ֤ם בְּיִשְׂרָ֫אֵ֥ל אֲשֶׁ֣ר צִ֭וָּה אֶת־אֲבוֹתֵ֑ינוּ

לְ֝הוֹדִיעָ֗ם לִבְנֵיהֶֽם: לְמַ֤עַן יֵדְע֨וּ ׀ דּ֣וֹר אַ֭חֲרוֹן בָּנִ֣ים יִוָּלֵ֑דוּ יָ֝קֻ֗מוּ וִיסַפְּר֥וּ ‏6

לִבְנֵיהֶֽם: וְיָשִׂ֥ימוּ בֵֽאלֹהִ֗ים כִּ֫סְלָ֥ם וְלֹ֣א יִ֭שְׁכְּחוּ מַעַלְלֵי־אֵ֑ל וּמִצְוֺתָ֥יו ‏7

יִנְצֹֽרוּ: וְלֹ֤א יִהְי֨וּ ׀ כַּאֲבוֹתָ֗ם דּוֹר֮ סוֹרֵ֢ר וּמֹ֫רֶ֥ה דּ֭וֹר לֹא־הֵכִ֣ין לִבּ֑וֹ וְלֹא־ ‏8

נֶאֶמְנָ֖ה אֶת־אֵ֣ל רוּחֽוֹ: בְּנֵֽי־אֶפְרַ֗יִם נוֹשְׁקֵ֥י רוֹמֵי־קָ֑שֶׁת הָ֝פְכ֗וּ בְּי֣וֹם ‏9

קְרָֽב: לֹ֣א שָׁ֭מְרוּ בְּרִ֣ית אֱלֹהִ֑ים וּ֝בְתוֹרָת֗וֹ מֵאֲנ֥וּ לָלֶֽכֶת: וַיִּשְׁכְּח֥וּ ‏10‏11

עֲלִ֖ילוֹתָ֑יו וְ֝נִפְלְאוֹתָ֗יו אֲשֶׁ֣ר הֶרְאָֽם: נֶ֣גֶד אֲ֭בוֹתָם עָ֣שָׂה פֶ֑לֶא בְּאֶ֖רֶץ ‏12

מִצְרַ֣יִם שְׂדֵה־צֹֽעַן: בָּ֣קַע יָ֭ם וַיַּעֲבִירֵ֑ם וַיַּצֶּב־מַ֥יִם כְּמוֹ־נֵֽד: וַיַּנְחֵ֣ם בֶּעָנָ֣ן ‏13‏14 ‏13A

יוֹמָ֑ם וְכָל־הַ֝לַּ֗יְלָה בְּא֣וֹר אֵֽשׁ: יְבַקַּ֣ע צֻ֭רִים בַּמִּדְבָּ֑ר וַ֝יַּ֗שְׁקְ כִּתְהֹמ֥וֹת ‏15

רַבָּֽה: וַיּוֹצִ֣א נוֹזְלִ֣ים מִסָּ֑לַע וַיּ֖וֹרֶד כַּנְּהָר֣וֹת מָֽיִם: וַיּוֹסִ֣יפוּ ע֭וֹד לַחֲטֹא־ ‏16‏17

ל֑וֹ לַֽמְר֥וֹת עֶ֝לְי֗וֹן בַּצִּיָּֽה: וַיְנַסּוּ־אֵ֥ל בִּלְבָבָ֑ם לִשְׁאָל־אֹ֥כֶל לְנַפְשָֽׁם: ‏18

וַֽיְדַבְּרוּ֮ בֵּֽאלֹהִ�* אָ֭מְרוּ הֲי֣וּכַל אֵ֑ל לַעֲרֹ֥ךְ שֻׁ֝לְחָ֗ן בַּמִּדְבָּֽר: הֵ֤ן ‏19‏20

הִכָּה־צ֨וּר ׀ וַיָּז֣וּבוּ מַיִם֮ וּנְחָלִ֢ים יִ֫שְׁטֹ֥פוּ הֲגַם־לֶ֭חֶם י֣וּכַל תֵּ֑ת אִם־יָכִ֖ין

שְׁאֵ֣ר לְעַמּֽוֹ: לָכֵ֤ן ׀ שָׁמַ֥ע יְהֹוָ֗ה וַֽיִּתְעַבָּ֥ר וְ֭אֵשׁ נִשְּׂקָ֣ה בְיַעֲקֹ֑ב וְגַם־אַ֝֗ף ‏21

עָלָ֥ה בְיִשְׂרָאֵֽל: כִּ֤י לֹ֣א הֶ֭אֱמִינוּ בֵּֽאלֹהִ֑ים וְלֹ֥א בָ֝טְח֗וּ בִּישֽׁוּעָתֽוֹ: וַיְצַ֣ו ‏22‏23

שְׁחָקִ֣ים מִמָּ֑עַל וְדַלְתֵ֖י שָׁמַ֣יִם פָּתָֽח: וַיַּמְטֵ֬ר עֲלֵיהֶ֣ם מָ֣ן לֶאֱכֹ֑ל וּדְגַן־ ‏24

שָׁ֝מַ֗יִם נָ֣תַן לָֽמוֹ: לֶ֣חֶם אַ֭בִּירִים אָ֣כַל אִ֑ישׁ צֵידָ֬ה שָׁלַ֖ח לָהֶ֣ם לָשֹֽׂבַע: ‏25

יַסַּ֣ע קָ֭דִים בַּשָּׁמָ֑יִם וַיְנַהֵ֖ג בְּעֻזּ֣וֹ תֵימָֽן: וַיַּמְטֵ֬ר עֲלֵיהֶ֣ם כֶּעָפָ֣ר שְׁאֵ֑ר ‏26‏27

וּֽכְח֥וֹל יַ֝מִּ֗ים ע֣וֹף כָּנָֽף: וַ֭יַּפֵּל בְּקֶ֣רֶב מַחֲנֵ֑הוּ סָ֝בִ֗יב לְמִשְׁכְּנֹתָֽיו: ‏28

וַיֹּאכְל֣וּ וַיִּשְׂבְּע֣וּ מְאֹ֑ד וְ֝תַֽאֲוָתָ֗ם יָבִ֥א לָהֶֽם: לֹא־זָר֥וּ מִתַּאֲוָתָ֑ם ע֝֗וֹד ‏29‏30

אׇכְלָ֥ם בְּפִיהֶֽם: וְאַ֤ף אֱלֹהִ֨ים ׀ עָ֘לָ֤ה בָהֶ֗ם וַֽ֭יַּהֲרֹג בְּמִשְׁמַנֵּיהֶ֑ם וּבַחוּרֵ֖י ‏31

יִשְׂרָאֵ֣ל הִכְרִֽיעַ: בְּכׇל־זֹ֭את חָֽטְאוּ־ע֑וֹד וְלֹ֥א הֶ֝אֱמִ֗ינוּ בְּנִפְלְאוֹתָֽיו: ‏32

וַיְכַל־בַּהֶ֥בֶל יְמֵיהֶ֑ם וּ֝שְׁנוֹתָ֗ם בַּבֶּהָלָֽה: אִם־הֲרָגָ֥ם וּדְרָשׁ֑וּהוּ וְ֝שָׁ֗בוּ ‏33‏34

וְשִֽׁחֲרוּ־אֵֽל: וַֽ֭יִּזְכְּרוּ כִּֽי־אֱלֹהִ֣ים צוּרָ֑ם וְאֵ֥ל עֶ֝לְי֗וֹן גֹּאֲלָֽם: וַיְפַתּ֥וּהוּ ‏35‏36

their rock, and the high God their redeemer.

36 Nevertheless they did flatter him with their mouth, and they lied unto him with their tongues.

37 For their heart was not right with him, neither were they stedfast in his covenant.

38 But he, *being* full of compassion, forgave *their* iniquity, and destroyed *them* not: yea, many a time turned he his anger away, and did not stir up all his wrath.

39 For he remembered that they *were but* flesh; a wind that passeth away, and cometh not again.

40 How oft did they provoke him in the wilderness, *and* grieve him in the desert!

41 Yea, they turned back and tempted God, and limited the Holy One of Israel.

42 They remembered not his hand, *nor* the day when he delivered them from the enemy.

43 How he had wrought his signs in Egypt, and his wonders in the field of Zoan:

44 And had turned their rivers into blood; and their floods, that they could not drink.

45 He sent divers sorts of flies among them, which devoured them; and frogs, which destroyed them.

46 He gave also their increase unto the caterpiller, and their labour unto the locust.

47 He destroyed their vines with hail, and their sycomore trees with frost.

48 He gave up their cattle also to the hail, and their flocks to hot thunderbolts.

49 He cast upon them the fierceness of his anger, wrath, and indignation, and trouble, by sending evil angels *among them.*

50 He made a way to his anger; he spared not their soul from death, but gave their life over to the pestilence;

51 And smote all the firstborn in Egypt; the chief of *their* strength in the tabernacles of Ham:

52 But made his own people to go forth like sheep, and guided them in the wilderness like a flock.

53 And he led them on safely, so that they feared not: but the sea overwhelmed their enemies.

54 And he brought them to the border of his sanctuary, *even to* this mountain, *which* his right hand had purchased.

55 He cast out the heathen also before them, and divided them an inheritance by line, and made the tribes of Israel to dwell in their tents.

56 Yet they tempted and provoked the most high God, and kept not his testimonies:

57 But turned back, and dealt unfaithfully like their fathers: they were turned aside like a deceitful bow.

58 For they provoked him to anger with their high places, and moved him to jealousy with their graven images.

59 When God heard *this,* he was wroth, and greatly abhorred Israel:

60 So that he forsook the tabernacle of Shiloh, the tent *which* he placed among men;

61 And delivered his strength into captivity, and his glory into the enemy's hand.

62 He gave his people over also unto the sword; and was wroth with his inheritance.

63 The fire consumed their young men; and their maidens were not given to marriage.

64 Their priests fell by the sword; and their widows made no lamentation.

65 Then the Lord awaked as one out of sleep, *and* like a mighty man that shouteth by reason of wine.

66 And he smote his enemies in the hinder parts: he put them to a perpetual reproach.

67 Moreover he refused the tabernacle of Joseph, and chose not the tribe of Ephraim:

68 But chose the tribe of Judah, the mount Zion which he loved.

69 And he built his sanctuary like high *palaces,* like the earth which he hath established for ever.

70 He chose David also his servant, and took him from the sheepfolds:

71 From following the ewes great with young he brought him to feed Jacob his people, and Israel his inheritance.

בְּפִיהֶם וּבִלְשׁוֹנָם יְכַזְּבוּ־לֽוֹ: וְלִבָּם לֹא־נָכוֹן עִמּוֹ וְלֹא נֶאֶמְנוּ 37

בִּבְרִיתֽוֹ: וְהוּא רַחוּם ׀ יְכַפֵּר עָוֺן וְלֹא־יַשְׁחִית וְהִרְבָּה לְהָשִׁיב אַפּוֹ 38

וְלֹא־יָעִיר כָּל־חֲמָתֽוֹ: וַיִּזְכֹּר כִּי־בָשָׂר הֵמָּה רוּחַ הוֹלֵךְ וְלֹא יָשֽׁוּב: 39

41A

כַּמָּה יַמְרוּהוּ בַמִּדְבָּר יַעֲצִיבוּהוּ בִּישִׁימֽוֹן: וַיָּשׁוּבוּ וַיְנַסּוּ אֵל וּקְדוֹשׁ 40 41

יִשְׂרָאֵל הִתְווּ: לֹא־זָכְרוּ אֶת־יָדוֹ יוֹם אֲשֶׁר־פָּדָם מִנִּי־צָֽר: אֲשֶׁר־שָׂם 42 43

בְּמִצְרַיִם אֹתוֹתָיו וּמוֹפְתָיו בִּשְׂדֵה־צֹֽעַן: וַיַּהֲפֹךְ לְדָם יְאֹרֵיהֶם 44

וְנֹזְלֵיהֶם בַּל־יִשְׁתָּיֽוּן: יְשַׁלַּח בָּהֶם עָרֹב וַיֹּאכְלֵם וּצְפַרְדֵּעַ וַתַּשְׁחִיתֵֽם: 45

וַיִּתֵּן לֶחָסִיל יְבוּלָם וִיגִיעָם לָאַרְבֶּֽה: יַהֲרֹג בַּבָּרָד גַּפְנָם וְשִׁקְמוֹתָם 46 47

בַּֽחֲנָמַֽל: וַיַּסְגֵּר לַבָּרָד בְּעִירָם וּמִקְנֵיהֶם לָרְשָׁפִֽים: יְשַׁלַּח־בָּם ׀ חֲרוֹן 48 49

אַפּוֹ עֶבְרָה וָזַעַם וְצָרָה מִשְׁלַחַת מַלְאֲכֵי רָעִֽים: יְפַלֵּס נָתִיב לְאַפּוֹ 50

לֹא־חָשַׂךְ מִמָּוֶת נַפְשָׁם וְחַיָּתָם לַדֶּבֶר הִסְגִּֽיר: וַיַּךְ כָּל־בְּכוֹר בְּמִצְרָיִם 51

רֵאשִׁית אוֹנִים בְּאָהֳלֵי־חָֽם: וַיַּסַּע כַּצֹּאן עַמּוֹ וַיְנַהֲגֵם כַּעֵדֶר בַּמִּדְבָּֽר: 52

וַיַּנְחֵם לָבֶטַח וְלֹא פָחָדוּ וְאֶת־אוֹיְבֵיהֶם כִּסָּה הַיָּֽם: וַיְבִיאֵם אֶל־גְּבוּל 53 54

קָדְשׁוֹ הַר־זֶה קָנְתָה יְמִינֽוֹ: וַיְגָרֶשׁ מִפְּנֵיהֶם ׀ גּוֹיִם וַיַּפִּילֵם בְּחֶבֶל 55

נַחֲלָה וַיַּשְׁכֵּן בְּאָהֳלֵיהֶם שִׁבְטֵי יִשְׂרָאֵֽל: וַיְנַסּוּ וַיַּמְרוּ אֶת־אֱלֹהִים 56

עֶלְיוֹן וְעֵדוֹתָיו לֹא שָׁמָֽרוּ: וַיִּסֹּגוּ וַיִּבְגְּדוּ כַּאֲבוֹתָם נֶהְפְּכוּ כְּקֶשֶׁת 57

רְמִיָּֽה: וַיַּכְעִיסוּהוּ בְּבָמוֹתָם וּבִפְסִילֵיהֶם יַקְנִיאֽוּהוּ: שָׁמַע אֱלֹהִים 58 59

וַיִּתְעַבָּר וַיִּמְאַס מְאֹד בְּיִשְׂרָאֵֽל: וַיִּטֹּשׁ מִשְׁכַּן שִׁלוֹ אֹהֶל שִׁכֵּן בָּאָדָֽם: 60

וַיִּתֵּן לַשְּׁבִי עֻזּוֹ וְתִפְאַרְתּוֹ בְיַד־צָֽר: וַיַּסְגֵּר לַחֶרֶב עַמּוֹ וּבְנַחֲלָתוֹ 61 62

הִתְעַבָּֽר: בַּחוּרָיו אָכְלָה־אֵשׁ וּבְתוּלֹתָיו לֹא הוּלָּֽלוּ: כֹּהֲנָיו בַּחֶרֶב 63 64

נָפָלוּ וְאַלְמְנֹתָיו לֹא תִבְכֶּֽינָה: וַיִּקַץ כְּיָשֵׁן ׀ אֲדֹנָי כְּגִבּוֹר מִתְרוֹנֵן מִיָּֽיִן: 65

וַיַּךְ־צָרָיו אָחוֹר חֶרְפַּת עוֹלָם נָתַן לָֽמוֹ: וַיִּמְאַס בְּאֹהֶל יוֹסֵף וּֽבְשֵׁבֶט 66 67

אֶפְרַיִם לֹא בָחָֽר: וַיִּבְחַר אֶת־שֵׁבֶט יְהוּדָה אֶת־הַר צִיּוֹן אֲשֶׁר אָהֵֽב: 68

וַיִּבֶן כְּמוֹ־רָמִים מִקְדָּשׁוֹ כְּאֶרֶץ יְסָדָהּ לְעוֹלָֽם: וַיִּבְחַר בְּדָוִד עַבְדּוֹ 69 70

וַיִּקָּחֵהוּ מִֽמִּכְלְאֹת צֹֽאן: מֵאַחַר עָלוֹת הֱבִיאוֹ לִרְעוֹת בְּיַעֲקֹב עַמּוֹ 71

72 So he fed them according to the integrity of his heart; and guided them by the skilfulness of his hands.

PSALM 79
[1a] A Psalm of Asaph.

1[1b] O God, the heathen are come into thine inheritance; thy holy temple have they defiled; they have laid Jerusalem on heaps.

2 The dead bodies of thy servants have they given *to be* meat unto the fowls of the heaven, the flesh of thy saints unto the beasts of the earth.

3 Their blood have they shed like water round about Jerusalem; and *there was* none to bury *them.*

4 We are become a reproach to our neighbours, a scorn and derision to them that are round about us.

5 How long, LORD? wilt thou be angry for ever? shall thy jealousy burn like fire?

6 Pour out thy wrath upon the heathen that have not known thee, and upon the kingdoms that have not called upon thy name.

7 For they have devoured Jacob, and laid waste his dwelling place.

8 O remember not against us former iniquities: let thy tender mercies speedily prevent us: for we are brought very low.

9 Help us, O God of our salvation, for the glory of thy name: and deliver us, and purge away our sins, for thy name's sake.

10 Wherefore should the heathen say, Where *is* their God? let him be known among the heathen in our sight *by* the revenging of the blood of thy servants *which is* shed.

11 Let the sighing of the prisoner come before thee; according to the greatness of thy power preserve thou those that are appointed to die;

12 And render unto our neighbours sevenfold into their bosom their reproach, wherewith they have reproached thee, O Lord.

13 So we thy people and sheep of thy pasture will give thee thanks for ever: we will shew forth thy praise to all generations.

PSALM 80
[1] To the chief Musician upon Shoshannim-Eduth, A Psalm of Asaph.

1[2] Give ear, O Shepherd of Israel, thou that leadest Joseph like a flock; thou that dwellest *between* the cherubims, shine forth.

2[3] Before Ephraim and Benjamin and Manasseh stir up thy strength, and come *and* save us.

3[4] Turn us again, O God, and cause thy face to shine; and we shall be saved.

4[5] O LORD God of hosts, how long wilt thou be angry against the prayer of thy people?

5[6] Thou feedest them with the bread of tears; and givest them tears to drink in great measure.

6[7] Thou makest us a strife unto our neighbours: and our enemies laugh among themselves.

7[8] Turn us again, O God of hosts, and cause thy face to shine; and we shall be saved.

8[9] Thou hast brought a vine out of Egypt: thou hast cast out the heathen, and planted it.

9[10] Thou preparedst *room* before it, and didst cause it to take deep root, and it filled the land.

10[11] The hills were covered with the shadow of it, and the boughs thereof *were like* the goodly cedars.

11[12] She sent out her boughs unto the sea, and her branches unto the river.

12[13] Why hast thou *then* broken down her hedges, so that all they which pass by the way do pluck her?

13[14] The boar out of the wood doth waste it, and the wild beast of the field doth devour it.

14[15] Return, we beseech thee, O God of hosts: look down from heaven, and behold, and visit this vine;

15[16] And the vineyard which thy right hand hath planted, and the branch *that* thou madest strong for thyself.

16[17] *It is* burned with fire, *it is* cut down: they perish at the rebuke of thy countenance.

17[18] Let thy hand be upon the man

72 וּבְיִשְׂרָאֵל נַחֲלָתֽוֹ׃ וַיִּרְעֵם כְּתֹם לְבָבֽוֹ וּבִתְבוּנ֥וֹת כַּפָּ֥יו יַנְחֵֽם׃

79 1 מִזְמ֗וֹר לְאָ֫סָ֥ף

אֱֽלֹהִ֡ים בָּ֤אוּ גוֹיִ֨ם ׀ בְּֽנַחֲלָתֶ֗ךָ טִ֖מְּא֗וּ אֶת־הֵיכַ֣ל קָדְשֶׁ֑ךָ שָׂ֖מוּ אֶת־

2 יְרוּשָׁלַ֣͏ִם לְעִיִּֽים׃ נָֽתְנ֡וּ אֶת־נִבְלַ֬ת עֲבָדֶ֗יךָ מַ֭אֲכָל לְע֣וֹף הַשָּׁמָ֑יִם בְּשַׂ֥ר

3 חֲ֝סִידֶ֗יךָ לְחַיְתוֹ־אָֽרֶץ׃ שָׁפְכ֬וּ דָמָ֨ם ׀ כַּמַּ֗יִם סְֽבִ֘יב֤וֹת יְֽרוּשָׁלָ֗͏ִם וְאֵ֣ין

4
5A
5 קוֹבֵֽר׃ הָיִ֣ינוּ חֶ֭רְפָּה לִשְׁכֵנֵ֑ינוּ לַ֥עַג וָ֝קֶ֗לֶס לִסְבִיבוֹתֵֽינוּ׃ עַד־מָ֣ה יְ֭הוָה

6 תֶּאֱנַ֣ף לָנֶ֑צַח תִּבְעַ֥ר כְּמוֹ־אֵ֝֗שׁ קִנְאָתֶֽךָ׃ שְׁפֹ֤ךְ חֲמָתְךָ֨ אֶֽל־הַגּוֹיִם֮ אֲשֶׁ֪ר

7 לֹֽא־יְדָ֫ע֥וּךָ וְעַ֥ל מַמְלָכ֑וֹת אֲשֶׁ֥ר בְּ֝שִׁמְךָ֗ לֹ֣א קָרָֽאוּ׃ כִּ֭י אָכַ֣ל אֶֽת־יַעֲקֹ֑ב

8 וְֽאֶת־נָוֵ֥הוּ הֵשַֽׁמּוּ׃ אַֽל־תִּזְכָּר־לָנוּ֮ עֲוֺנֹ֪ת רִאשֹׁ֫נִ֥ים מַ֭הֵר יְקַדְּמ֣וּנוּ

9 רַחֲמֶ֑יךָ כִּ֖י דַלּ֣וֹנוּ מְאֹֽד׃ עָזְרֵ֤נוּ ׀ אֱלֹ֘הֵ֤י יִשְׁעֵ֗נוּ עַל־דְּבַ֥ר כְּבֽוֹד־שְׁמֶ֑ךָ

10 וְהַצִּילֵ֥נוּ וְכַפֵּ֥ר עַל־חַ֝טֹּאתֵ֗ינוּ לְמַ֣עַן שְׁמֶֽךָ׃ לָ֤מָּה ׀ יֹאמְר֣וּ הַגּוֹיִם֮ אַיֵּ֪ה

11 בַּגּוֹיִם אֱֽלֹ֫הֵיהֶ֥ם יִוָּדַ֣ע בַּגֹּיִ֣ם לְעֵינֵ֑ינוּ נִ֝קְמַ֗ת דַּֽם־עֲבָדֶ֥יךָ הַשָּׁפֽוּךְ׃ תָּ֤בוֹא

12
12A
לְפָנֶיךָ֮ אֶנְקַ֪ת אָ֫סִ֥יר כְּגֹ֥דֶל זְרוֹעֲךָ֑ ה֝וֹתֵ֗ר בְּנֵ֣י תְמוּתָֽה׃ וְהָ֘שֵׁ֤ב לִשְׁכֵנֵ֨ינוּ

13 שִׁ֭בְעָתַיִם אֶל־חֵיקָ֑ם חֶרְפָּ֘תָ֤ם אֲשֶׁ֖ר חֵרְפ֣וּךָ אֲדֹנָֽי׃ וַאֲנַ֤חְנוּ עַמְּךָ֨ ׀ וְצֹ֥אן

מַרְעִיתֶ֗ךָ נ֘וֹדֶ֤ה לְּךָ֗ לְע֫וֹלָ֥ם לְד֥וֹר וָדֹ֑ר נְ֝סַפֵּ֗ר תְּהִלָּתֶֽךָ׃

80 1 לַמְנַצֵּ֥חַ אֶל־שֹׁשַׁנִּ֑ים עֵד֖וּת לְאָסָ֣ף מִזְמֽוֹר׃

2
3 רֹעֵ֬ה יִשְׂרָאֵ֨ל ׀ הַאֲזִ֗ינָה נֹהֵ֣ג כַּצֹּ֣אן יוֹסֵ֑ף יֹשֵׁ֖ב הַכְּרוּבִ֣ים הוֹפִֽיעָה׃ לִפְנֵ֤י

אֶפְרַ֨יִם ׀ וּבִנְיָ֘מִ֤ן וּמְנַשֶּׁ֗ה עוֹרְרָ֥ה אֶת־גְּבֽוּרָתֶ֑ךָ וּלְכָ֖ה לִישֻׁעָ֣תָה לָּֽנוּ׃

4
5 אֱלֹהִ֥ים הֲשִׁיבֵ֑נוּ וְהָאֵ֥ר פָּ֝נֶ֗יךָ וְנִוָּשֵֽׁעָה׃ יְהוָ֣ה אֱלֹהִ֣ים צְבָא֑וֹת עַד־מָתַ֥י

6 עָ֝שַׁ֗נְתָּ בִּתְפִלַּ֥ת עַמֶּֽךָ׃ הֶ֭אֱכַלְתָּם לֶ֣חֶם דִּמְעָ֑ה וַ֝תַּשְׁקֵ֗מוֹ בִּדְמָע֥וֹת

7
8 שָׁלִֽישׁ׃ תְּשִׂימֵ֣נוּ מָ֭דוֹן לִשְׁכֵנֵ֑ינוּ וְ֝אֹיְבֵ֗ינוּ יִלְעֲגוּ־לָֽמוֹ׃ אֱלֹהִ֣ים צְבָא֣וֹת

9 הֲשִׁיבֵ֑נוּ וְהָאֵ֥ר פָּ֝נֶ֗יךָ וְנִוָּשֵֽׁעָה׃ גֶּ֭פֶן מִמִּצְרַ֣יִם תַּסִּ֑יעַ תְּגָרֵ֥שׁ גּ֝וֹיִ֗ם

10
11 וַתִּטָּעֶֽהָ׃ פִּנִּ֥יתָ לְפָנֶ֑יהָ וַתַּשְׁרֵ֥שׁ שָׁ֝רָשֶׁ֗יהָ וַתְּמַלֵּא־אָֽרֶץ׃ כָּסּ֣וּ הָרִ֣ים

12 צִלָּ֑הּ וַ֝עֲנָפֶ֗יהָ אַֽרְזֵי־אֵֽל׃ תְּשַׁלַּ֣ח קְצִירֶ֣הָ עַד־יָ֑ם וְאֶל־נָ֝הָ֗ר יֽוֹנְקוֹתֶֽיהָ׃

13
14 לָ֭מָּה פָּרַ֣צְתָּ גְדֵרֶ֑יהָ וְ֝אָר֗וּהָ כָּל־עֹ֥בְרֵי דָֽרֶךְ׃ יְכַרְסְמֶ֣נָּה חֲזִ֣יר מִיָּ֑עַר

15 וְזִ֖יז שָׂדַ֣י יִרְעֶֽנָּה׃ אֱלֹהִ֣ים צְבָאוֹת֮ שֽׁוּב־נָ֫א הַבֵּ֣ט מִשָּׁמַ֣יִם וּרְאֵ֑ה וּ֝פְקֹ֗ד

16
17 גֶּ֣פֶן זֹֽאת׃ וְ֭כַנָּה אֲשֶׁר־נָטְעָ֣ה יְמִינֶ֑ךָ וְעַל־בֵּ֝֗ן אִמַּ֥צְתָּה לָּֽךְ׃ שְׂרֻפָ֣ה

18 בָאֵ֣שׁ כְּסוּחָ֑ה מִגַּעֲרַ֖ת פָּנֶ֣יךָ יֹאבֵֽדוּ׃ תְּֽהִי־יָ֭דְךָ עַל־אִ֣ישׁ יְמִינֶ֑ךָ עַל־

of thy right hand, upon the son of man *whom* thou madest strong for thyself.

18[19] So will not we go back from thee: quicken us, and we will call upon thy name.

19[20] Turn us again, O Lord God of hosts, cause thy face to shine; and we shall be saved.

PSALM 81

[1] To the chief Musician upon Gittith, *A Psalm* of Asaph.

1[2] Sing aloud unto God our strength: make a joyful noise unto the God of Jacob.

2[3] Take a psalm, and bring hither the timbrel, the pleasant harp with the psaltery.

3[4] Blow up the trumpet in the new moon, in the time appointed, on our solemn feast day.

4[5] For this *was* a statute for Israel, *and* a law of the God of Jacob.

5[6] This he ordained in Joseph *for* a testimony, when he went out through the land of Egypt: *where* I heard a language *that* I understood not.

6[7] I removed his shoulder from the burden: his hands were delivered from the pots.

7[8] Thou calledst in trouble, and I delivered thee; I answered thee in the secret place of thunder: I proved thee at the waters of Meribah. Selah.

8[9] Hear, O my people, and I will testify unto thee: O Israel, if thou wilt hearken unto me;

9[10] There shall no strange god be in thee; neither shalt thou worship any strange god.

10[11] I *am* the Lord thy God, which brought thee out of the land of Egypt: open thy mouth wide, and I will fill it.

11[12] But my people would not hearken to my voice; and Israel would none of me.

12[13] So I gave them up unto their own hearts' lust: *and* they walked in their own counsels.

13[14] Oh that my people had hearkened unto me, *and* Israel had walked in my ways!

14[15] I should soon have subdued their enemies, and turned my hand against their adversaries.

15[16] The haters of the Lord should have submitted themselves unto him: but their time should have endured for ever.

16[17] He should have fed them also with the finest of the wheat: and with honey out of the rock should I have satisfied thee.

PSALM 82

[1a] A Psalm of Asaph.

1[1b] God standeth in the congregation of the mighty; he judgeth among the gods.

2 How long will ye judge unjustly, and accept the persons of the wicked? Selah.

3 Defend the poor and fatherless: do justice to the afflicted and needy.

4 Deliver the poor and needy: rid *them* out of the hand of the wicked.

5 They know not, neither will they understand; they walk on in darkness: all the foundations of the earth are out of course.

6 I have said, Ye *are* gods; and all of you *are* children of the most High.

7 But ye shall die like men, and fall like one of the princes.

8 Arise, O God, judge the earth: for thou shalt inherit all nations.

PSALM 83

[1] A Song *or* Psalm of Asaph.

1[2] Keep not thou silence, O God: hold not thy peace, and be not still, O God.

2[3] For, lo, thine enemies make a tumult: and they that hate thee have lifted up the head.

3[4] They have taken crafty counsel against thy people, and consulted against thy hidden ones.

4[5] They have said, Come, and let us cut them off from *being* a nation; that the name of Israel may be no more in remembrance.

5[6] For they have consulted together with one consent: they are confederate against thee:

6[7] The tabernacles of Edom, and the Ishmaelites; of Moab, and the Hagarenes;

בֶּן־אָדָ֗ם אִמַּ֥צְתָּ לָּֽךְ: וְלֹא־נָס֥וֹג מִמֶּ֑ךָּ תְּחַיֵּ֗נוּ וּבְשִׁמְךָ֥ נִקְרָֽא: יְהֹוָ֤ה ¹⁹
אֱלֹהִ֣ים צְבָא֣וֹת הֲשִׁיבֵ֑נוּ הָאֵ֥ר פָּ֝נֶ֗יךָ וְנִוָּשֵֽׁעָה: ²⁰

81 לַמְנַצֵּ֬חַ ׀ עַֽל־הַגִּתִּ֬ית לְאָסָֽף: הַ֭רְנִינוּ לֵאלֹהִ֣ים עוּזֵּ֑נוּ ¹
הָ֝רִ֗יעוּ לֵאלֹהֵ֥י יַעֲקֹֽב: שְׂאוּ־זִ֭מְרָה וּתְנוּ־תֹ֑ף כִּנּ֖וֹר נָעִ֣ים עִם־נָֽבֶל: ²
³
תִּקְע֣וּ בַחֹ֣דֶשׁ שׁוֹפָ֑ר בַּ֝כֵּ֗סֶה לְי֣וֹם חַגֵּֽנוּ: כִּ֤י חֹ֣ק לְיִשְׂרָאֵ֣ל ה֑וּא מִ֝שְׁפָּ֗ט ⁴
⁵
לֵאלֹהֵ֥י יַעֲקֹֽב: עֵ֤ד֨וּת ׀ בִּיהוֹסֵ֡ף שָׂמ֗וֹ בְּ֭צֵאתוֹ עַל־אֶ֣רֶץ מִצְרָ֑יִם שְׂפַ֖ת ⁶
לֹא־יָדַ֣עְתִּי אֶשְׁמָֽע: הֲסִיר֣וֹתִי מִסֵּ֣בֶל שִׁכְמ֑וֹ כַּ֝פָּ֗יו מִדּ֥וּד תַּעֲבֹֽרְנָה: ⁷
בַּצָּרָ֥ה קָרָ֗אתָ וָאֲחַ֫לְּצֶ֥ךָּ אֶ֭עֶנְךָ בְּסֵ֣תֶר רַ֑עַם אֶבְחׇנְךָ֨ עַל־מֵ֖י מְרִיבָ֣ה ⁸
סֶֽלָה: שְׁמַ֣ע עַ֭מִּי וְאָעִ֣ידָה בָּ֑ךְ יִ֝שְׂרָאֵ֗ל אִם־תִּֽשְׁמַֽע־לִֽי: לֹא־יִהְיֶ֣ה בְךָ֣ ⁹
¹⁰
11A אֵ֣ל זָ֑ר וְלֹ֥א תִ֝שְׁתַּחֲוֶ֗ה לְאֵ֣ל נֵכָֽר: אָנֹכִ֨י ׀ יְהֹוָ֣ה אֱלֹהֶ֗יךָ הַֽ֭מַּעַלְךָ מֵאֶ֣רֶץ ¹¹
מִצְרָ֑יִם הַרְחֶב־פִּ֝֗יךָ וַאֲמַלְאֵֽהוּ: וְלֹא־שָׁמַ֣ע עַמִּ֣י לְקוֹלִ֑י וְ֝יִשְׂרָאֵ֗ל לֹא־ ¹²
אָ֥בָה לִֽי: וָ֭אֲשַׁלְּחֵהוּ בִּשְׁרִיר֣וּת לִבָּ֑ם יֵ֝לְכ֗וּ בְּמ֣וֹעֲצוֹתֵיהֶֽם: ל֗וּ עַ֭מִּי ¹³
¹⁴
שֹׁמֵ֣עַֽ לִ֑י יִ֝שְׂרָאֵ֗ל בִּדְרָכַ֥י יְהַלֵּֽכוּ: כִּ֭מְעַט אוֹיְבֵיהֶ֣ם אַכְנִ֑יעַ וְעַ֥ל צָ֝רֵיהֶ֗ם ¹⁵
אָשִׁ֥יב יָדִֽי: מְשַׂנְאֵ֣י יְ֭הֹוָה יְכַחֲשׁוּ־ל֑וֹ וִיהִ֖י עִתָּ֣ם לְעוֹלָֽם: וַֽ֭יַּאֲכִילֵהוּ ¹⁶
¹⁷
מֵחֵ֣לֶב חִטָּ֑ה וּ֝מִצּ֗וּר דְּבַ֣שׁ אַשְׂבִּיעֶֽךָ: ¹⁸

82 מִזְמ֗וֹר לְאָ֫סָ֥ף ¹

אֱֽלֹהִ֗ים נִצָּ֥ב בַּעֲדַת־אֵ֑ל בְּקֶ֖רֶב אֱלֹהִ֣ים יִשְׁפֹּֽט: עַד־מָתַ֥י תִּשְׁפְּטוּ־עָ֑וֶל ²
וּפְנֵ֥י רְ֝שָׁעִ֗ים תִּשְׂאוּ־סֶֽלָה: שִׁפְטוּ־דַ֥ל וְיָת֑וֹם עָנִ֖י וָרָ֣שׁ הַצְדִּֽיקוּ: ³
פַּלְּטוּ־דַ֥ל וְאֶבְי֑וֹן מִיַּ֖ד רְשָׁעִ֣ים הַצִּֽילוּ: לֹ֤א יָֽדְע֨וּ ׀ וְלֹ֥א יָבִ֗ינוּ בַּחֲשֵׁכָ֥ה ⁴
⁵
יִתְהַלָּ֑כוּ יִ֝מּ֗וֹטוּ כׇּל־מ֥וֹסְדֵי אָֽרֶץ: אֲֽנִי־אָ֭מַרְתִּי אֱלֹהִ֣ים אַתֶּ֑ם וּבְנֵ֖י ⁶
עֶלְי֣וֹן כֻּלְּכֶֽם: אָ֭כֵן כְּאָדָ֣ם תְּמוּת֑וּן וּכְאַחַ֖ד הַשָּׂרִ֣ים תִּפֹּֽלוּ: קוּמָ֣ה ⁷
⁸
אֱ֭לֹהִים שׇׁפְטָ֣ה הָאָ֑רֶץ כִּֽי־אַתָּ֥ה תִ֝נְחַ֗ל בְּכׇל־הַגּוֹיִֽם: ⁹

83 שִׁ֖יר מִזְמ֣וֹר לְאָסָֽף: ¹

אֱלֹהִ֥ים אַל־דֳּמִי־לָ֑ךְ אַל־תֶּחֱרַ֖שׁ וְאַל־תִּשְׁקֹ֣ט אֵֽל: כִּֽי־הִנֵּ֣ה א֭וֹיְבֶיךָ ²
³
יֶהֱמָי֑וּן וּ֝מְשַׂנְאֶ֗יךָ נָ֣שְׂאוּ רֹֽאשׁ: עַֽל־עַ֭מְּךָ יַעֲרִ֣ימוּ ס֑וֹד וְ֝יִתְיָעֲצ֗וּ עַל־ ⁴
צְפוּנֶֽיךָ: אָמְר֗וּ לְ֭כוּ וְנַכְחִידֵ֣ם מִגּ֑וֹי וְלֹֽא־יִזָּכֵ֖ר שֵֽׁם־יִשְׂרָאֵ֣ל עֽוֹד: כִּ֤י ⁵
⁶
נוֹעֲצ֣וּ לֵ֣ב יַחְדָּ֑ו עָ֝לֶ֗יךָ בְּרִ֣ית יִכְרֹֽתוּ: אׇהֳלֵ֣י אֱ֭דוֹם וְיִשְׁמְעֵאלִ֗ים מוֹאָ֥ב ⁷

7[8] Gebal, and Ammon, and Amalek; the Philistines with the inhabitants of Tyre;

8[9] Assur also is joined with them: they have holpen the children of Lot. Selah.

9[10] Do unto them as *unto* the Midianites; as *to* Sisera, as *to* Jabin, at the brook of Kison:

10[11] *Which* perished at En-dor: they became *as* dung for the earth.

11[12] Make their nobles like Oreb, and like Zeeb: yea, all their princes as Zebah, and as Zalmunna:

12[13] Who said, Let us take to ourselves the houses of God in possession.

13[14] O my God, make them like a wheel; as the stubble before the wind.

14[15] As the fire burneth a wood, and as the flame setteth the mountains on fire;

15[16] So persecute them with thy tempest, and make them afraid with thy storm.

16[17] Fill their faces with shame; that they may seek thy name, O LORD.

17[18] Let them be confounded and troubled for ever; yea, let them be put to shame, and perish:

18[19] That *men* may know that thou, whose name alone *is* JEHOVAH, *art* the most high over all the earth.

PSALM 84

[1] To the chief Musician upon Gittith, A Psalm for the sons of Korah.

1[2] How amiable *are* thy tabernacles, O LORD of hosts!

2[3] My soul longeth, yea, even fainteth for the courts of the LORD: my heart and my flesh crieth out for the living God.

3[4] Yea, the sparrow hath found an house, and the swallow a nest for herself, where she may lay her young, *even* thine altars, O LORD of hosts, my King, and my God.

4[5] Blessed *are* they that dwell in thy house: they will be still praising thee. Selah.

5[6] Blessed *is* the man whose strength *is* in thee; in whose heart *are* the ways *of them*.

6[7] *Who* passing through the valley of Baca make it a well; the rain also filleth the pools.

7[8] They go from strength to strength, *every one of them* in Zion appeareth before God.

8[9] O LORD God of hosts, hear my prayer: give ear, O God of Jacob. Selah.

9[10] Behold, O God our shield, and look upon the face of thine anointed.

10[11] For a day in thy courts *is* better than a thousand. I had rather be a doorkeeper in the house of my God, than to dwell in the tents of wickedness.

11[12] For the LORD God *is* a sun and shield: the LORD will give grace and glory: no good *thing* will he withhold from them that walk uprightly.

12[13] O LORD of hosts, blessed *is* the man that trusteth in thee.

PSALM 85

[1] To the chief Musician, A Psalm for the sons of Korah.

1[2] LORD, thou hast been favourable unto thy land: thou hast brought back the captivity of Jacob.

2[3] Thou hast forgiven the iniquity of thy people, thou hast covered all their sin. Selah.

3[4] Thou hast taken away all thy wrath: thou hast turned *thyself* from the fierceness of thine anger.

4[5] Turn us, O God of our salvation, and cause thine anger toward us to cease.

5[6] Wilt thou be angry with us for ever? wilt thou draw out thine anger to all generations?

6[7] Wilt thou not revive us again: that thy people may rejoice in thee?

7[8] Shew us thy mercy, O LORD, and grant us thy salvation.

8[9] I will hear what God the LORD will speak: for he will speak peace unto his people, and to his saints: but let them not turn again to folly.

9[10] Surely his salvation *is* nigh them that fear him; that glory may dwell in our land.

10[11] Mercy and truth are met together; righteousness and peace have kissed *each other*.

‫8 וְהַגְּרִים גְּבָל וְעַמּוֹן וַעֲמָלֵק פְּלֶשֶׁת עִם־יֹשְׁבֵי צוֹר: גַּם־אַשּׁוּר נִלְוָה‬
‫9 עִמָּם הָיוּ זְרוֹעַ לִבְנֵי־לוֹט סֶלָה: עֲשֵׂה־לָהֶם כְּמִדְיָן כְּסִיסְרָא כְיָבִין‬
‫10 בְּנַחַל קִישׁוֹן: נִשְׁמְדוּ בְעֵין־דֹּאר הָיוּ דֹּמֶן לָאֲדָמָה: שִׁיתֵמוֹ נְדִיבֵמוֹ‬
‫11 כְּעֹרֵב וְכִזְאֵב וּכְזֶבַח וּכְצַלְמֻנָּע כָּל־נְסִיכֵמוֹ: אֲשֶׁר אָמְרוּ נִירֲשָׁה לָּנוּ‬
‫12 אֵת נְאוֹת אֱלֹהִים: אֱלֹהַי שִׁיתֵמוֹ כַגַּלְגַּל כְּקַשׁ לִפְנֵי־רוּחַ: כְּאֵשׁ‬
‫13 תִּבְעַר־יָעַר וּכְלֶהָבָה תְּלַהֵט הָרִים: כֵּן תִּרְדְּפֵם בְּסַעֲרֶךָ וּבְסוּפָתְךָ‬
‫14 תְבַהֲלֵם: מַלֵּא פְנֵיהֶם קָלוֹן וִיבַקְשׁוּ שִׁמְךָ יְהוָה: יֵבֹשׁוּ וְיִבָּהֲלוּ עֲדֵי־‬
‫15 עַד וְיַחְפְּרוּ וְיֹאבֵדוּ: וְיֵדְעוּ כִּי־אַתָּה שִׁמְךָ יְהוָה לְבַדֶּךָ עֶלְיוֹן עַל־‬
‫18 כָּל־הָאָרֶץ:‬
‫19

‫84 1 לַמְנַצֵּחַ עַל־הַגִּתִּית לִבְנֵי־קֹרַח מִזְמוֹר:‬
‫2 מַה־יְּדִידוֹת מִשְׁכְּנוֹתֶיךָ יְהוָה צְבָאוֹת: נִכְסְפָה וְגַם־כָּלְתָה נַפְשִׁי‬
‫3 לְחַצְרוֹת יְהוָה לִבִּי וּבְשָׂרִי יְרַנְּנוּ אֶל אֵל־חָי: גַּם־צִפּוֹר מָצְאָה‬
‫4 בַיִת וּדְרוֹר קֵן לָהּ אֲשֶׁר־שָׁתָה אֶפְרֹחֶיהָ אֶת־מִזְבְּחוֹתֶיךָ יְהוָה‬
‫5 צְבָאוֹת מַלְכִּי וֵאלֹהָי: אַשְׁרֵי יוֹשְׁבֵי בֵיתֶךָ עוֹד יְהַלְלוּךָ סֶּלָה:‬
‫6 אַשְׁרֵי אָדָם עוֹז־לוֹ בָךְ מְסִלּוֹת בִּלְבָבָם: עֹבְרֵי בְּעֵמֶק הַבָּכָא‬
‫7 מַעְיָן יְשִׁיתוּהוּ גַּם־בְּרָכוֹת יַעְטֶה מוֹרֶה: יֵלְכוּ מֵחַיִל אֶל־חָיִל יֵרָאֶה‬
‫8 אֶל־אֱלֹהִים בְּצִיּוֹן: יְהוָה אֱלֹהִים צְבָאוֹת שִׁמְעָה תְפִלָּתִי הַאֲזִינָה‬
‫9 אֱלֹהֵי יַעֲקֹב סֶלָה: מָגִנֵּנוּ רְאֵה אֱלֹהִים וְהַבֵּט פְּנֵי מְשִׁיחֶךָ: כִּי טוֹב־‬
‫10 יוֹם בַּחֲצֵרֶיךָ מֵאָלֶף בָּחַרְתִּי הִסְתּוֹפֵף בְּבֵית אֱלֹהַי מִדּוּר בְּאָהֳלֵי־‬
‫11 רֶשַׁע: כִּי שֶׁמֶשׁ וּמָגֵן יְהוָה אֱלֹהִים חֵן וְכָבוֹד יִתֵּן יְהוָה לֹא יִמְנַע־‬
‫12 טוֹב לַהֹלְכִים בְּתָמִים: יְהוָה צְבָאוֹת אַשְׁרֵי אָדָם בֹּטֵחַ בָּךְ:‬
‫13

‫85 1 לַמְנַצֵּחַ לִבְנֵי־קֹרַח מִזְמוֹר:‬
‫2 רָצִיתָ יְהוָה אַרְצֶךָ שַׁבְתָּ שְׁבִית שְׁבוּת יַעֲקֹב: נָשָׂאתָ עֲוֹן עַמֶּךָ כִּסִּיתָ‬
‫3 כָל־חַטָּאתָם סֶלָה: אָסַפְתָּ כָל־עֶבְרָתֶךָ הֱשִׁיבוֹתָ מֵחֲרוֹן אַפֶּךָ:‬
‫4 שׁוּבֵנוּ אֱלֹהֵי יִשְׁעֵנוּ וְהָפֵר כַּעַסְךָ עִמָּנוּ: הַלְעוֹלָם תֶּאֱנַף־בָּנוּ תִּמְשֹׁךְ‬
‫5 אַפְּךָ לְדֹר וָדֹר: הֲלֹא־אַתָּה תָּשׁוּב תְּחַיֵּנוּ וְעַמְּךָ יִשְׂמְחוּ־בָךְ: הַרְאֵנוּ‬
‫6 יְהוָה חַסְדֶּךָ וְיֶשְׁעֲךָ תִּתֶּן־לָנוּ: אֶשְׁמְעָה מַה־יְדַבֵּר הָאֵל יְהוָה כִּי‬
‫7 יְדַבֵּר שָׁלוֹם אֶל־עַמּוֹ וְאֶל־חֲסִידָיו וְאַל־יָשׁוּבוּ לְכִסְלָה: אַךְ קָרוֹב‬
‫8 לִירֵאָיו יִשְׁעוֹ לִשְׁכֹּן כָּבוֹד בְּאַרְצֵנוּ: חֶסֶד־וֶאֱמֶת נִפְגָּשׁוּ צֶדֶק וְשָׁלוֹם‬
‫9
‫10
‫11

1247

11[12] Truth shall spring out of the earth; and righteousness shall look down from heaven.

12[13] Yea, the LORD shall give *that which is* good; and our land shall yield her increase.

13[14] Righteousness shall go before him; and shall set *us* in the way of his steps.

PSALM 86

[1a] A Prayer of David.

1[1b] Bow down thine ear, O LORD, hear me: for I *am* poor and needy.

2 Preserve my soul; for I *am* holy: O thou my God, save thy servant that trusteth in thee.

3 Be merciful unto me, O Lord: for I cry unto thee daily.

4 Rejoice the soul of thy servant: for unto thee, O Lord, do I lift up my soul.

5 For thou, Lord, *art* good, and ready to forgive; and plenteous in mercy unto all them that call upon thee.

6 Give ear, O LORD, unto my prayer; and attend to the voice of my supplications.

7 In the day of my trouble I will call upon thee: for thou wilt answer me.

8 Among the gods *there is* none like unto thee, O Lord; neither *are there any works* like unto thy works.

9 All nations whom thou hast made shall come and worship before thee, O Lord; and shall glorify thy name.

10 For thou *art* great, and doest wondrous things: thou *art* God alone.

11 Teach me thy way, O LORD; I will walk in thy truth: unite my heart to fear thy name.

12 I will praise thee, O Lord my God, with all my heart: and I will glorify thy name for evermore.

13 For great *is* thy mercy toward me: and thou hast delivered my soul from the lowest hell.

14 O God, the proud are risen against me, and the assemblies of violent *men* have sought after my soul; and have not set thee before them.

15 But thou, O Lord, *art* a God full of compassion, and gracious, longsuffering, and plenteous in mercy and truth.

16 O turn unto me, and have mercy upon me; give thy strength unto thy servant, and save the son of thine handmaid.

17 Shew me a token for good; that they which hate me may see *it,* and be ashamed: because thou, LORD, hast holpen me, and comforted me.

PSALM 87

[1a] A Psalm *or* Song for the sons of Korah.

1[1b] His foundation *is* in the holy mountains.

2 The LORD loveth the gates of Zion more than all the dwellings of Jacob.

3 Glorious things are spoken of thee, O city of God. Selah.

4 I will make mention of Rahab and Babylon to them that know me: behold Philistia, and Tyre, with Ethiopia; this *man* was born there.

5 And of Zion it shall be said, This and that man was born in her: and the highest himself shall establish her.

6 The LORD shall count, when he writeth up the people, *that* this *man* was born there. Selah.

7 As well the singers as the players on instruments *shall be there:* all my springs *are* in thee.

PSALM 88

[1] A Song *or* Psalm for the sons of Korah, to the chief Musician upon Mahalath Leannoth, Maschil of Heman the Ezrahite.

1[2] O LORD God of my salvation, I have cried day *and* night before thee:

2[3] Let my prayer come before thee: incline thine ear unto my cry;

3[4] For my soul is full of troubles: and my life draweth nigh unto the grave.

4[5] I am counted with them that go down into the pit: I am as a man *that hath* no strength:

5[6] Free among the dead, like the slain that lie in the grave, whom thou rememberest no more: and they are cut off from thy hand.

12 נָשָׁקוּ: אֱמֶת מֵאֶרֶץ תִּצְמָח וְצֶדֶק מִשָּׁמַיִם נִשְׁקָף: גַּם־יְהוָה יִתֵּן
13

14 הַטּוֹב וְאַרְצֵנוּ תִּתֵּן יְבוּלָהּ: צֶדֶק לְפָנָיו יְהַלֵּךְ וְיָשֵׂם לְדֶרֶךְ פְּעָמָיו:

86 1 תְּפִלָּה לְדָוִד

2 הַטֵּה־יְהוָה אָזְנְךָ עֲנֵנִי כִּי־עָנִי וְאֶבְיוֹן אָנִי: שָׁמְרָה נַפְשִׁי כִּי־חָסִיד

3 אָנִי הוֹשַׁע עַבְדְּךָ אַתָּה אֱלֹהַי הַבּוֹטֵחַ אֵלֶיךָ: חָנֵּנִי אֲדֹנָי כִּי אֵלֶיךָ

4 אֶקְרָא כָּל־הַיּוֹם: שַׂמֵּחַ נֶפֶשׁ עַבְדֶּךָ כִּי אֵלֶיךָ אֲדֹנָי נַפְשִׁי אֶשָּׂא:

5 כִּי־אַתָּה אֲדֹנָי טוֹב וְסַלָּח וְרַב־חֶסֶד לְכָל־קֹרְאֶיךָ: הַאֲזִינָה יְהוָה
6

7 תְּפִלָּתִי וְהַקְשִׁיבָה בְּקוֹל תַּחֲנוּנוֹתָי: בְּיוֹם צָרָתִי אֶקְרָאֶךָּ כִּי תַעֲנֵנִי:

8 אֵין־כָּמוֹךָ בָאֱלֹהִים אֲדֹנָי וְאֵין כְּמַעֲשֶׂיךָ: כָּל־גּוֹיִם אֲשֶׁר עָשִׂיתָ
9

10 יָבוֹאוּ וְיִשְׁתַּחֲווּ לְפָנֶיךָ אֲדֹנָי וִיכַבְּדוּ לִשְׁמֶךָ: כִּי־גָדוֹל אַתָּה וְעֹשֵׂה

11 נִפְלָאוֹת אַתָּה אֱלֹהִים לְבַדֶּךָ: הוֹרֵנִי יְהוָה דַּרְכֶּךָ אֲהַלֵּךְ בַּאֲמִתֶּךָ

12 יַחֵד לְבָבִי לְיִרְאָה שְׁמֶךָ: אוֹדְךָ אֲדֹנָי אֱלֹהַי בְּכָל־לְבָבִי וַאֲכַבְּדָה שִׁמְךָ

13 לְעוֹלָם: כִּי־חַסְדְּךָ גָּדוֹל עָלָי וְהִצַּלְתָּ נַפְשִׁי מִשְּׁאוֹל תַּחְתִּיָּה: אֱלֹהִים
14

15 זֵדִים קָמוּ־עָלַי וַעֲדַת עָרִיצִים בִּקְשׁוּ נַפְשִׁי וְלֹא שָׂמוּךָ לְנֶגְדָּם: וְאַתָּה

16 אֲדֹנָי אֵל־רַחוּם וְחַנּוּן אֶרֶךְ אַפַּיִם וְרַב־חֶסֶד וֶאֱמֶת: פְּנֵה אֵלַי וְחָנֵּנִי

17 תְּנָה־עֻזְּךָ לְעַבְדֶּךָ וְהוֹשִׁיעָה לְבֶן־אֲמָתֶךָ: עֲשֵׂה־עִמִּי אוֹת לְטוֹבָה

וְיִרְאוּ שֹׂנְאַי וְיֵבֹשׁוּ כִּי־אַתָּה יְהוָה עֲזַרְתַּנִי וְנִחַמְתָּנִי:

87 1 לִבְנֵי־קֹרַח מִזְמוֹר שִׁיר   יְסוּדָתוֹ בְּהַרְרֵי־קֹדֶשׁ:

2 אֹהֵב יְהוָה שַׁעֲרֵי צִיּוֹן מִכֹּל מִשְׁכְּנוֹת יַעֲקֹב: נִכְבָּדוֹת מְדֻבָּר בָּךְ
3

4 עִיר הָאֱלֹהִים סֶלָה: אַזְכִּיר רַהַב וּבָבֶל לְיֹדְעָי הִנֵּה פְלֶשֶׁת וְצֹר

5 עִם־כּוּשׁ זֶה יֻלַּד־שָׁם: וּלְצִיּוֹן יֵאָמַר אִישׁ וְאִישׁ יֻלַּד־בָּהּ וְהוּא

6 יְכוֹנְנֶהָ עֶלְיוֹן: יְהוָה יִסְפֹּר בִּכְתוֹב עַמִּים זֶה יֻלַּד־שָׁם סֶלָה: וְשָׁרִים
7

כְּחֹלְלִים כָּל־מַעְיָנַי בָּךְ:

88 1 שִׁיר מִזְמוֹר לִבְנֵי קֹרַח

לַמְנַצֵּחַ עַל־מָחֲלַת לְעַנּוֹת   מַשְׂכִּיל לְהֵימָן הָאֶזְרָחִי:

2 יְהוָה אֱלֹהֵי יְשׁוּעָתִי יוֹם־צָעַקְתִּי בַלַּיְלָה נֶגְדֶּךָ: תָּבוֹא לְפָנֶיךָ תְּפִלָּתִי
3

4 הַטֵּה־אָזְנְךָ לְרִנָּתִי: כִּי־שָׂבְעָה בְרָעוֹת נַפְשִׁי וְחַיַּי לִשְׁאוֹל הִגִּיעוּ:

5 נֶחְשַׁבְתִּי עִם־יוֹרְדֵי בוֹר הָיִיתִי כְּגֶבֶר אֵין־אֱיָל: בַּמֵּתִים חָפְשִׁי כְּמוֹ
6

7 חֲלָלִים שֹׁכְבֵי קֶבֶר אֲשֶׁר לֹא זְכַרְתָּם עוֹד וְהֵמָּה מִיָּדְךָ נִגְזָרוּ: שַׁתַּנִי

6[7] Thou hast laid me in the lowest pit, in darkness, in the deeps.

7[8] Thy wrath lieth hard upon me, and thou hast afflicted *me* with all thy waves. Selah.

8[9] Thou hast put away mine acquaintance far from me; thou hast made me an abomination unto them: *I am* shut up, and I cannot come forth.

9[10] Mine eye mourneth by reason of affliction: LORD, I have called daily upon thee, I have stretched out my hands unto thee.

10[11] Wilt thou shew wonders to the dead? shall the dead arise *and* praise thee? Selah.

11[12] Shall thy lovingkindness be declared in the grave? *or* thy faithfulness in destruction?

12[13] Shall thy wonders be known in the dark? and thy righteousness in the land of forgetfulness?

13[14] But unto thee have I cried, O LORD; and in the morning shall my prayer prevent thee.

14[15] LORD, why castest thou off my soul? *why* hidest thou thy face from me?

15[16] I *am* afflicted and ready to die from *my* youth up: *while* I suffer thy terrors I am distracted.

16[17] Thy fierce wrath goeth over me; thy terrors have cut me off.

17[18] They came round about me daily like water; they compassed me about together.

18[19] Lover and friend hast thou put far from me, *and* mine acquaintance into darkness.

PSALM 89

[1] Maschil of Ethan the Ezrahite.

1[2] I will sing of the mercies of the LORD for ever: with my mouth will I make known thy faithfulness to all generations.

2[3] For I have said, Mercy shall be built up for ever: thy faithfulness shalt thou establish in the very heavens.

3[4] I have made a covenant with my chosen, I have sworn unto David my servant,

4[5] Thy seed will I establish for ever,

and build up thy throne to all generations. Selah.

5[6] And the heavens shall praise thy wonders, O LORD: thy faithfulness also in the congregation of the saints.

6[7] For who in the heaven can be compared unto the LORD? *who* among the sons of the mighty can be likened unto the LORD?

7[8] God is greatly to be feared in the assembly of the saints, and to be had in reverence of all *them that are* about him.

8[9] O LORD God of hosts, who *is* a strong LORD like unto thee? or to thy faithfulness round about thee?

9[10] Thou rulest the raging of the sea: when the waves thereof arise, thou stillest them.

10[11] Thou hast broken Rahab in pieces, as one that is slain; thou hast scattered thine enemies with thy strong arm.

11[12] The heavens *are* thine, the earth also *is* thine: *as for* the world and the fulness thereof, thou hast founded them.

12[13] The north and the south thou hast created them: Tabor and Hermon shall rejoice in thy name.

13[14] Thou hast a mighty arm: strong is thy hand, *and* high is thy right hand.

14[15] Justice and judgment *are* the habitation of thy throne: mercy and truth shall go before thy face.

15[16] Blessed *is* the people that know the joyful sound: they shall walk, O LORD, in the light of thy countenance.

16[17] In thy name shall they rejoice all the day: and in thy righteousness shall they be exalted.

17[18] For thou *art* the glory of their strength: and in thy favour our horn shall be exalted.

18[19] For the LORD *is* our defence; and the Holy One of Israel *is* our king.

19[20] Then thou spakest in vision to thy holy one, and saidst, I have laid help upon *one that is* mighty; I have exalted *one* chosen out of the people.

20[21] I have found David my servant; with my holy oil have I anointed him:

21[22] With whom my hand shall be established: mine arm also shall strengthen him.

8 בְּבוֹר תַּחְתִּיּוֹת בְּמַחֲשַׁכִּים בִּמְצֹלוֹת: עָלַי סָמְכָה חֲמָתֶךָ וְכָל־

9 מִשְׁבָּרֶיךָ עִנִּיתָ סֶּלָה: הִרְחַקְתָּ מְיֻדָּעַי מִמֶּנִּי שַׁתַּנִי תוֹעֵבוֹת לָמוֹ

10 כָּלֻא וְלֹא אֵצֵא: עֵינִי דָאֲבָה מִנִּי עֹנִי קְרָאתִיךָ יְהוָה בְּכָל־יוֹם

11 שִׁטַּחְתִּי אֵלֶיךָ כַפָּי: הֲלַמֵּתִים תַּעֲשֶׂה־פֶּלֶא אִם־רְפָאִים יָקוּמוּ׀יוֹדוּךָ

12 סֶּלָה: הַיְסֻפַּר בַּקֶּבֶר חַסְדֶּךָ אֱמוּנָתְךָ בָּאֲבַדּוֹן: הֲיִוָּדַע בַּחֹשֶׁךְ פִּלְאֶךָ
13

14 וְצִדְקָתְךָ בְּאֶרֶץ נְשִׁיָּה: וַאֲנִי׀אֵלֶיךָ יְהוָה שִׁוַּעְתִּי וּבַבֹּקֶר תְּפִלָּתִי

15 תְקַדְּמֶךָּ: לָמָה יְהוָה תִּזְנַח נַפְשִׁי תַּסְתִּיר פָּנֶיךָ מִמֶּנִּי: עָנִי אֲנִי וְגוֵֹעַ
16

17 מִנֹּעַר נָשָׂאתִי אֵמֶיךָ אָפוּנָה: עָלַי עָבְרוּ חֲרוֹנֶיךָ בִּעוּתֶיךָ צִמְּתוּתֻנִי:

18 סַבּוּנִי כַמַּיִם כָּל־הַיּוֹם הִקִּיפוּ עָלַי יָחַד: הִרְחַקְתָּ מִמֶּנִּי אֹהֵב וָרֵעַ
19

מְיֻדָּעַי מַחְשָׁךְ:

89 1 מַשְׂכִּיל לְאֵיתָן הָאֶזְרָחִי:

2 חַסְדֵי יְהוָה עוֹלָם אָשִׁירָה לְדֹר וָדֹר׀אוֹדִיעַ אֱמוּנָתְךָ בְּפִי: כִּי־
3

4 אָמַרְתִּי עוֹלָם חֶסֶד יִבָּנֶה שָׁמַיִם׀תָּכִן אֱמוּנָתְךָ בָהֶם: כָּרַתִּי בְרִית

5 לִבְחִירִי נִשְׁבַּעְתִּי לְדָוִד עַבְדִּי: עַד־עוֹלָם אָכִין זַרְעֶךָ וּבָנִיתִי לְדֹר־

6 וָדוֹר כִּסְאֲךָ סֶלָה: וְיוֹדוּ שָׁמַיִם פִּלְאֲךָ יְהוָה אַף־אֱמוּנָתְךָ בִּקְהַל

7 קְדֹשִׁים: כִּי מִי בַשַּׁחַק יַעֲרֹךְ לַיהוָה יִדְמֶה לַיהוָה בִּבְנֵי אֵלִים: אֵל
8

9 נַעֲרָץ בְּסוֹד־קְדֹשִׁים רַבָּה וְנוֹרָא עַל־כָּל־סְבִיבָיו: יְהוָה׀אֱלֹהֵי

10 צְבָאוֹת מִי־כָמוֹךָ חֲסִין׀יָהּ וֶאֱמוּנָתְךָ סְבִיבוֹתֶיךָ: אַתָּה מוֹשֵׁל

11 בְּגֵאוּת הַיָּם בְּשׂוֹא גַלָּיו אַתָּה תְשַׁבְּחֵם: אַתָּה דִכִּאתָ כֶחָלָל רָהַב

12 בִּזְרוֹעַ עֻזְּךָ פִּזַּרְתָּ אוֹיְבֶיךָ: לְךָ שָׁמַיִם אַף־לְךָ אָרֶץ תֵּבֵל וּמְלֹאָהּ

13 אַתָּה יְסַדְתָּם: צָפוֹן וְיָמִין אַתָּה בְרָאתָם תָּבוֹר וְחֶרְמוֹן בְּשִׁמְךָ יְרַנֵּנוּ:

14 לְךָ זְרוֹעַ עִם־גְּבוּרָה תָּעֹז יָדְךָ תָּרוּם יְמִינֶךָ: צֶדֶק וּמִשְׁפָּט מְכוֹן
15

16 כִּסְאֶךָ חֶסֶד וֶאֱמֶת יְקַדְּמוּ פָנֶיךָ: אַשְׁרֵי הָעָם יוֹדְעֵי תְרוּעָה יְהוָה

17 בְּאוֹר־פָּנֶיךָ יְהַלֵּכוּן: בְּשִׁמְךָ יְגִילוּן כָּל־הַיּוֹם וּבְצִדְקָתְךָ יָרוּמוּ: כִּי־
18

תָּרוּם

19 תִפְאֶרֶת עֻזָּמוֹ אָתָּה וּבִרְצֹנְךָ תָּרִים קַרְנֵנוּ: כִּי לַיהוָה מָגִנֵּנוּ וְלִקְדוֹשׁ

20 יִשְׂרָאֵל מַלְכֵּנוּ: אָז דִּבַּרְתָּ־בְחָזוֹן לַחֲסִידֶיךָ וַתֹּאמֶר שִׁוִּיתִי עֵזֶר עַל־

21 גִּבּוֹר הֲרִימוֹתִי בָחוּר מֵעָם: מָצָאתִי דָּוִד עַבְדִּי בְּשֶׁמֶן קָדְשִׁי

22 מְשַׁחְתִּיו: אֲשֶׁר יָדִי תִּכּוֹן עִמּוֹ אַף־זְרוֹעִי תְאַמְּצֶנּוּ: לֹא־יַשִּׁא אוֹיֵב
23

13A

22[23] The enemy shall not exact upon him; nor the son of wickedness afflict him.

23[24] And I will beat down his foes before his face, and plague them that hate him.

24[25] But my faithfulness and my mercy *shall be* with him: and in my name shall his horn be exalted.

25[26] I will set his hand also in the sea, and his right hand in the rivers.

26[27] He shall cry unto me, Thou *art* my father, my God, and the rock of my salvation.

27[28] Also I will make him *my* firstborn, higher than the kings of the earth.

28[29] My mercy will I keep for him for evermore, and my covenant shall stand fast with him.

29[30] His seed also will I make *to endure* for ever, and his throne as the days of heaven.

30[31] If his children forsake my law, and walk not in my judgments;

31[32] If they break my statutes, and keep not my commandments;

32[33] Then will I visit their transgression with the rod, and their iniquity with stripes.

33[34] Nevertheless my lovingkindness will I not utterly take from him, nor suffer my faithfulness to fail.

34[35] My covenant will I not break, nor alter the thing that is gone out of my lips.

35[36] Once have I sworn by my holiness that I will not lie unto David.

36[37] His seed shall endure for ever, and his throne as the sun before me.

37[38] It shall be established for ever as the moon, and *as* a faithful witness in heaven. Selah.

38[39] But thou hast cast off and abhorred, thou hast been wroth with thine anointed.

39[40] Thou hast made void the covenant of thy servant: thou hast profaned his crown *by casting it* to the ground.

40[41] Thou hast broken down all his hedges; thou hast brought his strong holds to ruin.

41[42] All that pass by the way spoil him: he is a reproach to his neighbours.

42[43] Thou hast set up the right hand of his adversaries; thou hast made all his enemies to rejoice.

43[44] Thou hast also turned the edge of his sword, and hast not made him to stand in the battle.

44[45] Thou hast made his glory to cease, and cast his throne down to the ground.

45[46] The days of his youth hast thou shortened: thou hast covered him with shame. Selah.

46[47] How long, LORD? wilt thou hide thyself for ever? shall thy wrath burn like fire?

47[48] Remember how short my time is: wherefore hast thou made all men in vain?

48[49] What man *is he that* liveth, and shall not see death? shall he deliver his soul from the hand of the grave? Selah.

49[50] Lord, where *are* thy former lovingkindnesses, *which* thou swarest unto David in thy truth?

50[51] Remember, Lord, the reproach of thy servants; *how* I do bear in my bosom *the reproach of* all the mighty people;

51[52] Wherewith thine enemies have reproached, O LORD; wherewith they have reproached the footsteps of thine anointed.

52[53] Blessed *be* the LORD for evermore. Amen, and Amen.

PSALM 90

[1a] A Prayer of Moses the man of God.

1[1b] Lord, thou hast been our dwelling place in all generations.

2 Before the mountains were brought forth, or ever thou hadst formed the earth and the world, even from everlasting to everlasting, thou *art* God.

3 Thou turnest man to destruction; and sayest, Return, ye children of men.

4 For a thousand years in thy sight *are but* as yesterday when it is past, and *as* a watch in the night.

5 Thou carriest them away as with a flood; they are *as* a sleep: in the morning *they are* like grass *which* groweth up.

6 In the morning it flourisheth, and groweth up; in the evening it is cut down, and withereth.

בּוֹ וּבֶן־עַוְלָה לֹא יְעַנֶּנּוּ: וְכַתּוֹתִי מִפָּנָיו צָרָיו וּמְשַׂנְאָיו אֶגּוֹף: 24

וֶאֱמוּנָתִי וְחַסְדִּי עִמּוֹ וּבִשְׁמִי תָּרוּם קַרְנוֹ: וְשַׂמְתִּי בַיָּם יָדוֹ וּבַנְּהָרוֹת 25 25A
יְמִינוֹ: הוּא יִקְרָאֵנִי אָבִי אָתָּה אֵלִי וְצוּר יְשׁוּעָתִי: אַף־אָנִי בְּכוֹר 26 27 28

אֶתְּנֵהוּ עֶלְיוֹן לְמַלְכֵי־אָרֶץ: לְעוֹלָם אֶשְׁמָר־לוֹ חַסְדִּי וּבְרִיתִי נֶאֱמֶנֶת 29 29A אֶשְׁמָר־
לוֹ: וְשַׂמְתִּי לָעַד זַרְעוֹ וְכִסְאוֹ כִּימֵי שָׁמָיִם: אִם־יַעַזְבוּ בָנָיו תּוֹרָתִי 30 31
וּבְמִשְׁפָּטַי לֹא יֵלֵכוּן: אִם־חֻקֹּתַי יְחַלֵּלוּ וּמִצְוֺתַי לֹא יִשְׁמֹרוּ: וּפָקַדְתִּי 32 33
בְשֵׁבֶט פִּשְׁעָם וּבִנְגָעִים עֲוֺנָם: וְחַסְדִּי לֹא־אָפִיר מֵעִמּוֹ וְלֹא־אֲשַׁקֵּר 34
בֶּאֱמוּנָתִי: לֹא־אֲחַלֵּל בְּרִיתִי וּמוֹצָא שְׂפָתַי לֹא אֲשַׁנֶּה: אַחַת 35 36
נִשְׁבַּעְתִּי בְקָדְשִׁי אִם־לְדָוִד אֲכַזֵּב: זַרְעוֹ לְעוֹלָם יִהְיֶה וְכִסְאוֹ כַשֶּׁמֶשׁ 37
נֶגְדִּי: כְּיָרֵחַ יִכּוֹן עוֹלָם וְעֵד בַּשַּׁחַק נֶאֱמָן סֶלָה: וְאַתָּה זָנַחְתָּ וַתִּמְאָס 38 39
הִתְעַבַּרְתָּ עִם־מְשִׁיחֶךָ: נֵאַרְתָּה בְּרִית עַבְדֶּךָ חִלַּלְתָּ לָאָרֶץ נִזְרוֹ: 40
פָּרַצְתָּ כָל־גְּדֵרֹתָיו שַׂמְתָּ מִבְצָרָיו מְחִתָּה: שַׁסֻּהוּ כָּל־עֹבְרֵי דָרֶךְ הָיָה 41 41A 42 42A
חֶרְפָּה לִשְׁכֵנָיו: הֲרִימוֹתָ יְמִין צָרָיו הִשְׂמַחְתָּ כָּל־אוֹיְבָיו: אַף־תָּשִׁיב 43 44
צוּר חַרְבּוֹ וְלֹא הֲקֵימֹתוֹ בַּמִּלְחָמָה: הִשְׁבַּתָּ מִטְּהָרוֹ וְכִסְאוֹ לָאָרֶץ 45
מִגַּרְתָּה: הִקְצַרְתָּ יְמֵי עֲלוּמָיו הֶעֱטִיתָ עָלָיו בּוּשָׁה סֶלָה: עַד־מָה 46 47
יְהוָה תִּסָּתֵר לָנֶצַח תִּבְעַר כְּמוֹ־אֵשׁ חֲמָתֶךָ: זְכָר־אֲנִי מֶה־חָלֶד עַל־ 48
מַה־שָּׁוְא בָּרָאתָ כָל־בְּנֵי־אָדָם: מִי גֶבֶר יִחְיֶה וְלֹא יִרְאֶה־מָּוֶת יְמַלֵּט 49
נַפְשׁוֹ מִיַּד־שְׁאוֹל סֶלָה: אַיֵּה חֲסָדֶיךָ הָרִאשֹׁנִים אֲדֹנָי נִשְׁבַּעְתָּ לְדָוִד 50
בֶּאֱמוּנָתֶךָ: זְכֹר אֲדֹנָי חֶרְפַּת עֲבָדֶיךָ שְׂאֵתִי בְחֵיקִי כָּל־רַבִּים עַמִּים: 51
אֲשֶׁר חֵרְפוּ אוֹיְבֶיךָ יְהוָה אֲשֶׁר חֵרְפוּ עִקְּבוֹת מְשִׁיחֶךָ: בָּרוּךְ יְהוָה 52 53
לְעוֹלָם אָמֵן וְאָמֵן:

ספר רביעי 90 תְּפִלָּה לְמֹשֶׁה אִישׁ־הָאֱלֹהִים 1

אֲדֹנָי מָעוֹן אַתָּה הָיִיתָ לָּנוּ בְּדֹר וָדֹר: בְּטֶרֶם הָרִים יֻלָּדוּ וַתְּחוֹלֵל 2

אֶרֶץ וְתֵבֵל וּמֵעוֹלָם עַד־עוֹלָם אַתָּה אֵל: תָּשֵׁב אֱנוֹשׁ עַד־דַּכָּא 3

וַתֹּאמֶר שׁוּבוּ בְנֵי־אָדָם: כִּי אֶלֶף שָׁנִים בְּעֵינֶיךָ כְּיוֹם אֶתְמוֹל כִּי 4

יַעֲבֹר וְאַשְׁמוּרָה בַלָּיְלָה: זְרַמְתָּם שֵׁנָה יִהְיוּ בַּבֹּקֶר כֶּחָצִיר יַחֲלֹף: 5

בַּבֹּקֶר יָצִיץ וְחָלָף לָעֶרֶב יְמוֹלֵל וְיָבֵשׁ: כִּי־כָלִינוּ בְאַפֶּךָ וּבַחֲמָתְךָ 6 7

7 For we are consumed by thine anger, and by thy wrath are we troubled.

8 Thou hast set our iniquities before thee, our secret *sins* in the light of thy countenance.

9 For all our days are passed away in thy wrath: we spend our years as a tale *that is told.*

10 The days of our years *are* threescore years and ten; and if by reason of strength *they be* fourscore years, yet *is* their strength labour and sorrow; for it is soon cut off, and we fly away.

11 Who knoweth the power of thine anger? even according to thy fear, *so is* thy wrath.

12 So teach *us* to number our days, that we may apply *our* hearts unto wisdom.

13 Return, O LORD, how long? and let it repent thee concerning thy servants.

14 O satisfy us early with thy mercy; that we may rejoice and be glad all our days.

15 Make us glad according to the days *wherein* thou hast afflicted us, *and* the years *wherein* we have seen evil.

16 Let thy work appear unto thy servants, and thy glory unto their children.

17 And let the beauty of the LORD our God be upon us: and establish thou the work of our hands upon us; yea, the work of our hands establish thou it.

PSALM 91

1 He that dwelleth in the secret place of the most High shall abide under the shadow of the Almighty.

2 I will say of the LORD, *He is* my refuge and my fortress: my God; in him will I trust.

3 Surely he shall deliver thee from the snare of the fowler, *and* from the noisome pestilence.

4 He shall cover thee with his feathers, and under his wings shalt thou trust: his truth *shall be thy* shield and buckler.

5 Thou shalt not be afraid for the terror by night; *nor* for the arrow *that* flieth by day;

6 *Nor* for the pestilence *that* walketh in darkness; *nor* for the destruction *that* wasteth at noonday.

7 A thousand shall fall at thy side, and ten thousand at thy right hand; *but* it shall not come nigh thee.

8 Only with thine eyes shalt thou behold and see the reward of the wicked.

9 Because thou hast made the LORD, *which is* my refuge, *even* the most High, thy habitation;

10 There shall no evil befall thee, neither shall any plague come nigh thy dwelling.

11 For he shall give his angels charge over thee, to keep thee in all thy ways.

12 They shall bear thee up in *their* hands, lest thou dash thy foot against a stone.

13 Thou shalt tread upon the lion and adder: the young lion and the dragon shalt thou trample under feet.

14 Because he hath set his love upon me, therefore will I deliver him: I will set him on high, because he hath known my name.

15 He shall call upon me, and I will answer him: I *will be* with him in trouble; I will deliver him, and honour him.

16 With long life will I satisfy him, and shew him my salvation.

PSALM 92

[1] A Psalm *or* Song for the sabbath day.

1[2] *It is a* good *thing* to give thanks unto the LORD, and to sing praises unto thy name, O most High:

2[3] To shew forth thy lovingkindness in the morning, and thy faithfulness every night,

3[4] Upon an instrument of ten strings, and upon the psaltery; upon the harp with a solemn sound.

4[5] For thou, LORD, hast made me glad through thy work: I will triumph in the works of thy hands.

5[6] O LORD, how great are thy works! *and* thy thoughts are very deep.

6[7] A brutish man knoweth not; neither doth a fool understand this.

7[8] When the wicked spring as the grass, and when all the workers of iniquity do flourish; *it is* that they shall be destroyed for ever:

8[9] But thou, LORD, *art most* high for evermore.

שַׁתָּה   8 נִבְהָלְנוּ: שַׁתָּ עֲוֺנֹתֵינוּ לְנֶגְדֶּךָ עֲלֻמֵנוּ לִמְאוֹר פָּנֶיךָ: כִּי כָל־יָמֵינוּ פָּנוּ
9 בְעֶבְרָתֶךָ כִּלִּינוּ שָׁנֵינוּ כְמוֹ־הֶגֶה: יְמֵי־שְׁנוֹתֵינוּ בָהֶם שִׁבְעִים שָׁנָה
10 וְאִם בִּגְבוּרֹת שְׁמוֹנִים שָׁנָה וְרָהְבָּם עָמָל וָאָוֶן כִּי־גָז חִישׁ וַנָּעֻפָה:
11 מִי־יוֹדֵעַ עֹז אַפֶּךָ וּכְיִרְאָתְךָ עֶבְרָתֶךָ: לִמְנוֹת יָמֵינוּ כֵּן הוֹדַע וְנָבִא
12
13 לְבַב חָכְמָה: שׁוּבָה יְהוָה עַד־מָתָי וְהִנָּחֵם עַל־עֲבָדֶיךָ: שַׂבְּעֵנוּ
14 בַבֹּקֶר חַסְדֶּךָ וּנְרַנְּנָה וְנִשְׂמְחָה בְּכָל־יָמֵינוּ: שַׂמְּחֵנוּ כִּימוֹת עִנִּיתָנוּ
15
16 שְׁנוֹת רָאִינוּ רָעָה: יֵרָאֶה אֶל־עֲבָדֶיךָ פָעֳלֶךָ וַהֲדָרְךָ עַל־בְּנֵיהֶם:
17 וִיהִי נֹעַם אֲדֹנָי אֱלֹהֵינוּ עָלֵינוּ וּמַעֲשֵׂה יָדֵינוּ כּוֹנְנָה עָלֵינוּ וּמַעֲשֵׂה
יָדֵינוּ כּוֹנְנֵהוּ:

91   1 יֹשֵׁב בְּסֵתֶר עֶלְיוֹן בְּצֵל שַׁדַּי יִתְלוֹנָן: אֹמַר לַיהוָה מַחְסִי וּמְצוּדָתִי
2
3 אֱלֹהַי אֶבְטַח־בּוֹ: כִּי הוּא יַצִּילְךָ מִפַּח יָקוּשׁ מִדֶּבֶר הַוּוֹת: בְּאֶבְרָתוֹ
4
5 יָסֶךְ לָךְ וְתַחַת־כְּנָפָיו תֶּחְסֶה צִנָּה וְסֹחֵרָה אֲמִתּוֹ: לֹא־תִירָא מִפַּחַד
6 לָיְלָה מֵחֵץ יָעוּף יוֹמָם: מִדֶּבֶר בָּאֹפֶל יַהֲלֹךְ מִקֶּטֶב יָשׁוּד צָהֳרָיִם:
7 יִפֹּל מִצִּדְּךָ אֶלֶף וּרְבָבָה מִימִינֶךָ אֵלֶיךָ לֹא יִגָּשׁ: רַק בְּעֵינֶיךָ תַבִּיט
8
9 וְשִׁלֻּמַת רְשָׁעִים תִּרְאֶה: כִּי־אַתָּה יְהוָה מַחְסִי עֶלְיוֹן שַׂמְתָּ מְעוֹנֶךָ:
10 לֹא־תְאֻנֶּה אֵלֶיךָ רָעָה וְנֶגַע לֹא־יִקְרַב בְּאָהֳלֶךָ: כִּי מַלְאָכָיו יְצַוֶּה־לָּךְ
11
12 לִשְׁמָרְךָ בְּכָל־דְּרָכֶיךָ: עַל־כַּפַּיִם יִשָּׂאוּנְךָ פֶּן־תִּגֹּף בָּאֶבֶן רַגְלֶךָ: עַל־
13
14 שַׁחַל וָפֶתֶן תִּדְרֹךְ תִּרְמֹס כְּפִיר וְתַנִּין: כִּי בִי חָשַׁק וַאֲפַלְּטֵהוּ
15 אֲשַׂגְּבֵהוּ כִּי־יָדַע שְׁמִי: יִקְרָאֵנִי וְאֶעֱנֵהוּ עִמּוֹ־אָנֹכִי בְצָרָה אֲחַלְּצֵהוּ
16 וַאֲכַבְּדֵהוּ: אֹרֶךְ יָמִים אַשְׂבִּיעֵהוּ וְאַרְאֵהוּ בִּישׁוּעָתִי:

92   1 מִזְמוֹר שִׁיר לְיוֹם הַשַּׁבָּת:
3ᴬ   2 טוֹב לְהֹדוֹת לַיהוָה וּלְזַמֵּר לְשִׁמְךָ עֶלְיוֹן: לְהַגִּיד בַּבֹּקֶר חַסְדֶּךָ
3
4 וֶאֱמוּנָתְךָ בַּלֵּילוֹת: עֲלֵי־עָשׂוֹר וַעֲלֵי־נָבֶל עֲלֵי הִגָּיוֹן בְּכִנּוֹר: כִּי
5
6 שִׂמַּחְתַּנִי יְהוָה בְּפָעֳלֶךָ בְּמַעֲשֵׂי יָדֶיךָ אֲרַנֵּן: מַה־גָּדְלוּ מַעֲשֶׂיךָ יְהוָה
7 מְאֹד עָמְקוּ מַחְשְׁבֹתֶיךָ: אִישׁ־בַּעַר לֹא יֵדָע וּכְסִיל לֹא־יָבִין אֶת־
8 זֹאת: בִּפְרֹחַ רְשָׁעִים כְּמוֹ עֵשֶׂב וַיָּצִיצוּ כָּל־פֹּעֲלֵי אָוֶן לְהִשָּׁמְדָם עֲדֵי־
9 עַד: וְאַתָּה מָרוֹם לְעֹלָם יְהוָה: כִּי הִנֵּה אֹיְבֶיךָ יְהוָה כִּי־הִנֵּה אֹיְבֶיךָ
10

9[10] For, lo, thine enemies, O Lord, for, lo, thine enemies shall perish; all the workers of iniquity shall be scattered.

10[11] But my horn shalt thou exalt like *the horn of* an unicorn: I shall be anointed with fresh oil.

11[12] Mine eye also shall see *my desire* on mine enemies, *and* mine ears shall hear *my desire* of the wicked that rise up against me.

12[13] The righteous shall flourish like the palm tree: he shall grow like a cedar in Lebanon.

13[14] Those that be planted in the house of the Lord shall flourish in the courts of our God.

14[15] They shall still bring forth fruit in old age; they shall be fat and flourishing;

15[16] To shew that the Lord *is* upright: *he is* my rock, and *there is* no unrighteousness in him.

PSALM 93

1 The Lord reigneth, he is clothed with majesty; the Lord is clothed with strength, *wherewith* he hath girded himself: the world also is stablished, that it cannot be moved.

2 Thy throne *is* established of old: thou *art* from everlasting.

3 The floods have lifted up, O Lord, the floods have lifted up their voice; the floods lift up their waves.

4 The Lord on high *is* mightier than the noise of many waters, *yea, than* the mighty waves of the sea.

5 Thy testimonies are very sure: holiness becometh thine house, O Lord, for ever.

PSALM 94

1 O Lord God, to whom vengeance belongeth; O God, to whom vengeance belongeth, shew thyself.

2 Lift up thyself, thou judge of the earth: render a reward to the proud.

3 Lord, how long shall the wicked, how long shall the wicked triumph?

4 *How long* shall they utter *and* speak hard things? *and* all the workers of iniquity boast themselves?

5 They break in pieces thy people, O Lord, and afflict thine heritage.

6 They slay the widow and the stranger, and murder the fatherless.

7 Yet they say, The Lord shall not see, neither shall the God of Jacob regard *it*.

8 Understand, ye brutish among the people: and *ye* fools, when will ye be wise?

9 He that planted the ear, shall he not hear? he that formed the eye, shall he not see?

10 He that chastiseth the heathen, shall not he correct? he that teacheth man knowledge, *shall not he know?*

11 The Lord knoweth the thoughts of man, that they *are* vanity.

12 Blessed *is* the man whom thou chastenest, O Lord, and teachest him out of thy law;

13 That thou mayest give him rest from the days of adversity, until the pit be digged for the wicked.

14 For the Lord will not cast off his people, neither will he forsake his inheritance.

15 But judgment shall return unto righteousness: and all the upright in heart shall follow it.

16 Who will rise up for me against the evildoers? or who will stand up for me against the workers of iniquity?

17 Unless the Lord *had been* my help, my soul had almost dwelt in silence.

18 When I said, My foot slippeth; thy mercy, O Lord, held me up.

19 In the multitude of my thoughts within me thy comforts delight my soul.

20 Shall the throne of iniquity have fellowship with thee, which frameth mischief by a law?

21 They gather themselves together against the soul of the righteous, and condemn the innocent blood.

22 But the Lord is my defence; and my God *is* the rock of my refuge.

23 And he shall bring upon them their own iniquity, and shall cut them off in their own wickedness; *yea,* the Lord our God shall cut them off.

11 יֹאבֵדוּ יִתְפָּרְדוּ כָּל־פֹּעֲלֵי אָוֶן: וַתָּרֶם כִּרְאֵים קַרְנִי בַּלֹּתִי בְּשֶׁמֶן

12
13 רַעֲנָן: וַתַּבֵּט עֵינִי בְּשׁוּרָי בַּקָּמִים עָלַי מְרֵעִים תִּשְׁמַעְנָה אָזְנָי: צַדִּיק

14 כַּתָּמָר יִפְרָח כְּאֶרֶז בַּלְּבָנוֹן יִשְׂגֶּה: שְׁתוּלִים בְּבֵית יְהוָה בְּחַצְרוֹת

15
16 אֱלֹהֵינוּ יַפְרִיחוּ: עוֹד יְנוּבוּן בְּשֵׂיבָה דְּשֵׁנִים וְרַעֲנַנִּים יִהְיוּ: לְהַגִּיד

כִּי־יָשָׁר יְהוָה צוּרִי וְלֹא־עַלָתָה בּוֹ:

עוֹלָתָה

93 יְהוָה מָלָךְ גֵּאוּת לָבֵשׁ לָבֵשׁ יְהוָה עֹז הִתְאַזָּר אַף־תִּכּוֹן תֵּבֵל בַּל־

2
3 תִּמּוֹט: נָכוֹן כִּסְאֲךָ מֵאָז מֵעוֹלָם אָתָּה: נָשְׂאוּ נְהָרוֹת יְהוָה נָשְׂאוּ

4 נְהָרוֹת קוֹלָם יִשְׂאוּ נְהָרוֹת דָּכְיָם: מִקֹּלוֹת מַיִם רַבִּים אַדִּירִים

5 מִשְׁבְּרֵי־יָם אַדִּיר בַּמָּרוֹם יְהוָה: עֵדֹתֶיךָ נֶאֶמְנוּ מְאֹד לְבֵיתְךָ נַאֲוָה־

קֹדֶשׁ יְהוָה לְאֹרֶךְ יָמִים:

94 אֵל־נְקָמוֹת יְהוָה אֵל נְקָמוֹת הוֹפִיעַ: הִנָּשֵׂא שֹׁפֵט הָאָרֶץ הָשֵׁב

2 גְּמוּל עַל־גֵּאִים: עַד־מָתַי רְשָׁעִים יְהוָה עַד־מָתַי רְשָׁעִים יַעֲלֹזוּ:

3
4 יַבִּיעוּ יְדַבְּרוּ עָתָק יִתְאַמְּרוּ כָּל־פֹּעֲלֵי אָוֶן: עַמְּךָ יְהוָה יְדַכְּאוּ

5 וְנַחֲלָתְךָ יְעַנּוּ: אַלְמָנָה וְגֵר יַהֲרֹגוּ וִיתוֹמִים יְרַצֵּחוּ: וַיֹּאמְרוּ לֹא

6
7 יִרְאֶה־יָּהּ וְלֹא־יָבִין אֱלֹהֵי יַעֲקֹב: בִּינוּ בֹּעֲרִים בָּעָם וּכְסִילִים מָתַי

8 תַּשְׂכִּילוּ: הֲנֹטַע אֹזֶן הֲלֹא יִשְׁמָע אִם־יֹצֵר עַיִן הֲלֹא יַבִּיט: הֲיֹסֵר

9
10 גוֹיִם הֲלֹא יוֹכִיחַ הַמְלַמֵּד אָדָם דָּעַת: יְהוָה יֹדֵעַ מַחְשְׁבוֹת אָדָם

11 כִּי־הֵמָּה הָבֶל: אַשְׁרֵי הַגֶּבֶר אֲשֶׁר־תְּיַסְּרֶנּוּ יָּהּ וּמִתּוֹרָתְךָ תְלַמְּדֶנּוּ:

12 לְהַשְׁקִיט לוֹ מִימֵי רָע עַד יִכָּרֶה לָרָשָׁע שָׁחַת: כִּי לֹא־יִטֹּשׁ יְהוָה

13
14 עַמּוֹ וְנַחֲלָתוֹ לֹא יַעֲזֹב: כִּי־עַד־צֶדֶק יָשׁוּב מִשְׁפָּט וְאַחֲרָיו כָּל־

15 יִשְׁרֵי־לֵב: מִי־יָקוּם לִי עִם־מְרֵעִים מִי־יִתְיַצֵּב לִי עִם־פֹּעֲלֵי אָוֶן:

16 לוּלֵי יְהוָה עֶזְרָתָה לִּי כִּמְעַט שָׁכְנָה דוּמָה נַפְשִׁי: אִם־אָמַרְתִּי

17
18 מָטָה רַגְלִי חַסְדְּךָ יְהוָה יִסְעָדֵנִי: בְּרֹב שַׂרְעַפַּי בְּקִרְבִּי תַּנְחוּמֶיךָ

19 יְשַׁעַשְׁעוּ נַפְשִׁי: הַיְחָבְרְךָ כִּסֵּא הַוּוֹת יֹצֵר עָמָל עֲלֵי־חֹק: יָגוֹדּוּ

20
21 עַל־נֶפֶשׁ צַדִּיק וְדָם נָקִי יַרְשִׁיעוּ: וַיְהִי יְהוָה לִי לְמִשְׂגָּב וֵאלֹהַי

22 לְצוּר מַחְסִי: וַיָּשֶׁב עֲלֵיהֶם אֶת־אוֹנָם וּבְרָעָתָם יַצְמִיתֵם יַצְמִיתֵם

23 יְהוָה אֱלֹהֵינוּ:

PSALM 95

1 O come, let us sing unto the LORD: let us make a joyful noise to the rock of our salvation.

2 Let us come before his presence with thanksgiving, and make a joyful noise unto him with psalms.

3 For the LORD *is* a great God, and a great King above all gods.

4 In his hand *are* the deep places of the earth: the strength of the hills *is* his also.

5 The sea *is* his, and he made it: and his hands formed the dry *land*.

6 O come, let us worship and bow down: let us kneel before the LORD our maker.

7 For he *is* our God; and we *are* the people of his pasture, and the sheep of his hand. To day if ye will hear his voice,

8 Harden not your heart, as in the provocation, *and* as *in* the day of temptation in the wilderness:

9 When your fathers tempted me, proved me, and saw my work.

10 Forty years long was I grieved with *this* generation, and said, It *is* a people that do err in their heart, and they have not known my ways:

11 Unto whom I sware in my wrath that they should not enter into my rest.

PSALM 96

1 O sing unto the LORD a new song: sing unto the LORD, all the earth.

2 Sing unto the LORD, bless his name; shew forth his salvation from day to day.

3 Declare his glory among the heathen, his wonders among all people.

4 For the LORD *is* great, and greatly to be praised: he *is* to be feared above all gods.

5 For all the gods of the nations *are* idols: but the LORD made the heavens.

6 Honour and majesty *are* before him: strength and beauty *are* in his sanctuary.

7 Give unto the LORD, O ye kindreds of the people, give unto the LORD glory and strength.

8 Give unto the LORD the glory *due unto* his name: bring an offering, and come into his courts.

9 O worship the LORD in the beauty of holiness: fear before him, all the earth.

10 Say among the heathen *that* the LORD reigneth: the world also shall be established that it shall not be moved: he shall judge the people righteously.

11 Let the heavens rejoice, and let the earth be glad; let the sea roar, and the fulness thereof.

12 Let the field be joyful, and all that *is* therein: then shall all the trees of the wood rejoice

13 Before the LORD: for he cometh, for he cometh to judge the earth: he shall judge the world with righteousness, and the people with his truth.

PSALM 97

1 The LORD reigneth; let the earth rejoice; let the multitude of isles be glad *thereof.*

2 Clouds and darkness *are* round about him: righteousness and judgment *are* the habitation of his throne.

3 A fire goeth before him, and burneth up his enemies round about.

4 His lightnings enlightened the world: the earth saw, and trembled.

5 The hills melted like wax at the presence of the LORD, at the presence of the Lord of the whole earth.

6 The heavens declare his righteousness, and all the people see his glory.

7 Confounded be all they that serve graven images, that boast themselves of idols: worship him, all *ye* gods.

8 Zion heard, and was glad; and the daughters of Judah rejoiced because of thy judgments, O LORD.

9 For thou, LORD, *art* high above all the earth: thou art exalted far above all gods.

10 Ye that love the LORD, hate evil: he preserveth the souls of his saints; he delivereth them out of the hand of the wicked.

11 Light is sown for the righteous, and gladness for the upright in heart.

12 Rejoice in the LORD, ye righteous; and give thanks at the remembrance of his holiness.

95 לְכוּ נְרַנְּנָה לַיהֹוָה נָרִיעָה לְצוּר יִשְׁעֵנוּ: נְקַדְּמָה פָנָיו בְּתוֹדָה בִּזְמִרוֹת
נָרִיעַ לוֹ: כִּי אֵל גָּדוֹל יְהֹוָה וּמֶלֶךְ גָּדוֹל עַל־כָּל־אֱלֹהִים: אֲשֶׁר בְּיָדוֹ
מֶחְקְרֵי־אָרֶץ וְתוֹעֲפוֹת הָרִים לוֹ: אֲשֶׁר־לוֹ הַיָּם וְהוּא עָשָׂהוּ וְיַבֶּשֶׁת
יָדָיו יָצָרוּ: בֹּאוּ נִשְׁתַּחֲוֶה וְנִכְרָעָה נִבְרְכָה לִפְנֵי־יְהֹוָה עֹשֵׂנוּ: כִּי הוּא
אֱלֹהֵינוּ וַאֲנַחְנוּ עַם מַרְעִיתוֹ וְצֹאן יָדוֹ הַיּוֹם אִם־בְּקֹלוֹ תִשְׁמָעוּ:
9A   אַל־תַּקְשׁוּ לְבַבְכֶם כִּמְרִיבָה כְּיוֹם מַסָּה בַּמִּדְבָּר: אֲשֶׁר נִסּוּנִי
אֲבוֹתֵיכֶם בְּחָנוּנִי גַּם־רָאוּ פָעֳלִי: אַרְבָּעִים שָׁנָה אָקוּט בְּדוֹר וָאֹמַר
עַם תֹּעֵי לֵבָב הֵם וְהֵם לֹא־יָדְעוּ דְרָכָי: אֲשֶׁר־נִשְׁבַּעְתִּי בְאַפִּי אִם־
יְבֹאוּן אֶל־מְנוּחָתִי:

96 שִׁירוּ לַיהֹוָה שִׁיר חָדָשׁ שִׁירוּ לַיהֹוָה כָּל־הָאָרֶץ: שִׁירוּ לַיהֹוָה בָּרְכוּ
שְׁמוֹ בַּשְּׂרוּ מִיּוֹם־לְיוֹם יְשׁוּעָתוֹ: סַפְּרוּ בַגּוֹיִם כְּבוֹדוֹ בְּכָל־הָעַמִּים
נִפְלְאוֹתָיו: כִּי גָדוֹל יְהֹוָה וּמְהֻלָּל מְאֹד נוֹרָא הוּא עַל־כָּל־אֱלֹהִים:
כִּי כָּל־אֱלֹהֵי הָעַמִּים אֱלִילִים וַיהֹוָה שָׁמַיִם עָשָׂה: הוֹד־וְהָדָר לְפָנָיו
עֹז וְתִפְאֶרֶת בְּמִקְדָּשׁוֹ: הָבוּ לַיהֹוָה מִשְׁפְּחוֹת עַמִּים הָבוּ לַיהֹוָה
כָּבוֹד וָעֹז: הָבוּ לַיהֹוָה כְּבוֹד שְׁמוֹ שְׂאוּ־מִנְחָה וּבֹאוּ לְחַצְרוֹתָיו:
הִשְׁתַּחֲווּ לַיהֹוָה בְּהַדְרַת־קֹדֶשׁ חִילוּ מִפָּנָיו כָּל־הָאָרֶץ: אִמְרוּ בַגּוֹיִם
יְהֹוָה מָלָךְ אַף־תִּכּוֹן תֵּבֵל בַּל־תִּמּוֹט יָדִין עַמִּים בְּמֵישָׁרִים: יִשְׂמְחוּ
הַשָּׁמַיִם וְתָגֵל הָאָרֶץ יִרְעַם הַיָּם וּמְלֹאוֹ: יַעֲלֹז שָׂדַי וְכָל־אֲשֶׁר־בּוֹ
אָז יְרַנְּנוּ כָּל־עֲצֵי־יָעַר: לִפְנֵי יְהֹוָה כִּי בָא כִּי בָא לִשְׁפֹּט הָאָרֶץ
יִשְׁפֹּט־תֵּבֵל בְּצֶדֶק וְעַמִּים בֶּאֱמוּנָתוֹ:

97 יְהֹוָה מָלָךְ תָּגֵל הָאָרֶץ יִשְׂמְחוּ אִיִּים רַבִּים: עָנָן וַעֲרָפֶל סְבִיבָיו
צֶדֶק וּמִשְׁפָּט מְכוֹן כִּסְאוֹ: אֵשׁ לְפָנָיו תֵּלֵךְ וּתְלַהֵט סָבִיב צָרָיו:
הֵאִירוּ בְרָקָיו תֵּבֵל רָאֲתָה וַתָּחֵל הָאָרֶץ: הָרִים כַּדּוֹנַג נָמַסּוּ מִלִּפְנֵי
יְהֹוָה מִלִּפְנֵי אֲדוֹן כָּל־הָאָרֶץ: הִגִּידוּ הַשָּׁמַיִם צִדְקוֹ וְרָאוּ כָל־הָעַמִּים
כְּבוֹדוֹ: יֵבֹשׁוּ כָּל־עֹבְדֵי פֶסֶל הַמִּתְהַלְלִים בָּאֱלִילִים הִשְׁתַּחֲווּ־לוֹ כָּל־
אֱלֹהִים: שָׁמְעָה וַתִּשְׂמַח צִיּוֹן וַתָּגֵלְנָה בְּנוֹת יְהוּדָה לְמַעַן מִשְׁפָּטֶיךָ
יְהֹוָה: כִּי־אַתָּה יְהֹוָה עֶלְיוֹן עַל־כָּל־הָאָרֶץ מְאֹד נַעֲלֵיתָ עַל־כָּל־
אֱלֹהִים: אֹהֲבֵי יְהֹוָה שִׂנְאוּ רָע שֹׁמֵר נַפְשׁוֹת חֲסִידָיו מִיַּד רְשָׁעִים
יַצִּילֵם: אוֹר זָרֻעַ לַצַּדִּיק וּלְיִשְׁרֵי־לֵב שִׂמְחָה: שִׂמְחוּ צַדִּיקִים בַּיהֹוָה
וְהוֹדוּ לְזֵכֶר קָדְשׁוֹ:

PSALM 98

[1a] A Psalm.

1 [1b] O sing unto the LORD a new song; for he hath done marvellous things: his right hand, and his holy arm, hath gotten him the victory.

2 The LORD hath made known his salvation: his righteousness hath he openly shewed in the sight of the heathen.

3 He hath remembered his mercy and his truth toward the house of Israel: all the ends of the earth have seen the salvation of our God.

4 Make a joyful noise unto the LORD, all the earth: make a loud noise, and rejoice, and sing praise.

5 Sing unto the LORD with the harp; with the harp, and the voice of a psalm.

6 With trumpets and sound of cornet make a joyful noise before the LORD, the King.

7 Let the sea roar, and the fulness thereof; the world, and they that dwell therein.

8 Let the floods clap *their* hands: let the hills be joyful together

9 Before the LORD; for he cometh to judge the earth: with righteousness shall he judge the world, and the people with equity.

PSALM 99

1 The LORD reigneth; let the people tremble: he sitteth *between* the cherubims; let the earth be moved.

2 The LORD *is* great in Zion; and he *is* high above all the people.

3 Let them praise thy great and terrible name; *for* it *is* holy.

4 The king's strength also loveth judgment; thou dost establish equity, thou executest judgment and righteousness in Jacob.

5 Exalt ye the LORD our God, and worship at his footstool; *for* he *is* holy.

6 Moses and Aaron among his priests, and Samuel among them that call upon his name; they called upon the LORD, and he answered them.

7 He spake unto them in the cloudy pil-

lar: they kept his testimonies, and the ordinance *that* he gave them.

8 Thou answeredst them, O LORD our God: thou wast a God that forgavest them, though thou tookest vengeance of their inventions.

9 Exalt the LORD our God, and worship at his holy hill; for the LORD our God *is* holy.

PSALM 100

[1a] A Psalm of praise.

1 [1b] Make a joyful noise unto the LORD, all ye lands.

2 Serve the LORD with gladness: come before his presence with singing.

3 Know ye that the LORD he *is* God: *it is* he *that* hath made us, and not we ourselves; *we are* his people, and the sheep of his pasture.

4 Enter into his gates with thanksgiving, *and* into his courts with praise: be thankful unto him, *and* bless his name.

5 For the LORD *is* good; his mercy *is* everlasting; and his truth *endureth* to all generations.

PSALM 101

[1a] A Psalm of David.

1 [1b] I will sing of mercy and judgment: unto thee, O LORD, will I sing.

2 I will behave myself wisely in a perfect way. O when wilt thou come unto me? I will walk within my house with a perfect heart.

3 I will set no wicked thing before mine eyes: I hate the work of them that turn aside; *it* shall not cleave to me.

4 A froward heart shall depart from me: I will not know a wicked *person*.

5 Whoso privily slandereth his neighbour, him will I cut off: him that hath an high look and a proud heart will not I suffer.

6 Mine eyes *shall be* upon the faithful of the land, that they may dwell with me: he that walketh in a perfect way, he shall serve me.

7 He that worketh deceit shall not dwell

תהלים

98–101

מִזְמֹ֗ור 98 1

שִׁ֤ירוּ לַֽיהוָ֨ה ׀ שִׁ֣יר חָ֭דָשׁ כִּֽי־נִפְלָא֣וֹת עָשָׂ֑ה הוֹשִֽׁיעָה־לֹּ֥ו יְ֝מִינ֗וֹ וּזְר֥וֹעַ 2
קָדְשֽׁוֹ׃ הוֹדִ֣יעַ יְ֭הוָה יְשׁוּעָת֑וֹ לְעֵינֵ֥י הַ֝גּוֹיִ֗ם גִּלָּ֥ה צִדְקָתֽוֹ׃ זָ֘כַ֤ר חַסְדּ֨וֹ ׀ 3
וֶֽאֱֽמוּנָתֹו֮ לְבֵ֪ית יִשְׂרָ֫אֵ֥ל רָא֥וּ כָל־אַפְסֵי־אָ֑רֶץ אֵ֝֗ת יְשׁוּעַ֥ת אֱלֹהֵֽינוּ׃
הָרִ֥יעוּ לַֽ֭יהוָה כָּל־הָאָ֑רֶץ פִּצְח֖וּ וְרַנְּנ֣וּ וְזַמֵּֽרוּ׃ זַמְּר֣וּ לַֽיהוָ֣ה בְּכִנּ֑וֹר 4 5
בְּ֝כִנּ֗וֹר וְק֣וֹל זִמְרָֽה׃ בַּ֭חֲצֹ֣צְרוֹת וְק֣וֹל שׁוֹפָ֑ר הָ֝רִ֗יעוּ לִפְנֵ֤י ׀ הַמֶּ֬לֶךְ יְהוָֽה׃ 6
יִרְעַ֣ם הַ֭יָּם וּמְלֹא֑וֹ תֵּ֝בֵ֗ל וְיֹ֣שְׁבֵי בָֽהּ׃ נְהָר֥וֹת יִמְחֲאוּ־כָ֑ף יַ֝֗חַד הָרִ֥ים 7 8
יְרַנֵּֽנוּ׃ לִֽ֥פְנֵי־יְהוָ֗ה כִּ֥י בָא֮ לִשְׁפֹּ֪ט הָ֫אָ֥רֶץ יִשְׁפֹּֽט־תֵּבֵ֥ל בְּצֶ֑דֶק וְ֝עַמִּ֗ים 9
בְּמֵישָׁרִֽים׃

יְהוָ֣ה מָ֭לָךְ יִרְגְּז֣וּ עַמִּ֑ים יֹשֵׁ֥ב כְּ֝רוּבִ֗ים תָּנ֥וּט הָאָֽרֶץ׃ יְ֭הוָה בְּצִיּ֣וֹן גָּד֑וֹל 99 1 2
וְרָ֥ם ה֗וּא עַל־כָּל־הָֽעַמִּֽים׃ יוֹד֣וּ שִׁ֭מְךָ גָּד֥וֹל וְנוֹרָ֗א קָד֥וֹשׁ הֽוּא׃ וְעֹ֥ז 3 4
מֶלֶךְ֮ מִשְׁפָּ֪ט אָ֫הֵ֥ב אַ֭תָּה כּוֹנַ֣נְתָּ מֵישָׁרִ֑ים מִשְׁפָּ֥ט וּ֝צְדָקָ֗ה בְּיַעֲקֹ֤ב ׀ אַתָּ֬ה
עָשִֽׂיתָ׃ רֽוֹמְמ֡וּ יְה֘וָ֤ה אֱלֹהֵ֗ינוּ וְֽ֭הִשְׁתַּחֲווּ לַהֲדֹ֥ם רַגְלָ֗יו קָד֥וֹשׁ הֽוּא׃ 5
מֹ֘שֶׁ֤ה וְאַהֲרֹ֨ן ׀ בְּֽכֹהֲנָ֗יו וּ֭שְׁמוּאֵל בְּקֹרְאֵ֣י שְׁמ֑וֹ קֹרִ֥אים אֶל־יְ֝הוָ֗ה וְה֣וּא 6
יַֽעֲנֵֽם׃ בְּעַמּ֣וּד עָ֭נָן יְדַבֵּ֣ר אֲלֵיהֶ֑ם שָׁמְר֥וּ עֵ֝דֹתָ֗יו וְחֹ֣ק נָֽתַן־לָֽמוֹ׃ יְהוָ֣ה 7 8
אֱלֹהֵינוּ֮ אַתָּ֪ה עֲנִ֫יתָ֥ם אֵ֣ל נֹ֭שֵׂא הָיִ֣יתָ לָהֶ֑ם וְ֝נֹקֵ֗ם עַל־עֲלִילוֹתָֽם׃ רֽוֹמְמ֡וּ 9
יְה֘וָ֤ה אֱלֹהֵ֗ינוּ וְֽ֭הִשְׁתַּחֲווּ לְהַ֣ר קָדְשׁ֑וֹ כִּֽי־קָ֝ד֗וֹשׁ יְהוָ֥ה אֱלֹהֵֽינוּ׃

מִזְמ֥וֹר לְתוֹדָ֑ה הָרִ֥יעוּ לַֽ֝יהוָ֗ה כָּל־הָאָֽרֶץ׃ עִבְד֣וּ אֶת־יְהוָ֣ה בְּשִׂמְחָ֑ה 100 1 2
בֹּ֥אוּ לְ֝פָנָ֗יו בִּרְנָנָֽה׃ דְּע֗וּ כִּֽי־יְהוָה֮ ה֤וּא אֱלֹ֫הִ֥ים הֽוּא־עָ֭שָׂנוּ וְל֣וֹ [ולא] אֲנַ֑חְנוּ 3
עַ֝מּ֗וֹ וְצֹ֣אן מַרְעִיתֽוֹ׃ בֹּ֤אוּ שְׁעָרָ֨יו ׀ בְּתוֹדָ֗ה חֲצֵרֹתָ֥יו בִּתְהִלָּ֑ה הֽוֹדוּ־ל֝וֹ 4
בָּרֲכ֥וּ שְׁמֽוֹ׃ כִּי־ט֣וֹב יְ֭הוָֽה לְעוֹלָ֣ם חַסְדּ֑וֹ וְעַד־דֹּ֥ר וָ֝דֹ֗ר אֱמוּנָתֽוֹ׃ 5

5A

לְדָוִ֗ד מִ֫זְמ֥וֹר חֶֽסֶד־וּמִשְׁפָּ֥ט אָשִׁ֑ירָה לְךָ֖ יְהוָ֣ה אֲזַמֵּֽרָה׃ 101 1
אַשְׂכִּ֤ילָה ׀ בְּדֶ֬רֶךְ תָּמִ֗ים מָ֭תַי תָּב֣וֹא אֵלָ֑י אֶתְהַלֵּ֥ךְ בְּתָם־לְ֝בָבִ֗י בְּקֶ֣רֶב 2
בֵּיתִֽי׃ לֹֽא־אָשִׁ֨ית ׀ לְנֶ֥גֶד עֵינַ֗י דְּֽבַר־בְּלִ֫יָּ֥עַל עֲשֹֽׂה־סֵטִ֥ים שָׂנֵ֑אתִי לֹ֖א 3
יִדְבַּ֣ק בִּֽי׃ לֵבָ֣ב עִ֭קֵּשׁ יָס֣וּר מִמֶּ֑נִּי רָ֝֗ע לֹ֣א אֵדָֽע׃ מְלוֹשְׁנִ֬י [מלשני] בַסֵּ֨תֶר ׀ רֵעֵהוּ֮ 4 5
אוֹת֪וֹ אַ֫צְמִ֥ית גְּֽבַהּ־עֵ֭ינַיִם וּרְחַ֣ב לֵבָ֑ב אֹ֝ת֗וֹ לֹ֣א אוּכָֽל׃ עֵינַ֤י ׀ בְּנֶֽאֶמְנֵי־ 6
אֶ֗רֶץ לָשֶׁ֢בֶת עִמָּ֫דִ֥י הֹ֭לֵךְ בְּדֶ֣רֶךְ תָּמִ֑ים ה֝֗וּא יְשָׁרְתֵֽנִי׃ לֹֽא־יֵשֵׁ֨ב ׀ בְּקֶ֬רֶב 7

within my house: he that telleth lies shall not tarry in my sight.

8 I will early destroy all the wicked of the land; that I may cut off all wicked doers from the city of the LORD.

PSALM 102

[1] A Prayer of the afflicted, when he is overwhelmed, and poureth out his complaint before the LORD.

1[2] Hear my prayer, O LORD, and let my cry come unto thee.

2[3] Hide not thy face from me in the day *when* I am in trouble; incline thine ear unto me: in the day *when* I call answer me speedily.

3[4] For my days are consumed like smoke, and my bones are burned as an hearth.

4[5] My heart is smitten, and withered like grass; so that I forget to eat my bread.

5[6] By reason of the voice of my groaning my bones cleave to my skin.

6[7] I am like a pelican of the wilderness: I am like an owl of the desert.

7[8] I watch, and am as a sparrow alone upon the house top.

8[9] Mine enemies reproach me all the day; *and* they that are mad against me are sworn against me.

9[10] For I have eaten ashes like bread, and mingled my drink with weeping,

10[11] Because of thine indignation and thy wrath: for thou hast lifted me up, and cast me down.

11[12] My days *are* like a shadow that declineth; and I am withered like grass.

12[13] But thou, O LORD, shalt endure for ever; and thy remembrance unto all generations.

13[14] Thou shalt arise, *and* have mercy upon Zion: for the time to favour her, yea, the set time, is come.

14[15] For thy servants take pleasure in her stones, and favour the dust thereof.

15[16] So the heathen shall fear the name of the LORD, and all the kings of the earth thy glory.

16[17] When the LORD shall build up Zion, he shall appear in his glory.

17[18] He will regard the prayer of the destitute, and not despise their prayer.

18[19] This shall be written for the generation to come: and the people which shall be created shall praise the LORD.

19[20] For he hath looked down from the height of his sanctuary; from heaven did the LORD behold the earth;

20[21] To hear the groaning of the prisoner; to loose those that are appointed to death;

21[22] To declare the name of the LORD in Zion, and his praise in Jerusalem;

22[23] When the people are gathered together, and the kingdoms, to serve the LORD.

23[24] He weakened my strength in the way; he shortened my days.

24[25] I said, O my God, take me not away in the midst of my days: thy years *are* throughout all generations.

25[26] Of old hast thou laid the foundation of the earth: and the heavens *are* the work of thy hands.

26[27] They shall perish, but thou shalt endure: yea, all of them shall wax old like a garment; as a vesture shalt thou change them, and they shall be changed:

27[28] But thou *art* the same, and thy years shall have no end.

28[29] The children of thy servants shall continue, and their seed shall be established before thee.

PSALM 103

[1a] *A Psalm* of David.

1[1b] Bless the LORD, O my soul: and all that is within me, *bless* his holy name.

2 Bless the LORD, O my soul, and forget not all his benefits:

3 Who forgiveth all thine iniquities; who healeth all thy diseases;

4 Who redeemeth thy life from destruction; who crowneth thee with lovingkindness and tender mercies;

5 Who satisfieth thy mouth with good *things; so that* thy youth is renewed like the eagle's.

6 The LORD executeth righteousness and judgment for all that are oppressed.

8 בֵּיתִ֗י עֹ֘שֵׂ֤ה רְמִיָּ֗ה דֹּבֵ֥ר שְׁקָרִ֑ים לֹא־יִ֝כּ֗וֹן לְנֶ֣גֶד עֵינָֽי: לַבְּקָרִ֗ים אַצְמִ֥ית
כָּל־רִשְׁעֵי־אָ֑רֶץ לְהַכְרִ֥ית מֵעִיר־יְ֝הוָ֗ה כָּל־פֹּ֥עֲלֵי אָֽוֶן:

102 תְּפִלָּ֗ה לְעָ֫נִ֥י כִֽי־יַעֲטֹ֑ף וְלִפְנֵ֥י יְ֝הוָ֗ה יִשְׁפֹּ֥ךְ שִׂיחֽוֹ: יְ֭הוָה שִׁמְעָ֣ה תְפִלָּתִ֑י
2 וְ֝שַׁוְעָתִ֗י אֵלֶ֥יךָ תָבֽוֹא: אַל־תַּסְתֵּ֬ר פָּנֶ֨יךָ ׀ מִמֶּנִּי֮ בְּי֪וֹם צַ֫ר לִ֥י הַטֵּֽה־אֵלַ֥י
3 אָזְנֶ֑ךָ בְּי֥וֹם אֶ֝קְרָ֗א מַהֵ֥ר עֲנֵֽנִי: כִּֽי־כָל֣וּ בְעָשָׁ֣ן יָמָ֑י וְ֝עַצְמוֹתַ֗י כְּמוֹ־קֵ֥ד
4 נִחָֽרוּ: הוּכָּֽה־כָ֭עֵשֶׂב וַיִּבַ֣שׁ לִבִּ֑י כִּֽי־שָׁ֝כַ֗חְתִּי מֵאֲכֹ֥ל לַחְמִֽי: מִקּ֥וֹל
5 אַ֫נְחָתִ֥י דָּבְקָ֥ה עַצְמִ֗י לִבְשָׂרִֽי: דָּ֭מִיתִי לִקְאַ֣ת מִדְבָּ֑ר הָ֝יִ֗יתִי כְּכ֥וֹס
6 חֳרָבֽוֹת: שָׁקַ֥דְתִּי וָאֶהְיֶ֑ה כְּ֝צִפּ֗וֹר בּוֹדֵ֥ד עַל־גָּֽג: כָּל־הַ֭יּוֹם חֵרְפ֣וּנִי
7 אוֹיְבָ֑י מְ֝הוֹלָלַ֗י בִּ֣י נִשְׁבָּֽעוּ: כִּי־אֵ֭פֶר כַּלֶּ֣חֶם אָכָ֑לְתִּי וְ֝שִׁקֻּוַ֗י בִּבְכִ֥י
8 מָסָֽכְתִּי: מִפְּנֵֽי־זַֽעַמְךָ֥ וְקִצְפֶּ֑ךָ כִּ֥י נְ֝שָׂאתַ֗נִי וַתַּשְׁלִיכֵֽנִי: יָ֭מַי כְּצֵ֣ל נָט֑וּי
9 וַ֝אֲנִ֗י כָּעֵ֥שֶׂב אִיבָֽשׁ: וְאַתָּ֣ה יְ֭הוָה לְעוֹלָ֣ם תֵּשֵׁ֑ב וְ֝זִכְרְךָ֗ לְדֹ֣ר וָדֹֽר:
10 אַתָּ֣ה תָ֭קוּם תְּרַחֵ֣ם צִיּ֑וֹן כִּי־עֵ֥ת לְ֝חֶֽנְנָ֗הּ כִּי־בָ֥א מוֹעֵֽד: כִּֽי־רָצ֣וּ
11 עֲ֭בָדֶיךָ אֶת־אֲבָנֶ֑יהָ וְֽאֶת־עֲפָרָ֥הּ יְחֹנֵֽנוּ: וְיִֽירְא֣וּ ג֭וֹיִם אֶת־שֵׁ֣ם יְהוָ֑ה
12 וְֽכָל־מַלְכֵ֥י הָ֝אָ֗רֶץ אֶת־כְּבוֹדֶֽךָ: כִּֽי־בָנָ֣ה יְהוָ֣ה צִיּ֑וֹן נִ֝רְאָ֗ה בִּכְבוֹדֽוֹ:
13 פָּ֭נָה אֶל־תְּפִלַּ֣ת הָעַרְעָ֑ר וְלֹֽא־בָ֝זָ֗ה אֶת־תְּפִלָּתָֽם: תִּכָּ֣תֶב זֹ֭את לְד֣וֹר
14 אַחֲר֑וֹן וְעַ֥ם נִ֝בְרָ֗א יְהַלֶּל־יָֽהּ: כִּֽי־הִ֭שְׁקִיף מִמְּר֣וֹם קָדְשׁ֑וֹ יְ֝הוָ֗ה
15 מִשָּׁמַ֤יִם ׀ אֶל־אֶ֬רֶץ הִבִּֽיט: לִ֭שְׁמֹעַ אֶנְקַ֣ת אָסִ֑יר לְ֝פַתֵּ֗חַ בְּנֵ֣י תְמוּתָֽה:
16 לְסַפֵּ֣ר בְּ֭צִיּוֹן שֵׁ֣ם יְהוָ֑ה וּ֝תְהִלָּת֗וֹ בִּירוּשָׁלָֽ͏ִם: בְּהִקָּבֵ֣ץ עַמִּ֣ים יַחְדָּ֑ו
17 וּ֝מַמְלָכ֗וֹת לַעֲבֹ֥ד אֶת־יְהוָֽה: עִנָּ֖ה בַדֶּ֥רֶךְ כֹּחִ֗י קִצַּ֥ר יָמָֽי: אֹמַ֗ר אֵלִ֥י
18 אַֽל־תַּ֭עֲלֵנִי בַּחֲצִ֣י יָמָ֑י בְּד֖וֹר דּוֹרִ֣ים שְׁנוֹתֶֽיךָ: לְ֭פָנִים הָאָ֣רֶץ יָסַ֑דְתָּ
19 וּֽמַעֲשֵׂ֖ה יָדֶ֣יךָ שָׁמָֽיִם: הֵ֤מָּה ׀ יֹאבֵדוּ֮ וְאַתָּ֪ה תַ֫עֲמֹ֥ד וְ֭כֻלָּם כַּבֶּ֣גֶד יִבְל֑וּ
20 כַּלְּב֖וּשׁ תַּחֲלִיפֵ֣ם וְֽיַחֲלֹֽפוּ: וְאַתָּה־ה֑וּא וּ֝שְׁנוֹתֶ֗יךָ לֹ֣א יִתָּֽמּוּ: בְּנֵֽי־
21 עֲבָדֶ֥יךָ יִשְׁכּ֑וֹנוּ וְ֝זַרְעָ֗ם לְפָנֶ֥יךָ יִכּֽוֹן:

22
23
24
25
26
27
28
29

103 לְדָוִ֨ד ׀
1 בָּרֲכִ֣י נַ֭פְשִׁי אֶת־יְהוָ֑ה וְכָל־קְ֝רָבַ֗י אֶת־שֵׁ֥ם קָדְשֽׁוֹ: בָּרֲכִ֣י נַ֭פְשִׁי אֶת־
2 יְהוָ֑ה וְאַל־תִּ֝שְׁכְּחִ֗י כָּל־גְּמוּלָֽיו: הַסֹּלֵ֥חַ לְכָל־עֲוֺנֵ֑כִי הָ֝רֹפֵ֗א לְכָל־
3 תַּחֲלֻאָֽיְכִי: הַגּוֹאֵ֣ל מִשַּׁ֣חַת חַיָּ֑יְכִי הַֽ֝מְעַטְּרֵ֗כִי חֶ֣סֶד וְרַחֲמִֽים: הַמַּשְׂבִּ֣יעַ
4
5 בַּטּ֣וֹב עֶדְיֵ֑ךְ תִּתְחַדֵּ֖שׁ כַּנֶּ֣שֶׁר נְעוּרָֽיְכִי: עֹשֵׂ֣ה צְדָק֣וֹת יְהוָ֑ה וּ֝מִשְׁפָּטִ֗ים
6

7 He made known his ways unto Moses, his acts unto the children of Israel.

8 The LORD *is* merciful and gracious, slow to anger, and plenteous in mercy.

9 He will not always chide: neither will he keep *his anger* for ever.

10 He hath not dealt with us after our sins; nor rewarded us according to our iniquities.

11 For as the heaven is high above the earth, *so* great is his mercy toward them that fear him.

12 As far as the east is from the west, *so* far hath he removed our transgressions from us.

13 Like as a father pitieth *his* children, *so* the LORD pitieth them that fear him.

14 For he knoweth our frame; he remembereth that we *are* dust.

15 *As for* man, his days *are* as grass: as a flower of the field, so he flourisheth.

16 For the wind passeth over it, and it is gone; and the place thereof shall know it no more.

17 But the mercy of the LORD *is* from everlasting to everlasting upon them that fear him, and his righteousness unto children's children;

18 To such as keep his covenant, and to those that remember his commandments to do them.

19 The LORD hath prepared his throne in the heavens; and his kingdom ruleth over all.

20 Bless the LORD, ye his angels, that excel in strength, that do his commandments, hearkening unto the voice of his word.

21 Bless ye the LORD, all *ye* his hosts; *ye* ministers of his, that do his pleasure.

22 Bless the LORD, all his works in all places of his dominion: bless the LORD, O my soul.

PSALM 104

1 Bless the LORD, O my soul. O LORD my God, thou art very great; thou art clothed with honour and majesty.

2 Who coverest *thyself* with light as *with* a garment: who stretchest out the heavens like a curtain:

3 Who layeth the beams of his chambers in the waters: who maketh the clouds his chariot: who walketh upon the wings of the wind:

4 Who maketh his angels spirits; his ministers a flaming fire:

5 *Who* laid the foundations of the earth, *that* it should not be removed for ever.

6 Thou coveredst it with the deep as *with* a garment: the waters stood above the mountains.

7 At thy rebuke they fled; at the voice of thy thunder they hasted away.

8 They go up by the mountains; they go down by the valleys unto the place which thou hast founded for them.

9 Thou hast set a bound that they may not pass over; that they turn not again to cover the earth.

10 He sendeth the springs into the valleys, *which* run among the hills.

11 They give drink to every beast of the field: the wild asses quench their thirst.

12 By them shall the fowls of the heaven have their habitation, *which* sing among the branches.

13 He watereth the hills from his chambers: the earth is satisfied with the fruit of thy works.

14 He causeth the grass to grow for the cattle, and herb for the service of man: that he may bring forth food out of the earth;

15 And wine *that* maketh glad the heart of man, *and* oil to make *his* face to shine, and bread *which* strengtheneth man's heart.

16 The trees of the LORD are full *of sap;* the cedars of Lebanon, which he hath planted;

17 Where the birds make their nests: *as for* the stork, the fir trees *are* her house.

18 The high hills *are* a refuge for the wild goats; *and* the rocks for the conies.

19 He appointed the moon for seasons: the sun knoweth his going down.

20 Thou makest darkness, and it is night: wherein all the beasts of the forest do creep *forth.*

21 The young lions roar after their prey, and seek their meat from God.

22 The sun ariseth, they gather them-

לְכָל־עֲשׁוּקִים: יוֹדִיעַ דְּרָכָיו לְמֹשֶׁה לִבְנֵי יִשְׂרָאֵל עֲלִילוֹתָיו: רַחוּם ⁷

וְחַנּוּן יְהוָה אֶרֶךְ אַפַּיִם וְרַב־חָסֶד: לֹא־לָנֶצַח יָרִיב וְלֹא לְעוֹלָם יִטּוֹר: ⁹

לֹא כַחֲטָאֵינוּ עָשָׂה לָנוּ וְלֹא כַעֲוֺנֹתֵינוּ גָּמַל עָלֵינוּ: כִּי כִגְבֹהַּ שָׁמַיִם ¹⁰

עַל־הָאָרֶץ גָּבַר חַסְדּוֹ עַל־יְרֵאָיו: כִּרְחֹק מִזְרָח מִמַּעֲרָב הִרְחִיק מִמֶּנּוּ ¹²

אֶת־פְּשָׁעֵינוּ: כְּרַחֵם אָב עַל־בָּנִים רִחַם יְהוָה עַל־יְרֵאָיו: כִּי־הוּא ¹³

יָדַע יִצְרֵנוּ זָכוּר כִּי־עָפָר אֲנָחְנוּ: אֱנוֹשׁ כֶּחָצִיר יָמָיו כְּצִיץ הַשָּׂדֶה ¹⁵

כֵּן יָצִיץ: כִּי רוּחַ עָבְרָה־בּוֹ וְאֵינֶנּוּ וְלֹא־יַכִּירֶנּוּ עוֹד מְקוֹמוֹ: וְחֶסֶד ¹⁶

יְהוָה׀ מֵעוֹלָם וְעַד־עוֹלָם עַל־יְרֵאָיו וְצִדְקָתוֹ לִבְנֵי בָנִים: לְשֹׁמְרֵי ¹⁸

בְרִיתוֹ וּלְזֹכְרֵי פִקֻּדָיו לַעֲשׂוֹתָם: יְהוָה בַּשָּׁמַיִם הֵכִין כִּסְאוֹ וּמַלְכוּתוֹ ¹⁹

בַּכֹּל מָשָׁלָה: בָּרֲכוּ יְהוָה מַלְאָכָיו גִּבֹּרֵי כֹחַ עֹשֵׂי דְבָרוֹ לִשְׁמֹעַ בְּקוֹל ²⁰

דְּבָרוֹ: בָּרֲכוּ יְהוָה כָּל־צְבָאָיו מְשָׁרְתָיו עֹשֵׂי רְצוֹנוֹ: בָּרֲכוּ יְהוָה׀ ²¹

כָּל־מַעֲשָׂיו בְּכָל־מְקֹמוֹת מֶמְשַׁלְתּוֹ בָּרֲכִי נַפְשִׁי אֶת־יְהוָה: ²²

בָּרֲכִי נַפְשִׁי אֶת־יְהוָה יְהוָה אֱלֹהַי גָּדַלְתָּ מְּאֹד הוֹד וְהָדָר לָבָשְׁתָּ: ¹ **104**

עֹטֶה־אוֹר כַּשַּׂלְמָה נוֹטֶה שָׁמַיִם כַּיְרִיעָה: הַמְקָרֶה בַמַּיִם עֲלִיּוֹתָיו ²

הַשָּׂם־עָבִים רְכוּבוֹ הַמְהַלֵּךְ עַל־כַּנְפֵי־רוּחַ: עֹשֶׂה מַלְאָכָיו רוּחוֹת ⁴

מְשָׁרְתָיו אֵשׁ לֹהֵט: יָסַד־אֶרֶץ עַל־מְכוֹנֶיהָ בַּל־תִּמּוֹט עוֹלָם וָעֶד: ⁵

תְּהוֹם כַּלְּבוּשׁ כִּסִּיתוֹ עַל־הָרִים יַעַמְדוּ־מָיִם: מִן־גַּעֲרָתְךָ יְנוּסוּן מִן־ ⁶

קוֹל רַעַמְךָ יֵחָפֵזוּן: יַעֲלוּ הָרִים יֵרְדוּ בְקָעוֹת אֶל־מְקוֹם זֶה׀ יָסַדְתָּ ⁸

לָהֶם: גְּבוּל־שַׂמְתָּ בַּל־יַעֲבֹרוּן בַּל־יְשׁוּבוּן לְכַסּוֹת הָאָרֶץ: הַמְשַׁלֵּחַ ⁹

מַעְיָנִים בַּנְּחָלִים בֵּין הָרִים יְהַלֵּכוּן: יַשְׁקוּ כָּל־חַיְתוֹ שָׂדָי יִשְׁבְּרוּ ¹¹

פְרָאִים צְמָאָם: עֲלֵיהֶם עוֹף־הַשָּׁמַיִם יִשְׁכּוֹן מִבֵּין עֳפָאיִם יִתְּנוּ־קוֹל: ¹²

מַשְׁקֶה הָרִים מֵעֲלִיּוֹתָיו מִפְּרִי מַעֲשֶׂיךָ תִּשְׂבַּע הָאָרֶץ: מַצְמִיחַ חָצִיר׀ ¹³

לַבְּהֵמָה וְעֵשֶׂב לַעֲבֹדַת הָאָדָם לְהוֹצִיא לֶחֶם מִן־הָאָרֶץ: וְיַיִן׀ יְשַׂמַּח ¹⁵

לְבַב־אֱנוֹשׁ לְהַצְהִיל פָּנִים מִשָּׁמֶן וְלֶחֶם לְבַב־אֱנוֹשׁ יִסְעָד: יִשְׂבְּעוּ ¹⁶

עֲצֵי יְהוָה אַרְזֵי לְבָנוֹן אֲשֶׁר נָטָע: אֲשֶׁר־שָׁם צִפֳּרִים יְקַנֵּנוּ חֲסִידָה ¹⁷

בְּרוֹשִׁים בֵּיתָהּ: הָרִים הַגְּבֹהִים לַיְּעֵלִים סְלָעִים מַחְסֶה לַשְׁפַנִּים: ¹⁸

עָשָׂה יָרֵחַ לְמוֹעֲדִים שֶׁמֶשׁ יָדַע מְבוֹאוֹ: תָּשֶׁת־חֹשֶׁךְ וִיהִי לָיְלָה ¹⁹

בּוֹ־תִרְמֹשׂ כָּל־חַיְתוֹ־יָעַר: הַכְּפִירִים שֹׁאֲגִים לַטָּרֶף וּלְבַקֵּשׁ מֵאֵל ²¹

אָכְלָם: תִּזְרַח הַשֶּׁמֶשׁ יֵאָסֵפוּן וְאֶל־מְעוֹנֹתָם יִרְבָּצוּן: יֵצֵא אָדָם ²²

selves together, and lay them down in their dens.

23 Man goeth forth unto his work and to his labour until the evening.

24 O Lord, how manifold are thy works! in wisdom hast thou made them all: the earth is full of thy riches.

25 *So is* this great and wide sea, wherein *are* things creeping innumerable, both small and great beasts.

26 There go the ships: *there is* that leviathan, *whom* thou hast made to play therein.

27 These wait all upon thee; that thou mayest give *them* their meat in due season.

28 *That* thou givest them they gather: thou openest thine hand, they are filled with good.

29 Thou hidest thy face, they are troubled: thou takest away their breath, they die, and return to their dust.

30 Thou sendest forth thy spirit, they are created: and thou renewest the face of the earth.

31 The glory of the Lord shall endure for ever: the Lord shall rejoice in his works.

32 He looketh on the earth, and it trembleth: he toucheth the hills, and they smoke.

33 I will sing unto the Lord as long as I live: I will sing praise to my God while I have my being.

34 My meditation of him shall be sweet: I will be glad in the Lord.

35 Let the sinners be consumed out of the earth, and let the wicked be no more. Bless thou the Lord, O my soul. Praise ye the Lord.

PSALM 105

1 O give thanks unto the Lord; call upon his name: make known his deeds among the people.

2 Sing unto him, sing psalms unto him: talk ye of all his wondrous works.

3 Glory ye in his holy name: let the heart of them rejoice that seek the Lord.

4 Seek the Lord, and his strength: seek his face evermore.

5 Remember his marvellous works that

he hath done; his wonders, and the judgments of his mouth;

6 O ye seed of Abraham his servant, ye children of Jacob his chosen.

7 He *is* the Lord our God: his judgments *are* in all the earth.

8 He hath remembered his covenant for ever, the word *which* he commanded to a thousand generations.

9 Which *covenant* he made with Abraham, and his oath unto Isaac;

10 And confirmed the same unto Jacob for a law, *and* to Israel *for* an everlasting covenant:

11 Saying, Unto thee will I give the land of Canaan, the lot of your inheritance:

12 When they were *but* a few men in number; yea, very few, and strangers in it.

13 When they went from one nation to another, from *one* kingdom to another people;

14 He suffered no man to do them wrong: yea, he reproved kings for their sakes;

15 *Saying,* Touch not mine anointed, and do my prophets no harm.

16 Moreover he called for a famine upon the land: he brake the whole staff of bread.

17 He sent a man before them, *even* Joseph, *who* was sold for a servant:

18 Whose feet they hurt with fetters: he was laid in iron:

19 Until the time that his word came: the word of the Lord tried him.

20 The king sent and loosed him; *even* the ruler of the people, and let him go free.

21 He made him lord of his house, and ruler of all his substance:

22 To bind his princes at his pleasure; and teach his senators wisdom.

23 Israel also came into Egypt; and Jacob sojourned in the land of Ham.

24 And he increased his people greatly; and made them stronger than their enemies.

25 He turned their heart to hate his people, to deal subtilly with his servants.

26 He sent Moses his servant; *and* Aaron whom he had chosen.

27 They shewed his signs among them, and wonders in the land of Ham.

לְפָעֳלוֹ וְלַעֲבֹדָתוֹ עֲדֵי־עָרֶב: מָה־רַבּוּ מַעֲשֶׂיךָ ׀ יְהֹוָה כֻּלָּם בְּחָכְמָה 24

עָשִׂיתָ מָלְאָה הָאָרֶץ קִנְיָנֶךָ: זֶה ׀ הַיָּם גָּדוֹל וּרְחַב יָדָיִם שָׁם־רֶמֶשׂ 25

וְאֵין מִסְפָּר חַיּוֹת קְטַנּוֹת עִם־גְּדֹלוֹת: שָׁם אֳנִיּוֹת יְהַלֵּכוּן לִוְיָתָן זֶה־ 26

יָצַרְתָּ לְשַׂחֶק־בּוֹ: כֻּלָּם אֵלֶיךָ יְשַׂבֵּרוּן לָתֵת אָכְלָם בְּעִתּוֹ: תִּתֵּן לָהֶם 27
28

יִלְקֹטוּן תִּפְתַּח יָדְךָ יִשְׂבְּעוּן טוֹב: תַּסְתִּיר פָּנֶיךָ יִבָּהֵלוּן תֹּסֵף רוּחָם 29

יִגְוָעוּן וְאֶל־עֲפָרָם יְשׁוּבוּן: תְּשַׁלַּח רוּחֲךָ יִבָּרֵאוּן וּתְחַדֵּשׁ פְּנֵי אֲדָמָה: 30

יְהִי כְבוֹד יְהֹוָה לְעוֹלָם יִשְׂמַח יְהֹוָה בְּמַעֲשָׂיו: הַמַּבִּיט לָאָרֶץ וַתִּרְעָד 31
32

יִגַּע בֶּהָרִים וְיֶעֱשָׁנוּ: אָשִׁירָה לַיהֹוָה בְּחַיָּי אֲזַמְּרָה לֵאלֹהַי בְּעוֹדִי: 33

יֶעֱרַב עָלָיו שִׂיחִי אָנֹכִי אֶשְׂמַח בַּיהֹוָה: יִתַּמּוּ חַטָּאִים ׀ מִן־הָאָרֶץ 34
35

וּרְשָׁעִים ׀ עוֹד אֵינָם בָּרְכִי נַפְשִׁי אֶת־יְהֹוָה הַלְלוּ־יָהּ:

הוֹדוּ לַיהֹוָה קִרְאוּ בִשְׁמוֹ הוֹדִיעוּ בָעַמִּים עֲלִילוֹתָיו: שִׁירוּ־לוֹ זַמְּרוּ־ 1 **105**
2

לוֹ שִׂיחוּ בְּכָל־נִפְלְאוֹתָיו: הִתְהַלְלוּ בְּשֵׁם קָדְשׁוֹ יִשְׂמַח לֵב ׀ מְבַקְשֵׁי 3

יְהֹוָה: דִּרְשׁוּ יְהֹוָה וְעֻזּוֹ בַּקְּשׁוּ פָנָיו תָּמִיד: זִכְרוּ נִפְלְאוֹתָיו אֲשֶׁר־ 4
5

עָשָׂה מֹפְתָיו וּמִשְׁפְּטֵי־פִיו: זֶרַע אַבְרָהָם עַבְדּוֹ בְּנֵי יַעֲקֹב בְּחִירָיו: 6

הוּא יְהֹוָה אֱלֹהֵינוּ בְּכָל־הָאָרֶץ מִשְׁפָּטָיו: זָכַר לְעוֹלָם בְּרִיתוֹ דָּבָר 7
8

צִוָּה לְאֶלֶף דּוֹר: אֲשֶׁר כָּרַת אֶת־אַבְרָהָם וּשְׁבוּעָתוֹ לְיִשְׂחָק: 9

וַיַּעֲמִידֶהָ לְיַעֲקֹב לְחֹק לְיִשְׂרָאֵל בְּרִית עוֹלָם: לֵאמֹר לְךָ אֶתֵּן אֶת־ 10
11

אֶרֶץ־כְּנָעַן חֶבֶל נַחֲלַתְכֶם: בִּהְיוֹתָם מְתֵי מִסְפָּר כִּמְעַט וְגָרִים בָּהּ: 12

וַיִּתְהַלְּכוּ מִגּוֹי אֶל־גּוֹי מִמַּמְלָכָה אֶל־עַם אַחֵר: לֹא־הִנִּיחַ אָדָם 13
14

לְעָשְׁקָם וַיּוֹכַח עֲלֵיהֶם מְלָכִים: אַל־תִּגְּעוּ בִמְשִׁיחָי וְלִנְבִיאַי אַל־ 15

תָּרֵעוּ: וַיִּקְרָא רָעָב עַל־הָאָרֶץ כָּל־מַטֵּה־לֶחֶם שָׁבָר: שָׁלַח לִפְנֵיהֶם 16
17

אִישׁ לְעֶבֶד נִמְכַּר יוֹסֵף: עִנּוּ בַכֶּבֶל רַגְלָיו בַּרְזֶל בָּאָה נַפְשׁוֹ: עַד־עֵת 18 רַגְלוֹ
19

בֹּא־דְבָרוֹ אִמְרַת יְהֹוָה צְרָפָתְהוּ: שָׁלַח מֶלֶךְ וַיַּתִּירֵהוּ מֹשֵׁל עַמִּים 20

וַיְפַתְּחֵהוּ: שָׂמוֹ אָדוֹן לְבֵיתוֹ וּמֹשֵׁל בְּכָל־קִנְיָנוֹ: לֶאְסֹר שָׂרָיו בְּנַפְשׁוֹ 21
22

וּזְקֵנָיו יְחַכֵּם: וַיָּבֹא יִשְׂרָאֵל מִצְרָיִם וְיַעֲקֹב גָּר בְּאֶרֶץ־חָם: וַיֶּפֶר אֶת־ 23
24

עַמּוֹ מְאֹד וַיַּעֲצִמֵהוּ מִצָּרָיו: הָפַךְ לִבָּם לִשְׂנֹא עַמּוֹ לְהִתְנַכֵּל 25

בַּעֲבָדָיו: שָׁלַח מֹשֶׁה עַבְדּוֹ אַהֲרֹן אֲשֶׁר בָּחַר־בּוֹ: שָׂמוּ־בָם דִּבְרֵי 26
27

28 He sent darkness, and made it dark; and they rebelled not against his word.

29 He turned their waters into blood, and slew their fish.

30 Their land brought forth frogs in abundance, in the chambers of their kings.

31 He spake, and there came divers sorts of flies, *and* lice in all their coasts.

32 He gave them hail for rain, *and* flaming fire in their land.

33 He smote their vines also and their fig trees; and brake the trees of their coasts.

34 He spake, and the locusts came, and caterpillers, and that without number,

35 And did eat up all the herbs in their land, and devoured the fruit of their ground.

36 He smote also all the firstborn in their land, the chief of all their strength.

37 He brought them forth also with silver and gold: and *there was* not one feeble *person* among their tribes.

38 Egypt was glad when they departed: for the fear of them fell upon them.

39 He spread a cloud for a covering; and fire to give light in the night.

40 *The people* asked, and he brought quails, and satisfied them with the bread of heaven.

41 He opened the rock, and the waters gushed out; they ran in the dry places *like* a river.

42 For he remembered his holy promise, *and* Abraham his servant.

43 And he brought forth his people with joy, *and* his chosen with gladness:

44 And gave them the lands of the heathen: and they inherited the labour of the people;

45 That they might observe his statutes, and keep his laws. Praise ye the LORD.

PSALM 106

1 Praise ye the LORD. O give thanks unto the LORD; for *he is* good: for his mercy *endureth* for ever.

2 Who can utter the mighty acts of the LORD? *who* can shew forth all his praise?

3 Blessed *are* they that keep judgment,

and he that doeth righteousness at all times.

4 Remember me, O LORD, with the favour *that thou bearest unto* thy people: O visit me with thy salvation;

5 That I may see the good of thy chosen, that I may rejoice in the gladness of thy nation, that I may glory with thine inheritance.

6 We have sinned with our fathers, we have committed iniquity, we have done wickedly.

7 Our fathers understood not thy wonders in Egypt; they remembered not the multitude of thy mercies; but provoked *him* at the sea, *even* at the Red sea.

8 Nevertheless he saved them for his name's sake, that he might make his mighty power to be known.

9 He rebuked the Red sea also, and it was dried up: so he led them through the depths, as through the wilderness.

10 And he saved them from the hand of him that hated *them,* and redeemed them from the hand of the enemy.

11 And the waters covered their enemies: there was not one of them left.

12 Then believed they his words; they sang his praise.

13 They soon forgat his works; they waited not for his counsel:

14 But lusted exceedingly in the wilderness, and tempted God in the desert.

15 And he gave them their request; but sent leanness into their soul.

16 They envied Moses also in the camp, *and* Aaron the saint of the LORD.

17 The earth opened and swallowed up Dathan, and covered the company of Abiram.

18 And a fire was kindled in their company; the flame burned up the wicked.

19 They made a calf in Horeb, and worshipped the molten image.

20 Thus they changed their glory into the similitude of an ox that eateth grass.

21 They forgat God their saviour, which had done great things in Egypt;

22 Wondrous works in the land of Ham, *and* terrible things by the Red sea.

23 Therefore he said that he would destroy them, had not Moses his chosen

28 אֹתוֹתָיו וּמֹפְתִים בְּאֶרֶץ חָם: שָׁלַח חֹשֶׁךְ וַיַּחְשִׁךְ וְלֹא־מָרוּ אֶת־ 28A

29 דְּבָרוֹ: הָפַךְ אֶת־מֵימֵיהֶם לְדָם וַיָּמֶת אֶת־דְּגָתָם: שָׁרַץ אַרְצָם דְּבָרוּ

30 צְפַרְדְּעִים בְּחַדְרֵי מַלְכֵיהֶם: אָמַר וַיָּבֹא עָרֹב כִּנִּים בְּכָל־גְּבוּלָם: נָתַן

31 גִּשְׁמֵיהֶם בָּרָד אֵשׁ לֶהָבוֹת בְּאַרְצָם: וַיַּךְ גַּפְנָם וּתְאֵנָתָם וַיְשַׁבֵּר עֵץ

33 גְּבוּלָם: אָמַר וַיָּבֹא אַרְבֶּה וְיֶלֶק וְאֵין מִסְפָּר: וַיֹּאכַל כָּל־עֵשֶׂב

35 בְּאַרְצָם וַיֹּאכַל פְּרִי אַדְמָתָם: וַיַּךְ כָּל־בְּכוֹר בְּאַרְצָם רֵאשִׁית לְכָל־

37 אוֹנָם: וַיּוֹצִיאֵם בְּכֶסֶף וְזָהָב וְאֵין בִּשְׁבָטָיו כּוֹשֵׁל: שָׂמַח מִצְרַיִם

39 בְּצֵאתָם כִּי־נָפַל פַּחְדָּם עֲלֵיהֶם: פָּרַשׂ עָנָן לְמָסָךְ וְאֵשׁ לְהָאִיר לָיְלָה:

40 שָׁאַל וַיָּבֵא שְׂלָו וְלֶחֶם שָׁמַיִם יַשְׂבִּיעֵם: פָּתַח צוּר וַיָּזוּבוּ מָיִם הָלְכוּ

42 בַּצִּיּוֹת נָהָר: כִּי־זָכַר אֶת־דְּבַר קָדְשׁוֹ אֶת־אַבְרָהָם עַבְדּוֹ: וַיּוֹצִא עַמּוֹ

44 בְשָׂשׂוֹן בְּרִנָּה אֶת־בְּחִירָיו: וַיִּתֵּן לָהֶם אַרְצוֹת גּוֹיִם וַעֲמַל לְאֻמִּים

45 יִירָשׁוּ: בַּעֲבוּר יִשְׁמְרוּ חֻקָּיו וְתוֹרֹתָיו יִנְצֹרוּ הַלְלוּ־יָהּ:

106 1 הַלְלוּ יָהּ 1A

2 הוֹדוּ לַיהוָה כִּי־טוֹב כִּי לְעוֹלָם חַסְדּוֹ: מִי יְמַלֵּל גְּבוּרוֹת יְהוָה

3 יַשְׁמִיעַ כָּל־תְּהִלָּתוֹ: אַשְׁרֵי שֹׁמְרֵי מִשְׁפָּט עֹשֵׂה צְדָקָה בְכָל־עֵת:

4 זָכְרֵנִי יְהוָה בִּרְצוֹן עַמֶּךָ פָּקְדֵנִי בִּישׁוּעָתֶךָ: לִרְאוֹת בְּטוֹבַת בְּחִירֶיךָ

6 לִשְׂמֹחַ בְּשִׂמְחַת גּוֹיֶךָ לְהִתְהַלֵּל עִם־נַחֲלָתֶךָ: חָטָאנוּ עִם־אֲבוֹתֵינוּ

7 הֶעֱוִינוּ הִרְשָׁעְנוּ: אֲבוֹתֵינוּ בְמִצְרַיִם לֹא־הִשְׂכִּילוּ נִפְלְאוֹתֶיךָ לֹא

8 זָכְרוּ אֶת־רֹב חֲסָדֶיךָ וַיַּמְרוּ עַל־יָם בְּיַם־סוּף: וַיּוֹשִׁיעֵם לְמַעַן שְׁמוֹ

9 לְהוֹדִיעַ אֶת־גְּבוּרָתוֹ: וַיִּגְעַר בְּיַם־סוּף וַיֶּחֱרָב וַיּוֹלִיכֵם בַּתְּהֹמוֹת

10 כַּמִּדְבָּר: וַיּוֹשִׁיעֵם מִיַּד שׂוֹנֵא וַיִּגְאָלֵם מִיַּד אוֹיֵב: וַיְכַסּוּ־מַיִם צָרֵיהֶם

12 אֶחָד מֵהֶם לֹא נוֹתָר: וַיַּאֲמִינוּ בִדְבָרָיו יָשִׁירוּ תְּהִלָּתוֹ: מִהֲרוּ שָׁכְחוּ

14 מַעֲשָׂיו לֹא־חִכּוּ לַעֲצָתוֹ: וַיִּתְאַוּוּ תַאֲוָה בַּמִּדְבָּר וַיְנַסּוּ־אֵל בִּישִׁימוֹן:

15 וַיִּתֵּן לָהֶם שֶׁאֱלָתָם וַיְשַׁלַּח רָזוֹן בְּנַפְשָׁם: וַיְקַנְאוּ לְמֹשֶׁה בַּמַּחֲנֶה

17 לְאַהֲרֹן קְדוֹשׁ יְהוָה: תִּפְתַּח־אֶרֶץ וַתִּבְלַע דָּתָן וַתְּכַס עַל־עֲדַת

18 אֲבִירָם: וַתִּבְעַר־אֵשׁ בַּעֲדָתָם לֶהָבָה תְּלַהֵט רְשָׁעִים: יַעֲשׂוּ־עֵגֶל

20 בְּחֹרֵב וַיִּשְׁתַּחֲווּ לְמַסֵּכָה: וַיָּמִירוּ אֶת־כְּבוֹדָם בְּתַבְנִית שׁוֹר אֹכֵל

21 עֵשֶׂב: שָׁכְחוּ אֵל מוֹשִׁיעָם עֹשֶׂה גְדֹלוֹת בְּמִצְרָיִם: נִפְלָאוֹת בְּאֶרֶץ

23 חָם נוֹרָאוֹת עַל־יַם־סוּף: וַיֹּאמֶר לְהַשְׁמִידָם לוּלֵי מֹשֶׁה בְחִירוֹ עָמַד

stood before him in the breach, to turn away his wrath, lest he should destroy *them*.

24 Yea, they despised the pleasant land, they believed not his word:

25 But murmured in their tents, *and* hearkened not unto the voice of the LORD.

26 Therefore he lifted up his hand against them, to overthrow them in the wilderness:

27 To overthrow their seed also among the nations, and to scatter them in the lands.

28 They joined themselves also unto Baal-peor, and ate the sacrifices of the dead.

29 Thus they provoked *him* to anger with their inventions: and the plague brake in upon them.

30 Then stood up Phinehas, and executed judgment: and *so* the plague was stayed.

31 And that was counted unto him for righteousness unto all generations for evermore.

32 They angered *him* also at the waters of strife, so that it went ill with Moses for their sakes:

33 Because they provoked his spirit, so that he spake unadvisedly with his lips.

34 They did not destroy the nations, concerning whom the LORD commanded them:

35 But were mingled among the heathen, and learned their works.

36 And they served their idols: which were a snare unto them.

37 Yea, they sacrificed their sons and their daughters unto devils,

38 And shed innocent blood, *even* the blood of their sons and of their daughters, whom they sacrificed unto the idols of Canaan: and the land was polluted with blood.

39 Thus were they defiled with their own works, and went a whoring with their own inventions.

40 Therefore was the wrath of the LORD kindled against his people, insomuch that he abhorred his own inheritance.

41 And he gave them into the hand of the heathen; and they that hated them ruled over them.

42 Their enemies also oppressed them, and they were brought into subjection under their hand.

43 Many times did he deliver them; but they provoked *him* with their counsel, and were brought low for their iniquity.

44 Nevertheless he regarded their affliction, when he heard their cry:

45 And he remembered for them his covenant, and repented according to the multitude of his mercies.

46 He made them also to be pitied of all those that carried them captives.

47 Save us, O LORD our God, and gather us from among the heathen, to give thanks unto thy holy name, *and* to triumph in thy praise.

48 Blessed *be* the LORD God of Israel from everlasting to everlasting: and let all the people say, Amen. Praise ye the LORD.

PSALM 107

1 O give thanks unto the LORD, for *he is* good: for his mercy *endureth* for ever.

2 Let the redeemed of the LORD say *so*, whom he hath redeemed from the hand of the enemy;

3 And gathered them out of the lands, from the east, and from the west, from the north, and from the south.

4 They wandered in the wilderness in a solitary way; they found no city to dwell in.

5 Hungry and thirsty, their soul fainted in them.

6 Then they cried unto the LORD in their trouble, *and* he delivered them out of their distresses.

7 And he led them forth by the right way, that they might go to a city of habitation.

8 Oh that *men* would praise the LORD *for* his goodness, and *for* his wonderful works to the children of men!

9 For he satisfieth the longing soul, and filleth the hungry soul with goodness.

10 Such as sit in darkness and in the shadow of death, *being* bound in affliction and iron;

11 Because they rebelled against the

בְּפֶרֶץ לְפָנָיו לְהָשִׁיב חֲמָתוֹ מֵהַשְׁחִית: וַיִּמְאֲסוּ בְּאֶרֶץ חֶמְדָּה לֹא־ 24

הֶאֱמִינוּ לִדְבָרוֹ: וַיֵּרָגְנוּ בְאָהֳלֵיהֶם לֹא שָׁמְעוּ בְּקוֹל יְהוָה: וַיִּשָּׂא 25 26

יָדוֹ לָהֶם לְהַפִּיל אוֹתָם בַּמִּדְבָּר: וּלְהַפִּיל זַרְעָם בַּגּוֹיִם וּלְזָרוֹתָם 27

בָּאֲרָצוֹת: וַיִּצָּמְדוּ לְבַעַל פְּעוֹר וַיֹּאכְלוּ זִבְחֵי מֵתִים: וַיַּכְעִיסוּ 28 29

בְּמַעַלְלֵיהֶם וַתִּפְרָץ־בָּם מַגֵּפָה: וַיַּעֲמֹד פִּינְחָס וַיְפַלֵּל וַתֵּעָצַר 30

הַמַּגֵּפָה: וַתֵּחָשֶׁב לוֹ לִצְדָקָה לְדֹר וָדֹר עַד־עוֹלָם: וַיַּקְצִיפוּ עַל־מֵי 31 32

מְרִיבָה וַיֵּרַע לְמֹשֶׁה בַּעֲבוּרָם: כִּי־הִמְרוּ אֶת־רוּחוֹ וַיְבַטֵּא בִּשְׂפָתָיו: 33

לֹא־הִשְׁמִידוּ אֶת־הָעַמִּים אֲשֶׁר אָמַר יְהוָה לָהֶם: וַיִּתְעָרְבוּ בַגּוֹיִם 34 35

וַיִּלְמְדוּ מַעֲשֵׂיהֶם: וַיַּעַבְדוּ אֶת־עֲצַבֵּיהֶם וַיִּהְיוּ לָהֶם לְמוֹקֵשׁ: וַיִּזְבְּחוּ 36 37

אֶת־בְּנֵיהֶם וְאֶת־בְּנוֹתֵיהֶם לַשֵּׁדִים: וַיִּשְׁפְּכוּ דָם נָקִי דַּם־בְּנֵיהֶם 38

וּבְנוֹתֵיהֶם אֲשֶׁר זִבְּחוּ לַעֲצַבֵּי כְנַעַן וַתֶּחֱנַף הָאָרֶץ בַּדָּמִים: וַיִּטְמְאוּ 39

בְמַעֲשֵׂיהֶם וַיִּזְנוּ בְּמַעַלְלֵיהֶם: וַיִּחַר־אַף יְהוָה בְּעַמּוֹ וַיְתָעֵב אֶת־ 40

נַחֲלָתוֹ: וַיִּתְּנֵם בְּיַד־גּוֹיִם וַיִּמְשְׁלוּ בָהֶם שֹׂנְאֵיהֶם: וַיִּלְחָצוּם אוֹיְבֵיהֶם 41 42

וַיִּכָּנְעוּ תַּחַת יָדָם: פְּעָמִים רַבּוֹת יַצִּילֵם וְהֵמָּה יַמְרוּ בַעֲצָתָם וַיָּמֹכּוּ 43

בַּעֲוֹנָם: וַיַּרְא בַּצַּר לָהֶם בְּשָׁמְעוֹ אֶת־רִנָּתָם: וַיִּזְכֹּר לָהֶם בְּרִיתוֹ 44 45

וַיִּנָּחֵם כְּרֹב חֲסָדוֹ: וַיִּתֵּן אוֹתָם לְרַחֲמִים לִפְנֵי כָּל־שׁוֹבֵיהֶם: 46 חֲסָדָיו

הוֹשִׁיעֵנוּ| יְהוָה אֱלֹהֵינוּ וְקַבְּצֵנוּ מִן־הַגּוֹיִם לְהֹדוֹת לְשֵׁם קָדְשֶׁךָ 47

לְהִשְׁתַּבֵּחַ בִּתְהִלָּתֶךָ: בָּרוּךְ־יְהוָה אֱלֹהֵי יִשְׂרָאֵל מִן־הָעוֹלָם| וְעַד־ 48

הָעוֹלָם וְאָמַר כָּל־הָעָם אָמֵן הַלְלוּ־יָהּ:

ספר חמישי 107 הֹדוּ לַיהוָה כִּי־טוֹב כִּי לְעוֹלָם חַסְדּוֹ: 1

יֹאמְרוּ גְּאוּלֵי יְהוָה אֲשֶׁר גְּאָלָם מִיַּד־צָר: וּמֵאֲרָצוֹת קִבְּצָם מִמִּזְרָח 2 3

וּמִמַּעֲרָב מִצָּפוֹן וּמִיָּם: תָּעוּ בַמִּדְבָּר בִּישִׁימוֹן דָּרֶךְ עִיר מוֹשָׁב לֹא 4

מָצָאוּ: רְעֵבִים גַּם־צְמֵאִים נַפְשָׁם בָּהֶם תִּתְעַטָּף: וַיִּצְעֲקוּ אֶל־יְהוָה 5 6

בַּצַּר לָהֶם מִמְּצוּקוֹתֵיהֶם יַצִּילֵם: וַיַּדְרִיכֵם בְּדֶרֶךְ יְשָׁרָה לָלֶכֶת אֶל־ 7

עִיר מוֹשָׁב: יוֹדוּ לַיהוָה חַסְדּוֹ וְנִפְלְאוֹתָיו לִבְנֵי אָדָם: כִּי־הִשְׂבִּיעַ 8 9

נֶפֶשׁ שֹׁקֵקָה וְנֶפֶשׁ רְעֵבָה מִלֵּא־טוֹב: יֹשְׁבֵי חֹשֶׁךְ וְצַלְמָוֶת אֲסִירֵי 10

עֳנִי וּבַרְזֶל: כִּי־הִמְרוּ אִמְרֵי־אֵל וַעֲצַת עֶלְיוֹן נָאָצוּ: וַיַּכְנַע בֶּעָמָל לִבָּם 11 12

words of God, and contemned the counsel of the most High:

12 Therefore he brought down their heart with labour; they fell down, and *there was* none to help.

13 Then they cried unto the LORD in their trouble, *and* he saved them out of their distresses.

14 He brought them out of darkness and the shadow of death, and brake their bands in sunder.

15 Oh that *men* would praise the LORD *for* his goodness, and *for* his wonderful works to the children of men!

16 For he hath broken the gates of brass, and cut the bars of iron in sunder.

17 Fools because of their transgression, and because of their iniquities, are afflicted.

18 Their soul abhorreth all manner of meat; and they draw near unto the gates of death.

19 Then they cry unto the LORD in their trouble, *and* he saveth them out of their distresses.

20 He sent his word, and healed them, and delivered *them* from their destructions.

21 Oh that *men* would praise the LORD *for* his goodness, and *for* his wonderful works to the children of men!

22 And let them sacrifice the sacrifices of thanksgiving, and declare his works with rejoicing.

23 They that go down to the sea in ships, that do business in great waters;

24 These see the works of the LORD, and his wonders in the deep.

25 For he commandeth, and raiseth the stormy wind, which lifteth up the waves thereof.

26 They mount up to the heaven, they go down again to the depths: their soul is melted because of trouble.

27 They reel to and fro, and stagger like a drunken man, and are at their wits' end.

28 Then they cry unto the LORD in their trouble, and he bringeth them out of their distresses.

29 He maketh the storm a calm, so that the waves thereof are still.

30 Then are they glad because they be quiet; so he bringeth them unto their desired haven.

31 Oh that *men* would praise the LORD *for* his goodness, and *for* his wonderful works to the children of men!

32 Let them exalt him also in the congregation of the people, and praise him in the assembly of the elders.

33 He turneth rivers into a wilderness, and the watersprings into dry ground;

34 A fruitful land into barrenness, for the wickedness of them that dwell therein.

35 He turneth the wilderness into a standing water, and dry ground into watersprings.

36 And there he maketh the hungry to dwell, that they may prepare a city for habitation;

37 And sow the fields, and plant vineyards, which may yield fruits of increase.

38 He blesseth them also, so that they are multiplied greatly; and suffereth not their cattle to decrease.

39 Again, they are minished and brought low through oppression, affliction, and sorrow.

40 He poureth contempt upon princes, and causeth them to wander in the wilderness, *where there is* no way.

41 Yet setteth he the poor on high from affliction, and maketh *him* families like a flock.

42 The righteous shall see *it*, and rejoice: and all iniquity shall stop her mouth.

43 Whoso *is* wise, and will observe these *things*, even they shall understand the lovingkindness of the LORD.

PSALM 108

[1] A Song *or* Psalm of David.

1[2] O God, my heart is fixed; I will sing and give praise, even with my glory.

2[3] Awake, psaltery and harp: I *myself* will awake early.

3[4] I will praise thee, O LORD, among the people: and I will sing praises unto thee among the nations.

4[5] For thy mercy *is* great above the heavens: and thy truth *reacheth* unto the clouds.

13A כָּשְׁלוּ וְאֵין עֹזֵר: וַיִּזְעֲקוּ אֶל־יְהוָה בַּצַּר לָהֶם מִמְּצֻקוֹתֵיהֶם יוֹשִׁיעֵם: 13

14 יוֹצִיאֵם מֵחֹשֶׁךְ וְצַלְמָוֶת וּמוֹסְרוֹתֵיהֶם יְנַתֵּק: יוֹדוּ לַיהוָה חַסְדּוֹ 15

16 וְנִפְלְאוֹתָיו לִבְנֵי אָדָם: כִּי־שִׁבַּר דַּלְתוֹת נְחֹשֶׁת וּבְרִיחֵי בַרְזֶל גִּדֵּעַ:

17 אֱוִלִים מִדֶּרֶךְ פִּשְׁעָם וּמֵעֲוֹנֹתֵיהֶם יִתְעַנּוּ: כָּל־אֹכֶל תְּתַעֵב נַפְשָׁם 18

19 וַיַּגִּיעוּ עַד־שַׁעֲרֵי מָוֶת: וַיִּזְעֲקוּ אֶל־יְהוָה בַּצַּר לָהֶם מִמְּצֻקוֹתֵיהֶם

20 יוֹשִׁיעֵם: יִשְׁלַח דְּבָרוֹ וְיִרְפָּאֵם וִימַלֵּט מִשְּׁחִיתוֹתָם: יוֹדוּ לַיהוָה   ל 21

22 חַסְדּוֹ וְנִפְלְאוֹתָיו לִבְנֵי אָדָם: וְיִזְבְּחוּ זִבְחֵי תוֹדָה וִיסַפְּרוּ מַעֲשָׂיו   ל

23 בְּרִנָּה: יוֹרְדֵי הַיָּם בָּאֳנִיּוֹת עֹשֵׂי מְלָאכָה בְּמַיִם רַבִּים: הֵמָּה   ל ל 24

25 רָאוּ מַעֲשֵׂי יְהוָה וְנִפְלְאוֹתָיו בִּמְצוּלָה: וַיֹּאמֶר וַיַּעֲמֵד רוּחַ   ל

26 סְעָרָה וַתְּרוֹמֵם גַּלָּיו: יַעֲלוּ שָׁמַיִם יֵרְדוּ תְהוֹמוֹת נַפְשָׁם בְּרָעָה   ל

27 תִּתְמוֹגָג: יָחוֹגּוּ וְיָנוּעוּ כַּשִּׁכּוֹר וְכָל־חָכְמָתָם תִּתְבַּלָּע: וַיִּצְעֲקוּ אֶל־ 28

29 יְהוָה בַּצַּר לָהֶם וּמִמְּצוּקֹתֵיהֶם יוֹצִיאֵם: יָקֵם סְעָרָה לִדְמָמָה וַיֶּחֱשׁוּ

30 גַּלֵּיהֶם: וַיִּשְׂמְחוּ כִי־יִשְׁתֹּקוּ וַיַּנְחֵם אֶל־מְחוֹז חֶפְצָם: יוֹדוּ לַיהוָה 31

32 חַסְדּוֹ וְנִפְלְאוֹתָיו לִבְנֵי אָדָם: וִירֹמְמוּהוּ בִּקְהַל־עָם וּבְמוֹשַׁב זְקֵנִים

33 יְהַלְלוּהוּ: יָשֵׂם נְהָרוֹת לְמִדְבָּר וּמֹצָאֵי מַיִם לְצִמָּאוֹן: אֶרֶץ פְּרִי 34

35 לִמְלֵחָה מֵרָעַת יֹשְׁבֵי בָהּ: יָשֵׂם מִדְבָּר לַאֲגַם־מַיִם וְאֶרֶץ צִיָּה

36 לְמֹצָאֵי מָיִם: וַיּוֹשֶׁב שָׁם רְעֵבִים וַיְכוֹנְנוּ עִיר מוֹשָׁב: וַיִּזְרְעוּ שָׂדוֹת 37A 37

38 וַיִּטְּעוּ כְרָמִים וַיַּעֲשׂוּ פְּרִי תְבוּאָה: וַיְבָרֲכֵם וַיִּרְבּוּ מְאֹד וּבְהֶמְתָּם

39 לֹא יַמְעִיט: וַיִּמְעֲטוּ וַיָּשֹׁחוּ מֵעֹצֶר רָעָה וְיָגוֹן: שֹׁפֵךְ בּוּז עַל־   ל 40

41 נְדִיבִים וַיַּתְעֵם בְּתֹהוּ לֹא־דָרֶךְ: וַיְשַׂגֵּב אֶבְיוֹן מֵעוֹנִי וַיָּשֶׂם כַּצֹּאן

42 מִשְׁפָּחוֹת: יִרְאוּ יְשָׁרִים וְיִשְׂמָחוּ וְכָל־עַוְלָה קָפְצָה פִּיהָ: מִי־חָכָם 43

וְיִשְׁמָר־אֵלֶּה וְיִתְבּוֹנְנוּ חַסְדֵי יְהוָה:

108 1 שִׁיר מִזְמוֹר לְדָוִד: נָכוֹן לִבִּי אֱלֹהִים 2

3 אָשִׁירָה וַאֲזַמְּרָה אַף־כְּבוֹדִי: עוּרָה הַנֵּבֶל וְכִנּוֹר אָעִירָה שָּׁחַר: אוֹדְךָ 4

5 בָעַמִּים יְהוָה וַאֲזַמֶּרְךָ בַּל־אֻמִּים: כִּי־גָדוֹל מֵעַל־שָׁמַיִם חַסְדֶּךָ וְעַד־

5[6] Be thou exalted, O God, above the heavens: and thy glory above all the earth;

6[7] That thy beloved may be delivered: save *with* thy right hand, and answer me.

7[8] God hath spoken in his holiness; I will rejoice, I will divide Shechem, and mete out the valley of Succoth.

8[9] Gilead *is* mine; Manasseh *is* mine; Ephraim also *is* the strength of mine head; Judah *is* my lawgiver;

9[10] Moab *is* my washpot; over Edom will I cast out my shoe; over Philistia will I triumph.

10[11] Who will bring me into the strong city? who will lead me into Edom?

11[12] *Wilt* not *thou,* O God, *who* hast cast us off? and wilt not thou, O God, go forth with our hosts?

12[13] Give us help from trouble: for vain *is* the help of man.

13[14] Through God we shall do valiantly: for he *it is that* shall tread down our enemies.

PSALM 109

[1a] To the chief Musician, A Psalm of David.

1[1b] Hold not thy peace, O God of my praise;

2 For the mouth of the wicked and the mouth of the deceitful are opened against me: they have spoken against me with a lying tongue.

3 They compassed me about also with words of hatred; and fought against me without a cause.

4 For my love they are my adversaries: but I *give myself unto* prayer.

5 And they have rewarded me evil for good, and hatred for my love.

6 Set thou a wicked man over him: and let Satan stand at his right hand.

7 When he shall be judged, let him be condemned: and let his prayer become sin.

8 Let his days be few; *and* let another take his office.

9 Let his children be fatherless, and his wife a widow.

10 Let his children be continually vagabonds, and beg: let them seek *their bread* also out of their desolate places.

11 Let the extortioner catch all that he hath; and let the strangers spoil his labour.

12 Let there be none to extend mercy unto him: neither let there be any to favour his fatherless children.

13 Let his posterity be cut off; *and* in the generation following let their name be blotted out.

14 Let the iniquity of his fathers be remembered with the Lord; and let not the sin of his mother be blotted out.

15 Let them be before the Lord continually, that he may cut off the memory of them from the earth.

16 Because that he remembered not to shew mercy, but persecuted the poor and needy man, that he might even slay the broken in heart.

17 As he loved cursing, so let it come unto him: as he delighted not in blessing, so let it be far from him.

18 As he clothed himself with cursing like as with his garment, so let it come into his bowels like water, and like oil into his bones.

19 Let it be unto him as the garment *which* covereth him, and for a girdle wherewith he is girded continually.

20 *Let* this *be* the reward of mine adversaries from the Lord, and of them that speak evil against my soul.

21 But do thou for me, O God the Lord, for thy name's sake: because thy mercy *is* good, deliver thou me.

22 For I *am* poor and needy, and my heart is wounded within me.

23 I am gone like the shadow when it declineth: I am tossed up and down as the locust.

24 My knees are weak through fasting; and my flesh faileth of fatness.

25 I became also a reproach unto them: *when* they looked upon me they shaked their heads.

26 Help me, O Lord my God: O save me according to thy mercy:

27 That they may know that this *is* thy hand; *that* thou, Lord, hast done it.

28 Let them curse, but bless thou: when they arise, let them be ashamed; but let thy servant rejoice.

29 Let mine adversaries be clothed with

שְׁחָקִים אֲמִתֶּךָ: רוּמָה עַל־שָׁמַיִם אֱלֹהִים וְעַל כָּל־הָאָרֶץ כְּבוֹדֶךָ: 6

לְמַעַן יֵחָלְצוּן יְדִידֶיךָ הוֹשִׁיעָה יְמִינְךָ וַעֲנֵנִי: אֱלֹהִים דִּבֶּר בְּקָדְשׁוֹ 7 8

אֶעְלֹזָה אֲחַלְּקָה שְׁכֶם וְעֵמֶק סֻכּוֹת אֲמַדֵּד: לִי גִלְעָד לִי מְנַשֶּׁה 9

וְאֶפְרַיִם מָעוֹז רֹאשִׁי יְהוּדָה מְחֹקְקִי: מוֹאָב סִיר רַחְצִי עַל־אֱדוֹם 10

אַשְׁלִיךְ נַעֲלִי עֲלֵי־פְלֶשֶׁת אֶתְרוֹעָע: מִי יֹבִלֵנִי עִיר מִבְצָר מִי נָחַנִי 11

עַד־אֱדוֹם: הֲלֹא־אֱלֹהִים זְנַחְתָּנוּ וְלֹא־תֵצֵא אֱלֹהִים בְּצִבְאוֹתֵינוּ: 12

הָבָה־לָּנוּ עֶזְרָת מִצָּר וְשָׁוְא תְּשׁוּעַת אָדָם: בֵּאלֹהִים נַעֲשֶׂה־חָיִל 13 14

וְהוּא יָבוּס צָרֵינוּ:

109 לַמְנַצֵּחַ לְדָוִד מִזְמוֹר אֱלֹהֵי תְהִלָּתִי אַל־תֶּחֱרַשׁ: 1

כִּי פִי רָשָׁע וּפִי־מִרְמָה עָלַי פָּתָחוּ דִּבְּרוּ אִתִּי לְשׁוֹן שָׁקֶר: וְדִבְרֵי 2 3

שִׂנְאָה סְבָבוּנִי וַיִּלָּחֲמוּנִי חִנָּם: תַּחַת־אַהֲבָתִי יִשְׂטְנוּנִי וַאֲנִי תְפִלָּה: 4

וַיָּשִׂימוּ עָלַי רָעָה תַּחַת טוֹבָה וְשִׂנְאָה תַּחַת אַהֲבָתִי: הַפְקֵד עָלָיו 5 6

רָשָׁע וְשָׂטָן יַעֲמֹד עַל־יְמִינוֹ: בְּהִשָּׁפְטוֹ יֵצֵא רָשָׁע וּתְפִלָּתוֹ תִּהְיֶה 7 [7A]

לַחֲטָאָה: יִהְיוּ־יָמָיו מְעַטִּים פְּקֻדָּתוֹ יִקַּח אַחֵר: יִהְיוּ־בָנָיו יְתוֹמִים 8 9

וְאִשְׁתּוֹ אַלְמָנָה: וְנוֹעַ יָנוּעוּ בָנָיו וְשִׁאֵלוּ וְדָרְשׁוּ מֵחָרְבוֹתֵיהֶם: יְנַקֵּשׁ 10 11

נוֹשֶׁה לְכָל־אֲשֶׁר־לוֹ וְיָבֹזּוּ זָרִים יְגִיעוֹ: אַל־יְהִי־לוֹ מֹשֵׁךְ חָסֶד וְאַל־ 12

יְהִי חוֹנֵן לִיתוֹמָיו: יְהִי־אַחֲרִיתוֹ לְהַכְרִית בְּדוֹר אַחֵר יִמַּח שְׁמָם: 13

יִזָּכֵר עֲוֹן אֲבֹתָיו אֶל־יְהוָה וְחַטַּאת אִמּוֹ אַל־תִּמָּח: יִהְיוּ נֶגֶד־יְהוָה 14 15

תָּמִיד וְיַכְרֵת מֵאֶרֶץ זִכְרָם: יַעַן אֲשֶׁר לֹא זָכַר עֲשׂוֹת חָסֶד וַיִּרְדֹּף 16

אִישׁ־עָנִי וְאֶבְיוֹן וְנִכְאֵה לֵבָב לְמוֹתֵת: וַיֶּאֱהַב קְלָלָה וַתְּבוֹאֵהוּ וְלֹא־ 17

חָפֵץ בִּבְרָכָה וַתִּרְחַק מִמֶּנּוּ: וַיִּלְבַּשׁ קְלָלָה כְּמַדּוֹ וַתָּבֹא כַמַּיִם בְּקִרְבּוֹ 18

וְכַשֶּׁמֶן בְּעַצְמוֹתָיו: תְּהִי־לוֹ כְּבֶגֶד יַעְטֶה וּלְמֵזַח תָּמִיד יַחְגְּרֶהָ: זֹאת 19 20

פְּעֻלַּת שֹׂטְנַי מֵאֵת יְהוָה וְהַדֹּבְרִים רָע עַל־נַפְשִׁי: וְאַתָּה יְהוִה אֲדֹנָי 21

עֲשֵׂה־אִתִּי לְמַעַן שְׁמֶךָ כִּי־טוֹב חַסְדְּךָ הַצִּילֵנִי: כִּי־עָנִי וְאֶבְיוֹן אָנֹכִי 22

וְלִבִּי חָלַל בְּקִרְבִּי: כְּצֵל־כִּנְטוֹתוֹ נֶהֱלָכְתִּי נִנְעַרְתִּי כָּאַרְבֶּה: בִּרְכַּי 23 24

כָּשְׁלוּ מִצּוֹם וּבְשָׂרִי כָּחַשׁ מִשָּׁמֶן: וַאֲנִי הָיִיתִי חֶרְפָּה לָהֶם יִרְאוּנִי 25

יְנִיעוּן רֹאשָׁם: עָזְרֵנִי יְהוָה אֱלֹהָי הוֹשִׁיעֵנִי כְחַסְדֶּךָ: וְיֵדְעוּ כִּי־יָדְךָ 26 27

זֹּאת אַתָּה יְהוָה עֲשִׂיתָהּ: יְקַלְלוּ־הֵמָּה וְאַתָּה תְבָרֵךְ קָמוּ וַיֵּבֹשׁוּ 28

וְעַבְדְּךָ יִשְׂמָח: יִלְבְּשׁוּ שׂוֹטְנַי כְּלִמָּה וְיַעֲטוּ כַמְעִיל בָּשְׁתָּם: אוֹדֶה 29 30

shame, and let them cover themselves with their own confusion, as with a mantle.

30 I will greatly praise the LORD with my mouth; yea, I will praise him among the multitude.

31 For he shall stand at the right hand of the poor, to save *him* from those that condemn his soul.

PSALM 110

[1a] A Psalm of David.

1[1b] The LORD said unto my Lord, Sit thou at my right hand, until I make thine enemies thy footstool.

2 The LORD shall send the rod of thy strength out of Zion: rule thou in the midst of thine enemies.

3 Thy people *shall be* willing in the day of thy power, in the beauties of holiness from the womb of the morning: thou hast the dew of thy youth.

4 The LORD hath sworn, and will not repent, Thou *art* a priest for ever after the order of Melchizedek.

5 The Lord at thy right hand shall strike through kings in the day of his wrath.

6 He shall judge among the heathen, he shall fill *the places* with the dead bodies; he shall wound the heads over many countries.

7 He shall drink of the brook in the way: therefore shall he lift up the head.

PSALM 111

1 Praise ye the LORD. I will praise the LORD with *my* whole heart, in the assembly of the upright, and *in* the congregation.

2 The works of the LORD *are* great, sought out of all them that have pleasure therein.

3 His work *is* honourable and glorious: and his righteousness endureth for ever.

4 He hath made his wonderful works to be remembered: the LORD *is* gracious and full of compassion.

5 He hath given meat unto them that fear him: he will ever be mindful of his covenant.

6 He hath shewed his people the power of his works, that he may give them the heritage of the heathen.

7 The works of his hands *are* verity and judgment; all his commandments *are* sure.

8 They stand fast for ever and ever, *and are* done in truth and uprightness.

9 He sent redemption unto his people: he hath commanded his covenant for ever: holy and reverend *is* his name.

10 The fear of the LORD *is* the beginning of wisdom: a good understanding have all they that do *his commandments:* his praise endureth for ever.

PSALM 112

1 Praise ye the LORD. Blessed *is* the man *that* feareth the LORD, *that* delighteth greatly in his commandments.

2 His seed shall be mighty upon earth: the generation of the upright shall be blessed.

3 Wealth and riches *shall be* in his house: and his righteousness endureth for ever.

4 Unto the upright there ariseth light in the darkness: *he is* gracious, and full of compassion, and righteous.

5 A good man sheweth favour, and lendeth: he will guide his affairs with discretion.

6 Surely he shall not be moved for ever: the righteous shall be in everlasting remembrance.

7 He shall not be afraid of evil tidings: his heart is fixed, trusting in the LORD.

8 His heart *is* established, he shall not be afraid, until he see *his desire* upon his enemies.

9 He hath dispersed, he hath given to the poor; his righteousness endureth for ever; his horn shall be exalted with honour.

10 The wicked shall see *it,* and be grieved; he shall gnash with his teeth, and melt away: the desire of the wicked shall perish.

PSALM 113

1 Praise ye the LORD. Praise, O ye servants of the LORD, praise the name of the LORD.

31 יְהֹוָה מְאֹד בְּפֵי וּבְתוֹךְ רַבִּים אֲהַלְלֶנּוּ: כִּי־יַעֲמֹד לִימִין אֶבְיוֹן
לְהוֹשִׁיעַ מִשֹּׁפְטֵי נַפְשׁוֹ:

110 1 לְדָוִד מִזְמוֹר
נְאֻם יְהֹוָה ׀ לַאדֹנִי שֵׁב לִימִינִי עַד־אָשִׁית אֹיְבֶיךָ הֲדֹם לְרַגְלֶיךָ:
2 מַטֵּה־עֻזְּךָ יִשְׁלַח יְהֹוָה מִצִּיּוֹן רְדֵה בְּקֶרֶב אֹיְבֶיךָ: עַמְּךָ נְדָבֹת
3 בְּיוֹם חֵילֶךָ בְּהַדְרֵי־קֹדֶשׁ מֵרֶחֶם מִשְׁחָר לְךָ טַל יַלְדֻתֶיךָ: נִשְׁבַּע
4 יְהֹוָה ׀ וְלֹא יִנָּחֵם אַתָּה־כֹהֵן לְעוֹלָם עַל־דִּבְרָתִי מַלְכִּי־צֶדֶק: אֲדֹנָי
5 עַל־יְמִינְךָ מָחַץ בְּיוֹם־אַפּוֹ מְלָכִים: יָדִין בַּגּוֹיִם מָלֵא גְוִיּוֹת מָחַץ
6 רֹאשׁ עַל־אֶרֶץ רַבָּה: מִנַּחַל בַּדֶּרֶךְ יִשְׁתֶּה עַל־כֵּן יָרִים רֹאשׁ:
7

111 1 הַלְלוּ יָהּ ׀
אוֹדֶה יְהֹוָה בְּכָל־לֵבָב בְּסוֹד יְשָׁרִים וְעֵדָה: גְּדֹלִים מַעֲשֵׂי יְהֹוָה
2 דְּרוּשִׁים לְכָל־חֶפְצֵיהֶם: הוֹד־וְהָדָר פָּעֳלוֹ וְצִדְקָתוֹ עֹמֶדֶת לָעַד: זֵכֶר
3
4 עָשָׂה לְנִפְלְאֹתָיו חַנּוּן וְרַחוּם יְהֹוָה: טֶרֶף נָתַן לִירֵאָיו יִזְכֹּר לְעוֹלָם
5 בְּרִיתוֹ: כֹּחַ מַעֲשָׂיו הִגִּיד לְעַמּוֹ לָתֵת לָהֶם נַחֲלַת גּוֹיִם: מַעֲשֵׂי יָדָיו
6
7 אֱמֶת וּמִשְׁפָּט נֶאֱמָנִים כָּל־פִּקּוּדָיו: סְמוּכִים לָעַד לְעוֹלָם עֲשׂוּיִם
8 בֶּאֱמֶת וְיָשָׁר: פְּדוּת ׀ שָׁלַח לְעַמּוֹ צִוָּה־לְעוֹלָם בְּרִיתוֹ קָדוֹשׁ וְנוֹרָא
9 שְׁמוֹ: רֵאשִׁית חָכְמָה ׀ יִרְאַת יְהֹוָה שֵׂכֶל טוֹב לְכָל־עֹשֵׂיהֶם תְּהִלָּתוֹ
10 עֹמֶדֶת לָעַד:

112 1 הַלְלוּ יָהּ ׀
אַשְׁרֵי־אִישׁ יָרֵא אֶת־יְהֹוָה בְּמִצְוֹתָיו חָפֵץ מְאֹד: גִּבּוֹר בָּאָרֶץ
2 יִהְיֶה זַרְעוֹ דּוֹר יְשָׁרִים יְבֹרָךְ: הוֹן־וָעֹשֶׁר בְּבֵיתוֹ וְצִדְקָתוֹ עֹמֶדֶת
3 לָעַד: זָרַח בַּחֹשֶׁךְ אוֹר לַיְשָׁרִים חַנּוּן וְרַחוּם וְצַדִּיק: טוֹב־אִישׁ
4
5 חוֹנֵן וּמַלְוֶה יְכַלְכֵּל דְּבָרָיו בְּמִשְׁפָּט: כִּי־לְעוֹלָם לֹא־יִמּוֹט לְזֵכֶר
6 עוֹלָם יִהְיֶה צַדִּיק: מִשְּׁמוּעָה רָעָה לֹא יִירָא נָכוֹן לִבּוֹ בָּטֻחַ
7 בַּיהֹוָה: סָמוּךְ לִבּוֹ לֹא יִירָא עַד אֲשֶׁר־יִרְאֶה בְצָרָיו: פִּזַּר ׀
8
9 נָתַן לָאֶבְיוֹנִים צִדְקָתוֹ עֹמֶדֶת לָעַד קַרְנוֹ תָּרוּם בְּכָבוֹד: רָשָׁע
10 יִרְאֶה ׀ וְכָעָס שִׁנָּיו יַחֲרֹק וְנָמָס תַּאֲוַת רְשָׁעִים תֹּאבֵד:

113 1 הַלְלוּ יָהּ ׀
הַלְלוּ עַבְדֵי יְהֹוָה הַלְלוּ אֶת־שֵׁם יְהֹוָה: יְהִי שֵׁם יְהֹוָה מְבֹרָךְ מֵעַתָּה
2

2 Blessed be the name of the Lord from this time forth and for evermore.

3 From the rising of the sun unto the going down of the same the Lord's name *is* to be praised.

4 The Lord *is* high above all nations, *and* his glory above the heavens.

5 Who *is* like unto the Lord our God, who dwelleth on high,

6 Who humbleth *himself* to behold *the things that are* in heaven, and in the earth!

7 He raiseth up the poor out of the dust, *and* lifteth the needy out of the dunghill;

8 That he may set *him* with princes, *even* with the princes of his people.

9 He maketh the barren woman to keep house, *and to be* a joyful mother of children. Praise ye the Lord.

PSALM 114

1 When Israel went out of Egypt, the house of Jacob from a people of strange language;

2 Judah was his sanctuary, *and* Israel his dominion.

3 The sea saw *it,* and fled: Jordan was driven back.

4 The mountains skipped like rams, *and* the little hills like lambs.

5 What *ailed* thee, O thou sea, that thou fleddest? thou Jordan, *that* thou wast driven back?

6 Ye mountains, *that* ye skipped like rams; *and* ye little hills, like lambs?

7 Tremble, thou earth, at the presence of the Lord, at the presence of the God of Jacob;

8 Which turned the rock *into* a standing water, the flint into a fountain of waters.

PSALM 115

1 Not unto us, O Lord, not unto us, but unto thy name give glory, for thy mercy, *and* for thy truth's sake.

2 Wherefore should the heathen say, Where *is* now their God?

3 But our God *is* in the heavens: he hath done whatsoever he hath pleased.

4 Their idols *are* silver and gold, the work of men's hands.

5 They have mouths, but they speak not: eyes have they, but they see not:

6 They have ears, but they hear not: noses have they, but they smell not:

7 They have hands, but they handle not: feet have they, but they walk not: neither speak they through their throat.

8 They that make them are like unto them; *so is* every one that trusteth in them.

9 O Israel, trust thou in the Lord: he *is* their help and their shield.

10 O house of Aaron, trust in the Lord: he *is* their help and their shield.

11 Ye that fear the Lord, trust in the Lord: he *is* their help and their shield.

12 The Lord hath been mindful of us: he will bless *us;* he will bless the house of Israel; he will bless the house of Aaron.

13 He will bless them that fear the Lord, *both* small and great.

14 The Lord shall increase you more and more, you and your children.

15 Ye *are* blessed of the Lord which made heaven and earth.

16 The heaven, *even* the heavens, *are* the Lord's: but the earth hath he given to the children of men.

17 The dead praise not the Lord, neither any that go down into silence.

18 But we will bless the Lord from this time forth and for evermore. Praise the Lord.

PSALM 116

1 I love the Lord, because he hath heard my voice *and* my supplications.

2 Because he hath inclined his ear unto me, therefore will I call upon *him* as long as I live.

3 The sorrows of death compassed me, and the pains of hell gat hold upon me: I found trouble and sorrow.

4 Then called I upon the name of the Lord; O Lord, I beseech thee, deliver my soul.

5 Gracious *is* the Lord, and righteous; yea, our God *is* merciful.

6 The Lord preserveth the simple: I was brought low, and he helped me.

7 Return unto thy rest, O my soul; for the Lord hath dealt bountifully with thee.

וְעַד־עוֹלָם: מִמִּזְרַח־שֶׁמֶשׁ עַד־מְבוֹאוֹ מְהֻלָּל שֵׁם יְהוָה: רָם 3
4
עַל־כָּל־גּוֹיִם ׀ יְהוָה עַל הַשָּׁמַיִם כְּבוֹדוֹ: מִי כַּיהוָה אֱלֹהֵינוּ הַמַּגְבִּיהִי 5
לָשָׁבֶת: הַמַּשְׁפִּילִי לִרְאוֹת בַּשָּׁמַיִם וּבָאָרֶץ: מְקִימִי מֵעָפָר דָּל 6
7
מֵאַשְׁפֹּת יָרִים אֶבְיוֹן: לְהוֹשִׁיבִי עִם־נְדִיבִים עִם נְדִיבֵי עַמּוֹ: מוֹשִׁיבִי ׀ 8
9
עֲקֶרֶת הַבַּיִת אֵם־הַבָּנִים שְׂמֵחָה הַלְלוּ־יָהּ:

בְּצֵאת יִשְׂרָאֵל מִמִּצְרָיִם בֵּית יַעֲקֹב מֵעַם לֹעֵז: הָיְתָה יְהוּדָה לְקָדְשׁוֹ 114 1
2
יִשְׂרָאֵל מַמְשְׁלוֹתָיו: הַיָּם רָאָה וַיָּנֹס הַיַּרְדֵּן יִסֹּב לְאָחוֹר: הֶהָרִים רָקְדוּ 3
4
כְאֵילִים גְּבָעוֹת כִּבְנֵי־צֹאן: מַה־לְּךָ הַיָּם כִּי תָנוּס הַיַּרְדֵּן תִּסֹּב לְאָחוֹר: 5
הֶהָרִים תִּרְקְדוּ כְאֵילִים גְּבָעוֹת כִּבְנֵי־צֹאן: מִלִּפְנֵי אָדוֹן חוּלִי אָרֶץ 6
7
מִלִּפְנֵי אֱלוֹהַּ יַעֲקֹב: הַהֹפְכִי הַצּוּר אֲגַם־מָיִם חַלָּמִישׁ לְמַעְיְנוֹ־מָיִם: 8

לֹא לָנוּ יְהוָה לֹא לָנוּ כִּי־לְשִׁמְךָ תֵּן כָּבוֹד עַל־חַסְדְּךָ עַל־אֲמִתֶּךָ: 115 1
לָמָּה יֹאמְרוּ הַגּוֹיִם אַיֵּה־נָא אֱלֹהֵיהֶם: וֵאלֹהֵינוּ בַשָּׁמָיִם כֹּל 2
3
אֲשֶׁר־חָפֵץ עָשָׂה: עֲצַבֵּיהֶם כֶּסֶף וְזָהָב מַעֲשֵׂה יְדֵי אָדָם: פֶּה־לָהֶם 4
5
וְלֹא יְדַבֵּרוּ עֵינַיִם לָהֶם וְלֹא יִרְאוּ: אָזְנַיִם לָהֶם וְלֹא יִשְׁמָעוּ 6
אַף לָהֶם וְלֹא יְרִיחוּן: יְדֵיהֶם ׀ וְלֹא יְמִישׁוּן רַגְלֵיהֶם וְלֹא יְהַלֵּכוּ 7
לֹא־יֶהְגּוּ בִּגְרוֹנָם: כְּמוֹהֶם יִהְיוּ עֹשֵׂיהֶם כֹּל אֲשֶׁר־בֹּטֵחַ בָּהֶם: 8
יִשְׂרָאֵל בְּטַח בַּיהוָה עֶזְרָם וּמָגִנָּם הוּא: בֵּית אַהֲרֹן בִּטְחוּ בַיהוָה 9
10
עֶזְרָם וּמָגִנָּם הוּא: יִרְאֵי יְהוָה בִּטְחוּ בַיהוָה עֶזְרָם וּמָגִנָּם הוּא: 11
יְהוָה זְכָרָנוּ יְבָרֵךְ יְבָרֵךְ אֶת־בֵּית יִשְׂרָאֵל יְבָרֵךְ אֶת־בֵּית אַהֲרֹן: 12
יְבָרֵךְ יִרְאֵי יְהוָה הַקְּטַנִּים עִם־הַגְּדֹלִים: יֹסֵף יְהוָה עֲלֵיכֶם עֲלֵיכֶם 13
14
וְעַל־בְּנֵיכֶם: בְּרוּכִים אַתֶּם לַיהוָה עֹשֵׂה שָׁמַיִם וָאָרֶץ: הַשָּׁמַיִם 15
16
שָׁמַיִם לַיהוָה וְהָאָרֶץ נָתַן לִבְנֵי־אָדָם: לֹא הַמֵּתִים יְהַלְלוּ־יָהּ 17
וְלֹא כָּל־יֹרְדֵי דוּמָה: וַאֲנַחְנוּ ׀ נְבָרֵךְ יָהּ מֵעַתָּה וְעַד־עוֹלָם 18
הַלְלוּ־יָהּ:

אָהַבְתִּי כִּי־יִשְׁמַע ׀ יְהוָה אֶת־קוֹלִי תַּחֲנוּנָי: כִּי־הִטָּה אָזְנוֹ לִי וּבְיָמַי 116 1
2
אֶקְרָא: אֲפָפוּנִי ׀ חֶבְלֵי־מָוֶת וּמְצָרֵי שְׁאוֹל מְצָאוּנִי צָרָה וְיָגוֹן אֶמְצָא: 3
וּבְשֵׁם־יְהוָה אֶקְרָא אָנָּה יְהוָה מַלְּטָה נַפְשִׁי: חַנּוּן יְהוָה וְצַדִּיק וֵאלֹהֵינוּ 4
5
מְרַחֵם: שֹׁמֵר פְּתָאיִם יְהוָה דַּלּוֹתִי וְלִי יְהוֹשִׁיעַ: שׁוּבִי נַפְשִׁי לִמְנוּחָיְכִי 6
7

8 For thou hast delivered my soul from death, mine eyes from tears, *and* my feet from falling.

9 I will walk before the LORD in the land of the living.

10 I believed, therefore have I spoken: I was greatly afflicted:

11 I said in my haste, All men *are* liars.

12 What shall I render unto the LORD *for* all his benefits toward me?

13 I will take the cup of salvation, and call upon the name of the LORD.

14 I will pay my vows unto the LORD now in the presence of all his people.

15 Precious in the sight of the LORD *is* the death of his saints.

16 O LORD, truly I *am* thy servant; I *am* thy servant, *and* the son of thine handmaid: thou hast loosed my bonds.

17 I will offer to thee the sacrifice of thanksgiving, and will call upon the name of the LORD.

18 I will pay my vows unto the LORD now in the presence of all his people,

19 In the courts of the LORD's house, in the midst of thee, O Jerusalem. Praise ye the LORD.

PSALM 117

1 O praise the LORD, all ye nations: praise him, all ye people.

2 For his merciful kindness is great toward us: and the truth of the LORD *endureth* for ever. Praise ye the LORD.

PSALM 118

1 O give thanks unto the LORD; for *he is* good: because his mercy *endureth* for ever.

2 Let Israel now say, that his mercy *endureth* for ever.

3 Let the house of Aaron now say, that his mercy *endureth* for ever.

4 Let them now that fear the LORD say, that his mercy *endureth* for ever.

5 I called upon the LORD in distress: the LORD answered me, *and set me* in a large place.

6 The LORD *is* on my side; I will not fear: what can man do unto me?

7 The LORD taketh my part with them that help me: therefore shall I see *my desire* upon them that hate me.

8 *It is* better to trust in the LORD than to put confidence in man.

9 *It is* better to trust in the LORD than to put confidence in princes.

10 All nations compassed me about: but in the name of the LORD will I destroy them.

11 They compassed me about; yea, they compassed me about: but in the name of the LORD I will destroy them.

12 They compassed me about like bees; they are quenched as the fire of thorns: for in the name of the LORD I will destroy them.

13 Thou hast thrust sore at me that I might fall: but the LORD helped me.

14 The LORD *is* my strength and song, and is become my salvation.

15 The voice of rejoicing and salvation *is* in the tabernacles of the righteous: the right hand of the LORD doeth valiantly.

16 The right hand of the LORD is exalted: the right hand of the LORD doeth valiantly.

17 I shall not die, but live, and declare the works of the LORD.

18 The LORD hath chastened me sore: but he hath not given me over unto death.

19 Open to me the gates of righteousness: I will go into them, *and* I will praise the LORD:

20 This gate of the LORD, into which the righteous shall enter.

21 I will praise thee: for thou hast heard me, and art become my salvation.

22 The stone *which* the builders refused is become the head *stone* of the corner.

23 This is the LORD's doing; it *is* marvellous in our eyes.

24 This *is* the day *which* the LORD hath made; we will rejoice and be glad in it.

25 Save now, I beseech thee, O LORD: O LORD, I beseech thee, send now prosperity.

26 Blessed *be* he that cometh in the name of the LORD: we have blessed you out of the house of the LORD.

27 God *is* the LORD, which hath shewed

כִּי־יְהֹוָה גָּמַל עָלָיְכִי: כִּי חִלַּצְתָּ נַפְשִׁי מִמָּוֶת אֶת־עֵינִי מִן־דִּמְעָה אֶת־ 8

רַגְלִי מִדֶּחִי: אֶתְהַלֵּךְ לִפְנֵי יְהֹוָה בְּאַרְצוֹת הַחַיִּים: הֶאֱמַנְתִּי כִּי אֲדַבֵּר 9 10

אֲנִי עָנִיתִי מְאֹד: אֲנִי אָמַרְתִּי בְחָפְזִי כָּל־הָאָדָם כֹּזֵב: מָה־אָשִׁיב 11 12

לַיהֹוָה כָּל־תַּגְמוּלוֹהִי עָלָי: כּוֹס־יְשׁוּעוֹת אֶשָּׂא וּבְשֵׁם יְהֹוָה אֶקְרָא: 13

נְדָרַי לַיהֹוָה אֲשַׁלֵּם נֶגְדָה־נָּא לְכָל־עַמּוֹ: יָקָר בְּעֵינֵי יְהֹוָה הַמָּוְתָה 14 15

לַחֲסִידָיו: אָנָּה יְהֹוָה כִּי־אֲנִי עַבְדֶּךָ אֲנִי־עַבְדְּךָ בֶּן־אֲמָתֶךָ פִּתַּחְתָּ 16

לְמוֹסֵרָי: לְךָ־אֶזְבַּח זֶבַח תּוֹדָה וּבְשֵׁם יְהֹוָה אֶקְרָא: נְדָרַי לַיהֹוָה 17 18

אֲשַׁלֵּם נֶגְדָה־נָּא לְכָל־עַמּוֹ: בְּחַצְרוֹת ׀ בֵּית יְהֹוָה בְּתוֹכֵכִי יְרוּשָׁלָ͏ִם 19

הַלְלוּ־יָהּ:

117 הַלְלוּ אֶת־יְהֹוָה כָּל־גּוֹיִם   שַׁבְּחוּהוּ כָּל־הָאֻמִּים: 1

כִּי גָבַר עָלֵינוּ ׀ חַסְדּוֹ   וֶאֱמֶת־יְהֹוָה לְעוֹלָם 2

הַלְלוּ־יָהּ:

118 הוֹדוּ לַיהֹוָה כִּי־טוֹב   כִּי לְעוֹלָם חַסְדּוֹ: 1

יֹאמַר־נָא יִשְׂרָאֵל   כִּי לְעוֹלָם חַסְדּוֹ: 2

יֹאמְרוּ־נָא בֵית־אַהֲרֹן   כִּי לְעוֹלָם חַסְדּוֹ: 3

יֹאמְרוּ־נָא יִרְאֵי יְהֹוָה   כִּי לְעוֹלָם חַסְדּוֹ: 4

מִן־הַמֵּצַר קָרָאתִי יָּהּ עָנָנִי בַמֶּרְחָב יָהּ: יְהֹוָה לִי לֹא אִירָא מַה־יַּעֲשֶׂה 5 6

לִי אָדָם: יְהֹוָה לִי בְּעֹזְרָי וַאֲנִי אֶרְאֶה בְשֹׂנְאָי: טוֹב לַחֲסוֹת בַּיהֹוָה 7 8

מִבְּטֹחַ בָּאָדָם: טוֹב לַחֲסוֹת בַּיהֹוָה מִבְּטֹחַ בִּנְדִיבִים: כָּל־גּוֹיִם סְבָבוּנִי 9 10

בְּשֵׁם יְהֹוָה כִּי אֲמִילַם: סַבּוּנִי גַם־סְבָבוּנִי בְּשֵׁם יְהֹוָה כִּי אֲמִילַם: 11

סַבּוּנִי כִדְבוֹרִים דֹּעֲכוּ כְּאֵשׁ קוֹצִים בְּשֵׁם יְהֹוָה כִּי אֲמִילַם: דַּחֹה 12 13

דְחִיתַנִי לִנְפֹּל וַיהֹוָה עֲזָרָנִי: עָזִּי וְזִמְרָת יָהּ וַיְהִי־לִי לִישׁוּעָה: קוֹל ׀ 14 15

רִנָּה וִישׁוּעָה בְּאָהֳלֵי צַדִּיקִים יְמִין יְהֹוָה עֹשָׂה חָיִל: יְמִין יְהֹוָה רוֹמֵמָה 16

יְמִין יְהֹוָה עֹשָׂה חָיִל: לֹא־אָמוּת כִּי־אֶחְיֶה וַאֲסַפֵּר מַעֲשֵׂי יָהּ: יַסֹּר 17 18

יִסְּרַנִּי יָּהּ וְלַמָּוֶת לֹא נְתָנָנִי: פִּתְחוּ־לִי שַׁעֲרֵי־צֶדֶק אָבֹא־בָם אוֹדֶה 19

יָּהּ: זֶה־הַשַּׁעַר לַיהֹוָה צַדִּיקִים יָבֹאוּ בוֹ: אוֹדְךָ כִּי עֲנִיתָנִי וַתְּהִי־לִי 20 21

לִישׁוּעָה: אֶבֶן מָאֲסוּ הַבּוֹנִים הָיְתָה לְרֹאשׁ פִּנָּה: מֵאֵת יְהֹוָה הָיְתָה 22 23

זֹּאת הִיא נִפְלָאת בְּעֵינֵינוּ: זֶה־הַיּוֹם עָשָׂה יְהֹוָה נָגִילָה וְנִשְׂמְחָה 24

בוֹ: אָנָּא יְהֹוָה הוֹשִׁיעָה נָּא אָנָּא יְהֹוָה הַצְלִיחָה נָּא: בָּרוּךְ הַבָּא 25 26

בְּשֵׁם יְהֹוָה בֵּרַכְנוּכֶם מִבֵּית יְהֹוָה: אֵל ׀ יְהֹוָה וַיָּאֶר לָנוּ אִסְרוּ־חַג 27

us light: bind the sacrifice with cords, *even* unto the horns of the altar.

28 Thou *art* my God, and I will praise thee: *thou art* my God, I will exalt thee.

29 O give thanks unto the Lord; for *he is* good: for his mercy *endureth* for ever.

PSALM 119

ALEPH.

1 Blessed *are* the undefiled in the way, who walk in the law of the Lord.

2 Blessed *are* they that keep his testimonies, *and that* seek him with the whole heart.

3 They also do no iniquity: they walk in his ways.

4 Thou hast commanded *us* to keep thy precepts diligently.

5 O that my ways were directed to keep thy statutes!

6 Then shall I not be ashamed, when I have respect unto all thy commandments.

7 I will praise thee with uprightness of heart, when I shall have learned thy righteous judgments.

8 I will keep thy statutes: O forsake me not utterly.

BETH.

9 Wherewithal shall a young man cleanse his way? by taking heed *thereto* according to thy word.

10 With my whole heart have I sought thee: O let me not wander from thy commandments.

11 Thy word have I hid in mine heart, that I might not sin against thee.

12 Blessed *art* thou, O Lord: teach me thy statutes.

13 With my lips have I declared all the judgments of thy mouth.

14 I have rejoiced in the way of thy testimonies, as *much as* in all riches.

15 I will meditate in thy precepts, and have respect unto thy ways.

16 I will delight myself in thy statutes: I will not forget thy word.

GIMEL.

17 Deal bountifully with thy servant, *that* I may live, and keep thy word.

18 Open thou mine eyes, that I may behold wondrous things out of thy law.

19 I *am* a stranger in the earth: hide not thy commandments from me.

20 My soul breaketh for the longing *that it hath* unto thy judgments at all times.

21 Thou hast rebuked the proud *that are* cursed, which do err from thy commandments.

22 Remove from me reproach and contempt; for I have kept thy testimonies.

23 Princes also did sit *and* speak against me: *but* thy servant did meditate in thy statutes.

24 Thy testimonies also *are* my delight *and* my counsellors.

DALETH.

25 My soul cleaveth unto the dust: quicken thou me according to thy word.

26 I have declared my ways, and thou heardest me: teach me thy statutes.

27 Make me to understand the way of thy precepts: so shall I talk of thy wondrous works.

28 My soul melteth for heaviness: strengthen thou me according unto thy word.

29 Remove from me the way of lying: and grant me thy law graciously.

בַּעֲבֹתִים עַד־קַרְנוֹת הַמִּזְבֵּחַ: אֵלִי אַתָּה וְאוֹדֶךָּ אֱלֹהַי אֲרוֹמְמֶךָּ: 28

הוֹדוּ לַיהוָה כִּי־טוֹב
כִּי לְעוֹלָם חַסְדּוֹ: 29

119 אַשְׁרֵי תְמִימֵי־דָרֶךְ
הַהֹלְכִים בְּתוֹרַת יְהוָה: 1

אַשְׁרֵי נֹצְרֵי עֵדֹתָיו
בְּכָל־לֵב יִדְרְשׁוּהוּ: 2

אַף לֹא־פָעֲלוּ עַוְלָה
בִּדְרָכָיו הָלָכוּ: 3

אַתָּה צִוִּיתָה פִקֻּדֶיךָ
לִשְׁמֹר מְאֹד: 4

אַחֲלַי יִכֹּנוּ דְרָכָי
לִשְׁמֹר חֻקֶּיךָ: 5

אָז לֹא־אֵבוֹשׁ
בְּהַבִּיטִי אֶל־כָּל־מִצְוֺתֶיךָ: 6

אוֹדְךָ בְּיֹשֶׁר לֵבָב
בְּלָמְדִי מִשְׁפְּטֵי צִדְקֶךָ: 7

אֶת־חֻקֶּיךָ אֶשְׁמֹר
אַל־תַּעַזְבֵנִי עַד־מְאֹד: 8

בַּמֶּה יְזַכֶּה־נַּעַר
אֶת־אָרְחוֹ לִשְׁמֹר כִּדְבָרֶךָ: 9

בְּכָל־לִבִּי דְרַשְׁתִּיךָ
אַל־תַּשְׁגֵּנִי מִמִּצְוֺתֶיךָ: 10

בְּלִבִּי צָפַנְתִּי אִמְרָתֶךָ
לְמַעַן לֹא אֶחֱטָא־לָךְ: 11

בָּרוּךְ אַתָּה יְהוָה
לַמְּדֵנִי חֻקֶּיךָ: 12

בִּשְׂפָתַי סִפַּרְתִּי
כֹּל מִשְׁפְּטֵי־פִיךָ: 13

בְּדֶרֶךְ עֵדְוֺתֶיךָ שַׂשְׂתִּי
כְּעַל כָּל־הוֹן: 14

בְּפִקֻּדֶיךָ אָשִׂיחָה
וְאַבִּיטָה אֹרְחֹתֶיךָ: 15

בְּחֻקֹּתֶיךָ אֶשְׁתַּעֲשָׁע
לֹא אֶשְׁכַּח דְּבָרֶךָ: 16

גְּמֹל עַל־עַבְדְּךָ אֶחְיֶה
וְאֶשְׁמְרָה דְבָרֶךָ: 17

גַּל־עֵינַי וְאַבִּיטָה
נִפְלָאוֹת מִתּוֹרָתֶךָ: 18

גֵּר אָנֹכִי בָאָרֶץ
אַל־תַּסְתֵּר מִמֶּנִּי מִצְוֺתֶיךָ: 19

גָּרְסָה נַפְשִׁי לְתַאֲבָה
אֶל־מִשְׁפָּטֶיךָ בְכָל־עֵת: 20

גָּעַרְתָּ זֵדִים אֲרוּרִים
הַשֹּׁגִים מִמִּצְוֺתֶיךָ: 21

גַּל מֵעָלַי חֶרְפָּה וָבוּז
כִּי עֵדֹתֶיךָ נָצָרְתִּי: 22

גַּם יָשְׁבוּ שָׂרִים בִּי נִדְבָּרוּ
עַבְדְּךָ יָשִׂיחַ בְּחֻקֶּיךָ: 23

גַּם־עֵדֹתֶיךָ שַׁעֲשֻׁעָי
אַנְשֵׁי עֲצָתִי: 24

דָּבְקָה לֶעָפָר נַפְשִׁי
חַיֵּנִי כִּדְבָרֶךָ: 25

דְּרָכַי סִפַּרְתִּי וַתַּעֲנֵנִי
לַמְּדֵנִי חֻקֶּיךָ: 26

דֶּרֶךְ־פִּקּוּדֶיךָ הֲבִינֵנִי
וְאָשִׂיחָה בְּנִפְלְאוֹתֶיךָ: 27

דָּלְפָה נַפְשִׁי מִתּוּגָה
קַיְּמֵנִי כִּדְבָרֶךָ: 28

דֶּרֶךְ־שֶׁקֶר הָסֵר מִמֶּנִּי
וְתוֹרָתְךָ חָנֵּנִי: 29

30 I have chosen the way of truth: thy judgments have I laid *before me.*

31 I have stuck unto thy testimonies: O Lord, put me not to shame.

32 I will run the way of thy commandments, when thou shalt enlarge my heart.

HE.

33 Teach me, O Lord, the way of thy statutes; and I shall keep it *unto* the end.

34 Give me understanding, and I shall keep thy law; yea, I shall observe it with *my* whole heart.

35 Make me to go in the path of thy commandments; for therein do I delight.

36 Incline my heart unto thy testimonies, and not to covetousness.

37 Turn away mine eyes from beholding vanity; *and* quicken thou me in thy way.

38 Stablish thy word unto thy servant, who *is devoted* to thy fear.

39 Turn away my reproach which I fear: for thy judgments *are* good.

40 Behold, I have longed after thy precepts: quicken me in thy righteousness.

VAU.

41 Let thy mercies come also unto me, O Lord, *even* thy salvation, according to thy word.

42 So shall I have wherewith to answer him that reproacheth me: for I trust in thy word.

43 And take not the word of truth utterly out of my mouth; for I have hoped in thy judgments.

44 So shall I keep thy law continually for ever and ever.

45 And I will walk at liberty: for I seek thy precepts.

46 I will speak of thy testimonies also before kings, and will not be ashamed.

47 And I will delight myself in thy commandments, which I have loved.

48 My hands also will I lift up unto thy commandments, which I have loved; and I will meditate in thy statutes.

ZAIN.

49 Remember the word unto thy servant, upon which thou hast caused me to hope.

50 This *is* my comfort in my affliction: for thy word hath quickened me.

51 The proud have had me greatly in derision: *yet* have I not declined from thy law.

52 I remembered thy judgments of old, O Lord; and have comforted myself.

53 Horror hath taken hold upon me because of the wicked that forsake thy law.

54 Thy statutes have been my songs in the house of my pilgrimage.

55 I have remembered thy name, O Lord, in the night, and have kept thy law.

56 This I had, because I kept thy precepts.

CHETH.

57 *Thou art* my portion, O Lord: I have said that I would keep thy words.

58 I intreated thy favour with *my* whole heart: be merciful unto me according to thy word.

59 I thought on my ways, and turned my feet unto thy testimonies.

60 I made haste, and delayed not to keep thy commandments.

מִשְׁפָּטֶיךָ שִׁוִּיתִי:	30 דֶּרֶךְ־אֱמוּנָה בָחָרְתִּי
יְהֹוָה אַל־תְּבִישֵׁנִי:	31 דָּבַקְתִּי בְעֵדְוֺתֶיךָ
כִּי תַרְחִיב לִבִּי:	32 דֶּרֶךְ־מִצְוֺתֶיךָ אָרוּץ
וְאֶצְּרֶנָּה עֵקֶב:	33 הוֹרֵנִי יְהֹוָה דֶּרֶךְ חֻקֶּיךָ
וְאֶשְׁמְרֶנָּה בְכָל־לֵב:	34 הֲבִינֵנִי וְאֶצְּרָה תוֹרָתֶךָ 34A
כִּי־בוֹ חָפָצְתִּי:	35 הַדְרִיכֵנִי בִּנְתִיב מִצְוֺתֶיךָ
וְאַל אֶל־בָּצַע:	36 הַט־לִבִּי אֶל־עֵדְוֺתֶיךָ
בִּדְרָכֶךָ חַיֵּנִי:	37 הַעֲבֵר עֵינַי מֵרְאוֹת שָׁוְא
אֲשֶׁר לְיִרְאָתֶךָ:	38 הָקֵם לְעַבְדְּךָ אִמְרָתֶךָ
כִּי מִשְׁפָּטֶיךָ טוֹבִים:	39 הַעֲבֵר חֶרְפָּתִי אֲשֶׁר יָגֹרְתִּי
בְּצִדְקָתְךָ חַיֵּנִי:	40 הִנֵּה תָּאַבְתִּי לְפִקֻּדֶיךָ
תְּשׁוּעָתְךָ כְּאִמְרָתֶךָ:	41 וִיבֹאֻנִי חֲסָדֶךָ יְהֹוָה
כִּי־בָטַחְתִּי בִּדְבָרֶךָ:	42 וְאֶעֱנֶה חֹרְפִי דָבָר
כִּי לְמִשְׁפָּטֶךָ יִחָלְתִּי:	43 וְאַל־תַּצֵּל מִפִּי דְבַר־אֱמֶת עַד־מְאֹד
לְעוֹלָם וָעֶד:	44 וְאֶשְׁמְרָה תוֹרָתְךָ תָמִיד
כִּי פִקֻּדֶיךָ דָרָשְׁתִּי:	45 וְאֶתְהַלְּכָה בָרְחָבָה
נֶגֶד מְלָכִים וְלֹא אֵבוֹשׁ:	46 וַאֲדַבְּרָה בְעֵדֹתֶיךָ
אֲשֶׁר אָהָבְתִּי:	47 וְאֶשְׁתַּעֲשַׁע בְּמִצְוֺתֶיךָ
וְאָשִׂיחָה בְחֻקֶּיךָ:	48 וְאֶשָּׂא־כַפַּי אֶל־מִצְוֺתֶיךָ אֲשֶׁר אָהָבְתִּי
עַל אֲשֶׁר יִחַלְתָּנִי:	49 זְכֹר־דָּבָר לְעַבְדֶּךָ
כִּי אִמְרָתְךָ חִיָּתְנִי:	50 זֹאת נֶחָמָתִי בְעָנְיִי
מִתּוֹרָתְךָ לֹא נָטִיתִי:	51 זֵדִים הֱלִיצֻנִי עַד־מְאֹד
וָאֶתְנֶחָם:	52 זָכַרְתִּי מִשְׁפָּטֶיךָ מֵעוֹלָם ׀ יְהֹוָה
עֹזְבֵי תּוֹרָתֶךָ:	53 זַלְעָפָה אֲחָזַתְנִי מֵרְשָׁעִים
בְּבֵית מְגוּרָי:	54 זְמִרוֹת הָיוּ־לִי חֻקֶּיךָ
וָאֶשְׁמְרָה תּוֹרָתֶךָ:	55 זָכַרְתִּי בַלַּיְלָה שִׁמְךָ יְהֹוָה
כִּי פִקֻּדֶיךָ נָצָרְתִּי:	56 זֹאת הָיְתָה־לִּי
לִשְׁמֹר דְּבָרֶיךָ:	57 חֶלְקִי יְהֹוָה אָמַרְתִּי
חָנֵּנִי כְּאִמְרָתֶךָ:	58 חִלִּיתִי פָנֶיךָ בְכָל־לֵב
וָאָשִׁיבָה רַגְלַי אֶל־עֵדֹתֶיךָ:	59 חִשַּׁבְתִּי דְרָכָי
לִשְׁמֹר מִצְוֺתֶיךָ:	60 חַשְׁתִּי וְלֹא הִתְמַהְמָהְתִּי

61 The bands of the wicked have robbed me: *but* I have not forgotten thy law.

62 At midnight I will rise to give thanks unto thee because of thy righteous judgments.

63 I *am* a companion of all *them* that fear thee, and of them that keep thy precepts.

64 The earth, O Lord, is full of thy mercy: teach me thy statutes.

TETH.

65 Thou hast dealt well with thy servant, O Lord, according unto thy word.

66 Teach me good judgment and knowledge: for I have believed thy commandments.

67 Before I was afflicted I went astray: but now have I kept thy word.

68 Thou *art* good, and doest good; teach me thy statutes.

69 The proud have forged a lie against me: *but* I will keep thy precepts with *my* whole heart.

70 Their heart is as fat as grease; *but* I delight in thy law.

71 *It is* good for me that I have been afflicted; that I might learn thy statutes.

72 The law of thy mouth *is* better unto me than thousands of gold and silver.

JOD.

73 Thy hands have made me and fashioned me: give me understanding, that I may learn thy commandments.

74 They that fear thee will be glad when they see me; because I have hoped in thy word.

75 I know, O Lord, that thy judgments *are* right, and *that* thou in faithfulness hast afflicted me.

76 Let, I pray thee, thy merciful kindness be for my comfort, according to thy word unto thy servant.

77 Let thy tender mercies come unto me, that I may live: for thy law *is* my delight.

78 Let the proud be ashamed; for they dealt perversely with me without a cause: *but* I will meditate in thy precepts.

79 Let those that fear thee turn unto me, and those that have known thy testimonies.

80 Let my heart be sound in thy statutes; that I be not ashamed.

CAPH.

81 My soul fainteth for thy salvation: *but* I hope in thy word.

82 Mine eyes fail for thy word, saying, When wilt thou comfort me?

83 For I am become like a bottle in the smoke; *yet* do I not forget thy statutes.

84 How many *are* the days of thy servant? when wilt thou execute judgment on them that persecute me?

85 The proud have digged pits for me, which *are* not after thy law.

86 All thy commandments *are* faithful: they persecute me wrongfully; help thou me.

87 They had almost consumed me upon earth; but I forsook not thy precepts.

88 Quicken me after thy lovingkindness; so shall I keep the testimony of thy mouth.

LAMED.

89 For ever, O Lord, thy word is settled in heaven.

90 Thy faithfulness *is* unto all generations: thou hast established the earth, and it abideth.

91 They continue this day according to thine ordinances: for all *are* thy servants.

תּוֹרָתְךָ לֹא שָׁכָחְתִּי:	61 חֶבְלֵי רְשָׁעִים עִוְּדֻנִי
עַל מִשְׁפְּטֵי צִדְקֶךָ:	62 חֲצוֹת־לַיְלָה אָקוּם לְהוֹדוֹת לָךְ
וּלְשֹׁמְרֵי פִּקּוּדֶיךָ:	63 חָבֵר אָנִי לְכָל־אֲשֶׁר יְרֵאוּךָ
חֻקֶּיךָ לַמְּדֵנִי:	64 חַסְדְּךָ יְהוָה מָלְאָה הָאָרֶץ

יְהוָה כִּדְבָרֶךָ:	65 טוֹב עָשִׂיתָ עִם־עַבְדְּךָ
כִּי בְמִצְוֺתֶיךָ הֶאֱמָנְתִּי:	66 טוּב טַעַם וָדַעַת לַמְּדֵנִי
וְעַתָּה אִמְרָתְךָ שָׁמָרְתִּי:	67 טֶרֶם אֶעֱנֶה אֲנִי שֹׁגֵג
לַמְּדֵנִי חֻקֶּיךָ:	68 טוֹב־אַתָּה וּמֵטִיב
69A אֲנִי בְּכָל־לֵב ׀ אֶצֹּר פִּקּוּדֶיךָ	69 טָפְלוּ עָלַי שֶׁקֶר זֵדִים
אֲנִי תּוֹרָתְךָ שִׁעֲשָׁעְתִּי:	70 טָפַשׁ כַּחֵלֶב לִבָּם
לְמַעַן אֶלְמַד חֻקֶּיךָ:	71 טוֹב־לִי כִי־עֻנֵּיתִי
מֵאַלְפֵי זָהָב וָכָסֶף:	72 טוֹב־לִי תוֹרַת־פִּיךָ

הֲבִינֵנִי וְאֶלְמְדָה מִצְוֺתֶיךָ:	73 יָדֶיךָ עָשׂוּנִי וַיְכוֹנְנוּנִי
כִּי לִדְבָרְךָ יִחָלְתִּי:	74 יְרֵאֶיךָ יִרְאוּנִי וְיִשְׂמָחוּ
וֶאֱמוּנָה עִנִּיתָנִי:	75 יָדַעְתִּי יְהוָה כִּי־צֶדֶק מִשְׁפָּטֶיךָ
כְּאִמְרָתְךָ לְעַבְדֶּךָ:	76 יְהִי־נָא חַסְדְּךָ לְנַחֲמֵנִי
כִּי־תוֹרָתְךָ שַׁעֲשֻׁעָי:	77 יְבֹאוּנִי רַחֲמֶיךָ וְאֶחְיֶה
אֲנִי אָשִׂיחַ בְּפִקּוּדֶיךָ:	78 יֵבֹשׁוּ זֵדִים כִּי־שֶׁקֶר עִוְּתוּנִי
וידעו עֵדֹתֶיךָ:	וִידְעֵי 79 יָשׁוּבוּ לִי יְרֵאֶיךָ
לְמַעַן לֹא אֵבוֹשׁ:	80 יְהִי־לִבִּי תָמִים בְּחֻקֶּיךָ

לִדְבָרְךָ יִחָלְתִּי:	81 כָּלְתָה לִתְשׁוּעָתְךָ נַפְשִׁי
לֵאמֹר מָתַי תְּנַחֲמֵנִי:	82 כָּלוּ עֵינַי לְאִמְרָתֶךָ
חֻקֶּיךָ לֹא שָׁכָחְתִּי:	83 כִּי־הָיִיתִי כְּנֹאד בְּקִיטוֹר
מָתַי תַּעֲשֶׂה בְרֹדְפַי מִשְׁפָּט:	84 כַּמָּה יְמֵי־עַבְדֶּךָ
אֲשֶׁר לֹא כְתוֹרָתֶךָ:	85 כָּרוּ־לִי זֵדִים שִׁיחוֹת
שֶׁקֶר רְדָפוּנִי עָזְרֵנִי:	86 כָּל־מִצְוֺתֶיךָ אֱמוּנָה
87A וַאֲנִי לֹא־עָזַבְתִּי פִקּוּדֶיךָ:	87 כִּמְעַט כִּלּוּנִי בָאָרֶץ
וְאֶשְׁמְרָה עֵדוּת פִּיךָ:	88 כְּחַסְדְּךָ חַיֵּנִי

דְּבָרְךָ נִצָּב בַּשָּׁמָיִם:	89 לְעוֹלָם יְהוָה
כּוֹנַנְתָּ אֶרֶץ וַתַּעֲמֹד:	90 לְדֹר וָדֹר אֱמוּנָתֶךָ
כִּי הַכֹּל עֲבָדֶיךָ:	91 לְמִשְׁפָּטֶיךָ עָמְדוּ הַיּוֹם

92 Unless thy law *had been* my delights, I should then have perished in mine affliction.

93 I will never forget thy precepts: for with them thou hast quickened me.

94 I *am* thine, save me; for I have sought thy precepts.

95 The wicked have waited for me to destroy me: *but* I will consider thy testimonies.

96 I have seen an end of all perfection: *but* thy commandment *is* exceeding broad.

MEM.

97 O how love I thy law! it *is* my meditation all the day.

98 Thou through thy commandments hast made me wiser than mine enemies: for they *are* ever with me.

99 I have more understanding than all my teachers: for thy testimonies *are* my meditation.

100 I understand more than the ancients, because I keep thy precepts.

101 I have refrained my feet from every evil way, that I might keep thy word.

102 I have not departed from thy judgments: for thou hast taught me.

103 How sweet are thy words unto my taste! *yea, sweeter* than honey to my mouth!

104 Through thy precepts I get understanding: therefore I hate every false way.

NUN.

105 Thy word *is* a lamp unto my feet, and a light unto my path.

106 I have sworn, and I will perform *it,* that I will keep thy righteous judgments.

107 I am afflicted very much: quicken me, O Lord, according unto thy word.

108 Accept, I beseech thee, the freewill offerings of my mouth, O Lord, and teach me thy judgments.

109 My soul *is* continually in my hand: yet do I not forget thy law.

110 The wicked have laid a snare for me: yet I erred not from thy precepts.

111 Thy testimonies have I taken as an heritage for ever: for they *are* the rejoicing of my heart.

112 I have inclined mine heart to perform thy statutes alway, *even unto* the end.

SAMECH.

113 I hate *vain* thoughts: but thy law do I love.

114 Thou *art* my hiding place and my shield: I hope in thy word.

115 Depart from me, ye evildoers: for I will keep the commandments of my God.

116 Uphold me according unto thy word, that I may live: and let me not be ashamed of my hope.

117 Hold thou me up, and I shall be safe: and I will have respect unto thy statutes continually.

118 Thou hast trodden down all them that err from thy statutes: for their deceit *is* falsehood.

119 Thou puttest away all the wicked of the earth *like* dross: therefore I love thy testimonies.

120 My flesh trembleth for fear of thee; and I am afraid of thy judgments.

AIN.

121 I have done judgment and justice: leave me not to mine oppressors.

122 Be surety for thy servant for good: let not the proud oppress me.

אָז אָבַדְתִּי בְעָנְיִי: 92 לוּלֵי תוֹרָתְךָ שַׁעֲשֻׁעָי

כִּי בָם חִיִּיתָנִי: 93 לְעוֹלָם לֹא־אֶשְׁכַּח פִּקּוּדֶיךָ

כִּי פִקּוּדֶיךָ דָרָשְׁתִּי: 94 לְךָ־אֲנִי הוֹשִׁיעֵנִי

עֵדֹתֶיךָ אֶתְבּוֹנָן: 95 לִי קִוּוּ רְשָׁעִים לְאַבְּדֵנִי

רְחָבָה מִצְוָתְךָ מְאֹד: 96 לְכָל־תִּכְלָה רָאִיתִי קֵץ

כָּל־הַיּוֹם הִיא שִׂיחָתִי: 97 מָה־אָהַבְתִּי תוֹרָתֶךָ

כִּי לְעוֹלָם הִיא־לִי: 98 מֵאֹיְבַי תְּחַכְּמֵנִי מִצְוֹתֶךָ

כִּי עֵדְוֹתֶיךָ שִׂיחָה לִי: 99 מִכָּל־מְלַמְּדַי הִשְׂכַּלְתִּי

כִּי פִקּוּדֶיךָ נָצָרְתִּי: 100 מִזְּקֵנִים אֶתְבּוֹנָן

לְמַעַן אֶשְׁמֹר דְּבָרֶךָ: 101 מִכָּל־אֹרַח רָע כָּלִאתִי רַגְלָי

כִּי־אַתָּה הוֹרֵתָנִי: 102 מִמִּשְׁפָּטֶיךָ לֹא־סָרְתִּי

מִדְּבַשׁ לְפִי: 103 מַה־נִּמְלְצוּ לְחִכִּי אִמְרָתֶךָ

עַל־כֵּן שָׂנֵאתִי כָּל־אֹרַח שָׁקֶר: 104 מִפִּקּוּדֶיךָ אֶתְבּוֹנָן

וְאוֹר לִנְתִיבָתִי: 105 נֵר־לְרַגְלִי דְבָרֶךָ

לִשְׁמֹר מִשְׁפְּטֵי צִדְקֶךָ: 106 נִשְׁבַּעְתִּי וָאֲקַיֵּמָה

יְהֹוָה חַיֵּנִי כִדְבָרֶךָ: 107 נַעֲנֵיתִי עַד־מְאֹד

וּמִשְׁפָּטֶיךָ לַמְּדֵנִי: 108 נִדְבוֹת פִּי רְצֵה־נָא יְהֹוָה

וְתוֹרָתְךָ לֹא שָׁכָחְתִּי: 109 נַפְשִׁי בְכַפִּי תָמִיד

וּמִפִּקּוּדֶיךָ לֹא תָעִיתִי: 110 נָתְנוּ רְשָׁעִים פַּח לִי

כִּי־שְׂשׂוֹן לִבִּי הֵמָּה: 111 נָחַלְתִּי עֵדְוֹתֶיךָ לְעוֹלָם

לְעוֹלָם עֵקֶב: 112 נָטִיתִי לִבִּי לַעֲשׂוֹת חֻקֶּיךָ

וְתוֹרָתְךָ אָהָבְתִּי: 113 סֵעֲפִים שָׂנֵאתִי

לִדְבָרְךָ יִחָלְתִּי: 114 סִתְרִי וּמָגִנִּי אָתָּה

וְאֶצְּרָה מִצְוֹת אֱלֹהָי: 115 סוּרוּ־מִמֶּנִּי מְרֵעִים

וְאַל־תְּבִישֵׁנִי מִשִּׂבְרִי: 116 סָמְכֵנִי כְאִמְרָתְךָ וְאֶחְיֶה

וְאֶשְׁעָה בְחֻקֶּיךָ תָמִיד: 117 סָעֲדֵנִי וְאִוָּשֵׁעָה

כִּי־שֶׁקֶר תַּרְמִיתָם: 118 סָלִיתָ כָּל־שׁוֹגִים מֵחֻקֶּיךָ

לָכֵן אָהַבְתִּי עֵדֹתֶיךָ: 119 סִגִים הִשְׁבַּתָּ כָל־רִשְׁעֵי־אָרֶץ

וּמִמִּשְׁפָּטֶיךָ יָרֵאתִי: 120 סָמַר מִפַּחְדְּךָ בְשָׂרִי

בַּל־תַּנִּיחֵנִי לְעֹשְׁקָי: 121 עָשִׂיתִי מִשְׁפָּט וָצֶדֶק

אַל־יַעַשְׁקֻנִי זֵדִים: 122 עֲרֹב עַבְדְּךָ לְטוֹב

123 Mine eyes fail for thy salvation, and for the word of thy righteousness.

124 Deal with thy servant according unto thy mercy, and teach me thy statutes.

125 I *am* thy servant; give me understanding, that I may know thy testimonies.

126 *It is* time for *thee,* Lord, to work: *for* they have made void thy law.

127 Therefore I love thy commandments above gold; yea, above fine gold.

128 Therefore I esteem all *thy* precepts *concerning* all *things to be* right; *and* I hate every false way.

PE.

129 Thy testimonies *are* wonderful: therefore doth my soul keep them.

130 The entrance of thy words giveth light; it giveth understanding unto the simple.

131 I opened my mouth, and panted: for I longed for thy commandments.

132 Look thou upon me, and be merciful unto me, as thou usest to do unto those that love thy name.

133 Order my steps in thy word: and let not any iniquity have dominion over me.

134 Deliver me from the oppression of man: so will I keep thy precepts.

135 Make thy face to shine upon thy servant; and teach me thy statutes.

136 Rivers of waters run down mine eyes, because they keep not thy law.

TZADDI.

137 Righteous *art* thou, O Lord, and upright *are* thy judgments.

138 Thy testimonies *that* thou hast commanded *are* righteous and very faithful.

139 My zeal hath consumed me, because mine enemies have forgotten thy words.

140 Thy word *is* very pure: therefore thy servant loveth it.

141 I *am* small and despised: *yet* do not I forget thy precepts.

142 Thy righteousness *is* an everlasting righteousness, and thy law *is* the truth.

143 Trouble and anguish have taken hold on me: *yet* thy commandments *are* my delights.

144 The righteousness of thy testimonies *is* everlasting: give me understanding, and I shall live.

KOPH.

145 I cried with *my* whole heart; hear me, O Lord: I will keep thy statutes.

146 I cried unto thee; save me, and I shall keep thy testimonies.

147 I prevented the dawning of the morning, and cried: I hoped in thy word.

148 Mine eyes prevent the *night* watches, that I might meditate in thy word.

149 Hear my voice according unto thy lovingkindness: O Lord, quicken me according to thy judgment.

150 They draw nigh that follow after mischief: they are far from thy law.

151 Thou *art* near, O Lord; and all thy commandments *are* truth.

152 Concerning thy testimonies, I have known of old that thou hast founded them for ever.

RESH.

153 Consider mine affliction, and deliver me: for I do not forget thy law.

וּלְאִמְרַת צִדְקֶךָ:   עֵינַי כָּלוּ לִישׁוּעָתֶךָ 123

וְחֻקֶּיךָ לַמְּדֵנִי: עֲשֵׂה עִם־עַבְדְּךָ כְחַסְדֶּךָ 124

וְאֵדְעָה עֵדֹתֶיךָ:   עַבְדְּךָ־אָנִי הֲבִינֵנִי 125

הֵפֵרוּ תּוֹרָתֶךָ:   עֵת לַעֲשׂוֹת לַיהוָה 126

מִזָּהָב וּמִפָּז: עַל־כֵּן אָהַבְתִּי מִצְוֹתֶיךָ 127

כָּל־אֹרַח שֶׁקֶר שָׂנֵאתִי: עַל־כֵּן כָּל־פִּקּוּדֵי כֹל יִשָּׁרְתִּי 128

עַל־כֵּן נְצָרָתַם נַפְשִׁי: פְּלָאוֹת עֵדְוֺתֶיךָ 129

מֵבִין פְּתָיִים: פֵּתַח דְּבָרֶיךָ יָאִיר 130

כִּי לְמִצְוֹתֶיךָ יָאָבְתִּי: פִּי־פָעַרְתִּי וָאֶשְׁאָפָה 131

כְּמִשְׁפָּט לְאֹהֲבֵי שְׁמֶךָ:   פְּנֵה־אֵלַי וְחָנֵּנִי 132

וְאַל־תַּשְׁלֶט־בִּי כָל־אָוֶן: פְּעָמַי הָכֵן בְּאִמְרָתֶךָ 133

וְאֶשְׁמְרָה פִּקּוּדֶיךָ:   פְּדֵנִי מֵעֹשֶׁק אָדָם 134

וְלַמְּדֵנִי אֶת־חֻקֶּיךָ:   פָּנֶיךָ הָאֵר בְּעַבְדֶּךָ 135

עַל לֹא־שָׁמְרוּ תוֹרָתֶךָ:   פַּלְגֵי־מַיִם יָרְדוּ עֵינָי 136

וְיָשָׁר מִשְׁפָּטֶיךָ:   צַדִּיק אַתָּה יְהוָה 137

וֶאֱמוּנָה מְאֹד: צִוִּיתָ צֶדֶק עֵדֹתֶיךָ 138

כִּי־שָׁכְחוּ דְבָרֶיךָ צָרָי: צִמְּתַתְנִי קִנְאָתִי 139

וְעַבְדְּךָ אֲהֵבָהּ:   צְרוּפָה אִמְרָתְךָ מְאֹד 140

פִּקֻּדֶיךָ לֹא שָׁכָחְתִּי: צָעִיר אָנֹכִי וְנִבְזֶה 141

וְתוֹרָתְךָ אֱמֶת: צִדְקָתְךָ צֶדֶק לְעוֹלָם 142

מִצְוֹתֶיךָ שַׁעֲשֻׁעָי: צַר־וּמָצוֹק מְצָאוּנִי 143

הֲבִינֵנִי וְאֶחְיֶה: צֶדֶק עֵדְוֹתֶיךָ לְעוֹלָם 144

חֻקֶּיךָ אֶצֹּרָה: קָרָאתִי בְכָל־לֵב עֲנֵנִי יְהוָה 145

וְאֶשְׁמְרָה עֵדֹתֶיךָ:   קְרָאתִיךָ הוֹשִׁיעֵנִי 146

לִדְבָרְךָ יִחָלְתִּי: קִדַּמְתִּי בַנֶּשֶׁף וָאֲשַׁוֵּעָה 147   לִדְבָרְךָ

לָשִׂיחַ בְּאִמְרָתֶךָ:   קִדְּמוּ עֵינַי אַשְׁמֻרוֹת 148

יְהוָה כְּמִשְׁפָּטֶךָ חַיֵּנִי: קוֹלִי שִׁמְעָה כְחַסְדֶּךָ 149

מִתּוֹרָתְךָ רָחָקוּ:   קָרְבוּ רֹדְפֵי זִמָּה 150

וְכָל־מִצְוֹתֶיךָ אֱמֶת: קָרוֹב אַתָּה יְהוָה 151

כִּי לְעוֹלָם יְסַדְתָּם: קֶדֶם יָדַעְתִּי מֵעֵדֹתֶיךָ 152

כִּי־תוֹרָתְךָ לֹא שָׁכָחְתִּי: רְאֵה־עָנְיִי וְחַלְּצֵנִי 153

154 Plead my cause, and deliver me: quicken me according to thy word.

155 Salvation *is* far from the wicked: for they seek not thy statutes.

156 Great *are* thy tender mercies, O LORD: quicken me according to thy judgments.

157 Many *are* my persecutors and mine enemies; *yet* do I not decline from thy testimonies.

158 I beheld the transgressors, and was grieved; because they kept not thy word.

159 Consider how I love thy precepts: quicken me, O LORD, according to thy lovingkindness.

160 Thy word *is* true *from* the beginning: and every one of thy righteous judgments *endureth* for ever.

SCHIN.

161 Princes have persecuted me without a cause: but my heart standeth in awe of thy word.

162 I rejoice at thy word, as one that findeth great spoil.

163 I hate and abhor lying: *but* thy law do I love.

164 Seven times a day do I praise thee because of thy righteous judgments.

165 Great peace have they which love thy law: and nothing shall offend them.

166 LORD, I have hoped for thy salvation, and done thy commandments.

167 My soul hath kept thy testimonies; and I love them exceedingly.

168 I have kept thy precepts and thy testimonies: for all my ways *are* before thee.

TAU.

169 Let my cry come near before thee, O LORD: give me understanding according to thy word.

170 Let my supplication come before thee: deliver me according to thy word.

171 My lips shall utter praise, when thou hast taught me thy statutes.

172 My tongue shall speak of thy word: for all thy commandments *are* righteousness.

173 Let thine hand help me; for I have chosen thy precepts.

174 I have longed for thy salvation, O LORD; and thy law *is* my delight.

175 Let my soul live, and it shall praise thee; and let thy judgments help me.

176 I have gone astray like a lost sheep; seek thy servant; for I do not forget thy commandments.

PSALM 120

[1a] A Song of degrees.

1[1b] In my distress I cried unto the LORD, and he heard me.

2 Deliver my soul, O LORD, from lying lips, *and* from a deceitful tongue.

3 What shall be given unto thee? or what shall be done unto thee, thou false tongue?

4 Sharp arrows of the mighty, with coals of juniper.

5 Woe is me, that I sojourn in Mesech, *that* I dwell in the tents of Kedar!

6 My soul hath long dwelt with him that hateth peace.

7 I *am for* peace: but when I speak, they *are* for war.

PSALM 121

[1a] A Song of degrees.

1[1b] I will lift up mine eyes unto the hills, from whence cometh my help.

2 My help *cometh* from the LORD, which made heaven and earth.

3 He will not suffer thy foot to be moved: he that keepeth thee will not slumber.

4 Behold, he that keepeth Israel shall neither slumber nor sleep.

5 The LORD *is* thy keeper: the LORD *is* thy shade upon thy right hand.

לְאִמְרָתְךָ חַיֵּנִי:	154 רִיבָה רִיבִי וּגְאָלֵנִי
כִּי־חֻקֶּיךָ לֹא דָרָשׁוּ:	155 רָחוֹק מֵרְשָׁעִים יְשׁוּעָה
כְּמִשְׁפָּטֶיךָ חַיֵּנִי:	156 רַחֲמֶיךָ רַבִּים יְהוָה
מֵעֵדְוֹתֶיךָ לֹא נָטִיתִי:	157 רַבִּים רֹדְפַי וְצָרָי
אֲשֶׁר אִמְרָתְךָ לֹא שָׁמָרוּ:	158 רָאִיתִי בֹגְדִים וָאֶתְקוֹטָטָה
יְהוָה כְּחַסְדְּךָ חַיֵּנִי:	159 רְאֵה כִּי־פִקּוּדֶיךָ אָהָבְתִּי
וּלְעוֹלָם כָּל־מִשְׁפַּט צִדְקֶךָ:	160 רֹאשׁ־דְּבָרְךָ אֱמֶת

וּמִדְּבָרְךָ פָּחַד לִבִּי:	161 שָׂרִים רְדָפוּנִי חִנָּם	וּמִדְּבָרְךָ
כְּמוֹצֵא שָׁלָל רָב:	162 שָׂשׂ אָנֹכִי עַל־אִמְרָתֶךָ	
תּוֹרָתְךָ אָהָבְתִּי:	163 שֶׁקֶר שָׂנֵאתִי וַאֲתַעֵבָה	
עַל מִשְׁפְּטֵי צִדְקֶךָ:	164 שֶׁבַע בַּיּוֹם הִלַּלְתִּיךָ	
וְאֵין־לָמוֹ מִכְשׁוֹל:	165 שָׁלוֹם רָב לְאֹהֲבֵי תוֹרָתֶךָ	
וּמִצְוֹתֶיךָ עָשִׂיתִי:	166 שִׂבַּרְתִּי לִישׁוּעָתְךָ יְהוָה	
וָאֹהֲבֵם מְאֹד:	167 שָׁמְרָה נַפְשִׁי עֵדֹתֶיךָ	
כִּי כָל־דְּרָכַי נֶגְדֶּךָ:	168 שָׁמַרְתִּי פִקּוּדֶיךָ וְעֵדֹתֶיךָ	

כִּדְבָרְךָ הֲבִינֵנִי:	169 תִּקְרַב רִנָּתִי לְפָנֶיךָ יְהוָה
כְּאִמְרָתְךָ הַצִּילֵנִי:	170 תָּבוֹא תְחִנָּתִי לְפָנֶיךָ
כִּי תְלַמְּדֵנִי חֻקֶּיךָ:	171 תַּבַּעְנָה שְׂפָתַי תְּהִלָּה
כִּי כָל־מִצְוֹתֶיךָ צֶּדֶק:	172 תַּעַן לְשׁוֹנִי אִמְרָתֶךָ
כִּי פִקּוּדֶיךָ בָחָרְתִּי:	173 תְּהִי־יָדְךָ לְעָזְרֵנִי
וְתוֹרָתְךָ שַׁעֲשֻׁעָי:	174 תָּאַבְתִּי לִישׁוּעָתְךָ יְהוָה
וּמִשְׁפָּטֶךָ יַעְזְרֻנִי: 175A	175 תְּחִי־נַפְשִׁי וּתְהַלְלֶךָּ

176 תָּעִיתִי כְּשֶׂה אֹבֵד בַּקֵּשׁ עַבְדֶּךָ כִּי מִצְוֹתֶיךָ לֹא שָׁכָחְתִּי:

120 1 שִׁיר הַמַּעֲלוֹת

2 אֶל־יְהוָה בַּצָּרָתָה לִּי קָרָאתִי וַיַּעֲנֵנִי: יְהוָה הַצִּילָה נַפְשִׁי

3 מִשְּׂפַת־שֶׁקֶר מִלָּשׁוֹן רְמִיָּה: מַה־יִּתֵּן לְךָ וּמַה־יֹּסִיף לָךְ לָשׁוֹן

4 רְמִיָּה: חִצֵּי גִבּוֹר שְׁנוּנִים עִם גַּחֲלֵי רְתָמִים: אוֹיָה־לִי כִּי

5

6 גַרְתִּי מֶשֶׁךְ שָׁכַנְתִּי עִם־אָהֳלֵי קֵדָר: רַבַּת שָׁכְנָה־לָּהּ נַפְשִׁי

7 עִם שׂוֹנֵא שָׁלוֹם: אֲנִי־שָׁלוֹם וְכִי אֲדַבֵּר הֵמָּה לַמִּלְחָמָה:

121 1 שִׁיר לַמַּעֲלוֹת

2 אֶשָּׂא עֵינַי אֶל־הֶהָרִים מֵאַיִן יָבֹא עֶזְרִי: עֶזְרִי מֵעִם יְהוָה עֹשֵׂה

3 שָׁמַיִם וָאָרֶץ: אַל־יִתֵּן לַמּוֹט רַגְלֶךָ אַל־יָנוּם שֹׁמְרֶךָ: הִנֵּה לֹא־

4

5 יָנוּם וְלֹא יִישָׁן שׁוֹמֵר יִשְׂרָאֵל: יְהוָה שֹׁמְרֶךָ יְהוָה צִלְּךָ עַל־יַד

6 The sun shall not smite thee by day, nor the moon by night.

7 The Lord shall preserve thee from all evil: he shall preserve thy soul.

8 The Lord shall preserve thy going out and thy coming in from this time forth, and even for evermore.

PSALM 122

[1a] A Song of degrees of David.

1[1b] I was glad when they said unto me, Let us go into the house of the Lord.

2 Our feet shall stand within thy gates, O Jerusalem.

3 Jerusalem is builded as a city that is compact together:

4 Whither the tribes go up, the tribes of the Lord, unto the testimony of Israel, to give thanks unto the name of the Lord.

5 For there are set thrones of judgment, the thrones of the house of David.

6 Pray for the peace of Jerusalem: they shall prosper that love thee.

7 Peace be within thy walls, and prosperity within thy palaces.

8 For my brethren and companions' sakes, I will now say, Peace be within thee.

9 Because of the house of the Lord our God I will seek thy good.

PSALM 123

[1a] A Song of degrees.

1[1b] Unto thee lift I up mine eyes, O thou that dwellest in the heavens.

2 Behold, as the eyes of servants look unto the hand of their masters, and as the eyes of a maiden unto the hand of her mistress; so our eyes wait upon the Lord our God, until that he have mercy upon us.

3 Have mercy upon us, O Lord, have mercy upon us: for we are exceedingly filled with contempt.

4 Our soul is exceedingly filled with the scorning of those that are at ease, and with the contempt of the proud.

PSALM 124

[1a] A Song of degrees of David.

1[1b] If it had not been the Lord who was on our side, now may Israel say;

2 If it had not been the Lord who was on our side, when men rose up against us:

3 Then they had swallowed us up quick, when their wrath was kindled against us:

4 Then the waters had overwhelmed us, the stream had gone over our soul:

5 Then the proud waters had gone over our soul.

6 Blessed be the Lord, who hath not given us as a prey to their teeth.

7 Our soul is escaped as a bird out of the snare of the fowlers: the snare is broken, and we are escaped.

8 Our help is in the name of the Lord, who made heaven and earth.

PSALM 125

[1a] A Song of degrees.

1[1b] They that trust in the Lord shall be as mount Zion, which cannot be removed, but abideth for ever.

2 As the mountains are round about Jerusalem, so the Lord is round about his people from henceforth even for ever.

3 For the rod of the wicked shall not rest upon the lot of the righteous; lest the righteous put forth their hands unto iniquity.

4 Do good, O Lord, unto those that be good, and to them that are upright in their hearts.

5 As for such as turn aside unto their crooked ways, the Lord shall lead them forth with the workers of iniquity: but peace shall be upon Israel.

PSALM 126

[1a] A Song of degrees.

1[1b] When the Lord turned again the captivity of Zion, we were like them that dream.

2 Then was our mouth filled with laughter, and our tongue with singing: then said they among the heathen, The Lord hath done great things for them.

3 The Lord hath done great things for us; whereof we are glad.

4 Turn again our captivity, O Lord, as the streams in the south.

5 They that sow in tears shall reap in joy.

6 יְמִינֶֽךָ׃ יוֹמָ֤ם הַשֶּׁ֣מֶשׁ לֹֽא־יַכֶּ֗כָּה וְיָרֵ֥חַ בַּלָּֽיְלָה׃ יְהֹוָ֗ה יִשְׁמָרְךָ֥ מִכׇּל־
7 רָ֑ע יִ֝שְׁמֹ֗ר אֶת־נַפְשֶֽׁךָ׃ יְהֹוָ֗ה יִשְׁמׇר־צֵאתְךָ֥ וּבוֹאֶ֑ךָ מֵ֝עַתָּ֗ה וְעַד־
8 עוֹלָֽם׃

122 1 שִׁ֥יר הַֽמַּעֲל֗וֹת לְדָ֫וִ֥ד

2 שָׂ֭מַחְתִּי בְּאֹמְרִ֣ים לִ֑י בֵּ֖ית יְהֹוָ֣ה נֵלֵֽךְ׃ עֹ֭מְדוֹת הָי֣וּ רַגְלֵ֑ינוּ בִּ֝שְׁעָרַ֗יִךְ
3 יְרוּשָׁלָֽ͏ִם׃ יְרוּשָׁלַ֥͏ִם הַבְּנוּיָ֑ה כְּ֝עִ֗יר שֶׁחֻבְּרָה־לָּ֥הּ יַחְדָּֽו׃ שֶׁשָּׁ֨ם עָל֪וּ
4 שְׁבָטִ֡ים שִׁבְטֵי־יָ֭הּ עֵד֣וּת לְיִשְׂרָאֵ֑ל לְ֝הֹד֗וֹת לְשֵׁ֣ם יְהֹוָֽה׀
5 כִּ֤י שָׁ֨מָּה׀ יָשְׁב֣וּ כִסְא֣וֹת לְמִשְׁפָּ֑ט כִּ֝סְא֗וֹת לְבֵ֣ית דָּוִֽד׃ שַׁ֭אֲלוּ שְׁל֣וֹם יְרוּשָׁלָ֑͏ִם
6 יִ֝שְׁלָ֗יוּ אֹהֲבָֽיִךְ׃ יְהִֽי־שָׁל֥וֹם בְּחֵילֵ֑ךְ שַׁ֝לְוָ֗ה בְּאַרְמְנוֹתָֽיִךְ׃ לְ֭מַעַן אַחַ֣י וְרֵעָ֑י
7 אֲדַבְּרָה־נָּ֖א שָׁל֣וֹם בָּֽךְ׃ לְ֭מַעַן בֵּית־יְהֹוָ֣ה אֱלֹהֵ֑ינוּ אֲבַקְשָׁ֖ה ט֣וֹב לָֽךְ׃
8
9

123 1 שִׁ֗יר הַֽמַּ֫עֲל֥וֹת

2 אֵ֭לֶיךָ נָשָׂ֣אתִי אֶת־עֵינַ֑י הַ֝יֹּ֗שְׁבִ֗י בַּשָּׁמָֽיִם׃ הִנֵּ֨ה כְעֵינֵ֪י עֲבָדִ֡ים אֶל־יַ֤ד
אֲֽדוֹנֵיהֶ֗ם כְּעֵינֵ֣י שִׁפְחָה֮ אֶל־יַ֢ד גְּבִ֫רְתָּ֥הּ כֵּ֣ן עֵ֭ינֵינוּ אֶל־יְהֹוָ֣ה אֱלֹהֵ֑ינוּ
3 עַ֝֗ד שֶׁיְּחׇנֵּֽנוּ׃ חׇנֵּ֣נוּ יְהֹוָ֣ה חׇנֵּ֑נוּ כִּֽי־רַ֝֗ב שָׂבַ֥עְנוּ בֽוּז׃ רַבַּת֮ שָׂבְעָה־לָּ֢הּ
4 נַ֫פְשֵׁ֥נוּ הַלַּ֥עַג הַשַּׁאֲנַנִּ֑ים הַ֝בּ֗וּז לִגְאֵ֥יׄוֹנִֽים׃

124 1 שִׁ֥יר הַֽמַּעֲל֗וֹת לְדָ֫וִ֥ד

2 לוּלֵ֣י יְ֭הֹוָה שֶׁהָ֣יָה לָ֑נוּ יֹאמַר־נָ֝֗א יִשְׂרָאֵֽל׃ לוּלֵ֣י יְ֭הֹוָה שֶׁהָ֣יָה לָ֑נוּ בְּק֖וּם
3 עָלֵ֣ינוּ אָדָֽם׃ אֲ֭זַי חַיִּ֣ים בְּלָע֑וּנוּ בַּחֲר֖וֹת אַפָּ֣ם בָּֽנוּ׃ אֲ֭זַי הַמַּ֣יִם שְׁטָפ֑וּנוּ
4 נַ֝֗חְלָה עָבַ֥ר עַל־נַפְשֵֽׁנוּ׃ אֲ֭זַי עָבַ֣ר עַל־נַפְשֵׁ֑נוּ הַ֝מַּ֗יִם הַזֵּידוֹנִֽים׃ בָּר֥וּךְ
5
6 יְהֹוָ֑ה שֶׁלֹּ֥א נְתָנָ֥נוּ טֶ֝֗רֶף לְשִׁנֵּיהֶֽם׃ נַפְשֵׁ֗נוּ כְּצִפּ֥וֹר נִמְלְטָה֮ מִפַּ֢ח י֫וֹקְשִׁ֥ים
7 הַפַּ֥ח נִשְׁבָּ֗ר וַאֲנַ֥חְנוּ נִמְלָֽטְנוּ׃ עֶ֭זְרֵנוּ בְּשֵׁ֣ם יְהֹוָ֑ה עֹ֝שֵׂ֗ה שָׁמַ֥יִם וָאָֽרֶץ׃
8

125 1 שִׁ֗יר הַֽמַּ֫עֲל֥וֹת

2 הַבֹּטְחִ֥ים בַּיהֹוָ֑ה כְּֽהַר־צִיּ֥וֹן לֹא־יִ֝מּ֗וֹט לְעוֹלָ֥ם יֵשֵֽׁב׃ יְרוּשָׁלַ֗͏ִם הָרִים֮
3A סָבִ֢יב לָ֥֫הּ וַיהֹוָ֗ה סָבִ֥יב לְעַמּ֑וֹ מֵ֝עַתָּ֗ה וְעַד־עוֹלָֽם׃ כִּ֤י לֹ֪א יָנ֡וּחַ שֵׁ֤בֶט
3 הָרֶ֗שַׁע עַ֭ל גּוֹרַ֣ל הַצַּדִּיקִ֑ים לְמַ֡עַן לֹא־יִשְׁלְח֖וּ הַצַּדִּיקִ֨ים בְּעַוְלָ֬תָה
4 יְדֵיהֶֽם׃ הֵיטִ֣יבָה יְ֭הֹוָה לַטּוֹבִ֑ים וְ֝לִישָׁרִ֗ים בְּלִבּוֹתָֽם׃ וְהַמַּטִּ֤ים
5A
5 עֲֽקַלְקַלּוֹתָ֗ם יוֹלִיכֵ֣ם יְ֭הֹוָה אֶת־פֹּעֲלֵ֣י הָאָ֑וֶן שָׁ֝ל֗וֹם עַל־יִשְׂרָאֵֽל׃

126 1 שִׁ֗יר הַֽמַּ֫עֲל֥וֹת

2 בְּשׁ֣וּב יְ֭הֹוָה אֶת־שִׁיבַ֣ת צִיּ֑וֹן הָ֝יִ֗ינוּ כְּחֹלְמִֽים׃ אָ֤ז יִמָּלֵ֪א שְׂח֡וֹק פִּינוּ֮
3 וּלְשׁוֹנֵ֢נוּ רִ֫נָּ֥ה אָ֭ז יֹאמְר֣וּ בַגּוֹיִ֑ם הִגְדִּ֥יל יְ֝הֹוָ֗ה לַעֲשׂ֥וֹת עִם־אֵֽלֶּה׃
4 הִגְדִּ֣יל יְ֭הֹוָה לַעֲשׂ֥וֹת עִמָּ֗נוּ הָיִ֥ינוּ שְׂמֵחִֽים׃ שׁוּבָ֣ה יְ֭הֹוָה אֶת־
5 שבותנו שְׁ֝בִיתֵ֗נוּ כַּאֲפִיקִ֥ים בַּנֶּֽגֶב׃ הַזֹּרְעִ֥ים בְּדִמְעָ֗ה בְּרִנָּ֥ה יִקְצֹֽרוּ׃ הָל֨וֹךְ
6

6 He that goeth forth and weepeth, bearing precious seed, shall doubtless come again with rejoicing, bringing his sheaves *with him.*

PSALM 127

[1a] A Song of degrees for Solomon.

1[1b] Except the Lord build the house, they labour in vain that build it: except the Lord keep the city, the watchman waketh *but* in vain.

2 *It is* vain for you to rise up early, to sit up late, to eat the bread of sorrows: *for* so he giveth his beloved sleep.

3 Lo, children *are* an heritage of the Lord: *and* the fruit of the womb *is his* reward.

4 As arrows *are* in the hand of a mighty man; so *are* children of the youth.

5 Happy *is* the man that hath his quiver full of them: they shall not be ashamed, but they shall speak with the enemies in the gate.

PSALM 128

[1a] A Song of degrees.

1[1b] Blessed *is* every one that feareth the Lord; that walketh in his ways.

2 For thou shalt eat the labour of thine hands: happy *shalt* thou *be,* and *it shall be* well with thee.

3 Thy wife *shall be* as a fruitful vine by the sides of thine house: thy children like olive plants round about thy table.

4 Behold, that thus shall the man be blessed that feareth the Lord.

5 The Lord shall bless thee out of Zion: and thou shalt see the good of Jerusalem all the days of thy life.

6 Yea, thou shalt see thy children's children, *and* peace upon Israel.

PSALM 129

[1a] A Song of degrees.

1[1b] Many a time have they afflicted me from my youth, may Israel now say:

2 Many a time have they afflicted me from my youth: yet they have not prevailed against me.

3 The plowers plowed upon my back: they made long their furrows.

4 The Lord *is* righteous: he hath cut asunder the cords of the wicked.

5 Let them all be confounded and turned back that hate Zion.

6 Let them be as the grass *upon* the housetops, which withereth afore it groweth up:

7 Wherewith the mower filleth not his hand; nor he that bindeth sheaves his bosom.

8 Neither do they which go by say, The blessing of the Lord *be* upon you: we bless you in the name of the Lord.

PSALM 130

[1a] A Song of degrees.

1[1b] Out of the depths have I cried unto thee, O Lord.

2 Lord, hear my voice: let thine ears be attentive to the voice of my supplications.

3 If thou, Lord, shouldest mark iniquities, O Lord, who shall stand?

4 But *there is* forgiveness with thee, that thou mayest be feared.

5 I wait for the Lord, my soul doth wait, and in his word do I hope.

6 My soul *waiteth* for the Lord more than they that watch for the morning: *I say, more than* they that watch for the morning.

7 Let Israel hope in the Lord: for with the Lord *there is* mercy, and with him *is* plenteous redemption.

8 And he shall redeem Israel from all his iniquities.

PSALM 131

[1a] A Song of degrees of David.

1[1b] Lord, my heart is not haughty, nor mine eyes lofty: neither do I exercise myself in great matters, or in things too high for me.

2 Surely I have behaved and quieted myself, as a child that is weaned of his mother: my soul *is* even as a weaned child.

3 Let Israel hope in the Lord from henceforth and for ever.

יֵלֵךְ ׀ וּבָכֹה נֹשֵׂא מֶשֶׁךְ־הַזָּרַע בֹּא־יָבֹא בְרִנָּה נֹשֵׂא אֲלֻמֹּתָיו:

127 1 שִׁיר הַמַּעֲלוֹת לִשְׁלֹמֹה

אִם־יְהוָה ׀ לֹא־יִבְנֶה בַיִת שָׁוְא ׀ עָמְלוּ בוֹנָיו בּוֹ אִם־יְהוָה לֹא־יִשְׁמָר־

2 עִיר שָׁוְא ׀ שָׁקַד שׁוֹמֵר: שָׁוְא לָכֶם ׀ מַשְׁכִּימֵי קוּם מְאַחֲרֵי־שֶׁבֶת אֹכְלֵי

3 לֶחֶם הָעֲצָבִים כֵּן יִתֵּן לִידִידוֹ שֵׁנָא: הִנֵּה נַחֲלַת יְהוָה בָּנִים שָׂכָר

4,5 פְּרִי הַבָּטֶן: כְּחִצִּים בְּיַד־גִּבּוֹר כֵּן בְּנֵי הַנְּעוּרִים: אַשְׁרֵי הַגֶּבֶר אֲשֶׁר

מִלֵּא אֶת־אַשְׁפָּתוֹ מֵהֶם לֹא־יֵבֹשׁוּ כִּי־יְדַבְּרוּ אֶת־אוֹיְבִים בַּשָּׁעַר:

128 1 שִׁיר הַמַּעֲלוֹת

2 אַשְׁרֵי כָּל־יְרֵא יְהוָה הַהֹלֵךְ בִּדְרָכָיו: יְגִיעַ כַּפֶּיךָ כִּי תֹאכֵל אַשְׁרֶיךָ

3 וְטוֹב לָךְ: אֶשְׁתְּךָ ׀ כְּגֶפֶן פֹּרִיָּה בְּיַרְכְּתֵי בֵיתֶךָ בָּנֶיךָ כִּשְׁתִלֵי זֵיתִים סָבִיב

4,5 לְשֻׁלְחָנֶךָ: הִנֵּה כִי־כֵן יְבֹרַךְ גָּבֶר יְרֵא יְהוָה: יְבָרֶכְךָ יְהוָה מִצִּיּוֹן וּרְאֵה

6 בְּטוּב יְרוּשָׁלָ͏ִם כֹּל יְמֵי חַיֶּיךָ: וּרְאֵה־בָנִים לְבָנֶיךָ שָׁלוֹם עַל־יִשְׂרָאֵל:

129 1 שִׁיר הַמַּעֲלוֹת

2 רַבַּת צְרָרוּנִי מִנְּעוּרַי יֹאמַר־נָא יִשְׂרָאֵל: רַבַּת צְרָרוּנִי מִנְּעוּרָי גַּם

3 לֹא־יָכְלוּ לִי: עַל־גַּבִּי חָרְשׁוּ חֹרְשִׁים הֶאֱרִיכוּ למעניתם: יְהוָה צַדִּיק   למעניתם

4,5,6 קִצֵּץ עֲבוֹת רְשָׁעִים: יֵבֹשׁוּ וְיִסֹּגוּ אָחוֹר כֹּל שֹׂנְאֵי צִיּוֹן: יִהְיוּ כַּחֲצִיר

7 גַּגּוֹת שֶׁקַּדְמַת שָׁלַף יָבֵשׁ: שֶׁלֹּא מִלֵּא כַפּוֹ קוֹצֵר וְחִצְנוֹ מְעַמֵּר:

8 וְלֹא אָמְרוּ ׀ הָעֹבְרִים בִּרְכַּת־יְהוָה אֲלֵיכֶם בֵּרַכְנוּ אֶתְכֶם בְּשֵׁם יְהוָה:

130 1 שִׁיר הַמַּעֲלוֹת

2 מִמַּעֲמַקִּים קְרָאתִיךָ יְהוָה: אֲדֹנָי שִׁמְעָה בְקוֹלִי תִּהְיֶינָה

3 אָזְנֶיךָ קַשֻּׁבוֹת לְקוֹל תַּחֲנוּנָי: אִם־עֲוֹנוֹת תִּשְׁמָר־יָהּ אֲדֹנָי מִי

4,5 יַעֲמֹד: כִּי־עִמְּךָ הַסְּלִיחָה לְמַעַן תִּוָּרֵא: קִוִּיתִי יְהוָה קִוְּתָה

6 נַפְשִׁי וְלִדְבָרוֹ הוֹחָלְתִּי: נַפְשִׁי לַאדֹנָי מִשֹּׁמְרִים לַבֹּקֶר שֹׁמְרִים

7 לַבֹּקֶר: יַחֵל יִשְׂרָאֵל אֶל־יְהוָה כִּי־עִם־יְהוָה הַחֶסֶד וְהַרְבֵּה   7A

8 עִמּוֹ פְדוּת: וְהוּא יִפְדֶּה אֶת־יִשְׂרָאֵל מִכֹּל עֲוֹנֹתָיו:

131 1 שִׁיר הַמַּעֲלוֹת לְדָוִד

יְהוָה ׀ לֹא־גָבַהּ לִבִּי וְלֹא־רָמוּ עֵינַי וְלֹא־הִלַּכְתִּי בִּגְדֹלוֹת וּבְנִפְלָאוֹת

2 מִמֶּנִּי: אִם־לֹא שִׁוִּיתִי ׀ וְדוֹמַמְתִּי נַפְשִׁי כְּגָמֻל עֲלֵי אִמּוֹ כַּגָּמֻל עָלַי

3 נַפְשִׁי: יַחֵל יִשְׂרָאֵל אֶל־יְהוָה מֵעַתָּה וְעַד־עוֹלָם:

PSALM 132

[1a] A Song of degrees.

1[1b] LORD, remember David, *and* all his afflictions:

2 How he sware unto the LORD, *and* vowed unto the mighty *God* of Jacob;

3 Surely I will not come into the tabernacle of my house, nor go up into my bed;

4 I will not give sleep to mine eyes, *or* slumber to mine eyelids,

5 Until I find out a place for the LORD, an habitation for the mighty *God* of Jacob.

6 Lo, we heard of it at Ephratah: we found it in the fields of the wood.

7 We will go into his tabernacles: we will worship at his footstool.

8 Arise, O LORD, into thy rest; thou, and the ark of thy strength.

9 Let thy priests be clothed with righteousness; and let thy saints shout for joy.

10 For thy servant David's sake turn not away the face of thine anointed.

11 The LORD hath sworn *in* truth unto David; he will not turn from it; Of the fruit of thy body will I set upon thy throne.

12 If thy children will keep my covenant and my testimony that I shall teach them, their children shall also sit upon thy throne for evermore.

13 For the LORD hath chosen Zion; he hath desired *it* for his habitation.

14 This *is* my rest for ever: here will I dwell; for I have desired it.

15 I will abundantly bless her provision: I will satisfy her poor with bread.

16 I will also clothe her priests with salvation: and her saints shall shout aloud for joy.

17 There will I make the horn of David to bud: I have ordained a lamp for mine anointed.

18 His enemies will I clothe with shame: but upon himself shall his crown flourish.

PSALM 133

[1a] A Song of degrees of David.

1[1b] Behold, how good and how pleasant *it is* for brethren to dwell together in unity!

2 *It is* like the precious ointment upon the head, that ran down upon the beard, *even* Aaron's beard: that went down to the skirts of his garments;

3 As the dew of Hermon, *and as the dew* that descended upon the mountains of Zion: for there the LORD commanded the blessing, *even* life for evermore.

PSALM 134

[1a] A Song of degrees.

1[1b] Behold, bless ye the LORD, all *ye* servants of the LORD, which by night stand in the house of the LORD.

2 Lift up your hands *in* the sanctuary, and bless the LORD.

3 The LORD that made heaven and earth bless thee out of Zion.

PSALM 135

1 Praise ye the LORD. Praise ye the name of the LORD; praise *him*, O ye servants of the LORD.

2 Ye that stand in the house of the LORD, in the courts of the house of our God,

3 Praise the LORD; for the LORD *is* good: sing praises unto his name; for *it is* pleasant.

4 For the LORD hath chosen Jacob unto himself, *and* Israel for his peculiar treasure.

5 For I know that the LORD *is* great, and *that* our Lord *is* above all gods.

6 Whatsoever the LORD pleased, *that* did he in heaven, and in earth, in the seas, and all deep places.

7 He causeth the vapours to ascend from the ends of the earth; he maketh lightnings for the rain; he bringeth the wind out of his treasuries.

8 Who smote the firstborn of Egypt, both of man and beast.

9 *Who* sent tokens and wonders into the midst of thee, O Egypt, upon Pharaoh, and upon all his servants.

10 Who smote great nations, and slew mighty kings;

11 Sihon king of the Amorites, and Og king of Bashan, and all the kingdoms of Canaan:

132 1 שִׁיר הַֽמַּעֲלוֹת

2 זְכוֹר־יְהוָה לְדָוִד אֵת כָּל־עֻנּוֹתֽוֹ: אֲשֶׁר נִשְׁבַּע לַיהוָה נָדַר לַאֲבִיר

3 יַעֲקֹב: אִם־אָבֹא בְּאֹהֶל בֵּיתִי אִם־אֶעֱלֶה עַל־עֶרֶשׂ יְצוּעָֽי: אִם־
4

5 אֶתֵּן שְׁנַת לְעֵינָי לְעַפְעַפַּי תְּנוּמָֽה: עַד־אֶמְצָא מָקוֹם לַיהוָה

6 מִשְׁכָּנוֹת לַאֲבִיר יַעֲקֹֽב: הִנֵּה־שְׁמַעֲנוּהָ בְאֶפְרָתָה מְצָאנוּהָ בִּשְׂדֵי־

7 יָֽעַר: נָבוֹאָה לְמִשְׁכְּנוֹתָיו נִֽשְׁתַּחֲוֶה לַהֲדֹם רַגְלָֽיו: קוּמָה יְהוָה
8

9 לִמְנוּחָתֶךָ אַתָּה וַאֲרוֹן עֻזֶּֽךָ: כֹּהֲנֶיךָ יִלְבְּשׁוּ־צֶדֶק וַחֲסִידֶיךָ יְרַנֵּֽנוּ:

10 בַּעֲבוּר דָּוִד עַבְדֶּךָ אַל־תָּשֵׁב פְּנֵי מְשִׁיחֶֽךָ: נִשְׁבַּֽע־יְהוָה ׀ לְדָוִד
11

12 אֱמֶת לֹא־יָשׁוּב מִמֶּנָּה מִפְּרִי בִטְנְךָ אָשִׁית לְכִסֵּא־לָֽךְ: אִם־יִשְׁמְרוּ

בָנֶיךָ ׀ בְּרִיתִי וְעֵדֹתִי זוֹ אֲלַמְּדֵם גַּם־בְּנֵיהֶם עֲדֵי־עַד יֵשְׁבוּ לְכִסֵּא־

13 לָֽךְ: כִּֽי־בָחַר יְהוָה בְּצִיּוֹן אִוָּהּ לְמוֹשָׁב לֽוֹ: זֹאת־מְנוּחָתִי עֲדֵי־עַד
14

15 פֹּֽה־אֵשֵׁב כִּי אִוִּתִֽיהָ: צֵידָהּ בָּרֵךְ אֲבָרֵךְ אֶבְיוֹנֶיהָ אַשְׂבִּֽיעַ לָֽחֶם:

16 וְֽכֹהֲנֶיהָ אַלְבִּישׁ יֶשַׁע וַחֲסִידֶיהָ רַנֵּן יְרַנֵּֽנוּ: שָׁם אַצְמִיחַ קֶרֶן לְדָוִד
17

18 עָרַכְתִּי נֵר לִמְשִׁיחִֽי: אוֹיְבָיו אַלְבִּישׁ בֹּשֶׁת וְעָלָיו יָצִיץ נִזְרֽוֹ:

133 1 שִׁיר הַֽמַּעֲלוֹת לְדָוִד

2 הִנֵּה מַה־טּוֹב וּמַה־נָּעִים שֶׁבֶת אַחִים גַּם־יָֽחַד: כַּשֶּׁמֶן הַטּוֹב ׀ עַל־

3 הָרֹאשׁ יֹרֵד עַל־הַזָּקָן זְקַן־אַהֲרֹן שֶׁיֹּרֵד עַל־פִּי מִדּוֹתָֽיו: כְּטַל־חֶרְמוֹן 3A

שֶׁיֹּרֵד עַל־הַרְרֵי צִיּוֹן כִּי שָׁם ׀ צִוָּה יְהוָה אֶת־הַבְּרָכָה חַיִּים עַד־הָעוֹלָֽם:

134 1 שִׁיר הַֽמַּעֲלוֹת

הִנֵּה ׀ בָּרֲכוּ אֶת־יְהוָה כָּל־עַבְדֵי יְהוָה הָעֹמְדִים בְּבֵית־יְהוָה בַּלֵּילֽוֹת:

2 שְׂאֽוּ־יְדֵכֶם קֹדֶשׁ וּבָרֲכוּ אֶת־יְהוָֽה: יְבָרֶכְךָ יְהוָה מִצִּיּוֹן עֹשֵׂה שָׁמַיִם
3

וָאָֽרֶץ:

135 1 הַֽלְלוּ יָהּ ׀

2 הַֽלְלוּ אֶת־שֵׁם יְהוָה הַֽלְלוּ עַבְדֵי יְהוָֽה: שֶׁעֹמְדִים בְּבֵית יְהוָה

3 בְּחַצְרוֹת בֵּית אֱלֹהֵֽינוּ: הַֽלְלוּ־יָהּ כִּי־טוֹב יְהוָה זַמְּרוּ לִשְׁמוֹ כִּי נָעִֽים:

4 כִּֽי־יַעֲקֹב בָּחַר לוֹ יָהּ יִשְׂרָאֵל לִסְגֻלָּתֽוֹ: כִּי אֲנִי יָדַעְתִּי כִּֽי־גָדוֹל יְהוָה
5

6 וַאֲדֹנֵינוּ מִכָּל־אֱלֹהִֽים: כֹּל אֲשֶׁר־חָפֵץ יְהוָה עָשָׂה בַּשָּׁמַיִם וּבָאָרֶץ

7 בַּיַּמִּים וְכָל־תְּהֹמֽוֹת: מַעֲלֶה נְשִׂאִים מִקְצֵה הָאָרֶץ בְּרָקִים לַמָּטָר

8 עָשָׂה מֽוֹצֵא־רוּחַ מֵאוֹצְרוֹתָֽיו: שֶׁהִכָּה בְּכוֹרֵי מִצְרָיִם מֵאָדָם עַד־

9 בְּהֵמָֽה: שָׁלַח ׀ אֹתוֹת וּמֹפְתִים בְּתוֹכֵכִי מִצְרָיִם בְּפַרְעֹה וּבְכָל־עֲבָדָֽיו:

10 שֶׁהִכָּה גּוֹיִם רַבִּים וְהָרַג מְלָכִים עֲצוּמִֽים: לְסִיחוֹן ׀ מֶלֶךְ הָֽאֱמֹרִי וּלְעוֹג
11

12 And gave their land *for* an heritage, an heritage unto Israel his people.

13 Thy name, O LORD, *endureth* for ever; *and* thy memorial, O LORD, throughout all generations.

14 For the LORD will judge his people, and he will repent himself concerning his servants.

15 The idols of the heathen *are* silver and gold, the work of men's hands.

16 They have mouths, but they speak not; eyes have they, but they see not;

17 They have ears, but they hear not; neither is there *any* breath in their mouths.

18 They that make them are like unto them: *so is* every one that trusteth in them.

19 Bless the LORD, O house of Israel: bless the LORD, O house of Aaron:

20 Bless the LORD, O house of Levi: ye that fear the LORD, bless the LORD.

21 Blessed be the LORD out of Zion, which dwelleth at Jerusalem. Praise ye the LORD.

PSALM 136

1 O give thanks unto the LORD; for *he is* good: for his mercy *endureth* for ever.

2 O give thanks unto the God of gods: for his mercy *endureth* for ever.

3 O give thanks to the Lord of lords: for his mercy *endureth* for ever.

4 To him who alone doeth great wonders: for his mercy *endureth* for ever.

5 To him that by wisdom made the heavens: for his mercy *endureth* for ever.

6 To him that stretched out the earth above the waters: for his mercy *endureth* for ever.

7 To him that made great lights: for his mercy *endureth* for ever:

8 The sun to rule by day: for his mercy *endureth* for ever:

9 The moon and stars to rule by night: for his mercy *endureth* for ever.

10 To him that smote Egypt in their firstborn: for his mercy *endureth* for ever:

11 And brought out Israel from among them: for his mercy *endureth* for ever:

12 With a strong hand, and with a stretched out arm: for his mercy *endureth* for ever.

13 To him which divided the Red sea into parts: for his mercy *endureth* for ever:

14 And made Israel to pass through the midst of it: for his mercy *endureth* for ever:

15 But overthrew Pharaoh and his host in the Red sea: for his mercy *endureth* for ever.

16 To him which led his people through the wilderness: for his mercy *endureth* for ever.

17 To him which smote great kings: for his mercy *endureth* for ever:

18 And slew famous kings: for his mercy *endureth* for ever:

19 Sihon king of the Amorites: for his mercy *endureth* for ever:

20 And Og the king of Bashan: for his mercy *endureth* for ever:

21 And gave their land for an heritage: for his mercy *endureth* for ever:

22 *Even* an heritage unto Israel his servant: for his mercy *endureth* for ever.

23 Who remembered us in our low estate: for his mercy *endureth* for ever:

24 And hath redeemed us from our enemies: for his mercy *endureth* for ever.

25 Who giveth food to all flesh: for his mercy *endureth* for ever.

מֶלֶךְ הַבָּשָׁן וּלְכֹל מַמְלְכוֹת כְּנָעַן: וְנָתַן אַרְצָם נַחֲלָה נַחֲלָה לְיִשְׂרָאֵל 12

עַמּוֹ: יְהֹוָה שִׁמְךָ לְעוֹלָם יְהֹוָה זִכְרְךָ לְדֹר־וָדֹר: כִּי־יָדִין יְהֹוָה עַמּוֹ 13
14

וְעַל־עֲבָדָיו יִתְנֶחָם: עֲצַבֵּי הַגּוֹיִם כֶּסֶף וְזָהָב מַעֲשֵׂה יְדֵי אָדָם: פֶּה־ 15
16

לָהֶם וְלֹא יְדַבֵּרוּ עֵינַיִם לָהֶם וְלֹא יִרְאוּ: אָזְנַיִם לָהֶם וְלֹא יַאֲזִינוּ 17

אַף אֵין־יֶשׁ־רוּחַ בְּפִיהֶם: כְּמוֹהֶם יִהְיוּ עֹשֵׂיהֶם כֹּל אֲשֶׁר־בֹּטֵחַ בָּהֶם: 18

בֵּית יִשְׂרָאֵל 19 בָּרֲכוּ אֶת־יְהֹוָה

בֵּית אַהֲרֹן בָּרֲכוּ אֶת־יְהֹוָה:

בֵּית הַלֵּוִי 20 בָּרֲכוּ אֶת־יְהֹוָה

יִרְאֵי יְהֹוָה בָּרֲכוּ אֶת־יְהֹוָה:

בָּרוּךְ יְהֹוָה מִצִּיּוֹן שֹׁכֵן יְרוּשָׁלִָם הַלְלוּ־יָהּ: 21

הוֹדוּ לַיהֹוָה כִּי־טוֹב	כִּי לְעוֹלָם חַסְדּוֹ: 136 1
הוֹדוּ לֵאלֹהֵי הָאֱלֹהִים	כִּי לְעוֹלָם חַסְדּוֹ: 2
הוֹדוּ לַאֲדֹנֵי הָאֲדֹנִים	כִּי לְעוֹלָם חַסְדּוֹ: 3
לְעֹשֵׂה נִפְלָאוֹת גְּדֹלוֹת לְבַדּוֹ	כִּי לְעוֹלָם חַסְדּוֹ: 4
לְעֹשֵׂה הַשָּׁמַיִם בִּתְבוּנָה	כִּי לְעוֹלָם חַסְדּוֹ: 5
לְרֹקַע הָאָרֶץ עַל־הַמָּיִם	כִּי לְעוֹלָם חַסְדּוֹ: 6
לְעֹשֵׂה אוֹרִים גְּדֹלִים	כִּי לְעוֹלָם חַסְדּוֹ: 7
אֶת־הַשֶּׁמֶשׁ לְמֶמְשֶׁלֶת בַּיּוֹם	כִּי לְעוֹלָם חַסְדּוֹ: 8
אֶת־הַיָּרֵחַ וְכוֹכָבִים לְמֶמְשְׁלוֹת בַּלָּיְלָה	כִּי לְעוֹלָם חַסְדּוֹ: 9
לְמַכֵּה מִצְרַיִם בִּבְכוֹרֵיהֶם	כִּי לְעוֹלָם חַסְדּוֹ: 10
וַיּוֹצֵא יִשְׂרָאֵל מִתּוֹכָם	כִּי לְעוֹלָם חַסְדּוֹ: 11
בְּיָד חֲזָקָה וּבִזְרוֹעַ נְטוּיָה	כִּי לְעוֹלָם חַסְדּוֹ: 12
לְגֹזֵר יַם־סוּף לִגְזָרִים	כִּי לְעוֹלָם חַסְדּוֹ: 13
וְהֶעֱבִיר יִשְׂרָאֵל בְּתוֹכוֹ	כִּי לְעוֹלָם חַסְדּוֹ: 14
וְנִעֵר פַּרְעֹה וְחֵילוֹ בְיַם־סוּף	כִּי לְעוֹלָם חַסְדּוֹ: 15
לְמוֹלִיךְ עַמּוֹ בַּמִּדְבָּר	כִּי לְעוֹלָם חַסְדּוֹ: 16
לְמַכֵּה מְלָכִים גְּדֹלִים	כִּי לְעוֹלָם חַסְדּוֹ: 17
וַיַּהֲרֹג מְלָכִים אַדִּירִים	כִּי לְעוֹלָם חַסְדּוֹ: 18
לְסִיחוֹן מֶלֶךְ הָאֱמֹרִי	כִּי לְעוֹלָם חַסְדּוֹ: 19
וּלְעוֹג מֶלֶךְ הַבָּשָׁן	כִּי לְעוֹלָם חַסְדּוֹ: 20
וְנָתַן אַרְצָם לְנַחֲלָה	כִּי לְעוֹלָם חַסְדּוֹ: 21
נַחֲלָה לְיִשְׂרָאֵל עַבְדּוֹ	כִּי לְעוֹלָם חַסְדּוֹ: 22
שֶׁבְּשִׁפְלֵנוּ זָכַר לָנוּ	כִּי לְעוֹלָם חַסְדּוֹ: 23
וַיִּפְרְקֵנוּ מִצָּרֵינוּ	כִּי לְעוֹלָם חַסְדּוֹ: 24
נֹתֵן לֶחֶם לְכָל־בָּשָׂר	כִּי לְעוֹלָם חַסְדּוֹ: 25

26 O give thanks unto the God of heaven: for his mercy *endureth* for ever.

PSALM 137

1 By the rivers of Babylon, there we sat down, yea, we wept, when we remembered Zion.

2 We hanged our harps upon the willows in the midst thereof.

3 For there they that carried us away captive required of us a song; and they that wasted us *required of us* mirth, *saying,* Sing us *one* of the songs of Zion.

4 How shall we sing the LORD's song in a strange land?

5 If I forget thee, O Jerusalem, let my right hand forget *her cunning.*

6 If I do not remember thee, let my tongue cleave to the roof of my mouth; if I prefer not Jerusalem above my chief joy.

7 Remember, O LORD, the children of Edom in the day of Jerusalem; who said, Rase *it,* rase *it, even* to the foundation thereof.

8 O daughter of Babylon, who art to be destroyed; happy *shall he be,* that rewardeth thee as thou hast served us.

9 Happy *shall he be,* that taketh and dasheth thy little ones against the stones.

PSALM 138

[1a] *A Psalm* of David.

1[1b] I will praise thee with my whole heart: before the gods will I sing praise unto thee.

2 I will worship toward thy holy temple, and praise thy name for thy lovingkindness and for thy truth: for thou hast magnified thy word above all thy name.

3 In the day when I cried thou answeredst me, *and* strengthenedst me *with* strength in my soul.

4 All the kings of the earth shall praise thee, O LORD, when they hear the words of thy mouth.

5 Yea, they shall sing in the ways of the LORD: for great *is* the glory of the LORD.

6 Though the LORD *be* high, yet hath he respect unto the lowly: but the proud he knoweth afar off.

7 Though I walk in the midst of trouble, thou wilt revive me: thou shalt stretch forth thine hand against the wrath of mine enemies, and thy right hand shall save me.

8 The LORD will perfect *that which* concerneth me: thy mercy, O LORD, *endureth* for ever: forsake not the works of thine own hands.

PSALM 139

[1a] To the chief Musician, A Psalm of David.

1[1b] O LORD, thou hast searched me, and known *me.*

2 Thou knowest my downsitting and mine uprising, thou understandest my thought afar off.

3 Thou compassest my path and my lying down, and art acquainted *with* all my ways.

4 For *there is* not a word in my tongue, *but,* lo, O LORD, thou knowest it altogether.

5 Thou hast beset me behind and before, and laid thine hand upon me.

6 *Such* knowledge *is* too wonderful for me; it is high, I cannot *attain* unto it.

7 Whither shall I go from thy spirit? or whither shall I flee from thy presence?

8 If I ascend up into heaven, thou *art* there: if I make my bed in hell, behold, thou *art there.*

9 *If* I take the wings of the morning, *and* dwell in the uttermost parts of the sea;

10 Even there shall thy hand lead me, and thy right hand shall hold me.

11 If I say, Surely the darkness shall cover me; even the night shall be light about me.

12 Yea, the darkness hideth not from thee; but the night shineth as the day: the darkness and the light *are* both alike *to thee.*

13 For thou hast possessed my reins: thou hast covered me in my mother's womb.

14 I will praise thee; for I am fearfully *and* wonderfully made: marvellous *are* thy works; and *that* my soul knoweth right well.

15 My substance was not hid from thee,

26 הוֹד֣וּ לְאֵ֣ל הַשָּׁמָ֑יִם   כִּ֖י לְעוֹלָ֣ם חַסְדּֽוֹ׃

137 עַ֥ל נַהֲר֨וֹת ׀ בָּבֶ֗ל שָׁ֣ם יָ֭שַׁבְנוּ גַּם־בָּכִ֑ינוּ בְּ֝זָכְרֵ֗נוּ אֶת־צִיּֽוֹן׃ עַל־עֲרָבִ֥ים
1 2
3 בְּתוֹכָ֑הּ תָּ֝לִ֗ינוּ כִּנֹּרוֹתֵֽינוּ׃ כִּ֤י שָׁ֨ם שְֽׁאֵל֪וּנוּ שׁוֹבֵ֡ינוּ דִּבְרֵי־שִׁ֭יר וְתוֹלָלֵ֣ינוּ
4 שִׂמְחָ֑ה שִׁ֥ירוּ לָ֝֗נוּ מִשִּׁ֥יר צִיּֽוֹן׃ אֵ֗יךְ נָשִׁ֥יר אֶת־שִׁיר־יְהֹוָ֑ה עַ֝֗ל אַדְמַ֥ת
5 נֵכָֽר׃ אִֽם־אֶשְׁכָּחֵ֥ךְ יְֽרוּשָׁלָ֗͏ִם תִּשְׁכַּ֥ח יְמִינִֽי׃ תִּדְבַּ֪ק־לְשׁוֹנִ֨י ׀ לְחִכִּ֮י אִם־
6
7A 7 לֹ֪א אֶ֫זְכְּרֵ֥כִי אִם־לֹ֣א אַ֭עֲלֶה אֶת־יְרוּשָׁלַ֑͏ִם עַ֝֗ל רֹ֣אשׁ שִׂמְחָתִֽי׃ זְכֹ֤ר
יְהֹוָ֨ה ׀ לִבְנֵ֬י אֱד֗וֹם אֵת֮ י֤וֹם יְֽרוּשָׁ֫לָ֥͏ִם הָ֭אֹ֣מְרִים עָ֤רוּ ׀ עָ֑רוּ עַ֝֗ד הַיְס֥וֹד
8 בָּֽהּ׃ בַּת־בָּבֶ֗ל הַשְּׁד֫וּדָ֥ה אַשְׁרֵ֥י שֶׁיְשַׁלֶּם־לָ֑ךְ אֶת־גְּ֝מוּלֵ֗ךְ שֶׁגָּמַ֥לְתְּ לָֽנוּ׃
9 אַשְׁרֵ֤י ׀ שֶׁיֹּאחֵ֓ז וְנִפֵּ֬ץ אֶֽת־עֹלָלַ֗יִךְ אֶל־הַסָּֽלַע׃

138 לְדָוִ֨ד ׀
1
2 אוֹדְךָ֥ בְכָל־לִבִּ֑י נֶ֖גֶד אֱלֹהִ֣ים אֲזַמְּרֶֽךָּ׃ אֶשְׁתַּחֲוֶ֨ה אֶל־הֵיכַ֪ל קָדְשְׁךָ֡
וְא֘וֹדֶ֤ה אֶת־שְׁמֶ֗ךָ עַל־חַסְדְּךָ֥ וְעַל־אֲמִתֶּ֑ךָ כִּֽי־הִגְדַּ֥לְתָּ עַל־כָּל־שִׁמְךָ֥
3 אִמְרָתֶֽךָ׃ בְּי֣וֹם קָ֭רָאתִי וַֽתַּעֲנֵ֑נִי תַּרְהִבֵ֖נִי בְנַפְשִׁ֣י עֹֽז׃ יוֹד֣וּךָ יְ֭הֹוָה כָּל־
4
5 מַלְכֵי־אָ֑רֶץ כִּ֥י שָׁ֝מְע֗וּ אִמְרֵי־פִֽיךָ׃ וְ֭יָשִׁירוּ בְּדַרְכֵ֣י יְהֹוָ֑ה כִּ֥י גָ֝ד֗וֹל כְּב֥וֹד
6 יְהֹוָֽה׃ כִּי־רָ֣ם יְ֭הֹוָה וְשָׁפָ֣ל יִרְאֶ֑ה וְ֝גָבֹ֗הַּ מִמֶּרְחָ֥ק יְיֵדָֽע׃ אִם־אֵלֵ֨ךְ ׀
7
8 בְּקֶ֥רֶב צָרָ֗ה תְּחַ֫יֵּ֥נִי עַ֤ל אַ֣ף אֹ֭יְבַי תִּשְׁלַ֣ח יָדֶ֑ךָ וְת֖וֹשִׁיעֵ֣נִי יְמִינֶֽךָ׃ יְהֹוָ֨ה
יִגְמֹ֬ר בַּעֲדִ֗י יְהֹוָ֣ה חַ֭סְדְּךָ לְעוֹלָ֑ם מַעֲשֵׂ֥י יָ֝דֶ֗יךָ אַל־תֶּֽרֶף׃

139 לַמְנַצֵּ֗חַ לְדָוִ֥ד מִזְמ֑וֹר   יְהֹוָ֥ה חֲ֝קַרְתַּ֗נִי וַתֵּדָֽע׃
1
2 אַתָּ֣ה יָ֭דַעְתָּ שִׁבְתִּ֣י וְקוּמִ֑י בַּ֥נְתָּה לְ֝רֵעִ֗י מֵֽרָחֽוֹק׃ אָרְחִ֣י וְרִבְעִ֣י זֵרִ֑יתָ
3
4 וְֽכָל־דְּרָכַ֥י הִסְכַּֽנְתָּה׃ כִּ֤י אֵ֣ין מִ֭לָּה בִּלְשׁוֹנִ֑י הֵ֥ן יְ֝הֹוָ֗ה יָדַ֥עְתָּ כֻלָּֽהּ׃
5 פְּלִיאָ֑ה אָח֣וֹר וָקֶ֣דֶם צַרְתָּ֑נִי וַתָּ֖שֶׁת עָלַ֣י כַּפֶּֽכָה׃ פְּלִ֘יאָ֤ה דַ֣עַת מִמֶּ֑נִּי נִ֝שְׂגְּבָ֗ה
6
7 לֹא־א֥וּכַל לָֽהּ׃ אָ֭נָ֣ה אֵלֵ֣ךְ מֵרוּחֶ֑ךָ וְ֝אָ֗נָה מִפָּנֶ֥יךָ אֶבְרָֽח׃ אִם־אֶסַּ֣ק
8 שָׁ֭מַיִם שָׁ֣ם אָ֑תָּה וְאַצִּ֖יעָה שְּׁא֣וֹל הִנֶּֽךָּ׃ אֶשָּׂ֥א כַנְפֵי־שָׁ֑חַר אֶ֝שְׁכְּנָ֗ה
10 בְּאַחֲרִ֥ית יָֽם׃ גַּם־שָׁ֭ם יָדְךָ֣ תַנְחֵ֑נִי וְֽתֹאחֲזֵ֥נִי יְמִינֶֽךָ׃ וָ֭אֹמַר אַךְ־חֹ֣שֶׁךְ
11
12 יְשׁוּפֵ֑נִי וְ֝לַ֗יְלָה א֣וֹר בַּעֲדֵֽנִי׃ גַּם־חֹשֶׁךְ֮ לֹא־יַחְשִׁ֪יךְ מִ֫מֶּ֥ךָ וְ֭לַיְלָה כַּיּ֣וֹם
13 יָאִ֑יר כַּ֝חֲשֵׁיכָ֗ה כָּאוֹרָֽה׃ כִּֽי־אַ֭תָּה קָנִ֣יתָ כִלְיֹתָ֑י תְּ֝סֻכֵּ֗נִי בְּבֶ֣טֶן אִמִּֽי׃
14 אֽוֹדְךָ֗ עַ֤ל כִּ֥י נֽוֹרָא֗וֹת נִ֫פְלֵ֥יתִי נִפְלָאִ֥ים מַעֲשֶׂ֑יךָ וְ֝נַפְשִׁ֗י יֹדַ֥עַת מְאֹֽד׃
15 לֹא־נִכְחַ֥ד עָצְמִ֗י מִ֫מֶּ֥ךָ אֲשֶׁר־עֻשֵּׂ֥יתִי בַסֵּ֑תֶר רֻ֝קַּ֗מְתִּי בְּֽתַחְתִּיּ֥וֹת אָֽרֶץ׃

when I was made in secret, *and* curiously wrought in the lowest parts of the earth.

16 Thine eyes did see my substance, yet being unperfect; and in thy book all *my members* were written, *which* in continuance were fashioned, when *as yet there was* none of them.

17 How precious also are thy thoughts unto me, O God! how great is the sum of them!

18 *If* I should count them, they are more in number than the sand: when I awake, I am still with thee.

19 Surely thou wilt slay the wicked, O God: depart from me therefore, ye bloody men.

20 For they speak against thee wickedly, *and* thine enemies take *thy name* in vain.

21 Do not I hate them, O LORD, that hate thee? and am not I grieved with those that rise up against thee?

22 I hate them with perfect hatred: I count them mine enemies.

23 Search me, O God, and know my heart: try me, and know my thoughts:

24 And see if *there be any* wicked way in me, and lead me in the way everlasting.

PSALM 140

[1] To the chief Musician, A Psalm of David.

1[2] Deliver me, O LORD, from the evil man: preserve me from the violent man;

2[3] Which imagine mischiefs in *their* heart; continually are they gathered together *for* war.

3[4] They have sharpened their tongues like a serpent; adders' poison *is* under their lips. Selah.

4[5] Keep me, O LORD, from the hands of the wicked; preserve me from the violent man; who have purposed to overthrow my goings.

5[6] The proud have hid a snare for me, and cords; they have spread a net by the wayside; they have set gins for me. Selah.

6[7] I said unto the LORD, Thou *art* my God: hear the voice of my supplications, O LORD.

7[8] O GOD the Lord, the strength of my salvation, thou hast covered my head in the day of battle.

8[9] Grant not, O LORD, the desires of the wicked: further not his wicked device; *lest* they exalt themselves. Selah.

9[10] *As for* the head of those that compass me about, let the mischief of their own lips cover them.

10[11] Let burning coals fall upon them: let them be cast into the fire; into deep pits, that they rise not up again.

11[12] Let not an evil speaker be established in the earth: evil shall hunt the violent man to overthrow *him*.

12[13] I know that the LORD will maintain the cause of the afflicted, *and* the right of the poor.

13[14] Surely the righteous shall give thanks unto thy name: the upright shall dwell in thy presence.

PSALM 141

[1a] A Psalm of David.

1[1b] LORD, I cry unto thee: make haste unto me; give ear unto my voice, when I cry unto thee.

2 Let my prayer be set forth before thee *as* incense; *and* the lifting up of my hands *as* the evening sacrifice.

3 Set a watch, O LORD, before my mouth; keep the door of my lips.

4 Incline not my heart to *any* evil thing, to practise wicked works with men that work iniquity: and let me not eat of their dainties.

5 Let the righteous smite me; *it shall be* a kindness: and let him reprove me; *it shall be* an excellent oil, *which* shall not break my head: for yet my prayer also *shall be* in their calamities.

6 When their judges are overthrown in stony places, they shall hear my words; for they are sweet.

7 Our bones are scattered at the grave's mouth, as when one cutteth and cleaveth *wood* upon the earth.

8 But mine eyes *are* unto thee, O GOD the Lord: in thee is my trust; leave not my soul destitute.

9 Keep me from the snares *which* they have laid for me, and the gins of the workers of iniquity.

וְלֹ֥ו 16 גָּלְמִ֤י ׀ רָ֘א֤וּ עֵינֶ֗יךָ וְעַֽל־סִפְרְךָ֮ כֻּלָּ֪ם יִכָּ֫תֵ֥בוּ יָמִ֥ים יֻצָּ֑רוּ וְלֹ֖א אֶחָ֣ד בָּהֶֽם׃

וְלִ֗י 17 מַה־יָּקְר֣וּ רֵעֶ֣יךָ אֵ֑ל מֶ֥ה עָ֝צְמ֗וּ רָאשֵׁיהֶֽם׃ 18 אֶ֭סְפְּרֵם מֵח֣וֹל יִרְבּ֑וּן

הֱקִיצֹ֗תִי וְעוֹדִ֥י עִמָּֽךְ׃ 19 אִם־תִּקְטֹ֖ל אֱל֥וֹהַּ ׀ רָשָׁ֑ע וְאַנְשֵׁ֥י דָ֝מִ֗ים ס֣וּרוּ

מֶֽנִּי׃ 20 אֲשֶׁ֣ר יֹ֭אמְרֻךָ לִמְזִמָּ֑ה נָשֻׂ֖א לַשָּׁ֣וְא עָרֶֽיךָ׃ 21 הֲלֽוֹא־מְשַׂנְאֶ֖יךָ יְהֹוָ֥ה ׀

אֶשְׂנָ֑א וּ֝בִתְקוֹמְמֶ֗יךָ אֶתְקוֹטָֽט׃ 22 תַּכְלִ֣ית שִׂנְאָ֣ה שְׂנֵאתִ֑ים לְ֝אוֹיְבִ֗ים הָ֣יוּ

לִֽי׃ 23 חׇקְרֵ֣נִי אֵ֭ל וְדַ֣ע לְבָבִ֑י בְּ֝חָנֵ֗נִי וְדַ֣ע שַׂרְעַפָּֽי׃ 24 וּרְאֵ֗ה אִם־דֶּֽרֶךְ־עֹ֥צֶב

בִּ֑י וּ֝נְחֵ֗נִי בְּדֶ֣רֶךְ עוֹלָֽם׃

140 1 לַמְנַצֵּ֗חַ מִזְמ֥וֹר לְדָוִֽד׃

2 חַלְּצֵ֣נִי יְ֭הֹוָה מֵאָדָ֣ם רָ֑ע מֵאִ֖ישׁ חֲמָסִ֣ים תִּנְצְרֵֽנִי׃ 3 אֲשֶׁ֤ר חָשְׁב֣וּ רָע֣וֹת

בְּלֵ֑ב כׇּל־י֝֗וֹם יָג֥וּרוּ מִלְחָמֽוֹת׃ 4 שָֽׁנְנ֣וּ לְשׁוֹנָם֮ כְּֽמוֹ־נָ֫חָ֥שׁ חֲמַ֥ת עַכְשׁ֑וּב

תַּ֖חַת שְׂפָתֵ֣ימוֹ סֶֽלָה׃ 5 שׇׁמְרֵ֤נִי יְהֹוָ֨ה ׀ מִ֘ידֵ֤י רָשָׁ֗ע מֵאִ֣ישׁ חֲמָסִ֣ים

תִּנְצְרֵ֑נִי אֲשֶׁ֥ר חָ֝שְׁב֗וּ לִדְח֥וֹת פְּעָמָֽי׃ 6 טָֽמְנֽוּ־גֵאִ֨ים ׀ פַּ֡ח לִ֗י וַחֲבָלִ֗ים

פָּ֣רְשׂוּ רֶ֭שֶׁת לְיַד־מַעְגָּ֑ל מֹקְשִׁ֖ים שָֽׁתוּ־לִ֣י סֶֽלָה׃ 7 אָמַ֣רְתִּי לַ֭יהֹוָה אֵ֣לִי

אָ֑תָּה הַאֲזִ֥ינָה יְ֝הֹוָ֗ה ק֣וֹל תַּחֲנוּנָֽי׃ 8 יֱהֹוִ֣ה אֲ֭דֹנָי עֹ֣ז יְשׁוּעָתִ֑י סַכֹּ֥תָה

לְ֝רֹאשִׁ֗י בְּי֣וֹם נָֽשֶׁק׃ 9 אַל־תִּתֵּ֣ן יְ֭הֹוָה מַאֲוַיֵּ֣י רָשָׁ֑ע זְמָמ֥וֹ אַל־תָּ֝פֵ֗ק יָר֥וּמוּ

יְכַסֵּ֤ימוֹ 10 סֶֽלָה׃ רֹ֤אשׁ מְסִבָּ֑י עֲמַ֖ל שְׂפָתֵ֣ימוֹ יְכַסֵּֽמוֹ׃ 11 יִמּ֥וֹטוּ עֲלֵיהֶ֗ם גֶּֽחָלִ֑ים 11A

בָּאֵ֥שׁ יַפִּלֵ֑ם בְּ֝מַהֲמֹר֗וֹת בַּל־יָקֽוּמוּ׃ 12 אִ֥ישׁ לָשׁוֹן֮ בַּל־יִכּ֢וֹן בָּ֫אָ֥רֶץ אִישׁ־

יָדַ֗עְתִּי 13 חָמָ֥ס רָ֑ע יְ֝צוּדֶ֗נּוּ לְמַדְחֵפֹֽת׃ יָדַ֗עְתִּי כִּֽי־יַעֲשֶׂ֣ה יְ֭הֹוָה דִּ֣ין עָנִ֑י מִשְׁפַּ֥ט

אֶבְיֹנִֽים׃ 14 אַ֣ךְ צַ֭דִּיקִים יוֹד֣וּ לִשְׁמֶ֑ךָ יֵשְׁב֥וּ יְ֝שָׁרִ֗ים אֶת־פָּנֶֽיךָ׃

141 1 מִזְמ֗וֹר לְדָ֫וִ֥ד יְהֹוָ֣ה קְ֭רָאתִיךָ ח֣וּשָׁה לִּ֑י הַאֲזִ֥ינָה

קוֹלִ֗י בְּקׇרְאִי־לָֽךְ׃ 2 תִּכּ֤וֹן תְּפִלָּתִ֣י קְטֹ֣רֶת לְפָנֶ֑יךָ מַ֥שְׂאַת כַּ֝פַּ֗י מִנְחַת־

עָֽרֶב׃ 3 שִׁ֣יתָ֥ה יְהֹוָ֣ה שׇׁמְרָ֣ה לְפִ֑י נִ֝צְּרָ֗ה עַל־דַּ֥ל שְׂפָתָֽי׃ 4 אַל־תַּט־לִבִּ֨י

לְדָבָ֪ר ׀ רָ֡ע לְהִתְע֘וֹלֵ֤ל עֲלִל֨וֹת ׀ בְּרֶ֗שַׁע אֶת־אִישִׁ֥ים פֹּעֲלֵי־אָ֑וֶן וּבַל־

אֶלְחַ֗ם 5 בְּמַנְעַמֵּיהֶֽם׃ יֶהֶלְמֵֽנִי־צַדִּ֨יק ׀ חֶ֡סֶד וְֽיוֹכִיחֵ֗נִי שֶׁ֣מֶן רֹ֭אשׁ אַל־יָנִ֣י 5A

רֹ֫אשִׁ֥י כִּי־ע֣וֹד וּ֭תְפִלָּתִי בְּרָעוֹתֵיהֶֽם׃ 6 נִשְׁמְט֣וּ בִ֥ידֵי־סֶ֗לַע שֹֽׁפְטֵיהֶ֑ם

וְשָׁמְע֥וּ אֲ֝מָרַ֗י כִּ֣י נָעֵֽמוּ׃ 7 כְּמ֤וֹ פֹלֵ֣חַ וּבֹקֵ֣עַ בָּאָ֑רֶץ נִפְזְר֥וּ עֲ֝צָמֵ֗ינוּ לְפִ֥י

שְׁאֽוֹל׃ 8 כִּ֤י אֵלֶ֨יךָ ׀ יֱהֹוִ֣ה אֲדֹנָ֣י עֵינָ֑י בְּכָ֥ה חָ֝סִ֗יתִי אַל־תְּעַ֥ר נַפְשִֽׁי׃

9 שׇׁמְרֵ֗נִי מִ֣ידֵי פַ֭ח יָ֣קְשׁוּ לִ֑י וּ֝מֹקְשׁ֗וֹת פֹּ֣עֲלֵי אָֽוֶן׃ 10 יִפְּל֣וּ בְמַכְמֹרָ֣יו

10 Let the wicked fall into their own nets, whilst that I withal escape.

PSALM 142

[1] Maschil of David; A Prayer when he was in the cave.

1[2] I cried unto the LORD with my voice; with my voice unto the LORD did I make my supplication.

2[3] I poured out my complaint before him; I shewed before him my trouble.

3[4] When my spirit was overwhelmed within me, then thou knewest my path. In the way wherein I walked have they privily laid a snare for me.

4[5] I looked on *my* right hand, and beheld, but *there was* no man that would know me: refuge failed me; no man cared for my soul.

5[6] I cried unto thee, O LORD: I said, Thou *art* my refuge *and* my portion in the land of the living.

6[7] Attend unto my cry; for I am brought very low: deliver me from my persecutors; for they are stronger than I.

7[8] Bring my soul out of prison, that I may praise thy name: the righteous shall compass me about; for thou shalt deal bountifully with me.

PSALM 143

[1a] A Psalm of David.

1[1b] Hear my prayer, O LORD, give ear to my supplications: in thy faithfulness answer me, *and* in thy righteousness.

2 And enter not into judgment with thy servant: for in thy sight shall no man living be justified.

3 For the enemy hath persecuted my soul; he hath smitten my life down to the ground; he hath made me to dwell in darkness, as those that have been long dead.

4 Therefore is my spirit overwhelmed within me; my heart within me is desolate.

5 I remember the days of old; I meditate on all thy works; I muse on the work of thy hands.

6 I stretch forth my hands unto thee: my

soul *thirsteth* after thee, as a thirsty land. Selah.

7 Hear me speedily, O LORD: my spirit faileth: hide not thy face from me, lest I be like unto them that go down into the pit.

8 Cause me to hear thy lovingkindness in the morning; for in thee do I trust: cause me to know the way wherein I should walk; for I lift up my soul unto thee.

9 Deliver me, O LORD, from mine enemies: I flee unto thee to hide me.

10 Teach me to do thy will; for thou *art* my God: thy spirit *is* good; lead me into the land of uprightness.

11 Quicken me, O LORD, for thy name's sake: for thy righteousness' sake bring my soul out of trouble.

12 And of thy mercy cut off mine enemies, and destroy all them that afflict my soul: for I *am* thy servant.

PSALM 144

[1a] *A Psalm* of David.

1[1b] Blessed *be* the LORD my strength, which teacheth my hands to war, *and* my fingers to fight:

2 My goodness, and my fortress; my high tower, and my deliverer; my shield, and *he* in whom I trust; who subdueth my people under me.

3 LORD, what *is* man, that thou takest knowledge of him! *or* the son of man, that thou makest account of him!

4 Man is like to vanity: his days *are* as a shadow that passeth away.

5 Bow thy heavens, O LORD, and come down: touch the mountains, and they shall smoke.

6 Cast forth lightning, and scatter them: shoot out thine arrows, and destroy them.

7 Send thine hand from above; rid me, and deliver me out of great waters, from the hand of strange children;

8 Whose mouth speaketh vanity, and their right hand *is* a right hand of falsehood.

9 I will sing a new song unto thee, O

רְשָׁעִ֑ים יַ֥חַד אָנֹכִ֗י עַֽד־אֶעֱבֽוֹר:

142 1 מַשְׂכִּ֥יל לְדָוִ֑ד   בִּהְיוֹת֖וֹ בַמְּעָרָ֣ה תְפִלָּֽה:

2 קֹ֭ולִי אֶל־יְהֹוָ֣ה אֶזְעָ֑ק קֹ֝ולִ֗י אֶל־יְהֹוָ֥ה אֶתְחַנָּֽן: אֶשְׁפֹּ֣ךְ לְפָנָ֣יו שִׂיחִ֑י
3

4 צָרָתִ֗י לְפָנָ֥יו אַגִּֽיד: בְּהִתְעַטֵּ֬ף עָלַ֨י ׀ רוּחִ֗י וְאַתָּה֮ יָדַ֪עְתָּ נְֽתִיבָ֫תִ֥י

5 בְּאֹֽרַח־ז֥וּ אֲהַלֵּ֑ךְ טָמְנ֖וּ פַ֣ח לִֽי: הַבֵּ֤יט יָמִ֨ין ׀ וּרְאֵה֮ וְאֵֽין־לִ֪י מַ֫כִּ֥יר

6 אָבַ֣ד מָנ֣וֹס מִמֶּ֑נִּי אֵ֖ין דּוֹרֵ֣שׁ לְנַפְשִֽׁי: זָעַ֥קְתִּי אֵלֶ֗יךָ יְ֫הֹוָ֥ה אָ֭מַרְתִּי

7 אַתָּ֣ה מַחְסִ֑י חֶ֝לְקִ֗י בְּאֶ֣רֶץ הַֽחַיִּֽים: הַקְשִׁ֨יבָה ׀ אֶֽל־רִנָּתִי֮ כִּֽי־

8 דַלּ֪וֹתִ֫י מְאֹ֥ד הַצִּילֵ֥נִי מֵרֹדְפַ֑י כִּ֖י אָמְצ֣וּ מִמֶּֽנִּי: ה֘וֹצִ֤יאָה מִמַּסְגֵּ֨ר ׀

נַפְשִׁי֮ לְהוֹד֪וֹת אֶת־שְׁ֫מֶ֥ךָ בִּ֭י יַכְתִּ֣רוּ צַדִּיקִ֑ים כִּ֖י תִגְמֹ֣ל עָלָֽי:

143 1 מִזְמ֗וֹר לְדָ֫וִ֥ד

יְהֹוָ֚ה ׀ שְׁמַ֬ע תְּפִלָּתִ֗י הַאֲזִ֥ינָה אֶל־תַּחֲנוּנַ֑י בֶּאֱמֻנָֽתְךָ֥ עֲ֝נֵ֗נִי בְּצִדְקָתֶֽךָ:

2 וְאַל־תָּב֣וֹא בְ֭מִשְׁפָּט אֶת־עַבְדֶּ֑ךָ כִּ֤י לֹֽא־יִצְדַּ֖ק לְפָנֶ֣יךָ כָל־חָֽי: כִּ֥י רָ֘דַ֤ף
3

אוֹיֵ֨ב ׀ נַפְשִׁ֗י דִּכָּ֣א לָ֭אָרֶץ חַיָּתִ֑י הֽוֹשִׁיבַ֥נִי בְ֝מַחֲשַׁכִּ֗ים כְּמֵתֵ֥י עוֹלָֽם:

4 וַתִּתְעַטֵּ֣ף עָלַ֣י רוּחִ֑י בְּ֝תוֹכִ֗י יִשְׁתּוֹמֵ֥ם לִבִּֽי: זָ֘כַ֤רְתִּי יָמִ֨ים ׀ מִקֶּ֗דֶם הָגִ֥יתִי
5

6 בְכָל־פָּֽעֳלֶ֑ךָ בְּמַֽעֲשֵׂ֖ה יָדֶ֣יךָ אֲשׂוֹחֵֽחַ: פֵּרַ֣שְׂתִּי יָדַ֣י אֵלֶ֑יךָ נַ֝פְשִׁ֗י כְּאֶֽרֶץ־

7 עֲיֵפָ֖ה לְךָ֣ סֶֽלָה: מַ֘הֵ֤ר עֲנֵ֨נִי ׀ יְהֹוָה֮ כָּלְתָ֪ה ר֫וּחִ֥י אַל־תַּסְתֵּ֣ר פָּנֶ֣יךָ

8 מִ֭מֶּנִּי וְ֝נִמְשַׁ֗לְתִּי עִם־יֹ֥רְדֵי בֽוֹר: הַשְׁמִ֘יעֵ֤נִי בַבֹּ֨קֶר ׀ חַסְדֶּךָ֮ כִּֽי־בְךָ֪

9 בָ֫טָ֥חְתִּי הֽוֹדִיעֵ֗נִי דֶּֽרֶךְ־ז֥וּ אֵלֵ֑ךְ כִּֽי־אֵ֝לֶ֗יךָ נָשָׂ֥אתִי נַפְשִֽׁי: הַצִּילֵ֬נִי

10 מֵאֹֽיְבַ֓י ׀ יְהֹוָ֗ה אֵלֶ֥יךָ כִסִּֽתִי: לַמְּדֵ֨נִי ׀ לַ֥עֲשׂ֣וֹת רְצוֹנֶךָ֮ כִּֽי־אַתָּ֪ה אֱל֫וֹהָ֥י

11 רוּחֲךָ֥ טוֹבָ֑ה תַּ֝נְחֵ֗נִי בְּאֶ֣רֶץ מִישֽׁוֹר: לְמַ֣עַן־שִׁמְךָ֣ יְהֹוָ֣ה תְּחַיֵּ֑נִי

12 בְּצִדְקָֽתְךָ֨ ׀ תּוֹצִ֣יא מִצָּרָ֣ה נַפְשִֽׁי: וּֽבְחַסְדְּךָ֮ תַּצְמִ֪ית אֹ֫יְבָ֥י וְֽ֭הַאֲבַדְתָּ כָּל־

צֹרְרֵ֣י נַפְשִׁ֑י כִּ֝֗י אֲנִ֣י עַבְדֶּֽךָ:

144 1 לְדָוִ֨ד ׀

2 בָּ֘ר֤וּךְ יְהֹוָ֨ה ׀ צוּרִ֗י הַֽמְלַמֵּ֣ד יָדַ֣י לַקְרָ֑ב אֶ֝צְבְּעוֹתַ֗י לַמִּלְחָמָֽה: חַסְדִּ֥י

וּמְצֽוּדָתִי֮ מִשְׂגַּבִּ֪י וּֽמְפַלְטִ֫י־לִ֥י מָ֭גִנִּי וּב֣וֹ חָסִ֑יתִי הָרוֹדֵ֖ד עַמִּ֣י תַחְתָּֽי:

3 יְֽהֹוָ֗ה מָה־אָ֭דָם וַתֵּדָעֵ֑הוּ בֶּן־אֱ֝נ֗וֹשׁ וַֽתְּחַשְּׁבֵֽהוּ: אָ֭דָם לַהֶ֣בֶל דָּמָ֑ה יָ֝מָ֗יו
4

5 כְּצֵ֣ל עוֹבֵֽר: יְ֭הֹוָה הַט־שָׁמֶ֣יךָ וְתֵרֵ֑ד גַּ֖ע בֶּהָרִ֣ים וְֽיֶעֱשָֽׁנוּ: בְּר֣וֹק בָּ֭רָק
6

7 וּתְפִיצֵ֑ם שְׁלַ֥ח חִ֝צֶּ֗יךָ וּתְהֻמֵּֽם: שְׁלַ֥ח יָדֶ֗יךָ מִמָּ֫ר֥וֹם פְּצֵ֣נִי וְ֭הַצִּילֵנִי מִמַּ֣יִם

8 רַבִּ֑ים מִ֝יַּ֗ד בְּנֵ֣י נֵכָֽר: אֲשֶׁ֣ר פִּ֭יהֶם דִּבֶּר־שָׁ֑וְא וִ֝ימִינָ֗ם יְמִ֣ין שָֽׁקֶר: אֱ֘לֹהִ֗ים
9

God: upon a psaltery *and* an instrument of ten strings will I sing praises unto thee.

10 *It is he* that giveth salvation unto kings: who delivereth David his servant from the hurtful sword.

11 Rid me, and deliver me from the hand of strange children, whose mouth speaketh vanity, and their right hand *is* a right hand of falsehood:

12 That our sons *may be* as plants grown up in their youth; *that* our daughters *may be* as corner stones, polished *after* the similitude of a palace:

13 *That* our garners *may be* full, affording all manner of store: *that* our sheep may bring forth thousands and ten thousands in our streets:

14 *That* our oxen *may be* strong to labour; *that there be* no breaking in, nor going out; that *there be* no complaining in our streets.

15 Happy *is that* people, that is in such a case: *yea,* happy *is that* people, whose God *is* the Lord.

PSALM 145

[1a] David's *Psalm* of praise.

1 [1b] I will extol thee, my God, O king; and I will bless thy name for ever and ever.

2 Every day will I bless thee; and I will praise thy name for ever and ever.

3 Great *is* the Lord, and greatly to be praised; and his greatness *is* unsearchable.

4 One generation shall praise thy works to another, and shall declare thy mighty acts.

5 I will speak of the glorious honour of thy majesty, and of thy wondrous works.

6 And *men* shall speak of the might of thy terrible acts: and I will declare thy greatness.

7 They shall abundantly utter the memory of thy great goodness, and shall sing of thy righteousness.

8 The Lord *is* gracious, and full of compassion; slow to anger, and of great mercy.

9 The Lord *is* good to all: and his tender mercies *are* over all his works.

10 All thy works shall praise thee, O Lord; and thy saints shall bless thee.

11 They shall speak of the glory of thy kingdom, and talk of thy power;

12 To make known to the sons of men his mighty acts, and the glorious majesty of his kingdom.

13 Thy kingdom *is* an everlasting kingdom, and thy dominion *endureth* throughout all generations.

14 The Lord upholdeth all that fall, and raiseth up all *those that be* bowed down.

15 The eyes of all wait upon thee; and thou givest them their meat in due season.

16 Thou openest thine hand, and satisfiest the desire of every living thing.

17 The Lord *is* righteous in all his ways, and holy in all his works.

18 The Lord *is* nigh unto all them that call upon him, to all that call upon him in truth.

19 He will fulfil the desire of them that fear him: he also will hear their cry, and will save them.

20 The Lord preserveth all them that love him: but all the wicked will he destroy.

21 My mouth shall speak the praise of the Lord: and let all flesh bless his holy name for ever and ever.

PSALM 146

1 Praise ye the Lord. Praise the Lord, O my soul.

2 While I live will I praise the Lord: I will sing praises unto my God while I have any being.

3 Put not your trust in princes, *nor* in the son of man, in whom *there is* no help.

4 His breath goeth forth, he returneth to his earth; in that very day his thoughts perish.

5 Happy *is he* that *hath* the God of Jacob for his help, whose hope *is* in the Lord his God:

6 Which made heaven, and earth, the sea, and all that therein *is:* which keepeth truth for ever:

7 Which executeth judgment for the oppressed: which giveth food to the hungry. The Lord looseth the prisoners:

8 The Lord openeth *the eyes of* the blind:

10 שִׁיר חָדָשׁ אָשִׁירָה לָּךְ בְּנֵבֶל עָשׂוֹר אֲזַמְּרָה־לָּךְ: הַנּוֹתֵן תְּשׁוּעָה

11 לַמְּלָכִים הַפּוֹצֶה אֶת־דָּוִד עַבְדּוֹ מֵחֶרֶב רָעָה: פְּצֵנִי וְהַצִּילֵנִי מִיַּד בְּנֵי־

12 נֵכָר אֲשֶׁר פִּיהֶם דִּבֶּר־שָׁוְא וִימִינָם יְמִין שָׁקֶר: אֲשֶׁר בָּנֵינוּ כִּנְטִעִים

13 מְגֻדָּלִים בִּנְעוּרֵיהֶם בְּנוֹתֵינוּ כְזָוִיֹּת מְחֻטָּבוֹת תַּבְנִית הֵיכָל: מְזָוֵינוּ

מְלֵאִים מְפִיקִים מִזַּן אֶל־זַן צֹאונֵנוּ מַאֲלִיפוֹת מְרֻבָּבוֹת בְּחוּצוֹתֵינוּ:

14 אַלּוּפֵינוּ מְסֻבָּלִים אֵין־פֶּרֶץ וְאֵין יוֹצֵאת וְאֵין צְוָחָה בִּרְחֹבֹתֵינוּ: אַשְׁרֵי

15 הָעָם שֶׁכָּכָה לּוֹ אַשְׁרֵי הָעָם שֶׁיהוָה אֱלֹהָיו:

145 1 תְּהִלָּה לְדָוִד　　　　　　　　　　אֲרוֹמִמְךָ אֱלוֹהַי הַמֶּלֶךְ וַאֲבָרְכָה

2 שִׁמְךָ לְעוֹלָם וָעֶד: בְּכָל־יוֹם אֲבָרְכֶךָּ וַאֲהַלְלָה שִׁמְךָ לְעוֹלָם וָעֶד:

3 גָּדוֹל יְהוָה וּמְהֻלָּל מְאֹד וְלִגְדֻלָּתוֹ אֵין חֵקֶר: דּוֹר לְדוֹר יְשַׁבַּח
4

5 מַעֲשֶׂיךָ וּגְבוּרֹתֶיךָ יַגִּידוּ: הֲדַר כְּבוֹד הוֹדֶךָ וְדִבְרֵי נִפְלְאֹתֶיךָ

6 אָשִׂיחָה: וֶעֱזוּז נוֹרְאֹתֶיךָ יֹאמֵרוּ וגדולתיך אֲסַפְּרֶנָּה: זֵכֶר רַב־טוּבְךָ　　　　　　וּגְדוּלָּתְךָ
7

8 יַבִּיעוּ וְצִדְקָתְךָ יְרַנֵּנוּ: חַנּוּן וְרַחוּם יְהוָה אֶרֶךְ אַפַּיִם וּגְדָל־חָסֶד:

9 טוֹב־יְהוָה לַכֹּל וְרַחֲמָיו עַל־כָּל־מַעֲשָׂיו: יוֹדוּךָ יְהוָה כָּל־מַעֲשֶׂיךָ
10

11 וַחֲסִידֶיךָ יְבָרְכוּכָה: כְּבוֹד מַלְכוּתְךָ יֹאמֵרוּ וּגְבוּרָתְךָ יְדַבֵּרוּ:

12 לְהוֹדִיעַ לִבְנֵי הָאָדָם גְּבוּרֹתָיו וּכְבוֹד הֲדַר מַלְכוּתוֹ: מַלְכוּתְךָ　　13A
13

14 מַלְכוּת כָּל־עֹלָמִים וּמֶמְשַׁלְתְּךָ בְּכָל־דּוֹר וָדוֹר: סוֹמֵךְ יְהוָה לְכָל־

15 הַנֹּפְלִים וְזוֹקֵף לְכָל־הַכְּפוּפִים: עֵינֵי־כֹל אֵלֶיךָ יְשַׂבֵּרוּ וְאַתָּה נוֹתֵן

16 לָהֶם אֶת־אָכְלָם בְּעִתּוֹ: פּוֹתֵחַ אֶת־יָדֶךָ וּמַשְׂבִּיעַ לְכָל־חַי רָצוֹן:

17 צַדִּיק יְהוָה בְּכָל־דְּרָכָיו וְחָסִיד בְּכָל־מַעֲשָׂיו: קָרוֹב יְהוָה לְכָל־קֹרְאָיו
18

19 לְכֹל אֲשֶׁר יִקְרָאֻהוּ בֶאֱמֶת: רְצוֹן־יְרֵאָיו יַעֲשֶׂה וְאֶת־שַׁוְעָתָם יִשְׁמַע

20 וְיוֹשִׁיעֵם: שׁוֹמֵר יְהוָה אֶת־כָּל־אֹהֲבָיו וְאֵת כָּל־הָרְשָׁעִים יַשְׁמִיד:

21 תְּהִלַּת יְהוָה יְדַבֶּר פִּי וִיבָרֵךְ כָּל־בָּשָׂר שֵׁם קָדְשׁוֹ לְעוֹלָם וָעֶד:

146 1 הַלְלוּ־יָהּ

2 הַלְלִי נַפְשִׁי אֶת־יְהוָה: אֲהַלְלָה יְהוָה בְּחַיָּי אֲזַמְּרָה לֵאלֹהַי בְּעוֹדִי:

3 אַל־תִּבְטְחוּ בִנְדִיבִים בְּבֶן־אָדָם שֶׁאֵין לוֹ תְשׁוּעָה: תֵּצֵא רוּחוֹ יָשֻׁב
4

5 לְאַדְמָתוֹ בַּיּוֹם הַהוּא אָבְדוּ עֶשְׁתֹּנֹתָיו: אַשְׁרֵי שֶׁאֵל יַעֲקֹב בְּעֶזְרוֹ

6 שִׂבְרוֹ עַל־יְהוָה אֱלֹהָיו: עֹשֶׂה שָׁמַיִם וָאָרֶץ אֶת־הַיָּם וְאֶת־כָּל־אֲשֶׁר־

7 בָּם הַשֹּׁמֵר אֱמֶת לְעוֹלָם: עֹשֶׂה מִשְׁפָּט לָעֲשׁוּקִים נֹתֵן לֶחֶם לָרְעֵבִים

8 יְהוָה מַתִּיר אֲסוּרִים: יְהוָה פֹּקֵחַ עִוְרִים יְהוָה זֹקֵף כְּפוּפִים יְהוָה

the LORD raiseth them that are bowed down: the LORD loveth the righteous:

9 The LORD preserveth the strangers; he relieveth the fatherless and widow: but the way of the wicked he turneth upside down.

10 The LORD shall reign for ever, *even* thy God, O Zion, unto all generations. Praise ye the LORD.

PSALM 147

1 Praise ye the LORD: for *it is* good to sing praises unto our God; for *it is* pleasant; *and* praise is comely.

2 The LORD doth build up Jerusalem: he gathereth together the outcasts of Israel.

3 He healeth the broken in heart, and bindeth up their wounds.

4 He telleth the number of the stars; he calleth them all by *their* names.

5 Great *is* our Lord, and of great power: his understanding *is* infinite.

6 The LORD lifteth up the meek: he casteth the wicked down to the ground.

7 Sing unto the LORD with thanksgiving; sing praise upon the harp unto our God:

8 Who covereth the heaven with clouds, who prepareth rain for the earth, who maketh grass to grow upon the mountains.

9 He giveth to the beast his food, *and* to the young ravens which cry.

10 He delighteth not in the strength of the horse: he taketh not pleasure in the legs of a man.

11 The LORD taketh pleasure in them that fear him, in those that hope in his mercy.

12 Praise the LORD, O Jerusalem; praise thy God, O Zion.

13 For he hath strengthened the bars of thy gates; he hath blessed thy children within thee.

14 He maketh peace *in* thy borders, *and* filleth thee with the finest of the wheat.

15 He sendeth forth his commandment *upon* earth: his word runneth very swiftly.

16 He giveth snow like wool: he scattereth the hoarfrost like ashes.

17 He casteth forth his ice like morsels: who can stand before his cold?

18 He sendeth out his word, and melteth them: he causeth his wind to blow, *and* the waters flow.

19 He sheweth his word unto Jacob, his statutes and his judgments unto Israel.

20 He hath not dealt so with any nation: and *as for his* judgments, they have not known them. Praise ye the LORD.

PSALM 148

1 Praise ye the LORD. Praise ye the LORD from the heavens: praise him in the heights.

2 Praise ye him, all his angels: praise ye him, all his hosts.

3 Praise ye him, sun and moon: praise him, all ye stars of light.

4 Praise him, ye heavens of heavens, and ye waters that *be* above the heavens.

5 Let them praise the name of the LORD: for he commanded, and they were created.

6 He hath also stablished them for ever and ever: he hath made a decree which shall not pass.

7 Praise the LORD from the earth, ye dragons, and all deeps:

8 Fire, and hail; snow, and vapour; stormy wind fulfilling his word:

9 Mountains, and all hills; fruitful trees, and all cedars:

10 Beasts, and all cattle; creeping things, and flying fowl:

11 Kings of the earth, and all people; princes, and all judges of the earth:

12 Both young men, and maidens; old men, and children:

13 Let them praise the name of the LORD: for his name alone is excellent; his glory *is* above the earth and heaven.

14 He also exalteth the horn of his people, the praise of all his saints; *even* of the children of Israel, a people near unto him. Praise ye the LORD.

PSALM 149

1 Praise ye the LORD. Sing unto the LORD a new song, *and* his praise in the congregation of saints.

2 Let Israel rejoice in him that made him: let the children of Zion be joyful in their King.

9 אֹהֵב צַדִּיקִים: יְהוָה ׀ שֹׁמֵר אֶת־גֵּרִים יָתוֹם וְאַלְמָנָה יְעוֹדֵד וְדֶרֶךְ

10 רְשָׁעִים יְעַוֵּת: יִמְלֹךְ יְהוָה ׀ לְעוֹלָם אֱלֹהַיִךְ צִיּוֹן לְדֹר וָדֹר הַלְלוּ־יָהּ:

1 **147** הַלְלוּ יָהּ ׀

2 כִּי־טוֹב זַמְּרָה אֱלֹהֵינוּ כִּי־נָעִים נָאוָה תְהִלָּה: בּוֹנֵה יְרוּשָׁלַ͏ִם יְהוָה

3
4 נִדְחֵי יִשְׂרָאֵל יְכַנֵּס: הָרֹפֵא לִשְׁבוּרֵי לֵב וּמְחַבֵּשׁ לְעַצְּבוֹתָם: מוֹנֶה

5 מִסְפָּר לַכּוֹכָבִים לְכֻלָּם שֵׁמוֹת יִקְרָא: גָּדוֹל אֲדוֹנֵינוּ וְרַב־כֹּחַ

6 לִתְבוּנָתוֹ אֵין מִסְפָּר: מְעוֹדֵד עֲנָוִים יְהוָה מַשְׁפִּיל רְשָׁעִים עֲדֵי־אָרֶץ:

7
8 עֱנוּ לַיהוָה בְּתוֹדָה זַמְּרוּ לֵאלֹהֵינוּ בְכִנּוֹר: הַמְכַסֶּה שָׁמַיִם ׀ בְּעָבִים

9 הַמֵּכִין לָאָרֶץ מָטָר הַמַּצְמִיחַ הָרִים חָצִיר: נוֹתֵן לִבְהֵמָה לַחְמָהּ לִבְנֵי

10 עֹרֵב אֲשֶׁר יִקְרָאוּ: לֹא בִגְבוּרַת הַסּוּס יֶחְפָּץ לֹא־בְשׁוֹקֵי הָאִישׁ

11
12 יִרְצֶה: רוֹצֶה יְהוָה אֶת־יְרֵאָיו אֶת־הַמְיַחֲלִים לְחַסְדּוֹ: שַׁבְּחִי יְרוּשָׁלַ͏ִם

13 אֶת־יְהוָה הַלְלִי אֱלֹהַיִךְ צִיּוֹן: כִּי־חִזַּק בְּרִיחֵי שְׁעָרָיִךְ בֵּרַךְ בָּנַיִךְ

14
15 בְּקִרְבֵּךְ: הַשָּׂם־גְּבוּלֵךְ שָׁלוֹם חֵלֶב חִטִּים יַשְׂבִּיעֵךְ: הַשֹּׁלֵחַ אִמְרָתוֹ

16 אָרֶץ עַד־מְהֵרָה יָרוּץ דְּבָרוֹ: הַנֹּתֵן שֶׁלֶג כַּצָּמֶר כְּפוֹר כָּאֵפֶר יְפַזֵּר:

17
18 מַשְׁלִיךְ קַרְחוֹ כְפִתִּים לִפְנֵי קָרָתוֹ מִי יַעֲמֹד: יִשְׁלַח דְּבָרוֹ וְיַמְסֵם

19 דְּבָרָיו   יַשֵּׁב רוּחוֹ יִזְּלוּ־מָיִם: מַגִּיד דְּבָרוֹ לְיַעֲקֹב חֻקָּיו וּמִשְׁפָּטָיו לְיִשְׂרָאֵל:

20 לֹא עָשָׂה כֵן ׀ לְכָל־גּוֹי וּמִשְׁפָּטִים בַּל־יְדָעוּם   הַלְלוּ־יָהּ:

1 **148** הַלְלוּ יָהּ ׀

2 הַלְלוּ אֶת־יְהוָה מִן־הַשָּׁמַיִם הַלְלוּהוּ בַּמְּרוֹמִים: הַלְלוּהוּ כָל־מַלְאָכָיו

3 צְבָאָיו   הַלְלוּהוּ כָּל־צְבָאָו: הַלְלוּהוּ שֶׁמֶשׁ וְיָרֵחַ הַלְלוּהוּ כָּל־כּוֹכְבֵי אוֹר:

4 הַלְלוּהוּ שְׁמֵי הַשָּׁמָיִם וְהַמַּיִם אֲשֶׁר ׀ מֵעַל הַשָּׁמָיִם: יְהַלְלוּ אֶת־שֵׁם

5
6 יְהוָה כִּי הוּא צִוָּה וְנִבְרָאוּ: וַיַּעֲמִידֵם לָעַד לְעוֹלָם חָק־נָתַן וְלֹא

7 יַעֲבוֹר: הַלְלוּ אֶת־יְהוָה מִן־הָאָרֶץ תַּנִּינִים וְכָל־תְּהֹמוֹת: אֵשׁ וּבָרָד

8
9 שֶׁלֶג וְקִיטוֹר רוּחַ סְעָרָה עֹשָׂה דְבָרוֹ: הֶהָרִים וְכָל־גְּבָעוֹת עֵץ פְּרִי

10 וְכָל־אֲרָזִים: הַחַיָּה וְכָל־בְּהֵמָה רֶמֶשׂ וְצִפּוֹר כָּנָף: מַלְכֵי־אֶרֶץ וְכָל־

11 לְאֻמִּים שָׂרִים וְכָל־שֹׁפְטֵי אָרֶץ: בַּחוּרִים וְגַם־בְּתוּלוֹת זְקֵנִים עִם־

12 נְעָרִים: יְהַלְלוּ ׀ אֶת־שֵׁם יְהוָה כִּי־נִשְׂגָּב שְׁמוֹ לְבַדּוֹ הוֹדוֹ עַל־אֶרֶץ

13 וְשָׁמָיִם: וַיָּרֶם קֶרֶן ׀ לְעַמּוֹ תְּהִלָּה לְכָל־חֲסִידָיו לִבְנֵי יִשְׂרָאֵל עַם־

14 קְרֹבוֹ הַלְלוּ־יָהּ:

1A

1 **149** הַלְלוּ יָהּ ׀

2 שִׁירוּ לַיהוָה שִׁיר חָדָשׁ תְּהִלָּתוֹ בִּקְהַל חֲסִידִים: יִשְׂמַח יִשְׂרָאֵל

3 Let them praise his name in the dance: let them sing praises unto him with the timbrel and harp.

4 For the LORD taketh pleasure in his people: he will beautify the meek with salvation.

5 Let the saints be joyful in glory: let them sing aloud upon their beds.

6 *Let* the high *praises* of God *be* in their mouth, and a twoedged sword in their hand;

7 To execute vengeance upon the heathen, *and* punishments upon the people;

8 To bind their kings with chains, and their nobles with fetters of iron;

9 To execute upon them the judgment written: this honour have all his saints. Praise ye the LORD.

PSALM 150

1 Praise ye the LORD. Praise God in his sanctuary: praise him in the firmament of his power.

2 Praise him for his mighty acts: praise him according to his excellent greatness.

3 Praise him with the sound of the trumpet: praise him with the psaltery and harp.

4 Praise him with the timbrel and dance: praise him with stringed instruments and organs.

5 Praise him upon the loud cymbals: praise him upon the high sounding cymbals.

6 Let every thing that hath breath praise the LORD. Praise ye the LORD.

THE PROVERBS

CHAPTER 1

1 The proverbs of Solomon the son of David, king of Israel;

2 To know wisdom and instruction; to perceive the words of understanding;

3 To receive the instruction of wisdom, justice, and judgment, and equity;

4 To give subtilty to the simple, to the young man knowledge and discretion.

5 A wise *man* will hear, and will increase learning; and a man of understanding shall attain unto wise counsels:

6 To understand a proverb, and the interpretation; the words of the wise, and their dark sayings.

7 ¶ The fear of the LORD *is* the beginning of knowledge: *but* fools despise wisdom and instruction.

8 My son, hear the instruction of thy father, and forsake not the law of thy mother:

9 For they *shall be* an ornament of grace unto thy head, and chains about thy neck.

10 ¶ My son, if sinners entice thee, consent thou not.

11 If they say, Come with us, let us lay wait for blood, let us lurk privily for the innocent without cause:

12 Let us swallow them up alive as the grave; and whole, as those that go down into the pit:

13 We shall find all precious substance, we shall fill our houses with spoil:

14 Cast in thy lot among us; let us all have one purse:

15 My son, walk not thou in the way with them; refrain thy foot from their path:

16 For their feet run to evil, and make haste to shed blood.

17 Surely in vain the net is spread in the sight of any bird.

18 And they lay wait for their *own* blood; they lurk privily for their *own* lives.

19 So *are* the ways of every one that is greedy of gain; *which* taketh away the life of the owners thereof.

20 ¶ Wisdom crieth without; she uttereth her voice in the streets:

21 She crieth in the chief place of concourse, in the openings of the gates: in the city she uttereth her words, *saying,*

22 How long, ye simple ones, will ye love simplicity? and the scorners delight in their scorning, and fools hate knowledge?

23 Turn you at my reproof: behold, I will pour out my spirit unto you, I will make known my words unto you.

בְּעֹשָׂיו בְּנֵי־צִיּוֹן יָגִילוּ בְמַלְכָּם: יְהַלְלוּ שְׁמוֹ בְמָחוֹל בְּתֹף וְכִנּוֹר: 3

יְזַמְּרוּ־לוֹ: כִּי־רוֹצֶה יְהוָה בְּעַמּוֹ יְפָאֵר עֲנָוִים בִּישׁוּעָה: יַעְלְזוּ 4
5

חֲסִידִים בְּכָבוֹד יְרַנְּנוּ עַל־מִשְׁכְּבוֹתָם: רוֹמְמוֹת אֵל בִּגְרוֹנָם וְחֶרֶב 6

פִּיפִיּוֹת בְּיָדָם: לַעֲשׂוֹת נְקָמָה בַּגּוֹיִם תּוֹכֵחֹת בַּל־אֻמִּים: לֶאְסֹר 7
8

מַלְכֵיהֶם בְּזִקִּים וְנִכְבְּדֵיהֶם בְּכַבְלֵי בַרְזֶל: לַעֲשׂוֹת בָּהֶם מִשְׁפָּט 9

כָּתוּב הָדָר הוּא לְכָל־חֲסִידָיו הַלְלוּ־יָהּ:

הַלְלוּ יָהּ הַלְלוּ־אֵל בְּקָדְשׁוֹ הַלְלוּהוּ בִּרְקִיעַ עֻזּוֹ: הַלְלוּהוּ בִגְבוּרֹתָיו 150 1
2

הַלְלוּהוּ כְּרֹב גֻּדְלוֹ: הַלְלוּהוּ בְּתֵקַע שׁוֹפָר הַלְלוּהוּ בְּנֵבֶל וְכִנּוֹר: 3

הַלְלוּהוּ בְּתֹף וּמָחוֹל הַלְלוּהוּ בְּמִנִּים וְעוּגָב: הַלְלוּהוּ בְצִלְצְלֵי־ 4
5

שָׁמַע הַלְלוּהוּ בְּצִלְצְלֵי תְרוּעָה: כֹּל הַנְּשָׁמָה תְּהַלֵּל יָהּ הַלְלוּ־יָהּ: 6

סֵפֶר מִשְׁלֵי

מִשְׁלֵי שְׁלֹמֹה בֶן־דָּוִד מֶלֶךְ יִשְׂרָאֵל: לָדַעַת חָכְמָה וּמוּסָר לְהָבִין 1 1
2

אִמְרֵי בִינָה: לָקַחַת מוּסַר הַשְׂכֵּל צֶדֶק וּמִשְׁפָּט וּמֵישָׁרִים: לָתֵת 3
4

לִפְתָאיִם עָרְמָה לְנַעַר דַּעַת וּמְזִמָּה: יִשְׁמַע חָכָם וְיוֹסֶף לֶקַח וְנָבוֹן 5

תַּחְבֻּלוֹת יִקְנֶה: לְהָבִין מָשָׁל וּמְלִיצָה דִּבְרֵי חֲכָמִים וְחִידֹתָם: יִרְאַת 6
7

יְהוָה רֵאשִׁית דַּעַת חָכְמָה וּמוּסָר אֱוִילִים בָּזוּ:

שְׁמַע בְּנִי מוּסַר אָבִיךָ וְאַל־תִּטֹּשׁ תּוֹרַת אִמֶּךָ: כִּי לִוְיַת חֵן הֵם 8
9

לְרֹאשֶׁךָ וַעֲנָקִים לְגַרְגְּרֹתֶיךָ: בְּנִי אִם־יְפַתּוּךָ חַטָּאִים אַל־תֹּבֵא: אִם־ 10
11

יֹאמְרוּ לְכָה אִתָּנוּ נֶאֶרְבָה לְדָם נִצְפְּנָה לְנָקִי חִנָּם: נִבְלָעֵם כִּשְׁאוֹל 12

חַיִּים וּתְמִימִים כְּיוֹרְדֵי בוֹר: כָּל־הוֹן יָקָר נִמְצָא נְמַלֵּא בָתֵּינוּ שָׁלָל: 13

גּוֹרָלְךָ תַּפִּיל בְּתוֹכֵנוּ כִּיס אֶחָד יִהְיֶה לְכֻלָּנוּ: בְּנִי אַל־תֵּלֵךְ בְּדֶרֶךְ 14
15

אִתָּם מְנַע רַגְלְךָ מִנְּתִיבָתָם: כִּי רַגְלֵיהֶם לָרַע יָרוּצוּ וִימַהֲרוּ לִשְׁפָּךְ־ 16

דָּם: כִּי־חִנָּם מְזֹרָה הָרָשֶׁת בְּעֵינֵי כָל־בַּעַל כָּנָף: וְהֵם לְדָמָם יֶאֱרֹבוּ 17
18

יִצְפְּנוּ לְנַפְשֹׁתָם: כֵּן אָרְחוֹת כָּל־בֹּצֵעַ בָּצַע אֶת־נֶפֶשׁ בְּעָלָיו 19

יִקָּח:

חָכְמוֹת בַּחוּץ תָּרֹנָּה בָּרְחֹבוֹת תִּתֵּן קוֹלָהּ: בְּרֹאשׁ הֹמִיּוֹת תִּקְרָא 20
21

בְּפִתְחֵי שְׁעָרִים בָּעִיר אֲמָרֶיהָ תֹאמֵר: עַד־מָתַי פְּתָיִם תְּאֵהֲבוּ־פֶתִי 22

וְלֵצִים לָצוֹן חָמְדוּ לָהֶם וּכְסִילִים יִשְׂנְאוּ־דָעַת: תָּשׁוּבוּ לְתוֹכַחְתִּי 23

הִנֵּה אַבִּיעָה לָכֶם רוּחִי אוֹדִיעָה דְבָרַי אֶתְכֶם: יַעַן קָרָאתִי וַתְּמָאֵנוּ 24

24 ¶ Because I have called, and ye refused; I have stretched out my hand, and no man regarded;

25 But ye have set at nought all my counsel, and would none of my reproof:

26 I also will laugh at your calamity; I will mock when your fear cometh;

27 When your fear cometh as desolation, and your destruction cometh as a whirlwind; when distress and anguish cometh upon you.

28 Then shall they call upon me, but I will not answer; they shall seek me early, but they shall not find me:

29 For that they hated knowledge, and did not choose the fear of the LORD:

30 They would none of my counsel: they despised all my reproof.

31 Therefore shall they eat of the fruit of their own way, and be filled with their own devices.

32 For the turning away of the simple shall slay them, and the prosperity of fools shall destroy them.

33 But whoso hearkeneth unto me shall dwell safely, and shall be quiet from fear of evil.

CHAPTER 2

1 My son, if thou wilt receive my words, and hide my commandments with thee;

2 So that thou incline thine ear unto wisdom, and apply thine heart to understanding;

3 Yea, if thou criest after knowledge, and liftest up thy voice for understanding;

4 If thou seekest her as silver, and searchest for her as for hid treasures;

5 Then shalt thou understand the fear of the LORD, and find the knowledge of God.

6 For the LORD giveth wisdom: out of his mouth cometh knowledge and understanding.

7 He layeth up sound wisdom for the righteous: he is a buckler to them that walk uprightly.

8 He keepeth the paths of judgment, and preserveth the way of his saints.

9 Then shalt thou understand righteous-ness, and judgment, and equity; yea, every good path.

10 ¶ When wisdom entereth into thine heart, and knowledge is pleasant unto thy soul;

11 Discretion shall preserve thee, understanding shall keep thee:

12 To deliver thee from the way of the evil man, from the man that speaketh froward things;

13 Who leave the paths of uprightness, to walk in the ways of darkness;

14 Who rejoice to do evil, and delight in the frowardness of the wicked;

15 Whose ways are crooked, and they froward in their paths:

16 To deliver thee from the strange woman, even from the stranger which flattereth with her words;

17 Which forsaketh the guide of her youth, and forgetteth the covenant of her God.

18 For her house inclineth unto death, and her paths unto the dead.

19 None that go unto her return again, neither take they hold of the paths of life.

20 That thou mayest walk in the way of good men, and keep the paths of the righteous.

21 For the upright shall dwell in the land, and the perfect shall remain in it.

22 But the wicked shall be cut off from the earth, and the transgressors shall be rooted out of it.

CHAPTER 3

1 My son, forget not my law; but let thine heart keep my commandments:

2 For length of days, and long life, and peace, shall they add to thee.

3 Let not mercy and truth forsake thee: bind them about thy neck; write them upon the table of thine heart:

4 So shalt thou find favour and good understanding in the sight of God and man.

5 ¶ Trust in the LORD with all thine heart; and lean not unto thine own understanding.

6 In all thy ways acknowledge him, and he shall direct thy paths.

נָטִ֣יתִי יָ֭דִי וְאֵ֣ין מַקְשִׁ֑יב׃ וַתִּפְרְע֥וּ כָל־עֲצָתִ֗י וְ֝תוֹכַחְתִּ֗י לֹ֣א אֲבִיתֶֽם׃ 25

גַּם־אֲ֭נִי בְּאֵידְכֶ֣ם אֶשְׂחָ֑ק אֶ֝לְעַ֗ג בְּבֹ֣א פַחְדְּכֶֽם׃ בְּבֹ֤א כשאוה ׀ פַחְדְּכֶ֗ם 26 27   כְּשׁוֹאָה ׀

וְֽ֭אֵידְכֶם כְּסוּפָ֣ה יֶאֱתֶ֑ה בְּבֹ֤א עֲלֵיכֶ֗ם צָרָ֥ה וְצוּקָֽה׃ אָ֣ז יִ֭קְרָאֻנְנִי וְלֹ֣א 28

אֶעֱנֶ֑ה יְ֝שַׁחֲרֻ֗נְנִי וְלֹ֣א יִמְצָאֻֽנְנִי׃ תַּ֭חַת כִּי־שָׂ֣נְאוּ דָ֑עַת וְיִרְאַ֥ת יְ֝הֹוָ֗ה 29

לֹ֣א בָחָֽרוּ׃ לֹא־אָב֥וּ לַעֲצָתִ֑י נָ֝אֲצ֗וּ כָּל־תּוֹכַחְתִּֽי׃ וְֽ֭יֹאכְלוּ מִפְּרִ֣י דַרְכָּ֑ם 30 31

וּֽמִמֹּעֲצֹ֖תֵיהֶ֣ם יִשְׂבָּֽעוּ׃ כִּ֤י מְשׁוּבַ֣ת פְּתָיִ֣ם תַּֽהַרְגֵ֑ם וְשַׁלְוַ֖ת כְּסִילִ֣ים 32

תְּאַבְּדֵֽם׃ וְשֹׁמֵ֣עַֽ לִ֭י יִשְׁכָּן־בֶּ֑טַח וְ֝שַׁאֲנַ֗ן מִפַּ֥חַד רָעָֽה׃ 33

בְּ֭נִי אִם־תִּקַּ֣ח אֲמָרָ֑י וּ֝מִצְוֹתַ֗י תִּצְפֹּ֥ן אִתָּֽךְ׃ לְהַקְשִׁ֣יב לַחָכְמָ֣ה אָזְנֶ֑ךָ 2   1 2

תַּטֶּ֥ה לִ֝בְּךָ֗ לַתְּבוּנָֽה׃ כִּ֤י אִ֣ם לַבִּינָ֣ה תִקְרָ֑א לַ֝תְּבוּנָ֗ה תִּתֵּ֥ן קוֹלֶֽךָ׃ 3

אִם־תְּבַקְשֶׁ֥נָּה כַכָּ֑סֶף וְֽכַמַּטְמוֹנִ֥ים תַּחְפְּשֶֽׂנָּה׃ אָ֗ז תָּ֭בִין יִרְאַ֣ת יְהֹוָ֑ה 4 5

וְדַ֖עַת אֱלֹהִ֣ים תִּמְצָֽא׃ כִּֽי־יְ֭הֹוָה יִתֵּ֣ן חָכְמָ֑ה מִ֝פִּ֗יו דַּ֣עַת וּתְבוּנָֽה׃ 6

וצפן וְצָפַ֣ן לַ֭יְשָׁרִים תּוּשִׁיָּ֑ה מָ֝גֵ֗ן לְהֹ֣לְכֵי תֹֽם׃ לִ֭נְצֹר אָרְח֣וֹת מִשְׁפָּ֑ט וְדֶ֖רֶךְ 7   וְצָפַ֣ן 8

חסידיו חֲסִידָ֣יו יִשְׁמֹֽר׃ אָ֗ז תָּ֭בִין צֶ֣דֶק וּמִשְׁפָּ֑ט וּ֝מֵישָׁרִ֗ים כָּל־מַעְגַּל־טֽוֹב׃ כִּֽי־ 9   חֲסִידָ֣יו 10

תָב֣וֹא חָכְמָ֣ה בְלִבֶּ֑ךָ וְ֝דַ֗עַת לְנַפְשְׁךָ֥ יִנְעָֽם׃ מְ֭זִמָּה תִּשְׁמֹ֥ר עָלֶ֗יךָ 11

תְּבוּנָ֥ה תִנְצְרֶֽכָּה׃ לְ֭הַצִּ֣ילְךָ מִדֶּ֣רֶךְ רָ֑ע מֵ֝אִ֗ישׁ מְדַבֵּ֥ר תַּהְפֻּכֽוֹת׃ 12

הַ֭עֹֽזְבִים אָרְח֣וֹת יֹ֑שֶׁר לָ֝לֶ֗כֶת בְּדַרְכֵי־חֹֽשֶׁךְ׃ הַ֭שְּׂמֵחִים לַעֲשׂ֣וֹת רָ֑ע 13 14

יָ֝גִ֗ילוּ בְּֽתַהְפֻּכ֥וֹת רָֽע׃ אֲשֶׁ֣ר אָרְחֹתֵיהֶ֣ם עִקְּשִׁ֑ים וּ֝נְלוֹזִ֗ים בְּמַעְגְּלוֹתָֽם׃ 15

לְ֭הַצִּ֣ילְךָ מֵאִשָּׁ֣ה זָרָ֑ה מִ֝נָּכְרִיָּ֗ה אֲמָרֶ֥יהָ הֶחֱלִֽיקָה׃ הַֽ֭עֹזֶבֶת אַלּ֣וּף 16 17

נְעוּרֶ֑יהָ וְאֶת־בְּרִ֖ית אֱלֹהֶ֣יהָ שָׁכֵֽחָה׃ כִּ֤י שָׁ֣חָה אֶל־מָ֣וֶת בֵּיתָ֑הּ וְאֶל־ 18

רְ֝פָאִ֗ים מַעְגְּלֹתֶֽיהָ׃ כָּל־בָּ֭אֶיהָ לֹ֣א יְשׁוּב֑וּן וְלֹֽא־יַ֝שִּׂ֗יגוּ אָרְח֥וֹת חַיִּֽים׃ 19

לְ֭מַעַן תֵּ֭לֵךְ בְּדֶ֣רֶךְ טוֹבִ֑ים וְאָרְח֖וֹת צַדִּיקִ֣ים תִּשְׁמֹֽר׃ כִּֽי־יְשָׁרִ֥ים 20   21A 21

יִשְׁכְּנוּ־אָ֑רֶץ וּ֝תְמִימִ֗ים יִוָּ֥תְרוּ בָֽהּ׃ וּ֭רְשָׁעִים מֵאֶ֣רֶץ יִכָּרֵ֑תוּ וּ֝בוֹגְדִ֗ים 22

יִסְּח֥וּ מִמֶּֽנָּה׃

בְּ֭נִי תּוֹרָתִ֣י אַל־תִּשְׁכָּ֑ח וּ֝מִצְוֹתַ֗י יִצֹּ֥ר לִבֶּֽךָ׃ כִּ֤י אֹ֣רֶךְ יָ֭מִים וּשְׁנ֣וֹת 3   1 2

חַיִּ֑ים וְ֝שָׁל֗וֹם יוֹסִ֥יפוּ לָֽךְ׃ חֶ֥סֶד וֶאֱמֶ֗ת אַֽל־יַעַזְבֻ֫ךָ קָשְׁרֵ֥ם עַל־ 3

גַּרְגְּרוֹתֶ֑יךָ כָּ֝תְבֵ֗ם עַל־ל֥וּחַ לִבֶּֽךָ׃ וּמְצָא־חֵ֖ן וְשֵֽׂכֶל־ט֑וֹב בְּעֵינֵ֖י אֱלֹהִ֣ים 4

וְאָדָֽם׃

בְּטַ֣ח אֶל־יְ֭הֹוָה בְּכָל־לִבֶּ֑ךָ וְאֶל־בִּֽ֝ינָתְךָ֗ אַל־תִּשָּׁעֵֽן׃ בְּכָל־דְּרָכֶ֥יךָ דָעֵ֑הוּ 5 6

7 ¶ Be not wise in thine own eyes: fear the LORD, and depart from evil.

8 It shall be health to thy navel, and marrow to thy bones.

9 Honour the LORD with thy substance, and with the firstfruits of all thine increase:

10 So shall thy barns be filled with plenty, and thy presses shall burst out with new wine.

11 ¶ My son, despise not the chastening of the LORD; neither be weary of his correction:

12 For whom the LORD loveth he correcteth; even as a father the son *in whom* he delighteth.

13 ¶ Happy *is* the man *that* findeth wisdom, and the man *that* getteth understanding.

14 For the merchandise of it *is* better than the merchandise of silver, and the gain thereof than fine gold.

15 She *is* more precious than rubies: and all the things thou canst desire are not to be compared unto her.

16 Length of days *is* in her right hand; *and* in her left hand riches and honour.

17 Her ways *are* ways of pleasantness, and all her paths *are* peace.

18 She *is* a tree of life to them that lay hold upon her: and happy *is every one* that retaineth her.

19 The LORD by wisdom hath founded the earth; by understanding hath he established the heavens.

20 By his knowledge the depths are broken up, and the clouds drop down the dew.

21 ¶ My son, let not them depart from thine eyes: keep sound wisdom and discretion:

22 So shall they be life unto thy soul, and grace to thy neck.

23 Then shalt thou walk in thy way safely, and thy foot shall not stumble.

24 When thou liest down, thou shalt not be afraid: yea, thou shalt lie down, and thy sleep shall be sweet.

25 Be not afraid of sudden fear, neither of the desolation of the wicked, when it cometh.

26 For the LORD shall be thy confidence, and shall keep thy foot from being taken.

27 ¶ Withhold not good from them to whom it is due, when it is in the power of thine hand to do *it.*

28 Say not unto thy neighbour, Go, and come again, and to morrow I will give; when thou hast it by thee.

29 Devise not evil against thy neighbour, seeing he dwelleth securely by thee.

30 ¶ Strive not with a man without cause, if he have done thee no harm.

31 ¶ Envy thou not the oppressor, and choose none of his ways.

32 For the froward *is* abomination to the LORD: but his secret *is* with the righteous.

33 ¶ The curse of the LORD *is* in the house of the wicked: but he blesseth the habitation of the just.

34 Surely he scorneth the scorners: but he giveth grace unto the lowly.

35 The wise shall inherit glory: but shame shall be the promotion of fools.

CHAPTER 4

1 Hear, ye children, the instruction of a father, and attend to know understanding.

2 For I give you good doctrine, forsake ye not my law.

3 For I was my father's son, tender and only *beloved* in the sight of my mother.

4 He taught me also, and said unto me, Let thine heart retain my words: keep my commandments, and live.

5 Get wisdom, get understanding: forget *it* not; neither decline from the words of my mouth.

6 Forsake her not, and she shall preserve thee: love her, and she shall keep thee.

7 Wisdom *is* the principal thing; *therefore* get wisdom: and with all thy getting get understanding.

8 Exalt her, and she shall promote thee: she shall bring thee to honour, when thou dost embrace her.

9 She shall give to thine head an ornament of grace: a crown of glory shall she deliver to thee.

10 Hear, O my son, and receive my say-

וְהוּא יְיַשֵּׁר אֹרְחֹתֶיךָ: אַל־תְּהִי חָכָם בְּעֵינֶיךָ יְרָא אֶת־יְהוָה וְסוּר 7

מֵרָע: רִפְאוּת תְּהִי לְשָׁרֶּךָ וְשִׁקּוּי לְעַצְמוֹתֶיךָ: כַּבֵּד אֶת־יְהוָה מֵהוֹנֶךָ 8,9

וּמֵרֵאשִׁית כָּל־תְּבוּאָתֶךָ: וְיִמָּלְאוּ אֲסָמֶיךָ שָׂבָע וְתִירוֹשׁ יְקָבֶיךָ 10

יִפְרֹצוּ:

מוּסַר יְהוָה בְּנִי אַל־תִּמְאָס וְאַל־תָּקֹץ בְּתוֹכַחְתּוֹ: כִּי אֶת אֲשֶׁר 11,12

יֶאֱהַב יְהוָה יוֹכִיחַ וּכְאָב אֶת־בֵּן יִרְצֶה: אַשְׁרֵי אָדָם מָצָא חָכְמָה 13

וְאָדָם יָפִיק תְּבוּנָה: כִּי טוֹב סַחְרָהּ מִסְּחַר־כָּסֶף וּמֵחָרוּץ תְּבוּאָתָהּ: 14

יְקָרָה הִיא מִפְּנִינִים וְכָל־חֲפָצֶיךָ לֹא יִשְׁווּ־בָהּ: אֹרֶךְ יָמִים בִּימִינָהּ 15,16   מִפְּנִינִים

בִּשְׂמֹאולָהּ עֹשֶׁר וְכָבוֹד: דְּרָכֶיהָ דַרְכֵי־נֹעַם וְכָל־נְתִיבֹתֶיהָ שָׁלוֹם: 17   17A

עֵץ־חַיִּים הִיא לַמַּחֲזִיקִים בָּהּ וְתֹמְכֶיהָ מְאֻשָּׁר: 18

יְהוָה בְּחָכְמָה יָסַד־אָרֶץ כּוֹנֵן שָׁמַיִם בִּתְבוּנָה: בְּדַעְתּוֹ תְּהוֹמוֹת 19,20

נִבְקָעוּ וּשְׁחָקִים יִרְעֲפוּ־טָל: בְּנִי אַל־יָלֻזוּ מֵעֵינֶיךָ נְצֹר תֻּשִׁיָּה וּמְזִמָּה: 21

וְיִהְיוּ חַיִּים לְנַפְשֶׁךָ וְחֵן לְגַרְגְּרֹתֶיךָ: אָז תֵּלֵךְ לָבֶטַח דַּרְכֶּךָ וְרַגְלְךָ 22,23

לֹא תִגּוֹף: אִם־תִּשְׁכַּב לֹא־תִפְחָד וְשָׁכַבְתָּ וְעָרְבָה שְׁנָתֶךָ: אַל־תִּירָא 24,25

מִפַּחַד פִּתְאֹם וּמִשֹּׁאַת רְשָׁעִים כִּי תָבֹא: כִּי־יְהוָה יִהְיֶה בְכִסְלֶךָ 26

וְשָׁמַר רַגְלְךָ מִלָּכֶד: אַל־תִּמְנַע־טוֹב מִבְּעָלָיו בִּהְיוֹת לְאֵל יָדְךָ 27   יָדְךָ

לַעֲשׂוֹת: אַל־תֹּאמַר לְרֵעֲךָ לֵךְ וָשׁוּב וּמָחָר אֶתֵּן וְיֵשׁ אִתָּךְ: אַל־ 28,29   לְרֵעֲךָ

תַּחֲרֹשׁ עַל־רֵעֲךָ רָעָה וְהוּא־יוֹשֵׁב לָבֶטַח אִתָּךְ: אַל־תָּרוֹב עִם־אָדָם 30   תָּרִיב

חִנָּם אִם־לֹא גְמָלְךָ רָעָה: אַל־תְּקַנֵּא בְּאִישׁ חָמָס וְאַל־תִּבְחַר בְּכָל־ 31

דְּרָכָיו: כִּי תוֹעֲבַת יְהוָה נָלוֹז וְאֶת־יְשָׁרִים סוֹדוֹ: מְאֵרַת יְהוָה בְּבֵית 32,33

רָשָׁע וּנְוֵה צַדִּיקִים יְבָרֵךְ: אִם־לַלֵּצִים הוּא־יָלִיץ וְלַעֲנָיִים יִתֶּן־חֵן: 34   וְלַעֲנָיִים

כָּבוֹד חֲכָמִים יִנְחָלוּ וּכְסִילִים מֵרִים קָלוֹן: 35

שִׁמְעוּ בָנִים מוּסַר אָב וְהַקְשִׁיבוּ לָדַעַת בִּינָה: כִּי לֶקַח טוֹב נָתַתִּי 4 1,2

לָכֶם תּוֹרָתִי אַל־תַּעֲזֹבוּ: כִּי־בֵן הָיִיתִי לְאָבִי רַךְ וְיָחִיד לִפְנֵי אִמִּי: 3

וַיֹּרֵנִי וַיֹּאמֶר לִי יִתְמָךְ־דְּבָרַי לִבֶּךָ שְׁמֹר מִצְוֹתַי וֶחְיֵה: קְנֵה חָכְמָה 4,5

קְנֵה בִינָה אַל־תִּשְׁכַּח וְאַל־תֵּט מֵאִמְרֵי־פִי: אַל־תַּעַזְבֶהָ וְתִשְׁמְרֶךָּ 6

אֱהָבֶהָ וְתִצְּרֶךָּ: רֵאשִׁית חָכְמָה קְנֵה חָכְמָה וּבְכָל־קִנְיָנְךָ קְנֵה בִינָה: 7

סַלְסְלֶהָ וּתְרוֹמְמֶךָּ תְּכַבֵּדְךָ כִּי תְחַבְּקֶנָּה: תִּתֵּן לְרֹאשְׁךָ לִוְיַת־חֵן 8,9

עֲטֶרֶת תִּפְאֶרֶת תְּמַגְּנֶךָּ: שְׁמַע בְּנִי וְקַח אֲמָרָי וְיִרְבּוּ לְךָ שְׁנוֹת חַיִּים: 10

ings; and the years of thy life shall be many.

11 I have taught thee in the way of wisdom; I have led thee in right paths.

12 When thou goest, thy steps shall not be straitened; and when thou runnest, thou shalt not stumble.

13 Take fast hold of instruction; let *her* not go: keep her; for she *is* thy life.

14 ¶ Enter not into the path of the wicked, and go not in the way of evil *men*.

15 Avoid it, pass not by it, turn from it, and pass away.

16 For they sleep not, except they have done mischief; and their sleep is taken away, unless they cause *some* to fall.

17 For they eat the bread of wickedness, and drink the wine of violence.

18 But the path of the just *is* as the shining light, that shineth more and more unto the perfect day.

19 The way of the wicked *is* as darkness: they know not at what they stumble.

20 ¶ My son, attend to my words; incline thine ear unto my sayings.

21 Let them not depart from thine eyes; keep them in the midst of thine heart.

22 For they *are* life unto those that find them, and health to all their flesh.

23 ¶ Keep thy heart with all diligence; for out of it *are* the issues of life.

24 Put away from thee a froward mouth, and perverse lips put far from thee.

25 Let thine eyes look right on, and let thine eyelids look straight before thee.

26 Ponder the path of thy feet, and let all thy ways be established.

27 Turn not to the right hand nor to the left: remove thy foot from evil.

CHAPTER 5

1 My son, attend unto my wisdom, *and* bow thine ear to my understanding:

2 That thou mayest regard discretion, and *that* thy lips may keep knowledge.

3 ¶ For the lips of a strange woman drop *as* an honeycomb, and her mouth *is* smoother than oil:

4 But her end is bitter as wormwood, sharp as a twoedged sword.

5 Her feet go down to death; her steps take hold on hell.

6 Lest thou shouldest ponder the path of life, her ways are moveable, *that* thou canst not know *them*.

7 Hear me now therefore, O ye children, and depart not from the words of my mouth.

8 Remove thy way far from her, and come not nigh the door of her house:

9 Lest thou give thine honour unto others, and thy years unto the cruel:

10 Lest strangers be filled with thy wealth; and thy labours *be* in the house of a stranger;

11 And thou mourn at the last, when thy flesh and thy body are consumed,

12 And say, How have I hated instruction, and my heart despised reproof;

13 And have not obeyed the voice of my teachers, nor inclined mine ear to them that instructed me!

14 I was almost in all evil in the midst of the congregation and assembly.

15 ¶ Drink waters out of thine own cistern, and running waters out of thine own well.

16 Let thy fountains be dispersed abroad, *and* rivers of waters in the streets.

17 Let them be only thine own, and not strangers' with thee.

18 Let thy fountain be blessed: and rejoice with the wife of thy youth.

19 *Let her be as* the loving hind and pleasant roe; let her breasts satisfy thee at all times; and be thou ravished always with her love.

20 And why wilt thou, my son, be ravished with a strange woman, and embrace the bosom of a stranger?

21 For the ways of man *are* before the eyes of the LORD, and he pondereth all his goings.

22 ¶ His own iniquities shall take the wicked himself, and he shall be holden with the cords of his sins.

23 He shall die without instruction; and in the greatness of his folly he shall go astray.

בְּדֶרֶךְ חָכְמָה הֹרֵתִיךָ הִדְרַכְתִּיךָ בְּמַעְגְּלֵי־יֹשֶׁר: בְּלֶכְתְּךָ לֹא־יֵצַר ‎11

צַעֲדֶךָ וְאִם־תָּרוּץ לֹא תִכָּשֵׁל: הַחֲזֵק בַּמּוּסָר אַל־תֶּרֶף נִצְּרֶהָ כִּי־הִיא ‎12

חַיֶּיךָ: בְּאֹרַח רְשָׁעִים אַל־תָּבֹא וְאַל־תְּאַשֵּׁר בְּדֶרֶךְ רָעִים: פְּרָעֵהוּ ‎13

אַל־תַּעֲבָר־בּוֹ שְׂטֵה מֵעָלָיו וַעֲבוֹר: כִּי לֹא יִשְׁנוּ אִם־לֹא יָרֵעוּ וְנִגְזְלָה ‎14

שְׁנָתָם אִם־לֹא יַכְשׁוֹלוּ ‎יכשילו: כִּי לָחֲמוּ לֶחֶם רֶשַׁע וְיֵין חֲמָסִים יִשְׁתּוּ: ‎15

וְאֹרַח צַדִּיקִים כְּאוֹר נֹגַהּ הוֹלֵךְ וָאוֹר עַד־נְכוֹן הַיּוֹם: דֶּרֶךְ רְשָׁעִים ‎17

כָּאֲפֵלָה לֹא יָדְעוּ בַּמֶּה יִכָּשֵׁלוּ: ‎18

בְּנִי לִדְבָרַי הַקְשִׁיבָה לַאֲמָרַי הַט־אָזְנֶךָ: אַל־יַלִּיזוּ מֵעֵינֶיךָ שָׁמְרֵם ‎20

בְּתוֹךְ לְבָבֶךָ: כִּי־חַיִּים הֵם לְמֹצְאֵיהֶם וּלְכָל־בְּשָׂרוֹ מַרְפֵּא: מִכָּל־ ‎22

מִשְׁמָר נְצֹר לִבֶּךָ כִּי־מִמֶּנּוּ תּוֹצְאוֹת חַיִּים: הָסֵר מִמְּךָ עִקְּשׁוּת פֶּה ‎23

וּלְזוּת שְׂפָתַיִם הַרְחֵק מִמֶּךָּ: עֵינֶיךָ לְנֹכַח יַבִּיטוּ וְעַפְעַפֶּיךָ יַיְשִׁרוּ ‎24

נֶגְדֶּךָ: פַּלֵּס מַעְגַּל רַגְלֶךָ וְכָל־דְּרָכֶיךָ יִכֹּנוּ: אַל־תֵּט־יָמִין וּשְׂמֹאול ‎26

הָסֵר רַגְלְךָ מֵרָע: בְּנִי לְחָכְמָתִי הַקְשִׁיבָה לִתְבוּנָתִי הַט־אָזְנֶךָ: ‎5 1

לִשְׁמֹר מְזִמּוֹת וְדַעַת שְׂפָתֶיךָ יִנְצֹרוּ: כִּי נֹפֶת תִּטֹּפְנָה שִׂפְתֵי זָרָה ‎2

וְחָלָק מִשֶּׁמֶן חִכָּהּ: וְאַחֲרִיתָהּ מָרָה כַלַּעֲנָה חַדָּה כְּחֶרֶב פִּיּוֹת: ‎4

רַגְלֶיהָ יֹרְדוֹת מָוֶת שְׁאוֹל צְעָדֶיהָ יִתְמֹכוּ: אֹרַח חַיִּים פֶּן־תְּפַלֵּס ‎5 ‎6A

נָעוּ מַעְגְּלֹתֶיהָ לֹא תֵדָע: ‎6

וְעַתָּה בָנִים שִׁמְעוּ־לִי וְאַל־תָּסוּרוּ מֵאִמְרֵי־פִי: הַרְחֵק מֵעָלֶיהָ דַרְכֶּךָ ‎7

וְאַל־תִּקְרַב אֶל־פֶּתַח בֵּיתָהּ: פֶּן־תִּתֵּן לַאֲחֵרִים הוֹדֶךָ וּשְׁנֹתֶיךָ ‎9

לְאַכְזָרִי: פֶּן־יִשְׂבְּעוּ זָרִים כֹּחֶךָ וַעֲצָבֶיךָ בְּבֵית נָכְרִי: וְנָהַמְתָּ ‎10 ‎10A

בְאַחֲרִיתֶךָ בִּכְלוֹת בְּשָׂרְךָ וּשְׁאֵרֶךָ: וְאָמַרְתָּ אֵיךְ שָׂנֵאתִי מוּסָר ‎12

וְתוֹכַחַת נָאַץ לִבִּי: וְלֹא־שָׁמַעְתִּי בְּקוֹל מוֹרָי וְלִמְלַמְּדַי לֹא־הִטִּיתִי ‎13

אָזְנִי: כִּמְעַט הָיִיתִי בְכָל־רָע בְּתוֹךְ קָהָל וְעֵדָה: שְׁתֵה־מַיִם מִבּוֹרֶךָ ‎14

וְנֹזְלִים מִתּוֹךְ בְּאֵרֶךָ: יָפוּצוּ מַעְיְנֹתֶיךָ חוּצָה בָּרְחֹבוֹת פַּלְגֵי־מָיִם: ‎16

יִהְיוּ־לְךָ לְבַדֶּךָ וְאֵין לְזָרִים אִתָּךְ: יְהִי־מְקוֹרְךָ בָרוּךְ וּשְׂמַח מֵאֵשֶׁת ‎17

נְעוּרֶךָ: אַיֶּלֶת אֲהָבִים וְיַעֲלַת חֵן דַּדֶּיהָ יְרַוֻּךָ בְכָל־עֵת בְּאַהֲבָתָהּ ‎19

תִּשְׁגֶּה תָמִיד: וְלָמָּה תִשְׁגֶּה בְנִי בְזָרָה וּתְחַבֵּק חֵק נָכְרִיָּה: כִּי נֹכַח ‎20

עֵינֵי יְהוָה דַּרְכֵי־אִישׁ וְכָל־מַעְגְּלֹתָיו מְפַלֵּס: עֲווֹנוֹתָיו יִלְכְּדֻנוֹ אֶת־ ‎22 ‎22A

הָרָשָׁע וּבְחַבְלֵי חַטָּאתוֹ יִתָּמֵךְ: הוּא יָמוּת בְּאֵין מוּסָר וּבְרֹב אִוַּלְתּוֹ ‎23

יִשְׁגֶּה:

CHAPTER 6

1 My son, if thou be surety for thy friend, *if* thou hast stricken thy hand with a stranger,

2 Thou art snared with the words of thy mouth, thou art taken with the words of thy mouth.

3 Do this now, my son, and deliver thyself, when thou art come into the hand of thy friend; go, humble thyself, and make sure thy friend.

4 Give not sleep to thine eyes, nor slumber to thine eyelids.

5 Deliver thyself as a roe from the hand *of the hunter,* and as a bird from the hand of the fowler.

6 ¶ Go to the ant, thou sluggard; consider her ways, and be wise:

7 Which having no guide, overseer, or ruler,

8 Provideth her meat in the summer, *and* gathereth her food in the harvest.

9 How long wilt thou sleep, O sluggard? when wilt thou arise out of thy sleep?

10 *Yet* a little sleep, a little slumber, a little folding of the hands to sleep:

11 So shall thy poverty come as one that travelleth, and thy want as an armed man.

12 ¶ A naughty person, a wicked man, walketh with a froward mouth.

13 He winketh with his eyes, he speaketh with his feet, he teacheth with his fingers;

14 Frowardness *is* in his heart, he deviseth mischief continually; he soweth discord.

15 Therefore shall his calamity come suddenly; suddenly shall he be broken without remedy.

16 ¶ These six *things* doth the LORD hate: yea, seven *are* an abomination unto him:

17 A proud look, a lying tongue, and hands that shed innocent blood,

18 An heart that deviseth wicked imaginations, feet that be swift in running to mischief,

19 A false witness *that* speaketh lies, and he that soweth discord among brethren.

20 ¶ My son, keep thy father's commandment, and forsake not the law of thy mother:

21 Bind them continually upon thine heart, *and* tie them about thy neck.

22 When thou goest, it shall lead thee; when thou sleepest, it shall keep thee; and *when* thou awakest, it shall talk with thee.

23 For the commandment *is* a lamp; and the law *is* light; and reproofs of instruction *are* the way of life:

24 To keep thee from the evil woman, from the flattery of the tongue of a strange woman.

25 Lust not after her beauty in thine heart; neither let her take thee with her eyelids.

26 For by means of a whorish woman *a man is brought* to a piece of bread: and the adulteress will hunt for the precious life.

27 Can a man take fire in his bosom, and his clothes not be burned?

28 Can one go upon hot coals, and his feet not be burned?

29 So he that goeth in to his neighbour's wife; whosoever toucheth her shall not be innocent.

30 *Men* do not despise a thief, if he steal to satisfy his soul when he is hungry;

31 But *if* he be found, he shall restore sevenfold; he shall give all the substance of his house.

32 *But* whoso committeth adultery with a woman lacketh understanding: he *that* doeth it destroyeth his own soul.

33 A wound and dishonour shall he get; and his reproach shall not be wiped away.

34 For jealousy *is* the rage of a man: therefore he will not spare in the day of vengeance.

35 He will not regard any ransom; neither will he rest content, though thou givest many gifts.

CHAPTER 7

1 My son, keep my words, and lay up my commandments with thee.

2 Keep my commandments, and live; and my law as the apple of thine eye.

3 Bind them upon thy fingers, write them upon the table of thine heart.

4 Say unto wisdom, Thou *art* my sister; and call understanding *thy* kinswoman:

בְּנִי אִם־עָרַבְתָּ לְרֵעֶךָ תָּקַעְתָּ לַזָּר כַּפֶּיךָ: נוֹקַשְׁתָּ בְאִמְרֵי־פִיךָ נִלְכַּדְתָּ 6 1
בְּאִמְרֵי־פִיךָ: עֲשֵׂה זֹאת אֵפוֹא ׀ בְּנִי וְהִנָּצֵל כִּי בָאתָ בְכַף־רֵעֶךָ לֵךְ 2
הִתְרַפֵּס וּרְהַב רֵעֶיךָ: אַל־תִּתֵּן שֵׁנָה לְעֵינֶיךָ וּתְנוּמָה לְעַפְעַפֶּיךָ: 3
הִנָּצֵל כִּצְבִי מִיָּד וּכְצִפּוֹר מִיַּד יָקוּשׁ: 4
5
לֵךְ־אֶל־נְמָלָה עָצֵל רְאֵה דְרָכֶיהָ וַחֲכָם: אֲשֶׁר אֵין־לָהּ קָצִין שֹׁטֵר 6
וּמֹשֵׁל: תָּכִין בַּקַּיִץ לַחְמָהּ אָגְרָה בַקָּצִיר מַאֲכָלָהּ: עַד־מָתַי עָצֵל ׀ 7
8
תִּשְׁכָּב מָתַי תָּקוּם מִשְּׁנָתֶךָ: מְעַט שֵׁנוֹת מְעַט תְּנוּמוֹת מְעַט ׀ חִבֻּק 9
10
יָדַיִם לִשְׁכָּב: וּבָא־כִמְהַלֵּךְ רֵאשֶׁךָ וּמַחְסֹרְךָ כְּאִישׁ מָגֵן: 11

אָדָם בְּלִיַּעַל אִישׁ אָוֶן הוֹלֵךְ עִקְּשׁוּת פֶּה: קֹרֵץ בְּעֵינָו מֹלֵל בְּרַגְלָו 12
13
מֹרֶה בְּאֶצְבְּעֹתָיו: תַּהְפֻּכוֹת ׀ בְּלִבּוֹ חֹרֵשׁ רָע בְּכָל־עֵת מִדָנִים יְשַׁלֵּחַ: 14 **מדינים**
עַל־כֵּן פִּתְאֹם יָבוֹא אֵידוֹ פֶּתַע יִשָּׁבֵר וְאֵין מַרְפֵּא: 15

שֶׁשׁ־הֵנָּה שָׂנֵא יְהוָה וְשֶׁבַע תּוֹעֲבוֹת נַפְשׁוֹ: עֵינַיִם רָמוֹת לְשׁוֹן שָׁקֶר 16 **תועבת**
17
וְיָדַיִם שֹׁפְכוֹת דָּם־נָקִי: לֵב חֹרֵשׁ מַחְשְׁבוֹת אָוֶן רַגְלַיִם מְמַהֲרוֹת לָרוּץ 18 18A
לָרָעָה: יָפִיחַ כְּזָבִים עֵד שָׁקֶר וּמְשַׁלֵּחַ מְדָנִים בֵּין אַחִים: 19

נְצֹר בְּנִי מִצְוַת אָבִיךָ וְאַל־תִּטֹּשׁ תּוֹרַת אִמֶּךָ: קָשְׁרֵם עַל־לִבְּךָ תָמִיד 20
21
עָנְדֵם עַל־גַּרְגְּרֹתֶךָ: בְּהִתְהַלֶּכְךָ ׀ תַּנְחֶה אֹתָךְ בְּשָׁכְבְּךָ תִּשְׁמֹר עָלֶיךָ 22
וַהֲקִיצוֹתָ הִיא תְשִׂיחֶךָ: כִּי נֵר מִצְוָה וְתוֹרָה אוֹר וְדֶרֶךְ חַיִּים 23
תּוֹכְחוֹת מוּסָר: לִשְׁמָרְךָ מֵאֵשֶׁת רָע מֵחֶלְקַת לָשׁוֹן נָכְרִיָּה: אַל־ 24
25
תַּחְמֹד יָפְיָהּ בִּלְבָבֶךָ וְאַל־תִּקָּחֲךָ בְּעַפְעַפֶּיהָ: כִּי בְעַד־אִשָּׁה זוֹנָה 26
עַד־כִּכַּר לָחֶם וְאֵשֶׁת אִישׁ נֶפֶשׁ יְקָרָה תָצוּד:

הֲיַחְתֶּה אִישׁ אֵשׁ בְּחֵיקוֹ וּבְגָדָיו לֹא תִשָּׂרַפְנָה: אִם־יְהַלֵּךְ אִישׁ עַל־ 27
28
הַגֶּחָלִים וְרַגְלָיו לֹא תִכָּוֶינָה: כֵּן הַבָּא אֶל־אֵשֶׁת רֵעֵהוּ לֹא יִנָּקֶה 29
כָּל־הַנֹּגֵעַ בָּהּ: לֹא־יָבוּזוּ לַגַּנָּב כִּי יִגְנוֹב לְמַלֵּא נַפְשׁוֹ כִּי יִרְעָב: 30
וְנִמְצָא יְשַׁלֵּם שִׁבְעָתָיִם אֶת־כָּל־הוֹן בֵּיתוֹ יִתֵּן: נֹאֵף אִשָּׁה חֲסַר־לֵב 31
32
מַשְׁחִית נַפְשׁוֹ הוּא יַעֲשֶׂנָּה: נֶגַע־וְקָלוֹן יִמְצָא וְחֶרְפָּתוֹ לֹא תִמָּחֶה: 33
כִּי־קִנְאָה חֲמַת־גָּבֶר וְלֹא־יַחְמוֹל בְּיוֹם נָקָם: לֹא־יִשָּׂא פְּנֵי כָל־כֹּפֶר 34
35
וְלֹא־יֹאבֶה כִּי תַרְבֶּה־שֹׁחַד:

בְּנִי שְׁמֹר אֲמָרָי וּמִצְוֹתַי תִּצְפֹּן אִתָּךְ: שְׁמֹר מִצְוֹתַי וֶחְיֵה וְתוֹרָתִי 7 1
2
כְּאִישׁוֹן עֵינֶיךָ: קָשְׁרֵם עַל־אֶצְבְּעֹתֶיךָ כָּתְבֵם עַל־לוּחַ לִבֶּךָ: אֱמֹר 3
4
לַחָכְמָה אֲחֹתִי אָתְּ וּמֹדָע לַבִּינָה תִקְרָא: לִשְׁמָרְךָ מֵאִשָּׁה זָרָה 5

5 That they may keep thee from the strange woman, from the stranger *which* flattereth with her words.

6 ¶ For at the window of my house I looked through my casement,

7 And beheld among the simple ones, I discerned among the youths, a young man void of understanding,

8 Passing through the street near her corner; and he went the way to her house,

9 In the twilight, in the evening, in the black and dark night:

10 And, behold, there met him a woman *with* the attire of an harlot, and subtil of heart.

11 (She *is* loud and stubborn; her feet abide not in her house:

12 Now *is she* without, now in the streets, and lieth in wait at every corner.)

13 So she caught him, and kissed him, *and* with an impudent face said unto him,

14 *I have* peace offerings with me; this day have I payed my vows.

15 Therefore came I forth to meet thee, diligently to seek thy face, and I have found thee.

16 I have decked my bed with coverings of tapestry, with carved *works*, with fine linen of Egypt.

17 I have perfumed my bed with myrrh, aloes, and cinnamon.

18 Come, let us take our fill of love until the morning: let us solace ourselves with loves.

19 For the goodman *is* not at home, he is gone a long journey:

20 He hath taken a bag of money with him, *and* will come home at the day appointed.

21 With her much fair speech she caused him to yield, with the flattering of her lips she forced him.

22 He goeth after her straightway, as an ox goeth to the slaughter, or as a fool to the correction of the stocks;

23 Till a dart strike through his liver; as a bird hasteth to the snare, and knoweth not that it *is* for his life.

24 ¶ Hearken unto me now therefore, O ye children, and attend to the words of my mouth.

25 Let not thine heart decline to her ways, go not astray in her paths.

26 For she hath cast down many wounded: yea, many strong *men* have been slain by her.

27 Her house *is* the way to hell, going down to the chambers of death.

CHAPTER 8

1 Doth not wisdom cry? and understanding put forth her voice?

2 She standeth in the top of high places, by the way in the places of the paths.

3 She crieth at the gates, at the entry of the city, at the coming in at the doors.

4 Unto you, O men, I call; and my voice *is* to the sons of man.

5 O ye simple, understand wisdom: and, ye fools, be ye of an understanding heart.

6 Hear; for I will speak of excellent things; and the opening of my lips *shall be* right things.

7 For my mouth shall speak truth; and wickedness *is* an abomination to my lips.

8 All the words of my mouth *are* in righteousness; *there is* nothing froward or perverse in them.

9 They *are* all plain to him that understandeth, and right to them that find knowledge.

10 Receive my instruction, and not silver; and knowledge rather than choice gold.

11 For wisdom *is* better than rubies; and all the things that may be desired are not to be compared to it.

12 I wisdom dwell with prudence, and find out knowledge of witty inventions.

13 The fear of the LORD *is* to hate evil: pride, and arrogancy, and the evil way, and the froward mouth, do I hate.

14 Counsel *is* mine, and sound wisdom: I *am* understanding; I have strength.

15 By me kings reign, and princes decree justice.

16 By me princes rule, and nobles, *even* all the judges of the earth.

17 I love them that love me; and those that seek me early shall find me.

18 Riches and honour *are* with me; *yea,* durable riches and righteousness.

מִנְּכָרִיָּה אֲמָרֶיהָ הֶחֱלִיקָה: כִּי בְּחַלּוֹן בֵּיתִי בְּעַד אֶשְׁנַבִּי נִשְׁקָפְתִּי: 6

וָאֵרֶא בַפְּתָאיִם אָבִינָה בַבָּנִים נַעַר חֲסַר־לֵב: עֹבֵר בַּשּׁוּק אֵצֶל פִּנָּהּ 7
8

וְדֶרֶךְ בֵּיתָהּ יִצְעָד: בְּנֶשֶׁף־בְּעֶרֶב יוֹם בְּאִישׁוֹן לַיְלָה וַאֲפֵלָה: וְהִנֵּה 9
10

אִשָּׁה לִקְרָאתוֹ שִׁית זוֹנָה וּנְצֻרַת לֵב: הֹמִיָּה הִיא וְסֹרָרֶת בְּבֵיתָהּ 11

לֹא־יִשְׁכְּנוּ רַגְלֶיהָ: פַּעַם בַּחוּץ פַּעַם בָּרְחֹבוֹת וְאֵצֶל כָּל־פִּנָּה תֶאֱרֹב: 12

וְהֶחֱזִיקָה בּוֹ וְנָשְׁקָה לּוֹ הֵעֵזָה פָנֶיהָ וַתֹּאמַר לוֹ: זִבְחֵי שְׁלָמִים עָלָי 13 13A
14

הַיּוֹם שִׁלַּמְתִּי נְדָרָי: עַל־כֵּן יָצָאתִי לִקְרָאתֶךָ לְשַׁחֵר פָּנֶיךָ וָאֶמְצָאֶךָּ: 15

מַרְבַדִּים רָבַדְתִּי עַרְשִׂי חֲטֻבוֹת אֵטוּן מִצְרָיִם: נַפְתִּי מִשְׁכָּבִי מֹר 16
17

אֲהָלִים וְקִנָּמוֹן: לְכָה נִרְוֶה דֹדִים עַד־הַבֹּקֶר נִתְעַלְּסָה בָּאֳהָבִים: 18

כִּי אֵין הָאִישׁ בְּבֵיתוֹ הָלַךְ בְּדֶרֶךְ מֵרָחוֹק: צְרוֹר־הַכֶּסֶף לָקַח בְּיָדוֹ 19
20

לְיוֹם הַכֵּסֶא יָבֹא בֵיתוֹ: הִטַּתּוּ בְּרֹב לִקְחָהּ בְּחֵלֶק שְׂפָתֶיהָ תַּדִּיחֶנּוּ: 21

הוֹלֵךְ אַחֲרֶיהָ פִּתְאֹם כְּשׁוֹר אֶל־טֶבַח יָבוֹא וּכְעֶכֶס אֶל־מוּסַר אֱוִיל: 22 22A

עַד יְפַלַּח חֵץ כְּבֵדוֹ כְּמַהֵר צִפּוֹר אֶל־פָּח וְלֹא־יָדַע כִּי־בְנַפְשׁוֹ 23

הוּא:

וְעַתָּה בָנִים שִׁמְעוּ־לִי וְהַקְשִׁיבוּ לְאִמְרֵי־פִי: אַל־יֵשְׂטְ אֶל־דְּרָכֶיהָ 24
25

לִבֶּךָ אַל־תֵּתַע בִּנְתִיבוֹתֶיהָ: כִּי־רַבִּים חֲלָלִים הִפִּילָה וַעֲצֻמִים כָּל־ 26

הֲרֻגֶיהָ: דַּרְכֵי שְׁאוֹל בֵּיתָהּ יֹרְדוֹת אֶל־חַדְרֵי־מָוֶת: 27

הֲלֹא־חָכְמָה תִקְרָא וּתְבוּנָה תִּתֵּן קוֹלָהּ: בְּרֹאשׁ־מְרוֹמִים עֲלֵי־דָרֶךְ 1 8
2

בֵּית נְתִיבוֹת נִצָּבָה: לְיַד־שְׁעָרִים לְפִי־קָרֶת מְבוֹא פְתָחִים תָּרֹנָּה: 3

אֲלֵיכֶם אִישִׁים אֶקְרָא וְקוֹלִי אֶל־בְּנֵי אָדָם: הָבִינוּ פְתָאיִם עָרְמָה 4
5

וּכְסִילִים הָבִינוּ לֵב: שִׁמְעוּ כִּי־נְגִידִים אֲדַבֵּר וּמִפְתַּח שְׂפָתַי 6

מֵישָׁרִים: כִּי־אֱמֶת יֶהְגֶּה חִכִּי וְתוֹעֲבַת שְׂפָתַי רֶשַׁע: בְּצֶדֶק כָּל־ 7
8

אִמְרֵי־פִי אֵין בָּהֶם נִפְתָּל וְעִקֵּשׁ: כֻּלָּם נְכֹחִים לַמֵּבִין וִישָׁרִים לְמֹצְאֵי 9

דָעַת: קְחוּ־מוּסָרִי וְאַל־כָּסֶף וְדַעַת מֵחָרוּץ נִבְחָר: כִּי־טוֹבָה חָכְמָה 10
11

מִפְּנִינִים וְכָל־חֲפָצִים לֹא יִשְׁווּ־בָהּ: אֲנִי־חָכְמָה שָׁכַנְתִּי עָרְמָה וְדַעַת 12

מְזִמּוֹת אֶמְצָא: יִרְאַת יְהוָה שְׂנֹאת רָע גֵּאָה וְגָאוֹן וְדֶרֶךְ רָע וּפִי 13

תַהְפֻּכוֹת שָׂנֵאתִי: לִי־עֵצָה וְתוּשִׁיָּה אֲנִי בִינָה לִי גְבוּרָה: בִּי מְלָכִים 14
15

יִמְלֹכוּ וְרוֹזְנִים יְחֹקְקוּ צֶדֶק: בִּי שָׂרִים יָשֹׂרוּ וּנְדִיבִים כָּל־שֹׁפְטֵי צֶדֶק: 16

אֲנִי אֹהֲבֶיהָ אֵהָב וּמְשַׁחֲרַי יִמְצָאֻנְנִי: עֹשֶׁר־וְכָבוֹד אִתִּי הוֹן עָתֵק 17 אהבי
18

19 My fruit *is* better than gold, yea, than fine gold; and my revenue than choice silver.

20 I lead in the way of righteousness, in the midst of the paths of judgment:

21 That I may cause those that love me to inherit substance; and I will fill their treasures.

22 The LORD possessed me in the beginning of his way, before his works of old.

23 I was set up from everlasting, from the beginning, or ever the earth was.

24 When *there were* no depths, I was brought forth; when *there were* no fountains abounding with water.

25 Before the mountains were settled, before the hills was I brought forth:

26 While as yet he had not made the earth, nor the fields, nor the highest part of the dust of the world.

27 When he prepared the heavens, I *was* there: when he set a compass upon the face of the depth:

28 When he established the clouds above: when he strengthened the fountains of the deep:

29 When he gave to the sea his decree, that the waters should not pass his commandment: when he appointed the foundations of the earth:

30 Then I was by him, *as* one brought up *with him:* and I was daily *his* delight, rejoicing always before him;

31 Rejoicing in the habitable part of his earth; and my delights *were* with the sons of men.

32 Now therefore hearken unto me, O ye children: for blessed *are they that* keep my ways.

33 Hear instruction, and be wise, and refuse it not.

34 Blessed *is* the man that heareth me, watching daily at my gates, waiting at the posts of my doors.

35 For whoso findeth me findeth life, and shall obtain favour of the LORD.

36 But he that sinneth against me wrongeth his own soul: all they that hate me love death.

CHAPTER 9

1 Wisdom hath builded her house, she hath hewn out her seven pillars:

2 She hath killed her beasts; she hath mingled her wine; she hath also furnished her table.

3 She hath sent forth her maidens: she crieth upon the highest places of the city,

4 Whoso *is* simple, let him turn in hither: *as for* him that wanteth understanding, she saith to him,

5 Come, eat of my bread, and drink of the wine *which* I have mingled.

6 Forsake the foolish, and live; and go in the way of understanding.

7 He that reproveth a scorner getteth to himself shame: and he that rebuketh a wicked *man getteth* himself a blot.

8 Reprove not a scorner, lest he hate thee: rebuke a wise man, and he will love thee.

9 Give *instruction* to a wise *man*, and he will be yet wiser: teach a just *man*, and he will increase in learning.

10 The fear of the LORD *is* the beginning of wisdom: and the knowledge of the holy *is* understanding.

11 For by me thy days shall be multiplied, and the years of thy life shall be increased.

12 If thou be wise, thou shalt be wise for thyself: but *if* thou scornest, thou alone shalt bear *it*.

13 ¶ A foolish woman *is* clamorous: *she is* simple, and knoweth nothing.

14 For she sitteth at the door of her house, on a seat in the high places of the city,

15 To call passengers who go right on their ways:

16 Whoso *is* simple, let him turn in hither: and *as for* him that wanteth understanding, she saith to him,

17 Stolen waters are sweet, and bread *eaten* in secret is pleasant.

18 But he knoweth not that the dead *are* there; *and that* her guests *are* in the depths of hell.

19
20A טוֹב פִּרְיִי מֵחָרוּץ וּמִפָּז וּתְבוּאָתִי מִכֶּסֶף נִבְחָר: בְּאֹרַח־
20 וּצְדָקָה

21 צְדָקָה אֲהַלֵּךְ בְּתוֹךְ נְתִיבוֹת מִשְׁפָּט: לְהַנְחִיל אֹהֲבַי ׀ יֵשׁ וְאֹצְרֹתֵיהֶם
אֲמַלֵּא:

22 יְהֹוָה קָנָנִי רֵאשִׁית דַּרְכּוֹ קֶדֶם מִפְעָלָיו מֵאָז: מֵעוֹלָם נִסַּכְתִּי מֵרֹאשׁ
23 מִקַּדְמֵי־אָרֶץ: בְּאֵין־תְּהֹמוֹת חוֹלָלְתִּי בְּאֵין מַעְיָנוֹת נִכְבַּדֵּי־מָיִם:
24

25
26A בְּטֶרֶם הָרִים הָטְבָּעוּ לִפְנֵי גְבָעוֹת חוֹלָלְתִּי: עַד־לֹא עָשָׂה אֶרֶץ
26
27 וְחוּצוֹת וְרֹאשׁ עָפְרוֹת תֵּבֵל: בַּהֲכִינוֹ שָׁמַיִם שָׁם אָנִי בְּחֻקוֹ חוּג

28
28A עַל־פְּנֵי תְהוֹם: בְּאַמְּצוֹ שְׁחָקִים מִמָּעַל בַּעֲזוֹז עִינוֹת תְּהוֹם: בְּשׂוּמוֹ
29
30 לַיָּם ׀ חֻקּוֹ וּמַיִם לֹא יַעַבְרוּ־פִיו בְּחוּקוֹ מוֹסְדֵי אָרֶץ: וָאֶהְיֶה אֶצְלוֹ
31 אָמוֹן וָאֶהְיֶה שַׁעֲשֻׁעִים יוֹם ׀ יוֹם מְשַׂחֶקֶת לְפָנָיו בְּכָל־עֵת: מְשַׂחֶקֶת
בְּתֵבֵל אַרְצוֹ וְשַׁעֲשֻׁעַי אֶת־בְּנֵי אָדָם:

32
33 וְעַתָּה בָנִים שִׁמְעוּ־לִי וְאַשְׁרֵי דְּרָכַי יִשְׁמֹרוּ: שִׁמְעוּ מוּסָר וַחֲכָמוּ
34 וְאַל־תִּפְרָעוּ: אַשְׁרֵי אָדָם שֹׁמֵעַ לִי לִשְׁקֹד עַל־דַּלְתֹתַי יוֹם ׀ יוֹם
35 מָצָא לִשְׁמֹר מְזוּזֹת פְּתָחָי: כִּי מֹצְאִי מצאי מָצָא חַיִּים וַיָּפֶק רָצוֹן מֵיְהֹוָה:
36 וְחֹטְאִי חֹמֵס נַפְשׁוֹ כָּל־מְשַׂנְאַי אָהֲבוּ מָוֶת:

9
1 חָכְמוֹת בָּנְתָה בֵיתָהּ חָצְבָה עַמּוּדֶיהָ שִׁבְעָה: טָבְחָה טִבְחָהּ מָסְכָה
2
3 יֵינָהּ אַף עָרְכָה שֻׁלְחָנָהּ: שָׁלְחָה נַעֲרֹתֶיהָ תִקְרָא עַל־גַּפֵּי מְרֹמֵי
4 קָרֶת: מִי־פֶתִי יָסֻר הֵנָּה חֲסַר־לֵב אָמְרָה לּוֹ: לְכוּ לַחֲמוּ בְלַחֲמִי
5
6 וּשְׁתוּ בְּיַיִן מָסָכְתִּי: עִזְבוּ פְתָאיִם וִחְיוּ וְאִשְׁרוּ בְּדֶרֶךְ בִּינָה ׀
7 לֵץ לֹקֵחַ לוֹ קָלוֹן וּמוֹכִיחַ לְרָשָׁע מוּמוֹ: אַל־תּוֹכַח לֵץ פֶּן־יִשְׂנָאֶךָּ
8
9 הוֹכַח לְחָכָם וְיֶאֱהָבֶךָּ: תֵּן לְחָכָם וְיֶחְכַּם־עוֹד הוֹדַע לְצַדִּיק וְיוֹסֶף
לֶקַח:

10
11 תְּחִלַּת חָכְמָה יִרְאַת יְהֹוָה וְדַעַת קְדֹשִׁים בִּינָה: כִּי־בִי יִרְבּוּ יָמֶיךָ
12 וְיוֹסִיפוּ לְּךָ שְׁנוֹת חַיִּים: אִם־חָכַמְתָּ חָכַמְתָּ לָּךְ וְלַצְתָּ לְבַדְּךָ תִשָּׂא:
13 אֵשֶׁת כְּסִילוּת הֹמִיָּה פְּתַיּוּת וּבַל־יָדְעָה מָּה: וְיָשְׁבָה לְפֶתַח בֵּיתָהּ
14
15 עַל־כִּסֵּא מְרֹמֵי קָרֶת: לִקְרֹא לְעֹבְרֵי־דָרֶךְ הַמְיַשְּׁרִים אֹרְחוֹתָם: מִי־
16
17 פֶתִי יָסֻר הֵנָּה וַחֲסַר־לֵב וְאָמְרָה לּוֹ: מַיִם־גְּנוּבִים יִמְתָּקוּ וְלֶחֶם סְתָרִים
18 יִנְעָם: וְלֹא־יָדַע כִּי־רְפָאִים שָׁם בְּעִמְקֵי שְׁאוֹל קְרֻאֶיהָ:

CHAPTER 10

1 The proverbs of Solomon. A wise son maketh a glad father: but a foolish son *is* the heaviness of his mother.

2 Treasures of wickedness profit nothing: but righteousness delivereth from death.

3 The LORD will not suffer the soul of the righteous to famish: but he casteth away the substance of the wicked.

4 He becometh poor that dealeth *with* a slack hand: but the hand of the diligent maketh rich.

5 He that gathereth in summer *is* a wise son: *but* he that sleepeth in harvest *is* a son that causeth shame.

6 Blessings *are* upon the head of the just: but violence covereth the mouth of the wicked.

7 The memory of the just *is* blessed: but the name of the wicked shall rot.

8 The wise in heart will receive commandments: but a prating fool shall fall.

9 He that walketh uprightly walketh surely: but he that perverteth his ways shall be known.

10 He that winketh with the eye causeth sorrow: but a prating fool shall fall.

11 The mouth of a righteous *man is* a well of life: but violence covereth the mouth of the wicked.

12 Hatred stirreth up strifes: but love covereth all sins.

13 In the lips of him that hath understanding wisdom is found: but a rod *is* for the back of him that is void of understanding.

14 Wise *men* lay up knowledge: but the mouth of the foolish *is* near destruction.

15 The rich man's wealth *is* his strong city: the destruction of the poor *is* their poverty.

16 The labour of the righteous *tendeth* to life: the fruit of the wicked to sin.

17 He *is in* the way of life that keepeth instruction: but he that refuseth reproof erreth.

18 He that hideth hatred *with* lying lips, and he that uttereth a slander, *is* a fool.

19 In the multitude of words there wanteth not sin: but he that refraineth his lips *is* wise.

20 The tongue of the just *is as* choice silver: the heart of the wicked *is* little worth.

21 The lips of the righteous feed many: but fools die for want of wisdom.

22 The blessing of the LORD, it maketh rich, and he addeth no sorrow with it.

23 *It is* as sport to a fool to do mischief: but a man of understanding hath wisdom.

24 The fear of the wicked, it shall come upon him: but the desire of the righteous shall be granted.

25 As the whirlwind passeth, so *is* the wicked no *more:* but the righteous *is* an everlasting foundation.

26 As vinegar to the teeth, and as smoke to the eyes, so *is* the sluggard to them that send him.

27 The fear of the LORD prolongeth days: but the years of the wicked shall be shortened.

28 The hope of the righteous *shall be* gladness: but the expectation of the wicked shall perish.

29 The way of the LORD *is* strength to the upright: but destruction *shall be* to the workers of iniquity.

30 The righteous shall never be removed: but the wicked shall not inhabit the earth.

31 The mouth of the just bringeth forth wisdom: but the froward tongue shall be cut out.

32 The lips of the righteous know what is acceptable: but the mouth of the wicked *speaketh* frowardness.

CHAPTER 11

1 A false balance *is* abomination to the LORD: but a just weight *is* his delight.

2 *When* pride cometh, then cometh shame: but with the lowly *is* wisdom.

3 The integrity of the upright shall guide them: but the perverseness of transgressors shall destroy them.

4 Riches profit not in the day of wrath: but righteousness delivereth from death.

5 The righteousness of the perfect shall direct his way: but the wicked shall fall by his own wickedness.

10 מִשְׁלֵי שְׁלֹמֹה

בֵּן חָכָם יְשַׂמַּח־אָב וּבֵן כְּסִיל תּוּגַת אִמּוֹ: לֹא־יוֹעִילוּ אוֹצְרוֹת רֶשַׁע

וּצְדָקָה תַּצִּיל מִמָּוֶת: לֹא־יַרְעִיב יְהוָה נֶפֶשׁ צַדִּיק וְהַוַּת רְשָׁעִים

יֶהְדֹּף: רָאשׁ עֹשֶׂה כַף־רְמִיָּה וְיַד חָרוּצִים תַּעֲשִׁיר: אֹגֵר בַּקַּיִץ בֵּן

מַשְׂכִּיל נִרְדָּם בַּקָּצִיר בֵּן מֵבִישׁ: בְּרָכוֹת לְרֹאשׁ צַדִּיק וּפִי רְשָׁעִים

יְכַסֶּה חָמָס: זֵכֶר צַדִּיק לִבְרָכָה וְשֵׁם רְשָׁעִים יִרְקָב: חֲכַם־לֵב יִקַּח

מִצְוֹת וֶאֱוִיל שְׂפָתַיִם יִלָּבֵט: הוֹלֵךְ בַּתֹּם יֵלֶךְ בֶּטַח וּמְעַקֵּשׁ דְּרָכָיו

יִוָּדֵעַ: קֹרֵץ עַיִן יִתֵּן עַצָּבֶת וֶאֱוִיל שְׂפָתַיִם יִלָּבֵט: מְקוֹר חַיִּים פִּי

צַדִּיק וּפִי רְשָׁעִים יְכַסֶּה חָמָס: שִׂנְאָה תְּעוֹרֵר מְדָנִים וְעַל כָּל־

פְּשָׁעִים תְּכַסֶּה אַהֲבָה: בְּשִׂפְתֵי נָבוֹן תִּמָּצֵא חָכְמָה וְשֵׁבֶט לְגֵו

חֲסַר־לֵב: חֲכָמִים יִצְפְּנוּ־דָעַת וּפִי־אֱוִיל מְחִתָּה קְרֹבָה: הוֹן עָשִׁיר

קִרְיַת עֻזּוֹ מְחִתַּת דַּלִּים רֵישָׁם: פְּעֻלַּת צַדִּיק לְחַיִּים תְּבוּאַת רָשָׁע

לְחַטָּאת: אֹרַח לְחַיִּים שׁוֹמֵר מוּסָר וְעוֹזֵב תּוֹכַחַת מַתְעֶה: מְכַסֶּה

שִׂנְאָה שִׂפְתֵי־שָׁקֶר וּמוֹצִא דִבָּה הוּא כְסִיל: בְּרֹב דְּבָרִים לֹא יֶחְדַּל־

פָּשַׁע וְחֹשֵׂךְ שְׂפָתָיו מַשְׂכִּיל: כֶּסֶף נִבְחָר לְשׁוֹן צַדִּיק לֵב רְשָׁעִים

כִּמְעָט: שִׂפְתֵי צַדִּיק יִרְעוּ רַבִּים וֶאֱוִילִים בַּחֲסַר־לֵב יָמוּתוּ: בִּרְכַּת

יְהוָה הִיא תַעֲשִׁיר וְלֹא־יוֹסִף עֶצֶב עִמָּהּ: כִּשְׂחוֹק לִכְסִיל עֲשׂוֹת

זִמָּה וְחָכְמָה לְאִישׁ תְּבוּנָה: מְגוֹרַת רָשָׁע הִיא תְבוֹאֶנּוּ וְתַאֲוַת

צַדִּיקִים יִתֵּן: כַּעֲבוֹר סוּפָה וְאֵין רָשָׁע וְצַדִּיק יְסוֹד עוֹלָם: כַּחֹמֶץ |

לַשִּׁנַּיִם וְכֶעָשָׁן לָעֵינָיִם כֵּן הֶעָצֵל לְשֹׁלְחָיו: יִרְאַת יְהוָה תּוֹסִיף יָמִים

וּשְׁנוֹת רְשָׁעִים תִּקְצֹרְנָה: תּוֹחֶלֶת צַדִּיקִים שִׂמְחָה וְתִקְוַת רְשָׁעִים

תֹּאבֵד: מָעוֹז לַתֹּם דֶּרֶךְ יְהוָה וּמְחִתָּה לְפֹעֲלֵי אָוֶן: צַדִּיק לְעוֹלָם

בַּל־יִמּוֹט וּרְשָׁעִים לֹא יִשְׁכְּנוּ־אָרֶץ: פִּי־צַדִּיק יָנוּב חָכְמָה וּלְשׁוֹן

תַּהְפֻּכוֹת תִּכָּרֵת: שִׂפְתֵי צַדִּיק יֵדְעוּן רָצוֹן וּפִי רְשָׁעִים תַּהְפֻּכוֹת:

11 מֹאזְנֵי מִרְמָה תּוֹעֲבַת יְהוָה וְאֶבֶן שְׁלֵמָה רְצוֹנוֹ: בָּא־זָדוֹן וַיָּבֹא קָלוֹן

וְאֶת־צְנוּעִים חָכְמָה: תֻּמַּת יְשָׁרִים תַּנְחֵם וְסֶלֶף בּוֹגְדִים וְשַׁדֵּם: לֹא־ יְשָׁדֵּם

יוֹעִיל הוֹן בְּיוֹם עֶבְרָה וּצְדָקָה תַּצִּיל מִמָּוֶת: צִדְקַת תָּמִים תְּיַשֵּׁר

6 The righteousness of the upright shall deliver them: but transgressors shall be taken in *their own* naughtiness.

7 When a wicked man dieth, *his* expectation shall perish: and the hope of unjust *men* perisheth.

8 The righteous is delivered out of trouble, and the wicked cometh in his stead.

9 An hypocrite with *his* mouth destroyeth his neighbour: but through knowledge shall the just be delivered.

10 When it goeth well with the righteous, the city rejoiceth: and when the wicked perish, *there is* shouting.

11 By the blessing of the upright the city is exalted: but it is overthrown by the mouth of the wicked.

12 He that is void of wisdom despiseth his neighbour: but a man of understanding holdeth his peace.

13 A talebearer revealeth secrets: but he that is of a faithful spirit concealeth the matter.

14 Where no counsel *is,* the people fall: but in the multitude of counsellors *there is* safety.

15 He that is surety for a stranger shall smart *for it:* and he that hateth suretiship is sure.

16 A gracious woman retaineth honour: and strong *men* retain riches.

17 The merciful man doeth good to his own soul: but *he that is* cruel troubleth his own flesh.

18 The wicked worketh a deceitful work: but to him that soweth righteousness *shall be* a sure reward.

19 As righteousness *tendeth* to life: so he that pursueth evil *pursueth it* to his own death.

20 They that are of a froward heart *are* abomination to the LORD: but *such as are* upright in *their* way *are* his delight.

21 *Though* hand *join* in hand, the wicked shall not be unpunished: but the seed of the righteous shall be delivered.

22 *As* a jewel of gold in a swine's snout, *so is* a fair woman which is without discretion.

23 The desire of the righteous *is* only good: *but* the expectation of the wicked *is* wrath.

24 There is that scattereth, and yet increaseth; and *there is* that withholdeth more than is meet, but *it tendeth* to poverty.

25 The liberal soul shall be made fat: and he that watereth shall be watered also himself.

26 He that withholdeth corn, the people shall curse him: but blessing *shall be* upon the head of him that selleth *it.*

27 He that diligently seeketh good procureth favour: but he that seeketh mischief, it shall come unto him.

28 He that trusteth in his riches shall fall: but the righteous shall flourish as a branch.

29 He that troubleth his own house shall inherit the wind: and the fool *shall be* servant to the wise of heart.

30 The fruit of the righteous *is* a tree of life; and he that winneth souls *is* wise.

31 Behold, the righteous shall be recompensed in the earth: much more the wicked and the sinner.

CHAPTER 12

1 Whoso loveth instruction loveth knowledge: but he that hateth reproof *is* brutish.

2 A good *man* obtaineth favour of the LORD: but a man of wicked devices will he condemn.

3 A man shall not be established by wickedness: but the root of the righteous shall not be moved.

4 A virtuous woman *is* a crown to her husband: but she that maketh ashamed *is* as rottenness in his bones.

5 The thoughts of the righteous *are* right: *but* the counsels of the wicked *are* deceit.

6 The words of the wicked *are* to lie in wait for blood: but the mouth of the upright shall deliver them.

7 The wicked are overthrown, and *are* not: but the house of the righteous shall stand.

8 A man shall be commended according to his wisdom: but he that is of a perverse heart shall be despised.

6 דַּרְכּוֹ וּבְרִשְׁעָתוֹ יִפֹּל רָשָׁע: צִדְקַת יְשָׁרִים תַּצִּילֵם וּבְהַוַּת בֹּגְדִים

7 יִלָּכֵדוּ: בְּמוֹת אָדָם רָשָׁע תֹּאבַד תִּקְוָה וְתוֹחֶלֶת אוֹנִים אָבָדָה:

8 צַדִּיק מִצָּרָה נֶחֱלָץ וַיָּבֹא רָשָׁע תַּחְתָּיו: בְּפֶה חָנֵף יַשְׁחִת רֵעֵהוּ
9

10 וּבְדַעַת צַדִּיקִים יֵחָלֵצוּ: בְּטוּב צַדִּיקִים תַּעֲלֹץ קִרְיָה וּבַאֲבֹד רְשָׁעִים

11 רִנָּה: בְּבִרְכַּת יְשָׁרִים תָּרוּם קָרֶת וּבְפִי רְשָׁעִים תֵּהָרֵס: בָּז־לְרֵעֵהוּ
12

13 חֲסַר־לֵב וְאִישׁ תְּבוּנוֹת יַחֲרִישׁ: הוֹלֵךְ רָכִיל מְגַלֶּה־סּוֹד וְנֶאֱמַן־רוּחַ

14 מְכַסֶּה דָבָר: בְּאֵין תַּחְבֻּלוֹת יִפָּל־עָם וּתְשׁוּעָה בְּרֹב יוֹעֵץ: רַע־יֵרוֹעַ
15

16 כִּי־עָרַב זָר וְשֹׂנֵא תֹקְעִים בּוֹטֵחַ: אֵשֶׁת־חֵן תִּתְמֹךְ כָּבוֹד וְעָרִיצִים

17 יִתְמְכוּ־עֹשֶׁר: גֹּמֵל נַפְשׁוֹ אִישׁ חָסֶד וְעֹכֵר שְׁאֵרוֹ אַכְזָרִי: רָשָׁע עֹשֶׂה
18

19 פְעֻלַּת־שָׁקֶר וְזֹרֵעַ צְדָקָה שֶׂכֶר אֱמֶת: כֵּן־צְדָקָה לְחַיִּים וּמְרַדֵּף רָעָה

20 לְמוֹתוֹ: תּוֹעֲבַת יְהוָה עִקְּשֵׁי־לֵב וּרְצוֹנוֹ תְּמִימֵי דָרֶךְ: יָד לְיָד לֹא־
21

22 יִנָּקֶה רָּע וְזֶרַע צַדִּיקִים נִמְלָט: נֶזֶם זָהָב בְּאַף חֲזִיר אִשָּׁה יָפָה וְסָרַת

23 טָעַם: תַּאֲוַת צַדִּיקִים אַךְ־טוֹב תִּקְוַת רְשָׁעִים עֶבְרָה: יֵשׁ מְפַזֵּר
24

25 וְנוֹסָף עוֹד וְחוֹשֵׂךְ מִיֹּשֶׁר אַךְ־לְמַחְסוֹר: נֶפֶשׁ־בְּרָכָה תְדֻשָּׁן וּמַרְוֶה

26 גַם־הוּא יוֹרֶא: מֹנֵעַ בָּר יִקְּבֻהוּ לְאוֹם וּבְרָכָה לְרֹאשׁ מַשְׁבִּיר: שֹׁחֵר
27

28 טּוֹב יְבַקֵּשׁ רָצוֹן וְדֹרֵשׁ רָעָה תְבוֹאֶנּוּ: בּוֹטֵחַ בְּעָשְׁרוֹ הוּא יִפֹּל

29 וְכֶעָלֶה צַדִּיקִים יִפְרָחוּ: עוֹכֵר בֵּיתוֹ יִנְחַל־רוּחַ וְעֶבֶד אֱוִיל לַחֲכַם־

30 לֵב: פְּרִי־צַדִּיק עֵץ חַיִּים וְלֹקֵחַ נְפָשׁוֹת חָכָם: הֵן צַדִּיק בָּאָרֶץ יְשֻׁלָּם
31

30A

12 1 אַף כִּי־רָשָׁע וְחוֹטֵא: אֹהֵב מוּסָר אֹהֵב דָּעַת וְשֹׂנֵא תוֹכַחַת בָּעַר:

2 טוֹב יָפִיק רָצוֹן מֵיְהוָה וְאִישׁ מְזִמּוֹת יַרְשִׁיעַ: לֹא־יִכּוֹן אָדָם בְּרֶשַׁע
3

4 וְשֹׁרֶשׁ צַדִּיקִים בַּל־יִמּוֹט: אֵשֶׁת־חַיִל עֲטֶרֶת בַּעְלָהּ וּכְרָקָב

5 בְּעַצְמוֹתָיו מְבִישָׁה: מַחְשְׁבוֹת צַדִּיקִים מִשְׁפָּט תַּחְבֻּלוֹת רְשָׁעִים

6 מִרְמָה: דִּבְרֵי רְשָׁעִים אֱרָב־דָּם וּפִי יְשָׁרִים יַצִּילֵם: הָפוֹךְ רְשָׁעִים
7

8 וְאֵינָם וּבֵית צַדִּיקִים יַעֲמֹד: לְפִי־שִׂכְלוֹ יְהֻלַּל־אִישׁ וְנַעֲוֵה־לֵב יִהְיֶה

9 *He that is* despised, and hath a servant, *is* better than he that honoureth himself, and lacketh bread.

10 A righteous *man* regardeth the life of his beast: but the tender mercies of the wicked *are* cruel.

11 He that tilleth his land shall be satisfied with bread: but he that followeth vain *persons is* void of understanding.

12 The wicked desireth the net of evil *men:* but the root of the righteous yieldeth *fruit.*

13 The wicked is snared by the transgression of *his* lips: but the just shall come out of trouble.

14 A man shall be satisfied with good by the fruit of *his* mouth: and the recompence of a man's hands shall be rendered unto him.

15 The way of a fool *is* right in his own eyes: but he that hearkeneth unto counsel *is* wise.

16 A fool's wrath is presently known: but a prudent *man* covereth shame.

17 *He that* speaketh truth sheweth forth righteousness: but a false witness deceit.

18 There is that speaketh like the piercings of a sword: but the tongue of the wise *is* health.

19 The lip of truth shall be established for ever: but a lying tongue *is* but for a moment.

20 Deceit *is* in the heart of them that imagine evil: but to the counsellors of peace *is* joy.

21 There shall no evil happen to the just: but the wicked shall be filled with mischief.

22 Lying lips *are* abomination to the LORD: but they that deal truly *are* his delight.

23 A prudent man concealeth knowledge: but the heart of fools proclaimeth foolishness.

24 The hand of the diligent shall bear rule: but the slothful shall be under tribute.

25 Heaviness in the heart of man maketh it stoop: but a good word maketh it glad.

26 The righteous *is* more excellent than his neighbour: but the way of the wicked seduceth them.

27 The slothful *man* roasteth not that which he took in hunting: but the substance of a diligent man *is* precious.

28 In the way of righteousness *is* life; and *in* the pathway *thereof there is* no death.

CHAPTER 13

1 A wise son *heareth* his father's instruction: but a scorner heareth not rebuke.

2 A man shall eat good by the fruit of *his* mouth: but the soul of the transgressors *shall eat* violence.

3 He that keepeth his mouth keepeth his life: *but* he that openeth wide his lips shall have destruction.

4 The soul of the sluggard desireth, and *hath* nothing: but the soul of the diligent shall be made fat.

5 A righteous *man* hateth lying: but a wicked *man* is loathsome, and cometh to shame.

6 Righteousness keepeth *him that is* upright in the way: but wickedness overthroweth the sinner.

7 There is that maketh himself rich, yet *hath* nothing: *there is* that maketh himself poor, yet *hath* great riches.

8 The ransom of a man's life *are* his riches: but the poor heareth not rebuke.

9 The light of the righteous rejoiceth: but the lamp of the wicked shall be put out.

10 Only by pride cometh contention: but with the well advised *is* wisdom.

11 Wealth *gotten* by vanity shall be diminished: but he that gathereth by labour shall increase.

12 Hope deferred maketh the heart sick: but *when* the desire cometh, *it is* a tree of life.

13 Whoso despiseth the word shall be destroyed: but he that feareth the commandment shall be rewarded.

14 The law of the wise *is* a fountain of life, to depart from the snares of death.

15 Good understanding giveth favour: but the way of transgressors *is* hard.

16 Every prudent *man* dealeth with knowledge: but a fool layeth open *his* folly.

17 A wicked messenger falleth into mischief: but a faithful ambassador *is* health.

⁹ לָב֑וּז טֽוֹב־נִ֭קְלֶה וְעֶ֣בֶד ל֑וֹ מִ֝מִּתְכַּבֵּ֗ד וַחֲסַר־לָֽחֶם׃ יוֹדֵ֣עַ צַ֭דִּיק נֶ֣פֶשׁ 10

¹⁰ בְּהֶמְתּ֑וֹ וְֽרַחֲמֵ֥י רְ֝שָׁעִ֗ים אַכְזָרִֽי׃ עֹבֵ֣ד אַ֭דְמָתוֹ יִֽשְׂבַּֽע־לָ֑חֶם וּמְרַדֵּ֖ף

¹¹ רֵיקִ֣ים חֲסַר־לֵֽב׃ חָמַ֣ד רָ֭שָׁע מְצ֣וֹד רָעִ֑ים וְשֹׁ֖רֶשׁ צַדִּיקִ֣ים יִתֵּֽן׃ בְּפֶ֣שַׁע 13

¹² שְׂפָתַ֣יִם מוֹקֵ֣שׁ רָ֑ע וַיֵּצֵ֖א מִצָּרָ֣ה צַדִּֽיק׃ מִפְּרִ֣י פִי־אִ֭ישׁ יִֽשְׂבַּע־ט֑וֹב

¹⁴ וּגְמ֥וּל יְדֵי־אָ֝דָ֗ם יָשׁ֥וּב לֽוֹ׃ דֶּ֣רֶךְ אֱ֭וִיל יָשָׁ֣ר בְּעֵינָ֑יו וְשֹׁמֵ֖עַ לְעֵצָ֣ה

¹⁵ חָכָֽם׃ אֱוִ֗יל בַּ֭יּוֹם יִוָּדַ֣ע כַּעְס֑וֹ וְכֹסֶ֖ה קָל֣וֹן עָרֽוּם׃ יָפִ֣יחַ אֱ֭מוּנָה יַגִּ֣יד

¹⁶ צֶ֑דֶק וְעֵ֖ד שְׁקָרִ֣ים מִרְמָֽה׃ יֵ֣שׁ בּ֭וֹטֶה כְּמַדְקְר֣וֹת חָ֑רֶב וּלְשׁ֖וֹן חֲכָמִ֣ים 17

¹⁸ מַרְפֵּֽא׃ שְֽׂפַת־אֱ֭מֶת תִּכּ֣וֹן לָעַ֑ד וְעַד־אַ֝רְגִּ֗יעָה לְשׁ֣וֹן שָֽׁקֶר׃ מִ֭רְמָה 20

¹⁹ בְּלֶב־חֹ֣רְשֵׁי רָ֑ע וּֽלְיֹעֲצֵ֖י שָׁל֣וֹם שִׂמְחָֽה׃ לֹא־יְאֻנֶּ֣ה לַצַּדִּ֣יק כָּל־אָ֑וֶן

²¹ וּ֝רְשָׁעִ֗ים מָ֣לְאוּ רָֽע׃ תּוֹעֲבַ֣ת יְ֭הוָה שִׂפְתֵי־שָׁ֑קֶר וְעֹשֵׂ֖י אֱמוּנָ֣ה רְצוֹנֽוֹ׃

²³ אָדָ֣ם עָ֭רוּם כֹּ֣סֶה דָּ֑עַת וְלֵ֥ב כְּ֝סִילִ֗ים יִקְרָ֣א אִוֶּֽלֶת׃ יַד־חָרוּצִ֣ים 24

²⁵ תִּמְשׁ֑וֹל וּ֝רְמִיָּ֗ה תִּהְיֶ֥ה לָמַֽס׃ דְּאָגָ֣ה בְלֶב־אִ֣ישׁ יַשְׁחֶ֑נָּה וְדָבָ֖ר ט֣וֹב

²⁶ יְשַׂמְּחֶֽנָּה׃ יָתֵ֣ר מֵרֵעֵ֣הוּ צַדִּ֑יק וְדֶ֖רֶךְ רְשָׁעִ֣ים תַּתְעֵֽם׃ לֹא־יַחֲרֹ֣ךְ רְמִיָּ֣ה 27

²⁸ צֵיד֑וֹ וְהוֹן־אָדָ֖ם יָקָ֣ר חָרֽוּץ׃ בְּאֹֽרַח־צְדָקָ֥ה חַיִּ֑ים וְדֶ֖רֶךְ נְתִיבָ֣ה אַל־

¹ מָֽוֶת׃ בֵּ֣ן חָ֭כָם מ֣וּסַר אָ֑ב וְ֝לֵ֗ץ לֹא־שָׁמַ֥ע גְּעָרָֽה׃ מִפְּרִ֣י פִי־אִ֭ישׁ יֹ֣אכַל 2

³ ט֑וֹב וְנֶ֖פֶשׁ בֹּגְדִ֣ים חָמָֽס׃ נֹצֵ֣ר פִּ֭יו שֹׁמֵ֣ר נַפְשׁ֑וֹ פֹּשֵׂ֥ק שְׂ֝פָתָ֗יו מְחִתָּה־

⁴ לֽוֹ׃ מִתְאַוָּ֣ה וָ֭אַיִן נַפְשׁ֣וֹ עָצֵ֑ל וְנֶ֖פֶשׁ חָרֻצִ֣ים תְּדֻשָּֽׁן׃ דְּבַר־שֶׁ֭קֶר יִשְׂנָ֣א 5

⁶ צַדִּ֑יק וְ֝רָשָׁ֗ע יַבְאִ֥ישׁ וְיַחְפִּֽיר׃ צְ֭דָקָה תִּצֹּ֣ר תָּם־דָּ֑רֶךְ וְ֝רִשְׁעָ֗ה תְּסַלֵּ֥ף

⁷ חַטָּֽאת׃ יֵ֣שׁ מִ֭תְעַשֵּׁר וְאֵ֣ין כֹּ֑ל מִ֝תְרוֹשֵׁ֗שׁ וְה֣וֹן רָֽב׃ כֹּ֣פֶר נֶֽפֶשׁ־אִ֣ישׁ 8

⁹ עָשְׁר֑וֹ וְ֝רָ֗שׁ לֹא־שָׁמַ֥ע גְּעָרָֽה׃ אֽוֹר־צַדִּיקִ֥ים יִשְׂמָ֑ח וְנֵ֖ר רְשָׁעִ֣ים יִדְעָֽךְ׃

¹⁰ רַק־בְּ֭זָדוֹן יִתֵּ֣ן מַצָּ֑ה וְאֶת־נ֖וֹעָצִ֣ים חָכְמָֽה׃ ה֭וֹן מֵהֶ֣בֶל יִמְעָ֑ט וְקֹבֵ֖ץ 11

¹² עַל־יָ֣ד יַרְבֶּֽה׃ תּוֹחֶ֣לֶת מְ֭מֻשָּׁכָה מַחֲלָה־לֵ֑ב וְעֵ֥ץ חַ֝יִּ֗ים תַּאֲוָ֥ה בָאָֽה׃

¹³ בָּ֣ז לְ֭דָבָר יֵחָ֣בֶל ל֑וֹ וִירֵ֥א מִ֝צְוָ֗ה ה֣וּא יְשֻׁלָּֽם׃ תּוֹרַ֣ת חָ֭כָם מְק֣וֹר חַיִּ֑ים 14

¹⁵ לָ֝ס֗וּר מִמֹּקְשֵׁ֥י מָֽוֶת׃ שֵֽׂכֶל־ט֭וֹב יִתֶּן־חֵ֑ן וְדֶ֖רֶךְ בֹּגְדִ֣ים אֵיתָֽן׃ כָּל־עָ֭רוּם 16

¹⁷ יַעֲשֶׂ֣ה בְדָ֑עַת וּ֝כְסִ֗יל יִפְרֹ֥שׂ אִוֶּֽלֶת׃ מַלְאָ֣ךְ רָ֭שָׁע יִפֹּ֣ל בְּרָ֑ע וְצִ֖יר

18 Poverty and shame *shall be to* him that refuseth instruction: but he that regardeth reproof shall be honoured.

19 The desire accomplished is sweet to the soul: but *it is* abomination to fools to depart from evil.

20 He that walketh with wise *men* shall be wise: but a companion of fools shall be destroyed.

21 Evil pursueth sinners: but to the righteous good shall be repayed.

22 A good *man* leaveth an inheritance to his children's children: and the wealth of the sinner *is* laid up for the just.

23 Much food *is in* the tillage of the poor: but there is *that is* destroyed for want of judgment.

24 He that spareth his rod hateth his son: but he that loveth him chasteneth him betimes.

25 The righteous eateth to the satisfying of his soul: but the belly of the wicked shall want.

CHAPTER 14

1 Every wise woman buildeth her house: but the foolish plucketh it down with her hands.

2 He that walketh in his uprightness feareth the Lord: but *he that is* perverse in his ways despiseth him.

3 In the mouth of the foolish *is* a rod of pride: but the lips of the wise shall preserve them.

4 Where no oxen *are,* the crib *is* clean: but much increase *is* by the strength of the ox.

5 A faithful witness will not lie: but a false witness will utter lies.

6 A scorner seeketh wisdom, and *findeth it* not: but knowledge *is* easy unto him that understandeth.

7 Go from the presence of a foolish man, when thou perceivest not *in him* the lips of knowledge.

8 The wisdom of the prudent *is* to understand his way: but the folly of fools *is* deceit.

9 Fools make a mock at sin: but among the righteous *there is* favour.

10 The heart knoweth his own bitterness; and a stranger doth not intermeddle with his joy.

11 The house of the wicked shall be overthrown: but the tabernacle of the upright shall flourish.

12 There is a way which seemeth right unto a man, but the end thereof *are* the ways of death.

13 Even in laughter the heart is sorrowful; and the end of that mirth *is* heaviness.

14 The backslider in heart shall be filled with his own ways: and a good man *shall be satisfied* from himself.

15 The simple believeth every word: but the prudent *man* looketh well to his going.

16 A wise *man* feareth, and departeth from evil: but the fool rageth, and is confident.

17 *He that is* soon angry dealeth foolishly: and a man of wicked devices is hated.

18 The simple inherit folly: but the prudent are crowned with knowledge.

19 The evil bow before the good; and the wicked at the gates of the righteous.

20 The poor is hated even of his own neighbour: but the rich *hath* many friends.

21 He that despiseth his neighbour sinneth: but he that hath mercy on the poor, happy *is* he.

22 Do they not err that devise evil? but mercy and truth *shall be* to them that devise good.

23 In all labour there is profit: but the talk of the lips *tendeth* only to penury.

24 The crown of the wise *is* their riches: *but* the foolishness of fools *is* folly.

25 A true witness delivereth souls: but a deceitful *witness* speaketh lies.

26 In the fear of the Lord *is* strong confidence: and his children shall have a place of refuge.

27 The fear of the Lord *is* a fountain of life, to depart from the snares of death.

28 In the multitude of people *is* the king's honour: but in the want of people *is* the destruction of the prince.

29 *He that is* slow to wrath *is* of great understanding: but *he that is* hasty of spirit exalteth folly.

אֱמוּנִים מַרְפֵּא: רֵישׁ וְקָלוֹן פּוֹרֵעַ מוּסָר וְשׁוֹמֵר תּוֹכַחַת יְכֻבָּד: 18

הוֹלֵךְ תַּאֲוָה נִהְיָה תֶּעֱרַב לְנָפֶשׁ וְתוֹעֲבַת כְּסִילִים סוּר מֵרָע: הֹלוֹךְ אֶת־ 19 20

יֵחְכָּם חֲכָמִים וחכם וְרֹעֶה כְסִילִים יֵרוֹעַ: חַטָּאִים תְּרַדֵּף רָעָה וְאֶת־ 21

צַדִּיקִים יְשַׁלֶּם־טוֹב: טוֹב יַנְחִיל בְּנֵי־בָנִים וְצָפוּן לַצַּדִּיק חֵיל חוֹטֵא: 22

רָב־אֹכֶל נִיר רָאשִׁים וְיֵשׁ נִסְפֶּה בְּלֹא מִשְׁפָּט: חוֹשֵׂךְ שִׁבְטוֹ שׂוֹנֵא 23 24 23A

בְּנוֹ וְאֹהֲבוֹ שִׁחֲרוֹ מוּסָר: צַדִּיק אֹכֵל לְשֹׂבַע נַפְשׁוֹ וּבֶטֶן רְשָׁעִים 25
תֶּחְסָר:

חַכְמוֹת נָשִׁים בָּנְתָה בֵיתָהּ וְאִוֶּלֶת בְּיָדֶיהָ תֶהֶרְסֶנּוּ: הוֹלֵךְ בְּיָשְׁרוֹ 1 14 2

יְרֵא יְהוָה וּנְלוֹז דְּרָכָיו בּוֹזֵהוּ: בְּפִי־אֱוִיל חֹטֶר גַּאֲוָה וְשִׂפְתֵי חֲכָמִים 3

תִּשְׁמוּרֵם: בְּאֵין אֲלָפִים אֵבוּס בָּר וְרָב־תְּבוּאוֹת בְּכֹחַ שׁוֹר: עֵד 4 5

אֱמוּנִים לֹא יְכַזֵּב וְיָפִיחַ כְּזָבִים עֵד שָׁקֶר: בִּקֶּשׁ־לֵץ חָכְמָה וָאָיִן 6

וְדַעַת לְנָבוֹן נָקָל: לֵךְ מִנֶּגֶד לְאִישׁ כְּסִיל וּבַל־יָדַעְתָּ שִׂפְתֵי־דָעַת: 7

חָכְמַת עָרוּם הָבִין דַּרְכּוֹ וְאִוֶּלֶת כְּסִילִים מִרְמָה: אֱוִלִים יָלִיץ אָשָׁם 8 9

וּבֵין יְשָׁרִים רָצוֹן: לֵב יוֹדֵעַ מָרַת נַפְשׁוֹ וּבְשִׂמְחָתוֹ לֹא־יִתְעָרַב זָר: 10

בֵּית רְשָׁעִים יִשָּׁמֵד וְאֹהֶל יְשָׁרִים יַפְרִיחַ: יֵשׁ דֶּרֶךְ יָשָׁר לִפְנֵי־אִישׁ 11 12

וְאַחֲרִיתָהּ דַּרְכֵי־מָוֶת: גַּם־בִּשְׂחוֹק יִכְאַב־לֵב וְאַחֲרִיתָהּ שִׂמְחָה 13

תוּגָה: מִדְּרָכָיו יִשְׂבַּע סוּג לֵב וּמֵעָלָיו אִישׁ טוֹב: פֶּתִי יַאֲמִין לְכָל־ 14 15

דָּבָר וְעָרוּם יָבִין לַאֲשֻׁרוֹ: חָכָם יָרֵא וְסָר מֵרָע וּכְסִיל מִתְעַבֵּר 16

וּבוֹטֵחַ: קְצַר־אַפַּיִם יַעֲשֶׂה אִוֶּלֶת וְאִישׁ מְזִמּוֹת יִשָּׂנֵא: נָחֲלוּ פְתָאיִם 17 18

אִוֶּלֶת וַעֲרוּמִים יַכְתִּרוּ דָעַת: שַׁחוּ רָעִים לִפְנֵי טוֹבִים וּרְשָׁעִים עַל־ 19

שַׁעֲרֵי צַדִּיק: גַּם־לְרֵעֵהוּ יִשָּׂנֵא רָשׁ וְאֹהֲבֵי עָשִׁיר רַבִּים: בָּז־לְרֵעֵהוּ 20 21

עֲנָוִים חוֹטֵא וּמְחוֹנֵן עֲנִיִּים אַשְׁרָיו: הֲלוֹא־יִתְעוּ חֹרְשֵׁי רָע וְחֶסֶד וֶאֱמֶת 22

חֹרְשֵׁי טוֹב: בְּכָל־עֶצֶב יִהְיֶה מוֹתָר וּדְבַר־שְׂפָתַיִם אַךְ־לְמַחְסוֹר: 23

עֲטֶרֶת חֲכָמִים עָשְׁרָם אִוֶּלֶת כְּסִילִים אִוֶּלֶת: מַצִּיל נְפָשׁוֹת עֵד אֱמֶת 24 25

וְיָפִחַ כְּזָבִים מִרְמָה: בְּיִרְאַת יְהוָה מִבְטַח־עֹז וּלְבָנָיו יִהְיֶה מַחְסֶה: 26

יִרְאַת יְהוָה מְקוֹר חַיִּים לָסוּר מִמֹּקְשֵׁי מָוֶת: בְּרָב־עָם הַדְרַת־מֶלֶךְ 27 28

וּבְאֶפֶס לְאֹם מְחִתַּת רָזוֹן: אֶרֶךְ אַפַּיִם רַב־תְּבוּנָה וּקְצַר־רוּחַ מֵרִים 29

30 A sound heart *is* the life of the flesh: but envy the rottenness of the bones.

31 He that oppresseth the poor reproacheth his Maker: but he that honoureth him hath mercy on the poor.

32 The wicked is driven away in his wickedness: but the righteous hath hope in his death.

33 Wisdom resteth in the heart of him that hath understanding: but *that which is* in the midst of fools is made known.

34 Righteousness exalteth a nation: but sin *is* a reproach to any people.

35 The king's favour *is* toward a wise servant: but his wrath is *against* him that causeth shame.

CHAPTER 15

1 A soft answer turneth away wrath: but grievous words stir up anger.

2 The tongue of the wise useth knowledge aright: but the mouth of fools poureth out foolishness.

3 The eyes of the LORD *are* in every place, beholding the evil and the good.

4 A wholesome tongue *is* a tree of life: but perverseness therein *is* a breach in the spirit.

5 A fool despiseth his father's instruction: but he that regardeth reproof is prudent.

6 In the house of the righteous *is* much treasure: but in the revenues of the wicked is trouble.

7 The lips of the wise disperse knowledge: but the heart of the foolish *doeth* not so.

8 The sacrifice of the wicked *is* an abomination to the LORD: but the prayer of the upright *is* his delight.

9 The way of the wicked *is* an abomination unto the LORD: but he loveth him that followeth after righteousness.

10 Correction *is* grievous unto him that forsaketh the way: *and* he that hateth reproof shall die.

11 Hell and destruction *are* before the LORD: how much more then the hearts of the children of men?

12 A scorner loveth not one that reproveth him: neither will he go unto the wise.

13 A merry heart maketh a cheerful countenance: but by sorrow of the heart the spirit is broken.

14 The heart of him that hath understanding seeketh knowledge: but the mouth of fools feedeth on foolishness.

15 All the days of the afflicted *are* evil: but he that is of a merry heart *hath* a continual feast.

16 Better *is* little with the fear of the LORD than great treasure and trouble therewith.

17 Better *is* a dinner of herbs where love is, than a stalled ox and hatred therewith.

18 A wrathful man stirreth up strife: but *he that is* slow to anger appeaseth strife.

19 The way of the slothful *man is* as an hedge of thorns: but the way of the righteous *is* made plain.

20 A wise son maketh a glad father: but a foolish man despiseth his mother.

21 Folly *is* joy to *him that is* destitute of wisdom: but a man of understanding walketh uprightly.

22 Without counsel purposes are disappointed: but in the multitude of counsellors they are established.

23 A man hath joy by the answer of his mouth: and a word *spoken* in due season, how good *is it!*

24 The way of life *is* above to the wise, that he may depart from hell beneath.

25 The LORD will destroy the house of the proud: but he will establish the border of the widow.

26 The thoughts of the wicked *are* an abomination to the LORD: but *the words* of the pure *are* pleasant words.

27 He that is greedy of gain troubleth his own house; but he that hateth gifts shall live.

28 The heart of the righteous studieth to answer: but the mouth of the wicked poureth out evil things.

29 The LORD *is* far from the wicked: but he heareth the prayer of the righteous.

30 The light of the eyes rejoiceth the heart: *and* a good report maketh the bones fat.

30 אוּלֶת: חַיֵּי בְשָׂרִים לֵב מַרְפֵּא וּרְקַב עֲצָמוֹת קִנְאָה: עֹשֵׁק דָּל חֵרֵף

31 עֹשֵׂהוּ וּמְכַבְּדוֹ חֹנֵן אֶבְיוֹן: בְּרָעָתוֹ יִדָּחֶה רָשָׁע וְחֹסֶה בְמוֹתוֹ צַדִּיק:

32

33 בְּלֵב נָבוֹן תָּנוּחַ חָכְמָה וּבְקֶרֶב כְּסִילִים תִּוָּדֵעַ: צְדָקָה תְרוֹמֵם־גּוֹי

34

35 וְחֶסֶד לְאֻמִּים חַטָּאת: רְצוֹן־מֶלֶךְ לְעֶבֶד מַשְׂכִּיל וְעֶבְרָתוֹ תִּהְיֶה

15 מֵבִישׁ: מַעֲנֶה־רַּךְ יָשִׁיב חֵמָה וּדְבַר־עֶצֶב יַעֲלֶה־אָף: לְשׁוֹן חֲכָמִים

1

2

3 תֵּיטִיב דָּעַת וּפִי כְסִילִים יַבִּיעַ אִוֶּלֶת: בְּכָל־מָקוֹם עֵינֵי יְהוָה צֹפוֹת

4 רָעִים וְטוֹבִים: מַרְפֵּא לָשׁוֹן עֵץ חַיִּים וְסֶלֶף בָּהּ שֶׁבֶר בְּרוּחַ: אֱוִיל

5

6 יִנְאַץ מוּסַר אָבִיו וְשֹׁמֵר תּוֹכַחַת יַעְרִם: בֵּית צַדִּיק חֹסֶן רָב

7 וּבִתְבוּאַת רָשָׁע נֶעְכָּרֶת: שִׂפְתֵי חֲכָמִים יְזָרוּ דָעַת וְלֵב כְּסִילִים לֹא־

8 כֵן: זֶבַח רְשָׁעִים תּוֹעֲבַת יְהוָה וּתְפִלַּת יְשָׁרִים רְצוֹנוֹ: תּוֹעֲבַת יְהוָה

9

10 דֶּרֶךְ רָשָׁע וּמְרַדֵּף צְדָקָה יֶאֱהָב: מוּסָר רָע לְעֹזֵב אֹרַח שׂוֹנֵא

11 תוֹכַחַת יָמוּת: שְׁאוֹל וַאֲבַדּוֹן נֶגֶד יְהוָה אַף כִּי־לִבּוֹת בְּנֵי־אָדָם:

12 לֹא יֶאֱהַב־לֵץ הוֹכֵחַ לוֹ אֶל־חֲכָמִים לֹא יֵלֵךְ: לֵב שָׂמֵחַ יֵיטִב פָּנִים

13

14 וּבְעַצְּבַת־לֵב רוּחַ נְכֵאָה: לֵב נָבוֹן יְבַקֶּשׁ־דָּעַת וּפְנֵי כְסִילִים יִרְעֶה

15 אִוֶּלֶת: כָּל־יְמֵי עָנִי רָעִים וְטוֹב־לֵב מִשְׁתֶּה תָמִיד: טוֹב־מְעַט בְּיִרְאַת

16

17 יְהוָה מֵאוֹצָר רָב וּמְהוּמָה בוֹ: טוֹב אֲרֻחַת יָרָק וְאַהֲבָה־שָׁם מִשּׁוֹר

18 אָבוּס וְשִׂנְאָה־בוֹ: אִישׁ חֵמָה יְגָרֶה מָדוֹן וְאֶרֶךְ אַפַּיִם יַשְׁקִיט רִיב:

19 דֶּרֶךְ עָצֵל כִּמְשֻׂכַת חָדֶק וְאֹרַח יְשָׁרִים סְלֻלָה: בֵּן חָכָם יְשַׂמַּח־אָב

20

21 וּכְסִיל אָדָם בּוֹזֶה אִמּוֹ: אִוֶּלֶת שִׂמְחָה לַחֲסַר־לֵב וְאִישׁ תְּבוּנָה

22 יְשַׁר־לָכֶת: הָפֵר מַחֲשָׁבוֹת בְּאֵין סוֹד וּבְרֹב יוֹעֲצִים תָּקוּם: שִׂמְחָה

23

24 לָאִישׁ בְּמַעֲנֵה־פִיו וְדָבָר בְּעִתּוֹ מַה־טּוֹב: אֹרַח חַיִּים לְמַעְלָה

25 לְמַשְׂכִּיל לְמַעַן סוּר מִשְׁאוֹל מָטָּה: בֵּית גֵּאִים יִסַּח יְהוָה וְיַצֵּב גְּבוּל

26 אַלְמָנָה: תּוֹעֲבַת יְהוָה מַחְשְׁבוֹת רָע וּטְהֹרִים אִמְרֵי־נֹעַם: עֹכֵר בֵּיתוֹ

27

28 בּוֹצֵעַ בָּצַע וְשׂוֹנֵא מַתָּנֹת יִחְיֶה: לֵב צַדִּיק יֶהְגֶּה לַעֲנוֹת וּפִי רְשָׁעִים

29 יַבִּיעַ רָעוֹת: רָחוֹק יְהוָה מֵרְשָׁעִים וּתְפִלַּת צַדִּיקִים יִשְׁמָע: מְאוֹר־

30

31 עֵינַיִם יְשַׂמַּח־לֵב שְׁמוּעָה טוֹבָה תְּדַשֶּׁן־עָצֶם: אֹזֶן שֹׁמַעַת תּוֹכַחַת

31 The ear that heareth the reproof of life abideth among the wise.

32 He that refuseth instruction despiseth his own soul: but he that heareth reproof getteth understanding.

33 The fear of the Lord *is* the instruction of wisdom; and before honour *is* humility.

CHAPTER 16

1 The preparations of the heart in man, and the answer of the tongue, *is* from the Lord.

2 All the ways of a man *are* clean in his own eyes; but the Lord weigheth the spirits.

3 Commit thy works unto the Lord, and thy thoughts shall be established.

4 The Lord hath made all *things* for himself: yea, even the wicked for the day of evil.

5 Every one *that is* proud in heart *is* an abomination to the Lord: *though* hand *join* in hand, he shall not be unpunished.

6 By mercy and truth iniquity is purged: and by the fear of the Lord *men* depart from evil.

7 When a man's ways please the Lord, he maketh even his enemies to be at peace with him.

8 Better *is* a little with righteousness than great revenues without right.

9 A man's heart deviseth his way: but the Lord directeth his steps.

10 A divine sentence *is* in the lips of the king: his mouth transgresseth not in judgment.

11 A just weight and balance *are* the Lord's: all the weights of the bag *are* his work.

12 *It is* an abomination to kings to commit wickedness: for the throne is established by righteousness.

13 Righteous lips *are* the delight of kings; and they love him that speaketh right.

14 The wrath of a king *is as* messengers of death: but a wise man will pacify it.

15 In the light of the king's countenance *is* life; and his favour *is* as a cloud of the latter rain.

16 How much better *is it* to get wisdom than gold! and to get understanding rather to be chosen than silver!

17 The highway of the upright *is* to depart from evil: he that keepeth his way preserveth his soul.

18 Pride *goeth* before destruction, and an haughty spirit before a fall.

19 Better *it is to be* of an humble spirit with the lowly, than to divide the spoil with the proud.

20 He that handleth a matter wisely shall find good: and whoso trusteth in the Lord, happy *is* he.

21 The wise in heart shall be called prudent: and the sweetness of the lips increaseth learning.

22 Understanding *is* a wellspring of life unto him that hath it: but the instruction of fools *is* folly.

23 The heart of the wise teacheth his mouth, and addeth learning to his lips.

24 Pleasant words *are as* an honeycomb, sweet to the soul, and health to the bones.

25 There is a way that seemeth right unto a man, but the end thereof *are* the ways of death.

26 He that laboureth laboureth for himself; for his mouth craveth it of him.

27 An ungodly man diggeth up evil: and in his lips *there is* as a burning fire.

28 A froward man soweth strife: and a whisperer separateth chief friends.

29 A violent man enticeth his neighbour, and leadeth him into the way *that is* not good.

30 He shutteth his eyes to devise froward things: moving his lips he bringeth evil to pass.

31 The hoary head *is* a crown of glory, *if* it be found in the way of righteousness.

32 *He that is* slow to anger *is* better than the mighty; and he that ruleth his spirit than he that taketh a city.

33 The lot is cast into the lap; but the whole disposing thereof *is* of the Lord.

CHAPTER 17

1 Better *is* a dry morsel, and quietness therewith, than an house full of sacrifices *with* strife.

2 A wise servant shall have rule over a

חַיִּים בְּקֶרֶב חֲכָמִים תָּלִין: פּוֹרֵעַ מוּסָר מוֹאֵס נַפְשׁוֹ וְשׁוֹמֵעַ תּוֹכַחַת 32

קֹנֶה לֵּב: יִרְאַת יְהוָה מוּסַר חָכְמָה וְלִפְנֵי כָבוֹד עֲנָוָה: לְאָדָם 16 33 1

מַעַרְכֵי־לֵב וּמֵיְהוָה מַעֲנֵה לָשׁוֹן: כָּל־דַּרְכֵי־אִישׁ זַךְ בְּעֵינָיו וְתֹכֵן 2

רוּחוֹת יְהוָה: גֹּל אֶל־יְהוָה מַעֲשֶׂיךָ וְיִכֹּנוּ מַחְשְׁבֹתֶיךָ: כֹּל פָּעַל יְהוָה 3 4

לַמַּעֲנֵהוּ וְגַם־רָשָׁע לְיוֹם רָעָה: תּוֹעֲבַת יְהוָה כָּל־גְּבַהּ־לֵב יָד לְיָד 5

לֹא יִנָּקֶה: בְּחֶסֶד וֶאֱמֶת יְכֻפַּר עָוֹן וּבְיִרְאַת יְהוָה סוּר מֵרָע: בִּרְצוֹת 6 7

יְהוָה דַּרְכֵי־אִישׁ גַּם־אוֹיְבָיו יַשְׁלִם אִתּוֹ: טוֹב־מְעַט בִּצְדָקָה מֵרֹב 8

תְּבוּאוֹת בְּלֹא מִשְׁפָּט: לֵב אָדָם יְחַשֵּׁב דַּרְכּוֹ וַיהוָה יָכִין צַעֲדוֹ: 9

קֶסֶם עַל־שִׂפְתֵי־מֶלֶךְ בְּמִשְׁפָּט לֹא יִמְעַל־פִּיו: פֶּלֶס וּמֹאזְנֵי מִשְׁפָּט 10 11

לַיהוָה מַעֲשֵׂהוּ כָּל־אַבְנֵי־כִיס: תּוֹעֲבַת מְלָכִים עֲשׂוֹת רֶשַׁע כִּי 12

בִצְדָקָה יִכּוֹן כִּסֵּא: רְצוֹן מְלָכִים שִׂפְתֵי־צֶדֶק וְדֹבֵר יְשָׁרִים יֶאֱהָב: 13

חֲמַת־מֶלֶךְ מַלְאֲכֵי־מָוֶת וְאִישׁ חָכָם יְכַפְּרֶנָּה: בְּאוֹר־פְּנֵי־מֶלֶךְ חַיִּים 14 15

וּרְצוֹנוֹ כְּעָב מַלְקוֹשׁ: קְנֹה־חָכְמָה מַה־טּוֹב מֵחָרוּץ וּקְנוֹת בִּינָה 16

נִבְחָר מִכָּסֶף: מְסִלַּת יְשָׁרִים סוּר מֵרָע שֹׁמֵר נַפְשׁוֹ נֹצֵר דַּרְכּוֹ: 17

לִפְנֵי־שֶׁבֶר גָּאוֹן וְלִפְנֵי כִשָּׁלוֹן גֹּבַהּ רוּחַ: טוֹב שְׁפַל־רוּחַ אֶת־עֲנָיִים עֲנָוִים 18 19

מֵחַלֵּק שָׁלָל אֶת־גֵּאִים: מַשְׂכִּיל עַל־דָּבָר יִמְצָא־טוֹב וּבוֹטֵחַ בַּיהוָה 20

אַשְׁרָיו: לַחֲכַם־לֵב יִקָּרֵא נָבוֹן וּמֶתֶק שְׂפָתַיִם יֹסִיף לֶקַח: מְקוֹר חַיִּים 21 22

שֵׂכֶל בְּעָלָיו וּמוּסַר אֱוִלִים אִוֶּלֶת: לֵב חָכָם יַשְׂכִּיל פִּיהוּ וְעַל־שְׂפָתָיו 23

יֹסִיף לֶקַח: צוּף־דְּבַשׁ אִמְרֵי־נֹעַם מָתוֹק לַנֶּפֶשׁ וּמַרְפֵּא לָעָצֶם: יֵשׁ 24 25

דֶּרֶךְ יָשָׁר לִפְנֵי־אִישׁ וְאַחֲרִיתָהּ דַּרְכֵי־מָוֶת: נֶפֶשׁ עָמֵל עָמְלָה לּוֹ 26

כִּי־אָכַף עָלָיו פִּיהוּ: אִישׁ בְּלִיַּעַל כֹּרֶה רָעָה וְעַל־שְׂפָתָיו שְׂפָתוֹ כְּאֵשׁ 27

צָרָבֶת: אִישׁ תַּהְפֻּכוֹת יְשַׁלַּח מָדוֹן וְנִרְגָּן מַפְרִיד אַלּוּף: אִישׁ חָמָס 28 29

יְפַתֶּה רֵעֵהוּ וְהוֹלִיכוֹ בְּדֶרֶךְ לֹא־טוֹב: עֹצֶה עֵינָיו לַחְשֹׁב תַּהְפֻּכוֹת 30

קֹרֵץ שְׂפָתָיו כִּלָּה רָעָה: עֲטֶרֶת תִּפְאֶרֶת שֵׂיבָה בְּדֶרֶךְ צְדָקָה תִּמָּצֵא: 31

טוֹב אֶרֶךְ אַפַּיִם מִגִּבּוֹר וּמֹשֵׁל בְּרוּחוֹ מִלֹּכֵד עִיר: בַּחֵיק יוּטַל אֶת־ 32 33

הַגּוֹרָל וּמֵיְהוָה כָּל־מִשְׁפָּטוֹ: טוֹב פַּת חֲרֵבָה וְשַׁלְוָה־בָהּ מִבַּיִת מָלֵא 17 1

זִבְחֵי־רִיב: עֶבֶד־מַשְׂכִּיל יִמְשֹׁל בְּבֵן מֵבִישׁ וּבְתוֹךְ אַחִים יַחֲלֹק 2

son that causeth shame, and shall have part of the inheritance among the brethren.

3 The fining pot is for silver, and the furnace for gold: but the LORD trieth the hearts.

4 A wicked doer giveth heed to false lips; and a liar giveth ear to a naughty tongue.

5 Whoso mocketh the poor reproacheth his Maker: and he that is glad at calamities shall not be unpunished.

6 Children's children are the crown of old men; and the glory of children are their fathers.

7 Excellent speech becometh not a fool: much less do lying lips a prince.

8 A gift is as a precious stone in the eyes of him that hath it: whithersoever it turneth, it prospereth.

9 He that covereth a transgression seeketh love; but he that repeateth a matter separateth very friends.

10 A reproof entereth more into a wise man than an hundred stripes into a fool.

11 An evil man seeketh only rebellion: therefore a cruel messenger shall be sent against him.

12 Let a bear robbed of her whelps meet a man, rather than a fool in his folly.

13 Whoso rewardeth evil for good, evil shall not depart from his house.

14 The beginning of strife is as when one letteth out water: therefore leave off contention, before it be meddled with.

15 He that justifieth the wicked, and he that condemneth the just, even they both are abomination to the LORD.

16 Wherefore is there a price in the hand of a fool to get wisdom, seeing he hath no heart to it?

17 A friend loveth at all times, and a brother is born for adversity.

18 A man void of understanding striketh hands, and becometh surety in the presence of his friend.

19 He loveth transgression that loveth strife: and he that exalteth his gate seeketh destruction.

20 He that hath a froward heart findeth no good: and he that hath a perverse tongue falleth into mischief.

21 He that begetteth a fool doeth it to his sorrow: and the father of a fool hath no joy.

22 A merry heart doeth good like a medicine: but a broken spirit drieth the bones.

23 A wicked man taketh a gift out of the bosom to pervert the ways of judgment.

24 Wisdom is before him that hath understanding; but the eyes of a fool are in the ends of the earth.

25 A foolish son is a grief to his father, and bitterness to her that bare him.

26 Also to punish the just is not good, nor to strike princes for equity.

27 He that hath knowledge spareth his words: and a man of understanding is of an excellent spirit.

28 Even a fool, when he holdeth his peace, is counted wise: and he that shutteth his lips is esteemed a man of understanding.

CHAPTER 18

1 Through desire a man, having separated himself, seeketh and intermeddleth with all wisdom.

2 A fool hath no delight in understanding, but that his heart may discover itself.

3 When the wicked cometh, then cometh also contempt, and with ignominy reproach.

4 The words of a man's mouth are as deep waters, and the wellspring of wisdom as a flowing brook.

5 It is not good to accept the person of the wicked, to overthrow the righteous in judgment.

6 A fool's lips enter into contention, and his mouth calleth for strokes.

7 A fool's mouth is his destruction, and his lips are the snare of his soul.

8 The words of a talebearer are as wounds, and they go down into the innermost parts of the belly.

9 He also that is slothful in his work is brother to him that is a great waster.

10 The name of the LORD is a strong tower: the righteous runneth into it, and is safe.

11 The rich man's wealth is his strong city, and as an high wall in his own conceit.

נַחֲלָה: מַצְרֵף לַכֶּסֶף וְכוּר לַזָּהָב וּבֹחֵן לִבּוֹת יְהוָה: מֵרַע מַקְשִׁיב 3
4
עַל־שְׂפַת־אָוֶן שֶׁקֶר מֵזִין עַל־לְשׁוֹן הַוֺּת: לֹעֵג לָרָשׁ חֵרֵף עֹשֵׂהוּ 5
שָׂמֵחַ לְאֵיד לֹא יִנָּקֶה: עֲטֶרֶת זְקֵנִים בְּנֵי בָנִים וְתִפְאֶרֶת בָּנִים 6
אֲבוֹתָם: לֹא־נָאוָה לְנָבָל שְׂפַת־יֶתֶר אַף כִּי־לְנָדִיב שְׂפַת־שָׁקֶר: אֶבֶן 7
8
חֵן הַשֹּׁחַד בְּעֵינֵי בְעָלָיו אֶל־כָּל־אֲשֶׁר יִפְנֶה יַשְׂכִּיל: מְכַסֶּה־פֶּשַׁע 9
מְבַקֵּשׁ אַהֲבָה וְשֹׁנֶה בְדָבָר מַפְרִיד אַלּוּף: תֵּחַת גְּעָרָה בְמֵבִין 10
מֵהַכּוֹת כְּסִיל מֵאָה: אַךְ־מְרִי יְבַקֶּשׁ־רָע וּמַלְאָךְ אַכְזָרִי יְשֻׁלַּח־בּוֹ: 11
פָּגוֹשׁ דֹּב שַׁכּוּל בְּאִישׁ וְאַל־כְּסִיל בְּאִוַּלְתּוֹ: מֵשִׁיב רָעָה תַּחַת טוֹבָה 12
13
לֹא־תָמִישׁ רָעָה מִבֵּיתוֹ: פּוֹטֵר מַיִם רֵאשִׁית מָדוֹן וְלִפְנֵי הִתְגַּלַּע 14
הָרִיב נְטוֹשׁ: מַצְדִּיק רָשָׁע וּמַרְשִׁיעַ צַדִּיק תּוֹעֲבַת יְהוָה גַּם־שְׁנֵיהֶם: 15
לָמָּה־זֶּה מְחִיר בְּיַד־כְּסִיל לִקְנוֹת חָכְמָה וְלֶב־אָיִן: בְּכָל־עֵת אֹהֵב 16
17
הָרֵעַ וְאָח לְצָרָה יִוָּלֵד: אָדָם חֲסַר־לֵב תּוֹקֵעַ כָּף עֹרֵב עֲרֻבָּה לִפְנֵי 18
רֵעֵהוּ: אֹהֵב פֶּשַׁע אֹהֵב מַצָּה מַגְבִּיהַּ פִּתְחוֹ מְבַקֶּשׁ־שָׁבֶר: עִקֶּשׁ־לֵב 19
20
לֹא יִמְצָא־טוֹב וְנֶהְפָּךְ בִּלְשׁוֹנוֹ יִפּוֹל בְּרָעָה: יֹלֵד כְּסִיל לְתוּגָה לוֹ 21
וְלֹא־יִשְׂמַח אֲבִי נָבָל: לֵב שָׂמֵחַ יֵיטִב גֵּהָה וְרוּחַ נְכֵאָה תְּיַבֶּשׁ־גָּרֶם: 22
שֹׁחַד מֵחֵיק רָשָׁע יִקָּח לְהַטּוֹת אָרְחוֹת מִשְׁפָּט: אֶת־פְּנֵי מֵבִין חָכְמָה 23
24
26A   וְעֵינֵי כְסִיל בִּקְצֵה־אָרֶץ: כַּעַס לְאָבִיו בֵּן כְּסִיל וּמֶמֶר לְיוֹלַדְתּוֹ: גַּם 25
26
עֲנוֹשׁ לַצַּדִּיק לֹא־טוֹב לְהַכּוֹת נְדִיבִים עַל־יֹשֶׁר: חוֹשֵׂךְ אֲמָרָיו יוֹדֵעַ 27
דָּעַת וְקַר־רוּחַ אִישׁ תְּבוּנָה: גַּם אֱוִיל מַחֲרִישׁ חָכָם יֵחָשֵׁב אֹטֵם 28
שְׂפָתָיו נָבוֹן: לְתַאֲוָה יְבַקֵּשׁ נִפְרָד בְּכָל־תּוּשִׁיָּה יִתְגַּלָּע: לֹא־יַחְפֹּץ 18   1
2
כְּסִיל בִּתְבוּנָה כִּי אִם־בְּהִתְגַּלּוֹת לִבּוֹ: בְּבוֹא־רָשָׁע בָּא גַם־בּוּז וְעִם־ 3
קָלוֹן חֶרְפָּה: מַיִם עֲמֻקִּים דִּבְרֵי פִי־אִישׁ נַחַל נֹבֵעַ מְקוֹר חָכְמָה: 4
שְׂאֵת פְּנֵי־רָשָׁע לֹא־טוֹב לְהַטּוֹת צַדִּיק בַּמִּשְׁפָּט: שִׂפְתֵי כְסִיל יָבֹאוּ 5
6
בְרִיב וּפִיו לְמַהֲלֻמוֹת יִקְרָא: פִּי־כְסִיל מְחִתָּה־לוֹ וּשְׂפָתָיו מוֹקֵשׁ 7
נַפְשׁוֹ: דִּבְרֵי נִרְגָּן כְּמִתְלַהֲמִים וְהֵם יָרְדוּ חַדְרֵי־בָטֶן: גַּם מִתְרַפֶּה 8
9
בִמְלַאכְתּוֹ אָח הוּא לְבַעַל מַשְׁחִית: מִגְדַּל־עֹז שֵׁם יְהוָה בּוֹ־יָרוּץ 10
צַדִּיק וְנִשְׂגָּב: הוֹן עָשִׁיר קִרְיַת עֻזּוֹ וּכְחוֹמָה נִשְׂגָּבָה בְּמַשְׂכִּתוֹ: 11

תָּמוּשׁ
יָקָר־

12 Before destruction the heart of man is haughty, and before honour *is* humility.

13 He that answereth a matter before he heareth *it*, it *is* folly and shame unto him.

14 The spirit of a man will sustain his infirmity; but a wounded spirit who can bear?

15 The heart of the prudent getteth knowledge; and the ear of the wise seeketh knowledge.

16 A man's gift maketh room for him, and bringeth him before great men.

17 *He that is* first in his own cause *seemeth* just; but his neighbour cometh and searcheth him.

18 The lot causeth contentions to cease, and parteth between the mighty.

19 A brother offended *is harder to be won* than a strong city: and *their* contentions *are* like the bars of a castle.

20 A man's belly shall be satisfied with the fruit of his mouth; *and* with the increase of his lips shall he be filled.

21 Death and life *are* in the power of the tongue: and they that love it shall eat the fruit thereof.

22 *Whoso* findeth a wife findeth a good *thing,* and obtaineth favour of the Lord.

23 The poor useth intreaties; but the rich answereth roughly.

24 A man *that hath* friends must shew himself friendly: and there is a friend *that* sticketh closer than a brother.

CHAPTER 19

1 Better *is* the poor that walketh in his integrity, than *he that is* perverse in his lips, and is a fool.

2 Also, *that* the soul *be* without knowledge, *it is* not good; and he that hasteth with *his* feet sinneth.

3 The foolishness of man perverteth his way: and his heart fretteth against the Lord.

4 Wealth maketh many friends; but the poor is separated from his neighbour.

5 A false witness shall not be unpunished, and *he that* speaketh lies shall not escape.

6 Many will intreat the favour of the prince: and every man *is* a friend to him that giveth gifts.

7 All the brethren of the poor do hate him: how much more do his friends go far from him? he pursueth *them with* words, *yet* they *are* wanting *to him.*

8 He that getteth wisdom loveth his own soul: he that keepeth understanding shall find good.

9 A false witness shall not be unpunished, and *he that* speaketh lies shall perish.

10 Delight is not seemly for a fool; much less for a servant to have rule over princes.

11 The discretion of a man deferreth his anger; and *it is* his glory to pass over a transgression.

12 The king's wrath *is* as the roaring of a lion; but his favour *is* as dew upon the grass.

13 A foolish son *is* the calamity of his father: and the contentions of a wife *are* a continual dropping.

14 House and riches *are* the inheritance of fathers: and a prudent wife *is* from the Lord.

15 Slothfulness casteth into a deep sleep; and an idle soul shall suffer hunger.

16 He that keepeth the commandment keepeth his own soul; *but* he that despiseth his ways shall die.

17 He that hath pity upon the poor lendeth unto the Lord; and that which he hath given will he pay him again.

18 Chasten thy son while there is hope, and let not thy soul spare for his crying.

19 A man of great wrath shall suffer punishment: for if thou deliver *him,* yet thou must do it again.

20 Hear counsel, and receive instruction, that thou mayest be wise in thy latter end.

21 *There are* many devices in a man's heart; nevertheless the counsel of the Lord, that shall stand.

22 The desire of a man *is* his kindness: and a poor man *is* better than a liar.

23 The fear of the Lord *tendeth* to life: and *he that hath it* shall abide satisfied; he shall not be visited with evil.

24 A slothful *man* hideth his hand in *his*

לִפְנֵי־שֶׁבֶר יִגְבַּהּ לֵב־אִישׁ וְלִפְנֵי כָבוֹד עֲנָוָה: מֵשִׁיב דָּבָר בְּטֶרֶם   ₁₂
₁₃   12A

יִשְׁמָע אִוֶּלֶת הִיא־לוֹ וּכְלִמָּה: רוּחַ־אִישׁ יְכַלְכֵּל מַחֲלֵהוּ וְרוּחַ נְכֵאָה   ₁₄

מִי יִשָּׂאֶנָּה: לֵב נָבוֹן יִקְנֶה־דָּעַת וְאֹזֶן חֲכָמִים תְּבַקֶּשׁ־דָּעַת: מַתָּן   ₁₅
₁₆

אָדָם יַרְחִיב לוֹ וְלִפְנֵי גְדֹלִים יַנְחֶנּוּ: צַדִּיק הָרִאשׁוֹן בְּרִיבוֹ יָבֹא־רֵעֵהוּ   ₁₇ וּבָא־

וַחֲקָרוֹ: מִדְיָנִים יַשְׁבִּית הַגּוֹרָל וּבֵין עֲצוּמִים יַפְרִיד: אָח נִפְשָׁע   ₁₈
₁₉

מִקִּרְיַת־עֹז וּמִדְיָנִים כִּבְרִיחַ אַרְמוֹן: מִפְּרִי פִי־אִישׁ תִּשְׂבַּע בִּטְנוֹ   ₂₀ וּמִדְיָנִים

תְּבוּאַת שְׂפָתָיו יִשְׂבָּע: מָוֶת וְחַיִּים בְּיַד־לָשׁוֹן וְאֹהֲבֶיהָ יֹאכַל פִּרְיָהּ:   ₂₁

מָצָא אִשָּׁה מָצָא טוֹב וַיָּפֶק רָצוֹן מֵיהוָה: תַּחֲנוּנִים יְדַבֶּר־רָשׁ וְעָשִׁיר   ₂₂
₂₃

יַעֲנֶה עַזּוֹת: אִישׁ רֵעִים לְהִתְרֹעֵעַ וְיֵשׁ אֹהֵב דָּבֵק מֵאָח: טוֹב־רָשׁ   ₂₄   **19**
 ₁

הוֹלֵךְ בְּתֻמּוֹ מֵעִקֵּשׁ שְׂפָתָיו וְהוּא כְסִיל: גַּם בְּלֹא־דַעַת נֶפֶשׁ לֹא־   ₂

טוֹב וְאָץ בְּרַגְלַיִם חוֹטֵא: אִוֶּלֶת אָדָם תְּסַלֵּף דַּרְכּוֹ וְעַל־יְהוָה יִזְעַף   ₃

לִבּוֹ: הוֹן יֹסִיף רֵעִים רַבִּים וְדָל מֵרֵעֵהוּ יִפָּרֵד: עֵד שְׁקָרִים לֹא   ₄
₅   4A

יִנָּקֶה וְיָפִיחַ כְּזָבִים לֹא יִמָּלֵט: רַבִּים יְחַלּוּ פְנֵי־נָדִיב וְכָל־הָרֵעַ לְאִישׁ   ₆

מַתָּן: כָּל אֲחֵי־רָשׁ שְׂנֵאֻהוּ אַף כִּי מְרֵעֵהוּ רָחֲקוּ מִמֶּנּוּ מְרַדֵּף   ₇

אֲמָרִים לֹא־הֵמָּה: קֹנֶה־לֵּב אֹהֵב נַפְשׁוֹ שֹׁמֵר תְּבוּנָה לִמְצֹא־טוֹב: ₈ לוֹ־

עֵד שְׁקָרִים לֹא יִנָּקֶה וְיָפִיחַ כְּזָבִים יֹאבֵד: ₉

לֹא־נָאוֶה לִכְסִיל תַּעֲנוּג אַף כִּי־לְעֶבֶד מְשֹׁל בְּשָׂרִים: שֵׂכֶל אָדָם   ₁₀
₁₁

הֶאֱרִיךְ אַפּוֹ וְתִפְאַרְתּוֹ עֲבֹר עַל־פָּשַׁע: נַהַם כַּכְּפִיר זַעַף מֶלֶךְ וּכְטַל   ₁₂

עַל־עֵשֶׂב רְצוֹנוֹ: הַוֹּת לְאָבִיו בֵּן כְּסִיל וְדֶלֶף טֹרֵד מִדְיְנֵי אִשָּׁה: ₁₃

בַּיִת וָהוֹן נַחֲלַת אָבוֹת וּמֵיהוָה אִשָּׁה מַשְׂכָּלֶת: עַצְלָה תַּפִּיל   ₁₄
₁₅

תַּרְדֵּמָה וְנֶפֶשׁ רְמִיָּה תִרְעָב: שֹׁמֵר מִצְוָה שֹׁמֵר נַפְשׁוֹ בּוֹזֵה דְרָכָיו   ₁₆

יוּמָת: מַלְוֵה יְהוָה חוֹנֵן דָּל וּגְמֻלוֹ יְשַׁלֶּם־לוֹ: יַסֵּר בִּנְךָ כִּי־יֵשׁ תִּקְוָה   ₁₇ יָמוּת
₁₈

וְאֶל־הֲמִיתוֹ אַל־תִּשָּׂא נַפְשֶׁךָ: גְּרָל־חֵמָה נֹשֵׂא עֹנֶשׁ כִּי אִם־תַּצִּיל   ₁₉ גְּדָל־

וְעוֹד תּוֹסִף: שְׁמַע עֵצָה וְקַבֵּל מוּסָר לְמַעַן תֶּחְכַּם בְּאַחֲרִיתֶךָ: רַבּוֹת   ₂₀
₂₁

מַחֲשָׁבוֹת בְּלֶב־אִישׁ וַעֲצַת יְהוָה הִיא תָקוּם: תַּאֲוַת אָדָם חַסְדּוֹ   ₂₂

וְטוֹב־רָשׁ מֵאִישׁ כָּזָב: יִרְאַת יְהוָה לְחַיִּים וְשָׂבֵעַ יָלִין בַּל־יִפָּקֶד רָע: ₂₃

טָמַן עָצֵל יָדוֹ בַּצַּלָּחַת גַּם־אֶל־פִּיהוּ לֹא יְשִׁיבֶנָּה: לֵץ תַּכֶּה וּפֶתִי   ₂₄
₂₅

bosom, and will not so much as bring it to his mouth again.

25 Smite a scorner, and the simple will beware: and reprove one that hath understanding, *and* he will understand knowledge.

26 He that wasteth *his* father, *and* chaseth away *his* mother, *is* a son that causeth shame, and bringeth reproach.

27 Cease, my son, to hear the instruction *that causeth* to err from the words of knowledge.

28 An ungodly witness scorneth judgment: and the mouth of the wicked devoureth iniquity.

29 Judgments are prepared for scorners, and stripes for the back of fools.

CHAPTER 20

1 Wine *is* a mocker, strong drink *is* raging: and whosoever is deceived thereby is not wise.

2 The fear of a king *is* as the roaring of a lion: *whoso* provoketh him to anger sinneth *against* his own soul.

3 *It is* an honour for a man to cease from strife: but every fool will be meddling.

4 The sluggard will not plow by reason of the cold; *therefore* shall he beg in harvest, and *have* nothing.

5 Counsel in the heart of man *is like* deep water; but a man of understanding will draw it out.

6 Most men will proclaim every one his own goodness: but a faithful man who can find?

7 The just *man* walketh in his integrity: his children *are* blessed after him.

8 A king that sitteth in the throne of judgment scattereth away all evil with his eyes.

9 Who can say, I have made my heart clean, I am pure from my sin?

10 Divers weights, *and* divers measures, both of them *are* alike abomination to the LORD.

11 Even a child is known by his doings, whether his work *be* pure, and whether *it be* right.

12 The hearing ear, and the seeing eye, the LORD hath made even both of them.

13 Love not sleep, lest thou come to poverty; open thine eyes, *and* thou shalt be satisfied with bread.

14 *It is* naught, *it is* naught, saith the buyer: but when he is gone his way, then he boasteth.

15 There is gold, and a multitude of rubies: but the lips of knowledge *are* a precious jewel.

16 Take his garment that is surety *for* a stranger: and take a pledge of him for a strange woman.

17 Bread of deceit *is* sweet to a man; but afterwards his mouth shall be filled with gravel.

18 *Every* purpose is established by counsel: and with good advice make war.

19 He that goeth about *as* a talebearer revealeth secrets: therefore meddle not with him that flattereth with his lips.

20 Whoso curseth his father or his mother, his lamp shall be put out in obscure darkness.

21 An inheritance *may be* gotten hastily at the beginning; but the end thereof shall not be blessed.

22 Say not thou, I will recompense evil; *but* wait on the LORD, and he shall save thee.

23 Divers weights *are* an abomination unto the LORD; and a false balance *is* not good.

24 Man's goings *are* of the LORD; how can a man then understand his own way?

25 *It is* a snare to the man *who* devoureth *that which is* holy, and after vows to make enquiry.

26 A wise king scattereth the wicked, and bringeth the wheel over them.

27 The spirit of man *is* the candle of the LORD, searching all the inward parts of the belly.

28 Mercy and truth preserve the king: and his throne is upholden by mercy.

29 The glory of young men *is* their strength: and the beauty of old men *is* the gray head.

30 The blueness of a wound cleanseth away evil: so *do* stripes the inward parts of the belly.

יַ֭עֲרֶם וְהוֹכִ֣יחַ לְנָב֑וֹן יָבִ֥ין דָּֽעַת׃ מְֽשַׁדֶּד־אָ֭ב יַבְרִ֣יחַ אֵ֑ם בֵּ֝֗ן מֵבִ֥ישׁ 26

וּמַחְפִּֽיר׃ חֲדַל־בְּ֭נִי לִשְׁמֹ֣עַ מוּסָ֑ר לִ֝שְׁג֗וֹת מֵֽאִמְרֵי־דָֽעַת׃ עֵ֣ד בְּ֭לִיַּעַל 27
28

יָלִ֣יץ מִשְׁפָּ֑ט וּפִ֥י רְ֝שָׁעִ֗ים יְבַלַּע־אָֽוֶן׃ נָכ֣וֹנוּ לַלֵּצִ֣ים שְׁפָטִ֑ים וּ֝מַהֲלֻמ֗וֹת 29

לְגֵ֣ו כְּסִילִֽים׃ לֵ֣ץ הַ֭יַּיִן הֹמֶ֣ה שֵׁכָ֑ר וְכָל־שֹׁ֥גֶה בּ֝֗וֹ לֹ֣א יֶחְכָּֽם׃ נַ֤הַם 20 1
2

כַּ֭כְּפִיר אֵ֣ימַת מֶ֑לֶךְ מִ֝תְעַבְּר֗וֹ חוֹטֵ֥א נַפְשֽׁוֹ׃ כָּב֣וֹד לָ֭אִישׁ שֶׁ֣בֶת מֵרִ֑יב 3

וְכָל־אֱ֝וִ֗יל יִתְגַּלָּֽע׃ מֵחֹ֗רֶף עָ֭צֵל לֹא־יַחֲרֹ֑שׁ ישׁאל [יִשְׁאַ֖ל] בַּקָּצִ֣יר וָאָֽיִן׃ מַ֣יִם 4
5

עֲמֻקִּ֭ים עֵצָ֣ה בְלֶב־אִ֑ישׁ וְאִ֖ישׁ תְּבוּנָ֣ה יִדְלֶֽנָּה׃ רָב־אָדָ֗ם יִ֭קְרָא אִ֣ישׁ 6

חַסְדּ֑וֹ וְאִ֥ישׁ אֱ֝מוּנִ֗ים מִ֣י יִמְצָֽא׃ מִתְהַלֵּ֣ךְ בְּתֻמּ֣וֹ צַדִּ֑יק אַשְׁרֵ֖י בָנָ֣יו 7

אַחֲרָֽיו׃ מֶ֗לֶךְ יוֹשֵׁ֥ב עַל־כִּסֵּא־דִ֑ין מְזָרֶ֖ה בְעֵינָ֣יו כָּל־רָֽע׃ מִֽי־יֹ֭אמַר 8
9

זִכִּ֣יתִי לִבִּ֑י טָ֝הַ֗רְתִּי מֵחַטָּאתִֽי׃ אֶ֣בֶן וָ֭אֶבֶן אֵיפָ֣ה וְאֵיפָ֑ה תּוֹעֲבַ֥ת יְ֝הוָ֗ה 10

גַּם־שְׁנֵיהֶֽם׃ גַּ֣ם בְּ֭מַעֲלָלָ֣יו יִתְנַכֶּר־נָ֑עַר אִם־זַ֖ךְ וְאִם־יָשָׁ֣ר פָּעֳלֽוֹ׃ אֹ֣זֶן 11
12

שֹׁ֭מַעַת וְעַ֣יִן רֹאָ֑ה יְ֝הוָ֗ה עָשָׂ֥ה גַם־שְׁנֵיהֶֽם׃ אַל־תֶּֽאֱהַ֣ב שֵׁ֭נָה פֶּן־ 13

תִּוָּרֵ֑שׁ פְּקַ֖ח עֵינֶ֣יךָ שְׂבַֽע־לָֽחֶם׃ רַ֣ע רַ֭ע יֹאמַ֣ר הַקּוֹנֶ֑ה וְאֹזֵ֥ל ל֝֗וֹ אָ֣ז 14

יִתְהַלָּֽל׃ יֵ֣שׁ זָ֭הָב וְרָב־פְּנִינִ֑ים וּכְלִ֥י יְ֝קָ֗ר שִׂפְתֵי־דָֽעַת׃ לְֽקַח־בִּ֭גְדוֹ כִּי־ 15
16

עָ֣רַב זָ֑ר וּבְעַ֖ד נכרים [נָכְרִיָּ֣ה] חַבְלֵֽהוּ׃ עָרֵ֣ב לָ֭אִישׁ לֶ֣חֶם שָׁ֑קֶר וְ֝אַחַ֗ר יִמָּלֵא־ 17

פִ֥יהוּ חָצָֽץ׃ מַ֭חֲשָׁבוֹת בְּעֵצָ֣ה תִכּ֑וֹן וּ֝בְתַחְבֻּל֗וֹת עֲשֵׂ֣ה מִלְחָמָֽה׃ 18

גּֽוֹלֶה־סּ֭וֹד הוֹלֵ֣ךְ רָכִ֑יל וּלְפֹתֶ֥ה שְׂ֝פָתָ֗יו לֹ֣א תִתְעָרָֽב׃ מְ֭קַלֵּל אָבִ֣יו 19
20

וְאִמּ֑וֹ יִדְעַ֥ךְ נֵ֝ר֗וֹ באישון [בֶּאֱשׁ֥וּן] חֹֽשֶׁךְ׃ נַ֭חֲלָה מבחלת [מְבֹהֶ֣לֶת] בָּרִאשֹׁנָ֑ה וְ֝אַחֲרִיתָ֗הּ 21

לֹ֣א תְבֹרָֽךְ׃ אַל־תֹּאמַ֥ר אֲשַׁלְּמָה־רָ֑ע קַוֵּ֥ה לַֽ֝יהוָ֗ה וְיֹ֥שַֽׁע לָֽךְ׃ תּוֹעֲבַ֣ת 22
23

יְ֭הוָה אֶ֣בֶן וָאָ֑בֶן וּמֹאזְנֵ֖י מִרְמָ֣ה לֹא־טֽוֹב׃ מֵיְהוָ֥ה מִצְעֲדֵי־גָ֑בֶר וְ֝אָדָ֗ם 24

מַה־יָּבִ֥ין דַּרְכּֽוֹ׃ מוֹקֵ֣שׁ אָ֭דָם יָ֣לַע קֹ֑דֶשׁ וְאַחַ֖ר נְדָרִ֣ים לְבַקֵּֽר׃ מְזָרֶ֣ה 25
26

רְ֭שָׁעִים מֶ֣לֶךְ חָכָ֑ם וַיָּ֖שֶׁב עֲלֵיהֶ֣ם אוֹפָֽן׃ נֵ֣ר יְ֭הוָה נִשְׁמַ֣ת אָדָ֑ם חֹ֝פֵ֗שׂ 27

כָּל־חַדְרֵי־בָֽטֶן׃ חֶ֣סֶד וֶ֭אֱמֶת יִצְּרוּ־מֶ֑לֶךְ וְסָעַ֖ד בַּחֶ֣סֶד כִּסְאֽוֹ׃ תִּפְאֶ֣רֶת 28
29

בַּחוּרִ֣ים כֹּחָ֑ם וַהֲדַ֖ר זְקֵנִ֣ים שֵׂיבָֽה׃ חַבֻּר֣וֹת פֶּ֭צַע תמריק [תַּמְר֣וּק] בְּרָ֑ע וּ֝מַכּ֗וֹת 30

וְשָׁאַ֑ל

נָכְרִיָּ֑ה

בֶּאֱשׁ֑וּן
מְבֹהֶ֑לֶת

27A

1A

24A

1343

CHAPTER 21

1 The king's heart *is* in the hand of the LORD, *as* the rivers of water: he turneth it whithersoever he will.

2 Every way of a man *is* right in his own eyes: but the LORD pondereth the hearts.

3 To do justice and judgment *is* more acceptable to the LORD than sacrifice.

4 An high look, and a proud heart, *and* the plowing of the wicked, *is* sin.

5 The thoughts of the diligent *tend* only to plenteousness; but of every one *that is* hasty only to want.

6 The getting of treasures by a lying tongue *is* a vanity tossed to and fro of them that seek death.

7 The robbery of the wicked shall destroy them; because they refuse to do judgment.

8 The way of man *is* froward and strange: but *as for* the pure, his work *is* right.

9 *It is* better to dwell in a corner of the housetop, than with a brawling woman in a wide house.

10 The soul of the wicked desireth evil: his neighbour findeth no favour in his eyes.

11 When the scorner is punished, the simple is made wise: and when the wise is instructed, he receiveth knowledge.

12 The righteous *man* wisely considereth the house of the wicked: *but God* overthroweth the wicked for *their* wickedness.

13 Whoso stoppeth his ears at the cry of the poor, he also shall cry himself, but shall not be heard.

14 A gift in secret pacifieth anger: and a reward in the bosom strong wrath.

15 *It is* joy to the just to do judgment: but destruction *shall be* to the workers of iniquity.

16 The man that wandereth out of the way of understanding shall remain in the congregation of the dead.

17 He that loveth pleasure *shall be* a poor man: he that loveth wine and oil shall not be rich.

18 The wicked *shall be* a ransom for the righteous, and the transgressor for the upright.

19 *It is* better to dwell in the wilderness, than with a contentious and an angry woman.

20 *There is* treasure to be desired and oil in the dwelling of the wise; but a foolish man spendeth it up.

21 He that followeth after righteousness and mercy findeth life, righteousness, and honour.

22 A wise *man* scaleth the city of the mighty, and casteth down the strength of the confidence thereof.

23 Whoso keepeth his mouth and his tongue keepeth his soul from troubles.

24 Proud *and* haughty scorner *is* his name, who dealeth in proud wrath.

25 The desire of the slothful killeth him; for his hands refuse to labour.

26 He coveteth greedily all the day long: but the righteous giveth and spareth not.

27 The sacrifice of the wicked *is* abomination: how much more, *when* he bringeth it with a wicked mind?

28 A false witness shall perish: but the man that heareth speaketh constantly.

29 A wicked man hardeneth his face: but *as for* the upright, he directeth his way.

30 *There is* no wisdom nor understanding nor counsel against the LORD.

31 The horse *is* prepared against the day of battle: but safety *is* of the LORD.

CHAPTER 22

1 A *good* name *is* rather to be chosen than great riches, *and* loving favour rather than silver and gold.

2 The rich and poor meet together: the LORD *is* the maker of them all.

3 A prudent *man* foreseeth the evil, and hideth himself: but the simple pass on, and are punished.

4 By humility *and* the fear of the LORD *are* riches, and honour, and life.

5 Thorns *and* snares *are* in the way of the froward: he that doth keep his soul shall be far from them.

6 Train up a child in the way he should go: and when he is old, he will not depart from it.

7 The rich ruleth over the poor, and the borrower *is* servant to the lender.

21 חַדְרֵי־בָטֶן: פַּלְגֵי־מַיִם לֶב־מֶלֶךְ בְּיַד־יְהֹוָה עַל־כָּל־אֲשֶׁר יַחְפֹּץ יַטֶּנּוּ:

כָּל־דֶּרֶךְ־אִישׁ יָשָׁר בְּעֵינָיו וְתֹכֵן לִבּוֹת יְהֹוָה: עֲשֹׂה צְדָקָה וּמִשְׁפָּט

נִבְחָר לַיהֹוָה מִזָּבַח: רוּם־עֵינַיִם וּרְחַב־לֵב נֵר רְשָׁעִים חַטָּאת:

מַחְשְׁבוֹת חָרוּץ אַךְ־לְמוֹתָר וְכָל־אָץ אַךְ־לְמַחְסוֹר: פֹּעַל אוֹצָרוֹת

בִּלְשׁוֹן שָׁקֶר הֶבֶל נִדָּף מְבַקְשֵׁי־מָוֶת: שֹׁד־רְשָׁעִים יְגוֹרֵם כִּי מֵאֲנוּ

לַעֲשׂוֹת מִשְׁפָּט: הֲפַכְפַּךְ דֶּרֶךְ אִישׁ וָזָר וְזַךְ יָשָׁר פָּעֳלוֹ: טוֹב לָשֶׁבֶת

עַל־פִּנַּת־גָּג מֵאֵשֶׁת מִדְיָנִים וּבֵית חָבֶר: נֶפֶשׁ רָשָׁע אִוְּתָה־רָע לֹא־

11A יֻחַן בְּעֵינָיו רֵעֵהוּ: בַּעֲנָשׁ־לֵץ יֶחְכַּם־פֶּתִי וּבְהַשְׂכִּיל לְחָכָם יִקַּח־דָּעַת:

מַשְׂכִּיל צַדִּיק לְבֵית רָשָׁע מְסַלֵּף רְשָׁעִים לָרָע: אֹטֵם אָזְנוֹ מִזַּעֲקַת־

דָּל גַּם־הוּא יִקְרָא וְלֹא יֵעָנֶה: מַתָּן בַּסֵּתֶר יִכְפֶּה־אָף וְשֹׁחַד בַּחֵק

חֵמָה עַזָּה: שִׂמְחָה לַצַּדִּיק עֲשׂוֹת מִשְׁפָּט וּמְחִתָּה לְפֹעֲלֵי אָוֶן: אָדָם

תּוֹעֶה מִדֶּרֶךְ הַשְׂכֵּל בִּקְהַל רְפָאִים יָנוּחַ: אִישׁ מַחְסוֹר אֹהֵב שִׂמְחָה

אֹהֵב יַיִן־וָשֶׁמֶן לֹא יַעֲשִׁיר: כֹּפֶר לַצַּדִּיק רָשָׁע וְתַחַת יְשָׁרִים בּוֹגֵד:

19 מדינים טוֹב שֶׁבֶת בְּאֶרֶץ־מִדְבָּר מֵאֵשֶׁת מִדוֹנִים וָכָעַס: אוֹצָר נֶחְמָד וָשֶׁמֶן

בִּנְוֵה חָכָם וּכְסִיל אָדָם יְבַלְּעֶנּוּ: רֹדֵף צְדָקָה וָחָסֶד יִמְצָא חַיִּים

צְדָקָה וְכָבוֹד: עִיר גִּבֹּרִים עָלָה חָכָם וַיֹּרֶד עֹז מִבְטֶחָה: שֹׁמֵר פִּיו

וּלְשׁוֹנוֹ שֹׁמֵר מִצָּרוֹת נַפְשׁוֹ: זֵד יָהִיר לֵץ שְׁמוֹ עוֹשֶׂה בְּעֶבְרַת זָדוֹן:

תַּאֲוַת עָצֵל תְּמִיתֶנּוּ כִּי־מֵאֲנוּ יָדָיו לַעֲשׂוֹת: כָּל־הַיּוֹם הִתְאַוָּה תַאֲוָה

וְצַדִּיק יִתֵּן וְלֹא יַחְשֹׂךְ: זֶבַח רְשָׁעִים תּוֹעֵבָה אַף כִּי־בְזִמָּה יְבִיאֶנּוּ:

עֵד־כְּזָבִים יֹאבֵד וְאִישׁ שׁוֹמֵעַ לָנֶצַח יְדַבֵּר: הֵעֵז אִישׁ רָשָׁע בְּפָנָיו

30 יבין דרכו וְיָשָׁר הוּא יָבִין דרכיו: אֵין חָכְמָה וְאֵין תְּבוּנָה וְאֵין עֵצָה לְנֶגֶד

יְהֹוָה:

22 סוּס מוּכָן לְיוֹם מִלְחָמָה וְלַיהֹוָה הַתְּשׁוּעָה: נִבְחָר שֵׁם מֵעֹשֶׁר רָב

מִכֶּסֶף וּמִזָּהָב חֵן טוֹב: עָשִׁיר וָרָשׁ נִפְגָּשׁוּ עֹשֵׂה כֻלָּם יְהֹוָה: עָרוּם

וְנסתר רָאָה רָעָה ויסתר וּפְתָיִים עָבְרוּ וְנֶעֱנָשׁוּ: עֵקֶב עֲנָוָה יִרְאַת יְהֹוָה

עֹשֶׁר וְכָבוֹד וְחַיִּים: צִנִּים פַּחִים בְּדֶרֶךְ עִקֵּשׁ שׁוֹמֵר נַפְשׁוֹ יִרְחַק

7A מֵהֶם: חֲנֹךְ לַנַּעַר עַל־פִּי דַרְכּוֹ גַּם כִּי־יַזְקִין לֹא־יָסוּר מִמֶּנָּה: עָשִׁיר

יקצר־ בְּרָשִׁים יִמְשׁוֹל וְעֶבֶד לֹוֶה לְאִישׁ מַלְוֶה: זוֹרֵעַ עַוְלָה יִקְצוֹר־אָוֶן

8 He that soweth iniquity shall reap vanity: and the rod of his anger shall fail.

9 He that hath a bountiful eye shall be blessed; for he giveth of his bread to the poor.

10 Cast out the scorner, and contention shall go out; yea, strife and reproach shall cease.

11 He that loveth pureness of heart, *for* the grace of his lips the king *shall be* his friend.

12 The eyes of the Lord preserve knowledge, and he overthroweth the words of the transgressor.

13 The slothful *man* saith, *There is* a lion without, I shall be slain in the streets.

14 The mouth of strange women *is* a deep pit: he that is abhorred of the Lord shall fall therein.

15 Foolishness *is* bound in the heart of a child; *but* the rod of correction shall drive it far from him.

16 He that oppresseth the poor to increase his *riches, and* he that giveth to the rich, *shall* surely *come* to want.

17 Bow down thine ear, and hear the words of the wise, and apply thine heart unto my knowledge.

18 For *it is* a pleasant thing if thou keep them within thee; they shall withal be fitted in thy lips.

19 That thy trust may be in the Lord, I have made known to thee this day, even to thee.

20 Have not I written to thee excellent things in counsels and knowledge,

21 That I might make thee know the certainty of the words of truth; that thou mightest answer the words of truth to them that send unto thee?

22 Rob not the poor, because he *is* poor: neither oppress the afflicted in the gate:

23 For the Lord will plead their cause, and spoil the soul of those that spoiled them.

24 Make no friendship with an angry man; and with a furious man thou shalt not go:

25 Lest thou learn his ways, and get a snare to thy soul.

26 Be not thou *one* of them that strike hands, *or* of them that are sureties for debts.

27 If thou hast nothing to pay, why should he take away thy bed from under thee?

28 Remove not the ancient landmark, which thy fathers have set.

29 Seest thou a man diligent in his business? he shall stand before kings; he shall not stand before mean *men.*

CHAPTER 23

1 When thou sittest to eat with a ruler, consider diligently what *is* before thee:

2 And put a knife to thy throat, if thou *be* a man given to appetite.

3 Be not desirous of his dainties: for they *are* deceitful meat.

4 Labour not to be rich: cease from thine own wisdom.

5 Wilt thou set thine eyes upon that which is not? for *riches* certainly make themselves wings; they fly away as an eagle toward heaven.

6 Eat thou not the bread of *him that hath* an evil eye, neither desire thou his dainty meats:

7 For as he thinketh in his heart, so *is* he: Eat and drink, saith he to thee; but his heart *is* not with thee.

8 The morsel *which* thou hast eaten shalt thou vomit up, and lose thy sweet words.

9 Speak not in the ears of a fool: for he will despise the wisdom of thy words.

10 Remove not the old landmark; and enter not into the fields of the fatherless:

11 For their redeemer *is* mighty; he shall plead their cause with thee.

12 Apply thine heart unto instruction, and thine ears to the words of knowledge.

13 Withhold not correction from the child: for *if* thou beatest him with the rod, he shall not die.

14 Thou shalt beat him with the rod, and shalt deliver his soul from hell.

15 My son, if thine heart be wise, my heart shall rejoice, even mine.

16 Yea, my reins shall rejoice, when thy lips speak right things.

17 Let not thine heart envy sinners: but

וְשֵׁבֶט עֶבְרָתוֹ יִכְלֶה: טוֹב־עַיִן הוּא יְבֹרָךְ כִּי־נָתַן מִלַּחְמוֹ לַדָּל: גָּרֵשׁ ⁹ ¹⁰

לֵץ וְיֵצֵא מָדוֹן וְיִשְׁבֹּת דִּין וְקָלוֹן: אֹהֵב טְהוֹר־לֵב חֵן שְׂפָתָיו רֵעֵהוּ ¹¹

מֶלֶךְ: עֵינֵי יְהוָה נָצְרוּ דָעַת וַיְסַלֵּף דִּבְרֵי בֹגֵד: אָמַר עָצֵל אֲרִי ¹² ¹³

בַחוּץ בְּתוֹךְ רְחֹבוֹת אֵרָצֵחַ: שׁוּחָה עֲמֻקָּה פִּי זָרוֹת זְעוּם יְהוָה ¹⁴

יִפָּל־שָׁם: אִוֶּלֶת קְשׁוּרָה בְלֶב־נָעַר שֵׁבֶט מוּסָר יַרְחִיקֶנָּה מִמֶּנּוּ: ¹⁵

עֹשֵׁק דָּל לְהַרְבּוֹת לוֹ נֹתֵן לְעָשִׁיר אַךְ־לְמַחְסוֹר: הַט אָזְנְךָ וּשְׁמַע ¹⁶ ¹⁷

דִּבְרֵי חֲכָמִים וְלִבְּךָ תָּשִׁית לְדַעְתִּי: כִּי־נָעִים כִּי־תִשְׁמְרֵם בְּבִטְנֶךָ ¹⁸

יִכֹּנוּ יַחְדָּו עַל־שְׂפָתֶיךָ: לִהְיוֹת בַּיהוָה מִבְטַחֶךָ הוֹדַעְתִּיךָ הַיּוֹם אַף־ ¹⁹

אָתָּה: הֲלֹא כָתַבְתִּי לְךָ שָׁלִשִׁים בְּמוֹעֵצֹת וָדָעַת: לְהוֹדִיעֲךָ קֹשְׁטְ ²⁰ ²¹

אִמְרֵי אֱמֶת לְהָשִׁיב אֲמָרִים אֱמֶת לְשֹׁלְחֶיךָ: ²¹

אַל־תִּגְזָל־דָּל כִּי דַל־הוּא וְאַל־תְּדַכֵּא עָנִי בַשָּׁעַר: כִּי־יְהוָה יָרִיב ²² ²³

רִיבָם וְקָבַע אֶת־קֹבְעֵיהֶם נָפֶשׁ: אַל־תִּתְרַע אֶת־בַּעַל אָף וְאֶת־אִישׁ ²⁴

חֵמוֹת לֹא תָבוֹא: פֶּן־תֶּאֱלַף אֹרְחֹתוֹ וְלָקַחְתָּ מוֹקֵשׁ לְנַפְשֶׁךָ: אַל־ ²⁵ ²⁶

תְּהִי בְתֹקְעֵי־כָף בַּעֹרְבִים מַשָּׁאוֹת: אִם־אֵין־לְךָ לְשַׁלֵּם לָמָּה יִקַּח ²⁷

מִשְׁכָּבְךָ מִתַּחְתֶּיךָ: אַל־תַּסֵּג גְּבוּל עוֹלָם אֲשֶׁר עָשׂוּ אֲבוֹתֶיךָ: חָזִיתָ ²⁸ ²⁹

אִישׁ ׀ מָהִיר בִּמְלַאכְתּוֹ לִפְנֵי־מְלָכִים יִתְיַצָּב בַּל־יִתְיַצֵּב לִפְנֵי חֲשֻׁכִּים:

כִּי־תֵשֵׁב לִלְחוֹם אֶת־מוֹשֵׁל בִּין תָּבִין אֶת־אֲשֶׁר לְפָנֶיךָ: וְשַׂמְתָּ שַׂכִּין ²³ ¹ ²

בְּלֹעֶךָ אִם־בַּעַל נֶפֶשׁ אָתָּה: אַל־תִּתְאָו לְמַטְעַמּוֹתָיו וְהוּא לֶחֶם ³

כְּזָבִים: אַל־תִּיגַע לְהַעֲשִׁיר מִבִּינָתְךָ חֲדָל: הֲתָעוּף עֵינֶיךָ בּוֹ וְאֵינֶנּוּ ⁴ ⁵

כִּי עָשֹׂה יַעֲשֶׂה־לּוֹ כְנָפַיִם כְּנֶשֶׁר וְעוּף הַשָּׁמָיִם:

אַל־תִּלְחַם אֶת־לֶחֶם רַע עָיִן וְאַל־תִּתְאָו לְמַטְעַמֹּתָיו: כִּי ׀ כְּמוֹ שָׁעַר ⁶ ⁷

בְּנַפְשׁוֹ כֶּן־הוּא אֱכֹל וּשְׁתֵה יֹאמַר לָךְ וְלִבּוֹ בַּל־עִמָּךְ: פִּתְּךָ־אָכַלְתָּ ⁸

תְקִיאֶנָּה וְשִׁחַתָּ דְּבָרֶיךָ הַנְּעִימִים: בְּאָזְנֵי כְסִיל אַל־תְּדַבֵּר כִּי־יָבוּז ⁹

לְשֵׂכֶל מִלֶּיךָ: אַל־תַּסֵּג גְּבוּל עוֹלָם וּבִשְׂדֵי יְתוֹמִים אַל־תָּבֹא: כִּי־ ¹⁰ ¹¹

גֹאֲלָם חָזָק הוּא־יָרִיב אֶת־רִיבָם אִתָּךְ: הָבִיאָה לַמּוּסָר לִבֶּךָ וְאָזְנֶךָ ¹²

לְאִמְרֵי־דָעַת: אַל־תִּמְנַע מִנַּעַר מוּסָר כִּי־תַכֶּנּוּ בַשֵּׁבֶט לֹא יָמוּת: ¹³

אַתָּה בַּשֵּׁבֶט תַּכֶּנּוּ וְנַפְשׁוֹ מִשְּׁאוֹל תַּצִּיל: בְּנִי אִם־חָכַם לִבֶּךָ יִשְׂמַח ¹⁴ ¹⁵

לִבִּי גַם־אָנִי: וְתַעְלֹזְנָה כִלְיוֹתָי בְּדַבֵּר שְׂפָתֶיךָ מֵישָׁרִים: אַל־יְקַנֵּא ¹⁶ ¹⁷

be thou in the fear of the Lord all the day long.

18 For surely there is an end; and thine expectation shall not be cut off.

19 Hear thou, my son, and be wise, and guide thine heart in the way.

20 Be not among winebibbers; among riotous eaters of flesh:

21 For the drunkard and the glutton shall come to poverty: and drowsiness shall clothe *a man* with rags.

22 Hearken unto thy father that begat thee, and despise not thy mother when she is old.

23 Buy the truth, and sell *it* not; *also* wisdom, and instruction, and understanding.

24 The father of the righteous shall greatly rejoice: and he that begetteth a wise *child* shall have joy of him.

25 Thy father and thy mother shall be glad, and she that bare thee shall rejoice.

26 My son, give me thine heart, and let thine eyes observe my ways.

27 For a whore *is* a deep ditch; and a strange woman *is* a narrow pit.

28 She also lieth in wait as *for* a prey, and increaseth the transgressors among men.

29 Who hath woe? who hath sorrow? who hath contentions? who hath babbling? who hath wounds without cause? who hath redness of eyes?

30 They that tarry long at the wine; they that go to seek mixed wine.

31 Look not thou upon the wine when it is red, when it giveth his colour in the cup, *when* it moveth itself aright.

32 At the last it biteth like a serpent, and stingeth like an adder.

33 Thine eyes shall behold strange women, and thine heart shall utter perverse things.

34 Yea, thou shalt be as he that lieth down in the midst of the sea, or as he that lieth upon the top of a mast.

35 They have stricken me, *shalt thou say,* *and* I was not sick; they have beaten me, *and* I felt *it* not: when shall I awake? I will seek it yet again.

CHAPTER 24

1 Be not thou envious against evil men, neither desire to be with them.

2 For their heart studieth destruction, and their lips talk of mischief.

3 Through wisdom is an house builded; and by understanding it is established:

4 And by knowledge shall the chambers be filled with all precious and pleasant riches.

5 A wise man *is* strong; yea, a man of knowledge increaseth strength.

6 For by wise counsel thou shalt make thy war: and in multitude of counsellors *there is* safety.

7 Wisdom *is* too high for a fool: he openeth not his mouth in the gate.

8 He that deviseth to do evil shall be called a mischievous person.

9 The thought of foolishness *is* sin: and the scorner *is* an abomination to men.

10 *If* thou faint in the day of adversity, thy strength *is* small.

11 If thou forbear to deliver *them that are* drawn unto death, and *those that are* ready to be slain;

12 If thou sayest, Behold, we knew it not; doth not he that pondereth the heart consider *it?* and he that keepeth thy soul, doth *not* he know *it?* and shall *not* he render to *every* man according to his works?

13 My son, eat thou honey, because *it is* good; and the honeycomb, *which is* sweet to thy taste:

14 So *shall* the knowledge of wisdom *be* unto thy soul: when thou hast found *it,* then there shall be a reward, and thy expectation shall not be cut off.

15 Lay not wait, O wicked *man,* against the dwelling of the righteous; spoil not his resting place:

16 For a just *man* falleth seven times, and riseth up again: but the wicked shall fall into mischief.

17 Rejoice not when thine enemy falleth, and let not thine heart be glad when he stumbleth:

18 Lest the Lord see *it,* and it displease him, and he turn away his wrath from him.

לִבְּךָ בַּחַטָּאִים כִּי אִם־בְּיִרְאַת־יְהֹוָה כָּל־הַיּוֹם: כִּי אִם־יֵשׁ אַחֲרִית 18
וְתִקְוָתְךָ לֹא תִכָּרֵת: שְׁמַע־אַתָּה בְנִי וַחֲכָם וְאַשֵּׁר בַּדֶּרֶךְ לִבֶּךָ: אַל־ 19 20
תְּהִי בְסֹבְאֵי־יָיִן בְּזֹלֲלֵי בָשָׂר לָמוֹ: כִּי־סֹבֵא וְזוֹלֵל יִוָּרֵשׁ וּקְרָעִים 21
תַּלְבִּישׁ נוּמָה: שְׁמַע לְאָבִיךָ זֶה יְלָדֶךָ וְאַל־תָּבוּז כִּי־זָקְנָה אִמֶּךָ: 22
אֱמֶת קְנֵה וְאַל־תִּמְכֹּר חָכְמָה וּמוּסָר וּבִינָה: גּוֹל יָגוּל אֲבִי צַדִּיק 23 24
יוֹלֵד חָכָם וְיִשְׂמַח־בּוֹ: יִשְׂמַח־אָבִיךָ וְאִמֶּךָ וְתָגֵל יוֹלַדְתֶּךָ: תְּנָה־בְנִי 25 26
לִבְּךָ לִי וְעֵינֶיךָ דְּרָכַי תִּרְצֶנָה: כִּי־שׁוּחָה עֲמֻקָּה זוֹנָה וּבְאֵר צָרָה 27
נָכְרִיָּה: אַף־הִיא כְּחֶתֶף תֶּאֱרֹב וּבוֹגְדִים בְּאָדָם תּוֹסִף: לְמִי אוֹי 28 29
לְמִי אֲבוֹי לְמִי מִדְוָנִים לְמִי שִׂיחַ לְמִי פְּצָעִים חִנָּם לְמִי חַכְלִלוּת
עֵינָיִם: לַמְאַחֲרִים עַל־הַיָּיִן לַבָּאִים לַחְקֹר מִמְסָךְ: אַל־תֵּרֶא יַיִן כִּי 30 31
יִתְאַדָּם כִּי־יִתֵּן בַּכּוֹס עֵינוֹ יִתְהַלֵּךְ בְּמֵישָׁרִים: אַחֲרִיתוֹ כְּנָחָשׁ יִשָּׁךְ 32
וּכְצִפְעֹנִי יַפְרִשׁ: עֵינֶיךָ יִרְאוּ זָרוֹת וְלִבְּךָ יְדַבֵּר תַּהְפֻּכוֹת: וְהָיִיתָ 33 34
כְּשֹׁכֵב בְּלֶב־יָם וּכְשֹׁכֵב בְּרֹאשׁ חִבֵּל: הִכּוּנִי בַל־חָלִיתִי הֲלָמוּנִי בַּל־ 35
יָדָעְתִּי מָתַי אָקִיץ אוֹסִיף אֲבַקְשֶׁנּוּ עוֹד: אַל־תְּקַנֵּא בְּאַנְשֵׁי רָעָה 24 1
וְאַל־תִּתְאָו לִהְיוֹת אִתָּם: כִּי־שֹׁד יֶהְגֶּה לִבָּם וְעָמָל שִׂפְתֵיהֶם 2
תְּדַבֵּרְנָה: בְּחָכְמָה יִבָּנֶה בָּיִת וּבִתְבוּנָה יִתְכּוֹנָן: וּבְדַעַת חֲדָרִים 3 4
יִמָּלְאוּ כָּל־הוֹן יָקָר וְנָעִים: גֶּבֶר־חָכָם בַּעוֹז וְאִישׁ־דַּעַת מְאַמֶּץ־כֹּחַ: 5
כִּי בְתַחְבֻּלוֹת תַּעֲשֶׂה־לְּךָ מִלְחָמָה וּתְשׁוּעָה בְּרֹב יוֹעֵץ: רָאמוֹת 6 7
לֶאֱוִיל חָכְמוֹת בַּשַּׁעַר לֹא יִפְתַּח־פִּיהוּ: מְחַשֵּׁב לְהָרֵעַ לוֹ בַּעַל־ 8
מְזִמּוֹת יִקְרָאוּ: זִמַּת אִוֶּלֶת חַטָּאת וְתוֹעֲבַת לְאָדָם לֵץ: הִתְרַפִּיתָ 9 10
בְּיוֹם צָרָה צַר כֹּחֶכָה: הַצֵּל לְקֻחִים לַמָּוֶת וּמָטִים לַהֶרֶג אִם־ 11
תַּחְשׂוֹךְ: כִּי־תֹאמַר הֵן לֹא־יָדַעְנוּ זֶה הֲלֹא־תֹכֵן לִבּוֹת הוּא־יָבִין 12
וְנֹצֵר נַפְשְׁךָ הוּא יֵדָע וְהֵשִׁיב לְאָדָם כְּפָעֳלוֹ: אֱכָל־בְּנִי דְבַשׁ כִּי־טוֹב 13
וְנֹפֶת מָתוֹק עַל־חִכֶּךָ: כֵּן דְּעֶה חָכְמָה לְנַפְשֶׁךָ אִם־מָצָאתָ וְיֵשׁ 14
אַחֲרִית וְתִקְוָתְךָ לֹא תִכָּרֵת:
אַל־תֶּאֱרֹב רָשָׁע לִנְוֵה צַדִּיק אַל־תְּשַׁדֵּד רִבְצוֹ: כִּי שֶׁבַע יִפּוֹל צַדִּיק 15 16
וָקָם וּרְשָׁעִים יִכָּשְׁלוּ בְרָעָה: בִּנְפֹל אוֹיִבְךָ אַל־תִּשְׂמָח וּבִכָּשְׁלוֹ אַל־ 17
יָגֵל לִבֶּךָ: פֶּן־יִרְאֶה יְהֹוָה וְרַע בְּעֵינָיו וְהֵשִׁיב מֵעָלָיו אַפּוֹ: אַל־תִּתְחַר 18 19

גִּיל יָגִיל

וְיוֹלֵד יִשְׂמַח־

תִּצְרֶנָה

מִדְיָנִים ׀

בַּכּוֹס

תִּתְאָיו

אֹיִבְךָ

26A

15A

19 Fret not thyself because of evil *men,* neither be thou envious at the wicked;

20 For there shall be no reward to the evil *man;* the candle of the wicked shall be put out.

21 My son, fear thou the LORD and the king: *and* meddle not with them that are given to change:

22 For their calamity shall rise suddenly; and who knoweth the ruin of them both?

23 These *things* also *belong* to the wise. *It is* not good to have respect of persons in judgment.

24 He that saith unto the wicked, Thou *art* righteous; him shall the people curse, nations shall abhor him:

25 But to them that rebuke *him* shall be delight, and a good blessing shall come upon them.

26 *Every man* shall kiss *his* lips that giveth a right answer.

27 Prepare thy work without, and make it fit for thyself in the field; and afterwards build thine house.

28 Be not a witness against thy neighbour without cause; and deceive *not* with thy lips.

29 Say not, I will do so to him as he hath done to me: I will render to the man according to his work.

30 I went by the field of the slothful, and by the vineyard of the man void of understanding;

31 And, lo, it was all grown over with thorns, *and* nettles had covered the face thereof, and the stone wall thereof was broken down.

32 Then I saw, *and* considered *it* well: I looked upon *it, and* received instruction.

33 *Yet* a little sleep, a little slumber, a little folding of the hands to sleep:

34 So shall thy poverty come *as* one that travelleth; and thy want as an armed man.

CHAPTER 25

1 These *are* also proverbs of Solomon, which the men of Hezekiah king of Judah copied out.

2 *It is* the glory of God to conceal a thing: but the honour of kings *is* to search out a matter.

3 The heaven for height, and the earth for depth, and the heart of kings *is* unsearchable.

4 Take away the dross from the silver, and there shall come forth a vessel for the finer.

5 Take away the wicked *from* before the king, and his throne shall be established in righteousness.

6 Put not forth thyself in the presence of the king, and stand not in the place of great *men:*

7 For better *it is* that it be said unto thee, Come up hither; than that thou shouldest be put lower in the presence of the prince whom thine eyes have seen.

8 Go not forth hastily to strive, lest *thou know not* what to do in the end thereof, when thy neighbour hath put thee to shame.

9 Debate thy cause with thy neighbour *himself;* and discover not a secret to another:

10 Lest he that heareth *it* put thee to shame, and thine infamy turn not away.

11 A word fitly spoken *is like* apples of gold in pictures of silver.

12 *As* an earring of gold, and an ornament of fine gold, *so is* a wise reprover upon an obedient ear.

13 As the cold of snow in the time of harvest, *so is* a faithful messenger to them that send him: for he refresheth the soul of his masters.

14 Whoso boasteth himself of a false gift *is like* clouds and wind without rain.

15 By long forbearing is a prince persuaded, and a soft tongue breaketh the bone.

16 Hast thou found honey? eat so much as is sufficient for thee, lest thou be filled therewith, and vomit it.

17 Withdraw thy foot from thy neighbour's house; lest he be weary of thee, and *so* hate thee.

18 A man that beareth false witness against his neighbour *is* a maul, and a sword, and a sharp arrow.

19 Confidence in an unfaithful man in time of trouble *is like* a broken tooth, and a foot out of joint.

20 *As* he that taketh away a garment in

בְּמֵרֵעִים אַל־תִּתְקַנָּא בָּרְשָׁעִים: כִּי‪ו‬לֹא־תִהְיֶה אַחֲרִית לָרָע נֵר רְשָׁעִים 20
יֵרְעָךְ: יְרָא־אֶת־יְהוָה בְּנִי וָמֶלֶךְ עִם־שׁוֹנִים אַל־תִּתְעָרָב: כִּי־פִתְאֹם 21
יָקוּם אֵידָם וּפִיד שְׁנֵיהֶם מִי יוֹדֵעַ: 22

גַּם־אֵלֶּה לַחֲכָמִים 23

הַכֵּר־פָּנִים בְּמִשְׁפָּט בַּל־טוֹב: אֹמֵר‪ו‬לְרָשָׁע צַדִּיק אָתָּה יִקְּבֻהוּ עַמִּים 24
יִזְעָמוּהוּ לְאֻמִּים: וְלַמּוֹכִיחִים יִנְעָם וַעֲלֵיהֶם תָּבוֹא בִרְכַּת־טוֹב: 25
שְׂפָתַיִם יִשָּׁק מֵשִׁיב דְּבָרִים נְכֹחִים: הָכֵן בַּחוּץ‪ו‬מְלַאכְתֶּךָ וְעַתְּדָהּ 26
בַּשָּׂדֶה לָךְ אַחַר וּבָנִיתָ בֵיתֶךָ: 27

אַל־תְּהִי עֵד־חִנָּם בְּרֵעֶךָ וַהֲפִתִּיתָ בִּשְׂפָתֶיךָ: אַל־תֹּאמַר כַּאֲשֶׁר 28
עָשָׂה־לִי כֵּן אֶעֱשֶׂה־לּוֹ אָשִׁיב לָאִישׁ כְּפָעֳלוֹ: עַל־שְׂדֵה אִישׁ־עָצֵל 29
עָבַרְתִּי וְעַל־כֶּרֶם אָדָם חֲסַר־לֵב: וְהִנֵּה עָלָה כֻלּוֹ‪ו‬קִמְּשֹׂנִים כָּסּוּ 30
פָנָיו חֲרֻלִּים וְגֶדֶר אֲבָנָיו נֶהֱרָסָה: וָאֶחֱזֶה אָנֹכִי אָשִׁית לִבִּי רָאִיתִי 31
לָקַחְתִּי מוּסָר: מְעַט שֵׁנוֹת מְעַט תְּנוּמוֹת מְעַט‪ו‬חִבֻּק יָדַיִם לִשְׁכָּב: 32
וּבָא־מִתְהַלֵּךְ רֵישֶׁךָ וּמַחְסֹרֶיךָ כְּאִישׁ מָגֵן: 33

גַּם־אֵלֶּה מִשְׁלֵי שְׁלֹמֹה 34

25

אֲשֶׁר הֶעְתִּיקוּ אַנְשֵׁי‪ו‬חִזְקִיָּה מֶלֶךְ־יְהוּדָה: כְּבֹד אֱלֹהִים הַסְתֵּר דָּבָר 2
וּכְבֹד מְלָכִים חֲקֹר דָּבָר: שָׁמַיִם לָרוּם וָאָרֶץ לָעֹמֶק וְלֵב מְלָכִים 3
אֵין חֵקֶר: הָגוֹ סִיגִים מִכָּסֶף וַיֵּצֵא לַצֹּרֵף כֶּלִי: הָגוֹ רָשָׁע לִפְנֵי־מֶלֶךְ 4 5
וְיִכּוֹן בַּצֶּדֶק כִּסְאוֹ: אַל־תִּתְהַדַּר לִפְנֵי־מֶלֶךְ וּבִמְקוֹם גְּדֹלִים אַל־ 6
תַּעֲמֹד: כִּי טוֹב אֲמָר־לְךָ עֲלֵה הֵנָּה מֵהַשְׁפִּילְךָ לִפְנֵי נָדִיב אֲשֶׁר 7
רָאוּ עֵינֶיךָ: אַל־תֵּצֵא לָרִב מַהֵר פֶּן מַה־תַּעֲשֶׂה בְּאַחֲרִיתָהּ בְּהַכְלִים 8
אֹתְךָ רֵעֶךָ: רִיבְךָ רִיב אֶת־רֵעֶךָ וְסוֹד אַחֵר אַל־תְּגָל: פֶּן־יְחַסֶּדְךָ 9 10
שֹׁמֵעַ וְדִבָּתְךָ לֹא תָשׁוּב: תַּפּוּחֵי זָהָב בְּמַשְׂכִּיּוֹת כָּסֶף דָּבָר דָּבֻר עַל־ 11
אָפְנָיו: נֶזֶם זָהָב וַחֲלִי־כָתֶם מוֹכִיחַ חָכָם עַל־אֹזֶן שֹׁמָעַת: כְּצִנַּת־ 12 13
שֶׁלֶג‪ו‬בְּיוֹם קָצִיר צִיר נֶאֱמָן לְשֹׁלְחָיו וְנֶפֶשׁ אֲדֹנָיו יָשִׁיב: 14 15
נְשִׂיאִים וְרוּחַ וְגֶשֶׁם אָיִן אִישׁ מִתְהַלֵּל בְּמַתַּת־שָׁקֶר: בְּאֹרֶךְ אַפַּיִם 16
יְפֻתֶּה קָצִין וְלָשׁוֹן רַכָּה תִּשְׁבָּר־גָּרֶם: דְּבַשׁ מָצָאתָ אֱכֹל דַּיֶּךָּ פֶּן־ 17 18
תִּשְׂבָּעֶנּוּ וַהֲקֵאתוֹ: הֹקַר רַגְלְךָ מִבֵּית רֵעֶךָ פֶּן־יִשְׂבָּעֲךָ וּשְׂנֵאֶךָ: מֵפִיץ 19
וְחֶרֶב וְחֵץ שָׁנוּן אִישׁ עֹנֶה בְרֵעֵהוּ עֵד שָׁקֶר: שֵׁן רֹעָה וְרֶגֶל מוּעָדֶת 20
מִבְטָח בּוֹגֵד בְּיוֹם צָרָה: מַעֲדֶה בֶּגֶד‪ו‬בְּיוֹם קָרָה חֹמֶץ עַל־נָתֶר וְשָׁר

cold weather, *and as* vinegar upon nitre, so *is* he that singeth songs to an heavy heart.

21 If thine enemy be hungry, give him bread to eat; and if he be thirsty, give him water to drink:

22 For thou shalt heap coals of fire upon his head, and the LORD shall reward thee.

23 The north wind driveth away rain: so *doth* an angry countenance a backbiting tongue.

24 *It is* better to dwell in the corner of the housetop, than with a brawling woman and in a wide house.

25 *As* cold waters to a thirsty soul, so *is* good news from a far country.

26 A righteous man falling down before the wicked *is as* a troubled fountain, and a corrupt spring.

27 *It is* not good to eat much honey: so *for men* to search their own glory *is not* glory.

28 He that *hath* no rule over his own spirit *is like* a city *that is* broken down, *and* without walls.

CHAPTER 26

1 As snow in summer, and as rain in harvest, so honour is not seemly for a fool.

2 As the bird by wandering, as the swallow by flying, so the curse causeless shall not come.

3 A whip for the horse, a bridle for the ass, and a rod for the fool's back.

4 Answer not a fool according to his folly, lest thou also be like unto him.

5 Answer a fool according to his folly, lest he be wise in his own conceit.

6 He that sendeth a message by the hand of a fool cutteth off the feet, *and* drinketh damage.

7 The legs of the lame are not equal: so *is* a parable in the mouth of fools.

8 As he that bindeth a stone in a sling, so *is* he that giveth honour to a fool.

9 *As* a thorn goeth up into the hand of a drunkard, so *is* a parable in the mouth of fools.

10 The great *God* that formed all *things* both rewardeth the fool, and rewardeth transgressors.

11 As a dog returneth to his vomit, *so* a fool returneth to his folly.

12 Seest thou a man wise in his own conceit? *there is* more hope of a fool than of him.

13 The slothful *man* saith, *There is* a lion in the way; a lion *is* in the streets.

14 *As* the door turneth upon his hinges, so *doth* the slothful upon his bed.

15 The slothful hideth his hand in *his* bosom; it grieveth him to bring it again to his mouth.

16 The sluggard *is* wiser in his own conceit than seven men that can render a reason.

17 He that passeth by, *and* meddleth with strife *belonging* not to him, *is like* one that taketh a dog by the ears.

18 As a mad *man* who casteth firebrands, arrows, and death,

19 So *is* the man *that* deceiveth his neighbour, and saith, Am not I in sport?

20 Where no wood is, *there* the fire goeth out: so where *there is* no talebearer, the strife ceaseth.

21 *As* coals *are* to burning coals, and wood to fire; so *is* a contentious man to kindle strife.

22 The words of a talebearer *are* as wounds, and they go down into the innermost parts of the belly.

23 Burning lips and a wicked heart *are like* a potsherd covered with silver dross.

24 He that hateth dissembleth with his lips, and layeth up deceit within him;

25 When he speaketh fair, believe him not: for *there are* seven abominations in his heart.

26 *Whose* hatred is covered by deceit, his wickedness shall be shewed before the *whole* congregation.

27 Whoso diggeth a pit shall fall therein: and he that rolleth a stone, it will return upon him.

28 A lying tongue hateth *those that are* afflicted by it; and a flattering mouth worketh ruin.

CHAPTER 27

1 Boast not thyself of to morrow; for thou knowest not what a day may bring forth.

בַּשָּׁרִים עַל לֶב־רָע:

כא אִם־רָעֵב שֹׂנַאֲךָ הַאֲכִלֵהוּ לָחֶם וְאִם־צָמֵא הַשְׁקֵהוּ מָיִם: כִּי גֶחָלִים

כב אַתָּה חֹתֶה עַל־רֹאשׁוֹ וַיהוָה יְשַׁלֶּם־לָךְ: רוּחַ צָפוֹן תְּחוֹלֵל גָּשֶׁם

כג וּפָנִים נִזְעָמִים לְשׁוֹן סָתֶר: טוֹב שֶׁבֶת עַל־פִּנַּת־גָּג מֵאֵשֶׁת מדונים

כד [מדינים] וּבֵית חָבֶר: מַיִם קָרִים עַל־נֶפֶשׁ עֲיֵפָה וּשְׁמוּעָה טוֹבָה מֵאֶרֶץ

כה מֶרְחָק: מַעְיָן נִרְפָּשׂ וּמָקוֹר מָשְׁחָת צַדִּיק מָט לִפְנֵי־רָשָׁע: אָכֹל דְּבַשׁ

כו 27A

כז הַרְבּוֹת לֹא־טוֹב וְחֵקֶר כְּבֹדָם כָּבוֹד: עִיר פְּרוּצָה אֵין חוֹמָה אִישׁ

כח אֲשֶׁר אֵין מַעְצָר לְרוּחוֹ: כַּשֶּׁלֶג ׀ בַּקַּיִץ וְכַמָּטָר בַּקָּצִיר כֵּן לֹא־נָאוֶה

26 1 לִכְסִיל כָּבוֹד: כַּצִּפּוֹר לָנוּד כַּדְּרוֹר לָעוּף כֵּן קִלְלַת חִנָּם לֹא [לוֹ] תָבֹא:

2 [לו] שׁוֹט לַסּוּס מֶתֶג לַחֲמוֹר וְשֵׁבֶט לְגֵו כְּסִילִים: אַל־תַּעַן כְּסִיל כְּאִוַּלְתּוֹ

3

4 פֶּן־תִּשְׁוֶה־לּוֹ גַם־אָתָּה: עֲנֵה כְסִיל כְּאִוַּלְתּוֹ פֶּן־יִהְיֶה חָכָם בְּעֵינָיו:

5 מְקַצֶּה רַגְלַיִם חָמָס שֹׁתֶה שֹׁלֵחַ דְּבָרִים בְּיַד־כְּסִיל: דַּלְיוּ שֹׁקַיִם

6

7 מִפִּסֵּחַ וּמָשָׁל בְּפִי כְסִילִים: כִּצְרוֹר אֶבֶן בְּמַרְגֵּמָה כֵּן־נוֹתֵן לִכְסִיל

8 כָּבוֹד: חוֹחַ עָלָה בְיַד־שִׁכּוֹר וּמָשָׁל בְּפִי כְסִילִים: רַב מְחוֹלֵל־כֹּל

9

10 וְשֹׂכֵר כְּסִיל וְשֹׂכֵר עֹבְרִים: כְּכֶלֶב שָׁב עַל־קֵאוֹ כְּסִיל שׁוֹנֶה

11 בְאִוַּלְתּוֹ: רָאִיתָ אִישׁ חָכָם בְּעֵינָיו תִּקְוָה לִכְסִיל מִמֶּנּוּ: אָמַר עָצֵל

12

13 שַׁחַל בַּדָּרֶךְ אֲרִי בֵּין הָרְחֹבוֹת: הַדֶּלֶת תִּסּוֹב עַל־צִירָהּ וְעָצֵל עַל־

14 מִטָּתוֹ: טָמַן עָצֵל יָדוֹ בַּצַּלָּחַת נִלְאָה לַהֲשִׁיבָהּ אֶל־פִּיו: חָכָם עָצֵל

15

16 בְּעֵינָיו מִשִּׁבְעָה מְשִׁיבֵי טָעַם: מַחֲזִיק בְּאָזְנֵי־כָלֶב עֹבֵר מִתְעַבֵּר עַל־

17 רִיב לֹא־לוֹ: כְּמִתְלַהְלֵהַּ הַיֹּרֶה זִקִּים חִצִּים וָמָוֶת: כֵּן־אִישׁ רִמָּה אֶת־

18

19 רֵעֵהוּ וְאָמַר הֲלֹא־מְשַׂחֵק אָנִי: בְּאֶפֶס עֵצִים תִּכְבֶּה־אֵשׁ וּבְאֵין נִרְגָּן

20 יִשְׁתֹּק מָדוֹן: פֶּחָם לְגֶחָלִים וְעֵצִים לְאֵשׁ וְאִישׁ מדונים [מדינים] לְחַרְחַר־

21 [מדינים] רִיב:

22 דִּבְרֵי נִרְגָּן כְּמִתְלַהֲמִים וְהֵם יָרְדוּ חַדְרֵי־בָטֶן: כֶּסֶף סִיגִים מְצֻפֶּה

23 עַל־חָרֶשׂ שְׂפָתַיִם דֹּלְקִים וְלֶב־רָע: בשפתו [בשפתיו] יִנָּכֵר שׂוֹנֵא וּבְקִרְבּוֹ

24 [בשפתיו] יָשִׁית מִרְמָה: כִּי־יְחַנֵּן קוֹלוֹ אַל־תַּאֲמֶן־בּוֹ כִּי שֶׁבַע תּוֹעֵבוֹת בְּלִבּוֹ:

25 תִּכַּסֶּה שִׂנְאָה בְּמַשָּׁאוֹן תִּגָּלֶה רָעָתוֹ בְקָהָל: כֹּרֶה־שַּׁחַת בָּהּ יִפֹּל

26

27 וְגֹלֵל אֶבֶן אֵלָיו תָּשׁוּב: לְשׁוֹן־שֶׁקֶר יִשְׂנָא דַכָּיו וּפֶה חָלָק יַעֲשֶׂה

28 מִדְחֶה: אַל־תִּתְהַלֵּל בְּיוֹם מָחָר כִּי לֹא־תֵדַע מַה־יֵּלֶד יוֹם: יְהַלֶּלְךָ

27 1

2

2 Let another man praise thee, and not thine own mouth; a stranger, and not thine own lips.

3 A stone *is* heavy, and the sand weighty; but a fool's wrath *is* heavier than them both.

4 Wrath *is* cruel, and anger *is* outrageous; but who *is* able to stand before envy?

5 Open rebuke *is* better than secret love.

6 Faithful *are* the wounds of a friend; but the kisses of an enemy *are* deceitful.

7 The full soul loatheth an honeycomb; but to the hungry soul every bitter thing is sweet.

8 As a bird that wandereth from her nest, so *is* a man that wandereth from his place.

9 Ointment and perfume rejoice the heart: so *doth* the sweetness of a man's friend by hearty counsel.

10 Thine own friend, and thy father's friend, forsake not; neither go into thy brother's house in the day of thy calamity: *for* better *is* a neighbour *that is* near than a brother far off.

11 My son, be wise, and make my heart glad, that I may answer him that reproacheth me.

12 A prudent *man* foreseeth the evil, *and* hideth himself; *but* the simple pass on, *and* are punished.

13 Take his garment that is surety for a stranger, and take a pledge of him for a strange woman.

14 He that blesseth his friend with a loud voice, rising early in the morning, it shall be counted a curse to him.

15 A continual dropping in a very rainy day and a contentious woman are alike.

16 Whosoever hideth her hideth the wind, and the ointment of his right hand, *which* bewrayeth *itself.*

17 Iron sharpeneth iron; so a man sharpeneth the countenance of his friend.

18 Whoso keepeth the fig tree shall eat the fruit thereof: so he that waiteth on his master shall be honoured.

19 As in water face *answereth* to face, so the heart of man to man.

20 Hell and destruction are never full; so the eyes of man are never satisfied.

21 *As* the fining pot for silver, and the furnace for gold; so *is* a man to his praise.

22 Though thou shouldest bray a fool in a mortar among wheat with a pestle, *yet* will not his foolishness depart from him.

23 Be thou diligent to know the state of thy flocks, *and* look well to thy herds.

24 For riches *are* not for ever: and doth the crown *endure* to every generation?

25 The hay appeareth, and the tender grass sheweth itself, and herbs of the mountains are gathered.

26 The lambs *are* for thy clothing, and the goats *are* the price of the field.

27 And *thou shalt have* goats' milk enough for thy food, for the food of thy household, and *for* the maintenance for thy maidens.

CHAPTER 28

1 The wicked flee when no man pursueth: but the righteous are bold as a lion.

2 For the transgression of a land many *are* the princes thereof: but by a man of understanding *and* knowledge the state *thereof* shall be prolonged.

3 A poor man that oppresseth the poor *is like* a sweeping rain which leaveth no food.

4 They that forsake the law praise the wicked: but such as keep the law contend with them.

5 Evil men understand not judgment: but they that seek the LORD understand all *things.*

6 Better *is* the poor that walketh in his uprightness, than *he that is* perverse *in his* ways, though he *be* rich.

7 Whoso keepeth the law *is* a wise son: but he that is a companion of riotous *men* shameth his father.

8 He that by usury and unjust gain increaseth his substance, he shall gather it for him that will pity the poor.

9 He that turneth away his ear from hearing the law, even his prayer *shall be* abomination.

10 Whoso causeth the righteous to go astray in an evil way, he shall fall himself

זָר וְלֹא־פִיךָ נָכְרִי וְאַל־שְׂפָתֶיךָ: כֹּבֶד־אֶבֶן וְנֵטֶל הַחֹול וְכַעַס אֱוִיל 3

כָּבֵד מִשְּׁנֵיהֶם: אַכְזְרִיּוּת חֵמָה וְשֶׁטֶף אָף וּמִי יַעֲמֹד לִפְנֵי קִנְאָה: 4

טֹובָה תֹּוכַחַת מְגֻלָּה מֵאַהֲבָה מְסֻתָּרֶת: נֶאֱמָנִים פִּצְעֵי אֹוהֵב 5
6

וְנַעְתָּרֹות נְשִׁיקֹות שֹׂונֵא: נֶפֶשׁ שְׂבֵעָה תָּבוּס נֹפֶת וְנֶפֶשׁ רְעֵבָה כָּל־ 7

מַר מָתֹוק: כְּצִפֹּור נֹודֶדֶת מִן־קִנָּהּ כֵּן־אִישׁ נֹודֵד מִמְּקֹומֹו: שֶׁמֶן 8
9

וּקְטֹרֶת יְשַׂמַּח־לֵב וּמֶתֶק רֵעֵהוּ מֵעֲצַת־נָפֶשׁ: רֵעֲךָ וְרֵעַ אָבִיךָ אַל־ 10 וְרֵעַ

תַּעֲזֹב וּבֵית אָחִיךָ אַל־תָּבֹוא בְּיֹום אֵידֶךָ טֹוב שָׁכֵן קָרֹוב מֵאָח

רָחֹוק: חֲכַם בְּנִי וְשַׂמַּח לִבִּי וְאָשִׁיבָה חֹרְפִי דָבָר: עָרוּם רָאָה רָעָה 11
12

נִסְתָּר פְּתָאיִם עָבְרוּ נֶעֱנָשׁוּ: קַח־בִּגְדֹו כִּי־עָרַב זָר וּבְעַד נָכְרִיָּה 13

חַבְלֵהוּ: מְבָרֵךְ רֵעֵהוּ בְּקֹול גָּדֹול בַּבֹּקֶר הַשְׁכֵּים קְלָלָה תֵּחָשֶׁב לֹו: 14

דֶּלֶף טֹורֵד בְּיֹום סַגְרִיר וְאֵשֶׁת מִדֹונִים נִשְׁתָּוָה: צֹפְנֶיהָ צָפַן־רוּחַ 15 מִדְיָנִים
16

וְשֶׁמֶן יְמִינֹו יִקְרָא: בַּרְזֶל בְּבַרְזֶל יָחַד וְאִישׁ יַחַד פְּנֵי־רֵעֵהוּ: נֹצֵר 17
18

תְּאֵנָה יֹאכַל פִּרְיָהּ וְשֹׁמֵר אֲדֹנָיו יְכֻבָּד: כַּמַּיִם הַפָּנִים לַפָּנִים כֵּן 19

לֵב־הָאָדָם לָאָדָם: שְׁאֹול וַאֲבַדֹּה לֹא תִשְׂבַּעְנָה וְעֵינֵי הָאָדָם לֹא 20 וַאֲבַדֹּו

תִשְׂבַּעְנָה: מַצְרֵף לַכֶּסֶף וְכוּר לַזָּהָב וְאִישׁ לְפִי מַהֲלָלֹו: אִם 21
22

תִּכְתֹּושׁ־אֶת־הָאֱוִיל בַּמַּכְתֵּשׁ בְּתֹוךְ הָרִיפֹות בַּעֱלִי לֹא־תָסוּר מֵעָלָיו

אִוַּלְתֹּו:

יָדֹעַ תֵּדַע פְּנֵי צֹאנֶךָ שִׁית לִבְּךָ לַעֲדָרִים: כִּי לֹא לְעֹולָם חֹסֶן וְאִם־ 23
24

נֵזֶר לְדֹור וָדֹור: גָּלָה חָצִיר וְנִרְאָה־דֶשֶׁא וְנֶאֶסְפוּ עִשְּׂבֹות הָרִים: 25 וָדֹור

כְּבָשִׂים לִלְבוּשֶׁךָ וּמְחִיר שָׂדֶה עַתּוּדִים: וְדֵי חֲלֵב עִזִּים לְלַחְמְךָ 26
27

לְלֶחֶם בֵּיתֶךָ וְחַיִּים לְנַעֲרֹותֶיךָ: נָסוּ וְאֵין־רֹדֵף רָשָׁע וְצַדִּיקִים כִּכְפִיר 28 1

יִבְטָח: בְּפֶשַׁע אֶרֶץ רַבִּים שָׂרֶיהָ וּבְאָדָם מֵבִין יֹדֵעַ כֵּן יַאֲרִיךְ: גֶּבֶר 2
3

רָשׁ וְעֹשֵׁק דַּלִּים מָטָר סֹחֵף וְאֵין לָחֶם: עֹזְבֵי תֹורָה יְהַלְלוּ רָשָׁע 4

וְשֹׁמְרֵי תֹורָה יִתְגָּרוּ בָם:

אַנְשֵׁי־רָע לֹא־יָבִינוּ מִשְׁפָּט וּמְבַקְשֵׁי יְהֹוָה יָבִינוּ כֹל: טֹוב־רָשׁ הֹולֵךְ 5
6

בְּתֻמֹּו מֵעִקֵּשׁ דְּרָכַיִם וְהוּא עָשִׁיר: נֹוצֵר תֹּורָה בֵּן מֵבִין וְרֹעֶה 7

זֹולְלִים יַכְלִים אָבִיו: מַרְבֶּה הֹונֹו בְּנֶשֶׁךְ וּבְתַרְבִּית לְחֹונֵן דַּלִּים 8 וְתַרְבִּית

יִקְבְּצֶנּוּ: מֵסִיר אָזְנֹו מִשְּׁמֹעַ תֹּורָה גַּם תְּפִלָּתֹו תֹּועֵבָה: מַשְׁגֶּה 9
10

into his own pit: but the upright shall have good *things* in possession.

11 The rich man *is* wise in his own conceit; but the poor that hath understanding searcheth him out.

12 When righteous *men* do rejoice, *there is* great glory: but when the wicked rise, a man is hidden.

13 He that covereth his sins shall not prosper: but whoso confesseth and forsaketh *them* shall have mercy.

14 Happy *is* the man that feareth alway: but he that hardeneth his heart shall fall into mischief.

15 *As* a roaring lion, and a ranging bear; *so is* a wicked ruler over the poor people.

16 The prince that wanteth understanding *is* also a great oppressor: *but* he that hateth covetousness shall prolong *his* days.

17 A man that doeth violence to the blood of *any* person shall flee to the pit; let no man stay him.

18 Whoso walketh uprightly shall be saved: but *he that is* perverse *in his* ways shall fall at once.

19 He that tilleth his land shall have plenty of bread: but he that followeth after vain *persons* shall have poverty enough.

20 A faithful man shall abound with blessings: but he that maketh haste to be rich shall not be innocent.

21 To have respect of persons *is* not good: for for a piece of bread *that* man will transgress.

22 He that hasteth to be rich *hath* an evil eye, and considereth not that poverty shall come upon him.

23 He that rebuketh a man afterwards shall find more favour than he that flattereth with the tongue.

24 Whoso robbeth his father or his mother, and saith, *It is* no transgression; the same *is* the companion of a destroyer.

25 He that is of a proud heart stirreth up strife: but he that putteth his trust in the LORD shall be made fat.

26 He that trusteth in his own heart is a fool: but whoso walketh wisely, he shall be delivered.

27 He that giveth unto the poor shall not lack: but he that hideth his eyes shall have many a curse.

28 When the wicked rise, men hide themselves: but when they perish, the righteous increase.

CHAPTER 29

1 He, that being often reproved hardeneth *his* neck, shall suddenly be destroyed, and that without remedy.

2 When the righteous are in authority, the people rejoice: but when the wicked beareth rule, the people mourn.

3 Whoso loveth wisdom rejoiceth his father: but he that keepeth company with harlots spendeth *his* substance.

4 The king by judgment establisheth the land: but he that receiveth gifts overthroweth it.

5 A man that flattereth his neighbour spreadeth a net for his feet.

6 In the transgression of an evil man *there is* a snare: but the righteous doth sing and rejoice.

7 The righteous considereth the cause of the poor: *but* the wicked regardeth not to know *it.*

8 Scornful men bring a city into a snare: but wise *men* turn away wrath.

9 *If* a wise man contendeth with a foolish man, whether he rage or laugh, *there is* no rest.

10 The bloodthirsty hate the upright: but the just seek his soul.

11 A fool uttereth all his mind: but a wise *man* keepeth it in till afterwards.

12 If a ruler hearken to lies, all his servants *are* wicked.

13 The poor and the deceitful man meet together: the LORD lighteneth both their eyes.

14 The king that faithfully judgeth the poor, his throne shall be established for ever.

15 The rod and reproof give wisdom: but a child left *to himself* bringeth his mother to shame.

16 When the wicked are multiplied, transgression increaseth: but the righteous shall see their fall.

17 Correct thy son, and he shall give thee

יְשָׁרִים ׀ בְּדַרְכֵּךְ רָע בְּשַׁחוּתוֹ הוּא־יִפּוֹל וּתְמִימִים יִנְחֲלוּ־טוֹב: חָכָם 11

בְּעֵינָיו אִישׁ עָשִׁיר וְדַל מֵבִין יַחְקְרֶנּוּ: בַּעֲלֹץ צַדִּיקִים רַבָּה תִפְאָרֶת 12

וּבְקוּם רְשָׁעִים יֵחָפֵשׂ אָדָם: מְכַסֶּה פְשָׁעָיו לֹא יַצְלִיחַ וּמוֹדֶה וְעֹזֵב 13

יְרֻחָם: אַשְׁרֵי אָדָם מְפַחֵד תָּמִיד וּמַקְשֶׁה לִבּוֹ יִפּוֹל בְּרָעָה: אֲרִי־נֹהֵם 14 15

וְדֹב שׁוֹקֵק מֹשֵׁל רָשָׁע עַל עַם־דָּל: נָגִיד חֲסַר תְּבוּנוֹת וְרַב 16

מַעֲשַׁקּוֹת שֹׂנֵא בֶצַע יַאֲרִיךְ יָמִים:

אָדָם עָשֻׁק בְּדַם־נָפֶשׁ עַד־בּוֹר יָנוּס אַל־יִתְמְכוּ־בוֹ: הוֹלֵךְ תָּמִים 17 18 17A

יִוָּשֵׁעַ וְנֶעְקַשׁ דְּרָכַיִם יִפּוֹל בְּאֶחָת: עֹבֵד אַדְמָתוֹ יִשְׂבַּע־לָחֶם וּמְרַדֵּף 19

רֵקִים יִשְׂבַּע־רִישׁ: אִישׁ אֱמוּנוֹת רַב־בְּרָכוֹת וְאָץ לְהַעֲשִׁיר לֹא יִנָּקֶה: 20

הַכֵּר־פָּנִים לֹא־טוֹב וְעַל־פַּת־לֶחֶם יִפְשַׁע־גָּבֶר: נִבְהָל לַהוֹן אִישׁ רַע 21 22

עָיִן וְלֹא־יֵדַע כִּי־חֶסֶר יְבֹאֶנּוּ: מוֹכִיחַ אָדָם אַחֲרַי חֵן יִמְצָא מִמַּחֲלִיק 23

לָשׁוֹן: גּוֹזֵל ׀ אָבִיו וְאִמּוֹ וְאֹמֵר אֵין־פָּשַׁע חָבֵר הוּא לְאִישׁ מַשְׁחִית: 24

רְחַב־נֶפֶשׁ יְגָרֶה מָדוֹן וּבוֹטֵחַ עַל־יְהוָה יְדֻשָּׁן: בּוֹטֵחַ בְּלִבּוֹ הוּא 25 26

כְסִיל וְהוֹלֵךְ בְּחָכְמָה הוּא יִמָּלֵט: נוֹתֵן לָרָשׁ אֵין מַחְסוֹר וּמַעְלִים 27

עֵינָיו רַב־מְאֵרוֹת: בְּקוּם רְשָׁעִים יִסָּתֵר אָדָם וּבְאָבְדָם יִרְבּוּ צַדִּיקִים: 28

אִישׁ תּוֹכָחוֹת מַקְשֶׁה־עֹרֶף פֶּתַע יִשָּׁבֵר וְאֵין מַרְפֵּא: בִּרְבוֹת צַדִּיקִים 1 2 29

יִשְׂמַח הָעָם וּבִמְשֹׁל רָשָׁע יֵאָנַח עָם: אִישׁ־אֹהֵב חָכְמָה יְשַׂמַּח אָבִיו 3

וְרֹעֶה זוֹנוֹת יְאַבֶּד־הוֹן: מֶלֶךְ בְּמִשְׁפָּט יַעֲמִיד אָרֶץ וְאִישׁ תְּרוּמוֹת 4

יֶהֶרְסֶנָּה: גֶּבֶר מַחֲלִיק עַל־רֵעֵהוּ רֶשֶׁת פּוֹרֵשׂ עַל־פְּעָמָיו: בְּפֶשַׁע 5 6

אִישׁ רָע מוֹקֵשׁ וְצַדִּיק יָרוּן וְשָׂמֵחַ: יֹדֵעַ צַדִּיק דִּין דַּלִּים רָשָׁע לֹא־ 7

יָבִין דָּעַת: אַנְשֵׁי לָצוֹן יָפִיחוּ קִרְיָה וַחֲכָמִים יָשִׁיבוּ אָף: אִישׁ־חָכָם 8 9

נִשְׁפָּט אֶת־אִישׁ אֱוִיל וְרָגַז וְשָׂחַק וְאֵין נָחַת: אַנְשֵׁי דָמִים יִשְׂנְאוּ־תָם 10

וִישָׁרִים יְבַקְשׁוּ נַפְשׁוֹ: כָּל־רוּחוֹ יוֹצִיא כְסִיל וְחָכָם בְּאָחוֹר יְשַׁבְּחֶנָּה: 11

מֹשֵׁל מַקְשִׁיב עַל־דְּבַר־שָׁקֶר כָּל־מְשָׁרְתָיו רְשָׁעִים: רָשׁ וְאִישׁ תְּכָכִים 12 13 13A

נִפְגָּשׁוּ מֵאִיר־עֵינֵי שְׁנֵיהֶם יְהוָה: מֶלֶךְ שׁוֹפֵט בֶּאֱמֶת דַּלִּים כִּסְאוֹ 14

לָעַד יִכּוֹן: שֵׁבֶט וְתוֹכַחַת יִתֵּן חָכְמָה וְנַעַר מְשֻׁלָּח מֵבִישׁ אִמּוֹ: 15

בִּרְבוֹת רְשָׁעִים יִרְבֶּה־פָּשַׁע וְצַדִּיקִים בְּמַפַּלְתָּם יִרְאוּ: יַסֵּר בִּנְךָ 16 17

rest; yea, he shall give delight unto thy soul.

18 Where *there is* no vision, the people perish: but he that keepeth the law, happy *is* he.

19 A servant will not be corrected by words: for though he understand he will not answer.

20 Seest thou a man *that is* hasty in his words? *there is* more hope of a fool than of him.

21 He that delicately bringeth up his servant from a child shall have him become *his* son at the length.

22 An angry man stirreth up strife, and a furious man aboundeth in transgression.

23 A man's pride shall bring him low: but honour shall uphold the humble in spirit.

24 Whoso is partner with a thief hateth his own soul: he heareth cursing, and bewrayeth *it* not.

25 The fear of man bringeth a snare: but whoso putteth his trust in the LORD shall be safe.

26 Many seek the ruler's favour; but *every* man's judgment *cometh* from the LORD.

27 An unjust man *is* an abomination to the just: and *he that is* upright in the way *is* abomination to the wicked.

CHAPTER 30

1 The words of Agur the son of Jakeh, *even* the prophecy: the man spake unto Ithiel, even unto Ithiel and Ucal,

2 Surely I *am* more brutish than *any* man, and have not the understanding of a man.

3 I neither learned wisdom, nor have the knowledge of the holy.

4 Who hath ascended up into heaven, or descended? who hath gathered the wind in his fists? who hath bound the waters in a garment? who hath established all the ends of the earth? what *is* his name, and what *is* his son's name, if thou canst tell?

5 Every word of God *is* pure: he *is* a shield unto them that put their trust in him.

6 Add thou not unto his words, lest he reprove thee, and thou be found a liar.

7 Two *things* have I required of thee; deny me *them* not before I die:

8 Remove far from me vanity and lies: give me neither poverty nor riches; feed me with food convenient for me:

9 Lest I be full, and deny *thee,* and say, Who *is* the LORD? or lest I be poor, and steal, and take the name of my God *in vain.*

10 Accuse not a servant unto his master, lest he curse thee, and thou be found guilty.

11 *There is* a generation *that* curseth their father, and doth not bless their mother.

12 *There is* a generation *that are* pure in their own eyes, and *yet* is not washed from their filthiness.

13 *There is* a generation, O how lofty are their eyes! and their eyelids are lifted up.

14 *There is* a generation, whose teeth *are* as swords, and their jaw teeth *as* knives, to devour the poor from off the earth, and the needy from *among* men.

15 The horseleach hath two daughters, *crying,* Give, give. There are three *things that* are never satisfied, *yea,* four *things* say not, It *is* enough:

16 The grave; and the barren womb; the earth *that is* not filled with water; and the fire *that* saith not, It *is* enough.

17 The eye *that* mocketh at *his* father, and despiseth to obey *his* mother, the ravens of the valley shall pick it out, and the young eagles shall eat it.

18 There be three *things which* are too wonderful for me, yea, four which I know not:

19 The way of an eagle in the air; the way of a serpent upon a rock; the way of a ship in the midst of the sea; and the way of a man with a maid.

20 Such *is* the way of an adulterous woman; she eateth, and wipeth her mouth, and saith, I have done no wickedness.

21 For three *things* the earth is disquieted, and for four *which* it cannot bear:

וְיִינֶךָ וְיִתֵּן מַעֲדַנִּים לְנַפְשֶׁךָ:

18 בְּאֵין חָזוֹן יִפָּרַע עָם וְשֹׁמֵר תּוֹרָה אַשְׁרֵהוּ: בִּדְבָרִים לֹא־יִוָּסֶר עָבֶד
19

20 כִּי־יָבִין וְאֵין מַעֲנֶה: חָזִיתָ אִישׁ אָץ בִּדְבָרָיו תִּקְוָה לִכְסִיל מִמֶּנּוּ:

21 מְפַנֵּק מִנֹּעַר עַבְדּוֹ וְאַחֲרִיתוֹ יִהְיֶה מָנוֹן: אִישׁ־אַף יְגָרֶה מָדוֹן וּבַעַל
22

23 חֵמָה רַב־פָּשַׁע: גַּאֲוַת אָדָם תַּשְׁפִּילֶנּוּ וּשְׁפַל־רוּחַ יִתְמֹךְ כָּבוֹד:

24 חוֹלֵק עִם־גַּנָּב שׂוֹנֵא נַפְשׁוֹ אָלָה יִשְׁמַע וְלֹא יַגִּיד: חֶרְדַּת אָדָם
25

24A

26 יִתֵּן מוֹקֵשׁ וּבוֹטֵחַ בַּיהוָה יְשֻׂגָּב: רַבִּים מְבַקְשִׁים פְּנֵי־מוֹשֵׁל וּמֵיהוָה

27 מִשְׁפַּט־אִישׁ: תּוֹעֲבַת צַדִּיקִים אִישׁ עָוֶל וְתוֹעֲבַת רָשָׁע יְשַׁר־

דָּרֶךְ:

30

1 דִּבְרֵי | אָגוּר   בִּן־יָקֶה

2 הַמַּשָּׂא נְאֻם הַגֶּבֶר לְאִיתִיאֵל לְאִיתִיאֵל וְאֻכָל: כִּי בַעַר אָנֹכִי מֵאִישׁ

3 וְלֹא־בִינַת אָדָם לִי: וְלֹא־לָמַדְתִּי חָכְמָה וְדַעַת קְדֹשִׁים אֵדָע: מִי
4

עָלָה־שָׁמַיִם | וַיֵּרַד מִי אָסַף־רוּחַ | בְּחָפְנָיו מִי צָרַר־מַיִם | בַּשִּׂמְלָה מִי

5 הֵקִים כָּל־אַפְסֵי־אָרֶץ מַה־שְּׁמוֹ וּמַה־שֶּׁם־בְּנוֹ כִּי תֵדָע: כָּל־אִמְרַת
5A

6 אֱלוֹהַּ צְרוּפָה מָגֵן הוּא לַחֹסִים בּוֹ: אַל־תּוֹסְף עַל־דְּבָרָיו פֶּן־יוֹכִיחַ

בְּךָ וְנִכְזָבְתָּ:

7 שְׁתַּיִם שָׁאַלְתִּי מֵאִתָּךְ אַל־תִּמְנַע מִמֶּנִּי בְּטֶרֶם אָמוּת: שָׁוְא | וּדְבַר־
8

9 כָּזָב הַרְחֵק מִמֶּנִּי רֵאשׁ וָעֹשֶׁר אַל־תִּתֶּן־לִי הַטְרִיפֵנִי לֶחֶם חֻקִּי: פֶּן

אֶשְׂבַּע | וְכִחַשְׁתִּי וְאָמַרְתִּי מִי יְהוָה וּפֶן־אִוָּרֵשׁ וְגָנַבְתִּי וְתָפַשְׂתִּי שֵׁם

אֱלֹהָי:

10 אַל־תַּלְשֵׁן עֶבֶד אֶל־אֲדֹנָו פֶּן־יְקַלֶּלְךָ וְאָשָׁמְתָּ: דּוֹר אָבִיו יְקַלֵּל וְאֶת־
11   אֲדֹנָיו

12 אִמּוֹ לֹא יְבָרֵךְ: דּוֹר טָהוֹר בְּעֵינָיו וּמִצֹּאָתוֹ לֹא רֻחָץ: דּוֹר מָה־רָמוּ
13

14 עֵינָיו וְעַפְעַפָּיו יִנָּשֵׂאוּ: דּוֹר | חֲרָבוֹת שִׁנָּיו וּמַאֲכָלוֹת מְתַלְּעֹתָיו לֶאֱכֹל

עֲנִיִּים מֵאֶרֶץ וְאֶבְיוֹנִים מֵאָדָם:

15 לַעֲלוּקָה | שְׁתֵּי בָנוֹת הַב | הַב שָׁלוֹשׁ הֵנָּה לֹא תִשְׂבַּעְנָה אַרְבַּע לֹא־

16 אָמְרוּ הוֹן: שְׁאוֹל וְעֹצֶר רָחַם אֶרֶץ לֹא־שָׂבְעָה מַּיִם וְאֵשׁ לֹא־אָמְרָה

17 הוֹן: עַיִן | תִּלְעַג לְאָב וְתָבֻז לִיקֲּהַת אֵם יִקְּרוּהָ עֹרְבֵי־נַחַל וְיֹאכְלוּהָ

בְנֵי־נָשֶׁר:

18 שְׁלֹשָׁה הֵמָּה נִפְלְאוּ מִמֶּנִּי וְאַרְבָּע לֹא יְדַעְתִּים: דֶּרֶךְ הַנֶּשֶׁר | בַּשָּׁמַיִם
19   וְאַרְבָּעָה

20 דֶּרֶךְ נָחָשׁ עֲלֵי צוּר דֶּרֶךְ־אֳנִיָּה בְלֶב־יָם וְדֶרֶךְ גֶּבֶר בְּעַלְמָה: כֵּן |

דֶּרֶךְ אִשָּׁה מְנָאָפֶת אָכְלָה וּמָחֲתָה פִיהָ וְאָמְרָה לֹא־פָעַלְתִּי

אָוֶן:

21 תַּחַת שָׁלוֹשׁ רָגְזָה אֶרֶץ וְתַחַת אַרְבַּע לֹא־תוּכַל שְׂאֵת: תַּחַת־עֶבֶד
22

22 For a servant when he reigneth; and a fool when he is filled with meat;

23 For an odious *woman* when she is married; and an handmaid that is heir to her mistress.

24 There be four *things which are* little upon the earth, but they *are* exceeding wise:

25 The ants *are* a people not strong, yet they prepare their meat in the summer;

26 The conies *are but* a feeble folk, yet make they their houses in the rocks;

27 The locusts have no king, yet go they forth all of them by bands;

28 The spider taketh hold with her hands, and is in kings' palaces.

29 There be three *things* which go well, yea, four are comely in going:

30 A lion *which is* strongest among beasts, and turneth not away for any;

31 A greyhound; an he goat also; and a king, against whom *there is* no rising up.

32 If thou hast done foolishly in lifting up thyself, or if thou hast thought evil, *lay* thine hand upon thy mouth.

33 Surely the churning of milk bringeth forth butter, and the wringing of the nose bringeth forth blood: so the forcing of wrath bringeth forth strife.

CHAPTER 31

1 The words of king Lemuel, the prophecy that his mother taught him.

2 What, my son? and what, the son of my womb? and what, the son of my vows?

3 Give not thy strength unto women, nor thy ways to that which destroyeth kings.

4 *It is* not for kings, O Lemuel, *it is* not for kings to drink wine; nor for princes strong drink:

5 Lest they drink, and forget the law, and pervert the judgment of any of the afflicted.

6 Give strong drink unto him that is ready to perish, and wine unto those that be of heavy hearts.

7 Let him drink, and forget his poverty, and remember his misery no more.

8 Open thy mouth for the dumb in the cause of all such as are appointed to destruction.

9 Open thy mouth, judge righteously, and plead the cause of the poor and needy.

10 ¶ Who can find a virtuous woman? for her price *is* far above rubies.

11 The heart of her husband doth safely trust in her, so that he shall have no need of spoil.

12 She will do him good and not evil all the days of her life.

13 She seeketh wool, and flax, and worketh willingly with her hands.

14 She is like the merchants' ships; she bringeth her food from afar.

15 She riseth also while it is yet night, and giveth meat to her household, and a portion to her maidens.

16 She considereth a field, and buyeth it: with the fruit of her hands she planteth a vineyard.

17 She girdeth her loins with strength, and strengtheneth her arms.

18 She perceiveth that her merchandise *is* good: her candle goeth not out by night.

19 She layeth her hands to the spindle, and her hands hold the distaff.

20 She stretcheth out her hand to the poor; yea, she reacheth forth her hands to the needy.

21 She is not afraid of the snow for her household: for all her household *are* clothed with scarlet.

22 She maketh herself coverings of tapestry; her clothing *is* silk and purple.

23 Her husband is known in the gates, when he sitteth among the elders of the land.

24 She maketh fine linen, and selleth *it;* and delivereth girdles unto the merchant.

25 Strength and honour *are* her clothing; and she shall rejoice in time to come.

26 She openeth her mouth with wisdom; and in her tongue *is* the law of kindness.

27 She looketh well to the ways of her household, and eateth not the bread of idleness.

28 Her children arise up, and call her blessed; her husband *also,* and he praiseth her.

29 Many daughters have done virtuously, but thou excellest them all.

כִּי יִמְל֑וֹךְ וְ֝נָבָ֗ל כִּ֣י יִֽשְׂבַּֽע־לָֽחֶם: תַּ֣חַת שָׂ֭נוּאָה כִּ֣י תִבָּעֵ֑ל כִּֽי־תִירַ֥שׁ גְּבִרְתָּֽהּ: 23

אַרְבָּעָ֣ה הֵ֭ם קְטַנֵּי־אָ֑רֶץ וְ֝הֵ֗מָּה חֲכָמִ֥ים מְחֻכָּמִֽים: הַ֭נְּמָלִים עַ֣ם לֹא־ 24 25

עָ֑ז וַיָּכִ֖ינוּ בַקַּ֣יִץ לַחְמָֽם: שְׁ֭פַנִּים עַ֣ם לֹא־עָצ֑וּם וַיָּשִׂ֖ימוּ בַסֶּ֣לַע בֵּיתָֽם: 26

מֶ֭לֶךְ אֵ֣ין לָאַרְבֶּ֑ה וַיֵּצֵ֖א חֹצֵ֣ץ כֻּלּֽוֹ: שְׂ֭מָמִית בְּיָדַ֣יִם תְּתַפֵּ֑שׂ וְ֝הִ֗יא 27 28

בְּהֵ֣יכְלֵי מֶֽלֶךְ:

שְׁלֹשָׁ֣ה הֵ֭מָּה מֵיטִ֣יבֵי צָ֑עַד וְ֝אַרְבָּעָ֗ה מֵיטִ֥בֵי לָֽכֶת: לַ֭יִשׁ גִּבּ֣וֹר בַּבְּהֵמָ֑ה 29 30

וְלֹא־יָ֝שׁ֗וּב מִפְּנֵי־כֹֽל: זַרְזִ֣יר מָתְנַ֣יִם אוֹ־תָ֑יִשׁ וּ֝מֶ֗לֶךְ אַלְק֥וּם עִמּֽוֹ: אִם־ 31 32

נָבַ֥לְתָּ בְהִתְנַשֵּׂ֑א וְאִם־זַ֝מּ֗וֹתָ יָ֣ד לְפֶֽה: כִּ֤י מִ֪יץ חָלָ֡ב יוֹצִ֪יא חֶמְאָ֡ה 33

וּֽמִיץ־אַ֭ף י֣וֹצִיא דָ֑ם וּמִ֥יץ אַ֝פַּ֗יִם י֣וֹצִיא רִֽיב:

דִּ֭בְרֵי לְמוּאֵ֣ל מֶ֑לֶךְ מַ֝שָּׂ֗א אֲֽשֶׁר־יִסְּרַ֥תּוּ אִמּֽוֹ: מַה־בְּ֭רִי וּמַֽה־בַּר־בִּטְנִ֑י 31 1 2

וּ֝מֶ֗ה בַּר־נְדָרָֽי: אַל־תִּתֵּ֣ן לַנָּשִׁ֣ים חֵילֶ֑ךָ וּ֝דְרָכֶ֗יךָ לַֽמְח֥וֹת מְלָכִֽין: אַ֤ל 3 4

לַֽמְלָכִ֨ים ׀ לְֽמוֹאֵ֗ל אַ֤ל לַֽמְלָכִ֥ים שְׁתוֹ־יָ֑יִן וּ֝לְרוֹזְנִ֗ים או שֵׁכָֽר: פֶּן־ 5 אִי

יִ֭שְׁתֶּה וְיִשְׁכַּ֣ח מְחֻקָּ֑ק וִֽ֝ישַׁנֶּ֗ה דִּ֣ין כָּל־בְּנֵי־עֹֽנִי: תְּנוּ־שֵׁכָ֣ר לְאוֹבֵ֑ד 6

וְ֝יַ֗יִן לְמָ֣רֵי נָֽפֶשׁ: יִ֭שְׁתֶּה וְיִשְׁכַּ֣ח רִישׁ֑וֹ וַ֝עֲמָל֗וֹ לֹ֣א יִזְכָּר־עֽוֹד: פְּתַח־ 7 8

פִּ֥יךָ לְאִלֵּ֑ם אֶל־דִּ֝֗ין כָּל־בְּנֵ֥י חֲלֽוֹף: פְּתַח־פִּ֥יךָ שְׁפָט־צֶ֑דֶק וְ֝דִ֗ין עָנִ֥י 9

וְאֶבְיֽוֹן:

אֵֽשֶׁת־חַ֭יִל מִ֣י יִמְצָ֑א וְרָחֹ֖ק מִפְּנִינִ֣ים מִכְרָֽהּ: בָּ֣טַח בָּ֭הּ לֵ֣ב בַּעְלָ֑הּ 10 11

וְ֝שָׁלָ֗ל לֹ֣א יֶחְסָֽר: גְּמָלַ֣תְהוּ ט֣וֹב וְלֹא־רָ֑ע כֹּ֝֗ל יְמֵ֣י חַיֶּֽיהָ: דָּ֭רְשָׁה 12 13 12A

צֶ֣מֶר וּפִשְׁתִּ֑ים וַ֝תַּ֗עַשׂ בְּחֵ֣פֶץ כַּפֶּֽיהָ: הָ֭יְתָה כָּאֳנִיּ֣וֹת סוֹחֵ֑ר מִ֝מֶּרְחָ֗ק 14

תָּבִ֥יא לַחְמָֽהּ: וַתָּ֤קָם ׀ בְּע֬וֹד לַ֗יְלָה וַתִּתֵּ֣ן טֶ֣רֶף לְבֵיתָ֑הּ וְ֝חֹ֗ק 15

לְנַעֲרֹתֶֽיהָ: זָֽמְמָ֣ה שָׂ֭דֶה וַתִּקָּחֵ֑הוּ מִפְּרִ֥י כַ֝פֶּ֗יהָ נָ֣טַע כָּֽרֶם: חָֽגְרָ֣ה 16 17 נֶטַע

בְע֣וֹז מָתְנֶ֑יהָ וַ֝תְּאַמֵּ֗ץ זְרֹעֹתֶֽיהָ: טָ֭עֲמָה כִּי־ט֣וֹב סַחְרָ֑הּ לֹֽא־יִכְבֶּ֖ה 18

בַלַּ֣יְלָה נֵרָֽהּ: יָ֭דֶיהָ שִׁלְּחָ֣ה בַכִּישׁ֑וֹר וְ֝כַפֶּ֗יהָ תָּ֣מְכוּ פָֽלֶךְ: כַּ֭פָּהּ פָּרְשָׂ֣ה 19 20 בַּלַּיְלָה

לֶעָנִ֑י וְ֝יָדֶ֗יהָ שִׁלְּחָ֥ה לָֽאֶבְיֽוֹן: לֹא־תִירָ֣א לְבֵיתָ֣הּ מִשָּׁ֑לֶג כִּ֥י כָל־בֵּ֝יתָ֗הּ 21

לָבֻ֥שׁ שָׁנִֽים: מַרְבַדִּ֥ים עָֽשְׂתָה־לָּ֑הּ שֵׁ֖שׁ וְאַרְגָּמָ֣ן לְבוּשָֽׁהּ: נוֹדָ֣ע 22 23

בַּשְּׁעָרִ֣ים בַּעְלָ֑הּ בְּ֝שִׁבְתּ֗וֹ עִם־זִקְנֵי־אָֽרֶץ: סָדִ֣ין עָ֭שְׂתָה וַתִּמְכֹּ֑ר וַ֝חֲג֗וֹר 24

נָתְנָ֥ה לַֽכְּנַעֲנִֽי: עֹז־וְהָדָ֥ר לְבוּשָׁ֑הּ וַ֝תִּשְׂחַ֗ק לְי֣וֹם אַחֲרֽוֹן: פִּ֭יהָ פָּתְחָ֣ה 25 26

בְחָכְמָ֑ה וְתֽוֹרַת־חֶ֝֗סֶד עַל־לְשׁוֹנָֽהּ: צוֹפִיָּ֗ה הֲלִיכ֥וֹת בֵּיתָ֑הּ וְלֶ֥חֶם 27

עַ֝צְל֗וּת לֹ֣א תֹאכֵֽל: קָ֣מוּ בָ֭נֶיהָ וַֽיְאַשְּׁר֑וּהָ בַּ֝עְלָ֗הּ וַֽיְהַלְלָֽהּ: רַבּ֣וֹת בָּנ֔וֹת 28 29 28A

30 Favour *is* deceitful, and beauty *is* vain: *but* a woman *that* feareth the Lord, she shall be praised.

31 Give her of the fruit of her hands; and let her own works praise her in the gates.

ECCLESIATES

OR, THE PREACHER

CHAPTER 1

1 The words of the Preacher, the son of David, king in Jerusalem.

2 Vanity of vanities, saith the Preacher, vanity of vanities; all *is* vanity.

3 What profit hath a man of all his labour which he taketh under the sun?

4 *One* generation passeth away, and *another* generation cometh: but the earth abideth for ever.

5 The sun also ariseth, and the sun goeth down, and hasteth to his place where he arose.

6 The wind goeth toward the south, and turneth about unto the north; it whirleth about continually, and the wind returneth again according to his circuits.

7 All the rivers run into the sea; yet the sea *is* not full; unto the place from whence the rivers come, thither they return again.

8 All things *are* full of labour; man cannot utter *it*: the eye is not satisfied with seeing, nor the ear filled with hearing.

9 The thing that hath been, it *is that* which shall be; and that which is done *is* that which shall be done: and *there is* no new *thing* under the sun.

10 Is there *any* thing whereof it may be said, See, this *is* new? it hath been already of old time, which was before us.

11 *There is* no remembrance of former *things;* neither shall there be *any* remembrance of *things* that are to come with *those* that shall come after.

12 ¶ I the Preacher was king over Israel in Jerusalem.

13 And I gave my heart to seek and search out by wisdom concerning all *things* that are done under heaven: this sore travail hath God given to the sons of man to be exercised therewith.

14 I have seen all the works that are done under the sun; and, behold, all *is* vanity and vexation of spirit.

15 *That which is* crooked cannot be made straight: and that which is wanting cannot be numbered.

16 I communed with mine own heart, saying, Lo, I am come to great estate, and have gotten more wisdom than all *they* that have been before me in Jerusalem: yea, my heart had great experience of wisdom and knowledge.

17 And I gave my heart to know wisdom, and to know madness and folly: I perceived that this also is vexation of spirit.

18 For in much wisdom *is* much grief: and he that increaseth knowledge increaseth sorrow.

CHAPTER 2

1 I said in mine heart, Go to now, I will prove thee with mirth, therefore enjoy pleasure: and, behold, this also *is* vanity.

2 I said of laughter, *It is* mad: and of mirth, What doeth it?

3 I sought in mine heart to give myself unto wine, yet acquainting mine heart with wisdom; and to lay hold on folly, till I might see what *was* that good for the sons of men, which they should do under the heaven all the days of their life.

4 I made me great works; I builded me houses; I planted me vineyards:

5 I made me gardens and orchards, and I planted trees in them of all *kind of* fruits:

6 I made me pools of water, to water therewith the wood that bringeth forth trees:

7 I got *me* servants and maidens, and had servants born in my house; also I had great possessions of great and small cattle

30 עָשׂוּ חָיִל וְאַתְּ עָלִית עַל־כֻּלָּנָה: שֶׁקֶר הַחֵן וְהֶבֶל הַיֹּפִי אִשָּׁה יִרְאַת־

31 יְהוָה הִיא תִתְהַלָּל: תְּנוּ־לָהּ מִפְּרִי יָדֶיהָ וִיהַלְלוּהָ בַשְּׁעָרִים מַעֲשֶׂיהָ:

מגילת קהלת

1
1 דִּבְרֵי קֹהֶלֶת בֶּן־דָּוִד מֶלֶךְ בִּירוּשָׁלָ͏ִם: הֲבֵל הֲבָלִים אָמַר קֹהֶלֶת הֲבֵל
2
3 הֲבָלִים הַכֹּל הָבֶל: מַה־יִּתְרוֹן לָאָדָם בְּכָל־עֲמָלוֹ שֶׁיַּעֲמֹל תַּחַת

4 הַשָּׁמֶשׁ: דּוֹר הֹלֵךְ וְדוֹר בָּא וְהָאָרֶץ לְעוֹלָם עֹמָדֶת: וְזָרַח הַשֶּׁמֶשׁ
5
6 וּבָא הַשָּׁמֶשׁ וְאֶל־מְקוֹמוֹ שׁוֹאֵף זוֹרֵחַ הוּא שָׁם: הוֹלֵךְ אֶל־דָּרוֹם

וְסוֹבֵב אֶל־צָפוֹן סוֹבֵב׀ סֹבֵב הוֹלֵךְ הָרוּחַ וְעַל־סְבִיבֹתָיו שָׁב הָרוּחַ:

7 כָּל־הַנְּחָלִים הֹלְכִים אֶל־הַיָּם וְהַיָּם אֵינֶנּוּ מָלֵא אֶל־מְקוֹם שֶׁהַנְּחָלִים

8 הֹלְכִים שָׁם הֵם שָׁבִים לָלָכֶת: כָּל־הַדְּבָרִים יְגֵעִים לֹא־יוּכַל אִישׁ

9 לְדַבֵּר לֹא־תִשְׂבַּע עַיִן לִרְאוֹת וְלֹא־תִמָּלֵא אֹזֶן מִשְּׁמֹעַ: מַה־שֶּׁהָיָה

הוּא שֶׁיִּהְיֶה וּמַה־שֶּׁנַּעֲשָׂה הוּא שֶׁיֵּעָשֶׂה וְאֵין כָּל־חָדָשׁ תַּחַת

10 הַשָּׁמֶשׁ: יֵשׁ דָּבָר שֶׁיֹּאמַר רְאֵה־זֶה חָדָשׁ הוּא כְּבָר הָיָה לְעֹלָמִים

11 אֲשֶׁר הָיָה מִלְּפָנֵנוּ: אֵין זִכְרוֹן לָרִאשֹׁנִים וְגַם לָאַחֲרֹנִים שֶׁיִּהְיוּ לֹא־

יִהְיֶה לָהֶם זִכָּרוֹן עִם שֶׁיִּהְיוּ לָאַחֲרֹנָה:

12 אֲנִי קֹהֶלֶת הָיִיתִי מֶלֶךְ עַל־יִשְׂרָאֵל בִּירוּשָׁלָ͏ִם: וְנָתַתִּי אֶת־לִבִּי
13
לִדְרוֹשׁ וְלָתוּר בַּחָכְמָה עַל כָּל־אֲשֶׁר נַעֲשָׂה תַּחַת הַשָּׁמָיִם הוּא׀

14 עִנְיַן רָע נָתַן אֱלֹהִים לִבְנֵי הָאָדָם לַעֲנוֹת בּוֹ: רָאִיתִי אֶת־כָּל־

15 הַמַּעֲשִׂים שֶׁנַּעֲשׂוּ תַּחַת הַשָּׁמֶשׁ וְהִנֵּה הַכֹּל הֶבֶל וּרְעוּת רוּחַ: מְעֻוָּת

16 לֹא־יוּכַל לִתְקֹן וְחֶסְרוֹן לֹא־יוּכַל לְהִמָּנוֹת: דִּבַּרְתִּי אֲנִי עִם־לִבִּי

לֵאמֹר אֲנִי הִנֵּה הִגְדַּלְתִּי וְהוֹסַפְתִּי חָכְמָה עַל כָּל־אֲשֶׁר־הָיָה לְפָנַי

17 עַל־יְרוּשָׁלָ͏ִם וְלִבִּי רָאָה הַרְבֵּה חָכְמָה וָדָעַת: וָאֶתְּנָה לִבִּי לָדַעַת

חָכְמָה וְדַעַת הוֹלֵלוֹת וְשִׂכְלוּת יָדַעְתִּי שֶׁגַּם־זֶה הוּא רַעְיוֹן רוּחַ:

18 כִּי בְּרֹב חָכְמָה רָב־כָּעַס וְיוֹסִיף דַּעַת יוֹסִיף מַכְאוֹב: אָמַרְתִּי אֲנִי
2
1 בְּלִבִּי לְכָה־נָּא אֲנַסְּכָה בְשִׂמְחָה וּרְאֵה בְטוֹב וְהִנֵּה גַם־הוּא הָבֶל:

2 לִשְׂחוֹק אָמַרְתִּי מְהוֹלָל וּלְשִׂמְחָה מַה־זֹּה עֹשָׂה: תַּרְתִּי בְלִבִּי לִמְשׁוֹךְ
3
בַּיַּיִן אֶת־בְּשָׂרִי וְלִבִּי נֹהֵג בַּחָכְמָה וְלֶאֱחֹז בְּסִכְלוּת עַד אֲשֶׁר־אֶרְאֶה

אֵי־זֶה טוֹב לִבְנֵי הָאָדָם אֲשֶׁר יַעֲשׂוּ תַּחַת הַשָּׁמַיִם מִסְפַּר יְמֵי

4 חַיֵּיהֶם: הִגְדַּלְתִּי מַעֲשָׂי בָּנִיתִי לִי בָּתִּים נָטַעְתִּי לִי כְּרָמִים: עָשִׂיתִי
5
6 לִי גַּנּוֹת וּפַרְדֵּסִים וְנָטַעְתִּי בָהֶם עֵץ כָּל־פֶּרִי: עָשִׂיתִי לִי בְּרֵכוֹת

7 מָיִם לְהַשְׁקוֹת מֵהֶם יַעַר צוֹמֵחַ עֵצִים: קָנִיתִי עֲבָדִים וּשְׁפָחוֹת וּבְנֵי־

בַיִת הָיָה לִי גַּם מִקְנֶה בָקָר וָצֹאן הַרְבֵּה הָיָה לִי מִכֹּל שֶׁהָיוּ לְפָנַי

above all that were in Jerusalem before me:

8 I gathered me also silver and gold, and the peculiar treasure of kings and of the provinces: I gat me men singers and women singers, and the delights of the sons of men, *as* musical instruments, and that of all sorts.

9 So I was great, and increased more than all that were before me in Jerusalem: also my wisdom remained with me.

10 And whatsoever mine eyes desired I kept not from them, I withheld not my heart from any joy; for my heart rejoiced in all my labour: and this was my portion of all my labour.

11 Then I looked on all the works that my hands had wrought, and on the labour that I had laboured to do: and, behold, all *was* vanity and vexation of spirit, and *there was* no profit under the sun.

12 ¶ And I turned myself to behold wisdom, and madness, and folly: for what *can* the man *do* that cometh after the king? *even* that which hath been already done.

13 Then I saw that wisdom excelleth folly, as far as light excelleth darkness.

14 The wise man's eyes *are* in his head; but the fool walketh in darkness: and I myself perceived also that one event happeneth to them all.

15 Then said I in my heart, As it happeneth to the fool, so it happeneth even to me; and why was I then more wise? Then I said in my heart, that this also *is* vanity.

16 For *there is* no remembrance of the wise more than of the fool for ever; seeing that which now *is* in the days to come shall all be forgotten. And how dieth the wise *man*? as the fool.

17 Therefore I hated life; because the work that is wrought under the sun *is* grievous unto me: for all *is* vanity and vexation of spirit.

18 ¶ Yea, I hated all my labour which I had taken under the sun: because I should leave it unto the man that shall be after me.

19 And who knoweth whether he shall be a wise *man* or a fool? yet shall he have rule over all my labour wherein I have laboured, and wherein I have shewed myself wise under the sun. This *is* also vanity.

20 Therefore I went about to cause my heart to despair of all the labour which I took under the sun.

21 For there is a man whose labour *is* in wisdom, and in knowledge, and in equity; yet to a man that hath not laboured therein shall he leave it *for* his portion. This also *is* vanity and a great evil.

22 For what hath man of all his labour, and of the vexation of his heart, wherein he hath laboured under the sun?

23 For all his days *are* sorrows, and his travail grief; yea, his heart taketh not rest in the night. This is also vanity.

24 ¶ *There is* nothing better for a man, *than* that he should eat and drink, and *that* he should make his soul enjoy good in his labour. This also I saw, that it *was* from the hand of God.

25 For who can eat, or who else can hasten *hereunto,* more than I?

26 For *God* giveth to a man that *is* good in his sight wisdom, and knowledge, and joy: but to the sinner he giveth travail, to gather and to heap up, that he may give to *him that is* good before God. This also *is* vanity and vexation of spirit.

CHAPTER 3

1 To every *thing there is* a season, and a time to every purpose under the heaven:

2 A time to be born, and a time to die; a time to plant, and a time to pluck up *that which is* planted;

3 A time to kill, and a time to heal; a

8 בִּירוּשָׁלָ͏ִם כָּנַסְתִּי לִי גַּם־כֶּסֶף וְזָהָב וּסְגֻלַּת מְלָכִים וְהַמְּדִינוֹת

9 עָשִׂיתִי לִי שָׁרִים וְשָׁרוֹת וְתַעֲנוּגֹת בְּנֵי הָאָדָם שִׁדָּה וְשִׁדּוֹת וְגָדַלְתִּי

10 וְהוֹסַפְתִּי מִכֹּל שֶׁהָיָה לְפָנַי בִּירוּשָׁלָ͏ִם אַף חָכְמָתִי עָמְדָה לִּי וְכֹל

אֲשֶׁר שָׁאֲלוּ עֵינַי לֹא אָצַלְתִּי מֵהֶם לֹא־מָנַעְתִּי אֶת־לִבִּי מִכָּל־שִׂמְחָה

11 כִּי־לִבִּי שָׂמֵחַ מִכָּל־עֲמָלִי וְזֶה־הָיָה חֶלְקִי מִכָּל־עֲמָלִי וּפָנִיתִי אֲנִי

בְּכָל־מַעֲשַׂי שֶׁעָשׂוּ יָדַי וּבֶעָמָל שֶׁעָמַלְתִּי לַעֲשׂוֹת וְהִנֵּה הַכֹּל הֶבֶל

12 וּרְעוּת רוּחַ וְאֵין יִתְרוֹן תַּחַת הַשָּׁמֶשׁ וּפָנִיתִי אֲנִי לִרְאוֹת חָכְמָה

וְהוֹלֵלוֹת וְסִכְלוּת כִּי מֶה הָאָדָם שֶׁיָּבוֹא אַחֲרֵי הַמֶּלֶךְ אֵת אֲשֶׁר־

13 כְּבָר עָשׂוּהוּ וְרָאִיתִי אָנִי שֶׁיֵּשׁ יִתְרוֹן לַחָכְמָה מִן־הַסִּכְלוּת כִּיתְרוֹן

14 הָאוֹר מִן־הַחֹשֶׁךְ הֶחָכָם עֵינָיו בְּרֹאשׁוֹ וְהַכְּסִיל בַּחֹשֶׁךְ הוֹלֵךְ

15 וְיָדַעְתִּי גַם־אָנִי שֶׁמִּקְרֶה אֶחָד יִקְרֶה אֶת־כֻּלָּם וְאָמַרְתִּי אֲנִי בְּלִבִּי

כְּמִקְרֵה הַכְּסִיל גַּם־אֲנִי יִקְרֵנִי וְלָמָּה חָכַמְתִּי אֲנִי אָז יוֹתֵר וְדִבַּרְתִּי

16 בְלִבִּי שֶׁגַּם־זֶה הָבֶל כִּי אֵין זִכְרוֹן לֶחָכָם עִם־הַכְּסִיל לְעוֹלָם

בְּשֶׁכְּבָר הַיָּמִים הַבָּאִים הַכֹּל נִשְׁכָּח וְאֵיךְ יָמוּת הֶחָכָם עִם־הַכְּסִיל

17 וְשָׂנֵאתִי אֶת־הַחַיִּים כִּי רַע עָלַי הַמַּעֲשֶׂה שֶׁנַּעֲשָׂה תַּחַת הַשָּׁמֶשׁ

18 כִּי־הַכֹּל הֶבֶל וּרְעוּת רוּחַ וְשָׂנֵאתִי אֲנִי אֶת־כָּל־עֲמָלִי שֶׁאֲנִי עָמֵל

19 תַּחַת הַשָּׁמֶשׁ שֶׁאַנִּיחֶנּוּ לָאָדָם שֶׁיִּהְיֶה אַחֲרָי וּמִי יוֹדֵעַ הֶחָכָם

יִהְיֶה אוֹ סָכָל וְיִשְׁלַט בְּכָל־עֲמָלִי שֶׁעָמַלְתִּי וְשֶׁחָכַמְתִּי תַּחַת הַשָּׁמֶשׁ

20 גַּם־זֶה הָבֶל וְסַבּוֹתִי אֲנִי לְיַאֵשׁ אֶת־לִבִּי עַל כָּל־הֶעָמָל שֶׁעָמַלְתִּי

21 תַּחַת הַשָּׁמֶשׁ כִּי־יֵשׁ אָדָם שֶׁעֲמָלוֹ בְּחָכְמָה וּבְדַעַת וּבְכִשְׁרוֹן

22 וּלְאָדָם שֶׁלֹּא עָמַל־בּוֹ יִתְּנֶנּוּ חֶלְקוֹ גַּם־זֶה הֶבֶל וְרָעָה רַבָּה כִּי

מֶה־הֹוֶה לָאָדָם בְּכָל־עֲמָלוֹ וּבְרַעְיוֹן לִבּוֹ שְׁהוּא עָמֵל תַּחַת הַשָּׁמֶשׁ

23 כִּי כָל־יָמָיו מַכְאֹבִים וָכַעַס עִנְיָנוֹ גַּם־בַּלַּיְלָה לֹא־שָׁכַב לִבּוֹ גַּם־זֶה

24 הֶבֶל הוּא אֵין־טוֹב בָּאָדָם שֶׁיֹּאכַל וְשָׁתָה וְהֶרְאָה אֶת־נַפְשׁוֹ טוֹב

25 בַּעֲמָלוֹ גַּם־זֹה רָאִיתִי אָנִי כִּי מִיַּד הָאֱלֹהִים הִיא כִּי מִי יֹאכַל

26 וּמִי יָחוּשׁ חוּץ מִמֶּנִּי כִּי לְאָדָם שֶׁטּוֹב לְפָנָיו נָתַן חָכְמָה וְדַעַת

וְשִׂמְחָה וְלַחוֹטֶא נָתַן עִנְיָן לֶאֱסוֹף וְלִכְנוֹס לָתֵת לְטוֹב לִפְנֵי

3 הָאֱלֹהִים גַּם־זֶה־הֶבֶל וּרְעוּת רוּחַ לַכֹּל זְמָן וְעֵת לְכָל־חֵפֶץ תַּחַת

2 הַשָּׁמָיִם: עֵת

לָלֶדֶת   וְעֵת

לָמוּת   עֵת

לָטַעַת   וְעֵת

3 לַעֲקוֹר נָטוּעַ:   עֵת

לַהֲרוֹג   וְעֵת

לִרְפּוֹא   עֵת

time to break down, and a time to build up;

4 A time to weep, and a time to laugh; a time to mourn, and a time to dance;

5 A time to cast away stones, and a time to gather stones together; a time to embrace, and a time to refrain from embracing;

6 A time to get, and a time to lose; a time to keep, and a time to cast away;

7 A time to rend, and a time to sew; a time to keep silence, and a time to speak;

8 A time to love, and a time to hate; a time of war, and a time of peace.

9 What profit hath he that worketh in that wherein he laboureth?

10 I have seen the travail, which God hath given to the sons of men to be exercised in it.

11 He hath made every *thing* beautiful in his time: also he hath set the world in their heart, so that no man can find out the work that God maketh from the beginning to the end.

12 I know that *there is* no good in them, but for *a man* to rejoice, and to do good in his life.

13 And also that every man should eat and drink, and enjoy the good of all his labour, it *is* the gift of God.

14 I know that, whatsoever God doeth, it shall be for ever: nothing can be put to it, nor any thing taken from it: and God doeth *it*, that *men* should fear before him.

15 That which hath been is now; and that which is to be hath already been; and God requireth that which is past.

16 ¶ And moreover I saw under the sun the place of judgment, *that* wickedness *was* there; and the place of righteousness, *that* iniquity *was* there.

17 I said in mine heart, God shall judge the righteous and the wicked: for *there is* a time there for every purpose and for every work.

18 I said in mine heart concerning the estate of the sons of men, that God might manifest them, and that they might see that they themselves are beasts.

19 For that which befalleth the sons of

וְאֵת   לִפְרֹ֑וץ

4 עֵ֥ת   לִבְנֽוֹת׃

וְעֵ֣ת   לִבְכּוֹת֙

עֵ֣ת   לִשְׂחֹ֔וק

וְעֵ֣ת   סְפֹ֑וד

5 עֵ֣ת   רְקֽוֹד׃

וְעֵ֣ת   לְהַשְׁלִ֣יךְ אֲבָנִ֔ים

עֵ֣ת   כְּנ֣וֹס אֲבָנִ֑ים

וְעֵ֣ת   לַחֲבֹ֔וק

6 עֵ֥ת   לִרְחֹ֥ק מֵחַבֵּֽק׃

וְעֵ֣ת   לְבַקֵּשׁ֙

עֵ֣ת   לְאַבֵּ֔ד

וְעֵ֣ת   לִשְׁמֹ֔ור

7 עֵ֥ת   לְהַשְׁלִֽיךְ׃

וְעֵ֣ת   לִקְרֹ֨וע֙

עֵ֣ת   לִתְפֹּ֔ור

וְעֵ֣ת   לַחֲשֹׁ֔ות

8 עֵ֥ת   לְדַבֵּֽר׃

וְעֵ֣ת   לֶאֱהֹב֙

עֵ֣ת   לִשְׂנֹ֔א

וְעֵ֣ת   מִלְחָמָ֖ה

9 מַה־   שָׁלֽוֹם׃

10 יִּתְרוֹן֙ הָֽעוֹשֶׂ֔ה בַּאֲשֶׁ֖ר ה֣וּא עָמֵ֑ל׃ רָאִ֣יתִי אֶת־הָֽעִנְיָ֗ן אֲשֶׁ֨ר נָתַ֤ן

11 אֱלֹהִים֙ לִבְנֵ֣י הָאָדָ֔ם לַעֲנֹ֖ות בֹּֽ֑ו׃ אֶת־הַכֹּ֥ל עָשָׂ֖ה יָפֶ֣ה בְעִתֹּ֑ו גַּ֤ם

אֶת־הָעֹלָם֙ נָתַ֣ן בְּלִבָּ֔ם מִבְּלִ֞י אֲשֶׁ֧ר לֹא־יִמְצָ֣א הָאָדָ֗ם אֶת־הַֽמַּעֲשֶׂ֛ה

12 אֲשֶׁר־עָשָׂ֥ה הָאֱלֹהִ֖ים מֵרֹ֣אשׁ וְעַד־סֹֽ֑וף׃ יָדַ֗עְתִּי כִּ֣י אֵ֥ין טֹ֖וב בָּ֑ם כִּ֣י

13 אִם־לִשְׂמֹ֛וחַ וְלַעֲשֹׂ֥ות טֹ֖וב בְּחַיָּֽיו׃ וְגַ֤ם כָּל־הָֽאָדָם֙ שֶׁיֹּאכַ֣ל וְשָׁתָ֔ה

14 וְרָאָ֥ה טֹ֖וב בְּכָל־עֲמָלֹ֑ו מַתַּ֥ת אֱלֹהִ֖ים הִֽיא׃ יָדַ֗עְתִּי כִּ֤י כָּל־אֲשֶׁ֨ר

יַעֲשֶׂ֤ה הָֽאֱלֹהִים֙ ה֣וּא יִהְיֶ֣ה לְעוֹלָ֔ם עָלָיו֙ אֵ֣ין לְהוֹסִ֔יף וּמִמֶּ֖נּוּ אֵ֣ין

15 לִגְרֹ֑עַ וְהָאֱלֹהִ֣ים עָשָׂ֔ה שֶׁיִּֽרְא֖וּ מִלְּפָנָֽיו׃ מַה־שֶּֽׁהָיָה֙ כְּבָ֣ר ה֔וּא וַאֲשֶׁ֥ר

16 לִהְי֖וֹת כְּבָ֣ר הָיָ֑ה וְהָאֱלֹהִ֖ים יְבַקֵּ֥שׁ אֶת־נִרְדָּֽף׃ וְעֹ֥וד רָאִ֖יתִי תַּ֣חַת

הַשָּׁ֑מֶשׁ מְק֤וֹם הַמִּשְׁפָּט֙ שָׁ֣מָּה הָרֶ֔שַׁע וּמְק֥וֹם הַצֶּ֖דֶק שָׁ֥מָּה הָרָֽשַׁע׃

17 אָמַ֤רְתִּי אֲנִי֙ בְּלִבִּ֔י אֶת־הַצַּדִּיק֙ וְאֶת־הָ֣רָשָׁ֔ע יִשְׁפֹּ֖ט הָאֱלֹהִ֑ים כִּי־עֵ֣ת

18 לְכָל־חֵ֔פֶץ וְעַ֥ל כָּל־הַֽמַּעֲשֶׂ֖ה שָֽׁם׃ אָמַ֤רְתִּי אֲנִי֙ בְּלִבִּ֔י עַל־דִּבְרַת֙ בְּנֵ֣י

19 הָאָדָ֔ם לְבָרָ֖ם הָאֱלֹהִ֑ים וְלִרְאֹ֕ות שְׁהֶם־בְּהֵמָ֥ה הֵ֖מָּה לָהֶֽם׃ כִּי֩ מִקְרֶ֨ה

men befalleth beasts; even one thing befalleth them: as the one dieth, so dieth the other; yea, they have all one breath; so that a man hath no preeminence above a beast: for all *is* vanity.

20 All go unto one place; all are of the dust, and all turn to dust again.

21 Who knoweth the spirit of man that goeth upward, and the spirit of the beast that goeth downward to the earth?

22 Wherefore I perceive that *there is* nothing better, than that a man should rejoice in his own works; for that *is* his portion: for who shall bring him to see what shall be after him?

CHAPTER 4

1 So I returned, and considered all the oppressions that are done under the sun: and behold the tears of *such as were* oppressed, and they had no comforter; and on the side of their oppressors *there was* power; but they had no comforter.

2 Wherefore I praised the dead which are already dead more than the living which are yet alive.

3 Yea, better *is he* than both they, which hath not yet been, who hath not seen the evil work that is done under the sun.

4 ¶ Again, I considered all travail, and every right work, that for this a man is envied of his neighbour. This *is* also vanity and vexation of spirit.

5 The fool foldeth his hands together, and eateth his own flesh.

6 Better *is* an handful *with* quietness, than both the hands full *with* travail and vexation of spirit.

7 ¶ Then I returned, and I saw vanity under the sun.

8 There is one *alone*, and *there is* not a second; yea, he hath neither child nor brother: yet *is there* no end of all his labour; neither is his eye satisfied with riches; neither *saith he,* For whom do I labour, and bereave my soul of good? This *is* also vanity, yea, it *is* a sore travail.

9 ¶ Two *are* better than one; because they have a good reward for their labour.

10 For if they fall, the one will lift up his fellow: but woe to him *that is* alone when he falleth; for *he hath* not another to help him up.

11 Again, if two lie together, then they have heat: but how can one be warm *alone?*

12 And if one prevail against him, two shall withstand him; and a threefold cord is not quickly broken.

13 ¶ Better *is* a poor and a wise child than an old and foolish king, who will no more be admonished.

14 For out of prison he cometh to reign; whereas also *he that is* born in his kingdom becometh poor.

15 I considered all the living which walk under the sun, with the second child that shall stand up in his stead.

16 *There is* no end of all the people, *even* of all that have been before them: they also that come after shall not rejoice in him. Surely this also *is* vanity and vexation of spirit.

CHAPTER 5

1[4:17] Keep thy foot when thou goest to the house of God, and be more ready to hear, than to give the sacrifice of fools: for they consider not that they do evil.

2[1] Be not rash with thy mouth, and let not thine heart be hasty to utter *any* thing before God: for God *is* in heaven, and thou upon earth: therefore let thy words be few.

3[2] For a dream cometh through the multitude of business; and a fool's voice *is known* by multitude of words.

4[3] When thou vowest a vow unto God, defer not to pay it; for *he hath* no pleasure in fools: pay that which thou hast vowed.

5[4] Better *is it* that thou shouldest not vow, than that thou shouldest vow and not pay.

6[5] Suffer not thy mouth to cause thy flesh to sin; neither say thou before the angel, that it *was* an error: wherefore should God be angry at thy voice, and destroy the work of thine hands?

7[6] For in the multitude of dreams and many words *there are* also *divers* vanities: but fear thou God.

בְּנֵי־הָאָדָם וּמִקְרֶה הַבְּהֵמָה וּמִקְרֶה אֶחָד לָהֶם כְּמוֹת זֶה כֵּן מוֹת
זֶה וְרוּחַ אֶחָד לַכֹּל וּמוֹתַר הָאָדָם מִן־הַבְּהֵמָה אָיִן כִּי הַכֹּל הָבֶל:
20 הַכֹּל הוֹלֵךְ אֶל־מָקוֹם אֶחָד הַכֹּל הָיָה מִן־הֶעָפָר וְהַכֹּל שָׁב אֶל־
21 הֶעָפָר: מִי יוֹדֵעַ רוּחַ בְּנֵי הָאָדָם הָעֹלָה הִיא לְמָעְלָה וְרוּחַ הַבְּהֵמָה
22 הַיֹּרֶדֶת הִיא לְמַטָּה לָאָרֶץ: וְרָאִיתִי כִּי אֵין טוֹב מֵאֲשֶׁר יִשְׂמַח
הָאָדָם בְּמַעֲשָׂיו כִּי־הוּא חֶלְקוֹ כִּי מִי יְבִיאֶנּוּ לִרְאוֹת בְּמֶה שֶׁיִּהְיֶה
4 1 אַחֲרָיו: וְשַׁבְתִּי אֲנִי וָאֶרְאֶה אֶת־כָּל־הָעֲשֻׁקִים אֲשֶׁר נַעֲשִׂים תַּחַת
הַשָּׁמֶשׁ וְהִנֵּה ׀ דִּמְעַת הָעֲשֻׁקִים וְאֵין לָהֶם מְנַחֵם וּמִיַּד עֹשְׁקֵיהֶם
2 כֹּחַ וְאֵין לָהֶם מְנַחֵם: וְשַׁבֵּחַ אֲנִי אֶת־הַמֵּתִים שֶׁכְּבָר מֵתוּ מִן־הַחַיִּים
3 אֲשֶׁר הֵמָּה חַיִּים עֲדֶנָה: וְטוֹב מִשְּׁנֵיהֶם אֵת אֲשֶׁר־עֲדֶן לֹא הָיָה
אֲשֶׁר לֹא־רָאָה אֶת־הַמַּעֲשֶׂה הָרָע אֲשֶׁר נַעֲשָׂה תַּחַת הַשָּׁמֶשׁ:
4 וְרָאִיתִי אֲנִי אֶת־כָּל־עָמָל וְאֵת כָּל־כִּשְׁרוֹן הַמַּעֲשֶׂה כִּי הִיא קִנְאַת־
5 אִישׁ מֵרֵעֵהוּ גַּם־זֶה הֶבֶל וּרְעוּת רוּחַ: הַכְּסִיל חֹבֵק אֶת־יָדָיו וְאֹכֵל
6 אֶת־בְּשָׂרוֹ: טוֹב מְלֹא כַף נָחַת מִמְּלֹא חָפְנַיִם עָמָל וּרְעוּת רוּחַ:
7 וְשַׁבְתִּי אֲנִי וָאֶרְאֶה הֶבֶל תַּחַת הַשָּׁמֶשׁ: יֵשׁ אֶחָד וְאֵין שֵׁנִי גַּם
8 בֵּן וָאָח אֵין־לוֹ וְאֵין קֵץ לְכָל־עֲמָלוֹ גַּם־עֵינָיו לֹא־תִשְׂבַּע עֹשֶׁר וּלְמִי ׀ עֵינוֹ
אֲנִי עָמֵל וּמְחַסֵּר אֶת־נַפְשִׁי מִטּוֹבָה גַּם־זֶה הֶבֶל וְעִנְיַן רָע הוּא:
9 טוֹבִים הַשְּׁנַיִם מִן־הָאֶחָד אֲשֶׁר יֵשׁ־לָהֶם שָׂכָר טוֹב בַּעֲמָלָם: כִּי
10 אִם־יִפֹּלוּ הָאֶחָד יָקִים אֶת־חֲבֵרוֹ וְאִילוֹ הָאֶחָד שֶׁיִּפּוֹל וְאֵין שֵׁנִי
11 לַהֲקִימוֹ: גַּם אִם־יִשְׁכְּבוּ שְׁנַיִם וְחַם לָהֶם וּלְאֶחָד אֵיךְ יֵחָם: וְאִם־
12 יִתְקְפוֹ הָאֶחָד הַשְּׁנַיִם יַעַמְדוּ נֶגְדּוֹ וְהַחוּט הַמְשֻׁלָּשׁ לֹא בִמְהֵרָה
13 יִנָּתֵק: טוֹב יֶלֶד מִסְכֵּן וְחָכָם מִמֶּלֶךְ זָקֵן וּכְסִיל אֲשֶׁר לֹא־יָדַע לְהִזָּהֵר
14 עוֹד: כִּי־מִבֵּית הָסוּרִים יָצָא לִמְלֹךְ כִּי גַּם בְּמַלְכוּתוֹ נוֹלַד רָשׁ:
15 רָאִיתִי אֶת־כָּל־הַחַיִּים הַמְהַלְּכִים תַּחַת הַשָּׁמֶשׁ עִם הַיֶּלֶד הַשֵּׁנִי
16 אֲשֶׁר יַעֲמֹד תַּחְתָּיו: אֵין־קֵץ לְכָל־הָעָם לְכֹל אֲשֶׁר־הָיָה לִפְנֵיהֶם גַּם
17 הָאַחֲרוֹנִים לֹא יִשְׂמְחוּ־בוֹ כִּי־גַם־זֶה הֶבֶל וְרַעְיוֹן רוּחַ: שְׁמֹר רַגְלֶיךָ רַגְלְךָ
כַּאֲשֶׁר תֵּלֵךְ אֶל־בֵּית הָאֱלֹהִים וְקָרוֹב לִשְׁמֹעַ מִתֵּת הַכְּסִילִים זָבַח
5 1 כִּי־אֵינָם יוֹדְעִים לַעֲשׂוֹת רָע: אַל־תְּבַהֵל עַל־פִּיךָ וְלִבְּךָ אַל־יְמַהֵר
לְהוֹצִיא דָבָר לִפְנֵי הָאֱלֹהִים כִּי הָאֱלֹהִים בַּשָּׁמַיִם וְאַתָּה עַל־הָאָרֶץ
2 עַל־כֵּן יִהְיוּ דְבָרֶיךָ מְעַטִּים: כִּי בָּא הַחֲלוֹם בְּרֹב עִנְיָן וְקוֹל כְּסִיל
3 בְּרֹב דְּבָרִים: כַּאֲשֶׁר תִּדֹּר נֶדֶר לֵאלֹהִים אַל־תְּאַחֵר לְשַׁלְּמוֹ כִּי אֵין
4 חֵפֶץ בַּכְּסִילִים אֵת אֲשֶׁר־תִּדֹּר שַׁלֵּם: טוֹב אֲשֶׁר לֹא־תִדֹּר מִשֶּׁתִּדּוֹר
5 וְלֹא תְשַׁלֵּם: אַל־תִּתֵּן אֶת־פִּיךָ לַחֲטִיא אֶת־בְּשָׂרֶךָ וְאַל־תֹּאמַר לִפְנֵי
הַמַּלְאָךְ כִּי שְׁגָגָה הִיא לָמָּה יִקְצֹף הָאֱלֹהִים עַל־קוֹלֶךָ וְחִבֵּל אֶת־
6 מַעֲשֵׂה יָדֶיךָ: כִּי בְרֹב חֲלֹמוֹת וַהֲבָלִים וּדְבָרִים הַרְבֵּה כִּי אֶת־

8[7] ¶ If thou seest the oppression of the poor, and violent perverting of judgment and justice in a province, marvel not at the matter: for *he that is* higher than the highest regardeth; and *there be* higher than they.

9[8] ¶ Moreover the profit of the earth is for all: the king *himself* is served by the field.

10[9] He that loveth silver shall not be satisfied with silver; nor he that loveth abundance with increase: this *is* also vanity.

11[10] When goods increase, they are increased that eat them: and what good *is there* to the owners thereof, saving the beholding *of them* with their eyes?

12[11] The sleep of a labouring man *is* sweet, whether he eat little or much: but the abundance of the rich will not suffer him to sleep.

13[12] There is a sore evil *which* I have seen under the sun, *namely,* riches kept for the owners thereof to their hurt.

14[13] But those riches perish by evil travail: and he begetteth a son, and *there is* nothing in his hand.

15[14] As he came forth of his mother's womb, naked shall he return to go as he came, and shall take nothing of his labour, which he may carry away in his hand.

16[15] And this also *is* a sore evil, *that* in all points as he came, so shall he go: and what profit hath he that hath laboured for the wind?

17[16] All his days also he eateth in darkness, and *he hath* much sorrow and wrath with his sickness.

18[17] ¶ Behold *that* which I have seen: *it is* good and comely *for one* to eat and to drink, and to enjoy the good of all his labour that he taketh under the sun all the days of his life, which God giveth him: for it *is* his portion.

19[18] Every man also to whom God hath given riches and wealth, and hath given him power to eat thereof, and to take his portion, and to rejoice in his labour; this *is* the gift of God.

20[19] For he shall not much remember the days of his life; because God answereth *him* in the joy of his heart.

CHAPTER 6

1 There is an evil which I have seen under the sun, and it *is* common among men:

2 A man to whom God hath given riches, wealth, and honour, so that he wanteth nothing for his soul of all that he desireth, yet God giveth him not power to eat thereof, but a stranger eateth it: this *is* vanity, and it *is* an evil disease.

3 ¶ If a man beget an hundred *children,* and live many years, so that the days of his years be many, and his soul be not filled with good, and also *that* he have no burial; I say, *that* an untimely birth *is* better than he.

4 For he cometh in with vanity, and departeth in darkness, and his name shall be covered with darkness.

5 Moreover he hath not seen the sun, nor known *any thing:* this hath more rest than the other.

6 ¶ Yea, though he live a thousand years twice *told,* yet hath he seen no good: do not all go to one place?

7 All the labour of man *is* for his mouth, and yet the appetite is not filled.

8 For what hath the wise more than the fool? what hath the poor, that knoweth to walk before the living?

9 ¶ Better *is* the sight of the eyes than the wandering of the desire: this *is* also vanity and vexation of spirit.

10 That which hath been is named already, and it is known that it *is* man: neither may he contend with him that is mightier than he.

11 ¶ Seeing there be many things that increase vanity, what *is* man the better?

12 For who knoweth what *is* good for man in *this* life, all the days of his vain life which he spendeth as a shadow? for who can tell a man what shall be after him under the sun?

CHAPTER 7

1 A good name *is* better than precious ointment; and the day of death than the day of one's birth.

2 ¶ *It is* better to go to the house of

7A
7 הָאֱלֹהִים יְרָא: אִם־עֹשֶׁק רָשׁ וְגֵזֶל מִשְׁפָּט וָצֶדֶק תִּרְאֶה בַמְּדִינָה
אַל־תִּתְמַהּ עַל־הַחֵפֶץ כִּי גָבֹהַּ מֵעַל גָּבֹהַּ שֹׁמֵר וּגְבֹהִים עֲלֵיהֶם:

הוּא
8 וְיִתְרוֹן אֶרֶץ בַּכֹּל הִיא מֶלֶךְ לְשָׂדֶה נֶעֱבָד: אֹהֵב כֶּסֶף לֹא־יִשְׂבַּע
9 כֶּסֶף וּמִי־אֹהֵב בֶּהָמוֹן לֹא תְבוּאָה גַם־זֶה הָבֶל: בִּרְבוֹת הַטּוֹבָה
10

רָאוֹת
11 רַבּוּ אוֹכְלֶיהָ וּמַה־כִּשְׁרוֹן לִבְעָלֶיהָ כִּי אִם־רְאוּת עֵינָיו: מְתוּקָה שְׁנַת
הָעֹבֵד אִם־מְעַט וְאִם־הַרְבֵּה יֹאכֵל וְהַשָּׂבָע לֶעָשִׁיר אֵינֶנּוּ מַנִּיחַ לוֹ
12 לִישׁוֹן: יֵשׁ רָעָה חוֹלָה רָאִיתִי תַּחַת הַשָּׁמֶשׁ עֹשֶׁר שָׁמוּר לִבְעָלָיו
13 לְרָעָתוֹ: וְאָבַד הָעֹשֶׁר הַהוּא בְּעִנְיַן רָע וְהוֹלִיד בֵּן וְאֵין בְּיָדוֹ
14 מְאוּמָה: כַּאֲשֶׁר יָצָא מִבֶּטֶן אִמּוֹ עָרוֹם יָשׁוּב לָלֶכֶת כְּשֶׁבָּא וּמְאוּמָה
15 לֹא־יִשָּׂא בַעֲמָלוֹ שֶׁיֹּלֵךְ בְּיָדוֹ: וְגַם־זֹה רָעָה חוֹלָה כָּל־עֻמַּת שֶׁבָּא
16 כֵּן יֵלֵךְ וּמַה־יִּתְרוֹן לוֹ שֶׁיַּעֲמֹל לָרוּחַ: גַּם כָּל־יָמָיו בַּחֹשֶׁךְ יֹאכֵל
17A
17 וְכָעַס הַרְבֵּה וְחָלְיוֹ וָקָצֶף: הִנֵּה אֲשֶׁר־רָאִיתִי אָנִי טוֹב אֲשֶׁר־יָפֶה
לֶאֱכוֹל־וְלִשְׁתּוֹת וְלִרְאוֹת טוֹבָה בְּכָל־עֲמָלוֹ שֶׁיַּעֲמֹל תַּחַת־הַשֶּׁמֶשׁ

חַיָּיו
18 מִסְפַּר יְמֵי־חַיָּו אֲשֶׁר־נָתַן־לוֹ הָאֱלֹהִים כִּי־הוּא חֶלְקוֹ: גַּם כָּל־הָאָדָם
אֲשֶׁר נָתַן־לוֹ הָאֱלֹהִים עֹשֶׁר וּנְכָסִים וְהִשְׁלִיטוֹ לֶאֱכֹל מִמֶּנּוּ וְלָשֵׂאת
19 אֶת־חֶלְקוֹ וְלִשְׂמֹחַ בַּעֲמָלוֹ זֹה מַתַּת אֱלֹהִים הִיא: כִּי לֹא הַרְבֵּה

6 1 יִזְכֹּר אֶת־יְמֵי חַיָּו כִּי הָאֱלֹהִים מַעֲנֶה בְּשִׂמְחַת לִבּוֹ: יֵשׁ רָעָה אֲשֶׁר
2 רָאִיתִי תַּחַת הַשָּׁמֶשׁ וְרַבָּה הִיא עַל־הָאָדָם: אִישׁ אֲשֶׁר יִתֶּן־לוֹ
הָאֱלֹהִים עֹשֶׁר וּנְכָסִים וְכָבוֹד וְאֵינֶנּוּ חָסֵר לְנַפְשׁוֹ מִכֹּל אֲשֶׁר־
יִתְאַוֶּה וְלֹא־יַשְׁלִיטֶנּוּ הָאֱלֹהִים לֶאֱכֹל מִמֶּנּוּ כִּי אִישׁ נָכְרִי יֹאכְלֶנּוּ
3 זֶה הֶבֶל וָחֳלִי רָע הוּא: אִם־יוֹלִיד אִישׁ מֵאָה וְשָׁנִים רַבּוֹת יִחְיֶה
וְרַב שֶׁיִּהְיוּ יְמֵי־שָׁנָיו וְנַפְשׁוֹ לֹא־תִשְׂבַּע מִן־הַטּוֹבָה וְגַם־קְבוּרָה לֹא־
4 הָיְתָה לּוֹ אָמַרְתִּי טוֹב מִמֶּנּוּ הַנָּפֶל: כִּי־בַהֶבֶל בָּא וּבַחֹשֶׁךְ יֵלֵךְ
5 וּבַחֹשֶׁךְ שְׁמוֹ יְכֻסֶּה: גַּם־שֶׁמֶשׁ לֹא־רָאָה וְלֹא יָדָע נַחַת לָזֶה מִזֶּה:
6 וְאִלּוּ חָיָה אֶלֶף שָׁנִים פַּעֲמַיִם וְטוֹבָה לֹא רָאָה הֲלֹא אֶל־מָקוֹם
7 אֶחָד הַכֹּל הוֹלֵךְ: כָּל־עֲמַל הָאָדָם לְפִיהוּ וְגַם־הַנֶּפֶשׁ לֹא תִמָּלֵא:
8A
8 כִּי מַה־יּוֹתֵר לֶחָכָם מִן־הַכְּסִיל מַה־לֶּעָנִי יוֹדֵעַ לַהֲלֹךְ נֶגֶד הַחַיִּים:
9 טוֹב מַרְאֵה עֵינַיִם מֵהֲלָךְ־נָפֶשׁ גַּם־זֶה הֶבֶל וּרְעוּת רוּחַ: מַה־שֶּׁהָיָה
10 כְּבָר נִקְרָא שְׁמוֹ וְנוֹדָע אֲשֶׁר־הוּא אָדָם וְלֹא־יוּכַל לָדִין עִם

שֶׁתַּקִּיף
11 שֶׁהַתַּקִּיף מִמֶּנּוּ: כִּי יֵשׁ־דְּבָרִים הַרְבֵּה מַרְבִּים הָבֶל מַה־יֹּתֵר לָאָדָם:
12 כִּי מִי־יוֹדֵעַ מַה־טּוֹב לָאָדָם בַּחַיִּים מִסְפַּר יְמֵי־חַיֵּי הֶבְלוֹ וְיַעֲשֵׂם

7 1 כַּצֵּל אֲשֶׁר מִי־יַגִּיד לָאָדָם מַה־יִּהְיֶה אַחֲרָיו תַּחַת הַשָּׁמֶשׁ: טוֹב שֵׁם
2 מִשֶּׁמֶן טוֹב וְיוֹם הַמָּוֶת מִיּוֹם הִוָּלְדוֹ: טוֹב לָלֶכֶת אֶל־בֵּית־אֵבֶל

mourning, than to go to the house of feasting: for that *is* the end of all men; and the living will lay *it* to his heart.

3 Sorrow *is* better than laughter: for by the sadness of the countenance the heart is made better.

4 The heart of the wise *is* in the house of mourning; but the heart of fools *is* in the house of mirth.

5 *It is* better to hear the rebuke of the wise, than for a man to hear the song of fools.

6 For as the crackling of thorns under a pot, so *is* the laughter of the fool: this also *is* vanity.

7 ¶ Surely oppression maketh a wise man mad; and a gift destroyeth the heart.

8 Better *is* the end of a thing than the beginning thereof: *and* the patient in spirit *is* better than the proud in spirit.

9 Be not hasty in thy spirit to be angry: for anger resteth in the bosom of fools.

10 Say not thou, What is *the cause* that the former days were better than these? for thou dost not enquire wisely concerning this.

11 ¶ Wisdom *is* good with an inheritance: and *by it there is* profit to them that see the sun.

12 For wisdom *is* a defence, *and* money *is* a defence: but the excellency of knowledge *is, that* wisdom giveth life to them that have it.

13 Consider the work of God: for who can make *that* straight, which he hath made crooked?

14 In the day of prosperity be joyful, but in the day of adversity consider: God also hath set the one over against the other, to the end that man should find nothing after him.

15 All *things* have I seen in the days of my vanity: there is a just *man* that perisheth in his righteousness, and there is a wicked *man* that prolongeth *his life* in his wickedness.

16 Be not righteous over much; neither make thyself over wise: why shouldest thou destroy thyself?

17 Be not over much wicked, neither be thou foolish: why shouldest thou die before thy time?

18 *It is* good that thou shouldest take hold of this; yea, also from this withdraw not thine hand: for he that feareth God shall come forth of them all.

19 Wisdom strengtheneth the wise more than ten mighty *men* which are in the city.

20 For *there is* not a just man upon earth, that doeth good, and sinneth not.

21 Also take no heed unto all words that are spoken; lest thou hear thy servant curse thee:

22 For oftentimes also thine own heart knoweth that thou thyself likewise hast cursed others.

23 ¶ All this have I proved by wisdom: I said, I will be wise; but it *was* far from me.

24 That which is far off, and exceeding deep, who can find it out?

25 I applied mine heart to know, and to search, and to seek out wisdom, and the reason *of things,* and to know the wickedness of folly, even of foolishness *and* madness:

26 And I find more bitter than death the woman, whose heart *is* snares and nets, *and* her hands *as* bands: whoso pleaseth God shall escape from her; but the sinner shall be taken by her.

27 Behold, this have I found, saith the preacher, *counting* one by one, to find out the account:

28 Which yet my soul seeketh, but I find not: one man among a thousand have I found; but a woman among all those have I not found.

29 Lo, this only have I found, that God hath made man upright; but they have sought out many inventions.

CHAPTER 8

1 Who *is* as the wise *man?* and who knoweth the interpretation of a thing? a man's wisdom maketh his face to shine, and the boldness of his face shall be changed.

2 I *counsel thee* to keep the king's commandment, and *that* in regard of the oath of God.

3 Be not hasty to go out of his sight:

מִלֶּכֶת אֶל־בֵּית מִשְׁתֶּה בַּאֲשֶׁר הוּא סוֹף כָּל־הָאָדָם וְהַחַי יִתֵּן אֶל־

3 לִבּוֹ: טוֹב כַּעַס מִשְּׂחֹק כִּי־בְרֹעַ פָּנִים יִיטַב לֵב: לֵב חֲכָמִים בְּבֵית
4

5 אֵבֶל וְלֵב כְּסִילִים בְּבֵית שִׂמְחָה: טוֹב לִשְׁמֹעַ גַּעֲרַת חָכָם מֵאִישׁ

6 שֹׁמֵעַ שִׁיר כְּסִילִים: כִּי כְקוֹל הַסִּירִים תַּחַת הַסִּיר כֵּן שְׂחֹק הַכְּסִיל

7 וְגַם־זֶה הָבֶל: כִּי הָעֹשֶׁק יְהוֹלֵל חָכָם וִיאַבֵּד אֶת־לֵב מַתָּנָה: טוֹב
8

9 אַחֲרִית דָּבָר מֵרֵאשִׁיתוֹ טוֹב אֶרֶךְ־רוּחַ מִגְּבַהּ־רוּחַ: אַל־תְּבַהֵל

10 בְּרוּחֲךָ לִכְעוֹס כִּי כַעַס בְּחֵיק כְּסִילִים יָנוּחַ: אַל־תֹּאמַר מֶה הָיָה

שֶׁהַיָּמִים הָרִאשֹׁנִים הָיוּ טוֹבִים מֵאֵלֶּה כִּי לֹא מֵחָכְמָה שָׁאַלְתָּ עַל־

11 זֶה: טוֹבָה חָכְמָה עִם־נַחֲלָה וְיֹתֵר לְרֹאֵי הַשָּׁמֶשׁ: כִּי בְּצֵל הַחָכְמָה
12

13 בְּצֵל הַכֶּסֶף וְיִתְרוֹן דַּעַת הַחָכְמָה תְּחַיֶּה בְעָלֶיהָ: רְאֵה אֶת־מַעֲשֵׂה

14 הָאֱלֹהִים כִּי מִי יוּכַל לְתַקֵּן אֵת אֲשֶׁר עִוְּתוֹ: בְּיוֹם טוֹבָה הֱיֵה בְטוֹב

וּבְיוֹם רָעָה רְאֵה גַּם אֶת־זֶה לְעֻמַּת־זֶה עָשָׂה הָאֱלֹהִים עַל־דִּבְרַת

15 שֶׁלֹּא יִמְצָא הָאָדָם אַחֲרָיו מְאוּמָה: אֶת־הַכֹּל רָאִיתִי בִּימֵי הֶבְלִי

16 יֵשׁ צַדִּיק אֹבֵד בְּצִדְקוֹ וְיֵשׁ רָשָׁע מַאֲרִיךְ בְּרָעָתוֹ: אַל־תְּהִי צַדִּיק

17 הַרְבֵּה וְאַל־תִּתְחַכַּם יוֹתֵר לָמָּה תִּשּׁוֹמֵם: אַל־תִּרְשַׁע הַרְבֵּה וְאַל־

18 תְּהִי סָכָל לָמָּה תָמוּת בְּלֹא עִתֶּךָ: טוֹב אֲשֶׁר תֶּאֱחֹז בָּזֶה וְגַם־מִזֶּה

19 אַל־תַּנַּח אֶת־יָדֶךָ כִּי־יְרֵא אֱלֹהִים יֵצֵא אֶת־כֻּלָּם: הַחָכְמָה תָּעֹז

20 לֶחָכָם מֵעֲשָׂרָה שַׁלִּיטִים אֲשֶׁר הָיוּ בָּעִיר: כִּי אָדָם אֵין צַדִּיק בָּאָרֶץ

21 אֲשֶׁר יַעֲשֶׂה־טּוֹב וְלֹא יֶחֱטָא: גַּם לְכָל־הַדְּבָרִים אֲשֶׁר יְדַבֵּרוּ אַל־

22 תִּתֵּן לִבֶּךָ אֲשֶׁר לֹא־תִשְׁמַע אֶת־עַבְדְּךָ מְקַלְלֶךָ: כִּי גַּם־פְּעָמִים

23 רַבּוֹת יָדַע לִבֶּךָ אֲשֶׁר גַּם־אַתְּ קִלַּלְתָּ אֲחֵרִים: כָּל־זֹה נִסִּיתִי בַחָכְמָה

אַתָּה

24 אָמַרְתִּי אֶחְכָּמָה וְהִיא רְחוֹקָה מִמֶּנִּי: רָחוֹק מַה־שֶּׁהָיָה וְעָמֹק | עָמֹק

25 מִי יִמְצָאֶנּוּ: סַבּוֹתִי אֲנִי וְלִבִּי לָדַעַת וְלָתוּר וּבַקֵּשׁ חָכְמָה וְחֶשְׁבּוֹן

26 וְלָדַעַת רֶשַׁע כֶּסֶל וְהַסִּכְלוּת הוֹלֵלוֹת: וּמוֹצֶא אֲנִי מַר מִמָּוֶת אֶת־

הָאִשָּׁה אֲשֶׁר־הִיא מְצוֹדִים וַחֲרָמִים לִבָּהּ אֲסוּרִים יָדֶיהָ טוֹב לִפְנֵי

27 הָאֱלֹהִים יִמָּלֵט מִמֶּנָּה וְחוֹטֵא יִלָּכֶד בָּהּ: רְאֵה זֶה מָצָאתִי אָמְרָה

28 קֹהֶלֶת אַחַת לְאַחַת לִמְצֹא חֶשְׁבּוֹן: אֲשֶׁר עוֹד־בִּקְשָׁה נַפְשִׁי וְלֹא

מָצָאתִי אָדָם אֶחָד מֵאֶלֶף מָצָאתִי וְאִשָּׁה בְכָל־אֵלֶּה לֹא מָצָאתִי:

29A

29 לְבַד רְאֵה־זֶה מָצָאתִי אֲשֶׁר עָשָׂה הָאֱלֹהִים אֶת־הָאָדָם יָשָׁר וְהֵמָּה

8 1 בִּקְשׁוּ חִשְּׁבֹנוֹת רַבִּים: מִי כְּהֶחָכָם וּמִי יוֹדֵעַ פֵּשֶׁר דָּבָר חָכְמַת

2 אָדָם תָּאִיר פָּנָיו וְעֹז פָּנָיו יְשֻׁנֶּא: אֲנִי פִּי־מֶלֶךְ שְׁמֹר וְעַל דִּבְרַת

3 שְׁבוּעַת אֱלֹהִים: אַל־תִּבָּהֵל מִפָּנָיו תֵּלֵךְ אַל־תַּעֲמֹד בְּדָבָר רָע כִּי

stand not in an evil thing; for he doeth whatsoever pleaseth him.

4 Where the word of a king *is, there is* power: and who may say unto him, What doest thou?

5 Whoso keepeth the commandment shall feel no evil thing: and a wise man's heart discerneth both time and judgment.

6 ¶ Because to every purpose there is time and judgment, therefore the misery of man *is* great upon him.

7 For he knoweth not that which shall be: for who can tell him when it shall be?

8 *There is* no man that hath power over the spirit to retain the spirit; neither *hath he* power in the day of death: and *there is* no discharge in *that* war; neither shall wickedness deliver those that are given to it.

9 All this have I seen, and applied my heart unto every work that is done under the sun: *there is* a time wherein one man ruleth over another to his own hurt.

10 And so I saw the wicked buried, who had come and gone from the place of the holy, and they were forgotten in the city where they had so done: this *is* also vanity.

11 Because sentence against an evil work is not executed speedily, therefore the heart of the sons of men is fully set in them to do evil.

12 ¶ Though a sinner do evil an hundred times, and his *days* be prolonged, yet surely I know that it shall be well with them that fear God, which fear before him:

13 But it shall not be well with the wicked, neither shall he prolong *his* days, *which are* as a shadow; because he feareth not before God.

14 There is a vanity which is done upon the earth; that there be just *men,* unto whom it happeneth according to the work of the wicked; again, there be wicked *men,* to whom it happeneth according to the work of the righteous: I said that this also *is* vanity.

15 Then I commended mirth, because a man hath no better thing under the sun, than to eat, and to drink, and to be merry: for that shall abide with him of his labour the days of his life, which God giveth him under the sun.

16 ¶ When I applied mine heart to know wisdom, and to see the business that is done upon the earth: (for also *there is that* neither day nor night seeth sleep with his eyes:)

17 Then I beheld all the work of God, that a man cannot find out the work that is done under the sun: because though a man labour to seek *it* out, yet he shall not find *it;* yea further; though a wise *man* think to know *it,* yet shall he not be able to find *it.*

CHAPTER 9

1 For all this I considered in my heart even to declare all this, that the righteous, and the wise, and their works, *are* in the hand of God: no man knoweth either love or hatred *by* all *that is* before them.

2 All *things come* alike to all: *there is* one event to the righteous, and to the wicked; to the good and to the clean, and to the unclean; to him that sacrificeth, and to him that sacrificeth not: as *is* the good, so *is* the sinner; *and* he that sweareth, as *he* that feareth an oath.

3 This *is* an evil among all *things* that are done under the sun, that *there is* one event unto all: yea, also the heart of the sons of men is full of evil, and madness *is* in their heart while they live, and after that *they go* to the dead.

4 ¶ For to him that is joined to all the living there is hope: for a living dog is better than a dead lion.

5 For the living know that they shall die: but the dead know not any thing, neither have they any more a reward; for the memory of them is forgotten.

6 Also their love, and their hatred, and their envy, is now perished; neither have they any more a portion for ever in any *thing* that is done under the sun.

7 ¶ Go thy way, eat thy bread with joy, and drink thy wine with a merry heart; for God now accepteth thy works.

8 Let thy garments be always white; and let thy head lack no ointment.

4 כָּל־אֲשֶׁר יַחְפֹּץ יַעֲשֶׂה: בַּאֲשֶׁר דְּבַר־מֶלֶךְ שִׁלְטוֹן וּמִי יֹאמַר־לוֹ מַה־

5 תַּעֲשֶׂה: שׁוֹמֵר מִצְוָה לֹא יֵדַע דָּבָר רָע וְעֵת וּמִשְׁפָּט יֵדַע לֵב חָכָם:

6 כִּי לְכָל־חֵפֶץ יֵשׁ עֵת וּמִשְׁפָּט כִּי־רָעַת הָאָדָם רַבָּה עָלָיו: כִּי־אֵינֶנּוּ

7

8 יֹדֵעַ מַה־שֶּׁיִּהְיֶה כִּי כַּאֲשֶׁר יִהְיֶה מִי יַגִּיד לוֹ: אֵין אָדָם שַׁלִּיט בָּרוּחַ לִכְלוֹא אֶת־הָרוּחַ וְאֵין שִׁלְטוֹן בְּיוֹם הַמָּוֶת וְאֵין מִשְׁלַחַת בַּמִּלְחָמָה

9 וְלֹא־יְמַלֵּט רֶשַׁע אֶת־בְּעָלָיו: אֶת־כָּל־זֶה רָאִיתִי וְנָתוֹן אֶת־לִבִּי לְכָל־מַעֲשֶׂה אֲשֶׁר נַעֲשָׂה תַּחַת הַשָּׁמֶשׁ עֵת אֲשֶׁר שָׁלַט הָאָדָם בְּאָדָם

10 לְרַע לוֹ: וּבְכֵן רָאִיתִי רְשָׁעִים קְבֻרִים וָבָאוּ וּמִמְּקוֹם קָדוֹשׁ יְהַלֵּכוּ

11 וְיִשְׁתַּכְּחוּ בָעִיר אֲשֶׁר כֵּן־עָשׂוּ גַּם־זֶה הָבֶל: אֲשֶׁר אֵין־נַעֲשָׂה פִתְגָם מַעֲשֵׂה הָרָעָה מְהֵרָה עַל־כֵּן מָלֵא לֵב בְּנֵי־הָאָדָם בָּהֶם לַעֲשׂוֹת

12 רָע: אֲשֶׁר חֹטֶא עֹשֶׂה רַע מְאַת וּמַאֲרִיךְ לוֹ כִּי גַּם־יוֹדֵעַ אָנִי אֲשֶׁר

13 יִהְיֶה־טּוֹב לְיִרְאֵי הָאֱלֹהִים אֲשֶׁר יִירְאוּ מִלְּפָנָיו: וְטוֹב לֹא־יִהְיֶה

14 לָרָשָׁע וְלֹא־יַאֲרִיךְ יָמִים כַּצֵּל אֲשֶׁר אֵינֶנּוּ יָרֵא מִלְּפְנֵי אֱלֹהִים: יֵשׁ־
14A הֶבֶל אֲשֶׁר נַעֲשָׂה עַל־הָאָרֶץ אֲשֶׁר יֵשׁ צַדִּיקִים אֲשֶׁר מַגִּיעַ אֲלֵהֶם כְּמַעֲשֵׂה הָרְשָׁעִים וְיֵשׁ רְשָׁעִים שֶׁמַּגִּיעַ אֲלֵהֶם כְּמַעֲשֵׂה הַצַּדִּיקִים

15 אָמַרְתִּי שֶׁגַּם־זֶה הָבֶל: וְשִׁבַּחְתִּי אֲנִי אֶת־הַשִּׂמְחָה אֲשֶׁר אֵין־טוֹב לָאָדָם תַּחַת הַשֶּׁמֶשׁ כִּי אִם־לֶאֱכוֹל וְלִשְׁתּוֹת וְלִשְׂמוֹחַ וְהוּא יִלְוֶנּוּ

16 בַעֲמָלוֹ יְמֵי חַיָּיו אֲשֶׁר־נָתַן־לוֹ הָאֱלֹהִים תַּחַת הַשָּׁמֶשׁ: כַּאֲשֶׁר נָתַתִּי אֶת־לִבִּי לָדַעַת חָכְמָה וְלִרְאוֹת אֶת־הָעִנְיָן אֲשֶׁר נַעֲשָׂה עַל־הָאָרֶץ

17 כִּי גַם בַּיּוֹם וּבַלַּיְלָה שֵׁנָה בְּעֵינָיו אֵינֶנּוּ רֹאֶה: וְרָאִיתִי אֶת־כָּל־מַעֲשֵׂה הָאֱלֹהִים כִּי לֹא יוּכַל הָאָדָם לִמְצוֹא אֶת־הַמַּעֲשֶׂה אֲשֶׁר נַעֲשָׂה תַחַת־הַשֶּׁמֶשׁ בְּשֶׁל אֲשֶׁר יַעֲמֹל הָאָדָם לְבַקֵּשׁ וְלֹא יִמְצָא

9 וְגַם אִם־יֹאמַר הֶחָכָם לָדַעַת לֹא יוּכַל לִמְצֹא: כִּי אֶת־כָּל־זֶה נָתַתִּי אֶל־לִבִּי וְלָבוּר אֶת־כָּל־זֶה אֲשֶׁר הַצַּדִּיקִים וְהַחֲכָמִים וַעֲבָדֵיהֶם בְּיַד

2 הָאֱלֹהִים גַּם־אַהֲבָה גַם־שִׂנְאָה אֵין יוֹדֵעַ הָאָדָם הַכֹּל לִפְנֵיהֶם: הַכֹּל כַּאֲשֶׁר לַכֹּל מִקְרֶה אֶחָד לַצַּדִּיק וְלָרָשָׁע לַטּוֹב וְלַטָּהוֹר וְלַטָּמֵא וְלַזֹּבֵחַ וְלַאֲשֶׁר אֵינֶנּוּ זֹבֵחַ כַּטּוֹב כַּחֹטֶא הַנִּשְׁבָּע כַּאֲשֶׁר שְׁבוּעָה

3 יָרֵא: זֶה רָע בְּכֹל אֲשֶׁר־נַעֲשָׂה תַּחַת הַשֶּׁמֶשׁ כִּי־מִקְרֶה אֶחָד לַכֹּל וְגַם לֵב בְּנֵי־הָאָדָם מָלֵא־רָע וְהוֹלֵלוֹת בִּלְבָבָם בְּחַיֵּיהֶם וְאַחֲרָיו אֶל־

4 הַמֵּתִים: כִּי־מִי אֲשֶׁר יְבֻחַר אֶל כָּל־הַחַיִּים יֵשׁ בִּטָּחוֹן כִּי־לְכֶלֶב חַי יֻחְבַּר

5 הוּא טוֹב מִן־הָאַרְיֵה הַמֵּת: כִּי הַחַיִּים יוֹדְעִים שֶׁיָּמֻתוּ וְהַמֵּתִים

6 אֵינָם יוֹדְעִים מְאוּמָה וְאֵין־עוֹד לָהֶם שָׂכָר כִּי נִשְׁכַּח זִכְרָם: גַּם אַהֲבָתָם גַּם־שִׂנְאָתָם גַּם־קִנְאָתָם כְּבָר אָבָדָה וְחֵלֶק אֵין־לָהֶם עוֹד

7 לְעוֹלָם בְּכֹל אֲשֶׁר־נַעֲשָׂה תַּחַת הַשָּׁמֶשׁ: לֵךְ אֱכֹל בְּשִׂמְחָה לַחְמֶךָ

8 וּשֲׁתֵה בְלֶב־טוֹב יֵינֶךָ כִּי כְבָר רָצָה הָאֱלֹהִים אֶת־מַעֲשֶׂיךָ: בְּכָל־עֵת

9 Live joyfully with the wife whom thou lovest all the days of the life of thy vanity, which he hath given thee under the sun, all the days of thy vanity: for that *is* thy portion in *this* life, and in thy labour which thou takest under the sun.

10 Whatsoever thy hand findeth to do, do *it* with thy might; for *there is* no work, nor device, nor knowledge, nor wisdom, in the grave, whither thou goest.

11 ¶ I returned, and saw under the sun, that the race *is* not to the swift, nor the battle to the strong, neither yet bread to the wise, nor yet riches to men of under-standing, nor yet favour to men of skill; but time and chance happeneth to them all.

12 For man also knoweth not his time: as the fishes that are taken in an evil net, and as the birds that are caught in the snare; so *are* the sons of men snared in an evil time, when it falleth suddenly upon them.

13 ¶ This wisdom have I seen also under the sun, and it *seemed* great unto me:

14 *There was* a little city, and few men within it; and there came a great king against it, and besieged it, and built great bulwarks against it:

15 Now there was found in it a poor wise man, and he by his wisdom delivered the city; yet no man remembered that same poor man.

16 Then said I, Wisdom *is* better than strength: nevertheless the poor man's wisdom *is* despised, and his words are not heard.

17 The words of wise *men are* heard in quiet more than the cry of him that ruleth among fools.

18 Wisdom *is* better than weapons of war: but one sinner destroyeth much good.

CHAPTER 10

1 Dead flies cause the ointment of the apothecary to send forth a stinking sa-vour: *so doth* a little folly him that is in reputation for wisdom *and* honour.

2 A wise man's heart *is* at his right hand; but a fool's heart at his left.

3 Yea also, when he that is a fool walketh by the way, his wisdom faileth *him,* and he saith to every one *that* he *is* a fool.

4 If the spirit of the ruler rise up against thee, leave not thy place; for yielding pacifieth great offences.

5 There is an evil *which* I have seen under the sun, as an error *which* proceedeth from the ruler:

6 Folly is set in great dignity, and the rich sit in low place.

7 I have seen servants upon horses, and princes walking as servants upon the earth.

8 He that diggeth a pit shall fall into it; and whoso breaketh an hedge, a serpent shall bite him.

9 Whoso removeth stones shall be hurt therewith; *and* he that cleaveth wood shall be endangered thereby.

10 If the iron be blunt, and he do not whet the edge, then must he put to more strength: but wisdom *is* profitable to di-rect.

11 Surely the serpent will bite without enchantment; and a babbler is no better.

12 The words of a wise man's mouth *are* gracious; but the lips of a fool will swallow up himself.

13 The beginning of the words of his mouth *is* foolishness: and the end of his talk *is* mischievous madness.

14 A fool also is full of words: a man cannot tell what shall be; and what shall be after him, who can tell him?

15 The labour of the foolish wearieth every one of them, because he knoweth not how to go to the city.

16 ¶ Woe to thee, O land, when thy king *is* a child, and thy princes eat in the morn-ing!

17 Blessed *art* thou, O land, when thy king *is* the son of nobles, and thy princes eat in due season, for strength, and not for drunkenness!

18 ¶ By much slothfulness the building decayeth; and through idleness of the hands the house droppeth through.

19 ¶ A feast is made for laughter, and wine maketh merry: but money answereth all *things.*

20 ¶ Curse not the king, no not in thy

9 יִהְיוּ בְגָדֶיךָ לְבָנִים וְשֶׁמֶן עַל־רֹאשְׁךָ אַל־יֶחְסָר: רְאֵה חַיִּים עִם־
אִשָּׁה אֲשֶׁר־אָהַבְתָּ כָּל־יְמֵי חַיֵּי הֶבְלֶךָ אֲשֶׁר נָתַן־לְךָ תַּחַת הַשֶּׁמֶשׁ
כֹּל יְמֵי הֶבְלֶךָ כִּי הוּא חֶלְקְךָ בַּחַיִּים וּבַעֲמָלְךָ אֲשֶׁר־אַתָּה עָמֵל
10 תַּחַת הַשָּׁמֶשׁ: כֹּל אֲשֶׁר תִּמְצָא יָדְךָ לַעֲשׂוֹת בְּכֹחֲךָ עֲשֵׂה כִּי אֵין
מַעֲשֶׂה וְחֶשְׁבּוֹן וְדַעַת וְחָכְמָה בִּשְׁאוֹל אֲשֶׁר אַתָּה הֹלֵךְ
11 שָׁמָּה: שַׁבְתִּי וְרָאֹה תַחַת־הַשֶּׁמֶשׁ כִּי לֹא לַקַּלִּים הַמֵּרוֹץ
וְלֹא לַגִּבּוֹרִים הַמִּלְחָמָה וְגַם לֹא לַחֲכָמִים לֶחֶם וְגַם לֹא לַנְּבֹנִים
12 עֹשֶׁר וְגַם לֹא לַיֹּדְעִים חֵן כִּי־עֵת וָפֶגַע יִקְרֶה אֶת־כֻּלָּם: כִּי גַם
לֹא־יֵדַע הָאָדָם אֶת־עִתּוֹ כַּדָּגִים שֶׁנֶּאֱחָזִים בִּמְצוֹדָה רָעָה וְכַצִּפֳּרִים
הָאֲחֻזוֹת בַּפָּח כָּהֵם יוּקָשִׁים בְּנֵי הָאָדָם לְעֵת רָעָה כְּשֶׁתִּפּוֹל עֲלֵיהֶם
13 פִּתְאֹם: גַּם־זֹה רָאִיתִי חָכְמָה תַּחַת הַשָּׁמֶשׁ וּגְדוֹלָה הִיא אֵלָי: עִיר
14 קְטַנָּה וַאֲנָשִׁים בָּהּ מְעָט וּבָא־אֵלֶיהָ מֶלֶךְ גָּדוֹל וְסָבַב אֹתָהּ וּבָנָה
15 עָלֶיהָ מְצוֹדִים גְּדֹלִים: וּמָצָא בָהּ אִישׁ מִסְכֵּן חָכָם וּמִלַּט־הוּא אֶת־
16 הָעִיר בְּחָכְמָתוֹ וְאָדָם לֹא זָכַר אֶת־הָאִישׁ הַמִּסְכֵּן הַהוּא: וְאָמַרְתִּי
אָנִי טוֹבָה חָכְמָה מִגְּבוּרָה וְחָכְמַת הַמִּסְכֵּן בְּזוּיָה וּדְבָרָיו אֵינָם
17 נִשְׁמָעִים: דִּבְרֵי חֲכָמִים בְּנַחַת נִשְׁמָעִים מִזַּעֲקַת מוֹשֵׁל בַּכְּסִילִים:
18 **10** טוֹבָה חָכְמָה מִכְּלֵי קְרָב וְחוֹטֶא אֶחָד יְאַבֵּד טוֹבָה הַרְבֵּה: זְבוּבֵי
1 מָוֶת יַבְאִישׁ יַבִּיעַ שֶׁמֶן רוֹקֵחַ יָקָר מֵחָכְמָה מִכָּבוֹד סִכְלוּת מְעָט:
2 לֵב חָכָם לִימִינוֹ וְלֵב כְּסִיל לִשְׂמֹאלוֹ: וְגַם־בַּדֶּרֶךְ כְּשֶׁהַסָּכָל הֹלֵךְ   כְּשֶׁסָּכָל
3
4 לִבּוֹ חָסֵר וְאָמַר לַכֹּל סָכָל הוּא: אִם־רוּחַ הַמּוֹשֵׁל תַּעֲלֶה עָלֶיךָ
5 מְקוֹמְךָ אַל־תַּנַּח כִּי מַרְפֵּא יַנִּיחַ חֲטָאִים גְּדוֹלִים: יֵשׁ רָעָה רָאִיתִי
6 תַּחַת הַשָּׁמֶשׁ כִּשְׁגָגָה שֶׁיֹּצָא מִלִּפְנֵי הַשַּׁלִּיט: נִתַּן הַסֶּכֶל בַּמְּרוֹמִים
7 רַבִּים וַעֲשִׁירִים בַּשֵּׁפֶל יֵשֵׁבוּ: רָאִיתִי עֲבָדִים עַל־סוּסִים וְשָׂרִים
8 הֹלְכִים כַּעֲבָדִים עַל־הָאָרֶץ: חֹפֵר גּוּמָּץ בּוֹ יִפּוֹל וּפֹרֵץ גָּדֵר יִשְּׁכֶנּוּ
9 נָחָשׁ: מַסִּיעַ אֲבָנִים יֵעָצֵב בָּהֶם בּוֹקֵעַ עֵצִים יִסָּכֶן בָּם: אִם־קֵהָה
10 הַבַּרְזֶל וְהוּא לֹא־פָנִים קִלְקַל וַחֲיָלִים יְגַבֵּר וְיִתְרוֹן הַכְשֵׁיר חָכְמָה:
11 אִם־יִשֹּׁךְ הַנָּחָשׁ בְּלוֹא־לָחַשׁ וְאֵין יִתְרוֹן לְבַעַל הַלָּשׁוֹן: דִּבְרֵי פִי־
12 חָכָם חֵן וְשִׂפְתוֹת כְּסִיל תְּבַלְּעֶנּוּ: תְּחִלַּת דִּבְרֵי־פִיהוּ סִכְלוּת
13 וְאַחֲרִית פִּיהוּ הוֹלֵלוּת רָעָה: וְהַסָּכָל יַרְבֶּה דְבָרִים לֹא־יֵדַע הָאָדָם
14 מַה־שֶּׁיִּהְיֶה וַאֲשֶׁר יִהְיֶה מֵאַחֲרָיו מִי יַגִּיד לוֹ: עֲמַל הַכְּסִילִים תְּיַגְּעֶנּוּ
15 אֲשֶׁר לֹא־יָדַע לָלֶכֶת אֶל־עִיר: אִי־לָךְ אֶרֶץ שֶׁמַּלְכֵּךְ נָעַר וְשָׂרַיִךְ
16 בַּבֹּקֶר יֹאכֵלוּ: אַשְׁרֵיךְ אֶרֶץ שֶׁמַּלְכֵּךְ בֶּן־חוֹרִים וְשָׂרַיִךְ בָּעֵת יֹאכֵלוּ
17 בִּגְבוּרָה וְלֹא בַשְּׁתִי: בַּעֲצַלְתַּיִם יִמַּךְ הַמְּקָרֶה וּבְשִׁפְלוּת יָדַיִם יִדְלֹף
18 הַבָּיִת: לִשְׂחוֹק עֹשִׂים לֶחֶם וְיַיִן יְשַׂמַּח חַיִּים וְהַכֶּסֶף יַעֲנֶה אֶת־הַכֹּל:
19 גַּם בְּמַדָּעֲךָ מֶלֶךְ אַל־תְּקַלֵּל וּבְחַדְרֵי מִשְׁכָּבְךָ אַל־תְּקַלֵּל עָשִׁיר כִּי
20

thought; and curse not the rich in thy bed-chamber: for a bird of the air shall carry the voice, and that which hath wings shall tell the matter.

CHAPTER 11

1 Cast thy bread upon the waters: for thou shalt find it after many days.

2 Give a portion to seven, and also to eight; for thou knowest not what evil shall be upon the earth.

3 If the clouds be full of rain, they empty *themselves* upon the earth: and if the tree fall toward the south, or toward the north, in the place where the tree falleth, there it shall be.

4 He that observeth the wind shall not sow; and he that regardeth the clouds shall not reap.

5 As thou knowest not what *is* the way of the spirit, *nor* how the bones *do grow* in the womb of her that is with child: even so thou knowest not the works of God who maketh all.

6 In the morning sow thy seed, and in the evening withhold not thine hand: for thou knowest not whether shall prosper, either this or that, or whether they both *shall be* alike good.

7 ¶ Truly the light *is* sweet, and a pleasant *thing it is* for the eyes to behold the sun:

8 But if a man live many years, *and* rejoice in them all; yet let him remember the days of darkness; for they shall be many. All that cometh *is* vanity.

9 ¶ Rejoice, O young man, in thy youth; and let thy heart cheer thee in the days of thy youth, and walk in the ways of thine heart, and in the sight of thine eyes: but know thou, that for all these *things* God will bring thee into judgment.

10 Therefore remove sorrow from thy heart, and put away evil from thy flesh: for childhood and youth *are* vanity.

CHAPTER 12

1 Remember now thy Creator in the days of thy youth, while the evil days come not, nor the years draw nigh, when thou shalt say, I have no pleasure in them;

2 While the sun, or the light, or the moon, or the stars, be not darkened, nor the clouds return after the rain:

3 In the day when the keepers of the house shall tremble, and the strong men shall bow themselves, and the grinders cease because they are few, and those that look out of the windows be darkened,

4 And the doors shall be shut in the streets, when the sound of the grinding is low, and he shall rise up at the voice of the bird, and all the daughters of musick shall be brought low;

5 Also *when* they shall be afraid of *that which is* high, and fears *shall be* in the way, and the almond tree shall flourish, and the grasshopper shall be a burden, and desire shall fail: because man goeth to his long home, and the mourners go about the streets:

6 Or ever the silver cord be loosed, or the golden bowl be broken, or the pitcher be broken at the fountain, or the wheel broken at the cistern.

7 Then shall the dust return to the earth as it was: and the spirit shall return unto God who gave it.

8 ¶ Vanity of vanities, saith the preacher; all *is* vanity.

9 And moreover, because the preacher was wise, he still taught the people knowledge; yea, he gave good heed, and sought out, *and* set in order many proverbs.

10 The preacher sought to find out acceptable words: and *that which was* written *was* upright, *even* words of truth.

11 The words of the wise *are* as goads, and as nails fastened *by* the masters of assemblies, *which* are given from one shepherd.

12 And further, by these, my son, be admonished: of making many books *there is* no end; and much study *is* a weariness of the flesh.

13 ¶ Let us hear the conclusion of the whole matter: Fear God, and keep his commandments: for this *is* the whole *duty* of man.

14 For God shall bring every work into judgment, with every secret thing, whether *it be* good, or whether *it be* evil.

כְּנָפַֽיִם 11 1 עוֹף הַשָּׁמַ֙יִם֙ יוֹלִ֣יךְ אֶת־הַקּ֔וֹל וּבַ֥עַל הַכְּנָפַ֖יִם יַגֵּ֣יד דָּבָֽר: שַׁלַּ֥ח לַחְמְךָ֖

2 עַל־פְּנֵ֣י הַמָּ֑יִם כִּֽי־בְרֹ֥ב הַיָּמִ֖ים תִּמְצָאֶֽנּוּ: תֶּן־חֵ֥לֶק לְשִׁבְעָ֖ה וְגַ֣ם

3 לִשְׁמוֹנָ֑ה כִּ֚י לֹ֣א תֵדַ֔ע מַה־יִּהְיֶ֥ה רָעָ֖ה עַל־הָאָֽרֶץ: אִם־יִמָּלְא֙וּ הֶעָבִ֜ים

גֶּ֙שֶׁם֙ עַל־הָאָ֣רֶץ יָרִ֔יקוּ וְאִם־יִפּ֥וֹל עֵ֛ץ בַּדָּר֖וֹם וְאִ֣ם בַּצָּפ֑וֹן מְק֛וֹם

4 שֶׁיִּפּ֥וֹל הָעֵ֖ץ שָׁ֥ם יְהֽוּא: שֹׁמֵ֥ר ר֖וּחַ לֹ֣א יִזְרָ֑ע וְרֹאֶ֥ה בֶעָבִ֖ים לֹ֥א

5 יִקְצֽוֹר: כַּאֲשֶׁ֨ר אֵֽינְךָ֤ יוֹדֵ֙עַ֙ מַה־דֶּ֣רֶךְ הָר֔וּחַ כַּעֲצָמִ֖ים בְּבֶ֣טֶן הַמְּלֵאָ֑ה

6A 6 כָּ֗כָה לֹ֤א תֵדַע֙ אֶת־מַעֲשֵׂ֣ה הָֽאֱלֹהִ֔ים אֲשֶׁ֥ר יַעֲשֶׂ֖ה אֶת־הַכֹּֽל: בַּבֹּ֙קֶר֙

זְרַ֣ע אֶת־זַרְעֶ֔ךָ וְלָעֶ֖רֶב אַל־תַּנַּ֣ח יָדֶ֑ךָ כִּ֣י אֵֽינְךָ֤ יוֹדֵ֙ע אֵ֣י זֶ֤ה יִכְשָׁ֔ר

7 הֲזֶ֥ה אוֹ־זֶ֖ה וְאִם־שְׁנֵיהֶ֥ם כְּאֶחָ֖ד טוֹבִֽים: וּמָת֖וֹק הָא֑וֹר וְט֥וֹב לַֽעֵינַ֖יִם

8 לִרְא֥וֹת אֶת־הַשָּֽׁמֶשׁ: כִּ֣י אִם־שָׁנִ֥ים הַרְבֵּ֛ה יִחְיֶ֥ה הָאָדָ֖ם בְּכֻלָּ֣ם יִשְׂמָ֑ח

9A 9 וְיִזְכֹּר֙ אֶת־יְמֵ֣י הַחֹ֔שֶׁךְ כִּֽי־הַרְבֵּ֥ה יִהְי֖וּ כָּל־שֶׁבָּ֥א הָֽבֶל: שְׂמַ֧ח בָּח֣וּר

בְּיַלְדוּתֶ֗יךָ וִֽיטִֽיבְךָ֤ לִבְּךָ֙ בִּימֵ֣י בְחוּרוֹתֶ֔ךָ וְהַלֵּךְ֙ בְּדַרְכֵ֣י לִבְּךָ֔ וּבְמַרְאֵ֖י

10 עֵינֶ֑יךָ וְדָ֕ע כִּ֧י עַל־כָּל־אֵ֛לֶּה יְבִֽיאֲךָ֥ הָאֱלֹהִ֖ים בַּמִּשְׁפָּֽט: וְהָסֵ֥ר כַּ֙עַס֙

12 1 מִלִּבֶּ֔ךָ וְהַעֲבֵ֥ר רָעָ֖ה מִבְּשָׂרֶ֑ךָ כִּֽי־הַיַּלְד֥וּת וְהַֽשַּׁחֲר֖וּת הָֽבֶל: וּזְכֹר֙ אֶת־

בּ֣וֹרְאֶ֔יךָ בִּימֵ֖י בְּחוּרֹתֶ֑יךָ עַ֣ד אֲשֶׁ֤ר לֹא־יָבֹ֙אוּ֙ יְמֵ֣י הָֽרָעָ֔ה וְהִגִּ֣יעוּ שָׁנִ֔ים

2 אֲשֶׁ֣ר תֹּאמַ֔ר אֵֽין־לִ֥י בָהֶ֖ם חֵֽפֶץ: עַ֠ד אֲשֶׁ֨ר לֹֽא־תֶחְשַׁ֤ךְ הַשֶּׁ֙מֶשׁ֙

3 וְהָא֔וֹר וְהַיָּרֵ֖חַ וְהַכּוֹכָבִ֑ים וְשָׁ֥בוּ הֶעָבִ֖ים אַחַ֥ר הַגָּֽשֶׁם: בַּיּ֗וֹם שֶׁיָּזֻ֙עוּ֙

שֹֽׁמְרֵ֣י הַבַּ֔יִת וְהִֽתְעַוְּת֖וּ אַנְשֵׁ֣י הֶחָ֑יִל וּבָטְל֤וּ הַטֹּֽחֲנוֹת֙ כִּ֣י מִעֵ֔טוּ

4 וְחָשְׁכ֥וּ הָרֹא֖וֹת בָּאֲרֻבּֽוֹת: וְסֻגְּר֤וּ דְלָתַ֙יִם֙ בַּשּׁ֔וּק בִּשְׁפַ֖ל ק֣וֹל הַֽטַּחֲנָ֑ה

5 וְיָק֙וּם֙ לְק֣וֹל הַצִּפּ֔וֹר וְיִשַּׁ֖חוּ כָּל־בְּנ֥וֹת הַשִּֽׁיר: גַּ֣ם מִגָּבֹ֤הַּ יִרָ֙אוּ֙

וְחַתְחַתִּ֣ים בַּדֶּ֔רֶךְ וְיָנֵ֤אץ הַשָּׁקֵד֙ וְיִסְתַּבֵּ֣ל הֶֽחָגָ֔ב וְתָפֵ֖ר הָֽאֲבִיּוֹנָ֑ה כִּֽי־

6 הֹלֵ֤ךְ הָֽאָדָם֙ אֶל־בֵּ֣ית עוֹלָמ֔וֹ וְסָבְב֥וּ בַשּׁ֖וּק הַסֹּפְדִֽים: עַ֣ד אֲשֶׁ֤ר לֹֽא־   יְרָתֵֽק

יֵרָתֵ֣ק חֶ֣בֶל הַכֶּ֔סֶף וְתָרֻ֖ץ גֻּלַּ֣ת הַזָּהָ֑ב וְתִשָּׁ֤בֶר כַּד֙ עַל־הַמַּבּ֔וּעַ וְנָרֹ֥ץ

7 הַגַּלְגַּ֖ל אֶל־הַבּֽוֹר: וְיָשֹׁ֧ב הֶעָפָ֛ר עַל־הָאָ֖רֶץ כְּשֶׁהָיָ֑ה וְהָר֥וּחַ תָּשׁ֖וּב

8 אֶל־הָאֱלֹהִ֖ים אֲשֶׁ֥ר נְתָנָֽהּ: הֲבֵ֧ל הֲבָלִ֛ים אָמַ֥ר הַקּוֹהֶ֖לֶת הַכֹּ֥ל הָֽבֶל:

9 וְיֹתֵ֕ר שֶׁהָיָ֥ה קֹהֶ֖לֶת חָכָ֑ם ע֗וֹד לִמַּד־דַּ֙עַת֙ אֶת־הָעָ֔ם וְאִזֵּ֣ן וְחִקֵּ֔ר תִּקֵּ֖ן

10 מְשָׁלִ֣ים הַרְבֵּֽה: בִּקֵּ֣שׁ קֹהֶ֔לֶת לִמְצֹ֖א דִּבְרֵי־חֵ֑פֶץ וְכָת֥וּב יֹ֖שֶׁר דִּבְרֵ֥י

11 אֱמֶֽת: דִּבְרֵ֤י חֲכָמִים֙ כַּדָּ֣רְבֹנ֔וֹת וּֽכְמַשְׂמְר֥וֹת נְטוּעִ֖ים בַּעֲלֵ֣י אֲסֻפּ֑וֹת

12 נִתְּנ֖וּ מֵרֹעֶ֥ה אֶחָֽד: וְיֹתֵ֥ר מֵהֵ֖מָּה בְּנִ֣י הִזָּהֵ֑ר עֲשׂ֨וֹת סְפָרִ֤ים הַרְבֵּה֙

13 אֵ֣ין קֵ֔ץ וְלַ֥הַג הַרְבֵּ֖ה יְגִעַ֥ת בָּשָֽׂר: ס֤וֹף דָּבָר֙ הַכֹּ֣ל נִשְׁמָ֔ע אֶת־

14 הָאֱלֹהִ֤ים יְרָא֙ וְאֶת־מִצְוֹתָ֣יו שְׁמ֔וֹר כִּי־זֶ֖ה כָּל־הָאָדָֽם: כִּ֣י אֶת־כָּל־

מַעֲשֶׂ֔ה הָאֱלֹהִ֖ים יָבִ֣א בְמִשְׁפָּ֑ט עַ֣ל כָּל־נֶעְלָ֔ם אִם־ט֖וֹב וְאִם־רָֽע:

סוֹף דבר הכל נשמע

את האלהים ירא ואת מצותיו שמור

כי זה כל האדם

THE
SONG OF SOLOMON

CHAPTER 1

1 The song of songs, which *is* Solomon's.

2 Let him kiss me with the kisses of his mouth: for thy love *is* better than wine.

3 Because of the savour of thy good ointments thy name *is as* ointment poured forth, therefore do the virgins love thee.

4 Draw me, we will run after thee: the king hath brought me into his chambers: we will be glad and rejoice in thee, we will remember thy love more than wine: the upright love thee.

5 I *am* black, but comely, O ye daughters of Jerusalem, as the tents of Kedar, as the curtains of Solomon.

6 Look not upon me, because I *am* black, because the sun hath looked upon me: my mother's children were angry with me; they made me the keeper of the vineyards; *but* mine own vineyard have I not kept.

7 Tell me, O thou whom my soul loveth, where thou feedest, where thou makest *thy flock* to rest at noon: for why should I be as one that turneth aside by the flocks of thy companions?

8 ¶ If thou know not, O thou fairest among women, go thy way forth by the footsteps of the flock, and feed thy kids beside the shepherds' tents.

9 I have compared thee, O my love, to a company of horses in Pharaoh's chariots.

10 Thy cheeks are comely with rows *of jewels,* thy neck with chains *of gold.*

11 We will make thee borders of gold with studs of silver.

12 ¶ While the king *sitteth* at his table, my spikenard sendeth forth the smell thereof.

13 A bundle of myrrh *is* my wellbeloved unto me; he shall lie all night betwixt my breasts.

14 My beloved *is* unto me *as* a cluster of camphire in the vineyards of En-gedi.

15 Behold, thou *art* fair, my love; behold, thou *art* fair; thou *hast* doves' eyes.

16 Behold, thou *art* fair, my beloved, yea, pleasant: also our bed *is* green.

17 The beams of our house *are* cedar, *and* our rafters of fir.

CHAPTER 2

1 I *am* the rose of Sharon, *and* the lily of the valleys.

2 As the lily among thorns, so *is* my love among the daughters.

3 As the apple tree among the trees of the wood, so *is* my beloved among the sons. I sat down under his shadow with great delight, and his fruit *was* sweet to my taste.

4 He brought me to the banqueting house, and his banner over me *was* love.

5 Stay me with flagons, comfort me with apples: for I *am* sick of love.

6 His left hand *is* under my head, and his right hand doth embrace me.

7 I charge you, O ye daughters of Jerusalem, by the roes, and by the hinds of the field, that ye stir not up, nor awake *my* love, till he please.

8 ¶ The voice of my beloved! behold, he cometh leaping upon the mountains, skipping upon the hills.

9 My beloved is like a roe or a young hart: behold, he standeth behind our wall, he looketh forth at the windows, shewing himself through the lattice.

10 My beloved spake, and said unto me, Rise up, my love, my fair one, and come away.

11 For, lo, the winter is past, the rain is over *and* gone;

12 The flowers appear on the earth; the time of the singing *of birds* is come, and the voice of the turtle is heard in our land;

13 The fig tree putteth forth her green figs, and the vines *with* the tender grape give a *good* smell. Arise, my love, my fair one, and come away.

14 ¶ O my dove, *that art* in the clefts of the rock, in the secret *places* of the stairs,

מגילת שיר השירים

1 שִׁיר הַשִּׁירִים אֲשֶׁר לִשְׁלֹמֹה: יִשָּׁקֵנִי מִנְּשִׁיקוֹת פִּיהוּ כִּי־טוֹבִים דֹּדֶיךָ
2
3 מִיָּיִן: לְרֵיחַ שְׁמָנֶיךָ טוֹבִים שֶׁמֶן תּוּרַק שְׁמֶךָ עַל־כֵּן עֲלָמוֹת אֲהֵבוּךָ:
4 מָשְׁכֵנִי אַחֲרֶיךָ נָּרוּצָה הֱבִיאַנִי הַמֶּלֶךְ חֲדָרָיו נָגִילָה וְנִשְׂמְחָה בָּךְ
5 נַזְכִּירָה דֹדֶיךָ מִיַּיִן מֵישָׁרִים אֲהֵבוּךָ:   שְׁחוֹרָה אֲנִי וְנָאוָה
6 בְּנוֹת יְרוּשָׁלִָם כְּאָהֳלֵי קֵדָר כִּירִיעוֹת שְׁלֹמֹה: אַל־תִּרְאוּנִי שֶׁאֲנִי
שְׁחַרְחֹרֶת שֶׁשֱּׁזָפַתְנִי הַשָּׁמֶשׁ בְּנֵי אִמִּי נִחֲרוּ־בִי שָׂמֻנִי נֹטֵרָה אֶת־
7 הַכְּרָמִים כַּרְמִי שֶׁלִּי לֹא נָטָרְתִּי: הַגִּידָה לִּי שֶׁאָהֲבָה נַפְשִׁי אֵיכָה
תִרְעֶה אֵיכָה תַּרְבִּיץ בַּצָּהֳרָיִם שַׁלָּמָה אֶהְיֶה כְּעֹטְיָה עַל עֶדְרֵי
8 חֲבֵרֶיךָ: אִם־לֹא תֵדְעִי לָךְ הַיָּפָה בַּנָּשִׁים צְאִי־לָךְ בְּעִקְבֵי הַצֹּאן
9 וּרְעִי אֶת־גְּדִיֹּתַיִךְ עַל מִשְׁכְּנוֹת הָרֹעִים: לְסֻסָתִי בְּרִכְבֵי
10 פַרְעֹה דִּמִּיתִיךְ רַעְיָתִי: נָאווּ לְחָיַיִךְ בַּתֹּרִים צַוָּארֵךְ בַּחֲרוּזִים: תּוֹרֵי
11
12 זָהָב נַעֲשֶׂה־לָּךְ עִם נְקֻדּוֹת הַכָּסֶף: עַד־שֶׁהַמֶּלֶךְ בִּמְסִבּוֹ נִרְדִּי נָתַן
13 רֵיחוֹ: צְרוֹר הַמֹּר ׀ דּוֹדִי לִי בֵּין שָׁדַי יָלִין: אֶשְׁכֹּל הַכֹּפֶר ׀ דּוֹדִי לִי
14
15 בְּכַרְמֵי עֵין גֶּדִי: הִנָּךְ יָפָה רַעְיָתִי הִנָּךְ יָפָה עֵינַיִךְ יוֹנִים:
16 הִנְּךָ יָפֶה דוֹדִי אַף נָעִים אַף־עַרְשֵׂנוּ רַעֲנָנָה: קֹרוֹת בָּתֵּינוּ אֲרָזִים
17

רהיטנו

2 רַחִיטֵנוּ בְּרוֹתִים: אֲנִי חֲבַצֶּלֶת הַשָּׁרוֹן שׁוֹשַׁנַּת הָעֲמָקִים: כְּשׁוֹשַׁנָּה
2
3 בֵּין הַחוֹחִים כֵּן רַעְיָתִי בֵּין הַבָּנוֹת: כְּתַפּוּחַ בַּעֲצֵי הַיַּעַר כֵּן דּוֹדִי
4 בֵּין הַבָּנִים בְּצִלּוֹ חִמַּדְתִּי וְיָשַׁבְתִּי וּפִרְיוֹ מָתוֹק לְחִכִּי: הֱבִיאַנִי אֶל־
5 בֵּית הַיַּיִן וְדִגְלוֹ עָלַי אַהֲבָה: סַמְּכוּנִי בָּאֲשִׁישׁוֹת רַפְּדוּנִי בַּתַּפּוּחִים
6 כִּי־חוֹלַת אַהֲבָה אָנִי: שְׂמֹאלוֹ תַּחַת לְרֹאשִׁי וִימִינוֹ תְּחַבְּקֵנִי:
7 הִשְׁבַּעְתִּי אֶתְכֶם בְּנוֹת יְרוּשָׁלִַם בִּצְבָאוֹת אוֹ בְּאַיְלוֹת הַשָּׂדֶה
8 אִם־תָּעִירוּ ׀ וְאִם־תְּעוֹרְרוּ אֶת־הָאַהֲבָה עַד שֶׁתֶּחְפָּץ: קוֹל
9 דּוֹדִי הִנֵּה־זֶה בָּא מְדַלֵּג עַל־הֶהָרִים מְקַפֵּץ עַל־הַגְּבָעוֹת: דּוֹמֶה דוֹדִי

9A

לִצְבִי אוֹ לְעֹפֶר הָאַיָּלִים הִנֵּה־זֶה עוֹמֵד אַחַר כָּתְלֵנוּ מַשְׁגִּיחַ מִן־
10 הַחַלֹּנוֹת מֵצִיץ מִן־הַחֲרַכִּים: עָנָה דוֹדִי וְאָמַר לִי קוּמִי לָךְ רַעְיָתִי

הסתו

11 יָפָתִי וּלְכִי־לָךְ: כִּי־הִנֵּה הַסְּתָו עָבָר הַגֶּשֶׁם חָלַף הָלַךְ לוֹ: הַנִּצָּנִים
12
13 נִרְאוּ בָאָרֶץ עֵת הַזָּמִיר הִגִּיעַ וְקוֹל הַתּוֹר נִשְׁמַע בְּאַרְצֵנוּ: הַתְּאֵנָה

לך

חָנְטָה פַגֶּיהָ וְהַגְּפָנִים ׀ סְמָדַר נָתְנוּ רֵיחַ קוּמִי לְכִי רַעְיָתִי יָפָתִי
14 וּלְכִי־לָךְ:   יוֹנָתִי בְּחַגְוֵי הַסֶּלַע בְּסֵתֶר הַמַּדְרֵגָה

let me see thy countenance, let me hear thy voice; for sweet *is* thy voice, and thy countenance *is* comely.

15 Take us the foxes, the little foxes, that spoil the vines: for our vines *have* tender grapes.

16 ¶ My beloved *is* mine, and I *am* his: he feedeth among the lilies.

17 Until the day break, and the shadows flee away, turn, my beloved, and be thou like a roe or a young hart upon the mountains of Bether.

CHAPTER 3

1 By night on my bed I sought him whom my soul loveth: I sought him, but I found him not.

2 I will rise now, and go about the city in the streets, and in the broad ways I will seek him whom my soul loveth: I sought him, but I found him not.

3 The watchmen that go about the city found me: *to whom I said,* Saw ye him whom my soul loveth?

4 *It was* but a little that I passed from them, but I found him whom my soul loveth: I held him, and would not let him go, until I had brought him into my mother's house, and into the chamber of her that conceived me.

5 I charge you, O ye daughters of Jerusalem, by the roes, and by the hinds of the field, that ye stir not up, nor awake *my* love, till he please.

6 ¶ Who *is* this that cometh out of the wilderness like pillars of smoke, perfumed with myrrh and frankincense, with all powders of the merchant?

7 Behold his bed, which *is* Solomon's; threescore valiant men *are* about it, of the valiant of Israel.

8 They all hold swords, *being* expert in war: every man *hath* his sword upon his thigh because of fear in the night.

9 King Solomon made himself a chariot of the wood of Lebanon.

10 He made the pillars thereof *of* silver, the bottom thereof *of* gold, the covering of it *of* purple, the midst thereof being paved *with* love, for the daughters of Jerusalem.

11 Go forth, O ye daughters of Zion, and behold king Solomon with the crown wherewith his mother crowned him in the day of his espousals, and in the day of the gladness of his heart.

CHAPTER 4

1 Behold, thou *art* fair, my love; behold, thou *art* fair; thou *hast* doves' eyes within thy locks: thy hair *is* as a flock of goats, that appear from mount Gilead.

2 Thy teeth *are* like a flock *of sheep that are even* shorn, which came up from the washing; whereof every one bear twins, and none *is* barren among them.

3 Thy lips *are* like a thread of scarlet, and thy speech *is* comely: thy temples *are* like a piece of a pomegranate within thy locks.

4 Thy neck *is* like the tower of David builded for an armoury, whereon there hang a thousand bucklers, all shields of mighty men.

5 Thy two breasts *are* like two young roes that are twins, which feed among the lilies.

6 Until the day break, and the shadows flee away, I will get me to the mountain of myrrh, and to the hill of frankincense.

7 Thou *art* all fair, my love; *there is* no spot in thee.

8 ¶ Come with me from Lebanon, *my* spouse, with me from Lebanon: look from the top of Amana, from the top of Shenir and Hermon, from the lions' dens, from the mountains of the leopards.

9 Thou hast ravished my heart, my sister, *my* spouse; thou hast ravished my heart with one of thine eyes, with one chain of thy neck.

10 How fair is thy love, my sister, *my* spouse! how much better is thy love than wine! and the smell of thine ointments than all spices!

11 Thy lips, O *my* spouse, drop *as* the honeycomb: honey and milk *are* under thy tongue; and the smell of thy garments *is* like the smell of Lebanon.

12 A garden inclosed *is* my sister, *my* spouse; a spring shut up, a fountain sealed.

13 Thy plants *are* an orchard of pome-

הַרְאִינִי אֶת־מַרְאַיִךְ הַשְׁמִיעִנִי אֶת־קוֹלֵךְ כִּי־קוֹלֵךְ עָרֵב וּמַרְאֵיךְ

נָאוֶה: 15 אֶחֱזוּ־לָנוּ שׁוּעָלִים שׁוּעָלִים קְטַנִּים מְחַבְּלִים

16 כְּרָמִים וּכְרָמֵינוּ סְמָדַר: דּוֹדִי לִי וַאֲנִי לוֹ הָרֹעֶה בַּשּׁוֹשַׁנִּים: עַד
17

שֶׁיָּפוּחַ הַיּוֹם וְנָסוּ הַצְּלָלִים סֹב דְּמֵה־לְךָ דוֹדִי לִצְבִי אוֹ לְעֹפֶר

3 הָאַיָּלִים עַל־הָרֵי בָתֶר: עַל־מִשְׁכָּבִי בַּלֵּילוֹת בִּקַּשְׁתִּי אֵת

2 שֶׁאָהֲבָה נַפְשִׁי בִּקַּשְׁתִּיו וְלֹא מְצָאתִיו: אָקוּמָה נָּא וַאֲסוֹבְבָה בָעִיר

בַּשְּׁוָקִים וּבָרְחֹבוֹת אֲבַקְשָׁה אֵת שֶׁאָהֲבָה נַפְשִׁי בִּקַּשְׁתִּיו וְלֹא

3 מְצָאתִיו: מְצָאוּנִי הַשֹּׁמְרִים הַסֹּבְבִים בָּעִיר אֵת שֶׁאָהֲבָה נַפְשִׁי

4 רְאִיתֶם: כִּמְעַט שֶׁעָבַרְתִּי מֵהֶם עַד שֶׁמָּצָאתִי אֵת שֶׁאָהֲבָה נַפְשִׁי

אֲחַזְתִּיו וְלֹא אַרְפֶּנּוּ עַד־שֶׁהֲבֵיאתִיו אֶל־בֵּית אִמִּי וְאֶל־חֶדֶר הוֹרָתִי:

5 הִשְׁבַּעְתִּי אֶתְכֶם בְּנוֹת יְרוּשָׁלַ͏ִם בִּצְבָאוֹת אוֹ בְּאַיְלוֹת הַשָּׂדֶה

6 אִם־תָּעִירוּ ׀ וְאִם־תְּעוֹרְרוּ אֶת־הָאַהֲבָה עַד שֶׁתֶּחְפָּץ: מִי

זֹאת עֹלָה מִן־הַמִּדְבָּר כְּתִימֲרוֹת עָשָׁן מְקֻטֶּרֶת מוֹר וּלְבוֹנָה מִכֹּל

7 אַבְקַת רוֹכֵל: הִנֵּה מִטָּתוֹ שֶׁלִּשְׁלֹמֹה שִׁשִּׁים גִּבֹּרִים סָבִיב לָהּ מִגִּבֹּרֵי

8 יִשְׂרָאֵל: כֻּלָּם אֲחֻזֵי חֶרֶב מְלֻמְּדֵי מִלְחָמָה אִישׁ חַרְבּוֹ עַל־יְרֵכוֹ

9 מִפַּחַד בַּלֵּילוֹת: אַפִּרְיוֹן עָשָׂה לוֹ הַמֶּלֶךְ שְׁלֹמֹה

10 מֵעֲצֵי הַלְּבָנוֹן: עַמּוּדָיו עָשָׂה כֶסֶף רְפִידָתוֹ זָהָב מֶרְכָּבוֹ אַרְגָּמָן תּוֹכוֹ

11 רָצוּף אַהֲבָה מִבְּנוֹת יְרוּשָׁלָ͏ִם: צְאֶינָה ׀ וּרְאֶינָה בְּנוֹת צִיּוֹן בַּמֶּלֶךְ

שְׁלֹמֹה בָּעֲטָרָה שֶׁעִטְּרָה־לּוֹ אִמּוֹ בְּיוֹם חֲתֻנָּתוֹ וּבְיוֹם שִׂמְחַת

4 לִבּוֹ: הִנָּךְ יָפָה רַעְיָתִי הִנָּךְ יָפָה עֵינַיִךְ יוֹנִים מִבַּעַד

2 לְצַמָּתֵךְ שַׂעְרֵךְ כְּעֵדֶר הָעִזִּים שֶׁגָּלְשׁוּ מֵהַר גִּלְעָד: שִׁנַּיִךְ כְּעֵדֶר

הַקְּצוּבוֹת שֶׁעָלוּ מִן־הָרַחְצָה שֶׁכֻּלָּם מַתְאִימוֹת וְשַׁכֻּלָה אֵין בָּהֶם:

3 כְּחוּט הַשָּׁנִי שִׂפְתוֹתַיִךְ וּמִדְבָּרֵיךְ נָאוֶה כְּפֶלַח הָרִמּוֹן רַקָּתֵךְ מִבַּעַד

4 לְצַמָּתֵךְ: כְּמִגְדַּל דָּוִיד צַוָּארֵךְ בָּנוּי לְתַלְפִּיּוֹת אֶלֶף הַמָּגֵן תָּלוּי עָלָיו

5 כֹּל שִׁלְטֵי הַגִּבֹּרִים: שְׁנֵי שָׁדַיִךְ כִּשְׁנֵי עֳפָרִים תְּאוֹמֵי צְבִיָּה הָרוֹעִים

6 בַּשּׁוֹשַׁנִּים: עַד שֶׁיָּפוּחַ הַיּוֹם וְנָסוּ הַצְּלָלִים אֵלֶךְ לִי אֶל־הַר הַמּוֹר

7 וְאֶל־גִּבְעַת הַלְּבוֹנָה: כֻּלָּךְ יָפָה רַעְיָתִי וּמוּם אֵין בָּךְ: אִתִּי
8

מִלְּבָנוֹן כַּלָּה אִתִּי מִלְּבָנוֹן תָּבוֹאִי תָּשׁוּרִי ׀ מֵרֹאשׁ אֲמָנָה מֵרֹאשׁ שְׂנִיר

9 וְחֶרְמוֹן מִמְּעֹנוֹת אֲרָיוֹת מֵהַרְרֵי נְמֵרִים: לִבַּבְתִּנִי אֲחֹתִי כַלָּה

10 לִבַּבְתִּינִי בְּאַחַת מֵעֵינַיִךְ בְּאַחַד עֲנָק מִצַּוְּרֹנָיִךְ: מַה־יָּפוּ דֹדַיִךְ אֲחֹתִי בְּאַחַת

11 כַלָּה מַה־טֹּבוּ דֹדַיִךְ מִיַּיִן וְרֵיחַ שְׁמָנַיִךְ מִכָּל־בְּשָׂמִים: נֹפֶת תִּטֹּפְנָה

שִׂפְתוֹתַיִךְ כַּלָּה דְּבַשׁ וְחָלָב תַּחַת לְשׁוֹנֵךְ וְרֵיחַ שַׂלְמֹתַיִךְ כְּרֵיחַ

12 לְבָנוֹן: גַּן ׀ נָעוּל אֲחֹתִי כַלָּה גַּל נָעוּל מַעְיָן חָתוּם:

13 שְׁלָחַיִךְ פַּרְדֵּס רִמּוֹנִים עִם פְּרִי מְגָדִים כְּפָרִים עִם־נְרָדִים: נֵרְדְּ ׀
14

granates, with pleasant fruits; camphire, with spikenard,

14 Spikenard and saffron; calamus and cinnamon, with all trees of frankincense; myrrh and aloes, with all the chief spices:

15 A fountain of gardens, a well of living waters, and streams from Lebanon.

16 ¶ Awake, O north wind; and come, thou south; blow upon my garden, *that* the spices thereof may flow out. Let my beloved come into his garden, and eat his pleasant fruits.

CHAPTER 5

1 I am come into my garden, my sister, *my* spouse: I have gathered my myrrh with my spice; I have eaten my honeycomb with my honey; I have drunk my wine with my milk: eat, O friends; drink, yea, drink abundantly, O beloved.

2 ¶ I sleep, but my heart waketh: *it is* the voice of my beloved that knocketh, *saying,* Open to me, my sister, my love, my dove, my undefiled: for my head is filled with dew, *and* my locks with the drops of the night.

3 I have put off my coat; how shall I put it on? I have washed my feet; how shall I defile them?

4 My beloved put in his hand by the hole *of the door,* and my bowels were moved for him.

5 I rose up to open to my beloved; and my hands dropped *with* myrrh, and my fingers *with* sweet smelling myrrh, upon the handles of the lock.

6 I opened to my beloved; but my beloved had withdrawn himself, *and* was gone: my soul failed when he spake: I sought him, but I could not find him; I called him, but he gave me no answer.

7 The watchmen that went about the city found me, they smote me, they wounded me; the keepers of the walls took away my veil from me.

8 I charge you, O daughters of Jerusalem, if ye find my beloved, that ye tell him, that I *am* sick of love.

9 ¶ What *is* thy beloved more than *an-other* beloved, O thou fairest among women? what *is* thy beloved more than

another beloved, that thou dost so charge us?

10 My beloved *is* white and ruddy, the chiefest among ten thousand.

11 His head *is as* the most fine gold, his locks *are* bushy, *and* black as a raven.

12 His eyes *are* as *the eyes* of doves by the rivers of waters, washed with milk, *and* fitly set.

13 His cheeks *are* as a bed of spices, *as* sweet flowers: his lips *like* lilies, dropping sweet smelling myrrh.

14 His hands *are as* gold rings set with the beryl: his belly *is as* bright ivory overlaid *with* sapphires.

15 His legs *are as* pillars of marble, set upon sockets of fine gold: his countenance *is* as Lebanon, excellent as the cedars.

16 His mouth *is* most sweet: yea, he *is* altogether lovely. This *is* my beloved, and this *is* my friend, O daughters of Jerusalem.

CHAPTER 6

1 Whither is thy beloved gone, O thou fairest among women? whither is thy beloved turned aside? that we may seek him with thee.

2 My beloved is gone down into his garden, to the beds of spices, to feed in the gardens, and to gather lilies.

3 I *am* my beloved's, and my beloved *is* mine: he feedeth among the lilies.

4 ¶ Thou *art* beautiful, O my love, as Tirzah, comely as Jerusalem, terrible as *an army* with banners.

5 Turn away thine eyes from me, for they have overcome me: thy hair *is* as a flock of goats that appear from Gilead.

6 Thy teeth *are* as a flock of sheep which go up from the washing, whereof every one beareth twins, and *there is* not one barren among them.

7 As a piece of a pomegranate *are* thy temples within thy locks.

8 There are threescore queens, and fourscore concubines, and virgins without number.

9 My dove, my undefiled is *but* one; she is the *only* one of her mother, she *is* the

וְכַרְכֹּם קָנֶה וְקִנָּמוֹן עִם כָּל־עֲצֵי לְבוֹנָה מֹר וַאֲהָלוֹת עִם כָּל־רָאשֵׁי

בְשָׂמִים: מַעְיַן גַּנִּים בְּאֵר מַיִם חַיִּים וְנֹזְלִים מִן־לְבָנוֹן: עוּרִי צָפוֹן 15
16

וּבוֹאִי תֵימָן הָפִיחִי גַנִּי יִזְּלוּ בְשָׂמָיו יָבֹא דוֹדִי לְגַנּוֹ וְיֹאכַל פְּרִי

מְגָדָיו: בָּאתִי לְגַנִּי אֲחֹתִי כַלָּה אָרִיתִי מוֹרִי עִם־בְּשָׂמִי אָכַלְתִּי יַעְרִי 5

עִם־דִּבְשִׁי שָׁתִיתִי יֵינִי עִם־חֲלָבִי אִכְלוּ רֵעִים שְׁתוּ וְשִׁכְרוּ

דוֹדִים: אֲנִי יְשֵׁנָה וְלִבִּי עֵר קוֹל ׀ דּוֹדִי דוֹפֵק פִּתְחִי־לִי 2
2A

אֲחֹתִי רַעְיָתִי יוֹנָתִי תַמָּתִי שֶׁרֹאשִׁי נִמְלָא־טָל קְוֻצּוֹתַי רְסִיסֵי לָיְלָה:

פָּשַׁטְתִּי אֶת־כֻּתָּנְתִּי אֵיכָכָה אֶלְבָּשֶׁנָּה רָחַצְתִּי אֶת־רַגְלַי אֵיכָכָה 3

אֲטַנְּפֵם: דּוֹדִי שָׁלַח יָדוֹ מִן־הַחֹר וּמֵעַי הָמוּ עָלָיו: קַמְתִּי אֲנִי לִפְתֹּחַ 4
5

לְדוֹדִי וְיָדַי נָטְפוּ־מוֹר וְאֶצְבְּעֹתַי מוֹר עֹבֵר עַל כַּפּוֹת הַמַּנְעוּל:

פָּתַחְתִּי אֲנִי לְדוֹדִי וְדוֹדִי חָמַק עָבָר נַפְשִׁי יָצְאָה בְדַבְּרוֹ בִּקַּשְׁתִּיהוּ 6

וְלֹא מְצָאתִיהוּ קְרָאתִיו וְלֹא עָנָנִי: מְצָאֻנִי הַשֹּׁמְרִים הַסֹּבְבִים בָּעִיר 7

הִכּוּנִי פְצָעוּנִי נָשְׂאוּ אֶת־רְדִידִי מֵעָלַי שֹׁמְרֵי הַחֹמוֹת: הִשְׁבַּעְתִּי 8

אֶתְכֶם בְּנוֹת יְרוּשָׁלָ͏ִם אִם־תִּמְצְאוּ אֶת־דּוֹדִי מַה־תַּגִּידוּ לוֹ שֶׁחוֹלַת

אַהֲבָה אָנִי: מַה־דּוֹדֵךְ מִדּוֹד הַיָּפָה בַּנָּשִׁים מַה־דּוֹדֵךְ מִדּוֹד שֶׁכָּכָה 9

הִשְׁבַּעְתָּנוּ: דּוֹדִי צַח וְאָדוֹם דָּגוּל מֵרְבָבָה: רֹאשׁוֹ כֶּתֶם פָּז קְוֻצּוֹתָיו 10
11

11A

תַּלְתַּלִּים שְׁחֹרוֹת כָּעוֹרֵב: עֵינָיו כְּיוֹנִים עַל־אֲפִיקֵי מָיִם רֹחֲצוֹת 12

בֶּחָלָב יֹשְׁבוֹת עַל־מִלֵּאת: לְחָיָו כַּעֲרוּגַת הַבֹּשֶׂם מִגְדְּלוֹת מֶרְקָחִים 13

שִׂפְתוֹתָיו שׁוֹשַׁנִּים נֹטְפוֹת מוֹר עֹבֵר: יָדָיו גְּלִילֵי זָהָב מְמֻלָּאִים 14

בַּתַּרְשִׁישׁ מֵעָיו עֶשֶׁת שֵׁן מְעֻלֶּפֶת סַפִּירִים: שׁוֹקָיו עַמּוּדֵי שֵׁשׁ 15

מְיֻסָּדִים עַל־אַדְנֵי־פָז מַרְאֵהוּ כַּלְּבָנוֹן בָּחוּר כָּאֲרָזִים: חִכּוֹ מַמְתַקִּים 16

וְכֻלּוֹ מַחֲמַדִּים זֶה דוֹדִי וְזֶה רֵעִי בְּנוֹת יְרוּשָׁלָ͏ִם: אָנָה הָלַךְ דּוֹדֵךְ 6

הַיָּפָה בַּנָּשִׁים אָנָה פָּנָה דוֹדֵךְ וּנְבַקְשֶׁנּוּ עִמָּךְ: דּוֹדִי יָרַד לְגַנּוֹ 2

לַעֲרֻגוֹת הַבֹּשֶׂם לִרְעוֹת בַּגַּנִּים וְלִלְקֹט שׁוֹשַׁנִּים: אֲנִי לְדוֹדִי וְדוֹדִי 3

לִי הָרֹעֶה בַּשּׁוֹשַׁנִּים: יָפָה אַתְּ רַעְיָתִי כְּתִרְצָה נָאוָה 4

כִּירוּשָׁלָ͏ִם אֲיֻמָּה כַּנִּדְגָּלוֹת: הָסֵבִּי עֵינַיִךְ מִנֶּגְדִּי שֶׁהֵם הִרְהִיבֻנִי 5

שַׂעְרֵךְ כְּעֵדֶר הָעִזִּים שֶׁגָּלְשׁוּ מִן־הַגִּלְעָד: שִׁנַּיִךְ כְּעֵדֶר הָרְחֵלִים 6

שֶׁעָלוּ מִן־הָרַחְצָה שֶׁכֻּלָּם מַתְאִימוֹת וְשַׁכֻּלָה אֵין בָּהֶם: כְּפֶלַח 7

הָרִמּוֹן רַקָּתֵךְ מִבַּעַד לְצַמָּתֵךְ: שִׁשִּׁים הֵמָּה מְלָכוֹת וּשְׁמֹנִים 8
8A

פִּילַגְשִׁים וַעֲלָמוֹת אֵין מִסְפָּר: אַחַת הִיא יוֹנָתִי תַמָּתִי אַחַת הִיא 9

choice *one* of her that bare her. The daughters saw her, and blessed her; *yea,* the queens and the concubines, and they praised her.

10 ¶ Who *is* she *that* looketh forth as the morning, fair as the moon, clear as the sun, *and* terrible as *an army* with banners?

11 I went down into the garden of nuts to see the fruits of the valley, *and* to see whether the vine flourished, *and* the pomegranates budded.

12 Or ever I was aware, my soul made me *like* the chariots of Amminadib.

13[7:1] Return, return, O Shulamite; return, return, that we may look upon thee. What will ye see in the Shulamite? As it were the company of two armies.

CHAPTER 7

1[2] How beautiful are thy feet with shoes, O prince's daughter! the joints of thy thighs *are* like jewels, the work of the hands of a cunning workman.

2[3] Thy navel *is like* a round goblet, *which* wanteth not liquor: thy belly *is like* an heap of wheat set about with lilies.

3[4] Thy two breasts *are* like two young roes *that are* twins.

4[5] Thy neck *is* as a tower of ivory; thine eyes *like* the fishpools in Heshbon, by the gate of Bath-rabbim: thy nose *is* as the tower of Lebanon which looketh toward Damascus.

5[6] Thine head upon thee *is* like Carmel, and the hair of thine head like purple; the king *is* held in the galleries.

6[7] How fair and how pleasant art thou, O love, for delights!

7[8] This thy stature is like to a palm tree, and thy breasts to clusters *of grapes.*

8[9] I said, I will go up to the palm tree, I will take hold of the boughs thereof: now also thy breasts shall be as clusters of the vine, and the smell of thy nose like apples;

9[10] And the roof of thy mouth like the best wine for my beloved, that goeth *down* sweetly, causing the lips of those that are asleep to speak.

10[11] ¶ I *am* my beloved's, and his desire *is* toward me.

11[12] Come, my beloved, let us go forth into the field; let us lodge in the villages.

12[13] Let us get up early to the vineyards; let us see if the vine flourish, *whether* the tender grape appear, *and* the pomegranates bud forth: there will I give thee my loves.

13[14] The mandrakes give a smell, and at our gates *are* all manner of pleasant *fruits,* new and old, *which* I have laid up for thee, O my beloved.

CHAPTER 8

1 O that thou *wert* as my brother, that sucked the breasts of my mother! *when* I should find thee without, I would kiss thee; yea, I should not be despised.

2 I would lead thee, *and* bring thee into my mother's house, *who* would instruct me: I would cause thee to drink of spiced wine of the juice of my pomegranate.

3 His left hand *should be* under my head, and his right hand should embrace me.

4 I charge you, O daughters of Jerusalem, that ye stir not up, nor awake *my* love, until he please.

5 Who *is* this that cometh up from the wilderness, leaning upon her beloved? I raised thee up under the apple tree: there thy mother brought thee forth: there she brought thee forth *that* bare thee.

6 ¶ Set me as a seal upon thine heart, as a seal upon thine arm: for love *is* strong as death; jealousy *is* cruel as the grave: the coals thereof *are* coals of fire, *which hath a* most vehement flame.

7 Many waters cannot quench love, neither can the floods drown it: if *a* man would give all the substance of his house for love, it would utterly be contemned.

8 ¶ We have a little sister, and she hath no breasts: what shall we do for our sister in the day when she shall be spoken for?

9 If she *be* a wall, we will build upon her a palace of silver: and if she *be* a door, we will inclose her with boards of cedar.

10 I *am* a wall, and my breasts like towers: then was I in his eyes as one that found favour.

11 Solomon had a vineyard at Baalhamon; he let out the vineyard unto keep-

לְאִמָּהּ בָּרָה הִיא לְיוֹלַדְתָּהּ רָאוּהָ בָנוֹת וַיְאַשְּׁרוּהָ מְלָכוֹת וּפִילַגְשִׁים

10 וַיְהַלְלוּהָ: מִי־זֹאת הַנִּשְׁקָפָה כְּמוֹ־שָׁחַר יָפָה כַלְּבָנָה בָּרָה

11 כַּחַמָּה אֲיֻמָּה כַּנִּדְגָּלוֹת: אֶל־גִּנַּת אֱגוֹז יָרַדְתִּי לִרְאוֹת

12 בְּאִבֵּי הַנָּחַל לִרְאוֹת הֲפָרְחָה הַגֶּפֶן הֵנֵצוּ הָרִמֹּנִים: לֹא יָדַעְתִּי נַפְשִׁי

7 1 שָׂמַתְנִי מַרְכְּבוֹת עַמִּי־נָדִיב: שׁוּבִי שׁוּבִי הַשּׁוּלַמִּית שׁוּבִי שׁוּבִי

2 וְנֶחֱזֶה־בָּךְ מַה־תֶּחֱזוּ בַּשּׁוּלַמִּית כִּמְחֹלַת הַמַּחֲנָיִם: מַה־יָּפוּ פְעָמַיִךְ

בַּנְּעָלִים בַּת־נָדִיב חַמּוּקֵי יְרֵכַיִךְ כְּמוֹ חֲלָאִים מַעֲשֵׂה יְדֵי אָמָּן:

3 שָׁרְרֵךְ אַגַּן הַסַּהַר אַל־יֶחְסַר הַמָּזֶג בִּטְנֵךְ עֲרֵמַת חִטִּים סוּגָה

4 5 בַּשּׁוֹשַׁנִּים: שְׁנֵי שָׁדַיִךְ כִּשְׁנֵי עֳפָרִים תָּאֳמֵי צְבִיָּה: צַוָּארֵךְ כְּמִגְדַּל

הַשֵּׁן עֵינַיִךְ בְּרֵכוֹת בְּחֶשְׁבּוֹן עַל־שַׁעַר בַּת־רַבִּים אַפֵּךְ כְּמִגְדַּל

6 הַלְּבָנוֹן צוֹפֶה פְּנֵי דַמָּשֶׂק: רֹאשֵׁךְ עָלַיִךְ כַּכַּרְמֶל וְדַלַּת רֹאשֵׁךְ

7 כָּאַרְגָּמָן מֶלֶךְ אָסוּר בָּרְהָטִים: מַה־יָּפִית וּמַה־נָּעַמְתְּ אַהֲבָה

8 9 בַּתַּעֲנוּגִים: זֹאת קוֹמָתֵךְ דָּמְתָה לְתָמָר וְשָׁדַיִךְ לְאַשְׁכֹּלוֹת: אָמַרְתִּי

אֶעֱלֶה בְתָמָר אֹחֲזָה בְּסַנְסִנָּיו וְיִהְיוּ־נָא שָׁדַיִךְ כְּאֶשְׁכְּלוֹת הַגֶּפֶן וְרֵיחַ

10 אַפֵּךְ כַּתַּפּוּחִים: וְחִכֵּךְ כְּיֵין הַטּוֹב הוֹלֵךְ לְדוֹדִי לְמֵישָׁרִים דּוֹבֵב

11 12 שִׂפְתֵי יְשֵׁנִים: אֲנִי לְדוֹדִי וְעָלַי תְּשׁוּקָתוֹ: לְכָה דוֹדִי נֵצֵא

13 הַשָּׂדֶה נָלִינָה בַּכְּפָרִים: נַשְׁכִּימָה לַכְּרָמִים נִרְאֶה אִם־פָּרְחָה הַגֶּפֶן

14 פִּתַּח הַסְּמָדַר הֵנֵצוּ הָרִמּוֹנִים שָׁם אֶתֵּן אֶת־דֹּדַי לָךְ: הַדּוּדָאִים

נָתְנוּ־רֵיחַ וְעַל־פְּתָחֵינוּ כָּל־מְגָדִים חֲדָשִׁים גַּם־יְשָׁנִים דּוֹדִי צָפַנְתִּי

8 1 לָךְ: מִי יִתֶּנְךָ כְּאָח לִי יוֹנֵק שְׁדֵי אִמִּי אֶמְצָאֲךָ בַחוּץ אֶשָּׁקְךָ גַּם

2 לֹא־יָבוּזוּ לִי: אֶנְהָגֲךָ אֲבִיאֲךָ אֶל־בֵּית אִמִּי תְּלַמְּדֵנִי אַשְׁקְךָ מִיַּיִן

3 4 הָרֶקַח מֵעֲסִיס רִמֹּנִי: שְׂמֹאלוֹ תַּחַת רֹאשִׁי וִימִינוֹ תְּחַבְּקֵנִי: הִשְׁבַּעְתִּי

אֶתְכֶם בְּנוֹת יְרוּשָׁלִָם מַה־תָּעִירוּ ׀ וּמַה־תְּעֹרְרוּ אֶת־הָאַהֲבָה עַד

5 שֶׁתֶּחְפָּץ: מִי זֹאת עֹלָה מִן־הַמִּדְבָּר מִתְרַפֶּקֶת עַל־דּוֹדָהּ

תַּחַת הַתַּפּוּחַ עוֹרַרְתִּיךָ שָׁמָּה חִבְּלַתְךָ אִמֶּךָ שָׁמָּה חִבְּלָה יְלָדַתְךָ:

6 שִׂימֵנִי כַחוֹתָם עַל־לִבֶּךָ כַּחוֹתָם עַל־זְרוֹעֶךָ כִּי־עַזָּה כַמָּוֶת אַהֲבָה

7 קָשָׁה כִשְׁאוֹל קִנְאָה רְשָׁפֶיהָ רִשְׁפֵּי אֵשׁ שַׁלְהֶבֶתְיָה: מַיִם רַבִּים לֹא

יוּכְלוּ לְכַבּוֹת אֶת־הָאַהֲבָה וּנְהָרוֹת לֹא יִשְׁטְפוּהָ אִם־יִתֵּן אִישׁ אֶת־

8 כָּל־הוֹן בֵּיתוֹ בָּאַהֲבָה בּוֹז יָבוּזוּ לוֹ: אָחוֹת לָנוּ קְטַנָּה

9 וְשָׁדַיִם אֵין לָהּ מַה־נַּעֲשֶׂה לַאֲחֹתֵנוּ בַּיּוֹם שֶׁיְּדֻבַּר־בָּהּ: אִם־חוֹמָה

הִיא נִבְנֶה עָלֶיהָ טִירַת כָּסֶף וְאִם־דֶּלֶת הִיא נָצוּר עָלֶיהָ לוּחַ אָרֶז:

10 אֲנִי חוֹמָה וְשָׁדַי כַּמִּגְדָּלוֹת אָז הָיִיתִי בְעֵינָיו כְּמוֹצְאֵת

שָׁלוֹם:

11 כֶּרֶם הָיָה לִשְׁלֹמֹה בְּבַעַל הָמוֹן נָתַן אֶת־הַכֶּרֶם לַנֹּטְרִים אִישׁ יָבִא

ers; every one for the fruit thereof was to bring a thousand *pieces* of silver.

12 My vineyard, which *is* mine, *is* before me: thou, O Solomon, *must have* a thousand, and those that keep the fruit thereof two hundred.

13 Thou that dwellest in the gardens, the companions hearken to thy voice: cause me to hear *it.*

14 ¶ Make haste, my beloved, and be thou like to a roe or to a young hart upon the mountains of spices.

THE BOOK OF THE PROPHET
ISAIAH

CHAPTER 1

1 The vision of Isaiah the son of Amoz, which he saw concerning Judah and Jerusalem in the days of Uzziah, Jotham, Ahaz, *and* Hezekiah, kings of Judah.

2 Hear, O heavens, and give ear, O earth: for the LORD hath spoken, I have nourished and brought up children, and they have rebelled against me.

3 The ox knoweth his owner, and the ass his master's crib: *but* Israel doth not know, my people doth not consider.

4 Ah sinful nation, a people laden with iniquity, a seed of evildoers, children that are corrupters: they have forsaken the LORD, they have provoked the Holy One of Israel unto anger, they are gone away backward.

5 ¶ Why should ye be stricken any more? ye will revolt more and more: the whole head is sick, and the whole heart faint.

6 From the sole of the foot even unto the head *there is* no soundness in it; *but* wounds, and bruises, and putrifying sores: they have not been closed, neither bound up, neither mollified with ointment.

7 Your country *is* desolate, your cities *are* burned with fire: your land, strangers devour it in your presence, and *it is* desolate, as overthrown by strangers.

8 And the daughter of Zion is left as a cottage in a vineyard, as a lodge in a garden of cucumbers, as a besieged city.

9 Except the LORD of hosts had left unto us a very small remnant, we should have been as Sodom, *and* we should have been like unto Gomorrah.

10 ¶ Hear the word of the LORD, ye rulers of Sodom; give ear unto the law of our God, ye people of Gomorrah.

11 To what purpose *is* the multitude of your sacrifices unto me? saith the LORD: I am full of the burnt offerings of rams, and the fat of fed beasts; and I delight not in the blood of bullocks, or of lambs, or of he goats.

12 When ye come to appear before me, who hath required this at your hand, to tread my courts?

13 Bring no more vain oblations; incense is an abomination unto me; the new moons and sabbaths, the calling of assemblies, I cannot away with; *it is* iniquity, even the solemn meeting.

14 Your new moons and your appointed feasts my soul hateth: they are a trouble unto me; I am weary to bear *them.*

15 And when ye spread forth your hands, I will hide mine eyes from you: yea, when ye make many prayers, I will not hear: your hands are full of blood.

16 ¶ Wash you, make you clean; put away the evil of your doings from before mine eyes; cease to do evil;

17 Learn to do well; seek judgment, relieve the oppressed, judge the fatherless, plead for the widow.

18 Come now, and let us reason together, saith the LORD: though your sins be as scarlet, they shall be as white as snow; though they be red like crimson, they shall be as wool.

19 If ye be willing and obedient, ye shall eat the good of the land:

20 But if ye refuse and rebel, ye shall be

בִּפְרִיוֹ אֶלֶף כָּסֶף: כַּרְמִי שֶׁלִּי לְפָנָי הָאֶלֶף לְךָ שְׁלֹמֹה וּמָאתַיִם 12   12A

לַנֹּטְרִים אֶת־פִּרְיוֹ: הַיּוֹשֶׁבֶת בַּגַּנִּים חֲבֵרִים מַקְשִׁיבִים לְקוֹלֵךְ 13

הַשְׁמִיעִנִי: בְּרַח ׀ דּוֹדִי וּדְמֵה־לְךָ לִצְבִי אוֹ לְעֹפֶר הָאַיָּלִים עַל הָרֵי 14

בְשָׂמִים:

ספר ישעיהו

חֲזוֹן יְשַׁעְיָהוּ בֶן־אָמוֹץ אֲשֶׁר חָזָה עַל־יְהוּדָה וִירוּשָׁלָ‍ִם בִּימֵי עֻזִּיָּהוּ 1

יוֹתָם אָחָז יְחִזְקִיָּהוּ מַלְכֵי יְהוּדָה: שִׁמְעוּ שָׁמַיִם וְהַאֲזִינִי אֶרֶץ כִּי 2

יְהוָה דִּבֵּר בָּנִים גִּדַּלְתִּי וְרוֹמַמְתִּי וְהֵם פָּשְׁעוּ בִי: יָדַע שׁוֹר קֹנֵהוּ 3

וַחֲמוֹר אֵבוּס בְּעָלָיו יִשְׂרָאֵל לֹא יָדַע עַמִּי לֹא הִתְבּוֹנָן: הוֹי ׀ גּוֹי 4

חֹטֵא עַם כֶּבֶד עָוֺן זֶרַע מְרֵעִים בָּנִים מַשְׁחִיתִים עָזְבוּ אֶת־יְהוָה

נִאֲצוּ אֶת־קְדוֹשׁ יִשְׂרָאֵל נָזֹרוּ אָחוֹר: עַל מֶה תֻכּוּ עוֹד תּוֹסִיפוּ 5

סָרָה כָּל־רֹאשׁ לָחֳלִי וְכָל־לֵבָב דַּוָּי: מִכַּף־רֶגֶל וְעַד־רֹאשׁ אֵין־בּוֹ 6

מְתֹם פֶּצַע וְחַבּוּרָה וּמַכָּה טְרִיָּה לֹא־זֹרוּ וְלֹא חֻבָּשׁוּ וְלֹא רֻכְּכָה

בַּשָּׁמֶן: אַרְצְכֶם שְׁמָמָה עָרֵיכֶם שְׂרֻפוֹת אֵשׁ אַדְמַתְכֶם לְנֶגְדְּכֶם זָרִים 7

אֹכְלִים אֹתָהּ וּשְׁמָמָה כְּמַהְפֵּכַת זָרִים: וְנוֹתְרָה בַת־צִיּוֹן כְּסֻכָּה בְכָרֶם 8

כִּמְלוּנָה בְמִקְשָׁה כְּעִיר נְצוּרָה: לוּלֵי יְהוָה צְבָאוֹת הוֹתִיר לָנוּ שָׂרִיד 9

כִּמְעַט כִּסְדֹם הָיִינוּ לַעֲמֹרָה דָּמִינוּ:   שִׁמְעוּ דְבַר־יְהוָה 10

קְצִינֵי סְדֹם הַאֲזִינוּ תּוֹרַת אֱלֹהֵינוּ עַם עֲמֹרָה: לָמָּה־לִּי רֹב־זִבְחֵיכֶם 11

יֹאמַר יְהוָה שָׂבַעְתִּי עֹלוֹת אֵילִים וְחֵלֶב מְרִיאִים וְדַם פָּרִים וּכְבָשִׂים

וְעַתּוּדִים לֹא חָפָצְתִּי: כִּי תָבֹאוּ לֵרָאוֹת פָּנָי מִי־בִקֵּשׁ זֹאת מִיֶּדְכֶם 12

רְמֹס חֲצֵרָי: לֹא תוֹסִיפוּ הָבִיא מִנְחַת־שָׁוְא קְטֹרֶת תּוֹעֵבָה הִיא לִי 13

חֹדֶשׁ וְשַׁבָּת קְרֹא מִקְרָא לֹא־אוּכַל אָוֶן וַעֲצָרָה: חָדְשֵׁיכֶם וּמוֹעֲדֵיכֶם 14

שָׂנְאָה נַפְשִׁי הָיוּ עָלַי לָטֹרַח נִלְאֵיתִי נְשֹׂא: וּבְפָרִשְׂכֶם כַּפֵּיכֶם אַעְלִים 15

עֵינַי מִכֶּם גַּם כִּי־תַרְבּוּ תְפִלָּה אֵינֶנִּי שֹׁמֵעַ יְדֵיכֶם דָּמִים מָלֵאוּ: רַחֲצוּ 16

הִזַּכּוּ הָסִירוּ רֹעַ מַעַלְלֵיכֶם מִנֶּגֶד עֵינָי חִדְלוּ הָרֵעַ: לִמְדוּ הֵיטֵב דִּרְשׁוּ 17

מִשְׁפָּט אַשְּׁרוּ חָמוֹץ שִׁפְטוּ יָתוֹם רִיבוּ אַלְמָנָה: לְכוּ־נָא 18

וְנִוָּכְחָה יֹאמַר יְהוָה אִם־יִהְיוּ חֲטָאֵיכֶם כַּשָּׁנִים כַּשֶּׁלֶג יַלְבִּינוּ אִם־

יַאְדִּימוּ כַתּוֹלָע כַּצֶּמֶר יִהְיוּ: אִם־תֹּאבוּ וּשְׁמַעְתֶּם טוּב הָאָרֶץ תֹּאכֵלוּ: 19

וְאִם־תְּמָאֲנוּ וּמְרִיתֶם חֶרֶב תְּאֻכְּלוּ כִּי פִּי יְהוָה דִּבֵּר: אֵיכָה 20   21

devoured with the sword: for the mouth of the LORD hath spoken *it.*

21 ¶ How is the faithful city become an harlot! it was full of judgment; righteousness lodged in it; but now murderers.

22 Thy silver is become dross, thy wine mixed with water:

23 Thy princes *are* rebellious, and companions of thieves: every one loveth gifts, and followeth after rewards: they judge not the fatherless, neither doth the cause of the widow come unto them.

24 Therefore saith the LORD, the LORD of hosts, the mighty One of Israel, Ah, I will ease me of mine adversaries, and avenge me of mine enemies:

25 ¶ And I will turn my hand upon thee, and purely purge away thy dross, and take away all thy tin:

26 And I will restore thy judges as at the first, and thy counsellors as at the beginning: afterward thou shalt be called, The city of righteousness, the faithful city.

27 Zion shall be redeemed with judgment, and her converts with righteousness.

28 ¶ And the destruction of the transgressors and of the sinners *shall be* together, and they that forsake the LORD shall be consumed.

29 For they shall be ashamed of the oaks which ye have desired, and ye shall be confounded for the gardens that ye have chosen.

30 For ye shall be as an oak whose leaf fadeth, and as a garden that hath no water.

31 And the strong shall be as tow, and the maker of it as a spark, and they shall both burn together, and none shall quench *them.*

CHAPTER 2

1 The word that Isaiah the son of Amoz saw concerning Judah and Jerusalem.

2 And it shall come to pass in the last days, *that* the mountain of the LORD's house shall be established in the top of the mountains, and shall be exalted above the hills; and all nations shall flow unto it.

3 And many people shall go and say, Come ye, and let us go up to the mountain of the LORD, to the house of the God of Jacob; and he will teach us of his ways, and we will walk in his paths: for out of Zion shall go forth the law, and the word of the LORD from Jerusalem.

4 And he shall judge among the nations, and shall rebuke many people: and they shall beat their swords into plowshares, and their spears into pruninghooks: nation shall not lift up sword against nation, neither shall they learn war any more.

5 O house of Jacob, come ye, and let us walk in the light of the LORD.

6 ¶ Therefore thou hast forsaken thy people the house of Jacob, because they be replenished from the east, and *are* soothsayers like the Philistines, and they please themselves in the children of strangers.

7 Their land also is full of silver and gold, neither *is there any* end of their treasures; their land is also full of horses, neither *is there any* end of their chariots:

8 Their land also is full of idols; they worship the work of their own hands, that which their own fingers have made:

9 And the mean man boweth down, and the great man humbleth himself: therefore forgive them not.

10 ¶ Enter into the rock, and hide thee in the dust, for fear of the LORD, and for the glory of his majesty.

11 The lofty looks of man shall be humbled, and the haughtiness of men shall be bowed down, and the LORD alone shall be exalted in that day.

12 For the day of the LORD of hosts *shall be* upon every *one that is* proud and lofty, and upon every *one that is* lifted up; and he shall be brought low:

13 And upon all the cedars of Lebanon, *that are* high and lifted up, and upon all the oaks of Bashan,

14 And upon all the high mountains, and upon all the hills *that are* lifted up,

15 And upon every high tower, and upon every fenced wall,

16 And upon all the ships of Tarshish, and upon all pleasant pictures.

17 And the loftiness of man shall be bowed down, and the haughtiness of men

הָיְתָה לְזוֹנָה קִרְיָה נֶאֱמָנָה מְלֵאֲתִי מִשְׁפָּט צֶדֶק יָלִין בָּהּ וְעַתָּה
מְרַצְּחִים: כַּסְפֵּךְ הָיָה לְסִיגִים סָבְאֵךְ מָהוּל בַּמָּיִם: שָׂרַיִךְ סוֹרְרִים 22
23
וְחַבְרֵי גַּנָּבִים כֻּלּוֹ אֹהֵב שֹׁחַד וְרֹדֵף שַׁלְמֹנִים יָתוֹם לֹא יִשְׁפֹּטוּ וְרִיב
אַלְמָנָה לֹא־יָבוֹא אֲלֵיהֶם:

לָכֵן נְאֻם הָאָדוֹן יְהוָה צְבָאוֹת אֲבִיר יִשְׂרָאֵל הוֹי אֶנָּחֵם מִצָּרַי 24
וְאִנָּקְמָה מֵאוֹיְבָי: וְאָשִׁיבָה יָדִי עָלַיִךְ וְאֶצְרֹף כַּבֹּר סִיגָיִךְ וְאָסִירָה 25
כָּל־בְּדִילָיִךְ: וְאָשִׁיבָה שֹׁפְטַיִךְ כְּבָרִאשֹׁנָה וְיֹעֲצַיִךְ כְּבַתְּחִלָּה אַחֲרֵי־כֵן 26
יִקָּרֵא לָךְ עִיר הַצֶּדֶק קִרְיָה נֶאֱמָנָה: צִיּוֹן בְּמִשְׁפָּט תִּפָּדֶה וְשָׁבֶיהָ 27
בִּצְדָקָה: וְשֶׁבֶר פֹּשְׁעִים וְחַטָּאִים יַחְדָּו וְעֹזְבֵי יְהוָה יִכְלוּ: כִּי יֵבֹשׁוּ 28
29
מֵאֵילִים אֲשֶׁר חֲמַדְתֶּם וְתַחְפְּרוּ מֵהַגַּנּוֹת אֲשֶׁר בְּחַרְתֶּם: כִּי תִהְיוּ 30
כְּאֵלָה נֹבֶלֶת עָלֶהָ וּכְגַנָּה אֲשֶׁר־מַיִם אֵין לָהּ: וְהָיָה הֶחָסֹן לִנְעֹרֶת 31
וּפֹעֲלוֹ לְנִיצוֹץ וּבָעֲרוּ שְׁנֵיהֶם יַחְדָּו וְאֵין מְכַבֶּה: הַדָּבָר 1 2

אֲשֶׁר חָזָה יְשַׁעְיָהוּ בֶּן־אָמוֹץ עַל־יְהוּדָה וִירוּשָׁלָ͏ִם: וְהָיָה ׀ בְּאַחֲרִית 2
הַיָּמִים נָכוֹן יִהְיֶה הַר בֵּית־יְהוָה בְּרֹאשׁ הֶהָרִים וְנִשָּׂא מִגְּבָעוֹת
וְנָהֲרוּ אֵלָיו כָּל־הַגּוֹיִם: וְהָלְכוּ עַמִּים רַבִּים וְאָמְרוּ לְכוּ ׀ וְנַעֲלֶה אֶל־ 3
הַר־יְהוָה אֶל־בֵּית אֱלֹהֵי יַעֲקֹב וְיֹרֵנוּ מִדְּרָכָיו וְנֵלְכָה בְּאֹרְחֹתָיו כִּי
מִצִּיּוֹן תֵּצֵא תוֹרָה וּדְבַר־יְהוָה מִירוּשָׁלָ͏ִם: וְשָׁפַט בֵּין הַגּוֹיִם וְהוֹכִיחַ 4
לְעַמִּים רַבִּים וְכִתְּתוּ חַרְבוֹתָם לְאִתִּים וַחֲנִיתוֹתֵיהֶם לְמַזְמֵרוֹת לֹא־
יִשָּׂא גוֹי אֶל־גּוֹי חֶרֶב וְלֹא־יִלְמְדוּ עוֹד מִלְחָמָה:

בֵּית יַעֲקֹב לְכוּ וְנֵלְכָה בְּאוֹר יְהוָה: כִּי נָטַשְׁתָּה עַמְּךָ בֵּית יַעֲקֹב 5
6
כִּי מָלְאוּ מִקֶּדֶם וְעֹנְנִים כַּפְּלִשְׁתִּים וּבְיַלְדֵי נָכְרִים יַשְׂפִּיקוּ: וַתִּמָּלֵא 7
אַרְצוֹ כֶּסֶף וְזָהָב וְאֵין קֵצֶה לְאֹצְרֹתָיו וַתִּמָּלֵא אַרְצוֹ סוּסִים וְאֵין
קֵצֶה לְמַרְכְּבֹתָיו: וַתִּמָּלֵא אַרְצוֹ אֱלִילִים לְמַעֲשֵׂה יָדָיו יִשְׁתַּחֲווּ לַאֲשֶׁר 8
עָשׂוּ אֶצְבְּעֹתָיו: וַיִּשַּׁח אָדָם וַיִּשְׁפַּל־אִישׁ וְאַל־תִּשָּׂא לָהֶם: בּוֹא בַצּוּר 9
10
וְהִטָּמֵן בֶּעָפָר מִפְּנֵי פַּחַד יְהוָה וּמֵהֲדַר גְּאֹנוֹ: עֵינֵי גַּבְהוּת אָדָם שָׁפֵל 11
וְשַׁח רוּם אֲנָשִׁים וְנִשְׂגַּב יְהוָה לְבַדּוֹ בַּיּוֹם הַהוּא: כִּי יוֹם 12
לַיהוָה צְבָאוֹת עַל כָּל־גֵּאֶה וָרָם וְעַל כָּל־נִשָּׂא וְשָׁפֵל: וְעַל כָּל־אַרְזֵי 13
הַלְּבָנוֹן הָרָמִים וְהַנִּשָּׂאִים וְעַל כָּל־אַלּוֹנֵי הַבָּשָׁן: וְעַל כָּל־הֶהָרִים 14
הָרָמִים וְעַל כָּל־הַגְּבָעוֹת הַנִּשָּׂאוֹת: וְעַל כָּל־מִגְדָּל גָּבֹהַּ וְעַל כָּל־ 15
חוֹמָה בְצוּרָה: וְעַל כָּל־אֳנִיּוֹת תַּרְשִׁישׁ וְעַל כָּל־שְׂכִיּוֹת הַחֶמְדָּה: 16
וְשַׁח גַּבְהוּת הָאָדָם וְשָׁפֵל רוּם אֲנָשִׁים וְנִשְׂגַּב יְהוָה לְבַדּוֹ בַּיּוֹם 17

15A

shall be made low: and the LORD alone shall be exalted in that day.

18 And the idols he shall utterly abolish.

19 And they shall go into the holes of the rocks, and into the caves of the earth, for fear of the LORD, and for the glory of his majesty, when he ariseth to shake terribly the earth.

20 In that day a man shall cast his idols of silver, and his idols of gold, which they made *each one* for himself to worship, to the moles and to the bats;

21 To go into the clefts of the rocks, and into the tops of the ragged rocks, for fear of the LORD, and for the glory of his majesty, when he ariseth to shake terribly the earth.

22 Cease ye from man, whose breath *is* in his nostrils: for wherein is he to be accounted of?

CHAPTER 3

1 For, behold, the Lord, the LORD of hosts, doth take away from Jerusalem and from Judah the stay and the staff, the whole stay of bread, and the whole stay of water,

2 The mighty man, and the man of war, the judge, and the prophet, and the prudent, and the ancient,

3 The captain of fifty, and the honourable man, and the counsellor, and the cunning artificer, and the eloquent orator.

4 And I will give children *to be* their princes, and babes shall rule over them.

5 And the people shall be oppressed, every one by another, and every one by his neighbour: the child shall behave himself proudly against the ancient, and the base against the honourable.

6 When a man shall take hold of his brother of the house of his father, *saying,* Thou hast clothing, be thou our ruler, and *let* this ruin *be* under thy hand:

7 In that day shall he swear, saying, I will not be an healer; for in my house *is* neither bread nor clothing: make me not a ruler of the people.

8 For Jerusalem is ruined, and Judah is fallen: because their tongue and their do-

ings *are* against the LORD, to provoke the eyes of his glory.

9 ¶ The shew of their countenance doth witness against them; and they declare their sin as Sodom, they hide *it* not. Woe unto their soul! for they have rewarded evil unto themselves.

10 Say ye to the righteous, that *it shall be* well *with him:* for they shall eat the fruit of their doings.

11 Woe unto the wicked! *it shall be* ill *with him:* for the reward of his hands shall be given him.

12 ¶ *As for* my people, children *are* their oppressors, and women rule over them. O my people, they which lead thee cause *thee* to err, and destroy the way of thy paths.

13 The LORD standeth up to plead, and standeth to judge the people.

14 The LORD will enter into judgment with the ancients of his people, and the princes thereof: for ye have eaten up the vineyard; the spoil of the poor *is* in your houses.

15 What mean ye *that* ye beat my people to pieces, and grind the faces of the poor? saith the Lord GOD of hosts.

16 ¶ Moreover the LORD saith, Because the daughters of Zion are haughty, and walk with stretched forth necks and wanton eyes, walking and mincing *as* they go, and making a tinkling with their feet:

17 Therefore the Lord will smite with a scab the crown of the head of the daughters of Zion, and the LORD will discover their secret parts.

18 In that day the Lord will take away the bravery of *their* tinkling ornaments *about their feet,* and *their* cauls, and *their* round tires like the moon,

19 The chains, and the bracelets, and the mufflers,

20 The bonnets, and the ornaments of the legs, and the headbands, and the tablets, and the earrings,

21 The rings, and nose jewels,

22 The changeable suits of apparel, and the mantles, and the wimples, and the crisping pins,

23 The glasses, and the fine linen, and the hoods, and the vails.

הַהוּא: וְהָאֱלִילִים כָּלִיל יַחֲלֹף: וּבָאוּ בִּמְעָרוֹת צֻרִים וּבִמְחִלּוֹת עָפָר 18

מִפְּנֵי פַּחַד יְהוָה וּמֵהֲדַר גְּאוֹנוֹ בְּקוּמוֹ לַעֲרֹץ הָאָרֶץ: בַּיּוֹם הַהוּא 19 20

יַשְׁלִיךְ הָאָדָם אֵת אֱלִילֵי כַסְפּוֹ וְאֵת אֱלִילֵי זְהָבוֹ אֲשֶׁר עָשׂוּ־לוֹ

לְהִשְׁתַּחֲוֺת לַחְפֹּר פֵּרוֹת וְלָעֲטַלֵּפִים: לָבוֹא בְּנִקְרוֹת הַצֻּרִים וּבִסְעִפֵי 21

הַסְּלָעִים מִפְּנֵי פַּחַד יְהוָה וּמֵהֲדַר גְּאוֹנוֹ בְּקוּמוֹ לַעֲרֹץ הָאָרֶץ: חִדְלוּ 22

לָכֶם מִן־הָאָדָם אֲשֶׁר נְשָׁמָה בְּאַפּוֹ כִּי־בַמֶּה נֶחְשָׁב הוּא:

כִּי הִנֵּה הָאָדוֹן יְהוָה צְבָאוֹת מֵסִיר מִירוּשָׁלַ͏ִם וּמִיהוּדָה מַשְׁעֵן 3 1

וּמַשְׁעֵנָה כֹּל מִשְׁעַן־לֶחֶם וְכֹל מִשְׁעַן־מָיִם: גִּבּוֹר וְאִישׁ מִלְחָמָה 2

שׁוֹפֵט וְנָבִיא וְקֹסֵם וְזָקֵן: שַׂר־חֲמִשִּׁים וּנְשׂוּא פָנִים וְיוֹעֵץ וַחֲכַם 3

חֲרָשִׁים וּנְבוֹן לָחַשׁ: וְנָתַתִּי נְעָרִים שָׂרֵיהֶם וְתַעֲלוּלִים יִמְשְׁלוּ־בָם: 4

וְנִגַּשׂ הָעָם אִישׁ בְּאִישׁ וְאִישׁ בְּרֵעֵהוּ יִרְהֲבוּ הַנַּעַר בַּזָּקֵן וְהַנִּקְלֶה 5

בַּנִּכְבָּד: כִּי־יִתְפֹּשׂ אִישׁ בְּאָחִיו בֵּית אָבִיו שִׂמְלָה לְכָה קָצִין תִּהְיֶה־ 6

לָּנוּ וְהַמַּכְשֵׁלָה הַזֹּאת תַּחַת יָדֶךָ: יִשָּׂא בַיּוֹם הַהוּא׀ לֵאמֹר לֹא־ 7

אֶהְיֶה חֹבֵשׁ וּבְבֵיתִי אֵין לֶחֶם וְאֵין שִׂמְלָה לֹא תְשִׂימֻנִי קְצִין עָם:

כִּי כָשְׁלָה יְרוּשָׁלַ͏ִם וִיהוּדָה נָפָל כִּי־לְשׁוֹנָם וּמַעַלְלֵיהֶם אֶל־יְהוָה 8

לַמְרוֹת עֵנֵי כְבוֹדוֹ: הַכָּרַת פְּנֵיהֶם עָנְתָה בָּם וְחַטָּאתָם כִּסְדֹם הִגִּידוּ 9

לֹא כִחֵדוּ אוֹי לְנַפְשָׁם כִּי־גָמְלוּ לָהֶם רָעָה: אִמְרוּ צַדִּיק כִּי־טוֹב 10

כִּי־פְרִי מַעַלְלֵיהֶם יֹאכֵלוּ: אוֹי לְרָשָׁע רָע כִּי־גְמוּל יָדָיו יֵעָשֶׂה לּוֹ: 11

עַמִּי נֹגְשָׂיו מְעוֹלֵל וְנָשִׁים מָשְׁלוּ בוֹ עַמִּי מְאַשְּׁרֶיךָ מַתְעִים וְדֶרֶךְ 12

אֹרְחֹתֶיךָ בִּלֵּעוּ: נִצָּב לָרִיב יְהוָה וְעֹמֵד לָדִין עַמִּים: יְהוָה 13 14

בְּמִשְׁפָּט יָבוֹא עִם־זִקְנֵי עַמּוֹ וְשָׂרָיו וְאַתֶּם בִּעַרְתֶּם הַכֶּרֶם גְּזֵלַת

הֶעָנִי בְּבָתֵּיכֶם: מַלָּכֶם תְּדַכְּאוּ עַמִּי וּפְנֵי עֲנִיִּים תִּטְחָנוּ נְאֻם־אֲדֹנָי 15 מַה־לָּכֶם

יְהוָה צְבָאוֹת: וַיֹּאמֶר יְהוָה יַעַן כִּי גָבְהוּ בְּנוֹת צִיּוֹן 16

וַתֵּלַכְנָה נְטוּוֹת גָּרוֹן וּמְשַׂקְּרוֹת עֵינָיִם הָלוֹךְ וְטָפֹף תֵּלַכְנָה נְטוּיוֹת

וּבְרַגְלֵיהֶם תְּעַכַּסְנָה: וְשִׂפַּח אֲדֹנָי קָדְקֹד בְּנוֹת צִיּוֹן וַיהוָה פָּתְהֵן 17

יְעָרֶה: בַּיּוֹם הַהוּא יָסִיר אֲדֹנָי אֵת תִּפְאֶרֶת הָעֲכָסִים 18

וְהַשְּׁבִיסִים וְהַשַּׂהֲרֹנִים: הַנְּטִיפוֹת וְהַשֵּׁירוֹת וְהָרְעָלוֹת: הַפְּאֵרִים 19 20

וְהַצְּעָדוֹת וְהַקִּשֻּׁרִים וּבָתֵּי הַנֶּפֶשׁ וְהַלְּחָשִׁים: הַטַּבָּעוֹת וְנִזְמֵי הָאָף: 21

הַמַּחֲלָצוֹת וְהַמַּעֲטָפוֹת וְהַמִּטְפָּחוֹת וְהָחֲרִיטִים: וְהַגִּלְיֹנִים וְהַסְּדִינִים 22 23

24 And it shall come to pass, *that* instead of sweet smell there shall be stink; and instead of a girdle a rent; and instead of well set hair baldness; and instead of a stomacher a girding of sackcloth; *and* burning instead of beauty.

25 Thy men shall fall by the sword, and thy mighty in the war.

26 And her gates shall lament and mourn; and she *being* desolate shall sit upon the ground.

CHAPTER 4

1 And in that day seven women shall take hold of one man, saying, We will eat our own bread, and wear our own apparel: only let us be called by thy name, to take away our reproach.

2 In that day shall the branch of the Lord be beautiful and glorious, and the fruit of the earth *shall be* excellent and comely for them that are escaped of Israel.

3 And it shall come to pass, *that he that is* left in Zion, and *he that* remaineth in Jerusalem, shall be called holy, *even* every one that is written among the living in Jerusalem:

4 When the Lord shall have washed away the filth of the daughters of Zion, and shall have purged the blood of Jerusalem from the midst thereof by the spirit of judgment, and by the spirit of burning.

5 And the Lord will create upon every dwelling place of mount Zion, and upon her assemblies, a cloud and smoke by day, and the shining of a flaming fire by night: for upon all the glory *shall be* a defence.

6 And there shall be a tabernacle for a shadow in the daytime from the heat, and for a place of refuge, and for a covert from storm and from rain.

CHAPTER 5

1 Now will I sing to my wellbeloved a song of my beloved touching his vineyard. My wellbeloved hath a vineyard in a very fruitful hill:

2 And he fenced it, and gathered out the stones thereof, and planted it with the choicest vine, and built a tower in the midst of it, and also made a winepress therein: and he looked that it should bring forth grapes, and it brought forth wild grapes.

3 And now, O inhabitants of Jerusalem, and men of Judah, judge, I pray you, betwixt me and my vineyard.

4 What could have been done more to my vineyard, that I have not done in it? wherefore, when I looked that it should bring forth grapes, brought it forth wild grapes?

5 And now go to; I will tell you what I will do to my vineyard: I will take away the hedge thereof, and it shall be eaten up; *and* break down the wall thereof, and it shall be trodden down:

6 And I will lay it waste: it shall not be pruned, nor digged; but there shall come up briers and thorns: I will also command the clouds that they rain no rain upon it.

7 For the vineyard of the Lord of hosts *is* the house of Israel, and the men of Judah his pleasant plant: and he looked for judgment, but behold oppression; for righteousness, but behold a cry.

8 ¶ Woe unto them that join house to house, *that* lay field to field, till *there be* no place, that they may be placed alone in the midst of the earth!

9 In mine ears *said* the Lord of hosts, Of a truth many houses shall be desolate, *even* great and fair, without inhabitant.

10 Yea, ten acres of vineyard shall yield one bath, and the seed of an homer shall yield an ephah.

11 ¶ Woe unto them that rise up early in the morning, *that* they may follow strong drink; that continue until night, *till* wine inflame them!

12 And the harp, and the viol, the tabret, and pipe, and wine, are in their feasts: but they regard not the work of the Lord, neither consider the operation of his hands.

13 ¶ Therefore my people are gone into captivity, because *they have* no knowledge: and their honourable men *are* famished, and their multitude dried up with thirst.

14 Therefore hell hath enlarged herself, and opened her mouth without measure: and their glory, and their multitude, and

וְהַצְּנִיפוֹת וְהָרְדִידִים: וְהָיָה תַחַת בֹּשֶׂם מַק יִהְיֶה וְתַחַת חֲגוֹרָה 24
נִקְפָּה וְתַחַת מַעֲשֶׂה מִקְשֶׁה קָרְחָה וְתַחַת פְּתִיגִיל מַחֲגֹרֶת שָׂק כִּי־
תַחַת יֹפִי: מְתַיִךְ בַּחֶרֶב יִפֹּלוּ וּגְבוּרָתֵךְ בַּמִּלְחָמָה: וְאָנוּ וְאָבְלוּ 25 26
פְּתָחֶיהָ וְנִקָּתָה לָאָרֶץ תֵּשֵׁב: וְהֶחֱזִיקוּ שֶׁבַע נָשִׁים בְּאִישׁ אֶחָד בַּיּוֹם 4 1
הַהוּא לֵאמֹר לַחְמֵנוּ נֹאכֵל וְשִׂמְלָתֵנוּ נִלְבָּשׁ רַק יִקָּרֵא שִׁמְךָ עָלֵינוּ
אֱסֹף חֶרְפָּתֵנוּ: בַּיּוֹם הַהוּא יִהְיֶה צֶמַח יְהוָה לִצְבִי 2
וּלְכָבוֹד וּפְרִי הָאָרֶץ לְגָאוֹן וּלְתִפְאֶרֶת לִפְלֵיטַת יִשְׂרָאֵל: וְהָיָה‖ 3
הַנִּשְׁאָר בְּצִיּוֹן וְהַנּוֹתָר בִּירוּשָׁלִַם קָדוֹשׁ יֵאָמֶר לוֹ כָּל־הַכָּתוּב לַחַיִּים
בִּירוּשָׁלִָם: אִם‖רָחַץ אֲדֹנָי אֵת צֹאַת בְּנוֹת־צִיּוֹן וְאֶת־דְּמֵי יְרוּשָׁלִַם 4
יָדִיחַ מִקִּרְבָּהּ בְּרוּחַ מִשְׁפָּט וּבְרוּחַ בָּעֵר: וּבָרָא יְהוָה עַל כָּל־מְכוֹן 5
הַר־צִיּוֹן וְעַל־מִקְרָאֶהָ עָנָן‖יוֹמָם וְעָשָׁן וְנֹגַהּ אֵשׁ לֶהָבָה לָיְלָה כִּי
עַל־כָּל־כָּבוֹד חֻפָּה: וְסֻכָּה תִּהְיֶה לְצֵל־יוֹמָם מֵחֹרֶב וּלְמַחְסֶה 6
וּלְמִסְתּוֹר מִזֶּרֶם וּמִמָּטָר:

אָשִׁירָה נָּא לִידִידִי שִׁירַת דּוֹדִי לְכַרְמוֹ כֶּרֶם הָיָה לִידִידִי בְּקֶרֶן בֶּן־ 5 1
שָׁמֶן: וַיְעַזְּקֵהוּ וַיְסַקְּלֵהוּ וַיִּטָּעֵהוּ שֹׂרֵק וַיִּבֶן מִגְדָּל בְּתוֹכוֹ וְגַם־יֶקֶב 2
חָצֵב בּוֹ וַיְקַו לַעֲשׂוֹת עֲנָבִים וַיַּעַשׂ בְּאֻשִׁים: וְעַתָּה יוֹשֵׁב יְרוּשָׁלִַם 3
וְאִישׁ יְהוּדָה שִׁפְטוּ־נָא בֵּינִי וּבֵין כַּרְמִי: מַה־לַּעֲשׂוֹת עוֹד לְכַרְמִי 4
וְלֹא עָשִׂיתִי בּוֹ מַדּוּעַ קִוֵּיתִי לַעֲשׂוֹת עֲנָבִים וַיַּעַשׂ בְּאֻשִׁים: וְעַתָּה 5
אוֹדִיעָה־נָּא אֶתְכֶם אֵת אֲשֶׁר־אֲנִי עֹשֶׂה לְכַרְמִי הָסֵר מְשׂוּכָּתוֹ וְהָיָה
לְבָעֵר פָּרֹץ גְּדֵרוֹ וְהָיָה לְמִרְמָס: וַאֲשִׁיתֵהוּ בָתָה לֹא יִזָּמֵר וְלֹא 6
יֵעָדֵר וְעָלָה שָׁמִיר וָשָׁיִת וְעַל הֶעָבִים אֲצַוֶּה מֵהַמְטִיר עָלָיו מָטָר:
כִּי כֶרֶם יְהוָה צְבָאוֹת בֵּית יִשְׂרָאֵל וְאִישׁ יְהוּדָה נְטַע שַׁעֲשׁוּעָיו 7
וַיְקַו לְמִשְׁפָּט וְהִנֵּה מִשְׂפָּח לִצְדָקָה וְהִנֵּה צְעָקָה: הוֹי 8
מַגִּיעֵי בַיִת בְּבַיִת שָׂדֶה בְשָׂדֶה יַקְרִיבוּ עַד אֶפֶס מָקוֹם וְהוּשַׁבְתֶּם
לְבַדְּכֶם בְּקֶרֶב הָאָרֶץ: בְּאָזְנָי יְהוָה צְבָאוֹת אִם־לֹא בָּתִּים רַבִּים 9
לְשַׁמָּה יִהְיוּ גְּדֹלִים וְטוֹבִים מֵאֵין יוֹשֵׁב: כִּי עֲשֶׂרֶת צִמְדֵּי־כֶרֶם יַעֲשׂוּ 10
בַּת אֶחָת וְזֶרַע חֹמֶר יַעֲשֶׂה אֵיפָה:

הוֹי מַשְׁכִּימֵי בַבֹּקֶר שֵׁכָר יִרְדֹּפוּ מְאַחֲרֵי בַנֶּשֶׁף יַיִן יַדְלִיקֵם: וְהָיָה 11 12
כִנּוֹר וָנֶבֶל תֹּף וְחָלִיל וָיַיִן מִשְׁתֵּיהֶם וְאֵת פֹּעַל יְהוָה לֹא יַבִּיטוּ
וּמַעֲשֵׂה יָדָיו לֹא רָאוּ: לָכֵן גָּלָה עַמִּי מִבְּלִי־דָעַת וּכְבוֹדוֹ מְתֵי רָעָב 13
וַהֲמוֹנוֹ צִחֵה צָמָא: לָכֵן הִרְחִיבָה שְּׁאוֹל נַפְשָׁהּ וּפָעֲרָה פִיהָ לִבְלִי־חֹק 14

their pomp, and he that rejoiceth, shall descend into it.

15 And the mean man shall be brought down, and the mighty man shall be humbled, and the eyes of the lofty shall be humbled:

16 But the LORD of hosts shall be exalted in judgment, and God that is holy shall be sanctified in righteousness.

17 Then shall the lambs feed after their manner, and the waste places of the fat ones shall strangers eat.

18 Woe unto them that draw iniquity with cords of vanity, and sin as it were with a cart rope:

19 That say, Let him make speed, *and* hasten his work, that we may see *it:* and let the counsel of the Holy One of Israel draw nigh and come, that we may know *it!*

20 ¶ Woe unto them that call evil good, and good evil; that put darkness for light, and light for darkness; that put bitter for sweet, and sweet for bitter!

21 Woe unto *them that are* wise in their own eyes, and prudent in their own sight!

22 Woe unto *them that are* mighty to drink wine, and men of strength to mingle strong drink:

23 Which justify the wicked for reward, and take away the righteousness of the righteous from him!

24 Therefore as the fire devoureth the stubble, and the flame consumeth the chaff, *so* their root shall be as rottenness, and their blossom shall go up as dust: because they have cast away the law of the LORD of hosts, and despised the word of the Holy One of Israel.

25 Therefore is the anger of the LORD kindled against his people, and he hath stretched forth his hand against them, and hath smitten them: and the hills did tremble, and their carcases *were* torn in the midst of the streets. For all this his anger is not turned away, but his hand *is* stretched out still.

26 ¶ And he will lift up an ensign to the nations from far, and will hiss unto them from the end of the earth: and, behold, they shall come with speed swiftly:

27 None shall be weary nor stumble among them; none shall slumber nor sleep; neither shall the girdle of their loins be loosed, nor the latchet of their shoes be broken:

28 Whose arrows *are* sharp, and all their bows bent, their horses' hoofs shall be counted like flint, and their wheels like a whirlwind:

29 Their roaring *shall be* like a lion, they shall roar like young lions: yea, they shall roar, and lay hold of the prey, and shall carry *it* away safe, and none shall deliver *it.*

30 And in that day they shall roar against them like the roaring of the sea: and if *one* look unto the land, behold darkness *and* sorrow, and the light is darkened in the heavens thereof.

CHAPTER 6

1 In the year that king Uzziah died I saw also the Lord sitting upon a throne, high and lifted up, and his train filled the temple.

2 Above it stood the seraphims: each one had six wings; with twain he covered his face, and with twain he covered his feet, and with twain he did fly.

3 And one cried unto another, and said, Holy, holy, holy, *is* the LORD of hosts: the whole earth *is* full of his glory.

4 And the posts of the door moved at the voice of him that cried, and the house was filled with smoke.

5 ¶ Then said I, Woe *is* me! for I am undone; because I *am* a man of unclean lips, and I dwell in the midst of a people of unclean lips: for mine eyes have seen the King, the LORD of hosts.

6 Then flew one of the seraphims unto me, having a live coal in his hand, *which* he had taken with the tongs from off the altar:

7 And he laid *it* upon my mouth, and said, Lo, this hath touched thy lips; and thine iniquity is taken away, and thy sin purged.

8 Also I heard the voice of the Lord, saying, Whom shall I send, and who will go for us? Then said I, Here *am* I; send me.

9 ¶ And he said, Go, and tell this people,

וַיִּרַד הֲדָרָהּ וַהֲמוֹנָהּ וּשְׁאוֹנָהּ וְעָלֵז בָּהּ: וַיִּשַּׁח אָדָם וַיִּשְׁפַּל־אִישׁ וְעֵינֵי 15

גְּבֹהִים תִּשְׁפַּלְנָה: וַיִּגְבַּהּ יְהוָה צְבָאוֹת בַּמִּשְׁפָּט וְהָאֵל הַקָּדוֹשׁ נִקְדָּשׁ 16

בִּצְדָקָה: וְרָעוּ כְבָשִׂים כְּדָבְרָם וְחָרְבוֹת מֵחִים גָּרִים יֹאכֵלוּ: הוֹי 17
18

מֹשְׁכֵי הֶעָוֹן בְּחַבְלֵי הַשָּׁוְא וְכַעֲבוֹת הָעֲגָלָה חַטָּאָה: הָאֹמְרִים יְמַהֵר 19
יָחִישָׁה מַעֲשֵׂהוּ לְמַעַן נִרְאֶה וְתִקְרַב וְתָבוֹאָה עֲצַת קְדוֹשׁ יִשְׂרָאֵל
וְנֵדָעָה: הוֹי הָאֹמְרִים לָרַע טוֹב וְלַטּוֹב רַע שָׂמִים חֹשֶׁךְ 20

לָאוֹר וְאוֹר לְחֹשֶׁךְ שָׂמִים מַר לְמָתוֹק וּמָתוֹק לְמָר: הוֹי 21

חֲכָמִים בְּעֵינֵיהֶם וְנֶגֶד פְּנֵיהֶם נְבֹנִים: הוֹי גִּבּוֹרִים לִשְׁתּוֹת יָיִן 22

וְאַנְשֵׁי־חַיִל לִמְסֹךְ שֵׁכָר: מַצְדִּיקֵי רָשָׁע עֵקֶב שֹׁחַד וְצִדְקַת צַדִּיקִים 23

יָסִירוּ מִמֶּנּוּ:   לָכֵן כֶּאֱכֹל קַשׁ לְשׁוֹן אֵשׁ וַחֲשַׁשׁ לֶהָבָה 24
יִרְפֶּה שָׁרְשָׁם כַּמָּק יִהְיֶה וּפִרְחָם כָּאָבָק יַעֲלֶה כִּי מָאֲסוּ אֵת תּוֹרַת

יְהוָה צְבָאוֹת וְאֵת אִמְרַת קְדוֹשׁ־יִשְׂרָאֵל נִאֵצוּ: עַל־כֵּן חָרָה אַף־ 25
יְהוָה בְּעַמּוֹ וַיֵּט יָדוֹ עָלָיו וַיַּכֵּהוּ וַיִּרְגְּזוּ הֶהָרִים וַתְּהִי נִבְלָתָם כַּסּוּחָה

בְּקֶרֶב חוּצוֹת בְּכָל־זֹאת לֹא־שָׁב אַפּוֹ וְעוֹד יָדוֹ נְטוּיָה: וְנָשָׂא־נֵס 26

לַגּוֹיִם מֵרָחוֹק וְשָׁרַק לוֹ מִקְצֵה הָאָרֶץ וְהִנֵּה מְהֵרָה קַל יָבוֹא: אֵין־עָיֵף 27
וְאֵין־כּוֹשֵׁל בּוֹ לֹא יָנוּם וְלֹא יִישָׁן וְלֹא נִפְתַּח אֵזוֹר חֲלָצָיו וְלֹא נִתַּק

שְׂרוֹךְ נְעָלָיו: אֲשֶׁר חִצָּיו שְׁנוּנִים וְכָל־קַשְּׁתֹתָיו דְּרֻכוֹת פַּרְסוֹת סוּסָיו 28

כַּצַּר נֶחְשָׁבוּ וְגַלְגִּלָּיו כַּסּוּפָה: שְׁאָגָה לוֹ כַּלָּבִיא וְשָׁאַג כַּכְּפִירִים וְיִנְהֹם 29   ישׁאג

וְיֹאחֵז טֶרֶף וְיַפְלִיט וְאֵין מַצִּיל: וְיִנְהֹם עָלָיו בַּיּוֹם הַהוּא כְּנַהֲמַת־יָם 30
וְנִבַּט לָאָרֶץ וְהִנֵּה־חֹשֶׁךְ צַר וָאוֹר חָשַׁךְ בַּעֲרִיפֶיהָ:

בִּשְׁנַת־מוֹת הַמֶּלֶךְ עֻזִּיָּהוּ וָאֶרְאֶה אֶת־אֲדֹנָי יֹשֵׁב עַל־כִּסֵּא רָם וְנִשָּׂא 6 1

וְשׁוּלָיו מְלֵאִים אֶת־הַהֵיכָל: שְׂרָפִים עֹמְדִים מִמַּעַל לוֹ שֵׁשׁ כְּנָפַיִם 2
שֵׁשׁ כְּנָפַיִם לְאֶחָד בִּשְׁתַּיִם יְכַסֶּה פָנָיו וּבִשְׁתַּיִם יְכַסֶּה רַגְלָיו

וּבִשְׁתַּיִם יְעוֹפֵף: וְקָרָא זֶה אֶל־זֶה וְאָמַר קָדוֹשׁ קָדוֹשׁ קָדוֹשׁ יְהוָה 3

צְבָאוֹת מְלֹא כָל־הָאָרֶץ כְּבוֹדוֹ: וַיָּנֻעוּ אַמּוֹת הַסִּפִּים מִקּוֹל הַקּוֹרֵא 4

וְהַבַּיִת יִמָּלֵא עָשָׁן: וָאֹמַר אוֹי־לִי כִי־נִדְמֵיתִי כִּי אִישׁ טְמֵא־שְׂפָתַיִם 5
אָנֹכִי וּבְתוֹךְ עַם־טְמֵא שְׂפָתַיִם אָנֹכִי יוֹשֵׁב כִּי אֶת־הַמֶּלֶךְ יְהוָה

צְבָאוֹת רָאוּ עֵינָי: וַיָּעָף אֵלַי אֶחָד מִן־הַשְּׂרָפִים וּבְיָדוֹ רִצְפָּה 6

בְּמֶלְקַחַיִם לָקַח מֵעַל הַמִּזְבֵּחַ: וַיַּגַּע עַל־פִּי וַיֹּאמֶר הִנֵּה נָגַע זֶה 7

עַל־שְׂפָתֶיךָ וְסָר עֲוֹנֶךָ וְחַטָּאתְךָ תְּכֻפָּר: וָאֶשְׁמַע אֶת־קוֹל אֲדֹנָי 8

אֹמֵר אֶת־מִי אֶשְׁלַח וּמִי יֵלֶךְ־לָנוּ וָאֹמַר הִנְנִי שְׁלָחֵנִי: וַיֹּאמֶר לֵךְ 9

Hear ye indeed, but understand not; and see ye indeed, but perceive not.

10 Make the heart of this people fat, and make their ears heavy, and shut their eyes; lest they see with their eyes, and hear with their ears, and understand with their heart, and convert, and be healed.

11 Then said I, Lord, how long? And he answered, Until the cities be wasted without inhabitant, and the houses without man, and the land be utterly desolate,

12 And the LORD have removed men far away, and *there be* a great forsaking in the midst of the land.

13 ¶ But yet in it *shall be* a tenth, and *it* shall return, and shall be eaten: as a teil tree, and as an oak, whose substance *is* in them, when they cast *their leaves: so* the holy seed *shall be* the substance thereof.

CHAPTER 7

1 And it came to pass in the days of Ahaz the son of Jotham, the son of Uzziah, king of Judah, *that* Rezin the king of Syria, and Pekah the son of Remaliah, king of Israel, went up toward Jerusalem to war against it, but could not prevail against it.

2 And it was told the house of David, saying, Syria is confederate with Ephraim. And his heart was moved, and the heart of his people, as the trees of the wood are moved with the wind.

3 Then said the LORD unto Isaiah, Go forth now to meet Ahaz, thou, and Shear-jashub thy son, at the end of the conduit of the upper pool in the highway of the fuller's field;

4 And say unto him, Take heed, and be quiet; fear not, neither be fainthearted for the two tails of these smoking firebrands, for the fierce anger of Rezin with Syria, and of the son of Remaliah.

5 Because Syria, Ephraim, and the son of Remaliah, have taken evil counsel against thee, saying,

6 Let us go up against Judah, and vex it, and let us make a breach therein for us, and set a king in the midst of it, *even* the son of Tabeal:

7 Thus saith the Lord GOD, It shall not stand, neither shall it come to pass.

8 For the head of Syria *is* Damascus, and the head of Damascus *is* Rezin; and within threescore and five years shall Ephraim be broken, that it be not a people.

9 And the head of Ephraim *is* Samaria, and the head of Samaria *is* Remaliah's son. If ye will not believe, surely ye shall not be established.

10 ¶ Moreover the LORD spake again unto Ahaz, saying,

11 Ask thee a sign of the LORD thy God; ask it either in the depth, or in the height above.

12 But Ahaz said, I will not ask, neither will I tempt the LORD.

13 And he said, Hear ye now, O house of David; *Is it* a small thing for you to weary men, but will ye weary my God also?

14 Therefore the Lord himself shall give you a sign; Behold, a virgin shall conceive, and bear a son, and shall call his name Immanuel.

15 Butter and honey shall he eat, that he may know to refuse the evil, and choose the good.

16 For before the child shall know to refuse the evil, and choose the good, the land that thou abhorrest shall be forsaken of both her kings.

17 ¶ The LORD shall bring upon thee, and upon thy people, and upon thy father's house, days that have not come, from the day that Ephraim departed from Judah; *even* the king of Assyria.

18 And it shall come to pass in that day, *that* the LORD shall hiss for the fly that *is* in the uttermost part of the rivers of Egypt, and for the bee that *is* in the land of Assyria.

19 And they shall come, and shall rest all of them in the desolate valleys, and in the holes of the rocks, and upon all thorns, and upon all bushes.

20 In the same day shall the Lord shave with a razor that is hired, *namely,* by them beyond the river, by the king of Assyria, the head, and the hair of the feet: and it shall also consume the beard.

21 And it shall come to pass in that day, *that* a man shall nourish a young cow, and two sheep;

וְאָמַרְתָּ לָעָם הַזֶּה שִׁמְעוּ שָׁמוֹעַ וְאַל־תָּבִינוּ וּרְאוּ רָאוֹ וְאַל־תֵּדָעוּ:

10 הַשְׁמֵן לֵב־הָעָם הַזֶּה וְאָזְנָיו הַכְבֵּד וְעֵינָיו הָשַׁע פֶּן־יִרְאֶה בְעֵינָיו

11 וּבְאָזְנָיו יִשְׁמָע וּלְבָבוֹ יָבִין וָשָׁב וְרָפָא לוֹ: וָאֹמַר עַד־מָתַי אֲדֹנָי וַיֹּאמֶר עַד אֲשֶׁר אִם־שָׁאוּ עָרִים מֵאֵין יוֹשֵׁב וּבָתִּים מֵאֵין אָדָם

12 וְהָאֲדָמָה תִּשָּׁאֶה שְׁמָמָה: וְרִחַק יְהוָה אֶת־הָאָדָם וְרַבָּה הָעֲזוּבָה

13 בְּקֶרֶב הָאָרֶץ: וְעוֹד בָּהּ עֲשִׂרִיָּה וְשָׁבָה וְהָיְתָה לְבָעֵר כָּאֵלָה וְכָאַלּוֹן אֲשֶׁר בְּשַׁלֶּכֶת מַצֶּבֶת בָּם זֶרַע קֹדֶשׁ מַצַּבְתָּהּ:

7 וַיְהִי בִּימֵי אָחָז בֶּן־יוֹתָם בֶּן־עֻזִּיָּהוּ מֶלֶךְ יְהוּדָה עָלָה רְצִין מֶלֶךְ־אֲרָם וּפֶקַח בֶּן־רְמַלְיָהוּ מֶלֶךְ־יִשְׂרָאֵל יְרוּשָׁלַם לַמִּלְחָמָה עָלֶיהָ וְלֹא יָכֹל

2 לְהִלָּחֵם עָלֶיהָ: וַיֻּגַּד לְבֵית דָּוִד לֵאמֹר נָחָה אֲרָם עַל־אֶפְרָיִם וַיָּנַע

3 לְבָבוֹ וּלְבַב עַמּוֹ כְּנוֹעַ עֲצֵי־יַעַר מִפְּנֵי־רוּחַ: וַיֹּאמֶר יְהוָה אֶל־יְשַׁעְיָהוּ צֵא־נָא לִקְרַאת אָחָז אַתָּה וּשְׁאָר יָשׁוּב בְּנֶךָ אֶל־קְצֵה תְּעָלַת

4 הַבְּרֵכָה הָעֶלְיוֹנָה אֶל־מְסִלַּת שְׂדֵה כוֹבֵס: וְאָמַרְתָּ אֵלָיו הִשָּׁמֵר וְהַשְׁקֵט אַל־תִּירָא וּלְבָבְךָ אַל־יֵרַךְ מִשְּׁנֵי זַנְבוֹת הָאוּדִים הָעֲשֵׁנִים

5 הָאֵלֶּה בָּחֳרִי־אַף רְצִין וַאֲרָם וּבֶן־רְמַלְיָהוּ: יַעַן כִּי־יָעַץ עָלֶיךָ אֲרָם

6 רָעָה אֶפְרַיִם וּבֶן־רְמַלְיָהוּ לֵאמֹר: נַעֲלֶה בִיהוּדָה וּנְקִיצֶנָּה וְנַבְקִעֶנָּה

7 אֵלֵינוּ וְנַמְלִיךְ מֶלֶךְ בְּתוֹכָהּ אֵת בֶּן־טָבְאַל: כֹּה אָמַר

8 אֲדֹנָי יְהוִה לֹא תָקוּם וְלֹא תִהְיֶה: כִּי רֹאשׁ אֲרָם דַּמֶּשֶׂק וְרֹאשׁ

9 דַּמֶּשֶׂק רְצִין וּבְעוֹד שִׁשִּׁים וְחָמֵשׁ שָׁנָה יֵחַת אֶפְרַיִם מֵעָם: וְרֹאשׁ אֶפְרַיִם שֹׁמְרוֹן וְרֹאשׁ שֹׁמְרוֹן בֶּן־רְמַלְיָהוּ אִם לֹא תַאֲמִינוּ כִּי לֹא

10 תֵאָמֵנוּ: וַיּוֹסֶף יְהוָה דַּבֵּר אֶל־אָחָז לֵאמֹר: שְׁאַל־לְךָ אוֹת
11

12 מֵעִם יְהוָה אֱלֹהֶיךָ הַעְמֵק שְׁאָלָה אוֹ הַגְבֵּהַּ לְמָעְלָה: וַיֹּאמֶר אָחָז

13 לֹא־אֶשְׁאַל וְלֹא־אֲנַסֶּה אֶת־יְהוָה: וַיֹּאמֶר שִׁמְעוּ־נָא בֵּית דָּוִד הַמְעַט

14 מִכֶּם הַלְאוֹת אֲנָשִׁים כִּי תַלְאוּ גַּם אֶת־אֱלֹהָי: לָכֵן יִתֵּן אֲדֹנָי הוּא לָכֶם אוֹת הִנֵּה הָעַלְמָה הָרָה וְיֹלֶדֶת בֵּן וְקָרָאת שְׁמוֹ עִמָּנוּ אֵל:

15 חֶמְאָה וּדְבַשׁ יֹאכֵל לְדַעְתּוֹ מָאוֹס בָּרָע וּבָחוֹר בַּטּוֹב: כִּי בְּטֶרֶם יֵדַע
16 הַנַּעַר מָאֹס בָּרָע וּבָחֹר בַּטּוֹב תֵּעָזֵב הָאֲדָמָה אֲשֶׁר אַתָּה קָץ מִפְּנֵי

17 שְׁנֵי מְלָכֶיהָ: יָבִיא יְהוָה עָלֶיךָ וְעַל־עַמְּךָ וְעַל־בֵּית אָבִיךָ יָמִים אֲשֶׁר לֹא־בָאוּ לְמִיּוֹם סוּר־אֶפְרַיִם מֵעַל יְהוּדָה אֵת מֶלֶךְ אַשּׁוּר:

18 וְהָיָה בַּיּוֹם הַהוּא יִשְׁרֹק יְהוָה לַזְּבוּב אֲשֶׁר בִּקְצֵה יְאֹרֵי מִצְרָיִם

19 וְלַדְּבוֹרָה אֲשֶׁר בְּאֶרֶץ אַשּׁוּר: וּבָאוּ וְנָחוּ כֻלָּם בְּנַחֲלֵי הַבַּתּוֹת

20 וּבִנְקִיקֵי הַסְּלָעִים וּבְכֹל הַנַּעֲצוּצִים וּבְכֹל הַנַּהֲלֹלִים: בַּיּוֹם הַהוּא יְגַלַּח אֲדֹנָי בְּתַעַר הַשְּׂכִירָה בְּעֶבְרֵי נָהָר בְּמֶלֶךְ אַשּׁוּר אֶת־הָרֹאשׁ

21 וְשַׂעַר הָרַגְלָיִם וְגַם אֶת־הַזָּקָן תִּסְפֶּה: וְהָיָה בַּיּוֹם הַהוּא

22 יְחַיֶּה־אִישׁ עֶגְלַת בָּקָר וּשְׁתֵּי־צֹאן: וְהָיָה מֵרֹב עֲשׂוֹת חָלָב יֹאכַל

22 And it shall come to pass, for the abundance of milk *that* they shall give he shall eat butter: for butter and honey shall every one eat that is left in the land.

23 And it shall come to pass in that day, *that* every place shall be, where there were a thousand vines at a thousand silverlings, it shall *even* be for briers and thorns.

24 With arrows and with bows shall *men* come thither; because all the land shall become briers and thorns.

25 And *on* all hills that shall be digged with the mattock, there shall not come thither the fear of briers and thorns: but it shall be for the sending forth of oxen, and for the treading of lesser cattle.

CHAPTER 8

1 Moreover the Lord said unto me, Take thee a great roll, and write in it with a man's pen concerning Maher-shalal-hash-baz.

2 And I took unto me faithful witnesses to record, Uriah the priest, and Zechariah the son of Jeberechiah.

3 And I went unto the prophetess; and she conceived, and bare a son. Then said the Lord to me, Call his name Maher-shalal-hash-baz.

4 For before the child shall have knowledge to cry, My father, and my mother, the riches of Damascus and the spoil of Samaria shall be taken away before the king of Assyria.

5 ¶ The Lord spake also unto me again, saying,

6 Forasmuch as this people refuseth the waters of Shiloah that go softly, and rejoice in Rezin and Remaliah's son;

7 Now therefore, behold, the Lord bringeth up upon them the waters of the river, strong and many, *even* the king of Assyria, and all his glory: and he shall come up over all his channels, and go over all his banks:

8 And he shall pass through Judah; he shall overflow and go over, he shall reach *even* to the neck; and the stretching out of his wings shall fill the breadth of thy land, O Immanuel.

9 ¶ Associate yourselves, O ye people, and ye shall be broken in pieces; and give ear, all ye of far countries: gird yourselves, and ye shall be broken in pieces; gird yourselves, and ye shall be broken in pieces.

10 Take counsel together, and it shall come to nought; speak the word, and it shall not stand: for God *is* with us.

11 ¶ For the Lord spake thus to me with a strong hand, and instructed me that I should not walk in the way of this people, saying,

12 Say ye not, A confederacy, to all *them to* whom this people shall say, A confederacy; neither fear ye their fear, nor be afraid.

13 Sanctify the Lord of hosts himself; and *let* him *be* your fear, and *let* him *be* your dread.

14 And he shall be for a sanctuary; but for a stone of stumbling and for a rock of offence to both the houses of Israel, for a gin and for a snare to the inhabitants of Jerusalem.

15 And many among them shall stumble, and fall, and be broken, and be snared, and be taken.

16 Bind up the testimony, seal the law among my disciples.

17 And I will wait upon the Lord, that hideth his face from the house of Jacob, and I will look for him.

18 Behold, I and the children whom the Lord hath given me *are* for signs and for wonders in Israel from the Lord of hosts, which dwelleth in mount Zion.

19 ¶ And when they shall say unto you, Seek unto them that have familiar spirits, and unto wizards that peep, and that mutter: should not a people seek unto their God? for the living to the dead?

20 To the law and to the testimony: if they speak not according to this word, *it is* because *there is* no light in them.

21 And they shall pass through it, hardly bestead and hungry: and it shall come to pass, that when they shall be hungry, they shall fret themselves, and curse their king and their God, and look upward.

22 And they shall look unto the earth; and behold trouble and darkness, dimness

חֶמְאָה כִּי־חֶמְאָה וּדְבַשׁ יֹאכֵל כָּל־הַנּוֹתָר בְּקֶרֶב הָאָרֶץ: וְהָיָה בַּיּוֹם 23

הַהוּא יִהְיֶה כָל־מָקוֹם אֲשֶׁר יִהְיֶה־שָּׁם אֶלֶף גֶּפֶן בְּאֶלֶף כָּסֶף לַשָּׁמִיר

וְלַשַּׁיִת יִהְיֶה: בַּחִצִּים וּבַקֶּשֶׁת יָבוֹא שָׁמָּה כִּי־שָׁמִיר וָשַׁיִת תִּהְיֶה 24

כָל־הָאָרֶץ: וְכֹל הֶהָרִים אֲשֶׁר בַּמַּעְדֵּר יֵעָדֵרוּן לֹא־תָבוֹא שָׁמָּה יִרְאַת 25

שָׁמִיר וָשָׁיִת וְהָיָה לְמִשְׁלַח שׁוֹר וּלְמִרְמַס שֶׂה:

וַיֹּאמֶר יְהוָה אֵלַי קַח־לְךָ גִּלָּיוֹן גָּדוֹל וּכְתֹב עָלָיו בְּחֶרֶט אֱנוֹשׁ לְמַהֵר 8 1

שָׁלָל חָשׁ בַּז: וְאָעִידָה לִּי עֵדִים נֶאֱמָנִים אֵת אוּרִיָּה הַכֹּהֵן וְאֶת־ 2

זְכַרְיָהוּ בֶּן יְבֶרֶכְיָהוּ: וָאֶקְרַב אֶל־הַנְּבִיאָה וַתַּהַר וַתֵּלֶד בֵּן וַיֹּאמֶר 3

יְהוָה אֵלַי קְרָא שְׁמוֹ מַהֵר שָׁלָל חָשׁ בַּז: כִּי בְּטֶרֶם יֵדַע הַנַּעַר 4

קְרֹא אָבִי וְאִמִּי יִשָּׂא אֶת־חֵיל דַּמֶּשֶׂק וְאֵת שְׁלַל שֹׁמְרוֹן לִפְנֵי מֶלֶךְ

אַשּׁוּר: 6A 5

וַיֹּסֶף יְהוָה דַּבֵּר אֵלַי עוֹד לֵאמֹר: יַעַן כִּי מָאַס 6

הָעָם הַזֶּה אֵת מֵי הַשִּׁלֹחַ הַהֹלְכִים לְאַט וּמְשׂוֹשׂ אֶת־רְצִין וּבֶן־

רְמַלְיָהוּ: וְלָכֵן הִנֵּה אֲדֹנָי מַעֲלֶה עֲלֵיהֶם אֶת־מֵי הַנָּהָר הָעֲצוּמִים 7

וְהָרַבִּים אֶת־מֶלֶךְ אַשּׁוּר וְאֶת־כָּל־כְּבוֹדוֹ וְעָלָה עַל־כָּל־אֲפִיקָיו וְהָלַךְ

עַל־כָּל־גְּדוֹתָיו: וְחָלַף בִּיהוּדָה שָׁטַף וְעָבַר עַד־צַוָּאר יַגִּיעַ וְהָיָה 8

מֻטּוֹת כְּנָפָיו מְלֹא רְחַב־אַרְצְךָ עִמָּנוּ אֵל: רֹעוּ עַמִּים 9

וָחֹתּוּ וְהַאֲזִינוּ כֹּל מֶרְחַקֵּי־אָרֶץ הִתְאַזְּרוּ וָחֹתּוּ הִתְאַזְּרוּ וָחֹתּוּ: עֻצוּ 10

עֵצָה וְתֻפָר דַּבְּרוּ דָבָר וְלֹא יָקוּם כִּי עִמָּנוּ אֵל: כִּי כֹה 11

אָמַר יְהוָה אֵלַי כְּחֶזְקַת הַיָּד וְיִסְּרֵנִי מִלֶּכֶת בְּדֶרֶךְ הָעָם־הַזֶּה לֵאמֹר:

לֹא־תֹאמְרוּן קֶשֶׁר לְכֹל אֲשֶׁר־יֹאמַר הָעָם הַזֶּה קָשֶׁר וְאֶת־מוֹרָאוֹ 12

לֹא־תִירְאוּ וְלֹא תַעֲרִיצוּ: אֶת־יְהוָה צְבָאוֹת אֹתוֹ תַקְדִּישׁוּ וְהוּא 13

מוֹרַאֲכֶם וְהוּא מַעֲרִצְכֶם: וְהָיָה לְמִקְדָּשׁ וּלְאֶבֶן נֶגֶף וּלְצוּר מִכְשׁוֹל 14

לִשְׁנֵי בָתֵּי יִשְׂרָאֵל לְפַח וּלְמוֹקֵשׁ לְיוֹשֵׁב יְרוּשָׁלָ͏ִם: וְכָשְׁלוּ בָם רַבִּים 15

וְנָפְלוּ וְנִשְׁבָּרוּ וְנוֹקְשׁוּ וְנִלְכָּדוּ: צוֹר תְּעוּדָה חֲתוֹם תּוֹרָה 16

בְּלִמֻּדָי: וְחִכִּיתִי לַיהוָה הַמַּסְתִּיר פָּנָיו מִבֵּית יַעֲקֹב וְקִוֵּיתִי־לוֹ: הִנֵּה 17 18

אָנֹכִי וְהַיְלָדִים אֲשֶׁר נָתַן־לִי יְהוָה לְאֹתוֹת וּלְמוֹפְתִים בְּיִשְׂרָאֵל מֵעִם

יְהוָה צְבָאוֹת הַשֹּׁכֵן בְּהַר צִיּוֹן: וְכִי־יֹאמְרוּ אֲלֵיכֶם דִּרְשׁוּ 19

אֶל־הָאֹבוֹת וְאֶל־הַיִּדְּעֹנִים הַמְצַפְצְפִים וְהַמַּהְגִּים הֲלוֹא־עַם אֶל־

אֱלֹהָיו יִדְרֹשׁ בְּעַד הַחַיִּים אֶל־הַמֵּתִים: לְתוֹרָה וְלִתְעוּדָה אִם־לֹא 20

יֹאמְרוּ כַּדָּבָר הַזֶּה אֲשֶׁר אֵין־לוֹ שָׁחַר: וְעָבַר בָּהּ נִקְשֶׁה וְרָעֵב וְהָיָה 21

כִי־יִרְעַב וְהִתְקַצַּף וְקִלֵּל בְּמַלְכּוֹ וּבֵאלֹהָיו וּפָנָה לְמָעְלָה: וְאֶל־אֶרֶץ 22

of anguish; and *they shall be* driven to darkness.

CHAPTER 9

1[8:23] Nevertheless the dimness *shall* not *be* such as *was* in her vexation, when at the first he lightly afflicted the land of Zebulun and the land of Naphtali, and afterward did more grievously afflict *her by* the way of the sea, beyond Jordan, in Galilee of the nations.

2[1] The people that walked in darkness have seen a great light: they that dwell in the land of the shadow of death, upon them hath the light shined.

3[2] Thou hast multiplied the nation, *and* not increased the joy: they joy before thee according to the joy in harvest, *and* as *men* rejoice when they divide the spoil.

4[3] For thou hast broken the yoke of his burden, and the staff of his shoulder, the rod of his oppressor, as in the day of Midian.

5[4] For every battle of the warrior *is* with confused noise, and garments rolled in blood; but *this* shall be with burning *and* fuel of fire.

6[5] For unto us a child is born, unto us a son is given: and the government shall be upon his shoulder: and his name shall be called Wonderful, Counsellor, The mighty God, The everlasting Father, The Prince of Peace.

7[6] Of the increase of *his* government and peace *there shall be* no end, upon the throne of David, and upon his kingdom, to order it, and to establish it with judgment and with justice from henceforth even for ever. The zeal of the LORD of hosts will perform this.

8[7] ¶ The Lord sent a word into Jacob, and it hath lighted upon Israel.

9[8] And all the people shall know, *even* Ephraim and the inhabitant of Samaria, that say in the pride and stoutness of heart,

10[9] The bricks are fallen down, but we will build with hewn stones: the sycomores are cut down, but we will change *them into* cedars.

11[10] Therefore the LORD shall set up

the adversaries of Rezin against him, and join his enemies together;

12[11] The Syrians before, and the Philistines behind; and they shall devour Israel with open mouth. For all this his anger is not turned away, but his hand *is* stretched out still.

13[12] ¶ For the people turneth not unto him that smiteth them, neither do they seek the LORD of hosts.

14[13] Therefore the LORD will cut off from Israel head and tail, branch and rush, in one day.

15[14] The ancient and honourable, he *is* the head; and the prophet that teacheth lies, he *is* the tail.

16[15] For the leaders of this people cause *them* to err; and *they that are* led of them *are* destroyed.

17[16] Therefore the Lord shall have no joy in their young men, neither shall have mercy on their fatherless and widows: for every one *is* an hypocrite and an evildoer, and every mouth speaketh folly. For all this his anger is not turned away, but his hand *is* stretched out still.

18[17] ¶ For wickedness burneth as the fire: it shall devour the briers and thorns, and shall kindle in the thickets of the forest, and they shall mount up *like* the lifting up of smoke.

19[18] Through the wrath of the LORD of hosts is the land darkened, and the people shall be as the fuel of the fire: no man shall spare his brother.

20[19] And he shall snatch on the right hand, and be hungry; and he shall eat on the left hand, and they shall not be satisfied: they shall eat every man the flesh of his own arm:

21[20] Manasseh, Ephraim; and Ephraim, Manasseh: *and* they together *shall be* against Judah. For all this his anger is not turned away, but his hand *is* stretched out still.

CHAPTER 10

1 Woe unto them that decree unrighteous decrees, and that write grievousness *which* they have prescribed;

2 To turn aside the needy from judg-

יַבִּיט וְהִנֵּה צָרָה וַחֲשֵׁכָה מְעוּף צוּקָה וַאֲפֵלָה מְנֻדָּח: כִּי לֹא מוּעָף 23

לַאֲשֶׁר מוּצָק לָהּ כָּעֵת הָרִאשׁוֹן הֵקַל אַרְצָה זְבֻלוּן וְאַרְצָה נַפְתָּלִי

וְהָאַחֲרוֹן הִכְבִּיד דֶּרֶךְ הַיָּם עֵבֶר הַיַּרְדֵּן גְּלִיל הַגּוֹיִם: הָעָם הַהֹלְכִים 9 1

בַּחֹשֶׁךְ רָאוּ אוֹר גָּדוֹל יֹשְׁבֵי בְּאֶרֶץ צַלְמָוֶת אוֹר נָגַהּ עֲלֵיהֶם: הִרְבִּיתָ 2

הַגּוֹי לֹא הִגְדַּלְתָּ הַשִּׂמְחָה שָׂמְחוּ לְפָנֶיךָ כְּשִׂמְחַת בַּקָּצִיר כַּאֲשֶׁר

יָגִילוּ בְּחַלְּקָם שָׁלָל: כִּי ׀ אֶת־עֹל סֻבֳּלוֹ וְאֵת מַטֵּה שִׁכְמוֹ שֵׁבֶט הַנֹּגֵשׂ 3

בּוֹ הַחִתֹּתָ כְּיוֹם מִדְיָן: כִּי כָל־סְאוֹן סֹאֵן בְּרַעַשׁ וְשִׂמְלָה מְגוֹלָלָה 4

בְדָמִים וְהָיְתָה לִשְׂרֵפָה מַאֲכֹלֶת אֵשׁ: כִּי־יֶלֶד יֻלַּד־לָנוּ בֵּן נִתַּן־לָנוּ 5

וַתְּהִי הַמִּשְׂרָה עַל־שִׁכְמוֹ וַיִּקְרָא שְׁמוֹ פֶּלֶא יוֹעֵץ אֵל גִּבּוֹר אֲבִיעַד

שַׂר־שָׁלוֹם: לםרבה הַמִּשְׂרָה וּלְשָׁלוֹם אֵין־קֵץ עַל־כִּסֵּא דָוִד וְעַל־ 6

מַמְלַכְתּוֹ לְהָכִין אֹתָהּ וּלְסַעֲדָהּ בְּמִשְׁפָּט וּבִצְדָקָה מֵעַתָּה וְעַד־עוֹלָם

קִנְאַת יְהוָה צְבָאוֹת תַּעֲשֶׂה־זֹּאת:　　　דָּבָר שָׁלַח אֲדֹנָי 7

בְּיַעֲקֹב וְנָפַל בְּיִשְׂרָאֵל: וְיָדְעוּ הָעָם כֻּלּוֹ אֶפְרַיִם וְיוֹשֵׁב שֹׁמְרוֹן 8

בְּגַאֲוָה וּבְגֹדֶל לֵבָב לֵאמֹר: לְבֵנִים נָפָלוּ וְגָזִית נִבְנֶה שִׁקְמִים גֻּדָּעוּ 9

וַאֲרָזִים נַחֲלִיף: וַיְשַׂגֵּב יְהוָה אֶת־צָרֵי רְצִין עָלָיו וְאֶת־אֹיְבָיו יְסַכְסֵךְ: 10

אֲרָם מִקֶּדֶם וּפְלִשְׁתִּים מֵאָחוֹר וַיֹּאכְלוּ אֶת־יִשְׂרָאֵל בְּכָל־פֶּה בְּכָל־ 11

זֹאת לֹא־שָׁב אַפּוֹ וְעוֹד יָדוֹ נְטוּיָה: וְהָעָם לֹא־שָׁב עַד־הַמַּכֵּהוּ וְאֶת־ 12

יְהוָה צְבָאוֹת לֹא דָרָשׁוּ:　　　וַיַּכְרֵת יְהוָה מִיִּשְׂרָאֵל רֹאשׁ 13

וְזָנָב כִּפָּה וְאַגְמוֹן יוֹם אֶחָד: זָקֵן וּנְשׂוּא־פָנִים הוּא הָרֹאשׁ וְנָבִיא 14

מוֹרֶה־שֶּׁקֶר הוּא הַזָּנָב: וַיִּהְיוּ מְאַשְּׁרֵי הָעָם־הַזֶּה מַתְעִים וּמְאֻשָּׁרָיו 15

מְבֻלָּעִים: עַל־כֵּן עַל־בַּחוּרָיו לֹא־יִשְׂמַח ׀ אֲדֹנָי וְאֶת־יְתֹמָיו וְאֶת־ 16

אַלְמְנֹתָיו לֹא יְרַחֵם כִּי כֻלּוֹ חָנֵף וּמֵרַע וְכָל־פֶּה דֹּבֵר נְבָלָה בְּכָל־זֹאת

לֹא־שָׁב אַפּוֹ וְעוֹד יָדוֹ נְטוּיָה: כִּי־בָעֲרָה כָאֵשׁ רִשְׁעָה שָׁמִיר וָשַׁיִת 17

תֹּאכֵל וַתִּצַּת בְּסִבְכֵי הַיַּעַר וַיִּתְאַבְּכוּ גֵּאוּת עָשָׁן: בְּעֶבְרַת יְהוָה 18

צְבָאוֹת נֶעְתַּם אָרֶץ וַיְהִי הָעָם כְּמַאֲכֹלֶת אֵשׁ אִישׁ אֶל־אָחִיו לֹא

יַחְמֹלוּ: וַיִּגְזֹר עַל־יָמִין וְרָעֵב וַיֹּאכַל עַל־שְׂמֹאול וְלֹא שָׂבֵעוּ אִישׁ 19

בְּשַׂר־זְרֹעוֹ יֹאכֵלוּ: מְנַשֶּׁה אֶת־אֶפְרַיִם וְאֶפְרַיִם אֶת־מְנַשֶּׁה יַחְדָּו הֵמָּה 20

עַל־יְהוּדָה בְּכָל־זֹאת לֹא־שָׁב אַפּוֹ וְעוֹד יָדוֹ נְטוּיָה: 10 1

הַחֹקְקִים חִקְקֵי־אָוֶן וּמְכַתְּבִים עָמָל כִּתֵּבוּ: לְהַטּוֹת מִדִּין דַּלִּים וְלִגְזֹל 2

ment, and to take away the right from the poor of my people, that widows may be their prey, and *that* they may rob the fatherless!

3 And what will ye do in the day of visitation, and in the desolation *which* shall come from far? to whom will ye flee for help? and where will ye leave your glory?

4 Without me they shall bow down under the prisoners, and they shall fall under the slain. For all this his anger is not turned away, but his hand *is* stretched out still.

5 ¶ O Assyrian, the rod of mine anger, and the staff in their hand is mine indignation.

6 I will send him against an hypocritical nation, and against the people of my wrath will I give him a charge, to take the spoil, and to take the prey, and to tread them down like the mire of the streets.

7 Howbeit he meaneth not so, neither doth his heart think so; but *it is* in his heart to destroy and cut off nations not a few.

8 For he saith, *Are* not my princes altogether kings?

9 *Is* not Calno as Carchemish? *is* not Hamath as Arpad? *is* not Samaria as Damascus?

10 As my hand hath found the kingdoms of the idols, and whose graven images did excel them of Jerusalem and of Samaria;

11 Shall I not, as I have done unto Samaria and her idols, so do to Jerusalem and her idols?

12 Wherefore it shall come to pass, *that* when the Lord hath performed his whole work upon mount Zion and on Jerusalem, I will punish the fruit of the stout heart of the king of Assyria, and the glory of his high looks.

13 For he saith, By the strength of my hand I have done *it,* and by my wisdom; for I am prudent: and I have removed the bounds of the people, and have robbed their treasures, and I have put down the inhabitants like a valiant *man:*

14 And my hand hath found as a nest the riches of the people: and as one gathereth eggs *that are* left, have I gathered all the earth; and there was none that moved the wing, or opened the mouth, or peeped.

15 Shall the axe boast itself against him that heweth therewith? *or* shall the saw magnify itself against him that shaketh it? as if the rod should shake *itself* against them that lift it up, *or* as if the staff should lift up *itself, as if it were* no wood.

16 Therefore shall the Lord, the Lord of hosts, send among his fat ones leanness; and under his glory he shall kindle a burning like the burning of a fire.

17 And the light of Israel shall be for a fire, and his Holy One for a flame: and it shall burn and devour his thorns and his briers in one day;

18 And shall consume the glory of his forest, and of his fruitful field, both soul and body: and they shall be as when a standardbearer fainteth.

19 And the rest of the trees of his forest shall be few, that a child may write them.

20 ¶ And it shall come to pass in that day, *that* the remnant of Israel, and such as are escaped of the house of Jacob, shall no more again stay upon him that smote them; but shall stay upon the LORD, the Holy One of Israel, in truth.

21 The remnant shall return, *even* the remnant of Jacob, unto the mighty God.

22 For though thy people Israel be as the sand of the sea, *yet* a remnant of them shall return: the consumption decreed shall overflow with righteousness.

23 For the Lord GOD of hosts shall make a consumption, even determined, in the midst of all the land.

24 ¶ Therefore thus saith the Lord GOD of hosts, O my people that dwellest in Zion, be not afraid of the Assyrian: he shall smite thee with a rod, and shall lift up his staff against thee, after the manner of Egypt.

25 For yet a very little while, and the indignation shall cease, and mine anger in their destruction.

26 And the LORD of hosts shall stir up a scourge for him according to the slaughter of Midian at the rock of Oreb: and *as* his rod *was* upon the sea, so shall he lift it up after the manner of Egypt.

27 And it shall come to pass in that day,

מִשְׁפַּט עֲנִיֵּי עַמִּי לִהְיוֹת אַלְמָנוֹת שְׁלָלָם וְאֶת־יְתוֹמִים יָבֹזּוּ: וּמַה־ 3
תַּעֲשׂוּ לְיוֹם פְּקֻדָּה וּלְשׁוֹאָה מִמֶּרְחָק תָּבוֹא עַל־מִי תָּנוּסוּ לְעֶזְרָה
וְאָנָה תַעַזְבוּ כְּבוֹדְכֶם: בִּלְתִּי כָרַע תַּחַת אַסִּיר וְתַחַת הֲרוּגִים יִפֹּלוּ 4
בְּכָל־זֹאת לֹא־שָׁב אַפּוֹ וְעוֹד יָדוֹ נְטוּיָה: הוֹי אַשּׁוּר 5

שֵׁבֶט אַפִּי וּמַטֶּה־הוּא בְיָדָם זַעְמִי: בְּגוֹי חָנֵף אֲשַׁלְּחֶנּוּ וְעַל־עַם 6
עֶבְרָתִי אֲצַוֶּנּוּ לִשְׁלֹל שָׁלָל וְלָבֹז בַּז וּלְשִׂימוֹ מִרְמָס כְּחֹמֶר חוּצוֹת: וּלְשִׂוּמוֹ
וְהוּא לֹא־כֵן יְדַמֶּה וּלְבָבוֹ לֹא־כֵן יַחְשֹׁב כִּי לְהַשְׁמִיד בִּלְבָבוֹ 7
וּלְהַכְרִית גּוֹיִם לֹא מְעָט: כִּי יֹאמַר הֲלֹא שָׂרַי יַחְדָּו מְלָכִים: הֲלֹא 8
כְּכַרְכְּמִישׁ כַּלְנוֹ אִם־לֹא כְאַרְפַּד חֲמָת אִם־לֹא כְדַמֶּשֶׂק שֹׁמְרוֹן: 9
כַּאֲשֶׁר מָצְאָה יָדִי לְמַמְלְכֹת הָאֱלִיל וּפְסִילֵיהֶם מִירוּשָׁלַ͏ִם וּמִשֹּׁמְרוֹן: 10
הֲלֹא כַּאֲשֶׁר עָשִׂיתִי לְשֹׁמְרוֹן וְלֶאֱלִילֶיהָ כֵּן אֶעֱשֶׂה לִירוּשָׁלַ͏ִם 11
וְלַעֲצַבֶּיהָ:   וְהָיָה כִּי־יְבַצַּע אֲדֹנָי אֶת־כָּל־מַעֲשֵׂהוּ בְּהַר צִיּוֹן 12
וּבִירוּשָׁלָ͏ִם אֶפְקֹד עַל־פְּרִי־גֹדֶל לְבַב מֶלֶךְ־אַשּׁוּר וְעַל־תִּפְאֶרֶת רוּם
עֵינָיו: כִּי אָמַר בְּכֹחַ יָדִי עָשִׂיתִי וּבְחָכְמָתִי כִּי נְבֻנוֹתִי וְאָסִיר׀ גְּבוּלֹת 13
עַמִּים וַעֲתִידֹתֵיהֶם שׁוֹשֵׂתִי וְאוֹרִיד כַּאבִּיר יוֹשְׁבִים: וַתִּמְצָא כַקֵּן׀   וַעֲתֻידֹתֵיהֶם 14
יָדִי לְחֵיל הָעַמִּים וְכֶאֱסֹף בֵּיצִים עֲזֻבוֹת כָּל־הָאָרֶץ אֲנִי אָסָפְתִּי וְלֹא
הָיָה נֹדֵד כָּנָף וּפֹצֶה פֶה וּמְצַפְצֵף: הֲיִתְפָּאֵר הַגַּרְזֶן עַל הַחֹצֵב בּוֹ 15
אִם־יִתְגַּדֵּל הַמַּשּׂוֹר עַל־מְנִיפוֹ כְּהָנִיף שֵׁבֶט וְאֶת־מְרִימָיו כְּהָרִים
מַטֶּה לֹא־עֵץ: לָכֵן יְשַׁלַּח הָאָדוֹן יְהוָה צְבָאוֹת בְּמִשְׁמַנָּיו רָזוֹן וְתַחַת 16
כְּבֹדוֹ יֵקַד יְקֹד כִּיקוֹד אֵשׁ: וְהָיָה אוֹר־יִשְׂרָאֵל לְאֵשׁ וּקְדוֹשׁוֹ לְלֶהָבָה 17
וּבָעֲרָה וְאָכְלָה שִׁיתוֹ וּשְׁמִירוֹ בְּיוֹם אֶחָד: וּכְבוֹד יַעְרוֹ וְכַרְמִלּוֹ 18
מִנֶּפֶשׁ וְעַד־בָּשָׂר יְכַלֶּה וְהָיָה כִּמְסֹס נֹסֵס: וּשְׁאָר עֵץ יַעְרוֹ מִסְפָּר 19
יִהְיוּ וְנַעַר יִכְתְּבֵם:
וְהָיָה׀ בַּיּוֹם הַהוּא לֹא־יוֹסִיף עוֹד שְׁאָר יִשְׂרָאֵל וּפְלֵיטַת בֵּית־יַעֲקֹב 20
לְהִשָּׁעֵן עַל־מַכֵּהוּ וְנִשְׁעַן עַל־יְהוָה קְדוֹשׁ יִשְׂרָאֵל בֶּאֱמֶת: שְׁאָר 21
יָשׁוּב שְׁאָר יַעֲקֹב אֶל־אֵל גִּבּוֹר: כִּי אִם־יִהְיֶה עַמְּךָ יִשְׂרָאֵל כְּחוֹל 22
הַיָּם שְׁאָר יָשׁוּב בּוֹ כִּלָּיוֹן חָרוּץ שׁוֹטֵף צְדָקָה: כִּי כָלָה וְנֶחֱרָצָה 23
אֲדֹנָי יְהוִה צְבָאוֹת עֹשֶׂה בְּקֶרֶב כָּל־הָאָרֶץ: לָכֵן כֹּה־אָמַר 24
אֲדֹנָי יְהוִה צְבָאוֹת אַל־תִּירָא עַמִּי יֹשֵׁב צִיּוֹן מֵאַשּׁוּר בַּשֵּׁבֶט יַכֶּכָּה
וּמַטֵּהוּ יִשָּׂא־עָלֶיךָ בְּדֶרֶךְ מִצְרָיִם: כִּי־עוֹד מְעַט מִזְעָר וְכָלָה זַעַם 25
וְאַפִּי עַל־תַּבְלִיתָם: וְעוֹרֵר עָלָיו יְהוָה צְבָאוֹת שׁוֹט כְּמַכַּת מִדְיָן 26
בְּצוּר עוֹרֵב וּמַטֵּהוּ עַל־הַיָּם וּנְשָׂאוֹ בְּדֶרֶךְ מִצְרָיִם: וְהָיָה׀ בַּיּוֹם 27

that his burden shall be taken away from off thy shoulder, and his yoke from off thy neck, and the yoke shall be destroyed because of the anointing.

28 He is come to Aiath, he is passed to Migron; at Michmash he hath laid up his carriages:

29 They are gone over the passage: they have taken up their lodging at Geba; Ramah is afraid; Gibeah of Saul is fled.

30 Lift up thy voice, O daughter of Gallim: cause it to be heard unto Laish, O poor Anathoth.

31 Madmenah is removed; the inhabitants of Gebim gather themselves to flee.

32 As yet shall he remain at Nob that day: he shall shake his hand *against* the mount of the daughter of Zion, the hill of Jerusalem.

33 Behold, the Lord, the LORD of hosts, shall lop the bough with terror: and the high ones of stature *shall be* hewn down, and the haughty shall be humbled.

34 And he shall cut down the thickets of the forest with iron, and Lebanon shall fall by a mighty one.

CHAPTER 11

1 And there shall come forth a rod out of the stem of Jesse, and a Branch shall grow out of his roots:

2 And the spirit of the LORD shall rest upon him, the spirit of wisdom and understanding, the spirit of counsel and might, the spirit of knowledge and of the fear of the LORD;

3 And shall make him of quick understanding in the fear of the LORD: and he shall not judge after the sight of his eyes, neither reprove after the hearing of his ears:

4 But with righteousness shall he judge the poor, and reprove with equity for the meek of the earth: and he shall smite the earth with the rod of his mouth, and with the breath of his lips shall he slay the wicked.

5 And righteousness shall be the girdle of his loins, and faithfulness the girdle of his reins.

6 The wolf also shall dwell with the lamb, and the leopard shall lie down with the kid; and the calf and the young lion and the fatling together; and a little child shall lead them.

7 And the cow and the bear shall feed; their young ones shall lie down together: and the lion shall eat straw like the ox.

8 And the sucking child shall play on the hole of the asp, and the weaned child shall put his hand on the cockatrice' den.

9 They shall not hurt nor destroy in all my holy mountain: for the earth shall be full of the knowledge of the LORD, as the waters cover the sea.

10 ¶ And in that day there shall be a root of Jesse, which shall stand for an ensign of the people; to it shall the Gentiles seek: and his rest shall be glorious.

11 And it shall come to pass in that day, *that* the Lord shall set his hand again the second time to recover the remnant of his people, which shall be left, from Assyria, and from Egypt, and from Pathros, and from Cush, and from Elam, and from Shinar, and from Hamath, and from the islands of the sea.

12 And he shall set up an ensign for the nations, and shall assemble the outcasts of Israel, and gather together the dispersed of Judah from the four corners of the earth.

13 The envy also of Ephraim shall depart, and the adversaries of Judah shall be cut off: Ephraim shall not envy Judah, and Judah shall not vex Ephraim.

14 But they shall fly upon the shoulders of the Philistines toward the west; they shall spoil them of the east together: they shall lay their hand upon Edom and Moab; and the children of Ammon shall obey them.

15 And the LORD shall utterly destroy the tongue of the Egyptian sea; and with his mighty wind shall he shake his hand over the river, and shall smite it in the seven streams, and make *men* go over dryshod.

16 And there shall be an highway for the remnant of his people, which shall be left, from Assyria; like as it was to Israel in the day that he came up out of the land of Egypt.

הַהוּא יָסוּר סֻבֳּלוֹ מֵעַל שִׁכְמֶךָ וְעֻלּוֹ מֵעַל צַוָּארֶךָ וְחֻבַּל עֹל מִפְּנֵי־

28 שָׁמֶן: בָּא עַל־עַיַּת עָבַר בְּמִגְרוֹן לְמִכְמָשׂ יַפְקִיד כֵּלָיו: עָבְרוּ מַעְבָּרָה

29 גֶּבַע מָלוֹן לָנוּ חָרְדָה הָרָמָה גִּבְעַת שָׁאוּל נָסָה: צַהֲלִי קוֹלֵךְ בַּת־

30 גַּלִּים הַקְשִׁיבִי לַיְשָׁה עֲנִיָּה עֲנָתוֹת: נָדְדָה מַדְמֵנָה יֹשְׁבֵי הַגֵּבִים

31 הֵעִיזוּ: עוֹד הַיּוֹם בְּנֹב לַעֲמֹד יְנֹפֵף יָדוֹ הַר בית־צִיּוֹן גִּבְעַת בַּת־

32 יְרוּשָׁלָ͏ִם: הִנֵּה הָאָדוֹן יְהוָה צְבָאוֹת מְסָעֵף פֻּארָה

33 בְּמַעֲרָצָה וְרָמֵי הַקּוֹמָה גְּדוּעִים וְהַגְּבֹהִים יִשְׁפָּלוּ: וְנִקַּף סִבְכֵי הַיַּעַר

34 בַּבַּרְזֶל וְהַלְּבָנוֹן בְּאַדִּיר יִפּוֹל: וְיָצָא חֹטֶר מִגֵּזַע יִשָׁי וְנֵצֶר 11 1

מִשָּׁרָשָׁיו יִפְרֶה: וְנָחָה עָלָיו רוּחַ יְהוָה רוּחַ חָכְמָה וּבִינָה רוּחַ עֵצָה 2

וּגְבוּרָה רוּחַ דַּעַת וְיִרְאַת יְהוָה: וַהֲרִיחוֹ בְּיִרְאַת יְהוָה וְלֹא־לְמַרְאֵה 3

עֵינָיו יִשְׁפּוֹט וְלֹא־לְמִשְׁמַע אָזְנָיו יוֹכִיחַ: וְשָׁפַט בְּצֶדֶק דַּלִּים וְהוֹכִיחַ 4

בְּמִישׁוֹר לְעַנְוֵי־אָרֶץ וְהִכָּה־אֶרֶץ בְּשֵׁבֶט פִּיו וּבְרוּחַ שְׂפָתָיו יָמִית

רָשָׁע: וְהָיָה צֶדֶק אֵזוֹר מָתְנָיו וְהָאֱמוּנָה אֵזוֹר חֲלָצָיו: וְגָר זְאֵב עִם־ 5 6

כֶּבֶשׂ וְנָמֵר עִם־גְּדִי יִרְבָּץ וְעֵגֶל וּכְפִיר וּמְרִיא יַחְדָּו וְנַעַר קָטֹן נֹהֵג

בָּם: וּפָרָה וָדֹב תִּרְעֶינָה יַחְדָּו יִרְבְּצוּ יַלְדֵיהֶן וְאַרְיֵה כַּבָּקָר יֹאכַל־ 7

תֶּבֶן: וְשִׁעֲשַׁע יוֹנֵק עַל־חֻר פָּתֶן וְעַל מְאוּרַת צִפְעוֹנִי גָּמוּל יָדוֹ הָדָה: 8

לֹא־יָרֵעוּ וְלֹא־יַשְׁחִיתוּ בְּכָל־הַר קָדְשִׁי כִּי־מָלְאָה הָאָרֶץ דֵּעָה אֶת־ 9

יְהוָה כַּמַּיִם לַיָּם מְכַסִּים:

וְהָיָה בַּיּוֹם הַהוּא שֹׁרֶשׁ יִשַׁי אֲשֶׁר עֹמֵד לְנֵס עַמִּים אֵלָיו גּוֹיִם 10

יִדְרֹשׁוּ וְהָיְתָה מְנֻחָתוֹ כָּבוֹד:

וְהָיָה ׀ בַּיּוֹם הַהוּא יוֹסִיף אֲדֹנָי ׀ שֵׁנִית יָדוֹ לִקְנוֹת אֶת־שְׁאָר עַמּוֹ 11

אֲשֶׁר יִשָּׁאֵר מֵאַשּׁוּר וּמִמִּצְרַיִם וּמִפַּתְרוֹס וּמִכּוּשׁ וּמֵעֵילָם וּמִשִּׁנְעָר

וּמֵחֲמָת וּמֵאִיֵּי הַיָּם: וְנָשָׂא נֵס לַגּוֹיִם וְאָסַף נִדְחֵי יִשְׂרָאֵל וּנְפֻצוֹת 12

13A יְהוּדָה יְקַבֵּץ מֵאַרְבַּע כַּנְפוֹת הָאָרֶץ: וְסָרָה קִנְאַת אֶפְרַיִם וְצֹרְרֵי 13

יְהוּדָה יִכָּרֵתוּ אֶפְרַיִם לֹא־יְקַנֵּא אֶת־יְהוּדָה וִיהוּדָה לֹא־יָצֹר אֶת־

14A אֶפְרָיִם: וְעָפוּ בְכָתֵף פְּלִשְׁתִּים יָמָּה יַחְדָּו יָבֹזּוּ אֶת־בְּנֵי־קֶדֶם אֱדוֹם 14

וּמוֹאָב מִשְׁלוֹחַ יָדָם וּבְנֵי עַמּוֹן מִשְׁמַעְתָּם: וְהֶחֱרִים יְהוָה אֵת לְשׁוֹן 15

יָם־מִצְרַיִם וְהֵנִיף יָדוֹ עַל־הַנָּהָר בַּעְיָם רוּחוֹ וְהִכָּהוּ לְשִׁבְעָה נְחָלִים

וְהִדְרִיךְ בַּנְּעָלִים: וְהָיְתָה מְסִלָּה לִשְׁאָר עַמּוֹ אֲשֶׁר יִשָּׁאֵר מֵאַשּׁוּר 16

כַּאֲשֶׁר הָיְתָה לְיִשְׂרָאֵל בְּיוֹם עֲלֹתוֹ מֵאֶרֶץ מִצְרָיִם: וְאָמַרְתָּ בַּיּוֹם 12 1

CHAPTER 12

1 And in that day thou shalt say, O Lord, I will praise thee: though thou wast angry with me, thine anger is turned away, and thou comfortedst me.

2 Behold, God *is* my salvation; I will trust, and not be afraid: for the Lord JEHOVAH *is* my strength and *my* song; he also is become my salvation.

3 Therefore with joy shall ye draw water out of the wells of salvation.

4 And in that day shall ye say, Praise the Lord, call upon his name, declare his doings among the people, make mention that his name is exalted.

5 Sing unto the Lord; for he hath done excellent things: this *is* known in all the earth.

6 Cry out and shout, thou inhabitant of Zion: for great *is* the Holy One of Israel in the midst of thee.

CHAPTER 13

1 The burden of Babylon, which Isaiah the son of Amoz did see.

2 Lift ye up a banner upon the high mountain, exalt the voice unto them, shake the hand, that they may go into the gates of the nobles.

3 I have commanded my sanctified ones, I have also called my mighty ones for mine anger, *even* them that rejoice in my highness.

4 The noise of a multitude in the mountains, like as of a great people; a tumultuous noise of the kingdoms of nations gathered together: the Lord of hosts mustereth the host of the battle.

5 They come from a far country, from the end of heaven, *even* the Lord, and the weapons of his indignation, to destroy the whole land.

6 ¶ Howl ye; for the day of the Lord *is* at hand; it shall come as a destruction from the Almighty.

7 Therefore shall all hands be faint, and every man's heart shall melt:

8 And they shall be afraid: pangs and sorrows shall take hold of them; they shall be in pain as a woman that travaileth: they

shall be amazed one at another; their faces *shall be as* flames.

9 Behold, the day of the Lord cometh, cruel both with wrath and fierce anger, to lay the land desolate: and he shall destroy the sinners thereof out of it.

10 For the stars of heaven and the constellations thereof shall not give their light: the sun shall be darkened in his going forth, and the moon shall not cause her light to shine.

11 And I will punish the world for *their* evil, and the wicked for their iniquity; and I will cause the arrogancy of the proud to cease, and will lay low the haughtiness of the terrible.

12 I will make a man more precious than fine gold; even a man than the golden wedge of Ophir.

13 Therefore I will shake the heavens, and the earth shall remove out of her place, in the wrath of the Lord of hosts, and in the day of his fierce anger.

14 And it shall be as the chased roe, and as a sheep that no man taketh up: they shall every man turn to his own people, and flee every one into his own land.

15 Every one that is found shall be thrust through; and every one that is joined *unto them* shall fall by the sword.

16 Their children also shall be dashed to pieces before their eyes; their houses shall be spoiled, and their wives ravished.

17 Behold, I will stir up the Medes against them, which shall not regard silver; and *as for* gold, they shall not delight in it.

18 *Their* bows also shall dash the young men to pieces; and they shall have no pity on the fruit of the womb; their eye shall not spare children.

19 ¶ And Babylon, the glory of kingdoms, the beauty of the Chaldees' excellency, shall be as when God overthrew Sodom and Gomorrah.

20 It shall never be inhabited, neither shall it be dwelt in from generation to generation: neither shall the Arabian pitch tent there; neither shall the shepherds make their fold there.

21 But wild beasts of the desert shall lie there; and their houses shall be full of

2 הַהוּא אוֹדְךָ יְהוָה כִּי אָנַפְתָּ בִּי יָשֹׁב אַפְּךָ וּתְנַחֲמֵנִי: הִנֵּה אֵל
יְשׁוּעָתִי אֶבְטַח וְלֹא אֶפְחָד כִּי־עָזִּי וְזִמְרָת יָהּ יְהוָה וַיְהִי־לִי לִישׁוּעָה:

3 וּשְׁאַבְתֶּם־מַיִם בְּשָׂשׂוֹן מִמַּעַיְנֵי הַיְשׁוּעָה: וַאֲמַרְתֶּם בַּיּוֹם הַהוּא הוֹדוּ
4 לַיהוָה קִרְאוּ בִשְׁמוֹ הוֹדִיעוּ בָעַמִּים עֲלִילֹתָיו הַזְכִּירוּ כִּי נִשְׂגָּב שְׁמוֹ:

מוֹדַעַת 5 זַמְּרוּ יְהוָה כִּי גֵאוּת עָשָׂה מיֻדַעַת זֹאת בְּכָל־הָאָרֶץ: צַהֲלִי וָרֹנִּי
6 יוֹשֶׁבֶת צִיּוֹן כִּי־גָדוֹל בְּקִרְבֵּךְ קְדוֹשׁ יִשְׂרָאֵל:

13 1 מַשָּׂא בָּבֶל אֲשֶׁר חָזָה יְשַׁעְיָהוּ בֶּן־אָמוֹץ: עַל הַר־נִשְׁפֶּה שְׂאוּ־נֵס
2 הָרִימוּ קוֹל לָהֶם הָנִיפוּ יָד וְיָבֹאוּ פִּתְחֵי נְדִיבִים: אֲנִי צִוֵּיתִי לִמְקֻדָּשָׁי
3 גַּם קָרָאתִי גִבּוֹרַי לְאַפִּי עַלִּיזֵי גַּאֲוָתִי: קוֹל הָמוֹן בֶּהָרִים דְּמוּת עַם־
4 רָב קוֹל שְׁאוֹן מַמְלְכוֹת גּוֹיִם נֶאֱסָפִים יְהוָה צְבָאוֹת מְפַקֵּד צְבָא
5 מִלְחָמָה: בָּאִים מֵאֶרֶץ מֶרְחָק מִקְצֵה הַשָּׁמָיִם יְהוָה וּכְלֵי זַעְמוֹ
6 לְחַבֵּל כָּל־הָאָרֶץ: הֵילִילוּ כִּי קָרוֹב יוֹם יְהוָה כְּשֹׁד מִשַּׁדַּי יָבוֹא:

7A 7 עַל־כֵּן כָּל־יָדַיִם תִּרְפֶּינָה וְכָל־לְבַב אֱנוֹשׁ יִמָּס: וְנִבְהָלוּ| צִירִים
8 וַחֲבָלִים יֹאחֵזוּן כַּיּוֹלֵדָה יְחִילוּן אִישׁ אֶל־רֵעֵהוּ יִתְמָהוּ פְּנֵי לְהָבִים
9 פְּנֵיהֶם: הִנֵּה יוֹם־יְהוָה בָּא אַכְזָרִי וְעֶבְרָה וַחֲרוֹן אָף לָשׂוּם הָאָרֶץ

10A 10 לְשַׁמָּה וְחַטָּאֶיהָ יַשְׁמִיד מִמֶּנָּה: כִּי־כוֹכְבֵי הַשָּׁמַיִם וּכְסִילֵיהֶם לֹא
11 יָהֵלּוּ אוֹרָם חָשַׁךְ הַשֶּׁמֶשׁ בְּצֵאתוֹ וְיָרֵחַ לֹא־יַגִּיהַּ אוֹרוֹ: וּפָקַדְתִּי
עַל־תֵּבֵל רָעָה וְעַל־רְשָׁעִים עֲוֹנָם וְהִשְׁבַּתִּי גְּאוֹן זֵדִים וְגַאֲוַת עָרִיצִים
12 אַשְׁפִּיל: אוֹקִיר אֱנוֹשׁ מִפָּז וְאָדָם מִכֶּתֶם אוֹפִיר: עַל־כֵּן שָׁמַיִם אַרְגִּיז
13 וְתִרְעַשׁ הָאָרֶץ מִמְּקוֹמָהּ בְּעֶבְרַת יְהוָה צְבָאוֹת וּבְיוֹם חֲרוֹן אַפּוֹ:
14 וְהָיָה כִּצְבִי מֻדָּח וּכְצֹאן וְאֵין מְקַבֵּץ אִישׁ אֶל־עַמּוֹ יִפְנוּ וְאִישׁ אֶל־
15 אַרְצוֹ יָנוּסוּ: כָּל־הַנִּמְצָא יִדָּקֵר וְכָל־הַנִּסְפֶּה יִפּוֹל בֶּחָרֶב: וְעֹלְלֵיהֶם
16 יְרֻטְּשׁוּ לְעֵינֵיהֶם יִשַּׁסּוּ בָּתֵּיהֶם וּנְשֵׁיהֶם תשגלנה

תִּשָּׁכַבְנָה 17 הִנְנִי מֵעִיר
עֲלֵיהֶם אֶת־מָדָי אֲשֶׁר־כֶּסֶף לֹא יַחְשֹׁבוּ וְזָהָב לֹא יַחְפְּצוּ־בוֹ:
18 וּקְשָׁתוֹת נְעָרִים תְּרַטַּשְׁנָה וּפְרִי־בֶטֶן לֹא יְרַחֵמוּ עַל־בָּנִים לֹא־תָחוּס
19 עֵינָם: וְהָיְתָה בָבֶל צְבִי מַמְלָכוֹת תִּפְאֶרֶת גְּאוֹן כַּשְׂדִּים כְּמַהְפֵּכַת
20 אֱלֹהִים אֶת־סְדֹם וְאֶת־עֲמֹרָה: לֹא־תֵשֵׁב לָנֶצַח וְלֹא תִשְׁכֹּן עַד־דּוֹר
21 וָדוֹר וְלֹא־יַהֵל שָׁם עֲרָבִי וְרֹעִים לֹא־יַרְבִּצוּ שָׁם: וְרָבְצוּ־שָׁם צִיִּים

doleful creatures; and owls shall dwell there, and satyrs shall dance there.

22 And the wild beasts of the islands shall cry in their desolate houses, and dragons in *their* pleasant palaces: and her time *is* near to come, and her days shall not be prolonged.

CHAPTER 14

1 For the LORD will have mercy on Jacob, and will yet choose Israel, and set them in their own land: and the strangers shall be joined with them, and they shall cleave to the house of Jacob.

2 And the people shall take them, and bring them to their place: and the house of Israel shall possess them in the land of the LORD for servants and handmaids: and they shall take them captives, whose captives they were; and they shall rule over their oppressors.

3 And it shall come to pass in the day that the LORD shall give thee rest from thy sorrow, and from thy fear, and from the hard bondage wherein thou wast made to serve,

4 ¶ That thou shalt take up this proverb against the king of Babylon, and say, How hath the oppressor ceased! the golden city ceased!

5 The LORD hath broken the staff of the wicked, *and* the sceptre of the rulers.

6 He who smote the people in wrath with a continual stroke, he that ruled the nations in anger, is persecuted, *and* none hindereth.

7 The whole earth is at rest, *and* is quiet: they break forth into singing.

8 Yea, the fir trees rejoice at thee, *and* the cedars of Lebanon, *saying,* Since thou art laid down, no feller is come up against us.

9 Hell from beneath is moved for thee to meet *thee* at thy coming: it stirreth up the dead for thee, *even* all the chief ones of the earth; it hath raised up from their thrones all the kings of the nations.

10 All they shall speak and say unto thee, Art thou also become weak as we? art thou become like unto us?

11 Thy pomp is brought down to the grave, *and* the noise of thy viols: the worm is spread under thee, and the worms cover thee.

12 How art thou fallen from heaven, O Lucifer, son of the morning! *how* art thou cut down to the ground, which didst weaken the nations!

13 For thou hast said in thine heart, I will ascend into heaven, I will exalt my throne above the stars of God: I will sit also upon the mount of the congregation, in the sides of the north:

14 I will ascend above the heights of the clouds; I will be like the most High.

15 Yet thou shalt be brought down to hell, to the sides of the pit.

16 They that see thee shall narrowly look upon thee, *and* consider thee, *saying,* Is this the man that made the earth to tremble, that did shake kingdoms;

17 *That* made the world as a wilderness, and destroyed the cities thereof; *that* opened not the house of his prisoners?

18 All the kings of the nations, *even* all of them, lie in glory, every one in his own house.

19 But thou art cast out of thy grave like an abominable branch, *and as* the raiment of those that are slain, thrust through with a sword, that go down to the stones of the pit; as a carcase trodden under feet.

20 Thou shalt not be joined with them in burial, because thou hast destroyed thy land, *and* slain thy people: the seed of evildoers shall never be renowned.

21 Prepare slaughter for his children for the iniquity of their fathers; that they do not rise, nor possess the land, nor fill the face of the world with cities.

22 For I will rise up against them, saith the LORD of hosts, and cut off from Babylon the name, and remnant, and son, and nephew, saith the LORD.

23 I will also make it a possession for the bittern, and pools of water: and I will sweep it with the besom of destruction, saith the LORD of hosts.

24 ¶ The LORD of hosts hath sworn, saying, Surely as I have thought, so shall it come to pass; and as I have purposed, *so* shall it stand:

25 That I will break the Assyrian in my

וּמָלְא֣וּ בָתֵּיהֶם֮ אֹחִים֒ וְשָׁכְנ֥וּ שָׁם֙ בְּנ֣וֹת יַֽעֲנָ֔ה וּשְׂעִירִ֖ים יְרַקְּדוּ־

22 שָֽׁם׃ וְעָנָ֤ה אִיִּים֙ בְּאַלְמְנוֹתָ֔יו וְתַנִּ֖ים בְּהֵ֣יכְלֵי עֹ֑נֶג וְקָר֥וֹב לָב֖וֹא עִתָּ֔הּ

14 1 וְיָמֶ֖יהָ לֹ֥א יִמָּשֵֽׁכוּ׃ כִּי֩ יְרַחֵ֨ם יְהֹוָ֜ה אֶֽת־יַעֲקֹ֗ב וּבָחַ֥ר עוֹד֙ בְּיִשְׂרָאֵ֔ל

וְהִנִּיחָ֖ם עַל־אַדְמָתָ֑ם וְנִלְוָ֤ה הַגֵּר֙ עֲלֵיהֶ֔ם וְנִסְפְּח֖וּ עַל־בֵּ֥ית יַעֲקֹֽב׃

2 וּלְקָח֣וּם עַמִּים֮ וֶהֱבִיא֣וּם אֶל־מְקוֹמָם֒ וְהִֽתְנַחֲל֣וּם בֵּֽית־יִשְׂרָאֵ֗ל עַ֚ל

אַדְמַ֣ת יְהֹוָ֔ה לַעֲבָדִ֖ים וְלִשְׁפָח֑וֹת וְהָיוּ֙ שֹׁבִ֣ים לְשֹֽׁבֵיהֶ֔ם וְרָד֖וּ

3 בְּנֹגְשֵׂיהֶֽם׃ וְהָיָ֗ה בְּי֨וֹם֙ הָנִ֤יחַ יְהֹוָה֙ לְךָ֔ מֵעׇצְבְּךָ֖ וּמֵרׇגְזֶ֑ךָ

4 וּמִן־הָעֲבֹדָ֖ה הַקָּשָׁ֣ה אֲשֶׁ֣ר עֻבַּד־בָּֽךְ׃ וְנָשָׂ֜אתָ הַמָּשָׁ֥ל הַזֶּ֛ה עַל־מֶ֥לֶךְ

5 בָּבֶ֖ל וְאָמָ֑רְתָּ אֵ֚יךְ שָׁבַ֣ת נֹגֵ֔שׂ שָׁבְתָ֖ה מַדְהֵבָֽה׃ שָׁבַ֤ר יְהֹוָה֙ מַטֵּ֣ה

6 רְשָׁעִ֔ים שֵׁ֖בֶט מֹשְׁלִֽים׃ מַכֶּ֤ה עַמִּים֙ בְּעֶבְרָ֔ה מַכַּ֖ת בִּלְתִּ֣י סָרָ֑ה רֹדֶ֤ה

7 בָאַף֙ גּוֹיִ֔ם מֻרְדָּ֖ף בְּלִ֥י חָשָֽׂךְ׃ נָ֥חָה שָׁקְטָ֖ה כׇּל־הָאָ֑רֶץ פָּצְח֖וּ רִנָּֽה׃

8 גַּם־בְּרוֹשִׁ֛ים שָׂמְח֥וּ לְךָ֖ אַרְזֵ֣י לְבָנ֑וֹן מֵאָ֣ז שָׁכַ֔בְתָּ לֹֽא־יַעֲלֶ֥ה הַכֹּרֵ֖ת

9 עָלֵֽינוּ׃ שְׁא֗וֹל מִתַּ֛חַת רָגְזָ֥ה לְךָ֖ לִקְרַ֣את בּוֹאֶ֑ךָ עוֹרֵ֨ר לְךָ֤ רְפָאִים֙

10 כׇּל־עַתּ֣וּדֵי אָ֔רֶץ הֵקִ֙ים֙ מִכִּסְאוֹתָ֔ם כֹּ֖ל מַלְכֵ֣י גוֹיִֽם׃ כֻּלָּ֣ם יַעֲנ֔וּ וְיֹאמְר֖וּ

11 אֵלֶ֑יךָ גַּם־אַתָּ֛ה חֻלֵּ֥יתָ כָמ֖וֹנוּ אֵלֵ֣ינוּ נִמְשָֽׁלְתָּ׃ הוּרַ֤ד שְׁאוֹל֙ גְּאוֹנֶ֔ךָ

12 הֶמְיַ֖ת נְבָלֶ֑יךָ תַּחְתֶּ֗יךָ יֻצַּ֤ע רִמָּה֙ וּמְכַסֶּ֖יךָ תּוֹלֵעָֽה׃ אֵ֛יךְ נָפַ֥לְתָּ

13 מִשָּׁמַ֖יִם הֵילֵ֣ל בֶּן־שָׁ֑חַר נִגְדַּ֣עְתָּ לָאָ֔רֶץ חוֹלֵ֖שׁ עַל־גּוֹיִֽם׃ וְאַתָּ֞ה אָמַ֣רְתָּ

בִֽלְבָבְךָ֗ הַשָּׁמַ֙יִם֙ אֶֽעֱלֶ֔ה מִמַּ֥עַל לְכֽוֹכְבֵי־אֵ֖ל אָרִ֣ים כִּסְאִ֑י וְאֵשֵׁ֥ב בְּהַר־

14 15 מוֹעֵ֖ד בְּיַרְכְּתֵ֥י צָפֽוֹן׃ אֶעֱלֶ֖ה עַל־בָּ֣מֳתֵי עָ֑ב אֶדַּמֶּ֖ה לְעֶלְיֽוֹן׃ אַ֧ךְ אֶל־

16 שְׁא֛וֹל תּוּרָ֖ד אֶל־יַרְכְּתֵי־בֽוֹר׃ רֹאֶ֙יךָ֙ אֵלֶ֣יךָ יַשְׁגִּ֔יחוּ אֵלֶ֖יךָ יִתְבּוֹנָ֑נוּ

17 הֲזֶ֣ה הָאִ֗ישׁ מַרְגִּ֤יז הָאָ֙רֶץ֙ מַרְעִ֣ישׁ מַמְלָכֽוֹת׃ שָׂ֧ם תֵּבֵ֛ל כַּמִּדְבָּ֖ר וְעָרָ֣יו

18 הָרָ֑ס אֲסִירָ֖יו לֹא־פָ֥תַח בָּֽיְתָה׃ כׇּל־מַלְכֵ֥י גוֹיִ֖ם כֻּלָּ֑ם שָׁכְב֥וּ בְכָב֖וֹד

19 אִ֣ישׁ בְּבֵיתֽוֹ׃ וְאַתָּ֞ה הׇשְׁלַ֤כְתָּ מִקִּבְרְךָ֙ כְּנֵ֣צֶר נִתְעָ֔ב לְב֖וּשׁ הֲרֻגִ֑ים

20 מְטֹ֣עֲנֵי חֶ֔רֶב יוֹרְדֵ֖י אֶל־אַבְנֵי־ב֑וֹר כְּפֶ֖גֶר מוּבָֽס׃ לֹא־תֵחַ֤ד אִתָּם֙

בִּקְבוּרָ֔ה כִּֽי־אַרְצְךָ֥ שִׁחַ֖תָּ עַמְּךָ֣ הָרָ֑גְתָּ לֹֽא־יִקָּרֵ֥א לְעוֹלָ֖ם זֶ֥רַע מְרֵעִֽים׃

21 הָכִ֧ינוּ לְבָנָ֛יו מַטְבֵּ֖חַ בַּעֲוֺ֣ן אֲבוֹתָ֑ם בַּל־יָקֻ֙מוּ֙ וְיָ֣רְשׁוּ אָ֔רֶץ וּמָלְא֥וּ פְנֵֽי־

22 תֵבֵ֖ל עָרִֽים׃ וְקַמְתִּ֣י עֲלֵיהֶ֔ם נְאֻ֖ם יְהֹוָ֣ה צְבָא֑וֹת וְהִכְרַתִּ֤י לְבָבֶל֙ שֵׁ֣ם

23 וּשְׁאָ֔ר וְנִ֥ין וָנֶ֖כֶד נְאֻם־יְהֹוָֽה׃ וְשַׂמְתִּ֛יהָ לְמוֹרַ֥שׁ קִפֹּ֖ד וְאַגְמֵי־מָ֑יִם

וְטֵאטֵאתִ֙יהָ֙ בְּמַטְאֲטֵ֣א הַשְׁמֵ֔ד נְאֻ֖ם יְהֹוָ֥ה צְבָאֽוֹת׃

24 נִשְׁבַּ֛ע יְהֹוָ֥ה צְבָא֖וֹת לֵאמֹ֑ר אִם־לֹ֞א כַּאֲשֶׁ֤ר דִּמִּ֙יתִי֙ כֵּ֣ן הָיָ֔תָה וְכַאֲשֶׁ֥ר

25 יָעַ֖צְתִּי הִ֥יא תָקֽוּם׃ לִשְׁבֹּ֤ר אַשּׁוּר֙ בְּאַרְצִ֔י וְעַל־הָרַ֖י אֲבוּסֶ֑נּוּ וְסָ֤ר

land, and upon my mountains tread him under foot: then shall his yoke depart from off them, and his burden depart from off their shoulders.

26 This *is* the purpose that is purposed upon the whole earth: and this *is* the hand that is stretched out upon all the nations.

27 For the LORD of hosts hath purposed, and who shall disannul *it?* and his hand *is* stretched out, and who shall turn it back?

28 In the year that king Ahaz died was this burden.

29 ¶ Rejoice not thou, whole Palestina, because the rod of him that smote thee is broken: for out of the serpent's root shall come forth a cockatrice, and his fruit *shall be* a fiery flying serpent.

30 And the firstborn of the poor shall feed, and the needy shall lie down in safety: and I will kill thy root with famine, and he shall slay thy remnant.

31 Howl, O gate; cry, O city; thou, whole Palestina, *art* dissolved: for there shall come from the north a smoke, and none *shall be* alone in his appointed times.

32 What shall *one* then answer the messengers of the nation? That the LORD hath founded Zion, and the poor of his people shall trust in it.

CHAPTER 15

1 The burden of Moab. Because in the night Ar of Moab is laid waste, *and* brought to silence; because in the night Kir of Moab is laid waste, *and* brought to silence;

2 He is gone up to Bajith, and to Dibon, the high places, to weep: Moab shall howl over Nebo, and over Medeba: on all their heads *shall be* baldness, *and* every beard cut off.

3 In their streets they shall gird themselves with sackcloth: on the tops of their houses, and in their streets, every one shall howl, weeping abundantly.

4 And Heshbon shall cry, and Elealeh: their voice shall be heard *even* unto Jahaz: therefore the armed soldiers of Moab shall cry out; his life shall be grievous unto him.

5 My heart shall cry out for Moab; his

fugitives *shall flee* unto Zoar, an heifer of three years old: for by the mounting up of Luhith with weeping shall they go it up; for in the way of Horonaim they shall raise up a cry of destruction.

6 For the waters of Nimrim shall be desolate: for the hay is withered away, the grass faileth, there is no green thing.

7 Therefore the abundance they have gotten, and that which they have laid up, shall they carry away to the brook of the willows.

8 For the cry is gone round about the borders of Moab; the howling thereof unto Eglaim, and the howling thereof unto Beer-elim.

9 For the waters of Dimon shall be full of blood: for I will bring more upon Dimon, lions upon him that escapeth of Moab, and upon the remnant of the land.

CHAPTER 16

1 Send ye the lamb to the ruler of the land from Sela to the wilderness, unto the mount of the daughter of Zion.

2 For it shall be, *that*, as a wandering bird cast out of the nest, *so* the daughters of Moab shall be at the fords of Arnon.

3 Take counsel, execute judgment; make thy shadow as the night in the midst of the noonday; hide the outcasts; bewray not him that wandereth.

4 Let mine outcasts dwell with thee, Moab; be thou a covert to them from the face of the spoiler: for the extortioner is at an end, the spoiler ceaseth, the oppressors are consumed out of the land.

5 And in mercy shall the throne be established: and he shall sit upon it in truth in the tabernacle of David, judging, and seeking judgment, and hasting righteousness.

6 ¶ We have heard of the pride of Moab; *he is* very proud: *even* of his haughtiness, and his pride, and his wrath: *but* his lies *shall* not *be* so.

7 Therefore shall Moab howl for Moab, every one shall howl: for the foundations of Kir-hareseth shall ye mourn; surely *they are* stricken.

8 For the fields of Heshbon languish, *and*

26 מֵעֲלֵיהֶם עֹלוֹ וְסֻבֳּלוֹ מֵעַל שִׁכְמוֹ יָסוּר: זֹאת הָעֵצָה הַיְּעוּצָה עַל־

27 כָּל־הָאָרֶץ וְזֹאת הַיָּד הַנְּטוּיָה עַל־כָּל־הַגּוֹיִם: כִּי־יְהוָה צְבָאוֹת יָעָץ 27A
וּמִי יָפֵר וְיָדוֹ הַנְּטוּיָה וּמִי יְשִׁיבֶנָּה:

28 בִּשְׁנַת־מוֹת הַמֶּלֶךְ אָחָז הָיָה הַמַּשָּׂא הַזֶּה: אַל־תִּשְׂמְחִי פְלֶשֶׁת כֻּלֵּךְ
29 כִּי נִשְׁבַּר שֵׁבֶט מַכֵּךְ כִּי־מִשֹּׁרֶשׁ נָחָשׁ יֵצֵא צֶפַע וּפִרְיוֹ שָׂרָף מְעוֹפֵף:

30 וְרָעוּ בְּכוֹרֵי דַלִּים וְאֶבְיוֹנִים לָבֶטַח יִרְבָּצוּ וְהֵמַתִּי בָרָעָב שָׁרְשֵׁךְ

31 וּשְׁאֵרִיתֵךְ יַהֲרֹג: הֵילִילִי שַׁעַר זַעֲקִי־עִיר נָמוֹג פְּלֶשֶׁת כֻּלֵּךְ כִּי מִצָּפוֹן

32 עָשָׁן בָּא וְאֵין בּוֹדֵד בְּמוֹעָדָיו: וּמַה־יַּעֲנֶה מַלְאֲכֵי־גוֹי כִּי יְהוָה יִסַּד
צִיּוֹן וּבָהּ יֶחֱסוּ עֲנִיֵּי עַמּוֹ:

15 מַשָּׂא מוֹאָב כִּי בְּלֵיל שֻׁדַּד

2 עָר מוֹאָב נִדְמָה כִּי בְּלֵיל שֻׁדַּד קִיר־מוֹאָב נִדְמָה: עָלָה הַבַּיִת וְדִיבֹן
הַבָּמוֹת לְבֶכִי עַל־נְבוֹ וְעַל מֵידְבָא מוֹאָב יְיֵלִיל בְּכָל־רָאשָׁיו קָרְחָה

3 כָּל־זָקָן גְּרוּעָה: בְּחוּצֹתָיו חָגְרוּ שָׂק עַל גַּגּוֹתֶיהָ וּבִרְחֹבֹתֶיהָ כֻּלֹּה

4 יְיֵלִיל יֵרֵד בַּבֶּכִי: וַתִּזְעַק חֶשְׁבּוֹן וְאֶלְעָלֵה עַד־יַהַץ נִשְׁמַע קוֹלָם עַל־

5 כֵּן חֲלֻצֵי מוֹאָב יָרִיעוּ נַפְשׁוֹ יָרְעָה לּוֹ: לִבִּי לְמוֹאָב יִזְעָק בְּרִיחֶהָ
עַד־צֹעַר עֶגְלַת שְׁלִשִׁיָּה כִּי מַעֲלֵה הַלּוּחִית בִּבְכִי יַעֲלֶה־בּוֹ כִּי דֶּרֶךְ

6 חוֹרֹנַיִם זַעֲקַת־שֶׁבֶר יְעֹעֵרוּ: כִּי־מֵי נִמְרִים מְשַׁמּוֹת יִהְיוּ כִּי־יָבֵשׁ

7 חָצִיר כָּלָה דֶשֶׁא יֶרֶק לֹא הָיָה: עַל־כֵּן יִתְרָה עָשָׂה וּפְקֻדָּתָם עַל

8 נַחַל הָעֲרָבִים יִשָּׂאוּם: כִּי־הִקִּיפָה הַזְּעָקָה אֶת־גְּבוּל מוֹאָב עַד־

9 אֶגְלַיִם יִלְלָתָהּ וּבְאֵר אֵילִים יִלְלָתָהּ: כִּי מֵי דִימוֹן מָלְאוּ דָם כִּי־
אָשִׁית עַל־דִּימוֹן נוֹסָפוֹת לִפְלֵיטַת מוֹאָב אַרְיֵה וְלִשְׁאֵרִית אֲדָמָה:

16 שִׁלְחוּ־כַר מֹשֵׁל־אֶרֶץ מִסֶּלַע מִדְבָּרָה אֶל־הַר בַּת־צִיּוֹן: וְהָיָה כְעוֹף־

2 נוֹדֵד קֵן מְשֻׁלָּח תִּהְיֶינָה בְּנוֹת מוֹאָב מַעְבָּרֹת לְאַרְנוֹן: הָבִיאוּ עֵצָה הָבִיאִי

3 עֲשׂוּ פְלִילָה שִׁיתִי כַלַּיִל צִלֵּךְ בְּתוֹךְ צָהֳרָיִם סַתְּרִי נִדָּחִים נֹדֵד אַל־

4 תְּגַלִּי: יָגוּרוּ בָךְ נִדָּחַי מוֹאָב הֱוִי־סֵתֶר לָמוֹ מִפְּנֵי שׁוֹדֵד כִּי־אָפֵס

5 הַמֵּץ כָּלָה שֹׁד תַּמּוּ רֹמֵס מִן־הָאָרֶץ: וְהוּכַן בַּחֶסֶד כִּסֵּא וְיָשַׁב עָלָיו

6 בֶּאֱמֶת בְּאֹהֶל דָּוִד שֹׁפֵט וְדֹרֵשׁ מִשְׁפָּט וּמְהִר צֶדֶק: שָׁמַעְנוּ גְאוֹן־

7 מוֹאָב גֵּא מְאֹד גַּאֲוָתוֹ וּגְאוֹנוֹ וְעֶבְרָתוֹ לֹא־כֵן בַּדָּיו: לָכֵן
יְיֵלִיל מוֹאָב לְמוֹאָב כֻּלֹּה יְיֵלִיל לַאֲשִׁישֵׁי קִיר־חֲרֶשֶׂת תֶּהְגּוּ אַךְ־

8 נְכָאִים: כִּי שַׁדְמוֹת חֶשְׁבּוֹן אֻמְלָל גֶּפֶן שִׂבְמָה בַּעֲלֵי גוֹיִם הָלְמוּ

the vine of Sibmah: the lords of the heathen have broken down the principal plants thereof, they are come *even* unto Jazer, they wandered *through* the wilderness: her branches are stretched out, they are gone over the sea.

9 ¶ Therefore I will bewail with the weeping of Jazer the vine of Sibmah: I will water thee with my tears, O Heshbon, and Elealeh: for the shouting for thy summer fruits and for thy harvest is fallen.

10 And gladness is taken away, and joy out of the plentiful field; and in the vineyards there shall be no singing, neither shall there be shouting: the treaders shall tread out no wine in *their* presses; I have made *their vintage* shouting to cease.

11 Wherefore my bowels shall sound like an harp for Moab, and mine inward parts for Kir-haresh.

12 ¶ And it shall come to pass, when it is seen that Moab is weary on the high place, that he shall come to his sanctuary to pray; but he shall not prevail.

13 This *is* the word that the LORD hath spoken concerning Moab since that time.

14 But now the LORD hath spoken, saying, Within three years, as the years of an hireling, and the glory of Moab shall be contemned, with all that great multitude; and the remnant *shall be* very small *and* feeble.

CHAPTER 17

1 The burden of Damascus. Behold, Damascus is taken away from *being* a city, and it shall be a ruinous heap.

2 The cities of Aroer *are* forsaken: they shall be for flocks, which shall lie down, and none shall make *them* afraid.

3 The fortress also shall cease from Ephraim, and the kingdom from Damascus, and the remnant of Syria: they shall be as the glory of the children of Israel, saith the LORD of hosts.

4 And in that day it shall come to pass, *that* the glory of Jacob shall be made thin, and the fatness of his flesh shall wax lean.

5 And it shall be as when the harvestman gathereth the corn, and reapeth the ears with his arm; and it shall be as he that gathereth ears in the valley of Rephaim.

6 ¶ Yet gleaning grapes shall be left in it, as the shaking of an olive tree, two *or* three berries in the top of the uppermost bough, four *or* five in the outmost fruitful branches thereof, saith the LORD God of Israel.

7 At that day shall a man look to his Maker, and his eyes shall have respect to the Holy One of Israel.

8 And he shall not look to the altars, the work of his hands, neither shall respect *that* which his fingers have made, either the groves, or the images.

9 ¶ In that day shall his strong cities be as a forsaken bough, and an uppermost branch, which they left because of the children of Israel: and there shall be desolation.

10 Because thou hast forgotten the God of thy salvation, and hast not been mindful of the rock of thy strength, therefore shalt thou plant pleasant plants, and shalt set it with strange slips:

11 In the day shalt thou make thy plant to grow, and in the morning shalt thou make thy seed to flourish: *but* the harvest *shall be* a heap in the day of grief and of desperate sorrow.

12 ¶ Woe to the multitude of many people, *which* make a noise like the noise of the seas; and to the rushing of nations, *that* make a rushing like the rushing of mighty waters!

13 The nations shall rush like the rushing of many waters: but *God* shall rebuke them, and they shall flee far off, and shall be chased as the chaff of the mountains before the wind, and like a rolling thing before the whirlwind.

14 And behold at eveningtide trouble; *and* before the morning he *is* not. This *is* the portion of them that spoil us, and the lot of them that rob us.

CHAPTER 18

1 Woe to the land shadowing with wings, which *is* beyond the rivers of Ethiopia:

2 That sendeth ambassadors by the sea, even in vessels of bulrushes upon the waters, *saying,* Go, ye swift messengers, to a

9 שְׁרוּקֶיהָ עַד־יַעְזֵר נָגָעוּ תָּעוּ מִדְבָּר שְׁלֻחוֹתֶיהָ נִטְּשׁוּ עָבְרוּ יָם: עַל־

כֵּן אֶבְכֶּה בִּבְכִי יַעְזֵר גֶּפֶן שִׂבְמָה אֲרַיָּוֵךְ דִּמְעָתִי חֶשְׁבּוֹן וְאֶלְעָלֵה

10 כִּי עַל־קֵיצֵךְ וְעַל־קְצִירֵךְ הֵידָד נָפָל: וְנֶאֱסַף שִׂמְחָה וָגִיל מִן־הַכַּרְמֶל

וּבַכְּרָמִים לֹא־יְרֻנָּן לֹא יְרֹעָע יַיִן בַּיְקָבִים לֹא־יִדְרֹךְ הַדֹּרֵךְ הֵידָד

11 הִשְׁבַּתִּי: עַל־כֵּן מֵעַי לְמוֹאָב כַּכִּנּוֹר יֶהֱמוּ וְקִרְבִּי לְקִיר חָרֶשׂ: וְהָיָה

12 כִי־נִרְאָה כִּי־נִלְאָה מוֹאָב עַל־הַבָּמָה וּבָא אֶל־מִקְדָּשׁוֹ לְהִתְפַּלֵּל וְלֹא

13 יוּכָל: זֶה הַדָּבָר אֲשֶׁר דִּבֶּר יְהוָה אֶל־מוֹאָב מֵאָז: וְעַתָּה דִּבֶּר יְהוָה

14 לֵאמֹר בְּשָׁלֹשׁ שָׁנִים כִּשְׁנֵי שָׂכִיר וְנִקְלָה כְּבוֹד מוֹאָב בְּכֹל הֶהָמוֹן

17 1 הָרָב וּשְׁאָר מְעַט מִזְעָר לוֹא כַּבִּיר:　　　　　　　　מַשָּׂא דַּמָּשֶׂק הִנֵּה

2 דַּמֶּשֶׂק מוּסָר מֵעִיר וְהָיְתָה מְעִי מַפָּלָה: עֲזֻבוֹת עָרֵי עֲרֹעֵר לַעֲדָרִים

3 תִּהְיֶינָה וְרָבְצוּ וְאֵין מַחֲרִיד: וְנִשְׁבַּת מִבְצָר מֵאֶפְרַיִם וּמַמְלָכָה

מִדַּמֶּשֶׂק וּשְׁאָר אֲרָם כִּכְבוֹד בְּנֵי־יִשְׂרָאֵל יִהְיוּ נְאֻם יְהוָה

4 צְבָאוֹת:　　　　　　　וְהָיָה בַּיּוֹם הַהוּא יִדַּל כְּבוֹד יַעֲקֹב וּמִשְׁמַן בְּשָׂרוֹ

5 יֵרָזֶה: וְהָיָה כֶּאֱסֹף קָצִיר קָמָה וּזְרֹעוֹ שִׁבֳּלִים יִקְצוֹר וְהָיָה כִּמְלַקֵּט

6 שִׁבֳּלִים בְּעֵמֶק רְפָאִים: וְנִשְׁאַר־בּוֹ עוֹלֵלֹת כְּנֹקֶף זַיִת שְׁנַיִם שְׁלֹשָׁה

גַּרְגְּרִים בְּרֹאשׁ אָמִיר אַרְבָּעָה חֲמִשָּׁה בִּסְעִפֶיהָ פֹּרִיָּה נְאֻם־יְהוָה

7 אֱלֹהֵי יִשְׂרָאֵל:　　　　　　　　בַּיּוֹם הַהוּא יִשְׁעֶה הָאָדָם עַל־עֹשֵׂהוּ

8 וְעֵינָיו אֶל־קְדוֹשׁ יִשְׂרָאֵל תִּרְאֶינָה: וְלֹא יִשְׁעֶה אֶל־הַמִּזְבְּחוֹת מַעֲשֵׂה

9 יָדָיו וַאֲשֶׁר עָשׂוּ אֶצְבְּעֹתָיו לֹא יִרְאֶה וְהָאֲשֵׁרִים וְהָחַמָּנִים: בַּיּוֹם

הַהוּא יִהְיוּ | עָרֵי מָעֻזּוֹ כַּעֲזוּבַת הַחֹרֶשׁ וְהָאָמִיר אֲשֶׁר עָזְבוּ מִפְּנֵי

10 בְּנֵי יִשְׂרָאֵל וְהָיְתָה שְׁמָמָה: כִּי שָׁכַחַתְּ אֱלֹהֵי יִשְׁעֵךְ וְצוּר מָעֻזֵּךְ

11 לֹא זָכָרְתְּ עַל־כֵּן תִּטְּעִי נִטְעֵי נַעֲמָנִים וּזְמֹרַת זָר תִּזְרָעֶנּוּ: בְּיוֹם

נִטְעֵךְ תְּשַׂגְשֵׂגִי וּבַבֹּקֶר זַרְעֵךְ תַּפְרִיחִי נֵד קָצִיר בְּיוֹם נַחֲלָה וּכְאֵב

12 אָנוּשׁ:　　　　　　　　　הוֹי הֲמוֹן עַמִּים רַבִּים כַּהֲמוֹת יַמִּים יֶהֱמָיוּן וּשְׁאוֹן

13 לְאֻמִּים כִּשְׁאוֹן מַיִם כַּבִּירִים יִשָּׁאוּן: לְאֻמִּים כִּשְׁאוֹן מַיִם רַבִּים

יִשָּׁאוּן וְגָעַר בּוֹ וְנָס מִמֶּרְחָק וְרֻדַּף כְּמֹץ הָרִים לִפְנֵי־רוּחַ וּכְגַלְגַּל

14 לִפְנֵי סוּפָה: לְעֵת עֶרֶב וְהִנֵּה בַלָּהָה בְּטֶרֶם בֹּקֶר אֵינֶנּוּ זֶה חֵלֶק

18 1 שׁוֹסֵינוּ וְגוֹרָל לְבֹזְזֵינוּ:　　　　　　הוֹי אֶרֶץ צִלְצַל כְּנָפָיִם

2 אֲשֶׁר מֵעֵבֶר לְנַהֲרֵי־כוּשׁ: הַשֹּׁלֵחַ בַּיָּם צִירִים וּבִכְלֵי־גֹמֶא עַל־פְּנֵי־

nation scattered and peeled, to a people terrible from their beginning hitherto; a nation meted out and trodden down, whose land the rivers have spoiled!

3 All ye inhabitants of the world, and dwellers on the earth, see ye, when he lifteth up an ensign on the mountains; and when he bloweth a trumpet, hear ye.

4 For so the LORD said unto me, I will take my rest, and I will consider in my dwelling place like a clear heat upon herbs, *and* like a cloud of dew in the heat of harvest.

5 For afore the harvest, when the bud is perfect, and the sour grape is ripening in the flower, he shall both cut off the sprigs with pruning hooks, and take away *and* cut down the branches.

6 They shall be left together unto the fowls of the mountains, and to the beasts of the earth: and the fowls shall summer upon them, and all the beasts of the earth shall winter upon them.

7 ¶ In that time shall the present be brought unto the LORD of hosts of a people scattered and peeled, and from a people terrible from their beginning hitherto; a nation meted out and trodden under foot, whose land the rivers have spoiled, to the place of the name of the LORD of hosts, the mount Zion.

CHAPTER 19

1 The burden of Egypt. Behold, the LORD rideth upon a swift cloud, and shall come into Egypt: and the idols of Egypt shall be moved at his presence, and the heart of Egypt shall melt in the midst of it.

2 And I will set the Egyptians against the Egyptians: and they shall fight every one against his brother, and every one against his neighbour; city against city, *and* kingdom against kingdom.

3 And the spirit of Egypt shall fail in the midst thereof; and I will destroy the counsel thereof: and they shall seek to the idols, and to the charmers, and to them that have familiar spirits, and to the wizards.

4 And the Egyptians will I give over into the hand of a cruel lord; and a fierce king

shall rule over them, saith the Lord, the LORD of hosts.

5 And the waters shall fail from the sea, and the river shall be wasted and dried up.

6 And they shall turn the rivers far away; *and* the brooks of defence shall be emptied and dried up: the reeds and flags shall wither.

7 The paper reeds by the brooks, by the mouth of the brooks, and every thing sown by the brooks, shall wither, be driven away, and be no *more.*

8 The fishers also shall mourn, and all they that cast angle into the brooks shall lament, and they that spread nets upon the waters shall languish.

9 Moreover they that work in fine flax, and they that weave networks, shall be confounded.

10 And they shall be broken in the purposes thereof, all that make sluices *and* ponds for fish.

11 ¶ Surely the princes of Zoan *are* fools, the counsel of the wise counsellors of Pharaoh is become brutish: how say ye unto Pharaoh, I *am* the son of the wise, the son of ancient kings?

12 Where *are* they? where *are* thy wise *men?* and let them tell thee now, and let them know what the LORD of hosts hath purposed upon Egypt.

13 The princes of Zoan are become fools, the princes of Noph are deceived; they have also seduced Egypt, *even they that are* the stay of the tribes thereof.

14 The LORD hath mingled a perverse spirit in the midst thereof: and they have caused Egypt to err in every work thereof, as a drunken *man* staggereth in his vomit.

15 Neither shall there be *any* work for Egypt, which the head or tail, branch or rush, may do.

16 In that day shall Egypt be like unto women: and it shall be afraid and fear because of the shaking of the hand of the LORD of hosts, which he shaketh over it.

17 And the land of Judah shall be a terror unto Egypt, every one that maketh mention thereof shall be afraid in himself, because of the counsel of the LORD of hosts, which he hath determined against it.

18 ¶ In that day shall five cities in the

מַיִם֒ לְכ֣וּ ׀ מַלְאָכִ֣ים קַלִּ֗ים אֶל־גּוֹי֙ מְמֻשָּׁ֣ךְ וּמוֹרָ֔ט וּמוֹרָ֖ט אֶל־עַ֥ם נוֹרָ֛א מִן־

3 ה֤וּא וָהָ֙לְאָה֙ גּ֣וֹי ׀ קַו־קָ֣ו וּמְבוּסָ֔ה אֲשֶׁר־בָּזְא֥וּ נְהָרִ֖ים אַרְצֽוֹ׃ כָּל־יֹשְׁבֵ֥י
תֵבֵ֖ל וְשֹׁ֣כְנֵי אָ֑רֶץ כִּנְשֹׂא־נֵ֤ס הָרִים֙ תִּרְא֔וּ וְכִתְקֹ֥עַ שׁוֹפָ֖ר
4 תִּשְׁמָֽעוּ׃   כִּי֩ כֹ֨ה אָמַ֤ר יְהוָה֙ אֵלַ֔י אֶשְׁקֳטָ֥ה וְאַבִּ֖יטָה   אֶשְׁקֳטָ֥ה

בִּמְכוֹנִ֑י כְּחֹ֥ם צַח֙ עֲלֵי־א֔וֹר כְּעָ֥ב טַ֖ל בְּחֹ֣ם קָצִ֑יר׃ כִּֽי־לִפְנֵ֤י קָצִיר֙
כְּתָם־פֶּ֔רַח וּבֹ֥סֶר גֹּמֵ֖ל יִֽהְיֶ֣ה נִצָּ֑ה וְכָרַ֤ת הַזַּלְזַלִּים֙ בַּמַּזְמֵר֔וֹת וְאֶת־
6 הַנְּטִישׁ֖וֹת הֵסִ֥יר הֵתַֽז׃ יֵעָזְב֤וּ יַחְדָּו֙ לְעֵ֣יט הָרִ֔ים וּֽלְבֶהֱמַ֖ת הָאָ֑רֶץ
7 וְקָ֤ץ עָלָיו֙ הָעַ֔יִט וְכָל־בֶּהֱמַ֥ת הָאָ֖רֶץ עָלָ֥יו תֶּחֱרָֽף׃ בָּעֵת֩ הַהִ֨יא יֽוּבַל־
שַׁ֣י לַיהוָ֣ה צְבָא֗וֹת עַ֚ם מְמֻשָּׁ֣ךְ וּמוֹרָ֔ט וּמֵעַ֥ם נוֹרָ֖א מִן־ה֣וּא וָהָ֑לְאָה
גּ֣וֹי ׀ קַו־קָ֣ו וּמְבוּסָ֗ה אֲשֶׁ֨ר בָּזְא֤וּ נְהָרִים֙ אַרְצ֔וֹ אֶל־מְק֖וֹם שֵׁם־יְהוָ֥ה
צְבָא֖וֹת הַר־צִיּֽוֹן׃   19 1 מַשָּׂ֖א מִצְרָ֑יִם הִנֵּ֨ה יְהוָ֜ה רֹכֵ֤ב עַל־עָב֙

קַ֣ל וּבָ֣א מִצְרַ֔יִם וְנָע֞וּ אֱלִילֵ֤י מִצְרַ֙יִם֙ מִפָּנָ֔יו וּלְבַ֥ב מִצְרַ֖יִם יִמַּ֥ס
2 בְּקִרְבּֽוֹ׃ וְסִכְסַכְתִּ֤י מִצְרַ֙יִם֙ בְּמִצְרַ֔יִם וְנִלְחֲמ֖וּ אִישׁ־בְּאָחִ֣יו וְאִ֣ישׁ
3 בְּרֵעֵ֔הוּ עִ֣יר בְּעִ֔יר מַמְלָכָ֖ה בְּמַמְלָכָֽה׃ וְנָבְקָ֤ה רֽוּחַ־מִצְרַ֙יִם֙ בְּקִרְבּ֔וֹ
וַעֲצָת֖וֹ אֲבַלֵּ֑עַ וְדָרְשׁ֤וּ אֶל־הָֽאֱלִילִים֙ וְאֶל־הָ֣אִטִּ֔ים וְאֶל־הָאֹב֖וֹת וְאֶל־
4 הַיִּדְּעֹנִֽים׃ וְסִכַּרְתִּי֙ אֶת־מִצְרַ֔יִם בְּיַ֖ד אֲדֹנִ֣ים קָשֶׁ֑ה וּמֶ֤לֶךְ עַז֙ יִמְשָׁל־
5 בָּ֔ם נְאֻ֥ם הָאָד֖וֹן יְהוָ֥ה צְבָאֽוֹת׃ וְנִשְּׁתוּ־מַ֖יִם מֵֽהַיָּ֑ם וְנָהָ֖ר יֶחֱרַ֥ב וְיָבֵֽשׁ׃
6 7 וְהֶאֶזְנִ֣יחוּ נְהָר֔וֹת דָּלֲל֥וּ וְחָרְב֖וּ יְאֹרֵ֣י מָצ֑וֹר קָנֶ֥ה וָס֖וּף קָמֵֽלוּ׃ עָר֣וֹת
8 עַל־יְא֗וֹר עַל־פִּ֣י יְא֔וֹר וְכֹ֖ל מִזְרַ֣ע יְא֑וֹר יִיבַ֥שׁ נִדַּ֖ף וְאֵינֶֽנּוּ׃ וְאָנוּ֙
הַדַּיָּגִ֔ים וְאָ֣בְל֔וּ כָּל־מַשְׁלִיכֵ֥י בַיְא֖וֹר חַכָּ֑ה וּפֹרְשֵׂ֥י מִכְמֹ֛רֶת עַל־פְּנֵי־
9 10 מַ֖יִם אֻמְלָֽלוּ׃ וּבֹ֛שׁוּ עֹבְדֵ֥י פִשְׁתִּ֖ים שְׂרִיק֑וֹת וְאֹרְגִ֖ים חוֹרָֽי׃ וְהָי֥וּ
11 שָׁתֹתֶ֖יהָ מְדֻכָּאִ֑ים כָּל־עֹ֥שֵׂי שֶׂ֖כֶר אַגְמֵי־נָֽפֶשׁ׃ אַךְ־אֱוִלִים֙ שָׂ֣רֵי צֹ֔עַן
חַכְמֵי֙ יֹעֲצֵ֣י פַרְעֹ֔ה עֵצָ֖ה נִבְעָרָ֑ה אֵ֚יךְ תֹּאמְר֣וּ אֶל־פַּרְעֹ֔ה בֶּן־חֲכָמִ֥ים
12 אֲנִ֖י בֶּן־מַלְכֵי־קֶֽדֶם׃ אַיָּם֙ אֵפ֣וֹא חֲכָמֶ֔יךָ וְיַגִּ֥ידוּ נָ֖א לָ֑ךְ וְיֵ֣דְע֔וּ מַה־יָּעַ֛ץ
13 יְהוָ֥ה צְבָא֖וֹת עַל־מִצְרָֽיִם׃ נֽוֹאֲלוּ֙ שָׂ֣רֵי צֹ֔עַן נִשְּׁא֖וּ שָׂ֣רֵי נֹ֑ף הִתְע֥וּ
14 אֶת־מִצְרַ֖יִם פִּנַּ֣ת שְׁבָטֶֽיהָ׃ יְהוָ֛ה מָסַ֥ךְ בְּקִרְבָּ֖הּ ר֣וּחַ עִוְעִ֑ים וְהִתְע֤וּ
15 אֶת־מִצְרַ֙יִם֙ בְּכָֽל־מַעֲשֵׂ֔הוּ כְּהִתָּע֥וֹת שִׁכּ֖וֹר בְּקִיא֑וֹ׃ וְלֹֽא־יִהְיֶ֥ה לְמִצְרַ֖יִם
16 מַעֲשֶׂ֑ה אֲשֶׁ֧ר יַעֲשֶׂ֛ה רֹ֖אשׁ וְזָנָ֑ב כִּפָּ֖ה וְאַגְמֽוֹן׃   בַּיּ֣וֹם הַה֗וּא
יִהְיֶ֤ה מִצְרַ֙יִם֙ כַּנָּשִׁ֔ים וְחָרַ֣ד ׀ וּפָחַ֗ד מִפְּנֵי֙ תְּנוּפַת֙ יַד־יְהוָ֣ה צְבָא֔וֹת
17 אֲשֶׁר־ה֖וּא מֵנִ֥יף עָלָֽיו׃ וְֽהָיְתָ֡ה אַדְמַת֩ יְהוּדָ֨ה לְמִצְרַ֜יִם לְחָגָּ֗א כֹּל֩
אֲשֶׁ֨ר יַזְכִּ֤יר אֹתָהּ֙ אֵלָ֔יו יִפְחָ֑ד מִפְּנֵ֗י עֲצַ֛ת יְהוָ֥ה צְבָא֖וֹת אֲשֶׁר־ה֥וּא
18 יוֹעֵ֖ץ עָלָֽיו׃   בַּיּ֣וֹם הַה֗וּא יִהְי֞וּ חָמֵ֤שׁ עָרִים֙ בְּאֶ֣רֶץ מִצְרַ֔יִם

land of Egypt speak the language of Canaan, and swear to the LORD of hosts; one shall be called, The city of destruction.

19 In that day shall there be an altar to the LORD in the midst of the land of Egypt, and a pillar at the border thereof to the LORD.

20 And it shall be for a sign and for a witness unto the LORD of hosts in the land of Egypt: for they shall cry unto the LORD because of the oppressors, and he shall send them a saviour, and a great one, and he shall deliver them.

21 And the LORD shall be known to Egypt, and the Egyptians shall know the LORD in that day, and shall do sacrifice and oblation; yea, they shall vow a vow unto the LORD, and perform *it*.

22 And the LORD shall smite Egypt: he shall smite and heal *it*: and they shall return *even* to the LORD, and he shall be intreated of them, and shall heal them.

23 ¶ In that day shall there be a highway out of Egypt to Assyria, and the Assyrian shall come into Egypt, and the Egyptian into Assyria, and the Egyptians shall serve with the Assyrians.

24 In that day shall Israel be the third with Egypt and with Assyria, *even* a blessing in the midst of the land:

25 Whom the LORD of hosts shall bless, saying, Blessed *be* Egypt my people, and Assyria the work of my hands, and Israel mine inheritance.

CHAPTER 20

1 In the year that Tartan came unto Ashdod, (when Sargon the king of Assyria sent him,) and fought against Ashdod, and took it;

2 At the same time spake the LORD by Isaiah the son of Amoz, saying, Go and loose the sackcloth from off thy loins, and put off thy shoe from thy foot. And he did so, walking naked and barefoot.

3 And the LORD said, Like as my servant Isaiah hath walked naked and barefoot three years *for* a sign and wonder upon Egypt and upon Ethiopia;

4 So shall the king of Assyria lead away the Egyptians prisoners, and the Ethiopi-

ans captives, young and old, naked and barefoot, even with *their* buttocks uncovered, to the shame of Egypt.

5 And they shall be afraid and ashamed of Ethiopia their expectation, and of Egypt their glory.

6 And the inhabitant of this isle shall say in that day, Behold, such *is* our expectation, whither we flee for help to be delivered from the king of Assyria: and how shall we escape?

CHAPTER 21

1 The burden of the desert of the sea. As whirlwinds in the south pass through; *so* it cometh from the desert, from a terrible land.

2 A grievous vision is declared unto me; the treacherous dealer dealeth treacherously, and the spoiler spoileth. Go up, O Elam: besiege, O Media; all the sighing thereof have I made to cease.

3 Therefore are my loins filled with pain: pangs have taken hold upon me, as the pangs of a woman that travaileth: I was bowed down at the hearing *of it;* I was dismayed at the seeing *of it.*

4 My heart panted, fearfulness affrighted me: the night of my pleasure hath he turned into fear unto me.

5 Prepare the table, watch in the watchtower, eat, drink: arise, ye princes, *and* anoint the shield.

6 For thus hath the Lord said unto me, Go, set a watchman, let him declare what he seeth.

7 And he saw a chariot *with* a couple of horsemen, a chariot of asses, *and* a chariot of camels; and he hearkened diligently with much heed:

8 And he cried, A lion: My lord, I stand continually upon the watchtower in the daytime, and I am set in my ward whole nights:

9 And, behold, here cometh a chariot of men, *with* a couple of horsemen. And he answered and said, Babylon is fallen, is fallen; and all the graven images of her gods he hath broken unto the ground.

10 O my threshing, and the corn of my floor: that which I have heard of the LORD

מְדַבְּרוֹת֙ שְׂפַ֣ת כְּנַ֔עַן וְנִשְׁבָּע֖וֹת לַיהוָ֣ה צְבָא֑וֹת עִ֣יר הַהֶ֔רֶס יֵאָמֵ֖ר

19 לְאֶחָֽת: בַּיּ֣וֹם הַה֗וּא יִֽהְיֶ֤ה מִזְבֵּ֙חַ֙ לַֽיהוָ֔ה בְּת֖וֹךְ אֶ֣רֶץ

20 מִצְרָ֑יִם וּמַצֵּבָ֥ה אֵֽצֶל־גְּבוּלָ֖הּ לַיהוָֽה: וְהָיָ֨ה לְא֥וֹת וּלְעֵ֛ד לַיהוָ֥ה צְבָא֖וֹת בְּאֶ֣רֶץ מִצְרָ֑יִם כִּֽי־יִצְעֲק֤וּ אֶל־יְהוָה֙ מִפְּנֵ֣י לֹֽחֲצִ֔ים וְיִשְׁלַ֤ח לָהֶם֙

21 מוֹשִׁ֣יעַ וָרָ֔ב וְהִצִּילָֽם: וְנוֹדַ֤ע יְהוָה֙ לְמִצְרַ֔יִם וְיָדְע֥וּ מִצְרַ֖יִם אֶת־יְהוָ֑ה

22 בַּיּ֣וֹם הַה֗וּא וְעָֽבְדוּ֙ זֶ֣בַח וּמִנְחָ֔ה וְנָדְרוּ־נֵ֥דֶר לַֽיהוָ֖ה וְשִׁלֵּֽמוּ: וְנָגַ֧ף יְהוָ֛ה אֶת־מִצְרַ֖יִם נָגֹ֣ף וְרָפ֑וֹא וְשָׁ֙בוּ֙ עַד־יְהוָ֔ה וְנֶעְתַּ֥ר לָהֶ֖ם וּרְפָאָֽם:

23 בַּיּ֣וֹם הַה֗וּא תִּֽהְיֶ֨ה מְסִלָּ֜ה מִמִּצְרַ֣יִם אַשּׁ֗וּרָה וּבָֽא־אַשּׁ֤וּר בְּמִצְרַ֙יִם֙

24 וּמִצְרַ֣יִם בְּאַשּׁ֔וּר וְעָבְד֥וּ מִצְרַ֖יִם אֶת־אַשּֽׁוּר: בַּיּ֣וֹם הַה֗וּא

25 יִהְיֶ֤ה יִשְׂרָאֵל֙ שְׁלִ֣ישִׁיָּ֔ה לְמִצְרַ֖יִם וּלְאַשּׁ֑וּר בְּרָכָ֖ה בְּקֶ֥רֶב הָאָֽרֶץ: אֲשֶׁ֧ר בֵּרֲכ֛וֹ יְהוָ֥ה צְבָא֖וֹת לֵאמֹ֑ר בָּר֨וּךְ עַמִּ֜י מִצְרַ֗יִם וּמַעֲשֵׂ֤ה יָדַי֙ אַשּׁ֔וּר

20 1 וְנַחֲלָתִ֖י יִשְׂרָאֵֽל: בִּשְׁנַ֨ת בֹּ֤א תַרְתָּן֙ אַשְׁדּ֔וֹדָה בִּשְׁלֹ֣חַ אֹת֔וֹ 1A

2 סַרְג֖וֹן מֶ֣לֶךְ אַשּׁ֑וּר וַיִּלָּ֥חֶם בְּאַשְׁדּ֖וֹד וַֽיִּלְכְּדָֽהּ: בָּעֵ֣ת הַהִ֗יא דִּבֶּ֣ר יְהוָה֮ בְּיַ֣ד יְשַֽׁעְיָ֣הוּ בֶן־אָמוֹץ֮ לֵאמֹר֒ לֵ֗ךְ וּפִתַּחְתָּ֤ הַשַּׂק֙ מֵעַ֣ל מָתְנֶ֔יךָ וְנַֽעַלְךָ֥

3 תַחֲלֹ֖ץ מֵעַ֣ל רַגְלֶ֑יךָ וַיַּ֣עַשׂ כֵּ֔ן הָלֹ֖ךְ עָר֥וֹם וְיָחֵֽף: וַיֹּ֣אמֶר יְהוָ֔ה כַּאֲשֶׁ֥ר הָלַ֛ךְ עַבְדִּ֥י יְשַׁעְיָ֖הוּ עָר֣וֹם וְיָחֵ֑ף שָׁלֹ֤שׁ שָׁנִים֙ א֣וֹת

4 וּמוֹפֵ֔ת עַל־מִצְרַ֖יִם וְעַל־כּֽוּשׁ: כֵּ֣ן יִנְהַ֣ג מֶֽלֶךְ־אַ֠שּׁוּר אֶת־שְׁבִ֨י מִצְרַ֜יִם וְאֶת־גָּל֥וּת כּ֛וּשׁ נְעָרִ֥ים וּזְקֵנִ֖ים עָר֣וֹם וְיָחֵ֑ף וַחֲשׂוּפַ֥י שֵׁ֖ת עֶרְוַ֥ת

5 מִצְרָֽיִם: וְחַתּ֖וּ וָבֹ֑שׁוּ מִכּוּשׁ֙ מַבָּטָ֔ם וּמִן־מִצְרַ֖יִם תִּפְאַרְתָּֽם: וְאָמַ֨ר

6 יֹשֵׁ֝ב הָאִ֣י הַזֶּה֮ בַּיּ֣וֹם הַהוּא֒ הִנֵּה־כֹ֣ה מַבָּטֵ֗נוּ אֲשֶׁר־נַ֤סְנוּ שָׁם֙ לְעֶזְרָ֔ה

21 1 לְהִ֨נָּצֵ֔ל מִפְּנֵ֖י מֶ֣לֶךְ אַשּׁ֑וּר וְאֵ֖יךְ נִמָּלֵ֥ט אֲנָֽחְנוּ: מַשָּׂ֖א

2 מִדְבַּר־יָ֑ם כְּסוּפ֤וֹת בַּנֶּ֙גֶב֙ לַֽחֲלֹ֔ף מִמִּדְבָּ֣ר בָּ֔א מֵאֶ֖רֶץ נוֹרָאָֽה: חָז֥וּת קָשָׁ֖ה הֻגַּד־לִ֑י הַבּוֹגֵ֣ד ׀ בּוֹגֵ֗ד וְהַשּׁוֹדֵ֣ד ׀ שׁוֹדֵ֔ד עֲלִ֤י עֵילָם֙ צוּרִ֣י מָדַ֔י

3 כָּל־אַנְחָתָ֖הּ הִשְׁבַּֽתִּי: עַל־כֵּ֗ן מָלְא֤וּ מָתְנַי֙ חַלְחָלָ֔ה צִירִ֣ים אֲחָז֔וּנִי

4 כְּצִירֵ֖י יֽוֹלֵדָ֑ה נַעֲוֵ֣יתִי מִשְּׁמֹ֔עַ נִבְהַ֖לְתִּי מֵרְאֽוֹת: תָּעָ֣ה לְבָבִ֔י פַּלָּצ֖וּת

5 בִּֽעֲתָ֑תְנִי אֵ֚ת נֶ֣שֶׁף חִשְׁקִ֔י שָׂ֥ם לִ֖י לַחֲרָדָֽה: עָרֹ֧ךְ הַשֻּׁלְחָ֛ן צָפֹ֥ה הַצָּפִ֖ית אָכ֣וֹל שָׁתֹ֑ה ק֥וּמוּ הַשָּׂרִ֖ים מִשְׁח֥וּ מָגֵֽן:

6 כִּ֣י כֹ֥ה אָמַ֛ר אֵלַ֖י אֲדֹנָ֑י לֵ֣ךְ הַעֲמֵ֣ד הַֽמְצַפֶּ֔ה אֲשֶׁ֥ר יִרְאֶ֖ה יַגִּֽיד: וְרָ֣אָה

7 רֶ֗כֶב צֶ֚מֶד פָּֽרָשִׁ֔ים רֶ֥כֶב חֲמ֖וֹר רֶ֣כֶב גָּמָ֑ל וְהִקְשִׁ֥יב קֶ֖שֶׁב רַב־קָֽשֶׁב:

8 וַיִּקְרָ֖א אַרְיֵ֑ה עַל־מִצְפֶּ֣ה ׀ אֲדֹנָ֗י אָנֹכִ֞י עֹמֵ֤ד תָּמִיד֙ יוֹמָ֔ם וְעַ֨ל־מִשְׁמַרְתִּ֔י

9 אָנֹכִ֥י נִצָּ֖ב כָּל־הַלֵּיל֑וֹת: וְהִנֵּה־זֶ֞ה בָ֣א רֶ֤כֶב אִישׁ֙ צֶ֣מֶד פָּֽרָשִׁ֔ים וַיַּ֣עַן

10 וַיֹּ֔אמֶר נָפְלָ֤ה נָֽפְלָה֙ בָּבֶ֔ל וְכָל־פְּסִילֵ֥י אֱלֹהֶ֖יהָ שִׁבַּ֣ר לָאָ֑רֶץ: מְדֻשָׁתִ֖י וּבֶן־גָּרְנִ֑י אֲשֶׁ֣ר שָׁמַ֗עְתִּי מֵאֵ֨ת יְהוָ֤ה צְבָאוֹת֙ אֱלֹהֵ֣י יִשְׂרָאֵ֔ל הִגַּ֖דְתִּי

of hosts, the God of Israel, have I declared unto you.

11 ¶ The burden of Dumah. He calleth to me out of Seir, Watchman, what of the night? Watchman, what of the night?

12 The watchman said, The morning cometh, and also the night: if ye will enquire, enquire ye: return, come.

13 ¶ The burden upon Arabia. In the forest in Arabia shall ye lodge, O ye travelling companies of Dedanim.

14 The inhabitants of the land of Tema brought water to him that was thirsty, they prevented with their bread him that fled.

15 For they fled from the swords, from the drawn sword, and from the bent bow, and from the grievousness of war.

16 For thus hath the Lord said unto me, Within a year, according to the years of an hireling, and all the glory of Kedar shall fail:

17 And the residue of the number of archers, the mighty men of the children of Kedar, shall be diminished: for the LORD God of Israel hath spoken *it*.

CHAPTER 22

1 The burden of the valley of vision. What aileth thee now, that thou art wholly gone up to the housetops?

2 Thou that art full of stirs, a tumultuous city, a joyous city: thy slain *men are* not slain with the sword, nor dead in battle.

3 All thy rulers are fled together, they are bound by the archers: all that are found in thee are bound together, *which* have fled from far.

4 Therefore said I, Look away from me; I will weep bitterly, labour not to comfort me, because of the spoiling of the daughter of my people.

5 For *it is* a day of trouble, and of treading down, and of perplexity by the Lord GOD of hosts in the valley of vision, breaking down the walls, and of crying to the mountains.

6 And Elam bare the quiver with chariots of men *and* horsemen, and Kir uncovered the shield.

7 And it shall come to pass, *that* thy

choicest valleys shall be full of chariots, and the horsemen shall set themselves in array at the gate.

8 ¶ And he discovered the covering of Judah, and thou didst look in that day to the armour of the house of the forest.

9 Ye have seen also the breaches of the city of David, that they are many: and ye gathered together the waters of the lower pool.

10 And ye have numbered the houses of Jerusalem, and the houses have ye broken down to fortify the wall.

11 Ye made also a ditch between the two walls for the water of the old pool: but ye have not looked unto the maker thereof, neither had respect unto him that fashioned it long ago.

12 And in that day did the Lord GOD of hosts call to weeping, and to mourning, and to baldness, and to girding with sackcloth:

13 And behold joy and gladness, slaying oxen, and killing sheep, eating flesh, and drinking wine: let us eat and drink; for to morrow we shall die.

14 And it was revealed in mine ears by the LORD of hosts, Surely this iniquity shall not be purged from you till ye die, saith the Lord GOD of hosts.

15 ¶ Thus saith the Lord GOD of hosts, Go, get thee unto this treasurer, *even* unto Shebna, which *is* over the house, *and say,*

16 What hast thou here? and whom hast thou here, that thou hast hewed thee out a sepulchre here, *as* he that heweth him out a sepulchre on high, *and* that graveth an habitation for himself in a rock?

17 Behold, the LORD will carry thee away with a mighty captivity, and will surely cover thee.

18 He will surely violently turn and toss thee *like* a ball into a large country: there shalt thou die, and there the chariots of thy glory *shall be* the shame of thy lord's house.

19 And I will drive thee from thy station, and from thy state shall he pull thee down.

20 ¶ And it shall come to pass in that day, that I will call my servant Eliakim the son of Hilkiah:

21 And I will clothe him with thy robe,

מַשָּׂא דּוּמָה אֵלַי קֹרֵא מִשֵּׂעִיר שֹׁמֵר מַה־מִּלַּיְלָה שֹׁמֵר מַה־11 לָכֶם:

שֹׁמֵר מַה־מִּלֵּיל: אָמַר שֹׁמֵר אָתָה בֹקֶר וְגַם־לָיְלָה אִם־תִּבְעָיוּן בְּעָיוּ 12 שֻׁבוּ אֵתָיוּ:

מַשָּׂא בַּעְרָב בַּיַּעַר בַּעְרַב תָּלִינוּ אֹרְחוֹת 13 דְּדָנִים: לִקְרַאת צָמֵא הֵתָיוּ מָיִם יֹשְׁבֵי אֶרֶץ תֵּימָא בְּלַחְמוֹ קִדְּמוּ 14 נֹדֵד: כִּי־מִפְּנֵי חֲרָבוֹת נָדָדוּ מִפְּנֵי| חֶרֶב נְטוּשָׁה וּמִפְּנֵי קֶשֶׁת דְּרוּכָה 15 וּמִפְּנֵי כֹּבֶד מִלְחָמָה: כִּי־כֹה אָמַר אֲדֹנָי אֵלַי בְּעוֹד שָׁנָה 16 כִּשְׁנֵי שָׂכִיר וְכָלָה כָּל־כְּבוֹד קֵדָר: וּשְׁאָר מִסְפַּר־קֶשֶׁת גִּבּוֹרֵי בְנֵי־ 17 קֵדָר יִמְעָטוּ כִּי יְהוָה אֱלֹהֵי־יִשְׂרָאֵל דִּבֵּר: מַשָּׂא גֵּיא חִזָּיוֹן 1 22

מַה־לָּךְ אֵפוֹא כִּי־עָלִית כֻּלָּךְ לַגַּגּוֹת: תְּשֻׁאוֹת| מְלֵאָה עִיר הוֹמִיָּה 2 קִרְיָה עַלִּיזָה חֲלָלַיִךְ לֹא חַלְלֵי־חֶרֶב וְלֹא מֵתֵי מִלְחָמָה: כָּל־קְצִינַיִךְ 3 נָדְדוּ־יַחַד מִקֶּשֶׁת אֻסָּרוּ כָּל־נִמְצָאַיִךְ אֻסְּרוּ יַחְדָּו מֵרָחוֹק בָּרָחוּ: עַל־ 4 כֵּן אָמַרְתִּי שְׁעוּ מִנִּי אֲמָרֵר בַּבֶּכִי אַל־תָּאִיצוּ לְנַחֲמֵנִי עַל־שֹׁד בַּת־ עַמִּי: כִּי יוֹם מְהוּמָה וּמְבוּסָה וּמְבוּכָה לַאדֹנָי יְהוִה צְבָאוֹת בְּגֵיא 5 חִזָּיוֹן מְקַרְקַר קִר וְשׁוֹעַ אֶל־הָהָר: וְעֵילָם נָשָׂא אַשְׁפָּה בְּרֶכֶב אָדָם 6 פָּרָשִׁים וְקִיר עֵרָה מָגֵן: וַיְהִי מִבְחַר־עֲמָקַיִךְ מָלְאוּ רָכֶב וְהַפָּרָשִׁים 7 שֹׁת שָׁתוּ הַשָּׁעְרָה: וַיְגַל אֵת מָסַךְ יְהוּדָה וַתַּבֵּט בַּיּוֹם הַהוּא אֶל־ 8 נֶשֶׁק בֵּית הַיָּעַר: וְאֵת בְּקִיעֵי עִיר־דָּוִד רְאִיתֶם כִּי־רָבּוּ וַתְּקַבְּצוּ אֶת־ 9 מֵי הַבְּרֵכָה הַתַּחְתּוֹנָה: וְאֶת־בָּתֵּי יְרוּשָׁלַ͏ִם סְפַרְתֶּם וַתִּתְצוּ הַבָּתִּים 10 לְבַצֵּר הַחוֹמָה: וּמִקְוָה| עֲשִׂיתֶם בֵּין הַחֹמֹתַיִם לְמֵי הַבְּרֵכָה הַיְשָׁנָה 11 וְלֹא הִבַּטְתֶּם אֶל־עֹשֶׂיהָ וְיֹצְרָהּ מֵרָחוֹק לֹא רְאִיתֶם: וַיִּקְרָא אֲדֹנָי 12 יְהוִה צְבָאוֹת בַּיּוֹם הַהוּא לִבְכִי וּלְמִסְפֵּד וּלְקָרְחָה וְלַחֲגֹר שָׂק: וְהִנֵּה| שָׂשׂוֹן וְשִׂמְחָה הָרֹג| בָּקָר וְשָׁחֹט צֹאן אָכֹל בָּשָׂר וְשָׁתוֹת 13 יַיִן אָכוֹל וְשָׁתוֹ כִּי מָחָר נָמוּת: וְנִגְלָה בְאָזְנָי יְהוָה צְבָאוֹת אִם־יְכֻפַּר 14 הֶעָוֹן הַזֶּה לָכֶם עַד־תְּמֻתוּן אָמַר אֲדֹנָי יְהוִה צְבָאוֹת:

כֹּה אָמַר אֲדֹנָי יְהוִה צְבָאוֹת לֶךְ־בֹּא אֶל־הַסֹּכֵן הַזֶּה עַל־שֶׁבְנָא אֲשֶׁר 15 עַל־הַבָּיִת: מַה־לְּךָ פֹה וּמִי לְךָ פֹה כִּי־חָצַבְתָּ לְּךָ פֹּה קָבֶר חֹצְבִי 16 מָרוֹם קִבְרוֹ חֹקְקִי בַסֶּלַע מִשְׁכָּן לוֹ: הִנֵּה יְהוָה מְטַלְטֶלְךָ טַלְטֵלָה 17 גָּבֶר וְעֹטְךָ עָטֹה: צָנוֹף יִצְנָפְךָ צְנֵפָה כַּדּוּר אֶל־אֶרֶץ רַחֲבַת יָדָיִם 18 שָׁמָּה תָמוּת וְשָׁמָּה מַרְכְּבוֹת כְּבוֹדֶךָ קְלוֹן בֵּית אֲדֹנֶיךָ: וַהֲדַפְתִּיךָ 19 מִמַּצָּבֶךָ וּמִמַּעֲמָדְךָ יֶהֶרְסֶךָ: וְהָיָה בַּיּוֹם הַהוּא וְקָרָאתִי לְעַבְדִּי 20 לְאֶלְיָקִים בֶּן־חִלְקִיָּהוּ: וְהִלְבַּשְׁתִּיו כֻּתָּנְתֶּךָ וְאַבְנֵטְךָ אֲחַזְּקֶנּוּ 21 21A and strengthen him with thy girdle, and I will commit thy government into his hand: and he shall be a father to the inhabitants of Jerusalem, and to the house of Judah.

22 And the key of the house of David will I lay upon his shoulder; so he shall open, and none shall shut; and he shall shut, and none shall open.

23 And I will fasten him *as* a nail in a sure place; and he shall be for a glorious throne to his father's house.

24 And they shall hang upon him all the glory of his father's house, the offspring and the issue, all vessels of small quantity, from the vessels of cups, even to all the vessels of flagons.

25 In that day, saith the LORD of hosts, shall the nail that is fastened in the sure place be removed, and be cut down, and fall; and the burden that *was* upon it shall be cut off: for the LORD hath spoken *it*.

CHAPTER 23

1 The burden of Tyre. Howl, ye ships of Tarshish; for it is laid waste, so that there is no house, no entering in: from the land of Chittim it is revealed to them.

2 Be still, ye inhabitants of the isle; thou whom the merchants of Zidon, that pass over the sea, have replenished.

3 And by great waters the seed of Sihor, the harvest of the river, *is* her revenue; and she is a mart of nations.

4 Be thou ashamed, O Zidon: for the sea hath spoken, *even* the strength of the sea, saying, I travail not, nor bring forth children, neither do I nourish up young men, *nor* bring up virgins.

5 As at the report concerning Egypt, *so* shall they be sorely pained at the report of Tyre.

6 Pass ye over to Tarshish; howl, ye inhabitants of the isle.

7 *Is* this your joyous *city*, whose antiquity *is* of ancient days? her own feet shall carry her afar off to sojourn.

8 Who hath taken this counsel against Tyre, the crowning *city*, whose merchants *are* princes, whose traffickers *are* the honourable of the earth?

9 The LORD of hosts hath purposed it, to stain the pride of all glory, *and* to bring into contempt all the honourable of the earth.

10 Pass through thy land as a river, O daughter of Tarshish: *there is* no more strength.

11 He stretched out his hand over the sea, he shook the kingdoms: the LORD hath given a commandment against the merchant *city*, to destroy the strong holds thereof.

12 And he said, Thou shalt no more rejoice, O thou oppressed virgin, daughter of Zidon: arise, pass over to Chittim; there also shalt thou have no rest.

13 Behold the land of the Chaldeans; this people was not, *till* the Assyrian founded it for them that dwell in the wilderness: they set up the towers thereof, they raised up the palaces thereof; *and* he brought it to ruin.

14 Howl, ye ships of Tarshish: for your strength is laid waste.

15 And it shall come to pass in that day, that Tyre shall be forgotten seventy years, according to the days of one king: after the end of seventy years shall Tyre sing as an harlot.

16 Take an harp, go about the city, thou harlot that hast been forgotten; make sweet melody, sing many songs, that thou mayest be remembered.

17 ¶ And it shall come to pass after the end of seventy years, that the LORD will visit Tyre, and she shall turn to her hire, and shall commit fornication with all the kingdoms of the world upon the face of the earth.

18 And her merchandise and her hire shall be holiness to the LORD: it shall not be treasured nor laid up; for her merchandise shall be for them that dwell before the LORD, to eat sufficiently, and for durable clothing.

CHAPTER 24

1 Behold, the LORD maketh the earth empty, and maketh it waste, and turneth it upside down, and scattereth abroad the inhabitants thereof.

וּמֶמְשַׁלְתְּךָ֖ אֶתֵּ֣ן בְּיָד֑וֹ וְהָיָ֥ה לְאָ֛ב לְיוֹשֵׁ֥ב יְרוּשָׁלַ֖͏ִם וּלְבֵ֥ית יְהוּדָֽה׃

22 וְנָתַתִּ֛י מַפְתֵּ֥חַ בֵּית־דָּוִ֖ד עַל־שִׁכְמ֑וֹ וּפָתַח֙ וְאֵ֣ין סֹגֵ֔ר וְסָגַ֖ר וְאֵ֥ין פֹּתֵֽחַ׃

23 וּתְקַעְתִּ֥יו יָתֵ֖ד בְּמָק֣וֹם נֶאֱמָ֑ן וְהָיָ֛ה לְכִסֵּ֥א כָב֖וֹד לְבֵ֥ית אָבִֽיו׃ וְתָל֣וּ
24 עָלָ֡יו כֹּ֣ל ׀ כְּב֣וֹד בֵּית־אָבִיו֩ הַצֶּאֱצָאִ֨ים וְהַצְּפִעֹ֜ות כֹּ֣ל ׀ כְּלֵ֣י הַקָּטָ֗ן מִכְּלֵי֙

הָאַגָּנ֔וֹת וְעַ֖ד כָּל־כְּלֵ֥י הַנְּבָלִֽים׃

25 בַּיּ֣וֹם הַה֗וּא נְאֻם֙ יְהֹוָ֣ה צְבָא֔וֹת תָּמוּשׁ֙ הַיָּתֵ֔ד הַתְּקוּעָ֖ה בְּמָק֣וֹם נֶאֱמָ֑ן וְנִגְדְּעָ֣ה וְנָֽפְלָ֗ה וְנִכְרַת֙ הַמַּשָּׂ֣א

אֲשֶׁר־עָלֶ֔יהָ כִּ֥י יְהֹוָ֖ה דִּבֵּֽר׃　　　　　　מַשָּׂ֖א צֹ֑ר הֵילִ֣ילוּ ׀ אֳנִיּ֣וֹת

23 1
תַרְשִׁ֗ישׁ כִּֽי־שֻׁדַּ֤ד מִבַּ֙יִת֙ מִבּ֔וֹא מֵאֶ֥רֶץ כִּתִּ֖ים נִגְלָה־לָֽמוֹ׃ דֹּ֖מּוּ יֹ֣שְׁבֵי

2

3 אִ֑י סֹחֵ֥ר צִיד֛וֹן עֹבֵ֥ר יָ֖ם מִלְא֑וּךְ׃ וּבְמַ֤יִם רַבִּים֙ זֶ֣רַע שִׁחֹ֔ר קְצִ֥יר

4 יְא֤וֹר תְּבוּאָתָהּ֙ וַתְּהִ֖י סְחַ֣ר גּוֹיִֽם׃ בּ֣וֹשִׁי צִיד֔וֹן כִּֽי־אָמַ֣ר יָ֔ם מָע֣וֹז
הַיָּ֑ם לֵאמֹ֗ר לֹא־חַ֜לְתִּי וְלֹֽא־יָלַ֗דְתִּי וְלֹ֥א גִדַּ֛לְתִּי בַּחוּרִ֖ים רוֹמַ֥מְתִּי

5 בְּתוּלֽוֹת׃ כַּֽאֲשֶׁר־שֵׁ֖מַע לְמִצְרָ֑יִם יָחִ֖ילוּ כְּשֵׁ֥מַע צֹֽר׃ עִבְר֖וּ תַּרְשִׁ֑ישָׁה
6

7 הֵילִ֖ילוּ יֹ֥שְׁבֵי אִֽי׃ הֲזֹ֥את לָכֶ֖ם עַלִּיזָ֑ה מִֽימֵי־קֶ֥דֶם קַדְמָתָ֖הּ יֹבִל֥וּהָ

8A 8 רַגְלֶ֖יהָ מֵרָח֥וֹק לָגֽוּר׃ מִ֣י יָעַ֣ץ זֹ֔את עַל־צֹ֖ר הַמַּֽעֲטִירָ֑ה אֲשֶׁ֤ר סֹֽחֲרֶ֙יהָ֙

9 שָׂרִ֔ים כִּנְעָנֶ֖יהָ נִכְבַּדֵּי־אָֽרֶץ׃ יְהֹוָ֥ה צְבָא֖וֹת יְעָצָ֑הּ לְחַלֵּל֙ גְּא֣וֹן כָּל־צְבִ֔י

10 לְהָקֵ֖ל כָּל־נִכְבַּדֵּי־אָֽרֶץ׃ עִבְרִ֥י אַרְצֵ֖ךְ כַּיְאֹ֑ר בַּת־תַּרְשִׁ֖ישׁ אֵ֥ין מֵ֥זַח

11 עֽוֹד׃ יָד֞וֹ נָטָ֣ה עַל־הַיָּ֗ם הִרְגִּ֖יז מַמְלָכ֑וֹת יְהֹוָה֙ צִוָּ֣ה אֶל־כְּנַ֔עַן לַשְׁמִ֖ד

12 מָֽעֻזְנֶֽיהָ׃ וַיֹּ֕אמֶר לֹֽא־תוֹסִ֥יפִי ע֖וֹד לַעְל֑וֹז הַֽמְעֻשָּׁקָ֛ה בְּתוּלַ֥ת בַּת־צִיד֔וֹן

כתים 13 כִּתִּים֙ ק֣וּמִי עֲבֹ֔רִי גַּם־שָׁ֖ם לֹא־יָנ֣וּחַֽ לָ֑ךְ׃ הֵ֣ן ׀ אֶ֣רֶץ כַּשְׂדִּ֗ים זֶ֤ה הָעָם֙
בחוני֖ו לֹ֣א הָיָ֔ה אַשּׁ֖וּר יְסָדָ֣הּ לְצִיִּ֑ים הֵקִ֣ימוּ בַחוּנָ֔יו עֹרְר֣וּ אַרְמְנוֹתֶ֔יהָ שָׂמָ֖הּ

14 לְמַפֵּלָֽה׃ הֵילִ֖ילוּ אֳנִיּ֣וֹת תַּרְשִׁ֑ישׁ כִּ֥י שֻׁדַּ֖ד מָֽעֻזְּכֶֽן׃　　　　　וְהָיָה֩
15 בַּיּ֨וֹם הַה֜וּא וְנִשְׁכַּ֣חַת צֹ֗ר שִׁבְעִ֤ים שָׁנָה֙ כִּימֵ֣י מֶ֣לֶךְ אֶחָ֑ד מִקֵּ֣ץ ׀

16 שִׁבְעִ֣ים שָׁנָ֗ה יִֽהְיֶ֤ה לְצֹר֙ כְּשִׁירַ֣ת הַזּוֹנָֽה׃ קְחִ֥י כִנּ֛וֹר סֹ֥בִּי עִ֖יר זוֹנָ֑ה

17 הֵיטִ֣יבִי נַגֵּ֔ן הַרְבִּי־שִׁ֖יר לְמַ֥עַן תִּזָּכֵֽרִי׃ וְהָיָ֞ה מִקֵּ֣ץ ׀ שִׁבְעִ֣ים

שָׁנָ֗ה יִפְקֹ֤ד יְהֹוָה֙ אֶת־צֹ֔ר וְשָׁבָ֖ה לְאֶתְנַנָּ֑ה וְזָֽנְתָ֛ה אֶת־כָּל־מַמְלְכ֥וֹת

18 הָאָ֖רֶץ עַל־פְּנֵ֥י הָֽאֲדָמָֽה׃ וְהָיָ֨ה סַחְרָ֜הּ וְאֶתְנַנָּ֗הּ קֹ֚דֶשׁ לַֽיהֹוָ֔ה לֹ֥א
יֵֽאָצֵ֖ר וְלֹ֣א יֵֽחָסֵ֑ן כִּ֣י לַיֹּֽשְׁבִ֞ים לִפְנֵ֤י יְהֹוָה֙ יִֽהְיֶ֣ה סַחְרָ֔הּ לֶֽאֱכֹ֥ל לְשָׂבְעָ֖ה

וְלִמְכַסֶּ֥ה עָתִֽיק׃

24 1
2 הִנֵּ֧ה יְהֹוָ֛ה בּוֹקֵ֥ק הָאָ֖רֶץ וּבֽוֹלְקָ֑הּ וְעִוָּ֣ה פָנֶ֔יהָ וְהֵפִ֖יץ יֹֽשְׁבֶֽיהָ׃ וְהָיָ֤ה

2 And it shall be, as with the people, so with the priest; as with the servant, so with his master; as with the maid, so with her mistress; as with the buyer, so with the seller; as with the lender, so with the borrower; as with the taker of usury, so with the giver of usury to him.

3 The land shall be utterly emptied, and utterly spoiled: for the LORD hath spoken this word.

4 The earth mourneth *and* fadeth away, the world languisheth *and* fadeth away, the haughty people of the earth do languish.

5 The earth also is defiled under the inhabitants thereof; because they have transgressed the laws, changed the ordinance, broken the everlasting covenant.

6 Therefore hath the curse devoured the earth, and they that dwell therein are desolate: therefore the inhabitants of the earth are burned, and few men left.

7 The new wine mourneth, the vine languisheth, all the merryhearted do sigh.

8 The mirth of tabrets ceaseth, the noise of them that rejoice endeth, the joy of the harp ceaseth.

9 They shall not drink wine with a song; strong drink shall be bitter to them that drink it.

10 The city of confusion is broken down: every house is shut up, that no man may come in.

11 *There is* a crying for wine in the streets; all joy is darkened, the mirth of the land is gone.

12 In the city is left desolation, and the gate is smitten with destruction.

13 ¶ When thus it shall be in the midst of the land among the people, *there shall be* as the shaking of an olive tree, *and* as the gleaning grapes when the vintage is done.

14 They shall lift up their voice, they shall sing for the majesty of the LORD, they shall cry aloud from the sea.

15 Wherefore glorify ye the LORD in the fires, *even* the name of the LORD God of Israel in the isles of the sea.

16 ¶ From the uttermost part of the earth have we heard songs, *even* glory to the righteous. But I said, My leanness, my

leanness, woe unto me! the treacherous dealers have dealt treacherously; yea, the treacherous dealers have dealt very treacherously.

17 Fear, and the pit, and the snare, *are* upon thee, O inhabitant of the earth.

18 And it shall come to pass, *that* he who fleeth from the noise of the fear shall fall into the pit; and he that cometh up out of the midst of the pit shall be taken in the snare: for the windows from on high are open, and the foundations of the earth do shake.

19 The earth is utterly broken down, the earth is clean dissolved, the earth is moved exceedingly.

20 The earth shall reel to and fro like a drunkard, and shall be removed like a cottage; and the transgression thereof shall be heavy upon it; and it shall fall, and not rise again.

21 And it shall come to pass in that day, *that* the LORD shall punish the host of the high ones *that are* on high, and the kings of the earth upon the earth.

22 And they shall be gathered together, *as* prisoners are gathered in the pit, and shall be shut up in the prison, and after many days shall they be visited.

23 Then the moon shall be confounded, and the sun ashamed, when the LORD of hosts shall reign in mount Zion, and in Jerusalem, and before his ancients gloriously.

CHAPTER 25

1 O LORD, thou *art* my God; I will exalt thee, I will praise thy name; for thou hast done wonderful *things; thy* counsels of old *are* faithfulness *and* truth.

2 For thou hast made of a city an heap; *of* a defenced city a ruin: a palace of strangers to be no city; it shall never be built.

3 Therefore shall the strong people glorify thee, the city of the terrible nations shall fear thee.

4 For thou hast been a strength to the poor, a strength to the needy in his distress, a refuge from the storm, a shadow

כָעָם֙ כַּכֹּהֵ֔ן כַּעֶ֙בֶד֙ כַּֽאדֹנָ֔יו כַּשִּׁפְחָ֖ה כַּגְּבִרְתָּ֑הּ כַּקּוֹנֶה֙ כַּמּוֹכֵ֔ר כַּמַּלְוֶה֙

3 כַּלֹּוֶ֔ה כַּנֹּשֶׁ֕ה כַּאֲשֶׁ֖ר נֹשֶׁא בֹֽו׃ הִבֹּ֧וק ׀ תִּבֹּ֛וק הָאָ֖רֶץ וְהִבֹּ֣וז ׀ תִּבֹּ֑וז

4 כִּ֥י יְהֹוָ֖ה דִּבֶּ֣ר אֶת־הַדָּבָ֣ר הַזֶּֽה׃ אָבְלָ֤ה נָֽבְלָה֙ הָאָ֔רֶץ אֻמְלְלָ֥ה נָבְלָ֖ה

5 תֵּבֵ֑ל אֻמְלָ֖לוּ מְרֹ֥ום עַם־הָאָֽרֶץ׃ וְהָאָ֤רֶץ חָֽנְפָה֙ תַּ֣חַת יֹשְׁבֶ֔יהָ כִּֽי־עָבְר֣וּ

6 תֹורֹ֗ת חָ֚לְפוּ חֹ֔ק הֵפֵ֖רוּ בְּרִ֥ית עֹולָֽם׃ עַל־כֵּ֗ן אָלָה֙ אָ֣כְלָה אֶ֔רֶץ

7 וַֽיֶּאְשְׁמ֖וּ יֹ֣שְׁבֵי בָ֑הּ עַל־כֵּ֗ן חָרוּ֙ יֹ֣שְׁבֵי אֶ֔רֶץ וְנִשְׁאַ֥ר אֱנֹ֖ושׁ מִזְעָֽר׃ אָבַ֥ל

8 תִּירֹ֛ושׁ אֻמְלְלָה־גָ֖פֶן נֶאֶנְח֑וּ כָּל־שִׂמְחֵי־לֵֽב׃ שָׁבַת֙ מְשֹׂ֣ושׂ תֻּפִּ֔ים חָדַ֖ל

9 שְׁאֹ֣ון עַלִּיזִ֑ים שָׁבַ֖ת מְשֹׂ֥ושׂ כִּנֹּֽור׃ בַּשִּׁ֖יר לֹ֣א יִשְׁתּוּ־יָ֑יִן יֵמַ֥ר שֵׁכָ֖ר

10 לְשֹׁתָֽיו׃ נִשְׁבְּרָ֖ה קִרְיַת־תֹּ֑הוּ סֻגַּ֥ר כָּל־בַּ֖יִת מִבֹּֽוא׃ צְוָחָ֥ה עַל־הַיַּ֖יִן
11

12 בַּֽחוּצֹ֑ות עָֽרְבָה֙ כָּל־שִׂמְחָ֔ה גָּלָ֖ה מְשֹׂ֥ושׂ הָאָֽרֶץ׃ נִשְׁאַ֥ר בָּעִ֖יר שַׁמָּ֑ה

13 וּשְׁאִיָּ֖ה יֻכַּת־שָֽׁעַר׃ כִּ֣י כֹ֥ה יִהְיֶ֛ה בְּקֶ֥רֶב הָאָ֖רֶץ בְּתֹ֣וךְ הָֽעַמִּ֑ים כְּנֹ֣קֶף

14 זַ֔יִת כְּעֹולֵלֹ֖ת אִם־כָּלָ֥ה בָצִֽיר׃ הֵ֛מָּה יִשְׂא֥וּ קֹולָ֖ם יָרֹ֑נּוּ בִּגְאֹ֥ון יְהֹוָ֖ה

15 צָהֲל֥וּ מִיָּֽם׃ עַל־כֵּ֖ן בָּאֻרִ֣ים כַּבְּד֣וּ יְהֹוָ֑ה בְּאִיֵּ֣י הַיָּ֔ם שֵׁ֥ם יְהֹוָ֖ה אֱלֹהֵ֥י

16 יִשְׂרָאֵֽל׃   מִכְּנַ֨ף הָאָ֜רֶץ זְמִרֹ֤ת שָׁמַ֙עְנוּ֙ צְבִ֣י לַצַּדִּ֔יק וָאֹמַ֛ר

17 רָזִי־לִ֥י רָֽזִי־לִ֖י אֹ֣וי לִ֑י בֹּגְדִ֣ים בָּגָ֔דוּ וּבֶ֥גֶד בֹּוגְדִ֖ים בָּגָֽדוּ׃ פַּ֥חַד וָפַ֖חַת

18 וָפָ֖ח עָלֶ֣יךָ יֹושֵׁ֣ב הָאָֽרֶץ׃ וְֽ֠הָיָ֠ה הַנָּ֞ס מִקֹּ֤ול הַפַּ֙חַד֙ יִפֹּ֣ל אֶל־הַפַּ֔חַת

וְהָֽעֹולֶה֙ מִתֹּ֣וךְ הַפַּ֔חַת יִלָּכֵ֖ד בַּפָּ֑ח כִּֽי־אֲרֻבֹּ֤ות מִמָּרֹום֙ נִפְתָּ֔חוּ וַיִּרְעֲשׁ֖וּ

19 מֹ֣וסְדֵי אָֽרֶץ׃ רֹ֥עָה הִֽתְרֹעֲעָ֖ה הָאָ֑רֶץ פֹּ֤ור הִֽתְפֹּורְרָה֙ אֶ֔רֶץ מֹ֥וט

20 הִֽתְמֹוטְטָ֖ה אָֽרֶץ׃ נֹ֣ועַ תָּנ֤וּעַ אֶ֙רֶץ֙ כַּשִּׁכֹּ֔ור וְהִֽתְנֹודְדָ֖ה כַּמְּלוּנָ֑ה וְכָבַ֤ד

21 עָלֶ֙יהָ֙ פִּשְׁעָ֔הּ וְנָפְלָ֖ה וְלֹא־תֹסִ֥יף קֽוּם׃   וְהָיָ֖ה בַיֹּ֣ום הַה֑וּא

יִפְקֹ֧ד יְהֹוָ֛ה עַל־צְבָ֥א הַמָּרֹ֖ום בַּמָּרֹ֑ום וְעַל־מַלְכֵ֥י הָאֲדָמָ֖ה עַל־

22 הָאֲדָמָֽה׃ וְאֻסְּפ֨וּ אֲסֵפָ֤ה אַסִּיר֙ עַל־בֹּ֔ור וְסֻגְּר֖וּ עַל־מַסְגֵּ֑ר וּמֵרֹ֥ב יָמִ֖ים

23 יִפָּקֵֽדוּ׃ וְחָֽפְרָה֙ הַלְּבָנָ֔ה וּבֹ֖ושָׁה הַֽחַמָּ֑ה כִּֽי־מָלַ֞ךְ יְהֹוָ֣ה צְבָאֹ֗ות בְּהַ֥ר

צִיֹּון֙ וּבִיר֣וּשָׁלִַ֔ם וְנֶ֥גֶד זְקֵנָ֖יו כָּבֹֽוד׃

25 1 יְהֹוָ֤ה אֱלֹהַי֙ אַתָּ֔ה אֲרֹֽומִמְךָ֙ אֹודֶ֣ה שִׁמְךָ֔ כִּ֥י עָשִׂ֖יתָ פֶּ֑לֶא עֵצֹ֥ות

2 מֵֽרָחֹ֖וק אֱמ֣וּנָה אֹֽמֶן׃ כִּ֣י שַׂ֤מְתָּ מֵעִיר֙ לַגָּ֔ל קִרְיָ֥ה בְצוּרָ֖ה לְמַפֵּלָ֑ה

3 אַרְמֹ֣ון זָרִ֗ים מֵעִיר֙ לְעֹולָ֖ם לֹ֣א יִבָּנֶֽה׃ עַל־כֵּ֖ן יְכַבְּד֣וּךָ עַם־עָ֑ז קִרְיַ֛ת

4 גֹּויִ֥ם עָרִיצִ֖ים יִֽירָאֽוּךָ׃ כִּֽי־הָיִ֤יתָ מָעֹוז֙ לַדָּ֔ל מָעֹ֥וז לָֽאֶבְיֹ֖ון בַּצַּר־לֹ֑ו

from the heat, when the blast of the terrible ones *is* as a storm *against* the wall.

5 Thou shalt bring down the noise of strangers, as the heat in a dry place; *even* the heat with the shadow of a cloud: the branch of the terrible ones shall be brought low.

6 ¶ And in this mountain shall the Lord of hosts make unto all people a feast of fat things, a feast of wines on the lees, of fat things full of marrow, of wines on the lees well refined.

7 And he will destroy in this mountain the face of the covering cast over all people, and the vail that is spread over all nations.

8 He will swallow up death in victory; and the Lord God will wipe away tears from off all faces; and the rebuke of his people shall he take away from off all the earth: for the Lord hath spoken *it*.

9 ¶ And it shall be said in that day, Lo, this *is* our God; we have waited for him, and he will save us: this *is* the Lord; we have waited for him, we will be glad and rejoice in his salvation.

10 For in this mountain shall the hand of the Lord rest, and Moab shall be trodden down under him, even as straw is trodden down for the dunghill.

11 And he shall spread forth his hands in the midst of them, as he that swimmeth spreadeth forth *his hands* to swim: and he shall bring down their pride together with the spoils of their hands.

12 And the fortress of the high fort of thy walls shall he bring down, lay low, *and* bring to the ground, *even* to the dust.

CHAPTER 26

1 In that day shall this song be sung in the land of Judah; We have a strong city; salvation will *God* appoint *for* walls and bulwarks.

2 Open ye the gates, that the righteous nation which keepeth the truth may enter in.

3 Thou wilt keep *him* in perfect peace, *whose* mind *is* stayed *on thee:* because he trusteth in thee.

4 Trust ye in the Lord for ever: for in the Lord JEHOVAH *is* everlasting strength:

5 ¶ For he bringeth down them that dwell on high; the lofty city, he layeth it low; he layeth it low, *even* to the ground; he bringeth it *even* to the dust.

6 The foot shall tread it down, *even* the feet of the poor, *and* the steps of the needy.

7 The way of the just *is* uprightness: thou, most upright, dost weigh the path of the just.

8 Yea, in the way of thy judgments, O Lord, have we waited for thee; the desire of *our* soul *is* to thy name, and to the remembrance of thee.

9 With my soul have I desired thee in the night; yea, with my spirit within me will I seek thee early: for when thy judgments *are* in the earth, the inhabitants of the world will learn righteousness.

10 Let favour be shewed to the wicked, *yet* will he not learn righteousness: in the land of uprightness will he deal unjustly, and will not behold the majesty of the Lord.

11 Lord, *when* thy hand is lifted up, they will not see: *but* they shall see, and be ashamed for *their* envy at the people; yea, the fire of thine enemies shall devour them.

12 ¶ Lord, thou wilt ordain peace for us: for thou also hast wrought all our works in us.

13 O Lord our God, *other* lords beside thee have had dominion over us: *but* by thee only will we make mention of thy name.

14 *They are* dead, they shall not live; *they are* deceased, they shall not rise: therefore hast thou visited and destroyed them, and made all their memory to perish.

15 Thou hast increased the nation, O Lord, thou hast increased the nation: thou art glorified: thou hadst removed *it* far *unto* all the ends of the earth.

16 Lord, in trouble have they visited thee, they poured out a prayer *when* thy chastening *was* upon them.

17 Like as a woman with child, *that* draweth near the time of her delivery, is in pain, *and* crieth out in her pangs; so have we been in thy sight, O Lord.

5 מַחְסֶ֥ה מִזֶּ֖רֶם צֵ֣ל מֵחֹ֑רֶב כִּ֣י ר֤וּחַ עָֽרִיצִים֙ כְּזֶ֣רֶם קִ֔יר: כְּחֹ֣רֶב בְּצָי֔וֹן שְׁא֣וֹן זָרִ֖ים תַּכְנִ֑יעַ חֹ֚רֶב בְּצֵ֣ל עָ֔ב זְמִ֥יר עָֽרִיצִ֖ים יַעֲנֶֽה:

6 וְעָשָׂה֩ יְהֹוָ֨ה צְבָא֜וֹת לְכׇל־הָֽעַמִּים֙ בָּהָ֣ר הַזֶּ֔ה מִשְׁתֵּ֥ה שְׁמָנִ֖ים מִשְׁתֵּ֣ה

7 שְׁמָרִ֑ים שְׁמָנִים֙ מְמֻחָ֔ים שְׁמָרִ֖ים מְזֻקָּקִֽים: וּבִלַּע֙ בָּהָ֣ר הַזֶּ֔ה פְּנֵֽי־הַלּ֣וֹט ׀ הַלּ֔וֹט עַל־כׇּל־הָֽעַמִּ֑ים וְהַמַּסֵּכָ֥ה הַנְּסוּכָ֖ה עַל־כׇּל־הַגּוֹיִֽם:

8 בִּלַּ֤ע הַמָּ֙וֶת֙ לָנֶ֔צַח וּמָחָ֨ה אֲדֹנָ֧י יְהֹוִ֛ה דִּמְעָ֖ה מֵעַ֣ל כׇּל־פָּנִ֑ים וְחֶרְפַּ֣ת עַמּ֗וֹ יָסִיר֙ מֵעַ֣ל כׇּל־הָאָ֔רֶץ כִּ֥י יְהֹוָ֖ה דִּבֵּֽר:

9 וְאָמַר֙ בַּיּ֣וֹם הַה֔וּא הִנֵּ֨ה אֱלֹהֵ֥ינוּ זֶ֛ה קִוִּ֥ינוּ ל֖וֹ וְיֽוֹשִׁיעֵ֑נוּ זֶ֤ה יְהֹוָה֙

10 קִוִּ֣ינוּ ל֔וֹ נָגִ֥ילָה וְנִשְׂמְחָ֖ה בִּישֽׁוּעָתֽוֹ: כִּי־תָנ֥וּחַ יַד־יְהֹוָ֖ה בָּהָ֣ר הַזֶּ֑ה

11 וְנָ֤דוֹשׁ מוֹאָב֙ תַּחְתָּ֔יו כְּהִדּ֥וּשׁ מַתְבֵּ֖ן בְּמֵ֣י מַדְמֵנָ֑ה: וּפֵרַ֤שׂ יָדָיו֙ **כְּמ֣וֹ** בְּקִרְבּ֔וֹ כַּאֲשֶׁ֛ר יְפָרֵ֥שׂ הַשֹּׂחֶ֖ה לִשְׂח֑וֹת וְהִשְׁפִּיל֙ גַּֽאֲוָת֔וֹ עִ֖ם אׇרְבּ֥וֹת

12 יָדָֽיו: וּמִבְצַ֞ר מִשְׂגַּ֣ב חֽוֹמֹתֶ֗יךָ הֵשַׁ֥ח הִשְׁפִּ֛יל הִגִּ֥יעַ לָאָ֖רֶץ עַד־

26 1 עָפָֽר: בַּיּ֤וֹם הַהוּא֙ יוּשַׁ֣ר הַשִּֽׁיר־הַזֶּ֔ה בְּאֶ֖רֶץ יְהוּדָ֑ה עִ֣יר

2 עׇז־לָ֖נוּ יְשׁוּעָ֑ה יָשִׁ֥ית חֽוֹמ֖וֹת וָחֵֽל: פִּתְח֖וּ שְׁעָרִ֑ים וְיָבֹ֥א גֽוֹי־צַדִּ֖יק

3 4 שֹׁמֵ֥ר אֱמֻנִֽים: יֵ֣צֶר סָמ֔וּךְ תִּצֹּ֖ר שָׁל֣וֹם ׀ שָׁל֑וֹם כִּ֥י בְךָ֖ בָּטֽוּחַ: בִּטְח֥וּ

5 בַֽיהֹוָ֖ה עֲדֵי־עַ֑ד כִּ֚י בְּיָ֣הּ יְהֹוָ֔ה צ֖וּר עֽוֹלָמִֽים: כִּ֣י הֵשַׁח֩ יֹשְׁבֵ֨י מָר֜וֹם קִרְיָ֣ה נִשְׂגָּבָ֗ה יַשְׁפִּילֶ֙נָּה֙ יַשְׁפִּילָ֣הּ עַד־אֶ֔רֶץ יַגִּיעֶ֖נָּה עַד־עָפָֽר:

6 7 תִּרְמְסֶ֖נָּה רָ֑גֶל רַגְלֵ֥י עָנִ֖י פַּעֲמֵ֥י דַלִּֽים: אֹ֥רַח לַצַּדִּ֖יק מֵישָׁרִ֑ים יָשָׁ֕ר

8 מַעְגַּ֥ל צַדִּ֖יק תְּפַלֵּֽס: אַ֣ף אֹ֧רַח מִשְׁפָּטֶ֛יךָ יְהֹוָ֖ה קִוִּינ֑וּךָ לְשִׁמְךָ֥ וּֽלְזִכְרְךָ֖

9 תַּאֲוַת־נָֽפֶשׁ: נַפְשִׁ֤י אִוִּיתִ֙יךָ֙ בַּלַּ֔יְלָה אַף־רוּחִ֥י בְקִרְבִּ֖י אֲשַׁחֲרֶ֑ךָּ כִּ֞י

10 כַּאֲשֶׁ֤ר מִשְׁפָּטֶ֙יךָ֙ לָאָ֔רֶץ צֶ֥דֶק לָמְד֖וּ יֹשְׁבֵ֣י תֵבֵֽל: יֻחַ֤ן רָשָׁע֙ בַּל־לָמַ֣ד

11 צֶ֔דֶק בְּאֶ֥רֶץ נְכֹח֖וֹת יְעַוֵּ֑ל וּבַל־יִרְאֶ֖ה גֵּא֥וּת יְהֹוָֽה: יְהֹוָ֗ה רָ֤מָה יָֽדְךָ֙ בַּל־יֶֽחֱזָי֔וּן יֶחֱז֥וּ וְיֵבֹ֖שׁוּ קִנְאַת־עָ֑ם אַף־אֵ֖שׁ צָרֶ֥יךָ

12 תֹאכְלֵֽם: יְהֹוָ֕ה תִּשְׁפֹּ֥ת שָׁל֖וֹם לָ֑נוּ כִּ֛י גַּ֥ם כׇּֽל־מַעֲשֵׂ֖ינוּ

13 פָּעַ֥לְתָּ לָּֽנוּ: יְהֹוָ֣ה אֱלֹהֵ֔ינוּ בְּעָל֥וּנוּ אֲדֹנִ֖ים זֽוּלָתֶ֑ךָ לְבַד־בְּךָ֖ נַזְכִּ֥יר

14 שְׁמֶֽךָ: מֵתִים֙ בַּל־יִחְי֔וּ רְפָאִ֖ים בַּל־יָקֻ֑מוּ לָכֵ֤ן פָּקַ֙דְתָּ֙ וַתַּשְׁמִידֵ֔ם

15 וַתְּאַבֵּ֥ד כׇּל־זֵ֖כֶר לָֽמוֹ: יָסַ֤פְתָּ לַגּוֹי֙ יְהֹוָ֔ה יָסַ֥פְתָּ לַגּ֖וֹי נִכְבָּ֑דְתָּ רִחַ֖קְתָּ

16 17 כׇּל־קַצְוֵי־אָֽרֶץ: יְהֹוָ֖ה בַּצַּ֣ר פְּקָד֑וּךָ צָק֣וּן לַ֔חַשׁ מֽוּסָרְךָ֖ לָֽמוֹ: כְּמ֤וֹ הָרָה֙ תַּקְרִ֣יב לָלֶ֔דֶת תָּחִ֥יל תִּזְעַ֖ק בַּחֲבָלֶ֑יהָ כֵּ֛ן הָיִ֥ינוּ מִפָּנֶ֖יךָ יְהֹוָֽה:

18 We have been with child, we have been in pain, we have as it were brought forth wind; we have not wrought any deliverance in the earth; neither have the inhabitants of the world fallen.

19 Thy dead *men* shall live, *together with* my dead body shall they arise. Awake and sing, ye that dwell in dust: for thy dew *is as* the dew of herbs, and the earth shall cast out the dead.

20 ¶ Come, my people, enter thou into thy chambers, and shut thy doors about thee: hide thyself as it were for a little moment, until the indignation be overpast.

21 For, behold, the LORD cometh out of his place to punish the inhabitants of the earth for their iniquity: the earth also shall disclose her blood, and shall no more cover her slain.

CHAPTER 27

1 In that day the LORD with his sore and great and strong sword shall punish leviathan the piercing serpent, even leviathan that crooked serpent; and he shall slay the dragon that *is* in the sea.

2 In that day sing ye unto her, A vineyard of red wine.

3 I the LORD do keep it; I will water it every moment: lest *any* hurt it, I will keep it night and day.

4 Fury *is* not in me: who would set the briers *and* thorns against me in battle? I would go through them, I would burn them together.

5 Or let him take hold of my strength, *that* he may make peace with me; *and* he shall make peace with me.

6 He shall cause them that come of Jacob to take root: Israel shall blossom and bud, and fill the face of the world with fruit.

7 ¶ Hath he smitten him, as he smote those that smote him? *or* is he slain according to the slaughter of them that are slain by him?

8 In measure, when it shooteth forth, thou wilt debate with it: he stayeth his rough wind in the day of the east wind.

9 By this therefore shall the iniquity of Jacob be purged; and this *is* all the fruit to take away his sin; when he maketh all the stones of the altar as chalkstones that are beaten in sunder, the groves and images shall not stand up.

10 Yet the defenced city *shall be* desolate, *and* the habitation forsaken, and left like a wilderness: there shall the calf feed, and there shall he lie down, and consume the branches thereof.

11 When the boughs thereof are withered, they shall be broken off: the women come, *and* set them on fire: for it *is* a people of no understanding: therefore he that made them will not have mercy on them, and he that formed them will shew them no favour.

12 ¶ And it shall come to pass in that day, *that* the LORD shall beat off from the channel of the river unto the stream of Egypt, and ye shall be gathered one by one, O ye children of Israel.

13 And it shall come to pass in that day, *that* the great trumpet shall be blown, and they shall come which were ready to perish in the land of Assyria, and the outcasts in the land of Egypt, and shall worship the LORD in the holy mount at Jerusalem.

CHAPTER 28

1 Woe to the crown of pride, to the drunkards of Ephraim, whose glorious beauty *is* a fading flower, which *are* on the head of the fat valleys of them that are overcome with wine!

2 Behold, the Lord hath a mighty and strong one, *which* as a tempest of hail *and* a destroying storm, as a flood of mighty waters overflowing, shall cast down to the earth with the hand.

3 The crown of pride, the drunkards of Ephraim, shall be trodden under feet:

4 And the glorious beauty, which *is* on the head of the fat valley, shall be a fading flower, *and* as the hasty fruit before the summer; which *when* he that looketh upon it seeth, while it is yet in his hand he eateth it up.

5 ¶ In that day shall the LORD of hosts be for a crown of glory, and for a diadem of beauty, unto the residue of his people,

6 And for a spirit of judgment to him

18 הָרִינוּ חַלְנוּ כְּמוֹ יָלַדְנוּ רוּחַ יְשׁוּעֹת בַּל־נַעֲשֶׂה אֶרֶץ וּבַל־יִפְּלוּ יֹשְׁבֵי

19 תֵבֵל: יִחְיוּ מֵתֶיךָ נְבֵלָתִי יְקוּמוּן הָקִיצוּ וְרַנְּנוּ שֹׁכְנֵי עָפָר כִּי טַל

20 אוֹרֹת טַלֶּךָ וָאָרֶץ רְפָאִים תַּפִּיל: לֵךְ עַמִּי בֹּא בַחֲדָרֶיךָ

21 וּסְגֹר דַּלְתֶיךָ בַּעֲדֶךָ חֲבִי כִמְעַט־רֶגַע עַד־יַעֲבור־זָעַם: כִּי־הִנֵּה יְהוָה דְּלָתְךָ יַעֲבֹר־
יֹצֵא מִמְּקוֹמוֹ לִפְקֹד עֲוֹן יֹשֵׁב־הָאָרֶץ עָלָיו וְגִלְּתָה הָאָרֶץ אֶת־דָּמֶיהָ

27 1 וְלֹא־תְכַסֶּה עוֹד עַל־הֲרוּגֶיהָ: בַּיּוֹם הַהוּא יִפְקֹד יְהוָה 1A
בְּחַרְבּוֹ הַקָּשָׁה וְהַגְּדוֹלָה וְהַחֲזָקָה עַל לִוְיָתָן נָחָשׁ בָּרִחַ וְעַל לִוְיָתָן

2 נָחָשׁ עֲקַלָּתוֹן וְהָרַג אֶת־הַתַּנִּין אֲשֶׁר בַּיָּם: בַּיּוֹם הַהוּא

3 כֶּרֶם חֶמֶר עַנּוּ־לָהּ: אֲנִי יְהוָה נֹצְרָהּ לִרְגָעִים אַשְׁקֶנָּה פֶּן יִפְקֹד

4 עָלֶיהָ לַיְלָה וָיוֹם אֶצֳּרֶנָּה: חֵמָה אֵין לִי מִי־יִתְּנֵנִי שָׁמִיר שַׁיִת

5 בַּמִּלְחָמָה אֶפְשְׂעָה בָהּ אֲצִיתֶנָּה יָּחַד: אוֹ יַחֲזֵק בְּמָעוּזִּי יַעֲשֶׂה שָׁלוֹם

6 לִי שָׁלוֹם יַעֲשֶׂה־לִּי: הַבָּאִים יַשְׁרֵשׁ יַעֲקֹב יָצִיץ וּפָרַח יִשְׂרָאֵל וּמָלְאוּ

7 פְנֵי־תֵבֵל תְּנוּבָה: הַכְּמַכַּת מַכֵּהוּ הִכָּהוּ אִם־כְּהֶרֶג הֲרֻגָיו

8 הֹרָג: בְּסַאסְּאָה בְּשַׁלְּחָהּ תְּרִיבֶנָּה הָגָה בְּרוּחוֹ הַקָּשָׁה בְּיוֹם קָדִים: 8A

9 לָכֵן בְּזֹאת יְכֻפַּר עֲוֹן־יַעֲקֹב וְזֶה כָּל־פְּרִי הָסִר חַטָּאתוֹ בְּשׂוּמוֹ | כָּל־

10 אַבְנֵי מִזְבֵּחַ כְּאַבְנֵי־גִר מְנֻפָּצוֹת לֹא־יָקֻמוּ אֲשֵׁרִים וְחַמָּנִים: כִּי עִיר
בְּצוּרָה בָּדָד נָוֶה מְשֻׁלָּח וְנֶעֱזָב כַּמִּדְבָּר שָׁם יִרְעֶה עֵגֶל וְשָׁם

11 יִרְבָּץ וְכִלָּה סְעִפֶיהָ: בִּיבֹשׁ קְצִירָהּ תִּשָּׁבַרְנָה נָשִׁים בָּאוֹת מְאִירוֹת
אוֹתָהּ כִּי לֹא עַם־בִּינוֹת הוּא עַל־כֵּן לֹא־יְרַחֲמֶנּוּ עֹשֵׂהוּ וְיֹצְרוֹ

12 לֹא יְחֻנֶּנּוּ: וְהָיָה בַּיּוֹם הַהוּא יַחְבֹּט יְהוָה מִשִּׁבֹּלֶת
הַנָּהָר עַד־נַחַל מִצְרָיִם וְאַתֶּם תְּלֻקְּטוּ לְאַחַד אֶחָד בְּנֵי

13 יִשְׂרָאֵל: וְהָיָה | בַּיּוֹם הַהוּא יִתָּקַע בְּשׁוֹפָר גָּדוֹל וּבָאוּ 13A
הָאֹבְדִים בְּאֶרֶץ אַשּׁוּר וְהַנִּדָּחִים בְּאֶרֶץ מִצְרָיִם וְהִשְׁתַּחֲווּ לַיהוָה

28 1 בְּהַר הַקֹּדֶשׁ בִּירוּשָׁלָ͏ִם: הוֹי עֲטֶרֶת גֵּאוּת שִׁכֹּרֵי אֶפְרַיִם וְצִיץ נֹבֵל

2 צְבִי תִפְאַרְתּוֹ אֲשֶׁר עַל־רֹאשׁ גֵּיא־שְׁמָנִים הֲלוּמֵי יָיִן: הִנֵּה חָזָק
וְאַמִּץ לַאדֹנָי כְּזֶרֶם בָּרָד שַׂעַר קָטֶב כְּזֶרֶם מַיִם כַּבִּירִים שֹׁטְפִים

3 הִנִּיחַ לָאָרֶץ בְּיָד: בְּרַגְלַיִם תֵּרָמַסְנָה עֲטֶרֶת גֵּאוּת שִׁכֹּרֵי אֶפְרָיִם:

4 וְהָיְתָה צִיצַת נֹבֵל צְבִי תִפְאַרְתּוֹ אֲשֶׁר עַל־רֹאשׁ גֵּיא שְׁמָנִים
כְּבִכּוּרָהּ בְּטֶרֶם קַיִץ אֲשֶׁר יִרְאֶה הָרֹאֶה אוֹתָהּ בְּעוֹדָהּ בְּכַפּוֹ

5 יִבְלָעֶנָּה: בַּיּוֹם הַהוּא יִהְיֶה יְהוָה צְבָאוֹת לַעֲטֶרֶת צְבִי

6 וְלִצְפִירַת תִּפְאָרָה לִשְׁאָר עַמּוֹ: וּלְרוּחַ מִשְׁפָּט לַיּוֹשֵׁב עַל־הַמִּשְׁפָּט

that sitteth in judgment, and for strength to them that turn the battle to the gate.

7 ¶ But they also have erred through wine, and through strong drink are out of the way; the priest and the prophet have erred through strong drink, they are swallowed up of wine, they are out of the way through strong drink; they err in vision, they stumble *in* judgment.

8 For all tables are full of vomit *and* filthiness, *so that there is* no place *clean.*

9 ¶ Whom shall he teach knowledge? and whom shall he make to understand doctrine? *them that are* weaned from the milk, *and* drawn from the breasts.

10 For precept *must be* upon precept, precept upon precept; line upon line, line upon line; here a little, *and* there a little:

11 For with stammering lips and another tongue will he speak to this people.

12 To whom he said, This *is* the rest *wherewith* ye may cause the weary to rest; and this *is* the refreshing: yet they would not hear.

13 But the word of the LORD was unto them precept upon precept, precept upon precept; line upon line, line upon line; here a little, *and* there a little; that they might go, and fall backward, and be broken, and snared, and taken.

14 ¶ Wherefore hear the word of the LORD, ye scornful men, that rule this people which *is* in Jerusalem.

15 Because ye have said, We have made a covenant with death, and with hell are we at agreement; when the overflowing scourge shall pass through, it shall not come unto us: for we have made lies our refuge, and under falsehood have we hid ourselves:

16 ¶ Therefore thus saith the Lord GOD, Behold, I lay in Zion for a foundation a stone, a tried stone, a precious corner *stone,* a sure foundation: he that believeth shall not make haste.

17 Judgment also will I lay to the line, and righteousness to the plummet: and the hail shall sweep away the refuge of lies, and the waters shall overflow the hiding place.

18 ¶ And your covenant with death shall be disannulled, and your agreement with hell shall not stand; when the overflowing scourge shall pass through, then ye shall be trodden down by it.

19 From the time that it goeth forth it shall take you: for morning by morning shall it pass over, by day and by night: and it shall be a vexation only *to* understand the report.

20 For the bed is shorter than that *a man* can stretch himself *on it:* and the covering narrower than that he can wrap himself *in it.*

21 For the LORD shall rise up as *in* mount Perazim, he shall be wroth as *in* the valley of Gibeon, that he may do his work, his strange work; and bring to pass his act, his strange act.

22 Now therefore be ye not mockers, lest your bands be made strong: for I have heard from the Lord GOD of hosts a consumption, even determined upon the whole earth.

23 ¶ Give ye ear, and hear my voice; hearken, and hear my speech.

24 Doth the plowman plow all day to sow? doth he open and break the clods of his ground?

25 When he hath made plain the face thereof, doth he not cast abroad the fitches, and scatter the cummin, and cast in the principal wheat and the appointed barley and the rie in their place?

26 For his God doth instruct him to discretion, *and* doth teach him.

27 For the fitches are not threshed with a threshing instrument, neither is a cart wheel turned about upon the cummin; but the fitches are beaten out with a staff, and the cummin with a rod.

28 Bread *corn* is bruised; because he will not ever be threshing it, nor break *it with* the wheel of his cart, nor bruise it *with* his horsemen.

29 This also cometh forth from the LORD of hosts, *which* is wonderful in counsel, *and* excellent in working.

CHAPTER 29

1 Woe to Ariel, to Ariel, the city *where* David dwelt! add ye year to year; let them kill sacrifices.

7 וְגַם־אֵ֨לֶּה֙ בַּיַּ֣יִן שָׁג֔וּ וּבַשֵּׁכָ֖ר תָּע֑וּ כֹּהֵ֣ן וְנָבִיא֩ שָׁג֨וּ בַשֵּׁכָ֜ר נִבְלְע֣וּ מִן־הַיַּ֗יִן תָּעוּ֙ מִן־הַשֵּׁכָ֔ר וְלִגְבוּרָ֖ה מְשִׁיבֵ֥י מִלְחָמָ֖ה שָׁעְרָה׃

8 שָׁג֣וּ בָרֹאֶ֔ה פָּק֖וּ פְּלִילִיָּֽה׃ כִּ֚י כָּל־שֻׁלְחָנ֔וֹת מָלְא֖וּ קִ֣יא צֹאָ֑ה בְּלִ֖י מָקֽוֹם׃

9 אֶת־מִי֙ יוֹרֶ֣ה דֵעָ֔ה וְאֶת־מִ֖י יָבִ֣ין שְׁמוּעָ֑ה גְּמוּלֵ֣י

10 מֵחָלָ֔ב עַתִּיקֵ֖י מִשָּׁדָֽיִם׃ כִּ֣י צַ֤ו לָצָו֙ צַ֣ו לָצָ֔ו קַ֥ו לָקָ֖ו קַ֣ו לָקָ֑ו זְעֵ֥יר

11 שָׁ֖ם זְעֵ֥יר שָֽׁם׃ כִּ֚י בְּלַעֲגֵ֣י שָׂפָ֔ה וּבְלָשׁ֖וֹן אַחֶ֑רֶת יְדַבֵּ֖ר אֶל־הָעָ֥ם הַזֶּֽה׃

12 אֲשֶׁ֣ר ׀ אָמַ֣ר אֲלֵיהֶ֗ם זֹ֤את הַמְּנוּחָה֙ הָנִ֣יחוּ לֶֽעָיֵ֔ף וְזֹ֖את הַמַּרְגֵּעָ֑ה וְלֹ֥א

13 אָב֖וּא שְׁמֽוֹעַ׃ וְהָיָ֨ה לָהֶ֜ם דְּבַר־יְהֹוָ֗ה צַ֣ו לָצָ֞ו צַ֤ו לָצָו֙ קַ֤ו לָקָו֙ קַ֣ו לָקָ֔ו זְעֵ֥יר שָׁ֖ם זְעֵ֣יר שָׁ֑ם לְמַ֣עַן יֵלְכ֗וּ וְכָשְׁל֤וּ אָחוֹר֙ וְנִשְׁבָּ֔רוּ וְנוֹקְשׁ֖וּ וְנִלְכָּֽדוּ׃

14 לָכֵ֛ן שִׁמְע֥וּ דְבַר־יְהֹוָ֖ה אַנְשֵׁ֣י לָצ֑וֹן מֹֽשְׁלֵי֙ הָעָ֣ם הַזֶּ֔ה אֲשֶׁ֖ר בִּירוּשָׁלָֽ͏ִם׃

15 כִּ֣י אֲמַרְתֶּ֗ם כָּרַ֤תְנֽוּ בְרִית֙ אֶת־מָ֔וֶת וְעִם־שְׁא֖וֹל עָשִׂ֣ינוּ חֹזֶ֑ה שֹׁ֣יט שׁוֹטֵ֤ף כִּֽי־עבר֙ לֹ֣א יְבוֹאֵ֔נוּ כִּ֣י שַׂ֥מְנוּ כָזָ֛ב מַחְסֵ֖נוּ וּבַשֶּׁ֥קֶר נִסְתָּֽרְנוּ׃

16 לָכֵ֗ן כֹּ֤ה אָמַר֙ אֲדֹנָ֣י יְהֹוִ֔ה הִנְנִ֛י יִסַּ֥ד בְּצִיּ֖וֹן אָ֑בֶן אֶ֣בֶן בֹּ֜חַן פִּנַּ֤ת יִקְרַת֙ מוּסָ֣ד מוּסָּ֔ד הַֽמַּאֲמִ֖ין לֹ֥א יָחִֽישׁ׃

17 וְשַׂמְתִּ֤י מִשְׁפָּט֙ לְקָ֔ו וּצְדָקָ֖ה לְמִשְׁקָ֑לֶת וְיָעָ֤ה בָרָד֙ מַחְסֵ֣ה כָזָ֔ב וְסֵ֥תֶר מַ֖יִם יִשְׁטֹֽפוּ׃

18 וְכֻפַּ֤ר בְּרִֽיתְכֶם֙ אֶת־מָ֔וֶת וְחָזוּתְכֶ֥ם אֶת־שְׁא֖וֹל לֹ֣א תָק֑וּם שֹׁ֤וט שׁוֹטֵף֙ כִּ֣י יַֽעֲבֹ֔ר וִהְיִ֥יתֶם ל֖וֹ לְמִרְמָֽס׃

19 מִדֵּ֤י עָבְרוֹ֙ יִקַּ֣ח אֶתְכֶ֔ם כִּֽי־בַבֹּ֧קֶר בַּבֹּ֛קֶר יַעֲבֹ֖ר בַּיּ֣וֹם וּבַלָּ֑יְלָה וְהָיָ֥ה רַק־זְוָעָ֖ה הָבִ֥ין שְׁמוּעָֽה׃

20 כִּֽי־קָצַ֥ר הַמַּצָּ֖ע מֵֽהִשְׂתָּרֵ֑עַ וְהַמַּסֵּכָ֥ה צָ֖רָה כְּהִתְכַּנֵּֽס׃

21 כִּ֤י כְהַר־פְּרָצִים֙ יָק֣וּם יְהֹוָ֔ה כְּעֵ֖מֶק בְּגִבְע֣וֹן יִרְגָּ֑ז לַעֲשׂ֤וֹת מַעֲשֵׂ֙הוּ֙ זָ֣ר מַֽעֲשֵׂ֔הוּ וְלַֽעֲבֹד֙

22 עֲבֹ֣דָת֔וֹ נָכְרִיָּ֖ה עֲבֹדָתֽוֹ׃ וְעַתָּה֙ אַל־תִּתְלוֹצָ֔צוּ פֶּֽן־יֶחְזְק֖וּ מֽוֹסְרֵיכֶ֑ם כִּֽי־כָלָ֨ה וְנֶחֱרָצָ֜ה שָׁמַ֗עְתִּי מֵאֵ֨ת אֲדֹנָ֧י יְהֹוִ֛ה צְבָא֖וֹת עַל־כָּל־הָאָֽרֶץ׃

23 הַאֲזִ֥ינוּ וְשִׁמְע֖וּ קוֹלִ֑י הַקְשִׁ֥יבוּ וְשִׁמְע֖וּ אִמְרָתִֽי׃

24 הֲכֹ֣ל הַיּ֗וֹם יַחֲרֹ֤שׁ הַחֹרֵשׁ֙ לִזְרֹ֔עַ יְפַתַּ֥ח וִישַׂדֵּ֖ד אַדְמָתֽוֹ׃

25 הֲלוֹא֙ אִם־שִׁוָּ֣ה פָנֶ֔יהָ וְהֵפִ֥יץ קֶ֖צַח וְכַמֹּ֣ן יִזְרֹ֑ק וְשָׂ֨ם חִטָּ֤ה שׂוֹרָה֙ וּשְׂעֹרָ֣ה נִסְמָ֔ן וְכֻסֶּ֖מֶת גְּבֻלָתֽוֹ׃

26 וְיִסְּר֥וֹ לַמִּשְׁפָּ֖ט אֱלֹהָ֥יו יוֹרֶֽנּוּ׃

27 כִּ֣י לֹ֤א בֶֽחָרוּץ֙ י֣וּדַשׁ קֶ֔צַח וְאוֹפַ֣ן עֲגָלָ֔ה עַל־כַּמֹּ֖ן יוּסָּ֑ב כִּ֧י בַמַּטֶּ֛ה יֵחָ֥בֶט קֶ֖צַח וְכַמֹּ֥ן בַּשָּֽׁבֶט׃

28 לֶ֣חֶם יוּדָ֔ק כִּ֛י לֹ֥א לָנֶ֖צַח אָד֣וֹשׁ יְדוּשֶׁ֑נּוּ וְ֠הָמַ֠ם גִּלְגַּ֤ל עֶגְלָתוֹ֙ וּפָרָשָׁ֔יו לֹֽא־יְדֻקֶּֽנּוּ׃

29 גַּם־זֹ֕את מֵעִ֥ם יְהֹוָ֥ה צְבָא֖וֹת יָצָ֑אָה הִפְלִ֣יא עֵצָ֔ה הִגְדִּ֖יל תּוּשִׁיָּֽה׃

29 ה֚וֹי אֲרִיאֵ֣ל אֲרִיאֵ֔ל קִרְיַ֖ת חָנָ֣ה דָוִ֑ד סְפ֥וּ שָׁנָ֛ה

שׁ֣וֹט
יַעֲבֹ֖ר

20A

24A

2 Yet I will distress Ariel, and there shall be heaviness and sorrow: and it shall be unto me as Ariel.

3 And I will camp against thee round about, and will lay siege against thee with a mount, and I will raise forts against thee.

4 And thou shalt be brought down, *and* shalt speak out of the ground, and thy speech shall be low out of the dust, and thy voice shall be, as of one that hath a familiar spirit, out of the ground, and thy speech shall whisper out of the dust.

5 Moreover the multitude of thy strangers shall be like small dust, and the multitude of the terrible ones *shall be* as chaff that passeth away: yea, it shall be at an instant suddenly.

6 Thou shalt be visited of the LORD of hosts with thunder, and with earthquake, and great noise, with storm and tempest, and the flame of devouring fire.

7 ¶ And the multitude of all the nations that fight against Ariel, even all that fight against her and her munition, and that distress her, shall be as a dream of a night vision.

8 It shall even be as when an hungry *man* dreameth, and, behold, he eateth; but he awaketh, and his soul is empty: or as when a thirsty man dreameth, and, behold, he drinketh; but he awaketh, and, behold, *he is* faint, and his soul hath appetite: so shall the multitude of all the nations be, that fight against mount Zion.

9 ¶ Stay yourselves, and wonder; cry ye out, and cry: they are drunken, but not with wine; they stagger, but not with strong drink.

10 For the LORD hath poured out upon you the spirit of deep sleep, and hath closed your eyes: the prophets and your rulers, the seers hath he covered.

11 And the vision of all is become unto you as the words of a book that is sealed, which *men* deliver to one that is learned, saying, Read this, I pray thee: and he saith, I cannot; for it *is* sealed:

12 And the book is delivered to him that is not learned, saying, Read this, I pray thee: and he saith, I am not learned.

13 ¶ Wherefore the Lord said, Forasmuch as this people draw near *me* with their mouth, and with their lips do honour me, but have removed their heart far from me, and their fear toward me is taught by the precept of men:

14 Therefore, behold, I will proceed to do a marvellous work among this people, *even* a marvellous work and a wonder: for the wisdom of their wise *men* shall perish, and the understanding of their prudent *men* shall be hid.

15 Woe unto them that seek deep to hide their counsel from the LORD, and their works are in the dark, and they say, Who seeth us? and who knoweth us?

16 Surely your turning of things upside down shall be esteemed as the potter's clay: for shall the work say of him that made it, He made me not? or shall the thing framed say of him that framed it, He had no understanding?

17 *Is* it not yet a very little while, and Lebanon shall be turned into a fruitful field, and the fruitful field shall be esteemed as a forest?

18 ¶ And in that day shall the deaf hear the words of the book, and the eyes of the blind shall see out of obscurity, and out of darkness.

19 The meek also shall increase *their* joy in the LORD, and the poor among men shall rejoice in the Holy One of Israel.

20 For the terrible one is brought to nought, and the scorner is consumed, and all that watch for iniquity are cut off:

21 That make a man an offender for a word, and lay a snare for him that reproveth in the gate, and turn aside the just for a thing of nought.

22 Therefore thus saith the LORD, who redeemed Abraham, concerning the house of Jacob, Jacob shall not now be ashamed, neither shall his face now wax pale.

23 But when he seeth his children, the work of mine hands, in the midst of him, they shall sanctify my name, and sanctify the Holy One of Jacob, and shall fear the God of Israel.

24 They also that erred in spirit shall come to understanding, and they that murmured shall learn doctrine.

עַל־שָׁנֶה חַגִּים יִנְקֹפוּ: וַהֲצִיקוֹתִי לַאֲרִיאֵל וְהָיְתָה תַאֲנִיָּה וַאֲנִיָּה 2

וְהָיְתָה לִּי כַּאֲרִיאֵל: וְחָנִיתִי כַדּוּר עָלָיִךְ וְצַרְתִּי עָלַיִךְ מֻצָּב וַהֲקִימֹתִי 3

עָלַיִךְ מְצֻרֹת: וְשָׁפַלְתְּ מֵאֶרֶץ תְּדַבֵּרִי וּמֵעָפָר תִּשַּׁח אִמְרָתֵךְ וְהָיָה 4

כְּאוֹב מֵאֶרֶץ קוֹלֵךְ וּמֵעָפָר אִמְרָתֵךְ תְּצַפְצֵף: וְהָיָה כְּאָבָק דַּק הֲמוֹן 5

זָרָיִךְ וּכְמֹץ עֹבֵר הֲמוֹן עָרִיצִים וְהָיָה לְפֶתַע פִּתְאֹם: מֵעִם יְהוָה 6

צְבָאוֹת תִּפָּקֵד בְּרַעַם וּבְרַעַשׁ וְקוֹל גָּדוֹל סוּפָה וּסְעָרָה וְלַהַב אֵשׁ

אוֹכֵלָה: וְהָיָה כַּחֲלוֹם חֲזוֹן לַיְלָה הֲמוֹן כָּל־הַגּוֹיִם הַצֹּבְאִים עַל־ 7

אֲרִיאֵל וְכָל־צֹבֶיהָ וּמְצֹדָתָהּ וְהַמְּצִיקִים לָהּ: וְהָיָה כַּאֲשֶׁר יַחֲלֹם 8

הָרָעֵב וְהִנֵּה אוֹכֵל וְהֵקִיץ וְרֵיקָה נַפְשׁוֹ וְכַאֲשֶׁר יַחֲלֹם הַצָּמֵא וְהִנֵּה

שֹׁתֶה וְהֵקִיץ וְהִנֵּה עָיֵף וְנַפְשׁוֹ שׁוֹקֵקָה כֵּן יִהְיֶה הֲמוֹן כָּל־הַגּוֹיִם

הַצֹּבְאִים עַל־הַר צִיּוֹן: הִתְמַהְמְהוּ וּתְמָהוּ הִשְׁתַּעַשְׁעוּ 9

וָשֹׁעוּ שִׁכְרוּ וְלֹא־יַיִן נָעוּ וְלֹא שֵׁכָר: כִּי־נָסַךְ עֲלֵיכֶם יְהוָה רוּחַ 10

תַּרְדֵּמָה וַיְעַצֵּם אֶת־עֵינֵיכֶם אֶת־הַנְּבִיאִים וְאֶת־רָאשֵׁיכֶם הַחֹזִים

כִּסָּה: וַתְּהִי לָכֶם חָזוּת הַכֹּל כְּדִבְרֵי הַסֵּפֶר הֶחָתוּם אֲשֶׁר־יִתְּנוּ אֹתוֹ 11   סֵפֶר

אֶל־יוֹדֵעַ הַסֵּפֶר לֵאמֹר קְרָא נָא־זֶה וְאָמַר לֹא אוּכַל כִּי חָתוּם הוּא:

וְנִתַּן הַסֵּפֶר עַל אֲשֶׁר לֹא־יָדַע סֵפֶר לֵאמֹר קְרָא נָא־זֶה וְאָמַר לֹא 12

יָדַעְתִּי סֵפֶר: וַיֹּאמֶר אֲדֹנָי יַעַן כִּי נִגַּשׁ הָעָם הַזֶּה בְּפִיו 13

וּבִשְׂפָתָיו כִּבְּדוּנִי וְלִבּוֹ רִחַק מִמֶּנִּי וַתְּהִי יִרְאָתָם אֹתִי מִצְוַת אֲנָשִׁים

מְלֻמָּדָה: לָכֵן הִנְנִי יוֹסִף לְהַפְלִיא אֶת־הָעָם־הַזֶּה הַפְלֵא וָפֶלֶא 14

וְאָבְדָה חָכְמַת חֲכָמָיו וּבִינַת נְבֹנָיו תִּסְתַּתָּר: 15   הוֹי

הַמַּעֲמִיקִים מֵיהוָה לַסְתִּר עֵצָה וְהָיָה בְמַחְשָׁךְ מַעֲשֵׂיהֶם וַיֹּאמְרוּ

מִי רֹאֵנוּ וּמִי יוֹדְעֵנוּ: הֲפְכְּכֶם אִם־כְּחֹמֶר הַיֹּצֵר יֵחָשֵׁב כִּי־יֹאמַר 16

מַעֲשֶׂה לְעֹשֵׂהוּ לֹא עָשָׂנִי וְיֵצֶר אָמַר לְיוֹצְרוֹ לֹא הֵבִין: הֲלוֹא־עוֹד 17

מְעַט מִזְעָר וְשָׁב לְבָנוֹן לַכַּרְמֶל וְהַכַּרְמֶל לַיַּעַר יֵחָשֵׁב: וְשָׁמְעוּ בַיּוֹם־ 18

הַהוּא הַחֵרְשִׁים דִּבְרֵי־סֵפֶר וּמֵאֹפֶל וּמֵחֹשֶׁךְ עֵינֵי עִוְרִים תִּרְאֶינָה:

וְיָסְפוּ עֲנָוִים בַּיהוָה שִׂמְחָה וְאֶבְיוֹנֵי אָדָם בִּקְדוֹשׁ יִשְׂרָאֵל יָגִילוּ: 19

כִּי־אָפֵס עָרִיץ וְכָלָה לֵץ וְנִכְרְתוּ כָּל־שֹׁקְדֵי אָוֶן: מַחֲטִיאֵי אָדָם 20   21

בְּדָבָר וְלַמּוֹכִיחַ בַּשַּׁעַר יְקֹשׁוּן וַיַּטּוּ בַתֹּהוּ צַדִּיק: 22   לָכֵן כֹּה־

אָמַר יְהוָה אֶל־בֵּית יַעֲקֹב אֲשֶׁר פָּדָה אֶת־אַבְרָהָם לֹא־עַתָּה יֵבוֹשׁ

יַעֲקֹב וְלֹא עַתָּה פָּנָיו יֶחֱוָרוּ: כִּי בִרְאֹתוֹ יְלָדָיו מַעֲשֵׂה יָדַי בְּקִרְבּוֹ 23

יַקְדִּישׁוּ שְׁמִי וְהִקְדִּישׁוּ אֶת־קְדוֹשׁ יַעֲקֹב וְאֶת־אֱלֹהֵי יִשְׂרָאֵל יַעֲרִיצוּ:

וְיָדְעוּ תֹעֵי־רוּחַ בִּינָה וְרוֹגְנִים יִלְמְדוּ־לֶקַח: הוֹי בָּנִים סוֹרְרִים נְאֻם־ 24 30 1

CHAPTER 30

1 Woe to the rebellious children, saith the LORD, that take counsel, but not of me; and that cover with a covering, but not of my spirit, that they may add sin to sin:

2 That walk to go down into Egypt, and have not asked at my mouth; to strengthen themselves in the strength of Pharaoh, and to trust in the shadow of Egypt!

3 Therefore shall the strength of Pharaoh be your shame, and the trust in the shadow of Egypt *your* confusion.

4 For his princes were at Zoan, and his ambassadors came to Hanes.

5 They were all ashamed of a people *that* could not profit them, nor be an help nor profit, but a shame, and also a reproach.

6 The burden of the beasts of the south: into the land of trouble and anguish, from whence *come* the young and old lion, the viper and fiery flying serpent, they will carry their riches upon the shoulders of young asses, and their treasures upon the bunches of camels, to a people *that* shall not profit *them.*

7 For the Egyptians shall help in vain, and to no purpose: therefore have I cried concerning this, Their strength *is* to sit still.

8 ¶ Now go, write it before them in a table, and note it in a book, that it may be for the time to come for ever and ever:

9 That this *is* a rebellious people, lying children, children *that* will not hear the law of the LORD:

10 Which say to the seers, See not; and to the prophets, Prophesy not unto us right things, speak unto us smooth things, prophesy deceits:

11 Get you out of the way, turn aside out of the path, cause the Holy One of Israel to cease from before us.

12 Wherefore thus saith the Holy One of Israel, Because ye despise this word, and trust in oppression and perverseness, and stay thereon:

13 Therefore this iniquity shall be to you as a breach ready to fall, swelling out in a high wall, whose breaking cometh suddenly at an instant.

14 And he shall break it as the breaking of the potters' vessel that is broken in pieces; he shall not spare: so that there shall not be found in the bursting of it a sherd to take fire from the hearth, or to take water *withal* out of the pit.

15 For thus saith the Lord GOD, the Holy One of Israel; In returning and rest shall ye be saved; in quietness and in confidence shall be your strength: and ye would not.

16 But ye said, No; for we will flee upon horses; therefore shall ye flee: and, We will ride upon the swift; therefore shall they that pursue you be swift.

17 One thousand *shall flee* at the rebuke of one; at the rebuke of five shall ye flee: till ye be left as a beacon upon the top of a mountain, and as an ensign on an hill.

18 ¶ And therefore will the LORD wait, that he may be gracious unto you, and therefore will he be exalted, that he may have mercy upon you: for the LORD *is* a God of judgment: blessed *are* all they that wait for him.

19 For the people shall dwell in Zion at Jerusalem: thou shalt weep no more: he will be very gracious unto thee at the voice of thy cry; when he shall hear it, he will answer thee.

20 And *though* the Lord give you the bread of adversity, and the water of affliction, yet shall not thy teachers be removed into a corner any more, but thine eyes shall see thy teachers:

21 And thine ears shall hear a word behind thee, saying, This *is* the way, walk ye in it, when ye turn to the right hand, and when ye turn to the left.

22 Ye shall defile also the covering of thy graven images of silver, and the ornament of thy molten images of gold: thou shalt cast them away as a menstruous cloth; thou shalt say unto it, Get thee hence.

23 Then shall he give the rain of thy seed, that thou shalt sow the ground withal; and bread of the increase of the earth, and it shall be fat and plenteous: in that day shall thy cattle feed in large pastures.

24 The oxen likewise and the young asses that ear the ground shall eat clean provender, which hath been winnowed with the shovel and with the fan.

יְהֹוָה לַעֲשׂוֹת עֵצָה וְלֹא מִנִּי וְלִנְסֹךְ מַסֵּכָה וְלֹא רוּחִי לְמַעַן סְפוֹת

2 חַטָּאת עַל־חַטָּאת: הַהֹלְכִים לָרֶדֶת מִצְרַיִם וּפִי לֹא שָׁאָלוּ לָעוֹז

3 בְּמָעוֹז פַּרְעֹה וְלַחְסוֹת בְּצֵל מִצְרָיִם: וְהָיָה לָכֶם מָעוֹז פַּרְעֹה לְבֹשֶׁת

4 וְהֶחָסוּת בְּצֵל־מִצְרַיִם לִכְלִמָּה: כִּי־הָיוּ בְצֹעַן שָׂרָיו וּמַלְאָכָיו חָנֵס

5 יַגִּיעוּ: כֹּל הֹבִאישׁ עַל־עַם לֹא־יוֹעִילוּ לָמוֹ לֹא לְעֵזֶר וְלֹא לְהוֹעִיל

6 כִּי לְבֹשֶׁת וְגַם־לְחֶרְפָּה: מַשָּׂא בַּהֲמוֹת נֶגֶב בְּאֶרֶץ צָרָה

וְצוּקָה לָבִיא וָלַיִשׁ מֵהֶם אֶפְעֶה וְשָׂרָף מְעוֹפֵף יִשְׂאוּ עַל־כֶּתֶף עֲיָרִים

7 חֵילֵהֶם וְעַל־דַּבֶּשֶׁת גְּמַלִּים אוֹצְרֹתָם עַל־עַם לֹא יוֹעִילוּ: וּמִצְרַיִם

8 הֶבֶל וָרִיק יַעְזֹרוּ לָכֵן קָרָאתִי לָזֹאת רַהַב הֵם שָׁבֶת: עַתָּה בּוֹא

כָתְבָהּ עַל־לוּחַ אִתָּם וְעַל־סֵפֶר חֻקָּהּ וּתְהִי לְיוֹם אַחֲרוֹן לָעַד עַד־

9 עוֹלָם: כִּי עַם מְרִי הוּא בָּנִים כֶּחָשִׁים בָּנִים לֹא־אָבוּ שְׁמוֹעַ תּוֹרַת

10 יְהֹוָה: אֲשֶׁר אָמְרוּ לָרֹאִים לֹא תִרְאוּ וְלַחֹזִים לֹא תֶחֱזוּ־לָנוּ נְכֹחוֹת

11 דַּבְּרוּ־לָנוּ חֲלָקוֹת חֲזוּ מַהֲתַלּוֹת: סוּרוּ מִנֵּי־דֶרֶךְ הַטּוּ מִנֵּי־אֹרַח

12 הַשְׁבִּיתוּ מִפָּנֵינוּ אֶת־קְדוֹשׁ יִשְׂרָאֵל: לָכֵן כֹּה אָמַר קְדוֹשׁ

יִשְׂרָאֵל יַעַן מָאָסְכֶם בַּדָּבָר הַזֶּה וַתִּבְטְחוּ בְּעֹשֶׁק וְנָלוֹז וַתִּשָּׁעֲנוּ

13 עָלָיו: לָכֵן יִהְיֶה לָכֶם הֶעָוֹן הַזֶּה כְּפֶרֶץ נֹפֵל נִבְעֶה בְּחוֹמָה נִשְׂגָּבָה

14 אֲשֶׁר־פִּתְאֹם לְפֶתַע יָבוֹא שִׁבְרָהּ: וּשְׁבָרָהּ כְּשֵׁבֶר נֵבֶל יוֹצְרִים כָּתוּת

לֹא יַחְמֹל וְלֹא־יִמָּצֵא בִמְכִתָּתוֹ חֶרֶשׂ לַחְתּוֹת אֵשׁ מִיָּקוּד וְלַחְשֹׂף

מַיִם מִגֶּבֶא:

15 כִּי כֹה־אָמַר אֲדֹנָי יְהֹוִה קְדוֹשׁ יִשְׂרָאֵל בְּשׁוּבָה וָנַחַת תִּוָּשֵׁעוּן

16 בְּהַשְׁקֵט וּבְבִטְחָה תִּהְיֶה גְּבוּרַתְכֶם וְלֹא אֲבִיתֶם: וַתֹּאמְרוּ לֹא־כִי

עַל־סוּס נָנוּס עַל־כֵּן תְּנוּסוּן וְעַל־קַל נִרְכָּב עַל־כֵּן יִקַּלּוּ רֹדְפֵיכֶם:

17 אֶלֶף אֶחָד מִפְּנֵי גַּעֲרַת אֶחָד מִפְּנֵי גַּעֲרַת חֲמִשָּׁה תָּנֻסוּ עַד אִם־

18 נוֹתַרְתֶּם כַּתֹּרֶן עַל־רֹאשׁ הָהָר וְכַנֵּס עַל־הַגִּבְעָה: וְלָכֵן יְחַכֶּה יְהֹוָה

לַחֲנַנְכֶם וְלָכֵן יָרוּם לְרַחֶמְכֶם כִּי־אֱלֹהֵי מִשְׁפָּט יְהֹוָה אַשְׁרֵי כָּל־חוֹכֵי

19 לוֹ: כִּי־עַם בְּצִיּוֹן יֵשֵׁב בִּירוּשָׁלִָם בָּכוֹ לֹא־תִבְכֶּה חָנוֹן

20 יָחְנְךָ לְקוֹל זַעֲקֶךָ כְּשָׁמְעָתוֹ עָנָךְ: וְנָתַן לָכֶם אֲדֹנָי לֶחֶם צָר וּמַיִם

21 לָחַץ וְלֹא־יִכָּנֵף עוֹד מוֹרֶיךָ וְהָיוּ עֵינֶיךָ רֹאוֹת אֶת־מוֹרֶיךָ: וְאָזְנֶיךָ

תִּשְׁמַעְנָה דָבָר מֵאַחֲרֶיךָ לֵאמֹר זֶה הַדֶּרֶךְ לְכוּ בוֹ כִּי תַאֲמִינוּ וְכִי

22 תַשְׂמְאִילוּ: וְטִמֵּאתֶם אֶת־צִפּוּי פְּסִילֵי כַסְפֶּךָ וְאֶת־אֲפֻדַּת מַסֵּכַת

23 זְהָבֶךָ תִּזְרֵם כְּמוֹ דָוָה צֵא תֹּאמַר לוֹ: וְנָתַן מְטַר זַרְעֲךָ אֲשֶׁר־תִּזְרַע

אֶת־הָאֲדָמָה וְלֶחֶם תְּבוּאַת הָאֲדָמָה וְהָיָה דָשֵׁן וְשָׁמֵן יִרְעֶה מִקְנֶיךָ

24 בַּיּוֹם הַהוּא כַּר נִרְחָב: וְהָאֲלָפִים וְהָעֲיָרִים עֹבְדֵי הָאֲדָמָה בְּלִיל

25 And there shall be upon every high mountain, and upon every high hill, rivers *and* streams of waters in the day of the great slaughter, when the towers fall.

26 Moreover the light of the moon shall be as the light of the sun, and the light of the sun shall be sevenfold, as the light of seven days, in the day that the LORD bindeth up the breach of his people, and healeth the stroke of their wound.

27 ¶ Behold, the name of the LORD cometh from far, burning *with* his anger, and the burden *thereof is* heavy: his lips are full of indignation, and his tongue as a devouring fire:

28 And his breath, as an overflowing stream, shall reach to the midst of the neck, to sift the nations with the sieve of vanity: and *there shall be* a bridle in the jaws of the people, causing *them* to err.

29 Ye shall have a song, as in the night *when* a holy solemnity is kept; and gladness of heart, as when one goeth with a pipe to come into the mountain of the LORD, to the mighty One of Israel.

30 And the LORD shall cause his glorious voice to be heard, and shall shew the lighting down of his arm, with the indignation of *his* anger, and *with* the flame of a devouring fire, *with* scattering, and tempest, and hailstones.

31 For through the voice of the LORD shall the Assyrian be beaten down, *which* smote with a rod.

32 And *in* every place where the grounded staff shall pass, which the LORD shall lay upon him, *it* shall be with tabrets and harps: and in battles of shaking will he fight with it.

33 For Tophet *is* ordained of old; yea, for the king it is prepared; he hath made *it* deep *and* large: the pile thereof *is* fire and much wood; the breath of the LORD, like a stream of brimstone, doth kindle it.

CHAPTER 31

1 Woe to them that go down to Egypt for help; and stay on horses, and trust in chariots, because *they are* many; and in horsemen, because they are very strong;

but they look not unto the Holy One of Israel, neither seek the LORD!

2 Yet he also *is* wise, and will bring evil, and will not call back his words: but will arise against the house of the evildoers, and against the help of them that work iniquity.

3 Now the Egyptians *are* men, and not God; and their horses flesh, and not spirit. When the LORD shall stretch out his hand, both he that helpeth shall fall, and he that is holpen shall fall down, and they all shall fail together.

4 For thus hath the LORD spoken unto me, Like as the lion and the young lion roaring on his prey, when a multitude of shepherds is called forth against him, *he* will not be afraid of their voice, nor abase himself for the noise of them: so shall the LORD of hosts come down to fight for mount Zion, and for the hill thereof.

5 As birds flying, so will the LORD of hosts defend Jerusalem; defending also he will deliver *it; and* passing over he will preserve it.

6 ¶ Turn ye unto *him from* whom the children of Israel have deeply revolted.

7 For in that day every man shall cast away his idols of silver, and his idols of gold, which your own hands have made unto you *for* a sin.

8 ¶ Then shall the Assyrian fall with the sword, not of a mighty man; and the sword, not of a mean man, shall devour him: but he shall flee from the sword, and his young men shall be discomfited.

9 And he shall pass over to his strong hold for fear, and his princes shall be afraid of the ensign, saith the LORD, whose fire *is* in Zion, and his furnace in Jerusalem.

CHAPTER 32

1 Behold, a king shall reign in righteousness, and princes shall rule in judgment.

2 And a man shall be as an hiding place from the wind, and a covert from the tempest; as rivers of water in a dry place, as the shadow of a great rock in a weary land.

3 And the eyes of them that see shall not

חָמִיץ יֹאכֵלוּ אֲשֶׁר־זֹרֶה בָרַחַת וּבַמִּזְרֶה: וְהָיָה ׀ עַל־כָּל־הַר גָּבֹהַ וְעַל 25 25A

כָּל־גִּבְעָה נִשָּׂאָה פְּלָגִים יִבְלֵי־מָיִם בְּיוֹם הֶרֶג רָב בִּנְפֹל מִגְדָּלִים:

וְהָיָה אוֹר־הַלְּבָנָה כְּאוֹר הַחַמָּה וְאוֹר הַחַמָּה יִהְיֶה שִׁבְעָתַיִם כְּאוֹר 26

שִׁבְעַת הַיָּמִים בְּיוֹם חֲבֹשׁ יְהוָה אֶת־שֶׁבֶר עַמּוֹ וּמַחַץ מַכָּתוֹ

יִרְפָּא: הִנֵּה שֵׁם־יְהוָה בָּא מִמֶּרְחָק בֹּעֵר אַפּוֹ וְכֹבֶד 27

מַשָּׂאָה שְׂפָתָיו מָלְאוּ זַעַם וּלְשׁוֹנוֹ כְּאֵשׁ אֹכָלֶת: וְרוּחוֹ כְּנַחַל שׁוֹטֵף 28

עַד־צַוָּאר יֶחֱצֶה לַהֲנָפָה גוֹיִם בְּנָפַת שָׁוְא וְרֶסֶן מַתְעֶה עַל לְחָיֵי

עַמִּים: הַשִּׁיר יִהְיֶה לָכֶם כְּלֵיל הִתְקַדֶּשׁ־חָג וְשִׂמְחַת לֵבָב כַּהוֹלֵךְ 29

בֶּחָלִיל לָבוֹא בְהַר־יְהוָה אֶל־צוּר יִשְׂרָאֵל: וְהִשְׁמִיעַ יְהוָה אֶת־הוֹד 30

קוֹלוֹ וְנַחַת זְרוֹעוֹ יַרְאֶה בְּזַעַף אַף וְלַהַב אֵשׁ אוֹכֵלָה נֶפֶץ וָזֶרֶם

וְאֶבֶן בָּרָד: כִּי־מִקּוֹל יְהוָה יֵחַת אַשּׁוּר בַּשֵּׁבֶט יַכֶּה: וְהָיָה כֹּל מַעֲבַר 31 32

מַטֵּה מוּסָדָה אֲשֶׁר יָנִיחַ יְהוָה עָלָיו בְּתֻפִּים וּבְכִנֹּרוֹת וּבְמִלְחֲמוֹת

תְּנוּפָה נִלְחַם־בָּהּ: כִּי־עָרוּךְ מֵאֶתְמוּל תָּפְתֶּה גַּם־הִוא לַמֶּלֶךְ הוּכָן 33 בָּם הִיא

הֶעְמִיק הִרְחִב מְדֻרָתָהּ אֵשׁ וְעֵצִים הַרְבֵּה נִשְׁמַת יְהוָה כְּנַחַל גָּפְרִית

בֹּעֲרָה בָּהּ: הוֹי הַיֹּרְדִים מִצְרַיִם לְעֶזְרָה עַל־סוּסִים יִשָּׁעֵנוּ 1 31

וַיִּבְטְחוּ עַל־רֶכֶב כִּי רָב וְעַל פָּרָשִׁים כִּי־עָצְמוּ מְאֹד וְלֹא שָׁעוּ עַל־

קְדוֹשׁ יִשְׂרָאֵל וְאֶת־יְהוָה לֹא דָרָשׁוּ: וְגַם־הוּא חָכָם וַיָּבֵא רָע וְאֶת־ 2

דְּבָרָיו לֹא הֵסִיר וְקָם עַל־בֵּית מְרֵעִים וְעַל־עֶזְרַת פֹּעֲלֵי אָוֶן: וּמִצְרַיִם 3

אָדָם וְלֹא־אֵל וְסוּסֵיהֶם בָּשָׂר וְלֹא־רוּחַ וַיהוָה יַטֶּה יָדוֹ וְכָשַׁל עוֹזֵר

וְנָפַל עָזֻר וְיַחְדָּו כֻּלָּם יִכְלָיוּן: כִּי כֹה אָמַר־יְהוָה ׀ אֵלַי 4

כַּאֲשֶׁר יֶהְגֶּה הָאַרְיֵה וְהַכְּפִיר עַל־טַרְפּוֹ אֲשֶׁר יִקָּרֵא עָלָיו מְלֹא רֹעִים

מִקּוֹלָם לֹא יֵחָת וּמֵהֲמוֹנָם לֹא יַעֲנֶה כֵּן יֵרֵד יְהוָה צְבָאוֹת לִצְבֹּא

עַל־הַר־צִיּוֹן וְעַל־גִּבְעָתָהּ: כְּצִפֳּרִים עָפוֹת כֵּן יָגֵן יְהוָה צְבָאוֹת עַל־ 5

יְרוּשָׁלַ͏ִם גָּנוֹן וְהִצִּיל פָּסֹחַ וְהִמְלִיט: שׁוּבוּ לַאֲשֶׁר הֶעְמִיקוּ סָרָה בְּנֵי 6

יִשְׂרָאֵל: כִּי בַּיּוֹם הַהוּא יִמְאָסוּן אִישׁ אֱלִילֵי כַסְפּוֹ וֶאֱלִילֵי זְהָבוֹ 7

אֲשֶׁר עָשׂוּ לָכֶם יְדֵיכֶם חֵטְא: וְנָפַל אַשּׁוּר בְּחֶרֶב לֹא־אִישׁ וְחֶרֶב 8

לֹא־אָדָם תֹּאכְלֶנּוּ וְנָס לוֹ מִפְּנֵי־חֶרֶב וּבַחוּרָיו לָמַס יִהְיוּ: וְסַלְעוֹ 9

מִמָּגוֹר יַעֲבוֹר וְחַתּוּ מִנֵּס שָׂרָיו נְאֻם־יְהוָה אֲשֶׁר־אוּר לוֹ בְּצִיּוֹן וְתַנּוּר

לוֹ בִּירוּשָׁלָ͏ִם: הֵן לְצֶדֶק יִמְלָךְ־מֶלֶךְ וּלְשָׂרִים לְמִשְׁפָּט 1 32

יָשֹׂרוּ: וְהָיָה־אִישׁ כְּמַחֲבֵא־רוּחַ וְסֵתֶר זָרֶם כְּפַלְגֵי־מַיִם בְּצָיוֹן כְּצֵל 2

סֶלַע־כָּבֵד בְּאֶרֶץ עֲיֵפָה: וְלֹא תִשְׁעֶינָה עֵינֵי רֹאִים וְאָזְנֵי שֹׁמְעִים 3

be dim, and the ears of them that hear shall hearken.

4 The heart also of the rash shall understand knowledge, and the tongue of the stammerers shall be ready to speak plainly.

5 The vile person shall be no more called liberal, nor the churl said *to be* bountiful.

6 For the vile person will speak villany, and his heart will work iniquity, to practise hypocrisy, and to utter error against the LORD, to make empty the soul of the hungry, and he will cause the drink of the thirsty to fail.

7 The instruments also of the churl *are* evil: he deviseth wicked devices to destroy the poor with lying words, even when the needy speaketh right.

8 But the liberal deviseth liberal things; and by liberal things shall he stand.

9 ¶ Rise up, ye women that are at ease; hear my voice, ye careless daughters; give ear unto my speech.

10 Many days and years shall ye be troubled, ye careless women: for the vintage shall fail, the gathering shall not come.

11 Tremble, ye women that are at ease; be troubled, ye careless ones: strip you, and make you bare, and gird *sackcloth* upon *your* loins.

12 They shall lament for the teats, for the pleasant fields, for the fruitful vine.

13 Upon the land of my people shall come up thorns *and* briers; yea, upon all the houses of joy *in* the joyous city:

14 Because the palaces shall be forsaken; the multitude of the city shall be left; the forts and towers shall be for dens for ever, a joy of wild asses, a pasture of flocks;

15 Until the spirit be poured upon us from on high, and the wilderness be a fruitful field, and the fruitful field be counted for a forest.

16 Then judgment shall dwell in the wilderness, and righteousness remain in the fruitful field.

17 And the work of righteousness shall be peace; and the effect of righteousness quietness and assurance for ever.

18 And my people shall dwell in a peaceable habitation, and in sure dwellings, and in quiet resting places;

19 When it shall hail, coming down on the forest; and the city shall be low in a low place.

20 Blessed *are* ye that sow beside all waters, that send forth *thither* the feet of the ox and the ass.

CHAPTER 33

1 Woe to thee that spoilest, and thou *wast* not spoiled; and dealest treacherously, and they dealt not treacherously with thee! when thou shalt cease to spoil, thou shalt be spoiled; *and* when thou shalt make an end to deal treacherously, they shall deal treacherously with thee.

2 O LORD, be gracious unto us; we have waited for thee: be thou their arm every morning, our salvation also in the time of trouble.

3 At the noise of the tumult the people fled; at the lifting up of thyself the nations were scattered.

4 And your spoil shall be gathered *like* the gathering of the caterpiller: as the running to and fro of locusts shall he run upon them.

5 The LORD is exalted; for he dwelleth on high: he hath filled Zion with judgment and righteousness.

6 And wisdom and knowledge shall be the stability of thy times, *and* strength of salvation: the fear of the LORD *is* his treasure.

7 Behold, their valiant ones shall cry without: the ambassadors of peace shall weep bitterly.

8 The highways lie waste, the wayfaring man ceaseth: he hath broken the covenant, he hath despised the cities, he regardeth no man.

9 The earth mourneth *and* languisheth: Lebanon is ashamed *and* hewn down: Sharon is like a wilderness; and Bashan and Carmel shake off *their fruits.*

10 Now will I rise, saith the LORD; now will I be exalted; now will I lift up myself.

11 Ye shall conceive chaff, ye shall bring forth stubble: your breath, *as* fire, shall devour you.

12 And the people shall be *as* the burn-

4 תִּקְשַׁבְנָה: וּלְבַב נִמְהָרִים יָבִין לָדַעַת וּלְשׁוֹן עִלְּגִים תְּמַהֵר לְדַבֵּר

5
6 צָחוֹת: לֹא־יִקָּרֵא עוֹד לְנָבָל נָדִיב וּלְכִילַי לֹא יֵאָמֵר שׁוֹעַ: כִּי נָבָל

נְבָלָה יְדַבֵּר וְלִבּוֹ יַעֲשֶׂה־אָוֶן לַעֲשׂוֹת חֹנֶף וּלְדַבֵּר אֶל־יְהוָה תּוֹעָה

7 לְהָרִיק נֶפֶשׁ רָעֵב וּמַשְׁקֶה צָמֵא יַחְסִיר: וְכֵלַי כֵּלָיו רָעִים הוּא זִמּוֹת

עָנִיִּים 8 יָעָץ לְחַבֵּל עֲנָוִים בְּאִמְרֵי־שֶׁקֶר וּבְדַבֵּר אֶבְיוֹן מִשְׁפָּט: וְנָדִיב נְדִיבוֹת

יָעָץ וְהוּא עַל־נְדִיבוֹת יָקוּם:

9A 9 נָשִׁים שַׁאֲנַנּוֹת קֹמְנָה שְׁמַעְנָה קוֹלִי בָּנוֹת בֹּטְחוֹת הַאְזֵנָּה אִמְרָתִי:

10
11 יָמִים עַל־שָׁנָה תִּרְגַּזְנָה בֹּטְחוֹת כִּי כָּלָה בָצִיר אֹסֶף בְּלִי יָבוֹא: חִרְדוּ

12 שַׁאֲנַנּוֹת רְגָזָה בֹּטְחוֹת פְּשֹׁטָה וְעֹרָה וַחֲגוֹרָה עַל־חֲלָצָיִם: עַל־שָׁדַיִם

13 סֹפְדִים עַל־שְׂדֵי־חֶמֶד עַל־גֶּפֶן פֹּרִיָּה: עַל אַדְמַת עַמִּי קוֹץ שָׁמִיר

14 תַּעֲלֶה כִּי עַל־כָּל־בָּתֵּי מָשׂוֹשׂ קִרְיָה עַלִּיזָה: כִּי־אַרְמוֹן נֻטָּשׁ הֲמוֹן

עִיר עֻזָּב עֹפֶל וָבַחַן הָיָה בְעַד מְעָרוֹת עַד־עוֹלָם מְשׂוֹשׂ פְּרָאִים

15A 15 מִרְעֵה עֲדָרִים: עַד־יֵעָרֶה עָלֵינוּ רוּחַ מִמָּרוֹם וְהָיָה מִדְבָּר לַכַּרְמֶל

וְהַכַּרְמֶל 16 וְכַרְמֶל לַיַּעַר יֵחָשֵׁב: וְשָׁכַן בַּמִּדְבָּר מִשְׁפָּט וּצְדָקָה בַּכַּרְמֶל תֵּשֵׁב:

17 וְהָיָה מַעֲשֵׂה הַצְּדָקָה שָׁלוֹם וַעֲבֹדַת הַצְּדָקָה הַשְׁקֵט וָבֶטַח עַד־

18 עוֹלָם: וְיָשַׁב עַמִּי בִּנְוֵה שָׁלוֹם וּבְמִשְׁכְּנוֹת מִבְטַחִים וּבִמְנוּחֹת

19
20 שַׁאֲנַנּוֹת: וּבָרַד בְּרֶדֶת הַיָּעַר וּבַשִּׁפְלָה תִּשְׁפַּל הָעִיר: אַשְׁרֵיכֶם זֹרְעֵי

33 1 עַל־כָּל־מָיִם מְשַׁלְּחֵי רֶגֶל־הַשּׁוֹר וְהַחֲמוֹר: הוֹי שׁוֹדֵד

וְאַתָּה לֹא שָׁדוּד וּבוֹגֵד וְלֹא־בָגְדוּ בוֹ כַּהֲתִמְךָ שׁוֹדֵד תּוּשַׁד כַּנְּלֹתְךָ

2 לִבְגֹּד יִבְגְּדוּ־בָךְ: יְהוָה חָנֵּנוּ לְךָ קִוִּינוּ הֱיֵה זְרֹעָם לַבְּקָרִים

3 אַף־יְשׁוּעָתֵנוּ בְּעֵת צָרָה: מִקּוֹל הָמוֹן נָדְדוּ עַמִּים מֵרוֹמְמֻתְךָ נָפְצוּ

4
5 גּוֹיִם: וְאֻסַּף שְׁלַלְכֶם אֹסֶף הֶחָסִיל כְּמַשַּׁק גֵּבִים שׁוֹקֵק בּוֹ: נִשְׂגָּב

6 יְהוָה כִּי שֹׁכֵן מָרוֹם מִלֵּא צִיּוֹן מִשְׁפָּט וּצְדָקָה: וְהָיָה אֱמוּנַת עִתֶּיךָ

7 חֹסֶן יְשׁוּעֹת חָכְמַת וָדָעַת יִרְאַת יְהוָה הִיא אוֹצָרוֹ: הֵן

8 אֶרְאֶלָּם צָעֲקוּ חֻצָה מַלְאֲכֵי שָׁלוֹם מַר יִבְכָּיוּן: נָשַׁמּוּ מְסִלּוֹת שָׁבַת

9 עֹבֵר אֹרַח הֵפֵר בְּרִית מָאַס עָרִים לֹא חָשַׁב אֱנוֹשׁ: אָבַל אֻמְלְלָה

אָרֶץ הֶחְפִּיר לְבָנוֹן קָמַל הָיָה הַשָּׁרוֹן כָּעֲרָבָה וְנֹעֵר בָּשָׁן וְכַרְמֶל:

10
11 עַתָּה אָקוּם יֹאמַר יְהוָה עַתָּה אֵרוֹמָם עַתָּה אֶנָּשֵׂא: תַּהֲרוּ חֲשַׁשׁ

12 תֵּלְדוּ קַשׁ רוּחֲכֶם אֵשׁ תֹּאכַלְכֶם: וְהָיוּ עַמִּים מִשְׂרְפוֹת שִׂיד קוֹצִים

ings of lime: *as* thorns cut up shall they be burned in the fire.

13 ¶ Hear, ye *that are* far off, what I have done; and, ye *that are* near, acknowledge my might.

14 The sinners in Zion are afraid; fearfulness hath surprised the hypocrites. Who among us shall dwell with the devouring fire? who among us shall dwell with everlasting burnings?

15 He that walketh righteously, and speaketh uprightly; he that despiseth the gain of oppressions, that shaketh his hands from holding of bribes, that stoppeth his ears from hearing of blood, and shutteth his eyes from seeing evil;

16 He shall dwell on high: his place of defence *shall be* the munitions of rocks: bread shall be given him; his waters *shall be* sure.

17 Thine eyes shall see the king in his beauty: they shall behold the land that is very far off.

18 Thine heart shall meditate terror. Where *is* the scribe? where *is* the receiver? where *is* he that counted the towers?

19 Thou shalt not see a fierce people, a people of a deeper speech than thou canst perceive; of a stammering tongue, *that thou canst* not understand.

20 Look upon Zion, the city of our solemnities: thine eyes shall see Jerusalem a quiet habitation, a tabernacle *that* shall not be taken down; not one of the stakes thereof shall ever be removed, neither shall any of the cords thereof be broken.

21 But there the glorious LORD *will be* unto us a place of broad rivers *and* streams; wherein shall go no galley with oars, neither shall gallant ship pass thereby.

22 For the LORD *is* our judge, the LORD *is* our lawgiver, the LORD *is* our king; he will save us.

23 Thy tacklings are loosed; they could not well strengthen their mast, they could not spread the sail: then is the prey of a great spoil divided; the lame take the prey.

24 And the inhabitant shall not say, I am sick: the people that dwell therein *shall be* forgiven *their* iniquity.

CHAPTER 34

1 Come near, ye nations, to hear; and hearken, ye people: let the earth hear, and all that is therein; the world, and all things that come forth of it.

2 For the indignation of the LORD *is* upon all nations, and *his* fury upon all their armies: he hath utterly destroyed them, he hath delivered them to the slaughter.

3 Their slain also shall be cast out, and their stink shall come up out of their carcases, and the mountains shall be melted with their blood.

4 And all the host of heaven shall be dissolved, and the heavens shall be rolled together as a scroll: and all their host shall fall down, as the leaf falleth off from the vine, and as a falling *fig* from the fig tree.

5 For my sword shall be bathed in heaven: behold, it shall come down upon Idumea, and upon the people of my curse, to judgment.

6 The sword of the LORD is filled with blood, it is made fat with fatness, *and* with the blood of lambs and goats, with the fat of the kidneys of rams: for the LORD hath a sacrifice in Bozrah, and a great slaughter in the land of Idumea.

7 And the unicorns shall come down with them, and the bullocks with the bulls; and their land shall be soaked with blood, and their dust made fat with fatness.

8 For *it is* the day of the LORD's vengeance, *and* the year of recompences for the controversy of Zion.

9 And the streams thereof shall be turned into pitch, and the dust thereof into brimstone, and the land thereof shall become burning pitch.

10 It shall not be quenched night nor day; the smoke thereof shall go up for ever: from generation to generation it shall lie waste; none shall pass through it for ever and ever.

11 ¶ But the cormorant and the bittern shall possess it; the owl also and the raven shall dwell in it: and he shall stretch out upon it the line of confusion, and the stones of emptiness.

כְּסוּחִים בָּאֵשׁ יִצַּתּוּ:   שִׁמְעוּ רְחוֹקִים אֲשֶׁר עָשִׂיתִי וּדְעוּ 13

קְרוֹבִים גְּבֻרָתִי: פָּחֲדוּ בְצִיּוֹן חַטָּאִים אָחֲזָה רְעָדָה חֲנֵפִים מִי ׀ יָגוּר 14

לָנוּ אֵשׁ אוֹכֵלָה מִי־יָגוּר לָנוּ מוֹקְדֵי עוֹלָם: הֹלֵךְ צְדָקוֹת וְדֹבֵר 15

מֵישָׁרִים מֹאֵס בְּבֶצַע מַעֲשַׁקּוֹת נֹעֵר כַּפָּיו מִתְּמֹךְ בַּשֹּׁחַד אֹטֵם אָזְנוֹ 15A

מִשְּׁמֹעַ דָּמִים וְעֹצֵם עֵינָיו מֵרְאוֹת בְּרָע: הוּא מְרוֹמִים יִשְׁכֹּן מְצָדוֹת 16

סְלָעִים מִשְׂגַּבּוֹ לַחְמוֹ נִתָּן מֵימָיו נֶאֱמָנִים: מֶלֶךְ בְּיָפְיוֹ תֶּחֱזֶינָה עֵינֶיךָ 17

תִּרְאֶינָה אֶרֶץ מַרְחַקִּים: לִבְּךָ יֶהְגֶּה אֵימָה אַיֵּה סֹפֵר אַיֵּה שֹׁקֵל 18

אַיֵּה סֹפֵר אֶת־הַמִּגְדָּלִים: אֶת־עַם נוֹעָז לֹא תִרְאֶה עַם עִמְקֵי שָׂפָה 19

מִשְּׁמוֹעַ נִלְעַג לָשׁוֹן אֵין בִּינָה: חֲזֵה צִיּוֹן קִרְיַת מוֹעֲדֵנוּ עֵינֶיךָ 20

תִרְאֶינָה יְרוּשָׁלַ͏ִם נָוֶה שַׁאֲנָן אֹהֶל בַּל־יִצְעָן בַּל־יִסַּע יְתֵדֹתָיו לָנֶצַח 21

וְכָל־חֲבָלָיו בַּל־יִנָּתֵקוּ: כִּי אִם־שָׁם אַדִּיר יְהוָה לָנוּ מְקוֹם־נְהָרִים 22

יְאֹרִים רַחֲבֵי יָדָיִם בַּל־תֵּלֶךְ בּוֹ אֳנִי־שַׁיִט וְצִי אַדִּיר לֹא יַעַבְרֶנּוּ: 23

כִּי יְהוָה שֹׁפְטֵנוּ יְהוָה מְחֹקְקֵנוּ יְהוָה מַלְכֵּנוּ הוּא יוֹשִׁיעֵנוּ: נִטְּשׁוּ

חֲבָלָיִךְ בַּל־יְחַזְּקוּ כֵן־תָּרְנָם בַּל־פָּרְשׂוּ נֵס אָז חֻלַּק עַד־שָׁלָל מַרְבֶּה 24

פִּסְחִים בָּזְזוּ בַז: וּבַל־יֹאמַר שָׁכֵן חָלִיתִי הָעָם הַיֹּשֵׁב בָּהּ נְשֻׂא עָוֹן:

קִרְבוּ גוֹיִם לִשְׁמֹעַ וּלְאֻמִּים הַקְשִׁיבוּ תִּשְׁמַע הָאָרֶץ וּמְלֹאָהּ תֵּבֵל 1 34

וְכָל־צֶאֱצָאֶיהָ: כִּי קֶצֶף לַיהוָה עַל־כָּל־הַגּוֹיִם וְחֵמָה עַל־כָּל־צְבָאָם 2

הֶחֱרִימָם נְתָנָם לַטָּבַח: וְחַלְלֵיהֶם יֻשְׁלָכוּ וּפִגְרֵיהֶם יַעֲלֶה בָאְשָׁם 3

וְנָמַסּוּ הָרִים מִדָּמָם: וְנָמַקּוּ כָּל־צְבָא הַשָּׁמַיִם וְנָגֹלּוּ כַסֵּפֶר הַשָּׁמָיִם 4

וְכָל־צְבָאָם יִבּוֹל כִּנְבֹל עָלֶה מִגֶּפֶן וּכְנֹבֶלֶת מִתְּאֵנָה: כִּי־רִוְּתָה 5

בַשָּׁמַיִם חַרְבִּי הִנֵּה עַל־אֱדוֹם תֵּרֵד וְעַל־עַם חֶרְמִי לְמִשְׁפָּט: חֶרֶב 6

לַיהוָה מָלְאָה דָם הֻדַּשְׁנָה מֵחֵלֶב מִדַּם כָּרִים וְעַתּוּדִים מֵחֵלֶב

כִּלְיוֹת אֵילִים כִּי זֶבַח לַיהוָה בְּבָצְרָה וְטֶבַח גָּדוֹל בְּאֶרֶץ אֱדוֹם:

וְיָרְדוּ רְאֵמִים עִמָּם וּפָרִים עִם־אַבִּירִים וְרִוְּתָה אַרְצָם מִדָּם וַעֲפָרָם 7

מֵחֵלֶב יְדֻשָּׁן: כִּי יוֹם נָקָם לַיהוָה שְׁנַת שִׁלּוּמִים לְרִיב צִיּוֹן: וְנֶהֶפְכוּ 8, 9

נְחָלֶיהָ לְזֶפֶת וַעֲפָרָהּ לְגָפְרִית וְהָיְתָה אַרְצָהּ לְזֶפֶת בֹּעֵרָה: לַיְלָה 10

וְיוֹמָם לֹא תִכְבֶּה לְעוֹלָם יַעֲלֶה עֲשָׁנָהּ מִדּוֹר לָדוֹר תֶּחֱרָב לָנֶצַח

נְצָחִים אֵין עֹבֵר בָּהּ: וִירֵשׁוּהָ קָאַת וְקִפּוֹד וְיַנְשׁוֹף וְעֹרֵב יִשְׁכְּנוּ־בָהּ 11

12 They shall call the nobles thereof to the kingdom, but none *shall be* there, and all her princes shall be nothing.

13 And thorns shall come up in her palaces, nettles and brambles in the fortresses thereof: and it shall be an habitation of dragons, *and* a court for owls.

14 The wild beasts of the desert shall also meet with the wild beasts of the island, and the satyr shall cry to his fellow; the screech owl also shall rest there, and find for herself a place of rest.

15 There shall the great owl make her nest, and lay, and hatch, and gather under her shadow: there shall the vultures also be gathered, every one with her mate.

16 ¶ Seek ye out of the book of the LORD, and read: no one of these shall fail, none shall want her mate: for my mouth it hath commanded, and his spirit it hath gathered them.

17 And he hath cast the lot for them, and his hand hath divided it unto them by line: they shall possess it for ever, from generation to generation shall they dwell therein.

CHAPTER 35

1 The wilderness and the solitary place shall be glad for them; and the desert shall rejoice, and blossom as the rose.

2 It shall blossom abundantly, and rejoice even with joy and singing: the glory of Lebanon shall be given unto it, the excellency of Carmel and Sharon, they shall see the glory of the LORD, *and* the excellency of our God.

3 ¶ Strengthen ye the weak hands, and confirm the feeble knees.

4 Say to them *that are* of a fearful heart, Be strong, fear not: behold, your God will come *with* vengeance, *even* God *with* a recompence; he will come and save you.

5 Then the eyes of the blind shall be opened, and the ears of the deaf shall be unstopped.

6 Then shall the lame *man* leap as an hart, and the tongue of the dumb sing: for in the wilderness shall waters break out, and streams in the desert.

7 And the parched ground shall become a pool, and the thirsty land springs of water: in the habitation of dragons, where each lay, *shall be* grass with reeds and rushes.

8 And an highway shall be there, and a way, and it shall be called The way of holiness; the unclean shall not pass over it; but it *shall be* for those: the wayfaring men, though fools, shall not err *therein.*

9 No lion shall be there, nor *any* ravenous beast shall go up thereon, it shall not be found there; but the redeemed shall walk *there:*

10 And the ransomed of the LORD shall return, and come to Zion with songs and everlasting joy upon their heads: they shall obtain joy and gladness, and sorrow and sighing shall flee away.

CHAPTER 36

1 Now it came to pass in the fourteenth year of king Hezekiah, *that* Sennacherib king of Assyria came up against all the defenced cities of Judah, and took them.

2 And the king of Assyria sent Rabshakeh from Lachish to Jerusalem unto king Hezekiah with a great army. And he stood by the conduit of the upper pool in the highway of the fuller's field.

3 Then came forth unto him Eliakim, Hilkiah's son, which was over the house, and Shebna the scribe, and Joah, Asaph's son, the recorder.

4 ¶ And Rabshakeh said unto them, Say ye now to Hezekiah, Thus saith the great king, the king of Assyria, What confidence *is* this wherein thou trustest?

5 I say, *sayest thou,* (but *they are but* vain words) *I have* counsel and strength for war: now on whom dost thou trust, that thou rebellest against me?

6 Lo, thou trustest in the staff of this broken reed, on Egypt; whereon if a man lean, it will go into his hand, and pierce it: so *is* Pharaoh king of Egypt to all that trust in him.

7 But if thou say to me, We trust in the LORD our God: *is it* not he, whose high places and whose altars Hezekiah hath taken away, and said to Judah and to Je-

וְנָטָה עָלֶיהָ קַו־תֹהוּ וְאַבְנֵי־בֹהוּ: חֹרֶיהָ וְאֵין־שָׁם מְלוּכָה יִקְרָאוּ 12

וְכָל־שָׂרֶיהָ יִהְיוּ אָפֶס: וְעָלְתָה אַרְמְנֹתֶיהָ סִירִים קִמּוֹשׂ וָחוֹחַ 13

בְּמִבְצָרֶיהָ וְהָיְתָה נְוֵה תַנִּים חָצִיר לִבְנוֹת יַעֲנָה: וּפָגְשׁוּ צִיִּים אֶת־ 14

אִיִּים וְשָׂעִיר עַל־רֵעֵהוּ יִקְרָא אַךְ־שָׁם הִרְגִּיעָה לִילִית וּמָצְאָה לָהּ

מָנוֹחַ: שָׁמָּה קִנְּנָה קִפּוֹז וַתְּמַלֵּט וּבָקְעָה וְדָגְרָה בְצִלָּהּ אַךְ־שָׁם 15

נִקְבְּצוּ דַיּוֹת אִשָּׁה רְעוּתָהּ: דִּרְשׁוּ מֵעַל־סֵפֶר יְהוָה וְּקְרָאוּ אַחַת 16

מֵהֵנָּה לֹא נֶעְדָּרָה אִשָּׁה רְעוּתָהּ לֹא פָקָדוּ כִּי־פִי הוּא צִוָּה וְרוּחוֹ

הוּא קִבְּצָן: וְהוּא־הִפִּיל לָהֶן גּוֹרָל וְיָדוֹ חִלְּקַתָּה לָהֶם בַּקָּו עַד־עוֹלָם 17

יִירָשׁוּהָ לְדוֹר וָדוֹר יִשְׁכְּנוּ־בָהּ: יְשֻׂשׂוּם מִדְבָּר וְצִיָּה וְתָגֵל 1 35

עֲרָבָה וְתִפְרַח כַּחֲבַצָּלֶת: פָּרֹחַ תִּפְרַח וְתָגֵל אַף גִּילַת וְרַנֵּן כְּבוֹד 2

הַלְּבָנוֹן נִתַּן־לָהּ הֲדַר הַכַּרְמֶל וְהַשָּׁרוֹן הֵמָּה יִרְאוּ כְבוֹד־יְהוָה הֲדַר

אֱלֹהֵינוּ:   חַזְּקוּ יָדַיִם רָפוֹת וּבִרְכַּיִם כֹּשְׁלוֹת אַמֵּצוּ: אִמְרוּ 3

4

לְנִמְהֲרֵי־לֵב חִזְקוּ אַל־תִּירָאוּ הִנֵּה אֱלֹהֵיכֶם נָקָם יָבוֹא גְּמוּל אֱלֹהִים

הוּא יָבוֹא וְיֹשַׁעֲכֶם: אָז תִּפָּקַחְנָה עֵינֵי עִוְרִים וְאָזְנֵי חֵרְשִׁים 5

תִּפָּתַחְנָה: אָז יְדַלֵּג כָּאַיָּל פִּסֵּחַ וְתָרֹן לְשׁוֹן אִלֵּם כִּי־נִבְקְעוּ בַמִּדְבָּר 6

מַיִם וּנְחָלִים בָּעֲרָבָה: וְהָיָה הַשָּׁרָב לַאֲגַם וְצִמָּאוֹן לְמַבּוּעֵי מָיִם 7

בִּנְוֵה תַנִּים רִבְצָהּ חָצִיר לְקָנֶה וָגֹמֶא: וְהָיָה־שָׁם מַסְלוּל וָדֶרֶךְ וְדֶרֶךְ 8

הַקֹּדֶשׁ יִקָּרֵא לָהּ לֹא־יַעַבְרֶנּוּ טָמֵא וְהוּא־לָמוֹ הֹלֵךְ דֶּרֶךְ וֶאֱוִילִים

לֹא יִתְעוּ: לֹא־יִהְיֶה שָׁם אַרְיֵה וּפְרִיץ חַיּוֹת בַּל־יַעֲלֶנָּה לֹא תִמָּצֵא 9

שָׁם וְהָלְכוּ גְּאוּלִים: וּפְדוּיֵי יְהוָה יְשֻׁבוּן וּבָאוּ צִיּוֹן בְּרִנָּה וְשִׂמְחַת 10

עוֹלָם עַל־רֹאשָׁם שָׂשׂוֹן וְשִׂמְחָה יַשִּׂיגוּ וְנָסוּ יָגוֹן וַאֲנָחָה:

וַיְהִי בְּאַרְבַּע עֶשְׂרֵה שָׁנָה לַמֶּלֶךְ חִזְקִיָּהוּ עָלָה סַנְחֵרִיב מֶלֶךְ־אַשּׁוּר 1 36

עַל כָּל־עָרֵי יְהוּדָה הַבְּצֻרוֹת וַיִּתְפְּשֵׂם: וַיִּשְׁלַח מֶלֶךְ־אַשּׁוּר ׀ אֶת־ 2

רַב־שָׁקֵה מִלָּכִישׁ יְרוּשָׁלְַמָה אֶל־הַמֶּלֶךְ חִזְקִיָּהוּ בְּחֵיל כָּבֵד וַיַּעֲמֹד

בִּתְעָלַת הַבְּרֵכָה הָעֶלְיוֹנָה בִּמְסִלַּת שְׂדֵה כוֹבֵס: וַיֵּצֵא אֵלָיו אֶלְיָקִים 3

בֶּן־חִלְקִיָּהוּ אֲשֶׁר עַל־הַבַּיִת וְשֶׁבְנָא הַסֹּפֵר וְיוֹאָח בֶּן־אָסָף הַמַּזְכִּיר:

4A   וַיֹּאמֶר אֲלֵיהֶם רַב־שָׁקֵה אִמְרוּ־נָא אֶל־חִזְקִיָּהוּ כֹּה־אָמַר הַמֶּלֶךְ 4

הַגָּדוֹל מֶלֶךְ אַשּׁוּר מָה הַבִּטָּחוֹן הַזֶּה אֲשֶׁר בָּטָחְתָּ: אָמַרְתִּי אַךְ־ 5

דְּבַר־שְׂפָתַיִם עֵצָה וּגְבוּרָה לַמִּלְחָמָה עַתָּה עַל־מִי בָטַחְתָּ כִּי מָרָדְתָּ

בִּי: הִנֵּה בָטַחְתָּ עַל־מִשְׁעֶנֶת הַקָּנֶה הָרָצוּץ הַזֶּה עַל־מִצְרַיִם אֲשֶׁר 6

יִסָּמֵךְ אִישׁ עָלָיו וּבָא בְכַפּוֹ וּנְקָבָהּ כֵּן פַּרְעֹה מֶלֶךְ־מִצְרַיִם לְכָל־

הַבֹּטְחִים עָלָיו: וְכִי־תֹאמַר אֵלַי אֶל־יְהוָה אֱלֹהֵינוּ בָּטָחְנוּ הֲלוֹא־הוּא 7

אֲשֶׁר הֵסִיר חִזְקִיָּהוּ אֶת־בָּמֹתָיו וְאֶת־מִזְבְּחֹתָיו וַיֹּאמֶר לִיהוּדָה

rusalem, Ye shall worship before this altar?

8 Now therefore give pledges, I pray thee, to my master the king of Assyria, and I will give thee two thousand horses, if thou be able on thy part to set riders upon them.

9 How then wilt thou turn away the face of one captain of the least of my master's servants, and put thy trust on Egypt for chariots and for horsemen?

10 And am I now come up without the LORD against this land to destroy it? the LORD said unto me, Go up against this land, and destroy it.

11 ¶ Then said Eliakim and Shebna and Joah unto Rabshakeh, Speak, I pray thee, unto thy servants in the Syrian language; for we understand *it:* and speak not to us in the Jews' language, in the ears of the people that *are* on the wall.

12 ¶ But Rabshakeh said, Hath my master sent me to thy master and to thee to speak these words? *hath he* not *sent me* to the men that sit upon the wall, that they may eat their own dung, and drink their own piss with you?

13 Then Rabshakeh stood, and cried with a loud voice in the Jews' language, and said, Hear ye the words of the great king, the king of Assyria.

14 Thus saith the king, Let not Hezekiah deceive you: for he shall not be able to deliver you.

15 Neither let Hezekiah make you trust in the LORD, saying, The LORD will surely deliver us: this city shall not be delivered into the hand of the king of Assyria.

16 Hearken not to Hezekiah: for thus saith the king of Assyria, Make *an agreement* with me *by* a present, and come out to me: and eat ye every one of his vine, and every one of his fig tree, and drink ye every one the waters of his own cistern;

17 Until I come and take you away to a land like your own land, a land of corn and wine, a land of bread and vineyards.

18 *Beware* lest Hezekiah persuade you, saying, The LORD will deliver us. Hath any of the gods of the nations delivered his land out of the hand of the king of Assyria?

19 Where *are* the gods of Hamath and Arphad? where *are* the gods of Sepharvaim? and have they delivered Samaria out of my hand?

20 Who *are they* among all the gods of these lands, that have delivered their land out of my hand, that the LORD should deliver Jerusalem out of my hand?

21 But they held their peace, and answered him not a word: for the king's commandment was, saying, Answer him not.

22 ¶ Then came Eliakim, the son of Hilkiah, that *was* over the household, and Shebna the scribe, and Joah, the son of Asaph, the recorder, to Hezekiah with *their* clothes rent, and told him the words of Rabshakeh.

CHAPTER 37

1 And it came to pass, when king Hezekiah heard *it,* that he rent his clothes, and covered himself with sackcloth, and went into the house of the LORD.

2 And he sent Eliakim, who *was* over the household, and Shebna the scribe, and the elders of the priests covered with sackcloth, unto Isaiah the prophet the son of Amoz.

3 And they said unto him, Thus saith Hezekiah, This day *is* a day of trouble, and of rebuke, and of blasphemy: for the children are come to the birth, and *there is* not strength to bring forth.

4 It may be the LORD thy God will hear the words of Rabshakeh, whom the king of Assyria his master hath sent to reproach the living God, and will reprove the words which the LORD thy God hath heard: wherefore lift up *thy* prayer for the remnant that is left.

5 So the servants of king Hezekiah came to Isaiah.

6 ¶ And Isaiah said unto them, Thus shall ye say unto your master, Thus saith the LORD, Be not afraid of the words that thou hast heard, wherewith the servants of the king of Assyria have blasphemed me.

7 Behold, I will send a blast upon him, and he shall hear a rumour, and return

8 וְלִירוּשָׁלַ֫͏ִם לִפְנֵ֤י הַמִּזְבֵּ֙חַ֙ הַזֶּ֣ה תִּֽשְׁתַּחֲו֔וּ: וְעַתָּה֙ הִתְעָ֣רֶב נָ֔א אֶת־אֲדֹנִ֖י הַמֶּ֣לֶךְ אַשּׁ֑וּר וְאֶתְּנָ֤ה לְךָ֙ אַלְפַּ֣יִם סוּסִ֔ים אִם־תּוּכַ֕ל לָ֥תֶת לְךָ֖ רֹכְבִ֥ים

9 עֲלֵיהֶֽם: וְאֵ֣יךְ תָּשִׁ֗יב אֵ֠ת פְּנֵ֨י פַחַ֥ת אַחַ֛ד עַבְדֵ֥י אֲדֹנִ֖י הַקְּטַנִּ֑ים

10 וַתִּבְטַ֤ח לְךָ֙ עַל־מִצְרַ֔יִם לְרֶ֖כֶב וּלְפָרָשִֽׁים: וְעַתָּה֙ הֲמִבַּלְעֲדֵ֣י יְהֹוָ֔ה עָלִ֛יתִי עַל־הָאָ֥רֶץ הַזֹּ֖את לְהַשְׁחִיתָ֑הּ יְהֹוָ֗ה אָמַ֤ר אֵלַי֙ עֲלֵ֣ה אֶל־הָאָ֥רֶץ

11A 11 הַזֹּ֖את וְהַשְׁחִיתָֽהּ: וַיֹּ֣אמֶר אֶלְיָקִ֣ים וְשֶׁבְנָא֮ וְיוֹאָח֒ אֶל־רַב־שָׁקֵ֔ה דַּבֶּר־ נָ֤א אֶל־עֲבָדֶ֙יךָ֙ אֲרָמִ֔ית כִּ֥י שֹׁמְעִ֖ים אֲנָ֑חְנוּ וְאַל־תְּדַבֵּ֤ר אֵלֵ֙ינוּ֙ יְהוּדִ֔ית

12 בְּאׇזְנֵ֣י הָעָ֔ם אֲשֶׁ֖ר עַל־הַחוֹמָֽה: וַיֹּ֣אמֶר רַב־שָׁקֵ֗ה הַאֶ֤ל אֲדֹנֶ֙יךָ֙ וְאֵלֶ֔יךָ שְׁלָחַ֣נִי אֲדֹנִ֔י לְדַבֵּ֖ר אֶת־הַדְּבָרִ֣ים הָאֵ֑לֶּה הֲלֹ֤א עַל־הָאֲנָשִׁים֙ הַיֹּ֣שְׁבִ֔ים עַל־הַ֣חוֹמָ֔ה לֶאֱכֹ֣ל אֶת־חראֵיהֶ֗ם וְלִשְׁתּ֛וֹת אֶת־שֵׁינֵיהֶ֖ם עִמָּכֶֽם:

צוֹאָתָ֛ם מֵימֵ֥י רַגְלֵיהֶֽם

13 וַֽיַּעֲמֹד֙ רַב־שָׁקֵ֔ה וַיִּקְרָ֥א בְקוֹל־גָּד֖וֹל יְהוּדִ֑ית וַיֹּ֕אמֶר שִׁמְע֕וּ אֶת־דִּבְרֵ֖י

14 הַמֶּ֥לֶךְ הַגָּד֖וֹל מֶ֣לֶךְ אַשּֽׁוּר: כֹּ֚ה אָמַ֣ר הַמֶּ֔לֶךְ אַל־יַשִּׁ֥א לָכֶ֖ם חִזְקִיָּ֑הוּ

15 כִּ֥י לֹֽא־יוּכַ֖ל לְהַצִּ֣יל אֶתְכֶֽם: וְאַל־יַבְטַ֨ח אֶתְכֶ֤ם חִזְקִיָּ֙הוּ֙ אֶל־יְהֹוָ֣ה לֵאמֹ֔ר הַצֵּ֥ל יַצִּילֵ֖נוּ יְהֹוָ֑ה לֹ֤א תִנָּתֵן֙ הָעִ֣יר הַזֹּ֔את בְּיַ֖ד מֶ֥לֶךְ אַשּֽׁוּר:

16 אַֽל־תִּשְׁמְע֖וּ אֶל־חִזְקִיָּ֑הוּ כִּ֣י כֹ֤ה אָמַר֙ הַמֶּ֣לֶךְ אַשּׁ֔וּר עֲשֽׂוּ־ אִתִּ֤י בְרָכָה֙ וּצְא֣וּ אֵלַ֔י וְאִכְל֤וּ אִישׁ־גַּפְנוֹ֙ וְאִ֣ישׁ תְּאֵ֣נָת֔וֹ וּשְׁת֖וּ אִ֥ישׁ

17 מֵֽי־בוֹרֽוֹ: עַד־בֹּאִ֕י וְלָקַחְתִּ֥י אֶתְכֶ֖ם אֶל־אֶ֣רֶץ כְּאַרְצְכֶ֑ם אֶ֤רֶץ דָּגָן֙

18 וְתִיר֔וֹשׁ אֶ֥רֶץ לֶ֖חֶם וּכְרָמִֽים: פֶּן־יַסִּ֤ית אֶתְכֶם֙ חִזְקִיָּ֣הוּ לֵאמֹ֔ר יְהֹוָ֖ה

19 יַצִּילֵ֑נוּ הַהִצִּ֜ילוּ אֱלֹהֵ֤י הַגּוֹיִם֙ אִ֣ישׁ אֶת־אַרְצ֔וֹ מִיַּ֖ד מֶ֥לֶךְ אַשּֽׁוּר: אַיֵּ֞ה אֱלֹהֵ֤י חֲמָת֙ וְאַרְפָּ֔ד אַיֵּ֖ה אֱלֹהֵ֣י סְפַרְוָ֑יִם וְכִֽי־הִצִּ֥ילוּ אֶת־שֹׁמְר֖וֹן מִיָּדִֽי:

20 מִ֗י בְּכׇל־אֱלֹהֵ֤י הָֽאֲרָצוֹת֙ הָאֵ֔לֶּה אֲשֶׁר־הִצִּ֥ילוּ אֶת־אַרְצָ֖ם מִיָּדִ֑י כִּֽי־

21 יַצִּ֧יל יְהֹוָ֛ה אֶת־יְרוּשָׁלַ֖͏ִם מִיָּדִֽי: וַיַּחֲרִ֖ישׁוּ וְלֹא־עָנ֣וּ אֹת֑וֹ דָּבָ֛ר כִּֽי־מִצְוַ֥ת

22A 22 הַמֶּ֛לֶךְ הִ֥יא לֵאמֹ֖ר לֹ֥א תַעֲנֻֽהוּ: וַיָּבֹ֣א אֶלְיָקִ֣ים בֶּן־חִלְקִיָּ֡הוּ אֲשֶׁר־ עַל־הַבַּ֜יִת וְשֶׁבְנָ֣א הַסֹּפֵ֗ר וְיוֹאָ֞ח בֶּן־אָסָ֤ף הַמַּזְכִּיר֙ אֶל־חִזְקִיָּ֔הוּ קְרוּעֵ֖י

37 1 בְגָדִ֑ים וַיַּגִּ֣ידוּ ל֔וֹ אֵ֖ת דִּבְרֵ֥י רַב־שָׁקֵֽה: וַיְהִ֗י כִּשְׁמֹ֙עַ֙ הַמֶּ֣לֶךְ

2 חִזְקִיָּ֔הוּ וַיִּקְרַ֖ע אֶת־בְּגָדָ֑יו וַיִּתְכַּ֣ס בַּשָּׂ֔ק וַיָּבֹ֖א בֵּ֥ית יְהֹוָֽה: וַ֠יִּשְׁלַ֠ח אֶת־ אֶלְיָקִ֨ים אֲשֶׁר־עַל־הַבַּ֜יִת וְאֵ֣ת ׀ שֶׁבְנָ֣א הַסּוֹפֵ֗ר וְאֵ֛ת זִקְנֵ֥י הַכֹּהֲנִ֖ים

3 מִתְכַּסִּ֣ים בַּשַּׂקִּ֑ים אֶל־יְשַׁעְיָ֥הוּ בֶן־אָמ֖וֹץ הַנָּבִֽיא: וַיֹּאמְר֣וּ אֵלָ֗יו כֹּ֣ה אָמַ֣ר חִזְקִיָּ֔הוּ יוֹם־צָרָ֧ה וְתוֹכֵחָ֛ה וּנְאָצָ֖ה הַיּ֣וֹם הַזֶּ֑ה כִּ֣י בָ֤אוּ בָנִים֙

4 עַד־מַשְׁבֵּ֔ר וְכֹ֥חַ אַ֖יִן לְלֵדָֽה: אוּלַ֡י יִשְׁמַע֩ יְהֹוָ֨ה אֱלֹהֶ֜יךָ אֵ֣ת ׀ דִּבְרֵ֣י רַב־שָׁקֵ֗ה אֲשֶׁר֩ שְׁלָח֨וֹ מֶֽלֶךְ־אַשּׁ֤וּר ׀ אֲדֹנָיו֙ לְחָרֵף֙ אֱלֹהִ֣ים חַ֔י וְהוֹכִ֙יחַ֙ בַּדְּבָרִ֔ים אֲשֶׁ֥ר שָׁמַ֖ע יְהֹוָ֣ה אֱלֹהֶ֑יךָ וְנָשָׂ֣אתָ תְפִלָּ֔ה בְּעַ֖ד הַשְּׁאֵרִ֥ית

5 הַנִּמְצָאָֽה: וַיָּבֹ֗אוּ עַבְדֵ֛י הַמֶּ֥לֶךְ חִזְקִיָּ֖הוּ אֶל־יְשַׁעְיָֽהוּ: וַיֹּ֤אמֶר אֲלֵיהֶם֙

6 יְשַֽׁעְיָ֔הוּ כֹּ֥ה תֹאמְר֖וּן אֶל־אֲדֹנֵיכֶ֑ם כֹּ֣ה ׀ אָמַ֣ר יְהֹוָ֗ה אַל־תִּירָא֙ מִפְּנֵ֣י

7 הַדְּבָרִים֙ אֲשֶׁ֣ר שָׁמַ֔עְתָּ אֲשֶׁ֧ר גִּדְּפ֛וּ נַעֲרֵ֥י מֶלֶךְ־אַשּׁ֖וּר אוֹתִ֑י הִנְנִ֣י

to his own land; and I will cause him to fall by the sword in his own land.

8 ¶ So Rabshakeh returned, and found the king of Assyria warring against Libnah: for he had heard that he was departed from Lachish.

9 And he heard say concerning Tirhakah king of Ethiopia, He is come forth to make war with thee. And when he heard *it*, he sent messengers to Hezekiah, saying,

10 Thus shall ye speak to Hezekiah king of Judah, saying, Let not thy God, in whom thou trustest, deceive thee, saying, Jerusalem shall not be given into the hand of the king of Assyria.

11 Behold, thou hast heard what the kings of Assyria have done to all lands by destroying them utterly; and shalt thou be delivered?

12 Have the gods of the nations delivered them which my fathers have destroyed, *as* Gozan, and Haran, and Rezeph, and the children of Eden which *were* in Telassar?

13 Where *is* the king of Hamath, and the king of Arphad, and the king of the city of Sepharvaim, Hena, and Ivah?

14 ¶ And Hezekiah received the letter from the hand of the messengers, and read it: and Hezekiah went up unto the house of the LORD, and spread it before the LORD.

15 And Hezekiah prayed unto the LORD, saying,

16 O LORD of hosts, God of Israel, that dwellest *between* the cherubims, thou *art* the God, *even* thou alone, of all the kingdoms of the earth: thou hast made heaven and earth.

17 Incline thine ear, O LORD, and hear; open thine eyes, O LORD, and see: and hear all the words of Sennacherib, which hath sent to reproach the living God.

18 Of a truth, LORD, the kings of Assyria have laid waste all the nations, and their countries,

19 And have cast their gods into the fire: for they *were* no gods, but the work of men's hands, wood and stone: therefore they have destroyed them.

20 Now therefore, O LORD our God, save us from his hand, that all the kingdoms of the earth may know that thou *art* the LORD, *even* thou only.

21 ¶ Then Isaiah the son of Amoz sent unto Hezekiah, saying, Thus saith the LORD God of Israel, Whereas thou hast prayed to me against Sennacherib king of Assyria:

22 This *is* the word which the LORD hath spoken concerning him; The virgin, the daughter of Zion, hath despised thee, *and* laughed thee to scorn; the daughter of Jerusalem hath shaken her head at thee.

23 Whom hast thou reproached and blasphemed? and against whom hast thou exalted *thy* voice, and lifted up thine eyes on high? *even* against the Holy One of Israel.

24 By thy servants hast thou reproached the Lord, and hast said, By the multitude of my chariots am I come up to the height of the mountains, to the sides of Lebanon; and I will cut down the tall cedars thereof, *and* the choice fir trees thereof: and I will enter into the height of his border, *and* the forest of his Carmel.

25 I have digged, and drunk water; and with the sole of my feet have I dried up all the rivers of the besieged places.

26 Hast thou not heard long ago, *how* I have done it; *and* of ancient times, that I have formed it? now have I brought it to pass, that thou shouldest be to lay waste defenced cities *into* ruinous heaps.

27 Therefore their inhabitants *were* of small power, they were dismayed and confounded: they were *as* the grass of the field, and *as* the green herb, *as* the grass on the housetops, and *as corn* blasted before it be grown up.

28 But I know thy abode, and thy going out, and thy coming in, and thy rage against me.

29 Because thy rage against me, and thy tumult, is come up into mine ears, therefore will I put my hook in thy nose, and my bridle in thy lips, and I will turn thee back by the way by which thou camest.

30 And this *shall be* a sign unto thee, Ye shall eat *this* year such as groweth of itself; and the second year that which springeth of the same: and in the third year sow ye,

נֹתֵ֥ן בּ֛וֹ ר֖וּחַ וְשָׁמַ֣ע שְׁמוּעָ֑ה וְשָׁ֣ב אֶל־אַרְצ֔וֹ וְהִפַּלְתִּ֥יו בַּחֶ֖רֶב בְּאַרְצֽוֹ׃

8 וַיָּ֙שָׁב֙ רַב־שָׁקֵ֔ה וַיִּמְצָא֙ אֶת־מֶ֣לֶךְ אַשּׁ֔וּר נִלְחָ֖ם עַל־לִבְנָ֑ה כִּ֣י שָׁמַ֔ע

9 כִּ֥י נָסַ֖ע מִלָּכִֽישׁ׃ וַיִּשְׁמַ֗ע עַל־תִּרְהָ֤קָה מֶֽלֶךְ־כּוּשׁ֙ לֵאמֹ֔ר יָצָ֖א לְהִלָּחֵ֣ם

10 אִתָּ֑ךְ וַיִּשְׁמַ֔ע וַיִּשְׁלַ֥ח מַלְאָכִ֖ים אֶל־חִזְקִיָּ֥הוּ לֵאמֹֽר׃ כֹּ֣ה תֹאמְר֗וּן אֶל־

חִזְקִיָּ֤הוּ מֶֽלֶךְ־יְהוּדָה֙ לֵאמֹ֔ר אַל־יַשִּׁאֲךָ֣ אֱלֹהֶ֔יךָ אֲשֶׁ֥ר אַתָּ֖ה בּוֹטֵ֣חַ

11 בּ֑וֹ לֵאמֹ֔ר לֹ֤א תִנָּתֵן֙ יְר֣וּשָׁלַ֔͏ִם בְּיַ֖ד מֶ֣לֶךְ אַשּׁ֑וּר׃ הִנֵּ֣ה ׀ אַתָּ֣ה שָׁמַ֗עְתָּ

אֲשֶׁ֨ר עָשׂ֜וּ מַלְכֵ֥י אַשּׁ֛וּר לְכָל־הָאֲרָצ֖וֹת לְהַחֲרִימָ֑ם וְאַתָּ֖ה תִּנָּצֵֽל׃

12 הַהִצִּ֨ילוּ אוֹתָ֜ם אֱלֹהֵ֣י הַגּוֹיִם֮ אֲשֶׁ֣ר הִשְׁחִ֣יתוּ אֲבוֹתַי֒ אֶת־גּוֹזָ֣ן וְאֶת־

13 חָרָ֔ן וְרֶ֥צֶף וּבְנֵי־עֶ֖דֶן אֲשֶׁ֣ר בִּתְלַשָּׂ֑ר׃ אַיֵּ֤ה מֶֽלֶךְ־חֲמָת֙ וּמֶ֣לֶךְ אַרְפָּ֔ד

14 וּמֶ֖לֶךְ לָעִ֣יר סְפַרְוָ֑יִם הֵנַ֖ע וְעִוָּֽה׃ וַיִּקַּ֨ח חִזְקִיָּ֧הוּ אֶת־הַסְּפָרִ֛ים מִיַּ֥ד

הַמַּלְאָכִ֖ים וַיִּקְרָאֵ֑הוּ וַיַּ֙עַל֙ בֵּ֣ית יְהוָ֔ה וַיִּפְרְשֵׂ֥הוּ חִזְקִיָּ֖הוּ לִפְנֵ֥י יְהוָֽה׃

15 וַיִּתְפַּלֵּל֙ חִזְקִיָּ֔הוּ אֶל־יְהוָ֖ה לֵאמֹֽר׃ יְהוָ֨ה צְבָא֜וֹת אֱלֹהֵ֤י יִשְׂרָאֵל֙ יֹשֵׁ֣ב

16 הַכְּרֻבִ֔ים אַתָּה־ה֤וּא הָֽאֱלֹהִים֙ לְבַדְּךָ֔ לְכֹ֖ל מַמְלְכ֣וֹת הָאָ֑רֶץ אַתָּ֣ה

17 עָשִׂ֔יתָ אֶת־הַשָּׁמַ֖יִם וְאֶת־הָאָֽרֶץ׃ הַטֵּ֨ה יְהוָ֤ה ׀ אָזְנְךָ֙ וּֽשְׁמָ֔ע פְּקַ֧ח יְהוָ֛ה

עֵינֶ֖ךָ וּרְאֵ֑ה וּשְׁמַ֗ע אֵ֚ת כָּל־דִּבְרֵ֣י סַנְחֵרִ֔יב אֲשֶׁ֣ר שָׁלַ֔ח לְחָרֵ֖ף אֱלֹהִ֥ים

18 חָֽי׃ אָמְנָ֖ם יְהוָ֑ה הֶחֱרִ֜יבוּ מַלְכֵ֥י אַשּׁ֛וּר אֶת־כָּל־הָאֲרָצ֖וֹת וְאֶת־אַרְצָֽם׃

19 וְנָתֹ֥ן אֶת־אֱלֹהֵיהֶ֖ם בָּאֵ֑שׁ כִּי֩ לֹ֨א אֱלֹהִ֜ים הֵ֗מָּה כִּ֣י אִם־מַעֲשֵׂ֧ה יְדֵֽי־

20A 20 אָדָ֛ם עֵ֥ץ וָאֶ֖בֶן וַֽיְאַבְּדֽוּם׃ וְעַתָּה֙ יְהוָ֣ה אֱלֹהֵ֔ינוּ הוֹשִׁיעֵ֖נוּ מִיָד֑וֹ וְיֵֽדְעוּ֙

21 כָּל־מַמְלְכ֣וֹת הָאָ֔רֶץ כִּֽי־אַתָּ֥ה יְהוָ֖ה לְבַדֶּֽךָ׃ וַיִּשְׁלַח֙ יְשַֽׁעְיָ֣הוּ בֶן־אָמ֔וֹץ

אֶל־חִזְקִיָּ֖הוּ לֵאמֹ֑ר כֹּֽה־אָמַ֤ר יְהוָה֙ אֱלֹהֵ֣י יִשְׂרָאֵ֔ל אֲשֶׁ֣ר הִתְפַּלַּ֔לְתָּ

22 אֵלַ֖י אֶל־סַנְחֵרִ֥יב מֶ֣לֶךְ אַשּֽׁוּר׃ זֶ֣ה הַדָּבָ֔ר אֲשֶׁר־דִּבֶּ֥ר יְהוָ֖ה עָלָ֑יו בָּזָ֨ה

לְךָ֜ לָעֲגָ֣ה לְךָ֗ בְּתוּלַת֙ בַּת־צִיּ֔וֹן אַחֲרֶ֙יךָ֙ רֹ֣אשׁ הֵנִ֔יעָה בַּ֖ת יְרוּשָׁלָֽ͏ִם׃

23 אֶת־מִ֤י חֵרַ֙פְתָּ֙ וְגִדַּ֔פְתָּ וְעַל־מִ֖י הֲרִימ֣וֹתָה קּ֑וֹל וַתִּשָּׂ֥א מָר֖וֹם עֵינֶ֑יךָ

24 אֶל־קְד֖וֹשׁ יִשְׂרָאֵֽל׃ בְּיַ֣ד עֲבָדֶ֘יךָ֮ חֵרַ֣פְתָּ ׀ אֲדֹנָי֒ וַתֹּ֗אמֶר בְּרֹ֥ב רִכְבִּ֛י

אֲנִ֥י עָלִ֛יתִי מְר֥וֹם הָרִ֖ים יַרְכְּתֵ֣י לְבָנ֑וֹן וְאֶכְרֹ֞ת קוֹמַ֤ת אֲרָזָיו֙ מִבְחַ֣ר

25 בְּרֹשָׁ֔יו וְאָבוֹא֙ מְר֣וֹם קִצּ֔וֹ יַ֖עַר כַּרְמִלּֽוֹ׃ אֲנִ֥י קַ֖רְתִּי וְשָׁתִ֣יתִי מָ֑יִם

26 וְאַחְרִב֙ בְּכַף־פְּעָמַ֔י כֹּ֖ל יְאֹרֵ֥י מָצֽוֹר׃ הֲלֽוֹא־שָׁמַ֤עְתָּ לְמֵֽרָחוֹק֙ אוֹתָ֣הּ

עָשִׂ֔יתִי מִ֥ימֵי קֶ֖דֶם וִיצַרְתִּ֑יהָ עַתָּ֣ה הֲבֵאתִ֔יהָ וּתְהִ֗י לְהַשְׁא֛וֹת גַּלִּ֥ים

27 נִצִּ֖ים עָרִ֥ים בְּצֻרֽוֹת׃ וְיֹֽשְׁבֵיהֶן֙ קִצְרֵי־יָ֔ד חַ֖תּוּ וָבֹ֑שׁוּ הָי֗וּ עֵ֤שֶׂב שָׂדֶה֙

28 וִ֣ירַק דֶּ֔שֶׁא חֲצִ֣יר גַּגּ֔וֹת וּשְׁדֵמָ֖ה לִפְנֵ֥י קָמָֽה׃ וְשִׁבְתְּךָ֛ וְצֵאתְךָ֥ וּבוֹאֲךָ֖

29 יָדָ֑עְתִּי וְאֵ֖ת הִֽתְרַגֶּזְךָ֥ אֵלָֽי׃ יַ֚עַן הִתְרַגֶּזְךָ֣ אֵלַ֔י וְשַׁאֲנַנְךָ֖ עָלָ֣ה בְאָזְנָ֑י

וְשַׂמְתִּ֨י חַחִ֜י בְּאַפֶּ֗ךָ וּמִתְגִּי֙ בִּשְׂפָתֶ֔יךָ וַהֲשִׁ֣יבֹתִ֔יךָ בַּדֶּ֖רֶךְ אֲשֶׁר־בָּ֥אתָ

30 בָּֽהּ׃ וְזֶה־לְּךָ֣ הָא֔וֹת אָכ֤וֹל הַשָּׁנָה֙ סָפִ֔יחַ וּבַשָּׁנָ֥ה הַשֵּׁנִ֖ית שָׁחִ֑יס

and reap, and plant vineyards, and eat the fruit thereof.

31 And the remnant that is escaped of the house of Judah shall again take root downward, and bear fruit upward:

32 For out of Jerusalem shall go forth a remnant, and they that escape out of mount Zion: the zeal of the LORD of hosts shall do this.

33 Therefore thus saith the LORD concerning the king of Assyria, He shall not come into this city, nor shoot an arrow there, nor come before it with shields, nor cast a bank against it.

34 By the way that he came, by the same shall he return, and shall not come into this city, saith the LORD.

35 For I will defend this city to save it for mine own sake, and for my servant David's sake.

36 Then the angel of the LORD went forth, and smote in the camp of the Assyrians a hundred and fourscore and five thousand: and when they arose early in the morning, behold, they *were* all dead corpses.

37 ¶ So Sennacherib king of Assyria departed, and went and returned, and dwelt at Nineveh.

38 And it came to pass, as he was worshipping in the house of Nisroch his god, that Adrammelech and Sharezer his sons smote him with the sword; and they escaped into the land of Armenia: and Esar-haddon his son reigned in his stead.

CHAPTER 38

1 In those days was Hezekiah sick unto death. And Isaiah the prophet the son of Amoz came unto him, and said unto him, Thus saith the LORD, Set thine house in order: for thou shalt die, and not live.

2 Then Hezekiah turned his face toward the wall, and prayed unto the LORD,

3 And said, Remember now, O LORD, I beseech thee, how I have walked before thee in truth and with a perfect heart, and have done *that which is* good in thy sight. And Hezekiah wept sore.

4 ¶ Then came the word of the LORD to Isaiah, saying,

5 Go, and say to Hezekiah, Thus saith the LORD, the God of David thy father, I have heard thy prayer, I have seen thy tears: behold, I will add unto thy days fifteen years.

6 And I will deliver thee and this city out of the hand of the king of Assyria: and I will defend this city.

7 And this *shall be* a sign unto thee from the LORD, that the LORD will do this thing that he hath spoken;

8 Behold, I will bring again the shadow of the degrees, which is gone down in the sun dial of Ahaz, ten degrees backward. So the sun returned ten degrees, by which degrees it was gone down.

9 ¶ The writing of Hezekiah king of Judah, when he had been sick, and was recovered of his sickness:

10 I said in the cutting off of my days, I shall go to the gates of the grave: I am deprived of the residue of my years.

11 I said, I shall not see the LORD, *even* the LORD, in the land of the living: I shall behold man no more with the inhabitants of the world.

12 Mine age is departed, and is removed from me as a shepherd's tent: I have cut off like a weaver my life: he will cut me off with pining sickness: from day *even* to night wilt thou make an end of me.

13 I reckoned till morning, *that,* as a lion, so will he break all my bones: from day *even* to night wilt thou make an end of me.

14 Like a crane *or* a swallow, so did I chatter: I did mourn as a dove: mine eyes fail *with looking* upward: O LORD, I am oppressed; undertake for me.

15 What shall I say? he hath both spoken unto me, and himself hath done *it:* I shall go softly all my years in the bitterness of my soul.

16 O Lord, by these *things men* live, and in all these *things is* the life of my spirit: so wilt thou recover me, and make me to live.

17 Behold, for peace I had great bitterness: but thou hast in love to my soul *delivered it* from the pit of corruption: for thou hast cast all my sins behind thy back.

18 For the grave cannot praise thee,

וְאָכֹ֑לוּ 31 וּבַשָּׁנָ֣ה הַשְּׁלִישִׁ֔ית זִרְע֥וּ וְקִצְר֖וּ וְנִטְע֣וּ כְרָמִ֑ים וְאִכְל֖וֹ פִרְיָֽם׃

32 פְּלֵיטַ֞ת בֵּית־יְהוּדָ֤ה הַנִּשְׁאָרָה֙ שֹׁ֣רֶשׁ לְמָ֔טָּה וְעָשָׂ֥ה פְרִ֖י לְמָֽעְלָה׃ כִּ֤י מִירֽוּשָׁלִַ֨ם֙ תֵּצֵ֣א שְׁאֵרִ֔ית וּפְלֵיטָ֖ה מֵהַ֣ר צִיּ֑וֹן קִנְאַ֛ת יְהֹוָ֥ה צְבָא֖וֹת

33A תַּֽעֲשֶׂה־זֹּֽאת׃ 33 לָכֵ֗ן כֹּֽה־אָמַ֤ר יְהֹוָה֙ אֶל־מֶ֣לֶךְ אַשּׁ֔וּר לֹ֤א יָבוֹא֙ אֶל־הָעִ֣יר הַזֹּ֔את וְלֹֽא־יוֹרֶ֥ה שָׁ֖ם חֵ֑ץ וְלֹֽא־יְקַדְּמֶ֣נָּה מָגֵ֔ן וְלֹֽא־

34 יִשְׁפֹּ֥ךְ עָלֶ֖יהָ סֹלְלָֽה׃ בַּדֶּ֥רֶךְ אֲשֶׁר־בָּ֖א בָּ֣הּ יָשׁ֑וּב וְאֶל־הָעִ֥יר הַזֹּ֛את

35 לֹ֥א יָב֖וֹא נְאֻם־יְהֹוָֽה׃ וְגַנּוֹתִ֛י עַל־הָעִ֥יר הַזֹּ֖את לְהֽוֹשִׁיעָ֑הּ לְמַ֣עֲנִ֔י

36 וּלְמַ֖עַן דָּוִ֥ד עַבְדִּֽי׃ וַיֵּצֵ֣א ׀ מַלְאַ֣ךְ יְהֹוָ֗ה וַיַּכֶּה֙ בְּמַֽחֲנֵ֣ה אַשּׁ֔וּר מֵאָ֛ה וּשְׁמֹנִ֥ים וַֽחֲמִשָּׁ֖ה אָ֑לֶף וַיַּשְׁכִּ֣ימוּ בַבֹּ֔קֶר וְהִנֵּ֥ה כֻלָּ֖ם

37 פְּגָרִ֥ים מֵתִֽים׃ וַיִּסַּ֣ע וַיֵּ֔לֶךְ וַיָּ֖שׇׁב סַנְחֵרִ֣יב מֶֽלֶךְ־אַשּׁ֑וּר וַיֵּ֖שֶׁב בְּנִֽינְוֵֽה׃

38 וַיְהִ֡י ה֣וּא מִֽשְׁתַּחֲוֶה֩ בֵּ֨ית ׀ נִסְרֹ֜ךְ אֱלֹהָ֗יו וְֽאַדְרַמֶּ֨לֶךְ וְשַׂרְאֶ֤צֶר בָּנָיו֙ הִכֻּ֣הוּ בַחֶ֔רֶב וְהֵ֥מָּה נִמְלְט֖וּ אֶ֣רֶץ אֲרָרָ֑ט וַיִּמְלֹ֛ךְ אֵֽסַר־חַדֹּ֥ן בְּנ֖וֹ תַּחְתָּֽיו׃

38 1 בַּיָּמִ֣ים הָהֵ֔ם חָלָ֥ה חִזְקִיָּ֖הוּ לָמ֑וּת וַיָּב֣וֹא אֵלָ֡יו יְשַֽׁעְיָ֣הוּ בֶן־אָמוֹץ֮ הַנָּבִיא֒ וַיֹּ֣אמֶר אֵלָ֗יו כֹּֽה־אָמַ֤ר יְהֹוָה֙ צַ֣ו לְבֵיתֶ֔ךָ

2 כִּ֛י מֵ֥ת אַתָּ֖ה וְלֹ֥א תִֽחְיֶֽה׃ וַיַּסֵּ֧ב חִזְקִיָּ֛הוּ פָּנָ֖יו אֶל־הַקִּ֑יר וַיִּתְפַּלֵּ֖ל אֶל־

3 יְהֹוָֽה׃ וַיֹּאמַ֗ר אָנָּ֤ה יְהֹוָה֙ זְכׇר־נָ֞א אֵ֣ת אֲשֶׁ֧ר הִתְהַלַּ֣כְתִּי לְפָנֶ֗יךָ בֶּֽאֱמֶת֙ וּבְלֵ֣ב שָׁלֵ֔ם וְהַטּ֥וֹב בְּעֵינֶ֖יךָ עָשִׂ֑יתִי וַיֵּ֥בְךְּ חִזְקִיָּ֖הוּ בְּכִ֥י

4 גָדֽוֹל׃ וַֽיְהִי֙ דְּבַר־יְהֹוָ֔ה אֶל־יְשַֽׁעְיָ֖הוּ לֵאמֹֽר׃ הָל֞וֹךְ וְאָמַרְתָּ֣
5 אֶל־חִזְקִיָּ֗הוּ כֹּֽה־אָמַ֤ר יְהֹוָה֙ אֱלֹהֵי֙ דָּוִ֣ד אָבִ֔יךָ שָׁמַ֨עְתִּי֙ אֶת־תְּפִלָּתֶ֔ךָ

6 רָאִ֖יתִי אֶת־דִּמְעָתֶ֑ךָ הִנְנִ֥י יוֹסִ֛ף עַל־יָמֶ֖יךָ חֲמֵ֥שׁ עֶשְׂרֵ֖ה שָׁנָֽה׃ וּמִכַּ֤ף

7 מֶֽלֶךְ־אַשּׁוּר֙ אַצִּ֣ילְךָ֔ וְאֵ֖ת הָעִ֣יר הַזֹּ֑את וְגַנּוֹתִ֖י עַל־הָעִ֥יר הַזֹּֽאת׃ וְזֶה־ לְּךָ֤ הָאוֹת֙ מֵאֵ֣ת יְהֹוָ֔ה אֲשֶׁר֙ יַֽעֲשֶׂ֣ה יְהֹוָ֔ה אֶת־הַדָּבָ֥ר הַזֶּ֖ה אֲשֶׁ֥ר

8 דִּבֵּֽר׃ הִנְנִ֣י מֵשִׁ֣יב אֶת־צֵ֣ל הַֽמַּעֲל֡וֹת אֲשֶׁ֣ר יָֽרְדָה֩ בְמַֽעֲל֨וֹת אָחָ֤ז בַּשֶּׁ֨מֶשׁ֙ אֲחֹֽרַנִּ֔ית עֶ֖שֶׂר מַֽעֲל֑וֹת וַתָּ֤שׇׁב הַשֶּׁ֨מֶשׁ֙ עֶ֣שֶׂר מַֽעֲל֔וֹת בַּֽמַּעֲל֖וֹת

9 אֲשֶׁ֥ר יָרָֽדָה׃ מִכְתָּ֖ב לְחִזְקִיָּ֣הוּ מֶֽלֶךְ־יְהוּדָ֑ה בַּֽחֲלֹת֖וֹ וַיְחִ֥י

10 מֵֽחׇלְיֽוֹ׃ אֲנִ֣י אָמַ֗רְתִּי בִּדְמִ֥י יָמַ֛י אֵלֵ֖כָה בְּשַֽׁעֲרֵ֣י שְׁא֑וֹל פֻּקַּ֖דְתִּי יֶ֥תֶר

11 שְׁנוֹתָֽי׃ אָמַ֨רְתִּי֙ לֹֽא־אֶרְאֶ֣ה יָ֔הּ יָ֖הּ בְּאֶ֣רֶץ הַֽחַיִּ֑ים לֹֽא־אַבִּ֥יט אָדָ֛ם

12 ע֖וֹד עִם־י֥וֹשְׁבֵי חָֽדֶל׃ דּוֹרִ֣י נִסַּ֧ע וְנִגְלָ֛ה מִנִּ֖י כְּאֹ֣הֶל רֹעִ֑י קִפַּ֨דְתִּי כָֽאֹרֵ֤ג

13 חַיַּי֙ מִדַּלָּ֣ה יְבַצְּעֵ֔נִי מִיּ֥וֹם עַד־לַ֖יְלָה תַּשְׁלִימֵֽנִי׃ שִׁוִּ֤יתִי עַד־בֹּ֨קֶר֙ כָּֽאֲרִ֔י

14 כֵּ֣ן יְשַׁבֵּ֖ר כׇּל־עַצְמוֹתָ֑י מִיּ֥וֹם עַד־לַ֖יְלָה תַּשְׁלִימֵֽנִי׃ כְּס֤וּס עָגוּר֙ כֵּ֣ן

15 אֲצַפְצֵ֔ף אֶהְגֶּ֖ה כַּיּוֹנָ֑ה דַּלּ֤וּ עֵינַי֙ לַמָּר֔וֹם אֲדֹנָ֖י עׇֽשְׁקָה־לִּ֥י עׇרְבֵֽנִי׃ מָֽה־

16 אֲדַבֵּ֥ר וְאָֽמַר־לִ֖י וְה֣וּא עָשָׂ֑ה אֶדַּדֶּ֥ה כׇל־שְׁנוֹתַ֖י עַל־מַ֥ר נַפְשִֽׁי׃ אֲדֹנָ֖י

17 עֲלֵיהֶ֣ם יִֽחְי֑וּ וּלְכׇל־בָּהֶ֔ן חַיֵּ֣י רוּחִ֔י וְתַֽחֲלִימֵ֖נִי וְהַֽחֲיֵֽנִי׃ הִנֵּ֤ה לְשָׁלוֹם֙ מַר־לִ֣י מָ֔ר וְאַתָּ֞ה חָשַׁ֤קְתָּ נַפְשִׁי֙ מִשַּׁ֣חַת בְּלִ֔י כִּ֥י הִשְׁלַ֛כְתָּ אַֽחֲרֵ֥י גֵֽוְךָ֖

18 כׇּל־חֲטָאָֽי׃ כִּ֣י לֹ֥א שְׁא֛וֹל תּוֹדֶ֖ךָּ מָ֣וֶת יְהַֽלְלֶ֑ךָּ לֹֽא־יְשַׂבְּר֥וּ יֽוֹרְדֵי־ב֖וֹר

1449

death can *not* celebrate thee: they that go down into the pit cannot hope for thy truth.

19 The living, the living, he shall praise thee, as I *do* this day: the father to the children shall make known thy truth.

20 The LORD *was ready* to save me: therefore we will sing my songs to the stringed instruments all the days of our life in the house of the LORD.

21 For Isaiah had said, Let them take a lump of figs, and lay *it* for a plaister upon the boil, and he shall recover.

22 Hezekiah also had said, What *is* the sign that I shall go up to the house of the LORD?

CHAPTER 39

1 At that time Merodach-baladan, the son of Baladan, king of Babylon, sent letters and a present to Hezekiah: for he had heard that he had been sick, and was recovered.

2 And Hezekiah was glad of them, and shewed them the house of his precious things, the silver, and the gold, and the spices, and the precious ointment, and all the house of his armour, and all that was found in his treasures: there was nothing in his house, nor in all his dominion, that Hezekiah shewed them not.

3 ¶ Then came Isaiah the prophet unto king Hezekiah, and said unto him, What said these men? and from whence came they unto thee? And Hezekiah said, They are come from a far country unto me, *even* from Babylon.

4 Then said he, What have they seen in thine house? And Hezekiah answered, All that *is* in mine house have they seen: there is nothing among my treasures that I have not shewed them.

5 Then said Isaiah to Hezekiah, Hear the word of the LORD of hosts:

6 Behold, the days come, that all that *is* in thine house, and *that* which thy fathers have laid up in store until this day, shall be carried to Babylon: nothing shall be left, saith the LORD.

7 And of thy sons that shall issue from thee, which thou shalt beget, shall they

take away; and they shall be eunuchs in the palace of the king of Babylon.

8 Then said Hezekiah to Isaiah, Good *is* the word of the LORD which thou hast spoken. He said moreover, For there shall be peace and truth in my days.

CHAPTER 40

1 Comfort ye, comfort ye my people, saith your God.

2 Speak ye comfortably to Jerusalem, and cry unto her, that her warfare is accomplished, that her iniquity is pardoned: for she hath received of the LORD's hand double for all her sins.

3 ¶ The voice of him that crieth in the wilderness, Prepare ye the way of the LORD, make straight in the desert a highway for our God.

4 Every valley shall be exalted, and every mountain and hill shall be made low: and the crooked shall be made straight, and the rough places plain:

5 And the glory of the LORD shall be revealed, and all flesh shall see *it* together: for the mouth of the LORD hath spoken *it*.

6 The voice said, Cry. And he said, What shall I cry? All flesh *is* grass, and all the goodliness thereof *is* as the flower of the field:

7 The grass withereth, the flower fadeth: because the spirit of the LORD bloweth upon it: surely the people *is* grass.

8 The grass withereth, the flower fadeth: but the word of our God shall stand for ever.

9 ¶ O Zion, that bringest good tidings, get thee up into the high mountain; O Jerusalem, that bringest good tidings, lift up thy voice with strength; lift *it* up, be not afraid; say unto the cities of Judah, Behold your God!

10 Behold, the Lord GOD will come with strong *hand,* and his arm shall rule for him: behold, his reward *is* with him, and his work before him.

11 He shall feed his flock like a shepherd: he shall gather the lambs with his arm, and carry *them* in his bosom, *and* shall gently lead those that are with young.

אֶל־אֲמִתֶּךָ: חַי חַי הוּא יוֹדֶךָ כָּמוֹנִי הַיּוֹם אָב לְבָנִים יוֹדִיעַ אֶל־ ‎ 19

אֲמִתֶּךָ: יְהוָה לְהוֹשִׁיעֵנִי וּנְגִנוֹתַי נְנַגֵּן כָּל־יְמֵי חַיֵּינוּ עַל־בֵּית יְהוָה: ‎ 20

וַיֹּאמֶר יְשַׁעְיָהוּ יִשְׂאוּ דְּבֶלֶת תְּאֵנִים וְיִמְרְחוּ עַל־הַשְּׁחִין וְיֶחִי: וַיֹּאמֶר ‎ 21
22

חִזְקִיָּהוּ מָה אוֹת כִּי אֶעֱלֶה בֵּית יְהוָה:　בָּעֵת הַהוּא שָׁלַח ‎ 39 1

מְרֹדַךְ בַּלְאֲדָן בֶּן־בַּלְאֲדָן מֶלֶךְ־בָּבֶל סְפָרִים וּמִנְחָה אֶל־חִזְקִיָּהוּ

וַיִּשְׁמַע כִּי חָלָה וַיֶּחֱזָק: וַיִּשְׂמַח עֲלֵיהֶם חִזְקִיָּהוּ וַיַּרְאֵם אֶת־בֵּית ‎ 2

נכֹת‎ה	נְכֹתֹה אֶת־הַכֶּסֶף וְאֶת־הַזָּהָב וְאֶת־הַבְּשָׂמִים וְאֵת ׀ הַשֶּׁמֶן הַטּוֹב

וְאֵת כָּל־בֵּית כֵּלָיו וְאֵת כָּל־אֲשֶׁר נִמְצָא בְּאֹצְרֹתָיו לֹא־הָיָה דָבָר

אֲשֶׁר לֹא־הֶרְאָם חִזְקִיָּהוּ בְּבֵיתוֹ וּבְכָל־מֶמְשַׁלְתּוֹ: וַיָּבֹא יְשַׁעְיָהוּ ‎ 3

הַנָּבִיא אֶל־הַמֶּלֶךְ חִזְקִיָּהוּ וַיֹּאמֶר אֵלָיו מָה אָמְרוּ ׀ הָאֲנָשִׁים הָאֵלֶּה

וּמֵאַיִן יָבֹאוּ אֵלֶיךָ וַיֹּאמֶר חִזְקִיָּהוּ מֵאֶרֶץ רְחוֹקָה בָּאוּ אֵלַי מִבָּבֶל:

וַיֹּאמֶר מָה רָאוּ בְּבֵיתֶךָ וַיֹּאמֶר חִזְקִיָּהוּ אֵת כָּל־אֲשֶׁר בְּבֵיתִי רָאוּ ‎ 4

לֹא־הָיָה דָבָר אֲשֶׁר לֹא־הִרְאִיתִים בְּאוֹצְרֹתָי: וַיֹּאמֶר יְשַׁעְיָהוּ אֶל־ ‎ 5

חִזְקִיָּהוּ שְׁמַע דְּבַר־יְהוָה צְבָאוֹת: הִנֵּה יָמִים בָּאִים ׀ וְנִשָּׂא כָּל־אֲשֶׁר ‎ 6

בְּבֵיתֶךָ וַאֲשֶׁר אָצְרוּ אֲבֹתֶיךָ עַד־הַיּוֹם הַזֶּה בָּבֶל לֹא־יִוָּתֵר דָּבָר

אָמַר יְהוָה: וּמִבָּנֶיךָ אֲשֶׁר יֵצְאוּ מִמְּךָ אֲשֶׁר תּוֹלִיד יִקָּחוּ וְהָיוּ ‎ 7

סָרִיסִים בְּהֵיכַל מֶלֶךְ בָּבֶל: וַיֹּאמֶר חִזְקִיָּהוּ אֶל־יְשַׁעְיָהוּ טוֹב דְּבַר־ ‎ 8

יְהוָה אֲשֶׁר דִּבַּרְתָּ וַיֹּאמֶר כִּי יִהְיֶה שָׁלוֹם וֶאֱמֶת בְּיָמָי:

נַחֲמוּ נַחֲמוּ עַמִּי יֹאמַר אֱלֹהֵיכֶם: דַּבְּרוּ עַל־לֵב יְרוּשָׁלַ͏ִם וְקִרְאוּ אֵלֶיהָ ‎ 40 1
2

כִּי מָלְאָה צְבָאָהּ כִּי נִרְצָה עֲוֹנָהּ כִּי לָקְחָה מִיַּד יְהוָה כִּפְלַיִם בְּכָל־

חַטֹּאתֶיהָ:　　קוֹל קוֹרֵא בַּמִּדְבָּר פַּנּוּ דֶּרֶךְ יְהוָה יַשְּׁרוּ ‎ 3

בָּעֲרָבָה מְסִלָּה לֵאלֹהֵינוּ: כָּל־גֶּיא יִנָּשֵׂא וְכָל־הַר וְגִבְעָה יִשְׁפָּלוּ וְהָיָה ‎ 4

הֶעָקֹב לְמִישׁוֹר וְהָרְכָסִים לְבִקְעָה: וְנִגְלָה כְּבוֹד יְהוָה וְרָאוּ כָל־בָּשָׂר ‎ 5

יַחְדָּו כִּי פִּי יְהוָה דִּבֵּר:　　קוֹל אֹמֵר קְרָא וְאָמַר מָה אֶקְרָא ‎ 6

כָּל־הַבָּשָׂר חָצִיר וְכָל־חַסְדּוֹ כְּצִיץ הַשָּׂדֶה: יָבֵשׁ חָצִיר נָבֵל צִיץ כִּי ‎ 7

רוּחַ יְהוָה נָשְׁבָה בּוֹ אָכֵן חָצִיר הָעָם: יָבֵשׁ חָצִיר נָבֵל צִיץ וּדְבַר־ ‎ 8

9A	אֱלֹהֵינוּ יָקוּם לְעוֹלָם:　　עַל הַר־גָּבֹהַ עֲלִי־לָךְ מְבַשֶּׂרֶת צִיּוֹן ‎ 9

הָרִימִי בַכֹּחַ קוֹלֵךְ מְבַשֶּׂרֶת יְרוּשָׁלָ͏ִם הָרִימִי אַל־תִּירָאִי אִמְרִי לְעָרֵי

יְהוּדָה הִנֵּה אֱלֹהֵיכֶם: הִנֵּה אֲדֹנָי יְהוִה בְּחָזָק יָבוֹא וּזְרֹעוֹ מֹשְׁלָה ‎ 10

לוֹ הִנֵּה שְׂכָרוֹ אִתּוֹ וּפְעֻלָּתוֹ לְפָנָיו: כְּרֹעֶה עֶדְרוֹ יִרְעֶה בִּזְרֹעוֹ יְקַבֵּץ ‎ 11

12 ¶ Who hath measured the waters in the hollow of his hand, and meted out heaven with the span, and comprehended the dust of the earth in a measure, and weighed the mountains in scales, and the hills in a balance?

13 Who hath directed the Spirit of the LORD, or *being* his counsellor hath taught him?

14 With whom took he counsel, and *who* instructed him, and taught him in the path of judgment, and taught him knowledge, and shewed to him the way of understanding?

15 Behold, the nations *are* as a drop of a bucket, and are counted as the small dust of the balance: behold, he taketh up the isles as a very little thing.

16 And Lebanon *is* not sufficient to burn, nor the beasts thereof sufficient for a burnt offering.

17 All nations before him *are* as nothing; and they are counted to him less than nothing, and vanity.

18 ¶ To whom then will ye liken God? or what likeness will ye compare unto him?

19 The workman melteth a graven image, and the goldsmith spreadeth it over with gold, and casteth silver chains.

20 He that *is* so impoverished that he hath no oblation chooseth a tree *that* will not rot; he seeketh unto him a cunning workman to prepare a graven image, *that* shall not be moved.

21 Have ye not known? have ye not heard? hath it not been told you from the beginning? have ye not understood from the foundations of the earth?

22 *It is* he that sitteth upon the circle of the earth, and the inhabitants thereof *are* as grasshoppers; that stretcheth out the heavens as a curtain, and spreadeth them out as a tent to dwell in:

23 That bringeth the princes to nothing; he maketh the judges of the earth as vanity.

24 Yea, they shall not be planted; yea, they shall not be sown: yea, their stock shall not take root in the earth: and he shall also blow upon them, and they shall

wither, and the whirlwind shall take them away as stubble.

25 To whom then will ye liken me, or shall I be equal? saith the Holy One.

26 Lift up your eyes on high, and behold who hath created these *things*, that bringeth out their host by number: he calleth them all by names by the greatness of his might, for that *he is* strong in power; not one faileth.

27 Why sayest thou, O Jacob, and speakest, O Israel, My way is hid from the LORD, and my judgment is passed over from my God?

28 ¶ Hast thou not known? hast thou not heard, *that* the everlasting God, the LORD, the Creator of the ends of the earth, fainteth not, neither is weary? *there is* no searching of his understanding.

29 He giveth power to the faint; and to *them that have* no might he increaseth strength.

30 Even the youths shall faint and be weary, and the young men shall utterly fall:

31 But they that wait upon the LORD shall renew *their* strength; they shall mount up with wings as eagles; they shall run, and not be weary; *and* they shall walk, and not faint.

CHAPTER 41

1 Keep silence before me, O islands; and let the people renew *their* strength: let them come near; then let them speak: let us come near together to judgment.

2 Who raised up the righteous *man* from the east, called him to his foot, gave the nations before him, and made *him* rule over kings? he gave *them* as the dust to his sword, *and* as driven stubble to his bow.

3 He pursued them, *and* passed safely; *even* by the way *that* he had not gone with his feet.

4 Who hath wrought and done *it*, calling the generations from the beginning? I the LORD, the first, and with the last; I *am* he.

5 The isles saw *it*, and feared; the ends of the earth were afraid, drew near, and came.

טְלָאִים וּבְחֵיקוֹ יִשָּׂא עָלוֹת יְנַהֵל: מִי־מָדַד בְּשָׁעֳלוֹ מַיִם 12

וְשָׁמַיִם בַּזֶּרֶת תִּכֵּן וְכָל בַּשָּׁלִשׁ עֲפַר הָאָרֶץ וְשָׁקַל בַּפֶּלֶס הָרִים

וּגְבָעוֹת בְּמֹאזְנָיִם: מִי־תִכֵּן אֶת־רוּחַ יְהוָה וְאִישׁ עֲצָתוֹ יוֹדִיעֶנּוּ: אֶת־מִי 13 14

נוֹעָץ וַיְבִינֵהוּ וַיְלַמְּדֵהוּ בְּאֹרַח מִשְׁפָּט וַיְלַמְּדֵהוּ דַעַת וְדֶרֶךְ תְּבוּנוֹת

יוֹדִיעֶנּוּ: הֵן גּוֹיִם כְּמַר מִדְּלִי וּכְשַׁחַק מֹאזְנַיִם נֶחְשָׁבוּ הֵן אִיִּים כַּדַּק 15

יִטּוֹל: וּלְבָנוֹן אֵין דֵּי בָּעֵר וְחַיָּתוֹ אֵין דֵּי עוֹלָה: כָּל־הַגּוֹיִם 16 17

כְּאַיִן נֶגְדּוֹ מֵאֶפֶס וָתֹהוּ נֶחְשְׁבוּ־לוֹ: וְאֶל־מִי תְּדַמְּיוּן אֵל וּמַה־דְּמוּת 18

תַּעַרְכוּ לוֹ: הַפֶּסֶל נָסַךְ חָרָשׁ וְצֹרֵף בַּזָּהָב יְרַקְּעֶנּוּ וּרְתֻקוֹת כֶּסֶף 19

צוֹרֵף: הַמְסֻכָּן תְּרוּמָה עֵץ לֹא־יִרְקַב יִבְחָר חָרָשׁ חָכָם יְבַקֶּשׁ־לוֹ 20

לְהָכִין פֶּסֶל לֹא יִמּוֹט: הֲלוֹא תֵדְעוּ הֲלוֹא תִשְׁמָעוּ הֲלוֹא הֻגַּד 21

מֵרֹאשׁ לָכֶם הֲלוֹא הֲבִינֹתֶם מוֹסְדוֹת הָאָרֶץ: הַיֹּשֵׁב עַל־חוּג הָאָרֶץ 22

וְיֹשְׁבֶיהָ כַּחֲגָבִים הַנּוֹטֶה כַדֹּק שָׁמַיִם וַיִּמְתָּחֵם כָּאֹהֶל לָשָׁבֶת: הַנּוֹתֵן 23

רוֹזְנִים לְאָיִן שֹׁפְטֵי אֶרֶץ כַּתֹּהוּ עָשָׂה: אַף בַּל־נִטָּעוּ אַף בַּל־זֹרָעוּ 24

אַף בַּל־שֹׁרֵשׁ בָּאָרֶץ גִּזְעָם וְגַם־נָשַׁף בָּהֶם וַיִּבָשׁוּ וּסְעָרָה כַּקַּשׁ

תִּשָּׂאֵם: וְאֶל־מִי תְדַמְּיוּנִי וְאֶשְׁוֶה יֹאמַר קָדוֹשׁ: שְׂאוּ־ 25 26

מָרוֹם עֵינֵיכֶם וּרְאוּ מִי־בָרָא אֵלֶּה הַמּוֹצִיא בְמִסְפָּר צְבָאָם לְכֻלָּם

בְּשֵׁם יִקְרָא מֵרֹב אוֹנִים וְאַמִּיץ כֹּחַ אִישׁ לֹא נֶעְדָּר: לָמָּה 27

תֹאמַר יַעֲקֹב וּתְדַבֵּר יִשְׂרָאֵל נִסְתְּרָה דַרְכִּי מֵיְהוָה וּמֵאֱלֹהַי מִשְׁפָּטִי

יַעֲבוֹר: הֲלוֹא יָדַעְתָּ אִם־לֹא שָׁמַעְתָּ אֱלֹהֵי עוֹלָם יְהוָה בּוֹרֵא קְצוֹת 28

הָאָרֶץ לֹא יִיעַף וְלֹא יִיגָע אֵין חֵקֶר לִתְבוּנָתוֹ: נֹתֵן לַיָּעֵף כֹּחַ וּלְאֵין 29

אוֹנִים עָצְמָה יַרְבֶּה: וְיִעֲפוּ נְעָרִים וְיִגָעוּ וּבַחוּרִים כָּשׁוֹל יִכָּשֵׁלוּ: 30

וְקוֹיֵ יְהוָה יַחֲלִיפוּ כֹחַ יַעֲלוּ אֵבֶר כַּנְּשָׁרִים יָרוּצוּ וְלֹא יִיגָעוּ יֵלְכוּ 31

וְלֹא יִיעָפוּ:

הַחֲרִישׁוּ אֵלַי אִיִּים וּלְאֻמִּים יַחֲלִיפוּ כֹחַ יִגְּשׁוּ אָז יְדַבֵּרוּ יַחְדָּו 41 1

לַמִּשְׁפָּט נִקְרָבָה: מִי הֵעִיר מִמִּזְרָח צֶדֶק יִקְרָאֵהוּ לְרַגְלוֹ יִתֵּן לְפָנָיו 2

גּוֹיִם וּמְלָכִים יַרְדְּ יִתֵּן כֶּעָפָר חַרְבּוֹ כְּקַשׁ נִדָּף קַשְׁתּוֹ: יִרְדְּפֵם יַעֲבוֹר 3

שָׁלוֹם אֹרַח בְּרַגְלָיו לֹא יָבוֹא: מִי־פָעַל וְעָשָׂה קֹרֵא הַדֹּרוֹת מֵרֹאשׁ 4

אֲנִי יְהוָה רִאשׁוֹן וְאֶת־אַחֲרֹנִים אֲנִי־הוּא: רָאוּ אִיִּים וְיִירָאוּ קְצוֹת 5

6 They helped every one his neighbour; and *every one* said to his brother, Be of good courage.

7 So the carpenter encouraged the goldsmith, *and* he that smootheth *with* the hammer him that smote the anvil, saying, It *is* ready for the sodering: and he fastened it with nails, *that* it should not be moved.

8 But thou, Israel, *art* my servant, Jacob whom I have chosen, the seed of Abraham my friend.

9 *Thou* whom I have taken from the ends of the earth, and called thee from the chief men thereof, and said unto thee, Thou *art* my servant; I have chosen thee, and not cast thee away.

10 ¶ Fear thou not; for I *am* with thee: be not dismayed; for I *am* thy God: I will strengthen thee; yea, I will help thee; yea, I will uphold thee with the right hand of my righteousness.

11 Behold, all they that were incensed against thee shall be ashamed and confounded: they shall be as nothing; and they that strive with thee shall perish.

12 Thou shalt seek them, and shalt not find them, *even* them that contended with thee: they that war against thee shall be as nothing, and as a thing of nought.

13 For I the LORD thy God will hold thy right hand, saying unto thee, Fear not; I will help thee.

14 Fear not, thou worm Jacob, *and* ye men of Israel; I will help thee, saith the LORD, and thy redeemer, the Holy One of Israel.

15 Behold, I will make thee a new sharp threshing instrument having teeth: thou shalt thresh the mountains, and beat *them* small, and shalt make the hills as chaff.

16 Thou shalt fan them, and the wind shall carry them away, and the whirlwind shall scatter them: and thou shalt rejoice in the LORD, *and* shalt glory in the Holy One of Israel.

17 *When* the poor and needy seek water, and *there is* none, *and* their tongue faileth for thirst, I the LORD will hear them, I the God of Israel will not forsake them.

18 I will open rivers in high places, and fountains in the midst of the valleys: I will make the wilderness a pool of water, and the dry land springs of water.

19 I will plant in the wilderness the cedar, the shittah tree, and the myrtle, and the oil tree; I will set in the desert the fir tree, *and* the pine, and the box tree together:

20 That they may see, and know, and consider, and understand together, that the hand of the LORD hath done this, and the Holy One of Israel hath created it.

21 Produce your cause, saith the LORD; bring forth your strong *reasons,* saith the King of Jacob.

22 Let them bring *them* forth, and shew us what shall happen: let them shew the former things, what they *be,* that we may consider them, and know the latter end of them; or declare us things for to come.

23 Shew the things that are to come hereafter, that we may know that ye *are* gods: yea, do good, or do evil, that we may be dismayed, and behold *it* together.

24 Behold, ye *are* of nothing, and your work of nought: an abomination *is he that* chooseth you.

25 I have raised up *one* from the north, and he shall come: from the rising of the sun shall he call upon my name: and he shall come upon princes as *upon* morter, and as the potter treadeth clay.

26 Who hath declared from the beginning, that we may know? and beforetime, that we may say, *He is* righteous? yea, *there is* none that sheweth, yea, *there is* none that declareth, yea, *there is* none that heareth your words.

27 The first *shall say* to Zion, Behold, behold them: and I will give to Jerusalem one that bringeth good tidings.

28 For I beheld, and *there was* no man; even among them, and *there was* no counsellor, that, when I asked of them, could answer a word.

29 Behold, they *are* all vanity; their works *are* nothing: their molten images *are* wind and confusion.

CHAPTER 42

1 Behold my servant, whom I uphold; mine elect, *in whom* my soul delighteth;

הָאָרֶץ יֶחֱרֵדוּ קָרְבוּ וַיֶּאֱתָיוּן: אִישׁ אֶת־רֵעֵהוּ יַעְזֹרוּ וּלְאָחִיו יֹאמַר 6

חֲזָק: וַיְחַזֵּק חָרָשׁ אֶת־צֹרֵף מַחֲלִיק פַּטִּישׁ אֶת־הוֹלֶם פָּעַם אֹמֵר 7

לַדֶּבֶק טוֹב הוּא וַיְחַזְּקֵהוּ בְמַסְמְרִים לֹא יִמּוֹט: וְאַתָּה 8

יִשְׂרָאֵל עַבְדִּי יַעֲקֹב אֲשֶׁר בְּחַרְתִּיךָ זֶרַע אַבְרָהָם אֹהֲבִי: אֲשֶׁר 9

הֶחֱזַקְתִּיךָ מִקְצוֹת הָאָרֶץ וּמֵאֲצִילֶיהָ קְרָאתִיךָ וָאֹמַר לְךָ עַבְדִּי־אַתָּה

בְּחַרְתִּיךָ וְלֹא מְאַסְתִּיךָ: אַל־תִּירָא כִּי עִמְּךָ־אָנִי אַל־תִּשְׁתָּע כִּי־אֲנִי 10

אֱלֹהֶיךָ אִמַּצְתִּיךָ אַף־עֲזַרְתִּיךָ אַף־תְּמַכְתִּיךָ בִּימִין צִדְקִי: הֵן יֵבֹשׁוּ 11

וְיִכָּלְמוּ כֹּל הַנֶּחֱרִים בָּךְ יִהְיוּ כְאַיִן וְיֹאבְדוּ אַנְשֵׁי רִיבֶךָ: תְּבַקְשֵׁם 12

וְלֹא תִמְצָאֵם אַנְשֵׁי מַצֻּתֶךָ יִהְיוּ כְאַיִן וּכְאֶפֶס אַנְשֵׁי מִלְחַמְתֶּךָ: כִּי 13

אֲנִי יְהוָה אֱלֹהֶיךָ מַחֲזִיק יְמִינֶךָ הָאֹמֵר לְךָ אַל־תִּירָא אֲנִי

עֲזַרְתִּיךָ: אַל־תִּירְאִי תּוֹלַעַת יַעֲקֹב מְתֵי יִשְׂרָאֵל אֲנִי 14

עֲזַרְתִּיךְ נְאֻם־יְהוָה וְגֹאֲלֵךְ קְדוֹשׁ יִשְׂרָאֵל: הִנֵּה שַׂמְתִּיךְ לְמוֹרַג 15

חָרוּץ חָדָשׁ בַּעַל פִּיפִיּוֹת תָּדוּשׁ הָרִים וְתָדֹק וּגְבָעוֹת כַּמֹּץ תָּשִׂים:

תִּזְרֵם וְרוּחַ תִּשָּׂאֵם וּסְעָרָה תָּפִיץ אוֹתָם וְאַתָּה תָּגִיל בַּיהוָה 16

בִּקְדוֹשׁ יִשְׂרָאֵל תִּתְהַלָּל:

הָעֲנִיִּים וְהָאֶבְיוֹנִים מְבַקְשִׁים מַיִם וָאַיִן לְשׁוֹנָם בַּצָּמָא נָשָׁתָּה אֲנִי 17

יְהוָה אֶעֱנֵם אֱלֹהֵי יִשְׂרָאֵל לֹא אֶעֶזְבֵם: אֶפְתַּח עַל־שְׁפָיִים נְהָרוֹת 18

וּבְתוֹךְ בְּקָעוֹת מַעְיָנוֹת אָשִׂים מִדְבָּר לַאֲגַם־מַיִם וְאֶרֶץ צִיָּה לְמוֹצָאֵי

מָיִם: אֶתֵּן בַּמִּדְבָּר אֶרֶז שִׁטָּה וַהֲדַס וְעֵץ שָׁמֶן אָשִׂים בָּעֲרָבָה בְּרוֹשׁ 19

תִּדְהָר וּתְאַשּׁוּר יַחְדָּו: לְמַעַן יִרְאוּ וְיֵדְעוּ וְיָשִׂימוּ וְיַשְׂכִּילוּ יַחְדָּו כִּי 20

יַד־יְהוָה עָשְׂתָה זֹּאת וּקְדוֹשׁ יִשְׂרָאֵל בְּרָאָהּ:

קָרְבוּ רִיבְכֶם יֹאמַר יְהוָה הַגִּישׁוּ עֲצֻמוֹתֵיכֶם יֹאמַר מֶלֶךְ יַעֲקֹב: יַגִּישׁוּ 21

וְיַגִּידוּ לָנוּ אֵת אֲשֶׁר תִּקְרֶינָה הָרִאשֹׁנוֹת מָה הֵנָּה הַגִּידוּ וְנָשִׂימָה 22

לִבֵּנוּ וְנֵדְעָה אַחֲרִיתָן אוֹ הַבָּאוֹת הַשְׁמִיעֻנוּ: הַגִּידוּ הָאֹתִיּוֹת לְאָחוֹר 23

וְנֵדְעָה כִּי אֱלֹהִים אַתֶּם אַף־תֵּיטִיבוּ וְתָרֵעוּ וְנִשְׁתָּעָה וְנִרָא יַחְדָּו: וְנִרְאֶה

הֵן־אַתֶּם מֵאַיִן וּפָעָלְכֶם מֵאָפַע תּוֹעֵבָה יִבְחַר בָּכֶם: הַעִירוֹתִי מִצָּפוֹן 24

וַיַּאת מִמִּזְרַח־שֶׁמֶשׁ יִקְרָא בִשְׁמִי וְיָבֹא סְגָנִים כְּמוֹ־חֹמֶר וּכְמוֹ יוֹצֵר 25

יִרְמָס־טִיט: מִי־הִגִּיד מֵרֹאשׁ וְנֵדָעָה וּמִלְּפָנִים וְנֹאמַר צַדִּיק אַף אֵין 26

מַגִּיד אַף אֵין מַשְׁמִיעַ אַף אֵין־שֹׁמֵעַ אִמְרֵיכֶם: רִאשׁוֹן לְצִיּוֹן הִנֵּה 27

הִנָּם וְלִירוּשָׁלִַם מְבַשֵּׂר אֶתֵּן: וְאֵרֶא וְאֵין אִישׁ וּמֵאֵלֶּה וְאֵין יוֹעֵץ 28

וְאֶשְׁאָלֵם וְיָשִׁיבוּ דָבָר: הֵן כֻּלָּם אָוֶן אֶפֶס מַעֲשֵׂיהֶם רוּחַ וָתֹהוּ 29

נִסְכֵּיהֶם:

הֵן עַבְדִּי אֶתְמָךְ־בּוֹ בְּחִירִי רָצְתָה נַפְשִׁי נָתַתִּי רוּחִי עָלָיו מִשְׁפָּט 42 1

I have put my spirit upon him: he shall bring forth judgment to the Gentiles.

2 He shall not cry, nor lift up, nor cause his voice to be heard in the street.

3 A bruised reed shall he not break, and the smoking flax shall he not quench: he shall bring forth judgment unto truth.

4 He shall not fail nor be discouraged, till he have set judgment in the earth: and the isles shall wait for his law.

5 ¶ Thus saith God the LORD, he that created the heavens, and stretched them out; he that spread forth the earth, and that which cometh out of it; he that giveth breath unto the people upon it, and spirit to them that walk therein:

6 I the LORD have called thee in righteousness, and will hold thine hand, and will keep thee, and give thee for a covenant of the people, for a light of the Gentiles;

7 To open the blind eyes, to bring out the prisoners from the prison, *and* them that sit in darkness out of the prison house.

8 I *am* the LORD: that *is* my name: and my glory will I not give to another, neither my praise to graven images.

9 Behold, the former things are come to pass, and new things do I declare: before they spring forth I tell you of them.

10 Sing unto the LORD a new song, *and* his praise from the end of the earth, ye that go down to the sea, and all that is therein; the isles, and the inhabitants thereof.

11 Let the wilderness and the cities thereof lift up *their voice*, the villages *that* Kedar doth inhabit: let the inhabitants of the rock sing, let them shout from the top of the mountains.

12 Let them give glory unto the LORD, and declare his praise in the islands.

13 The LORD shall go forth as a mighty man, he shall stir up jealousy like a man of war: he shall cry, yea, roar; he shall prevail against his enemies.

14 I have long time holden my peace; I have been still, *and* refrained myself: *now* will I cry like a travailing woman; I will destroy and devour at once.

15 I will make waste mountains and hills, and dry up all their herbs; and I will make the rivers islands, and I will dry up the pools.

16 And I will bring the blind by a way *that* they knew not; I will lead them in paths *that* they have not known: I will make darkness light before them, and crooked things straight. These things will I do unto them, and not forsake them.

17 ¶ They shall be turned back, they shall be greatly ashamed, that trust in graven images, that say to the molten images, Ye *are* our gods.

18 Hear, ye deaf; and look, ye blind, that ye may see.

19 Who *is* blind, but my servant? or deaf, as my messenger *that* I sent? who *is* blind as *he that is* perfect, and blind as the LORD's servant?

20 Seeing many things, but thou observest not; opening the ears, but he heareth not.

21 The LORD is well pleased for his righteousness' sake; he will magnify the law, and make *it* honourable.

22 But this *is* a people robbed and spoiled; *they are* all of them snared in holes, and they are hid in prison houses: they are for a prey, and none delivereth; for a spoil, and none saith, Restore.

23 Who among you will give ear to this? *who* will hearken and hear for the time to come?

24 Who gave Jacob for a spoil, and Israel to the robbers? did not the LORD, he against whom we have sinned? for they would not walk in his ways, neither were they obedient unto his law.

25 Therefore he hath poured upon him the fury of his anger, and the strength of battle: and it hath set him on fire round about, yet he knew not; and it burned him, yet he laid *it* not to heart.

CHAPTER 43

1 But now thus saith the LORD that created thee, O Jacob, and he that formed thee, O Israel, Fear not: for I have redeemed thee, I have called *thee* by thy name; thou *art* mine.

2 When thou passest through the waters,

לַגּוֹיִם יוֹצִיא: לֹא יִצְעַק וְלֹא יִשָּׂא וְלֹא־יַשְׁמִיעַ בַּחוּץ קוֹלוֹ: קָנֶה רָצוּץ 2
3
לֹא יִשְׁבּוֹר וּפִשְׁתָּה כֵהָה לֹא יְכַבֶּנָּה לֶאֱמֶת יוֹצִיא מִשְׁפָּט: לֹא יִכְהֶה 4
וְלֹא יָרוּץ עַד־יָשִׂים בָּאָרֶץ מִשְׁפָּט וּלְתוֹרָתוֹ אִיִּים יְיַחֵילוּ:

כֹּה־אָמַר הָאֵל ׀ יְהוָה בּוֹרֵא הַשָּׁמַיִם וְנוֹטֵיהֶם רֹקַע הָאָרֶץ וְצֶאֱצָאֶיהָ 5
נֹתֵן נְשָׁמָה לָעָם עָלֶיהָ וְרוּחַ לַהֹלְכִים בָּהּ: אֲנִי יְהוָה קְרָאתִיךָ בְצֶדֶק 6
וְאַחְזֵק בְּיָדֶךָ וְאֶצָּרְךָ וְאֶתֶּנְךָ לִבְרִית עָם לְאוֹר גּוֹיִם: לִפְקֹחַ עֵינַיִם 7
עִוְרוֹת לְהוֹצִיא מִמַּסְגֵּר אַסִּיר מִבֵּית כֶּלֶא יֹשְׁבֵי חֹשֶׁךְ: אֲנִי יְהוָה 8
הוּא שְׁמִי וּכְבוֹדִי לְאַחֵר לֹא־אֶתֵּן וּתְהִלָּתִי לַפְּסִילִים: הָרִאשֹׁנוֹת הִנֵּה־ 9
באוּ וַחֲדָשׁוֹת אֲנִי מַגִּיד בְּטֶרֶם תִּצְמַחְנָה אַשְׁמִיעַ אֶתְכֶם: 9A

שִׁירוּ לַיהוָה שִׁיר חָדָשׁ תְּהִלָּתוֹ מִקְצֵה הָאָרֶץ יוֹרְדֵי הַיָּם וּמְלֹאוֹ 10
אִיִּים וְיֹשְׁבֵיהֶם: יִשְׂאוּ מִדְבָּר וְעָרָיו חֲצֵרִים תֵּשֵׁב קֵדָר יָרֹנּוּ יֹשְׁבֵי 11
סֶלַע מֵרֹאשׁ הָרִים יִצְוָחוּ: יָשִׂימוּ לַיהוָה כָּבוֹד וּתְהִלָּתוֹ בָּאִיִּים 12
יַגִּידוּ: יְהוָה כַּגִּבּוֹר יֵצֵא כְּאִישׁ מִלְחָמוֹת יָעִיר קִנְאָה יָרִיעַ אַף־יַצְרִיחַ 13
עַל־אֹיְבָיו יִתְגַּבָּר: הֶחֱשֵׁיתִי מֵעוֹלָם אַחֲרִישׁ אֶתְאַפָּק 14
כַּיּוֹלֵדָה אֶפְעֶה אֶשֹּׁם וְאֶשְׁאַף יָחַד: אַחֲרִיב הָרִים וּגְבָעוֹת וְכָל־עֶשְׂבָּם 15
אוֹבִישׁ וְשַׂמְתִּי נְהָרוֹת לָאִיִּים וַאֲגַמִּים אוֹבִישׁ: וְהוֹלַכְתִּי עִוְרִים 16
בְּדֶרֶךְ לֹא יָדָעוּ בִּנְתִיבוֹת לֹא־יָדְעוּ אַדְרִיכֵם אָשִׂים מַחְשָׁךְ לִפְנֵיהֶם
לָאוֹר וּמַעֲקַשִּׁים לְמִישׁוֹר אֵלֶּה הַדְּבָרִים עֲשִׂיתִם וְלֹא עֲזַבְתִּים: נָסֹגוּ 17
אָחוֹר יֵבֹשׁוּ בֹשֶׁת הַבֹּטְחִים בַּפָּסֶל הָאֹמְרִים לְמַסֵּכָה אַתֶּם
אֱלֹהֵינוּ:   הַחֵרְשִׁים שְׁמָעוּ וְהַעִוְרִים הַבִּיטוּ לִרְאוֹת: 18
19
כִּי אִם־עַבְדִּי וְחֵרֵשׁ כְּמַלְאָכִי אֶשְׁלָח מִי עִוֵּר כִּמְשֻׁלָּם וְעִוֵּר כְּעֶבֶד   רָאוֹת
יְהוָה: רָאִית רַבּוֹת וְלֹא תִשְׁמֹר פָּקוֹחַ אָזְנַיִם וְלֹא יִשְׁמָע: יְהוָה חָפֵץ 20
21
לְמַעַן צִדְקוֹ יַגְדִּיל תּוֹרָה וְיַאְדִּיר: וְהוּא עַם־בָּזוּז וְשָׁסוּי הָפֵחַ בַּחוּרִים 22
כֻּלָּם וּבְבָתֵּי כְלָאִים הָחְבָּאוּ הָיוּ לָבַז וְאֵין מַצִּיל מְשִׁסָּה וְאֵין־אֹמֵר
הָשַׁב: מִי בָכֶם יַאֲזִין זֹאת יַקְשֵׁב וְיִשְׁמַע לְאָחוֹר: מִי־נָתַן לִמְשׁוֹסָה   לִמְשִׁסָּה 23
24
יַעֲקֹב וְיִשְׂרָאֵל לְבֹזְזִים הֲלוֹא יְהוָה זוּ חָטָאנוּ לוֹ וְלֹא־אָבוּ בִדְרָכָיו
הָלוֹךְ וְלֹא שָׁמְעוּ בְּתוֹרָתוֹ: וַיִּשְׁפֹּךְ עָלָיו חֵמָה אַפּוֹ וֶעֱזוּז מִלְחָמָה 25
וַתְּלַהֲטֵהוּ מִסָּבִיב וְלֹא יָדָע וַתִּבְעַר־בּוֹ וְלֹא־יָשִׂים עַל־לֵב:

וְעַתָּה כֹּה־אָמַר יְהוָה בֹּרַאֲךָ יַעֲקֹב וְיֹצֶרְךָ יִשְׂרָאֵל אַל־תִּירָא כִּי 43 1
גְאַלְתִּיךָ קָרָאתִי בְשִׁמְךָ לִי־אָתָּה: כִּי־תַעֲבֹר בַּמַּיִם אִתְּךָ־אָנִי 2

I *will be* with thee; and through the rivers, they shall not overflow thee: when thou walkest through the fire, thou shalt not be burned; neither shall the flame kindle upon thee.

3 For I *am* the LORD thy God, the Holy One of Israel, thy Saviour: I gave Egypt *for* thy ransom, Ethiopia and Seba for thee.

4 Since thou wast precious in my sight, thou hast been honourable, and I have loved thee: therefore will I give men for thee, and people for thy life.

5 Fear not: for I *am* with thee: I will bring thy seed from the east, and gather thee from the west;

6 I will say to the north, Give up; and to the south, Keep not back: bring my sons from far, and my daughters from the ends of the earth;

7 *Even* every one that is called by my name: for I have created him for my glory, I have formed him; yea, I have made him.

8 ¶ Bring forth the blind people that have eyes, and the deaf that have ears.

9 Let all the nations be gathered together, and let the people be assembled: who among them can declare this, and shew us former things? let them bring forth their witnesses, that they may be justified: or let them hear, and say, *It is* truth.

10 Ye *are* my witnesses, saith the LORD, and my servant whom I have chosen: that ye may know and believe me, and understand that I *am* he: before me there was no God formed, neither shall there be after me.

11 I, *even* I, *am* the LORD; and beside me *there is* no saviour.

12 I have declared, and have saved, and I have shewed, when *there was* no strange *god* among you: therefore ye *are* my witnesses, saith the LORD, that I *am* God.

13 Yea, before the day *was* I *am* he; and *there is* none that can deliver out of my hand: I will work, and who shall let it?

14 ¶ Thus saith the LORD, your redeemer, the Holy One of Israel; For your sake I have sent to Babylon, and have brought down all their nobles, and the Chaldeans, whose cry *is* in the ships.

15 I *am* the LORD, your Holy One, the creator of Israel, your King.

16 Thus saith the LORD, which maketh a way in the sea, and a path in the mighty waters;

17 Which bringeth forth the chariot and horse, the army and the power; they shall lie down together, they shall not rise: they are extinct, they are quenched as tow.

18 ¶ Remember ye not the former things, neither consider the things of old.

19 Behold, I will do a new thing; now it shall spring forth; shall ye not know it? I will even make a way in the wilderness, *and* rivers in the desert.

20 The beast of the field shall honour me, the dragons and the owls: because I give waters in the wilderness, *and* rivers in the desert, to give drink to my people, my chosen.

21 This people have I formed for myself; they shall shew forth my praise.

22 ¶ But thou hast not called upon me, O Jacob; but thou hast been weary of me, O Israel.

23 Thou hast not brought me the small cattle of thy burnt offerings; neither hast thou honoured me with thy sacrifices. I have not caused thee to serve with an offering, nor wearied thee with incense.

24 Thou hast bought me no sweet cane with money, neither hast thou filled me with the fat of thy sacrifices: but thou hast made me to serve with thy sins, thou hast wearied me with thine iniquities.

25 I, *even* I, *am* he that blotteth out thy transgressions for mine own sake, and will not remember thy sins.

26 Put me in remembrance: let us plead together: declare thou, that thou mayest be justified.

27 Thy first father hath sinned, and thy teachers have transgressed against me.

28 Therefore I have profaned the princes of the sanctuary, and have given Jacob to the curse, and Israel to reproaches.

CHAPTER 44

1 Yet now hear, O Jacob my servant; and Israel, whom I have chosen:

2 Thus saith the LORD that made thee,

וּבַנְּהָרוֹת לֹא יִשְׁטְפוּךָ כִּי־תֵלֵךְ בְּמוֹ־אֵשׁ לֹא תִכָּוֶה וְלֶהָבָה לֹא

3 תִבְעַר־בָּךְ: כִּי אֲנִי יְהֹוָה אֱלֹהֶיךָ קְדוֹשׁ יִשְׂרָאֵל מוֹשִׁיעֶךָ נָתַתִּי כָפְרְךָ

4 מִצְרַיִם כּוּשׁ וּסְבָא תַּחְתֶּיךָ: מֵאֲשֶׁר יָקַרְתָּ בְעֵינַי נִכְבַּדְתָּ וַאֲנִי

5 אֲהַבְתִּיךָ וְאֶתֵּן אָדָם תַּחְתֶּיךָ וּלְאֻמִּים תַּחַת נַפְשֶׁךָ: אַל־תִּירָא כִּי

6 אִתְּךָ־אָנִי מִמִּזְרָח אָבִיא זַרְעֶךָ וּמִמַּעֲרָב אֲקַבְּצֶךָּ: אֹמַר לַצָּפוֹן תֵּנִי

7 וּלְתֵימָן אַל־תִּכְלָאִי הָבִיאִי בָנַי מֵרָחוֹק וּבְנוֹתַי מִקְצֵה הָאָרֶץ: כֹּל

8 הַנִּקְרָא בִשְׁמִי וְלִכְבוֹדִי בְּרָאתִיו יְצַרְתִּיו אַף־עֲשִׂיתִיו: הוֹצִיא עַם־

9 עִוֵּר וְעֵינַיִם יֵשׁ וְחֵרְשִׁים וְאָזְנַיִם לָמוֹ: כָּל־הַגּוֹיִם נִקְבְּצוּ יַחְדָּו וְיֵאָסְפוּ

לְאֻמִּים מִי בָהֶם יַגִּיד זֹאת וְרִאשֹׁנוֹת יַשְׁמִיעֻנוּ יִתְּנוּ עֵדֵיהֶם וְיִצְדָּקוּ

10 וְיִשְׁמְעוּ וְיֹאמְרוּ אֱמֶת: אַתֶּם עֵדַי נְאֻם־יְהֹוָה וְעַבְדִּי אֲשֶׁר בָּחָרְתִּי

לְמַעַן תֵּדְעוּ וְתַאֲמִינוּ לִי וְתָבִינוּ כִּי־אֲנִי הוּא לְפָנַי לֹא־נוֹצַר אֵל

11 וְאַחֲרַי לֹא יִהְיֶה: אָנֹכִי אָנֹכִי יְהֹוָה וְאֵין מִבַּלְעָדַי מוֹשִׁיעַ:

12 אָנֹכִי הִגַּדְתִּי וְהוֹשַׁעְתִּי וְהִשְׁמַעְתִּי וְאֵין בָּכֶם זָר וְאַתֶּם עֵדַי נְאֻם־

13 יְהֹוָה וַאֲנִי־אֵל: גַּם־מִיּוֹם אֲנִי הוּא וְאֵין מִיָּדִי מַצִּיל אֶפְעַל וּמִי

14 יְשִׁיבֶנָּה: כֹּה־אָמַר יְהֹוָה גֹּאַלְכֶם קְדוֹשׁ יִשְׂרָאֵל לְמַעַנְכֶם

15 שִׁלַּחְתִּי בָבֶלָה וְהוֹרַדְתִּי בָרִיחִים כֻּלָּם וְכַשְׂדִּים בָּאֳנִיּוֹת רִנָּתָם: אֲנִי

16 יְהֹוָה קְדוֹשְׁכֶם בּוֹרֵא יִשְׂרָאֵל מַלְכְּכֶם: כֹּה אָמַר יְהֹוָה

17 הַנּוֹתֵן בַּיָּם דָּרֶךְ וּבְמַיִם עַזִּים נְתִיבָה: הַמּוֹצִיא רֶכֶב־וָסוּס חַיִל וְעִזּוּז

18 יַחְדָּו יִשְׁכְּבוּ בַּל־יָקוּמוּ דָּעֲכוּ כַּפִּשְׁתָּה כָבוּ: אַל־תִּזְכְּרוּ רִאשֹׁנוֹת

19 וְקַדְמֹנִיּוֹת אַל־תִּתְבֹּנָנוּ: הִנְנִי עֹשֶׂה חֲדָשָׁה עַתָּה תִצְמָח הֲלוֹא תֵדְעוּהָ

20 אַף אָשִׂים בַּמִּדְבָּר דֶּרֶךְ בִּישִׁמוֹן נְהָרוֹת: תְּכַבְּדֵנִי חַיַּת הַשָּׂדֶה תַּנִּים

וּבְנוֹת יַעֲנָה כִּי־נָתַתִּי בַמִּדְבָּר מַיִם נְהָרוֹת בִּישִׁימֹן לְהַשְׁקוֹת עַמִּי

21 בְחִירִי: עַם־זוּ יָצַרְתִּי לִי תְּהִלָּתִי יְסַפֵּרוּ: וְלֹא־אֹתִי קָרָאתָ
22

23 יַעֲקֹב כִּי־יָגַעְתָּ בִּי יִשְׂרָאֵל: לֹא־הֵבֵיאתָ לִּי שֵׂה עֹלֹתֶיךָ וּזְבָחֶיךָ לֹא

24 כִבַּדְתָּנִי לֹא הֶעֱבַדְתִּיךָ בְּמִנְחָה וְלֹא הוֹגַעְתִּיךָ בִּלְבוֹנָה: לֹא־קָנִיתָ

לִּי בַכֶּסֶף קָנֶה וְחֵלֶב זְבָחֶיךָ לֹא הִרְוִיתָנִי אַךְ הֶעֱבַדְתַּנִי בְּחַטֹּאותֶיךָ

25 הוֹגַעְתַּנִי בַּעֲוֹנֹתֶיךָ: אָנֹכִי אָנֹכִי הוּא מֹחֶה פְשָׁעֶיךָ לְמַעֲנִי

26 וְחַטֹּאתֶיךָ לֹא אֶזְכֹּר: הַזְכִּירֵנִי נִשָּׁפְטָה יָחַד סַפֵּר אַתָּה לְמַעַן תִּצְדָּק:

27 אָבִיךָ הָרִאשׁוֹן חָטָא וּמְלִיצֶיךָ פָּשְׁעוּ בִי: וַאֲחַלֵּל שָׂרֵי קֹדֶשׁ וְאֶתְּנָה
28

44 1 לַחֵרֶם יַעֲקֹב וְיִשְׂרָאֵל לְגִדּוּפִים: וְעַתָּה שְׁמַע יַעֲקֹב עַבְדִּי

2 וְיִשְׂרָאֵל בָּחַרְתִּי בוֹ: כֹּה־אָמַר יְהֹוָה עֹשֶׂךָ וְיֹצֶרְךָ מִבֶּטֶן יַעְזְרֶךָּ אַל־

and formed thee from the womb, *which* will help thee; Fear not, O Jacob, my servant; and thou, Jesurun, whom I have chosen.

3 For I will pour water upon him that is thirsty, and floods upon the dry ground: I will pour my spirit upon thy seed, and my blessing upon thine offspring:

4 And they shall spring up *as* among the grass, as willows by the water courses.

5 One shall say, I *am* the LORD's; and another shall call *himself* by the name of Jacob; and another shall subscribe *with* his hand unto the LORD, and surname *himself* by the name of Israel.

6 Thus saith the LORD the King of Israel, and his redeemer the LORD of hosts; I *am* the first, and I *am* the last; and beside me *there is* no God.

7 And who, as I, shall call, and shall declare it, and set it in order for me, since I appointed the ancient people? and the things that are coming, and shall come, let them shew unto them.

8 Fear ye not, neither be afraid: have not I told thee from that time, and have declared *it?* ye *are* even my witnesses. Is there a God beside me? yea, *there is* no God; I know not *any.*

9 ¶ They that make a graven image *are* all of them vanity; and their delectable things shall not profit; and they *are* their own witnesses; they see not, nor know; that they may be ashamed.

10 Who hath formed a god, or molten a graven image *that* is profitable for nothing?

11 Behold, all his fellows shall be ashamed: and the workmen, they *are* of men: let them all be gathered together, let them stand up; *yet* they shall fear, *and* they shall be ashamed together.

12 The smith with the tongs both worketh in the coals, and fashioneth it with hammers, and worketh it with the strength of his arms: yea, he is hungry, and his strength faileth: he drinketh no water, and is faint.

13 The carpenter stretcheth out *his* rule; he marketh it out with a line; he fitteth it with planes, and he marketh it out with the compass, and maketh it after the figure of a man, according to the beauty of a man; that it may remain in the house.

14 He heweth him down cedars, and taketh the cypress and the oak, which he strengtheneth for himself among the trees of the forest: he planteth an ash, and the rain doth nourish *it.*

15 Then shall it be for a man to burn: for he will take thereof, and warm himself; yea, he kindleth *it,* and baketh bread; yea, he maketh a god, and worshippeth *it;* he maketh it a graven image, and falleth down thereto.

16 He burneth part thereof in the fire; with part thereof he eateth flesh; he roasteth roast, and is satisfied: yea, he warmeth *himself,* and saith, Aha, I am warm, I have seen the fire:

17 And the residue thereof he maketh a god, *even* his graven image: he falleth down unto it, and worshippeth *it,* and prayeth unto it, and saith, Deliver me; for thou *art* my god.

18 They have not known nor understood: for he hath shut their eyes, that they cannot see; *and* their hearts, that they cannot understand.

19 And none considereth in his heart, neither *is there* knowledge nor understanding to say, I have burned part of it in the fire; yea, also I have baked bread upon the coals thereof; I have roasted flesh, and eaten *it:* and shall I make the residue thereof an abomination? shall I fall down to the stock of a tree?

20 He feedeth on ashes: a deceived heart hath turned him aside, that he cannot deliver his soul, nor say, *Is there* not a lie in my right hand?

21 ¶ Remember these, O Jacob and Israel; for thou *art* my servant: I have formed thee; thou *art* my servant: O Israel, thou shalt not be forgotten of me.

22 I have blotted out, as a thick cloud, thy transgressions, and, as a cloud, thy sins: return unto me; for I have redeemed thee.

23 Sing, O ye heavens; for the LORD hath done *it:* shout, ye lower parts of the earth: break forth into singing, ye mountains, O forest, and every tree therein: for the LORD

3 תִּירָא֙ עַבְדִּ֣י יַֽעֲקֹ֔ב וִישֻׁר֖וּן בָּחַ֣רְתִּי ב֑וֹ כִּ֤י אֶצָּק־מַ֙יִם֙ עַל־צָמֵ֔א וְנֹֽזְלִ֖ים

4 עַל־יַבָּשָׁ֑ה אֶצֹּ֤ק רוּחִי֙ עַל־זַרְעֶ֔ךָ וּבִרְכָתִ֖י עַל־צֶאֱצָאֶֽיךָ: וְצָמְח֖וּ בְּבֵ֣ין

5 חָצִ֑יר כַּעֲרָבִ֖ים עַל־יִבְלֵי־מָֽיִם: זֶ֤ה יֹאמַר֙ לַֽיהוָ֣ה אָ֔נִי וְזֶ֥ה יִקְרָ֖א בְשֵׁם־ יַעֲקֹ֑ב וְזֶ֗ה יִכְתֹּ֤ב יָדוֹ֙ לַֽיהוָ֔ה וּבְשֵׁ֥ם יִשְׂרָאֵ֖ל יְכַנֶּֽה:

6 כֹּֽה־אָמַ֨ר יְהוָ֧ה מֶֽלֶךְ־יִשְׂרָאֵ֛ל וְגֹאֲל֖וֹ יְהוָ֣ה צְבָא֑וֹת אֲנִ֤י רִאשׁוֹן֙ וַאֲנִ֣י

7 אַחֲר֔וֹן וּמִבַּלְעָדַ֖י אֵ֣ין אֱלֹהִֽים: וּמִֽי־כָמ֣וֹנִי יִקְרָ֗א וְיַגִּידֶ֤הָ וְיַעְרְכֶ֙הָ֙ לִ֔י

8 מִשּׂוּמִ֖י עַם־עוֹלָ֑ם וְאֹתִיּ֛וֹת וַאֲשֶׁ֥ר תָּבֹ֖אנָה יַגִּ֥ידוּ לָֽמוֹ: אַֽל־תִּפְחֲדוּ֙ וְאַל־תִּרְה֔וּ הֲלֹ֤א מֵאָז֙ הִשְׁמַעְתִּ֣יךָ וְהִגַּ֔דְתִּי וְאַתֶּ֖ם עֵדָ֑י הֲיֵ֤שׁ אֱל֙וֹהַּ֙

9 מִבַּלְעָדַ֔י וְאֵ֥ין צ֖וּר בַּל־יָדָֽעְתִּי: יֹצְרֵי־פֶ֤סֶל כֻּלָּם֙ תֹּ֔הוּ וַחֲמוּדֵיהֶ֖ם בַּל־

10 יוֹעִ֑ילוּ וְעֵדֵיהֶ֣ם הֵ֗מָּה בַּל־יִרְא֛וּ וּבַל־יֵדְע֖וּ לְמַ֥עַן יֵבֹֽשׁוּ: מִֽי־יָצַ֥ר אֵ֛ל

11 וּפֶ֖סֶל נָסָ֑ךְ לְבִלְתִּ֖י הוֹעִֽיל: הֵ֤ן כָּל־חֲבֵרָיו֙ יֵבֹ֔שׁוּ וְחָרָשִׁ֥ים הֵ֖מָּה מֵאָדָ֑ם

12 יִֽתְקַבְּצ֤וּ כֻלָּם֙ יַֽעֲמֹ֔דוּ יִפְחֲד֖וּ יֵבֹ֣שׁוּ יָֽחַד: חָרַ֤שׁ בַּרְזֶל֙ מַֽעֲצָ֔ד וּפָעַל֙ בַּפֶּחָ֔ם וּבַמַּקָּב֖וֹת יִצְּרֵ֑הוּ וַיִּפְעָלֵ֙הוּ֙ בִּזְר֣וֹעַ כֹּח֔וֹ גַּם־רָעֵ֖ב וְאֵ֣ין כֹּ֑חַ לֹא־

13 שָׁ֤תָה מַ֙יִם֙ וַיִּיעָ֔ף: חָרַ֣שׁ עֵצִים֮ נָ֣טָה קָו֒ יְתָאֲרֵ֙הוּ֙ בַּשֶּׂ֔רֶד יַֽעֲשֵׂ֖הוּ בַּמַּקְצֻע֑וֹת וּבַמְּחוּגָ֖ה יְתָאֳרֵ֑הוּ וַֽיַּעֲשֵׂ֙הוּ֙ כְּתַבְנִ֣ית אִ֔ישׁ כְּתִפְאֶ֥רֶת אָדָ֖ם

14 לָשֶׁ֣בֶת בָּֽיִת: לִכְרָת־ל֣וֹ אֲרָזִ֔ים וַיִּקַּ֤ח תִּרְזָה֙ וְאַלּ֔וֹן וַיְאַמֶּץ־ל֖וֹ בַּעֲצֵי־

15 יָ֑עַר נָטַ֥ע אֹ֖רֶן וְגֶ֥שֶׁם יְגַדֵּֽל: וְהָיָ֤ה לְאָדָם֙ לְבָעֵ֔ר וַיִּקַּ֤ח מֵהֶם֙ וַיָּ֔חָם אַף־יַשִּׂ֖יק וְאָ֣פָה לָ֑חֶם אַף־יִפְעַל־אֵל֙ וַיִּשְׁתָּ֔חוּ עָשָׂ֥הוּ פֶ֖סֶל וַיִּסְגָּד־

16 לָֽמוֹ: חֶצְי֞וֹ שָׂרַ֣ף בְּמוֹ־אֵ֗שׁ עַל־חֶצְיוֹ֙ בָּשָׂ֣ר יֹאכֵ֔ל יִצְלֶ֥ה צָלִ֖י וְיִשְׂבָּ֑ע

17 אַף־יָחֹם֙ וְיֹאמַ֣ר הֶאָ֔ח חַמּוֹתִ֖י רָאִ֥יתִי א֑וּר: וּשְׁאֵֽרִית֗וֹ לְאֵ֤ל עָשָׂה֙ לְפִסְל֔וֹ יִסְגָּד־ל֥וֹ וְיִשְׁתַּ֙חוּ֙ וְיִתְפַּלֵּ֣ל אֵלָ֔יו וְיֹאמַר֙ הַצִּילֵ֔נִי כִּ֥י אֵלִ֖י

18 אָֽתָּה: לֹ֥א יָדְע֖וּ וְלֹ֣א יָבִ֑ינוּ כִּ֣י טַ֤ח מֵֽרְאוֹת֙ עֵֽינֵיהֶ֔ם מֵהַשְׂכִּ֖יל לִבֹּתָֽם:

19 וְלֹא־יָשִׁ֣יב אֶל־לִבּ֗וֹ וְלֹ֨א דַ֤עַת וְלֹֽא־תְבוּנָה֙ לֵאמֹ֔ר חֶצְי֞וֹ שָׂרַ֣פְתִּי בְמוֹ־ אֵ֗שׁ וְ֠אַף אָפִ֤יתִי עַל־גֶּחָלָיו֙ לֶ֔חֶם אֶצְלֶ֥ה בָשָׂ֖ר וְאֹכֵ֑ל וְיִתְרוֹ֙ לְתוֹעֵבָ֣ה

20 אֶֽעֱשֶׂ֔ה לְב֥וּל עֵ֖ץ אֶסְגּֽוֹד: רֹעֶ֣ה אֵ֔פֶר לֵ֥ב הוּתַ֖ל הִטָּ֑הוּ וְלֹֽא־יַצִּ֤יל אֶת־נַפְשׁוֹ֙ וְלֹ֣א יֹאמַ֔ר הֲל֥וֹא שֶׁ֖קֶר בִּֽימִינִֽי: זְכָר־אֵ֣לֶּה יַֽעֲקֹ֔ב

21 וְיִשְׂרָאֵ֖ל כִּ֣י עַבְדִּי־אָ֑תָּה יְצַרְתִּ֤יךָ עֶֽבֶד־לִי֙ אַ֔תָּה יִשְׂרָאֵ֖ל לֹ֥א תִנָּשֵֽׁנִי:

22 מָחִ֤יתִי כָעָב֙ פְּשָׁעֶ֔יךָ וְכֶעָנָ֖ן חַטֹּאותֶ֑יךָ שׁוּבָ֥ה אֵלַ֖י כִּ֥י גְאַלְתִּֽיךָ: רָנּ֤וּ

23 שָׁמַ֙יִם֙ כִּֽי־עָשָׂ֣ה יְהוָ֔ה הָרִ֖יעוּ תַּחְתִּיּ֣וֹת אָ֑רֶץ פִּצְח֤וּ הָרִים֙ רִנָּ֔ה יַ֖עַר

hath redeemed Jacob, and glorified himself in Israel.

24 Thus saith the Lord, thy redeemer, and he that formed thee from the womb, I *am* the Lord that maketh all *things;* that stretcheth forth the heavens alone; that spreadeth abroad the earth by myself;

25 That frustrateth the tokens of the liars, and maketh diviners mad; that turneth wise *men* backward, and maketh their knowledge foolish;

26 That confirmeth the word of his servant, and performeth the counsel of his messengers; that saith to Jerusalem, Thou shalt be inhabited; and to the cities of Judah, Ye shall be built, and I will raise up the decayed places thereof:

27 That saith to the deep, Be dry, and I will dry up thy rivers:

28 That saith of Cyrus, *He is* my shepherd, and shall perform all my pleasure: even saying to Jerusalem, Thou shalt be built; and to the temple, Thy foundation shall be laid.

CHAPTER 45

1 Thus saith the Lord to his anointed, to Cyrus, whose right hand I have holden, to subdue nations before him; and I will loose the loins of kings, to open before him the two leaved gates; and the gates shall not be shut;

2 I will go before thee, and make the crooked places straight: I will break in pieces the gates of brass, and cut in sunder the bars of iron:

3 And I will give thee the treasures of darkness, and hidden riches of secret places, that thou mayest know that I, the Lord, which call *thee* by thy name, *am* the God of Israel.

4 For Jacob my servant's sake, and Israel mine elect, I have even called thee by thy name: I have surnamed thee, though thou hast not known me.

5 ¶ I *am* the Lord, and *there is* none else, *there is* no God beside me: I girded thee, though thou hast not known me:

6 That they may know from the rising of the sun, and from the west, that *there*

is none beside me. I *am* the Lord, and *there is* none else.

7 I form the light, and create darkness: I make peace, and create evil: I the Lord do all these *things.*

8 Drop down, ye heavens, from above, and let the skies pour down righteousness: let the earth open, and let them bring forth salvation, and let righteousness spring up together; I the Lord have created it.

9 Woe unto him that striveth with his Maker! *Let* the potsherd *strive* with the potsherds of the earth. Shall the clay say to him that fashioneth it, What makest thou? or thy work, He hath no hands?

10 Woe unto him that saith unto *his* father, What begettest thou? or to the woman, What hast thou brought forth?

11 Thus saith the Lord, the Holy One of Israel, and his Maker, Ask me of things to come concerning my sons, and concerning the work of my hands command ye me.

12 I have made the earth, and created man upon it: I, *even* my hands, have stretched out the heavens, and all their host have I commanded.

13 I have raised him up in righteousness, and I will direct all his ways: he shall build my city, and he shall let go my captives, not for price nor reward, saith the Lord of hosts.

14 Thus saith the Lord, The labour of Egypt, and merchandise of Ethiopia and of the Sabeans, men of stature, shall come over unto thee, and they shall be thine: they shall come after thee; in chains they shall come over, and they shall fall down unto thee, they shall make supplication unto thee, *saying,* Surely God *is* in thee; and *there is* none else, *there is* no God.

15 Verily thou *art* a God that hidest thyself, O God of Israel, the Saviour.

16 They shall be ashamed, and also confounded, all of them: they shall go to confusion together *that are* makers of idols.

17 *But* Israel shall be saved in the Lord with an everlasting salvation: ye shall not be ashamed nor confounded world without end.

18 For thus saith the Lord that created

וְכָל־עֵץ בֹּו כִּי־גָאַל יְהוָֹה יַעֲקֹב וּבְיִשְׂרָאֵל יִתְפָּאָר:

24 כֹּה־אָמַר יְהוָה גֹּאֲלֶךָ וְיֹצֶרְךָ מִבָּטֶן אָנֹכִי יְהוָה עֹשֶׂה כֹּל נֹטֶה שָׁמַיִם

25 לְבַדִּי רֹקַע הָאָרֶץ מִי אִתִּי: מֵפֵר אֹתֹות בַּדִּים וְקֹסְמִים יְהֹולֵל מֵשִׁיב מֵאִתִּי

26 חֲכָמִים אָחֹור וְדַעְתָּם יְשַׂכֵּל: מֵקִים דְּבַר עַבְדֹּו וַעֲצַת מַלְאָכָיו יַשְׁלִים הָאֹמֵר לִירוּשָׁלִַם תּוּשָׁב וּלְעָרֵי יְהוּדָה תִּבָּנֶינָה וְחָרְבֹותֶיהָ אֲקֹומֵם:

27 הָאֹמֵר לַצּוּלָה חֳרָבִי וְנַהֲרֹתַיִךְ אֹובִישׁ: הָאֹמֵר לְכֹורֶשׁ רֹעִי וְכָל־חֶפְצִי

28 יַשְׁלִם וְלֵאמֹר לִירוּשָׁלִַם תִּבָּנֶה וְהֵיכָל תִּוָּסֵד: כֹּה־אָמַר

45 1 יְהוָה לִמְשִׁיחֹו לְכֹורֶשׁ אֲשֶׁר־הֶחֱזַקְתִּי בִימִינֹו לְרַד־לְפָנָיו גֹּויִם וּמָתְנֵי מְלָכִים אֲפַתֵּחַ לִפְתֹּחַ לְפָנָיו דְּלָתַיִם וּשְׁעָרִים לֹא יִסָּגֵרוּ: אֲנִי לְפָנֶיךָ אֵלֵךְ

2 וַהֲדוּרִים אֹושִׁר דַּלְתֹות נְחוּשָׁה אֲשַׁבֵּר וּבְרִיחֵי בַרְזֶל אֲגַדֵּעַ:

3 וְנָתַתִּי לְךָ אֹוצְרֹות חֹשֶׁךְ וּמַטְמֻנֵי מִסְתָּרִים לְמַעַן תֵּדַע כִּי־אֲנִי יְהוָה הַקֹּורֵא בְשִׁמְךָ אֱלֹהֵי יִשְׂרָאֵל: לְמַעַן עַבְדִּי יַעֲקֹב וְיִשְׂרָאֵל

4 בְּחִירִי וָאֶקְרָא לְךָ בִּשְׁמֶךָ אֲכַנְּךָ וְלֹא יְדַעְתָּנִי: אֲנִי יְהוָה וְאֵין עֹוד

5 זוּלָתִי אֵין אֱלֹהִים אֲאַזֶּרְךָ וְלֹא יְדַעְתָּנִי: לְמַעַן יֵדְעוּ מִמִּזְרַח־

6 שֶׁמֶשׁ וּמִמַּעֲרָבָה כִּי־אֶפֶס בִּלְעָדָי אֲנִי יְהוָה וְאֵין עֹוד: יֹוצֵר אֹור

7 וּבֹורֵא חֹשֶׁךְ עֹשֶׂה שָׁלֹום וּבֹורֵא רָע אֲנִי יְהוָה עֹשֶׂה כָל־אֵלֶּה:

8 הַרְעִיפוּ שָׁמַיִם מִמַּעַל וּשְׁחָקִים יִזְּלוּ־צֶדֶק תִּפְתַּח־אֶרֶץ וְיִפְרוּ־יֶשַׁע וּצְדָקָה תַצְמִיחַ יַחַד אֲנִי יְהוָה בְּרָאתִיו:

9 הֹוי רָב אֶת־יֹצְרֹו חֶרֶשׂ אֶת־חַרְשֵׂי אֲדָמָה הֲיֹאמַר חֹמֶר לְיֹצְרֹו מַה־תַּעֲשֶׂה וּפָעָלְךָ אֵין־יָדַיִם לֹו: הֹוי

10 אֹמֵר לְאָב מַה־תֹּולִיד וּלְאִשָּׁה מַה־תְּחִילִין: כֹּה־אָמַר יְהוָה

11 קְדֹושׁ יִשְׂרָאֵל וְיֹצְרֹו הָאֹתִיֹּות שְׁאָלוּנִי עַל־בָּנַי וְעַל־פֹּעַל יָדַי תְּצַוֻּנִי:

12 אָנֹכִי עָשִׂיתִי אֶרֶץ וְאָדָם עָלֶיהָ בָרָאתִי אֲנִי יָדַי נָטוּ שָׁמַיִם וְכָל־צְבָאָם צִוֵּיתִי:

13 אָנֹכִי הַעִירֹתִהוּ בְצֶדֶק וְכָל־דְּרָכָיו אֲיַשֵּׁר הוּא־יִבְנֶה עִירִי וְגָלוּתִי יְשַׁלֵּחַ לֹא בִמְחִיר וְלֹא בְשֹׁחַד אָמַר יְהוָה צְבָאֹות:

14A 14 כֹּה אָמַר יְהוָה יְגִיעַ מִצְרַיִם וּסְחַר־כּוּשׁ וּסְבָאִים אַנְשֵׁי מִדָּה עָלַיִךְ יַעֲבֹרוּ וְלָךְ יִהְיוּ אַחֲרַיִךְ יֵלֵכוּ בַּזִּקִּים יַעֲבֹרוּ וְאֵלַיִךְ יִשְׁתַּחֲווּ אֵלַיִךְ יִתְפַּלָּלוּ אַךְ בָּךְ אֵל וְאֵין עֹוד אֶפֶס אֱלֹהִים: אָכֵן אַתָּה אֵל מִסְתַּתֵּר

15 16 אֱלֹהֵי יִשְׂרָאֵל מֹושִׁיעַ: בֹּושׁוּ וְגַם־נִכְלְמוּ כֻּלָּם יַחְדָּו הָלְכוּ בַכְּלִמָּה

17 חָרָשֵׁי צִירִים: יִשְׂרָאֵל נֹושַׁע בַּיהוָה תְּשׁוּעַת עֹולָמִים לֹא־תֵבֹשׁוּ וְלֹא־תִכָּלְמוּ עַד־עֹולְמֵי עַד:

18 כִּי כֹה אָמַר־יְהוָה בֹּורֵא הַשָּׁמַיִם הוּא הָאֱלֹהִים יֹצֵר הָאָרֶץ וְעֹשָׂהּ

the heavens; God himself that formed the earth and made it; he hath established it, he created it not in vain, he formed it to be inhabited: I *am* the Lord; and *there is* none else.

19 I have not spoken in secret, in a dark place of the earth: I said not unto the seed of Jacob, Seek ye me in vain: I the Lord speak righteousness, I declare things that are right.

20 ¶ Assemble yourselves and come; draw near together, ye *that are* escaped of the nations: they have no knowledge that set up the wood of their graven image, and pray unto a god *that* cannot save.

21 Tell ye, and bring *them* near; yea, let them take counsel together: who hath declared this from ancient time? *who* hath told it from that time? *have* not I the Lord? and *there is* no God else beside me; a just God and a Saviour; *there is* none beside me.

22 Look unto me, and be ye saved, all the ends of the earth: for I *am* God, and *there is* none else.

23 I have sworn by myself, the word is gone out of my mouth *in* righteousness, and shall not return, That unto me every knee shall bow, every tongue shall swear.

24 Surely, shall *one* say, in the Lord have I righteousness and strength: *even* to him shall *men* come; and all that are incensed against him shall be ashamed.

25 In the Lord shall all the seed of Israel be justified, and shall glory.

CHAPTER 46

1 Bel boweth down, Nebo stoopeth, their idols were upon the beasts, and upon the cattle: your carriages *were* heavy loaden; *they are* a burden to the weary *beast.*

2 They stoop, they bow down together; they could not deliver the burden, but themselves are gone into captivity.

3 ¶ Hearken unto me, O house of Jacob, and all the remnant of the house of Israel, which are borne *by me* from the belly, which are carried from the womb:

4 And *even* to *your* old age I *am* he; and *even* to hoar hairs will I carry *you:* I have

made, and I will bear; even I will carry, and will deliver *you.*

5 ¶ To whom will ye liken me, and make *me* equal, and compare me, that we may be like?

6 They lavish gold out of the bag, and weigh silver in the balance, *and* hire a goldsmith; and he maketh it a god: they fall down, yea, they worship.

7 They bear him upon the shoulder, they carry him, and set him in his place, and he standeth; from his place shall he not remove: yea, *one* shall cry unto him, yet can he not answer, nor save him out of his trouble.

8 Remember this, and shew yourselves men: bring *it* again to mind, O ye transgressors.

9 Remember the former things of old: for I *am* God, and *there is* none else; *I am* God, and *there is* none like me,

10 Declaring the end from the beginning, and from ancient times *the things* that are not *yet* done, saying, My counsel shall stand, and I will do all my pleasure:

11 Calling a ravenous bird from the east, the man that executeth my counsel from a far country: yea, I have spoken *it,* I will also bring it to pass; I have purposed *it,* I will also do it.

12 ¶ Hearken unto me, ye stouthearted, that *are* far from righteousness:

13 I bring near my righteousness; it shall not be far off, and my salvation shall not tarry: and I will place salvation in Zion for Israel my glory.

CHAPTER 47

1 Come down, and sit in the dust, O virgin daughter of Babylon, sit on the ground: *there is* no throne, O daughter of the Chaldeans: for thou shalt no more be called tender and delicate.

2 Take the millstones, and grind meal: uncover thy locks, make bare the leg, uncover the thigh, pass over the rivers.

3 Thy nakedness shall be uncovered, yea, thy shame shall be seen: I will take vengeance, and I will not meet *thee as* a man.

4 *As for* our redeemer, the Lord of hosts *is* his name, the Holy One of Israel.

19 הוּא כוֹנְנָהּ לֹא־תֹהוּ בְרָאָהּ לָשֶׁבֶת יְצָרָהּ אֲנִי יְהוָה וְאֵין עוֹד: לֹא
בַסֵּתֶר דִּבַּרְתִּי בִּמְקוֹם אֶרֶץ חֹשֶׁךְ לֹא אָמַרְתִּי לְזֶרַע יַעֲקֹב תֹּהוּ
20 בַקְּשׁוּנִי אֲנִי יְהוָה דֹּבֵר צֶדֶק מַגִּיד מֵישָׁרִים: הִקָּבְצוּ וָבֹאוּ הִתְנַגְּשׁוּ
יַחְדָּו פְּלִיטֵי הַגּוֹיִם לֹא יָדְעוּ הַנֹּשְׂאִים אֶת־עֵץ פִּסְלָם וּמִתְפַּלְלִים
21 אֶל־אֵל לֹא יוֹשִׁיעַ: הַגִּידוּ וְהַגִּישׁוּ אַף יִוָּעֲצוּ יַחְדָּו מִי הִשְׁמִיעַ זֹאת
מִקֶּדֶם מֵאָז הִגִּידָהּ הֲלוֹא אֲנִי יְהוָה וְאֵין־עוֹד אֱלֹהִים מִבַּלְעָדַי אֵל־
22 צַדִּיק וּמוֹשִׁיעַ אַיִן זוּלָתִי: פְּנוּ־אֵלַי וְהִוָּשְׁעוּ כָּל־אַפְסֵי־אָרֶץ כִּי אֲנִי־
23 אֵל וְאֵין עוֹד: בִּי נִשְׁבַּעְתִּי יָצָא מִפִּי צְדָקָה דָּבָר וְלֹא יָשׁוּב כִּי־לִי
24 תִּכְרַע כָּל־בֶּרֶךְ תִּשָּׁבַע כָּל־לָשׁוֹן: אַךְ בַּיהוָה לִי אָמַר צְדָקוֹת וָעֹז
25 עָדָיו יָבוֹא וְיֵבֹשׁוּ כֹּל הַנֶּחֱרִים בּוֹ: בַּיהוָה יִצְדְּקוּ וְיִתְהַלְלוּ כָּל־זֶרַע

46 1 יִשְׂרָאֵל: כָּרַע בֵּל קֹרֵס נְבוֹ הָיוּ עֲצַבֵּיהֶם לַחַיָּה וְלַבְּהֵמָה נְשֻׂאֹתֵיכֶם
2 עֲמוּסוֹת מַשָּׂא לַעֲיֵפָה: קָרְסוּ כָרְעוּ יַחְדָּו לֹא יָכְלוּ מַלֵּט מַשָּׂא
3 וְנַפְשָׁם בַּשְּׁבִי הָלָכָה: שִׁמְעוּ אֵלַי בֵּית יַעֲקֹב וְכָל־שְׁאֵרִית
4A 4 בֵּית יִשְׂרָאֵל הָעֲמֻסִים מִנִּי־בֶטֶן הַנְּשֻׂאִים מִנִּי־רָחַם: וְעַד־זִקְנָה אֲנִי
הוּא וְעַד־שֵׂיבָה אֲנִי אֶסְבֹּל אֲנִי עָשִׂיתִי וַאֲנִי אֶשָּׂא וַאֲנִי אֶסְבֹּל
5A 5 וַאֲמַלֵּט: לְמִי תְדַמְּיוּנִי וְתַשְׁווּ וְתַמְשִׁלוּנִי וְנִדְמֶה: הַזָּלִים
6A 6 זָהָב מִכִּיס וְכֶסֶף בַּקָּנֶה יִשְׁקֹלוּ יִשְׂכְּרוּ צוֹרֵף וְיַעֲשֵׂהוּ אֵל יִסְגְּדוּ
7 אַף־יִשְׁתַּחֲווּ: יִשָּׂאֻהוּ עַל־כָּתֵף יִסְבְּלֻהוּ וְיַנִּיחֻהוּ תַחְתָּיו וְיַעֲמֹד
מִמְּקוֹמוֹ לֹא יָמִישׁ אַף־יִצְעַק אֵלָיו וְלֹא יַעֲנֶה מִצָּרָתוֹ לֹא
8 יוֹשִׁיעֶנּוּ: זִכְרוּ־זֹאת וְהִתְאֹשָׁשׁוּ הָשִׁיבוּ פוֹשְׁעִים עַל־לֵב:
9 זִכְרוּ רִאשֹׁנוֹת מֵעוֹלָם כִּי אָנֹכִי אֵל וְאֵין עוֹד אֱלֹהִים וְאֶפֶס כָּמוֹנִי:
10 מַגִּיד מֵרֵאשִׁית אַחֲרִית וּמִקֶּדֶם אֲשֶׁר לֹא־נַעֲשׂוּ אֹמֵר עֲצָתִי תָקוּם
עֲצָתִי 11 וְכָל־חֶפְצִי אֶעֱשֶׂה: קֹרֵא מִמִּזְרָח עַיִט מֵאֶרֶץ מֶרְחָק אִישׁ עצתו אַף־
12 דִּבַּרְתִּי אַף־אֲבִיאֶנָּה יָצַרְתִּי אַף־אֶעֱשֶׂנָּה: שִׁמְעוּ אֵלַי
13 אַבִּירֵי לֵב הָרְחוֹקִים מִצְּדָקָה: קֵרַבְתִּי צִדְקָתִי לֹא תִרְחָק וּתְשׁוּעָתִי

47 1 לֹא תְאַחֵר וְנָתַתִּי בְצִיּוֹן תְּשׁוּעָה לְיִשְׂרָאֵל תִּפְאַרְתִּי: רְדִי
וּשְׁבִי עַל־עָפָר בְּתוּלַת בַּת־בָּבֶל שְׁבִי־לָאָרֶץ אֵין־כִּסֵּא בַּת־כַּשְׂדִּים
2 כִּי לֹא תוֹסִיפִי יִקְרְאוּ־לָךְ רַכָּה וַעֲנֻגָּה: קְחִי רֵחַיִם וְטַחֲנִי קָמַח גַּלִּי
3 צַמָּתֵךְ חֶשְׂפִּי־שֹׁבֶל גַּלִּי־שׁוֹק עִבְרִי נְהָרוֹת: תִּגָּל עֶרְוָתֵךְ גַּם תֵּרָאֶה
4 חֶרְפָּתֵךְ נָקָם אֶקָּח וְלֹא אֶפְגַּע אָדָם: גֹּאֲלֵנוּ יְהוָה צְבָאוֹת

5 Sit thou silent, and get thee into darkness, O daughter of the Chaldeans: for thou shalt no more be called, The lady of kingdoms.

6 ¶ I was wroth with my people, I have polluted mine inheritance, and given them into thine hand: thou didst shew them no mercy; upon the ancient hast thou very heavily laid thy yoke.

7 ¶ And thou saidst, I shall be a lady for ever: *so* that thou didst not lay these *things* to thy heart, neither didst remember the latter end of it.

8 Therefore hear now this, *thou that art* given to pleasures, that dwellest carelessly, that sayest in thine heart, I *am,* and none else beside me; I shall not sit *as* a widow, neither shall I know the loss of children:

9 But these two *things* shall come to thee in a moment in one day, the loss of children, and widowhood: they shall come upon thee in their perfection for the multitude of thy sorceries, *and* for the great abundance of thine enchantments.

10 ¶ For thou hast trusted in thy wickedness: thou hast said, None seeth me. Thy wisdom and thy knowledge, it hath perverted thee; and thou hast said in thine heart, I *am,* and none else beside me.

11 ¶ Therefore shall evil come upon thee; thou shalt not know from whence it riseth: and mischief shall fall upon thee; thou shalt not be able to put it off: and desolation shall come upon thee suddenly, *which* thou shalt not know.

12 Stand now with thine enchantments, and with the multitude of thy sorceries, wherein thou hast laboured from thy youth; if so be thou shalt be able to profit, if so be thou mayest prevail.

13 Thou art wearied in the multitude of thy counsels. Let now the astrologers, the stargazers, the monthly prognosticators, stand up, and save thee from *these things* that shall come upon thee.

14 Behold, they shall be as stubble; the fire shall burn them; they shall not deliver themselves from the power of the flame: *there shall* not *be* a coal to warm at, *nor* fire to sit before it.

15 Thus shall they be unto thee with whom thou hast laboured, *even* thy merchants, from thy youth: they shall wander every one to his quarter; none shall save thee.

CHAPTER 48

1 Hear ye this, O house of Jacob, which are called by the name of Israel, and are come forth out of the waters of Judah, which swear by the name of the LORD, and make mention of the God of Israel, *but* not in truth, nor in righteousness.

2 For they call themselves of the holy city, and stay themselves upon the God of Israel; The LORD of hosts *is* his name.

3 I have declared the former things from the beginning; and they went forth out of my mouth, and I shewed them; I did *them* suddenly, and they came to pass.

4 Because I knew that thou *art* obstinate, and thy neck *is* an iron sinew, and thy brow brass;

5 I have even from the beginning declared *it* to thee; before it came to pass I shewed *it* thee: lest thou shouldest say, Mine idol hath done them, and my graven image, and my molten image, hath commanded them.

6 Thou hast heard, see all this; and will not ye declare *it?* I have shewed thee new things from this time, even hidden things, and thou didst not know them.

7 They are created now, and not from the beginning; even before the day when thou heardest them not; lest thou shouldest say, Behold, I knew them.

8 Yea, thou heardest not; yea, thou knewest not; yea, from that time *that* thine ear was not opened: for I knew that thou wouldest deal very treacherously, and wast called a transgressor from the womb.

9 ¶ For my name's sake will I defer mine anger, and for my praise will I refrain for thee, that I cut thee not off.

10 Behold, I have refined thee, but not with silver; I have chosen thee in the furnace of affliction.

11 For mine own sake, *even* for mine own sake, will I do *it:* for how should *my name* be polluted? and I will not give my glory unto another.

שְׁמוֹ קְדוֹשׁ יִשְׂרָאֵל: שְׁבִי דוּמָם וּבֹאִי בַחֹשֶׁךְ בַּת־כַּשְׂדִּים כִּי לֹא 5

תוֹסִ֫יפִי יִקְרְאוּ־לָךְ גְּבֶרֶת מַמְלָכוֹת: קָצַפְתִּי עַל־עַמִּי חִלַּלְתִּי נַחֲלָתִי 6

וָאֶתְּנֵם בְּיָדֵךְ לֹא־שַׂמְתְּ לָהֶם רַחֲמִים עַל־זָקֵן הִכְבַּדְתְּ עֻלֵּךְ מְאֹד:

וַתֹּאמְרִי לְעוֹלָם אֶהְיֶה גְבָרֶת עַד לֹא־שַׂמְתְּ אֵלֶּה עַל־לִבֵּךְ לֹא זָכַרְתְּ 7

אַחֲרִיתָהּ: וְעַתָּה שִׁמְעִי־זֹאת עֲדִינָה הַיּוֹשֶׁבֶת לָבֶטַח 8
8A

הָאֹמְרָה בִּלְבָבָהּ אֲנִי וְאַפְסִי עוֹד לֹא אֵשֵׁב אַלְמָנָה וְלֹא אֵדַע שְׁכוֹל:

וְתָבֹאנָה לָּךְ שְׁתֵּי־אֵלֶּה רֶגַע בְּיוֹם אֶחָד שְׁכוֹל וְאַלְמֹן כְּתֻמָּם בָּאוּ 9

עָלַיִךְ בְּרֹב כְּשָׁפַיִךְ בְּעָצְמַת חֲבָרַיִךְ מְאֹד: וַתִּבְטְחִי בְרָעָתֵךְ אָמַרְתְּ 10

אֵין רֹאָנִי חָכְמָתֵךְ וְדַעְתֵּךְ הִיא שׁוֹבְבָתֶךְ וַתֹּאמְרִי בְלִבֵּךְ אֲנִי וְאַפְסִי

עוֹד: וּבָא עָלַיִךְ רָעָה לֹא תֵדְעִי שַׁחְרָהּ וְתִפֹּל עָלַיִךְ הֹוָה לֹא תוּכְלִי 11

כַּפְּרָהּ וְתָבֹא עָלַיִךְ פִּתְאֹם שׁוֹאָה לֹא תֵדָעִי: עִמְדִי־נָא בַחֲבָרַיִךְ 12

וּבְרֹב כְּשָׁפַיִךְ בַּאֲשֶׁר יָגַעַתְּ מִנְּעוּרָיִךְ אוּלַי תּוּכְלִי הוֹעִיל אוּלַי

תַּעֲרוֹצִי: נִלְאֵית בְּרֹב עֲצָתָיִךְ יַעַמְדוּ־נָא וְיוֹשִׁיעֻךְ הֹבְרוּ שָׁמַיִם 13
הֹבְרֵי

הַחֹזִים בַּכּוֹכָבִים מוֹדִיעִם לֶחֳדָשִׁים מֵאֲשֶׁר יָבֹאוּ עָלָיִךְ: הִנֵּה הָיוּ 14

כְקַשׁ אֵשׁ שְׂרָפָתַם לֹא־יַצִּילוּ אֶת־נַפְשָׁם מִיַּד לֶהָבָה אֵין־גַּחֶלֶת

לַחְמָם אוּר לָשֶׁבֶת נֶגְדּוֹ: כֵּן הָיוּ־לָךְ אֲשֶׁר יָגָעַתְּ סֹחֲרַיִךְ מִנְּעוּרַיִךְ 15

אִישׁ לְעֶבְרוֹ תָּעוּ אֵין מוֹשִׁיעֵךְ: שִׁמְעוּ־זֹאת בֵּית־ 48 1

יַעֲקֹב הַנִּקְרָאִים בְּשֵׁם יִשְׂרָאֵל וּמִמֵּי יְהוּדָה יָצָאוּ הַנִּשְׁבָּעִים ׀ בְּשֵׁם

יְהוָה וּבֵאלֹהֵי יִשְׂרָאֵל יַזְכִּירוּ לֹא בֶאֱמֶת וְלֹא בִצְדָקָה: כִּי־מֵעִיר 2

הַקֹּדֶשׁ נִקְרָאוּ וְעַל־אֱלֹהֵי יִשְׂרָאֵל נִסְמָכוּ יְהוָה צְבָאוֹת

שְׁמוֹ: הָרִאשֹׁנוֹת מֵאָז הִגַּדְתִּי וּמִפִּי יָצְאוּ וְאַשְׁמִיעֵם 3

פִּתְאֹם עָשִׂיתִי וַתָּבֹאנָה: מִדַּעְתִּי כִּי קָשֶׁה אָתָּה וְגִיד בַּרְזֶל עָרְפֶּךָ 4

וּמִצְחֲךָ נְחוּשָׁה: וָאַגִּיד לְךָ מֵאָז בְּטֶרֶם תָּבוֹא הִשְׁמַעְתִּיךָ פֶּן־תֹּאמַר 5

עָצְבִּי עָשָׂם וּפִסְלִי וְנִסְכִּי צִוָּם: שָׁמַעְתָּ חֲזֵה כֻּלָּהּ וְאַתֶּם הֲלוֹא 6

תַגִּידוּ הִשְׁמַעְתִּיךָ חֲדָשׁוֹת מֵעַתָּה וּנְצֻרוֹת וְלֹא יְדַעְתָּם: עַתָּה נִבְרְאוּ 7

וְלֹא מֵאָז וְלִפְנֵי־יוֹם וְלֹא שְׁמַעְתָּם פֶּן־תֹּאמַר הִנֵּה יְדַעְתִּין: גַּם לֹא־ 8

שָׁמַעְתָּ גַּם לֹא יָדַעְתָּ גַּם מֵאָז לֹא־פִתְּחָה אָזְנֶךָ כִּי יָדַעְתִּי בָּגוֹד

תִּבְגּוֹד וּפֹשֵׁעַ מִבֶּטֶן קֹרָא לָךְ: לְמַעַן שְׁמִי אַאֲרִיךְ אַפִּי וּתְהִלָּתִי 9

אֶחֱטָם־לָךְ לְבִלְתִּי הַכְרִיתֶךָ: הִנֵּה צְרַפְתִּיךָ וְלֹא בְכָסֶף בְּחַרְתִּיךָ 10

בְּכוּר עֹנִי: לְמַעֲנִי לְמַעֲנִי אֶעֱשֶׂה כִּי אֵיךְ יֵחָל וּכְבוֹדִי לְאַחֵר לֹא־ 11

12 ¶ Hearken unto me, O Jacob and Israel, my called; I *am* he; I *am* the first, I also *am* the last.

13 Mine hand also hath laid the foundation of the earth, and my right hand hath spanned the heavens: *when* I call unto them, they stand up together.

14 All ye, assemble yourselves, and hear; which among them hath declared these *things?* The LORD hath loved him: he will do his pleasure on Babylon, and his arm *shall be* on the Chaldeans.

15 I, *even* I, have spoken; yea, I have called him: I have brought him, and he shall make his way prosperous.

16 ¶ Come ye near unto me, hear ye this; I have not spoken in secret from the beginning; from the time that it was, there *am* I: and now the Lord GOD, and his Spirit, hath sent me.

17 Thus saith the LORD, thy Redeemer, the Holy One of Israel; I *am* the LORD thy God which teacheth thee to profit, which leadeth thee by the way *that* thou shouldest go.

18 O that thou hadst hearkened to my commandments! then had thy peace been as a river, and thy righteousness as the waves of the sea:

19 Thy seed also had been as the sand, and the offspring of thy bowels like the gravel thereof; his name should not have been cut off nor destroyed from before me.

20 ¶ Go ye forth of Babylon, flee ye from the Chaldeans, with a voice of singing declare ye, tell this, utter it *even* to the end of the earth; say ye, The LORD hath redeemed his servant Jacob.

21 And they thirsted not *when* he led them through the deserts: he caused the waters to flow out of the rock for them: he clave the rock also, and the waters gushed out.

22 *There is* no peace, saith the LORD, unto the wicked.

CHAPTER 49

1 Listen, O isles, unto me; and hearken, ye people, from far; The LORD hath called me from the womb; from the bowels of my mother hath he made mention of my name.

2 And he hath made my mouth like a sharp sword; in the shadow of his hand hath he hid me, and made me a polished shaft; in his quiver hath he hid me;

3 And said unto me, Thou *art* my servant, O Israel, in whom I will be glorified.

4 Then I said, I have laboured in vain, I have spent my strength for nought, and in vain: *yet* surely my judgment *is* with the LORD, and my work with my God.

5 ¶ And now, saith the LORD that formed me from the womb *to be* his servant, to bring Jacob again to him, Though Israel be not gathered, yet shall I be glorious in the eyes of the LORD, and my God shall be my strength.

6 And he said, It is a light thing that thou shouldest be my servant to raise up the tribes of Jacob, and to restore the preserved of Israel: I will also give thee for a light to the Gentiles, that thou mayest be my salvation unto the end of the earth.

7 Thus saith the LORD, the Redeemer of Israel, *and* his Holy One, to him whom man despiseth, to him whom the nation abhorreth, to a servant of rulers, Kings shall see and arise, princes also shall worship, because of the LORD that is faithful, *and* the Holy One of Israel, and he shall choose thee.

8 Thus saith the LORD, In an acceptable time have I heard thee, and in a day of salvation have I helped thee: and I will preserve thee, and give thee for a covenant of the people, to establish the earth, to cause to inherit the desolate heritages;

9 That thou mayest say to the prisoners, Go forth; to them that *are* in darkness, Shew yourselves. They shall feed in the ways, and their pastures *shall be* in all high places.

10 They shall not hunger nor thirst; neither shall the heat nor sun smite them: for he that hath mercy on them shall lead them, even by the springs of water shall he guide them.

11 And I will make all my mountains a way, and my highways shall be exalted.

12 Behold, these shall come from far: and, lo, these from the north and from

אֶתֶּן׃ 12 שְׁמַע אֵלַי יַעֲקֹב וְיִשְׂרָאֵל מְקֹרָאִי אֲנִי־הוּא אֲנִי

13 רִאשׁוֹן אַף אֲנִי אַחֲרוֹן׃ אַף־יָדִי יָסְדָה אֶרֶץ וִימִינִי טִפְּחָה שָׁמָיִם

14 קֹרֵא אֲנִי אֲלֵיהֶם יַעַמְדוּ יַחְדָּו׃ הִקָּבְצוּ כֻלְּכֶם וּשֲׁמָעוּ מִי בָהֶם הִגִּיד

15 אֶת־אֵלֶּה יְהוָה אֲהֵבוֹ יַעֲשֶׂה חֶפְצוֹ בְּבָבֶל וּזְרֹעוֹ כַּשְׂדִּים׃ אֲנִי אֲנִי

16 דִבַּרְתִּי אַף־קְרָאתִיו הֲבִיאֹתִיו וְהִצְלִיחַ דַּרְכּוֹ׃ קִרְבוּ אֵלַי שִׁמְעוּ־זֹאת

לֹא מֵרֹאשׁ בַּסֵּתֶר דִּבַּרְתִּי מֵעֵת הֱיוֹתָהּ שָׁם אָנִי וְעַתָּה אֲדֹנָי יְהוִה

שְׁלָחַנִי וְרוּחוֹ׃

17 כֹּה־אָמַר יְהוָה גֹּאַלְךָ קְדוֹשׁ יִשְׂרָאֵל אֲנִי יְהוָה אֱלֹהֶיךָ מְלַמֶּדְךָ

18 לְהוֹעִיל מַדְרִיכֲךָ בְּדֶרֶךְ תֵּלֵךְ׃ לוּא הִקְשַׁבְתָּ לְמִצְוֹתָי וַיְהִי כַנָּהָר

19 שְׁלוֹמֶךָ וְצִדְקָתְךָ כְּגַלֵּי הַיָּם׃ וַיְהִי כַחוֹל זַרְעֶךָ וְצֶאֱצָאֵי מֵעֶיךָ

20 כִּמְעֹתָיו לֹא־יִכָּרֵת וְלֹא־יִשָּׁמֵד שְׁמוֹ מִלְּפָנָי׃ צְאוּ מִבָּבֶל בִּרְחוּ

מִכַּשְׂדִּים בְּקוֹל רִנָּה הַגִּידוּ הַשְׁמִיעוּ זֹאת הוֹצִיאוּהָ עַד־קְצֵה הָאָרֶץ

21 אִמְרוּ גָּאַל יְהוָה עַבְדּוֹ יַעֲקֹב׃ וְלֹא צָמְאוּ בָּחֳרָבוֹת הוֹלִיכָם מַיִם

22 מִצּוּר הִזִּיל לָמוֹ וַיִּבְקַע־צוּר וַיָּזֻבוּ מָיִם׃ אֵין שָׁלוֹם אָמַר יְהוָה

לָרְשָׁעִים׃

49 1 שִׁמְעוּ אִיִּים אֵלַי וְהַקְשִׁיבוּ לְאֻמִּים מֵרָחוֹק

2 יְהוָה מִבֶּטֶן קְרָאָנִי מִמְּעֵי אִמִּי הִזְכִּיר שְׁמִי׃ וַיָּשֶׂם פִּי כְּחֶרֶב חַדָּה

3 בְּצֵל יָדוֹ הֶחְבִּיאָנִי וַיְשִׂימֵנִי לְחֵץ בָּרוּר בְּאַשְׁפָּתוֹ הִסְתִּירָנִי׃ וַיֹּאמֶר

4 לִי עַבְדִּי־אָתָּה יִשְׂרָאֵל אֲשֶׁר־בְּךָ אֶתְפָּאָר׃ וַאֲנִי אָמַרְתִּי לְרִיק יָגַעְתִּי

לְתֹהוּ וְהֶבֶל כֹּחִי כִלֵּיתִי אָכֵן מִשְׁפָּטִי אֶת־יְהוָה וּפְעֻלָּתִי אֶת־אֱלֹהָי׃

5 וְעַתָּה׀ אָמַר יְהוָה יֹצְרִי מִבֶּטֶן לְעֶבֶד לוֹ לְשׁוֹבֵב יַעֲקֹב אֵלָיו וְיִשְׂרָאֵל

6 לא יֵאָסֵף וְאֶכָּבֵד בְּעֵינֵי יְהוָה וֵאלֹהַי הָיָה עֻזִּי׃ וַיֹּאמֶר נָקֵל מִהְיוֹתְךָ

לוֹ עֶבֶד לְהָקִים אֶת־שִׁבְטֵי יַעֲקֹב וּנְצִירֵי יִשְׂרָאֵל לְהָשִׁיב וּנְתַתִּיךָ

לוֹ

וּנְצוּרֵי

7 לְאוֹר גּוֹיִם לִהְיוֹת יְשׁוּעָתִי עַד־קְצֵה הָאָרֶץ׃ כֹּה אָמַר־ 7A

יְהוָה גֹּאֵל יִשְׂרָאֵל קְדוֹשׁוֹ לִבְזֹה־נֶפֶשׁ לִמְתָעֵב גּוֹי לְעֶבֶד מֹשְׁלִים

מְלָכִים יִרְאוּ וָקָמוּ שָׂרִים וְיִשְׁתַּחֲוּוּ לְמַעַן יְהוָה אֲשֶׁר נֶאֱמָן קְדֹשׁ

8 יִשְׂרָאֵל וַיִּבְחָרֶךָּ׃ כֹּה׀ אָמַר יְהוָה בְּעֵת רָצוֹן עֲנִיתִיךָ וּבְיוֹם יְשׁוּעָה

עֲזַרְתִּיךָ וְאֶצָּרְךָ וְאֶתֶּנְךָ לִבְרִית עָם לְהָקִים אֶרֶץ לְהַנְחִיל נְחָלוֹת

9 שֹׁמֵמוֹת׃ לֵאמֹר לַאֲסוּרִים צֵאוּ לַאֲשֶׁר בַּחֹשֶׁךְ הִגָּלוּ עַל־דְּרָכִים יִרְעוּ

10 וּבְכָל־שְׁפָיִים מַרְעִיתָם׃ לֹא יִרְעָבוּ וְלֹא יִצְמָאוּ וְלֹא־יַכֵּם שָׁרָב

11 וָשָׁמֶשׁ כִּי־מְרַחֲמָם יְנַהֲגֵם וְעַל־מַבּוּעֵי מַיִם יְנַהֲלֵם׃ וְשַׂמְתִּי כָל־הָרַי

12 לַדָּרֶךְ וּמְסִלֹּתַי יְרֻמוּן׃ הִנֵּה־אֵלֶּה מֵרָחוֹק יָבֹאוּ וְהִנֵּה־אֵלֶּה מִצָּפוֹן

the west; and these from the land of Sinim.

13 ¶ Sing, O heavens; and be joyful, O earth; and break forth into singing, O mountains: for the LORD hath comforted his people, and will have mercy upon his afflicted.

14 But Zion said, The LORD hath forsaken me, and my Lord hath forgotten me.

15 Can a woman forget her sucking child, that she should not have compassion on the son of her womb? yea, they may forget, yet will I not forget thee.

16 Behold, I have graven thee upon the palms of *my* hands; thy walls *are* continually before me.

17 Thy children shall make haste; thy destroyers and they that made thee waste shall go forth of thee.

18 ¶ Lift up thine eyes round about, and behold: all these gather themselves together, *and* come to thee. *As* I live, saith the LORD, thou shalt surely clothe thee with them all, as with an ornament, and bind them *on thee,* as a bride *doeth.*

19 For thy waste and thy desolate places, and the land of thy destruction, shall even now be too narrow by reason of the inhabitants, and they that swallowed thee up shall be far away.

20 The children which thou shalt have, after thou hast lost the other, shall say again in thine ears, The place *is* too strait for me: give place to me that I may dwell.

21 Then shalt thou say in thine heart, Who hath begotten me these, seeing I have lost my children, and am desolate, a captive, and removing to and fro? and who hath brought up these? Behold, I was left alone; these, where *had* they *been?*

22 Thus saith the Lord GOD, Behold, I will lift up mine hand to the Gentiles, and set up my standard to the people: and they shall bring thy sons in *their* arms, and thy daughters shall be carried upon *their* shoulders.

23 And kings shall be thy nursing fathers, and their queens thy nursing mothers: they shall bow down to thee with *their* face toward the earth, and lick up the dust of thy feet; and thou shalt know that I *am*

the LORD: for they shall not be ashamed that wait for me.

24 ¶ Shall the prey be taken from the mighty, or the lawful captive delivered?

25 But thus saith the LORD, Even the captives of the mighty shall be taken away, and the prey of the terrible shall be delivered: for I will contend with him that contendeth with thee, and I will save thy children.

26 And I will feed them that oppress thee with their own flesh; and they shall be drunken with their own blood, as with sweet wine: and all flesh shall know that I the LORD *am* thy Saviour and thy Redeemer, the mighty One of Jacob.

CHAPTER 50

1 Thus saith the LORD, Where *is* the bill of your mother's divorcement, whom I have put away? or which of my creditors *is it* to whom I have sold you? Behold, for your iniquities have ye sold yourselves, and for your transgressions is your mother put away.

2 Wherefore, when I came, *was there* no man? when I called, *was there* none to answer? Is my hand shortened at all, that it cannot redeem? or have I no power to deliver? behold, at my rebuke I dry up the sea, I make the rivers a wilderness: their fish stinketh, because *there is* no water, and dieth for thirst.

3 I clothe the heavens with blackness, and I make sackcloth their covering.

4 The Lord GOD hath given me the tongue of the learned, that I should know how to speak a word in season to *him that is* weary: he wakeneth morning by morning, he wakeneth mine ear to hear as the learned.

5 ¶ The Lord GOD hath opened mine ear, and I was not rebellious, neither turned away back.

6 I gave my back to the smiters, and my cheeks to them that plucked off the hair: I hid not my face from shame and spitting.

7 ¶ For the Lord GOD will help me; therefore shall I not be confounded: therefore have I set my face like a flint, and I know that I shall not be ashamed.

וּפְצָחוּ 13 וּמַיִם וְאֵלֶּה מֵאֶרֶץ סִינִים: רָנּוּ שָׁמַיִם וְגִילִי אָרֶץ יִפְצְחוּ הָרִים רִנָּה

14 כִּי־נִחַם יְהוָה עַמּוֹ וַעֲנִיָּו יְרַחֵם: וַתֹּאמֶר צִיּוֹן עֲזָבַנִי יְהוָה

15 וַאדֹנָי שְׁכֵחָנִי: הֲתִשְׁכַּח אִשָּׁה עוּלָהּ מֵרַחֵם בֶּן־בִּטְנָהּ גַּם־אֵלֶּה

16 תִשְׁכַּחְנָה וְאָנֹכִי לֹא אֶשְׁכָּחֵךְ: הֵן עַל־כַּפַּיִם חַקֹּתִיךְ חוֹמֹתַיִךְ נֶגְדִּי

17 תָמִיד: מִהֲרוּ בָּנָיִךְ מְהָרְסַיִךְ וּמַחֲרִבַיִךְ מִמֵּךְ יֵצֵאוּ: שְׂאִי־סָבִיב
18

עֵינַיִךְ וּרְאִי כֻּלָּם נִקְבְּצוּ בָאוּ־לָךְ חַי־אָנִי נְאֻם־יְהוָה כִּי כֻלָּם כָּעֲדִי

19 תִלְבָּשִׁי וּתְקַשְּׁרִים כַּכַּלָּה: כִּי חָרְבֹתַיִךְ וְשֹׁמְמֹתַיִךְ וְאֶרֶץ הֲרִסֻתֵיךְ

20 כִּי עַתָּה תֵּצְרִי מִיּוֹשֵׁב וְרָחֲקוּ מְבַלְּעָיִךְ: עוֹד יֹאמְרוּ בְאָזְנַיִךְ בְּנֵי

21 שִׁכֻּלָיִךְ צַר־לִי הַמָּקוֹם גְּשָׁה־לִּי וְאֵשֵׁבָה: וְאָמַרְתְּ בִּלְבָבֵךְ מִי יָלַד־לִי

אֶת־אֵלֶּה וַאֲנִי שְׁכוּלָה וְגַלְמוּדָה גֹּלָה וְסוּרָה וְאֵלֶּה מִי גִדֵּל הֵן

אֲנִי נִשְׁאַרְתִּי לְבַדִּי אֵלֶּה אֵיפֹה הֵם:

22 כֹּה־אָמַר אֲדֹנָי יְהוָה הִנֵּה אֶשָּׂא אֶל־גּוֹיִם יָדִי וְאֶל־עַמִּים אָרִים נִסִּי

23 וְהֵבִיאוּ בָנַיִךְ בְּחֹצֶן וּבְנֹתַיִךְ עַל־כָּתֵף תִּנָּשֶׂאנָה: וְהָיוּ מְלָכִים אֹמְנַיִךְ

וְשָׂרוֹתֵיהֶם מֵינִיקֹתַיִךְ אַפַּיִם אֶרֶץ יִשְׁתַּחֲווּ לָךְ וַעֲפַר רַגְלַיִךְ יְלַחֵכוּ

24 וְיָדַעַתְּ כִּי־אֲנִי יְהוָה אֲשֶׁר לֹא־יֵבֹשׁוּ קֹוָי: הֲיֻקַּח

25 מִגִּבּוֹר מַלְקוֹחַ וְאִם־שְׁבִי צַדִּיק יִמָּלֵט: כִּי־כֹה אָמַר יְהוָה גַּם־שְׁבִי

גִבּוֹר יֻקָּח וּמַלְקוֹחַ עָרִיץ יִמָּלֵט וְאֶת־יְרִיבֵךְ אָנֹכִי אָרִיב וְאֶת־בָּנַיִךְ

26 אָנֹכִי אוֹשִׁיעַ: וְהַאֲכַלְתִּי אֶת־מוֹנַיִךְ אֶת־בְּשָׂרָם וְכֶעָסִיס דָּמָם

יִשְׁכָּרוּן וְיָדְעוּ כָל־בָּשָׂר כִּי אֲנִי יְהוָה מוֹשִׁיעֵךְ וְגֹאֲלֵךְ אֲבִיר

50 1 יַעֲקֹב: כֹּה אָמַר יְהוָה אֵי זֶה סֵפֶר כְּרִיתוּת אִמְּכֶם

אֲשֶׁר שִׁלַּחְתִּיהָ אוֹ מִי מִנּוֹשַׁי אֲשֶׁר־מָכַרְתִּי אֶתְכֶם לוֹ הֵן בַּעֲוֹנֹתֵיכֶם

2 נִמְכַּרְתֶּם וּבְפִשְׁעֵיכֶם שֻׁלְּחָה אִמְּכֶם: מַדּוּעַ בָּאתִי וְאֵין אִישׁ קָרָאתִי

וְאֵין עוֹנֶה הֲקָצוֹר קָצְרָה יָדִי מִפְּדוּת וְאִם־אֵין־בִּי כֹחַ לְהַצִּיל

הֵן בְּגַעֲרָתִי אַחֲרִיב יָם אָשִׂים נְהָרוֹת מִדְבָּר תִּבְאַשׁ דְּגָתָם מֵאֵין

3 מַיִם וְתָמֹת בַּצָּמָא: אַלְבִּישׁ שָׁמַיִם קַדְרוּת וְשַׂק אָשִׂים

4 כְּסוּתָם: אֲדֹנָי יְהוָה נָתַן לִי לְשׁוֹן לִמּוּדִים לָדַעַת לָעוּת

אֶת־יָעֵף דָּבָר יָעִיר בַּבֹּקֶר בַּבֹּקֶר יָעִיר לִי אֹזֶן לִשְׁמֹעַ כַּלִּמּוּדִים:

5 אֲדֹנָי יְהוָה פָּתַח־לִי אֹזֶן וְאָנֹכִי לֹא מָרִיתִי אָחוֹר לֹא נְסוּגֹתִי: גֵּוִי
6

7 נָתַתִּי לְמַכִּים וּלְחָיַי לְמֹרְטִים פָּנַי לֹא הִסְתַּרְתִּי מִכְּלִמּוֹת וָרֹק: וַאדֹנָי

יְהוָה יַעֲזָר־לִי עַל־כֵּן לֹא נִכְלָמְתִּי עַל־כֵּן שַׂמְתִּי פָנַי כַּחַלָּמִישׁ וָאֵדַע

8 *He is* near that justifieth me; who will contend with me? let us stand together: who *is* mine adversary? let him come near to me.

9 Behold, the Lord God will help me; who *is* he *that* shall condemn me? lo, they all shall wax old as a garment; the moth shall eat them up.

10 ¶ Who *is* among you that feareth the Lord, that obeyeth the voice of his servant, that walketh *in* darkness, and hath no light? let him trust in the name of the Lord, and stay upon his God.

11 Behold, all ye that kindle a fire, that compass *yourselves* about with sparks: walk in the light of your fire, and in the sparks *that* ye have kindled. This shall ye have of mine hand; ye shall lie down in sorrow.

CHAPTER 51

1 Hearken to me, ye that follow after righteousness, ye that seek the Lord: look unto the rock *whence* ye are hewn, and to the hole of the pit *whence* ye are digged.

2 Look unto Abraham your father, and unto Sarah *that* bare you: for I called him alone, and blessed him, and increased him.

3 For the Lord shall comfort Zion: he will comfort all her waste places; and he will make her wilderness like Eden, and her desert like the garden of the Lord; joy and gladness shall be found therein, thanksgiving, and the voice of melody.

4 ¶ Hearken unto me, my people; and give ear unto me, O my nation: for a law shall proceed from me, and I will make my judgment to rest for a light of the people.

5 My righteousness *is* near; my salvation is gone forth, and mine arms shall judge the people; the isles shall wait upon me, and on mine arm shall they trust.

6 Lift up your eyes to the heavens, and look upon the earth beneath: for the heavens shall vanish away like smoke, and the earth shall wax old like a garment, and they that dwell therein shall die in like manner: but my salvation shall be for

ever, and my righteousness shall not be abolished.

7 ¶ Hearken unto me, ye that know righteousness, the people in whose heart *is* my law; fear ye not the reproach of men, neither be ye afraid of their revilings.

8 For the moth shall eat them up like a garment, and the worm shall eat them like wool: but my righteousness shall be for ever, and my salvation from generation to generation.

9 ¶ Awake, awake, put on strength, O arm of the Lord; awake, as in the ancient days, in the generations of old. *Art* thou not it that hath cut Rahab, *and* wounded the dragon?

10 *Art* thou not it which hath dried the sea, the waters of the great deep; that hath made the depths of the sea a way for the ransomed to pass over?

11 Therefore the redeemed of the Lord shall return, and come with singing unto Zion; and everlasting joy *shall be* upon their head: they shall obtain gladness and joy; *and* sorrow and mourning shall flee away.

12 I, *even* I, *am* he that comforteth you: who *art* thou, that thou shouldest be afraid of a man *that* shall die, and of the son of man *which* shall be made *as* grass;

13 And forgettest the Lord thy maker, that hath stretched forth the heavens, and laid the foundations of the earth; and hast feared continually every day because of the fury of the oppressor, as if he were ready to destroy? and where *is* the fury of the oppressor?

14 The captive exile hasteneth that he may be loosed, and that he should not die in the pit, nor that his bread should fail.

15 But I *am* the Lord thy God, that divided the sea, whose waves roared: The Lord of hosts *is* his name.

16 And I have put my words in thy mouth, and I have covered thee in the shadow of mine hand, that I may plant the heavens, and lay the foundations of the earth, and say unto Zion, Thou *art* my people.

17 ¶ Awake, awake, stand up, O Jerusalem, which hast drunk at the hand of the Lord the cup of his fury; thou hast drun-

8 כִּי־לֹא אֵב֑וֹשׁ: קָרוֹב֙ מַצְדִּיקִ֔י מִי־יָרִ֣יב אִתִּ֔י נַעַמְדָ֖ה יָ֑חַד מִי־בַ֥עַל

9 מִשְׁפָּטִ֖י יִגַּ֥שׁ אֵלָֽי: הֵ֣ן אֲדֹנָ֤י יְהוִה֙ יַֽעֲזָר־לִ֔י מִי־ה֖וּא יַרְשִׁיעֵ֑נִי הֵ֣ן כֻּלָּ֞ם

10 כַּבֶּ֣גֶד יִבְל֔וּ עָ֖שׁ יֹאכְלֵֽם: מִ֤י בָכֶם֙ יְרֵ֣א יְהוָ֔ה שֹׁמֵ֖עַ בְּק֣וֹל עַבְדּ֑וֹ אֲשֶׁ֣ר ׀ הָלַ֣ךְ חֲשֵׁכִ֗ים וְאֵ֥ין נֹ֙גַהּ֙ ל֔וֹ יִבְטַח֙ בְּשֵׁ֣ם יְהוָ֔ה וְיִשָּׁעֵ֖ן בֵּאלֹהָֽיו:

11 הֵ֧ן כֻּלְּכֶ֣ם קֹ֣דְחֵי אֵ֗שׁ מְאַזְּרֵ֣י זִיק֑וֹת לְכ֣וּ ׀ בְּא֣וּר אֶשְׁכֶ֗ם וּבְזִיק֛וֹת בִּעַרְתֶּ֔ם מִיָּדִי֙ הָיְתָה־זֹּ֣את לָכֶ֔ם לְמַעֲצֵבָ֖ה תִּשְׁכָּבֽוּן:

51 1 שִׁמְע֥וּ אֵלַ֛י רֹ֥דְפֵי צֶ֖דֶק מְבַקְשֵׁ֣י יְהוָ֑ה הַבִּ֙יטוּ֙ אֶל־צ֣וּר חֻצַּבְתֶּ֔ם וְאֶל־

2 מַקֶּ֥בֶת בּ֖וֹר נֻקַּרְתֶּֽם: הַבִּ֙יטוּ֙ אֶל־אַבְרָהָ֣ם אֲבִיכֶ֔ם וְאֶל־שָׂרָ֖ה תְּחוֹלֶלְכֶ֑ם

3 כִּי־אֶחָ֣ד קְרָאתִ֔יו וַאֲבָרְכֵ֖הוּ וְאַרְבֵּֽהוּ:   כִּֽי־נִחַ֣ם יְהוָ֜ה צִיּ֗וֹן נִחַם֙ כָּל־חָרְבֹתֶ֔יהָ וַיָּ֤שֶׂם מִדְבָּרָהּ֙ כְּעֵ֔דֶן וְעַרְבָתָ֖הּ כְּגַן־יְהוָ֑ה שָׂשׂ֤וֹן

4 וְשִׂמְחָה֙ יִמָּ֣צֵא בָ֔הּ תּוֹדָ֖ה וְק֣וֹל זִמְרָֽה: הַקְשִׁ֤יבוּ אֵלַי֙ עַמִּ֔י וּלְאוּמִּ֖י אֵלַ֣י הַאֲזִ֑ינוּ כִּ֤י תוֹרָה֙ מֵאִתִּ֣י תֵצֵ֔א וּמִשְׁפָּטִ֔י לְא֥וֹר עַמִּ֖ים

5 אַרְגִּֽיעַ: קָר֤וֹב צִדְקִי֙ יָצָ֣א יִשְׁעִ֔י וּזְרֹעַ֖י עַמִּ֣ים יִשְׁפֹּ֑טוּ אֵלַי֙ אִיִּ֣ים יְקַוּ֔וּ

6 וְאֶל־זְרֹעִ֖י יְיַחֵלֽוּן: שְׂא֨וּ לַשָּׁמַ֜יִם עֵֽינֵיכֶ֗ם וְהַבִּ֣יטוּ אֶל־הָאָרֶץ֮ מִתַּחַת֒ כִּֽי־שָׁמַ֜יִם כֶּעָשָׁ֤ן נִמְלָ֙חוּ֙ וְהָאָ֨רֶץ֙ כַּבֶּ֣גֶד תִּבְלֶ֔ה וְיֹשְׁבֶ֖יהָ כְּמוֹ־כֵ֣ן יְמוּת֑וּן

7 וִישׁוּעָתִי֙ לְעוֹלָ֣ם תִּֽהְיֶ֔ה וְצִדְקָתִ֖י לֹ֥א תֵחָֽת: שִׁמְע֤וּ אֵלַי֙ יֹ֣דְעֵי צֶ֔דֶק עַ֖ם תּוֹרָתִ֣י בְלִבָּ֑ם אַל־תִּֽירְאוּ֙ חֶרְפַּ֣ת אֱנ֔וֹשׁ וּמִגִּדֻּפֹתָ֖ם

8 אַל־תֵּחָֽתּוּ: כִּ֤י כַבֶּ֙גֶד֙ יֹאכְלֵ֣ם עָ֔שׁ וְכַצֶּ֖מֶר יֹאכְלֵ֣ם סָ֑ס וְצִדְקָתִי֙ לְעוֹלָ֣ם

9 תִּֽהְיֶ֔ה וִישׁוּעָתִ֖י לְד֥וֹר דּוֹרִֽים: עוּרִ֨י עוּרִ֤י לִבְשִׁי־עֹז֙ זְר֣וֹעַ יְהוָ֔ה ע֚וּרִי כִּ֣ימֵי קֶ֔דֶם דֹּר֖וֹת עוֹלָמִ֑ים הֲל֤וֹא אַתְּ־הִיא֙ הַמַּחְצֶ֣בֶת רַ֔הַב

10 מְחוֹלֶ֖לֶת תַּנִּֽין: הֲל֤וֹא אַתְּ־הִיא֙ הַמַּחֲרֶ֣בֶת יָ֔ם מֵ֖י תְּה֣וֹם רַבָּ֑ה הַשָּׂמָ֞ה

11 מַעֲמַקֵּי־יָ֗ם דֶּ֚רֶךְ לַעֲבֹ֣ר גְּאוּלִֽים: וּפְדוּיֵ֨י יְהוָ֜ה יְשׁוּב֗וּן וּבָ֤אוּ צִיּוֹן֙ בְּרִנָּ֔ה וְשִׂמְחַ֥ת עוֹלָ֖ם עַל־רֹאשָׁ֑ם שָׂשׂ֤וֹן וְשִׂמְחָה֙ יַשִּׂיג֔וּן נָ֖סוּ יָג֥וֹן

12 וַאֲנָחָֽה: אָנֹכִ֧י אָנֹכִ֛י ה֖וּא מְנַחֶמְכֶ֑ם מִי־אַ֤תְּ וַתִּֽירְאִי֙

13 מֵאֱנ֣וֹשׁ יָמ֔וּת וּמִבֶּן־אָדָ֖ם חָצִ֣יר יִנָּתֵֽן: וַתִּשְׁכַּ֞ח יְהוָ֣ה עֹשֶׂ֗ךָ נוֹטֶ֤ה שָׁמַ֙יִם֙ וְיֹסֵ֣ד אָ֔רֶץ וַתְּפַחֵ֨ד תָּמִ֜יד כָּל־הַיּ֗וֹם מִפְּנֵי֙ חֲמַ֣ת הַמֵּצִ֔יק כַּאֲשֶׁ֖ר

14 כּוֹנֵ֣ן לְהַשְׁחִ֑ית וְאַיֵּ֖ה חֲמַ֥ת הַמֵּצִֽיק: מִהַ֥ר צֹעֶ֖ה לְהִפָּתֵ֑חַ וְלֹא־יָמ֣וּת

15 לַשַּׁ֔חַת וְלֹ֥א יֶחְסַ֖ר לַחְמֽוֹ: וְאָֽנֹכִי֙ יְהוָ֣ה אֱלֹהֶ֔יךָ רֹגַ֣ע הַיָּ֔ם וַיֶּהֱמ֖וּ גַּלָּ֑יו

16 יְהוָ֥ה צְבָא֖וֹת שְׁמֽוֹ: וָאָשִׂ֤ים דְּבָרַי֙ בְּפִ֔יךָ וּבְצֵ֥ל יָדִ֖י כִּסִּיתִ֑יךָ לִנְטֹ֤עַ

17 שָׁמַ֙יִם֙ וְלִיסֹ֣ד אָ֔רֶץ וְלֵאמֹ֥ר לְצִיּ֖וֹן עַמִּי־אָֽתָּה: הִתְע֤וֹרְרִי הִתְע֨וֹרְרִ֜י ק֗וּמִי יְר֣וּשָׁלִַ֔ם אֲשֶׁ֥ר שָׁתִ֛ית מִיַּ֥ד יְהוָ֖ה אֶת־כּ֣וֹס חֲמָת֑וֹ

ken the dregs of the cup of trembling, *and* wrung *them* out.

18 *There is* none to guide her among all the sons *whom* she hath brought forth; neither *is there any* that taketh her by the hand of all the sons *that* she hath brought up.

19 These two *things* are come unto thee; who shall be sorry for thee? desolation, and destruction, and the famine, and the sword: by whom shall I comfort thee?

20 Thy sons have fainted, they lie at the head of all the streets, as a wild bull in a net: they are full of the fury of the LORD, the rebuke of thy God.

21 ¶ Therefore hear now this, thou afflicted, and drunken, but not with wine:

22 Thus saith thy Lord the LORD, and thy God *that* pleadeth the cause of his people, Behold, I have taken out of thine hand the cup of trembling, *even* the dregs of the cup of my fury; thou shalt no more drink it again:

23 But I will put it into the hand of them that afflict thee; which have said to thy soul, Bow down, that we may go over: and thou hast laid thy body as the ground, and as the street, to them that went over.

CHAPTER 52

1 Awake, awake; put on thy strength, O Zion; put on thy beautiful garments, O Jerusalem, the holy city: for henceforth there shall no more come into thee the uncircumcised and the unclean.

2 Shake thyself from the dust; arise, *and* sit down, O Jerusalem: loose thyself from the bands of thy neck, O captive daughter of Zion.

3 For thus saith the LORD, Ye have sold yourselves for nought; and ye shall be redeemed without money.

4 For thus saith the Lord GOD, My people went down aforetime into Egypt to sojourn there; and the Assyrian oppressed them without cause.

5 Now therefore, what have I here, saith the LORD, that my people is taken away for nought? they that rule over them make them to howl, saith the LORD; and my name continually every day *is* blasphemed.

6 Therefore my people shall know my name: therefore *they shall know* in that day that I *am* he that doth speak: behold, *it is* I.

7 ¶ How beautiful upon the mountains are the feet of him that bringeth good tidings, that publisheth peace; that bringeth good tidings of good, that publisheth salvation; that saith unto Zion, Thy God reigneth!

8 Thy watchmen shall lift up the voice; with the voice together shall they sing: for they shall see eye to eye, when the LORD shall bring again Zion.

9 ¶ Break forth into joy, sing together, ye waste places of Jerusalem: for the LORD hath comforted his people, he hath redeemed Jerusalem.

10 The LORD hath made bare his holy arm in the eyes of all the nations; and all the ends of the earth shall see the salvation of our God.

11 ¶ Depart ye, depart ye, go ye out from thence, touch no unclean *thing*; go ye out of the midst of her; be ye clean, that bear the vessels of the LORD.

12 For ye shall not go out with haste, nor go by flight: for the LORD will go before you; and the God of Israel *will be* your rereward.

13 ¶ Behold, my servant shall deal prudently, he shall be exalted and extolled, and be very high.

14 As many were astonied at thee; his visage was so marred more than any man, and his form more than the sons of men:

15 So shall he sprinkle many nations; the kings shall shut their mouths at him: for *that* which had not been told them shall they see; and *that* which they had not heard shall they consider.

CHAPTER 53

1 Who hath believed our report? and to whom is the arm of the LORD revealed?

2 For he shall grow up before him as a tender plant, and as a root out of a dry ground: he hath no form nor comeliness;

אֶת־קֻבַּעַת כּוֹס הַתַּרְעֵלָה שָׁתִית מָצִית: אֵין־מְנַהֵל לָהּ מִכָּל־בָּנִים 18

יָלָדָה וְאֵין מַחֲזִיק בְּיָדָהּ מִכָּל־בָּנִים גִּדֵּלָה: שְׁתַּיִם הֵנָּה קֹרְאֹתַיִךְ 19

מִי יָנוּד לָךְ הַשֹּׁד וְהַשֶּׁבֶר וְהָרָעָב וְהַחֶרֶב מִי אֲנַחֲמֵךְ: בָּנַיִךְ עֻלְּפוּ 20

שָׁכְבוּ בְּרֹאשׁ כָּל־חוּצוֹת כְּתוֹא מִכְמָר הַמְלֵאִים חֲמַת־יְהוָה גַּעֲרַת

אֱלֹהָיִךְ: לָכֵן שִׁמְעִי־נָא זֹאת עֲנִיָּה וּשְׁכֻרַת וְלֹא מִיָּיִן: כֹּה־ 21
22

אָמַר אֲדֹנַיִךְ יְהוָה וֵאלֹהַיִךְ יָרִיב עַמּוֹ הִנֵּה לָקַחְתִּי מִיָּדֵךְ אֶת־כּוֹס

הַתַּרְעֵלָה אֶת־קֻבַּעַת כּוֹס חֲמָתִי לֹא־תוֹסִיפִי לִשְׁתּוֹתָהּ עוֹד:

וְשַׂמְתִּיהָ בְּיַד־מוֹגַיִךְ אֲשֶׁר־אָמְרוּ לְנַפְשֵׁךְ שְׁחִי וְנַעֲבֹרָה וַתָּשִׂימִי 23

כָאָרֶץ גֵּוֵךְ וְכַחוּץ לַעֹבְרִים: עוּרִי עוּרִי לִבְשִׁי עֻזֵּךְ צִיּוֹן 1 52

לִבְשִׁי | בִּגְדֵי תִפְאַרְתֵּךְ יְרוּשָׁלִַם עִיר הַקֹּדֶשׁ כִּי לֹא יוֹסִיף יָבֹא־בָךְ

עוֹד עָרֵל וְטָמֵא: הִתְנַעֲרִי מֵעָפָר קוּמִי שְּׁבִי יְרוּשָׁלִָם התפתחו 2A

מוֹסְרֵי צַוָּארֵךְ שְׁבִיָּה בַּת־צִיּוֹן: כִּי־כֹה אָמַר יְהוָה חִנָּם 3

נִמְכַּרְתֶּם וְלֹא בְכֶסֶף תִּגָּאֵלוּ: כִּי כֹה אָמַר אֲדֹנָי יְהוִה מִצְרַיִם יָרַד־ 4

עַמִּי בָרִאשֹׁנָה לָגוּר שָׁם וְאַשּׁוּר בְּאֶפֶס עֲשָׁקוֹ: וְעַתָּה מִי־לִי־פֹה 5A 5

נְאֻם־יְהוָה כִּי־לֻקַּח עַמִּי חִנָּם מֹשְׁלָו יְהֵילִילוּ נְאֻם־יְהוָה וְתָמִיד כָּל־

הַיּוֹם שְׁמִי מִנֹּאָץ: לָכֵן יֵדַע עַמִּי שְׁמִי לָכֵן בַּיּוֹם הַהוּא כִּי־אֲנִי־הוּא 6

הַמְדַבֵּר הִנֵּנִי: מַה־נָּאווּ עַל־הֶהָרִים רַגְלֵי מְבַשֵּׂר מַשְׁמִיעַ שָׁלוֹם 7

מְבַשֵּׂר טוֹב מַשְׁמִיעַ יְשׁוּעָה אֹמֵר לְצִיּוֹן מָלַךְ אֱלֹהָיִךְ: קוֹל צֹפַיִךְ 8

נָשְׂאוּ קוֹל יַחְדָּו יְרַנֵּנוּ כִּי עַיִן בְּעַיִן יִרְאוּ בְּשׁוּב יְהוָה צִיּוֹן: פִּצְחוּ 9

רַנְּנוּ יַחְדָּו חָרְבוֹת יְרוּשָׁלִָם כִּי־נִחַם יְהוָה עַמּוֹ גָּאַל יְרוּשָׁלִָם: חָשַׂף 10

יְהוָה אֶת־זְרוֹעַ קָדְשׁוֹ לְעֵינֵי כָּל־הַגּוֹיִם וְרָאוּ כָּל־אַפְסֵי־אָרֶץ אֵת

יְשׁוּעַת אֱלֹהֵינוּ:   סוּרוּ סוּרוּ צְאוּ מִשָּׁם טָמֵא אַל־תִּגָּעוּ 11

צְאוּ מִתּוֹכָהּ הִבָּרוּ נֹשְׂאֵי כְּלֵי יְהוָה: כִּי לֹא בְחִפָּזוֹן תֵּצֵאוּ וּבִמְנוּסָה 12

לֹא תֵלֵכוּן כִּי־הֹלֵךְ לִפְנֵיכֶם יְהוָה וּמְאַסִּפְכֶם אֱלֹהֵי

יִשְׂרָאֵל: הִנֵּה יַשְׂכִּיל עַבְדִּי יָרוּם וְנִשָּׂא וְגָבַהּ מְאֹד: 13

כַּאֲשֶׁר שָׁמְמוּ עָלֶיךָ רַבִּים כֵּן־מִשְׁחַת מֵאִישׁ מַרְאֵהוּ וְתֹאֲרוֹ מִבְּנֵי 14

אָדָם: כֵּן יַזֶּה גּוֹיִם רַבִּים עָלָיו יִקְפְּצוּ מְלָכִים פִּיהֶם כִּי אֲשֶׁר לֹא־ 15

סֻפַּר לָהֶם רָאוּ וַאֲשֶׁר לֹא־שָׁמְעוּ הִתְבּוֹנָנוּ: מִי הֶאֱמִין לִשְׁמֻעָתֵנוּ 1 53

וּזְרוֹעַ יְהוָה עַל־מִי נִגְלָתָה: וַיַּעַל כַּיּוֹנֵק לְפָנָיו וְכַשֹּׁרֶשׁ מֵאֶרֶץ צִיָּה 2

and when we shall see him, *there is* no beauty that we should desire him.

3 He is despised and rejected of men; a man of sorrows, and acquainted with grief: and we hid as it were *our* faces from him; he was despised, and we esteemed him not.

4 ¶ Surely he hath borne our griefs, and carried our sorrows: yet we did esteem him stricken, smitten of God, and afflicted.

5 But he *was* wounded for our transgressions, *he was* bruised for our iniquities: the chastisement of our peace *was* upon him; and with his stripes we are healed.

6 All we like sheep have gone astray; we have turned every one to his own way; and the LORD hath laid on him the iniquity of us all.

7 He was oppressed, and he was afflicted, yet he opened not his mouth: he is brought as a lamb to the slaughter, and as a sheep before her shearers is dumb, so he openeth not his mouth.

8 He was taken from prison and from judgment: and who shall declare his generation? for he was cut off out of the land of the living: for the transgression of my people was he stricken.

9 And he made his grave with the wicked, and with the rich in his death; because he had done no violence, neither *was any* deceit in his mouth.

10 ¶ Yet it pleased the LORD to bruise him; he hath put *him* to grief: when thou shalt make his soul an offering for sin, he shall see *his* seed, he shall prolong *his* days, and the pleasure of the LORD shall prosper in his hand.

11 He shall see of the travail of his soul, *and* shall be satisfied: by his knowledge shall my righteous servant justify many; for he shall bear their iniquities.

12 Therefore will I divide him *a portion* with the great, and he shall divide the spoil with the strong; because he hath poured out his soul unto death: and he was numbered with the transgressors; and he bare the sin of many, and made intercession for the transgressors.

CHAPTER 54

1 Sing, O barren, thou *that* didst not bear; break forth into singing, and cry aloud, thou *that* didst not travail with child: for more *are* the children of the desolate than the children of the married wife, saith the LORD.

2 Enlarge the place of thy tent, and let them stretch forth the curtains of thine habitations: spare not, lengthen thy cords, and strengthen thy stakes;

3 For thou shalt break forth on the right hand and on the left; and thy seed shall inherit the Gentiles, and make the desolate cities to be inhabited.

4 Fear not; for thou shalt not be ashamed: neither be thou confounded; for thou shalt not be put to shame: for thou shalt forget the shame of thy youth, and shalt not remember the reproach of thy widowhood any more.

5 For thy Maker *is* thine husband; the LORD of hosts *is* his name; and thy Redeemer the Holy One of Israel; The God of the whole earth shall he be called.

6 For the LORD hath called thee as a woman forsaken and grieved in spirit, and a wife of youth, when thou wast refused, saith thy God.

7 For a small moment have I forsaken thee; but with great mercies will I gather thee.

8 In a little wrath I hid my face from thee for a moment; but with everlasting kindness will I have mercy on thee, saith the LORD thy Redeemer.

9 For this *is as* the waters of Noah unto me: for *as* I have sworn that the waters of Noah should no more go over the earth; so have I sworn that I would not be wroth with thee, nor rebuke thee.

10 For the mountains shall depart, and the hills be removed; but my kindness shall not depart from thee, neither shall the covenant of my peace be removed, saith the LORD that hath mercy on thee.

11 ¶ O thou afflicted, tossed with tempest, *and* not comforted, behold, I will lay thy stones with fair colours, and lay thy foundations with sapphires.

12 And I will make thy windows of ag-

3 לֹא־תֹאַר לֹו וְלֹא הָדָר וְנִרְאֵהוּ וְלֹא־מַרְאֶה וְנֶחְמְדֵהוּ: נִבְזֶה וַחֲדַל
אִישִׁים אִישׁ מַכְאֹבֹות וִידוּעַ חֹלִי וּכְמַסְתֵּר פָּנִים מִמֶּנּוּ נִבְזֶה וְלֹא
חֲשַׁבְנֻהוּ: אָכֵן חֳלָיֵנוּ הוּא נָשָׂא וּמַכְאֹבֵינוּ סְבָלָם וַאֲנַחְנוּ חֲשַׁבְנֻהוּ 4
נָגוּעַ מֻכֵּה אֱלֹהִים וּמְעֻנֶּה: וְהוּא מְחֹלָל מִפְּשָׁעֵנוּ מְדֻכָּא מֵעֲוֹנֹתֵינוּ 5
מוּסַר שְׁלֹומֵנוּ עָלָיו וּבַחֲבֻרָתֹו נִרְפָּא־לָנוּ: כֻּלָּנוּ כַּצֹּאן תָּעִינוּ אִישׁ 6
לְדַרְכֹּו פָּנִינוּ וַיהוָה הִפְגִּיעַ בֹּו אֵת עֲוֹן כֻּלָּנוּ: נִגַּשׂ וְהוּא נַעֲנֶה וְלֹא 7
יִפְתַּח־פִּיו כַּשֶּׂה לַטֶּבַח יוּבָל וּכְרָחֵל לִפְנֵי גֹזְזֶיהָ נֶאֱלָמָה וְלֹא יִפְתַּח
פִּיו: מֵעֹצֶר וּמִמִּשְׁפָּט לֻקָּח וְאֶת־דֹּורֹו מִי יְשֹׂוחֵחַ כִּי נִגְזַר מֵאֶרֶץ 8
חַיִּים מִפֶּשַׁע עַמִּי נֶגַע לָמֹו: וַיִּתֵּן אֶת־רְשָׁעִים קִבְרֹו וְאֶת־עָשִׁיר 9
בְּמֹתָיו עַל לֹא־חָמָס עָשָׂה וְלֹא מִרְמָה בְּפִיו: וַיהוָה חָפֵץ דַּכְּאֹו 10
הֶחֱלִי אִם־תָּשִׂים אָשָׁם נַפְשֹׁו יִרְאֶה זֶרַע יַאֲרִיךְ יָמִים וְחֵפֶץ יְהוָה
בְּיָדֹו יִצְלָח: מֵעֲמַל נַפְשֹׁו יִרְאֶה יִשְׂבָּע בְּדַעְתֹּו יַצְדִּיק צַדִּיק עַבְדִּי 11
לָרַבִּים וַעֲוֹנֹתָם הוּא יִסְבֹּל: לָכֵן אֲחַלֶּק־לֹו בָרַבִּים וְאֶת־עֲצוּמִים 12
יְחַלֵּק שָׁלָל תַּחַת אֲשֶׁר הֶעֱרָה לַמָּוֶת נַפְשֹׁו וְאֶת־פֹּשְׁעִים נִמְנָה וְהוּא
חֵטְא־רַבִּים נָשָׂא וְלַפֹּשְׁעִים יַפְגִּיעַ:   רָנִּי עֲקָרָה לֹא יָלָדָה 1 54
פִּצְחִי רִנָּה וְצַהֲלִי לֹא־חָלָה כִּי־רַבִּים בְּנֵי־שֹׁומֵמָה מִבְּנֵי בְעוּלָה אָמַר
יְהוָה: הַרְחִיבִי ׀ מְקֹום אָהֳלֵךְ וִירִיעֹות מִשְׁכְּנֹותַיִךְ יַטּוּ אַל־תַּחְשֹׂכִי 2
הַאֲרִיכִי מֵיתָרַיִךְ וִיתֵדֹתַיִךְ חַזֵּקִי: כִּי־יָמִין וּשְׂמֹאול תִּפְרֹצִי וְזַרְעֵךְ 3
גֹּויִם יִירָשׁ וְעָרִים נְשַׁמֹּות יֹושִׁיבוּ: אַל־תִּירְאִי כִּי־לֹא תֵבֹושִׁי וְאַל־ 4
תִּכָּלְמִי כִּי לֹא תַחְפִּירִי כִּי בֹשֶׁת עֲלוּמַיִךְ תִּשְׁכָּחִי וְחֶרְפַּת אַלְמְנוּתַיִךְ
לֹא תִזְכְּרִי־עֹוד: כִּי בֹעֲלַיִךְ עֹשַׂיִךְ יְהוָה צְבָאֹות שְׁמֹו וְגֹאֲלֵךְ קְדֹושׁ 5
יִשְׂרָאֵל אֱלֹהֵי כָל־הָאָרֶץ יִקָּרֵא: כִּי־כְאִשָּׁה עֲזוּבָה וַעֲצוּבַת רוּחַ 6
קְרָאֵךְ יְהוָה וְאֵשֶׁת נְעוּרִים כִּי תִמָּאֵס אָמַר אֱלֹהָיִךְ: בְּרֶגַע קָטֹן 7
עֲזַבְתִּיךְ וּבְרַחֲמִים גְּדֹלִים אֲקַבְּצֵךְ: בְּשֶׁצֶף קֶצֶף הִסְתַּרְתִּי פָנַי רֶגַע 8
מִמֵּךְ וּבְחֶסֶד עֹולָם רִחַמְתִּיךְ אָמַר גֹּאֲלֵךְ יְהוָה: כִּי־מֵי 9
נֹחַ זֹאת לִי אֲשֶׁר נִשְׁבַּעְתִּי מֵעֲבֹר מֵי־נֹחַ עֹוד עַל־הָאָרֶץ כֵּן נִשְׁבַּעְתִּי
מִקְּצֹף עָלַיִךְ וּמִגְּעָר־בָּךְ: כִּי הֶהָרִים יָמוּשׁוּ וְהַגְּבָעֹות תְּמוּטֶנָה 10
וְחַסְדִּי מֵאִתֵּךְ לֹא־יָמוּשׁ וּבְרִית שְׁלֹומִי לֹא תָמוּט אָמַר מְרַחֲמֵךְ
יְהוָה: עֲנִיָּה סֹעֲרָה לֹא נֻחָמָה הִנֵּה אָנֹכִי מַרְבִּיץ בַּפּוּךְ 11
אֲבָנַיִךְ וִיסַדְתִּיךְ בַּסַּפִּירִים: וְשַׂמְתִּי כַּדְכֹד שִׁמְשֹׁתַיִךְ וּשְׁעָרַיִךְ לְאַבְנֵי 12

ates, and thy gates of carbuncles, and all thy borders of pleasant stones.

13 And all thy children *shall be* taught of the Lord; and great *shall be* the peace of thy children.

14 In righteousness shalt thou be established: thou shalt be far from oppression; for thou shalt not fear: and from terror; for it shall not come near thee.

15 Behold, they shall surely gather together, *but* not by me: whosoever shall gather together against thee shall fall for thy sake.

16 Behold, I have created the smith that bloweth the coals in the fire, and that bringeth forth an instrument for his work; and I have created the waster to destroy.

17 ¶ No weapon that is formed against thee shall prosper; and every tongue *that* shall rise against thee in judgment thou shalt condemn. This *is* the heritage of the servants of the Lord, and their righteousness *is* of me, saith the Lord.

CHAPTER 55

1 Ho, every one that thirsteth, come ye to the waters, and he that hath no money; come ye, buy, and eat; yea, come, buy wine and milk without money and without price.

2 Wherefore do ye spend money for *that which is* not bread? and your labour for *that which* satisfieth not? hearken diligently unto me, and eat ye *that which is* good, and let your soul delight itself in fatness.

3 Incline your ear, and come unto me: hear, and your soul shall live; and I will make an everlasting covenant with you, *even* the sure mercies of David.

4 Behold, I have given him *for* a witness to the people, a leader and commander to the people.

5 Behold, thou shalt call a nation *that* thou knowest not, and nations *that* knew not thee shall run unto thee because of the Lord thy God, and for the Holy One of Israel; for he hath glorified thee.

6 ¶ Seek ye the Lord while he may be found, call ye upon him while he is near:

7 Let the wicked forsake his way, and the unrighteous man his thoughts: and let him return unto the Lord, and he will have mercy upon him; and to our God, for he will abundantly pardon.

8 ¶ For my thoughts *are* not your thoughts, neither *are* your ways my ways, saith the Lord.

9 For *as* the heavens are higher than the earth, so are my ways higher than your ways, and my thoughts than your thoughts.

10 For as the rain cometh down, and the snow from heaven, and returneth not thither, but watereth the earth, and maketh it bring forth and bud, that it may give seed to the sower, and bread to the eater:

11 So shall my word be that goeth forth out of my mouth: it shall not return unto me void, but it shall accomplish that which I please, and it shall prosper *in the thing* whereto I sent it.

12 For ye shall go out with joy, and be led forth with peace: the mountains and the hills shall break forth before you into singing, and all the trees of the field shall clap *their* hands.

13 Instead of the thorn shall come up the fir tree, and instead of the brier shall come up the myrtle tree: and it shall be to the Lord for a name, for an everlasting sign *that* shall not be cut off.

CHAPTER 56

1 Thus saith the Lord, Keep ye judgment, and do justice: for my salvation *is* near to come, and my righteousness to be revealed.

2 Blessed *is* the man *that* doeth this, and the son of man *that* layeth hold on it; that keepeth the sabbath from polluting it, and keepeth his hand from doing any evil.

3 ¶ Neither let the son of the stranger, that hath joined himself to the Lord, speak, saying, The Lord hath utterly separated me from his people: neither let the eunuch say, Behold, I *am* a dry tree.

4 For thus saith the Lord unto the eunuchs that keep my sabbaths, and choose *the things* that please me, and take hold of my covenant;

13 אֲקַדֵּחַ וְכָל־גְּבוּלֵךְ לְאַבְנֵי־חֵפֶץ: וְכָל־בָּנַיִךְ לִמּוּדֵי יְהוָה וְרַב שְׁלוֹם

14 בָּנָיִךְ: בִּצְדָקָה תִּכּוֹנָנִי רַחֲקִי מֵעֹשֶׁק כִּי־לֹא תִירָאִי וּמִמְּחִתָּה כִּי

15 לֹא־תִקְרַב אֵלָיִךְ: הֵן גּוֹר יָגוּר אֶפֶס מֵאוֹתִי מִי־גָר אִתָּךְ עָלַיִךְ יִפּוֹל:

הִנֵּה 16 הֵן אָנֹכִי בָּרָאתִי חָרָשׁ נֹפֵחַ בְּאֵשׁ פֶּחָם וּמוֹצִיא כְלִי לְמַעֲשֵׂהוּ וְאָנֹכִי

17 בָּרָאתִי מַשְׁחִית לְחַבֵּל: כָּל־כְּלִי יוּצַר עָלַיִךְ לֹא יִצְלָח וְכָל־לָשׁוֹן תָּקוּם־אִתָּךְ לַמִּשְׁפָּט תַּרְשִׁיעִי זֹאת נַחֲלַת עַבְדֵי יְהוָה וְצִדְקָתָם מֵאִתִּי נְאֻם־יְהוָה:

55 1 הוֹי כָּל־צָמֵא לְכוּ לַמַּיִם וַאֲשֶׁר אֵין־לוֹ כֶּסֶף לְכוּ שִׁבְרוּ וֶאֱכֹלוּ וּלְכוּ שִׁבְרוּ בְּלוֹא־כֶסֶף וּבְלוֹא מְחִיר יַיִן

2 וְחָלָב: לָמָּה תִשְׁקְלוּ־כֶסֶף בְּלוֹא־לֶחֶם וִיגִיעֲכֶם בְּלוֹא לְשָׂבְעָה שִׁמְעוּ

3 שָׁמוֹעַ אֵלַי וְאִכְלוּ־טוֹב וְתִתְעַנַּג בַּדֶּשֶׁן נַפְשְׁכֶם: הַטּוּ אָזְנְכֶם וּלְכוּ אֵלַי שִׁמְעוּ וּתְחִי נַפְשְׁכֶם וְאֶכְרְתָה לָכֶם בְּרִית עוֹלָם חַסְדֵי דָוִד

4 הַנֶּאֱמָנִים: הֵן עֵד לְאוּמִּים נְתַתִּיו נָגִיד וּמְצַוֵּה לְאֻמִּים: הֵן גּוֹי לֹא־

5 תֵדַע תִּקְרָא וְגוֹי לֹא־יְדָעוּךָ אֵלֶיךָ יָרוּצוּ לְמַעַן יְהוָה אֱלֹהֶיךָ וְלִקְדוֹשׁ

6 יִשְׂרָאֵל כִּי פֵאֲרָךְ: דִּרְשׁוּ יְהוָה בְּהִמָּצְאוֹ קְרָאֻהוּ בִּהְיוֹתוֹ

7 קָרוֹב: יַעֲזֹב רָשָׁע דַּרְכּוֹ וְאִישׁ אָוֶן מַחְשְׁבֹתָיו וְיָשֹׁב אֶל־יְהוָה

8 וִירַחֲמֵהוּ וְאֶל־אֱלֹהֵינוּ כִּי־יַרְבֶּה לִסְלוֹחַ: כִּי לֹא מַחְשְׁבוֹתַי

9 מַחְשְׁבוֹתֵיכֶם וְלֹא דַרְכֵיכֶם דְּרָכָי נְאֻם יְהוָה: כִּי־גָבְהוּ שָׁמַיִם מֵאָרֶץ

10 כֵּן גָּבְהוּ דְרָכַי מִדַּרְכֵיכֶם וּמַחְשְׁבֹתַי מִמַּחְשְׁבֹתֵיכֶם: כִּי כַּאֲשֶׁר יֵרֵד הַגֶּשֶׁם וְהַשֶּׁלֶג מִן־הַשָּׁמַיִם וְשָׁמָּה לֹא יָשׁוּב כִּי אִם־הִרְוָה אֶת־הָאָרֶץ

11 וְהוֹלִידָהּ וְהִצְמִיחָהּ וְנָתַן זֶרַע לַזֹּרֵעַ וְלֶחֶם לָאֹכֵל: כֵּן יִהְיֶה דְבָרִי אֲשֶׁר יֵצֵא מִפִּי לֹא־יָשׁוּב אֵלַי רֵיקָם כִּי אִם־עָשָׂה אֶת־אֲשֶׁר חָפַצְתִּי

12 וְהִצְלִיחַ אֲשֶׁר שְׁלַחְתִּיו: כִּי־בְשִׂמְחָה תֵּצֵאוּ וּבְשָׁלוֹם תּוּבָלוּן הֶהָרִים

13 וְהַגְּבָעוֹת יִפְצְחוּ לִפְנֵיכֶם רִנָּה וְכָל־עֲצֵי הַשָּׂדֶה יִמְחֲאוּ־כָף: תַּחַת

וְתַחַת הַנַּעֲצוּץ יַעֲלֶה בְרוֹשׁ תַּחַת הַסִּרְפַּד יַעֲלֶה הֲדַס וְהָיָה לַיהוָה לְשֵׁם

56 1 לְאוֹת עוֹלָם לֹא יִכָּרֵת: כֹּה אָמַר יְהוָה שִׁמְרוּ מִשְׁפָּט

2 וַעֲשׂוּ צְדָקָה כִּי־קְרוֹבָה יְשׁוּעָתִי לָבוֹא וְצִדְקָתִי לְהִגָּלוֹת: אַשְׁרֵי אֱנוֹשׁ יַעֲשֶׂה־זֹּאת וּבֶן־אָדָם יַחֲזִיק בָּהּ שֹׁמֵר שַׁבָּת מֵחַלְּלוֹ וְשֹׁמֵר

3 יָדוֹ מֵעֲשׂוֹת כָּל־רָע: וְאַל־יֹאמַר בֶּן־הַנֵּכָר הַנִּלְוָה אֶל־יְהוָה לֵאמֹר הַבְדֵּל יַבְדִּילַנִי יְהוָה מֵעַל עַמּוֹ וְאַל־יֹאמַר הַסָּרִיס הֵן

4 אֲנִי עֵץ יָבֵשׁ: כִּי־כֹה אָמַר יְהוָה לַסָּרִיסִים אֲשֶׁר יִשְׁמְרוּ

5 אֶת־שַׁבְּתוֹתַי וּבָחֲרוּ בַּאֲשֶׁר חָפָצְתִּי וּמַחֲזִיקִים בִּבְרִיתִי: וְנָתַתִּי לָהֶם

5 Even unto them will I give in mine house and within my walls a place and a name better than of sons and of daughters: I will give them an everlasting name, that shall not be cut off.

6 Also the sons of the stranger, that join themselves to the LORD, to serve him, and to love the name of the LORD, to be his servants, every one that keepeth the sabbath from polluting it, and taketh hold of my covenant;

7 Even them will I bring to my holy mountain, and make them joyful in my house of prayer: their burnt offerings and their sacrifices *shall be* accepted upon mine altar; for mine house shall be called an house of prayer for all people.

8 The Lord GOD which gathereth the outcasts of Israel saith, Yet will I gather *others* to him, beside those that are gathered unto him.

9 ¶ All ye beasts of the field, come to devour, *yea,* all ye beasts in the forest.

10 His watchmen *are* blind: they are all ignorant, they *are* all dumb dogs, they cannot bark; sleeping, lying down, loving to slumber.

11 Yea, *they are* greedy dogs *which* can never have enough, and they *are* shepherds *that* cannot understand: they all look to their own way, every one for his gain, from his quarter.

12 Come ye, *say they,* I will fetch wine, and we will fill ourselves with strong drink; and to morrow shall be as this day, *and* much more abundant.

CHAPTER 57

1 The righteous perisheth, and no man layeth *it* to heart: and merciful men *are* taken away, none considering that the righteous is taken away from the evil *to come.*

2 He shall enter into peace: they shall rest in their beds, *each one* walking *in* his uprightness.

3 ¶ But draw near hither, ye sons of the sorceress, the seed of the adulterer and the whore.

4 Against whom do ye sport yourselves? against whom make ye a wide mouth, *and* draw out the tongue? *are* ye not children of transgression, a seed of falsehood,

5 Enflaming yourselves with idols under every green tree, slaying the children in the valleys under the clifts of the rocks?

6 Among the smooth *stones* of the stream *is* thy portion; they, they *are* thy lot: even to them hast thou poured a drink offering, thou hast offered a meat offering. Should I receive comfort in these?

7 Upon a lofty and high mountain hast thou set thy bed: even thither wentest thou up to offer sacrifice.

8 Behind the doors also and the posts hast thou set up thy remembrance: for thou hast discovered *thyself to another* than me, and art gone up; thou hast enlarged thy bed, and made thee *a covenant* with them; thou lovedst their bed where thou sawest *it.*

9 And thou wentest to the king with ointment, and didst increase thy perfumes, and didst send thy messengers far off, and didst debase *thyself even* unto hell.

10 Thou art wearied in the greatness of thy way; *yet* saidst thou not, There is no hope: thou hast found the life of thine hand; therefore thou wast not grieved.

11 And of whom hast thou been afraid or feared, that thou hast lied, and hast not remembered me, nor laid *it* to thy heart? have not I held my peace even of old, and thou fearest me not?

12 I will declare thy righteousness, and thy works; for they shall not profit thee.

13 ¶ When thou criest, let thy companies deliver thee; but the wind shall carry them all away; vanity shall take *them:* but he that putteth his trust in me shall possess the land, and shall inherit my holy mountain;

14 And shall say, Cast ye up, cast ye up, prepare the way, take up the stumblingblock out of the way of my people.

15 For thus saith the high and lofty One that inhabiteth eternity, whose name *is* Holy; I dwell in the high and holy *place,* with him also *that is* of a contrite and humble spirit, to revive the spirit of the humble, and to revive the heart of the contrite ones.

16 For I will not contend for ever, neither will I be always wroth: for the spirit

בְּבֵיתִי וּבְחוֹמֹתַי יָד וָשֵׁם טוֹב מִבָּנִים וּמִבָּנוֹת שֵׁם עוֹלָם אֶתֶּן־לוֹ

6 אֲשֶׁר לֹא יִכָּרֵת׃   וּבְנֵי הַנֵּכָר הַנִּלְוִים עַל־יְהוָה לְשָׁרְתוֹ
וּלְאַהֲבָה אֶת־שֵׁם יְהוָה לִהְיוֹת לוֹ לַעֲבָדִים כָּל־שֹׁמֵר שַׁבָּת מֵחַלְּלוֹ

7 וּמַחֲזִיקִים בִּבְרִיתִי׃ וַהֲבִיאוֹתִים אֶל־הַר קָדְשִׁי וְשִׂמַּחְתִּים בְּבֵית
תְּפִלָּתִי עוֹלֹתֵיהֶם וְזִבְחֵיהֶם לְרָצוֹן עַל־מִזְבְּחִי כִּי בֵיתִי בֵּית־תְּפִלָּה

8 יִקָּרֵא לְכָל־הָעַמִּים׃ נְאֻם אֲדֹנָי יְהוִה מְקַבֵּץ נִדְחֵי יִשְׂרָאֵל עוֹד אֲקַבֵּץ

9 עָלָיו לְנִקְבָּצָיו׃ כֹּל חַיְתוֹ שָׂדָי אֵתָיו לֶאֱכֹל כָּל־חַיְתוֹ

צָפוּ 10 בַיָּעַר׃   צֹפָו עִוְרִים כֻּלָּם לֹא יָדָעוּ כֻּלָּם כְּלָבִים אִלְּמִים

11 לֹא יוּכְלוּ לִנְבֹּחַ הֹזִים שֹׁכְבִים אֹהֲבֵי לָנוּם׃ וְהַכְּלָבִים עַזֵּי־נֶפֶשׁ לֹא
יָדְעוּ שָׂבְעָה וְהֵמָּה רֹעִים לֹא יָדְעוּ הָבִין כֻּלָּם לְדַרְכָּם פָּנוּ אִישׁ

12 לְבִצְעוֹ מִקָּצֵהוּ׃ אֵתָיו אֶקְחָה־יַיִן וְנִסְבְּאָה שֵׁכָר וְהָיָה כָזֶה יוֹם מָחָר

57 1 גָּדוֹל יֶתֶר מְאֹד׃ הַצַּדִּיק אָבָד וְאֵין אִישׁ שָׂם עַל־לֵב וְאַנְשֵׁי־חֶסֶד

2 נֶאֱסָפִים בְּאֵין מֵבִין כִּי־מִפְּנֵי הָרָעָה נֶאֱסַף הַצַּדִּיק׃ יָבוֹא שָׁלוֹם

3 יָנוּחוּ עַל־מִשְׁכְּבוֹתָם הֹלֵךְ נְכֹחוֹ׃ וְאַתֶּם קִרְבוּ־הֵנָּה בְּנֵי עֹנְנָה זֶרַע

4 מְנָאֵף וַתִּזְנֶה׃ עַל־מִי תִּתְעַנָּגוּ עַל־מִי תַּרְחִיבוּ פֶה תַּאֲרִיכוּ לָשׁוֹן

5 הֲלוֹא־אַתֶּם יִלְדֵי־פֶשַׁע זֶרַע שָׁקֶר׃ הַנֵּחָמִים בָּאֵלִים תַּחַת כָּל־עֵץ

6 רַעֲנָן שֹׁחֲטֵי הַיְלָדִים בַּנְּחָלִים תַּחַת סְעִפֵי הַסְּלָעִים׃ בְּחַלְּקֵי־נַחַל
חֶלְקֵךְ הֵם הֵם גּוֹרָלֵךְ גַּם־לָהֶם שָׁפַכְתְּ נֶסֶךְ הֶעֱלִית מִנְחָה הַעַל

7 אֵלֶּה אֶנָּחֵם׃ עַל הַר־גָּבֹהַּ וְנִשָּׂא שַׂמְתְּ מִשְׁכָּבֵךְ גַּם־שָׁם עָלִית לִזְבֹּחַ

8 זָבַח׃ וְאַחַר הַדֶּלֶת וְהַמְּזוּזָה שַׂמְתְּ זִכְרוֹנֵךְ כִּי מֵאִתִּי גִּלִּית וַתַּעֲלִי

9 הִרְחַבְתְּ מִשְׁכָּבֵךְ וַתִּכְרָת־לָךְ מֵהֶם אָהַבְתְּ מִשְׁכָּבָם יָד חָזִית׃ וַתָּשֻׁרִי
9A לַמֶּלֶךְ בַּשֶּׁמֶן וַתַּרְבִּי רִקֻּחָיִךְ וַתְּשַׁלְּחִי צִרַיִךְ עַד־מֵרָחֹק וַתַּשְׁפִּילִי

10 עַד־שְׁאוֹל׃ בְּרֹב דַּרְכֵּךְ יָגַעַתְּ לֹא אָמַרְתְּ נוֹאָשׁ חַיַּת יָדֵךְ מָצָאת

11 עַל־כֵּן לֹא חָלִית׃ וְאֶת־מִי דָּאַגְתְּ וַתִּירְאִי כִּי תְכַזֵּבִי וְאוֹתִי לֹא
זָכַרְתְּ לֹא־שַׂמְתְּ עַל־לִבֵּךְ הֲלֹא אֲנִי מַחְשֶׁה וּמֵעֹלָם וְאוֹתִי לֹא

12 תִירָאִי׃ אֲנִי אַגִּיד צִדְקָתֵךְ וְאֶת־מַעֲשַׂיִךְ וְלֹא יוֹעִילוּךְ׃ בְּזַעֲקֵךְ יַצִּילֵךְ
13 קִבּוּצַיִךְ וְאֶת־כֻּלָּם יִשָּׂא־רוּחַ יִקַּח־הָבֶל וְהַחוֹסֶה בִי יִנְחַל־אֶרֶץ וְיִירַשׁ

14 הַר־קָדְשִׁי׃ וְאָמַר סֹלּוּ־סֹלּוּ פַּנּוּ־דָרֶךְ הָרִימוּ מִכְשׁוֹל מִדֶּרֶךְ

15 עַמִּי׃   כִּי כֹה אָמַר רָם וְנִשָּׂא שֹׁכֵן עַד וְקָדוֹשׁ שְׁמוֹ מָרוֹם
וְקָדוֹשׁ אֶשְׁכּוֹן וְאֶת־דַּכָּא וּשְׁפַל־רוּחַ לְהַחֲיוֹת רוּחַ שְׁפָלִים וּלְהַחֲיוֹת

16 לֵב נִדְכָּאִים׃ כִּי לֹא לְעוֹלָם אָרִיב וְלֹא לָנֶצַח אֶקְּצוֹף כִּי־רוּחַ מִלְּפָנַי

should fail before me, and the souls *which* I have made.

17 For the iniquity of his covetousness was I wroth, and smote him: I hid me, and was wroth, and he went on frowardly in the way of his heart.

18 I have seen his ways, and will heal him: I will lead him also, and restore comforts unto him and to his mourners.

19 I create the fruit of the lips; Peace, peace to *him that is* far off, and to *him that is* near, saith the LORD; and I will heal him.

20 But the wicked *are* like the troubled sea, when it cannot rest, whose waters cast up mire and dirt.

21 *There is* no peace, saith my God, to the wicked.

CHAPTER 58

1 Cry aloud, spare not, lift up thy voice like a trumpet, and shew my people their transgression, and the house of Jacob their sins.

2 Yet they seek me daily, and delight to know my ways, as a nation that did righteousness, and forsook not the ordinance of their God: they ask of me the ordinances of justice; they take delight in approaching to God.

3 ¶ Wherefore have we fasted, *say they,* and thou seest not? *wherefore* have we afflicted our soul, and thou takest no knowledge? Behold, in the day of your fast ye find pleasure, and exact all your labours.

4 Behold, ye fast for strife and debate, and to smite with the fist of wickedness: ye shall not fast as *ye do this* day, to make your voice to be heard on high.

5 Is it such a fast that I have chosen? a day for a man to afflict his soul? *is it* to bow down his head as a bulrush, and to spread sackcloth and ashes *under him?* wilt thou call this a fast, and an acceptable day to the LORD?

6 *Is* not this the fast that I have chosen? to loose the bands of wickedness, to undo the heavy burdens, and to let the oppressed go free, and that ye break every yoke?

7 *Is it* not to deal thy bread to the hungry, and that thou bring the poor that are cast out to thy house? when thou seest the naked, that thou cover him; and that thou hide not thyself from thine own flesh?

8 ¶ Then shall thy light break forth as the morning, and thine health shall spring forth speedily: and thy righteousness shall go before thee; the glory of the LORD shall be thy rereward.

9 Then shalt thou call, and the LORD shall answer; thou shalt cry, and he shall say, Here I *am.* If thou take away from the midst of thee the yoke, the putting forth of the finger, and speaking vanity;

10 And *if* thou draw out thy soul to the hungry, and satisfy the afflicted soul; then shall thy light rise in obscurity, and thy darkness *be* as the noonday:

11 And the LORD shall guide thee continually, and satisfy thy soul in drought, and make fat thy bones: and thou shalt be like a watered garden, and like a spring of water, whose waters fail not.

12 And *they that shall be* of thee shall build the old waste places: thou shalt raise up the foundations of many generations; and thou shalt be called, The repairer of the breach, The restorer of paths to dwell in.

13 ¶ If thou turn away thy foot from the sabbath, *from* doing thy pleasure on my holy day; and call the sabbath a delight, the holy of the LORD, honourable; and shalt honour him, not doing thine own ways, nor finding thine own pleasure, nor speaking *thine own* words:

14 Then shalt thou delight thyself in the LORD; and I will cause thee to ride upon the high places of the earth, and feed thee with the heritage of Jacob thy father: for the mouth of the LORD hath spoken *it.*

CHAPTER 59

1 Behold, the LORD's hand is not shortened, that it cannot save; neither his ear heavy, that it cannot hear:

2 But your iniquities have separated between you and your God, and your sins have hid *his* face from you, that he will not hear.

17 יַעֲטוֹף וּנְשָׁמוֹת אֲנִי עָשִׂיתִי: בַּעֲוֺן בִּצְעוֹ קָצַפְתִּי וְאַכֵּהוּ הַסְתֵּר

18 וְאֶקְצֹף וַיֵּלֶךְ שׁוֹבָב בְּדֶרֶךְ לִבּוֹ: דְּרָכָיו רָאִיתִי וְאֶרְפָּאֵהוּ וְאַנְחֵהוּ

19 וַאֲשַׁלֵּם נִחֻמִים לוֹ וְלַאֲבֵלָיו: בּוֹרֵא נוב שְׂפָתָיִם שָׁלוֹם׀ שָׁלוֹם   ניב

20 לָרָחוֹק וְלַקָּרוֹב אָמַר יְהוָה וּרְפָאתִיו: וְהָרְשָׁעִים כַּיָּם נִגְרָשׁ כִּי

21 הַשְׁקֵט לֹא יוּכָל וַיִּגְרְשׁוּ מֵימָיו רֶפֶשׁ וָטִיט: אֵין שָׁלוֹם אָמַר אֱלֹהַי

58 1 לָרְשָׁעִים: קְרָא בְגָרוֹן אַל־תַּחְשֹׂךְ כַּשּׁוֹפָר הָרֵם קוֹלֶךָ

2 וְהַגֵּד לְעַמִּי פִּשְׁעָם וּלְבֵית יַעֲקֹב חַטֹּאתָם: וְאוֹתִי יוֹם יוֹם יִדְרֹשׁוּן

וְדַעַת דְּרָכַי יֶחְפָּצוּן כְּגוֹי אֲשֶׁר־צְדָקָה עָשָׂה וּמִשְׁפַּט אֱלֹהָיו לֹא

3 עָזָב יִשְׁאָלוּנִי מִשְׁפְּטֵי־צֶדֶק קִרְבַת אֱלֹהִים יֶחְפָּצוּן: לָמָּה צַּמְנוּ וְלֹא

רָאִיתָ עִנִּינוּ נַפְשֵׁנוּ וְלֹא תֵדָע הֵן בְּיוֹם צֹמְכֶם תִּמְצְאוּ־חֵפֶץ וְכָל־

4 עַצְּבֵיכֶם תִּנְגֹּשׂוּ: הֵן לְרִיב וּמַצָּה תָּצוּמוּ וּלְהַכּוֹת בְּאֶגְרֹף רֶשַׁע לֹא־

5 תָצוּמוּ כַיּוֹם לְהַשְׁמִיעַ בַּמָּרוֹם קוֹלְכֶם: הֲכָזֶה יִהְיֶה צוֹם אֶבְחָרֵהוּ

יוֹם עַנּוֹת אָדָם נַפְשׁוֹ הֲלָכֹף כְּאַגְמֹן רֹאשׁוֹ וְשַׂק וָאֵפֶר יַצִּיעַ הֲלָזֶה

6 תִּקְרָא־צוֹם וְיוֹם רָצוֹן לַיהוָה: הֲלוֹא זֶה צוֹם אֶבְחָרֵהוּ פַּתֵּחַ

חַרְצֻבּוֹת רֶשַׁע הַתֵּר אֲגֻדּוֹת מוֹטָה וְשַׁלַּח רְצוּצִים חָפְשִׁים וְכָל־

7 מוֹטָה תְּנַתֵּקוּ: הֲלוֹא פָרֹס לָרָעֵב לַחְמֶךָ וַעֲנִיִּים מְרוּדִים תָּבִיא בָיִת

8 כִּי־תִרְאֶה עָרֹם וְכִסִּיתוֹ וּמִבְּשָׂרְךָ לֹא תִתְעַלָּם: אָז יִבָּקַע כַּשַּׁחַר

אוֹרֶךָ וַאֲרֻכָתְךָ מְהֵרָה תִצְמָח וְהָלַךְ לְפָנֶיךָ צִדְקֶךָ כְּבוֹד יְהוָה

9 יַאַסְפֶךָ: אָז תִּקְרָא וַיהוָה יַעֲנֶה תְּשַׁוַּע וְיֹאמַר הִנֵּנִי אִם־תָּסִיר

10 מִתּוֹכְךָ מוֹטָה שְׁלַח אֶצְבַּע וְדַבֶּר־אָוֶן: וְתָפֵק לָרָעֵב נַפְשֶׁךָ וְנֶפֶשׁ

11 נַעֲנָה תַּשְׂבִּיעַ וְזָרַח בַּחֹשֶׁךְ אוֹרֶךָ וַאֲפֵלָתְךָ כַּצָּהֳרָיִם: וְנָחֲךָ יְהוָה

תָּמִיד וְהִשְׂבִּיעַ בְּצַחְצָחוֹת נַפְשֶׁךָ וְעַצְמֹתֶיךָ יַחֲלִיץ וְהָיִיתָ כְּגַן רָוֶה

12 וּכְמוֹצָא מַיִם אֲשֶׁר לֹא־יְכַזְּבוּ מֵימָיו: וּבָנוּ מִמְּךָ חָרְבוֹת עוֹלָם

מוֹסְדֵי דוֹר־וָדוֹר תְּקוֹמֵם וְקֹרָא לְךָ גֹּדֵר פֶּרֶץ מְשֹׁבֵב נְתִיבוֹת

13 לָשָׁבֶת: אִם־תָּשִׁיב מִשַּׁבָּת רַגְלֶךָ עֲשׂוֹת חֲפָצֶיךָ בְּיוֹם קָדְשִׁי וְקָרָאתָ

לַשַּׁבָּת עֹנֶג לִקְדוֹשׁ יְהוָה מְכֻבָּד וְכִבַּדְתּוֹ מֵעֲשׂוֹת דְּרָכֶיךָ מִמְּצוֹא

14 חֶפְצְךָ וְדַבֵּר דָּבָר: אָז תִּתְעַנַּג עַל־יְהוָה וְהִרְכַּבְתִּיךָ עַל־בָּמֳתֵי אָרֶץ   בָּמֳתֵי

59 1 וְהַאֲכַלְתִּיךָ נַחֲלַת יַעֲקֹב אָבִיךָ כִּי פִּי יְהוָה דִּבֵּר: הֵן לֹא־

2 קָצְרָה יַד־יְהוָה מֵהוֹשִׁיעַ וְלֹא־כָבְדָה אָזְנוֹ מִשְּׁמוֹעַ: כִּי אִם־עֲוֺנֹתֵיכֶם

הָיוּ מַבְדִּלִים בֵּינֵכֶם לְבֵין אֱלֹהֵיכֶם וְחַטֹּאותֵיכֶם הִסְתִּירוּ פָנִים מִכֶּם

3 For your hands are defiled with blood, and your fingers with iniquity; your lips have spoken lies, your tongue hath muttered perverseness.

4 None calleth for justice, nor *any* pleadeth for truth: they trust in vanity, and speak lies; they conceive mischief, and bring forth iniquity.

5 They hatch cockatrice' eggs, and weave the spider's web: he that eateth of their eggs dieth, and that which is crushed breaketh out into a viper.

6 Their webs shall not become garments, neither shall they cover themselves with their works: their works *are* works of iniquity, and the act of violence *is* in their hands.

7 Their feet run to evil, and they make haste to shed innocent blood: their thoughts *are* thoughts of iniquity; wasting and destruction *are* in their paths.

8 The way of peace they know not; and *there is* no judgment in their goings: they have made them crooked paths: whosoever goeth therein shall not know peace.

9 ¶ Therefore is judgment far from us, neither doth justice overtake us: we wait for light, but behold obscurity; for brightness, *but* we walk in darkness.

10 We grope for the wall like the blind, and we grope as if *we had* no eyes: we stumble at noonday as in the night; *we are* in desolate places as dead *men*.

11 We roar all like bears, and mourn sore like doves: we look for judgment, but *there is* none; for salvation, *but* it is far off from us.

12 For our transgressions are multiplied before thee, and our sins testify against us: for our transgressions *are* with us; and *as for* our iniquities, we know them;

13 In transgressing and lying against the LORD, and departing away from our God, speaking oppression and revolt, conceiving and uttering from the heart words of falsehood.

14 And judgment is turned away backward, and justice standeth afar off: for truth is fallen in the street, and equity cannot enter.

15 Yea, truth faileth; and he *that* departeth from evil maketh himself a prey: and the LORD saw *it,* and it displeased him that *there was* no judgment.

16 ¶ And he saw that *there was* no man, and wondered that *there was* no intercessor: therefore his arm brought salvation unto him; and his righteousness, it sustained him.

17 For he put on righteousness as a breastplate, and an helmet of salvation upon his head; and he put on the garments of vengeance *for* clothing, and was clad with zeal as a cloke.

18 According to *their* deeds, accordingly he will repay, fury to his adversaries, recompence to his enemies; to the islands he will repay recompence.

19 So shall they fear the name of the LORD from the west, and his glory from the rising of the sun. When the enemy shall come in like a flood, the Spirit of the LORD shall lift up a standard against him.

20 ¶ And the Redeemer shall come to Zion, and unto them that turn from transgression in Jacob, saith the LORD.

21 As for me, this *is* my covenant with them, saith the LORD; My spirit that *is* upon thee, and my words which I have put in thy mouth, shall not depart out of thy mouth, nor out of the mouth of thy seed, nor out of the mouth of thy seed's seed, saith the LORD, from henceforth and for ever.

CHAPTER 60

1 Arise, shine; for thy light is come, and the glory of the LORD is risen upon thee.

2 For, behold, the darkness shall cover the earth, and gross darkness the people: but the LORD shall arise upon thee, and his glory shall be seen upon thee.

3 And the Gentiles shall come to thy light, and kings to the brightness of thy rising.

4 Lift up thine eyes round about, and see: all they gather themselves together, they come to thee: thy sons shall come from far, and thy daughters shall be nursed at *thy* side.

5 Then thou shalt see, and flow together, and thine heart shall fear, and be enlarged; because the abundance of the sea shall be

מִשְׁמֽוֹעַ: כִּי כַפֵּיכֶם נְגֹאֲל֣וּ בַדָּם וְאֶצְבְּעוֹתֵיכֶם בֶּעָוֺן שִׂפְתוֹתֵיכֶם 3

דִּבְּרוּ־שֶׁ֔קֶר לְשׁוֹנְכֶ֖ם עַוְלָ֥ה תֶהְגֶּֽה: אֵין־קֹרֵ֣א בְצֶ֔דֶק וְאֵ֥ין נִשְׁפָּ֖ט 4

בֶּאֱמוּנָ֑ה בָּט֤וֹחַ עַל־תֹּ֙הוּ֙ וְדַבֶּר־שָׁ֔וְא הָר֥וֹ עָמָ֖ל וְהוֹלֵ֥יד אָֽוֶן: בֵּיצֵ֤י 5
צִפְעוֹנִי֙ בִּקֵּ֔עוּ וְקוּרֵ֥י עַכָּבִ֖ישׁ יֶאֱרֹ֑גוּ הָאֹכֵ֤ל מִבֵּֽיצֵיהֶם֙ יָמ֔וּת וְהַזּוּרֶ֖ה

תִּבָּקַ֥ע אֶפְעֶֽה: קֽוּרֵיהֶם֙ לֹא־יִהְי֣וּ לְבֶ֔גֶד וְלֹ֥א יִתְכַּסּ֖וּ בְּמַעֲשֵׂיהֶ֑ם 6

מַעֲשֵׂיהֶם֙ מַֽעֲשֵׂי־אָ֔וֶן וּפֹ֥עַל חָמָ֖ס בְּכַפֵּיהֶֽם: רַגְלֵיהֶם֙ לָרַ֣ע יָרֻ֔צוּ 7
וִֽימַהֲר֔וּ לִשְׁפֹּ֖ךְ דָּ֣ם נָקִ֑י מַחְשְׁבֽוֹתֵיהֶם֙ מַחְשְׁב֣וֹת אָ֔וֶן שֹׁ֥ד וָשֶׁ֖בֶר

בִּמְסִלּוֹתָֽם: דֶּ֤רֶךְ שָׁלוֹם֙ לֹ֣א יָדָ֔עוּ וְאֵ֥ין מִשְׁפָּ֖ט בְּמַעְגְּלוֹתָ֑ם 8

נְתִיבֽוֹתֵיהֶם֙ עִקְּשׁ֣וּ לָהֶ֔ם כֹּ֚ל דֹּרֵ֣ךְ בָּ֔הּ לֹ֥א יָדַ֖ע שָׁלֽוֹם: עַל־כֵּ֗ן רָחַ֤ק 9
מִשְׁפָּט֙ מִמֶּ֔נּוּ וְלֹ֥א תַשִּׂיגֵ֖נוּ צְדָקָ֑ה נְקַוֶּ֤ה לָאוֹר֙ וְהִנֵּה־חֹ֔שֶׁךְ לִנְגֹה֖וֹת

בָּאֲפֵל֥וֹת נְהַלֵּֽךְ: נְגַֽשְׁשָׁ֤ה כַֽעִוְרִים֙ קִ֔יר וּכְאֵ֥ין עֵינַ֖יִם נְגַשֵּׁ֑שָׁה כָּשַׁ֤לְנוּ 10

בַֽצָּהֳרַ֙יִם֙ כַּנֶּ֔שֶׁף בָּאַשְׁמַנִּ֖ים כַּמֵּתִֽים: נֶהֱמֶ֤ה כַדֻּבִּים֙ כֻּלָּ֔נוּ וְכַיּוֹנִ֖ים הָגֹ֣ה 11

נֶהְגֶּ֑ה נְקַוֶּ֤ה לַמִּשְׁפָּט֙ וָאַ֔יִן לִֽישׁוּעָ֖ה רָחֲקָ֥ה מִמֶּֽנּוּ: כִּֽי־רַבּ֤וּ פְשָׁעֵ֙ינוּ֙ 12
נֶגְדֶּ֔ךָ וְחַטֹּאותֵ֖ינוּ עָ֣נְתָה בָּ֑נוּ כִּֽי־פְשָׁעֵ֣ינוּ אִתָּ֔נוּ וַעֲוֺנֹתֵ֖ינוּ יְדַֽעֲנֽוּם:

פָּשֹׁ֤עַ וְכַחֵשׁ֙ בַּֽיהוָ֔ה וְנָס֖וֹג מֵאַחַ֣ר אֱלֹהֵ֑ינוּ דַּבֶּר־עֹ֣שֶׁק וְסָרָ֔ה הֹר֧וֹ 13

וְהֹג֛וֹ מִלֵּ֖ב דִּבְרֵי־שָֽׁקֶר: וְהֻסַּ֤ג אָחוֹר֙ מִשְׁפָּ֔ט וּצְדָקָ֖ה מֵרָח֣וֹק תַּעֲמֹ֑ד 14

כִּֽי־כָשְׁלָ֤ה בָֽרְחוֹב֙ אֱמֶ֔ת וּנְכֹחָ֖ה לֹא־תוּכַ֣ל לָב֑וֹא וַתְּהִ֤י הָֽאֱמֶת֙ 15
נֶעְדֶּ֔רֶת וְסָ֥ר מֵרָ֖ע מִשְׁתּוֹלֵ֑ל וַיַּ֧רְא יְהוָ֛ה וַיֵּ֥רַע בְּעֵינָ֖יו כִּֽי־אֵ֥ין מִשְׁפָּֽט:

וַיַּ֤רְא כִּֽי־אֵ֣ין אִ֔ישׁ וַיִּשְׁתּוֹמֵ֖ם כִּ֣י אֵ֣ין מַפְגִּ֑יעַ וַתּ֤וֹשַֽׁע לוֹ֙ זְרֹע֔וֹ וְצִדְקָת֖וֹ 16

הִ֥יא סְמָכָֽתְהוּ: וַיִּלְבַּ֤שׁ צְדָקָה֙ כַּשִּׁרְיָ֔ן וְכ֥וֹבַע יְשׁוּעָ֖ה בְּרֹאשׁ֑וֹ וַיִּלְבַּ֞שׁ 17

בִּגְדֵ֤י נָקָם֙ תִּלְבֹּ֔שֶׁת וַיַּ֥עַט כַּמְעִ֖יל קִנְאָֽה: כְּעַ֤ל גְּמֻלוֹת֙ כְּעַ֣ל יְשַׁלֵּ֔ם 18

חֵמָ֣ה לְצָרָ֔יו גְּמ֖וּל לְאֹיְבָ֑יו לָאִיִּ֖ים גְּמ֥וּל יְשַׁלֵּֽם: וְיִֽירְא֤וּ מִֽמַּעֲרָב֙ אֶת־ 19
שֵׁ֣ם יְהוָ֔ה וּמִמִּזְרַח־שֶׁ֖מֶשׁ אֶת־כְּבוֹד֑וֹ כִּֽי־יָב֣וֹא כַנָּהָ֔ר צָ֕ר ר֥וּחַ יְהוָ֖ה

נֹ֥סְסָה בֽוֹ: וּבָ֤א לְצִיּוֹן֙ גּוֹאֵ֔ל וּלְשָׁבֵ֥י פֶ֖שַׁע בְּיַעֲקֹ֑ב נְאֻ֖ם יְהוָֽה: וַאֲנִ֗י 20
זֹ֣את בְּרִיתִ֤י אוֹתָם֙ אָמַ֣ר יְהוָ֔ה רוּחִי֙ אֲשֶׁ֣ר עָלֶ֔יךָ וּדְבָרַ֖י אֲשֶׁר־שַׂ֣מְתִּי 21
בְּפִ֑יךָ לֹֽא־יָמ֡וּשׁוּ מִפִּיךָ֩ וּמִפִּ֨י זַרְעֲךָ֜ וּמִפִּ֨י זֶ֤רַע זַרְעֲךָ֙ אָמַ֣ר יְהוָ֔ה

מֵעַתָּ֖ה וְעַד־עוֹלָֽם: ק֥וּמִי א֖וֹרִי כִּ֣י בָ֣א אוֹרֵ֑ךְ וּכְב֥וֹד יְהוָ֖ה 60 1

עָלַ֥יִךְ זָרָֽח: כִּֽי־הִנֵּ֤ה הַחֹ֙שֶׁךְ֙ יְכַסֶּה־אֶ֔רֶץ וַעֲרָפֶ֖ל לְאֻמִּ֑ים וְעָלַ֙יִךְ֙ יִזְרַ֣ח 2

יְהוָ֔ה וּכְבוֹד֖וֹ עָלַ֥יִךְ יֵרָאֶֽה: וְהָלְכ֥וּ גוֹיִ֖ם לְאוֹרֵ֑ךְ וּמְלָכִ֖ים לְנֹ֥גַהּ זַרְחֵֽךְ: 3

שְׂאִֽי־סָבִ֤יב עֵינַ֙יִךְ֙ וּרְאִ֔י כֻּלָּ֖ם נִקְבְּצ֣וּ בָֽאוּ־לָ֑ךְ בָּנַ֙יִךְ֙ מֵרָח֣וֹק יָבֹ֔אוּ 4

וּבְנֹתַ֖יִךְ עַל־צַ֥ד תֵּאָמַֽנָה: אָ֤ז תִּרְאִי֙ וְנָהַ֔רְתְּ וּפָחַ֥ד וְרָחַ֖ב לְבָבֵ֑ךְ כִּֽי־ 5

converted unto thee, the forces of the Gentiles shall come unto thee.

6 The multitude of camels shall cover thee, the dromedaries of Midian and Ephah; all they from Sheba shall come: they shall bring gold and incense; and they shall shew forth the praises of the LORD.

7 All the flocks of Kedar shall be gathered together unto thee, the rams of Nebaioth shall minister unto thee: they shall come up with acceptance on mine altar, and I will glorify the house of my glory.

8 Who *are* these *that* fly as a cloud, and as the doves to their windows?

9 Surely the isles shall wait for me, and the ships of Tarshish first, to bring thy sons from far, their silver and their gold with them, unto the name of the LORD thy God, and to the Holy One of Israel, because he hath glorified thee.

10 And the sons of strangers shall build up thy walls, and their kings shall minister unto thee: for in my wrath I smote thee, but in my favour have I had mercy on thee.

11 Therefore thy gates shall be open continually; they shall not be shut day nor night; that *men* may bring unto thee the forces of the Gentiles, and *that* their kings *may be* brought.

12 For the nation and kingdom that will not serve thee shall perish; yea, *those* nations shall be utterly wasted.

13 The glory of Lebanon shall come unto thee, the fir tree, the pine tree, and the box together, to beautify the place of my sanctuary; and I will make the place of my feet glorious.

14 The sons also of them that afflicted thee shall come bending unto thee; and all they that despised thee shall bow themselves down at the soles of thy feet; and they shall call thee, The city of the LORD, The Zion of the Holy One of Israel.

15 Whereas thou hast been forsaken and hated, so that no man went through *thee,* I will make thee an eternal excellency, a joy of many generations.

16 Thou shalt also suck the milk of the Gentiles, and shalt suck the breast of kings: and thou shalt know that I the

LORD *am* thy Saviour and thy Redeemer, the mighty One of Jacob.

17 For brass I will bring gold, and for iron I will bring silver, and for wood brass, and for stones iron: I will also make thy officers peace, and thine exactors righteousness.

18 Violence shall no more be heard in thy land, wasting nor destruction within thy borders; but thou shalt call thy walls Salvation, and thy gates Praise.

19 The sun shall be no more thy light by day; neither for brightness shall the moon give light unto thee: but the LORD shall be unto thee an everlasting light, and thy God thy glory.

20 Thy sun shall no more go down; neither shall thy moon withdraw itself: for the LORD shall be thine everlasting light, and the days of thy mourning shall be ended.

21 Thy people also *shall be* all righteous: they shall inherit the land for ever, the branch of my planting, the work of my hands, that I may be glorified.

22 A little one shall become a thousand, and a small one a strong nation: I the LORD will hasten it in his time.

CHAPTER 61

1 The Spirit of the Lord GOD *is* upon me; because the LORD hath anointed me to preach good tidings unto the meek; he hath sent me to bind up the brokenhearted, to proclaim liberty to the captives, and the opening of the prison to *them that are* bound;

2 To proclaim the acceptable year of the LORD, and the day of vengeance of our God; to comfort all that mourn;

3 To appoint unto them that mourn in Zion, to give unto them beauty for ashes, the oil of joy for mourning, the garment of praise for the spirit of heaviness; that they might be called trees of righteousness, the planting of the LORD, that he might be glorified.

4 ¶ And they shall build the old wastes, they shall raise up the former desolations, and they shall repair the waste cities, the desolations of many generations.

6 יַהֲפֹךְ עָלַיִךְ הֲמוֹן יָם חֵיל גּוֹיִם יָבֹאוּ לָךְ: שִׁפְעַת גְּמַלִּים תְּכַסֵּךְ
בִּכְרֵי מִדְיָן וְעֵיפָה כֻּלָּם מִשְּׁבָא יָבֹאוּ זָהָב וּלְבוֹנָה יִשָּׂאוּ וּתְהִלֹּת
7 יְהוָה יְבַשֵּׂרוּ: כָּל־צֹאן קֵדָר יִקָּבְצוּ לָךְ אֵילֵי נְבָיוֹת יְשָׁרְתוּנֶךְ יַעֲלוּ
8 עַל־רָצוֹן מִזְבְּחִי וּבֵית תִּפְאַרְתִּי אֲפָאֵר: מִי־אֵלֶּה כָּעָב תְּעוּפֶינָה
9 וְכַיּוֹנִים אֶל־אֲרֻבֹּתֵיהֶם: כִּי־לִי אִיִּים יְקַוּוּ וָאֳנִיּוֹת תַּרְשִׁישׁ בָּרִאשֹׁנָה
לְהָבִיא בָנַיִךְ מֵרָחוֹק כַּסְפָּם וּזְהָבָם אִתָּם לְשֵׁם יְהוָה אֱלֹהַיִךְ
10 וְלִקְדוֹשׁ יִשְׂרָאֵל כִּי פֵאֲרָךְ: וּבָנוּ בְנֵי־נֵכָר חֹמֹתַיִךְ וּמַלְכֵיהֶם
11 יְשָׁרְתוּנֶךְ כִּי בְקִצְפִּי הִכִּיתִיךְ וּבִרְצוֹנִי רִחַמְתִּיךְ: וּפִתְּחוּ שְׁעָרַיִךְ
תָּמִיד יוֹמָם וָלַיְלָה לֹא יִסָּגֵרוּ לְהָבִיא אֵלַיִךְ חֵיל גּוֹיִם וּמַלְכֵיהֶם
12 נְהוּגִים: כִּי־הַגּוֹי וְהַמַּמְלָכָה אֲשֶׁר לֹא־יַעַבְדוּךְ יֹאבֵדוּ וְהַגּוֹיִם חָרֹב
13 יֶחֱרָבוּ: כְּבוֹד הַלְּבָנוֹן אֵלַיִךְ יָבוֹא בְּרוֹשׁ תִּדְהָר וּתְאַשּׁוּר יַחְדָּו לְפָאֵר
14 מְקוֹם מִקְדָּשִׁי וּמְקוֹם רַגְלַי אֲכַבֵּד: וְהָלְכוּ אֵלַיִךְ שְׁחוֹחַ בְּנֵי מְעַנַּיִךְ
וְהִשְׁתַּחֲווּ עַל־כַּפּוֹת רַגְלַיִךְ כָּל־מְנַאֲצָיִךְ וְקָרְאוּ לָךְ עִיר יְהוָה צִיּוֹן
15 קְדוֹשׁ יִשְׂרָאֵל: תַּחַת הֱיוֹתֵךְ עֲזוּבָה וּשְׂנוּאָה וְאֵין עוֹבֵר וְשַׂמְתִּיךְ
16 לִגְאוֹן עוֹלָם מְשׂוֹשׂ דּוֹר וָדוֹר: וְיָנַקְתְּ חֲלֵב גּוֹיִם וְשֹׁד מְלָכִים תִּינָקִי
17 וְיָדַעַתְּ כִּי אֲנִי יְהוָה מוֹשִׁיעֵךְ וְגֹאֲלֵךְ אֲבִיר יַעֲקֹב: תַּחַת הַנְּחֹשֶׁת
אָבִיא זָהָב וְתַחַת הַבַּרְזֶל אָבִיא כֶסֶף וְתַחַת הָעֵצִים נְחֹשֶׁת וְתַחַת
18 הָאֲבָנִים בַּרְזֶל וְשַׂמְתִּי פְקֻדָּתֵךְ שָׁלוֹם וְנֹגְשַׂיִךְ צְדָקָה: לֹא־יִשָּׁמַע
עוֹד חָמָס בְּאַרְצֵךְ שֹׁד וָשֶׁבֶר בִּגְבוּלָיִךְ וְקָרָאת יְשׁוּעָה חוֹמֹתַיִךְ
19 וּשְׁעָרַיִךְ תְּהִלָּה: לֹא־יִהְיֶה־לָּךְ עוֹד הַשֶּׁמֶשׁ לְאוֹר יוֹמָם וּלְנֹגַהּ הַיָּרֵחַ
20 לֹא־יָאִיר לָךְ וְהָיָה־לָךְ יְהוָה לְאוֹר עוֹלָם וֵאלֹהַיִךְ לְתִפְאַרְתֵּךְ: לֹא־
יָבוֹא עוֹד שִׁמְשֵׁךְ וִירֵחֵךְ לֹא יֵאָסֵף כִּי יְהוָה יִהְיֶה־לָּךְ לְאוֹר עוֹלָם
21 וְשָׁלְמוּ יְמֵי אֶבְלֵךְ: וְעַמֵּךְ כֻּלָּם צַדִּיקִים לְעוֹלָם יִירְשׁוּ אָרֶץ נֵצֶר
22 מַטָּעַו מַעֲשֵׂה יָדַי לְהִתְפָּאֵר: הַקָּטֹן יִהְיֶה לָאֶלֶף וְהַצָּעִיר לְגוֹי עָצוּם   מַטְעָי
אֲנִי יְהוָה בְּעִתָּהּ אֲחִישֶׁנָּה: רוּחַ אֲדֹנָי יְהוִה עָלָי יַעַן   61 1
מָשַׁח יְהוָה אֹתִי לְבַשֵּׂר עֲנָוִים שְׁלָחַנִי לַחֲבֹשׁ לְנִשְׁבְּרֵי־לֵב לִקְרֹא
2 לִשְׁבוּיִם דְּרוֹר וְלַאֲסוּרִים פְּקַח־קוֹחַ: לִקְרֹא שְׁנַת־רָצוֹן לַיהוָה וְיוֹם
3 נָקָם לֵאלֹהֵינוּ לְנַחֵם כָּל־אֲבֵלִים: לָשׂוּם לַאֲבֵלֵי צִיּוֹן לָתֵת לָהֶם
פְּאֵר תַּחַת אֵפֶר שֶׁמֶן שָׂשׂוֹן תַּחַת אֵבֶל מַעֲטֵה תְהִלָּה תַּחַת רוּחַ
4 כֵּהָה וְקֹרָא לָהֶם אֵילֵי הַצֶּדֶק מַטַּע יְהוָה לְהִתְפָּאֵר: וּבָנוּ חָרְבוֹת
עוֹלָם שֹׁמְמוֹת רִאשֹׁנִים יְקוֹמֵמוּ וְחִדְּשׁוּ עָרֵי חֹרֶב שֹׁמְמוֹת דּוֹר

5 And strangers shall stand and feed your flocks, and the sons of the alien *shall be* your plowmen and your vinedressers.

6 But ye shall be named the Priests of the Lord: *men* shall call you the Ministers of our God: ye shall eat the riches of the Gentiles, and in their glory shall ye boast yourselves.

7 ¶ For your shame *ye shall have* double; and *for* confusion they shall rejoice in their portion: therefore in their land they shall possess the double: everlasting joy shall be unto them.

8 For I the Lord love judgment, I hate robbery for burnt offering; and I will direct their work in truth, and I will make an everlasting covenant with them.

9 And their seed shall be known among the Gentiles, and their offspring among the people: all that see them shall acknowledge them, that they *are* the seed *which* the Lord hath blessed.

10 I will greatly rejoice in the Lord, my soul shall be joyful in my God; for he hath clothed me with the garments of salvation, he hath covered me with the robe of righteousness, as a bridegroom decketh *himself* with ornaments, and as a bride adorneth *herself* with her jewels.

11 For as the earth bringeth forth her bud, and as the garden causeth the things that are sown in it to spring forth; so the Lord God will cause righteousness and praise to spring forth before all the nations.

CHAPTER 62

1 For Zion's sake will I not hold my peace, and for Jerusalem's sake I will not rest, until the righteousness thereof go forth as brightness, and the salvation thereof as a lamp *that* burneth.

2 And the Gentiles shall see thy righteousness, and all kings thy glory: and thou shalt be called by a new name, which the mouth of the Lord shall name.

3 Thou shalt also be a crown of glory in the hand of the Lord, and a royal diadem in the hand of thy God.

4 Thou shalt no more be termed Forsaken; neither shall thy land any more be termed Desolate: but thou shalt be called Hephzi-bah, and thy land Beulah: for the Lord delighteth in thee, and thy land shall be married.

5 ¶ For *as* a young man marrieth a virgin, *so* shall thy sons marry thee: and *as* the bridegroom rejoiceth over the bride, *so* shall thy God rejoice over thee.

6 I have set watchmen upon thy walls, O Jerusalem, *which* shall never hold their peace day nor night: ye that make mention of the Lord, keep not silence,

7 And give him no rest, till he establish, and till he make Jerusalem a praise in the earth.

8 The Lord hath sworn by his right hand, and by the arm of his strength, Surely I will no more give thy corn *to be* meat for thine enemies; and the sons of the stranger shall not drink thy wine, for the which thou hast laboured:

9 But they that have gathered it shall eat it, and praise the Lord; and they that have brought it together shall drink it in the courts of my holiness.

10 ¶ Go through, go through the gates; prepare ye the way of the people; cast up, cast up the highway; gather out the stones; lift up a standard for the people.

11 Behold, the Lord hath proclaimed unto the end of the world, Say ye to the daughter of Zion, Behold, thy salvation cometh; behold, his reward *is* with him, and his work before him.

12 And they shall call them, The holy people, The redeemed of the Lord: and thou shalt be called, Sought out, A city not forsaken.

CHAPTER 63

1 Who *is* this that cometh from Edom, with dyed garments from Bozrah? this *that is* glorious in his apparel, travelling in the greatness of his strength? I that speak in righteousness, mighty to save.

2 Wherefore *art thou* red in thine apparel, and thy garments like him that treadeth in the winefat?

3 I have trodden the winepress alone; and of the people *there was* none with me: for I will tread them in mine anger, and

5 וְעָמְד֤וּ זָרִים֙ וְרָע֣וּ צֹאנְכֶ֔ם וּבְנֵ֥י נֵכָ֖ר אִכָּרֵיכֶ֣ם וְכֹרְמֵיכֶֽם: וְאַתֶּ֗ם

6 כֹּהֲנֵ֤י יְהוָה֙ תִּקָּרֵ֔אוּ מְשָׁרְתֵ֣י אֱלֹהֵ֔ינוּ יֵאָמֵ֖ר לָכֶ֑ם חֵ֤יל גּוֹיִם֙ תֹּאכֵ֔לוּ

7 וּבִכְבוֹדָ֖ם תִּתְיַמָּֽרוּ: תַּ֣חַת בָּשְׁתְּכֶ֤ם מִשְׁנֶה֙ וּכְלִמָּ֔ה יָרֹ֖נּוּ חֶלְקָ֑ם לָכֵ֤ן

8 בְּאַרְצָם֙ מִשְׁנֶ֣ה יִירָ֔שׁוּ שִׂמְחַ֥ת עוֹלָ֖ם תִּהְיֶ֥ה לָהֶֽם: כִּ֣י אֲנִ֤י יְהוָה֙ אֹהֵ֣ב

מִשְׁפָּ֔ט שֹׂנֵ֥א גָזֵ֖ל בְּעוֹלָ֑ה וְנָתַתִּ֤י פְעֻלָּתָם֙ בֶּאֱמֶ֔ת וּבְרִ֥ית עוֹלָ֖ם אֶכְר֥וֹת

9 לָהֶֽם: וְנוֹדַ֤ע בַּגּוֹיִם֙ זַרְעָ֔ם וְצֶאֱצָאֵיהֶ֖ם בְּת֣וֹךְ הָעַמִּ֑ים כָּל־רֹֽאֵיהֶם֙

10 יַכִּיר֔וּם כִּ֛י הֵ֥ם זֶ֖רַע בֵּרַ֥ךְ יְהוָֽה: שׂ֧וֹשׂ אָשִׂ֣ישׂ בַּֽיהוָ֗ה תָּגֵ֤ל

נַפְשִׁי֙ בֵּֽאלֹהַ֔י כִּ֤י הִלְבִּישַׁ֙נִי֙ בִּגְדֵי־יֶ֔שַׁע מְעִ֥יל צְדָקָ֖ה יְעָטָ֑נִי כֶּֽחָתָן֙ יְכַהֵ֣ן

11 פְּאֵ֔ר וְכַכַּלָּ֖ה תַּעְדֶּ֥ה כֵלֶֽיהָ: כִּ֤י כָאָ֙רֶץ֙ תּוֹצִ֣יא צִמְחָ֔הּ וּכְגַנָּ֖ה זֵרוּעֶ֣יהָ

62 1 תַצְמִ֑יחַ כֵּ֣ן ׀ אֲדֹנָ֣י יְהוִ֗ה יַצְמִ֤יחַ צְדָקָה֙ וּתְהִלָּ֔ה נֶ֖גֶד כָּל־הַגּוֹיִֽם: לְמַ֤עַן

צִיּוֹן֙ לֹ֣א אֶחֱשֶׁ֔ה וּלְמַ֥עַן יְרוּשָׁלַ֖͏ִם לֹ֣א אֶשְׁק֑וֹט עַד־יֵצֵ֤א כַנֹּ֙גַהּ֙ צִדְקָ֔הּ

2 וִישׁוּעָתָ֖הּ כְּלַפִּ֥יד יִבְעָֽר: וְרָא֤וּ גוֹיִם֙ צִדְקֵ֔ךְ וְכָל־מְלָכִ֖ים כְּבוֹדֵ֑ךְ וְקֹ֤רָא

3 לָךְ֙ שֵׁ֣ם חָדָ֔שׁ אֲשֶׁ֛ר פִּ֥י יְהוָ֖ה יִקֳּבֶֽנּוּ: וְהָיִ֛יתְ עֲטֶ֥רֶת תִּפְאֶ֖רֶת בְּיַד־

וּצְנ֖וֹף 4 יְהוָ֑ה וּצְנ֥וֹף מְלוּכָ֖ה בְּכַף־אֱלֹהָֽיִךְ: לֹא־יֵאָמֵר֩ לָ֨ךְ ע֜וֹד עֲזוּבָ֗ה וּלְאַרְצֵךְ֙

לֹא־יֵאָמֵ֥ר עוֹד֙ שְׁמָמָ֔ה כִּ֣י לָ֗ךְ יִקָּרֵא֙ חֶפְצִי־בָ֔הּ וּלְאַרְצֵ֖ךְ בְּעוּלָ֑ה כִּֽי־

5 חָפֵ֤ץ יְהוָה֙ בָּ֔ךְ וְאַרְצֵ֖ךְ תִּבָּעֵֽל: כִּֽי־יִבְעַ֤ל בָּחוּר֙ בְּתוּלָ֔ה יִבְעָל֖וּךְ בָּנָ֑יִךְ

6 וּמְשׂ֤וֹשׂ חָתָן֙ עַל־כַּלָּ֔ה יָשִׂ֥ישׂ עָלַ֖יִךְ אֱלֹהָֽיִךְ: עַל־חוֹמֹתַ֣יִךְ יְרוּשָׁלַ֗͏ִם

הִפְקַ֙דְתִּי֙ שֹֽׁמְרִ֔ים כָּל־הַיּ֧וֹם וְכָל־הַלַּ֛יְלָה תָּמִ֖יד לֹ֣א יֶחֱשׁ֑וּ הַמַּזְכִּרִים֙

7 אֶת־יְהוָ֔ה אַל־דֳּמִ֖י לָכֶֽם: וְאַל־תִּתְּנ֥וּ דֳמִ֖י ל֑וֹ עַד־יְכוֹנֵ֞ן וְעַד־יָשִׂ֧ים

8 אֶת־יְרוּשָׁלַ֛͏ִם תְּהִלָּ֖ה בָּאָֽרֶץ: נִשְׁבַּ֧ע יְהוָ֛ה בִּֽימִינ֖וֹ וּבִזְר֣וֹעַ עֻזּ֑וֹ אִם־

אֶתֵּן֩ אֶת־דְּגָנֵ֨ךְ ע֤וֹד מַֽאֲכָל֙ לְאֹ֣יְבַ֔יִךְ וְאִם־יִשְׁתּ֤וּ בְנֵֽי־נֵכָר֙ תִּ֣ירוֹשֵׁ֔ךְ

9 אֲשֶׁ֖ר יָגַ֣עַתְּ בּֽוֹ: כִּ֤י מְאַסְפָיו֙ יֹאכְלֻ֔הוּ וְהִֽלְל֖וּ אֶת־יְהוָ֑ה וּֽמְקַבְּצָ֛יו

10 יִשְׁתֻּ֖הוּ בְּחַצְר֥וֹת קָדְשִֽׁי: עִבְר֤וּ עִבְרוּ֙ בַּשְּׁעָרִ֔ים פַּנּ֖וּ דֶּ֣רֶךְ

11 הָעָ֑ם סֹ֣לּוּ סֹ֤לּוּ הַֽמְסִלָּה֙ סַקְּל֣וּ מֵאֶ֔בֶן הָרִ֥ימוּ נֵ֖ס עַל־הָעַמִּֽים: הִנֵּ֣ה

יְהוָ֗ה הִשְׁמִ֙יעַ֙ אֶל־קְצֵ֣ה הָאָ֔רֶץ אִמְרוּ֙ לְבַת־צִיּ֔וֹן הִנֵּ֥ה יִשְׁעֵ֖ךְ בָּ֑א הִנֵּ֤ה

12 שְׂכָרוֹ֙ אִתּ֔וֹ וּפְעֻלָּת֖וֹ לְפָנָֽיו: וְקָ֥רְא֛וּ לָהֶ֥ם עַם־הַקֹּ֖דֶשׁ גְּאוּלֵ֣י יְהוָ֑ה

63 1 וְלָ֙ךְ֙ יִקָּרֵ֣א דְרוּשָׁ֔ה עִ֖יר לֹ֥א נֶעֱזָֽבָה: מִי־זֶ֣ה ׀ בָּ֣א מֵאֱד֗וֹם

חֲמ֤וּץ בְּגָדִים֙ מִבָּצְרָ֔ה זֶ֚ה הָד֣וּר בִּלְבוּשׁ֔וֹ צֹעֶ֖ה בְּרֹ֣ב כֹּח֑וֹ אֲנִ֛י מְדַבֵּ֥ר

2 בִּצְדָקָ֖ה רַ֥ב לְהוֹשִֽׁיעַ: מַדּ֥וּעַ אָדֹ֖ם לִלְבוּשֶׁ֑ךָ וּבְגָדֶ֖יךָ כְּדֹרֵ֥ךְ בְּגַֽת:

3 פּוּרָ֤ה ׀ דָּרַ֙כְתִּי֙ לְבַדִּ֔י וּמֵעַמִּ֖ים אֵֽין־אִ֣ישׁ אִתִּ֑י וְאֶדְרְכֵ֤ם בְּאַפִּי֙ וְאֶרְמְסֵ֣ם

trample them in my fury; and their blood shall be sprinkled upon my garments, and I will stain all my raiment.

4 For the day of vengeance *is* in mine heart, and the year of my redeemed is come.

5 And I looked, and *there was* none to help; and I wondered that *there was* none to uphold: therefore mine own arm brought salvation unto me; and my fury, it upheld me.

6 And I will tread down the people in mine anger, and make them drunk in my fury, and I will bring down their strength to the earth.

7 ¶ I will mention the lovingkindnesses of the LORD, *and* the praises of the LORD, according to all that the LORD hath bestowed on us, and the great goodness toward the house of Israel, which he hath bestowed on them according to his mercies, and according to the multitude of his lovingkindnesses.

8 For he said, Surely they *are* my people, children *that* will not lie: so he was their Saviour.

9 In all their affliction he was afflicted, and the angel of his presence saved them: in his love and in his pity he redeemed them; and he bare them, and carried them all the days of old.

10 ¶ But they rebelled, and vexed his holy Spirit: therefore he was turned to be their enemy, *and* he fought against them.

11 Then he remembered the days of old, Moses, *and* his people, *saying,* Where *is* he that brought them up out of the sea with the shepherd of his flock? where *is* he that put his holy Spirit within him?

12 That led *them* by the right hand of Moses with his glorious arm, dividing the water before them, to make himself an everlasting name?

13 That led them through the deep, as an horse in the wilderness, *that* they should not stumble?

14 As a beast goeth down into the valley, the Spirit of the LORD caused him to rest: so didst thou lead thy people, to make thyself a glorious name.

15 ¶ Look down from heaven, and behold from the habitation of thy holiness and of thy glory: where *is* thy zeal and thy strength, the sounding of thy bowels and of thy mercies toward me? are they restrained?

16 Doubtless thou *art* our father, though Abraham be ignorant of us, and Israel acknowledge us not: thou, O LORD, *art* our father, our redeemer; thy name *is* from everlasting.

17 ¶ O LORD, why hast thou made us to err from thy ways, *and* hardened our heart from thy fear? Return for thy servants' sake, the tribes of thine inheritance.

18 The people of thy holiness have possessed *it* but a little while: our adversaries have trodden down thy sanctuary.

19[19a] We are *thine:* thou never barest rule over them; they were not called by thy name.

CHAPTER 64

1[19b] Oh that thou wouldest rend the heavens, that thou wouldest come down, that the mountains might flow down at thy presence,

2[1] As *when* the melting fire burneth, the fire causeth the waters to boil, to make thy name known to thine adversaries, *that* the nations may tremble at thy presence!

3[2] When thou didst terrible things *which* we looked not for, thou camest down, the mountains flowed down at thy presence.

4[3] For since the beginning of the world *men* have not heard, nor perceived by the ear, neither hath the eye seen, O God, beside thee, *what* he hath prepared for him that waiteth for him.

5[4] Thou meetest him that rejoiceth and worketh righteousness, *those that* remember thee in thy ways: behold, thou art wroth; for we have sinned: in those is continuance, and we shall be saved.

6[5] But we are all as an unclean *thing,* and all our righteousnesses *are* as filthy rags; and we all do fade as a leaf; and our iniquities, like the wind, have taken us away.

7[6] And *there is* none that calleth upon thy name, that stirreth up himself to take hold of thee: for thou hast hid thy face

בַּחֲמָתִ֔י וְיֵ֥ז נִצְחָ֖ם עַל־בְּגָדָ֑י וְכָל־מַלְבּוּשַׁ֖י אֶגְאָֽלְתִּי: כִּ֛י י֥וֹם נָקָ֖ם בְּלִבִּ֑י 4

וּשְׁנַ֥ת גְּאוּלַ֖י בָּֽאָה: וְאַבִּ֣יט וְאֵ֣ין עֹזֵ֔ר וְאֶשְׁתּוֹמֵ֖ם וְאֵ֣ין סוֹמֵ֑ךְ וַתּ֤וֹשַֽׁע 5

לִ֣י זְרֹעִ֔י וַחֲמָתִ֖י הִ֥יא סְמָכָֽתְנִי: וְאָב֤וּס עַמִּים֙ בְּאַפִּ֔י וַאֲשַׁכְּרֵ֖ם בַּחֲמָתִ֑י 6

וְאוֹרִ֥יד לָאָ֖רֶץ נִצְחָֽם: חַסְדֵ֣י יְהוָ֣ה׀ אַזְכִּיר֮ תְּהִלֹּ֣ת יְהוָה֒ 7

כְּעַ֕ל כֹּ֥ל אֲשֶׁר־גְּמָלָ֖נוּ יְהוָ֑ה וְרַב־טוּב֙ לְבֵ֣ית יִשְׂרָאֵ֔ל אֲשֶׁר־גְּמָלָ֖ם

כְּרַחֲמָ֖יו וּכְרֹ֥ב חֲסָדָֽיו: וַיֹּ֨אמֶר֙ אַךְ־עַמִּ֣י הֵ֔מָּה בָּנִ֖ים לֹ֣א יְשַׁקֵּ֑רוּ וַיְהִ֥י 8

לָהֶ֖ם לְמוֹשִֽׁיעַ: בְּכָל־צָרָתָ֣ם׀ ל֣וֹ [לא] צָ֗ר וּמַלְאַ֤ךְ פָּנָיו֙ הֽוֹשִׁיעָ֔ם בְּאַהֲבָת֤וֹ 9

וּבְחֶמְלָתוֹ֙ ה֣וּא גְאָלָ֔ם וַֽיְנַטְּלֵ֥ם וַֽיְנַשְּׂאֵ֖ם כָּל־יְמֵ֥י עוֹלָֽם: וְהֵ֛מָּה מָר֥וּ 10

וְעִצְּב֖וּ אֶת־ר֣וּחַ קָדְשׁ֑וֹ וַיֵּהָפֵ֨ךְ לָהֶ֤ם לְאוֹיֵב֙ ה֖וּא נִלְחַם־בָּֽם: וַיִּזְכֹּ֥ר 11

יְמֵֽי־עוֹלָ֖ם מֹשֶׁ֣ה עַמּ֑וֹ אַיֵּ֣ה׀ הַֽמַּעֲלֵ֣ם מִיָּ֗ם אֵ֚ת רֹעֵ֣י צֹאנ֔וֹ אַיֵּ֛ה הַשָּׂ֥ם

בְּקִרְבּ֖וֹ אֶת־ר֥וּחַ קָדְשֽׁוֹ: מוֹלִיךְ֙ לִימִ֣ין מֹשֶׁ֔ה זְר֖וֹעַ תִּפְאַרְתּ֑וֹ בּ֤וֹקֵעַ 12

מַ֙יִם֙ מִפְּנֵיהֶ֔ם לַעֲשׂ֥וֹת ל֖וֹ שֵׁ֥ם עוֹלָֽם: מוֹלִיכָ֖ם בַּתְּהֹמ֑וֹת כַּסּ֥וּס 13

בַּמִּדְבָּ֖ר לֹ֥א יִכָּשֵֽׁלוּ: כַּבְּהֵמָה֙ בַּבִּקְעָ֣ה תֵרֵ֔ד ר֥וּחַ יְהוָ֖ה תְּנִיחֶ֑נּוּ כֵּ֣ן 14

נִהַ֤גְתָּ עַמְּךָ֙ לַעֲשׂ֥וֹת לְךָ֖ שֵׁ֥ם תִּפְאָֽרֶת: הַבֵּ֤ט מִשָּׁמַ֙יִם֙ וּרְאֵ֔ה מִזְּבֻ֥ל 15

קָדְשְׁךָ֖ וְתִפְאַרְתֶּ֑ךָ אַיֵּ֤ה קִנְאָֽתְךָ֙ וּגְב֣וּרֹתֶ֔ךָ הֲמ֥וֹן מֵעֶ֛יךָ וְֽרַחֲמֶ֖יךָ אֵלַ֥י

הִתְאַפָּֽקוּ: כִּֽי־אַתָּ֣ה אָבִ֔ינוּ כִּ֤י אַבְרָהָם֙ לֹ֣א יְדָעָ֔נוּ וְיִשְׂרָאֵ֖ל לֹ֣א יַכִּירָ֑נוּ 16

אַתָּ֤ה יְהוָה֙ אָבִ֔ינוּ גֹּאֲלֵ֥נוּ מֵֽעוֹלָ֖ם שְׁמֶֽךָ: לָ֣מָּה תַתְעֵ֤נוּ יְהוָה֙ מִדְּרָכֶ֔יךָ 17

תַּקְשִׁ֥יחַ לִבֵּ֖נוּ מִיִּרְאָתֶ֑ךָ שׁ֚וּב לְמַ֣עַן עֲבָדֶ֔יךָ שִׁבְטֵ֖י נַחֲלָתֶֽךָ: לַמִּצְעָ֕ר 18

יָרְשׁ֖וּ עַם־קָדְשֶׁ֑ךָ צָרֵ֕ינוּ בּוֹסְס֖וּ מִקְדָּשֶֽׁךָ: הָיִ֗ינוּ מֵֽעוֹלָם֙ לֹֽא־מָשַׁ֣לְתָּ 19

בָּ֔ם לֹֽא־נִקְרָ֥א שִׁמְךָ֖ עֲלֵיהֶ֑ם לוּא־קָרַ֤עְתָּ שָׁמַ֙יִם֙ יָרַ֔דְתָּ מִפָּנֶ֖יךָ הָרִ֥ים

נָזֹֽלּוּ: כִּקְדֹ֧חַ אֵ֣שׁ הֲמָסִ֗ים מַ֚יִם תִּבְעֶה־אֵ֔שׁ לְהוֹדִ֥יעַ שִׁמְךָ֖ לְצָרֶ֑יךָ 64 1

מִפָּנֶ֖יךָ גּוֹיִ֥ם יִרְגָּֽזוּ: בַּעֲשׂוֹתְךָ֥ נוֹרָא֖וֹת לֹ֣א נְקַוֶּ֑ה יָרַ֕דְתָּ מִפָּנֶ֖יךָ הָרִ֥ים 2

נָזֹֽלּוּ: וּמֵעוֹלָ֣ם לֹא־שָׁמְע֔וּ לֹ֖א הֶאֱזִ֑ינוּ עַ֣יִן לֹֽא־רָאָ֗תָה אֱלֹהִים֙ זוּלָֽתְךָ֔ 3

יַעֲשֶׂ֖ה לִמְחַכֵּה־לֽוֹ: פָּגַ֤עְתָּ אֶת־שָׂשׂ֙ וְעֹ֣שֵׂה צֶ֔דֶק בִּדְרָכֶ֖יךָ יִזְכְּר֑וּךָ הֵן־ 4

אַתָּ֤ה קָצַ֙פְתָּ֙ וַֽנֶּחֱטָ֔א בָּהֶ֥ם עוֹלָ֖ם וְנִוָּשֵֽׁעַ: וַנְּהִ֤י כַטָּמֵא֙ כֻּלָּ֔נוּ וּכְבֶ֥גֶד 5

עִדִּ֖ים כָּל־צִדְקֹתֵ֑ינוּ וַנָּ֤בֶל כֶּֽעָלֶה֙ כֻּלָּ֔נוּ וַעֲוֹנֵ֖נוּ כָּר֥וּחַ יִשָּׂאֻֽנוּ: וְאֵין־ 6

קוֹרֵ֣א בְשִׁמְךָ֔ מִתְעוֹרֵ֖ר לְהַחֲזִ֣יק בָּ֑ךְ כִּֽי־הִסְתַּ֤רְתָּ פָנֶ֙יךָ֙ מִמֶּ֔נּוּ וַתְּמוּגֵ֖נוּ

from us, and hast consumed us, because of our iniquities.

8[7] But now, O LORD, thou *art* our father; we *are* the clay, and thou our potter; and we all *are* the work of thy hand.

9[8] ¶ Be not wroth very sore, O LORD, neither remember iniquity for ever: behold, see, we beseech thee, we *are* all thy people.

10[9] Thy holy cities are a wilderness, Zion is a wilderness, Jerusalem a desolation.

11[10] Our holy and our beautiful house, where our fathers praised thee, is burned up with fire: and all our pleasant things are laid waste.

12[11] Wilt thou refrain thyself for these *things,* O LORD? wilt thou hold thy peace, and afflict us very sore?

CHAPTER 65

1 I am sought of *them that* asked not *for me;* I am found of *them that* sought me not: I said, Behold me, behold me, unto a nation *that* was not called by my name.

2 I have spread out my hands all the day unto a rebellious people, which walketh in a way *that was* not good, after their own thoughts;

3 A people that provoketh me to anger continually to my face; that sacrificeth in gardens, and burneth incense upon altars of brick;

4 Which remain among the graves, and lodge in the monuments, which eat swine's flesh, and broth of abominable *things is in* their vessels;

5 Which say, Stand by thyself, come not near to me; for I am holier than thou. These *are* a smoke in my nose, a fire that burneth all the day.

6 Behold, *it is* written before me: I will not keep silence, but will recompense, even recompense into their bosom,

7 Your iniquities, and the iniquities of your fathers together, saith the LORD, which have burned incense upon the mountains, and blasphemed me upon the hills: therefore will I measure their former work into their bosom.

8 ¶ Thus saith the LORD, As the new wine is found in the cluster, and *one* saith, Destroy it not; for a blessing *is* in it: so will I do for my servants' sakes, that I may not destroy them all.

9 And I will bring forth a seed out of Jacob, and out of Judah an inheritor of my mountains: and mine elect shall inherit it, and my servants shall dwell there.

10 And Sharon shall be a fold of flocks, and the valley of Achor a place for the herds to lie down in, for my people that have sought me.

11 ¶ But ye *are* they that forsake the LORD, that forget my holy mountain, that prepare a table for that troop, and that furnish the drink offering unto that number.

12 Therefore will I number you to the sword, and ye shall all bow down to the slaughter: because when I called, ye did not answer; when I spake, ye did not hear; but did evil before mine eyes, and did choose *that* wherein I delighted not.

13 Therefore thus saith the Lord GOD, Behold, my servants shall eat, but ye shall be hungry: behold, my servants shall drink, but ye shall be thirsty: behold, my servants shall rejoice, but ye shall be ashamed:

14 Behold, my servants shall sing for joy of heart, but ye shall cry for sorrow of heart, and shall howl for vexation of spirit.

15 And ye shall leave your name for a curse unto my chosen: for the Lord GOD shall slay thee, and call his servants by another name:

16 That he who blesseth himself in the earth shall bless himself in the God of truth; and he that sweareth in the earth shall swear by the God of truth; because the former troubles are forgotten, and because they are hid from mine eyes.

17 ¶ For, behold, I create new heavens and a new earth: and the former shall not be remembered, nor come into mind.

18 But be ye glad and rejoice for ever *in that* which I create: for, behold, I create Jerusalem a rejoicing, and her people a joy.

19 And I will rejoice in Jerusalem, and joy in my people: and the voice of weeping

בְּיַד־עֲוֹנֵֽנוּ: וְעַתָּה יְהוָה אָבִינוּ אָתָּה אֲנַחְנוּ הַחֹמֶר וְאַתָּה יֹצְרֵנוּ 7

וּמַעֲשֵׂה יָדְךָ כֻּלָּֽנוּ: אַל־תִּקְצֹף יְהוָה עַד־מְאֹד וְאַל־לָעַד תִּזְכֹּר עָוֹן 8

הֵן הַבֶּט־נָא עַמְּךָ כֻלָּֽנוּ: עָרֵי קָדְשְׁךָ הָיוּ מִדְבָּר צִיּוֹן מִדְבָּר הָיָתָה 9

יְרוּשָׁלִַם שְׁמָמָֽה: בֵּית קָדְשֵׁנוּ וְתִפְאַרְתֵּנוּ אֲשֶׁר הִֽלְלוּךָ אֲבֹתֵינוּ הָיָה 10

לִשְׂרֵפַת אֵשׁ וְכָל־מַחֲמַדֵּינוּ הָיָה לְחָרְבָּֽה: הַעַל־אֵלֶּה תִתְאַפַּק יְהוָה 11

תֶּחֱשֶׁה וּתְעַנֵּנוּ עַד־מְאֹֽד: נִדְרַשְׁתִּי לְלוֹא שָׁאָלוּ נִמְצֵאתִי 65 1

לְלֹא בִקְשֻׁנִי אָמַרְתִּי הִנֵּנִי הִנֵּנִי אֶל־גּוֹי לֹא־קֹרָא בִשְׁמִֽי: פֵּרַשְׂתִּי 2

יָדַי כָּל־הַיּוֹם אֶל־עַם סוֹרֵר הַהֹלְכִים הַדֶּרֶךְ לֹא־טוֹב אַחַר

מַחְשְׁבֹתֵיהֶֽם: הָעָם הַמַּכְעִיסִים אוֹתִי עַל־פָּנַי תָּמִיד זֹבְחִים בַּגַּנּוֹת 3

וּֽמְקַטְּרִים עַל־הַלְּבֵנִֽים: הַיֹּשְׁבִים בַּקְּבָרִים וּבַנְּצוּרִים יָלִינוּ הָאֹכְלִים 4

בְּשַׂר הַחֲזִיר ופרק **וּמְרַ֖ק** פִּגֻּלִים כְּלֵיהֶֽם: הָאֹמְרִים קְרַב אֵלֶיךָ אַל־תִּגַּשׁ־בִּי 5

כִּי קְדַשְׁתִּיךָ אֵלֶּה עָשָׁן בְּאַפִּי אֵשׁ יֹקֶדֶת כָּל־הַיּֽוֹם: הִנֵּה כְתוּבָה 6

לְפָנָי לֹא אֶחֱשֶׂה כִּי אִם־שִׁלַּמְתִּי וְשִׁלַּמְתִּי עַל־חֵיקָֽם: עֲוֺנֹתֵיכֶם 7

וַעֲוֺנֹת אֲבוֹתֵיכֶם יַחְדָּו אָמַר יְהוָה אֲשֶׁר קִטְּרוּ עַל־הֶֽהָרִים וְעַל־

אֵל־ **כֹּ֣ה ׀** הַגְּבָעוֹת חֵרְפוּנִי וּמַדֹּתִי פְעֻלָּתָם רִֽאשֹׁנָה עַל־חֵיקָֽם: 8

אָמַר יְהוָה כַּאֲשֶׁר יִמָּצֵא הַתִּירוֹשׁ בָּאֶשְׁכּוֹל וְאָמַר אַל־תַּשְׁחִיתֵהוּ

כִּי בְרָכָה בּוֹ כֵּן אֶעֱשֶׂה לְמַעַן עֲבָדַי לְבִלְתִּי הַשְׁחִית הַכֹּֽל: וְהוֹצֵאתִי 9

מִֽיַּעֲקֹב זֶרַע וּמִיהוּדָה יוֹרֵשׁ הָרָי וִירֵשׁוּהָ בְחִירַי וַעֲבָדַי יִשְׁכְּנוּ־שָֽׁמָּה:

וְהָיָה הַשָּׁרוֹן לִנְוֵה־צֹאן וְעֵמֶק עָכוֹר לְרֵבֶץ בָּקָר לְעַמִּי אֲשֶׁר דְּרָשֽׁוּנִי: 10

וְאַתֶּם עֹזְבֵי יְהוָה הַשְּׁכֵחִים אֶת־הַר קָדְשִׁי הַעֹרְכִים לַגַּד שֻׁלְחָן 11

וְהַֽמְמַלְאִים לַמְנִי מִמְסָֽךְ: וּמָנִיתִי אֶתְכֶם לַחֶרֶב וְכֻלְּכֶם לַטֶּבַח 12

תִּכְרָעוּ יַעַן קָרָאתִי וְלֹא עֲנִיתֶם דִּבַּרְתִּי וְלֹא שְׁמַעְתֶּם וַתַּעֲשׂוּ הָרַע

בְּעֵינַי וּבַאֲשֶׁר לֹא־חָפַצְתִּי בְּחַרְתֶּֽם:

לָכֵן כֹּֽה־אָמַר ׀ אֲדֹנָי יְהוִה הִנֵּה עֲבָדַי ׀ יֹאכֵלוּ וְאַתֶּם תִּרְעָבוּ הִנֵּה 13

עֲבָדַי יִשְׁתּוּ וְאַתֶּם תִּצְמָאוּ הִנֵּה עֲבָדַי יִשְׂמָחוּ וְאַתֶּם תֵּבֹֽשׁוּ: הִנֵּה 14

עֲבָדַי יָרֹנּוּ מִטּוּב לֵב וְאַתֶּם תִּצְעֲקוּ מִכְּאֵב לֵב וּמִשֵּׁבֶר רוּחַ תְּיֵלִֽילוּ:

15A וְהִנַּחְתֶּם שִׁמְכֶם לִשְׁבוּעָה לִבְחִירַי וֶהֱמִיתְךָ אֲדֹנָי יְהוִה וְלַעֲבָדָיו 15

יִקְרָא שֵׁם אַחֵֽר: אֲשֶׁר הַמִּתְבָּרֵךְ בָּאָרֶץ יִתְבָּרֵךְ בֵּאלֹהֵי אָמֵן 16

וְהַנִּשְׁבָּע בָּאָרֶץ יִשָּׁבַע בֵּאלֹהֵי אָמֵן כִּי נִשְׁכְּחוּ הַצָּרוֹת הָרִאשֹׁנוֹת

וְכִי נִסְתְּרוּ מֵעֵינָֽי: כִּי־הִנְנִי בוֹרֵא שָׁמַיִם חֲדָשִׁים וָאָרֶץ חֲדָשָׁה וְלֹא 17

תִזָּכַרְנָה הָרִאשֹׁנוֹת וְלֹא תַעֲלֶינָה עַל־לֵֽב: כִּי־אִם־שִׂישׂוּ וְגִילוּ עֲדֵי־ 18

עַד אֲשֶׁר אֲנִי בוֹרֵא כִּי הִנְנִי בוֹרֵא אֶת־יְרוּשָׁלִַם גִּילָה וְעַמָּהּ מָשֽׂוֹשׂ:

וְגַלְתִּי בִירוּשָׁלִַם וְשַׂשְׂתִּי בְעַמִּי וְלֹא־יִשָּׁמַע בָּהּ עוֹד קוֹל בְּכִי וְקוֹל 19

shall be no more heard in her, nor the voice of crying.

20 There shall be no more thence an infant of days, nor an old man that hath not filled his days: for the child shall die an hundred years old; but the sinner *being* an hundred years old shall be accursed.

21 And they shall build houses, and inhabit *them;* and they shall plant vineyards, and eat the fruit of them.

22 They shall not build, and another inhabit; they shall not plant, and another eat: for as the days of a tree *are* the days of my people, and mine elect shall long enjoy the work of their hands.

23 They shall not labour in vain, nor bring forth for trouble; for they *are* the seed of the blessed of the LORD, and their offspring with them.

24 And it shall come to pass, that before they call, I will answer; and while they are yet speaking, I will hear.

25 The wolf and the lamb shall feed together, and the lion shall eat straw like the bullock: and dust *shall be* the serpent's meat. They shall not hurt nor destroy in all my holy mountain, saith the LORD.

CHAPTER 66

1 Thus saith the LORD, The heaven *is* my throne, and the earth *is* my footstool: where *is* the house that ye build unto me? and where *is* the place of my rest?

2 For all those *things* hath mine hand made, and all those *things* have been, saith the LORD: but to this *man* will I look, *even* to *him that is* poor and of a contrite spirit, and trembleth at my word.

3 He that killeth an ox *is as if* he slew a man; he that sacrificeth a lamb, *as if* he cut off a dog's neck; he that offereth an oblation, *as if he offered* swine's blood; he that burneth incense, *as if* he blessed an idol. Yea, they have chosen their own ways, and their soul delighteth in their abominations.

4 I also will choose their delusions, and will bring their fears upon them; because when I called, none did answer; when I spake, they did not hear: but they did evil

before mine eyes, and chose *that* in which I delighted not.

5 ¶ Hear the word of the LORD, ye that tremble at his word; Your brethren that hated you, that cast you out for my name's sake, said, Let the LORD be glorified: but he shall appear to your joy, and they shall be ashamed.

6 A voice of noise from the city, a voice from the temple, a voice of the LORD that rendereth recompence to his enemies.

7 Before she travailed, she brought forth; before her pain came, she was delivered of a man child.

8 Who hath heard such a thing? who hath seen such things? Shall the earth be made to bring forth in one day? *or* shall a nation be born at once? for as soon as Zion travailed, she brought forth her children.

9 Shall I bring to the birth, and not cause to bring forth? saith the LORD: shall I cause to bring forth, and shut *the womb?* saith thy God.

10 Rejoice ye with Jerusalem, and be glad with her, all ye that love her: rejoice for joy with her, all ye that mourn for her:

11 That ye may suck, and be satisfied with the breasts of her consolations; that ye may milk out, and be delighted with the abundance of her glory.

12 For thus saith the LORD, Behold, I will extend peace to her like a river, and the glory of the Gentiles like a flowing stream: then shall ye suck, ye shall be borne upon *her* sides, and be dandled upon *her* knees.

13 As one whom his mother comforteth, so will I comfort you; and ye shall be comforted in Jerusalem.

14 And when ye see *this,* your heart shall rejoice, and your bones shall flourish like an herb: and the hand of the LORD shall be known toward his servants, and *his* indignation toward his enemies.

15 For, behold, the LORD will come with fire, and with his chariots like a whirlwind, to render his anger with fury, and his rebuke with flames of fire.

16 For by fire and by his sword will the LORD plead with all flesh: and the slain of the LORD shall be many.

17 They that sanctify themselves, and

20 זְעָקָה: לֹא־יִהְיֶה מִשָּׁם עוֹד עוּל יָמִים וְזָקֵן אֲשֶׁר לֹא־יְמַלֵּא אֶת־יָמָיו

21 כִּי הַנַּעַר בֶּן־מֵאָה שָׁנָה יָמוּת וְהַחוֹטֶא בֶּן־מֵאָה שָׁנָה יְקֻלָּל: וּבָנוּ

22 בָתִּים וְיָשָׁבוּ וְנָטְעוּ כְרָמִים וְאָכְלוּ פִּרְיָם: לֹא יִבְנוּ וְאַחֵר יֵשֵׁב לֹא

יִטְּעוּ וְאַחֵר יֹאכֵל כִּי־כִימֵי הָעֵץ יְמֵי עַמִּי וּמַעֲשֵׂה יְדֵיהֶם יְבַלּוּ

23 בְחִירָי: לֹא יִיגְעוּ לָרִיק וְלֹא יֵלְדוּ לַבֶּהָלָה כִּי זֶרַע בְּרוּכֵי יְהוָה הֵמָּה

24 וְצֶאֱצָאֵיהֶם אִתָּם: וְהָיָה טֶרֶם־יִקְרָאוּ וַאֲנִי אֶעֱנֶה עוֹד הֵם מְדַבְּרִים

25 וַאֲנִי אֶשְׁמָע: זְאֵב וְטָלֶה יִרְעוּ כְאֶחָד וְאַרְיֵה כַּבָּקָר יֹאכַל־תֶּבֶן

וְנָחָשׁ עָפָר לַחְמוֹ לֹא־יָרֵעוּ וְלֹא־יַשְׁחִיתוּ בְּכָל־הַר קָדְשִׁי אָמַר

יְהוָה:

66 1 כֹּה אָמַר יְהוָה הַשָּׁמַיִם כִּסְאִי וְהָאָרֶץ הֲדֹם רַגְלָי

2 אֵי־זֶה בַיִת אֲשֶׁר תִּבְנוּ־לִי וְאֵי־זֶה מָקוֹם מְנוּחָתִי: וְאֶת־כָּל־אֵלֶּה

יָדִי עָשָׂתָה וַיִּהְיוּ כָל־אֵלֶּה נְאֻם־יְהוָה וְאֶל־זֶה אַבִּיט אֶל־עָנִי וּנְכֵה־

3 רוּחַ וְחָרֵד עַל־דְּבָרִי: שׁוֹחֵט הַשּׁוֹר מַכֵּה־אִישׁ זוֹבֵחַ הַשֶּׂה עֹרֵף כֶּלֶב

מַעֲלֵה מִנְחָה דַּם־חֲזִיר מַזְכִּיר לְבֹנָה מְבָרֵךְ אָוֶן גַּם־הֵמָּה בָּחֲרוּ

4 בְּדַרְכֵיהֶם וּבְשִׁקּוּצֵיהֶם נַפְשָׁם חָפֵצָה: גַּם־אֲנִי אֶבְחַר בְּתַעֲלֻלֵיהֶם

וּמְגוּרֹתָם אָבִיא לָהֶם יַעַן קָרָאתִי וְאֵין עוֹנֶה דִּבַּרְתִּי וְלֹא שָׁמֵעוּ

5 וַיַּעֲשׂוּ הָרַע בְּעֵינַי וּבַאֲשֶׁר לֹא־חָפַצְתִּי בָּחָרוּ: שִׁמְעוּ

דְבַר־יְהוָה הַחֲרֵדִים אֶל־דְּבָרוֹ אָמְרוּ אֲחֵיכֶם שֹׂנְאֵיכֶם מְנַדֵּיכֶם לְמַעַן

6 שְׁמִי יִכְבַּד יְהוָה וְנִרְאֶה בְשִׂמְחַתְכֶם וְהֵם יֵבֹשׁוּ: קוֹל שָׁאוֹן מֵעִיר

7 קוֹל מֵהֵיכָל קוֹל יְהוָה מְשַׁלֵּם גְּמוּל לְאֹיְבָיו: בְּטֶרֶם תָּחִיל יָלָדָה

8 בְּטֶרֶם יָבוֹא חֵבֶל לָהּ וְהִמְלִיטָה זָכָר: מִי־שָׁמַע כָּזֹאת מִי רָאָה

כָּאֵלֶּה הֲיוּחַל אֶרֶץ בְּיוֹם אֶחָד אִם־יִוָּלֵד גּוֹי פַּעַם אֶחָת כִּי־חָלָה

9 גַּם־יָלְדָה צִיּוֹן אֶת־בָּנֶיהָ: הַאֲנִי אַשְׁבִּיר וְלֹא אוֹלִיד יֹאמַר יְהוָה אִם־

10 אֲנִי הַמּוֹלִיד וְעָצַרְתִּי אָמַר אֱלֹהָיִךְ: שִׂמְחוּ אֶת־יְרוּשָׁלַ‍ִם

וְגִילוּ בָהּ כָּל־אֹהֲבֶיהָ שִׂישׂוּ אִתָּהּ מָשׂוֹשׂ כָּל־הַמִּתְאַבְּלִים עָלֶיהָ:

11 לְמַעַן תִּינְקוּ וּשְׂבַעְתֶּם מִשֹּׁד תַּנְחֻמֶיהָ לְמַעַן תָּמֹצּוּ וְהִתְעַנַּגְתֶּם מִזִּיז

12 כְּבוֹדָהּ: כִּי־כֹה אָמַר יְהוָה הִנְנִי נֹטֶה־אֵלֶיהָ כְּנָהָר שָׁלוֹם

וּכְנַחַל שׁוֹטֵף כְּבוֹד גּוֹיִם וִינַקְתֶּם עַל־צַד תִּנָּשֵׂאוּ וְעַל־בִּרְכַּיִם

13 תְּשָׁעֳשָׁעוּ: כְּאִישׁ אֲשֶׁר אִמּוֹ תְּנַחֲמֶנּוּ כֵּן אָנֹכִי אֲנַחֶמְכֶם וּבִירוּשָׁלַ‍ִם

14 תְּנֻחָמוּ: וּרְאִיתֶם וְשָׂשׂ לִבְּכֶם וְעַצְמוֹתֵיכֶם כַּדֶּשֶׁא תִפְרַחְנָה וְנוֹדְעָה

15 יַד־יְהוָה אֶת־עֲבָדָיו וְזָעַם אֶת־אֹיְבָיו: כִּי־הִנֵּה יְהוָה בָּאֵשׁ יָבוֹא

16 וְכַסּוּפָה מַרְכְּבֹתָיו לְהָשִׁיב בְּחֵמָה אַפּוֹ וְגַעֲרָתוֹ בְּלַהֲבֵי־אֵשׁ: כִּי בָאֵשׁ

17 יְהוָה נִשְׁפָּט וּבְחַרְבּוֹ אֶת־כָּל־בָּשָׂר וְרַבּוּ חַלְלֵי יְהוָה: הַמִּתְקַדְּשִׁים

וְהַמִּטַּהֲרִים אֶל־הַגַּנּוֹת אַחַר אחת בַּתָּוֶךְ אֹכְלֵי בְּשַׂר הַחֲזִיר וְהַשֶּׁקֶץ

purify themselves in the gardens behind one *tree* in the midst, eating swine's flesh, and the abomination, and the mouse, shall be consumed together, saith the LORD.

18 For I *know* their works and their thoughts: it shall come, that I will gather all nations and tongues; and they shall come, and see my glory.

19 And I will set a sign among them, and I will send those that escape of them unto the nations, *to* Tarshish, Pul, and Lud, that draw the bow, *to* Tubal, and Javan, *to* the isles afar off, that have not heard my fame, neither have seen my glory; and they shall declare my glory among the Gentiles.

20 And they shall bring all your brethren *for* an offering unto the LORD out of all nations upon horses, and in chariots, and in litters, and upon mules, and upon swift beasts, to my holy mountain Jerusalem, saith the LORD, as the children of Israel bring an offering in a clean vessel into the house of the LORD.

21 And I will also take of them for priests *and* for Levites, saith the LORD.

22 For as the new heavens and the new earth, which I will make, shall remain before me, saith the LORD, so shall your seed and your name remain.

23 And it shall come to pass, *that* from one new moon to another, and from one sabbath to another, shall all flesh come to worship before me, saith the LORD.

24 And they shall go forth, and look upon the carcases of the men that have transgressed against me: for their worm shall not die, neither shall their fire be quenched; and they shall be an abhorring unto all flesh.

THE BOOK OF THE PROPHET

JEREMIAH

CHAPTER 1

1 The words of Jeremiah the son of Hilkiah, of the priests that *were* in Anathoth in the land of Benjamin:

2 To whom the word of the LORD came in the days of Josiah the son of Amon king of Judah, in the thirteenth year of his reign.

3 It came also in the days of Jehoiakim the son of Josiah king of Judah, unto the end of the eleventh year of Zedekiah the son of Josiah king of Judah, unto the carrying away of Jerusalem captive in the fifth month.

4 Then the word of the LORD came unto me, saying,

5 Before I formed thee in the belly I knew thee; and before thou camest forth out of the womb I sanctified thee, *and* I ordained thee a prophet unto the nations.

6 Then said I, Ah, Lord GOD! behold, I cannot speak: for I *am* a child.

7 ¶ But the LORD said unto me, Say not, I *am* a child: for thou shalt go to all that I shall send thee, and whatsoever I command thee thou shalt speak.

8 Be not afraid of their faces: for I *am* with thee to deliver thee, saith the LORD.

9 Then the LORD put forth his hand, and touched my mouth. And the LORD said unto me, Behold, I have put my words in thy mouth.

10 See, I have this day set thee over the nations and over the kingdoms, to root out, and to pull down, and to destroy, and to throw down, to build, and to plant.

11 ¶ Moreover the word of the LORD came unto me, saying, Jeremiah, what seest thou? And I said, I see a rod of an almond tree.

12 Then said the LORD unto me, Thou

18 וְהָעֲבַרְתִּ֣י יַחְדָּ֔ו יָסְפ֖וּ נְאֻם־יְהוָ֑ה וְאָנֹכִ֣י מַעֲשֵׂיהֶם֙ וּמַחְשְׁבֹתֵיהֶ֔ם בָּאָ֖ה

19 לְקַבֵּ֣ץ אֶת־כָּל־הַגּוֹיִ֣ם וְהַלְּשֹׁנ֑וֹת וּבָ֖אוּ וְרָא֣וּ אֶת־כְּבוֹדִֽי׃ וְשַׂמְתִּ֨י בָהֶ֜ם אֹ֗ות וְשִׁלַּחְתִּ֣י מֵהֶ֣ם ׀ פְּלֵיטִ֣ים אֶל־הַגּוֹיִ֡ם תַּרְשִׁ֣ישׁ פּ֣וּל וְל֣וּד מֹשְׁכֵ֣י קֶ֡שֶׁת תֻּבַ֣ל וְיָוָ֑ן הָאִיִּ֣ים הָרְחֹקִ֗ים אֲשֶׁ֤ר לֹא־שָׁמְעוּ֙ אֶת־שִׁמְעִי֙ וְלֹא־רָא֣וּ

20 אֶת־כְּבוֹדִ֔י וְהִגִּ֥ידוּ אֶת־כְּבוֹדִ֖י בַּגּוֹיִֽם׃ וְהֵבִ֣יאוּ אֶת־כָּל־אֲחֵיכֶ֣ם מִכָּל־ הַגּוֹיִ֣ם ׀ מִנְחָ֣ה ׀ לַיהוָ֡ה בַּסּוּסִ֣ים וּבָרֶ֣כֶב וּבַצַּבִּ֣ים וּבַפְּרָדִ֣ים וּבַכִּרְכָּר֗וֹת עַ֣ל הַ֥ר קָדְשִׁ֛י יְרוּשָׁלַ֖͏ִם אָמַ֣ר יְהוָ֑ה כַּאֲשֶׁ֣ר יָבִ֣יאוּ בְנֵ֣י יִשְׂרָאֵ֗ל

21 אֶת־הַמִּנְחָ֛ה בִּכְלִ֥י טָה֖וֹר בֵּ֥ית יְהוָֽה׃ וְגַם־מֵהֶ֥ם אֶקַּ֛ח לַכֹּהֲנִ֥ים לַלְוִיִּ֖ם

22 אָמַ֣ר יְהוָֽה׃ כִּ֣י כַאֲשֶׁ֣ר הַשָּׁמַ֣יִם הַחֲדָשִׁ֗ים וְהָאָ֨רֶץ֙ הַחֲדָשָׁ֔ה אֲשֶׁ֤ר אֲנִי֙ 22A

23 עֹשֶׂ֣ה עֹמְדִ֣ים לְפָנַ֖י נְאֻם־יְהוָ֑ה כֵּ֛ן יַעֲמֹ֥ד זַרְעֲכֶ֖ם וְשִׁמְכֶֽם׃ וְהָיָ֗ה מִדֵּי־ חֹ֨דֶשׁ֙ בְּחָדְשׁ֔וֹ וּמִדֵּ֥י שַׁבָּ֖ת בְּשַׁבַּתּ֑וֹ יָב֧וֹא כָל־בָּשָׂ֛ר לְהִשְׁתַּחֲוֺ֥ת לְפָנַ֖י

24 אָמַ֣ר יְהוָֽה׃ וְיָצְא֣וּ וְרָא֔וּ בְּפִגְרֵי֙ הָאֲנָשִׁ֔ים הַפֹּשְׁעִ֖ים בִּ֑י כִּ֣י תוֹלַעְתָּ֞ם לֹ֣א תָמ֗וּת וְאִשָּׁם֙ לֹ֣א תִכְבֶּ֔ה וְהָי֥וּ דֵרָא֖וֹן לְכָל־בָּשָֽׂר׃

והיה מדי חדש בחדשו
ומדי שבת בשבתו
יבוא כל בשר להשתחות לפני
אמר יהוה

סֵפֶר יִרְמְיָהוּ

1 1 דִּבְרֵ֣י יִרְמְיָ֔הוּ בֶּן־חִלְקִיָּ֖הוּ מִן־הַכֹּֽהֲנִים֙ אֲשֶׁ֣ר בַּעֲנָת֔וֹת בְּאֶ֖רֶץ בִּנְיָמִֽן׃

2 אֲשֶׁ֨ר הָיָ֤ה דְבַר־יְהוָה֙ אֵלָ֔יו בִּימֵ֛י יֹאשִׁיָּ֥הוּ בֶן־אָמ֖וֹן מֶ֣לֶךְ יְהוּדָ֑ה

3 בִּשְׁלֹשׁ־עֶשְׂרֵ֥ה שָׁנָ֖ה לְמָלְכֽוֹ׃ וַיְהִ֗י בִּימֵ֞י יְהוֹיָקִ֤ים בֶּן־יֹאשִׁיָּ֙הוּ֙ מֶ֣לֶךְ יְהוּדָ֔ה עַד־תֹּם֙ עַשְׁתֵּ֣י עֶשְׂרֵ֣ה שָׁנָ֔ה לְצִדְקִיָּ֥הוּ בֶן־יֹאשִׁיָּ֖הוּ מֶ֣לֶךְ

4 יְהוּדָ֑ה עַד־גְּל֥וֹת יְרוּשָׁלַ֖͏ִם בַּחֹ֥דֶשׁ הַחֲמִישִֽׁי׃ וַיְהִ֥י דְבַר־

5 יְהוָ֖ה אֵלַ֣י לֵאמֹֽר׃ בְּטֶ֨רֶם אֶצָּורְךָ֤ בַבֶּ֙טֶן֙ יְדַעְתִּ֔יךָ וּבְטֶ֛רֶם תֵּצֵ֥א מֵרֶ֖חֶם אֶצֳּרְךָ

6 הִקְדַּשְׁתִּ֑יךָ נָבִ֥יא לַגּוֹיִ֖ם נְתַתִּֽיךָ׃ וָאֹמַ֗ר אֲהָהּ֙ אֲדֹנָ֣י יְהֹוִ֔ה הִנֵּ֥ה לֹא־ יָדַ֖עְתִּי דַּבֵּ֑ר כִּי־נַ֖עַר אָנֹֽכִי׃

7 וַיֹּ֤אמֶר יְהוָה֙ אֵלַ֔י אַל־תֹּאמַ֖ר נַ֣עַר אָנֹ֑כִי כִּ֤י עַל־כָּל־אֲשֶׁ֤ר אֶֽשְׁלָחֲךָ֙

8 תֵּלֵ֔ךְ וְאֵ֛ת כָּל־אֲשֶׁ֥ר אֲצַוְּךָ֖ תְּדַבֵּֽר׃ אַל־תִּירָ֖א מִפְּנֵיהֶ֑ם כִּֽי־אִתְּךָ֥

9 אֲנִ֛י לְהַצִּלֶ֖ךָ נְאֻם־יְהוָֽה׃ וַיִּשְׁלַ֤ח יְהוָה֙ אֶת־יָד֔וֹ וַיַּגַּ֖ע עַל־פִּ֑י וַיֹּ֤אמֶר

10 יְהוָה֙ אֵלַ֔י הִנֵּ֛ה נָתַ֥תִּי דְבָרַ֖י בְּפִֽיךָ׃ רְאֵ֣ה ׀ הִפְקַדְתִּ֣יךָ ׀ הַיּ֣וֹם הַזֶּ֗ה עַל־הַגּוֹיִם֙ וְעַל־הַמַּמְלָכ֔וֹת לִנְת֥וֹשׁ וְלִנְת֖וֹץ וּֽלְהַאֲבִ֣יד וְלַהֲר֑וֹס לִבְנ֖וֹת וְלִנְטֽוֹעַ׃

11 וַיְהִ֤י דְבַר־יְהוָה֙ אֵלַ֣י לֵאמֹ֔ר מָה־אַתָּ֥ה רֹאֶ֖ה יִרְמְיָ֑הוּ וָאֹמַ֕ר מַקֵּ֥ל שָׁקֵ֖ד

12 אֲנִ֥י רֹאֶֽה׃ וַיֹּ֧אמֶר יְהוָ֛ה אֵלַ֖י הֵיטַ֣בְתָּ לִרְא֑וֹת כִּֽי־שֹׁקֵ֥ד אֲנִ֖י עַל־דְּבָרִ֖י

אֶצֳּרְךָ

hast well seen: for I will hasten my word to perform it.

13 And the word of the LORD came unto me the second time, saying, What seest thou? And I said, I see a seething pot; and the face thereof *is* toward the north.

14 Then the LORD said unto me, Out of the north an evil shall break forth upon all the inhabitants of the land.

15 For, lo, I will call all the families of the kingdoms of the north, saith the LORD; and they shall come, and they shall set every one his throne at the entering of the gates of Jerusalem, and against all the walls thereof round about, and against all the cities of Judah.

16 And I will utter my judgments against them touching all their wickedness, who have forsaken me, and have burned incense unto other gods, and worshipped the works of their own hands.

17 ¶ Thou therefore gird up thy loins, and arise, and speak unto them all that I command thee: be not dismayed at their faces, lest I confound thee before them.

18 For, behold, I have made thee this day a defenced city, and an iron pillar, and brasen walls against the whole land, against the kings of Judah, against the princes thereof, against the priests thereof, and against the people of the land.

19 And they shall fight against thee; but they shall not prevail against thee; for I *am* with thee, saith the LORD, to deliver thee.

CHAPTER 2

1 Moreover the word of the LORD came to me, saying,

2 Go and cry in the ears of Jerusalem, saying, Thus saith the LORD; I remember thee, the kindness of thy youth, the love of thine espousals, when thou wentest after me in the wilderness, in a land *that was* not sown.

3 Israel *was* holiness unto the LORD, *and* the firstfruits of his increase: all that devour him shall offend; evil shall come upon them, saith the LORD.

4 Hear ye the word of the LORD, O house of Jacob, and all the families of the house of Israel:

5 ¶ Thus saith the LORD, What iniquity have your fathers found in me, that they are gone far from me, and have walked after vanity, and are become vain?

6 Neither said they, Where *is* the LORD that brought us up out of the land of Egypt, that led us through the wilderness, through a land of deserts and of pits, through a land of drought, and of the shadow of death, through a land that no man passed through, and where no man dwelt?

7 And I brought you into a plentiful country, to eat the fruit thereof and the goodness thereof; but when ye entered, ye defiled my land, and made mine heritage an abomination.

8 The priests said not, Where *is* the LORD? and they that handle the law knew me not: the pastors also transgressed against me, and the prophets prophesied by Baal, and walked after *things that* do not profit.

9 ¶ Wherefore I will yet plead with you, saith the LORD, and with your children's children will I plead.

10 For pass over the isles of Chittim, and see; and send unto Kedar, and consider diligently, and see if there be such a thing.

11 Hath a nation changed *their* gods, which *are* yet no gods? but my people have changed their glory for *that which* doth not profit.

12 Be astonished, O ye heavens, at this, and be horribly afraid, be ye very desolate, saith the LORD.

13 For my people have committed two evils; they have forsaken me the fountain of living waters, *and* hewed them out cisterns, broken cisterns, that can hold no water.

14 ¶ *Is* Israel a servant? *is* he a homeborn *slave?* why is he spoiled?

15 The young lions roared upon him, *and* yelled, and they made his land waste: his cities are burned without inhabitant.

16 Also the children of Noph and Tahapanes have broken the crown of thy head.

17 Hast thou not procured this unto thyself, in that thou hast forsaken the LORD thy God, when he led thee by the way?

18 And now what hast thou to do in the way of Egypt, to drink the waters of Sihor?

לַעֲשֹׂתֽוֹ:

13 וַיְהִ֨י דְבַר־יְהֹוָ֤ה ׀ אֵלַי֙ שֵׁנִ֣ית לֵאמֹ֔ר מָ֥ה אַתָּ֖ה רֹאֶ֑ה וָאֹמַ֗ר סִ֤יר נָפ֙וּחַ֙

14 אֲנִ֣י רֹאֶ֔ה וּפָנָ֖יו מִפְּנֵ֥י צָפֽוֹנָה: וַיֹּ֥אמֶר יְהֹוָ֖ה אֵלָ֑י מִצָּפוֹן֙ תִּפָּתַ֣ח הָרָעָ֔ה

15 עַ֥ל כָּל־יֹשְׁבֵ֖י הָאָֽרֶץ: כִּ֣י ׀ הִנְנִ֣י קֹרֵ֗א לְכָֽל־מִשְׁפְּח֛וֹת מַמְלְכ֥וֹת צָפ֖וֹנָה נְאֻם־יְהֹוָ֑ה וּבָ֡אוּ וְֽנָתְנוּ֩ אִ֨ישׁ כִּסְא֜וֹ פֶּ֗תַח ׀ שַֽׁעֲרֵ֣י יְרֽוּשָׁלִַ֔ם וְעַ֥ל כָּל־

16 חֽוֹמֹתֶ֖יהָ סָבִ֑יב וְעַ֖ל כָּל־עָרֵ֥י יְהוּדָֽה: וְדִבַּרְתִּ֤י מִשְׁפָּטַי֙ אוֹתָ֔ם עַ֖ל כָּל־רָעָתָ֑ם אֲשֶׁ֣ר עֲזָב֗וּנִי וַֽיְקַטְּרוּ֙ לֵֽאלֹהִ֣ים אֲחֵרִ֔ים וַיִּֽשְׁתַּחֲו֖וּ לְמַעֲשֵׂ֥י

17 יְדֵיהֶֽם: וְאַתָּה֙ תֶּאְזֹ֣ר מָתְנֶ֔יךָ וְקַמְתָּ֕ וְדִבַּרְתָּ֣ אֲלֵיהֶ֔ם אֵ֖ת כָּל־אֲשֶׁ֣ר

18 אָנֹכִ֣י אֲצַוֶּ֑ךָּ אַל־תֵּחַת֙ מִפְּנֵיהֶ֔ם פֶּֽן־אֲחִתְּךָ֖ לִפְנֵיהֶֽם: וַאֲנִ֞י הִנֵּ֧ה נְתַתִּ֣יךָ הַיּ֗וֹם לְעִ֨יר מִבְצָ֜ר וּלְעַמּ֥וּד בַּרְזֶ֛ל וּלְחֹמ֥וֹת נְחֹ֖שֶׁת עַל־כָּל־הָאָ֑רֶץ

19 לְמַלְכֵ֤י יְהוּדָה֙ לְשָׂרֶ֔יהָ לְכֹהֲנֶ֖יהָ וּלְעַ֥ם הָאָֽרֶץ: וְנִלְחֲמ֥וּ אֵלֶ֖יךָ וְלֹא־י֣וּכְלוּ לָ֑ךְ כִּֽי־אִתְּךָ֥ אֲנִ֛י נְאֻם־יְהֹוָ֖ה לְהַצִּילֶֽךָ:

2

1/2 וַיְהִ֥י דְבַר־יְהֹוָ֖ה אֵלַ֥י לֵאמֹֽר: הָלֹ֡ךְ וְקָֽרָאתָ֩ בְאָזְנֵ֨י יְרוּשָׁלִַ֜ם לֵאמֹ֗ר כֹּ֚ה אָמַ֣ר יְהֹוָ֔ה זָכַ֤רְתִּי לָךְ֙ חֶ֣סֶד נְעוּרַ֔יִךְ אַהֲבַ֖ת כְּלוּלֹתָ֑יִךְ לֶכְתֵּ֤ךְ אַחֲרַי֙

3 בַּמִּדְבָּ֔ר בְּאֶ֖רֶץ לֹ֥א זְרוּעָֽה: קֹ֤דֶשׁ יִשְׂרָאֵל֙ לַֽיהֹוָ֔ה רֵאשִׁ֖ית תְּבוּאָתֹ֑ה כָּל־אֹכְלָ֣יו יֶאְשָׁ֔מוּ רָעָ֛ה תָּבֹ֥א אֲלֵיהֶ֖ם נְאֻם־יְהֹוָֽה:

4/5 שִׁמְע֥וּ דְבַר־יְהֹוָ֖ה בֵּ֣ית יַעֲקֹ֑ב וְכָֽל־מִשְׁפְּח֖וֹת בֵּ֥ית יִשְׂרָאֵֽל: כֹּ֣ה ׀ אָמַ֣ר יְהֹוָ֗ה מַה־מָּצְא֨וּ אֲבֽוֹתֵיכֶ֥ם בִּי֙ עָ֔וֶל כִּ֥י רָחֲק֖וּ מֵעָלָ֑י וַיֵּ֥לְכ֛וּ אַחֲרֵ֥י

6 הַהֶ֖בֶל וַיֶּהְבָּֽלוּ: וְלֹ֣א אָמְר֔וּ אַיֵּ֣ה יְהֹוָ֔ה הַמַּעֲלֶ֥ה אֹתָ֖נוּ מֵאֶ֣רֶץ מִצְרָ֑יִם הַמּוֹלִ֨יךְ אֹתָ֜נוּ בַּמִּדְבָּ֗ר בְּאֶ֤רֶץ עֲרָבָה֙ וְשׁוּחָ֔ה בְּאֶ֙רֶץ֙ צִיָּ֣ה וְצַלְמָ֔וֶת

7 בְּאֶ֗רֶץ לֹֽא־עָ֤בַר בָּהּ֙ אִ֔ישׁ וְלֹֽא־יָשַׁ֥ב אָדָ֖ם שָֽׁם: וָאָבִ֤יא אֶתְכֶם֙ אֶל־אֶ֣רֶץ הַכַּרְמֶ֔ל לֶאֱכֹ֥ל פִּרְיָ֖הּ וְטוּבָ֑הּ וַתָּבֹ֙אוּ֙ וַתְּטַמְּא֣וּ אֶת־אַרְצִ֔י וְנַחֲלָתִ֥י

8 שַׂמְתֶּ֖ם לְתוֹעֵבָֽה: הַכֹּהֲנִ֗ים לֹ֤א אָֽמְרוּ֙ אַיֵּ֣ה יְהֹוָ֔ה וְתֹפְשֵׂ֤י הַתּוֹרָה֙ לֹ֣א יְדָע֔וּנִי וְהָרֹעִ֖ים פָּ֣שְׁעוּ בִ֑י וְהַנְּבִיאִים֙ נִבְּא֣וּ בַבַּ֔עַל וְאַחֲרֵ֥י לֹֽא־

9 יוֹעִ֖לוּ הָלָֽכוּ: לָכֵ֗ן עֹ֛ד אָרִ֥יב אִתְּכֶ֖ם נְאֻם־יְהֹוָ֑ה וְאֶת־בְּנֵ֥י בְנֵיכֶ֖ם

10 אָרִֽיב: כִּ֣י עִבְר֞וּ אִיֵּ֤י כִתִּיִּים֙ וּרְא֔וּ וְקֵדָ֛ר שִׁלְח֥וּ וְהִֽתְבּוֹנְנ֖וּ מְאֹ֑ד וּרְא֕וּ

11 הֵ֥ן הָיְתָ֖ה כָּזֹֽאת: הַהֵימִ֥יר גּוֹי֙ אֱלֹהִ֔ים וְהֵ֖מָּה לֹ֣א אֱלֹהִ֑ים וְעַמִּ֛י הֵמִ֥יר

12 כְּבוֹד֖וֹ בְּל֥וֹא יוֹעִֽיל: שֹׁ֥מּוּ שָׁמַ֖יִם עַל־זֹ֑את וְשַׂעֲר֛וּ חָרְב֥וּ מְאֹ֖ד נְאֻם־

13 יְהֹוָֽה: כִּֽי־שְׁתַּ֥יִם רָע֖וֹת עָשָׂ֣ה עַמִּ֑י אֹתִ֣י עָזְב֗וּ מְק֤וֹר ׀ מַ֣יִם חַיִּ֔ים לַחְצֹ֤ב

14 לָהֶם֙ בֹּאר֔וֹת בֹּארֹת֙ נִשְׁבָּרִ֔ים אֲשֶׁ֥ר לֹֽא־יָכִ֖לוּ הַמָּֽיִם: הַעֶ֙בֶד֙ יִשְׂרָאֵ֔ל

15 אִם־יְלִ֥יד בַּ֖יִת ה֑וּא מַדּ֖וּעַ הָיָ֥ה לָבַֽז: עָלָיו֙ יִשְׁאֲג֣וּ כְפִרִ֔ים נָתְנ֖וּ קוֹלָ֑ם

16 וַיָּשִׁ֤יתוּ אַרְצוֹ֙ לְשַׁמָּ֔ה עָרָ֥יו נִצְּת֖וּ מִבְּלִ֣י יֹשֵֽׁב: גַּם־בְּנֵי־נֹ֖ף וְתַחְפַּנֵ֑ס

17 יִרְע֖וּךְ קָדְקֹֽד: הֲלוֹא־זֹ֖את תַּֽעֲשֶׂה־לָּ֑ךְ עָזְבֵךְ֙ אֶת־יְהֹוָ֣ה אֱלֹהַ֔יִךְ בְּעֵ֖ת

18 מוֹלִיכֵ֣ךְ בַּדָּֽרֶךְ: וְעַתָּ֗ה מַה־לָּךְ֙ לְדֶ֣רֶךְ מִצְרַ֔יִם לִשְׁתּ֖וֹת מֵ֣י שִׁח֑וֹר

נִצְּתוּ
וְתַחְפַּנְחֵס

1499

or what hast thou to do in the way of Assyria, to drink the waters of the river?

19 Thine own wickedness shall correct thee, and thy backslidings shall reprove thee: know therefore and see that *it is* an evil *thing* and bitter, that thou hast forsaken the LORD thy God, and that my fear *is* not in thee, saith the Lord GOD of hosts.

20 ¶ For of old time I have broken thy yoke, *and* burst thy bands; and thou saidst, I will not transgress; when upon every high hill and under every green tree thou wanderest, playing the harlot.

21 Yet I had planted thee a noble vine, wholly a right seed: how then art thou turned into the degenerate plant of a strange vine unto me?

22 For though thou wash thee with nitre, and take thee much soap, *yet* thine iniquity is marked before me, saith the Lord GOD.

23 How canst thou say, I am not polluted, I have not gone after Baalim? see thy way in the valley, know what thou hast done: *thou art* a swift dromedary traversing her ways;

24 A wild ass used to the wilderness, *that* snuffeth up the wind at her pleasure; in her occasion who can turn her away? all they that seek her will not weary themselves; in her month they shall find her.

25 Withhold thy foot from being unshod, and thy throat from thirst: but thou saidst, There is no hope: no; for I have loved strangers, and after them will I go.

26 As the thief is ashamed when he is found, so is the house of Israel ashamed; they, their kings, their princes, and their priests, and their prophets,

27 Saying to a stock, Thou *art* my father; and to a stone, Thou hast brought me forth: for they have turned *their* back unto me, and not *their* face: but in the time of their trouble they will say, Arise, and save us.

28 But where *are* thy gods that thou hast made thee? let them arise, if they can save thee in the time of thy trouble: for *according to* the number of thy cities are thy gods, O Judah.

29 Wherefore will ye plead with me? ye all have transgressed against me, saith the LORD.

30 In vain have I smitten your children; they received no correction: your own sword hath devoured your prophets, like a destroying lion.

31 ¶ O generation, see ye the word of the LORD. Have I been a wilderness unto Israel? a land of darkness? wherefore say my people, We are lords; we will come no more unto thee?

32 Can a maid forget her ornaments, *or* a bride her attire? yet my people have forgotten me days without number.

33 Why trimmest thou thy way to seek love? therefore hast thou also taught the wicked ones thy ways.

34 Also in thy skirts is found the blood of the souls of the poor innocents: I have not found it by secret search, but upon all these.

35 Yet thou sayest, Because I am innocent, surely his anger shall turn from me. Behold, I will plead with thee, because thou sayest, I have not sinned.

36 Why gaddest thou about so much to change thy way? thou also shalt be ashamed of Egypt, as thou wast ashamed of Assyria.

37 Yea, thou shalt go forth from him, and thine hands upon thine head: for the LORD hath rejected thy confidences, and thou shalt not prosper in them.

CHAPTER 3

1 They say, If a man put away his wife, and she go from him, and become another man's, shall he return unto her again? shall not that land be greatly polluted? but thou hast played the harlot with many lovers; yet return again to me, saith the LORD.

2 Lift up thine eyes unto the high places, and see where thou hast not been lien with. In the ways hast thou sat for them, as the Arabian in the wilderness; and thou hast polluted the land with thy whoredoms and with thy wickedness.

3 Therefore the showers have been withholden, and there hath been no latter rain; and thou hadst a whore's forehead, thou refusedst to be ashamed.

19 וּמַה־לָּ֞ךְ לְדֶ֣רֶךְ אַשּׁ֗וּר לִשְׁתּ֖וֹת מֵ֣י נָהָ֑ר תִּיסְּרֵ֣ךְ רָעָתֵ֗ךְ וּמְשֻׁבוֹתַ֙יִךְ֙ תּוֹכִחֻ֔ךְ וּדְעִ֣י וּרְאִ֗י כִּי־רַ֤ע וָמָר֙ עָזְבֵ֣ךְ אֶת־יְהוָ֣ה אֱלֹהָ֔יִךְ וְלֹ֥א פַחְדָּתִ֖י אֵלַ֔יִךְ נְאֻם־אֲדֹנָ֥י יְהוִ֖ה צְבָאֽוֹת

20 כִּ֤י מֵעוֹלָם֙ שָׁבַ֣רְתִּי עֻלֵּ֔ךְ נִתַּ֖קְתִּי מוֹסְרֹתַ֑יִךְ וַתֹּאמְרִ֣י לֹ֣א אֶעֱב֑וֹד [אֶעֱבוֹר] כִּ֣י עַֽל־כָּל־גִּבְעָ֞ה גְּבֹהָ֗ה וְתַ֙חַת֙ כָּל־עֵ֣ץ

21 רַעֲנָ֔ן אַ֖תְּ צֹעָ֥ה זֹנָֽה וְאָנֹכִ֞י נְטַעְתִּ֥יךְ שֹׂרֵק֙ כֻּלֹּ֣ה זֶ֣רַע אֱמֶ֑ת וְאֵיךְ֙

22 נֶהְפַּ֣כְתְּ לִ֔י סוּרֵ֖י הַגֶּ֥פֶן נָכְרִיָּֽה כִּ֤י אִם־תְּכַבְּסִי֙ בַּנֶּ֔תֶר וְתַרְבִּי־לָ֖ךְ בֹּרִ֑ית

23 נִכְתָּ֤ם עֲוֺנֵךְ֙ לְפָנַ֔י נְאֻ֖ם אֲדֹנָ֣י יְהוִֽה אֵ֣יךְ תֹּאמְרִ֞י לֹ֣א נִטְמֵ֗אתִי אַחֲרֵ֤י הַבְּעָלִים֙ לֹ֣א הָלַ֔כְתִּי רְאִ֤י דַרְכֵּךְ֙ בַּגַּ֔יְא דְּעִ֖י מֶ֣ה עָשִׂ֑ית בִּכְרָ֥ה קַלָּ֖ה

24 מְשָׂרֶ֥כֶת דְּרָכֶֽיהָ פֶּ֣רֶה ׀ לִמֻּ֣ד מִדְבָּ֗ר בְּאַוַּ֤ת נַפְשׁוֹ֙ [נַפְשָׁהּ] שָׁאֲפָ֣ה ר֔וּחַ תַּאֲנָתָ֖הּ מִ֣י יְשִׁיבֶ֑נָּה כָּל־מְבַקְשֶׁ֙יהָ֙ לֹ֣א יִעָ֔פוּ בְּחָדְשָׁ֖הּ יִמְצָאֽוּנְהָ

25 מִנְעִ֤י רַגְלֵךְ֙ מִיָּחֵ֔ף וּגְרוֹנֵ֖ךְ [וּגְרֹנֵךְ] מִצִּמְאָ֑ה וַתֹּאמְרִ֣י נוֹאָ֔שׁ ל֕וֹא כִּֽי־אָהַ֥בְתִּי

26 זָרִ֖ים וְאַחֲרֵיהֶ֥ם אֵלֵֽךְ כְּבֹ֤שֶׁת גַּנָּב֙ כִּ֣י יִמָּצֵ֔א כֵּ֥ן הֹבִ֖ישׁוּ בֵּ֣ית יִשְׂרָאֵ֑ל

27 הֵ֤מָּה מַלְכֵיהֶם֙ שָׂרֵיהֶ֔ם וְכֹהֲנֵיהֶ֖ם וּנְבִיאֵיהֶֽם אֹמְרִ֨ים לָעֵ֜ץ אָ֣בִי אַ֗תָּה וְלָאֶ֙בֶן֙ אַ֣תְּ יְלִדְתִּ֔נוּ [יְלִדְתָּֽנוּ] כִּֽי־פָנ֥וּ אֵלַ֛י עֹ֖רֶף וְלֹ֣א פָנִ֑ים וּבְעֵ֤ת רָעָתָם֙ יֹאמְר֔וּ

28 ק֚וּמָה וְהוֹשִׁיעֵ֔נוּ וְאַיֵּ֣ה אֱלֹהֶ֔יךָ אֲשֶׁ֥ר עָשִׂ֖יתָ לָּ֑ךְ יָק֙וּמוּ֙ אִם־יוֹשִׁיע֣וּךָ

29 בְּעֵ֣ת רָעָתֶ֔ךָ כִּ֚י מִסְפַּ֣ר עָרֶ֔יךָ הָי֥וּ אֱלֹהֶ֖יךָ יְהוּדָֽה לָ֥מָּה

30 תָרִ֣יבוּ אֵלָ֑י כֻּלְּכֶ֛ם פְּשַׁעְתֶּ֥ם בִּ֖י נְאֻם־יְהוָֽה לַשָּׁוְא֙ הִכֵּ֣יתִי אֶת־בְּנֵיכֶ֔ם

31 מוּסָ֖ר לֹ֣א לָקָ֑חוּ אָכְלָ֧ה חַרְבְּכֶ֛ם נְבִֽיאֵיכֶ֖ם כְּאַרְיֵ֥ה מַשְׁחִֽית הַדּ֔וֹר אַתֶּם֙ רְא֣וּ דְבַר־יְהוָ֔ה הֲמִדְבָּ֤ר הָיִ֙יתִי֙ לְיִשְׂרָאֵ֔ל אִ֛ם אֶ֥רֶץ מַאְפֵּֽלְיָה

32 מַדּ֜וּעַ אָמְר֤וּ עַמִּי֙ רַ֔דְנוּ לֽוֹא־נָב֥וֹא ע֖וֹד אֵלֶ֑יךָ הֲתִשְׁכַּ֤ח בְּתוּלָה֙

33 עֶדְיָ֔הּ כַּלָּ֖ה קִשֻּׁרֶ֑יהָ וְעַמִּ֣י שְׁכֵח֔וּנִי יָמִ֖ים אֵ֥ין מִסְפָּֽר מַה־תֵּיטִ֥בִי

34 דַּרְכֵּ֖ךְ לְבַקֵּ֣שׁ אַהֲבָ֑ה לָכֵ֗ן גַּ֤ם אֶת־הָֽרָעוֹת֙ לִמַּ֣דְתְּ [לִמַּ֣דְתִּי] אֶת־דְּרָכָֽיִךְ גַּ֤ם בִּכְנָפַ֙יִךְ֙ נִמְצְא֔וּ דַּ֛ם נַפְשׁ֥וֹת אֶבְיוֹנִ֖ים נְקִיִּ֑ים לֹֽא־בַמַּחְתֶּ֥רֶת מְצָאתִ֖ים

35 כִּ֖י עַל־כָּל־אֵ֑לֶּה וַתֹּ֣אמְרִ֔י כִּ֣י נִקֵּ֔יתִי אַ֛ךְ שָׁ֥ב אַפּ֖וֹ מִמֶּ֑נִּי הִנְנִ֤י נִשְׁפָּט֙

36 אוֹתָ֔ךְ עַל־אָמְרֵ֖ךְ לֹ֣א חָטָ֑אתִי מַה־תֵּזְלִ֥י מְאֹ֖ד לְשַׁנּ֣וֹת אֶת־דַּרְכֵּ֑ךְ

37 גַּ֤ם מִמִּצְרַ֙יִם֙ תֵּב֔וֹשִׁי כַּאֲשֶׁר־בֹּ֖שְׁתְּ מֵאַשּׁ֑וּר גַּ֣ם מֵאֵ֤ת זֶה֙ תֵּֽצְאִ֔י וְיָדַ֖יִךְ

3,1 עַל־רֹאשֵׁ֑ךְ כִּֽי־מָאַ֤ס יְהוָה֙ בְּמִבְטַחַ֔יִךְ וְלֹ֥א תַצְלִ֖יחִי לָהֶֽם לֵאמֹ֡ר הֵ֣ן יְשַׁלַּ֣ח אִ֣ישׁ אֶת־אִשְׁתּוֹ֩ וְהָלְכָ֨ה מֵאִתּ֜וֹ וְהָיְתָ֣ה לְאִישׁ־אַחֵ֗ר הֲיָשׁ֤וּב אֵלֶ֙יהָ֙ ע֔וֹד הֲל֛וֹא חָנ֥וֹף תֶּחֱנַ֖ף הָאָ֣רֶץ הַהִ֑יא וְאַ֗תְּ זָנִית֙ רֵעִ֣ים רַבִּ֔ים

3,2 וְשׁ֥וֹב אֵלַ֖י נְאֻם־יְהוָֽה שְׂאִֽי־עֵינַ֨יִךְ עַל־שְׁפָיִ֜ם וּרְאִ֗י אֵיפֹה֙ לֹ֣א שֻׁגַּ֔לְתְּ [שֻׁכַּבְתְּ] עַל־דְּרָכִים֙ יָשַׁ֣בְתְּ לָהֶ֔ם כַּעֲרָבִ֖י בַּמִּדְבָּ֑ר וַתַּחֲנִ֧יפִי אֶ֛רֶץ בִּזְנוּתַ֖יִךְ

3,3 וּבְרָעָתֵֽךְ וַיִּמָּנְע֣וּ רְבִבִ֗ים וּמַלְק֖וֹשׁ ל֣וֹא הָיָ֑ה וּמֵ֨צַח אִשָּׁ֤ה זוֹנָה֙ הָ֣יָה

4 Wilt thou not from this time cry unto me, My father, thou *art* the guide of my youth?

5 Will he reserve *his anger* for ever? will he keep *it* to the end? Behold, thou hast spoken and done evil things as thou couldest.

6 ¶ The LORD said also unto me in the days of Josiah the king, Hast thou seen *that* which backsliding Israel hath done? she is gone up upon every high mountain and under every green tree, and there hath played the harlot.

7 And I said after she had done all these *things,* Turn thou unto me. But she returned not. And her treacherous sister Judah saw *it.*

8 And I saw, when for all the causes whereby backsliding Israel committed adultery I had put her away, and given her a bill of divorce; yet her treacherous sister Judah feared not, but went and played the harlot also.

9 And it came to pass through the lightness of her whoredom, that she defiled the land, and committed adultery with stones and with stocks.

10 And yet for all this her treacherous sister Judah hath not turned unto me with her whole heart, but feignedly, saith the LORD.

11 And the LORD said unto me, The backsliding Israel hath justified herself more than treacherous Judah.

12 ¶ Go and proclaim these words toward the north, and say, Return, thou backsliding Israel, saith the LORD; *and* I will not cause mine anger to fall upon you: for I *am* merciful, saith the LORD, *and* I will not keep *anger* for ever.

13 Only acknowledge thine iniquity, that thou hast transgressed against the LORD thy God, and hast scattered thy ways to the strangers under every green tree, and ye have not obeyed my voice, saith the LORD.

14 Turn, O backsliding children, saith the LORD; for I am married unto you: and I will take you one of a city, and two of a family, and I will bring you to Zion:

15 And I will give you pastors according to mine heart, which shall feed you with knowledge and understanding.

16 And it shall come to pass, when ye be multiplied and increased in the land, in those days, saith the LORD, they shall say no more, The ark of the covenant of the LORD: neither shall it come to mind: neither shall they remember it; neither shall they visit *it;* neither shall *that* be done any more.

17 At that time they shall call Jerusalem the throne of the LORD; and all the nations shall be gathered unto it, to the name of the LORD, to Jerusalem: neither shall they walk any more after the imagination of their evil heart.

18 In those days the house of Judah shall walk with the house of Israel, and they shall come together out of the land of the north to the land that I have given for an inheritance unto your fathers.

19 But I said, How shall I put thee among the children, and give thee a pleasant land, a goodly heritage of the hosts of nations? and I said, Thou shalt call me, My father; and shalt not turn away from me.

20 ¶ Surely *as* a wife treacherously departeth from her husband, so have ye dealt treacherously with me, O house of Israel, saith the LORD.

21 A voice was heard upon the high places, weeping *and* supplications of the children of Israel: for they have perverted their way, *and* they have forgotten the LORD their God.

22 Return, ye backsliding children, *and* I will heal your backslidings. Behold, we come unto thee; for thou *art* the LORD our God.

23 Truly in vain *is salvation hoped for* from the hills, *and from* the multitude of mountains: truly in the LORD our God *is* the salvation of Israel.

24 For shame hath devoured the labour of our fathers from our youth; their flocks and their herds, their sons and their daughters.

25 We lie down in our shame, and our confusion covereth us: for we have sinned against the LORD our God, we and our fathers, from our youth even unto this day, and have not obeyed the voice of the LORD our God.

קָרֹאת 4 לָ֣ךְ מֵאֲנַ֣תְּ הִכָּלֵ֑ם: הֲל֣וֹא מֵעַ֗תָּה קָרָ֤אתי לִי֙ אָבִ֔י אַלּ֥וּף נְעֻרַ֖י אָֽתָּה:

דִּבַּ֖רְתְּ 5 הֲיִנְטֹ֣ר לְעוֹלָ֔ם אִם־יִשְׁמֹ֖ר לָנֶ֑צַח הִנֵּ֥ה דִבַּ֛רְתְּ וַתַּעֲשִׂ֥י הָרָע֖וֹת
וַתּוּכָֽל:

6 וַיֹּ֨אמֶר יְהֹוָ֜ה אֵלַ֗י בִּימֵי֙ יֹאשִׁיָּ֣הוּ הַמֶּ֔לֶךְ הֲרָאִ֕יתָ אֲשֶׁ֥ר עָשְׂתָ֖ה מְשֻׁבָ֣ה
יִשְׂרָאֵ֑ל הֹלְכָ֤ה הִיא֙ עַל־כָּל־הַ֣ר גָּבֹ֔הַּ וְאֶל־תַּ֛חַת כָּל־עֵ֥ץ רַעֲנָ֖ן וַתִּזְנִי־
7 שָֽׁם: וָאֹמַ֗ר אַחֲרֵ֨י עֲשׂוֹתָ֧הּ אֶת־כָּל־אֵ֛לֶּה אֵלַ֥י תָּשׁ֖וּב וְלֹא־שָׁ֑בָה
וַתֵּ֛רֶא 8 וַתֵּ֣רֶאה בָּגוֹדָ֖ה אֲחוֹתָ֥הּ יְהוּדָֽה: וָאֵ֗רֶא כִּ֤י עַל־כָּל־אֹדוֹת֙ אֲשֶׁ֤ר נִֽאֲפָה֙
מְשֻׁבָ֣ה יִשְׂרָאֵ֔ל שִׁלַּחְתִּ֕יהָ וָאֶתֵּ֛ן אֶת־סֵ֥פֶר כְּרִיתֻתֶ֖יהָ אֵלֶ֑יהָ וְלֹ֤א יָֽרְאָה֙
9 בֹּֽגֵדָ֤ה יְהוּדָה֙ אֲחוֹתָ֔הּ וַתֵּ֖לֶךְ וַתִּ֥זֶן גַּם־הִֽיא: וְהָיָה֙ מִקֹּ֣ל זְנוּתָ֔הּ וַתֶּחֱנַ֖ף
10 אֶת־הָאָ֑רֶץ וַתִּנְאַ֥ף אֶת־הָאֶ֖בֶן וְאֶת־הָעֵֽץ: וְגַם־בְּכָל־זֹ֗את לֹא־שָׁ֨בָה אֵלַ֜י
בָּגוֹדָ֧ה אֲחוֹתָ֛הּ יְהוּדָ֖ה בְּכָל־לִבָּ֑הּ כִּ֥י אִם־בְּשֶׁ֖קֶר נְאֻם־יְהֹוָֽה:

11 וַיֹּ֤אמֶר יְהֹוָה֙ אֵלַ֔י צִדְּקָ֥ה נַפְשָׁ֖הּ מְשֻׁבָ֣ה יִשְׂרָאֵ֑ל מִבֹּגֵדָ֖ה יְהוּדָֽה: הָלֹ֡ךְ
12 וְקָרָ֩אתָ֩ אֶת־הַדְּבָרִ֨ים הָאֵ֜לֶּה צָפ֗וֹנָה וְ֠אָמַרְתָּ שׁ֣וּבָה מְשֻׁבָ֤ה יִשְׂרָאֵל֙
נְאֻם־יְהֹוָ֔ה לֽוֹא־אַפִּ֥יל פָּנַ֖י בָּכֶ֑ם כִּֽי־חָסִ֤יד אֲנִי֙ נְאֻם־יְהֹוָ֔ה לֹ֥א אֶטּ֖וֹר
13 לְעוֹלָֽם: אַ֚ךְ דְּעִ֣י עֲוֺנֵ֔ךְ כִּ֛י בַּיהֹוָ֥ה אֱלֹהַ֖יִךְ פָּשָׁ֑עַתְּ וַתְּפַזְּרִ֨י אֶת־דְּרָכַ֜יִךְ
14 לַזָּרִ֗ים תַּ֚חַת כָּל־עֵ֣ץ רַעֲנָ֔ן וּבְקוֹלִ֥י לֹא־שְׁמַעְתֶּ֖ם נְאֻם־יְהֹוָֽה: שׁ֣וּבוּ
בָנִ֤ים שׁוֹבָבִים֙ נְאֻם־יְהֹוָ֔ה כִּ֥י אָנֹכִ֖י בָּעַ֣לְתִּי בָכֶ֑ם וְלָקַחְתִּ֨י אֶתְכֶ֜ם
15 אֶחָ֣ד מֵעִ֗יר וּשְׁנַ֙יִם֙ מִמִּשְׁפָּחָ֔ה וְהֵבֵאתִ֥י אֶתְכֶ֖ם צִיּֽוֹן: וְנָתַתִּ֥י לָכֶ֖ם רֹעִ֣ים
16 כְּלִבִּ֑י וְרָע֥וּ אֶתְכֶ֖ם דֵּעָ֥ה וְהַשְׂכֵּֽיל: וְהָיָ֡ה כִּ֣י תִרְבּוּ֩ וּפְרִיתֶ֨ם בָּאָ֜רֶץ
בַּיָּמִ֤ים הָהֵ֙מָּה֙ נְאֻם־יְהֹוָ֔ה לֹא־יֹ֣אמְרוּ ע֗וֹד אֲרוֹן֙ בְּרִית־יְהֹוָ֔ה וְלֹ֥א יַעֲלֶ֖ה
17A 17 עַל־לֵ֔ב וְלֹ֤א יִזְכְּרוּ־בוֹ֙ וְלֹ֣א יִפְקֹ֔דוּ וְלֹ֥א יֵעָשֶׂ֖ה עֽוֹד: בָּעֵ֤ת הַהִיא֙ יִקְרְא֣וּ
לִירֽוּשָׁלַ֜͏ִם כִּסֵּ֣א יְהֹוָ֗ה וְנִקְו֧וּ אֵלֶ֣יהָ כָֽל־הַגּוֹיִ֛ם לְשֵׁ֥ם יְהֹוָ֖ה לִירֽוּשָׁלָ֑͏ִם
18 וְלֹא־יֵלְכ֣וּ ע֔וֹד אַחֲרֵ֕י שְׁרִר֖וּת לִבָּ֥ם הָרָֽע: בַּיָּמִ֣ים הָהֵ֗מָּה
יֵלְכ֤וּ בֵית־יְהוּדָה֙ עַל־בֵּ֣ית יִשְׂרָאֵ֔ל וְיָבֹ֥אוּ יַחְדָּ֖ו מֵאֶ֣רֶץ צָפ֑וֹן עַל־
19A 19 הָאָ֕רֶץ אֲשֶׁ֥ר הִנְחַ֖לְתִּי אֶת־אֲבוֹתֵיכֶֽם: וְאָנֹכִ֣י אָמַ֗רְתִּי אֵ֚יךְ אֲשִׁיתֵ֣ךְ
בַּבָּנִ֔ים וְאֶתֶּן־לָךְ֙ אֶ֣רֶץ חֶמְדָּ֔ה נַחֲלַ֥ת צְבִ֖י צִבְא֣וֹת גּוֹיִ֑ם וָאֹמַ֗ר אָבִי֙
תִּקְרְאִי־ 20 תִּקְרְאוּ־לִ֔י וּמֵאַחֲרַ֖י לֹ֣א תָשׁ֑וּבוּ: אָכֵ֛ן בָּגְדָ֥ה אִשָּׁ֖ה מֵרֵעָ֑הּ כֵּ֣ן בְּגַדְתֶּ֥ם
תָּשׁוּבִי
21A 21 בִּ֥י בֵּ֥ית יִשְׂרָאֵ֖ל נְאֻם־יְהֹוָֽה: ק֚וֹל עַל־שְׁפָיִ֣ים נִשְׁמָ֔ע בְּכִ֥י תַחֲנוּנֵ֖י בְּנֵ֣י
22 יִשְׂרָאֵ֑ל כִּ֤י הֶעֱו֙וּ֙ אֶת־דַּרְכָּ֔ם שָׁכְח֖וּ אֶת־יְהֹוָ֥ה אֱלֹהֵיהֶֽם: שׁ֚וּבוּ בָּנִ֣ים
שׁוֹבָבִ֔ים אֶרְפָּ֖ה מְשׁוּבֹֽתֵיכֶ֑ם הִנְנוּ֙ אָתָ֣נוּ לָ֔ךְ כִּ֥י אַתָּ֖ה יְהֹוָ֥ה אֱלֹהֵֽינוּ:
23 אָכֵ֥ן לַשֶּׁ֛קֶר מִגְּבָע֖וֹת הָמ֣וֹן הָרִ֑ים אָכֵן֙ בַּיהֹוָ֣ה אֱלֹהֵ֔ינוּ תְּשׁוּעַ֖ת
24 יִשְׂרָאֵֽל: וְהַבֹּ֗שֶׁת אָֽכְלָ֛ה אֶת־יְגִ֥יעַ אֲבוֹתֵ֖ינוּ מִנְּעוּרֵ֑ינוּ אֶת־צֹאנָם֙
25 וְאֶת־בְּקָרָ֔ם אֶת־בְּנֵיהֶ֖ם וְאֶת־בְּנוֹתֵיהֶֽם: נִשְׁכְּבָ֣ה בְּבָשְׁתֵּ֗נוּ וּֽתְכַסֵּנוּ֮
כְּלִמָּתֵ֒נוּ֒ כִּי֩ לַיהֹוָ֨ה אֱלֹהֵ֜ינוּ חָטָ֗אנוּ אֲנַ֙חְנוּ֙ וַאֲבוֹתֵ֔ינוּ מִנְּעוּרֵ֖ינוּ וְעַד־
4 1 הַיּ֣וֹם הַזֶּ֑ה וְלֹ֣א שָׁמַ֔עְנוּ בְּק֖וֹל יְהֹוָ֥ה אֱלֹהֵֽינוּ: אִם־תָּשׁ֨וּב

CHAPTER 4

1 If thou wilt return, O Israel, saith the Lord, return unto me: and if thou wilt put away thine abominations out of my sight, then shalt thou not remove.

2 And thou shalt swear, The Lord liveth, in truth, in judgment, and in righteousness; and the nations shall bless themselves in him, and in him shall they glory.

3 ¶ For thus saith the Lord to the men of Judah and Jerusalem, Break up your fallow ground, and sow not among thorns.

4 Circumcise yourselves to the Lord, and take away the foreskins of your heart, ye men of Judah and inhabitants of Jerusalem: lest my fury come forth like fire, and burn that none can quench it, because of the evil of your doings.

5 Declare ye in Judah, and publish in Jerusalem; and say, Blow ye the trumpet in the land: cry, gather together, and say, Assemble yourselves, and let us go into the defenced cities.

6 Set up the standard toward Zion: retire, stay not: for I will bring evil from the north, and a great destruction.

7 The lion is come up from his thicket, and the destroyer of the Gentiles is on his way; he is gone forth from his place to make thy land desolate; and thy cities shall be laid waste, without an inhabitant.

8 For this gird you with sackcloth, lament and howl: for the fierce anger of the Lord is not turned back from us.

9 And it shall come to pass at that day, saith the Lord, that the heart of the king shall perish, and the heart of the princes; and the priests shall be astonished, and the prophets shall wonder.

10 Then said I, Ah, Lord God! surely thou hast greatly deceived this people and Jerusalem, saying, Ye shall have peace; whereas the sword reacheth unto the soul.

11 At that time shall it be said to this people and to Jerusalem, A dry wind of the high places in the wilderness toward the daughter of my people, not to fan, nor to cleanse,

12 Even a full wind from those places shall come unto me: now also will I give sentence against them.

13 Behold, he shall come up as clouds, and his chariots shall be as a whirlwind: his horses are swifter than eagles. Woe unto us! for we are spoiled.

14 O Jerusalem, wash thine heart from wickedness, that thou mayest be saved. How long shall thy vain thoughts lodge within thee?

15 For a voice declareth from Dan, and publisheth affliction from mount Ephraim.

16 Make ye mention to the nations; behold, publish against Jerusalem, that watchers come from a far country, and give out their voice against the cities of Judah.

17 As keepers of a field, are they against her round about; because she hath been rebellious against me, saith the Lord.

18 Thy way and thy doings have procured these things unto thee; this is thy wickedness, because it is bitter, because it reacheth unto thine heart.

19 ¶ My bowels, my bowels! I am pained at my very heart; my heart maketh a noise in me; I cannot hold my peace, because thou hast heard, O my soul, the sound of the trumpet, the alarm of war.

20 Destruction upon destruction is cried; for the whole land is spoiled: suddenly are my tents spoiled, and my curtains in a moment.

21 How long shall I see the standard, and hear the sound of the trumpet?

22 For my people is foolish, they have not known me; they are sottish children, and they have none understanding: they are wise to do evil, but to do good they have no knowledge.

23 I beheld the earth, and, lo, it was without form, and void; and the heavens, and they had no light.

24 I beheld the mountains, and, lo, they trembled, and all the hills moved lightly.

25 I beheld, and, lo, there was no man, and all the birds of the heavens were fled.

26 I beheld, and, lo, the fruitful place was a wilderness, and all the cities thereof were broken down at the presence of the Lord, and by his fierce anger.

יִשְׂרָאֵל נְאֻם־יְהוָה אֵלַי תָּשׁוּב וְאִם־תָּסִיר שִׁקּוּצֶיךָ מִפָּנַי וְלֹא תָנוּד:

2A וְנִשְׁבַּעְתָּ חַי־יְהוָה בֶּאֱמֶת בְּמִשְׁפָּט וּבִצְדָקָה וְהִתְבָּרְכוּ בוֹ גּוֹיִם וּבוֹ

3 יִתְהַלָּלוּ:   כִּי־כֹה אָמַר יְהוָה לְאִישׁ יְהוּדָה וְלִירוּשָׁלִַם נִירוּ

4 לָכֶם נִיר וְאַל־תִּזְרְעוּ אֶל־קוֹצִים: הִמֹּלוּ לַיהוָה וְהָסִרוּ עָרְלוֹת לְבַבְכֶם

אִישׁ יְהוּדָה וְיֹשְׁבֵי יְרוּשָׁלִָם פֶּן־תֵּצֵא כָאֵשׁ חֲמָתִי וּבָעֲרָה וְאֵין מְכַבֶּה

5 מִפְּנֵי רֹעַ מַעַלְלֵיכֶם: הַגִּידוּ בִיהוּדָה וּבִירוּשָׁלִַם הַשְׁמִיעוּ וְאִמְרוּ

תִּקְעוּ וְתִקְעוּ שׁוֹפָר בָּאָרֶץ קִרְאוּ מַלְאוּ וְאִמְרוּ הֵאָסְפוּ וְנָבוֹאָה אֶל־עָרֵי

6 הַמִּבְצָר: שְׂאוּ־נֵס צִיּוֹנָה הָעִיזוּ אַל־תַּעֲמֹדוּ כִּי רָעָה אָנֹכִי מֵבִיא מִצָּפוֹן

7A וְשֶׁבֶר גָּדוֹל: עָלָה אַרְיֵה מִסֻּבְּכוֹ וּמַשְׁחִית גּוֹיִם נָסַע יָצָא מִמְּקֹמוֹ

8 לָשׂוּם אַרְצֵךְ לְשַׁמָּה עָרַיִךְ תִּצֶּינָה מֵאֵין יוֹשֵׁב: עַל־זֹאת חִגְרוּ שַׂקִּים

סִפְדוּ וְהֵילִילוּ כִּי לֹא־שָׁב חֲרוֹן אַף־יְהוָה מִמֶּנּוּ:

9 וְהָיָה בַיּוֹם־הַהוּא נְאֻם־יְהוָה יֹאבַד לֵב־הַמֶּלֶךְ וְלֵב הַשָּׂרִים וְנָשַׁמּוּ

10 הַכֹּהֲנִים וְהַנְּבִיאִים יִתְמָהוּ: וָאֹמַר אֲהָהּ אֲדֹנָי יְהוִה אָכֵן הַשֵּׁא

הִשֵּׁאתָ לָעָם הַזֶּה וְלִירוּשָׁלִַם לֵאמֹר שָׁלוֹם יִהְיֶה לָכֶם וְנָגְעָה חֶרֶב

11 עַד־הַנָּפֶשׁ: בָּעֵת הַהִיא יֵאָמֵר לָעָם־הַזֶּה וְלִירוּשָׁלִַם רוּחַ צַח שְׁפָיִים

12 בַּמִּדְבָּר דֶּרֶךְ בַּת־עַמִּי לוֹא לִזְרוֹת וְלוֹא לְהָבַר: רוּחַ מָלֵא מֵאֵלֶּה

13 יָבוֹא לִי עַתָּה גַּם־אֲנִי אֲדַבֵּר מִשְׁפָּטִים אוֹתָם: הִנֵּה כַּעֲנָנִים יַעֲלֶה

14 וְכַסּוּפָה מַרְכְּבוֹתָיו קַלּוּ מִנְּשָׁרִים סוּסָיו אוֹי לָנוּ כִּי שֻׁדָּדְנוּ: כַּבְּסִי

מֵרָעָה לִבֵּךְ יְרוּשָׁלִַם לְמַעַן תִּוָּשֵׁעִי עַד־מָתַי תָּלִין בְּקִרְבֵּךְ מַחְשְׁבוֹת

15 אוֹנֵךְ: כִּי קוֹל מַגִּיד מִדָּן וּמַשְׁמִיעַ אָוֶן מֵהַר אֶפְרָיִם: הַזְכִּירוּ לַגּוֹיִם

16 הִנֵּה הַשְׁמִיעוּ עַל־יְרוּשָׁלִַם נֹצְרִים בָּאִים מֵאֶרֶץ הַמֶּרְחָק וַיִּתְּנוּ עַל־

17 עָרֵי יְהוּדָה קוֹלָם: כְּשֹׁמְרֵי שָׂדַי הָיוּ עָלֶיהָ מִסָּבִיב כִּי־אֹתִי מָרָתָה

18 נְאֻם־יְהוָה: דַּרְכֵּךְ וּמַעֲלָלַיִךְ עָשׂוֹ אֵלֶּה לָךְ זֹאת רָעָתֵךְ כִּי מָר כִּי

19 נָגַע עַד־לִבֵּךְ:   מֵעַי מֵעַי אוֹחִילָה קִירוֹת לִבִּי הֹמֶה־לִּי

אוֹחִילָה לִבִּי לֹא אַחֲרִישׁ כִּי קוֹל שׁוֹפָר שָׁמַעְתְּ נַפְשִׁי תְּרוּעַת מִלְחָמָה:

שָׁמַעַתְּ 20 שֶׁבֶר עַל־שֶׁבֶר נִקְרָא כִּי שֻׁדְּדָה כָּל־הָאָרֶץ פִּתְאֹם שֻׁדְּדוּ אֹהָלַי רֶגַע

21 יְרִיעֹתָי: עַד־מָתַי אֶרְאֶה־נֵּס אֶשְׁמְעָה קוֹל שׁוֹפָר: כִּי

22 אֱוִיל עַמִּי אוֹתִי לֹא יָדָעוּ בָּנִים סְכָלִים הֵמָּה וְלֹא נְבוֹנִים הֵמָּה

23 חֲכָמִים הֵמָּה לְהָרַע וּלְהֵיטִיב לֹא יָדָעוּ: רָאִיתִי אֶת־הָאָרֶץ וְהִנֵּה־

24 תֹהוּ וָבֹהוּ וְאֶל־הַשָּׁמַיִם וְאֵין אוֹרָם: רָאִיתִי הֶהָרִים וְהִנֵּה רֹעֲשִׁים

25 וְכָל־הַגְּבָעוֹת הִתְקַלְקָלוּ: רָאִיתִי וְהִנֵּה אֵין הָאָדָם וְכָל־עוֹף הַשָּׁמַיִם

26 נָדָדוּ: רָאִיתִי וְהִנֵּה הַכַּרְמֶל הַמִּדְבָּר וְכָל־עָרָיו נִתְּצוּ מִפְּנֵי יְהוָה

27 For thus hath the LORD said, The whole land shall be desolate; yet will I not make a full end.

28 For this shall the earth mourn, and the heavens above be black: because I have spoken *it*, I have purposed *it*, and will not repent, neither will I turn back from it.

29 The whole city shall flee for the noise of the horsemen and bowmen; they shall go into thickets, and climb up upon the rocks: every city *shall be* forsaken, and not a man dwell therein.

30 And *when* thou *art* spoiled, what wilt thou do? Though thou clothest thyself with crimson, though thou deckest thee with ornaments of gold, though thou rentest thy face with painting, in vain shalt thou make thyself fair; *thy* lovers will despise thee, they will seek thy life.

31 For I have heard a voice as of a woman in travail, *and* the anguish as of her that bringeth forth her first child, the voice of the daughter of Zion, *that* bewaileth herself, *that* spreadeth her hands, *saying,* Woe *is* me now! for my soul is wearied because of murderers.

CHAPTER 5

1 Run ye to and fro through the streets of Jerusalem, and see now, and know, and seek in the broad places thereof, if ye can find a man, if there be *any* that executeth judgment, that seeketh the truth; and I will pardon it.

2 And though they say, The LORD liveth; surely they swear falsely.

3 O LORD, *are* not thine eyes upon the truth? thou hast stricken them, but they have not grieved; thou hast consumed them, *but* they have refused to receive correction: they have made their faces harder than a rock; they have refused to return.

4 Therefore I said, Surely these *are* poor; they are foolish: for they know not the way of the LORD, *nor* the judgment of their God.

5 I will get me unto the great men, and will speak unto them; for they have known the way of the LORD, *and* the judgment of their God: but these have alto-

gether broken the yoke, *and* burst the bonds.

6 Wherefore a lion out of the forest shall slay them, *and* a wolf of the evenings shall spoil them, a leopard shall watch over their cities: every one that goeth out thence shall be torn in pieces: because their transgressions are many, *and* their backslidings are increased.

7 ¶ How shall I pardon thee for this? thy children have forsaken me, and sworn by *them that are* no gods: when I had fed them to the full, they then committed adultery, and assembled themselves by troops in the harlots' houses.

8 They were *as* fed horses in the morning: every one neighed after his neighbour's wife.

9 Shall I not visit for these *things?* saith the LORD: and shall not my soul be avenged on such a nation as this?

10 ¶ Go ye up upon her walls, and destroy; but make not a full end: take away her battlements; for they *are* not the LORD's.

11 For the house of Israel and the house of Judah have dealt very treacherously against me, saith the LORD.

12 They have belied the LORD, and said, *It is* not he; neither shall evil come upon us; neither shall we see sword nor famine:

13 And the prophets shall become wind, and the word *is* not in them: thus shall it be done unto them.

14 Wherefore thus saith the LORD God of hosts, Because ye speak this word, behold, I will make my words in thy mouth fire, and this people wood, and it shall devour them.

15 Lo, I will bring a nation upon you from far, O house of Israel, saith the LORD: it *is* a mighty nation, it *is* an ancient nation, a nation whose language thou knowest not, neither understandest what they say.

16 Their quiver *is* as an open sepulchre, they *are* all mighty men.

17 And they shall eat up thine harvest, and thy bread, *which* thy sons and thy daughters should eat: they shall eat up thy flocks and thine herds: they shall eat up thy vines and thy fig trees: they shall im-

27 מִפְּנֵי חֲרוֹן אַפּוֹ:   כִּי־כֹה אָמַר יְהֹוָה שְׁמָמָה תִהְיֶה כָּל־

28 הָאָרֶץ וְכָלָה לֹא אֶעֱשֶׂה: עַל־זֹאת תֶּאֱבַל הָאָרֶץ וְקָדְרוּ הַשָּׁמַיִם   28A

29 מִמַּעַל עַל כִּי־דִבַּרְתִּי זַמֹּתִי וְלֹא נִחַמְתִּי וְלֹא־אָשׁוּב מִמֶּנָּה: מִקּוֹל

פָּרָשׁ וְרֹמֵה קֶשֶׁת בֹּרַחַת כָּל־הָעִיר בָּאוּ בֶּעָבִים וּבַכֵּפִים עָלוּ כָּל־

30 הָעִיר עֲזוּבָה וְאֵין־יוֹשֵׁב בָּהֵן אִישׁ: וְאַתִּי שָׁדוּד מַה־תַּעֲשִׂי כִּי   וְאַתְּ

תִלְבְּשִׁי שָׁנִי כִּי־תַעְדִּי עֲדִי־זָהָב כִּי־תִקְרְעִי בַפּוּךְ עֵינַיִךְ לַשָּׁוְא

31 תִּתְיַפִּי מָאֲסוּ־בָךְ עֹגְבִים נַפְשֵׁךְ יְבַקֵּשׁוּ: כִּי קוֹל כְּחוֹלָה שָׁמַעְתִּי

צָרָה כְּמַבְכִּירָה קוֹל בַּת־צִיּוֹן תִּתְיַפֵּחַ תְּפָרֵשׂ כַּפֶּיהָ אוֹי־נָא לִי כִּי־

עָיְפָה נַפְשִׁי לְהֹרְגִים:

1 5 שׁוֹטְטוּ בְּחוּצוֹת יְרוּשָׁלַם וּרְאוּ־נָא וּדְעוּ וּבַקְשׁוּ בִרְחוֹבוֹתֶיהָ אִם־

2 תִּמְצְאוּ אִישׁ אִם־יֵשׁ עֹשֶׂה מִשְׁפָּט מְבַקֵּשׁ אֱמוּנָה וְאֶסְלַח לָהּ: וְאִם

3 חַי־יְהֹוָה יֹאמֵרוּ לָכֵן לַשֶּׁקֶר יִשָּׁבֵעוּ: יְהֹוָה עֵינֶיךָ הֲלוֹא לֶאֱמוּנָה

הִכִּיתָה אֹתָם וְלֹא־חָלוּ כִּלִּיתָם מֵאֲנוּ קַחַת מוּסָר חִזְּקוּ פְנֵיהֶם

4 מִסֶּלַע מֵאֲנוּ לָשׁוּב: וַאֲנִי אָמַרְתִּי אַךְ־דַּלִּים הֵם נוֹאֲלוּ כִּי לֹא יָדְעוּ

5 דֶּרֶךְ יְהֹוָה מִשְׁפַּט אֱלֹהֵיהֶם: אֵלְכָה־לִּי אֶל־הַגְּדֹלִים וַאֲדַבְּרָה אוֹתָם

כִּי הֵמָּה יָדְעוּ דֶּרֶךְ יְהֹוָה מִשְׁפַּט אֱלֹהֵיהֶם אַךְ הֵמָּה יַחְדָּו שָׁבְרוּ

6 עֹל נִתְּקוּ מוֹסֵרוֹת: עַל־כֵּן הִכָּם אַרְיֵה מִיַּעַר זְאֵב עֲרָבוֹת יְשָׁדְדֵם

נָמֵר שֹׁקֵד עַל־עָרֵיהֶם כָּל־הַיּוֹצֵא מֵהֵנָּה יִטָּרֵף כִּי רַבּוּ פִּשְׁעֵיהֶם

7 עָצְמוּ מְשׁוּבוֹתֵיהֶם: אֵי לָזֹאת אֶסְלוֹחַ־לָךְ בָּנַיִךְ עֲזָבוּנִי וַיִּשָּׁבְעוּ בְּלֹא   מְשׁוּבוֹתֵיהֶם אֶסְלַח־

8 אֱלֹהִים וָאַשְׂבִּעַ אוֹתָם וַיִּנְאָפוּ וּבֵית זוֹנָה יִתְגֹּדָדוּ: סוּסִים מְיֻזָּנִים

9 מַשְׁכִּים הָיוּ אִישׁ אֶל־אֵשֶׁת רֵעֵהוּ יִצְהָלוּ: הַעַל־אֵלֶּה לוֹא־אֶפְקֹד

10 נְאֻם־יְהֹוָה וְאִם בְּגוֹי אֲשֶׁר־כָּזֶה לֹא תִתְנַקֵּם נַפְשִׁי: עֲלוּ

בְשָׁרוֹתֶיהָ וְשַׁחֵתוּ וְכָלָה אַל־תַּעֲשׂוּ הָסִירוּ נְטִישׁוֹתֶיהָ כִּי לוֹא לַיהֹוָה

11 הֵמָּה: כִּי בָגוֹד בָּגְדוּ בִּי בֵּית יִשְׂרָאֵל וּבֵית יְהוּדָה נְאֻם־יְהֹוָה: כִּחֲשׁוּ

12 בַּיהֹוָה וַיֹּאמְרוּ לֹא־הוּא וְלֹא־תָבוֹא עָלֵינוּ רָעָה וְחֶרֶב וְרָעָב לוֹא

13 נִרְאֶה: וְהַנְּבִיאִים יִהְיוּ לְרוּחַ וְהַדִּבֵּר אֵין בָּהֶם כֹּה יֵעָשֶׂה

14 לָהֶם: לָכֵן כֹּה־אָמַר יְהֹוָה אֱלֹהֵי צְבָאוֹת יַעַן דַּבֶּרְכֶם אֶת־

הַדָּבָר הַזֶּה הִנְנִי נֹתֵן דְּבָרַי בְּפִיךָ לְאֵשׁ וְהָעָם הַזֶּה עֵצִים וַאֲכָלָתַם:

15 הִנְנִי מֵבִיא עֲלֵיכֶם גּוֹי מִמֶּרְחָק בֵּית יִשְׂרָאֵל נְאֻם־יְהֹוָה גּוֹי אֵיתָן

הוּא גּוֹי מֵעוֹלָם הוּא גּוֹי לֹא־תֵדַע לְשֹׁנוֹ וְלֹא תִשְׁמַע מַה־יְדַבֵּר:

16 אַשְׁפָּתוֹ כְּקֶבֶר פָּתוּחַ כֻּלָּם גִּבּוֹרִים: וְאָכַל קְצִירְךָ וְלַחְמֶךָ יֹאכְלוּ

17 בָּנֶיךָ וּבְנוֹתֶיךָ יֹאכַל צֹאנְךָ וּבְקָרֶךָ יֹאכַל גַּפְנְךָ וּתְאֵנָתֶךָ יְרֹשֵׁשׁ עָרֵי

poverish thy fenced cities, wherein thou trustedst, with the sword.

18 Nevertheless in those days, saith the LORD, I will not make a full end with you.

19 ¶ And it shall come to pass, when ye shall say, Wherefore doeth the LORD our God all these *things* unto us? then shalt thou answer them, Like as ye have forsaken me, and served strange gods in your land, so shall ye serve strangers in a land *that is* not yours.

20 Declare this in the house of Jacob, and publish it in Judah, saying,

21 Hear now this, O foolish people, and without understanding; which have eyes, and see not; which have ears, and hear not:

22 Fear ye not me? saith the LORD: will ye not tremble at my presence, which have placed the sand *for* the bound of the sea by a perpetual decree, that it cannot pass it: and though the waves thereof toss themselves, yet can they not prevail; though they roar, yet can they not pass over it?

23 But this people hath a revolting and a rebellious heart; they are revolted and gone.

24 Neither say they in their heart, Let us now fear the LORD our God, that giveth rain, both the former and the latter, in his season: he reserveth unto us the appointed weeks of the harvest.

25 ¶ Your iniquities have turned away these *things,* and your sins have withholden good *things* from you.

26 For among my people are found wicked *men:* they lay wait, as he that setteth snares; they set a trap, they catch men.

27 As a cage is full of birds, so *are* their houses full of deceit: therefore they are become great, and waxen rich.

28 They are waxen fat, they shine: yea, they overpass the deeds of the wicked: they judge not the cause, the cause of the fatherless, yet they prosper; and the right of the needy do they not judge.

29 Shall I not visit for these *things?* saith the LORD: shall not my soul be avenged on such a nation as this?

30 ¶ A wonderful and horrible thing is committed in the land;

31 The prophets prophesy falsely, and the priests bear rule by their means; and my people love *to have it* so: and what will ye do in the end thereof?

CHAPTER 6

1 O ye children of Benjamin, gather yourselves to flee out of the midst of Jerusalem, and blow the trumpet in Tekoa, and set up a sign of fire in Beth-haccerem: for evil appeareth out of the north, and great destruction.

2 I have likened the daughter of Zion to a comely and delicate *woman.*

3 The shepherds with their flocks shall come unto her; they shall pitch *their* tents against her round about; they shall feed every one in his place.

4 Prepare ye war against her; arise, and let us go up at noon. Woe unto us! for the day goeth away, for the shadows of the evening are stretched out.

5 Arise, and let us go by night, and let us destroy her palaces.

6 ¶ For thus hath the LORD of hosts said, Hew ye down trees, and cast a mount against Jerusalem: this *is* the city to be visited; she *is* wholly oppression in the midst of her.

7 As a fountain casteth out her waters, so she casteth out her wickedness: violence and spoil is heard in her; before me continually *is* grief and wounds.

8 Be thou instructed, O Jerusalem, lest my soul depart from thee; lest I make thee desolate, a land not inhabited.

9 ¶ Thus saith the LORD of hosts, They shall throughly glean the remnant of Israel as a vine: turn back thine hand as a grapegatherer into the baskets.

10 To whom shall I speak, and give warning, that they may hear? behold, their ear *is* uncircumcised, and they cannot hearken: behold, the word of the LORD is unto them a reproach; they have no delight in it.

11 Therefore I am full of the fury of the LORD; I am weary with holding in: I will pour it out upon the children abroad, and upon the assembly of young men together: for even the husband with the wife

מִבְצָרֶיךָ אֲשֶׁר אַתָּה בּוֹטֵחַ בָּהֵנָּה בֶּחָרֶב: וְגַם בַּיָּמִים הָהֵמָּה נְאֻם־ 18

יְהוָה לֹא־אֶעֱשֶׂה אִתְּכֶם כָּלָה: וְהָיָה כִּי תֹאמְרוּ תַּחַת מֶה עָשָׂה 19
יְהוָה אֱלֹהֵינוּ לָנוּ אֶת־כָּל־אֵלֶּה וְאָמַרְתָּ אֲלֵיהֶם כַּאֲשֶׁר עֲזַבְתֶּם אוֹתִי
וַתַּעַבְדוּ אֱלֹהֵי נֵכָר בְּאַרְצְכֶם כֵּן תַּעַבְדוּ זָרִים בְּאֶרֶץ לֹא
לָכֶם: הַגִּידוּ זֹאת בְּבֵית יַעֲקֹב וְהַשְׁמִיעוּהָ בִיהוּדָה 20

לֵאמֹר: שִׁמְעוּ־נָא זֹאת עַם סָכָל וְאֵין לֵב עֵינַיִם לָהֶם וְלֹא יִרְאוּ 21

אָזְנַיִם לָהֶם וְלֹא יִשְׁמָעוּ: הַאוֹתִי לֹא־תִירָאוּ נְאֻם־יְהוָה אִם מִפָּנַי 22
לֹא תָחִילוּ אֲשֶׁר־שַׂמְתִּי חוֹל גְּבוּל לַיָּם חָק־עוֹלָם וְלֹא יַעַבְרֶנְהוּ

וַיִּתְגָּעֲשׁוּ וְלֹא יוּכָלוּ וְהָמוּ גַלָּיו וְלֹא יַעַבְרֻנְהוּ: וְלָעָם הַזֶּה הָיָה 23

לֵב סוֹרֵר וּמוֹרֶה סָרוּ וַיֵּלֵכוּ: וְלֹא־אָמְרוּ בִלְבָבָם נִירָא נָא אֶת־יְהוָה 24
אֱלֹהֵינוּ הַנֹּתֵן גֶּשֶׁם וירה וּמַלְקוֹשׁ בְּעִתּוֹ שְׁבֻעוֹת חֻקּוֹת קָצִיר יִשְׁמָר־ יוֹרֶה

לָנוּ: עֲו‍ֹנוֹתֵיכֶם הִטּוּ־אֵלֶּה וְחַטֹּאותֵיכֶם מָנְעוּ הַטּוֹב מִכֶּם: כִּי־נִמְצְאוּ 25
26

בְעַמִּי רְשָׁעִים יָשׁוּר כְּשַׁךְ יְקוּשִׁים הִצִּיבוּ מַשְׁחִית אֲנָשִׁים יִלְכֹּדוּ:

כִּכְלוּב מָלֵא עוֹף כֵּן בָּתֵּיהֶם מְלֵאִים מִרְמָה עַל־כֵּן גָּדְלוּ וַיַּעֲשִׁירוּ: 27

שָׁמְנוּ עָשְׁתוּ גַּם עָבְרוּ דִבְרֵי־רָע דִּין לֹא־דָנוּ דִּין יָתוֹם וְיַצְלִיחוּ 28

וּמִשְׁפַּט אֶבְיוֹנִים לֹא שָׁפָטוּ: הַעַל־אֵלֶּה לֹא־אֶפְקֹד נְאֻם־יְהוָה אִם 29

בְּגוֹי אֲשֶׁר־כָּזֶה לֹא תִתְנַקֵּם נַפְשִׁי: שַׁמָּה וְשַׁעֲרוּרָה 30

נִהְיְתָה בָּאָרֶץ: הַנְּבִיאִים נִבְּאוּ בַשֶּׁקֶר וְהַכֹּהֲנִים יִרְדּוּ עַל־יְדֵיהֶם 31 · 31A

וְעַמִּי אָהֲבוּ כֵן וּמַה־תַּעֲשׂוּ לְאַחֲרִיתָהּ: הָעִזוּ בְּנֵי בִנְיָמִן מִקֶּרֶב 6 · 1 · 1A
יְרוּשָׁלַ‍ִם וּבִתְקוֹעַ תִּקְעוּ שׁוֹפָר וְעַל־בֵּית הַכֶּרֶם שְׂאוּ מַשְׂאֵת כִּי
רָעָה נִשְׁקְפָה מִצָּפוֹן וְשֶׁבֶר גָּדוֹל: הַנָּוָה וְהַמְּעֻנָּגָה דָּמִיתִי בַּת־צִיּוֹן: 2

אֵלֶיהָ יָבֹאוּ רֹעִים וְעֶדְרֵיהֶם תָּקְעוּ עָלֶיהָ אֹהָלִים סָבִיב רָעוּ אִישׁ 3

אֶת־יָדוֹ: קַדְּשׁוּ עָלֶיהָ מִלְחָמָה קוּמוּ וְנַעֲלֶה בַצָּהֳרָיִם אוֹי לָנוּ כִּי־ 4

פָנָה הַיּוֹם כִּי יִנָּטוּ צִלְלֵי־עָרֶב: קוּמוּ וְנַעֲלֶה בַלָּיְלָה וְנַשְׁחִיתָה 5

אַרְמְנוֹתֶיהָ: כִּי כֹה אָמַר יְהוָה צְבָאוֹת כִּרְתוּ עֵצָה וְשִׁפְכוּ 6

עַל־יְרוּשָׁלַ‍ִם סֹלְלָה הִיא הָעִיר הָפְקַד כֻּלָּהּ עֹשֶׁק בְּקִרְבָּהּ: כְּהָקִיר
בּוֹר מֵימֶיהָ כֵּן הֵקֵרָה רָעָתָהּ חָמָס וָשֹׁד יִשָּׁמַע בָּהּ עַל־פָּנַי תָּמִיד בְּיר

חֳלִי וּמַכָּה: הִוָּסְרִי יְרוּשָׁלַ‍ִם פֶּן־תֵּקַע נַפְשִׁי מִמֵּךְ פֶּן־אֲשִׂימֵךְ שְׁמָמָה 8

אֶרֶץ לוֹא נוֹשָׁבָה: כֹּה אָמַר יְהוָה צְבָאוֹת עוֹלֵל יְעוֹלְלוּ כַגֶּפֶן שְׁאֵרִית יִשְׂרָאֵל הָשֵׁב 9

יָדְךָ כְּבוֹצֵר עַל־סַלְסִלּוֹת: עַל־מִי אֲדַבְּרָה וְאָעִידָה וְיִשְׁמָעוּ הִנֵּה 10
עֲרֵלָה אָזְנָם וְלֹא יוּכְלוּ לְהַקְשִׁיב הִנֵּה דְבַר־יְהוָה הָיָה לָהֶם לְחֶרְפָּה

לֹא יַחְפְּצוּ־בוֹ: וְאֵת חֲמַת יְהוָה מָלֵאתִי נִלְאֵיתִי הָכִיל שְׁפֹךְ עַל־ 11
עוֹלָל בַּחוּץ וְעַל סוֹד בַּחוּרִים יַחְדָּו כִּי־גַם־אִישׁ עִם־אִשָּׁה יִלָּכֵדוּ

shall be taken, the aged with *him that is* full of days.

12 And their houses shall be turned unto others, *with their* fields and wives together: for I will stretch out my hand upon the inhabitants of the land, saith the LORD.

13 For from the least of them even unto the greatest of them every one *is* given to covetousness; and from the prophet even unto the priest every one dealeth falsely.

14 They have healed also the hurt *of the daughter* of my people slightly, saying, Peace, peace; when *there is* no peace.

15 Were they ashamed when they had committed abomination? nay, they were not at all ashamed, neither could they blush: therefore they shall fall among them that fall: at the time *that* I visit them they shall be cast down, saith the LORD.

16 Thus saith the LORD, Stand ye in the ways, and see, and ask for the old paths, where *is* the good way, and walk therein, and ye shall find rest for your souls. But they said, We will not walk *therein.*

17 Also I set watchmen over you, *saying,* Hearken to the sound of the trumpet. But they said, We will not hearken.

18 ¶ Therefore hear, ye nations, and know, O congregation, what *is* among them.

19 Hear, O earth: behold, I will bring evil upon this people, *even* the fruit of their thoughts, because they have not hearkened unto my words, nor to my law, but rejected it.

20 To what purpose cometh there to me incense from Sheba, and the sweet cane from a far country? your burnt offerings *are* not acceptable, nor your sacrifices sweet unto me.

21 Therefore thus saith the LORD, Behold, I will lay stumblingblocks before this people, and the fathers and the sons together shall fall upon them; the neighbour and his friend shall perish.

22 Thus saith the LORD, Behold, a people cometh from the north country, and a great nation shall be raised from the sides of the earth.

23 They shall lay hold on bow and spear; they *are* cruel, and have no mercy; their voice roareth like the sea; and they ride upon horses, set in array as men for war against thee, O daughter of Zion.

24 We have heard the fame thereof: our hands wax feeble: anguish hath taken hold of us, *and* pain, as of a woman in travail.

25 Go not forth into the field, nor walk by the way; for the sword of the enemy *and* fear *is* on every side.

26 ¶ O daughter of my people, gird *thee* with sackcloth, and wallow thyself in ashes: make thee mourning, *as for* an only son, most bitter lamentation: for the spoiler shall suddenly come upon us.

27 I have set thee *for* a tower *and* a fortress among my people, that thou mayest know and try their way.

28 They *are* all grievous revolters, walking with slanders: *they are* brass and iron; they *are* all corrupters.

29 The bellows are burned, the lead is consumed of the fire; the founder melteth in vain: for the wicked are not plucked away.

30 Reprobate silver shall *men* call them, because the LORD hath rejected them.

CHAPTER 7

1 The word that came to Jeremiah from the LORD, saying,

2 Stand in the gate of the LORD's house, and proclaim there this word, and say, Hear the word of the LORD, all *ye of* Judah, that enter in at these gates to worship the LORD.

3 Thus saith the LORD of hosts, the God of Israel, Amend your ways and your doings, and I will cause you to dwell in this place.

4 Trust ye not in lying words, saying, The temple of the LORD, The temple of the LORD, The temple of the LORD, *are* these.

5 For if ye throughly amend your ways and your doings; if ye throughly execute judgment between a man and his neighbour;

6 *If* ye oppress not the stranger, the fatherless, and the widow, and shed not innocent blood in this place, neither walk after other gods to your hurt:

7 Then will I cause you to dwell in this

זָקֵן עִם־מְלֵא יָמִים: וְנָסַבּוּ בָתֵּיהֶם לַאֲחֵרִים שָׂדוֹת וְנָשִׁים יַחְדָּו ‏12

כִּי־אֶטֶּה אֶת־יָדִי עַל־יֹשְׁבֵי הָאָרֶץ נְאֻם־יְהוָה כִּי מִקְּטַנָּם וְעַד־ ‏13

גְּדוֹלָם כֻּלּוֹ בּוֹצֵעַ בָּצַע וּמִנָּבִיא וְעַד־כֹּהֵן כֻּלּוֹ עֹשֶׂה שָּׁקֶר: וַיְרַפְּאוּ ‏14

אֶת־שֶׁבֶר עַמִּי עַל־נְקַלָּה לֵאמֹר שָׁלוֹם ׀ שָׁלוֹם וְאֵין שָׁלוֹם: הֹבִישׁוּ ‏15

כִּי תוֹעֵבָה עָשׂוּ גַּם־בּוֹשׁ לֹא־יֵבוֹשׁוּ גַּם־הַכְלִים לֹא יָדָעוּ לָכֵן יִפְּלוּ

בַנֹּפְלִים בְּעֵת־פְּקַדְתִּים יִכָּשְׁלוּ אָמַר יְהוָה: כֹּה אָמַר ‏16

יְהוָה עִמְדוּ עַל־דְּרָכִים וּרְאוּ וְשַׁאֲלוּ ׀ לִנְתִבוֹת עוֹלָם אֵי־זֶה דֶרֶךְ

הַטּוֹב וּלְכוּ־בָהּ וּמִצְאוּ מַרְגּוֹעַ לְנַפְשְׁכֶם וַיֹּאמְרוּ לֹא נֵלֵךְ: וַהֲקִמֹתִי ‏17

עֲלֵיכֶם צֹפִים הַקְשִׁיבוּ לְקוֹל שׁוֹפָר וַיֹּאמְרוּ לֹא נַקְשִׁיב: לָכֵן שִׁמְעוּ ‏18

הַגּוֹיִם וּדְעִי עֵדָה אֶת־אֲשֶׁר־בָּם: שִׁמְעִי הָאָרֶץ הִנֵּה אָנֹכִי מֵבִיא רָעָה ‏19

אֶל־הָעָם הַזֶּה פְּרִי מַחְשְׁבוֹתָם כִּי עַל־דְּבָרַי לֹא הִקְשִׁיבוּ וְתוֹרָתִי

וַיִּמְאָסוּ־בָהּ: לָמָּה־זֶּה לִי לְבוֹנָה מִשְּׁבָא תָבוֹא וְקָנֶה הַטּוֹב מֵאֶרֶץ ‏20

מֶרְחָק עֹלוֹתֵיכֶם לֹא לְרָצוֹן וְזִבְחֵיכֶם לֹא־עָרְבוּ לִי: לָכֵן כֹּה ‏21

אָמַר יְהוָה הִנְנִי נֹתֵן אֶל־הָעָם הַזֶּה מִכְשֹׁלִים וְכָשְׁלוּ בָם אָבוֹת

וּבָנִים יַחְדָּו שָׁכֵן וְרֵעוֹ יֹאבֵדוּ:   וְאָבֵדוּ

כֹּה אָמַר יְהוָה הִנֵּה עַם בָּא מֵאֶרֶץ צָפוֹן וְגוֹי גָּדוֹל יֵעוֹר מִיַּרְכְּתֵי־ ‏22

אָרֶץ: קֶשֶׁת וְכִידוֹן יַחֲזִיקוּ אַכְזָרִי הוּא וְלֹא יְרַחֵמוּ קוֹלָם כַּיָּם יֶהֱמֶה ‏23

וְעַל־סוּסִים יִרְכָּבוּ עָרוּךְ כְּאִישׁ לַמִּלְחָמָה עָלַיִךְ בַּת־צִיּוֹן: שָׁמַעְנוּ ‏24 24A

אֶת־שָׁמְעוֹ רָפוּ יָדֵינוּ צָרָה הֶחֱזִיקַתְנוּ חִיל כַּיּוֹלֵדָה: אַל־תֵּצְאִי ‏25   תֵּצְאוּ

הַשָּׂדֶה וּבַדֶּרֶךְ אַל־תֵּלֵכִי כִּי חֶרֶב לְאֹיֵב מָגוֹר מִסָּבִיב: בַּת־עַמִּי ‏26   תֵּלְכוּ

חִגְרִי־שָׂק וְהִתְפַּלְּשִׁי בָאֵפֶר אֵבֶל יָחִיד עֲשִׂי לָךְ מִסְפַּד תַּמְרוּרִים

כִּי פִתְאֹם יָבֹא הַשֹּׁדֵד עָלֵינוּ: בָּחוֹן נְתַתִּיךָ בְעַמִּי מִבְצָר וְתֵדַע וּבָחַנְתָּ ‏27

אֶת־דַּרְכָּם: כֻּלָּם סָרֵי סוֹרְרִים הֹלְכֵי רָכִיל נְחֹשֶׁת וּבַרְזֶל כֻּלָּם ‏28

מַשְׁחִיתִים הֵמָּה: נָחַר מַפֻּחַ מֵאִשְׁתַּם עֹפָרֶת לַשָּׁוְא צָרַף צָרוֹף וְרָעִים ‏29   מֵאֵשׁ תַּם

לֹא נִתָּקוּ: כֶּסֶף נִמְאָס קָרְאוּ לָהֶם כִּי־מָאַס יְהוָה בָּהֶם: ‏30

הַדָּבָר אֲשֶׁר הָיָה אֶל־יִרְמְיָהוּ מֵאֵת יְהוָה לֵאמֹר: עֲמֹד בְּשַׁעַר בֵּית ‏7 1 2

יְהוָה וְקָרָאתָ שָּׁם אֶת־הַדָּבָר הַזֶּה וְאָמַרְתָּ שִׁמְעוּ דְבַר־יְהוָה כָּל־

יְהוּדָה הַבָּאִים בַּשְּׁעָרִים הָאֵלֶּה לְהִשְׁתַּחֲוֹת לַיהוָה: כֹּה־ ‏3

אָמַר יְהוָה צְבָאוֹת אֱלֹהֵי יִשְׂרָאֵל הֵיטִיבוּ דַרְכֵיכֶם וּמַעַלְלֵיכֶם

וַאֲשַׁכְּנָה אֶתְכֶם בַּמָּקוֹם הַזֶּה: אַל־תִּבְטְחוּ לָכֶם אֶל־דִּבְרֵי הַשֶּׁקֶר ‏4

לֵאמֹר הֵיכַל יְהוָה הֵיכַל יְהוָה הֵיכַל יְהוָה הֵמָּה: כִּי אִם־הֵיטֵיב ‏5

תֵּיטִיבוּ אֶת־דַּרְכֵיכֶם וְאֶת־מַעַלְלֵיכֶם אִם־עָשׂוֹ תַעֲשׂוּ מִשְׁפָּט בֵּין

אִישׁ וּבֵין רֵעֵהוּ: גֵּר יָתוֹם וְאַלְמָנָה לֹא תַעֲשֹׁקוּ וְדָם נָקִי אַל־תִּשְׁפְּכוּ ‏6

בַּמָּקוֹם הַזֶּה וְאַחֲרֵי אֱלֹהִים אֲחֵרִים לֹא תֵלְכוּ לְרַע לָכֶם: וְשִׁכַּנְתִּי ‏7

אֶתְכֶם בַּמָּקוֹם הַזֶּה בָּאָרֶץ אֲשֶׁר נָתַתִּי לַאֲבוֹתֵיכֶם לְמִן־עוֹלָם וְעַד־

place, in the land that I gave to your fathers, for ever and ever.

8 ¶ Behold, ye trust in lying words, that cannot profit.

9 Will ye steal, murder, and commit adultery, and swear falsely, and burn incense unto Baal, and walk after other gods whom ye know not;

10 And come and stand before me in this house, which is called by my name, and say, We are delivered to do all these abominations?

11 Is this house, which is called by my name, become a den of robbers in your eyes? Behold, even I have seen *it,* saith the LORD.

12 But go ye now unto my place which *was* in Shiloh, where I set my name at the first, and see what I did to it for the wickedness of my people Israel.

13 And now, because ye have done all these works, saith the LORD, and I spake unto you, rising up early and speaking, but ye heard not; and I called you, but ye answered not;

14 Therefore will I do unto *this* house, which is called by my name, wherein ye trust, and unto the place which I gave to you and to your fathers, as I have done to Shiloh.

15 And I will cast you out of my sight, as I have cast out all your brethren, *even* the whole seed of Ephraim.

16 Therefore pray not thou for this people, neither lift up cry nor prayer for them, neither make intercession to me: for I will not hear thee.

17 ¶ Seest thou not what they do in the cities of Judah and in the streets of Jerusalem?

18 The children gather wood, and the fathers kindle the fire, and the women knead *their* dough, to make cakes to the queen of heaven, and to pour out drink offerings unto other gods, that they may provoke me to anger.

19 Do they provoke me to anger? saith the LORD: *do they* not *provoke* themselves to the confusion of their own faces?

20 Therefore thus saith the Lord GOD; Behold, mine anger and my fury shall be poured out upon this place, upon man, and upon beast, and upon the trees of the field, and upon the fruit of the ground; and it shall burn, and shall not be quenched.

21 ¶ Thus saith the LORD of hosts, the God of Israel; Put your burnt offerings unto your sacrifices, and eat flesh.

22 For I spake not unto your fathers, nor commanded them in the day that I brought them out of the land of Egypt, concerning burnt offerings or sacrifices:

23 But this thing commanded I them, saying, Obey my voice, and I will be your God, and ye shall be my people: and walk ye in all the ways that I have commanded you, that it may be well unto you.

24 But they hearkened not, nor inclined their ear, but walked in the counsels *and* in the imagination of their evil heart, and went backward, and not forward.

25 Since the day that your fathers came forth out of the land of Egypt unto this day I have even sent unto you all my servants the prophets, daily rising up early and sending *them:*

26 Yet they hearkened not unto me, nor inclined their ear, but hardened their neck: they did worse than their fathers.

27 Therefore thou shalt speak all these words unto them; but they will not hearken to thee: thou shalt also call unto them; but they will not answer thee.

28 But thou shalt say unto them, This *is* a nation that obeyeth not the voice of the LORD their God, nor receiveth correction: truth is perished, and is cut off from their mouth.

29 ¶ Cut off thine hair, *O Jerusalem,* and cast *it* away, and take up a lamentation

8 עוֹלָֽם: הִנֵּ֤ה אַתֶּם֙ בֹּטְחִ֣ים לָכֶ֔ם עַל־דִּבְרֵ֥י הַשָּׁ֖קֶר לְבִלְתִּ֥י הוֹעִֽיל:

9 הֲגָנֹ֤ב ׀ רָצֹ֙חַ֙ וְֽנָאֹ֔ף וְהִשָּׁבֵ֥עַ לַשֶּׁ֖קֶר וְקַטֵּ֣ר לַבָּ֑עַל וְהָלֹ֗ךְ אַחֲרֵ֛י אֱלֹהִ֥ים 9A

10 אֲחֵרִ֖ים אֲשֶׁ֥ר לֹֽא־יְדַעְתֶּֽם: וּבָאתֶ֞ם וַעֲמַדְתֶּ֣ם לְפָנַ֗י בַּבַּ֤יִת הַזֶּה֙ אֲשֶׁ֣ר נִקְרָא־שְׁמִ֣י עָלָ֔יו וַאֲמַרְתֶּ֖ם נִצַּ֑לְנוּ לְמַ֣עַן עֲשׂ֔וֹת אֵ֥ת כָּל־הַתּוֹעֵבֹ֖ת

11 הָאֵֽלֶּה: הַמְעָרַ֣ת פָּרִצִ֗ים הָיָ֤ה הַבַּ֙יִת֙ הַזֶּ֜ה אֲשֶׁר־נִקְרָא־שְׁמִ֥י עָלָ֖יו

12 בְּעֵינֵיכֶ֑ם גַּ֧ם אָנֹכִ֛י הִנֵּ֥ה רָאִ֖יתִי נְאֻם־יְהֹוָֽה: כִּ֣י לְכוּ־נָ֗א

אֶל־מְקוֹמִי֙ אֲשֶׁ֣ר בְּשִׁיל֔וֹ אֲשֶׁ֨ר שִׁכַּ֧נְתִּי שְׁמִ֛י שָׁ֖ם בָּרִֽאשׁוֹנָ֑ה וּרְאוּ֙

13 אֵ֣ת אֲשֶׁר־עָשִׂ֣יתִי ל֔וֹ מִפְּנֵ֕י רָעַ֖ת עַמִּ֥י יִשְׂרָאֵֽל: וְעַתָּ֗ה יַ֚עַן עֲשׂוֹתְכֶ֔ם אֶת־כָּל־הַמַּֽעֲשִׂ֥ים הָאֵ֖לֶּה נְאֻם־יְהֹוָ֑ה וָאֲדַבֵּ֨ר אֲלֵיכֶ֜ם הַשְׁכֵּ֤ם וְדַבֵּר֙

14 וְלֹ֣א שְׁמַעְתֶּ֔ם וָאֶקְרָ֥א אֶתְכֶ֖ם וְלֹ֣א עֲנִיתֶֽם: וְעָשִׂ֜יתִי לַבַּ֣יִת ׀ אֲשֶׁ֧ר נִקְרָא־שְׁמִ֣י עָלָ֗יו אֲשֶׁ֤ר אַתֶּם֙ בֹּטְחִ֣ים בּ֔וֹ וְלַמָּק֕וֹם אֲשֶׁר־נָתַ֥תִּי לָכֶ֖ם

15 וְלַאֲבֽוֹתֵיכֶ֑ם כַּאֲשֶׁ֥ר עָשִׂ֖יתִי לְשִׁלֽוֹ: וְהִשְׁלַכְתִּ֥י אֶתְכֶ֖ם מֵעַ֣ל פָּנָ֑י כַּאֲשֶׁ֣ר

16 הִשְׁלַ֙כְתִּי֙ אֶת־כָּל־אֲחֵיכֶ֔ם אֵ֖ת כָּל־זֶ֥רַע אֶפְרָֽיִם: וְאַתָּ֞ה

אַל־תִּתְפַּלֵּ֣ל ׀ בְּעַד־הָעָ֣ם הַזֶּ֗ה וְאַל־תִּשָּׂ֧א בַעֲדָ֛ם רִנָּ֥ה וּתְפִלָּ֖ה וְאַל־

17 תִּפְגַּע־בִּ֑י כִּי־אֵינֶ֥נִּי שֹׁמֵ֖עַ אֹתָֽךְ: הַֽאֵינְךָ֣ רֹאֶ֔ה מָ֛ה הֵ֥מָּה עֹשִׂ֖ים בְּעָרֵ֣י

18 יְהוּדָ֑ה וּבְחֻצ֖וֹת יְרֽוּשָׁלָֽ͏ִם: הַבָּנִ֤ים מְלַקְּטִים֙ עֵצִ֔ים וְהָֽאָב֖וֹת מְבַעֲרִ֣ים אֶת־הָאֵ֔שׁ וְהַנָּשִׁ֕ים לָשׁ֖וֹת בָּצֵ֑ק לַעֲשׂ֞וֹת כַּוָּנִ֗ים לִמְלֶ֙כֶת֙ הַשָּׁמַ֔יִם

19 וְהַסֵּ֤ךְ נְסָכִים֙ לֵאלֹהִ֣ים אֲחֵרִ֔ים לְמַ֖עַן הַכְעִסֵֽנִי: הַאֹתִ֛י הֵ֥ם מַכְעִסִ֖ים

20 נְאֻם־יְהֹוָ֑ה הֲל֣וֹא אֹתָ֔ם לְמַ֖עַן בֹּ֥שֶׁת פְּנֵיהֶֽם: לָכֵ֞ן

כֹּה־אָמַ֣ר ׀ אֲדֹנָ֣י יְהֹוִ֗ה הִנֵּ֨ה אַפִּ֤י וַחֲמָתִי֙ נִתֶּ֙כֶת֙ אֶל־הַמָּק֣וֹם הַזֶּ֔ה עַל־הָֽאָדָם֙ וְעַל־הַבְּהֵמָ֔ה וְעַל־עֵ֥ץ הַשָּׂדֶ֖ה וְעַל־פְּרִ֣י הָאֲדָמָ֑ה וּבָעֲרָ֖ה וְלֹ֥א

21 תִכְבֶּֽה: כֹּ֥ה אָמַ֛ר יְהֹוָ֥ה צְבָא֖וֹת אֱלֹהֵ֣י יִשְׂרָאֵ֑ל עֹלוֹתֵיכֶ֛ם

22 סְפ֥וּ עַל־זִבְחֵיכֶ֖ם וְאִכְל֥וּ בָשָֽׂר: כִּ֠י לֹֽא־דִבַּ֤רְתִּי אֶת־אֲבֽוֹתֵיכֶם֙ וְלֹ֣א

צִוִּיתִ֔ים בְּי֛וֹם *הוֹצִיא* אוֹתָ֖ם מֵאֶ֣רֶץ מִצְרָ֑יִם עַל־דִּבְרֵ֥י עוֹלָ֖ה וָזָֽבַח: הוֹצִיאִ֖י

23 כִּ֣י אִֽם־אֶת־הַדָּבָ֣ר הַ֠זֶּה צִוִּ֨יתִי אוֹתָ֤ם לֵאמֹר֙ שִׁמְע֣וּ בְקוֹלִ֔י וְהָיִ֤יתִי לָכֶם֙ לֵֽאלֹהִ֔ים וְאַתֶּ֖ם תִּֽהְיוּ־לִ֣י לְעָ֑ם וַהֲלַכְתֶּ֗ם בְּכָ֤ל־הַדֶּ֙רֶךְ֙ אֲשֶׁ֣ר

24 אֲצַוֶּ֣ה אֶתְכֶ֔ם לְמַ֖עַן יִיטַ֥ב לָכֶֽם: וְלֹ֤א שָֽׁמְעוּ֙ וְלֹֽא־הִטּ֣וּ אֶת־אָזְנָ֔ם וַיֵּֽלְכוּ֙ בְּמֹ֣עֵצ֔וֹת בִּשְׁרִר֖וּת לִבָּ֣ם הָרָ֑ע וַיִּֽהְי֥וּ לְאָח֖וֹר וְלֹ֥א לְפָנִֽים:

25 לְמִן־הַיּ֗וֹם אֲשֶׁ֨ר יָצְא֤וּ אֲבֽוֹתֵיכֶם֙ מֵאֶ֣רֶץ מִצְרַ֔יִם עַ֖ד הַיּ֣וֹם הַזֶּ֑ה

26 וָאֶשְׁלַ֤ח אֲלֵיכֶם֙ אֶת־כָּל־עֲבָדַ֣י הַנְּבִיאִ֔ים י֖וֹם הַשְׁכֵּ֥ם וְשָׁלֹֽחַ: וְל֤וֹא

שָֽׁמְעוּ֙ אֵלַ֔י וְלֹ֥א הִטּ֖וּ אֶת־אָזְנָ֑ם וַיַּקְשׁוּ֙ אֶת־עָרְפָּ֔ם הֵרֵ֖עוּ מֵאֲבוֹתָֽם:

27 וְדִבַּרְתָּ֤ אֲלֵיהֶם֙ אֶת־כָּל־הַדְּבָרִ֣ים הָאֵ֔לֶּה וְלֹ֥א יִשְׁמְע֖וּ אֵלֶ֑יךָ וְקָרָ֥אתָ

28 אֲלֵיהֶ֖ם וְלֹ֥א יַעֲנֽוּכָה: וְאָמַרְתָּ֣ אֲלֵיהֶ֗ם זֶ֤ה הַגּוֹי֙ אֲשֶׁ֣ר לֽוֹא־שָׁמְע֗וּ בְּקוֹל֙ יְהֹוָ֣ה אֱלֹהָ֔יו וְלֹ֥א לָקְח֖וּ מוּסָ֑ר אָֽבְדָה֙ הָֽאֱמוּנָ֔ה וְנִכְרְתָ֖ה

29 מִפִּיהֶֽם: גָּזִּ֤י נִזְרֵךְ֙ וְֽהַשְׁלִ֔יכִי וּשְׂאִ֥י עַל־שְׁפָיִ֖ם קִינָ֑ה כִּ֣י

on high places; for the LORD hath rejected and forsaken the generation of his wrath.

30 For the children of Judah have done evil in my sight, saith the LORD: they have set their abominations in the house which is called by my name, to pollute it.

31 And they have built the high places of Tophet, which *is* in the valley of the son of Hinnom, to burn their sons and their daughters in the fire; which I commanded *them* not, neither came it into my heart.

32 ¶ Therefore, behold, the days come, saith the LORD, that it shall no more be called Tophet, nor the valley of the son of Hinnom, but the valley of slaughter: for they shall bury in Tophet, till there be no place.

33 And the carcases of this people shall be meat for the fowls of the heaven, and for the beasts of the earth; and none shall fray *them* away.

34 Then will I cause to cease from the cities of Judah, and from the streets of Jerusalem, the voice of mirth, and the voice of gladness, the voice of the bridegroom, and the voice of the bride: for the land shall be desolate.

CHAPTER 8

1 At that time, saith the LORD, they shall bring out the bones of the kings of Judah, and the bones of his princes, and the bones of the priests, and the bones of the prophets, and the bones of the inhabitants of Jerusalem, out of their graves:

2 And they shall spread them before the sun, and the moon, and all the host of heaven, whom they have loved, and whom they have served, and after whom they have walked, and whom they have sought, and whom they have worshipped: they shall not be gathered, nor be buried; they shall be for dung upon the face of the earth.

3 And death shall be chosen rather than life by all the residue of them that remain of this evil family, which remain in all the places whither I have driven them, saith the LORD of hosts.

4 ¶ Moreover thou shalt say unto them, Thus saith the LORD; Shall they fall, and not arise? shall he turn away, and not return?

5 Why *then* is this people of Jerusalem slidden back by a perpetual backsliding? they hold fast deceit, they refuse to return.

6 I hearkened and heard, *but* they spake not aright: no man repented him of his wickedness, saying, What have I done? every one turned to his course, as the horse rusheth into the battle.

7 Yea, the stork in the heaven knoweth her appointed times; and the turtle and the crane and the swallow observe the time of their coming; but my people know not the judgment of the LORD.

8 How do ye say, We *are* wise, and the law of the LORD *is* with us? Lo, certainly in vain made he *it*; the pen of the scribes *is* in vain.

9 The wise *men* are ashamed, they are dismayed and taken: lo, they have rejected the word of the LORD; and what wisdom *is* in them?

10 Therefore will I give their wives unto others, *and* their fields to them that shall inherit *them*: for every one from the least even unto the greatest is given to covetousness, from the prophet even unto the priest every one dealeth falsely.

11 For they have healed the hurt of the daughter of my people slightly, saying, Peace, peace; when *there is* no peace.

12 Were they ashamed when they had committed abomination? nay, they were not at all ashamed, neither could they blush: therefore shall they fall among them that fall: in the time of their visitation they shall be cast down, saith the LORD.

13 ¶ I will surely consume them, saith the LORD: *there shall be* no grapes on the vine, nor figs on the fig tree, and the leaf shall fade; and *the things that* I have given them shall pass away from them.

14 Why do we sit still? assemble yourselves, and let us enter into the defenced cities, and let us be silent there: for the LORD our God hath put us to silence, and given us water of gall to drink, because we have sinned against the LORD.

15 We looked for peace, but no good

30 מָאַ֨ס יְהֹוָ֤ה וַיִּטֹּשׁ֙ אֶת־דּ֣וֹר עֶבְרָת֑וֹ: כִּֽי־עָשׂ֨וּ בְנֵֽי־יְהוּדָ֤ה הָרַע֙ בְּעֵינַ֔י 30A

נְאֻם־יְהֹוָ֑ה שָׂ֣מוּ שִׁקּֽוּצֵיהֶ֗ם בַּבַּ֛יִת אֲשֶׁר־נִקְרָא־שְׁמִ֥י עָלָ֖יו לְטַמְּאֽוֹ:

31 וּבָנ֞וּ בָּמ֣וֹת הַתֹּ֗פֶת אֲשֶׁר֙ בְּגֵ֣יא בֶן־הִנֹּ֔ם לִשְׂרֹ֛ף אֶת־בְּנֵיהֶ֥ם וְאֶת־

32 בְּנֹֽתֵיהֶ֖ם בָּאֵ֑שׁ אֲשֶׁר֙ לֹ֣א צִוִּ֔יתִי וְלֹ֥א עָלְתָ֖ה עַל־לִבִּֽי: לָכֵ֞ן

הִנֵּֽה־יָמִ֤ים בָּאִים֙ נְאֻם־יְהֹוָ֔ה וְלֹא־יֵאָמֵ֨ר ע֤וֹד הַתֹּ֙פֶת֙ וְגֵ֣יא בֶן־הִנֹּ֔ם

33 כִּ֖י אִם־גֵּ֣יא הַהֲרֵגָ֑ה וְקָבְר֥וּ בְתֹ֖פֶת מֵאֵ֣ין מָק֑וֹם: וְֽהָיְתָ֡ה נִבְלַת֩ הָעָ֨ם

הַזֶּ֜ה לְמַֽאֲכָ֗ל לְע֤וֹף הַשָּׁמַ֙יִם֙ וּלְבֶהֱמַ֣ת הָאָ֔רֶץ וְאֵ֖ין מַחֲרִֽיד:

34 וְהִשְׁבַּתִּ֣י ׀ מֵעָרֵ֣י יְהוּדָ֗ה וּמֵֽחֻצוֹת֙ יְר֣וּשָׁלַ֔͏ִם ק֤וֹל שָׂשׂוֹן֙ וְק֣וֹל שִׂמְחָ֔ה

8 1 ק֥וֹל חָתָ֖ן וְק֣וֹל כַּלָּ֑ה כִּ֥י לְחָרְבָּ֖ה תִּהְיֶ֥ה הָאָֽרֶץ: בָּעֵ֣ת הַהִ֣יא נְאֻם־   יוֹצִיאוּ

יְהֹוָ֡ה *וְיֹצִ֣יאוּ אֶת־עַצְמ֣וֹת מַלְכֵֽי־יְהוּדָ֣ה וְאֶת־עַצְמוֹת־שָׂרָיו֮ וְאֶת־

עַצְמ֣וֹת הַכֹּהֲנִ֣ים וְאֵ֣ת ׀ עַצְמ֣וֹת הַנְּבִיאִ֗ים וְאֵ֖ת עַצְמ֥וֹת יוֹשְׁבֵֽי־

2 יְרוּשָׁלָ֖͏ִם מִקִּבְרֵיהֶֽם: וּשְׁטָח֩וּם לַשֶּׁ֨מֶשׁ וְלַיָּרֵ֜חַ וּלְכֹ֣ל ׀ צְבָ֣א הַשָּׁמַ֗יִם 2A

אֲשֶׁ֨ר אֲהֵב֜וּם וַאֲשֶׁ֤ר עֲבָדוּם֙ וַֽאֲשֶׁר֙ הָלְכ֣וּ אַֽחֲרֵיהֶ֔ם וַאֲשֶׁ֣ר דְּרָשׁ֔וּם

וַאֲשֶׁ֖ר הִֽשְׁתַּחֲו֣וּ לָהֶ֑ם לֹ֤א יֵאָֽסְפוּ֙ וְלֹ֣א יִקָּבֵ֔רוּ לְדֹ֛מֶן עַל־פְּנֵ֥י הָאֲדָמָ֖ה

3 יִֽהְיֽוּ: וְנִבְחַ֥ר מָ֙וֶת֙ מֵֽחַיִּ֔ים לְכֹ֗ל הַשְּׁאֵרִית֙ הַנִּשְׁאָרִ֔ים מִן־הַמִּשְׁפָּחָ֥ה

הָֽרָעָ֖ה הַזֹּ֑את בְּכָל־הַמְּקֹמ֤וֹת הַנִּשְׁאָרִים֙ אֲשֶׁ֣ר הִדַּחְתִּ֣ים שָׁ֔ם נְאֻ֖ם

4 יְהֹוָ֥ה צְבָאֽוֹת: וְאָמַרְתָּ֣ אֲלֵיהֶ֗ם כֹּ֚ה אָמַ֣ר יְהֹוָ֔ה הֲיִפְּל֖וּ

5 וְלֹ֣א יָק֑וּמוּ אִם־יָשׁ֖וּב וְלֹ֣א יָשֽׁוּב: מַדּ֨וּעַ שֽׁוֹבְבָ֜ה הָעָ֥ם הַזֶּ֛ה יְרוּשָׁלַ֖͏ִם

6 מְשֻׁבָ֣ה נִצַּ֑חַת הֶחֱזִ֙יקוּ֙ בַּתַּרְמִ֔ית מֵאֲנ֖וּ לָשֽׁוּב: הִקְשַׁ֤בְתִּי וָֽאֶשְׁמָע֙

לוֹא־כֵ֣ן יְדַבֵּ֔רוּ אֵ֣ין אִ֗ישׁ נִחָם֙ עַל־רָ֣עָת֔וֹ לֵאמֹ֖ר מֶ֣ה עָשִׂ֑יתִי כֻּלֹּ֗ה

7 שָׁ֚ב בִּמְר֣וּצוֹתָ֔ם כְּס֖וּס שׁוֹטֵ֣ף בַּמִּלְחָמָֽה: גַּם־חֲסִידָ֣ה בַשָּׁמַ֗יִם יָֽדְעָה֙   בִּמְרוּצָתָם

מֽוֹעֲדֶ֔יהָ וְתֹ֤ר *וְסוּס֙ וְעָג֔וּר שָׁמְר֖וּ אֶת־עֵ֣ת בֹּאָ֑נָה וְעַמִּ֕י לֹ֣א יָֽדְע֔וּ   וְסִיס

8 אֵ֖ת מִשְׁפַּ֥ט יְהֹוָֽה: אֵיכָ֤ה תֹֽאמְרוּ֙ חֲכָמִ֣ים אֲנַ֔חְנוּ וְתוֹרַ֥ת יְהֹוָ֖ה אִתָּ֑נוּ

9 אָכֵן֙ הִנֵּ֣ה לַשֶּׁ֣קֶר עָשָׂ֔ה עֵ֖ט שֶׁ֣קֶר סֹפְרִֽים: הֹבִ֣ישׁוּ חֲכָמִ֔ים חַ֖תּוּ

10 וַיִּלָּכֵ֑דוּ הִנֵּ֤ה בִדְבַר־יְהֹוָה֙ מָאָ֔סוּ וְחָכְמַ֥ת מֶ֖ה לָהֶֽם: לָכֵ֞ן

אֶתֵּ֨ן אֶת־נְשֵׁיהֶ֤ם לַֽאֲחֵרִים֙ שְׂדֽוֹתֵיהֶם֙ לְי֣וֹרְשִׁ֔ים כִּ֤י מִקָּטֹן֙ וְעַד־גָּד֔וֹל

11 כֻּלֹּ֖ה בֹּצֵ֣עַ בָּ֑צַע מִנָּבִיא֙ וְעַד־כֹּהֵ֔ן כֻּלֹּ֖ה עֹ֥שֶׂה שָּֽׁקֶר: וַיְרַפּ֗וּ אֶת־שֶׁ֤בֶר

12 בַּת־עַמִּי֙ עַל־נְקַלָּ֔ה לֵאמֹ֖ר ׀ שָׁל֣וֹם ׀ שָׁל֑וֹם וְאֵ֖ין שָׁלֽוֹם: הֹבִ֕שׁוּ כִּ֥י

תֽוֹעֵבָ֖ה עָשׂ֑וּ גַּם־בּ֣וֹשׁ לֹֽא־יֵב֗שׁוּ וְהִכָּלֵם֙ לֹ֣א יָדָ֔עוּ לָכֵ֞ן יִפְּל֣וּ בַנֹּפְלִ֗ים

13 בְּעֵ֥ת פְּקֻדָּתָ֛ם יִכָּשְׁל֖וּ אָמַ֥ר יְהֹוָֽה: אָסֹ֥ף אֲסִיפֵ֖ם נְאֻם־

יְהֹוָ֑ה אֵ֨ין עֲנָבִ֜ים בַּגֶּ֗פֶן וְאֵ֤ין תְּאֵנִים֙ בַּתְּאֵנָ֔ה וְהֶֽעָלֶ֖ה נָבֵ֑ל וָאֶתֵּ֥ן לָהֶ֖ם

14 יַעַבְרֽוּם: עַל־מָה֙ אֲנַ֣חְנוּ יֹֽשְׁבִ֔ים הֵאָ֣סְפ֔וּ וְנָב֛וֹא אֶל־עָרֵ֥י הַמִּבְצָ֖ר

וְנִדְּמָה־שָּׁ֑ם כִּי֩ יְהֹוָ֨ה אֱלֹהֵ֤ינוּ הֲדִמָּ֙נוּ֙ וַיַּשְׁקֵ֣נוּ מֵי־רֹ֔אשׁ כִּ֥י חָטָ֖אנוּ

15 לַיהֹוָֽה: קַוֵּ֥ה לְשָׁל֖וֹם וְאֵ֣ין ט֑וֹב לְעֵ֥ת מַרְפֵּ֖ה וְהִנֵּ֥ה בְעָתָֽה: מִדָּ֨ן
16

came; and for a time of health, and behold trouble!

16 The snorting of his horses was heard from Dan: the whole land trembled at the sound of the neighing of his strong ones; for they are come, and have devoured the land, and all that is in it; the city, and those that dwell therein.

17 For, behold, I will send serpents, cockatrices, among you, which *will* not *be* charmed, and they shall bite you, saith the LORD.

18 ¶ *When* I would comfort myself against sorrow, my heart *is* faint in me.

19 Behold the voice of the cry of the daughter of my people because of them that dwell in a far country: *Is* not the LORD in Zion? *is* not her king in her? Why have they provoked me to anger with their graven images, *and* with strange vanities?

20 The harvest is past, the summer is ended, and we are not saved.

21 For the hurt of the daughter of my people am I hurt; I am black; astonishment hath taken hold on me.

22 *Is there* no balm in Gilead; *is there* no physician there? why then is not the health of the daughter of my people recovered?

CHAPTER 9

1[8:23] Oh that my head were waters, and mine eyes a fountain of tears, that I might weep day and night for the slain of the daughter of my people!

2[1] Oh that I had in the wilderness a lodging place of wayfaring men; that I might leave my people, and go from them! for they *be* all adulterers, an assembly of treacherous men.

3[2] And they bend their tongues *like* their bow *for* lies: but they are not valiant for the truth upon the earth; for they proceed from evil to evil, and they know not me, saith the LORD.

4[3] Take ye heed every one of his neighbour, and trust ye not in any brother: for every brother will utterly supplant, and every neighbour will walk with slanders.

5[4] And they will deceive every one his neighbour, and will not speak the truth:

they have taught their tongue to speak lies, *and* weary themselves to commit iniquity.

6[5] Thine habitation *is* in the midst of deceit; through deceit they refuse to know me, saith the LORD.

7[6] Therefore thus saith the LORD of hosts, Behold, I will melt them, and try them; for how shall I do for the daughter of my people?

8[7] Their tongue *is as* an arrow shot out; it speaketh deceit: *one* speaketh peaceably to his neighbour with his mouth, but in heart he layeth his wait.

9[8] ¶ Shall I not visit them for these *things?* saith the LORD: shall not my soul be avenged on such a nation as this?

10[9] For the mountains will I take up a weeping and wailing, and for the habitations of the wilderness a lamentation, because they are burned up, so that none can pass through *them;* neither can *men* hear the voice of the cattle; both the fowl of the heavens and the beast are fled; they are gone.

11[10] And I will make Jerusalem heaps, *and* a den of dragons; and I will make the cities of Judah desolate, without an inhabitant.

12[11] ¶ Who *is* the wise man, that may understand this? and *who is he* to whom the mouth of the LORD hath spoken, that he may declare it, for what the land perisheth *and* is burned up like a wilderness, that none passeth through?

13[12] And the LORD saith, Because they have forsaken my law which I set before them, and have not obeyed my voice, neither walked therein;

14[13] But have walked after the imagination of their own heart, and after Baalim, which their fathers taught them:

15[14] Therefore thus saith the LORD of hosts, the God of Israel; Behold, I will feed them, *even* this people, with wormwood, and give them water of gall to drink.

16[15] I will scatter them also among the heathen, whom neither they nor their fathers have known: and I will send a sword after them, till I have consumed them.

17[16] ¶ Thus saith the LORD of hosts, Consider ye, and call for the mourning

נִשְׁמַע נַחְרַת סוּסָיו מִקּוֹל מִצְהֲלוֹת אַבִּירָיו רָעֲשָׁה כָּל־הָאָרֶץ וַיָּבוֹאוּ

17 וַיֹּאכְלוּ אֶרֶץ וּמְלוֹאָהּ עִיר וְיֹשְׁבֵי בָהּ: כִּי הִנְנִי מְשַׁלֵּחַ בָּכֶם נְחָשִׁים צִפְעֹנִים אֲשֶׁר אֵין־לָהֶם לָחַשׁ וְנִשְּׁכוּ אֶתְכֶם נְאֻם־

18 יְהוָה: מַבְלִיגִיתִי עֲלֵי יָגוֹן עָלַי לִבִּי דַוָּי: הִנֵּה־קוֹל שַׁוְעַת

19 בַּת־עַמִּי מֵאֶרֶץ מַרְחַקִּים הַיהוָה אֵין בְּצִיּוֹן אִם־מַלְכָּהּ אֵין בָּהּ מַדּוּעַ

20 הִכְעִסוּנִי בִּפְסִלֵיהֶם בְּהַבְלֵי נֵכָר: עָבַר קָצִיר כָּלָה קָיִץ וַאֲנַחְנוּ לוֹא

21 נוֹשָׁעְנוּ: עַל־שֶׁבֶר בַּת־עַמִּי הָשְׁבָּרְתִּי קָדַרְתִּי שַׁמָּה הֶחֱזִקָתְנִי: הַצֳרִי

22 אֵין בְּגִלְעָד אִם־רֹפֵא אֵין שָׁם כִּי מַדּוּעַ לֹא עָלְתָה אֲרֻכַת בַּת־עַמִּי:

23 מִי־יִתֵּן רֹאשִׁי מַיִם וְעֵינִי מְקוֹר דִּמְעָה וְאֶבְכֶּה יוֹמָם וָלַיְלָה אֶת־

9 1 חַלְלֵי בַת־עַמִּי: מִי־יִתְּנֵנִי בַמִּדְבָּר מְלוֹן אֹרְחִים וְאֶעֶזְבָה אֶת־עַמִּי

2 וְאֵלְכָה מֵאִתָּם כִּי כֻלָּם מְנָאֲפִים עֲצֶרֶת בֹּגְדִים: וַיַּדְרְכוּ אֶת־לְשׁוֹנָם קַשְׁתָּם שֶׁקֶר וְלֹא לֶאֱמוּנָה גָּבְרוּ בָאָרֶץ כִּי מֵרָעָה אֶל־רָעָה׀ יָצָאוּ

3 וְאֹתִי לֹא־יָדָעוּ נְאֻם־יְהוָה: אִישׁ מֵרֵעֵהוּ הִשָּׁמֵרוּ וְעַל־ כָּל־אָח אַל־תִּבְטָחוּ כִּי כָל־אָח עָקוֹב יַעְקֹב וְכָל־רֵעַ רָכִיל יַהֲלֹךְ:

4 וְאִישׁ בְּרֵעֵהוּ יְהָתֵלּוּ וֶאֱמֶת לֹא יְדַבֵּרוּ לִמְּדוּ לְשׁוֹנָם דַּבֶּר־שֶׁקֶר

5 הַעֲוֵה נִלְאוּ: שִׁבְתְּךָ בְּתוֹךְ מִרְמָה בְּמִרְמָה מֵאֲנוּ דַעַת־אוֹתִי נְאֻם־

6 יְהוָה: לָכֵן כֹּה אָמַר יְהוָה צְבָאוֹת הִנְנִי צוֹרְפָם וּבְחַנְתִּים

7 כִּי־אֵיךְ אֶעֱשֶׂה מִפְּנֵי בַּת־עַמִּי: חֵץ שׁוֹחֵט לְשׁוֹנָם מִרְמָה דִבֵּר בְּפִיו   שָׁחוּט

8 שָׁלוֹם אֶת־רֵעֵהוּ יְדַבֵּר וּבְקִרְבּוֹ יָשִׂים אָרְבּוֹ: הַעַל־אֵלֶּה לֹא־אֶפְקָד־

9 בָּם נְאֻם־יְהוָה אִם בְּגוֹי אֲשֶׁר־כָּזֶה לֹא תִתְנַקֵּם נַפְשִׁי: עַל־ הֶהָרִים אֶשָּׂא בְכִי וָנֶהִי וְעַל־נְאוֹת מִדְבָּר קִינָה כִּי נִצְּתוּ מִבְּלִי־אִישׁ עֹבֵר וְלֹא שָׁמְעוּ קוֹל מִקְנֶה מֵעוֹף הַשָּׁמַיִם וְעַד־בְּהֵמָה נָדְדוּ הָלָכוּ:

10 וְנָתַתִּי אֶת־יְרוּשָׁלַ͏ִם לְגַלִּים מְעוֹן תַּנִּים וְאֶת־עָרֵי יְהוּדָה אֶתֵּן שְׁמָמָה

11 מִבְּלִי יוֹשֵׁב: מִי־הָאִישׁ הֶחָכָם וְיָבֵן אֶת־זֹאת וַאֲשֶׁר דִּבֶּר פִּי־יְהוָה אֵלָיו וְיַגִּדָהּ עַל־מָה אָבְדָה הָאָרֶץ נִצְּתָה כַמִּדְבָּר מִבְּלִי

12 עֹבֵר: וַיֹּאמֶר יְהוָה עַל־עָזְבָם אֶת־תּוֹרָתִי אֲשֶׁר נָתַתִּי

13 לִפְנֵיהֶם וְלֹא־שָׁמְעוּ בְקוֹלִי וְלֹא־הָלְכוּ בָהּ: וַיֵּלְכוּ אַחֲרֵי שְׁרִרוּת לִבָּם

14 וְאַחֲרֵי הַבְּעָלִים אֲשֶׁר לִמְּדוּם אֲבוֹתָם: לָכֵן כֹּה־אָמַר יְהוָה צְבָאוֹת אֱלֹהֵי יִשְׂרָאֵל הִנְנִי מַאֲכִילָם אֶת־הָעָם הַזֶּה לַעֲנָה

15 וְהִשְׁקִיתִים מֵי־רֹאשׁ: וַהֲפִצוֹתִים בַּגּוֹיִם אֲשֶׁר לֹא יָדְעוּ הֵמָּה וַאֲבוֹתָם וְשִׁלַּחְתִּי אַחֲרֵיהֶם אֶת־הַחֶרֶב עַד כַּלּוֹתִי אוֹתָם:

16 כֹּה אָמַר יְהוָה צְבָאוֹת הִתְבּוֹנְנוּ וְקִרְאוּ לַמְקוֹנְנוֹת וּתְבוֹאֶינָה

women, that they may come; and send for cunning *women*, that they may come:

18[17] And let them make haste, and take up a wailing for us, that our eyes may run down with tears, and our eyelids gush out with waters.

19[18] For a voice of wailing is heard out of Zion, How are we spoiled! we are greatly confounded, because we have forsaken the land, because our dwellings have cast *us* out.

20[19] Yet hear the word of the LORD, O ye women, and let your ear receive the word of his mouth, and teach your daughters wailing, and every one her neighbour lamentation.

21[20] For death is come up into our windows, *and* is entered into our palaces, to cut off the children from without, *and* the young men from the streets.

22[21] Speak, Thus saith the LORD, Even the carcases of men shall fall as dung upon the open field, and as the handful after the harvestman, and none shall gather *them*.

23[22] ¶ Thus saith the LORD, Let not the wise *man* glory in his wisdom, neither let the mighty *man* glory in his might, let not the rich *man* glory in his riches:

24[23] But let him that glorieth glory in this, that he understandeth and knoweth me, that I *am* the LORD which exercise lovingkindness, judgment, and righteousness, in the earth: for in these *things* I delight, saith the LORD.

25[24] ¶ Behold, the days come, saith the LORD, that I will punish all *them which are* circumcised with the uncircumcised;

26[25] Egypt, and Judah, and Edom, and the children of Ammon, and Moab, and all *that are* in the utmost corners, that dwell in the wilderness: for all *these* nations *are* uncircumcised, and all the house of Israel *are* uncircumcised in the heart.

CHAPTER 10

1 Hear ye the word which the LORD speaketh unto you, O house of Israel:

2 Thus saith the LORD, Learn not the way of the heathen, and be not dismayed at the signs of heaven; for the heathen are dismayed at them.

3 For the customs of the people *are* vain: for *one* cutteth a tree out of the forest, the work of the hands of the workman, with the axe.

4 They deck it with silver and with gold; they fasten it with nails and with hammers, that it move not.

5 They *are* upright as the palm tree, but speak not: they must needs be borne, because they cannot go. Be not afraid of them; for they cannot do evil, neither also *is it* in them to do good.

6 Forasmuch as *there is* none like unto thee, O LORD; thou *art* great, and thy name *is* great in might.

7 Who would not fear thee, O King of nations? for to thee doth it appertain: forasmuch as among all the wise *men* of the nations, and in all their kingdoms, *there is* none like unto thee.

8 But they are altogether brutish and foolish: the stock *is* a doctrine of vanities.

9 Silver spread into plates is brought from Tarshish, and gold from Uphaz, the work of the workman, and of the hands of the founder: blue and purple *is* their clothing: they *are* all the work of cunning *men*.

10 But the LORD *is* the true God, he *is* the living God, and an everlasting king: at his wrath the earth shall tremble, and the nations shall not be able to abide his indignation.

11 Thus shall ye say unto them, The gods that have not made the heavens and the earth, *even* they shall perish from the earth, and from under these heavens.

12 He hath made the earth by his power, he hath established the world by his wisdom, and hath stretched out the heavens by his discretion.

13 When he uttereth his voice, *there is* a multitude of waters in the heavens, and he causeth the vapours to ascend from the ends of the earth; he maketh lightnings with rain, and bringeth forth the wind out of his treasures.

14 Every man is brutish in *his* knowledge: every founder is confounded by the graven image: for his molten image *is* falsehood, and *there is* no breath in them.

15 They *are* vanity, *and* the work of er-

וְאֶל־הַחֲכָמוֹת שְׁלַחוּ וּתְבוֹאֶנָה וְתִמַהֵרְנָה וְתִשֶּׂנָה עָלֵינוּ נֶהִי: 17

וְתֵרַדְנָה עֵינֵינוּ דִּמְעָה וְעַפְעַפֵּינוּ יִזְּלוּ־מָיִם: כִּי קוֹל נְהִי נִשְׁמַע 18

מִצִּיּוֹן אֵיךְ שֻׁדָּדְנוּ בֹּשְׁנוּ מְאֹד כִּי־עָזַבְנוּ אָרֶץ כִּי הִשְׁלִיכוּ

מִשְׁכְּנוֹתֵינוּ: כִּי־שְׁמַעְנָה נָשִׁים דְּבַר־יְהֹוָה וְתִקַּח אָזְנְכֶם 19

דְּבַר־פִּיו וְלַמֵּדְנָה בְנוֹתֵיכֶם נֶהִי וְאִשָּׁה רְעוּתָהּ קִינָה: כִּי־עָלָה מָוֶת 20

בְּחַלּוֹנֵינוּ בָּא בְּאַרְמְנוֹתֵינוּ לְהַכְרִית עוֹלָל מִחוּץ בַּחוּרִים מֵרְחֹבוֹת:

דַּבֵּר כֹּה נְאֻם־יְהֹוָה וְנָפְלָה נִבְלַת הָאָדָם כְּדֹמֶן עַל־פְּנֵי הַשָּׂדֶה 21

וּכְעָמִיר מֵאַחֲרֵי הַקֹּצֵר וְאֵין מְאַסֵּף: כֹּה ׀ אָמַר יְהֹוָה אַל־ 22

יִתְהַלֵּל חָכָם בְּחָכְמָתוֹ וְאַל־יִתְהַלֵּל הַגִּבּוֹר בִּגְבוּרָתוֹ אַל־יִתְהַלֵּל

עָשִׁיר בְּעָשְׁרוֹ: כִּי אִם־בְּזֹאת יִתְהַלֵּל הַמִּתְהַלֵּל הַשְׂכֵּל וְיָדֹעַ אוֹתִי 23

כִּי אֲנִי יְהֹוָה עֹשֶׂה חֶסֶד מִשְׁפָּט וּצְדָקָה בָּאָרֶץ כִּי־בְאֵלֶּה חָפַצְתִּי

נְאֻם־יְהֹוָה: הִנֵּה יָמִים בָּאִים נְאֻם־יְהֹוָה וּפָקַדְתִּי עַל־ 24

כָּל־מוּל בְּעָרְלָה: עַל־מִצְרַיִם וְעַל־יְהוּדָה וְעַל־אֱדוֹם וְעַל־בְּנֵי עַמּוֹן 25

וְעַל־מוֹאָב וְעַל כָּל־קְצוּצֵי פֵאָה הַיֹּשְׁבִים בַּמִּדְבָּר כִּי כָל־הַגּוֹיִם

עֲרֵלִים וְכָל־בֵּית יִשְׂרָאֵל עַרְלֵי־לֵב: שִׁמְעוּ אֶת־הַדָּבָר 10 1

אֲשֶׁר דִּבֶּר יְהֹוָה עֲלֵיכֶם בֵּית יִשְׂרָאֵל: כֹּה ׀ אָמַר יְהֹוָה אֶל־דֶּרֶךְ 2

הַגּוֹיִם אַל־תִּלְמָדוּ וּמֵאֹתוֹת הַשָּׁמַיִם אַל־תֵּחָתּוּ כִּי־יֵחַתּוּ הַגּוֹיִם

מֵהֵמָּה: כִּי־חֻקּוֹת הָעַמִּים הֶבֶל הוּא כִּי־עֵץ מִיַּעַר כְּרָתוֹ מַעֲשֵׂה 3

יְדֵי־חָרָשׁ בַּמַּעֲצָד: בְּכֶסֶף וּבְזָהָב יְיַפֵּהוּ בְּמַסְמְרוֹת וּבְמַקָּבוֹת 4

יְחַזְּקוּם וְלוֹא יָפִיק: כְּתֹמֶר מִקְשָׁה הֵמָּה וְלֹא יְדַבֵּרוּ נָשׂוֹא יִנָּשׂוּא 5

כִּי לֹא יִצְעָדוּ אַל־תִּירְאוּ מֵהֶם כִּי־לֹא יָרֵעוּ וְגַם־הֵיטֵיב אֵין

אוֹתָם: מֵאֵין כָּמוֹךָ יְהֹוָה גָּדוֹל אַתָּה וְגָדוֹל שִׁמְךָ 6

בִּגְבוּרָה: מִי לֹא יִרָאֲךָ מֶלֶךְ הַגּוֹיִם כִּי לְךָ יָאָתָה כִּי בְכָל־חַכְמֵי 7

הַגּוֹיִם וּבְכָל־מַלְכוּתָם מֵאֵין כָּמוֹךָ: וּבְאַחַת יִבְעֲרוּ וְיִכְסָלוּ מוּסַר 8

הֲבָלִים עֵץ הוּא: כֶּסֶף מְרֻקָּע מִתַּרְשִׁישׁ יוּבָא וְזָהָב מֵאוּפָז מַעֲשֵׂה 9

חָרָשׁ וִידֵי צוֹרֵף תְּכֵלֶת וְאַרְגָּמָן לְבוּשָׁם מַעֲשֵׂה חֲכָמִים כֻּלָּם: וַיהֹוָה 10

אֱלֹהִים אֱמֶת הוּא־אֱלֹהִים חַיִּים וּמֶלֶךְ עוֹלָם מִקִּצְפּוֹ תִּרְעַשׁ הָאָרֶץ

וְלֹא־יָכִלוּ גוֹיִם זַעְמוֹ: כִּדְנָה תֵּאמְרוּן לְהוֹם אֱלָהַיָּא 11

דִּי־שְׁמַיָּא וְאַרְקָא לָא עֲבַדוּ יֵאבַדוּ מֵאַרְעָא וּמִן־תְּחוֹת שְׁמַיָּא

אֵלֶּה: עֹשֵׂה אֶרֶץ בְּכֹחוֹ מֵכִין תֵּבֵל בְּחָכְמָתוֹ וּבִתְבוּנָתוֹ 12

נָטָה שָׁמָיִם: לְקוֹל תִּתּוֹ הֲמוֹן מַיִם בַּשָּׁמַיִם וַיַּעֲלֶה נְשִׂאִים מִקְצֵה 13

אָרֶץ בְּרָקִים לַמָּטָר עָשָׂה וַיּוֹצֵא רוּחַ מֵאֹצְרֹתָיו: נִבְעַר כָּל־אָדָם הָאָרֶץ 14

מִדַּעַת הֹבִישׁ כָּל־צוֹרֵף מִפָּסֶל כִּי שֶׁקֶר נִסְכּוֹ וְלֹא־רוּחַ בָּם: הֶבֶל 15

rors: in the time of their visitation they shall perish.

16 The portion of Jacob *is* not like them: for he *is* the former of all *things;* and Israel *is* the rod of his inheritance: The LORD of hosts *is* his name.

17 ¶ Gather up thy wares out of the land, O inhabitant of the fortress.

18 For thus saith the LORD, Behold, I will sling out the inhabitants of the land at this once, and will distress them, that they may find *it so.*

19 ¶ Woe is me for my hurt! my wound is grievous: but I said, Truly this *is* a grief, and I must bear it.

20 My tabernacle is spoiled, and all my cords are broken: my children are gone forth of me, and they *are* not: *there is* none to stretch forth my tent any more, and to set up my curtains.

21 For the pastors are become brutish, and have not sought the LORD: therefore they shall not prosper, and all their flocks shall be scattered.

22 Behold, the noise of the bruit is come, and a great commotion out of the north country, to make the cities of Judah desolate, *and* a den of dragons.

23 ¶ O LORD, I know that the way of man *is* not in himself: *it is* not in man that walketh to direct his steps.

24 O LORD, correct me, but with judgment; not in thine anger, lest thou bring me to nothing.

25 Pour out thy fury upon the heathen that know thee not, and upon the families that call not on thy name: for they have eaten up Jacob, and devoured him, and consumed him, and have made his habitation desolate.

CHAPTER 11

1 The word that came to Jeremiah from the LORD, saying,

2 Hear ye the words of this covenant, and speak unto the men of Judah, and to the inhabitants of Jerusalem;

3 And say thou unto them, Thus saith the LORD God of Israel; Cursed *be* the man that obeyeth not the words of this covenant,

4 Which I commanded your fathers in the day *that* I brought them forth out of the land of Egypt, from the iron furnace, saying, Obey my voice, and do them, according to all which I command you: so shall ye be my people, and I will be your God:

5 That I may perform the oath which I have sworn unto your fathers, to give them a land flowing with milk and honey, as *it is* this day. Then answered I, and said, So be it, O LORD.

6 Then the LORD said unto me, Proclaim all these words in the cities of Judah, and in the streets of Jerusalem, saying, Hear ye the words of this covenant, and do them.

7 For I earnestly protested unto your fathers in the day *that* I brought them up out of the land of Egypt, *even* unto this day, rising early and protesting, saying, Obey my voice.

8 Yet they obeyed not, nor inclined their ear, but walked every one in the imagination of their evil heart: therefore I will bring upon them all the words of this covenant, which I commanded *them* to do; but they did *them* not.

9 And the LORD said unto me, A conspiracy is found among the men of Judah, and among the inhabitants of Jerusalem.

10 They are turned back to the iniquities of their forefathers, which refused to hear my words; and they went after other gods to serve them: the house of Israel and the house of Judah have broken my covenant which I made with their fathers.

11 ¶ Therefore thus saith the LORD, Behold, I will bring evil upon them, which they shall not be able to escape; and though they shall cry unto me, I will not hearken unto them.

12 Then shall the cities of Judah and inhabitants of Jerusalem go, and cry unto the gods unto whom they offer incense:

16 הֵמָּה מַעֲשֵׂה תַּעְתֻּעִים בְּעֵת פְּקֻדָּתָם יֹאבֵדוּ: לֹא־כְאֵלֶּה חֵלֶק יַעֲקֹב
כִּי־יוֹצֵר הַכֹּל הוּא וְיִשְׂרָאֵל שֵׁבֶט נַחֲלָתוֹ יְהוָה צְבָאוֹת

שְׁבֶת 17 שְׁמוֹ: אִסְפִּי מֵאֶרֶץ כִּנְעָתֵךְ יֹשַׁבְתִּי בַּמָּצוֹר: כִּי־
18 כֹה אָמַר יְהוָה הִנְנִי קוֹלֵעַ אֶת־יוֹשְׁבֵי הָאָרֶץ בַּפַּעַם הַזֹּאת וַהֲצֵרוֹתִי
19 לָהֶם לְמַעַן יִמְצָאוּ: אוֹי לִי עַל־שִׁבְרִי נַחְלָה מַכָּתִי
20 וַאֲנִי אָמַרְתִּי אַךְ זֶה חֳלִי וְאֶשָּׂאֶנּוּ: אָהֳלִי שֻׁדָּד וְכָל־מֵיתָרַי נִתָּקוּ
21 בָּנַי יְצָאֻנִי וְאֵינָם אֵין־נֹטֶה עוֹד אָהֳלִי וּמֵקִים יְרִיעוֹתָי: כִּי נִבְעֲרוּ
הָרֹעִים וְאֶת־יְהוָה לֹא דָרָשׁוּ עַל־כֵּן לֹא הִשְׂכִּילוּ וְכָל־מַרְעִיתָם
22 נָפוֹצָה: קוֹל שְׁמוּעָה הִנֵּה בָאָה וְרַעַשׁ גָּדוֹל מֵאֶרֶץ צָפוֹן
23 לָשׂוּם אֶת־עָרֵי יְהוּדָה שְׁמָמָה מְעוֹן תַּנִּים: יָדַעְתִּי יְהוָה
24 כִּי לֹא לָאָדָם דַּרְכּוֹ לֹא־לְאִישׁ הֹלֵךְ וְהָכִין אֶת־צַעֲדוֹ: יַסְּרֵנִי יְהוָה
25 אַךְ־בְּמִשְׁפָּט אַל־בְּאַפְּךָ פֶּן־תַּמְעִטֵנִי: שְׁפֹךְ חֲמָתְךָ עַל־הַגּוֹיִם אֲשֶׁר
לֹא־יְדָעוּךָ וְעַל מִשְׁפָּחוֹת אֲשֶׁר בְּשִׁמְךָ לֹא קָרָאוּ כִּי־אָכְלוּ אֶת־יַעֲקֹב
וַאֲכָלֻהוּ וַיְכַלֻּהוּ וְאֶת־נָוֵהוּ הֵשַׁמּוּ:

11 1 הַדָּבָר אֲשֶׁר הָיָה אֶל־יִרְמְיָהוּ מֵאֵת יְהוָה לֵאמֹר: שִׁמְעוּ אֶת־דִּבְרֵי
2 הַבְּרִית הַזֹּאת וְדִבַּרְתָּם אֶל־אִישׁ יְהוּדָה וְעַל־יֹשְׁבֵי יְרוּשָׁלָ͏ִם: וְאָמַרְתָּ
3 אֲלֵיהֶם כֹּה־אָמַר יְהוָה אֱלֹהֵי יִשְׂרָאֵל אָרוּר הָאִישׁ אֲשֶׁר לֹא יִשְׁמַע
4 אֶת־דִּבְרֵי הַבְּרִית הַזֹּאת: אֲשֶׁר צִוִּיתִי אֶת־אֲבוֹתֵיכֶם בְּיוֹם הוֹצִיאִי־
אוֹתָם מֵאֶרֶץ־מִצְרַיִם מִכּוּר הַבַּרְזֶל לֵאמֹר שִׁמְעוּ בְקוֹלִי וַעֲשִׂיתֶם
אוֹתָם כְּכֹל אֲשֶׁר־אֲצַוֶּה אֶתְכֶם וִהְיִיתֶם לִי לְעָם וְאָנֹכִי אֶהְיֶה לָכֶם
5 לֵאלֹהִים: לְמַעַן הָקִים אֶת־הַשְּׁבוּעָה אֲשֶׁר־נִשְׁבַּעְתִּי לַאֲבוֹתֵיכֶם
לָתֵת לָהֶם אֶרֶץ זָבַת חָלָב וּדְבַשׁ כַּיּוֹם הַזֶּה וָאַעַן וָאֹמַר אָמֵן ׀
6 יְהוָה: וַיֹּאמֶר יְהוָה אֵלַי קְרָא אֶת־כָּל־הַדְּבָרִים
הָאֵלֶּה בְּעָרֵי יְהוּדָה וּבְחֻצוֹת יְרוּשָׁלַ͏ִם לֵאמֹר שִׁמְעוּ אֶת־דִּבְרֵי
7 הַבְּרִית הַזֹּאת וַעֲשִׂיתֶם אוֹתָם: כִּי הָעֵד הַעִדֹתִי בַּאֲבוֹתֵיכֶם בְּיוֹם
הַעֲלוֹתִי אוֹתָם מֵאֶרֶץ מִצְרַיִם וְעַד־הַיּוֹם הַזֶּה הַשְׁכֵּם וְהָעֵד לֵאמֹר
8 שִׁמְעוּ בְּקוֹלִי: וְלֹא שָׁמְעוּ וְלֹא־הִטּוּ אֶת־אָזְנָם וַיֵּלְכוּ אִישׁ בִּשְׁרִירוּת
לִבָּם הָרָע וָאָבִיא עֲלֵיהֶם אֶת־כָּל־דִּבְרֵי הַבְּרִית־הַזֹּאת אֲשֶׁר־צִוִּיתִי
9 לַעֲשׂוֹת וְלֹא עָשׂוּ: וַיֹּאמֶר יְהוָה אֵלָי נִמְצָא־קֶשֶׁר בְּאִישׁ
10 יְהוּדָה וּבְיֹשְׁבֵי יְרוּשָׁלָ͏ִם: שָׁבוּ עַל־עֲוֺנֹת אֲבוֹתָם הָרִאשֹׁנִים אֲשֶׁר
מֵאֲנוּ לִשְׁמוֹעַ אֶת־דְּבָרַי וְהֵמָּה הָלְכוּ אַחֲרֵי אֱלֹהִים אֲחֵרִים לְעָבְדָם
הֵפֵרוּ בֵית־יִשְׂרָאֵל וּבֵית יְהוּדָה אֶת־בְּרִיתִי אֲשֶׁר כָּרַתִּי אֶת־
11 אֲבוֹתָם: לָכֵן כֹּה אָמַר יְהוָה הִנְנִי מֵבִיא אֲלֵיהֶם רָעָה
אֲשֶׁר לֹא־יוּכְלוּ לָצֵאת מִמֶּנָּה וְזָעֲקוּ אֵלַי וְלֹא אֶשְׁמַע אֲלֵיהֶם:
12 וְהָלְכוּ עָרֵי יְהוּדָה וְיֹשְׁבֵי יְרוּשָׁלַ͏ִם וְזָעֲקוּ אֶל־הָאֱלֹהִים אֲשֶׁר הֵם

but they shall not save them at all in the time of their trouble.

13 For *according to* the number of thy cities were thy gods, O Judah; and *according to* the number of the streets of Jerusalem have ye set up altars to *that* shameful thing, *even* altars to burn incense unto Baal.

14 Therefore pray not thou for this people, neither lift up a cry or prayer for them: for I will not hear *them* in the time that they cry unto me for their trouble.

15 What hath my beloved to do in mine house, *seeing* she hath wrought lewdness with many, and the holy flesh is passed from thee? when thou doest evil, then thou rejoicest.

16 The LORD called thy name, A green olive tree, fair, *and* of goodly fruit: with the noise of a great tumult he hath kindled fire upon it, and the branches of it are broken.

17 For the LORD of hosts, that planted thee, hath pronounced evil against thee, for the evil of the house of Israel and of the house of Judah, which they have done against themselves to provoke me to anger in offering incense unto Baal.

18 ¶ And the LORD hath given me knowledge *of it,* and I know *it:* then thou shewedst me their doings.

19 But I *was* like a lamb *or* an ox *that* is brought to the slaughter; and I knew not that they had devised devices against me, *saying,* Let us destroy the tree with the fruit thereof, and let us cut him off from the land of the living, that his name may be no more remembered.

20 But, O LORD of hosts, that judgest righteously, that triest the reins and the heart, let me see thy vengeance on them: for unto thee have I revealed my cause.

21 Therefore thus saith the LORD of the men of Anathoth, that seek thy life, saying, Prophesy not in the name of the LORD, that thou die not by our hand:

22 Therefore thus saith the LORD of hosts, Behold, I will punish them: the young men shall die by the sword; their sons and their daughters shall die by famine:

23 And there shall be no remnant of them: for I will bring evil upon the men of Anathoth, *even* the year of their visitation.

CHAPTER 12

1 Righteous *art* thou, O LORD, when I plead with thee: yet let me talk with thee of *thy* judgments: Wherefore doth the way of the wicked prosper? *wherefore* are all they happy that deal very treacherously?

2 Thou hast planted them, yea, they have taken root: they grow, yea, they bring forth fruit: thou *art* near in their mouth, and far from their reins.

3 But thou, O LORD, knowest me: thou hast seen me, and tried mine heart toward thee: pull them out like sheep for the slaughter, and prepare them for the day of slaughter.

4 How long shall the land mourn, and the herbs of every field wither, for the wickedness of them that dwell therein? the beasts are consumed, and the birds; because they said, He shall not see our last end.

5 ¶ If thou hast run with the footmen, and they have wearied thee, then how canst thou contend with horses? and *if* in the land of peace, *wherein* thou trustedst, *they wearied thee,* then how wilt thou do in the swelling of Jordan?

6 For even thy brethren, and the house of thy father, even they have dealt treacherously with thee; yea, they have called a multitude after thee: believe them not, though they speak fair words unto thee.

7 ¶ I have forsaken mine house, I have left mine heritage; I have given the dearly beloved of my soul into the hand of her enemies.

8 Mine heritage is unto me as a lion in the forest; it crieth out against me: therefore have I hated it.

9 Mine heritage *is* unto me *as* a speckled bird, the birds round about *are* against her; come ye, assemble all the beasts of the field, come to devour.

10 Many pastors have destroyed my vineyard, they have trodden my portion under foot, they have made my pleasant portion a desolate wilderness.

13 מְקַטְּרִים לָהֶם וְהוֹשֵׁעַ לֹא־יוֹשִׁיעוּ לָהֶם בְּעֵת רָעָתָם: כִּי מִסְפַּר
עָרֶיךָ הָיוּ אֱלֹהֶיךָ יְהוּדָה וּמִסְפַּר חֻצוֹת יְרוּשָׁלַ͏ִם שַׂמְתֶּם מִזְבְּחוֹת
14 לַבֹּשֶׁת מִזְבְּחוֹת לְקַטֵּר לַבָּעַל: וְאַתָּה אַל־תִּתְפַּלֵּל בְּעַד־
הָעָם הַזֶּה וְאַל־תִּשָּׂא בַעֲדָם רִנָּה וּתְפִלָּה כִּי אֵינֶנִּי שֹׁמֵעַ בְּעֵת
15 קָרְאָם אֵלַי בְּעַד רָעָתָם: מֶה לִידִידִי בְּבֵיתִי עֲשׂוֹתָהּ
הַמְזִמָּתָה הָרַבִּים וּבְשַׂר־קֹדֶשׁ יַעַבְרוּ מֵעָלָיִךְ כִּי רָעָתֵכִי אָז תַּעֲלֹזִי:
16 זַיִת רַעֲנָן יְפֵה פְרִי־תֹאַר קָרָא יְהוָה שְׁמֵךְ לְקוֹל ׀ הֲמוּלָּה גְדֹלָה
17 הִצִּית אֵשׁ עָלֶיהָ וְרָעוּ דָּלִיּוֹתָיו: וַיהוָה צְבָאוֹת הַנּוֹטֵעַ אוֹתָךְ דִּבֶּר
עָלַיִךְ רָעָה בִּגְלַל רָעַת בֵּית־יִשְׂרָאֵל וּבֵית יְהוּדָה אֲשֶׁר עָשׂוּ לָהֶם
18 לְהַכְעִסֵנִי לְקַטֵּר לַבָּעַל: וַיהוָה הוֹדִיעַנִי וָאֵדָעָה אָז
19 הִרְאִיתַנִי מַעַלְלֵיהֶם: וַאֲנִי כְּכֶבֶשׂ אַלּוּף יוּבַל לִטְבוֹחַ וְלֹא־יָדַעְתִּי
כִּי־עָלַי ׀ חָשְׁבוּ מַחֲשָׁבוֹת נַשְׁחִיתָה עֵץ בְּלַחְמוֹ וְנִכְרְתֶנּוּ מֵאֶרֶץ חַיִּים
20 וּשְׁמוֹ לֹא־יִזָּכֵר עוֹד: וַיהוָה צְבָאוֹת שֹׁפֵט צֶדֶק בֹּחֵן כְּלָיוֹת וָלֵב
21 אֶרְאֶה נִקְמָתְךָ מֵהֶם כִּי אֵלֶיךָ גִּלִּיתִי אֶת־רִיבִי: לָכֵן כֹּה־
אָמַר יְהוָה עַל־אַנְשֵׁי עֲנָתוֹת הַמְבַקְשִׁים אֶת־נַפְשְׁךָ לֵאמֹר לֹא תִנָּבֵא
22 בְּשֵׁם יְהוָה וְלֹא תָמוּת בְּיָדֵנוּ: לָכֵן כֹּה אָמַר יְהוָה
צְבָאוֹת הִנְנִי פֹקֵד עֲלֵיהֶם הַבַּחוּרִים יָמֻתוּ בַחֶרֶב בְּנֵיהֶם וּבְנוֹתֵיהֶם
23 יָמֻתוּ בָּרָעָב: וּשְׁאֵרִית לֹא תִהְיֶה לָהֶם כִּי־אָבִיא רָעָה אֶל־אַנְשֵׁי
12 1 עֲנָתוֹת שְׁנַת פְּקֻדָּתָם: צַדִּיק אַתָּה יְהוָה כִּי אָרִיב אֵלֶיךָ
אַךְ מִשְׁפָּטִים אֲדַבֵּר אוֹתָךְ מַדּוּעַ דֶּרֶךְ רְשָׁעִים צָלֵחָה שָׁלוּ כָּל־בֹּגְדֵי
2 בָגֶד: נְטַעְתָּם גַּם־שֹׁרָשׁוּ יֵלְכוּ גַּם־עָשׂוּ פֶרִי קָרוֹב אַתָּה בְּפִיהֶם
3 וְרָחוֹק מִכִּלְיוֹתֵיהֶם: וְאַתָּה יְהוָה יְדַעְתָּנִי תִּרְאֵנִי וּבָחַנְתָּ לִבִּי אִתָּךְ
4 הַתִּקֵם כְּצֹאן לְטִבְחָה וְהַקְדִּשֵׁם לְיוֹם הֲרֵגָה: עַד־מָתַי
תֶּאֱבַל הָאָרֶץ וְעֵשֶׂב כָּל־הַשָּׂדֶה יִיבָשׁ מֵרָעַת יֹשְׁבֵי־בָהּ סָפְתָה
5 בְהֵמוֹת וָעוֹף כִּי אָמְרוּ לֹא יִרְאֶה אֶת־אַחֲרִיתֵנוּ: כִּי אֶת־רַגְלִים ׀
רַצְתָּה וַיַּלְאוּךָ וְאֵיךְ תְּתַחֲרֶה אֶת־הַסּוּסִים וּבְאֶרֶץ שָׁלוֹם אַתָּה
6 בוֹטֵחַ וְאֵיךְ תַּעֲשֶׂה בִּגְאוֹן הַיַּרְדֵּן: כִּי גַם־אַחֶיךָ וּבֵית־אָבִיךָ גַּם־
הֵמָּה בָּגְדוּ בָךְ גַּם־הֵמָּה קָרְאוּ אַחֲרֶיךָ מָלֵא אַל־תַּאֲמֵן בָּם כִּי־
7 יְדַבְּרוּ אֵלֶיךָ טוֹבוֹת: עָזַבְתִּי אֶת־בֵּיתִי נָטַשְׁתִּי אֶת־נַחֲלָתִי
8 נָתַתִּי אֶת־יְדִדוּת נַפְשִׁי בְּכַף אֹיְבֶיהָ: הָיְתָה־לִּי נַחֲלָתִי כְּאַרְיֵה בַיָּעַר
9 נָתְנָה עָלַי בְּקוֹלָהּ עַל־כֵּן שְׂנֵאתִיהָ: הַעַיִט צָבוּעַ נַחֲלָתִי לִי הָעַיִט
10 סָבִיב עָלֶיהָ לְכוּ אִסְפוּ כָּל־חַיַּת הַשָּׂדֶה הֵתָיוּ לְאָכְלָה: רֹעִים רַבִּים
שִׁחֲתוּ כַרְמִי בֹּסְסוּ אֶת־חֶלְקָתִי נָתְנוּ אֶת־חֶלְקַת חֶמְדָּתִי לְמִדְבַּר

11 They have made it desolate, *and being* desolate it mourneth unto me; the whole land is made desolate, because no man layeth *it* to heart.

12 The spoilers are come upon all high places through the wilderness: for the sword of the LORD shall devour from the *one* end of the land even to the *other* end of the land: no flesh shall have peace.

13 They have sown wheat, but shall reap thorns: they have put themselves to pain, *but* shall not profit: and they shall be ashamed of your revenues because of the fierce anger of the LORD.

14 ¶ Thus saith the LORD against all mine evil neighbours, that touch the inheritance which I have caused my people Israel to inherit; Behold, I will pluck them out of their land, and pluck out the house of Judah from among them.

15 And it shall come to pass, after that I have plucked them out I will return, and have compassion on them, and will bring them again, every man to his heritage, and every man to his land.

16 And it shall come to pass, if they will diligently learn the ways of my people, to swear by my name, The LORD liveth; as they taught my people to swear by Baal; then shall they be built in the midst of my people.

17 But if they will not obey, I will utterly pluck up and destroy that nation, saith the LORD.

CHAPTER 13

1 Thus saith the LORD unto me, Go and get thee a linen girdle, and put it upon thy loins, and put it not in water.

2 So I got a girdle according to the word of the LORD, and put *it* on my loins.

3 And the word of the LORD came unto me the second time, saying,

4 Take the girdle that thou hast got, which *is* upon thy loins, and arise, go to Euphrates, and hide it there in a hole of the rock.

5 So I went, and hid it by Euphrates, as the LORD commanded me.

6 And it came to pass after many days, that the LORD said unto me, Arise, go to Euphrates, and take the girdle from thence, which I commanded thee to hide there.

7 Then I went to Euphrates, and digged, and took the girdle from the place where I had hid it: and, behold, the girdle was marred, it was profitable for nothing.

8 Then the word of the LORD came unto me, saying,

9 Thus saith the LORD, After this manner will I mar the pride of Judah, and the great pride of Jerusalem.

10 This evil people, which refuse to hear my words, which walk in the imagination of their heart, and walk after other gods, to serve them, and to worship them, shall even be as this girdle, which is good for nothing.

11 For as the girdle cleaveth to the loins of a man, so have I caused to cleave unto me the whole house of Israel and the whole house of Judah, saith the LORD; that they might be unto me for a people, and for a name, and for a praise, and for a glory: but they would not hear.

12 ¶ Therefore thou shalt speak unto them this word; Thus saith the LORD God of Israel, Every bottle shall be filled with wine: and they shall say unto thee, Do we not certainly know that every bottle shall be filled with wine?

13 Then shalt thou say unto them, Thus saith the LORD, Behold, I will fill all the inhabitants of this land, even the kings that sit upon David's throne, and the priests, and the prophets, and all the inhabitants of Jerusalem, with drunkenness.

14 And I will dash them one against another, even the fathers and the sons together, saith the LORD: I will not pity, nor spare, nor have mercy, but destroy them.

15 ¶ Hear ye, and give ear; be not proud: for the LORD hath spoken.

16 Give glory to the LORD your God, before he cause darkness, and before your feet stumble upon the dark mountains, and, while ye look for light, he turn it into

11 שְׁמֵמָה: שָׁמָהֹ לִשְׁמָמָה אָבֵלָה עָלַי שְׁמֵמָה נָשַׁמָּה כָּל־הָאָרֶץ כִּי
12 אֵין אִישׁ שָׂם עַל־לֵב: עַל־כָּל־שְׁפָיִם בַּמִּדְבָּר בָּאוּ שֹׁדְדִים כִּי חֶרֶב
לַיהוָה אֹכְלָה מִקְצֵה־אֶרֶץ וְעַד־קְצֵה הָאָרֶץ אֵין שָׁלוֹם לְכָל־
13 בָּשָׂר: זָרְעוּ חִטִּים וְקֹצִים קָצָרוּ נֶחְלוּ לֹא יוֹעִלוּ וּבֹשׁוּ
14 מִתְּבוּאֹתֵיכֶם מֵחֲרוֹן אַף־יְהוָה: כֹּה ׀ אָמַר יְהוָה עַל־כָּל־
שְׁכֵנַי הָרָעִים הַנֹּגְעִים בַּנַּחֲלָה אֲשֶׁר־הִנְחַלְתִּי אֶת־עַמִּי אֶת־יִשְׂרָאֵל
15 הִנְנִי נֹתְשָׁם מֵעַל אַדְמָתָם וְאֶת־בֵּית יְהוּדָה אֶתּוֹשׁ מִתּוֹכָם: וְהָיָה
אַחֲרֵי נָתְשִׁי אוֹתָם אָשׁוּב וְרִחַמְתִּים וַהֲשִׁבֹתִים אִישׁ לְנַחֲלָתוֹ וְאִישׁ
16 לְאַרְצוֹ: וְהָיָה אִם־לָמֹד יִלְמְדוּ אֶת־דַּרְכֵי עַמִּי לְהִשָּׁבֵעַ בִּשְׁמִי חַי־
17 יְהוָה כַּאֲשֶׁר לִמְּדוּ אֶת־עַמִּי לְהִשָּׁבֵעַ בַּבָּעַל וְנִבְנוּ בְּתוֹךְ עַמִּי: וְאִם
לֹא יִשְׁמָעוּ וְנָתַשְׁתִּי אֶת־הַגּוֹי הַהוּא נָתוֹשׁ וְאַבֵּד נְאֻם־
יְהוָה:

13 1 כֹּה־אָמַר יְהוָה אֵלַי הָלוֹךְ וְקָנִיתָ לְּךָ אֵזוֹר פִּשְׁתִּים
2 וְשַׂמְתּוֹ עַל־מָתְנֶיךָ וּבַמַּיִם לֹא תְבִאֵהוּ: וָאֶקְנֶה אֶת־הָאֵזוֹר כִּדְבַר
3 יְהוָה וָאָשִׂם עַל־מָתְנָי: וַיְהִי דְבַר־יְהוָה אֵלַי שֵׁנִית לֵאמֹר:
4 קַח אֶת־הָאֵזוֹר אֲשֶׁר קָנִיתָ אֲשֶׁר עַל־מָתְנֶיךָ וְקוּם לֵךְ פְּרָתָה
5 וְטָמְנֵהוּ שָׁם בִּנְקִיק הַסָּלַע: וָאֵלֵךְ וָאֶטְמְנֵהוּ בִּפְרָת כַּאֲשֶׁר צִוָּה יְהוָה
6 אֹתִי: וַיְהִי מִקֵּץ יָמִים רַבִּים וַיֹּאמֶר יְהוָה אֵלַי קוּם לֵךְ פְּרָתָה
7 וְקַח מִשָּׁם אֶת־הָאֵזוֹר אֲשֶׁר צִוִּיתִיךָ לְטָמְנוֹ־שָׁם: וָאֵלֵךְ פְּרָתָה
וָאֶחְפֹּר וָאֶקַּח אֶת־הָאֵזוֹר מִן־הַמָּקוֹם אֲשֶׁר־טְמַנְתִּיו שָׁמָּה וְהִנֵּה
נִשְׁחַת הָאֵזוֹר לֹא יִצְלַח לַכֹּל:
8 וַיְהִי דְבַר־יְהוָה אֵלַי לֵאמֹר: כֹּה אָמַר יְהוָה כָּכָה אַשְׁחִית אֶת־
9
10 גְּאוֹן יְהוּדָה וְאֶת־גְּאוֹן יְרוּשָׁלִַם הָרָב: הָעָם הַזֶּה הָרָע הַמֵּאֲנִים ׀
לִשְׁמוֹעַ אֶת־דְּבָרַי הַהֹלְכִים בִּשְׁרִרוּת לִבָּם וַיֵּלְכוּ אַחֲרֵי אֱלֹהִים
אֲחֵרִים לְעָבְדָם וּלְהִשְׁתַּחֲוֹת לָהֶם וִיהִי כָּאֵזוֹר הַזֶּה אֲשֶׁר לֹא־
11 יִצְלַח לַכֹּל: כִּי כַּאֲשֶׁר יִדְבַּק הָאֵזוֹר אֶל־מָתְנֵי־אִישׁ כֵּן הִדְבַּקְתִּי
אֵלַי אֶת־כָּל־בֵּית יִשְׂרָאֵל וְאֶת־כָּל־בֵּית יְהוּדָה נְאֻם־יְהוָה לִהְיוֹת
12 לִי לְעָם וּלְשֵׁם וְלִתְהִלָּה וּלְתִפְאָרֶת וְלֹא שָׁמֵעוּ: וְאָמַרְתָּ אֲלֵיהֶם
אֶת־הַדָּבָר הַזֶּה כֹּה־אָמַר יְהוָה אֱלֹהֵי יִשְׂרָאֵל כָּל־נֵבֶל
יִמָּלֵא יָיִן וְאָמְרוּ אֵלֶיךָ הֲיָדֹעַ לֹא נֵדַע כִּי כָל־נֵבֶל יִמָּלֵא יָיִן:
13 וְאָמַרְתָּ אֲלֵיהֶם כֹּה־אָמַר יְהוָה הִנְנִי מְמַלֵּא אֶת־כָּל־יֹשְׁבֵי הָאָרֶץ
הַזֹּאת וְאֶת־הַמְּלָכִים הַיֹּשְׁבִים לְדָוִד עַל־כִּסְאוֹ וְאֶת־הַכֹּהֲנִים וְאֶת־
14 הַנְּבִיאִים וְאֵת כָּל־יֹשְׁבֵי יְרוּשָׁלִָם שִׁכָּרוֹן: וְנִפַּצְתִּים אִישׁ אֶל־אָחִיו
וְהָאָבוֹת וְהַבָּנִים יַחְדָּו נְאֻם־יְהוָה לֹא־אֶחְמוֹל וְלֹא־אָחוּס וְלֹא
15 אֲרַחֵם מֵהַשְׁחִיתָם: שִׁמְעוּ וְהַאֲזִינוּ אַל־תִּגְבָּהוּ כִּי יְהוָה
16 דִּבֵּר: תְּנוּ לַיהוָה אֱלֹהֵיכֶם כָּבוֹד בְּטֶרֶם יַחְשִׁךְ וּבְטֶרֶם יִתְנַגְּפוּ

the shadow of death, *and* make *it* gross darkness.

17 But if ye will not hear it, my soul shall weep in secret places for *your* pride; and mine eye shall weep sore, and run down with tears, because the LORD's flock is carried away captive.

18 Say unto the king and to the queen, Humble yourselves, sit down: for your principalities shall come down, *even* the crown of your glory.

19 The cities of the south shall be shut up, and none shall open *them:* Judah shall be carried away captive all of it, it shall be wholly carried away captive.

20 Lift up your eyes, and behold them that come from the north: where *is* the flock *that* was given thee, thy beautiful flock?

21 What wilt thou say when he shall punish thee? for thou hast taught them *to be* captains, *and* as chief over thee: shall not sorrows take thee, as a woman in travail?

22 ¶ And if thou say in thine heart, Wherefore come these things upon me? For the greatness of thine iniquity are thy skirts discovered, *and* thy heels made bare.

23 Can the Ethiopian change his skin, or the leopard his spots? *then* may ye also do good, that are accustomed to do evil.

24 Therefore will I scatter them as the stubble that passeth away by the wind of the wilderness.

25 This *is* thy lot, the portion of thy measures from me, saith the LORD; because thou hast forgotten me, and trusted in falsehood.

26 Therefore will I discover thy skirts upon thy face, that thy shame may appear.

27 I have seen thine adulteries, and thy neighings, the lewdness of thy whoredom, *and* thine abominations on the hills in the fields. Woe unto thee, O Jerusalem! wilt thou not be made clean? when *shall it* once *be?*

CHAPTER 14

1 The word of the LORD that came to Jeremiah concerning the dearth.

2 Judah mourneth, and the gates thereof languish; they are black unto the ground; and the cry of Jerusalem is gone up.

3 And their nobles have sent their little ones to the waters: they came to the pits, *and* found no water; they returned with their vessels empty; they were ashamed and confounded, and covered their heads.

4 Because the ground is chapt, for there was no rain in the earth, the plowmen were ashamed, they covered their heads.

5 Yea, the hind also calved in the field, and forsook *it,* because there was no grass.

6 And the wild asses did stand in the high places, they snuffed up the wind like dragons; their eyes did fail, because *there was* no grass.

7 ¶ O LORD, though our iniquities testify against us, do thou *it* for thy name's sake: for our backslidings are many; we have sinned against thee.

8 O the hope of Israel, the saviour thereof in time of trouble, why shouldest thou be as a stranger in the land, and as a wayfaring man *that* turneth aside to tarry for a night?

9 Why shouldest thou be as a man astonied, as a mighty man *that* cannot save? yet thou, O LORD, *art* in the midst of us, and we are called by thy name; leave us not.

10 ¶ Thus saith the LORD unto this people, Thus have they loved to wander, they have not refrained their feet, therefore the LORD doth not accept them; he will now remember their iniquity, and visit their sins.

11 Then said the LORD unto me, Pray not for this people for *their* good.

12 When they fast, I will not hear their cry; and when they offer burnt offering and an oblation, I will not accept them: but I will consume them by the sword, and by the famine, and by the pestilence.

13 ¶ Then said I, Ah, Lord GOD! behold, the prophets say unto them, Ye shall not see the sword, neither shall ye have famine; but I will give you assured peace in this place.

14 Then the LORD said unto me, The prophets prophesy lies in my name: I sent them not, neither have I commanded

וְשִׁית רַגְלֵיכֶם עַל־הָרֵי נָשֶׁף וְקִוִּיתֶם לְאוֹר וְשָׂמָהּ לְצַלְמָוֶת יָשִׁית לַעֲרָפֶל:

17 וְאִם֩ לֹא תִשְׁמָע֨וּהָ בְּמִסְתָּרִ֤ים תִּבְכֶּה־נַפְשִׁי֙ מִפְּנֵ֣י גֵוָ֔ה וְדָמֹ֥עַ תִּדְמַ֖ע

18 וְתֵרַ֨ד עֵינִי֙ דִּמְעָ֔ה כִּ֥י נִשְׁבָּ֖ה עֵ֥דֶר יְהֹוָֽה: אֱמֹ֤ר לַמֶּ֙לֶךְ֙

וְלַגְּבִירָה֙ הַשְׁפִּ֔ילוּ שְׁב֕וּ כִּ֥י יָרַ֖ד מַרְאֲשֽׁוֹתֵיכֶ֑ם עֲטֶ֖רֶת תִּֽפְאַרְתְּכֶֽם:

19 עָרֵ֥י הַנֶּ֛גֶב סֻגְּר֖וּ וְאֵ֣ין פֹּתֵ֑חַ הׇגְלָ֤ת יְהוּדָה֙ כֻּלָּ֔הּ הׇגְלָ֖ת

20 שְׁלוֹמִֽים: שְׂא֤וּ עֵֽינֵיכֶם֙ וּרְאִ֔י הַבָּאִ֖ים מִצָּפ֑וֹן אַיֵּ֤ה הָעֵ֙דֶר֙

21 נִתַּן־לָ֔ךְ צֹ֖אן תִּפְאַרְתֵּֽךְ: מַה־תֹּֽאמְרִי֙ כִּֽי־יִפְקֹ֣ד עָלַ֔יִךְ וְ֠אַ֠תְּ לִמַּ֨דְתְּ

אֹתָ֥ם עָלַ֛יִךְ אַלֻּפִ֖ים לְרֹ֑אשׁ הֲל֤וֹא חֲבָלִים֙ יֹאחֲז֔וּךְ כְּמ֖וֹ אֵ֥שֶׁת לֵדָֽה:

22 וְכִ֤י תֹֽאמְרִי֙ בִּלְבָבֵ֔ךְ מַדּ֖וּעַ קְרָאֻ֣נִי אֵ֑לֶּה בְּרֹ֤ב עֲוֺנֵךְ֙ נִגְל֣וּ שׁוּלַ֔יִךְ

23 נֶחְמְס֖וּ עֲקֵבָֽיִךְ: הֲיַהֲפֹ֤ךְ כּוּשִׁי֙ עוֹר֔וֹ וְנָמֵ֖ר חֲבַרְבֻּרֹתָ֑יו גַּם־אַתֶּם֙

24 תּוּכְל֣וּ לְהֵיטִ֔יב לִמֻּדֵ֖י הָרֵֽעַ: וַאֲפִיצֵ֖ם כְּקַשׁ־עוֹבֵ֑ר לְר֖וּחַ מִדְבָּֽר: זֶ֣ה

25 גוֹרָלֵ֧ךְ מְנָת־מִדַּ֛יִךְ מֵֽאִתִּ֖י נְאֻם־יְהֹוָ֑ה אֲשֶׁר֙ שָׁכַ֣חַתְּ אוֹתִ֔י וַתִּבְטְחִ֖י

26 בַּשָּֽׁקֶר: וְגַם־אֲנִ֛י חָשַׂ֥פְתִּי שׁוּלַ֖יִךְ עַל־פָּנָ֑יִךְ וְנִרְאָ֖ה קְלוֹנֵֽךְ: נִֽאֻפַ֤יִךְ

27 וּמִצְהֲלוֹתַ֙יִךְ֙ זִמַּ֣ת זְנוּתֵ֔ךְ עַל־גְּבָעוֹת֙ בַּשָּׂדֶ֔ה רָאִ֖יתִי שִׁקּוּצָ֑יִךְ א֥וֹי לָ֖ךְ

יְר֣וּשָׁלַ֔͏ִם לֹ֣א תִטְהֲרִ֔י אַחֲרֵ֥י מָתַ֖י עֹֽד:

14 אֲשֶׁ֨ר הָיָ֤ה דְבַר־יְהֹוָה֙ אֶֽל־יִרְמְיָ֔הוּ עַל־דִּבְרֵ֖י הַבַּצָּרֽוֹת: אָבְלָ֣ה יְהוּדָ֔ה

2 וּשְׁעָרֶ֥יהָ אֻמְלְל֛וּ קׇדְר֥וּ לָאָ֖רֶץ וְצִוְחַ֥ת יְרוּשָׁלַ֖͏ִם עָלָֽתָה: וְאַדִּרֵיהֶ֗ם

3 שָׁלְח֤וּ צְעוֹרֵיהֶם֙ לַמָּ֔יִם בָּ֣אוּ עַל־גֵּבִ֗ים לֹא־מָ֣צְאוּ מַ֔יִם שָׁ֥בוּ כְלֵיהֶ֖ם

צֽעִירֵיהֶֽם רֵיקָ֔ם בֹּ֥שׁוּ וְהׇכְלְמ֖וּ וְחָפ֥וּ רֹאשָֽׁם: בַּעֲב֤וּר הָֽאֲדָמָה֙ חַ֔תָּה כִּ֛י לֹא־הָיָ֥ה

4

5 גֶ֖שֶׁם בָּאָ֑רֶץ בֹּ֥שׁוּ אִכָּרִ֖ים חָפ֥וּ רֹאשָֽׁם: כִּ֤י גַם־אַיֶּ֙לֶת֙ בַּשָּׂדֶ֔ה יָֽלְדָ֖ה

6 וְעָז֑וֹב כִּ֥י לֹֽא־הָיָ֖ה דֶּֽשֶׁא: וּפְרָאִים֙ עָמְד֣וּ עַל־שְׁפָיִ֔ם שָׁאֲפ֥וּ ר֙וּחַ֙

7 כַּתַּנִּ֑ים כָּל֥וּ עֵינֵיהֶ֖ם כִּי־אֵ֥ין עֵֽשֶׂב: אִם־עֲוֺנֵ֙ינוּ֙ עָ֣נוּ בָ֔נוּ יְהֹוָ֖ה עֲשֵׂ֣ה

8 לְמַ֣עַן שְׁמֶ֔ךָ כִּֽי־רַבּ֥וּ מְשׁוּבֹתֵ֖ינוּ לְךָ֥ חָטָֽאנוּ: מִקְוֵה֙ יִשְׂרָאֵ֔ל מֽוֹשִׁיע֖וֹ

9 בְּעֵ֣ת צָרָ֑ה לָ֤מָּה תִֽהְיֶה֙ כְּגֵ֣ר בָּאָ֔רֶץ וּכְאֹרֵ֖חַ נָטָ֥ה לָלֽוּן: לָ֤מָּה תִֽהְיֶה֙

כְּאִ֣ישׁ נִדְהָ֔ם כְּגִבּ֖וֹר לֹא־יוּכַ֣ל לְהוֹשִׁ֑יעַ וְאַתָּ֧ה בְקִרְבֵּ֣נוּ יְהֹוָ֗ה וְשִׁמְךָ֛

10 עָלֵ֥ינוּ נִקְרָ֖א אַל־תַּנִּחֵֽנוּ: כֹּֽה־אָמַ֨ר יְהֹוָ֜ה לָעָ֣ם הַזֶּ֗ה

כֵּ֤ן אָֽהֲבוּ֙ לָנ֔וּעַ רַגְלֵיהֶ֖ם לֹ֣א חָשָׂ֑כוּ וַֽיהֹוָה֙ לֹ֣א רָצָ֔ם עַתָּ֛ה יִזְכֹּ֥ר

11 עֲוֺנָ֖ם וְיִפְקֹ֥ד חַטֹּאתָֽם: וַיֹּ֥אמֶר יְהֹוָ֖ה אֵלָ֑י אַל־תִּתְפַּלֵּ֥ל

12 בְּעַד־הָעָ֥ם הַזֶּ֖ה לְטוֹבָֽה: כִּ֣י יָצֻ֗מוּ אֵינֶ֤נִּי שֹׁמֵ֙עַ֙ אֶל־רִנָּתָ֔ם וְכִ֧י יַעֲל֣וּ

עֹלָ֣ה וּמִנְחָ֗ה אֵינֶ֣נִּי רֹצָ֔ם כִּ֗י בַּחֶ֙רֶב֙ וּבָרָעָ֣ב וּבַדֶּ֔בֶר אָנֹכִ֖י מְכַלֶּ֥ה

13 אוֹתָֽם: וָאֹמַ֞ר אֲהָ֣הּ ׀ אֲדֹנָ֣י יֱהֹוִ֗ה הִנֵּ֤ה הַנְּבִאִים֙

אֹמְרִ֣ים לָהֶ֗ם לֹֽא־תִרְא֣וּ חֶ֔רֶב וְרָעָ֖ב לֹֽא־יִהְיֶ֣ה לָכֶ֑ם כִּֽי־שְׁל֤וֹם אֱמֶת֙

14 אֶתֵּ֣ן לָכֶ֔ם בַּמָּק֖וֹם הַזֶּֽה: וַיֹּ֨אמֶר יְהֹוָ֜ה אֵלַ֗י שֶׁ֚קֶר

הַנְּבִאִים֙ נִבְּאִ֣ים בִּשְׁמִ֔י לֹ֤א שְׁלַחְתִּים֙ וְלֹ֣א צִוִּיתִ֔ים וְלֹ֖א דִבַּ֣רְתִּי

them, neither spake unto them: they prophesy unto you a false vision and divination, and a thing of nought, and the deceit of their heart.

15 Therefore thus saith the LORD concerning the prophets that prophesy in my name, and I sent them not, yet they say, Sword and famine shall not be in this land; By sword and famine shall those prophets be consumed.

16 And the people to whom they prophesy shall be cast out in the streets of Jerusalem because of the famine and the sword; and they shall have none to bury them, them, their wives, nor their sons, nor their daughters: for I will pour their wickedness upon them.

17 ¶ Therefore thou shalt say this word unto them; Let mine eyes run down with tears night and day, and let them not cease: for the virgin daughter of my people is broken with a great breach, with a very grievous blow.

18 If I go forth into the field, then behold the slain with the sword! and if I enter into the city, then behold them that are sick with famine! yea, both the prophet and the priest go about into a land that they know not.

19 Hast thou utterly rejected Judah? hath thy soul lothed Zion? why hast thou smitten us, and *there is* no healing for us? we looked for peace, and *there is* no good; and for the time of healing, and behold trouble!

20 We acknowledge, O LORD, our wickedness, *and* the iniquity of our fathers: for we have sinned against thee.

21 Do not abhor *us,* for thy name's sake, do not disgrace the throne of thy glory: remember, break not thy covenant with us.

22 Are there *any* among the vanities of the Gentiles that can cause rain? or can the heavens give showers? *art* not thou he, O LORD our God? therefore we will wait upon thee: for thou hast made all these *things.*

CHAPTER 15

1 Then said the LORD unto me, Though Moses and Samuel stood before me, *yet*

my mind *could* not *be* toward this people: cast *them* out of my sight, and let them go forth.

2 And it shall come to pass, if they say unto thee, Whither shall we go forth? then thou shalt tell them, Thus saith the LORD; Such as *are* for death, to death; and such as *are* for the sword, to the sword; and such as *are* for the famine, to the famine; and such as *are* for the captivity, to the captivity.

3 And I will appoint over them four kinds, saith the LORD: the sword to slay, and the dogs to tear, and the fowls of the heaven, and the beasts of the earth, to devour and destroy.

4 And I will cause them to be removed into all kingdoms of the earth, because of Manasseh the son of Hezekiah king of Judah, for *that* which he did in Jerusalem.

5 For who shall have pity upon thee, O Jerusalem? or who shall bemoan thee? or who shall go aside to ask how thou doest?

6 Thou hast forsaken me, saith the LORD, thou art gone backward: therefore will I stretch out my hand against thee, and destroy thee; I am weary with repenting.

7 And I will fan them with a fan in the gates of the land; I will bereave *them* of children, I will destroy my people, *since* they return not from their ways.

8 Their widows are increased to me above the sand of the seas: I have brought upon them against the mother of the young men a spoiler at noonday: I have caused *him* to fall upon it suddenly, and terrors upon the city.

9 She that hath borne seven languisheth: she hath given up the ghost; her sun is gone down while *it was* yet day: she hath been ashamed and confounded: and the residue of them will I deliver to the sword before their enemies, saith the LORD.

10 ¶ Woe is me, my mother, that thou hast borne me a man of strife and a man of contention to the whole earth! I have neither lent on usury, nor men have lent to me on usury; *yet* every one of them doth curse me.

11 The LORD said, Verily it shall be well with thy remnant; verily I will cause the

וֶאֱלִיל֙ וְתַרְמִ֔ית   אֲלֵיהֶ֗ם חֲז֤וֹן שֶׁ֙קֶר֙ וְקֶ֣סֶם וֶאֱל֔וּל וְתַרְמ֥וּת לִבָּ֖ם הֵ֥מָּה מִֽתְנַבְּאִ֖ים

לָכֶֽם׃   15   לָכֵ֞ן כֹּֽה־אָמַ֣ר יְהוָ֗ה עַֽל־הַנְּבִאִים֮ הַנִּבְּאִ֣ים בִּשְׁמִי֒

וַאֲנִ֣י לֹֽא־שְׁלַחְתִּ֗ים וְהֵ֙מָּה֙ אֹֽמְרִ֔ים חֶ֣רֶב וְרָעָ֔ב לֹ֥א יִהְיֶ֖ה בָּאָ֣רֶץ הַזֹּ֑את

16   בַּחֶ֤רֶב וּבָֽרָעָב֙ יִתַּ֔מּוּ הַנְּבִאִ֖ים הָהֵֽמָּה׃ וְהָעָ֣ם אֲשֶׁר־הֵ֣מָּה נִבְּאִ֣ים לָהֶ֗ם

יִֽהְי֤וּ מֻשְׁלָכִים֙ בְּחֻצ֣וֹת יְרוּשָׁלִַ֗ם מִפְּנֵ֣י ׀ הָרָעָ֣ב וְהַחֶ֔רֶב וְאֵ֥ין מְקַבֵּ֖ר לָהֵֽמָּה

17   הֵ֣מָּה נְשֵׁיהֶ֔ם וּבְנֵיהֶ֖ם וּבְנֹֽתֵיהֶ֑ם וְשָׁפַכְתִּ֥י עֲלֵיהֶ֖ם אֶת־רָעָתָֽם׃ וְאָמַרְתָּ֙

אֲלֵיהֶ֜ם אֶת־הַדָּבָ֣ר הַזֶּ֗ה תֵּרַ֙דְנָה֙ עֵינַ֥י דִּמְעָה֙ לַ֣יְלָה וְיוֹמָ֔ם וְאַל־תִּדְמֶֽינָה

18   כִּי֩ שֶׁ֙בֶר גָּד֜וֹל נִשְׁבְּרָ֗ה בְּתוּלַת֙ בַּת־עַמִּ֔י מַכָּ֖ה נַחְלָ֣ה מְאֹ֑ד אִם־יָצָ֣אתִי

הַשָּׂדֶ֗ה וְהִנֵּה֙ חַלְלֵי־חֶ֔רֶב וְאִם֙ בָּ֣אתִי הָעִ֔יר וְהִנֵּ֖ה תַּחֲלוּאֵ֣י רָעָ֑ב כִּֽי־

19   גַם־נָבִ֧יא גַם־כֹּהֵ֛ן סָחֲר֥וּ אֶל־אֶ֖רֶץ וְלֹ֥א יָדָֽעוּ׃   הֲמָאֹ֨ס

מָאַ֜סְתָּ אֶת־יְהוּדָ֗ה אִם־בְּצִיּוֹן֙ גָּעֲלָ֣ה נַפְשֶׁ֔ךָ מַדּ֙וּעַ֙ הִכִּיתָ֔נוּ וְאֵ֥ין לָ֖נוּ

20   מַרְפֵּ֑א קַוֵּ֤ה לְשָׁלוֹם֙ וְאֵ֣ין ט֔וֹב וּלְעֵ֥ת מַרְפֵּ֖א וְהִנֵּ֥ה בְעָתָֽה׃ יָדַ֧עְנוּ

21   יְהוָ֛ה רִשְׁעֵ֖נוּ עֲוֺ֣ן אֲבוֹתֵ֑ינוּ כִּ֥י חָטָ֖אנוּ לָֽךְ׃ אַל־תִּנְאַץ֙ לְמַ֣עַן שִׁמְךָ֔

22   אַל־תְּנַבֵּ֖ל כִּסֵּ֣א כְבוֹדֶ֑ךָ זְכֹ֕ר אַל־תָּפֵ֥ר בְּרִיתְךָ֖ אִתָּֽנוּ׃ הֲיֵ֙שׁ בְּהַבְלֵ֤י

הַגּוֹיִם֙ מַגְשִׁמִ֔ים וְאִם־הַשָּׁמַ֖יִם יִתְּנ֣וּ רְבִבִ֑ים הֲלֹ֙א אַתָּה־ה֜וּא יְהוָ֣ה

אֱלֹהֵ֗ינוּ וּֽנְקַוֶּה־לָּ֔ךְ כִּֽי־אַתָּ֥ה עָשִׂ֖יתָ אֶת־כָּל־אֵֽלֶּה׃

15   1   וַיֹּ֤אמֶר יְהוָה֙ אֵלַ֔י אִם־יַעֲמֹ֨ד מֹשֶׁ֤ה וּשְׁמוּאֵל֙ לְפָנַ֔י אֵ֥ין נַפְשִׁ֖י אֶל־הָעָ֣ם

הַזֶּ֑ה שַׁלַּ֥ח מֵֽעַל־פָּנַ֖י וְיֵצֵֽאוּ׃ וְהָיָ֛ה כִּֽי־יֹאמְר֥וּ אֵלֶ֖יךָ אָ֣נָה נֵצֵ֑א וְאָמַרְתָּ֙

2   אֲלֵיהֶ֜ם כֹּֽה־אָמַ֣ר יְהוָ֗ה אֲשֶׁ֥ר לַמָּ֙וֶת֙ לַמָּ֔וֶת וַאֲשֶׁ֤ר לַחֶ֙רֶב֙ לַחֶ֔רֶב וַאֲשֶׁ֤ר

3   לָֽרָעָב֙ לָֽרָעָ֔ב וַאֲשֶׁ֥ר לַשְּׁבִ֖י לַשֶּֽׁבִי׃ וּפָקַדְתִּ֨י עֲלֵיהֶ֜ם אַרְבַּ֧ע מִשְׁפָּח֣וֹת

נְאֻם־יְהוָ֗ה אֶת־הַחֶ֙רֶב֙ לַהֲרֹ֔ג וְאֶת־הַכְּלָבִ֖ים לִסְחֹ֑ב וְאֶת־ע֧וֹף הַשָּׁמַ֛יִם

לִזְוָעָה   4   וְאֶת־בֶּהֱמַ֥ת הָאָ֖רֶץ לֶאֱכֹ֣ל וּלְהַשְׁחִֽית׃ וּנְתַתִּ֣ים לִזְוָעָ֔ה לְכֹ֖ל מַמְלְכ֣וֹת

הָאָ֑רֶץ בִּ֠גְלַל מְנַשֶּׁ֤ה בֶן־יְחִזְקִיָּ֙הוּ֙ מֶ֣לֶךְ יְהוּדָ֔ה עַ֥ל אֲשֶׁר־עָשָׂ֖ה

5   בִּירוּשָׁלִָֽם׃ כִּ֠י מִֽי־יַחְמֹ֤ל עָלַ֙יִךְ֙ יְר֣וּשָׁלִַ֔ם וּמִ֖י יָנ֣וּד לָ֑ךְ וּמִ֣י יָס֔וּר לִשְׁאֹ֥ל

6   לְשָׁלֹ֖ם לָֽךְ׃ אַ֣תְּ נָטַ֥שְׁתְּ אֹתִ֛י נְאֻם־יְהוָ֖ה אָח֣וֹר תֵּלֵ֑כִי וָאַ֙ט אֶת־יָדִ֤י

7   עָלַ֙יִךְ֙ וָֽאַשְׁחִיתֵ֔ךְ נִלְאֵ֖יתִי הִנָּחֵֽם׃ וָאֶזְרֵ֥ם בְּמִזְרֶ֖ה בְּשַׁעֲרֵ֣י הָאָ֑רֶץ

8   שִׁכַּ֣לְתִּי אִבַּ֔דְתִּי אֶת־עַמִּ֖י מִדַּרְכֵיהֶ֣ם לוֹא־שָׁ֑בוּ׃ עָֽצְמוּ־לִ֤י אַלְמְנֹתָו֙

מֵח֣וֹל יַמִּ֔ים הֵבֵ֧אתִי לָהֶ֛ם עַל־אֵ֥ם בָּח֖וּר שֹׁדֵ֣ד בַּֽצָּהֳרָ֑יִם הִפַּ֧לְתִּי עָלֶ֛יהָ

בָּ֣א   9   פִּתְאֹ֖ם עִ֣יר וּבֶהָלֽוֹת׃ אֻמְלְלָ֞ה יֹלֶ֣דֶת הַשִּׁבְעָ֗ה נָפְחָ֤ה נַפְשָׁהּ֙ בָּ֣אָה

שִׁמְשָׁ֥הּ בְּעֹ֛ד יוֹמָ֖ם בּ֣וֹשָׁה וְחָפֵ֑רָה וּשְׁאֵֽרִיתָ֗ם לַחֶ֧רֶב אֶתֵּ֛ן לִפְנֵ֥י אֹיְבֵיהֶ֖ם

10   נְאֻם־יְהוָֽה׃   אֽוֹי־לִ֣י אִמִּ֔י כִּ֣י יְלִדְתִּ֗נִי אִ֥ישׁ רִ֛יב וְאִ֥ישׁ מָד֖וֹן

11   לְכָל־הָאָ֑רֶץ לֹֽא־נָשִׁ֥יתִי וְלֹא־נָֽשׁוּ־בִ֖י כֻּלֹּ֥ה מְקַלְלַֽוְנִי׃   אָמַ֣ר

שֵׁרִיתִ֖ךָ   יְהוָ֔ה אִם־לֹ֥א שֵֽׁרִותִ֖ךָ לְט֑וֹב אִם־ל֣וֹא ׀ הִפְגַּ֣עְתִּֽי בְךָ֗ בְּעֵ֥ת רָעָ֖ה וּבְעֵ֥ת

enemy to entreat thee *well* in the time of evil and in the time of affliction.

12 Shall iron break the northern iron and the steel?

13 Thy substance and thy treasures will I give to the spoil without price, and *that* for all thy sins, even in all thy borders.

14 And I will make *thee* to pass with thine enemies into a land *which* thou knowest not: for a fire is kindled in mine anger, *which* shall burn upon you.

15 ¶ O LORD, thou knowest: remember me, and visit me, and revenge me of my persecutors; take me not away in thy longsuffering: know that for thy sake I have suffered rebuke.

16 Thy words were found, and I did eat them; and thy word was unto me the joy and rejoicing of mine heart: for I am called by thy name, O LORD God of hosts.

17 I sat not in the assembly of the mockers, nor rejoiced; I sat alone because of thy hand: for thou hast filled me with indignation.

18 Why is my pain perpetual, and my wound incurable, *which* refuseth to be healed? wilt thou be altogether unto me as a liar, *and as* waters *that* fail?

19 ¶ Therefore thus saith the LORD, If thou return, then will I bring thee again, *and* thou shalt stand before me: and if thou take forth the precious from the vile, thou shalt be as my mouth: let them return unto thee; but return not thou unto them.

20 And I will make thee unto this people a fenced brasen wall: and they shall fight against thee, but they shall not prevail against thee: for I *am* with thee to save thee and to deliver thee, saith the LORD.

21 And I will deliver thee out of the hand of the wicked, and I will redeem thee out of the hand of the terrible.

CHAPTER 16

1 The word of the LORD came also unto me, saying,

2 Thou shalt not take thee a wife, neither shalt thou have sons or daughters in this place.

3 For thus saith the LORD concerning the sons and concerning the daughters that are born in this place, and concerning their mothers that bare them, and concerning their fathers that begat them in this land;

4 They shall die of grievous deaths; they shall not be lamented; neither shall they be buried; *but* they shall be as dung upon the face of the earth: and they shall be consumed by the sword, and by famine; and their carcases shall be meat for the fowls of heaven, and for the beasts of the earth.

5 For thus saith the LORD, Enter not into the house of mourning, neither go to lament nor bemoan them: for I have taken away my peace from this people, saith the LORD, *even* lovingkindness and mercies.

6 Both the great and the small shall die in this land: they shall not be buried, neither shall *men* lament for them, nor cut themselves, nor make themselves bald for them:

7 Neither shall *men* tear *themselves* for them in mourning, to comfort them for the dead; neither shall *men* give them the cup of consolation to drink for their father or for their mother.

8 Thou shalt not also go into the house of feasting, to sit with them to eat and to drink.

9 For thus saith the LORD of hosts, the God of Israel; Behold, I will cause to cease out of this place in your eyes, and in your days, the voice of mirth, and the voice of gladness, the voice of the bridegroom, and the voice of the bride.

10 ¶ And it shall come to pass, when thou shalt shew this people all these words, and they shall say unto thee, Wherefore hath the LORD pronounced all this great evil against us? or what *is* our iniquity? or what *is* our sin that we have committed against the LORD our God?

11 Then shalt thou say unto them, Because your fathers have forsaken me, saith the LORD, and have walked after other gods, and have served them, and have worshipped them, and have forsaken me, and have not kept my law;

12 And ye have done worse than your fathers; for, behold, ye walk every one af-

צָרָה אֶת־הָאֹיֵב: הֲיָרֹעַ בַּרְזֶל בַּרְזֶל מִצָּפוֹן וּנְחֹשֶׁת: חֵילְךָ 12

וְאוֹצְרוֹתֶיךָ לָבַז אֶתֵּן לֹא בִמְחִיר וּבְכָל־חַטֹּאותֶיךָ וּבְכָל־גְּבוּלֶיךָ: 13

וְהַעֲבַרְתִּי אֶת־אֹיְבֶיךָ בְּאֶרֶץ לֹא יָדָעְתָּ כִּי־אֵשׁ קָדְחָה בְאַפִּי עֲלֵיכֶם 14

תּוּקָד: אַתָּה יָדַעְתָּ יְהוָה זָכְרֵנִי וּפָקְדֵנִי וְהִנָּקֶם לִי מֵרֹדְפַי 15

אַל־לְאֶרֶךְ אַפְּךָ תִּקָּחֵנִי דַּע שְׂאֵתִי עָלֶיךָ חֶרְפָּה: נִמְצְאוּ דְבָרֶיךָ 16

וָאֹכְלֵם וַיְהִי דְבָרְךָ לִי לְשָׂשׂוֹן וּלְשִׂמְחַת לְבָבִי כִּי־נִקְרָא שִׁמְךָ עָלַי   דְבָרְךָ

יְהוָה אֱלֹהֵי צְבָאוֹת: לֹא־יָשַׁבְתִּי בְסוֹד־מְשַׂחֲקִים וָאֶעְלֹז 17

מִפְּנֵי יָדְךָ בָּדָד יָשַׁבְתִּי כִּי־זַעַם מִלֵּאתָנִי: לָמָּה הָיָה כְאֵבִי 18

נֶצַח וּמַכָּתִי אֲנוּשָׁה מֵאֲנָה הֵרָפֵא הָיוֹ תִהְיֶה לִי כְּמוֹ אַכְזָב מַיִם

לֹא נֶאֱמָנוּ: לָכֵן כֹּה־אָמַר יְהוָה אִם־תָּשׁוּב וַאֲשִׁיבְךָ לְפָנַי 19

תַּעֲמֹד וְאִם־תּוֹצִיא יָקָר מִזּוֹלֵל כְּפִי תִהְיֶה יָשֻׁבוּ הֵמָּה אֵלֶיךָ וְאַתָּה

לֹא־תָשׁוּב אֲלֵיהֶם: וּנְתַתִּיךָ לָעָם הַזֶּה לְחוֹמַת נְחֹשֶׁת בְּצוּרָה 20

וְנִלְחֲמוּ אֵלֶיךָ וְלֹא־יוּכְלוּ לָךְ כִּי־אִתְּךָ אֲנִי לְהוֹשִׁיעֲךָ וּלְהַצִּילֶךָ נְאֻם־

יְהוָה: וְהִצַּלְתִּיךָ מִיַּד רָעִים וּפְדִתִיךָ מִכַּף עָרִצִים: 21

16 וַיְהִי דְבַר־יְהוָה אֵלַי לֵאמֹר: לֹא־תִקַּח לְךָ אִשָּׁה וְלֹא־יִהְיוּ לְךָ בָּנִים 1 2

וּבָנוֹת בַּמָּקוֹם הַזֶּה: כִּי־כֹה אָמַר יְהוָה עַל־הַבָּנִים וְעַל־הַבָּנוֹת 3

הַיִּלּוֹדִים בַּמָּקוֹם הַזֶּה וְעַל־אִמֹּתָם הַיֹּלְדוֹת אוֹתָם וְעַל־אֲבוֹתָם

הַמּוֹלִדִים אוֹתָם בָּאָרֶץ הַזֹּאת: מְמוֹתֵי תַחֲלֻאִים יָמֻתוּ לֹא יִסָּפְדוּ 4

וְלֹא יִקָּבֵרוּ לְדֹמֶן עַל־פְּנֵי הָאֲדָמָה יִהְיוּ וּבַחֶרֶב וּבָרָעָב יִכְלוּ וְהָיְתָה

נִבְלָתָם לְמַאֲכָל לְעוֹף הַשָּׁמַיִם וּלְבֶהֱמַת הָאָרֶץ: כִּי־כֹה 5

אָמַר יְהוָה אַל־תָּבוֹא בֵּית מַרְזֵחַ וְאַל־תֵּלֵךְ לִסְפּוֹד וְאַל־תָּנֹד לָהֶם

כִּי־אָסַפְתִּי אֶת־שְׁלוֹמִי מֵאֵת הָעָם הַזֶּה נְאֻם־יְהוָה אֶת־הַחֶסֶד וְאֶת־

הָרַחֲמִים: וּמֵתוּ גְדֹלִים וּקְטַנִּים בָּאָרֶץ הַזֹּאת לֹא יִקָּבֵרוּ וְלֹא־יִסְפְּדוּ 6

לָהֶם וְלֹא יִתְגֹּדַד וְלֹא יִקָּרֵחַ לָהֶם: וְלֹא־יִפְרְסוּ לָהֶם עַל־אֵבֶל לְנַחֲמוֹ 7

עַל־מֵת וְלֹא־יַשְׁקוּ אוֹתָם כּוֹס תַּנְחוּמִים עַל־אָבִיו וְעַל־אִמּוֹ: וּבֵית־ 8

מִשְׁתֶּה לֹא־תָבוֹא לָשֶׁבֶת אוֹתָם לֶאֱכֹל וְלִשְׁתּוֹת: כִּי כֹה 9

אָמַר יְהוָה צְבָאוֹת אֱלֹהֵי יִשְׂרָאֵל הִנְנִי מַשְׁבִּית מִן־הַמָּקוֹם הַזֶּה

לְעֵינֵיכֶם וּבִימֵיכֶם קוֹל שָׂשׂוֹן וְקוֹל שִׂמְחָה קוֹל חָתָן וְקוֹל כַּלָּה:

וְהָיָה כִּי תַגִּיד לָעָם הַזֶּה אֵת כָּל־הַדְּבָרִים הָאֵלֶּה וְאָמְרוּ אֵלֶיךָ 10

עַל־מֶה דִבֶּר יְהוָה עָלֵינוּ אֵת כָּל־הָרָעָה הַגְּדוֹלָה הַזֹּאת וּמֶה עֲוֹנֵנוּ

וּמֶה חַטָּאתֵנוּ אֲשֶׁר חָטָאנוּ לַיהוָה אֱלֹהֵינוּ: וְאָמַרְתָּ אֲלֵיהֶם עַל 11

אֲשֶׁר־עָזְבוּ אֲבוֹתֵיכֶם אוֹתִי נְאֻם־יְהוָה וַיֵּלְכוּ אַחֲרֵי אֱלֹהִים אֲחֵרִים

וַיַּעַבְדוּם וַיִּשְׁתַּחֲווּ לָהֶם וְאֹתִי עָזָבוּ וְאֶת־תּוֹרָתִי לֹא שָׁמָרוּ: וְאַתֶּם 12

הֲרֵעֹתֶם לַעֲשׂוֹת מֵאֲבוֹתֵיכֶם וְהִנְּכֶם הֹלְכִים אִישׁ אַחֲרֵי שְׁרִרוּת לִבּוֹ־

ter the imagination of his evil heart, that they may not hearken unto me:

13 Therefore will I cast you out of this land into a land that ye know not, *neither* ye nor your fathers; and there shall ye serve other gods day and night; where I will not shew you favour.

14 ¶ Therefore, behold, the days come, saith the Lord, that it shall no more be said, The Lord liveth, that brought up the children of Israel out of the land of Egypt;

15 But, The Lord liveth, that brought up the children of Israel from the land of the north, and from all the lands whither he had driven them: and I will bring them again into their land that I gave unto their fathers.

16 ¶ Behold, I will send for many fishers, saith the Lord, and they shall fish them; and after will I send for many hunters, and they shall hunt them from every mountain, and from every hill, and out of the holes of the rocks.

17 For mine eyes *are* upon all their ways: they are not hid from my face, neither is their iniquity hid from mine eyes.

18 And first I will recompense their iniquity and their sin double; because they have defiled my land, they have filled mine inheritance with the carcases of their detestable and abominable things.

19 O Lord, my strength, and my fortress, and my refuge in the day of affliction, the Gentiles shall come unto thee from the ends of the earth, and shall say, Surely our fathers have inherited lies, vanity, and *things* wherein *there is* no profit.

20 Shall a man make gods unto himself, and they *are* no gods?

21 Therefore, behold, I will this once cause them to know, I will cause them to know mine hand and my might; and they shall know that my name *is* The Lord.

CHAPTER 17

1 The sin of Judah *is* written with a pen of iron, *and* with the point of a diamond: *it is* graven upon the table of their heart, and upon the horns of your altars;

2 Whilst their children remember their altars and their groves by the green trees upon the high hills.

3 O my mountain in the field, I will give thy substance *and* all thy treasures to the spoil, *and* thy high places for sin, throughout all thy borders.

4 And thou, even thyself, shalt discontinue from thine heritage that I gave thee; and I will cause thee to serve thine enemies in the land which thou knowest not: for ye have kindled a fire in mine anger, *which* shall burn for ever.

5 ¶ Thus saith the Lord; Cursed *be* the man that trusteth in man, and maketh flesh his arm, and whose heart departeth from the Lord.

6 For he shall be like the heath in the desert, and shall not see when good cometh; but shall inhabit the parched places in the wilderness, *in* a salt land and not inhabited.

7 Blessed *is* the man that trusteth in the Lord, and whose hope the Lord is.

8 For he shall be as a tree planted by the waters, and *that* spreadeth out her roots by the river, and shall not see when heat cometh, but her leaf shall be green; and shall not be careful in the year of drought, neither shall cease from yielding fruit.

9 ¶ The heart *is* deceitful above all *things,* and desperately wicked: who can know it?

10 I the Lord search the heart, *I* try the reins, even to give every man according to his ways, *and* according to the fruit of his doings.

11 *As* the partridge sitteth *on eggs,* and hatcheth *them* not; *so* he that getteth riches, and not by right, shall leave them in the midst of his days, and at his end shall be a fool.

12 ¶ A glorious high throne from the beginning *is* the place of our sanctuary.

13 O Lord, the hope of Israel, all that forsake thee shall be ashamed, *and* they that depart from me shall be written in the earth, because they have forsaken the Lord, the fountain of living waters.

14 Heal me, O Lord, and I shall be healed; save me, and I shall be saved: for thou *art* my praise.

15 ¶ Behold, they say unto me, Where *is* the word of the Lord? let it come now.

13 הָרַ֗ע לְבִלְתִּי֙ שְׁמֹ֣עַ אֵלַ֔י וְהֵטַלְתִּ֣י אֶתְכֶ֗ם מֵעַל֙ הָאָ֣רֶץ הַזֹּ֔את עַל־הָאָ֕רֶץ
אֲשֶׁ֙ר לֹ֣א יְדַעְתֶּ֔ם אַתֶּ֖ם וַאֲבֹֽותֵיכֶ֑ם וַעֲבַדְתֶּם־שָׁ֛ם אֶת־אֱלֹהִ֥ים אֲחֵרִים֙

14 יוֹמָ֣ם וָלַ֔יְלָה אֲשֶׁ֥ר לֹֽא־אֶתֵּ֛ן לָכֶ֖ם חֲנִינָֽה: לָכֵ֛ן הִנֵּֽה־יָמִ֥ים
בָּאִ֖ים נְאֻם־יְהוָ֑ה וְלֹֽא־יֵאָמֵ֥ר עֹוד֙ חַי־יְהוָ֔ה אֲשֶׁ֧ר הֶעֱלָ֛ה אֶת־בְּנֵ֥י

15 יִשְׂרָאֵ֖ל מֵאֶ֥רֶץ מִצְרָֽיִם: כִּ֣י אִם־חַי־יְהוָ֗ה אֲשֶׁ֤ר הֶעֱלָה֙ אֶת־בְּנֵ֣י
יִשְׂרָאֵל֙ מֵאֶ֣רֶץ צָפֹ֔ון וּמִכֹּל֙ הָֽאֲרָצֹ֔ות אֲשֶׁ֥ר הִדִּיחָ֖ם שָׁ֑מָּה וַהֲשִׁבֹתִים֙

16 עַל־אַדְמָתָ֕ם אֲשֶׁ֥ר נָתַ֖תִּי לַאֲבֹותָֽם: הִנְנִ֙י שֹׁלֵ֜חַ לְדַיָּגִ֥ים
רַבִּ֛ים נְאֻם־יְהוָ֖ה וְדִיג֑וּם וְאַֽחֲרֵי־כֵ֗ן אֶשְׁלַח֙ לְרַבִּ֣ים צַיָּדִ֔ים וְצָד֗וּם

לְדַיָּגִ֥ים

17 מֵעַ֤ל כָּל־הַר֙ וּמֵעַ֣ל כָּל־גִּבְעָ֔ה וּמִנְּקִיקֵ֖י הַסְּלָעִֽים: כִּ֤י עֵינַי֙ עַל־כָּל־

18 דַּרְכֵיהֶ֔ם לֹ֥א נִסְתְּר֖וּ מִלְּפָנָ֑י וְלֹֽא־נִצְפַּ֥ן עֲוֺנָ֖ם מִנֶּ֥גֶד עֵינָֽי: וְשִׁלַּמְתִּ֣י
רִאשֹׁונָ֗ה מִשְׁנֵ֤ה עֲוֺנָם֙ וְחַטָּאתָ֔ם עַ֖ל חַלְּלָ֣ם אֶת־אַרְצִ֑י בְּנִבְלַ֙ת

19 שִׁקּוּצֵיהֶ֛ם וְתֹועֲבֹותֵיהֶ֖ם מָלְא֥וּ אֶת־נַחֲלָתִֽי: יְהוָ֞ה עֻזִּ֧י
וּמָעֻזִּ֛י וּמְנוּסִ֖י בְּיֹ֣ום צָרָ֑ה אֵלֶ֗יךָ גֹּויִ֤ם יָבֹ֙אוּ֙ מֵֽאַפְסֵי־אָ֔רֶץ וְיֹאמְר֗וּ

20 אַךְ־שֶׁ֙קֶר֙ נָחֲל֣וּ אֲבֹותֵ֔ינוּ הֶ֖בֶל וְאֵֽין־בָּ֣ם מֹועִ֑יל: הֲיַעֲשֶׂה־לֹּ֣ו אָדָ֖ם

21 אֱלֹהִ֑ים וְהֵ֖מָּה לֹ֥א אֱלֹהִֽים: לָכֵ֗ן הִנְנִ֤י מֹודִיעָם֙ בַּפַּ֣עַם הַזֹּ֔את אֹודִיעֵ֛ם

17 1 אֶת־יָדִ֖י וְאֶת־גְּבֽוּרָתִ֑י וְיָדְע֖וּ כִּֽי־שְׁמִ֥י יְהוָֽה: חַטַּ֣את יְהוּדָ֗ה
כְּתוּבָ֛ה בְּעֵ֥ט בַּרְזֶ֖ל בְּצִפֹּ֣רֶן שָׁמִ֑יר חֲרוּשָׁה֙ עַל־ל֣וּחַ לִבָּ֔ם וּלְקַרְנֹ֖ות

2 מִזְבְּחֹותֵיכֶֽם: כִּזְכֹּ֤ר בְּנֵיהֶם֙ מִזְבְּחֹותָ֔ם וַאֲשֵׁרֵיהֶ֖ם עַל־עֵ֣ץ רַעֲנָ֑ן עַ֖ל

3 גְּבָעֹ֖ות הַגְּבֹהֹֽות: הֲרָרִי֙ בַּשָּׂדֶ֔ה חֵילְךָ֥ כָל־אֹוצְרֹותֶ֖יךָ לָבַ֣ז אֶתֵּ֑ן

4 בָּמֹתֶ֛יךָ בְּחַטָּ֖את בְּכָל־גְּבוּלֶֽיךָ: וְשָׁמַטְתָּ֗ה וּבְךָ֙ מִנַּחֲלָֽתְךָ֙ אֲשֶׁ֣ר נָתַ֣תִּי
לָ֔ךְ וְהַעֲבַדְתִּ֙יךָ֙ אֶת־אֹ֣יְבֶ֔יךָ בָּאָ֖רֶץ אֲשֶׁ֣ר לֹֽא־יָדָ֑עְתָּ כִּֽי־אֵ֛שׁ קְדַחְתֶּ֥ם

5 בְּאַפִּ֖י עַד־עֹולָ֥ם תּוּקָֽד: כֹּ֣ה ׀ אָמַ֣ר יְהוָ֗ה אָר֤וּר הַגֶּ֙בֶר֙ אֲשֶׁ֣ר

6 יִבְטַ֣ח בָּֽאָדָ֔ם וְשָׂ֥ם בָּשָׂ֖ר זְרֹעֹ֑ו וּמִן־יְהוָ֖ה יָס֥וּר לִבֹּֽו: וְהָיָה֙ כְּעַרְעָ֣ר
בָּֽעֲרָבָ֔ה וְלֹ֥א יִרְאֶ֖ה כִּי־יָבֹ֣וא ט֑וֹב וְשָׁכַ֤ן חֲרֵרִים֙ בַּמִּדְבָּ֔ר אֶ֥רֶץ מְלֵחָ֖ה

7 וְלֹ֥א תֵשֵֽׁב: בָּר֣וּךְ הַגֶּ֔בֶר אֲשֶׁ֥ר יִבְטַ֖ח בַּֽיהוָ֑ה וְהָיָ֥ה יְהוָ֖ה

8 מִבְטַחֹֽו: וְהָיָ֞ה כְּעֵ֣ץ ׀ שָׁת֣וּל עַל־מַ֗יִם וְעַל־יוּבַל֙ יְשַׁלַּ֣ח שָֽׁרָשָׁ֔יו וְלֹ֤א
יִרְא֙ כִּֽי־יָבֹ֣א חֹ֔ם וְהָיָ֥ה עָלֵ֖הוּ רַעֲנָ֑ן וּבִשְׁנַ֤ת בַּצֹּ֙רֶת֙ לֹ֣א יִדְאָ֔ג וְלֹ֥א

יִרְאֶֽה

9 יָמִ֖ישׁ מֵעֲשֹׂ֥ות פֶּֽרִי: עָקֹ֥ב הַלֵּ֛ב מִכֹּ֖ל וְאָנֻ֣שׁ ה֑וּא מִ֖י יֵדָעֶֽנּוּ: אֲנִ֧י
10 יְהוָ֛ה חֹקֵ֥ר לֵ֖ב בֹּחֵ֣ן כְּלָיֹ֑ות וְלָתֵ֤ת לְאִישׁ֙ כִּדְרָכָ֔יו כִּפְרִ֖י

כִּדְרָכָ֗יו

11 מַעֲלָלָֽיו: קֹרֵ֤א דָגַר֙ וְלֹ֣א יָלָ֔ד עֹ֥שֶׂה עֹ֖שֶׁר וְלֹ֣א בְמִשְׁפָּ֑ט

12 בַּחֲצִ֤י יָמָו֙ יַעַזְבֶ֔נּוּ וּבְאַחֲרִיתֹ֖ו יִהְיֶ֣ה נָבָֽל: כִּסֵּ֤א כָבֹוד֙ מָרֹ֣ום מֵֽרִאשֹׁ֔ון

יָמָ֖יו

13 מְקֹ֖ום מִקְדָּשֵֽׁנוּ: מִקְוֵ֤ה יִשְׂרָאֵל֙ יְהוָ֔ה כָּל־עֹזְבֶ֖יךָ יֵבֹ֑שׁוּ יְסוּרַי֙ בָּאָ֣רֶץ

וְסוּרַ֗י

14 יִכָּתֵ֔בוּ כִּ֥י עָזְב֛וּ מְקֹ֥ור מַֽיִם־חַיִּ֖ים אֶת־יְהוָֽה: רְפָאֵ֤נִי יְהוָה֙

15 וְאֵ֣רָפֵ֔א הֹושִׁיעֵ֖נִי וְאִוָּשֵׁ֑עָה כִּ֥י תְהִלָּתִ֖י אָֽתָּה: הִנֵּה־הֵ֙מָּה֙ אֹמְרִ֣ים אֵלַ֔י

16 As for me, I have not hastened from *being* a pastor to follow thee: neither have I desired the woeful day; thou knowest: that which came out of my lips was *right* before thee.

17 Be not a terror unto me: thou *art* my hope in the day of evil.

18 Let them be confounded that persecute me, but let not me be confounded: let them be dismayed, but let not me be dismayed: bring upon them the day of evil, and destroy them with double destruction.

19 ¶ Thus said the LORD unto me; Go and stand in the gate of the children of the people, whereby the kings of Judah come in, and by the which they go out, and in all the gates of Jerusalem;

20 And say unto them, Hear ye the word of the LORD, ye kings of Judah, and all Judah, and all the inhabitants of Jerusalem, that enter in by these gates:

21 Thus saith the LORD; Take heed to yourselves, and bear no burden on the sabbath day, nor bring *it* in by the gates of Jerusalem;

22 Neither carry forth a burden out of your houses on the sabbath day, neither do ye any work, but hallow ye the sabbath day, as I commanded your fathers.

23 But they obeyed not, neither inclined their ear, but made their neck stiff, that they might not hear, nor receive instruction.

24 And it shall come to pass, if ye diligently hearken unto me, saith the LORD, to bring in no burden through the gates of this city on the sabbath day, but hallow the sabbath day, to do no work therein;

25 Then shall there enter into the gates of this city kings and princes sitting upon the throne of David, riding in chariots and on horses, they, and their princes, the men of Judah, and the inhabitants of Jerusalem: and this city shall remain for ever.

26 And they shall come from the cities of Judah, and from the places about Jerusalem, and from the land of Benjamin, and from the plain, and from the mountains, and from the south, bringing burnt offerings, and sacrifices, and meat offerings, and incense, and bringing sacrifices of praise, unto the house of the LORD.

27 But if ye will not hearken unto me to hallow the sabbath day, and not to bear a burden, even entering in at the gates of Jerusalem on the sabbath day; then will I kindle a fire in the gates thereof, and it shall devour the palaces of Jerusalem, and it shall not be quenched.

CHAPTER 18

1 The word which came to Jeremiah from the LORD, saying,

2 Arise, and go down to the potter's house, and there I will cause thee to hear my words.

3 Then I went down to the potter's house, and, behold, he wrought a work on the wheels.

4 And the vessel that he made of clay was marred in the hand of the potter: so he made it again another vessel, as seemed good to the potter to make *it*.

5 Then the word of the LORD came to me, saying,

6 O house of Israel, cannot I do with you as this potter? saith the LORD. Behold, as the clay *is* in the potter's hand, so *are* ye in mine hand, O house of Israel.

7 *At what* instant I shall speak concerning a nation, and concerning a kingdom, to pluck up, and to pull down, and to destroy *it;*

8 If that nation, against whom I have pronounced, turn from their evil, I will repent of the evil that I thought to do unto them.

9 And *at what* instant I shall speak concerning a nation, and concerning a kingdom, to build and to plant *it;*

10 If it do evil in my sight, that it obey not my voice, then I will repent of the good, wherewith I said I would benefit them.

11 ¶ Now therefore go to, speak to the men of Judah, and to the inhabitants of Jerusalem, saying, Thus saith the LORD; Behold, I frame evil against you, and devise a device against you: return ye now every one from his evil way, and make your ways and your doings good.

16 אַיָּה דְבַר־יְהוָה יָב֥וֹא נָֽא׃ וַאֲנִ֣י לֹא־אַ֣צְתִּי׀מֵרֹעֶ֣ה אַחֲרֶ֗יךָ וְי֥וֹם אָנ֖וּשׁ

17 לֹ֣א הִתְאַוֵּ֑יתִי אַתָּ֣ה יָדָ֔עְתָּ מוֹצָ֣א שְׂפָתַ֔י נֹ֥כַח פָּנֶ֖יךָ הָיָֽה׃ אַל־

18 תִּֽהְיֵה־לִ֖י לִמְחִתָּ֑ה מַחֲסִי־אַ֖תָּה בְּי֥וֹם רָעָֽה׃ יֵבֹ֤שׁוּ רֹדְפַי֙ וְאַל־אֵבֹ֣שָׁה אָ֔נִי יֵחַ֖תּוּ הֵ֑מָּה וְאַל־אֵחַ֣תָּה אָ֔נִי הָבִ֤יא עֲלֵיהֶם֙ י֣וֹם רָעָ֔ה וּמִשְׁנֶ֥ה

19 שִׁבָּר֖וֹן שָׁבְרֵֽם׃ כֹּה־אָמַ֨ר יְהוָ֜ה אֵלַ֗י הָלֹךְ֙ וְעָֽמַדְתָּ֙ בְּשַׁ֣עַר בְּנֵֽי־עָ֔ם אֲשֶׁ֨ר יָבֹ֤אוּ בוֹ֙ מַלְכֵ֣י יְהוּדָ֔ה וַאֲשֶׁ֖ר יֵ֣צְאוּ ב֑וֹ וּבְכֹ֖ל שַׁעֲרֵ֥י הָעָ֖ם

20 יְרוּשָׁלָֽ͏ִם׃ וְאָמַרְתָּ֣ אֲלֵיהֶ֗ם שִׁמְע֤וּ דְבַר־יְהוָה֙ מַלְכֵ֣י יְהוּדָ֔ה וְכָל־יְהוּדָ֑ה

21 וְכֹ֖ל יֹשְׁבֵ֣י יְרוּשָׁלָ֑͏ִם הַבָּאִ֖ים בַּשְּׁעָרִ֥ים הָאֵֽלֶּה׃ כֹּ֚ה אָמַ֣ר יְהוָ֔ה הִשָּׁמְר֖וּ בְּנַפְשֽׁוֹתֵיכֶ֑ם וְאַל־תִּשְׂא֤וּ מַשָּׂא֙ בְּי֣וֹם הַשַּׁבָּ֔ת וַהֲבֵאתֶ֖ם

22 בְּשַׁעֲרֵ֥י יְרוּשָׁלָֽ͏ִם׃ וְלֹא־תוֹצִ֨יאוּ מַשָּׂ֤א מִבָּֽתֵּיכֶם֙ בְּי֣וֹם הַשַּׁבָּ֔ת וְכָל־מְלָאכָ֖ה לֹ֣א תַֽעֲשׂ֑וּ וְקִדַּשְׁתֶּם֙ אֶת־י֣וֹם הַשַּׁבָּ֔ת כַּאֲשֶׁ֥ר צִוִּ֖יתִי אֶת־

23 אֲבוֹתֵיכֶֽם׃ וְלֹ֣א שָׁמְע֔וּ וְלֹ֥א הִטּ֖וּ אֶת־אָזְנָ֑ם וַיַּקְשׁוּ֙ אֶת־עָרְפָּ֔ם לְבִלְתִּ֣י

24 שְׁמ֔וֹעַ וּלְבִלְתִּ֖י קַ֥חַת מוּסָֽר׃ וְֽהָיָ֡ה אִם־שָׁמֹ֣עַ תִּשְׁמְע֣וּן אֵלַי֩ נְאֻם־ שָׁמֹ֖עַ יְהוָ֨ה לְבִלְתִּ֜י הָבִ֣יא מַשָּׂ֗א בְּשַׁעֲרֵ֛י הָעִ֥יר הַזֹּ֖את בְּי֣וֹם הַשַּׁבָּ֑ת וּלְקַדֵּשׁ֙

25 אֶת־י֣וֹם הַשַּׁבָּ֔ת לְבִלְתִּ֥י עֲשֽׂוֹת־בֹּ֖ה כָּל־מְלָאכָֽה׃ וּבָ֣אוּ בְשַׁעֲרֵ֣י הָעִ֣יר בּֽוֹ הַזֹּ֡את מְלָכִ֣ים׀וְשָׂרִ֡ים יֹשְׁבִים֩ עַל־כִּסֵּ֨א דָוִ֜ד רֹכְבִ֣ים׀בָּרֶ֣כֶב וּבַסּוּסִ֗ים הֵ֚מָּה וְשָׂ֣רֵיהֶ֔ם אִ֥ישׁ יְהוּדָ֖ה וְיֹשְׁבֵ֣י יְרוּשָׁלָ֑͏ִם וְיָשְׁבָ֥ה הָעִֽיר־הַזֹּ֖את

26 לְעוֹלָֽם׃ וּבָ֣אוּ מֵעָרֵֽי־יְ֠הוּדָה וּמִסְּבִיב֨וֹת יְרוּשָׁלַ֜͏ִם וּמֵאֶ֣רֶץ בִּנְיָמִ֗ן וּמִן־ הַשְּׁפֵלָ֤ה וּמִן־הָהָר֙ וּמִן־הַנֶּ֔גֶב מְבִאִ֛ים עוֹלָ֥ה וְזֶ֖בַח וּמִנְחָ֣ה וּלְבוֹנָ֑ה

27 וּמְבִאֵ֥י תוֹדָ֖ה בֵּ֥ית יְהוָֽה׃ וְאִם־לֹ֨א תִשְׁמְע֜וּ אֵלַ֗י לְקַדֵּשׁ֙ אֶת־י֣וֹם הַשַּׁבָּ֔ת וּלְבִלְתִּ֣י׀שְׂאֵ֣ת מַשָּׂ֗א וּבֹ֛א בְּשַׁעֲרֵ֥י יְרוּשָׁלַ֖͏ִם בְּי֣וֹם הַשַּׁבָּ֑ת וְהִצַּ֧תִּי אֵ֣שׁ בִּשְׁעָרֶ֗יהָ וְאָֽכְלָ֛ה אַרְמְנ֥וֹת יְרוּשָׁלַ֖͏ִם וְלֹ֥א תִכְבֶּֽה׃

18 הַדָּבָר֙ אֲשֶׁ֣ר הָיָ֣ה אֶֽל־יִרְמְיָ֔הוּ מֵאֵ֥ת יְהוָ֖ה לֵאמֹֽר׃ ק֥וּם וְיָרַדְתָּ֖ בֵּ֣ית הַיּוֹצֵ֑ר

3 וְשָׁ֖מָּה אַשְׁמִֽיעֲךָ֥ אֶת־דְּבָרָֽי׃ וָאֵרֵ֖ד בֵּ֣ית הַיּוֹצֵ֑ר וְהִנֵּֽה־ה֛וּא וְהִנֵּה־ה֖וּא עֹשֶׂ֥ה מְלָאכָ֖ה

4 עַל־הָאָבְנָֽיִם׃ וְנִשְׁחַ֣ת הַכְּלִ֗י אֲשֶׁ֨ר ה֥וּא עֹשֶׂ֛ה בַּחֹ֖מֶר בְּיַ֣ד הַיּוֹצֵ֑ר וְשָׁ֗ב וַֽיַּעֲשֵׂ֙הוּ֙ כְּלִ֣י אַחֵ֔ר כַּאֲשֶׁ֥ר יָשַׁ֛ר בְּעֵינֵ֥י הַיּוֹצֵ֖ר לַעֲשֽׂוֹת׃

5 6 וַיְהִ֥י דְבַר־יְהוָ֖ה אֵלַ֥י לֵאמֽוֹר׃ הֲכַיּוֹצֵ֨ר הַזֶּ֜ה לֹא־אוּכַ֤ל לַעֲשׂ֣וֹת לָכֶם֙ בֵּ֣ית יִשְׂרָאֵל֙ נְאֻם־יְהוָ֔ה הִנֵּ֤ה כַחֹ֙מֶר֙ בְּיַ֣ד הַיּוֹצֵ֔ר כֵּן־אַתֶּ֥ם בְּיָדִ֖י בֵּ֥ית

7 יִשְׂרָאֵֽל׃ רֶ֣גַע אֲדַבֵּ֔ר עַל־גּ֖וֹי וְעַל־מַמְלָכָ֑ה לִנְת֥וֹשׁ וְלִנְת֖וֹץ

8 וּֽלְהַאֲבִֽיד׃ וְשָׁב֙ הַגּ֣וֹי הַה֔וּא מֵרָ֣עָת֔וֹ אֲשֶׁ֥ר דִּבַּ֖רְתִּי עָלָ֑יו וְנִֽחַמְתִּי֙ עַל־

9 הָ֣רָעָ֔ה אֲשֶׁ֥ר חָשַׁ֖בְתִּי לַעֲשׂ֥וֹת לֽוֹ׃ וְרֶ֣גַע אֲדַבֵּ֔ר עַל־גּ֖וֹי

10 וְעַל־מַמְלָכָ֑ה לִבְנֹ֖ת וְלִנְטֹֽעַ׃ וְעָשָׂ֤ה הָרָעָה֙ בְּעֵינַ֔י לְבִלְתִּ֖י שְׁמֹ֣עַ בְּקֹלִ֑י הָרַ֖ע

11 וְנִֽחַמְתִּי֙ עַל־הַטּוֹבָ֔ה אֲשֶׁ֥ר אָמַ֖רְתִּי לְהֵיטִ֥יב אוֹתֽוֹ׃ וְעַתָּ֡ה אֱמָר־נָ֣א אֶל־אִישׁ־יְהוּדָה֩ וְעַל־יוֹשְׁבֵ֨י יְרוּשָׁלַ֜͏ִם לֵאמֹ֗ר כֹּ֚ה אָמַ֣ר יְהוָ֔ה הִנֵּ֣ה אָנֹכִ֗י יוֹצֵ֤ר עֲלֵיכֶם֙ רָעָ֔ה וְחֹשֵׁ֥ב עֲלֵיכֶ֖ם מַחֲשָׁבָ֑ה שׁ֣וּבוּ נָ֣א אִ֗ישׁ

12 And they said, There is no hope: but we will walk after our own devices, and we will every one do the imagination of his evil heart.

13 Therefore thus saith the LORD; Ask ye now among the heathen, who hath heard such things: the virgin of Israel hath done a very horrible thing.

14 Will *a man* leave the snow of Lebanon *which cometh* from the rock of the field? *or* shall the cold flowing waters that come from another place be forsaken?

15 Because my people hath forgotten me, they have burned incense to vanity, and they have caused them to stumble in their ways *from* the ancient paths, to walk in paths, *in* a way not cast up;

16 To make their land desolate, *and* a perpetual hissing; every one that passeth thereby shall be astonished, and wag his head.

17 I will scatter them as with an east wind before the enemy; I will shew them the back, and not the face, in the day of their calamity.

18 ¶ Then said they, Come, and let us devise devices against Jeremiah; for the law shall not perish from the priest, nor counsel from the wise, nor the word from the prophet. Come, and let us smite him with the tongue, and let us not give heed to any of his words.

19 Give heed to me, O LORD, and hearken to the voice of them that contend with me.

20 Shall evil be recompensed for good? for they have digged a pit for my soul. Remember that I stood before thee to speak good for them, *and* to turn away thy wrath from them.

21 Therefore deliver up their children to the famine, and pour out their *blood* by the force of the sword; and let their wives be bereaved of their children, and *be* widows; and let their men be put to death; *let* their young men *be* slain by the sword in battle.

22 Let a cry be heard from their houses, when thou shalt bring a troop suddenly upon them: for they have digged a pit to take me, and hid snares for my feet.

23 Yet, LORD, thou knowest all their counsel against me to slay *me:* forgive not their iniquity, neither blot out their sin from thy sight, but let them be overthrown before thee; deal *thus* with them in the time of thine anger.

CHAPTER 19

1 Thus saith the LORD, Go and get a potter's earthen bottle, and *take* of the ancients of the people, and of the ancients of the priests;

2 And go forth unto the valley of the son of Hinnom, which *is* by the entry of the east gate, and proclaim there the words that I shall tell thee,

3 And say, Hear ye the word of the LORD, O kings of Judah, and inhabitants of Jerusalem; Thus saith the LORD of hosts, the God of Israel; Behold, I will bring evil upon this place, the which whosoever heareth, his ears shall tingle.

4 Because they have forsaken me, and have estranged this place, and have burned incense in it unto other gods, whom neither they nor their fathers have known, nor the kings of Judah, and have filled this place with the blood of innocents;

5 They have built also the high places of Baal, to burn their sons with fire *for* burnt offerings unto Baal, which I commanded not, nor spake *it*, neither came *it* into my mind:

6 Therefore, behold, the days come, saith the LORD, that this place shall no more be called Tophet, nor The valley of the son of Hinnom, but The valley of slaughter.

7 And I will make void the counsel of Judah and Jerusalem in this place; and I will cause them to fall by the sword before their enemies, and by the hands of them that seek their lives: and their carcases will I give to be meat for the fowls of the heaven, and for the beasts of the earth.

8 And I will make this city desolate, and an hissing; every one that passeth thereby shall be astonished and hiss because of all the plagues thereof.

9 And I will cause them to eat the flesh of their sons and the flesh of their daugh-

מִדַּרְכּוֹ הָרָעָה וְהֵיטִיבוּ דַרְכֵיכֶם וּמַעַלְלֵיכֶם וְאָמְרוּ נוֹאָשׁ כִּי־אַחֲרֵי 12

מַחְשְׁבוֹתֵינוּ נֵלֵךְ וְאִישׁ שְׁרִרוּת לִבּוֹ־הָרָע נַעֲשֶׂה: לָכֵן 13

כֹּה אָמַר יְהֹוָה שַׁאֲלוּ־נָא בַּגּוֹיִם מִי שָׁמַע כָּאֵלֶּה שַׁעֲרֻרִת עָשְׂתָה

מְאֹד בְּתוּלַת יִשְׂרָאֵל: הֲיַעֲזֹב מִצּוּר שָׂדַי שֶׁלֶג לְבָנוֹן אִם־יִנָּתְשׁוּ 14

מַיִם זָרִים קָרִים נוֹזְלִים: כִּי־שְׁכֵחֻנִי עַמִּי לַשָּׁוְא יְקַטֵּרוּ וַיַּכְשִׁלוּם 15

בְּדַרְכֵיהֶם שְׁבִילֵי עוֹלָם לָלֶכֶת נְתִיבוֹת דֶּרֶךְ לֹא סְלוּלָה: לָשׂוּם 16

שְׁרִיקוֹת אַרְצָם לְשַׁמָּה שְׁרוּקַת עוֹלָם כֹּל עוֹבֵר עָלֶיהָ יִשֹּׁם וְיָנִיד בְּרֹאשׁוֹ:

כְּרוּחַ־קָדִים אֲפִיצֵם לִפְנֵי אוֹיֵב עֹרֶף וְלֹא־פָנִים אֶרְאֵם בְּיוֹם 17

אֵידָם: וַיֹּאמְרוּ לְכוּ וְנַחְשְׁבָה עַל־יִרְמְיָהוּ מַחֲשָׁבוֹת כִּי לֹא־ 18

תֹאבַד תּוֹרָה מִכֹּהֵן וְעֵצָה מֵחָכָם וְדָבָר מִנָּבִיא לְכוּ וְנַכֵּהוּ בַלָּשׁוֹן

וְאַל־נַקְשִׁיבָה אֶל־כָּל־דְּבָרָיו: הַקְשִׁיבָה יְהֹוָה אֵלָי וּשְׁמַע לְקוֹל יְרִיבָי: 19

הַיְשֻׁלַּם תַּחַת־טוֹבָה רָעָה כִּי־כָרוּ שׁוּחָה לְנַפְשִׁי זְכֹר עָמְדִי לְפָנֶיךָ 20

לְדַבֵּר עֲלֵיהֶם טוֹבָה לְהָשִׁיב אֶת־חֲמָתְךָ מֵהֶם: לָכֵן תֵּן אֶת־בְּנֵיהֶם 21

לָרָעָב וְהַגִּרֵם עַל־יְדֵי־חֶרֶב וְתִהְיֶנָה נְשֵׁיהֶם שַׁכֻּלוֹת וְאַלְמָנוֹת

וְאַנְשֵׁיהֶם יִהְיוּ הֲרֻגֵי מָוֶת בַּחוּרֵיהֶם מֻכֵּי־חֶרֶב בַּמִּלְחָמָה: תִּשָּׁמַע 22

שׁוּחָה זְעָקָה מִבָּתֵּיהֶם כִּי־תָבִיא עֲלֵיהֶם גְּדוּד פִּתְאֹם כִּי־כָרוּ שִׁיחָה

לְלָכְדֵנִי וּפַחִים טָמְנוּ לְרַגְלָי: וְאַתָּה יְהֹוָה יָדַעְתָּ אֶת־כָּל־עֲצָתָם עָלַי 23

וְיִהְיוּ לַמָּוֶת אַל־תְּכַפֵּר עַל־עֲוֹנָם וְחַטָּאתָם מִלְּפָנֶיךָ אַל־תֶּמְחִי וְהָיוּ (יִהְיוּ)

מֻכְשָׁלִים לְפָנֶיךָ בְּעֵת אַפְּךָ עֲשֵׂה בָהֶם: כֹּה אָמַר יְהֹוָה 19 1

הָלוֹךְ וְקָנִיתָ בַקְבֻּק יוֹצֵר חָרֶשׂ וּמִזִּקְנֵי הָעָם וּמִזִּקְנֵי הַכֹּהֲנִים: וְיָצָאתָ 2

הַחַרְסִית אֶל־גֵּיא בֶן־הִנֹּם אֲשֶׁר פֶּתַח שַׁעַר הַחַרְסוּת (הַחַרְסִית) וְקָרָאתָ שָּׁם אֶת־

הַדְּבָרִים אֲשֶׁר־אֲדַבֵּר אֵלֶיךָ: וְאָמַרְתָּ שִׁמְעוּ דְבַר־יְהֹוָה מַלְכֵי יְהוּדָה 3

וְיֹשְׁבֵי יְרוּשָׁלָםִ כֹּה־אָמַר יְהֹוָה צְבָאוֹת אֱלֹהֵי יִשְׂרָאֵל הִנְנִי מֵבִיא

רָעָה עַל־הַמָּקוֹם הַזֶּה אֲשֶׁר כָּל־שֹׁמְעָהּ תִּצַּלְנָה אָזְנָיו: יַעַן אֲשֶׁר 4

עֲזָבֻנִי וַיְנַכְּרוּ אֶת־הַמָּקוֹם הַזֶּה וַיְקַטְּרוּ־בוֹ לֵאלֹהִים אֲחֵרִים אֲשֶׁר

לֹא־יְדָעוּם הֵמָּה וַאֲבוֹתֵיהֶם וּמַלְכֵי יְהוּדָה וּמָלְאוּ אֶת־הַמָּקוֹם הַזֶּה

דַּם נְקִיִּם: וּבָנוּ אֶת־בָּמוֹת הַבַּעַל לִשְׂרֹף אֶת־בְּנֵיהֶם בָּאֵשׁ עֹלוֹת 5

לַבָּעַל אֲשֶׁר לֹא־צִוִּיתִי וְלֹא דִבַּרְתִּי וְלֹא עָלְתָה עַל־לִבִּי:

לָכֵן הִנֵּה־יָמִים בָּאִים נְאֻם־יְהֹוָה וְלֹא־יִקָּרֵא לַמָּקוֹם הַזֶּה עוֹד הַתֹּפֶת 6

וְגֵיא בֶן־הִנֹּם כִּי אִם־גֵּיא הַהֲרֵגָה: וּבַקֹּתִי אֶת־עֲצַת יְהוּדָה וִירוּשָׁלַםִ 7

בַּמָּקוֹם הַזֶּה וְהִפַּלְתִּים בַּחֶרֶב לִפְנֵי אֹיְבֵיהֶם וּבְיַד מְבַקְשֵׁי נַפְשָׁם

וְנָתַתִּי אֶת־נִבְלָתָם לְמַאֲכָל לְעוֹף הַשָּׁמַיִם וּלְבֶהֱמַת הָאָרֶץ: וְשַׂמְתִּי 8

אֶת־הָעִיר הַזֹּאת לְשַׁמָּה וְלִשְׁרֵקָה כֹּל עֹבֵר עָלֶיהָ יִשֹּׁם וְיִשְׁרֹק עַל־

כָּל־מַכֹּתֶהָ: וְהַאֲכַלְתִּים אֶת־בְּשַׂר בְּנֵיהֶם וְאֵת בְּשַׂר בְּנֹתֵיהֶם וְאִישׁ 9

בְּשַׂר־רֵעֵהוּ יֹאכֵלוּ בְּמָצוֹר וּבְמָצוֹק אֲשֶׁר יָצִיקוּ לָהֶם אֹיְבֵיהֶם

ters, and they shall eat every one the flesh of his friend in the siege and straitness, wherewith their enemies, and they that seek their lives, shall straiten them.

10 Then shalt thou break the bottle in the sight of the men that go with thee,

11 And shalt say unto them, Thus saith the Lord of hosts; Even so will I break this people and this city, as *one* breaketh a potter's vessel, that cannot be made whole again: and they shall bury *them* in Tophet, till *there be* no place to bury.

12 Thus will I do unto this place, saith the Lord, and to the inhabitants thereof, and *even* make this city as Tophet:

13 And the houses of Jerusalem, and the houses of the kings of Judah, shall be defiled as the place of Tophet, because of all the houses upon whose roofs they have burned incense unto all the host of heaven, and have poured out drink offerings unto other gods.

14 Then came Jeremiah from Tophet, whither the Lord had sent him to prophesy; and he stood in the court of the Lord's house; and said to all the people,

15 Thus saith the Lord of hosts, the God of Israel; Behold, I will bring upon this city and upon all her towns all the evil that I have pronounced against it, because they have hardened their necks, that they might not hear my words.

CHAPTER 20

1 Now Pashur the son of Immer the priest, who *was* also chief governor in the house of the Lord, heard that Jeremiah prophesied these things.

2 Then Pashur smote Jeremiah the prophet, and put him in the stocks that *were* in the high gate of Benjamin, which *was* by the house of the Lord.

3 And it came to pass on the morrow, that Pashur brought forth Jeremiah out of the stocks. Then said Jeremiah unto him, The Lord hath not called thy name Pashur, but Magor-missabib.

4 For thus saith the Lord, Behold, I will make thee a terror to thyself, and to all thy friends: and they shall fall by the sword of their enemies, and thine eyes

shall behold *it:* and I will give all Judah into the hand of the king of Babylon, and he shall carry them captive into Babylon, and shall slay them with the sword.

5 Moreover I will deliver all the strength of this city, and all the labours thereof, and all the precious things thereof, and all the treasures of the kings of Judah will I give into the hand of their enemies, which shall spoil them, and take them, and carry them to Babylon.

6 And thou, Pashur, and all that dwell in thine house shall go into captivity: and thou shalt come to Babylon, and there thou shalt die, and shalt be buried there, thou, and all thy friends, to whom thou hast prophesied lies.

7 ¶ O Lord, thou hast deceived me, and I was deceived: thou art stronger than I, and hast prevailed: I am in derision daily, every one mocketh me.

8 For since I spake, I cried out, I cried violence and spoil; because the word of the Lord was made a reproach unto me, and a derision, daily.

9 Then I said, I will not make mention of him, nor speak any more in his name. But *his word* was in mine heart as a burning fire shut up in my bones, and I was weary with forbearing, and I could not *stay.*

10 ¶ For I heard the defaming of many, fear on every side. Report, *say they,* and we will report it. All my familiars watched for my halting, *saying,* Peradventure he will be enticed, and we shall prevail against him, and we shall take our revenge on him.

11 But the Lord *is* with me as a mighty terrible one: therefore my persecutors shall stumble, and they shall not prevail: they shall be greatly ashamed; for they shall not prosper: *their* everlasting confusion shall never be forgotten.

12 But, O Lord of hosts, that triest the righteous, *and* seest the reins and the heart, let me see thy vengeance on them: for unto thee have I opened my cause.

13 Sing unto the Lord, praise ye the Lord: for he hath delivered the soul of the poor from the hand of evildoers.

10 וּמְבַקְשֵׁי נַפְשָׁם וְשִׁבַרְתָּ הַבַּקְבֻּק לְעֵינֵי הָאֲנָשִׁים הַהֹלְכִים אוֹתָךְ:

11 וְאָמַרְתָּ אֲלֵיהֶם כֹּה־אָמַר ׀ יְהוָה צְבָאוֹת כָּכָה אֶשְׁבֹּר אֶת־הָעָם הַזֶּה וְאֶת־הָעִיר הַזֹּאת כַּאֲשֶׁר יִשְׁבֹּר אֶת־כְּלִי הַיּוֹצֵר אֲשֶׁר לֹא־יוּכַל לְהֵרָפֵה עוֹד וּבְתֹפֶת יִקְבְּרוּ מֵאֵין מָקוֹם לִקְבּוֹר:

12 כֵּן־אֶעֱשֶׂה לַמָּקוֹם הַזֶּה נְאֻם־יְהוָה וּלְיוֹשְׁבָיו וְלָתֵת אֶת־הָעִיר הַזֹּאת כְּתֹפֶת:

13 וְהָיוּ בָּתֵּי יְרוּשָׁלַ͏ִם וּבָתֵּי מַלְכֵי יְהוּדָה כִּמְקוֹם הַתֹּפֶת הַטְּמֵאִים לְכֹל הַבָּתִּים אֲשֶׁר קִטְּרוּ עַל־גַּגֹּתֵיהֶם לְכֹל צְבָא הַשָּׁמַיִם וְהַסֵּךְ נְסָכִים לֵאלֹהִים אֲחֵרִים:

14 וַיָּבֹא יִרְמְיָהוּ מֵהַתֹּפֶת אֲשֶׁר שְׁלָחוֹ יְהוָה שָׁם לְהִנָּבֵא וַיַּעֲמֹד בַּחֲצַר בֵּית־יְהוָה וַיֹּאמֶר אֶל־כָּל־הָעָם:

15 מֵבִיא כֹּה־אָמַר יְהוָה צְבָאוֹת אֱלֹהֵי יִשְׂרָאֵל הִנְנִי מֵבִי אֶל־הָעִיר הַזֹּאת וְעַל־כָּל־עָרֶיהָ אֵת כָּל־הָרָעָה אֲשֶׁר דִּבַּרְתִּי עָלֶיהָ כִּי הִקְשׁוּ אֶת־עָרְפָּם לְבִלְתִּי שְׁמוֹעַ אֶת־דְּבָרָי:

20 1 וַיִּשְׁמַע פַּשְׁחוּר בֶּן־אִמֵּר הַכֹּהֵן וְהוּא־פָקִיד נָגִיד בְּבֵית יְהוָה אֶת־יִרְמְיָהוּ נִבָּא אֶת־הַדְּבָרִים הָאֵלֶּה:

2 וַיַּכֶּה פַּשְׁחוּר אֵת יִרְמְיָהוּ הַנָּבִיא וַיִּתֵּן אֹתוֹ עַל־הַמַּהְפֶּכֶת אֲשֶׁר בְּשַׁעַר בִּנְיָמִן הָעֶלְיוֹן אֲשֶׁר בְּבֵית יְהוָה:

3 וַיְהִי מִמָּחֳרָת וַיֹּצֵא פַשְׁחוּר אֶת־יִרְמְיָהוּ מִן־הַמַּהְפָּכֶת וַיֹּאמֶר אֵלָיו יִרְמְיָהוּ לֹא פַשְׁחוּר קָרָא יְהוָה שְׁמֶךָ כִּי אִם־מָגוֹר מִסָּבִיב:

4 כִּי כֹה אָמַר יְהוָה הִנְנִי נֹתֶנְךָ לְמָגוֹר לְךָ וּלְכָל־אֹהֲבֶיךָ וְנָפְלוּ בְּחֶרֶב אֹיְבֵיהֶם וְעֵינֶיךָ רֹאוֹת וְאֶת־כָּל־יְהוּדָה אֶתֵּן בְּיַד מֶלֶךְ־בָּבֶל וְהִגְלָם בָּבֶלָה וְהִכָּם בֶּחָרֶב:

5 וְנָתַתִּי אֶת־כָּל־חֹסֶן הָעִיר הַזֹּאת וְאֶת־כָּל־יְגִיעָהּ וְאֶת־כָּל־יְקָרָהּ וְאֵת כָּל־אוֹצְרוֹת מַלְכֵי יְהוּדָה אֶתֵּן בְּיַד אֹיְבֵיהֶם וּבְזָזוּם וּלְקָחוּם וֶהֱבִיאוּם בָּבֶלָה:

6 וְאַתָּה פַשְׁחוּר וְכֹל יֹשְׁבֵי בֵיתֶךָ תֵּלְכוּ בַּשֶּׁבִי וּבָבֶל תָּבוֹא וְשָׁם תָּמוּת וְשָׁם תִּקָּבֵר אַתָּה וְכָל־אֹהֲבֶיךָ אֲשֶׁר־נִבֵּאתָ לָהֶם בַּשָּׁקֶר:

7 פִּתִּיתַנִי יְהוָה וָאֶפָּת חֲזַקְתַּנִי וַתּוּכָל הָיִיתִי לִשְׂחוֹק כָּל־הַיּוֹם כֻּלֹּה לֹעֵג לִי:

8 כִּי־מִדֵּי אֲדַבֵּר אֶזְעָק חָמָס וָשֹׁד אֶקְרָא כִּי־הָיָה דְבַר־יְהוָה לִי לְחֶרְפָּה וּלְקֶלֶס כָּל־הַיּוֹם:

9 וְאָמַרְתִּי לֹא־אֶזְכְּרֶנּוּ וְלֹא־אֲדַבֵּר עוֹד בִּשְׁמוֹ וְהָיָה בְלִבִּי כְּאֵשׁ בֹּעֶרֶת עָצֻר בְּעַצְמֹתָי וְנִלְאֵיתִי כַּלְכֵל וְלֹא אוּכָל:

10 כִּי שָׁמַעְתִּי דִּבַּת רַבִּים מָגוֹר מִסָּבִיב הַגִּידוּ וְנַגִּידֶנּוּ כֹּל אֱנוֹשׁ שְׁלוֹמִי שֹׁמְרֵי צַלְעִי אוּלַי יְפֻתֶּה וְנוּכְלָה לּוֹ וְנִקְחָה נִקְמָתֵנוּ מִמֶּנּוּ:

11 וַיהוָה אוֹתִי כְּגִבּוֹר עָרִיץ עַל־כֵּן רֹדְפַי יִכָּשְׁלוּ וְלֹא יֻכָלוּ בֹּשׁוּ מְאֹד כִּי־לֹא הִשְׂכִּילוּ כְּלִמַּת עוֹלָם לֹא תִשָּׁכֵחַ:

12 וַיהוָה צְבָאוֹת בֹּחֵן צַדִּיק רֹאֶה כְלָיוֹת וָלֵב אֶרְאֶה נִקְמָתְךָ מֵהֶם כִּי אֵלֶיךָ גִּלִּיתִי אֶת־רִיבִי:

13 שִׁירוּ לַיהוָה הַלְלוּ אֶת־יְהוָה כִּי הִצִּיל אֶת־נֶפֶשׁ אֶבְיוֹן מִיַּד

14 ¶ Cursed *be* the day wherein I was born: let not the day wherein my mother bare me be blessed.

15 Cursed *be* the man who brought tidings to my father, saying, A man child is born unto thee; making him very glad.

16 And let that man be as the cities which the LORD overthrew, and repented not: and let him hear the cry in the morning, and the shouting at noontide;

17 Because he slew me not from the womb; or that my mother might have been my grave, and her womb *to be* always great *with me.*

18 Wherefore came I forth out of the womb to see labour and sorrow, that my days should be consumed with shame?

CHAPTER 21

1 The word which came unto Jeremiah from the LORD, when king Zedekiah sent unto him Pashur the son of Melchiah, and Zephaniah the son of Maaseiah the priest, saying,

2 Enquire, I pray thee, of the LORD for us; for Nebuchadrezzar king of Babylon maketh war against us; if so be that the LORD will deal with us according to all his wondrous works, that he may go up from us.

3 ¶ Then said Jeremiah unto them, Thus shall ye say to Zedekiah:

4 Thus saith the LORD God of Israel; Behold, I will turn back the weapons of war that *are* in your hands, wherewith ye fight against the king of Babylon, and *against* the Chaldeans, which besiege you without the walls, and I will assemble them into the midst of this city.

5 And I myself will fight against you with an outstretched hand and with a strong arm, even in anger, and in fury, and in great wrath.

6 And I will smite the inhabitants of this city, both man and beast: they shall die of a great pestilence.

7 And afterward, saith the LORD, I will deliver Zedekiah king of Judah, and his servants, and the people, and such as are left in this city from the pestilence, from the sword, and from the famine, into the hand of Nebuchadrezzar king of Babylon, and into the hand of their enemies, and into the hand of those that seek their life: and he shall smite them with the edge of the sword; he shall not spare them, neither have pity, nor have mercy.

8 ¶ And unto this people thou shalt say, Thus saith the LORD; Behold, I set before you the way of life, and the way of death.

9 He that abideth in this city shall die by the sword, and by the famine, and by the pestilence: but he that goeth out, and falleth to the Chaldeans that besiege you, he shall live, and his life shall be unto him for a prey.

10 For I have set my face against this city for evil, and not for good, saith the LORD: it shall be given into the hand of the king of Babylon, and he shall burn it with fire.

11 ¶ And touching the house of the king of Judah, *say,* Hear ye the word of the LORD;

12 O house of David, thus saith the LORD; Execute judgment in the morning, and deliver *him that is* spoiled out of the hand of the oppressor, lest my fury go out like fire, and burn that none can quench *it,* because of the evil of your doings.

13 Behold, I *am* against thee, O inhabitant of the valley, *and* rock of the plain, saith the LORD; which say, Who shall come down against us? or who shall enter into our habitations?

14 But I will punish you according to the fruit of your doings, saith the LORD: and I will kindle a fire in the forest thereof, and it shall devour all things round about it.

CHAPTER 22

1 Thus saith the LORD; Go down to the house of the king of Judah, and speak there this word,

2 And say, Hear the word of the LORD, O king of Judah, that sittest upon the throne of David, thou, and thy servants, and thy people that enter in by these gates:

3 Thus saith the LORD; Execute ye judgment and righteousness, and deliver the spoiled out of the hand of the oppressor: and do no wrong, do no violence to the

אָר֣וּר הַיּ֗וֹם אֲשֶׁ֤ר יֻלַּ֙דְתִּי֙ בּ֔וֹ י֛וֹם אֲשֶׁר־יְלָדַ֥תְנִי　מְרֵעִֽים: 14

אִמִּ֖י אַל־יְהִ֥י בָרֽוּךְ: אָר֣וּר הָאִ֗ישׁ אֲשֶׁ֨ר בִּשַּׂ֤ר אֶת־אָבִי֙ לֵאמֹ֔ר יֻֽלַּד־לְךָ֖ 15

בֵּ֣ן זָכָ֑ר שַׂמֵּ֖חַ שִׂמֳּחָֽהוּ: וְהָיָה֙ הָאִ֣ישׁ הַה֔וּא כֶּעָרִ֛ים אֲשֶׁר־הָפַ֥ךְ יְהוָ֖ה 16

וְלֹ֣א נִחָ֑ם וְשָׁמַ֤ע זְעָקָה֙ בַּבֹּ֔קֶר וּתְרוּעָ֖ה בְּעֵ֣ת צָהֳרָֽיִם: אֲשֶׁ֣ר לֹא־ 17

מֽוֹתְתַ֙נִי֙ מֵרֶ֔חֶם וַתְּהִי־לִ֣י אִמִּ֣י קִבְרִ֔י וְרַחְמָ֖ה הֲרַ֣ת עוֹלָ֑ם: לָ֤מָּה זֶּה֙ 18

מֵרֶ֣חֶם יָצָ֔אתִי לִרְא֥וֹת עָמָ֖ל וְיָג֑וֹן וַיִּכְל֥וּ בְּבֹ֖שֶׁת יָמָֽי:

הַדָּבָ֞ר אֲשֶׁר־הָיָ֤ה אֶֽל־יִרְמְיָ֙הוּ֙ מֵאֵ֣ת יְהוָ֔ה בִּשְׁלֹ֨חַ אֵלָ֜יו הַמֶּ֣לֶךְ 1 21

צִדְקִיָּ֗הוּ אֶת־פַּשְׁחוּר֙ בֶּן־מַלְכִּיָּ֔ה וְאֶת־צְפַנְיָ֥ה בֶן־מַעֲשֵׂיָ֖ה הַכֹּהֵ֥ן

לֵאמֹֽר: דְּרָשׁ־נָ֣א בַעֲדֵנוּ֮ אֶת־יְהוָה֒ כִּ֗י נְבוּכַדְרֶאצַּ֛ר מֶֽלֶךְ־בָּבֶ֖ל 2

נִלְחָ֣ם עָלֵ֑ינוּ אוּלַ֞י יַעֲשֶׂ֤ה יְהוָה֙ אוֹתָ֔נוּ כְּכָל־נִפְלְאֹתָ֖יו וְיַעֲלֶ֥ה

מֵעָלֵֽינוּ:　　　　　　　　　　 וַיֹּ֥אמֶר יִרְמְיָ֖הוּ אֲלֵיהֶ֑ם כֹּ֥ה תֹאמְרֻ֖ן אֶל־צִדְקִיָּֽהוּ: 3

כֹּֽה־אָמַ֤ר יְהוָה֙ אֱלֹהֵ֣י יִשְׂרָאֵ֔ל הִנְנִ֣י מֵסֵ֗ב אֶת־כְּלֵ֤י הַמִּלְחָמָה֙ אֲשֶׁ֣ר 4

בְּיֶדְכֶ֔ם אֲשֶׁ֨ר אַתֶּ֜ם נִלְחָמִ֣ים בָּ֗ם אֶת־מֶ֤לֶךְ בָּבֶל֙ וְאֶת־הַכַּשְׂדִּ֔ים

הַצָּרִ֣ים עֲלֵיכֶ֔ם מִח֖וּץ לַחוֹמָ֑ה וְאָסַפְתִּ֣י אוֹתָ֔ם אֶל־תּ֖וֹךְ הָעִ֥יר הַזֹּֽאת:

וְנִלְחַמְתִּ֤י אֲנִי֙ אִתְּכֶ֔ם בְּיָ֥ד נְטוּיָ֖ה וּבִזְר֣וֹעַ חֲזָקָ֑ה וּבְאַ֥ף וּבְחֵמָ֖ה וּבְקֶ֥צֶף 5

גָּדֽוֹל: וְהִכֵּיתִ֗י אֶת־יֽוֹשְׁבֵי֙ הָעִ֣יר הַזֹּ֔את וְאֶת־הָאָדָ֖ם וְאֶת־הַבְּהֵמָ֑ה 6

בְּדֶ֥בֶר גָּד֖וֹל יָמֻֽתוּ: וְאַחֲרֵי־כֵ֣ן נְאֻם־יְהוָ֡ה אֶתֵּ֣ן אֶת־צִדְקִיָּ֣הוּ מֶֽלֶךְ־ 7

יְהוּדָ֣ה וְאֶת־עֲבָדָ֣יו ׀ וְאֶת־הָעָ֡ם וְאֶת־הַנִּשְׁאָרִים֩ בָּעִ֨יר הַזֹּ֜את

מִן־הַדֶּ֣בֶר ׀ מִן־הַחֶ֣רֶב וּמִן־הָרָעָ֗ב בְּיַ֛ד נְבוּכַדְרֶאצַּ֥ר מֶֽלֶךְ־בָּבֶ֖ל וּבְיַ֣ד

אֹֽיְבֵיהֶ֑ם וּבְיַ֖ד מְבַקְשֵׁ֣י נַפְשָׁ֑ם וְהִכָּ֣ם לְפִי־חֶ֔רֶב לֹֽא־יָח֣וּס עֲלֵיהֶ֔ם וְלֹ֥א

יַחְמֹ֖ל וְלֹ֥א יְרַחֵֽם: וְאֶל־הָעָ֤ם הַזֶּה֙ תֹּאמַ֔ר כֹּ֖ה אָמַ֣ר יְהוָ֑ה הִנְנִ֣י 8

נֹתֵ֣ן לִפְנֵיכֶ֔ם אֶת־דֶּ֥רֶךְ הַחַיִּ֖ים וְאֶת־דֶּ֥רֶךְ הַמָּֽוֶת: הַיֹּשֵׁב֙ בָּעִ֣יר הַזֹּ֔את 9

יָמ֕וּת בַּחֶ֖רֶב וּבָרָעָ֣ב וּבַדָּ֑בֶר וְהַיּוֹצֵ֗א וְנָפַ֤ל עַל־הַכַּשְׂדִּים֙ הַצָּרִ֣ים

עֲלֵיכֶ֔ם וְחָיָ֕ה וְהָֽיְתָה־לּ֥וֹ נַפְשׁ֖וֹ לְשָׁלָֽל: כִּ֣י שַׂ֣מְתִּי פָ֠נַי בָּעִ֨יר הַזֹּ֤את 10　וְהָיָה

לְרָעָ֛ה וְלֹ֥א לְטוֹבָ֖ה נְאֻם־יְהוָ֑ה בְּיַד־מֶ֤לֶךְ בָּבֶל֙ תִּנָּתֵ֔ן וּשְׂרָפָ֖הּ

בָּאֵֽשׁ:　　　　　　　　 וּלְבֵ֣ית מֶ֤לֶךְ יְהוּדָה֙ שִׁמְע֖וּ דְּבַר־יְהוָֽה: בֵּ֚ית דָּוִ֔ד 11
12

כֹּ֣ה אָמַ֣ר יְהוָ֗ה דִּ֤ינוּ לַבֹּ֙קֶר֙ מִשְׁפָּ֔ט וְהַצִּ֥ילוּ גָז֖וּל מִיַּ֣ד עוֹשֵׁ֑ק פֶּן־תֵּצֵ֨א

כָאֵ֤שׁ חֲמָתִי֙ וּבָ֣עֲרָ֔ה וְאֵ֥ין מְכַבֶּ֖ה מִפְּנֵ֣י רֹ֣עַ מַֽעַלְלֵיהֶֽם: הִנְנִ֨י אֵלַ֜יִךְ 13　מַעַלְלֵיכֶם

יֹשֶׁ֧בֶת הָעֵ֛מֶק צ֥וּר הַמִּישֹׁ֖ר נְאֻם־יְהוָ֑ה הָאֹֽמְרִים֙ מִי־יֵחַ֣ת עָלֵ֔ינוּ וּמִ֥י

יָב֖וֹא בִּמְעֽוֹנוֹתֵֽינוּ: וּפָקַדְתִּ֧י עֲלֵיכֶ֛ם כִּפְרִ֥י מַֽעַלְלֵיכֶ֖ם נְאֻם־יְהוָ֑ה 14

וְהִצַּ֥תִּי אֵ֖שׁ בְּיַעְרָ֑הּ וְאָכְלָ֖ה כָּל־סְבִיבֶֽיהָ:　　　　 כֹּ֚ה אָמַ֣ר יְהוָ֔ה 1 22

רֵ֖ד בֵּֽית־מֶ֣לֶךְ יְהוּדָ֑ה וְדִבַּרְתָּ֣ שָׁ֔ם אֶת־הַדָּבָ֖ר הַזֶּֽה: וְאָמַרְתָּ֙ שְׁמַ֣ע 2

דְּבַר־יְהוָ֜ה מֶ֣לֶךְ יְהוּדָ֗ה הַיֹּשֵׁב֙ עַל־כִּסֵּ֣א דָוִ֔ד אַתָּ֥ה וַעֲבָדֶ֖יךָ וְעַמְּךָ֑

הַבָּאִ֖ים בַּשְּׁעָרִ֥ים הָאֵֽלֶּה:　　　　 כֹּ֣ה ׀ אָמַ֣ר יְהוָ֗ה עֲשׂ֤וּ מִשְׁפָּט֙ 3

וּצְדָקָ֔ה וְהַצִּ֥ילוּ גָז֖וּל מִיַּ֣ד עָשׁ֑וֹק וְגֵר֩ יָת֨וֹם וְאַלְמָנָ֤ה אַל־תֹּנוּ֙ אַל־

stranger, the fatherless, nor the widow, neither shed innocent blood in this place.

4 For if ye do this thing indeed, then shall there enter in by the gates of this house kings sitting upon the throne of David, riding in chariots and on horses, he, and his servants, and his people.

5 But if ye will not hear these words, I swear by myself, saith the LORD, that this house shall become a desolation.

6 For thus saith the LORD unto the king's house of Judah; Thou *art* Gilead unto me, *and* the head of Lebanon: *yet* surely I will make thee a wilderness, *and* cities *which* are not inhabited.

7 And I will prepare destroyers against thee, every one with his weapons: and they shall cut down thy choice cedars, and cast *them* into the fire.

8 And many nations shall pass by this city, and they shall say every man to his neighbour, Wherefore hath the LORD done thus unto this great city?

9 Then they shall answer, Because they have forsaken the covenant of the LORD their God, and worshipped other gods, and served them.

10 ¶ Weep ye not for the dead, neither bemoan him: *but* weep sore for him that goeth away: for he shall return no more, nor see his native country.

11 For thus saith the LORD touching Shallum the son of Josiah king of Judah, which reigned instead of Josiah his father, which went forth out of this place; He shall not return thither any more:

12 But he shall die in the place whither they have led him captive, and shall see this land no more.

13 ¶ Woe unto him that buildeth his house by unrighteousness, and his chambers by wrong; *that* useth his neighbour's service without wages, and giveth him not for his work;

14 That saith, I will build me a wide house and large chambers, and cutteth him out windows; and *it is* cieled with cedar, and painted with vermilion.

15 Shalt thou reign, because thou closest

thyself in cedar? did not thy father eat and drink, and do judgment and justice, *and* then *it was* well with him?

16 He judged the cause of the poor and needy; then *it was* well *with him: was* not this to know me? saith the LORD.

17 But thine eyes and thine heart *are* not but for thy covetousness, and for to shed innocent blood, and for oppression, and for violence, to do *it*.

18 Therefore thus saith the LORD concerning Jehoiakim the son of Josiah king of Judah; They shall not lament for him, *saying*, Ah my brother! or, Ah sister! they shall not lament for him, *saying*, Ah lord! or, Ah his glory!

19 He shall be buried with the burial of an ass, drawn and cast forth beyond the gates of Jerusalem.

20 ¶ Go up to Lebanon, and cry; and lift up thy voice in Bashan, and cry from the passages: for all thy lovers are destroyed.

21 I spake unto thee in thy prosperity; *but* thou saidst, I will not hear. This *hath been* thy manner from thy youth, that thou obeyedst not my voice.

22 The wind shall eat up all thy pastors, and thy lovers shall go into captivity: surely then shalt thou be ashamed and confounded for all thy wickedness.

23 O inhabitant of Lebanon, that makest thy nest in the cedars, how gracious shalt thou be when pangs come upon thee, the pain as of a woman in travail!

24 *As* I live, saith the LORD, though Coniah the son of Jehoiakim king of Judah were the signet upon my right hand, yet would I pluck thee thence;

25 And I will give thee into the hand of them that seek thy life, and into the hand *of them* whose face thou fearest, even into the hand of Nebuchadrezzar king of Babylon, and into the hand of the Chaldeans.

26 And I will cast thee out, and thy mother that bare thee, into another country, where ye were not born; and there shall ye die.

27 But to the land whereunto they desire to return, thither shall they not return.

‎4 תַּחְמֹסוּ וְדָם נָקִי אַל־תִּשְׁפְּכוּ בַּמָּקוֹם הַזֶּה: כִּי אִם־עָשׂוֹ תַּעֲשׂוּ אֶת־
הַדָּבָר הַזֶּה וּבָאוּ בְשַׁעֲרֵי הַבַּיִת הַזֶּה מְלָכִים יֹשְׁבִים לְדָוִד עַל־כִּסְאוֹ

‎5 **וַעֲבָדָיו** רֹכְבִים בָּרֶכֶב וּבַסּוּסִים הוּא וַעֲבָדָו וְעַמּוֹ: וְאִם לֹא תִשְׁמְעוּ אֶת־
הַדְּבָרִים הָאֵלֶּה בִּי נִשְׁבַּעְתִּי נְאֻם־יְהוָה כִּי־לְחָרְבָּה יִהְיֶה הַבַּיִת

‎6 הַזֶּה: כִּי־כֹה ׀ אָמַר יְהוָה עַל־בֵּית מֶלֶךְ יְהוּדָה גִּלְעָד
נֹשְׁבוּ אַתָּה לִי רֹאשׁ הַלְּבָנוֹן אִם־לֹא אֲשִׁיתְךָ מִדְבָּר עָרִים לֹא נוֹשָׁבָה:

‎7 וְקִדַּשְׁתִּי עָלֶיךָ מַשְׁחִתִים אִישׁ וְכֵלָיו וְכָרְתוּ מִבְחַר אֲרָזֶיךָ וְהִפִּילוּ

‎8 עַל־הָאֵשׁ: וְעָבְרוּ גּוֹיִם רַבִּים עַל הָעִיר הַזֹּאת וְאָמְרוּ אִישׁ אֶל־רֵעֵהוּ

‎9 עַל־מֶה עָשָׂה יְהוָה כָּכָה לָעִיר הַגְּדוֹלָה הַזֹּאת: וְאָמְרוּ עַל אֲשֶׁר
עָזְבוּ אֶת־בְּרִית יְהוָה אֱלֹהֵיהֶם וַיִּשְׁתַּחֲווּ לֵאלֹהִים אֲחֵרִים

‎10 **וַיַּעַבְדוּם:** אַל־תִּבְכּוּ לְמֵת וְאַל־תָּנֻדוּ לוֹ בְּכוּ בָכוֹ לַהֹלֵךְ

‎11 כִּי לֹא יָשׁוּב עוֹד וְרָאָה אֶת־אֶרֶץ מוֹלַדְתּוֹ: כִּי
כֹה אָמַר־יְהוָה אֶל־שַׁלֻּם בֶּן־יֹאשִׁיָּהוּ מֶלֶךְ יְהוּדָה הַמֹּלֵךְ תַּחַת

‎12 יֹאשִׁיָּהוּ אָבִיו אֲשֶׁר יָצָא מִן־הַמָּקוֹם הַזֶּה לֹא־יָשׁוּב שָׁם עוֹד: כִּי
בִּמְקוֹם אֲשֶׁר־הִגְלוּ אֹתוֹ שָׁם יָמוּת וְאֶת־הָאָרֶץ הַזֹּאת לֹא־יִרְאֶה

‎13 עוֹד: הוֹי בֹּנֶה בֵיתוֹ בְּלֹא־צֶדֶק וַעֲלִיּוֹתָיו בְּלֹא מִשְׁפָּט
בְּרֵעֵהוּ יַעֲבֹד חִנָּם וּפֹעֲלוֹ לֹא יִתֶּן־לוֹ: הָאֹמֵר אֶבְנֶה־לִּי בֵּית מִדּוֹת

‎14 וַעֲלִיּוֹת מְרֻוָּחִים וְקָרַע לוֹ חַלּוֹנָי וְסָפוּן בָּאָרֶז וּמָשׁוֹחַ בַּשָּׁשַׁר:

‎15 הֲתִמְלֹךְ כִּי אַתָּה מְתַחֲרֶה בָאָרֶז אָבִיךָ הֲלוֹא אָכַל וְשָׁתָה וְעָשָׂה

‎16 מִשְׁפָּט וּצְדָקָה אָז טוֹב לוֹ: דָּן דִּין־עָנִי וְאֶבְיוֹן אָז טוֹב הֲלוֹא־הִיא

‎17 הַדַּעַת אֹתִי נְאֻם־יְהוָה: כִּי אֵין עֵינֶיךָ וְלִבְּךָ כִּי אִם־עַל־בִּצְעֶךָ וְעַל

‎18 דַּם־הַנָּקִי לִשְׁפּוֹךְ וְעַל־הָעֹשֶׁק וְעַל־הַמְּרוּצָה לַעֲשׂוֹת: לָכֵן
כֹּה־אָמַר יְהוָה אֶל־יְהוֹיָקִים בֶּן־יֹאשִׁיָּהוּ מֶלֶךְ יְהוּדָה לֹא־יִסְפְּדוּ לוֹ

‎19 הוֹי אָחִי וְהוֹי אָחוֹת לֹא־יִסְפְּדוּ לוֹ הוֹי אָדוֹן וְהוֹי הֹדֹה: קְבוּרַת

‎20 חֲמוֹר יִקָּבֵר סָחוֹב וְהַשְׁלֵךְ מֵהָלְאָה לְשַׁעֲרֵי יְרוּשָׁלָ‍ִם: עֲלִי
הַלְּבָנוֹן וּצְעָקִי וּבַבָּשָׁן תְּנִי קוֹלֵךְ וְצַעֲקִי מֵעֲבָרִים כִּי נִשְׁבְּרוּ כָּל־

‎21 מְאַהֲבָיִךְ: דִּבַּרְתִּי אֵלַיִךְ בְּשַׁלְוֹתַיִךְ אָמַרְתְּ לֹא אֶשְׁמָע זֶה דַרְכֵּךְ

‎22 מִנְּעוּרַיִךְ כִּי לֹא־שָׁמַעַתְּ בְּקוֹלִי: כָּל־רֹעַיִךְ תִּרְעֶה־רוּחַ וּמְאַהֲבַיִךְ
יָשַׁבְתְּ

‎23 בַּשְּׁבִי יֵלֵכוּ כִּי אָז תֵּבֹשִׁי וְנִכְלַמְתְּ מִכֹּל רָעָתֵךְ: יֹשַׁבְתִּי בַּלְּבָנוֹן
מְקֻנַּנְתְּ

‎24 מְקֻנַּנְתְּ בָּאֲרָזִים מַה־נֵּחַנְתְּ בְּבֹא־לָךְ חֲבָלִים חִיל כַּיֹּלֵדָה: חַי־אָנִי
נְאֻם־יְהוָה כִּי אִם־יִהְיֶה כָּנְיָהוּ בֶן־יְהוֹיָקִים מֶלֶךְ יְהוּדָה חוֹתָם עַל־יַד

‎25 יְמִינִי כִּי מִשָּׁם אֶתְּקֶנְךָּ: וּנְתַתִּיךָ בְּיַד מְבַקְשֵׁי נַפְשֶׁךָ וּבְיַד אֲשֶׁר־
אַתָּה יָגוֹר מִפְּנֵיהֶם וּבְיַד נְבוּכַדְרֶאצַּר מֶלֶךְ־בָּבֶל וּבְיַד הַכַּשְׂדִּים:

‎26 וְהֵטַלְתִּי אֹתְךָ וְאֶת־אִמְּךָ אֲשֶׁר יְלָדַתְךָ עַל הָאָרֶץ אַחֶרֶת אֲשֶׁר לֹא־

‎27 יֻלַּדְתֶּם שָׁם וְשָׁם תָּמוּתוּ: וְעַל־הָאָרֶץ אֲשֶׁר־הֵם מְנַשְּׂאִים אֶת־נַפְשָׁם

28 *Is* this man Coniah a despised broken idol? *is he* a vessel wherein *is* no pleasure? wherefore are they cast out, he and his seed, and are cast into a land which they know not?

29 O earth, earth, earth, hear the word of the LORD.

30 Thus saith the LORD, Write ye this man childless, a man *that* shall not prosper in his days: for no man of his seed shall prosper, sitting upon the throne of David, and ruling any more in Judah.

CHAPTER 23

1 Woe be unto the pastors that destroy and scatter the sheep of my pasture! saith the LORD.

2 Therefore thus saith the LORD God of Israel against the pastors that feed my people; Ye have scattered my flock, and driven them away, and have not visited them: behold, I will visit upon you the evil of your doings, saith the LORD.

3 And I will gather the remnant of my flock out of all countries whither I have driven them, and will bring them again to their folds; and they shall be fruitful and increase.

4 And I will set up shepherds over them which shall feed them: and they shall fear no more, nor be dismayed, neither shall they be lacking, saith the LORD.

5 ¶ Behold, the days come, saith the LORD, that I will raise unto David a righteous Branch, and a King shall reign and prosper, and shall execute judgment and justice in the earth.

6 In his days Judah shall be saved, and Israel shall dwell safely: and this *is* his name whereby he shall be called, THE LORD OUR RIGHTEOUSNESS.

7 Therefore, behold, the days come, saith the LORD, that they shall no more say, The LORD liveth, which brought up the children of Israel out of the land of Egypt;

8 But, The LORD liveth, which brought up and which led the seed of the house of Israel out of the north country, and from all countries whither I had driven them; and they shall dwell in their own land.

9 ¶ Mine heart within me is broken because of the prophets; all my bones shake; I am like a drunken man, and like a man whom wine hath overcome, because of the LORD, and because of the words of his holiness.

10 For the land is full of adulterers; for because of swearing the land mourneth; the pleasant places of the wilderness are dried up, and their course is evil, and their force *is* not right.

11 For both prophet and priest are profane; yea, in my house have I found their wickedness, saith the LORD.

12 Wherefore their way shall be unto them as slippery *ways* in the darkness: they shall be driven on, and fall therein: for I will bring evil upon them, *even* the year of their visitation, saith the LORD.

13 And I have seen folly in the prophets of Samaria; they prophesied in Baal, and caused my people Israel to err.

14 I have seen also in the prophets of Jerusalem an horrible thing: they commit adultery, and walk in lies: they strengthen also the hands of evildoers, that none doth return from his wickedness: they are all of them unto me as Sodom, and the inhabitants thereof as Gomorrah.

15 Therefore thus saith the LORD of hosts concerning the prophets; Behold, I will feed them with wormwood, and make them drink the water of gall: for from the prophets of Jerusalem is profaneness gone forth into all the land.

16 Thus saith the LORD of hosts, Hearken not unto the words of the prophets that prophesy unto you: they make you vain: they speak a vision of their own heart, *and* not out of the mouth of the LORD.

17 They say still unto them that despise me, The LORD hath said, Ye shall have peace; and they say unto every one that walketh after the imagination of his own heart, No evil shall come upon you.

18 For who hath stood in the counsel of the LORD, and hath perceived and heard his word? who hath marked his word, and heard *it?*

הָעֶצֶב נִבְזֶה נָפוּץ   לָשׁוּב שָׁם שֶׁמָּה לֹא יָשׁוּבוּ: 28

הָאִישׁ הַזֶּה כָּנְיָהוּ אִם־כְּלִי אֵין חֵפֶץ בּוֹ מַדּוּעַ הֽוּטֲלוּ הוּא וְזַרְעוֹ

וְהֻשְׁלְכוּ עַל־הָאָרֶץ אֲשֶׁר לֹא־יָדָעוּ: אֶרֶץ אֶרֶץ אָרֶץ שִׁמְעִי דְּבַר־ 29

יְהוָה: 30   כֹּה ׀ אָמַר יְהוָה כִּתְבוּ אֶת־הָאִישׁ הַזֶּה עֲרִירִי גֶּבֶר

לֹא־יִצְלַח בְּיָמָיו כִּי לֹא יִצְלַח מִזַּרְעוֹ אִישׁ יֹשֵׁב עַל־כִּסֵּא דָוִד וּמֹשֵׁל

23 1 עוֹד בִּיהוּדָה: הוֹי רֹעִים מְאַבְּדִים וּמְפִצִים אֶת־צֹאן מַרְעִיתִי נְאֻם־

יְהוָה: 2 לָכֵן כֹּה־אָמַר יְהוָה אֱלֹהֵי יִשְׂרָאֵל עַל־הָרֹעִים הָרֹעִים אֶת־

עַמִּי אַתֶּם הֲפִצֹתֶם אֶת־צֹאנִי וַתַּדִּחוּם וְלֹא פְקַדְתֶּם אֹתָם הִנְנִי פֹקֵד

עֲלֵיכֶם אֶת־רֹעַ מַעַלְלֵיכֶם נְאֻם־יְהוָה: 3 וַאֲנִי אֲקַבֵּץ אֶת־שְׁאֵרִית צֹאנִי

מִכֹּל הָאֲרָצוֹת אֲשֶׁר־הִדַּחְתִּי אֹתָם שָׁם וַהֲשִׁבֹתִי אֶתְהֶן עַל־נְוֵהֶן

וּפָרוּ וְרָבוּ: 4 וַהֲקִמֹתִי עֲלֵיהֶם רֹעִים וְרָעוּם וְלֹא־יִֽירְאוּ עוֹד וְלֹא־יֵחַתּוּ

וְלֹא יִפָּקֵדוּ נְאֻם־יְהוָה: 5   הִנֵּה יָמִים בָּאִים נְאֻם־יְהוָה

וַהֲקִמֹתִי לְדָוִד צֶמַח צַדִּיק וּמָלַךְ מֶלֶךְ וְהִשְׂכִּיל וְעָשָׂה מִשְׁפָּט

וּצְדָקָה בָּאָרֶץ: 6 בְּיָמָיו תִּוָּשַׁע יְהוּדָה וְיִשְׂרָאֵל יִשְׁכֹּן לָבֶטַח וְזֶה־שְּׁמוֹ

אֲשֶׁר־יִקְרְאוֹ יְהוָה ׀ צִדְקֵנוּ: 7   לָכֵן הִנֵּה־יָמִים בָּאִים נְאֻם־

יְהוָה וְלֹא־יֹאמְרוּ עוֹד חַי־יְהוָה אֲשֶׁר הֶעֱלָה אֶת־בְּנֵי יִשְׂרָאֵל מֵאֶרֶץ

מִצְרָיִם: 8 כִּי אִם־חַי־יְהוָה אֲשֶׁר הֶעֱלָה וַאֲשֶׁר הֵבִיא אֶת־זֶרַע בֵּית

יִשְׂרָאֵל מֵאֶרֶץ צָפוֹנָה וּמִכֹּל הָאֲרָצוֹת אֲשֶׁר הִדַּחְתִּים שָׁם וְיָשְׁבוּ

עַל־אַדְמָתָם: 9   לַנְּבִאִים נִשְׁבַּר לִבִּי בְקִרְבִּי רָחֲפוּ כָּל־

עַצְמוֹתַי הָיִיתִי כְּאִישׁ שִׁכּוֹר וּכְגֶבֶר עֲבָרוֹ יָיִן מִפְּנֵי יְהוָה וּמִפְּנֵי

דִּבְרֵי קָדְשׁוֹ: 10 כִּי מְנָאֲפִים מָלְאָה הָאָרֶץ כִּי־מִפְּנֵי אָלָה אָבְלָה הָאָרֶץ

יָבְשׁוּ נְאוֹת מִדְבָּר וַתְּהִי מְרוּצָתָם רָעָה וּגְבוּרָתָם לֹא־כֵן: 11 כִּי־גַם־

נָבִיא גַם־כֹּהֵן חָנֵפוּ גַּם־בְּבֵיתִי מָצָאתִי רָעָתָם נְאֻם־יְהוָה: 12 לָכֵן יִהְיֶה

דַרְכָּם לָהֶם כַּחֲלַקְלַקּוֹת בָּאֲפֵלָה יִדַּחוּ וְנָפְלוּ בָהּ כִּי־אָבִיא עֲלֵיהֶם

רָעָה שְׁנַת פְּקֻדָּתָם נְאֻם־יְהוָה: 13 וּבִנְבִיאֵי שֹׁמְרוֹן רָאִיתִי תִפְלָה

הִנַּבְּאוּ בַבַּעַל וַיַּתְעוּ אֶת־עַמִּי אֶת־יִשְׂרָאֵל: וּבִנְבִאֵי 14

יְרוּשָׁלִַם רָאִיתִי שַׁעֲרוּרָה נָאוֹף וְהָלֹךְ בַּשֶּׁקֶר וְחִזְּקוּ יְדֵי מְרֵעִים

לְבִלְתִּי־שָׁבוּ אִישׁ מֵרָעָתוֹ הָיוּ־לִי כֻלָּם כִּסְדֹם וְיֹשְׁבֶיהָ

כַּעֲמֹרָה: 15   לָכֵן כֹּה־אָמַר יְהוָה צְבָאוֹת עַל־הַנְּבִאִים הִנְנִי

מַאֲכִיל אוֹתָם לַעֲנָה וְהִשְׁקִתִים מֵי־רֹאשׁ כִּי מֵאֵת נְבִיאֵי יְרוּשָׁלִַם

יָצְאָה חֲנֻפָּה לְכָל־הָאָרֶץ:

כֹּה־אָמַר יְהוָה צְבָאוֹת אַל־תִּשְׁמְעוּ עַל־דִּבְרֵי הַנְּבִאִים הַנִּבְּאִים לָכֶם 16

מַהְבִּלִים הֵמָּה אֶתְכֶם חֲזוֹן לִבָּם יְדַבֵּרוּ לֹא מִפִּי יְהוָה: 17 אֹמְרִים

אָמוֹר לִמְנַאֲצַי דִּבֶּר יְהוָה שָׁלוֹם יִהְיֶה לָכֶם וְכֹל הֹלֵךְ בִּשְׁרִרוּת

לִבּוֹ אָמְרוּ לֹא־תָבוֹא עֲלֵיכֶם רָעָה: 18 כִּי מִי עָמַד בְּסוֹד יְהוָה וְיֵרֶא

19 Behold, a whirlwind of the LORD is gone forth in fury, even a grievous whirlwind: it shall fall grievously upon the head of the wicked.

20 The anger of the LORD shall not return, until he have executed, and till he have performed the thoughts of his heart: in the latter days ye shall consider it perfectly.

21 I have not sent these prophets, yet they ran: I have not spoken to them, yet they prophesied.

22 But if they had stood in my counsel, and had caused my people to hear my words, then they should have turned them from their evil way, and from the evil of their doings.

23 *Am* I a God at hand, saith the LORD, and not a God afar off?

24 Can any hide himself in secret places that I shall not see him? saith the LORD. Do not I fill heaven and earth? saith the LORD.

25 I have heard what the prophets said, that prophesy lies in my name, saying, I have dreamed, I have dreamed.

26 How long shall *this* be in the heart of the prophets that prophesy lies? yea, *they are* prophets of the deceit of their own heart;

27 Which think to cause my people to forget my name by their dreams which they tell every man to his neighbour, as their fathers have forgotten my name for Baal.

28 The prophet that hath a dream, let him tell a dream; and he that hath my word, let him speak my word faithfully. What *is* the chaff to the wheat? saith the LORD.

29 *Is* not my word like as a fire? saith the LORD; and like a hammer *that* breaketh the rock in pieces?

30 Therefore, behold, I *am* against the prophets, saith the LORD, that steal my words every one from his neighbour.

31 Behold, I *am* against the prophets, saith the LORD, that use their tongues, and say, He saith.

32 Behold, I *am* against them that prophesy false dreams, saith the LORD, and do tell them, and cause my people to err

by their lies, and by their lightness; yet I sent them not, nor commanded them: therefore they shall not profit this people at all, saith the LORD.

33 ¶ And when this people, or the prophet, or a priest, shall ask thee, saying, What *is* the burden of the LORD? thou shalt then say unto them, What burden? I will even forsake you, saith the LORD.

34 And *as for* the prophet, and the priest, and the people, that shall say, The burden of the LORD, I will even punish that man and his house.

35 Thus shall ye say every one to his neighbour, and every one to his brother, What hath the LORD answered? and, What hath the LORD spoken?

36 And the burden of the LORD shall ye mention no more: for every man's word shall be his burden; for ye have perverted the words of the living God, of the LORD of hosts our God.

37 Thus shalt thou say to the prophet, What hath the LORD answered thee? and, What hath the LORD spoken?

38 But since ye say, The burden of the LORD; therefore thus saith the LORD; Because ye say this word, The burden of the LORD, and I have sent unto you, saying, Ye shall not say, The burden of the LORD;

39 Therefore, behold, I, even I, will utterly forget you, and I will forsake you, and the city that I gave you and your fathers, *and cast you* out of my presence:

40 And I will bring an everlasting reproach upon you, and a perpetual shame, which shall not be forgotten.

CHAPTER 24

1 The LORD shewed me, and, behold, two baskets of figs *were* set before the temple of the LORD, after that Nebuchadrezzar king of Babylon had carried away captive Jeconiah the son of Jehoiakim king of Judah, and the princes of Judah, with the carpenters and smiths, from Jerusalem, and had brought them to Babylon.

2 One basket *had* very good figs, *even* like the figs *that are* first ripe: and the other basket *had* very naughty figs, which could not be eaten, they were so bad.

19 דְּבָרָו וַיִּשְׁמַ֤ע אֶת־דְּבָרָיו֙ מִֽי־הִקְשִׁ֥יב דְּבָרָ֖י וַיִּשְׁמָֽע: הִנֵּ֣ה ׀ סַעֲרַ֣ת

20 יְהוָ֗ה חֵמָה֙ יָֽצְאָ֔ה וְסַ֖עַר מִתְחוֹלֵ֑ל עַ֛ל רֹ֥אשׁ רְשָׁעִ֖ים יָחֽוּל: לֹ֤א יָשׁוּב֙ אַף־יְהוָ֔ה עַד־עֲשֹׂת֖וֹ וְעַד־הֲקִימ֣וֹ מְזִמּ֣וֹת לִבּ֑וֹ בְּאַחֲרִית֙ הַיָּמִ֔ים

21 תִּתְבּ֥וֹנְנוּ בָ֖הּ בִּֽינָֽה: לֹא־שָׁלַ֥חְתִּי אֶת־הַנְּבִאִ֖ים וְהֵ֣ם רָ֑צוּ לֹא־דִבַּ֥רְתִּי

22 אֲלֵיהֶ֖ם וְהֵ֥ם נִבָּֽאוּ: וְאִֽם־עָמְד֖וּ בְּסוֹדִ֑י וְיַשְׁמִ֤עוּ דְבָרַי֙ אֶת־עַמִּ֔י

23 וִֽישִׁב֙וּם֙ מִדַּרְכָּ֣ם הָרָ֔ע וּמֵרֹ֖עַ מַֽעַלְלֵיהֶֽם: הַאֱלֹהֵ֥י מִקָּרֹ֛ב

24 אֲנִ֖י נְאֻם־יְהוָ֑ה וְלֹ֥א אֱלֹהֵ֖י מֵרָחֹֽק: אִם־יִסָּתֵ֨ר אִ֤ישׁ בַּמִּסְתָּרִים֙ וַאֲנִ֣י לֹֽא־אֶרְאֶ֖נּוּ נְאֻם־יְהוָ֑ה הֲל֨וֹא אֶת־הַשָּׁמַ֧יִם וְאֶת־הָאָ֛רֶץ אֲנִ֥י מָלֵ֖א

25 נְאֻם־יְהוָֽה: שָׁמַ֗עְתִּי אֵ֤ת אֲשֶׁר־אָֽמְרוּ֙ הַנְּבִאִ֔ים הַֽנִּבְּאִ֥ים בִּשְׁמִ֖י שֶׁ֑קֶר

26 לֵאמֹ֖ר חָלַ֣מְתִּי חָלָֽמְתִּי: עַד־מָתַ֗י הֲיֵ֛שׁ בְּלֵ֥ב הַנְּבִאִ֖ים נִבְּאֵ֣י הַשָּׁ֑קֶר

27 וּנְבִיאֵ֖י תַּרְמִ֣ת לִבָּֽם: הַחֹֽשְׁבִ֗ים לְהַשְׁכִּ֤יחַ אֶת־עַמִּי֙ שְׁמִ֔י בַּחֲל֣וֹמֹתָ֔ם אֲשֶׁ֛ר יְסַפְּר֖וּ אִ֣ישׁ לְרֵעֵ֑הוּ כַּאֲשֶׁ֨ר שָׁכְח֤וּ אֲבוֹתָם֙ אֶת־שְׁמִ֔י בַּבָּֽעַל:

28 הַנָּבִ֞יא אֲשֶׁר־אִתּ֤וֹ חֲלוֹם֙ יְסַפֵּ֣ר חֲל֔וֹם וַאֲשֶׁ֤ר דְּבָרִי֙ אִתּ֔וֹ יְדַבֵּ֥ר דְּבָרִ֖י

29 אֱמֶ֑ת מַה־לַתֶּ֥בֶן אֶת־הַבָּ֖ר נְאֻם־יְהוָֽה: הֲל֨וֹא כֹ֧ה דְבָרִ֛י כָּאֵ֖שׁ נְאֻם־

30 יְהוָ֑ה וּכְפַטִּ֖ישׁ יְפֹ֥צֵֽץ סָֽלַע: לָכֵ֛ן הִנְנִ֥י עַל־הַנְּבִאִ֖ים נְאֻם־

31 יְהוָ֑ה מְגַנְּבֵ֣י דְבָרַ֔י אִ֖ישׁ מֵאֵ֥ת רֵעֵֽהוּ: הִנְנִ֥י עַל־הַנְּבִיאִ֖ם נְאֻם־יְהוָ֑ה

32 הַלֹּקְחִ֣ים לְשׁוֹנָ֔ם וַֽיִּנְאֲמ֖וּ נְאֻֽם: הִ֠נְנִי עַֽל־נִבְּאֵ֞י חֲלֹמ֥וֹת שֶׁ֨קֶר֙ נְאֻם־ יְהוָ֔ה וַֽיְסַפְּרוּם֙ וַיַּתְע֣וּ אֶת־עַמִּ֔י בְּשִׁקְרֵיהֶ֖ם וּבְפַחֲזוּתָ֑ם וְאָנֹכִ֨י לֹֽא־

33 שְׁלַחְתִּ֜ים וְלֹ֣א צִוִּיתִ֗ים וְהוֹעֵ֛יל לֹֽא־יוֹעִ֥ילוּ לָֽעָם־הַזֶּ֖ה נְאֻם־יְהוָֽה: וְכִֽי־ יִשְׁאָלְךָ֩ הָעָ֨ם הַזֶּ֜ה אֽוֹ־הַנָּבִ֤יא אֽוֹ־כֹהֵן֙ לֵאמֹ֔ר מַה־מַשָּׂ֖א יְהוָ֑ה

34 וְאָמַרְתָּ֤ אֲלֵיהֶם֙ אֶת־מַה־מַשָּׂ֔א וְנָטַשְׁתִּ֥י אֶתְכֶ֖ם נְאֻם־יְהוָֽה: וְהַנָּבִ֤יא וְהַכֹּהֵן֙ וְהָעָ֔ם אֲשֶׁ֥ר יֹאמַ֖ר מַשָּׂ֣א יְהוָ֑ה וּפָקַדְתִּ֛י עַל־הָאִ֥ישׁ הַה֖וּא

35 וְעַל־בֵּיתֽוֹ: כֹּ֥ה תֹאמְר֛וּ אִ֥ישׁ עַל־רֵעֵ֖הוּ וְאִ֣ישׁ אֶל־אָחִ֑יו מֶה־עָנָ֥ה

36 יְהוָ֖ה וּמַה־דִּבֶּ֥ר יְהוָֽה: וּמַשָּׂ֥א יְהוָ֖ה לֹ֣א תִזְכְּרוּ־ע֑וֹד כִּ֣י הַמַּשָּׂ֗א יִֽהְיֶה֙ לְאִ֣ישׁ דְּבָר֔וֹ וַהֲפַכְתֶּ֗ם אֶת־דִּבְרֵי֙ אֱלֹהִ֣ים חַיִּ֔ים יְהוָ֥ה צְבָא֖וֹת אֱלֹהֵֽינוּ:

37 כֹּ֥ה תֹאמַ֖ר אֶל־הַנָּבִ֑יא מֶה־עָנָ֣ךְ יְהוָ֔ה וּמַה־דִּבֶּ֖ר יְהוָֽה: וְאִם־מַשָּׂ֣א

38 יְהוָה֮ תֹּאמֵרוּ֒ לָכֵ֗ן כֹּ֤ה אָמַר֙ יְהוָ֔ה יַ֚עַן אֲמָרְכֶ֣ם אֶת־הַדָּבָ֣ר הַזֶּ֔ה

39 מַשָּׂ֣א יְהוָ֑ה וָאֶשְׁלַ֤ח אֲלֵיכֶם֙ לֵאמֹ֔ר לֹ֥א תֹאמְר֖וּ מַשָּׂ֣א יְהוָֽה: לָכֵ֣ן הִנְנִ֗י וְנָשִׁ֤יתִי אֶתְכֶם֙ נָשֹׁ֔א וְנָטַשְׁתִּ֣י אֶתְכֶ֗ם וְאֶת־הָעִיר֙ אֲשֶׁ֣ר נָתַ֔תִּי

40 לָכֶ֖ם וְלַאֲבֽוֹתֵיכֶ֑ם מֵעַ֖ל פָּנָֽי: וְנָתַתִּ֥י עֲלֵיכֶ֖ם חֶרְפַּ֣ת עוֹלָ֑ם וּכְלִמּ֣וּת

24 1 עוֹלָ֔ם אֲשֶׁ֖ר לֹ֥א תִשָּׁכֵֽחַ: הִרְאַ֣נִי יְהוָ֗ה וְהִנֵּ֞ה שְׁנֵי֙ דּוּדָאֵ֣י תְאֵנִ֔ים מֽוּעָדִ֔ים לִפְנֵ֖י הֵיכַ֣ל יְהוָ֑ה אַחֲרֵ֣י הַגְל֣וֹת נְבֽוּכַדְרֶאצַּ֣ר מֶֽלֶךְ־ בָּבֶ֡ל אֶת־יְכָנְיָ֣הוּ בֶן־יְהוֹיָקִ֣ים מֶֽלֶךְ־יְהוּדָה֩ וְאֶת־שָׂרֵ֨י יְהוּדָ֜ה וְאֶת־

2 הֶחָרָ֤שׁ וְאֶת־הַמַּסְגֵּר֙ מִירֽוּשָׁלִַ֔ם וַיְבִאֵ֖ם בָּבֶֽל: הַדּ֣וּד אֶחָ֗ד תְּאֵנִים֙ טֹב֣וֹת מְאֹ֔ד כִּתְאֵנֵ֖י הַבַּכֻּר֑וֹת וְהַדּ֣וּד אֶחָ֗ד תְּאֵנִים֙ רָע֣וֹת מְאֹ֔ד אֲשֶׁ֥ר

3 Then said the LORD unto me, What seest thou, Jeremiah? And I said, Figs; the good figs, very good; and the evil, very evil, that cannot be eaten, they are so evil.

4 ¶ Again the word of the LORD came unto me, saying,

5 Thus saith the LORD, the God of Israel; Like these good figs, so will I acknowledge them that are carried away captive of Judah, whom I have sent out of this place into the land of the Chaldeans for *their* good.

6 For I will set mine eyes upon them for good, and I will bring them again to this land: and I will build them, and not pull *them* down; and I will plant them, and not pluck *them* up.

7 And I will give them an heart to know me, that I *am* the LORD: and they shall be my people, and I will be their God: for they shall return unto me with their whole heart.

8 ¶ And as the evil figs, which cannot be eaten, they are so evil; surely thus saith the LORD, So will I give Zedekiah the king of Judah, and his princes, and the residue of Jerusalem, that remain in this land, and them that dwell in the land of Egypt:

9 And I will deliver them to be removed into all the kingdoms of the earth for *their* hurt, *to be* a reproach and a proverb, a taunt and a curse, in all places whither I shall drive them.

10 And I will send the sword, the famine, and the pestilence, among them, till they be consumed from off the land that I gave unto them and to their fathers.

CHAPTER 25

1 The word that came to Jeremiah concerning all the people of Judah in the fourth year of Jehoiakim the son of Josiah king of Judah, that *was* the first year of Nebuchadrezzar king of Babylon;

2 The which Jeremiah the prophet spake unto all the people of Judah, and to all the inhabitants of Jerusalem, saying,

3 From the thirteenth year of Josiah the son of Amon king of Judah, even unto this day, that *is* the three and twentieth year, the word of the LORD hath come unto me, and I have spoken unto you, rising early and speaking; but ye have not hearkened.

4 And the LORD hath sent unto you all his servants the prophets, rising early and sending *them;* but ye have not hearkened, nor inclined your ear to hear.

5 They said, Turn ye again now every one from his evil way, and from the evil of your doings, and dwell in the land that the LORD hath given unto you and to your fathers for ever and ever:

6 And go not after other gods to serve them, and to worship them, and provoke me not to anger with the works of your hands; and I will do you no hurt.

7 Yet ye have not hearkened unto me, saith the LORD; that ye might provoke me to anger with the works of your hands to your own hurt.

8 ¶ Therefore thus saith the LORD of hosts; Because ye have not heard my words,

9 Behold, I will send and take all the families of the north, saith the LORD, and Nebuchadrezzar the king of Babylon, my servant, and will bring them against this land, and against the inhabitants thereof, and against all these nations round about, and will utterly destroy them, and make them an astonishment, and an hissing, and perpetual desolations.

10 Moreover I will take from them the voice of mirth, and the voice of gladness, the voice of the bridegroom, and the voice of the bride, the sound of the millstones, and the light of the candle.

11 And this whole land shall be a desolation, *and* an astonishment; and these nations shall serve the king of Babylon seventy years.

12 ¶ And it shall come to pass, when sev-

3 לֹא־תֵאָכַ֖לְנָה מֵרֹֽעַ׃   וַיֹּ֤אמֶר יְהוָה֙ אֵלַ֔י מָה־אַתָּ֥ה רֹאֶ֖ה
יִרְמְיָ֑הוּ וָאֹמַ֣ר תְּאֵנִ֔ים הַתְּאֵנִ֤ים הַטֹּבוֹת֙ טֹב֣וֹת מְאֹ֔ד וְהָרָע֖וֹת רָע֣וֹת
מְאֹ֔ד אֲשֶׁ֥ר לֹא־תֵאָכַ֖לְנָה מֵרֹֽעַ׃

4 וַיְהִ֥י דְבַר־יְהוָ֖ה אֵלַ֥י לֵאמֹֽר׃ כֹּֽה־אָמַ֞ר יְהוָה֙ אֱלֹהֵ֣י יִשְׂרָאֵ֔ל כַּתְּאֵנִ֥ים
5 הַטֹּב֖וֹת הָאֵ֑לֶּה כֵּ֣ן אַכִּ֗יר אֶת־גָּל֤וּת יְהוּדָה֙ אֲשֶׁ֤ר שִׁלַּ֙חְתִּי֙ מִן־הַמָּק֣וֹם
6 הַזֶּ֔ה אֶ֥רֶץ כַּשְׂדִּ֖ים לְטוֹבָֽה׃ וְשַׂמְתִּ֨י עֵינִ֤י עֲלֵיהֶם֙ לְטוֹבָ֔ה וַהֲשִׁבֹתִ֖ים
7 עַל־הָאָ֣רֶץ הַזֹּ֑את וּבְנִיתִים֙ וְלֹ֣א אֶהֱרֹ֔ס וּנְטַעְתִּ֖ים וְלֹ֥א אֶתּֽוֹשׁ׃ וְנָתַתִּ֨י
לָהֶ֥ם לֵב֙ לָדַ֣עַת אֹתִ֔י כִּ֥י אֲנִ֖י יְהוָ֑ה וְהָיוּ־לִ֣י לְעָ֗ם וְאָ֣נֹכִ֔י אֶהְיֶ֥ה לָהֶ֖ם
8 לֵֽאלֹהִ֑ים כִּֽי־יָשֻׁ֥בוּ אֵלַ֖י בְּכָל־לִבָּֽם׃   וְכַתְּאֵנִים֙ הָֽרָע֔וֹת אֲשֶׁ֣ר
לֹא־תֵאָכַ֖לְנָה מֵרֹ֑עַ כִּֽי־כֹ֣ה ׀ אָמַ֣ר יְהוָ֗ה כֵּ֣ן אֶתֵּ֞ן אֶת־צִדְקִיָּ֤הוּ מֶֽלֶךְ־
יְהוּדָה֙ וְאֶת־שָׂרָ֔יו וְאֵ֣ת ׀ שְׁאֵרִ֣ית יְרוּשָׁלִַ֗ם הַנִּשְׁאָרִים֙ בָּאָ֣רֶץ הַזֹּ֔את
9 וְהַיֹּשְׁבִ֖ים בְּאֶ֣רֶץ מִצְרָ֑יִם׃ וּנְתַתִּ֣ים לְזַוָעָ֤ה לְרָעָה֙ לְכֹ֖ל מַמְלְכ֣וֹת   לְזַוֲעָה
הָאָ֔רֶץ לְחֶרְפָּ֤ה וּלְמָשָׁל֙ לִשְׁנִינָ֔ה וְלִקְלָלָ֖ה בְּכָל־הַמְּקֹמ֥וֹת אֲשֶֽׁר־
10 אַדִּיחֵ֖ם שָֽׁם׃ וְשִׁלַּ֣חְתִּי בָ֗ם אֶת־הַחֶ֙רֶב֙ אֶת־הָרָעָ֣ב וְאֶת־הַדָּ֔בֶר עַד־
תֻּמָּ֖ם מֵעַ֣ל הָאֲדָמָ֔ה אֲשֶׁר־נָתַ֥תִּי לָהֶ֖ם וְלַאֲבוֹתֵיהֶֽם׃

25 הַדָּבָ֞ר אֲשֶׁר־הָיָ֤ה עַֽל־יִרְמְיָ֙הוּ֙ עַל־כָּל־עַ֣ם יְהוּדָ֔ה בַּשָּׁנָה֙ הָֽרְבִעִ֔ית
לִיהֽוֹיָקִ֖ים בֶּן־יֹאשִׁיָּ֑הוּ מֶ֖לֶךְ יְהוּדָ֑ה הִ֚יא הַשָּׁנָה֙ הָרִ֣אשֹׁנִ֔ית
2 לִנְבֽוּכַדְרֶאצַּ֖ר מֶ֥לֶךְ בָּבֶֽל׃ אֲשֶׁ֨ר דִּבֶּ֜ר יִרְמְיָ֤הוּ הַנָּבִיא֙ עַל־כָּל־עַ֣ם
3 יְהוּדָ֔ה וְאֶ֛ל כָּל־יֹשְׁבֵ֥י יְרוּשָׁלִַ֖ם לֵאמֹֽר׃ מִן־שְׁלֹ֣שׁ עֶשְׂרֵ֣ה שָׁנָ֡ה
לְיֹאשִׁיָּ֣הוּ בֶן־אָמוֹן֩ מֶ֨לֶךְ יְהוּדָ֜ה וְעַ֣ד ׀ הַיּ֣וֹם הַזֶּ֗ה זֶ֚ה שָׁלֹ֤שׁ וְעֶשְׂרִים֙
שָׁנָ֔ה הָיָ֥ה דְבַר־יְהוָ֖ה אֵלָ֑י וָאֲדַבֵּ֧ר אֲלֵיכֶ֛ם אַשְׁכֵּ֥ים וְדַבֵּ֖ר וְלֹ֥א
4 שְׁמַעְתֶּֽם׃ וְשָׁלַ֣ח יְהוָ֡ה אֲלֵיכֶם֩ אֶת־כָּל־עֲבָדָ֨יו הַנְּבִאִ֜ים הַשְׁכֵּ֤ם וְשָׁלֹ֙חַ֙
5 וְלֹ֣א שְׁמַעְתֶּ֔ם וְלֹֽא־הִטִּיתֶ֥ם אֶֽת־אָזְנְכֶ֖ם לִשְׁמֹֽעַ׃ לֵאמֹ֣ר שֽׁוּבוּ־נָ֡א אִ֣ישׁ
מִדַּרְכּ֨וֹ הָרָעָ֜ה וּמֵרֹ֣עַ מַעַלְלֵיכֶ֗ם וּשְׁבוּ֙ עַל־הָ֣אֲדָמָ֔ה אֲשֶׁ֨ר נָתַ֧ן יְהוָ֛ה
6 לָכֶ֥ם וְלַאֲבֽוֹתֵיכֶ֖ם לְמִן־עוֹלָ֣ם וְעַד־עוֹלָֽם׃ וְאַל־תֵּלְכ֗וּ אַֽחֲרֵי֙ אֱלֹהִ֣ים
אֲחֵרִ֔ים לְעָבְדָ֖ם וּלְהִשְׁתַּחֲוֺ֣ת לָהֶ֑ם וְלֹֽא־תַכְעִ֤יסוּ אוֹתִי֙ בְּמַעֲשֵׂ֣ה
7 יְדֵיכֶ֔ם וְלֹ֥א אָרַ֖ע לָכֶֽם׃ וְלֹֽא־שְׁמַעְתֶּ֥ם אֵלַ֖י נְאֻם־יְהוָ֑ה לְמַ֙עַן֙
8 הַכְעִיסֵ֙נִי֙ בְּמַעֲשֵׂ֣ה יְדֵיכֶ֔ם לְרַ֖ע לָכֶֽם׃   לָכֵ֗ן כֹּ֤ה אָמַר֙   הַכְעִסֵ֫נִי
9 יְהוָ֣ה צְבָא֔וֹת יַ֕עַן אֲשֶׁ֥ר לֹֽא־שְׁמַעְתֶּ֖ם אֶת־דְּבָרָֽי׃ הִנְנִ֣י שֹׁלֵ֡חַ וְלָקַחְתִּי֩
אֶת־כָּל־מִשְׁפְּח֨וֹת צָפ֜וֹן נְאֻם־יְהוָ֗ה וְאֶל־נְבֽוּכַדְרֶאצַּ֥ר מֶֽלֶךְ־בָּבֶל֮ עַבְדִּי֒
וַהֲבִ֨אֹתִ֜ים עַל־הָאָ֤רֶץ הַזֹּאת֙ וְעַל־יֹ֣שְׁבֶ֔יהָ וְעַ֥ל כָּל־הַגּוֹיִ֖ם הָאֵ֣לֶּה
סָבִ֑יב וְהַ֣חֲרַמְתִּ֗ים וְשַׂמְתִּים֙ לְשַׁמָּ֣ה וְלִשְׁרֵקָ֔ה וּלְחָרְב֖וֹת עוֹלָֽם׃
10 וְהַאֲבַדְתִּ֣י מֵהֶ֗ם ק֤וֹל שָׂשׂוֹן֙ וְק֣וֹל שִׂמְחָ֔ה ק֥וֹל חָתָ֖ן וְק֣וֹל כַּלָּ֑ה ק֣וֹל
11 רֵחַ֖יִם וְא֥וֹר נֵֽר׃ וְהָֽיְתָה֙ כָּל־הָאָ֣רֶץ הַזֹּ֔את לְחָרְבָּ֖ה לְשַׁמָּ֑ה וְעָבְד֞וּ
12 הַגּוֹיִ֥ם הָאֵ֛לֶּה אֶת־מֶ֥לֶךְ בָּבֶ֖ל שִׁבְעִ֥ים שָׁנָֽה׃ וְהָיָ֣ה כִמְלֹ֣אות שִׁבְעִ֣ים

enty years are accomplished, *that* I will punish the king of Babylon, and that nation, saith the LORD, for their iniquity, and the land of the Chaldeans, and will make it perpetual desolations.

13 And I will bring upon that land all my words which I have pronounced against it, *even* all that is written in this book, which Jeremiah hath prophesied against all the nations.

14 For many nations and great kings shall serve themselves of them also: and I will recompense them according to their deeds, and according to the works of their own hands.

15 ¶ For thus saith the LORD God of Israel unto me; Take the wine cup of this fury at my hand, and cause all the nations, to whom I send thee, to drink it.

16 And they shall drink, and be moved, and be mad, because of the sword that I will send among them.

17 Then took I the cup at the LORD's hand, and made all the nations to drink, unto whom the LORD had sent me:

18 *To wit,* Jerusalem, and the cities of Judah, and the kings thereof, and the princes thereof, to make them a desolation, an astonishment, an hissing, and a curse; as *it is* this day;

19 Pharaoh king of Egypt, and his servants, and his princes, and all his people;

20 And all the mingled people, and all the kings of the land of Uz, and all the kings of the land of the Philistines, and Ashkelon, and Azzah, and Ekron, and the remnant of Ashdod,

21 Edom, and Moab, and the children of Ammon,

22 And all the kings of Tyrus, and all the kings of Zidon, and the kings of the isles which *are* beyond the sea,

23 Dedan, and Tema, and Buz, and all *that are* in the utmost corners,

24 And all the kings of Arabia, and all the kings of the mingled people that dwell in the desert,

25 And all the kings of Zimri, and all the kings of Elam, and all the kings of the Medes,

26 And all the kings of the north, far and near, one with another, and all the kingdoms of the world, which *are* upon the face of the earth: and the king of Sheshach shall drink after them.

27 Therefore thou shalt say unto them, Thus saith the LORD of hosts, the God of Israel; Drink ye, and be drunken, and spue, and fall, and rise no more, because of the sword which I will send among you.

28 And it shall be, if they refuse to take the cup at thine hand to drink, then shalt thou say unto them, Thus saith the LORD of hosts; Ye shall certainly drink.

29 For, lo, I begin to bring evil on the city which is called by my name, and should ye be utterly unpunished? Ye shall not be unpunished: for I will call for a sword upon all the inhabitants of the earth, saith the LORD of hosts.

30 Therefore prophesy thou against them all these words, and say unto them, The LORD shall roar from on high, and utter his voice from his holy habitation; he shall mightily roar upon his habitation; he shall give a shout, as they that tread *the grapes,* against all the inhabitants of the earth.

31 A noise shall come *even* to the ends of the earth; for the LORD hath a controversy with the nations, he will plead with all flesh; he will give them *that are* wicked to the sword, saith the LORD.

32 Thus saith the LORD of hosts, Behold, evil shall go forth from nation to nation, and a great whirlwind shall be raised up from the coasts of the earth.

33 And the slain of the LORD shall be at that day from *one* end of the earth even unto the *other* end of the earth: they shall not be lamented, neither gathered, nor buried; they shall be dung upon the ground.

34 ¶ Howl, ye shepherds, and cry; and wallow yourselves *in the ashes,* ye principal of the flock: for the days of your slaughter and of your dispersions are ac-

שָׁנָה אֶפְקֹד עַל־מֶלֶךְ־בָּבֶל וְעַל־הַגּוֹי הַהוּא נְאֻם־יְהוָה אֶת־עֲוֺנָם

וְהֵבֵאתִי֙

13 וְעַל־אֶרֶץ כַּשְׂדִּים וְשַׂמְתִּי אֹתוֹ לְשִׁמְמוֹת עוֹלָם: וְהֵבֵאתִי עַל־
הָאָרֶץ הַהִיא אֶת־כָּל־דְּבָרַי אֲשֶׁר־דִּבַּרְתִּי עָלֶיהָ אֵת כָּל־הַכָּתוּב

14 בַּסֵּפֶר הַזֶּה אֲשֶׁר־נִבָּא יִרְמְיָהוּ עַל־כָּל־הַגּוֹיִם: כִּי עָבְדוּ־בָם גַּם־
הֵמָּה גּוֹיִם רַבִּים וּמְלָכִים גְּדוֹלִים וְשִׁלַּמְתִּי לָהֶם כְּפָעֳלָם וּכְמַעֲשֵׂה

15 יְדֵיהֶם: כִּי כֹה אָמַר יְהוָה אֱלֹהֵי יִשְׂרָאֵל֙ אֵלַי קַח אֶת־כּוֹס
הַיַּיִן הַחֵמָה הַזֹּאת מִיָּדִי וְהִשְׁקִיתָה אֹתוֹ אֶת־כָּל־הַגּוֹיִם אֲשֶׁר אָנֹכִי

16 שֹׁלֵחַ אוֹתְךָ אֲלֵיהֶם: וְשָׁתוּ וְהִתְגֹּעֲשׁוּ וְהִתְהֹלָלוּ מִפְּנֵי הַחֶרֶב אֲשֶׁר

17 אָנֹכִי שֹׁלֵחַ בֵּינֹתָם: וָאֶקַּח אֶת־הַכּוֹס מִיַּד יְהוָה וָאַשְׁקֶה אֶת־כָּל־

18 הַגּוֹיִם אֲשֶׁר־שְׁלָחַנִי יְהוָה אֲלֵיהֶם: אֶת־יְרוּשָׁלִַם וְאֶת־עָרֵי יְהוּדָה
וְאֶת־מְלָכֶיהָ אֶת־שָׂרֶיהָ לָתֵת אֹתָם לְחָרְבָּה לְשַׁמָּה לִשְׁרֵקָה וְלִקְלָלָה

19 כַּיּוֹם הַזֶּה: אֶת־פַּרְעֹה מֶלֶךְ־מִצְרַיִם וְאֶת־עֲבָדָיו וְאֶת־שָׂרָיו וְאֶת־

20 כָּל־עַמּוֹ: וְאֵת כָּל־הָעֶרֶב וְאֵת כָּל־מַלְכֵי אֶרֶץ הָעוּץ וְאֵת כָּל־מַלְכֵי
אֶרֶץ פְּלִשְׁתִּים וְאֶת־אַשְׁקְלוֹן וְאֶת־עַזָּה וְאֶת־עֶקְרוֹן וְאֵת שְׁאֵרִית

21 אַשְׁדּוֹד: אֶת־אֱדוֹם וְאֶת־מוֹאָב וְאֶת־בְּנֵי עַמּוֹן: וְאֵת כָּל־מַלְכֵי־צֹר
22

23 וְאֵת כָּל־מַלְכֵי צִידוֹן וְאֵת מַלְכֵי הָאִי אֲשֶׁר בְּעֵבֶר הַיָּם: וְאֶת־דְּדָן

24 וְאֶת־תֵּימָא וְאֶת־בּוּז וְאֵת כָּל־קְצוּצֵי פֵאָה: וְאֵת כָּל־מַלְכֵי עֲרַב וְאֵת֙

25 כָּל־מַלְכֵי הָעֶרֶב הַשֹּׁכְנִים בַּמִּדְבָּר: וְאֵת ׀ כָּל־מַלְכֵי זִמְרִי וְאֵת כָּל־

26 מַלְכֵי עֵילָם וְאֵת כָּל־מַלְכֵי מָדָי: וְאֵת ׀ כָּל־מַלְכֵי הַצָּפוֹן הַקְּרֹבִים
וְהָרְחֹקִים אִישׁ אֶל־אָחִיו וְאֵת כָּל־הַמַּמְלְכוֹת הָאָרֶץ אֲשֶׁר עַל־פְּנֵי

27 הָאֲדָמָה וּמֶלֶךְ שֵׁשַׁךְ יִשְׁתֶּה אַחֲרֵיהֶם: וְאָמַרְתָּ אֲלֵיהֶם כֹּה־
אָמַר֙ יְהוָה צְבָאוֹת אֱלֹהֵי יִשְׂרָאֵל שְׁתוּ וְשִׁכְרוּ וּקְיוּ וְנִפְלוּ וְלֹא

28 תָקוּמוּ מִפְּנֵי הַחֶרֶב אֲשֶׁר אָנֹכִי שֹׁלֵחַ בֵּינֵיכֶם: וְהָיָה כִּי יְמָאֲנוּ
לָקַחַת־הַכּוֹס מִיָּדְךָ לִשְׁתּוֹת וְאָמַרְתָּ אֲלֵיהֶם כֹּה אָמַר יְהוָה צְבָאוֹת

29A 29 שָׁתוֹ תִשְׁתּוּ: כִּי הִנֵּה בָעִיר אֲשֶׁר נִקְרָא־שְׁמִי עָלֶיהָ אָנֹכִי֙ מֵחֵל
לְהָרַע וְאַתֶּם הִנָּקֵה תִנָּקוּ לֹא תִנָּקוּ כִּי חֶרֶב אֲנִי קֹרֵא עַל־כָּל־יֹשְׁבֵי

30A 30 הָאָרֶץ נְאֻם יְהוָה צְבָאוֹת: וְאַתָּה֙ תִּנָּבֵא אֲלֵיהֶם אֵת כָּל־הַדְּבָרִים
הָאֵלֶּה וְאָמַרְתָּ אֲלֵיהֶם יְהוָה מִמָּרוֹם יִשְׁאָג וּמִמְּעוֹן קָדְשׁוֹ יִתֵּן קוֹלוֹ

31 שָׁאֹג יִשְׁאַג עַל־נָוֵהוּ הֵידָד֙ כְּדֹרְכִים יַעֲנֶה אֶל כָּל־יֹשְׁבֵי הָאָרֶץ: בָּא
שָׁאוֹן עַד־קְצֵה הָאָרֶץ כִּי רִיב לַיהוָה֙ בַּגּוֹיִם נִשְׁפָּט הוּא לְכָל־בָּשָׂר

32 הָרְשָׁעִים נְתָנָם לַחֶרֶב נְאֻם־יְהוָה: כֹּה אָמַר֙ יְהוָה צְבָאוֹת

33 הִנֵּה רָעָה יֹצֵאת מִגּוֹי אֶל־גּוֹי וְסַעַר גָּדוֹל יֵעוֹר מִיַּרְכְּתֵי־אָרֶץ: וְהָיוּ
חַלְלֵי יְהוָה בַּיּוֹם הַהוּא מִקְצֵה הָאָרֶץ וְעַד־קְצֵה הָאָרֶץ לֹא יִסָּפְדוּ

34 וְלֹא יֵאָסְפוּ֙ וְלֹא יִקָּבֵרוּ לְדֹמֶן עַל־פְּנֵי הָאֲדָמָה יִהְיוּ: הֵילִילוּ הָרֹעִים
וְזַעֲקוּ וְהִתְפַּלְּשׁוּ֙ אַדִּירֵי הַצֹּאן כִּי־מָלְאוּ יְמֵיכֶם לִטְבוֹחַ וּתְפוֹצוֹתִיכֶם

complished; and ye shall fall like a pleasant vessel.

35 And the shepherds shall have no way to flee, nor the principal of the flock to escape.

36 A voice of the cry of the shepherds, and an howling of the principal of the flock, *shall be heard:* for the LORD hath spoiled their pasture.

37 And the peaceable habitations are cut down because of the fierce anger of the LORD.

38 He hath forsaken his covert, as the lion: for their land is desolate because of the fierceness of the oppressor, and because of his fierce anger.

CHAPTER 26

1 In the beginning of the reign of Jehoiakim the son of Josiah king of Judah came this word from the LORD, saying,

2 Thus saith the LORD; Stand in the court of the LORD's house, and speak unto all the cities of Judah, which come to worship in the LORD's house, all the words that I command thee to speak unto them; diminish not a word:

3 If so be they will hearken, and turn every man from his evil way, that I may repent me of the evil, which I purpose to do unto them because of the evil of their doings.

4 And thou shalt say unto them, Thus saith the LORD; If ye will not hearken to me, to walk in my law, which I have set before you,

5 To hearken to the words of my servants the prophets, whom I sent unto you, both rising up early, and sending *them,* but ye have not hearkened;

6 Then will I make this house like Shiloh, and will make this city a curse to all the nations of the earth.

7 So the priests and the prophets and all the people heard Jeremiah speaking these words in the house of the LORD.

8 ¶ Now it came to pass, when Jeremiah had made an end of speaking all that the LORD had commanded *him* to speak unto all the people, that the priests and the prophets and all the people took him, saying, Thou shalt surely die.

9 Why hast thou prophesied in the name of the LORD, saying, This house shall be like Shiloh, and this city shall be desolate without an inhabitant? And all the people were gathered against Jeremiah in the house of the LORD.

10 ¶ When the princes of Judah heard these things, then they came up from the king's house unto the house of the LORD, and sat down in the entry of the new gate of the LORD's *house.*

11 Then spake the priests and the prophets unto the princes and to all the people, saying, This man *is* worthy to die; for he hath prophesied against this city, as ye have heard with your ears.

12 ¶ Then spake Jeremiah unto all the princes and to all the people, saying, The LORD sent me to prophesy against this house and against this city all the words that ye have heard.

13 Therefore now amend your ways and your doings, and obey the voice of the LORD your God; and the LORD will repent him of the evil that he hath pronounced against you.

14 As for me, behold, I *am* in your hand: do with me as seemeth good and meet unto you.

15 But know ye for certain, that if ye put me to death, ye shall surely bring innocent blood upon yourselves, and upon this city, and upon the inhabitants thereof: for of a truth the LORD hath sent me unto you to speak all these words in your ears.

16 ¶ Then said the princes and all the people unto the priests and to the prophets; This man *is* not worthy to die: for he hath spoken to us in the name of the LORD our God.

17 Then rose up certain of the elders of the land, and spake to all the assembly of the people, saying,

18 Micah the Morasthite prophesied in the days of Hezekiah king of Judah, and spake to all the people of Judah, saying, Thus saith the LORD of hosts; Zion shall

35 וְנָפְלַתֶּם כִּכְלִי חֶמְדָּה: וְאָבַד מָנוֹס מִן־הָרֹעִים וּפְלֵיטָה מֵאַדִּירֵי הַצֹּאן:

36 קוֹל צַעֲקַת הָרֹעִים וְיִלְלַת אַדִּירֵי הַצֹּאן כִּי־שֹׁדֵד יְהוָה אֶת־מַרְעִיתָם:

37 וְנָדַמּוּ נְאוֹת הַשָּׁלוֹם מִפְּנֵי חֲרוֹן אַף־יְהוָה: עָזַב כַּכְּפִיר סֻכּוֹ כִּי־הָיְתָה

38 אַרְצָם לְשַׁמָּה מִפְּנֵי חֲרוֹן הַיּוֹנָה וּמִפְּנֵי חֲרוֹן אַפּוֹ:

1 **26** בְּרֵאשִׁית מַמְלְכוּת יְהוֹיָקִים בֶּן־יֹאשִׁיָּהוּ מֶלֶךְ יְהוּדָה הָיָה הַדָּבָר הַזֶּה

2 מֵאֵת יְהוָה לֵאמֹר: כֹּה אָמַר יְהוָה עֲמֹד בַּחֲצַר בֵּית־יְהוָה וְדִבַּרְתָּ עַל־כָּל־עָרֵי יְהוּדָה הַבָּאִים לְהִשְׁתַּחֲוֹת בֵּית־יְהוָה אֵת כָּל־הַדְּבָרִים

3 אֲשֶׁר צִוִּיתִיךָ לְדַבֵּר אֲלֵיהֶם אַל־תִּגְרַע דָּבָר: אוּלַי יִשְׁמְעוּ וְיָשֻׁבוּ אִישׁ מִדַּרְכּוֹ הָרָעָה וְנִחַמְתִּי אֶל־הָרָעָה אֲשֶׁר אָנֹכִי חֹשֵׁב לַעֲשׂוֹת

4 לָהֶם מִפְּנֵי רֹעַ מַעַלְלֵיהֶם: וְאָמַרְתָּ אֲלֵיהֶם כֹּה אָמַר יְהוָה אִם־לֹא

5 תִשְׁמְעוּ אֵלַי לָלֶכֶת בְּתוֹרָתִי אֲשֶׁר נָתַתִּי לִפְנֵיכֶם: לִשְׁמֹעַ עַל־דִּבְרֵי עֲבָדַי הַנְּבִאִים אֲשֶׁר אָנֹכִי שֹׁלֵחַ אֲלֵיכֶם וְהַשְׁכֵּם וְשָׁלֹחַ וְלֹא

6 שְׁמַעְתֶּם: וְנָתַתִּי אֶת־הַבַּיִת הַזֶּה כְּשִׁלֹה וְאֶת־הָעִיר הַזֹּאתה אֶתֵּן **הַזֹּאת**

7 לִקְלָלָה לְכֹל גּוֹיֵי הָאָרֶץ: וַיִּשְׁמְעוּ הַכֹּהֲנִים וְהַנְּבִאִים וְכָל־

8 הָעָם אֶת־יִרְמְיָהוּ מְדַבֵּר אֶת־הַדְּבָרִים הָאֵלֶּה בְּבֵית יְהוָה: וַיְהִי כְּכַלּוֹת יִרְמְיָהוּ לְדַבֵּר אֵת כָּל־אֲשֶׁר־צִוָּה יְהוָה לְדַבֵּר אֶל־כָּל־הָעָם

9 וַיִּתְפְּשׂוּ אֹתוֹ הַכֹּהֲנִים וְהַנְּבִאִים וְכָל־הָעָם לֵאמֹר מוֹת תָּמוּת: מַדּוּעַ נִבֵּיתָ בְשֵׁם־יְהוָה לֵאמֹר כְּשִׁלוֹ יִהְיֶה הַבַּיִת הַזֶּה וְהָעִיר הַזֹּאת תֶּחֱרַב מֵאֵין יוֹשֵׁב וַיִּקָּהֵל כָּל־הָעָם אֶל־יִרְמְיָהוּ בְּבֵית יְהוָה:

10 וַיִּשְׁמְעוּ שָׂרֵי יְהוּדָה אֵת הַדְּבָרִים הָאֵלֶּה וַיַּעֲלוּ מִבֵּית־הַמֶּלֶךְ בֵּית

11 יְהוָה וַיֵּשְׁבוּ בְּפֶתַח שַׁעַר־יְהוָה הֶחָדָשׁ: וַיֹּאמְרוּ הַכֹּהֲנִים וְהַנְּבִאִים אֶל־הַשָּׂרִים וְאֶל־כָּל־הָעָם לֵאמֹר מִשְׁפַּט־מָוֶת לָאִישׁ הַזֶּה

12 כִּי נִבָּא אֶל־הָעִיר הַזֹּאת כַּאֲשֶׁר שְׁמַעְתֶּם בְּאָזְנֵיכֶם: וַיֹּאמֶר יִרְמְיָהוּ אֶל־כָּל־הַשָּׂרִים וְאֶל־כָּל־הָעָם לֵאמֹר יְהוָה שְׁלָחַנִי לְהִנָּבֵא אֶל־הַבַּיִת

13 הַזֶּה וְאֶל־הָעִיר הַזֹּאת אֵת כָּל־הַדְּבָרִים אֲשֶׁר שְׁמַעְתֶּם: וְעַתָּה הֵיטִיבוּ דַרְכֵיכֶם וּמַעַלְלֵיכֶם וְשִׁמְעוּ בְּקוֹל יְהוָה אֱלֹהֵיכֶם וְיִנָּחֵם

14 יְהוָה אֶל־הָרָעָה אֲשֶׁר דִּבֶּר עֲלֵיכֶם: וַאֲנִי הִנְנִי בְיֶדְכֶם עֲשׂוּ־לִי

15 כַּטּוֹב וְכַיָּשָׁר בְּעֵינֵיכֶם: אַךְ יָדֹעַ תֵּדְעוּ כִּי אִם־מְמִתִים אַתֶּם אֹתִי כִּי־דָם נָקִי אַתֶּם נֹתְנִים עֲלֵיכֶם וְאֶל־הָעִיר הַזֹּאת וְאֶל־יֹשְׁבֶיהָ כִּי בֶאֱמֶת שְׁלָחַנִי יְהוָה עֲלֵיכֶם לְדַבֵּר בְּאָזְנֵיכֶם אֵת כָּל־הַדְּבָרִים

16 הָאֵלֶּה: וַיֹּאמְרוּ הַשָּׂרִים וְכָל־הָעָם אֶל־הַכֹּהֲנִים וְאֶל־הַנְּבִאִים אֵין־לָאִישׁ הַזֶּה מִשְׁפַּט־מָוֶת כִּי בְּשֵׁם יְהוָה אֱלֹהֵינוּ דִּבֶּר

17 אֵלֵינוּ: וַיָּקֻמוּ אֲנָשִׁים מִזִּקְנֵי הָאָרֶץ וַיֹּאמְרוּ אֶל־כָּל־קְהַל הָעָם

18 לֵאמֹר: מִיכָיה הַמּוֹרַשְׁתִּי הָיָה נִבָּא בִּימֵי חִזְקִיָּהוּ מֶלֶךְ־יְהוּדָה וַיֹּאמֶר **מִיכָה** אֶל־כָּל־עַם יְהוּדָה לֵאמֹר כֹּה־אָמַר יְהוָה צְבָאוֹת צִיּוֹן שָׂדֶה תֵחָרֵשׁ

be plowed *like* a field, and Jerusalem shall become heaps, and the mountain of the house as the high places of a forest.

19 Did Hezekiah king of Judah and all Judah put him at all to death? did he not fear the LORD, and besought the LORD, and the LORD repented him of the evil which he had pronounced against them? Thus might we procure great evil against our souls.

20 And there was also a man that prophesied in the name of the LORD, Urijah the son of Shemaiah of Kirjath-jearim, who prophesied against this city and against this land according to all the words of Jeremiah:

21 And when Jehoiakim the king, with all his mighty men, and all the princes, heard his words, the king sought to put him to death: but when Urijah heard it, he was afraid, and fled, and went into Egypt;

22 And Jehoiakim the king sent men into Egypt, *namely,* Elnathan the son of Achbor, and *certain* men with him into Egypt.

23 And they fetched forth Urijah out of Egypt, and brought him unto Jehoiakim the king; who slew him with the sword, and cast his dead body into the graves of the common people.

24 Nevertheless the hand of Ahikam the son of Shaphan was with Jeremiah, that they should not give him into the hand of the people to put him to death.

CHAPTER 27

1 In the beginning of the reign of Jehoiakim the son of Josiah king of Judah came this word unto Jeremiah from the LORD, saying,

2 Thus saith the LORD to me; Make thee bonds and yokes, and put them upon thy neck,

3 And send them to the king of Edom, and to the king of Moab, and to the king of the Ammonites, and to the king of Tyrus, and to the king of Zidon, by the hand of the messengers which come to Jerusalem unto Zedekiah king of Judah;

4 And command them to say unto their masters, Thus saith the LORD of hosts, the God of Israel; Thus shall ye say unto your masters;

5 I have made the earth, the man and the beast that *are* upon the ground, by my great power and by my outstretched arm, and have given it unto whom it seemed meet unto me.

6 And now have I given all these lands into the hand of Nebuchadnezzar the king of Babylon, my servant; and the beasts of the field have I given him also to serve him.

7 And all nations shall serve him, and his son, and his son's son, until the very time of his land come: and then many nations and great kings shall serve themselves of him.

8 And it shall come to pass, *that* the nation and kingdom which will not serve the same Nebuchadnezzar the king of Babylon, and that will not put their neck under the yoke of the king of Babylon, that nation will I punish, saith the LORD, with the sword, and with the famine, and with the pestilence, until I have consumed them by his hand.

9 Therefore hearken not ye to your prophets, nor to your diviners, nor to your dreamers, nor to your enchanters, nor to your sorcerers, which speak unto you, saying, Ye shall not serve the king of Babylon:

10 For they prophesy a lie unto you, to remove you far from your land; and that I should drive you out, and ye should perish.

11 But the nations that bring their neck under the yoke of the king of Babylon, and serve him, those will I let remain still in their own land, saith the LORD; and they shall till it, and dwell therein.

12 ¶ I spake also to Zedekiah king of Judah according to all these words, saying, Bring your necks under the yoke of the king of Babylon, and serve him and his people, and live.

13 Why will ye die, thou and thy people, by the sword, by the famine, and by the

19 וִירוּשָׁלַ֖͏ִם עִיִּ֣ים תִּֽהְיֶ֑ה וְהַ֥ר הַבַּ֖יִת לְבָמ֣וֹת יָֽעַר׃ הֶהָמֵ֣ת הֱמִתֻ֡הוּ
חִזְקִיָּ֣הוּ מֶֽלֶךְ־יְהוּדָה֩ וְכָל־יְהוּדָ֜ה הֲלֹ֣א יָרֵ֣א אֶת־יְהוָ֗ה וַיְחַל֙ אֶת־פְּנֵ֣י
יְהוָ֔ה וַיִּנָּ֣חֶם יְהוָ֔ה אֶל־הָרָעָ֖ה אֲשֶׁר־דִּבֶּ֣ר עֲלֵיהֶ֑ם וַאֲנַ֗חְנוּ עֹשִׂ֛ים רָעָ֥ה

20 גְדוֹלָ֖ה עַל־נַפְשׁוֹתֵֽינוּ׃ וְגַם־אִ֗ישׁ הָיָ֤ה מִתְנַבֵּא֙ בְּשֵׁ֣ם יְהוָ֔ה אֽוּרִיָּ֙הוּ֙
בֶּן־שְׁמַעְיָ֔הוּ מִקִּרְיַ֖ת הַיְּעָרִ֑ים וַיִּנָּבֵ֞א עַל־הָעִ֤יר הַזֹּאת֙ וְעַל־הָאָ֣רֶץ

21 הַזֹּ֔את כְּכֹ֖ל דִּבְרֵ֥י יִרְמְיָֽהוּ׃ וַיִּשְׁמַ֣ע הַמֶּֽלֶךְ־יְ֠הוֹיָקִים וְכָל־גִּבּוֹרָ֤יו וְכָל־
הַשָּׂרִים֙ אֶת־דְּבָרָ֔יו וַיְבַקֵּ֥שׁ הַמֶּ֖לֶךְ הֲמִית֑וֹ וַיִּשְׁמַ֤ע אֽוּרִיָּ֙הוּ֙ וַיִּרָ֔א וַיִּבְרַ֖ח

22 וַיָּבֹ֥א מִצְרָֽיִם׃ וַיִּשְׁלַ֞ח הַמֶּ֧לֶךְ יְהוֹיָקִ֛ים אֲנָשִׁ֖ים מִצְרָ֑יִם אֵ֚ת אֶלְנָתָ֣ן

23 בֶּן־עַכְבּ֔וֹר וַאֲנָשִׁ֥ים אִתּ֖וֹ אֶל־מִצְרָֽיִם׃ וַיּוֹצִ֨יאוּ אֶת־אוּרִיָּ֜הוּ מִמִּצְרַ֗יִם
וַיְבִאֻ֙הוּ֙ אֶל־הַמֶּ֣לֶךְ יְהוֹיָקִ֔ים וַיַּכֵּ֖הוּ בֶּחָ֑רֶב וַיַּשְׁלֵךְ֙ אֶת־נִבְלָת֔וֹ אֶל־

24 קִבְרֵ֖י בְּנֵ֥י הָעָֽם׃ אַ֗ךְ יַ֚ד אֲחִיקָ֣ם בֶּן־שָׁפָ֔ן הָיְתָ֖ה אֶת־יִרְמְיָ֑הוּ לְבִלְתִּ֥י
תֵּת־אֹת֛וֹ בְיַד־הָעָ֖ם לַהֲמִיתֽוֹ׃

27 1 בְּרֵאשִׁ֗ית מַמְלֶ֛כֶת יְהוֹיָקִ֥ם בֶּן־יֹֽאושִׁיָּ֖הוּ מֶ֣לֶךְ יְהוּדָ֑ה הָיָ֞ה הַדָּבָ֤ר הַזֶּה֙

2 אֶֽל־יִרְמְיָ֔ה מֵאֵ֥ת יְהוָ֖ה לֵאמֹֽר׃ כֹּֽה־אָמַ֨ר יְהוָ֜ה אֵלַ֗י עֲשֵׂ֤ה לְךָ֙

3 מוֹסֵר֣וֹת וּמֹט֑וֹת וּנְתַתָּ֖ם עַל־צַוָּארֶֽךָ׃ וְשִׁלַּחְתָּם֩ אֶל־מֶ֨לֶךְ אֱד֜וֹם וְאֶל־
מֶ֣לֶךְ מוֹאָ֗ב וְאֶל־מֶ֙לֶךְ֙ בְּנֵ֣י עַמּ֔וֹן וְאֶל־מֶ֥לֶךְ צֹ֖ר וְאֶל־מֶ֣לֶךְ צִיד֑וֹן בְּיַ֣ד

4 מַלְאָכִ֔ים הַבָּאִ֥ים יְרוּשָׁלַ֖͏ִם אֶל־צִדְקִיָּ֣הוּ מֶ֣לֶךְ יְהוּדָֽה׃ וְצִוִּיתָ֣ אֹתָ֔ם
אֶל־אֲדֹֽנֵיהֶ֖ם לֵאמֹ֑ר כֹּֽה־אָמַ֞ר יְהוָ֤ה צְבָאוֹת֙ אֱלֹהֵ֣י יִשְׂרָאֵ֔ל כֹּ֥ה

5 תֹאמְר֖וּ אֶל־אֲדֹֽנֵיכֶֽם׃ אָנֹכִ֞י עָשִׂ֣יתִי אֶת־הָאָ֗רֶץ אֶת־הָֽאָדָם֙ וְאֶת־
הַבְּהֵמָה֙ אֲשֶׁר֙ עַל־פְּנֵ֣י הָאָ֔רֶץ בְּכֹחִי֙ הַגָּד֔וֹל וּבִזְרוֹעִ֖י הַנְּטוּיָ֑ה וּנְתַתִּ֕יהָ

6 לַאֲשֶׁ֖ר יָשַׁ֥ר בְּעֵינָֽי׃ וְעַתָּ֗ה אָֽנֹכִי֙ נָתַ֙תִּי֙ אֶת־כָּל־הָאֲרָצ֣וֹת הָאֵ֔לֶּה בְּיַ֛ד
נְבוּכַדְנֶאצַּ֥ר מֶֽלֶךְ־בָּבֶ֖ל עַבְדִּ֑י וְגַם֙ אֶת־חַיַּ֣ת הַשָּׂדֶ֔ה נָתַ֥תִּי ל֖וֹ לְעָבְדֽוֹ׃

7 וְעָבְד֤וּ אֹתוֹ֙ כָּל־הַגּוֹיִ֔ם וְאֶת־בְּנ֖וֹ וְאֶֽת־בֶּן־בְּנ֑וֹ עַ֣ד בֹּא־עֵ֤ת אַרְצוֹ֙ גַּם־

8 ה֔וּא וְעָ֤בְדוּ בוֹ֙ גּוֹיִ֣ם רַבִּ֔ים וּמְלָכִ֖ים גְּדֹלִֽים׃ וְהָיָ֨ה הַגּ֜וֹי וְהַמַּמְלָכָ֗ה
אֲשֶׁ֨ר לֹא־יַעַבְד֤וּ אֹתוֹ֙ אֶת־נְבוּכַדְנֶאצַּ֣ר מֶֽלֶךְ־בָּבֶ֔ל וְאֵ֗ת אֲשֶׁ֤ר לֹֽא־יִתֵּן֙
אֶת־צַוָּאר֔וֹ בְּעֹ֖ל מֶ֣לֶךְ בָּבֶ֑ל בַּחֶרֶב֩ וּבָרָעָ֨ב וּבַדֶּ֜בֶר אֶפְקֹ֤ד עַל־הַגּ֣וֹי

9 הַה֗וּא נְאֻם־יְהוָ֔ה עַד־תֻּמִּ֥י אֹתָ֖ם בְּיָדֽוֹ׃ וְ֠אַתֶּם אַל־תִּשְׁמְע֣וּ אֶל־
נְבִֽיאֵיכֶ֞ם וְאֶל־קֹֽסְמֵיכֶ֗ם וְאֶל֙ חֲלֹמֹ֣תֵיכֶ֔ם וְאֶל־עֹנְנֵיכֶ֖ם וְאֶל־כַּשָּׁפֵיכֶ֑ם

10 אֲשֶׁר־הֵ֞ם אֹמְרִ֤ים אֲלֵיכֶם֙ לֵאמֹ֔ר לֹ֥א תַעַבְד֖וּ אֶת־מֶ֣לֶךְ בָּבֶֽל׃ כִּ֣י
שֶׁ֔קֶר הֵ֖ם נִבְּאִ֣ים לָכֶ֑ם לְמַ֨עַן הַרְחִ֤יק אֶתְכֶם֙ מֵעַ֣ל אַדְמַתְכֶ֔ם וְהִדַּחְתִּ֥י

11 אֶתְכֶ֖ם וַאֲבַדְתֶּֽם׃ וְהַגּ֗וֹי אֲשֶׁ֨ר יָבִ֜יא אֶת־צַוָּאר֗וֹ בְּעֹ֛ל מֶֽלֶךְ־בָּבֶ֖ל

12 וַעֲבָד֑וֹ וְהִנַּחְתִּ֣יו עַל־אַדְמָת֗וֹ נְאֻם־יְהוָה֙ וַעֲבָדָ֔הּ וְיָ֥שַׁב בָּֽהּ׃ וְאֶל־
צִדְקִיָּ֣ה מֶֽלֶךְ־יְהוּדָ֗ה דִּבַּ֙רְתִּי֙ כְּכָל־הַדְּבָרִ֥ים הָאֵ֖לֶּה לֵאמֹ֑ר הָבִ֧יאוּ אֶת־

13 צַוְּארֵיכֶ֛ם בְּעֹ֥ל מֶֽלֶךְ־בָּבֶ֖ל וְעִבְד֥וּ אֹת֛וֹ וְעַמּ֖וֹ וִֽחְיֽוּ׃ לָ֤מָּה תָמ֙וּתוּ֙ אַתָּ֣ה
וְעַמֶּ֔ךָ בַּחֶ֖רֶב בָּרָעָ֣ב וּבַדָּ֑בֶר כַּֽאֲשֶׁר֙ דִּבֶּ֣ר יְהוָ֔ה אֶל־הַגּ֖וֹי אֲשֶׁ֥ר לֹֽא־

pestilence, as the Lord hath spoken against the nation that will not serve the king of Babylon?

14 Therefore hearken not unto the words of the prophets that speak unto you, saying, Ye shall not serve the king of Babylon: for they prophesy a lie unto you.

15 For I have not sent them, saith the Lord, yet they prophesy a lie in my name; that I might drive you out, and that ye might perish, ye, and the prophets that prophesy unto you.

16 Also I spake to the priests and to all this people, saying, Thus saith the Lord; Hearken not to the words of your prophets that prophesy unto you, saying, Behold, the vessels of the Lord's house shall now shortly be brought again from Babylon: for they prophesy a lie unto you.

17 Hearken not unto them; serve the king of Babylon, and live: wherefore should this city be laid waste?

18 But if they be prophets, and if the word of the Lord be with them, let them now make intercession to the Lord of hosts, that the vessels which are left in the house of the Lord, and in the house of the king of Judah, and at Jerusalem, go not to Babylon.

19 ¶ For thus saith the Lord of hosts concerning the pillars, and concerning the sea, and concerning the bases, and concerning the residue of the vessels that remain in this city,

20 Which Nebuchadnezzar king of Babylon took not, when he carried away captive Jeconiah the son of Jehoiakim king of Judah from Jerusalem to Babylon, and all the nobles of Judah and Jerusalem;

21 Yea, thus saith the Lord of hosts, the God of Israel, concerning the vessels that remain in the house of the Lord, and in the house of the king of Judah and of Jerusalem;

22 They shall be carried to Babylon, and there shall they be until the day that I visit them, saith the Lord; then will I bring them up, and restore them to this place.

CHAPTER 28

1 And it came to pass the same year, in the beginning of the reign of Zedekiah king of Judah, in the fourth year, and in the fifth month, that Hananiah the son of Azur the prophet, which was of Gibeon, spake unto me in the house of the Lord, in the presence of the priests and of all the people, saying,

2 Thus speaketh the Lord of hosts, the God of Israel, saying, I have broken the yoke of the king of Babylon.

3 Within two full years will I bring again into this place all the vessels of the Lord's house, that Nebuchadnezzar king of Babylon took away from this place, and carried them to Babylon:

4 And I will bring again to this place Jeconiah the son of Jehoiakim king of Judah, with all the captives of Judah, that went into Babylon, saith the Lord: for I will break the yoke of the king of Babylon.

5 ¶ Then the prophet Jeremiah said unto the prophet Hananiah in the presence of the priests, and in the presence of all the people that stood in the house of the Lord,

6 Even the prophet Jeremiah said, Amen: the Lord do so: the Lord perform thy words which thou hast prophesied, to bring again the vessels of the Lord's house, and all that is carried away captive, from Babylon into this place.

7 Nevertheless hear thou now this word that I speak in thine ears, and in the ears of all the people;

8 The prophets that have been before me and before thee of old prophesied both against many countries, and against great kingdoms, of war, and of evil, and of pestilence.

9 The prophet which prophesieth of peace, when the word of the prophet shall come to pass, then shall the prophet be known, that the Lord hath truly sent him.

10 ¶ Then Hananiah the prophet took the yoke from off the prophet Jeremiah's neck, and brake it.

11 And Hananiah spake in the presence

יַעֲבֹד אֶת־מֶלֶךְ בָּבֶל: וְאַל־תִּשְׁמְעוּ אֶל־דִּבְרֵי הַנְּבִאִים הָאֹמְרִים 14
אֲלֵיכֶם לֵאמֹר לֹא תַעַבְדוּ אֶת־מֶלֶךְ בָּבֶל כִּי שֶׁקֶר הֵם נִבְּאִים לָכֶם:

כִּי לֹא שְׁלַחְתִּים נְאֻם־יְהֹוָה וְהֵם נִבְּאִים בִּשְׁמִי לַשָּׁקֶר לְמַעַן הַדִּיחִי 15
אֶתְכֶם וַאֲבַדְתֶּם אַתֶּם וְהַנְּבִאִים הַנִּבְּאִים לָכֶם: וְאֶל־הַכֹּהֲנִים וְאֶל־ 16
כָּל־הָעָם הַזֶּה דִּבַּרְתִּי לֵאמֹר כֹּה אָמַר יְהֹוָה אַל־תִּשְׁמְעוּ אֶל־דִּבְרֵי
נְבִיאֵיכֶם הַנִּבְּאִים לָכֶם לֵאמֹר הִנֵּה כְלֵי בֵית־יְהֹוָה מוּשָׁבִים מִבָּבֶלָה
עַתָּה מְהֵרָה כִּי שֶׁקֶר הֵמָּה נִבְּאִים לָכֶם: אַל־תִּשְׁמְעוּ אֲלֵיהֶם עִבְדוּ 17
אֶת־מֶלֶךְ־בָּבֶל וִחְיוּ לָמָּה תִהְיֶה הָעִיר הַזֹּאת חָרְבָּה: וְאִם־נְבִאִים 18
הֵם וְאִם־יֵשׁ דְּבַר־יְהֹוָה אִתָּם יִפְגְּעוּ־נָא בַּיהֹוָה צְבָאוֹת לְבִלְתִּי־בֹאוּ
הַכֵּלִים ׀ הַנּוֹתָרִים בְּבֵית־יְהֹוָה וּבֵית מֶלֶךְ יְהוּדָה וּבִירוּשָׁלַ͏ִם
בָּבֶלָה:

כִּי כֹה אָמַר יְהֹוָה צְבָאוֹת אֶל־הָעַמֻּדִים וְעַל־הַיָּם וְעַל־הַמְּכֹנוֹת וְעַל 19
יֶתֶר הַכֵּלִים הַנּוֹתָרִים בָּעִיר הַזֹּאת: אֲשֶׁר לֹא־לְקָחָם נְבוּכַדְנֶאצַּר 20
מֶלֶךְ בָּבֶל בַּגְלוֹתוֹ אֶת־יְכָונְיָה בֶן־יְהוֹיָקִים מֶלֶךְ־יְהוּדָה מִירוּשָׁלַ͏ִם
בָּבֶלָה וְאֵת כָּל־חֹרֵי יְהוּדָה וִירוּשָׁלָ͏ִם: כִּי כֹה אָמַר יְהֹוָה 21 יְכָנְיָה
צְבָאוֹת אֱלֹהֵי יִשְׂרָאֵל עַל־הַכֵּלִים הַנּוֹתָרִים בֵּית יְהֹוָה וּבֵית מֶלֶךְ־
יְהוּדָה וִירוּשָׁלָ͏ִם: בָּבֶלָה יוּבָאוּ וְשָׁמָּה יִהְיוּ עַד יוֹם פָּקְדִי אֹתָם 22
נְאֻם־יְהֹוָה וְהַעֲלִיתִים וַהֲשִׁיבֹתִים אֶל־הַמָּקוֹם הַזֶּה:

וַיְהִי ׀ בַּשָּׁנָה הַהִיא בְּרֵאשִׁית מַמְלֶכֶת צִדְקִיָּה מֶלֶךְ־יְהוּדָה בשנת 28 בַּשָּׁנָה֙ 1
הָרְבִעִית בַּחֹדֶשׁ הַחֲמִישִׁי אָמַר אֵלַי חֲנַנְיָה בֶן־עַזּוּר הַנָּבִיא אֲשֶׁר
מִגִּבְעוֹן בְּבֵית יְהֹוָה לְעֵינֵי הַכֹּהֲנִים וְכָל־הָעָם לֵאמֹר: כֹּה־אָמַר֙ יְהֹוָה 2
צְבָאוֹת אֱלֹהֵי יִשְׂרָאֵל לֵאמֹר שָׁבַרְתִּי אֶת־עֹל מֶלֶךְ בָּבֶל: בְּעוֹד ׀ 3 3A
שְׁנָתַיִם יָמִים אֲנִי מֵשִׁיב אֶל־הַמָּקוֹם הַזֶּה אֶת־כָּל־כְּלֵי בֵּית יְהֹוָה
אֲשֶׁר לָקַח נְבוּכַדְנֶאצַּר מֶלֶךְ־בָּבֶל מִן־הַמָּקוֹם הַזֶּה וַיְבִיאֵם בָּבֶל:
וְאֶת־יְכָנְיָה בֶן־יְהוֹיָקִים מֶלֶךְ־יְהוּדָה וְאֶת־כָּל־גָּלוּת יְהוּדָה הַבָּאִים 4
בָּבֶלָה אֲנִי מֵשִׁיב אֶל־הַמָּקוֹם הַזֶּה נְאֻם־יְהֹוָה כִּי אֶשְׁבֹּר אֶת־עֹל
מֶלֶךְ בָּבֶל: וַיֹּאמֶר יִרְמְיָה הַנָּבִיא אֶל־חֲנַנְיָה הַנָּבִיא לְעֵינֵי הַכֹּהֲנִים 5
וּלְעֵינֵי כָּל־הָעָם הָעֹמְדִים בְּבֵית יְהֹוָה: וַיֹּאמֶר יִרְמְיָה הַנָּבִיא אָמֵן 6
כֵּן יַעֲשֶׂה יְהֹוָה יָקֵם יְהֹוָה אֶת־דְּבָרֶיךָ אֲשֶׁר נִבֵּאתָ לְהָשִׁיב כְּלֵי
בֵית־יְהֹוָה וְכָל־הַגּוֹלָה מִבָּבֶל אֶל־הַמָּקוֹם הַזֶּה: אַךְ־שְׁמַע־נָא הַדָּבָר 7
הַזֶּה אֲשֶׁר אָנֹכִי דֹּבֵר בְּאָזְנֶיךָ וּבְאָזְנֵי כָּל־הָעָם: הַנְּבִיאִים אֲשֶׁר הָיוּ 8
לְפָנַי וּלְפָנֶיךָ מִן־הָעוֹלָם וַיִּנָּבְאוּ אֶל־אֲרָצוֹת רַבּוֹת וְעַל־מַמְלָכוֹת
גְּדֹלוֹת לְמִלְחָמָה וּלְרָעָה וּלְדָבֶר: הַנָּבִיא אֲשֶׁר יִנָּבֵא לְשָׁלוֹם בְּבֹא 9
דְּבַר הַנָּבִיא יִוָּדַע הַנָּבִיא אֲשֶׁר־שְׁלָחוֹ יְהֹוָה בֶּאֱמֶת: וַיִּקַּח חֲנַנְיָה 10
הַנָּבִיא֙ אֶת־הַמּוֹטָה מֵעַל צַוַּאר יִרְמְיָה הַנָּבִיא וַיִּשְׁבְּרֵהוּ: וַיֹּאמֶר 11

of all the people, saying, Thus saith the LORD; Even so will I break the yoke of Nebuchadnezzar king of Babylon from the neck of all nations within the space of two full years. And the prophet Jeremiah went his way.

12 ¶ Then the word of the LORD came unto Jeremiah *the prophet,* after that Hananiah the prophet had broken the yoke from off the neck of the prophet Jeremiah, saying,

13 Go and tell Hananiah, saying, Thus saith the LORD; Thou hast broken the yokes of wood; but thou shalt make for them yokes of iron.

14 For thus saith the LORD of hosts, the God of Israel; I have put a yoke of iron upon the neck of all these nations, that they may serve Nebuchadnezzar king of Babylon; and they shall serve him: and I have given him the beasts of the field also.

15 ¶ Then said the prophet Jeremiah unto Hananiah the prophet, Hear now, Hananiah; The LORD hath not sent thee; but thou makest this people to trust in a lie.

16 Therefore thus saith the LORD; Behold, I will cast thee from off the face of the earth: this year thou shalt die, because thou hast taught rebellion against the LORD.

17 So Hananiah the prophet died the same year in the seventh month.

CHAPTER 29

1 Now these *are* the words of the letter that Jeremiah the prophet sent from Jerusalem unto the residue of the elders which were carried away captives, and to the priests, and to the prophets, and to all the people whom Nebuchadnezzar had carried away captive from Jerusalem to Babylon;

2 (After that Jeconiah the king, and the queen, and the eunuchs, the princes of Judah and Jerusalem, and the carpenters, and the smiths, were departed from Jerusalem;)

3 By the hand of Elasah the son of Shaphan, and Gemariah the son of Hilkiah, (whom Zedekiah king of Judah sent unto Babylon to Nebuchadnezzar king of Babylon) saying,

4 Thus saith the LORD of hosts, the God of Israel, unto all that are carried away captives, whom I have caused to be carried away from Jerusalem unto Babylon;

5 Build ye houses, and dwell *in them;* and plant gardens, and eat the fruit of them;

6 Take ye wives, and beget sons and daughters; and take wives for your sons, and give your daughters to husbands, that they may bear sons and daughters; that ye may be increased there, and not diminished.

7 And seek the peace of the city whither I have caused you to be carried away captives, and pray unto the LORD for it: for in the peace thereof shall ye have peace.

8 ¶ For thus saith the LORD of hosts, the God of Israel; Let not your prophets and your diviners, that *be* in the midst of you, deceive you, neither hearken to your dreams which ye cause to be dreamed.

9 For they prophesy falsely unto you in my name: I have not sent them, saith the LORD.

10 ¶ For thus saith the LORD, That after seventy years be accomplished at Babylon I will visit you, and perform my good word toward you, in causing you to return to this place.

11 For I know the thoughts that I think toward you, saith the LORD, thoughts of peace, and not of evil, to give you an expected end.

12 Then shall ye call upon me, and ye shall go and pray unto me, and I will hearken unto you.

13 And ye shall seek me, and find *me,* when ye shall search for me with all your heart.

14 And I will be found of you, saith the LORD: and I will turn away your captivity, and I will gather you from all the nations, and from all the places whither I have driven you, saith the LORD; and I will

חֲנַנְיָה֙ לְעֵינֵ֣י כָל־הָעָ֣ם לֵאמֹ֔ר כֹּ֚ה אָמַ֣ר יְהוָ֔ה כָּ֣כָה אֶשְׁבֹּ֗ר אֶת־עֹל֙

נְבֻכַדְנֶאצַּ֤ר מֶֽלֶךְ־בָּבֶל֙ בְּע֖וֹד שְׁנָתַ֣יִם יָמִ֑ים מֵעַ֕ל צַוַּ֖אר כָּל־הַגּוֹיִ֑ם

וַיֵּ֛לֶךְ יִרְמְיָ֥ה הַנָּבִ֖יא לְדַרְכּֽוֹ:

12 וַיְהִ֥י דְבַר־יְהוָ֖ה אֶֽל־יִרְמְיָ֑ה אַחֲרֵ֞י שְׁב֣וֹר חֲנַנְיָ֣ה הַנָּבִ֗יא אֶת־הַמּוֹטָ֔ה

13 מֵעַ֕ל צַוַּ֖אר יִרְמְיָ֣ה הַנָּבִ֑יא לֵאמֹֽר: הָל֞וֹךְ וְאָמַרְתָּ֣ אֶל־חֲנַנְיָ֣ה לֵאמֹ֔ר

כֹּ֚ה אָמַ֣ר יְהוָ֔ה מוֹטֹ֥ת עֵ֖ץ שָׁבָ֑רְתָּ וְעָשִׂ֥יתָ תַחְתֵּיהֶ֖ן מֹט֥וֹת בַּרְזֶֽל:

14 כִּ֣י כֹֽה־אָמַר֩ יְהוָ֨ה צְבָא֜וֹת אֱלֹהֵ֣י יִשְׂרָאֵ֗ל עֹ֣ל בַּרְזֶ֞ל נָתַ֗תִּי עַל־צַוַּ֣אר׀

כָּל־הַגּוֹיִ֣ם הָאֵ֔לֶּה לַעֲבֹ֖ד אֶת־נְבֻכַדְנֶאצַּ֣ר מֶֽלֶךְ־בָּבֶ֑ל וַעֲבָדֻ֑הוּ וְגַ֛ם

15 אֶת־חַיַּ֥ת הַשָּׂדֶ֖ה נָתַ֥תִּי לֽוֹ: וַיֹּ֨אמֶר יִרְמְיָ֤ה הַנָּבִיא֙ אֶל־חֲנַנְיָ֣ה הַנָּבִ֔יא

שְׁמַֽע־נָ֖א חֲנַנְיָ֑ה לֹא־שְׁלָחֲךָ֣ יְהוָ֔ה וְאַתָּ֗ה הִבְטַ֛חְתָּ אֶת־הָעָ֥ם הַזֶּ֖ה

16 עַל־שָֽׁקֶר: לָכֵ֗ן כֹּ֚ה אָמַ֣ר יְהוָ֔ה הִנְנִי֙ מְשַׁלֵּֽחֲךָ֔ מֵעַ֖ל פְּנֵ֣י הָאֲדָמָ֑ה

17 הַשָּׁנָה֙ אַתָּ֣ה מֵ֔ת כִּֽי־סָרָ֥ה דִבַּ֖רְתָּ אֶל־יְהוָֽה: וַיָּ֛מָת חֲנַנְיָ֥ה הַנָּבִ֖יא

בַּשָּׁנָ֣ה הַהִ֑יא בַּחֹ֖דֶשׁ הַשְּׁבִיעִֽי:

29 1 וְאֵ֨לֶּה֙ דִּבְרֵ֣י הַסֵּ֔פֶר אֲשֶׁ֥ר שָׁלַ֖ח יִרְמְיָ֣ה הַנָּבִ֑יא מִירוּשָׁלָ֑͏ִם אֶל־יֶ֜תֶר

זִקְנֵ֣י הַגּוֹלָ֗ה וְאֶל־הַכֹּהֲנִ֤ים וְאֶל־הַנְּבִיאִים֙ וְאֶל־כָּל־הָעָ֔ם אֲשֶׁ֛ר הֶגְלָ֥ה

2 נְבֽוּכַדְנֶאצַּ֖ר מִירוּשָׁלַ֣͏ִם בָּבֶֽלָה: אַחֲרֵ֣י צֵ֣את יְכָנְיָֽה־הַמֶּ֣לֶךְ וְהַגְּבִירָ֡ה

3 וְהַסָּרִיסִ֡ים שָׂרֵי֩ יְהוּדָ֨ה וִירוּשָׁלַ֜͏ִם וְהֶחָרָ֣שׁ וְהַמַּסְגֵּ֣ר מִירוּשָׁלָ֑͏ִם בְּיַ֣ד

אֶלְעָשָׂ֣ה בֶן־שָׁפָ֗ן וּגְמַרְיָ֖ה בֶּן־חִלְקִיָּ֑ה אֲשֶׁ֨ר שָׁלַ֜ח צִדְקִיָּ֧ה מֶֽלֶךְ־יְהוּדָ֛ה

4 אֶל־נְבוּכַדְנֶאצַּ֥ר מֶ֖לֶךְ בָּבֶ֑ל בָּבֶ֖לָה לֵאמֹֽר: כֹּ֥ה אָמַ֛ר יְהוָ֥ה

צְבָא֖וֹת אֱלֹהֵ֣י יִשְׂרָאֵ֑ל לְכָל־הַ֨גּוֹלָ֔ה אֲשֶׁר־הִגְלֵ֥יתִי מִירוּשָׁלַ֖͏ִם בָּבֶֽלָה:

5 בְּנ֥וּ בָתִּ֖ים וְשֵׁ֑בוּ וְנִטְע֣וּ גַנּ֔וֹת וְאִכְל֖וּ אֶת־פִּרְיָֽן: קְח֣וּ נָשִׁ֗ים וְהוֹלִ֜ידוּ

6 בָּנִ֣ים וּבָנ֗וֹת וּקְח֨וּ לִבְנֵיכֶ֤ם נָשִׁים֙ וְאֶת־בְּנֽוֹתֵיכֶ֔ם תְּנ֣וּ לַֽאֲנָשִׁ֔ים

7 וְתֵלַ֖דְנָה בָּנִ֣ים וּבָנ֑וֹת וּרְבוּ־שָׁ֖ם וְאַל־תִּמְעָֽטוּ: וְדִרְשׁ֞וּ אֶת־שְׁל֣וֹם

הָעִ֗יר אֲשֶׁ֨ר הִגְלֵ֤יתִי אֶתְכֶם֙ שָׁ֔מָּה וְהִתְפַּֽלְל֥וּ בַעֲדָ֖הּ אֶל־יְהוָ֑ה כִּ֣י

בִשְׁלוֹמָ֔הּ יִהְיֶ֥ה לָכֶ֖ם שָׁלֽוֹם:

8 כִּ֣י כֹה֩ אָמַ֨ר יְהוָ֤ה צְבָאוֹת֙ אֱלֹהֵ֣י יִשְׂרָאֵ֔ל אַל־יַשִּׁ֧יאוּ לָכֶ֛ם נְבִיאֵיכֶ֥ם

אֲשֶׁר־בְּקִרְבְּכֶ֖ם וְקֹֽסְמֵיכֶ֑ם וְאַל־תִּשְׁמְע֣וּ אֶל־חֲלֹמֹ֣תֵיכֶ֔ם אֲשֶׁ֥ר אַתֶּ֖ם

9 מַחְלְמִֽים: כִּ֣י בְשֶׁ֗קֶר הֵ֛ם נִבְּאִ֥ים לָכֶ֖ם בִּשְׁמִ֑י לֹ֥א שְׁלַחְתִּ֖ים נְאֻם־

10 יְהוָֽה: כִּֽי־כֹה֙ אָמַ֣ר יְהוָ֔ה כִּ֠י לְפִ֞י מְלֹ֧את לְבָבֶ֛ל שִׁבְעִ֥ים

שָׁנָ֖ה אֶפְקֹ֣ד אֶתְכֶ֑ם וַהֲקִמֹתִ֤י עֲלֵיכֶם֙ אֶת־דְּבָרִ֣י הַטּ֔וֹב לְהָשִׁ֥יב אֶתְכֶ֖ם

11 אֶל־הַמָּק֖וֹם הַזֶּֽה: כִּ֣י אָנֹכִ֞י יָדַ֣עְתִּי אֶת־הַמַּחֲשָׁבֹ֗ת אֲשֶׁ֧ר אָנֹכִ֛י חֹשֵׁ֥ב

עֲלֵיכֶ֖ם נְאֻם־יְהוָ֑ה מַחְשְׁב֤וֹת שָׁלוֹם֙ וְלֹ֣א לְרָעָ֔ה לָתֵ֥ת לָכֶ֖ם אַחֲרִ֥ית

12 וְתִקְוָֽה: וּקְרָאתֶ֤ם אֹתִי֙ וַהֲלַכְתֶּ֔ם וְהִתְפַּלַּלְתֶּ֖ם אֵלָ֑י וְשָׁמַעְתִּ֖י אֲלֵיכֶֽם:

13 וּבִקַּשְׁתֶּ֥ם אֹתִ֖י וּמְצָאתֶ֑ם כִּ֥י תִדְרְשֻׁ֖נִי בְּכָל־לְבַבְכֶֽם: וְנִמְצֵ֤אתִי לָכֶם֙

14 נְאֻם־יְהוָ֔ה וְשַׁבְתִּ֣י אֶת־שְׁבוּתְכֶ֗ם וְקִבַּצְתִּ֤י אֶתְכֶם֙ מִכָּל־הַגּוֹיִ֔ם וּמִכָּל־

שְׁבוּתְכֶ֖ם

bring you again into the place whence I caused you to be carried away captive.

15 ¶ Because ye have said, The LORD hath raised us up prophets in Babylon;

16 *Know* that thus saith the LORD of the king that sitteth upon the throne of David, and of all the people that dwelleth in this city, *and* of your brethren that are not gone forth with you into captivity;

17 Thus saith the LORD of hosts; Behold, I will send upon them the sword, the famine, and the pestilence, and will make them like vile figs, that cannot be eaten, they are so evil.

18 And I will persecute them with the sword, with the famine, and with the pestilence, and will deliver them to be removed to all the kingdoms of the earth, to be a curse, and an astonishment, and an hissing, and a reproach, among all the nations whither I have driven them:

19 Because they have not hearkened to my words, saith the LORD, which I sent unto them by my servants the prophets, rising up early and sending *them;* but ye would not hear, saith the LORD.

20 ¶ Hear ye therefore the word of the LORD, all ye of the captivity, whom I have sent from Jerusalem to Babylon:

21 Thus saith the LORD of hosts, the God of Israel, of Ahab the son of Kolaiah, and of Zedekiah the son of Maaseiah, which prophesy a lie unto you in my name; Behold, I will deliver them into the hand of Nebuchadrezzar king of Babylon; and he shall slay them before your eyes;

22 And of them shall be taken up a curse by all the captivity of Judah which *are* in Babylon, saying, The LORD make thee like Zedekiah and like Ahab, whom the king of Babylon roasted in the fire;

23 Because they have committed villany in Israel, and have committed adultery with their neighbours' wives, and have spoken lying words in my name, which I have not commanded them; even I know, and *am* a witness, saith the LORD.

24 ¶ *Thus* shalt thou also speak to Shemaiah the Nehelamite, saying,

25 Thus speaketh the LORD of hosts, the God of Israel, saying, Because thou hast sent letters in thy name unto all the people that *are* at Jerusalem, and to Zephaniah the son of Maaseiah the priest, and to all the priests, saying,

26 The LORD hath made thee priest in the stead of Jehoiada the priest, that ye should be officers in the house of the LORD, for every man *that is* mad, and maketh himself a prophet, that thou shouldest put him in prison, and in the stocks.

27 Now therefore why hast thou not reproved Jeremiah of Anathoth, which maketh himself a prophet to you?

28 For therefore he sent unto us *in* Babylon, saying, This *captivity is* long: build ye houses, and dwell *in them;* and plant gardens, and eat the fruit of them.

29 And Zephaniah the priest read this letter in the ears of Jeremiah the prophet.

30 ¶ Then came the word of the LORD unto Jeremiah, saying,

31 Send to all them of the captivity, saying, Thus saith the LORD concerning Shemaiah the Nehelamite; Because that Shemaiah hath prophesied unto you, and I sent him not, and he caused you to trust in a lie:

32 Therefore thus saith the LORD; Behold, I will punish Shemaiah the Nehelamite, and his seed: he shall not have a man to dwell among this people; neither shall he behold the good that I will do for my people, saith the LORD; because he hath taught rebellion against the LORD.

CHAPTER 30

1 The word that came to Jeremiah from the LORD, saying,

2 Thus speaketh the LORD God of Israel, saying, Write thee all the words that I have spoken unto thee in a book.

3 For, lo, the days come, saith the LORD, that I will bring again the captivity of my people Israel and Judah, saith the LORD: and I will cause them to return to the land

הַמְּקוֹמוֹת אֲשֶׁר הִדַּחְתִּי אֶתְכֶם שָׁם נְאֻם־יְהוָה וַהֲשִׁבֹתִי אֶתְכֶם

15 אֶל־הַמָּקוֹם אֲשֶׁר־הִגְלֵיתִי אֶתְכֶם מִשָּׁם: כִּי אֲמַרְתֶּם הֵקִים לָנוּ יְהוָה

16 נְבִאִים בְּבָבֶלָה: כִּי־כֹה ׀ אָמַר יְהוָה אֶל־הַמֶּלֶךְ הַיּוֹשֵׁב אֶל־

כִּסֵּא דָוִד וְאֶל־כָּל־הָעָם הַיּוֹשֵׁב בָּעִיר הַזֹּאת אֲחֵיכֶם אֲשֶׁר לֹא־יָצְאוּ

17 אִתְּכֶם בַּגּוֹלָה: כֹּה אָמַר יְהוָה צְבָאוֹת הִנְנִי מְשַׁלֵּחַ בָּם אֶת־הַחֶרֶב

אֶת־הָרָעָב וְאֶת־הַדָּבֶר וְנָתַתִּי אוֹתָם כַּתְּאֵנִים הַשֹּׁעָרִים אֲשֶׁר לֹא־

18 תֵאָכַלְנָה מֵרֹעַ: וְרָדַפְתִּי אַחֲרֵיהֶם בַּחֶרֶב בָּרָעָב וּבַדָּבֶר וּנְתַתִּים

לְזַעֲוָה   לְזֹועָה לְכֹל ׀ מַמְלְכוֹת הָאָרֶץ לְאָלָה וּלְשַׁמָּה וְלִשְׁרֵקָה וּלְחֶרְפָּה

19 בְּכָל־הַגּוֹיִם אֲשֶׁר־הִדַּחְתִּים שָׁם: תַּחַת אֲשֶׁר־לֹא־שָׁמְעוּ אֶל־דְּבָרַי

נְאֻם־יְהוָה אֲשֶׁר שָׁלַחְתִּי אֲלֵיהֶם אֶת־עֲבָדַי הַנְּבִאִים הַשְׁכֵּם וְשָׁלֹחַ

20 וְלֹא שְׁמַעְתֶּם נְאֻם־יְהוָה: וְאַתֶּם שִׁמְעוּ דְבַר־יְהוָה כָּל־הַגּוֹלָה אֲשֶׁר־

21 שִׁלַּחְתִּי מִירוּשָׁלַם בָּבֶלָה: כֹּה־אָמַר יְהוָה צְבָאוֹת אֱלֹהֵי

יִשְׂרָאֵל אֶל־אַחְאָב בֶּן־קוֹלָיָה וְאֶל־צִדְקִיָּהוּ בֶן־מַעֲשֵׂיָה הַנִּבְּאִים לָכֶם

בִּשְׁמִי שָׁקֶר הִנְנִי ׀ נֹתֵן אֹתָם בְּיַד נְבוּכַדְרֶאצַּר מֶלֶךְ־בָּבֶל וְהִכָּם

22 לְעֵינֵיכֶם: וְלֻקַּח מֵהֶם קְלָלָה לְכֹל גָּלוּת יְהוּדָה אֲשֶׁר בְּבָבֶל לֵאמֹר

23 יְשִׂמְךָ יְהוָה כְּצִדְקִיָּהוּ וּכְאֶחָב אֲשֶׁר־קָלָם מֶלֶךְ־בָּבֶל בָּאֵשׁ: יַעַן אֲשֶׁר

עָשׂוּ נְבָלָה בְּיִשְׂרָאֵל וַיְנַאֲפוּ אֶת־נְשֵׁי רֵעֵיהֶם וַיְדַבְּרוּ דָבָר בִּשְׁמִי

24 שֶׁקֶר אֲשֶׁר לוֹא צִוִּיתִם וְאָנֹכִי הוידע הַיֹּודֵעַ וָעֵד נְאֻם־יְהוָה: וְאֶל־

25 שְׁמַעְיָהוּ הַנֶּחֱלָמִי תֹּאמַר לֵאמֹר: כֹּה־אָמַר יְהוָה צְבָאוֹת אֱלֹהֵי

יִשְׂרָאֵל לֵאמֹר יַעַן אֲשֶׁר אַתָּה שָׁלַחְתָּ בְשִׁמְכָה סְפָרִים אֶל־כָּל־הָעָם

אֲשֶׁר בִּירוּשָׁלַם וְאֶל־צְפַנְיָה בֶן־מַעֲשֵׂיָה הַכֹּהֵן וְאֶל כָּל־הַכֹּהֲנִים

26 לֵאמֹר: יְהוָה נְתָנְךָ כֹהֵן תַּחַת יְהוֹיָדָע הַכֹּהֵן לִהְיוֹת פְּקִדִים בֵּית

יְהוָה לְכָל־אִישׁ מְשֻׁגָּע וּמִתְנַבֵּא וְנָתַתָּה אֹתוֹ אֶל־הַמַּהְפֶּכֶת וְאֶל־

27 הַצִּינֹק: וְעַתָּה לָמָּה לֹא גָעַרְתָּ בְּיִרְמְיָהוּ הָעֲנְתֹתִי הַמִּתְנַבֵּא לָכֶם: 27א

28 כִּי עַל־כֵּן שָׁלַח אֵלֵינוּ בָּבֶל לֵאמֹר אֲרֻכָּה הִיא בְּנוּ בָתִּים וְשֵׁבוּ

29 וְנִטְעוּ גַנּוֹת וְאִכְלוּ אֶת־פְּרִיהֶן: וַיִּקְרָא צְפַנְיָה הַכֹּהֵן אֶת־הַסֵּפֶר הַזֶּה

בְּאָזְנֵי יִרְמְיָהוּ הַנָּבִיא:

30 וַיְהִי דְּבַר־יְהוָה אֶל־יִרְמְיָהוּ לֵאמֹר: שְׁלַח עַל־כָּל־הַגּוֹלָה לֵאמֹר כֹּה
31 אָמַר יְהוָה אֶל־שְׁמַעְיָה הַנֶּחֱלָמִי יַעַן אֲשֶׁר נִבָּא לָכֶם שְׁמַעְיָה וַאֲנִי

32 לֹא שְׁלַחְתִּיו וַיַּבְטַח אֶתְכֶם עַל־שָׁקֶר: לָכֵן כֹּה־אָמַר יְהוָה הִנְנִי פֹקֵד

עַל־שְׁמַעְיָה הַנֶּחֱלָמִי וְעַל־זַרְעוֹ לֹא־יִהְיֶה לוֹ אִישׁ ׀ יוֹשֵׁב ׀ בְּתוֹךְ־הָעָם

הַזֶּה וְלֹא־יִרְאֶה בַטּוֹב אֲשֶׁר־אֲנִי עֹשֶׂה־לְעַמִּי נְאֻם־יְהוָה כִּי־סָרָה

30 1 דִבֶּר עַל־יְהוָה: הַדָּבָר אֲשֶׁר הָיָה אֶל־יִרְמְיָהוּ מֵאֵת יְהוָה

2 לֵאמֹר: כֹּה־אָמַר יְהוָה אֱלֹהֵי יִשְׂרָאֵל לֵאמֹר כְּתָב־לְךָ אֵת כָּל־

3 הַדְּבָרִים אֲשֶׁר־דִּבַּרְתִּי אֵלֶיךָ אֶל־סֵפֶר: כִּי הִנֵּה יָמִים בָּאִים נְאֻם־

that I gave to their fathers, and they shall possess it.

4 ¶ And these *are* the words that the LORD spake concerning Israel and concerning Judah.

5 For thus saith the LORD; We have heard a voice of trembling, of fear, and not of peace.

6 Ask ye now, and see whether a man doth travail with child? wherefore do I see every man with his hands on his loins, as a woman in travail, and all faces are turned into paleness?

7 Alas! for that day *is* great, so that none *is* like it: it *is* even the time of Jacob's trouble; but he shall be saved out of it.

8 For it shall come to pass in that day, saith the LORD of hosts, *that* I will break his yoke from off thy neck, and will burst thy bonds, and strangers shall no more serve themselves of him:

9 But they shall serve the LORD their God, and David their king, whom I will raise up unto them.

10 ¶ Therefore fear thou not, O my servant Jacob, saith the LORD; neither be dismayed, O Israel: for, lo, I will save thee from afar, and thy seed from the land of their captivity; and Jacob shall return, and shall be in rest, and be quiet, and none shall make *him* afraid.

11 For I *am* with thee, saith the LORD, to save thee: though I make a full end of all nations whither I have scattered thee, yet will I not make a full end of thee: but I will correct thee in measure, and will not leave thee altogether unpunished.

12 For thus saith the LORD, Thy bruise *is* incurable, *and* thy wound *is* grievous.

13 *There is* none to plead thy cause, that thou mayest be bound up: thou hast no healing medicines.

14 All thy lovers have forgotten thee; they seek thee not; for I have wounded thee with the wound of an enemy, with the chastisement of a cruel one, for the multitude of thine iniquity; *because* thy sins were increased.

15 Why criest thou for thine affliction? thy sorrow *is* incurable for the multitude of thine iniquity: *because* thy sins were increased, I have done these things unto thee.

16 Therefore all they that devour thee shall be devoured; and all thine adversaries, every one of them, shall go into captivity; and they that spoil thee shall be a spoil, and all that prey upon thee will I give for a prey.

17 For I will restore health unto thee, and I will heal thee of thy wounds, saith the LORD; because they called thee an Outcast, *saying*, This *is* Zion, whom no man seeketh after.

18 ¶ Thus saith the LORD; Behold, I will bring again the captivity of Jacob's tents, and have mercy on his dwellingplaces; and the city shall be builded upon her own heap, and the palace shall remain after the manner thereof.

19 And out of them shall proceed thanksgiving and the voice of them that make merry: and I will multiply them, and they shall not be few; I will also glorify them, and they shall not be small.

20 Their children also shall be as aforetime, and their congregation shall be established before me, and I will punish all that oppress them.

21 And their nobles shall be of themselves, and their governor shall proceed from the midst of them; and I will cause him to draw near, and he shall approach unto me: for who *is* this that engaged his heart to approach unto me? saith the LORD.

22 And ye shall be my people, and I will be your God.

23 Behold, the whirlwind of the LORD goeth forth with fury, a continuing whirlwind: it shall fall with pain upon the head of the wicked.

24 The fierce anger of the LORD shall not return, until he have done *it*, and until he have performed the intents of his heart: in the latter days ye shall consider it.

CHAPTER 31

1[30:25] At the same time, saith the LORD, will I be the God of all the families of Israel, and they shall be my people.

2[1] Thus saith the LORD, The people

יְהוָה וְשַׁבְתִּי אֶת־שְׁבוּת עַמִּי יִשְׂרָאֵל וִיהוּדָה אָמַר יְהוָה וַהֲשִׁבֹתִים
אֶל־הָאָרֶץ אֲשֶׁר־נָתַתִּי לַאֲבוֹתָם וִירֵשׁוּהָ:

4 וְאֵלֶּה הַדְּבָרִים אֲשֶׁר דִּבֶּר יְהוָה אֶל־יִשְׂרָאֵל וְאֶל־יְהוּדָה: כִּי־כֹה
5
6 אָמַר יְהוָה קוֹל חֲרָדָה שָׁמָעְנוּ פַּחַד וְאֵין שָׁלוֹם: שַׁאֲלוּ־נָא וּרְאוּ
אִם־יֹלֵד זָכָר מַדּוּעַ רָאִיתִי כָל־גֶּבֶר יָדָיו עַל־חֲלָצָיו כַּיּוֹלֵדָה וְנֶהֶפְכוּ
7 כָל־פָּנִים לְיֵרָקוֹן: הוֹי כִּי גָדוֹל הַיּוֹם הַהוּא מֵאַיִן כָּמֹהוּ וְעֵת־צָרָה
8 הִיא לְיַעֲקֹב וּמִמֶּנָּה יִוָּשֵׁעַ: וְהָיָה בַיּוֹם הַהוּא נְאֻם יְהוָה צְבָאוֹת
אֶשְׁבֹּר עֻלּוֹ מֵעַל צַוָּארֶךָ וּמוֹסְרוֹתֶיךָ אֲנַתֵּק וְלֹא־יַעַבְדוּ־בוֹ עוֹד
9 זָרִים: וְעָבְדוּ אֵת יְהוָה אֱלֹהֵיהֶם וְאֵת דָּוִד מַלְכָּם אֲשֶׁר אָקִים
10 לָהֶם: וְאַתָּה אַל־תִּירָא עַבְדִּי יַעֲקֹב נְאֻם־יְהוָה וְאַל־תֵּחַת
יִשְׂרָאֵל כִּי הִנְנִי מוֹשִׁיעֲךָ מֵרָחוֹק וְאֶת־זַרְעֲךָ מֵאֶרֶץ שִׁבְיָם וְשָׁב
11 יַעֲקֹב וְשָׁקַט וְשַׁאֲנַן וְאֵין מַחֲרִיד: כִּי־אִתְּךָ אֲנִי נְאֻם־יְהוָה לְהוֹשִׁיעֶךָ
כִּי אֶעֱשֶׂה כָלָה בְּכָל־הַגּוֹיִם אֲשֶׁר הֲפִצוֹתִיךָ שָּׁם אַךְ אֹתְךָ לֹא־
אֶעֱשֶׂה כָלָה וְיִסַּרְתִּיךָ לַמִּשְׁפָּט וְנַקֵּה לֹא אֲנַקֶּךָּ:

12 כִּי כֹה אָמַר יְהוָה אָנוּשׁ לְשִׁבְרֵךְ נַחְלָה מַכָּתֵךְ: אֵין־דָּן דִּינֵךְ לְמָזוֹר
13
14 רְפֻאוֹת תְּעָלָה אֵין לָךְ: כָּל־מְאַהֲבַיִךְ שְׁכֵחוּךְ אוֹתָךְ לֹא יִדְרֹשׁוּ כִּי
מַכַּת אוֹיֵב הִכִּיתִיךְ מוּסַר אַכְזָרִי עַל רֹב עֲוֹנֵךְ עָצְמוּ חַטֹּאתָיִךְ:
15 מַה־תִּזְעַק עַל־שִׁבְרֵךְ אָנוּשׁ מַכְאֹבֵךְ עַל רֹב עֲוֹנֵךְ עָצְמוּ חַטֹּאתַיִךְ
16 עָשִׂיתִי אֵלֶּה לָךְ: לָכֵן כָּל־אֹכְלַיִךְ יֵאָכֵלוּ וְכָל־צָרַיִךְ כֻּלָּם בַּשְּׁבִי יֵלֵכוּ
17 וְהָיוּ שֹׁאסַיִךְ לִמְשִׁסָּה וְכָל־בֹּזְזַיִךְ אֶתֵּן לָבַז: כִּי אַעֲלֶה אֲרֻכָה לָךְ
וּמִמַּכּוֹתַיִךְ אֶרְפָּאֵךְ נְאֻם־יְהוָה כִּי נִדָּחָה קָרְאוּ לָךְ צִיּוֹן הִיא דֹּרֵשׁ
18 אֵין לָהּ: כֹּה אָמַר יְהוָה הִנְנִי־שָׁב שְׁבוּת אָהֳלֵי יַעֲקוֹב
וּמִשְׁכְּנֹתָיו אֲרַחֵם וְנִבְנְתָה עִיר עַל־תִּלָּהּ וְאַרְמוֹן עַל־מִשְׁפָּטוֹ יֵשֵׁב:
19 וְיָצָא מֵהֶם תּוֹדָה וְקוֹל מְשַׂחֲקִים וְהִרְבִּתִים וְלֹא יִמְעָטוּ וְהִכְבַּדְתִּים
20 וְלֹא יִצְעָרוּ: וְהָיוּ בָנָיו כְּקֶדֶם וַעֲדָתוֹ לְפָנַי תִּכּוֹן וּפָקַדְתִּי עַל כָּל־
21 לֹחֲצָיו: וְהָיָה אַדִּירוֹ מִמֶּנּוּ וּמֹשְׁלוֹ מִקִּרְבּוֹ יֵצֵא וְהִקְרַבְתִּיו וְנִגַּשׁ אֵלַי
22 כִּי מִי הוּא־זֶה עָרַב אֶת־לִבּוֹ לָגֶשֶׁת אֵלַי נְאֻם־יְהוָה: וִהְיִיתֶם לִי
23 לְעָם וְאָנֹכִי אֶהְיֶה לָכֶם לֵאלֹהִים: הִנֵּה סַעֲרַת יְהוָה
24 חֵמָה יָצְאָה סַעַר מִתְגּוֹרֵר עַל רֹאשׁ רְשָׁעִים יָחוּל: לֹא יָשׁוּב חֲרוֹן
אַף־יְהוָה עַד־עֲשֹׂתוֹ וְעַד־הֲקִימוֹ מְזִמּוֹת לִבּוֹ בְּאַחֲרִית הַיָּמִים
25 תִּתְבּוֹנְנוּ בָהּ: בָּעֵת הַהִיא נְאֻם־יְהוָה אֶהְיֶה לֵאלֹהִים לְכֹל מִשְׁפְּחוֹת
31 1 יִשְׂרָאֵל וְהֵמָּה יִהְיוּ־לִי לְעָם: כֹּה אָמַר יְהוָה מָצָא חֵן

which were left of the sword found grace in the wilderness; *even* Israel, when I went to cause him to rest.

3[2] The LORD hath appeared of old unto me, *saying,* Yea, I have loved thee with an everlasting love: therefore with lovingkindness have I drawn thee.

4[3] Again I will build thee, and thou shalt be built, O virgin of Israel: thou shalt again be adorned with thy tabrets, and shalt go forth in the dances of them that make merry.

5[4] Thou shalt yet plant vines upon the mountains of Samaria: the planters shall plant, and shall eat *them* as common things.

6[5] For there shall be a day, *that* the watchmen upon the mount Ephraim shall cry, Arise ye, and let us go up to Zion unto the LORD our God.

7[6] For thus saith the LORD; Sing with gladness for Jacob, and shout among the chief of the nations: publish ye, praise ye, and say, O LORD, save thy people, the remnant of Israel.

8[7] Behold, I will bring them from the north country, and gather them from the coasts of the earth, *and* with them the blind and the lame, the woman with child and her that travaileth with child together: a great company shall return thither.

9[8] They shall come with weeping, and with supplications will I lead them: I will cause them to walk by the rivers of waters in a straight way, wherein they shall not stumble: for I am a father to Israel, and Ephraim *is* my firstborn.

10[9] ¶ Hear the word of the LORD, O ye nations, and declare *it* in the isles afar off, and say, He that scattered Israel will gather him, and keep him, as a shepherd *doth* his flock.

11[10] For the LORD hath redeemed Jacob, and ransomed him from the hand of *him that was* stronger than he.

12[11] Therefore they shall come and sing in the height of Zion, and shall flow together to the goodness of the LORD, for wheat, and for wine, and for oil, and for the young of the flock and of the herd: and their soul shall be as a watered garden; and they shall not sorrow any more at all.

13[12] Then shall the virgin rejoice in the dance, both young men and old together: for I will turn their mourning into joy, and will comfort them, and make them rejoice from their sorrow.

14[13] And I will satiate the soul of the priests with fatness, and my people shall be satisfied with my goodness, saith the LORD.

15[14] ¶ Thus saith the LORD; A voice was heard in Ramah, lamentation, *and* bitter weeping; Rahel weeping for her children refused to be comforted for her children, because they *were* not.

16[15] Thus saith the LORD; Refrain thy voice from weeping, and thine eyes from tears: for thy work shall be rewarded, saith the LORD; and they shall come again from the land of the enemy.

17[16] And there is hope in thine end, saith the LORD, that thy children shall come again to their own border.

18[17] ¶ I have surely heard Ephraim bemoaning himself *thus;* Thou hast chastised me, and I was chastised, as a bullock unaccustomed *to the yoke:* turn thou me, and I shall be turned; for thou *art* the LORD my God.

19[18] Surely after that I was turned, I repented; and after that I was instructed, I smote upon *my* thigh: I was ashamed, yea, even confounded, because I did bear the reproach of my youth.

20[19] *Is* Ephraim my dear son? *is he* a pleasant child? for since I spake against him, I do earnestly remember him still: therefore my bowels are troubled for him; I will surely have mercy upon him, saith the LORD.

21[20] Set thee up waymarks, make thee high heaps: set thine heart toward the highway, *even* the way *which* thou wentest: turn again, O virgin of Israel, turn again to these thy cities.

22[21] ¶ How long wilt thou go about, O thou backsliding daughter? for the LORD hath created a new thing in the earth, A woman shall compass a man.

23[22] Thus saith the LORD of hosts, the God of Israel; As yet they shall use this speech in the land of Judah and in the cities thereof, when I shall bring again their

בַּמִּדְבָּר עַם שְׂרִידֵי חָרֶב הָלוֹךְ לְהַרְגִּיעוֹ יִשְׂרָאֵל: מֵרָחוֹק יְהוָה 2

נִרְאָה לִי וְאַהֲבַת עוֹלָם אֲהַבְתִּיךְ עַל־כֵּן מְשַׁכְתִּיךְ חָסֶד: עוֹד אֶבְנֵךְ 3 3A
וְנִבְנֵית בְּתוּלַת יִשְׂרָאֵל עוֹד תַּעְדִּי תֻפַּיִךְ וְיָצָאת בִּמְחוֹל מְשַׂחֲקִים:

עוֹד תִּטְּעִי כְרָמִים בְּהָרֵי שֹׁמְרוֹן נָטְעוּ נֹטְעִים וְחִלֵּלוּ: כִּי יֶשׁ־ 4
יוֹם קָרְאוּ נֹצְרִים בְּהַר אֶפְרָיִם קוּמוּ וְנַעֲלֶה צִיּוֹן אֶל־יְהוָה 5
אֱלֹהֵינוּ:

כִּי־כֹה ׀ אָמַר יְהוָה רָנּוּ לְיַעֲקֹב שִׂמְחָה וְצַהֲלוּ בְּרֹאשׁ הַגּוֹיִם הַשְׁמִיעוּ 6
הַלְלוּ וְאִמְרוּ הוֹשַׁע יְהוָה אֶת־עַמְּךָ אֵת שְׁאֵרִית יִשְׂרָאֵל: הִנְנִי מֵבִיא 7
אוֹתָם מֵאֶרֶץ צָפוֹן וְקִבַּצְתִּים מִיַּרְכְּתֵי־אָרֶץ בָּם עִוֵּר וּפִסֵּחַ הָרָה
וְיֹלֶדֶת יַחְדָּו קָהָל גָּדוֹל יָשׁוּבוּ הֵנָּה: בִּבְכִי יָבֹאוּ וּבְתַחֲנוּנִים אוֹבִילֵם 8
אוֹלִיכֵם אֶל־נַחֲלֵי מַיִם בְּדֶרֶךְ יָשָׁר לֹא יִכָּשְׁלוּ בָּהּ כִּי־הָיִיתִי לְיִשְׂרָאֵל
לְאָב וְאֶפְרַיִם בְּכֹרִי הוּא: שִׁמְעוּ דְבַר־יְהוָה גּוֹיִם וְהַגִּידוּ 9
בָאִיִּים מִמֶּרְחָק וְאִמְרוּ מְזָרֵה יִשְׂרָאֵל יְקַבְּצֶנּוּ וּשְׁמָרוֹ כְּרֹעֶה עֶדְרוֹ:
כִּי־פָדָה יְהוָה אֶת־יַעֲקֹב וּגְאָלוֹ מִיַּד חָזָק מִמֶּנּוּ: וּבָאוּ וְרִנְּנוּ בִמְרוֹם־ 10 11
צִיּוֹן וְנָהֲרוּ אֶל־טוּב יְהוָה עַל־דָּגָן וְעַל־תִּירֹשׁ וְעַל־יִצְהָר וְעַל־בְּנֵי־
צֹאן וּבָקָר וְהָיְתָה נַפְשָׁם כְּגַן רָוֶה וְלֹא־יוֹסִיפוּ לְדַאֲבָה עוֹד: אָז 12
תִּשְׂמַח בְּתוּלָה בְּמָחוֹל וּבַחֻרִים וּזְקֵנִים יַחְדָּו וְהָפַכְתִּי אֶבְלָם לְשָׂשׂוֹן
וְנִחַמְתִּים וְשִׂמַּחְתִּים מִיגוֹנָם: וְרִוֵּיתִי נֶפֶשׁ הַכֹּהֲנִים דֶּשֶׁן וְעַמִּי אֶת־ 13
טוּבִי יִשְׂבָּעוּ נְאֻם־יְהוָה: כֹּה ׀ אָמַר יְהוָה קוֹל בְּרָמָה 14
נִשְׁמָע נְהִי בְּכִי תַמְרוּרִים רָחֵל מְבַכָּה עַל־בָּנֶיהָ מֵאֲנָה לְהִנָּחֵם עַל־
בָּנֶיהָ כִּי אֵינֶנּוּ:   כֹּה ׀ אָמַר יְהוָה מִנְעִי קוֹלֵךְ מִבֶּכִי וְעֵינַיִךְ 15
מִדִּמְעָה כִּי יֵשׁ שָׂכָר לִפְעֻלָּתֵךְ נְאֻם־יְהוָה וְשָׁבוּ מֵאֶרֶץ אוֹיֵב: וְיֵשׁ־ 16
תִּקְוָה לְאַחֲרִיתֵךְ נְאֻם־יְהוָה וְשָׁבוּ בָנִים לִגְבוּלָם: שָׁמוֹעַ 17
שָׁמַעְתִּי אֶפְרַיִם מִתְנוֹדֵד יִסַּרְתַּנִי וָאִוָּסֵר כְּעֵגֶל לֹא לֻמָּד הֲשִׁיבֵנִי
וְאָשׁוּבָה כִּי אַתָּה יְהוָה אֱלֹהָי: כִּי־אַחֲרֵי שׁוּבִי נִחַמְתִּי וְאַחֲרֵי הִוָּדְעִי 18
סָפַקְתִּי עַל־יָרֵךְ בֹּשְׁתִּי וְגַם־נִכְלַמְתִּי כִּי נָשָׂאתִי חֶרְפַּת נְעוּרָי: הֲבֵן 19
יַקִּיר לִי אֶפְרַיִם אִם יֶלֶד שַׁעֲשֻׁעִים כִּי־מִדֵּי דַבְּרִי בּוֹ זָכֹר אֶזְכְּרֶנּוּ
עוֹד עַל־כֵּן הָמוּ מֵעַי לוֹ רַחֵם אֲרַחֲמֶנּוּ נְאֻם־יְהוָה: הַצִּיבִי 20
לָךְ צִיֻּנִים שִׂמִי לָךְ תַּמְרוּרִים שִׁתִי לִבֵּךְ לַמְסִלָּה דֶּרֶךְ הָלָכְתְּ   הָלֵכְתְּ
שׁוּבִי בְּתוּלַת יִשְׂרָאֵל שֻׁבִי אֶל־עָרַיִךְ אֵלֶּה: עַד־מָתַי תִּתְחַמָּקִין 21
הַבַּת הַשּׁוֹבֵבָה כִּי־בָרָא יְהוָה חֲדָשָׁה בָּאָרֶץ נְקֵבָה תְּסוֹבֵב
גָּבֶר: כֹּה־אָמַר יְהוָה צְבָאוֹת אֱלֹהֵי יִשְׂרָאֵל עוֹד יֹאמְרוּ 22
אֶת־הַדָּבָר הַזֶּה בְּאֶרֶץ יְהוּדָה וּבְעָרָיו בְּשׁוּבִי אֶת־שְׁבוּתָם יְבָרֶכְךָ

captivity; The LORD bless thee, O habitation of justice, *and* mountain of holiness.

24[23] And there shall dwell in Judah itself, and in all the cities thereof together, husbandmen, and they *that* go forth with flocks.

25[24] For I have satiated the weary soul, and I have replenished every sorrowful soul.

26[25] Upon this I awaked, and beheld; and my sleep was sweet unto me.

27[26] ¶ Behold, the days come, saith the LORD, that I will sow the house of Israel and the house of Judah with the seed of man, and with the seed of beast.

28[27] And it shall come to pass, *that* like as I have watched over them, to pluck up, and to break down, and to throw down, and to destroy, and to afflict; so will I watch over them, to build, and to plant, saith the LORD.

29[28] In those days they shall say no more, The fathers have eaten a sour grape, and the children's teeth are set on edge.

30[29] But every one shall die for his own iniquity: every man that eateth the sour grape, his teeth shall be set on edge.

31[30] ¶ Behold, the days come, saith the LORD, that I will make a new covenant with the house of Israel, and with the house of Judah:

32[31] Not according to the covenant that I made with their fathers in the day *that* I took them by the hand to bring them out of the land of Egypt; which my covenant they brake, although I was an husband unto them, saith the LORD:

33[32] But this *shall be* the covenant that I will make with the house of Israel; After those days, saith the LORD, I will put my law in their inward parts, and write it in their hearts; and will be their God, and they shall be my people.

34[33] And they shall teach no more every man his neighbour, and every man his brother, saying, Know the LORD: for they shall all know me, from the least of them unto the greatest of them, saith the LORD: for I will forgive their iniquity, and I will remember their sin no more.

35[34] ¶ Thus saith the LORD, which giveth the sun for a light by day, *and* the

ordinances of the moon and of the stars for a light by night, which divideth the sea when the waves thereof roar; The LORD of hosts *is* his name:

36[35] If those ordinances depart from before me, saith the LORD, *then* the seed of Israel also shall cease from being a nation before me for ever.

37[36] Thus saith the LORD; If heaven above can be measured, and the foundations of the earth searched out beneath, I will also cast off all the seed of Israel for all that they have done, saith the LORD.

38[37] ¶ Behold, the days come, saith the LORD, that the city shall be built to the LORD from the tower of Hananeel unto the gate of the corner.

39[38] And the measuring line shall yet go forth over against it upon the hill Gareb, and shall compass about to Goath.

40[39] And the whole valley of the dead bodies, and of the ashes, and all the fields unto the brook of Kidron, unto the corner of the horse gate toward the east, *shall be* holy unto the LORD; it shall not be plucked up, nor thrown down any more for ever.

CHAPTER 32

1 The word that came to Jeremiah from the LORD in the tenth year of Zedekiah king of Judah, which *was* the eighteenth year of Nebuchadrezzar.

2 For then the king of Babylon's army besieged Jerusalem: and Jeremiah the prophet was shut up in the court of the prison, which *was* in the king of Judah's house.

3 For Zedekiah king of Judah had shut him up, saying, Wherefore dost thou prophesy, and say, Thus saith the LORD, Behold, I will give this city into the hand of the king of Babylon, and he shall take it;

4 And Zedekiah king of Judah shall not escape out of the hand of the Chaldeans, but shall surely be delivered into the hand of the king of Babylon, and shall speak with him mouth to mouth, and his eyes shall behold his eyes;

5 And he shall lead Zedekiah to Babylon, and there shall he be until I visit him, saith

‏23 יְהוָה נְוֵה־צֶדֶק הַר הַקֹּדֶשׁ: וְיָשְׁבוּ בָהּ יְהוּדָה וְכָל־עָרָיו יַחְדָּו אִכָּרִים

‏24 וְנָסְעוּ בַּעֵדֶר: כִּי הִרְוֵיתִי נֶפֶשׁ עֲיֵפָה וְכָל־נֶפֶשׁ דָּאֲבָה מִלֵּאתִי: עַל־
‏25

‏26 זֹאת הֱקִיצֹתִי וָאֶרְאֶה וּשְׁנָתִי עָרְבָה לִּי: הִנֵּה יָמִים בָּאִים

נְאֻם־יְהוָה וְזָרַעְתִּי אֶת־בֵּית יִשְׂרָאֵל וְאֶת־בֵּית יְהוּדָה זֶרַע אָדָם וְזֶרַע

‏27 בְּהֵמָה: וְהָיָה כַּאֲשֶׁר שָׁקַדְתִּי עֲלֵיהֶם לִנְתוֹשׁ וְלִנְתוֹץ וְלַהֲרֹס

וּלְהַאֲבִיד וּלְהָרֵעַ כֵּן אֶשְׁקֹד עֲלֵיהֶם לִבְנוֹת וְלִנְטוֹעַ נְאֻם־יְהוָה:

‏28 בַּיָּמִים הָהֵם לֹא־יֹאמְרוּ עוֹד אָבוֹת אָכְלוּ בֹסֶר וְשִׁנֵּי בָנִים תִּקְהֶינָה:

‏29 כִּי אִם־אִישׁ בַּעֲוֹנוֹ יָמוּת כָּל־הָאָדָם הָאֹכֵל הַבֹּסֶר תִּקְהֶינָה

‏30 שִׁנָּיו: הִנֵּה יָמִים בָּאִים נְאֻם־יְהוָה וְכָרַתִּי אֶת־בֵּית

‏31 יִשְׂרָאֵל וְאֶת־בֵּית יְהוּדָה בְּרִית חֲדָשָׁה: לֹא כַבְּרִית אֲשֶׁר כָּרַתִּי

אֶת־אֲבוֹתָם בְּיוֹם הֶחֱזִיקִי בְיָדָם לְהוֹצִיאָם מֵאֶרֶץ מִצְרָיִם אֲשֶׁר־הֵמָּה

‏32 הֵפֵרוּ אֶת־בְּרִיתִי וְאָנֹכִי בָּעַלְתִּי בָם נְאֻם־יְהוָה: כִּי זֹאת הַבְּרִית

אֲשֶׁר אֶכְרֹת אֶת־בֵּית יִשְׂרָאֵל אַחֲרֵי הַיָּמִים הָהֵם נְאֻם־יְהוָה נָתַתִּי

אֶת־תּוֹרָתִי בְּקִרְבָּם וְעַל־לִבָּם אֶכְתֲּבֶנָּה וְהָיִיתִי לָהֶם לֵאלֹהִים וְהֵמָּה

‏33 יִהְיוּ־לִי לְעָם: וְלֹא יְלַמְּדוּ עוֹד אִישׁ אֶת־רֵעֵהוּ וְאִישׁ אֶת־אָחִיו לֵאמֹר

דְּעוּ אֶת־יְהוָה כִּי־כוּלָּם יֵדְעוּ אוֹתִי לְמִקְּטַנָּם וְעַד־גְּדוֹלָם נְאֻם־יְהוָה

‏34 כִּי אֶסְלַח לַעֲוֹנָם וּלְחַטָּאתָם לֹא אֶזְכָּר־עוֹד: כֹּה אָמַר

יְהוָה נֹתֵן שֶׁמֶשׁ לְאוֹר יוֹמָם חֻקֹּת יָרֵחַ וְכוֹכָבִים לְאוֹר לָיְלָה רֹגַע

‏35 הַיָּם וַיֶּהֱמוּ גַּלָּיו יְהוָה צְבָאוֹת שְׁמוֹ: אִם־יָמֻשׁוּ הַחֻקִּים הָאֵלֶּה

מִלְּפָנַי נְאֻם־יְהוָה גַּם זֶרַע יִשְׂרָאֵל יִשְׁבְּתוּ מִהְיוֹת גּוֹי לְפָנַי כָּל־

‏36 הַיָּמִים: כֹּה אָמַר יְהוָה אִם־יִמַּדּוּ שָׁמַיִם מִלְמַעְלָה

וְיֵחָקְרוּ מוֹסְדֵי־אֶרֶץ לְמָטָּה גַּם־אֲנִי אֶמְאַס בְּכָל־זֶרַע יִשְׂרָאֵל עַל־
בָּאִים

‏37 כָּל־אֲשֶׁר עָשׂוּ נְאֻם־יְהוָה: הִנֵּה יָמִים ، ، נְאֻם־יְהוָה

‏38 וְנִבְנְתָה הָעִיר לַיהוָה מִמִּגְדַּל חֲנַנְאֵל שַׁעַר הַפִּנָּה: וְיָצָא עוֹד ‏**קָו**

‏39 הַמִּדָּה נֶגְדּוֹ עַל גִּבְעַת גָּרֵב וְנָסַב גֹּעָתָה: וְכָל־הָעֵמֶק הַפְּגָרִים ׀

וְהַדֶּשֶׁן וְכָל־הַשְּׁרֵמוֹת עַד־נַחַל קִדְרוֹן עַד־פִּנַּת שַׁעַר הַסּוּסִים מִזְרָחָה ‏**הַשְּׁדֵמוֹת**

‏32 1 קֹדֶשׁ לַיהוָה לֹא־יִנָּתֵשׁ וְלֹא־יֵהָרֵס עוֹד לְעוֹלָם: הַדָּבָר

אֲשֶׁר־הָיָה אֶל־יִרְמְיָהוּ מֵאֵת יְהוָה בשנת הָעֲשִׂרִית לְצִדְקִיָּהוּ מֶלֶךְ ‏**בִּשְׁנַת**

‏2 יְהוּדָה הִיא הַשָּׁנָה שְׁמֹנֶה־עֶשְׂרֵה שָׁנָה לִנְבוּכַדְרֶאצַּר: וְאָז חֵיל מֶלֶךְ

בָּבֶל צָרִים עַל־יְרוּשָׁלָ͏ִם וְיִרְמְיָהוּ הַנָּבִיא הָיָה כָלוּא בַּחֲצַר הַמַּטָּרָה

‏3 אֲשֶׁר בֵּית־מֶלֶךְ יְהוּדָה: אֲשֶׁר כְּלָאוֹ צִדְקִיָּהוּ מֶלֶךְ־יְהוּדָה לֵאמֹר

מַדּוּעַ אַתָּה נִבָּא לֵאמֹר כֹּה אָמַר יְהוָה הִנְנִי נֹתֵן אֶת־הָעִיר הַזֹּאת

‏4 בְּיַד מֶלֶךְ־בָּבֶל וּלְכָדָהּ: וְצִדְקִיָּהוּ מֶלֶךְ יְהוּדָה לֹא יִמָּלֵט מִיַּד

הַכַּשְׂדִּים כִּי הִנָּתֹן יִנָּתֵן בְּיַד מֶלֶךְ־בָּבֶל וְדִבֶּר־פִּיו עִם־פִּיו וְעֵינָיו

‏5 אֶת־עֵינָיו תִּרְאֶינָה: וּבָבֶל יוֹלִךְ אֶת־צִדְקִיָּהוּ וְשָׁם יִהְיֶה עַד־פָּקְדִי ‏**עֵינָיו**

the LORD: though ye fight with the Chaldeans, ye shall not prosper.

6 ¶ And Jeremiah said, The word of the LORD came unto me, saying,

7 Behold, Hanameel the son of Shallum thine uncle shall come unto thee, saying, Buy thee my field that *is* in Anathoth: for the right of redemption *is* thine to buy *it*.

8 So Hanameel mine uncle's son came to me in the court of the prison according to the word of the LORD, and said unto me, Buy my field, I pray thee, that *is* in Anathoth, which *is* in the country of Benjamin: for the right of inheritance *is* thine, and the redemption *is* thine; buy *it* for thyself. Then I knew that this *was* the word of the LORD.

9 And I bought the field of Hanameel my uncle's son, that *was* in Anathoth, and weighed him the money, *even* seventeen shekels of silver.

10 And I subscribed the evidence, and sealed *it*, and took witnesses, and weighed *him* the money in the balances.

11 So I took the evidence of the purchase, *both* that which was sealed *according* to the law and custom, and that which was open:

12 And I gave the evidence of the purchase unto Baruch the son of Neriah, the son of Maaseiah, in the sight of Hanameel mine uncle's *son*, and in the presence of the witnesses that subscribed the book of the purchase, before all the Jews that sat in the court of the prison.

13 ¶ And I charged Baruch before them, saying,

14 Thus saith the LORD of hosts, the God of Israel; Take these evidences, this evidence of the purchase, both which is sealed, and this evidence which is open; and put them in an earthen vessel, that they may continue many days.

15 For thus saith the LORD of hosts, the God of Israel; Houses and fields and vineyards shall be possessed again in this land.

16 ¶ Now when I had delivered the evidence of the purchase unto Baruch the son of Neriah, I prayed unto the LORD, saying,

17 Ah Lord GOD! behold, thou hast made the heaven and the earth by thy great power and stretched out arm, *and* there is nothing too hard for thee:

18 Thou shewest lovingkindness unto thousands, and recompensest the iniquity of the fathers into the bosom of their children after them: the Great, the Mighty God, the LORD of hosts, *is* his name,

19 Great in counsel, and mighty in work: for thine eyes *are* open upon all the ways of the sons of men: to give every one according to his ways, and according to the fruit of his doings:

20 Which hast set signs and wonders in the land of Egypt, *even* unto this day, and in Israel, and among *other* men; and hast made thee a name, as at this day;

21 And hast brought forth thy people Israel out of the land of Egypt with signs, and with wonders, and with a strong hand, and with a stretched out arm, and with great terror;

22 And hast given them this land, which thou didst swear to their fathers to give them, a land flowing with milk and honey;

23 And they came in, and possessed it; but they obeyed not thy voice, neither walked in thy law; they have done nothing of all that thou commandedst them to do: therefore thou hast caused all this evil to come upon them:

24 Behold the mounts, they are come unto the city to take it; and the city is given into the hand of the Chaldeans, that fight against it, because of the sword, and of the famine, and of the pestilence: and what thou hast spoken is come to pass; and, behold, thou seest *it*.

25 And thou hast said unto me, O Lord GOD, Buy thee the field for money, and take witnesses; for the city is given into the hand of the Chaldeans.

26 ¶ Then came the word of the LORD unto Jeremiah, saying,

27 Behold, I *am* the LORD, the God of all flesh: is there any thing too hard for me?

28 Therefore thus saith the LORD; Behold, I will give this city into the hand of

אֹתֽוֹ נְאֻם־יְהוָ֔ה כִּ֥י תִלָּחֲמ֖וּ אֶת־הַכַּשְׂדִּ֑ים לֹ֥א תַצְלִֽיחוּ׃

6 וַיֹּ֖אמֶר יִרְמְיָ֑הוּ הָיָ֥ה דְבַר־יְהוָ֖ה אֵלַ֥י לֵאמֹֽר׃ 7 הִנֵּ֣ה חֲנַמְאֵ֣ל בֶּן־שַׁלֻּ֣ם דֹּדְךָ֔ בָּ֥א אֵלֶ֖יךָ לֵאמֹ֑ר קְנֵ֣ה לְךָ֗ אֶת־שָׂדִי֙ אֲשֶׁ֣ר בַּעֲנָת֔וֹת כִּ֥י לְךָ֛

8 מִשְׁפַּ֥ט הַגְּאֻלָּ֖ה לִקְנֽוֹת׃ וַיָּבֹ֣א אֵ֠לַי חֲנַמְאֵ֨ל בֶּן־דֹּדִ֜י כִּדְבַ֣ר יְהוָה֮ אֶל־חֲצַ֣ר הַמַּטָּרָה֒ וַיֹּ֣אמֶר אֵלַ֗י קְנֵ֣ה נָ֠א אֶת־שָׂדִ֨י אֲשֶׁר־בַּעֲנָתוֹת֮ אֲשֶׁ֣ר ׀ בְּאֶ֣רֶץ בִּנְיָמִ֗ין כִּֽי־לְךָ֞ מִשְׁפַּ֧ט הַיְרֻשָּׁ֛ה וּלְךָ֥ הַגְּאֻלָּ֖ה קְנֵה־לָ֑ךְ וָאֵדַ֕ע

9 כִּ֥י דְבַר־יְהוָ֖ה הֽוּא׃ וָֽאֶקְנֶה֙ אֶת־הַשָּׂדֶ֔ה מֵאֵ֛ת חֲנַמְאֵ֥ל בֶּן־דֹּדִ֖י אֲשֶׁ֣ר בַּעֲנָת֑וֹת וָֽאֶשְׁקֲלָה־לּוֹ֙ אֶת־הַכֶּ֔סֶף שִׁבְעָ֥ה שְׁקָלִ֖ים וַעֲשָׂרָ֥ה הַכָּֽסֶף׃

10 וָאֶכְתֹּ֤ב בַּסֵּ֙פֶר֙ וָֽאֶחְתֹּ֔ם וָאָעֵ֖ד עֵדִ֑ים וָאֶשְׁקֹ֥ל הַכֶּ֖סֶף בְּמֹאזְנָֽיִם׃ 11 וָאֶקַּ֖ח אֶת־סֵ֣פֶר הַמִּקְנָ֑ה אֶת־הֶֽחָת֛וּם הַמִּצְוָ֥ה וְהַחֻקִּ֖ים וְאֶת־הַגָּלֽוּי׃ 12 וָאֶתֵּ֞ן אֶת־הַסֵּ֣פֶר הַמִּקְנָ֗ה אֶל־בָּר֣וּךְ בֶּן־נֵֽרִיָּה֮ בֶּן־מַחְסֵיָה֒ לְעֵינֵי֙ חֲנַמְאֵ֣ל דֹּדִ֔י וּלְעֵינֵי֙ הָֽעֵדִ֔ים הַכֹּתְבִ֖ים בְּסֵ֣פֶר הַמִּקְנָ֑ה לְעֵינֵי֙ כָּל־הַיְּהוּדִ֔ים הַיֹּשְׁבִ֖ים

13 בַּחֲצַ֥ר הַמַּטָּרָֽה׃ וָֽאֲצַוֶּה֙ אֶת־בָּר֔וּךְ לְעֵינֵיהֶ֖ם לֵאמֹֽר׃ 14 כֹּֽה־אָמַר֩ יְהוָ֨ה צְבָא֜וֹת אֱלֹהֵ֣י יִשְׂרָאֵ֗ל לָק֣וֹחַ אֶת־הַסְּפָרִ֣ים הָאֵ֠לֶּה אֵ֣ת סֵ֤פֶר הַמִּקְנָה֙ הַזֶּ֔ה וְאֵ֤ת הֶֽחָתוּם֙ וְאֵ֨ת סֵ֤פֶר הַגָּלוּי֙ הַזֶּ֔ה וּנְתַתָּ֖ם בִּכְלִי־חָ֑רֶשׂ לְמַ֥עַן 15 יַֽעַמְד֖וּ יָמִ֥ים רַבִּֽים׃ כִּ֣י כֹ֥ה אָמַ֛ר יְהוָ֥ה צְבָא֖וֹת אֱלֹהֵ֣י יִשְׂרָאֵ֑ל ע֣וֹד יִקָּנ֥וּ בָתִּ֛ים וְשָׂד֥וֹת וּכְרָמִ֖ים בָּאָ֥רֶץ הַזֹּֽאת׃

13A

16 וָאֶתְפַּלֵּ֖ל אֶל־יְהוָ֑ה אַחֲרֵ֤י תִתִּי֙ אֶת־סֵ֣פֶר הַמִּקְנָ֔ה אֶל־בָּר֖וּךְ בֶּן־נֵרִיָּֽה 17 לֵאמֹֽר׃ אֲהָהּ֙ אֲדֹנָ֣י יְהוִ֔ה הִנֵּ֣ה ׀ אַתָּ֣ה עָשִׂ֗יתָ אֶת־הַשָּׁמַ֙יִם֙ וְאֶת־הָאָ֔רֶץ 18 בְּכֹֽחֲךָ֙ הַגָּד֔וֹל וּבִֽזְרֹעֲךָ֖ הַנְּטוּיָ֑ה לֹֽא־יִפָּלֵ֥א מִמְּךָ֖ כָּל־דָּבָֽר׃ עֹ֤שֶׂה חֶ֙סֶד֙ לַֽאֲלָפִ֔ים וּמְשַׁלֵּ֗ם עֲוֺ֤ן אָבוֹת֙ אֶל־חֵ֣יק בְּנֵיהֶ֔ם אַחֲרֵיהֶ֑ם הָאֵ֤ל הַגָּדוֹל֙ 19 הַגִּבּ֔וֹר יְהוָ֥ה צְבָא֖וֹת שְׁמֽוֹ׃ גְּדֹל֙ הָֽעֵצָ֔ה וְרַ֖ב הָעֲלִֽילִיָּ֑ה אֲשֶׁר־עֵינֶ֣יךָ פְקֻח֗וֹת עַל־כָּל־דַּרְכֵי֙ בְּנֵ֣י אָדָ֔ם לָתֵ֤ת לְאִישׁ֙ כִּדְרָכָ֔יו וְכִפְרִ֖י מַעֲלָלָֽיו׃ 20 אֲשֶׁר־שַׂ֠מְתָּ אֹת֨וֹת וּמֹפְתִ֤ים בְּאֶֽרֶץ־מִצְרַ֙יִם֙ עַד־הַיּ֣וֹם הַזֶּ֔ה וּבְיִשְׂרָאֵ֖ל 21 וּבָֽאָדָ֑ם וַתַּֽעֲשֶׂה־לְּךָ֥ שֵׁ֖ם כַּיּ֥וֹם הַזֶּֽה׃ וַתֹּצֵ֛א אֶת־עַמְּךָ֥ אֶת־יִשְׂרָאֵ֖ל מֵאֶ֣רֶץ מִצְרָ֑יִם בְּאֹת֣וֹת וּבְמ֣וֹפְתִ֗ים וּבְיָ֤ד חֲזָקָה֙ וּבְאֶזְר֣וֹעַ נְטוּיָ֔ה 22 וּבְמוֹרָ֖א גָּדֽוֹל׃ וַתִּתֵּ֤ן לָהֶם֙ אֶת־הָאָ֣רֶץ הַזֹּ֔את אֲשֶׁר־נִשְׁבַּ֥עְתָּ לַאֲבוֹתָ֖ם 23 לָתֵ֣ת לָהֶ֑ם אֶ֛רֶץ זָבַ֥ת חָלָ֖ב וּדְבָֽשׁ׃ וַיָּבֹ֜אוּ וַיִּֽרְשׁ֣וּ אֹתָ֗הּ וְלֹֽא־שָׁמְע֤וּ בְקוֹלֶ֙ךָ֙ וּבְתֹרוֹתְךָ֣ לֹא־הָלָ֔כוּ אֵת֩ כָּל־אֲשֶׁ֨ר צִוִּ֧יתָה לָהֶ֛ם לַעֲשׂ֖וֹת לֹ֣א

וּבְתוֹרָתְךָ

24 עָשׂ֑וּ וַתַּקְרֵ֣א אֹתָ֔ם אֵ֥ת כָּל־הָרָעָ֖ה הַזֹּֽאת׃ הִנֵּ֣ה הַסֹּלְל֗וֹת בָּ֣אוּ הָעִיר֮ לְלָכְדָהּ֒ וְהָעִ֣יר נִתְּנָ֗ה בְּיַ֤ד הַכַּשְׂדִּים֙ הַנִּלְחָמִ֣ים עָלֶ֔יהָ מִפְּנֵ֛י הַחֶ֥רֶב 25 וְהָרָעָ֖ב וְהַדָּ֑בֶר וַאֲשֶׁ֥ר דִּבַּ֛רְתָּ הָיָ֖ה וְהִנְּךָ֥ רֹאֶֽה׃ וְאַתָּ֞ה אָמַ֤רְתָּ אֵלַי֙ אֲדֹנָ֣י יְהוִ֗ה קְנֵֽה־לְךָ֤ הַשָּׂדֶה֙ בַּכֶּ֔סֶף וְהָעֵ֖ד עֵדִ֑ים וְהָעִ֖יר נִתְּנָ֥ה בְּיַ֥ד 26 הַכַּשְׂדִּֽים׃ וַֽיְהִי֙ דְּבַר־יְהוָ֔ה אֶֽל־יִרְמְיָ֖הוּ לֵאמֹֽר׃ 27 הִנֵּה֙ אֲנִ֣י יְהוָ֔ה אֱלֹהֵ֖י 28 כָּל־בָּשָׂ֑ר הֲמִמֶּ֖נִּי יִפָּלֵ֥א כָּל־דָּבָֽר׃ לָכֵ֗ן כֹּ֤ה אָמַר֙ יְהוָ֔ה הִנְנִ֤י נֹתֵן֙ אֶת־

the Chaldeans, and into the hand of Nebuchadrezzar king of Babylon, and he shall take it:

29 And the Chaldeans, that fight against this city, shall come and set fire on this city, and burn it with the houses, upon whose roofs they have offered incense unto Baal, and poured out drink offerings unto other gods, to provoke me to anger.

30 For the children of Israel and the children of Judah have only done evil before me from their youth: for the children of Israel have only provoked me to anger with the work of their hands, saith the LORD.

31 For this city hath been to me *as* a provocation of mine anger and of my fury from the day that they built it even unto this day; that I should remove it from before my face,

32 Because of all the evil of the children of Israel and of the children of Judah, which they have done to provoke me to anger, they, their kings, their princes, their priests, and their prophets, and the men of Judah, and the inhabitants of Jerusalem.

33 And they have turned unto me the back, and not the face: though I taught them, rising up early and teaching *them,* yet they have not hearkened to receive instruction.

34 But they set their abominations in the house, which is called by my name, to defile it.

35 And they built the high places of Baal, which *are* in the valley of the son of Hinnom, to cause their sons and their daughters to pass through *the fire* unto Molech; which I commanded them not, neither came it into my mind, that they should do this abomination, to cause Judah to sin.

36 ¶ And now therefore thus saith the LORD, the God of Israel, concerning this city, whereof ye say, It shall be delivered into the hand of the king of Babylon by the sword, and by the famine, and by the pestilence;

37 Behold, I will gather them out of all countries, whither I have driven them in mine anger, and in my fury, and in great wrath; and I will bring them again unto this place, and I will cause them to dwell safely:

38 And they shall be my people, and I will be their God:

39 And I will give them one heart, and one way, that they may fear me for ever, for the good of them, and of their children after them:

40 And I will make an everlasting covenant with them, that I will not turn away from them, to do them good; but I will put my fear in their hearts, that they shall not depart from me.

41 Yea, I will rejoice over them to do them good, and I will plant them in this land assuredly with my whole heart and with my whole soul.

42 For thus saith the LORD; Like as I have brought all this great evil upon this people, so will I bring upon them all the good that I have promised them.

43 And fields shall be bought in this land, whereof ye say, *It is* desolate without man or beast; it is given into the hand of the Chaldeans.

44 Men shall buy fields for money, and subscribe evidences, and seal *them,* and take witnesses in the land of Benjamin, and in the places about Jerusalem, and in the cities of Judah, and in the cities of the mountains, and in the cities of the valley, and in the cities of the south: for I will cause their captivity to return, saith the LORD.

CHAPTER 33

1 Moreover the word of the LORD came unto Jeremiah the second time, while he was yet shut up in the court of the prison, saying,

2 Thus saith the LORD the maker thereof, the LORD that formed it, to establish it; the LORD *is* his name;

3 Call unto me, and I will answer thee, and shew thee great and mighty things, which thou knowest not.

4 For thus saith the LORD, the God of Israel, concerning the houses of this city, and concerning the houses of the kings of Judah, which are thrown down by the mounts, and by the sword;

הָעִיר הַזֹּאת בְּיַ֣ד הַכַּשְׂדִּ֔ים וּבְיַ֛ד נְבוּכַדְרֶאצַּ֥ר מֶֽלֶךְ־בָּבֶ֖ל וּלְכָדָֽהּ:

29 וּבָ֣אוּ הַכַּשְׂדִּ֗ים הַנִּלְחָמִים֙ עַל־הָעִ֣יר הַזֹּ֔את וְהִצִּ֜יתוּ אֶת־הָעִ֥יר הַזֹּ֛את בָּאֵ֖שׁ וּשְׂרָפ֑וּהָ וְאֵ֣ת הַבָּתִּ֗ים אֲשֶׁר֩ קִטְּר֨וּ עַל־גַּגּֽוֹתֵיהֶ֜ם לַבַּ֗עַל וְהִסִּ֤כוּ

30 נְסָכִים֙ לֵאלֹהִ֣ים אֲחֵרִ֔ים לְמַ֖עַן הַכְעִסֵֽנִי: כִּֽי־הָי֨וּ בְנֵֽי־יִשְׂרָאֵ֜ל וּבְנֵ֣י יְהוּדָ֗ה אַ֣ךְ עֹשִׂ֥ים הָרַ֛ע בְּעֵינַ֖י מִנְּעֻרֹֽתֵיהֶ֑ם כִּ֤י בְנֵֽי־יִשְׂרָאֵל֙ אַ֣ךְ

31 מַכְעִסִ֤ים אֹתִי֙ בְּמַעֲשֵׂ֣ה יְדֵיהֶ֔ם נְאֻם־יְהוָֽה: כִּי֩ עַל־אַפִּ֨י וְעַל־חֲמָתִ֜י הָ֣יְתָה לִּ֗י הָעִ֤יר הַזֹּאת֙ לְמִן־הַיּוֹם֙ אֲשֶׁ֣ר בָּנ֣וּ אוֹתָ֔הּ וְעַ֖ד הַיּ֣וֹם הַזֶּ֑ה

32 לַהֲסִירָ֖הּ מֵעַ֣ל פָּנָֽי: עַ֣ל כָּל־רָעַ֣ת בְּנֵֽי־יִשְׂרָאֵ֣ל וּבְנֵ֣י יְהוּדָ֗ה אֲשֶׁ֤ר עָשׂוּ֙ לְהַכְעִסֵ֔נִי הֵ֤מָּה מַלְכֵיהֶם֙ שָׂרֵיהֶ֔ם כֹּהֲנֵיהֶ֖ם וּנְבִֽיאֵיהֶ֑ם וְאִ֣ישׁ יְהוּדָ֖ה

33 וְיֹֽשְׁבֵ֣י יְרוּשָׁלָֽ͏ִם: וַיִּפְנ֥וּ אֵלַ֛י עֹ֖רֶף וְלֹ֣א פָנִ֑ים וְלַמֵּ֤ד אֹתָם֙ הַשְׁכֵּ֣ם וְלַמֵּ֔ד

34 וְאֵינָ֥ם שֹׁמְעִ֖ים לָקַ֣חַת מוּסָֽר: וַיָּשִׂ֣ימוּ שִׁקּֽוּצֵיהֶ֗ם בַּבַּ֛יִת אֲשֶׁר־נִקְרָֽא־

35 שְׁמִ֥י עָלָ֖יו לְטַמְּאֽוֹ: וַיִּבְנוּ֩ אֶת־בָּמ֨וֹת הַבַּ֜עַל אֲשֶׁ֣ר ׀ בְּגֵ֣יא בֶן־הִנֹּ֗ם לְ֠הַעֲבִיר אֶת־בְּנֵיהֶ֤ם וְאֶת־בְּנֽוֹתֵיהֶם֙ לַמֹּ֔לֶךְ אֲשֶׁ֣ר לֹֽא־צִוִּיתִ֗ים וְלֹ֤א

הַחֲטִ֖יא עָֽלְתָה֙ עַל־לִבִּ֔י לַעֲשׂ֖וֹת הַתּוֹעֵבָ֣ה הַזֹּ֑את לְמַ֖עַן הַחֲטִ֥י אֶת־

36 יְהוּדָֽה: וְעַתָּ֕ה לָכֵ֛ן כֹּֽה־אָמַ֥ר יְהוָ֖ה אֱלֹהֵ֣י יִשְׂרָאֵ֑ל אֶל־הָעִ֣יר הַזֹּ֗את אֲשֶׁ֣ר ׀ אַתֶּ֣ם אֹמְרִ֗ים נִתְּנָה֙ בְּיַ֣ד מֶֽלֶךְ־בָּבֶ֔ל בַּחֶ֖רֶב

37 וּבָרָעָ֣ב וּבַדָּֽבֶר: הִנְנִ֣י מְקַבְּצָ֗ם מִכָּל־הָֽאֲרָצוֹת֙ אֲשֶׁ֨ר הִדַּחְתִּ֥ים שָׁ֛ם בְּאַפִּ֥י וּבַחֲמָתִ֖י וּבְקֶ֣צֶף גָּד֑וֹל וַהֲשִֽׁבֹתִים֙ אֶל־הַמָּק֣וֹם הַזֶּ֔ה וְהֹֽשַׁבְתִּ֖ים

38 לָבֶֽטַח: וְהָ֥יוּ לִ֖י לְעָ֑ם וַאֲנִ֕י אֶהְיֶ֥ה לָהֶ֖ם לֵאלֹהִֽים: וְנָתַתִּ֨י לָהֶ֜ם לֵ֤ב

39 אֶחָד֙ וְדֶ֣רֶךְ אֶחָ֔ד לְיִרְאָ֥ה אוֹתִ֖י כָּל־הַיָּמִ֑ים לְט֣וֹב לָהֶ֔ם וְלִבְנֵיהֶ֖ם

40 אַחֲרֵיהֶֽם: וְכָרַתִּ֤י לָהֶם֙ בְּרִ֣ית עוֹלָ֔ם אֲשֶׁ֤ר לֹֽא־אָשׁוּב֙ מֵאַ֣חֲרֵיהֶ֔ם לְהֵיטִיבִ֖י אוֹתָ֑ם וְאֶת־יִרְאָתִי֙ אֶתֵּ֣ן בִּלְבָבָ֔ם לְבִלְתִּ֖י ס֥וּר מֵעָלָֽי:

41 וְשַׂשְׂתִּ֥י עֲלֵיהֶ֖ם לְהֵטִ֣יב אוֹתָ֑ם וּנְטַעְתִּ֞ים בָּאָ֤רֶץ הַזֹּאת֙ בֶּאֱמֶ֔ת בְּכָל־

42 לִבִּ֖י וּבְכָל־נַפְשִֽׁי: כִּֽי־כֹה֙ אָמַ֣ר יְהוָ֔ה כַּאֲשֶׁ֤ר הֵבֵ֙אתִי֙ אֶל־הָעָ֣ם הַזֶּ֔ה אֵ֛ת כָּל־הָרָעָ֥ה הַגְּדוֹלָ֖ה הַזֹּ֑את כֵּ֣ן אָנֹכִ֞י מֵבִ֤יא עֲלֵיהֶם֙

43 אֶת־כָּל־הַטּוֹבָ֔ה אֲשֶׁ֥ר אָנֹכִ֖י דֹּבֵ֥ר עֲלֵיהֶֽם: וְנִקְנָ֥ה הַשָּׂדֶ֖ה בָּאָ֣רֶץ הַזֹּ֑את אֲשֶׁ֣ר ׀ אַתֶּ֣ם אֹמְרִ֗ים שְׁמָמָ֥ה הִיא֙ מֵאֵ֤ין אָדָם֙ וּבְהֵמָ֔ה נִתְּנָ֖ה

44 בְּיַ֣ד הַכַּשְׂדִּֽים: שָׂד֞וֹת בַּכֶּ֣סֶף יִקְנ֗וּ וְכָת֨וֹב בַּסֵּ֥פֶר ׀ וְחָתוֹם֮ וְהָעֵ֣ד עֵדִים֒ בְּאֶ֨רֶץ בִּנְיָמִ֜ן וּבִסְבִיבֵ֣י יְרוּשָׁלַ֗͏ִם וּבְעָרֵ֤י יְהוּדָה֙ וּבְעָרֵ֣י הָהָ֔ר וּבְעָרֵ֥י הַשְּׁפֵלָ֖ה וּבְעָרֵ֣י הַנֶּ֑גֶב כִּֽי־אָשִׁ֥יב אֶת־שְׁבוּתָ֖ם נְאֻם־יְהוָֽה:

33 1 וַיְהִ֧י דְבַר־יְהוָ֛ה אֶֽל־יִרְמְיָ֖הוּ שֵׁנִ֑ית וְהוּא֙ עוֹדֶ֣נּוּ עָצ֔וּר בַּחֲצַ֥ר הַמַּטָּרָ֖ה

2 לֵאמֹֽר: כֹּֽה־אָמַ֥ר יְהוָ֖ה עֹשָׂ֑הּ יְהוָ֛ה יוֹצֵ֥ר אוֹתָ֖הּ לַהֲכִינָ֑הּ יְהוָ֖ה שְׁמֽוֹ:

3
4 קְרָ֥א אֵלַ֖י וְאֶעֱנֶ֑ךָּ וְאַגִּ֧ידָה לְּךָ֛ גְּדֹל֥וֹת וּבְצֻר֖וֹת לֹ֥א יְדַעְתָּֽם: כִּ֣י כֹ֣ה אָמַ֤ר יְהוָה֙ אֱלֹהֵ֣י יִשְׂרָאֵ֔ל עַל־בָּתֵּי֙ הָעִ֣יר הַזֹּ֔את וְעַל־בָּתֵּ֖י מַלְכֵ֣י

5 יְהוּדָ֑ה הַנְּתֻצִ֕ים אֶל־הַסֹּלְל֖וֹת וְאֶל־הֶחָֽרֶב: בָּאִ֞ים לְהִלָּחֵ֣ם אֶת־

5 They come to fight with the Chaldeans, but *it is* to fill them with the dead bodies of men, whom I have slain in mine anger and in my fury, and for all whose wickedness I have hid my face from this city.

6 Behold, I will bring it health and cure, and I will cure them, and will reveal unto them the abundance of peace and truth.

7 And I will cause the captivity of Judah and the captivity of Israel to return, and will build them, as at the first.

8 And I will cleanse them from all their iniquity, whereby they have sinned against me; and I will pardon all their iniquities, whereby they have sinned, and whereby they have transgressed against me.

9 ¶ And it shall be to me a name of joy, a praise and an honour before all the nations of the earth, which shall hear all the good that I do unto them: and they shall fear and tremble for all the goodness and for all the prosperity that I procure unto it.

10 Thus saith the LORD; Again there shall be heard in this place, which ye say *shall be* desolate without man and without beast, *even* in the cities of Judah, and in the streets of Jerusalem, that are desolate, without man, and without inhabitant, and without beast,

11 The voice of joy, and the voice of gladness, the voice of the bridegroom, and the voice of the bride, the voice of them that shall say, Praise the LORD of hosts: for the LORD *is* good; for his mercy *endureth* for ever: *and* of them that shall bring the sacrifice of praise into the house of the LORD. For I will cause to return the captivity of the land, as at the first, saith the LORD.

12 Thus saith the LORD of hosts; Again in this place, which is desolate without man and without beast, and in all the cities thereof, shall be an habitation of shepherds causing *their* flocks to lie down.

13 In the cities of the mountains, in the cities of the vale, and in the cities of the south, and in the land of Benjamin, and in the places about Jerusalem, and in the cities of Judah, shall the flocks pass again

under the hands of him that telleth *them,* saith the LORD.

14 Behold, the days come, saith the LORD, that I will perform that good thing which I have promised unto the house of Israel and to the house of Judah.

15 ¶ In those days, and at that time, will I cause the Branch of righteousness to grow up unto David; and he shall execute judgment and righteousness in the land.

16 In those days shall Judah be saved, and Jerusalem shall dwell safely: and this *is the name* wherewith she shall be called, The LORD our righteousness.

17 ¶ For thus saith the LORD; David shall never want a man to sit upon the throne of the house of Israel;

18 Neither shall the priests the Levites want a man before me to offer burnt offerings, and to kindle meat offerings, and to do sacrifice continually.

19 ¶ And the word of the LORD came unto Jeremiah, saying,

20 Thus saith the LORD; If ye can break my covenant of the day, and my covenant of the night, and that there should not be day and night in their season;

21 *Then* may also my covenant be broken with David my servant, that he should not have a son to reign upon his throne; and with the Levites the priests, my ministers.

22 As the host of heaven cannot be numbered, neither the sand of the sea measured: so will I multiply the seed of David my servant, and the Levites that minister unto me.

23 Moreover the word of the LORD came to Jeremiah, saying,

24 Considerest thou not what this people have spoken, saying, The two families which the LORD hath chosen, he hath even cast them off? thus they have despised my people, that they should be no more a nation before them.

25 Thus saith the LORD; If my covenant *be* not with day and night, *and if* I have not appointed the ordinances of heaven and earth;

26 Then will I cast away the seed of Jacob, and David my servant, *so* that I will not take *any* of his seed *to be* rulers over

הַכַּשְׂדִּים וּלְמַלְאָם אֶת־פִּגְרֵי הָאָדָם אֲשֶׁר־הִכֵּיתִי בְאַפִּי וּבַחֲמָתִי

6 וַאֲשֶׁר הִסְתַּרְתִּי פָנַי מֵהָעִיר הַזֹּאת עַל כָּל־רָעָתָם: הִנְנִי מַעֲלֶה־לָּהּ

7 אֲרֻכָה וּמַרְפֵּא וּרְפָאתִים וְגִלֵּיתִי לָהֶם עֲתֶרֶת שָׁלוֹם וֶאֱמֶת: וַהֲשִׁבֹתִי

8 אֶת־שְׁבוּת יְהוּדָה וְאֵת שְׁבוּת יִשְׂרָאֵל וּבְנִתִים כְּבָרִאשֹׁנָה: וְטִהַרְתִּים

מִכָּל־עֲוֹנָם אֲשֶׁר חָטְאוּ־לִי וְסָלַחְתִּי לְכוֹל־עֲוֹנוֹתֵיהֶם אֲשֶׁר חָטְאוּ־לִי

לְכָל־

9 וַאֲשֶׁר פָּשְׁעוּ בִי: וְהָיְתָה לִי לְשֵׁם שָׂשׂוֹן לִתְהִלָּה וּלְתִפְאֶרֶת לְכֹל

גּוֹיֵי הָאָרֶץ אֲשֶׁר יִשְׁמְעוּ אֶת־כָּל־הַטּוֹבָה אֲשֶׁר אָנֹכִי עֹשֶׂה אֹתָם

וּפָחֲדוּ וְרָגְזוּ עַל כָּל־הַטּוֹבָה וְעַל כָּל־הַשָּׁלוֹם אֲשֶׁר אָנֹכִי עֹשֶׂה

לָּהּ:

10 כֹּה | אָמַר יְהוָה עוֹד יִשָּׁמַע בַּמָּקוֹם־הַזֶּה אֲשֶׁר אַתֶּם

אֹמְרִים חָרֵב הוּא מֵאֵין אָדָם וּמֵאֵין בְּהֵמָה בְּעָרֵי יְהוּדָה וּבְחֻצוֹת

11 יְרוּשָׁלַם הַנְשַׁמּוֹת מֵאֵין אָדָם וּמֵאֵין יוֹשֵׁב וּמֵאֵין בְּהֵמָה: קוֹל שָׂשׂוֹן

וְקוֹל שִׂמְחָה קוֹל חָתָן וְקוֹל כַּלָּה קוֹל אֹמְרִים הוֹדוּ אֶת־יְהוָה צְבָאוֹת

כִּי־טוֹב יְהוָה כִּי־לְעוֹלָם חַסְדּוֹ מְבִאִים תּוֹדָה בֵּית יְהוָה כִּי־אָשִׁיב

12 אֶת־שְׁבוּת־הָאָרֶץ כְּבָרִאשֹׁנָה אָמַר יְהוָה: כֹּה־אָמַר יְהוָה

צְבָאוֹת עוֹד יִהְיֶה | בַּמָּקוֹם הַזֶּה הֶחָרֵב מֵאֵין־אָדָם וְעַד־בְּהֵמָה

13 וּבְכָל־עָרָיו נְוֵה רֹעִים מַרְבִּצִים צֹאן: בְּעָרֵי הָהָר בְּעָרֵי הַשְּׁפֵלָה

וּבְעָרֵי הַנֶּגֶב וּבְאֶרֶץ בִּנְיָמִן וּבִסְבִיבֵי יְרוּשָׁלַם וּבְעָרֵי יְהוּדָה עֹד

14 תַּעֲבֹרְנָה הַצֹּאן עַל־יְדֵי מוֹנֶה אָמַר יְהוָה: הִנֵּה יָמִים

בָּאִים נְאֻם־יְהוָה וַהֲקִמֹתִי אֶת־הַדָּבָר הַטּוֹב אֲשֶׁר דִּבַּרְתִּי אֶל־בֵּית

15 יִשְׂרָאֵל וְעַל־בֵּית יְהוּדָה: בַּיָּמִים הָהֵם וּבָעֵת הַהִיא אַצְמִיחַ לְדָוִד

16 צֶמַח צְדָקָה וְעָשָׂה מִשְׁפָּט וּצְדָקָה בָּאָרֶץ: בַּיָּמִים הָהֵם תִּוָּשַׁע

יְהוּדָה וִירוּשָׁלַם תִּשְׁכּוֹן לָבֶטַח וְזֶה אֲשֶׁר־יִקְרָא־לָהּ | יְהוָה |

17 צִדְקֵנוּ: כִּי־כֹה אָמַר יְהוָה לֹא־יִכָּרֵת לְדָוִד אִישׁ יֹשֵׁב עַל־

18 כִּסֵּא בֵית־יִשְׂרָאֵל: וְלַכֹּהֲנִים הַלְוִיִּם לֹא־יִכָּרֵת אִישׁ מִלְּפָנָי מַעֲלֶה

19 עוֹלָה וּמַקְטִיר מִנְחָה וְעֹשֶׂה־זֶּבַח כָּל־הַיָּמִים: וַיְהִי דְּבַר־

20 יְהוָה אֶל־יִרְמְיָהוּ לֵאמוֹר: כֹּה אָמַר יְהוָה אִם־תָּפֵרוּ אֶת־בְּרִיתִי

21 הַיּוֹם וְאֶת־בְּרִיתִי הַלַּיְלָה וּלְבִלְתִּי הֱיוֹת יוֹמָם־וָלַיְלָה בְּעִתָּם: גַּם־

בְּרִיתִי תֻפַר אֶת־דָּוִד עַבְדִּי מִהְיוֹת־לוֹ בֵן מֹלֵךְ עַל־כִּסְאוֹ וְאֶת־

22 הַלְוִיִּם הַכֹּהֲנִים מְשָׁרְתָי: אֲשֶׁר לֹא־יִסָּפֵר צְבָא הַשָּׁמַיִם וְלֹא יִמַּד

חוֹל הַיָּם כֵּן אַרְבֶּה אֶת־זֶרַע דָּוִד עַבְדִּי וְאֶת־הַלְוִיִּם מְשָׁרְתֵי

23 אֹתִי: וַיְהִי דְּבַר־יְהוָה אֶל־יִרְמְיָהוּ לֵאמֹר: הֲלוֹא רָאִיתָ

24 מָה־הָעָם הַזֶּה דִּבְּרוּ לֵאמֹר שְׁתֵּי הַמִּשְׁפָּחוֹת אֲשֶׁר בָּחַר יְהוָה בָּהֶם

25 וַיִּמְאָסֵם וְאֶת־עַמִּי יִנְאָצוּן מִהְיוֹת עוֹד גּוֹי לִפְנֵיהֶם: כֹּה

אָמַר יְהוָה אִם־לֹא בְרִיתִי יוֹמָם וָלָיְלָה חֻקּוֹת שָׁמַיִם וָאָרֶץ

26 לֹא־שָׂמְתִּי: גַּם־זֶרַע יַעֲקוֹב וְדָוִד עַבְדִּי אֶמְאַס מִקַּחַת מִזַּרְעוֹ

the seed of Abraham, Isaac, and Jacob: for I will cause their captivity to return, and have mercy on them.

CHAPTER 34

1 The word which came unto Jeremiah from the LORD, when Nebuchadnezzar king of Babylon, and all his army, and all the kingdoms of the earth of his dominion, and all the people, fought against Jerusalem, and against all the cities thereof, saying,

2 Thus saith the LORD, the God of Israel; Go and speak to Zedekiah king of Judah, and tell him, Thus saith the LORD; Behold, I will give this city into the hand of the king of Babylon, and he shall burn it with fire:

3 And thou shalt not escape out of his hand, but shalt surely be taken, and delivered into his hand; and thine eyes shall behold the eyes of the king of Babylon, and he shall speak with thee mouth to mouth, and thou shalt go to Babylon.

4 Yet hear the word of the LORD, O Zedekiah king of Judah; Thus saith the LORD of thee, Thou shalt not die by the sword:

5 *But* thou shalt die in peace: and with the burnings of thy fathers, the former kings which were before thee, so shall they burn *odours* for thee; and they will lament thee, *saying,* Ah lord! for I have pronounced the word, saith the LORD.

6 Then Jeremiah the prophet spake all these words unto Zedekiah king of Judah in Jerusalem,

7 When the king of Babylon's army fought against Jerusalem, and against all the cities of Judah that were left, against Lachish, and against Azekah: for these defenced cities remained of the cities of Judah.

8 ¶ *This is* the word that came unto Jeremiah from the LORD, after that the king Zedekiah had made a covenant with all the people which *were* at Jerusalem, to proclaim liberty unto them;

9 That every man should let his manservant, and every man his maidservant, *being* an Hebrew or an Hebrewess, go free; that none should serve himself of them, *to wit,* of a Jew his brother.

10 Now when all the princes, and all the people, which had entered into the covenant, heard that every one should let his manservant, and every one his maidservant, go free, that none should serve themselves of them any more, then they obeyed, and let *them* go.

11 But afterward they turned, and caused the servants and the handmaids, whom they had let go free, to return, and brought them into subjection for servants and for handmaids.

12 ¶ Therefore the word of the LORD came to Jeremiah from the LORD, saying,

13 Thus saith the LORD, the God of Israel; I made a covenant with your fathers in the day that I brought them forth out of the land of Egypt, out of the house of bondmen, saying,

14 At the end of seven years let ye go every man his brother an Hebrew, which hath been sold unto thee; and when he hath served thee six years, thou shalt let him go free from thee: but your fathers hearkened not unto me, neither inclined their ear.

15 And ye were now turned, and had done right in my sight, in proclaiming liberty every man to his neighbour; and ye had made a covenant before me in the house which is called by my name:

16 But ye turned and polluted my name, and caused every man his servant, and every man his handmaid, whom ye had set at liberty at their pleasure, to return, and brought them into subjection, to be unto you for servants and for handmaids.

17 Therefore thus saith the LORD; Ye have not hearkened unto me, in proclaiming liberty, every one to his brother, and every man to his neighbour: behold, I proclaim a liberty for you, saith the LORD, to the sword, to the pestilence, and to the

אָשִׁיב מְשֻׁלִים אֶל־זֶרַע אַבְרָהָם יִשְׂחָק וְיַעֲקֹב כִּי־אָשׁוּב אֶת־שְׁבוּתָם

34 וְרִחַמְתִּים: הַדָּבָר אֲשֶׁר־הָיָה אֶל־יִרְמְיָהוּ מֵאֵת יְהוָה

וּנְבוּכַדְרֶאצַּר מֶלֶךְ־בָּבֶל וְכָל־חֵילוֹ וְכָל־מַמְלְכוֹת אֶרֶץ מֶמְשֶׁלֶת יָדוֹ

2 וְכָל־הָעַמִּים נִלְחָמִים עַל־יְרוּשָׁלַ͏ִם וְעַל־כָּל־עָרֶיהָ לֵאמֹר: כֹּה־אָמַר

יְהוָה אֱלֹהֵי יִשְׂרָאֵל הָלֹךְ וְאָמַרְתָּ אֶל־צִדְקִיָּהוּ מֶלֶךְ יְהוּדָה וְאָמַרְתָּ

אֵלָיו כֹּה אָמַר יְהוָה הִנְנִי נֹתֵן אֶת־הָעִיר הַזֹּאת בְּיַד מֶלֶךְ־בָּבֶל

3 וּשְׂרָפָהּ בָּאֵשׁ: וְאַתָּה לֹא תִמָּלֵט מִיָּדוֹ כִּי תָּפֹשׂ תִּתָּפֵשׂ וּבְיָדוֹ תִּנָּתֵן

וְעֵינֶיךָ אֶת־עֵינֵי מֶלֶךְ־בָּבֶל תִּרְאֶינָה וּפִיהוּ אֶת־פִּיךָ יְדַבֵּר וּבָבֶל

4 תָּבוֹא: אַךְ שְׁמַע דְּבַר־יְהוָה צִדְקִיָּהוּ מֶלֶךְ יְהוּדָה כֹּה־אָמַר יְהוָה

5 עָלֶיךָ לֹא תָמוּת בֶּחָרֶב: בְּשָׁלוֹם תָּמוּת וּכְמִשְׂרְפוֹת אֲבוֹתֶיךָ

הַמְּלָכִים הָרִאשֹׁנִים אֲשֶׁר־הָיוּ לְפָנֶיךָ כֵּן יִשְׂרְפוּ־לָךְ וְהוֹי אָדוֹן

6 יִסְפְּדוּ־לָךְ כִּי־דָבָר אֲנִי־דִבַּרְתִּי נְאֻם־יְהוָה: וַיְדַבֵּר

יִרְמְיָהוּ הַנָּבִיא אֶל־צִדְקִיָּהוּ מֶלֶךְ יְהוּדָה אֵת כָּל־הַדְּבָרִים הָאֵלֶּה

7 בִּירוּשָׁלָ͏ִם: וְחֵיל מֶלֶךְ־בָּבֶל נִלְחָמִים עַל־יְרוּשָׁלַ͏ִם וְעַל כָּל־עָרֵי יְהוּדָה

הַנּוֹתָרוֹת אֶל־לָכִישׁ וְאֶל־עֲזֵקָה כִּי הֵנָּה נִשְׁאֲרוּ בְּעָרֵי יְהוּדָה עָרֵי

מִבְצָר:

8 הַדָּבָר אֲשֶׁר־הָיָה אֶל־יִרְמְיָהוּ מֵאֵת יְהוָה אַחֲרֵי כְּרֹת הַמֶּלֶךְ צִדְקִיָּהוּ

9 בְּרִית אֶת־כָּל־הָעָם אֲשֶׁר בִּירוּשָׁלַ͏ִם לִקְרֹא לָהֶם דְּרוֹר: לְשַׁלַּח אִישׁ

אֶת־עַבְדּוֹ וְאִישׁ אֶת־שִׁפְחָתוֹ הָעִבְרִי וְהָעִבְרִיָּה חָפְשִׁים לְבִלְתִּי

10 עֲבָד־בָּם בִּיהוּדִי אָחִיהוּ אִישׁ: וַיִּשְׁמְעוּ כָל־הַשָּׂרִים וְכָל־הָעָם אֲשֶׁר־

בָּאוּ בַבְּרִית לְשַׁלַּח אִישׁ אֶת־עַבְדּוֹ וְאִישׁ אֶת־שִׁפְחָתוֹ חָפְשִׁים

11 לְבִלְתִּי עֲבָד־בָּם עוֹד וַיִּשְׁמְעוּ וַיְשַׁלֵּחוּ: וַיָּשׁוּבוּ אַחֲרֵי־כֵן וַיָּשִׁבוּ אֶת־

וַיִּכְבְּשׁוּם הָעֲבָדִים וְאֶת־הַשְּׁפָחוֹת אֲשֶׁר שִׁלְּחוּ חָפְשִׁים ויכבישום לַעֲבָדִים

12 וְלִשְׁפָחוֹת: וַיְהִי דְבַר־יְהוָה אֶל־יִרְמְיָהוּ מֵאֵת יְהוָה

13 לֵאמֹר: כֹּה־אָמַר יְהוָה אֱלֹהֵי יִשְׂרָאֵל אָנֹכִי כָּרַתִּי בְרִית אֶת־

אֲבוֹתֵיכֶם בְּיוֹם הוֹצִאִי אוֹתָם מֵאֶרֶץ מִצְרַיִם מִבֵּית עֲבָדִים לֵאמֹר:

14 מִקֵּץ שֶׁבַע שָׁנִים תְּשַׁלְּחוּ אִישׁ אֶת־אָחִיו הָעִבְרִי אֲשֶׁר־יִמָּכֵר לְךָ

וַעֲבָדְךָ שֵׁשׁ שָׁנִים וְשִׁלַּחְתּוֹ חָפְשִׁי מֵעִמָּךְ וְלֹא־שָׁמְעוּ אֲבוֹתֵיכֶם אֵלַי

15 וְלֹא הִטּוּ אֶת־אָזְנָם: וַתָּשֻׁבוּ אַתֶּם הַיּוֹם וַתַּעֲשׂוּ אֶת־הַיָּשָׁר בְּעֵינַי

לִקְרֹא דְרוֹר אִישׁ לְרֵעֵהוּ וַתִּכְרְתוּ בְרִית לְפָנַי בַּבַּיִת אֲשֶׁר־נִקְרָא

16 שְׁמִי עָלָיו: וַתָּשֻׁבוּ וַתְּחַלְּלוּ אֶת־שְׁמִי וַתָּשִׁבוּ אִישׁ אֶת־עַבְדּוֹ וְאִישׁ

אֶת־שִׁפְחָתוֹ אֲשֶׁר־שִׁלַּחְתֶּם חָפְשִׁים לְנַפְשָׁם וַתִּכְבְּשׁוּ אֹתָם לִהְיוֹת

17 לָכֶם לַעֲבָדִים וְלִשְׁפָחוֹת: לָכֵן כֹּה־אָמַר יְהוָה אַתֶּם לֹא־

שְׁמַעְתֶּם אֵלַי לִקְרֹא דְרוֹר אִישׁ לְאָחִיו וְאִישׁ לְרֵעֵהוּ הִנְנִי קֹרֵא

לָכֶם דְּרוֹר נְאֻם־יְהוָה אֶל־הַחֶרֶב אֶל־הַדֶּבֶר וְאֶל־הָרָעָב וְנָתַתִּי

famine; and I will make you to be removed into all the kingdoms of the earth.

18 And I will give the men that have transgressed my covenant, which have not performed the words of the covenant which they had made before me, when they cut the calf in twain, and passed between the parts thereof,

19 The princes of Judah, and the princes of Jerusalem, the eunuchs, and the priests, and all the people of the land, which passed between the parts of the calf;

20 I will even give them into the hand of their enemies, and into the hand of them that seek their life: and their dead bodies shall be for meat unto the fowls of the heaven, and to the beasts of the earth.

21 And Zedekiah king of Judah and his princes will I give into the hand of their enemies, and into the hand of them that seek their life, and into the hand of the king of Babylon's army, which are gone up from you.

22 Behold, I will command, saith the LORD, and cause them to return to this city; and they shall fight against it, and take it, and burn it with fire: and I will make the cities of Judah a desolation without an inhabitant.

CHAPTER 35

1 The word which came unto Jeremiah from the LORD in the days of Jehoiakim the son of Josiah king of Judah, saying,

2 Go unto the house of the Rechabites, and speak unto them, and bring them into the house of the LORD, into one of the chambers, and give them wine to drink.

3 Then I took Jaazaniah the son of Jeremiah, the son of Habaziniah, and his brethren, and all his sons, and the whole house of the Rechabites;

4 And I brought them into the house of the LORD, into the chamber of the sons of Hanan, the son of Igdaliah, a man of God, which was by the chamber of the princes, which was above the chamber of

Maaseiah the son of Shallum, the keeper of the door:

5 And I set before the sons of the house of the Rechabites pots full of wine, and cups, and I said unto them, Drink ye wine.

6 But they said, We will drink no wine: for Jonadab the son of Rechab our father commanded us, saying, Ye shall drink no wine, *neither ye,* nor your sons for ever:

7 Neither shall ye build house, nor sow seed, nor plant vineyard, nor have *any:* but all your days ye shall dwell in tents; that ye may live many days in the land where ye *be* strangers.

8 Thus have we obeyed the voice of Jonadab the son of Rechab our father in all that he hath charged us, to drink no wine all our days, we, our wives, our sons, nor our daughters;

9 Nor to build houses for us to dwell in: neither have we vineyard, nor field, nor seed:

10 But we have dwelt in tents, and have obeyed, and done according to all that Jonadab our father commanded us.

11 But it came to pass, when Nebuchadrezzar king of Babylon came up into the land, that we said, Come, and let us go to Jerusalem for fear of the army of the Chaldeans, and for fear of the army of the Syrians: so we dwell at Jerusalem.

12 ¶ Then came the word of the LORD unto Jeremiah, saying,

13 Thus saith the LORD of hosts, the God of Israel; Go and tell the men of Judah and the inhabitants of Jerusalem, Will ye not receive instruction to hearken to my words? saith the LORD.

14 The words of Jonadab the son of Rechab, that he commanded his sons not to drink wine, are performed; for unto this day they drink none, but obey their father's commandment: notwithstanding I have spoken unto you, rising early and speaking; but ye hearkened not unto me.

15 I have sent also unto you all my servants the prophets, rising up early and sending *them,* saying, Return ye now every man from his evil way, and amend

לְזַעֲוָ֣ה 18 אֶתְכֶ֤ם לְזַֽעֲוָה֙ לְכֹ֖ל מַמְלְכ֣וֹת הָאָ֑רֶץ וְנָתַתִּ֣י אֶת־הָאֲנָשִׁ֗ים הָעֹֽבְרִים֙
אֶת־בְּרִתִ֔י אֲשֶׁ֤ר לֹֽא־הֵקִ֙ימוּ֙ אֶת־דִּבְרֵ֣י הַבְּרִ֔ית אֲשֶׁ֥ר כָּרְת֖וּ לְפָנָ֑י

19 הָעֵ֙גֶל֙ אֲשֶׁ֣ר כָּֽרְת֣וּ לִשְׁנַ֔יִם וַיַּעַבְר֖וּ בֵּ֣ין בְּתָרָ֑יו שָׂרֵ֨י יְהוּדָ֜ה וְשָׂרֵ֣י
יְרוּשָׁלִַ֗ם הַסָּֽרִסִים֙ וְהַכֹּ֣הֲנִ֔ים וְכֹ֖ל עַ֣ם הָאָ֑רֶץ הָעֹ֣בְרִ֔ים בֵּ֖ין בִּתְרֵ֥י

20 הָעֵֽגֶל וְנָתַתִּ֤י אוֹתָם֙ בְּיַ֣ד אֹֽיְבֵיהֶ֔ם וּבְיַ֖ד מְבַקְשֵׁ֣י נַפְשָׁ֑ם וְהָיְתָ֤ה

21 נִבְלָתָם֙ לְמַֽאֲכָ֔ל לְע֥וֹף הַשָּׁמַ֖יִם וּלְבֶֽהֱמַ֥ת הָאָֽרֶץ וְאֶת־צִדְקִיָּ֤הוּ מֶֽלֶךְ־
יְהוּדָה֙ וְאֶת־שָׂרָ֔יו אֶתֵּ֕ן בְּיַ֣ד אֹֽיְבֵיהֶ֔ם וּבְיַ֖ד מְבַקְשֵׁ֣י נַפְשָׁ֑ם וּבְיַ֕ד חֵ֚יל

22 מֶ֣לֶךְ בָּבֶ֔ל הָעֹלִ֖ים מֵֽעֲלֵיכֶֽם הִנְנִ֨י מְצַוֶּ֜ה נְאֻם־יְהֹוָ֗ה וַהֲשִׁבֹתִים֙ אֶל־
הָעִ֣יר הַזֹּ֔את וְנִלְחֲמ֣וּ עָלֶ֔יהָ וּלְכָד֖וּהָ וּשְׂרָפֻ֣הָ בָאֵ֑שׁ וְאֶת־עָרֵ֧י יְהוּדָ֛ה
אֶתֵּ֥ן שְׁמָמָ֖ה מֵאֵ֥ין יֹשֵֽׁב

35 1 הַדָּבָ֛ר אֲשֶׁר־הָיָ֥ה אֶֽל־יִרְמְיָ֖הוּ מֵאֵ֣ת יְהֹוָ֑ה בִּימֵ֨י יְהוֹיָקִ֧ים בֶּן־יֹֽאשִׁיָּ֛הוּ

2 מֶ֥לֶךְ יְהוּדָ֖ה לֵאמֹֽר הָלוֹךְ֙ אֶל־בֵּ֣ית הָרֵֽכָבִ֔ים וְדִבַּרְתָּ֖ אוֹתָ֑ם

3 וַהֲבִֽאוֹתָם֙ בֵּ֣ית יְהֹוָ֔ה אֶל־אַחַ֖ת הַלְּשָׁכ֑וֹת וְהִשְׁקִיתָ֥ אוֹתָ֖ם יָֽיִן וָאֶקַּ֞ח
אֶת־יַאֲזַנְיָ֤ה בֶן־יִרְמְיָ֙הוּ֙ בֶּן־חֲבַצִּנְיָ֔ה וְאֶת־אֶחָ֖יו וְאֶת־כָּל־בָּנָ֑יו וְאֵ֖ת

4 כָּל־בֵּ֥ית הָרֵֽכָבִֽים וָאָבִ֣א אֹתָ֣ם בֵּ֣ית יְהֹוָ֗ה אֶל־לִשְׁכַּ֛ת בְּנֵ֥י חָנָ֖ן בֶּן־
יִגְדַּלְיָ֙הוּ֙ אִ֣ישׁ הָאֱלֹהִ֔ים אֲשֶׁר־אֵ֙צֶל֙ לִשְׁכַּ֣ת הַשָּׂרִ֔ים אֲשֶׁ֣ר מִמַּ֗עַל

5 לְלִשְׁכַּ֛ת מַעֲשֵׂיָ֥הוּ בֶן־שַׁלֻּ֖ם שֹׁמֵ֣ר הַסַּ֑ף וָאֶתֵּ֞ן לִפְנֵ֣י ׀ בְּנֵ֣י בֵית־

6 הָרֵכָבִ֗ים גְּבִעִ֛ים מְלֵאִ֥ים יַ֖יִן וְכֹס֑וֹת וָאֹמַ֥ר אֲלֵיהֶ֖ם שְׁתוּ־יָֽיִן וַיֹּאמְר֣וּ
לֹ֣א נִשְׁתֶּה־יָּ֑יִן כִּ֣י יֽוֹנָדָ֣ב בֶּן־רֵכָ֞ב אָבִ֣ינוּ צִוָּ֤ה עָלֵ֙ינוּ֙ לֵאמֹ֔ר לֹ֥א תִשְׁתּוּ־

7 יַ֖יִן אַתֶּ֥ם וּבְנֵיכֶ֖ם עַד־עוֹלָֽם וּבַ֣יִת לֹֽא־תִבְנ֗וּ וְזֶ֤רַע לֹֽא־תִזְרָ֙עוּ֙ וְכֶ֣רֶם
לֹֽא־תִטָּ֔עוּ וְלֹ֥א יִֽהְיֶ֖ה לָכֶ֑ם כִּ֠י בָּאֳהָלִ֤ים תֵּֽשְׁבוּ֙ כָּל־יְמֵיכֶ֔ם לְמַ֨עַן תִּֽחְי֤וּ

8 יָמִ֣ים רַבִּים֙ עַל־פְּנֵ֣י הָֽאֲדָמָ֔ה אֲשֶׁ֥ר אַתֶּ֖ם גָּרִ֣ים שָׁ֑ם וַנִּשְׁמַ֗ע בְּק֞וֹל
יְהוֹנָדָ֤ב בֶּן־רֵכָב֙ אָבִ֔ינוּ לְכֹ֖ל אֲשֶׁ֣ר צִוָּ֑נוּ לְבִלְתִּ֤י שְׁתֽוֹת־יַ֙יִן֙ כָּל־יָמֵ֔ינוּ

9 אֲנַ֖חְנוּ נָשֵׁ֣ינוּ בָּנֵ֣ינוּ וּבְנֹתֵֽינוּ וּלְבִלְתִּ֛י בְּנ֥וֹת בָּתִּ֖ים לְשִׁבְתֵּ֑נוּ וְכֶ֧רֶם

10 וְשָׂדֶ֛ה וָזֶ֖רַע לֹ֥א יִֽהְיֶה־לָּֽנוּ וַנֵּ֖שֶׁב בָּֽאֳהָלִ֑ים וַנִּשְׁמַ֣ע וַנַּ֔עַשׂ כְּכֹ֥ל אֲשֶׁר־

11 צִוָּ֖נוּ יוֹנָדָ֣ב אָבִֽינוּ וַיְהִ֗י בַּעֲל֨וֹת נְבֽוּכַדְרֶאצַּ֥ר מֶֽלֶךְ־בָּבֶל֮ אֶל־הָאָרֶץ֒
וַנֹּ֗אמֶר בֹּ֚אוּ וְנָב֣וֹא יְרוּשָׁלִַ֔ם מִפְּנֵי֙ חֵ֣יל הַכַּשְׂדִּ֔ים וּמִפְּנֵ֖י חֵ֣יל אֲרָ֑ם
וַנֵּ֖שֶׁב בִּירֽוּשָׁלָֽיִם

12 וַֽיְהִי֙ דְּבַר־יְהֹוָ֔ה אֶֽל־יִרְמְיָ֖הוּ לֵאמֹֽר כֹּֽה־אָמַ֞ר יְהֹוָ֤ה צְבָאוֹת֙ אֱלֹהֵ֣י
13 יִשְׂרָאֵ֔ל הָלֹ֤ךְ וְאָֽמַרְתָּ֙ לְאִ֣ישׁ יְהוּדָ֔ה וּלְיֽוֹשְׁבֵ֖י יְרֽוּשָׁלָ֑͏ִם הֲל֨וֹא תִקְח֤וּ

14 מוּסָר֙ לִשְׁמֹ֣עַ אֶל־דְּבָרַ֔י נְאֻם־יְהֹוָֽה הוּקַ֡ם אֶת־דִּבְרֵ֣י יְהֽוֹנָדָ֣ב בֶּן־רֵ֠כָב
אֲשֶׁר־צִוָּ֨ה אֶת־בָּנָ֜יו לְבִלְתִּ֣י שְׁתֽוֹת־יַ֗יִן וְלֹ֤א שָׁתוּ֙ עַד־הַיּ֣וֹם הַזֶּ֔ה כִּ֣י
שָֽׁמְע֔וּ אֵ֖ת מִצְוַ֣ת אֲבִיהֶ֑ם וְאָ֨נֹכִ֜י דִּבַּ֤רְתִּי אֲלֵיכֶם֙ הַשְׁכֵּ֣ם וְדַבֵּ֔ר וְלֹ֥א

15 שְׁמַעְתֶּ֖ם אֵלָֽי וָאֶשְׁלַ֣ח אֲלֵיכֶ֣ם אֶת־כָּל־עֲבָדַ֣י הַנְּבִאִ֣ים ׀ הַשְׁכֵּ֣ים
וְשָׁלֹ֣חַ ׀ לֵאמֹ֡ר שֻֽׁבוּ־נָ֣א אִישׁ֩ מִדַּרְכּ֨וֹ הָֽרָעָ֜ה וְהֵיטִ֣יבוּ מַֽעַלְלֵיכֶ֗ם וְאַל־

your doings, and go not after other gods to serve them, and ye shall dwell in the land which I have given to you and to your fathers: but ye have not inclined your ear, nor hearkened unto me.

16 Because the sons of Jonadab the son of Rechab have performed the commandment of their father, which he commanded them; but this people hath not hearkened unto me:

17 Therefore thus saith the LORD God of hosts, the God of Israel; Behold, I will bring upon Judah and upon all the inhabitants of Jerusalem all the evil that I have pronounced against them: because I have spoken unto them, but they have not heard; and I have called unto them, but they have not answered.

18 ¶ And Jeremiah said unto the house of the Rechabites, Thus saith the LORD of hosts, the God of Israel; Because ye have obeyed the commandment of Jonadab your father, and kept all his precepts, and done according unto all that he hath commanded you:

19 Therefore thus saith the LORD of hosts, the God of Israel; Jonadab the son of Rechab shall not want a man to stand before me for ever.

CHAPTER 36

1 And it came to pass in the fourth year of Jehoiakim the son of Josiah king of Judah, *that* this word came unto Jeremiah from the LORD, saying,

2 Take thee a roll of a book, and write therein all the words that I have spoken unto thee against Israel, and against Judah, and against all the nations, from the day I spake unto thee, from the days of Josiah, even unto this day.

3 It may be that the house of Judah will hear all the evil which I purpose to do unto them; that they may return every man from his evil way; that I may forgive their iniquity and their sin.

4 Then Jeremiah called Baruch the son of Neriah: and Baruch wrote from the mouth of Jeremiah all the words of the LORD, which he had spoken unto him, upon a roll of a book.

5 And Jeremiah commanded Baruch, saying, I *am* shut up; I cannot go into the house of the LORD:

6 Therefore go thou, and read in the roll, which thou hast written from my mouth, the words of the LORD in the ears of the people in the LORD's house upon the fasting day: and also thou shalt read them in the ears of all Judah that come out of their cities.

7 It may be they will present their supplication before the LORD, and will return every one from his evil way: for great *is* the anger and the fury that the LORD hath pronounced against this people.

8 And Baruch the son of Neriah did according to all that Jeremiah the prophet commanded him, reading in the book the words of the LORD in the LORD's house.

9 And it came to pass in the fifth year of Jehoiakim the son of Josiah king of Judah, in the ninth month, *that* they proclaimed a fast before the LORD to all the people in Jerusalem, and to all the people that came from the cities of Judah unto Jerusalem.

10 Then read Baruch in the book the words of Jeremiah in the house of the LORD, in the chamber of Gemariah the son of Shaphan the scribe, in the higher court, at the entry of the new gate of the LORD's house, in the ears of all the people.

11 ¶ When Michaiah the son of Gemariah, the son of Shaphan, had heard out of the book all the words of the LORD,

12 Then he went down into the king's house, into the scribe's chamber: and, lo, all the princes sat there, *even* Elishama the scribe, and Delaiah the son of Shemaiah, and Elnathan the son of Achbor, and Gemariah the son of Shaphan, and Zedekiah the son of Hananiah, and all the princes.

13 Then Michaiah declared unto them all the words that he had heard, when Baruch read the book in the ears of the people.

הָלְכוּ אַחֲרֵי אֱלֹהִים אֲחֵרִים לְעָבְדָם וּשֻׁבוּ אֶל־הָאֲדָמָה אֲשֶׁר־נָתַתִּי

16 לָכֶם וְלַאֲבֹתֵיכֶם וְלֹא הִטִּיתֶם אֶת־אָזְנְכֶם וְלֹא שְׁמַעְתֶּם אֵלָי: כִּי

הֵקִימוּ בְּנֵי יְהוֹנָדָב בֶּן־רֵכָב אֶת־מִצְוַת אֲבִיהֶם אֲשֶׁר צִוָּם וְהָעָם

17 הַזֶּה לֹא שָׁמְעוּ אֵלָי: לָכֵן כֹּה־אָמַר יְהֹוָה

אֱלֹהֵי צְבָאוֹת אֱלֹהֵי יִשְׂרָאֵל הִנְנִי מֵבִיא אֶל־יְהוּדָה וְאֶל כָּל־יוֹשְׁבֵי

יְרוּשָׁלַ͏ִם אֵת כָּל־הָרָעָה אֲשֶׁר דִּבַּרְתִּי עֲלֵיהֶם יַעַן דִּבַּרְתִּי אֲלֵיהֶם

18 וְלֹא שָׁמֵעוּ וָאֶקְרָא לָהֶם וְלֹא עָנוּ: וּלְבֵית הָרֵכָבִים אָמַר יִרְמְיָהוּ

כֹּה־אָמַר יְהֹוָה צְבָאוֹת אֱלֹהֵי יִשְׂרָאֵל יַעַן אֲשֶׁר שְׁמַעְתֶּם עַל־מִצְוַת

יְהוֹנָדָב אֲבִיכֶם וַתִּשְׁמְרוּ אֶת־כָּל־מִצְוֹתָיו וַתַּעֲשׂוּ כְּכֹל אֲשֶׁר־צִוָּה

19 אֶתְכֶם: לָכֵן כֹּה אָמַר יְהֹוָה צְבָאוֹת אֱלֹהֵי יִשְׂרָאֵל לֹא־

יִכָּרֵת אִישׁ לְיוֹנָדָב בֶּן־רֵכָב עֹמֵד לְפָנַי כָּל־הַיָּמִים:

36 1 וַיְהִי בַּשָּׁנָה הָרְבִיעִת לִיהוֹיָקִים בֶּן־יֹאשִׁיָּהוּ מֶלֶךְ יְהוּדָה הָיָה הַדָּבָר

2 הַזֶּה אֶל־יִרְמְיָהוּ מֵאֵת יְהֹוָה לֵאמֹר: קַח־לְךָ מְגִלַּת־סֵפֶר וְכָתַבְתָּ

אֵלֶיהָ אֵת כָּל־הַדְּבָרִים אֲשֶׁר־דִּבַּרְתִּי אֵלֶיךָ עַל־יִשְׂרָאֵל וְעַל־יְהוּדָה

וְעַל־כָּל־הַגּוֹיִם מִיּוֹם דִּבַּרְתִּי אֵלֶיךָ מִימֵי יֹאשִׁיָּהוּ וְעַד הַיּוֹם הַזֶּה:

3 אוּלַי יִשְׁמְעוּ בֵּית יְהוּדָה אֵת כָּל־הָרָעָה אֲשֶׁר אָנֹכִי חֹשֵׁב לַעֲשׂוֹת

לָהֶם לְמַעַן יָשׁוּבוּ אִישׁ מִדַּרְכּוֹ הָרָעָה וְסָלַחְתִּי לַעֲוֹנָם

4 וּלְחַטָּאתָם: וַיִּקְרָא יִרְמְיָהוּ אֶת־בָּרוּךְ בֶּן־נֵרִיָּה וַיִּכְתֹּב

בָּרוּךְ מִפִּי יִרְמְיָהוּ אֵת כָּל־דִּבְרֵי יְהֹוָה אֲשֶׁר־דִּבֶּר אֵלָיו עַל־מְגִלַּת־

5 סֵפֶר: וַיְצַוֶּה יִרְמְיָהוּ אֶת־בָּרוּךְ לֵאמֹר אֲנִי עָצוּר לֹא אוּכַל לָבוֹא

6 בֵּית יְהֹוָה: וּבָאתָ אַתָּה וְקָרָאתָ בַמְּגִלָּה אֲשֶׁר־כָּתַבְתָּ־מִפִּי אֶת־דִּבְרֵי

יְהֹוָה בְּאָזְנֵי הָעָם בֵּית יְהֹוָה בְּיוֹם צוֹם וְגַם בְּאָזְנֵי כָל־יְהוּדָה הַבָּאִים

7 מֵעָרֵיהֶם תִּקְרָאֵם: אוּלַי תִּפֹּל תְּחִנָּתָם לִפְנֵי יְהֹוָה וְיָשֻׁבוּ אִישׁ

מִדַּרְכּוֹ הָרָעָה כִּי־גָדוֹל הָאַף וְהַחֵמָה אֲשֶׁר־דִּבֶּר יְהֹוָה אֶל־הָעָם

8 הַזֶּה: וַיַּעַשׂ בָּרוּךְ בֶּן־נֵרִיָּה כְּכֹל אֲשֶׁר־צִוָּהוּ יִרְמְיָהוּ הַנָּבִיא לִקְרֹא

9 בַסֵּפֶר דִּבְרֵי יְהֹוָה בֵּית יְהֹוָה: וַיְהִי בַשָּׁנָה הַחֲמִשִׁית

לִיהוֹיָקִים בֶּן־יֹאשִׁיָּהוּ מֶלֶךְ־יְהוּדָה בַּחֹדֶשׁ הַתְּשִׁעִי קָרְאוּ צוֹם לִפְנֵי

יְהֹוָה כָּל־הָעָם בִּירוּשָׁלָ͏ִם וְכָל־הָעָם הַבָּאִים מֵעָרֵי יְהוּדָה בִּירוּשָׁלָ͏ִם:

10 וַיִּקְרָא בָרוּךְ בַּסֵּפֶר אֶת־דִּבְרֵי יִרְמְיָהוּ בֵּית יְהֹוָה בְּלִשְׁכַּת גְּמַרְיָהוּ

בֶן־שָׁפָן הַסֹּפֵר בֶּחָצֵר הָעֶלְיוֹן פֶּתַח שַׁעַר בֵּית־יְהֹוָה הֶחָדָשׁ בְּאָזְנֵי

11 כָּל־הָעָם: וַיִּשְׁמַע מִכָיְהוּ בֶן־גְּמַרְיָהוּ בֶן־שָׁפָן אֶת־כָּל־דִּבְרֵי יְהֹוָה

12 מֵעַל הַסֵּפֶר: וַיֵּרֶד בֵּית־הַמֶּלֶךְ עַל־לִשְׁכַּת הַסֹּפֵר וְהִנֵּה־שָׁם כָּל־

הַשָּׂרִים יוֹשְׁבִים אֱלִישָׁמָע הַסֹּפֵר וּדְלָיָהוּ בֶן־שְׁמַעְיָהוּ וְאֶלְנָתָן בֶּן־

13 עַכְבּוֹר וּגְמַרְיָהוּ בֶן־שָׁפָן וְצִדְקִיָּהוּ בֶן־חֲנַנְיָהוּ וְכָל־הַשָּׂרִים: וַיַּגֵּד לָהֶם

מִכָיְהוּ אֵת כָּל־הַדְּבָרִים אֲשֶׁר שָׁמֵעַ בִּקְרֹא בָרוּךְ בַּסֵּפֶר בְּאָזְנֵי הָעָם:

14 Therefore all the princes sent Jehudi the son of Nethaniah, the son of Shelemiah, the son of Cushi, unto Baruch, saying, Take in thine hand the roll wherein thou hast read in the ears of the people, and come. So Baruch the son of Neriah took the roll in his hand, and came unto them.

15 And they said unto him, Sit down now, and read it in our ears. So Baruch read *it* in their ears.

16 Now it came to pass, when they had heard all the words, they were afraid both one and other, and said unto Baruch, We will surely tell the king of all these words.

17 And they asked Baruch, saying, Tell us now, How didst thou write all these words at his mouth?

18 Then Baruch answered them, He pronounced all these words unto me with his mouth, and I wrote *them* with ink in the book.

19 Then said the princes unto Baruch, Go, hide thee, thou and Jeremiah; and let no man know where ye be.

20 ¶ And they went in to the king into the court, but they laid up the roll in the chamber of Elishama the scribe, and told all the words in the ears of the king.

21 So the king sent Jehudi to fetch the roll: and he took it out of Elishama the scribe's chamber. And Jehudi read it in the ears of the king, and in the ears of all the princes which stood beside the king.

22 Now the king sat in the winterhouse in the ninth month: and *there was a fire* on the hearth burning before him.

23 And it came to pass, *that* when Jehudi had read three or four leaves, he cut it with the penknife, and cast *it* into the fire that *was* on the hearth, until all the roll was consumed in the fire that *was* on the hearth.

24 Yet they were not afraid, nor rent their garments, *neither* the king, nor any of his servants that heard all these words.

25 Nevertheless Elnathan and Delaiah and Gemariah had made intercession to the king that he would not burn the roll: but he would not hear them.

26 But the king commanded Jerahmeel the son of Hammelech, and Seraiah the son of Azriel, and Shelemiah the son of Abdeel, to take Baruch the scribe and Jeremiah the prophet: but the LORD hid them.

27 ¶ Then the word of the LORD came to Jeremiah, after that the king had burned the roll, and the words which Baruch wrote at the mouth of Jeremiah, saying,

28 Take thee again another roll, and write in it all the former words that were in the first roll, which Jehoiakim the king of Judah hath burned.

29 And thou shalt say to Jehoiakim king of Judah, Thus saith the LORD; Thou hast burned this roll, saying, Why hast thou written therein, saying, The king of Babylon shall certainly come and destroy this land, and shall cause to cease from thence man and beast?

30 Therefore thus saith the LORD of Jehoiakim king of Judah; He shall have none to sit upon the throne of David: and his dead body shall be cast out in the day to the heat, and in the night to the frost.

31 And I will punish him and his seed and his servants for their iniquity; and I will bring upon them, and upon the inhabitants of Jerusalem, and upon the men of Judah, all the evil that I have pronounced against them; but they hearkened not.

32 ¶ Then took Jeremiah another roll, and gave it to Baruch the scribe, the son of Neriah; who wrote therein from the mouth of Jeremiah all the words of the

וַיִּשְׁלְח֨וּ כָל־הַשָּׂרִ֜ים אֶל־בָּר֗וּךְ אֶת־יְהוּדִ֣י בֶּן־נְ֠תַנְיָהוּ בֶּן־שֶׁלֶמְיָ֣הוּ בֶן־ 14
כּוּשִׁי֮ לֵאמֹר֒ הַמְּגִלָּ֗ה אֲשֶׁ֨ר קָרָ֤אתָ בָּהּ֙ בְּאָזְנֵ֣י הָעָ֔ם קָחֶ֥נָּה בְיָדְךָ֖

וָלֵ֑ךְ וַיִּקַּ֞ח בָּר֧וּךְ בֶּן־נֵרִיָּ֛הוּ אֶת־הַמְּגִלָּ֖ה בְּיָד֑וֹ וַיָּבֹ֖א אֲלֵיהֶֽם׃ וַיֹּאמְר֣וּ 15
אֵלָ֔יו שֵׁ֣ב נָ֔א וּקְרָאֶ֖נָּה בְּאָזְנֵ֑ינוּ וַיִּקְרָ֥א בָר֖וּךְ בְּאָזְנֵיהֶֽם׃ וַיְהִ֗י כְּשָׁמְעָם֙ 16
אֶת־כָּל־הַדְּבָרִ֔ים פָּחֲד֖וּ אִ֣ישׁ אֶל־רֵעֵ֑הוּ וַיֹּֽאמְרוּ֙ אֶל־בָּר֔וּךְ הַגֵּ֤יד נַגִּיד֙

לַמֶּ֔לֶךְ אֵ֥ת כָּל־הַדְּבָרִ֖ים הָאֵֽלֶּה׃ וְאֶת־בָּר֔וּךְ שָׁאֲל֖וּ לֵאמֹ֑ר הַגֶּד־נָ֣א 17
לָ֔נוּ אֵ֗יךְ כָּתַ֛בְתָּ אֶת־כָּל־הַדְּבָרִ֥ים הָאֵ֖לֶּה מִפִּֽיו׃ וַיֹּ֤אמֶר לָהֶם֙ בָּר֔וּךְ 18
מִפִּיו֙ יִקְרָ֣א אֵלַ֔י אֵ֥ת כָּל־הַדְּבָרִ֖ים הָאֵ֑לֶּה וַאֲנִ֛י כֹּתֵ֥ב עַל־הַסֵּ֖פֶר
בַּדְּיֽוֹ׃

וַיֹּאמְר֨וּ הַשָּׂרִ֜ים אֶל־בָּר֗וּךְ לֵ֤ךְ הִסָּתֵר֙ אַתָּ֣ה וְיִרְמְיָ֔הוּ וְאִ֖ישׁ אַל־יֵדַ֣ע 19
אֵיפֹ֣ה אַתֶּ֑ם׃ וַיָּבֹ֣אוּ אֶל־הַמֶּ֣לֶךְ חָצֵ֗רָה וְאֶת־הַמְּגִלָּ֤ה הִפְקִ֙דוּ֙ בְּלִשְׁכַּת֙ 20
אֱלִישָׁמָ֣ע הַסֹּפֵ֔ר וַיַּגִּ֙ידוּ֙ בְּאָזְנֵ֣י הַמֶּ֔לֶךְ אֵ֖ת כָּל־הַדְּבָרִֽים׃ וַיִּשְׁלַ֨ח 21
הַמֶּ֜לֶךְ אֶת־יְהוּדִ֗י לָקַ֙חַת֙ אֶת־הַמְּגִלָּ֔ה וַיִּקָּחֶ֕הָ מִלִּשְׁכַּ֖ת אֱלִישָׁמָ֣ע
הַסֹּפֵ֑ר וַיִּקְרָאֶ֤הָ יְהוּדִי֙ בְּאָזְנֵ֣י הַמֶּ֔לֶךְ וּבְאָזְנֵי֙ כָּל־הַשָּׂרִ֔ים הָעֹמְדִ֖ים

מֵעַ֣ל הַמֶּ֑לֶךְ וְהַמֶּ֗לֶךְ יוֹשֵׁב֙ בֵּ֣ית הַחֹ֔רֶף בַּחֹ֖דֶשׁ הַתְּשִׁיעִ֑י וְאֶת־הָאָ֖ח 22
לְפָנָ֥יו מְבֹעָֽרֶת׃ וַיְהִ֣י ׀ כִּקְר֣וֹא יְהוּדִ֗י שָׁלֹ֣שׁ דְּלָתוֹת֮ וְאַרְבָּעָה֒ יִֽקְרָעֶ֙הָ֙ 23
בְּתַ֣עַר הַסֹּפֵ֔ר וְהַשְׁלֵ֕ךְ אֶל־הָאֵ֖שׁ אֲשֶׁ֣ר אֶל־הָאָ֑ח עַד־תֹּם֙ כָּל־הַמְּגִלָּ֔ה

עַל־הָאֵ֖שׁ אֲשֶׁ֥ר עַל־הָאָֽח׃ וְלֹ֣א פָחֲד֔וּ וְלֹ֥א קָרְע֖וּ אֶת־בִּגְדֵיהֶ֑ם הַמֶּ֙לֶךְ֙ 24
וְכָל־עֲבָדָ֔יו הַשֹּׁמְעִ֕ים אֵ֥ת כָּל־הַדְּבָרִ֖ים הָאֵֽלֶּה׃ וְגַם֩ אֶלְנָתָ֨ן וּדְלָיָ֜הוּ 25
וּגְמַרְיָ֗הוּ הִפְגִּ֤עוּ בַמֶּ֙לֶךְ֙ לְבִלְתִּ֥י שְׂרֹ֖ף אֶת־הַמְּגִלָּ֑ה וְלֹ֥א שָׁמַ֖ע אֲלֵיהֶֽם׃

וַיְצַוֶּ֣ה הַ֠מֶּלֶךְ אֶת־יְרַחְמְאֵ֨ל בֶּן־הַמֶּ֜לֶךְ וְאֶת־שְׂרָיָ֣הוּ בֶן־עַזְרִיאֵ֗ל וְאֶת־ 26
שֶׁלֶמְיָ֙הוּ֙ בֶּן־עַבְדְּאֵ֔ל לָקַ֙חַת֙ אֶת־בָּר֣וּךְ הַסֹּפֵ֔ר וְאֵ֖ת יִרְמְיָ֣הוּ הַנָּבִ֑יא
וַיַּסְתִּרֵ֖ם יְהוָֽה׃   וַיְהִ֤י דְבַר־יְהוָה֙ אֶל־יִרְמְיָ֔הוּ אַחֲרֵ֣י ׀ שְׂרֹ֣ף 27
הַמֶּ֗לֶךְ אֶת־הַמְּגִלָּה֙ וְאֶת־הַדְּבָרִ֔ים אֲשֶׁ֥ר כָּתַ֛ב בָּר֖וּךְ מִפִּ֥י יִרְמְיָ֖הוּ

לֵאמֹֽר׃ שׁ֥וּב קַח־לְךָ֖ מְגִלָּ֣ה אַחֶ֑רֶת וּכְתֹ֣ב עָלֶ֗יהָ אֵ֤ת כָּל־הַדְּבָרִים֙ 28
הָרִ֣אשֹׁנִ֔ים אֲשֶׁ֣ר הָי֗וּ עַל־הַמְּגִלָּ֤ה הָרִֽאשֹׁנָה֙ אֲשֶׁ֣ר שָׂרַ֔ף יְהוֹיָקִ֖ים

מֶֽלֶךְ־יְהוּדָֽה׃ וְעַל־יְהוֹיָקִ֤ים מֶֽלֶךְ־יְהוּדָה֙ תֹאמַ֔ר כֹּ֖ה אָמַ֣ר יְהוָ֑ה אַ֠תָּה 29
שָׂרַ֜פְתָּ אֶת־הַמְּגִלָּ֤ה הַזֹּאת֙ לֵאמֹ֔ר מַדּוּעַ֩ כָּתַ֨בְתָּ עָלֶ֤יהָ לֵאמֹר֙ בֹּֽא־
יָב֤וֹא מֶֽלֶךְ־בָּבֶל֙ וְהִשְׁחִ֣ית אֶת־הָאָ֣רֶץ הַזֹּ֔את וְהִשְׁבִּ֥ית מִמֶּ֖נָּה אָדָ֥ם

וּבְהֵמָֽה׃   לָכֵ֗ן כֹּֽה־אָמַ֤ר יְהוָה֙ עַל־יְהֽוֹיָקִים֙ מֶ֣לֶךְ יְהוּדָ֔ה 30
לֹא־יִֽהְיֶה־לּ֥וֹ יוֹשֵׁ֖ב עַל־כִּסֵּ֣א דָוִ֑ד וְנִבְלָתוֹ֙ תִּֽהְיֶ֣ה מֻשְׁלֶ֔כֶת לַחֹ֥רֶב בַּיּ֖וֹם

וְלַקֶּ֥רַח בַּלָּֽיְלָה׃ וּפָקַדְתִּ֨י עָלָ֜יו וְעַל־זַרְע֤וֹ וְעַל־עֲבָדָיו֙ אֶת־עֲוֺנָ֔ם 31
וְהֵבֵאתִ֣י עֲלֵיהֶ֡ם וְעַל־יֹשְׁבֵ֣י יְרוּשָׁלִַ֩ם וְאֶל־אִ֨ישׁ יְהוּדָ֜ה אֵ֧ת כָּל־הָרָעָ֛ה

אֲשֶׁר־דִּבַּ֥רְתִּי אֲלֵיהֶ֖ם וְלֹ֥א שָׁמֵֽעוּ׃   וְיִרְמְיָ֙הוּ ׀ לָקַח֮ מְגִלָּ֣ה 32
אַחֶרֶת֒ וַיִּתְּנָהּ֮ אֶל־בָּר֣וּךְ בֶּן־נֵרִיָּהוּ֮ הַסֹּפֵר֒ וַיִּכְתֹּ֤ב עָלֶ֙יהָ֙ מִפִּ֣י יִרְמְיָ֔הוּ

book which Jehoiakim king of Judah had burned in the fire: and there were added besides unto them many like words.

CHAPTER 37

1 And king Zedekiah the son of Josiah reigned instead of Coniah the son of Jehoiakim, whom Nebuchadrezzar king of Babylon made king in the land of Judah.

2 But neither he, nor his servants, nor the people of the land, did hearken unto the words of the LORD, which he spake by the prophet Jeremiah.

3 And Zedekiah the king sent Jehucal the son of Shelemiah and Zephaniah the son of Maaseiah the priest to the prophet Jeremiah, saying, Pray now unto the LORD our God for us.

4 Now Jeremiah came in and went out among the people: for they had not put him into prison.

5 Then Pharaoh's army was come forth out of Egypt: and when the Chaldeans that besieged Jerusalem heard tidings of them, they departed from Jerusalem.

6 ¶ Then came the word of the LORD unto the prophet Jeremiah, saying,

7 Thus saith the LORD, the God of Israel; Thus shall ye say to the king of Judah, that sent you unto me to enquire of me; Behold, Pharaoh's army, which is come forth to help you, shall return to Egypt into their own land.

8 And the Chaldeans shall come again, and fight against this city, and take it, and burn it with fire.

9 Thus saith the LORD; Deceive not yourselves, saying, The Chaldeans shall surely depart from us: for they shall not depart.

10 For though ye had smitten the whole army of the Chaldeans that fight against you, and there remained *but* wounded men among them, *yet* should they rise up every man in his tent, and burn this city with fire.

11 ¶ And it came to pass, that when the army of the Chaldeans was broken up from Jerusalem for fear of Pharaoh's army,

12 Then Jeremiah went forth out of Jerusalem to go into the land of Benjamin, to separate himself thence in the midst of the people.

13 And when he was in the gate of Benjamin, a captain of the ward *was* there, whose name *was* Irijah, the son of Shelemiah, the son of Hananiah; and he took Jeremiah the prophet, saying, Thou fallest away to the Chaldeans.

14 Then said Jeremiah, *It is* false; I fall not away to the Chaldeans. But he hearkened not to him: so Irijah took Jeremiah, and brought him to the princes.

15 Wherefore the princes were wroth with Jeremiah, and smote him, and put him in prison in the house of Jonathan the scribe: for they had made that the prison.

16 ¶ When Jeremiah was entered into the dungeon, and into the cabins, and Jeremiah had remained there many days;

17 Then Zedekiah the king sent, and took him out: and the king asked him secretly in his house, and said, Is there *any* word from the LORD? And Jeremiah said, There is: for, said he, thou shalt be delivered into the hand of the king of Babylon.

18 Moreover Jeremiah said unto king Zedekiah, What have I offended against thee, or against thy servants, or against this people, that ye have put me in prison?

19 Where *are* now your prophets which prophesied unto you, saying, The king of Babylon shall not come against you, nor against this land?

20 Therefore hear now, I pray thee, O my lord the king: let my supplication, I pray thee, be accepted before thee; that thou cause me not to return to the house of Jonathan the scribe, lest I die there.

21 Then Zedekiah the king commanded that they should commit Jeremiah into the court of the prison, and that they should give him daily a piece of bread out of the bakers' street, until all the bread in the city were spent. Thus Jeremiah remained in the court of the prison.

אֶת כָּל־דִּבְרֵי הַסֵּפֶר אֲשֶׁר שָׂרַף יְהוֹיָקִים מֶלֶךְ־יְהוּדָה בָּאֵשׁ וְעוֹד

37   נוֹסַף עֲלֵיהֶם דְּבָרִים רַבִּים כָּהֵמָּה: וַיִּמְלָךְ־מֶלֶךְ צִדְקִיָּהוּ

בֶּן־יֹאשִׁיָּהוּ תַּחַת כָּנְיָהוּ בֶּן־יְהוֹיָקִים אֲשֶׁר הִמְלִיךְ נְבוּכַדְרֶאצַּר מֶלֶךְ־

2   בָּבֶל בְּאֶרֶץ יְהוּדָה: וְלֹא שָׁמַע הוּא וַעֲבָדָיו וְעַם הָאָרֶץ אֶל־דִּבְרֵי

3   יְהוָה אֲשֶׁר דִּבֶּר בְּיַד יִרְמְיָהוּ הַנָּבִיא: וַיִּשְׁלַח הַמֶּלֶךְ צִדְקִיָּהוּ אֶת־

יְהוּכַל בֶּן־שֶׁלֶמְיָה וְאֶת־צְפַנְיָהוּ בֶן־מַעֲשֵׂיָה הַכֹּהֵן אֶל־יִרְמְיָהוּ הַנָּבִיא

4   לֵאמֹר הִתְפַּלֶּל־נָא בַעֲדֵנוּ אֶל־יְהוָה אֱלֹהֵינוּ: וְיִרְמְיָהוּ בָּא וְיֹצֵא

5   בְּתוֹךְ הָעָם וְלֹא־נָתְנוּ אֹתוֹ בֵּית הַכְּלִיא: וְחֵיל פַּרְעֹה יָצָא מִמִּצְרָיִם   הַכְּלוּא

וַיִּשְׁמְעוּ הַכַּשְׂדִּים הַצָּרִים עַל־יְרוּשָׁלַ͏ִם אֶת־שִׁמְעָם וַיֵּעָלוּ מֵעַל

יְרוּשָׁלָ͏ִם:

6   וַיְהִי דְּבַר־יְהוָה אֶל־יִרְמְיָהוּ הַנָּבִיא לֵאמֹר: כֹּה־אָמַר יְהוָה אֱלֹהֵי
7

יִשְׂרָאֵל כֹּה תֹאמְרוּ אֶל־מֶלֶךְ יְהוּדָה הַשֹּׁלֵחַ אֶתְכֶם אֵלַי לְדָרְשֵׁנִי הִנֵּה ׀

8   חֵיל פַּרְעֹה הַיֹּצֵא לָכֶם לְעֶזְרָה שָׁב לְאַרְצוֹ מִצְרָיִם: וְשָׁבוּ הַכַּשְׂדִּים

9   וְנִלְחֲמוּ עַל־הָעִיר הַזֹּאת וּלְכָדֻהָ וּשְׂרָפֻהָ בָאֵשׁ:   כֹּה ׀ אָמַר

יְהוָה אַל־תַּשִּׁאוּ נַפְשֹׁתֵיכֶם לֵאמֹר הָלֹךְ יֵלְכוּ מֵעָלֵינוּ הַכַּשְׂדִּים כִּי־

10A   10   לֹא יֵלֵכוּ: כִּי אִם־הִכִּיתֶם כָּל־חֵיל כַּשְׂדִּים הַנִּלְחָמִים אִתְּכֶם

וְנִשְׁאֲרוּ־בָם אֲנָשִׁים מְדֻקָּרִים אִישׁ בְּאָהֳלוֹ יָקוּמוּ וְשָׂרְפוּ אֶת־הָעִיר

11   הַזֹּאת בָּאֵשׁ: וְהָיָה בְּהֵעָלוֹת חֵיל הַכַּשְׂדִּים מֵעַל יְרוּשָׁלָ͏ִם מִפְּנֵי חֵיל

12   פַּרְעֹה: וַיֵּצֵא יִרְמְיָהוּ מִירוּשָׁלַ͏ִם לָלֶכֶת אֶרֶץ בִּנְיָמִן לַחֲלִק

13   מִשָּׁם בְּתוֹךְ הָעָם: וַיְהִי־הוּא בְּשַׁעַר בִּנְיָמִן וְשָׁם בַּעַל פְּקִדֻת וּשְׁמוֹ

יִרְאִיָּיה בֶּן־שֶׁלֶמְיָה בֶּן־חֲנַנְיָה וַיִּתְפֹּשׂ אֶת־יִרְמְיָהוּ הַנָּבִיא לֵאמֹר אֶל־

14   הַכַּשְׂדִּים אַתָּה נֹפֵל: וַיֹּאמֶר יִרְמְיָהוּ שֶׁקֶר אֵינֶנִּי נֹפֵל עַל־הַכַּשְׂדִּים

וְלֹא שָׁמַע אֵלָיו וַיִּתְפֹּשׂ יִרְאִיָּיה בְּיִרְמְיָהוּ וַיְבִאֵהוּ אֶל־הַשָּׂרִים:

15   וַיִּקְצְפוּ הַשָּׂרִים עַל־יִרְמְיָהוּ וְהִכּוּ אֹתוֹ וְנָתְנוּ אוֹתוֹ בֵּית הָאֵסוּר

16   בֵּית יְהוֹנָתָן הַסֹּפֵר כִּי־אֹתוֹ עָשׂוּ לְבֵית הַכֶּלֶא: כִּי בָא יִרְמְיָהוּ אֶל־

בֵּית הַבּוֹר וְאֶל־הַחֲנֻיוֹת וַיֵּשֶׁב־שָׁם יִרְמְיָהוּ יָמִים רַבִּים:

17   וַיִּשְׁלַח הַמֶּלֶךְ צִדְקִיָּהוּ וַיִּקָּחֵהוּ וַיִּשְׁאָלֵהוּ הַמֶּלֶךְ בְּבֵיתוֹ בַּסֵּתֶר וַיֹּאמֶר

הֲיֵשׁ דָּבָר מֵאֵת יְהוָה וַיֹּאמֶר יִרְמְיָהוּ יֵשׁ וַיֹּאמֶר בְּיַד מֶלֶךְ־בָּבֶל

18   תִּנָּתֵן: וַיֹּאמֶר יִרְמְיָהוּ אֶל־הַמֶּלֶךְ צִדְקִיָּהוּ מֶה חָטָאתִי לְךָ

19   וְלַעֲבָדֶיךָ וְלָעָם הַזֶּה כִּי־נְתַתֶּם אוֹתִי אֶל־בֵּית הַכֶּלֶא: וְאַיּוֹ נְבִיאֵיכֶם   וְאַיֵּה

אֲשֶׁר־נִבְּאוּ לָכֶם לֵאמֹר לֹא־יָבֹא מֶלֶךְ־בָּבֶל עֲלֵיכֶם וְעַל הָאָרֶץ

20   הַזֹּאת: וְעַתָּה שְׁמַע־נָא אֲדֹנִי הַמֶּלֶךְ תִּפָּל־נָא תְחִנָּתִי לְפָנֶיךָ וְאַל־

21   תְּשִׁבֵנִי בֵּית יְהוֹנָתָן הַסֹּפֵר וְלֹא אָמוּת שָׁם: וַיְצַוֶּה הַמֶּלֶךְ צִדְקִיָּהוּ

וַיַּפְקִדוּ אֶת־יִרְמְיָהוּ בַּחֲצַר הַמַּטָּרָה וְנָתֹן לוֹ כִכַּר־לֶחֶם לַיּוֹם מִחוּץ

הָאֹפִים עַד־תֹּם כָּל־הַלֶּחֶם מִן־הָעִיר וַיֵּשֶׁב יִרְמְיָהוּ בַּחֲצַר הַמַּטָּרָה:

CHAPTER 38

1 Then Shephatiah the son of Mattan, and Gedaliah the son of Pashur, and Jucal the son of Shelemiah, and Pashur the son of Malchiah, heard the words that Jeremiah had spoken unto all the people, saying,

2 Thus saith the LORD, He that remaineth in this city shall die by the sword, by the famine, and by the pestilence: but he that goeth forth to the Chaldeans shall live; for he shall have his life for a prey, and shall live.

3 Thus saith the LORD, This city shall surely be given into the hand of the king of Babylon's army, which shall take it.

4 Therefore the princes said unto the king, We beseech thee, let this man be put to death: for thus he weakeneth the hands of the men of war that remain in this city, and the hands of all the people, in speaking such words unto them: for this man seeketh not the welfare of this people, but the hurt.

5 Then Zedekiah the king said, Behold, he *is* in your hand: for the king *is* not *he that* can do *any* thing against you.

6 Then took they Jeremiah, and cast him into the dungeon of Malchiah the son of Hammelech, that *was* in the court of the prison: and they let down Jeremiah with cords. And in the dungeon *there was* no water, but mire: so Jeremiah sunk in the mire.

7 ¶ Now when Ebed-melech the Ethiopian, one of the eunuchs which was in the king's house, heard that they had put Jeremiah in the dungeon; the king then sitting in the gate of Benjamin;

8 Ebed-melech went forth out of the king's house, and spake to the king, saying,

9 My lord the king, these men have done evil in all that they have done to Jeremiah the prophet, whom they have cast into the dungeon; and he is like to die for hunger in the place where he is: for *there is* no more bread in the city.

10 Then the king commanded Ebed-melech the Ethiopian, saying, Take from hence thirty men with thee, and take up Jeremiah the prophet out of the dungeon, before he die.

11 So Ebed-melech took the men with him, and went into the house of the king under the treasury, and took thence old cast clouts and old rotten rags, and let them down by cords into the dungeon to Jeremiah.

12 And Ebed-melech the Ethiopian said unto Jeremiah, Put now *these* old cast clouts and rotten rags under thine armholes under the cords. And Jeremiah did so.

13 So they drew up Jeremiah with cords, and took him up out of the dungeon: and Jeremiah remained in the court of the prison.

14 ¶ Then Zedekiah the king sent, and took Jeremiah the prophet unto him into the third entry that *is* in the house of the LORD: and the king said unto Jeremiah, I will ask thee a thing; hide nothing from me.

15 Then Jeremiah said unto Zedekiah, If I declare *it* unto thee, wilt thou not surely put me to death? and if I give thee counsel, wilt thou not hearken unto me?

16 So Zedekiah the king sware secretly unto Jeremiah, saying, *As* the LORD liveth, that made us this soul, I will not put thee to death, neither will I give thee into the hand of these men that seek thy life.

17 Then said Jeremiah unto Zedekiah, Thus saith the LORD, the God of hosts, the God of Israel; If thou wilt assuredly go forth unto the king of Babylon's princes, then thy soul shall live, and this city shall not be burned with fire; and thou shalt live, and thine house:

18 But if thou wilt not go forth to the

38 וַיִּשְׁמַ֞ע שְׁפַטְיָ֣ה בֶן־מַתָּ֗ן וּגְדַלְיָ֙הוּ֙ בֶּן־פַּשְׁח֔וּר וְיוּכַל֙ בֶּן־שֶׁלֶמְיָ֔הוּ וּפַשְׁח֖וּר בֶּן־מַלְכִּיָּ֑ה אֶת־הַדְּבָרִ֕ים אֲשֶׁ֣ר יִרְמְיָ֗הוּ מְדַבֵּ֛ר אֶל־כָּל־הָעָ֖ם לֵאמֹֽר׃

2 כֹּ֚ה אָמַ֣ר יְהוָ֔ה הַיֹּשֵׁב֙ בָּעִ֣יר הַזֹּ֔את יָמ֕וּת בַּחֶ֖רֶב בָּרָעָ֣ב וּבַדָּ֑בֶר וְהַיֹּצֵ֨א אֶל־הַכַּשְׂדִּ֜ים יִחְיֶ֗ה וְהָֽיְתָה־לּ֥וֹ נַפְשׁ֛וֹ לְשָׁלָ֖ל וָחָֽי׃

3 כֹּ֖ה אָמַ֣ר יְהוָ֑ה הִנָּתֹ֨ן תִּנָּתֵ֜ן הָעִ֣יר הַזֹּ֗את בְּיַ֛ד חֵ֥יל מֶֽלֶךְ־בָּבֶ֖ל וּלְכָדָֽהּ׃

4 וַיֹּאמְר֤וּ הַשָּׂרִים֙ אֶל־הַמֶּ֔לֶךְ י֣וּמַת נָ֗א אֶת־הָאִ֣ישׁ הַזֶּ֓ה כִּֽי־עַל־כֵּ֡ן הֽוּא־מְרַפֵּ֣א אֶת־יְדֵי֩ אַנְשֵׁ֨י הַמִּלְחָמָ֜ה הַֽנִּשְׁאָרִ֣ים ׀ בָּעִ֣יר הַזֹּ֗את וְאֵת֙ יְדֵ֣י כָל־הָעָ֔ם לְדַבֵּ֣ר אֲלֵיהֶ֔ם כַּדְּבָרִ֖ים הָאֵ֑לֶּה כִּ֣י ׀ הָאִ֣ישׁ הַזֶּ֗ה אֵינֶ֨נּוּ דֹרֵ֧שׁ לְשָׁל֛וֹם לָעָ֥ם הַזֶּ֖ה כִּ֥י אִם־לְרָעָֽה׃

5 וַיֹּ֙אמֶר֙ הַמֶּ֣לֶךְ צִדְקִיָּ֔הוּ הִנֵּה־ה֖וּא בְּיֶדְכֶ֑ם כִּֽי־אֵ֣ין הַמֶּ֔לֶךְ יוּכַ֥ל אֶתְכֶ֖ם דָּבָֽר׃

6 וַיִּקְח֣וּ אֶֽת־יִרְמְיָ֗הוּ וַיַּשְׁלִ֣כוּ אֹת֣וֹ אֶל־הַבּ֣וֹר ׀ מַלְכִּיָּ֣הוּ בֶן־הַמֶּ֗לֶךְ אֲשֶׁר֙ בַּחֲצַ֣ר הַמַּטָּרָ֔ה וַיְשַׁלְּח֥וּ אֶֽת־יִרְמְיָ֖הוּ בַּחֲבָלִ֑ים וּבַבּ֤וֹר אֵֽין־מַ֙יִם֙ כִּ֣י אִם־טִ֔יט וַיִּטְבַּ֥ע יִרְמְיָ֖הוּ בַּטִּֽיט׃

7 וַיִּשְׁמַ֡ע עֶֽבֶד־מֶ֨לֶךְ הַכּוּשִׁ֜י אִ֣ישׁ סָרִ֗יס וְהוּא֙ בְּבֵ֣ית הַמֶּ֔לֶךְ כִּֽי־נָתְנ֥וּ אֶֽת־יִרְמְיָ֖הוּ אֶל־הַבּ֑וֹר וְהַמֶּ֥לֶךְ יוֹשֵׁ֖ב בְּשַׁ֥עַר בִּנְיָמִֽן׃

8 וַיֵּצֵ֥א עֶֽבֶד־מֶ֖לֶךְ מִבֵּ֣ית הַמֶּ֑לֶךְ וַיְדַבֵּ֥ר אֶל־הַמֶּ֖לֶךְ לֵאמֹֽר׃

9 אֲדֹנִ֣י הַמֶּ֗לֶךְ הֵרֵ֜עוּ הָאֲנָשִׁ֤ים הָאֵ֙לֶּה֙ אֵ֣ת כָּל־אֲשֶׁ֤ר עָשׂוּ֙ לְיִרְמְיָ֣הוּ הַנָּבִ֔יא אֵ֥ת אֲשֶׁר־הִשְׁלִ֖יכוּ אֶל־הַבּ֑וֹר וַיָּ֤מָת תַּחְתָּיו֙ מִפְּנֵ֣י הָֽרָעָ֔ב כִּ֣י אֵ֥ין הַלֶּ֛חֶם ע֖וֹד בָּעִֽיר׃

10 וַיְצַוֶּ֣ה הַמֶּ֔לֶךְ אֵ֛ת עֶֽבֶד־מֶ֥לֶךְ הַכּוּשִׁ֖י לֵאמֹ֑ר קַ֣ח בְּיָדְךָ֤ מִזֶּה֙ שְׁלֹשִׁ֣ים אֲנָשִׁ֔ים וְֽהַעֲלִ֜יתָ אֶֽת־יִרְמְיָ֧הוּ הַנָּבִ֛יא מִן־הַבּ֖וֹר בְּטֶ֥רֶם יָמֽוּת׃

11 וַיִּקַּ֣ח ׀ עֶֽבֶד־מֶ֨לֶךְ אֶת־הָאֲנָשִׁ֜ים בְּיָד֗וֹ וַיָּבֹ֤א בֵית־הַמֶּ֙לֶךְ֙ אֶל־תַּ֣חַת הָאוֹצָ֔ר וַיִּקַּ֤ח מִשָּׁם֙ בְּלוֹיֵ֣ הַסְּחָב֔וֹת וּבְלוֹיֵ֖ מְלָחִ֑ים וַיְשַׁלְּחֵ֧ם אֶֽל־יִרְמְיָ֛הוּ אֶל־הַבּ֖וֹר בַּחֲבָלִֽים׃

12 וַיֹּ֡אמֶר עֶֽבֶד־מֶ֨לֶךְ הַכּוּשִׁ֜י אֶֽל־יִרְמְיָ֗הוּ שִׂ֣ים נָ֠א בְּלוֹאֵ֨י הַסְּחָב֤וֹת וְהַמְּלָחִים֙ תַּ֚חַת אַצִּל֣וֹת יָדֶ֔יךָ מִתַּ֖חַת לַחֲבָלִ֑ים וַיַּ֥עַשׂ יִרְמְיָ֖הוּ כֵּֽן׃

13 וַיִּמְשְׁכ֤וּ אֶֽת־יִרְמְיָ֙הוּ֙ בַּחֲבָלִ֔ים וַיַּעֲל֥וּ אֹת֖וֹ מִן־הַבּ֑וֹר וַיֵּ֥שֶׁב יִרְמְיָ֖הוּ בַּחֲצַ֥ר הַמַּטָּרָֽה׃

14 וַיִּשְׁלַ֞ח הַמֶּ֣לֶךְ צִדְקִיָּ֗הוּ וַיִּקַּ֞ח אֶֽת־יִרְמְיָ֤הוּ הַנָּבִיא֙ אֵלָ֔יו אֶל־מָבוֹא֙ הַשְּׁלִישִׁ֔י אֲשֶׁ֖ר בְּבֵ֣ית יְהוָ֑ה וַיֹּ֨אמֶר הַמֶּ֜לֶךְ אֶֽל־יִרְמְיָ֗הוּ שֹׁאֵ֨ל אֲנִ֤י אֹֽתְךָ֙ דָּבָ֔ר אַל־תְּכַחֵ֥ד מִמֶּ֖נִּי דָּבָֽר׃

15 וַיֹּ֤אמֶר יִרְמְיָ֙הוּ֙ אֶל־צִדְקִיָּ֔הוּ כִּ֚י אַגִּ֣יד לְךָ֔ הֲל֖וֹא הָמֵ֣ת תְּמִיתֵ֑נִי וְכִי֙ אִיעָ֣צְךָ֔ לֹ֥א תִשְׁמַ֖ע אֵלָֽי׃

16 וַיִּשָּׁבַ֞ע הַמֶּ֣לֶךְ צִדְקִיָּ֗הוּ אֶֽל־יִרְמְיָ֛הוּ בַּסֵּ֖תֶר לֵאמֹ֑ר חַי־יְהוָ֞ה אֶת אֲשֶׁר֩ עָשָׂה־לָ֨נוּ אֶת־הַנֶּ֤פֶשׁ הַזֹּאת֙ אִם־אֲמִיתֶ֔ךָ וְאִם־אֶתֶּנְךָ֖ בְּיַ֣ד הָאֲנָשִׁ֣ים הָאֵ֔לֶּה אֲשֶׁ֖ר מְבַקְשִׁ֥ים אֶת־נַפְשֶֽׁךָ׃

17 וַיֹּ֣אמֶר יִרְמְיָ֣הוּ אֶל־צִדְקִיָּ֗הוּ כֹּֽה־אָמַ֤ר יְהוָה֙ אֱלֹהֵ֣י צְבָא֔וֹת אֱלֹהֵ֖י יִשְׂרָאֵ֑ל אִם־יָצֹ֨א תֵצֵ֜א אֶל־שָׂרֵ֤י מֶֽלֶךְ־בָּבֶל֙ וְחָיְתָ֣ה נַפְשֶׁ֔ךָ וְהָעִ֣יר הַזֹּ֔את לֹ֥א תִשָּׂרֵ֖ף בָּאֵ֑שׁ וְחָיִ֖תָה אַתָּ֥ה וּבֵיתֶֽךָ׃

18 וְאִ֣ם לֹֽא־תֵצֵ֗א אֶל־שָׂרֵי֙ מֶ֣לֶךְ

king of Babylon's princes, then shall this city be given into the hand of the Chaldeans, and they shall burn it with fire, and thou shalt not escape out of their hand.

19 And Zedekiah the king said unto Jeremiah, I am afraid of the Jews that are fallen to the Chaldeans, lest they deliver me into their hand, and they mock me.

20 But Jeremiah said, They shall not deliver *thee.* Obey, I beseech thee, the voice of the LORD, which I speak unto thee: so it shall be well unto thee, and thy soul shall live.

21 But if thou refuse to go forth, this *is* the word that the LORD hath shewed me:

22 And, behold, all the women that are left in the king of Judah's house *shall be* brought forth to the king of Babylon's princes, and those *women* shall say, Thy friends have set thee on, and have prevailed against thee: thy feet are sunk in the mire, *and* they are turned away back.

23 So they shall bring out all thy wives and thy children to the Chaldeans: and thou shalt not escape out of their hand, but shalt be taken by the hand of the king of Babylon: and thou shalt cause this city to be burned with fire.

24 ¶ Then said Zedekiah unto Jeremiah, Let no man know of these words, and thou shalt not die.

25 But if the princes hear that I have talked with thee, and they come unto thee, and say unto thee, Declare unto us now what thou hast said unto the king, hide it not from us, and we will not put thee to death; also what the king said unto thee:

26 Then thou shalt say unto them, I presented my supplication before the king, that he would not cause me to return to Jonathan's house, to die there.

27 Then came all the princes unto Jeremiah, and asked him: and he told them according to all these words that the king had commanded. So they left off speaking with him; for the matter was not perceived.

28 So Jeremiah abode in the court of the prison until the day that Jerusalem was taken: and he was *there* when Jerusalem was taken.

CHAPTER 39

1 In the ninth year of Zedekiah king of Judah, in the tenth month, came Nebuchadrezzar king of Babylon and all his army against Jerusalem, and they besieged it.

2 *And* in the eleventh year of Zedekiah, in the fourth month, the ninth *day* of the month, the city was broken up.

3 And all the princes of the king of Babylon came in, and sat in the middle gate, *even* Nergal-sharezer, Samgar-nebo, Sarsechim, Rab-saris, Nergal-sharezer, Rabmag, with all the residue of the princes of the king of Babylon.

4 ¶ And it came to pass, *that* when Zedekiah the king of Judah saw them, and all the men of war, then they fled, and went forth out of the city by night, by the way of the king's garden, by the gate betwixt the two walls: and he went out the way of the plain.

5 But the Chaldeans' army pursued after them, and overtook Zedekiah in the plains of Jericho: and when they had taken him, they brought him up to Nebuchadnezzar king of Babylon to Riblah in the land of Hamath, where he gave judgment upon him.

6 Then the king of Babylon slew the sons of Zedekiah in Riblah before his eyes: also the king of Babylon slew all the nobles of Judah.

7 Moreover he put out Zedekiah's eyes, and bound him with chains, to carry him to Babylon.

8 ¶ And the Chaldeans burned the king's house, and the houses of the people, with fire, and brake down the walls of Jerusalem.

9 Then Nebuzar-adan the captain of the guard carried away captive into Babylon the remnant of the people that remained in the city, and those that fell away, that fell to him, with the rest of the people that remained.

בָּבֶל וְנִתְּנָ֖ה הָעִ֣יר הַזֹּאת֮ בְּיַ֣ד הַכַּשְׂדִּים֒ וּשְׂרָפ֖וּהָ בָּאֵ֑שׁ וְאַתָּ֖ה לֹא־

תִמָּלֵ֥ט מִיָּדָֽם: וַיֹּ֨אמֶר הַמֶּ֤לֶךְ צִדְקִיָּ֙הוּ֙ אֶל־יִרְמְיָ֔הוּ אֲנִ֣י 19

דֹאֵ֗ג אֶת־הַיְּהוּדִים֙ אֲשֶׁ֣ר נָפְל֣וּ אֶל־הַכַּשְׂדִּ֔ים פֶּֽן־יִתְּנ֥וּ אֹתִ֛י בְּיָדָ֖ם

וְהִתְעַלְּלוּ־בִֽי:

וַיֹּ֣אמֶר יִרְמְיָ֔הוּ לֹ֖א יִתֵּ֑נוּ שְֽׁמַֽע־נָ֣א ׀ בְּק֣וֹל יְהוָ֗ה לַאֲשֶׁ֤ר אֲנִי֙ דֹּבֵ֣ר אֵלֶ֔יךָ 20

וְיִ֥יטַב לְךָ֖ וּתְחִ֥י נַפְשֶֽׁךָ: וְאִם־מָאֵ֥ן אַתָּ֖ה לָצֵ֑את זֶ֣ה הַדָּבָ֔ר אֲשֶׁ֥ר 21

הִרְאַ֖נִי יְהוָֽה: וְהִנֵּ֣ה כָל־הַנָּשִׁ֗ים אֲשֶׁ֤ר נִשְׁאֲרוּ֙ בְּבֵ֣ית מֶֽלֶךְ־יְהוּדָ֔ה 22

מוּצָא֕וֹת אֶל־שָׂרֵ֖י מֶ֣לֶךְ בָּבֶ֑ל וְהֵ֣נָּה אֹמְר֗וֹת הִסִּית֜וּךָ וְיָכְל֤וּ לְךָ֙ אַנְשֵׁ֣י

שְׁלֹמֶ֔ךָ הָטְבְּע֥וּ בַבֹּ֛ץ רַגְלֶ֖ךָ נָסֹ֥גוּ אָחֽוֹר: וְאֶת־כָּל־נָשֶׁ֣יךָ וְאֶת־בָּנֶ֗יךָ 23

מֽוֹצִאִים֙ אֶל־הַכַּשְׂדִּ֔ים וְאַתָּ֖ה לֹא־תִמָּלֵ֣ט מִיָּדָ֑ם כִּ֣י בְיַ֤ד מֶֽלֶךְ־בָּבֶל֙

תִּתָּפֵ֔שׂ וְאֶת־הָעִ֥יר הַזֹּ֖את תִּשְׂרֹ֥ף בָּאֵֽשׁ:

וַיֹּ֨אמֶר צִדְקִיָּ֜הוּ אֶל־יִרְמְיָ֗הוּ אִ֛ישׁ אַל־יֵדַ֥ע בַּדְּבָרִֽים־הָאֵ֖לֶּה וְלֹ֥א 24

תָמֽוּת: וְכִֽי־יִשְׁמְע֣וּ הַשָּׂרִים֮ כִּֽי־דִבַּ֣רְתִּי אִתָּךְ֒ וּבָ֣אוּ אֵלֶ֣יךָ וְאָמְר֣וּ 25

אֵלֶ֗יךָ הַגִּֽידָה־נָּ֨א לָ֜נוּ מַה־דִּבַּ֤רְתָּ אֶל־הַמֶּ֙לֶךְ֙ אַל־תְּכַחֵ֣ד מִמֶּ֔נּוּ וְלֹ֖א

נְמִיתֶ֑ךָ וּמַה־דִּבֶּ֥ר אֵלֶ֖יךָ הַמֶּֽלֶךְ: וְאָמַרְתָּ֣ אֲלֵיהֶ֔ם מַפִּיל־אֲנִ֥י תְחִנָּתִ֖י 26

לִפְנֵ֣י הַמֶּ֑לֶךְ לְבִלְתִּ֧י הֲשִׁיבֵ֛נִי בֵּ֥ית יְהוֹנָתָ֖ן לָמ֥וּת שָֽׁם:

וַיָּבֹ֨אוּ כָל־הַשָּׂרִ֤ים אֶל־יִרְמְיָ֙הוּ֙ וַיִּשְׁאֲל֣וּ אֹת֔וֹ וַיַּגֵּ֤ד לָהֶם֙ כְּכָל־הַדְּבָרִ֣ים 27

הָאֵ֔לֶּה אֲשֶׁ֥ר צִוָּ֖ה הַמֶּ֑לֶךְ וַיַּחֲרִ֣שׁוּ מִמֶּ֔נּוּ כִּ֥י לֹֽא־נִשְׁמַ֖ע הַדָּבָֽר:

וַיֵּ֤שֶׁב יִרְמְיָ֙הוּ֙ בַּחֲצַ֣ר הַמַּטָּרָ֔ה עַד־י֖וֹם אֲשֶׁר־נִלְכְּדָ֣ה יְרוּשָׁלָ֑͏ִם   וְהָיָ֕ה 28

כַּאֲשֶׁ֖ר נִלְכְּדָ֥ה יְרוּשָׁלָֽ͏ִם:

בַּשָּׁנָ֣ה הַ֠תְּשִׁעִית לְצִדְקִיָּ֨הוּ מֶֽלֶךְ־יְהוּדָ֜ה בַּחֹ֣דֶשׁ הָעֲשִׂרִ֗י בָּ֠א נְבוּכַדְרֶאצַּ֨ר 39 1

מֶֽלֶךְ־בָּבֶ֤ל וְכָל־חֵילוֹ֙ אֶל־יְר֣וּשָׁלַ֔͏ִם וַיָּצֻ֖רוּ עָלֶֽיהָ: בְּעַשְׁתֵּֽי־ 2

עֶשְׂרֵ֤ה שָׁנָה֙ לְצִדְקִיָּ֔הוּ בַּחֹ֥דֶשׁ הָרְבִיעִ֖י בְּתִשְׁעָ֣ה לַחֹ֑דֶשׁ הָבְקְעָ֖ה

הָעִֽיר: וַיָּבֹ֗אוּ כֹּ֚ל שָׂרֵ֣י מֶֽלֶךְ־בָּבֶ֔ל וַיֵּשְׁב֖וּ בְּשַׁ֣עַר הַתָּ֑וֶךְ נֵרְגַ֣ל שַׂר־אֶ֠צֶר 3

סַֽמְגַּר־נְב֞וֹ שַׂר־סְכִ֣ים רַב־סָרִ֗יס נֵרְגַ֤ל שַׂר־אֶ֙צֶר֙ רַב־מָ֔ג וְכָל־שְׁאֵרִ֔ית

שָׂרֵ֖י מֶ֥לֶךְ בָּבֶֽל: וַיְהִ֡י כַּאֲשֶׁ֣ר רָאָם֩ צִדְקִיָּ֨הוּ מֶֽלֶךְ־יְהוּדָ֜ה וְכֹ֣ל ׀ אַנְשֵׁ֣י 4

הַמִּלְחָמָ֗ה וַֽיִּבְרְח֡וּ וַיֵּצְא֨וּ לַ֜יְלָה מִן־הָעִ֗יר דֶּ֚רֶךְ גַּ֣ן הַמֶּ֔לֶךְ בְּשַׁ֖עַר בֵּ֣ין

הַחֹמֹתָ֑יִם וַיֵּצֵ֖א דֶּ֥רֶךְ הָעֲרָבָֽה: וַיִּרְדְּפ֨וּ חֵיל־כַּשְׂדִּ֜ים אַחֲרֵיהֶ֗ם וַיַּשִּׂ֣גוּ 5

אֶת־צִדְקִיָּהוּ֮ בְּעַֽרְב֣וֹת יְרֵחוֹ֒ וַיִּקְח֣וּ אֹת֔וֹ וַֽיַּעֲלֻ֗הוּ אֶל־נְבוּכַדְרֶאצַּ֧ר

מֶֽלֶךְ־בָּבֶ֛ל רִבְלָ֖תָה בְּאֶ֣רֶץ חֲמָ֑ת וַיְדַבֵּ֥ר אִתּ֖וֹ מִשְׁפָּטִֽים: וַיִּשְׁחַ֣ט מֶ֣לֶךְ 6

בָּבֶ֗ל אֶת־בְּנֵ֧י צִדְקִיָּ֛הוּ בְּרִבְלָ֖ה לְעֵינָ֑יו וְאֵת֙ כָּל־חֹרֵ֣י יְהוּדָ֔ה שָׁחַ֖ט

מֶ֥לֶךְ בָּבֶֽל: וְאֶת־עֵינֵ֥י צִדְקִיָּ֖הוּ עִוֵּ֑ר וַיַּאַסְרֵ֙הוּ֙ בַּֽנְחֻשְׁתַּ֔יִם לָבִ֥יא אֹת֖וֹ 7

בָּבֶֽלָה: וְאֶת־בֵּ֤ית הַמֶּ֙לֶךְ֙ וְאֶת־בֵּ֣ית הָעָ֔ם שָׂרְפ֥וּ הַכַּשְׂדִּ֖ים בָּאֵ֑שׁ וְאֶת־ 8

חֹמ֥וֹת יְרוּשָׁלַ֖͏ִם נָתָֽצוּ: וְאֵת֩ יֶ֨תֶר הָעָ֜ם הַנִּשְׁאָרִ֣ים בָּעִ֗יר וְאֶת־הַנֹּֽפְלִים֙ 9

אֲשֶׁ֣ר נָפְל֣וּ עָלָ֔יו וְאֵ֛ת יֶ֥תֶר הָעָ֖ם הַנִּשְׁאָרִ֑ים הֶגְלָ֛ה נְבֽוּזַרְאֲדָ֥ן רַב־

10 But Nebuzar-adan the captain of the guard left of the poor of the people, which had nothing, in the land of Judah, and gave them vineyards and fields at the same time.

11 ¶ Now Nebuchadrezzar king of Babylon gave charge concerning Jeremiah to Nebuzar-adan the captain of the guard, saying,

12 Take him, and look well to him, and do him no harm; but do unto him even as he shall say unto thee.

13 So Nebuzar-adan the captain of the guard sent, and Nebushasban, Rab-saris, and Nergal-sharezer, Rab-mag, and all the king of Babylon's princes;

14 Even they sent, and took Jeremiah out of the court of the prison, and committed him unto Gedaliah the son of Ahikam the son of Shaphan, that he should carry him home: so he dwelt among the people.

15 ¶ Now the word of the LORD came unto Jeremiah, while he was shut up in the court of the prison, saying,

16 Go and speak to Ebed-melech the Ethiopian, saying, Thus saith the LORD of hosts, the God of Israel; Behold, I will bring my words upon this city for evil, and not for good; and they shall be *accomplished* in that day before thee.

17 But I will deliver thee in that day, saith the LORD: and thou shalt not be given into the hand of the men of whom thou *art* afraid.

18 For I will surely deliver thee, and thou shalt not fall by the sword, but thy life shall be for a prey unto thee: because thou hast put thy trust in me, saith the LORD.

CHAPTER 40

1 The word that came to Jeremiah from the LORD, after that Nebuzar-adan the captain of the guard had let him go from Ramah, when he had taken him being bound in chains among all that were carried away captive of Jerusalem and Judah, which were carried away captive unto Babylon.

2 And the captain of the guard took Jeremiah, and said unto him, The LORD thy God hath pronounced this evil upon this place.

3 Now the LORD hath brought *it,* and done according as he hath said: because ye have sinned against the LORD, and have not obeyed his voice, therefore this thing is come upon you.

4 And now, behold, I loose thee this day from the chains which *were* upon thine hand. If it seem good unto thee to come with me into Babylon, come; and I will look well unto thee: but if it seem ill unto thee to come with me into Babylon, forbear: behold, all the land *is* before thee: whither it seemeth good and convenient for thee to go, thither go.

5 Now while he was not yet gone back, *he said,* Go back also to Gedaliah the son of Ahikam the son of Shaphan, whom the king of Babylon hath made governor over the cities of Judah, and dwell with him among the people: or go wheresoever it seemeth convenient unto thee to go. So the captain of the guard gave him victuals and a reward, and let him go.

6 Then went Jeremiah unto Gedaliah the son of Ahikam to Mizpah; and dwelt with him among the people that were left in the land.

7 ¶ Now when all the captains of the forces which *were* in the fields, *even* they and their men, heard that the king of Babylon had made Gedaliah the son of Ahikam governor in the land, and had committed unto him men, and women, and children, and of the poor of the land, of them that were not carried away captive to Babylon;

8 Then they came to Gedaliah to Mizpah, even Ishmael the son of Nethaniah, and Johanan and Jonathan the sons of Kareah, and Seraiah the son of Tanhumeth, and the sons of Ephai the Netophathite, and Jezaniah the son of a Maachathite, they and their men.

9 And Gedaliah the son of Ahikam the son of Shaphan sware unto them and to their men, saying, Fear not to serve the Chaldeans: dwell in the land, and serve the king of Babylon, and it shall be well with you.

10 טַבָּחִ֖ים בְּבָבֶֽל׃ וּמִן־הָעָ֤ם הַדַּלִּים֙ אֲשֶׁ֣ר אֵין־לָהֶ֣ם מְא֔וּמָה הִשְׁאִ֛יר
נְבֽוּזַרְאֲדָ֥ן רַב־טַבָּחִ֖ים בְּאֶ֣רֶץ יְהוּדָ֑ה וַיִּתֵּ֨ן לָהֶ֧ם כְּרָמִ֛ים וִיגֵבִ֖ים בַּיּ֥וֹם
11 הַהֽוּא׃ וַיְצַ֛ו נְבוּכַדְרֶאצַּ֥ר מֶֽלֶךְ־בָּבֶ֖ל עַֽל־יִרְמְיָ֑הוּ בְּיַ֛ד נְבֽוּזַרְאֲדָ֖ן רַב־
12 טַבָּחִ֥ים לֵאמֹֽר׃ קָחֶ֗נּוּ וְעֵינֶ֨יךָ֙ שִׂ֣ים עָלָ֔יו וְאַל־תַּ֥עַשׂ ל֖וֹ מְא֣וּמָה רָּ֑ע

אִם לֹא קרי

13 כִּ֗י אִם־כַּאֲשֶׁ֨ר֙ יְדַבֵּ֣ר אֵלֶ֔יךָ כֵּ֖ן עֲשֵׂ֥ה עִמּֽוֹ׃ וַיִּשְׁלַ֞ח נְבֽוּזַרְאֲדָ֣ן רַב־
טַבָּחִ֗ים וּנְבֽוּשַׁזְבָּ֙ן֙ רַב־סָרִ֔יס וְנֵרְגַ֥ל שַׂר־אֶ֖צֶר רַב־מָ֑ג וְכֹ֖ל רַבֵּ֥י מֶֽלֶךְ־
14 בָּבֶֽל׃ וַיִּשְׁלְח֡וּ וַיִּקְח֣וּ אֶֽת־יִרְמְיָ֠הוּ מֵחֲצַ֨ר הַמַּטָּרָ֜ה וַיִּתְּנ֣וּ אֹת֗וֹ אֶל־
גְּדַלְיָ֨הוּ בֶּן־אֲחִיקָ֤ם בֶּן־שָׁפָן֙ לְהֽוֹצִאֵ֣הוּ אֶל־הַבָּ֔יִת וַיֵּ֖שֶׁב בְּת֥וֹךְ
15 הָעָֽם׃ וְאֶֽל־יִרְמְיָ֖הוּ הָיָ֣ה דְבַר־יְהֹוָ֑ה בִּֽהְיֹת֣וֹ עָצ֔וּר בַּחֲצַ֥ר

מֵבִיא

16 הַמַּטָּרָ֖ה לֵאמֹֽר׃ הָל֣וֹךְ וְאָמַרְתָּ֡ לְעֶֽבֶד־מֶ֨לֶךְ הַכּוּשִׁ֜י לֵאמֹ֗ר כֹּֽה־אָמַ֞ר
יְהֹוָ֤ה צְבָאוֹת֙ אֱלֹהֵ֣י יִשְׂרָאֵ֔ל הִנְנִ֨י מֵבִ֧יא אֶת־דְּבָרַ֛י אֶל־הָעִ֥יר הַזֹּ֖את
17 לְרָעָ֣ה וְלֹ֣א לְטוֹבָ֑ה וְהָי֥וּ לְפָנֶ֖יךָ בַּיּ֥וֹם הַהֽוּא׃ וְהִצַּלְתִּ֥יךָ בַיּֽוֹם־הַה֖וּא
18 נְאֻם־יְהֹוָ֑ה וְלֹ֤א תִנָּתֵן֙ בְּיַ֣ד הָֽאֲנָשִׁ֔ים אֲשֶׁר־אַתָּ֥ה יָג֖וֹר מִפְּנֵיהֶֽם׃ כִּ֤י
מַלֵּ֨ט אֲמַלֶּטְךָ֙ וּבַחֶ֣רֶב לֹ֣א תִפֹּ֔ל וְהָיְתָ֥ה לְךָ֛ נַפְשְׁךָ֥ לְשָׁלָ֖ל כִּֽי־בָטַ֥חְתָּ
בִּ֖י נְאֻם־יְהֹוָֽה׃

40 הַדָּבָ֞ר אֲשֶׁר־הָיָ֤ה אֶֽל־יִרְמְיָ֨הוּ֙ מֵאֵ֣ת יְהֹוָ֔ה
אַחַ֣ר ׀ שַׁלַּ֣ח אֹת֗וֹ נְבֽוּזַרְאֲדָ֛ן רַב־טַבָּחִ֖ים מִן־הָֽרָמָ֑ה בְּקַחְתּ֣וֹ אֹת֗וֹ
וְהֽוּא־אָס֤וּר בָּֽאזִקִּים֙ בְּת֤וֹךְ כָּל־גָּל֣וּת יְרֽוּשָׁלִַ֙ם֙ וִֽיהוּדָ֔ה הַמֻּגְלִ֖ים
2 בָּבֶֽלָה׃ וַיִּקַּ֧ח רַב־טַבָּחִ֛ים לְיִרְמְיָ֖הוּ וַיֹּ֣אמֶר אֵלָ֑יו יְהֹוָ֤ה אֱלֹהֶ֙יךָ֙ דִּבֶּר֙
3 אֶת־הָרָעָ֣ה הַזֹּ֔את אֶל־הַמָּק֖וֹם הַזֶּֽה׃ וַיָּבֵ֥א וַיַּ֛עַשׂ יְהֹוָ֖ה כַּאֲשֶׁ֣ר דִּבֵּ֑ר

הַדָּבָר

כִּֽי־חֲטָאתֶ֤ם לַֽיהֹוָה֙ וְלֹֽא־שְׁמַעְתֶּ֣ם בְּקוֹל֔וֹ וְהָיָ֥ה לָכֶ֖ם דָּבָ֥ר הַזֶּֽה׃
4 וְעַתָּ֞ה הִנֵּ֧ה פִתַּחְתִּ֣יךָ הַיּ֗וֹם מִן־הָֽאזִקִּים֙ אֲשֶׁר֙ עַל־יָדֶ֔ךָ אִם־ט֣וֹב
בְּעֵינֶ֜יךָ לָב֧וֹא אִתִּ֣י בָבֶ֗ל בֹּ֚א וְאָשִׂ֤ים אֶת־עֵינִי֙ עָלֶ֔יךָ וְאִם־רַ֧ע בְּעֵינֶ֛יךָ
לָבֽוֹא־אִתִּ֥י בָבֶ֖ל חֲדָ֑ל רְאֵ֗ה כָּל־הָאָ֙רֶץ֙ לְפָנֶ֔יךָ אֶל־ט֤וֹב וְאֶל־הַיָּשָׁ֥ר
5 בְּעֵינֶ֛יךָ לָלֶ֥כֶת שָׁ֖מָּה לֵֽךְ׃ וְעוֹדֶ֣נּוּ לֹֽא־יָשׁ֗וּב וְשֻׁ֚בָה אֶל־גְּדַלְיָ֣ה בֶן־
אֲחִיקָ֣ם בֶּן־שָׁפָ֡ן אֲשֶׁר֩ הִפְקִ֨יד מֶֽלֶךְ־בָּבֶ֜ל בְּעָרֵ֣י יְהוּדָ֗ה וְשֵׁ֤ב אִתּוֹ֙
בְּת֣וֹךְ הָעָ֔ם א֗וֹ אֶל־כָּל־הַיָּשָׁ֛ר בְּעֵינֶ֖יךָ לָלֶ֣כֶת לֵ֑ךְ וַיִּתֶּן־ל֧וֹ רַב־טַבָּחִ֛ים
6 אֲרֻחָ֥ה וּמַשְׂאֵ֖ת וַֽיְשַׁלְּחֵֽהוּ׃ וַיָּבֹ֧א יִרְמְיָ֛הוּ אֶל־גְּדַלְיָ֥ה בֶן־אֲחִיקָ֖ם
7 הַמִּצְפָּ֑תָה וַיֵּ֤שֶׁב אִתּוֹ֙ בְּת֣וֹךְ הָעָ֔ם הַנִּשְׁאָרִ֖ים בָּאָֽרֶץ׃ וַיִּשְׁמְעוּ֩
כָל־שָׂרֵ֨י הַחֲיָלִ֜ים אֲשֶׁ֣ר בַּשָּׂדֶ֗ה הֵ֚מָּה וְאַ֨נְשֵׁיהֶ֔ם כִּֽי־הִפְקִ֧יד מֶֽלֶךְ־בָּבֶ֛ל
אֶת־גְּדַלְיָ֥הוּ בֶן־אֲחִיקָ֖ם בָּאָ֑רֶץ וְכִ֣י ׀ הִפְקִ֣יד אִתּ֗וֹ אֲנָשִׁ֛ים וְנָשִׁ֥ים וָטָ֖ף
8 וּמִדַּלַּ֥ת הָאָ֖רֶץ מֵאֲשֶׁ֣ר לֹֽא־הָגְל֣וּ בָּבֶ֑לָה וַיָּבֹ֥אוּ אֶל־גְּדַלְיָ֖ה הַמִּצְפָּ֑תָה
וְיִשְׁמָעֵ֣אל בֶּן־נְתַנְיָ֡הוּ וְיֽוֹחָנָ֣ן וְיוֹנָתָ֣ן בְּנֵֽי־קָרֵ֡חַ וּשְׂרָיָ֣ה בֶן־תַּנְחֻ֡מֶת

עֵיפִי

9 וּבְנֵ֣י ׀ עֵיפַ֣י הַנְּטֹפָתִ֗י וִֽיזַנְיָ֙הוּ֙ בֶּן־הַמַּֽעֲכָתִ֔י הֵ֖מָּה וְאַנְשֵׁיהֶֽם׃ וַיִּשָּׁבַ֨ע
לָהֶ֜ם גְּדַלְיָ֨הוּ בֶן־אֲחִיקָ֤ם בֶּן־שָׁפָן֙ וּלְאַנְשֵׁיהֶ֣ם לֵאמֹ֔ר אַל־תִּֽירְא֖וּ
מֵעֲב֣וֹד הַכַּשְׂדִּ֑ים שְׁב֣וּ בָאָ֗רֶץ וְעִבְד֛וּ אֶת־מֶ֥לֶךְ בָּבֶ֖ל וְיִטַ֥ב לָכֶֽם׃

10 As for me, behold, I will dwell at Mizpah to serve the Chaldeans, which will come unto us: but ye, gather ye wine, and summer fruits, and oil, and put *them* in your vessels, and dwell in your cities that ye have taken.

11 Likewise when all the Jews that *were* in Moab, and among the Ammonites, and in Edom, and that *were* in all the countries, heard that the king of Babylon had left a remnant of Judah, and that he had set over them Gedaliah the son of Ahikam the son of Shaphan;

12 Even all the Jews returned out of all places whither they were driven, and came to the land of Judah, to Gedaliah, unto Mizpah, and gathered wine and summer fruits very much.

13 ¶ Moreover Johanan the son of Kareah, and all the captains of the forces that *were* in the fields, came to Gedaliah to Mizpah,

14 And said unto him, Dost thou certainly know that Baalis the king of the Ammonites hath sent Ishmael the son of Nethaniah to slay thee? But Gedaliah the son of Ahikam believed them not.

15 Then Johanan the son of Kareah spake to Gedaliah in Mizpah secretly, saying, Let me go, I pray thee, and I will slay Ishmael the son of Nethaniah, and no man shall know *it*: wherefore should he slay thee, that all the Jews which are gathered unto thee should be scattered, and the remnant in Judah perish?

16 But Gedaliah the son of Ahikam said unto Johanan the son of Kareah, Thou shalt not do this thing: for thou speakest falsely of Ishmael.

CHAPTER 41

1 Now it came to pass in the seventh month, *that* Ishmael the son of Nethaniah the son of Elishama, of the seed royal, and the princes of the king, even ten men with him, came unto Gedaliah the son of Ahikam to Mizpah; and there they did eat bread together in Mizpah.

2 Then arose Ishmael the son of Nethaniah, and the ten men that were with him, and smote Gedaliah the son of Ahikam the son of Shaphan with the sword, and slew him, whom the king of Babylon had made governor over the land.

3 Ishmael also slew all the Jews that were with him, *even* with Gedaliah, at Mizpah, and the Chaldeans that were found there, *and* the men of war.

4 And it came to pass the second day after he had slain Gedaliah, and no man knew *it*,

5 That there came certain from Shechem, from Shiloh, and from Samaria, *even* fourscore men, having their beards shaven, and their clothes rent, and having cut themselves, with offerings and incense in their hand, to bring *them* to the house of the Lord.

6 And Ishmael the son of Nethaniah went forth from Mizpah to meet them, weeping all along as he went: and it came to pass, as he met them, he said unto them, Come to Gedaliah the son of Ahikam.

7 And it was *so*, when they came into the midst of the city, that Ishmael the son of Nethaniah slew them, *and cast them* into the midst of the pit, he, and the men that *were* with him.

8 But ten men were found among them that said unto Ishmael, Slay us not: for we have treasures in the field, of wheat, and of barley, and of oil, and of honey. So he forbare, and slew them not among their brethren.

9 Now the pit wherein Ishmael had cast all the dead bodies of the men, whom he had slain because of Gedaliah, *was* it which Asa the king had made for fear of Baasha king of Israel: *and* Ishmael the son of Nethaniah filled it with *them that were* slain.

10 Then Ishmael carried away captive all the residue of the people that *were* in Mizpah, *even* the king's daughters, and all the people that remained in Mizpah, whom Nebuzar-adan the captain of the

10 וַאֲנִי הִנְנִי יֹשֵׁב בַּמִּצְפָּה לַעֲמֹד לִפְנֵי הַכַּשְׂדִּים אֲשֶׁר יָבֹאוּ אֵלֵינוּ
וְאַתֶּם אִסְפוּ יַיִן וְקַיִץ וְשֶׁמֶן וְשִׂמוּ בִּכְלֵיכֶם וּשְׁבוּ בְּעָרֵיכֶם אֲשֶׁר־

11 תְּפַשְׂתֶּם: וְגַם כָּל־הַיְּהוּדִים אֲשֶׁר־בְּמוֹאָב וּבִבְנֵי־עַמּוֹן וּבֶאֱדוֹם
וַאֲשֶׁר בְּכָל־הָאֲרָצוֹת שָׁמְעוּ כִּי־נָתַן מֶלֶךְ־בָּבֶל שְׁאֵרִית לִיהוּדָה וְכִי

12 הִפְקִיד עֲלֵיהֶם אֶת־גְּדַלְיָהוּ בֶּן־אֲחִיקָם בֶּן־שָׁפָן: וַיָּשֻׁבוּ כָל־הַיְּהוּדִים
מִכָּל־הַמְּקֹמוֹת אֲשֶׁר נִדְּחוּ־שָׁם וַיָּבֹאוּ אֶרֶץ־יְהוּדָה אֶל־גְּדַלְיָהוּ
הַמִּצְפָּתָה וַיַּאַסְפוּ יַיִן וָקַיִץ הַרְבֵּה מְאֹד:

13 וְיוֹחָנָן בֶּן־קָרֵחַ וְכָל־שָׂרֵי הַחֲיָלִים אֲשֶׁר בַּשָּׂדֶה בָּאוּ אֶל־גְּדַלְיָהוּ

14 הַמִּצְפָּתָה: וַיֹּאמְרוּ אֵלָיו הֲיָדֹעַ תֵּדַע כִּי בַּעֲלִיס ׀ מֶלֶךְ בְּנֵי־עַמּוֹן שָׁלַח
אֶת־יִשְׁמָעֵאל בֶּן־נְתַנְיָה לְהַכֹּתְךָ נָפֶשׁ וְלֹא־הֶאֱמִין לָהֶם גְּדַלְיָהוּ בֶּן־

15 אֲחִיקָם: וְיוֹחָנָן בֶּן־קָרֵחַ אָמַר אֶל־גְּדַלְיָהוּ בַסֵּתֶר בַּמִּצְפָּה לֵאמֹר
אֵלְכָה נָּא וְאַכֶּה אֶת־יִשְׁמָעֵאל בֶּן־נְתַנְיָה וְאִישׁ לֹא יֵדָע לָמָּה יַכֶּכָה
נֶּפֶשׁ וְנָפֹצוּ כָּל־יְהוּדָה הַנִּקְבָּצִים אֵלֶיךָ וְאָבְדָה שְׁאֵרִית יְהוּדָה:

16 וַיֹּאמֶר גְּדַלְיָהוּ בֶן־אֲחִיקָם אֶל־יוֹחָנָן בֶּן־קָרֵחַ אַל־תַּעַשׂ אֶת־הַדָּבָר   תַּעֲשֶׂה
הַזֶּה כִּי־שֶׁקֶר אַתָּה דֹבֵר אֶל־יִשְׁמָעֵאל: וַיְהִי ׀ בַּחֹדֶשׁ

41 1 הַשְּׁבִיעִי בָּא יִשְׁמָעֵאל בֶּן־נְתַנְיָה בֶן־אֱלִישָׁמָע מִזֶּרַע הַמְּלוּכָה וְרַבֵּי
הַמֶּלֶךְ וַעֲשָׂרָה אֲנָשִׁים אִתּוֹ אֶל־גְּדַלְיָהוּ בֶן־אֲחִיקָם הַמִּצְפָּתָה

2 וַיֹּאכְלוּ שָׁם לֶחֶם יַחְדָּו בַּמִּצְפָּה: וַיָּקָם יִשְׁמָעֵאל בֶּן־נְתַנְיָה וַעֲשֶׂרֶת
הָאֲנָשִׁים ׀ אֲשֶׁר־הָיוּ אִתּוֹ וַיַּכּוּ אֶת־גְּדַלְיָהוּ בֶן־אֲחִיקָם בֶּן־שָׁפָן בַּחֶרֶב

3 וַיָּמֶת אֹתוֹ אֲשֶׁר־הִפְקִיד מֶלֶךְ־בָּבֶל בָּאָרֶץ: וְאֵת כָּל־הַיְּהוּדִים אֲשֶׁר־
הָיוּ אִתּוֹ אֶת־גְּדַלְיָהוּ בַּמִּצְפָּה וְאֶת־הַכַּשְׂדִּים אֲשֶׁר נִמְצְאוּ־שָׁם אֵת

4 אַנְשֵׁי הַמִּלְחָמָה הִכָּה יִשְׁמָעֵאל: וַיְהִי בַּיּוֹם הַשֵּׁנִי לְהָמִית אֶת־

5 גְּדַלְיָהוּ וְאִישׁ לֹא יָדָע: וַיָּבֹאוּ אֲנָשִׁים מִשְּׁכֶם מִשִּׁלוֹ וּמִשֹּׁמְרוֹן
שְׁמֹנִים אִישׁ מְגֻלְּחֵי זָקָן וּקְרֻעֵי בְגָדִים וּמִתְגֹּדְדִים וּמִנְחָה וּלְבוֹנָה

6 בְּיָדָם לְהָבִיא בֵּית יְהוָה: וַיֵּצֵא יִשְׁמָעֵאל בֶּן־נְתַנְיָה לִקְרָאתָם מִן־
הַמִּצְפָּה הֹלֵךְ הָלֹךְ וּבֹכֶה וַיְהִי כִּפְגֹשׁ אֹתָם וַיֹּאמֶר אֲלֵיהֶם בֹּאוּ

7 אֶל־גְּדַלְיָהוּ בֶן־אֲחִיקָם: וַיְהִי כְּבוֹאָם אֶל־תּוֹךְ הָעִיר
וַיִּשְׁחָטֵם יִשְׁמָעֵאל בֶּן־נְתַנְיָה אֶל־תּוֹךְ הַבּוֹר הוּא וְהָאֲנָשִׁים אֲשֶׁר־

8 אִתּוֹ: וַעֲשָׂרָה אֲנָשִׁים נִמְצְאוּ־בָם וַיֹּאמְרוּ אֶל־יִשְׁמָעֵאל אַל־תְּמִתֵנוּ
כִּי־יֶשׁ־לָנוּ מַטְמֹנִים בַּשָּׂדֶה חִטִּים וּשְׂעֹרִים וְשֶׁמֶן וּדְבָשׁ וַיֶּחְדַּל וְלֹא

9 הֱמִיתָם בְּתוֹךְ אֲחֵיהֶם: וְהַבּוֹר אֲשֶׁר הִשְׁלִיךְ שָׁם יִשְׁמָעֵאל אֵת ׀
כָּל־פִּגְרֵי הָאֲנָשִׁים אֲשֶׁר הִכָּה בְּיַד־גְּדַלְיָהוּ הוּא אֲשֶׁר עָשָׂה הַמֶּלֶךְ
אָסָא מִפְּנֵי בַּעְשָׁא מֶלֶךְ־יִשְׂרָאֵל אֹתוֹ מִלֵּא יִשְׁמָעֵאל בֶּן־נְתַנְיָהוּ

10 חֲלָלִים: וַיִּשְׁבְּ ׀ יִשְׁמָעֵאל אֶת־כָּל־שְׁאֵרִית הָעָם אֲשֶׁר בַּמִּצְפָּה אֶת־
בְּנוֹת הַמֶּלֶךְ וְאֶת־כָּל־הָעָם הַנִּשְׁאָרִים בַּמִּצְפָּה אֲשֶׁר הִפְקִיד

guard had committed to Gedaliah the son of Ahikam: and Ishmael the son of Nethaniah carried them away captive, and departed to go over to the Ammonites.

11 ¶ But when Johanan the son of Kareah, and all the captains of the forces that *were* with him, heard of all the evil that Ishmael the son of Nethaniah had done,

12 Then they took all the men, and went to fight with Ishmael the son of Nethaniah, and found him by the great waters that *are* in Gibeon.

13 Now it came to pass, *that* when all the people which *were* with Ishmael saw Johanan the son of Kareah, and all the captains of the forces that *were* with him, then they were glad.

14 So all the people that Ishmael had carried away captive from Mizpah cast about and returned, and went unto Johanan the son of Kareah.

15 But Ishmael the son of Nethaniah escaped from Johanan with eight men, and went to the Ammonites.

16 Then took Johanan the son of Kareah, and all the captains of the forces that *were* with him, all the remnant of the people whom he had recovered from Ishmael the son of Nethaniah, from Mizpah, after *that* he had slain Gedaliah the son of Ahikam, *even* mighty men of war, and the women, and the children, and the eunuchs, whom he had brought again from Gibeon:

17 And they departed, and dwelt in the habitation of Chimham, which is by Bethlehem, to go to enter into Egypt,

18 Because of the Chaldeans: for they were afraid of them, because Ishmael the son of Nethaniah had slain Gedaliah the son of Ahikam, whom the king of Babylon made governor in the land.

CHAPTER 42

1 Then all the captains of the forces, and Johanan the son of Kareah, and Jezaniah the son of Hoshaiah, and all the people from the least even unto the greatest, came near,

2 And said unto Jeremiah the prophet,

Let, we beseech thee, our supplication be accepted before thee, and pray for us unto the LORD thy God, *even* for all this remnant; (for we are left *but* a few of many, as thine eyes do behold us:)

3 That the LORD thy God may shew us the way wherein we may walk, and the thing that we may do.

4 Then Jeremiah the prophet said unto them, I have heard *you;* behold, I will pray unto the LORD your God according to your words; and it shall come to pass, *that* whatsoever thing the LORD shall answer you, I will declare *it* unto you; I will keep nothing back from you.

5 Then they said to Jeremiah, The LORD be a true and faithful witness between us, if we do not even according to all things for the which the LORD thy God shall send thee to us.

6 Whether *it be* good, or whether *it be* evil, we will obey the voice of the LORD our God, to whom we send thee; that it may be well with us, when we obey the voice of the LORD our God.

7 ¶ And it came to pass after ten days, that the word of the LORD came unto Jeremiah.

8 Then called he Johanan the son of Kareah, and all the captains of the forces which *were* with him, and all the people from the least even to the greatest,

9 And said unto them, Thus saith the LORD, the God of Israel, unto whom ye sent me to present your supplication before him;

10 If ye will still abide in this land, then will I build you, and not pull *you* down, and I will plant you, and not pluck *you* up: for I repent me of the evil that I have done unto you.

11 Be not afraid of the king of Babylon, of whom ye are afraid; be not afraid of him, saith the LORD: for I *am* with you to save you, and to deliver you from his hand.

12 And I will shew mercies unto you, that he may have mercy upon you, and cause you to return to your own land.

נְבוּזַרְאֲדָן רַב־טַבָּחִים אֶת־גְּדַלְיָהוּ בֶּן־אֲחִיקָם וַיִּשֶׁב יִשְׁמָעֵאל בֶּן־

11 נְתַנְיָה וַיֵּלֶךְ לַעֲבֹר אֶל־בְּנֵי עַמּוֹן: וַיִּשְׁמַע יוֹחָנָן בֶּן־קָרֵחַ
וְכָל־שָׂרֵי הַחֲיָלִים אֲשֶׁר אִתּוֹ אֵת כָּל־הָרָעָה אֲשֶׁר עָשָׂה יִשְׁמָעֵאל

12 בֶּן־נְתַנְיָה: וַיִּקְחוּ אֶת־כָּל־הָאֲנָשִׁים וַיֵּלְכוּ לְהִלָּחֵם עִם־יִשְׁמָעֵאל בֶּן־

13 נְתַנְיָה וַיִּמְצְאוּ אֹתוֹ אֶל־מַיִם רַבִּים אֲשֶׁר בְּגִבְעוֹן: וַיְהִי כִּרְאוֹת כָּל־
הָעָם אֲשֶׁר אֶת־יִשְׁמָעֵאל אֶת־יוֹחָנָן בֶּן־קָרֵחַ וְאֵת כָּל־שָׂרֵי הַחֲיָלִים

14 אֲשֶׁר אִתּוֹ וַיִּשְׂמָחוּ: וַיָּסֹבּוּ כָּל־הָעָם אֲשֶׁר־שָׁבָה יִשְׁמָעֵאל מִן־

15 הַמִּצְפָּה וַיָּשֻׁבוּ וַיֵּלְכוּ אֶל־יוֹחָנָן בֶּן־קָרֵחַ: וְיִשְׁמָעֵאל בֶּן־נְתַנְיָה נִמְלַט

16 בִּשְׁמֹנָה אֲנָשִׁים מִפְּנֵי יוֹחָנָן וַיֵּלֶךְ אֶל־בְּנֵי עַמּוֹן: וַיִּקַּח
יוֹחָנָן בֶּן־קָרֵחַ וְכָל־שָׂרֵי הַחֲיָלִים אֲשֶׁר־אִתּוֹ אֵת כָּל־שְׁאֵרִית הָעָם
אֲשֶׁר הֵשִׁיב מֵאֵת יִשְׁמָעֵאל בֶּן־נְתַנְיָה מִן־הַמִּצְפָּה אַחַר הִכָּה אֶת־
גְּדַלְיָה בֶּן־אֲחִיקָם גְּבָרִים אַנְשֵׁי הַמִּלְחָמָה וְנָשִׁים וְטַף וְסָרִסִים אֲשֶׁר

17 כִּמְהָם הֵשִׁיב מִגִּבְעוֹן: וַיֵּלְכוּ וַיֵּשְׁבוּ בְּגֵרוּת כִּמוֹהֶם אֲשֶׁר־אֵצֶל בֵּית לָחֶם

18 לָלֶכֶת לָבוֹא מִצְרָיִם: מִפְּנֵי הַכַּשְׂדִּים כִּי יָרְאוּ מִפְּנֵיהֶם כִּי־הִכָּה
יִשְׁמָעֵאל בֶּן־נְתַנְיָה אֶת־גְּדַלְיָהוּ בֶּן־אֲחִיקָם אֲשֶׁר־הִפְקִיד מֶלֶךְ־בָּבֶל

42 1 בָּאָרֶץ: וַיִּגְּשׁוּ כָּל־שָׂרֵי הַחֲיָלִים וְיוֹחָנָן בֶּן־קָרֵחַ וִיזַנְיָה בֶּן־

2 הוֹשַׁעְיָה וְכָל־הָעָם מִקָּטֹן וְעַד־גָּדוֹל: וַיֹּאמְרוּ אֶל־יִרְמְיָהוּ הַנָּבִיא
תִּפָּל־נָא תְחִנָּתֵנוּ לְפָנֶיךָ וְהִתְפַּלֵּל בַּעֲדֵנוּ אֶל־יְהוָה אֱלֹהֶיךָ בְּעַד כָּל־
הַשְּׁאֵרִית הַזֹּאת כִּי־נִשְׁאַרְנוּ מְעַט מֵהַרְבֵּה כַּאֲשֶׁר עֵינֶיךָ רֹאוֹת

3 אֹתָנוּ: וְיַגֶּד־לָנוּ יְהוָה אֱלֹהֶיךָ אֶת־הַדֶּרֶךְ אֲשֶׁר נֵלֶךְ־בָּהּ וְאֶת־הַדָּבָר

4 אֲשֶׁר נַעֲשֶׂה: וַיֹּאמֶר אֲלֵיהֶם יִרְמְיָהוּ הַנָּבִיא שָׁמַעְתִּי הִנְנִי מִתְפַּלֵּל
אֶל־יְהוָה אֱלֹהֵיכֶם כְּדִבְרֵיכֶם וְהָיָה כָּל־הַדָּבָר אֲשֶׁר־יַעֲנֶה יְהוָה

5 אֶתְכֶם אַגִּיד לָכֶם לֹא־אֶמְנַע מִכֶּם דָּבָר: וְהֵמָּה אָמְרוּ אֶל־יִרְמְיָהוּ
יְהִי יְהוָה בָּנוּ לְעֵד אֱמֶת וְנֶאֱמָן אִם־לֹא כְּכָל־הַדָּבָר אֲשֶׁר יִשְׁלָחֲךָ

6 יְהוָה אֱלֹהֶיךָ אֵלֵינוּ כֵּן נַעֲשֶׂה: אִם־טוֹב וְאִם־רָע בְּקוֹל ׀ יְהוָה
אֲנַחְנוּ אֱלֹהֵינוּ אֲשֶׁר אֲנוּ שֹׁלְחִים אֹתְךָ אֵלָיו נִשְׁמָע לְמַעַן אֲשֶׁר יִיטַב־לָנוּ

7 כִּי נִשְׁמַע בְּקוֹל יְהוָה אֱלֹהֵינוּ: וַיְהִי מִקֵּץ עֲשֶׂרֶת יָמִים

8 וַיְהִי דְבַר־יְהוָה אֶל־יִרְמְיָהוּ: וַיִּקְרָא אֶל־יוֹחָנָן בֶּן־קָרֵחַ וְאֶל כָּל־שָׂרֵי

9A 9 הַחֲיָלִים אֲשֶׁר אִתּוֹ וּלְכָל־הָעָם לְמִקָּטֹן וְעַד־גָּדוֹל: וַיֹּאמֶר אֲלֵיהֶם
כֹּה־אָמַר יְהוָה אֱלֹהֵי יִשְׂרָאֵל אֲשֶׁר שְׁלַחְתֶּם אֹתִי אֵלָיו לְהַפִּיל

10 תְּחִנַּתְכֶם לְפָנָיו: אִם־שׁוֹב תֵּשְׁבוּ בָּאָרֶץ הַזֹּאת וּבָנִיתִי אֶתְכֶם וְלֹא
אֶהֱרֹס וְנָטַעְתִּי אֶתְכֶם וְלֹא אֶתּוֹשׁ כִּי נִחַמְתִּי אֶל־הָרָעָה אֲשֶׁר

11 עָשִׂיתִי לָכֶם: אַל־תִּירְאוּ מִפְּנֵי מֶלֶךְ בָּבֶל אֲשֶׁר־אַתֶּם יְרֵאִים מִפָּנָיו
אַל־תִּירְאוּ מִמֶּנּוּ נְאֻם־יְהוָה כִּי־אִתְּכֶם אָנִי לְהוֹשִׁיעַ אֶתְכֶם וּלְהַצִּיל

12 אֶתְכֶם מִיָּדוֹ: וְאֶתֵּן לָכֶם רַחֲמִים וְרִחַם אֶתְכֶם וְהֵשִׁיב אֶתְכֶם אֶל־

13 ¶ But if ye say, We will not dwell in this land, neither obey the voice of the LORD your God,

14 Saying, No; but we will go into the land of Egypt, where we shall see no war, nor hear the sound of the trumpet, nor have hunger of bread; and there will we dwell:

15 And now therefore hear the word of the LORD, ye remnant of Judah; Thus saith the LORD of hosts, the God of Israel; If ye wholly set your faces to enter into Egypt, and go to sojourn there;

16 Then it shall come to pass, *that* the sword, which ye feared, shall overtake you there in the land of Egypt, and the famine, whereof ye were afraid, shall follow close after you there in Egypt; and there ye shall die.

17 So shall it be with all the men that set their faces to go into Egypt to sojourn there; they shall die by the sword, by the famine, and by the pestilence: and none of them shall remain or escape from the evil that I will bring upon them.

18 For thus saith the LORD of hosts, the God of Israel; As mine anger and my fury hath been poured forth upon the inhabitants of Jerusalem; so shall my fury be poured forth upon you, when ye shall enter into Egypt: and ye shall be an execration, and an astonishment, and a curse, and a reproach; and ye shall see this place no more.

19 ¶ The LORD hath said concerning you, O ye remnant of Judah; Go ye not into Egypt: know certainly that I have admonished you this day.

20 For ye dissembled in your hearts, when ye sent me unto the LORD your God, saying, Pray for us unto the LORD our God; and according unto all that the LORD our God shall say, so declare unto us, and we will do *it*.

21 And *now* I have this day declared *it* to you; but ye have not obeyed the voice of the LORD your God, nor any *thing* for the which he hath sent me unto you.

22 Now therefore know certainly that ye shall die by the sword, by the famine, and by the pestilence, in the place whither ye desire to go *and* to sojourn.

CHAPTER 43

1 And it came to pass, *that* when Jeremiah had made an end of speaking unto all the people all the words of the LORD their God, for which the LORD their God had sent him to them, *even* all these words,

2 Then spake Azariah the son of Hoshaiah, and Johanan the son of Kareah, and all the proud men, saying unto Jeremiah, Thou speakest falsely: the LORD our God hath not sent thee to say, Go not into Egypt to sojourn there:

3 But Baruch the son of Neriah setteth thee on against us, for to deliver us into the hand of the Chaldeans, that they might put us to death, and carry us away captives into Babylon.

4 So Johanan the son of Kareah, and all the captains of the forces, and all the people, obeyed not the voice of the LORD, to dwell in the land of Judah.

5 But Johanan the son of Kareah, and all the captains of the forces, took all the remnant of Judah, that were returned from all nations, whither they had been driven, to dwell in the land of Judah;

6 *Even* men, and women, and children, and the king's daughters, and every person that Nebuzar-adan the captain of the guard had left with Gedaliah the son of Ahikam the son of Shaphan, and Jeremiah the prophet, and Baruch the son of Neriah.

7 So they came into the land of Egypt: for they obeyed not the voice of the LORD: thus came they *even* to Tahpanhes.

8 ¶ Then came the word of the LORD unto Jeremiah in Tahpanhes, saying,

9 Take great stones in thine hand, and hide them in the clay in the brickkiln, which *is* at the entry of Pharaoh's house in Tahpanhes, in the sight of the men of Judah;

אֲדַמַתְכֶם: וְאִם־אֹמְרִים אַתֶּם לֹא נֵשֵׁב בָּאָרֶץ הַזֹּאת לְבִלְתִּי שְׁמֹעַ 13

בְּקוֹל יְהוָה אֱלֹהֵיכֶם: לֵאמֹר לֹא כִּי אֶרֶץ מִצְרַיִם נָבוֹא אֲשֶׁר לֹא־ 14
נִרְאֶה מִלְחָמָה וְקוֹל שׁוֹפָר לֹא נִשְׁמָע וְלַלֶּחֶם לֹא־נִרְעָב וְשָׁם נֵשֵׁב:

וְעַתָּה לָכֵן שִׁמְעוּ דְבַר־יְהוָה שְׁאֵרִית יְהוּדָה כֹּה־אָמַר יְהוָה צְבָאוֹת 15
אֱלֹהֵי יִשְׂרָאֵל אִם־אַתֶּם שׂוֹם תְּשִׂמוּן פְּנֵיכֶם לָבֹא מִצְרַיִם וּבָאתֶם
לָגוּר שָׁם: וְהָיְתָה הַחֶרֶב אֲשֶׁר אַתֶּם יְרֵאִים מִמֶּנָּה שָׁם תַּשִּׂיג 16
אֶתְכֶם בְּאֶרֶץ מִצְרַיִם וְהָרָעָב אֲשֶׁר־אַתֶּם דֹּאֲגִים מִמֶּנּוּ שָׁם יִדְבַּק
אַחֲרֵיכֶם מִצְרַיִם וְשָׁם תָּמֻתוּ: וְיִהְיוּ כָל־הָאֲנָשִׁים אֲשֶׁר־שָׂמוּ אֶת־ 17
פְּנֵיהֶם לָבוֹא מִצְרַיִם לָגוּר שָׁם יָמוּתוּ בַּחֶרֶב בָּרָעָב וּבַדָּבֶר וְלֹא־
יִהְיֶה לָהֶם שָׂרִיד וּפָלִיט מִפְּנֵי הָרָעָה אֲשֶׁר אֲנִי מֵבִיא
עֲלֵיהֶם: כִּי כֹה אָמַר יְהוָה צְבָאוֹת אֱלֹהֵי יִשְׂרָאֵל כַּאֲשֶׁר 18
נִתַּךְ אַפִּי וַחֲמָתִי עַל־יֹשְׁבֵי יְרוּשָׁלִַם כֵּן תִּתַּךְ חֲמָתִי עֲלֵיכֶם בְּבֹאֲכֶם
מִצְרָיִם וִהְיִיתֶם לְאָלָה וּלְשַׁמָּה וְלִקְלָלָה וּלְחֶרְפָּה וְלֹא־תִרְאוּ עוֹד
אֶת־הַמָּקוֹם הַזֶּה: דִּבֶּר יְהוָה עֲלֵיכֶם שְׁאֵרִית יְהוּדָה אַל־תָּבֹאוּ 19
מִצְרָיִם יָדֹעַ תֵּדְעוּ כִּי־הַעִידֹתִי בָכֶם הַיּוֹם: כִּי הִתְעֵתֶם בְּנַפְשׁוֹתֵיכֶם 20   הִתְעֵיתֶם
כִּי־אַתֶּם שְׁלַחְתֶּם אֹתִי אֶל־יְהוָה אֱלֹהֵיכֶם לֵאמֹר הִתְפַּלֵּל בַּעֲדֵנוּ
אֶל־יְהוָה אֱלֹהֵינוּ וּכְכֹל אֲשֶׁר יֹאמַר יְהוָה אֱלֹהֵינוּ כֵּן הַגֶּד־לָנוּ וְעָשִׂינוּ:
וָאַגִּד לָכֶם הַיּוֹם וְלֹא שְׁמַעְתֶּם בְּקוֹל יְהוָה אֱלֹהֵיכֶם וּלְכֹל אֲשֶׁר־ 21
שְׁלָחַנִי אֲלֵיכֶם: וְעַתָּה יָדֹעַ תֵּדְעוּ כִּי בַּחֶרֶב בָּרָעָב וּבַדֶּבֶר תָּמוּתוּ 22
בַּמָּקוֹם אֲשֶׁר חֲפַצְתֶּם לָבוֹא לָגוּר שָׁם: וַיְהִי כְּכַלּוֹת 43 1
יִרְמְיָהוּ לְדַבֵּר אֶל־כָּל־הָעָם אֶת־כָּל־דִּבְרֵי יְהוָה אֱלֹהֵיהֶם אֲשֶׁר שְׁלָחוֹ
יְהוָה אֱלֹהֵיהֶם אֲלֵיהֶם אֵת כָּל־הַדְּבָרִים הָאֵלֶּה: וַיֹּאמֶר 2
עֲזַרְיָה בֶן־הוֹשַׁעְיָה וְיוֹחָנָן בֶּן־קָרֵחַ וְכָל־הָאֲנָשִׁים הַזֵּדִים אֹמְרִים אֶל־
יִרְמְיָהוּ שֶׁקֶר אַתָּה מְדַבֵּר לֹא שְׁלָחֲךָ יְהוָה אֱלֹהֵינוּ לֵאמֹר לֹא־תָבֹאוּ
מִצְרַיִם לָגוּר שָׁם: כִּי בָּרוּךְ בֶּן־נֵרִיָּה מַסִּית אֹתְךָ בָּנוּ לְמַעַן תֵּת 3
אֹתָנוּ בְיַד־הַכַּשְׂדִּים לְהָמִית אֹתָנוּ וּלְהַגְלוֹת אֹתָנוּ בָּבֶל: וְלֹא־שָׁמַע 4
יוֹחָנָן בֶּן־קָרֵחַ וְכָל־שָׂרֵי הַחֲיָלִים וְכָל־הָעָם בְּקוֹל יְהוָה לָשֶׁבֶת בְּאֶרֶץ
יְהוּדָה: וַיִּקַּח יוֹחָנָן בֶּן־קָרֵחַ וְכָל־שָׂרֵי הַחֲיָלִים אֵת כָּל־שְׁאֵרִית 5
יְהוּדָה אֲשֶׁר־שָׁבוּ מִכָּל־הַגּוֹיִם אֲשֶׁר נִדְּחוּ־שָׁם לָגוּר בְּאֶרֶץ יְהוּדָה:
אֶת־הַגְּבָרִים וְאֶת־הַנָּשִׁים וְאֶת־הַטַּף וְאֶת־בְּנוֹת הַמֶּלֶךְ וְאֵת כָּל־ 6
הַנֶּפֶשׁ אֲשֶׁר הִנִּיחַ נְבוּזַרְאֲדָן רַב־טַבָּחִים אֶת־גְּדַלְיָהוּ בֶּן־אֲחִיקָם בֶּן־
שָׁפָן וְאֵת יִרְמְיָהוּ הַנָּבִיא וְאֶת־בָּרוּךְ בֶּן־נֵרִיָּהוּ: וַיָּבֹאוּ אֶרֶץ מִצְרַיִם 7
כִּי לֹא שָׁמְעוּ בְּקוֹל יְהוָה וַיָּבֹאוּ עַד־תַּחְפַּנְחֵס: וַיְהִי דְבַר־ 8
יְהוָה אֶל־יִרְמְיָהוּ בְּתַחְפַּנְחֵס לֵאמֹר: קַח בְּיָדְךָ אֲבָנִים גְּדֹלוֹת 9
וּטְמַנְתָּם בַּמֶּלֶט בַּמַּלְבֵּן אֲשֶׁר בְּפֶתַח בֵּית־פַּרְעֹה בְּתַחְפַּנְחֵס לְעֵינֵי

10 And say unto them, Thus saith the LORD of hosts, the God of Israel; Behold, I will send and take Nebuchadrezzar the king of Babylon, my servant, and will set his throne upon these stones that I have hid; and he shall spread his royal pavilion over them.

11 And when he cometh, he shall smite the land of Egypt, *and deliver* such *as are* for death to death; and such *as are* for captivity to captivity; and such *as are* for the sword to the sword.

12 And I will kindle a fire in the houses of the gods of Egypt; and he shall burn them, and carry them away captives: and he shall array himself with the land of Egypt, as a shepherd putteth on his garment; and he shall go forth from thence in peace.

13 He shall break also the images of Beth-shemesh, that *is* in the land of Egypt; and the houses of the gods of the Egyptians shall he burn with fire.

CHAPTER 44

1 The word that came to Jeremiah concerning all the Jews which dwell in the land of Egypt, which dwell at Migdol, and at Tahpanhes, and at Noph, and in the country of Pathros, saying,

2 Thus saith the LORD of hosts, the God of Israel; Ye have seen all the evil that I have brought upon Jerusalem, and upon all the cities of Judah; and, behold, this day they *are* a desolation, and no man dwelleth therein,

3 Because of their wickedness which they have committed to provoke me to anger, in that they went to burn incense, *and* to serve other gods, whom they knew not, *neither* they, ye, nor your fathers.

4 Howbeit I sent unto you all my servants the prophets, rising early and sending *them,* saying, Oh, do not this abominable thing that I hate.

5 But they hearkened not, nor inclined their ear to turn from their wickedness, to burn no incense unto other gods.

6 Wherefore my fury and mine anger was poured forth, and was kindled in the cities of Judah and in the streets of Jerusalem; and they are wasted *and* desolate, as at this day.

7 Therefore now thus saith the LORD, the God of hosts, the God of Israel; Wherefore commit ye *this* great evil against your souls, to cut off from you man and woman, child and suckling, out of Judah, to leave you none to remain;

8 In that ye provoke me unto wrath with the works of your hands, burning incense unto other gods in the land of Egypt, whither ye be gone to dwell, that ye might cut yourselves off, and that ye might be a curse and a reproach among all the nations of the earth?

9 Have ye forgotten the wickedness of your fathers, and the wickedness of the kings of Judah, and the wickedness of their wives, and your own wickedness, and the wickedness of your wives, which they have committed in the land of Judah, and in the streets of Jerusalem?

10 They are not humbled *even* unto this day, neither have they feared, nor walked in my law, nor in my statutes, that I set before you and before your fathers.

11 ¶ Therefore thus saith the LORD of hosts, the God of Israel; Behold, I will set my face against you for evil, and to cut off all Judah.

12 And I will take the remnant of Judah, that have set their faces to go into the land of Egypt to sojourn there, and they shall all be consumed, *and* fall in the land of Egypt; they shall *even* be consumed by the sword *and* by the famine: they shall die, from the least even unto the greatest, by the sword and by the famine: and they shall be an execration, *and* an astonishment, and a curse, and a reproach.

13 For I will punish them that dwell in the land of Egypt, as I have punished Jerusalem, by the sword, by the famine, and by the pestilence:

14 So that none of the remnant of Judah, which are gone into the land of Egypt to sojourn there, shall escape or remain, that they should return into the land of Judah,

10 אֲנָשִׁים יְהוּדִֽים: וְאָמַרְתָּ֣ אֲלֵיהֶ֡ם כֹּֽה־אָמַר֩ יְהֹוָ֨ה צְבָא֜וֹת אֱלֹהֵ֣י
יִשְׂרָאֵ֗ל הִנְנִ֣י שֹׁלֵ֡חַ וְֽלָקַחְתִּי֩ אֶת־נְבֽוּכַדְרֶאצַּ֨ר מֶֽלֶךְ־בָּבֶ֤ל עַבְדִּי֙
וְשַׂמְתִּ֣י כִסְא֔וֹ מִמַּ֛עַל לָאֲבָנִ֥ים הָאֵ֖לֶּה אֲשֶׁ֣ר טָמָ֑נְתִּי וְנָטָ֥ה אֶת־

שַׁפְרִירֽוֹ   וּבָ֥א 11 שַׁפְרוּר֖וֹ עֲלֵיהֶֽם: וּבָ֕א וְהִכָּ֖ה אֶת־אֶ֣רֶץ מִצְרָ֑יִם אֲשֶׁ֧ר לַמָּ֣וֶת לַמָּ֗וֶת

12 וַאֲשֶׁ֤ר לַשְּׁבִי֙ לַשֶּׁ֔בִי וַאֲשֶׁ֥ר לַחֶ֖רֶב לֶחָֽרֶב: וְהִצַּ֣תִּי אֵ֗שׁ בְּבָתֵּי֙ אֱלֹהֵ֣י
מִצְרַ֔יִם וּשְׂרָפָ֖ם וְשָׁבָ֑ם וְעָטָה֩ אֶת־אֶ֨רֶץ מִצְרַ֜יִם כַּאֲשֶׁר־יַעְטֶ֤ה הָֽרֹעֶה֙

13 אֶת־בִּגְד֔וֹ וְיָצָ֥א מִשָּׁ֖ם בְּשָׁלֽוֹם: וְשִׁבַּ֗ר אֶת־מַצְּבוֹת֙ בֵּ֣ית שֶׁ֔מֶשׁ אֲשֶׁר֙

44 בְּאֶ֣רֶץ מִצְרָ֑יִם וְאֶת־בָּתֵּ֥י אֱלֹהֵֽי־מִצְרַ֖יִם יִשְׂרֹ֥ף בָּאֵֽשׁ:   הַדָּבָר֙
אֲשֶׁ֣ר הָיָ֤ה אֶֽל־יִרְמְיָ֔הוּ אֶ֚ל כָּל־הַיְּהוּדִ֔ים הַיֹּשְׁבִ֖ים בְּאֶ֣רֶץ מִצְרָ֑יִם הַיֹּֽשְׁבִ֤ים

2 בְּמִגְדֹּל֙ וּבְתַחְפַּנְחֵ֣ס וּבְנֹ֔ף וּבְאֶ֥רֶץ פַּתְר֖וֹס לֵאמֹֽר: כֹּה־אָמַ֞ר
יְהֹוָ֤ה צְבָאוֹת֙ אֱלֹהֵ֣י יִשְׂרָאֵ֔ל אַתֶּ֣ם רְאִיתֶ֗ם אֵ֚ת כָּל־הָ֣רָעָ֔ה אֲשֶׁ֤ר
הֵבֵ֨אתִי֙ עַל־יְר֣וּשָׁלַ֔͏ִם וְעַ֖ל כָּל־עָרֵ֣י יְהוּדָ֑ה וְהִנָּ֤ם חָרְבָּה֙ הַיּ֣וֹם הַזֶּ֔ה

3 וְאֵ֥ין בָּהֶ֖ם יוֹשֵֽׁב: מִפְּנֵ֣י רָֽעָתָ֗ם אֲשֶׁ֤ר עָשׂוּ֙ לְהַכְעִסֵ֔נִי לָלֶ֣כֶת לְקַטֵּ֔ר
לַעֲבֹ֖ד לֵאלֹהִ֣ים אֲחֵרִ֑ים אֲשֶׁר֙ לֹ֣א יְדָע֔וּם הֵ֖מָּה אַתֶּ֥ם וַאֲבֹתֵיכֶֽם:

4 וָאֶשְׁלַ֤ח אֲלֵיכֶם֙ אֶת־כָּל־עֲבָדַ֣י הַנְּבִיאִ֔ים הַשְׁכֵּ֥ים וְשָׁלֹ֖חַ לֵאמֹ֑ר אַל־

5 נָ֣א תַעֲשׂ֗וּ אֵ֛ת דְּבַֽר־הַתֹּעֵבָ֥ה הַזֹּ֖את אֲשֶׁ֥ר שָׂנֵֽאתִי: וְלֹ֤א שָׁמְעוּ֙ וְלֹֽא־

6 הִטּ֣וּ אֶת־אָזְנָ֔ם לָשׁ֖וּב מֵרָֽעָתָ֑ם לְבִלְתִּ֥י קַטֵּ֖ר לֵאלֹהִ֥ים אֲחֵרִֽים: וַתִּתַּ֤ךְ
חֲמָתִי֙ וְאַפִּ֔י וַתִּבְעַר֙ בְּעָרֵ֣י יְהוּדָ֔ה וּבְחֻצ֖וֹת יְרֽוּשָׁלָ֑͏ִם וַתִּהְיֶ֛ינָה לְחָרְבָּ֥ה

7 לִשְׁמָמָ֖ה כַּיּ֥וֹם הַזֶּֽה: וְעַתָּ֡ה כֹּֽה־אָמַר֩ יְהֹוָ֨ה אֱלֹהֵ֤י צְבָאוֹת֙
אֱלֹהֵ֣י יִשְׂרָאֵ֔ל לָמָ֗ה אַתֶּ֤ם עֹשִׂים֙ רָעָ֣ה גְדוֹלָ֔ה אֶל־נַפְשֹֽׁתֵכֶ֑ם לְהַכְרִ֨ית
לָכֶ֜ם אִישׁ־וְאִשָּׁ֗ה עוֹלֵ֤ל וְיוֹנֵק֙ מִתּ֣וֹךְ יְהוּדָ֔ה לְבִלְתִּ֥י הוֹתִ֥יר לָכֶ֖ם

8 שְׁאֵרִֽית: לְהַכְעִסֵ֙נִי֙ בְּמַעֲשֵׂ֣י יְדֵיכֶ֔ם לְקַטֵּ֞ר לֵאלֹהִ֤ים אֲחֵרִים֙ בְּאֶ֣רֶץ
מִצְרַ֔יִם אֲשֶׁר־אַתֶּ֥ם בָּאִ֖ים לָג֣וּר שָׁ֑ם לְמַ֙עַן֙ הַכְרִ֣ית לָכֶ֔ם וּלְמַ֛עַן

9 הֱיֽוֹתְכֶ֥ם לִקְלָלָ֖ה וּלְחֶרְפָּ֑ה בְּכֹ֖ל גּוֹיֵ֥י הָאָֽרֶץ: הַֽשְׁכַחְתֶּם֙ אֶת־רָע֣וֹת
אֲבֽוֹתֵיכֶ֗ם וְאֶת־רָעוֹת֙ מַלְכֵ֣י יְהוּדָ֔ה וְאֵ֖ת רָע֣וֹת נָשָׁ֑יו וְאֵת֙ רָעֹ֣תֵכֶ֔ם

10 וְאֵת֙ רָעֹ֣ת נְשֵׁיכֶ֔ם אֲשֶׁ֤ר עָשׂוּ֙ בְּאֶ֣רֶץ יְהוּדָ֔ה וּבְחֻצ֖וֹת יְרוּשָׁלָֽ͏ִם: לֹ֣א
דֻכְּא֔וּ עַ֖ד הַיּ֣וֹם הַזֶּ֑ה וְלֹ֤א יָֽרְאוּ֙ וְלֹֽא־הָלְכ֣וּ בְתֽוֹרָתִ֗י וּבְחֻקֹּתַי֙ אֲשֶׁר־

11 נָתַ֥תִּי לִפְנֵיכֶ֖ם וְלִפְנֵ֥י אֲבֽוֹתֵיכֶֽם: לָכֵ֗ן כֹּה־אָמַ֞ר יְהֹוָ֤ה
צְבָאוֹת֙ אֱלֹהֵ֣י יִשְׂרָאֵ֔ל הִנְנִ֨י שָׂ֥ם פָּנַ֛י בָּכֶ֖ם לְרָעָ֑ה וּלְהַכְרִ֖ית אֶת־

12 כָּל־יְהוּדָֽה: וְלָקַחְתִּ֞י אֶת־שְׁאֵרִ֣ית יְהוּדָ֗ה אֲשֶׁר־שָׂ֨מוּ פְנֵיהֶ֜ם לָב֣וֹא
אֶֽרֶץ־מִצְרַ֘יִם֮ לָג֣וּר שָׁם֒ וְתַ֙מּוּ֙ כֹ֣ל בְּאֶ֣רֶץ מִצְרַ֔יִם יִפֹּ֕לוּ בַּחֶ֥רֶב בָּרָעָ֖ב
יִתַּ֑מּוּ מִקָּטֹן֙ וְעַד־גָּד֔וֹל בַּחֶ֥רֶב וּבָרָעָ֖ב יָמֻ֑תוּ וְהָיוּ֙ לְאָלָ֣ה לְשַׁמָּ֔ה

13 וְלִקְלָלָ֖ה וּלְחֶרְפָּֽה: וּפָקַדְתִּ֗י עַ֤ל הַיּֽוֹשְׁבִים֙ בְּאֶ֣רֶץ מִצְרַ֔יִם כַּאֲשֶׁ֥ר

14 פָּקַ֖דְתִּי עַל־יְרֽוּשָׁלָ֑͏ִם בַּחֶ֥רֶב בָּרָעָ֖ב וּבַדָּֽבֶר: וְלֹ֨א יִהְיֶ֜ה פָּלִ֤יט וְשָׂרִיד֙
לִשְׁאֵרִ֣ית יְהוּדָ֔ה הַבָּאִ֛ים לָגֽוּר־שָׁ֖ם בְּאֶ֣רֶץ מִצְרָ֑יִם וְלָשׁ֣וּב ׀ אֶ֣רֶץ

to the which they have a desire to return to dwell there: for none shall return but such as shall escape.

15 ¶ Then all the men which knew that their wives had burned incense unto other gods, and all the women that stood by, a great multitude, even all the people that dwelt in the land of Egypt, in Pathros, answered Jeremiah, saying,

16 *As for* the word that thou hast spoken unto us in the name of the LORD, we will not hearken unto thee.

17 But we will certainly do whatsoever thing goeth forth out of our own mouth, to burn incense unto the queen of heaven, and to pour out drink offerings unto her, as we have done, we, and our fathers, our kings, and our princes, in the cities of Judah, and in the streets of Jerusalem: for *then* had we plenty of victuals, and were well, and saw no evil.

18 But since we left off to burn incense to the queen of heaven, and to pour out drink offerings unto her, we have wanted all *things,* and have been consumed by the sword and by the famine.

19 And when we burned incense to the queen of heaven, and poured out drink offerings unto her, did we make her cakes to worship her, and pour out drink offerings unto her, without our men?

20 ¶ Then Jeremiah said unto all the people, to the men, and to the women, and to all the people which had given him *that* answer, saying,

21 The incense that ye burned in the cities of Judah, and in the streets of Jerusalem, ye, and your fathers, your kings, and your princes, and the people of the land, did not the LORD remember them, and came it *not* into his mind?

22 So that the LORD could no longer bear, because of the evil of your doings, *and* because of the abominations which ye have committed; therefore is your land a desolation, and an astonishment, and a curse, without an inhabitant, as at this day.

23 Because ye have burned incense, and because ye have sinned against the LORD, and have not obeyed the voice of the LORD, nor walked in his law, nor in his statutes, nor in his testimonies; therefore this evil is happened unto you, as at this day.

24 Moreover Jeremiah said unto all the people, and to all the women, Hear the word of the LORD, all Judah that *are* in the land of Egypt:

25 Thus saith the LORD of hosts, the God of Israel, saying; Ye and your wives have both spoken with your mouths, and fulfilled with your hand, saying, We will surely perform our vows that we have vowed, to burn incense to the queen of heaven, and to pour out drink offerings unto her: ye will surely accomplish your vows, and surely perform your vows.

26 Therefore hear ye the word of the LORD, all Judah that dwell in the land of Egypt; Behold, I have sworn by my great name, saith the LORD, that my name shall no more be named in the mouth of any man of Judah in all the land of Egypt, saying, The Lord GOD liveth.

27 Behold, I will watch over them for evil, and not for good: and all the men of Judah that *are* in the land of Egypt shall be consumed by the sword and by the famine, until there be an end of them.

28 Yet a small number that escape the sword shall return out of the land of Egypt into the land of Judah, and all the remnant of Judah, that are gone into the land of Egypt to sojourn there, shall know whose words shall stand, mine, or theirs.

29 ¶ And this *shall be* a sign unto you, saith the LORD, that I will punish you in this place, that ye may know that my words shall surely stand against you for evil:

30 Thus saith the LORD; Behold, I will give Pharaoh-hophra king of Egypt into the hand of his enemies, and into the hand of them that seek his life; as I gave Zedekiah king of Judah into the hand of Neb-

יְהוּדָה אֲשֶׁר־הֵמָּה מְנַשְּׂאִים אֶת־נַפְשָׁם לָשׁוּב לָשֶׁבֶת שָׁם כִּי־לֹא־
15 יָשׁוּבוּ כִּי אִם־פְּלֵטִים: וַיַּעֲנוּ אֶת־יִרְמְיָהוּ כָּל־הָאֲנָשִׁים
הַיֹּדְעִים כִּי־מְקַטְּרוֹת נְשֵׁיהֶם לֵאלֹהִים אֲחֵרִים וְכָל־הַנָּשִׁים הָעֹמְדוֹת
16 קָהָל גָּדוֹל וְכָל־הָעָם הַיֹּשְׁבִים בְּאֶרֶץ־מִצְרַיִם בְּפַתְרוֹס לֵאמֹר: הַדָּבָר
17 אֲשֶׁר־דִּבַּרְתָּ אֵלֵינוּ בְּשֵׁם יְהוָה אֵינֶנּוּ שֹׁמְעִים אֵלֶיךָ: כִּי עָשֹׂה נַעֲשֶׂה
אֶת־כָּל־הַדָּבָר ׀ אֲשֶׁר־יָצָא מִפִּינוּ לְקַטֵּר לִמְלֶכֶת הַשָּׁמַיִם וְהַסֵּיךְ־לָהּ
נְסָכִים כַּאֲשֶׁר עָשִׂינוּ אֲנַחְנוּ וַאֲבֹתֵינוּ מְלָכֵינוּ וְשָׂרֵינוּ בְּעָרֵי יְהוּדָה
18 וּבְחֻצוֹת יְרוּשָׁלָ͏ִם וַנִּשְׂבַּע־לֶחֶם וַנִּהְיֶה טוֹבִים וְרָעָה לֹא רָאִינוּ: וּמִן־
אָז חָדַלְנוּ לְקַטֵּר לִמְלֶכֶת הַשָּׁמַיִם וְהַסֵּךְ־לָהּ נְסָכִים חָסַרְנוּ כֹל
19 וּבַחֶרֶב וּבָרָעָב תָּמְנוּ: וְכִי־אֲנַחְנוּ מְקַטְּרִים לִמְלֶכֶת הַשָּׁמַיִם וּלְהַסֵּךְ
לָהּ נְסָכִים הֲמִבַּלְעֲדֵי אֲנָשֵׁינוּ עָשִׂינוּ לָהּ כַּוָּנִים לְהַעֲצִבָה וְהַסֵּךְ
לָהּ נְסָכִים:
20 וַיֹּאמֶר יִרְמְיָהוּ אֶל־כָּל־הָעָם עַל־הַגְּבָרִים וְעַל־הַנָּשִׁים וְעַל־כָּל־הָעָם
21 הָעֹנִים אֹתוֹ דָּבָר לֵאמֹר: הֲלוֹא אֶת־הַקִּטֵּר אֲשֶׁר קִטַּרְתֶּם בְּעָרֵי
יְהוּדָה וּבְחֻצוֹת יְרוּשָׁלַ͏ִם אַתֶּם וַאֲבוֹתֵיכֶם מַלְכֵיכֶם וְשָׂרֵיכֶם וְעַם
22 הָאָרֶץ אֹתָם זָכַר יְהוָה וַתַּעֲלֶה עַל־לִבּוֹ: וְלֹא־יוּכַל יְהוָה עוֹד לָשֵׂאת
מִפְּנֵי רֹעַ מַעַלְלֵיכֶם מִפְּנֵי הַתּוֹעֵבֹת אֲשֶׁר עֲשִׂיתֶם וַתְּהִי אַרְצְכֶם
23 לְחָרְבָּה וּלְשַׁמָּה וְלִקְלָלָה מֵאֵין יוֹשֵׁב כְּהַיּוֹם הַזֶּה: מִפְּנֵי אֲשֶׁר
קִטַּרְתֶּם וַאֲשֶׁר חֲטָאתֶם לַיהוָה וְלֹא שְׁמַעְתֶּם בְּקוֹל יְהוָה וּבְתֹרָתוֹ
וּבְחֻקֹּתָיו וּבְעֵדְוֹתָיו לֹא הֲלַכְתֶּם עַל־כֵּן קָרָאת אֶתְכֶם הָרָעָה הַזֹּאת
24 כַּיּוֹם הַזֶּה: וַיֹּאמֶר יִרְמְיָהוּ אֶל־כָּל־הָעָם וְאֶל כָּל־הַנָּשִׁים
25 שִׁמְעוּ דְּבַר־יְהוָה כָּל־יְהוּדָה אֲשֶׁר בְּאֶרֶץ מִצְרָיִם: כֹּה־
אָמַר יְהוָה־צְבָאוֹת אֱלֹהֵי יִשְׂרָאֵל לֵאמֹר אַתֶּם וּנְשֵׁיכֶם וַתְּדַבֵּרְנָה
בְּפִיכֶם וּבִידֵיכֶם מִלֵּאתֶם ׀ לֵאמֹר עָשֹׂה נַעֲשֶׂה אֶת־נְדָרֵינוּ אֲשֶׁר
נָדַרְנוּ לְקַטֵּר לִמְלֶכֶת הַשָּׁמַיִם וּלְהַסֵּךְ לָהּ נְסָכִים הָקֵים תָּקִימְנָה
אֶת־נִדְרֵיכֶם וְעָשֹׂה תַעֲשֶׂינָה אֶת־נִדְרֵיכֶם:
26 לָכֵן שִׁמְעוּ דְבַר־יְהוָה כָּל־יְהוּדָה הַיֹּשְׁבִים בְּאֶרֶץ מִצְרָיִם הִנְנִי
נִשְׁבַּעְתִּי בִּשְׁמִי הַגָּדוֹל אָמַר יְהוָה אִם־יִהְיֶה עוֹד שְׁמִי נִקְרָא ׀ בְּפִי ׀
27 כָּל־אִישׁ יְהוּדָה אֹמֵר חַי־אֲדֹנָי יְהוִה בְּכָל־אֶרֶץ מִצְרָיִם: הִנְנִי שֹׁקֵד
עֲלֵיהֶם לְרָעָה וְלֹא לְטוֹבָה וְתַמּוּ כָל־אִישׁ יְהוּדָה אֲשֶׁר בְּאֶרֶץ־
28 מִצְרַיִם בַּחֶרֶב וּבָרָעָב עַד־כְּלוֹתָם: וּפְלִיטֵי חֶרֶב יְשֻׁבוּן מִן־אֶרֶץ
מִצְרַיִם אֶרֶץ יְהוּדָה מְתֵי מִסְפָּר וְיָדְעוּ כָּל־שְׁאֵרִית יְהוּדָה הַבָּאִים
29 לָאֶרֶץ־מִצְרַיִם לָגוּר שָׁם דְּבַר־מִי יָקוּם מִמֶּנִּי וּמֵהֶם: וְזֹאת־לָכֶם
הָאוֹת נְאֻם־יְהוָה כִּי־פֹקֵד אֲנִי עֲלֵיכֶם בַּמָּקוֹם הַזֶּה לְמַעַן תֵּדְעוּ
30 כִּי קוֹם יָקוּמוּ דְבָרַי עֲלֵיכֶם לְרָעָה: כֹּה ׀ אָמַר יְהוָה הִנְנִי

uchadrezzar king of Babylon, his enemy, and that sought his life.

CHAPTER 45

1 The word that Jeremiah the prophet spake unto Baruch the son of Neriah, when he had written these words in a book at the mouth of Jeremiah, in the fourth year of Jehoiakim the son of Josiah king of Judah, saying,

2 Thus saith the Lord, the God of Israel, unto thee, O Baruch;

3 Thou didst say, Woe is me now! for the Lord hath added grief to my sorrow; I fainted in my sighing, and I find no rest.

4 ¶ Thus shalt thou say unto him, The Lord saith thus; Behold, *that* which I have built will I break down, and that which I have planted I will pluck up, even this whole land.

5 And seekest thou great things for thyself? seek *them* not: for, behold, I will bring evil upon all flesh, saith the Lord: but thy life will I give unto thee for a prey in all places whither thou goest.

CHAPTER 46

1 The word of the Lord which came to Jeremiah the prophet against the Gentiles;

2 Against Egypt, against the army of Pharaoh-necho king of Egypt, which was by the river Euphrates in Carchemish, which Nebuchadrezzar king of Babylon smote in the fourth year of Jehoiakim the son of Josiah king of Judah.

3 Order ye the buckler and shield, and draw near to battle.

4 Harness the horses; and get up, ye horsemen, and stand forth with *your* helmets; furbish the spears, *and* put on the brigandines.

5 Wherefore have I seen them dismayed *and* turned away back? and their mighty ones are beaten down, and are fled apace, and look not back: *for* fear *was* round about, saith the Lord.

6 Let not the swift flee away, nor the mighty man escape; they shall stumble, and fall toward the north by the river Euphrates.

7 Who *is* this *that* cometh up as a flood, whose waters are moved as the rivers?

8 Egypt riseth up like a flood, and *his* waters are moved like the rivers; and he saith, I will go up, *and* will cover the earth; I will destroy the city and the inhabitants thereof.

9 Come up, ye horses; and rage, ye chariots; and let the mighty men come forth; the Ethiopians and the Libyans, that handle the shield; and the Lydians, that handle *and* bend the bow.

10 For this *is* the day of the Lord God of hosts, a day of vengeance, that he may avenge him of his adversaries: and the sword shall devour, and it shall be satiate and made drunk with their blood: for the Lord God of hosts hath a sacrifice in the north country by the river Euphrates.

11 Go up into Gilead, and take balm, O virgin, the daughter of Egypt: in vain shalt thou use many medicines; *for* thou shalt not be cured.

12 The nations have heard of thy shame, and thy cry hath filled the land: for the mighty man hath stumbled against the mighty, *and* they are fallen both together.

13 ¶ The word that the Lord spake to Jeremiah the prophet, how Nebuchadrezzar king of Babylon should come *and* smite the land of Egypt.

14 Declare ye in Egypt, and publish in Migdol, and publish in Noph and in Tahpanhes: say ye, Stand fast, and prepare thee; for the sword shall devour round about thee.

15 Why are thy valiant *men* swept away? they stood not, because the Lord did drive them.

16 He made many to fall, yea, one fell upon another: and they said, Arise, and let us go again to our own people, and to the land of our nativity, from the oppressing sword.

17 They did cry there, Pharaoh king of Egypt *is but* a noise; he hath passed the time appointed.

18 *As* I live, saith the King, whose name *is* the Lord of hosts, Surely as Tabor *is* among the mountains, and as Carmel by the sea, *so* shall he come.

19 O thou daughter dwelling in Egypt,

נֹתֵן אֶת־פַּרְעֹה חָפְרַע מֶלֶךְ־מִצְרַיִם בְּיַד אֹיְבָיו וּבְיַד מְבַקְשֵׁי נַפְשׁוֹ

כַּאֲשֶׁר נָתַתִּי אֶת־צִדְקִיָּהוּ מֶלֶךְ־יְהוּדָה בְּיַד נְבוּכַדְרֶאצַּר מֶלֶךְ־בָּבֶל אֹיְבוֹ

45 1   הַדָּבָר אֲשֶׁר דִּבֶּר יִרְמְיָהוּ הַנָּבִיא אֶל־בָּרוּךְ   וּמְבַקֵּשׁ נַפְשׁוֹ:

בֶּן־נֵרִיָּה בְּכָתְבוֹ אֶת־הַדְּבָרִים הָאֵלֶּה עַל־סֵפֶר מִפִּי יִרְמְיָהוּ בַּשָּׁנָה

2   פֹּה   הָרְבִעִית לִיהוֹיָקִים בֶּן־יֹאשִׁיָּהוּ מֶלֶךְ יְהוּדָה לֵאמֹר:

3   אָמַר יְהוָה אֱלֹהֵי יִשְׂרָאֵל עָלֶיךָ בָּרוּךְ: אָמַרְתָּ אוֹי־נָא לִי כִּי־יָסַף יְהוָה

4   פֹּה| יָגוֹן עַל־מַכְאֹבִי יָגַעְתִּי בְּאַנְחָתִי וּמְנוּחָה לֹא מָצָאתִי:

תֹּאמַר אֵלָיו כֹּה אָמַר יְהוָה הִנֵּה אֲשֶׁר־בָּנִיתִי אֲנִי הֹרֵס וְאֵת אֲשֶׁר־

5   נָטַעְתִּי אֲנִי נֹתֵשׁ וְאֶת־כָּל־הָאָרֶץ הִיא: וְאַתָּה תְּבַקֶּשׁ־לְךָ גְדֹלוֹת

אַל־תְּבַקֵּשׁ כִּי הִנְנִי מֵבִיא רָעָה עַל־כָּל־בָּשָׂר נְאֻם־יְהוָה וְנָתַתִּי לְךָ

46 1   אֲשֶׁר   אֶת־נַפְשְׁךָ לְשָׁלָל עַל כָּל־הַמְּקֹמוֹת אֲשֶׁר תֵּלֶךְ־שָׁם:

2   הָיָה דְבַר־יְהוָה אֶל־יִרְמְיָהוּ הַנָּבִיא עַל־הַגּוֹיִם: לְמִצְרַיִם עַל־חֵיל

פַּרְעֹה נְכוֹ מֶלֶךְ מִצְרַיִם אֲשֶׁר־הָיָה עַל־נְהַר־פְּרָת בְּכַרְכְּמִשׁ אֲשֶׁר

הִכָּה נְבוּכַדְרֶאצַּר מֶלֶךְ בָּבֶל בִּשְׁנַת הָרְבִיעִית לִיהוֹיָקִים בֶּן־יֹאשִׁיָּהוּ

3   מֶלֶךְ יְהוּדָה: עִרְכוּ מָגֵן וְצִנָּה וּגְשׁוּ לַמִּלְחָמָה: אִסְרוּ הַסּוּסִים וַעֲלוּ
4

5   הַפָּרָשִׁים וְהִתְיַצְּבוּ בְּכוֹבָעִים מִרְקוּ הָרְמָחִים לִבְשׁוּ הַסִּרְיֹנֹת: מַדּוּעַ

רָאִיתִי הֵמָּה חַתִּים נְסֹגִים אָחוֹר וְגִבּוֹרֵיהֶם יֻכַּתּוּ וּמָנוֹס נָסוּ וְלֹא

6   הִפְנוּ מָגוֹר מִסָּבִיב נְאֻם־יְהוָה: אַל־יָנוּס הַקַּל וְאַל־יִמָּלֵט הַגִּבּוֹר

7   צָפוֹנָה עַל־יַד נְהַר־פְּרָת כָּשְׁלוּ וְנָפָלוּ: מִי־זֶה כַּיְאֹר יַעֲלֶה כַּנְּהָרוֹת

8   יִתְגָּעֲשׁוּ מֵימָיו: מִצְרַיִם כַּיְאֹר יַעֲלֶה וְכַנְּהָרוֹת יִתְגָּעֲשׁוּ מָיִם וַיֹּאמֶר

9   אַעֲלֶה אֲכַסֶּה־אֶרֶץ אֹבִידָה עִיר וְיֹשְׁבֵי בָהּ: עֲלוּ הַסּוּסִים וְהִתְהֹלְלוּ

הָרֶכֶב וְיֵצְאוּ הַגִּבּוֹרִים כּוּשׁ וּפוּט תֹּפְשֵׂי מָגֵן וְלוּדִים תֹּפְשֵׂי דֹּרְכֵי

10   קָשֶׁת: וְהַיּוֹם הַהוּא לַאדֹנָי יְהוִה צְבָאוֹת יוֹם נְקָמָה לְהִנָּקֵם מִצָּרָיו

וְאָכְלָה חֶרֶב וְשָׂבְעָה וְרָוְתָה מִדָּמָם כִּי זֶבַח לַאדֹנָי יְהוִה צְבָאוֹת

11   בְּאֶרֶץ צָפוֹן אֶל־נְהַר־פְּרָת: עֲלִי גִלְעָד וּקְחִי צֳרִי בְּתוּלַת בַּת־מִצְרָיִם

12   הַרְבֵּית   לַשָּׁוְא הִרְבֵּיתי רְפֻאוֹת תְּעָלָה אֵין לָךְ: שָׁמְעוּ גוֹיִם קְלוֹנֵךְ וְצִוְחָתֵךְ

מָלְאָה הָאָרֶץ כִּי־גִבּוֹר בְּגִבּוֹר כָּשָׁלוּ יַחְדָּיו נָפְלוּ שְׁנֵיהֶם:

13   הַדָּבָר אֲשֶׁר דִּבֶּר יְהוָה אֶל־יִרְמְיָהוּ הַנָּבִיא לָבוֹא נְבוּכַדְרֶאצַּר מֶלֶךְ

14   בָּבֶל לְהַכּוֹת אֶת־אֶרֶץ מִצְרָיִם: הַגִּידוּ בְמִצְרַיִם וְהַשְׁמִיעוּ בְמִגְדּוֹל

וְהַשְׁמִיעוּ בְנֹף וּבְתַחְפַּנְחֵס אִמְרוּ הִתְיַצֵּב וְהָכֵן לָךְ כִּי־אָכְלָה חֶרֶב

15   סְבִיבֶיךָ: מַדּוּעַ נִסְחַף אַבִּירֶיךָ לֹא עָמַד כִּי יְהוָה הֲדָפוֹ: הִרְבָּה
16

כּוֹשֵׁל גַּם־נָפַל אִישׁ אֶל־רֵעֵהוּ וַיֹּאמְרוּ קוּמָה|וְנָשֻׁבָה אֶל־עַמֵּנוּ וְאֶל־

17   אֶרֶץ מוֹלַדְתֵּנוּ מִפְּנֵי חֶרֶב הַיּוֹנָה: קָרְאוּ שָׁם פַּרְעֹה מֶלֶךְ־מִצְרַיִם

18   שָׁאוֹן הֶעֱבִיר הַמּוֹעֵד: חַי־אָנִי נְאֻם־הַמֶּלֶךְ יְהוָה צְבָאוֹת שְׁמוֹ כִּי

19   כְּתָבוֹר בֶּהָרִים וּכְכַרְמֶל בַּיָּם יָבוֹא: כְּלֵי גוֹלָה עֲשִׂי לָךְ יוֹשֶׁבֶת בַּת־

furnish thyself to go into captivity: for Noph shall be waste and desolate without an inhabitant.

20 Egypt *is like* a very fair heifer, *but* destruction cometh; it cometh out of the north.

21 Also her hired men *are* in the midst of her like fatted bullocks; for they also are turned back, *and* are fled away together: they did not stand, because the day of their calamity was come upon them, *and* the time of their visitation.

22 The voice thereof shall go like a serpent; for they shall march with an army, and come against her with axes, as hewers of wood.

23 They shall cut down her forest, saith the LORD, though it cannot be searched; because they are more than the grasshoppers, and *are* innumerable.

24 The daughter of Egypt shall be confounded; she shall be delivered into the hand of the people of the north.

25 The LORD of hosts, the God of Israel, saith; Behold, I will punish the multitude of No, and Pharaoh, and Egypt, with their gods, and their kings; even Pharaoh, and *all* them that trust in him:

26 And I will deliver them into the hand of those that seek their lives, and into the hand of Nebuchadrezzar king of Babylon, and into the hand of his servants: and afterward it shall be inhabited, as in the days of old, saith the LORD.

27 ¶ But fear not thou, O my servant Jacob, and be not dismayed, O Israel: for, behold, I will save thee from afar off, and thy seed from the land of their captivity; and Jacob shall return, and be in rest and at ease, and none shall make *him* afraid.

28 Fear thou not, O Jacob my servant, saith the LORD: for I *am* with thee; for I will make a full end of all the nations whither I have driven thee: but I will not make a full end of thee, but correct thee in measure; yet will I not leave thee wholly unpunished.

CHAPTER 47

1 The word of the LORD that came to Jeremiah the prophet against the Philistines, before that Pharaoh smote Gaza.

2 Thus saith the LORD; Behold, waters rise up out of the north, and shall be an overflowing flood, and shall overflow the land, and all that is therein; the city, and them that dwell therein: then the men shall cry, and all the inhabitants of the land shall howl.

3 At the noise of the stamping of the hoofs of his strong *horses,* at the rushing of his chariots, *and at* the rumbling of his wheels, the fathers shall not look back to *their* children for feebleness of hands;

4 Because of the day that cometh to spoil all the Philistines, *and* to cut off from Tyrus and Zidon every helper that remaineth: for the LORD will spoil the Philistines, the remnant of the country of Caphtor.

5 Baldness is come upon Gaza; Ashkelon is cut off *with* the remnant of their valley: how long wilt thou cut thyself?

6 O thou sword of the LORD, how long *will it be* ere thou be quiet? put up thyself into thy scabbard, rest, and be still.

7 How can it be quiet, seeing the LORD hath given it a charge against Ashkelon, and against the sea shore? there hath he appointed it.

CHAPTER 48

1 Against Moab thus saith the LORD of hosts, the God of Israel; Woe unto Nebo! for it is spoiled: Kiriathaim is confounded *and* taken: Misgab is confounded and dismayed.

2 *There shall be* no more praise of Moab: in Heshbon they have devised evil against it; come, and let us cut it off from *being* a nation. Also thou shalt be cut down, O Madmen; the sword shall pursue thee.

3 A voice of crying *shall be* from Horonaim, spoiling and great destruction.

4 Moab is destroyed; her little ones have caused a cry to be heard.

5 For in the going up of Luhith continual weeping shall go up; for in the going down of Horonaim the enemies have heard a cry of destruction.

6 Flee, save your lives, and be like the heath in the wilderness.

7 ¶ For because thou hast trusted in thy works and in thy treasures, thou shalt also

20 מִצְרַיִם כִּי־נֹף לְשַׁמָּה תִהְיֶה וְנִצְּתָה מֵאֵין יוֹשֵׁב: עֶגְלָה

21 יְפֵה־פִיָּה מִצְרָיִם קֶרֶץ מִצָּפוֹן בָּא בָא: גַּם־שְׂכִרֶיהָ בְקִרְבָּהּ כְּעֶגְלֵי
מַרְבֵּק כִּי־גַם־הֵמָּה הִפְנוּ נָסוּ יַחְדָּיו לֹא עָמָדוּ כִּי יוֹם אֵידָם בָּא

22 עֲלֵיהֶם עֵת פְּקֻדָּתָם: קוֹלָהּ כַּנָּחָשׁ יֵלֵךְ כִּי־בְחַיִל יֵלֵכוּ וּבְקַרְדֻּמּוֹת

23 בָּאוּ לָהּ כְּחֹטְבֵי עֵצִים: כָּרְתוּ יַעְרָהּ נְאֻם־יְהֹוָה כִּי לֹא יֵחָקֵר

24 כִּי רַבּוּ מֵאַרְבֶּה וְאֵין לָהֶם מִסְפָּר: הֹבִישָׁה בַּת־מִצְרָיִם נִתְּנָה

25 בְּיַד עַם־צָפוֹן: אָמַר יְהֹוָה צְבָאוֹת אֱלֹהֵי יִשְׂרָאֵל הִנְנִי פוֹקֵד
אֶל־אָמוֹן מִנֹּא וְעַל־פַּרְעֹה וְעַל־מִצְרַיִם וְעַל־אֱלֹהֶיהָ וְעַל־מְלָכֶיהָ

26A 26 וְעַל־פַּרְעֹה וְעַל הַבֹּטְחִים בּוֹ: וּנְתַתִּים בְּיַד מְבַקְשֵׁי נַפְשָׁם וּבְיַד
נְבוּכַדְרֶאצַּר מֶלֶךְ־בָּבֶל וּבְיַד־עֲבָדָיו וְאַחֲרֵי־כֵן תִּשְׁכֹּן כִּימֵי־קֶדֶם

27 נְאֻם־יְהֹוָה: וְאַתָּה אַל־תִּירָא עַבְדִּי יַעֲקֹב וְאַל־תֵּחַת
יִשְׂרָאֵל כִּי הִנְנִי מוֹשִׁעֲךָ מֵרָחוֹק וְאֶת־זַרְעֲךָ מֵאֶרֶץ שִׁבְיָם וְשָׁב

28 יַעֲקוֹב וְשָׁקַט וְשַׁאֲנַן וְאֵין מַחֲרִיד: אַתָּה אַל־תִּירָא עַבְדִּי
יַעֲקֹב נְאֻם־יְהֹוָה כִּי אִתְּךָ אָנִי כִּי אֶעֱשֶׂה כָלָה בְּכָל־הַגּוֹיִם אֲשֶׁר
הִדַּחְתִּיךָ שָׁמָּה וְאֹתְךָ לֹא־אֶעֱשֶׂה כָלָה וְיִסַּרְתִּיךָ לַמִּשְׁפָּט וְנַקֵּה לֹא

47 1 אֲנַקֶּךָּ: אֲשֶׁר הָיָה דְבַר־יְהֹוָה אֶל־יִרְמְיָהוּ הַנָּבִיא אֶל־

2 פְּלִשְׁתִּים בְּטֶרֶם יַכֶּה פַרְעֹה אֶת־עַזָּה: כֹּה אָמַר יְהֹוָה
הִנֵּה־מַיִם עֹלִים מִצָּפוֹן וְהָיוּ לְנַחַל שׁוֹטֵף וְיִשְׁטְפוּ אֶרֶץ וּמְלוֹאָהּ

3 עִיר וְיֹשְׁבֵי בָהּ וְזָעֲקוּ הָאָדָם וְהֵילִל כֹּל יוֹשֵׁב הָאָרֶץ: מִקּוֹל שַׁעֲטַת
פַּרְסוֹת אַבִּירָיו מֵרַעַשׁ לְרִכְבּוֹ הֲמוֹן גַּלְגִּלָּיו לֹא־הִפְנוּ אָבוֹת אֶל־

4 בָּנִים מֵרִפְיוֹן יָדָיִם: עַל־הַיּוֹם הַבָּא לִשְׁדוֹד אֶת־כָּל־פְּלִשְׁתִּים
לְהַכְרִית לְצֹר וּלְצִידוֹן כֹּל שָׂרִיד עֹזֵר כִּי־שֹׁדֵד יְהֹוָה אֶת־פְּלִשְׁתִּים

5 שְׁאֵרִית אִי כַפְתּוֹר: בָּאָה קָרְחָה אֶל־עַזָּה נִדְמְתָה אַשְׁקְלוֹן שְׁאֵרִית

6A 6 עִמְקָם עַד־מָתַי תִּתְגּוֹדָדִי: הוֹי חֶרֶב לַיהֹוָה עַד־אָנָה לֹא

7 תִשְׁקֹטִי הֵאָסְפִי אֶל־תַּעְרֵךְ הֵרָגְעִי וָדֹמִּי: אֵיךְ תִּשְׁקֹטִי וַיהֹוָה צִוָּה־

48 1 לָהּ אֶל־אַשְׁקְלוֹן וְאֶל־חוֹף הַיָּם שָׁם יְעָדָהּ: לְמוֹאָב כֹּה
אָמַר יְהֹוָה צְבָאוֹת אֱלֹהֵי יִשְׂרָאֵל הוֹי אֶל־נְבוֹ כִּי שֻׁדָּדָה הֹבִישָׁה

2 נִלְכְּדָה קִרְיָתָיִם הֹבִישָׁה הַמִּשְׂגָּב וָחָתָּה: אֵין עוֹד תְּהִלַּת מוֹאָב
בְּחֶשְׁבּוֹן חָשְׁבוּ עָלֶיהָ רָעָה לְכוּ וְנַכְרִיתֶנָּה מִגּוֹי גַּם־מַדְמֵן תִּדֹּמִּי

3 אַחֲרַיִךְ תֵּלֶךְ חָרֶב: קוֹל צְעָקָה מֵחֹרוֹנָיִם שֹׁד וָשֶׁבֶר גָּדוֹל: נִשְׁבְּרָה
4

5 מוֹאָב הִשְׁמִיעוּ זְעָקָה צְעִירֶיהָ: כִּי מַעֲלֵה הַלֻּחוֹת בִּבְכִי יַעֲלֶה־בֶּכִי
צְעִירֶיהָ
הַלֻּחוֹת

6 כִּי בְּמוֹרַד חוֹרוֹנַיִם צָרֵי צַעֲקַת־שֶׁבֶר שָׁמֵעוּ: נֻסוּ מַלְּטוּ נַפְשְׁכֶם

7 וְתִהְיֶינָה כַּעֲרוֹעֵר בַּמִּדְבָּר: כִּי יַעַן בִּטְחֵךְ בְּמַעֲשַׂיִךְ וּבְאוֹצְרוֹתַיִךְ

be taken: and Chemosh shall go forth into captivity *with* his priests and his princes together.

8 And the spoiler shall come upon every city, and no city shall escape: the valley also shall perish, and the plain shall be destroyed, as the LORD hath spoken.

9 Give wings unto Moab, that it may flee and get away: for the cities thereof shall be desolate, without any to dwell therein.

10 Cursed *be* he that doeth the work of the LORD deceitfully, and cursed *be* he that keepeth back his sword from blood.

11 ¶ Moab hath been at ease from his youth, and he hath settled on his lees, and hath not been emptied from vessel to vessel, neither hath he gone into captivity: therefore his taste remained in him, and his scent is not changed.

12 Therefore, behold, the days come, saith the LORD, that I will send unto him wanderers, that shall cause him to wander, and shall empty his vessels, and break their bottles.

13 And Moab shall be ashamed of Chemosh, as the house of Israel was ashamed of Beth-el their confidence.

14 ¶ How say ye, We *are* mighty and strong men for the war?

15 Moab is spoiled, and gone up *out of* her cities, and his chosen young men are gone down to the slaughter, saith the King, whose name *is* the LORD of hosts.

16 The calamity of Moab *is* near to come, and his affliction hasteth fast.

17 All ye that are about him, bemoan him; and all ye that know his name, say, How is the strong staff broken, *and* the beautiful rod!

18 Thou daughter that dost inhabit Dibon, come down from *thy* glory, and sit in thirst; for the spoiler of Moab shall come upon thee, *and* he shall destroy thy strong holds.

19 O inhabitant of Aroer, stand by the way, and espy; ask him that fleeth, and her that escapeth, *and* say, What is done?

20 Moab is confounded; for it is broken down: howl and cry; tell ye it in Arnon, that Moab is spoiled,

21 And judgment is come upon the plain country; upon Holon, and upon Jahazah, and upon Mephaath,

22 And upon Dibon, and upon Nebo, and upon Beth-diblathaim,

23 And upon Kiriathaim, and upon Beth-gamul, and upon Beth-meon,

24 And upon Kerioth, and upon Bozrah, and upon all the cities of the land of Moab, far or near.

25 The horn of Moab is cut off, and his arm is broken, saith the LORD.

26 ¶ Make ye him drunken: for he magnified *himself* against the LORD: Moab also shall wallow in his vomit, and he also shall be in derision.

27 For was not Israel a derision unto thee? was he found among thieves? for since thou spakest of him, thou skippedst for joy.

28 O ye that dwell in Moab, leave the cities, and dwell in the rock, and be like the dove *that* maketh her nest in the sides of the hole's mouth.

29 We have heard the pride of Moab, (he is exceeding proud) his loftiness, and his arrogancy, and his pride, and the haughtiness of his heart.

30 I know his wrath, saith the LORD; but *it shall* not *be* so; his lies shall not so effect *it.*

31 Therefore will I howl for Moab, and I will cry out for all Moab; *mine heart* shall mourn for the men of Kir-heres.

32 O vine of Sibmah, I will weep for thee with the weeping of Jazer: thy plants are gone over the sea, they reach *even* to the sea of Jazer: the spoiler is fallen upon thy summer fruits and upon thy vintage.

33 And joy and gladness is taken from the plentiful field, and from the land of Moab; and I have caused wine to fail from the winepresses: none shall tread with shouting; *their* shouting *shall be* no shouting.

34 From the cry of Heshbon *even* unto Elealeh, *and even* unto Jahaz, have they uttered their voice, from Zoar *even* unto Horonaim, *as* an heifer of three years old: for the waters also of Nimrim shall be desolate.

35 Moreover I will cause to cease in Moab, saith the LORD, him that offereth

8 גַּם־אַתְּ תִּלָּכֵד וְיָצָא כְמִישׁ בַּגּוֹלָה כֹּהֲנָיו וְשָׂרָיו יַחַד: וַיָּבֹא שֹׁדֵד כמוש יַחְדָּו
אֶל־כָּל־עִיר וְעִיר לֹא תִמָּלֵט וְאָבַד הָעֵמֶק וְנִשְׁמַד הַמִּישֹׁר אֲשֶׁר
9 אָמַר יְהוָה: תְּנוּ־צִיץ לְמוֹאָב כִּי נָצֹא תֵּצֵא וְעָרֶיהָ לְשַׁמָּה תִהְיֶינָה
10 מֵאֵין יוֹשֵׁב בָּהֵן: אָרוּר עֹשֶׂה מְלֶאכֶת יְהוָה רְמִיָּה וְאָרוּר מֹנֵעַ חַרְבּוֹ
11 מִדָּם: שַׁאֲנַן מוֹאָב מִנְּעוּרָיו וְשֹׁקֵט הוּא אֶל־שְׁמָרָיו וְלֹא־הוּרַק מִכְּלִי
אֶל־כֶּלִי וּבַגּוֹלָה לֹא הָלָךְ עַל־כֵּן עָמַד טַעְמוֹ בּוֹ וְרֵיחוֹ לֹא
12 נָמָר: לָכֵן הִנֵּה־יָמִים בָּאִים נְאֻם־יְהוָה וְשִׁלַּחְתִּי־לוֹ צֹעִים
13 וְצֵעֻהוּ וְכֵלָיו יָרִיקוּ וְנִבְלֵיהֶם יְנַפֵּצוּ: וּבֹשׁ מוֹאָב מִכְּמוֹשׁ כַּאֲשֶׁר־בֹּשׁוּ
14 בֵּית יִשְׂרָאֵל מִבֵּית אֵל מִבְטֶחָם: אֵיךְ תֹּאמְרוּ גִּבּוֹרִים אֲנָחְנוּ וְאַנְשֵׁי־
15 חַיִל לַמִּלְחָמָה: שֻׁדַּד מוֹאָב וְעָרֶיהָ עָלָה וּמִבְחַר בַּחוּרָיו יָרְדוּ לַטָּבַח
16 נְאֻם־הַמֶּלֶךְ יְהוָה צְבָאוֹת שְׁמוֹ: קָרוֹב אֵיד־מוֹאָב לָבוֹא וְרָעָתוֹ
17 מִהֲרָה מְאֹד: נֻדוּ לוֹ כָּל־סְבִיבָיו וְכֹל יֹדְעֵי שְׁמוֹ אִמְרוּ אֵיכָה נִשְׁבַּר
18 מַטֵּה־עֹז מַקֵּל תִּפְאָרָה: רְדִי מִכָּבוֹד יֹשְׁבִי בַצָּמָא יֹשֶׁבֶת בַּת־דִּיבוֹן וּשְׁבִי
19 כִּי־שֹׁדֵד מוֹאָב עָלָה בָךְ שִׁחֵת מִבְצָרָיִךְ: אֶל־דֶּרֶךְ עִמְדִי וְצַפִּי
20 יוֹשֶׁבֶת עֲרוֹעֵר שַׁאֲלִי־נָס וּנְמַלֵּטָה אִמְרִי מַה־נִּהְיָתָה: הֹבִישׁ מוֹאָב
21 כִּי־חַתָּה הֵילִילוּ וּזְעָקוּ הַגִּידוּ בְאַרְנוֹן כִּי שֻׁדַּד מוֹאָב: וּמִשְׁפָּט בָּא הֵילִילוּ | וּזְעָקוּ
22 אֶל־אֶרֶץ הַמִּישֹׁר אֶל־חֹלוֹן וְאֶל־יַהְצָה וְעַל־מֵופָעַת: וְעַל־דִּיבוֹן וְעַל־ מֵיפָעַת
23 נְבוֹ וְעַל־בֵּית דִּבְלָתָיִם: וְעַל קִרְיָתַיִם וְעַל־בֵּית גָּמוּל וְעַל־בֵּית מְעוֹן:
24 וְעַל־קְרִיּוֹת וְעַל־בָּצְרָה וְעַל כָּל־עָרֵי אֶרֶץ מוֹאָב הָרְחֹקוֹת וְהַקְּרֹבוֹת:
25 נִגְדְּעָה קֶרֶן מוֹאָב וּזְרֹעוֹ נִשְׁבָּרָה נְאֻם יְהוָה: הַשְׁכִּירֻהוּ כִּי עַל־יְהוָה
26
27 הִגְדִּיל וְסָפַק מוֹאָב בְּקִיאוֹ וְהָיָה לִשְׂחֹק גַּם־הוּא: וְאִם | לוֹא הַשְּׂחֹק
הָיָה לְךָ יִשְׂרָאֵל אִם־בְּגַנָּבִים נִמְצָאָה כִּי־מִדֵּי דְבָרֶיךָ בּוֹ תִּתְנוֹדָד: נמצא
28 עִזְבוּ עָרִים וְשִׁכְנוּ בַּסֶּלַע יֹשְׁבֵי מוֹאָב וִהְיוּ כְיוֹנָה תְּקַנֵּן בְּעֶבְרֵי פִי־
29 פָחַת: שָׁמַעְנוּ גְאוֹן־מוֹאָב גֵּאֶה מְאֹד גָּבְהוֹ וּגְאוֹנוֹ וְגַאֲוָתוֹ וְרֻם לִבּוֹ:
30 אֲנִי יָדַעְתִּי נְאֻם־יְהוָה עֶבְרָתוֹ וְלֹא־כֵן בַּדָּיו לֹא־כֵן עָשׂוּ: עַל־כֵּן
31
עַל־מוֹאָב אֲיֵלִיל וּלְמוֹאָב כֻּלֹּה אֶזְעָק אֶל־אַנְשֵׁי קִיר־חֶרֶשׂ יֶהְגֶּה:
32 מִבְּכִי יַעְזֵר אֶבְכֶּה־לָּךְ הַגֶּפֶן שִׂבְמָה נְטִישֹׁתַיִךְ עָבְרוּ יָם עַד יָם יַעְזֵר
33 נָגָעוּ עַל־קֵיצֵךְ וְעַל־בְּצִירֵךְ שֹׁדֵד נָפָל: וְנֶאֶסְפָה שִׂמְחָה וָגִיל מִכַּרְמֶל
וּמֵאֶרֶץ מוֹאָב וְיַיִן מִיקָבִים הִשְׁבַּתִּי לֹא־יִדְרֹךְ הֵידָד הֵידָד לֹא הֵידָד:
34 מִזַּעֲקַת חֶשְׁבּוֹן עַד־אֶלְעָלֵה עַד־יַהַץ נָתְנוּ קוֹלָם מִצֹּעַר עַד־חֹרֹנַיִם
35 עֶגְלַת שְׁלִשִׁיָּה כִּי גַּם־מֵי נִמְרִים לִמְשַׁמּוֹת יִהְיוּ: וְהִשְׁבַּתִּי לְמוֹאָב

in the high places, and him that burneth incense to his gods.

36 Therefore mine heart shall sound for Moab like pipes, and mine heart shall sound like pipes for the men of Kir-heres: because the riches *that* he hath gotten are perished.

37 For every head *shall be* bald, and every beard clipped: upon all the hands *shall be* cuttings, and upon the loins sackcloth.

38 *There shall be* lamentation generally upon all the housetops of Moab, and in the streets thereof: for I have broken Moab like a vessel wherein *is* no pleasure, saith the LORD.

39 They shall howl, *saying,* How is it broken down! how hath Moab turned the back with shame! so shall Moab be a derision and a dismaying to all them about him.

40 For thus saith the LORD; Behold, he shall fly as an eagle, and shall spread his wings over Moab.

41 Kerioth is taken, and the strong holds are surprised, and the mighty men's hearts in Moab at that day shall be as the heart of a woman in her pangs.

42 And Moab shall be destroyed from *being* a people, because he hath magnified *himself* against the LORD.

43 Fear, and the pit, and the snare, *shall be* upon thee, O inhabitant of Moab, saith the LORD.

44 He that fleeth from the fear shall fall into the pit; and he that getteth up out of the pit shall be taken in the snare: for I will bring upon it, *even* upon Moab, the year of their visitation, saith the LORD.

45 They that fled stood under the shadow of Heshbon because of the force: but a fire shall come forth out of Heshbon, and a flame from the midst of Sihon, and shall devour the corner of Moab, and the crown of the head of the tumultuous ones.

46 Woe be unto thee, O Moab! the people of Chemosh perisheth: for thy sons are taken captives, and thy daughters captives.

47 ¶ Yet will I bring again the captivity of Moab in the latter days, saith the LORD. Thus far *is* the judgment of Moab.

CHAPTER 49

1 Concerning the Ammonites, thus saith the LORD; Hath Israel no sons? hath he no heir? why *then* doth their king inherit Gad, and his people dwell in his cities?

2 Therefore, behold, the days come, saith the LORD, that I will cause an alarm of war to be heard in Rabbah of the Ammonites; and it shall be a desolate heap, and her daughters shall be burned with fire: then shall Israel be heir unto them that were his heirs, saith the LORD.

3 Howl, O Heshbon, for Ai is spoiled: cry, ye daughters of Rabbah, gird you with sackcloth; lament, and run to and fro by the hedges; for their king shall go into captivity, *and* his priests and his princes together.

4 Wherefore gloriest thou in the valleys, thy flowing valley, O backsliding daughter? that trusted in her treasures, *saying,* Who shall come unto me?

5 Behold, I will bring a fear upon thee, saith the Lord GOD of hosts, from all those that be about thee; and ye shall be driven out every man right forth; and none shall gather up him that wandereth.

6 And afterward I will bring again the captivity of the children of Ammon, saith the LORD.

7 ¶ Concerning Edom, thus saith the LORD of hosts; *Is* wisdom no more in Teman? is counsel perished from the prudent? is their wisdom vanished?

8 Flee ye, turn back, dwell deep, O inhabitants of Dedan; for I will bring the calamity of Esau upon him, the time *that* I will visit him.

9 If grapegatherers come to thee, would they not leave *some* gleaning grapes? if thieves by night, they will destroy till they have enough.

10 But I have made Esau bare, I have uncovered his secret places, and he shall not be able to hide himself: his seed is spoiled, and his brethren, and his neighbours, and he *is* not.

11 Leave thy fatherless children, I will preserve *them* alive; and let thy widows trust in me.

12 For thus saith the LORD; Behold, they

36 נְאֻם־יְהוָה מַעֲלֶה בָמָה וּמַקְטִיר לֵאלֹהָיו: עַל־כֵּן לִבִּי לְמוֹאָב
כַּחֲלִלִים יֶהֱמֶה וְלִבִּי אֶל־אַנְשֵׁי קִיר־חֶרֶשׂ כַּחֲלִילִים יֶהֱמֶה עַל־כֵּן
37 יִתְרַת עָשָׂה אָבָדוּ: כִּי כָל־רֹאשׁ קָרְחָה וְכָל־זָקָן גְּרֻעָה עַל כָּל־יָדַיִם
38 גְּדֻדֹת וְעַל־מָתְנַיִם שָׂק: עַל כָּל־גַּגּוֹת מוֹאָב וּבִרְחֹבֹתֶיהָ כֻּלֹּה מִסְפֵּד
39 כִּי־שָׁבַרְתִּי אֶת־מוֹאָב כִּכְלִי אֵין־חֵפֶץ בּוֹ נְאֻם־יְהוָה: אֵיךְ חַתָּה
הֵילִילוּ אֵיךְ הִפְנָה־עֹרֶף מוֹאָב בּוֹשׁ וְהָיָה מוֹאָב לִשְׂחֹק וְלִמְחִתָּה
40 לְכָל־סְבִיבָיו: כִּי־כֹה אָמַר יְהוָה הִנֵּה כַנֶּשֶׁר יִדְאֶה וּפָרַשׂ
41 כְּנָפָיו אֶל־מוֹאָב: נִלְכְּדָה הַקְּרִיּוֹת וְהַמְּצָדוֹת נִתְפָּשָׂה וְהָיָה לֵב גִּבּוֹרֵי
42 מוֹאָב בַּיּוֹם הַהוּא כְּלֵב אִשָּׁה מְצֵרָה: וְנִשְׁמַד מוֹאָב מֵעָם כִּי עַל־
43 יְהוָה הִגְדִּיל: פַּחַד וָפַחַת וָפָח עָלֶיךָ יוֹשֵׁב מוֹאָב נְאֻם־יְהוָה: הַנָּ֯ס   הַנָּ֯ס
44 מִפְּנֵי הַפַּחַד יִפֹּל אֶל־הַפַּחַת וְהָעֹלֶה מִן־הַפַּחַת יִלָּכֵד בַּפָּח כִּי־אָבִיא
45 אֵלֶיהָ אֶל־מוֹאָב שְׁנַת פְּקֻדָּתָם נְאֻם־יְהוָה: בְּצֵל חֶשְׁבּוֹן עָמְדוּ מִכֹּחַ
נָסִים כִּי־אֵשׁ יָצָא מֵחֶשְׁבּוֹן וְלֶהָבָה מִבֵּין סִיחוֹן וַתֹּאכַל פְּאַת מוֹאָב
46 וְקָדְקֹד בְּנֵי שָׁאוֹן: אוֹי־לְךָ מוֹאָב אָבַד עַם־כְּמוֹשׁ כִּי־לֻקְּחוּ בָנֶיךָ
47 בַּשֶּׁבִי וּבְנֹתֶיךָ בַּשִּׁבְיָה: וְשַׁבְתִּי שְׁבוּת־מוֹאָב בְּאַחֲרִית הַיָּמִים נְאֻם־
49 1 יְהוָה עַד־הֵנָּה מִשְׁפַּט מוֹאָב: לִבְנֵי עַמּוֹן כֹּה אָמַר יְהוָה
הֲבָנִים אֵין לְיִשְׂרָאֵל אִם־יוֹרֵשׁ אֵין לוֹ מַדּוּעַ יָרַשׁ מַלְכָּם אֶת־גָּד
2 וְעַמּוֹ בְּעָרָיו יָשָׁב: לָכֵן הִנֵּה יָמִים בָּאִים נְאֻם־יְהוָה וְהִשְׁמַעְתִּי אֶל־
רַבַּת בְּנֵי־עַמּוֹן תְּרוּעַת מִלְחָמָה וְהָיְתָה לְתֵל שְׁמָמָה וּבְנֹתֶיהָ בָּאֵשׁ
3 תִּצַּתְנָה וְיָרַשׁ יִשְׂרָאֵל אֶת־יֹרְשָׁיו אָמַר יְהוָה: הֵילִילִי חֶשְׁבּוֹן כִּי
שֻׁדְּדָה־עַי צְעַקְנָה בְּנוֹת רַבָּה חֲגֹרְנָה שַׂקִּים סְפֹדְנָה וְהִתְשׁוֹטַטְנָה
4 בַּגְּדֵרוֹת כִּי מַלְכָּם בַּגּוֹלָה יֵלֵךְ כֹּהֲנָיו וְשָׂרָיו יַחְדָּיו: מַה־תִּתְהַלְלִי
בָּעֲמָקִים זָב עִמְקֵךְ הַבַּת הַשּׁוֹבֵבָה הַבֹּטְחָה בְּאֹצְרֹתֶיהָ מִי יָבוֹא
5 אֵלָי: הִנְנִי מֵבִיא עָלַיִךְ פַּחַד נְאֻם־אֲדֹנָי יְהוִה צְבָאוֹת מִכָּל־סְבִיבָיִךְ
6 וְנִדַּחְתֶּם אִישׁ לְפָנָיו וְאֵין מְקַבֵּץ לַנֹּדֵד: וְאַחֲרֵי־כֵן אָשִׁיב אֶת־שְׁבוּת
7 בְּנֵי־עַמּוֹן נְאֻם־יְהוָה: לֶאֱדוֹם כֹּה אָמַר יְהוָה צְבָאוֹת
8 הַאֵין עוֹד חָכְמָה בְּתֵימָן אָבְדָה עֵצָה מִבָּנִים נִסְרְחָה חָכְמָתָם: נֻסוּ
הָפְנוּ הֶעְמִיקוּ לָשֶׁבֶת יֹשְׁבֵי דְּדָן כִּי אֵיד עֵשָׂו הֵבֵאתִי עָלָיו עֵת
9 פְּקַדְתִּיו: אִם־בֹּצְרִים בָּאוּ לָךְ לֹא יַשְׁאִרוּ עוֹלֵלוֹת אִם־גַּנָּבִים בַּלַּיְלָה
10 הִשְׁחִיתוּ דַיָּם: כִּי־אֲנִי חָשַׂפְתִּי אֶת־עֵשָׂו גִּלֵּיתִי אֶת־מִסְתָּרָיו וְנֶחְבָּה
11 לֹא יוּכָל שֻׁדַּד זַרְעוֹ וְאֶחָיו וּשְׁכֵנָיו וְאֵינֶנּוּ: עָזְבָה יְתֹמֶיךָ אֲנִי אֲחַיֶּה
12 וְאַלְמְנֹתֶיךָ עָלַי תִּבְטָחוּ:   כִּי־כֹה אָמַר יְהוָה הִנֵּה אֲשֶׁר־

whose judgment *was* not to drink of the cup have assuredly drunken; and *art* thou he *that* shall altogether go unpunished? thou shalt not go unpunished, but thou shalt surely drink *of it.*

13 For I have sworn by myself, saith the LORD, that Bozrah shall become a desolation, a reproach, a waste, and a curse; and all the cities thereof shall be perpetual wastes.

14 I have heard a rumour from the LORD, and an ambassador is sent unto the heathen, *saying,* Gather ye together, and come against her, and rise up to the battle.

15 For, lo, I will make thee small among the heathen, *and* despised among men.

16 Thy terribleness hath deceived thee, *and* the pride of thine heart, O thou that dwellest in the clefts of the rock, that holdest the height of the hill: though thou shouldest make thy nest as high as the eagle, I will bring thee down from thence, saith the LORD.

17 Also Edom shall be a desolation: every one that goeth by it shall be astonished, and shall hiss at all the plagues thereof.

18 As in the overthrow of Sodom and Gomorrah and the neighbour *cities* thereof, saith the LORD, no man shall abide there, neither shall a son of man dwell in it.

19 Behold, he shall come up like a lion from the swelling of Jordan against the habitation of the strong: but I will suddenly make him run away from her: and who *is* a chosen *man, that* I may appoint over her? for who *is* like me? and who will appoint me the time? and who *is* that shepherd that will stand before me?

20 Therefore hear the counsel of the LORD, that he hath taken against Edom; and his purposes, that he hath purposed against the inhabitants of Teman: Surely the least of the flock shall draw them out: surely he shall make their habitations desolate with them.

21 The earth is moved at the noise of their fall, at the cry the noise thereof was heard in the Red sea.

22 Behold, he shall come up and fly as the eagle, and spread his wings over Boz-

rah: and at that day shall the heart of the mighty men of Edom be as the heart of a woman in her pangs.

23 ¶ Concerning Damascus. Hamath is confounded, and Arpad: for they have heard evil tidings: they are fainthearted; *there is* sorrow on the sea; it cannot be quiet.

24 Damascus is waxed feeble, *and* turneth herself to flee, and fear hath seized on *her:* anguish and sorrows have taken her, as a woman in travail.

25 How is the city of praise not left, the city of my joy!

26 Therefore her young men shall fall in her streets, and all the men of war shall be cut off in that day, saith the LORD of hosts.

27 And I will kindle a fire in the wall of Damascus, and it shall consume the palaces of Ben-hadad.

28 ¶ Concerning Kedar, and concerning the kingdoms of Hazor, which Nebuchadrezzar king of Babylon shall smite, thus saith the LORD; Arise ye, go up to Kedar, and spoil the men of the east.

29 Their tents and their flocks shall they take away: they shall take to themselves their curtains, and all their vessels, and their camels; and they shall cry unto them, Fear *is* on every side.

30 ¶ Flee, get you far off, dwell deep, O ye inhabitants of Hazor, saith the LORD; for Nebuchadrezzar king of Babylon hath taken counsel against you, and hath conceived a purpose against you.

31 Arise, get you up unto the wealthy nation, that dwelleth without care, saith the LORD, which have neither gates nor bars, *which* dwell alone.

32 And their camels shall be a booty, and the multitude of their cattle a spoil: and I will scatter into all winds them *that are* in the utmost corners; and I will bring their calamity from all sides thereof, saith the LORD.

33 And Hazor shall be a dwelling for dragons, *and* a desolation for ever: there shall no man abide there, nor *any* son of man dwell in it.

34 ¶ The word of the LORD that came to Jeremiah the prophet against Elam in

אֵין מִשְׁפָּטָם לִשְׁתּוֹת הַכּוֹס שָׁתוֹ יִשְׁתּוּ וְאַתָּה הוּא נָקֹה תִּנָּקֶה

13 לֹא תִנָּקֶה כִּי שָׁתֹה תִשְׁתֶּה: כִּי בִי נִשְׁבַּעְתִּי נְאֻם־יְהוָה כִּי־לְשַׁמָּה לְחֶרְפָּה לְחֹרֶב וְלִקְלָלָה תִּהְיֶה בָצְרָה וְכָל־עָרֶיהָ תִהְיֶינָה לְחָרְבוֹת

14 עוֹלָם: שְׁמוּעָה שָׁמַעְתִּי מֵאֵת יְהוָה וְצִיר בַּגּוֹיִם שָׁלוּחַ הִתְקַבְּצוּ

15 וּבֹאוּ עָלֶיהָ וְקוּמוּ לַמִּלְחָמָה: כִּי־הִנֵּה קָטֹן נְתַתִּיךָ בַּגּוֹיִם בָּזוּי

16A 16 בָאָדָם: תִּפְלַצְתְּךָ הִשִּׁיא אֹתָךְ זְדוֹן לִבֶּךָ שֹׁכְנִי בְּחַגְוֵי הַסֶּלַע תֹּפְשִׂי

17 מְרוֹם גִּבְעָה כִּי־תַגְבִּיהַ כַּנֶּשֶׁר קִנֶּךָ מִשָּׁם אוֹרִידְךָ נְאֻם־יְהוָה: וְהָיְתָה

18 אֱדוֹם לְשַׁמָּה כֹּל עֹבֵר עָלֶיהָ יִשֹּׁם וְיִשְׁרֹק עַל־כָּל־מַכּוֹתֶהָ: כְּמַהְפֵּכַת סְדֹם וַעֲמֹרָה וּשְׁכֵנֶיהָ אָמַר יְהוָה לֹא־יֵשֵׁב שָׁם אִישׁ וְלֹא־יָגוּר בָּהּ

19 בֶּן־אָדָם: הִנֵּה כְּאַרְיֵה יַעֲלֶה מִגְּאוֹן הַיַּרְדֵּן אֶל־נְוֵה אֵיתָן כִּי־אַרְגִּיעָה אֲרִיצֶנּוּ מֵעָלֶיהָ וּמִי בָחוּר אֵלֶיהָ אֶפְקֹד כִּי מִי כָמוֹנִי וּמִי יֹעִדֶנִּי

20 וּמִי־זֶה רֹעֶה אֲשֶׁר יַעֲמֹד לְפָנָי: לָכֵן שִׁמְעוּ עֲצַת־יְהוָה אֲשֶׁר יָעַץ אֶל־אֱדוֹם וּמַחְשְׁבוֹתָיו אֲשֶׁר חָשַׁב אֶל־יֹשְׁבֵי תֵימָן אִם־

21 לֹא יִסְחָבוּם צְעִירֵי הַצֹּאן אִם־לֹא יַשִּׁים עֲלֵיהֶם נְוֵהֶם: מִקּוֹל נִפְלָם

22 רָעֲשָׁה הָאָרֶץ צְעָקָה בְּיַם־סוּף נִשְׁמַע קוֹלָהּ: הִנֵּה כַנֶּשֶׁר יַעֲלֶה וְיִדְאֶה וְיִפְרֹשׂ כְּנָפָיו עַל־בָּצְרָה וְהָיָה לֵב גִּבּוֹרֵי אֱדוֹם בַּיּוֹם הַהוּא

23 כְּלֵב אִשָּׁה מְצֵרָה: לְדַמֶּשֶׂק בּוֹשָׁה חֲמָת וְאַרְפָּד כִּי־ שְׁמֻעָה רָעָה שָׁמְעוּ נָמֹגוּ בַּיָּם דְּאָגָה הַשְׁקֵט לֹא יוּכָל: רָפְתָה

24 דַמֶּשֶׂק הִפְנְתָה לָנוּס וְרֶטֶט הֶחֱזִיקָה צָרָה וַחֲבָלִים אֲחָזַתָּה כַּיּוֹלֵדָה:

25 אֵיךְ לֹא־עֻזְּבָה עִיר תְּהִלָּה קִרְיַת מְשׂוֹשִׂי: לָכֵן יִפְּלוּ בַחוּרֶיהָ

תְּהִלָּת

26 בִּרְחֹבֹתֶיהָ וְכָל־אַנְשֵׁי הַמִּלְחָמָה יִדַּמּוּ בַּיּוֹם הַהוּא נְאֻם יְהוָה

27 צְבָאוֹת: וְהִצַּתִּי אֵשׁ בְּחוֹמַת דַּמָּשֶׂק וְאָכְלָה אַרְמְנוֹת בֶּן־ הָדָד:

נְבוּכַדְרֶאצַּר

28 לְקֵדָר וּלְמַמְלְכוֹת חָצוֹר אֲשֶׁר הִכָּה נְבוּכַדְרֶאצּוֹר מֶלֶךְ־בָּבֶל כֹּה אָמַר יְהוָה קוּמוּ עֲלוּ אֶל־קֵדָר וְשָׁדְדוּ אֶת־בְּנֵי־קֶדֶם:

29 אָהֳלֵיהֶם וְצֹאנָם יִקָּחוּ יְרִיעוֹתֵיהֶם וְכָל־כְּלֵיהֶם וּגְמַלֵּיהֶם יִשְׂאוּ לָהֶם

30 וְקָרְאוּ עֲלֵיהֶם מָגוֹר מִסָּבִיב: נֻסוּ נֻּדוּ מְאֹד הֶעְמִיקוּ לָשֶׁבֶת יֹשְׁבֵי חָצוֹר נְאֻם־יְהוָה כִּי־יָעַץ עֲלֵיכֶם נְבוּכַדְרֶאצַּר מֶלֶךְ־בָּבֶל עֵצָה וְחָשַׁב

31 עֲלֵיהֶם מַחֲשָׁבָה: קוּמוּ עֲלוּ אֶל־גּוֹי שְׁלֵיו יוֹשֵׁב לָבֶטַח נְאֻם־יְהוָה

עֲלֵיכֶם

32 לֹא־דְלָתַיִם וְלֹא־בְרִיחַ לוֹ בָּדָד יִשְׁכֹּנוּ: וְהָיוּ גְמַלֵּיהֶם לָבַז וַהֲמוֹן מִקְנֵיהֶם לְשָׁלָל וְזֵרִתִים לְכָל־רוּחַ קְצוּצֵי פֵאָה וּמִכָּל־עֲבָרָיו אָבִיא

33 אֶת־אֵידָם נְאֻם־יְהוָה: וְהָיְתָה חָצוֹר לִמְעוֹן תַּנִּים שְׁמָמָה עַד־עוֹלָם

34 לֹא־יֵשֵׁב שָׁם אִישׁ וְלֹא־יָגוּר בָּהּ בֶּן־אָדָם: אֲשֶׁר הָיָה

the beginning of the reign of Zedekiah king of Judah, saying,

35 Thus saith the LORD of hosts; Behold, I will break the bow of Elam, the chief of their might.

36 And upon Elam will I bring the four winds from the four quarters of heaven, and will scatter them toward all those winds; and there shall be no nation whither the outcasts of Elam shall not come.

37 For I will cause Elam to be dismayed before their enemies, and before them that seek their life: and I will bring evil upon them, *even* my fierce anger, saith the LORD; and I will send the sword after them, till I have consumed them:

38 And I will set my throne in Elam, and will destroy from thence the king and the princes, saith the LORD.

39 ¶ But it shall come to pass in the latter days, *that* I will bring again the captivity of Elam, saith the LORD.

CHAPTER 50

1 The word that the LORD spake against Babylon *and* against the land of the Chaldeans by Jeremiah the prophet.

2 Declare ye among the nations, and publish, and set up a standard; publish, *and* conceal not: say, Babylon is taken, Bel is confounded, Merodach is broken in pieces; her idols are confounded, her images are broken in pieces.

3 For out of the north there cometh up a nation against her, which shall make her land desolate, and none shall dwell therein: they shall remove, they shall depart, both man and beast.

4 ¶ In those days, and in that time, saith the LORD, the children of Israel shall come, they and the children of Judah together, going and weeping: they shall go, and seek the LORD their God.

5 They shall ask the way to Zion with their faces thitherward, *saying,* Come, and let us join ourselves to the LORD in a perpetual covenant *that* shall not be forgotten.

6 My people hath been lost sheep: their shepherds have caused them to go astray,

they have turned them away *on* the mountains: they have gone from mountain to hill, they have forgotten their restingplace.

7 All that found them have devoured them: and their adversaries said, We offend not, because they have sinned against the LORD, the habitation of justice, even the LORD, the hope of their fathers.

8 Remove out of the midst of Babylon, and go forth out of the land of the Chaldeans, and be as the he goats before the flocks.

9 ¶ For, lo, I will raise and cause to come up against Babylon an assembly of great nations from the north country: and they shall set themselves in array against her; from thence she shall be taken: their arrows *shall be* as of a mighty expert man; none shall return in vain.

10 And Chaldea shall be a spoil: all that spoil her shall be satisfied, saith the LORD.

11 Because ye were glad, because ye rejoiced, O ye destroyers of mine heritage, because ye are grown fat as the heifer at grass, and bellow as bulls;

12 Your mother shall be sore confounded; she that bare you shall be ashamed: behold, the hindermost of the nations *shall be* a wilderness, a dry land, and a desert.

13 Because of the wrath of the LORD it shall not be inhabited, but it shall be wholly desolate: every one that goeth by Babylon shall be astonished, and hiss at all her plagues.

14 Put yourselves in array against Babylon round about: all ye that bend the bow, shoot at her, spare no arrows: for she hath sinned against the LORD.

15 Shout against her round about: she hath given her hand: her foundations are fallen, her walls are thrown down: for it *is* the vengeance of the LORD: take vengeance upon her; as she hath done, do unto her.

16 Cut off the sower from Babylon, and him that handleth the sickle in the time of harvest: for fear of the oppressing sword they shall turn every one to his people, and they shall flee every one to his own land.

17 ¶ Israel *is* a scattered sheep; the lions

דְּבַר־יְהוָה אֶל־יִרְמְיָהוּ הַנָּבִיא אֶל־עֵילָם בְּרֵאשִׁית מַלְכוּת צִדְקִיָּה

35 מֶלֶךְ־יְהוּדָה לֵאמֹר: כֹּה אָמַר יְהוָה צְבָאוֹת הִנְנִי שֹׁבֵר אֶת־קֶשֶׁת

36 עֵילָם רֵאשִׁית גְּבוּרָתָם: וְהֵבֵאתִי אֶל־עֵילָם אַרְבַּע רוּחוֹת מֵאַרְבַּע

קְצוֹת הַשָּׁמַיִם וְזֵרִתִים לְכֹל הָרֻחוֹת הָאֵלֶּה וְלֹא־יִהְיֶה הַגּוֹי אֲשֶׁר

37 עֵילָם לֹא־יָבוֹא שָׁם נִדְּחֵי עוֹלָם: וְהַחְתַּתִּי אֶת־עֵילָם לִפְנֵי אֹיְבֵיהֶם וְלִפְנֵי ׀

מְבַקְשֵׁי נַפְשָׁם וְהֵבֵאתִי עֲלֵיהֶם ׀ רָעָה אֶת־חֲרוֹן אַפִּי נְאֻם־יְהוָה

38 וְשִׁלַּחְתִּי אַחֲרֵיהֶם אֶת־הַחֶרֶב עַד כַּלּוֹתִי אוֹתָם: וְשַׂמְתִּי כִסְאִי

39 בְעֵילָם וְהַאֲבַדְתִּי מִשָּׁם מֶלֶךְ וְשָׂרִים נְאֻם־יְהוָה: וְהָיָה ׀ בְּאַחֲרִית

אָשִׁיב   שְׁבוּת 50 הַיָּמִים אָשׁוּב אֶת־שְׁבוּת עֵילָם נְאֻם־יְהוָה: הַדָּבָר אֲשֶׁר

2 דִּבֶּר יְהוָה אֶל־בָּבֶל אֶל־אֶרֶץ כַּשְׂדִּים בְּיַד יִרְמְיָהוּ הַנָּבִיא: הַגִּידוּ

בַגּוֹיִם וְהַשְׁמִיעוּ וּשְׂאוּ־נֵס הַשְׁמִיעוּ אַל־תְּכַחֵדוּ אִמְרוּ נִלְכְּדָה בָבֶל

3 הֹבִישׁ בֵּל חַת מְרֹדָךְ הֹבִישׁוּ עֲצַבֶּיהָ חַתּוּ גִּלּוּלֶיהָ: כִּי עָלָה עָלֶיהָ

גּוֹי מִצָּפוֹן הוּא־יָשִׁית אֶת־אַרְצָהּ לְשַׁמָּה וְלֹא־יִהְיֶה יוֹשֵׁב בָּהּ מֵאָדָם

4 וְעַד־בְּהֵמָה נָדוּ הָלָכוּ: בַּיָּמִים הָהֵמָּה וּבָעֵת הַהִיא נְאֻם־יְהוָה יָבֹאוּ

בְנֵי־יִשְׂרָאֵל הֵמָּה וּבְנֵי־יְהוּדָה יַחְדָּו הָלוֹךְ וּבָכוֹ יֵלֵכוּ וְאֶת־יְהוָה

5 אֱלֹהֵיהֶם יְבַקֵּשׁוּ: צִיּוֹן יִשְׁאָלוּ דֶּרֶךְ הֵנָּה פְנֵיהֶם בֹּאוּ וְנִלְווּ אֶל־יְהוָה

הָיוּ   6 בְּרִית עוֹלָם לֹא תִשָּׁכֵחַ:   צֹאן אֹבְדוֹת הָיָה עַמִּי רֹעֵיהֶם

שׁוֹבְבִים   7 הִתְעוּם הָרִים שׁוֹבְבִים מֵהַר אֶל־גִּבְעָה הָלָכוּ שָׁכְחוּ רִבְצָם: כָּל־

מוֹצְאֵיהֶם אֲכָלוּם וְצָרֵיהֶם אָמְרוּ לֹא נֶאְשָׁם תַּחַת אֲשֶׁר חָטְאוּ

8 לַיהוָה נְוֵה־צֶדֶק וּמִקְוֵה אֲבוֹתֵיהֶם יְהוָה: נֻדוּ מִתּוֹךְ בָּבֶל

צֵאוּ   9 וּמֵאֶרֶץ כַּשְׂדִּים יָצָאוּ וִהְיוּ כְּעַתּוּדִים לִפְנֵי־צֹאן: כִּי הִנֵּה אָנֹכִי מֵעִיר

וּמַעֲלֶה עַל־בָּבֶל קְהַל־גּוֹיִם גְּדֹלִים מֵאֶרֶץ צָפוֹן וְעָרְכוּ לָהּ מִשָּׁם

10 תִּלָּכֵד חִצָּיו כְּגִבּוֹר מַשְׁכִּיל לֹא יָשׁוּב רֵיקָם: וְהָיְתָה כַשְׂדִּים לְשָׁלָל

11 כָּל־שֹׁלְלֶיהָ יִשְׂבָּעוּ נְאֻם־יְהוָה: כִּי תִשְׂמְחִי כִּי תַעַלְזִי שֹׁסֵי נַחֲלָתִי

11A   תִּשְׂמְחוּ תַּעַלְזוּ

12 כִּי תָפוּשִׁי כְּעֶגְלָה דָשָׁה וְתִצְהֲלִי כָּאַבִּרִים: בּוֹשָׁה אִמְּכֶם מְאֹד חָפְרָה

תָּפוֹשׁוּ וְתִצְהֲלוּ

13 יוֹלַדְתְּכֶם הִנֵּה אַחֲרִית גּוֹיִם מִדְבָּר צִיָּה וַעֲרָבָה: מִקֶּצֶף יְהוָה לֹא

תֵשֵׁב וְהָיְתָה שְׁמָמָה כֻּלָּהּ כֹּל עֹבֵר עַל־בָּבֶל יִשֹּׁם וְיִשְׁרֹק עַל־כָּל־

14 מַכּוֹתֶיהָ: עִרְכוּ עַל־בָּבֶל ׀ סָבִיב כָּל־דֹּרְכֵי קֶשֶׁת יְדוּ אֵלֶיהָ אַל־תַּחְמְלוּ

15 אֶל־חֵץ כִּי לַיהוָה חָטָאָה: הָרִיעוּ עָלֶיהָ סָבִיב נָתְנָה יָדָהּ נָפְלוּ

אָשְׁיוֹתֶיהָ   אָשְׁוִיֹתֶיהָ נֶהֶרְסוּ חוֹמוֹתֶיהָ כִּי נִקְמַת יְהוָה הִיא הִנָּקְמוּ בָהּ כַּאֲשֶׁר

16 עָשְׂתָה עֲשׂוּ־לָהּ: כִּרְתוּ זוֹרֵעַ מִבָּבֶל וְתֹפֵשׂ מַגָּל בְּעֵת קָצִיר מִפְּנֵי

17 חֶרֶב הַיּוֹנָה אִישׁ אֶל־עַמּוֹ יִפְנוּ וְאִישׁ לְאַרְצוֹ יָנֻסוּ:   שֶׂה

have driven *him* away: first the king of Assyria hath devoured him; and last this Nebuchadrezzar king of Babylon hath broken his bones.

18 Therefore thus saith the LORD of hosts, the God of Israel; Behold, I will punish the king of Babylon and his land, as I have punished the king of Assyria.

19 And I will bring Israel again to his habitation, and he shall feed on Carmel and Bashan, and his soul shall be satisfied upon mount Ephraim and Gilead.

20 In those days, and in that time, saith the LORD, the iniquity of Israel shall be sought for, and *there shall be* none; and the sins of Judah, and they shall not be found: for I will pardon them whom I reserve.

21 ¶ Go up against the land of Merathaim, *even* against it, and against the inhabitants of Pekod: waste and utterly destroy after them, saith the LORD, and do according to all that I have commanded thee.

22 A sound of battle *is* in the land, and of great destruction.

23 How is the hammer of the whole earth cut asunder and broken! how is Babylon become a desolation among the nations!

24 I have laid a snare for thee, and thou art also taken, O Babylon, and thou wast not aware: thou art found, and also caught, because thou hast striven against the LORD.

25 The LORD hath opened his armoury, and hath brought forth the weapons of his indignation: for this *is* the work of the Lord GOD of hosts in the land of the Chaldeans.

26 Come against her from the utmost border, open her storehouses: cast her up as heaps, and destroy her utterly: let nothing of her be left.

27 Slay all her bullocks; let them go down to the slaughter: woe unto them! for their day is come, the time of their visitation.

28 The voice of them that flee and escape out of the land of Babylon, to declare in Zion the vengeance of the LORD our God, the vengeance of his temple.

29 Call together the archers against Babylon: all ye that bend the bow, camp against it round about; let none thereof escape: recompense her according to her work; according to all that she hath done, do unto her: for she hath been proud against the LORD, against the Holy One of Israel.

30 Therefore shall her young men fall in the streets, and all her men of war shall be cut off in that day, saith the LORD.

31 Behold, I *am* against thee, *O thou* most proud, saith the Lord GOD of hosts: for thy day is come, the time *that* I will visit thee.

32 And the most proud shall stumble and fall, and none shall raise him up: and I will kindle a fire in his cities, and it shall devour all round about him.

33 ¶ Thus saith the LORD of hosts; The children of Israel and the children of Judah *were* oppressed together: and all that took them captives held them fast; they refused to let them go.

34 Their Redeemer *is* strong; the LORD of hosts *is* his name: he shall throughly plead their cause, that he may give rest to the land, and disquiet the inhabitants of Babylon.

35 ¶ A sword *is* upon the Chaldeans, saith the LORD, and upon the inhabitants of Babylon, and upon her princes, and upon her wise *men*.

36 A sword *is* upon the liars; and they shall dote: a sword *is* upon her mighty men; and they shall be dismayed.

37 A sword *is* upon their horses, and upon their chariots, and upon all the mingled people that *are* in the midst of her; and they shall become as women: a sword *is* upon her treasures; and they shall be robbed.

38 A drought *is* upon her waters; and they shall be dried up: for it *is* the land of graven images, and they are mad upon *their* idols.

39 Therefore the wild beasts of the desert with the wild beasts of the islands shall dwell *there,* and the owls shall dwell therein: and it shall be no more inhabited for ever; neither shall it be dwelt in from generation to generation.

פְּזוּרָה יִשְׂרָאֵל אֲרָיוֹת הִדִּיחוּ הָרִאשׁוֹן אֲכָלוֹ מֶלֶךְ אַשּׁוּר וְזֶה

18 הָאַחֲרוֹן עִצְּמוֹ נְבוּכַדְרֶאצַּר מֶלֶךְ בָּבֶל: לָכֵן כֹּה־אָמַר

יְהוָה צְבָאוֹת אֱלֹהֵי יִשְׂרָאֵל הִנְנִי פֹקֵד אֶל־מֶלֶךְ בָּבֶל וְאֶל־אַרְצוֹ

19 כַּאֲשֶׁר פָּקַדְתִּי אֶל־מֶלֶךְ אַשּׁוּר: וְשֹׁבַבְתִּי אֶת־יִשְׂרָאֵל אֶל־נָוֵהוּ וְרָעָה

20 הַכַּרְמֶל וְהַבָּשָׁן וּבְהַר אֶפְרַיִם וְהַגִּלְעָד תִּשְׂבַּע נַפְשׁוֹ: בַּיָּמִים הָהֵם

וּבָעֵת הַהִיא נְאֻם־יְהוָה יְבֻקַּשׁ אֶת־עֲוֺן יִשְׂרָאֵל וְאֵינֶנּוּ וְאֶת־חַטֹּאת

21 יְהוּדָה וְלֹא תִמָּצֶאינָה כִּי אֶסְלַח לַאֲשֶׁר אַשְׁאִיר: עַל־הָאָרֶץ מְרָתַיִם

עֲלֵה עָלֶיהָ וְאֶל־יוֹשְׁבֵי פְּקוֹד חֲרֹב וְהַחֲרֵם אַחֲרֵיהֶם נְאֻם־יְהוָה

22 וַעֲשֵׂה כְּכֹל אֲשֶׁר צִוִּיתִיךָ: קוֹל מִלְחָמָה בָּאָרֶץ וְשֶׁבֶר

23 גָּדוֹל: אֵיךְ נִגְדַּע וַיִּשָּׁבֵר פַּטִּישׁ כָּל־הָאָרֶץ אֵיךְ הָיְתָה לְשַׁמָּה בָּבֶל

24 בַּגּוֹיִם: יָקֹשְׁתִּי לָךְ וְגַם־נִלְכַּדְתְּ בָּבֶל וְאַתְּ לֹא יָדָעַתְּ נִמְצֵאת וְגַם־

25 נִתְפַּשְׂתְּ כִּי בַיהוָה הִתְגָּרִית: פָּתַח יְהוָה אֶת־אוֹצָרוֹ וַיּוֹצֵא אֶת־כְּלֵי

26 זַעְמוֹ כִּי־מְלָאכָה הִיא לַאדֹנָי יְהוִה צְבָאוֹת בְּאֶרֶץ כַּשְׂדִּים: בֹּאוּ־לָהּ

מִקֵּץ פִּתְחוּ מַאֲבֻסֶיהָ סָלּוּהָ כְמוֹ־עֲרֵמִים וְהַחֲרִימוּהָ אַל־תְּהִי־לָהּ

27 שְׁאֵרִית: חִרְבוּ כָּל־פָּרֶיהָ יֵרְדוּ לַטָּבַח הוֹי עֲלֵיהֶם כִּי־בָא יוֹמָם עֵת

28 פְּקֻדָּתָם: קוֹל נָסִים וּפְלֵטִים מֵאֶרֶץ בָּבֶל לְהַגִּיד בְּצִיּוֹן

29 אֶת־נִקְמַת יְהוָה אֱלֹהֵינוּ נִקְמַת הֵיכָלוֹ: הַשְׁמִיעוּ אֶל־בָּבֶל ׀ רַבִּים

כָּל־דֹּרְכֵי קֶשֶׁת חֲנוּ עָלֶיהָ סָבִיב אַל־יְהִי־ ׀ פְּלֵטָה שַׁלְּמוּ־לָהּ לָהּ

כְּפָעֳלָהּ כְּכֹל אֲשֶׁר עָשְׂתָה עֲשׂוּ־לָהּ כִּי אֶל־יְהוָה זָדָה אֶל־קְדוֹשׁ

30 יִשְׂרָאֵל: לָכֵן יִפְּלוּ בַחוּרֶיהָ בִּרְחֹבֹתֶיהָ וְכָל־אַנְשֵׁי מִלְחַמְתָּהּ יִדַּמּוּ

31 בַּיּוֹם הַהוּא נְאֻם־יְהוָה: הִנְנִי אֵלֶיךָ זָדוֹן נְאֻם־אֲדֹנָי יְהוִה

32 צְבָאוֹת כִּי בָּא יוֹמְךָ עֵת פְּקַדְתִּיךָ: וְכָשַׁל זָדוֹן וְנָפַל וְאֵין לוֹ מֵקִים

33 וְהִצַּתִּי אֵשׁ בְּעָרָיו וְאָכְלָה כָּל־סְבִיבֹתָיו: כֹּה אָמַר יְהוָה

צְבָאוֹת עֲשׁוּקִים בְּנֵי־יִשְׂרָאֵל וּבְנֵי־יְהוּדָה יַחְדָּו וְכָל־שֹׁבֵיהֶם הֶחֱזִיקוּ

34 בָם מֵאֲנוּ שַׁלְּחָם: גֹּאֲלָם ׀ חָזָק יְהוָה צְבָאוֹת שְׁמוֹ רִיב יָרִיב אֶת־

35 רִיבָם לְמַעַן הִרְגִּיעַ אֶת־הָאָרֶץ וְהִרְגִּיז לְיֹשְׁבֵי בָבֶל: חֶרֶב עַל־כַּשְׂדִּים

36 נְאֻם־יְהוָה וְאֶל־יֹשְׁבֵי בָבֶל וְאֶל־שָׂרֶיהָ וְאֶל־חֲכָמֶיהָ: חֶרֶב אֶל־הַבַּדִּים

37 וְנֹאָלוּ חֶרֶב אֶל־גִּבּוֹרֶיהָ וָחָתּוּ: חֶרֶב אֶל־סוּסָיו וְאֶל־רִכְבּוֹ וְאֶל־כָּל־

38 הָעֶרֶב אֲשֶׁר בְּתוֹכָהּ וְהָיוּ לְנָשִׁים חֶרֶב אֶל־אוֹצְרֹתֶיהָ וּבֻזָּזוּ: חֹרֶב

39 אֶל־מֵימֶיהָ וְיָבֵשׁוּ כִּי אֶרֶץ פְּסִלִים הִיא וּבָאֵימִים יִתְהֹלָלוּ: לָכֵן יֵשְׁבוּ

צִיִּים אֶת־אִיִּים וְיָשְׁבוּ בָהּ בְּנוֹת יַעֲנָה וְלֹא־תֵשֵׁב עוֹד לָנֶצַח וְלֹא

40 As God overthrew Sodom and Gomorrah and the neighbour *cities* thereof, saith the LORD; *so* shall no man abide there, neither shall any son of man dwell therein.

41 Behold, a people shall come from the north, and a great nation, and many kings shall be raised up from the coasts of the earth.

42 They shall hold the bow and the lance: they *are* cruel, and will not shew mercy: their voice shall roar like the sea, and they shall ride upon horses, *every one* put in array, like a man to the battle, against thee, O daughter of Babylon.

43 The king of Babylon hath heard the report of them, and his hands waxed feeble: anguish took hold of him, *and* pangs as of a woman in travail.

44 Behold, he shall come up like a lion from the swelling of Jordan unto the habitation of the strong: but I will make them suddenly run away from her: and who *is* a chosen *man, that* I may appoint over her? for who *is* like me? and who will appoint me the time? and who *is* that shepherd that will stand before me?

45 Therefore hear ye the counsel of the LORD, that he hath taken against Babylon; and his purposes, that he hath purposed against the land of the Chaldeans: Surely the least of the flock shall draw them out: surely he shall make *their* habitation desolate with them.

46 At the noise of the taking of Babylon the earth is moved, and the cry is heard among the nations.

CHAPTER 51

1 Thus saith the LORD; Behold, I will raise up against Babylon, and against them that dwell in the midst of them that rise up against me, a destroying wind;

2 And will send unto Babylon fanners, that shall fan her, and shall empty her land: for in the day of trouble they shall be against her round about.

3 Against *him that* bendeth let the archer bend his bow, and against *him that* lifteth himself up in his brigandine: and spare ye not her young men; destroy ye utterly all her host.

4 Thus the slain shall fall in the land of the Chaldeans, and *they that are* thrust through in her streets.

5 For Israel *hath* not *been* forsaken, nor Judah of his God, of the LORD of hosts; though their land was filled with sin against the Holy One of Israel.

6 Flee out of the midst of Babylon, and deliver every man his soul: be not cut off in her iniquity; for this *is* the time of the LORD's vengeance; he will render unto her a recompence.

7 Babylon *hath been* a golden cup in the LORD's hand, that made all the earth drunken: the nations have drunken of her wine; therefore the nations are mad.

8 Babylon is suddenly fallen and destroyed: howl for her; take balm for her pain, if so be she may be healed.

9 We would have healed Babylon, but she is not healed: forsake her, and let us go every one into his own country: for her judgment reacheth unto heaven, and is lifted up *even* to the skies.

10 The LORD hath brought forth our righteousness: come, and let us declare in Zion the work of the LORD our God.

11 Make bright the arrows; gather the shields: the LORD hath raised up the spirit of the kings of the Medes: for his device *is* against Babylon, to destroy it; because it *is* the vengeance of the LORD, the vengeance of his temple.

12 Set up the standard upon the walls of Babylon, make the watch strong, set up the watchmen, prepare the ambushes: for the LORD hath both devised and done that which he spake against the inhabitants of Babylon.

13 O thou that dwellest upon many waters, abundant in treasures, thine end is come, *and* the measure of thy covetousness.

14 The LORD of hosts hath sworn by himself, *saying,* Surely I will fill thee with men, as with caterpillers; and they shall lift up a shout against thee.

15 He hath made the earth by his power, he hath established the world by his wis-

40 תִּשְׁכֹּ֖ן עַד־דּ֣וֹר וָד֑וֹר׃ כְּמַהְפֵּכַ֣ת אֱלֹהִ֗ים אֶת־סְדֹ֤ם וְאֶת־עֲמֹרָה֙ וְאֶת־שְׁכֵנֶ֙יהָ֙ נְאֻם־יְהֹוָ֔ה לֹֽא־יֵשֵׁ֥ב שָׁם֙ אִ֔ישׁ וְלֹֽא־יָג֥וּר בָּ֖הּ בֶּן־אָדָֽם׃

41 הִנֵּ֛ה עַ֥ם בָּ֖א מִצָּפ֑וֹן וְג֤וֹי גָּדוֹל֙ וּמְלָכִ֣ים רַבִּ֔ים יֵעֹ֖רוּ מִיַּרְכְּתֵי־אָֽרֶץ׃

42 קֶ֣שֶׁת וְכִידֹ֞ן יַחֲזִ֗יקוּ אַכְזָרִ֥י הֵ֙מָּה֙ וְלֹ֣א יְרַחֵ֔מוּ קוֹלָם֙ כַּיָּ֣ם יֶהֱמֶ֔ה וְעַל־

43 סוּסִ֖ים יִרְכָּ֑בוּ עָר֗וּךְ כְּאִישׁ֙ לַמִּלְחָמָ֔ה עָלַ֖יִךְ בַּת־בָּבֶֽל׃ שָׁמַ֤ע מֶֽלֶךְ־

44 בָּבֶל֙ אֶת־שִׁמְעָ֔ם וְרָפ֖וּ יָדָ֑יו צָרָה֙ הֶחֱזִיקַ֔תְהוּ חִ֖יל כַּיּוֹלֵדָֽה׃ הִנֵּ֣ה כְּאַרְיֵ֗ה יַעֲלֶ֛ה מִגְּא֥וֹן הַיַּרְדֵּ֖ן אֶל־נְוֵ֣ה אֵיתָ֑ן כִּֽי־אַרְגִּ֤עָה אֲרֻצֵם֙ מֵעָלֶ֔יהָ וּמִ֥י בָח֖וּר אֵלֶ֣יהָ אֶפְקֹ֑ד כִּ֣י מִ֤י כָמ֙וֹנִי֙ וּמִ֣י יוֹעִדֶ֔נִּי וּמִי־זֶ֣ה רֹעֶ֔ה אֲשֶׁ֥ר

45 יַעֲמֹ֖ד לְפָנָֽי׃ לָכֵ֞ן שִׁמְע֣וּ עֲצַת־יְהֹוָ֗ה אֲשֶׁ֤ר יָעַץ֙ אֶל־בָּבֶ֔ל וּמַ֨חְשְׁבוֹתָ֔יו אֲשֶׁ֥ר חָשַׁ֖ב אֶל־אֶ֣רֶץ כַּשְׂדִּ֑ים אִם־לֹ֤א יִסְחָבוּם֙ צְעִירֵ֣י הַצֹּ֔אן אִם־לֹ֥א

46 יַשִּׁ֛ים עֲלֵיהֶ֖ם נָוֶֽה׃ מִקּ֣וֹל נִתְפְּשָׂ֤ה בָבֶל֙ נִרְעֲשָׁ֣ה הָאָ֔רֶץ וּזְעָקָ֖ה בַּגּוֹיִ֥ם נִשְׁמָֽע׃

51 כֹּ֚ה אָמַ֣ר יְהֹוָ֔ה הִנְנִ֗י מֵעִ֤יר עַל־בָּבֶל֙ וְאֶל־יֹ֣שְׁבֵ֔י 1

2 לֵ֖ב קָמָ֑י ר֖וּחַ מַשְׁחִֽית׃ וְשִׁלַּחְתִּ֨י לְבָבֶ֤ל ׀ זָרִים֙ וְזֵר֔וּהָ וִיבֹקְק֖וּ אֶת־

3 אַרְצָ֑הּ כִּֽי־הָי֥וּ עָלֶ֛יהָ מִסָּבִ֖יב בְּי֣וֹם רָעָֽה׃ אֶֽל־יִדְרֹ֤ךְ ׀ יִדְרֹךְ֙ הַדֹּרֵ֗ךְ קַשְׁתּ֔וֹ וְאֶל־יִתְעַ֖ל בְּסִרְיֹנ֑וֹ וְאַל־תַּחְמְלוּ֙ אֶל־בַּ֣חֻרֶ֔יהָ הַחֲרִ֖ימוּ כָּל־

4 צְבָאָֽהּ׃ וְנָפְל֥וּ חֲלָלִ֖ים בְּאֶ֣רֶץ כַּשְׂדִּ֑ים וּמְדֻקָּרִ֖ים בְּחוּצוֹתֶֽיהָ׃ כִּ֠י לֹֽא־

5 אַלְמָ֨ן יִשְׂרָאֵ֤ל וִֽיהוּדָה֙ מֵֽאֱלֹהָ֔יו מֵיְהֹוָ֖ה צְבָא֑וֹת כִּ֤י אַרְצָם֙ מָֽלְאָ֣ה

6 אָשָׁ֔ם מִקְּד֖וֹשׁ יִשְׂרָאֵֽל׃ נֻ֣סוּ ׀ מִתּ֣וֹךְ בָּבֶ֗ל וּמַלְּטוּ֙ אִ֣ישׁ נַפְשׁ֔וֹ אַל־תִּדַּ֖מּוּ

7 בַּעֲוֺנָ֑הּ כִּי֩ עֵ֨ת נְקָמָ֥ה הִיא֙ לַֽיהֹוָ֔ה גְּמ֕וּל ה֖וּא מְשַׁלֵּ֥ם לָֽהּ׃ כּוֹס־זָהָ֤ב בָּבֶל֙ בְּיַד־יְהֹוָ֔ה מְשַׁכֶּ֖רֶת כָּל־הָאָ֑רֶץ מִיֵּינָהּ֙ שָׁת֣וּ גוֹיִ֔ם עַל־כֵּ֖ן יִתְהֹלְל֥וּ

8 גוֹיִֽם׃ פִּתְאֹ֛ם נָפְלָ֥ה בָבֶ֖ל וַתִּשָּׁבֵ֑ר הֵילִ֣ילוּ עָלֶ֔יהָ קְח֥וּ צֳרִי֙ לְמַכְאוֹבָ֔הּ

9 אוּלַ֖י תֵּרָפֵֽא׃ רִפִּ֣אנוּ אֶת־בָּבֶל֮ וְלֹ֣א נִרְפָּ֒תָה֒ עִזְב֕וּהָ וְנֵלֵ֖ךְ אִ֣ישׁ לְאַרְצ֑וֹ

10 כִּֽי־נָגַ֤ע אֶל־הַשָּׁמַ֙יִם֙ מִשְׁפָּטָ֔הּ וְנִשָּׂ֖א עַד־שְׁחָקִֽים׃ הוֹצִ֥יא יְהֹוָ֖ה אֶת־

11 צִדְקֹתֵ֑ינוּ בֹּ֚אוּ וּנְסַפְּרָ֣ה בְצִיּ֔וֹן אֶֽת־מַעֲשֵׂ֖ה יְהֹוָ֥ה אֱלֹהֵֽינוּ׃ הָבֵ֣רוּ הַחִצִּים֮ מִלְא֣וּ הַשְּׁלָטִים֒ הֵעִ֣יר יְהֹוָ֗ה אֶת־ר֙וּחַ֙ מַלְכֵ֣י מָדַ֔י כִּֽי־עַל־בָּבֶ֤ל

12 מְזִמָּתוֹ֙ לְהַשְׁחִיתָ֔הּ כִּֽי־נִקְמַ֤ת יְהֹוָה֙ הִ֔יא נִקְמַ֖ת הֵיכָלֽוֹ׃ אֶל־חוֹמֹ֨ת בָּבֶ֜ל שְׂאוּ־נֵ֗ס הַחֲזִ֙יקוּ֙ הַמִּשְׁמָ֔ר הָקִ֙ימוּ֙ שֹׁ֣מְרִ֔ים הָכִ֖ינוּ הָאֹֽרְבִ֑ים כִּ֚י גַּם־זָמַ֣ם

13 יְהֹוָ֔ה גַּם־עָשָׂ֕ה אֵ֥ת אֲשֶׁר־דִּבֶּ֖ר אֶל־יֹשְׁבֵ֥י בָבֶֽל׃ שֹׁכַנְתְּ֙ עַל־מַ֣יִם רַבִּ֔ים

14 רַבַּ֖ת אֽוֹצָרֹ֑ת בָּ֥א קִצֵּ֖ךְ אַמַּ֥ת בִּצְעֵֽךְ׃ נִשְׁבַּ֛ע יְהֹוָ֥ה צְבָא֖וֹת בְּנַפְשׁ֑וֹ

15 כִּ֣י אִם־מִלֵּאתִ֤יךְ אָדָם֙ כַּיֶּ֔לֶק וְעָנ֥וּ עָלַ֖יִךְ הֵידָֽד׃ עֹשֵׂ֥ה אֶ֙רֶץ֙

אֲרִיצֵם

יִדְרֹךְ לֹא קְרִי

רִפִּינוּ

שֹׁכַנְתְּ

3A

dom, and hath stretched out the heaven by his understanding.

16 When he uttereth *his* voice, *there is* a multitude of waters in the heavens; and he causeth the vapours to ascend from the ends of the earth: he maketh lightnings with rain, and bringeth forth the wind out of his treasures.

17 Every man is brutish by *his* knowledge; every founder is confounded by the graven image: for his molten image *is* falsehood, and *there is* no breath in them.

18 They *are* vanity, the work of errors: in the time of their visitation they shall perish.

19 The portion of Jacob *is* not like them; for he *is* the former of all things: and *Israel is* the rod of his inheritance: the LORD of hosts *is* his name.

20 Thou *art* my battle axe *and* weapons of war: for with thee will I break in pieces the nations, and with thee will I destroy kingdoms;

21 And with thee will I break in pieces the horse and his rider; and with thee will I break in pieces the chariot and his rider;

22 With thee also will I break in pieces man and woman; and with thee will I break in pieces old and young; and with thee will I break in pieces the young man and the maid;

23 I will also break in pieces with thee the shepherd and his flock; and with thee will I break in pieces the husbandman and his yoke of oxen; and with thee will I break in pieces captains and rulers.

24 And I will render unto Babylon and to all the inhabitants of Chaldea all their evil that they have done in Zion in your sight, saith the LORD.

25 Behold, I *am* against thee, O destroying mountain, saith the LORD, which destroyest all the earth: and I will stretch out mine hand upon thee, and roll thee down from the rocks, and will make thee a burnt mountain.

26 And they shall not take of thee a stone for a corner, nor a stone for foundations; but thou shalt be desolate for ever, saith the LORD.

27 Set ye up a standard in the land, blow the trumpet among the nations, prepare the nations against her, call together against her the kingdoms of Ararat, Minni, and Ashchenaz; appoint a captain against her; cause the horses to come up as the rough caterpillers.

28 Prepare against her the nations with the kings of the Medes, the captains thereof, and all the rulers thereof, and all the land of his dominion.

29 And the land shall tremble and sorrow: for every purpose of the LORD shall be performed against Babylon, to make the land of Babylon a desolation without an inhabitant.

30 The mighty men of Babylon have forborn to fight, they have remained in *their* holds: their might hath failed; they became as women: they have burned her dwellingplaces; her bars are broken.

31 One post shall run to meet another, and one messenger to meet another, to shew the king of Babylon that his city is taken at *one* end,

32 And that the passages are stopped, and the reeds they have burned with fire, and the men of war are affrighted.

33 For thus saith the LORD of hosts, the God of Israel; The daughter of Babylon *is* like a threshingfloor, *it is* time to thresh her: yet a little while, and the time of her harvest shall come.

34 Nebuchadrezzar the king of Babylon hath devoured me, he hath crushed me, he hath made me an empty vessel, he hath swallowed me up like a dragon, he hath filled his belly with my delicates, he hath cast me out.

35 The violence done to me and to my flesh *be* upon Babylon, shall the inhabitant of Zion say; and my blood upon the inhabitants of Chaldea, shall Jerusalem say.

36 Therefore thus saith the LORD; Behold, I will plead thy cause, and take vengeance for thee; and I will dry up her sea, and make her springs dry.

37 And Babylon shall become heaps, a dwellingplace for dragons, an astonishment, and an hissing, without an inhabitant.

38 They shall roar together like lions: they shall yell as lions' whelps.

בְּכֹחוֹ מֵכִין תֵּבֵל בְּחָכְמָתוֹ וּבִתְבוּנָתוֹ נָטָה שָׁמָיִם: לְקוֹל תִּתּוֹ הֲמוֹן 16
מַיִם בַּשָּׁמַיִם וַיַּעַל נְשִׂאִים מִקְצֵה־אָרֶץ בְּרָקִים לַמָּטָר עָשָׂה וַיּוֹצֵא
רוּחַ מֵאֹצְרֹתָיו: נִבְעַר כָּל־אָדָם מִדַּעַת הֹבִישׁ כָּל־צֹרֵף מִפָּסֶל כִּי 17
שֶׁקֶר נִסְכּוֹ וְלֹא־רוּחַ בָּם: הֶבֶל הֵמָּה מַעֲשֵׂה תַּעְתֻּעִים בְּעֵת פְּקֻדָּתָם 18
יֹאבֵדוּ: לֹא־כְאֵלֶּה חֵלֶק יַעֲקֹב כִּי־יוֹצֵר הַכֹּל הוּא וְשֵׁבֶט נַחֲלָתוֹ 19
יְהוָה צְבָאוֹת שְׁמוֹ:   מַפֵּץ־אַתָּה לִי כְּלֵי מִלְחָמָה וְנִפַּצְתִּי 20
בְךָ גּוֹיִם וְהִשְׁחַתִּי בְךָ מַמְלָכוֹת: וְנִפַּצְתִּי בְךָ סוּס וְרֹכְבוֹ וְנִפַּצְתִּי 21
בְךָ רֶכֶב וְרֹכְבוֹ: וְנִפַּצְתִּי בְךָ אִישׁ וְאִשָּׁה וְנִפַּצְתִּי בְךָ זָקֵן וָנָעַר 22
וְנִפַּצְתִּי בְךָ בָּחוּר וּבְתוּלָה: וְנִפַּצְתִּי בְךָ רֹעֶה וְעֶדְרוֹ וְנִפַּצְתִּי בְךָ 23
אִכָּר וְצִמְדּוֹ וְנִפַּצְתִּי בְךָ פַּחוֹת וּסְגָנִים: וְשִׁלַּמְתִּי לְבָבֶל וּלְכֹל ׀ יוֹשְׁבֵי 24
כַשְׂדִּים אֵת כָּל־רָעָתָם אֲשֶׁר־עָשׂוּ בְצִיּוֹן לְעֵינֵיכֶם נְאֻם
יְהוָה: הִנְנִי אֵלֶיךָ הַר הַמַּשְׁחִית נְאֻם־יְהוָה הַמַּשְׁחִית 25
אֶת־כָּל־הָאָרֶץ וְנָטִיתִי אֶת־יָדִי עָלֶיךָ וְגִלְגַּלְתִּיךָ מִן־הַסְּלָעִים וּנְתַתִּיךָ
לְהַר שְׂרֵפָה: וְלֹא־יִקְחוּ מִמְּךָ אֶבֶן לְפִנָּה וְאֶבֶן לְמוֹסָדוֹת כִּי־שִׁמְמוֹת 26
עוֹלָם תִּהְיֶה נְאֻם־יְהוָה: שְׂאוּ־נֵס בָּאָרֶץ תִּקְעוּ שׁוֹפָר בַּגּוֹיִם קַדְּשׁוּ 27
עָלֶיהָ גּוֹיִם הַשְׁמִיעוּ עָלֶיהָ מַמְלְכוֹת אֲרָרַט מִנִּי וְאַשְׁכְּנָז פִּקְדוּ עָלֶיהָ
טִפְסָר הַעֲלוּ־סוּס כְּיֶלֶק סָמָר: קַדְּשׁוּ עָלֶיהָ גוֹיִם אֶת־מַלְכֵי מָדַי 28
אֶת־פַּחוֹתֶיהָ וְאֶת־כָּל־סְגָנֶיהָ וְאֵת כָּל־אֶרֶץ מֶמְשַׁלְתּוֹ: וַתִּרְעַשׁ 29
הָאָרֶץ וַתָּחֹל כִּי קָמָה עַל־בָּבֶל מַחְשְׁבוֹת יְהוָה לָשׂוּם אֶת־אֶרֶץ
בָּבֶל לְשַׁמָּה מֵאֵין יוֹשֵׁב: חָדְלוּ גִבּוֹרֵי בָבֶל לְהִלָּחֵם יָשְׁבוּ בַּמְּצָדוֹת 30
נָשְׁתָה גְבוּרָתָם הָיוּ לְנָשִׁים הִצִּיתוּ מִשְׁכְּנֹתֶיהָ נִשְׁבְּרוּ בְרִיחֶיהָ: רָץ 31
לִקְרַאת־רָץ יָרוּץ וּמַגִּיד לִקְרַאת מַגִּיד לְהַגִּיד לְמֶלֶךְ בָּבֶל כִּי־נִלְכְּדָה
עִירוֹ מִקָּצֶה: וְהַמַּעְבָּרוֹת נִתְפָּשׂוּ וְאֶת־הָאֲגַמִּים שָׂרְפוּ בָאֵשׁ וְאַנְשֵׁי 32
הַמִּלְחָמָה נִבְהָלוּ:   כִּי כֹה אָמַר יְהוָה צְבָאוֹת אֱלֹהֵי 33
יִשְׂרָאֵל בַּת־בָּבֶל כְּגֹרֶן עֵת הִדְרִיכָהּ עוֹד מְעַט וּבָאָה עֵת־הַקָּצִיר
לָהּ: אֲכָלַנוּ הֲמָמַנוּ נְבוּכַדְרֶאצַּר מֶלֶךְ בָּבֶל הִצִּיגָנוּ כְּלִי רִיק בְּלָעָנוּ 34
כַּתַּנִּין מִלָּא כְרֵשׂוֹ מֵעֲדָנָי הֱדִיחָנוּ: חֲמָסִי וּשְׁאֵרִי עַל־בָּבֶל תֹּאמַר 35
יֹשֶׁבֶת צִיּוֹן וְדָמִי אֶל־יֹשְׁבֵי כַשְׂדִּים תֹּאמַר יְרוּשָׁלָ͏ִם: לָכֵן 36
כֹּה אָמַר יְהוָה הִנְנִי־רָב אֶת־רִיבֵךְ וְנִקַּמְתִּי אֶת־נִקְמָתֵךְ וְהַחֲרַבְתִּי
אֶת־יַמָּהּ וְהֹבַשְׁתִּי אֶת־מְקוֹרָהּ: וְהָיְתָה בָבֶל ׀ לְגַלִּים ׀ מְעוֹן־תַּנִּים 37
שַׁמָּה וּשְׁרֵקָה מֵאֵין יוֹשֵׁב: יַחְדָּו כַּכְּפִרִים יִשְׁאָגוּ נָעֲרוּ כְּגוֹרֵי אֲרָיוֹת: 38

אֲכָלַנִי הֲמָמַנִי
הִצִּיגַנִי בְּלָעַנִי
הֱדִיחַנִי

39 In their heat I will make their feasts, and I will make them drunken, that they may rejoice, and sleep a perpetual sleep, and not wake, saith the LORD.

40 I will bring them down like lambs to the slaughter, like rams with he goats.

41 How is Sheshach taken! and how is the praise of the whole earth surprised! how is Babylon become an astonishment among the nations!

42 The sea is come up upon Babylon: she is covered with the multitude of the waves thereof.

43 Her cities are a desolation, a dry land, and a wilderness, a land wherein no man dwelleth, neither doth any son of man pass thereby.

44 And I will punish Bel in Babylon, and I will bring forth out of his mouth that which he hath swallowed up: and the nations shall not flow together any more unto him: yea, the wall of Babylon shall fall.

45 My people, go ye out of the midst of her, and deliver ye every man his soul from the fierce anger of the LORD.

46 And lest your heart faint, and ye fear for the rumour that shall be heard in the land; a rumour shall both come one year, and after that in another year shall come a rumour, and violence in the land, ruler against ruler.

47 Therefore, behold, the days come, that I will do judgment upon the graven images of Babylon: and her whole land shall be confounded, and all her slain shall fall in the midst of her.

48 Then the heaven and the earth, and all that is therein, shall sing for Babylon: for the spoilers shall come unto her from the north, saith the LORD.

49 As Babylon hath caused the slain of Israel to fall, so at Babylon shall fall the slain of all the earth.

50 Ye that have escaped the sword, go away, stand not still: remember the LORD afar off, and let Jerusalem come into your mind.

51 We are confounded, because we have heard reproach: shame hath covered our faces: for strangers are come into the sanctuaries of the LORD's house.

52 Wherefore, behold, the days come, saith the LORD, that I will do judgment upon her graven images: and through all her land the wounded shall groan.

53 Though Babylon should mount up to heaven, and though she should fortify the height of her strength, yet from me shall spoilers come unto her, saith the LORD.

54 A sound of a cry cometh from Babylon, and great destruction from the land of the Chaldeans:

55 Because the LORD hath spoiled Babylon, and destroyed out of her the great voice; when her waves do roar like great waters, a noise of their voice is uttered:

56 Because the spoiler is come upon her, even upon Babylon, and her mighty men are taken, every one of their bows is broken: for the LORD God of recompences shall surely requite.

57 And I will make drunk her princes, and her wise men, her captains, and her rulers, and her mighty men: and they shall sleep a perpetual sleep, and not wake, saith the King, whose name is the LORD of hosts.

58 Thus saith the LORD of hosts; The broad walls of Babylon shall be utterly broken, and her high gates shall be burned with fire; and the people shall labour in vain, and the folk in the fire, and they shall be weary.

59 ¶ The word which Jeremiah the prophet commanded Seraiah the son of Neriah, the son of Maaseiah, when he went with Zedekiah the king of Judah into Babylon in the fourth year of his reign. And this Seraiah was a quiet prince.

60 So Jeremiah wrote in a book all the evil that should come upon Babylon, even all these words that are written against Babylon.

61 And Jeremiah said to Seraiah, When thou comest to Babylon, and shalt see, and shalt read all these words;

62 Then shalt thou say, O LORD, thou hast spoken against this place, to cut it off, that none shall remain in it, neither man nor beast, but that it shall be desolate for ever.

63 And it shall be, when thou hast made an end of reading this book, that thou

בְּחֻמָּם אָשִׁית אֶת־מִשְׁתֵּיהֶם וְהִשְׁכַּרְתִּים לְמַעַן יַעֲלֹזוּ וְיָשְׁנוּ שְׁנַת־ 39
עוֹלָם וְלֹא יָקִיצוּ נְאֻם יְהוָה: אוֹרִידֵם כְּכָרִים לִטְבוֹחַ כְּאֵילִים עִם־ 40
עַתּוּדִים: אֵיךְ נִלְכְּדָה שֵׁשַׁךְ וַתִּתָּפֵשׂ תְּהִלַּת כָּל־הָאָרֶץ אֵיךְ הָיְתָה 41
לְשַׁמָּה בָּבֶל בַּגּוֹיִם: עָלָה עַל־בָּבֶל הַיָּם בַּהֲמוֹן גַּלָּיו נִכְסָתָה: הָיוּ 42 43
עָרֶיהָ לְשַׁמָּה אֶרֶץ צִיָּה וַעֲרָבָה אֶרֶץ לֹא־יֵשֵׁב בָּהֵן כָּל־אִישׁ וְלֹא־
יַעֲבֹר בָּהֵן בֶּן־אָדָם: וּפָקַדְתִּי עַל־בֵּל בְּבָבֶל וְהֹצֵאתִי אֶת־בִּלְעוֹ מִפִּיו 44
וְלֹא־יִנְהֲרוּ אֵלָיו עוֹד גּוֹיִם גַּם־חוֹמַת בָּבֶל נָפָלָה: צְאוּ מִתּוֹכָהּ עַמִּי 45
וּמַלְּטוּ אִישׁ אֶת־נַפְשׁוֹ מֵחֲרוֹן אַף־יְהוָה: וּפֶן־יֵרַךְ לְבַבְכֶם וְתִירְאוּ 46
בַּשְּׁמוּעָה הַנִּשְׁמַעַת בָּאָרֶץ וּבָא בַשָּׁנָה הַשְּׁמוּעָה וְאַחֲרָיו בַּשָּׁנָה
הַשְּׁמוּעָה וְחָמָס בָּאָרֶץ וּמֹשֵׁל עַל־מֹשֵׁל: לָכֵן הִנֵּה יָמִים בָּאִים 47
וּפָקַדְתִּי עַל־פְּסִילֵי בָבֶל וְכָל־אַרְצָהּ תֵּבוֹשׁ וְכָל־חֲלָלֶיהָ יִפְּלוּ
בְתוֹכָהּ: וְרִנְּנוּ עַל־בָּבֶל שָׁמַיִם וָאָרֶץ וְכֹל אֲשֶׁר בָּהֶם כִּי מִצָּפוֹן 48
יָבוֹא־לָהּ הַשּׁוֹדְדִים נְאֻם־יְהוָה: גַּם־בָּבֶל לִנְפֹּל חַלְלֵי יִשְׂרָאֵל גַּם־ 49
לְבָבֶל נָפְלוּ חַלְלֵי כָל־הָאָרֶץ: פְּלֵטִים מֵחֶרֶב הִלְכוּ אַל־תַּעֲמֹדוּ זִכְרוּ 50
מֵרָחוֹק אֶת־יְהוָה וִירוּשָׁלַ͏ִם תַּעֲלֶה עַל־לְבַבְכֶם: בֹּשְׁנוּ כִּי־שָׁמַעְנוּ 51
חֶרְפָּה כִּסְּתָה כְלִמָּה פָּנֵינוּ כִּי בָּאוּ זָרִים עַל־מִקְדְּשֵׁי בֵּית
יְהוָה: לָכֵן הִנֵּה־יָמִים בָּאִים נְאֻם־יְהוָה וּפָקַדְתִּי עַל־ 52
פְּסִילֶיהָ וּבְכָל־אַרְצָהּ יֶאֱנֹק חָלָל: כִּי־תַעֲלֶה בָבֶל הַשָּׁמַיִם וְכִי תְבַצֵּר 53
מְרוֹם עֻזָּהּ מֵאִתִּי יָבֹאוּ שֹׁדְדִים לָהּ נְאֻם־יְהוָה: קוֹל 54
זְעָקָה מִבָּבֶל וְשֶׁבֶר גָּדוֹל מֵאֶרֶץ כַּשְׂדִּים: כִּי־שֹׁדֵד יְהוָה אֶת־בָּבֶל 55
וְאִבַּד מִמֶּנָּה קוֹל גָּדוֹל וְהָמוּ גַלֵּיהֶם כְּמַיִם רַבִּים נִתַּן שְׁאוֹן קוֹלָם:
כִּי בָא עָלֶיהָ עַל־בָּבֶל שׁוֹדֵד וְנִלְכְּדוּ גִּבּוֹרֶיהָ חִתְּתָה קַשְּׁתוֹתָם כִּי 56
אֵל גְּמֻלוֹת יְהוָה שַׁלֵּם יְשַׁלֵּם: וְהִשְׁכַּרְתִּי שָׂרֶיהָ וַחֲכָמֶיהָ פַּחוֹתֶיהָ 57
וּסְגָנֶיהָ וְגִבּוֹרֶיהָ וְיָשְׁנוּ שְׁנַת־עוֹלָם וְלֹא יָקִיצוּ נְאֻם־הַמֶּלֶךְ יְהוָה
צְבָאוֹת שְׁמוֹ: כֹּה־אָמַר יְהוָה צְבָאוֹת חֹמוֹת בָּבֶל 58
הָרְחָבָה עַרְעֵר תִּתְעַרְעָר וּשְׁעָרֶיהָ הַגְּבֹהִים בָּאֵשׁ יִצַּתּוּ וְיִגְעוּ עַמִּים
בְּדֵי־רִיק וּלְאֻמִּים בְּדֵי־אֵשׁ וְיָעֵפוּ: הַדָּבָר אֲשֶׁר־צִוָּה ׀ 59
יִרְמְיָהוּ הַנָּבִיא אֶת־שְׂרָיָה בֶן־נֵרִיָּה בֶּן־מַחְסֵיָה בְּלֶכְתּוֹ אֶת־צִדְקִיָּהוּ
מֶלֶךְ־יְהוּדָה בָּבֶל בִּשְׁנַת הָרְבִעִית לְמָלְכוֹ וּשְׂרָיָה שַׂר מְנוּחָה: וַיִּכְתֹּב 60
יִרְמְיָהוּ אֵת כָּל־הָרָעָה אֲשֶׁר־תָּבוֹא אֶל־בָּבֶל אֶל־סֵפֶר אֶחָד אֵת כָּל־
הַדְּבָרִים הָאֵלֶּה הַכְּתֻבִים אֶל־בָּבֶל: וַיֹּאמֶר יִרְמְיָהוּ אֶל־שְׂרָיָה כְּבֹאֲךָ 61
בָבֶל וְרָאִיתָ וְקָרָאתָ אֵת כָּל־הַדְּבָרִים הָאֵלֶּה: וְאָמַרְתָּ יְהוָה אַתָּה 62
דִבַּרְתָּ אֶל־הַמָּקוֹם הַזֶּה לְהַכְרִיתוֹ לְבִלְתִּי הֱיוֹת־בּוֹ יוֹשֵׁב לְמֵאָדָם
וְעַד־בְּהֵמָה כִּי־שִׁמְמוֹת עוֹלָם תִּהְיֶה: וְהָיָה כְּכַלֹּתְךָ לִקְרֹא אֶת־ 63
הַסֵּפֶר הַזֶּה תִּקְשֹׁר עָלָיו אֶבֶן וְהִשְׁלַכְתּוֹ אֶל־תּוֹךְ פְּרָת: וְאָמַרְתָּ 64

shalt bind a stone to it, and cast it into the midst of Euphrates:

64 And thou shalt say, Thus shall Babylon sink, and shall not rise from the evil that I will bring upon her: and they shall be weary. Thus far *are* the words of Jeremiah.

CHAPTER 52

1 Zedekiah *was* one and twenty years old when he began to reign, and he reigned eleven years in Jerusalem. And his mother's name *was* Hamutal the daughter of Jeremiah of Libnah.

2 And he did *that which was* evil in the eyes of the LORD, according to all that Jehoiakim had done.

3 For through the anger of the LORD it came to pass in Jerusalem and Judah, till he had cast them out from his presence, that Zedekiah rebelled against the king of Babylon.

4 ¶ And it came to pass in the ninth year of his reign, in the tenth month, in the tenth *day* of the month, *that* Nebuchadrezzar king of Babylon came, he and all his army, against Jerusalem, and pitched against it, and built forts against it round about.

5 So the city was besieged unto the eleventh year of king Zedekiah.

6 And in the fourth month, in the ninth *day* of the month, the famine was sore in the city, so that there was no bread for the people of the land.

7 Then the city was broken up, and all the men of war fled, and went forth out of the city by night by the way of the gate between the two walls, which *was* by the king's garden; (now the Chaldeans *were* by the city round about:) and they went by the way of the plain.

8 ¶ But the army of the Chaldeans pursued after the king, and overtook Zedekiah in the plains of Jericho; and all his army was scattered from him.

9 Then they took the king, and carried him up unto the king of Babylon to Riblah in the land of Hamath; where he gave judgment upon him.

10 And the king of Babylon slew the sons of Zedekiah before his eyes: he slew also all the princes of Judah in Riblah.

11 Then he put out the eyes of Zedekiah; and the king of Babylon bound him in chains, and carried him to Babylon, and put him in prison till the day of his death.

12 ¶ Now in the fifth month, in the tenth *day* of the month, which *was* the nineteenth year of Nebuchadrezzar king of Babylon, came Nebuzar-adan, captain of the guard, *which* served the king of Babylon, into Jerusalem,

13 And burned the house of the LORD, and the king's house; and all the houses of Jerusalem, and all the houses of the great *men*, burned he with fire:

14 And all the army of the Chaldeans, that *were* with the captain of the guard, brake down all the walls of Jerusalem round about.

15 Then Nebuzar-adan the captain of the guard carried away captive *certain* of the poor of the people, and the residue of the people that remained in the city, and those that fell away, that fell to the king of Babylon, and the rest of the multitude.

16 But Nebuzar-adan the captain of the guard left *certain* of the poor of the land for vinedressers and for husbandmen.

17 Also the pillars of brass that *were* in the house of the LORD, and the bases, and the brasen sea that *was* in the house of the LORD, the Chaldeans brake, and carried all the brass of them to Babylon.

18 The caldrons also, and the shovels, and the snuffers, and the bowls, and the spoons, and all the vessels of brass wherewith they ministered, took they away.

19 And the basons, and the firepans, and the bowls, and the caldrons, and the candlesticks, and the spoons, and the cups; *that* which *was* of gold *in* gold, and *that* which *was* of silver *in* silver, took the captain of the guard away.

20 The two pillars, one sea, and twelve brasen bulls that *were* under the bases, which king Solomon had made in the house of the LORD: the brass of all these vessels was without weight.

בָּכָה תִּשְׁקַע בָּבֶל וְלֹא־תָקוּם מִפְּנֵי הָרָעָה אֲשֶׁר אָנֹכִי מֵבִיא עָלֶיהָ

52 1 וַיָּעֵפוּ עַד־הֵנָּה דִּבְרֵי יִרְמְיָהוּ: בֶּן־עֶשְׂרִים וְאַחַת שָׁנָה צִדְקִיָּהוּ בְמָלְכוֹ וְאַחַת עֶשְׂרֵה שָׁנָה מָלַךְ בִּירוּשָׁלָ͏ִם וְשֵׁם אִמּוֹ

חֲמוּטַל 2 חֲמִיטַל בַּת־יִרְמְיָהוּ מִלִּבְנָה: וַיַּעַשׂ הָרַע בְּעֵינֵי יְהֹוָה כְּכֹל אֲשֶׁר־

3 עָשָׂה יְהוֹיָקִים: כִּי ׀ עַל־אַף יְהֹוָה הָיְתָה בִּירוּשָׁלַ͏ִם וִיהוּדָה עַד־

4 הִשְׁלִיכוֹ אוֹתָם מֵעַל פָּנָיו וַיִּמְרֹד צִדְקִיָּהוּ בְּמֶלֶךְ בָּבֶל: וַיְהִי בַשָּׁנָה הַתְּשִׁעִית לְמָלְכוֹ בַּחֹדֶשׁ הָעֲשִׂירִי בֶּעָשׂוֹר לַחֹדֶשׁ בָּא נְבוּכַדְרֶאצַּר מֶלֶךְ־בָּבֶל הוּא וְכָל־חֵילוֹ עַל־יְרוּשָׁלַ͏ִם וַיַּחֲנוּ עָלֶיהָ וַיִּבְנוּ עָלֶיהָ דָּיֵק

5 סָבִיב: וַתָּבֹא הָעִיר בַּמָּצוֹר עַד עַשְׁתֵּי עֶשְׂרֵה שָׁנָה לַמֶּלֶךְ צִדְקִיָּהוּ:

6 בַּחֹדֶשׁ הָרְבִיעִי בְּתִשְׁעָה לַחֹדֶשׁ וַיֶּחֱזַק הָרָעָב בָּעִיר וְלֹא־הָיָה לֶחֶם

7 לְעַם הָאָרֶץ: וַתִּבָּקַע הָעִיר וְכָל־אַנְשֵׁי הַמִּלְחָמָה יִבְרְחוּ וַיֵּצְאוּ מֵהָעִיר לַיְלָה דֶּרֶךְ שַׁעַר בֵּין־הַחֹמֹתַיִם אֲשֶׁר עַל־גַּן הַמֶּלֶךְ וְכַשְׂדִּים

8 עַל־הָעִיר סָבִיב וַיֵּלְכוּ דֶּרֶךְ הָעֲרָבָה: וַיִּרְדְּפוּ חֵיל־כַּשְׂדִּים אַחֲרֵי הַמֶּלֶךְ וַיַּשִּׂיגוּ אֶת־צִדְקִיָּהוּ בְּעַרְבֹת יְרֵחוֹ וְכָל־חֵילוֹ נָפֹצוּ מֵעָלָיו:

9 וַיִּתְפְּשׂוּ אֶת־הַמֶּלֶךְ וַיַּעֲלוּ אֹתוֹ אֶל־מֶלֶךְ בָּבֶל רִבְלָתָה בְּאֶרֶץ חֲמָת

10 וַיְדַבֵּר אִתּוֹ מִשְׁפָּטִים: וַיִּשְׁחַט מֶלֶךְ־בָּבֶל אֶת־בְּנֵי צִדְקִיָּהוּ לְעֵינָיו

11 וְגַם אֶת־כָּל־שָׂרֵי יְהוּדָה שָׁחַט בְּרִבְלָתָה: וְאֶת־עֵינֵי צִדְקִיָּהוּ עִוֵּר וַיַּאַסְרֵהוּ בַנְחֻשְׁתַּיִם וַיְבִאֵהוּ מֶלֶךְ־בָּבֶל בָּבֶלָה וַיִּתְּנֵהוּ בבית־הַפְּקֻדֹּת

בֵּית־ עַד־יוֹם מוֹתוֹ: וּבַחֹדֶשׁ הַחֲמִישִׁי בֶּעָשׂוֹר לַחֹדֶשׁ הִיא שְׁנַת תְּשַׁע־

12 עֶשְׂרֵה שָׁנָה לַמֶּלֶךְ נְבוּכַדְרֶאצַּר מֶלֶךְ־בָּבֶל בָּא נְבוּזַרְאֲדָן רַב־טַבָּחִים

13 עָמַד לִפְנֵי מֶלֶךְ־בָּבֶל בִּירוּשָׁלָ͏ִם: וַיִּשְׂרֹף אֶת־בֵּית־יְהֹוָה וְאֶת־בֵּית הַמֶּלֶךְ וְאֵת כָּל־בָּתֵּי יְרוּשָׁלַ͏ִם וְאֶת־כָּל־בֵּית הַגָּדוֹל שָׂרַף בָּאֵשׁ:

14 וְאֶת־כָּל־חֹמוֹת יְרוּשָׁלַ͏ִם סָבִיב נָתְצוּ כָּל־חֵיל כַּשְׂדִּים אֲשֶׁר אֶת־

15 רַב־טַבָּחִים: וּמִדַּלּוֹת הָעָם וְאֶת־יֶתֶר הָעָם ׀ הַנִּשְׁאָרִים בָּעִיר וְאֶת־ הַנֹּפְלִים אֲשֶׁר נָפְלוּ אֶל־מֶלֶךְ בָּבֶל וְאֵת יֶתֶר הָאָמוֹן הֶגְלָה נְבוּזַרְאֲדָן

16 רַב־טַבָּחִים: וּמִדַּלּוֹת הָאָרֶץ הִשְׁאִיר נְבוּזַרְאֲדָן רַב־טַבָּחִים לְכֹרְמִים

17 וּלְיֹגְבִים: וְאֶת־עַמּוּדֵי הַנְּחֹשֶׁת אֲשֶׁר לְבֵית־יְהֹוָה וְאֶת־הַמְּכֹנוֹת וְאֶת־יָם הַנְּחֹשֶׁת אֲשֶׁר בְּבֵית־יְהֹוָה שִׁבְּרוּ כַשְׂדִּים וַיִּשְׂאוּ אֶת־כָּל־

18A 18 נְחֻשְׁתָּם בָּבֶלָה: וְאֶת־הַסִּרוֹת וְאֶת־הַיָּעִים וְאֶת־הַמְזַמְּרוֹת וְאֶת־ הַמִּזְרָקֹת וְאֶת־הַכַּפּוֹת וְאֵת כָּל־כְּלֵי הַנְּחֹשֶׁת אֲשֶׁר־יְשָׁרְתוּ בָהֶם

19A 19 לָקָחוּ: וְאֶת־הַסִּפִּים וְאֶת־הַמַּחְתּוֹת וְאֶת־הַמִּזְרָקוֹת וְאֶת־הַסִּירוֹת וְאֶת־הַמְּנֹרוֹת וְאֶת־הַכַּפּוֹת וְאֶת־הַמְּנַקִּיּוֹת אֲשֶׁר זָהָב זָהָב וַאֲשֶׁר־

20 כֶּסֶף כָּסֶף לָקַח רַב־טַבָּחִים: הָעַמּוּדִים ׀ שְׁנַיִם הַיָּם אֶחָד וְהַבָּקָר שְׁנֵים־עָשָׂר נְחֹשֶׁת אֲשֶׁר־תַּחַת הַמְּכֹנוֹת אֲשֶׁר עָשָׂה הַמֶּלֶךְ שְׁלֹמֹה לְבֵית יְהֹוָה לֹא־הָיָה מִשְׁקָל לִנְחֻשְׁתָּם כָּל־הַכֵּלִים הָאֵלֶּה:

21 And *concerning* the pillars, the height of one pillar *was* eighteen cubits; and a fillet of twelve cubits did compass it; and the thickness thereof *was* four fingers: *it was* hollow.

22 And a chapiter of brass *was* upon it; and the height of one chapiter *was* five cubits, with network and pomegranates upon the chapiters round about, all *of* brass. The second pillar also and the pomegranates *were* like unto these.

23 And there were ninety and six pomegranates on a side; *and* all the pomegranates upon the network *were* an hundred round about.

24 ¶ And the captain of the guard took Seraiah the chief priest, and Zephaniah the second priest, and the three keepers of the door:

25 He took also out of the city an eunuch, which had the charge of the men of war; and seven men of them that were near the king's person, which were found in the city; and the principal scribe of the host, who mustered the people of the land; and threescore men of the people of the land, that were found in the midst of the city.

26 So Nebuzar-adan the captain of the guard took them, and brought them to the king of Babylon to Riblah.

27 And the king of Babylon smote them, and put them to death in Riblah in the land of Hamath. Thus Judah was carried away captive out of his own land.

28 This *is* the people whom Nebuchadrezzar carried away captive: in the seventh year three thousand Jews and three and twenty:

29 In the eighteenth year of Nebuchadrezzar he carried away captive from Jerusalem eight hundred thirty and two persons:

30 In the three and twentieth year of Nebuchadrezzar Nebuzar-adan the captain of the guard carried away captive of the Jews seven hundred forty and five persons: all the persons *were* four thousand and six hundred.

31 ¶ And it came to pass in the seven and thirtieth year of the captivity of Jehoiachin king of Judah, in the twelfth month, in the five and twentieth *day* of the month, *that* Evil-merodach king of Babylon in the *first* year of his reign lifted up the head of Jehoiachin king of Judah, and brought him forth out of prison,

32 And spake kindly unto him, and set his throne above the throne of the kings that *were* with him in Babylon,

33 And changed his prison garments: and he did continually eat bread before him all the days of his life.

34 And *for* his diet, there was a continual diet given him of the king of Babylon, every day a portion until the day of his death, all the days of his life.

THE LAMENTATIONS OF

JEREMIAH

CHAPTER 1

1 How doth the city sit solitary, *that was* full of people! *how* is she become as a widow! she *that was* great among the nations, *and* princess among the provinces, *how* is she become tributary!

2 She weepeth sore in the night, and her tears *are* on her cheeks: among all her lovers she hath none to comfort *her*: all her friends have dealt treacherously with her, they are become her enemies.

3 Judah is gone into captivity because of affliction, and because of great servitude: she dwelleth among the heathen, she findeth no rest: all her persecutors overtook her between the straits.

4 The ways of Zion do mourn, because

קוֹמַת֩ 21 וְהָעַמּוּדִ֜ים שְׁמֹנֶ֤ה עֶשְׂרֵה֙ אַמָּה֙ קוֹמַת֙ הָעַמֻּ֣ד הָאֶחָ֔ד וְח֛וּט שְׁתֵּים־

22 עֶשְׂרֵ֥ה אַמָּ֖ה יְסֻבֶּ֑נּוּ וְעׇבְי֛וֹ אַרְבַּ֥ע אֶצְבָּע֖וֹת נָב֑וּב׃ וְכֹתֶ֨רֶת עָלָ֜יו

נְחֹ֗שֶׁת וְקוֹמַ֣ת הַכֹּתֶ֣רֶת הָאַחַת֮ חָמֵ֣שׁ אַמּוֹת֒ וּשְׂבָכָ֨ה וְרִמּוֹנִ֤ים עַל־

23 הַכּוֹתֶ֨רֶת סָבִ֜יב הַכֹּ֣ל נְחֹ֑שֶׁת וְכָאֵ֛לֶּה לַעַמּ֥וּד הַשֵּׁנִ֖י וְרִמּוֹנִֽים׃ וַיִּהְי֣וּ

הָרִמֹּנִ֗ים תִּשְׁעִ֤ים וְשִׁשָּׁה֙ ר֔וּחָה כׇּל־הָרִמּוֹנִ֥ים מֵאָ֖ה עַל־הַשְּׂבָכָ֥ה

24 סָבִֽיב׃ וַיִּקַּ֣ח רַב־טַבָּחִ֗ים אֶת־שְׂרָיָה֙ כֹּהֵ֣ן הָרֹ֔אשׁ וְאֶת־צְפַנְיָ֖ה כֹּהֵ֥ן

25 הַמִּשְׁנֶ֑ה וְאֶת־שְׁלֹ֖שֶׁת שֹׁמְרֵ֥י הַסַּֽף׃ וּמִן־הָעִ֡יר לָקַ֣ח סָרִ֣יס אֶחָ֣ד

אֲשֶׁר־הָיָ֣ה פָקִ֣יד ׀ עַל־אַנְשֵׁ֣י הַמִּלְחָמָ֗ה וְשִׁבְעָ֨ה אֲנָשִׁ֜ים מֵרֹאֵ֤י פְנֵי־

הַמֶּ֙לֶךְ֙ אֲשֶׁ֣ר נִמְצְא֣וּ בָעִ֔יר וְאֵ֗ת סֹפֵר֙ שַׂ֣ר הַצָּבָ֔א הַמַּצְבִּ֖א אֶת־עַ֣ם

26 הָאָ֑רֶץ וְשִׁשִּׁ֥ים אִישׁ֙ מֵעַ֣ם הָאָ֔רֶץ הַנִּמְצְאִ֖ים בְּת֣וֹךְ הָעִֽיר׃ וַיִּקַּ֣ח

אוֹתָ֔ם נְבוּזַרְאֲדָ֖ן רַב־טַבָּחִ֑ים וַיֹּ֧לֶךְ אוֹתָ֛ם אֶל־מֶ֥לֶךְ בָּבֶ֖ל רִבְלָֽתָה׃

27 וַיַּכֶּ֣ה אוֹתָם֩ מֶ֨לֶךְ בָּבֶ֧ל וַיְמִתֵ֛ם בְּרִבְלָ֖ה בְּאֶ֣רֶץ חֲמָ֑ת וַיִּ֥גֶל יְהוּדָ֖ה

28 מֵעַ֥ל אַדְמָתֽוֹ׃ זֶ֣ה הָעָ֔ם אֲשֶׁ֥ר הֶגְלָ֖ה נְבֽוּכַדְרֶאצַּ֑ר בִּשְׁנַת־שֶׁ֕בַע

29 יְהוּדִ֕ים שְׁלֹ֥שֶׁת אֲלָפִ֖ים וְעֶשְׂרִ֣ים וּשְׁלֹשָֽׁה׃ בִּשְׁנַ֗ת שְׁמוֹנֶ֤ה עֶשְׂרֵה֙

30 לִנְבֽוּכַדְרֶאצַּ֔ר מִירֽוּשָׁלַ֔͏ִם נֶ֕פֶשׁ שְׁמֹנֶ֥ה מֵא֖וֹת שְׁלֹשִׁ֣ים וּשְׁנָֽיִם׃ בִּשְׁנַ֨ת

שָׁלֹ֣שׁ וְעֶשְׂרִים֮ לִנְבֽוּכַדְרֶאצַּר֒ הֶגְלָ֗ה נְבֽוּזַרְאֲדָן֙ רַב־טַבָּחִ֔ים יְהוּדִ֕ים

נֶ֕פֶשׁ שְׁבַ֥ע מֵא֖וֹת אַרְבָּעִ֣ים וַחֲמִשָּׁ֑ה כׇּל־נֶ֕פֶשׁ אַרְבַּ֥עַת אֲלָפִ֖ים וְשֵׁ֥שׁ

מֵאֽוֹת׃

31 וַיְהִי֩ בִשְׁלֹשִׁ֨ים וָשֶׁ֜בַע שָׁנָ֗ה לְגָלוּת֙ יְהוֹיָכִ֣ן מֶֽלֶךְ־יְהוּדָ֔ה בִּשְׁנֵ֤ים עָשָׂר֙

חֹ֙דֶשׁ֙ בְּעֶשְׂרִ֣ים וַחֲמִשָּׁ֣ה לַחֹ֔דֶשׁ נָשָׂ֡א אֱוִ֣יל מְרֹדַךְ֩ מֶ֨לֶךְ בָּבֶ֜ל בִּשְׁנַ֣ת

הַכְּלֽוּא מַלְכֻת֗וֹ אֶת־רֹאשׁ֙ יְהוֹיָכִ֣ין מֶֽלֶךְ־יְהוּדָ֔ה וַיֹּצֵ֥א אֹת֖וֹ מִבֵּ֥ית הַכֶּלֶֽא׃

הַמְּלָכִים 32 וַיְדַבֵּ֥ר אִתּ֖וֹ טֹב֑וֹת וַיִּתֵּן֙ אֶת־כִּסְא֔וֹ מִמַּ֗עַל לְכִסֵּ֧א מְלָכִ֛ים אֲשֶׁ֥ר אִתּ֖וֹ

33 בְּבָבֶֽל׃ וְשִׁנָּ֕ה אֵ֖ת בִּגְדֵ֣י כִלְא֑וֹ וְאָכַ֨ל לֶ֜חֶם לְפָנָ֧יו תָּמִ֛יד כׇּל־יְמֵ֥י חַיָּֽו׃

34 וַאֲרֻחָת֗וֹ אֲרֻחַ֨ת תָּמִ֜יד נִתְּנָה־לּ֤וֹ מֵאֵ֣ת מֶֽלֶךְ־בָּבֶ֔ל דְּבַר־י֖וֹם בְּיוֹמ֑וֹ

עַד־י֥וֹם מוֹת֖וֹ כׇּל־יְמֵ֥י חַיָּֽיו׃

מְגִלַּת אֵיכָה

1 1 אֵיכָ֣ה ׀ יָשְׁבָ֣ה בָדָ֗ד הָעִיר֙ רַבָּ֣תִי עָ֔ם הָיְתָ֖ה כְּאַלְמָנָ֑ה רַבָּ֣תִי בַגּוֹיִ֗ם

2 שָׂרָ֙תִי֙ בַּמְּדִינ֔וֹת הָיְתָ֖ה לָמַֽס׃   בָּכ֨וֹ תִבְכֶּ֜ה בַּלַּ֗יְלָה

וְדִמְעָתָהּ֙ עַ֣ל לֶֽחֱיָ֔הּ אֵֽין־לָ֥הּ מְנַחֵ֖ם מִכׇּל־אֹהֲבֶ֑יהָ כׇּל־רֵעֶ֙יהָ֙ בָּ֣גְדוּ בָ֔הּ

3 הָ֥יוּ לָ֖הּ לְאֹיְבִֽים׃   גָּֽלְתָ֨ה יְהוּדָ֤ה מֵעֹ֙נִי֙ וּמֵרֹ֣ב עֲבֹדָ֔ה

הִ֚יא יָשְׁבָ֣ה בַגּוֹיִ֔ם לֹ֥א מָצְאָ֖ה מָנ֑וֹחַ כׇּל־רֹדְפֶ֥יהָ הִשִּׂיג֖וּהָ בֵּ֥ין

4 הַמְּצָרִֽים׃   דַּרְכֵ֨י צִיּ֜וֹן אֲבֵל֗וֹת מִבְּלִי֙ בָּאֵ֣י מוֹעֵ֔ד

none come to the solemn feasts: all her gates are desolate: her priests sigh, her virgins are afflicted, and she *is* in bitterness.

5 Her adversaries are the chief, her enemies prosper; for the Lord hath afflicted her for the multitude of her transgressions: her children are gone into captivity before the enemy.

6 And from the daughter of Zion all her beauty is departed: her princes are become like harts *that* find no pasture, and they are gone without strength before the pursuer.

7 Jerusalem remembered in the days of her affliction and of her miseries all her pleasant things that she had in the days of old, when her people fell into the hand of the enemy, and none did help her: the adversaries saw her, *and* did mock at her sabbaths.

8 Jerusalem hath grievously sinned; therefore she is removed: all that honoured her despise her, because they have seen her nakedness: yea, she sigheth, and turneth backward.

9 Her filthiness *is* in her skirts; she remembereth not her last end; therefore she came down wonderfully: she had no comforter. O Lord, behold my affliction: for the enemy hath magnified *himself.*

10 The adversary hath spread out his hand upon all her pleasant things: for she hath seen *that* the heathen entered into her sanctuary, whom thou didst command *that* they should not enter into thy congregation.

11 All her people sigh, they seek bread; they have given their pleasant things for meat to relieve the soul: see, O Lord, and consider; for I am become vile.

12 ¶ *Is it* nothing to you, all ye that pass by? behold, and see if there be any sorrow like unto my sorrow, which is done unto me, wherewith the Lord hath afflicted *me* in the day of his fierce anger.

13 From above hath he sent fire into my bones, and it prevaileth against them: he hath spread a net for my feet, he hath turned me back: he hath made me desolate *and* faint all the day.

14 The yoke of my transgressions is bound by his hand: they are wreathed, *and*

come up upon my neck: he hath made my strength to fall, the Lord hath delivered me into *their* hands, *from whom* I am not able to rise up.

15 The Lord hath trodden under foot all my mighty *men* in the midst of me: he hath called an assembly against me to crush my young men: the Lord hath trodden the virgin, the daughter of Judah, *as* in a winepress.

16 For these *things* I weep; mine eye, mine eye runneth down with water, because the comforter that should relieve my soul is far from me: my children are desolate, because the enemy prevailed.

17 Zion spreadeth forth her hands, *and there is* none to comfort her: the Lord hath commanded concerning Jacob, *that* his adversaries *should be* round about him: Jerusalem is as a menstruous woman among them.

18 ¶ The Lord is righteous; for I have rebelled against his commandment: hear, I pray you, all people, and behold my sorrow: my virgins and my young men are gone into captivity.

19 I called for my lovers, *but* they deceived me: my priests and mine elders gave up the ghost in the city, while they sought their meat to relieve their souls.

20 Behold, O Lord; for I *am* in distress: my bowels are troubled; mine heart is turned within me; for I have grievously rebelled: abroad the sword bereaveth, at home *there is* as death.

21 They have heard that I sigh: *there is* none to comfort me: all mine enemies have heard of my trouble; they are glad that thou hast done *it:* thou wilt bring the day *that* thou hast called, and they shall be like unto me.

22 Let all their wickedness come before thee; and do unto them, as thou hast done unto me for all my transgressions: for my sighs *are* many, and my heart *is* faint.

CHAPTER 2

1 How hath the Lord covered the daughter of Zion with a cloud in his anger, *and* cast down from heaven unto the earth the

כָּל־שְׁעָרֶ֙יהָ֙ שֽׁוֹמֵמִ֔ין כֹּהֲנֶ֖יהָ נֶאֱנָחִ֑ים בְּתוּלֹתֶ֥יהָ נּוּגֹ֖ות וְהִ֥יא מַר־

5　לָֽהּ׃　　　　　　　　　　הָי֨וּ צָרֶ֤יהָ לְרֹאשׁ֙ אֹיְבֶ֣יהָ שָׁל֔וּ כִּֽי־יְהוָ֥ה הוֹגָ֖הּ עַ֣ל רֹב־

6 מִבַּת־　פְּשָׁעֶ֑יהָ עֽוֹלָלֶ֛יהָ הָלְכ֥וּ שְׁבִ֖י לִפְנֵי־צָֽר׃　　　　וַיֵּצֵ֥א מִן בת־צִיּ֖וֹן

כָּל־הֲדָרָ֑הּ הָי֣וּ שָׂרֶ֗יהָ כְּאַיָּלִים֙ לֹא־מָצְא֣וּ מִרְעֶ֔ה וַיֵּלְכ֥וּ בְלֹא־כֹ֖חַ לִפְנֵ֥י

7 רוֹדֵֽף׃　זָ֠כְרָה יְרוּשָׁלַ֙͏ִם יְמֵ֤י עָנְיָהּ֙ וּמְרוּדֶ֔יהָ כֹּ֚ל מַחֲמֻדֶ֔יהָ

אֲשֶׁ֥ר הָי֖וּ מִ֣ימֵי קֶ֑דֶם בִּנְפֹ֧ל עַמָּ֣הּ בְּיַד־צָ֗ר וְאֵ֤ין עוֹזֵר֙ לָ֔הּ רָא֣וּהָ

8 צָרִ֔ים שָׂחֲק֖וּ עַ֥ל מִשְׁבַּתֶּֽהָ׃　　　　חֵ֤טְא חָֽטְאָה֙ יְר֣וּשָׁלַ֔͏ִם עַל־כֵּ֖ן

לְנִידָ֣ה הָיָ֑תָה כָּֽל־מְכַבְּדֶ֤יהָ הִזִּיל֙וּהָ֙ כִּי־רָא֣וּ עֶרְוָתָ֔הּ גַּם־הִ֥יא נֶאֶנְחָ֖ה

9 וַתָּ֥שָׁב אָחֽוֹר׃　　　　טֻמְאָתָ֣הּ בְּשׁוּלֶ֗יהָ לֹ֤א זָֽכְרָה֙ אַחֲרִיתָ֔הּ

וַתֵּ֣רֶד פְּלָאִ֔ים אֵ֥ין מְנַחֵ֖ם לָ֑הּ רְאֵ֤ה יְהוָה֙ אֶת־עָנְיִ֔י כִּ֥י הִגְדִּ֖יל

10 אוֹיֵֽב׃　　　　יָד֣וֹ פָּ֣רַשׂ צָ֗ר עַ֚ל כָּל־מַחֲמַדֶּ֔יהָ כִּֽי־רָאֲתָ֤ה גוֹיִם֙ בָּ֣אוּ

11 מִקְדָּשָׁ֔הּ אֲשֶׁ֣ר צִוִּ֔יתָה לֹא־יָבֹ֥אוּ בַקָּהָ֖ל לָֽךְ׃　　　　כָּל־עַמָּ֣הּ

נֶאֱנָחִים֙ מְבַקְשִׁ֣ים לֶ֔חֶם נָתְנ֧וּ מַחֲמַדֵּיהֶ֛ם בְּאֹ֖כֶל לְהָשִׁ֣יב נָ֑פֶשׁ רְאֵ֤ה

12 מַחֲמַדֵּיהֶם　יְהוָה֙ וְֽהַבִּ֔יטָה כִּ֥י הָיִ֖יתִי זֽוֹלֵלָֽה׃　　　　ל֣וֹא אֲלֵיכֶם֮ כָּל־עֹ֣בְרֵי

דֶרֶךְ֒ הַבִּ֣יטוּ וּרְא֗וּ אִם־יֵ֤שׁ מַכְאוֹב֙ כְּמַכְאֹבִ֔י אֲשֶׁ֥ר עוֹלַ֖ל לִ֑י אֲשֶׁר֙

13 הוֹגָ֣ה יְהוָ֔ה בְּי֖וֹם חֲר֥וֹן אַפּֽוֹ׃　　　　מִמָּר֧וֹם שָֽׁלַח־אֵ֛שׁ בְּעַצְמֹתַ֖י

וַיִּרְדֶּ֑נָּה פָּרַ֨שׂ רֶ֤שֶׁת לְרַגְלַי֙ הֱשִׁיבַ֣נִי אָח֔וֹר נְתָנַ֙נִי֙ שֹֽׁמֵמָ֔ה כָּל־הַיּ֖וֹם

14 דָּוָֽה׃　　　　נִשְׂקַ֞ד עֹ֣ל פְּשָׁעַ֗י בְּיָדוֹ֙ יִשְׂתָּ֣רְג֔וּ עָל֖וּ עַל־צַוָּארִ֑י

15 הִכְשִׁ֣יל כֹּחִ֔י נְתָנַ֣נִי אֲדֹנָ֔י בִּידֵ֖י לֹא־אוּכַ֥ל קֽוּם׃　　　　סִלָּ֨ה

כָל־אַבִּירַ֤י ׀ אֲדֹנָי֙ בְּקִרְבִּ֔י קָרָ֥א עָלַ֛י מוֹעֵ֖ד לִשְׁבֹּ֣ר בַּחוּרָ֑י גַּ֣ת דָּרַ֤ךְ

16 אֲדֹנָ֔י לִבְתוּלַ֖ת בַּת־יְהוּדָֽה׃　　　　עַל־אֵ֣לֶּה ׀ אֲנִ֣י בוֹכִיָּ֗ה

עֵינִ֤י ׀ עֵינִי֙ יֹ֣רְדָה מַּ֔יִם כִּֽי־רָחַ֥ק מִמֶּ֛נִּי מְנַחֵ֖ם מֵשִׁ֣יב נַפְשִׁ֑י הָי֤וּ בָנַי֙

17 שֽׁוֹמֵמִ֔ים כִּ֥י גָבַ֖ר אוֹיֵֽב׃　　　　פֵּֽרְשָׂ֨ה צִיּ֜וֹן בְּיָדֶ֗יהָ אֵ֤ין מְנַחֵם֙

לָ֔הּ צִוָּ֧ה יְהוָ֛ה לְיַעֲקֹ֖ב סְבִיבָ֣יו צָרָ֑יו הָיְתָ֧ה יְרוּשָׁלַ֛͏ִם לְנִדָּ֖ה

18 בֵּינֵיהֶֽם׃　　　　צַדִּ֥יק ה֛וּא יְהוָ֖ה כִּ֣י פִ֣יהוּ מָרִ֑יתִי שִׁמְעוּ־נָ֣א כָל־

19 הָעַמִּים　עַמִּים֙ וּרְאוּ֙ מַכְאֹבִ֔י בְּתוּלֹתַ֥י וּבַחוּרַ֖י הָלְכ֥וּ בַשֶּֽׁבִי׃　　　　קָרָ֣אתִי

לַֽמְאַהֲבַ֣י הֵ֤מָּה רִמּ֔וּנִי כֹּהֲנַ֥י וּזְקֵנַ֖י בָּעִ֣יר גָּוָ֑עוּ כִּֽי־בִקְשׁ֥וּ אֹ֙כֶל֙ לָ֔מוֹ

20 וְיָשִׁ֖יבוּ אֶת־נַפְשָֽׁם׃　　　　רְאֵ֨ה יְהוָ֤ה כִּֽי־צַר־לִי֙ מֵעַ֣י חֳמַרְמָ֔רוּ

נֶהְפַּ֤ךְ לִבִּי֙ בְּקִרְבִּ֔י כִּ֥י מָר֖וֹ מָרִ֑יתִי מִח֥וּץ שִׁכְּלָה־חֶ֖רֶב בַּבַּ֥יִת

21 כַּמָּֽוֶת׃　　　　שָׁמְע֞וּ כִּ֧י נֶאֱנָחָ֣ה אָ֗נִי אֵ֤ין מְנַחֵם֙ לִ֔י כָּל־אֹ֣יְבַ֗י

שָׁמְע֤וּ רָֽעָתִי֙ שָׂ֔שׂוּ כִּ֥י אַתָּ֖ה עָשִׂ֑יתָ הֵבֵ֥אתָ יוֹם־קָרָ֖אתָ וְיִֽהְי֥וּ

22 כָמֽוֹנִי׃　　　　תָּבֹ֨א כָל־רָעָתָ֤ם לְפָנֶ֙יךָ֙ וְעוֹלֵ֣ל לָ֔מוֹ כַּאֲשֶׁ֥ר עוֹלַ֖לְתָּ

לִ֖י עַ֣ל כָּל־פְּשָׁעָ֑י כִּֽי־רַבּ֥וֹת אַנְחֹתַ֖י וְלִבִּ֥י דַוָּֽי׃

2 1 אֵיכָה֩ יָעִ֨יב בְּאַפּ֤וֹ ׀ אֲדֹנָי֙ אֶת־בַּת־צִיּ֔וֹן הִשְׁלִ֤יךְ מִשָּׁמַ֙יִם֙ אֶ֔רֶץ תִּפְאֶ֣רֶת

beauty of Israel, and remembered not his footstool in the day of his anger!

2 The Lord hath swallowed up all the habitations of Jacob, and hath not pitied: he hath thrown down in his wrath the strong holds of the daughter of Judah; he hath brought *them* down to the ground: he hath polluted the kingdom and the princes thereof.

3 He hath cut off in *his* fierce anger all the horn of Israel: he hath drawn back his right hand from before the enemy, and he burned against Jacob like a flaming fire, *which* devoureth round about.

4 He hath bent his bow like an enemy: he stood with his right hand as an adversary, and slew all *that were* pleasant to the eye in the tabernacle of the daughter of Zion: he poured out his fury like fire.

5 The Lord was as an enemy: he hath swallowed up Israel, he hath swallowed up all her palaces: he hath destroyed his strong holds, and hath increased in the daughter of Judah mourning and lamentation.

6 And he hath violently taken away his tabernacle, as *if it were of* a garden: he hath destroyed his places of the assembly: the LORD hath caused the solemn feasts and sabbaths to be forgotten in Zion, and hath despised in the indignation of his anger the king and the priest.

7 The Lord hath cast off his altar, he hath abhorred his sanctuary, he hath given up into the hand of the enemy the walls of her palaces; they have made a noise in the house of the LORD, as in the day of a solemn feast.

8 The LORD hath purposed to destroy the wall of the daughter of Zion: he hath stretched out a line, he hath not withdrawn his hand from destroying: therefore he made the rampart and the wall to lament; they languished together.

9 Her gates are sunk into the ground; he hath destroyed and broken her bars: her king and her princes *are* among the Gentiles: the law *is* no *more;* her prophets also find no vision from the LORD.

10 The elders of the daughter of Zion sit upon the ground, *and* keep silence: they have cast up dust upon their heads;

they have girded themselves with sackcloth: the virgins of Jerusalem hang down their heads to the ground.

11 Mine eyes do fail with tears, my bowels are troubled, my liver is poured upon the earth, for the destruction of the daughter of my people; because the children and the sucklings swoon in the streets of the city.

12 They say to their mothers, Where *is* corn and wine? when they swooned as the wounded in the streets of the city, when their soul was poured out into their mothers' bosom.

13 What thing shall I take to witness for thee? what thing shall I liken to thee, O daughter of Jerusalem? what shall I equal to thee, that I may comfort thee, O virgin daughter of Zion? for thy breach *is* great like the sea: who can heal thee?

14 Thy prophets have seen vain and foolish things for thee: and they have not discovered thine iniquity, to turn away thy captivity; but have seen for thee false burdens and causes of banishment.

15 All that pass by clap *their* hands at thee; they hiss and wag their head at the daughter of Jerusalem, *saying, Is* this the city that *men* call The perfection of beauty, The joy of the whole earth?

16 All thine enemies have opened their mouth against thee: they hiss and gnash the teeth: they say, We have swallowed *her* up: certainly this *is* the day that we looked for; we have found, we have seen *it.*

17 The LORD hath done *that* which he had devised; he hath fulfilled his word that he had commanded in the days of old: he hath thrown down, and hath not pitied: and he hath caused *thine* enemy to rejoice over thee, he hath set up the horn of thine adversaries.

18 Their heart cried unto the Lord, O wall of the daughter of Zion, let tears run down like a river day and night: give thyself no rest; let not the apple of thine eye cease.

19 Arise, cry out in the night: in the beginning of the watches pour out thine heart like water before the face of the Lord: lift up thy hands toward him for the

ולא 2 יִשְׂרָאֵל וְלֹא־זָכַר הֲדֹם־רַגְלָיו בְּיוֹם אַפּוֹ: בִּלַּע אֲדֹנָי לֹא חָמַל אֵת כָּל־נְאוֹת יַעֲקֹב הָרַס בְּעֶבְרָתוֹ מִבְצְרֵי בַת־יְהוּדָה הִגִּיעַ

3 לָאָרֶץ חִלֵּל מַמְלָכָה וְשָׂרֶיהָ: גָּדַע בָּחֳרִי־אַף כֹּל קֶרֶן יִשְׂרָאֵל הֵשִׁיב אָחוֹר יְמִינוֹ מִפְּנֵי אוֹיֵב וַיִּבְעַר בְּיַעֲקֹב כְּאֵשׁ לֶהָבָה

4 אָכְלָה סָבִיב: דָּרַךְ קַשְׁתּוֹ כְּאוֹיֵב נִצָּב יְמִינוֹ כְּצָר וַיַּהֲרֹג כֹּל מַחֲמַדֵּי־עָיִן בְּאֹהֶל בַּת־צִיּוֹן שָׁפַךְ כָּאֵשׁ חֲמָתוֹ:

5 הָיָה אֲדֹנָי ׀ כְּאוֹיֵב בִּלַּע יִשְׂרָאֵל בִּלַּע כָּל־אַרְמְנוֹתֶיהָ שִׁחֵת מִבְצָרָיו וַיֶּרֶב בְּבַת־יְהוּדָה תַּאֲנִיָּה וַאֲנִיָּה: וַיַּחְמֹס כַּגַּן שֻׂכּוֹ שִׁחֵת

6 מוֹעֲדוֹ שִׁכַּח יְהוָה ׀ בְּצִיּוֹן מוֹעֵד וְשַׁבָּת וַיִּנְאַץ בְּזַעַם־אַפּוֹ מֶלֶךְ וְכֹהֵן: 7 זָנַח אֲדֹנָי ׀ מִזְבְּחוֹ נִאֵר מִקְדָּשׁוֹ הִסְגִּיר בְּיַד־אוֹיֵב

8 חוֹמֹת אַרְמְנוֹתֶיהָ קוֹל נָתְנוּ בְּבֵית־יְהוָה כְּיוֹם מוֹעֵד: חָשַׁב יְהוָה ׀ לְהַשְׁחִית חוֹמַת בַּת־צִיּוֹן נָטָה קָו לֹא־הֵשִׁיב יָדוֹ מִבַּלֵּעַ

9 וַיַּאֲבֶל־חֵל וְחוֹמָה יַחְדָּו אֻמְלָלוּ: טָבְעוּ בָאָרֶץ שְׁעָרֶיהָ אִבַּד וְשִׁבַּר בְּרִיחֶיהָ מַלְכָּהּ וְשָׂרֶיהָ בַגּוֹיִם אֵין תּוֹרָה גַּם־נְבִיאֶיהָ

10 לֹא־מָצְאוּ חָזוֹן מֵיהוָה: יֵשְׁבוּ לָאָרֶץ יִדְּמוּ זִקְנֵי בַת־צִיּוֹן הֶעֱלוּ עָפָר עַל־רֹאשָׁם חָגְרוּ שַׂקִּים הוֹרִידוּ לָאָרֶץ רֹאשָׁן בְּתוּלֹת

11 יְרוּשָׁלִָם: כָּלוּ בַדְּמָעוֹת עֵינַי חֳמַרְמְרוּ מֵעַי נִשְׁפַּךְ לָאָרֶץ כְּבֵדִי עַל־שֶׁבֶר בַּת־עַמִּי בֵּעָטֵף עוֹלֵל וְיוֹנֵק בִּרְחֹבוֹת

12 קִרְיָה: לְאִמֹּתָם יֹאמְרוּ אַיֵּה דָּגָן וָיָיִן בְּהִתְעַטְּפָם כֶּחָלָל 13 בִּרְחֹבוֹת עִיר בְּהִשְׁתַּפֵּךְ נַפְשָׁם אֶל־חֵיק אִמֹּתָם: מָה־ אֲעִידֵךְ מָה אֲדַמֶּה־לָּךְ הַבַּת יְרוּשָׁלִַם מָה אַשְׁוֶה־לָּךְ וַאֲנַחֲמֵךְ בְּתוּלַת

14 בַּת־צִיּוֹן כִּי־גָדוֹל כַּיָּם שִׁבְרֵךְ מִי יִרְפָּא־לָךְ: נְבִיאַיִךְ חָזוּ שבותך לָךְ שָׁוְא וְתָפֵל וְלֹא־גִלּוּ עַל־עֲוֺנֵךְ לְהָשִׁיב שְׁבוּתֵךְ וַיֶּחֱזוּ לָךְ מַשְׂאוֹת

15 שָׁוְא וּמַדּוּחִים: סָפְקוּ עָלַיִךְ כַּפַּיִם כָּל־עֹבְרֵי דֶרֶךְ שָׁרְקוּ וַיָּנִעוּ רֹאשָׁם עַל־בַּת יְרוּשָׁלִַם הֲזֹאת הָעִיר שֶׁיֹּאמְרוּ כְּלִילַת יֹפִי

16 מָשׂוֹשׂ לְכָל־הָאָרֶץ: פָּצוּ עָלַיִךְ פִּיהֶם כָּל־אוֹיְבַיִךְ שָׁרְקוּ וַיַּחַרְקוּ־שֵׁן אָמְרוּ בִּלָּעְנוּ אַךְ זֶה הַיּוֹם שֶׁקִּוִּינֻהוּ מָצָאנוּ

17 רָאִינוּ: עָשָׂה יְהוָה אֲשֶׁר זָמָם בִּצַּע אֶמְרָתוֹ אֲשֶׁר צִוָּה מִימֵי־קֶדֶם הָרַס וְלֹא חָמָל וַיְשַׂמַּח עָלַיִךְ אוֹיֵב הֵרִים קֶרֶן

18 צָרָיִךְ: צָעַק לִבָּם אֶל־אֲדֹנָי חוֹמַת בַּת־צִיּוֹן הוֹרִידִי כַנַּחַל דִּמְעָה יוֹמָם וָלַיְלָה אַל־תִּתְּנִי פוּגַת לָךְ אַל־תִּדֹּם בַּת־

19 בלילה עֵינֵךְ: קוּמִי ׀ רֹנִּי בַלַּיְלָ לְרֹאשׁ אַשְׁמֻרוֹת שִׁפְכִי כַמַּיִם לִבֵּךְ נֹכַח פְּנֵי אֲדֹנָי שְׂאִי אֵלָיו כַּפַּיִךְ עַל־נֶפֶשׁ עוֹלָלַיִךְ הָעֲטוּפִים בְּרָעָב

life of thy young children, that faint for hunger in the top of every street.

20 ¶ Behold, O LORD, and consider to whom thou hast done this. Shall the women eat their fruit, *and* children of a span long? shall the priest and the prophet be slain in the sanctuary of the Lord?

21 The young and the old lie on the ground in the streets: my virgins and my young men are fallen by the sword; thou hast slain *them* in the day of thine anger; thou hast killed, *and* not pitied.

22 Thou hast called as in a solemn day my terrors round about, so that in the day of the LORD's anger none escaped nor remained: those that I have swaddled and brought up hath mine enemy consumed.

CHAPTER 3

1 I *am* the man *that* hath seen affliction by the rod of his wrath.

2 He hath led me, and brought *me into* darkness, but not *into* light.

3 Surely against me is he turned; he turneth his hand *against me* all the day.

4 My flesh and my skin hath he made old; he hath broken my bones.

5 He hath builded against me, and compassed *me* with gall and travail.

6 He hath set me in dark places, as *they that be* dead of old.

7 He hath hedged me about, that I cannot get out: he hath made my chain heavy.

8 Also when I cry and shout, he shutteth out my prayer.

9 He hath inclosed my ways with hewn stone, he hath made my paths crooked.

10 He *was* unto me *as* a bear lying in wait, *and as* a lion in secret places.

11 He hath turned aside my ways, and pulled me in pieces: he hath made me desolate.

12 He hath bent his bow, and set me as a mark for the arrow.

13 He hath caused the arrows of his quiver to enter into my reins.

14 I was a derision to all my people; *and* their song all the day.

15 He hath filled me with bitterness, he hath made me drunken with wormwood.

16 He hath also broken my teeth with gravel stones, he hath covered me with ashes.

17 And thou hast removed my soul far off from peace: I forgat prosperity.

18 And I said, My strength and my hope is perished from the LORD:

19 Remembering mine affliction and my misery, the wormwood and the gall.

20 My soul hath *them* still in remembrance, and is humbled in me.

21 This I recall to my mind, therefore have I hope.

22 ¶ *It is of* the LORD's mercies that we are not consumed, because his compassions fail not.

23 *They are* new every morning: great *is* thy faithfulness.

24 The LORD *is* my portion, saith my soul; therefore will I hope in him.

25 The LORD *is* good unto them that wait for him, to the soul *that* seeketh him.

26 *It is* good that *a man* should both hope and quietly wait for the salvation of the LORD.

27 *It is* good for a man that he bear the yoke in his youth.

28 He sitteth alone and keepeth silence, because he hath borne *it* upon him.

29 He putteth his mouth in the dust; if so be there may be hope.

30 He giveth *his* cheek to him that smiteth him: he is filled full with reproach.

31 For the Lord will not cast off for ever:

32 But though he cause grief, yet will he have compassion according to the multitude of his mercies.

33 For he doth not afflict willingly nor grieve the children of men.

34 To crush under his feet all the prisoners of the earth,

35 To turn aside the right of a man before the face of the most High,

36 To subvert a man in his cause, the Lord approveth not.

37 ¶ Who *is* he *that* saith, and it cometh to pass, *when* the Lord commandeth *it* not?

38 Out of the mouth of the most High proceedeth not evil and good?

39 Wherefore doth a living man complain, a man for the punishment of his sins?

20 בְּרֹאשׁ כָּל־חוּצֽוֹת: רְאֵ֤ה יְהוָה֙ וְֽהַבִּ֔יטָה לְמִ֖י עוֹלַ֣לְתָּ כֹּ֑ה
אִם־תֹּאכַ֨לְנָה נָשִׁ֤ים פִּרְיָם֙ עֹלֲלֵ֣י טִפֻּחִ֔ים אִם־יֵהָרֵ֛ג בְּמִקְדַּ֥שׁ אֲדֹנָ֖י

21A 21 כֹּהֵ֣ן וְנָבִֽיא: שָׁכְב֨וּ לָאָ֤רֶץ חוּצוֹת֙ נַ֣עַר וְזָקֵ֔ן
בְּתוּלֹתַ֥י וּבַחוּרַ֖י נָפְל֣וּ בֶחָ֑רֶב הָרַ֙גְתָּ֙ בְּי֣וֹם אַפֶּ֔ךָ טָבַ֖חְתָּ לֹ֥א

22 חָמָֽלְתָּ: תִּקְרָא֩ כְי֨וֹם מוֹעֵ֤ד מְגוּרַי֙ מִסָּבִ֔יב וְלֹ֥א הָיָ֖ה בְּי֣וֹם
אַף־יְהוָ֖ה פָּלִ֣יט וְשָׂרִ֑יד אֲשֶׁר־טִפַּ֥חְתִּי וְרִבִּ֖יתִי אֹיְבִ֥י כִלָּֽם:

1 3 אֲנִ֤י הַגֶּ֙בֶר֙ רָאָ֣ה עֳנִ֔י בְּשֵׁ֖בֶט עֶבְרָתֽוֹ: אוֹתִ֥י נָהַ֛ג וַיֹּלַ֖ךְ חֹ֥שֶׁךְ וְלֹא־אֽוֹר:
2
3 אַ֣ךְ בִּ֥י יָשֻׁ֛ב יַהֲפֹ֥ךְ יָד֖וֹ כָּל־הַיּֽוֹם: בִּלָּ֤ה בְשָׂרִי֙ וְעוֹרִ֔י שִׁבַּ֖ר
4
5 עַצְמוֹתָֽי: בָּנָ֥ה עָלַ֛י וַיַּקַּ֖ף רֹ֥אשׁ וּתְלָאָֽה: בְּמַחֲשַׁכִּ֥ים הוֹשִׁיבַ֖נִי כְּמֵתֵ֥י
6
7 עוֹלָֽם: גָּדַ֧ר בַּעֲדִ֛י וְלֹ֥א אֵצֵ֖א הִכְבִּ֥יד נְחָשְׁתִּֽי: גַּ֣ם כִּ֤י אֶזְעַק֙
8
9 וַאֲשַׁוֵּ֔עַ שָׂתַ֖ם תְּפִלָּתִֽי: גָּדַ֤ר דְּרָכַי֙ בְּגָזִ֔ית נְתִיבֹתַ֖י עִוָּֽה: דֹּ֤ב
10
11 אֹרֵ֥ב הוּא֙ לִי֙ אֲרִ֣י בְּמִסְתָּרִֽים: דְּרָכַ֤י סוֹרֵר֙ וַֽיְפַשְּׁחֵ֔נִי שָׂמַ֖נִי שֹׁמֵֽם:
12 דָּרַ֤ךְ קַשְׁתּוֹ֙ וַיַּצִּיבֵ֔נִי כַּמַּטָּרָ֖א לַחֵֽץ: הֵבִיא֙ בְּכִלְיוֹתָ֔י בְּנֵ֖י
13
14 אַשְׁפָּתֽוֹ: הָיִ֤יתִי שְּׂחֹק֙ לְכָל־עַמִּ֔י נְגִינָתָ֖ם כָּל־הַיּֽוֹם: הִשְׂבִּיעַ֥נִי
15
16 בַמְּרוֹרִ֖ים הִרְוַ֥נִי לַעֲנָֽה: וַיַּגְרֵ֤ס בֶּֽחָצָץ֙ שִׁנָּ֔י הִכְפִּישַׁ֖נִי
17
18 בָּאֵֽפֶר: וַתִּזְנַ֧ח מִשָּׁל֛וֹם נַפְשִׁ֖י נָשִׁ֥יתִי טוֹבָֽה: וָאֹמַר֙ אָבַ֣ד נִצְחִ֔י
19 וְתוֹחַלְתִּ֖י מֵיְהוָֽה: זְכָר־עָנְיִ֥י וּמְרוּדִ֖י לַעֲנָ֥ה וָרֹֽאשׁ:

20 זָכ֣וֹר תִּזְכּ֔וֹר וְתָשֽׁוֹחַ עָלַ֖י נַפְשִֽׁי: זֹ֛את אָשִׁ֥יב אֶל־לִבִּ֖י עַל־כֵּ֥ן
21
22 אוֹחִֽיל: חַֽסְדֵ֤י יְהוָה֙ כִּ֣י לֹא־תָ֔מְנוּ כִּ֥י לֹא־כָל֖וּ רַחֲמָֽיו:
23 חֲדָשִׁים֙ לַבְּקָרִ֔ים רַבָּ֖ה אֱמוּנָתֶֽךָ: חֶלְקִ֤י יְהוָה֙ אָמְרָ֣ה נַפְשִׁ֔י עַל־כֵּ֖ן
24
25 אוֹחִ֥יל לֽוֹ: ט֤וֹב יְהוָה֙ לְקֹוָ֔ו לְנֶ֖פֶשׁ תִּדְרְשֶֽׁנּוּ: ט֤וֹב
26
27 וְיָחִיל֙ וְדוּמָ֔ם לִתְשׁוּעַ֖ת יְהוָֽה: ט֤וֹב לַגֶּ֙בֶר֙ כִּֽי־יִשָּׂ֣א עֹ֔ל
28 בִּנְעוּרָֽיו: יֵשֵׁ֤ב בָּדָד֙ וְיִדֹּ֔ם כִּ֥י נָטַ֖ל עָלָֽיו: יִתֵּ֤ן בֶּֽעָפָר֙ פִּ֔יהוּ
29
30 אוּלַ֖י יֵ֥שׁ תִּקְוָֽה: יִתֵּ֧ן לְמַכֵּ֛הוּ לֶ֖חִי יִשְׂבַּ֥ע בְּחֶרְפָּֽה: כִּ֣י לֹ֤א
31

33A 32 יִזְנַ֥ח לְעוֹלָ֖ם אֲדֹנָֽי: כִּ֣י אִם־הוֹגָ֔ה וְרִחַ֖ם כְּרֹ֥ב חֲסָדָֽיו: כִּ֣י לֹ֤א עִנָּה֙
33
34 מִלִּבּ֔וֹ וַיַּגֶּ֖ה בְּנֵי־אִֽישׁ: לְדַכֵּא֙ תַּ֣חַת רַגְלָ֔יו כֹּ֖ל אֲסִ֥ירֵי אָֽרֶץ:
35 לְהַטּוֹת֙ מִשְׁפַּט־גָּ֔בֶר נֶ֖גֶד פְּנֵ֥י עֶלְיֽוֹן: לְעַוֵּ֤ת אָדָם֙ בְּרִיב֔וֹ אֲדֹנָ֖י לֹ֥א
36
37 רָאָֽה: מִ֣י זֶ֤ה אָמַר֙ וַתֶּ֔הִי אֲדֹנָ֖י לֹ֥א צִוָּֽה: מִפִּ֤י עֶלְיוֹן֙
38
39 לֹ֣א תֵצֵ֔א הָרָע֖וֹת וְהַטּֽוֹב: מַה־יִּתְאוֹנֵן֙ אָדָ֣ם חָ֔י גֶּ֖בֶר עַל־

40 Let us search and try our ways, and turn again to the LORD.

41 Let us lift up our heart with *our* hands unto God in the heavens.

42 We have transgressed and have rebelled: thou hast not pardoned.

43 Thou hast covered with anger, and persecuted us: thou hast slain, thou hast not pitied.

44 Thou hast covered thyself with a cloud, that *our* prayer should not pass through.

45 Thou hast made us *as* the offscouring and refuse in the midst of the people.

46 All our enemies have opened their mouths against us.

47 Fear and a snare is come upon us, desolation and destruction.

48 Mine eye runneth down with rivers of water for the destruction of the daughter of my people.

49 Mine eye trickleth down, and ceaseth not, without any intermission,

50 Till the LORD look down, and behold from heaven.

51 Mine eye affecteth mine heart because of all the daughters of my city.

52 Mine enemies chased me sore, like a bird, without cause.

53 They have cut off my life in the dungeon, and cast a stone upon me.

54 Waters flowed over mine head; *then* I said, I am cut off.

55 ¶ I called upon thy name, O LORD, out of the low dungeon.

56 Thou hast heard my voice: hide not thine ear at my breathing, at my cry.

57 Thou drewest near in the day *that* I called upon thee: thou saidst, Fear not.

58 O Lord, thou hast pleaded the causes of my soul; thou hast redeemed my life.

59 O LORD, thou hast seen my wrong: judge thou my cause.

60 Thou hast seen all their vengeance *and* all their imaginations against me.

61 Thou hast heard their reproach, O LORD, *and* all their imaginations against me;

62 The lips of those that rose up against me, and their device against me all the day.

63 Behold their sitting down, and their rising up; I *am* their musick.

64 ¶ Render unto them a recompence, O LORD, according to the work of their hands.

65 Give them sorrow of heart, thy curse unto them.

66 Persecute and destroy them in anger from under the heavens of the LORD.

CHAPTER 4

1 How is the gold become dim! *how* is the most fine gold changed! the stones of the sanctuary are poured out in the top of every street.

2 The precious sons of Zion, comparable to fine gold, how are they esteemed as earthen pitchers, the work of the hands of the potter!

3 Even the sea monsters draw out the breast, they give suck to their young ones: the daughter of my people *is become* cruel, like the ostriches in the wilderness.

4 The tongue of the sucking child cleaveth to the roof of his mouth for thirst: the young children ask bread, *and* no man breaketh *it* unto them.

5 They that did feed delicately are desolate in the streets: they that were brought up in scarlet embrace dunghills.

6 For the punishment of the iniquity of the daughter of my people is greater than the punishment of the sin of Sodom, that was overthrown as in a moment, and no hands stayed on her.

7 Her Nazarites were purer than snow, they were whiter than milk, they were more ruddy in body than rubies, their polishing *was* of sapphire:

8 Their visage is blacker than a coal; they are not known in the streets: their skin cleaveth to their bones; it is withered, it is become like a stick.

9 *They that be* slain with the sword are better than *they that be* slain with hunger: for these pine away, stricken through for *want of* the fruits of the field.

10 The hands of the pitiful women have sodden their own children: they were their meat in the destruction of the daughter of my people.

חָטָאנוּ ⁴⁰ נַחְפְּשָׂה דְרָכֵינוּ וְנַחְקֹרָה וְנָשׁוּבָה עַד־יְהֹוָה: נִשָּׂא ⁴¹
לְבָבֵנוּ אֶל־כַּפָּיִם אֶל־אֵל בַּשָּׁמָיִם: נַחְנוּ פָשַׁעְנוּ וּמָרִינוּ אַתָּה לֹא ⁴²
סָלָחְתָּ: סַכֹּתָה בָאַף וַתִּרְדְּפֵנוּ הָרַגְתָּ לֹא חָמָלְתָּ: ⁴³
סַכּוֹתָה בֶעָנָן לָךְ מֵעֲבוֹר תְּפִלָּה: סְחִי וּמָאוֹס תְּשִׂימֵנוּ בְּקֶרֶב ⁴⁴ ⁴⁵
הָעַמִּים: פָּצוּ עָלֵינוּ פִּיהֶם כָּל־אֹיְבֵינוּ: פַּחַד וָפַחַת ⁴⁶ ⁴⁷
הָיָה לָנוּ הַשֵּׁאת וְהַשָּׁבֶר: פַּלְגֵי־מַיִם תֵּרַד עֵינִי עַל־שֶׁבֶר בַּת־ ⁴⁸
עַמִּי: עֵינִי נִגְּרָה וְלֹא תִדְמֶה מֵאֵין הֲפֻגוֹת: עַד־ ⁴⁹ ⁵⁰
יַשְׁקִיף וְיֵרֶא יְהֹוָה מִשָּׁמָיִם: עֵינִי עוֹלְלָה לְנַפְשִׁי מִכֹּל בְּנוֹת ⁵¹
עִירִי: צוֹד צָדוּנִי כַּצִּפּוֹר אֹיְבַי חִנָּם: צָמְתוּ בַבּוֹר חַיָּי וַיַּדּוּ־ ⁵²
אֶבֶן בִּי: צָפוּ־מַיִם עַל־רֹאשִׁי אָמַרְתִּי נִגְזָרְתִּי: קָרָאתִי ⁵³ ⁵⁴ ⁵⁵
שִׁמְךָ יְהֹוָה מִבּוֹר תַּחְתִּיּוֹת: קוֹלִי שָׁמָעְתָּ אַל־תַּעְלֵם אָזְנְךָ לְרַוְחָתִי ⁵⁶
לְשַׁוְעָתִי: קָרַבְתָּ בְּיוֹם אֶקְרָאֶךָּ אָמַרְתָּ אַל־תִּירָא: רַבְתָּ ⁵⁷ ⁵⁸
אֲדֹנָי רִיבֵי נַפְשִׁי גָּאַלְתָּ חַיָּי: רָאִיתָה יְהֹוָה עַוָּתָתִי שָׁפְטָה מִשְׁפָּטִי: ⁵⁹
רָאִיתָה כָּל־נִקְמָתָם כָּל־מַחְשְׁבֹתָם לִי: שָׁמַעְתָּ חֶרְפָּתָם ⁶⁰ ⁶¹
יְהֹוָה כָּל־מַחְשְׁבֹתָם עָלָי: שִׂפְתֵי קָמַי וְהֶגְיוֹנָם עָלַי כָּל־הַיּוֹם: שִׁבְתָּם ⁶² ⁶³
וְקִימָתָם הַבִּיטָה אֲנִי מַנְגִּינָתָם: תָּשִׁיב לָהֶם גְּמוּל יְהֹוָה ⁶⁴
כְּמַעֲשֵׂה יְדֵיהֶם: תִּתֵּן לָהֶם מְגִנַּת־לֵב תַּאֲלָתְךָ לָהֶם: תִּרְדֹּף בְּאַף ⁶⁵ ⁶⁶
וְתַשְׁמִידֵם מִתַּחַת שְׁמֵי יְהֹוָה:

¹ 4 אֵיכָה יוּעַם זָהָב יִשְׁנֶא הַכֶּתֶם הַטּוֹב תִּשְׁתַּפֵּכְנָה אַבְנֵי־קֹדֶשׁ בְּרֹאשׁ
כָּל־חוּצוֹת: בְּנֵי צִיּוֹן הַיְקָרִים הַמְסֻלָּאִים בַּפָּז אֵיכָה ²

תַּנִּים ³ᴬ נֶחְשְׁבוּ לְנִבְלֵי־חֶרֶשׂ מַעֲשֵׂה יְדֵי יוֹצֵר: גַּם־תַּנִּין חָלְצוּ שַׁד ³
כַּיְעֵנִים הֵינִיקוּ גּוּרֵיהֶן בַּת־עַמִּי לְאַכְזָר כִּי עֵנִים בַּמִּדְבָּר: דָּבַק ⁴
לְשׁוֹן יוֹנֵק אֶל־חִכּוֹ בַּצָּמָא עֹלָלִים שָׁאֲלוּ לֶחֶם פֹּרֵשׂ אֵין
לָהֶם: הָאֹכְלִים לְמַעֲדַנִּים נָשַׁמּוּ בַּחוּצוֹת הָאֱמֻנִים עֲלֵי ⁵
תוֹלָע חִבְּקוּ אַשְׁפַּתּוֹת: וַיִּגְדַּל עֲוֹן בַּת־עַמִּי מֵחַטַּאת סְדֹם ⁶
הַהֲפוּכָה כְמוֹ־רָגַע וְלֹא־חָלוּ בָהּ יָדָיִם: זַכּוּ נְזִירֶיהָ מִשֶּׁלֶג ⁷ᴬ ⁷
צַחוּ מֵחָלָב אָדְמוּ עֶצֶם מִפְּנִינִים סַפִּיר גִּזְרָתָם: חָשַׁךְ ⁸
מִשְּׁחוֹר תָּאֳרָם לֹא נִכְּרוּ בַּחוּצוֹת צָפַד עוֹרָם עַל־עַצְמָם יָבֵשׁ הָיָה
כָעֵץ: טוֹבִים הָיוּ חַלְלֵי־חֶרֶב מֵחַלְלֵי רָעָב שֶׁהֵם יָזוּבוּ ⁹
מְדֻקָּרִים מִתְּנוּבֹת שָׂדָי: יְדֵי נָשִׁים רַחֲמָנִיּוֹת בִּשְּׁלוּ יַלְדֵיהֶן ¹⁰

11 The Lord hath accomplished his fury; he hath poured out his fierce anger, and hath kindled a fire in Zion, and it hath devoured the foundations thereof.

12 The kings of the earth, and all the inhabitants of the world, would not have believed that the adversary and the enemy should have entered into the gates of Jerusalem.

13 ¶ For the sins of her prophets, *and* the iniquities of her priests, that have shed the blood of the just in the midst of her,

14 They have wandered *as* blind *men* in the streets, they have polluted themselves with blood, so that men could not touch their garments.

15 They cried unto them, Depart ye; *it is* unclean; depart, depart, touch not: when they fled away and wandered, they said among the heathen, They shall no more sojourn *there.*

16 The anger of the Lord hath divided them; he will no more regard them: they respected not the persons of the priests, they favoured not the elders.

17 As for us, our eyes as yet failed for our vain help: in our watching we have watched for a nation *that* could not save *us.*

18 They hunt our steps, that we cannot go in our streets: our end is near, our days are fulfilled; for our end is come.

19 Our persecutors are swifter than the eagles of the heaven: they pursued us upon the mountains, they laid wait for us in the wilderness.

20 The breath of our nostrils, the anointed of the Lord, was taken in their pits, of whom we said, Under his shadow we shall live among the heathen.

21 ¶ Rejoice and be glad, O daughter of Edom, that dwellest in the land of Uz; the cup also shall pass through unto thee: thou shalt be drunken, and shalt make thyself naked.

22 ¶ The punishment of thine iniquity is accomplished, O daughter of Zion; he will no more carry thee away into captivity: he will visit thine iniquity, O daughter of Edom; he will discover thy sins.

CHAPTER 5

1 Remember, O Lord, what is come upon us: consider, and behold our reproach.

2 Our inheritance is turned to strangers, our houses to aliens.

3 We are orphans and fatherless, our mothers *are* as widows.

4 We have drunken our water for money; our wood is sold unto us.

5 Our necks *are* under persecution: we labour, *and* have no rest.

6 We have given the hand *to* the Egyptians, *and to* the Assyrians, to be satisfied with bread.

7 Our fathers have sinned, *and are* not; and we have borne their iniquities.

8 Servants have ruled over us: *there is* none that doth deliver *us* out of their hand.

9 We gat our bread with *the peril of* our lives because of the sword of the wilderness.

10 Our skin was black like an oven because of the terrible famine.

11 They ravished the women in Zion, *and* the maids in the cities of Judah.

12 Princes are hanged up by their hand: the faces of elders were not honoured.

13 They took the young men to grind, and the children fell under the wood.

14 The elders have ceased from the gate, the young men from their musick.

15 The joy of our heart is ceased; our dance is turned into mourning.

16 The crown is fallen *from* our head: woe unto us, that we have sinned!

17 For this our heart is faint; for these *things* our eyes are dim.

18 Because of the mountain of Zion, which is desolate, the foxes walk upon it.

19 Thou, O Lord, remainest for ever; thy throne from generation to generation.

20 Wherefore dost thou forget us for ever, *and* forsake us so long time?

21 Turn thou us unto thee, O Lord, and we shall be turned; renew our days as of old.

22 But thou hast utterly rejected us; thou art very wroth against us.

כָּל

הָיוּ לִבְרוֹת לָמוֹ בְּשֶׁבֶר בַּת־עַמִּי: כִּלָּה יְהוָה אֶת־חֲמָתוֹ 11
שָׁפַךְ חֲרוֹן אַפּוֹ וַיַּצֶּת־אֵשׁ בְּצִיּוֹן וַתֹּאכַל יְסוֹדֹתֶיהָ: לֹא 12
הֶאֱמִינוּ מַלְכֵי־אֶרֶץ וְכֹל יֹשְׁבֵי תֵבֵל כִּי יָבֹא צַר וְאוֹיֵב בְּשַׁעֲרֵי
יְרוּשָׁלָ͏ִם: מֵחַטֹּאת נְבִיאֶיהָ עֲוֹנֹת כֹּהֲנֶיהָ הַשֹּׁפְכִים 13
בְּקִרְבָּהּ דַּם צַדִּיקִים: נָעוּ עִוְרִים בַּחוּצוֹת נְגֹאֲלוּ בַּדָּם 14
בְּלֹא יוּכְלוּ יִגְּעוּ בִּלְבֻשֵׁיהֶם: סוּרוּ טָמֵא קָרְאוּ לָמוֹ 15
סוּרוּ סוּרוּ אַל־תִּגָּעוּ כִּי נָצוּ גַם־נָעוּ אָמְרוּ בַּגּוֹיִם לֹא יוֹסִיפוּ
לָגוּר: פְּנֵי יְהוָה חִלְּקָם לֹא יוֹסִיף לְהַבִּיטָם פְּנֵי כֹהֲנִים 16

וּזְקֵנִים עוֹדֵינוּ לֹא נָשָׂאוּ זְקֵנִים לֹא חָנָנוּ: עוֹדֵינוּ תִּכְלֶינָה עֵינֵינוּ אֶל־ 17
עֶזְרָתֵנוּ הָבֶל בְּצִפִּיָּתֵנוּ צִפִּינוּ אֶל־גּוֹי לֹא יוֹשִׁעַ: צָדוּ 18
צְעָדֵינוּ מִלֶּכֶת בִּרְחֹבֹתֵינוּ קָרַב קִצֵּינוּ מָלְאוּ יָמֵינוּ כִּי־בָא 19
קִצֵּינוּ: קַלִּים הָיוּ רֹדְפֵינוּ מִנִּשְׁרֵי שָׁמָיִם עַל־הֶהָרִים דְּלָקֻנוּ
בַּמִּדְבָּר אָרְבוּ לָנוּ: רוּחַ אַפֵּינוּ מְשִׁיחַ יְהוָה נִלְכַּד 20
שִׁישִׂי בִּשְׁחִיתוֹתָם אֲשֶׁר אָמַרְנוּ בְּצִלּוֹ נִחְיֶה בַגּוֹיִם: 21

יוֹשֶׁבֶת וְשִׂמְחִי בַּת־אֱדוֹם יוֹשֶׁבֶת בְּאֶרֶץ עוּץ גַּם־עָלַיִךְ תַּעֲבָר־כּוֹס תִּשְׁכְּרִי
וְתִתְעָרִי: תַּם־עֲוֹנֵךְ בַּת־צִיּוֹן לֹא יוֹסִיף לְהַגְלוֹתֵךְ פָּקַד 22
עֲוֹנֵךְ בַּת־אֱדוֹם גִּלָּה עַל־חַטֹּאתָיִךְ:

הַבִּיטָה זְכֹר יְהוָה מֶה־הָיָה לָנוּ הַבִּיט וּרְאֵה אֶת־חֶרְפָּתֵנוּ: נַחֲלָתֵנוּ נֶהֶפְכָה 5 1
וְאֵין לְזָרִים בָּתֵּינוּ לְנָכְרִים: יְתוֹמִים הָיִינוּ אֵין אָב אִמֹּתֵינוּ כְּאַלְמָנוֹת: 3
מֵימֵינוּ בְּכֶסֶף שָׁתִינוּ עֵצֵינוּ בִּמְחִיר יָבֹאוּ: עַל צַוָּארֵנוּ נִרְדָּפְנוּ יָגַעְנוּ 4 5
וְלֹא לֹא הוּנַח־לָנוּ: מִצְרַיִם נָתַנּוּ יָד אַשּׁוּר לִשְׂבֹּעַ לָחֶם: אֲבֹתֵינוּ חָטְאוּ 6 7
וְאֵינָם וַאֲנַחְנוּ אֵינָם אֲנַחְנוּ עֲוֹנֹתֵיהֶם סָבָלְנוּ: עֲבָדִים מָשְׁלוּ בָנוּ פֹּרֵק אֵין מִיָּדָם: 8
בְּנַפְשֵׁנוּ נָבִיא לַחְמֵנוּ מִפְּנֵי חֶרֶב הַמִּדְבָּר: עוֹרֵנוּ כְּתַנּוּר נִכְמָרוּ מִפְּנֵי 9 10
זַלְעֲפוֹת רָעָב: נָשִׁים בְּצִיּוֹן עִנּוּ בְּתֻלֹת בְּעָרֵי יְהוּדָה: שָׂרִים בְּיָדָם 11 12
נִתְלוּ פְּנֵי זְקֵנִים לֹא נֶהְדָּרוּ: בַּחוּרִים טְחוֹן נָשָׂאוּ וּנְעָרִים בָּעֵץ 13
כָּשָׁלוּ: זְקֵנִים מִשַּׁעַר שָׁבָתוּ בַּחוּרִים מִנְּגִינָתָם: שָׁבַת מְשׂוֹשׂ לִבֵּנוּ 14 15
נֶהְפַּךְ לְאֵבֶל מְחֹלֵנוּ: נָפְלָה עֲטֶרֶת רֹאשֵׁנוּ אוֹי־נָא לָנוּ כִּי חָטָאנוּ: 16
עַל־זֶה הָיָה דָוֶה לִבֵּנוּ עַל־אֵלֶּה חָשְׁכוּ עֵינֵינוּ: עַל הַר־צִיּוֹן שֶׁשָּׁמֵם 17 18
שׁוּעָלִים הִלְּכוּ־בוֹ:
אַתָּה יְהוָה לְעוֹלָם תֵּשֵׁב כִּסְאֲךָ לְדֹר וָדוֹר: לָמָּה לָנֶצַח תִּשְׁכָּחֵנוּ 19 20

וְנָשׁוּבָה תַּעַזְבֵנוּ לְאֹרֶךְ יָמִים: הֲשִׁיבֵנוּ יְהוָה אֵלֶיךָ וְנָשׁוּבָה חַדֵּשׁ יָמֵינוּ כְּקֶדֶם: 21
כִּי אִם־מָאֹס מְאַסְתָּנוּ קָצַפְתָּ עָלֵינוּ עַד־מְאֹד: 22
הֲשִׁיבֵנוּ יְהוָה אֵלֶיךָ וְנָשׁוּבָה חַדֵּשׁ יָמֵינוּ כְּקֶדֶם

THE BOOK OF THE PROPHET
EZEKIEL

CHAPTER 1

1 Now it came to pass in the thirtieth year, in the fourth *month,* in the fifth *day* of the month, as I *was* among the captives by the river of Chebar, *that* the heavens were opened, and I saw visions of God.

2 In the fifth *day* of the month, which *was* the fifth year of king Jehoiachin's captivity,

3 The word of the Lord came expressly unto Ezekiel the priest, the son of Buzi, in the land of the Chaldeans by the river Chebar; and the hand of the Lord was there upon him.

4 ¶ And I looked, and, behold, a whirlwind came out of the north, a great cloud, and a fire infolding itself, and a brightness *was* about it, and out of the midst thereof as the colour of amber, out of the midst of the fire.

5 Also out of the midst thereof *came* the likeness of four living creatures. And this *was* their appearance; they had the likeness of a man.

6 And every one had four faces, and every one had four wings.

7 And their feet *were* straight feet; and the sole of their feet *was* like the sole of a calf's foot: and they sparkled like the colour of burnished brass.

8 And *they had* the hands of a man under their wings on their four sides; and they four had their faces and their wings.

9 Their wings *were* joined one to another; they turned not when they went; they went every one straight forward.

10 As for the likeness of their faces, they four had the face of a man, and the face of a lion, on the right side: and they four had the face of an ox on the left side; they four also had the face of an eagle.

11 Thus *were* their faces: and their wings *were* stretched upward; two *wings* of every one *were* joined one to another, and two covered their bodies.

12 And they went every one straight forward: whither the spirit was to go, they went; *and* they turned not when they went.

13 As for the likeness of the living creatures, their appearance *was* like burning coals of fire, *and* like the appearance of lamps: it went up and down among the living creatures; and the fire was bright, and out of the fire went forth lightning.

14 And the living creatures ran and returned as the appearance of a flash of lightning.

15 ¶ Now as I beheld the living creatures, behold one wheel upon the earth by the living creatures, with his four faces.

16 The appearance of the wheels and their work *was* like unto the colour of a beryl: and they four had one likeness: and their appearance and their work *was* as it were a wheel in the middle of a wheel.

17 When they went, they went upon their four sides: *and* they turned not when they went.

18 As for their rings, they were so high that they were dreadful; and their rings *were* full of eyes round about them four.

19 And when the living creatures went, the wheels went by them: and when the living creatures were lifted up from the earth, the wheels were lifted up.

20 Whithersoever the spirit was to go, they went, thither *was their* spirit to go; and the wheels were lifted up over against them: for the spirit of the living creature *was* in the wheels.

21 When those went, *these* went; and when those stood, *these* stood; and when those were lifted up from the earth, the wheels were lifted up over against them: for the spirit of the living creature *was* in the wheels.

22 And the likeness of the firmament upon the heads of the living creature *was* as the colour of the terrible crystal, stretched forth over their heads above.

23 And under the firmament *were* their wings straight, the one toward the other:

ספר יחזקאל

א וַיְהִ֣י ׀ בִּשְׁלֹשִׁ֣ים שָׁנָ֗ה בָּֽרְבִיעִי֙ בַּחֲמִשָּׁ֣ה לַחֹ֔דֶשׁ וַאֲנִ֥י בְתֽוֹךְ־הַגּוֹלָ֖ה עַל־
נְהַר־כְּבָ֑ר נִפְתְּחוּ֙ הַשָּׁמַ֔יִם וָאֶרְאֶ֖ה מַרְא֥וֹת אֱלֹהִֽים: בַּחֲמִשָּׁ֣ה לַחֹ֔דֶשׁ
הִ֚יא הַשָּׁנָ֣ה הַחֲמִישִׁ֔ית לְגָל֖וּת הַמֶּ֥לֶךְ יוֹיָכִֽין: הָיֹ֣ה הָיָ֣ה דְבַר־יְהֹוָ֡ה
אֶל־יְחֶזְקֵ֣אל בֶּן־בּוּזִ֣י הַכֹּהֵ֗ן בְּאֶ֤רֶץ כַּשְׂדִּים֙ עַל־נְהַר־כְּבָ֑ר וַתְּהִ֥י עָלָ֛יו
שָׁ֖ם יַד־יְהֹוָֽה: וָאֵ֡רֶא וְהִנֵּה֩ ר֨וּחַ סְעָרָ֜ה בָּאָ֣ה מִן־הַצָּפ֗וֹן עָנָ֤ן גָּדוֹל֙
וְאֵ֣שׁ מִתְלַקַּ֔חַת וְנֹ֥גַֽהּ ל֖וֹ סָבִ֑יב וּמִ֨תּוֹכָ֔הּ כְּעֵ֥ין הַחַשְׁמַ֖ל מִתּ֥וֹךְ הָאֵֽשׁ:
וּמִ֨תּוֹכָ֔הּ דְּמ֖וּת אַרְבַּ֣ע חַיּ֑וֹת וְזֶה֙ מַרְאֵֽיהֶ֔ן דְּמ֥וּת אָדָ֖ם לָהֵֽנָּה:
וְאַרְבָּעָ֥ה פָנִ֖ים לְאֶחָ֑ת וְאַרְבַּ֥ע כְּנָפַ֖יִם לְאַחַ֥ת לָהֶֽם: וְרַגְלֵיהֶ֖ם רֶ֣גֶל
יְשָׁרָ֑ה וְכַ֣ף רַגְלֵיהֶ֗ם כְּכַף֙ רֶ֣גֶל עֵ֔גֶל וְנֹ֣צְצִ֔ים כְּעֵ֖ין נְחֹ֥שֶׁת קָלָֽל: וְיַ֣דו
אָדָ֗ם מִתַּ֙חַת֙ כַּנְפֵיהֶ֔ם עַ֖ל אַרְבַּ֣עַת רִבְעֵיהֶ֑ם וּפְנֵיהֶ֥ם וְכַנְפֵיהֶ֖ם
לְאַרְבַּעְתָּֽם: חֹֽבְרֹ֛ת אִשָּׁ֥ה אֶל־אֲחוֹתָ֖הּ כַּנְפֵיהֶ֑ם לֹא־יִסַּ֣בּוּ בְלֶכְתָּ֔ן אִ֛ישׁ
אֶל־עֵ֥בֶר פָּנָ֖יו יֵלֵֽכוּ: וּדְמ֣וּת פְּנֵיהֶם֮ פְּנֵ֣י אָדָם֒ וּפְנֵ֨י אַרְיֵ֤ה אֶל־הַיָּמִין֙
לְאַרְבַּעְתָּ֔ם וּפְנֵי־שׁ֥וֹר מֵֽהַשְּׂמֹ֖אול לְאַרְבַּעְתָּ֑ן וּפְנֵי־נֶ֖שֶׁר לְאַרְבַּעְתָּֽן:
וּפְנֵיהֶ֣ם וְכַנְפֵיהֶ֔ם פְּרֻד֖וֹת מִלְמָ֑עְלָה לְאִ֗ישׁ שְׁ֚תַּיִם חֹֽבְר֣וֹת אִ֔ישׁ
וּשְׁתַּ֣יִם מְכַסּ֔וֹת אֵ֖ת גְּוִיֹּֽתֵיהֶֽנָה: וְאִ֛ישׁ אֶל־עֵ֥בֶר פָּנָ֖יו יֵלֵ֑כוּ אֶ֣ל אֲשֶׁר֩
יִֽהְיֶה־שָּׁ֨מָּה הָר֤וּחַ לָלֶ֙כֶת֙ יֵלֵ֔כוּ לֹ֥א יִסַּ֖בּוּ בְּלֶכְתָּֽן: וּדְמ֣וּת הַחַיּ֗וֹת
מַרְאֵיהֶם֙ כְּגַחֲלֵי־אֵ֣שׁ בֹּֽעֲר֔וֹת כְּמַרְאֵ֖ה הַלַּפִּדִ֑ים הִ֚יא מִתְהַלֶּ֣כֶת בֵּ֣ין
הַֽחַיּ֔וֹת וְנֹ֖גַֽהּ לָאֵ֑שׁ וּמִן־הָאֵ֖שׁ יוֹצֵ֥א בָרָֽק: וְהַחַיּ֖וֹת רָצ֣וֹא וָשׁ֑וֹב
כְּמַרְאֵ֖ה הַבָּזָֽק: וָאֵ֖רֶא הַֽחַיּ֑וֹת וְהִנֵּה֩ אוֹפַ֨ן אֶחָ֥ד בָּאָ֛רֶץ אֵ֥צֶל הַֽחַיּ֖וֹת
לְאַרְבַּ֥עַת פָּנָֽיו: מַרְאֵ֨ה הָאֽוֹפַנִּ֤ים וּמַֽעֲשֵׂיהֶם֙ כְּעֵ֣ין תַּרְשִׁ֔ישׁ וּדְמ֥וּת
אֶחָ֖ד לְאַרְבַּעְתָּ֑ן וּמַרְאֵיהֶם֙ וּמַ֣עֲשֵׂיהֶ֔ם כַּאֲשֶׁ֛ר יִהְיֶ֥ה הָאוֹפַ֖ן בְּת֥וֹךְ
הָאוֹפָֽן: עַל־אַרְבַּ֤עַת רִבְעֵיהֶן֙ בְּלֶכְתָּ֣ם יֵלֵ֔כוּ לֹ֥א יִסַּ֖בּוּ בְּלֶכְתָּֽן: וְגַ֨בֵּיהֶ֔ן
וְגֹ֥בַהּ לָהֶ֖ם וְיִרְאָ֣ה לָהֶ֑ם וְגַבֹּתָ֗ם מְלֵאֹ֥ת עֵינַ֛יִם סָבִ֖יב לְאַרְבַּעְתָּֽן:
וּבְלֶ֙כֶת֙ הַֽחַיּ֔וֹת יֵלְכ֥וּ הָאוֹפַנִּ֖ים אֶצְלָ֑ם וּבְהִנָּשֵׂ֤א הַֽחַיּוֹת֙ מֵעַ֣ל הָאָ֔רֶץ
יִנָּשְׂא֖וּ הָאוֹפַנִּֽים: עַ֣ל אֲשֶׁר֩ יִֽהְיֶה־שָּׁ֨ם הָר֤וּחַ לָלֶ֙כֶת֙ יֵלֵ֔כוּ שָׁ֥מָּה הָר֖וּחַ
לָלֶ֑כֶת וְהָאוֹפַנִּ֗ים יִנָּֽשְׂאוּ֙ לְעֻמָּתָ֔ם כִּ֛י ר֥וּחַ הַחַיָּ֖ה בָּאוֹפַנִּֽים: בְּלֶכְתָּ֣ם
יֵלֵ֔כוּ וּבְעָמְדָ֖ם יַֽעֲמֹ֑דוּ וּֽבְהִנָּשְׂאָ֞ם מֵעַ֤ל הָאָ֙רֶץ֙ יִנָּֽשְׂא֣וּ הָאוֹפַנִּ֔ים
לְעֻמָּתָ֔ם כִּ֛י ר֥וּחַ הַחַיָּ֖ה בָּאוֹפַנִּֽים: וּדְמ֞וּת עַל־רָאשֵׁ֤י הַֽחַיָּה֙ רָקִ֔יעַ
כְּעֵ֖ין הַקֶּ֣רַח הַנּוֹרָ֑א נָט֥וּי עַל־רָֽאשֵׁיהֶ֖ם מִלְמָֽעְלָה: וְתַ֙חַת֙ הָֽרָקִ֔יעַ
כַּנְפֵיהֶ֣ם יְשָׁר֔וֹת אִשָּׁ֖ה אֶל־אֲחוֹתָ֑הּ לְאִ֗ישׁ שְׁ֚תַּיִם מְכַסּ֣וֹת לָהֵ֔נָּה

every one had two, which covered on this side, and every one had two, which covered on that side, their bodies.

24 And when they went, I heard the noise of their wings, like the noise of great waters, as the voice of the Almighty, the voice of speech, as the noise of an host: when they stood, they let down their wings.

25 And there was a voice from the firmament that *was* over their heads, when they stood, *and* had let down their wings.

26 ¶ And above the firmament that *was* over their heads *was* the likeness of a throne, as the appearance of a sapphire stone: and upon the likeness of the throne *was* the likeness as the appearance of a man above upon it.

27 And I saw as the colour of amber, as the appearance of fire round about within it, from the appearance of his loins even upward, and from the appearance of his loins even downward, I saw as it were the appearance of fire, and it had brightness round about.

28 As the appearance of the bow that is in the cloud in the day of rain, so *was* the appearance of the brightness round about. This *was* the appearance of the likeness of the glory of the Lord. And when I saw *it,* I fell upon my face, and I heard a voice of one that spake.

CHAPTER 2

1 And he said unto me, Son of man, stand upon thy feet, and I will speak unto thee.

2 And the spirit entered into me when he spake unto me, and set me upon my feet, that I heard him that spake unto me.

3 And he said unto me, Son of man, I send thee to the children of Israel, to a rebellious nation that hath rebelled against me: they and their fathers have transgressed against me, *even* unto this very day.

4 For *they are* impudent children and stiffhearted. I do send thee unto them; and thou shalt say unto them, Thus saith the Lord God.

5 And they, whether they will hear, or

whether they will forbear, (for they *are* a rebellious house,) yet shall know that there hath been a prophet among them.

6 ¶ And thou, son of man, be not afraid of them, neither be afraid of their words, though briers and thorns *be* with thee, and thou dost dwell among scorpions: be not afraid of their words, nor be dismayed at their looks, though they *be* a rebellious house.

7 And thou shalt speak my words unto them, whether they will hear, or whether they will forbear: for they *are* most rebellious.

8 But thou, son of man, hear what I say unto thee; Be not thou rebellious like that rebellious house: open thy mouth, and eat that I give thee.

9 ¶ And when I looked, behold, an hand *was* sent unto me; and, lo, a roll of a book *was* therein;

10 And he spread it before me; and it *was* written within and without: and *there was* written therein lamentations, and mourning, and woe.

CHAPTER 3

1 Moreover he said unto me, Son of man, eat that thou findest; eat this roll, and go speak unto the house of Israel.

2 So I opened my mouth, and he caused me to eat that roll.

3 And he said unto me, Son of man, cause thy belly to eat, and fill thy bowels with this roll that I give thee. Then did I eat *it;* and it was in my mouth as honey for sweetness.

4 ¶ And he said unto me, Son of man, go, get thee unto the house of Israel, and speak with my words unto them.

5 For thou *art* not sent to a people of a strange speech and of an hard language, *but* to the house of Israel;

6 Not to many people of a strange speech and of an hard language, whose words thou canst not understand. Surely, had I sent thee to them, they would have hearkened unto thee.

7 But the house of Israel will not hearken unto thee; for they will not hearken unto

כד וּלְאִישׁ שְׁתַּיִם מְכַסּוֹת לָהֵנָּה אֵת גְּוִיֹּתֵיהֶם: וָאֶשְׁמַע אֶת־קוֹל
כַּנְפֵיהֶם כְּקוֹל מַיִם רַבִּים כְּקוֹל־שַׁדַּי בְּלֶכְתָּם קוֹל הֲמֻלָּה כְּקוֹל

כה מַחֲנֶה בְּעָמְדָם תְּרַפֶּינָה כַנְפֵיהֶן: וַיְהִי־קוֹל מֵעַל לָרָקִיעַ אֲשֶׁר עַל־ 25A

כו רֹאשָׁם בְּעָמְדָם תְּרַפֶּינָה כַנְפֵיהֶן: וּמִמַּעַל לָרָקִיעַ אֲשֶׁר עַל־רֹאשָׁם
כְּמַרְאֵה אֶבֶן־סַפִּיר דְּמוּת כִּסֵּא וְעַל דְּמוּת הַכִּסֵּא דְּמוּת כְּמַרְאֵה

כז אָדָם עָלָיו מִלְמָעְלָה: וָאֵרֶא ׀ כְּעֵין חַשְׁמַל כְּמַרְאֵה־אֵשׁ בֵּית־לָהּ
סָבִיב מִמַּרְאֵה מָתְנָיו וּלְמָעְלָה וּמִמַּרְאֵה מָתְנָיו וּלְמַטָּה רָאִיתִי

כח כְּמַרְאֵה־אֵשׁ וְנֹגַהּ לוֹ סָבִיב: כְּמַרְאֵה הַקֶּשֶׁת אֲשֶׁר יִהְיֶה בֶעָנָן בְּיוֹם
הַגֶּשֶׁם כֵּן מַרְאֵה הַנֹּגַהּ סָבִיב הוּא מַרְאֵה דְּמוּת כְּבוֹד־יְהוָה וָאֶרְאֶה

ב 1 וָאֶפֹּל עַל־פָּנַי וָאֶשְׁמַע קוֹל מְדַבֵּר: וַיֹּאמֶר אֵלַי בֶּן־אָדָם

2 עֲמֹד עַל־רַגְלֶיךָ וַאֲדַבֵּר אֹתָךְ: וַתָּבֹא בִי רוּחַ כַּאֲשֶׁר דִּבֶּר אֵלַי
וַתַּעֲמִדֵנִי עַל־רַגְלָי וָאֶשְׁמַע אֵת מִדַּבֵּר אֵלָי:

3 וַיֹּאמֶר אֵלַי בֶּן־אָדָם שׁוֹלֵחַ אֲנִי אוֹתְךָ אֶל־בְּנֵי יִשְׂרָאֵל אֶל־גּוֹיִם
הַמּוֹרְדִים אֲשֶׁר מָרְדוּ־בִי הֵמָּה וַאֲבוֹתָם פָּשְׁעוּ בִי עַד־עֶצֶם הַיּוֹם

4 הַזֶּה: וְהַבָּנִים קְשֵׁי פָנִים וְחִזְקֵי־לֵב אֲנִי שׁוֹלֵחַ אוֹתְךָ אֲלֵיהֶם וְאָמַרְתָּ

5 אֲלֵיהֶם כֹּה אָמַר אֲדֹנָי יְהוִֹה: וְהֵמָּה אִם־יִשְׁמְעוּ וְאִם־יֶחְדָּלוּ כִּי 5A
בֵּית מְרִי הֵמָּה וְיָדְעוּ כִּי נָבִיא הָיָה בְתוֹכָם:

6 וְאַתָּה בֶן־אָדָם אַל־תִּירָא מֵהֶם וּמִדִּבְרֵיהֶם אַל־תִּירָא כִּי סָרָבִים
וְסַלּוֹנִים אוֹתָךְ וְאֶל־עַקְרַבִּים אַתָּה יוֹשֵׁב מִדִּבְרֵיהֶם אַל־תִּירָא

7 וּמִפְּנֵיהֶם אַל־תֵּחָת כִּי בֵּית מְרִי הֵמָּה: וְדִבַּרְתָּ אֶת־דְּבָרַי אֲלֵיהֶם
אִם־יִשְׁמְעוּ וְאִם־יֶחְדָּלוּ כִּי מְרִי הֵמָּה:

8 וְאַתָּה בֶן־אָדָם שְׁמַע אֵת אֲשֶׁר־אֲנִי מְדַבֵּר אֵלֶיךָ אַל־תְּהִי־מֶרִי כְּבֵית
הַמֶּרִי פְּצֵה פִיךָ וֶאֱכֹל אֵת אֲשֶׁר־אֲנִי נֹתֵן אֵלֶיךָ: וָאֶרְאֶה וְהִנֵּה־יָד

9

10 שְׁלוּחָה אֵלָי וְהִנֵּה־בוֹ מְגִלַּת־סֵפֶר: וַיִּפְרֹשׂ אוֹתָהּ לְפָנַי וְהִיא כְתוּבָה

ג 1 פָּנִים וְאָחוֹר וְכָתוּב אֵלֶיהָ קִנִים וָהֶגֶה וָהִי: וַיֹּאמֶר אֵלַי
בֶּן־אָדָם אֵת אֲשֶׁר־תִּמְצָא אֱכוֹל אֱכוֹל אֶת־הַמְּגִלָּה הַזֹּאת וְלֵךְ דַּבֵּר

2 אֶל־בֵּית יִשְׂרָאֵל: וָאֶפְתַּח אֶת־פִּי וַיַּאֲכִלֵנִי אֵת הַמְּגִלָּה הַזֹּאת:

3 וַיֹּאמֶר אֵלַי בֶּן־אָדָם בִּטְנְךָ תַאֲכֵל וּמֵעֶיךָ תְמַלֵּא אֵת הַמְּגִלָּה הַזֹּאת
אֲשֶׁר אֲנִי נֹתֵן אֵלֶיךָ וָאֹכְלָה וַתְּהִי בְּפִי כִּדְבַשׁ לְמָתוֹק:

4 וַיֹּאמֶר אֵלַי בֶּן־אָדָם לֶךְ־בֹּא אֶל־בֵּית יִשְׂרָאֵל וְדִבַּרְתָּ בִדְבָרַי

5 אֲלֵיהֶם: כִּי לֹא אֶל־עַם עִמְקֵי שָׂפָה וְכִבְדֵי לָשׁוֹן אַתָּה שָׁלוּחַ אֶל־

6 בֵּית יִשְׂרָאֵל: לֹא ׀ אֶל־עַמִּים רַבִּים עִמְקֵי שָׂפָה וְכִבְדֵי לָשׁוֹן אֲשֶׁר
לֹא־תִשְׁמַע דִּבְרֵיהֶם אִם־לֹא אֲלֵיהֶם שְׁלַחְתִּיךָ הֵמָּה יִשְׁמְעוּ אֵלֶיךָ:

7 וּבֵית יִשְׂרָאֵל לֹא יֹאבוּ לִשְׁמֹעַ אֵלֶיךָ כִּי־אֵינָם אֹבִים לִשְׁמֹעַ אֵלַי

me: for all the house of Israel *are* impudent and hardhearted.

8 Behold, I have made thy face strong against their faces, and thy forehead strong against their foreheads.

9 As an adamant harder than flint have I made thy forehead: fear them not, neither be dismayed at their looks, though they *be* a rebellious house.

10 Moreover he said unto me, Son of man, all my words that I shall speak unto thee receive in thine heart, and hear with thine ears.

11 And go, get thee to them of the captivity, unto the children of thy people, and speak unto them, and tell them, Thus saith the Lord GOD; whether they will hear, or whether they will forbear.

12 Then the spirit took me up, and I heard behind me a voice of a great rushing, *saying*, Blessed *be* the glory of the LORD from his place.

13 *I heard* also the noise of the wings of the living creatures that touched one another, and the noise of the wheels over against them, and a noise of a great rushing.

14 So the spirit lifted me up, and took me away, and I went in bitterness, in the heat of my spirit; but the hand of the LORD was strong upon me.

15 ¶ Then I came to them of the captivity at Tel-abib, that dwelt by the river of Chebar, and I sat where they sat, and remained there astonished among them seven days.

16 And it came to pass at the end of seven days, that the word of the LORD came unto me, saying,

17 Son of man, I have made thee a watchman unto the house of Israel: therefore hear the word at my mouth, and give them warning from me.

18 When I say unto the wicked, Thou shalt surely die; and thou givest him not warning, nor speakest to warn the wicked from his wicked way, to save his life; the same wicked *man* shall die in his iniquity; but his blood will I require at thine hand.

19 Yet if thou warn the wicked, and he turn not from his wickedness, nor from his wicked way, he shall die in his iniquity; but thou hast delivered thy soul.

20 Again, When a righteous *man* doth turn from his righteousness, and commit iniquity, and I lay a stumblingblock before him, he shall die: because thou hast not given him warning, he shall die in his sin, and his righteousness which he hath done shall not be remembered; but his blood will I require at thine hand.

21 Nevertheless if thou warn the righteous *man*, that the righteous sin not, and he doth not sin, he shall surely live, because he is warned; also thou hast delivered thy soul.

22 ¶ And the hand of the LORD was there upon me; and he said unto me, Arise, go forth into the plain, and I will there talk with thee.

23 Then I arose, and went forth into the plain: and, behold, the glory of the LORD stood there, as the glory which I saw by the river of Chebar: and I fell on my face.

24 Then the spirit entered into me, and set me upon my feet, and spake with me, and said unto me, Go, shut thyself within thine house.

25 But thou, O son of man, behold, they shall put bands upon thee, and shall bind thee with them, and thou shalt not go out among them:

26 And I will make thy tongue cleave to the roof of thy mouth, that thou shalt be dumb, and shalt not be to them a reprover: for they *are* a rebellious house.

27 But when I speak with thee, I will open thy mouth, and thou shalt say unto them, Thus saith the Lord GOD; He that heareth, let him hear; and he that forbeareth, let him forbear: for they *are* a rebellious house.

CHAPTER 4

1 Thou also, son of man, take thee a tile, and lay it before thee, and pourtray upon it the city, *even* Jerusalem:

2 And lay siege against it, and build a fort against it, and cast a mount against it; set the camp also against it, and set *battering* rams against it round about.

3 Moreover take thou unto thee an iron

כִּי כָּל־בֵּית יִשְׂרָאֵל חִזְקֵי־מֵצַח וּקְשֵׁי־לֵב הֵמָּה: הִנֵּה נָתַתִּי אֶת־פָּנֶיךָ 8

חֲזָקִים לְעֻמַּת פְּנֵיהֶם וְאֶת־מִצְחֲךָ חָזָק לְעֻמַּת מִצְחָם: כְּשָׁמִיר חָזָק 9
מִצֹּר נָתַתִּי מִצְחֶךָ לֹא־תִירָא אוֹתָם וְלֹא־תֵחַת מִפְּנֵיהֶם כִּי בֵּית מְרִי
הֵמָּה:

וַיֹּאמֶר אֵלַי בֶּן־אָדָם אֶת־כָּל־דְּבָרַי אֲשֶׁר אֲדַבֵּר אֵלֶיךָ קַח בִּלְבָבְךָ 10

וּבְאָזְנֶיךָ שְׁמָע: וְלֵךְ בֹּא אֶל־הַגּוֹלָה אֶל־בְּנֵי עַמֶּךָ וְדִבַּרְתָּ אֲלֵיהֶם 11
וְאָמַרְתָּ אֲלֵיהֶם כֹּה אָמַר אֲדֹנָי יְהוִה אִם־יִשְׁמְעוּ וְאִם־יֶחְדָּלוּ:

וַתִּשָּׂאֵנִי רוּחַ וָאֶשְׁמַע אַחֲרַי קוֹל רַעַשׁ גָּדוֹל בָּרוּךְ כְּבוֹד־יְהוָה 12

מִמְּקוֹמוֹ: וְקוֹל ׀ כַּנְפֵי הַחַיּוֹת מַשִּׁיקוֹת אִשָּׁה אֶל־אֲחוֹתָהּ וְקוֹל 13
הָאוֹפַנִּים לְעֻמָּתָם וְקוֹל רַעַשׁ גָּדוֹל: וְרוּחַ נְשָׂאַתְנִי וַתִּקָּחֵנִי וָאֵלֵךְ 14
מַר בַּחֲמַת רוּחִי וְיַד־יְהוָה עָלַי חָזָקָה: וָאָבוֹא אֶל־הַגּוֹלָה תֵּל אָבִיב 15
הַיֹּשְׁבִים אֶל־נְהַר־כְּבָר וָאֵשֵׁב הֵמָּה יוֹשְׁבִים שָׁם וָאֵשֵׁב שָׁם שִׁבְעַת

יָמִים מַשְׁמִים בְּתוֹכָם: וַיְהִי מִקְצֵה שִׁבְעַת יָמִים 16

וַיְהִי דְבַר־יְהוָה אֵלַי לֵאמֹר: בֶּן־אָדָם צֹפֶה נְתַתִּיךָ לְבֵית יִשְׂרָאֵל 17

וְשָׁמַעְתָּ מִפִּי דָּבָר וְהִזְהַרְתָּ אוֹתָם מִמֶּנִּי: בְּאָמְרִי לָרָשָׁע מוֹת תָּמוּת 18
וְלֹא הִזְהַרְתּוֹ וְלֹא דִבַּרְתָּ לְהַזְהִיר רָשָׁע מִדַּרְכּוֹ הָרְשָׁעָה לְחַיֹּתוֹ הוּא
רָשָׁע בַּעֲוֺנוֹ יָמוּת וְדָמוֹ מִיָּדְךָ אֲבַקֵּשׁ: וְאַתָּה כִּי־הִזְהַרְתָּ רָשָׁע וְלֹא־ 19
שָׁב מֵרִשְׁעוֹ וּמִדַּרְכּוֹ הָרְשָׁעָה הוּא בַּעֲוֺנוֹ יָמוּת וְאַתָּה אֶת־נַפְשְׁךָ
הִצַּלְתָּ: וּבְשׁוּב צַדִּיק מִצִּדְקוֹ וְעָשָׂה עָוֶל וְנָתַתִּי מִכְשׁוֹל 20
לְפָנָיו הוּא יָמוּת כִּי לֹא הִזְהַרְתּוֹ בְּחַטָּאתוֹ יָמוּת וְלֹא תִזָּכַרְן צִדְקֹתָו
אֲשֶׁר עָשָׂה וְדָמוֹ מִיָּדְךָ אֲבַקֵּשׁ: וְאַתָּה כִּי הִזְהַרְתּוֹ צַדִּיק לְבִלְתִּי 21
חֲטֹא צַדִּיק וְהוּא לֹא־חָטָא חָיוֹ יִחְיֶה כִּי נִזְהָר וְאַתָּה אֶת־נַפְשְׁךָ
הִצַּלְתָּ: וַתְּהִי עָלַי שָׁם יַד־יְהוָה וַיֹּאמֶר אֵלַי קוּם צֵא 22
אֶל־הַבִּקְעָה וְשָׁם אֲדַבֵּר אוֹתָךְ: וָאָקוּם וָאֵצֵא אֶל־הַבִּקְעָה וְהִנֵּה־ 23
שָׁם כְּבוֹד־יְהוָה עֹמֵד כַּכָּבוֹד אֲשֶׁר רָאִיתִי עַל־נְהַר־כְּבָר וָאֶפֹּל עַל־
פָּנָי: וַתָּבֹא־בִי רוּחַ וַתַּעֲמִדֵנִי עַל־רַגְלָי וַיְדַבֵּר אֹתִי וַיֹּאמֶר אֵלַי בֹּא 24
הִסָּגֵר בְּתוֹךְ בֵּיתֶךָ: וְאַתָּה בֶן־אָדָם הִנֵּה נָתְנוּ עָלֶיךָ עֲבוֹתִים 25
וַאֲסָרוּךָ בָּהֶם וְלֹא תֵצֵא בְּתוֹכָם: וּלְשׁוֹנְךָ אַדְבִּיק אֶל־חִכֶּךָ וְנֶאֱלַמְתָּ 26
וְלֹא־תִהְיֶה לָהֶם לְאִישׁ מוֹכִיחַ כִּי בֵּית מְרִי הֵמָּה: וּבְדַבְּרִי אוֹתָךְ 27
אֶפְתַּח אֶת־פִּיךָ וְאָמַרְתָּ אֲלֵיהֶם כֹּה אָמַר אֲדֹנָי יְהוִה הַשֹּׁמֵעַ ׀ יִשְׁמָע

וְהֶחָדֵל ׀ יֶחְדָּל כִּי בֵּית מְרִי הֵמָּה: וְאַתָּה בֶן־אָדָם קַח־לְךָ 4 1

לְבֵנָה וְנָתַתָּה אוֹתָהּ לְפָנֶיךָ וְחַקּוֹתָ עָלֶיהָ עִיר אֶת־יְרוּשָׁלָ͏ִם: וְנָתַתָּה 2
עָלֶיהָ מָצוֹר וּבָנִיתָ עָלֶיהָ דָּיֵק וְשָׁפַכְתָּ עָלֶיהָ סֹלְלָה וְנָתַתָּה עָלֶיהָ
מַחֲנוֹת וְשִׂים־עָלֶיהָ כָּרִים סָבִיב: וְאַתָּה קַח־לְךָ מַחֲבַת בַּרְזֶל וְנָתַתָּה 3

pan, and set it *for* a wall of iron between thee and the city: and set thy face against it, and it shall be besieged, and thou shalt lay siege against it. This *shall be* a sign to the house of Israel.

4 Lie thou also upon thy left side, and lay the iniquity of the house of Israel upon it: *according* to the number of the days that thou shalt lie upon it thou shalt bear their iniquity.

5 For I have laid upon thee the years of their iniquity, according to the number of the days, three hundred and ninety days: so shalt thou bear the iniquity of the house of Israel.

6 And when thou hast accomplished them, lie again on thy right side, and thou shalt bear the iniquity of the house of Judah forty days: I have appointed thee each day for a year.

7 Therefore thou shalt set thy face toward the siege of Jerusalem, and thine arm *shall be* uncovered, and thou shalt prophesy against it.

8 And, behold, I will lay bands upon thee, and thou shalt not turn thee from one side to another, till thou hast ended the days of thy siege.

9 ¶ Take thou also unto thee wheat, and barley, and beans, and lentiles, and millet, and fitches, and put them in one vessel, and make thee bread thereof, *according* to the number of the days that thou shalt lie upon thy side, three hundred and ninety days shalt thou eat thereof.

10 And thy meat which thou shalt eat *shall be* by weight, twenty shekels a day: from time to time shalt thou eat it.

11 Thou shalt drink also water by measure, the sixth part of an hin: from time to time shalt thou drink.

12 And thou shalt eat it *as* barley cakes, and thou shalt bake it with dung that cometh out of man, in their sight.

13 And the LORD said, Even thus shall the children of Israel eat their defiled bread among the Gentiles, whither I will drive them.

14 Then said I, Ah Lord GOD! behold, my soul hath not been polluted: for from my youth up even till now have I not eaten of that which dieth of itself, or is torn in pieces; neither came there abominable flesh into my mouth.

15 Then he said unto me, Lo, I have given thee cow's dung for man's dung, and thou shalt prepare thy bread therewith.

16 Moreover he said unto me, Son of man, behold, I will break the staff of bread in Jerusalem: and they shall eat bread by weight, and with care; and they shall drink water by measure, and with astonishment:

17 That they may want bread and water, and be astonied one with another, and consume away for their iniquity.

CHAPTER 5

1 And thou, son of man, take thee a sharp knife, take thee a barber's razor, and cause *it* to pass upon thine head and upon thy beard: then take thee balances to weigh, and divide the *hair*.

2 Thou shalt burn with fire a third part in the midst of the city, when the days of the siege are fulfilled: and thou shalt take a third part, *and* smite about it with a knife: and a third part thou shalt scatter in the wind; and I will draw out a sword after them.

3 Thou shalt also take thereof a few in number, and bind them in thy skirts.

4 Then take of them again, and cast them into the midst of the fire, and burn them in the fire; *for* thereof shall a fire come forth into all the house of Israel.

5 ¶ Thus saith the Lord GOD; This *is* Jerusalem: I have set it in the midst of the nations and countries *that are* round about her.

6 And she hath changed my judgments into wickedness more than the nations, and my statutes more than the countries that *are* round about her: for they have refused my judgments and my statutes, they have not walked in them.

7 Therefore thus saith the Lord GOD; Because ye multiplied more than the nations that *are* round about you, *and* have not walked in my statutes, neither have kept my judgments, neither have done according to the judgments of the nations that *are* round about you;

אוֹתָהּ קִיר בַּרְזֶל בֵּינְךָ וּבֵין הָעִיר וַהֲכִינֹתָה אֶת־פָּנֶיךָ אֵלֶיהָ וְהָיְתָה

4 בַמָּצוֹר וְצַרְתָּ עָלֶיהָ אוֹת הִיא לְבֵית יִשְׂרָאֵל׃ וְאַתָּה שְׁכַב
עַל־צִדְּךָ הַשְּׂמָאלִי וְשַׂמְתָּ אֶת־עֲוֹן בֵּית־יִשְׂרָאֵל עָלָיו מִסְפַּר הַיָּמִים

5 אֲשֶׁר תִּשְׁכַּב עָלָיו תִּשָּׂא אֶת־עֲוֹנָם׃ וַאֲנִי נָתַתִּי לְךָ אֶת־שְׁנֵי עֲוֹנָם
לְמִסְפַּר יָמִים שְׁלֹשׁ־מֵאוֹת וְתִשְׁעִים יוֹם וְנָשָׂאתָ עֲוֹן בֵּית־יִשְׂרָאֵל׃

הַיְמָנִי 6 וְכִלִּיתָ אֶת־אֵלֶּה וְשָׁכַבְתָּ עַל־צִדְּךָ הַיְמָנִי שֵׁנִית וְנָשָׂאתָ אֶת־עֲוֹן

7 בֵּית־יְהוּדָה אַרְבָּעִים יוֹם יוֹם לַשָּׁנָה יוֹם לַשָּׁנָה נְתַתִּיו לָךְ׃ וְאֶל־
מְצוֹר יְרוּשָׁלִַם תָּכִין פָּנֶיךָ וּזְרֹעֲךָ חֲשׂוּפָה וְנִבֵּאתָ עָלֶיהָ׃ וְהִנֵּה נָתַתִּי

8 עָלֶיךָ עֲבוֹתִים וְלֹא־תֵהָפֵךְ מִצִּדְּךָ אֶל־צִדֶּךָ עַד־כַּלּוֹתְךָ יְמֵי מְצוּרֶךָ׃

9 וְאַתָּה קַח־לְךָ חִטִּין וּשְׂעֹרִים וּפוֹל וַעֲדָשִׁים וְדֹחַן וְכֻסְּמִים וְנָתַתָּה
אוֹתָם בִּכְלִי אֶחָד וְעָשִׂיתָ אוֹתָם לְךָ לְלָחֶם מִסְפַּר הַיָּמִים
אֲשֶׁר־אַתָּה ׀ שׁוֹכֵב עַל־צִדְּךָ שְׁלֹשׁ־מֵאוֹת וְתִשְׁעִים יוֹם תֹּאכְלֶנּוּ׃

10 וּמַאֲכָלְךָ אֲשֶׁר תֹּאכֲלֶנּוּ בְּמִשְׁקוֹל עֶשְׂרִים שֶׁקֶל לַיּוֹם מֵעֵת עַד־עֵת

11 תֹּאכֲלֶנּוּ׃ וּמַיִם בִּמְשׂוּרָה תִשְׁתֶּה שִׁשִּׁית הַהִין מֵעֵת עַד־עֵת

12 תִּשְׁתֶּה׃ וְעֻגַת שְׂעֹרִים תֹּאכֲלֶנָּה וְהִיא בְּגֶלְלֵי צֵאַת הָאָדָם תְּעֻגֶנָה

13 לְעֵינֵיהֶם׃ וַיֹּאמֶר יְהוָה כָּכָה יֹאכְלוּ בְנֵי־יִשְׂרָאֵל אֶת־
לַחְמָם טָמֵא בַּגּוֹיִם אֲשֶׁר אַדִּיחֵם שָׁם׃

14 וָאֹמַר אֲהָהּ אֲדֹנָי יְהוִה הִנֵּה
נַפְשִׁי לֹא מְטֻמָּאָה וּנְבֵלָה וּטְרֵפָה לֹא־אָכַלְתִּי מִנְּעוּרַי וְעַד־עַתָּה וְלֹא־

15 בָא בְּפִי בְּשַׂר פִּגּוּל׃ וַיֹּאמֶר אֵלַי רְאֵה נָתַתִּי לְךָ אֶת־צְפוּעֵי הַבָּקָר
צְפִיעֵי 16 תַּחַת גֶּלְלֵי הָאָדָם וְעָשִׂיתָ אֶת־לַחְמְךָ עֲלֵיהֶם׃ וַיֹּאמֶר אֵלַי
בֶּן־אָדָם הִנְנִי שֹׁבֵר מַטֵּה־לֶחֶם בִּירוּשָׁלִַם וְאָכְלוּ־לֶחֶם בְּמִשְׁקָל

17 וּבִדְאָגָה וּמַיִם בִּמְשׂוּרָה וּבְשִׁמָּמוֹן יִשְׁתּוּ׃ לְמַעַן יַחְסְרוּ לֶחֶם וָמָיִם
וְנָשַׁמּוּ אִישׁ וְאָחִיו וְנָמַקּוּ בַּעֲוֹנָם׃

1 5 וְאַתָּה בֶן־אָדָם קַח־לְךָ ׀ חֶרֶב חַדָּה תַּעַר הַגַּלָּבִים תִּקָּחֶנָּה לְּךָ
וְהַעֲבַרְתָּ עַל־רֹאשְׁךָ וְעַל־זְקָנֶךָ וְלָקַחְתָּ לְךָ מֹאזְנֵי מִשְׁקָל וְחִלַּקְתָּם׃

2 שְׁלִשִׁית בָּאוּר תַּבְעִיר בְּתוֹךְ הָעִיר כִּמְלֹאת יְמֵי הַמָּצוֹר וְלָקַחְתָּ
אֶת־הַשְּׁלִשִׁית תַּכֶּה בַחֶרֶב סְבִיבוֹתֶיהָ וְהַשְּׁלִשִׁית תִּזְרֶה לָרוּחַ וְחֶרֶב

3 אָרִיק אַחֲרֵיהֶם׃ וְלָקַחְתָּ מִשָּׁם מְעַט בְּמִסְפָּר וְצַרְתָּ אוֹתָם בִּכְנָפֶיךָ׃

4 וּמֵהֶם עוֹד תִּקָּח וְהִשְׁלַכְתָּ אוֹתָם אֶל־תּוֹךְ הָאֵשׁ וְשָׂרַפְתָּ אֹתָם בָּאֵשׁ
מִמֶּנּוּ תֵצֵא־אֵשׁ אֶל־כָּל־בֵּית יִשְׂרָאֵל׃

5 כֹּה אָמַר אֲדֹנָי יְהוִה זֹאת יְרוּשָׁלִַם בְּתוֹךְ הַגּוֹיִם שַׂמְתִּיהָ וּסְבִיבוֹתֶיהָ

6 אֲרָצוֹת׃ וַתֶּמֶר אֶת־מִשְׁפָּטַי לְרִשְׁעָה מִן־הַגּוֹיִם וְאֶת־חֻקּוֹתַי מִן־
הָאֲרָצוֹת אֲשֶׁר סְבִיבוֹתֶיהָ כִּי בְמִשְׁפָּטַי מָאָסוּ וְחֻקּוֹתַי לֹא־הָלְכוּ

7 בָהֶם׃ לָכֵן כֹּה־אָמַר ׀ אֲדֹנָי יְהוִה יַעַן הֲמָנְכֶם מִן־הַגּוֹיִם
אֲשֶׁר סְבִיבוֹתֵיכֶם בְּחֻקּוֹתַי לֹא הֲלַכְתֶּם וְאֶת־מִשְׁפָּטַי לֹא עֲשִׂיתֶם

8 Therefore thus saith the Lord God; Behold, I, even I, *am* against thee, and will execute judgments in the midst of thee in the sight of the nations.

9 And I will do in thee that which I have not done, and whereunto I will not do any more the like, because of all thine abominations.

10 Therefore the fathers shall eat the sons in the midst of thee, and the sons shall eat their fathers; and I will execute judgments in thee, and the whole remnant of thee will I scatter into all the winds.

11 Wherefore, *as* I live, saith the Lord God; Surely, because thou hast defiled my sanctuary with all thy detestable things, and with all thine abominations, therefore will I also diminish *thee;* neither shall mine eye spare, neither will I have any pity.

12 ¶ A third part of thee shall die with the pestilence, and with famine shall they be consumed in the midst of thee: and a third part shall fall by the sword round about thee; and I will scatter a third part into all the winds, and I will draw out a sword after them.

13 Thus shall mine anger be accomplished, and I will cause my fury to rest upon them, and I will be comforted: and they shall know that I the Lord have spoken *it* in my zeal, when I have accomplished my fury in them.

14 Moreover I will make thee waste, and a reproach among the nations that *are* round about thee, in the sight of all that pass by.

15 So it shall be a reproach and a taunt, an instruction and an astonishment unto the nations that *are* round about thee, when I shall execute judgments in thee in anger and in fury and in furious rebukes. I the Lord have spoken *it.*

16 When I shall send upon them the evil arrows of famine, which shall be for *their* destruction, *and* which I will send to destroy you: and I will increase the famine upon you, and will break your staff of bread:

17 So will I send upon you famine and evil beasts, and they shall bereave thee;

and pestilence and blood shall pass through thee; and I will bring the sword upon thee. I the Lord have spoken *it.*

CHAPTER 6

1 And the word of the Lord came unto me, saying,

2 Son of man, set thy face toward the mountains of Israel, and prophesy against them,

3 And say, Ye mountains of Israel, hear the word of the Lord God; Thus saith the Lord God to the mountains, and to the hills, to the rivers, and to the valleys; Behold, I, *even* I, will bring a sword upon you, and I will destroy your high places.

4 And your altars shall be desolate, and your images shall be broken: and I will cast down your slain *men* before your idols.

5 And I will lay the dead carcases of the children of Israel before their idols; and I will scatter your bones round about your altars.

6 In all your dwellingplaces the cities shall be laid waste, and the high places shall be desolate; that your altars may be laid waste and made desolate, and your idols may be broken and cease, and your images may be cut down, and your works may be abolished.

7 And the slain shall fall in the midst of you, and ye shall know that I *am* the Lord.

8 ¶ Yet will I leave a remnant, that ye may have *some* that shall escape the sword among the nations, when ye shall be scattered through the countries.

9 And they that escape of you shall remember me among the nations whither they shall be carried captives, because I am broken with their whorish heart, which hath departed from me, and with their eyes, which go a whoring after their idols: and they shall lothe themselves for the evils which they have committed in all their abominations.

10 And they shall know that I *am* the Lord, *and that* I have not said in vain that I would do this evil unto them.

11 ¶ Thus saith the Lord God; Smite with thine hand, and stamp with thy foot,

8 וּכְמִשְׁפְּטֵי הַגּוֹיִם אֲשֶׁר סְבִיבוֹתֵיכֶם לֹא עֲשִׂיתֶם: לָכֵן כֹּה
אָמַר אֲדֹנָי יְהוִה הִנְנִי עָלַיִךְ גַּם־אָנִי וְעָשִׂיתִי בְתוֹכֵךְ מִשְׁפָּטִים לְעֵינֵי
9 הַגּוֹיִם: וְעָשִׂיתִי בָךְ אֵת אֲשֶׁר לֹא־עָשִׂיתִי וְאֵת אֲשֶׁר־לֹא־אֶעֱשֶׂה
10 כָמֹהוּ עוֹד יַעַן כָּל־תּוֹעֲבֹתָיִךְ: לָכֵן אָבוֹת יֹאכְלוּ בָנִים
בְּתוֹכֵךְ וּבָנִים יֹאכְלוּ אֲבוֹתָם וְעָשִׂיתִי בָךְ שְׁפָטִים וְזֵרִיתִי אֶת־כָּל־
שְׁאֵרִיתֵךְ לְכָל־רוּחַ:

11 לָכֵן חַי־אָנִי נְאֻם אֲדֹנָי יְהוִה אִם־לֹא יַעַן אֶת־מִקְדָּשִׁי טִמֵּאת בְּכָל־
שִׁקּוּצַיִךְ וּבְכָל־תּוֹעֲבֹתָיִךְ וְגַם־אֲנִי אֶגְרַע וְלֹא־תָחוֹס עֵינִי וְגַם־אֲנִי
12 לֹא אֶחְמוֹל: שְׁלִשִׁתֵיךְ בַּדֶּבֶר יָמוּתוּ וּבָרָעָב יִכְלוּ בְתוֹכֵךְ וְהַשְּׁלִשִׁית
בַּחֶרֶב יִפְּלוּ סְבִיבוֹתָיִךְ וְהַשְּׁלִישִׁית לְכָל־רוּחַ אֱזָרֶה וְחֶרֶב אָרִיק
13 אַחֲרֵיהֶם: וְכָלָה אַפִּי וַהֲנִחוֹתִי חֲמָתִי בָּם וְהִנֶּחָמְתִּי וְיָדְעוּ כִּי־אֲנִי
14 יְהוָה דִּבַּרְתִּי בְּקִנְאָתִי בְּכַלּוֹתִי חֲמָתִי בָּם: וְאֶתְּנֵךְ לְחָרְבָּה וּלְחֶרְפָּה
15 בַּגּוֹיִם אֲשֶׁר סְבִיבוֹתָיִךְ לְעֵינֵי כָּל־עוֹבֵר: וְהָיְתָה חֶרְפָּה וּגְדוּפָה
מוּסָר וּמְשַׁמָּה לַגּוֹיִם אֲשֶׁר סְבִיבוֹתָיִךְ בַּעֲשׂוֹתִי בָךְ שְׁפָטִים בְּאַף
16 וּבְחֵמָה וּבְתֹכְחוֹת חֵמָה אֲנִי יְהוָה דִּבַּרְתִּי: בְּשַׁלְּחִי אֶת־חִצֵּי הָרָעָב
הָרָעִים בָּהֶם אֲשֶׁר הָיוּ לְמַשְׁחִית אֲשֶׁר־אֲשַׁלַּח אוֹתָם לְשַׁחֶתְכֶם
17 וְרָעָב אֹסֵף עֲלֵיכֶם וְשָׁבַרְתִּי לָכֶם מַטֵּה־לָחֶם: וְשִׁלַּחְתִּי עֲלֵיכֶם רָעָב
וְחַיָּה רָעָה וְשִׁכְּלֻךְ וְדֶבֶר וָדָם יַעֲבָר־בָּךְ וְחֶרֶב אָבִיא עָלַיִךְ אֲנִי
יְהוָה דִּבַּרְתִּי:

6 וַיְהִי דְבַר־יְהוָה אֵלַי לֵאמֹר: בֶּן־אָדָם שִׂים פָּנֶיךָ אֶל־הָרֵי יִשְׂרָאֵל
2
3 וְהִנָּבֵא אֲלֵיהֶם: וְאָמַרְתָּ הָרֵי יִשְׂרָאֵל שִׁמְעוּ דְּבַר־אֲדֹנָי יְהוִה כֹּה־
אָמַר אֲדֹנָי יְהוִה לֶהָרִים וְלַגְּבָעוֹת לָאֲפִיקִים וְלַגֵּאָיוֹת הִנְנִי אֲנִי מֵבִיא   וְלַגֵּאָיוֹת
4 עֲלֵיכֶם חֶרֶב וְאִבַּדְתִּי בָּמוֹתֵיכֶם: וְנָשַׁמּוּ מִזְבְּחוֹתֵיכֶם וְנִשְׁבְּרוּ
5 חַמָּנֵיכֶם וְהִפַּלְתִּי חַלְלֵיכֶם לִפְנֵי גִּלּוּלֵיכֶם: וְנָתַתִּי אֶת־פִּגְרֵי בְּנֵי
יִשְׂרָאֵל לִפְנֵי גִּלּוּלֵיהֶם וְזֵרִיתִי אֶת־עַצְמוֹתֵיכֶם סְבִיבוֹת מִזְבְּחוֹתֵיכֶם:
6 בְּכֹל מוֹשְׁבוֹתֵיכֶם הֶעָרִים תֶּחֱרַבְנָה וְהַבָּמוֹת תִּישָׁמְנָה לְמַעַן יֶחֶרְבוּ
וְיֶאְשְׁמוּ מִזְבְּחוֹתֵיכֶם וְנִשְׁבְּרוּ וְנִשְׁבְּתוּ גִּלּוּלֵיכֶם וְנִגְדְּעוּ חַמָּנֵיכֶם
7 וְנָמַחוּ מַעֲשֵׂיכֶם: וְנָפַל חָלָל בְּתוֹכְכֶם וִידַעְתֶּם כִּי־אֲנִי יְהוָה:
8 וְהוֹתַרְתִּי בִּהְיוֹת לָכֶם פְּלִיטֵי חֶרֶב בַּגּוֹיִם בְּהִזָּרוֹתֵיכֶם בָּאֲרָצוֹת:
9 וְזָכְרוּ פְלִיטֵיכֶם אוֹתִי בַּגּוֹיִם אֲשֶׁר נִשְׁבּוּ־שָׁם אֲשֶׁר נִשְׁבַּרְתִּי אֶת־
לִבָּם הַזּוֹנֶה אֲשֶׁר־סָר מֵעָלַי וְאֵת עֵינֵיהֶם הַזֹּנוֹת אַחֲרֵי גִּלּוּלֵיהֶם
10 וְנָקֹטּוּ בִּפְנֵיהֶם אֶל־הָרָעוֹת אֲשֶׁר עָשׂוּ לְכֹל תּוֹעֲבֹתֵיהֶם: וְיָדְעוּ כִּי־
אֲנִי יְהוָה לֹא אֶל־חִנָּם דִּבַּרְתִּי לַעֲשׂוֹת לָהֶם הָרָעָה הַזֹּאת:
11 כֹּה־אָמַר אֲדֹנָי יְהוִה הַכֵּה בְכַפְּךָ וּרְקַע בְּרַגְלְךָ וֶאֱמָר־אָח אֶל כָּל־

1643

and say, Alas for all the evil abominations of the house of Israel! for they shall fall by the sword, by the famine, and by the pestilence.

12 He that is far off shall die of the pestilence; and he that is near shall fall by the sword; and he that remaineth and is besieged shall die by the famine: thus will I accomplish my fury upon them.

13 Then shall ye know that I *am* the LORD, when their slain *men* shall be among their idols round about their altars, upon every high hill, in all the tops of the mountains, and under every green tree, and under every thick oak, the place where they did offer sweet savour to all their idols.

14 So will I stretch out my hand upon them, and make the land desolate, yea, more desolate than the wilderness toward Diblath, in all their habitations: and they shall know that I *am* the LORD.

CHAPTER 7

1 Moreover the word of the LORD came unto me, saying,

2 Also, thou son of man, thus saith the Lord GOD unto the land of Israel; An end, the end is come upon the four corners of the land.

3 Now *is* the end *come* upon thee, and I will send mine anger upon thee, and will judge thee according to thy ways, and will recompense upon thee all thine abominations.

4 And mine eye shall not spare thee, neither will I have pity: but I will recompense thy ways upon thee, and thine abominations shall be in the midst of thee: and ye shall know that I *am* the LORD.

5 Thus saith the Lord GOD; An evil, an only evil, behold, is come.

6 An end is come, the end is come: it watcheth for thee; behold, it is come.

7 The morning is come unto thee, O thou that dwellest in the land: the time is come, the day of trouble *is* near, and not the sounding again of the mountains.

8 Now will I shortly pour out my fury upon thee, and accomplish mine anger upon thee: and I will judge thee according to thy ways, and will recompense thee for all thine abominations.

9 And mine eye shall not spare, neither will I have pity: I will recompense thee according to thy ways and thine abominations *that* are in the midst of thee; and ye shall know that I *am* the LORD that smiteth.

10 Behold the day, behold, it is come: the morning is gone forth; the rod hath blossomed, pride hath budded.

11 Violence is risen up into a rod of wickedness: none of them *shall remain,* nor of their multitude, nor of any of theirs: neither *shall there be* wailing for them.

12 The time is come, the day draweth near: let not the buyer rejoice, nor the seller mourn: for wrath *is* upon all the multitude thereof.

13 For the seller shall not return to that which is sold, although they were yet alive: for the vision *is* touching the whole multitude thereof, *which* shall not return; neither shall any strengthen himself in the iniquity of his life.

14 They have blown the trumpet, even to make all ready; but none goeth to the battle: for my wrath *is* upon all the multitude thereof.

15 The sword *is* without, and the pestilence and the famine within: he that *is* in the field shall die with the sword; and he that *is* in the city, famine and pestilence shall devour him.

16 ¶ But they that escape of them shall escape, and shall be on the mountains like doves of the valleys, all of them mourning, every one for his iniquity.

17 All hands shall be feeble, and all knees shall be weak *as* water.

18 They shall also gird *themselves* with sackcloth, and horror shall cover them; and shame *shall be* upon all faces, and baldness upon all their heads.

19 They shall cast their silver in the streets, and their gold shall be removed: their silver and their gold shall not be able to deliver them in the day of the wrath of the LORD: they shall not satisfy their souls, neither fill their bowels: because it is the stumblingblock of their iniquity.

12 תּוֹעֲבוֹת רָעוֹת בֵּית יִשְׂרָאֵל אֲשֶׁר בַּחֶרֶב בָּרָעָב וּבַדֶּבֶר יִפֹּלוּ: הָרָחוֹק
בַּדֶּבֶר יָמוּת וְהַקָּרוֹב בַּחֶרֶב יִפּוֹל וְהַנִּשְׁאָר וְהַנָּצוּר בָּרָעָב יָמוּת
13 וְכִלֵּיתִי חֲמָתִי בָּם: וִידַעְתֶּם כִּי־אֲנִי יְהוָה בִּהְיוֹת חַלְלֵיהֶם בְּתוֹךְ
גִּלּוּלֵיהֶם סְבִיבוֹת מִזְבְּחוֹתֵיהֶם אֶל כָּל־גִּבְעָה רָמָה בְּכֹל ׀ רָאשֵׁי
הֶהָרִים וְתַחַת כָּל־עֵץ רַעֲנָן וְתַחַת כָּל־אֵלָה עֲבֻתָּה מְקוֹם אֲשֶׁר
14 נָתְנוּ־שָׁם רֵיחַ נִיחֹחַ לְכֹל גִּלּוּלֵיהֶם: וְנָטִיתִי אֶת־יָדִי עֲלֵיהֶם וְנָתַתִּי
אֶת־הָאָרֶץ שְׁמָמָה וּמְשַׁמָּה מִמִּדְבַּר דִּבְלָתָה בְּכֹל מוֹשְׁבוֹתֵיהֶם
וְיָדְעוּ כִּי־אֲנִי יְהוָה:

7 וַיְהִי דְבַר־יְהוָה אֵלַי לֵאמֹר: וְאַתָּה בֶן־אָדָם כֹּה־אָמַר אֲדֹנָי יְהוָה
2
3 לְאַדְמַת יִשְׂרָאֵל קֵץ בָּא הַקֵּץ עַל־אַרְבַּעת כַּנְפוֹת הָאָרֶץ: עַתָּה **אַרְבַּע**
הַקֵּץ עָלַיִךְ וְשִׁלַּחְתִּי אַפִּי בָּךְ וּשְׁפַטְתִּיךְ כִּדְרָכָיִךְ וְנָתַתִּי עָלַיִךְ אֵת
4 כָּל־תּוֹעֲבֹתָיִךְ: וְלֹא־תָחוֹס עֵינִי עָלַיִךְ וְלֹא אֶחְמוֹל כִּי דְרָכַיִךְ עָלַיִךְ
אֶתֵּן וְתוֹעֲבוֹתַיִךְ בְּתוֹכֵךְ תִּהְיֶיןָ וִידַעְתֶּם כִּי־אֲנִי יְהוָה:

5 כֹּה אָמַר אֲדֹנָי יְהוָה רָעָה אַחַת רָעָה הִנֵּה בָאָה: קֵץ בָּא בָּא
6
7 הַקֵּץ הֵקִיץ אֵלַיִךְ הִנֵּה בָּאָה: בָּאָה הַצְּפִירָה אֵלַיִךְ יוֹשֵׁב הָאָרֶץ
8 בָּא הָעֵת קָרוֹב הַיּוֹם מְהוּמָה וְלֹא־הֵד הָרִים: עַתָּה מִקָּרוֹב אֶשְׁפּוֹךְ
חֲמָתִי עָלַיִךְ וְכִלֵּיתִי אַפִּי בָּךְ וּשְׁפַטְתִּיךְ כִּדְרָכָיִךְ וְנָתַתִּי עָלַיִךְ אֵת
9 כָּל־תּוֹעֲבוֹתָיִךְ: וְלֹא־תָחוֹס עֵינִי וְלֹא אֶחְמוֹל כִּדְרָכַיִךְ עָלַיִךְ אֶתֵּן
10 וְתוֹעֲבוֹתַיִךְ בְּתוֹכֵךְ תִּהְיֶיןָ וִידַעְתֶּם כִּי אֲנִי יְהוָה מַכֶּה: הִנֵּה הַיּוֹם
11 הִנֵּה בָאָה יָצְאָה הַצְּפִרָה צָץ הַמַּטֶּה פָּרַח הַזָּדוֹן: הֶחָמָס ׀ קָם   11A
לְמַטֵּה־רֶשַׁע לֹא־מֵהֶם וְלֹא מֵהֲמוֹנָם וְלֹא מֶהֱמֵהֶם וְלֹא־נֹהַּ בָּהֶם:
12 בָּא הָעֵת הִגִּיעַ הַיּוֹם הַקּוֹנֶה אַל־יִשְׂמָח וְהַמּוֹכֵר אַל־יִתְאַבָּל כִּי
13 חָרוֹן אֶל־כָּל־הֲמוֹנָהּ: כִּי הַמּוֹכֵר אֶל־הַמִּמְכָּר לֹא יָשׁוּב וְעוֹד בַּחַיִּים
חַיָּתָם כִּי־חָזוֹן אֶל־כָּל־הֲמוֹנָהּ לֹא יָשׁוּב וְאִישׁ בַּעֲוֹנוֹ חַיָּתוֹ לֹא
14 יִתְחַזָּקוּ: תָּקְעוּ בַתָּקוֹעַ וְהָכִין הַכֹּל וְאֵין הֹלֵךְ לַמִּלְחָמָה כִּי חֲרוֹנִי
15 אֶל־כָּל־הֲמוֹנָהּ: הַחֶרֶב בַּחוּץ וְהַדֶּבֶר וְהָרָעָב מִבָּיִת אֲשֶׁר בַּשָּׂדֶה
16 בַּחֶרֶב יָמוּת וַאֲשֶׁר בָּעִיר רָעָב וָדֶבֶר יֹאכְלֶנּוּ: וּפָלְטוּ פְּלִיטֵיהֶם וְהָיוּ
17 אֶל־הֶהָרִים כְּיוֹנֵי הַגֵּאָיוֹת כֻּלָּם הֹמוֹת אִישׁ בַּעֲוֹנוֹ: כָּל־הַיָּדַיִם
18 תִּרְפֶּינָה וְכָל־בִּרְכַּיִם תֵּלַכְנָה מָּיִם: וְחָגְרוּ שַׂקִּים וְכִסְּתָה אוֹתָם
19 פַּלָּצוּת וְאֶל כָּל־פָּנִים בּוּשָׁה וּבְכָל־רָאשֵׁיהֶם קָרְחָה: כַּסְפָּם בַּחוּצוֹת
יַשְׁלִיכוּ וּזְהָבָם לְנִדָּה יִהְיֶה כַּסְפָּם וּזְהָבָם לֹא־יוּכַל לְהַצִּילָם בְּיוֹם
עֶבְרַת יְהוָה נַפְשָׁם לֹא יְשַׂבֵּעוּ וּמֵעֵיהֶם לֹא יְמַלֵּאוּ כִּי־מִכְשׁוֹל עֲוֹנָם
20 הָיָה: וּצְבִי עֶדְיוֹ לְגָאוֹן שָׂמָהוּ וְצַלְמֵי תוֹעֲבֹתָם שִׁקּוּצֵיהֶם עָשׂוּ בוֹ

20 ¶ As for the beauty of his ornament, he set it in majesty: but they made the images of their abominations *and* of their detestable things therein: therefore have I set it far from them.

21 And I will give it into the hands of the strangers for a prey, and to the wicked of the earth for a spoil; and they shall pollute it.

22 My face will I turn also from them, and they shall pollute my secret *place:* for the robbers shall enter into it, and defile it.

23 ¶ Make a chain: for the land is full of bloody crimes, and the city is full of violence.

24 Wherefore I will bring the worst of the heathen, and they shall possess their houses: I will also make the pomp of the strong to cease; and their holy places shall be defiled.

25 Destruction cometh; and they shall seek peace, and *there shall be* none.

26 Mischief shall come upon mischief, and rumour shall be upon rumour; then shall they seek a vision of the prophet; but the law shall perish from the priest, and counsel from the ancients.

27 The king shall mourn, and the prince shall be clothed with desolation, and the hands of the people of the land shall be troubled: I will do unto them after their way, and according to their deserts will I judge them; and they shall know that I *am* the Lord.

CHAPTER 8

1 And it came to pass in the sixth year, in the sixth *month,* in the fifth *day* of the month, *as* I sat in mine house, and the elders of Judah sat before me, that the hand of the Lord God fell there upon me.

2 Then I beheld, and lo a likeness as the appearance of fire: from the appearance of his loins even downward, fire; and from his loins even upward, as the appearance of brightness, as the colour of amber.

3 And he put forth the form of an hand, and took me by a lock of mine head; and the spirit lifted me up between the earth and the heaven, and brought me in the visions of God to Jerusalem, to the door of the inner gate that looketh toward the north; where *was* the seat of the image of jealousy, which provoketh to jealousy.

4 And, behold, the glory of the God of Israel *was* there, according to the vision that I saw in the plain.

5 ¶ Then said he unto me, Son of man, lift up thine eyes now the way toward the north. So I lifted up mine eyes the way toward the north, and behold northward at the gate of the altar this image of jealousy in the entry.

6 He said furthermore unto me, Son of man, seest thou what they do? *even* the great abominations that the house of Israel committeth here, that I should go far off from my sanctuary? but turn thee yet again, *and* thou shalt see greater abominations.

7 ¶ And he brought me to the door of the court; and when I looked, behold a hole in the wall.

8 Then said he unto me, Son of man, dig now in the wall: and when I had digged in the wall, behold a door.

9 And he said unto me, Go in, and behold the wicked abominations that they do here.

10 So I went in and saw; and behold every form of creeping things, and abominable beasts, and all the idols of the house of Israel, pourtrayed upon the wall round about.

11 And there stood before them seventy men of the ancients of the house of Israel, and in the midst of them stood Jaazaniah the son of Shaphan, with every man his censer in his hand; and a thick cloud of incense went up.

12 Then said he unto me, Son of man, hast thou seen what the ancients of the house of Israel do in the dark, every man in the chambers of his imagery? for they say, The Lord seeth us not; the Lord hath forsaken the earth.

13 ¶ He said also unto me, Turn thee yet again, *and* thou shalt see greater abominations that they do.

14 Then he brought me to the door of the gate of the Lord's house which *was*

21 עַל־כֵּ֨ן נְתַתִּ֤יו לָהֶם֙ לְבַ֔ז וּלְרִשְׁעֵ֥י הָאָ֖רֶץ

וְחִלְּל֖וּהוּ 22 לְשָׁלָ֑ל וְחִלְּלֽוּהָ׃ וַהֲסִבּוֹתִ֤י פָנַי֙ מֵהֶ֔ם וְחִלְּל֖וּ אֶת־צְפוּנִ֑י וּבָ֤אוּ־בָהּ֙

פָּרִיצִ֔ים וְחִלְּלֽוּהָ׃

23 עֲשֵׂ֖ה הָרַתּ֑וֹק כִּ֣י הָאָ֗רֶץ מָֽלְאָה֙ מִשְׁפַּ֣ט דָּמִ֔ים וְהָעִ֖יר מָֽלְאָ֥ה חָמָֽס׃

24 וְהֵֽבֵאתִי֙ רָעֵ֣י גוֹיִ֔ם וְיָֽרְשׁ֖וּ אֶת־בָּֽתֵּיהֶ֑ם וְהִשְׁבַּתִּי֙ גְּא֣וֹן עַזִּ֔ים וְנִֽחֲל֖וּ

מְקַֽדְשֵׁיהֶֽם׃ 25 קְפָֽדָה־בָ֑א וּבִקְשׁ֥וּ שָׁל֖וֹם וָאָֽיִן׃ 26 הֹוָ֤ה עַל־הֹוָה֙ תָּב֔וֹא

וּשְׁמֻעָ֖ה אֶל־שְׁמוּעָ֣ה תִּֽהְיֶ֑ה וּבִקְשׁ֤וּ חָזוֹן֙ מִנָּבִ֔יא וְתוֹרָה֙ תֹּאבַ֣ד מִכֹּהֵ֔ן

27 וְעֵצָ֖ה מִזְּקֵנִֽים׃ הַמֶּ֣לֶךְ יִתְאַבָּ֗ל וְנָשִׂיא֙ יִלְבַּ֣שׁ שְׁמָמָ֔ה וִידֵ֥י עַם־הָאָ֖רֶץ

תִּבָּהַ֑לְנָה מִדַּרְכָּ֞ם אֶֽעֱשֶׂ֤ה אוֹתָם֙ וּבְמִשְׁפְּטֵיהֶ֣ם אֶשְׁפְּטֵ֔ם וְיָֽדְע֖וּ כִּֽי־

אֲנִ֥י יְהוָֽה׃

8 1 וַיְהִ֣י ׀ בַּשָּׁנָ֣ה הַשִּׁשִּׁ֗ית בַּֽשִּׁשִּׁי֙ בַּֽחֲמִשָּׁ֣ה לַחֹ֔דֶשׁ אֲנִי֙ יוֹשֵׁ֣ב בְּבֵיתִ֔י וְזִקְנֵ֥י

2 יְהוּדָ֖ה יוֹשְׁבִ֣ים לְפָנָ֑י וַתִּפֹּ֨ל עָלַ֥י שָׁ֛ם יַ֖ד אֲדֹנָ֥י יְהוִֽה׃ וָאֶרְאֶ֗ה וְהִנֵּ֤ה

דְמוּת֙ כְּמַרְאֵה־אֵ֔שׁ מִמַּרְאֵ֥ה מָתְנָ֛יו וּלְמַ֖טָּה אֵ֑שׁ וּמִמָּתְנָ֣יו וּלְמַ֔עְלָה

3 כְּמַרְאֵה־זֹ֖הַר כְּעֵ֥ין הַחַשְׁמַֽלָה׃ וַיִּשְׁלַח֙ תַּבְנִ֣ית יָ֔ד וַיִּקָּחֵ֖נִי בְּצִיצִ֣ת

רֹאשִׁ֑י וַתִּשָּׂ֣א אֹתִ֣י ר֗וּחַ ׀ בֵּֽין־הָאָ֜רֶץ וּבֵ֣ין הַשָּׁמַ֗יִם וַתָּבֵא֩ אֹתִ֨י

יְרוּשָׁלַ֜͏ְמָה בְּמַרְא֣וֹת אֱלֹהִ֗ים אֶל־פֶּ֜תַח שַׁ֤עַר הַפְּנִימִית֙ הַפּוֹנֶ֣ה צָפ֔וֹנָה

4 אֲשֶׁר־שָׁ֣ם מוֹשַׁ֔ב סֵ֖מֶל הַקִּנְאָ֥ה הַמַּקְנֶֽה׃ וְהִ֨נֵּה־שָׁ֔ם כְּב֖וֹד אֱלֹהֵ֣י

5 יִשְׂרָאֵ֑ל כַּמַּרְאֶ֕ה אֲשֶׁ֥ר רָאִ֖יתִי בַּבִּקְעָֽה׃ וַיֹּ֣אמֶר אֵלַ֔י בֶּן־אָדָ֕ם שָׂא־נָ֥א

עֵינֶ֖יךָ דֶּ֣רֶךְ צָפ֑וֹנָה וָאֶשָּׂ֤א עֵינַי֙ דֶּ֣רֶךְ צָפ֔וֹנָה וְהִנֵּ֤ה מִצָּפוֹן֙ לְשַׁ֣עַר

6 הַמִּזְבֵּ֔חַ סֵ֛מֶל הַקִּנְאָ֥ה הַזֶּ֖ה בַּבִּאָֽה׃ וַיֹּ֣אמֶר אֵלַ֔י בֶּן־אָדָ֕ם הֲרֹאֶ֥ה אַתָּ֖ה

מָ֥ה הֵ֖ם מָהֵ֥ם עֹשִׂ֑ים תּוֹעֵב֨וֹת גְּדֹל֜וֹת אֲשֶׁ֥ר בֵּֽית־יִשְׂרָאֵ֣ל ׀ עֹשִׂ֣ים פֹּ֗ה לְרָֽחֳקָה֙

7 מֵעַ֣ל מִקְדָּשִׁ֔י וְע֥וֹד תָּשׁ֖וּב תִּרְאֶ֥ה תּוֹעֵב֥וֹת גְּדֹלֽוֹת׃ וַיָּבֵ֣א

8 אֹתִי֮ אֶל־פֶּ֣תַח הֶֽחָצֵר֒ וָאֶרְאֶ֕ה וְהִנֵּ֥ה חֹר־אֶחָ֖ד בַּקִּֽיר׃ וַיֹּ֣אמֶר אֵלַ֔י

9 בֶּן־אָדָ֕ם חֲתָר־נָ֥א בַקִּ֑יר וָאֶחְתֹּ֣ר בַּקִּ֔יר וְהִנֵּ֖ה פֶּ֥תַח אֶחָֽד׃ וַיֹּ֣אמֶר

10 אֵלַ֔י בֹּ֤א וּרְאֵה֙ אֶת־הַתּוֹעֵב֣וֹת הָֽרָע֔וֹת אֲשֶׁ֛ר הֵ֥ם עֹשִׂ֖ים פֹּֽה׃ וָאָבוֹא֮

וָֽאֶרְאֶה֒ וְהִנֵּ֨ה כָל־תַּבְנִ֜ית רֶ֤מֶשׂ וּבְהֵמָה֙ שֶׁ֔קֶץ וְכָל־גִּלּוּלֵ֖י בֵּ֣ית יִשְׂרָאֵ֑ל

11 מְחֻקֶּ֥ה עַל־הַקִּ֖יר סָבִ֥יב ׀ סָבִֽיב׃ וְשִׁבְעִ֣ים אִ֣ישׁ מִזִּקְנֵ֣י בֵֽית־יִשְׂרָאֵ֡ל

וְיַֽאֲזַנְיָ֨הוּ בֶן־שָׁפָ֜ן עֹמֵ֤ד בְּתוֹכָם֙ עֹמְדִ֣ים לִפְנֵיהֶ֔ם וְאִ֕ישׁ מִקְטַרְתּ֖וֹ בְּיָד֑וֹ

12 וַעֲתַ֥ר עֲנַֽן־הַקְּטֹ֖רֶת עֹלֶֽה׃ וַיֹּ֣אמֶר אֵלַי֮ הֲרָאִ֣יתָ בֶן־אָדָם֒ אֲשֶׁ֨ר זִקְנֵ֤י

בֵֽית־יִשְׂרָאֵל֙ עֹשִׂ֣ים בַּחֹ֔שֶׁךְ אִ֖ישׁ בְּחַדְרֵ֣י מַשְׂכִּית֑וֹ כִּ֣י אֹמְרִ֗ים אֵ֤ין

13 יְהוָה֙ רֹאֶ֣ה אֹתָ֔נוּ עָזַ֥ב יְהוָ֖ה אֶת־הָאָֽרֶץ׃ וַיֹּ֖אמֶר אֵלָ֑י ע֣וֹד תָּשׁ֔וּב

14 תִּרְאֶ֛ה תּוֹעֵב֥וֹת גְּדֹל֖וֹת אֲשֶׁר־הֵ֥מָּה עֹשִֽׂים׃ וַיָּבֵ֣א אֹתִ֔י אֶל־פֶּ֙תַח֙

toward the north; and, behold, there sat women weeping for Tammuz.

15 ¶ Then said he unto me, Hast thou seen *this,* O son of man? turn thee yet again, *and* thou shalt see greater abominations than these.

16 And he brought me into the inner court of the LORD's house, and, behold, at the door of the temple of the LORD, between the porch and the altar, *were* about five and twenty men, with their backs toward the temple of the LORD, and their faces toward the east; and they worshipped the sun toward the east.

17 ¶ Then he said unto me, Hast thou seen *this,* O son of man? Is it a light thing to the house of Judah that they commit the abominations which they commit here? for they have filled the land with violence, and have returned to provoke me to anger: and, lo, they put the branch to their nose.

18 Therefore will I also deal in fury: mine eye shall not spare, neither will I have pity: and though they cry in mine ears with a loud voice, *yet* will I not hear them.

CHAPTER 9

1 He cried also in mine ears with a loud voice, saying, Cause them that have charge over the city to draw near, even every man *with* his destroying weapon in his hand.

2 And, behold, six men came from the way of the higher gate, which lieth toward the north, and every man a slaughter weapon in his hand; and one man among them *was* clothed with linen, with a writer's inkhorn by his side: and they went in, and stood beside the brasen altar.

3 And the glory of the God of Israel was gone up from the cherub, whereupon he was, to the threshold of the house. And he called to the man clothed with linen, which *had* the writer's inkhorn by his side;

4 And the LORD said unto him, Go through the midst of the city, through the midst of Jerusalem, and set a mark upon the foreheads of the men that sigh and that cry for all the abominations that be done in the midst thereof.

5 ¶ And to the others he said in mine hearing, Go ye after him through the city, and smite: let not your eye spare, neither have ye pity:

6 Slay utterly old *and* young, both maids, and little children, and women: but come not near any man upon whom *is* the mark; and begin at my sanctuary. Then they began at the ancient men which *were* before the house.

7 And he said unto them, Defile the house, and fill the courts with the slain: go ye forth. And they went forth, and slew in the city.

8 ¶ And it came to pass, while they were slaying them, and I was left, that I fell upon my face, and cried, and said, Ah Lord GOD! wilt thou destroy all the residue of Israel in thy pouring out of thy fury upon Jerusalem?

9 Then said he unto me, The iniquity of the house of Israel and Judah *is* exceeding great, and the land is full of blood, and the city full of perverseness: for they say, The LORD hath forsaken the earth, and the LORD seeth not.

10 And as for me also, mine eye shall not spare, neither will I have pity, *but* I will recompense their way upon their head.

11 And, behold, the man clothed with linen, which *had* the inkhorn by his side, reported the matter, saying, I have done as thou hast commanded me.

CHAPTER 10

1 Then I looked, and, behold, in the firmament that was above the head of the cherubims there appeared over them as it were a sapphire stone, as the appearance of the likeness of a throne.

2 And he spake unto the man clothed with linen, and said, Go in between the wheels, *even* under the cherub, and fill thine hand with coals of fire from between the cherubims, and scatter *them* over the city. And he went in in my sight.

3 Now the cherubims stood on the right side of the house, when the man went in; and the cloud filled the inner court.

4 Then the glory of the LORD went up from the cherub, *and stood* over the

שַׁעַר בֵּית־יְהוָה אֲשֶׁר אֶל־הַצָּפוֹנָה וְהִנֵּה־שָׁם הַנָּשִׁים יֹשְׁבוֹת

15 מְבַכּוֹת אֶת־הַתַּמּוּז: וַיֹּאמֶר אֵלַי הֲרָאִיתָ בֶן־אָדָם עוֹד

16 תָּשׁוּב תִּרְאֶה תּוֹעֵבוֹת גְּדֹלוֹת מֵאֵלֶּה: וַיָּבֵא אֹתִי אֶל־חֲצַר בֵּית־ יְהוָה הַפְּנִימִית וְהִנֵּה־פֶתַח הֵיכַל יְהוָה בֵּין הָאוּלָם וּבֵין הַמִּזְבֵּחַ כְּעֶשְׂרִים וַחֲמִשָּׁה אִישׁ אֲחֹרֵיהֶם אֶל־הֵיכַל יְהוָה וּפְנֵיהֶם קֵדְמָה

17 וְהֵמָּה מִשְׁתַּחֲוִיתֶם קֵדְמָה לַשָּׁמֶשׁ: וַיֹּאמֶר אֵלַי הֲרָאִיתָ בֶן־אָדָם הֲנָקֵל לְבֵית יְהוּדָה מֵעֲשׂוֹת אֶת־הַתּוֹעֵבוֹת אֲשֶׁר עָשׂוּ־פֹה כִּי־מָלְאוּ אֶת־הָאָרֶץ חָמָס וַיָּשֻׁבוּ לְהַכְעִיסֵנִי וְהִנָּם שֹׁלְחִים אֶת־הַזְּמוֹרָה אֶל־

18 אַפָּם: וְגַם־אֲנִי אֶעֱשֶׂה בְחֵמָה לֹא־תָחוֹס עֵינִי וְלֹא אֶחְמֹל וְקָרְאוּ

9 בְאָזְנַי קוֹל גָּדוֹל וְלֹא אֶשְׁמַע אוֹתָם: וַיִּקְרָא בְאָזְנַי קוֹל גָּדוֹל לֵאמֹר

2 קָרְבוּ פְּקֻדּוֹת הָעִיר וְאִישׁ כְּלִי מַשְׁחֵתוֹ בְּיָדוֹ: וְהִנֵּה שִׁשָּׁה אֲנָשִׁים בָּאִים מִדֶּרֶךְ־שַׁעַר הָעֶלְיוֹן אֲשֶׁר׀ מָפְנֶה צָפוֹנָה וְאִישׁ כְּלִי מַפָּצוֹ בְּיָדוֹ וְאִישׁ־אֶחָד בְּתוֹכָם לָבֻשׁ בַּדִּים וְקֶסֶת הַסֹּפֵר בְּמָתְנָיו וַיָּבֹאוּ

3 וַיַּעַמְדוּ אֵצֶל מִזְבַּח הַנְּחֹשֶׁת: וּכְבוֹד׀ אֱלֹהֵי יִשְׂרָאֵל נַעֲלָה מֵעַל הַכְּרוּב אֲשֶׁר הָיָה עָלָיו אֶל מִפְתַּן הַבָּיִת וַיִּקְרָא אֶל־הָאִישׁ הַלָּבֻשׁ

4 הַבַּדִּים אֲשֶׁר קֶסֶת הַסֹּפֵר בְּמָתְנָיו: וַיֹּאמֶר יְהוָה אֵלָו | **אֵלָיו** עֲבֹר בְּתוֹךְ הָעִיר בְּתוֹךְ יְרוּשָׁלָ͏ִם וְהִתְוִיתָ תָּו עַל־מִצְחוֹת הָאֲנָשִׁים

5 הַנֶּאֱנָחִים וְהַנֶּאֱנָקִים עַל כָּל־הַתּוֹעֵבוֹת הַנַּעֲשׂוֹת בְּתוֹכָהּ: וּלְאֵלֶּה אָמַר בְּאָזְנַי עִבְרוּ בָעִיר אַחֲרָיו וְהַכּוּ עַל־תָּחֹס עֵינֵיכֶם | **עֵינְכֶם אַל־** וְאַל־תַּחְמֹלוּ:

6 זָקֵן בָּחוּר וּבְתוּלָה וְטַף וְנָשִׁים תַּהַרְגוּ לְמַשְׁחִית וְעַל־כָּל־אִישׁ אֲשֶׁר־ עָלָיו הַתָּו אַל־תִּגַּשׁוּ וּמִמִּקְדָּשִׁי תָּחֵלּוּ וַיָּחֵלּוּ בָּאֲנָשִׁים הַזְּקֵנִים אֲשֶׁר

7 לִפְנֵי הַבָּיִת: וַיֹּאמֶר אֲלֵיהֶם טַמְּאוּ אֶת־הַבַּיִת וּמַלְאוּ אֶת־הַחֲצֵרוֹת

8 חֲלָלִים צֵאוּ וְיָצְאוּ וְהִכּוּ בָעִיר: וַיְהִי כְּהַכּוֹתָם וְנֵאשֲׁאַר אָנִי וָאֶפְּלָה עַל־פָּנַי וָאֶזְעַק וָאֹמַר אֲהָהּ אֲדֹנָי יְהוִה הֲמַשְׁחִית אַתָּה אֵת כָּל־

9 שְׁאֵרִית יִשְׂרָאֵל בְּשָׁפְכְּךָ אֶת־חֲמָתְךָ עַל־יְרוּשָׁלָ͏ִם: וַיֹּאמֶר אֵלַי עֲוֹן בֵּית־יִשְׂרָאֵל וִיהוּדָה גָּדוֹל בִּמְאֹד מְאֹד וַתִּמָּלֵא הָאָרֶץ דָּמִים וְהָעִיר

10 מָלְאָה מֻטֶּה כִּי אָמְרוּ עָזַב יְהוָה אֶת־הָאָרֶץ וְאֵין יְהוָה רֹאֶה: וְגַם־

11 אֲנִי לֹא־תָחוֹס עֵינִי וְלֹא אֶחְמֹל דַּרְכָּם בְּרֹאשָׁם נָתָתִּי: וְהִנֵּה הָאִישׁ| לָבֻשׁ הַבַּדִּים אֲשֶׁר הַקֶּסֶת בְּמָתְנָיו מֵשִׁיב דָּבָר לֵאמֹר עָשִׂיתִי כַּאֲשֶׁר **כְּכֹל אֲשֶׁר** צִוִּיתָנִי: וָאֶרְאֶה וְהִנֵּה אֶל־הָרָקִיעַ אֲשֶׁר עַל־רֹאשׁ

10 1

2 הַכְּרֻבִים כְּאֶבֶן סַפִּיר כְּמַרְאֵה דְּמוּת כִּסֵּא נִרְאָה עֲלֵיהֶם: וַיֹּאמֶר אֶל־הָאִישׁ| לְבֻשׁ הַבַּדִּים וַיֹּאמֶר בֹּא אֶל־בֵּינוֹת לַגַּלְגַּל אֶל־תַּחַת לַכְּרוּב וּמַלֵּא חָפְנֶיךָ גַחֲלֵי־אֵשׁ מִבֵּינוֹת לַכְּרֻבִים וּזְרֹק עַל־הָעִיר

3 וַיָּבֹא לְעֵינָי: וְהַכְּרֻבִים עֹמְדִים מִימִין לַבַּיִת בְּבֹאוֹ הָאִישׁ וְהֶעָנָן מָלֵא

4A 4 אֶת־הֶחָצֵר הַפְּנִימִית: וַיָּרָם כְּבוֹד־יְהוָה מֵעַל הַכְּרוּב עַל מִפְתַּן

threshold of the house; and the house was filled with the cloud, and the court was full of the brightness of the Lord's glory.

5 And the sound of the cherubims' wings was heard *even* to the outer court, as the voice of the Almighty God when he speaketh.

6 And it came to pass, *that* when he had commanded the man clothed with linen, saying, Take fire from between the wheels, from between the cherubims; then he went in, and stood beside the wheels.

7 And *one* cherub stretched forth his hand from between the cherubims unto the fire that *was* between the cherubims, and took *thereof*, and put *it* into the hands of *him that was* clothed with linen: who took *it*, and went out.

8 ¶ And there appeared in the cherubims the form of a man's hand under their wings.

9 And when I looked, behold the four wheels by the cherubims, one wheel by one cherub, and another wheel by another cherub: and the appearance of the wheels *was* as the colour of a beryl stone.

10 And *as for* their appearances, they four had one likeness, as if a wheel had been in the midst of a wheel.

11 When they went, they went upon their four sides; they turned not as they went, but to the place whither the head looked they followed it; they turned not as they went.

12 And their whole body, and their backs, and their hands, and their wings, and the wheels, *were* full of eyes round about, *even* the wheels that they four had.

13 As for the wheels, it was cried unto them in my hearing, O wheel.

14 And every one had four faces: the first face *was* the face of a cherub, and the second face *was* the face of a man, and the third the face of a lion, and the fourth the face of an eagle.

15 And the cherubims were lifted up. This *is* the living creature that I saw by the river of Chebar.

16 And when the cherubims went, the wheels went by them: and when the cherubims lifted up their wings to mount up

from the earth, the same wheels also turned not from beside them.

17 When they stood, *these* stood; and when they were lifted up, *these* lifted up themselves *also*: for the spirit of the living creature *was* in them.

18 Then the glory of the Lord departed from off the threshold of the house, and stood over the cherubims.

19 And the cherubims lifted up their wings, and mounted up from the earth in my sight: when they went out, the wheels also *were* beside them, and *every one* stood at the door of the east gate of the Lord's house; and the glory of the God of Israel *was* over them above.

20 This *is* the living creature that I saw under the God of Israel by the river of Chebar; and I knew that they *were* the cherubims.

21 Every one had four faces apiece, and every one four wings; and the likeness of the hands of a man *was* under their wings.

22 And the likeness of their faces *was* the same faces which I saw by the river of Chebar, their appearances and themselves: they went every one straight forward.

CHAPTER 11

1 Moreover the spirit lifted me up, and brought me unto the east gate of the Lord's house, which looketh eastward: and behold at the door of the gate five and twenty men; among whom I saw Jaazaniah the son of Azur, and Pelatiah the son of Benaiah, princes of the people.

2 Then said he unto me, Son of man, these *are* the men that devise mischief, and give wicked counsel in this city:

3 Which say, It *is* not near; let us build houses: this *city is* the caldron, and we *be* the flesh.

4 ¶ Therefore prophesy against them, prophesy, O son of man.

5 And the Spirit of the Lord fell upon me, and said unto me, Speak; Thus saith the Lord; Thus have ye said, O house of Israel: for I know the things that come into your mind, *every one of* them.

6 Ye have multiplied your slain in this

הַבַּיִת וַיִּמָּלֵא הַבַּיִת אֶת־הֶעָנָן וְהֶחָצֵר מָלְאָה אֶת־נֹגַהּ כְּבוֹד יְהוָה:

5 וְקוֹל כַּנְפֵי הַכְּרוּבִים נִשְׁמַע עַד־הֶחָצֵר הַחִיצֹנָה כְּקוֹל אֵל־שַׁדַּי בְּדַבְּרוֹ:

6 וַיְהִי בְּצַוֺּתוֹ אֶת־הָאִישׁ לְבֻשׁ־הַבַּדִּים לֵאמֹר קַח אֵשׁ מִבֵּינוֹת לַגַּלְגַּל מִבֵּינוֹת לַכְּרוּבִים וַיָּבֹא וַיַּעֲמֹד אֵצֶל הָאוֹפָן: וַיִּשְׁלַח הַכְּרוּב

7 אֶת־יָדוֹ מִבֵּינוֹת לַכְּרוּבִים אֶל־הָאֵשׁ אֲשֶׁר בֵּינוֹת הַכְּרֻבִים וַיִּשָּׂא וַיִּתֵּן אֶל־חָפְנֵי לְבֻשׁ הַבַּדִּים וַיִּקַּח וַיֵּצֵא: וַיֵּרָא לַכְּרֻבִים תַּבְנִית יַד־אָדָם

8 תַּחַת כַּנְפֵיהֶם: וָאֶרְאֶה וְהִנֵּה אַרְבָּעָה אוֹפַנִּים אֵצֶל הַכְּרוּבִים אוֹפַן

9 אֶחָד אֵצֶל הַכְּרוּב אֶחָד וְאוֹפַן אֶחָד אֵצֶל הַכְּרוּב אֶחָד וּמַרְאֵה הָאוֹפַנִּים כְּעֵין אֶבֶן תַּרְשִׁישׁ: וּמַרְאֵיהֶם דְּמוּת אֶחָד לְאַרְבַּעְתָּם

10 כַּאֲשֶׁר יִהְיֶה הָאוֹפַן בְּתוֹךְ הָאוֹפָן: בְּלֶכְתָּם אֶל־אַרְבַּעַת רִבְעֵיהֶם

11 יֵלֵכוּ לֹא יִסַּבּוּ בְּלֶכְתָּם כִּי הַמָּקוֹם אֲשֶׁר־יִפְנֶה הָרֹאשׁ אַחֲרָיו יֵלֵכוּ לֹא יִסַּבּוּ בְּלֶכְתָּם: וְכָל־בְּשָׂרָם וְגַבֵּהֶם וִידֵיהֶם וְכַנְפֵיהֶם וְהָאוֹפַנִּים

12 מְלֵאִים עֵינַיִם סָבִיב לְאַרְבַּעְתָּם אוֹפַנֵּיהֶם: לָאוֹפַנִּים לָהֶם קוֹרָא

13 הַגַּלְגַּל בְּאָזְנָי: וְאַרְבָּעָה פָנִים לְאֶחָד פְּנֵי הָאֶחָד פְּנֵי הַכְּרוּב וּפְנֵי

14 הַשֵּׁנִי פְּנֵי אָדָם וְהַשְּׁלִישִׁי פְּנֵי אַרְיֵה וְהָרְבִיעִי פְּנֵי־נָשֶׁר: וַיֵּרֹמּוּ

15 הַכְּרוּבִים הִיא הַחַיָּה אֲשֶׁר רָאִיתִי בִּנְהַר־כְּבָר: וּבְלֶכֶת הַכְּרוּבִים

16 יֵלְכוּ הָאוֹפַנִּים אֶצְלָם וּבִשְׂאֵת הַכְּרוּבִים אֶת־כַּנְפֵיהֶם לָרוּם מֵעַל

17 הָאָרֶץ לֹא־יִסַּבּוּ הָאוֹפַנִּים גַּם־הֵם מֵאֶצְלָם: בְּעָמְדָם יַעֲמֹדוּ וּבְרוֹמָם

18 יֵרוֹמּוּ אוֹתָם כִּי רוּחַ הַחַיָּה בָּהֶם: וַיֵּצֵא כְּבוֹד יְהוָה מֵעַל מִפְתַּן

19 הַבַּיִת וַיַּעֲמֹד עַל־הַכְּרוּבִים: וַיִּשְׂאוּ הַכְּרוּבִים אֶת־כַּנְפֵיהֶם וַיֵּרוֹמּוּ מִן־הָאָרֶץ לְעֵינַי בְּצֵאתָם וְהָאוֹפַנִּים לְעֻמָּתָם וַיַּעֲמֹד פֶּתַח שַׁעַר

20 בֵּית־יְהוָה הַקַּדְמוֹנִי וּכְבוֹד אֱלֹהֵי־יִשְׂרָאֵל עֲלֵיהֶם מִלְמָעְלָה: הִיא הַחַיָּה אֲשֶׁר רָאִיתִי תַּחַת אֱלֹהֵי־יִשְׂרָאֵל בִּנְהַר־כְּבָר וָאֵדַע כִּי

21 כְרוּבִים הֵמָּה: אַרְבָּעָה אַרְבָּעָה פָנִים לְאֶחָד וְאַרְבַּע כְּנָפַיִם לְאֶחָד

22 וּדְמוּת יְדֵי אָדָם תַּחַת כַּנְפֵיהֶם: וּדְמוּת פְּנֵיהֶם הֵמָּה הַפָּנִים אֲשֶׁר רָאִיתִי עַל־נְהַר־כְּבָר מַרְאֵיהֶם וְאוֹתָם אִישׁ אֶל־עֵבֶר פָּנָיו יֵלֵכוּ:

11 1 וַתִּשָּׂא אֹתִי רוּחַ וַתָּבֵא אֹתִי אֶל־שַׁעַר בֵּית־יְהוָה הַקַּדְמוֹנִי הַפּוֹנֶה קָדִימָה וְהִנֵּה בְּפֶתַח הַשַּׁעַר עֶשְׂרִים וַחֲמִשָּׁה אִישׁ וָאֶרְאֶה אִישׁ בְּתוֹכָם אֶת־יַאֲזַנְיָה בֶן־עַזֻּר וְאֶת־פְּלַטְיָהוּ בֶן־בְּנָיָהוּ שָׂרֵי הָעָם:

2 וַיֹּאמֶר אֵלַי בֶּן־אָדָם אֵלֶּה הָאֲנָשִׁים הַחֹשְׁבִים אָוֶן וְהַיֹּעֲצִים עֲצַת־רָע

3 בָּעִיר הַזֹּאת: הָאֹמְרִים לֹא בְקָרוֹב בְּנוֹת בָּתִּים הִיא הַסִּיר וַאֲנַחְנוּ

4 5 הַבָּשָׂר: לָכֵן הִנָּבֵא עֲלֵיהֶם הִנָּבֵא בֶּן־אָדָם: וַתִּפֹּל עָלַי רוּחַ יְהוָה וַיֹּאמֶר אֵלַי אֱמֹר כֹּה־אָמַר יְהוָה כֵּן אֲמַרְתֶּם בֵּית יִשְׂרָאֵל וּמַעֲלוֹת

6 רוּחֲכֶם אֲנִי יְדַעְתִּיהָ: הִרְבֵּיתֶם חַלְלֵיכֶם בָּעִיר הַזֹּאת וּמִלֵּאתֶם חוּצֹתֶיהָ חָלָל:

city, and ye have filled the streets thereof with the slain.

7 Therefore thus saith the Lord God; Your slain whom ye have laid in the midst of it, they *are* the flesh, and this *city is* the caldron: but I will bring you forth out of the midst of it.

8 Ye have feared the sword; and I will bring a sword upon you, saith the Lord God.

9 And I will bring you out of the midst thereof, and deliver you into the hands of strangers, and will execute judgments among you.

10 Ye shall fall by the sword; I will judge you in the border of Israel; and ye shall know that I *am* the Lord.

11 This *city* shall not be your caldron, neither shall ye be the flesh in the midst thereof; *but* I will judge you in the border of Israel:

12 And ye shall know that I *am* the Lord: for ye have not walked in my statutes, neither executed my judgments, but have done after the manners of the heathen that *are* round about you.

13 ¶ And it came to pass, when I prophesied, that Pelatiah the son of Benaiah died. Then fell I down upon my face, and cried with a loud voice, and said, Ah Lord God! wilt thou make a full end of the remnant of Israel?

14 Again the word of the Lord came unto me, saying,

15 Son of man, thy brethren, *even* thy brethren, the men of thy kindred, and all the house of Israel wholly, *are* they unto whom the inhabitants of Jerusalem have said, Get you far from the Lord: unto us is this land given in possession.

16 Therefore say, Thus saith the Lord God; Although I have cast them far off among the heathen, and although I have scattered them among the countries, yet will I be to them as a little sanctuary in the countries where they shall come.

17 Therefore say, Thus saith the Lord God; I will even gather you from the people, and assemble you out of the countries where ye have been scattered, and I will give you the land of Israel.

18 And they shall come thither, and they shall take away all the detestable things thereof and all the abominations thereof from thence.

19 And I will give them one heart, and I will put a new spirit within you; and I will take the stony heart out of their flesh, and will give them an heart of flesh:

20 That they may walk in my statutes, and keep mine ordinances, and do them: and they shall be my people, and I will be their God.

21 But *as for them* whose heart walketh after the heart of their detestable things and their abominations, I will recompense their way upon their own heads, saith the Lord God.

22 ¶ Then did the cherubims lift up their wings, and the wheels beside them; and the glory of the God of Israel *was* over them above.

23 And the glory of the Lord went up from the midst of the city, and stood upon the mountain which *is* on the east side of the city.

24 ¶ Afterwards the spirit took me up, and brought me in a vision by the Spirit of God into Chaldea, to them of the captivity. So the vision that I had seen went up from me.

25 Then I spake unto them of the captivity all the things that the Lord had shewed me.

CHAPTER 12

1 The word of the Lord also came unto me, saying,

2 Son of man, thou dwellest in the midst of a rebellious house, which have eyes to see, and see not; they have ears to hear, and hear not: for they *are* a rebellious house.

3 Therefore, thou son of man, prepare thee stuff for removing, and remove by day in their sight; and thou shalt remove from thy place to another place in their sight: it may be they will consider, though they *be* a rebellious house.

4 Then shalt thou bring forth thy stuff by day in their sight, as stuff for removing: and thou shalt go forth at even in their sight, as they that go forth into captivity.

7 לָכֵ֞ן כֹּה־אָמַ֣ר אֲדֹנָ֣י יְהוִ֗ה חַלְלֵיכֶם֙ אֲשֶׁ֣ר שַׂמְתֶּ֣ם בְּתוֹכָ֔הּ הֵ֣מָּה

8 הַבָּשָׂ֔ר וְהִ֖יא הַסִּ֑יר וְאֶתְכֶ֖ם הוֹצִ֥יא מִתּוֹכָֽהּ: חֶ֖רֶב יְרֵאתֶ֑ם וְחֶ֕רֶב

9A 9 אָבִ֤יא עֲלֵיכֶם֙ נְאֻ֖ם אֲדֹנָ֣י יְהוִֽה: וְהוֹצֵאתִ֤י אֶתְכֶם֙ מִתּוֹכָ֔הּ וְנָתַתִּ֥י

10 אֶתְכֶ֖ם בְּיַד־זָרִ֑ים וְעָשִׂ֥יתִי בָכֶ֖ם שְׁפָטִֽים: בַּחֶ֣רֶב תִּפֹּ֔לוּ עַל־גְּב֥וּל

11 יִשְׂרָאֵ֖ל אֶשְׁפּ֣וֹט אֶתְכֶ֑ם וִידַעְתֶּ֖ם כִּֽי־אֲנִ֣י יְהוָֽה: הִ֗יא לֹֽא־תִהְיֶ֤ה לָכֶם֙

לְסִ֔יר וְאַתֶּ֛ם תִּהְי֥וּ בְתוֹכָ֖הּ לְבָשָׂ֑ר אֶל־גְּב֥וּל יִשְׂרָאֵ֖ל אֶשְׁפֹּ֥ט אֶתְכֶֽם:

12 וִֽידַעְתֶּם֙ כִּֽי־אֲנִ֣י יְהוָ֔ה אֲשֶׁ֤ר בְּחֻקַּי֙ לֹ֣א הֲלַכְתֶּ֔ם וּמִשְׁפָּטַ֖י לֹ֥א עֲשִׂיתֶֽם

13 וּֽכְמִשְׁפְּטֵ֤י הַגּוֹיִם֙ אֲשֶׁ֣ר סְבִיבֽוֹתֵיכֶ֔ם עֲשִׂיתֶֽם: וַֽיְהִי֙ כְּהִנָּ֣בְאִ֔י וּפְלַטְיָ֖הוּ

בֶן־בְּנָיָ֣ה מֵ֑ת וָאֶפֹּ֨ל עַל־פָּנַ֜י וָאֶזְעַ֣ק קֽוֹל־גָּד֗וֹל וָאֹמַר֙ אֲהָהּ֙ אֲדֹנָ֣י יְהוִ֔ה

כָּלָ֤ה אַתָּה֙ עֹשֶׂ֔ה אֵ֖ת שְׁאֵרִ֥ית יִשְׂרָאֵֽל:

14 וַיְהִ֥י דְבַר־יְהוָ֖ה אֵלַ֥י לֵאמֹֽר: בֶּן־אָדָ֗ם אַחֶ֤יךָ אַחֶ֙יךָ֙ אַנְשֵׁ֣י גְאֻלָּתֶ֔ךָ

15 וְכָל־בֵּ֥ית יִשְׂרָאֵ֖ל כֻּלֹּ֑ה אֲשֶׁר֩ אָמְר֨וּ לָהֶ֜ם יֹשְׁבֵ֣י יְרוּשָׁלַ֗ם רַֽחֲקוּ֙ מֵעַ֣ל

16 יְהוָ֔ה לָ֥נוּ הִ֛יא נִתְּנָ֥ה הָאָ֖רֶץ לְמֽוֹרָשָֽׁה: לָכֵ֣ן אֱמֹ֗ר כֹּ֤ה אָמַר֙

אֲדֹנָ֣י יְהוִ֔ה כִּ֤י הִרְחַקְתִּים֙ בַּגּוֹיִ֔ם וְכִ֥י הֲפִֽיצוֹתִ֖ים בָּאֲרָצ֑וֹת וָאֱהִ֤י לָהֶם֙

17 לְמִקְדָּ֣שׁ מְעַ֔ט בָּאֲרָצ֖וֹת אֲשֶׁר־בָּ֥אוּ שָֽׁם: לָכֵ֣ן אֱמֹ֗ר כֹּֽה־

אָמַר֮ אֲדֹנָ֣י יְהוִה֒ וְקִבַּצְתִּ֤י אֶתְכֶם֙ מִן־הָ֣עַמִּ֔ים וְאָסַפְתִּ֣י אֶתְכֶ֔ם מִן־

הָ֣אֲרָצ֔וֹת אֲשֶׁ֥ר נְפֹצוֹתֶ֖ם בָּהֶ֑ם וְנָתַתִּ֥י לָכֶ֖ם אֶת־אַדְמַ֥ת יִשְׂרָאֵֽל:

18 וּבָ֖אוּ־שָׁ֑מָּה וְהֵסִ֜ירוּ אֶת־כָּל־שִׁקּוּצֶ֛יהָ וְאֶת־כָּל־תּוֹעֲבוֹתֶ֖יהָ מִמֶּֽנָּה:

19 וְנָתַתִּ֨י לָהֶ֜ם לֵ֣ב אֶחָ֗ד וְר֤וּחַ חֲדָשָׁה֙ אֶתֵּ֣ן בְּקִרְבְּכֶ֔ם וַהֲסִ֨רֹתִ֜י לֵ֤ב הָאֶ֙בֶן֙

20 מִבְּשָׂרָ֔ם וְנָתַתִּ֥י לָהֶ֖ם לֵ֣ב בָּשָֽׂר: לְמַ֙עַן֙ בְּחֻקֹּתַ֣י יֵלֵ֔כוּ וְאֶת־מִשְׁפָּטַ֥י

21 יִשְׁמְר֖וּ וְעָשׂ֣וּ אֹתָ֑ם וְהָיוּ־לִ֣י לְעָ֔ם וַאֲנִ֕י אֶהְיֶ֥ה לָהֶ֖ם לֵֽאלֹהִֽים: וְאֶל־לֵ֣ב

שִׁקּוּצֵיהֶ֤ם וְתֽוֹעֲבוֹתֵיהֶם֙ לִבָּ֣ם הֹלֵ֔ךְ דַּרְכָּם֙ בְּרֹאשָׁ֣ם נָתַ֔תִּי נְאֻ֖ם אֲדֹנָ֥י

22 יְהֹוִֽה: וַיִּשְׂא֤וּ הַכְּרוּבִים֙ אֶת־כַּנְפֵיהֶ֔ם וְהָאֽוֹפַנִּ֖ים לְעֻמָּתָ֑ם וּכְב֛וֹד

23 אֱלֹהֵֽי־יִשְׂרָאֵ֥ל עֲלֵיהֶ֖ם מִלְמָֽעְלָה: וַיַּ֙עַל֙ כְּב֣וֹד יְהֹוָ֔ה מֵעַ֖ל תּ֣וֹךְ הָעִ֑יר

24 וַֽיַּעֲמֹד֙ עַל־הָהָ֔ר אֲשֶׁ֥ר מִקֶּ֖דֶם לָעִֽיר: וְר֣וּחַ נְשָׂאַ֗תְנִי וַתְּבִיאֵ֤נִי כַשְׂדִּ֙ימָה֙

אֶל־הַגּוֹלָ֔ה בַּמַּרְאֶ֖ה בְּר֣וּחַ אֱלֹהִ֑ים וַיַּ֙עַל֙ מֵֽעָלַ֔י הַמַּרְאֶ֖ה אֲשֶׁ֥ר רָאִֽיתִי:

25 וָאֲדַבֵּ֖ר אֶל־הַגּוֹלָ֑ה אֵ֛ת כָּל־דִּבְרֵ֥י יְהֹוָ֖ה אֲשֶׁ֥ר הֶרְאָֽנִי:

12 1 וַיְהִ֥י דְבַר־יְהֹוָ֖ה אֵלַ֥י לֵאמֹֽר: בֶּן־אָדָ֗ם בְּת֤וֹךְ בֵּית־הַמֶּ֙רִי֙ אַתָּ֣ה יֹשֵׁ֔ב

2 אֲשֶׁ֨ר עֵינַ֜יִם לָהֶ֤ם לִרְאוֹת֙ וְלֹ֣א רָא֔וּ אָזְנַ֧יִם לָהֶ֛ם לִשְׁמֹ֖עַ וְלֹ֣א שָׁמֵ֑עוּ

3 כִּ֛י בֵּ֥ית מְרִ֖י הֵֽם: וְאַתָּ֣ה בֶן־אָדָ֗ם עֲשֵׂ֤ה לְךָ֙ כְּלֵ֣י גוֹלָ֔ה וּגְלֵ֥ה יוֹמָ֖ם

לְעֵֽינֵיהֶ֑ם וְגָלִ֨יתָ מִמְּקֽוֹמְךָ֜ אֶל־מָק֤וֹם אַחֵר֙ לְעֵ֣ינֵיהֶ֔ם אוּלַ֣י יִרְא֔וּ כִּ֛י

4 בֵּ֥ית מְרִ֖י הֵֽמָּה: וְהוֹצֵאתָ֨ כֵלֶ֜יךָ כִּכְלֵ֥י גוֹלָ֛ה יוֹמָ֖ם לְעֵֽינֵיהֶ֑ם וְאַתָּ֗ה

5 Dig thou through the wall in their sight, and carry out thereby.

6 In their sight shalt thou bear *it* upon *thy* shoulders, *and* carry *it* forth in the twilight: thou shalt cover thy face, that thou see not the ground: for I have set thee *for* a sign unto the house of Israel.

7 And I did so as I was commanded: I brought forth my stuff by day, as stuff for captivity, and in the even I digged through the wall with mine hand; I brought *it* forth in the twilight, *and* I bare *it* upon *my* shoulder in their sight.

8 ¶ And in the morning came the word of the LORD unto me, saying,

9 Son of man, hath not the house of Israel, the rebellious house, said unto thee, What doest thou?

10 Say thou unto them, Thus saith the Lord GOD; This burden *concerneth* the prince in Jerusalem, and all the house of Israel that *are* among them.

11 Say, I *am* your sign: like as I have done, so shall it be done unto them: they shall remove *and* go into captivity.

12 And the prince that *is* among them shall bear upon *his* shoulder in the twilight, and shall go forth: they shall dig through the wall to carry out thereby: he shall cover his face, that he see not the ground with *his* eyes.

13 My net also will I spread upon him, and he shall be taken in my snare: and I will bring him to Babylon *to* the land of the Chaldeans; yet shall he not see it, though he shall die there.

14 And I will scatter toward every wind all that *are* about him to help him, and all his bands; and I will draw out the sword after them.

15 And they shall know that I *am* the LORD, when I shall scatter them among the nations, and disperse them in the countries.

16 But I will leave a few men of them from the sword, from the famine, and from the pestilence; that they may declare all their abominations among the heathen whither they come; and they shall know that I *am* the LORD.

17 ¶ Moreover the word of the LORD came to me, saying,

18 Son of man, eat thy bread with quaking, and drink thy water with trembling and with carefulness;

19 And say unto the people of the land, Thus saith the Lord GOD of the inhabitants of Jerusalem, *and* of the land of Israel; They shall eat their bread with carefulness, and drink their water with astonishment, that her land may be desolate from all that is therein, because of the violence of all them that dwell therein.

20 And the cities that are inhabited shall be laid waste, and the land shall be desolate; and ye shall know that I *am* the LORD.

21 ¶ And the word of the LORD came unto me, saying,

22 Son of man, what *is* that proverb *that* ye have in the land of Israel, saying, The days are prolonged, and every vision faileth?

23 Tell them therefore, Thus saith the Lord GOD; I will make this proverb to cease, and they shall no more use it as a proverb in Israel; but say unto them, The days are at hand, and the effect of every vision.

24 For there shall be no more any vain vision nor flattering divination within the house of Israel.

25 For I *am* the LORD: I will speak, and the word that I shall speak shall come to pass; it shall be no more prolonged: for in your days, O rebellious house, will I say the word, and will perform it, saith the Lord GOD.

26 ¶ Again the word of the LORD came to me, saying,

27 Son of man, behold, *they of* the house of Israel say, The vision that he seeth *is* for many days *to come*, and he prophesieth of the times *that are* far off.

28 Therefore say unto them, Thus saith the Lord GOD; There shall none of my words be prolonged any more, but the word which I have spoken shall be done, saith the Lord GOD.

CHAPTER 13

1 And the word of the LORD came unto me, saying,

5 תֵּצֵא בָעֶ֫רֶב לְעֵינֵיהֶ֖ם כְּמוֹצָאֵ֥י גּוֹלָֽה׃ לְעֵינֵיהֶ֛ם חֲתָר־לְךָ֥ בַקִּ֖יר

6 וְהוֹצֵ֣אתָ בּ֑וֹ לְעֵינֵיהֶ֗ם עַל־כָּתֵ֤ף תִּשָּׂא֙ בָּעֲלָטָ֣ה תוֹצִ֔יא פָּנֶ֣יךָ תְכַסֶּ֔ה

7 וְלֹ֥א תִרְאֶ֖ה אֶת־הָאָ֑רֶץ כִּֽי־מוֹפֵ֥ת נְתַתִּ֖יךָ לְבֵ֥ית יִשְׂרָאֵֽל׃ וָאַ֣עַשׂ כֵּן֮
כַּאֲשֶׁ֣ר צֻוֵּיתִי֒ כֵּלַ֞י הוֹצֵ֤אתִי כִּכְלֵ֤י גוֹלָה֙ יוֹמָ֔ם וּבָעֶ֛רֶב חָתַֽרְתִּי־לִ֥י
בַקִּ֖יר בְּיָ֑ד בָּעֲלָטָ֥ה הוֹצֵ֖אתִי עַל־כָּתֵ֥ף נָשָׂ֖אתִי לְעֵינֵיהֶֽם׃

8 וַיְהִ֧י דְבַר־יְהֹוָ֛ה אֵלַ֖י בַּבֹּ֣קֶר לֵאמֹֽר׃ בֶּן־אָדָ֗ם הֲלֹ֨א אָמְר֤וּ אֵלֶ֙יךָ֙ בֵּ֣ית
9

10 יִשְׂרָאֵ֔ל בֵּ֖ית הַמֶּ֑רִי מָ֥ה אַתָּ֖ה עֹשֶֽׂה׃ אֱמֹ֣ר אֲלֵיהֶ֗ם כֹּ֤ה אָמַר֙ אֲדֹנָ֣י
יְהֹוִ֔ה הַנָּשִׂ֞יא הַמַּשָּׂ֤א הַזֶּה֙ בִּיר֣וּשָׁלַ֔͏ִם וְכָל־בֵּ֥ית יִשְׂרָאֵ֖ל אֲשֶׁר־הֵ֥מָּה

11 בְתוֹכָֽם׃ אֱמֹ֖ר אֲנִ֣י מֽוֹפֶתְכֶ֑ם כַּאֲשֶׁ֣ר עָשִׂ֗יתִי כֵּ֚ן יֵעָשֶׂ֣ה לָהֶ֔ם בַּגּוֹלָ֥ה

12 בַשְּׁבִ֖י יֵלֵֽכוּ׃ וְהַנָּשִׂ֣יא אֲשֶׁר־בְּתוֹכָ֗ם אֶל־כָּתֵ֤ף יִשָּׂא֙ בָּעֲלָטָ֣ה וְיֵצֵ֔א
בַּקִּ֥יר יַחְתְּר֖וּ לְה֣וֹצִיא ב֑וֹ פָּנָ֣יו יְכַסֶּ֔ה יַ֗עַן אֲשֶׁ֨ר לֹא־יִרְאֶ֧ה לַעַ֛יִן ה֖וּא

13 אֶת־הָאָֽרֶץ׃ וּפָרַשְׂתִּ֤י אֶת־רִשְׁתִּי֙ עָלָ֔יו וְנִתְפַּ֖שׂ בִּמְצֽוּדָתִ֑י וְהֵבֵאתִ֨י

14 אֹת֤וֹ בָבֶ֙לָה֙ אֶ֣רֶץ כַּשְׂדִּ֔ים וְאוֹתָ֥הּ לֹא־יִרְאֶ֖ה וְשָׁ֥ם יָמֽוּת׃ וְכֹל֩ אֲשֶׁ֨ר
סְבִֽיבֹתָ֜יו עֶזְרֹ֗ה וְכָל־אֲגַפָּיו֙ אֱזָרֶ֣ה לְכָל־ר֔וּחַ וְחֶ֖רֶב אָרִ֥יק אַחֲרֵיהֶֽם׃

עָזְרוֹ

15 וְיָדְע֖וּ כִּֽי־אֲנִ֣י יְהֹוָ֑ה בַּהֲפִיצִ֤י אוֹתָם֙ בַּגּוֹיִ֔ם וְזֵרִיתִ֥י אוֹתָ֖ם בָּאֲרָצֽוֹת׃

16 וְהוֹתַרְתִּ֤י מֵהֶם֙ אַנְשֵׁ֣י מִסְפָּ֔ר מֵחֶ֥רֶב מֵרָעָ֖ב וּמִדָּ֑בֶר לְמַ֨עַן יְסַפְּר֜וּ אֶת־
כָּל־תּוֹעֲבֽוֹתֵיהֶ֗ם בַּגּוֹיִם֙ אֲשֶׁר־בָּ֣אוּ שָׁ֔ם וְיָדְע֖וּ כִּֽי־אֲנִ֥י יְהֹוָֽה׃

17 וַיְהִ֥י דְבַר־יְהֹוָ֖ה אֵלַ֥י לֵאמֹֽר׃ בֶּן־אָדָ֕ם לַחְמְךָ֙ בְּרַ֣עַשׁ תֹּאכֵ֔ל וּמֵימֶ֕יךָ
18

19 בְּרׇגְזָ֥ה וּבִדְאָגָ֖ה תִּשְׁתֶּֽה׃ וְאָמַרְתָּ֣ אֶל־עַ֣ם הָאָ֗רֶץ כֹּה־אָמַ֣ר אֲדֹנָ֣י
יְהֹוִ֡ה לְיוֹשְׁבֵ֣י יְרֽוּשָׁלַ֘͏ִם֮ אֶל־אַדְמַ֣ת יִשְׂרָאֵל֒ לַחְמָם֙ בִּדְאָגָ֣ה יֹאכֵ֔לוּ
וּמֵֽימֵיהֶ֖ם בְּשִׁמָּמ֣וֹן יִשְׁתּ֑וּ לְמַ֜עַן תֵּשַׁ֤ם אַרְצָהּ֙ מִמְּלֹאָ֔הּ מֵחֲמַ֖ס כׇּל־

20 הַיֹּשְׁבִ֥ים בָּֽהּ׃ וְהֶעָרִ֤ים הַנּֽוֹשָׁבוֹת֙ תֶּחֱרַ֔בְנָה וְהָאָ֖רֶץ שְׁמָמָ֣ה תִֽהְיֶ֑ה
וִידַעְתֶּ֖ם כִּֽי־אֲנִ֥י יְהֹוָֽה׃

21 וַיְהִ֥י דְבַר־יְהֹוָ֖ה אֵלַ֥י לֵאמֹֽר׃ בֶּן־אָדָ֗ם מָֽה־הַמָּשָׁ֤ל הַזֶּה֙ לָכֶ֔ם עַל־
22

23 אַדְמַ֣ת יִשְׂרָאֵ֔ל לֵאמֹר֙ יַֽאַרְכוּ֙ הַיָּמִ֔ים וְאָבַ֖ד כׇּל־חָז֑וֹן׃ לָכֵ֞ן אֱמֹ֣ר אֲלֵיהֶ֗ם
כֹּֽה־אָמַר֮ אֲדֹנָ֣י יְהֹוִה֒ הִשְׁבַּ֙תִּי֙ אֶת־הַמָּשָׁ֣ל הַזֶּ֔ה וְלֹֽא־יִמְשְׁל֥וּ אֹת֛וֹ ע֖וֹד

24 בְּיִשְׂרָאֵ֑ל כִּ֚י אִם־דַּבֵּ֣ר אֲלֵיהֶ֔ם קָרְבוּ֙ הַיָּמִ֔ים וּדְבַ֖ר כׇּל־חָזֽוֹן׃ כִּ֣י לֹ֥א

25 יִֽהְיֶ֥ה ע֛וֹד כׇּל־חֲז֥וֹן שָׁ֖וְא וּמִקְסַ֣ם חָלָ֑ק בְּת֖וֹךְ בֵּ֣ית יִשְׂרָאֵֽל׃ כִּ֣י ׀ אֲנִ֣י
יְהֹוָ֗ה אֲדַבֵּר֙ אֵת֩ אֲשֶׁ֨ר אֲדַבֵּ֤ר דָּבָר֙ וְיֵ֣עָשֶׂ֔ה לֹ֥א תִמָּשֵׁ֖ךְ ע֑וֹד כִּ֣י בִֽימֵיכֶ֞ם
בֵּ֣ית הַמֶּ֗רִי אֲדַבֵּ֤ר דָּבָר֙ וַעֲשִׂיתִ֔יו נְאֻ֖ם אֲדֹנָ֥י יְהֹוִֽה׃

26 וַיְהִ֥י דְבַר־יְהֹוָ֖ה אֵלַ֥י לֵאמֹֽר׃ בֶּן־אָדָ֗ם הִנֵּ֤ה בֵֽית־יִשְׂרָאֵל֙ אֹֽמְרִ֔ים
27

28 הֶֽחָז֛וֹן אֲשֶׁר־ה֥וּא חֹזֶ֖ה לְיָמִ֣ים רַבִּ֑ים וּלְעִתִּ֥ים רְחוֹק֖וֹת ה֥וּא נִבָּֽא׃ לָכֵ֞ן
אֱמֹ֣ר אֲלֵיהֶ֗ם כֹּ֤ה אָמַר֙ אֲדֹנָ֣י יְהֹוִ֔ה לֹא־תִמָּשֵׁ֥ךְ ע֖וֹד כׇּל־דְּבָרָ֑י
אֲשֶׁ֨ר אֲדַבֵּ֤ר דָּבָר֙ וְיֵ֣עָשֶׂ֔ה נְאֻ֖ם אֲדֹנָ֥י יְהֹוָֽה׃ וַיְהִ֥י דְבַר־ 13 1

2 יְהֹוָ֖ה אֵלַ֥י לֵאמֹֽר׃ בֶּן־אָדָ֕ם הִנָּבֵ֛א אֶל־נְבִיאֵ֥י יִשְׂרָאֵ֖ל הַנִּבָּאִ֑ים וְאָמַרְתָּ֞

2 Son of man, prophesy against the prophets of Israel that prophesy, and say thou unto them that prophesy out of their own hearts, Hear ye the word of the Lord;

3 Thus saith the Lord God; Woe unto the foolish prophets, that follow their own spirit, and have seen nothing!

4 O Israel, thy prophets are like the foxes in the deserts.

5 Ye have not gone up into the gaps, neither made up the hedge for the house of Israel to stand in the battle in the day of the Lord.

6 They have seen vanity and lying divination, saying, The Lord saith: and the Lord hath not sent them: and they have made *others* to hope that they would confirm the word.

7 Have ye not seen a vain vision, and have ye not spoken a lying divination, whereas ye say, The Lord saith *it;* albeit I have not spoken?

8 Therefore thus saith the Lord God; Because ye have spoken vanity, and seen lies, therefore, behold, I *am* against you, saith the Lord God.

9 And mine hand shall be upon the prophets that see vanity, and that divine lies: they shall not be in the assembly of my people, neither shall they be written in the writing of the house of Israel, neither shall they enter into the land of Israel; and ye shall know that I *am* the Lord God.

10 ¶ Because, even because they have seduced my people, saying, Peace; and *there was* no peace; and one built up a wall, and, lo, others daubed it with untempered *morter:*

11 Say unto them which daub *it* with untempered *morter,* that it shall fall: there shall be an overflowing shower; and ye, O great hailstones, shall fall; and a stormy wind shall rend *it.*

12 Lo, when the wall is fallen, shall it not be said unto you, Where *is* the daubing wherewith ye have daubed *it?*

13 Therefore thus saith the Lord God; I will even rend *it* with a stormy wind in my fury; and there shall be an overflowing shower in mine anger, and great hailstones in *my* fury to consume *it.*

14 So will I break down the wall that ye have daubed with untempered *morter,* and bring it down to the ground, so that the foundation thereof shall be discovered, and it shall fall, and ye shall be consumed in the midst thereof: and ye shall know that I *am* the Lord.

15 Thus will I accomplish my wrath upon the wall, and upon them that have daubed it with untempered *morter,* and will say unto you, The wall *is* no *more,* neither they that daubed it;

16 *To wit,* the prophets of Israel which prophesy concerning Jerusalem, and which see visions of peace for her, and *there is* no peace, saith the Lord God.

17 ¶ Likewise, thou son of man, set thy face against the daughters of thy people, which prophesy out of their own heart; and prophesy thou against them,

18 And say, Thus saith the Lord God; Woe to the *women* that sew pillows to all armholes, and make kerchiefs upon the head of every stature to hunt souls! Will ye hunt the souls of my people, and will ye save the souls alive *that come* unto you?

19 And will ye pollute me among my people for handfuls of barley and for pieces of bread, to slay the souls that should not die, and to save the souls alive that should not live, by your lying to my people that hear *your* lies?

20 Wherefore thus saith the Lord God; Behold, I *am* against your pillows, wherewith ye there hunt the souls to make *them* fly, and I will tear them from your arms, and will let the souls go, *even* the souls that ye hunt to make *them* fly.

21 Your kerchiefs also will I tear, and deliver my people out of your hand, and they shall be no more in your hand to be hunted; and ye shall know that I *am* the Lord.

22 Because with lies ye have made the heart of the righteous sad, whom I have not made sad; and strengthened the hands of the wicked, that he should not return from his wicked way, by promising him life:

23 Therefore ye shall see no more vanity, nor divine divinations: for I will deliver my people out of your hand: and ye shall know that I *am* the Lord.

3 לִנְבִיאֵי מִלִּבָּם שִׁמְעוּ דְּבַר־יְהֹוָה: כֹּה אָמַר אֲדֹנָי יֱהֹוִה הוֹי עַל־

4 הַנְּבִיאִים הַנְּבָלִים אֲשֶׁר הֹלְכִים אַחַר רוּחָם וּלְבִלְתִּי רָאוּ: כְּשֻׁעָלִים

5 בׇּחֳרָבוֹת נְבִיאֶיךָ יִשְׂרָאֵל הָיוּ: לֹא עֲלִיתֶם בַּפְּרָצוֹת וַתִּגְדְּרוּ גָדֵר

6 עַל־בֵּית יִשְׂרָאֵל לַעֲמֹד בַּמִּלְחָמָה בְּיוֹם יְהֹוָה: חָזוּ שָׁוְא וְקֶסֶם כָּזָב

7 הָאֹמְרִים נְאֻם־יְהֹוָה וַיהֹוָה לֹא שְׁלָחָם וְיִחֲלוּ לְקַיֵּם דָּבָר: הֲלוֹא

מַחֲזֵה־שָׁוְא חֲזִיתֶם וּמִקְסַם כָּזָב אֲמַרְתֶּם וְאֹמְרִים נְאֻם־יְהֹוָה וַאֲנִי

8 לֹא דִבַּרְתִּי: לָכֵן כֹּה אָמַר אֲדֹנָי יֱהֹוִה יַעַן דַּבֶּרְכֶם שָׁוְא

9 וַחֲזִיתֶם כָּזָב לָכֵן הִנְנִי אֲלֵיכֶם נְאֻם אֲדֹנָי יֱהֹוִה וְהָיְתָה יָדִי אֶל־

הַנְּבִיאִים הַחֹזִים שָׁוְא וְהַקֹּסְמִים כָּזָב בְּסוֹד עַמִּי לֹא־יִהְיוּ וּבִכְתָב

בֵּית־יִשְׂרָאֵל לֹא יִכָּתֵבוּ וְאֶל־אַדְמַת יִשְׂרָאֵל לֹא יָבֹאוּ וִידַעְתֶּם כִּי

10 אֲנִי אֲדֹנָי יֱהֹוִה: יַעַן וּבְיַעַן הִטְעוּ אֶת־עַמִּי לֵאמֹר שָׁלוֹם וְאֵין שָׁלוֹם

11 וְהוּא בֹּנֶה חַיִץ וְהִנָּם טָחִים אֹתוֹ תָּפֵל: אֱמֹר אֶל־טָחֵי תָפֵל וְיִפֹּל

הָיָה ׀ גֶּשֶׁם שׁוֹטֵף וְאַתֵּנָה אַבְנֵי אֶלְגָּבִישׁ תִּפֹּלְנָה וְרוּחַ סְעָרוֹת

12 תְּבַקֵּעַ: וְהִנֵּה נָפַל הַקִּיר הֲלוֹא יֵאָמֵר אֲלֵיכֶם אַיֵּה הַטִּיחַ אֲשֶׁר

13 טַחְתֶּם: לָכֵן כֹּה אָמַר אֲדֹנָי יֱהֹוִה וּבִקַּעְתִּי רוּחַ־סְעָרוֹת

בַּחֲמָתִי וְגֶשֶׁם שֹׁטֵף בְּאַפִּי יִהְיֶה וְאַבְנֵי אֶלְגָּבִישׁ בְּחֵמָה לְכָלָה:

14 וְהָרַסְתִּי אֶת־הַקִּיר אֲשֶׁר־טַחְתֶּם תָּפֵל וְהִגַּעְתִּיהוּ אֶל־הָאָרֶץ וְנִגְלָה

15 יְסֹדוֹ וְנָפְלָה וּכְלִיתֶם בְּתוֹכָהּ וִידַעְתֶּם כִּי־אֲנִי יְהֹוָה: וְכִלֵּיתִי אֶת־

חֲמָתִי בַּקִּיר וּבַטָּחִים אֹתוֹ תָּפֵל וְאֹמַר לָכֶם אֵין הַקִּיר וְאֵין הַטָּחִים

16 אֹתוֹ: נְבִיאֵי יִשְׂרָאֵל הַנִּבְּאִים אֶל־יְרוּשָׁלַ͏ִם וְהַחֹזִים לָהּ חֲזוֹן שָׁלֹם

וְאֵין שָׁלֹם נְאֻם אֲדֹנָי יֱהֹוִה:

17A 17 וְאַתָּה בֶן־אָדָם שִׂים פָּנֶיךָ אֶל־בְּנוֹת עַמְּךָ הַמִּתְנַבְּאוֹת מִלִּבְּהֶן

18 וְהִנָּבֵא עֲלֵיהֶן: וְאָמַרְתָּ כֹּה־אָמַר ׀ אֲדֹנָי יֱהֹוִה הוֹי לִמְתַפְּרוֹת כְּסָתוֹת

עַל ׀ כׇּל־אַצִּילֵי יָדַי וְעֹשׂוֹת הַמִּסְפָּחוֹת עַל־רֹאשׁ כׇּל־קוֹמָה לְצוֹדֵד

19 נְפָשׁוֹת הַנְּפָשׁוֹת תְּצוֹדֵדְנָה לְעַמִּי וּנְפָשׁוֹת לָכֶנָה תְחַיֶּינָה: וַתְּחַלֶּלְנָה

אֹתִי אֶל־עַמִּי בְּשַׁעֲלֵי שְׂעֹרִים וּבִפְתוֹתֵי לֶחֶם לְהָמִית נְפָשׁוֹת אֲשֶׁר

לֹא־תְמוּתֶנָה וּלְחַיּוֹת נְפָשׁוֹת אֲשֶׁר לֹא־תִחְיֶינָה בְּכַזֶּבְכֶם לְעַמִּי

20 שֹׁמְעֵי כָזָב: לָכֵן כֹּה־אָמַר ׀ אֲדֹנָי יֱהֹוִה הִנְנִי אֶל־

כִּסְּתוֹתֵיכֶנָה אֲשֶׁר אַתֵּנָה מְצֹדְדוֹת שָׁם אֶת־הַנְּפָשׁוֹת לְפֹרְחוֹת

וְקָרַעְתִּי אֹתָם מֵעַל זְרוֹעֹתֵיכֶם וְשִׁלַּחְתִּי אֶת־הַנְּפָשׁוֹת אֲשֶׁר אַתֶּם

21 מְצֹדְדוֹת אֶת־נְפָשִׁים לְפֹרְחֹת: וְקָרַעְתִּי אֶת־מִסְפְּחֹתֵיכֶם וְהִצַּלְתִּי

אֶת־עַמִּי מִיֶּדְכֶן וְלֹא־יִהְיוּ עוֹד בְּיֶדְכֶן לִמְצוּדָה וִידַעְתֶּן כִּי־אֲנִי יְהֹוָה:

22 יַעַן הַכְאוֹת לֵב־צַדִּיק שֶׁקֶר וַאֲנִי לֹא הִכְאַבְתִּיו וּלְחַזֵּק יְדֵי רָשָׁע

23 לְבִלְתִּי־שׁוּב מִדַּרְכּוֹ הָרָע לְהַחֲיֹתוֹ: לָכֵן שָׁוְא לֹא תֶחֱזֶינָה וְקֶסֶם

לֹא־תִקְסַמְנָה עוֹד וְהִצַּלְתִּי אֶת־עַמִּי מִיֶּדְכֶן וִידַעְתֶּן כִּי־אֲנִי יְהֹוָה:

CHAPTER 14

1 Then came certain of the elders of Israel unto me, and sat before me.

2 And the word of the LORD came unto me, saying,

3 Son of man, these men have set up their idols in their heart, and put the stumblingblock of their iniquity before their face: should I be enquired of at all by them?

4 Therefore speak unto them, and say unto them, Thus saith the Lord GOD; Every man of the house of Israel that setteth up his idols in his heart, and putteth the stumblingblock of his iniquity before his face, and cometh to the prophet; I the LORD will answer him that cometh according to the multitude of his idols;

5 That I may take the house of Israel in their own heart, because they are all estranged from me through their idols.

6 ¶ Therefore say unto the house of Israel, Thus saith the Lord GOD; Repent, and turn *yourselves* from your idols; and turn away your faces from all your abominations.

7 For every one of the house of Israel, or of the stranger that sojourneth in Israel, which separateth himself from me, and setteth up his idols in his heart, and putteth the stumblingblock of his iniquity before his face, and cometh to a prophet to enquire of him concerning me; I the LORD will answer him by myself:

8 And I will set my face against that man, and will make him a sign and a proverb, and I will cut him off from the midst of my people; and ye shall know that I *am* the LORD.

9 And if the prophet be deceived when he hath spoken a thing, I the LORD have deceived that prophet, and I will stretch out my hand upon him, and will destroy him from the midst of my people Israel.

10 And they shall bear the punishment of their iniquity: the punishment of the prophet shall be even as the punishment of him that seeketh *unto him;*

11 That the house of Israel may go no more astray from me, neither be polluted any more with all their transgressions; but that they may be my people, and I may be their God, saith the Lord GOD.

12 ¶ The word of the LORD came again to me, saying,

13 Son of man, when the land sinneth against me by trespassing grievously, then will I stretch out mine hand upon it, and will break the staff of the bread thereof, and will send famine upon it, and will cut off man and beast from it:

14 Though these three men, Noah, Daniel, and Job, were in it, they should deliver *but* their own souls by their righteousness, saith the Lord GOD.

15 ¶ If I cause noisome beasts to pass through the land, and they spoil it, so that it be desolate, that no man may pass through because of the beasts:

16 *Though* these three men *were* in it, *as* I live, saith the Lord GOD, they shall deliver neither sons nor daughters; they only shall be delivered, but the land shall be desolate.

17 ¶ Or *if* I bring a sword upon that land, and say, Sword, go through the land; so that I cut off man and beast from it:

18 Though these three men *were* in it, *as* I live, saith the Lord GOD, they shall deliver neither sons nor daughters, but they only shall be delivered themselves.

19 ¶ Or *if* I send a pestilence into that land, and pour out my fury upon it in blood, to cut off from it man and beast:

20 Though Noah, Daniel, and Job, *were* in it, *as* I live, saith the Lord GOD, they shall deliver neither son nor daughter; they shall *but* deliver their own souls by their righteousness.

21 For thus saith the Lord GOD; How much more when I send my four sore judgments upon Jerusalem, the sword, and the famine, and the noisome beast, and the pestilence, to cut off from it man and beast?

14 1 וַיָּב֣וֹא אֵלַ֗י אֲנָשִׁים֙ מִזִּקְנֵ֣י יִשְׂרָאֵ֔ל וַיֵּשְׁב֖וּ לְפָנָֽי׃

2 וַיְהִ֥י דְבַר־יְהוָ֖ה אֵלַ֥י לֵאמֹֽר׃ 3 בֶּן־אָדָ֗ם הָאֲנָשִׁ֤ים הָאֵ֙לֶּה֙ הֶעֱל֤וּ
גִלּֽוּלֵיהֶם֙ עַל־לִבָּ֔ם וּמִכְשׁ֣וֹל עֲוֺנָ֔ם נָתְנ֖וּ נֹ֣כַח פְּנֵיהֶ֑ם הַאִדָּרֹ֥שׁ אִדָּרֵ֖שׁ
4 לָהֶֽם׃ לָכֵ֣ן דַּבֵּר־א֠וֹתָם וְאָמַרְתָּ֨ אֲלֵיהֶ֜ם כֹּֽה־אָמַ֣ר ׀ אֲדֹנָ֣י
יְהוִ֗ה אִ֣ישׁ אִישׁ֩ מִבֵּ֨ית יִשְׂרָאֵ֜ל אֲשֶׁ֣ר יַעֲלֶ֣ה אֶת־גִּלּוּלָיו֮ אֶל־לִבּוֹ֒
וּמִכְשׁ֣וֹל עֲוֺנ֗וֹ יָשִׂים֙ נֹ֣כַח פָּנָ֔יו וּבָ֖א אֶל־הַנָּבִ֑יא אֲנִ֣י יְהוָ֗ה נַעֲנֵ֤יתִי
5 ל֥וֹ בָ֖הּ בְּרֹ֥ב גִּלּוּלָֽיו׃ לְמַ֛עַן תְּפֹ֥שׂ אֶת־בֵּֽית־יִשְׂרָאֵ֖ל בְּלִבָּ֑ם אֲשֶׁ֤ר נָזֹ֙רוּ֙

בָּא

מֵֽעָלַ֔י בְּגִלּֽוּלֵיהֶ֖ם כֻּלָּֽם׃ 6 לָכֵ֞ן אֱמֹ֣ר ׀ אֶל־בֵּ֣ית יִשְׂרָאֵ֗ל כֹּ֤ה
אָמַר֙ אֲדֹנָ֣י יְהוִ֔ה שׁ֣וּבוּ וְהָשִׁ֔יבוּ מֵעַ֖ל גִּלּֽוּלֵיכֶ֑ם וּמֵעַ֥ל כׇּל־תּוֹעֲבֹתֵיכֶ֖ם
7 הָשִׁ֥יבוּ פְנֵיכֶֽם׃ כִּ֩י אִ֨ישׁ אִ֜ישׁ מִבֵּ֣ית יִשְׂרָאֵ֗ל וּמֵהַגֵּר֮ אֲשֶׁר־יָג֣וּר
בְּיִשְׂרָאֵל֒ וְיִנָּזֵ֣ר מֵֽאַחֲרַ֗י וְיַ֤עַל גִּלּוּלָיו֙ אֶל־לִבּ֔וֹ וּמִכְשׁ֣וֹל עֲוֺנ֔וֹ יָשִׂ֖ים
נֹ֣כַח פָּנָ֑יו וּבָ֤א אֶל־הַנָּבִיא֙ לִדְרׇשׁ־ל֣וֹ בִ֔י אֲנִ֣י יְהוָ֔ה נַ֥עֲנֶה־לּ֖וֹ בִּֽי׃
8 וְנָתַתִּ֨י פָנַ֜י בָּאִ֣ישׁ הַה֗וּא וַהֲשִֽׂמֹתִ֙יהוּ֙ לְא֣וֹת וְלִמְשָׁלִ֔ים וְהִכְרַתִּ֖יו
9 מִתּ֣וֹךְ עַמִּ֑י וִֽידַעְתֶּ֖ם כִּֽי־אֲנִ֥י יְהוָֽה׃ וְהַנָּבִ֤יא כִֽי־יְפֻתֶּה֙ וְדִבֶּ֣ר
דָּבָ֔ר אֲנִ֤י יְהוָה֙ פִּתֵּ֙יתִי֙ אֵ֚ת הַנָּבִ֣יא הַה֔וּא וְנָטִ֤יתִי אֶת־יָדִי֙ עָלָ֔יו
10 וְהִ֨שְׁמַדְתִּ֔יו מִתּ֖וֹךְ עַמִּ֥י יִשְׂרָאֵֽל׃ וְנָשְׂא֖וּ עֲוֺנָ֑ם כַּֽעֲוֺן֙ הַדֹּרֵ֔שׁ כַּעֲוֺ֖ן

11A

11 הַנָּבִ֥יא יִהְיֶֽה׃ לְ֠מַ֠עַן לֹֽא־יִתְע֨וּ ע֤וֹד בֵּֽית־יִשְׂרָאֵל֙ מֵאַֽחֲרַ֔י וְלֹֽא־יִטַּמְּא֥וּ
ע֖וֹד בְּכׇל־פִּשְׁעֵיהֶ֑ם וְהָ֥יוּ לִ֣י לְעָ֗ם וַֽאֲנִי֙ אֶהְיֶ֤ה לָהֶם֙ לֵֽאלֹהִ֔ים נְאֻ֖ם
אֲדֹנָ֥י יְהוִֽה׃

12 וַיְהִ֥י דְבַר־יְהוָ֖ה אֵלַ֥י לֵאמֹֽר׃ 13 בֶּן־אָדָ֗ם אֶ֚רֶץ כִּ֣י תֶחֱטָא־לִ֔י לִמְעׇל־מַ֔עַל
וְנָטִ֤יתִי יָדִי֙ עָלֶ֔יהָ וְשָׁבַ֥רְתִּי לָ֖הּ מַטֵּה־לָ֑חֶם וְהִשְׁלַחְתִּי־בָ֣הּ רָעָ֔ב
14 וְהִכְרַתִּ֥י מִמֶּ֖נָּה אָדָ֥ם וּבְהֵמָֽה׃ וְ֠הָי֠וּ שְׁלֹ֨שֶׁת הָאֲנָשִׁ֤ים הָאֵ֙לֶּה֙ בְּתוֹכָ֔הּ
נֹ֖חַ דָּנִיֵּ֣אל וְאִיּ֑וֹב הֵ֤מָּה בְצִדְקָתָם֙ יְנַצְּל֣וּ נַפְשָׁ֔ם נְאֻ֖ם אֲדֹנָ֥י יְהוִֽה׃

דָּנִיֵּאל

15 לֽוּ־חַיָּ֥ה רָעָ֛ה אַעֲבִ֥יר בָּאָ֖רֶץ וְשִׁכְּלָ֑תָּה וְהָיְתָ֤ה שְׁמָמָה֙ מִבְּלִ֣י עוֹבֵ֔ר
16 מִפְּנֵ֖י הַחַיָּֽה׃ שְׁלֹ֨שֶׁת הָאֲנָשִׁ֣ים הָאֵלֶּה֮ בְּתוֹכָהּ֒ חַי־אָ֗נִי נְאֻם֙ אֲדֹנָ֣י
יְהוִ֔ה אִם־בָּנִ֥ים וְאִם־בָּנ֖וֹת יַצִּ֑ילוּ הֵ֤מָּה לְבַדָּם֙ יִנָּצֵ֔לוּ וְהָאָ֖רֶץ תִּהְיֶ֥ה
17 שְׁמָמָֽה׃ א֛וֹ חֶ֥רֶב אָבִ֖יא עַל־הָאָ֣רֶץ הַהִ֑יא וְאָמַרְתִּ֗י חֶ֚רֶב תַּעֲבֹ֣ר
18 בָּאָ֔רֶץ וְהִכְרַתִּ֥י מִמֶּ֖נָּה אָדָ֣ם וּבְהֵמָֽה׃ וּשְׁלֹ֨שֶׁת הָאֲנָשִׁ֤ים הָאֵ֙לֶּה֙
בְּתוֹכָ֔הּ חַי־אָ֙נִי֙ נְאֻם֙ אֲדֹנָ֣י יְהוִ֔ה לֹ֥א יַצִּ֖ילוּ בָּנִ֣ים וּבָנ֑וֹת כִּ֛י הֵ֥ם
19 לְבַדָּ֖ם יִנָּצֵֽלוּ׃ א֛וֹ דֶּ֥בֶר אֲשַׁלַּ֖ח אֶל־הָאָ֣רֶץ הַהִ֑יא וְשָׁפַכְתִּ֤י חֲמָתִי֙
20 עָלֶ֙יהָ֙ בְּדָ֔ם לְהַכְרִ֥ית מִמֶּ֖נָּה אָדָ֥ם וּבְהֵמָֽה׃ וְנֹ֨חַ (דנאל) [דָּנִיֵּ֣אל] וְ֠אִיּ֠וֹב בְּתוֹכָ֗הּ

דָּנִיֵּאל

חַי־אָ֙נִי֙ נְאֻם֙ אֲדֹנָ֣י יְהוִ֔ה אִם־בֵּ֥ן אִם־בַּ֖ת יַצִּ֑ילוּ הֵ֥מָּה בְצִדְקָתָ֖ם יַצִּ֥ילוּ
נַפְשָֽׁם׃

21 כִּי֩ כֹ֨ה אָמַ֜ר אֲדֹנָ֣י יְהֹוִ֗ה אַ֣ף כִּֽי־אַרְבַּ֣עַת שְׁפָטַ֣י ׀ הָרָעִ֡ים חֶ֠רֶב וְרָעָ֞ב
וְחַיָּ֤ה רָעָה֙ וָדֶ֔בֶר שִׁלַּ֖חְתִּי אֶל־יְרוּשָׁלָ֑͏ִם לְהַכְרִ֥ית מִמֶּ֖נָּה אָדָ֥ם וּבְהֵמָֽה׃

22 ¶ Yet, behold, therein shall be left a remnant that shall be brought forth, *both* sons and daughters: behold, they shall come forth unto you, and ye shall see their way and their doings: and ye shall be comforted concerning the evil that I have brought upon Jerusalem, *even* concerning all that I have brought upon it.

23 And they shall comfort you, when ye see their ways and their doings: and ye shall know that I have not done without cause all that I have done in it, saith the Lord God.

CHAPTER 15

1 And the word of the Lord came unto me, saying,

2 Son of man, What is the vine tree more than any tree, *or than* a branch which is among the trees of the forest?

3 Shall wood be taken thereof to do any work? or will *men* take a pin of it to hang any vessel thereon?

4 Behold, it is cast into the fire for fuel; the fire devoureth both the ends of it, and the midst of it is burned. Is it meet for *any* work?

5 Behold, when it was whole, it was meet for no work: how much less shall it be meet yet for *any* work, when the fire hath devoured it, and it is burned?

6 ¶ Therefore thus saith the Lord God; As the vine tree among the trees of the forest, which I have given to the fire for fuel, so will I give the inhabitants of Jerusalem.

7 And I will set my face against them; they shall go out from *one* fire, and *another* fire shall devour them; and ye shall know that I *am* the Lord, when I set my face against them.

8 And I will make the land desolate, because they have committed a trespass, saith the Lord God.

CHAPTER 16

1 Again the word of the Lord came unto me, saying,

2 Son of man, cause Jerusalem to know her abominations,

3 And say, Thus saith the Lord God unto Jerusalem; Thy birth and thy nativity *is* of the land of Canaan; thy father *was* an Amorite, and thy mother an Hittite.

4 And *as for* thy nativity, in the day thou wast born thy navel was not cut, neither wast thou washed in water to supple *thee;* thou wast not salted at all, nor swaddled at all.

5 None eye pitied thee, to do any of these unto thee, to have compassion upon thee; but thou wast cast out in the open field, to the lothing of thy person, in the day that thou wast born.

6 ¶ And when I passed by thee, and saw thee polluted in thine own blood, I said unto thee *when thou wast* in thy blood, Live; yea, I said unto thee *when thou wast* in thy blood, Live.

7 I have caused thee to multiply as the bud of the field, and thou hast increased and waxen great, and thou art come to excellent ornaments: *thy* breasts are fashioned, and thine hair is grown, whereas thou *wast* naked and bare.

8 Now when I passed by thee, and looked upon thee, behold, thy time *was* the time of love; and I spread my skirt over thee, and covered thy nakedness: yea, I sware unto thee, and entered into a covenant with thee, saith the Lord God, and thou becamest mine.

9 Then washed I thee with water; yea, I throughly washed away thy blood from thee, and I anointed thee with oil.

10 I clothed thee also with broidered work, and shod thee with badgers' skin, and I girded thee about with fine linen, and I covered thee with silk.

11 I decked thee also with ornaments, and I put bracelets upon thy hands, and a chain on thy neck.

12 And I put a jewel on thy forehead, and earrings in thine ears, and a beautiful crown upon thine head.

13 Thus wast thou decked with gold and silver; and thy raiment *was of* fine linen, and silk, and broidered work; thou didst eat fine flour, and honey, and oil: and thou wast exceeding beautiful, and thou didst prosper into a kingdom.

14 And thy renown went forth among

22 וְהִנֵּ֤ה נֽוֹתְרָה־בָּהּ֙ פְּלֵטָ֔ה הַמּֽוּצָאִים֙ בָּנִ֣ים וּבָנ֔וֹת הִנָּם֙ יוֹצְאִ֣ים אֲלֵיכֶ֔ם
וּרְאִיתֶ֥ם אֶת־דַּרְכָּ֖ם וְאֶת־עֲלִֽילוֹתָ֑ם וְנִֽחַמְתֶּ֗ם עַל־הָֽרָעָה֙ אֲשֶׁ֣ר
23 הֵבֵ֨אתִי֙ עַל־יְר֣וּשָׁלִַ֔ם אֵ֛ת כָּל־אֲשֶׁ֥ר הֵבֵ֖אתִי עָלֶֽיהָ׃ וְנִֽחֲמ֣וּ אֶתְכֶ֔ם
כִּֽי־תִרְא֥וּ אֶת־דַּרְכָּ֖ם וְאֶת־עֲלִֽילוֹתָ֑ם וִֽידַעְתֶּ֗ם כִּ֤י לֹ֤א חִנָּם֙ עָשִׂ֔יתִי
אֵ֛ת כָּל־אֲשֶׁר־עָשִׂ֥יתִי בָ֖הּ נְאֻ֥ם אֲדֹנָ֥י יְהוִֽה׃

15 1 וַיְהִ֥י דְבַר־יְהוָ֖ה אֵלַ֥י לֵאמֹֽר׃ בֶּן־אָדָ֕ם מַה־יִּֽהְיֶ֥ה עֵץ־הַגֶּ֖פֶן מִכָּל־עֵ֑ץ
2 הַזְּמוֹרָ֕ה אֲשֶׁ֥ר הָיָ֖ה בַּעֲצֵ֥י הַיָּֽעַר׃ הֲיֻקַּ֤ח מִמֶּ֨נּוּ֙ עֵ֔ץ לַעֲשׂ֖וֹת לִמְלָאכָ֑ה
3
4 אִם־יִקְח֤וּ מִמֶּ֨נּוּ֙ יָתֵ֔ד לִתְל֥וֹת עָלָ֖יו כָּל־כֶּֽלִי׃ הִנֵּ֤ה לָאֵשׁ֙ נִתַּ֣ן לְאָכְלָ֔ה
5 אֵ֣ת שְׁנֵ֤י קְצוֹתָיו֙ אָכְלָ֣ה הָאֵ֔שׁ וְתוֹכ֖וֹ נָחָ֑ר הֲיִצְלַ֖ח לִמְלָאכָֽה׃ הִנֵּ֕ה
בִּֽהְיוֹת֤וֹ תָמִים֙ לֹ֣א יֵעָשֶׂ֣ה לִמְלָאכָ֔ה אַ֣ף כִּי־אֵ֤שׁ אֲכָלַ֨תְהוּ֙ וַיֵּחָ֔ר
6 וְנַעֲשָׂ֥ה ע֖וֹד לִמְלָאכָֽה׃   לָכֵ֗ן כֹּ֤ה אָמַר֙ אֲדֹנָ֣י יְהוִ֔ה כַּאֲשֶׁ֤ר
עֵץ־הַגֶּ֨פֶן֙ בְּעֵ֣ץ הַיַּ֔עַר אֲשֶׁר־נְתַתִּ֥יו לָאֵ֖שׁ לְאָכְלָ֑ה כֵּ֣ן נָתַ֔תִּי אֶת־יֹשְׁבֵ֖י
7 יְרוּשָׁלָֽ͏ִם׃ וְנָתַתִּ֤י אֶת־פָּנַי֙ בָּהֶ֔ם מֵהָאֵ֣שׁ יָצָ֔אוּ וְהָאֵ֖שׁ תֹּֽאכְלֵ֑ם וִֽידַעְתֶּם֙
8 כִּֽי־אֲנִ֣י יְהוָ֔ה בְּשׂוּמִ֥י אֶת־פָּנַ֖י בָּהֶֽם׃ וְנָתַתִּ֥י אֶת־הָאָ֖רֶץ שְׁמָמָ֑ה יַ֚עַן
מָ֣עֲלוּ מַ֔עַל נְאֻ֖ם אֲדֹנָ֥י יְהוִֽה׃

16 1 וַיְהִ֥י דְבַר־יְהוָ֖ה אֵלַ֥י לֵאמֹֽר׃ בֶּן־אָדָ֕ם הוֹדַ֥ע אֶת־יְרוּשָׁלַ֖͏ִם אֶת־
2
3 תּוֹעֲבֹתֶֽיהָ׃ וְאָמַרְתָּ֞ כֹּה־אָמַ֨ר אֲדֹנָ֤י יְהוִה֙ לִיר֣וּשָׁלַ֔͏ִם מְכֹרֹתַ֨יִךְ֙
4 וּמֹ֣לְדֹתַ֔יִךְ מֵאֶ֖רֶץ הַֽכְּנַעֲנִ֑י אָבִ֥יךְ הָאֱמֹרִ֖י וְאִמֵּ֥ךְ חִתִּֽית׃ וּמֹלְדוֹתַ֗יִךְ
בְּי֨וֹם הוּלֶּ֤דֶת אֹתָךְ֙ לֹֽא־כָרַּ֣ת שָׁרֵּ֔ךְ וּבְמַ֥יִם לֹֽא־רֻחַ֖צְתְּ לְמִשְׁעִ֑י וְהָמְלֵ֨חַ֙
5 לֹ֣א הֻמְלַ֔חַתְּ וְהָחְתֵּ֖ל לֹ֥א חֻתָּֽלְתְּ׃ לֹא־חָ֨סָה עָלַ֜יִךְ עַ֗יִן לַעֲשׂ֥וֹת לָ֛ךְ
אַחַ֥ת מֵאֵ֖לֶּה לְחֻמְלָ֣ה עָלָ֑יִךְ וַתֻּשְׁלְכִ֞י אֶל־פְּנֵ֤י הַשָּׂדֶה֙ בְּגֹ֣עַל נַפְשֵׁ֔ךְ
6 בְּי֖וֹם הֻלֶּ֥דֶת אֹתָֽךְ׃ וָאֶעֱבֹ֤ר עָלַ֨יִךְ֙ וָֽאֶרְאֵ֔ךְ מִתְבּוֹסֶ֖סֶת בְּדָמָ֑יִךְ וָאֹ֤מַר
7 לָךְ֙ בְּדָמַ֣יִךְ חֲיִ֔י וָאֹ֥מַר לָ֖ךְ בְּדָמַ֥יִךְ חֲיִֽי׃ רְבָבָ֗ה כְּצֶ֤מַח הַשָּׂדֶה֙ נְתַתִּ֔יךְ
וַתִּרְבִּי֙ וַֽתִּגְדְּלִ֔י וַתָּבֹ֖אִי בַּעֲדִ֣י עֲדָיִ֑ים שָׁדַ֤יִם נָכֹ֨נוּ֙ וּשְׂעָרֵ֣ךְ צִמֵּ֔חַ וְאַ֖תְּ
8A 8 עֵרֹ֥ם וְעֶרְיָֽה׃ וָאֶעֱבֹ֨ר עָלַ֜יִךְ וָאֶרְאֵ֗ךְ וְהִנֵּ֤ה עִתֵּךְ֙ עֵ֣ת דֹּדִ֔ים וָאֶפְרֹ֤שׂ
כְּנָפִי֙ עָלַ֔יִךְ וָאֲכַסֶּ֖ה עֶרְוָתֵ֑ךְ וָאֶשָּׁ֣בַֽע לָ֠ךְ וָאָב֨וֹא בִבְרִ֤ית אֹתָךְ֙ נְאֻ֛ם
9 אֲדֹנָ֥י יְהוִ֖ה וַתִּֽהְיִי־לִֽי׃ וָאֶרְחָצֵ֖ךְ בַּמַּ֑יִם וָאֶשְׁטֹ֤ף דָּמַ֨יִךְ֙ מֵֽעָלָ֔יִךְ וָאֲסֻכֵ֖ךְ
10 בַּשָּֽׁמֶן׃ וָאַלְבִּישֵׁ֣ךְ רִקְמָ֔ה וָאֶנְעֲלֵ֖ךְ תָּ֑חַשׁ וָאֶחְבְּשֵׁ֣ךְ בַּשֵּׁ֔שׁ וַאֲכַסֵּ֖ךְ
11 מֶֽשִׁי׃ וָאֶעְדֵּ֖ךְ עֶ֑דִי וָאֶתְּנָ֤ה צְמִידִים֙ עַל־יָדַ֔יִךְ וְרָבִ֖יד עַל־גְּרוֹנֵֽךְ׃
12 וָאֶתֵּ֥ן נֶ֨זֶם֙ עַל־אַפֵּ֔ךְ וַעֲגִילִ֖ים עַל־אָזְנָ֑יִךְ וַעֲטֶ֥רֶת תִּפְאֶ֖רֶת בְּרֹאשֵֽׁךְ׃
שֵׁשׁ 13 וַתַּעְדִּ֞י זָהָ֣ב וָכֶ֗סֶף וּמַלְבּוּשֵׁךְ֙ שֵׁ֤שׁ וָמֶ֨שִׁי֙ וְרִקְמָ֔ה סֹ֧לֶת וּדְבַ֛שׁ וָשֶׁ֖מֶן
אֲכָלְתְּ 14 אכלתי [אָכָ֑לְתְּ] וַתִּ֨יפִי֙ בִּמְאֹ֣ד מְאֹ֔ד וַֽתִּצְלְחִ֖י לִמְלוּכָֽה׃ וַיֵּ֨צֵא לָ֥ךְ שֵׁ֛ם בַּגּוֹיִ֖ם

the heathen for thy beauty: for it *was* perfect through my comeliness, which I had put upon thee, saith the Lord GOD.

15 ¶ But thou didst trust in thine own beauty, and playedst the harlot because of thy renown, and pouredst out thy fornications on every one that passed by; his it was.

16 And of thy garments thou didst take, and deckedst thy high places with divers colours, and playedst the harlot thereupon: *the like things* shall not come, neither shall it be *so.*

17 Thou hast also taken thy fair jewels of my gold and of my silver, which I had given thee, and madest to thyself images of men, and didst commit whoredom with them,

18 And tookest thy broidered garments, and coveredst them: and thou hast set mine oil and mine incense before them.

19 My meat also which I gave thee, fine flour, and oil, and honey, *wherewith* I fed thee, thou hast even set it before them for a sweet savour: and *thus* it was, saith the Lord GOD.

20 Moreover thou hast taken thy sons and thy daughters, whom thou hast borne unto me, and these hast thou sacrificed unto them to be devoured. *Is this* of thy whoredoms a small matter,

21 That thou hast slain my children, and delivered them to cause them to pass through *the fire* for them?

22 And in all thine abominations and thy whoredoms thou hast not remembered the days of thy youth, when thou wast naked and bare, *and* wast polluted in thy blood.

23 And it came to pass after all thy wickedness, (woe, woe unto thee! saith the Lord GOD;)

24 *That* thou hast also built unto thee an eminent place, and hast made thee an high place in every street.

25 Thou hast built thy high place at every head of the way, and hast made thy beauty to be abhorred, and hast opened thy feet to every one that passed by, and multiplied thy whoredoms.

26 Thou hast also committed fornication with the Egyptians thy neighbours, great of flesh; and hast increased thy whoredoms, to provoke me to anger.

27 Behold, therefore I have stretched out my hand over thee, and have diminished thine ordinary *food,* and delivered thee unto the will of them that hate thee, the daughters of the Philistines, which are ashamed of thy lewd way.

28 Thou hast played the whore also with the Assyrians, because thou wast unsatiable; yea, thou hast played the harlot with them, and yet couldest not be satisfied.

29 Thou hast moreover multiplied thy fornication in the land of Canaan unto Chaldea; and yet thou wast not satisfied herewith.

30 How weak is thine heart, saith the Lord GOD, seeing thou doest all these *things,* the work of an imperious whorish woman;

31 In that thou buildest thine eminent place in the head of every way, and makest thine high place in every street; and hast not been as an harlot, in that thou scornest hire;

32 *But as* a wife that committeth adultery, *which* taketh strangers instead of her husband!

33 They give gifts to all whores: but thou givest thy gifts to all thy lovers, and hirest them, that they may come unto thee on every side for thy whoredom.

34 And the contrary is in thee from *other* women in thy whoredoms, whereas none followeth thee to commit whoredoms: and in that thou givest a reward, and no reward is given unto thee, therefore thou art contrary.

35 ¶ Wherefore, O harlot, hear the word of the LORD:

36 Thus saith the Lord GOD; Because thy filthiness was poured out, and thy nakedness discovered through thy whoredoms with thy lovers, and with all the idols of thy abominations, and by the blood of thy children, which thou didst give unto them;

37 Behold, therefore I will gather all thy lovers, with whom thou hast taken pleasure, and all *them* that thou hast loved, with all *them* that thou hast hated; I will even gather them round about against

בְּיֹפְיֵךְ כִּי ׀ כָּלִיל הוּא בַּהֲדָרִי אֲשֶׁר־שַׂמְתִּי עָלַיִךְ נְאֻם אֲדֹנָי יְהֹוִה:

15 וַתִּבְטְחִי בְיָפְיֵךְ וַתִּזְנִי עַל־שְׁמֵךְ וַתִּשְׁפְּכִי אֶת־תַּזְנוּתַיִךְ עַל־כָּל־עוֹבֵר

16 לוֹ־יֶהִי: וַתִּקְחִי מִבְּגָדַיִךְ וַתַּעֲשִׂי־לָךְ בָּמוֹת טְלֻאוֹת וַתִּזְנִי עֲלֵיהֶם

17 לֹא בָאוֹת וְלֹא יִהְיֶה: וַתִּקְחִי כְּלֵי תִפְאַרְתֵּךְ מִזְּהָבִי וּמִכַּסְפִּי אֲשֶׁר

18 נָתַתִּי לָךְ וַתַּעֲשִׂי־לָךְ צַלְמֵי זָכָר וַתִּזְנִי־בָם: וַתִּקְחִי אֶת־בִּגְדֵי רִקְמָתֵךְ

19 וַתְּכַסִּים וְשַׁמְנִי וּקְטָרְתִּי נָתַתְּ לִפְנֵיהֶם: וְלַחְמִי אֲשֶׁר־נָתַתִּי לָךְ סֹלֶת

וָשֶׁמֶן וּדְבַשׁ הֶאֱכַלְתִּיךְ וּנְתַתִּיהוּ לִפְנֵיהֶם לְרֵיחַ נִיחֹחַ וַיֶּהִי נְאֻם

20 אֲדֹנָי יְהֹוִה: וַתִּקְחִי אֶת־בָּנַיִךְ וְאֶת־בְּנוֹתַיִךְ אֲשֶׁר יָלַדְתְּ לִי וַתִּזְבָּחִים

21 לָהֶם לֶאֱכוֹל הַמְעַט מִתַּזְנוּתֵךְ: וַתִּשְׁחֲטִי אֶת־בָּנַי וַתִּתְּנִים בְּהַעֲבִיר

22 אוֹתָם לָהֶם: וְאֵת כָּל־תּוֹעֲבֹתַיִךְ וְתַזְנֻתַיִךְ לֹא זָכַרְתִּ אֶת־יְמֵי נְעוּרַיִךְ

23 בִּהְיוֹתֵךְ עֵרֹם וְעֶרְיָה מִתְבּוֹסֶסֶת בְּדָמֵךְ הָיִית: וַיְהִי אַחֲרֵי כָּל־רָעָתֵךְ

24 אוֹי אוֹי לָךְ נְאֻם אֲדֹנָי יְהֹוִה: וַתִּבְנִי־לָךְ גֶּב וַתַּעֲשִׂי־לָךְ רָמָה בְּכָל־

25 רְחֹב: אֶל־כָּל־רֹאשׁ דֶּרֶךְ בָּנִית רָמָתֵךְ וַתְּתַעֲבִי אֶת־יָפְיֵךְ וַתְּפַשְּׂקִי

26 אֶת־רַגְלַיִךְ לְכָל־עוֹבֵר וַתַּרְבִּי אֶת־תַּזְנֻתֵךְ: וַתִּזְנִי אֶל־בְּנֵי־מִצְרַיִם

27 שְׁכֵנַיִךְ גִּדְלֵי בָשָׂר וַתַּרְבִּי אֶת־תַּזְנֻתֵךְ לְהַכְעִיסֵנִי: וְהִנֵּה נָטִיתִי יָדִי

עָלַיִךְ וָאֶגְרַע חֻקֵּךְ וָאֶתְּנֵךְ בְּנֶפֶשׁ שֹׂנְאוֹתַיִךְ בְּנוֹת פְּלִשְׁתִּים

28 הַנִּכְלָמוֹת מִדַּרְכֵּךְ זִמָּה: וַתִּזְנִי אֶל־בְּנֵי אַשּׁוּר מִבִּלְתִּי שָׂבְעָתֵךְ

29 וַתִּזְנִים וְגַם לֹא שָׂבָעַתְּ: וַתַּרְבִּי אֶת־תַּזְנוּתֵךְ אֶל־אֶרֶץ כְּנַעַן כַּשְׂדִּימָה

30 וְגַם־בְּזֹאת לֹא שָׂבָעַתְּ: מָה אֲמֻלָה לִבָּתֵךְ נְאֻם אֲדֹנָי יְהֹוִה בַּעֲשׂוֹתֵךְ

31 אֶת־כָּל־אֵלֶּה מַעֲשֵׂה אִשָּׁה־זוֹנָה שַׁלָּטֶת: בִּבְנוֹתַיִךְ גַּבֵּךְ בְּרֹאשׁ כָּל־

דֶּרֶךְ וְרָמָתֵךְ עָשִׂיתִי בְּכָל־רְחֹב וְלֹא־הָיִיתִי כַּזּוֹנָה לְקַלֵּס אֶתְנָן:

32 הָאִשָּׁה הַמְּנָאָפֶת תַּחַת אִישָׁהּ תִּקַּח אֶת־זָרִים: לְכָל־זֹנוֹת יִתְּנוּ־נֵדֶה

33 וְאַתְּ נָתַתְּ אֶת־נְדָנַיִךְ לְכָל־מְאַהֲבַיִךְ וַתִּשְׁחֳדִי אוֹתָם לָבוֹא אֵלַיִךְ

34 מִסָּבִיב בְּתַזְנוּתָיִךְ: וַיְהִי־בָךְ הֵפֶךְ מִן־הַנָּשִׁים בְּתַזְנוּתַיִךְ וְאַחֲרַיִךְ לֹא

35 זוּנָּה וּבְתִתֵּךְ אֶתְנָן וְאֶתְנָן לֹא נִתַּן־לָךְ וַתְּהִי לְהֶפֶךְ: לָכֵן זוֹנָה שִׁמְעִי

דְּבַר־יְהֹוָה:

36 כֹּה־אָמַר אֲדֹנָי יְהֹוִה יַעַן הִשָּׁפֵךְ נְחֻשְׁתֵּךְ וַתִּגָּלֶה עֶרְוָתֵךְ בְּתַזְנוּתַיִךְ

עַל־מְאַהֲבָיִךְ וְעַל כָּל־גִּלּוּלֵי תוֹעֲבוֹתַיִךְ וְכִדְמֵי בָנַיִךְ אֲשֶׁר נָתַתְּ

37 לָהֶם: לָכֵן הִנְנִי מְקַבֵּץ אֶת־כָּל־מְאַהֲבַיִךְ אֲשֶׁר עָרַבְתְּ עֲלֵיהֶם וְאֵת

כָּל־אֲשֶׁר אָהַבְתְּ עַל כָּל־אֲשֶׁר שָׂנֵאת וְקִבַּצְתִּי אֹתָם עָלַיִךְ מִסָּבִיב

(margin notes, right side:)

נָתַתְּ

מִתַּזְנוּתַיִךְ
זָכַרְתְּ

תַּזְנוּתַיִךְ

עָשִׂית הָיִית

24A

37A

thee, and will discover thy nakedness unto them, that they may see all thy nakedness.

38 And I will judge thee, as women that break wedlock and shed blood are judged; and I will give thee blood in fury and jealousy.

39 And I will also give thee into their hand, and they shall throw down thine eminent place, and shall break down thy high places: they shall strip thee also of thy clothes, and shall take thy fair jewels, and leave thee naked and bare.

40 They shall also bring up a company against thee, and they shall stone thee with stones, and thrust thee through with their swords.

41 And they shall burn thine houses with fire, and execute judgments upon thee in the sight of many women: and I will cause thee to cease from playing the harlot, and thou also shalt give no hire any more.

42 So will I make my fury toward thee to rest, and my jealousy shall depart from thee, and I will be quiet, and will be no more angry.

43 Because thou hast not remembered the days of thy youth, but hast fretted me in all these *things;* behold, therefore I also will recompense thy way upon *thine* head, saith the Lord God: and thou shalt not commit this lewdness above all thine abominations.

44 ¶ Behold, every one that useth proverbs shall use *this* proverb against thee, saying, As *is* the mother, *so is* her daughter.

45 Thou *art* thy mother's daughter, that lotheth her husband and her children; and thou *art* the sister of thy sisters, which lothed their husbands and their children: your mother *was* an Hittite, and your father an Amorite.

46 And thine elder sister *is* Samaria, she and her daughters that dwell at thy left hand: and thy younger sister, that dwelleth at thy right hand, *is* Sodom and her daughters.

47 Yet hast thou not walked after their ways, nor done after their abominations: but, as *if that were* a very little *thing,* thou wast corrupted more than they in all thy ways.

48 *As* I live, saith the Lord God, Sodom thy sister hath not done, she nor her daughters, as thou hast done, thou and thy daughters.

49 Behold, this was the iniquity of thy sister Sodom, pride, fulness of bread, and abundance of idleness was in her and in her daughters, neither did she strengthen the hand of the poor and needy.

50 And they were haughty, and committed abomination before me: therefore I took them away as I saw *good.*

51 Neither hath Samaria committed half of thy sins; but thou hast multiplied thine abominations more than they, and hast justified thy sisters in all thine abominations which thou hast done.

52 Thou also, which hast judged thy sisters, bear thine own shame for thy sins that thou hast committed more abominable than they: they are more righteous than thou: yea, be thou confounded also, and bear thy shame, in that thou hast justified thy sisters.

53 When I shall bring again their captivity, the captivity of Sodom and her daughters, and the captivity of Samaria and her daughters, then *will I bring again* the captivity of thy captives in the midst of them:

54 That thou mayest bear thine own shame, and mayest be confounded in all that thou hast done, in that thou art a comfort unto them.

55 When thy sisters, Sodom and her daughters, shall return to their former estate, and Samaria and her daughters shall return to their former estate, then thou and thy daughters shall return to your former estate.

56 For thy sister Sodom was not mentioned by thy mouth in the day of thy pride,

57 Before thy wickedness was discovered, as at the time of *thy* reproach of the daughters of Syria, and all *that are* round about her, the daughters of the Philistines, which despise thee round about.

58 Thou hast borne thy lewdness and thine abominations, saith the Lord.

59 For thus saith the Lord God; I will even deal with thee as thou hast done,

וְגִלֵּיתִי עֶרְוָתֵךְ אֲלֵהֶם וְרָאוּ אֶת־כָּל־עֶרְוָתֵךְ: וּשְׁפַטְתִּיךְ מִשְׁפְּטֵי 38

נֹאֲפוֹת וְשֹׁפְכֹת דָּם וּנְתַתִּיךְ דַּם חֵמָה וְקִנְאָה: וְנָתַתִּי אוֹתָךְ בְּיָדָם 39
וְהָרְסוּ גַבֵּךְ וְנִתְּצוּ רָמֹתַיִךְ וְהִפְשִׁיטוּ אוֹתָךְ בְּגָדַיִךְ וְלָקְחוּ כְּלֵי
תִפְאַרְתֵּךְ וְהִנִּיחוּךְ עֵירֹם וְעֶרְיָה: וְהֶעֱלוּ עָלַיִךְ קָהָל וְרָגְמוּ אוֹתָךְ 40
בָּאָבֶן וּבִתְּקוּךְ בְּחַרְבוֹתָם: וְשָׂרְפוּ בָתַּיִךְ בָּאֵשׁ וְעָשׂוּ־בָךְ שְׁפָטִים 41
לְעֵינֵי נָשִׁים רַבּוֹת וְהִשְׁבַּתִּיךְ מִזּוֹנָה וְגַם־אֶתְנַן לֹא תִתְּנִי־עוֹד:
וַהֲנִחֹתִי חֲמָתִי בָּךְ וְסָרָה קִנְאָתִי מִמֵּךְ וְשָׁקַטְתִּי וְלֹא אֶכְעַס עוֹד: 42

יַעַן אֲשֶׁר לֹא־זָכַרְתְּי אֶת־יְמֵי נְעוּרַיִךְ וַתִּרְגְּזִי־לִי בְּכָל־אֵלֶּה וְגַם־אֲנִי 43
הֵא דַרְכֵּךְ | בְּרֹאשׁ נָתַתִּי נְאֻם אֲדֹנָי יְהֹוִה וְלֹא עֲשִׂיתִי אֶת־הַזִּמָּה
עַל כָּל־תּוֹעֲבֹתָיִךְ: הִנֵּה כָּל־הַמֹּשֵׁל עָלַיִךְ יִמְשֹׁל לֵאמֹר כְּאִמָּה כְּבִתָּהּ: 44

בַּת־אִמֵּךְ אַתְּ גֹּעֶלֶת אִישָׁהּ וּבָנֶיהָ וַאֲחוֹת אַתְּ אֲשֶׁר גָּעֲלוּ 45
אַנְשֵׁיהֶן וּבְנֵיהֶן אִמְּכֶן חִתִּית וַאֲבִיכֶן אֱמֹרִי: וַאֲחוֹתֵךְ הַגְּדוֹלָה 46
שֹׁמְרוֹן הִיא וּבְנוֹתֶיהָ הַיּוֹשֶׁבֶת עַל־שְׂמֹאולֵךְ וַאֲחוֹתֵךְ הַקְּטַנָּה מִמֵּךְ
הַיּוֹשֶׁבֶת מִימִינֵךְ סְדֹם וּבְנוֹתֶיהָ: וְלֹא בְדַרְכֵיהֶן הָלַכְתְּ וּכְתוֹעֲבֹתֵיהֶן 47
עָשִׂיתי כִּמְעַט קָט וַתַּשְׁחִתִי מֵהֵן בְּכָל־דְּרָכָיִךְ: חַי־אָנִי נְאֻם אֲדֹנָי 48
יְהֹוִה אִם־עָשְׂתָה סְדֹם אֲחוֹתֵךְ הִיא וּבְנוֹתֶיהָ כַּאֲשֶׁר עָשִׂית אַתְּ
וּבְנוֹתָיִךְ: הִנֵּה־זֶה הָיָה עֲו‍ֹן סְדֹם אֲחוֹתֵךְ גָּאוֹן שִׂבְעַת־לֶחֶם 49
וְשַׁלְוַת הַשְׁקֵט הָיָה לָהּ וְלִבְנוֹתֶיהָ וְיַד־עָנִי וְאֶבְיוֹן לֹא הֶחֱזִיקָה:
וַתִּגְבְּהֶינָה וַתַּעֲשֶׂינָה תוֹעֵבָה לְפָנָי וָאָסִיר אֶתְהֶן כַּאֲשֶׁר 50
רָאִיתִי: וְשֹׁמְרוֹן כַּחֲצִי חַטֹּאתַיִךְ לֹא חָטָאָה וַתַּרְבִּי אֶת־ 51
תּוֹעֲבוֹתַיִךְ מֵהֵנָּה וַתְּצַדְּקִי אֶת־אֲחוֹתֵךְ בְּכָל־תּוֹעֲבֹתַיִךְ אֲשֶׁר
עָשִׂיתי: גַּם־אַתְּ | שְׂאִי כְלִמָּתֵךְ אֲשֶׁר פִּלַּלְתְּ לַאֲחוֹתֵךְ בְּחַטֹּאתַיִךְ 52
אֲשֶׁר־הִתְעַבְתְּ מֵהֵן תִּצְדַּקְנָה מִמֵּךְ וְגַם־אַתְּ בּוֹשִׁי וּשְׂאִי כְלִמָּתֵךְ
בְּצַדֶּקְתֵּךְ אַחְיוֹתֵךְ: וְשַׁבְתִּי אֶת־שְׁבִיתְהֶן אֶת־שְׁבִית סְדֹם וּבְנוֹתֶיהָ 53
וְאֶת־שְׁבִית שֹׁמְרוֹן וּבְנוֹתֶיהָ וּשְׁבִית שְׁבִיתַיִךְ בְּתוֹכָהְנָה: לְמַעַן 54
תִּשְׂאִי כְלִמָּתֵךְ וְנִכְלַמְתְּ מִכֹּל אֲשֶׁר עָשִׂית בְּנַחֲמֵךְ אֹתָן: וַאֲחוֹתַיִךְ 55
סְדֹם וּבְנוֹתֶיהָ תָּשֹׁבְןָ לְקַדְמָתָן וְשֹׁמְרוֹן וּבְנוֹתֶיהָ תָּשֹׁבְןָ לְקַדְמָתָן
וְאַתְּ וּבְנוֹתַיִךְ תְּשֻׁבֶינָה לְקַדְמַתְכֶן: וְלוֹא הָיְתָה סְדֹם אֲחוֹתֵךְ 56
לִשְׁמוּעָה בְּפִיךְ בְּיוֹם גְּאוֹנָיִךְ: בְּטֶרֶם תִּגָּלֶה רָעָתֵךְ כְּמוֹ עֵת חֶרְפַּת 57
בְּנוֹת־אֲרָם וְכָל־סְבִיבוֹתֶיהָ בְּנוֹת פְּלִשְׁתִּים הַשָּׁאטוֹת אוֹתָךְ מִסָּבִיב:
אֶת־זִמָּתֵךְ וְאֶת־תּוֹעֲבוֹתַיִךְ אַתְּ נְשָׂאתִים נְאֻם יְהֹוָה: כִּי 58 59
כֹּה אָמַר אֲדֹנָי יְהֹוִה וְעָשִׂית אוֹתָךְ כַּאֲשֶׁר עָשִׂית אֲשֶׁר־בָּזִית אָלָה

45A
47A

זָכַרְתְּ
עֲשִׂית

עֲשִׂית

אֲחוֹתֵךְ
עֲשִׂית

שְׁבוּת

שְׁבוּת וּשְׁבוּת

וְעָשִׂיתִי

which hast despised the oath in breaking the covenant.

60 ¶ Nevertheless I will remember my covenant with thee in the days of thy youth, and I will establish unto thee an everlasting covenant.

61 Then thou shalt remember thy ways, and be ashamed, when thou shalt receive thy sisters, thine elder and thy younger: and I will give them unto thee for daughters, but not by thy covenant.

62 And I will establish my covenant with thee; and thou shalt know that I *am* the LORD:

63 That thou mayest remember, and be confounded, and never open thy mouth any more because of thy shame, when I am pacified toward thee for all that thou hast done, saith the Lord GOD.

CHAPTER 17

1 And the word of the LORD came unto me, saying,

2 Son of man, put forth a riddle, and speak a parable unto the house of Israel;

3 And say, Thus saith the Lord GOD; A great eagle with great wings, longwinged, full of feathers, which had divers colours, came unto Lebanon, and took the highest branch of the cedar:

4 He cropped off the top of his young twigs, and carried it into a land of traffick; he set it in a city of merchants.

5 He took also of the seed of the land, and planted it in a fruitful field; he placed *it* by great waters, *and* set it *as* a willow tree.

6 And it grew, and became a spreading vine of low stature, whose branches turned toward him, and the roots thereof were under him: so it became a vine, and brought forth branches, and shot forth sprigs.

7 There was also another great eagle with great wings and many feathers: and, behold, this vine did bend her roots toward him, and shot forth her branches toward him, that he might water it by the furrows of her plantation.

8 It was planted in a good soil by great waters, that it might bring forth branches,

and that it might bear fruit, that it might be a goodly vine.

9 Say thou, Thus saith the Lord GOD; Shall it prosper? shall he not pull up the roots thereof, and cut off the fruit thereof, that it wither? it shall wither in all the leaves of her spring, even without great power or many people to pluck it up by the roots thereof.

10 Yea, behold, *being* planted, shall it prosper? shall it not utterly wither, when the east wind toucheth it? it shall wither in the furrows where it grew.

11 ¶ Moreover the word of the LORD came unto me, saying,

12 Say now to the rebellious house, Know ye not what these *things mean?* tell *them,* Behold, the king of Babylon is come to Jerusalem, and hath taken the king thereof, and the princes thereof, and led them with him to Babylon;

13 And hath taken of the king's seed, and made a covenant with him, and hath taken an oath of him: he hath also taken the mighty of the land:

14 That the kingdom might be base, that it might not lift itself up, *but* that by keeping of his covenant it might stand.

15 But he rebelled against him in sending his ambassadors into Egypt, that they might give him horses and much people. Shall he prosper? shall he escape that doeth such *things?* or shall he break the covenant, and be delivered?

16 *As* I live, saith the Lord GOD, surely in the place *where* the king *dwelleth* that made him king, whose oath he despised, and whose covenant he brake, *even* with him in the midst of Babylon he shall die.

17 Neither shall Pharaoh with *his* mighty army and great company make for him in the war, by casting up mounts, and building forts, to cut off many persons:

18 Seeing he despised the oath by breaking the covenant, when, lo, he had given his hand, and hath done all these *things,* he shall not escape.

19 Therefore thus saith the Lord GOD; *As* I live, surely mine oath that he hath despised, and my covenant that he hath broken, even it will I recompense upon his own head.

לְהָפֵר בְּרִית: וְזָכַרְתִּי אֲנִי אֶת־בְּרִיתִי אוֹתָךְ בִּימֵי נְעוּרָיִךְ וַהֲקִמוֹתִי 60

לָךְ בְּרִית עוֹלָם: וְזָכַרְתְּ אֶת־דְּרָכַיִךְ וְנִכְלַמְתְּ בְּקַחְתֵּךְ אֶת־אֲחוֹתַיִךְ 61

הַגְּדֹלוֹת מִמֵּךְ אֶל־הַקְּטַנּוֹת מִמֵּךְ וְנָתַתִּי אֶתְהֶן לָךְ לְבָנוֹת וְלֹא

מִבְּרִיתֵךְ: וַהֲקִמוֹתִי אֲנִי אֶת־בְּרִיתִי אִתָּךְ וְיָדַעַתְּ כִּי־אֲנִי יְהוָה: 62

לְמַעַן תִּזְכְּרִי וָבֹשְׁתְּ וְלֹא יִהְיֶה־לָּךְ עוֹד פִּתְחוֹן פֶּה מִפְּנֵי כְּלִמָּתֵךְ 63

בְּכַפְּרִי־לָךְ לְכָל־אֲשֶׁר עָשִׂית נְאֻם אֲדֹנָי יְהוִה: ⏎ וַיְהִי דְבַר־ 17 1

יְהוָה אֵלַי לֵאמֹר: בֶּן־אָדָם חוּד חִידָה וּמְשֹׁל מָשָׁל אֶל־בֵּית יִשְׂרָאֵל: 2

וְאָמַרְתָּ כֹּה־אָמַר אֲדֹנָי יְהוִה הַנֶּשֶׁר הַגָּדוֹל גְּדוֹל הַכְּנָפַיִם אֶרֶךְ 3

הָאֵבֶר מָלֵא הַנּוֹצָה אֲשֶׁר־לוֹ הָרִקְמָה בָּא אֶל־הַלְּבָנוֹן וַיִּקַּח אֶת־

צַמֶּרֶת הָאָרֶז: אֵת רֹאשׁ יְנִיקוֹתָיו קָטָף וַיְבִיאֵהוּ אֶל־אֶרֶץ כְּנַעַן בְּעִיר 4

רֹכְלִים שָׂמוֹ: וַיִּקַּח מִזֶּרַע הָאָרֶץ וַיִּתְּנֵהוּ בִּשְׂדֵה־זָרַע קַח עַל־מַיִם 5

רַבִּים צַפְצָפָה שָׂמוֹ: וַיִּצְמַח וַיְהִי לְגֶפֶן סֹרַחַת שִׁפְלַת קוֹמָה לִפְנוֹת 6

דָּלִיּוֹתָיו אֵלָיו וְשָׁרָשָׁיו תַּחְתָּיו יִהְיוּ וַתְּהִי לְגֶפֶן וַתַּעַשׂ בַּדִּים וַתְּשַׁלַּח

פֹּארוֹת: וַיְהִי נֶשֶׁר־אֶחָד גָּדוֹל גְּדוֹל כְּנָפַיִם וְרַב־נוֹצָה וְהִנֵּה הַגֶּפֶן 7

הַזֹּאת כָּפְנָה שָׁרָשֶׁיהָ עָלָיו וְדָלִיּוֹתָיו שִׁלְחָה־לּוֹ לְהַשְׁקוֹת אוֹתָהּ

מֵעֲרֻגוֹת מַטָּעָהּ: אֶל־שָׂדֶה טּוֹב אֶל־מַיִם רַבִּים הִיא שְׁתוּלָה לַעֲשׂוֹת 8

עָנָף וְלָשֵׂאת פֶּרִי לִהְיוֹת לְגֶפֶן אַדָּרֶת: ⏎ אֱמֹר כֹּה אָמַר 9

אֲדֹנָי יְהוִה תִּצְלָח הֲלוֹא אֶת־שָׁרָשֶׁיהָ יְנַתֵּק וְאֶת־פִּרְיָהּ ׀ יְקוֹסֵס וְיָבֵשׁ

כָּל־טַרְפֵּי צִמְחָהּ תִּיבָשׁ וְלֹא־בִזְרֹעַ גְּדוֹלָה וּבְעַם־רָב לְמַשְׂאוֹת אוֹתָהּ

מִשָּׁרָשֶׁיהָ: וְהִנֵּה שְׁתוּלָה הֲתִצְלָח הֲלוֹא כְגַעַת בָּהּ רוּחַ הַקָּדִים 10

תִּיבַשׁ יָבֹשׁ עַל־עֲרֻגֹת צִמְחָהּ תִּיבָשׁ: ⏎

וַיְהִי דְבַר־יְהוָה אֵלַי לֵאמֹר: אֱמָר־נָא לְבֵית הַמֶּרִי הֲלֹא יְדַעְתֶּם 11 12

מָה־אֵלֶּה אֱמֹר הִנֵּה־בָא מֶלֶךְ־בָּבֶל יְרוּשָׁלַםִ וַיִּקַּח אֶת־מַלְכָּהּ וְאֶת־

שָׂרֶיהָ וַיָּבֵא אוֹתָם אֵלָיו בָּבֶלָה: וַיִּקַּח מִזֶּרַע הַמְּלוּכָה וַיִּכְרֹת אִתּוֹ 13

בְּרִית וַיָּבֵא אֹתוֹ בְּאָלָה וְאֶת־אֵילֵי הָאָרֶץ לָקָח: לִהְיוֹת מַמְלָכָה 14

שְׁפָלָה לְבִלְתִּי הִתְנַשֵּׂא לִשְׁמֹר אֶת־בְּרִיתוֹ לְעָמְדָהּ: וַיִּמְרָד־בּוֹ לִשְׁלֹחַ 15

מַלְאָכָיו מִצְרַיִם לָתֶת־לוֹ סוּסִים וְעַם־רָב הֲיִצְלָח הֲיִמָּלֵט הָעֹשֵׂה

אֵלֶּה וְהֵפֵר בְּרִית וְנִמְלָט: חַי־אָנִי נְאֻם אֲדֹנָי יְהוִה אִם־לֹא בִּמְקוֹם 16

הַמֶּלֶךְ הַמַּמְלִיךְ אֹתוֹ אֲשֶׁר בָּזָה אֶת־אָלָתוֹ וַאֲשֶׁר הֵפֵר אֶת־בְּרִיתוֹ

אִתּוֹ בְתוֹךְ־בָּבֶל יָמוּת: וְלֹא בְחַיִל גָּדוֹל וּבְקָהָל רָב יַעֲשֶׂה אוֹתוֹ 17

פַרְעֹה בַּמִּלְחָמָה בִּשְׁפֹּךְ סֹלְלָה וּבִבְנוֹת דָּיֵק לְהַכְרִית נְפָשׁוֹת רַבּוֹת:

וּבָזָה אָלָה לְהָפֵר בְּרִית וְהִנֵּה נָתַן יָדוֹ וְכָל־אֵלֶּה עָשָׂה לֹא 18

יִמָּלֵט: ⏎ לָכֵן כֹּה־אָמַר אֲדֹנָי יְהוִה חַי־אָנִי אִם־לֹא אָלָתִי 19

אֲשֶׁר בָּזָה וּבְרִיתִי אֲשֶׁר הֵפִיר וּנְתַתִּיו בְּרֹאשׁוֹ: וּפָרַשְׂתִּי עָלָיו רִשְׁתִּי 20

20 And I will spread my net upon him, and he shall be taken in my snare, and I will bring him to Babylon, and will plead with him there for his trespass that he hath trespassed against me.

21 And all his fugitives with all his bands shall fall by the sword, and they that remain shall be scattered toward all winds: and ye shall know that I the LORD have spoken *it.*

22 ¶ Thus saith the Lord GOD; I will also take of the highest branch of the high cedar, and will set *it;* I will crop off from the top of his young twigs a tender one, and will plant *it* upon an high mountain and eminent:

23 In the mountain of the height of Israel will I plant it: and it shall bring forth boughs, and bear fruit, and be a goodly cedar: and under it shall dwell all fowl of every wing; in the shadow of the branches thereof shall they dwell.

24 And all the trees of the field shall know that I the LORD have brought down the high tree, have exalted the low tree, have dried up the green tree, and have made the dry tree to flourish: I the LORD have spoken and have done *it.*

CHAPTER 18

1 The word of the LORD came unto me again, saying,

2 What mean ye, that ye use this proverb concerning the land of Israel, saying, The fathers have eaten sour grapes, and the children's teeth are set on edge?

3 *As* I live, saith the Lord GOD, ye shall not have *occasion* any more to use this proverb in Israel.

4 Behold, all souls are mine; as the soul of the father, so also the soul of the son is mine: the soul that sinneth, it shall die.

5 ¶ But if a man be just, and do that which is lawful and right,

6 *And* hath not eaten upon the mountains, neither hath lifted up his eyes to the idols of the house of Israel, neither hath defiled his neighbour's wife, neither hath come near to a menstruous woman,

7 And hath not oppressed any, *but* hath restored to the debtor his pledge, hath

spoiled none by violence, hath given his bread to the hungry, and hath covered the naked with a garment;

8 He *that* hath not given forth upon usury, neither hath taken any increase, *that* hath withdrawn his hand from iniquity, hath executed true judgment between man and man,

9 Hath walked in my statutes, and hath kept my judgments, to deal truly; he *is* just, he shall surely live, saith the Lord GOD.

10 ¶ If he beget a son *that is* a robber, a shedder of blood, and *that* doeth the like to *any* one of these *things,*

11 And that doeth not any of those *duties,* but even hath eaten upon the mountains, and defiled his neighbour's wife,

12 Hath oppressed the poor and needy, hath spoiled by violence, hath not restored the pledge, and hath lifted up his eyes to the idols, hath committed abomination,

13 Hath given forth upon usury, and hath taken increase: shall he then live? he shall not live: he hath done all these abominations; he shall surely die; his blood shall be upon him.

14 ¶ Now, lo, *if* he beget a son, that seeth all his father's sins which he hath done, and considereth, and doeth not such like,

15 *That* hath not eaten upon the mountains, neither hath lifted up his eyes to the idols of the house of Israel, hath not defiled his neighbour's wife,

16 Neither hath oppressed any, hath not withholden the pledge, neither hath spoiled by violence, *but* hath given his bread to the hungry, and hath covered the naked with a garment,

17 *That* hath taken off his hand from the poor, *that* hath not received usury nor increase, hath executed my judgments, hath walked in my statutes; he shall not die for the iniquity of his father, he shall surely live.

18 *As for* his father, because he cruelly oppressed, spoiled his brother by violence, and did *that* which *is* not good among his people, lo, even he shall die in his iniquity.

19 ¶ Yet say ye, Why? doth not the son

וְנִתְפַּשׂ בִּמְצוּדָתִי וַהֲבִיאוֹתִיהוּ בָבֶלָה וְנִשְׁפַּטְתִּי אִתּוֹ שָׁם מַעֲלוֹ

מִבְרָחָו 21 אֲשֶׁר מָעַל־בִּי: וְאֵת כָּל־מִבְרָחָו בְּכָל־אֲגַפָּיו בַּחֶרֶב יִפֹּלוּ וְהַנִּשְׁאָרִים

22 לְכָל־רוּחַ יִפָּרֵשׂוּ וִידַעְתֶּם כִּי אֲנִי יְהוָה דִּבַּרְתִּי: 22A כֹּה אָמַר

אֲדֹנָי יְהוִֹה וְלָקַחְתִּי אָנִי מִצַּמֶּרֶת הָאֶרֶז הָרָמָה וְנָתָתִּי מֵרֹאשׁ

23 יֹנְקוֹתָיו רַךְ אֶקְטֹף וְשָׁתַלְתִּי אָנִי עַל הַר־גָּבֹהַּ וְתָלוּל: בְּהַר מְרוֹם

יִשְׂרָאֵל אֶשְׁתֳּלֶנּוּ וְנָשָׂא עָנָף וְעָשָׂה פֶרִי וְהָיָה לְאֶרֶז אַדִּיר וְשָׁכְנוּ

24 תַחְתָּיו כֹּל צִפּוֹר כָּל־כָּנָף בְּצֵל דָּלִיּוֹתָיו תִּשְׁכֹּנָּה: 24A וְיָדְעוּ כָּל־עֲצֵי

הַשָּׂדֶה כִּי אֲנִי יְהוָה הִשְׁפַּלְתִּי עֵץ גָּבֹהַּ הִגְבַּהְתִּי עֵץ שָׁפָל הוֹבַשְׁתִּי

עֵץ לָח וְהִפְרַחְתִּי עֵץ יָבֵשׁ אֲנִי יְהוָה דִּבַּרְתִּי וְעָשִׂיתִי:

18 1 וַיְהִי דְבַר־יְהוָה אֵלַי לֵאמֹר: 2 מַה־לָּכֶם אַתֶּם מֹשְׁלִים אֶת־הַמָּשָׁל

הַזֶּה עַל־אַדְמַת יִשְׂרָאֵל לֵאמֹר אָבוֹת יֹאכְלוּ בֹסֶר וְשִׁנֵּי הַבָּנִים

3 תִּקְהֶינָה: חַי־אָנִי נְאֻם אֲדֹנָי יְהוִֹה אִם־יִהְיֶה לָכֶם עוֹד מְשֹׁל הַמָּשָׁל

4 הַזֶּה בְּיִשְׂרָאֵל: הֵן כָּל־הַנְּפָשׁוֹת לִי הֵנָּה כְּנֶפֶשׁ הָאָב וּכְנֶפֶשׁ הַבֵּן

5 לִי־הֵנָּה הַנֶּפֶשׁ הַחֹטֵאת הִיא תָמוּת: וְאִישׁ כִּי־יִהְיֶה צַדִּיק

6 וְעָשָׂה מִשְׁפָּט וּצְדָקָה: אֶל־הֶהָרִים לֹא אָכָל וְעֵינָיו לֹא נָשָׂא אֶל־

גִּלּוּלֵי בֵּית יִשְׂרָאֵל וְאֶת־אֵשֶׁת רֵעֵהוּ לֹא טִמֵּא וְאֶל־אִשָּׁה נִדָּה לֹא

7 יִקְרָב: וְאִישׁ לֹא יוֹנֶה חֲבֹלָתוֹ חוֹב יָשִׁיב גְּזֵלָה לֹא יִגְזֹל לַחְמוֹ לְרָעֵב

8 יִתֵּן וְעֵירֹם יְכַסֶּה־בָּגֶד: בַּנֶּשֶׁךְ לֹא־יִתֵּן וְתַרְבִּית לֹא יִקָּח מֵעָוֶל יָשִׁיב

9 יָדוֹ מִשְׁפַּט אֱמֶת יַעֲשֶׂה בֵּין אִישׁ לְאִישׁ: בְּחֻקּוֹתַי יְהַלֵּךְ וּמִשְׁפָּטַי

10 שָׁמַר לַעֲשׂוֹת אֱמֶת צַדִּיק הוּא חָיֹה יִחְיֶה נְאֻם אֲדֹנָי יְהוִֹה: וְהוֹלִיד

11 בֶּן־פָּרִיץ שֹׁפֵךְ דָּם וְעָשָׂה אָח מֵאַחַד מֵאֵלֶּה: וְהוּא אֶת־כָּל־אֵלֶּה

12 לֹא עָשָׂה כִּי גַם אֶל־הֶהָרִים אָכָל וְאֶת־אֵשֶׁת רֵעֵהוּ טִמֵּא: עָנִי

וְאֶבְיוֹן הוֹנָה גְּזֵלוֹת גָּזָל חֲבֹל לֹא יָשִׁיב וְאֶל־הַגִּלּוּלִים נָשָׂא עֵינָיו

13 תּוֹעֵבָה עָשָׂה: בַּנֶּשֶׁךְ נָתַן וְתַרְבִּית לָקַח וָחָי לֹא יִחְיֶה אֵת כָּל־

14 הַתּוֹעֵבוֹת הָאֵלֶּה עָשָׂה מוֹת יוּמָת דָּמָיו בּוֹ יִהְיֶה: וְהִנֵּה הוֹלִיד

בֵּן וַיַּרְא אֶת־כָּל־חַטֹּאת אָבִיו אֲשֶׁר עָשָׂה וַיִּרְאֶה וְלֹא יַעֲשֶׂה כָּהֵן:

15 עַל־הֶהָרִים לֹא אָכָל וְעֵינָיו לֹא נָשָׂא אֶל־גִּלּוּלֵי בֵּית יִשְׂרָאֵל אֶת־

16 אֵשֶׁת רֵעֵהוּ לֹא טִמֵּא: וְאִישׁ לֹא הוֹנָה חֲבֹל לֹא חָבָל וּגְזֵלָה לֹא

17 גָזָל לַחְמוֹ לְרָעֵב נָתָן וְעֵרוֹם כִּסָּה־בָגֶד: מֵעָנִי הֵשִׁיב יָדוֹ נֶשֶׁךְ

וְתַרְבִּית לֹא לָקָח מִשְׁפָּטַי עָשָׂה בְּחֻקּוֹתַי הָלָךְ הוּא לֹא יָמוּת בַּעֲוֹן

18 אָבִיו חָיֹה יִחְיֶה: אָבִיו כִּי־עָשַׁק עֹשֶׁק גָּזַל גֵּזֶל אָח וַאֲשֶׁר לֹא־טוֹב

19 עָשָׂה בְּתוֹךְ עַמָּיו וְהִנֵּה־מֵת בַּעֲוֹנוֹ: וַאֲמַרְתֶּם מַדּוּעַ לֹא־נָשָׂא הַבֵּן

bear the iniquity of the father? When the son hath done that which is lawful and right, *and* hath kept all my statutes, and hath done them, he shall surely live.

20 The soul that sinneth, it shall die. The son shall not bear the iniquity of the father, neither shall the father bear the iniquity of the son: the righteousness of the righteous shall be upon him, and the wickedness of the wicked shall be upon him.

21 But if the wicked will turn from all his sins that he hath committed, and keep all my statutes, and do that which is lawful and right, he shall surely live, he shall not die.

22 All his transgressions that he hath committed, they shall not be mentioned unto him: in his righteousness that he hath done he shall live.

23 Have I any pleasure at all that the wicked should die? saith the Lord God: *and* not that he should return from his ways, and live?

24 ¶ But when the righteous turneth away from his righteousness, and committeth iniquity, *and* doeth according to all the abominations that the wicked *man* doeth, shall he live? All his righteousness that he hath done shall not be mentioned: in his trespass that he hath trespassed, and in his sin that he hath sinned, in them shall he die.

25 ¶ Yet ye say, The way of the Lord is not equal. Hear now, O house of Israel; Is not my way equal? are not your ways unequal?

26 When a righteous *man* turneth away from his righteousness, and committeth iniquity, and dieth in them; for his iniquity that he hath done shall he die.

27 Again, when the wicked *man* turneth away from his wickedness that he hath committed, and doeth that which is lawful and right, he shall save his soul alive.

28 Because he considereth, and turneth away from all his transgressions that he hath committed, he shall surely live, he shall not die.

29 Yet saith the house of Israel, The way of the Lord is not equal. O house of Israel,

are not my ways equal? are not your ways unequal?

30 Therefore I will judge you, O house of Israel, every one according to his ways, saith the Lord God. Repent, and turn *yourselves* from all your transgressions; so iniquity shall not be your ruin.

31 ¶ Cast away from you all your transgressions, whereby ye have transgressed; and make you a new heart and a new spirit: for why will ye die, O house of Israel?

32 For I have no pleasure in the death of him that dieth, saith the Lord God: wherefore turn *yourselves,* and live ye.

CHAPTER 19

1 Moreover take thou up a lamentation for the princes of Israel,

2 And say, What *is* thy mother? A lioness: she lay down among lions, she nourished her whelps among young lions.

3 And she brought up one of her whelps: it became a young lion, and it learned to catch the prey; it devoured men.

4 The nations also heard of him; he was taken in their pit, and they brought him with chains unto the land of Egypt.

5 Now when she saw that she had waited, *and* her hope was lost, then she took another of her whelps, *and* made him a young lion.

6 And he went up and down among the lions, he became a young lion, and learned to catch the prey, *and* devoured men.

7 And he knew their desolate palaces, and he laid waste their cities; and the land was desolate, and the fulness thereof, by the noise of his roaring.

8 Then the nations set against him on every side from the provinces, and spread their net over him: he was taken in their pit.

9 And they put him in ward in chains, and brought him to the king of Babylon: they brought him into holds, that his voice should no more be heard upon the mountains of Israel.

10 ¶ Thy mother *is* like a vine in thy blood, planted by the waters: she was

בַּעֲוֹן הָאָב וְהַבֵּן מִשְׁפָּט וּצְדָקָה עָשָׂה אֵת כָּל־חֻקּוֹתַי שָׁמַר וַיַּעֲשֶׂה

20 אֹתָם חָיֹה יִחְיֶה: הַנֶּפֶשׁ הַחֹטֵאת הִיא תָמוּת בֵּן לֹא־יִשָּׂא ׀ בַּעֲוֹן הָאָב וְאָב לֹא יִשָּׂא בַּעֲוֹן הַבֵּן צִדְקַת הַצַּדִּיק עָלָיו תִּהְיֶה וְרִשְׁעַת

21 רָשָׁע עָלָיו תִּהְיֶה: וְהָרָשָׁע כִּי יָשׁוּב מִכָּל־חטאתו אֲשֶׁר עָשָׂה וְשָׁמַר אֶת־כָּל־חֻקּוֹתַי וְעָשָׂה מִשְׁפָּט וּצְדָקָה חָיֹה יִחְיֶה לֹא

22 יָמוּת: כָּל־פְּשָׁעָיו אֲשֶׁר עָשָׂה לֹא יִזָּכְרוּ לוֹ בְּצִדְקָתוֹ אֲשֶׁר־עָשָׂה

23 יִחְיֶה: הֶחָפֹץ אֶחְפֹּץ מוֹת רָשָׁע נְאֻם אֲדֹנָי יְהוִה הֲלוֹא בְּשׁוּבוֹ

24 מִדְּרָכָיו וְחָיָה: וּבְשׁוּב צַדִּיק מִצִּדְקָתוֹ וְעָשָׂה עָוֶל כְּכֹל

הַתּוֹעֵבוֹת אֲשֶׁר־עָשָׂה הָרָשָׁע יַעֲשֶׂה וָחָי כָּל־צִדְקֹתָו אֲשֶׁר־עָשָׂה לֹא תִזָּכַרְנָה בְּמַעֲלוֹ אֲשֶׁר־מָעַל וּבְחַטָּאתוֹ אֲשֶׁר־חָטָא בָּם יָמוּת:

25 וַאֲמַרְתֶּם לֹא יִתָּכֵן דֶּרֶךְ אֲדֹנָי שִׁמְעוּ־נָא בֵּית יִשְׂרָאֵל הֲדַרְכִּי לֹא

26 יִתָּכֵן הֲלֹא דַרְכֵיכֶם לֹא יִתָּכֵנוּ: בְּשׁוּב־צַדִּיק מִצִּדְקָתוֹ וְעָשָׂה עָוֶל

27 וּמֵת עֲלֵיהֶם בְּעַוְלוֹ אֲשֶׁר־עָשָׂה יָמוּת: וּבְשׁוּב רָשָׁע מֵרִשְׁעָתוֹ אֲשֶׁר עָשָׂה וַיַּעַשׂ מִשְׁפָּט וּצְדָקָה הוּא אֶת־נַפְשׁוֹ יְחַיֶּה:

28
29 וַיִּרְאֶה וַיָּשׁוב מִכָּל־פְּשָׁעָיו אֲשֶׁר עָשָׂה חָיוֹ יִחְיֶה לֹא יָמוּת: וְאָמְרוּ 29A בֵּית יִשְׂרָאֵל לֹא יִתָּכֵן דֶּרֶךְ אֲדֹנָי הַדְּרָכַי לֹא יִתָּכְנוּ בֵּית יִשְׂרָאֵל

30 הֲלֹא דַרְכֵיכֶם לֹא יִתָּכֵן: לָכֵן אִישׁ כִּדְרָכָיו אֶשְׁפֹּט אֶתְכֶם בֵּית יִשְׂרָאֵל נְאֻם אֲדֹנָי יְהוִה שׁוּבוּ וְהָשִׁיבוּ מִכָּל־פִּשְׁעֵיכֶם וְלֹא־יִהְיֶה

31 לָכֶם לְמִכְשׁוֹל עָוֹן: הַשְׁלִיכוּ מֵעֲלֵיכֶם אֶת־כָּל־פִּשְׁעֵיכֶם אֲשֶׁר 31A פְּשַׁעְתֶּם בָּם וַעֲשׂוּ לָכֶם לֵב חָדָשׁ וְרוּחַ חֲדָשָׁה וְלָמָּה תָמֻתוּ בֵּית

32 יִשְׂרָאֵל: כִּי לֹא אֶחְפֹּץ בְּמוֹת הַמֵּת נְאֻם אֲדֹנָי יְהוִה וְהָשִׁיבוּ וִחְיוּ:

19 1 וְאַתָּה שָׂא קִינָה אֶל־נְשִׂיאֵי יִשְׂרָאֵל: וְאָמַרְתָּ מָה אִמְּךָ לְבִיָּא בֵּין 2 אֲרָיוֹת רָבָצָה בְּתוֹךְ כְּפִרִים רִבְּתָה גוּרֶיהָ: וַתַּעַל אֶחָד מִגֻּרֶיהָ כְּפִיר 3 הָיָה וַיִּלְמַד לִטְרָף־טֶרֶף אָדָם אָכָל: וַיִּשְׁמְעוּ אֵלָיו גּוֹיִם בְּשַׁחְתָּם 4 נִתְפָּשׂ וַיְבִאֻהוּ בַחַחִים אֶל־אֶרֶץ מִצְרָיִם: וַתֵּרֶא כִּי נוֹחֲלָה אָבְדָה 5 תִּקְוָתָהּ וַתִּקַּח אֶחָד מִגֻּרֶיהָ כְּפִיר שָׂמָתְהוּ: וַיִּתְהַלֵּךְ בְּתוֹךְ אֲרָיוֹת 6 כְּפִיר הָיָה וַיִּלְמַד לִטְרָף־טֶרֶף אָדָם אָכָל: וַיֵּדַע אַלְמְנוֹתָיו וְעָרֵיהֶם 7 הֶחֱרִיב וַתֵּשַׁם אֶרֶץ וּמְלֹאָהּ מִקּוֹל שַׁאֲגָתוֹ: וַיִּתְּנוּ עָלָיו גּוֹיִם סָבִיב 8 מִמְּדִינוֹת וַיִּפְרְשׂוּ עָלָיו רִשְׁתָּם בְּשַׁחְתָּם נִתְפָּשׂ: וַיִּתְּנֻהוּ בַסּוּגַר 9 בַּחַחִים וַיְבִאֻהוּ אֶל־מֶלֶךְ בָּבֶל יְבִאֻהוּ בַּמְּצֹדוֹת לְמַעַן לֹא־יִשָּׁמַע קוֹלוֹ עוֹד אֶל־הָרֵי יִשְׂרָאֵל:

10 אִמְּךָ כַגֶּפֶן בְּדָמְךָ עַל־מַיִם שְׁתוּלָה פֹּרִיָּה וַעֲנֵפָה הָיְתָה מִמַּיִם רַבִּים:

fruitful and full of branches by reason of many waters.

11 And she had strong rods for the sceptres of them that bare rule, and her stature was exalted among the thick branches, and she appeared in her height with the multitude of her branches.

12 But she was plucked up in fury, she was cast down to the ground, and the east wind dried up her fruit: her strong rods were broken and withered; the fire consumed them.

13 And now she *is* planted in the wilderness, in a dry and thirsty ground.

14 And fire is gone out of a rod of her branches, *which* hath devoured her fruit, so that she hath no strong rod *to be* a sceptre to rule. This *is* a lamentation, and shall be for a lamentation.

CHAPTER 20

1 And it came to pass in the seventh year, in the fifth *month,* the tenth *day* of the month, *that* certain of the elders of Israel came to enquire of the LORD, and sat before me.

2 Then came the word of the LORD unto me, saying,

3 Son of man, speak unto the elders of Israel, and say unto them, Thus saith the Lord GOD; Are ye come to enquire of me? *As* I live, saith the Lord GOD, I will not be enquired of by you.

4 Wilt thou judge them, son of man, wilt thou judge *them?* cause them to know the abominations of their fathers:

5 ¶ And say unto them, Thus saith the Lord GOD; In the day when I chose Israel, and lifted up mine hand unto the seed of the house of Jacob, and made myself known unto them in the land of Egypt, when I lifted up mine hand unto them, saying, I *am* the LORD your God;

6 In the day *that* I lifted up mine hand unto them, to bring them forth of the land of Egypt into a land that I had espied for them, flowing with milk and honey, which *is* the glory of all lands:

7 Then said I unto them, Cast ye away every man the abominations of his eyes,

and defile not yourselves with the idols of Egypt: I *am* the LORD your God.

8 But they rebelled against me, and would not hearken unto me: they did not every man cast away the abominations of their eyes, neither did they forsake the idols of Egypt: then I said, I will pour out my fury upon them, to accomplish my anger against them in the midst of the land of Egypt.

9 But I wrought for my name's sake, that it should not be polluted before the heathen, among whom they *were,* in whose sight I made myself known unto them, in bringing them forth out of the land of Egypt.

10 ¶ Wherefore I caused them to go forth out of the land of Egypt, and brought them into the wilderness.

11 And I gave them my statutes, and shewed them my judgments, which *if* a man do, he shall even live in them.

12 Moreover also I gave them my sabbaths, to be a sign between me and them, that they might know that I *am* the LORD that sanctify them.

13 But the house of Israel rebelled against me in the wilderness: they walked not in my statutes, and they despised my judgments, which *if* a man do, he shall even live in them; and my sabbaths they greatly polluted: then I said, I would pour out my fury upon them in the wilderness, to consume them.

14 But I wrought for my name's sake, that it should not be polluted before the heathen, in whose sight I brought them out.

15 Yet also I lifted up my hand unto them in the wilderness, that I would not bring them into the land which I had given *them,* flowing with milk and honey, which *is* the glory of all lands;

16 Because they despised my judgments, and walked not in my statutes, but polluted my sabbaths: for their heart went after their idols.

17 Nevertheless mine eye spared them from destroying them, neither did I make an end of them in the wilderness.

18 But I said unto their children in the wilderness, Walk ye not in the statutes of

11 וַיִּהְיוּ־לָ֣הּ מַטּ֣וֹת עֹ֗ז אֶל־שִׁבְטֵי֙ מֹֽשְׁלִ֔ים וַתִּגְבַּ֤הּ קֽוֹמָתוֹ֙ עַל־בֵּ֣ין

12 עֲבֹתִ֔ים וַיֵּרָ֣א בְגָבְה֔וֹ בְּרֹ֖ב דָּֽלִיֹּתָ֑יו: וַתֻּתַּ֤שׁ בְּחֵמָה֙ לָאָ֣רֶץ הֻשְׁלָ֔כָה

וְר֤וּחַ הַקָּדִים֙ הוֹבִ֣ישׁ פִּרְיָ֔הּ הִתְפָּֽרְק֖וּ וְיָבֵ֑שׁוּ מַטֵּ֥ה עֻזָּ֖הּ אֵ֥שׁ אֲכָלָֽתְהוּ:

13 וְעַתָּ֖ה שְׁתוּלָ֣ה בַמִּדְבָּ֑ר בְּאֶ֖רֶץ צִיָּ֥ה וְצָמָֽא: וַתֵּ֨צֵא אֵ֜שׁ מִמַּטֵּ֤ה בַדֶּ֙יהָ֙

14 פִּרְיָ֣הּ אָכָ֔לָה וְלֹא־הָ֥יָה בָהּ֙ מַטֵּה־עֹ֔ז שֵׁ֖בֶט לִמְשׁ֑וֹל קִ֥ינָה הִ֖יא וַתְּהִ֥י

לְקִינָֽה:

20 1 וַיְהִ֣י ׀ בַּשָּׁנָ֣ה הַשְּׁבִיעִ֗ית בַּֽחֲמִשִׁי֙ בֶּֽעָשׂ֣וֹר לַחֹ֔דֶשׁ בָּ֧אוּ אֲנָשִׁ֛ים מִזִּקְנֵ֥י

2 יִשְׂרָאֵ֖ל לִדְרֹ֣שׁ אֶת־יְהֹוָ֑ה וַיֵּֽשְׁב֖וּ לְפָנָֽי: וַיְהִ֥י דְבַר־יְהֹוָ֖ה

3 אֵלַ֥י לֵאמֹֽר: בֶּן־אָדָ֗ם דַּבֵּ֞ר אֶת־זִקְנֵ֤י יִשְׂרָאֵל֙ וְאָֽמַרְתָּ֣ אֲלֵהֶ֔ם כֹּ֤ה אָמַר֙

אֲדֹנָ֣י יְהֹוִ֔ה הֲלִדְרֹ֥שׁ אֹתִ֖י אַתֶּ֣ם בָּאִ֑ים חַי־אָ֙נִי֙ אִם־אִדָּרֵ֣שׁ לָכֶ֔ם נְאֻם֙

4 אֲדֹנָ֣י יְהֹוִֽה: הֲתִשְׁפֹּ֥ט אֹתָ֖ם הֲתִשְׁפּ֣וֹט בֶּן־אָדָ֑ם אֶת־תּֽוֹעֲבֹ֥ת אֲבוֹתָ֖ם

5 הֽוֹדִיעֵֽם: וְאָמַרְתָּ֣ אֲלֵיהֶ֗ם כֹּֽה־אָמַר֘ אֲדֹנָ֣י יְהֹוִה֒ בְּיוֹם֙ בָּחֳרִ֣י בְיִשְׂרָאֵ֔ל

וָֽאֶשָּׂ֣א יָדִ֗י לְזֶ֨רַע֙ בֵּ֣ית יַֽעֲקֹ֔ב וָֽאִוָּדַ֥ע לָהֶ֖ם בְּאֶ֣רֶץ מִצְרָ֑יִם וָֽאֶשָּׂ֤א יָדִ֨י

6 לָהֶ֜ם לֵאמֹ֗ר אֲנִ֖י יְהֹוָ֣ה אֱלֹֽהֵיכֶ֑ם בַּיּ֣וֹם הַה֗וּא נָשָׂ֤אתִי יָדִי֙ לָהֶ֔ם

לְהֽוֹצִיאָ֘ם מֵאֶ֣רֶץ מִצְרַ֒יִם֒ אֶל־אֶ֗רֶץ אֲשֶׁר־תַּ֙רְתִּי֙ לָהֶ֔ם זָבַ֥ת חָלָ֖ב וּדְבַ֑שׁ

7 צְבִ֥י הִ֖יא לְכָל־הָֽאֲרָצֽוֹת: וָֽאֹמַ֣ר אֲלֵהֶ֗ם אִ֣ישׁ שִׁקּוּצֵ֤י עֵינָיו֙ הַשְׁלִ֔יכוּ

8 וּבְגִלּוּלֵ֥י מִצְרַ֖יִם אַל־תִּטַּמָּ֑אוּ אֲנִ֖י יְהֹוָ֥ה אֱלֹֽהֵיכֶֽם: וַיַּמְרוּ־בִ֗י וְלֹ֤א אָבוּ֙

לִשְׁמֹ֣עַ אֵלַ֔י אִ֠ישׁ אֶת־שִׁקּוּצֵ֤י עֵֽינֵיהֶם֙ לֹ֣א הִשְׁלִ֔יכוּ וְאֶת־גִּלּוּלֵ֥י מִצְרַ֖יִם

לֹ֣א עָזָ֑בוּ וָֽאֹמַ֞ר לִשְׁפֹּ֤ךְ חֲמָתִי֙ עֲלֵיהֶ֔ם לְכַלּ֥וֹת אַפִּ֖י בָּהֶ֑ם בְּת֖וֹךְ אֶ֥רֶץ

9 מִצְרָֽיִם: וָאַ֙עַשׂ֙ לְמַ֣עַן שְׁמִ֔י לְבִלְתִּ֥י הֵחֵ֛ל לְעֵינֵ֥י הַגּוֹיִ֖ם אֲשֶׁר־הֵ֣מָּה

בְתוֹכָ֑ם אֲשֶׁ֨ר נוֹדַ֤עְתִּי אֲלֵיהֶם֙ לְעֵ֣ינֵיהֶ֔ם לְהֽוֹצִיאָ֖ם מֵאֶ֥רֶץ מִצְרָֽיִם:

10 וָֽאוֹצִיאֵ֖ם מֵאֶ֣רֶץ מִצְרָ֑יִם וָֽאֲבִאֵ֖ם אֶל־הַמִּדְבָּֽר: וָֽאֶתֵּ֤ן לָהֶם֙ אֶת־חֻקּוֹתַ֔י

11 וְאֶת־מִשְׁפָּטַ֖י הוֹדַ֣עְתִּי אוֹתָ֑ם אֲשֶׁ֨ר יַֽעֲשֶׂ֥ה אוֹתָ֛ם הָֽאָדָ֖ם וָחַ֥י בָּהֶֽם:

12 וְגַ֤ם אֶת־שַׁבְּתוֹתַי֙ נָתַ֣תִּי לָהֶ֔ם לִֽהְי֣וֹת לְא֔וֹת בֵּינִ֖י וּבֵֽינֵיהֶ֑ם לָדַ֕עַת

13 כִּ֛י אֲנִ֥י יְהֹוָ֖ה מְקַדְּשָֽׁם: וַיַּמְרוּ־בִ֣י בֵֽית־יִשְׂרָאֵ֣ל בַּמִּדְבָּ֗ר בְּחֻקּוֹתַ֣י לֹֽא־

הָלָ֡כוּ וְאֶת־מִשְׁפָּטַ֣י מָאָ֗סוּ אֲשֶׁר֩ יַֽעֲשֶׂ֨ה אֹתָ֤ם הָֽאָדָם֙ וָחַ֣י בָּהֶ֔ם וְאֶת־

שַׁבְּתֹתַ֖י חִלְּל֣וּ מְאֹ֑ד וָֽאֹמַ֞ר לִשְׁפֹּ֧ךְ חֲמָתִ֛י עֲלֵיהֶ֖ם בַּמִּדְבָּ֥ר לְכַלּוֹתָֽם:

14 וָֽאֶֽעֱשֶׂ֖ה לְמַ֣עַן שְׁמִ֑י לְבִלְתִּ֤י הֵחֵל֙ לְעֵינֵ֣י הַגּוֹיִ֔ם אֲשֶׁ֖ר הֽוֹצֵאתִ֥ים

15 לְעֵֽינֵיהֶֽם: וְגַם־אֲנִ֗י נָשָׂ֧אתִי יָדִ֛י לָהֶ֖ם בַּמִּדְבָּ֑ר לְבִלְתִּי֩ הָבִ֨יא אוֹתָ֜ם

אֶל־הָאָ֣רֶץ אֲשֶׁר־נָתַ֗תִּי זָבַ֤ת חָלָב֙ וּדְבַ֔שׁ צְבִ֥י הִ֖יא לְכָל־הָֽאֲרָצֽוֹת:

16 יַ֜עַן בְּמִשְׁפָּטַ֣י מָאָ֗סוּ וְאֶת־חֻקּוֹתַי֙ לֹֽא־הָֽלְכ֣וּ בָהֶ֔ם וְאֶת־שַׁבְּתוֹתַ֖י

17 חִלֵּ֑לוּ כִּ֛י אַֽחֲרֵ֥י גִלּֽוּלֵיהֶ֖ם לִבָּ֣ם הֹלֵֽךְ: וַתָּ֧חׇס עֵינִ֛י עֲלֵיהֶ֖ם מִֽשַּֽׁחֲתָ֑ם

18 וְלֹֽא־עָשִׂ֧יתִי אוֹתָ֛ם כָּלָ֖ה בַּמִּדְבָּֽר: וָֽאֹמַ֤ר אֶל־בְּנֵיהֶם֙ בַּמִּדְבָּ֔ר בְּחֻקֵּ֤י

your fathers, neither observe their judgments, nor defile yourselves with their idols:

19 I *am* the LORD your God; walk in my statutes, and keep my judgments, and do them;

20 And hallow my sabbaths; and they shall be a sign between me and you, that ye may know that I *am* the LORD your God.

21 Notwithstanding the children rebelled against me: they walked not in my statutes, neither kept my judgments to do them, which *if* a man do, he shall even live in them; they polluted my sabbaths: then I said, I would pour out my fury upon them, to accomplish my anger against them in the wilderness.

22 Nevertheless I withdrew mine hand, and wrought for my name's sake, that it should not be polluted in the sight of the heathen, in whose sight I brought them forth.

23 I lifted up mine hand unto them also in the wilderness, that I would scatter them among the heathen, and disperse them through the countries;

24 Because they had not executed my judgments, but had despised my statutes, and had polluted my sabbaths, and their eyes were after their fathers' idols.

25 Wherefore I gave them also statutes *that were* not good, and judgments whereby they should not live;

26 And I polluted them in their own gifts, in that they caused to pass through *the fire* all that openeth the womb, that I might make them desolate, to the end that they might know that I *am* the LORD.

27 ¶ Therefore, son of man, speak unto the house of Israel, and say unto them, Thus saith the Lord GOD; Yet in this your fathers have blasphemed me, in that they have committed a trespass against me.

28 *For* when I had brought them into the land, *for* the which I lifted up mine hand to give it to them, then they saw every high hill, and all the thick trees, and they offered there their sacrifices, and there they presented the provocation of their offering: there also they made their sweet savour, and poured out there their drink offerings.

29 Then I said unto them, What *is* the high place whereunto ye go? And the name thereof is called Bamah unto this day.

30 Wherefore say unto the house of Israel, Thus saith the Lord GOD; Are ye polluted after the manner of your fathers? and commit ye whoredom after their abominations?

31 For when ye offer your gifts, when ye make your sons to pass through the fire, ye pollute yourselves with all your idols, even unto this day: and shall I be enquired of by you, O house of Israel? *As* I live, saith the Lord GOD, I will not be enquired of by you.

32 And that which cometh into your mind shall not be at all, that ye say, We will be as the heathen, as the families of the countries, to serve wood and stone.

33 ¶ *As* I live, saith the Lord GOD, surely with a mighty hand, and with a stretched out arm, and with fury poured out, will I rule over you:

34 And I will bring you out from the people, and will gather you out of the countries wherein ye are scattered, with a mighty hand, and with a stretched out arm, and with fury poured out.

35 And I will bring you into the wilderness of the people, and there will I plead with you face to face.

36 Like as I pleaded with your fathers in the wilderness of the land of Egypt, so will I plead with you, saith the Lord GOD.

37 And I will cause you to pass under the rod, and I will bring you into the bond of the covenant:

38 And I will purge out from among you the rebels, and them that transgress against me: I will bring them forth out of the country where they sojourn, and they shall not enter into the land of Israel: and ye shall know that I *am* the LORD.

39 As for you, O house of Israel, thus saith the Lord GOD; Go ye, serve ye every one his idols, and hereafter *also*, if ye will

אֲבוֹתֵיכֶם אַל־תֵּלֵכוּ וְאֶת־מִשְׁפְּטֵיהֶם אַל־תִּשְׁמֹרוּ וּבְגִלּוּלֵיהֶם אַל־

19 תִּטַּמָּאוּ: אֲנִי יְהוָה אֱלֹהֵיכֶם בְּחֻקּוֹתַי לֵכוּ וְאֶת־מִשְׁפָּטַי שִׁמְרוּ וַעֲשׂוּ

20 אוֹתָם: וְאֶת־שַׁבְּתוֹתַי קַדֵּשׁוּ וְהָיוּ לְאוֹת בֵּינִי וּבֵינֵיכֶם לָדַעַת כִּי

21 אֲנִי יְהוָה אֱלֹהֵיכֶם: וַיַּמְרוּ־בִי הַבָּנִים בְּחֻקּוֹתַי לֹא־הָלָכוּ וְאֶת־

מִשְׁפָּטַי לֹא־שָׁמְרוּ לַעֲשׂוֹת אוֹתָם אֲשֶׁר יַעֲשֶׂה אוֹתָם הָאָדָם וָחַי

בָּהֶם אֶת־שַׁבְּתוֹתַי חִלֵּלוּ וָאֹמַר לִשְׁפֹּךְ חֲמָתִי עֲלֵיהֶם לְכַלּוֹת אַפִּי

22 בָּם בַּמִּדְבָּר: וַהֲשִׁבֹתִי אֶת־יָדִי וָאַעַשׂ לְמַעַן שְׁמִי לְבִלְתִּי הֵחֵל לְעֵינֵי

23 הַגּוֹיִם אֲשֶׁר־הוֹצֵאתִי אוֹתָם לְעֵינֵיהֶם: גַּם־אֲנִי נָשָׂאתִי אֶת־יָדִי לָהֶם

24 בַּמִּדְבָּר לְהָפִיץ אֹתָם בַּגּוֹיִם וּלְזָרוֹת אוֹתָם בָּאֲרָצוֹת: יַעַן מִשְׁפָּטַי

לֹא־עָשׂוּ וְחֻקּוֹתַי מָאָסוּ וְאֶת־שַׁבְּתוֹתַי חִלֵּלוּ וְאַחֲרֵי גִּלּוּלֵי אֲבוֹתָם

25 הָיוּ עֵינֵיהֶם: וְגַם־אֲנִי נָתַתִּי לָהֶם חֻקִּים לֹא טוֹבִים וּמִשְׁפָּטִים לֹא

26 יִחְיוּ בָּהֶם: וָאֲטַמֵּא אוֹתָם בְּמַתְּנוֹתָם בְּהַעֲבִיר כָּל־פֶּטֶר רָחַם לְמַעַן

27 אֲשִׁמֵּם לְמַעַן אֲשֶׁר יֵדְעוּ אֲשֶׁר אֲנִי יְהוָה: לָכֵן דַּבֵּר אֶל־

בֵּית יִשְׂרָאֵל בֶּן־אָדָם וְאָמַרְתָּ אֲלֵיהֶם כֹּה אָמַר אֲדֹנָי יְהוִה עוֹד

28 זֹאת גִּדְּפוּ אוֹתִי אֲבוֹתֵיכֶם בְּמַעֲלָם בִּי מָעַל: וָאֲבִיאֵם אֶל־הָאָרֶץ

אֲשֶׁר נָשָׂאתִי אֶת־יָדִי לָתֵת אוֹתָהּ לָהֶם וַיִּרְאוּ כָל־גִּבְעָה רָמָה וְכָל־

עֵץ עָבֹת וַיִּזְבְּחוּ־שָׁם אֶת־זִבְחֵיהֶם וַיִּתְּנוּ־שָׁם כַּעַס קָרְבָּנָם וַיָּשִׂימוּ

29 שָׁם רֵיחַ נִיחוֹחֵיהֶם וַיַּסִּיכוּ שָׁם אֶת־נִסְכֵּיהֶם: וָאֹמַר אֲלֵהֶם מָה

הַבָּמָה אֲשֶׁר־אַתֶּם הַבָּאִים שָׁם וַיִּקָּרֵא שְׁמָהּ בָּמָה עַד הַיּוֹם הַזֶּה:

30 לָכֵן אֱמֹר ׀ אֶל־בֵּית יִשְׂרָאֵל כֹּה אָמַר אֲדֹנָי יְהוִה הַבְּדֶרֶךְ אֲבוֹתֵיכֶם

31 אַתֶּם נִטְמָאִים וְאַחֲרֵי שִׁקּוּצֵיהֶם אַתֶּם זֹנִים: וּבִשְׂאֵת מַתְּנֹתֵיכֶם

בְּהַעֲבִיר בְּנֵיכֶם בָּאֵשׁ אַתֶּם נִטְמְאִים לְכָל־גִּלּוּלֵיכֶם עַד־הַיּוֹם וַאֲנִי

אִדָּרֵשׁ לָכֶם בֵּית יִשְׂרָאֵל חַי־אָנִי נְאֻם אֲדֹנָי יְהוִה אִם־אִדָּרֵשׁ לָכֶם:

32 וְהָעֹלָה עַל־רוּחֲכֶם הָיוֹ לֹא תִהְיֶה אֲשֶׁר ׀ אַתֶּם אֹמְרִים נִהְיֶה כַגּוֹיִם

33 כְּמִשְׁפְּחוֹת הָאֲרָצוֹת לְשָׁרֵת עֵץ וָאָבֶן: חַי־אָנִי נְאֻם אֲדֹנָי יְהוִה אִם־

לֹא בְּיָד חֲזָקָה וּבִזְרוֹעַ נְטוּיָה וּבְחֵמָה שְׁפוּכָה אֶמְלוֹךְ עֲלֵיכֶם:

34 וְהוֹצֵאתִי אֶתְכֶם מִן־הָעַמִּים וְקִבַּצְתִּי אֶתְכֶם מִן־הָאֲרָצוֹת אֲשֶׁר

35 נְפוֹצֹתֶם בָּם בְּיָד חֲזָקָה וּבִזְרוֹעַ נְטוּיָה וּבְחֵמָה שְׁפוּכָה: וְהֵבֵאתִי

אֶתְכֶם אֶל־מִדְבַּר הָעַמִּים וְנִשְׁפַּטְתִּי אִתְּכֶם שָׁם פָּנִים אֶל־פָּנִים:

36 כַּאֲשֶׁר נִשְׁפַּטְתִּי אֶת־אֲבוֹתֵיכֶם בְּמִדְבַּר אֶרֶץ מִצְרָיִם כֵּן אִשָּׁפֵט

37 אִתְּכֶם נְאֻם אֲדֹנָי יְהוִה: וְהַעֲבַרְתִּי אֶתְכֶם תַּחַת הַשָּׁבֶט וְהֵבֵאתִי

38 אֶתְכֶם בְּמָסֹרֶת הַבְּרִית: וּבָרוֹתִי מִכֶּם הַמֹּרְדִים וְהַפּוֹשְׁעִים בִּי מֵאֶרֶץ

מְגוּרֵיהֶם אוֹצִיא אוֹתָם וְאֶל־אַדְמַת יִשְׂרָאֵל לֹא יָבוֹא וִידַעְתֶּם כִּי

39 אֲנִי יְהוָה: וְאַתֶּם בֵּית־יִשְׂרָאֵל כֹּה־אָמַר ׀ אֲדֹנָי יְהוִה אִישׁ גִּלּוּלָיו לְכוּ

עֲבֹדוּ וְאַחַר אִם־אֵינְכֶם שֹׁמְעִים אֵלָי וְאֶת־שֵׁם קָדְשִׁי לֹא תְחַלְּלוּ־

not hearken unto me: but pollute ye my holy name no more with your gifts, and with your idols.

40 For in mine holy mountain, in the mountain of the height of Israel, saith the Lord God, there shall all the house of Israel, all of them in the land, serve me: there will I accept them, and there will I require your offerings, and the firstfruits of your oblations, with all your holy things.

41 I will accept you with your sweet savour, when I bring you out from the people, and gather you out of the countries wherein ye have been scattered; and I will be sanctified in you before the heathen.

42 And ye shall know that I *am* the LORD, when I shall bring you into the land of Israel, into the country *for* the which I lifted up mine hand to give it to your fathers.

43 And there shall ye remember your ways, and all your doings, wherein ye have been defiled; and ye shall lothe yourselves in your own sight for all your evils that ye have committed.

44 And ye shall know that I *am* the LORD, when I have wrought with you for my name's sake, not according to your wicked ways, nor according to your corrupt doings, O ye house of Israel, saith the Lord God.

45[21:1] ¶ Moreover the word of the LORD came unto me, saying,

46[21:2] Son of man, set thy face toward the south, and drop *thy word* toward the south, and prophesy against the forest of the south field;

47[21:3] And say to the forest of the south, Hear the word of the LORD; Thus saith the Lord God; Behold, I will kindle a fire in thee, and it shall devour every green tree in thee, and every dry tree: the flaming flame shall not be quenched, and all faces from the south to the north shall be burned therein.

48[21:4] And all flesh shall see that I the LORD have kindled it: it shall not be quenched.

49[21:5] Then said I, Ah Lord God! they say of me, Doth he not speak parables?

CHAPTER 21

1[6] And the word of the LORD came unto me, saying,

2[7] Son of man, set thy face toward Jerusalem, and drop *thy word* toward the holy places, and prophesy against the land of Israel,

3[8] And say to the land of Israel, Thus saith the LORD; Behold, I *am* against thee, and will draw forth my sword out of his sheath, and will cut off from thee the righteous and the wicked.

4[9] Seeing then that I will cut off from thee the righteous and the wicked, therefore shall my sword go forth out of his sheath against all flesh from the south to the north:

5[10] That all flesh may know that I the LORD have drawn forth my sword out of his sheath: it shall not return any more.

6[11] Sigh therefore, thou son of man, with the breaking of *thy* loins; and with bitterness sigh before their eyes.

7[12] And it shall be, when they say unto thee, Wherefore sighest thou? that thou shalt answer, For the tidings; because it cometh: and every heart shall melt, and all hands shall be feeble, and every spirit shall faint, and all knees shall be weak *as* water: behold, it cometh, and shall be brought to pass, saith the Lord God.

8[13] ¶ Again the word of the LORD came unto me, saying,

9[14] Son of man, prophesy, and say, Thus saith the LORD; Say, A sword, a sword is sharpened, and also furbished:

10[15] It is sharpened to make a sore slaughter; it is furbished that it may glitter: should we then make mirth? it contemneth the rod of my son, *as* every tree.

11[16] And he hath given it to be furbished, that it may be handled: this sword is sharpened, and it is furbished, to give it into the hand of the slayer.

12[17] Cry and howl, son of man: for it shall be upon my people, it *shall be* upon all the princes of Israel: terrors by reason of the sword shall be upon my people: smite therefore upon *thy* thigh.

13[18] Because *it is* a trial, and what if

עֹוד בְּמַתְּנֹֽותֵיכֶם֙ וּבְגִלּֽוּלֵיכֶ֔ם כִּ֣י בְהַר־קָדְשִׁ֞י בְּהַ֣ר ׀ מְרֹ֣ום יִשְׂרָאֵ֗ל 40
נְאֻם֮ אֲדֹנָ֣י יְהֹוָה֒ שָׁ֣ם יַֽעַבְדֻ֜נִי כָּל־בֵּ֤ית יִשְׂרָאֵל֙ כֻּלֹּ֔ה בָּאָ֑רֶץ שָׁ֣ם אֶרְצֵ֔ם
וְשָׁ֤ם אֶדְרֹושׁ֙ אֶת־תְּרֽוּמֹֽתֵיכֶ֔ם וְאֶת־רֵאשִׁ֖ית מַשְׂאֹֽותֵיכֶ֑ם בְּכָל־
קָדְשֵׁיכֶֽם בְּרֵ֣יחַ נִיחֹחַ֮ אֶרְצֶ֣ה אֶתְכֶם֒ בְּהֹוצִיאִ֤י אֶתְכֶם֙ מִן־הָ֣עַמִּ֔ים 41
וְקִבַּצְתִּ֣י אֶתְכֶ֔ם מִן־הָ֣אֲרָצֹ֔ות אֲשֶׁ֥ר נְפֹצֹתֶ֖ם בָּ֑ם וְנִקְדַּשְׁתִּ֥י בָכֶ֖ם לְעֵינֵ֥י
הַגֹּויִֽם וִֽידַעְתֶּם֙ כִּֽי־אֲנִ֣י יְהֹוָ֔ה בַּהֲבִיאִ֥י אֶתְכֶ֖ם אֶל־אַדְמַ֣ת יִשְׂרָאֵ֑ל 42
אֶל־הָאָ֗רֶץ אֲשֶׁ֤ר נָשָׂ֙אתִי֙ אֶת־יָדִ֔י לָתֵ֥ת אֹותָ֖הּ לַאֲבֹֽותֵיכֶ֑ם וּזְכַרְתֶּם־ 43
שָׁ֣ם אֶת־דַּרְכֵיכֶ֗ם וְאֵת֙ כָּל־עֲלִילֹ֣ותֵיכֶ֔ם אֲשֶׁ֥ר נִטְמֵאתֶ֖ם בָּ֑ם וּנְקֹֽטֹתֶם֙
בִּפְנֵיכֶ֔ם בְּכָל־רָעֹֽותֵיכֶ֖ם אֲשֶׁ֥ר עֲשִׂיתֶֽם וִֽידַעְתֶּם֙ כִּֽי־אֲנִ֣י יְהֹוָ֔ה 44
בַּעֲשֹׂותִ֥י אִתְּכֶ֖ם לְמַ֣עַן שְׁמִ֑י לֹא֩ כְדַרְכֵיכֶ֨ם הָרָעִ֜ים וְכַעֲלִילֹֽותֵיכֶ֤ם
הַֽנִּשְׁחָתֹות֙ בֵּ֣ית יִשְׂרָאֵ֔ל נְאֻ֖ם אֲדֹנָ֥י יְהֹוָֽה

21 וַיְהִ֥י דְבַר־יְהֹוָ֖ה אֵלַ֥י לֵאמֹֽר בֶּן־אָדָ֗ם שִׂ֤ים פָּנֶ֙יךָ֙ דֶּ֣רֶךְ תֵּימָ֔נָה וְהַטֵּ֖ף ¹
²
אֶל־דָּרֹ֑ום וְהִנָּבֵ֛א אֶל־יַ֥עַר הַשָּׂדֶ֖ה נֶֽגֶב וְאָמַרְתָּ֙ לְיַ֣עַר הַנֶּ֔גֶב שְׁמַ֖ע 3
דְּבַר־יְהֹוָ֑ה כֹּה־אָמַ֣ר אֲדֹנָ֣י יְהֹוָ֗ה הִנְנִ֤י מַצִּֽית־בְּךָ֣ ׀ אֵ֔שׁ וְאָ֣כְלָה בְךָ֤
כָל־עֵֽץ־לַח֙ וְכָל־עֵ֣ץ יָבֵ֔שׁ לֹֽא־תִכְבֶּה֙ לַהֶ֣בֶת שַׁלְהֶ֔בֶת וְנִצְרְבוּ־בָ֥הּ
כָּל־פָּנִ֖ים מִנֶּ֥גֶב צָפֹֽונָה וְרָאוּ֙ כָּל־בָּשָׂ֔ר כִּ֛י אֲנִ֥י יְהֹוָ֖ה בִּעַרְתִּ֑יהָ לֹ֖א 4
תִּכְבֶּֽה וָאֹמַ֕ר אֲהָ֖הּ אֲדֹנָ֣י יְהֹוָ֑ה הֵ֚מָּה אֹמְרִ֣ים לִ֔י הֲלֹ֛א מְמַשֵּׁ֥ל 5
מְשָׁלִ֖ים הֽוּא

וַיְהִ֥י דְבַר־יְהֹוָ֖ה אֵלַ֥י לֵאמֹֽר בֶּן־אָדָ֗ם שִׂ֤ים פָּנֶ֙יךָ֙ אֶל־יְר֣וּשָׁלַ֔͏ִם וְהַטֵּף֙ 6
⁷
אֶל־מִקְדָּשִׁ֔ים וְהִנָּבֵ֖א אֶל־אַדְמַ֣ת יִשְׂרָאֵ֑ל וְאָמַרְתָּ֞ לְאַדְמַ֣ת יִשְׂרָאֵ֗ל 8
כֹּ֚ה אָמַ֣ר יְהֹוָ֔ה הִנְנִ֣י אֵלַ֔יִךְ וְהֹוצֵאתִ֥י חַרְבִּ֖י מִתַּעְרָ֑הּ וְהִכְרַתִּ֥י מִמֵּ֖ךְ
צַדִּ֥יק וְרָשָֽׁע יַ֛עַן אֲשֶׁר־הִכְרַ֥תִּי מִמֵּ֖ךְ צַדִּ֣יק וְרָשָׁ֑ע לָכֵ֗ן תֵּצֵ֤א חַרְבִּי֙ 9
מִתַּעְרָ֔הּ אֶל־כָּל־בָּשָׂ֖ר מִנֶּ֣גֶב צָפֹֽון וְיָֽדְעוּ֙ כָּל־בָּשָׂ֔ר כִּ֛י אֲנִ֥י יְהֹוָ֖ה 10
הֹוצֵ֥אתִי חַרְבִּ֖י מִתַּעְרָ֑הּ לֹ֥א תָשׁ֖וּב עֹֽוד וְאַתָּ֥ה בֶן־אָדָם֙ 11
הֵאָנַ֔ח בְּשִׁבְרֹ֥ון מָתְנַ֖יִם וּבִמְרִיר֑וּת תֵּֽאָנַ֖ח לְעֵינֵיהֶֽם וְהָיָה֙ כִּֽי־יֹאמְר֣וּ 12
אֵלֶ֔יךָ עַל־מָ֖ה אַתָּ֣ה נֶאֱנָ֑ח וְאָמַרְתָּ֞ אֶל־שְׁמוּעָ֣ה כִֽי־בָאָ֗ה וְנָמֵ֤ס כָּל־
לֵב֙ וְרָפ֣וּ כָל־יָדַ֔יִם וְכִהֲתָ֥ה כָל־ר֖וּחַ וְכָל־בִּרְכַּ֙יִם֙ תֵּלַ֣כְנָה מַּ֔יִם הִנֵּ֤ה
בָאָה֙ וְנִֽהְיָ֔תָה נְאֻ֖ם אֲדֹנָ֥י יְהֹוָֽה

וַיְהִ֥י דְבַר־יְהֹוָ֖ה אֵלַ֣י לֵאמֹֽר בֶּן־אָדָ֕ם הִנָּבֵא֙ וְאָמַרְתָּ֔ כֹּ֖ה אָמַ֥ר אֲדֹנָ֑י 13
¹⁴
15A אֱמֹ֕ר חֶ֥רֶב חֶ֖רֶב הוּחַ֣דָּה וְגַם־מְרוּטָֽה לְמַ֨עַן טְבֹ֤חַ טֶ֙בַח֙ הוּחַ֔דָּה לְמַ֥עַן 15
הֱיֵה־לָ֖הּ בָּ֑רָק מֹרָ֗טָּה אֹ֣ו נָשִׂ֤ישׂ שֵׁ֣בֶט בְּנִ֔י מֹאֶ֖סֶת כָּל־עֵֽץ וַיִּתֵּ֨ן אֹתָ֤הּ 16
לְמָרְטָה֙ לִתְפֹּ֣שׂ בַּכָּ֔ף הִֽיא־הוּחַ֥דָּה חֶ֙רֶב֙ וְהִ֣יא מֹרָ֔טָּה לָתֵ֥ת אֹותָ֖הּ
17A בְּיַד־הֹורֵֽג זְעַ֤ק וְהֵילֵל֙ בֶּן־אָדָ֔ם כִּי־הִיא֙ הָֽיְתָ֣ה בְעַמִּ֔י הִ֖יא בְּכָל־נְשִׂיאֵ֣י 17
יִשְׂרָאֵ֑ל מְגוּרֵ֤י אֶל־חֶ֙רֶב֙ הָי֣וּ אֶת־עַמִּ֔י לָכֵ֖ן סְפֹ֥ק אֶל־יָרֵֽךְ כִּ֣י בֹחַ֔ן 18

the sword contemn even the rod? it shall be no *more,* saith the Lord GOD.

14[19] Thou therefore, son of man, prophesy, and smite *thine* hands together, and let the sword be doubled the third time, the sword of the slain: it *is* the sword of the great *men that are* slain, which entereth into their privy chambers.

15[20] I have set the point of the sword against all their gates, that *their* heart may faint, and *their* ruins be multiplied: ah! *it is* made bright, *it is* wrapped up for the slaughter.

16[21] Go thee one way or other, *either* on the right hand, *or* on the left, whithersoever thy face *is* set.

17[22] I will also smite mine hands together, and I will cause my fury to rest: I the LORD have said *it.*

18[23] ¶ The word of the LORD came unto me again, saying,

19[24] Also, thou son of man, appoint thee two ways, that the sword of the king of Babylon may come: both twain shall come forth out of one land: and choose thou a place, choose *it* at the head of the way to the city.

20[25] Appoint a way, that the sword may come to Rabbath of the Ammonites, and to Judah in Jerusalem the defenced.

21[26] For the king of Babylon stood at the parting of the way, at the head of the two ways, to use divination: he made *his* arrows bright, he consulted with images, he looked in the liver.

22[27] At his right hand was the divination for Jerusalem, to appoint captains, to open the mouth in the slaughter, to lift up the voice with shouting, to appoint *battering* rams against the gates, to cast a mount, *and* to build a fort.

23[28] And it shall be unto them as a false divination in their sight, to them that have sworn oaths: but he will call to remembrance the iniquity, that they may be taken.

24[29] Therefore thus saith the Lord GOD; Because ye have made your iniquity to be remembered, in that your transgressions are discovered, so that in all your doings your sins do appear; because, *I say,*

that ye are come to remembrance, ye shall be taken with the hand.

25[30] ¶ And thou, profane wicked prince of Israel, whose day is come, when iniquity *shall have* an end,

26[31] Thus saith the Lord GOD; Remove the diadem, and take off the crown: this *shall* not *be* the same: exalt *him that is* low, and abase *him that is* high.

27[32] I will overturn, overturn, overturn, it: and it shall be no *more,* until he come whose right it is; and I will give it *him.*

28[33] ¶ And thou, son of man, prophesy and say, Thus saith the Lord GOD concerning the Ammonites, and concerning their reproach; even say thou, The sword, the sword *is* drawn: for the slaughter *it is* furbished, to consume because of the glittering:

29[34] Whiles they see vanity unto thee, whiles they divine a lie unto thee, to bring thee upon the necks of *them that are* slain, of the wicked, whose day is come, when their iniquity *shall have* an end.

30[35] Shall I cause *it* to return into his sheath? I will judge thee in the place where thou wast created, in the land of thy nativity.

31[36] And I will pour out mine indignation upon thee, I will blow against thee in the fire of my wrath, and deliver thee into the hand of brutish men, *and* skilful to destroy.

32[37] Thou shalt be for fuel to the fire; thy blood shall be in the midst of the land; thou shalt be no *more* remembered: for I the LORD have spoken *it.*

CHAPTER 22

1 Moreover the word of the LORD came unto me, saying,

2 Now, thou son of man, wilt thou judge, wilt thou judge the bloody city? yea, thou shalt shew her all her abominations.

3 Then say thou, Thus saith the Lord GOD, The city sheddeth blood in the midst of it, that her time may come, and maketh idols against herself to defile herself.

4 Thou art become guilty in thy blood that thou hast shed; and hast defiled thy-

וּמָ֣ה אִם־גַּם־שֵׁ֣בֶט מֹאֶ֑סֶת לֹ֥א יִֽהְיֶ֖ה נְאֻ֖ם אֲדֹנָ֥י יְהֹוִֽה:

19 וְאַתָּ֥ה בֶן־אָדָ֖ם הִנָּבֵ֑א וְהַ֣ךְ כַּ֣ף אֶל־כָּ֗ף וְתִכָּפֵ֞ל חֶ֤רֶב שְׁלִֽישָׁ֙תָה֙ חֶ֣רֶב

20 חֲלָלִ֔ים הִ֗יא חֶ֚רֶב חָלָ֣ל הַגָּד֔וֹל הַחֹדֶ֖רֶת לָהֶֽם: לְמַ֣עַן לָמ֣וּג לֵ֗ב וְהַרְבֵּה֙

הַמִּכְשֹׁלִ֔ים עַ֖ל כָּל־שַׁעֲרֵיהֶ֑ם נָתַ֙תִּי֙ אִבְחַת־חָ֔רֶב אָ֛ח עֲשׂוּיָ֥ה לְבָ֖רָק

21 מְעֻטָּ֥ה לְטָֽבַח: הִתְאַחֲדִ֞י הֵימִ֧נִי הָשִׂ֛ימִי הַשְׂמִ֖ילִי אָ֥נָה פָּנַ֖יִךְ מֻעָדֽוֹת:

22 וְגַם־אֲנִ֗י אַכֶּ֤ה כַפִּי֙ אֶל־כַּפִּ֔י וַהֲנִחֹתִ֖י חֲמָתִ֑י אֲנִ֥י יְהֹוָ֖ה דִּבַּֽרְתִּי:

23 וַיְהִ֥י דְבַר־יְהֹוָ֖ה אֵלַ֥י לֵאמֹֽר: וְאַתָּ֣ה בֶן־אָדָ֗ם שִׂים־לְךָ֣ ׀ שְׁנַ֣יִם דְּרָכִ֗ים
24

לָבוֹא֙ חֶ֣רֶב מֶֽלֶךְ־בָּבֶ֔ל מֵאֶ֥רֶץ אֶחָ֖ד יֵצְא֣וּ שְׁנֵיהֶ֑ם וְיָ֣ד בָּרֵ֔א בְּרֹ֥אשׁ

25 דֶּֽרֶךְ־עִ֖יר בָּרֵֽא: דֶּ֣רֶךְ תָּשִׂ֗ים לָב֥וֹא חֶ֙רֶב֙ אֵ֚ת רַבַּ֣ת בְּנֵֽי־עַמּ֔וֹן וְאֶת־

26 יְהוּדָ֥ה בִירוּשָׁלַ֖͏ִם בְּצוּרָֽה: כִּֽי־עָמַ֤ד מֶֽלֶךְ־בָּבֶל֙ אֶל־אֵ֣ם הַדֶּ֔רֶךְ בְּרֹ֖אשׁ

שְׁנֵ֣י הַדְּרָכִ֑ים לִקְסָם־קָ֑סֶם קִלְקַל֙ בַּֽחִצִּ֔ים שָׁאַ֣ל בַּתְּרָפִ֔ים רָאָ֖ה בַּכָּבֵֽד:

27 בִּֽימִינ֞וֹ הָיָ֣ה ׀ הַקֶּ֣סֶם יְרוּשָׁלַ֗͏ִם לָשׂ֤וּם כָּרִים֙ לִפְתֹּ֤חַ פֶּה֙ בְּרֶ֔צַח לְהָרִ֥ים

ק֖וֹל בִּתְרוּעָ֑ה לָשׂ֤וּם כָּרִים֙ עַל־שְׁעָרִ֔ים לִשְׁפֹּ֥ךְ סֹלְלָ֖ה לִבְנ֥וֹת דָּיֵֽק:

בְּקָסָם־ 28 וְהָיָ֣ה לָהֶ֞ם כִּקְסָם־שָׁ֤וְא בְּעֵֽינֵיהֶם֙ שְׁבֻעֵ֤י שְׁבֻעוֹת֙ לָהֶ֔ם וְהֽוּא־מַזְכִּ֥יר

עָוֺ֖ן לְהִתָּפֵֽשׂ:

29 לָכֵ֞ן כֹּֽה־אָמַ֣ר אֲדֹנָ֣י יְהֹוִ֗ה יַ֚עַן הַזְכַּרְכֶ֣ם עֲוֺנְכֶ֔ם בְּהִגָּל֤וֹת פִּשְׁעֵיכֶם֙

לְהֵֽרָאוֹת֙ חַטֹּאותֵיכֶ֔ם בְּכֹ֖ל עֲלִילֽוֹתֵיכֶ֑ם יַ֚עַן הִזָּ֣כֶרְכֶ֔ם בַּכַּ֖ף

תִּתָּפֵֽשׂוּ:

30 וְאַתָּה֙ חָלָ֣ל רָשָׁ֔ע נְשִׂ֖יא יִשְׂרָאֵ֑ל אֲשֶׁר־בָּ֣א יוֹמ֔וֹ בְּעֵ֖ת עֲוֺ֥ן

31 קֵֽץ: כֹּ֤ה אָמַר֙ אֲדֹנָ֣י יְהֹוִ֔ה הָסִיר֙ הַמִּצְנֶ֔פֶת וְהָרִ֖ים הָעֲטָרָ֑ה 31A

32 זֹ֣את לֹא־זֹ֔את הַשָּׁפָלָ֣ה הַגְבֵּ֔הַ וְהַגָּבֹ֖הַ הַשְׁפִּ֑יל: עַוָּ֥ה עַוָּ֛ה עַוָּ֖ה אֲשִׂימֶ֑נָּה

גַּם־זֹאת֙ לֹ֣א הָיָ֔ה עַד־בֹּ֛א אֲשֶׁר־ל֥וֹ הַמִּשְׁפָּ֖ט וּנְתַתִּֽיו:

33 וְאַתָּ֣ה בֶן־אָדָ֗ם הִנָּבֵ֤א וְאָמַרְתָּ֙ כֹּ֤ה אָמַר֙ אֲדֹנָ֣י יְהֹוִ֔ה אֶל־בְּנֵ֥י עַמּ֖וֹן

וְאֶל־חֶרְפָּתָ֑ם וְאָמַרְתָּ֗ חֶ֣רֶב חֶ֤רֶב פְּתוּחָה֙ לְטֶ֣בַח מְרוּטָ֔ה לְהָכִ֖יל

34 לְמַ֣עַן בָּרָֽק: בַּחֲזֽוֹת לָךְ֙ שָׁ֔וְא בִּקְסָם־לָ֖ךְ כָּזָ֑ב לָתֵ֣ת אוֹתָ֗ךְ אֶל־צַוְּארֵ֞י

35 חַֽלְלֵ֣י רְשָׁעִ֔ים אֲשֶׁר־בָּ֥א יוֹמָ֖ם בְּעֵ֣ת עֲוֺ֣ן קֵֽץ: הָשַׁ֖ב אֶל־תַּעְרָ֑הּ

36 בִּמְק֧וֹם אֲשֶׁר־נִבְרֵ֛את בְּאֶ֥רֶץ מְכֻרוֹתַ֖יִךְ אֶשְׁפֹּ֥ט אֹתָֽךְ: וְשָׁפַכְתִּ֤י עָלַ֙יִךְ֙

זַעְמִ֔י בְּאֵ֥שׁ עֶבְרָתִ֖י אָפִ֣יחַ עָלָ֑יִךְ וּנְתַתִּ֗יךְ בְּיַד֙ אֲנָשִׁ֣ים בֹּֽעֲרִ֔ים חָרָשֵׁ֖י

37 מַשְׁחִֽית: לָאֵ֤שׁ תִּֽהְיֶה֙ לְאׇכְלָ֔ה דָּמֵ֥ךְ יִהְיֶ֖ה בְּת֣וֹךְ הָאָ֑רֶץ לֹ֣א תִזָּכֵ֔רִי

כִּ֛י אֲנִ֥י יְהֹוָ֖ה דִּבַּֽרְתִּי:

22 1 וַיְהִ֥י דְבַר־יְהֹוָ֖ה אֵלַ֥י לֵאמֹֽר: וְאַתָּ֣ה בֶן־אָדָ֗ם הֲתִשְׁפֹּ֞ט הֲתִשְׁפֹּ֤ט אֶת־
2

עִ֣יר הַדָּמִ֑ים וְה֣וֹדַעְתָּ֔הּ אֵ֖ת כָּל־תּוֹעֲבוֹתֶֽיהָ: וְאָמַרְתָּ֗ כֹּ֤ה אָמַר֙ אֲדֹנָ֣י 3

יְהֹוִ֔ה עִ֣יר שֹׁפֶ֥כֶת דָּ֛ם בְּתוֹכָ֖הּ לָב֣וֹא עִתָּ֑הּ וְעָשְׂתָ֧ה גִלּוּלִ֛ים עָלֶ֖יהָ

4 לְטׇמְאָֽה: בְּדָמֵ֨ךְ אֲשֶׁר־שָׁפַ֜כְתְּ אָשַׁ֗מְתְּ וּבְגִלּוּלַ֤יִךְ אֲשֶׁר־עָשִׂית֙ טָמֵ֔את

self in thine idols which thou hast made; and thou hast caused thy days to draw near, and art come *even* unto thy years: therefore have I made thee a reproach unto the heathen, and a mocking to all countries.

5 *Those that be* near, and *those that be* far from thee, shall mock thee, *which art* infamous *and* much vexed.

6 Behold, the princes of Israel, every one were in thee to their power to shed blood.

7 In thee have they set light by father and mother: in the midst of thee have they dealt by oppression with the stranger: in thee have they vexed the fatherless and the widow.

8 Thou hast despised mine holy things, and hast profaned my sabbaths.

9 In thee are men that carry tales to shed blood: and in thee they eat upon the mountains: in the midst of thee they commit lewdness.

10 In thee have they discovered their fathers' nakedness: in thee have they humbled her that was set apart for pollution.

11 And one hath committed abomination with his neighbour's wife; and another hath lewdly defiled his daughter in law; and another in thee hath humbled his sister, his father's daughter.

12 In thee have they taken gifts to shed blood; thou hast taken usury and increase, and thou hast greedily gained of thy neighbours by extortion, and hast forgotten me, saith the Lord God.

13 ¶ Behold, therefore I have smitten mine hand at thy dishonest gain which thou hast made, and at thy blood which hath been in the midst of thee.

14 Can thine heart endure, or can thine hands be strong, in the days that I shall deal with thee? I the Lord have spoken *it,* and will do *it.*

15 And I will scatter thee among the heathen, and disperse thee in the countries, and will consume thy filthiness out of thee.

16 And thou shalt take thine inheritance in thyself in the sight of the heathen, and thou shalt know that I *am* the Lord.

17 And the word of the Lord came unto me, saying,

18 Son of man, the house of Israel is to me become dross: all they *are* brass, and tin, and iron, and lead, in the midst of the furnace; they are *even* the dross of silver.

19 Therefore thus saith the Lord God; Because ye are all become dross, behold, therefore I will gather you into the midst of Jerusalem.

20 *As* they gather silver, and brass, and iron, and lead, and tin, into the midst of the furnace, to blow the fire upon it, to melt *it;* so will I gather *you* in mine anger and in my fury, and I will leave *you there,* and melt you.

21 Yea, I will gather you, and blow upon you in the fire of my wrath, and ye shall be melted in the midst thereof.

22 As silver is melted in the midst of the furnace, so shall ye be melted in the midst thereof; and ye shall know that I the Lord have poured out my fury upon you.

23 ¶ And the word of the Lord came unto me, saying,

24 Son of man, say unto her, Thou *art* the land that is not cleansed, nor rained upon in the day of indignation.

25 *There is* a conspiracy of her prophets in the midst thereof, like a roaring lion ravening the prey; they have devoured souls; they have taken the treasure and precious things; they have made her many widows in the midst thereof.

26 Her priests have violated my law, and have profaned mine holy things: they have put no difference between the holy and profane, neither have they shewed *difference* between the unclean and the clean, and have hid their eyes from my sabbaths, and I am profaned among them.

27 Her princes in the midst thereof *are* like wolves ravening the prey, to shed blood, *and* to destroy souls, to get dishonest gain.

28 And her prophets have daubed them with untempered *morter,* seeing vanity, and divining lies unto them, saying, Thus saith the Lord God, when the Lord hath not spoken.

29 The people of the land have used oppression, and exercised robbery, and have vexed the poor and needy: yea, they have oppressed the stranger wrongfully.

וַתַּקְרִיבִי יָמַיִךְ וַתָּבוֹא עַד־שְׁנוֹתָיִךְ עַל־כֵּן נְתַתִּיךְ חֶרְפָּה לַגּוֹיִם

5 וְקַלָּסָה לְכָל־הָאֲרָצוֹת: הַקְּרֹבוֹת וְהָרְחֹקוֹת מִמֵּךְ יִתְקַלְּסוּ־בָךְ טְמֵאַת

6 הַשֵּׁם רַבַּת הַמְּהוּמָה: הִנֵּה נְשִׂיאֵי יִשְׂרָאֵל אִישׁ לִזְרֹעוֹ הָיוּ בָךְ לְמַעַן

7 שְׁפָךְ־דָּם: אָב וָאֵם הֵקַלּוּ בָךְ לַגֵּר עָשׂוּ בַעֹשֶׁק בְּתוֹכֵךְ יָתוֹם

8 וְאַלְמָנָה הוֹנוּ בָךְ: קָדָשַׁי בָּזִית וְאֶת־שַׁבְּתֹתַי חִלָּלְתְּ: אַנְשֵׁי רָכִיל

9 הָיוּ בָךְ לְמַעַן שְׁפָךְ־דָּם וְאֶל־הֶהָרִים אָכְלוּ בָךְ זִמָּה עָשׂוּ בְתוֹכֵךְ:

10 עֶרְוַת־אָב גִּלָּה־בָךְ טְמֵאַת הַנִּדָּה עִנּוּ־בָךְ: וְאִישׁ ׀ אֶת־אֵשֶׁת רֵעֵהוּ

11 עָשָׂה תּוֹעֵבָה וְאִישׁ אֶת־כַּלָּתוֹ טִמֵּא בְזִמָּה וְאִישׁ אֶת־אֲחֹתוֹ בַת־

12 אָבִיו עִנָּה־בָךְ: שֹׁחַד לָקְחוּ־בָךְ לְמַעַן שְׁפָךְ־דָּם נֶשֶׁךְ וְתַרְבִּית לָקַחַתְּ

13 וַתְּבַצְּעִי רֵעַיִךְ בַּעֹשֶׁק וְאֹתִי שָׁכַחַתְּ נְאֻם אֲדֹנָי יְהוִה: וְהִנֵּה הִכֵּיתִי

14 כַפִּי אֶל־בִּצְעֵךְ אֲשֶׁר עָשִׂית וְעַל־דָּמֵךְ אֲשֶׁר הָיוּ בְּתוֹכֵךְ: הֲיַעֲמֹד

לִבֵּךְ אִם־תֶּחֱזַקְנָה יָדַיִךְ לַיָּמִים אֲשֶׁר אֲנִי עֹשֶׂה אוֹתָךְ אֲנִי יְהוָה

15 דִּבַּרְתִּי וְעָשִׂיתִי: וַהֲפִיצוֹתִי אוֹתָךְ בַּגּוֹיִם וְזֵרִיתִיךְ בָּאֲרָצוֹת וַהֲתִמֹּתִי

16 טֻמְאָתֵךְ מִמֵּךְ: וְנִחַלְתְּ בָּךְ לְעֵינֵי גוֹיִם וְיָדַעַתְּ כִּי־אֲנִי יְהוָה:

לְסִיג

17 וַיְהִי דְבַר־יְהוָה אֵלַי לֵאמֹר: בֶּן־אָדָם הָיוּ־לִי בֵית־יִשְׂרָאֵל לְסִוג
18

כֻּלָּם נְחֹשֶׁת וּבְדִיל וּבַרְזֶל וְעוֹפֶרֶת בְּתוֹךְ כּוּר סִגִים כֶּסֶף

19 הָיוּ: לָכֵן כֹּה אָמַר אֲדֹנָי יְהוִה יַעַן הֱיוֹת כֻּלְּכֶם לְסִגִים

20 לָכֵן הִנְנִי קֹבֵץ אֶתְכֶם אֶל־תּוֹךְ יְרוּשָׁלָ͏ִם: קְבֻצַת כֶּסֶף וּנְחֹשֶׁת וּבַרְזֶל

וְעוֹפֶרֶת וּבְדִיל אֶל־תּוֹךְ כּוּר לָפַחַת־עָלָיו אֵשׁ לְהַנְתִּיךְ כֵּן אֶקְבֹּץ

21 בְּאַפִּי וּבַחֲמָתִי וְהִנַּחְתִּי וְהִתַּכְתִּי אֶתְכֶם: וְכִנַּסְתִּי אֶתְכֶם וְנָפַחְתִּי

22 עֲלֵיכֶם בְּאֵשׁ עֶבְרָתִי וְנִתַּכְתֶּם בְּתוֹכָהּ: כְּהִתּוּךְ כֶּסֶף בְּתוֹךְ כּוּר כֵּן

תֻּתְּכוּ בְתוֹכָהּ וִידַעְתֶּם כִּי־אֲנִי יְהוָה שָׁפַכְתִּי חֲמָתִי עֲלֵיכֶם:

23 וַיְהִי דְבַר־יְהוָה אֵלַי לֵאמֹר: בֶּן־אָדָם אֱמָר־לָהּ אַתְּ אֶרֶץ לֹא
24

25 מְטֹהָרָה הִיא לֹא גֻשְׁמָהּ בְּיוֹם זָעַם: קֶשֶׁר נְבִיאֶיהָ בְּתוֹכָהּ כַּאֲרִי

שׁוֹאֵג טֹרֵף טָרֶף נֶפֶשׁ אָכָלוּ חֹסֶן וִיקָר יִקָּחוּ אַלְמְנוֹתֶיהָ הִרְבּוּ

26 בְתוֹכָהּ: כֹּהֲנֶיהָ חָמְסוּ תוֹרָתִי וַיְחַלְּלוּ קָדָשַׁי בֵּין־קֹדֶשׁ לְחֹל לֹא

הִבְדִּילוּ וּבֵין־הַטָּמֵא לְטָהוֹר לֹא הוֹדִיעוּ וּמִשַּׁבְּתוֹתַי הֶעְלִימוּ עֵינֵיהֶם

27 וָאֵחַל בְּתוֹכָם: שָׂרֶיהָ בְקִרְבָּהּ כִּזְאֵבִים טֹרְפֵי טָרֶף לִשְׁפָּךְ־דָּם לְאַבֵּד

28 נְפָשׁוֹת לְמַעַן בְּצֹעַ בָּצַע: וּנְבִיאֶיהָ טָחוּ לָהֶם תָּפֵל חֹזִים שָׁוְא

וְקֹסְמִים לָהֶם כָּזָב אֹמְרִים כֹּה אָמַר אֲדֹנָי יְהוִה וַיהוָה לֹא דִבֵּר:

29 עַם הָאָרֶץ עָשְׁקוּ עֹשֶׁק וְגָזְלוּ גָּזֵל וְעָנִי וְאֶבְיוֹן הוֹנוּ וְאֶת־הַגֵּר עָשְׁקוּ

30 And I sought for a man among them, that should make up the hedge, and stand in the gap before me for the land, that I should not destroy it: but I found none.

31 Therefore have I poured out mine indignation upon them; I have consumed them with the fire of my wrath: their own way have I recompensed upon their heads, saith the Lord GOD.

CHAPTER 23

1 The word of the LORD came again unto me, saying,

2 Son of man, there were two women, the daughters of one mother:

3 And they committed whoredoms in Egypt; they committed whoredoms in their youth: there were their breasts pressed, and there they bruised the teats of their virginity.

4 And the names of them *were* Aholah the elder, and Aholibah her sister: and they were mine, and they bare sons and daughters. Thus *were* their names; Samaria *is* Aholah, and Jerusalem Aholibah.

5 And Aholah played the harlot when she was mine; and she doted on her lovers, on the Assyrians *her* neighbours,

6 *Which were* clothed with blue, captains and rulers, all of them desirable young men, horsemen riding upon horses.

7 Thus she committed her whoredoms with them, with all them *that were* the chosen men of Assyria, and with all on whom she doted: with all their idols she defiled herself.

8 Neither left she her whoredoms *brought* from Egypt: for in her youth they lay with her, and they bruised the breasts of her virginity, and poured their whoredom upon her.

9 Wherefore I have delivered her into the hand of her lovers, into the hand of the Assyrians, upon whom she doted.

10 These discovered her nakedness: they took her sons and her daughters, and slew her with the sword: and she became famous among women; for they had executed judgment upon her.

11 And when her sister Aholibah saw *this,* she was more corrupt in her inordinate love than she, and in her whoredoms more than her sister in *her* whoredoms.

12 She doted upon the Assyrians *her* neighbours, captains and rulers clothed most gorgeously, horsemen riding upon horses, all of them desirable young men.

13 Then I saw that she was defiled, *that* they *took* both one way,

14 And *that* she increased her whoredoms: for when she saw men pourtrayed upon the wall, the images of the Chaldeans pourtrayed with vermilion,

15 Girded with girdles upon their loins, exceeding in dyed attire upon their heads, all of them princes to look to, after the manner of the Babylonians of Chaldea, the land of their nativity:

16 And as soon as she saw them with her eyes, she doted upon them, and sent messengers unto them into Chaldea.

17 And the Babylonians came to her into the bed of love, and they defiled her with their whoredom, and she was polluted with them, and her mind was alienated from them.

18 So she discovered her whoredoms, and discovered her nakedness: then my mind was alienated from her, like as my mind was alienated from her sister.

19 Yet she multiplied her whoredoms, in calling to remembrance the days of her youth, wherein she had played the harlot in the land of Egypt.

20 For she doted upon their paramours, whose flesh *is as* the flesh of asses, and whose issue *is like* the issue of horses.

21 Thus thou calledst to remembrance the lewdness of thy youth, in bruising thy teats by the Egyptians for the paps of thy youth.

22 ¶ Therefore, O Aholibah, thus saith the Lord GOD; Behold, I will raise up thy lovers against thee, from whom thy mind is alienated, and I will bring them against thee on every side;

23 The Babylonians, and all the Chaldeans, Pekod, and Shoa, and Koa, *and* all the Assyrians with them: all of them desirable young men, captains and rulers, great lords and renowned, all of them riding upon horses.

24 And they shall come against thee with

בְּלֹא מִשְׁפָּט: וָאֲבַקֵּשׁ מֵהֶם אִישׁ גֹּדֵר־גָּדֵר וְעֹמֵד בַּפֶּרֶץ לְפָנַי בְּעַד 30

הָאָרֶץ לְבִלְתִּי שַׁחֲתָהּ וְלֹא מָצָאתִי: וָאֶשְׁפֹּךְ עֲלֵיהֶם זַעְמִי בְּאֵשׁ 31
עֶבְרָתִי כִּלִּיתִים דַּרְכָּם בְּרֹאשָׁם נָתַתִּי נְאֻם אֲדֹנָי יְהוִה:

וַיְהִי דְבַר־יְהוָה אֵלַי לֵאמֹר: בֶּן־אָדָם שְׁתַּיִם נָשִׁים בְּנוֹת אֵם־אַחַת 23
1
2

הָיוּ: וַתִּזְנֶינָה בְמִצְרַיִם בִּנְעוּרֵיהֶן זָנוּ שָׁמָּה מֹעֲכוּ שְׁדֵיהֶן וְשָׁם עִשּׂוּ 3

דַּדֵּי בְּתוּלֵיהֶן: וּשְׁמוֹתָן אָהֳלָה הַגְּדוֹלָה וְאָהֳלִיבָה אֲחוֹתָהּ וַתִּהְיֶינָה 4
לִי וַתֵּלַדְנָה בָּנִים וּבָנוֹת וּשְׁמוֹתָן שֹׁמְרוֹן אָהֳלָה וִירוּשָׁלַ͏ִם אָהֳלִיבָה:

וַתִּזֶן אָהֳלָה תַּחְתָּי וַתַּעְגַּב עַל־מְאַהֲבֶיהָ אֶל־אַשּׁוּר קְרוֹבִים: לְבֻשֵׁי 5
6

תְּכֵלֶת פַּחוֹת וּסְגָנִים בַּחוּרֵי חֶמֶד כֻּלָּם פָּרָשִׁים רֹכְבֵי סוּסִים: וַתִּתֵּן 7
תַּזְנוּתֶיהָ עֲלֵיהֶם מִבְחַר בְּנֵי־אַשּׁוּר כֻּלָּם וּבְכֹל אֲשֶׁר־עָגְבָה בְּכָל־

גִּלּוּלֵיהֶם נִטְמָאָה: וְאֶת־תַּזְנוּתֶיהָ מִמִּצְרַיִם לֹא עָזָבָה כִּי אוֹתָהּ 8
שָׁכְבוּ בִנְעוּרֶיהָ וְהֵמָּה עִשּׂוּ דַּדֵּי בְתוּלֶיהָ וַיִּשְׁפְּכוּ תַזְנוּתָם עָלֶיהָ:

לָכֵן נְתַתִּיהָ בְּיַד־מְאַהֲבֶיהָ בְּיַד בְּנֵי אַשּׁוּר אֲשֶׁר עָגְבָה עֲלֵיהֶם: הֵמָּה 9
10
גִּלּוּ עֶרְוָתָהּ בָּנֶיהָ וּבְנוֹתֶיהָ לָקָחוּ וְאוֹתָהּ בַּחֶרֶב הָרָגוּ וַתְּהִי־שֵׁם
לַנָּשִׁים וּשְׁפוּטִים עָשׂוּ בָהּ:   וַתֵּרֶא אֲחוֹתָהּ אָהֳלִיבָה 11

וַתַּשְׁחֵת עַגְבָתָהּ מִמֶּנָּה וְאֶת־תַּזְנוּתֶיהָ מִזְּנוּנֵי אֲחוֹתָהּ: אֶל־בְּנֵי 12
אַשּׁוּר עָגָבָה פַּחוֹת וּסְגָנִים קְרֹבִים לְבֻשֵׁי מִכְלוֹל פָּרָשִׁים רֹכְבֵי

סוּסִים בַּחוּרֵי חֶמֶד כֻּלָּם: וָאֵרֶא כִּי נִטְמָאָה דֶּרֶךְ אֶחָד לִשְׁתֵּיהֶן: 13

וַתּוֹסֶף אֶל־תַּזְנוּתֶיהָ וַתֵּרֶא אַנְשֵׁי מְחֻקֶּה עַל־הַקִּיר צַלְמֵי כַשְׂדִּיים 14 כַּשְׂדִּים

חֲקֻקִים בַּשָּׁשַׁר: חֲגוֹרֵי אֵזוֹר בְּמָתְנֵיהֶם סְרוּחֵי טְבוּלִים בְּרָאשֵׁיהֶם 15

מַרְאֵה שָׁלִשִׁים כֻּלָּם דְּמוּת בְּנֵי־בָבֶל כַּשְׂדִּים אֶרֶץ מוֹלַדְתָּם: וַתַּעְגַּב 16 וַתַּעְגְּבָה

עֲלֵיהֶם לְמַרְאֵה עֵינֶיהָ וַתִּשְׁלַח מַלְאָכִים אֲלֵיהֶם כַּשְׂדִּימָה: וַיָּבֹאוּ 17
אֵלֶיהָ בְנֵי־בָבֶל לְמִשְׁכַּב דֹּדִים וַיְטַמְּאוּ אוֹתָהּ בְּתַזְנוּתָם וַתִּטְמָא־בָם

וַתִּגַל תַּזְנוּתֶיהָ וַתְּגַל אֶת־עֶרְוָתָהּ וַתֵּקַע נַפְשִׁי 18
מֵעָלֶיהָ כַּאֲשֶׁר נָקְעָה נַפְשִׁי מֵעַל אֲחוֹתָהּ: וַתַּרְבֶּה אֶת־תַּזְנוּתֶיהָ 19

לִזְכֹּר אֶת־יְמֵי נְעוּרֶיהָ אֲשֶׁר זָנְתָה בְּאֶרֶץ מִצְרָיִם: וַתַּעְגְּבָה עַל 20
פִּלַגְשֵׁיהֶם אֲשֶׁר בְּשַׂר־חֲמוֹרִים בְּשָׂרָם וְזִרְמַת סוּסִים זִרְמָתָם:

וַתִּפְקְדִי אֵת זִמַּת נְעוּרָיִךְ בַּעְשׂוֹת מִמִּצְרַיִם דַּדַּיִךְ לְמַעַן שְׁדֵי 21
נְעוּרָיִךְ:   לָכֵן אָהֳלִיבָה כֹּה־אָמַר אֲדֹנָי יְהוִה הִנְנִי מֵעִיר 22

אֶת־מְאַהֲבַיִךְ עָלַיִךְ אֵת אֲשֶׁר־נָקְעָה נַפְשֵׁךְ מֵהֶם וַהֲבֵאתִים עָלַיִךְ
מִסָּבִיב: בְּנֵי בָבֶל וְכָל־כַּשְׂדִּים פְּקוֹד וְשׁוֹעַ וְקוֹעַ כָּל־בְּנֵי אַשּׁוּר 23
אוֹתָם בַּחוּרֵי חֶמֶד פַּחוֹת וּסְגָנִים כֻּלָּם שָׁלִשִׁים וּקְרוּאִים רֹכְבֵי
סוּסִים כֻּלָּם: וּבָאוּ עָלַיִךְ הֹצֶן רֶכֶב וְגַלְגַּל וּבִקְהַל עַמִּים צִנָּה וּמָגֵן 24

chariots, wagons, and wheels, and with an assembly of people, *which* shall set against thee buckler and shield and helmet round about: and I will set judgment before them, and they shall judge thee according to their judgments.

25 And I will set my jealousy against thee, and they shall deal furiously with thee: they shall take away thy nose and thine ears; and thy remnant shall fall by the sword: they shall take thy sons and thy daughters; and thy residue shall be devoured by the fire.

26 They shall also strip thee out of thy clothes, and take away thy fair jewels.

27 Thus will I make thy lewdness to cease from thee, and thy whoredom *brought* from the land of Egypt: so that thou shalt not lift up thine eyes unto them, nor remember Egypt any more.

28 For thus saith the Lord GOD; Behold, I will deliver thee into the hand *of them* whom thou hatest, into the hand *of them* from whom thy mind is alienated:

29 And they shall deal with thee hatefully, and shall take away all thy labour, and shall leave thee naked and bare: and the nakedness of thy whoredoms shall be discovered, both thy lewdness and thy whoredoms.

30 I will do these *things* unto thee, because thou hast gone a whoring after the heathen, *and* because thou art polluted with their idols.

31 Thou hast walked in the way of thy sister; therefore will I give her cup into thine hand.

32 Thus saith the Lord GOD; Thou shalt drink of thy sister's cup deep and large: thou shalt be laughed to scorn and had in derision; it containeth much.

33 Thou shalt be filled with drunkenness and sorrow, with the cup of astonishment and desolation, with the cup of thy sister Samaria.

34 Thou shalt even drink it and suck *it* out, and thou shalt break the sherds thereof, and pluck off thine own breasts: for I have spoken *it,* saith the Lord GOD.

35 Therefore thus saith the Lord GOD; Because thou hast forgotten me, and cast me behind thy back, therefore bear thou also thy lewdness and thy whoredoms.

36 ¶ The LORD said moreover unto me; Son of man, wilt thou judge Aholah and Aholibah? yea, declare unto them their abominations;

37 That they have committed adultery, and blood *is* in their hands, and with their idols have they committed adultery, and have also caused their sons, whom they bare unto me, to pass for them through *the fire,* to devour *them.*

38 Moreover this they have done unto me: they have defiled my sanctuary in the same day, and have profaned my sabbaths.

39 For when they had slain their children to their idols, then they came the same day into my sanctuary to profane it; and, lo, thus have they done in the midst of mine house.

40 And furthermore, that ye have sent for men to come from far, unto whom a messenger *was* sent; and, lo, they came: for whom thou didst wash thyself, paintedst thy eyes, and deckedst thyself with ornaments,

41 And satest upon a stately bed, and a table prepared before it, whereupon thou hast set mine incense and mine oil.

42 And a voice of a multitude being at ease *was* with her: and with the men of the common sort *were* brought Sabeans from the wilderness, which put bracelets upon their hands, and beautiful crowns upon their heads.

43 Then said I unto *her that was* old in adulteries, Will they now commit whoredoms with her, and she *with them?*

44 Yet they went in unto her, as they go in unto a woman that playeth the harlot: so went they in unto Aholah and unto Aholibah, the lewd women.

45 ¶ And the righteous men, they shall judge them after the manner of adulteresses, and after the manner of women that shed blood; because they *are* adulteresses, and blood *is* in their hands.

46 For thus saith the Lord GOD; I will bring up a company upon them, and will give them to be removed and spoiled.

47 And the company shall stone them

וְקוֹבַע יָשִׂימוּ עָלַיִךְ סָבִיב וְנָתַתִּי לִפְנֵיהֶם מִשְׁפָּט וּשְׁפָטוּךְ

25 בְּמִשְׁפְּטֵיהֶם: וְנָתַתִּי קִנְאָתִי בָּךְ וְעָשׂוּ אוֹתָךְ בְּחֵמָה אַפֵּךְ וְאָזְנַיִךְ יָסִירוּ וְאַחֲרִיתֵךְ בַּחֶרֶב תִּפּוֹל הֵמָּה בָּנַיִךְ וּבְנוֹתַיִךְ יִקָּחוּ וְאַחֲרִיתֵךְ

26 תֵּאָכֵל בָּאֵשׁ: וְהִפְשִׁיטוּךְ אֶת־בְּגָדָיִךְ וְלָקְחוּ כְּלֵי תִפְאַרְתֵּךְ:
27 וְהִשְׁבַּתִּי זִמָּתֵךְ מִמֵּךְ וְאֶת־זְנוּתֵךְ מֵאֶרֶץ מִצְרָיִם וְלֹא־תִשְׂאִי עֵינַיִךְ אֲלֵיהֶם

28 וּמִצְרַיִם לֹא תִזְכְּרִי־עוֹד: כִּי כֹה אָמַר אֲדֹנָי יְהוִֹה הִנְנִי

29 נֹתְנָךְ בְּיַד אֲשֶׁר שָׂנֵאת בְּיַד אֲשֶׁר־נָקְעָה נַפְשֵׁךְ מֵהֶם: וְעָשׂוּ אוֹתָךְ בְּשִׂנְאָה וְלָקְחוּ כָּל־יְגִיעֵךְ וַעֲזָבוּךְ עֵירֹם וְעֶרְיָה וְנִגְלָה עֶרְוַת זְנוּנַיִךְ

30 וְזִמָּתֵךְ וְתַזְנוּתָיִךְ: עָשׂה אֵלֶּה לָךְ בִּזְנוֹתֵךְ אַחֲרֵי גוֹיִם עַל אֲשֶׁר־

31 נִטְמֵאת בְּגִלּוּלֵיהֶם: בְּדֶרֶךְ אֲחוֹתֵךְ הָלָכְתְּ וְנָתַתִּי כוֹסָהּ

32 בְּיָדֵךְ: כֹּה אָמַר אֲדֹנָי יְהוִֹה כּוֹס אֲחוֹתֵךְ תִּשְׁתִּי הָעֲמֻקָּה

33 וְהָרְחָבָה תִּהְיֶה לִצְחֹק וּלְלַעַג מִרְבָּה לְהָכִיל: שִׁכָּרוֹן וְיָגוֹן תִּמָּלֵאִי

34 כּוֹס שַׁמָּה וּשְׁמָמָה כּוֹס אֲחוֹתֵךְ שֹׁמְרוֹן: וְשָׁתִית אוֹתָהּ וּמָצִית וְאֶת־חֲרָשֶׂיהָ תְּגָרֵמִי וְשָׁדַיִךְ תְּנַתֵּקִי כִּי אֲנִי דִבַּרְתִּי נְאֻם אֲדֹנָי

35 יְהוִֹה: לָכֵן כֹּה אָמַר אֲדֹנָי יְהוִֹה יַעַן שָׁכַחַתְּ אוֹתִי וַתַּשְׁלִיכִי אוֹתִי אַחֲרֵי גַוֵּךְ וְגַם־אַתְּ שְׂאִי זִמָּתֵךְ וְאֶת־

36 תַּזְנוּתָיִךְ: וַיֹּאמֶר יְהוָה אֵלַי בֶּן־אָדָם הֲתִשְׁפּוֹט אֶת־אָהֳלָה

37 וְאֶת־אָהֳלִיבָה וְהַגֵּד לָהֶן אֵת תּוֹעֲבוֹתֵיהֶן: כִּי נִאֵפוּ וְדָם בִּידֵיהֶן וְאֶת־גִּלּוּלֵיהֶן נִאֵפוּ וְגַם אֶת־בְּנֵיהֶן אֲשֶׁר יָלְדוּ־לִי הֶעֱבִירוּ לָהֶם

38 לְאָכְלָה: עוֹד זֹאת עָשׂוּ לִי טִמְּאוּ אֶת־מִקְדָּשִׁי בַּיּוֹם הַהוּא וְאֶת־

39 שַׁבְּתוֹתַי חִלֵּלוּ: וּבְשַׁחֲטָם אֶת־בְּנֵיהֶם לְגִלּוּלֵיהֶם וַיָּבֹאוּ אֶל־מִקְדָּשִׁי

40 בַּיּוֹם הַהוּא לְחַלְּלוֹ וְהִנֵּה־כֹה עָשׂוּ בְּתוֹךְ בֵּיתִי: וְאַף כִּי תִשְׁלַחְנָה לַאֲנָשִׁים בָּאִים מִמֶּרְחָק אֲשֶׁר מַלְאָךְ שָׁלוּחַ אֲלֵיהֶם וְהִנֵּה־בָאוּ

41 לַאֲשֶׁר רָחַצְתְּ כָּחַלְתְּ עֵינַיִךְ וְעָדִית עֶדִי: וְיָשַׁבְתְּ עַל־מִטָּה כְבוּדָּה

42 וְשֻׁלְחָן עָרוּךְ לְפָנֶיהָ וּקְטָרְתִּי וְשַׁמְנִי שַׂמְתְּ עָלֶיהָ: וְקוֹל הָמוֹן שָׁלֵו

סְבָאִים בָהּ וְאֶל־אֲנָשִׁים מֵרֹב אָדָם מוּבָאִים סוֹבָאִים מִמִּדְבָּר וַיִּתְּנוּ צְמִידִים

עֻתָּה 43 אֶל־יְדֵיהֶן וַעֲטֶרֶת תִּפְאֶרֶת עַל־רָאשֵׁיהֶן: וָאֹמַר לַבָּלָה נִאוּפִים עַת

יִזְנוּ 44 יזנה תַזְנוּתֶהָ וְהִיא: וַיָּבוֹא אֵלֶיהָ כְּבוֹא אֶל־אִשָּׁה זוֹנָה כֵּן בָּאוּ אֶל־

45 אָהֳלָה וְאֶל־אָהֳלִיבָה אִשֹּׁת הַזִּמָּה: וַאֲנָשִׁים צַדִּיקִם הֵמָּה יִשְׁפְּטוּ אוֹתְהֶם מִשְׁפַּט נֹאֲפוֹת וּמִשְׁפַּט שֹׁפְכוֹת דָּם כִּי נֹאֲפֹת הֵנָּה וְדָם

46 בִּידֵיהֶן: כִּי כֹּה אָמַר אֲדֹנָי יְהוִֹה הַעֲלֵה עֲלֵיהֶם קָהָל

47 וְנָתֹן אֶתְהֶן לְזַעֲוָה וְלָבַז: וְרָגְמוּ עֲלֵיהֶן אֶבֶן קָהָל וּבָרֵא אוֹתְהֶן

with stones, and dispatch them with their swords; they shall slay their sons and their daughters, and burn up their houses with fire.

48 Thus will I cause lewdness to cease out of the land, that all women may be taught not to do after your lewdness.

49 And they shall recompense your lewdness upon you, and ye shall bear the sins of your idols: and ye shall know that I *am* the Lord GOD.

CHAPTER 24

1 Again in the ninth year, in the tenth month, in the tenth *day* of the month, the word of the LORD came unto me, saying,

2 Son of man, write thee the name of the day, *even* of this same day: the king of Babylon set himself against Jerusalem this same day.

3 And utter a parable unto the rebellious house, and say unto them, Thus saith the Lord GOD; Set on a pot, set *it* on, and also pour water into it:

4 Gather the pieces thereof into it, *even* every good piece, the thigh, and the shoulder; fill *it* with the choice bones.

5 Take the choice of the flock, and burn also the bones under it, *and* make it boil well, and let them seethe the bones of it therein.

6 ¶ Wherefore thus saith the Lord GOD; Woe to the bloody city, to the pot whose scum *is* therein, and whose scum is not gone out of it! bring it out piece by piece; let no lot fall upon it.

7 For her blood is in the midst of her; she set it upon the top of a rock; she poured it not upon the ground, to cover it with dust;

8 That it might cause fury to come up to take vengeance; I have set her blood upon the top of a rock, that it should not be covered.

9 Therefore thus saith the Lord GOD; Woe to the bloody city! I will even make the pile for fire great.

10 Heap on wood, kindle the fire, consume the flesh, and spice it well, and let the bones be burned.

11 Then set it empty upon the coals thereof, that the brass of it may be hot, and may burn, and *that* the filthiness of it may be molten in it, *that* the scum of it may be consumed.

12 She hath wearied *herself* with lies, and her great scum went not forth out of her: her scum *shall be* in the fire.

13 In thy filthiness *is* lewdness: because I have purged thee, and thou wast not purged, thou shalt not be purged from thy filthiness any more, till I have caused my fury to rest upon thee.

14 I the LORD have spoken *it:* it shall come to pass, and I will do *it;* I will not go back, neither will I spare, neither will I repent; according to thy ways, and according to thy doings, shall they judge thee, saith the Lord GOD.

15 ¶ Also the word of the LORD came unto me, saying,

16 Son of man, behold, I take away from thee the desire of thine eyes with a stroke: yet neither shalt thou mourn nor weep, neither shall thy tears run down.

17 Forbear to cry, make no mourning for the dead, bind the tire of thine head upon thee, and put on thy shoes upon thy feet, and cover not *thy* lips, and eat not the bread of men.

18 So I spake unto the people in the morning: and at even my wife died; and I did in the morning as I was commanded.

19 ¶ And the people said unto me, Wilt thou not tell us what these *things are* to us, that thou doest *so?*

20 Then I answered them, The word of the LORD came unto me, saying,

21 Speak unto the house of Israel, Thus saith the Lord GOD; Behold, I will profane my sanctuary, the excellency of your strength, the desire of your eyes, and that which your soul pitieth; and your sons and your daughters whom ye have left shall fall by the sword.

22 And ye shall do as I have done: ye shall not cover *your* lips, nor eat the bread of men.

23 And your tires *shall be* upon your heads, and your shoes upon your feet: ye shall not mourn nor weep; but ye shall pine away for your iniquities, and mourn one toward another.

בְּחַרְבוֹתָם בְּנֵיהֶם וּבְנוֹתֵיהֶם יַהֲרֹגוּ וּבָתֵּיהֶן בָּאֵשׁ יִשְׂרֹפוּ: וְהִשְׁבַּתִּי 48

זִמָּה מִן־הָאָרֶץ וְנִוַּסְּרוּ כָּל־הַנָּשִׁים וְלֹא תַעֲשֶׂינָה כְּזִמַּתְכֶנָה: וְנָתְנוּ 49
זִמַּתְכֶנָה עֲלֵיכֶן וַחֲטָאֵי גִלּוּלֵיכֶן תִּשֶּׂאינָה וִידַעְתֶּם כִּי אֲנִי אֲדֹנָי
יְהוִה:

וַיְהִי דְבַר־יְהוָה אֵלַי בַּשָּׁנָה הַתְּשִׁיעִית בַּחֹדֶשׁ הָעֲשִׂירִי בֶּעָשׂוֹר 24 1
לַחֹדֶשׁ לֵאמֹר: בֶּן־אָדָם כְּתָוב־לְךָ אֶת־שֵׁם הַיּוֹם אֶת־עֶצֶם הַיּוֹם 2 כְּתָב־
הַזֶּה סָמַךְ מֶלֶךְ־בָּבֶל אֶל־יְרוּשָׁלַם בְּעֶצֶם הַיּוֹם הַזֶּה: וּמְשֹׁל אֶל־ 3
בֵּית־הַמֶּרִי מָשָׁל וְאָמַרְתָּ אֲלֵיהֶם כֹּה אָמַר אֲדֹנָי יְהוִה שְׁפֹת הַסִּיר
שְׁפֹת וְגַם־יְצֹק בּוֹ מָיִם: אֱסֹף נְתָחֶיהָ אֵלֶיהָ כָּל־נֵתַח טוֹב יָרֵךְ וְכָתֵף 4
מִבְחַר עֲצָמִים מַלֵּא: מִבְחַר הַצֹּאן לָקוֹחַ וְגַם דּוּר הָעֲצָמִים תַּחְתֶּיהָ 5
רַתַּח רְתָחֶיהָ גַּם־בָּשְׁלוּ עֲצָמֶיהָ בְּתוֹכָהּ: לָכֵן כֹּה־אָמַר 6
אֲדֹנָי יְהוִה אוֹי עִיר הַדָּמִים סִיר אֲשֶׁר חֶלְאָתָה בָהּ וְחֶלְאָתָהּ לֹא
יָצְאָה מִמֶּנָּה לִנְתָחֶיהָ לִנְתָחֶיהָ הוֹצִיאָהּ לֹא־נָפַל עָלֶיהָ גּוֹרָל: כִּי 7
דָמָהּ בְּתוֹכָהּ הָיָה עַל־צְחִיחַ סֶלַע שָׂמָתְהוּ לֹא שְׁפָכַתְהוּ עַל־הָאָרֶץ
לְכַסּוֹת עָלָיו עָפָר: לְהַעֲלוֹת חֵמָה לִנְקֹם נָקָם נָתַתִּי אֶת־דָּמָהּ עַל־ 8
צְחִיחַ סָלַע לְבִלְתִּי הִכָּסוֹת:

לָכֵן כֹּה אָמַר אֲדֹנָי יְהוִה אוֹי עִיר הַדָּמִים גַּם־אֲנִי אַגְדִּיל הַמְּדוּרָה: 9
הַרְבֵּה הָעֵצִים הַדְלֵק הָאֵשׁ הָתֵם הַבָּשָׂר וְהַרְקַח הַמֶּרְקָחָה 10
וְהָעֲצָמוֹת יֵחָרוּ: וְהַעֲמִידֶהָ עַל־גֶּחָלֶיהָ רֵקָה לְמַעַן תֵּחַם וְחָרָה 11
נְחֻשְׁתָּהּ וְנִתְּכָה בְתוֹכָהּ טֻמְאָתָהּ תִּתֻּם חֶלְאָתָהּ: תְּאֻנִים הֶלְאָת 12
וְלֹא־תֵצֵא מִמֶּנָּה רַבַּת חֶלְאָתָהּ בְּאֵשׁ חֶלְאָתָהּ: בְּטֻמְאָתֵךְ זִמָּה יַעַן 13
טִהַרְתִּיךְ וְלֹא טָהַרְתְּ מִטֻּמְאָתֵךְ לֹא תִטְהֲרִי־עוֹד עַד־הֲנִיחִי אֶת־
חֲמָתִי בָּךְ: אֲנִי יְהוָה דִּבַּרְתִּי בָּאָה וְעָשִׂיתִי לֹא־אֶפְרַע וְלֹא־אָחוּס 14
וְלֹא אֶנָּחֵם כִּדְרָכַיִךְ וְכַעֲלִילוֹתַיִךְ שְׁפָטוּךְ נְאֻם אֲדֹנָי יְהוִה:

וַיְהִי דְבַר־יְהוָה אֵלַי לֵאמֹר: בֶּן־אָדָם הִנְנִי לֹקֵחַ מִמְּךָ אֶת־מַחְמַד 15
16
עֵינֶיךָ בְּמַגֵּפָה וְלֹא תִסְפֹּד וְלֹא תִבְכֶּה וְלוֹא תָבוֹא דִּמְעָתֶךָ: הֵאָנֵק 17 17A
דֹּם מֵתִים אֵבֶל לֹא־תַעֲשֶׂה פְּאֵרְךָ חֲבוֹשׁ עָלֶיךָ וּנְעָלֶיךָ תָּשִׂים
בְּרַגְלֶיךָ וְלֹא תַעְטֶה עַל־שָׂפָם וְלֶחֶם אֲנָשִׁים לֹא תֹאכֵל: וָאֲדַבֵּר 18
אֶל־הָעָם בַּבֹּקֶר וַתָּמָת אִשְׁתִּי בָּעָרֶב וָאַעַשׂ בַּבֹּקֶר כַּאֲשֶׁר צֻוֵּיתִי:
וַיֹּאמְרוּ אֵלַי הָעָם הֲלֹא־תַגִּיד לָנוּ מָה־אֵלֶּה לָּנוּ כִּי אַתָּה עֹשֶׂה: 19
וָאֹמַר אֲלֵיהֶם דְּבַר־יְהוָה הָיָה אֵלַי לֵאמֹר: אֱמֹר לְבֵית יִשְׂרָאֵל כֹּה 20
21
אָמַר אֲדֹנָי יְהוִה הִנְנִי מְחַלֵּל אֶת־מִקְדָּשִׁי גְּאוֹן עֻזְּכֶם מַחְמַד עֵינֵיכֶם
וּמַחְמַל נַפְשְׁכֶם וּבְנֵיכֶם וּבְנוֹתֵיכֶם אֲשֶׁר עֲזַבְתֶּם בַּחֶרֶב יִפֹּלוּ:
וַעֲשִׂיתֶם כַּאֲשֶׁר עָשִׂיתִי עַל־שָׂפָם לֹא תַעְטוּ וְלֶחֶם אֲנָשִׁים לֹא 22
תֹאכֵלוּ: וּפְאֵרֵכֶם עַל־רָאשֵׁיכֶם וְנַעֲלֵיכֶם בְּרַגְלֵיכֶם לֹא תִסְפְּדוּ וְלֹא 23

24 Thus Ezekiel is unto you a sign: according to all that he hath done shall ye do: and when this cometh, ye shall know that I *am* the Lord God.

25 Also, thou son of man, *shall it* not *be* in the day when I take from them their strength, the joy of their glory, the desire of their eyes, and that whereupon they set their minds, their sons and their daughters,

26 *That* he that escapeth in that day shall come unto thee, to cause *thee* to hear *it* with *thine* ears?

27 In that day shall thy mouth be opened to him which is escaped, and thou shalt speak, and be no more dumb: and thou shalt be a sign unto them; and they shall know that I *am* the Lord.

CHAPTER 25

1 The word of the Lord came again unto me, saying,

2 Son of man, set thy face against the Ammonites, and prophesy against them;

3 And say unto the Ammonites, Hear the word of the Lord God; Thus saith the Lord God; Because thou saidst, Aha, against my sanctuary, when it was profaned; and against the land of Israel, when it was desolate; and against the house of Judah, when they went into captivity;

4 Behold, therefore I will deliver thee to the men of the east for a possession, and they shall set their palaces in thee, and make their dwellings in thee: they shall eat thy fruit, and they shall drink thy milk.

5 And I will make Rabbah a stable for camels, and the Ammonites a couching place for flocks: and ye shall know that I *am* the Lord.

6 For thus saith the Lord God; Because thou hast clapped *thine* hands, and stamped with the feet, and rejoiced in heart with all thy despite against the land of Israel;

7 Behold, therefore I will stretch out mine hand upon thee, and will deliver thee for a spoil to the heathen; and I will cut thee off from the people, and I will cause thee to perish out of the countries: I will destroy thee; and thou shalt know that I *am* the Lord.

8 ¶ Thus saith the Lord God; Because that Moab and Seir do say, Behold, the house of Judah *is* like unto all the heathen;

9 Therefore, behold, I will open the side of Moab from the cities, from his cities *which are* on his frontiers, the glory of the country, Beth-jeshimoth, Baal-meon, and Kiriathaim,

10 Unto the men of the east with the Ammonites, and will give them in possession, that the Ammonites may not be remembered among the nations.

11 And I will execute judgments upon Moab; and they shall know that I *am* the Lord.

12 ¶ Thus saith the Lord God; Because that Edom hath dealt against the house of Judah by taking vengeance, and hath greatly offended, and revenged himself upon them;

13 Therefore thus saith the Lord God; I will also stretch out mine hand upon Edom, and will cut off man and beast from it; and I will make it desolate from Teman; and they of Dedan shall fall by the sword.

14 And I will lay my vengeance upon Edom by the hand of my people Israel: and they shall do in Edom according to mine anger and according to my fury; and they shall know my vengeance, saith the Lord God.

15 ¶ Thus saith the Lord God; Because the Philistines have dealt by revenge, and have taken vengeance with a despiteful heart, to destroy *it* for the old hatred;

16 Therefore thus saith the Lord God; Behold, I will stretch out mine hand upon the Philistines, and I will cut off the Cherethims, and destroy the remnant of the sea coast.

17 And I will execute great vengeance upon them with furious rebukes; and they shall know that I *am* the Lord, when I shall lay my vengeance upon them.

CHAPTER 26

1 And it came to pass in the eleventh year, in the first *day* of the month, *that*

תִּבְכּוּ וּנְמַקֹּתֶם בַּעֲוֹנֹתֵיכֶם וּנְהַמְתֶּם אִישׁ אֶל־אָחִיו: וְהָיָה יְחֶזְקֵאל 24
לָכֶם לְמוֹפֵת כְּכֹל אֲשֶׁר־עָשָׂה תַּעֲשׂוּ בְּבֹאָהּ וִידַעְתֶּם כִּי אֲנִי אֲדֹנָי
יְהוִה: וְאַתָּה בֶן־אָדָם הֲלוֹא בְּיוֹם קַחְתִּי מֵהֶם אֶת־ 25
מָעוּזָּם מְשׂוֹשׂ תִּפְאַרְתָּם אֶת־מַחְמַד עֵינֵיהֶם וְאֶת־מַשָּׂא נַפְשָׁם
בְּנֵיהֶם וּבְנוֹתֵיהֶם: בַּיּוֹם הַהוּא יָבוֹא הַפָּלִיט אֵלֶיךָ לְהַשְׁמָעוּת 26
אָזְנָיִם: בַּיּוֹם הַהוּא יִפָּתַח פִּיךָ אֶת־הַפָּלִיט וּתְדַבֵּר וְלֹא תֵאָלֵם עוֹד 27
וְהָיִיתָ לָהֶם לְמוֹפֵת וְיָדְעוּ כִּי־אֲנִי יְהוָה: וַיְהִי דְבַר־יְהוָה 25 1
אֵלַי לֵאמֹר: בֶּן־אָדָם שִׂים פָּנֶיךָ אֶל־בְּנֵי עַמּוֹן וְהִנָּבֵא עֲלֵיהֶם: 2
וְאָמַרְתָּ לִבְנֵי עַמּוֹן שִׁמְעוּ דְּבַר־אֲדֹנָי יְהוִה כֹּה־אָמַר אֲדֹנָי יְהוִה 3
יַעַן אָמְרֵךְ הֶאָח אֶל־מִקְדָּשִׁי כִי־נִחָל וְאֶל־אַדְמַת יִשְׂרָאֵל כִּי נָשַׁמָּה
וְאֶל־בֵּית יְהוּדָה כִּי הָלְכוּ בַּגּוֹלָה: לָכֵן הִנְנִי נֹתְנָךְ לִבְנֵי־קֶדֶם 4
לְמוֹרָשָׁה וְיִשְּׁבוּ טִירוֹתֵיהֶם בָּךְ וְנָתְנוּ בָךְ מִשְׁכְּנֵיהֶם הֵמָּה יֹאכְלוּ
פִרְיֵךְ וְהֵמָּה יִשְׁתּוּ חֲלָבֵךְ: וְנָתַתִּי אֶת־רַבָּה לִנְוֵה גְמַלִּים וְאֶת־בְּנֵי 5
עַמּוֹן לְמִרְבַּץ־צֹאן וִידַעְתֶּם כִּי־אֲנִי יְהוָה: כִּי כֹה אָמַר 6
אֲדֹנָי יְהוִה יַעַן מַחְאֲךָ יָד וְרַקְעֲךָ בְּרָגֶל וַתִּשְׂמַח בְּכָל־שָׁאטְךָ בְּנֶפֶשׁ
אֶל־אַדְמַת יִשְׂרָאֵל: לָכֵן הִנְנִי נָטִיתִי אֶת־יָדִי עָלֶיךָ וּנְתַתִּיךָ לְבַג 7א לָכֵ֣ן 7
לַגּוֹיִם וְהִכְרַתִּיךָ מִן־הָעַמִּים וְהַאֲבַדְתִּיךָ מִן־הָאֲרָצוֹת אַשְׁמִידְךָ
וְיָדַעְתָּ כִּי־אֲנִי יְהוָה: כֹּה אָמַר אֲדֹנָי יְהוִה יַעַן אֲמֹר 8
מוֹאָב וְשֵׂעִיר הִנֵּה כְּכָל־הַגּוֹיִם בֵּית יְהוּדָה: לָכֵן הִנְנִי פֹתֵחַ אֶת־ 9
כֶּתֶף מוֹאָב מֵהֶעָרִים מֵעָרָיו מִקָּצֵהוּ צְבִי אֶרֶץ בֵּית הַיְשִׁימֹת בַּעַל
מְעוֹן וְקִרְיָתְמָה: לִבְנֵי־קֶדֶם עַל־בְּנֵי עַמּוֹן וּנְתַתִּיהָ לְמוֹרָשָׁה לְמַעַן 10 וְקִרְיָתָ֑יְמָה
לֹא־תִזָּכֵר בְּנֵי־עַמּוֹן בַּגּוֹיִם: וּבְמוֹאָב אֶעֱשֶׂה שְׁפָטִים וְיָדְעוּ כִּי־אֲנִי 11
יְהוָה: כֹּה אָמַר אֲדֹנָי יְהוִה יַעַן עֲשׂוֹת אֱדוֹם בִּנְקֹם נָקָם 12
לְבֵית יְהוּדָה וַיֶּאְשְׁמוּ אָשׁוֹם וְנִקְמוּ בָהֶם: לָכֵן כֹּה אָמַר אֲדֹנָי יְהוִה 13
וְנָטִתִי יָדִי עַל־אֱדוֹם וְהִכְרַתִּי מִמֶּנָּה אָדָם וּבְהֵמָה וּנְתַתִּיהָ חָרְבָּה
מִתֵּימָן וּדְדָנֶה בַּחֶרֶב יִפֹּלוּ: וְנָתַתִּי אֶת־נִקְמָתִי בֶּאֱדוֹם בְּיַד עַמִּי 14
יִשְׂרָאֵל וְעָשׂוּ בֶאֱדוֹם כְּאַפִּי וְכַחֲמָתִי וְיָדְעוּ אֶת־נִקְמָתִי נְאֻם אֲדֹנָי
יְהוִה:
כֹּה אָמַר אֲדֹנָי יְהוִה יַעַן עֲשׂוֹת פְּלִשְׁתִּים בִּנְקָמָה וַיִּנָּקְמוּ נָקָם 15
בִּשְׁאָט בְּנֶפֶשׁ לְמַשְׁחִית אֵיבַת עוֹלָם: לָכֵן כֹּה אָמַר אֲדֹנָי יְהוִה 16
הִנְנִי נוֹטֶה יָדִי עַל־פְּלִשְׁתִּים וְהִכְרַתִּי אֶת־כְּרֵתִים וְהַאֲבַדְתִּי אֶת־
שְׁאֵרִית חוֹף הַיָּם: וְעָשִׂיתִי בָם נְקָמוֹת גְּדֹלוֹת בְּתוֹכְחוֹת חֵמָה וְיָדְעוּ 17
כִּי־אֲנִי יְהוָה בְּתִתִּי אֶת־נִקְמָתִי בָּם: וַיְהִי בְּעַשְׁתֵּי־עֶשְׂרֵה 26 1

the word of the Lord came unto me, saying,

2 Son of man, because that Tyrus hath said against Jerusalem, Aha, she is broken *that was* the gates of the people: she is turned unto me: I shall be replenished, *now* she is laid waste:

3 Therefore thus saith the Lord God; Behold, I *am* against thee, O Tyrus, and will cause many nations to come up against thee, as the sea causeth his waves to come up.

4 And they shall destroy the walls of Tyrus, and break down her towers: I will also scrape her dust from her, and make her like the top of a rock.

5 It shall be *a place for* the spreading of nets in the midst of the sea: for I have spoken *it,* saith the Lord God: and it shall become a spoil to the nations.

6 And her daughters which *are* in the field shall be slain by the sword; and they shall know that I *am* the Lord.

7 ¶ For thus saith the Lord God; Behold, I will bring upon Tyrus Nebuchadrezzar king of Babylon, a king of kings, from the north, with horses, and with chariots, and with horsemen, and companies, and much people.

8 He shall slay with the sword thy daughters in the field: and he shall make a fort against thee, and cast a mount against thee, and lift up the buckler against thee.

9 And he shall set engines of war against thy walls, and with his axes he shall break down thy towers.

10 By reason of the abundance of his horses their dust shall cover thee: thy walls shall shake at the noise of the horsemen, and of the wheels, and of the chariots, when he shall enter into thy gates, as men enter into a city wherein is made a breach.

11 With the hoofs of his horses shall he tread down all thy streets: he shall slay thy people by the sword, and thy strong garrisons shall go down to the ground.

12 And they shall make a spoil of thy riches, and make a prey of thy merchandise: and they shall break down thy walls, and destroy thy pleasant houses: and they shall lay thy stones and thy timber and thy dust in the midst of the water.

13 And I will cause the noise of thy songs to cease; and the sound of thy harps shall be no more heard.

14 And I will make thee like the top of a rock: thou shalt be *a place* to spread nets upon; thou shalt be built no more: for I the Lord have spoken *it,* saith the Lord God.

15 ¶ Thus saith the Lord God to Tyrus; Shall not the isles shake at the sound of thy fall, when the wounded cry, when the slaughter is made in the midst of thee?

16 Then all the princes of the sea shall come down from their thrones, and lay away their robes, and put off their broidered garments: they shall clothe themselves with trembling; they shall sit upon the ground, and shall tremble at *every* moment, and be astonished at thee.

17 And they shall take up a lamentation for thee, and say to thee, How art thou destroyed, *that wast* inhabited of seafaring men, the renowned city, which wast strong in the sea, she and her inhabitants, which cause their terror *to be* on all that haunt it!

18 Now shall the isles tremble in the day of thy fall; yea, the isles that *are* in the sea shall be troubled at thy departure.

19 For thus saith the Lord God; When I shall make thee a desolate city, like the cities that are not inhabited; when I shall bring up the deep upon thee, and great waters shall cover thee;

20 When I shall bring thee down with them that descend into the pit, with the people of old time, and shall set thee in the low parts of the earth, in places desolate of old, with them that go down to the pit, that thou be not inhabited; and I shall set glory in the land of the living;

21 I will make thee a terror, and thou *shalt be* no *more:* though thou be sought for, yet shalt thou never be found again, saith the Lord God.

CHAPTER 27

1 The word of the Lord came again unto me, saying,

2 Now, thou son of man, take up a lamentation for Tyrus;

שָׁנָה בְּאֶחָד לַחֹדֶשׁ הָיָה דְבַר־יְהֹוָה אֵלַי לֵאמֹר: בֶּן־אָדָם יַעַן אֲשֶׁר־ 2
אָמְרָה צֹּר עַל־יְרוּשָׁלַ֫͏ִם הֶאָח נִשְׁבְּרָה דַּלְתוֹת הָעַמִּים נָסֵבָּה אֵלָי
אִמָּלְאָה הָחֳרָבָה: לָכֵן כֹּה אָמַר אֲדֹנָי יְהֹוִה הִנְנִי עָלַיִךְ צֹר וְהַעֲלֵיתִי 3
עָלַיִךְ גּוֹיִם רַבִּים כְּהַעֲלוֹת הַיָּם לְגַלָּיו: וְשִׁחֲת֫וּ חֹמוֹת צֹר וְהָרְסוּ 4
מִגְדָּלֶיהָ וְסִחֵיתִי עֲפָרָהּ מִמֶּנָּה וְנָתַתִּי אוֹתָהּ לִצְחִיחַ סָלַע: מִשְׁטַח 5
חֲרָמִים תִּהְיֶה בְּתוֹךְ הַיָּם כִּי אֲנִי דִבַּרְתִּי נְאֻם אֲדֹנָי יְהֹוִה וְהָיְתָה
לְבַז לַגּוֹיִם: וּבְנוֹתֶיהָ אֲשֶׁר בַּשָּׂדֶה בַּחֶרֶב תֵּהָרַגְנָה וְיָדְעוּ כִּי־אֲנִי 6
יְהֹוָה:

כִּי כֹה אָמַר אֲדֹנָי יְהֹוִה הִנְנִי מֵבִיא אֶל־צֹר נְבוּכַדְרֶאצַּר מֶלֶךְ־בָּבֶל 7
מִצָּפוֹן מֶלֶךְ מְלָכִים בְּסוּס וּבְרֶכֶב וּבְפָרָשִׁים וְקָהָל וְעַם־רָב: בְּנוֹתַיִךְ 8
בַּשָּׂדֶה בַּחֶרֶב יַהֲרֹג וְנָתַן עָלַיִךְ דָּיֵק וְשָׁפַךְ עָלַיִךְ סֹלְלָה וְהֵקִים עָלַיִךְ
צִנָּה: וּמְחִי קָבֳלּוֹ יִתֵּן בְּחֹמוֹתָיִךְ וּמִגְדְּלֹתַיִךְ יִתֹּץ בְּחַרְבוֹתָיו: 9
מִשִּׁפְעַת סוּסָיו יְכַסֵּךְ אֲבָקָם מִקּוֹל פָּרַשׁ וְגַלְגַּל וָרֶכֶב תִּרְעַשְׁנָה 10
חוֹמוֹתַיִךְ בְּבֹאוֹ בִּשְׁעָרַיִךְ כִּמְבוֹאֵי עִיר מְבֻקָּעָה: בְּפַרְסוֹת סוּסָיו 11
יִרְמֹס אֶת־כָּל־חוּצוֹתָיִךְ עַמֵּךְ בַּחֶרֶב יַהֲרֹג וּמַצְּבוֹת עֻזֵּךְ לָאָרֶץ תֵּרֵד:
וְשָׁלְלוּ חֵילֵךְ וּבָזְזוּ רְכֻלָּתֵךְ וְהָרְסוּ חוֹמוֹתַיִךְ וּבָתֵּי חֶמְדָּתֵךְ יִתֹּצוּ 12
וַאֲבָנַיִךְ וְעֵצַיִךְ וַעֲפָרֵךְ בְּתוֹךְ מַיִם יָשִׂימוּ: וְהִשְׁבַּתִּי הֲמוֹן שִׁירָיִךְ 13
וְקוֹל כִּנּוֹרַיִךְ לֹא יִשָּׁמַע עוֹד: וּנְתַתִּיךְ לִצְחִיחַ סֶלַע מִשְׁטַח חֲרָמִים 14
תִּהְיֶה לֹא תִבָּנֶה עוֹד כִּי אֲנִי יְהֹוָה דִּבַּרְתִּי נְאֻם אֲדֹנָי
יְהֹוִה: כֹּה אָמַר אֲדֹנָי יְהֹוִה לְצוֹר הֲלֹא מִקּוֹל מַפַּלְתֵּךְ 15
בֶּאֱנֹק חָלָל בֵּהָרֵג הֶרֶג בְּתוֹכֵךְ יִרְעֲשׁוּ הָאִיִּים: וְיָרְדוּ מֵעַל כִּסְאוֹתָם 16
כֹּל נְשִׂיאֵי הַיָּם וְהֵסִירוּ אֶת־מְעִילֵיהֶם וְאֶת־בִּגְדֵי רִקְמָתָם יִפְשֹׁטוּ
חֲרָדוֹת יִלְבָּ֫שׁוּ עַל־הָאָרֶץ יֵשֵׁבוּ וְחָרְדוּ לִרְגָעִים וְשָׁמְמוּ עָלָיִךְ:
וְנָשְׂאוּ עָלַיִךְ קִינָה וְאָמְרוּ לָךְ אֵיךְ אָבַדְתְּ נוֹשֶׁבֶת מִיַּמִּים הָעִיר 17
הַהֻלָּלָה אֲשֶׁר הָיְתָה חֲזָקָה בַיָּם הִיא וְיֹשְׁבֶיהָ אֲשֶׁר־נָתְנוּ חִתִּיתָם
לְכָל־יוֹשְׁבֶיהָ: עַתָּה יֶחְרְדוּ הָאִיִּן יוֹם מַפַּלְתֵּךְ וְנִבְהֲלוּ הָאִיִּים אֲשֶׁר־ 18
בַּיָּם מִצֵּאתֵךְ: כִּי כֹה אָמַר אֲדֹנָי יְהֹוִה בְּתִתִּי אֹתָךְ עִיר 19
נֶחֱרֶבֶת כֶּעָרִים אֲשֶׁר לֹא־נוֹשָׁבוּ בְּהַעֲלוֹת עָלַיִךְ אֶת־תְּהוֹם וְכִסּוּךְ
הַמַּיִם הָרַבִּים: וְהוֹרַדְתִּיךְ אֶת־יוֹרְדֵי בוֹר אֶל־עַם עוֹלָם וְהוֹשַׁבְתִּיךְ 20
בְּאֶרֶץ תַּחְתִּיּוֹת כָּחֳרָבוֹת מֵעוֹלָם אֶת־יוֹרְדֵי בוֹר לְמַעַן לֹא תֵשֵׁבִי
וְנָתַתִּי צְבִי בְּאֶרֶץ חַיִּים: בַּלָּהוֹת אֶתְּנֵךְ וְאֵינֵךְ וּתְבֻקְשִׁי וְלֹא־תִמָּצְאִי 21
עוֹד לְעוֹלָם נְאֻם אֲדֹנָי יְהֹוָה: וַיְהִי דְבַר־יְהֹוָה אֵלַי 1 27
לֵאמֹר: וְאַתָּה בֶן־אָדָם שָׂא עַל־צֹר קִינָה: וְאָמַרְתָּ לְצוֹר הַיֹּשֶׁבְתִּי 2
3   הַיֹּשֶׁבֶת

3 And say unto Tyrus, O thou that art situate at the entry of the sea, *which art* a merchant of the people for many isles, Thus saith the Lord GOD; O Tyrus, thou hast said, I *am* of perfect beauty.

4 Thy borders *are* in the midst of the seas, thy builders have perfected thy beauty.

5 They have made all thy *ship* boards of fir trees of Senir: they have taken cedars from Lebanon to make masts for thee.

6 *Of* the oaks of Bashan have they made thine oars; the company of the Ashurites have made thy benches *of* ivory, *brought* out of the isles of Chittim.

7 Fine linen with broidered work from Egypt was that which thou spreadest forth to be thy sail; blue and purple from the isles of Elishah was that which covered thee.

8 The inhabitants of Zidon and Arvad were thy mariners: thy wise *men,* O Tyrus, *that* were in thee, were thy pilots.

9 The ancients of Gebal and the wise *men* thereof were in thee thy calkers: all the ships of the sea with their mariners were in thee to occupy thy merchandise.

10 They of Persia and of Lud and of Phut were in thine army, thy men of war: they hanged the shield and helmet in thee; they set forth thy comeliness.

11 The men of Arvad with thine army *were* upon thy walls round about, and the Gammadims were in thy towers: they hanged their shields upon thy walls round about; they have made thy beauty perfect.

12 Tarshish *was* thy merchant by reason of the multitude of all *kind of* riches; with silver, iron, tin, and lead, they traded in thy fairs.

13 Javan, Tubal, and Meshech, they *were* thy merchants: they traded the persons of men and vessels of brass in thy market.

14 They of the house of Togarmah traded in thy fairs with horses and horsemen and mules.

15 The men of Dedan *were* thy merchants; many isles *were* the merchandise of thine hand: they brought thee *for* a present horns of ivory and ebony.

16 Syria *was* thy merchant by reason of the multitude of the wares of thy making: they occupied in thy fairs with emeralds, purple, and broidered work, and fine linen, and coral, and agate.

17 Judah, and the land of Israel, they *were* thy merchants: they traded in thy market wheat of Minnith, and Pannag, and honey, and oil, and balm.

18 Damascus *was* thy merchant in the multitude of the wares of thy making, for the multitude of all riches; in the wine of Helbon, and white wool.

19 Dan also and Javan going to and fro occupied in thy fairs: bright iron, cassia, and calamus, were in thy market.

20 Dedan *was* thy merchant in precious clothes for chariots.

21 Arabia, and all the princes of Kedar, they occupied with thee in lambs, and rams, and goats: in these *were they* thy merchants.

22 The merchants of Sheba and Raamah, they *were* thy merchants: they occupied in thy fairs with chief of all spices, and with all precious stones, and gold.

23 Haran, and Canneh, and Eden, the merchants of Sheba, Asshur, *and* Chilmad, *were* thy merchants.

24 These *were* thy merchants in all sorts *of things,* in blue clothes, and broidered work, and in chests of rich apparel, bound with cords, and made of cedar, among thy merchandise.

25 The ships of Tarshish did sing of thee in thy market: and thou wast replenished, and made very glorious in the midst of the seas.

26 ¶ Thy rowers have brought thee into great waters: the east wind hath broken thee in the midst of the seas.

27 Thy riches, and thy fairs, thy merchandise, thy mariners, and thy pilots, thy calkers, and the occupiers of thy merchandise, and all thy men of war, that *are* in thee, and in all thy company which *is* in the midst of thee, shall fall into the midst of the seas in the day of thy ruin.

28 The suburbs shall shake at the sound of the cry of thy pilots.

29 And all that handle the oar, the mariners, *and* all the pilots of the sea, shall come down from their ships, they shall stand upon the land;

עַל־מְבוֹאֹת יָם רֹכֶלֶת הָעַמִּים אֶל־אִיִּים רַבִּים כֹּה אָמַר אֲדֹנָי יְהוִֹה

4 צוֹר אַתְּ אָמַרְתְּ אֲנִי כְּלִילַת יֹפִי: בְּלֵב יַמִּים גְּבוּלָיִךְ בֹּנַיִךְ כָּלְלוּ

5 יָפְיֵךְ: בְּרוֹשִׁים מִשְּׂנִיר בָּנוּ לָךְ אֵת כָּל־לֻחֹתָיִם אֶרֶז מִלְּבָנוֹן לָקָחוּ

6 לַעֲשׂוֹת תֹּרֶן עָלָיִךְ: אַלּוֹנִים מִבָּשָׁן עָשׂוּ מִשּׁוֹטָיִךְ קַרְשֵׁךְ עָשׂוּ־שֵׁן

7 בַּת־אֲשֻׁרִים מֵאִיֵּי כִתִּים: שֵׁשׁ־בְּרִקְמָה מִמִּצְרַיִם הָיָה מִפְרָשֵׂךְ לִהְיוֹת כְּתִיִּים

8 לָךְ לְנֵס תְּכֵלֶת וְאַרְגָּמָן מֵאִיֵּי אֱלִישָׁה הָיָה מְכַסֵּךְ: יֹשְׁבֵי צִידוֹן

9 וְאַרְוַד הָיוּ שָׁטִים לָךְ חֲכָמַיִךְ צוֹר הָיוּ בָךְ הֵמָּה חֹבְלָיִךְ: זִקְנֵי גְבַל

וַחֲכָמֶיהָ הָיוּ בָךְ מַחֲזִיקֵי בִּדְקֵךְ כָּל־אֳנִיּוֹת הַיָּם וּמַלָּחֵיהֶם הָיוּ בָךְ

10 לַעֲרֹב מַעֲרָבֵךְ: פָּרַס וְלוּד וּפוּט הָיוּ בְחֵילֵךְ אַנְשֵׁי מִלְחַמְתֵּךְ מָגֵן

11 וְכוֹבַע תִּלּוּ־בָךְ הֵמָּה נָתְנוּ הֲדָרֵךְ: בְּנֵי אַרְוַד וְחֵילֵךְ עַל־חוֹמוֹתַיִךְ

סָבִיב וְגַמָּדִים בְּמִגְדְּלוֹתַיִךְ הָיוּ שִׁלְטֵיהֶם תִּלּוּ עַל־חוֹמוֹתַיִךְ סָבִיב

12 הֵמָּה כָּלְלוּ יָפְיֵךְ: תַּרְשִׁישׁ סֹחַרְתֵּךְ מֵרֹב כָּל־הוֹן בְּכֶסֶף בַּרְזֶל בְּדִיל

13 וְעוֹפֶרֶת נָתְנוּ עִזְבוֹנָיִךְ: יָוָן תֻּבַל וָמֶשֶׁךְ הֵמָּה רֹכְלָיִךְ בְּנֶפֶשׁ אָדָם

14 וּכְלֵי נְחֹשֶׁת נָתְנוּ מַעֲרָבֵךְ: מִבֵּית תּוֹגַרְמָה סוּסִים וּפָרָשִׁים וּפְרָדִים

15 נָתְנוּ עִזְבוֹנָיִךְ: בְּנֵי דְדָן רֹכְלַיִךְ אִיִּים רַבִּים סְחֹרַת יָדֵךְ קַרְנוֹת שֵׁן

16 והובנים הֵשִׁיבוּ אֶשְׁכָּרֵךְ: אֲרָם סֹחַרְתֵּךְ מֵרֹב מַעֲשָׂיִךְ בְּנֹפֶךְ אַרְגָּמָן וְהָבְנִים

17 וְרִקְמָה וּבוּץ וְרָאמֹת וְכַדְכֹּד נָתְנוּ בְּעִזְבוֹנָיִךְ: יְהוּדָה וְאֶרֶץ יִשְׂרָאֵל

הֵמָּה רֹכְלָיִךְ בְּחִטֵּי מִנִּית וּפַנַּג וּדְבַשׁ וָשֶׁמֶן וָצֹרִי נָתְנוּ מַעֲרָבֵךְ:

18 דַּמֶּשֶׂק סֹחַרְתֵּךְ בְּרֹב מַעֲשַׂיִךְ מֵרֹב כָּל־הוֹן בְּיֵין חֶלְבּוֹן וְצֶמֶר צָחַר:

19 וְדָן וְיָוָן מְאוּזָּל בְּעִזְבוֹנַיִךְ נָתָנּוּ בַּרְזֶל עָשׁוֹת קִדָּה וְקָנֶה בְּמַעֲרָבֵךְ

20 הָיָה: דְּדָן רֹכַלְתֵּךְ בְבִגְדֵי־חֹפֶשׁ לְרִכְבָּה: עֲרָב וְכָל־נְשִׂיאֵי קֵדָר הֵמָּה 20A
21

22 סֹחֲרֵי יָדֵךְ בְּכָרִים וְאֵילִים וְעַתּוּדִים בָּם סֹחֲרָיִךְ: רֹכְלֵי שְׁבָא וְרַעְמָה

הֵמָּה רֹכְלָיִךְ בְּרֹאשׁ כָּל־בֹּשֶׂם וּבְכָל־אֶבֶן יְקָרָה וְזָהָב נָתְנוּ עִזְבוֹנָיִךְ:

23 חָרָן וְכַנֵּה וָעֶדֶן רֹכְלֵי שְׁבָא אַשּׁוּר כִּלְמַד רֹכַלְתֵּךְ: הֵמָּה רֹכְלַיִךְ
24

בְּמַכְלֻלִים בִּגְלוֹמֵי תְּכֵלֶת וְרִקְמָה וּבְגִנְזֵי בְּרֹמִים בַּחֲבָלִים חֲבֻשִׁים

25 וַאֲרֻזִים בְּמַרְכֻלְתֵּךְ: אֳנִיּוֹת תַּרְשִׁישׁ שָׁרוֹתַיִךְ מַעֲרָבֵךְ וַתִּמָּלְאִי

26 וַתִּכְבְּדִי מְאֹד בְּלֵב יַמִּים: בְּמַיִם רַבִּים הֱבִיאוּךְ הַשָּׁטִים אֹתָךְ רוּחַ

27 הַקָּדִים שְׁבָרֵךְ בְּלֵב יַמִּים: הוֹנֵךְ וְעִזְבוֹנַיִךְ מַעֲרָבֵךְ מַלָּחַיִךְ וְחֹבְלָיִךְ

מַחֲזִיקֵי בִדְקֵךְ וְעֹרְבֵי מַעֲרָבֵךְ וְכָל־אַנְשֵׁי מִלְחַמְתֵּךְ אֲשֶׁר־בָּךְ וּבְכָל־

28 קְהָלֵךְ אֲשֶׁר בְּתוֹכֵךְ יִפְּלוּ בְּלֵב יַמִּים בְּיוֹם מַפַּלְתֵּךְ: לְקוֹל זַעֲקַת

29 חֹבְלָיִךְ יִרְעֲשׁוּ מִגְרֹשׁוֹת: וְיָרְדוּ מֵאֳנִיּוֹתֵיהֶם כֹּל תֹּפְשֵׂי מָשׁוֹט 29A

30 מַלָּחִים כֹּל חֹבְלֵי הַיָּם אֶל־הָאָרֶץ יַעֲמֹדוּ: וְהִשְׁמִיעוּ עָלַיִךְ בְּקוֹלָם

30 And shall cause their voice to be heard against thee, and shall cry bitterly, and shall cast up dust upon their heads, they shall wallow themselves in the ashes:

31 And they shall make themselves utterly bald for thee, and gird them with sackcloth, and they shall weep for thee with bitterness of heart *and* bitter wailing.

32 And in their wailing they shall take up a lamentation for thee, and lament over thee, *saying,* What *city is* like Tyrus, like the destroyed in the midst of the sea?

33 When thy wares went forth out of the seas, thou filledst many people; thou didst enrich the kings of the earth with the multitude of thy riches and of thy merchandise.

34 In the time *when* thou shalt be broken by the seas in the depths of the waters thy merchandise and all thy company in the midst of thee shall fall.

35 All the inhabitants of the isles shall be astonished at thee, and their kings shall be sore afraid, they shall be troubled in *their* countenance.

36 The merchants among the people shall hiss at thee; thou shalt be a terror, and never *shalt be* any more.

CHAPTER 28

1 The word of the LORD came again unto me, saying,

2 Son of man, say unto the prince of Tyrus, Thus saith the Lord GOD; Because thine heart *is* lifted up, and thou hast said, I *am* a God, I sit *in* the seat of God, in the midst of the seas; yet thou *art* a man, and not God, though thou set thine heart as the heart of God:

3 Behold, thou *art* wiser than Daniel; there is no secret that they can hide from thee:

4 With thy wisdom and with thine understanding thou hast gotten thee riches, and hast gotten gold and silver into thy treasures:

5 By thy great wisdom *and* by thy traffick hast thou increased thy riches, and thine heart is lifted up because of thy riches:

6 Therefore thus saith the Lord GOD; Because thou hast set thine heart as the heart of God;

7 Behold, therefore I will bring strangers upon thee, the terrible of the nations: and they shall draw their swords against the beauty of thy wisdom, and they shall defile thy brightness.

8 They shall bring thee down to the pit, and thou shalt die the deaths of *them that are* slain in the midst of the seas.

9 Wilt thou yet say before him that slayeth thee, I *am* God? but thou *shalt be* a man, and no God, in the hand of him that slayeth thee.

10 Thou shalt die the deaths of the uncircumcised by the hand of strangers: for I have spoken *it,* saith the Lord GOD.

11 ¶ Moreover the word of the LORD came unto me, saying,

12 Son of man, take up a lamentation upon the king of Tyrus, and say unto him, Thus saith the Lord GOD; Thou sealest up the sum, full of wisdom, and perfect in beauty.

13 Thou hast been in Eden the garden of God; every precious stone *was* thy covering, the sardius, topaz, and the diamond, the beryl, the onyx, and the jasper, the sapphire, the emerald, and the carbuncle, and gold: the workmanship of thy tabrets and of thy pipes was prepared in thee in the day that thou wast created.

14 Thou *art* the anointed cherub that covereth; and I have set thee *so:* thou wast upon the holy mountain of God; thou hast walked up and down in the midst of the stones of fire.

15 Thou *wast* perfect in thy ways from the day that thou wast created, till iniquity was found in thee.

16 By the multitude of thy merchandise they have filled the midst of thee with violence, and thou hast sinned: therefore I will cast thee as profane out of the mountain of God: and I will destroy thee, O covering cherub, from the midst of the stones of fire.

17 Thine heart was lifted up because of thy beauty, thou hast corrupted thy wisdom by reason of thy brightness: I will cast thee to the ground, I will lay thee before kings, that they may behold thee.

31 וְהִזְעִקוּ מָרָה וַיַּעֲלוּ עָפָר עַל־רָאשֵׁיהֶם בָּאֵפֶר יִתְפַּלָּשׁוּ׃ וְהִקְרִיחוּ

32 אֵלַיִךְ קָרְחָה וְחָגְרוּ שַׂקִּים וּבָכוּ אֵלַיִךְ בְּמַר־נֶפֶשׁ מִסְפֵּד מָר׃ וְנָשְׂאוּ

33 אֵלַיִךְ בְּנִיהֶם קִינָה וְקוֹנְנוּ עָלָיִךְ מִי כְצוֹר כְּדֻמָּה בְּתוֹךְ הַיָּם׃ בְּצֵאת

עִזְבוֹנַיִךְ מִיַּמִּים הִשְׂבַּעַתְּ עַמִּים רַבִּים בְּרֹב הוֹנַיִךְ וּמַעֲרָבַיִךְ הֶעֱשַׁרְתְּ

34 מַלְכֵי־אָרֶץ׃ עֵת נִשְׁבֶּרֶת מִיַּמִּים בְּמַעֲמַקֵּי־מָיִם מַעֲרָבֵךְ וְכָל־קְהָלֵךְ

35 בְּתוֹכֵךְ נָפָלוּ׃ כֹּל יֹשְׁבֵי הָאִיִּים שָׁמְמוּ עָלָיִךְ וּמַלְכֵיהֶם שָׂעֲרוּ שַׂעַר

36 רָעֲמוּ פָנִים׃ סֹחֲרִים בָּעַמִּים שָׁרְקוּ עָלָיִךְ בַּלָּהוֹת הָיִית וְאֵינֵךְ עַד־

28 1 עוֹלָם׃   וַיְהִי דְבַר־יְהוָה אֵלַי לֵאמֹר׃ בֶּן־אָדָם אֱמֹר לִנְגִיד

2 צֹר כֹּה־אָמַר ׀ אֲדֹנָי יְהוִֹה יַעַן גָּבַהּ לִבְּךָ וַתֹּאמֶר אֵל אָנִי מוֹשַׁב

אֱלֹהִים יָשַׁבְתִּי בְּלֵב יַמִּים וְאַתָּה אָדָם וְלֹא־אֵל וַתִּתֵּן לִבְּךָ כְּלֵב

3 אֱלֹהִים׃ הִנֵּה חָכָם אַתָּה מדנאל כָּל־סָתוּם לֹא עֲמָמוּךָ׃ בְּחָכְמָתְךָ   מִדָּנִיֵּאל

4 וּבִתְבוּנָתְךָ עָשִׂיתָ לְּךָ חָיִל וַתַּעַשׂ זָהָב וָכֶסֶף בְּאוֹצְרוֹתֶיךָ׃ בְּרֹב

5 חָכְמָתְךָ בִּרְכֻלָּתְךָ הִרְבִּיתָ חֵילֶךָ וַיִּגְבַּהּ לְבָבְךָ בְּחֵילֶךָ׃ לָכֵן כֹּה אָמַר

6 אֲדֹנָי יְהוִֹה יַעַן תִּתְּךָ אֶת־לְבָבְךָ כְּלֵב אֱלֹהִים׃ לָכֵן הִנְנִי מֵבִיא עָלֶיךָ

7 זָרִים עָרִיצֵי גּוֹיִם וְהֵרִיקוּ חַרְבוֹתָם עַל־יְפִי חָכְמָתֶךָ וְחִלְּלוּ יִפְעָתֶךָ׃

8,9 לַשַּׁחַת יוֹרִדוּךָ וָמַתָּה מְמוֹתֵי חָלָל בְּלֵב יַמִּים׃ הֶאָמֹר תֹּאמַר אֱלֹהִים

10 אָנִי לִפְנֵי הֹרְגֶךָ וְאַתָּה אָדָם וְלֹא־אֵל בְּיַד מְחַלְלֶיךָ׃ מוֹתֵי עֲרֵלִים

11 תָּמוּת בְּיַד־זָרִים כִּי אֲנִי דִבַּרְתִּי נְאֻם אֲדֹנָי יְהוִֹה׃   וַיְהִי   11A

12 דְבַר־יְהוָה אֵלַי לֵאמֹר׃ בֶּן־אָדָם שָׂא קִינָה עַל־מֶלֶךְ צוֹר וְאָמַרְתָּ

לּוֹ כֹּה אָמַר אֲדֹנָי יְהוִֹה אַתָּה חוֹתֵם תָּכְנִית מָלֵא חָכְמָה וּכְלִיל

13 יֹפִי׃ בְּעֵדֶן גַּן־אֱלֹהִים הָיִיתָ כָּל־אֶבֶן יְקָרָה מְסֻכָתֶךָ אֹדֶם פִּטְדָה

וְיָהֲלֹם תַּרְשִׁישׁ שֹׁהַם וְיָשְׁפֵה סַפִּיר נֹפֶךְ וּבָרְקַת וְזָהָב מְלֶאכֶת תֻּפֶּיךָ

14 וּנְקָבֶיךָ בָּךְ בְּיוֹם הִבָּרַאֲךָ כּוֹנָנוּ׃ אַתְּ־כְּרוּב מִמְשַׁח הַסּוֹכֵךְ וּנְתַתִּיךָ

15 בְּהַר קֹדֶשׁ אֱלֹהִים הָיִיתָ בְּתוֹךְ אַבְנֵי־אֵשׁ הִתְהַלָּכְתָּ׃ תָּמִים אַתָּה

16 בִּדְרָכֶיךָ מִיּוֹם הִבָּרְאָךְ עַד־נִמְצָא עַוְלָתָה בָּךְ׃ בְּרֹב רְכֻלָּתְךָ מָלוּ   16A

תוֹכְךָ חָמָס וַתֶּחֱטָא וָאֲחַלֶּלְךָ מֵהַר אֱלֹהִים וָאַבֶּדְךָ כְּרוּב הַסֹּכֵךְ

17 מִתּוֹךְ אַבְנֵי־אֵשׁ׃ גָּבַהּ לִבְּךָ בְּיָפְיֶךָ שִׁחַתָּ חָכְמָתְךָ עַל־יִפְעָתֶךָ עַל־

18 אֶרֶץ הִשְׁלַכְתִּיךָ לִפְנֵי מְלָכִים נְתַתִּיךָ לְרַאֲוָה בָךְ׃ מֵרֹב עֲוֹנֶיךָ בְּעֶוֶל

18 Thou hast defiled thy sanctuaries by the multitude of thine iniquities, by the iniquity of thy traffick; therefore will I bring forth a fire from the midst of thee, it shall devour thee, and I will bring thee to ashes upon the earth in the sight of all them that behold thee.

19 All they that know thee among the people shall be astonished at thee: thou shalt be a terror, and never *shalt* thou *be* any more.

20 ¶ Again the word of the LORD came unto me, saying,

21 Son of man, set thy face against Zidon, and prophesy against it,

22 And say, Thus saith the Lord GOD; Behold, I *am* against thee, O Zidon; and I will be glorified in the midst of thee: and they shall know that I *am* the LORD, when I shall have executed judgments in her, and shall be sanctified in her.

23 For I will send into her pestilence, and blood into her streets; and the wounded shall be judged in the midst of her by the sword upon her on every side; and they shall know that I *am* the LORD.

24 ¶ And there shall be no more a pricking brier unto the house of Israel, nor *any* grieving thorn of all *that are* round about them, that despised them; and they shall know that I *am* the Lord GOD.

25 Thus saith the Lord GOD; When I shall have gathered the house of Israel from the people among whom they are scattered, and shall be sanctified in them in the sight of the heathen, then shall they dwell in their land that I have given to my servant Jacob.

26 And they shall dwell safely therein, and shall build houses, and plant vineyards; yea, they shall dwell with confidence, when I have executed judgments upon all those that despise them round about them; and they shall know that I *am* the LORD their God.

CHAPTER 29

1 In the tenth year, in the tenth *month,* in the twelfth *day* of the month, the word of the LORD came unto me, saying,

2 Son of man, set thy face against Pharaoh king of Egypt, and prophesy against him, and against all Egypt:

3 Speak, and say, Thus saith the Lord GOD; Behold, I *am* against thee, Pharaoh king of Egypt, the great dragon that lieth in the midst of his rivers, which hath said, My river *is* mine own, and I have made *it* for myself.

4 But I will put hooks in thy jaws, and I will cause the fish of thy rivers to stick unto thy scales, and I will bring thee up out of the midst of thy rivers, and all the fish of thy rivers shall stick unto thy scales.

5 And I will leave thee *thrown* into the wilderness, thee and all the fish of thy rivers: thou shalt fall upon the open fields; thou shalt not be brought together, nor gathered: I have given thee for meat to the beasts of the field and to the fowls of the heaven.

6 And all the inhabitants of Egypt shall know that I *am* the LORD, because they have been a staff of reed to the house of Israel.

7 When they took hold of thee by thy hand, thou didst break, and rend all their shoulder: and when they leaned upon thee, thou brakest, and madest all their loins to be at a stand.

8 ¶ Therefore thus saith the Lord GOD; Behold, I will bring a sword upon thee, and cut off man and beast out of thee.

9 And the land of Egypt shall be desolate and waste; and they shall know that I *am* the LORD: because he hath said, The river *is* mine, and I have made *it.*

10 Behold, therefore I *am* against thee, and against thy rivers, and I will make the land of Egypt utterly waste *and* desolate, from the tower of Syene even unto the border of Ethiopia.

11 No foot of man shall pass through it, nor foot of beast shall pass through it, neither shall it be inhabited forty years.

12 And I will make the land of Egypt desolate in the midst of the countries *that are* desolate, and her cities among the cities *that are* laid waste shall be desolate forty years: and I will scatter the Egyptians among the nations, and will disperse them through the countries.

13 ¶ Yet thus saith the Lord GOD; At the

רְכֻלָּתְךָ֙ חִלַּ֣לְתָּ מִקְדָּשֶׁ֔יךָ וָאֽוֹצִא־אֵ֤שׁ מִתּֽוֹכְךָ֙ הִ֣יא אֲכָלַ֔תְךָ וָאֶתֶּנְךָ֤

19 לְאֵ֙פֶר֙ עַל־הָאָ֔רֶץ לְעֵינֵ֖י כָּל־רֹאֶֽיךָ׃ כָּל־יוֹדְעֶ֙יךָ֙ בָּֽעַמִּ֔ים שָׁמְמ֖וּ עָלֶ֑יךָ בַּלָּה֣וֹת הָיִ֔יתָ וְאֵינְךָ֖ עַד־עוֹלָֽם׃

20 וַיְהִ֥י דְבַר־יְהוָ֖ה אֵלַ֥י לֵאמֹֽר׃
21 בֶּן־אָדָ֕ם שִׂ֥ים פָּנֶ֖יךָ אֶל־צִיד֑וֹן וְהִנָּבֵ֖א

22 עָלֶֽיהָ׃ וְאָמַרְתָּ֗ כֹּ֤ה אָמַר֙ אֲדֹנָ֣י יְהוִ֔ה הִנְנִ֤י עָלַ֙יִךְ֙ צִיד֔וֹן וְנִכְבַּדְתִּ֖י בְּתוֹכֵ֑ךְ וְֽיָדְע֞וּ כִּֽי־אֲנִ֣י יְהוָ֗ה בַּעֲשׂ֥וֹתִי בָ֛הּ שְׁפָטִ֖ים וְנִקְדַּ֥שְׁתִּי בָֽהּ׃

23 וְשִׁלַּחְתִּי־בָ֞הּ דֶּ֤בֶר וָדָם֙ בְּח֣וּצוֹתֶ֔יהָ וְנִפְלַ֤ל חָלָל֙ בְּתוֹכָ֔הּ בְּחֶ֖רֶב עָלֶ֣יהָ מִסָּבִ֑יב וְיָדְע֖וּ כִּֽי־אֲנִ֥י יְהוָֽה׃

24 וְלֹא־יִֽהְיֶ֙ה ע֜וֹד לְבֵ֣ית יִשְׂרָאֵ֗ל סִלּ֤וֹן מַמְאִיר֙ וְק֣וֹץ מַכְאִ֔ב מִכֹּל֙ סְבִ֣יבֹתָ֔ם הַשָּׁאטִ֖ים אוֹתָ֑ם וְיָ֣דְע֔וּ כִּ֥י אֲנִ֖י אֲדֹנָ֥י יְהוִֽה׃

25 כֹּֽה־אָמַר֮ אֲדֹנָ֣י יְהוִה֒ בְּקַבְּצִ֣י ׀ אֶת־בֵּ֣ית יִשְׂרָאֵ֗ל מִן־הָֽעַמִּים֙ אֲשֶׁ֣ר נָפֹ֣צוּ בָ֔ם וְנִקְדַּ֥שְׁתִּי בָ֖ם לְעֵינֵ֣י הַגּוֹיִ֑ם וְיָֽשְׁבוּ֙

26 עַל־אַדְמָתָ֔ם אֲשֶׁ֥ר נָתַ֖תִּי לְעַבְדִּ֥י לְיַעֲקֹֽב׃ וְיָשְׁב֣וּ עָלֶ֣יהָ לָבֶ֗טַח וּבָנ֤וּ בָתִּים֙ וְנָטְע֣וּ כְרָמִ֔ים וְיָשְׁב֖וּ לָבֶ֑טַח בַּעֲשׂוֹתִ֣י שְׁפָטִ֗ים בְּכֹ֨ל הַשָּׁאטִ֤ים

29 אֹתָם֙ מִסְּבִ֣יבוֹתָ֔ם וְיָ֣דְע֔וּ כִּ֛י אֲנִ֥י יְהוָ֖ה אֱלֹהֵיהֶֽם׃
1 בַּשָּׁנָ֤ה הָֽעֲשִׂירִית֙ בָּֽעֲשִׂרִ֔י בִּשְׁנֵ֥ים עָשָׂ֖ר לַחֹ֑דֶשׁ הָיָ֥ה דְבַר־יְהוָ֖ה אֵלַ֥י לֵאמֹֽר׃

2 בֶּן־אָדָ֕ם שִׂ֣ים פָּנֶ֔יךָ עַל־פַּרְעֹ֖ה מֶ֣לֶךְ מִצְרָ֑יִם וְהִנָּבֵ֣א עָלָ֔יו וְעַל־מִצְרַ֖יִם

3 כֻּלָּֽהּ׃ דַּבֵּ֣ר וְאָמַרְתָּ֡ כֹּֽה־אָמַ֣ר ׀ אֲדֹנָ֣י יְהוִ֗ה הִנְנִ֤י עָלֶ֙יךָ֙ פַּרְעֹ֣ה מֶֽלֶךְ־מִצְרַ֔יִם הַתַּנִּים֙ הַגָּד֔וֹל הָרֹבֵ֖ץ בְּת֣וֹךְ יְאֹרָ֑יו אֲשֶׁ֥ר אָמַ֛ר לִ֥י יְאֹרִ֖י וַאֲנִ֥י

חחים
4 עֲשִׂיתִֽנִי׃ וְנָתַתִּ֤י חחים בִּלְחָיֶ֔יךָ וְהִדְבַּקְתִּ֥י דְגַת־יְאֹרֶ֖יךָ בְּקַשְׂקְשֹׂתֶ֑יךָ וְהַעֲלִיתִ֙יךָ֙ מִתּ֣וֹךְ יְאֹרֶ֔יךָ וְאֵת֙ כָּל־דְּגַ֣ת יְאֹרֶ֔יךָ בְּקַשְׂקְשֹׂתֶ֖יךָ תִּדְבָּֽק׃

5 וּנְטַשְׁתִּ֤יךָ הַמִּדְבָּ֙רָה֙ אוֹתְךָ֔ וְאֵת֙ כָּל־דְּגַ֣ת יְאֹרֶ֔יךָ עַל־פְּנֵ֥י הַשָּׂדֶ֖ה תִּפּ֑וֹל לֹ֤א תֵֽאָסֵף֙ וְלֹ֣א תִקָּבֵ֔ץ לְחַיַּ֥ת הָאָ֛רֶץ וּלְע֥וֹף הַשָּׁמַ֖יִם נְתַתִּ֥יךָ

6 לְאָכְלָֽה׃ וְיָֽדְעוּ֙ כָּל־יֹשְׁבֵ֣י מִצְרַ֔יִם כִּ֖י אֲנִ֣י יְהוָ֑ה יַ֣עַן הֱיוֹתָ֥ם מִשְׁעֶ֖נֶת

בכף
7 קָנֶ֖ה לְבֵ֥ית יִשְׂרָאֵֽל׃ בְּתָפְשָׂ֙ם בְּךָ֤ בכף כ֙וֹ֙ תֵּר֔וֹץ וּבָקַעְתָּ֥ לָהֶ֖ם כָּל־כָּתֵֽף׃

8 וּֽבְהִשָּֽׁעֲנָ֤ם עָלֶ֙יךָ֙ תִּשָּׁבֵ֔ר וְהַעֲמַדְתָּ֥ לָהֶ֖ם כָּל־מָתְנָֽיִם׃ לָכֵ֗ן כֹּ֤ה אָמַר֙ אֲדֹנָ֣י יְהוִ֔ה הִנְנִ֛י מֵבִ֥יא עָלַ֖יִךְ חָ֑רֶב וְהִכְרַתִּ֥י מִמֵּ֖ךְ אָדָ֥ם

9 וּבְהֵמָֽה׃ וְהָיְתָ֤ה אֶֽרֶץ־מִצְרַ֙יִם֙ לִשְׁמָמָ֣ה וְחָרְבָּ֔ה וְיָדְע֖וּ כִּֽי־אֲנִ֣י יְהוָ֑ה

10 יַ֧עַן אָמַ֛ר יְאֹ֥ר לִ֖י וַאֲנִ֥י עָשִֽׂיתִי׃ לָכֵ֛ן הִנְנִ֥י אֵלֶ֖יךָ וְאֶל־יְאֹרֶ֑יךָ וְנָתַתִּ֞י אֶת־אֶ֣רֶץ מִצְרַ֗יִם לְחָרְבוֹת֙ חֹ֣רֶב שְׁמָמָ֔ה מִמִּגְדֹּ֥ל סְוֵנֵ֖ה וְעַד־גְּב֥וּל

11 כּֽוּשׁ׃ לֹ֤א תַעֲבָר־בָּהּ֙ רֶ֣גֶל אָדָ֔ם וְרֶ֥גֶל בְּהֵמָ֖ה לֹ֣א תַעֲבָר־בָּ֑הּ וְלֹ֥א

12 תֵשֵׁ֖ב אַרְבָּעִ֥ים שָׁנָֽה׃ וְנָתַתִּ֣י אֶת־אֶ֣רֶץ מִצְרַ֗יִם שְׁמָמָה֙ בְּת֣וֹךְ ׀ אֲרָצ֣וֹת נְשַׁמּ֔וֹת וְעָרֶ֙יהָ֙ בְּת֣וֹךְ עָרִ֣ים מָֽחֳרָב֔וֹת תִּֽהְיֶ֥יןָ שְׁמָמָ֖ה אַרְבָּעִ֣ים שָׁנָ֑ה וַהֲפִצֹתִ֤י אֶת־מִצְרַ֙יִם֙ בַּגּוֹיִ֔ם וְזֵרִיתִ֖ים בָּאֲרָצֽוֹת׃

13 כִּ֛י כֹּ֥ה אָמַ֖ר אֲדֹנָ֣י יְהוִ֑ה מִקֵּ֞ץ אַרְבָּעִ֤ים שָׁנָה֙ אֲקַבֵּ֣ץ אֶת־מִצְרַ֔יִם

end of forty years will I gather the Egyptians from the people whither they were scattered:

14 And I will bring again the captivity of Egypt, and will cause them to return *into* the land of Pathros, into the land of their habitation; and they shall be there a base kingdom.

15 It shall be the basest of the kingdoms; neither shall it exalt itself any more above the nations: for I will diminish them, that they shall no more rule over the nations.

16 And it shall be no more the confidence of the house of Israel, which bringeth *their* iniquity to remembrance, when they shall look after them: but they shall know that I *am* the Lord God.

17 ¶ And it came to pass in the seven and twentieth year, in the first *month,* in the first *day* of the month, the word of the Lord came unto me, saying,

18 Son of man, Nebuchadrezzar king of Babylon caused his army to serve a great service against Tyrus: every head *was* made bald, and every shoulder *was* peeled: yet had he no wages, nor his army, for Tyrus, for the service that he had served against it:

19 Therefore thus saith the Lord God; Behold, I will give the land of Egypt unto Nebuchadrezzar king of Babylon; and he shall take her multitude, and take her spoil, and take her prey; and it shall be the wages for his army.

20 I have given him the land of Egypt *for* his labour wherewith he served against it, because they wrought for me, saith the Lord God.

21 ¶ In that day will I cause the horn of the house of Israel to bud forth, and I will give thee the opening of the mouth in the midst of them; and they shall know that I *am* the Lord.

CHAPTER 30

1 The word of the Lord came again unto me, saying,

2 Son of man, prophesy and say, Thus saith the Lord God; Howl ye, Woe worth the day!

3 For the day *is* near, even the day of the Lord *is* near, a cloudy day; it shall be the time of the heathen.

4 And the sword shall come upon Egypt, and great pain shall be in Ethiopia, when the slain shall fall in Egypt, and they shall take away her multitude, and her foundations shall be broken down.

5 Ethiopia, and Libya, and Lydia, and all the mingled people, and Chub, and the men of the land that is in league, shall fall with them by the sword.

6 Thus saith the Lord; They also that uphold Egypt shall fall; and the pride of her power shall come down: from the tower of Syene shall they fall in it by the sword, saith the Lord God.

7 And they shall be desolate in the midst of the countries *that are* desolate, and her cities shall be in the midst of the cities *that are* wasted.

8 And they shall know that I *am* the Lord, when I have set a fire in Egypt, and *when* all her helpers shall be destroyed.

9 In that day shall messengers go forth from me in ships to make the careless Ethiopians afraid, and great pain shall come upon them, as in the day of Egypt: for, lo, it cometh.

10 Thus saith the Lord God; I will also make the multitude of Egypt to cease by the hand of Nebuchadrezzar king of Babylon.

11 He and his people with him, the terrible of the nations, shall be brought to destroy the land: and they shall draw their swords against Egypt, and fill the land with the slain.

12 And I will make the rivers dry, and sell the land into the hand of the wicked: and I will make the land waste, and all that is therein, by the hand of strangers: I the Lord have spoken *it.*

13 Thus saith the Lord God; I will also destroy the idols, and I will cause *their* images to cease out of Noph; and there shall be no more a prince of the land of Egypt: and I will put a fear in the land of Egypt.

14 And I will make Pathros desolate, and will set fire in Zoan, and will execute judgments in No.

15 And I will pour my fury upon Sin,

14 מִן־הָעַמִּים אֲשֶׁר־נָפֹצוּ שָׁמָּה: וְשַׁבְתִּי אֶת־שְׁבוּת מִצְרַיִם וַהֲשִׁבֹתִי
אֹתָם אֶרֶץ פַּתְרוֹס עַל־אֶרֶץ מְכוּרָתָם וְהָיוּ שָׁם מַמְלָכָה שְׁפָלָה:

15 מִן־הַמַּמְלָכוֹת תִּהְיֶה שְׁפָלָה וְלֹא־תִתְנַשֵּׂא עוֹד עַל־הַגּוֹיִם וְהִמְעַטְתִּים
16 לְבִלְתִּי רְדוֹת בַּגּוֹיִם: וְלֹא יִהְיֶה־עוֹד לְבֵית יִשְׂרָאֵל לְמִבְטָח מַזְכִּיר
עָוֹן בִּפְנוֹתָם אַחֲרֵיהֶם וְיָדְעוּ כִּי אֲנִי אֲדֹנָי יְהוִה:

17 וַיְהִי בְּעֶשְׂרִים וָשֶׁבַע שָׁנָה בָּרִאשׁוֹן בְּאֶחָד לַחֹדֶשׁ הָיָה דְבַר־יְהוָה
18 אֵלַי לֵאמֹר: בֶּן־אָדָם נְבוּכַדְרֶאצַּר מֶלֶךְ־בָּבֶל הֶעֱבִיד אֶת־חֵילוֹ
עֲבֹדָה גְדֹלָה אֶל־צֹר כָּל־רֹאשׁ מֻקְרָח וְכָל־כָּתֵף מְרוּטָה וְשָׂכָר לֹא־
19 הָיָה לוֹ וּלְחֵילוֹ מִצֹּר עַל־הָעֲבֹדָה אֲשֶׁר־עָבַד עָלֶיהָ:   לָכֵן
כֹּה אָמַר אֲדֹנָי יְהוִה הִנְנִי נֹתֵן לִנְבוּכַדְרֶאצַּר מֶלֶךְ־בָּבֶל אֶת־אֶרֶץ
מִצְרָיִם וְנָשָׂא הֲמֹנָהּ וְשָׁלַל שְׁלָלָהּ וּבָזַז בִּזָּהּ וְהָיְתָה שָׂכָר לְחֵילוֹ:
20 פְּעֻלָּתוֹ אֲשֶׁר־עָבַד בָּהּ נָתַתִּי לוֹ אֶת־אֶרֶץ מִצְרָיִם אֲשֶׁר עָשׂוּ לִי
21 נְאֻם אֲדֹנָי יְהוִה: בַּיּוֹם הַהוּא אַצְמִיחַ קֶרֶן לְבֵית יִשְׂרָאֵל
וּלְךָ אֶתֵּן פִּתְחוֹן־פֶּה בְּתוֹכָם וְיָדְעוּ כִּי־אֲנִי יְהוָה:

30 1 וַיְהִי דְבַר־יְהוָה אֵלַי לֵאמֹר: בֶּן־אָדָם הִנָּבֵא וְאָמַרְתָּ כֹּה אָמַר אֲדֹנָי
2 יְהוִה הֵילִילוּ הָהּ לַיּוֹם: כִּי־קָרוֹב יוֹם וְקָרוֹב יוֹם לַיהוָה יוֹם עָנָן
3 עֵת גּוֹיִם יִהְיֶה: וּבָאָה חֶרֶב בְּמִצְרַיִם וְהָיְתָה חַלְחָלָה בְּכוּשׁ בִּנְפֹל
4 חָלָל בְּמִצְרָיִם וְלָקְחוּ הֲמוֹנָהּ וְנֶהֶרְסוּ יְסוֹדֹתֶיהָ: כּוּשׁ וּפוּט וְלוּד
5 וְכָל־הָעֶרֶב וְכוּב וּבְנֵי אֶרֶץ הַבְּרִית אִתָּם בַּחֶרֶב יִפֹּלוּ:
6 כֹּה אָמַר יְהוָה וְנָפְלוּ סֹמְכֵי מִצְרַיִם וְיָרַד גְּאוֹן עֻזָּהּ מִמִּגְדֹּל סְוֵנֵה
בַּחֶרֶב יִפְּלוּ־בָהּ נְאֻם אֲדֹנָי יְהוִה: וְנָשַׁמּוּ בְּתוֹךְ אֲרָצוֹת נְשַׁמּוֹת
7 וְעָרָיו בְּתוֹךְ־עָרִים נַחֲרָבוֹת תִּהְיֶינָה: וְיָדְעוּ כִּי־אֲנִי יְהוָה בְּתִתִּי־אֵשׁ
8 בְּמִצְרַיִם וְנִשְׁבְּרוּ כָּל־עֹזְרֶיהָ: בַּיּוֹם הַהוּא יֵצְאוּ מַלְאָכִים מִלְּפָנַי
9 בַּצִּים לְהַחֲרִיד אֶת־כּוּשׁ בֶּטַח וְהָיְתָה חַלְחָלָה בָהֶם בְּיוֹם מִצְרַיִם
כִּי הִנֵּה בָּאָה: כֹּה אָמַר אֲדֹנָי יְהוִה וְהִשְׁבַּתִּי אֶת־הֲמוֹן
10 מִצְרַיִם בְּיַד נְבוּכַדְרֶאצַּר מֶלֶךְ־בָּבֶל: הוּא וְעַמּוֹ אִתּוֹ עָרִיצֵי גוֹיִם
11 מוּבָאִים לְשַׁחֵת הָאָרֶץ וְהֵרִיקוּ חַרְבוֹתָם עַל־מִצְרַיִם וּמָלְאוּ אֶת־
12 הָאָרֶץ חָלָל: וְנָתַתִּי יְאֹרִים חָרָבָה וּמָכַרְתִּי אֶת־הָאָרֶץ בְּיַד־רָעִים
13 וַהֲשִׁמֹּתִי אֶרֶץ וּמְלֹאָהּ בְּיַד־זָרִים אֲנִי יְהוָה דִּבַּרְתִּי: כֹּה־
אָמַר אֲדֹנָי יְהוִה וְהַאֲבַדְתִּי גִלּוּלִים וְהִשְׁבַּתִּי אֱלִילִים מִנֹּף וְנָשִׂיא
14 מֵאֶרֶץ־מִצְרַיִם לֹא יִהְיֶה־עוֹד וְנָתַתִּי יִרְאָה בְּאֶרֶץ מִצְרָיִם: וַהֲשִׁמֹּתִי
15 אֶת־פַּתְרוֹס וְנָתַתִּי אֵשׁ בְּצֹעַן וְעָשִׂיתִי שְׁפָטִים בְּנֹא: וְשָׁפַכְתִּי חֲמָתִי

the strength of Egypt; and I will cut off the multitude of No.

16 And I will set fire in Egypt: Sin shall have great pain, and No shall be rent asunder, and Noph *shall have* distresses daily.

17 The young men of Aven and of Pi-beseth shall fall by the sword: and these *cities* shall go into captivity.

18 At Tehaphnehes also the day shall be darkened, when I shall break there the yokes of Egypt: and the pomp of her strength shall cease in her: as for her, a cloud shall cover her, and her daughters shall go into captivity.

19 Thus will I execute judgments in Egypt: and they shall know that I *am* the LORD.

20 ¶ And it came to pass in the eleventh year, in the first *month*, in the seventh *day* of the month, *that* the word of the LORD came unto me, saying,

21 Son of man, I have broken the arm of Pharaoh king of Egypt; and, lo, it shall not be bound up to be healed, to put a roller to bind it, to make it strong to hold the sword.

22 Therefore thus saith the Lord GOD; Behold, I *am* against Pharaoh king of Egypt, and will break his arms, the strong, and that which was broken; and I will cause the sword to fall out of his hand.

23 And I will scatter the Egyptians among the nations, and will disperse them through the countries.

24 And I will strengthen the arms of the king of Babylon, and put my sword in his hand: but I will break Pharaoh's arms, and he shall groan before him with the groanings of a deadly wounded *man.*

25 But I will strengthen the arms of the king of Babylon, and the arms of Pharaoh shall fall down; and they shall know that I *am* the LORD, when I shall put my sword into the hand of the king of Babylon, and he shall stretch it out upon the land of Egypt.

26 And I will scatter the Egyptians among the nations, and disperse them among the countries; and they shall know that I *am* the LORD.

CHAPTER 31

1 And it came to pass in the eleventh year, in the third *month*, in the first *day* of the month, *that* the word of the LORD came unto me, saying,

2 Son of man, speak unto Pharaoh king of Egypt, and to his multitude; Whom art thou like in thy greatness?

3 ¶ Behold, the Assyrian *was* a cedar in Lebanon with fair branches, and with a shadowing shroud, and of an high stature; and his top was among the thick boughs.

4 The waters made him great, the deep set him up on high with her rivers running round about his plants, and sent out her little rivers unto all the trees of the field.

5 Therefore his height was exalted above all the trees of the field, and his boughs were multiplied, and his branches became long because of the multitude of waters, when he shot forth.

6 All the fowls of heaven made their nests in his boughs, and under his branches did all the beasts of the field bring forth their young, and under his shadow dwelt all great nations.

7 Thus was he fair in his greatness, in the length of his branches: for his root was by great waters.

8 The cedars in the garden of God could not hide him: the fir trees were not like his boughs, and the chestnut trees were not like his branches; nor any tree in the garden of God was like unto him in his beauty.

9 I have made him fair by the multitude of his branches: so that all the trees of Eden, that *were* in the garden of God, envied him.

10 ¶ Therefore thus saith the Lord GOD; Because thou hast lifted up thyself in height, and he hath shot up his top among the thick boughs, and his heart is lifted up in his height;

11 I have therefore delivered him into the hand of the mighty one of the heathen; he shall surely deal with him: I have driven him out for his wickedness.

12 And strangers, the terrible of the nations, have cut him off, and have left him: upon the mountains and in all the valleys

16 עַל־סִין מָעֽוֹז מִצְרַיִם וְהִכְרַתִּי אֶת־הֲמֽוֹן נֹא: וְנָתַתִּי אֵשׁ בְּמִצְרַיִם

תָּחוּל 17 חוּל תָּחִיל סִין וְנֹא תִּהְיֶה לְהִבָּקֵעַ וְנֹף צָרֵי יוֹמָם: בַּחוּרֵי אָוֶן וּפִי־

18 בֶסֶת בַּחֶרֶב יִפֹּלוּ וְהֵנָּה בַּשְּׁבִי תֵלַכְנָה: וּבִתְחַפְנְחֵס חָשַׂךְ הַיּוֹם בְּשִׁבְרִי־שָׁם אֶת־מֹטוֹת מִצְרַיִם וְנִשְׁבַּת־בָּהּ גְּאוֹן עֻזָּהּ הִיא עָנָן

19 יְכַסֶּנָּה וּבְנוֹתֶיהָ בַּשְּׁבִי תֵלַכְנָה: וְעָשִׂיתִי שְׁפָטִים בְּמִצְרָיִם וְיָדְעוּ כִּי־ אֲנִי יְהוָה:

20 וַיְהִי בְּאַחַת עֶשְׂרֵה שָׁנָה בָּרִאשׁוֹן בְּשִׁבְעָה לַחֹדֶשׁ הָיָה דְבַר־יְהוָה

21 אֵלַי לֵאמֹר: בֶּן־אָדָם אֶת־זְרוֹעַ פַּרְעֹה מֶלֶךְ־מִצְרַיִם שָׁבָרְתִּי וְהִנֵּה לֹא־חֻבְּשָׁה לָתֵת רְפֻאוֹת לָשׂוּם חִתּוּל לְחָבְשָׁהּ לְחָזְקָהּ לִתְפֹּשׂ

בֶּחָרֶב 22 בֶּחָרֶב: לָכֵן כֹּה־אָמַר ׀ אֲדֹנָי יְהוִה הִנְנִי אֶל־פַּרְעֹה מֶלֶךְ־ מִצְרַיִם וְשָׁבַרְתִּי אֶת־זְרֹעֹתָיו אֶת־הַחֲזָקָה וְאֶת־הַנִּשְׁבָּרֶת וְהִפַּלְתִּי

23 אֶת־הַחֶרֶב מִיָּדֽוֹ: וַהֲפִצוֹתִי אֶת־מִצְרַיִם בַּגּוֹיִם וְזֵרִיתִם בָּאֲרָצוֹת:

24 וְחִזַּקְתִּי אֶת־זְרֹעוֹת מֶלֶךְ בָּבֶל וְנָתַתִּי אֶת־חַרְבִּי בְּיָדוֹ וְשָׁבַרְתִּי אֶת־

25 זְרֹעוֹת פַּרְעֹה וְנָאַק נַאֲקוֹת חָלָל לְפָנָיו: וְהַחֲזַקְתִּי אֶת־זְרֹעוֹת מֶלֶךְ בָּבֶל וּזְרֹעוֹת פַּרְעֹה תִּפֹּלְנָה וְיָדְעוּ כִּי־אֲנִי יְהוָה בְּתִתִּי חַרְבִּי בְּיַד

26 מֶלֶךְ־בָּבֶל וְנָטָה אוֹתָהּ אֶל־אֶרֶץ מִצְרָיִם: וַהֲפִצוֹתִי אֶת־מִצְרַיִם

31 1 בַּגּוֹיִם וְזֵרִיתִי אוֹתָם בָּאֲרָצוֹת וְיָדְעוּ כִּי־אֲנִי יְהוָה: וַיְהִי בְּאַחַת עֶשְׂרֵה שָׁנָה בַּשְּׁלִישִׁי בְּאֶחָד לַחֹדֶשׁ הָיָה דְבַר־יְהוָה אֵלַי

2 לֵאמֹר: בֶּן־אָדָם אֱמֹר אֶל־פַּרְעֹה מֶלֶךְ־מִצְרַיִם וְאֶל־הֲמוֹנוֹ אֶל־מִי

3 דָמִיתָ בְגָדְלֶךָ: הִנֵּה אַשּׁוּר אֶרֶז בַּלְּבָנוֹן יְפֵה עָנָף וְחֹרֶשׁ מֵצַל וּגְבַהּ

4 קוֹמָה וּבֵין עֲבֹתִים הָיְתָה צַמַּרְתּֽוֹ: מַיִם גִּדְּלוּהוּ תְּהוֹם רֹמְמָתְהוּ אֶת־נַהֲרֹתֶיהָ הֹלֵךְ סְבִיבוֹת מַטָּעָהּ וְאֶת־תְּעָלֹתֶיהָ שִׁלְחָה אֶל כָּל־

5 עֲצֵי הַשָּׂדֶה: עַל־כֵּן גָּבְהָא קֹמָתוֹ מִכֹּל עֲצֵי הַשָּׂדֶה וַתִּרְבֶּינָה

פֹּארֹתָיו 6 סַרְעַפֹּתָיו וַתֶּאֱרַכְנָה פֹארֹתָו מִמַּיִם רַבִּים בְּשַׁלְּחֽוֹ: בִּסְעַפֹּתָיו קִנְנוּ כָּל־עוֹף הַשָּׁמַיִם וְתַחַת פֹּארֹתָיו יָלְדוּ כֹּל חַיַּת הַשָּׂדֶה וּבְצִלּוֹ יֵשְׁבוּ

7 כֹּל גּוֹיִם רַבִּים: וַיְּיִף בְּגָדְלוֹ בְּאֹרֶךְ דָּלִיּוֹתָיו כִּי־הָיָה שָׁרְשׁוֹ אֶל־מַיִם

8 רַבִּים: אֲרָזִים לֹא־עֲמָמֻהוּ בְּגַן־אֱלֹהִים בְּרוֹשִׁים לֹא דָמוּ אֶל־סְעַפֹּתָיו וְעַרְמֹנִים לֹא־הָיוּ כְּפֹארֹתָיו כָּל־עֵץ בְּגַן־אֱלֹהִים לֹא־דָמָה אֵלָיו

9 בְּיָפְיֽוֹ: יָפֶה עֲשִׂיתִיו בְּרֹב דָּלִיּוֹתָיו וַיְקַנְאֻהוּ כָּל־עֲצֵי־עֵדֶן אֲשֶׁר בְּגַן

10 הָאֱלֹהִים: לָכֵן כֹּה אָמַר אֲדֹנָי יְהוִה יַעַן אֲשֶׁר גָּבַהְתָּ

11 בְּקוֹמָה וַיִּתֵּן צַמַּרְתּוֹ אֶל־בֵּין עֲבוֹתִים וְרָם לְבָבוֹ בְּגָבְהוֹ: וָאֶתְּנֵהוּ

12 בְּיַד אֵיל גּוֹיִם עָשׂוֹ יַעֲשֶׂה לּוֹ כְּרִשְׁעוֹ גֵּרַשְׁתִּהוּ: וַיִּכְרְתֻהוּ זָרִים עָרִיצֵי גוֹיִם וַיִּטְּשֻׁהוּ אֶל־הֶהָרִים וּבְכָל־גֵּאָיוֹת נָפְלוּ דָלִיּוֹתָיו

his branches are fallen, and his boughs are broken by all the rivers of the land; and all the people of the earth are gone down from his shadow, and have left him.

13 Upon his ruin shall all the fowls of the heaven remain, and all the beasts of the field shall be upon his branches:

14 To the end that none of all the trees by the waters exalt themselves for their height, neither shoot up their top among the thick boughs, neither their trees stand up in their height, all that drink water: for they are all delivered unto death, to the nether parts of the earth, in the midst of the children of men, with them that go down to the pit.

15 Thus saith the Lord GOD; In the day when he went down to the grave I caused a mourning: I covered the deep for him, and I restrained the floods thereof, and the great waters were stayed: and I caused Lebanon to mourn for him, and all the trees of the field fainted for him.

16 I made the nations to shake at the sound of his fall, when I cast him down to hell with them that descend into the pit: and all the trees of Eden, the choice and best of Lebanon, all that drink water, shall be comforted in the nether parts of the earth.

17 They also went down into hell with him unto *them that be* slain with the sword; and *they that were* his arm, *that* dwelt under his shadow in the midst of the heathen.

18 ¶ To whom art thou thus like in glory and in greatness among the trees of Eden? yet shalt thou be brought down with the trees of Eden unto the nether parts of the earth: thou shalt lie in the midst of the uncircumcised with *them that be* slain by the sword. This *is* Pharaoh and all his multitude, saith the Lord GOD.

CHAPTER 32

1 And it came to pass in the twelfth year, in the twelfth month, in the first *day* of the month, *that* the word of the LORD came unto me, saying,

2 Son of man, take up a lamentation for Pharaoh king of Egypt, and say unto him,

Thou art like a young lion of the nations, and thou *art* as a whale in the seas: and thou camest forth with thy rivers, and troubledst the waters with thy feet, and fouledst their rivers.

3 Thus saith the Lord GOD; I will therefore spread out my net over thee with a company of many people; and they shall bring thee up in my net.

4 Then will I leave thee upon the land, I will cast thee forth upon the open field, and will cause all the fowls of the heaven to remain upon thee, and I will fill the beasts of the whole earth with thee.

5 And I will lay thy flesh upon the mountains, and fill the valleys with thy height.

6 I will also water with thy blood the land wherein thou swimmest, *even* to the mountains; and the rivers shall be full of thee.

7 And when I shall put thee out, I will cover the heaven, and make the stars thereof dark; I will cover the sun with a cloud, and the moon shall not give her light.

8 All the bright lights of heaven will I make dark over thee, and set darkness upon thy land, saith the Lord GOD.

9 I will also vex the hearts of many people, when I shall bring thy destruction among the nations, into the countries which thou hast not known.

10 Yea, I will make many people amazed at thee, and their kings shall be horribly afraid for thee, when I shall brandish my sword before them; and they shall tremble at *every* moment, every man for his own life, in the day of thy fall.

11 ¶ For thus saith the Lord GOD; The sword of the king of Babylon shall come upon thee.

12 By the swords of the mighty will I cause thy multitude to fall, the terrible of the nations, all of them: and they shall spoil the pomp of Egypt, and all the multitude thereof shall be destroyed.

13 I will destroy also all the beasts thereof from beside the great waters; neither shall the foot of man trouble them any more, nor the hoofs of beasts trouble them.

14 Then will I make their waters deep,

וַתִּשָּׁבַ֣רְנָה פֹארֹתָ֗יו בְּכֹל֙ אֲפִיקֵ֣י הָאָ֔רֶץ וַיֵּרְד֥וּ מִצִּלּ֖וֹ כָּל־עַמֵּ֣י הָאָ֑רֶץ

13 וַֽיִּטְּשֻׁ֑הוּ עַל־מַפַּלְתּ֣וֹ יִשְׁכְּנ֔וּ כָּל־ע֖וֹף הַשָּׁמָ֑יִם וְאֶל־פֹארֹתָ֣יו הָי֔וּ כֹּ֖ל

14 חַיַּ֣ת הַשָּׂדֶֽה׃ לְמַ֡עַן אֲשֶׁר֩ לֹא־יִגְבְּה֨וּ בְקוֹמָתָ֜ם כָּל־עֲצֵי־מַ֗יִם וְלֹֽא־יִתְּנ֤וּ אֶת־צַמַּרְתָּם֙ אֶל־בֵּ֣ין עֲבֹתִ֔ים וְלֹֽא־יַעַמְד֧וּ אֵלֵיהֶ֛ם בְּגָבְהָ֖ם כָּל־שֹׁ֣תֵי מָ֑יִם כִּֽי־כֻלָּם֩ נִתְּנ֨וּ לַמָּ֜וֶת אֶל־אֶ֣רֶץ תַּחְתִּ֗ית בְּת֛וֹךְ בְּנֵ֥י אָדָ֖ם אֶל־י֥וֹרְדֵי בֽוֹר׃

15 כֹּֽה־אָמַ֞ר אֲדֹנָ֣י יְהוִ֗ה בְּי֨וֹם רִדְתּ֣וֹ שְׁא֒וֹלָה֒ הֶאֱבַ֣לְתִּי כִּסֵּ֧תִי עָלָ֣יו אֶת־תְּה֗וֹם וָֽאֶמְנַע֙ נַהֲרוֹתֶ֔יהָ וַיִּכָּלְא֖וּ מַ֣יִם רַבִּ֑ים

16 וָאַקְדִּ֤ר עָלָיו֙ לְבָנ֔וֹן וְכָל־עֲצֵ֥י הַשָּׂדֶ֖ה עָלָ֣יו עֻלְפֶּֽה׃ מִקּ֤וֹל מַפַּלְתּוֹ֙ הִרְעַ֣שְׁתִּי גוֹיִ֔ם בְּהוֹרִדִ֥י אֹת֛וֹ שְׁא֖וֹלָה אֶת־י֣וֹרְדֵי ב֑וֹר וַיִּנָּ֨חֲמ֜וּ בְּאֶ֤רֶץ

17 תַּחְתִּית֙ כָּל־עֲצֵי־עֵ֔דֶן מִבְחַ֥ר וְטוֹב־לְבָנ֖וֹן כָּל־שֹׁ֣תֵי מָ֑יִם גַּם־הֵ֖ם אִתּ֣וֹ

18 יָרְד֤וּ שְׁא֙וֹלָה֙ אֶל־חַלְלֵי־חָ֔רֶב וּזְרֹע֥וֹ יָשְׁב֖וּ בְצִלּ֣וֹ בְּת֣וֹךְ גּוֹיִֽם׃ אֶל־מִ֨י דָמִ֤יתָ כָּ֙כָה֙ בְּכָב֣וֹד וּבְגֹ֔דֶל בַּעֲצֵי־עֵ֑דֶן וְהוּרַדְתָּ֣ אֶת־עֲצֵי־עֵ֜דֶן אֶל־אֶ֣רֶץ תַּחְתִּ֗ית בְּת֨וֹךְ עֲרֵלִ֤ים תִּשְׁכַּב֙ אֶת־חַלְלֵי־חֶ֔רֶב ה֥וּא פַרְעֹ֖ה וְכָל־

32 1 הֲמוֹנֹ֔ה נְאֻ֖ם אֲדֹנָ֥י יְהוִֽה׃ וַֽיְהִי֙ בִּשְׁתֵּ֣י עֶשְׂרֵ֣ה שָׁנָ֔ה בִּשְׁנֵֽי־

2 עָשָׂ֥ר חֹ֖דֶשׁ בְּאֶחָ֣ד לַחֹ֑דֶשׁ הָיָ֥ה דְבַר־יְהוָ֖ה אֵלַ֥י לֵאמֹֽר׃ בֶּן־אָדָ֗ם שָׂ֤א קִינָה֙ עַל־פַּרְעֹ֣ה מֶֽלֶךְ־מִצְרַ֔יִם וְאָמַרְתָּ֣ אֵלָ֔יו כְּפִ֥יר גּוֹיִ֖ם נִדְמֵ֑יתָ וְאַתָּה֙ כַּתַּנִּ֣ים בַּיַּמִּ֔ים וַתָּ֣גַח בְּנַהֲרוֹתֶ֗יךָ וַתִּדְלַח־מַ֙יִם֙ בְּרַגְלֶ֔יךָ וַתִּרְפֹּ֖ס

3 נַהֲרוֹתָֽם׃ כֹּ֤ה אָמַר֙ אֲדֹנָ֣י יְהוִ֔ה וּפָרַשְׂתִּ֤י עָלֶ֙יךָ֙ אֶת־רִשְׁתִּ֔י בִּקְהַ֖ל

4 עַמִּ֣ים רַבִּ֑ים וְהֶעֱל֖וּךָ בְּחֶרְמִֽי׃ וּנְטַשְׁתִּ֣יךָ בָאָ֗רֶץ עַל־פְּנֵ֤י הַשָּׂדֶה֙ אֲטִילֶ֔ךָ וְהִשְׁכַּנְתִּ֥י עָלֶ֖יךָ כָּל־ע֣וֹף הַשָּׁמַ֑יִם וְהִשְׂבַּעְתִּ֥י מִמְּךָ֖ חַיַּ֥ת כָּל־

5 הָאָֽרֶץ׃ וְנָתַתִּ֥י אֶת־בְּשָׂרְךָ֖ עַל־הֶהָרִ֑ים וּמִלֵּאתִ֥י הַגֵּאָי֖וֹת רָמוּתֶֽךָ׃

6 וְהִשְׁקֵיתִ֤י אֶ֙רֶץ֙ צָפָתְךָ֣ מִדָּמְךָ֔ אֶל־הֶהָרִ֑ים וַאֲפִקִ֖ים יִמָּלְא֥וּן מִמֶּֽךָּ׃

7 וְכִסֵּיתִ֤י בְכַבּֽוֹתְךָ֙ שָׁמַ֔יִם וְהִקְדַּרְתִּ֖י אֶת־כֹּֽכְבֵיהֶ֑ם שֶׁ֚מֶשׁ בֶּעָנָ֣ן אֲכַסֶּ֔נּוּ

8 וְיָרֵ֖חַ לֹא־יָאִ֥יר אוֹרֽוֹ׃ כָּל־מְא֤וֹרֵי אוֹר֙ בַּשָּׁמַ֔יִם אַקְדִּירֵ֖ם עָלֶ֑יךָ וְנָתַ֧תִּי

9 חֹ֛שֶׁךְ עַֽל־אַרְצְךָ֖ נְאֻ֣ם אֲדֹנָ֣י יְהוִ֑ה וְהִכְעַסְתִּ֔י לֵ֖ב עַמִּ֣ים רַבִּ֑ים

10 בַּהֲבִיאִ֤י שִׁבְרְךָ֙ בַּגּוֹיִ֔ם עַל־אֲרָצ֖וֹת אֲשֶׁ֣ר לֹֽא־יְדַעְתָּֽם׃ וַהֲשִׁמּוֹתִ֨י עָלֶ֜יךָ עַמִּ֣ים רַבִּ֗ים וּמַלְכֵיהֶ֞ם יִשְׂעֲר֤וּ עָלֶ֙יךָ֙ שַׂ֔עַר בְּעוֹפְפִ֥י חַרְבִּ֖י עַל־

11 פְּנֵיהֶ֑ם וְחָרְד֤וּ לִרְגָעִים֙ אִ֣ישׁ לְנַפְשׁ֔וֹ בְּי֖וֹם מַפַּלְתֶּֽךָ׃ כִּ֣י

12 כֹּ֤ה אָמַר֙ אֲדֹנָ֣י יְהוִ֔ה חֶ֥רֶב מֶֽלֶךְ־בָּבֶ֖ל תְּבוֹאֶֽךָ׃ בְּחַרְב֥וֹת גִּבּוֹרִים֙ אַפִּ֣יל הֲמוֹנֶ֔ךָ עָרִיצֵ֥י גוֹיִ֖ם כֻּלָּ֑ם וְשָֽׁדְדוּ֙ אֶת־גְּא֣וֹן מִצְרַ֔יִם וְנִשְׁמַ֖ד כָּל־

13 הֲמוֹנָֽהּ׃ וְהַ֣אֲבַדְתִּ֔י אֶת־כָּל־בְּהֶמְתָּ֔הּ מֵעַ֖ל מַ֣יִם רַבִּ֑ים וְלֹ֨א תִדְלָחֵ֤ם

14 רֶֽגֶל־אָדָם֙ ע֔וֹד וּפַרְס֥וֹת בְּהֵמָ֖ה לֹ֣א תִדְלָחֵ֑ם אָ֚ז אַשְׁקִ֣יעַ מֵֽימֵיהֶ֔ם

and cause their rivers to run like oil, saith the Lord GOD.

15 When I shall make the land of Egypt desolate, and the country shall be destitute of that whereof it was full, when I shall smite all them that dwell therein, then shall they know that I *am* the LORD.

16 This *is* the lamentation wherewith they shall lament her: the daughters of the nations shall lament her: they shall lament for her, *even* for Egypt, and for all her multitude, saith the Lord GOD.

17 ¶ It came to pass also in the twelfth year, in the fifteenth *day* of the month, *that* the word of the LORD came unto me, saying,

18 Son of man, wail for the multitude of Egypt, and cast them down, *even* her, and the daughters of the famous nations, unto the nether parts of the earth, with them that go down into the pit.

19 Whom dost thou pass in beauty? go down, and be thou laid with the uncircumcised.

20 They shall fall in the midst of *them that are* slain by the sword: she is delivered to the sword: draw her and all her multitudes.

21 The strong among the mighty shall speak to him out of the midst of hell with them that help him: they are gone down, they lie uncircumcised, slain by the sword.

22 Asshur *is* there and all her company: his graves *are* about him: all of them slain, fallen by the sword:

23 Whose graves are set in the sides of the pit, and her company is round about her grave: all of them slain, fallen by the sword, which caused terror in the land of the living.

24 There *is* Elam and all her multitude round about her grave, all of them slain, fallen by the sword, which are gone down uncircumcised into the nether parts of the earth, which caused their terror in the land of the living; yet have they borne their shame with them that go down to the pit.

25 They have set her a bed in the midst of the slain with all her multitude: her graves *are* round about him: all of them uncircumcised, slain by the sword:

though their terror was caused in the land of the living, yet have they borne their shame with them that go down to the pit: he is put in the midst of *them that be* slain.

26 There *is* Meshech, Tubal, and all her multitude: her graves *are* round about him: all of them uncircumcised, slain by the sword, though they caused their terror in the land of the living.

27 And they shall not lie with the mighty *that are* fallen of the uncircumcised, which are gone down to hell with their weapons of war: and they have laid their swords under their heads, but their iniquities shall be upon their bones, though *they were* the terror of the mighty in the land of the living.

28 Yea, thou shalt be broken in the midst of the uncircumcised, and shalt lie with *them that are* slain with the sword.

29 There *is* Edom, her kings, and all her princes, which with their might are laid by *them that were* slain by the sword: they shall lie with the uncircumcised, and with them that go down to the pit.

30 There *be* the princes of the north, all of them, and all the Zidonians, which are gone down with the slain; with their terror they are ashamed of their might; and they lie uncircumcised with *them that be* slain by the sword, and bear their shame with them that go down to the pit.

31 Pharaoh shall see them, and shall be comforted over all his multitude, *even* Pharaoh and all his army slain by the sword, saith the Lord GOD.

32 For I have caused my terror in the land of the living: and he shall be laid in the midst of the uncircumcised with *them that are* slain with the sword, *even* Pharaoh and all his multitude, saith the Lord GOD.

CHAPTER 33

1 Again the word of the LORD came unto me, saying,

2 Son of man, speak to the children of thy people, and say unto them, When I bring the sword upon a land, if the people of the land take a man of their coasts, and set him for their watchman:

15 וּבַהֲרוֹתִ֣י אֶת־אֶ֣רֶץ מִצְרַ֗יִם נְאֻם֙ אֲדֹנָ֣י יְהֹוִ֔ה בְּתִתִּ֖י אֶת־אֶ֣רֶץ מִצְרַ֗יִם
שְׁמָמָה֙ וּנְשַׁמָּ֣ה אֶ֔רֶץ מִמְּלֹאָ֖הּ בְּהַכּוֹתִ֣י אֶת־כָּל־י֣וֹשְׁבֵי בָ֑הּ וְיָדְע֖וּ כִּֽי־

16 אֲנִ֥י יְהֹוָֽה: קִינָ֥ה הִיא֙ וְק֣וֹנְנ֔וּהָ בְּנ֥וֹת הַגּוֹיִ֖ם תְּק֣וֹנֵ֣נָּה אוֹתָ֑הּ עַל־
מִצְרַ֙יִם֙ וְעַל־כָּל־הֲמוֹנָ֔הּ תְּקוֹנֵ֖נָּה אוֹתָ֑הּ נְאֻ֖ם אֲדֹנָ֥י יְהֹוִֽה:

17 וַיְהִ֗י בִּשְׁתֵּ֤י עֶשְׂרֵה֙ שָׁנָ֔ה בַּחֲמִשָּׁ֥ה עָשָׂ֖ר לַחֹ֑דֶשׁ הָיָ֥ה דְבַר־יְהֹוָ֖ה אֵלַ֥י

18 לֵאמֹֽר: בֶּן־אָדָ֕ם נְהֵ֕ה עַל־הֲמ֖וֹן מִצְרַ֑יִם וְהוֹרִדֵ֡הוּ א֠וֹתָ֠הּ וּבְנ֣וֹת גּוֹיִ֤ם

19 אַדִּרִם֙ אֶל־אֶ֣רֶץ תַּחְתִּיּ֔וֹת אֶת־י֖וֹרְדֵי בֽוֹר: מִמִּ֖י נָעָ֑מְתָּ רְדָ֥ה וְהׇשְׁכְּבָ֖ה

20 אֶת־עֲרֵלִֽים: בְּת֛וֹךְ חַלְלֵי־חֶ֖רֶב יִפֹּ֑לוּ חֶ֣רֶב נִתָּ֔נָה מָשְׁכ֥וּ אוֹתָ֖הּ וְכׇל־

21 הֲמוֹנֶֽיהָ: יְדַבְּרוּ־ל֞וֹ אֵלֵ֣י גִבּוֹרִ֛ים מִתּ֥וֹךְ שְׁא֖וֹל אֶת־עֹזְרָ֑יו יָרְד֥וּ שָׁכְב֛וּ

22 הָעֲרֵלִ֖ים חַלְלֵי־חָֽרֶב: שָׁ֤ם אַשּׁוּר֙ וְכָל־קְהָלָ֔הּ סְבִֽיבוֹתָ֖יו קִבְרֹתָ֑יו כֻּלָּ֣ם

23 חֲלָלִ֣ים הַנֹּפְלִ֣ים בֶּחָֽרֶב: אֲשֶׁ֨ר נִתְּנ֤וּ קִבְרֹתֶ֙יהָ֙ בְּיַרְכְּתֵי־ב֔וֹר וַיְהִ֣י
קְהָלָ֔הּ סְבִיב֖וֹת קְבֻרָתָ֑הּ כֻּלָּ֤ם חֲלָלִים֙ נֹפְלִ֣ים בַּחֶ֔רֶב אֲשֶׁר־נָתְנ֖וּ חִתִּ֥ית

24 בְּאֶ֥רֶץ חַיִּֽים: שָׁ֤ם עֵילָם֙ וְכָל־הֲמוֹנָ֔הּ סְבִיב֖וֹת קְבֻרָתָ֑הּ כֻּלָּ֣ם חֲלָלִים֩
הַנֹּפְלִ֨ים בַּחֶ֜רֶב אֲשֶׁר־יָרְד֥וּ עֲרֵלִ֣ים ׀ אֶל־אֶ֣רֶץ תַּחְתִּיּ֗וֹת אֲשֶׁ֨ר נָתְנ֤וּ

25 חִתִּיתָם֙ בְּאֶ֣רֶץ חַיִּ֔ים וַיִּשְׂא֥וּ כְלִמָּתָ֖ם אֶת־י֣וֹרְדֵי בֽוֹר: בְּת֣וֹךְ חֲלָלִ֡ים
נָתְנ֣וּ מִשְׁכָּ֣ב לָהּ֩ בְּכׇל־הֲמוֹנָ֨הּ סְבִֽיבוֹתָ֜יו קִבְרֹתֶ֗הָ כֻּלָּ֤ם עֲרֵלִים֙ חַלְלֵי־
חֶ֗רֶב כִּֽי־נִתַּ֤ן חִתִּיתָם֙ בְּאֶ֣רֶץ חַיִּ֔ים וַיִּשְׂא֥וּ כְלִמָּתָ֖ם אֶת־י֣וֹרְדֵי ב֑וֹר

26 בְּת֥וֹךְ חֲלָלִ֖ים נִתָּֽן: שָׁ֣ם מֶ֤שֶׁךְ תֻּבַל֙ וְכָל־הֲמוֹנָ֔הּ סְבִֽיבוֹתָ֖יו קִבְרוֹתֶ֑יהָ

27 כֻּלָּ֤ם עֲרֵלִים֙ מְחֻלְלֵי־חֶ֔רֶב כִּֽי־נָתְנ֥וּ חִתִּיתָ֖ם בְּאֶ֣רֶץ חַיִּֽים: וְלֹ֤א יִשְׁכְּבוּ֙
אֶת־גִּבּוֹרִ֔ים נֹפְלִ֖ים מֵעֲרֵלִ֑ים אֲשֶׁ֣ר יָרְדֽוּ־שְׁא֣וֹל בִּכְלֵֽי־מִלְחַמְתָּם֒ וַיִּתְּנ֤וּ
אֶת־חַרְבוֹתָם֙ תַּ֣חַת רָֽאשֵׁיהֶ֔ם וַתְּהִ֤י עֲוֺֽנֹתָם֙ עַל־עַצְמוֹתָ֔ם כִּֽי־חִתִּ֥ית

28 גִּבּוֹרִ֖ים בְּאֶ֥רֶץ חַיִּֽים: וְאַתָּ֗ה בְּת֧וֹךְ עֲרֵלִ֛ים תִּשָּׁבַ֖ר וְתִשְׁכַּ֥ב אֶת־

29 חַלְלֵי־חָֽרֶב: שָׁ֣מָּה אֱד֗וֹם מְלָכֶ֙יהָ֙ וְכָל־נְשִׂיאֶ֔יהָ אֲשֶׁר־נִתְּנ֥וּ בִגְבוּרָתָ֖ם

30 אֶת־חַלְלֵי־חָ֑רֶב הֵ֤מָּה אֶת־עֲרֵלִים֙ יִשְׁכָּ֔בוּ וְאֶת־יֹ֣רְדֵי ב֑וֹר: שָׁ֣מָּה
נְסִיכֵ֣י צָפ֣וֹן כֻּלָּ֗ם וְכָל־צִֽדֹנִי֒ אֲשֶׁר־יָרְד֣וּ אֶת־חֲלָלִ֗ים בְּחִתִּיתָ֧ם
מִגְּבֽוּרָתָ֛ם בּוֹשִׁ֖ים וַיִּשְׁכְּב֣וּ עֲרֵלִ֗ים אֶת־חַלְלֵי־חֶ֔רֶב וַיִּשְׂא֥וּ כְלִמָּתָ֖ם

31 אֶת־י֥וֹרְדֵי בֽוֹר: אוֹתָ֞ם יִרְאֶ֤ה פַרְעֹה֙ וְנִחַ֔ם עַל־כָּל־הֲמוֹנֹ֔ה חַלְלֵי־חֶ֗רֶב

32 פַּרְעֹ֖ה וְכָל־חֵיל֑וֹ נְאֻ֖ם אֲדֹנָ֣י יְהֹוִֽה: כִּֽי־נָתַ֥תִּי אֶת־חִתִּית֖וֹ בְּאֶ֣רֶץ חַיִּ֑ים
וְהֻשְׁכַּב֩ בְּת֨וֹךְ עֲרֵלִ֜ים אֶת־חַלְלֵי־חֶ֗רֶב פַּרְעֹה֙ וְכָל־הֲמוֹנֹ֔ה נְאֻ֖ם אֲדֹנָ֥י
יְהֹוִֽה:

33 ¹וַיְהִ֥י דְבַר־יְהֹוָ֖ה אֵלַ֥י לֵאמֹֽר: ²בֶּן־אָדָ֗ם דַּבֵּ֤ר אֶל־בְּנֵֽי־עַמְּךָ֙ וְאָמַרְתָּ֣
אֲלֵיהֶ֔ם אֶ֕רֶץ כִּֽי־אָבִ֥יא עָלֶ֖יהָ חָ֑רֶב וְלָקְח֣וּ עַם־הָאָ֗רֶץ אִ֤ישׁ אֶחָד֙

3 מִקְצֵיהֶ֔ם וְנָתְנ֥וּ אֹת֛וֹ לָהֶ֖ם לְצֹפֶֽה: וְרָאָ֥ה אֶת־הַחֶ֖רֶב בָּאָ֣ה עַל־הָאָ֑רֶץ

וְהֻשְׁכַּב֩
חִתִּ֥יתִי

הֲמוֹנֹ֔ה

הֲמוֹנֹ֔ה

3 If when he seeth the sword come upon the land, he blow the trumpet, and warn the people;

4 Then whosoever heareth the sound of the trumpet, and taketh not warning; if the sword come, and take him away, his blood shall be upon his own head.

5 He heard the sound of the trumpet, and took not warning; his blood shall be upon him. But he that taketh warning shall deliver his soul.

6 But if the watchman see the sword come, and blow not the trumpet, and the people be not warned; if the sword come, and take any person from among them, he is taken away in his iniquity; but his blood will I require at the watchman's hand.

7 ¶ So thou, O son of man, I have set thee a watchman unto the house of Israel; therefore thou shalt hear the word at my mouth, and warn them from me.

8 When I say unto the wicked, O wicked man, thou shalt surely die; if thou dost not speak to warn the wicked from his way, that wicked man shall die in his iniquity; but his blood will I require at thine hand.

9 Nevertheless, if thou warn the wicked of his way to turn from it; if he do not turn from his way, he shall die in his iniquity; but thou hast delivered thy soul.

10 Therefore, O thou son of man, speak unto the house of Israel; Thus ye speak, saying, If our transgressions and our sins be upon us, and we pine away in them, how should we then live?

11 Say unto them, As I live, saith the Lord God, I have no pleasure in the death of the wicked; but that the wicked turn from his way and live: turn ye, turn ye from your evil ways; for why will ye die, O house of Israel?

12 Therefore, thou son of man, say unto the children of thy people, The righteousness of the righteous shall not deliver him in the day of his transgression: as for the wickedness of the wicked, he shall not fall thereby in the day that he turneth from his wickedness; neither shall the righteous be able to live for his righteousness in the day that he sinneth.

13 When I shall say to the righteous, that he shall surely live; if he trust to his own righteousness, and commit iniquity, all his righteousnesses shall not be remembered; but for his iniquity that he hath committed, he shall die for it.

14 Again, when I say unto the wicked, Thou shalt surely die; if he turn from his sin, and do that which is lawful and right;

15 If the wicked restore the pledge, give again that he had robbed, walk in the statutes of life, without committing iniquity; he shall surely live, he shall not die.

16 None of his sins that he hath committed shall be mentioned unto him: he hath done that which is lawful and right; he shall surely live.

17 ¶ Yet the children of thy people say, The way of the Lord is not equal: but as for them, their way is not equal.

18 When the righteous turneth from his righteousness, and committeth iniquity, he shall even die thereby.

19 But if the wicked turn from his wickedness, and do that which is lawful and right, he shall live thereby.

20 ¶ Yet ye say, The way of the Lord is not equal. O ye house of Israel, I will judge you every one after his ways.

21 ¶ And it came to pass in the twelfth year of our captivity, in the tenth month, in the fifth day of the month, that one that had escaped out of Jerusalem came unto me, saying, The city is smitten.

22 Now the hand of the Lord was upon me in the evening, afore he that was escaped came; and had opened my mouth, until he came to me in the morning; and my mouth was opened, and I was no more dumb.

23 Then the word of the Lord came unto me, saying,

24 Son of man, they that inhabit those wastes of the land of Israel speak, saying, Abraham was one, and he inherited the land: but we are many; the land is given us for inheritance.

25 Wherefore say unto them, Thus saith the Lord God; Ye eat with the blood, and lift up your eyes toward your idols, and shed blood: and shall ye possess the land?

וְתָקַע בַּשּׁוֹפָר וְהִזְהִיר אֶת־הָעָם: וְשָׁמַע הַשֹּׁמֵעַ אֶת־קוֹל הַשּׁוֹפָר 4

וְלֹא נִזְהָר וַתָּבוֹא חֶרֶב וַתִּקָּחֵהוּ דָּמוֹ בְרֹאשׁוֹ יִהְיֶה: אֵת קוֹל הַשּׁוֹפָר 5

שָׁמַע וְלֹא נִזְהָר דָּמוֹ בּוֹ יִהְיֶה וְהוּא נִזְהָר נַפְשׁוֹ מִלֵּט: וְהַצֹּפֶה 6
כִּי־יִרְאֶה אֶת־הַחֶרֶב בָּאָה וְלֹא־תָקַע בַּשּׁוֹפָר וְהָעָם לֹא־נִזְהָר וַתָּבוֹא
חֶרֶב וַתִּקַּח מֵהֶם נָפֶשׁ הוּא בַּעֲוֹנוֹ נִלְקָח וְדָמוֹ מִיַּד־הַצֹּפֶה
אֶדְרֹשׁ: וְאַתָּה בֶן־אָדָם צֹפֶה נְתַתִּיךָ לְבֵית יִשְׂרָאֵל 7

וְשָׁמַעְתָּ מִפִּי דָּבָר וְהִזְהַרְתָּ אֹתָם מִמֶּנִּי: בְּאָמְרִי לָרָשָׁע רָשָׁע מוֹת 8
תָּמוּת וְלֹא דִבַּרְתָּ לְהַזְהִיר רָשָׁע מִדַּרְכּוֹ הוּא רָשָׁע בַּעֲוֹנוֹ יָמוּת
וְדָמוֹ מִיָּדְךָ אֲבַקֵּשׁ: וְאַתָּה כִּי־הִזְהַרְתָּ רָשָׁע מִדַּרְכּוֹ לָשׁוּב מִמֶּנָּה וְלֹא־ 9
שָׁב מִדַּרְכּוֹ הוּא בַּעֲוֹנוֹ יָמוּת וְאַתָּה נַפְשְׁךָ הִצַּלְתָּ: וְאַתָּה 10
בֶן־אָדָם אֱמֹר אֶל־בֵּית יִשְׂרָאֵל כֵּן אֲמַרְתֶּם לֵאמֹר כִּי־פְשָׁעֵינוּ
וְחַטֹּאתֵינוּ עָלֵינוּ וּבָם אֲנַחְנוּ נְמַקִּים וְאֵיךְ נִחְיֶה: אֱמֹר אֲלֵיהֶם 11
חַי־אָנִי נְאֻם אֲדֹנָי יְהוִה אִם־אֶחְפֹּץ בְּמוֹת הָרָשָׁע כִּי אִם־בְּשׁוּב
רָשָׁע מִדַּרְכּוֹ וְחָיָה שׁוּבוּ שׁוּבוּ מִדַּרְכֵיכֶם הָרָעִים וְלָמָּה תָמוּתוּ
בֵּית יִשְׂרָאֵל:

וְאַתָּה בֶן־אָדָם אֱמֹר אֶל־בְּנֵי־עַמְּךָ צִדְקַת הַצַּדִּיק לֹא תַצִּילֶנּוּ בְּיוֹם 12
פִּשְׁעוֹ וְרִשְׁעַת הָרָשָׁע לֹא־יִכָּשֶׁל בָּהּ בְּיוֹם שׁוּבוֹ מֵרִשְׁעוֹ וְצַדִּיק
לֹא יוּכַל לִחְיוֹת בָּהּ בְּיוֹם חֲטֹאתוֹ: בְּאָמְרִי לַצַּדִּיק חָיֹה יִחְיֶה וְהוּא־ 13
בָּטַח עַל־צִדְקָתוֹ וְעָשָׂה עָוֶל כָּל־צִדְקֹתָו לֹא תִזָּכַרְנָה וּבְעַוְלוֹ אֲשֶׁר־ צִדְקֹתָיו
עָשָׂה בּוֹ יָמוּת: וּבְאָמְרִי לָרָשָׁע מוֹת תָּמוּת וְשָׁב מֵחַטָּאתוֹ וְעָשָׂה 14
מִשְׁפָּט וּצְדָקָה: חֲבֹל יָשִׁיב רָשָׁע גְּזֵלָה יְשַׁלֵּם בְּחֻקּוֹת הַחַיִּים הָלַךְ 15
לְבִלְתִּי עֲשׂוֹת עָוֶל חָיוֹ יִחְיֶה לֹא יָמוּת: כָּל־חַטֹּאתוֹ אֲשֶׁר חָטָא 16 חַטֹּאתָיו
לֹא תִזָּכַרְנָה לוֹ מִשְׁפָּט וּצְדָקָה עָשָׂה חָיוֹ יִחְיֶה: וְאָמְרוּ בְּנֵי עַמְּךָ 17
לֹא יִתָּכֵן דֶּרֶךְ אֲדֹנָי וְהֵמָּה דַּרְכָּם לֹא־יִתָּכֵן: בְּשׁוּב־צַדִּיק מִצִּדְקָתוֹ 18
וְעָשָׂה עָוֶל וּמֵת בָּהֶם: וּבְשׁוּב רָשָׁע מֵרִשְׁעָתוֹ וְעָשָׂה מִשְׁפָּט וּצְדָקָה 19
עֲלֵיהֶם הוּא יִחְיֶה: וַאֲמַרְתֶּם לֹא יִתָּכֵן דֶּרֶךְ אֲדֹנָי אִישׁ כִּדְרָכָיו 20
אֶשְׁפּוֹט אֶתְכֶם בֵּית יִשְׂרָאֵל:

וַיְהִי בִּשְׁתֵּי עֶשְׂרֵה שָׁנָה בָּעֲשִׂרִי בַּחֲמִשָּׁה לַחֹדֶשׁ לְגָלוּתֵנוּ בָּא־אֵלַי 21
הַפָּלִיט מִירוּשָׁלִַם לֵאמֹר הֻכְּתָה הָעִיר: וְיַד־יְהוָה הָיְתָה אֵלַי בָּעֶרֶב 22
לִפְנֵי בּוֹא הַפָּלִיט וַיִּפְתַּח אֶת־פִּי עַד־בּוֹא אֵלַי בַּבֹּקֶר וַיִּפָּתַח פִּי
וְלֹא נֶאֱלַמְתִּי עוֹד:

וַיְהִי דְבַר־יְהוָה אֵלַי לֵאמֹר: בֶּן־אָדָם יֹשְׁבֵי הֶחֳרָבוֹת הָאֵלֶּה עַל־ 23
אַדְמַת יִשְׂרָאֵל אֹמְרִים לֵאמֹר אֶחָד הָיָה אַבְרָהָם וַיִּירַשׁ אֶת־הָאָרֶץ 24
וַאֲנַחְנוּ רַבִּים לָנוּ נִתְּנָה הָאָרֶץ לְמוֹרָשָׁה: לָכֵן 25
אֱמֹר אֲלֵיהֶם כֹּה־אָמַר אֲדֹנָי יְהוִה עַל־הַדָּם תֹּאכֵלוּ וְעֵינֵכֶם

26 Ye stand upon your sword, ye work abomination, and ye defile every one his neighbour's wife: and shall ye possess the land?

27 Say thou thus unto them, Thus saith the Lord God; *As* I live, surely they that *are* in the wastes shall fall by the sword, and him that *is* in the open field will I give to the beasts to be devoured, and they that *be* in the forts and in the caves shall die of the pestilence.

28 For I will lay the land most desolate, and the pomp of her strength shall cease; and the mountains of Israel shall be desolate, that none shall pass through.

29 Then shall they know that I *am* the Lord, when I have laid the land most desolate because of all their abominations which they have committed.

30 ¶ Also, thou son of man, the children of thy people still are talking against thee by the walls and in the doors of the houses, and speak one to another, every one to his brother, saying, Come, I pray you, and hear what is the word that cometh forth from the Lord.

31 And they come unto thee as the people cometh, and they sit before thee *as* my people, and they hear thy words, but they will not do them: for with their mouth they shew much love, *but* their heart goeth after their covetousness.

32 And, lo, thou *art* unto them as a very lovely song of one that hath a pleasant voice, and can play well on an instrument: for they hear thy words, but they do them not.

33 And when this cometh to pass, (lo, it will come,) then shall they know that a prophet hath been among them.

CHAPTER 34

1 And the word of the Lord came unto me, saying,

2 Son of man, prophesy against the shepherds of Israel, prophesy, and say unto them, Thus saith the Lord God unto the shepherds; Woe *be* to the shepherds of Israel that do feed themselves! should not the shepherds feed the flocks?

3 Ye eat the fat, and ye clothe you with the wool, ye kill them that are fed: *but* ye feed not the flock.

4 The diseased have ye not strengthened, neither have ye healed that which was sick, neither have ye bound up *that which was* broken, neither have ye brought again that which was driven away, neither have ye sought that which was lost; but with force and with cruelty have ye ruled them.

5 And they were scattered, because *there is* no shepherd: and they became meat to all the beasts of the field, when they were scattered.

6 My sheep wandered through all the mountains, and upon every high hill: yea, my flock was scattered upon all the face of the earth, and none did search or seek *after them.*

7 ¶ Therefore, ye shepherds, hear the word of the Lord;

8 *As* I live, saith the Lord God, surely because my flock became a prey, and my flock became meat to every beast of the field, because *there was* no shepherd, neither did my shepherds search for my flock, but the shepherds fed themselves, and fed not my flock;

9 Therefore, O ye shepherds, hear the word of the Lord;

10 Thus saith the Lord God; Behold, I *am* against the shepherds; and I will require my flock at their hand, and cause them to cease from feeding the flock; neither shall the shepherds feed themselves any more; for I will deliver my flock from their mouth, that they may not be meat for them.

11 ¶ For thus saith the Lord God; Behold, I, *even* I, will both search my sheep, and seek them out.

12 As a shepherd seeketh out his flock in the day that he is among his sheep *that are* scattered; so will I seek out my sheep, and will deliver them out of all places where they have been scattered in the cloudy and dark day.

13 And I will bring them out from the people, and gather them from the countries, and will bring them to their own land, and feed them upon the mountains of Israel by the rivers, and in all the inhabited places of the country.

26 תִּשְׁאוּ אֶל־גִּלּוּלֵיכֶם וְדָם תִּשְׁפֹּכוּ וְהָאָרֶץ תִּירָשׁוּ: עֲמַדְתֶּם עַל־
חַרְבְּכֶם עֲשִׂיתֶן תּוֹעֵבָה וְאִישׁ אֶת־אֵשֶׁת רֵעֵהוּ טִמֵּאתֶם וְהָאָרֶץ
27 תִּירָשׁוּ: כֹּה־תֹאמַר אֲלֵהֶם כֹּה־אָמַר אֲדֹנָי יְהוִֹה חַי־אָנִי
אִם־לֹא אֲשֶׁר בֶּחֳרָבוֹת בַּחֶרֶב יִפֹּלוּ וַאֲשֶׁר עַל־פְּנֵי הַשָּׂדֶה לַחַיָּה
28 נְתַתִּיו לְאָכְלוֹ וַאֲשֶׁר בַּמְּצָדוֹת וּבַמְּעָרוֹת בַּדֶּבֶר יָמוּתוּ: וְנָתַתִּי אֶת־
הָאָרֶץ שְׁמָמָה וּמְשַׁמָּה וְנִשְׁבַּת גְּאוֹן עֻזָּהּ וְשָׁמְמוּ הָרֵי יִשְׂרָאֵל מֵאֵין
29 עוֹבֵר: וְיָדְעוּ כִּי־אֲנִי יְהוָֹה בְּתִתִּי אֶת־הָאָרֶץ שְׁמָמָה וּמְשַׁמָּה עַל
30 כָּל־תּוֹעֲבֹתָם אֲשֶׁר עָשׂוּ: וְאַתָּה בֶן־אָדָם בְּנֵי עַמְּךָ
הַנִּדְבָּרִים בְּךָ אֵצֶל הַקִּירוֹת וּבְפִתְחֵי הַבָּתִּים וְדִבֶּר־חַד אֶת־אַחַד
אִישׁ אֶת־אָחִיו לֵאמֹר בֹּאוּ־נָא וְשִׁמְעוּ מָה הַדָּבָר הַיּוֹצֵא מֵאֵת
31 יְהוָה: וְיָבוֹאוּ אֵלֶיךָ כִּמְבוֹא־עָם וְיֵשְׁבוּ לְפָנֶיךָ עַמִּי וְשָׁמְעוּ אֶת־
דְּבָרֶיךָ וְאוֹתָם לֹא יַעֲשׂוּ כִּי־עֲגָבִים בְּפִיהֶם הֵמָּה עֹשִׂים אַחֲרֵי
32 בִצְעָם לִבָּם הֹלֵךְ: וְהִנְּךָ לָהֶם כְּשִׁיר עֲגָבִים יְפֵה קוֹל וּמֵטִב נַגֵּן
33 וְשָׁמְעוּ אֶת־דְּבָרֶיךָ וְעֹשִׂים אֵינָם אוֹתָם: וּבְבֹאָהּ הִנֵּה בָאָה וְיָדְעוּ
34 כִּי נָבִיא הָיָה בְתוֹכָם: וַיְהִי דְבַר־יְהוָה אֵלַי לֵאמֹר: בֶּן־
2 אָדָם הִנָּבֵא עַל־רוֹעֵי יִשְׂרָאֵל הִנָּבֵא וְאָמַרְתָּ אֲלֵיהֶם לָרֹעִים
כֹּה־אָמַר אֲדֹנָי יְהוִֹה הוֹי רֹעֵי־יִשְׂרָאֵל אֲשֶׁר הָיוּ רֹעִים אוֹתָם הֲלוֹא
3 הַצֹּאן יִרְעוּ הָרֹעִים: אֶת־הַחֵלֶב תֹּאכֵלוּ וְאֶת־הַצֶּמֶר תִּלְבָּשׁוּ
4 הַבְּרִיאָה תִּזְבָּחוּ הַצֹּאן לֹא תִרְעוּ: אֶת־הַנַּחְלוֹת לֹא חִזַּקְתֶּם וְאֶת־
הַחוֹלָה לֹא־רִפֵּאתֶם וְלַנִּשְׁבֶּרֶת לֹא חֲבַשְׁתֶּם וְאֶת־הַנִּדַּחַת לֹא
הֲשֵׁבֹתֶם וְאֶת־הָאֹבֶדֶת לֹא בִקַּשְׁתֶּם וּבְחָזְקָה רְדִיתֶם אֹתָם וּבְפָרֶךְ:
5 וַתְּפוּצֶינָה מִבְּלִי רֹעֶה וַתִּהְיֶינָה לְאָכְלָה לְכָל־חַיַּת הַשָּׂדֶה וַתְּפוּצֶינָה:
6 יִשְׁגּוּ צֹאנִי בְּכָל־הֶהָרִים וְעַל כָּל־גִּבְעָה רָמָה וְעַל כָּל־פְּנֵי הָאָרֶץ
7 נָפֹצוּ צֹאנִי וְאֵין דּוֹרֵשׁ וְאֵין מְבַקֵּשׁ: לָכֵן רֹעִים שִׁמְעוּ אֶת־דְּבַר
8 יְהוָה: חַי־אָנִי נְאֻם אֲדֹנָי יְהוִֹה אִם־לֹא יַעַן הֱיוֹת־צֹאנִי לָבַז וַתִּהְיֶינָה
צֹאנִי לְאָכְלָה לְכָל־חַיַּת הַשָּׂדֶה מֵאֵין רֹעֶה וְלֹא־דָרְשׁוּ רֹעַי אֶת־צֹאנִי
9 וַיִּרְעוּ הָרֹעִים אוֹתָם וְאֶת־צֹאנִי לֹא רָעוּ: לָכֵן הָרֹעִים
10 שִׁמְעוּ דְּבַר־יְהוָה: כֹּה־אָמַר אֲדֹנָי יְהוִֹה הִנְנִי אֶל־הָרֹעִים וְדָרַשְׁתִּי
אֶת־צֹאנִי מִיָּדָם וְהִשְׁבַּתִּים מֵרְעוֹת צֹאן וְלֹא־יִרְעוּ עוֹד הָרֹעִים
11 אוֹתָם וְהִצַּלְתִּי צֹאנִי מִפִּיהֶם וְלֹא־תִהְיֶין לָהֶם לְאָכְלָה: כִּי
12 כֹּה אָמַר אֲדֹנָי יְהוִֹה הִנְנִי־אָנִי וְדָרַשְׁתִּי אֶת־צֹאנִי וּבִקַּרְתִּים: כְּבַקָּרַת
רֹעֶה עֶדְרוֹ בְּיוֹם־הֱיוֹתוֹ בְתוֹךְ־צֹאנוֹ נִפְרָשׁוֹת כֵּן אֲבַקֵּר אֶת־צֹאנִי
וְהִצַּלְתִּי אֶתְהֶם מִכָּל־הַמְּקוֹמֹת אֲשֶׁר נָפֹצוּ שָׁם בְּיוֹם עָנָן וַעֲרָפֶל:
13 וְהוֹצֵאתִים מִן־הָעַמִּים וְקִבַּצְתִּים מִן־הָאֲרָצוֹת וַהֲבִיאֹתִים אֶל־
אַדְמָתָם וּרְעִיתִים אֶל־הָרֵי יִשְׂרָאֵל בָּאֲפִיקִים וּבְכֹל מוֹשְׁבֵי הָאָרֶץ:

14 I will feed them in a good pasture, and upon the high mountains of Israel shall their fold be: there shall they lie in a good fold, and *in* a fat pasture shall they feed upon the mountains of Israel.

15 I will feed my flock, and I will cause them to lie down, saith the Lord GOD.

16 I will seek that which was lost, and bring again that which was driven away, and will bind up *that which was* broken, and will strengthen that which was sick: but I will destroy the fat and the strong; I will feed them with judgment.

17 And *as for* you, O my flock, thus saith the Lord GOD; Behold, I judge between cattle and cattle, between the rams and the he goats.

18 *Seemeth it* a small thing unto you to have eaten up the good pasture, but ye must tread down with your feet the residue of your pastures? and to have drunk of the deep waters, but ye must foul the residue with your feet?

19 And *as for* my flock, they eat that which ye have trodden with your feet; and they drink that which ye have fouled with your feet.

20 ¶ Therefore thus saith the Lord GOD unto them; Behold, I, *even* I, will judge between the fat cattle and between the lean cattle.

21 Because ye have thrust with side and with shoulder, and pushed all the diseased with your horns, till ye have scattered them abroad;

22 Therefore will I save my flock, and they shall no more be a prey; and I will judge between cattle and cattle.

23 And I will set up one shepherd over them, and he shall feed them, *even* my servant David; he shall feed them, and he shall be their shepherd.

24 And I the LORD will be their God, and my servant David a prince among them; I the LORD have spoken *it*.

25 And I will make with them a covenant of peace, and will cause the evil beasts to cease out of the land: and they shall dwell safely in the wilderness, and sleep in the woods.

26 And I will make them and the places round about my hill a blessing; and I will cause the shower to come down in his season; there shall be showers of blessing.

27 And the tree of the field shall yield her fruit, and the earth shall yield her increase, and they shall be safe in their land, and shall know that I *am* the LORD, when I have broken the bands of their yoke, and delivered them out of the hand of those that served themselves of them.

28 And they shall no more be a prey to the heathen, neither shall the beast of the land devour them; but they shall dwell safely, and none shall make *them* afraid.

29 And I will raise up for them a plant of renown, and they shall be no more consumed with hunger in the land, neither bear the shame of the heathen any more.

30 Thus shall they know that I the LORD their God *am* with them, and *that* they, *even* the house of Israel, *are* my people, saith the Lord GOD.

31 And ye my flock, the flock of my pasture, *are* men, *and* I *am* your God, saith the Lord GOD.

CHAPTER 35

1 Moreover the word of the LORD came unto me, saying,

2 Son of man, set thy face against mount Seir, and prophesy against it,

3 And say unto it, Thus saith the Lord GOD; Behold, O mount Seir, I *am* against thee, and I will stretch out mine hand against thee, and I will make thee most desolate.

4 I will lay thy cities waste, and thou shalt be desolate, and thou shalt know that I *am* the LORD.

5 Because thou hast had a perpetual hatred, and hast shed *the blood of* the children of Israel by the force of the sword in the time of their calamity, in the time *that their* iniquity *had* an end:

6 Therefore, *as* I live, saith the Lord GOD, I will prepare thee unto blood, and blood shall pursue thee: sith thou hast not hated blood, even blood shall pursue thee.

7 Thus will I make mount Seir most desolate, and cut off from it him that passeth out and him that returneth.

8 And I will fill his mountains with his

14 בְּמִרְעֶה־טּוֹב֙ אֶרְעֶ֣ה אֹתָ֔ם וּבְהָרֵ֥י מְרֽוֹם־יִשְׂרָאֵ֖ל יִהְיֶ֣ה נְוֵהֶ֑ם שָׁ֣ם

15 תִּרְבַּ֣צְנָה בְּנָוֶ֣ה טֹ֔וב וּמִרְעֶ֥ה שָׁמֵ֖ן תִּרְעֶ֑ינָה אֶל־הָרֵ֖י יִשְׂרָאֵֽל׃ אֲנִ֞י

16 אֶרְעֶ֤ה צֹאנִי֙ וַאֲנִ֣י אַרְבִּיצֵ֔ם נְאֻ֖ם אֲדֹנָ֣י יְהוִֽה׃ אֶת־הָאֹבֶ֣דֶת אֲבַקֵּ֗שׁ

וְאֶת־הַנִּדַּ֣חַת אָשִׁ֔יב וְלַנִּשְׁבֶּ֣רֶת אֶחֱבֹ֔שׁ וְאֶת־הַחוֹלָ֖ה אֲחַזֵּ֑ק וְאֶת־

17 הַשְּׁמֵנָ֧ה וְאֶת־הַחֲזָקָ֛ה אַשְׁמִ֖יד אֶרְעֶ֥נָּה בְמִשְׁפָּֽט׃ וְאַתֵּ֣נָה צֹאנִ֗י כֹּ֤ה

אָמַר֙ אֲדֹנָ֣י יְהוִ֔ה הִנְנִ֤י שֹׁפֵט֙ בֵּֽין־שֶׂ֣ה לָשֶׂ֔ה לָאֵילִ֖ים וְלָעַתּוּדִֽים׃

18 הַמְעַ֣ט מִכֶּ֗ם הַמִּרְעֶ֤ה הַטּוֹב֙ תִּרְע֔וּ וְיֶ֨תֶר֙ מִרְעֵיכֶ֔ם תִּרְמְס֖וּ בְּרַגְלֵיכֶ֑ם

19 וּמִשְׁקַע־מַ֣יִם תִּשְׁתּ֔וּ וְאֵת֙ הַנּ֣וֹתָרִ֔ים בְּרַגְלֵיכֶ֖ם תִּרְפֹּשֽׂוּן׃ וְצֹאנִ֕י מִרְמַ֥ס

20 רַגְלֵיכֶ֖ם תִּרְעֶ֑ינָה וּמִרְפַּ֥שׂ רַגְלֵיכֶ֖ם תִּשְׁתֶּֽינָה׃ לָכֵ֗ן כֹּ֥ה

אָמַ֨ר אֲדֹנָ֤י יְהוִה֙ אֲלֵיהֶ֔ם הִנְנִי־אָ֕נִי וְשָׁ֣פַטְתִּ֔י בֵּֽין־שֶׂ֥ה בִרְיָ֖ה וּבֵ֥ין שֵׂ֥ה

21 רָזָֽה׃ יַ֗עַן בְּצַ֤ד וּבְכָתֵף֙ תֶּהְדֹּ֔פוּ וּבְקַרְנֵיכֶ֥ם תְּנַגְּח֖וּ כָּל־הַנַּחְל֑וֹת עַ֤ד

22 אֲשֶׁ֤ר הֲפִיצוֹתֶ֥ם אוֹתָ֖נָה אֶל־הַחֽוּצָה׃ וְהוֹשַׁעְתִּ֣י לְצֹאנִ֔י וְלֹֽא־תִהְיֶ֥ינָה

23 ע֖וֹד לָבַ֑ז וְשָׁ֣פַטְתִּ֔י בֵּ֥ין שֶׂ֖ה לָשֶֽׂה׃ וַהֲקִמֹתִ֨י עֲלֵיהֶ֜ם רֹעֶ֤ה אֶחָד֙ וְרָעָ֣ה

אֶתְהֶ֔ן אֵ֖ת עַבְדִּ֣י דָוִ֑יד ה֚וּא יִרְעֶ֣ה אֹתָ֔ם וְהֽוּא־יִהְיֶ֥ה לָהֶ֖ן לְרֹעֶֽה׃

24 וַאֲנִ֣י יְהוָ֗ה אֶהְיֶ֤ה לָהֶם֙ לֵֽאלֹהִ֔ים וְעַבְדִּ֥י דָוִ֖ד נָשִׂ֣יא בְתוֹכָ֑ם אֲנִ֥י יְהוָ֖ה

25 דִּבַּֽרְתִּי׃ וְכָרַתִּ֤י לָהֶם֙ בְּרִ֣ית שָׁל֔וֹם וְהִשְׁבַּתִּ֥י חַיָּֽה־רָעָ֖ה מִן־הָאָ֑רֶץ

26 וְיָשְׁב֤וּ בַמִּדְבָּר֙ לָבֶ֔טַח וְיָשְׁנ֖וּ בַּיְּעָרִֽים׃ וְנָתַתִּ֥י אוֹתָ֛ם וּסְבִיב֥וֹת גִּבְעָתִ֖י

27 בְּרָכָ֑ה וְהוֹרַדְתִּ֤י הַגֶּ֨שֶׁם֙ בְּעִתּ֔וֹ גִּשְׁמֵ֥י בְרָכָ֖ה יִהְיֽוּ׃ וְנָתַ֣ן עֵ֣ץ הַשָּׂדֶ֣ה

אֶת־פִּרְי֗וֹ וְהָאָ֨רֶץ֙ תִּתֵּ֣ן יְבוּלָ֔הּ וְהָי֥וּ עַל־אַדְמָתָ֖ם לָבֶ֑טַח וְיָדְעוּ֙ כִּי־אֲנִ֣י

28 יְהוָ֔ה בְּשִׁבְרִי֙ אֶת־מֹט֣וֹת עֻלָּ֔ם וְהִ֨צַּלְתִּ֔ים מִיַּ֖ד הָעֹבְדִ֣ים בָּהֶֽם׃ וְלֹא־

יִהְי֨וּ ע֤וֹד בַּז֙ לַגּוֹיִ֔ם וְחַיַּ֥ת הָאָ֖רֶץ לֹ֣א תֹאכְלֵ֑ם וְיָשְׁב֥וּ לָבֶ֖טַח וְאֵ֥ין

29 מַחֲרִֽיד׃ וַהֲקִמֹתִ֥י לָהֶ֛ם מַטָּ֖ע לְשֵׁ֑ם וְלֹֽא־יִהְי֨וּ ע֤וֹד אֲסֻפֵ֤י רָעָב֙ בָּאָ֔רֶץ

30 וְלֹֽא־יִשְׂא֥וּ ע֖וֹד כְּלִמַּ֥ת הַגּוֹיִֽם׃ וְיָדְע֗וּ כִּ֣י אֲנִ֧י יְהוָ֣ה אֱלֹהֵיהֶ֖ם אִתָּ֑ם

31 וְהֵ֗מָּה עַמִּי֙ בֵּ֣ית יִשְׂרָאֵ֔ל נְאֻ֖ם אֲדֹנָ֣י יְהוִֽה׃ וְאַתֵּ֥ן צֹאנִ֛י צֹ֥אן מַרְעִיתִ֖י

אָדָ֣ם אַתֶּ֑ם אֲנִי֙ אֱלֹ֣הֵיכֶ֔ם נְאֻ֖ם אֲדֹנָ֥י יְהוִֽה׃

35 1 וַיְהִ֥י דְבַר־יְהוָ֖ה אֵלַ֥י לֵאמֹֽר׃ בֶּן־אָדָ֕ם שִׂ֥ים פָּנֶ֖יךָ עַל־הַ֣ר שֵׂעִ֑יר

2

3 וְהִנָּבֵ֖א עָלָֽיו׃ וְאָמַ֣רְתָּ לּ֗וֹ כֹּ֤ה אָמַר֙ אֲדֹנָ֣י יְהוִ֔ה הִנְנִ֥י אֵלֶ֖יךָ הַר־שֵׂעִ֑יר

4 וְנָטִ֤יתִי יָדִי֙ עָלֶ֔יךָ וּנְתַתִּ֖יךָ שְׁמָמָ֣ה וּמְשַׁמָּֽה׃ עָרֶ֨יךָ֙ חָרְבָּ֣ה אָשִׂ֔ים

5 וְאַתָּ֖ה שְׁמָמָ֣ה תִֽהְיֶ֑ה וְיָדַעְתָּ֖ כִּֽי־אֲנִ֥י יְהוָֽה׃ יַ֗עַן הֱי֨וֹת לְךָ֜ אֵיבַ֣ת

עוֹלָ֗ם וַתַּגֵּ֤ר אֶת־בְּנֵֽי־יִשְׂרָאֵל֙ עַל־יְדֵי־חָ֔רֶב בְּעֵ֥ת אֵידָ֖ם בְּעֵ֥ת עֲוֺ֥ן קֵֽץ׃

6 לָכֵ֣ן חַי־אָ֗נִי נְאֻם֙ אֲדֹנָ֣י יְהוִ֔ה כִּֽי־לְדָ֥ם אֶֽעֶשְׂךָ֖ וְדָ֣ם יִרְדֲּפֶ֑ךָ אִם־לֹ֥א

7 דָ֤ם שָׂנֵ֨אתָ֙ וְדָ֣ם יִרְדֲּפֶ֑ךָ׃ וְנָֽתַתִּי֙ אֶת־הַ֣ר שֵׂעִ֔יר לְשִׁמְמָ֖ה וּשְׁמָמָ֑ה

8 וְהִכְרַתִּ֥י מִמֶּ֖נּוּ עֹבֵ֣ר וָשָׁ֑ב׃ וּמִלֵּאתִ֣י אֶת־הָרָיו֙ חֲלָלָ֔יו גִּבְעוֹתֶ֨יךָ֙

slain *men:* in thy hills, and in thy valleys, and in all thy rivers, shall they fall that are slain with the sword.

9 I will make thee perpetual desolations, and thy cities shall not return: and ye shall know that I *am* the LORD.

10 Because thou hast said, These two nations and these two countries shall be mine, and we will possess it; whereas the LORD was there:

11 Therefore, *as* I live, saith the Lord GOD, I will even do according to thine anger, and according to thine envy which thou hast used out of thy hatred against them; and I will make myself known among them, when I have judged thee.

12 And thou shalt know that I *am* the LORD, *and that* I have heard all thy blasphemies which thou hast spoken against the mountains of Israel, saying, They are laid desolate, they are given us to consume.

13 Thus with your mouth ye have boasted against me, and have multiplied your words against me: I have heard *them.*

14 Thus saith the Lord GOD; When the whole earth rejoiceth, I will make thee desolate.

15 As thou didst rejoice at the inheritance of the house of Israel, because it was desolate, so will I do unto thee: thou shalt be desolate, O mount Seir, and all Idumea, *even* all of it: and they shall know that I *am* the LORD.

CHAPTER 36

1 Also, thou son of man, prophesy unto the mountains of Israel, and say, Ye mountains of Israel, hear the word of the LORD:

2 Thus saith the Lord GOD; Because the enemy hath said against you, Aha, even the ancient high places are ours in possession:

3 Therefore prophesy and say, Thus saith the Lord GOD; Because they have made *you* desolate, and swallowed you up on every side, that ye might be a possession unto the residue of the heathen, and ye are taken up in the lips of talkers, and *are* an infamy of the people:

4 Therefore, ye mountains of Israel, hear the word of the Lord GOD; Thus saith the Lord GOD to the mountains, and to the hills, to the rivers, and to the valleys, to the desolate wastes, and to the cities that are forsaken, which became a prey and derision to the residue of the heathen that *are* round about;

5 Therefore thus saith the Lord GOD; Surely in the fire of my jealousy have I spoken against the residue of the heathen, and against all Idumea, which have appointed my land into their possession with the joy of all *their* heart, with despiteful minds, to cast it out for a prey.

6 Prophesy therefore concerning the land of Israel, and say unto the mountains, and to the hills, to the rivers, and to the valleys, Thus saith the Lord GOD; Behold, I have spoken in my jealousy and in my fury, because ye have borne the shame of the heathen:

7 Therefore thus saith the Lord GOD; I have lifted up mine hand, Surely the heathen that *are* about you, they shall bear their shame.

8 ¶ But ye, O mountains of Israel, ye shall shoot forth your branches, and yield your fruit to my people of Israel; for they are at hand to come.

9 For, behold, I *am* for you, and I will turn unto you, and ye shall be tilled and sown:

10 And I will multiply men upon you, all the house of Israel, *even* all of it: and the cities shall be inhabited, and the wastes shall be builded:

11 And I will multiply upon you man and beast; and they shall increase and bring fruit: and I will settle you after your old estates, and will do better *unto you* than at your beginnings: and ye shall know that I *am* the LORD.

12 Yea, I will cause men to walk upon you, *even* my people Israel; and they shall possess thee, and thou shalt be their inheritance, and thou shalt no more henceforth bereave them *of men.*

13 Thus saith the Lord GOD; Because they say unto you, Thou *land* devourest up men, and hast bereaved thy nations;

14 Therefore thou shalt devour men no

9 וְגָאוֹתֶיךָ וְכָל־אֲפִיקֶיךָ חַלְלֵי־חֶרֶב יִפְּלוּ בָהֶם: שִׁמְמוֹת עוֹלָם אֶתֶּנְךָ

10 וְעָרֶיךָ לֹא תִישַׁבְנָה וִידַעְתֶּם כִּי־אֲנִי יְהוָה: יַעַן אֲמָרְךָ אֶת־שְׁנֵי הַגּוֹיִם וְאֶת־שְׁתֵּי הָאֲרָצוֹת לִי תִהְיֶינָה וִירַשְׁנוּהָ וַיהוָה שָׁם הָיָה:

11 לָכֵן חַי־אָנִי נְאֻם אֲדֹנָי יְהוִה וְעָשִׂיתִי כְּאַפְּךָ וּכְקִנְאָתְךָ אֲשֶׁר עָשִׂיתָה מִשִּׂנְאָתֶיךָ בָּם וְנוֹדַעְתִּי בָם כַּאֲשֶׁר אֶשְׁפְּטֶךָ: וְיָדַעְתָּ כִּי־אֲנִי יְהוָה

12 שָׁמַעְתִּי אֶת־כָּל־נָאֲצוֹתֶיךָ אֲשֶׁר אָמַרְתָּ עַל־הָרֵי יִשְׂרָאֵל לֵאמֹר שְׁמֵמָה לָנוּ נִתְּנוּ לְאָכְלָה: וַתַּגְדִּילוּ עָלַי בְּפִיכֶם וְהַעְתַּרְתֶּם עָלַי

13 דִּבְרֵיכֶם אֲנִי שָׁמָעְתִּי: כֹּה אָמַר אֲדֹנָי יְהוִה כִּשְׂמֹחַ כָּל־

14 הָאָרֶץ שְׁמָמָה אֶעֱשֶׂה־לָּךְ: כְּשִׂמְחָתְךָ לְנַחֲלַת בֵּית־יִשְׂרָאֵל עַל

15 אֲשֶׁר־שָׁמֵמָה כֵּן אֶעֱשֶׂה־לָּךְ שְׁמָמָה תִהְיֶה הַר־שֵׂעִיר וְכָל־אֱדוֹם כֻּלָּהּ וְיָדְעוּ כִּי־אֲנִי יְהוָה:

36 1 וְאַתָּה בֶן־אָדָם הִנָּבֵא אֶל־הָרֵי יִשְׂרָאֵל וְאָמַרְתָּ הָרֵי יִשְׂרָאֵל שִׁמְעוּ

2 דְּבַר־יְהוָה: כֹּה אָמַר אֲדֹנָי יְהוִה יַעַן אָמַר הָאוֹיֵב עֲלֵיכֶם הֶאָח

3 וּבָמוֹת עוֹלָם לְמוֹרָשָׁה הָיְתָה לָּנוּ: לָכֵן הִנָּבֵא וְאָמַרְתָּ כֹּה אָמַר אֲדֹנָי יְהוִה יַעַן בְּיַעַן שַׁמּוֹת וְשָׁאֹף אֶתְכֶם מִסָּבִיב לִהְיוֹתְכֶם מוֹרָשָׁה

4 לִשְׁאֵרִית הַגּוֹיִם וַתֵּעֲלוּ עַל־שְׂפַת לָשׁוֹן וְדִבַּת־עָם: לָכֵן הָרֵי יִשְׂרָאֵל שִׁמְעוּ דְּבַר־אֲדֹנָי יְהוִה כֹּה־אָמַר אֲדֹנָי יְהוִה לֶהָרִים וְלַגְּבָעוֹת לָאֲפִיקִים וְלַגֵּאָיוֹת וְלֶחֳרָבוֹת הַשֹּׁמְמוֹת וְלֶעָרִים הַנֶּעֱזָבוֹת אֲשֶׁר הָיוּ

5 לְבַז וּלְלַעַג לִשְׁאֵרִית הַגּוֹיִם אֲשֶׁר מִסָּבִיב: לָכֵן כֹּה־אָמַר אֲדֹנָי יְהוִה אִם־לֹא בְּאֵשׁ קִנְאָתִי דִבַּרְתִּי עַל־שְׁאֵרִית הַגּוֹיִם וְעַל־אֱדוֹם כֻּלָּא אֲשֶׁר נָתְנוּ־אֶת־אַרְצִי לָהֶם לְמוֹרָשָׁה בְּשִׂמְחַת כָּל־לֵבָב

6 בִּשְׁאָט נֶפֶשׁ לְמַעַן מִגְרָשָׁהּ לָבַז: לָכֵן הִנָּבֵא עַל־אַדְמַת יִשְׂרָאֵל וְאָמַרְתָּ לֶהָרִים וְלַגְּבָעוֹת לָאֲפִיקִים וְלַגֵּאָיוֹת כֹּה־אָמַר אֲדֹנָי יְהוִה

7 הִנְנִי בְקִנְאָתִי וּבַחֲמָתִי דִּבַּרְתִּי יַעַן כְּלִמַּת גּוֹיִם נְשָׂאתֶם: לָכֵן כֹּה אָמַר אֲדֹנָי יְהוִה אֲנִי נָשָׂאתִי אֶת־יָדִי אִם־לֹא הַגּוֹיִם אֲשֶׁר לָכֶם

8 מִסָּבִיב הֵמָּה כְּלִמָּתָם יִשָּׂאוּ: וְאַתֶּם הָרֵי יִשְׂרָאֵל עַנְפְּכֶם תִּתֵּנוּ

9 וּפֶרְיְכֶם תִּשְׂאוּ לְעַמִּי יִשְׂרָאֵל כִּי קֵרְבוּ לָבוֹא: כִּי הִנְנִי אֲלֵיכֶם

10 וּפָנִיתִי אֲלֵיכֶם וְנֶעֱבַדְתֶּם וְנִזְרַעְתֶּם: וְהִרְבֵּיתִי עֲלֵיכֶם אָדָם כָּל־בֵּית

11 יִשְׂרָאֵל כֻּלֹּה וְנֹשְׁבוּ הֶעָרִים וְהֶחֳרָבוֹת תִּבָּנֶינָה: וְהִרְבֵּיתִי עֲלֵיכֶם אָדָם וּבְהֵמָה וְרָבוּ וּפָרוּ וְהוֹשַׁבְתִּי אֶתְכֶם כְּקַדְמוֹתֵיכֶם וְהֵטִבֹתִי

12 מֵרִאשֹׁתֵיכֶם וִידַעְתֶּם כִּי־אֲנִי יְהוָה: וְהוֹלַכְתִּי עֲלֵיכֶם אָדָם אֶת־עַמִּי יִשְׂרָאֵל וִירֵשׁוּךָ וְהָיִיתָ לָהֶם לְנַחֲלָה וְלֹא־תוֹסִף עוֹד

13 לְשַׁכְּלָם: כֹּה אָמַר אֲדֹנָי יְהוִה יַעַן אֹמְרִים לָכֶם אֹכֶלֶת

14 אָדָם אָתְּ וּמְשַׁכֶּלֶת גּוֹיֵךְ הָיִית: לָכֵן אָדָם לֹא־תֹאכְלִי עוֹד וְגוֹיֵךְ

תְּשַׁבְּנָה

שָׁמֵמוּ

אֵת גּוֹיַיִךְ
וְגוֹיַיִךְ

more, neither bereave thy nations any more, saith the Lord GOD.

15 Neither will I cause *men* to hear in thee the shame of the heathen any more, neither shalt thou bear the reproach of the people any more, neither shalt thou cause thy nations to fall any more, saith the Lord GOD.

16 ¶ Moreover the word of the LORD came unto me, saying,

17 Son of man, when the house of Israel dwelt in their own land, they defiled it by their own way and by their doings: their way was before me as the uncleanness of a removed woman.

18 Wherefore I poured my fury upon them for the blood that they had shed upon the land, and for their idols *wherewith* they had polluted it:

19 And I scattered them among the heathen, and they were dispersed through the countries: according to their way and according to their doings I judged them.

20 And when they entered unto the heathen, whither they went, they profaned my holy name, when they said to them, These *are* the people of the LORD, and are gone forth out of his land.

21 ¶ But I had pity for mine holy name, which the house of Israel had profaned among the heathen, whither they went.

22 Therefore say unto the house of Israel, Thus saith the Lord GOD; I do not *this* for your sakes, O house of Israel, but for mine holy name's sake, which ye have profaned among the heathen, whither ye went.

23 And I will sanctify my great name, which was profaned among the heathen, which ye have profaned in the midst of them; and the heathen shall know that I *am* the LORD, saith the Lord GOD, when I shall be sanctified in you before their eyes.

24 For I will take you from among the heathen, and gather you out of all countries, and will bring you into your own land.

25 ¶ Then will I sprinkle clean water upon you, and ye shall be clean: from all your filthiness, and from all your idols, will I cleanse you.

26 A new heart also will I give you, and a new spirit will I put within you: and I will take away the stony heart out of your flesh, and I will give you an heart of flesh.

27 And I will put my spirit within you, and cause you to walk in my statutes, and ye shall keep my judgments, and do *them*.

28 And ye shall dwell in the land that I gave to your fathers; and ye shall be my people, and I will be your God.

29 I will also save you from all your uncleannesses: and I will call for the corn, and will increase it, and lay no famine upon you.

30 And I will multiply the fruit of the tree, and the increase of the field, that ye shall receive no more reproach of famine among the heathen.

31 Then shall ye remember your own evil ways, and your doings that *were* not good, and shall lothe yourselves in your own sight for your iniquities and for your abominations.

32 Not for your sakes do I *this*, saith the Lord GOD, be it known unto you: be ashamed and confounded for your own ways, O house of Israel.

33 Thus saith the Lord GOD; In the day that I shall have cleansed you from all your iniquities I will also cause *you* to dwell in the cities, and the wastes shall be builded.

34 And the desolate land shall be tilled, whereas it lay desolate in the sight of all that passed by.

35 And they shall say, This land that was desolate is become like the garden of Eden; and the waste and desolate and ruined cities *are become* fenced, *and* are inhabited.

36 Then the heathen that are left round about you shall know that I the LORD build the ruined *places, and* plant that that was desolate: I the LORD have spoken *it,* and I will do *it.*

37 Thus saith the Lord GOD; I will yet *for* this be enquired of by the house of Israel, to do *it* for them; I will increase them with men like a flock.

38 As the holy flock, as the flock of Jerusalem in her solemn feasts; so shall the

15 לֹא תִכְשְׁלִי־עוֹד נְאֻם אֲדֹנָי יְהוִה וְלֹא־אַשְׁמִיעַ אֵלַיִךְ עוֹד כְּלִמַּת הַגּוֹיִם וְחֶרְפַּת עַמִּים לֹא תִשְׂאִי־עוֹד וְגוֹיֵךְ לֹא־תַכְשִׁלִי עוֹד נְאֻם

16 אֲדֹנָי יְהוִה: וַיְהִי דְבַר־יְהוָה אֵלַי לֵאמֹר: בֶּן־אָדָם בֵּית

17 יִשְׂרָאֵל יֹשְׁבִים עַל־אַדְמָתָם וַיְטַמְּאוּ אוֹתָהּ בְּדַרְכָּם וּבַעֲלִילוֹתָם

18 כְּטֻמְאַת הַנִּדָּה הָיְתָה דַרְכָּם לְפָנָי: וָאֶשְׁפֹּךְ חֲמָתִי עֲלֵיהֶם עַל־הַדָּם

19 אֲשֶׁר־שָׁפְכוּ עַל־הָאָרֶץ וּבְגִלּוּלֵיהֶם טִמְּאוּהָ: וָאָפִיץ אֹתָם בַּגּוֹיִם

20 וַיִּזָּרוּ בָּאֲרָצוֹת כְּדַרְכָּם וְכַעֲלִילוֹתָם שְׁפַטְתִּים: וַיָּבוֹא אֶל־הַגּוֹיִם אֲשֶׁר־בָּאוּ שָׁם וַיְחַלְּלוּ אֶת־שֵׁם קָדְשִׁי בֶּאֱמֹר לָהֶם עַם־יְהוָה אֵלֶּה

21 וּמֵאַרְצוֹ יָצָאוּ: וָאֶחְמֹל עַל־שֵׁם קָדְשִׁי אֲשֶׁר חִלְּלוּהוּ בֵּית יִשְׂרָאֵל

22 בַּגּוֹיִם אֲשֶׁר־בָּאוּ שָׁמָּה: לָכֵן אֱמֹר לְבֵית־יִשְׂרָאֵל כֹּה אָמַר אֲדֹנָי יְהוִה לֹא לְמַעַנְכֶם אֲנִי עֹשֶׂה בֵּית יִשְׂרָאֵל כִּי אִם־לְשֵׁם־קָדְשִׁי

23 אֲשֶׁר חִלַּלְתֶּם בַּגּוֹיִם אֲשֶׁר־בָּאתֶם שָׁם: וְקִדַּשְׁתִּי אֶת־שְׁמִי הַגָּדוֹל הַמְחֻלָּל בַּגּוֹיִם אֲשֶׁר חִלַּלְתֶּם בְּתוֹכָם וְיָדְעוּ הַגּוֹיִם כִּי־אֲנִי יְהוָה

24 נְאֻם אֲדֹנָי יְהוִה בְּהִקָּדְשִׁי בָכֶם לְעֵינֵיהֶם: וְלָקַחְתִּי אֶתְכֶם מִן־הַגּוֹיִם וְקִבַּצְתִּי אֶתְכֶם מִכָּל־הָאֲרָצוֹת וְהֵבֵאתִי אֶתְכֶם אֶל־אַדְמַתְכֶם:

25 וְזָרַקְתִּי עֲלֵיכֶם מַיִם טְהוֹרִים וּטְהַרְתֶּם מִכֹּל טֻמְאוֹתֵיכֶם וּמִכָּל־

26 גִּלּוּלֵיכֶם אֲטַהֵר אֶתְכֶם: וְנָתַתִּי לָכֶם לֵב חָדָשׁ וְרוּחַ חֲדָשָׁה אֶתֵּן בְּקִרְבְּכֶם וַהֲסִרֹתִי אֶת־לֵב הָאֶבֶן מִבְּשַׂרְכֶם וְנָתַתִּי לָכֶם לֵב בָּשָׂר:

27 וְאֶת־רוּחִי אֶתֵּן בְּקִרְבְּכֶם וְעָשִׂיתִי אֵת אֲשֶׁר־בְּחֻקַּי תֵּלֵכוּ וּמִשְׁפָּטַי

28 תִּשְׁמְרוּ וַעֲשִׂיתֶם: וִישַׁבְתֶּם בָּאָרֶץ אֲשֶׁר נָתַתִּי לַאֲבֹתֵיכֶם וִהְיִיתֶם

29 לִי לְעָם וְאָנֹכִי אֶהְיֶה לָכֶם לֵאלֹהִים: וְהוֹשַׁעְתִּי אֶתְכֶם מִכֹּל טֻמְאוֹתֵיכֶם וְקָרָאתִי אֶל־הַדָּגָן וְהִרְבֵּיתִי אֹתוֹ וְלֹא־אֶתֵּן עֲלֵיכֶם רָעָב:

30 וְהִרְבֵּיתִי אֶת־פְּרִי הָעֵץ וּתְנוּבַת הַשָּׂדֶה לְמַעַן אֲשֶׁר לֹא תִקְחוּ עוֹד

31 חֶרְפַּת רָעָב בַּגּוֹיִם: וּזְכַרְתֶּם אֶת־דַּרְכֵיכֶם הָרָעִים וּמַעַלְלֵיכֶם אֲשֶׁר

32 לֹא־טוֹבִים וּנְקֹטֹתֶם בִּפְנֵיכֶם עַל עֲוֹנֹתֵיכֶם וְעַל תּוֹעֲבוֹתֵיכֶם: לֹא לְמַעַנְכֶם אֲנִי־עֹשֶׂה נְאֻם אֲדֹנָי יְהוִה יִוָּדַע לָכֶם בּוֹשׁוּ וְהִכָּלְמוּ

33 מִדַּרְכֵיכֶם בֵּית יִשְׂרָאֵל: כֹּה אָמַר אֲדֹנָי יְהוִה בְּיוֹם טַהֲרִי אֶתְכֶם מִכֹּל עֲוֹנוֹתֵיכֶם וְהוֹשַׁבְתִּי אֶת־הֶעָרִים וְנִבְנוּ הֶחֳרָבוֹת:

34 וְהָאָרֶץ הַנְּשַׁמָּה תֵּעָבֵד תַּחַת אֲשֶׁר הָיְתָה שְׁמָמָה לְעֵינֵי כָּל־עוֹבֵר:

35 וְאָמְרוּ הָאָרֶץ הַלֵּזוּ הַנְּשַׁמָּה הָיְתָה כְּגַן־עֵדֶן וְהֶעָרִים הֶחֳרֵבוֹת

36 וְהַנְשַׁמּוֹת וְהַנֶּהֱרָסוֹת בְּצוּרוֹת יָשָׁבוּ: וְיָדְעוּ הַגּוֹיִם אֲשֶׁר יִשָּׁאֲרוּ סְבִיבוֹתֵיכֶם כִּי וַאֲנִי יְהוָה בָּנִיתִי הַנֶּהֱרָסוֹת נָטַעְתִּי הַנְּשַׁמָּה אֲנִי

37 יְהוָה דִּבַּרְתִּי וְעָשִׂיתִי: כֹּה אָמַר אֲדֹנָי יְהוִה עוֹד זֹאת אִדָּרֵשׁ לְבֵית־יִשְׂרָאֵל לַעֲשׂוֹת לָהֶם אַרְבֶּה אֹתָם כַּצֹּאן אָדָם: כְּצֹאן

38 קָדָשִׁים כְּצֹאן יְרוּשָׁלַ͏ִם בְּמוֹעֲדֶיהָ כֵּן תִּהְיֶינָה הֶעָרִים הֶחֳרֵבוֹת

waste cities be filled with flocks of men: and they shall know that I *am* the LORD.

CHAPTER 37

1 The hand of the LORD was upon me, and carried me out in the spirit of the LORD, and set me down in the midst of the valley which *was* full of bones,

2 And caused me to pass by them round about: and, behold, *there were* very many in the open valley; and, lo, *they were* very dry.

3 And he said unto me, Son of man, can these bones live? And I answered, O Lord GOD, thou knowest.

4 Again he said unto me, Prophesy upon these bones, and say unto them, O ye dry bones, hear the word of the LORD.

5 Thus saith the Lord GOD unto these bones; Behold, I will cause breath to enter into you, and ye shall live:

6 And I will lay sinews upon you, and will bring up flesh upon you, and cover you with skin, and put breath in you, and ye shall live; and ye shall know that I *am* the LORD.

7 So I prophesied as I was commanded: and as I prophesied, there was a noise, and behold a shaking, and the bones came together, bone to his bone.

8 And when I beheld, lo, the sinews and the flesh came up upon them, and the skin covered them above: but *there was* no breath in them.

9 Then said he unto me, Prophesy unto the wind, prophesy, son of man, and say to the wind, Thus saith the Lord GOD; Come from the four winds, O breath, and breathe upon these slain, that they may live.

10 So I prophesied as he commanded me, and the breath came into them, and they lived, and stood up upon their feet, an exceeding great army.

11 ¶ Then he said unto me, Son of man, these bones are the whole house of Israel: behold, they say, Our bones are dried, and our hope is lost: we are cut off for our parts.

12 Therefore prophesy and say unto them, Thus saith the Lord GOD; Behold, O my people, I will open your graves, and cause you to come up out of your graves, and bring you into the land of Israel.

13 And ye shall know that I *am* the LORD, when I have opened your graves, O my people, and brought you up out of your graves,

14 And shall put my spirit in you, and ye shall live, and I shall place you in your own land: then shall ye know that I the LORD have spoken *it*, and performed *it*, saith the LORD.

15 ¶ The word of the LORD came again unto me, saying,

16 Moreover, thou son of man, take thee one stick, and write upon it, For Judah, and for the children of Israel his companions: then take another stick, and write upon it, For Joseph, the stick of Ephraim, and *for* all the house of Israel his companions:

17 And join them one to another into one stick; and they shall become one in thine hand.

18 ¶ And when the children of thy people shall speak unto thee, saying, Wilt thou not shew us what thou *meanest* by these?

19 Say unto them, Thus saith the Lord GOD; Behold, I will take the stick of Joseph, which *is* in the hand of Ephraim, and the tribes of Israel his fellows, and will put them with him, *even* with the stick of Judah, and make them one stick, and they shall be one in mine hand.

20 ¶ And the sticks whereon thou writest shall be in thine hand before their eyes.

21 And say unto them, Thus saith the Lord GOD; Behold, I will take the children of Israel from among the heathen, whither they be gone, and will gather them on every side, and bring them into their own land:

22 And I will make them one nation in the land upon the mountains of Israel; and one king shall be king to them all: and they shall be no more two nations, neither shall they be divided into two kingdoms any more at all:

37 מְלֵאֹ֤ות צֹ֣אן אָדָ֔ם וְיָדְע֖וּ כִּֽי־אֲנִ֥י יְהוָֽה׃ הָיְתָ֣ה עָלַ֮י֮ יַד־ 1

יְהוָ֒ה֒ וַיֹּוצִאֵ֤נִי בְר֙וּחַ֙ יְהוָ֔ה וַיְנִיחֵ֖נִי בְּתֹ֣וךְ הַבִּקְעָ֑ה וְהִ֖יא מְלֵאָ֥ה

עֲצָמֹֽות׃ וְהֶעֱבִירַ֥נִי עֲלֵיהֶ֖ם סָבִ֣יב ׀ סָבִ֑יב וְהִנֵּ֨ה רַבֹּ֤ות מְאֹד֙ עַל־פְּנֵ֣י 2

הַבִּקְעָ֔ה וְהִנֵּ֖ה יְבֵשֹׁ֥ות מְאֹֽד׃ וַיֹּ֣אמֶר אֵלַ֔י בֶּן־אָדָ֕ם הֲתִחְיֶ֖ינָה 3

הָעֲצָמֹ֣ות הָאֵ֑לֶּה וָאֹמַ֕ר אֲדֹנָ֥י יְהוִ֖ה אַתָּ֥ה יָדָֽעְתָּ׃ וַיֹּ֣אמֶר אֵלַ֔י הִנָּבֵ֖א 4

עַל־הָעֲצָמֹ֣ות הָאֵ֑לֶּה וְאָמַרְתָּ֣ אֲלֵיהֶ֔ם הָעֲצָמֹות֙ הַיְבֵשֹׁ֔ות שִׁמְע֖וּ דְּבַר־

יְהוָֽה׃ כֹּ֤ה אָמַר֙ אֲדֹנָ֣י יְהוִ֔ה לָעֲצָמֹ֖ות הָאֵ֑לֶּה הִנֵּ֨ה אֲנִ֜י מֵבִ֥יא בָכֶ֛ם 5

ר֖וּחַ וִחְיִיתֶֽם׃ וְנָתַתִּי֩ עֲלֵיכֶ֨ם גִּדִ֜ים וְֽהַעֲלֵתִ֧י עֲלֵיכֶ֣ם בָּשָׂ֗ר וְקָרַמְתִּ֤י 6

עֲלֵיכֶם֙ עֹ֔ור וְנָתַתִּ֥י בָכֶ֛ם ר֖וּחַ וִחְיִיתֶ֑ם וִידַעְתֶּ֖ם כִּֽי־אֲנִ֥י יְהוָֽה׃ וְנִבֵּ֥אתִי 7

כַּאֲשֶׁ֣ר צֻוֵּ֑יתִי וַֽיְהִי־קֹ֤ול כְּהִנָּֽבְאִי֙ וְהִנֵּה־רַ֔עַשׁ וַתִּקְרְב֣וּ עֲצָמֹ֔ות עֶ֖צֶם

אֶל־עַצְמֹֽו׃ וְרָאִ֜יתִי וְהִנֵּֽה־עֲלֵיהֶ֤ם גִּדִים֙ וּבָשָׂ֣ר עָלָ֔ה וַיִּקְרַ֧ם עֲלֵיהֶ֛ם 8

עֹ֖ור מִלְמָ֑עְלָה וְר֖וּחַ אֵ֥ין בָּהֶֽם׃ וַיֹּ֣אמֶר אֵלַ֔י הִנָּבֵ֖א אֶל־הָר֑וּחַ הִנָּבֵ֣א 9

בֶן־אָדָ֗ם וְאָמַרְתָּ֣ אֶל־הָר֡וּחַ כֹּֽה־אָמַ֣ר ׀ אֲדֹנָ֣י יְהוִ֗ה מֵאַרְבַּ֤ע רוּחֹות֙

בֹּ֣אִי הָר֔וּחַ וּפְחִ֛י בַּהֲרוּגִ֥ים הָאֵ֖לֶּה וְיִֽחְי֑וּ׃ וְהִנַּבֵּ֙אתִי֙ כַּאֲשֶׁ֣ר צִוָּ֔נִי 10

וַתָּבֹ֩וא בָהֶ֨ם הָר֜וּחַ וַֽיִּחְי֗וּ וַיַּֽעַמְדוּ֙ עַל־רַגְלֵיהֶ֔ם חַ֖יִל גָּדֹ֣ול מְאֹד־

מְאֹֽד׃ וַיֹּאמֶר֮ אֵלַי֒ בֶּן־אָדָ֕ם הָעֲצָמֹ֣ות הָאֵ֔לֶּה כָּל־בֵּ֖ית 11

יִשְׂרָאֵ֣ל הֵ֑מָּה הִנֵּ֣ה אֹמְרִ֗ים יָבְשׁ֤וּ עַצְמֹותֵ֙ינוּ֙ וְאָבְדָ֣ה תִקְוָתֵ֔נוּ נִגְזַ֖רְנוּ

לָֽנוּ׃ לָכֵן֩ הִנָּבֵ֨א וְאָמַרְתָּ֜ אֲלֵיהֶ֗ם כֹּֽה־אָמַר֮ אֲדֹנָ֣י יְהוִה֒ הִנֵּה֩ אֲנִ֨י פֹתֵ֜חַ 12

אֶת־קִבְרֹֽותֵיכֶ֗ם וְהַעֲלֵיתִ֥י אֶתְכֶ֛ם מִקִּבְרֹותֵיכֶ֖ם עַמִּ֑י וְהֵבֵאתִ֥י אֶתְכֶ֖ם

אֶל־אַדְמַ֥ת יִשְׂרָאֵֽל׃ וִֽידַעְתֶּ֖ם כִּֽי־אֲנִ֣י יְהוָ֑ה בְּפִתְחִ֣י אֶת־ 13

קִבְרֹֽותֵיכֶ֗ם וּבְהַעֲלֹותִ֥י אֶתְכֶ֛ם מִקִּבְרֹותֵיכֶ֖ם עַמִּֽי׃ וְנָתַתִּ֨י רוּחִ֤י בָכֶם֙ 14

וִֽחְיִיתֶ֔ם וְהִנַּחְתִּ֥י אֶתְכֶ֖ם עַל־אַדְמַתְכֶ֑ם וִידַעְתֶּ֞ם כִּֽי־אֲנִ֧י יְהוָ֛ה דִּבַּ֥רְתִּי

וְעָשִׂ֖יתִי נְאֻם־יְהוָֽה׃

וַיְהִ֥י דְבַר־יְהוָ֖ה אֵלַ֥י לֵאמֹֽר׃ וְאַתָּ֣ה בֶן־אָדָ֗ם קַח־לְךָ֙ עֵ֣ץ אֶחָ֔ד וּכְתֹ֤ב 15
16

עָלָיו֙ לִֽיהוּדָ֔ה וְלִבְנֵ֥י יִשְׂרָאֵ֖ל חֲבֵרֹ֑ו וּלְקַח֙ עֵ֣ץ אֶחָ֔ד וּכְתֹ֣וב עָלָ֗יו

לְיֹוסֵף֙ עֵ֣ץ אֶפְרַ֔יִם וְכָל־בֵּ֥ית יִשְׂרָאֵ֖ל חֲבֵרֹ֑ו וְקָרַ֨ב אֹתָ֜ם אֶחָ֤ד אֶל־ 17

אֶחָד֙ לְךָ֣ לְעֵ֣ץ אֶחָ֔ד וְהָי֥וּ לַאֲחָדִ֖ים בְּיָדֶֽךָ׃ וְכַאֲשֶׁר֙ יֹאמְר֣וּ אֵלֶ֔יךָ 18

בְּנֵ֥י עַמְּךָ֖ לֵאמֹ֑ר הֲלֹֽוא־תַגִּ֥יד לָ֖נוּ מָה־אֵ֥לֶּה לָּֽךְ׃ דַּבֵּ֣ר אֲלֵהֶ֗ם כֹּֽה־ 19

אָמַר֮ אֲדֹנָ֣י יְהוִה֒ הִנֵּה֩ אֲנִ֨י לֹקֵ֜חַ אֶת־עֵ֣ץ יֹוסֵ֗ף אֲשֶׁ֤ר בְּיַד־אֶפְרַ֙יִם֙

וְשִׁבְטֵ֣י יִשְׂרָאֵ֔ל חֲבֵרֹ֑ו וְנָתַתִּי֩ אֹותָ֨ם עָלָ֜יו אֶת־עֵ֣ץ יְהוּדָ֗ה וַעֲשִׂיתִם֙

לְעֵ֣ץ אֶחָ֔ד וְהָי֥וּ אֶחָ֖ד בְּיָדִֽי׃ וְהָי֤וּ הָעֵצִים֙ אֲֽשֶׁר־תִּכְתֹּ֥ב עֲלֵיהֶ֖ם בְּיָדְךָ֑ 20

לְעֵינֵיהֶֽם׃ וְדַבֵּ֣ר אֲלֵיהֶ֗ם כֹּֽה־אָמַר֮ אֲדֹנָ֣י יְהוִה֒ הִנֵּ֨ה אֲנִ֤י לֹקֵ֙חַ֙ אֶת־בְּנֵ֣י 21

יִשְׂרָאֵ֔ל מִבֵּ֥ין הַגֹּויִ֖ם אֲשֶׁ֣ר הָֽלְכוּ־שָׁ֑ם וְקִבַּצְתִּ֤י אֹתָם֙ מִסָּבִ֔יב וְהֵבֵאתִ֥י

אֹותָ֖ם אֶל־אַדְמָתָֽם׃ וְעָשִׂ֣יתִי אֹ֠תָם לְגֹ֨וי אֶחָ֤ד בָּאָ֙רֶץ֙ בְּהָרֵ֣י יִשְׂרָאֵ֔ל 22

וּמֶ֧לֶךְ אֶחָ֛ד יִֽהְיֶ֥ה לְכֻלָּ֖ם לְמֶ֑לֶךְ וְלֹ֤א יִֽהְיֶה־עֹוד֙ לִשְׁנֵ֣י גֹויִ֔ם וְלֹ֨א יֵחָצ֥וּ

23 Neither shall they defile themselves any more with their idols, nor with their detestable things, nor with any of their transgressions: but I will save them out of all their dwellingplaces, wherein they have sinned, and will cleanse them: so shall they be my people, and I will be their God.

24 And David my servant *shall be* king over them; and they all shall have one shepherd: they shall also walk in my judgments, and observe my statutes, and do them.

25 And they shall dwell in the land that I have given unto Jacob my servant, wherein your fathers have dwelt; and they shall dwell therein, *even* they, and their children, and their children's children for ever: and my servant David *shall be* their prince for ever.

26 Moreover I will make a covenant of peace with them; it shall be an everlasting covenant with them: and I will place them, and multiply them, and will set my sanctuary in the midst of them for evermore.

27 My tabernacle also shall be with them: yea, I will be their God, and they shall be my people.

28 And the heathen shall know that I the Lord do sanctify Israel, when my sanctuary shall be in the midst of them for evermore.

CHAPTER 38

1 And the word of the Lord came unto me, saying,

2 Son of man, set thy face against Gog, the land of Magog, the chief prince of Meshech and Tubal, and prophesy against him,

3 And say, Thus saith the Lord God; Behold, I *am* against thee, O Gog, the chief prince of Meshech and Tubal:

4 And I will turn thee back, and put hooks into thy jaws, and I will bring thee forth, and all thine army, horses and horsemen, all of them clothed with all sorts *of armour, even* a great company *with* bucklers and shields, all of them handling swords:

5 Persia, Ethiopia, and Libya with them; all of them with shield and helmet:

6 Gomer, and all his bands; the house of Togarmah of the north quarters, and all his bands: *and* many people with thee.

7 Be thou prepared, and prepare for thyself, thou, and all thy company that are assembled unto thee, and be thou a guard unto them.

8 ¶ After many days thou shalt be visited: in the latter years thou shalt come into the land *that is* brought back from the sword, *and is* gathered out of many people, against the mountains of Israel, which have been always waste: but it is brought forth out of the nations, and they shall dwell safely all of them.

9 Thou shalt ascend and come like a storm, thou shalt be like a cloud to cover the land, thou, and all thy bands, and many people with thee.

10 Thus saith the Lord God; It shall also come to pass, *that* at the same time shall things come into thy mind, and thou shalt think an evil thought:

11 And thou shalt say, I will go up to the land of unwalled villages; I will go to them that are at rest, that dwell safely, all of them dwelling without walls, and having neither bars nor gates,

12 To take a spoil, and to take a prey; to turn thine hand upon the desolate places *that are now* inhabited, and upon the people *that are* gathered out of the nations, which have gotten cattle and goods, that dwell in the midst of the land.

13 Sheba, and Dedan, and the merchants of Tarshish, with all the young lions thereof, shall say unto thee, Art thou come to take a spoil? hast thou gathered thy company to take a prey? to carry away silver and gold, to take away cattle and goods, to take a great spoil?

14 ¶ Therefore, son of man, prophesy and say unto Gog, Thus saith the Lord God; In that day when my people of Israel dwelleth safely, shalt thou not know *it?*

15 And thou shalt come from thy place out of the north parts, thou, and many people with thee, all of them riding upon horses, a great company, and a mighty army:

עֹ֤וד לִשְׁתֵּי֙ מַמְלָכֹ֣ות עֹ֔וד וְלֹ֨א יִטַּמְּא֤וּ עֹוד֙ בְּגִלּֽוּלֵיהֶ֔ם וּבְשִׁקּֽוּצֵיהֶ֔ם 23
וּבְכֹ֖ל פִּשְׁעֵיהֶ֑ם וְהֹושַׁעְתִּ֣י אֹתָ֗ם מִכֹּ֤ל מֹושְׁבֹֽתֵיהֶם֙ אֲשֶׁ֣ר חָטְא֣וּ בָהֶ֔ם
וְטִהַרְתִּ֣י אֹותָ֔ם וְהָיוּ־לִ֣י לְעָ֔ם וַאֲנִ֕י אֶהְיֶ֥ה לָהֶ֖ם לֵאלֹהִֽים: וְעַבְדִּ֤י 24
דָוִד֙ מֶ֣לֶךְ עֲלֵיהֶ֔ם וְרֹועֶ֥ה אֶחָ֖ד יִהְיֶ֣ה לְכֻלָּ֑ם וּבְמִשְׁפָּטַ֣י יֵלֵ֔כוּ וְחֻקֹּתַ֥י
יִשְׁמְר֖וּ וְעָשׂ֥וּ אֹותָֽם: וְיָשְׁב֣וּ עַל־הָאָ֗רֶץ אֲשֶׁ֤ר נָתַ֨תִּי֙ לְעַבְדִּ֣י לְיַעֲקֹ֔ב 25
אֲשֶׁ֥ר יָֽשְׁבוּ־בָ֖הּ אֲבֹֽותֵיכֶ֑ם וְיָשְׁב֣וּ עָלֶ֡יהָ הֵ֠מָּה וּבְנֵיהֶ֞ם וּבְנֵ֤י בְנֵיהֶם֙
עַד־עֹולָ֔ם וְדָוִ֣ד עַבְדִּ֔י נָשִׂ֥יא לָהֶ֖ם לְעֹולָֽם: וְכָרַתִּ֤י לָהֶם֙ בְּרִ֣ית שָׁלֹ֔ום 26
בְּרִ֥ית עֹולָ֖ם יִהְיֶ֣ה אֹותָ֑ם וּנְתַתִּים֙ וְהִרְבֵּיתִ֣י אֹותָ֔ם וְנָתַתִּ֥י אֶת־מִקְדָּשִׁ֛י
בְּתֹוכָ֖ם לְעֹולָֽם: וְהָיָ֤ה מִשְׁכָּנִי֙ עֲלֵיהֶ֔ם וְהָיִ֥יתִי לָהֶ֖ם לֵֽאלֹהִ֑ים וְהֵ֖מָּה 27
יִֽהְיוּ־לִ֥י לְעָֽם: וְיָֽדְעוּ֙ הַגֹּויִ֔ם כִּ֚י אֲנִ֣י יְהוָ֔ה מְקַדֵּ֖שׁ אֶת־יִשְׂרָאֵ֑ל בִּהְיֹ֧ות 28

מִקְדָּשִׁ֛י בְּתֹוכָ֖ם לְעֹולָֽם: ‎ ‎ 38
וַיְהִ֥י דְבַר־יְהוָ֖ה אֵלַ֥י לֵאמֹֽר: בֶּן־ 1 2
אָדָ֗ם שִׂ֤ים פָּנֶ֨יךָ֙ אֶל־גֹּ֔וג אֶ֥רֶץ הַמָּגֹ֑וג נְשִׂ֕יא רֹ֖אשׁ מֶ֣שֶׁךְ וְתֻבָ֑ל וְהִנָּבֵ֖א
עָלָֽיו: וְאָ֣מַרְתָּ֔ כֹּ֥ה אָמַ֖ר אֲדֹנָ֣י יְהוִ֑ה הִנְנִ֤י אֵלֶ֨יךָ֙ גֹּ֔וג נְשִׂ֕יא רֹ֖אשׁ 3
מֶ֣שֶׁךְ וְתֻבָֽל: וְשֹׁ֣ובַבְתִּ֔יךָ וְנָתַתִּ֥י חַחִ֖ים בִּלְחָיֶ֑יךָ וְהֹוצֵאתִ֤י אֹותְךָ֙ וְאֶת־ 4
כָּל־חֵילֶ֔ךָ סוּסִ֣ים וּפָרָשִׁ֔ים לְבֻשֵׁ֥י מִכְלֹ֖ול כֻּלָּ֑ם קָהָ֥ל רָב֙ צִנָּ֣ה וּמָגֵ֔ן
תֹּפְשֵׂ֥י חֲרָבֹ֖ות כֻּלָּֽם: פָּרַ֛ס כּ֥וּשׁ וּפ֖וּט אִתָּ֑ם כֻּלָּ֖ם מָגֵ֥ן וְכֹובָֽע: גֹּ֚מֶר 5 6
וְכָל־אֲגַפֶּ֔יהָ בֵּ֚ית תֹּֽוגַרְמָ֔ה יַרְכְּתֵ֥י צָפֹ֖ון וְאֶת־כָּל־אֲגַפָּ֑יו עַמִּ֥ים רַבִּ֖ים
אִתָּֽךְ: הִכֹּן֙ וְהָכֵ֣ן לְךָ֔ אַתָּ֕ה וְכָל־קְהָלֶ֖ךָ הַנִּקְהָלִ֣ים עָלֶ֑יךָ וְהָיִ֥יתָ לָהֶ֖ם 7
לְמִשְׁמָֽר: מִיָּמִ֣ים רַבִּים֮ תִּפָּקֵד֒ בְּאַחֲרִ֣ית הַשָּׁנִ֗ים תָּבֹ֣וא ׀ אֶל־אֶ֨רֶץ ׀ 8
מְשֹׁובֶ֣בֶת מֵחֶ֔רֶב מְקֻבֶּ֣צֶת מֵעַמִּ֣ים רַבִּ֗ים עַ֚ל הָרֵ֣י יִשְׂרָאֵ֔ל אֲשֶׁר־הָי֥וּ
לְחָרְבָּ֖ה תָּמִ֑יד וְהִיא֙ מֵעַמִּ֣ים הוּצָ֔אָה וְיָשְׁב֥וּ לָבֶ֖טַח כֻּלָּֽם: וְעָלִ֨יתָ֙ 9
כַּשֹּׁאָ֣ה תָבֹ֔וא כֶּעָנָ֛ן לְכַסֹּ֥ות הָאָ֖רֶץ תִּֽהְיֶ֑ה אַתָּה֙ וְכָל־אֲגַפֶּ֔יךָ וְעַמִּ֥ים
רַבִּ֖ים אֹותָֽךְ: ‎ ‎ כֹּ֥ה אָמַ֖ר אֲדֹנָ֣י יְהוִ֑ה וְהָיָ֣ה ׀ בַּיֹּ֣ום הַה֗וּא 10
יַעֲל֤וּ דְבָרִים֙ עַל־לְבָבֶ֔ךָ וְחָשַׁבְתָּ֖ מַחֲשֶׁ֥בֶת רָעָֽה: וְאָמַרְתָּ֗ אֶֽעֱלֶה֙ עַל־ 11
אֶ֣רֶץ פְּרָזֹ֔ות אָבֹוא֙ הַשֹּׁ֣קְטִ֔ים יֹשְׁבֵ֖י לָבֶ֑טַח כֻּלָּ֗ם יֹֽשְׁבִים֙ בְּאֵ֣ין חֹומָ֔ה
וּבְרִ֥יחַ וּדְלָתַ֖יִם אֵ֥ין לָהֶֽם: לִשְׁלֹ֥ל שָׁלָ֖ל וְלָבֹ֣ז בַּ֑ז לְהָשִׁ֨יב יָדְךָ֜ עַל־ 12
חֳרָבֹ֣ות נֹושָׁבֹ֗ת וְאֶל־עַם֙ מְאֻסָּ֣ף מִגֹּויִ֔ם עֹשֶׂה֙ מִקְנֶ֣ה וְקִנְיָ֔ן יֹשְׁבֵ֖י עַל־
טַבּ֥וּר הָאָֽרֶץ: שְׁבָ֡א וּ֠דְדָן וְסֹחֲרֵ֨י תַרְשִׁ֜ישׁ וְכָל־כְּפִרֶ֗יהָ יֹאמְר֣וּ לְךָ֔ 13
הֲלִשְׁלֹ֤ל שָׁלָל֙ אַתָּ֣ה בָ֔א הֲלָבֹ֣ז בַּ֗ז הִקְהַ֤לְתָּ קְהָלֶ֨ךָ֙ לָשֵׂ֣את ׀ כֶּ֣סֶף וְזָהָ֔ב
לָקַ֨חַת֙ מִקְנֶ֣ה וְקִנְיָ֔ן לִשְׁלֹ֖ל שָׁלָ֥ל גָּדֹֽול: לָכֵן֙ הִנָּבֵ֣א בֶן־ 14
אָדָ֔ם וְאָמַרְתָּ֣ לְגֹ֔וג כֹּ֥ה אָמַ֖ר אֲדֹנָ֣י יְהוִ֑ה הֲלֹ֣וא ׀ בַּיֹּ֣ום הַה֗וּא בְּשֶׁ֨בֶת
עַמִּ֧י יִשְׂרָאֵ֛ל לָבֶ֖טַח תֵּדָֽע: וּבָ֤אתָ מִמְּקֹֽומְךָ֙ מִיַּרְכְּתֵ֣י צָפֹ֔ון אַתָּ֕ה 15
וְעַמִּ֥ים רַבִּ֖ים אִתָּ֑ךְ רֹכְבֵ֤י סוּסִים֙ כֻּלָּ֔ם קָהָ֥ל גָּדֹ֖ול וְחַ֥יִל רָֽב: וְעָלִ֨יתָ֙ 16

16 And thou shalt come up against my people of Israel, as a cloud to cover the land; it shall be in the latter days, and I will bring thee against my land, that the heathen may know me, when I shall be sanctified in thee, O Gog, before their eyes.

17 Thus saith the Lord GOD; *Art* thou he of whom I have spoken in old time by my servants the prophets of Israel, which prophesied in those days *many* years that I would bring thee against them?

18 And it shall come to pass at the same time when Gog shall come against the land of Israel, saith the Lord GOD, *that* my fury shall come up in my face.

19 For in my jealousy *and* in the fire of my wrath have I spoken, Surely in that day there shall be a great shaking in the land of Israel;

20 So that the fishes of the sea, and the fowls of the heaven, and the beasts of the field, and all creeping things that creep upon the earth, and all the men that *are* upon the face of the earth, shall shake at my presence, and the mountains shall be thrown down, and the steep places shall fall, and every wall shall fall to the ground.

21 And I will call for a sword against him throughout all my mountains, saith the Lord GOD: every man's sword shall be against his brother.

22 And I will plead against him with pestilence and with blood; and I will rain upon him, and upon his bands, and upon the many people that *are* with him, an overflowing rain, and great hailstones, fire, and brimstone.

23 Thus will I magnify myself, and sanctify myself; and I will be known in the eyes of many nations, and they shall know that I *am* the LORD.

CHAPTER 39

1 Therefore, thou son of man, prophesy against Gog, and say, Thus saith the Lord GOD; Behold, I *am* against thee, O Gog, the chief prince of Meshech and Tubal:

2 And I will turn thee back, and leave but the sixth part of thee, and will cause thee to come up from the north parts, and will bring thee upon the mountains of Israel:

3 And I will smite thy bow out of thy left hand, and will cause thine arrows to fall out of thy right hand.

4 Thou shalt fall upon the mountains of Israel, thou, and all thy bands, and the people that *is* with thee: I will give thee unto the ravenous birds of every sort, and *to* the beasts of the field to be devoured.

5 Thou shalt fall upon the open field: for I have spoken *it,* saith the Lord GOD.

6 And I will send a fire on Magog, and among them that dwell carelessly in the isles: and they shall know that I *am* the LORD.

7 So will I make my holy name known in the midst of my people Israel; and I will not *let them* pollute my holy name any more: and the heathen shall know that I *am* the LORD, the Holy One in Israel.

8 ¶ Behold, it is come, and it is done, saith the Lord GOD; this *is* the day whereof I have spoken.

9 And they that dwell in the cities of Israel shall go forth, and shall set on fire and burn the weapons, both the shields and the bucklers, the bows and the arrows, and the handstaves, and the spears, and they shall burn them with fire seven years:

10 So that they shall take no wood out of the field, neither cut down *any* out of the forests; for they shall burn the weapons with fire: and they shall spoil those that spoiled them, and rob those that robbed them, saith the Lord GOD.

11 ¶ And it shall come to pass in that day, *that* I will give unto Gog a place there of graves in Israel, the valley of the passengers on the east of the sea: and it shall stop the *noses* of the passengers: and there shall they bury Gog and all his multitude: and they shall call *it* The valley of Hamon-gog.

12 And seven months shall the house of Israel be burying of them, that they may cleanse the land.

13 Yea, all the people of the land shall bury *them;* and it shall be to them a renown the day that I shall be glorified, saith the Lord GOD.

14 And they shall sever out men of con-

עַל־עַמִּי יִשְׂרָאֵל כֶּעָנָן לְכַסּוֹת הָאָרֶץ בְּאַחֲרִית הַיָּמִים תִּהְיֶה וַהֲבִאוֹתִיךָ עַל־אַרְצִי לְמַעַן דַּעַת הַגּוֹיִם אֹתִי בְּהִקָּדְשִׁי בְךָ לְעֵינֵיהֶם

17 גּוֹג כֹּה־אָמַר אֲדֹנָי יְהֹוִה הַאַתָּה־הוּא אֲשֶׁר־דִּבַּרְתִּי בְּיָמִים קַדְמוֹנִים בְּיַד עֲבָדַי נְבִיאֵי יִשְׂרָאֵל הַנִּבְּאִים בַּיָּמִים הָהֵם

18 שָׁנִים לְהָבִיא אֹתְךָ עֲלֵיהֶם: וְהָיָה ׀ בַּיּוֹם הַהוּא בְּיוֹם בּוֹא גוֹג עַל־אַדְמַת יִשְׂרָאֵל נְאֻם אֲדֹנָי יְהֹוִה תַּעֲלֶה חֲמָתִי בְּאַפִּי

19 וּבְקִנְאָתִי בְאֵשׁ־עֶבְרָתִי דִּבַּרְתִּי אִם־לֹא ׀ בַּיּוֹם הַהוּא יִהְיֶה רַעַשׁ גָּדוֹל

20 עַל אַדְמַת יִשְׂרָאֵל: וְרָעֲשׁוּ מִפָּנַי דְּגֵי הַיָּם וְעוֹף הַשָּׁמַיִם וְחַיַּת הַשָּׂדֶה וְכָל־הָרֶמֶשׂ הָרֹמֵשׂ עַל־הָאֲדָמָה וְכֹל הָאָדָם אֲשֶׁר עַל־פְּנֵי הָאֲדָמָה וְנֶהֶרְסוּ הֶהָרִים וְנָפְלוּ הַמַּדְרֵגוֹת וְכָל־חוֹמָה לָאָרֶץ תִּפּוֹל:

21 וְקָרָאתִי עָלָיו לְכָל־הָרַי חֶרֶב נְאֻם אֲדֹנָי יְהֹוִה חֶרֶב אִישׁ בְּאָחִיו

22 תִּהְיֶה: וְנִשְׁפַּטְתִּי אִתּוֹ בְּדֶבֶר וּבְדָם וְגֶשֶׁם שׁוֹטֵף וְאַבְנֵי אֶלְגָּבִישׁ אֵשׁ וְגָפְרִית אַמְטִיר עָלָיו וְעַל־אֲגַפָּיו וְעַל־עַמִּים רַבִּים אֲשֶׁר אִתּוֹ:

23 וְהִתְגַּדִּלְתִּי וְהִתְקַדִּשְׁתִּי וְנוֹדַעְתִּי לְעֵינֵי גּוֹיִם רַבִּים וְיָדְעוּ כִּי־אֲנִי יְהֹוָה:

39 1 וְאַתָּה בֶן־אָדָם הִנָּבֵא עַל־גּוֹג וְאָמַרְתָּ כֹּה אָמַר אֲדֹנָי יְהֹוִה הִנְנִי אֵלֶיךָ גּוֹג נְשִׂיא רֹאשׁ מֶשֶׁךְ וְתֻבָל: 2 וְשֹׁבַבְתִּיךָ וְשִׁשֵּׁאתִיךָ וְהַעֲלִיתִיךָ מִיַּרְכְּתֵי צָפוֹן וַהֲבִאוֹתִיךָ עַל־הָרֵי יִשְׂרָאֵל:

3 וְהִכֵּיתִי קַשְׁתְּךָ מִיַּד שְׂמֹאולֶךָ וְחִצֶּיךָ מִיַּד יְמִינְךָ אַפִּיל: 4 עַל־הָרֵי יִשְׂרָאֵל תִּפּוֹל אַתָּה וְכָל־אֲגַפֶּיךָ וְעַמִּים אֲשֶׁר אִתָּךְ לְעֵיט צִפּוֹר כָּל־

5 כָּנָף וְחַיַּת הַשָּׂדֶה נְתַתִּיךָ לְאָכְלָה: עַל־פְּנֵי הַשָּׂדֶה תִּפּוֹל כִּי אֲנִי

6 דִבַּרְתִּי נְאֻם אֲדֹנָי יְהֹוִה: וְשִׁלַּחְתִּי־אֵשׁ בְּמָגוֹג וּבְיֹשְׁבֵי הָאִיִּים לָבֶטַח

7 וְיָדְעוּ כִּי־אֲנִי יְהֹוָה: וְאֶת־שֵׁם קָדְשִׁי אוֹדִיעַ בְּתוֹךְ עַמִּי יִשְׂרָאֵל וְלֹא־ אַחֵל אֶת־שֵׁם־קָדְשִׁי עוֹד וְיָדְעוּ הַגּוֹיִם כִּי־אֲנִי יְהֹוָה קָדוֹשׁ בְּיִשְׂרָאֵל:

8 הִנֵּה בָאָה וְנִהְיָתָה נְאֻם אֲדֹנָי יְהֹוִה הוּא הַיּוֹם אֲשֶׁר דִּבַּרְתִּי: 9 וְיָצְאוּ יֹשְׁבֵי ׀ עָרֵי יִשְׂרָאֵל וּבִעֲרוּ וְהִשִּׂיקוּ בְּנֶשֶׁק וּמָגֵן וְצִנָּה בְּקֶשֶׁת וּבְחִצִּים

10 וּבְמַקֵּל יָד וּבְרֹמַח וּבִעֲרוּ בָהֶם אֵשׁ שֶׁבַע שָׁנִים: וְלֹא־יִשְׂאוּ עֵצִים מִן־הַשָּׂדֶה וְלֹא יַחְטְבוּ מִן־הַיְּעָרִים כִּי בַנֶּשֶׁק יְבַעֲרוּ־אֵשׁ וְשָׁלְלוּ אֶת־

11 שֹׁלְלֵיהֶם וּבָזְזוּ אֶת־בֹּזְזֵיהֶם נְאֻם אֲדֹנָי יְהֹוִה: וְהָיָה בַיּוֹם הַהוּא אֶתֵּן לְגוֹג ׀ מְקוֹם־שָׁם קֶבֶר בְּיִשְׂרָאֵל גֵּי הָעֹבְרִים קִדְמַת הַיָּם וְחֹסֶמֶת הִיא אֶת־הָעֹבְרִים וְקָבְרוּ שָׁם אֶת־גּוֹג וְאֶת־כָּל־הֲמוֹנֹה הֲמוֹנוֹ

12 וְקָרְאוּ גֵּיא הֲמוֹן גּוֹג: וּקְבָרוּם בֵּית יִשְׂרָאֵל לְמַעַן טַהֵר אֶת־הָאָרֶץ

13 שִׁבְעָה חֳדָשִׁים: וְקָבְרוּ כָּל־עַם הָאָרֶץ וְהָיָה לָהֶם לְשֵׁם יוֹם הִכָּבְדִי

14 נְאֻם אֲדֹנָי יְהֹוִה: וְאַנְשֵׁי תָמִיד יַבְדִּילוּ עֹבְרִים בָּאָרֶץ מְקַבְּרִים אֶת־

tinual employment, passing through the land to bury with the passengers those that remain upon the face of the earth, to cleanse it: after the end of seven months shall they search.

15 And the passengers *that* pass through the land, when *any* seeth a man's bone, then shall he set up a sign by it, till the buriers have buried it in the valley of Hamon-gog.

16 And also the name of the city *shall be* Hamonah. Thus shall they cleanse the land.

17 ¶ And, thou son of man, thus saith the Lord God; Speak unto every feathered fowl, and to every beast of the field, Assemble yourselves, and come; gather yourselves on every side to my sacrifice that I do sacrifice for you, *even* a great sacrifice upon the mountains of Israel, that ye may eat flesh, and drink blood.

18 Ye shall eat the flesh of the mighty, and drink the blood of the princes of the earth, of rams, of lambs, and of goats, of bullocks, all of them fatlings of Bashan.

19 And ye shall eat fat till ye be full, and drink blood till ye be drunken, of my sacrifice which I have sacrificed for you.

20 Thus ye shall be filled at my table with horses and chariots, with mighty men, and with all men of war, saith the Lord God.

21 And I will set my glory among the heathen, and all the heathen shall see my judgment that I have executed, and my hand that I have laid upon them.

22 So the house of Israel shall know that I *am* the Lord their God from that day and forward.

23 ¶ And the heathen shall know that the house of Israel went into captivity for their iniquity: because they trespassed against me, therefore hid I my face from them, and gave them into the hand of their enemies: so fell they all by the sword.

24 According to their uncleanness and according to their transgressions have I done unto them, and hid my face from them.

25 Therefore thus saith the Lord God; Now will I bring again the captivity of Jacob, and have mercy upon the whole house of Israel, and will be jealous for my holy name;

26 After that they have borne their shame, and all their trespasses whereby they have trespassed against me, when they dwelt safely in their land, and none made *them* afraid.

27 When I have brought them again from the people, and gathered them out of their enemies' lands, and am sanctified in them in the sight of many nations;

28 Then shall they know that I *am* the Lord their God, which caused them to be led into captivity among the heathen: but I have gathered them unto their own land, and have left none of them any more there.

29 Neither will I hide my face any more from them: for I have poured out my spirit upon the house of Israel, saith the Lord God.

CHAPTER 40

1 In the five and twentieth year of our captivity, in the beginning of the year, in the tenth *day* of the month, in the fourteenth year after that the city was smitten, in the selfsame day the hand of the Lord was upon me, and brought me thither.

2 In the visions of God brought he me into the land of Israel, and set me upon a very high mountain, by which *was* as the frame of a city on the south.

3 And he brought me thither, and, behold, *there was* a man, whose appearance *was* like the appearance of brass, with a line of flax in his hand, and a measuring reed; and he stood in the gate.

4 And the man said unto me, Son of man, behold with thine eyes, and hear with thine ears, and set thine heart upon all that I shall shew thee; for to the intent that I might shew *them* unto thee *art* thou brought hither: declare all that thou seest to the house of Israel.

5 And behold a wall on the outside of the house round about, and in the man's hand a measuring reed of six cubits *long* by the cubit and an hand breadth: so he measured the breadth of the building, one reed; and the height, one reed.

הָעֹבְרִים אֶת־הַנּוֹתָרִים עַל־פְּנֵי הָאָרֶץ לְטַהֲרָהּ מִקְצֵה שִׁבְעָה־

15 חֳדָשִׁים יַחְקֹרוּ: וְעָבְרוּ הָעֹבְרִים בָּאָרֶץ וְרָאָה עֶצֶם אָדָם וּבָנָה אֶצְלוֹ

16 צִיּוּן עַד קָבְרוּ אֹתוֹ הַמְקַבְּרִים אֶל־גֵּיא הֲמוֹן גּוֹג: וְגַם שֶׁם־עִיר

17 הֲמוֹנָה וְטִהֲרוּ הָאָרֶץ: וְאַתָּה בֶן־אָדָם כֹּה־אָמַר ׀ אֲדֹנָי

יְהֹוִה אֱמֹר לְצִפּוֹר כָּל־כָּנָף וּלְכֹל ׀ חַיַּת הַשָּׂדֶה הִקָּבְצוּ וָבֹאוּ הֵאָסְפוּ

מִסָּבִיב עַל־זִבְחִי אֲשֶׁר אֲנִי זֹבֵחַ לָכֶם זֶבַח גָּדוֹל עַל הָרֵי יִשְׂרָאֵל

18 וַאֲכַלְתֶּם בָּשָׂר וּשְׁתִיתֶם דָּם: בְּשַׂר גִּבּוֹרִים תֹּאכֵלוּ וְדַם־נְשִׂיאֵי

הָאָרֶץ תִּשְׁתּוּ אֵילִים כָּרִים וְעַתּוּדִים פָּרִים מְרִיאֵי בָשָׁן כֻּלָּם:

19 וַאֲכַלְתֶּם־חֵלֶב לְשָׂבְעָה וּשְׁתִיתֶם דָּם לְשִׁכָּרוֹן מִזִּבְחִי אֲשֶׁר־זָבַחְתִּי

20 לָכֶם: וּשְׂבַעְתֶּם עַל־שֻׁלְחָנִי סוּס וָרֶכֶב גִּבּוֹר וְכָל־אִישׁ מִלְחָמָה נְאֻם

21 אֲדֹנָי יְהֹוִה: וְנָתַתִּי אֶת־כְּבוֹדִי בַּגּוֹיִם וְרָאוּ כָל־הַגּוֹיִם אֶת־מִשְׁפָּטִי

22 אֲשֶׁר עָשִׂיתִי וְאֶת־יָדִי אֲשֶׁר־שַׂמְתִּי בָהֶם: וְיָדְעוּ בֵּית יִשְׂרָאֵל כִּי

23 אֲנִי יְהֹוָה אֱלֹהֵיהֶם מִן־הַיּוֹם הַהוּא וָהָלְאָה: וְיָדְעוּ הַגּוֹיִם כִּי בַעֲוֹנָם

גָּלוּ בֵית־יִשְׂרָאֵל עַל אֲשֶׁר מָעֲלוּ־בִי וָאַסְתִּר פָּנַי מֵהֶם וָאֶתְּנֵם בְּיַד

24 צָרֵיהֶם וַיִּפְּלוּ בַחֶרֶב כֻּלָּם: כְּטֻמְאָתָם וּכְפִשְׁעֵיהֶם עָשִׂיתִי אֹתָם

25 וָאַסְתִּר פָּנַי מֵהֶם: לָכֵן כֹּה אָמַר אֲדֹנָי יְהֹוִה עַתָּה אָשִׁיב

שָׁבוּת אֶת־שְׁבִית [שבות] יַעֲקֹב וְרִחַמְתִּי כָּל־בֵּית יִשְׂרָאֵל וְקִנֵּאתִי לְשֵׁם קָדְשִׁי:

26 וְנָשׂוּ אֶת־כְּלִמָּתָם וְאֶת־כָּל־מַעֲלָם אֲשֶׁר מָעֲלוּ־בִי בְּשִׁבְתָּם עַל־

27 אַדְמָתָם לָבֶטַח וְאֵין מַחֲרִיד: בְּשׁוֹבְבִי אוֹתָם מִן־הָעַמִּים וְקִבַּצְתִּי

28 אֹתָם מֵאַרְצוֹת אֹיְבֵיהֶם וְנִקְדַּשְׁתִּי בָם לְעֵינֵי הַגּוֹיִם רַבִּים: וְיָדְעוּ

כִּי אֲנִי יְהֹוָה אֱלֹהֵיהֶם בְּהַגְלוֹתִי אֹתָם אֶל־הַגּוֹיִם וְכִנַּסְתִּים עַל־

29 אַדְמָתָם וְלֹא־אוֹתִיר עוֹד מֵהֶם שָׁם: וְלֹא־אַסְתִּיר עוֹד פָּנַי מֵהֶם

אֲשֶׁר שָׁפַכְתִּי אֶת־רוּחִי עַל־בֵּית יִשְׂרָאֵל נְאֻם אֲדֹנָי יְהֹוִה:

40 1 בְּעֶשְׂרִים וְחָמֵשׁ שָׁנָה לְגָלוּתֵנוּ בְּרֹאשׁ הַשָּׁנָה בֶּעָשׂוֹר לַחֹדֶשׁ בְּאַרְבַּע

עֶשְׂרֵה שָׁנָה אַחַר אֲשֶׁר הֻכְּתָה הָעִיר בְּעֶצֶם ׀ הַיּוֹם הַזֶּה הָיְתָה עָלַי

2 יַד־יְהֹוָה וַיָּבֵא אֹתִי שָׁמָּה: בְּמַרְאוֹת אֱלֹהִים הֱבִיאַנִי אֶל־אֶרֶץ

3 יִשְׂרָאֵל וַיְנִיחֵנִי אֶל־הַר גָּבֹהַּ מְאֹד וְעָלָיו כְּמִבְנֵה־עִיר מִנֶּגֶב: וַיָּבִיא

אוֹתִי שָׁמָּה וְהִנֵּה־אִישׁ מַרְאֵהוּ כְּמַרְאֵה נְחֹשֶׁת וּפְתִיל־פִּשְׁתִּים בְּיָדוֹ

4 וּקְנֵה הַמִּדָּה וְהוּא עֹמֵד בַּשָּׁעַר: וַיְדַבֵּר אֵלַי הָאִישׁ בֶּן־אָדָם רְאֵה

בְעֵינֶיךָ וּבְאָזְנֶיךָ שְׁמָע וְשִׂים לִבְּךָ לְכֹל אֲשֶׁר־אֲנִי מַרְאֶה אוֹתָךְ כִּי

לְמַעַן הַרְאוֹתְכָה הֻבָאתָה הֵנָּה הַגֵּד אֶת־כָּל־אֲשֶׁר־אַתָּה רֹאֶה לְבֵית

5 יִשְׂרָאֵל: וְהִנֵּה חוֹמָה מִחוּץ לַבַּיִת סָבִיב ׀ סָבִיב וּבְיַד הָאִישׁ קְנֵה

הַמִּדָּה שֵׁשׁ־אַמּוֹת בָּאַמָּה וָטֹפַח וַיָּמָד אֶת־רֹחַב הַבִּנְיָן קָנֶה אֶחָד

6 ¶ Then came he unto the gate which looketh toward the east, and went up the stairs thereof, and measured the threshold of the gate, *which was* one reed broad; and the other threshold *of the gate, which was* one reed broad.

7 And *every* little chamber *was* one reed long, and one reed broad; and between the little chambers *were* five cubits; and the threshold of the gate by the porch of the gate within *was* one reed.

8 He measured also the porch of the gate within, one reed.

9 Then measured he the porch of the gate, eight cubits; and the posts thereof, two cubits; and the porch of the gate *was* inward.

10 And the little chambers of the gate eastward *were* three on this side, and three on that side; they three *were* of one measure: and the posts had one measure on this side and on that side.

11 And he measured the breadth of the entry of the gate, ten cubits; *and* the length of the gate, thirteen cubits.

12 The space also before the little chambers *was* one cubit *on this side*, and the space *was* one cubit on that side: and the little chambers *were* six cubits on this side, and six cubits on that side.

13 He measured then the gate from the roof of *one* little chamber to the roof of another: the breadth *was* five and twenty cubits, door against door.

14 He made also posts of threescore cubits, even unto the post of the court round about the gate.

15 And from the face of the gate of the entrance unto the face of the porch of the inner gate *were* fifty cubits.

16 And *there were* narrow windows to the little chambers, and to their posts within the gate round about, and likewise to the arches: and windows *were* round about inward: and upon *each* post *were* palm trees.

17 Then brought he me into the outward court, and, lo, *there were* chambers, and a pavement made for the court round about: thirty chambers *were* upon the pavement.

18 And the pavement by the side of the gates over against the length of the gates *was* the lower pavement.

19 Then he measured the breadth from the forefront of the lower gate unto the forefront of the inner court without, an hundred cubits eastward and northward.

20 ¶ And the gate of the outward court that looked toward the north, he measured the length thereof, and the breadth thereof.

21 And the little chambers thereof *were* three on this side and three on that side; and the posts thereof and the arches thereof were after the measure of the first gate: the length thereof *was* fifty cubits, and the breadth five and twenty cubits.

22 And their windows, and their arches, and their palm trees, *were* after the measure of the gate that looketh toward the east; and they went up unto it by seven steps; and the arches thereof *were* before them.

23 And the gate of the inner court *was* over against the gate toward the north, and toward the east; and he measured from gate to gate an hundred cubits.

24 ¶ After that he brought me toward the south, and behold a gate toward the south: and he measured the posts thereof and the arches thereof according to these measures.

25 And *there were* windows in it and in the arches thereof round about, like those windows: the length *was* fifty cubits, and the breadth five and twenty cubits.

26 And *there were* seven steps to go up to it, and the arches thereof *were* before them: and it had palm trees, one on this side, and another on that side, upon the posts thereof.

27 And *there was* a gate in the inner court toward the south: and he measured from gate to gate toward the south an hundred cubits.

28 And he brought me to the inner court by the south gate: and he measured the south gate according to these measures;

29 And the little chambers thereof, and the posts thereof, and the arches thereof, according to these measures: and *there were* windows in it and in the arches

וְקוֹמָה קָנֶה אֶחָד: וַיָּבוֹא אֶל־שַׁעַר אֲשֶׁר פָּנָיו דֶּרֶךְ הַקָּדִימָה וַיַּעַל 6

בְּמַעֲלוֹתָו וַיָּמָד ׀ אֶת־סַף הַשַּׁעַר קָנֶה אֶחָד רֹחַב וְאֵת סַף אֶחָד קָנֶה

אֶחָד רֹחַב: וְהַתָּא קָנֶה אֶחָד אֹרֶךְ וְקָנֶה אֶחָד רֹחַב וּבֵין הַתָּאִים 7

חָמֵשׁ אַמּוֹת וְסַף הַשַּׁעַר מֵאֵצֶל אוּלָם הַשַּׁעַר מֵהַבַּיִת קָנֶה אֶחָד:

וַיָּמָד אֶת־אֻלָם הַשַּׁעַר מֵהַבַּיִת קָנֶה אֶחָד: וַיָּמָד אֶת־אֻלָם הַשַּׁעַר 8 9

שְׁמֹנֶה אַמּוֹת וְאֵילָו שְׁתַּיִם אַמּוֹת וְאֻלָם הַשַּׁעַר מֵהַבָּיִת: וְתָאֵי 10

הַשַּׁעַר דֶּרֶךְ הַקָּדִים שְׁלֹשָׁה מִפֹּה וּשְׁלֹשָׁה מִפֹּה מִדָּה אַחַת

לִשְׁלָשְׁתָּם וּמִדָּה אַחַת לָאֵילִם מִפֹּה וּמִפֹּה: וַיָּמָד אֶת־רֹחַב פֶּתַח־ 11

הַשַּׁעַר עֶשֶׂר אַמּוֹת אֹרֶךְ הַשַּׁעַר שְׁלוֹשׁ עֶשְׂרֵה אַמּוֹת: וּגְבוּל לִפְנֵי 12

הַתָּאוֹת אַמָּה אֶחָת וְאַמָּה־אַחַת גְּבוּל מִפֹּה וְהַתָּא שֵׁשׁ־אַמּוֹת מִפֹּה

וְשֵׁשׁ אַמּוֹת מִפּוֹ: וַיָּמָד אֶת־הַשַּׁעַר מִגַּג הַתָּא לְגַגּוֹ רֹחַב עֶשְׂרִים 13

וְחָמֵשׁ אַמּוֹת פֶּתַח נֶגֶד פָּתַח: וַיַּעַשׂ אֶת־אֵילִים שִׁשִּׁים אַמָּה וְאֶל־ 14

אֵיל הֶחָצֵר הַשַּׁעַר סָבִיב ׀ סָבִיב: וְעַל פְּנֵי הַשַּׁעַר הַיֵּאתוֹן עַל־לִפְנֵי 15

אֻלָם הַשַּׁעַר הַפְּנִימִי חֲמִשִּׁים אַמָּה: וְחַלֹּנוֹת אֲטֻמוֹת אֶל־הַתָּאִים 16

וְאֶל אֵלֵיהֵמָה לִפְנִימָה לַשַּׁעַר סָבִיב ׀ סָבִיב וְכֵן לָאֵלַמּוֹת וְחַלּוֹנוֹת

סָבִיב ׀ סָבִיב לִפְנִימָה וְאֶל־אַיִל תִּמֹרִים: וַיְבִיאֵנִי אֶל־הֶחָצֵר הַחִיצוֹנָה 17

וְהִנֵּה לְשָׁכוֹת וְרִצְפָה עָשׂוּי לֶחָצֵר סָבִיב ׀ סָבִיב שְׁלֹשִׁים לְשָׁכוֹת

אֶל־הָרִצְפָה: וְהָרִצְפָה אֶל־כֶּתֶף הַשְּׁעָרִים לְעֻמַּת אֹרֶךְ הַשְּׁעָרִים 18

הָרִצְפָה הַתַּחְתּוֹנָה: וַיָּמָד רֹחַב מִלִּפְנֵי הַשַּׁעַר הַתַּחְתּוֹנָה לִפְנֵי 19

הֶחָצֵר הַפְּנִימִי מִחוּץ מֵאָה אַמָּה הַקָּדִים וְהַצָּפוֹן: וְהַשַּׁעַר אֲשֶׁר 20

פָּנָיו דֶּרֶךְ הַצָּפוֹן לֶחָצֵר הַחִיצוֹנָה מָדַד אָרְכּוֹ וְרָחְבּוֹ: וְתָאָו שְׁלוֹשָׁה 21

מִפֹּה וּשְׁלֹשָׁה מִפֹּה וְאֵילָו וְאֵלַמּוֹ הָיָה כְּמִדַּת הַשַּׁעַר הָרִאשׁוֹן חֲמִשִּׁים

אַמָּה אָרְכּוֹ וְרֹחַב חָמֵשׁ וְעֶשְׂרִים בָּאַמָּה: וְחַלּוֹנָו וְאֵלַמּוֹ וְתִמֹרָו 22

כְּמִדַּת הַשַּׁעַר אֲשֶׁר פָּנָיו דֶּרֶךְ הַקָּדִים וּבְמַעֲלוֹת שֶׁבַע יַעֲלוּ־בוֹ

וְאֵילַמּוֹ לִפְנֵיהֶם: וְשַׁעַר לֶחָצֵר הַפְּנִימִי נֶגֶד הַשַּׁעַר לַצָּפוֹן וְלַקָּדִים 23

וַיָּמָד מִשַּׁעַר אֶל־שַׁעַר מֵאָה אַמָּה: וַיּוֹלִכֵנִי דֶּרֶךְ הַדָּרוֹם וְהִנֵּה־שַׁעַר 24

דֶּרֶךְ הַדָּרוֹם וּמָדַד אֵילָו וְאֵלַמּוֹ כַּמִּדּוֹת הָאֵלֶּה: וְחַלּוֹנִים לוֹ 25

וְלְאֵילַמּוֹ סָבִיב ׀ סָבִיב כְּהַחַלֹּנוֹת הָאֵלֶּה חֲמִשִּׁים אַמָּה אֹרֶךְ וְרֹחַב

חָמֵשׁ וְעֶשְׂרִים אַמָּה: וּמַעֲלוֹת שִׁבְעָה עֹלוֹתָו וְאֵלַמָּו לִפְנֵיהֶם 26

וְתִמֹרִים לוֹ אֶחָד מִפּוֹ וְאֶחָד מִפּוֹ אֶל־אֵילָו: וְשַׁעַר לֶחָצֵר הַפְּנִימִי 27

דֶּרֶךְ הַדָּרוֹם וַיָּמָד מִשַּׁעַר אֶל־הַשַּׁעַר דֶּרֶךְ הַדָּרוֹם מֵאָה אַמּוֹת:

וַיְבִיאֵנִי אֶל־חָצֵר הַפְּנִימִי בְּשַׁעַר הַדָּרוֹם וַיָּמָד אֶת־הַשַּׁעַר הַדָּרוֹם 28

כַּמִּדּוֹת הָאֵלֶּה: וְתָאָו וְאֵילָו וְאֵלַמּוֹ כַּמִּדּוֹת הָאֵלֶּה וְחַלּוֹנוֹת לוֹ 29

thereof round about: *it was* fifty cubits long, and five and twenty cubits broad.

30 And the arches round about *were* five and twenty cubits long, and five cubits broad.

31 And the arches thereof *were* toward the utter court; and palm trees *were* upon the posts thereof: and the going up to it *had* eight steps.

32 ¶ And he brought me into the inner court toward the east: and he measured the gate according to these measures.

33 And the little chambers thereof, and the posts thereof, and the arches thereof, *were* according to these measures: and *there were* windows therein and in the arches thereof round about: *it was* fifty cubits long, and five and twenty cubits broad.

34 And the arches thereof *were* toward the outward court; and palm trees *were* upon the posts thereof, on this side, and on that side: and the going up to it *had* eight steps.

35 ¶ And he brought me to the north gate, and measured *it* according to these measures;

36 The little chambers thereof, the posts thereof, and the arches thereof, and the windows to it round about: the length *was* fifty cubits, and the breadth five and twenty cubits.

37 And the posts thereof *were* toward the utter court; and palm trees *were* upon the posts thereof, on this side, and on that side: and the going up to it *had* eight steps.

38 And the chambers and the entries thereof *were* by the posts of the gates, where they washed the burnt offering.

39 ¶ And in the porch of the gate *were* two tables on this side, and two tables on that side, to slay thereon the burnt offering and the sin offering and the trespass offering.

40 And at the side without, as one goeth up to the entry of the north gate, *were* two tables; and on the other side, which *was* at the porch of the gate, *were* two tables.

41 Four tables *were* on this side, and four tables on that side, by the side of the gate; eight tables, whereupon they slew *their sacrifices.*

42 And the four tables *were* of hewn stone for the burnt offering, of a cubit and an half long, and a cubit and an half broad, and one cubit high: whereupon also they laid the instruments wherewith they slew the burnt offering and the sacrifice.

43 And within *were* hooks, an hand broad, fastened round about: and upon the tables *was* the flesh of the offering.

44 ¶ And without the inner gate *were* the chambers of the singers in the inner court, which *was* at the side of the north gate; and their prospect *was* toward the south: one at the side of the east gate *having* the prospect toward the north.

45 And he said unto me, This chamber, whose prospect *is* toward the south, *is* for the priests, the keepers of the charge of the house.

46 And the chamber whose prospect *is* toward the north *is* for the priests, the keepers of the charge of the altar: these *are* the sons of Zadok among the sons of Levi, which come near to the LORD to minister unto him.

47 So he measured the court, an hundred cubits long, and an hundred cubits broad, foursquare; and the altar *that was* before the house.

48 ¶ And he brought me to the porch of the house, and measured *each* post of the porch, five cubits on this side, and five cubits on that side: and the breadth of the gate *was* three cubits on this side, and three cubits on that side.

49 The length of the porch *was* twenty cubits, and the breadth eleven cubits; and *he brought me* by the steps whereby they went up to it: and *there were* pillars by the posts, one on this side, and another on that side.

CHAPTER 41

1 Afterward he brought me to the temple, and measured the posts, six cubits broad on the one side, and six cubits broad on the other side, *which was* the breadth of the tabernacle.

2 And the breadth of the door *was* ten cubits; and the sides of the door *were* five

וּלְאֵלַמָּיו	וְלֵאלַמּוֹ סָבִיב ׀ סָבִיב חֲמִשִּׁים אַמָּה אֹרֶךְ וְרֹחַב עֶשְׂרִים וְחָמֵשׁ
	אַמּוֹת: וְאֵלַמּוֹת סָבִיב ׀ סָבִיב אֹרֶךְ חָמֵשׁ וְעֶשְׂרִים אַמָּה וְרֹחַב חָמֵשׁ **30**
אֵילָו	אַמּוֹת: וְאֵלַמּוֹ אֶל־חָצֵר הַחִיצוֹנָה וְתִמֹרִים אֶל־אֵילָו וּמַעֲלוֹת שְׁמוֹנֶה **31**
מַעֲלָיו	מַעֲלוֹ: וַיְבִיאֵנִי אֶל־הֶחָצֵר הַפְּנִימִי דֶּרֶךְ הַקָּדִים וַיָּמָד אֶת־הַשַּׁעַר **32**
וְתָאָו וְאֵלָו	כַּמִּדּוֹת הָאֵלֶּה: וְתָאוֹ וְאֵלָו וְאֵלַמּוֹ כַּמִּדּוֹת הָאֵלֶּה וְחַלּוֹנוֹת לוֹ **33**
וְאֵלַמָּיו	וְלֵאלַמּוֹ סָבִיב ׀ סָבִיב אֹרֶךְ חֲמִשִּׁים אַמָּה וְרֹחַב חָמֵשׁ וְעֶשְׂרִים אַמָּה:
וּלְאֵלַמָּיו	
וְאֵלַמָּיו אֵלָי	וְאֵלַמּוֹ לֶחָצֵר הַחִיצוֹנָה וְתִמֹרִים אֶל־אֵלָו מִפּוֹ וּמִפּוֹ וּשְׁמֹנֶה מַעֲלוֹת **34**
מַעֲלָיו תָאָו	מַעֲלוֹ: וַיְבִיאֵנִי אֶל־שַׁעַר הַצָּפוֹן וּמָדַד כַּמִּדּוֹת הָאֵלֶּה: תָאוֹ אֵלָו **35** **36**
אֵלָו	וְאֵלַמּוֹ וְחַלּוֹנוֹת לוֹ סָבִיב ׀ סָבִיב אֹרֶךְ חֲמִשִּׁים אַמָּה וְרֹחַב חָמֵשׁ
וְאֵלַמָּיו	
וְאֵלָיו אֵילָיו	וְעֶשְׂרִים אַמָּה: וְאֵילָו לֶחָצֵר הַחִיצוֹנָה וְתִמֹרִים אֶל־אֵלָו מִפּוֹ וּמִפּוֹ **37**
מַעֲלָיו	וּשְׁמֹנֶה מַעֲלוֹת מַעֲלוֹ: וְלִשְׁכָּה וּפִתְחָהּ בְּאֵילִים הַשְּׁעָרִים שָׁם יָדִיחוּ **38**

אֶת־הָעֹלָה: וּבְאֻלָם הַשַּׁעַר שְׁנַיִם שֻׁלְחָנוֹת מִפּוֹ וּשְׁנַיִם שֻׁלְחָנוֹת **39**

מִפֹּה לִשְׁחוֹט אֲלֵיהֶם הָעוֹלָה וְהַחַטָּאת וְהָאָשָׁם: וְאֶל־הַכָּתֵף **40**

מִחוּצָה לָעוֹלֶה לְפֶתַח הַשַּׁעַר הַצָּפוֹנָה שְׁנַיִם שֻׁלְחָנוֹת וְאֶל־הַכָּתֵף

הָאַחֶרֶת אֲשֶׁר לְאֻלָם הַשַּׁעַר שְׁנַיִם שֻׁלְחָנוֹת: אַרְבָּעָה שֻׁלְחָנוֹת מִפֹּה **41**

וְאַרְבָּעָה שֻׁלְחָנוֹת מִפֹּה לְכֶתֶף הַשָּׁעַר שְׁמוֹנָה שֻׁלְחָנוֹת אֲלֵיהֶם

יִשְׁחָטוּ: וְאַרְבָּעָה שֻׁלְחָנוֹת לָעוֹלָה אַבְנֵי גָזִית אֹרֶךְ אַמָּה אַחַת וָחֵצִי **42**

וְרֹחַב אַמָּה אַחַת וָחֵצִי וְגֹבַהּ אַמָּה אֶחָת אֲלֵיהֶם וְיַנִּיחוּ אֶת־הַכֵּלִים

אֲשֶׁר יִשְׁחֲטוּ אֶת־הָעוֹלָה בָּם וְהַזָּבַח: וְהַשְׁפַתַּיִם טֹפַח אֶחָד מוּכָנִים **43**

בַּבַּיִת סָבִיב ׀ סָבִיב וְאֶל־הַשֻּׁלְחָנוֹת בְּשַׂר הַקָּרְבָּן: וּמִחוּצָה לַשַּׁעַר **44**

הַפְּנִימִי לִשְׁכוֹת שָׁרִים בֶּחָצֵר הַפְּנִימִי אֲשֶׁר אֶל־כֶּתֶף שַׁעַר הַצָּפוֹן

וּפְנֵיהֶם דֶּרֶךְ הַדָּרוֹם אֶחָד אֶל־כֶּתֶף שַׁעַר הַקָּדִים פְּנֵי דֶּרֶךְ הַצָּפֹן:

וַיְדַבֵּר אֵלָי זֶה הַלִּשְׁכָּה אֲשֶׁר פָּנֶיהָ דֶּרֶךְ הַדָּרוֹם לַכֹּהֲנִים שֹׁמְרֵי **45**

מִשְׁמֶרֶת הַבָּיִת: וְהַלִּשְׁכָּה אֲשֶׁר פָּנֶיהָ דֶּרֶךְ הַצָּפוֹן לַכֹּהֲנִים שֹׁמְרֵי **46**

מִשְׁמֶרֶת הַמִּזְבֵּחַ הֵמָּה בְנֵי־צָדוֹק הַקְּרֵבִים מִבְּנֵי־לֵוִי אֶל־יְהוָה

לְשָׁרְתוֹ: וַיָּמָד אֶת־הֶחָצֵר אֹרֶךְ ׀ מֵאָה אַמָּה וְרֹחַב מֵאָה אַמָּה **47**

מְרֻבָּעַת וְהַמִּזְבֵּחַ לִפְנֵי הַבָּיִת: וַיְבִיאֵנִי אֶל־אֻלָם הַבַּיִת וַיָּמָד אֵל אֻלָם **48**

חָמֵשׁ אַמּוֹת מִפֹּה וְחָמֵשׁ אַמּוֹת מִפֹּה וְרֹחַב הַשַּׁעַר שָׁלֹשׁ אַמּוֹת

מִפּוֹ וְשָׁלֹשׁ אַמּוֹת מִפּוֹ: אֹרֶךְ הָאֻלָם עֶשְׂרִים אַמָּה וְרֹחַב עַשְׁתֵּי **49**

עֶשְׂרֵה אַמָּה וּבַמַּעֲלוֹת אֲשֶׁר יַעֲלוּ אֵלָיו וְעַמֻּדִים אֶל־הָאֵילִים אֶחָד

מִפֹּה וְאֶחָד מִפֹּה: וַיְבִיאֵנִי אֶל־הַהֵיכָל וַיָּמָד אֶת־הָאֵילִים שֵׁשׁ־אַמּוֹת **41** **1**

רֹחַב מִפּוֹ וְשֵׁשׁ־אַמּוֹת־רֹחַב מִפּוֹ רֹחַב הָאֹהֶל: וְרֹחַב הַפֶּתַח עֶשֶׂר **2**

אַמּוֹת וְכִתְפוֹת הַפֶּתַח חָמֵשׁ אַמּוֹת מִפּוֹ וְחָמֵשׁ אַמּוֹת מִפּוֹ וַיָּמָד

cubits on the one side, and five cubits on the other side: and he measured the length thereof, forty cubits: and the breadth, twenty cubits.

3 Then went he inward, and measured the post of the door, two cubits; and the door, six cubits; and the breadth of the door, seven cubits.

4 So he measured the length thereof, twenty cubits; and the breadth, twenty cubits, before the temple: and he said unto me, This *is* the most holy *place.*

5 After he measured the wall of the house, six cubits; and the breadth of *every* side chamber, four cubits, round about the house on every side.

6 And the side chambers *were* three, one over another, and thirty in order; and they entered into the wall which *was* of the house for the side chambers round about, that they might have hold, but they had not hold in the wall of the house.

7 And *there was* an enlarging, and a winding about still upward to the side chambers: for the winding about of the house went still upward round about the house: therefore the breadth of the house *was still* upward, and so increased *from* the lowest *chamber* to the highest by the midst.

8 I saw also the height of the house round about: the foundations of the side chambers *were* a full reed of six great cubits.

9 The thickness of the wall, which *was* for the side chamber without, *was* five cubits: and *that* which *was* left *was* the place of the side chambers that *were* within.

10 And between the chambers *was* the wideness of twenty cubits round about the house on every side.

11 And the doors of the side chambers *were* toward *the place that was* left, one door toward the north, and another door toward the south: and the breadth of the place that was left *was* five cubits round about.

12 Now the building that *was* before the separate place at the end toward the west *was* seventy cubits broad; and the wall of the building *was* five cubits thick round

about, and the length thereof ninety cubits.

13 So he measured the house, an hundred cubits long; and the separate place, and the building, with the walls thereof, an hundred cubits long;

14 Also the breadth of the face of the house, and of the separate place toward the east, an hundred cubits.

15 And he measured the length of the building over against the separate place which *was* behind it, and the galleries thereof on the one side and on the other side, an hundred cubits, with the inner temple, and the porches of the court;

16 The door posts, and the narrow windows, and the galleries round about on their three stories, over against the door, cieled with wood round about, and from the ground up to the windows, and the windows *were* covered;

17 To that above the door, even unto the inner house, and without, and by all the wall round about within and without, by measure.

18 And *it was* made with cherubims and palm trees, so that a palm tree *was* between a cherub and a cherub; and *every* cherub had two faces;

19 So that the face of a man *was* toward the palm tree on the one side, and the face of a young lion toward the palm tree on the other side: *it was* made through all the house round about.

20 From the ground unto above the door *were* cherubims and palm trees made, and *on* the wall of the temple.

21 The posts of the temple *were* squared, *and* the face of the sanctuary; the appearance *of the one* as the appearance *of the other.*

22 The altar of wood *was* three cubits high, and the length thereof two cubits; and the corners thereof, and the length thereof, and the walls thereof, *were* of wood: and he said unto me, This *is* the table that *is* before the LORD.

23 And the temple and the sanctuary had two doors.

24 And the doors had two leaves *apiece,* two turning leaves; two *leaves* for the one door, and two leaves for the other *door.*

3 אָרְכּוֹ אַרְבָּעִים אַמָּה וְרֹחַב עֶשְׂרִים אַמָּה׃ וּבָא לִפְנִימָה וַיָּמָד אֵיל־
הַפֶּתַח שְׁתַּיִם אַמּוֹת וְהַפֶּתַח שֵׁשׁ אַמּוֹת וְרֹחַב הַפֶּתַח שֶׁבַע אַמּוֹת׃

4 וַיָּמָד אֶת־אָרְכּוֹ עֶשְׂרִים אַמָּה וְרֹחַב עֶשְׂרִים אַמָּה אֶל־פְּנֵי הַהֵיכָל

5 וַיֹּאמֶר אֵלַי זֶה קֹדֶשׁ הַקֳּדָשִׁים׃ וַיָּמָד קִיר־הַבַּיִת שֵׁשׁ אַמּוֹת וְרֹחַב

6 הַצֵּלָע אַרְבַּע אַמּוֹת סָבִיב ׀ סָבִיב לַבַּיִת סָבִיב׃ וְהַצְּלָעוֹת צֵלָע אֶל־
צֵלָע שָׁלוֹשׁ וּשְׁלֹשִׁים פְּעָמִים וּבָאוֹת בַּקִּיר אֲשֶׁר־לַבַּיִת לַצְּלָעוֹת

7 סָבִיב ׀ סָבִיב לִהְיוֹת אֲחוּזִים וְלֹא־יִהְיוּ אֲחוּזִים בְּקִיר הַבָּיִת׃ וְרָחֲבָה
וְנָסְבָה לְמַעְלָה לְמַעְלָה לַצְּלָעוֹת כִּי מוּסַב־הַבַּיִת לְמַעְלָה לְמַעְלָה
סָבִיב ׀ סָבִיב לַבַּיִת עַל־כֵּן רֹחַב־לַבַּיִת לְמָעְלָה וְכֵן הַתַּחְתּוֹנָה יַעֲלֶה

8 עַל־הָעֶלְיוֹנָה לַתִּיכוֹנָה׃ וְרָאִיתִי לַבַּיִת גֹּבַהּ סָבִיב ׀ סָבִיב מיסדות מוּסָדוֹת

9 הַצְּלָעוֹת מְלוֹ הַקָּנֶה שֵׁשׁ אַמּוֹת אַצִּילָה׃ רֹחַב הַקִּיר אֲשֶׁר־לַצֵּלָע
אֶל־הַחוּץ חָמֵשׁ אַמּוֹת וַאֲשֶׁר מֻנָּח בֵּית צְלָעוֹת אֲשֶׁר לַבָּיִת׃ וּבֵין

10 הַלְּשָׁכוֹת רֹחַב עֶשְׂרִים אַמָּה סָבִיב לַבַּיִת סָבִיב ׀ סָבִיב׃ וּפֶתַח הַצֵּלָע

11 לַמֻּנָּח פֶּתַח אֶחָד דֶּרֶךְ הַצָּפוֹן וּפֶתַח אֶחָד לַדָּרוֹם וְרֹחַב מְקוֹם
הַמֻּנָּח חָמֵשׁ אַמּוֹת סָבִיב ׀ סָבִיב׃ וְהַבִּנְיָן אֲשֶׁר אֶל־פְּנֵי הַגִּזְרָה פְּאַת

12 דֶּרֶךְ־הַיָּם רֹחַב שִׁבְעִים אַמָּה וְקִיר הַבִּנְיָן חָמֵשׁ־אַמּוֹת רֹחַב סָבִיב ׀

13 סָבִיב וְאָרְכּוֹ תִּשְׁעִים אַמָּה׃ וּמָדַד אֶת־הַבַּיִת אֹרֶךְ מֵאָה אַמָּה

14 וְהַגִּזְרָה וְהַבִּנְיָה וְקִירוֹתֶיהָ אֹרֶךְ מֵאָה אַמָּה׃ וְרֹחַב פְּנֵי הַבַּיִת

15 וְהַגִּזְרָה לַקָּדִים מֵאָה אַמָּה׃ וּמָדַד אֹרֶךְ־הַבִּנְיָן אֶל־פְּנֵי הַגִּזְרָה אֲשֶׁר
עַל־אַחֲרֶיהָ ואתוקיהא וְאַתִּיקֶיהָא מִפּוֹ וּמִפּוֹ מֵאָה אַמָּה וְהַהֵיכָל הַפְּנִימִי

16 וְאֻלַמֵּי הֶחָצֵר׃ הַסִּפִּים וְהַחַלּוֹנִים הָאֲטֻמוֹת וְהָאַתִּיקִים ׀ סָבִיב
לִשְׁלָשְׁתָּם נֶגֶד הַסַּף שְׂחִיף עֵץ סָבִיב ׀ סָבִיב וְהָאָרֶץ עַד־הַחַלֹּנוֹת

17 וְהַחַלֹּנוֹת מְכֻסּוֹת׃ עַל־מֵעַל הַפֶּתַח וְעַד־הַבַּיִת הַפְּנִימִי וְלַחוּץ וְאֶל־

18 כָּל־הַקִּיר סָבִיב ׀ סָבִיב בַּפְּנִימִי וּבַחִיצוֹן מִדּוֹת׃ וְעָשׂוּי כְּרוּבִים

19 וְתִמֹרִים וְתִמֹרָה בֵּין־כְּרוּב לִכְרוּב וּשְׁנַיִם פָּנִים לַכְּרוּב׃ וּפְנֵי אָדָם
אֶל־הַתִּמֹרָה מִפּוֹ וּפְנֵי־כְפִיר אֶל־הַתִּמֹרָה מִפּוֹ עָשׂוּי אֶל־כָּל־הַבַּיִת

20 סָבִיב ׀ סָבִיב׃ מֵהָאָרֶץ עַד־מֵעַל הַפֶּתַח הַכְּרוּבִים וְהַתִּמֹרִים עֲשׂוּיִם

21 וְקִיר הַהֵיכָל׃ הַהֵיכָל מְזוּזַת רְבֻעָה וּפְנֵי הַקֹּדֶשׁ הַמַּרְאֶה כַּמַּרְאֶה׃

22 הַמִּזְבֵּחַ עֵץ שָׁלוֹשׁ אַמּוֹת גָּבֹהַּ וְאָרְכּוֹ שְׁתַּיִם־אַמּוֹת וּמִקְצֹעוֹתָיו לוֹ

23 וְאָרְכּוֹ וְקִירֹתָיו עֵץ וַיְדַבֵּר אֵלַי זֶה הַשֻּׁלְחָן אֲשֶׁר לִפְנֵי יְהוָה׃ וּשְׁתַּיִם

24 דְּלָתוֹת לַהֵיכָל וְלַקֹּדֶשׁ׃ וּשְׁתַּיִם דְּלָתוֹת לַדְּלָתוֹת שְׁתַּיִם מוּסַבּוֹת

25 דְּלָתוֹת שְׁתַּיִם לְדֶלֶת אֶחָת וּשְׁתֵּי דְלָתוֹת לָאַחֶרֶת׃ וַעֲשׂוּיָה אֲלֵיהֶן

25 And *there were* made on them, on the doors of the temple, cherubims and palm trees, like as *were* made upon the walls; and *there were* thick planks upon the face of the porch without.

26 And *there were* narrow windows and palm trees on the one side and on the other side, on the sides of the porch, and *upon* the side chambers of the house, and thick planks.

CHAPTER 42

1 Then he brought me forth into the utter court, the way toward the north: and he brought me into the chamber that *was* over against the separate place, and which *was* before the building toward the north.

2 Before the length of an hundred cubits *was* the north door, and the breadth *was* fifty cubits.

3 Over against the twenty *cubits* which *were* for the inner court, and over against the pavement which *was* for the utter court, *was* gallery against gallery in three *stories.*

4 And before the chambers *was* a walk of ten cubits breadth inward, a way of one cubit; and their doors toward the north.

5 Now the upper chambers *were* shorter: for the galleries were higher than these, than the lower, and than the middlemost of the building.

6 For they *were* in three *stories,* but had not pillars as the pillars of the courts: therefore *the building* was straitened more than the lowest and the middlemost from the ground.

7 And the wall that *was* without over against the chambers, toward the utter court on the forepart of the chambers, the length thereof *was* fifty cubits.

8 For the length of the chambers that *were* in the utter court *was* fifty cubits: and, lo, before the temple *were* an hundred cubits.

9 And from under these chambers *was* the entry on the east side, as one goeth into them from the utter court.

10 The chambers *were* in the thickness of the wall of the court toward the east, over against the separate place, and over against the building.

11 And the way before them *was* like the appearance of the chambers which *were* toward the north, as long as they, *and* as broad as they: and all their goings out *were* both according to their fashions, and according to their doors.

12 And according to the doors of the chambers that *were* toward the south *was* a door in the head of the way, *even* the way directly before the wall toward the east, as one entereth into them.

13 ¶ Then said he unto me, The north chambers *and* the south chambers, which *are* before the separate place, they *be* holy chambers, where the priests that approach unto the LORD shall eat the most holy things: there shall they lay the most holy things, and the meat offering, and the sin offering, and the trespass offering; for the place *is* holy.

14 When the priests enter therein, then shall they not go out of the holy *place* into the utter court, but there they shall lay their garments wherein they minister; for they *are* holy; and shall put on other garments, and shall approach to *those things* which *are* for the people.

15 Now when he had made an end of measuring the inner house, he brought me forth toward the gate whose prospect *is* toward the east, and measured it round about.

16 He measured the east side with the measuring reed, five hundred reeds, with the measuring reed round about.

17 He measured the north side, five hundred reeds, with the measuring reed round about.

18 He measured the south side, five hundred reeds, with the measuring reed.

19 ¶ He turned about to the west side, *and* measured five hundred reeds with the measuring reed.

20 He measured it by the four sides: it had a wall round about, five hundred *reeds* long, and five hundred broad, to make a separation between the sanctuary and the profane place.

אֶל־דַּלְתוֹת הַהֵיכָל כְּרוּבִים וְתִמֹרִים כַּאֲשֶׁר עֲשׂוּיִם לַקִּירוֹת וְעָב
עֵץ אֶל־פְּנֵי הָאוּלָם מֵהַחוּץ: וְהַחַלּוֹנִים אֲטֻמוֹת וְתִמֹרִים מִפּוֹ וּמִפּוֹ 26

42 אֶל־כִּתְפוֹת הָאוּלָם וְצַלְעוֹת הַבַּיִת וְהָעָבִים: וַיּוֹצִאֵנִי אֶל־הֶחָצֵר 1
הַחִיצוֹנָה הַדֶּרֶךְ דֶּרֶךְ הַצָּפוֹן וַיְבִאֵנִי אֶל־הַלִּשְׁכָּה אֲשֶׁר נֶגֶד הַגִּזְרָה
וַאֲשֶׁר־נֶגֶד הַבִּנְיָן אֶל־הַצָּפוֹן: אֶל־פְּנֵי־אֹרֶךְ אַמּוֹת הַמֵּאָה פֶּתַח 2
הַצָּפוֹן וְהָרֹחַב חֲמִשִּׁים אַמּוֹת: נֶגֶד הָעֶשְׂרִים אֲשֶׁר לֶחָצֵר הַפְּנִימִי 3
וְנֶגֶד רִצְפָה אֲשֶׁר לֶחָצֵר הַחִיצוֹנָה אַתִּיק אֶל־פְּנֵי־אַתִּיק בַּשְּׁלִשִׁים:
וְלִפְנֵי הַלְּשָׁכוֹת מַהֲלָךְ עֶשֶׂר אַמּוֹת רֹחַב אֶל־הַפְּנִימִית דֶּרֶךְ אַמָּה 4
אֶחָת וּפִתְחֵיהֶם לַצָּפוֹן: וְהַלְּשָׁכוֹת הָעֶלְיוֹנֹת קְצֻרוֹת כִּי־יוֹכְלוּ 5
אַתִּיקִים מֵהֵנָה מֵהַתַּחְתֹּנוֹת וּמֵהַתִּכֹנוֹת בִּנְיָן: כִּי מְשֻׁלָּשׁוֹת הֵנָּה 6
וְאֵין לָהֶן עַמּוּדִים כְּעַמּוּדֵי הַחֲצֵרוֹת עַל־כֵּן נֶאֱצַל מֵהַתַּחְתּוֹנוֹת
וּמֵהַתִּכֹנוֹת מֵהָאָרֶץ: וְגָדֵר אֲשֶׁר־לַחוּץ לְעֻמַּת הַלְּשָׁכוֹת דֶּרֶךְ הֶחָצֵר 7
הַחִצוֹנָה אֶל־פְּנֵי הַלְּשָׁכוֹת אָרְכּוֹ חֲמִשִּׁים אַמָּה: כִּי־אֹרֶךְ הַלְּשָׁכוֹת 8
אֲשֶׁר לֶחָצֵר הַחִצוֹנָה חֲמִשִּׁים אַמָּה וְהִנֵּה עַל־פְּנֵי הַהֵיכָל מֵאָה
אַמָּה: וּמִתַּחַת לְשָׁכוֹת הָאֵלֶּה הַמֵּבוֹא מֵהַקָּדִים בְּבֹאוֹ לָהֵנָּה 9
מֵהֶחָצֵר הַחִצֹנָה: בְּרֹחַב ׀ גֶּדֶר הֶחָצֵר דֶּרֶךְ הַקָּדִים אֶל־פְּנֵי הַגִּזְרָה 10
וְאֶל־פְּנֵי הַבִּנְיָן לְשָׁכוֹת: וְדֶרֶךְ לִפְנֵיהֶם כְּמַרְאֵה הַלְּשָׁכוֹת אֲשֶׁר דֶּרֶךְ 11
הַצָּפוֹן כְּאָרְכָּן כֵּן רָחְבָּן וְכֹל מוֹצָאֵיהֶן וּכְמִשְׁפְּטֵיהֶן וּכְפִתְחֵיהֶן:
וּכְפִתְחֵי הַלְּשָׁכוֹת אֲשֶׁר דֶּרֶךְ הַדָּרוֹם פֶּתַח בְּרֹאשׁ דָּרֶךְ דֶּרֶךְ בִּפְנֵי 12
הַגְּדֶרֶת הַהֲגִינָה דֶּרֶךְ הַקָּדִים בְּבוֹאָן: וַיֹּאמֶר אֵלַי לִשְׁכוֹת הַצָּפוֹן 13
לִשְׁכוֹת הַדָּרוֹם אֲשֶׁר אֶל־פְּנֵי הַגִּזְרָה הֵנָּה ׀ לִשְׁכוֹת הַקֹּדֶשׁ אֲשֶׁר
יֹאכְלוּ־שָׁם הַכֹּהֲנִים אֲשֶׁר־קְרוֹבִים לַיהוָה קָדְשֵׁי הַקֳּדָשִׁים שָׁם
יַנִּיחוּ ׀ קָדְשֵׁי הַקֳּדָשִׁים וְהַמִּנְחָה וְהַחַטָּאת וְהָאָשָׁם כִּי הַמָּקוֹם קָדֹשׁ:
בְּבֹאָם הַכֹּהֲנִים וְלֹא־יֵצְאוּ מֵהַקֹּדֶשׁ אֶל־הֶחָצֵר הַחִיצוֹנָה וְשָׁם יַנִּיחוּ 14
בִגְדֵיהֶם אֲשֶׁר־יְשָׁרְתוּ בָהֶן כִּי־קֹדֶשׁ הֵנָּה יִלְבְּשׁוּ בְּגָדִים אֲחֵרִים
וְקָרְבוּ אֶל־אֲשֶׁר לָעָם: וְכִלָּה אֶת־מִדּוֹת הַבַּיִת הַפְּנִימִי וְהוֹצִיאַנִי 15
דֶּרֶךְ הַשַּׁעַר אֲשֶׁר פָּנָיו דֶּרֶךְ הַקָּדִים וּמְדָדוֹ סָבִיב ׀ סָבִיב: מָדַד רוּחַ 16
הַקָּדִים בִּקְנֵה הַמִּדָּה חֲמֵשׁ־אֵמוֹת קָנִים בִּקְנֵה הַמִּדָּה סָבִיב: מָדַד 17
רוּחַ הַצָּפוֹן חֲמֵשׁ־מֵאוֹת קָנִים בִּקְנֵה הַמִּדָּה סָבִיב: אֵת רוּחַ הַדָּרוֹם 18
מָדַד חֲמֵשׁ־מֵאוֹת קָנִים בִּקְנֵה הַמִּדָּה: סָבַב אֶל־רוּחַ הַיָּם מָדַד 19
חֲמֵשׁ־מֵאוֹת קָנִים בִּקְנֵה הַמִּדָּה: לְאַרְבַּע רוּחוֹת מְדָדוֹ חוֹמָה לוֹ 20
סָבִיב ׀ סָבִיב אֹרֶךְ חֲמֵשׁ מֵאוֹת וְרֹחַב חֲמֵשׁ מֵאוֹת לְהַבְדִּיל בֵּין

CHAPTER 43

1 Afterward he brought me to the gate, *even* the gate that looketh toward the east:

2 And, behold, the glory of the God of Israel came from the way of the east: and his voice *was* like a noise of many waters: and the earth shined with his glory.

3 And *it was* according to the appearance of the vision which I saw, *even* according to the vision that I saw when I came to destroy the city: and the visions *were* like the vision that I saw by the river Chebar; and I fell upon my face.

4 And the glory of the Lord came into the house by the way of the gate whose prospect *is* toward the east.

5 So the spirit took me up, and brought me into the inner court; and, behold, the glory of the Lord filled the house.

6 And I heard *him* speaking unto me out of the house; and the man stood by me.

7 ¶ And he said unto me, Son of man, the place of my throne, and the place of the soles of my feet, where I will dwell in the midst of the children of Israel for ever, and my holy name, shall the house of Israel no more defile, *neither* they, nor their kings, by their whoredom, nor by the carcases of their kings in their high places.

8 In their setting of their threshold by my thresholds, and their post by my posts, and the wall between me and them, they have even defiled my holy name by their abominations that they have committed: wherefore I have consumed them in mine anger.

9 Now let them put away their whoredom, and the carcases of their kings, far from me, and I will dwell in the midst of them for ever.

10 ¶ Thou son of man, shew the house to the house of Israel, that they may be ashamed of their iniquities: and let them measure the pattern.

11 And if they be ashamed of all that they have done, shew them the form of the house, and the fashion thereof, and the goings out thereof, and the comings in thereof, and all the forms thereof, and all the ordinances thereof, and all the forms thereof, and all the laws thereof: and write

it in their sight, that they may keep the whole form thereof, and all the ordinances thereof, and do them.

12 This *is* the law of the house; Upon the top of the mountain the whole limit thereof round about *shall be* most holy. Behold, this *is* the law of the house.

13 ¶ And these *are* the measures of the altar after the cubits: The cubit *is* a cubit and an hand breadth; even the bottom *shall be* a cubit, and the breadth a cubit, and the border thereof by the edge thereof round about *shall be* a span: and this *shall be* the higher place of the altar.

14 And from the bottom *upon* the ground *even* to the lower settle *shall be* two cubits, and the breadth one cubit; and from the lesser settle *even* to the greater settle *shall be* four cubits, and the breadth *one* cubit.

15 So the altar *shall be* four cubits; and from the altar and upward *shall be* four horns.

16 And the altar *shall be* twelve *cubits* long, twelve broad, square in the four squares thereof.

17 And the settle *shall be* fourteen *cubits* long and fourteen broad in the four squares thereof; and the border about it *shall be* half a cubit; and the bottom thereof *shall be* a cubit about; and his stairs shall look toward the east.

18 ¶ And he said unto me, Son of man, thus saith the Lord God; These *are* the ordinances of the altar in the day when they shall make it, to offer burnt offerings thereon, and to sprinkle blood thereon.

19 And thou shalt give to the priests the Levites that be of the seed of Zadok, which approach unto me, to minister unto me, saith the Lord God, a young bullock for a sin offering.

20 And thou shalt take of the blood thereof, and put *it* on the four horns of it, and on the four corners of the settle, and upon the border round about: thus shalt thou cleanse and purge it.

21 Thou shalt take the bullock also of the sin offering, and he shall burn it in the appointed place of the house, without the sanctuary.

22 And on the second day thou shalt of-

הַקֹּדֶשׁ לְחֹל: וַיּוֹלִכֵנִי אֶל־הַשַּׁעַר שַׁעַר אֲשֶׁר פֹּנֶה דֶּרֶךְ הַקָּדִים: 43 1

וְהִנֵּה כְּבוֹד אֱלֹהֵי יִשְׂרָאֵל בָּא מִדֶּרֶךְ הַקָּדִים וְקוֹלוֹ כְּקוֹל מַיִם רַבִּים 2

וְהָאָרֶץ הֵאִירָה מִכְּבֹדוֹ: וּכְמַרְאֵה הַמַּרְאֶה אֲשֶׁר רָאִיתִי כַּמַּרְאֶה 3
אֲשֶׁר־רָאִיתִי בְּבֹאִי לְשַׁחֵת אֶת־הָעִיר וּמַרְאוֹת כַּמַּרְאֶה אֲשֶׁר רָאִיתִי

אֶל־נְהַר־כְּבָר וָאֶפֹּל אֶל־פָּנָי: וּכְבוֹד יְהֹוָה בָּא אֶל־הַבַּיִת דֶּרֶךְ שַׁעַר 4

אֲשֶׁר פָּנָיו דֶּרֶךְ הַקָּדִים: וַתִּשָּׂאֵנִי רוּחַ וַתְּבִיאֵנִי אֶל־הֶחָצֵר הַפְּנִימִי 5

וְהִנֵּה מָלֵא כְבוֹד־יְהֹוָה הַבָּיִת: וָאֶשְׁמַע מִדַּבֵּר אֵלַי מֵהַבָּיִת וְאִישׁ 6

הָיָה עֹמֵד אֶצְלִי: וַיֹּאמֶר אֵלַי בֶּן־אָדָם אֶת־מְקוֹם כִּסְאִי וְאֶת־מְקוֹם 7
כַּפּוֹת רַגְלַי אֲשֶׁר אֶשְׁכָּן־שָׁם בְּתוֹךְ בְּנֵי־יִשְׂרָאֵל לְעוֹלָם וְלֹא יְטַמְּאוּ
עוֹד בֵּית־יִשְׂרָאֵל שֵׁם קָדְשִׁי הֵמָּה וּמַלְכֵיהֶם בִּזְנוּתָם וּבְפִגְרֵי

מַלְכֵיהֶם בָּמוֹתָם: בְּתִתָּם סִפָּם אֶת־סִפִּי וּמְזוּזָתָם אֵצֶל מְזוּזָתִי 8
וְהַקִּיר בֵּינִי וּבֵינֵיהֶם וְטִמְּאוּ ׀ אֶת־שֵׁם קָדְשִׁי בְּתוֹעֲבוֹתָם אֲשֶׁר עָשׂוּ

וָאֲכַל אֹתָם בְּאַפִּי: עַתָּה יְרַחֲקוּ אֶת־זְנוּתָם וּפִגְרֵי מַלְכֵיהֶם מִמֶּנִּי 9

וְשָׁכַנְתִּי בְתוֹכָם לְעוֹלָם: אַתָּה בֶן־אָדָם הַגֵּד אֶת־בֵּית־ 10

יִשְׂרָאֵל אֶת־הַבַּיִת וְיִכָּלְמוּ מֵעֲוֺנוֹתֵיהֶם וּמָדְדוּ אֶת־תָּכְנִית: וְאִם־ 11
נִכְלְמוּ מִכֹּל אֲשֶׁר־עָשׂוּ צוּרַת הַבַּיִת וּתְכוּנָתוֹ וּמוֹצָאָיו וּמוֹבָאָיו וְכָל־
צוּרֹתָו וְאֵת כָּל־חֻקֹּתָיו וְכָל־צוּרֹתָי וְכָל־תּוֹרֹתָו הוֹדַע אוֹתָם וּכְתֹב

צוּרֹתָיו
תּוֹרֹתָיו

לְעֵינֵיהֶם וְיִשְׁמְרוּ אֶת־כָּל־צוּרָתוֹ וְאֶת־כָּל־חֻקֹּתָיו וְעָשׂוּ אוֹתָם: זֹאת 12
תּוֹרַת הַבָּיִת עַל־רֹאשׁ הָהָר כָּל־גְּבֻלוֹ סָבִיב ׀ סָבִיב קֹדֶשׁ קָדָשִׁים

הִנֵּה־זֹאת תּוֹרַת הַבָּיִת: וְאֵלֶּה מִדּוֹת הַמִּזְבֵּחַ בָּאַמּוֹת אַמָּה אַמָּה 13
וָטֹפַח וְחֵיק הָאַמָּה וְאַמָּה־רֹחַב וּגְבוּלָהּ אֶל־שְׂפָתָהּ סָבִיב זֶרֶת

הָאֶחָד וְזֶה גַּב הַמִּזְבֵּחַ: וּמֵחֵיק הָאָרֶץ עַד־הָעֲזָרָה הַתַּחְתּוֹנָה שְׁתַּיִם 14 14A
אַמּוֹת וְרֹחַב אַמָּה אֶחָת וּמֵהָעֲזָרָה הַקְּטַנָּה עַד־הָעֲזָרָה הַגְּדוֹלָה

אַרְבַּע אַמּוֹת וְרֹחַב הָאַמָּה: וְהַהַרְאֵל אַרְבַּע אַמּוֹת וּמֵהָאֲרִיאֵל 15

וּמֵהָאֲרִיאֵל
וְהָאֲרִיאֵל

וּלְמַעְלָה הַקְּרָנוֹת אַרְבַּע: וְהָאֲרִיאֵל שְׁתֵּים עֶשְׂרֵה אֹרֶךְ בִּשְׁתֵּים 16
עֶשְׂרֵה רֹחַב רָבוּעַ אֶל אַרְבַּעַת רְבָעָיו: וְהָעֲזָרָה אַרְבַּע עֶשְׂרֵה אֹרֶךְ 17
בְּאַרְבַּע עֶשְׂרֵה רֹחַב אֶל אַרְבַּעַת רְבָעֶיהָ וְהַגְּבוּל סָבִיב אוֹתָהּ חֲצִי
הָאַמָּה וְהַחֵיק־לָהּ אַמָּה סָבִיב וּמַעֲלֹתֵהוּ פְּנוֹת קָדִים: וַיֹּאמֶר אֵלַי 18
בֶּן־אָדָם כֹּה אָמַר אֲדֹנָי יְהֹוִה אֵלֶּה חֻקּוֹת הַמִּזְבֵּחַ בְּיוֹם הֵעָשׂוֹתוֹ

לְהַעֲלוֹת עָלָיו עוֹלָה וְלִזְרֹק עָלָיו דָּם: וְנָתַתָּה אֶל־הַכֹּהֲנִים הַלְוִיִּם 19
אֲשֶׁר הֵם מִזֶּרַע צָדוֹק הַקְּרֹבִים אֵלַי נְאֻם אֲדֹנָי יְהֹוִה לְשָׁרְתֵנִי פַּר
בֶּן־בָּקָר לְחַטָּאת: וְלָקַחְתָּ מִדָּמוֹ וְנָתַתָּה עַל־אַרְבַּע קַרְנֹתָיו וְאֶל־ 20
אַרְבַּע פִּנּוֹת הָעֲזָרָה וְאֶל־הַגְּבוּל סָבִיב וְחִטֵּאתָ אוֹתוֹ וְכִפַּרְתָּהוּ:

וְלָקַחְתָּ אֵת הַפָּר הַחַטָּאת וּשְׂרָפוֹ בְּמִפְקַד הַבַּיִת מִחוּץ לַמִּקְדָּשׁ: 21

וּבַיּוֹם הַשֵּׁנִי תַּקְרִיב שְׂעִיר־עִזִּים תָּמִים לְחַטָּאת וְחִטְּאוּ אֶת־הַמִּזְבֵּחַ 22 22A fer a kid of the goats without blemish for a sin offering; and they shall cleanse the altar, as they did cleanse *it* with the bullock.

23 When thou hast made an end of cleansing *it,* thou shalt offer a young bullock without blemish, and a ram out of the flock without blemish.

24 And thou shalt offer them before the LORD, and the priests shall cast salt upon them, and they shall offer them up *for a* burnt offering unto the LORD.

25 Seven days shalt thou prepare every day a goat *for* a sin offering: they shall also prepare a young bullock, and a ram out of the flock, without blemish.

26 Seven days shall they purge the altar and purify it; and they shall consecrate themselves.

27 And when these days are expired, it shall be, *that* upon the eighth day, and *so* forward, the priests shall make your burnt offerings upon the altar, and your peace offerings; and I will accept you, saith the Lord GOD.

CHAPTER 44

1 Then he brought me back the way of the gate of the outward sanctuary which looketh toward the east; and it *was* shut.

2 Then said the LORD unto me; This gate shall be shut, it shall not be opened, and no man shall enter in by it; because the LORD, the God of Israel, hath entered in by it, therefore it shall be shut.

3 *It is* for the prince; the prince, he shall sit in it to eat bread before the LORD; he shall enter by the way of the porch of *that* gate, and shall go out by the way of the same.

4 ¶ Then brought he me the way of the north gate before the house: and I looked, and, behold, the glory of the LORD filled the house of the LORD: and I fell upon my face.

5 And the LORD said unto me, Son of man, mark well, and behold with thine eyes, and hear with thine ears all that I say unto thee concerning all the ordinances of the house of the LORD, and all the laws thereof; and mark well the en-

tering in of the house, with every going forth of the sanctuary.

6 And thou shalt say to the rebellious, *even* to the house of Israel, Thus saith the Lord GOD; O ye house of Israel, let it suffice you of all your abominations,

7 In that ye have brought *into my sanctuary* strangers, uncircumcised in heart, and uncircumcised in flesh, to be in my sanctuary, to pollute it, *even* my house, when ye offer my bread, the fat and the blood, and they have broken my covenant because of all your abominations.

8 And ye have not kept the charge of mine holy things: but ye have set keepers of my charge in my sanctuary for yourselves.

9 ¶ Thus saith the Lord GOD; No stranger, uncircumcised in heart, nor uncircumcised in flesh, shall enter into my sanctuary, of any stranger that *is* among the children of Israel.

10 And the Levites that are gone away far from me, when Israel went astray, which went astray away from me after their idols; they shall even bear their iniquity.

11 Yet they shall be ministers in my sanctuary, *having* charge at the gates of the house, and ministering to the house: they shall slay the burnt offering and the sacrifice for the people, and they shall stand before them to minister unto them.

12 Because they ministered unto them before their idols, and caused the house of Israel to fall into iniquity; therefore have I lifted up mine hand against them, saith the Lord GOD, and they shall bear their iniquity.

13 And they shall not come near unto me, to do the office of a priest unto me, nor to come near to any of my holy things, in the most holy *place:* but they shall bear their shame, and their abominations which they have committed.

14 But I will make them keepers of the charge of the house, for all the service thereof, and for all that shall be done therein.

15 ¶ But the priests the Levites, the sons of Zadok, that kept the charge of my sanctuary when the children of Israel went

23 כַּאֲשֶׁר חִטֵּאוּ בִּפֵּר: בְּכַלּֽוֹתְךָ֙ מֵֽחַטֵּ֔א תַּקְרִיב֙ פַּ֣ר בֶּן־בָּקָ֥ר תָּמִ֖ים וְאַ֥יִל

24 מִן־הַצֹּ֖אן תָּמִֽים: וְהִקְרַבְתָּ֖ם לִפְנֵ֣י יְהוָ֑ה וְהִשְׁלִ֤יכוּ הַכֹּֽהֲנִים֙ עֲלֵיהֶ֣ם

25 מֶ֔לַח וְהֶעֱל֥וּ אוֹתָ֛ם עֹלָ֖ה לַֽיהוָֽה: שִׁבְעַ֣ת יָמִ֔ים תַּעֲשֶׂ֥ה שְׂעִיר־חַטָּ֖את

26 לַיּ֑וֹם וּפַ֧ר בֶּן־בָּקָ֛ר וְאַ֥יִל מִן־הַצֹּ֖אן תְּמִימִ֥ים יַעֲשֽׂוּ: שִׁבְעַ֣ת יָמִ֗ים

27 יְכַפְּרוּ֙ אֶת־הַמִּזְבֵּ֔חַ וְטִֽהֲר֖וּ אֹת֑וֹ וּמִלְא֖וּ יָדֽוֹ: וִֽיכַלּ֣וּ אֶת־ ‏**יָדָ֖יו**

הַיָּמִ֑ים   וְהָיָ֤ה בַיּ֤וֹם הַשְּׁמִינִי֙ וָהָ֔לְאָה יַעֲשׂ֤וּ הַכֹּֽהֲנִים֙ עַל־

הַמִּזְבֵּ֗חַ אֶת־עֽוֹלֽוֹתֵיכֶם֙ וְאֶת־שַׁלְמֵיכֶ֔ם וְרָצִ֣אתִי אֶתְכֶ֔ם נְאֻ֖ם אֲדֹנָ֥י

44 יְהוָֽה: וַיָּ֣שֶׁב אֹתִ֗י דֶּ֛רֶךְ שַׁ֥עַר הַמִּקְדָּ֖שׁ הַחִיצ֑וֹן הַפֹּנֶ֣ה

2 קָדִ֖ים וְה֥וּא סָגֽוּר: וַיֹּ֨אמֶר אֵלַ֜י יְהוָ֗ה הַשַּׁ֣עַר הַזֶּ֣ה סָג֤וּר יִהְיֶה֙ לֹ֣א

יִפָּתֵ֔חַ וְאִ֖ישׁ לֹא־יָ֣בֹא ב֑וֹ כִּ֣י יְהוָ֧ה אֱלֹהֵֽי־יִשְׂרָאֵ֛ל בָּ֥א ב֖וֹ וְהָיָ֥ה סָגֽוּר:

3 אֶת־הַנָּשִׂ֗יא נָשִׂ֞יא ה֤וּא יֵֽשֶׁב־בּוֹ֙ לאכול־**לֶ֤אֱכָל**־לֶ֨חֶם֙ לִפְנֵ֣י יְהוָ֔ה מִדֶּ֨רֶךְ֙ יְהוָ֣ה אֻלָ֣ם

4 הַשַּׁ֤עַר יָבוֹא֙ וּמִדַּרְכּ֖וֹ יֵצֵֽא: וַיְבִיאֵ֜נִי דֶּֽרֶךְ־שַׁ֣עַר הַצָּפוֹן֘ אֶל־פְּנֵ֣י הַבַּ֒יִת֒

5 וָאֵ֕רֶא וְהִנֵּ֛ה מָלֵ֥א כְבוֹד־יְהוָ֖ה אֶת־בֵּ֣ית יְהוָ֑ה וָאֶפֹּ֖ל אֶל־פָּנָֽי: וַיֹּ֣אמֶר

אֵלַ֣י יְהוָ֡ה בֶּן־אָדָ֡ם שִׂ֣ים לִבְּךָ֩ וּרְאֵ֨ה בְעֵינֶ֜יךָ וּבְאָזְנֶ֣יךָ שְּׁמָ֗ע אֵ֣ת

כָּל־אֲשֶׁ֣ר אֲנִ֣י מְדַבֵּ֣ר אֹתָ֗ךְ לְכָל־חֻקּ֥וֹת בֵּית־יְהוָ֖ה וּלְכָל־ ‏**תּוֹרֹתָ֑יו**

6 וְשַׂמְתָּ֤ לִבְּךָ֙ לִמְב֣וֹא הַבַּ֔יִת בְּכֹ֖ל מוֹצָאֵ֣י הַמִּקְדָּֽשׁ: וְאָמַרְתָּ֣ אֶל־מֶ֗רִי

אֶל־בֵּ֣ית יִשְׂרָאֵ֔ל כֹּ֤ה אָמַר֙ אֲדֹנָ֣י יְהוִ֔ה רַב־לָכֶ֛ם מִֽכָּל־תּוֹעֲבֽוֹתֵיכֶ֖ם

7 בֵּ֥ית יִשְׂרָאֵֽל: בַּהֲבִֽיאֲכֶ֣ם בְּנֵֽי־נֵכָ֗ר עַרְלֵי־לֵב֙ וְעַרְלֵ֣י בָשָׂ֔ר לִהְי֖וֹת

בְּמִקְדָּשִׁ֣י לְחַלְּל֣וֹ אֶת־בֵּיתִ֑י בְּהַקְרִֽיבְכֶ֤ם אֶת־לַחְמִי֙ חֵ֣לֶב וָדָ֔ם וַיָּפֵ֨רוּ֙

8 אֶת־בְּרִיתִ֔י אֶ֖ל כָּל־תּוֹעֲבֽוֹתֵיכֶ֑ם וְלֹ֤א שְׁמַרְתֶּם֙ מִשְׁמֶ֣רֶת קָֽדָשַׁ֔י

9 וַתְּשִׂימ֗וּן לְשֹׁמְרֵ֧י מִשְׁמַרְתִּ֛י בְּמִקְדָּשִׁ֖י לָכֶֽם: כֹּה־אָמַר֮ אֲדֹנָ֣י יְהוִה֒

כָּל־בֶּן־נֵכָ֗ר עֶ֤רֶל לֵב֙ וְעֶ֣רֶל בָּשָׂ֔ר לֹ֥א יָב֖וֹא אֶל־מִקְדָּשִׁ֑י לְכָל־בֶּן־נֵכָ֔ר

10 אֲשֶׁ֥ר בְּת֖וֹךְ בְּנֵ֥י יִשְׂרָאֵֽל: כִּ֣י אִם־הַלְוִיִּ֗ם אֲשֶׁ֤ר רָֽחֲקוּ֙ מֵֽעָלַ֔י בִּתְע֤וֹת

11 יִשְׂרָאֵל֙ אֲשֶׁ֣ר תָּע֣וּ מֵֽעָלַ֔י אַחֲרֵ֖י גִּלּֽוּלֵיהֶ֑ם וְנָשְׂא֖וּ עֲוֺנָֽם: וְהָי֣וּ

בְּמִקְדָּשִׁ֣י מְשָֽׁרְתִ֗ים פְּקֻדּוֹת֙ אֶל־שַׁעֲרֵ֣י הַבַּ֔יִת וּֽמְשָׁרְתִ֖ים אֶת־הַבָּ֑יִת

הֵ֠מָּה יִשְׁחֲט֨וּ אֶת־הָעֹלָ֤ה וְאֶת־הַזֶּ֨בַח֙ לָעָ֔ם וְהֵ֛מָּה יַעַמְד֥וּ לִפְנֵיהֶ֖ם

12 לְשָֽׁרְתָֽם: יַ֗עַן אֲשֶׁ֨ר יְשָֽׁרְת֤וּ אוֹתָם֙ לִפְנֵ֣י גִלּֽוּלֵיהֶ֔ם וְהָי֥וּ לְבֵית־יִשְׂרָאֵ֖ל

לְמִכְשׁ֣וֹל עָוֺ֑ן עַל־כֵּן֩ נָשָׂ֨אתִי יָדִ֜י עֲלֵיהֶ֗ם נְאֻם֙ אֲדֹנָ֣י יְהוִ֔ה וְנָשְׂא֖וּ

13 עֲוֺנָֽם: וְלֹֽא־יִגְּשׁ֤וּ אֵלַי֙ לְכַהֵ֣ן לִ֔י וְלָגֶ֨שֶׁת֙ עַל־כָּל־קָֽדָשַׁ֔י אֶל־קָדְשֵׁ֖י

14 הַקֳּדָשִׁ֑ים וְנָֽשְׂאוּ֙ כְּלִמָּתָ֔ם וְתוֹעֲבוֹתָ֖ם אֲשֶׁ֥ר עָשֽׂוּ: וְנָתַתִּ֣י אוֹתָ֗ם

שֹֽׁמְרֵ֛י מִשְׁמֶ֥רֶת הַבַּ֖יִת לְכֹל֙ עֲבֹ֣דָת֔וֹ וּלְכֹ֖ל אֲשֶׁ֥ר יֵעָ֥שֶׂה בֽוֹ:

15 וְהַכֹּהֲנִ֨ים הַלְוִיִּ֜ם בְּנֵ֣י צָד֗וֹק אֲשֶׁ֤ר שָֽׁמְרוּ֙ אֶת־מִשְׁמֶ֣רֶת מִקְדָּשִׁ֔י

astray from me, they shall come near to me to minister unto me, and they shall stand before me to offer unto me the fat and the blood, saith the Lord GOD:

16 They shall enter into my sanctuary, and they shall come near to my table, to minister unto me, and they shall keep my charge.

17 ¶ And it shall come to pass, *that* when they enter in at the gates of the inner court, they shall be clothed with linen garments; and no wool shall come upon them, whiles they minister in the gates of the inner court, and within.

18 They shall have linen bonnets upon their heads, and shall have linen breeches upon their loins; they shall not gird *themselves* with any thing that causeth sweat.

19 And when they go forth into the utter court, *even* into the utter court to the people, they shall put off their garments wherein they ministered, and lay them in the holy chambers, and they shall put on other garments; and they shall not sanctify the people with their garments.

20 Neither shall they shave their heads, nor suffer their locks to grow long; they shall only poll their heads.

21 Neither shall any priest drink wine, when they enter into the inner court.

22 Neither shall they take for their wives a widow, nor her that is put away: but they shall take maidens of the seed of the house of Israel, or a widow that had a priest before.

23 And they shall teach my people *the difference* between the holy and profane, and cause them to discern between the unclean and the clean.

24 And in controversy they shall stand in judgment; *and* they shall judge it according to my judgments: and they shall keep my laws and my statutes in all mine assemblies; and they shall hallow my sabbaths.

25 And they shall come at no dead person to defile themselves: but for father, or for mother, or for son, or for daughter, for brother, or for sister that hath had no husband, they may defile themselves.

26 And after he is cleansed, they shall reckon unto him seven days.

27 And in the day that he goeth into the sanctuary, unto the inner court, to minister in the sanctuary, he shall offer his sin offering, saith the Lord GOD.

28 And it shall be unto them for an inheritance: I *am* their inheritance: and ye shall give them no possession in Israel: I *am* their possession.

29 They shall eat the meat offering, and the sin offering, and the trespass offering; and every dedicated thing in Israel shall be theirs.

30 And the first of all the firstfruits of all *things*, and every oblation of all, of every *sort* of your oblations, shall be the priest's: ye shall also give unto the priest the first of your dough, that he may cause the blessing to rest in thine house.

31 The priests shall not eat of any thing that is dead of itself, or torn, whether it be fowl or beast.

CHAPTER 45

1 Moreover, when ye shall divide by lot the land for inheritance, ye shall offer an oblation unto the LORD, an holy portion of the land: the length *shall be* the length of five and twenty thousand *reeds*, and the breadth *shall be* ten thousand. This *shall be* holy in all the borders thereof round about.

2 Of this there shall be for the sanctuary five hundred *in length*, with five hundred *in breadth*, square round about; and fifty cubits round about for the suburbs thereof.

3 And of this measure shalt thou measure the length of five and twenty thousand, and the breadth of ten thousand: and in it shall be the sanctuary *and* the most holy *place*.

4 The holy *portion* of the land shall be for the priests the ministers of the sanctuary, which shall come near to minister unto the LORD: and it shall be a place for their houses, and an holy place for the sanctuary.

5 And the five and twenty thousand of length, and the ten thousand of breadth, shall also the Levites, the ministers of the

בִּתְעוֹת בְּנֵי־יִשְׂרָאֵל מֵעָלַי הֵמָּה יִקְרְבוּ אֵלַי לְשָׁרְתֵנִי וְעָמְדוּ לְפָנַי

16 לְהַקְרִיב לִי חֵלֶב וָדָם נְאֻם אֲדֹנָי יְהוִה: הֵמָּה יָבֹאוּ אֶל־מִקְדָּשִׁי

17 וְהֵמָּה יִקְרְבוּ אֶל־שֻׁלְחָנִי לְשָׁרְתֵנִי וְשָׁמְרוּ אֶת־מִשְׁמַרְתִּי: וְהָיָה
בְּבוֹאָם אֶל־שַׁעֲרֵי הֶחָצֵר הַפְּנִימִית בִּגְדֵי פִשְׁתִּים יִלְבָּשׁוּ וְלֹא־יַעֲלֶה

18 עֲלֵיהֶם צֶמֶר בְּשָׁרְתָם בְּשַׁעֲרֵי הֶחָצֵר הַפְּנִימִית וָבָיְתָה: פַּאֲרֵי
פִשְׁתִּים יִהְיוּ עַל־רֹאשָׁם וּמִכְנְסֵי פִשְׁתִּים יִהְיוּ עַל־מָתְנֵיהֶם לֹא

19 יַחְגְּרוּ בַּיָּזַע: וּבְצֵאתָם אֶל־הֶחָצֵר הַחִיצוֹנָה אֶל־הֶחָצֵר הַחִיצוֹנָה אֶל־
הָעָם יִפְשְׁטוּ אֶת־בִּגְדֵיהֶם אֲשֶׁר־הֵמָּה מְשָׁרְתִם בָּם וְהִנִּיחוּ אוֹתָם
בְּלִשְׁכֹת הַקֹּדֶשׁ וְלָבְשׁוּ בְּגָדִים אֲחֵרִים וְלֹא־יְקַדְּשׁוּ אֶת־הָעָם

20 בְּבִגְדֵיהֶם: וְרֹאשָׁם לֹא יְגַלֵּחוּ וּפֶרַע לֹא יְשַׁלֵּחוּ כָּסוֹם יִכְסְמוּ אֶת־

21 רָאשֵׁיהֶם: וְיַיִן לֹא־יִשְׁתּוּ כָּל־כֹּהֵן בְּבוֹאָם אֶל־הֶחָצֵר הַפְּנִימִית:

22 וְאַלְמָנָה וּגְרוּשָׁה לֹא־יִקְחוּ לָהֶם לְנָשִׁים כִּי אִם־בְּתוּלֹת מִזֶּרַע בֵּית
יִשְׂרָאֵל וְהָאַלְמָנָה אֲשֶׁר תִּהְיֶה אַלְמָנָה מִכֹּהֵן יִקָּחוּ: וְאֶת־עַמִּי יוֹרוּ

23 בֵּין קֹדֶשׁ לְחֹל וּבֵין־טָמֵא לְטָהוֹר יוֹדִעֻם: וְעַל־רִיב הֵמָּה יַעַמְדוּ

לְמִשְׁפָּט
יִשְׁפְּטוּהוּ

24 לְשָׁפֹט בְּמִשְׁפָּטַי ושפטהו וְאֶת־תּוֹרֹתַי וְאֶת־חֻקֹּתַי בְּכָל־מוֹעֲדַי
יִשְׁמֹרוּ וְאֶת־שַׁבְּתוֹתַי יְקַדֵּשׁוּ: וְאֶל־מֵת אָדָם לֹא יָבוֹא לְטָמְאָה כִּי

25 אִם־לְאָב וּלְאֵם וּלְבֵן וּלְבַת לְאָח וּלְאָחוֹת אֲשֶׁר־לֹא־הָיְתָה לְאִישׁ

26 יִטַּמָּאוּ: וְאַחֲרֵי טָהֳרָתוֹ שִׁבְעַת יָמִים יִסְפְּרוּ־לוֹ: וּבְיוֹם בֹּאוֹ אֶל־
27 הַקֹּדֶשׁ אֶל־הֶחָצֵר הַפְּנִימִית לְשָׁרֵת בַּקֹּדֶשׁ יַקְרִיב חַטָּאתוֹ נְאֻם אֲדֹנָי

28 יְהוִה: וְהָיְתָה לָהֶם לְנַחֲלָה אֲנִי נַחֲלָתָם וַאֲחֻזָּה לֹא־תִתְּנוּ לָהֶם

29 בְּיִשְׂרָאֵל אֲנִי אֲחֻזָּתָם: הַמִּנְחָה וְהַחַטָּאת וְהָאָשָׁם הֵמָּה יֹאכְלוּם

30 וְכָל־חֵרֶם בְּיִשְׂרָאֵל לָהֶם יִהְיֶה: וְרֵאשִׁית כָּל־בִּכּוּרֵי כֹל וְכָל־תְּרוּמַת
כֹּל מִכֹּל תְּרוּמוֹתֵיכֶם לַכֹּהֲנִים יִהְיֶה וְרֵאשִׁית עֲרִסוֹתֵיכֶם תִּתְּנוּ

31 לַכֹּהֵן לְהָנִיחַ בְּרָכָה אֶל־בֵּיתֶךָ: כָּל־נְבֵלָה וּטְרֵפָה מִן־הָעוֹף וּמִן־
הַבְּהֵמָה לֹא יֹאכְלוּ הַכֹּהֲנִים:

45 1 וּבְהַפִּילְכֶם אֶת־הָאָרֶץ בְּנַחֲלָה תָּרִימוּ תְרוּמָה לַיהוָה קֹדֶשׁ מִן־
הָאָרֶץ אֹרֶךְ חֲמִשָּׁה וְעֶשְׂרִים אֶלֶף אֹרֶךְ וְרֹחַב עֲשָׂרָה אָלֶף קֹדֶשׁ־

2 הוּא בְּכָל־גְּבוּלָהּ סָבִיב: יִהְיֶה מִזֶּה אֶל־הַקֹּדֶשׁ חֲמֵשׁ מֵאוֹת בַּחֲמֵשׁ

3 מֵאוֹת מְרֻבָּע סָבִיב וַחֲמִשִּׁים אַמָּה מִגְרָשׁ לוֹ סָבִיב: וּמִן־הַמִּדָּה

חֲמִשָּׁה

הַזֹּאת תָּמוֹד אֹרֶךְ חֲמֵשׁ וְעֶשְׂרִים אֶלֶף וְרֹחַב עֲשֶׂרֶת אֲלָפִים וּבוֹ־

4 יִהְיֶה הַמִּקְדָּשׁ קֹדֶשׁ קָדָשִׁים: קֹדֶשׁ מִן־הָאָרֶץ הוּא לַכֹּהֲנִים מְשָׁרְתֵי
הַמִּקְדָּשׁ יִהְיֶה הַקְּרֵבִים לְשָׁרֵת אֶת־יְהוָה וְהָיָה לָהֶם מָקוֹם לְבָתִּים

5 וּמִקְדָּשׁ לַמִּקְדָּשׁ: וַחֲמִשָּׁה וְעֶשְׂרִים אֶלֶף אֹרֶךְ וַעֲשֶׂרֶת אֲלָפִים רֹחַב

house, have for themselves, for a posses-
sion for twenty chambers.

6 ¶ And ye shall appoint the possession
of the city five thousand broad, and five
and twenty thousand long, over against
the oblation of the holy *portion:* it shall
be for the whole house of Israel.

7 ¶ And a *portion shall be* for the prince
on the one side and on the other side of
the oblation of the holy *portion,* and of
the possession of the city, before the ob-
lation of the holy *portion,* and before the
possession of the city, from the west side
westward, and from the east side east-
ward: and the length *shall be* over against
one of the portions, from the west border
unto the east border.

8 In the land shall be his possession in
Israel: and my princes shall no more op-
press my people; and *the rest of* the land
shall they give to the house of Israel ac-
cording to their tribes.

9 ¶ Thus saith the Lord GOD; Let it suf-
fice you, O princes of Israel: remove vi-
olence and spoil, and execute judgment
and justice, take away your exactions from
my people, saith the Lord GOD.

10 Ye shall have just balances, and a just
ephah, and a just bath.

11 The ephah and the bath shall be of
one measure, that the bath may contain
the tenth part of an homer, and the ephah
the tenth part of an homer: the measure
thereof shall be after the homer.

12 And the shekel *shall be* twenty gerahs:
twenty shekels, five and twenty shekels,
fifteen shekels, shall be your maneh.

13 This *is* the oblation that ye shall offer;
the sixth part of an ephah of an homer
of wheat, and ye shall give the sixth part
of an ephah of an homer of barley:

14 Concerning the ordinance of oil, the
bath of oil, *ye shall offer* the tenth part of
a bath out of the cor, *which is* an homer
of ten baths; for ten baths *are* an homer:

15 And one lamb out of the flock, out
of two hundred, out of the fat pastures
of Israel; for a meat offering, and for a
burnt offering, and for peace offerings, to
make reconciliation for them, saith the
Lord GOD.

16 All the people of the land shall give
this oblation for the prince in Israel.

17 And it shall be the prince's part *to give*
burnt offerings, and meat offerings, and
drink offerings, in the feasts, and in the
new moons, and in the sabbaths, in all
solemnities of the house of Israel: he shall
prepare the sin offering, and the meat of-
fering, and the burnt offering, and the
peace offerings, to make reconciliation for
the house of Israel.

18 Thus saith the Lord GOD; In the first
month, in the first *day* of the month, thou
shalt take a young bullock without blem-
ish, and cleanse the sanctuary:

19 And the priest shall take of the blood
of the sin offering, and put *it* upon the
posts of the house, and upon the four cor-
ners of the settle of the altar, and upon
the posts of the gate of the inner court.

20 And so thou shalt do the seventh *day*
of the month for every one that erreth,
and for *him that is* simple: so shall ye rec-
oncile the house.

21 In the first *month,* in the fourteenth
day of the month, ye shall have the pass-
over, a feast of seven days; unleavened
bread shall be eaten.

22 And upon that day shall the prince
prepare for himself and for all the people
of the land a bullock *for* a sin offering.

23 And seven days of the feast he shall
prepare a burnt offering to the LORD,
seven bullocks and seven rams without
blemish daily the seven days; and a kid of
the goats daily *for* a sin offering.

24 And he shall prepare a meat offering
of an ephah for a bullock, and an ephah
for a ram, and an hin of oil for an ephah.

25 In the seventh *month,* in the fifteenth
day of the month, shall he do the like in
the feast of the seven days, according to
the sin offering, according to the burnt of-
fering, and according to the meat offering,
and according to the oil.

CHAPTER 46

1 Thus saith the Lord GOD; The gate of
the inner court that looketh toward the
east shall be shut the six working days; but
on the sabbath it shall be opened, and in

וְהָיָה 6 יִהְיֶה לַלְוִיִּם֙ מְשָׁרְתֵ֣י הַבַּ֔יִת לָהֶ֖ם לַֽאֲחֻזָּ֑ה עֶשְׂרִ֣ים לְשָׁכֹ֑ת׃ וַֽאֲחֻזַּ֣ת

הָעִ֡יר תִּתְּנוּ֩ חֲמֵ֨שֶׁת אֲלָפִ֜ים רֹ֗חַב וְאֹ֨רֶךְ֙ חֲמִשָּׁ֣ה וְעֶשְׂרִ֣ים אֶ֔לֶף לְעֻמַּ֖ת

7 תְּרוּמַ֣ת הַקֹּ֑דֶשׁ לְכָל־בֵּ֥ית יִשְׂרָאֵ֖ל יִֽהְיֶֽה׃ וְלַנָּשִׂ֣יא מִזֶּ֣ה וּמִזֶּ֣ה

לִתְרוּמַ֨ת הַקֹּ֜דֶשׁ וְלַֽאֲחֻזַּ֣ת הָעִ֗יר אֶל־פְּנֵ֤י תְרֽוּמַת־הַקֹּ֨דֶשׁ֙ וְאֶל־פְּנֵ֣י

אֲחֻזַּ֣ת הָעִ֗יר מִפְּאַת־יָ֥ם יָ֨מָּה֙ וּמִפְּאַת־קֵ֨דְמָה֙ קָדִ֔ימָה וְאֹ֕רֶךְ לְעֻמּ֖וֹת

8 אַחַ֣ד הַֽחֲלָקִ֗ים מִגְּב֥וּל יָ֛ם אֶל־גְּב֥וּל קָדִֽ֑ימָה׃ לָאָ֕רֶץ יִֽהְיֶה־לּ֥וֹ לַֽאֲחֻזָּ֖ה

בְּיִשְׂרָאֵ֑ל וְלֹֽא־יוֹנ֨וּ ע֤וֹד נְשִׂיאַי֙ אֶת־עַמִּ֔י וְהָאָ֛רֶץ יִתְּנ֥וּ לְבֵֽית־יִשְׂרָאֵ֖ל

9 לְשִׁבְטֵיהֶֽם׃ כֹּֽה־אָמַ֞ר אֲדֹנָ֣י יְהֹוִ֗ה רַב־לָכֶ֞ם נְשִׂיאֵ֣י יִשְׂרָאֵ֑ל

חָמָ֤ס וָשֹׁד֙ הָסִ֔ירוּ וּמִשְׁפָּ֥ט וּצְדָקָ֖ה עֲשׂ֑וּ הָרִ֧ימוּ גְרֻשֹֽׁתֵיכֶ֛ם מֵעַ֥ל עַמִּ֖י

10 נְאֻ֖ם אֲדֹנָ֥י יְהֹוִֽה׃ מֹֽאזְנֵי־צֶ֛דֶק וְאֵֽיפַת־צֶ֥דֶק וּבַת־צֶ֖דֶק יְהִ֥י לָכֶֽם׃

11 הָֽאֵיפָ֣ה וְהַבַּ֗ת תֹּ֤כֶן אֶחָד֙ יִֽהְיֶ֔ה לָשֵׂ֕את מַעְשַׂ֥ר הַחֹ֖מֶר הַבָּ֑ת וַֽעֲשִׂירִ֤ת

12 הַחֹ֨מֶר֙ הָ֣אֵיפָ֔ה אֶל־הַחֹ֖מֶר יִֽהְיֶ֣ה מַתְכֻּנְתּֽוֹ׃ וְהַשֶּׁ֖קֶל עֶשְׂרִ֣ים גֵּרָ֑ה

עֶשְׂרִ֨ים שְׁקָלִ֜ים חֲמִשָּׁ֧ה וְעֶשְׂרִ֣ים שְׁקָלִ֗ים עֲשָׂרָ֤ה וַֽחֲמִשָּׁה֙ שֶׁ֔קֶל

13 הַמָּנֶ֖ה יִֽהְיֶ֥ה לָכֶֽם׃ זֹ֣את הַתְּרוּמָה֙ אֲשֶׁ֣ר תָּרִ֔ימוּ שִׁשִּׁ֥ית הָֽאֵיפָ֖ה

14 מֵחֹ֣מֶר הַֽחִטִּ֔ים וְשִׁשִּׁיתֶ֕ם הָֽאֵיפָ֖ה מֵחֹ֣מֶר הַשְּׂעֹרִֽים׃ וְחֹ֣ק הַשֶּׁ֨מֶן֙ הַבַּ֣ת

הַשֶּׁ֔מֶן מַעְשַׂ֥ר הַבַּ֖ת מִן־הַכֹּ֑ר עֲשֶׂ֧רֶת הַבַּתִּ֛ים חֹ֖מֶר כִּֽי־עֲשֶׂ֥רֶת הַבַּתִּ֖ים

15 חֹֽמֶר׃ וְשֶׂה־אַחַ֨ת מִן־הַצֹּ֤אן מִן־הַמָּאתַ֨יִם֙ מִמַּשְׁקֵ֣ה יִשְׂרָאֵ֔ל לְמִנְחָ֖ה

16 וּלְעוֹלָ֣ה וְלִשְׁלָמִ֑ים לְכַפֵּ֣ר עֲלֵיהֶ֖ם נְאֻ֖ם אֲדֹנָ֥י יְהֹוִֽה׃ כֹּ֚ל הָעָ֣ם הָאָ֔רֶץ

17 יִֽהְי֖וּ אֶל־הַתְּרוּמָ֣ה הַזֹּ֑את לַנָּשִׂ֖יא בְּיִשְׂרָאֵֽל׃ וְעַל־הַנָּשִׂ֣יא יִֽהְיֶ֡ה

הָֽעוֹל֣וֹת וְהַמִּנְחָה֩ וְהַנֵּ֨סֶךְ֙ בַּֽחַגִּ֤ים וּבֶֽחֳדָשִׁים֙ וּבַשַּׁבָּת֔וֹת בְּכָֽל־מֽוֹעֲדֵ֖י

בֵּ֣ית יִשְׂרָאֵ֑ל הֽוּא־יַעֲשֶׂ֞ה אֶת־הַֽחַטָּ֤את וְאֶת־הַמִּנְחָה֙ וְאֶת־הָ֣עוֹלָ֔ה

18 וְאֶת־הַשְּׁלָמִ֔ים לְכַפֵּ֖ר בְּעַ֥ד בֵּֽית־יִשְׂרָאֵֽל׃ כֹּֽה־אָמַר֘ אֲדֹנָ֣י

יְהֹוִה֒ בָּֽרִאשׁוֹן֙ בְּאֶחָ֣ד לַחֹ֔דֶשׁ תִּקַּ֥ח פַּר־בֶּן־בָּקָ֖ר תָּמִ֑ים וְחִטֵּאתָ֖ אֶת־

19 הַמִּקְדָּֽשׁ׃ וְלָקַ֤ח הַכֹּהֵן֙ מִדַּ֣ם הַֽחַטָּ֔את וְנָתַן֙ אֶל־מְזוּזַ֣ת הַבַּ֔יִת וְאֶל־

20 אַרְבַּ֕ע פִּנּ֖וֹת הָֽעֲזָרָ֣ה לַמִּזְבֵּ֑חַ וְעַ֨ל־מְזוּזַ֔ת שַׁ֖עַר הֶֽחָצֵ֥ר הַפְּנִימִֽית׃ וְכֵ֤ן

תַּֽעֲשֶׂה֙ בְּשִׁבְעָ֣ה בַחֹ֔דֶשׁ מֵאִ֥ישׁ שֹׁגֶ֖ה וּמִפֶּ֑תִי וְכִפַּרְתֶּ֖ם אֶת־הַבָּֽיִת׃

21 בָּ֣רִאשׁ֗וֹן בְּאַרְבָּעָ֨ה עָשָׂ֥ר י֛וֹם לַחֹ֖דֶשׁ יִֽהְיֶ֣ה לָכֶ֣ם הַפָּ֑סַח חָ֕ג שְׁבֻע֣וֹת

22 יָמִ֔ים מַצּ֖וֹת יֵֽאָכֵֽל׃ וְעָשָׂ֤ה הַנָּשִׂיא֙ בַּיּ֣וֹם הַה֔וּא בַּֽעֲד֖וֹ וּבְעַ֣ד כָּל־עַ֣ם

23 הָאָ֖רֶץ פַּ֥ר חַטָּֽאת׃ וְשִׁבְעַ֨ת יְמֵֽי־הֶחָ֜ג יַֽעֲשֶׂ֧ה עוֹלָ֣ה לַֽיהֹוָ֗ה שִׁבְעַ֣ת

פָּרִ֣ים וְשִׁבְעַ֣ת אֵילִ֤ים תְּמִימִם֙ לַיּ֔וֹם שִׁבְעַ֖ת הַיָּמִ֑ים וְחַטָּ֕את שְׂעִ֥יר

24 עִזִּ֖ים לַיּֽוֹם׃ וּמִנְחָ֗ה אֵיפָ֤ה לַפָּר֙ וְאֵיפָ֣ה לָאַ֔יִל יַֽעֲשֶׂ֑ה וְשֶׁ֥מֶן הִ֖ין

25 לָֽאֵיפָֽה׃ בַּשְּׁבִיעִ֡י בַּֽחֲמִשָּׁה֩ עָשָׂ֨ר י֤וֹם לַחֹ֨דֶשׁ֙ בֶּחָ֔ג יַֽעֲשֶׂ֖ה כָּאֵ֑לֶּה

46 1 שִׁבְעַ֣ת הַיָּמִ֔ים כַּֽחַטָּאת֙ כָּֽעֹלָ֔ה וְכַמִּנְחָ֖ה וְכַשָּֽׁמֶן׃ כֹּה־אָמַר֮

אֲדֹנָ֣י יְהֹוִה֒ שַׁ֜עַר הֶֽחָצֵ֤ר הַפְּנִימִית֙ הַפֹּנֶ֣ה קָדִ֔ים יִֽהְיֶ֣ה סָג֔וּר שֵׁ֣שֶׁת

2 יְמֵ֣י הַֽמַּעֲשֶׂ֔ה וּבְי֤וֹם הַשַּׁבָּת֙ יִפָּתֵ֔חַ וּבְי֥וֹם הַחֹ֖דֶשׁ יִפָּתֵֽחַ׃ וּבָ֣א הַנָּשִׂ֡יא

the day of the new moon it shall be opened.

2 And the prince shall enter by the way of the porch of *that* gate without, and shall stand by the post of the gate, and the priests shall prepare his burnt offering and his peace offerings, and he shall worship at the threshold of the gate: then he shall go forth; but the gate shall not be shut until the evening.

3 Likewise the people of the land shall worship at the door of this gate before the LORD in the sabbaths and in the new moons.

4 And the burnt offering that the prince shall offer unto the LORD in the sabbath day *shall be* six lambs without blemish, and a ram without blemish.

5 And the meat offering *shall be* an ephah for a ram, and the meat offering for the lambs as he shall be able to give, and an hin of oil to an ephah.

6 And in the day of the new moon *it shall be* a young bullock without blemish, and six lambs, and a ram: they shall be without blemish.

7 And he shall prepare a meat offering, an ephah for a bullock, and an ephah for a ram, and for the lambs according as his hand shall attain unto, and an hin of oil to an ephah.

8 And when the prince shall enter, he shall go in by the way of the porch of *that* gate, and he shall go forth by the way thereof.

9 ¶ But when the people of the land shall come before the LORD in the solemn feasts, he that entereth in by the way of the north gate to worship shall go out by the way of the south gate; and he that entereth by the way of the south gate shall go forth by the way of the north gate: he shall not return by the way of the gate whereby he came in, but shall go forth over against it.

10 And the prince in the midst of them, when they go in, shall go in; and when they go forth, shall go forth.

11 And in the feasts and in the solemnities the meat offering shall be an ephah to a bullock, and an ephah to a ram, and

to the lambs as he is able to give, and an hin of oil to an ephah.

12 Now when the prince shall prepare a voluntary burnt offering or peace offerings voluntarily unto the LORD, *one* shall then open him the gate that looketh toward the east, and he shall prepare his burnt offering and his peace offerings, as he did on the sabbath day: then he shall go forth; and after his going forth *one* shall shut the gate.

13 Thou shalt daily prepare a burnt offering unto the LORD *of* a lamb of the first year without blemish: thou shalt prepare it every morning.

14 And thou shalt prepare a meat offering for it every morning, the sixth part of an ephah, and the third part of an hin of oil, to temper with the fine flour; a meat offering continually by a perpetual ordinance unto the LORD.

15 Thus shall they prepare the lamb, and the meat offering, and the oil, every morning *for* a continual burnt offering.

16 ¶ Thus saith the Lord GOD; If the prince give a gift unto any of his sons, the inheritance thereof shall be his sons'; it *shall be* their possession by inheritance.

17 But if he give a gift of his inheritance to one of his servants, then it shall be his to the year of liberty; after it shall return to the prince: but his inheritance shall be his sons' for them.

18 Moreover the prince shall not take of the people's inheritance by oppression, to thrust them out of their possession; *but* he shall give his sons inheritance out of his own possession: that my people be not scattered every man from his possession.

19 ¶ After he brought me through the entry, which *was* at the side of the gate, into the holy chambers of the priests, which looked toward the north: and, behold, there *was* a place on the two sides westward.

20 Then said he unto me, This *is* the place where the priests shall boil the trespass offering and the sin offering, where they shall bake the meat offering; that they bear *them* not out into the utter court, to sanctify the people.

21 Then he brought me forth into the

דֶּ֣רֶךְ אוּלָ֣ם הַשַּׁעַר֮ מִחוּץ֒ וְעָמַד֙ עַל־מְזוּזַ֣ת הַשַּׁ֔עַר וְעָשׂ֣וּ הַכֹּֽהֲנִ֗ים
אֶת־עֽוֹלָתוֹ֙ וְאֶת־שְׁלָמָ֔יו וְהִֽשְׁתַּֽחֲוָ֛ה עַל־מִפְתַּ֥ן הַשַּׁ֖עַר וְיָצָ֑א וְהַשַּׁ֧עַר

3 לֹֽא־יִסָּגֵ֣ר עַד־הָעָֽרֶב׃ וְהִשְׁתַּחֲו֜וּ עַם־הָאָ֗רֶץ פֶּ֚תַח הַשַּׁ֣עַר הַה֔וּא
4 בַּשַּׁבָּת֖וֹת וּבֶחֳדָשִׁ֑ים לִפְנֵ֖י יְהֹוָֽה׃ וְהָ֣עֹלָ֔ה אֲשֶׁר־יַקְרִ֥ב הַנָּשִׂ֖יא לַֽיהֹוָ֑ה
5 בְּי֣וֹם הַשַּׁבָּ֗ת שִׁשָּׁ֧ה כְבָשִׂ֛ים תְּמִימִ֖ם וְאַ֥יִל תָּמִֽים׃ וּמִנְחָה֙ אֵיפָ֣ה
6 לָאַ֔יִל וְלַכְּבָשִׂ֥ים מִנְחָ֖ה מַתַּ֣ת יָד֑וֹ וְשֶׁ֖מֶן הִ֥ין לָאֵיפָֽה׃ וּבְי֣וֹם הַחֹ֔דֶשׁ
7 פַּ֥ר בֶּן־בָּקָ֖ר תְּמִימִ֑ם וְשֵׁ֧שֶׁת כְּבָשִׂ֛ם וָאַ֖יִל תְּמִימִ֥ם יִהְיֽוּ׃ וְאֵיפָ֨ה לַפָּ֜ר
וְאֵיפָ֤ה לָאַ֙יִל֙ יַֽעֲשֶׂ֣ה מִנְחָ֔ה וְלַ֨כְּבָשִׂ֔ים כַּאֲשֶׁ֥ר תַּשִּׂ֖יג יָד֑וֹ וְשֶׁ֖מֶן הִ֥ין
8 לָאֵיפָֽה׃ וּבְב֖וֹא הַנָּשִׂ֑יא דֶּ֣רֶךְ אוּלָ֤ם הַשַּׁ֙עַר֙ יָב֔וֹא וּבְדַרְכּ֖וֹ יֵצֵֽא׃
9 וּבְב֨וֹא עַם־הָאָ֜רֶץ לִפְנֵ֣י יְהֹוָה֮ בַּמּֽוֹעֲדִים֒ הַבָּ֡א דֶּֽרֶךְ־שַׁ֨עַר צָפ֜וֹן
לְהִֽשְׁתַּחֲוֺ֗ת יֵצֵא֙ דֶּֽרֶךְ־שַׁ֣עַר נֶ֔גֶב וְהַבָּא֙ דֶּֽרֶךְ־שַׁ֣עַר נֶ֔גֶב יֵצֵ֖א דֶּֽרֶךְ־
שַׁ֣עַר צָפ֑וֹנָה לֹ֣א יָשׁ֗וּב דֶּ֤רֶךְ הַשַּׁ֙עַר֙ אֲשֶׁר־בָּ֣א ב֔וֹ כִּ֥י נִכְח֖וֹ יֵצֵֽאוּ׃

יֵצֵא

10 וְהַנָּשִׂ֑יא בְּתוֹכָ֤ם בְּבוֹאָם֙ יָב֔וֹא וּבְצֵאתָ֖ם יֵצֵֽאוּ׃ וּבַֽחַגִּ֣ים וּבַמּֽוֹעֲדִ֗ים
11 תִּֽהְיֶ֤ה הַמִּנְחָה֙ אֵיפָ֤ה לַפָּר֙ וְאֵיפָ֣ה לָאַ֔יִל וְלַכְּבָשִׂ֖ים מַתַּ֣ת יָד֑וֹ וְשֶׁ֖מֶן
הִ֥ין לָאֵיפָֽה׃

12 וְכִֽי־יַעֲשֶׂה֩ הַנָּשִׂ֨יא נְדָבָ֜ה עוֹלָ֣ה אֽוֹ־שְׁלָמִים֮
נְדָבָ֣ה לַֽיהֹוָה֒ וּפָ֣תַח ל֗וֹ אֶת־הַשַּׁ֙עַר֙ הַפֹּנֶ֣ה קָדִ֔ים וְעָשָׂ֣ה אֶת־עֹֽלָת֗וֹ
וְאֶת־שְׁלָמָ֔יו כַּאֲשֶׁ֥ר יַעֲשֶׂ֖ה בְּי֣וֹם הַשַּׁבָּ֑ת וְיָצָ֕א וְסָגַ֥ר אֶת־הַשַּׁ֖עַר
13 אַחֲרֵ֥י צֵאתֽוֹ׃ וְכֶ֨בֶשׂ בֶּן־שְׁנָת֜וֹ תָּמִ֗ים תַּעֲשֶׂ֥ה עוֹלָ֛ה לַיּ֖וֹם לַֽיהֹוָ֑ה
14 בַּבֹּ֥קֶר בַּבֹּ֖קֶר תַּעֲשֶׂ֥ה אֹתֽוֹ׃ וּמִנְחָה֩ תַעֲשֶׂ֨ה עָלָ֤יו בַּבֹּ֙קֶר֙ בַּבֹּ֔קֶר שִׁשִּׁ֣ית
הָאֵיפָ֗ה וְשֶׁ֛מֶן שְׁלִישִׁ֥ית הַהִ֖ין לָרֹ֣ס אֶת־הַסֹּ֑לֶת מִנְחָה֙ לַֽיהֹוָ֔ה חֻקּ֖וֹת
15 עוֹלָ֥ם תָּמִֽיד׃ וְעָשׂ֨וּ אֶת־הַכֶּ֧בֶשׂ וְאֶת־הַמִּנְחָ֛ה וְאֶת־הַשֶּׁ֖מֶן בַּבֹּ֣קֶר
בַּבֹּ֑קֶר עוֹלַ֖ת תָּמִֽיד׃

יַעֲשׂוּ

16 כֹּֽה־אָמַ֞ר אֲדֹנָ֣י יְהֹוִ֗ה כִּֽי־יִתֵּ֤ן הַנָּשִׂיא֙ מַתָּנָ֣ה לְאִ֣ישׁ מִבָּנָ֔יו נַחֲלָת֥וֹ
17 הִ֖יא לְבָנָ֣יו תִּֽהְיֶ֑ה אֲחֻזָּתָ֥ם הִ֖יא בְּנַחֲלָֽה׃ וְכִֽי־יִתֵּ֨ן מַתָּנָ֜ה מִנַּחֲלָת֗וֹ
לְאַחַד֙ מֵֽעֲבָדָ֔יו וְהָ֤יְתָה לּוֹ֙ עַד־שְׁנַ֣ת הַדְּר֔וֹר וְשָׁבַ֖ת לַנָּשִׂ֑יא אַ֚ךְ
18 נַחֲלָת֔וֹ בָּנָ֖יו לָהֶ֥ם תִּֽהְיֶֽה׃ וְלֹא־יִקַּ֨ח הַנָּשִׂ֜יא מִנַּחֲלַ֣ת הָעָ֗ם לְהֽוֹנֹתָם֙
מֵאֲחֻזָּתָ֔ם מֵאֲחֻזָּת֖וֹ יַנְחִ֣ל אֶת־בָּנָ֑יו לְמַ֙עַן֙ אֲשֶׁ֣ר לֹֽא־יָפֻ֣צוּ עַמִּ֔י אִ֖ישׁ
19 מֵאֲחֻזָּתֽוֹ׃ וַיְבִיאֵ֣נִי בַמָּבוֹא֮ אֲשֶׁ֣ר עַל־כֶּ֣תֶף הַשַּׁעַר֒ אֶל־הַלִּשְׁכ֤וֹת
הַקֹּ֙דֶשׁ֙ אֶל־הַכֹּ֣הֲנִ֔ים הַפֹּנ֖וֹת צָפ֑וֹנָה וְהִנֵּה־שָׁ֣ם מָק֔וֹם בירכתם

בַּיַּרְכָתַיִם

20 יָֽמָּה׃ וַיֹּ֣אמֶר אֵלַ֔י זֶ֣ה הַמָּק֗וֹם אֲשֶׁ֤ר יְבַשְּׁלוּ־שָׁם֙ הַכֹּ֣הֲנִ֔ים
אֶת־הָֽאָשָׁ֖ם וְאֶת־הַחַטָּ֑את אֲשֶׁ֤ר יֹאפוּ֙ אֶת־הַמִּנְחָ֔ה לְבִלְתִּ֥י הוֹצִ֛יא
21 אֶל־הֶחָצֵ֥ר הַחִֽיצוֹנָ֖ה לְקַדֵּ֥שׁ אֶת־הָעָֽם׃ וַיּֽוֹצִיאֵ֗נִי אֶל־הֶֽחָצֵר֙ הַחִ֣יצֹנָ֔ה

utter court, and caused me to pass by the four corners of the court; and, behold, in every corner of the court *there was* a court.

22 In the four corners of the court *there were* courts joined of forty *cubits* long and thirty broad: these four corners *were* of one measure.

23 And *there was* a row *of building* round about in them, round about them four, and *it was* made with boiling places under the rows round about.

24 Then said he unto me, These *are* the places of them that boil, where the ministers of the house shall boil the sacrifice of the people.

CHAPTER 47

1 Afterward he brought me again unto the door of the house; and, behold, waters issued out from under the threshold of the house eastward: for the forefront of the house *stood toward* the east, and the waters came down from under from the right side of the house, at the south *side* of the altar.

2 Then brought he me out of the way of the gate northward, and led me about the way without unto the utter gate by the way that looketh eastward; and, behold, there ran out waters on the right side.

3 And when the man that had the line in his hand went forth eastward, he measured a thousand cubits, and he brought me through the waters; the waters *were* to the ankles.

4 Again he measured a thousand, and brought me through the waters; the waters *were* to the knees. Again he measured a thousand, and brought me through; the waters *were* to the loins.

5 Afterward he measured a thousand; *and it was* a river that I could not pass over: for the waters were risen, waters to swim in, a river that could not be passed over.

6 ¶ And he said unto me, Son of man, hast thou seen *this?* Then he brought me, and caused me to return to the brink of the river.

7 Now when I had returned, behold, at the bank of the river *were* very many trees on the one side and on the other.

8 Then said he unto me, These waters issue out toward the east country, and go down into the desert, and go into the sea: *which being* brought forth into the sea, the waters shall be healed.

9 And it shall come to pass, *that* every thing that liveth, which moveth, whithersoever the rivers shall come, shall live: and there shall be a very great multitude of fish, because these waters shall come thither: for they shall be healed; and every thing shall live whither the river cometh.

10 And it shall come to pass, *that* the fishers shall stand upon it from En-gedi even unto En-eglaim; they shall be a *place* to spread forth nets; their fish shall be according to their kinds, as the fish of the great sea, exceeding many.

11 But the miry places thereof and the marishes thereof shall not be healed; they shall be given to salt.

12 And by the river upon the bank thereof, on this side and on that side, shall grow all trees for meat, whose leaf shall not fade, neither shall the fruit thereof be consumed: it shall bring forth new fruit according to his months, because their waters they issued out of the sanctuary: and the fruit thereof shall be for meat, and the leaf thereof for medicine.

13 ¶ Thus saith the Lord GOD; This *shall be* the border, whereby ye shall inherit the land according to the twelve tribes of Israel: Joseph *shall have two* portions.

14 And ye shall inherit it, one as well as another: *concerning* the which I lifted up mine hand to give it unto your fathers: and this land shall fall unto you for inheritance.

15 And this *shall be* the border of the land toward the north side, from the great sea, the way of Hethlon, as men go to Zedad;

16 Hamath, Berothah, Sibraim, which *is* between the border of Damascus and the border of Hamath; Hazar-hatticon, which *is* by the coast of Hauran.

17 And the border from the sea shall be Hazar-enan, the border of Damascus, and the north northward, and the border of Hamath. And *this is* the north side.

18 And the east side ye shall measure

וַיַּעֲבִירֵנִי אֶל־אַרְבַּעַת מִקְצוֹעֵי הֶחָצֵר וְהִנֵּה חָצֵר בְּמִקְצֹעַ הֶחָצֵר

22 חָצֵר בְּמִקְצֹעַ הֶחָצֵר: בְּאַרְבַּעַת מִקְצֹעוֹת הֶחָצֵר חֲצֵרוֹת קְטֻרוֹת אַרְבָּעִים אֹרֶךְ וּשְׁלֹשִׁים רֹחַב מִדָּה אַחַת לְאַרְבַּעְתָּם מְהֻקְצָעוֹת:

23 וְטוּר סָבִיב בָּהֶם סָבִיב לְאַרְבַּעְתָּם וּמְבַשְּׁלוֹת עָשׂוּי מִתַּחַת הַטִּירוֹת

24 סָבִיב: וַיֹּאמֶר אֵלָי אֵלֶּה בֵּית הַמְבַשְּׁלִים אֲשֶׁר יְבַשְּׁלוּ־שָׁם מְשָׁרְתֵי

47 1 הַבַּיִת אֶת־זֶבַח הָעָם: וַיְשִׁבֵנִי אֶל־פֶּתַח הַבַּיִת וְהִנֵּה־מַיִם יֹצְאִים מִתַּחַת מִפְתַּן הַבַּיִת קָדִימָה כִּי־פְנֵי הַבַּיִת קָדִים וְהַמַּיִם יֹרְדִים

2 מִתַּחַת מִכֶּתֶף הַבַּיִת הַיְמָנִית מִנֶּגֶב לַמִּזְבֵּחַ: וַיּוֹצִאֵנִי דֶּרֶךְ־שַׁעַר צָפוֹנָה וַיְסִבֵּנִי דֶּרֶךְ חוּץ אֶל־שַׁעַר הַחוּץ דֶּרֶךְ הַפּוֹנֶה קָדִים וְהִנֵּה־

3A 3 מַיִם מְפַכִּים מִן־הַכָּתֵף הַיְמָנִית: בְּצֵאת־הָאִישׁ קָדִים וְקָו בְּיָדוֹ וַיָּמָד אֶלֶף בָּאַמָּה וַיַּעֲבִרֵנִי בַמַּיִם מֵי אָפְסָיִם: וַיָּמָד אֶלֶף וַיַּעֲבִרֵנִי בַמַּיִם

5 מַיִם בִּרְכָּיִם וַיָּמָד אֶלֶף וַיַּעֲבִרֵנִי מֵי מָתְנָיִם: וַיָּמָד אֶלֶף נַחַל אֲשֶׁר

6 לֹא־אוּכַל לַעֲבֹר כִּי־גָאוּ הַמַּיִם מֵי שָׂחוּ נַחַל אֲשֶׁר לֹא־יֵעָבֵר: וַיֹּאמֶר

7 אֵלַי הֲרָאִיתָ בֶן־אָדָם וַיּוֹלִכֵנִי וַיְשִׁבֵנִי שְׂפַת הַנָּחַל: בְּשׁוּבֵנִי וְהִנֵּה

8 אֶל־שְׂפַת הַנַּחַל עֵץ רַב מְאֹד מִזֶּה וּמִזֶּה: וַיֹּאמֶר אֵלַי הַמַּיִם הָאֵלֶּה יוֹצְאִים אֶל־הַגְּלִילָה הַקַּדְמוֹנָה וְיָרְדוּ עַל־הָעֲרָבָה וּבָאוּ הַיָּמָּה אֶל־

9 הַיָּמָּה הַמּוּצָאִים וְנִרְפְּאוּ הַמָּיִם: וְהָיָה כָל־נֶפֶשׁ חַיָּה אֲשֶׁר־יִשְׁרֹץ אֶל כָּל־אֲשֶׁר יָבוֹא שָׁם נַחֲלַיִם יִחְיֶה וְהָיָה הַדָּגָה רַבָּה מְאֹד כִּי בָאוּ שָׁמָּה הַמַּיִם הָאֵלֶּה וְיֵרָפְאוּ וָחָי כֹּל אֲשֶׁר־יָבוֹא שָׁמָּה הַנָּחַל:

10 וְהָיָה יַעַמְדוּ עָלָיו דַּוָּגִים מֵעֵין גֶּדִי וְעַד־עֵין עֶגְלַיִם מִשְׁטוֹחַ לַחֲרָמִים

11 יִהְיוּ לְמִינָה תִּהְיֶה דְגָתָם כִּדְגַת הַיָּם הַגָּדוֹל רַבָּה מְאֹד: בִּצֹּאתוֹ

12 וּגְבָאָיו וְלֹא יֵרָפְאוּ לְמֶלַח נִתָּנוּ: וְעַל־הַנַּחַל יַעֲלֶה עַל־שְׂפָתוֹ מִזֶּה וּמִזֶּה כָּל־עֵץ־מַאֲכָל לֹא־יִבּוֹל עָלֵהוּ וְלֹא־יִתֹּם פִּרְיוֹ לָחֳדָשָׁיו יְבַכֵּר כִּי מֵימָיו מִן־הַמִּקְדָּשׁ הֵמָּה יוֹצְאִים וְהָיוּ פִרְיוֹ לְמַאֲכָל וְעָלֵהוּ

13 לִתְרוּפָה: כֹּה אָמַר אֲדֹנָי יְהוִה גֵּה גְבוּל אֲשֶׁר תִּתְנַחֲלוּ

14 אֶת־הָאָרֶץ לִשְׁנֵי עָשָׂר שִׁבְטֵי יִשְׂרָאֵל יוֹסֵף חֲבָלִים: וּנְחַלְתֶּם אוֹתָהּ אִישׁ כְּאָחִיו אֲשֶׁר נָשָׂאתִי אֶת־יָדִי לְתִתָּהּ לַאֲבֹתֵיכֶם וְנָפְלָה הָאָרֶץ

15 הַזֹּאת לָכֶם בְּנַחֲלָה: וְזֶה גְּבוּל הָאָרֶץ לִפְאַת צָפוֹנָה מִן־הַיָּם הַגָּדוֹל

16 הַדֶּרֶךְ חֶתְלֹן לְבוֹא צְדָדָה: חֲמָת בֵּרוֹתָה סִבְרַיִם אֲשֶׁר בֵּין־גְּבוּל

17 דַּמֶּשֶׂק וּבֵין גְּבוּל חֲמָת חָצֵר הַתִּיכוֹן אֲשֶׁר אֶל־גְּבוּל חַוְרָן: וְהָיָה גְבוּל מִן־הַיָּם חֲצַר עֵינוֹן גְּבוּל דַּמֶּשֶׂק וְצָפוֹן צָפוֹנָה וּגְבוּל חֲמָת

18 וְאֵת פְּאַת צָפוֹן: וּפְאַת קָדִים מִבֵּין חַוְרָן וּמִבֵּין־דַּמֶּשֶׂק וּמִבֵּין הַגִּלְעָד

וְנִרְפּוּ

עָמְדוּ

בִּצֹּאתוֹ

וְהָיָה

from Hauran, and from Damascus, and from Gilead, and from the land of Israel *by* Jordan, from the border unto the east sea. And *this is* the east side.

19 And the south side southward, from Tamar *even* to the waters of strife *in* Kadesh, the river to the great sea. And *this is* the south side southward.

20 The west side also *shall be* the great sea from the border, till a man come over against Hamath. This *is* the west side.

21 So shall ye divide this land unto you according to the tribes of Israel.

22 ¶ And it shall come to pass, *that* ye shall divide it by lot for an inheritance unto you, and to the strangers that sojourn among you, which shall beget children among you: and they shall be unto you as born in the country among the children of Israel; they shall have inheritance with you among the tribes of Israel.

23 And it shall come to pass, *that* in what tribe the stranger sojourneth, there shall ye give *him* his inheritance, saith the Lord GOD.

CHAPTER 48

1 Now these *are* the names of the tribes. From the north end to the coast of the way of Hethlon, as one goeth to Hamath, Hazar-enan, the border of Damascus northward, to the coast of Hamath; for these are his sides east *and* west; a *portion for* Dan.

2 And by the border of Dan, from the east side unto the west side, a *portion for* Asher.

3 And by the border of Asher, from the east side even unto the west side, a *portion for* Naphtali.

4 And by the border of Naphtali, from the east side unto the west side, a *portion for* Manasseh.

5 And by the border of Manasseh, from the east side unto the west side, a *portion for* Ephraim.

6 And by the border of Ephraim, from the east side even unto the west side, a *portion for* Reuben.

7 And by the border of Reuben, from the east side unto the west side, a *portion for* Judah.

8 ¶ And by the border of Judah, from the east side unto the west side, shall be the offering which ye shall offer of five and twenty thousand *reeds in* breadth, and *in* length as one of the *other* parts, from the east side unto the west side: and the sanctuary shall be in the midst of it.

9 The oblation that ye shall offer unto the LORD *shall be* of five and twenty thousand in length, and of ten thousand in breadth.

10 And for them, *even* for the priests, shall be *this* holy oblation; toward the north five and twenty thousand *in length,* and toward the west ten thousand in breadth, and toward the east ten thousand in breadth, and toward the south five and twenty thousand in length: and the sanctuary of the LORD shall be in the midst thereof.

11 *It shall be* for the priests that are sanctified of the sons of Zadok; which have kept my charge, which went not astray when the children of Israel went astray, as the Levites went astray.

12 And *this* oblation of the land that is offered shall be unto them a thing most holy by the border of the Levites.

13 And over against the border of the priests the Levites *shall have* five and twenty thousand in length, and ten thousand in breadth: all the length *shall be* five and twenty thousand, and the breadth ten thousand.

14 And they shall not sell of it, neither exchange, nor alienate the firstfruits of the land: for *it is* holy unto the LORD.

15 ¶ And the five thousand, that are left in the breadth over against the five and twenty thousand, shall be a profane *place* for the city, for dwelling, and for suburbs: and the city shall be in the midst thereof.

16 And these *shall be* the measures thereof; the north side four thousand and five hundred, and the south side four thousand and five hundred, and on the east side four thousand and five hundred, and the west side four thousand and five hundred.

17 And the suburbs of the city shall be toward the north two hundred and fifty, and toward the south two hundred and

וּמִבֵּין אֶרֶץ יִשְׂרָאֵל הַיַּרְדֵּן מִגְּבוּל עַל־הַיָּם הַקַּדְמוֹנִי תָּמֹדּוּ וְאֵת

19 פְּאַת קָדִימָה: וּפְאַת נֶגֶב תֵּימָנָה מִתָּמָר עַד־מֵי מְרִיבוֹת קָדֵשׁ נַחֲלָה

20 אֶל־הַיָּם הַגָּדוֹל וְאֵת פְּאַת־תֵּימָנָה נֶגְבָּה: וּפְאַת־יָם הַיָּם הַגָּדוֹל

21 מִגְּבוּל עַד־נֹכַח לְבוֹא חֲמָת זֹאת פְּאַת־יָם: וְחִלַּקְתֶּם אֶת־הָאָרֶץ

22 הַזֹּאת לָכֶם לְשִׁבְטֵי יִשְׂרָאֵל: וְהָיָה תַּפִּלוּ אוֹתָהּ בְּנַחֲלָה לָכֶם

וּלְהַגֵּרִים הַגָּרִים בְּתוֹכְכֶם אֲשֶׁר־הוֹלִדוּ בָנִים בְּתוֹכְכֶם וְהָיוּ לָכֶם

כְּאֶזְרָח בִּבְנֵי יִשְׂרָאֵל אִתְּכֶם יִפְּלוּ בְנַחֲלָה בְּתוֹךְ שִׁבְטֵי יִשְׂרָאֵל:

23 וְהָיָה בַשֵּׁבֶט אֲשֶׁר־גָּר הַגֵּר אִתּוֹ שָׁם תִּתְּנוּ נַחֲלָתוֹ נְאֻם אֲדֹנָי

48 יְהוִה: וְאֵלֶּה שְׁמוֹת הַשְּׁבָטִים מִקְצֵה צָפוֹנָה אֶל־יַד

דֶּרֶךְ־חֶתְלֹן לְבוֹא־חֲמָת חֲצַר עֵינָן גְּבוּל דַּמֶּשֶׂק צָפוֹנָה אֶל־יַד חֲמָת

2 וְהָיוּ־לוֹ פְאַת־קָדִים הַיָּם דָּן אֶחָד: וְעַל גְּבוּל דָּן מִפְּאַת קָדִים

3 עַד־פְּאַת־יָמָּה אָשֵׁר אֶחָד: וְעַל גְּבוּל אָשֵׁר מִפְּאַת קָדִימָה וְעַד־

4 פְּאַת־יָמָּה נַפְתָּלִי אֶחָד: וְעַל גְּבוּל נַפְתָּלִי מִפְּאַת קָדְמָה עַד־פְּאַת־

5 יָמָּה מְנַשֶּׁה אֶחָד: וְעַל גְּבוּל מְנַשֶּׁה מִפְּאַת קָדְמָה עַד־פְּאַת־יָמָּה

6 אֶפְרַיִם אֶחָד: וְעַל גְּבוּל אֶפְרַיִם מִפְּאַת קָדִים וְעַד־פְּאַת־יָמָּה רְאוּבֵן

7 אֶחָד: וְעַל גְּבוּל רְאוּבֵן מִפְּאַת קָדִים עַד־פְּאַת־יָמָּה יְהוּדָה אֶחָד:

8 וְעַל גְּבוּל יְהוּדָה מִפְּאַת קָדִים עַד־פְּאַת־יָמָּה תִּהְיֶה הַתְּרוּמָה אֲשֶׁר־

תָּרִימוּ חֲמִשָּׁה וְעֶשְׂרִים אֶלֶף רֹחַב וְאֹרֶךְ כְּאַחַד הַחֲלָקִים מִפְּאַת

9 קָדִימָה עַד־פְּאַת־יָמָּה וְהָיָה הַמִּקְדָּשׁ בְּתוֹכוֹ: הַתְּרוּמָה אֲשֶׁר תָּרִימוּ

10 לַיהוִה אֹרֶךְ חֲמִשָּׁה וְעֶשְׂרִים אֶלֶף וְרֹחַב עֲשֶׂרֶת אֲלָפִים: וּלְאֵלֶּה

תִּהְיֶה תְרוּמַת־הַקֹּדֶשׁ לַכֹּהֲנִים צָפוֹנָה חֲמִשָּׁה וְעֶשְׂרִים אֶלֶף וְיָמָּה

רֹחַב עֲשֶׂרֶת אֲלָפִים וְקָדִימָה רֹחַב עֲשֶׂרֶת אֲלָפִים וְנֶגְבָּה אֹרֶךְ

11 חֲמִשָּׁה וְעֶשְׂרִים אָלֶף וְהָיָה מִקְדַּשׁ־יְהוָה בְּתוֹכוֹ: לַכֹּהֲנִים הַמְּקֻדָּשׁ

מִבְּנֵי צָדוֹק אֲשֶׁר שָׁמְרוּ מִשְׁמַרְתִּי אֲשֶׁר לֹא־תָעוּ בִּתְעוֹת בְּנֵי

12 יִשְׂרָאֵל כַּאֲשֶׁר תָּעוּ הַלְוִיִּם: וְהָיְתָה לָהֶם תְּרוּמִיָּה

מִתְּרוּמַת הָאָרֶץ קֹדֶשׁ קָדָשִׁים אֶל־גְּבוּל הַלְוִיִּם: וְהַלְוִיִּם לְעֻמַּת גְּבוּל

13 הַכֹּהֲנִים חֲמִשָּׁה וְעֶשְׂרִים אֶלֶף אֹרֶךְ וְרֹחַב עֲשֶׂרֶת אֲלָפִים כָּל־אֹרֶךְ

14 חֲמִשָּׁה וְעֶשְׂרִים אֶלֶף וְרֹחַב עֲשֶׂרֶת אֲלָפִים: וְלֹא־יִמְכְּרוּ מִמֶּנּוּ וְלֹא

15 יָמֵר וְלֹא יַעֲבוֹר רֵאשִׁית הָאָרֶץ כִּי־קֹדֶשׁ לַיהוָה: וַחֲמֵשֶׁת אֲלָפִים

הַנּוֹתָר בָּרֹחַב עַל־פְּנֵי חֲמִשָּׁה וְעֶשְׂרִים אֶלֶף חֹל־הוּא לָעִיר לְמוֹשָׁב

16 וּלְמִגְרָשׁ וְהָיְתָה הָעִיר בְּתוֹכֹה: וְאֵלֶּה מִדּוֹתֶיהָ פְּאַת צָפוֹן חֲמֵשׁ

מֵאוֹת וְאַרְבַּעַת אֲלָפִים וּפְאַת־נֶגֶב חֲמֵשׁ חֲמֵשׁ מֵאוֹת וְאַרְבַּעַת

אֲלָפִים וּמִפְּאַת קָדִים חֲמֵשׁ מֵאוֹת וְאַרְבַּעַת אֲלָפִים וּפְאַת־יָמָּה

17 חֲמֵשׁ מֵאוֹת וְאַרְבַּעַת אֲלָפִים: וְהָיָה מִגְרָשׁ לָעִיר צָפוֹנָה חֲמִשִּׁים

וּמָאתַיִם וְנֶגְבָּה חֲמִשִּׁים וּמָאתָיִם וְקָדִימָה חֲמִשִּׁים וּמָאתַיִם וְיָמָּה

יַעֲבִיר

בְּתוֹכוֹ

חֲמֵשׁ לֹא קרי

fifty, and toward the east two hundred and fifty, and toward the west two hundred and fifty.

18 And the residue in length over against the oblation of the holy *portion shall be* ten thousand eastward, and ten thousand westward: and it shall be over against the oblation of the holy *portion;* and the increase thereof shall be for food unto them that serve the city.

19 And they that serve the city shall serve it out of all the tribes of Israel.

20 All the oblation *shall be* five and twenty thousand by five and twenty thousand: ye shall offer the holy oblation foursquare, with the possession of the city.

21 ¶ And the residue *shall be* for the prince, on the one side and on the other of the holy oblation, and of the possession of the city, over against the five and twenty thousand of the oblation toward the east border, and westward over against the five and twenty thousand toward the west border, over against the portions for the prince: and it shall be the holy oblation; and the sanctuary of the house *shall be* in the midst thereof.

22 Moreover from the possession of the Levites, and from the possession of the city, *being* in the midst *of that* which is the prince's, between the border of Judah and the border of Benjamin, shall be for the prince.

23 As for the rest of the tribes, from the east side unto the west side, Benjamin *shall have* a *portion.*

24 And by the border of Benjamin, from the east side unto the west side, Simeon *shall have* a *portion.*

25 And by the border of Simeon, from the east side unto the west side, Issachar a *portion.*

26 And by the border of Issachar, from the east side unto the west side, Zebulun a *portion.*

27 And by the border of Zebulun, from the east side unto the west side, Gad a *portion.*

28 And by the border of Gad, at the south side southward, the border shall be even from Tamar *unto* the waters of strife *in* Kadesh, *and* to the river toward the great sea.

29 This *is* the land which ye shall divide by lot unto the tribes of Israel for inheritance, and these *are* their portions, saith the Lord GOD.

30 ¶ And these *are* the goings out of the city on the north side, four thousand and five hundred measures.

31 And the gates of the city *shall be* after the names of the tribes of Israel: three gates northward; one gate of Reuben, one gate of Judah, one gate of Levi.

32 And at the east side four thousand and five hundred: and three gates; and one gate of Joseph, one gate of Benjamin, one gate of Dan.

33 And at the south side four thousand and five hundred measures: and three gates; one gate of Simeon, one gate of Issachar, one gate of Zebulun.

34 At the west side four thousand and five hundred, *with* their three gates; one gate of Gad, one gate of Asher, one gate of Naphtali.

35 *It was* round about eighteen thousand *measures:* and the name of the city from *that* day *shall be,* The LORD *is* there.

18 חֲמִשִּׁים וּמָאתָ֑יִם וְהַנּוֹתָ֣ר בָּאֹ֗רֶךְ לְעֻמַּת֙ תְּרוּמַ֣ת הַקֹּ֔דֶשׁ עֲשֶׂ֤רֶת
אֲלָפִים֙ קָדִ֔ימָה וַעֲשֶׂ֥רֶת אֲלָפִ֖ים יָ֑מָּה וְהָיָ֗ה לְעֻמַּת֙ תְּרוּמַ֣ת הַקֹּ֔דֶשׁ

19 וְהָיְתָ֤ה תְבוּאָתֹה֙ לְלֶ֔חֶם לְעֹבְדֵ֖י הָעִֽיר׃ וְהָעֹבֵ֖ד הָעִ֑יר יַעַבְד֕וּהוּ מִכֹּ֖ל

20 שִׁבְטֵ֥י יִשְׂרָאֵֽל׃ כָּל־הַתְּרוּמָ֗ה חֲמִשָּׁ֤ה וְעֶשְׂרִים֙ אֶ֔לֶף בַּחֲמִשָּׁ֥ה
וְעֶשְׂרִ֖ים אָ֑לֶף רְבִיעִ֗ית תָּרִ֙ימוּ֙ אֶת־תְּרוּמַ֣ת הַקֹּ֔דֶשׁ אֶל־אֲחֻזַּ֖ת הָעִֽיר׃

21 וְהַנּוֹתָ֣ר לַנָּשִׂ֣יא מִזֶּ֣ה ׀ וּמִזֶּ֣ה ׀ לִתְרֽוּמַת־הַקֹּ֣דֶשׁ וְלַאֲחֻזַּ֣ת הָעִ֘יר אֶל־פְּנֵ֣י
חֲמִשָּׁ֣ה וְעֶשְׂרִים֩ אֶ֨לֶף ׀ תְּרוּמָ֜ה עַד־גְּב֣וּל קָדִ֗ימָה וְיָ֙מָּה֙ עַל־פְּנֵ֣י
חֲמִשָּׁ֤ה וְעֶשְׂרִים֙ אֶ֔לֶף עַל־גְּב֣וּל יָ֔מָּה לְעֻמַּ֥ת חֲלָקִ֖ים לַנָּשִׂ֑יא וְהָֽיְתָה֙

22 תְּרוּמַ֣ת הַקֹּ֔דֶשׁ וּמִקְדַּ֥שׁ הַבַּ֖יִת בְּתוֹכֹֽה׃ וּמֵאֲחֻזַּ֣ת הַלֵּוִ֗ם וּמֵאֲחֻזַּ֣ת
הָעִ֔יר בְּת֛וֹךְ אֲשֶׁ֥ר לַנָּשִׂ֖יא יִהְיֶ֑ה בֵּ֣ין ׀ גְּב֣וּל יְהוּדָ֗ה וּבֵ֛ין גְּב֥וּל בִּנְיָמִ֖ן

23 לַנָּשִׂ֥יא יִהְיֶֽה׃ וְיֶ֖תֶר הַשְּׁבָטִ֑ים מִפְּאַ֥ת קָדִ֛ימָה עַד־פְּאַת־יָ֖מָּה בִּנְיָמִ֥ן

24 אֶחָֽד׃ וְעַ֣ל ׀ גְּב֣וּל בִּנְיָמִ֗ן מִפְּאַ֥ת קָדִ֛ימָה עַד־פְּאַת־יָ֖מָּה שִׁמְע֥וֹן אֶחָֽד׃

25 וְעַ֣ל ׀ גְּב֣וּל שִׁמְע֗וֹן מִפְּאַ֥ת קָדִ֛ימָה עַד־פְּאַת־יָ֖מָּה יִשָּׂשכָ֥ר אֶחָֽד ׀ וְעַ֣ל ׀
26

27 גְּב֣וּל יִשָּׂשכָ֗ר מִפְּאַ֥ת קָדִ֛ימָה עַד־פְּאַת־יָ֖מָּה זְבוּלֻ֥ן אֶחָֽד׃ וְעַ֣ל ׀ גְּב֣וּל

28 זְבוּלֻ֗ן מִפְּאַ֥ת קָדִ֛מָה עַד־פְּאַת־יָ֖מָּה גָּ֣ד אֶחָֽד׃ וְעַל֙ גְּב֣וּל גָּ֔ד אֶל־פְּאַ֖ת
נֶ֣גֶב תֵּימָ֑נָה וְהָיָ֨ה גְב֜וּל מִתָּמָ֗ר מֵ֤י מְרִיבַת֙ קָדֵ֔שׁ נַחֲלָ֖ה עַל־הַיָּ֥ם

29 הַגָּדֽוֹל׃ זֹ֣את הָאָ֗רֶץ אֲשֶׁר־תַּפִּ֤ילוּ מִֽנַּחֲלָה֙ לְשִׁבְטֵ֣י יִשְׂרָאֵ֔ל וְאֵ֖לֶּה
מַחְלְקוֹתָ֑ם נְאֻ֖ם אֲדֹנָ֥י יְהֹוִֽה׃

30 וְאֵ֖לֶּה תּוֹצְאֹ֣ת הָעִ֑יר מִפְּאַ֣ת צָפ֗וֹן חֲמֵ֥שׁ מֵא֛וֹת וְאַרְבַּ֥עַת אֲלָפִ֖ים

31 מִדָּֽה׃ וְשַׁעֲרֵ֣י הָעִ֗יר עַל־שְׁמוֹת֙ שִׁבְטֵ֣י יִשְׂרָאֵ֔ל שְׁעָרִ֥ים שְׁלוֹשָׁ֖ה

32 צָפ֑וֹנָה שַׁ֣עַר רְאוּבֵ֞ן אֶחָ֗ד שַׁ֤עַר יְהוּדָה֙ אֶחָ֔ד שַׁ֥עַר לֵוִ֖י אֶחָֽד׃ וְאֶל־
פְּאַ֣ת קָדִ֗ימָה חֲמֵ֤שׁ מֵאוֹת֙ וְאַרְבַּ֣עַת אֲלָפִ֔ים וּשְׁעָרִ֖ים שְׁלֹשָׁ֑ה וְשַׁ֣עַר

33 יוֹסֵ֞ף אֶחָ֗ד שַׁ֤עַר בִּנְיָמִן֙ אֶחָ֔ד שַׁ֥עַר דָּ֖ן אֶחָֽד׃ וּפְאַת־נֶ֗גְבָּה חֲמֵ֤שׁ
מֵאוֹת֙ וְאַרְבַּ֣עַת אֲלָפִ֔ים מִדָּ֑ה וּשְׁעָרִ֖ים שְׁלֹשָׁ֑ה שַׁ֣עַר שִׁמְע֞וֹן אֶחָ֗ד

34 שַׁ֤עַר יִשָּׂשכָר֙ אֶחָ֔ד שַׁ֥עַר זְבוּלֻ֖ן אֶחָֽד׃ פְּאַת־יָ֗מָּה חֲמֵ֤שׁ מֵאוֹת֙
וְאַרְבַּ֣עַת אֲלָפִ֔ים שַׁעֲרֵיהֶ֖ם שְׁלֹשָׁ֑ה שַׁ֣עַר גָּ֣ד אֶחָ֗ד שַׁ֤עַר אָשֵׁר֙ אֶחָ֔ד

35 שַׁ֥עַר נַפְתָּלִ֖י אֶחָֽד׃ סָבִ֕יב שְׁמֹנָ֥ה עָשָׂ֖ר אָ֑לֶף וְשֵׁם־הָעִ֥יר מִיּ֖וֹם יְהֹוָ֥ה ׀
שָֽׁמָּה׃

תְּבוּאָתֹו

בְּתוֹכֹו

THE BOOK OF
DANIEL

CHAPTER 1

1 In the third year of the reign of Jehoiakim king of Judah came Nebuchadnezzar king of Babylon unto Jerusalem, and besieged it.

2 And the Lord gave Jehoiakim king of Judah into his hand, with part of the vessels of the house of God: which he carried into the land of Shinar to the house of his god; and he brought the vessels into the treasure house of his god.

3 ¶ And the king spake unto Ashpenaz the master of his eunuchs, that he should bring *certain* of the children of Israel, and of the king's seed, and of the princes;

4 Children in whom *was* no blemish, but well favoured, and skilful in all wisdom, and cunning in knowledge, and understanding science, and such as *had* ability in them to stand in the king's palace, and whom they might teach the learning and the tongue of the Chaldeans.

5 And the king appointed them a daily provision of the king's meat, and of the wine which he drank: so nourishing them three years, that at the end thereof they might stand before the king.

6 Now among these were of the children of Judah, Daniel, Hananiah, Mishael, and Azariah:

7 Unto whom the prince of the eunuchs gave names: for he gave unto Daniel *the name* of Belteshazzar; and to Hananiah, of Shadrach; and to Mishael, of Meshach; and to Azariah, of Abed-nego.

8 ¶ But Daniel purposed in his heart that he would not defile himself with the portion of the king's meat, nor with the wine which he drank: therefore he requested of the prince of the eunuchs that he might not defile himself.

9 Now God had brought Daniel into favour and tender love with the prince of the eunuchs.

10 And the prince of the eunuchs said unto Daniel, I fear my lord the king, who hath appointed your meat and your drink: for why should he see your faces worse liking than the children which *are* of your sort? then shall ye make *me* endanger my head to the king.

11 Then said Daniel to Melzar, whom the prince of the eunuchs had set over Daniel, Hananiah, Mishael, and Azariah,

12 Prove thy servants, I beseech thee, ten days; and let them give us pulse to eat, and water to drink.

13 Then let our countenances be looked upon before thee, and the countenance of the children that eat of the portion of the king's meat: and as thou seest, deal with thy servants.

14 So he consented to them in this matter, and proved them ten days.

15 And at the end of ten days their countenances appeared fairer and fatter in flesh than all the children which did eat the portion of the king's meat.

16 Thus Melzar took away the portion of their meat, and the wine that they should drink; and gave them pulse.

17 ¶ As for these four children, God gave them knowledge and skill in all learning and wisdom: and Daniel had understanding in all visions and dreams.

18 Now at the end of the days that the king had said he should bring them in, then the prince of the eunuchs brought them in before Nebuchadnezzar.

19 And the king communed with them; and among them all was found none like Daniel, Hananiah, Mishael, and Azariah: therefore stood they before the king.

20 And in all matters of wisdom *and* understanding, that the king enquired of them, he found them ten times better than all the magicians *and* astrologers that *were* in all his realm.

21 And Daniel continued *even* unto the first year of king Cyrus.

ספר דניאל

1 בִּשְׁנַת שָׁלֹושׁ לְמַלְכוּת יְהֹויָקִים מֶלֶךְ־יְהוּדָה בָּא נְבוּכַדְנֶאצַּר מֶלֶךְ־

2 בָּבֶל יְרוּשָׁלַ͏ִם וַיָּצַר עָלֶיהָ: וַיִּתֵּן אֲדֹנָי בְּיָדֹו אֶת־יְהֹויָקִים מֶלֶךְ־יְהוּדָה

וּמִקְצָת כְּלֵי בֵית־הָאֱלֹהִים וַיְבִיאֵם אֶרֶץ־שִׁנְעָר בֵּית אֱלֹהָיו וְאֶת־

3 הַכֵּלִים הֵבִיא בֵּית אֹוצַר אֱלֹהָיו: וַיֹּאמֶר הַמֶּלֶךְ לְאַשְׁפְּנַז רַב סָרִיסָיו

4 לְהָבִיא מִבְּנֵי יִשְׂרָאֵל וּמִזֶּרַע הַמְּלוּכָה וּמִן־הַפַּרְתְּמִים: יְלָדִים אֲשֶׁר

אֵין־בָּהֶם כָּל־מְאוּם וְטֹובֵי מַרְאֶה וּמַשְׂכִּילִים בְּכָל־חָכְמָה וְיֹדְעֵי

דַעַת וּמְבִינֵי מַדָּע וַאֲשֶׁר כֹּחַ בָּהֶם לַעֲמֹד בְּהֵיכַל הַמֶּלֶךְ וּלֲלַמְּדָם

5 סֵפֶר וּלְשֹׁון כַּשְׂדִּים: וַיְמַן לָהֶם הַמֶּלֶךְ דְּבַר־יֹום בְּיֹומֹו מִפַּת־בַּג

הַמֶּלֶךְ וּמִיֵּין מִשְׁתָּיו וּלְגַדְּלָם שָׁנִים שָׁלֹושׁ וּמִקְצָתָם יַעַמְדוּ לִפְנֵי

6 הַמֶּלֶךְ: וַיְהִי בָהֶם מִבְּנֵי יְהוּדָה דָּנִיֵּאל חֲנַנְיָה מִישָׁאֵל וַעֲזַרְיָה: וַיָּשֶׂם

7 לָהֶם שַׂר הַסָּרִיסִים שֵׁמֹות וַיָּשֶׂם לְדָנִיֵּאל בֵּלְטְשַׁאצַּר וְלַחֲנַנְיָה

8 שַׁדְרַךְ וּלְמִישָׁאֵל מֵישַׁךְ וְלַעֲזַרְיָה עֲבֵד נְגֹו: וַיָּשֶׂם דָּנִיֵּאל עַל־לִבֹּו

אֲשֶׁר לֹא־יִתְגָּאַל בְּפַתְבַּג הַמֶּלֶךְ וּבְיֵין מִשְׁתָּיו וַיְבַקֵּשׁ מִשַּׂר הַסָּרִיסִים

9 אֲשֶׁר לֹא יִתְגָּאָל: וַיִּתֵּן הָאֱלֹהִים אֶת־דָּנִיֵּאל לְחֶסֶד וּלְרַחֲמִים לִפְנֵי

10 שַׂר הַסָּרִיסִים: וַיֹּאמֶר שַׂר הַסָּרִיסִים לְדָנִיֵּאל יָרֵא אֲנִי אֶת־אֲדֹנִי

הַמֶּלֶךְ אֲשֶׁר מִנָּה אֶת־מַאֲכַלְכֶם וְאֶת־מִשְׁתֵּיכֶם אֲשֶׁר לָמָּה יִרְאֶה

אֶת־פְּנֵיכֶם זֹעֲפִים מִן־הַיְלָדִים אֲשֶׁר כְּגִילְכֶם וְחִיַּבְתֶּם אֶת־רֹאשִׁי

11 לַמֶּלֶךְ: וַיֹּאמֶר דָּנִיֵּאל אֶל־הַמֶּלְצַר אֲשֶׁר מִנָּה שַׂר הַסָּרִיסִים עַל־

12 דָּנִיֵּאל חֲנַנְיָה מִישָׁאֵל וַעֲזַרְיָה: נַס־נָא אֶת־עֲבָדֶיךָ יָמִים עֲשָׂרָה

13 וְיִתְּנוּ־לָנוּ מִן־הַזֵּרֹעִים וְנֹאכְלָה וּמַיִם וְנִשְׁתֶּה: וְיֵרָאוּ לְפָנֶיךָ מַרְאֵינוּ

וּמַרְאֵה הַיְלָדִים הָאֹכְלִים אֵת פַּתְבַּג הַמֶּלֶךְ וְכַאֲשֶׁר תִּרְאֵה עֲשֵׂה

14 עִם־עֲבָדֶיךָ: וַיִּשְׁמַע לָהֶם לַדָּבָר הַזֶּה וַיְנַסֵּם יָמִים עֲשָׂרָה: וּמִקְצָת

15 יָמִים עֲשָׂרָה נִרְאָה מַרְאֵיהֶם טֹוב וּבְרִיאֵי בָּשָׂר מִן־כָּל־הַיְלָדִים

16 הָאֹכְלִים אֵת פַּתְבַּג הַמֶּלֶךְ: וַיְהִי הַמֶּלְצַר נֹשֵׂא אֶת־פַּתְבָּגָם וְיֵין

17 מִשְׁתֵּיהֶם וְנֹתֵן לָהֶם זֵרְעֹנִים: וְהַיְלָדִים הָאֵלֶּה אַרְבַּעְתָּם נָתַן לָהֶם

הָאֱלֹהִים מַדָּע וְהַשְׂכֵּל בְּכָל־סֵפֶר וְחָכְמָה וְדָנִיֵּאל הֵבִין בְּכָל־חָזֹון

18 וַחֲלֹמֹות: וּלְמִקְצָת הַיָּמִים אֲשֶׁר־אָמַר הַמֶּלֶךְ לַהֲבִיאָם וַיְבִיאֵם שַׂר

19 הַסָּרִיסִים לִפְנֵי נְבֻכַדְנֶצַּר: וַיְדַבֵּר אִתָּם הַמֶּלֶךְ וְלֹא נִמְצָא מִכֻּלָּם

20 כְּדָנִיֵּאל חֲנַנְיָה מִישָׁאֵל וַעֲזַרְיָה וַיַּעַמְדוּ לִפְנֵי הַמֶּלֶךְ: וְכֹל דְּבַר

חָכְמַת בִּינָה אֲשֶׁר־בִּקֵּשׁ מֵהֶם הַמֶּלֶךְ וַיִּמְצָאֵם עֶשֶׂר יָדֹות עַל כָּל־

21 הַחַרְטֻמִּים הָאַשָּׁפִים אֲשֶׁר בְּכָל־מַלְכוּתֹו: וַיְהִי דָּנִיֵּאל עַד־שְׁנַת

אַחַת לְכֹורֶשׁ הַמֶּלֶךְ:

4A

מוּם

CHAPTER 2

1 And in the second year of the reign of Nebuchadnezzar Nebuchadnezzar dreamed dreams, wherewith his spirit was troubled, and his sleep brake from him.

2 Then the king commanded to call the magicians, and the astrologers, and the sorcerers, and the Chaldeans, for to shew the king his dreams. So they came and stood before the king.

3 And the king said unto them, I have dreamed a dream, and my spirit was troubled to know the dream.

4 Then spake the Chaldeans to the king in Syriack, O king, live for ever: tell thy servants the dream, and we will shew the interpretation.

5 The king answered and said to the Chaldeans, The thing is gone from me: if ye will not make known unto me the dream, with the interpretation thereof, ye shall be cut in pieces, and your houses shall be made a dunghill.

6 But if ye shew the dream, and the interpretation thereof, ye shall receive of me gifts and rewards and great honour: therefore shew me the dream, and the interpretation thereof.

7 They answered again and said, Let the king tell his servants the dream, and we will shew the interpretation of it.

8 The king answered and said, I know of certainty that ye would gain the time, because ye see the thing is gone from me.

9 But if ye will not make known unto me the dream, *there is but* one decree for you: for ye have prepared lying and corrupt words to speak before me, till the time be changed: therefore tell me the dream, and I shall know that ye can shew me the interpretation thereof.

10 ¶ The Chaldeans answered before the king, and said, There is not a man upon the earth that can shew the king's matter: therefore *there is* no king, lord, nor ruler, *that* asked such things at any magician, or astrologer, or Chaldean.

11 And *it is* a rare thing that the king requireth, and there is none other that can shew it before the king, except the gods, whose dwelling is not with flesh.

12 For this cause the king was angry and very furious, and commanded to destroy all the wise *men* of Babylon.

13 And the decree went forth that the wise *men* should be slain; and they sought Daniel and his fellows to be slain.

14 ¶ Then Daniel answered with counsel and wisdom to Arioch the captain of the king's guard, which was gone forth to slay the wise *men* of Babylon:

15 He answered and said to Arioch the king's captain, Why *is* the decree *so* hasty from the king? Then Arioch made the thing known to Daniel.

16 Then Daniel went in, and desired of the king that he would give him time, and that he would shew the king the interpretation.

17 Then Daniel went to his house, and made the thing known to Hananiah, Mishael, and Azariah, his companions:

18 That they would desire mercies of the God of heaven concerning this secret; that Daniel and his fellows should not perish with the rest of the wise *men* of Babylon.

19 ¶ Then was the secret revealed unto Daniel in a night vision. Then Daniel blessed the God of heaven.

20 Daniel answered and said, Blessed be the name of God for ever and ever: for wisdom and might are his:

21 And he changeth the times and the seasons: he removeth kings, and setteth up kings: he giveth wisdom unto the wise, and knowledge to them that know understanding:

22 He revealeth the deep and secret things: he knoweth what *is* in the darkness, and the light dwelleth with him.

23 I thank thee, and praise thee, O thou God of my fathers, who hast given me wisdom and might, and hast made known unto me now what we desired of thee: for

2 וּבִשְׁנַ֣ת שְׁתַּ֗יִם לְמַלְכוּת֙ נְבֻֽכַדְנֶצַּ֔ר חָלַ֥ם נְבֻֽכַדְנֶצַּ֖ר חֲלֹמֹ֑ות וַתִּתְפָּ֣עֶם

2 רוּחֹ֔ו וּשְׁנָתֹ֖ו נִהְיְתָ֥ה עָלָֽיו׃ וַיֹּ֣אמֶר הַמֶּ֡לֶךְ לִקְרֹ֣א לַֽחַרְטֻמִּים֩ וְלָֽאַשָּׁפִ֨ים

וְלַֽמְכַשְּׁפִים֙ וְלַכַּשְׂדִּ֔ים לְהַגִּ֥יד לַמֶּ֖לֶךְ חֲלֹמֹתָ֑יו וַיָּבֹ֕אוּ וַיַּֽעַמְד֖וּ לִפְנֵ֥י

3 הַמֶּֽלֶךְ׃ וַיֹּ֧אמֶר לָהֶ֛ם הַמֶּ֖לֶךְ חֲלֹ֣ום חָלָ֑מְתִּי וַתִּפָּ֣עֶם רוּחִ֔י לָדַ֖עַת אֶת־

4 הַֽחֲלֹֽום׃ וַֽיְדַבְּר֧וּ הַכַּשְׂדִּ֛ים לַמֶּ֖לֶךְ אֲרָמִ֑ית מַלְכָּא֙ לְעָלְמִ֣ין חֱיִ֔י אֱמַ֥ר

5 חֶלְמָ֥א לְעַבְדָ֖יךְ וּפִשְׁרָ֥א נְחַוֵּֽא׃ עָנֵ֤ה מַלְכָּא֙ וְאָמַ֣ר לְכַשְׂדָּאֵ֔י מִלְּתָ֖א

מִנִּ֣י אַזְדָּ֑א הֵ֣ן לָ֤א תְהֹֽודְעֻנַּ֙נִי֙ חֶלְמָ֣א וּפִשְׁרֵ֔הּ הַדָּמִ֣ין תִּתְעַבְד֔וּן

6 וּבָֽתֵּיכֹ֖ון נְוָלִ֣י יִתְּשָׂמֽוּן׃ וְהֵ֨ן חֶלְמָ֤א וּפִשְׁרֵהּ֙ תְּהַֽחֲוֹ֔ן מַתְּנָ֤ן וּנְבִזְבָּה֙

7 וִיקָ֣ר שַׂגִּ֔יא תְּקַבְּל֖וּן מִן־קֳדָמָ֑י לָהֵ֕ן חֶלְמָ֥א וּפִשְׁרֵ֖הּ הַֽחֲוֹֽנִי׃ עֲנֹ֤ו

8 תִנְיָנוּת֙ וְאָ֣מְרִ֔ין מַלְכָּ֕א חֶלְמָ֥א יֵאמַ֖ר לְעַבְדֹ֑והִי וּפִשְׁרָ֥ה נְהַֽחֲוֵֽה׃ עָנֵ֤ה

מַלְכָּא֙ וְאָמַ֔ר מִן־יַצִּ֕יב יָדַ֣ע אֲנָ֔ה דִּ֥י עִדָּנָ֖א אַנְתּ֣וּן זָֽבְנִ֑ין כָּל־קֳבֵ֣ל

9 דִּ֣י חֲזֵיתֹ֗ון דִּ֤י הֵ֣ן חֶלְמָא֙ לָ֣א תְהֹֽודְעֻנַּ֔נִי חֲדָה־

הִ֣יא דָֽתְכֹ֗ון וּמִלָּ֤ה כִדְבָה֙ וּשְׁחִיתָה֙ הַזְמִנְתּ֣וּן לְמֵאמַ֣ר קָֽדָמַ֔י עַ֛ד דִּ֥י

עִדָּנָ֖א יִשְׁתַּנֵּ֑א לָהֵ֗ן חֶלְמָא֙ אֱמַ֣רוּ לִ֔י וְֽאִנְדַּ֕ע דִּ֥י פִשְׁרֵ֖הּ תְּהַֽחֲוֻנַּֽנִי׃

10 עֲנֹ֨ו כַשְׂדָּיֵ֤א קֳדָם־מַלְכָּא֙ וְאָ֣מְרִ֔ין לָֽא־אִיתַ֤י אֲנָשׁ֙ עַל־יַבֶּשְׁתָּ֔א דִּ֚י מִלַּ֣ת

מַלְכָּ֔א יוּכַ֖ל לְהַֽחֲוָיָ֑ה כָּל־קֳבֵ֗ל דִּ֚י כָּל־מֶ֣לֶךְ רַ֣ב וְשַׁלִּ֔יט מִלָּ֤ה כִדְנָה֙

11 לָ֣א שְׁאֵ֔ל לְכָל־חַרְטֹ֖ם וְאָשַׁ֣ף וְכַשְׂדָּ֑י וּמִלְּתָ֤א דִֽי־מַלְכָּה֙ שָׁאֵ֔ל יַקִּירָ֔ה

וְ֨אָחֳרָ֔ן לָ֣א אִיתַ֔י דִּ֥י יְחַוִּנַּ֖הּ קֳדָ֣ם מַלְכָּ֑א לָהֵ֣ן אֱלָהִ֔ין דִּ֚י מְדָ֣רְהֹ֔ון

12 עִם־בִּשְׂרָ֖א לָ֥א אִיתֹֽוהִי׃ כָּל־קֳבֵ֣ל דְּנָ֔ה מַלְכָּ֕א בְּנַ֖ס וּקְצַ֣ף שַׂגִּ֑יא

13 וַֽאֲמַר֙ לְהֹ֣ובָדָ֔ה לְכֹ֖ל חַכִּימֵ֥י בָבֶֽל׃ וְדָֽתָ֣א נֶפְקַ֔ת וְחַכִּֽימַיָּ֖א מִֽתְקַטְּלִ֑ין

וּבְעֹ֛ו דָּֽנִיֵּ֥אל וְחַבְרֹ֖והִי לְהִתְקְטָלָֽה׃

14 בֵּאדַ֣יִן דָּֽנִיֵּ֗אל הֲתִ֤יב עֵטָא֙ וּטְעֵ֔ם לְאַרְיֹ֕וךְ רַב־טַבָּֽחַיָּ֖א דִּ֣י מַלְכָּ֑א דִּ֚י

15 נְפַ֣ק לְקַטָּלָ֔ה לְחַכִּימֵ֖י בָּבֶֽל׃ עָנֵ֣ה וְאָמַ֗ר לְאַרְיֹוךְ֙ שַׁלִּיטָ֣א דִֽי־מַלְכָּ֔א

עַל־מָ֥ה דָתָ֛א מְהַחְצְפָ֖ה מִן־קֳדָ֣ם מַלְכָּ֑א אֱדַ֗יִן מִלְּתָא֙ הֹודַ֣ע אַרְיֹ֔וךְ

16 לְדָֽנִיֵּֽאל׃ וְדָ֣נִיֵּ֔אל עַ֖ל וּבְעָ֣ה מִן־מַלְכָּ֑א דִּ֚י זְמָ֣ן יִנְתֶּן־לֵ֔הּ וּפִשְׁרָ֖א

לְהַֽחֲוָיָ֥ה לְמַלְכָּֽא׃

17 אֱדַ֥יִן דָּֽנִיֵּ֖אל לְבַיְתֵ֣הּ אֲזַ֑ל וְֽלַחֲנַנְיָ֤ה מִֽישָׁאֵל֙ וַעֲזַרְיָ֣ה חַבְרֹ֔והִי מִלְּתָ֖א

18 הֹודַֽע׃ וְרַחֲמִ֗ין לְמִבְעֵא֙ מִן־קֳדָם֙ אֱלָ֣הּ שְׁמַיָּ֔א עַל־רָזָ֖ה דְּנָ֑ה דִּ֣י לָ֤א

19 יְהֹֽבְדוּן֙ דָּֽנִיֵּ֣אל וְחַבְרֹ֔והִי עִם־שְׁאָ֖ר חַכִּימֵ֣י בָבֶֽל׃ אֱדַ֗יִן לְדָֽנִיֵּ֛אל בְּחֶזְוָ֥א

20 דִֽי־לֵֽילְיָ֖א רָזָ֣ה גֲלִ֑י אֱדַ֙יִן֙ דָּֽנִיֵּ֔אל בָּרִ֖ךְ לֶאֱלָ֥הּ שְׁמַיָּֽא׃ עָנֵ֤ה דָֽנִיֵּאל֙

וְאָמַ֔ר לֶהֱוֵ֨א שְׁמֵ֤הּ דִּֽי־אֱלָהָא֙ מְבָרַ֔ךְ מִן־עָֽלְמָ֖א וְעַ֣ד עָֽלְמָ֑א דִּ֧י

21 חָכְמְתָ֛א וּגְבֽוּרְתָ֖א דִּ֥י לֵֽהּ־הִֽיא׃ וְ֠הוּא מְהַשְׁנֵ֤א עִדָּֽנַיָּא֙ וְזִמְנַיָּ֔א

מְהַעְדֵּ֥ה מַלְכִ֖ין וּמְהָקֵ֣ים מַלְכִ֑ין יָהֵ֤ב חָכְמְתָא֙ לְחַכִּימִ֔ין וּמַנְדְּעָ֖א

22 לְיָֽדְעֵ֥י בִינָֽה׃ ה֛וּא גָּלֵ֥א עַמִּיקָתָ֖א וּמְסַתְּרָתָ֑א יָדַע֙ מָ֣ה בַחֲשֹׁוכָ֔א

23 וּנְהֹורָ֖א עִמֵּ֥הּ שְׁרֵֽא׃ לָ֣ךְ ׀ אֱלָ֣הּ אֲבָהָתִ֗י מְהֹודֵ֤א וּמְשַׁבַּח֙ אֲנָ֔ה דִּ֣י

thou hast *now* made known unto us the king's matter.

24 ¶ Therefore Daniel went in unto Arioch, whom the king had ordained to destroy the wise *men* of Babylon: he went and said thus unto him; Destroy not the wise *men* of Babylon: bring me in before the king, and I will shew unto the king the interpretation.

25 Then Arioch brought in Daniel before the king in haste, and said thus unto him, I have found a man of the captives of Judah, that will make known unto the king the interpretation.

26 The king answered and said to Daniel, whose name *was* Belteshazzar, Art thou able to make known unto me the dream which I have seen, and the interpretation thereof?

27 Daniel answered in the presence of the king, and said, The secret which the king hath demanded cannot the wise *men*, the astrologers, the magicians, the soothsayers, shew unto the king;

28 But there is a God in heaven that revealeth secrets, and maketh known to the king Nebuchadnezzar what shall be in the latter days. Thy dream, and the visions of thy head upon thy bed, are these;

29 As for thee, O king, thy thoughts came *into thy mind* upon thy bed, what should come to pass hereafter: and he that revealeth secrets maketh known to thee what shall come to pass.

30 But as for me, this secret is not revealed to me for *any* wisdom that I have more than any living, but for *their* sakes that shall make known the interpretation to the king, and that thou mightest know the thoughts of thy heart.

31 ¶ Thou, O king, sawest, and behold a great image. This great image, whose brightness *was* excellent, stood before thee; and the form thereof *was* terrible.

32 This image's head *was* of fine gold, his breast and his arms of silver, his belly and his thighs of brass,

33 His legs of iron, his feet part of iron and part of clay.

34 Thou sawest till that a stone was cut out without hands, which smote the image upon his feet *that were* of iron and clay, and brake them to pieces.

35 Then was the iron, the clay, the brass, the silver, and the gold, broken to pieces together, and became like the chaff of the summer threshingfloors; and the wind carried them away, that no place was found for them: and the stone that smote the image became a great mountain, and filled the whole earth.

36 ¶ This *is* the dream; and we will tell the interpretation thereof before the king.

37 Thou, O king, *art* a king of kings: for the God of heaven hath given thee a kingdom, power, and strength, and glory.

38 And wheresoever the children of men dwell, the beasts of the field and the fowls of the heaven hath he given into thine hand, and hath made thee ruler over them all. Thou *art* this head of gold.

39 And after thee shall arise another kingdom inferior to thee, and another third kingdom of brass, which shall bear rule over all the earth.

40 And the fourth kingdom shall be strong as iron: forasmuch as iron breaketh in pieces and subdueth all *things:* and as iron that breaketh all these, shall it break in pieces and bruise.

41 And whereas thou sawest the feet and toes, part of potters' clay, and part of iron, the kingdom shall be divided; but there shall be in it of the strength of the iron, forasmuch as thou sawest the iron mixed with miry clay.

42 And *as* the toes of the feet *were* part of iron, and part of clay, *so* the kingdom shall be partly strong, and partly broken.

43 And whereas thou sawest iron mixed with miry clay, they shall mingle themselves with the seed of men: but they shall not cleave one to another, even as iron is not mixed with clay.

חָכְמְתָא וּגְבוּרְתָא יְהַבְתְּ לִי וּכְעַן הוֹדַעְתַּנִי דִּי־בְעֵינָא מִנָּךְ דִּי־מִלַּת

24 מַלְכָּא הוֹדַעְתֶּנָא: כָּל־קֳבֵל דְּנָה דָּנִיֵּאל עַל עַל־אַרְיוֹךְ דִּי מַנִּי מַלְכָּא
לְהוֹבָדָה לְחַכִּימֵי בָבֶל אֲזַל וְכֵן אֲמַר־לֵהּ לְחַכִּימֵי בָבֶל אַל־תְּהוֹבֵד

25 הַעֵלְנִי קֳדָם מַלְכָּא וּפִשְׁרָא לְמַלְכָּא אֲחַוֵּא: אֱדַיִן אַרְיוֹךְ
בְּהִתְבְּהָלָה הַנְעֵל לְדָנִיֵּאל קֳדָם מַלְכָּא וְכֵן אֲמַר־לֵהּ דִּי־הַשְׁכַּחַת

26 גְּבַר מִן־בְּנֵי גָלוּתָא דִּי יְהוּד דִּי פִשְׁרָא לְמַלְכָּא יְהוֹדַע: עָנֵה מַלְכָּא
וְאָמַר לְדָנִיֵּאל דִּי שְׁמֵהּ בֵּלְטְשַׁאצַּר הַאִיתָךְ כָּהֵל לְהוֹדָעֻתַנִי חֶלְמָא   הַאִיתָךְ

27 דִּי־חֲזֵית וּפִשְׁרֵהּ: עָנֵה דָנִיֵּאל קֳדָם מַלְכָּא וְאָמַר רָזָה דִּי־מַלְכָּא שָׁאֵל
28 לָא חַכִּימִין אָשְׁפִין חַרְטֻמִּין גָּזְרִין יָכְלִין לְהַחֲוָיָה לְמַלְכָּא: בְּרַם אִיתַי
אֱלָהּ בִּשְׁמַיָּא גָּלֵא רָזִין וְהוֹדַע לְמַלְכָּא נְבוּכַדְנֶצַּר מָה דִּי לֶהֱוֵא
בְּאַחֲרִית יוֹמַיָּא חֶלְמָךְ וְחֶזְוֵי רֵאשָׁךְ עַל־מִשְׁכְּבָךְ דְּנָה הוּא:

29 אַנְתָּה מַלְכָּא רַעְיוֹנָךְ עַל־מִשְׁכְּבָךְ סְלִקוּ מָה דִּי לֶהֱוֵא אַחֲרֵי דְנָה   אַנְתְּ
30 וְגָלֵא רָזַיָּא הוֹדְעָךְ מָה־דִּי לֶהֱוֵא: וַאֲנָה לָא בְחָכְמָה דִּי־אִיתַי בִּי
מִן־כָּל־חַיַּיָּא רָזָא דְנָה גֱּלִי לִי לָהֵן עַל־דִּבְרַת דִּי פִשְׁרָא לְמַלְכָּא
31 יְהוֹדְעוּן וְרַעְיוֹנֵי לִבְבָךְ תִּנְדַּע: אַנְתָּה מַלְכָּא חָזֵה הֲוַיְתָ וַאֲלוּ צְלֵם   אַנְתְּ
חַד שַׂגִּיא צַלְמָא דִּכֵּן רַב וְזִיוֵהּ יַתִּיר קָאֵם לְקָבְלָךְ וְרֵוֵהּ דְּחִיל:
32 הוּא צַלְמָא רֵאשֵׁהּ דִּי־דְהַב טָב חֲדוֹהִי וּדְרָעוֹהִי דִּי כְסַף מְעוֹהִי

33 וְיַרְכָתֵהּ דִּי נְחָשׁ: שָׁקוֹהִי דִּי פַרְזֶל רַגְלוֹהִי דִּי פַרְזֶל וּמִנְּהוֹן   מִנְּהֵין וּמִנְּהוֹן
34 דִּי חֲסַף: חָזֵה הֲוַיְתָ עַד דִּי הִתְגְּזֶרֶת אֶבֶן דִּי־לָא בִידַיִן וּמְחָת
35 לְצַלְמָא עַל־רַגְלוֹהִי דִּי פַרְזְלָא וְחַסְפָּא וְהַדֵּקֶת הִמּוֹן: בֵּאדַיִן דָּקוּ
כַחֲדָה פַּרְזְלָא חַסְפָּא נְחָשָׁא כַּסְפָּא וְדַהֲבָא וַהֲווֹ כְּעוּר מִן־אִדְּרֵי־
קַיִט וּנְשָׂא הִמּוֹן רוּחָא וְכָל־אֲתַר לָא־הִשְׁתְּכַח לְהוֹן וְאַבְנָא ׀ דִּי־מְחָת
36 לְצַלְמָא הֲוָת לְטוּר רַב וּמְלָת כָּל־אַרְעָא: דְּנָה חֶלְמָא וּפִשְׁרֵהּ נֵאמַר
37 קֳדָם־מַלְכָּא: אַנְתָּה מַלְכָּא מֶלֶךְ מַלְכַיָּא דִּי אֱלָהּ שְׁמַיָּא מַלְכוּתָא   אַנְתְּ
38 חִסְנָא וְתָקְפָּא וִיקָרָא יְהַב־לָךְ: וּבְכָל־דִּי דָארִין בְּנֵי־אֲנָשָׁא חֵיוַת   דָּיְרִין
בָּרָא וְעוֹף־שְׁמַיָּא יְהַב בִּידָךְ וְהַשְׁלְטָךְ בְּכָלְּהוֹן אַנְתָּה־הוּא רֵאשָׁה   אַנְתְּ־
39 דִּי דַהֲבָא: וּבָתְרָךְ תְּקוּם מַלְכוּ אָחֳרִי אֲרַע מִנָּךְ וּמַלְכוּ תְלִיתָיָא   אֲרַע   תְּלִיתָאָה
40 אָחֳרִי דִּי נְחָשָׁא דִּי תִשְׁלַט בְּכָל־אַרְעָא: וּמַלְכוּ רְבִיעָיָה תֶּהֱוֵא   רְבִיעָאָה
תַּקִּיפָה כְּפַרְזְלָא כָּל־קֳבֵל דִּי פַרְזְלָא מְהַדֵּק וְחָשֵׁל כֹּלָּא וּכְפַרְזְלָא

41 דִּי־מְרָעַע כָּל־אִלֵּין תַּדִּק וְתֵרֹעַ: וְדִי־חֲזַיְתָה רַגְלַיָּא וְאֶצְבְּעָתָא מִנְּהוֹן   מִנְּהֵן וּמִנְּהֵין
חֲסַף דִּי־פֶחָר וּמִנְּהוֹן פַּרְזֶל מַלְכוּ פְלִיגָה תֶּהֱוֵה וּמִן־נִצְבְּתָא דִי־
פַרְזְלָא לֶהֱוֵא־בַהּ כָּל־קֳבֵל דִּי חֲזַיְתָה פַּרְזְלָא מְעָרַב בַּחֲסַף טִינָא:
42 וְאֶצְבְּעָת רַגְלַיָּא מִנְּהוֹן פַּרְזֶל וּמִנְּהוֹן חֲסַף מִן־קְצָת מַלְכוּתָא תֶּהֱוֵה   מִנְּהֵין וּמִנְּהֵין
43 תַּקִּיפָה וּמִנַּהּ תֶּהֱוֵה תְבִירָה: דִּי חֲזַיְתָ פַּרְזְלָא מְעָרַב בַּחֲסַף טִינָא   וְדִי
מִתְעָרְבִין לֶהֱוֹן בִּזְרַע אֲנָשָׁא וְלָא־לֶהֱוֹן דָּבְקִין דְּנָה עִם־דְּנָה הֵא־כְדִי

44 And in the days of these kings shall the God of heaven set up a kingdom, which shall never be destroyed: and the kingdom shall not be left to other people, *but* it shall break in pieces and consume all these kingdoms, and it shall stand for ever.

45 Forasmuch as thou sawest that the stone was cut out of the mountain without hands, and that it brake in pieces the iron, the brass, the clay, the silver, and the gold; the great God hath made known to the king what shall come to pass hereafter: and the dream *is* certain, and the interpretation thereof sure.

46 ¶ Then the king Nebuchadnezzar fell upon his face, and worshipped Daniel, and commanded that they should offer an oblation and sweet odours unto him.

47 The king answered unto Daniel, and said, Of a truth *it is*, that your God *is* a God of gods, and a Lord of kings, and a revealer of secrets, seeing thou couldest reveal this secret.

48 Then the king made Daniel a great man, and gave him many great gifts, and made him ruler over the whole province of Babylon, and chief of the governors over all the wise *men* of Babylon.

49 Then Daniel requested of the king, and he set Shadrach, Meshach, and Abed-nego, over the affairs of the province of Babylon: but Daniel *sat* in the gate of the king.

CHAPTER 3

1 Nebuchadnezzar the king made an image of gold, whose height *was* threescore cubits, *and* the breadth thereof six cubits: he set it up in the plain of Dura, in the province of Babylon.

2 Then Nebuchadnezzar the king sent to gather together the princes, the governors, and the captains, the judges, the treasurers, the counsellors, the sheriffs, and all the rulers of the provinces, to come to the dedication of the image which Nebuchadnezzar the king had set up.

3 Then the princes, the governors, and captains, the judges, the treasurers, the counsellors, the sheriffs, and all the rulers of the provinces, were gathered together unto the dedication of the image that Nebuchadnezzar the king had set up; and they stood before the image that Nebuchadnezzar had set up.

4 Then an herald cried aloud, To you it is commanded, O people, nations, and languages,

5 *That* at what time ye hear the sound of the cornet, flute, harp, sackbut, psaltery, dulcimer, and all kinds of musick, ye fall down and worship the golden image that Nebuchadnezzar the king hath set up:

6 And whoso falleth not down and worshippeth shall the same hour be cast into the midst of a burning fiery furnace.

7 Therefore at that time, when all the people heard the sound of the cornet, flute, harp, sackbut, psaltery, and all kinds of musick, all the people, the nations, and the languages, fell down *and* worshipped the golden image that Nebuchadnezzar the king had set up.

8 ¶ Wherefore at that time certain Chaldeans came near, and accused the Jews.

9 They spake and said to the king Nebuchadnezzar, O king, live for ever.

10 Thou, O king, hast made a decree, that every man that shall hear the sound of the cornet, flute, harp, sackbut, psaltery, and dulcimer, and all kinds of musick, shall fall down and worship the golden image:

11 And whoso falleth not down and worshippeth, *that* he should be cast into the midst of a burning fiery furnace.

12 There are certain Jews whom thou hast set over the affairs of the province of Babylon, Shadrach, Meshach, and Abed-nego; these men, O king, have not regarded thee: they serve not thy gods, nor worship the golden image which thou hast set up.

פַּרְזְלָא לָא מִתְעָרַב עִם־חַסְפָּא: וּבְיוֹמֵיהוֹן דִּי מַלְכַיָּא אִנּוּן יְקִים 44
אֱלָהּ שְׁמַיָּא מַלְכוּ דִּי לְעָלְמִין לָא תִתְחַבַּל וּמַלְכוּתָה לְעַם אָחֳרָן
לָא תִשְׁתְּבִק תַּדִּק וְתָסֵיף כָּל־אִלֵּין מַלְכְוָתָא וְהִיא תְּקוּם לְעָלְמַיָּא:

כָּל־קֳבֵל דִּי־חֲזַיְתָ דִּי מִטּוּרָא אִתְגְּזֶרֶת אֶבֶן דִּי־לָא בִידַיִן וְהַדֶּקֶת 45 45A
פַּרְזְלָא נְחָשָׁא חַסְפָּא כַּסְפָּא וְדַהֲבָא אֱלָהּ רַב הוֹדַע לְמַלְכָּא מָה
דִּי לֶהֱוֵא אַחֲרֵי דְנָה וְיַצִּיב חֶלְמָא וּמְהֵימַן פִּשְׁרֵהּ:

בֵּאדַיִן מַלְכָּא נְבוּכַדְנֶצַּר נְפַל עַל־אַנְפּוֹהִי וּלְדָנִיֵּאל סְגִד וּמִנְחָה 46
וְנִיחֹחִין אֲמַר לְנַסָּכָה לֵהּ: עָנֵה מַלְכָּא לְדָנִיֵּאל וְאָמַר מִן־קְשֹׁט דִּי 47
אֱלָהֲכוֹן הוּא אֱלָהּ אֱלָהִין וּמָרֵא מַלְכִין וְגָלֵה רָזִין דִּי יְכֵלְתָּ לְמִגְלֵא
רָזָה דְנָה: אֱדַיִן מַלְכָּא לְדָנִיֵּאל רַבִּי וּמַתְּנָן רַבְרְבָן שַׂגִּיאָן יְהַב־לֵהּ 48
וְהַשְׁלְטֵהּ עַל כָּל־מְדִינַת בָּבֶל וְרַב־סִגְנִין עַל כָּל־חַכִּימֵי בָבֶל:
וְדָנִיֵּאל בְּעָא מִן־מַלְכָּא וּמַנִּי עַל עֲבִידְתָּא דִּי מְדִינַת בָּבֶל לְשַׁדְרַךְ 49
מֵישַׁךְ וַעֲבֵד נְגוֹ וְדָנִיֵּאל בִּתְרַע מַלְכָּא:

נְבוּכַדְנֶצַּר מַלְכָּא עֲבַד צְלֵם דִּי־דְהַב רוּמֵהּ אַמִּין שִׁתִּין פְּתָיֵהּ אַמִּין 1 3
שֵׁת אֲקִימֵהּ בְּבִקְעַת דּוּרָא בִּמְדִינַת בָּבֶל: וּנְבוּכַדְנֶצַּר מַלְכָּא שְׁלַח 2
לְמִכְנַשׁ לַאֲחַשְׁדַּרְפְּנַיָּא סִגְנַיָּא וּפַחֲוָתָא אֲדַרְגָּזְרַיָּא גְדָבְרַיָּא דְּתָבְרַיָּא
תִּפְתָּיֵא וְכֹל שִׁלְטֹנֵי מְדִינָתָא לְמֵתֵא לַחֲנֻכַּת צַלְמָא דִּי הֲקֵים
נְבוּכַדְנֶצַּר מַלְכָּא: בֵּאדַיִן מִתְכַּנְּשִׁין אֲחַשְׁדַּרְפְּנַיָּא סִגְנַיָּא וּפַחֲוָתָא 3
אֲדַרְגָּזְרַיָּא גְדָבְרַיָּא דְּתָבְרַיָּא תִּפְתָּיֵא וְכֹל שִׁלְטֹנֵי מְדִינָתָא לַחֲנֻכַּת
צַלְמָא דִּי הֲקֵים נְבוּכַדְנֶצַּר מַלְכָּא וְקָאֲמִין לָקֳבֵל צַלְמָא דִּי הֲקֵים וְקָיְמִין
נְבוּכַדְנֶצַּר: וְכָרוֹזָא קָרֵא בְחָיִל לְכוֹן אָמְרִין עַמְמַיָּא אֻמַּיָּא וְלִשָּׁנַיָּא: 4
בְּעִדָּנָא דִּי־תִשְׁמְעוּן קָל קַרְנָא מַשְׁרוֹקִיתָא קַיתְרֹס סַבְּכָא פְּסַנְתֵּרִין קַתְרוֹס 5
סוּמְפֹּנְיָה וְכֹל זְנֵי זְמָרָא תִּפְּלוּן וְתִסְגְּדוּן לְצֶלֶם דַּהֲבָא דִּי הֲקֵים
נְבוּכַדְנֶצַּר מַלְכָּא: וּמַן־דִּי־לָא יִפֵּל וְיִסְגֻּד בַּהּ־שַׁעֲתָא יִתְרְמֵא לְגוֹא־ 6
אַתּוּן נוּרָא יָקִדְתָּא: כָּל־קֳבֵל דְּנָה בֵּהּ־זִמְנָא כְּדִי שָׁמְעִין כָּל־עַמְמַיָּא 7
קָל קַרְנָא מַשְׁרוֹקִיתָא קַיתְרֹס שַׂבְּכָא פְּסַנְטֵרִין וְכֹל זְנֵי זְמָרָא נָפְלִין קַתְרוֹס
כָּל־עַמְמַיָּא אֻמַּיָּא וְלִשָּׁנַיָּא סָגְדִין לְצֶלֶם דַּהֲבָא דִּי הֲקֵים נְבוּכַדְנֶצַּר
מַלְכָּא: כָּל־קֳבֵל דְּנָה בֵּהּ־זִמְנָא קְרִבוּ גֻּבְרִין כַּשְׂדָּאִין וַאֲכַלוּ קַרְצֵיהוֹן 8
דִּי יְהוּדָיֵא: עֲנוֹ וְאָמְרִין לִנְבוּכַדְנֶצַּר מַלְכָּא מַלְכָּא לְעָלְמִין חֱיִי: 9
אַנְתָּה מַלְכָּא שָׂמְתָּ טְּעֵם דִּי כָל־אֱנָשׁ דִּי־יִשְׁמַע קָל קַרְנָא אַנְתְּ 10
מַשְׁרוֹקִיתָא קַיתְרֹס שַׂבְּכָא פְּסַנְטֵרִין וְסִיפֹּנְיָה וְכֹל זְנֵי זְמָרָא יִפֵּל קַתְרוֹס וְסוּפֹּנְיָה
וְיִסְגֻּד לְצֶלֶם דַּהֲבָא: וּמַן־דִּי־לָא יִפֵּל וְיִסְגֻּד יִתְרְמֵא לְגוֹא־אַתּוּן 11
נוּרָא יָקִדְתָּא: אִיתַי גֻּבְרִין יְהוּדָאִין דִּי־מַנִּיתָ יָתְהוֹן עַל־עֲבִידַת 12 עֲלָךְ
מְדִינַת בָּבֶל שַׁדְרַךְ מֵישַׁךְ וַעֲבֵד נְגוֹ גֻּבְרַיָּא אִלֵּךְ לָא־שָׂמוּ עֲלָךְ לֵאלָהָךְ
מַלְכָּא טְעֵם לֵאלָהָיךְ לָא פָלְחִין וּלְצֶלֶם דַּהֲבָא דִּי הֲקֵימְתָּ לָא

13 ¶ Then Nebuchadnezzar in *his* rage and fury commanded to bring Shadrach, Meshach, and Abed-nego. Then they brought these men before the king.

14 Nebuchadnezzar spake and said unto them, *Is it* true, O Shadrach, Meshach, and Abed-nego, do not ye serve my gods, nor worship the golden image which I have set up?

15 Now if ye be ready that at what time ye hear the sound of the cornet, flute, harp, sackbut, psaltery, and dulcimer, and all kinds of musick, ye fall down and worship the image which I have made; *well:* but if ye worship not, ye shall be cast the same hour into the midst of a burning fiery furnace; and who *is* that God that shall deliver you out of my hands?

16 Shadrach, Meshach, and Abed-nego, answered and said to the king, O Nebuchadnezzar, we *are* not careful to answer thee in this matter.

17 If it be *so,* our God whom we serve is able to deliver us from the burning fiery furnace, and he will deliver *us* out of thine hand, O king.

18 But if not, be it known unto thee, O king, that we will not serve thy gods, nor worship the golden image which thou hast set up.

19 ¶ Then was Nebuchadnezzar full of fury, and the form of his visage was changed against Shadrach, Meshach, and Abed-nego: *therefore* he spake, and commanded that they should heat the furnace one seven times more than it was wont to be heated.

20 And he commanded the most mighty men that *were* in his army to bind Shadrach, Meshach, and Abed-nego, *and* to cast *them* into the burning fiery furnace.

21 Then these men were bound in their coats, their hosen, and their hats, and their *other* garments, and were cast into the midst of the burning fiery furnace.

22 Therefore because the king's commandment was urgent, and the furnace exceeding hot, the flame of the fire slew those men that took up Shadrach, Meshach, and Abed-nego.

23 And these three men, Shadrach, Meshach, and Abed-nego, fell down bound into the midst of the burning fiery furnace.

24 Then Nebuchadnezzar the king was astonied, and rose up in haste, *and* spake, and said unto his counsellors, Did not we cast three men bound into the midst of the fire? They answered and said unto the king, True, O king.

25 He answered and said, Lo, I see four men loose, walking in the midst of the fire, and they have no hurt; and the form of the fourth is like the Son of God.

26 ¶ Then Nebuchadnezzar came near to the mouth of the burning fiery furnace, *and* spake, and said, Shadrach, Meshach, and Abed-nego, ye servants of the most high God, come forth, and come *hither.* Then Shadrach, Meshach, and Abed-nego, came forth of the midst of the fire.

27 And the princes, governors, and captains, and the king's counsellors, being gathered together, saw these men, upon whose bodies the fire had no power, nor was an hair of their head singed, neither were their coats changed, nor the smell of fire had passed on them.

28 *Then* Nebuchadnezzar spake, and said, Blessed *be* the God of Shadrach, Meshach, and Abed-nego, who hath sent his angel, and delivered his servants that trusted in him, and have changed the king's word, and yielded their bodies, that they might not serve nor worship any god, except their own God.

29 Therefore I make a decree, That every

סָגְדִין: בֵּאדַיִן נְבוּכַדְנֶצַּר בִּרְגַז וַחֲמָה אֲמַר לְהַיְתָיָה 13

לְשַׁדְרַךְ מֵישַׁךְ וַעֲבֵד נְגוֹ בֵּאדַיִן גֻּבְרַיָּא אִלֵּךְ הֵיתָיוּ קֳדָם מַלְכָּא:

עָנֵה נְבֻכַדְנֶצַּר וְאָמַר לְהוֹן הַצְדָּא שַׁדְרַךְ מֵישַׁךְ וַעֲבֵד נְגוֹ לֵאלָהַי 14

לָא אִיתֵיכוֹן פָּלְחִין וּלְצֶלֶם דַּהֲבָא דִּי הֲקֵימֶת לָא סָגְדִין: כְּעַן הֵן 15 15A

אִיתֵיכוֹן עֲתִידִין דִּי בְעִדָּנָא דִּי־תִשְׁמְעוּן קָל קַרְנָא מַשְׁרוֹקִיתָא

קִיתָרֹס שַׂבְּכָא פְּסַנְתֵּרִין וְסוּמְפֹּנְיָה וְכֹל זְנֵי זְמָרָא תִּפְּלוּן וְתִסְגְּדוּן

לְצַלְמָא דִי־עַבְדֵת וְהֵן לָא תִסְגְּדוּן בַּהּ־שַׁעֲתָה תִּתְרְמוֹן לְגוֹא־אַתּוּן

נוּרָא יָקִדְתָּא וּמַן־הוּא אֱלָהּ דִּי יְשֵׁיזְבִנְכוֹן מִן־יְדָי: עֲנוֹ שַׁדְרַךְ מֵישַׁךְ 16

וַעֲבֵד נְגוֹ וְאָמְרִין לְמַלְכָּא נְבוּכַדְנֶצַּר לָא־חַשְׁחִין אֲנַחְנָא עַל־דְּנָה

פִּתְגָם לַהֲתָבוּתָךְ: הֵן אִיתַי אֱלָהַנָא דִּי־אֲנַחְנָא פָלְחִין יָכִל 17

לְשֵׁיזָבוּתַנָא מִן־אַתּוּן נוּרָא יָקִדְתָּא וּמִן־יְדָךְ מַלְכָּא יְשֵׁיזִב: וְהֵן לָא 18

יְדִיעַ לֶהֱוֵא־לָךְ מַלְכָּא דִּי לֵאלָהָיךְ לָא־אִיתֶינָא פָלְחִין וּלְצֶלֶם דַּהֲבָא

דִּי הֲקֵימְתָּ לָא נִסְגֻּד: בֵּאדַיִן נְבוּכַדְנֶצַּר הִתְמְלִי חֱמָא 19

וּצְלֵם אַנְפּוֹהִי אֶשְׁתַּנּוּ עַל־שַׁדְרַךְ מֵישַׁךְ וַעֲבֵד נְגוֹ עָנֵה וְאָמַר לְמֵזֵא

לְאַתּוּנָא חַד־שִׁבְעָה עַל דִּי חֲזֵה לְמֵזְיֵהּ: וּלְגֻבְרִין גִּבָּרֵי־חַיִל דִּי 20

בְחַיְלֵהּ אֲמַר לְכַפָּתָה לְשַׁדְרַךְ מֵישַׁךְ וַעֲבֵד נְגוֹ לְמִרְמֵא לְאַתּוּן נוּרָא

יָקִדְתָּא: בֵּאדַיִן גֻּבְרַיָּא אִלֵּךְ כְּפִתוּ בְּסַרְבָּלֵיהוֹן פַּטְּשֵׁיהוֹן 21

וְכַרְבְּלָתְהוֹן וּלְבֻשֵׁיהוֹן וּרְמִיו לְגוֹא־אַתּוּן נוּרָא יָקִדְתָּא: כָּל־קֳבֵל דְּנָה 22

מִן־דִּי מִלַּת מַלְכָּא מַחְצְפָה וְאַתּוּנָא אֵזֵה יַתִּירָא גֻּבְרַיָּא אִלֵּךְ דִּי

הַסִּקוּ לְשַׁדְרַךְ מֵישַׁךְ וַעֲבֵד נְגוֹ קַטִּל הִמּוֹן שְׁבִיבָא דִּי נוּרָא: וְגֻבְרַיָּא 23

אִלֵּךְ תְּלָתֵּהוֹן שַׁדְרַךְ מֵישַׁךְ וַעֲבֵד נְגוֹ נְפַלוּ לְגוֹא־אַתּוּן־נוּרָא יָקִדְתָּא

מְכַפְּתִין:

אֱדַיִן נְבוּכַדְנֶצַּר מַלְכָּא תְּוַהּ וְקָם בְּהִתְבְּהָלָה עָנֵה וְאָמַר לְהַדָּבְרוֹהִי 24

הֲלָא גֻבְרִין תְּלָתָא רְמֵינָא לְגוֹא־נוּרָא מְכַפְּתִין עָנַיִן וְאָמְרִין לְמַלְכָּא

יַצִּיבָא מַלְכָּא: עָנֵה וְאָמַר הָא־אֲנָה חָזֵה גֻּבְרִין אַרְבְּעָה שְׁרַיִן 25

מַהְלְכִין בְּגוֹא־נוּרָא וַחֲבָל לָא־אִיתַי בְּהוֹן וְרֵוֵהּ דִּי רְבִיעָיָא דָּמֵה

לְבַר־אֱלָהִין: בֵּאדַיִן קְרֵב נְבוּכַדְנֶצַּר לִתְרַע אַתּוּן נוּרָא 26

יָקִדְתָּא עָנֵה וְאָמַר שַׁדְרַךְ מֵישַׁךְ וַעֲבֵד־נְגוֹ עַבְדוֹהִי דִּי־אֱלָהָא עִלָּיָא

פֻּקוּ וֶאֱתוֹ בֵּאדַיִן נָפְקִין שַׁדְרַךְ מֵישַׁךְ וַעֲבֵד נְגוֹ מִן־גּוֹא נוּרָא:

וּמִתְכַּנְּשִׁין אֲחַשְׁדַּרְפְּנַיָּא סִגְנַיָּא וּפַחֲוָתָא וְהַדָּבְרֵי מַלְכָּא חָזַיִן לְגֻבְרַיָּא 27 27A

אִלֵּךְ דִּי לָא־שְׁלֵט נוּרָא בְּגֶשְׁמְהוֹן וּשְׂעַר רֵאשְׁהוֹן לָא הִתְחָרַךְ

וְסָרְבָּלֵיהוֹן לָא שְׁנוֹ וְרֵיחַ נוּר לָא עֲדָת בְּהוֹן: עָנֵה נְבוּכַדְנֶצַּר וְאָמַר 28

בְּרִיךְ אֱלָהֲהוֹן דִּי־שַׁדְרַךְ מֵישַׁךְ וַעֲבֵד נְגוֹ דִּי־שְׁלַח מַלְאֲכֵהּ וְשֵׁיזִב

לְעַבְדוֹהִי דִּי הִתְרְחִצוּ עֲלוֹהִי וּמִלַּת מַלְכָּא שַׁנִּיו וִיהַבוּ גֶשְׁמֵיהוֹן

דִּי לָא־יִפְלְחוּן וְלָא־יִסְגְּדוּן לְכָל־אֱלָהּ לָהֵן לֵאלָהֲהוֹן: וּמִנִּי שִׂים 29

people, nation, and language, which speak any thing amiss against the God of Shadrach, Meshach, and Abed-nego, shall be cut in pieces, and their houses shall be made a dunghill: because there is no other God that can deliver after this sort.

30 Then the king promoted Shadrach, Meshach, and Abed-nego, in the province of Babylon.

CHAPTER 4

1[3:31] Nebuchadnezzar the king, unto all people, nations, and languages, that dwell in all the earth; Peace be multiplied unto you.

2[3:32] I thought it good to shew the signs and wonders that the high God hath wrought toward me.

3[3:33] How great *are* his signs! and how mighty *are* his wonders! his kingdom *is* an everlasting kingdom, and his dominion *is* from generation to generation.

4[1] ¶ I Nebuchadnezzar was at rest in mine house, and flourishing in my palace:

5[2] I saw a dream which made me afraid, and the thoughts upon my bed and the visions of my head troubled me.

6[3] Therefore made I a decree to bring in all the wise *men* of Babylon before me, that they might make known unto me the interpretation of the dream.

7[4] Then came in the magicians, the astrologers, the Chaldeans, and the soothsayers: and I told the dream before them; but they did not make known unto me the interpretation thereof.

8[5] ¶ But at the last Daniel came in before me, whose name *was* Belteshazzar, according to the name of my god, and in whom *is* the spirit of the holy gods: and before him I told the dream, *saying,*

9[6] O Belteshazzar, master of the magicians, because I know that the spirit of the holy gods *is* in thee, and no secret troubleth thee, tell me the visions of my dream that I have seen, and the interpretation thereof.

10[7] Thus *were* the visions of mine head in my bed; I saw, and behold a tree in the midst of the earth, and the height thereof *was* great.

11[8] The tree grew, and was strong, and the height thereof reached unto heaven, and the sight thereof to the end of all the earth:

12[9] The leaves thereof *were* fair, and the fruit thereof much, and in it *was* meat for all: the beasts of the field had shadow under it, and the fowls of the heaven dwelt in the boughs thereof, and all flesh was fed of it.

13[10] I saw in the visions of my head upon my bed, and, behold, a watcher and an holy one came down from heaven;

14[11] He cried aloud, and said thus, Hew down the tree, and cut off his branches, shake off his leaves, and scatter his fruit: let the beasts get away from under it, and the fowls from his branches:

15[12] Nevertheless leave the stump of his roots in the earth, even with a band of iron and brass, in the tender grass of the field; and let it be wet with the dew of heaven, and *let* his portion *be* with the beasts in the grass of the earth:

16[13] Let his heart be changed from man's, and let a beast's heart be given unto him; and let seven times pass over him.

17[14] This matter *is* by the decree of the watchers, and the demand by the word of the holy ones: to the intent that the living may know that the most High ruleth in the kingdom of men, and giveth it to whomsoever he will, and setteth up over it the basest of men.

18[15] This dream I king Nebuchadnezzar have seen. Now thou, O Belteshazzar, declare the interpretation thereof, forasmuch as all the wise *men* of my kingdom are not able to make known unto me the interpretation: but thou *art* able; for the spirit of the holy gods *is* in thee.

19[16] ¶ Then Daniel, whose name *was* Belteshazzar, was astonied for one hour, and his thoughts troubled him. The king spake, and said, Belteshazzar, let not the dream, or the interpretation thereof, trouble thee. Belteshazzar answered and said, My lord, the dream *be* to them that hate thee, and the interpretation thereof to thine enemies.

20[17] The tree that thou sawest, which grew, and was strong, whose height

שָׁלוּ טְעֵם֩ דִּי כָל־עַ֨ם אֻמָּ֜ה וְלִשָּׁ֗ן דִּי־יֵאמַ֤ר שָׁלוּ עַ֣ל אֱלָֽהֲהֹ֔ון דִּי־שַׁדְרַ֤ךְ

מֵישַׁךְ֙ וַעֲבֵ֣ד נְגֹ֔וא הַדָּמִ֣ין יִתְעֲבֵ֔ד וּבַיְתֵ֖הּ נְוָלִ֣י יִשְׁתַּוֵּ֑ה כָּל־קֳבֵ֗ל דִּ֣י

30 לָ֤א אִיתַי֙ אֱלָ֣ה אָחֳרָ֔ן דִּֽי־יִכֻּ֥ל לְהַצָּלָ֖ה כִּדְנָֽה׃ בֵּאדַ֣יִן מַלְכָּ֗א הַצְלַ֛ח

לְשַׁדְרַ֥ךְ מֵישַׁ֛ךְ וַעֲבֵ֥ד נְגֹ֖ו בִּמְדִינַ֥ת בָּבֶֽל׃

דָּיְרִ֤ין 31 נְבוּכַדְנֶצַּ֣ר מַלְכָּ֗א לְֽכָל־עַֽמְמַיָּ֞א אֻמַיָּ֤א וְלִשָּֽׁנַיָּא֙ דִּֽי־דָיְרִ֣ין בְּכָל־אַרְעָ֔א

עֻלָּֽאָה 32 שְׁלָמְכֹ֖ון יִשְׂגֵּֽא׃ אָֽתַיָּא֙ וְתִמְהַיָּ֔א דִּ֚י עֲבַ֣ד עִמִּ֔י אֱלָהָ֖א עִלָּאָ֑ה שְׁפַ֥ר

33 קָֽדָמַ֖י לְהַחֲוָיָֽה׃ אָתֹ֨והִי֙ כְּמָ֣ה רַבְרְבִ֔ין וְתִמְהֹ֖והִי כְּמָ֣ה תַקִּיפִ֑ין

4 מַלְכוּתֵהּ֙ מַלְכ֣וּת עָלַ֔ם וְשָׁלְטָנֵ֖הּ עִם־דָּ֥ר וְדָֽר׃ אֲנָ֣ה נְבוּכַדְנֶצַּ֗ר שְׁלֵ֤ה

2 הֲוֵית֙ בְּבֵיתִ֔י וְרַעְנַ֖ן בְּהֵיכְלִֽי׃ חֵ֥לֶם חֲזֵ֖ית וִֽידַחֲלִנַּ֑נִי וְהַרְהֹרִין֙ עַֽל־

3 מִשְׁכְּבִ֔י וְחֶזְוֵ֥י רֵאשִׁ֖י יְבַהֲלֻנַּֽנִי׃ וּמִנִּי֙ שִׂ֣ים טְעֵ֔ם לְהַנְעָלָ֣ה קָֽדָמַ֔י לְכֹ֖ל

עׇלִּ֣ין 4 חַכִּימֵ֣י בָבֶ֑ל דִּֽי־פְשַׁ֥ר חֶלְמָ֖א יְהֹודְעֻנַּֽנִי׃ בֵּאדַ֣יִן עׇלִּ֗ין חַרְטֻמַיָּא֙

כַּשְׂדָּאֵ֣י אָֽשְׁפַיָּ֔א כַּשְׂדָּאֵ֖י וְגָזְרַיָּ֑א וְחֶלְמָ֗א אָמַ֤ר אֲנָה֙ קָֽדָמֵיהֹ֔ון וּפִשְׁרֵ֖הּ לָֽא־

5A מְהֹודְעִ֥ין לִֽי׃ וְעַ֣ד אָחֳרֵ֗ין עַ֣ל קָֽדָמַי֮ דָּֽנִיֵּאל֒ דִּֽי־שְׁמֵ֤הּ בֵּלְטְשַׁאצַּר֙

כְּשֻׁ֣ם אֱלָהִ֔י וְדִ֛י רֽוּחַ־אֱלָהִ֥ין קַדִּישִׁ֖ין בֵּ֑הּ וְחֶלְמָ֖א קָֽדָמֹ֥והִי אַמְרֵֽת׃

6 בֵּלְטְשַׁאצַּר֮ רַ֣ב חַרְטֻמַיָּא֒ דִּ֣י ׀ אֲנָ֣ה יִדְעֵ֗ת דִּ֨י ר֤וּחַ אֱלָהִין֙ קַדִּישִׁ֣ין בָּ֔ךְ

7 וְכָל־רָ֖ז לָֽא־אָנֵ֣ס לָ֑ךְ חֶזְוֵ֨י חֶלְמִ֧י דִֽי־חֲזֵ֛ית וּפִשְׁרֵ֖הּ אֱמַֽר׃ וְחֶזְוֵ֥י רֵאשִׁ֖י

8 עַֽל־מִשְׁכְּבִ֑י חָזֵ֣ה הֲוֵ֔ית וַאֲל֥וּ אִילָ֛ן בְּגֹ֥וא אַרְעָ֖א וְרוּמֵ֥הּ שַׂגִּֽיא׃ רְבָ֨ה

9 אִֽילָנָא֙ וּתְקִ֔ף וְרוּמֵהּ֙ יִמְטֵ֣א לִשְׁמַיָּ֔א וַחֲזֹותֵ֖הּ לְסֹ֥וף כָּל־אַרְעָֽא׃ עׇפְיֵ֣הּ

שַׁפִּ֣יר וְאִנְבֵּ֣הּ שַׂגִּ֗יא וּמָזֹ֤ון לְכֹֽלָּא־בֵהּ֙ תְּחֹת֗והִי תַּטְלֵ֣ל ׀ חֵיוַ֣ת בָּרָ֔א

יְדוּרֻ֣ן 10 וּבְעַנְפֹ֖והִי יְדוּרֻ֣ן צִפֲּרֵ֣י שְׁמַיָּ֑א וּמִנֵּ֖הּ יִתְּזִ֥ין כָּל־בִּשְׂרָֽא׃ חָזֵ֥ה הֲוֵ֛ית

11 בְּחֶזְוֵ֥י רֵאשִׁ֖י עַֽל־מִשְׁכְּבִ֑י וַאֲלוּ֙ עִ֣יר וְקַדִּ֔ישׁ מִן־שְׁמַיָּ֖א נָחִֽת׃ קָרֵ֨א

בְחַ֜יִל וְכֵ֣ן אָמַ֗ר גֹּ֤דּוּ אִֽילָנָא֙ וְקַצִּ֣צוּ עַנְפֹ֔והִי אַתַּ֥רוּ עׇפְיֵ֖הּ וּבַדַּ֣רוּ אִנְבֵּ֑הּ

12 תְּנֻ֤ד חֵֽיוְתָא֙ מִן־תַּחְתֹּ֔והִי וְצִפֲּרַיָּ֖א מִן־עַנְפֹֽוהִי׃ בְּרַ֨ם עִקַּ֤ר שָׁרְשֹׁ֙והִי֙

בְּאַרְעָ֣א שְׁבֻ֔קוּ וּבֶֽאֱסוּר֙ דִּֽי־פַרְזֶ֣ל וּנְחָ֔שׁ בְּדִתְאָ֖א דִּ֣י בָרָ֑א וּבְטַ֤ל

אֲנָשָׁ֨א 13 שְׁמַיָּא֙ יִצְטַבַּ֔ע וְעִם־חֵיוְתָ֥א חֲלָקֵ֖הּ בַּעֲשַׂ֣ב אַרְעָֽא׃ לִבְבֵהּ֙ מִן־אֲנֹושָׁא֙

14 יְשַׁנֹּ֔ון וּלְבַ֥ב חֵיוָ֖ה יִתְיְהִ֣ב לֵ֑הּ וְשִׁבְעָ֥ה עִדָּנִ֖ין יַחְלְפֹ֥ון עֲלֹֽוהִי׃ בִּגְזֵרַ֤ת

עִירִין֙ פִּתְגָמָ֔א וּמֵאמַ֥ר קַדִּישִׁ֖ין שְׁאֵֽלְתָ֑א עַד־דִּבְרַ֡ת דִּ֣י יִנְדְּעֻ֣ון חַ֠יַּיָּא

עִלָּֽאָה אֲנָשָׁ֨א 15A דִּֽי־שַׁלִּ֨יט עִלָּאָ֜ה בְּמַלְכ֣וּת אֲנֹושָׁ֗א וּלְמַן־דִּ֤י יִצְבֵּא֙ יִתְּנִנַּ֔הּ וּשְׁפַ֥ל

וְאַ֣נְתְּ עֲלֵ֥ה 15 אֲנָשִׁ֖ים יְקִ֥ים עֲלַֽיַהּ׃ דְּנָה֙ חֶלְמָ֣א חֲזֵ֗ית אֲנָ֤ה מַלְכָּא֙ נְבֽוּכַדְנֶצַּ֔ר וְאַ֣נְתָּ

בֵּלְטְשַׁאצַּ֣ר פִּשְׁרֵ֣הּ ׀ אֱמַ֗ר כָּל־קֳבֵל֙ דִּ֣י ׀ כָּל־חַכִּימֵ֣י מַלְכוּתִ֔י לָֽא־יָכְלִ֥ין

וְאַ֣נְתְּ 16A פִּשְׁרָ֖א לְהֹודָעֻתַ֑נִי וְאַ֣נְתְּ כָּהֵ֗ל דִּ֛י רֽוּחַ־אֱלָהִ֥ין קַדִּישִׁ֖ין בָּֽךְ׃ אֱדַ֨יִן

דָּֽנִיֵּ֜אל דִּֽי־שְׁמֵ֣הּ בֵּלְטְשַׁאצַּ֗ר אֶשְׁתֹּומַם֙ כְּשָׁעָ֣ה חֲדָ֔ה וְרַעְיֹנֹ֖הִי יְבַהֲלֻנֵּ֑הּ

עָנֵ֨ה מַלְכָּ֜א וְאָמַ֗ר בֵּלְטְשַׁאצַּר֙ חֶלְמָ֤א וּפִשְׁרֵא֙ אַֽל־יְבַהֲלָ֔ךְ עָנֵ֤ה

מָרִ֣י לִֽשְׂנָאָ֗ךְ 17 בֵלְטְשַׁאצַּר֙ וְאָמַ֔ר מָרִ֕י חֶלְמָ֥א לְשָֽׂנְאָ֖ךְ וּפִשְׁרֵ֣הּ לְעָרָ֑ךְ אִֽילָנָא֙ דִּ֣י

לְעָרָ֗ךְ חֲזַ֔יְתָ דִּ֥י רְבָ֖ה וּתְקִ֑ף וְרוּמֵהּ֙ יִמְטֵ֣א לִשְׁמַיָּ֔א וַחֲזֹותֵ֖הּ לְכָל־אַרְעָֽא׃

reached unto the heaven, and the sight thereof to all the earth;

21[18] Whose leaves *were* fair, and the fruit thereof much, and in it *was* meat for all; under which the beasts of the field dwelt, and upon whose branches the fowls of the heaven had their habitation:

22[19] It *is* thou, O king, that art grown and become strong: for thy greatness is grown, and reacheth unto heaven, and thy dominion to the end of the earth.

23[20] And whereas the king saw a watcher and an holy one coming down from heaven, and saying, Hew the tree down, and destroy it; yet leave the stump of the roots thereof in the earth, even with a band of iron and brass, in the tender grass of the field; and let it be wet with the dew of heaven, and *let* his portion *be* with the beasts of the field, till seven times pass over him;

24[21] This *is* the interpretation, O king, and this *is* the decree of the most High, which is come upon my lord the king:

25[22] That they shall drive thee from men, and thy dwelling shall be with the beasts of the field, and they shall make thee to eat grass as oxen, and they shall wet thee with the dew of heaven, and seven times shall pass over thee, till thou know that the most High ruleth in the kingdom of men, and giveth it to whomsoever he will.

26[23] And whereas they commanded to leave the stump of the tree roots; thy kingdom shall be sure unto thee, after that thou shalt have known that the heavens do rule.

27[24] Wherefore, O king, let my counsel be acceptable unto thee, and break off thy sins by righteousness, and thine iniquities by shewing mercy to the poor; if it may be a lengthening of thy tranquillity.

28[25] ¶ All this came upon the king Nebuchadnezzar.

29[26] At the end of twelve months he walked in the palace of the kingdom of Babylon.

30[27] The king spake, and said, Is not this great Babylon, that I have built for the house of the kingdom by the might of my power, and for the honour of my majesty?

31[28] While the word *was* in the king's mouth, there fell a voice from heaven, *saying*, O king Nebuchadnezzar, to thee it is spoken; The kingdom is departed from thee.

32[29] And they shall drive thee from men, and thy dwelling *shall be* with the beasts of the field: they shall make thee to eat grass as oxen, and seven times shall pass over thee, until thou know that the most High ruleth in the kingdom of men, and giveth it to whomsoever he will.

33[30] The same hour was the thing fulfilled upon Nebuchadnezzar: and he was driven from men, and did eat grass as oxen, and his body was wet with the dew of heaven, till his hairs were grown like eagles' *feathers*, and his nails like birds' *claws*.

34[31] And at the end of the days I Nebuchadnezzar lifted up mine eyes unto heaven, and mine understanding returned unto me, and I blessed the most High, and I praised and honoured him that liveth for ever, whose dominion *is* an everlasting dominion, and his kingdom *is* from generation to generation:

35[32] And all the inhabitants of the earth *are* reputed as nothing: and he doeth according to his will in the army of heaven, and *among* the inhabitants of the earth: and none can stay his hand, or say unto him, What doest thou?

36[33] At the same time my reason returned unto me; and for the glory of my kingdom, mine honour and brightness returned unto me; and my counsellors and my lords sought unto me; and I was established in my kingdom, and excellent majesty was added unto me.

37[34] Now I Nebuchadnezzar praise and extol and honour the King of heaven, all whose works *are* truth, and his ways judgment: and those that walk in pride he is able to abase.

CHAPTER 5

1 Belshazzar the king made a great feast to a thousand of his lords, and drank wine before the thousand.

וְעָפְיֵהּ שַׁפִּיר וְאִנְבֵּהּ שַׂגִּיא וּמָזוֹן לְכֹלָּא־בֵהּ תְּחֹתוֹהִי תַּדוּר חֵיוַת 18

בָּרָא וּבְעַנְפוֹהִי יִשְׁכְּנָן צִפֲּרֵי שְׁמַיָּא: אַנְתְּה־הוּא מַלְכָּא דִּי רְבִית 19 אַנְתְּ־ רְבַת

וּתְקֵפְתְּ וּרְבוּתָךְ רְבָת וּמְטָת לִשְׁמַיָּא וְשָׁלְטָנָךְ לְסוֹף אַרְעָא: וְדִי 20

חֲזָה מַלְכָּא עִיר וְקַדִּישׁ נָחִת מִן־שְׁמַיָּא וְאָמַר גֹּדּוּ אִילָנָא וְחַבְּלוּהִי

בְּרַם עִקַּר שָׁרְשׁוֹהִי בְּאַרְעָא שְׁבֻקוּ וּבֶאֱסוּר דִּי־פַרְזֶל וּנְחָשׁ בְּדִתְאָא

דִּי בָרָא וּבְטַל שְׁמַיָּא יִצְטַבַּע וְעִם־חֵיוַת בָּרָא חֲלָקֵהּ עַד דִּי־שִׁבְעָה

עִדָּנִין יַחְלְפוּן עֲלוֹהִי: דְּנָה פִשְׁרָא מַלְכָּא וּגְזֵרַת עִלָּיָא הִיא דִּי מְטָת 21 עִלָּאָה

עַל־מָרְאִי מַלְכָּא: וְלָךְ טָרְדִין מִן־אֲנָשָׁא וְעִם־חֵיוַת בָּרָא לֶהֱוֵה 22 מָרִי

מְדֹרָךְ וְעִשְׂבָּא כְתוֹרִין לָךְ יְטַעֲמוּן וּמִטַּל שְׁמַיָּא לָךְ מְצַבְּעִין וְשִׁבְעָה

עִדָּנִין יַחְלְפוּן עֲלָיךְ עַד דִּי־תִנְדַּע דִּי־שַׁלִּיט עִלָּיָא בְּמַלְכוּת אֲנָשָׁא 23 עֲלָךְ עִלָּאָה

וּלְמַן־דִּי יִצְבֵּא יִתְּנִנַּהּ: וְדִי אֲמַרוּ לְמִשְׁבַּק עִקַּר שָׁרְשׁוֹהִי דִּי אִילָנָא

מַלְכוּתָךְ לָךְ קַיָּמָה מִן־דִּי תִנְדַּע דִּי שַׁלִּטִן שְׁמַיָּא: לָהֵן מַלְכָּא מִלְכִּי 24 עֲלָךְ וַחֲטָאָךְ

יִשְׁפַּר עֲלָיךְ וַחֲטָיָךְ בְּצִדְקָה פְרֻק וַעֲוָיָתָךְ בְּמִחַן עֲנָיִן הֵן תֶּהֱוֵא

אַרְכָה לִשְׁלֵוְתָךְ: כֹּלָּא מְטָא עַל־נְבוּכַדְנֶצַּר מַלְכָּא: 25

לִקְצָת יַרְחִין תְּרֵי־עֲשַׂר עַל־הֵיכַל מַלְכוּתָא דִּי בָבֶל מְהַלֵּךְ הֲוָה: 26

עָנֵה מַלְכָּא וְאָמַר הֲלָא דָא־הִיא בָּבֶל רַבְּתָא דִּי־אֲנָה בֱנַיְתַהּ לְבֵית 27

מַלְכוּ בִּתְקַף חִסְנִי וְלִיקָר הַדְרִי: עוֹד מִלְּתָא בְּפֻם מַלְכָּא קָל מִן־ 28

שְׁמַיָּא נְפַל לָךְ אָמְרִין נְבוּכַדְנֶצַּר מַלְכָּא מַלְכוּתָה עֲדָת מִנָּךְ: וּמִן־ 29

אֲנָשָׁא לָךְ טָרְדִין וְעִם־חֵיוַת בָּרָא מְדֹרָךְ עִשְׂבָּא כְתוֹרִין לָךְ יְטַעֲמוּן

וְשִׁבְעָה עִדָּנִין יַחְלְפוּן עֲלָיךְ עַד דִּי־תִנְדַּע דִּי־שַׁלִּיט עִלָּיָא בְּמַלְכוּת עֲלָךְ עִלָּאָה

אֲנָשָׁא וּלְמַן־דִּי יִצְבֵּא יִתְּנִנַּהּ: בַּהּ־שַׁעֲתָא מִלְּתָא סָפַת עַל־ 30

נְבוּכַדְנֶצַּר וּמִן־אֲנָשָׁא טְרִיד וְעִשְׂבָּא כְתוֹרִין יֵאכֻל וּמִטַּל שְׁמַיָּא

גִּשְׁמֵהּ יִצְטַבַּע עַד דִּי שַׂעְרֵהּ כְּנִשְׁרִין רְבָה וְטִפְרוֹהִי כְצִפְּרִין: וְלִקְצָת 31

יוֹמַיָּה אֲנָה נְבוּכַדְנֶצַּר עַיְנַי לִשְׁמַיָּא נִטְלֵת וּמַנְדְּעִי עֲלַי יְתוּב וְלְעִלָּאָה ולעליא

בָּרְכֵת וּלְחַי עָלְמָא שַׁבְּחֵת וְהַדְּרֵת דִּי שָׁלְטָנֵהּ שָׁלְטָן עָלַם וּמַלְכוּתֵהּ

עִם־דָּר וְדָר: וְכָל־דָּארֵי אַרְעָא כְּלָה חֲשִׁיבִין וּכְמִצְבְּיֵהּ עָבֵד בְּחֵיל 32 דָּארֵי

שְׁמַיָּא וְדָארֵי אַרְעָא וְלָא אִיתַי דִּי־יְמַחֵא בִידֵהּ וְיֵאמַר לֵהּ מָה וְדָארֵי

עֲבַדְתְּ: בֵּהּ־זִמְנָא מַנְדְּעִי יְתוּב עֲלַי וְלִיקַר מַלְכוּתִי הַדְרִי וְזִוִי יְתוּב 33

עֲלַי וְלִי הַדָּבְרַי וְרַבְרְבָנַי יְבַעוֹן וְעַל־מַלְכוּתִי הָתְקֲנַת וּרְבוּ יַתִּירָה

הוּסְפַת לִי: כְּעַן אֲנָה נְבוּכַדְנֶצַּר מְשַׁבַּח וּמְרוֹמֵם וּמְהַדַּר לְמֶלֶךְ 34

שְׁמַיָּא דִּי כָל־מַעֲבָדוֹהִי קְשֹׁט וְאֹרְחָתֵהּ דִּין וְדִי מַהְלְכִין בְּגֵוָה יָכִל

לְהַשְׁפָּלָה:

בֵּלְשַׁאצַּר מַלְכָּא עֲבַד לְחֶם רַב לְרַבְרְבָנוֹהִי אֲלַף וְלָקֳבֵל אַלְפָּא 5 1

2 Belshazzar, whiles he tasted the wine, commanded to bring the golden and silver vessels which his father Nebuchadnezzar had taken out of the temple which *was* in Jerusalem; that the king, and his princes, his wives, and his concubines, might drink therein.

3 Then they brought the golden vessels that were taken out of the temple of the house of God which *was* at Jerusalem; and the king, and his princes, his wives, and his concubines, drank in them.

4 They drank wine, and praised the gods of gold, and of silver, of brass, of iron, of wood, and of stone.

5 ¶ In the same hour came forth fingers of a man's hand, and wrote over against the candlestick upon the plaister of the wall of the king's palace: and the king saw the part of the hand that wrote.

6 Then the king's countenance was changed, and his thoughts troubled him, so that the joints of his loins were loosed, and his knees smote one against another.

7 The king cried aloud to bring in the astrologers, the Chaldeans, and the soothsayers. *And* the king spake, and said to the wise *men* of Babylon, Whosoever shall read this writing, and shew me the interpretation thereof, shall be clothed with scarlet, and *have* a chain of gold about his neck, and shall be the third ruler in the kingdom.

8 Then came in all the king's wise *men:* but they could not read the writing, nor make known to the king the interpretation thereof.

9 Then was king Belshazzar greatly troubled, and his countenance was changed in him, and his lords were astonied.

10 ¶ *Now* the queen, by reason of the words of the king and his lords, came into the banquet house: *and* the queen spake and said, O king, live for ever: let not thy thoughts trouble thee, nor let thy countenance be changed:

11 There is a man in thy kingdom, in whom *is* the spirit of the holy gods; and in the days of thy father light and understanding and wisdom, like the wisdom of the gods, was found in him; whom the king Nebuchadnezzar thy father, the king, *I say,* thy father, made master of the magicians, astrologers, Chaldeans, *and* soothsayers;

12 Forasmuch as an excellent spirit, and knowledge, and understanding, interpreting of dreams, and shewing of hard sentences, and dissolving of doubts, were found in the same Daniel, whom the king named Belteshazzar: now let Daniel be called, and he will shew the interpretation.

13 Then was Daniel brought in before the king. *And* the king spake and said unto Daniel, *Art* thou that Daniel, which *art* of the children of the captivity of Judah, whom the king my father brought out of Jewry?

14 I have even heard of thee, that the spirit of the gods *is* in thee, and *that* light and understanding and excellent wisdom is found in thee.

15 And now the wise *men,* the astrologers, have been brought in before me, that they should read this writing, and make known unto me the interpretation thereof: but they could not shew the interpretation of the thing:

16 And I have heard of thee, that thou canst make interpretations, and dissolve doubts: now if thou canst read the writing, and make known to me the interpretation thereof, thou shalt be clothed with scarlet, and *have* a chain of gold about thy neck, and shalt be the third ruler in the kingdom.

17 ¶ Then Daniel answered and said before the king, Let thy gifts be to thyself, and give thy rewards to another; yet I will read the writing unto the king, and make known to him the interpretation.

18 O thou king, the most high God gave Nebuchadnezzar thy father a kingdom, and majesty, and glory, and honour:

19 And for the majesty that he gave him, all people, nations, and languages, trem-

חַמְרָא שָׁתֵה: בֵּלְשַׁאצַּר אֲמַר ׀ בִּטְעֵם חַמְרָא לְהַיְתָיָה לְמָאנֵי דַּהֲבָא 2
וְכַסְפָּא דִּי הַנְפֵּק נְבוּכַדְנֶצַּר אֲבוּהִי מִן־הֵיכְלָא דִּי בִירוּשְׁלֶם וְיִשְׁתּוֹן

בְּהוֹן מַלְכָּא וְרַבְרְבָנוֹהִי שֵׁגְלָתֵהּ וּלְחֵנָתֵהּ: בֵּאדַיִן הַיְתִיו מָאנֵי דַהֲבָא 3
דִּי הַנְפִּקוּ מִן־הֵיכְלָא דִי־בֵית אֱלָהָא דִּי בִירוּשְׁלֶם וְאִשְׁתִּיו בְּהוֹן

מַלְכָּא וְרַבְרְבָנוֹהִי שֵׁגְלָתֵהּ וּלְחֵנָתֵהּ: אִשְׁתִּיו חַמְרָא וְשַׁבַּחוּ לֵאלָהֵי 4

דַּהֲבָא וְכַסְפָּא נְחָשָׁא פַרְזְלָא אָעָא וְאַבְנָא: בַּהּ־שַׁעֲתָה נְפַקוֹ אֶצְבְּעָן 5 **נָפְקָה**
דִּי יַד־אֱנָשׁ וְכָתְבָן לָקֳבֵל נֶבְרַשְׁתָּא עַל־גִּירָא דִּי־כְתַל הֵיכְלָא דִּי

מַלְכָּא וּמַלְכָּא חָזֵה פַּס יְדָה דִּי כָתְבָה: אֱדַיִן מַלְכָּא זִיוֹהִי שְׁנוֹהִי 6 6A
וְרַעְיֹנֹהִי יְבַהֲלוּנֵּהּ וְקִטְרֵי חַרְצֵהּ מִשְׁתָּרַיִן וְאַרְכֻבָּתֵהּ דָּא לְדָא נָקְשָׁן:

קָרֵא מַלְכָּא בְּחַיִל לְהֶעָלָה לְאָשְׁפַיָּא כַּשְׂדָּיֵא וְגָזְרַיָּא עָנֵה מַלְכָּא 7 7A **כַּשְׂדָּיֵא**
וְאָמַר ׀ לְחַכִּימֵי בָבֶל דִּי כָל־אֱנָשׁ דִּי־יִקְרֵה כְּתָבָה דְנָה וּפִשְׁרֵהּ יְחַוִּנַּנִי

אַרְגְּוָנָא יִלְבַּשׁ והמונכא דִי־דַהֲבָא עַל־צַוְּארֵהּ וְתַלְתִּי בְמַלְכוּתָא **וְהַמְנִיכָא**

יִשְׁלַט: אֱדַיִן עללין כֹּל חַכִּימֵי מַלְכָּא וְלָא־כָהֲלִין כְּתָבָא 8 **עללין**

לְמִקְרֵא וּפִשְׁרָא לְהוֹדָעָה לְמַלְכָּא: אֱדַיִן מַלְכָּא בֵלְשַׁאצַּר שַׂגִּיא 9 **וּפִשְׁרֵהּ**
מִתְבָּהַל וְזִיוֹהִי שָׁנַיִן עֲלוֹהִי וְרַבְרְבָנוֹהִי מִשְׁתַּבְּשִׁין: מַלְכְּתָא לָקֳבֵל 10

מִלֵּי מַלְכָּא וְרַבְרְבָנוֹהִי לְבֵית מִשְׁתְּיָא עללת עֲנָת מַלְכְּתָא וַאֲמֶרֶת **עֲלַּת**

מַלְכָּא לְעָלְמִין חֱיִי אַל־יְבַהֲלוּךְ רַעְיוֹנָךְ וְזִיוָיךְ אַל־יִשְׁתַּנּוֹ: אִיתַי גְּבַר 11 **וְזִיוָיךְ**
בְּמַלְכוּתָךְ דִּי רוּחַ אֱלָהִין קַדִּישִׁין בֵּהּ וּבְיוֹמֵי אֲבוּךְ נַהִירוּ וְשָׂכְלְתָנוּ
וְחָכְמָה כְּחָכְמַת־אֱלָהִין הִשְׁתְּכַחַת בֵּהּ וּמַלְכָּא נְבֻכַדְנֶצַּר אֲבוּךְ רַב

חַרְטֻמִּין אָשְׁפִין כַּשְׂדָּאִין גָּזְרִין הֲקִימֵהּ אֲבוּךְ מַלְכָּא: כָּל־קֳבֵל דִּי 12
רוּחַ ׀ יַתִּירָה וּמַנְדַּע וְשָׂכְלְתָנוּ מְפַשַּׁר חֶלְמִין וַאַחֲוָיַת אֲחִידָן וּמְשָׁרֵא
קִטְרִין הִשְׁתְּכַחַת בֵּהּ בְּדָנִיֵּאל דִּי־מַלְכָּא שָׂם־שְׁמֵהּ בֵּלְטְשַׁאצַּר כְּעַן
דָּנִיֵּאל יִתְקְרֵי וּפִשְׁרָה יְהַחֲוֵה:

בֵּאדַיִן דָּנִיֵּאל הֻעַל קֳדָם מַלְכָּא עָנֵה מַלְכָּא וְאָמַר לְדָנִיֵּאל אנתה־ 13 **אַנְתְּ**־
הוּא דָנִיֵּאל דִּי־מִן־בְּנֵי גָלוּתָא דִּי יְהוּד דִּי הַיְתִי מַלְכָּא אַבִי מִן

יְהוּד: וְשִׁמְעֵת עליך דִּי רוּחַ אֱלָהִין בָּךְ וְנַהִירוּ וְשָׂכְלְתָנוּ וְחָכְמָה 14 **עֲלָךְ**

יַתִּירָה הִשְׁתְּכַחַת בָּךְ: וּכְעַן הֻעַלּוּ קָדָמַי חַכִּימַיָּא אָשְׁפַיָּא דִּי־כְתָבָה 15
דְנָה יִקְרוֹן וּפִשְׁרֵהּ לְהוֹדָעֻתַנִי וְלָא־כָהֲלִין פְּשַׁר־מִלְּתָא לְהַחֲוָיָה:

וַאֲנָה שִׁמְעֵת עליך דִּי־תוּכַל פִּשְׁרִין לְמִפְשַׁר וְקִטְרִין לְמִשְׁרֵא כְּעַן 16 **עֲלָךְ** **תִּיכּוּל**
הֵן תוּכַל כְּתָבָא לְמִקְרֵא וּפִשְׁרֵהּ לְהוֹדָעֻתַנִי אַרְגְּוָנָא תִלְבַּשׁ והמונכא **תִּיכּוּל**
דִי־דַהֲבָא עַל־צַוְּארָךְ וְתַלְתָּא בְמַלְכוּתָא תִּשְׁלַט: **וְהַמְנִיכָא**

בֵּאדַיִן עָנֵה דָנִיֵּאל וְאָמַר קֳדָם מַלְכָּא מַתְּנָתָךְ לָךְ לֶהֶוְיָן וּנְבָזְבְּיָתָךְ 17
לְאָחֳרָן הַב בְּרַם כְּתָבָא אֶקְרֵא לְמַלְכָּא וּפִשְׁרָא אֲהוֹדְעִנֵּהּ: אנתה 18 **אַנְתְּ**
מַלְכָּא אֱלָהָא עליא מַלְכוּתָא וּרְבוּתָא וִיקָרָא וְהַדְרָה יְהַב **עֲלָאָה**

לִנְבֻכַדְנֶצַּר אֲבוּךְ: וּמִן־רְבוּתָא דִּי יְהַב־לֵהּ כֹּל עַמְמַיָּא אֻמַיָּא 19

bled and feared before him: whom he would he slew; and whom he would he kept alive; and whom he would he set up; and whom he would he put down.

20 But when his heart was lifted up, and his mind hardened in pride, he was deposed from his kingly throne, and they took his glory from him:

21 And he was driven from the sons of men; and his heart was made like the beasts, and his dwelling *was* with the wild asses: they fed him with grass like oxen, and his body was wet with the dew of heaven; till he knew that the most high God ruled in the kingdom of men, and *that* he appointeth over it whomsoever he will.

22 And thou his son, O Belshazzar, hast not humbled thine heart, though thou knewest all this;

23 But hast lifted up thyself against the Lord of heaven; and they have brought the vessels of his house before thee, and thou, and thy lords, thy wives, and thy concubines, have drunk wine in them; and thou hast praised the gods of silver, and gold, of brass, iron, wood, and stone, which see not, nor hear, nor know: and the God in whose hand thy breath *is,* and whose *are* all thy ways, hast thou not glorified:

24 Then was the part of the hand sent from him; and this writing was written.

25 ¶ And this *is* the writing that was written, MENE, MENE, TEKEL, UPHARSIN.

26 This *is* the interpretation of the thing: MENE; God hath numbered thy kingdom, and finished it.

27 TEKEL; Thou art weighed in the balances, and art found wanting.

28 PERES; Thy kingdom is divided, and given to the Medes and Persians.

29 Then commanded Belshazzar, and they clothed Daniel with scarlet, and *put* a chain of gold about his neck, and made

a proclamation concerning him, that he should be the third ruler in the kingdom.

30 ¶ In that night was Belshazzar the king of the Chaldeans slain.

31[6:1] And Darius the Median took the kingdom, *being* about threescore and two years old.

CHAPTER 6

1[2] It pleased Darius to set over the kingdom an hundred and twenty princes, which should be over the whole kingdom;

2[3] And over these three presidents; of whom Daniel *was* first: that the princes might give accounts unto them, and the king should have no damage.

3[4] Then this Daniel was preferred above the presidents and princes, because an excellent spirit *was* in him; and the king thought to set him over the whole realm.

4[5] ¶ Then the presidents and princes sought to find occasion against Daniel concerning the kingdom; but they could find none occasion nor fault; forasmuch as he *was* faithful, neither was there any error or fault found in him.

5[6] Then said these men, We shall not find any occasion against this Daniel, except we find *it* against him concerning the law of his God.

6[7] Then these presidents and princes assembled together to the king, and said thus unto him, King Darius, live for ever.

7[8] All the presidents of the kingdom, the governors, and the princes, the counsellors, and the captains, have consulted together to establish a royal statute, and to make a firm decree, that whosoever shall ask a petition of any God or man for thirty days, save of thee, O king, he shall be cast into the den of lions.

8[9] Now, O king, establish the decree, and sign the writing, that it be not

זָיְעִין	וְלִשָׁנַיָּא הֲווֹ זָאֲעִין וְדָחֲלִין מִן־קֳדָמוֹהִי דִּי־הֲוָה צָבֵא הֲוָא קָטֵל וְדִי־
	הֲוָה צָבֵא הֲוָה מַחֵא וְדִי־הֲוָה צָבֵא הֲוָה מָרִים וְדִי־הֲוָה צָבֵא הֲוָה
	מַשְׁפִּיל: 20 וּכְדִי רִם לִבְבֵהּ וְרוּחֵהּ תִּקְפַת לַהֲזָדָה הָנְחַת מִן־כָּרְסֵא
	21 21A מַלְכוּתֵהּ וִיקָרָה הֶעְדִּיו מִנֵּהּ: וּמִן־בְּנֵי אֲנָשָׁא טְרִיד וְלִבְבֵהּ עִם־
שַׁוִּיו	חֵיוְתָא שַׁוִּי וְעִם־עֲרָדַיָּא מְדֹרֵהּ עִשְׂבָּא כְתוֹרִין יְטַעֲמוּנֵּהּ וּמִטַּל
עִלָּאָה	שְׁמַיָּא גִּשְׁמֵהּ יִצְטַבַּע עַד דִּי־יְדַע דִּי־שַׁלִּיט אֱלָהָא עִלָּאָה בְּמַלְכוּת
עֲלַהּ וְאַנְתְּ	אֲנָשָׁא וּלְמַן־דִּי יִצְבֵּה יְהָקֵים עֲלַהּ: 22 וְאַנְתְּ בְּרֵהּ בֵּלְשַׁאצַּר לָא
	הַשְׁפֵּלְתְּ לִבְבָךְ כָּל־קֳבֵל דִּי כָל־דְּנָה יְדַעְתָּ: 23 וְעַל מָרֵא־שְׁמַיָּא
קָדָמָךְ וְאַנְתְּ וְרַבְרְבָנָךְ	הִתְרוֹמַמְתָּ וּלְמָאנַיָּא דִי־בַיְתֵהּ הַיְתִיו קדמיך [קָדָמָךְ] וְאַנְתְּ ורברבניך [וְרַבְרְבָנָךְ]
	שֵׁגְלָתָךְ וּלְחֵנָתָךְ חַמְרָא שָׁתַיִן בְּהוֹן וְלֵאלָהֵי כַסְפָּא־וְדַהֲבָא נְחָשָׁא
	פַרְזְלָא אָעָא וְאַבְנָא דִּי לָא־חָזַיִן וְלָא־שָׁמְעִין וְלָא יָדְעִין שַׁבַּחְתָּ
	24 24A וְלֵאלָהָא דִּי־נִשְׁמְתָךְ בִּידֵהּ וְכָל־אֹרְחָתָךְ לֵהּ לָא הַדַּרְתָּ: בֵּאדַיִן מִן־
	25 קֳדָמוֹהִי שְׁלִיחַ פַּסָּא דִי־יְדָא וּכְתָבָא דְּנָה רְשִׁים: וּדְנָה כְתָבָא דִּי
	26 רְשִׁים מְנֵא מְנֵא תְּקֵל וּפַרְסִין: דְּנָה פְּשַׁר־מִלְּתָא מְנֵא מְנָה־אֱלָהָא
	27 מַלְכוּתָךְ וְהַשְׁלְמַהּ: תְּקֵל תְּקִילְתָּה בְמֹאזַנְיָא וְהִשְׁתְּכַחַתְּ חַסִּיר:
	28 פְּרֵס פְּרִיסַת מַלְכוּתָךְ וִיהִיבַת לְמָדַי וּפָרָס: 29 בֵּאדַיִן אֲמַר בֵּלְשַׁאצַּר
וְהַמְנִיכָא	וְהַלְבִּישׁוּ לְדָנִיֵּאל אַרְגְּוָנָא והמונכא [וְהַמְנִיכָא] דִי־דַהֲבָא עַל־צַוְּארֵהּ וְהַכְרִזוּ
	30 עֲלוֹהִי דִּי־לֶהֱוֵא שַׁלִּיט תַּלְתָּא בְּמַלְכוּתָא: בֵּהּ בְּלֵילְיָא קְטִיל
כַּשְׂדָּאָה	בֵּלְאשַׁצַּר מַלְכָּא כשדיא [כַשְׂדָּאָה]:
מָדָאָה	6 1 2 וְדָרְיָוֶשׁ מדיא [מָדָאָה] קַבֵּל מַלְכוּתָא כְּבַר שְׁנִין שִׁתִּין וְתַרְתֵּין: שְׁפַר קֳדָם
	דָּרְיָוֶשׁ וַהֲקֵים עַל־מַלְכוּתָא לַאֲחַשְׁדַּרְפְּנַיָּא מְאָה וְעֶשְׂרִין דִּי לֶהֱוֹן
	3 בְּכָל־מַלְכוּתָא: וְעֵלָּא מִנְּהוֹן סָרְכִין תְּלָתָא דִּי דָנִיֵּאל חַד־מִנְּהוֹן דִּי־
	לֶהֱוֹן אֲחַשְׁדַּרְפְּנַיָּא אִלֵּין יָהֲבִין לְהוֹן טַעְמָא וּמַלְכָּא לָא־לֶהֱוֵא נָזִק:
	4 אֱדַיִן דָּנִיֵּאל דְּנָה הֲוָא מִתְנַצַּח עַל־סָרְכַיָּא וַאֲחַשְׁדַּרְפְּנַיָּא כָּל־קֳבֵל
	5 דִּי רוּחַ יַתִּירָא בֵּהּ וּמַלְכָּא עֲשִׁית לַהֲקָמוּתֵהּ עַל־כָּל־מַלְכוּתָא: אֱדַיִן
	סָרְכַיָּא וַאֲחַשְׁדַּרְפְּנַיָּא הֲווֹ בָעַיִן עִלָּה לְהַשְׁכָּחָה לְדָנִיֵּאל מִצַּד
	מַלְכוּתָא וְכָל־עִלָּה וּשְׁחִיתָה לָא־יָכְלִין לְהַשְׁכָּחָה כָּל־קֳבֵל דִּי־מְהֵימַן
	6 הוּא וְכָל־שָׁלוּ וּשְׁחִיתָה לָא הִשְׁתְּכַחַת עֲלוֹהִי: אֱדַיִן גֻּבְרַיָּא אִלֵּךְ
	אָמְרִין דִּי לָא נְהַשְׁכַּח לְדָנִיֵּאל דְּנָה כָּל־עִלָּא לָהֵן הַשְׁכַּחְנָה עֲלוֹהִי
	7 בְּדָת אֱלָהֵהּ: אֱדַיִן סָרְכַיָּא וַאֲחַשְׁדַּרְפְּנַיָּא אִלֵּן הַרְגִּשׁוּ
	8 עַל־מַלְכָּא וְכֵן אָמְרִין לֵהּ דָּרְיָוֶשׁ מַלְכָּא לְעָלְמִין חֱיִי: אִתְיָעַטוּ כֹּל
	סָרְכֵי מַלְכוּתָא סִגְנַיָּא וַאֲחַשְׁדַּרְפְּנַיָּא הַדָּבְרַיָּא וּפַחֲוָתָא לְקַיָּמָה קְיָם
	מַלְכָּא וּלְתַקָּפָה אֱסָר דִּי כָל־דִּי־יִבְעֵה בָעוּ מִן־כָּל־אֱלָהּ וֶאֱנָשׁ עַד־
	9 יוֹמִין תְּלָתִין לָהֵן מִנָּךְ מַלְכָּא יִתְרְמֵא לְגֹב אַרְיָוָתָא: כְּעַן מַלְכָּא
	תְּקִים אֱסָרָא וְתִרְשֻׁם כְּתָבָא דִּי לָא לְהַשְׁנָיָה כְּדָת־מָדַי וּפָרַס דִּי־

changed, according to the law of the Medes and Persians, which altereth not.

9[10] Wherefore king Darius signed the writing and the decree.

10[11] ¶ Now when Daniel knew that the writing was signed, he went into his house; and his windows being open in his chamber toward Jerusalem, he kneeled upon his knees three times a day, and prayed, and gave thanks before his God, as he did aforetime.

11[12] Then these men assembled, and found Daniel praying and making supplication before his God.

12[13] Then they came near, and spake before the king concerning the king's decree; Hast thou not signed a decree, that every man that shall ask *a petition* of any God or man within thirty days, save of thee, O king, shall be cast into the den of lions? The king answered and said, The thing *is* true, according to the law of the Medes and Persians, which altereth not.

13[14] Then answered they and said before the king, That Daniel, which *is* of the children of the captivity of Judah, regardeth not thee, O king, nor the decree that thou hast signed, but maketh his petition three times a day.

14[15] Then the king, when he heard *these* words, was sore displeased with himself, and set *his* heart on Daniel to deliver him: and he laboured till the going down of the sun to deliver him.

15[16] Then these men assembled unto the king, and said unto the king, Know, O king, that the law of the Medes and Persians *is,* That no decree nor statute which the king establisheth may be changed.

16[17] Then the king commanded, and they brought Daniel, and cast *him* into the den of lions. *Now* the king spake and said unto Daniel, Thy God whom thou servest continually, he will deliver thee.

17[18] And a stone was brought, and laid upon the mouth of the den; and the king sealed it with his own signet, and with the signet of his lords; that the purpose might not be changed concerning Daniel.

18[19] ¶ Then the king went to his palace, and passed the night fasting: neither were instruments of musick brought before him: and his sleep went from him.

19[20] Then the king arose very early in the morning, and went in haste unto the den of lions.

20[21] And when he came to the den, he cried with a lamentable voice unto Daniel: *and* the king spake and said to Daniel, O Daniel, servant of the living God, is thy God, whom thou servest continually, able to deliver thee from the lions?

21[22] Then said Daniel unto the king, O king, live for ever.

22[23] My God hath sent his angel, and hath shut the lions' mouths, that they have not hurt me: forasmuch as before him innocency was found in me; and also before thee, O king, have I done no hurt.

23[24] Then was the king exceeding glad for him, and commanded that they should take Daniel up out of the den. So Daniel was taken up out of the den, and no manner of hurt was found upon him, because he believed in his God.

24[25] ¶ And the king commanded, and they brought those men which had accused Daniel, and they cast *them* into the den of lions, them, their children, and their wives; and the lions had the mastery of them, and brake all their bones in pieces or ever they came at the bottom of the den.

25[26] ¶ Then king Darius wrote unto all people, nations, and languages, that dwell in all the earth; Peace be multiplied unto you.

26[27] I make a decree, That in every dominion of my kingdom men tremble and fear before the God of Daniel: for he *is* the living God, and stedfast for ever, and his kingdom *that* which shall not be destroyed, and his dominion *shall be even* unto the end.

10 לָא תֶעְדֵּא: כָּל־קֳבֵל דְּנָה מַלְכָּא דָּרְיָוֶשׁ רְשַׁם כְּתָבָא וֶאֱסָרָא:

11A וְדָנִיֵּאל כְּדִי יְדַע דִּי־רְשִׁים כְּתָבָא עַל לְבַיְתֵהּ וְכַוִּין פְּתִיחָן לֵהּ
11 בְּעִלִּיתֵהּ נֶגֶד יְרוּשְׁלֶם וְזִמְנִין תְּלָתָה בְיוֹמָא הוּא ׀ בָּרֵךְ עַל־בִּרְכוֹהִי
וּמְצַלֵּא וּמוֹדֵא קֳדָם אֱלָהֵהּ כָּל־קֳבֵל דִּי־הֲוָא עָבֵד מִן־קַדְמַת
דְּנָה: 12 אֱדַיִן גֻּבְרַיָּא אִלֵּךְ הַרְגִּשׁוּ וְהַשְׁכַּחוּ לְדָנִיֵּאל בָּעֵא

13 וּמִתְחַנַּן קֳדָם אֱלָהֵהּ: בֵּאדַיִן קְרִיבוּ וְאָמְרִין קֳדָם־מַלְכָּא עַל־אֱסָר
מַלְכָּא הֲלָא אֱסָר רְשַׁמְתָּ דִּי כָל־אֱנָשׁ דִּי־יִבְעֵה מִן־כָּל־אֱלָהּ וֶאֱנָשׁ
עַד־יוֹמִין תְּלָתִין לָהֵן מִנָּךְ מַלְכָּא יִתְרְמֵא לְגֹב אַרְיָוָתָא עָנֵה מַלְכָּא

14 וְאָמַר יַצִּיבָא מִלְּתָא כְּדָת־מָדַי וּפָרַס דִּי־לָא תֶעְדֵּא: בֵּאדַיִן עֲנוֹ
וְאָמְרִין קֳדָם מַלְכָּא דִּי דָנִיֵּאל דִּי מִן־בְּנֵי גָלוּתָא דִּי יְהוּד לָא־שָׂם
עֲלָךְ עֲלָיךְ מַלְכָּא טְעֵם וְעַל־אֱסָרָא דִּי רְשַׁמְתָּ וְזִמְנִין תְּלָתָה בְּיוֹמָא בָּעֵא

15 בָּעוּתֵהּ: אֱדַיִן מַלְכָּא כְּדִי מִלְּתָא שְׁמַע שַׂגִּיא בְּאֵשׁ עֲלוֹהִי וְעַל
דָּנִיֵּאל שָׂם בָּל לְשֵׁיזָבוּתֵהּ וְעַד מֶעָלֵי שִׁמְשָׁא הֲוָא מִשְׁתַּדַּר

16 לְהַצָּלוּתֵהּ: בֵּאדַיִן גֻּבְרַיָּא אִלֵּךְ הַרְגִּשׁוּ עַל־מַלְכָּא וְאָמְרִין לְמַלְכָּא
דַּע מַלְכָּא דִּי־דָת לְמָדַי וּפָרַס דִּי־כָל־אֱסָר וּקְיָם דִּי־מַלְכָּא יְהָקֵים

17 לָא לְהַשְׁנָיָה: בֵּאדַיִן מַלְכָּא אֲמַר וְהַיְתִיו לְדָנִיֵּאל וּרְמוֹ לְגֻבָּא דִּי
אַנְתְּ אַרְיָוָתָא עָנֵה מַלְכָּא וְאָמַר לְדָנִיֵּאל אֱלָהָךְ דִּי אַנְתְּ פָּלַח־לֵהּ

18 בִּתְדִירָא הוּא יְשֵׁיזְבִנָּךְ: וְהֵיתָיִת אֶבֶן חֲדָה וְשֻׂמַת עַל־פֻּם גֻּבָּא
וְחַתְמַהּ מַלְכָּא בְּעִזְקְתֵהּ וּבְעִזְקָת רַבְרְבָנוֹהִי דִּי לָא־תִשְׁנֵא צְבוּ

19 בְדָנִיֵּאל: אֱדַיִן אֲזַל מַלְכָּא לְהֵיכְלֵהּ וּבָת טְוָת וְדַחֲוָן לָא־הַנְעֵל
קָדָמוֹהִי וְשִׁנְתֵּהּ נַדַּת עֲלוֹהִי: 20 בֵּאדַיִן מַלְכָּא בִּשְׁפַּרְפָּרָא יְקוּם בְּנָגְהָא

21 וּבְהִתְבְּהָלָה לְגֻבָּא דִּי־אַרְיָוָתָא אֲזַל: וּכְמִקְרְבֵהּ לְגֻבָּא לְדָנִיֵּאל בְּקָל
עֲצִיב זְעִק עָנֵה מַלְכָּא וְאָמַר לְדָנִיֵּאל דָּנִיֵּאל עֲבֵד אֱלָהָא חַיָּא אֱלָהָךְ

22A אַנְתְּ 22 דִּי אַנְתְּ פָּלַח־לֵהּ בִּתְדִירָא הַיְכִל לְשֵׁיזָבוּתָךְ מִן־אַרְיָוָתָא: אֱדַיִן
דָּנִיֵּאל עִם־מַלְכָּא מַלִּל מַלְכָּא לְעָלְמִין חֱיִי: 23 אֱלָהִי שְׁלַח מַלְאֲכֵהּ

24 קְדָמָךְ וּסֲגַר פֻּם אַרְיָוָתָא וְלָא חַבְּלוּנִי כָּל־קֳבֵל דִּי קָדָמוֹהִי זָכוּ הִשְׁתְּכַחַת
לִי וְאַף קָדָמָיךְ מַלְכָּא חֲבוּלָה לָא עַבְדֵת: בֵּאדַיִן מַלְכָּא שַׂגִּיא טְאֵב
עֲלוֹהִי וּלְדָנִיֵּאל אֲמַר לְהַנְסָקָה מִן־גֻּבָּא וְהֻסַּק דָּנִיֵּאל מִן־גֻּבָּא וְכָל־

25 חֲבָל לָא־הִשְׁתְּכַח בֵּהּ דִּי הֵימִן בֵּאלָהֵהּ: וַאֲמַר מַלְכָּא וְהַיְתִיו גֻּבְרַיָּא
אִלֵּךְ דִּי־אֲכַלוּ קַרְצוֹהִי דִּי דָנִיֵּאל וּלְגֹב אַרְיָוָתָא רְמוֹ אִנּוּן בְּנֵיהוֹן
וּנְשֵׁיהוֹן וְלָא־מְטוֹ לְאַרְעִית גֻּבָּא עַד דִּי־שְׁלִטוּ בְהוֹן אַרְיָוָתָא וְכָל־

26 גַּרְמֵיהוֹן הַדִּקוּ: בֵּאדַיִן דָּרְיָוֶשׁ מַלְכָּא כְּתַב לְכָל־עַמְמַיָּא אֻמַּיָּא

27 דִּירִין וְלִשָּׁנַיָּא דִּי־דָאֲרִין בְּכָל־אַרְעָא שְׁלָמְכוֹן יִשְׂגֵּא: מִן־קָדָמַי שִׂים טְעֵם
זָיְעִין דִּי ׀ בְּכָל־שָׁלְטָן מַלְכוּתִי לֶהֱוֹן זָאֲעִין וְדָחֲלִין מִן־קֳדָם אֱלָהֵהּ דִּי־
דָנִיֵּאל דִּי־הוּא ׀ אֱלָהָא חַיָּא וְקַיָּם לְעָלְמִין וּמַלְכוּתֵהּ דִּי־לָא תִתְחַבַּל

27[28] He delivereth and rescueth, and he worketh signs and wonders in heaven and in earth, who hath delivered Daniel from the power of the lions.

28[29] So this Daniel prospered in the reign of Darius, and in the reign of Cyrus the Persian.

CHAPTER 7

1 In the first year of Belshazzar king of Babylon Daniel had a dream and visions of his head upon his bed: then he wrote the dream, *and* told the sum of the matters.

2 Daniel spake and said, I saw in my vision by night, and, behold, the four winds of the heaven strove upon the great sea.

3 And four great beasts came up from the sea, diverse one from another.

4 The first *was* like a lion, and had eagle's wings: I beheld till the wings thereof were plucked, and it was lifted up from the earth, and made stand upon the feet as a man, and a man's heart was given to it.

5 And behold another beast, a second, like to a bear, and it raised up itself on one side, and *it had* three ribs in the mouth of it between the teeth of it: and they said thus unto it, Arise, devour much flesh.

6 After this I beheld, and lo another, like a leopard, which had upon the back of it four wings of a fowl; the beast had also four heads; and dominion was given to it.

7 After this I saw in the night visions, and behold a fourth beast, dreadful and terrible, and strong exceedingly; and it had great iron teeth: it devoured and brake in pieces, and stamped the residue with the feet of it: and it *was* diverse from all the beasts that *were* before it; and it had ten horns.

8 I considered the horns, and, behold, there came up among them another little horn, before whom there were three of the first horns plucked up by the roots: and, behold, in this horn *were* eyes like the eyes of man, and a mouth speaking great things.

9 ¶ I beheld till the thrones were cast down, and the Ancient of days did sit, whose garment *was* white as snow, and the hair of his head like the pure wool: his throne *was like* the fiery flame, *and* his wheels *as* burning fire.

10 A fiery stream issued and came forth from before him: thousand thousands ministered unto him, and ten thousand times ten thousand stood before him: the judgment was set, and the books were opened.

11 I beheld then because of the voice of the great words which the horn spake: I beheld *even* till the beast was slain, and his body destroyed, and given to the burning flame.

12 As concerning the rest of the beasts, they had their dominion taken away: yet their lives were prolonged for a season and time.

13 I saw in the night visions, and, behold, *one* like the Son of man came with the clouds of heaven, and came to the Ancient of days, and they brought him near before him.

14 And there was given him dominion, and glory, and a kingdom, that all people, nations, and languages, should serve him: his dominion *is* an everlasting dominion, which shall not pass away, and his kingdom *that* which shall not be destroyed.

15 ¶ I Daniel was grieved in my spirit in the midst of *my* body, and the visions of my head troubled me.

16 I came near unto one of them that stood by, and asked him the truth of all this. So he told me, and made me know the interpretation of the things.

17 These great beasts, which are four, *are* four kings, *which* shall arise out of the earth.

18 But the saints of the most High shall take the kingdom, and possess the kingdom for ever, even for ever and ever.

19 Then I would know the truth of the fourth beast, which was diverse from all

וְשָׁלְטָנֵהּ עַד־סוֹפָא: מְשֵׁיזִב וּמַצִּל וְעָבֵד אָתִין וְתִמְהִין בִּשְׁמַיָּא 28

וּבְאַרְעָא דִּי שֵׁיזִיב לְדָנִיֵּאל מִן־יַד אַרְיָוָתָא: וְדָנִיֵּאל דְּנָה הַצְלַח 29
בְּמַלְכוּת דָּרְיָוֶשׁ וּבְמַלְכוּת כּוֹרֶשׁ פָּרְסָיָא:

פָּרְסָאָה

בִּשְׁנַת חֲדָה לְבֵלְאשַׁצַּר מֶלֶךְ בָּבֶל דָּנִיֵּאל חֵלֶם חֲזָה וְחֶזְוֵי רֵאשֵׁהּ 7 1
עַל־מִשְׁכְּבֵהּ בֵּאדַיִן חֶלְמָא כְתַב רֵאשׁ מִלִּין אֲמַר: עָנֵה דָנִיֵּאל וְאָמַר 2
חָזֵה הֲוֵית בְּחֶזְוִי עִם־לֵילְיָא וַאֲרוּ אַרְבַּע רוּחֵי שְׁמַיָּא מְגִיחָן לְיַמָּא

רַבָּא: וְאַרְבַּע חֵיוָן רַבְרְבָן סָלְקָן מִן־יַמָּא שָׁנְיָן דָּא מִן־דָּא: קַדְמָיְתָא 3
כְאַרְיֵה וְגַפִּין דִּי־נְשַׁר לַהּ חָזֵה הֲוֵית עַד דִּי־מְּרִיטוּ גַפַּיהּ וּנְטִילַת 4

גַּפַּהּ

מִן־אַרְעָא וְעַל־רַגְלַיִן כֶּאֱנָשׁ הֳקִימַת וּלְבַב אֱנָשׁ יְהִיב לַהּ: וַאֲרוּ 5
חֵיוָה אָחֳרִי תִנְיָנָה דָּמְיָה לְדֹב וְלִשְׂטַר־חַד הֳקִמַת וּתְלָת עִלְעִין
בְּפֻמַּהּ בֵּין שִׁנַּיהּ וְכֵן אָמְרִין לַהּ קוּמִי אֲכֻלִי בְּשַׂר שַׂגִּיא: בָּאתַר 6

שִׁנָּהּ

גַּבַּהּ

דְּנָה חָזֵה הֲוֵית וַאֲרוּ אָחֳרִי כִּנְמַר וְלַהּ גַּפִּין אַרְבַּע דִּי־עוֹף עַל־גַּבַּיהּ
וְאַרְבְּעָה רֵאשִׁין לְחֵיוְתָא וְשָׁלְטָן יְהִיב לַהּ: בָּאתַר דְּנָה חָזֵה הֲוֵית 7
בְּחֶזְוֵי לֵילְיָא וַאֲרוּ חֵיוָה רְבִיעָיָה דְּחִילָה וְאֵימְתָנִי וְתַקִּיפָא יַתִּירָא

רְבִיעָאָה

בְּרַגְלַהּ

וְשִׁנַּיִן דִּי־פַרְזֶל לַהּ רַבְרְבָן אָכְלָה וּמַדֱּקָה וּשְׁאָרָא בְּרַגְלַיהּ רָפְסָה:
וְהִיא מְשַׁנְּיָה מִן־כָּל־חֵיוָתָא דִּי קָדָמַיהּ וְקַרְנַיִן עֲשַׂר לַהּ: מִשְׂתַּכַּל 8

קַדְמָה

בֵּינֵיהֶן
אֶתְעֲקַרָה
קַדְמָה

הֲוֵית בְּקַרְנַיָּא וַאֲלוּ קֶרֶן אָחֳרִי זְעֵירָה סִלְקָת בֵּינֵיהוֹן וּתְלָת מִן־
קַרְנַיָּא קַדְמָיָתָא אֶתְעֲקַרוּ מִן־קֳדָמַיהּ וַאֲלוּ עַיְנִין כְּעַיְנֵי אֲנָשָׁא
בְּקַרְנָא־דָא וּפֻם מְמַלִּל רַבְרְבָן: חָזֵה הֲוֵית עַד דִּי כָרְסָוָן רְמִיו 9
וְעַתִּיק יוֹמִין יְתִב לְבוּשֵׁהּ| כִּתְלַג חִוָּר וּשְׂעַר רֵאשֵׁהּ כַּעֲמַר נְקֵא

כָּרְסְיֵהּ שְׁבִיבִין דִּי־נוּר גַּלְגִּלּוֹהִי נוּר דָּלִק: נְהַר דִּי־נוּר נָגֵד וְנָפֵק 10
מִן־קֳדָמוֹהִי אֶלֶף אַלְפִים יְשַׁמְּשׁוּנֵּהּ וְרִבּוֹ רִבְבָן קָדָמוֹהִי יְקוּמוּן דִּינָא

אַלְפִין   רִבְבָן

יְתִב וְסִפְרִין פְּתִיחוּ: חָזֵה הֲוֵית בֵּאדַיִן מִן־קָל מִלַּיָּא רַבְרְבָתָא דִּי 11
קַרְנָא מְמַלֱּלָה חָזֵה הֲוֵית עַד דִּי קְטִילַת חֵיוְתָא וְהוּבַד גִּשְׁמַהּ
וִיהִיבַת לִיקֵדַת אֶשָּׁא: וּשְׁאָר חֵיוָתָא הֶעְדִּיו שָׁלְטָנְהוֹן וְאַרְכָה בְחַיִּין 12
יְהִיבַת לְהוֹן עַד־זְמַן וְעִדָּן: חָזֵה הֲוֵית בְּחֶזְוֵי לֵילְיָא וַאֲרוּ עִם־עֲנָנֵי 13
שְׁמַיָּא כְּבַר אֱנָשׁ אָתֵה הֲוָה וְעַד־עַתִּיק יוֹמַיָּא מְטָה וּקְדָמוֹהִי
הַקְרְבוּהִי: וְלֵהּ יְהִיב שָׁלְטָן וִיקָר וּמַלְכוּ וְכֹל עַמְמַיָּא אֻמַּיָּא וְלִשָּׁנַיָּא 14
לֵהּ יִפְלְחוּן שָׁלְטָנֵהּ שָׁלְטָן עָלַם דִּי־לָא יֶעְדֵּה וּמַלְכוּתֵהּ דִּי־לָא
תִתְחַבַּל:

אֶתְכְּרִיַּת רוּחִי אֲנָה דָנִיֵּאל בְּגוֹא נִדְנֶה וְחֶזְוֵי רֵאשִׁי יְבַהֲלֻנַּנִי: קִרְבֵת 15
עַל־חַד מִן־קָאֲמַיָּא וְיַצִּיבָא אֶבְעֵא־מִנֵּהּ עַל־כָּל־דְּנָה וַאֲמַר־לִי וּפְשַׁר 16
מִלַּיָּא יְהוֹדְעִנַּנִי: אִלֵּין חֵיוְתָא רַבְרְבָתָא דִּי אִנִּין אַרְבַּע אַרְבְּעָה 17
מַלְכִין יְקוּמוּן מִן־אַרְעָא: וִיקַבְּלוּן מַלְכוּתָא קַדִּישֵׁי עֶלְיוֹנִין וְיַחְסְנוּן 18
מַלְכוּתָא עַד־עָלְמָא וְעַד עָלַם עָלְמַיָּא: אֱדַיִן צְבִית לְיַצָּבָא עַל־ 19

19A

the others, exceeding dreadful, whose teeth *were of* iron, and his nails *of* brass; *which* devoured, brake in pieces, and stamped the residue with his feet;

20 And of the ten horns that *were* in his head, and *of* the other which came up, and before whom three fell; even *of* that horn that had eyes, and a mouth that spake very great things, whose look *was* more stout than his fellows.

21 I beheld, and the same horn made war with the saints, and prevailed against them;

22 Until the Ancient of days came, and judgment was given to the saints of the most High; and the time came that the saints possessed the kingdom.

23 Thus he said, The fourth beast shall be the fourth kingdom upon earth, which shall be diverse from all kingdoms, and shall devour the whole earth, and shall tread it down, and break it in pieces.

24 And the ten horns out of this kingdom *are* ten kings *that* shall arise: and another shall rise after them; and he shall be diverse from the first, and he shall subdue three kings.

25 And he shall speak *great* words against the most High, and shall wear out the saints of the most High, and think to change times and laws: and they shall be given into his hand until a time and times and the dividing of time.

26 But the judgment shall sit, and they shall take away his dominion, to consume and to destroy *it* unto the end.

27 And the kingdom and dominion, and the greatness of the kingdom under the whole heaven, shall be given to the people of the saints of the most High, whose kingdom *is* an everlasting kingdom, and all dominions shall serve and obey him.

28 Hitherto *is* the end of the matter. As for me Daniel, my cogitations much troubled me, and my countenance changed in me: but I kept the matter in my heart.

CHAPTER 8

1 In the third year of the reign of king Belshazzar a vision appeared unto me, *even unto* me Daniel, after that which appeared unto me at the first.

2 And I saw in a vision; and it came to pass, when I saw, that I *was* at Shushan *in* the palace, which *is* in the province of Elam; and I saw in a vision, and I was by the river of Ulai.

3 Then I lifted up mine eyes, and saw, and, behold, there stood before the river a ram which had *two* horns: and the *two* horns *were* high; but one *was* higher than the other, and the higher came up last.

4 I saw the ram pushing westward, and northward, and southward; so that no beasts might stand before him, neither *was there any* that could deliver out of his hand; but he did according to his will, and became great.

5 And as I was considering, behold, an he goat came from the west on the face of the whole earth, and touched not the ground: and the goat *had* a notable horn between his eyes.

6 And he came to the ram that had *two* horns, which I had seen standing before the river, and ran unto him in the fury of his power.

7 And I saw him come close unto the ram, and he was moved with choler against him, and smote the ram, and brake his two horns: and there was no power in the ram to stand before him, but he cast him down to the ground, and stamped upon him: and there was none that could deliver the ram out of his hand.

8 Therefore the he goat waxed very great: and when he was strong, the great horn was broken; and for it came up four notable ones toward the four winds of heaven.

9 And out of one of them came forth a little horn, which waxed exceeding great, toward the south, and toward the east, and toward the pleasant *land*.

10 And it waxed great, *even* to the host of heaven; and it cast down *some* of the host and of the stars to the ground, and stamped upon them.

11 Yea, he magnified *himself* even to the prince of the host, and by him the daily *sacrifice* was taken away, and the place of his sanctuary was cast down.

כֻּלְּהֵין שְׁנֵה   חֵיוָתָא רְבִיעָיְתָא דִּי־הֲוַת שָׁנְיָה מִן־כָּלְּהֹון דְּחִילָה דְּחִילָה יַתִּירָה שַׁנַּיֵהּ דִּי־

וְטִפְרַהּ בְּרַגְלַהּ   20 פַרְזֶל וְטִפְרַיַהּ דִּי־נְחָשׁ אָכְלָה מַדֲּקָה וּשְׁאָרָא בְּרַגְלַיהּ רָפְסָה: וְעַל־

וּנְפַלָה קֳדָמַהּ   20A קַרְנַיָּא עֲשַׂר דִּי בְרֵאשַׁהּ וְאָחֳרִי דִּי סִלְקַת וּנְפַלוּ מִן־קֳדָמַיהּ תְּלָת

קַרְנָא דִכֵּן וְעַיְנִין לַהּ וּפֻם מְמַלִּל רַבְרְבָן וְחֶזְוַהּ רַב מִן־חַבְרָתַהּ:

21 חָזֵה הֲוֵית וְקַרְנָא דִכֵּן עָבְדָה קְרָב עִם־קַדִּישִׁין וְיָכְלָה לְהֹון: עַד

22 דִּי־אֲתָה עַתִּיק יֹומַיָּא וְדִינָא יְהִב לְקַדִּישֵׁי עֶלְיֹונִין וְזִמְנָא מְטָה

רְבִיעָאָה   23 וּמַלְכוּתָא הֶחֱסִנוּ קַדִּישִׁין: כֵּן אֲמַר חֵיוְתָא רְבִיעָיְתָא מַלְכוּ רְבִיעָיא

תֶּהֱוֵא בְאַרְעָא דִּי תִשְׁנֵא מִן־כָּל־מַלְכְוָתָא וְתֵאכֻל כָּל־אַרְעָא

24 וּתְדוּשִׁנַּהּ וְתַדְּקִנַּהּ: וְקַרְנַיָּא עֲשַׂר מִנַּהּ מַלְכוּתָה עַשְׂרָה מַלְכִין יְקֻמוּן

וְאָחֳרָן יְקוּם אַחֲרֵיהֹון וְהוּא יִשְׁנֵא מִן־קַדְמָיֵא וּתְלָתָה מַלְכִין

עֶלְּאָה   25 יְהַשְׁפִּל: וּמִלִּין לְצַד עִלָּיָא יְמַלִּל וּלְקַדִּישֵׁי עֶלְיֹונִין יְבַלֵּא וְיִסְבַּר

25A לְהַשְׁנָיָה זִמְנִין וְדָת וְיִתְיַהֲבוּן בִּידֵהּ עַד־עִדָּן וְעִדָּנִין וּפְלַג עִדָּן: וְדִינָא

26 יִתִּב וְשָׁלְטָנֵהּ יְהַעְדֹּון לְהַשְׁמָדָה וּלְהֹובָדָה עַד־סֹופָא: וּמַלְכוּתָה

27 וְשָׁלְטָנָא וּרְבוּתָא דִּי מַלְכְוָת תְּחֹות כָּל־שְׁמַיָּא יְהִיבַת לְעַם קַדִּישֵׁי

עֶלְיֹונִין מַלְכוּתֵהּ מַלְכוּת עָלַם וְכֹל שָׁלְטָנַיָּא לֵהּ יִפְלְחוּן וְיִשְׁתַּמְּעוּן:

28 עַד־כָּה סֹופָא דִי־מִלְּתָא אֲנָה דָנִיֵּאל שַׂגִּיא ׀ רַעְיֹונַי יְבַהֲלֻנַּנִי וְזִיוַי

יִשְׁתַּנֹּון עֲלַי וּמִלְּתָא בְּלִבִּי נִטְרֵת:

8 1 בִּשְׁנַת שָׁלֹושׁ לְמַלְכוּת בֵּלְאשַׁצַּר הַמֶּלֶךְ חָזֹון נִרְאָה אֵלַי אֲנִי דָנִיֵּאל

2 אַחֲרֵי הַנִּרְאָה אֵלַי בַּתְּחִלָּה: וָאֶרְאֶה בֶּחָזֹון וַיְהִי בִּרְאֹתִי וַאֲנִי בְּשׁוּשַׁן

הַבִּירָה אֲשֶׁר בְּעֵילָם הַמְּדִינָה וָאֶרְאֶה בֶּחָזֹון וַאֲנִי הָיִיתִי עַל־אוּבַל

3 אוּלָי: וָאֶשָּׂא עֵינַי וָאֶרְאֶה וְהִנֵּה ׀ אַיִל אֶחָד עֹמֵד לִפְנֵי הָאֻבָל וְלֹו

קְרָנָיִם וְהַקְּרָנַיִם גְּבֹהֹות וְהָאַחַת גְּבֹהָה מִן־הַשֵּׁנִית וְהַגְּבֹהָה עֹלָה

4 בָּאַחֲרֹנָה: רָאִיתִי אֶת־הָאַיִל מְנַגֵּחַ יָמָּה וְצָפֹונָה וָנֶגְבָּה וְכָל־חַיֹּות

5 לֹא־יַעַמְדוּ לְפָנָיו וְאֵין מַצִּיל מִיָּדֹו וְעָשָׂה כִרְצֹנֹו וְהִגְדִּיל: וַאֲנִי ׀ הָיִיתִי

מֵבִין וְהִנֵּה צְפִיר־הָעִזִּים בָּא מִן־הַמַּעֲרָב עַל־פְּנֵי כָל־הָאָרֶץ וְאֵין

6 נֹוגֵעַ בָּאָרֶץ וְהַצָּפִיר קֶרֶן חָזוּת בֵּין עֵינָיו: וַיָּבֹא עַד־הָאַיִל בַּעַל

הַקְּרָנַיִם אֲשֶׁר רָאִיתִי עֹמֵד לִפְנֵי הָאֻבָל וַיָּרָץ אֵלָיו בַּחֲמַת כֹּחֹו:

7A 7 וּרְאִיתִיו מַגִּיעַ ׀ אֵצֶל הָאַיִל וַיִּתְמַרְמַר אֵלָיו וַיַּךְ אֶת־הָאַיִל וַיְשַׁבֵּר

אֶת־שְׁתֵּי קְרָנָיו וְלֹא־הָיָה כֹחַ בָּאַיִל לַעֲמֹד לְפָנָיו וַיַּשְׁלִיכֵהוּ אַרְצָה

8 וַיִּרְמְסֵהוּ וְלֹא־הָיָה מַצִּיל לָאַיִל מִיָּדֹו: וּצְפִיר הָעִזִּים הִגְדִּיל עַד־מְאֹד

וּכְעָצְמֹו נִשְׁבְּרָה הַקֶּרֶן הַגְּדֹולָה וַתַּעֲלֶנָה חָזוּת אַרְבַּע תַּחְתֶּיהָ

9 לְאַרְבַּע רוּחֹות הַשָּׁמָיִם: וּמִן־הָאַחַת מֵהֶם יָצָא קֶרֶן־אַחַת מִצְּעִירָה

10 וַתִּגְדַּל־יֶתֶר אֶל־הַנֶּגֶב וְאֶל־הַמִּזְרָח וְאֶל־הַצֶּבִי: וַתִּגְדַּל עַד־צְבָא

11 הַשָּׁמָיִם וַתַּפֵּל אַרְצָה מִן־הַצָּבָא וּמִן־הַכֹּוכָבִים וַתִּרְמְסֵם: וְעַד־שַׂר־

הוּרַם   12 הַצָּבָא הִגְדִּיל וּמִמֶּנּוּ הֵרִים הַתָּמִיד וְהֻשְׁלַךְ מְכֹון מִקְדָּשֹׁו: וְצָבָא

12 And an host was given *him* against the daily *sacrifice* by reason of transgression, and it cast down the truth to the ground; and it practised, and prospered.

13 ¶ Then I heard one saint speaking, and another saint said unto that certain *saint* which spake, How long *shall be* the vision *concerning* the daily *sacrifice,* and the transgression of desolation, to give both the sanctuary and the host to be trodden under foot?

14 And he said unto me, Unto two thousand and three hundred days; then shall the sanctuary be cleansed.

15 ¶ And it came to pass, when I, *even* I Daniel, had seen the vision, and sought for the meaning, then, behold, there stood before me as the appearance of a man.

16 And I heard a man's voice between *the banks of* Ulai, which called, and said, Gabriel, make this *man* to understand the vision.

17 So he came near where I stood: and when he came, I was afraid, and fell upon my face: but he said unto me, Understand, O son of man: for at the time of the end *shall be* the vision.

18 Now as he was speaking with me, I was in a deep sleep on my face toward the ground: but he touched me, and set me upright.

19 And he said, Behold, I will make thee know what shall be in the last end of the indignation: for at the time appointed the end *shall be.*

20 The ram which thou sawest having *two* horns *are* the kings of Media and Persia.

21 And the rough goat *is* the king of Grecia: and the great horn that *is* between his eyes *is* the first king.

22 Now that being broken, whereas four stood up for it, four kingdoms shall stand up out of the nation, but not in his power.

23 And in the latter time of their kingdom, when the transgressors are come to the full, a king of fierce countenance, and understanding dark sentences, shall stand up.

24 And his power shall be mighty, but not by his own power: and he shall destroy wonderfully, and shall prosper, and prac-

tise, and shall destroy the mighty and the holy people.

25 And through his policy also he shall cause craft to prosper in his hand; and he shall magnify *himself* in his heart, and by peace shall destroy many: he shall also stand up against the Prince of princes; but he shall be broken without hand.

26 And the vision of the evening and the morning which was told *is* true: wherefore shut thou up the vision; for it *shall be* for many days.

27 And I Daniel fainted, and was sick *certain* days; afterward I rose up, and did the king's business; and I was astonished at the vision, but none understood *it.*

CHAPTER 9

1 In the first year of Darius the son of Ahasuerus, of the seed of the Medes, which was made king over the realm of the Chaldeans;

2 In the first year of his reign I Daniel understood by books the number of the years, whereof the word of the LORD came to Jeremiah the prophet, that he would accomplish seventy years in the desolations of Jerusalem.

3 ¶ And I set my face unto the Lord God, to seek by prayer and supplications, with fasting, and sackcloth, and ashes:

4 And I prayed unto the LORD my God, and made my confession, and said, O Lord, the great and dreadful God, keeping the covenant and mercy to them that love him, and to them that keep his commandments;

5 We have sinned, and have committed iniquity, and have done wickedly, and have rebelled, even by departing from thy precepts and from thy judgments:

6 Neither have we hearkened unto thy servants the prophets, which spake in thy name to our kings, our princes, and our fathers, and to all the people of the land.

7 O Lord, righteousness *belongeth* unto thee, but unto us confusion of faces, as at this day; to the men of Judah, and to the inhabitants of Jerusalem, and unto all Israel, *that are* near, and *that are* far off, through all the countries whither thou

תִּנָּתֵן עַל־הַתָּמִיד בְּפָשַׁע וְתַשְׁלֵךְ אֱמֶת אַרְצָה וְעָשְׂתָה וְהִצְלִיחָה:

13 וָאֶשְׁמְעָה אֶחָד־קָדוֹשׁ מְדַבֵּר וַיֹּאמֶר אֶחָד קָדוֹשׁ לַפַּלְמוֹנִי הַמְדַבֵּר עַד־מָתַי הֶחָזוֹן הַתָּמִיד וְהַפֶּשַׁע שֹׁמֵם תֵּת וְקֹדֶשׁ וְצָבָא מִרְמָס:

14 וַיֹּאמֶר אֵלַי עַד עֶרֶב בֹּקֶר אַלְפַּיִם וּשְׁלֹשׁ מֵאוֹת וְנִצְדַּק קֹדֶשׁ: 15 וַיְהִי בִּרְאֹתִי אֲנִי דָנִיֵּאל אֶת־הֶחָזוֹן וָאֲבַקְשָׁה בִינָה וְהִנֵּה עֹמֵד לְנֶגְדִּי כְּמַרְאֵה־גָבֶר:

16 וָאֶשְׁמַע קוֹל־אָדָם בֵּין אוּלָי וַיִּקְרָא וַיֹּאמַר גַּבְרִיאֵל הָבֵן לְהַלָּז אֶת־הַמַּרְאֶה:

17 וַיָּבֹא אֵצֶל עָמְדִי וּבְבֹאוֹ נִבְעַתִּי וָאֶפְּלָה עַל־פָּנָי וַיֹּאמֶר אֵלַי הָבֵן בֶּן־אָדָם כִּי לְעֶת־קֵץ הֶחָזוֹן:

18 וּבְדַבְּרוֹ עִמִּי נִרְדַּמְתִּי עַל־פָּנַי אָרְצָה וַיִּגַּע־בִּי וַיַּעֲמִידֵנִי עַל־עָמְדִי:

19 וַיֹּאמֶר הִנְנִי מוֹדִיעֲךָ אֵת אֲשֶׁר־יִהְיֶה בְּאַחֲרִית הַזָּעַם כִּי לְמוֹעֵד קֵץ:

20 הָאַיִל אֲשֶׁר־רָאִיתָ בַּעַל הַקְּרָנָיִם מַלְכֵי מָדַי וּפָרָס:

21 וְהַצָּפִיר הַשָּׂעִיר מֶלֶךְ יָוָן וְהַקֶּרֶן הַגְּדוֹלָה אֲשֶׁר בֵּין־עֵינָיו הוּא הַמֶּלֶךְ הָרִאשׁוֹן:

22 וְהַנִּשְׁבֶּרֶת וַתַּעֲמֹדְנָה אַרְבַּע תַּחְתֶּיהָ אַרְבַּע מַלְכֻיוֹת מִגּוֹי יַעֲמֹדְנָה וְלֹא בְכֹחוֹ:

23 וּבְאַחֲרִית מַלְכוּתָם כְּהָתֵם הַפֹּשְׁעִים יַעֲמֹד מֶלֶךְ עַז־פָּנִים וּמֵבִין חִידוֹת:

24 וְעָצַם כֹּחוֹ וְלֹא בְכֹחוֹ וְנִפְלָאוֹת יַשְׁחִית וְהִצְלִיחַ וְעָשָׂה וְהִשְׁחִית עֲצוּמִים וְעַם־קְדֹשִׁים:

25 וְעַל־שִׂכְלוֹ וְהִצְלִיחַ מִרְמָה בְּיָדוֹ וּבִלְבָבוֹ יַגְדִּיל וּבְשַׁלְוָה יַשְׁחִית רַבִּים וְעַל שַׂר־שָׂרִים יַעֲמֹד וּבְאֶפֶס יָד יִשָּׁבֵר:

26 וּמַרְאֵה הָעֶרֶב וְהַבֹּקֶר אֲשֶׁר נֶאֱמַר אֱמֶת הוּא וְאַתָּה סְתֹם הֶחָזוֹן כִּי לְיָמִים רַבִּים:

27 וַאֲנִי דָנִיֵּאל נִהְיֵיתִי וְנֶחֱלֵיתִי יָמִים וָאָקוּם וָאֶעֱשֶׂה אֶת־מְלֶאכֶת הַמֶּלֶךְ וָאֶשְׁתּוֹמֵם עַל־הַמַּרְאֶה וְאֵין מֵבִין:

9 1 בִּשְׁנַת אַחַת לְדָרְיָוֶשׁ בֶּן־אֲחַשְׁוֵרוֹשׁ מִזֶּרַע מָדָי אֲשֶׁר הָמְלַךְ עַל מַלְכוּת כַּשְׂדִּים:

2A 2 בִּשְׁנַת אַחַת לְמָלְכוֹ אֲנִי דָנִיֵּאל בִּינֹתִי בַּסְּפָרִים מִסְפַּר הַשָּׁנִים אֲשֶׁר הָיָה דְבַר־יְהוָה אֶל־יִרְמְיָה הַנָּבִיא לְמַלֹּאות לְחָרְבוֹת יְרוּשָׁלִַם שִׁבְעִים שָׁנָה:

3 וָאֶתְּנָה אֶת־פָּנַי אֶל־אֲדֹנָי הָאֱלֹהִים לְבַקֵּשׁ תְּפִלָּה וְתַחֲנוּנִים בְּצוֹם וְשַׂק וָאֵפֶר:

4 וָאֶתְפַּלְלָה לַיהוָה אֱלֹהַי וָאֶתְוַדֶּה וָאֹמְרָה אָנָּא אֲדֹנָי הָאֵל הַגָּדוֹל וְהַנּוֹרָא שֹׁמֵר הַבְּרִית וְהַחֶסֶד לְאֹהֲבָיו וּלְשֹׁמְרֵי מִצְוֹתָיו:

5 הרשענו חָטָאנוּ וְעָוִינוּ והרשענו וּמָרָדְנוּ וְסוֹר מִמִּצְוֹתֶךָ וּמִמִּשְׁפָּטֶיךָ:

6 וְלֹא שָׁמַעְנוּ אֶל־עֲבָדֶיךָ הַנְּבִיאִים אֲשֶׁר דִּבְּרוּ בְּשִׁמְךָ אֶל־מְלָכֵינוּ שָׂרֵינוּ וַאֲבֹתֵינוּ וְאֶל כָּל־עַם הָאָרֶץ:

7 לְךָ אֲדֹנָי הַצְּדָקָה וְלָנוּ בֹּשֶׁת הַפָּנִים כַּיּוֹם הַזֶּה לְאִישׁ יְהוּדָה וּלְיוֹשְׁבֵי יְרוּשָׁלִַם וּלְכָל־יִשְׂרָאֵל הַקְּרֹבִים וְהָרְחֹקִים בְּכָל־הָאֲרָצוֹת אֲשֶׁר

hast driven them, because of their trespass that they have trespassed against thee.

8 O Lord, to us *belongeth* confusion of face, to our kings, to our princes, and to our fathers, because we have sinned against thee.

9 To the Lord our God *belong* mercies and forgivenesses, though we have rebelled against him;

10 Neither have we obeyed the voice of the LORD our God, to walk in his laws, which he set before us by his servants the prophets.

11 Yea, all Israel have transgressed thy law, even by departing, that they might not obey thy voice; therefore the curse is poured upon us, and the oath that *is* written in the law of Moses the servant of God, because we have sinned against him.

12 And he hath confirmed his words, which he spake against us, and against our judges that judged us, by bringing upon us a great evil: for under the whole heaven hath not been done as hath been done upon Jerusalem.

13 As *it is* written in the law of Moses, all this evil is come upon us: yet made we not our prayer before the LORD our God, that we might turn from our iniquities, and understand thy truth.

14 Therefore hath the LORD watched upon the evil, and brought it upon us: for the LORD our God *is* righteous in all his works which he doeth: for we obeyed not his voice.

15 And now, O Lord our God, that hast brought thy people forth out of the land of Egypt with a mighty hand, and hast gotten thee renown, as at this day; we have sinned, we have done wickedly.

16 ¶ O Lord, according to all thy righteousness, I beseech thee, let thine anger and thy fury be turned away from thy city Jerusalem, thy holy mountain: because for our sins, and for the iniquities of our fathers, Jerusalem and thy people *are become* a reproach to all *that are* about us.

17 Now therefore, O our God, hear the prayer of thy servant, and his supplications, and cause thy face to shine upon thy sanctuary that is desolate, for the Lord's sake.

18 O my God, incline thine ear, and hear; open thine eyes, and behold our desolations, and the city which is called by thy name: for we do not present our supplications before thee for our righteousnesses, but for thy great mercies.

19 O Lord, hear; O Lord, forgive; O Lord, hearken and do; defer not, for thine own sake, O my God: for thy city and thy people are called by thy name.

20 ¶ And whiles I *was* speaking, and praying, and confessing my sin and the sin of my people Israel, and presenting my supplication before the LORD my God for the holy mountain of my God;

21 Yea, whiles I *was* speaking in prayer, even the man Gabriel, whom I had seen in the vision at the beginning, being caused to fly swiftly, touched me about the time of the evening oblation.

22 And he informed *me,* and talked with me, and said, O Daniel, I am now come forth to give thee skill and understanding.

23 At the beginning of thy supplications the commandment came forth, and I am come to shew *thee;* for thou *art* greatly beloved: therefore understand the matter, and consider the vision.

24 Seventy weeks are determined upon thy people and upon thy holy city, to finish the transgression, and to make an end of sins, and to make reconciliation for iniquity, and to bring in everlasting righteousness, and to seal up the vision and prophecy, and to anoint the most Holy.

25 Know therefore and understand, *that* from the going forth of the commandment to restore and to build Jerusalem unto the Messiah the Prince *shall be* seven weeks, and threescore and two weeks: the street shall be built again, and the wall, even in troublous times.

26 And after threescore and two weeks shall Messiah be cut off, but not for himself: and the people of the prince that shall come shall destroy the city and the sanctuary; and the end thereof *shall be* with a flood, and unto the end of the war desolations are determined.

27 And he shall confirm the covenant with many for one week: and in the midst of the week he shall cause the sacrifice and

8 הַדַּחְתָּם שָׁם בְּמַעְלָם אֲשֶׁר מַעֲלוּ־בָךְ: יְהוָה לָנוּ בֹּשֶׁת הַפָּנִים

9 לִמְלָכֵינוּ לְשָׂרֵינוּ וְלַאֲבֹתֵינוּ אֲשֶׁר חָטָאנוּ לָךְ: לַאדֹנָי אֱלֹהֵינוּ

10 הָרַחֲמִים וְהַסְּלִחוֹת כִּי מָרַדְנוּ בּוֹ: וְלֹא שָׁמַעְנוּ בְּקוֹל יְהוָה אֱלֹהֵינוּ

11 לָלֶכֶת בְּתוֹרֹתָיו אֲשֶׁר נָתַן לְפָנֵינוּ בְּיַד עֲבָדָיו הַנְּבִיאִים: וְכָל־יִשְׂרָאֵל
עָבְרוּ אֶת־תּוֹרָתֶךָ וְסוֹר לְבִלְתִּי שְׁמוֹעַ בְּקֹלֶךָ וַתִּתַּךְ עָלֵינוּ הָאָלָה
וְהַשְּׁבֻעָה אֲשֶׁר כְּתוּבָה בְּתוֹרַת מֹשֶׁה עֶבֶד־הָאֱלֹהִים כִּי חָטָאנוּ לוֹ:

12 וַיָּקֶם אֶת־דְּבָרָיו ׀ אֲשֶׁר־דִּבֶּר עָלֵינוּ וְעַל שֹׁפְטֵינוּ אֲשֶׁר שְׁפָטוּנוּ דְּבָרוּ
לְהָבִיא עָלֵינוּ רָעָה גְדֹלָה אֲשֶׁר לֹא־נֶעֶשְׂתָה תַּחַת כָּל־הַשָּׁמַיִם

13 כַּאֲשֶׁר נֶעֶשְׂתָה בִּירוּשָׁלִָם: כַּאֲשֶׁר כָּתוּב בְּתוֹרַת מֹשֶׁה אֵת כָּל־
הָרָעָה הַזֹּאת בָּאָה עָלֵינוּ וְלֹא־חִלִּינוּ אֶת־פְּנֵי ׀ יְהוָה אֱלֹהֵינוּ לָשׁוּב

14 מֵעֲוֹנֵנוּ וּלְהַשְׂכִּיל בַּאֲמִתֶּךָ: וַיִּשְׁקֹד יְהוָה עַל־הָרָעָה וַיְבִיאֶהָ עָלֵינוּ
כִּי־צַדִּיק יְהוָה אֱלֹהֵינוּ עַל־כָּל־מַעֲשָׂיו אֲשֶׁר עָשָׂה וְלֹא שָׁמַעְנוּ

15 בְּקֹלוֹ: וְעַתָּה ׀ אֲדֹנָי אֱלֹהֵינוּ אֲשֶׁר הוֹצֵאתָ אֶת־עַמְּךָ מֵאֶרֶץ מִצְרַיִם
בְּיָד חֲזָקָה וַתַּעַשׂ־לְךָ שֵׁם כַּיּוֹם הַזֶּה חָטָאנוּ רָשָׁעְנוּ: אֲדֹנָי כְּכָל־

16 צִדְקֹתֶךָ יָשָׁב־נָא אַפְּךָ וַחֲמָתְךָ מֵעִירְךָ יְרוּשָׁלִַם הַר־קָדְשֶׁךָ כִּי
בַחֲטָאֵינוּ וּבַעֲוֹנוֹת אֲבֹתֵינוּ יְרוּשָׁלִַם וְעַמְּךָ לְחֶרְפָּה לְכָל־סְבִיבֹתֵינוּ:

17 וְעַתָּה ׀ שְׁמַע אֱלֹהֵינוּ אֶל־תְּפִלַּת עַבְדְּךָ וְאֶל־תַּחֲנוּנָיו וְהָאֵר פָּנֶיךָ

18 עַל־מִקְדָּשְׁךָ הַשָּׁמֵם לְמַעַן אֲדֹנָי: הַטֵּה אֱלֹהַי ׀ אָזְנְךָ וּשֲׁמָע פְּקַח
עֵינֶיךָ וּרְאֵה שֹׁמְמֹתֵינוּ וְהָעִיר אֲשֶׁר־נִקְרָא שִׁמְךָ עָלֶיהָ כִּי ׀ לֹא עַל־
צִדְקֹתֵינוּ אֲנַחְנוּ מַפִּילִים תַּחֲנוּנֵינוּ לְפָנֶיךָ כִּי עַל־רַחֲמֶיךָ הָרַבִּים:

19 אֲדֹנָי ׀ שְׁמָעָה אֲדֹנָי ׀ סְלָחָה אֲדֹנָי ׀ הַקְשִׁיבָה וַעֲשֵׂה אַל־תְּאַחַר לְמַעַנְךָ

20 אֱלֹהַי כִּי־שִׁמְךָ נִקְרָא עַל־עִירְךָ וְעַל־עַמֶּךָ: וְעוֹד אֲנִי מְדַבֵּר וּמִתְפַּלֵּל
וּמִתְוַדֶּה חַטָּאתִי וְחַטַּאת עַמִּי יִשְׂרָאֵל וּמַפִּיל תְּחִנָּתִי לִפְנֵי ׀ יְהוָה

21 אֱלֹהַי עַל הַר־קֹדֶשׁ אֱלֹהָי: וְעוֹד אֲנִי מְדַבֵּר בַּתְּפִלָּה וְהָאִישׁ גַּבְרִיאֵל
אֲשֶׁר רָאִיתִי בֶחָזוֹן בַּתְּחִלָּה מֻעָף בִּיעָף נֹגֵעַ אֵלַי כְּעֵת מִנְחַת־עָרֶב:

22 וַיָּבֶן וַיְדַבֵּר עִמִּי וַיֹּאמַר דָּנִיֵּאל עַתָּה יָצָאתִי לְהַשְׂכִּילְךָ בִינָה:

23 בִּתְחִלַּת תַּחֲנוּנֶיךָ יָצָא דָבָר וַאֲנִי בָּאתִי לְהַגִּיד כִּי חֲמוּדוֹת אָתָּה

24 וּבִין בַּדָּבָר וְהָבֵן בַּמַּרְאֶה: שָׁבֻעִים שִׁבְעִים נֶחְתַּךְ עַל־עַמְּךָ ׀ וְעַל־עִיר
קָדְשֶׁךָ לְכַלֵּא הַפֶּשַׁע וּלְחָתֵם חַטָּאות וּלְכַפֵּר עָוֹן וּלְהָבִיא צֶדֶק

25 עֹלָמִים וְלַחְתֹּם חָזוֹן וְנָבִיא וְלִמְשֹׁחַ קֹדֶשׁ קָדָשִׁים: וְתֵדַע וְתַשְׂכֵּל
מִן־מֹצָא דָבָר לְהָשִׁיב וְלִבְנוֹת יְרוּשָׁלִַם עַד־מָשִׁיחַ נָגִיד שָׁבֻעִים
שִׁבְעָה וְשָׁבֻעִים שִׁשִּׁים וּשְׁנַיִם תָּשׁוּב וְנִבְנְתָה רְחוֹב וְחָרוּץ וּבְצוֹק

26 הָעִתִּים: וְאַחֲרֵי הַשָּׁבֻעִים שִׁשִּׁים וּשְׁנַיִם יִכָּרֵת מָשִׁיחַ וְאֵין לוֹ וְהָעִיר
וְהַקֹּדֶשׁ יַשְׁחִית עַם נָגִיד הַבָּא וְקִצּוֹ בַשֶּׁטֶף וְעַד קֵץ מִלְחָמָה

27 נֶחֱרֶצֶת שֹׁמֵמוֹת: וְהִגְבִּיר בְּרִית לָרַבִּים שָׁבוּעַ אֶחָד וַחֲצִי הַשָּׁבוּעַ

דְּבָרוּ

פְּקַח

19A

וּלְהָתֵם חַטָּאת

the oblation to cease, and for the overspreading of abominations he shall make *it* desolate, even until the consummation, and that determined shall be poured upon the desolate.

CHAPTER 10

1 In the third year of Cyrus king of Persia a thing was revealed unto Daniel, whose name was called Belteshazzar; and the thing *was* true, but the time appointed *was* long: and he understood the thing, and had understanding of the vision.

2 In those days I Daniel was mourning three full weeks.

3 I ate no pleasant bread, neither came flesh nor wine in my mouth, neither did I anoint myself at all, till three whole weeks were fulfilled.

4 And in the four and twentieth day of the first month, as I was by the side of the great river, which *is* Hiddekel;

5 Then I lifted up mine eyes, and looked, and behold a certain man clothed in linen, whose loins *were* girded with fine gold of Uphaz:

6 His body also *was* like the beryl, and his face as the appearance of lightning, and his eyes as lamps of fire, and his arms and his feet like in colour to polished brass, and the voice of his words like the voice of a multitude.

7 And I Daniel alone saw the vision: for the men that were with me saw not the vision; but a great quaking fell upon them, so that they fled to hide themselves.

8 Therefore I was left alone, and saw this great vision, and there remained no strength in me: for my comeliness was turned in me into corruption, and I retained no strength.

9 Yet heard I the voice of his words: and when I heard the voice of his words, then was I in a deep sleep on my face, and my face toward the ground.

10 ¶ And, behold, an hand touched me, which set me upon my knees and *upon* the palms of my hands.

11 And he said unto me, O Daniel, a man greatly beloved, understand the words that I speak unto thee, and stand upright: for unto thee am I now sent. And when he had spoken this word unto me, I stood trembling.

12 Then said he unto me, Fear not, Daniel: for from the first day that thou didst set thine heart to understand, and to chasten thyself before thy God, thy words were heard, and I am come for thy words.

13 But the prince of the kingdom of Persia withstood me one and twenty days: but, lo, Michael, one of the chief princes, came to help me; and I remained there with the kings of Persia.

14 Now I am come to make thee understand what shall befall thy people in the latter days: for yet the vision *is* for *many* days.

15 And when he had spoken such words unto me, I set my face toward the ground, and I became dumb.

16 And, behold, *one* like the similitude of the sons of men touched my lips: then I opened my mouth, and spake, and said unto him that stood before me, O my lord, by the vision my sorrows are turned upon me, and I have retained no strength.

17 For how can the servant of this my lord talk with this my lord? for as for me, straightway there remained no strength in me, neither is there breath left in me.

18 Then there came again and touched me *one* like the appearance of a man, and he strengthened me,

19 And said, O man greatly beloved, fear not: peace *be* unto thee, be strong, yea, be strong. And when he had spoken unto me, I was strengthened, and said, Let my lord speak; for thou hast strengthened me.

20 Then said he, Knowest thou wherefore I come unto thee? and now will I return to fight with the prince of Persia: and when I am gone forth, lo, the prince of Grecia shall come.

21 But I will shew thee that which is noted in the scripture of truth: and *there is* none that holdeth with me in these things, but Michael your prince.

יַשְׁבִּ֥ית ׀ זֶ֖בַח וּמִנְחָ֑ה וְעַ֨ל כְּנַ֤ף שִׁקּוּצִים֙ מְשֹׁמֵ֔ם וְעַד־כָּלָה֙ וְנֶ֣חֱרָצָ֔ה תִּתַּ֖ךְ עַל־שֹׁמֵֽם׃

10 בִּשְׁנַ֤ת שָׁלוֹשׁ֙ לְכ֣וֹרֶשׁ מֶ֣לֶךְ פָּרַ֔ס דָּבָר֙ נִגְלָ֣ה לְדָ֣נִיֵּ֔אל אֲשֶׁר־נִקְרָ֥א שְׁמ֖וֹ בֵּלְטְשַׁאצַּ֑ר וֶאֱמֶ֤ת הַדָּבָר֙ וְצָבָ֣א גָד֔וֹל וּבִין֙ אֶת־הַדָּבָ֔ר וּבִ֥ינָה 2 ל֖וֹ בַּמַּרְאֶֽה׃ בַּיָּמִ֣ים הָהֵ֔ם אֲנִ֤י דָנִיֵּאל֙ הָיִ֣יתִי מִתְאַבֵּ֔ל שְׁלֹשָׁ֥ה שָׁבֻעִ֖ים 3 יָמִֽים׃ לֶ֣חֶם חֲמֻד֞וֹת לֹ֣א אָכַ֗לְתִּי וּבָשָׂ֥ר וָיַ֛יִן לֹא־בָ֥א אֶל־פִּ֖י וְס֣וֹךְ לֹא־סָ֑כְתִּי עַד־מְלֹ֕את שְׁלֹ֥שֶׁת שָׁבֻעִ֖ים יָמִֽים׃ 4 וּבְי֨וֹם עֶשְׂרִ֤ים וְאַרְבָּעָה֙ לַחֹ֣דֶשׁ הָרִאשׁ֔וֹן וַאֲנִ֥י הָיִ֛יתִי עַ֖ל יַ֣ד הַנָּהָ֥ר 5 הַגָּד֖וֹל ה֥וּא חִדָּֽקֶל׃ וָאֶשָּׂ֤א אֶת־עֵינַי֙ וָאֵ֔רֶא וְהִנֵּ֥ה אִישׁ־אֶחָ֖ד לָב֣וּשׁ 6 בַּדִּ֑ים וּמָתְנָ֥יו חֲגֻרִ֖ים בְּכֶ֥תֶם אוּפָֽז׃ וּגְוִיָּת֣וֹ כְתַרְשִׁ֗ישׁ וּפָנָ֤יו כְּמַרְאֵה־ בָרָק֙ וְעֵינָיו֙ כְּלַפִּ֣ידֵי אֵ֔שׁ וּזְרֹעֹתָיו֙ וּמַרְגְּלֹתָ֔יו כְּעֵ֖ין נְחֹ֣שֶׁת קָלָ֑ל וְק֥וֹל 7 דְּבָרָ֖יו כְּק֥וֹל הָמֽוֹן׃ וְרָאִיתִי֩ אֲנִ֨י דָנִיֵּ֤אל לְבַדִּי֙ אֶת־הַמַּרְאָ֔ה וְהָאֲנָשִׁים֙ אֲשֶׁ֣ר הָי֣וּ עִמִּ֔י לֹ֥א רָא֖וּ אֶת־הַמַּרְאָ֑ה אֲבָ֗ל חֲרָדָ֤ה גְדֹלָה֙ נָפְלָ֣ה 8A 8 עֲלֵיהֶ֔ם וַֽיִּבְרְח֖וּ בְּהֵֽחָבֵֽא׃ וַאֲנִי֙ נִשְׁאַ֣רְתִּי לְבַדִּ֔י וָאֶרְאֶ֗ה אֶת־הַמַּרְאָ֤ה הַגְּדֹלָה֙ הַזֹּ֔את וְלֹ֥א נִשְׁאַר־בִּ֖י כֹּ֑חַ וְהוֹדִי֙ נֶהְפַּ֤ךְ עָלַי֙ לְמַשְׁחִ֔ית וְלֹ֥א 9 עָצַ֖רְתִּי כֹּֽחַ׃ וָאֶשְׁמַ֖ע אֶת־ק֣וֹל דְּבָרָ֑יו וּכְשָׁמְעִי֙ אֶת־ק֣וֹל דְּבָרָ֔יו וַאֲנִ֛י 10 הָיִ֥יתִי נִרְדָּ֖ם עַל־פָּנַ֑י וּפָנַ֖י אָֽרְצָה׃ וְהִנֵּה־יָ֖ד נָ֣גְעָה בִּ֑י וַתְּנִיעֵ֙נִי֙ עַל־ 11 בִּרְכַּ֖י וְכַפּ֥וֹת יָדָֽי׃ וַיֹּ֣אמֶר אֵלַ֡י דָּנִיֵּ֣אל אִישׁ־חֲמֻד֡וֹת הָבֵ֣ן בַּדְּבָרִים֩ אֲשֶׁר֩ אָנֹכִ֨י דֹבֵ֤ר אֵלֶ֙יךָ֙ וַעֲמֹ֣ד עַל־עָמְדֶ֔ךָ כִּ֥י עַתָּ֖ה שֻׁלַּ֣חְתִּי אֵלֶ֑יךָ 12 וּבְדַבְּר֥וֹ עִמִּ֛י אֶת־הַדָּבָ֥ר הַזֶּ֖ה עָמַ֥דְתִּי מַרְעִֽיד׃ וַיֹּ֣אמֶר אֵלַי֮ אַל־תִּירָ֣א דָנִיֵּאל֒ כִּ֣י ׀ מִן־הַיּ֣וֹם הָרִאשׁ֗וֹן אֲשֶׁ֨ר נָתַ֧תָּ אֶת־לִבְּךָ֛ לְהָבִ֥ין וּלְהִתְעַנּ֖וֹת 13 לִפְנֵ֣י אֱלֹהֶ֑יךָ נִשְׁמְע֣וּ דְבָרֶ֔יךָ וַאֲנִי־בָ֖אתִי בִּדְבָרֶֽיךָ׃ וְשַׂ֣ר ׀ מַלְכ֣וּת פָּרַ֗ס עֹמֵ֤ד לְנֶגְדִּי֙ עֶשְׂרִ֣ים וְאֶחָ֣ד י֔וֹם וְהִנֵּ֣ה מִֽיכָאֵ֗ל אַחַ֤ד הַשָּׂרִים֙ 14 הָרִאשֹׁנִ֔ים בָּ֖א לְעָזְרֵ֑נִי וַאֲנִי֙ נוֹתַ֣רְתִּי שָׁ֔ם אֵ֖צֶל מַלְכֵ֥י פָרָֽס׃ וּבָ֙אתִי֙ לַהֲבִ֣ינְךָ֔ אֵ֛ת אֲשֶׁר־יִקְרָ֥ה לְעַמְּךָ֖ בְּאַחֲרִ֣ית הַיָּמִ֑ים כִּי־ע֥וֹד חָז֖וֹן 15 לַיָּמִֽים׃ וּבְדַבְּר֣וֹ עִמִּ֔י כַּדְּבָרִ֖ים הָאֵ֑לֶּה נָתַ֧תִּי פָנַ֛י אַ֖רְצָה וְנֶאֱלָֽמְתִּי׃ 16 וְהִנֵּ֗ה כִּדְמוּת֙ בְּנֵ֣י אָדָ֔ם נֹגֵ֖עַ עַל־שְׂפָתָ֑י וָאֶפְתַּח־פִּ֗י וָאֲדַבְּרָה֙ וָאֹֽמְרָה֙ אֶל־הָעֹמֵ֣ד לְנֶגְדִּ֔י אֲדֹנִ֗י בַּמַּרְאָה֙ נֶהֶפְכ֤וּ צִירַי֙ עָלַ֔י וְלֹ֥א עָצַ֖רְתִּי כֹּֽחַ׃ 17 וְהֵ֣יךְ יוּכַ֗ל עֶ֤בֶד אֲדֹנִי֙ זֶ֔ה לְדַבֵּ֖ר עִם־אֲדֹנִ֣י זֶ֑ה וַאֲנִ֤י מֵעַ֙תָּה֙ לֹא־ 18 יַעֲמָד־בִּ֣י כֹ֔חַ וּנְשָׁמָ֖ה לֹ֥א נִשְׁאֲרָה־בִֽי׃ וַיֹּ֧סֶף וַיִּגַּע־בִּ֛י כְּמַרְאֵ֥ה אָדָ֖ם 19 וַֽיְחַזְּקֵֽנִי׃ וַיֹּ֜אמֶר אַל־תִּירָ֧א אִישׁ־חֲמֻד֛וֹת שָׁל֥וֹם לָ֖ךְ חֲזַ֣ק וַחֲזָ֑ק 20 וּֽבְדַבְּר֤וֹ עִמִּי֙ הִתְחַזַּ֔קְתִּי וָאֹמְרָ֛ה יְדַבֵּ֥ר אֲדֹנִ֖י כִּ֣י חִזַּקְתָּ֑נִי וַיֹּ֗אמֶר הֲיָדַ֙עְתָּ֙ לָמָּה־בָּ֣אתִי אֵלֶ֔יךָ וְעַתָּ֣ה אָשׁ֔וּב לְהִלָּחֵ֖ם עִם־שַׂ֣ר פָּרָ֑ס וַאֲנִ֣י 21 יוֹצֵ֔א וְהִנֵּ֥ה שַׂר־יָוָ֖ן בָּֽא׃ אֲבָל֙ אַגִּ֣יד לְךָ֔ אֶת־הָרָשׁ֖וּם בִּכְתָ֣ב אֱמֶ֑ת וְאֵ֨ין אֶחָ֜ד מִתְחַזֵּ֤ק עִמִּי֙ עַל־אֵ֔לֶּה כִּ֖י אִם־מִיכָאֵ֥ל שַׂרְכֶֽם׃

CHAPTER 11

1 Also I in the first year of Darius the Mede, *even* I, stood to confirm and to strengthen him.

2 And now will I shew thee the truth. Behold, there shall stand up yet three kings in Persia; and the fourth shall be far richer than *they* all: and by his strength through his riches he shall stir up all against the realm of Grecia.

3 And a mighty king shall stand up, that shall rule with great dominion, and do according to his will.

4 And when he shall stand up, his kingdom shall be broken, and shall be divided toward the four winds of heaven; and not to his posterity, nor according to his dominion which he ruled: for his kingdom shall be plucked up, even for others beside those.

5 ¶ And the king of the south shall be strong, and *one* of his princes; and he shall be strong above him, and have dominion; his dominion *shall be* a great dominion.

6 And in the end of years they shall join themselves together; for the king's daughter of the south shall come to the king of the north to make an agreement: but she shall not retain the power of the arm; neither shall he stand, nor his arm: but she shall be given up, and they that brought her, and he that begat her, and he that strengthened her in *these* times.

7 But out of a branch of her roots shall *one* stand up in his estate, which shall come with an army, and shall enter into the fortress of the king of the north, and shall deal against them, and shall prevail:

8 And shall also carry captives into Egypt their gods, with their princes, *and* with their precious vessels of silver and of gold; and he shall continue *more* years than the king of the north.

9 So the king of the south shall come into *his* kingdom, and shall return into his own land.

10 But his sons shall be stirred up, and shall assemble a multitude of great forces: and *one* shall certainly come, and overflow, and pass through: then shall he return, and be stirred up, *even* to his fortress.

11 And the king of the south shall be moved with choler, and shall come forth and fight with him, *even* with the king of the north: and he shall set forth a great multitude; but the multitude shall be given into his hand.

12 *And* when he hath taken away the multitude, his heart shall be lifted up; and he shall cast down *many* ten thousands: but he shall not be strengthened *by it.*

13 For the king of the north shall return, and shall set forth a multitude greater than the former, and shall certainly come after certain years with a great army and with much riches.

14 And in those times there shall many stand up against the king of the south: also the robbers of thy people shall exalt themselves to establish the vision; but they shall fall.

15 So the king of the north shall come, and cast up a mount, and take the most fenced cities: and the arms of the south shall not withstand, neither his chosen people, neither *shall there be any* strength to withstand.

16 But he that cometh against him shall do according to his own will, and none shall stand before him: and he shall stand in the glorious land, which by his hand shall be consumed.

17 He shall also set his face to enter with the strength of his whole kingdom, and upright ones with him; thus shall he do: and he shall give him the daughter of women, corrupting her: but she shall not stand *on his side,* neither be for him.

18 After this shall he turn his face unto the isles, and shall take many: but a prince for his own behalf shall cause the reproach offered by him to cease; without his own reproach he shall cause *it* to turn upon him.

19 Then he shall turn his face toward the fort of his own land: but he shall stumble and fall, and not be found.

20 Then shall stand up in his estate a raiser of taxes *in* the glory of the kingdom: but within few days he shall be destroyed, neither in anger, nor in battle.

אֲנִי֙ בִּשְׁנַ֣ת אַחַ֔ת לְדָרְיָ֖וֶשׁ הַמָּדִ֑י עָמְדִ֛י לְמַחֲזִ֥יק וּלְמָע֖וֹז לֽוֹ׃ וְעַתָּ֞ה 11 ¹
אֱמֶ֣ת אַגִּ֣יד לָ֗ךְ הִנֵּה־עוֹד֩ שְׁלֹשָׁ֨ה מְלָכִ֜ים עֹמְדִ֣ים לְפָרַ֗ס וְהָֽרְבִיעִי֙ ²
יַעֲשִׁ֤יר עֹֽשֶׁר־גָּדוֹל֙ מִכֹּ֔ל וּכְחֶזְקָת֣וֹ בְעָשְׁר֔וֹ יָעִ֣יר הַכֹּ֔ל אֵ֖ת מַלְכ֥וּת
יָוָֽן׃ וְעָמַ֖ד מֶ֣לֶךְ גִּבּ֑וֹר וּמָשַׁל֙ מִמְשָׁ֣ל רַ֔ב וְעָשָׂ֖ה כִּרְצוֹנֽוֹ׃ וּכְעׇמְדוֹ֙ ³
תִּשָּׁבֵ֣ר מַלְכוּת֔וֹ וְתֵחָ֕ץ לְאַרְבַּ֖ע רוּח֣וֹת הַשָּׁמָ֑יִם וְלֹ֣א לְאַחֲרִית֗וֹ וְלֹ֣א ⁴
כְמׇשְׁלוֹ֙ אֲשֶׁ֣ר מָשָׁ֔ל כִּ֤י תִנָּתֵשׁ֙ מַלְכוּת֔וֹ וְלַאֲחֵרִ֖ים מִלְּבַד־אֵֽלֶּה׃ וְיֶחֱזַ֥ק ⁵
מֶֽלֶךְ־הַנֶּ֖גֶב וּמִן־שָׂרָ֑יו וְיֶחֱזַ֤ק עָלָיו֙ וּמָשָׁ֔ל מִמְשָׁ֥ל רַ֖ב מֶמְשַׁלְתּֽוֹ׃ וּלְקֵ֣ץ ⁶
שָׁנִים֮ יִתְחַבָּֽרוּ֒ וּבַ֣ת מֶֽלֶךְ־הַנֶּ֗גֶב תָּבוֹא֙ אֶל־מֶ֣לֶךְ הַצָּפ֔וֹן לַעֲשׂ֖וֹת
מֵישָׁרִ֑ים וְלֹֽא־תַעְצֹ֞ר כּ֣וֹחַ הַזְּר֗וֹעַ וְלֹ֤א יַעֲמֹד֙ וּזְרֹע֔וֹ וְתִנָּתֵ֨ן הִ֜יא
וּמְבִיאֶ֗יהָ וְהַיֹּֽלְדָ֛הּ וּמַֽחֲזִקָ֖הּ בָּעִתִּֽים׃ וְעָמַ֛ד מִנֵּ֥צֶר שׇׁרָשֶׁ֖יהָ כַּנּ֑וֹ וְיָבֹ֣א ⁷
אֶל־הַחַ֗יִל וְיָבֹא֙ בְּמָעוֹז֙ מֶ֣לֶךְ הַצָּפ֔וֹן וְעָשָׂ֥ה בָהֶ֖ם וְהֶחֱזִֽיק׃ וְגַ֣ם ⁸
אֱלֹֽהֵיהֶ֡ם עִם־נְסִֽכֵיהֶם֩ עִם־כְּלֵ֨י חֶמְדָּתָ֜ם כֶּ֧סֶף וְזָהָ֛ב בַּשְּׁבִ֖י יָבִ֣א
מִצְרָ֑יִם וְהוּא֙ שָׁנִ֣ים יַעֲמֹ֔ד מִמֶּ֖לֶךְ הַצָּפֽוֹן׃ וּבָ֗א בְּמַלְכוּת֙ מֶ֣לֶךְ הַנֶּ֔גֶב ⁹

וּבָנָֽיו וְשָׁ֖ב אֶל־אַדְמָתֽוֹ׃ וּבָנָ֣ו יִתְגָּר֗וּ וְאָֽסְפוּ֙ הֲמוֹן֙ חֲיָלִ֣ים רַבִּ֔ים וּבָ֣א ב֑וֹא ¹⁰
מָעֻזּֽוֹ וְיִתְגָּרֶ֖ה וְשָׁטַ֤ף וְעָבָר֙ וְיָשֹׁ֔ב וְיִתְגָּרֶ֖ה עַד־מָעֻזֹּֽה׃ וְיִתְמַרְמַ֞ר מֶ֣לֶךְ הַנֶּ֗גֶב וְיָצָא֙ ¹¹
וְנִלְחַ֣ם עִמּ֔וֹ עִם־מֶ֖לֶךְ הַצָּפ֑וֹן וְהֶעֱמִיד֙ הָמ֣וֹן רָ֔ב וְנִתַּ֥ן הֶהָמ֖וֹן בְּיָדֽוֹ׃
וְרָ֖ם וְנִשָּׂ֥א הֶהָמ֖וֹן ירום יָר֣וּם לְבָב֑וֹ וְהִפִּ֛יל רִבֹּא֖וֹת וְלֹ֥א יָעֽוֹז׃ וְשָׁב֙ מֶ֣לֶךְ הַצָּפ֔וֹן ¹²
¹³
וְהֶעֱמִיד֙ הָמ֣וֹן רָ֔ב מִן־הָרִאשׁ֑וֹן וּלְקֵ֨ץ הָֽעִתִּ֜ים שָׁנִ֗ים יָ֤בוֹא בוֹא֙ בְּחַ֣יִל
גָּד֔וֹל וּבִרְכ֖וּשׁ רָֽב׃ וּבָעִתִּ֣ים הָהֵ֗ם רַבִּים֙ יַעַמְד֔וּ עַל־מֶ֣לֶךְ הַנֶּ֑גֶב וּבְנֵ֣י ¹⁴
פָּרִיצֵ֣י עַמְּךָ֗ יִנַּשְּׂא֛וּ לְהַעֲמִ֥יד חָז֖וֹן וְנִכְשָֽׁלוּ׃ וְיָבֹא֙ מֶ֣לֶךְ הַצָּפ֔וֹן וְיִשְׁפֹּךְ֙ ¹⁵
סֽוֹלְלָ֔ה וְלָכַ֖ד עִ֣יר מִבְצָר֑וֹת וּזְרֹע֤וֹת הַנֶּ֙גֶב֙ לֹ֣א יַעֲמֹ֔דוּ וְעַ֖ם מִבְחָרָ֑יו
וְאֵ֣ין כֹּ֖חַ לַעֲמֹֽד׃ וְיַ֨עַשׂ הַבָּ֤א אֵלָיו֙ כִּרְצוֹנ֔וֹ וְאֵ֥ין עוֹמֵ֖ד לְפָנָ֑יו וְיַעֲמֹ֥ד ¹⁶
בְּאֶֽרֶץ־הַצְּבִ֖י וְכָלָ֥ה בְיָדֽוֹ׃ וְיָשֵׂ֣ם ׀ פָּ֠נָ֠יו לָב֞וֹא בְּתֹ֤קֶף כׇּל־מַלְכוּתוֹ֙ ¹⁷
וִישָׁרִ֤ים עִמּוֹ֙ וְעָשָׂ֔ה וּבַ֤ת הַנָּשִׁים֙ יִתֶּן־ל֖וֹ לְהַשְׁחִיתָ֑הּ וְלֹ֥א תַעֲמֹ֖ד
וְיָשֵׁ֥ם וְלֹא־ל֣וֹ תִהְיֶֽה׃ וישב וְיָשֵׁ֧ב ׀ פָּנָ֛יו לְאִיִּ֖ים וְלָכַ֣ד רַבִּ֑ים וְהִשְׁבִּ֨ית קָצִ֤ין חֶרְפָּתוֹ֙ ¹⁸
ל֔וֹ בִּלְתִּ֥י חֶרְפָּת֖וֹ יָשִׁ֣יב לֽוֹ׃ וְיָשֵׁ֥ב פָּנָ֖יו לְמָעוּזֵּ֣י אַרְצ֑וֹ וְנִכְשַׁ֥ל וְנָפַ֖ל ¹⁹
וְלֹ֥א יִמָּצֵֽא׃ וְעָמַ֧ד עַל־כַּנּ֛וֹ מַעֲבִ֥יר נוֹגֵ֖שׂ הֶ֣דֶר מַלְכ֑וּת וּבְיָמִ֤ים אֲחָדִים֙ ²⁰
יִשָּׁבֵ֔ר וְלֹ֥א בְאַפַּ֖יִם וְלֹ֥א בְמִלְחָמָֽה׃ וְעָמַ֤ד עַל־כַּנּוֹ֙ נִבְזֶ֔ה וְלֹא־נָתְנ֥וּ ²¹

21 And in his estate shall stand up a vile person, to whom they shall not give the honour of the kingdom: but he shall come in peaceably, and obtain the kingdom by flatteries.

22 And with the arms of a flood shall they be overflown from before him, and shall be broken; yea, also the prince of the covenant.

23 And after the league *made* with him he shall work deceitfully: for he shall come up, and shall become strong with a small people.

24 He shall enter peaceably even upon the fattest places of the province; and he shall do *that* which his fathers have not done, nor his fathers' fathers; he shall scatter among them the prey, and spoil, and riches: *yea,* and he shall forecast his devices against the strong holds, even for a time.

25 And he shall stir up his power and his courage against the king of the south with a great army; and the king of the south shall be stirred up to battle with a very great and mighty army; but he shall not stand: for they shall forecast devices against him.

26 Yea, they that feed of the portion of his meat shall destroy him, and his army shall overflow: and many shall fall down slain.

27 And both these kings' hearts *shall be* to do mischief, and they shall speak lies at one table; but it shall not prosper: for yet the end *shall be* at the time appointed.

28 Then shall he return into his land with great riches; and his heart *shall be* against the holy covenant; and he shall do *exploits,* and return to his own land.

29 At the time appointed he shall return, and come toward the south; but it shall not be as the former, or as the latter.

30 ¶ For the ships of Chittim shall come against him: therefore he shall be grieved, and return, and have indignation against the holy covenant: so shall he do; he shall even return, and have intelligence with them that forsake the holy covenant.

31 And arms shall stand on his part, and they shall pollute the sanctuary of strength, and shall take away the daily *sac-*

rifice, and they shall place the abomination that maketh desolate.

32 And such as do wickedly against the covenant shall he corrupt by flatteries: but the people that do know their God shall be strong, and do *exploits.*

33 And they that understand among the people shall instruct many: yet they shall fall by the sword, and by flame, by captivity, and by spoil, *many* days.

34 Now when they shall fall, they shall be holpen with a little help: but many shall cleave to them with flatteries.

35 And *some* of them of understanding shall fall, to try them, and to purge, and to make *them* white, *even* to the time of the end: because *it is* yet for a time appointed.

36 And the king shall do according to his will; and he shall exalt himself, and magnify himself above every god, and shall speak marvellous things against the God of gods, and shall prosper till the indignation be accomplished: for that that is determined shall be done.

37 Neither shall he regard the God of his fathers, nor the desire of women, nor regard any god: for he shall magnify himself above all.

38 But in his estate shall he honour the God of forces: and a god whom his fathers knew not shall he honour with gold, and silver, and with precious stones, and pleasant things.

39 Thus shall he do in the most strong holds with a strange god, whom he shall acknowledge *and* increase with glory: and he shall cause them to rule over many, and shall divide the land for gain.

40 And at the time of the end shall the king of the south push at him: and the king of the north shall come against him like a whirlwind, with chariots, and with horsemen, and with many ships; and he shall enter into the countries, and shall overflow and pass over.

41 He shall enter also into the glorious land, and many *countries* shall be overthrown: but these shall escape out of his hand, *even* Edom, and Moab, and the chief of the children of Ammon.

42 He shall stretch forth his hand also

עָלָיו הוֹד מַלְכוּת וּבָא בְשַׁלְוָה וְהֶחֱזִיק מַלְכוּת בַּחֲלַקְלַקּוֹת: וּזְרֹעוֹת 22

הַשֶּׁטֶף יִשָּׁטְפוּ מִלְּפָנָיו וְיִשָּׁבֵרוּ וְגַם נְגִיד בְּרִית: וּמִן־הִתְחַבְּרוּת אֵלָיו 23

יַעֲשֶׂה מִרְמָה וְעָלָה וְעָצַם בִּמְעַט־גּוֹי: בְּשַׁלְוָה וּבְמִשְׁמַנֵּי מְדִינָה 24
יָבוֹא וְעָשָׂה אֲשֶׁר לֹא־עָשׂוּ אֲבֹתָיו וַאֲבוֹת אֲבֹתָיו בִּזָּה וְשָׁלָל וּרְכוּשׁ

לָהֶם יִבְזוֹר וְעַל מִבְצָרִים יְחַשֵּׁב מַחְשְׁבֹתָיו וְעַד־עֵת: וְיָעֵר כֹּחוֹ 25
וּלְבָבוֹ עַל־מֶלֶךְ הַנֶּגֶב בְּחַיִל גָּדוֹל וּמֶלֶךְ הַנֶּגֶב יִתְגָּרֶה לַמִּלְחָמָה
בְּחַיִל־גָּדוֹל וְעָצוּם עַד־מְאֹד וְלֹא יַעֲמֹד כִּי־יַחְשְׁבוּ עָלָיו מַחֲשָׁבוֹת:

וְאֹכְלֵי פַת־בָּגוֹ יִשְׁבְּרוּהוּ וְחֵילוֹ יִשְׁטוֹף וְנָפְלוּ חֲלָלִים רַבִּים: וּשְׁנֵיהֶם 26
הַמְּלָכִים לְבָבָם לְמֵרָע וְעַל־שֻׁלְחָן אֶחָד כָּזָב יְדַבֵּרוּ וְלֹא תִצְלָח כִּי־ 27

עוֹד קֵץ לַמּוֹעֵד: וְיָשֹׁב אַרְצוֹ בִּרְכוּשׁ גָּדוֹל וּלְבָבוֹ עַל־בְּרִית קֹדֶשׁ 28

וְעָשָׂה וְשָׁב לְאַרְצוֹ: לַמּוֹעֵד יָשׁוּב וּבָא בַנֶּגֶב וְלֹא־תִהְיֶה כָרִאשֹׁנָה 29

וְכָאַחֲרֹנָה: וּבָאוּ בוֹ צִיִּים כִּתִּים וְנִכְאָה וְשָׁב וְזָעַם עַל־בְּרִית־קוֹדֶשׁ 30

וְעָשָׂה וְשָׁב וְיָבֵן עַל־עֹזְבֵי בְּרִית קֹדֶשׁ: וּזְרֹעִים מִמֶּנּוּ יַעֲמֹדוּ וְחִלְּלוּ 31

הַמִּקְדָּשׁ הַמָּעוֹז וְהֵסִירוּ הַתָּמִיד וְנָתְנוּ הַשִּׁקּוּץ מְשֹׁמֵם: וּמַרְשִׁיעֵי 32

בְּרִית יַחֲנִיף בַּחֲלַקּוֹת וְעַם יֹדְעֵי אֱלֹהָיו יַחֲזִקוּ וְעָשׂוּ: וּמַשְׂכִּילֵי עָם 33

יָבִינוּ לָרַבִּים וְנִכְשְׁלוּ בְּחֶרֶב וּבְלֶהָבָה בִּשְׁבִי וּבְבִזָּה יָמִים: וּבְהִכָּשְׁלָם 34

יֵעָזְרוּ עֵזֶר מְעָט וְנִלְווּ עֲלֵיהֶם רַבִּים בַּחֲלַקְלַקּוֹת: וּמִן־הַמַּשְׂכִּילִים 35
יִכָּשְׁלוּ לִצְרוֹף בָּהֶם וּלְבָרֵר וְלַלְבֵּן עַד־עֵת קֵץ כִּי־עוֹד לַמּוֹעֵד:

וְעָשָׂה כִרְצוֹנוֹ הַמֶּלֶךְ וְיִתְרוֹמֵם וְיִתְגַּדֵּל עַל־כָּל־אֵל וְעַל אֵל אֵלִים 36
יְדַבֵּר נִפְלָאוֹת וְהִצְלִיחַ עַד־כָּלָה זַעַם כִּי נֶחֱרָצָה נֶעֱשָׂתָה: וְעַל־ 37
אֱלֹהֵי אֲבֹתָיו לֹא יָבִין וְעַל־חֶמְדַּת נָשִׁים וְעַל־כָּל־אֱלוֹהַּ לֹא יָבִין

כִּי עַל־כֹּל יִתְגַּדָּל: וְלֶאֱלֹהַּ מָעֻזִּים עַל־כַּנּוֹ יְכַבֵּד וְלֶאֱלוֹהַּ אֲשֶׁר לֹא־ 38

יְדָעֻהוּ אֲבֹתָיו יְכַבֵּד בְּזָהָב וּבְכֶסֶף וּבְאֶבֶן יְקָרָה וּבַחֲמֻדוֹת: וְעָשָׂה 39
לְמִבְצְרֵי מָעֻזִּים עִם־אֱלוֹהַּ נֵכָר אֲשֶׁר הִכִּיר יַרְבֶּה כָבוֹד וְהִמְשִׁילָם   יַכִּיר

בָּרַבִּים וַאֲדָמָה יְחַלֵּק בִּמְחִיר: וּבְעֵת קֵץ יִתְנַגַּח עִמּוֹ מֶלֶךְ הַנֶּגֶב 40
וְיִשְׂתָּעֵר עָלָיו מֶלֶךְ הַצָּפוֹן בְּרֶכֶב וּבְפָרָשִׁים וּבָאֳנִיּוֹת רַבּוֹת וּבָא

בַאֲרָצוֹת וְשָׁטַף וְעָבָר: וּבָא בְּאֶרֶץ הַצְּבִי וְרַבּוֹת יִכָּשֵׁלוּ וְאֵלֶּה 41

יִמָּלְטוּ מִיָּדוֹ אֱדוֹם וּמוֹאָב וְרֵאשִׁית בְּנֵי עַמּוֹן: וְיִשְׁלַח יָדוֹ בַּאֲרָצוֹת 42

upon the countries: and the land of Egypt shall not escape.

43 But he shall have power over the treasures of gold and of silver, and over all the precious things of Egypt: and the Libyans and the Ethiopians *shall be* at his steps.

44 But tidings out of the east and out of the north shall trouble him: therefore he shall go forth with great fury to destroy, and utterly to make away many.

45 And he shall plant the tabernacles of his palace between the seas in the glorious holy mountain; yet he shall come to his end, and none shall help him.

CHAPTER 12

1 And at that time shall Michael stand up, the great prince which standeth for the children of thy people: and there shall be a time of trouble, such as never was since there was a nation *even* to that same time: and at that time thy people shall be delivered, every one that shall be found written in the book.

2 And many of them that sleep in the dust of the earth shall awake, some to everlasting life, and some to shame *and* everlasting contempt.

3 And they that be wise shall shine as the brightness of the firmament; and they that turn many to righteousness as the stars for ever and ever.

4 But thou, O Daniel, shut up the words, and seal the book, *even* to the time of the end: many shall run to and fro, and knowledge shall be increased.

5 ¶ Then I Daniel looked, and, behold, there stood other two, the one on this side of the bank of the river, and the other on that side of the bank of the river.

6 And *one* said to the man clothed in linen, which *was* upon the waters of the river, How long *shall it be to* the end of these wonders?

7 And I heard the man clothed in linen, which *was* upon the waters of the river, when he held up his right hand and his left hand unto heaven, and sware by him that liveth for ever that *it shall be* for a time, times, and an half; and when he shall have accomplished to scatter the power of the holy people, all these *things* shall be finished.

8 And I heard, but I understood not: then said I, O my Lord, what *shall be* the end of these *things?*

9 And he said, Go thy way, Daniel: for the words *are* closed up and sealed till the time of the end.

10 Many shall be purified, and made white, and tried; but the wicked shall do wickedly: and none of the wicked shall understand; but the wise shall understand.

11 And from the time *that* the daily *sacrifice* shall be taken away, and the abomination that maketh desolate set up, *there shall be* a thousand two hundred and ninety days.

12 Blessed *is* he that waiteth, and cometh to the thousand three hundred and five and thirty days.

13 But go thou thy way till the end *be:* for thou shalt rest, and stand in thy lot at the end of the days.

HOSEA

CHAPTER 1

1 The word of the Lord that came unto Hosea, the son of Beeri, in the days of Uzziah, Jotham, Ahaz, *and* Hezekiah, kings of Judah, and in the days of Jeroboam the son of Joash, king of Israel.

2 The beginning of the word of the Lord by Hosea. And the Lord said to Hosea, Go, take unto thee a wife of whoredoms and children of whoredoms: for the land hath committed great whoredom, *departing* from the Lord.

3 So he went and took Gomer the daughter of Diblaim; which conceived, and bare him a son.

43 וְאֶרֶץ מִצְרַיִם לֹא תִהְיֶה לִפְלֵיטָה: וּמָשַׁל בְּמִכְמַנֵּי הַזָּהָב וְהַכֶּסֶף

44 וּבְכֹל חֲמֻדוֹת מִצְרָיִם וְלֻבִים וְכֻשִׁים בְּמִצְעָדָיו: וּשְׁמֻעוֹת יְבַהֲלֻהוּ

45A
45 מִמִּזְרָח וּמִצָּפוֹן וְיָצָא בְּחֵמָא גְדֹלָה לְהַשְׁמִיד וּלְהַחֲרִים רַבִּים: וְיִטַּע
אָהֳלֵי אַפַּדְנוֹ בֵּין יַמִּים לְהַר־צְבִי־קֹדֶשׁ וּבָא עַד־קִצּוֹ וְאֵין עוֹזֵר

12 1 לוֹ: וּבָעֵת הַהִיא יַעֲמֹד מִיכָאֵל הַשַּׂר הַגָּדוֹל הָעֹמֵד עַל־בְּנֵי עַמֶּךָ
וְהָיְתָה עֵת צָרָה אֲשֶׁר לֹא־נִהְיְתָה מִהְיוֹת גּוֹי עַד הָעֵת הַהִיא

2 וּבָעֵת הַהִיא יִמָּלֵט עַמְּךָ כָּל־הַנִּמְצָא כָּתוּב בַּסֵּפֶר: וְרַבִּים מִיְּשֵׁנֵי
אַדְמַת־עָפָר יָקִיצוּ אֵלֶּה לְחַיֵּי עוֹלָם וְאֵלֶּה לַחֲרָפוֹת לְדִרְאוֹן

3 עוֹלָם: וְהַמַּשְׂכִּלִים יַזְהִרוּ כְּזֹהַר הָרָקִיעַ וּמַצְדִּיקֵי הָרַבִּים
כַּכּוֹכָבִים לְעוֹלָם וָעֶד:

4 וְאַתָּה דָנִיֵּאל סְתֹם הַדְּבָרִים וַחֲתֹם הַסֵּפֶר עַד־עֵת קֵץ יְשֹׁטְטוּ רַבִּים

5 וְתִרְבֶּה הַדָּעַת: וְרָאִיתִי אֲנִי דָנִיֵּאל וְהִנֵּה שְׁנַיִם אֲחֵרִים עֹמְדִים אֶחָד

6 הֵנָּה לִשְׂפַת הַיְאֹר וְאֶחָד הֵנָּה לִשְׂפַת הַיְאֹר: וַיֹּאמֶר לָאִישׁ לְבוּשׁ

7 הַבַּדִּים אֲשֶׁר מִמַּעַל לְמֵימֵי הַיְאֹר עַד־מָתַי קֵץ הַפְּלָאוֹת: וָאֶשְׁמַע
אֶת־הָאִישׁ לְבוּשׁ הַבַּדִּים אֲשֶׁר מִמַּעַל לְמֵימֵי הַיְאֹר וַיָּרֶם יְמִינוֹ
וּשְׂמֹאלוֹ אֶל־הַשָּׁמַיִם וַיִּשָּׁבַע בְּחֵי הָעוֹלָם כִּי לְמוֹעֵד מוֹעֲדִים וָחֵצִי

8 וּכְכַלּוֹת נַפֵּץ יַד־עַם־קֹדֶשׁ תִּכְלֶינָה כָל־אֵלֶּה: וַאֲנִי שָׁמַעְתִּי וְלֹא
אָבִין וָאֹמְרָה אֲדֹנִי מָה אַחֲרִית אֵלֶּה:

9
10 וַיֹּאמֶר לֵךְ דָּנִיֵּאל כִּי־סְתֻמִים וַחֲתֻמִים הַדְּבָרִים עַד־עֵת קֵץ: יִתְבָּרֲרוּ
וְיִתְלַבְּנוּ וְיִצָּרְפוּ רַבִּים וְהִרְשִׁיעוּ רְשָׁעִים וְלֹא יָבִינוּ כָּל־רְשָׁעִים

11 וְהַמַּשְׂכִּלִים יָבִינוּ: וּמֵעֵת הוּסַר הַתָּמִיד וְלָתֵת שִׁקּוּץ שֹׁמֵם יָמִים

12 אֶלֶף מָאתַיִם וְתִשְׁעִים: אַשְׁרֵי הַמְחַכֶּה וְיַגִּיעַ לְיָמִים אֶלֶף שְׁלֹשׁ

13 מֵאוֹת שְׁלֹשִׁים וַחֲמִשָּׁה: וְאַתָּה לֵךְ לַקֵּץ וְתָנוּחַ וְתַעֲמֹד לְגֹרָלְךָ לְקֵץ
הַיָּמִין:

הושע

1 1 דְּבַר־יְהוָה אֲשֶׁר הָיָה אֶל־הוֹשֵׁעַ בֶּן־בְּאֵרִי בִּימֵי עֻזִּיָּה יוֹתָם אָחָז

2 יְחִזְקִיָּה מַלְכֵי יְהוּדָה וּבִימֵי יָרָבְעָם בֶּן־יוֹאָשׁ מֶלֶךְ יִשְׂרָאֵל: תְּחִלַּת
דִּבֶּר־יְהוָה בְּהוֹשֵׁעַ
וַיֹּאמֶר יְהוָה אֶל־הוֹשֵׁעַ לֵךְ קַח־לְךָ אֵשֶׁת זְנוּנִים וְיַלְדֵי זְנוּנִים כִּי־זָנֹה

3 תִזְנֶה הָאָרֶץ מֵאַחֲרֵי יְהוָה: וַיֵּלֶךְ וַיִּקַּח אֶת־גֹּמֶר בַּת־דִּבְלָיִם וַתַּהַר

4 And the LORD said unto him, Call his name Jezreel; for yet a little *while*, and I will avenge the blood of Jezreel upon the house of Jehu, and will cause to cease the kingdom of the house of Israel.

5 And it shall come to pass at that day, that I will break the bow of Israel in the valley of Jezreel.

6 ¶ And she conceived again, and bare a daughter. And *God* said unto him, Call her name Lo-ruhamah: for I will no more have mercy upon the house of Israel; but I will utterly take them away.

7 But I will have mercy upon the house of Judah, and will save them by the LORD their God, and will not save them by bow, nor by sword, nor by battle, by horses, nor by horsemen.

8 ¶ Now when she had weaned Lo-ruhamah, she conceived, and bare a son.

9 Then said *God*, Call his name Lo-ammi: for ye *are* not my people, and I will not be your *God*.

10[2:1] ¶ Yet the number of the children of Israel shall be as the sand of the sea, which cannot be measured nor numbered; and it shall come to pass, *that* in the place where it was said unto them, Ye *are* not my people, *there* it shall be said unto them, *Ye are* the sons of the living God.

11[2:2] Then shall the children of Judah and the children of Israel be gathered together, and appoint themselves one head, and they shall come up out of the land: for great *shall be* the day of Jezreel.

CHAPTER 2

1[3] Say ye unto your brethren, Ammi; and to your sisters, Ruhamah.

2[4] Plead with your mother, plead: for she *is* not my wife, neither *am* I her husband: let her therefore put away her whoredoms out of her sight, and her adulteries from between her breasts;

3[5] Lest I strip her naked, and set her as in the day that she was born, and make her as a wilderness, and set her like a dry land, and slay her with thirst.

4[6] And I will not have mercy upon her

children; for they *be* the children of whoredoms.

5[7] For their mother hath played the harlot: she that conceived them hath done shamefully: for she said, I will go after my lovers, that give *me* my bread and my water, my wool and my flax, mine oil and my drink.

6[8] ¶ Therefore, behold, I will hedge up thy way with thorns, and make a wall, that she shall not find her paths.

7[9] And she shall follow after her lovers, but she shall not overtake them; and she shall seek them, but shall not find *them*: then shall she say, I will go and return to my first husband; for then *was it* better with me than now.

8[10] For she did not know that I gave her corn, and wine, and oil, and multiplied her silver and gold, *which* they prepared for Baal.

9[11] Therefore will I return, and take away my corn in the time thereof, and my wine in the season thereof, and will recover my wool and my flax *given* to cover her nakedness.

10[12] And now will I discover her lewdness in the sight of her lovers, and none shall deliver her out of mine hand.

11[13] I will also cause all her mirth to cease, her feast days, her new moons, and her sabbaths, and all her solemn feasts.

12[14] And I will destroy her vines and her fig trees, whereof she hath said, These *are* my rewards that my lovers have given me: and I will make them a forest, and the beasts of the field shall eat them.

13[15] And I will visit upon her the days of Baalim, wherein she burned incense to them, and she decked herself with her earrings and her jewels, and she went after her lovers, and forgat me, saith the LORD.

14[16] ¶ Therefore, behold, I will allure her, and bring her into the wilderness, and speak comfortably unto her.

15[17] And I will give her her vineyards from thence, and the valley of Achor for a door of hope: and she shall sing there, as in the days of her youth, and as in the day when she came up out of the land of Egypt.

16[18] And it shall be at that day, saith

וַתֵּלֶד־לוֹ בֵּן: וַיֹּאמֶר יְהוָה אֵלָיו קְרָא שְׁמוֹ יִזְרְעֶאל כִּי־עוֹד מְעַט 4

וּפָקַדְתִּי אֶת־דְּמֵי יִזְרְעֶאל עַל־בֵּית יֵהוּא וְהִשְׁבַּתִּי מַמְלְכוּת בֵּית

יִשְׂרָאֵל: וְהָיָה בַּיּוֹם הַהוּא וְשָׁבַרְתִּי אֶת־קֶשֶׁת יִשְׂרָאֵל בְּעֵמֶק 5

יִזְרְעֶאל: וַתַּהַר עוֹד וַתֵּלֶד בַּת וַיֹּאמֶר לוֹ קְרָא שְׁמָהּ לֹא רֻחָמָה 6

כִּי לֹא אוֹסִיף עוֹד אֲרַחֵם אֶת־בֵּית יִשְׂרָאֵל כִּי־נָשֹׂא אֶשָּׂא לָהֶם:

וְאֶת־בֵּית יְהוּדָה אֲרַחֵם וְהוֹשַׁעְתִּים בַּיהוָה אֱלֹהֵיהֶם וְלֹא אוֹשִׁיעֵם 7

בְּקֶשֶׁת וּבְחֶרֶב וּבְמִלְחָמָה בְּסוּסִים וּבְפָרָשִׁים: וַתִּגְמֹל אֶת־לֹא 8

רֻחָמָה וַתַּהַר וַתֵּלֶד בֵּן: וַיֹּאמֶר קְרָא שְׁמוֹ לֹא עַמִּי כִּי אַתֶּם לֹא 9

עַמִּי וְאָנֹכִי לֹא־אֶהְיֶה לָכֶם: וְהָיָה מִסְפַּר בְּנֵי־יִשְׂרָאֵל 2

כְּחוֹל הַיָּם אֲשֶׁר לֹא־יִמַּד וְלֹא יִסָּפֵר וְהָיָה בִּמְקוֹם אֲשֶׁר־יֵאָמֵר לָהֶם

לֹא־עַמִּי אַתֶּם יֵאָמֵר לָהֶם בְּנֵי אֵל־חָי: וְנִקְבְּצוּ בְּנֵי־יְהוּדָה וּבְנֵי־ 2

יִשְׂרָאֵל יַחְדָּו וְשָׂמוּ לָהֶם רֹאשׁ אֶחָד וְעָלוּ מִן־הָאָרֶץ כִּי גָדוֹל יוֹם

יִזְרְעֶאל: אִמְרוּ לַאֲחֵיכֶם עַמִּי וְלַאֲחוֹתֵיכֶם רֻחָמָה: רִיבוּ בְאִמְּכֶם 3

4A   רִיבוּ כִּי־הִיא לֹא אִשְׁתִּי וְאָנֹכִי לֹא אִישָׁהּ וְתָסֵר זְנוּנֶיהָ מִפָּנֶיהָ 4

וְנַאֲפוּפֶיהָ מִבֵּין שָׁדֶיהָ: פֶּן־אַפְשִׁיטֶנָּה עֲרֻמָּה וְהִצַּגְתִּיהָ כְּיוֹם הִוָּלְדָהּ 5

וְשַׂמְתִּיהָ כַמִּדְבָּר וְשַׁתִּהָ כְּאֶרֶץ צִיָּה וַהֲמִתִּיהָ בַּצָּמָא: וְאֶת־בָּנֶיהָ 6

לֹא אֲרַחֵם כִּי־בְנֵי זְנוּנִים הֵמָּה: כִּי זָנְתָה אִמָּם הֹבִישָׁה הוֹרָתָם 7

כִּי אָמְרָה אֵלְכָה אַחֲרֵי מְאַהֲבַי נֹתְנֵי לַחְמִי וּמֵימַי צַמְרִי וּפִשְׁתִּי

שַׁמְנִי וְשִׁקּוּיָי: לָכֵן הִנְנִי־שָׂךְ אֶת־דַּרְכֵּךְ בַּסִּירִים וְגָדַרְתִּי אֶת־גְּדֵרָהּ 8

וּנְתִיבוֹתֶיהָ לֹא תִמְצָא: וְרִדְּפָה אֶת־מְאַהֲבֶיהָ וְלֹא־תַשִּׂיג אֹתָם 9

וּבִקְשָׁתַם וְלֹא תִמְצָא וְאָמְרָה אֵלְכָה וְאָשׁוּבָה אֶל־אִישִׁי הָרִאשׁוֹן

כִּי טוֹב לִי אָז מֵעָתָּה: וְהִיא לֹא יָדְעָה כִּי אָנֹכִי נָתַתִּי לָהּ הַדָּגָן 10

וְהַתִּירוֹשׁ וְהַיִּצְהָר וְכֶסֶף הִרְבֵּיתִי לָהּ וְזָהָב עָשׂוּ לַבָּעַל: לָכֵן אָשׁוּב 11

וְלָקַחְתִּי דְגָנִי בְּעִתּוֹ וְתִירוֹשִׁי בְּמוֹעֲדוֹ וְהִצַּלְתִּי צַמְרִי וּפִשְׁתִּי לְכַסּוֹת

אֶת־עֶרְוָתָהּ: וְעַתָּה אֲגַלֶּה אֶת־נַבְלֻתָהּ לְעֵינֵי מְאַהֲבֶיהָ וְאִישׁ לֹא־ 12

יַצִּילֶנָּה מִיָּדִי: וְהִשְׁבַּתִּי כָּל־מְשׂוֹשָׂהּ חַגָּהּ חָדְשָׁהּ וְשַׁבַּתָּהּ וְכֹל 13

מוֹעֲדָהּ: וַהֲשִׁמֹּתִי גַּפְנָהּ וּתְאֵנָתָהּ אֲשֶׁר אָמְרָה אֶתְנָה הֵמָּה לִי אֲשֶׁר 14

נָתְנוּ־לִי מְאַהֲבָי וְשַׂמְתִּים לְיַעַר וַאֲכָלָתַם חַיַּת הַשָּׂדֶה: וּפָקַדְתִּי 15

עָלֶיהָ אֶת־יְמֵי הַבְּעָלִים אֲשֶׁר תַּקְטִיר לָהֶם וַתַּעַד נִזְמָהּ וְחֶלְיָתָהּ

וַתֵּלֶךְ אַחֲרֵי מְאַהֲבֶיהָ וְאֹתִי שָׁכְחָה נְאֻם־יְהוָה:

16A   לָכֵן הִנֵּה אָנֹכִי מְפַתֶּיהָ וְהֹלַכְתִּיהָ הַמִּדְבָּר וְדִבַּרְתִּי עַל־לִבָּהּ: וְנָתַתִּי 16
17A   לָהּ אֶת־כְּרָמֶיהָ מִשָּׁם וְאֶת־עֵמֶק עָכוֹר לְפֶתַח תִּקְוָה וְעָנְתָה שָּׁמָּה 17

כִּימֵי נְעוּרֶיהָ וּכְיוֹם עֲלֹתָהּ מֵאֶרֶץ־מִצְרָיִם: וְהָיָה בַיּוֹם־ 18

the LORD, *that* thou shalt call me Ishi; and shalt call me no more Baali.

17[19] For I will take away the names of Baalim out of her mouth, and they shall no more be remembered by their name.

18[20] And in that day will I make a covenant for them with the beasts of the field, and with the fowls of heaven, and *with* the creeping things of the ground: and I will break the bow and the sword and the battle out of the earth, and will make them to lie down safely.

19[21] And I will betroth thee unto me for ever; yea, I will betroth thee unto me in righteousness, and in judgment, and in lovingkindness, and in mercies.

20[22] I will even betroth thee unto me in faithfulness: and thou shalt know the LORD.

21[23] And it shall come to pass in that day, I will hear, saith the LORD, I will hear the heavens, and they shall hear the earth;

22[24] And the earth shall hear the corn, and the wine, and the oil; and they shall hear Jezreel.

23[25] And I will sow her unto me in the earth; and I will have mercy upon her that had not obtained mercy; and I will say to *them which were* not my people, Thou *art* my people; and they shall say, *Thou art* my God.

CHAPTER 3

1 Then said the LORD unto me, Go yet, love a woman beloved of *her* friend, yet an adulteress, according to the love of the LORD toward the children of Israel, who look to other gods, and love flagons of wine.

2 So I bought her to me for fifteen *pieces* of silver, and *for* an homer of barley, and an half homer of barley:

3 And I said unto her, Thou shalt abide for me many days; thou shalt not play the harlot, and thou shalt not be for *another* man: so *will* I also *be* for thee.

4 For the children of Israel shall abide many days without a king, and without a prince, and without a sacrifice, and without an image, and without an ephod, and *without* teraphim:

5 Afterward shall the children of Israel return, and seek the LORD their God, and David their king; and shall fear the LORD and his goodness in the latter days.

CHAPTER 4

1 Hear the word of the LORD, ye children of Israel: for the LORD hath a controversy with the inhabitants of the land, because *there is* no truth, nor mercy, nor knowledge of God in the land.

2 By swearing, and lying, and killing, and stealing, and committing adultery, they break out, and blood toucheth blood.

3 Therefore shall the land mourn, and every one that dwelleth therein shall languish, with the beasts of the field, and with the fowls of heaven; yea, the fishes of the sea also shall be taken away.

4 Yet let no man strive, nor reprove another: for thy people *are* as they that strive with the priest.

5 Therefore shalt thou fall in the day, and the prophet also shall fall with thee in the night, and I will destroy thy mother.

6 ¶ My people are destroyed for lack of knowledge: because thou hast rejected knowledge, I will also reject thee, that thou shalt be no priest to me: seeing thou hast forgotten the law of thy God, I will also forget thy children.

7 As they were increased, so they sinned against me: *therefore* will I change their glory into shame.

8 They eat up the sin of my people, and they set their heart on their iniquity.

9 And there shall be, like people, like priest: and I will punish them for their ways, and reward them their doings.

10 For they shall eat, and not have enough: they shall commit whoredom, and shall not increase: because they have left off to take heed to the LORD.

11 Whoredom and wine and new wine take away the heart.

12 ¶ My people ask counsel at their stocks, and their staff declareth unto them: for the spirit of whoredoms hath caused *them* to err, and they have gone a whoring from under their God.

13 They sacrifice upon the tops of the

19 הַהוּא נְאֻם־יְהֹוָה תִּקְרְאִי אִישִׁי וְלֹא־תִקְרְאִי־לִי עוֹד בַּעְלִי: וַהֲסִרֹתִי

20 אֶת־שְׁמוֹת הַבְּעָלִים מִפִּיהָ וְלֹא־יִזָּכְרוּ עוֹד בִּשְׁמָם: וְכָרַתִּי לָהֶם

בְּרִית בַּיּוֹם הַהוּא עִם־חַיַּת הַשָּׂדֶה וְעִם־עוֹף הַשָּׁמַיִם וְרֶמֶשׂ

הָאֲדָמָה וְקֶשֶׁת וְחֶרֶב וּמִלְחָמָה אֶשְׁבּוֹר מִן־הָאָרֶץ וְהִשְׁכַּבְתִּים

21 לָבֶטַח: וְאֵרַשְׂתִּיךְ לִי לְעוֹלָם וְאֵרַשְׂתִּיךְ לִי בְּצֶדֶק וּבְמִשְׁפָּט וּבְחֶסֶד

22 וּבְרַחֲמִים: וְאֵרַשְׂתִּיךְ לִי בֶּאֱמוּנָה וְיָדַעַתְּ אֶת־יְהֹוָה: וְהָיָה ׀
23

בַּיּוֹם הַהוּא אֶעֱנֶה נְאֻם־יְהֹוָה אֶעֱנֶה אֶת־הַשָּׁמָיִם וְהֵם יַעֲנוּ אֶת־

24 הָאָרֶץ: וְהָאָרֶץ תַּעֲנֶה אֶת־הַדָּגָן וְאֶת־הַתִּירוֹשׁ וְאֶת־הַיִּצְהָר וְהֵם

25 יַעֲנוּ אֶת־יִזְרְעֶאל: וּזְרַעְתִּיהָ לִּי בָּאָרֶץ וְרִחַמְתִּי אֶת־לֹא רֻחָמָה

וְאָמַרְתִּי לְלֹא־עַמִּי עַמִּי־אַתָּה וְהוּא יֹאמַר אֱלֹהָי:

3 1 וַיֹּאמֶר יְהֹוָה אֵלַי עוֹד לֵךְ אֱהַב־אִשָּׁה אֲהֻבַת רֵעַ וּמְנָאָפֶת כְּאַהֲבַת

יְהֹוָה אֶת־בְּנֵי יִשְׂרָאֵל וְהֵם פֹּנִים אֶל־אֱלֹהִים אֲחֵרִים וְאֹהֲבֵי אֲשִׁישֵׁי

2 עֲנָבִים: וָאֶכְּרֶהָ לִּי בַּחֲמִשָּׁה עָשָׂר כָּסֶף וְחֹמֶר שְׂעֹרִים וְלֵתֶךְ

3 שְׂעֹרִים: וָאֹמַר אֵלֶיהָ יָמִים רַבִּים תֵּשְׁבִי לִי לֹא תִזְנִי וְלֹא תִהְיִי

4 לְאִישׁ וְגַם־אֲנִי אֵלָיִךְ: כִּי ׀ יָמִים רַבִּים יֵשְׁבוּ בְּנֵי יִשְׂרָאֵל אֵין מֶלֶךְ

5 וְאֵין שָׂר וְאֵין זֶבַח וְאֵין מַצֵּבָה וְאֵין אֵפוֹד וּתְרָפִים: אַחַר יָשֻׁבוּ

בְּנֵי יִשְׂרָאֵל וּבִקְשׁוּ אֶת־יְהֹוָה אֱלֹהֵיהֶם וְאֵת דָּוִד מַלְכָּם וּפָחֲדוּ אֶל־

יְהֹוָה וְאֶל־טוּבוֹ בְּאַחֲרִית הַיָּמִים:

4 1 שִׁמְעוּ דְבַר־יְהֹוָה בְּנֵי יִשְׂרָאֵל כִּי רִיב לַיהֹוָה עִם־יוֹשְׁבֵי הָאָרֶץ כִּי

2 אֵין־אֱמֶת וְאֵין־חֶסֶד וְאֵין־דַּעַת אֱלֹהִים בָּאָרֶץ: אָלֹה וְכַחֵשׁ וְרָצֹחַ

3 וְגָנֹב וְנָאֹף פָּרָצוּ וְדָמִים בְּדָמִים נָגָעוּ: עַל־כֵּן ׀ תֶּאֱבַל הָאָרֶץ וְאֻמְלַל

כָּל־יוֹשֵׁב בָּהּ בְּחַיַּת הַשָּׂדֶה וּבְעוֹף הַשָּׁמָיִם וְגַם־דְּגֵי הַיָּם יֵאָסֵפוּ:

4 אַךְ אִישׁ אַל־יָרֵב וְאַל־יוֹכַח אִישׁ וְעַמְּךָ כִּמְרִיבֵי כֹהֵן: וְכָשַׁלְתָּ הַיּוֹם
5

6 וְכָשַׁל גַּם־נָבִיא עִמְּךָ לָיְלָה וְדָמִיתִי אִמֶּךָ: נִדְמוּ עַמִּי מִבְּלִי הַדָּעַת

כִּי־אַתָּה הַדַּעַת מָאַסְתָּ וְאֶמְאָסְאךָ מִכַּהֵן לִי וַתִּשְׁכַּח תּוֹרַת אֱלֹהֶיךָ **וְאֶמְאָסְךָ**

7 אֶשְׁכַּח בָּנֶיךָ גַּם־אָנִי: כְּרֻבָּם כֵּן חָטְאוּ־לִי כְּבוֹדָם בְּקָלוֹן אָמִיר:

8 חַטַּאת עַמִּי יֹאכֵלוּ וְאֶל־עֲוֺנָם יִשְׂאוּ נַפְשׁוֹ: וְהָיָה כָעָם כַּכֹּהֵן
9

10 וּפָקַדְתִּי עָלָיו דְּרָכָיו וּמַעֲלָלָיו אָשִׁיב לוֹ: וְאָכְלוּ וְלֹא יִשְׂבָּעוּ הִזְנוּ

11 וְלֹא יִפְרֹצוּ כִּי־אֶת־יְהֹוָה עָזְבוּ לִשְׁמֹר: זְנוּת וְיַיִן וְתִירוֹשׁ יִקַּח־לֵב:

12 עַמִּי בְּעֵצוֹ יִשְׁאָל וּמַקְלוֹ יַגִּיד לוֹ כִּי רוּחַ זְנוּנִים הִתְעָה וַיִּזְנוּ מִתַּחַת

13 אֱלֹהֵיהֶם: עַל־רָאשֵׁי הֶהָרִים יְזַבֵּחוּ וְעַל־הַגְּבָעוֹת יְקַטֵּרוּ תַּחַת אַלּוֹן

mountains, and burn incense upon the hills, under oaks and poplars and elms, because the shadow thereof *is* good: therefore your daughters shall commit whoredom, and your spouses shall commit adultery.

14 I will not punish your daughters when they commit whoredom, nor your spouses when they commit adultery: for themselves are separated with whores, and they sacrifice with harlots: therefore the people *that* doth not understand shall fall.

15 ¶ Though thou, Israel, play the harlot, *yet* let not Judah offend; and come not ye unto Gilgal, neither go ye up to Beth-aven, nor swear, The LORD liveth.

16 For Israel slideth back as a backsliding heifer: now the LORD will feed them as a lamb in a large place.

17 Ephraim *is* joined to idols: let him alone.

18 Their drink is sour: they have committed whoredom continually: her rulers *with* shame do love, Give ye.

19 The wind hath bound her up in her wings, and they shall be ashamed because of their sacrifices.

CHAPTER 5

1 Hear ye this, O priests; and hearken, ye house of Israel; and give ye ear, O house of the king; for judgment *is* toward you, because ye have been a snare on Mizpah, and a net spread upon Tabor.

2 And the revolters are profound to make slaughter, though I *have been* a rebuker of them all.

3 I know Ephraim, and Israel is not hid from me: for now, O Ephraim, thou committest whoredom, *and* Israel is defiled.

4 They will not frame their doings to turn unto their God: for the spirit of whoredoms *is* in the midst of them, and they have not known the LORD.

5 And the pride of Israel doth testify to his face: therefore shall Israel and Ephraim fall in their iniquity; Judah also shall fall with them.

6 They shall go with their flocks and with their herds to seek the LORD; but they shall

not find *him;* he hath withdrawn himself from them.

7 They have dealt treacherously against the LORD: for they have begotten strange children: now shall a month devour them with their portions.

8 Blow ye the cornet in Gibeah, *and* the trumpet in Ramah: cry aloud *at* Beth-aven, after thee, O Benjamin.

9 Ephraim shall be desolate in the day of rebuke: among the tribes of Israel have I made known that which shall surely be.

10 The princes of Judah were like them that remove the bound: *therefore* I will pour out my wrath upon them like water.

11 Ephraim *is* oppressed *and* broken in judgment, because he willingly walked after the commandment.

12 Therefore *will* I *be* unto Ephraim as a moth, and to the house of Judah as rottenness.

13 When Ephraim saw his sickness, and Judah *saw* his wound, then went Ephraim to the Assyrian, and sent to king Jareb: yet could he not heal you, nor cure you of your wound.

14 For I *will be* unto Ephraim as a lion, and as a young lion to the house of Judah: I, *even* I, will tear and go away; I will take away, and none shall rescue *him.*

15 ¶ I will go *and* return to my place, till they acknowledge their offence, and seek my face: in their affliction they will seek me early.

CHAPTER 6

1 Come, and let us return unto the LORD: for he hath torn, and he will heal us; he hath smitten, and he will bind us up.

2 After two days will he revive us: in the third day he will raise us up, and we shall live in his sight.

3 Then shall we know, *if* we follow on to know the LORD: his going forth is prepared as the morning; and he shall come unto us as the rain, as the latter *and* former rain unto the earth.

4 ¶ O Ephraim, what shall I do unto thee? O Judah, what shall I do unto thee? for your goodness *is* as a morning cloud, and as the early dew it goeth away.

וְלִבְנֵיכֶ֤ם וְאֵ֙לֶּה֙ כִּ֣י ט֔וֹב צִלְּ֑הּ עַל־כֵּ֣ן תִּזְנֶ֙ינָה֙ בְּנ֣וֹתֵיכֶ֔ם וְכַלּֽוֹתֵיכֶ֖ם

14 תְּנָאַֽפְנָה׃ לֹא־אֶפְק֙וֹד עַל־בְּנֽוֹתֵיכֶ֜ם כִּ֣י תִזְנֶ֗ינָה וְעַל־כַּלּֽוֹתֵיכֶם֙ כִּ֣י תְּנָאַ֔פְנָה כִּֽי־הֵ֤ם עִם־הַזֹּנוֹת֙ יְפָרֵ֔דוּ וְעִם־הַקְּדֵשׁ֖וֹת יְזַבֵּ֑חוּ וְעָ֥ם לֹא־

15 יָבִ֖ין יִלָּבֵֽט׃ אִם־זֹנֶ֤ה אַתָּה֙ יִשְׂרָאֵ֔ל אַל־יֶאְשַׁ֖ם יְהוּדָ֑ה וְאַל־תָּבֹ֤אוּ

16 הַגִּלְגָּל֙ וְאַֽל־תַּעֲלוּ֙ בֵּ֣ית אָ֔וֶן וְאַל־תִּשָּׁבְע֖וּ חַי־יְהֹוָֽה׃ כִּ֚י כְּפָרָ֣ה סֹֽרֵרָ֔ה

17 סָרַ֖ר יִשְׂרָאֵ֑ל עַתָּה֙ יִרְעֵ֣ם יְהֹוָ֔ה כְּכֶ֖בֶשׂ בַּמֶּרְחָֽב׃ חֲב֥וּר עֲצַבִּ֖ים

18 אֶפְרַ֖יִם הַֽנַּח־לֽוֹ׃ סָ֖ר סׇבְאָ֑ם הַזְנֵ֣ה הִזְנ֔וּ אָהֲב֥וּ הֵב֖וּ קָל֥וֹן מָגִנֶּֽיהָ׃

19 צָרַ֥ר ר֛וּחַ אוֹתָ֖הּ בִּכְנָפֶ֑יהָ וְיֵבֹ֖שׁוּ מִזִּבְחוֹתָֽם׃

5 שִׁמְעוּ־זֹ֣את

1 הַכֹּהֲנִ֡ים וְהַקְשִׁ֣יבוּ ׀ בֵּ֣ית יִשְׂרָאֵ֗ל וּבֵ֤ית הַמֶּ֙לֶךְ֙ הַאֲזִ֔ינוּ כִּ֥י לָכֶ֖ם

2 הַמִּשְׁפָּ֑ט כִּֽי־פַח֙ הֱיִיתֶ֣ם לְמִצְפָּ֔ה וְרֶ֖שֶׁת פְּרוּשָׂ֥ה עַל־תָּבֽוֹר׃ וְשַׁחֲטָ֥ה

3 שֵׂטִ֖ים הֶעְמִ֑יקוּ וַאֲנִ֖י מוּסָ֥ר לְכֻלָּֽם׃ אֲנִי֙ יָדַ֣עְתִּי אֶפְרַ֔יִם וְיִשְׂרָאֵ֖ל לֹא־

4 נִכְחַ֣ד מִמֶּ֑נִּי כִּ֤י עַתָּה֙ הִזְנֵ֣יתָ אֶפְרַ֔יִם נִטְמָ֖א יִשְׂרָאֵֽל׃ לֹ֤א יִתְּנוּ֙

מַ֣עַלְלֵיהֶ֔ם לָשׁ֖וּב אֶל־אֱלֹֽהֵיהֶ֑ם כִּ֣י ר֤וּחַ זְנוּנִים֙ בְּקִרְבָּ֔ם וְאֶת־יְהֹוָ֖ה

5 לֹ֥א יָדָֽעוּ׃ וְעָנָ֥ה גְאֽוֹן־יִשְׂרָאֵ֖ל בְּפָנָ֑יו וְיִשְׂרָאֵ֣ל וְאֶפְרַ֗יִם יִכָּֽשְׁלוּ֙ בַּעֲוֺנָ֔ם

6 כָּשַׁ֥ל גַּם־יְהוּדָ֖ה עִמָּֽם׃ בְּצֹאנָ֣ם וּבִבְקָרָ֗ם יֵֽלְכ֛וּ לְבַקֵּ֥שׁ אֶת־יְהֹוָ֖ה וְלֹ֣א

7 יִמְצָ֑אוּ חָלַ֖ץ מֵהֶֽם׃ בַּֽיהֹוָה֙ בָּגָ֔דוּ כִּֽי־בָנִ֥ים זָרִ֖ים יָלָ֑דוּ עַתָּ֛ה יֹאכְלֵ֥ם

8 חֹ֖דֶשׁ אֶת־חֶלְקֵיהֶֽם׃ תִּקְע֤וּ שׁוֹפָר֙ בַּגִּבְעָ֔ה חֲצֹצְרָ֖ה בָּרָמָ֑ה

9 הָרִ֙יעוּ֙ בֵּ֣ית אָ֔וֶן אַחֲרֶ֖יךָ בִּנְיָמִֽין׃ אֶפְרַ֙יִם֙ לְשַׁמָּ֣ה תִֽהְיֶ֔ה בְּי֖וֹם תּֽוֹכֵחָ֑ה

10 בְּשִׁבְטֵי֙ יִשְׂרָאֵ֔ל הוֹדַ֖עְתִּי נֶאֱמָנָֽה׃ הָיוּ֙ שָׂרֵ֣י יְהוּדָ֔ה כְּמַסִּיגֵ֖י גְּב֑וּל

11 עֲלֵיהֶ֕ם אֶשְׁפּ֥וֹךְ כַּמַּ֖יִם עֶבְרָתִֽי׃ עָשׁ֤וּק אֶפְרַ֙יִם֙ רְצ֣וּץ מִשְׁפָּ֔ט כִּ֣י

12 הוֹאִ֔יל הָלַ֖ךְ אַחֲרֵי־צָֽו׃ וַאֲנִ֥י כָעָ֖שׁ לְאֶפְרָ֑יִם וְכָרָקָ֖ב לְבֵ֥ית יְהוּדָֽה׃

13 וַיַּ֙רְא אֶפְרַ֜יִם אֶת־חׇלְי֗וֹ וִֽיהוּדָה֙ אֶת־מְזֹר֔וֹ וַיֵּ֤לֶךְ אֶפְרַ֙יִם֙ אֶל־אַשּׁ֔וּר

וַיִּשְׁלַ֖ח אֶל־מֶ֣לֶךְ יָרֵ֑ב וְה֗וּא לֹ֤א יוּכַל֙ לִרְפֹּ֣א לָכֶ֔ם וְלֹֽא־יִגְהֶ֥ה מִכֶּ֖ם

14 מָזֽוֹר׃ כִּ֣י אָנֹכִ֤י כַשַּׁ֙חַל֙ לְאֶפְרַ֔יִם וְכַכְּפִ֖יר לְבֵ֣ית יְהוּדָ֑ה אֲנִ֙י אֲנִ֤י אֶטְרֹף֙

15 וְאֵלֵ֔ךְ אֶשָּׂ֖א וְאֵ֣ין מַצִּֽיל׃ אֵלֵ֤ךְ אָשׁ֙וּבָה֙ אֶל־מְקוֹמִ֔י עַ֥ד אֲשֶׁר־יֶאְשְׁמ֖וּ

6 וּבִקְשׁ֣וּ פָנָ֑י בַּצַּ֥ר לָהֶ֖ם יְשַׁחֲרֻֽנְנִי׃ לְכוּ֙ וְנָשׁ֣וּבָה אֶל־יְהֹוָ֔ה כִּ֛י ה֥וּא

2 טָרָ֖ף וְיִרְפָּאֵ֑נוּ יַ֖ךְ וְיַחְבְּשֵֽׁנוּ׃ יְחַיֵּ֖נוּ מִיֹּמָ֑יִם בַּיּוֹם֙ הַשְּׁלִישִׁ֔י יְקִמֵ֖נוּ וְנִחְיֶ֥ה

3 לְפָנָֽיו׃ וְנֵדְעָ֣ה נִרְדְּפָ֗ה לָדַ֙עַת֙ אֶת־יְהֹוָ֔ה כְּשַׁ֖חַר נָכ֣וֹן מֽוֹצָא֑וֹ וְיָב֤וֹא

4 כַגֶּ֙שֶׁם֙ לָ֔נוּ כְּמַלְק֖וֹשׁ י֥וֹרֶה אָֽרֶץ׃ מָ֤ה אֶעֱשֶׂה־לְּךָ֙ אֶפְרַ֔יִם מָ֥ה אֶעֱשֶׂה־

5 לְּךָ֖ יְהוּדָ֑ה וְחַסְדְּכֶם֙ כַּעֲנַן־בֹּ֔קֶר וְכַטַּ֖ל מַשְׁכִּ֥ים הֹלֵֽךְ׃ עַל־כֵּ֤ן חָצַ֙בְתִּי֙

5 Therefore have I hewed *them* by the prophets; I have slain them by the words of my mouth: and thy judgments *are as* the light *that* goeth forth.

6 For I desired mercy, and not sacrifice; and the knowledge of God more than burnt offerings.

7 But they like men have transgressed the covenant: there have they dealt treacherously against me.

8 Gilead *is* a city of them that work iniquity, *and is* polluted with blood.

9 And as troops of robbers wait for a man, *so* the company of priests murder in the way by consent: for they commit lewdness.

10 I have seen an horrible thing in the house of Israel: there *is* the whoredom of Ephraim, Israel is defiled.

11 Also, O Judah, he hath set an harvest for thee, when I returned the captivity of my people.

CHAPTER 7

1 When I would have healed Israel, then the iniquity of Ephraim was discovered, and the wickedness of Samaria: for they commit falsehood; and the thief cometh in, *and* the troop of robbers spoileth without.

2 And they consider not in their hearts *that* I remember all their wickedness: now their own doings have beset them about; they are before my face.

3 They make the king glad with their wickedness, and the princes with their lies.

4 They *are* all adulterers, as an oven heated by the baker, *who* ceaseth from raising after he hath kneaded the dough, until it be leavened.

5 In the day of our king the princes have made *him* sick with bottles of wine; he stretched out his hand with scorners.

6 For they have made ready their heart like an oven, whiles they lie in wait: their baker sleepeth all the night; in the morning it burneth as a flaming fire.

7 They are all hot as an oven, and have devoured their judges; all their kings are fallen: *there is* none among them that calleth unto me.

8 Ephraim, he hath mixed himself among the people; Ephraim is a cake not turned.

9 Strangers have devoured his strength, and he knoweth *it* not: yea, gray hairs are here and there upon him, yet he knoweth not.

10 And the pride of Israel testifieth to his face: and they do not return to the LORD their God, nor seek him for all this.

11 ¶ Ephraim also is like a silly dove without heart: they call to Egypt, they go to Assyria.

12 When they shall go, I will spread my net upon them; I will bring them down as the fowls of the heaven; I will chastise them, as their congregation hath heard.

13 Woe unto them! for they have fled from me: destruction unto them! because they have transgressed against me: though I have redeemed them, yet they have spoken lies against me.

14 And they have not cried unto me with their heart, when they howled upon their beds: they assemble themselves for corn and wine, *and* they rebel against me.

15 Though I have bound *and* strengthened their arms, yet do they imagine mischief against me.

16 They return, *but* not to the most High: they are like a deceitful bow: their princes shall fall by the sword for the rage of their tongue: this *shall be* their derision in the land of Egypt.

CHAPTER 8

1 *Set* the trumpet to thy mouth. *He shall come* as an eagle against the house of the LORD, because they have transgressed my covenant, and trespassed against my law.

2 Israel shall cry unto me, My God, we know thee.

3 Israel hath cast off *the thing that is* good: the enemy shall pursue him.

4 They have set up kings, but not by me: they have made princes, and I knew *it* not: of their silver and their gold have they made them idols, that they may be cut off.

5 ¶ Thy calf, O Samaria, hath cast *thee*

6 בַּנְּבִיאִים הֲרַגְתִּים בְּאִמְרֵי־פִי וּמִשְׁפָּטֶיךָ אוֹר יֵצֵא: כִּי חֶסֶד חָפַצְתִּי

7 וְלֹא־זָבַח וְדַעַת אֱלֹהִים מֵעֹלוֹת: וְהֵמָּה כְּאָדָם עָבְרוּ בְרִית שָׁם

8 בָּגְדוּ בִי: גִּלְעָד קִרְיַת פֹּעֲלֵי אָוֶן עֲקֻבָּה מִדָּם: וּכְחַכֵּי אִישׁ גְּדוּדִים
9

10 חֶבֶר כֹּהֲנִים דֶּרֶךְ יְרַצְּחוּ־שֶׁכְמָה כִּי זִמָּה עָשׂוּ: בְּבֵית יִשְׂרָאֵל רָאִיתִי

11 שַׁעֲרוּרִיָּה שָׁם זְנוּת לְאֶפְרַיִם נִטְמָא יִשְׂרָאֵל: גַּם־יְהוּדָה שָׁת קָצִיר שַׁעֲרוּרִיָּה
לָךְ בְּשׁוּבִי שְׁבוּת עַמִּי:

7 1 כְּרָפְאִי לְיִשְׂרָאֵל וְנִגְלָה עֲוֹן אֶפְרַיִם וְרָעוֹת שֹׁמְרוֹן כִּי פָעֲלוּ שָׁקֶר

2 וְגַנָּב יָבוֹא פָּשַׁט גְּדוּד בַּחוּץ: וּבַל־יֹאמְרוּ לִלְבָבָם כָּל־רָעָתָם זָכָרְתִּי

3 עַתָּה סְבָבוּם מַעַלְלֵיהֶם נֶגֶד פָּנַי הָיוּ: בְּרָעָתָם יְשַׂמְּחוּ־מֶלֶךְ

4 וּבְכַחֲשֵׁיהֶם שָׂרִים: כֻּלָּם מְנָאֲפִים כְּמוֹ תַנּוּר בֹּעֵרָה מֵאֹפֶה יִשְׁבּוֹת

5 מֵעִיר מִלּוּשׁ בָּצֵק עַד־חֻמְצָתוֹ: יוֹם מַלְכֵּנוּ הֶחֱלוּ שָׂרִים חֲמַת מִיָּיִן

6 מָשַׁךְ יָדוֹ אֶת־לֹצְצִים: כִּי־קֵרְבוּ כַתַּנּוּר לִבָּם בְּאָרְבָּם כָּל־הַלַּיְלָה

7 יָשֵׁן אֹפֵהֶם בֹּקֶר הוּא בֹעֵר כְּאֵשׁ לֶהָבָה: כֻּלָּם יֵחַמּוּ כַּתַּנּוּר וְאָכְלוּ

8 אֶת־שֹׁפְטֵיהֶם כָּל־מַלְכֵיהֶם נָפָלוּ אֵין־קֹרֵא בָהֶם אֵלָי: אֶפְרַיִם

9 בָּעַמִּים הוּא יִתְבּוֹלָל אֶפְרַיִם הָיָה עֻגָה בְּלִי הֲפוּכָה: אָכְלוּ זָרִים

10 כֹּחוֹ וְהוּא לֹא יָדָע גַּם־שֵׂיבָה זָרְקָה בּוֹ וְהוּא לֹא יָדָע: וְעָנָה גְאוֹן־
יִשְׂרָאֵל בְּפָנָיו וְלֹא־שָׁבוּ אֶל־יְהוָה אֱלֹהֵיהֶם וְלֹא בִקְשֻׁהוּ בְּכָל־זֹאת:

11 וַיְהִי אֶפְרַיִם כְּיוֹנָה פוֹתָה אֵין לֵב מִצְרַיִם קָרָאוּ אַשּׁוּר הָלָכוּ: כַּאֲשֶׁר
12 יֵלֵכוּ אֶפְרוֹשׂ עֲלֵיהֶם רִשְׁתִּי כְּעוֹף הַשָּׁמַיִם אוֹרִידֵם אַיְסִרֵם כְּשֵׁמַע
לַעֲדָתָם:

13 אוֹי לָהֶם כִּי־נָדְדוּ מִמֶּנִּי שֹׁד לָהֶם כִּי־פָשְׁעוּ

14 בִי וְאָנֹכִי אֶפְדֵּם וְהֵמָּה דִּבְּרוּ עָלַי כְּזָבִים: וְלֹא־זָעֲקוּ אֵלַי בְּלִבָּם

15 כִּי יְיֵלִילוּ עַל־מִשְׁכְּבוֹתָם עַל־דָּגָן וְתִירוֹשׁ יִתְגּוֹרָרוּ יָסוּרוּ בִי: וַאֲנִי

16 יִסַּרְתִּי חִזַּקְתִּי זְרוֹעֹתָם וְאֵלַי יְחַשְּׁבוּ־רָע: יָשׁוּבוּ ׀ לֹא עָל הָיוּ כְּקֶשֶׁת
רְמִיָּה יִפְּלוּ בַחֶרֶב שָׂרֵיהֶם מִזַּעַם לְשׁוֹנָם זוֹ לַעְגָּם בְּאֶרֶץ מִצְרָיִם:

8 1 אֶל־חִכְּךָ שֹׁפָר כַּנֶּשֶׁר עַל־בֵּית יְהוָה יַעַן עָבְרוּ בְרִיתִי וְעַל־תּוֹרָתִי

2 פָּשָׁעוּ: לִי יִזְעָקוּ אֱלֹהַי יְדַעֲנוּךָ יִשְׂרָאֵל: זָנַח יִשְׂרָאֵל טוֹב אוֹיֵב
3 3A

4 יִרְדְּפוֹ: הֵם הִמְלִיכוּ וְלֹא מִמֶּנִּי הֵשִׂירוּ וְלֹא יָדָעְתִּי כַּסְפָּם וּזְהָבָם

5 עָשׂוּ לָהֶם עֲצַבִּים לְמַעַן יִכָּרֵת: זָנַח עֶגְלֵךְ שֹׁמְרוֹן חָרָה אַפִּי בָּם

off; mine anger is kindled against them: how long *will it be* ere they attain to innocency?

6 For from Israel *was* it also: the workman made it; therefore it *is* not God: but the calf of Samaria shall be broken in pieces.

7 For they have sown the wind, and they shall reap the whirlwind: it hath no stalk: the bud shall yield no meal: if so be it yield, the strangers shall swallow it up.

8 Israel is swallowed up: now shall they be among the Gentiles as a vessel wherein *is* no pleasure.

9 For they are gone up to Assyria, a wild ass alone by himself: Ephraim hath hired lovers.

10 Yea, though they have hired among the nations, now will I gather them, and they shall sorrow a little for the burden of the king of princes.

11 Because Ephraim hath made many altars to sin, altars shall be unto him to sin.

12 I have written to him the great things of my law, *but* they were counted as a strange thing.

13 They sacrifice flesh *for* the sacrifices of mine offerings, and eat *it; but* the LORD accepteth them not; now will he remember their iniquity, and visit their sins: they shall return to Egypt.

14 For Israel hath forgotten his Maker, and buildeth temples; and Judah hath multiplied fenced cities: but I will send a fire upon his cities, and it shall devour the palaces thereof.

CHAPTER 9

1 Rejoice not, O Israel, for joy, as *other* people: for thou hast gone a whoring from thy God, thou hast loved a reward upon every cornfloor.

2 The floor and the winepress shall not feed them, and the new wine shall fail in her.

3 They shall not dwell in the LORD's land; but Ephraim shall return to Egypt, and they shall eat unclean *things* in Assyria.

4 They shall not offer wine *offerings* to the LORD, neither shall they be pleasing unto him: their sacrifices *shall be* unto them as the bread of mourners; all that eat thereof shall be polluted: for their bread for their soul shall not come into the house of the LORD.

5 What will ye do in the solemn day, and in the day of the feast of the LORD?

6 For, lo, they are gone because of destruction: Egypt shall gather them up, Memphis shall bury them: the pleasant *places* for their silver, nettles shall possess them: thorns *shall be* in their tabernacles.

7 The days of visitation are come, the days of recompence are come; Israel shall know *it:* the prophet *is* a fool, the spiritual man *is* mad, for the multitude of thine iniquity, and the great hatred.

8 The watchman of Ephraim *was* with my God: *but* the prophet *is* a snare of a fowler in all his ways, *and* hatred in the house of his God.

9 They have deeply corrupted *themselves,* as in the days of Gibeah: *therefore* he will remember their iniquity, he will visit their sins.

10 I found Israel like grapes in the wilderness; I saw your fathers as the firstripe in the fig tree at her first time: *but* they went to Baal-peor, and separated themselves unto *that* shame; and *their* abominations were according as they loved.

11 *As for* Ephraim, their glory shall fly away like a bird, from the birth, and from the womb, and from the conception.

12 Though they bring up their children, yet will I bereave them, *that there shall* not *be* a man *left:* yea, woe also to them when I depart from them!

13 Ephraim, as I saw Tyrus, *is* planted in a pleasant place: but Ephraim shall bring forth his children to the murderer.

14 Give them, O LORD: what wilt thou give? give them a miscarrying womb and dry breasts.

15 All their wickedness *is* in Gilgal: for there I hated them: for the wickedness of their doings I will drive them out of mine house, I will love them no more: all their princes *are* revolters.

16 Ephraim is smitten, their root is dried up, they shall bear no fruit: yea, though they bring forth, yet will I slay *even* the beloved *fruit* of their womb.

6 עַד־מָתַי לֹא יוּכְל֖וּ נִקָּיֹ֑ן כִּי מִיִּשְׂרָאֵל֙ וְהוּא֙ חָרָ֣שׁ עָשָׂ֔הוּ וְלֹ֥א אֱלֹהִ֖ים

7 ה֑וּא כִּֽי־שְׁבָבִ֣ים יִֽהְיֶ֔ה עֵ֖גֶל שֹׁמְרֽוֹן׃ כִּ֤י ר֙וּחַ֙ יִזְרָ֔עוּ וְסוּפָ֖תָה יִקְצֹ֑רוּ

8 קָמָ֣ה אֵֽין־ל֗וֹ צֶ֚מַח בְּלִ֣י יַֽעֲשֶׂה־קֶּ֔מַח אוּלַ֖י יַֽעֲשֶׂ֑ה זָרִ֖ים יִבְלָעֻֽהוּ׃ נִבְלַ֖ע

9 יִשְׂרָאֵ֑ל עַתָּה֙ הָי֣וּ בַגּוֹיִ֔ם כִּכְלִ֖י אֵֽין־חֵ֥פֶץ בּֽוֹ׃ כִּֽי־הֵ֙מָּה֙ עָל֣וּ אַשּׁ֔וּר

10 פֶּ֖רֶא בּוֹדֵ֣ד ל֑וֹ אֶפְרַ֖יִם הִתְנ֥וּ אֲהָבִֽים׃ גַּ֛ם כִּֽי־יִתְנ֥וּ בַגּוֹיִ֖ם עַתָּ֣ה

11 אֲקַבְּצֵ֑ם וַיָּחֵ֣לּוּ מְּעָ֔ט מִמַּשָּׂ֖א מֶ֥לֶךְ שָׂרִֽים׃ כִּֽי־הִרְבָּ֥ה אֶפְרַ֛יִם מִזְבְּחֹ֖ת

12 אֶכְתָּב־ רֵבֵּ֞י לַחֲטֹ֑א הָ֥יוּ־ל֖וֹ מִזְבְּח֥וֹת לַחֲטֹֽא׃ אֶכְתָּב־ רֵבֵּ֞י תּֽוֹרָתִ֖י כְּמוֹ־זָ֑ר

13 נֶחְשָֽׁבוּ׃ זִבְחֵ֣י הַבְהָבַ֗י יִזְבְּח֤וּ בָשָׂר֙ וַיֹּאכֵ֔לוּ יְהוָ֖ה לֹ֣א רָצָ֑ם עַתָּ֞ה יִזְכֹּ֤ר

14 עֲוֺנָם֙ וְיִפְקֹ֣ד חַטֹּאותָ֔ם הֵ֖מָּה מִצְרַ֥יִם יָשֽׁוּבוּ׃ וַיִּשְׁכַּ֤ח יִשְׂרָאֵל֙ אֶת־

עֹשֵׂ֔הוּ וַיִּ֖בֶן הֵֽיכָל֑וֹת וִֽיהוּדָ֗ה הִרְבָּה֙ עָרִ֣ים בְּצֻר֔וֹת וְשִׁלַּחְתִּי־אֵ֥שׁ

9
1 בְּעָרָ֖יו וְאָכְלָ֥ה אַרְמְנֹתֶֽיהָ׃   אַל־תִּשְׂמַ֨ח יִשְׂרָאֵ֤ל ׀ אֶל־גִּיל֙

2 כָּֽעַמִּ֔ים כִּ֥י זָנִ֖יתָ מֵעַ֣ל אֱלֹהֶ֑יךָ אָהַ֣בְתָּ אֶתְנַ֗ן עַ֖ל כָּל־גָּרְנ֥וֹת דָּגָֽן׃ גֹּ֥רֶן

3 וָיֶ֖קֶב לֹ֣א יִרְעֵ֑ם וְתִיר֖וֹשׁ יְכַ֥חֶשׁ בָּֽהּ׃ לֹ֥א יֵשְׁב֖וּ בְּאֶ֣רֶץ יְהוָ֑ה וְשָׁ֤ב

4 אֶפְרַ֙יִם֙ מִצְרַ֔יִם וּבְאַשּׁ֖וּר טָמֵ֣א יֹאכֵֽלוּ׃ לֹא־יִסְּכ֨וּ לַֽיהוָ֥ה ׀ יַ֙יִן֙ וְלֹ֣א 4A

יֶֽעֶרְבוּ־ל֗וֹ זִבְחֵיהֶם֙ כְּלֶ֤חֶם אוֹנִים֙ לָהֶ֔ם כָּל־אֹכְלָ֖יו יִטַּמָּ֑אוּ כִּֽי־לַחְמָ֣ם

5 לְנַפְשָׁ֔ם לֹ֥א יָב֖וֹא בֵּ֣ית יְהוָֽה׃ מַֽה־תַּעֲשׂ֖וּ לְי֣וֹם מוֹעֵ֑ד וּלְי֖וֹם חַג־

6 יְהוָֽה׃ כִּֽי־הִנֵּ֤ה הָֽלְכוּ֙ מִשֹּׁ֔ד מִצְרַ֥יִם תְּקַבְּצֵ֖ם מֹ֣ף תְּקַבְּרֵ֑ם מַחְמַ֣ד

7 לְכַסְפָּ֗ם קִמּוֹשׂ֙ יִֽירָשֵׁ֔ם ח֖וֹחַ בְּאָֽהֳלֵיהֶֽם׃ בָּ֣אוּ ׀ יְמֵ֣י הַפְּקֻדָּ֗ה בָּ֚אוּ יְמֵ֣י 7A

הַשִּׁלֻּ֔ם יֵדְע֖וּ יִשְׂרָאֵ֑ל אֱוִ֣יל הַנָּבִ֗יא מְשֻׁגָּע֙ אִ֣ישׁ הָר֔וּחַ עַ֚ל רֹ֣ב עֲוֺנְךָ֔

8 וְרַבָּ֖ה מַשְׂטֵמָֽה׃ צֹפֶ֥ה אֶפְרַ֖יִם עִם־אֱלֹהָ֑י נָבִ֞יא פַּ֤ח יָקוֹשׁ֙ עַל־כָּל־

9 דְּרָכָ֔יו מַשְׂטֵמָ֖ה בְּבֵ֥ית אֱלֹהָֽיו׃ הֶעְמִֽיקוּ־שִׁחֵ֖תוּ כִּימֵ֣י הַגִּבְעָ֑ה יִזְכֹּ֣ר 9A

10 עֲוֺנָ֔ם יִפְק֖וֹד חַטֹּאותָֽם׃   כַּעֲנָבִ֣ים בַּמִּדְבָּ֗ר מָצָ֙אתִי֙ יִשְׂרָאֵ֔ל

כִּבְכּוּרָ֤ה בִתְאֵנָה֙ בְּרֵ֣אשִׁיתָ֔הּ רָאִ֖יתִי אֲבֽוֹתֵיכֶ֑ם הֵ֜מָּה בָּ֣אוּ בַֽעַל־פְּע֗וֹר

11 וַיִּנָּֽזְרוּ֙ לַבֹּ֔שֶׁת וַיִּהְי֥וּ שִׁקּוּצִ֖ים כְּאָֽהֳבָֽם׃ אֶפְרַ֕יִם כָּע֖וֹף יִתְעוֹפֵ֣ף כְּבוֹדָ֑ם

12 מִלֵּדָ֥ה וּמִבֶּ֖טֶן וּמֵהֵרָיֽוֹן׃ כִּ֤י אִם־יְגַדְּלוּ֙ אֶת־בְּנֵיהֶ֔ם וְשִׁכַּלְתִּ֖ים מֵֽאָדָ֑ם

13 כִּֽי־גַם־א֥וֹי לָהֶ֖ם בְּשׂוּרִ֥י מֵהֶֽם׃ אֶפְרַ֛יִם כַּאֲשֶׁר־רָאִ֥יתִי לְצ֖וֹר שְׁתוּלָ֣ה

14 בְנָוֶ֑ה וְאֶפְרַ֕יִם לְהוֹצִ֥יא אֶל־הֹרֵ֖ג בָּנָֽיו׃ תֵּן־לָהֶ֥ם יְהוָ֖ה מַה־תִּתֵּ֑ן תֵּן־

15 לָהֶם֙ רֶ֣חֶם מַשְׁכִּ֔יל וְשָׁדַ֖יִם צֹמְקִֽים׃ כָּל־רָעָתָ֤ם בַּגִּלְגָּל֙ כִּי־שָׁ֣ם

שְׂנֵאתִ֔ים עַ֚ל רֹ֣עַ מַֽעַלְלֵיהֶ֔ם מִבֵּיתִ֖י אֲגָרְשֵׁ֑ם לֹ֤א אוֹסֵף֙ אַהֲבָתָ֔ם כָּל־

16 כָּל־ שָׂרֵיהֶ֖ם סֹרְרִֽים׃ הֻכָּ֣ה אֶפְרַ֔יִם שָׁרְשָׁ֥ם יָבֵ֖שׁ פְּרִ֣י בלי־[בַֽל־]יַעֲשׂ֑וּן גַּ֚ם כִּ֣י

17 My God will cast them away, because they did not hearken unto him: and they shall be wanderers among the nations.

CHAPTER 10

1 Israel *is* an empty vine, he bringeth forth fruit unto himself: according to the multitude of his fruit he hath increased the altars; according to the goodness of his land they have made goodly images.

2 Their heart is divided; now shall they be found faulty: he shall break down their altars, he shall spoil their images.

3 For now they shall say, We have no king, because we feared not the LORD; what then should a king do to us?

4 They have spoken words, swearing falsely in making a covenant: thus judgment springeth up as hemlock in the furrows of the field.

5 The inhabitants of Samaria shall fear because of the calves of Beth-aven: for the people thereof shall mourn over it, and the priests thereof *that* rejoiced on it, for the glory thereof, because it is departed from it.

6 It shall be also carried unto Assyria *for* a present to king Jareb: Ephraim shall receive shame, and Israel shall be ashamed of his own counsel.

7 *As for* Samaria, her king is cut off as the foam upon the water.

8 The high places also of Aven, the sin of Israel, shall be destroyed: the thorn and the thistle shall come up on their altars; and they shall say to the mountains, Cover us; and to the hills, Fall on us.

9 O Israel, thou hast sinned from the days of Gibeah: there they stood: the battle in Gibeah against the children of iniquity did not overtake them.

10 *It is* in my desire that I should chastise them; and the people shall be gathered against them, when they shall bind themselves in their two furrows.

11 And Ephraim *is as* an heifer *that is* taught, *and* loveth to tread out *the corn;* but I passed over upon her fair neck: I will make Ephraim to ride; Judah shall plow, *and* Jacob shall break his clods.

12 Sow to yourselves in righteousness, reap in mercy; break up your fallow ground: for *it is* time to seek the LORD, till he come and rain righteousness upon you.

13 Ye have plowed wickedness, ye have reaped iniquity; ye have eaten the fruit of lies: because thou didst trust in thy way, in the multitude of thy mighty men.

14 Therefore shall a tumult arise among thy people, and all thy fortresses shall be spoiled, as Shalman spoiled Beth-arbel in the day of battle: the mother was dashed in pieces upon *her* children.

15 So shall Beth-el do unto you because of your great wickedness: in a morning shall the king of Israel utterly be cut off.

CHAPTER 11

1 When Israel *was* a child, then I loved him, and called my son out of Egypt.

2 *As* they called them, so they went from them: they sacrificed unto Baalim, and burned incense to graven images.

3 I taught Ephraim also to go, taking them by their arms; but they knew not that I healed them.

4 I drew them with cords of a man, with bands of love: and I was to them as they that take off the yoke on their jaws, and I laid meat unto them.

5 ¶ He shall not return into the land of Egypt, but the Assyrian shall be his king, because they refused to return.

6 And the sword shall abide on his cities, and shall consume his branches, and devour *them,* because of their own counsels.

7 And my people are bent to backsliding from me: though they called them to the most High, none at all would exalt *him.*

8 How shall I give thee up, Ephraim? *how* shall I deliver thee, Israel? how shall I make thee as Admah? *how* shall I set thee as Zeboim? mine heart is turned within me, my repentings are kindled together.

9 I will not execute the fierceness of mine anger, I will not return to destroy Ephraim: for I *am* God, and not man; the Holy One in the midst of thee: and I will not enter into the city.

10 They shall walk after the LORD: he shall roar like a lion: when he shall roar,

17 יֵלְד֔וּן וְהֵמַ֖תִּי מַחֲמַדֵּ֣י בִטְנָֽם׃　　　יִמְאָסֵ֣ם אֱלֹהַ֔י כִּ֛י לֹ֥א שָׁמְע֖וּ

10 1 ל֤וֹ וְיִהְי֣וּ נֹדְדִ֔ים בַּגּוֹיִֽם׃　　　גֶּ֤פֶן בּוֹקֵק֙ יִשְׂרָאֵ֔ל פְּרִ֖י יְשַׁוֶּה־לּ֑וֹ

2 כְּרֹ֣ב לְפִרְי֗וֹ הִרְבָּה֙ לַֽמִּזְבְּח֔וֹת כְּט֣וֹב לְאַרְצ֔וֹ הֵיטִ֖יבוּ מַצֵּב֑וֹת׃ חָלַ֤ק

3 לִבָּם֙ עַתָּ֣ה יֶאְשָׁ֔מוּ ה֥וּא יַעֲרֹ֖ף מִזְבְּחוֹתָ֑ם יְשֹׁדֵ֖ד מַצֵּבוֹתָֽם׃ כִּ֤י עַתָּה֙

יֹאמְר֔וּ אֵ֥ין מֶ֖לֶךְ לָ֑נוּ כִּ֣י לֹ֤א יָרֵ֙אנוּ֙ אֶת־יְהֹוָ֔ה וְהַמֶּ֖לֶךְ מַה־יַּעֲשֶׂה־לָּֽנוּ׃

4 דִּבְּר֣וּ דְבָרִ֗ים אָל֥וֹת שָׁ֖וְא כָּרֹ֣ת בְּרִ֑ית וּפָרַ֤ח כָּרֹאשׁ֙ מִשְׁפָּ֔ט עַ֖ל תַּלְמֵ֥י

5 שָׂדָֽי׃ לְעֶגְלוֹת֙ בֵּ֣ית אָ֔וֶן יָג֖וּרוּ שְׁכַ֣ן שֹֽׁמְר֑וֹן כִּֽי־אָבַ֤ל עָלָיו֙ עַמּ֔וֹ וּכְמָרָיו֙

6 עָלָ֣יו יָגִ֔ילוּ עַל־כְּבוֹד֖וֹ כִּֽי־גָלָ֣ה מִמֶּֽנּוּ׃ גַּם־אוֹת֗וֹ לְאַשּׁ֤וּר יוּבָל֙ מִנְחָ֖ה

7 לְמֶ֣לֶךְ יָרֵ֑ב בָּשְׁנָה֙ אֶפְרַ֣יִם יִקָּ֔ח וְיֵב֥וֹשׁ יִשְׂרָאֵ֖ל מֵעֲצָתֽוֹ׃ נִדְמֶ֣ה שֹׁמְר֔וֹן

8 מַלְכָּ֖הּ כְּקֶ֣צֶף עַל־פְּנֵי־מָֽיִם׃ וְנִשְׁמְד֞וּ בָּמ֣וֹת אָ֗וֶן חַטַּאת֙ יִשְׂרָאֵ֔ל ק֥וֹץ

וְדַרְדַּ֖ר יַעֲלֶ֣ה עַל־מִזְבְּחוֹתָ֑ם וְאָמְר֤וּ לֶֽהָרִים֙ כַּסּ֔וּנוּ וְלַגְּבָע֖וֹת נִפְל֥וּ

9 עָלֵֽינוּ׃　　　מִימֵי֙ הַגִּבְעָ֔ה חָטָ֖אתָ יִשְׂרָאֵ֑ל שָׁ֣ם עָמָ֔דוּ לֹֽא־

10 תַשִּׂיגֵ֥ם בַּגִּבְעָ֖ה מִלְחָמָ֑ה עַל־בְּנֵ֥י עַלְוָֽה׃ בְּאַוָּתִ֖י וְאֶסֳּרֵ֑ם וְאֻסְּפ֤וּ

11 עֲלֵיהֶם֙ עַמִּ֔ים בְּאָסְרָ֖ם לִשְׁתֵּ֥י עֵינֹתָֽם׃ וְאֶפְרַ֜יִם עֶגְלָ֤ה מְלֻמָּדָה֙　　　עוֹנֹתָֽם

אֹהַ֣בְתִּי לָד֔וּשׁ וַאֲנִ֣י עָבַ֔רְתִּי עַל־ט֖וּב צַוָּארָ֑הּ אַרְכִּ֤יב אֶפְרַ֙יִם֙ יַחֲר֣וֹשׁ

12 יְהוּדָ֔ה יְשַׂדֶּד־ל֖וֹ יַעֲקֹֽב׃ זִרְע֨וּ לָכֶ֤ם לִצְדָקָה֙ קִצְר֣וּ לְפִי־חֶ֔סֶד נִ֥ירוּ

לָכֶ֖ם נִ֑יר וְעֵת֙ לִדְר֣וֹשׁ אֶת־יְהֹוָ֔ה עַד־יָב֕וֹא וְיֹרֶ֥ה צֶ֖דֶק לָכֶֽם׃

13 חֲרַשְׁתֶּם־רֶ֛שַׁע עַוְלָ֥תָה קְצַרְתֶּ֖ם אֲכַלְתֶּ֣ם פְּרִי־כָ֑חַשׁ כִּֽי־בָטַ֥חְתָּ

14 בְדַרְכְּךָ֖ בְּרֹ֣ב גִּבּוֹרֶֽיךָ׃ וְקָ֣אם שָׁאוֹן֙ בְּעַמֶּ֔ךָ וְכָל־מִבְצָרֶ֖יךָ יוּשַּׁ֑ד כְּשֹׁ֗ד

15 שַׁלְמַ֞ן בֵּ֤ית אַרְבֵאל֙ בְּי֣וֹם מִלְחָמָ֔ה אֵ֥ם עַל־בָּנִ֖ים רֻטָּֽשָׁה׃ כָּ֗כָה עָשָׂ֤ה

לָכֶם֙ בֵּֽית־אֵ֔ל מִפְּנֵ֖י רָעַ֣ת רָעַתְכֶ֑ם בַּשַּׁ֕חַר נִדְמֹ֥ה נִדְמָ֖ה מֶ֥לֶךְ יִשְׂרָאֵֽל׃

11 1 כִּ֛י נַ֥עַר יִשְׂרָאֵ֖ל וָאֹהֲבֵ֑הוּ וּמִמִּצְרַ֖יִם קָרָ֥אתִי לִבְנִֽי׃ קָרְא֖וּ לָהֶ֑ם כֵּ֚ן
2

3 הָלְכ֖וּ מִפְּנֵיהֶ֑ם לַבְּעָלִ֣ים יְזַבֵּ֔חוּ וְלַפְּסִלִ֖ים יְקַטֵּרֽוּן׃ וְאָנֹכִ֤י תִרְגַּ֙לְתִּי֙

4 לְאֶפְרַ֔יִם קָחָ֖ם עַל־זְרֽוֹעֹתָ֑יו וְלֹ֥א יָדְע֖וּ כִּ֥י רְפָאתִֽים׃ בְּחַבְלֵ֨י אָדָ֤ם

אֶמְשְׁכֵם֙ בַּעֲבֹת֣וֹת אַהֲבָ֔ה וָאֶהְיֶ֤ה לָהֶם֙ כִּמְרִ֣ימֵי עֹ֔ל עַ֖ל לְחֵיהֶ֑ם וְאַ֥ט

5 אֵלָ֖יו אוֹכִֽיל׃ לֹ֤א יָשׁוּב֙ אֶל־אֶ֣רֶץ מִצְרַ֔יִם וְאַשּׁ֖וּר ה֣וּא מַלְכּ֑וֹ כִּ֖י מֵאֲנ֥וּ

6 לָשֽׁוּב׃ וְחָלָ֥ה חֶ֙רֶב֙ בְּעָרָ֔יו וְכִלְּתָ֥ה בַדָּ֖יו וְאָכָ֑לָה מִמֹּֽעֲצֽוֹתֵיהֶֽם׃ וְעַמִּ֥י
7

8 תְלוּאִ֖ים לִמְשֽׁוּבָתִ֑י וְאֶל־עַל֙ יִקְרָאֻ֔הוּ יַ֖חַד לֹ֥א יְרוֹמֵֽם׃ אֵ֣יךְ אֶתֶּנְךָ֣

אֶפְרַ֗יִם אֲמַגֶּנְךָ֙ יִשְׂרָאֵ֔ל אֵ֚יךְ אֶתֶּנְךָ֣ כְאַדְמָ֔ה אֲשִֽׂימְךָ֖ כִּצְבֹאיִ֑ם נֶהְפַּ֤ךְ

9 עָלַי֙ לִבִּ֔י יַ֖חַד נִכְמְר֥וּ נִחוּמָֽי׃ לֹ֤א אֶעֱשֶׂה֙ חֲר֣וֹן אַפִּ֔י לֹ֥א אָשׁ֖וּב לְשַׁחֵ֣ת

אֶפְרָ֑יִם כִּ֣י אֵ֤ל אָֽנֹכִי֙ וְלֹא־אִ֔ישׁ בְּקִרְבְּךָ֖ קָד֑וֹשׁ וְלֹ֥א אָב֖וֹא בְּעִֽיר׃

10 אַחֲרֵ֧י יְהֹוָ֛ה יֵלְכ֖וּ כְּאַרְיֵ֣ה יִשְׁאָ֑ג כִּֽי־ה֣וּא יִשְׁאַ֔ג וְיֶחֶרְד֥וּ בָנִ֖ים מִיָּֽם׃

then the children shall tremble from the west.

11 They shall tremble as a bird out of Egypt, and as a dove out of the land of Assyria: and I will place them in their houses, saith the LORD.

12[12:1] Ephraim compasseth me about with lies, and the house of Israel with deceit: but Judah yet ruleth with God, and is faithful with the saints.

CHAPTER 12

1[2] Ephraim feedeth on wind, and followeth after the east wind: he daily increaseth lies and desolation; and they do make a covenant with the Assyrians, and oil is carried into Egypt.

2[3] The LORD hath also a controversy with Judah, and will punish Jacob according to his ways; according to his doings will he recompense him.

3[4] ¶ He took his brother by the heel in the womb, and by his strength he had power with God:

4[5] Yea, he had power over the angel, and prevailed: he wept, and made supplication unto him: he found him in Beth-el, and there he spake with us;

5[6] Even the LORD God of hosts; the LORD is his memorial.

6[7] Therefore turn thou to thy God: keep mercy and judgment, and wait on thy God continually.

7[8] ¶ He is a merchant, the balances of deceit are in his hand: he loveth to oppress.

8[9] And Ephraim said, Yet I am become rich, I have found me out substance: in all my labours they shall find none iniquity in me that were sin.

9[10] And I that am the LORD thy God from the land of Egypt will yet make thee to dwell in tabernacles, as in the days of the solemn feast.

10[11] I have also spoken by the prophets, and I have multiplied visions, and used similitudes, by the ministry of the prophets.

11[12] Is there iniquity in Gilead? surely they are vanity: they sacrifice bullocks in Gilgal; yea, their altars are as heaps in the furrows of the fields.

12[13] And Jacob fled into the country of Syria, and Israel served for a wife, and for a wife he kept sheep.

13[14] And by a prophet the LORD brought Israel out of Egypt, and by a prophet was he preserved.

14[15] Ephraim provoked him to anger most bitterly: therefore shall he leave his blood upon him, and his reproach shall his Lord return unto him.

CHAPTER 13

1 When Ephraim spake trembling, he exalted himself in Israel; but when he offended in Baal, he died.

2 And now they sin more and more, and have made them molten images of their silver, and idols according to their own understanding, all of it the work of the craftsmen: they say of them, Let the men that sacrifice kiss the calves.

3 Therefore they shall be as the morning cloud, and as the early dew that passeth away, as the chaff that is driven with the whirlwind out of the floor, and as the smoke out of the chimney.

4 Yet I am the LORD thy God from the land of Egypt, and thou shalt know no god but me: for there is no saviour beside me.

5 ¶ I did know thee in the wilderness, in the land of great drought.

6 According to their pasture, so were they filled; they were filled, and their heart was exalted; therefore have they forgotten me.

7 Therefore I will be unto them as a lion: as a leopard by the way will I observe them:

8 I will meet them as a bear that is bereaved of her whelps, and will rend the caul of their heart, and there will I devour them like a lion: the wild beast shall tear them.

9 ¶ O Israel, thou hast destroyed thyself; but in me is thine help.

10 I will be thy king: where is any other that may save thee in all thy cities? and thy judges of whom thou saidst, Give me a king and princes?

11 יֶחֶרְד֤וּ כְצִפּוֹר֙ מִמִּצְרַ֔יִם וּכְיוֹנָ֖ה מֵאֶ֣רֶץ אַשּׁ֑וּר וְהוֹשַׁבְתִּ֥ים עַל־בָּתֵּיהֶ֖ם

12 1 נְאֻם־יְהוָֽה: 　　　　　　סְבָבֻ֤נִי בְכַ֙חַשׁ֙ אֶפְרַ֔יִם וּבְמִרְמָ֖ה בֵּ֣ית יִשְׂרָאֵ֑ל

2 וִֽיהוּדָ֗ה עֹ֥ד רָ֣ד עִם־אֵ֔ל וְעִם־קְדוֹשִׁ֖ים נֶאֱמָֽן: אֶפְרַ֜יִם רֹעֶ֥ה ר֙וּחַ֙ וְרֹדֵ֣ף

קָדִ֔ים כָּל־הַיּ֕וֹם כָּזָ֥ב וָשֹׁ֖ד יַרְבֶּ֑ה וּבְרִית֙ עִם־אַשּׁ֣וּר יִכְרֹ֔תוּ וְשֶׁ֖מֶן

3 לְמִצְרַ֥יִם יוּבָֽל: וְרִ֥יב לַֽיהוָ֖ה עִם־יְהוּדָ֑ה וְלִפְקֹ֤ד עַֽל־יַעֲקֹב֙ כִּדְרָכָ֔יו

4 כְּמַעֲלָלָ֖יו יָשִׁ֥יב לֽוֹ: בַּבֶּ֖טֶן עָקַ֣ב אֶת־אָחִ֑יו וּבְאוֹנ֖וֹ שָׂרָ֥ה אֶת־אֱלֹהִֽים:

5 וַיָּ֤שַׂר אֶל־מַלְאָךְ֙ וַיֻּכָ֔ל בָּכָ֖ה וַיִּתְחַנֶּן־ל֑וֹ בֵּֽית־אֵל֙ יִמְצָאֶ֔נּוּ וְשָׁ֖ם יְדַבֵּ֥ר

6 עִמָּֽנוּ: וַֽיהוָ֖ה אֱלֹהֵ֣י הַצְּבָא֑וֹת יְהוָ֖ה זִכְרֽוֹ: וְאַתָּ֖ה בֵּאלֹהֶ֣יךָ תָשׁ֑וּב
7

8 חֶ֤סֶד וּמִשְׁפָּט֙ שְׁמֹ֔ר וְקַוֵּ֥ה אֶל־אֱלֹהֶ֖יךָ תָּמִֽיד: כְּנַ֗עַן בְּיָד֛וֹ מֹאזְנֵ֥י

9 מִרְמָ֖ה לַעֲשֹׁ֥ק אָהֵֽב: וַיֹּ֣אמֶר אֶפְרַ֔יִם אַ֖ךְ עָשַׁ֑רְתִּי מָצָ֥אתִי א֖וֹן לִ֑י

10 כָּל־יְגִיעַ֕י לֹ֥א יִמְצְאוּ־לִ֖י עָוֺ֥ן אֲשֶׁר־חֵֽטְא: וְאָנֹכִ֛י יְהוָ֥ה אֱלֹהֶ֖יךָ מֵאֶ֣רֶץ

11 מִצְרָ֑יִם עֹ֛ד אוֹשִֽׁיבְךָ֥ בָאֳהָלִ֖ים כִּימֵ֥י מוֹעֵֽד: וְדִבַּ֙רְתִּי֙ עַל־הַנְּבִיאִ֔ים

12 וְאָנֹכִ֖י חָז֣וֹן הִרְבֵּ֑יתִי וּבְיַ֥ד הַנְּבִיאִ֖ים אֲדַמֶּֽה: אִם־גִּלְעָ֥ד אָ֙וֶן֙ אַךְ־שָׁ֣וְא

13 הָי֔וּ בַּגִּלְגָּ֖ל שְׁוָרִ֣ים זִבֵּ֑חוּ גַּ֤ם מִזְבְּחוֹתָם֙ כְּגַלִּ֔ים עַ֖ל תַּלְמֵ֥י שָׂדָֽי: וַיִּבְרַ֥ח

14 יַעֲקֹ֖ב שְׂדֵ֣ה אֲרָ֑ם וַיַּעֲבֹ֤ד יִשְׂרָאֵל֙ בְּאִשָּׁ֔ה וּבְאִשָּׁ֖ה שָׁמָֽר: וּבְנָבִ֗יא

15 הֶעֱלָ֧ה יְהוָ֛ה אֶת־יִשְׂרָאֵ֖ל מִמִּצְרָ֑יִם וּבְנָבִ֖יא נִשְׁמָֽר: הִכְעִ֥יס אֶפְרַ֖יִם

13 1 תַּמְרוּרִ֑ים וְדָמָיו֙ עָלָ֣יו יִטּ֔וֹשׁ וְחֶ֨רְפָּת֔וֹ יָשִׁ֥יב ל֖וֹ אֲדֹנָֽיו: כְּדַבֵּ֤ר אֶפְרַ֙יִם֙

2 רְתֵ֔ת נָשָׂ֥א ה֖וּא בְּיִשְׂרָאֵ֑ל וַיֶּאְשַׁ֥ם בַּבַּ֖עַל וַיָּמֹֽת: וְעַתָּ֣ה ׀ יוֹסִ֣פוּ לַחֲטֹ֗א

וַיַּעֲשׂ֣וּ לָהֶם֩ מַסֵּכָ֨ה מִכַּסְפָּ֤ם כִּתְבוּנָם֙ עֲצַבִּ֔ים מַעֲשֵׂ֥ה חָרָשִׁ֖ים כֻּלֹּ֑ה

3 לָהֶ֗ם הֵ֚ם אֹֽמְרִ֔ים זֹבְחֵ֣י אָדָ֔ם עֲגָלִ֖ים יִשָּׁקֽוּן: לָכֵ֗ן יִֽהְיוּ֙ כַּעֲנַן־בֹּ֔קֶר

4 וְכַטַּ֖ל מַשְׁכִּ֣ים הֹלֵ֑ךְ כְּמֹ֤ץ יְסֹעֵר֙ מִגֹּ֔רֶן וּכְעָשָׁ֖ן מֵאֲרֻבָּֽה: וְאָנֹכִ֞י יְהוָ֤ה

אֱלֹהֶ֙יךָ֙ מֵאֶ֣רֶץ מִצְרָ֔יִם וֵאלֹהִ֥ים זוּלָתִ֖י לֹ֣א תֵדָ֑ע וּמוֹשִׁ֥יעַ אַ֖יִן בִּלְתִּֽי:

5 אֲנִ֥י יְדַעְתִּ֖יךָ בַּמִּדְבָּ֑ר בְּאֶ֖רֶץ תַּלְאֻבֽוֹת: כְּמַרְעִיתָם֙ וַיִּשְׂבָּ֔עוּ שָׂבְע֖וּ
6

7 וַיָּ֣רָם לִבָּ֑ם עַל־כֵּ֖ן שְׁכֵחֽוּנִי: וָאֱהִ֥י לָהֶ֖ם כְּמוֹ־שָׁ֑חַל כְּנָמֵ֖ר עַל־דֶּ֥רֶךְ

8 אָשֽׁוּר: אֶפְגְּשֵׁם֙ כְּדֹ֣ב שַׁכּ֔וּל וְאֶקְרַ֖ע סְג֣וֹר לִבָּ֑ם וְאֹכְלֵ֥ם שָׁם֙ כְּלָבִ֔יא

9 חַיַּ֥ת הַשָּׂדֶ֖ה תְּבַקְּעֵֽם: שִֽׁחֶתְךָ֥ יִשְׂרָאֵ֖ל כִּי־בִ֥י בְעֶזְרֶֽךָ: אֱהִ֤י מַלְכְּךָ֙
10

אֵפ֔וֹא וְיוֹשִֽׁיעֲךָ֖ בְּכָל־עָרֶ֑יךָ וְשֹׁ֣פְטֶ֔יךָ אֲשֶׁ֣ר אָמַ֔רְתָּ תְּנָה־לִּ֖י מֶ֥לֶךְ

11 I gave thee a king in mine anger, and took *him* away in my wrath.

12 The iniquity of Ephraim *is* bound up; his sin *is* hid.

13 The sorrows of a travailing woman shall come upon him: he *is* an unwise son; for he should not stay long in *the place of* the breaking forth of children.

14 I will ransom them from the power of the grave; I will redeem them from death: O death, I will be thy plagues; O grave, I will be thy destruction: repentance shall be hid from mine eyes.

15 ¶ Though he be fruitful among *his* brethren, an east wind shall come, the wind of the LORD shall come up from the wilderness, and his spring shall become dry, and his fountain shall be dried up: he shall spoil the treasure of all pleasant vessels.

16[14:1] Samaria shall become desolate; for she hath rebelled against her God: they shall fall by the sword: their infants shall be dashed in pieces, and their women with child shall be ripped up.

CHAPTER 14

1[2] O Israel, return unto the LORD thy God; for thou hast fallen by thine iniquity.

2[3] Take with you words, and turn to the LORD: say unto him, Take away all iniquity, and receive *us* graciously: so will we render the calves of our lips.

3[4] Asshur shall not save us; we will not ride upon horses: neither will we say any more to the work of our hands, *Ye are* our gods: for in thee the fatherless findeth mercy.

4[5] ¶ I will heal their backsliding, I will love them freely: for mine anger is turned away from him.

5[6] I will be as the dew unto Israel: he shall grow as the lily, and cast forth his roots as Lebanon.

6[7] His branches shall spread, and his beauty shall be as the olive tree, and his smell as Lebanon.

7[8] They that dwell under his shadow shall return; they shall revive *as* the corn, and grow as the vine: the scent thereof *shall be* as the wine of Lebanon.

8[9] Ephraim *shall say,* What have I to do any more with idols? I have heard *him,* and observed him: I *am* like a green fir tree. From me is thy fruit found.

9[10] Who *is* wise, and he shall understand these *things?* prudent, and he shall know them? for the ways of the LORD *are* right, and the just shall walk in them: but the transgressors shall fall therein.

JOEL

CHAPTER 1

1 The word of the LORD that came to Joel the son of Pethuel.

2 Hear this, ye old men, and give ear, all ye inhabitants of the land. Hath this been in your days, or even in the days of your fathers?

3 Tell ye your children of it, and *let* your children *tell* their children, and their children another generation.

4 That which the palmerworm hath left hath the locust eaten; and that which the locust hath left hath the cankerworm eaten; and that which the cankerworm hath left hath the caterpiller eaten.

5 Awake, ye drunkards, and weep; and howl, all ye drinkers of wine, because of the new wine; for it is cut off from your mouth.

6 For a nation is come up upon my land, strong, and without number, whose teeth *are* the teeth of a lion, and he hath the cheek teeth of a great lion.

7 He hath laid my vine waste, and barked my fig tree: he hath made it clean bare, and cast *it* away; the branches thereof are made white.

8 ¶ Lament like a virgin girded with sackcloth for the husband of her youth.

9 The meat offering and the drink offering is cut off from the house of the

וְשָׂרִים: אֶתֶּן־לְךָ֤ מֶ֙לֶךְ֙ בְּאַפִּ֔י וְאֶקַּ֖ח בְּעֶבְרָתִֽי: צָר֥וּר עֲוֺ֖ן

אֶפְרַ֔יִם צְפוּנָ֖ה חַטָּאתֽוֹ: חֶבְלֵ֤י יֽוֹלֵדָה֙ יָבֹ֣אוּ ל֔וֹ הוּא־בֵן֙ לֹ֣א חָכָ֔ם

כִּֽי־עֵ֥ת לֹֽא־יַעֲמֹ֖ד בְּמִשְׁבַּ֣ר בָּנִֽים: מִיַּ֤ד שְׁאוֹל֙ אֶפְדֵּ֔ם מִמָּ֖וֶת אֶגְאָלֵ֑ם   14A

אֱהִ֤י דְבָרֶ֙יךָ֙ מָ֔וֶת אֱהִ֥י קָטָבְךָ֖ שְׁא֑וֹל נֹ֖חַם יִסָּתֵ֥ר מֵעֵינָֽי: כִּ֣י ה֔וּא   15A

בֵּ֥ן אַחִ֖ים יַפְרִ֑יא יָב֣וֹא קָדִים֩ ר֨וּחַ יְהֹוָ֜ה מִמִּדְבָּ֣ר עֹלֶ֗ה וְיֵב֤וֹשׁ מְקוֹרוֹ֙

וְיֶחֱרַ֣ב מַעְיָנ֔וֹ ה֣וּא יִשְׁסֶ֔ה אוֹצַ֖ר כָּל־כְּלִ֥י חֶמְדָּֽה: תֶּאְשַׁם֙ שֹֽׁמְר֔וֹן 14

כִּ֥י מָרְתָ֖ה בֵּֽאלֹהֶ֑יהָ בַּחֶ֣רֶב יִפֹּ֔לוּ עֹֽלְלֵיהֶ֣ם יְרֻטָּ֔שׁוּ וְהָרִיּוֹתָ֖יו
יְבֻקָּֽעוּ:

שׁ֤וּבָה יִשְׂרָאֵל֙ עַ֚ד יְהֹוָ֣ה אֱלֹהֶ֔יךָ כִּ֥י כָשַׁ֖לְתָּ בַּעֲוֺנֶֽךָ: קְח֤וּ עִמָּכֶם֙

דְּבָרִ֔ים וְשׁ֖וּבוּ אֶל־יְהֹוָ֑ה אִמְר֣וּ אֵלָ֗יו כָּל־תִּשָּׂ֤א עָוֺן֙ וְקַח־ט֔וֹב וּנְשַׁלְּמָ֥ה

פָרִ֖ים שְׂפָתֵֽינוּ: אַשּׁ֣וּר ׀ לֹ֣א יוֹשִׁיעֵ֗נוּ עַל־סוּס֙ לֹ֣א נִרְכָּ֔ב וְלֹא־נֹ֧אמַר

ע֛וֹד אֱלֹהֵ֖ינוּ לְמַעֲשֵׂ֣ה יָדֵ֑ינוּ אֲשֶׁר־בְּךָ֖ יְרֻחַ֥ם יָתֽוֹם: אֶרְפָּא֙ מְשׁ֣וּבָתָ֔ם

אֹהֲבֵ֖ם נְדָבָ֑ה כִּ֛י שָׁ֥ב אַפִּ֖י מִמֶּֽנּוּ: אֶהְיֶ֤ה כַטַּל֙ לְיִשְׂרָאֵ֔ל יִפְרַ֖ח

כַּשּֽׁוֹשַׁנָּ֑ה וְיַ֥ךְ שָׁרָשָׁ֖יו כַּלְּבָנֽוֹן: יֵֽלְכוּ֙ יֹֽנְקוֹתָ֔יו וִיהִ֥י כַזַּ֖יִת הוֹד֑וֹ וְרֵ֥יחַ

ל֖וֹ כַּלְּבָנֽוֹן: יָשֻׁ֙בוּ֙ יֹֽשְׁבֵ֣י בְצִלּ֔וֹ יְחַיּ֥וּ דָגָ֖ן וְיִפְרְח֣וּ כַגָּ֑פֶן זִכְר֖וֹ כְּיֵ֥ין

לְבָנֽוֹן: אֶפְרַ֕יִם מַה־לִּ֥י ע֖וֹד לָעֲצַבִּ֑ים אֲנִ֧י עָנִ֣יתִי וַאֲשׁוּרֶ֗נּוּ

אֲנִי֙ כִּבְר֣וֹשׁ רַעֲנָ֔ן מִמֶּ֖נִּי פֶּרְיְךָ֥ נִמְצָֽא: מִ֤י חָכָם֙ וְיָ֣בֵֽן אֵ֔לֶּה נָב֖וֹן וְיֵֽדָעֵ֑ם
כִּֽי־יְשָׁרִ֞ים דַּרְכֵ֣י יְהֹוָ֗ה וְצַדִּקִים֙ יֵ֣לְכוּ בָ֔ם וּפֹשְׁעִ֖ים יִכָּ֥שְׁלוּ בָֽם:

יואל

דְּבַר־יְהֹוָה֙ אֲשֶׁ֣ר הָיָ֔ה אֶל־יוֹאֵ֖ל בֶּן־פְּתוּאֵֽל: שִׁמְעוּ־זֹאת֙ הַזְּקֵנִ֔ים

וְהַֽאֲזִ֔ינוּ כֹּ֖ל יוֹשְׁבֵ֣י הָאָ֑רֶץ הֶהָ֤יְתָה זֹּאת֙ בִּֽימֵיכֶ֔ם וְאִ֖ם בִּימֵ֥י אֲבֹֽתֵיכֶֽם:

עָלֶ֖יהָ לִבְנֵיכֶ֣ם סַפֵּ֑רוּ וּבְנֵיכֶם֙ לִבְנֵיהֶ֔ם וּבְנֵיהֶ֖ם לְד֥וֹר אַחֵֽר: יֶ֤תֶר הַגָּזָם֙

אָכַ֣ל הָֽאַרְבֶּ֔ה וְיֶ֥תֶר הָאַרְבֶּ֖ה אָכַ֣ל הַיָּ֑לֶק וְיֶ֣תֶר הַיֶּ֔לֶק אָכַ֖ל הֶחָסִֽיל:

הָקִ֤יצוּ שִׁכּוֹרִים֙ וּבְכ֔וּ וְהֵילִ֖לוּ כָּל־שֹׁ֣תֵי יָ֑יִן עַל־עָסִ֕יס כִּ֥י נִכְרַ֖ת

מִפִּיכֶֽם: כִּֽי־גוֹי֙ עָלָ֣ה עַל־אַרְצִ֔י עָצ֖וּם וְאֵ֣ין מִסְפָּ֑ר שִׁנָּיו֙ שִׁנֵּ֣י אַרְיֵ֔ה

וּֽמְתַלְּע֥וֹת לָבִ֖יא לֽוֹ: שָׂ֤ם גַּפְנִי֙ לְשַׁמָּ֔ה וּתְאֵנָתִ֖י לִקְצָפָ֑ה חָשֹׂ֤ף חֲשָׂפָהּ֙

וְהִשְׁלִ֔יךְ הִלְבִּ֖ינוּ שָׂרִיגֶֽיהָ: אֱלִ֕י כִּבְתוּלָ֥ה חֲגֻֽרַת־שַׂ֖ק עַל־בַּ֥עַל

נְעוּרֶֽיהָ: הָכְרַ֥ת מִנְחָ֛ה וָנֶ֖סֶךְ מִבֵּ֣ית יְהֹוָ֑ה אָבְלוּ֙ הַכֹּ֣הֲנִ֔ים מְשָׁרְתֵ֖י

LORD; the priests, the LORD's ministers, mourn.

10 The field is wasted, the land mourneth; for the corn is wasted: the new wine is dried up, the oil languisheth.

11 Be ye ashamed, O ye husbandmen; howl, O ye vinedressers, for the wheat and for the barley; because the harvest of the field is perished.

12 The vine is dried up, and the fig tree languisheth; the pomegranate tree, the palm tree also, and the apple tree, *even* all the trees of the field, are withered: because joy is withered away from the sons of men.

13 Gird yourselves, and lament, ye priests: howl, ye ministers of the altar: come, lie all night in sackcloth, ye ministers of my God: for the meat offering and the drink offering is withholden from the house of your God.

14 ¶ Sanctify ye a fast, call a solemn assembly, gather the elders *and* all the inhabitants of the land *into* the house of the LORD your God, and cry unto the LORD,

15 Alas for the day! for the day of the LORD *is* at hand, and as a destruction from the Almighty shall it come.

16 Is not the meat cut off before our eyes, *yea,* joy and gladness from the house of our God?

17 The seed is rotten under their clods, the garners are laid desolate, the barns are broken down; for the corn is withered.

18 How do the beasts groan! the herds of cattle are perplexed, because they have no pasture; yea, the flocks of sheep are made desolate.

19 O LORD, to thee will I cry: for the fire hath devoured the pastures of the wilderness, and the flame hath burned all the trees of the field.

20 The beasts of the field cry also unto thee: for the rivers of waters are dried up, and the fire hath devoured the pastures of the wilderness.

CHAPTER 2

1 Blow ye the trumpet in Zion, and sound an alarm in my holy mountain: let all the inhabitants of the land tremble: for the day of the LORD cometh, for *it is* nigh at hand;

2 A day of darkness and of gloominess, a day of clouds and of thick darkness, as the morning spread upon the mountains: a great people and a strong; there hath not been ever the like, neither shall be any more after it, *even* to the years of many generations.

3 A fire devoureth before them; and behind them a flame burneth: the land *is* as the garden of Eden before them, and behind them a desolate wilderness; yea, and nothing shall escape them.

4 The appearance of them *is* as the appearance of horses; and as horsemen, so shall they run.

5 Like the noise of chariots on the tops of mountains shall they leap, like the noise of a flame of fire that devoureth the stubble, as a strong people set in battle array.

6 Before their face the people shall be much pained: all faces shall gather blackness.

7 They shall run like mighty men; they shall climb the wall like men of war; and they shall march every one on his ways, and they shall not break their ranks:

8 Neither shall one thrust another; they shall walk every one in his path: and *when* they fall upon the sword, they shall not be wounded.

9 They shall run to and fro in the city; they shall run upon the wall, they shall climb up upon the houses; they shall enter in at the windows like a thief.

10 The earth shall quake before them; the heavens shall tremble: the sun and the moon shall be dark, and the stars shall withdraw their shining:

11 And the LORD shall utter his voice before his army: for his camp *is* very great: for *he is* strong that executeth his word: for the day of the LORD *is* great and very terrible; and who can abide it?

12 ¶ Therefore also now, saith the LORD, turn ye *even* to me with all your heart, and with fasting, and with weeping, and with mourning:

13 And rend your heart, and not your garments, and turn unto the LORD your God: for he *is* gracious and merciful, slow

10 יְהוָה: שֻׁדַּד שָׂדֶה אָבְלָה אֲדָמָה כִּי שֻׁדַּד דָּגָן הוֹבִישׁ תִּירוֹשׁ אֻמְלַל

11 יִצְהָר: הֹבִישׁוּ אִכָּרִים הֵילִילוּ כֹּרְמִים עַל־חִטָּה וְעַל־שְׂעֹרָה כִּי אָבַד

12 קְצִיר שָׂדֶה: הַגֶּפֶן הוֹבִישָׁה וְהַתְּאֵנָה אֻמְלָלָה רִמּוֹן גַּם־תָּמָר וְתַפּוּחַ

13 כָּל־עֲצֵי הַשָּׂדֶה יָבֵשׁוּ כִּי־הֹבִישׁ שָׂשׂוֹן מִן־בְּנֵי אָדָם: חִגְרוּ

וְסִפְדוּ הַכֹּהֲנִים הֵילִילוּ מְשָׁרְתֵי מִזְבֵּחַ בֹּאוּ לִינוּ בַשַּׂקִּים מְשָׁרְתֵי

14 אֱלֹהָי כִּי נִמְנַע מִבֵּית אֱלֹהֵיכֶם מִנְחָה וָנָסֶךְ: קַדְּשׁוּ־צוֹם קִרְאוּ

עֲצָרָה אִסְפוּ זְקֵנִים כֹּל יֹשְׁבֵי הָאָרֶץ בֵּית יְהוָה אֱלֹהֵיכֶם וְזַעֲקוּ אֶל־

15 יְהוָה: אֲהָהּ לַיּוֹם כִּי קָרוֹב יוֹם יְהוָה וּכְשֹׁד מִשַּׁדַּי יָבוֹא: הֲלוֹא

16

17 נֶגֶד עֵינֵינוּ אֹכֶל נִכְרָת מִבֵּית אֱלֹהֵינוּ שִׂמְחָה וָגִיל: עָבְשׁוּ פְרֻדוֹת

תַּחַת מֶגְרְפֹתֵיהֶם נָשַׁמּוּ אֹצָרוֹת נֶהֶרְסוּ מַמְּגֻרוֹת כִּי הֹבִישׁ דָּגָן:

18 מַה־נֶּאֶנְחָה בְהֵמָה נָבֹכוּ עֶדְרֵי בָקָר כִּי אֵין מִרְעֶה לָהֶם גַּם־עֶדְרֵי

19 הַצֹּאן נֶאְשָׁמוּ: אֵלֶיךָ יְהוָה אֶקְרָא כִּי אֵשׁ אָכְלָה נְאוֹת מִדְבָּר

20 וְלֶהָבָה לִהֲטָה כָּל־עֲצֵי הַשָּׂדֶה: גַּם־בַּהֲמוֹת שָׂדֶה תַּעֲרוֹג אֵלֶיךָ כִּי

יָבְשׁוּ אֲפִיקֵי מָיִם וְאֵשׁ אָכְלָה נְאוֹת הַמִּדְבָּר:

2 1 תִּקְעוּ שׁוֹפָר בְּצִיּוֹן וְהָרִיעוּ בְּהַר קָדְשִׁי יִרְגְּזוּ כֹּל יֹשְׁבֵי הָאָרֶץ כִּי־בָא

2 יוֹם־יְהוָה כִּי קָרוֹב: יוֹם חֹשֶׁךְ וַאֲפֵלָה יוֹם עָנָן וַעֲרָפֶל כְּשַׁחַר פָּרֻשׂ

עַל־הֶהָרִים עַם רַב וְעָצוּם כָּמֹהוּ לֹא נִהְיָה מִן־הָעוֹלָם וְאַחֲרָיו לֹא

3 יוֹסֵף עַד־שְׁנֵי דּוֹר וָדוֹר: לְפָנָיו אָכְלָה אֵשׁ וְאַחֲרָיו תְּלַהֵט לֶהָבָה

כְּגַן־עֵדֶן הָאָרֶץ לְפָנָיו וְאַחֲרָיו מִדְבַּר שְׁמָמָה וְגַם־פְּלֵיטָה לֹא־הָיְתָה

4 לּוֹ: כְּמַרְאֵה סוּסִים מַרְאֵהוּ וּכְפָרָשִׁים כֵּן יְרוּצוּן: כְּקוֹל מַרְכָּבוֹת

5

עַל־רָאשֵׁי הֶהָרִים יְרַקֵּדוּן כְּקוֹל לַהַב אֵשׁ אֹכְלָה קָשׁ כְּעַם עָצוּם

6 עֱרוּךְ מִלְחָמָה: מִפָּנָיו יָחִילוּ עַמִּים כָּל־פָּנִים קִבְּצוּ פָארוּר: כְּגִבּוֹרִים

7

יְרֻצוּן כְּאַנְשֵׁי מִלְחָמָה יַעֲלוּ חוֹמָה וְאִישׁ בִּדְרָכָיו יֵלֵכוּן וְלֹא יְעַבְּטוּן

8 אֹרְחוֹתָם: וְאִישׁ אָחִיו לֹא יִדְחָקוּן גֶּבֶר בִּמְסִלָּתוֹ יֵלֵכוּן וּבְעַד הַשֶּׁלַח

9 יִפֹּלוּ לֹא יִבְצָעוּ: בָּעִיר יָשֹׁקּוּ בַּחוֹמָה יְרֻצוּן בַּבָּתִּים יַעֲלוּ בְּעַד

10 הַחַלּוֹנִים יָבֹאוּ כַּגַּנָּב: לְפָנָיו רָגְזָה אֶרֶץ רָעֲשׁוּ שָׁמָיִם שֶׁמֶשׁ וְיָרֵחַ

11 קָדָרוּ וְכוֹכָבִים אָסְפוּ נָגְהָם: וַיהוָה נָתַן קוֹלוֹ לִפְנֵי חֵילוֹ כִּי רַב

מְאֹד מַחֲנֵהוּ כִּי עָצוּם עֹשֵׂה דְבָרוֹ כִּי־גָדוֹל יוֹם־יְהוָה וְנוֹרָא מְאֹד

12 וּמִי יְכִילֶנּוּ: וְגַם־עַתָּה נְאֻם־יְהוָה שֻׁבוּ עָדַי בְּכָל־לְבַבְכֶם וּבְצוֹם   12A

13 וּבִבְכִי וּבְמִסְפֵּד: וְקִרְעוּ לְבַבְכֶם וְאַל־בִּגְדֵיכֶם וְשׁוּבוּ אֶל־יְהוָה

to anger, and of great kindness, and repenteth him of the evil.

14 Who knoweth *if* he will return and repent, and leave a blessing behind him; *even* a meat offering and a drink offering unto the Lord your God?

15 ¶ Blow the trumpet in Zion, sanctify a fast, call a solemn assembly:

16 Gather the people, sanctify the congregation, assemble the elders, gather the children, and those that suck the breasts: let the bridegroom go forth of his chamber, and the bride out of her closet.

17 Let the priests, the ministers of the Lord, weep between the porch and the altar, and let them say, Spare thy people, O Lord, and give not thine heritage to reproach, that the heathen should rule over them: wherefore should they say among the people, Where *is* their God?

18 ¶ Then will the Lord be jealous for his land, and pity his people.

19 Yea, the Lord will answer and say unto his people, Behold, I will send you corn, and wine, and oil, and ye shall be satisfied therewith: and I will no more make you a reproach among the heathen:

20 But I will remove far off from you the northern *army*, and will drive him into a land barren and desolate, with his face toward the east sea, and his hinder part toward the utmost sea, and his stink shall come up, and his ill savour shall come up, because he hath done great things.

21 ¶ Fear not, O land; be glad and rejoice: for the Lord will do great things.

22 Be not afraid, ye beasts of the field: for the pastures of the wilderness do spring, for the tree beareth her fruit, the fig tree and the vine do yield their strength.

23 Be glad then, ye children of Zion, and rejoice in the Lord your God: for he hath given you the former rain moderately, and he will cause to come down for you the rain, the former rain, and the latter rain in the first *month*.

24 And the floors shall be full of wheat, and the fats shall overflow with wine and oil.

25 And I will restore to you the years that the locust hath eaten, the canker-worm, and the caterpiller, and the palmerworm, my great army which I sent among you.

26 And ye shall eat in plenty, and be satisfied, and praise the name of the Lord your God, that hath dealt wondrously with you: and my people shall never be ashamed.

27 And ye shall know that I *am* in the midst of Israel, and *that* I *am* the Lord your God, and none else: and my people shall never be ashamed.

28[3:1] ¶ And it shall come to pass afterward, *that* I will pour out my spirit upon all flesh; and your sons and your daughters shall prophesy, your old men shall dream dreams, your young men shall see visions:

29[3:2] And also upon the servants and upon the handmaids in those days will I pour out my spirit.

30[3:3] And I will shew wonders in the heavens and in the earth, blood, and fire, and pillars of smoke.

31[3:4] The sun shall be turned into darkness, and the moon into blood, before the great and the terrible day of the Lord come.

32[3:5] And it shall come to pass, *that* whosoever shall call on the name of the Lord shall be delivered: for in mount Zion and in Jerusalem shall be deliverance, as the Lord hath said, and in the remnant whom the Lord shall call.

CHAPTER 3

1[4:1] For, behold, in those days, and in that time, when I shall bring again the captivity of Judah and Jerusalem,

2[4:2] I will also gather all nations, and will bring them down into the valley of Jehoshaphat, and will plead with them there for my people and *for* my heritage Israel, whom they have scattered among the nations, and parted my land.

3[4:3] And they have cast lots for my people; and have given a boy for an harlot, and sold a girl for wine, that they might drink.

4[4:4] Yea, and what have ye to do with me, O Tyre, and Zidon, and all the coasts

אֱלֹהֵיכֶם כִּי־חַנּוּן וְרַחוּם הוּא אֶרֶךְ אַפַּיִם וְרַב־חֶסֶד וְנִחָם עַל־
הָרָעָה: מִי יוֹדֵעַ יָשׁוּב וְנִחָם וְהִשְׁאִיר אַחֲרָיו בְּרָכָה מִנְחָה וָנֶסֶךְ 14
לַיהוָה אֱלֹהֵיכֶם:

תִּקְעוּ שׁוֹפָר בְּצִיּוֹן קַדְּשׁוּ־צוֹם קִרְאוּ עֲצָרָה: אִסְפוּ־עָם קַדְּשׁוּ קָהָל 15
16
קִבְצוּ זְקֵנִים אִסְפוּ עוֹלָלִים וְיֹנְקֵי שָׁדָיִם יֵצֵא חָתָן מֵחֶדְרוֹ וְכַלָּה
מֵחֻפָּתָהּ: בֵּין הָאוּלָם וְלַמִּזְבֵּחַ יִבְכּוּ הַכֹּהֲנִים מְשָׁרְתֵי יְהוָה וְיֹאמְרוּ 17
חוּסָה יְהוָה עַל־עַמֶּךָ וְאַל־תִּתֵּן נַחֲלָתְךָ לְחֶרְפָּה לִמְשָׁל־בָּם גּוֹיִם
לָמָּה יֹאמְרוּ בָעַמִּים אַיֵּה אֱלֹהֵיהֶם: וַיְקַנֵּא יְהוָה לְאַרְצוֹ וַיַּחְמֹל עַל־ 18
עַמּוֹ: וַיַּעַן יְהוָה וַיֹּאמֶר לְעַמּוֹ הִנְנִי שֹׁלֵחַ לָכֶם אֶת־הַדָּגָן וְהַתִּירוֹשׁ 19
וְהַיִּצְהָר וּשְׂבַעְתֶּם אֹתוֹ וְלֹא־אֶתֵּן אֶתְכֶם עוֹד חֶרְפָּה בַּגּוֹיִם: וְאֶת־ 20
הַצְּפוֹנִי אַרְחִיק מֵעֲלֵיכֶם וְהִדַּחְתִּיו אֶל־אֶרֶץ צִיָּה וּשְׁמָמָה אֶת־פָּנָיו
אֶל־הַיָּם הַקַּדְמֹנִי וְסֹפוֹ אֶל־הַיָּם הָאַחֲרוֹן וְעָלָה בָאְשׁוֹ וְתַעַל צַחֲנָתוֹ
כִּי הִגְדִּיל לַעֲשׂוֹת: אַל־תִּירְאִי אֲדָמָה גִּילִי וּשְׂמָחִי כִּי־הִגְדִּיל יְהוָה 21
לַעֲשׂוֹת: אַל־תִּירְאוּ בַּהֲמוֹת שָׂדָי כִּי דָשְׁאוּ נְאוֹת מִדְבָּר כִּי־עֵץ 22
נָשָׂא פִרְיוֹ תְּאֵנָה וָגֶפֶן נָתְנוּ חֵילָם: וּבְנֵי צִיּוֹן גִּילוּ וְשִׂמְחוּ בַּיהוָה 23
אֱלֹהֵיכֶם כִּי־נָתַן לָכֶם אֶת־הַמּוֹרֶה לִצְדָקָה וַיּוֹרֶד לָכֶם גֶּשֶׁם מוֹרֶה
וּמַלְקוֹשׁ בָּרִאשׁוֹן: וּמָלְאוּ הַגֳּרָנוֹת בָּר וְהֵשִׁיקוּ הַיְקָבִים תִּירוֹשׁ 24
וְיִצְהָר: וְשִׁלַּמְתִּי לָכֶם אֶת־הַשָּׁנִים אֲשֶׁר אָכַל הָאַרְבֶּה הַיֶּלֶק 25
וְהֶחָסִיל וְהַגָּזָם חֵילִי הַגָּדוֹל אֲשֶׁר שִׁלַּחְתִּי בָּכֶם: וַאֲכַלְתֶּם אָכוֹל 26
וְשָׂבוֹעַ וְהִלַּלְתֶּם אֶת־שֵׁם יְהוָה אֱלֹהֵיכֶם אֲשֶׁר־עָשָׂה עִמָּכֶם לְהַפְלִיא
וְלֹא־יֵבֹשׁוּ עַמִּי לְעוֹלָם: וִידַעְתֶּם כִּי בְקֶרֶב יִשְׂרָאֵל אָנִי וַאֲנִי יְהוָה 27
אֱלֹהֵיכֶם וְאֵין עוֹד וְלֹא־יֵבֹשׁוּ עַמִּי לְעוֹלָם:

וְהָיָה אַחֲרֵי־כֵן 1 3
אֶשְׁפּוֹךְ אֶת־רוּחִי עַל־כָּל־בָּשָׂר וְנִבְּאוּ בְּנֵיכֶם וּבְנוֹתֵיכֶם זִקְנֵיכֶם
חֲלֹמוֹת יַחֲלֹמוּן בַּחוּרֵיכֶם חֶזְיֹנוֹת יִרְאוּ: וְגַם עַל־הָעֲבָדִים וְעַל־ 2
הַשְּׁפָחוֹת בַּיָּמִים הָהֵמָּה אֶשְׁפּוֹךְ אֶת־רוּחִי: וְנָתַתִּי מוֹפְתִים בַּשָּׁמַיִם 3
וּבָאָרֶץ דָּם וָאֵשׁ וְתִימֲרוֹת עָשָׁן: הַשֶּׁמֶשׁ יֵהָפֵךְ לְחֹשֶׁךְ וְהַיָּרֵחַ לְדָם 4
לִפְנֵי בּוֹא יוֹם יְהוָה הַגָּדוֹל וְהַנּוֹרָא: וְהָיָה כֹּל אֲשֶׁר־יִקְרָא בְשֵׁם 5
יְהוָה יִמָּלֵט כִּי בְּהַר־צִיּוֹן וּבִירוּשָׁלִַם תִּהְיֶה פְלֵיטָה כַּאֲשֶׁר אָמַר

יְהוָה וּבַשְּׂרִידִים אֲשֶׁר יְהוָה קֹרֵא: כִּי הִנֵּה בַּיָּמִים הָהֵמָּה וּבָעֵת 1 4
הַהִיא אֲשֶׁר אָשׁוּב אֶת־שְׁבוּת יְהוּדָה וִירוּשָׁלִָם: וְקִבַּצְתִּי אֶת־כָּל־ 2 אָשִׁיב
הַגּוֹיִם וְהוֹרַדְתִּים אֶל־עֵמֶק יְהוֹשָׁפָט וְנִשְׁפַּטְתִּי עִמָּם שָׁם עַל־עַמִּי
וְנַחֲלָתִי יִשְׂרָאֵל אֲשֶׁר פִּזְּרוּ בַגּוֹיִם וְאֶת־אַרְצִי חִלֵּקוּ: וְאֶל־עַמִּי יַדּוּ 3
גוֹרָל וַיִּתְּנוּ הַיֶּלֶד בַּזּוֹנָה וְהַיַּלְדָּה מָכְרוּ בַיַּיִן וַיִּשְׁתּוּ: וְגַם מָה־אַתֶּם 4
לִי צֹר וְצִידוֹן וְכֹל גְּלִילוֹת פְּלָשֶׁת הַגְּמוּל אַתֶּם מְשַׁלְּמִים עָלָי וְאִם־

of Palestine? will ye render me a recompence? and if ye recompense me, swiftly *and* speedily will I return your recompence upon your own head;

5[4:5] Because ye have taken my silver and my gold, and have carried into your temples my goodly pleasant things:

6[4:6] The children also of Judah and the children of Jerusalem have ye sold unto the Grecians, that ye might remove them far from their border.

7[4:7] Behold, I will raise them out of the place whither ye have sold them, and will return your recompence upon your own head:

8[4:8] And I will sell your sons and your daughters into the hand of the children of Judah, and they shall sell them to the Sabeans, to a people far off: for the LORD hath spoken *it*.

9[4:9] ¶ Proclaim ye this among the Gentiles; Prepare war, wake up the mighty men, let all the men of war draw near; let them come up:

10[4:10] Beat your plowshares into swords, and your pruninghooks into spears: let the weak say, I *am* strong.

11[4:11] Assemble yourselves, and come, all ye heathen, and gather yourselves together round about: thither cause thy mighty ones to come down, O LORD.

12[4:12] Let the heathen be wakened, and come up to the valley of Jehoshaphat: for there will I sit to judge all the heathen round about.

13[4:13] Put ye in the sickle, for the harvest is ripe: come, get you down; for the press is full, the fats overflow; for their wickedness *is* great.

14[4:14] Multitudes, multitudes in the valley of decision: for the day of the LORD *is* near in the valley of decision.

15[4:15] The sun and the moon shall be darkened, and the stars shall withdraw their shining.

16[4:16] The LORD also shall roar out of Zion, and utter his voice from Jerusalem; and the heavens and the earth shall shake: but the LORD *will be* the hope of his people, and the strength of the children of Israel.

17[4:17] So shall ye know that I *am* the LORD your God dwelling in Zion, my holy mountain: then shall Jerusalem be holy, and there shall no strangers pass through her any more.

18[4:18] ¶ And it shall come to pass in that day, *that* the mountains shall drop down new wine, and the hills shall flow with milk, and all the rivers of Judah shall flow with waters, and a fountain shall come forth of the house of the LORD, and shall water the valley of Shittim.

19[4:19] Egypt shall be a desolation, and Edom shall be a desolate wilderness, for the violence *against* the children of Judah, because they have shed innocent blood in their land.

20[4:20] But Judah shall dwell for ever, and Jerusalem from generation to generation.

21[4:21] For I will cleanse their blood *that* I have not cleansed: for the LORD dwelleth in Zion.

AMOS

CHAPTER 1

1 The words of Amos, who was among the herdmen of Tekoa, which he saw concerning Israel in the days of Uzziah king of Judah, and in the days of Jeroboam the son of Joash king of Israel, two years before the earthquake.

2 And he said, The LORD will roar from Zion, and utter his voice from Jerusalem; and the habitations of the shepherds shall mourn, and the top of Carmel shall wither.

3 Thus saith the LORD; For three transgressions of Damascus, and for four, I will not turn away *the punishment* thereof; because they have threshed Gilead with threshing instruments of iron:

5 גְמָלִים אַתֶּם עָלַי קַל מְהֵרָה אָשִׁיב גְּמֻלְכֶם בְּרֹאשְׁכֶם: אֲשֶׁר־כַּסְפִּי

6 וּזְהָבִי לְקַחְתֶּם וּמַחֲמַדַּי הַטֹּבִים הֲבֵאתֶם לְהֵיכְלֵיכֶם: וּבְנֵי יְהוּדָה

וּבְנֵי יְרוּשָׁלַ͏ִם מְכַרְתֶּם לִבְנֵי הַיְּוָנִים לְמַעַן הַרְחִיקָם מֵעַל גְּבוּלָם:

7 הִנְנִי מְעִירָם מִן־הַמָּקוֹם אֲשֶׁר־מְכַרְתֶּם אֹתָם שָׁמָּה וַהֲשִׁבֹתִי גְמֻלְכֶם

8 בְּרֹאשְׁכֶם: וּמָכַרְתִּי אֶת־בְּנֵיכֶם וְאֶת־בְּנוֹתֵיכֶם בְּיַד בְּנֵי יְהוּדָה

9 וּמְכָרוּם לִשְׁבָאִים אֶל־גּוֹי רָחוֹק כִּי יְהוָה דִּבֵּר: קִרְאוּ־

זֹאת בַּגּוֹיִם קַדְּשׁוּ מִלְחָמָה הָעִירוּ הַגִּבּוֹרִים יִגְּשׁוּ יַעֲלוּ כֹּל אַנְשֵׁי

10 הַמִּלְחָמָה: כֹּתּוּ אִתֵּיכֶם לַחֲרָבוֹת וּמַזְמְרֹתֵיכֶם לִרְמָחִים הַחַלָּשׁ

11 יֹאמַר גִּבּוֹר אָנִי: עוּשׁוּ וָבֹאוּ כָל־הַגּוֹיִם מִסָּבִיב וְנִקְבָּצוּ שָׁמָּה הַנְחַת

12 יְהוָה גִּבּוֹרֶיךָ: יֵעוֹרוּ וְיַעֲלוּ הַגּוֹיִם אֶל־עֵמֶק יְהוֹשָׁפָט כִּי שָׁם אֵשֵׁב

13 לִשְׁפֹּט אֶת־כָּל־הַגּוֹיִם מִסָּבִיב: שִׁלְחוּ מַגָּל כִּי בָשַׁל קָצִיר בֹּאוּ רְדוּ

14 כִּי־מָלְאָה גַּת הֵשִׁיקוּ הַיְקָבִים כִּי רַבָּה רָעָתָם: הֲמוֹנִים הֲמוֹנִים

15 בְּעֵמֶק הֶחָרוּץ כִּי קָרוֹב יוֹם יְהוָה בְּעֵמֶק הֶחָרוּץ: שֶׁמֶשׁ וְיָרֵחַ קָדָרוּ

16 וְכוֹכָבִים אָסְפוּ נָגְהָם: וַיהוָה מִצִּיּוֹן יִשְׁאָג וּמִירוּשָׁלַ͏ִם יִתֵּן קוֹלוֹ

וְרָעֲשׁוּ שָׁמַיִם וָאָרֶץ וַיהוָה מַחֲסֶה לְעַמּוֹ וּמָעוֹז לִבְנֵי יִשְׂרָאֵל:

17 וִידַעְתֶּם כִּי אֲנִי יְהוָה אֱלֹהֵיכֶם שֹׁכֵן בְּצִיּוֹן הַר־קָדְשִׁי וְהָיְתָה

18 יְרוּשָׁלַ͏ִם קֹדֶשׁ וְזָרִים לֹא־יַעַבְרוּ־בָהּ עוֹד: וְהָיָה בַיּוֹם

הַהוּא יִטְּפוּ הֶהָרִים עָסִיס וְהַגְּבָעוֹת תֵּלַכְנָה חָלָב וְכָל־אֲפִיקֵי יְהוּדָה

19 יֵלְכוּ מָיִם וּמַעְיָן מִבֵּית יְהוָה יֵצֵא וְהִשְׁקָה אֶת־נַחַל הַשִּׁטִּים: מִצְרַיִם

לִשְׁמָמָה תִהְיֶה וֶאֱדוֹם לְמִדְבַּר שְׁמָמָה תִּהְיֶה מֵחֲמַס בְּנֵי יְהוּדָה

20 אֲשֶׁר־שָׁפְכוּ דָם־נָקִיא בְּאַרְצָם: וִיהוּדָה לְעוֹלָם תֵּשֵׁב וִירוּשָׁלַ͏ִם לְדוֹר

21 וָדוֹר: וְנִקֵּיתִי דָּמָם לֹא־נִקֵּיתִי וַיהוָה שֹׁכֵן בְּצִיּוֹן:

עמוס

1A

1 דִּבְרֵי עָמוֹס אֲשֶׁר־הָיָה בַנֹּקְדִים מִתְּקוֹעַ אֲשֶׁר חָזָה עַל־יִשְׂרָאֵל בִּימֵי

עֻזִּיָּה מֶלֶךְ־יְהוּדָה וּבִימֵי יָרָבְעָם בֶּן־יוֹאָשׁ מֶלֶךְ יִשְׂרָאֵל שְׁנָתַיִם לִפְנֵי

2 הָרָעַשׁ: וַיֹּאמַר יְהוָה מִצִּיּוֹן יִשְׁאָג וּמִירוּשָׁלַ͏ִם יִתֵּן קוֹלוֹ וְאָבְלוּ נְאוֹת

הָרֹעִים וְיָבֵשׁ רֹאשׁ הַכַּרְמֶל:

3 כֹּה אָמַר יְהוָה עַל־שְׁלֹשָׁה פִּשְׁעֵי דַמֶּשֶׂק וְעַל־אַרְבָּעָה לֹא אֲשִׁיבֶנּוּ

4 עַל־דּוּשָׁם בַּחֲרֻצוֹת הַבַּרְזֶל אֶת־הַגִּלְעָד: וְשִׁלַּחְתִּי אֵשׁ בְּבֵית חֲזָאֵל

4 But I will send a fire into the house of Hazael, which shall devour the palaces of Ben-hadad.

5 I will break also the bar of Damascus, and cut off the inhabitant from the plain of Aven, and him that holdeth the sceptre from the house of Eden: and the people of Syria shall go into captivity unto Kir, saith the LORD.

6 ¶ Thus saith the LORD; For three transgressions of Gaza, and for four, I will not turn away *the punishment* thereof; because they carried away captive the whole captivity, to deliver *them* up to Edom:

7 But I will send a fire on the wall of Gaza, which shall devour the palaces thereof:

8 And I will cut off the inhabitant from Ashdod, and him that holdeth the sceptre from Ashkelon, and I will turn mine hand against Ekron: and the remnant of the Philistines shall perish, saith the Lord GOD.

9 ¶ Thus saith the LORD; For three transgressions of Tyrus, and for four, I will not turn away *the punishment* thereof; because they delivered up the whole captivity to Edom, and remembered not the brotherly covenant:

10 But I will send a fire on the wall of Tyrus, which shall devour the palaces thereof.

11 ¶ Thus saith the LORD; For three transgressions of Edom, and for four, I will not turn away *the punishment* thereof; because he did pursue his brother with the sword, and did cast off all pity, and his anger did tear perpetually, and he kept his wrath for ever:

12 But I will send a fire upon Teman, which shall devour the palaces of Bozrah.

13 ¶ Thus saith the LORD; For three transgressions of the children of Ammon, and for four, I will not turn away *the punishment* thereof; because they have ripped up the women with child of Gilead, that they might enlarge their border:

14 But I will kindle a fire in the wall of Rabbah, and it shall devour the palaces thereof, with shouting in the day of battle, with a tempest in the day of the whirlwind:

15 And their king shall go into captivity, he and his princes together, saith the LORD.

CHAPTER 2

1 Thus saith the LORD; For three transgressions of Moab, and for four, I will not turn away *the punishment* thereof; because he burned the bones of the king of Edom into lime:

2 But I will send a fire upon Moab, and it shall devour the palaces of Kerioth: and Moab shall die with tumult, with shouting, *and* with the sound of the trumpet:

3 And I will cut off the judge from the midst thereof, and will slay all the princes thereof with him, saith the LORD.

4 ¶ Thus saith the LORD; For three transgressions of Judah, and for four, I will not turn away *the punishment* thereof; because they have despised the law of the LORD, and have not kept his commandments, and their lies caused them to err, after the which their fathers have walked:

5 But I will send a fire upon Judah, and it shall devour the palaces of Jerusalem.

6 ¶ Thus saith the LORD; For three transgressions of Israel, and for four, I will not turn away *the punishment* thereof; because they sold the righteous for silver, and the poor for a pair of shoes;

7 That pant after the dust of the earth on the head of the poor, and turn aside the way of the meek: and a man and his father will go in unto the *same* maid, to profane my holy name:

8 And they lay *themselves* down upon clothes laid to pledge by every altar, and they drink the wine of the condemned *in* the house of their god.

9 ¶ Yet destroyed I the Amorite before them, whose height *was* like the height of the cedars, and he *was* strong as the oaks; yet I destroyed his fruit from above, and his roots from beneath.

10 Also I brought you up from the land of Egypt, and led you forty years through the wilderness, to possess the land of the Amorite.

11 And I raised up of your sons for prophets, and of your young men for Naza-

וְאָכְלָה אַרְמְנוֹת בֶּן־הֲדָד: וְשָׁבַרְתִּי בְּרִיחַ דַּמֶּשֶׂק וְהִכְרַתִּי יוֹשֵׁב 5
מִבִּקְעַת־אָוֶן וְתוֹמֵךְ שֵׁבֶט מִבֵּית עֶדֶן וְגָלוּ עַם־אֲרָם קִירָה אָמַר
יְהֹוָה:

כֹּה אָמַר יְהֹוָה עַל־שְׁלֹשָׁה פִּשְׁעֵי עַזָּה וְעַל־אַרְבָּעָה לֹא אֲשִׁיבֶנּוּ 6
עַל־הַגְלוֹתָם גָּלוּת שְׁלֵמָה לְהַסְגִּיר לֶאֱדוֹם: וְשִׁלַּחְתִּי אֵשׁ בְּחוֹמַת 7
עַזָּה וְאָכְלָה אַרְמְנֹתֶיהָ: וְהִכְרַתִּי יוֹשֵׁב מֵאַשְׁדּוֹד וְתוֹמֵךְ שֵׁבֶט 8
מֵאַשְׁקְלוֹן וַהֲשִׁיבוֹתִי יָדִי עַל־עֶקְרוֹן וְאָבְדוּ שְׁאֵרִית פְּלִשְׁתִּים אָמַר
אֲדֹנָי יְהֹוָה:

כֹּה אָמַר יְהֹוָה עַל־שְׁלֹשָׁה פִּשְׁעֵי־צֹר וְעַל־אַרְבָּעָה לֹא אֲשִׁיבֶנּוּ עַל־ 9
הַסְגִּירָם גָּלוּת שְׁלֵמָה לֶאֱדוֹם וְלֹא זָכְרוּ בְּרִית אַחִים: וְשִׁלַּחְתִּי אֵשׁ 10
בְּחוֹמַת צֹר וְאָכְלָה אַרְמְנֹתֶיהָ:

כֹּה אָמַר יְהֹוָה עַל־שְׁלֹשָׁה פִּשְׁעֵי אֱדוֹם וְעַל־אַרְבָּעָה לֹא אֲשִׁיבֶנּוּ 11
עַל־רָדְפוֹ בַחֶרֶב אָחִיו וְשִׁחֵת רַחֲמָיו וַיִּטְרֹף לָעַד אַפּוֹ וְעֶבְרָתוֹ שְׁמָרָה
נֶצַח: וְשִׁלַּחְתִּי אֵשׁ בְּתֵימָן וְאָכְלָה אַרְמְנוֹת בָּצְרָה: 12

כֹּה אָמַר יְהֹוָה עַל־שְׁלֹשָׁה פִּשְׁעֵי בְנֵי־עַמּוֹן וְעַל־אַרְבָּעָה לֹא אֲשִׁיבֶנּוּ 13
עַל־בִּקְעָם הָרוֹת הַגִּלְעָד לְמַעַן הַרְחִיב אֶת־גְּבוּלָם: וְהִצַּתִּי אֵשׁ 14
בְּחוֹמַת רַבָּה וְאָכְלָה אַרְמְנֹתֶיהָ בִּתְרוּעָה בְּיוֹם מִלְחָמָה בְּסַעַר בְּיוֹם
סוּפָה: וְהָלַךְ מַלְכָּם בַּגּוֹלָה הוּא וְשָׂרָיו יַחְדָּו אָמַר יְהֹוָה: 15

כֹּה אָמַר יְהֹוָה עַל־שְׁלֹשָׁה פִּשְׁעֵי מוֹאָב וְעַל־אַרְבָּעָה לֹא אֲשִׁיבֶנּוּ 1 **2**
עַל־שָׂרְפוֹ עַצְמוֹת מֶלֶךְ־אֱדוֹם לַשִּׂיד: וְשִׁלַּחְתִּי־אֵשׁ בְּמוֹאָב וְאָכְלָה 2
אַרְמְנוֹת הַקְּרִיּוֹת וּמֵת בְּשָׁאוֹן מוֹאָב בִּתְרוּעָה בְּקוֹל שׁוֹפָר: וְהִכְרַתִּי 3
שׁוֹפֵט מִקִּרְבָּהּ וְכָל־שָׂרֶיהָ אֶהֱרוֹג עִמּוֹ אָמַר יְהֹוָה:

כֹּה אָמַר יְהֹוָה עַל־שְׁלֹשָׁה פִּשְׁעֵי יְהוּדָה וְעַל־אַרְבָּעָה לֹא אֲשִׁיבֶנּוּ 4
עַל־מׇאֳסָם אֶת־תּוֹרַת יְהֹוָה וְחֻקָּיו לֹא שָׁמָרוּ וַיַּתְעוּם כִּזְבֵיהֶם אֲשֶׁר־
הָלְכוּ אֲבוֹתָם אַחֲרֵיהֶם: וְשִׁלַּחְתִּי אֵשׁ בִּיהוּדָה וְאָכְלָה אַרְמְנוֹת 5
יְרוּשָׁלָ͏ִם:

כֹּה אָמַר יְהֹוָה עַל־שְׁלֹשָׁה פִּשְׁעֵי יִשְׂרָאֵל וְעַל־אַרְבָּעָה לֹא אֲשִׁיבֶנּוּ 6
עַל־מִכְרָם בַּכֶּסֶף צַדִּיק וְאֶבְיוֹן בַּעֲבוּר נַעֲלָיִם: הַשֹּׁאֲפִים עַל־עֲפַר־ 7
אֶרֶץ בְּרֹאשׁ דַּלִּים וְדֶרֶךְ עֲנָוִים יַטּוּ וְאִישׁ וְאָבִיו יֵלְכוּ אֶל־הַנַּעֲרָה
לְמַעַן חַלֵּל אֶת־שֵׁם קׇדְשִׁי: וְעַל־בְּגָדִים חֲבֻלִים יַטּוּ אֵצֶל כָּל־מִזְבֵּחַ 8
וְיֵין עֲנוּשִׁים יִשְׁתּוּ בֵּית אֱלֹהֵיהֶם: וְאָנֹכִי הִשְׁמַדְתִּי אֶת־הָאֱמֹרִי 9
מִפְּנֵיהֶם אֲשֶׁר כְּגֹבַהּ אֲרָזִים גׇּבְהוֹ וְחָסֹן הוּא כָּאַלּוֹנִים וָאַשְׁמִיד
פִּרְיוֹ מִמַּעַל וְשָׁרָשָׁיו מִתָּחַת: וְאָנֹכִי הֶעֱלֵיתִי אֶתְכֶם מֵאֶרֶץ מִצְרָיִם 10
וָאוֹלֵךְ אֶתְכֶם בַּמִּדְבָּר אַרְבָּעִים שָׁנָה לָרֶשֶׁת אֶת־אֶרֶץ הָאֱמֹרִי:
וָאָקִים מִבְּנֵיכֶם לִנְבִיאִים וּמִבַּחוּרֵיכֶם לִנְזִרִים הַאַף אֵין־זֹאת בְּנֵי 11

rites. *Is it* not even thus, O ye children of Israel? saith the LORD.

12 But ye gave the Nazarites wine to drink; and commanded the prophets, saying, Prophesy not.

13 Behold, I am pressed under you, as a cart is pressed *that is* full of sheaves.

14 Therefore the flight shall perish from the swift, and the strong shall not strengthen his force, neither shall the mighty deliver himself:

15 Neither shall he stand that handleth the bow; and *he that is* swift of foot shall not deliver *himself:* neither shall he that rideth the horse deliver himself.

16 And *he that is* courageous among the mighty shall flee away naked in that day, saith the LORD.

CHAPTER 3

1 Hear this word that the LORD hath spoken against you, O children of Israel, against the whole family which I brought up from the land of Egypt, saying,

2 You only have I known of all the families of the earth: therefore I will punish you for all your iniquities.

3 Can two walk together, except they be agreed?

4 Will a lion roar in the forest, when he hath no prey? will a young lion cry out of his den, if he have taken nothing?

5 Can a bird fall in a snare upon the earth, where no gin *is* for him? shall *one* take up a snare from the earth, and have taken nothing at all?

6 Shall a trumpet be blown in the city, and the people not be afraid? shall there be evil in a city, and the LORD hath not done *it?*

7 Surely the Lord GOD will do nothing, but he revealeth his secret unto his servants the prophets.

8 The lion hath roared, who will not fear? the Lord GOD hath spoken, who can but prophesy?

9 ¶ Publish in the palaces at Ashdod, and in the palaces in the land of Egypt, and say, Assemble yourselves upon the mountains of Samaria, and behold the great tumults in the midst thereof, and the oppressed in the midst thereof.

10 For they know not to do right, saith the LORD, who store up violence and robbery in their palaces.

11 Therefore thus saith the Lord GOD; An adversary *there shall be* even round about the land; and he shall bring down thy strength from thee, and thy palaces shall be spoiled.

12 Thus saith the LORD; As the shepherd taketh out of the mouth of the lion two legs, or a piece of an ear; so shall the children of Israel be taken out that dwell in Samaria in the corner of a bed, and in Damascus *in* a couch.

13 Hear ye, and testify in the house of Jacob, saith the Lord GOD, the God of hosts,

14 That in the day that I shall visit the transgressions of Israel upon him I will also visit the altars of Beth-el: and the horns of the altar shall be cut off, and fall to the ground.

15 And I will smite the winter house with the summer house; and the houses of ivory shall perish, and the great houses shall have an end, saith the LORD.

CHAPTER 4

1 Hear this word, ye kine of Bashan, that *are* in the mountain of Samaria, which oppress the poor, which crush the needy, which say to their masters, Bring, and let us drink.

2 The Lord GOD hath sworn by his holiness, that, lo, the days shall come upon you, that he will take you away with hooks, and your posterity with fishhooks.

3 And ye shall go out at the breaches, every *cow at that which is* before her; and ye shall cast *them* into the palace, saith the LORD.

4 ¶ Come to Beth-el, and transgress; at Gilgal multiply transgression; and bring your sacrifices every morning, *and* your tithes after three years:

5 And offer a sacrifice of thanksgiving with leaven, and proclaim *and* publish the free offerings: for this liketh you, O ye children of Israel, saith the Lord GOD.

12 יִשְׂרָאֵל נְאֻם־יְהוָה: וַתַּשְׁקוּ אֶת־הַנְּזִרִים יָיִן וְעַל־הַנְּבִיאִים צִוִּיתֶם

13 לֵאמֹר לֹא תִּנָּבְאוּ: הִנֵּה אָנֹכִי מֵעִיק תַּחְתֵּיכֶם כַּאֲשֶׁר תָּעִיק הָעֲגָלָה

14 הַמְלֵאָה לָהּ עָמִיר: וְאָבַד מָנוֹס מִקָּל וְחָזָק לֹא־יְאַמֵּץ כֹּחוֹ וְגִבּוֹר

15 לֹא־יְמַלֵּט נַפְשׁוֹ: וְתֹפֵשׂ הַקֶּשֶׁת לֹא יַעֲמֹד וְקַל בְּרַגְלָיו לֹא יְמַלֵּט

16 וְרֹכֵב הַסּוּס לֹא יְמַלֵּט נַפְשׁוֹ: וְאַמִּיץ לִבּוֹ בַּגִּבּוֹרִים עָרוֹם יָנוּס בַּיּוֹם־

הַהוּא נְאֻם־יְהוָה:

3 1 שִׁמְעוּ אֶת־הַדָּבָר הַזֶּה אֲשֶׁר דִּבֶּר יְהוָה עֲלֵיכֶם בְּנֵי יִשְׂרָאֵל עַל

2 כָּל־הַמִּשְׁפָּחָה אֲשֶׁר הֶעֱלֵיתִי מֵאֶרֶץ מִצְרַיִם לֵאמֹר: רַק אֶתְכֶם

יָדַעְתִּי מִכֹּל מִשְׁפְּחוֹת הָאֲדָמָה עַל־כֵּן אֶפְקֹד עֲלֵיכֶם אֵת כָּל־

3 עֲוֹנֹתֵיכֶם: הֲיֵלְכוּ שְׁנַיִם יַחְדָּו בִּלְתִּי אִם־נוֹעָדוּ: הֲיִשְׁאַג אַרְיֵה בַּיַּעַר
4

5 וְטֶרֶף אֵין לוֹ הֲיִתֵּן כְּפִיר קוֹלוֹ מִמְּעֹנָתוֹ בִּלְתִּי אִם־לָכָד: הֲתִפֹּל

צִפּוֹר עַל־פַּח הָאָרֶץ וּמוֹקֵשׁ אֵין לָהּ הֲיַעֲלֶה־פַּח מִן־הָאֲדָמָה וְלָכוֹד

6 לֹא יִלְכּוֹד: אִם־יִתָּקַע שׁוֹפָר בְּעִיר וְעָם לֹא יֶחֱרָדוּ אִם־תִּהְיֶה רָעָה

7 בְּעִיר וַיהוָה לֹא עָשָׂה: כִּי לֹא יַעֲשֶׂה אֲדֹנָי יְהוִה דָּבָר כִּי אִם־גָּלָה

8 סוֹדוֹ אֶל־עֲבָדָיו הַנְּבִיאִים: אַרְיֵה שָׁאָג מִי לֹא יִירָא אֲדֹנָי יְהוִה

9 דִּבֶּר מִי לֹא יִנָּבֵא: הַשְׁמִיעוּ עַל־אַרְמְנוֹת בְּאַשְׁדּוֹד וְעַל־אַרְמְנוֹת

בְּאֶרֶץ מִצְרָיִם וְאִמְרוּ הֵאָסְפוּ עַל־הָרֵי שֹׁמְרוֹן וּרְאוּ מְהוּמֹת רַבּוֹת

10 בְּתוֹכָהּ וַעֲשׁוּקִים בְּקִרְבָּהּ: וְלֹא־יָדְעוּ עֲשׂוֹת־נְכֹחָה נְאֻם־יְהוָה

הָאוֹצְרִים חָמָס וָשֹׁד בְּאַרְמְנוֹתֵיהֶם:

11 לָכֵן כֹּה אָמַר אֲדֹנָי יְהוִה צַר וּסְבִיב הָאָרֶץ וְהוֹרִד מִמֵּךְ עֻזֵּךְ וְנָבֹזּוּ

12 אַרְמְנוֹתָיִךְ: כֹּה אָמַר יְהוָה כַּאֲשֶׁר יַצִּיל הָרֹעֶה מִפִּי הָאֲרִי שְׁתֵּי

כְרָעַיִם אוֹ בְדַל־אֹזֶן כֵּן יִנָּצְלוּ בְּנֵי יִשְׂרָאֵל הַיֹּשְׁבִים בְּשֹׁמְרוֹן בִּפְאַת

13 מִטָּה וּבִדְמֶשֶׁק עָרֶשׂ: שִׁמְעוּ וְהָעִידוּ בְּבֵית יַעֲקֹב נְאֻם־אֲדֹנָי יְהוִה

14 אֱלֹהֵי הַצְּבָאוֹת: כִּי בְּיוֹם פָּקְדִי פִשְׁעֵי־יִשְׂרָאֵל עָלָיו וּפָקַדְתִּי עַל־

15 מִזְבְּחוֹת בֵּית־אֵל וְנִגְדְּעוּ קַרְנוֹת הַמִּזְבֵּחַ וְנָפְלוּ לָאָרֶץ: וְהִכֵּיתִי בֵית־

הַחֹרֶף עַל־בֵּית הַקָּיִץ וְאָבְדוּ בָּתֵּי הַשֵּׁן וְסָפוּ בָּתִּים רַבִּים נְאֻם־

4 1 יְהוָה: שִׁמְעוּ הַדָּבָר הַזֶּה פָּרוֹת הַבָּשָׁן אֲשֶׁר בְּהַר שֹׁמְרוֹן

הָעֹשְׁקוֹת דַּלִּים הָרֹצְצוֹת אֶבְיוֹנִים הָאֹמְרֹת לַאֲדֹנֵיהֶם הָבִיאָה

2 וְנִשְׁתֶּה: נִשְׁבַּע אֲדֹנָי יְהוִה בְּקָדְשׁוֹ כִּי הִנֵּה יָמִים בָּאִים עֲלֵיכֶם

3 וְנִשָּׂא אֶתְכֶם בְּצִנּוֹת וְאַחֲרִיתְכֶן בְּסִירוֹת דּוּגָה: וּפְרָצִים תֵּצֶאנָה

4 אִשָּׁה נֶגְדָּהּ וְהִשְׁלַכְתֶּנָה הַהַרְמוֹנָה נְאֻם־יְהוָה: בֹּאוּ בֵית־אֵל וּפִשְׁעוּ

הַגִּלְגָּל הַרְבּוּ לִפְשֹׁעַ וְהָבִיאוּ לַבֹּקֶר זִבְחֵיכֶם לִשְׁלֹשֶׁת יָמִים

5 מַעְשְׂרֹתֵיכֶם: וְקַטֵּר מֵחָמֵץ תּוֹדָה וְקִרְאוּ נְדָבוֹת הַשְׁמִיעוּ כִּי כֵן

6 אֲהַבְתֶּם בְּנֵי יִשְׂרָאֵל נְאֻם אֲדֹנָי יְהוִה: וְגַם־אֲנִי נָתַתִּי לָכֶם נִקְיוֹן

6 ¶ And I also have given you cleanness of teeth in all your cities, and want of bread in all your places: yet have ye not returned unto me, saith the LORD.

7 And also I have withholden the rain from you, when *there were* yet three months to the harvest: and I caused it to rain upon one city, and caused it not to rain upon another city: one piece was rained upon, and the piece whereupon it rained not withered.

8 So two *or* three cities wandered unto one city, to drink water; but they were not satisfied: yet have ye not returned unto me, saith the LORD.

9 I have smitten you with blasting and mildew: when your gardens and your vineyards and your fig trees and your olive trees increased, the palmerworm devoured *them:* yet have ye not returned unto me, saith the LORD.

10 I have sent among you the pestilence after the manner of Egypt: your young men have I slain with the sword, and have taken away your horses; and I have made the stink of your camps to come up unto your nostrils: yet have ye not returned unto me, saith the LORD.

11 I have overthrown *some* of you, as God overthrew Sodom and Gomorrah, and ye were as a firebrand plucked out of the burning: yet have ye not returned unto me, saith the LORD.

12 Therefore thus will I do unto thee, O Israel: *and* because I will do this unto thee, prepare to meet thy God, O Israel.

13 For, lo, he that formeth the mountains, and createth the wind, and declareth unto man what *is* his thought, that maketh the morning darkness, and treadeth upon the high places of the earth, The LORD, The God of hosts, *is* his name.

CHAPTER 5

1 Hear ye this word which I take up against you, *even* a lamentation, O house of Israel.

2 The virgin of Israel is fallen; she shall no more rise: she is forsaken upon her land; *there is* none to raise her up.

3 For thus saith the Lord GOD; The city that went out *by* a thousand shall leave an hundred, and that which went forth *by* an hundred shall leave ten, to the house of Israel.

4 ¶ For thus saith the LORD unto the house of Israel, Seek ye me, and ye shall live:

5 But seek not Beth-el, nor enter into Gilgal, and pass not to Beer-sheba: for Gilgal shall surely go into captivity, and Beth-el shall come to nought.

6 Seek the LORD, and ye shall live; lest he break out like fire in the house of Joseph, and devour *it,* and *there be* none to quench *it* in Beth-el.

7 Ye who turn judgment to wormwood, and leave off righteousness in the earth,

8 *Seek him* that maketh the seven stars and Orion, and turneth the shadow of death into the morning, and maketh the day dark with night: that calleth for the waters of the sea, and poureth them out upon the face of the earth: The LORD *is* his name:

9 That strengtheneth the spoiled against the strong, so that the spoiled shall come against the fortress.

10 They hate him that rebuketh in the gate, and they abhor him that speaketh uprightly.

11 Forasmuch therefore as your treading *is* upon the poor, and ye take from him burdens of wheat: ye have built houses of hewn stone, but ye shall not dwell in them; ye have planted pleasant vineyards, but ye shall not drink wine of them.

12 For I know your manifold transgressions and your mighty sins: they afflict the just, they take a bribe, and they turn aside the poor in the gate *from their right.*

13 Therefore the prudent shall keep silence in that time; for it *is* an evil time.

14 Seek good, and not evil, that ye may live: and so the LORD, the God of hosts, shall be with you, as ye have spoken.

15 Hate the evil, and love the good, and establish judgment in the gate: it may be that the LORD God of hosts will be gracious unto the remnant of Joseph.

16 Therefore the LORD, the God of hosts, the Lord, saith thus; Wailing *shall be* in all streets; and they shall say in all the

שְׁנַ֙יִם֙ בְּכָל־עָרֵיכֶ֔ם וְחֹ֥סֶר לֶ֖חֶם בְּכָ֣ל מְקוֹמֹֽתֵיכֶ֑ם וְלֹֽא־שַׁבְתֶּ֥ם עָדַ֖י

7 נְאֻם־יְהוָֽה: וְגַ֣ם אָנֹכִ֗י מָנַ֤עְתִּי מִכֶּם֙ אֶת־הַגֶּ֔שֶׁם בְּע֖וֹד שְׁלֹשָׁ֣ה
חֳדָשִׁים֮ לַקָּצִיר֒ וְהִמְטַרְתִּ֗י עַל־עִ֤יר אֶחָת֙ וְעַל־עִ֣יר אַחַ֔ת לֹ֣א אַמְטִ֑יר

8 חֶלְקָ֤ה אַחַת֙ תִּמָּטֵ֔ר וְחֶלְקָ֛ה אֲשֶֽׁר־לֹא־תַמְטִ֥יר עָלֶ֖יהָ תִּיבָֽשׁ: וְנָ֡עוּ
שְׁתַּיִם֩ שָׁלֹ֨שׁ עָרִ֜ים אֶל־עִ֣יר אַחַ֗ת לִשְׁתּ֥וֹת מַ֙יִם֙ וְלֹ֣א יִשְׂבָּ֔עוּ וְלֹֽא־

9 שַׁבְתֶּ֥ם עָדַ֖י נְאֻם־יְהוָֽה: הִכֵּ֜יתִי אֶתְכֶ֣ם בַּשִּׁדָּפ֣וֹן וּבַיֵּרָק֗וֹן הַרְבּ֞וֹת
גַּנּֽוֹתֵיכֶ֤ם וְכַרְמֵיכֶם֙ וּתְאֵנֵיכֶ֣ם וְזֵיתֵיכֶ֔ם יֹאכַ֖ל הַגָּזָ֑ם וְלֹֽא־שַׁבְתֶּ֥ם עָדַ֖י

10 נְאֻם־יְהוָֽה: 　　　　　שִׁלַּ֤חְתִּי בָכֶם֙ דֶּ֣בֶר בְּדֶ֣רֶךְ מִצְרַ֔יִם הָרַ֤גְתִּי
בַחֶ֙רֶב֙ בַּח֣וּרֵיכֶ֔ם עִ֖ם שְׁבִ֣י סֽוּסֵיכֶ֑ם וָאַעֲלֶ֞ה בְּאֹ֤שׁ מַחֲנֵיכֶם֙ וּֽבְאַפְּכֶ֔ם

11 וְלֹֽא־שַׁבְתֶּ֥ם עָדַ֖י נְאֻם־יְהוָֽה: הָפַ֣כְתִּי בָכֶ֗ם כְּמַהְפֵּכַ֤ת אֱלֹהִים֙ אֶת־
סְדֹ֣ם וְאֶת־עֲמֹרָ֔ה וַתִּהְי֕וּ כְּא֖וּד מֻצָּ֣ל מִשְּׂרֵפָ֑ה וְלֹֽא־שַׁבְתֶּ֥ם עָדַ֖י נְאֻם־

12 יְהוָֽה: 　　　　　לָכֵ֕ן כֹּ֥ה אֶעֱשֶׂה־לְּךָ֖ יִשְׂרָאֵ֑ל עֵ֚קֶב כִּֽי־זֹ֣את אֶֽעֱשֶׂה־

13 לָּ֔ךְ הִכּ֥וֹן לִקְרַאת־אֱלֹהֶ֖יךָ יִשְׂרָאֵֽל: כִּ֡י הִנֵּה֩ יוֹצֵ֨ר הָרִ֜ים וּבֹרֵ֣א ר֗וּחַ
וּמַגִּ֤יד לְאָדָם֙ מַה־שֵּׂח֔וֹ עֹשֵׂ֤ה שַׁ֙חַר֙ עֵיפָ֔ה וְדֹרֵ֖ךְ עַל־בָּ֣מֳתֵי אָ֑רֶץ יְהוָ֥ה

1 5 אֱלֹהֵֽי־צְבָא֖וֹת שְׁמֽוֹ: 　　　　　שִׁמְע֞וּ אֶת־הַדָּבָ֣ר הַזֶּ֗ה אֲשֶׁ֨ר אָנֹכִ֜י

2 נֹשֵׂ֧א עֲלֵיכֶ֛ם קִינָ֖ה בֵּ֥ית יִשְׂרָאֵֽל: נָֽפְלָה֙ לֹֽא־תוֹסִ֣יף ק֔וּם בְּתוּלַ֖ת

3 יִשְׂרָאֵ֑ל נִטְּשָׁ֥ה עַל־אַדְמָתָ֖הּ אֵ֥ין מְקִימָֽהּ: כִּ֣י כֹ֤ה אָמַר֙ אֲדֹנָ֣י יְהוִ֔ה
הָעִ֛יר הַיֹּצֵ֥את אֶ֖לֶף תַּשְׁאִ֣יר מֵאָ֑ה וְהַיּוֹצֵ֥את מֵאָ֖ה תַּשְׁאִ֥יר עֲשָׂרָ֖ה

4 לְבֵ֥ית יִשְׂרָאֵֽל: 　　　　　כִּ֣י כֹ֥ה אָמַ֤ר יְהוָה֙ לְבֵ֣ית יִשְׂרָאֵ֔ל דִּרְשׁ֖וּנִי

5 וִֽחְי֑וּ: וְאַֽל־תִּדְרְשׁוּ֙ בֵּֽית־אֵ֔ל וְהַגִּלְגָּל֙ לֹ֣א תָבֹ֔אוּ וּבְאֵ֥ר שֶׁ֖בַע לֹ֣א

6 תַעֲבֹ֑רוּ כִּ֤י הַגִּלְגָּל֙ גָּלֹ֣ה יִגְלֶ֔ה וּבֵֽית־אֵ֖ל יִהְיֶ֥ה לְאָ֑וֶן: דִּרְשׁ֥וּ אֶת־יְהוָ֖ה
וִחְי֑וּ פֶּן־יִצְלַ֤ח כָּאֵשׁ֙ בֵּ֣ית יוֹסֵ֔ף וְאָכְלָ֥ה וְאֵין־מְכַבֶּ֖ה לְבֵֽית־אֵֽל:

7　　　　　הַהֹפְכִ֥ים לְלַעֲנָ֖ה מִשְׁפָּ֑ט וּצְדָקָ֖ה לָאָ֥רֶץ הִנִּֽיחוּ: עֹשֵׂ֤ה כִימָה֙ וּכְסִ֔יל
8 וְהֹפֵ֤ךְ לַבֹּ֙קֶר֙ צַלְמָ֔וֶת וְי֖וֹם לַ֣יְלָה הֶחְשִׁ֑יךְ הַקּוֹרֵ֣א לְמֵֽי־הַיָּ֗ם וַֽיִּשְׁפְּכֵ֛ם

9 עַל־פְּנֵ֥י הָאָ֖רֶץ יְהוָ֥ה שְׁמֽוֹ: 　　　　　הַמַּבְלִ֥יג שֹׁ֖ד עַל־עָ֑ז וְשֹׁ֖ד עַל־

10 מִבְצָ֥ר יָבֽוֹא: שָׂנְא֥וּ בַשַּׁ֖עַר מוֹכִ֑יחַ וְדֹבֵ֥ר תָּמִ֖ים יְתָעֵֽבוּ: לָכֵ֞ן יַ֣עַן
11 בּֽוֹשַׁסְכֶ֣ם עַל־דָּ֗ל וּמַשְׂאַת־בַּר֙ תִּקְח֣וּ מִמֶּ֔נּוּ בָּתֵּ֥י גָזִ֛ית בְּנִיתֶ֖ם וְלֹא־

12 תֵ֣שְׁבוּ בָ֑ם כַּרְמֵי־חֶ֙מֶד֙ נְטַעְתֶּ֔ם וְלֹ֥א תִשְׁתּ֖וּ אֶת־יֵינָֽם: כִּ֤י יָדַ֙עְתִּי֙
רַבִּ֣ים פִּשְׁעֵיכֶ֔ם וַעֲצֻמִ֖ים חַטֹּֽאתֵיכֶ֑ם צֹרְרֵ֤י צַדִּיק֙ לֹ֣קְחֵי כֹ֔פֶר וְאֶבְיוֹנִ֖ים

13 בַּשַּׁ֥עַר הִטּֽוּ: לָכֵ֗ן הַמַּשְׂכִּ֛יל בָּעֵ֥ת הַהִ֖יא יִדֹּ֑ם כִּ֛י עֵ֥ת רָעָ֖ה הִֽיא:

14 דִּרְשׁוּ־ט֥וֹב וְאַל־רָ֖ע לְמַ֣עַן תִּֽחְי֑וּ וִיהִי־כֵ֞ן יְהוָ֧ה אֱלֹהֵֽי־צְבָא֛וֹת אִתְּכֶ֖ם

15 כַּאֲשֶׁ֥ר אֲמַרְתֶּֽם: שִׂנְאוּ־רָע֙ וְאֶ֣הֱבוּ ט֔וֹב וְהַצִּ֥יגוּ בַשַּׁ֖עַר מִשְׁפָּ֑ט אוּלַ֗י

16 יֶֽחֱנַ֛ן יְהוָ֥ה אֱלֹהֵֽי־צְבָא֖וֹת שְׁאֵרִ֥ית יוֹסֵֽף: 　　　　　לָכֵ֡ן כֹּֽה־אָמַ֣ר
יְהוָ֩ה אֱלֹהֵ֨י צְבָא֜וֹת אֲדֹנָ֗י בְּכָל־רְחֹבוֹת֙ מִסְפֵּ֔ד וּבְכָל־חוּצ֖וֹת יֹאמְר֣וּ

highways, Alas! alas! and they shall call the husbandman to mourning, and such as are skilful of lamentation to wailing.

17 And in all vineyards *shall be* wailing: for I will pass through thee, saith the Lord.

18 Woe unto you that desire the day of the Lord! to what end *is* it for you? the day of the Lord *is* darkness, and not light.

19 As if a man did flee from a lion, and a bear met him; or went into the house, and leaned his hand on the wall, and a serpent bit him.

20 *Shall* not the day of the Lord *be* darkness, and not light? even very dark, and no brightness in it?

21 ¶ I hate, I despise your feast days, and I will not smell in your solemn assemblies.

22 Though ye offer me burnt offerings and your meat offerings, I will not accept *them:* neither will I regard the peace offerings of your fat beasts.

23 Take thou away from me the noise of thy songs; for I will not hear the melody of thy viols.

24 But let judgment run down as waters, and righteousness as a mighty stream.

25 Have ye offered unto me sacrifices and offerings in the wilderness forty years, O house of Israel?

26 But ye have borne the tabernacle of your Moloch and Chiun your images, the star of your god, which ye made to yourselves.

27 Therefore will I cause you to go into captivity beyond Damascus, saith the Lord, whose name *is* The God of hosts.

CHAPTER 6

1 Woe to them *that are* at ease in Zion, and trust in the mountain of Samaria, *which are* named chief of the nations, to whom the house of Israel came!

2 Pass ye unto Calneh, and see; and from thence go ye to Hamath the great: then go down to Gath of the Philistines: *be they* better than these kingdoms? or their border greater than your border?

3 Ye that put far away the evil day, and cause the seat of violence to come near;

4 That lie upon beds of ivory, and stretch themselves upon their couches, and eat the lambs out of the flock, and the calves out of the midst of the stall;

5 That chant to the sound of the viol, *and* invent to themselves instruments of musick, like David;

6 That drink wine in bowls, and anoint themselves with the chief ointments: but they are not grieved for the affliction of Joseph.

7 ¶ Therefore now shall they go captive with the first that go captive, and the banquet of them that stretched themselves shall be removed.

8 The Lord God hath sworn by himself, saith the Lord the God of hosts, I abhor the excellency of Jacob, and hate his palaces: therefore will I deliver up the city with all that is therein.

9 And it shall come to pass, if there remain ten men in one house, that they shall die.

10 And a man's uncle shall take him up, and he that burneth him, to bring out the bones out of the house, and shall say unto him that *is* by the sides of the house, *Is* there yet *any* with thee? and he shall say, No. Then shall he say, Hold thy tongue: for we may not make mention of the name of the Lord.

11 For, behold, the Lord commandeth, and he will smite the great house with breaches, and the little house with clefts.

12 ¶ Shall horses run upon the rock? will *one* plow *there* with oxen? for ye have turned judgment into gall, and the fruit of righteousness into hemlock:

13 Ye which rejoice in a thing of nought, which say, Have we not taken to us horns by our own strength?

14 But, behold, I will raise up against you a nation, O house of Israel, saith the Lord the God of hosts; and they shall afflict you from the entering in of Hemath unto the river of the wilderness.

CHAPTER 7

1 Thus hath the Lord God shewed unto me; and, behold, he formed grasshoppers in the beginning of the shooting up of the

הוֹ־הוֹ וְקָרְאוּ אִכָּר אֶל־אֵבֶל וּמִסְפֵּד אֶל־יוֹדְעֵי נֶהִי: וּבְכָל־כְּרָמִים 17

מִסְפֵּד כִּי־אֶעֱבֹר בְּקִרְבְּךָ אָמַר יְהוָה: הוֹי הַמִּתְאַוִּים אֶת־ 18

יוֹם יְהוָה לָמָּה־זֶּה לָכֶם יוֹם יְהוָה הוּא־חֹשֶׁךְ וְלֹא־אוֹר: כַּאֲשֶׁר יָנוּס 19
אִישׁ מִפְּנֵי הָאֲרִי וּפְגָעוֹ הַדֹּב וּבָא הַבַּיִת וְסָמַךְ יָדוֹ עַל־הַקִּיר וּנְשָׁכוֹ

הַנָּחָשׁ: הֲלֹא־חֹשֶׁךְ יוֹם יְהוָה וְלֹא־אוֹר וְאָפֵל וְלֹא־נֹגַהּ לוֹ: שָׂנֵאתִי 20 21
מָאַסְתִּי חַגֵּיכֶם וְלֹא אָרִיחַ בְּעַצְּרֹתֵיכֶם: כִּי אִם־תַּעֲלוּ־לִי עֹלוֹת 22

וּמִנְחֹתֵיכֶם לֹא אֶרְצֶה וְשֶׁלֶם מְרִיאֵיכֶם לֹא אַבִּיט: הָסֵר מֵעָלַי הֲמוֹן 23

שִׁרֶיךָ וְזִמְרַת נְבָלֶיךָ לֹא אֶשְׁמָע: וְיִגַּל כַּמַּיִם מִשְׁפָּט וּצְדָקָה כְּנַחַל 24

אֵיתָן: הַזְּבָחִים וּמִנְחָה הִגַּשְׁתֶּם־לִי בַמִּדְבָּר אַרְבָּעִים שָׁנָה בֵּית 25

יִשְׂרָאֵל: וּנְשָׂאתֶם אֵת סִכּוּת מַלְכְּכֶם וְאֵת כִּיּוּן צַלְמֵיכֶם כּוֹכַב 26

אֱלֹהֵיכֶם אֲשֶׁר עֲשִׂיתֶם לָכֶם: וְהִגְלֵיתִי אֶתְכֶם מֵהָלְאָה לְדַמָּשֶׂק 27
אָמַר יְהוָה אֱלֹהֵי־צְבָאוֹת שְׁמוֹ:

הוֹי הַשַּׁאֲנַנִּים בְּצִיּוֹן וְהַבֹּטְחִים בְּהַר שֹׁמְרוֹן נְקֻבֵי רֵאשִׁית הַגּוֹיִם 6 1

וּבָאוּ לָהֶם בֵּית יִשְׂרָאֵל: עִבְרוּ כַלְנֵה וּרְאוּ וּלְכוּ מִשָּׁם חֲמַת רַבָּה 2 2A
וּרְדוּ גַת־פְּלִשְׁתִּים הֲטוֹבִים מִן־הַמַּמְלָכוֹת הָאֵלֶּה אִם־רַב גְּבוּלָם

מִגְּבֻלְכֶם: הַמְנַדִּים לְיוֹם רָע וַתַּגִּישׁוּן שֶׁבֶת חָמָס: הַשֹּׁכְבִים עַל־ 3 4
מִטּוֹת שֵׁן וּסְרֻחִים עַל־עַרְשׂוֹתָם וְאֹכְלִים כָּרִים מִצֹּאן וַעֲגָלִים מִתּוֹךְ

מַרְבֵּק: הַפֹּרְטִים עַל־פִּי הַנָּבֶל כְּדָוִיד חָשְׁבוּ לָהֶם כְּלֵי־שִׁיר: הַשֹּׁתִים 5 6
בְּמִזְרְקֵי יַיִן וְרֵאשִׁית שְׁמָנִים יִמְשָׁחוּ וְלֹא נֶחְלוּ עַל־שֵׁבֶר יוֹסֵף: לָכֵן 7
עַתָּה יִגְלוּ בְּרֹאשׁ גֹּלִים וְסָר מִרְזַח סְרוּחִים:

נִשְׁבַּע אֲדֹנָי יְהוִה בְּנַפְשׁוֹ נְאֻם־יְהוָה אֱלֹהֵי צְבָאוֹת מְתָאֵב אָנֹכִי 8
אֶת־גְּאוֹן יַעֲקֹב וְאַרְמְנֹתָיו שָׂנֵאתִי וְהִסְגַּרְתִּי עִיר וּמְלֹאָהּ: וְהָיָה אִם־ 9
יִוָּתְרוּ עֲשָׂרָה אֲנָשִׁים בְּבַיִת אֶחָד וָמֵתוּ: וּנְשָׂאוֹ דּוֹדוֹ וּמְסָרְפוֹ לְהוֹצִיא 10
עֲצָמִים מִן־הַבַּיִת וְאָמַר לַאֲשֶׁר בְּיַרְכְּתֵי הַבַּיִת הַעוֹד עִמָּךְ וְאָמַר אָפֶס

וְאָמַר הָס כִּי לֹא לְהַזְכִּיר בְּשֵׁם יְהוָה: כִּי־הִנֵּה יְהוָה מְצַוֶּה וְהִכָּה 11
הַבַּיִת הַגָּדוֹל רְסִיסִים וְהַבַּיִת הַקָּטֹן בְּקִעִים: הַיְרֻצוּן בַּסֶּלַע סוּסִים 12
אִם־יַחֲרוֹשׁ בַּבְּקָרִים כִּי־הֲפַכְתֶּם לְרֹאשׁ מִשְׁפָּט וּפְרִי צְדָקָה לְלַעֲנָה:

הַשְּׂמֵחִים לְלֹא דָבָר הָאֹמְרִים הֲלוֹא בְחָזְקֵנוּ לָקַחְנוּ לָנוּ קַרְנָיִם: כִּי 13 14
הִנְנִי מֵקִים עֲלֵיכֶם בֵּית יִשְׂרָאֵל נְאֻם־יְהוָה אֱלֹהֵי הַצְּבָאוֹת גּוֹי וְלָחֲצוּ

אֶתְכֶם מִלְּבוֹא חֲמָת עַד־נַחַל הָעֲרָבָה: כֹּה הִרְאַנִי אֲדֹנָי 7 1
יְהוִה וְהִנֵּה יוֹצֵר גֹּבַי בִּתְחִלַּת עֲלוֹת הַלָּקֶשׁ וְהִנֵּה־לֶקֶשׁ אַחַר גִּזֵּי

latter growth; and, lo, *it was* the latter growth after the king's mowings.

2 And it came to pass, *that* when they had made an end of eating the grass of the land, then I said, O Lord God, forgive, I beseech thee: by whom shall Jacob arise? for he *is* small.

3 The Lord repented for this: It shall not be, saith the Lord.

4 ¶ Thus hath the Lord God shewed unto me: and, behold, the Lord God called to contend by fire, and it devoured the great deep, and did eat up a part.

5 Then said I, O Lord God, cease, I beseech thee: by whom shall Jacob arise? for he *is* small.

6 The Lord repented for this: This also shall not be, saith the Lord God.

7 ¶ Thus he shewed me: and, behold, the Lord stood upon a wall *made* by a plumbline, with a plumbline in his hand.

8 And the Lord said unto me, Amos, what seest thou? And I said, A plumbline. Then said the Lord, Behold, I will set a plumbline in the midst of my people Israel: I will not again pass by them any more:

9 And the high places of Isaac shall be desolate, and the sanctuaries of Israel shall be laid waste; and I will rise against the house of Jeroboam with the sword.

10 ¶ Then Amaziah the priest of Beth-el sent to Jeroboam king of Israel, saying, Amos hath conspired against thee in the midst of the house of Israel: the land is not able to bear all his words.

11 For thus Amos saith, Jeroboam shall die by the sword, and Israel shall surely be led away captive out of their own land.

12 Also Amaziah said unto Amos, O thou seer, go, flee thee away into the land of Judah, and there eat bread, and prophesy there:

13 But prophesy not again any more at Beth-el: for it *is* the king's chapel, and it *is* the king's court.

14 ¶ Then answered Amos, and said to Amaziah, I *was* no prophet, neither *was* I a prophet's son; but I *was* an herdman, and a gatherer of sycomore fruit:

15 And the Lord took me as I followed the flock, and the Lord said unto me, Go, prophesy unto my people Israel.

16 ¶ Now therefore hear thou the word of the Lord: Thou sayest, Prophesy not against Israel, and drop not *thy word* against the house of Isaac.

17 Therefore thus saith the Lord; Thy wife shall be an harlot in the city, and thy sons and thy daughters shall fall by the sword, and thy land shall be divided by line; and thou shalt die in a polluted land: and Israel shall surely go into captivity forth of his land.

CHAPTER 8

1 Thus hath the Lord God shewed unto me: and behold a basket of summer fruit.

2 And he said, Amos, what seest thou? And I said, A basket of summer fruit. Then said the Lord unto me, The end is come upon my people of Israel; I will not again pass by them any more.

3 And the songs of the temple shall be howlings in that day, saith the Lord God: *there shall be* many dead bodies in every place; they shall cast *them* forth with silence.

4 ¶ Hear this, O ye that swallow up the needy, even to make the poor of the land to fail,

5 Saying, When will the new moon be gone, that we may sell corn? and the sabbath, that we may set forth wheat, making the ephah small, and the shekel great, and falsifying the balances by deceit?

6 That we may buy the poor for silver, and the needy for a pair of shoes; *yea*, and sell the refuse of the wheat?

7 The Lord hath sworn by the excellency of Jacob, Surely I will never forget any of their works.

8 Shall not the land tremble for this, and every one mourn that dwelleth therein? and it shall rise up wholly as a flood; and it shall be cast out and drowned, as *by* the flood of Egypt.

9 And it shall come to pass in that day, saith the Lord God, that I will cause the sun to go down at noon, and I will darken the earth in the clear day:

10 And I will turn your feasts into

הַמֶּלֶךְ: וְהָיָה אִם־כִּלָּה לֶאֱכֹל אֶת־עֵשֶׂב הָאָרֶץ וָאֹמַר אֲדֹנָי יְהוִה 2

סְלַח־נָא מִי יָקוּם יַעֲקֹב כִּי קָטֹן הוּא: נִחַם יְהוָה עַל־זֹאת לֹא תִהְיֶה 3

אָמַר יְהוָה: כֹּה הִרְאַנִי אֲדֹנָי יְהוִה וְהִנֵּה קֹרֵא לָרִב בָּאֵשׁ אֲדֹנָי 4

יְהוִה וַתֹּאכַל אֶת־תְּהוֹם רַבָּה וְאָכְלָה אֶת־הַחֵלֶק: וָאֹמַר אֲדֹנָי יְהוִה 5

חֲדַל־נָא מִי יָקוּם יַעֲקֹב כִּי קָטֹן הוּא: נִחַם יְהוָה עַל־זֹאת גַּם־הִיא 6

לֹא תִהְיֶה אָמַר אֲדֹנָי יְהוִה: כֹּה הִרְאַנִי וְהִנֵּה אֲדֹנָי נִצָּב 7

עַל־חוֹמַת אֲנָךְ וּבְיָדוֹ אֲנָךְ: וַיֹּאמֶר יְהוָה אֵלַי מָה־אַתָּה רֹאֶה עָמוֹס 8

וָאֹמַר אֲנָךְ וַיֹּאמֶר אֲדֹנָי הִנְנִי שָׂם אֲנָךְ בְּקֶרֶב עַמִּי יִשְׂרָאֵל לֹא־

אוֹסִיף עוֹד עֲבוֹר לוֹ: וְנָשַׁמּוּ בָּמוֹת יִשְׂחָק וּמִקְדְּשֵׁי יִשְׂרָאֵל יֶחֱרָבוּ 9

וְקַמְתִּי עַל־בֵּית יָרָבְעָם בֶּחָרֶב:

וַיִּשְׁלַח אֲמַצְיָה כֹּהֵן בֵּית־אֵל אֶל־יָרָבְעָם מֶלֶךְ־יִשְׂרָאֵל לֵאמֹר קָשַׁר 10

עָלֶיךָ עָמוֹס בְּקֶרֶב בֵּית יִשְׂרָאֵל לֹא־תוּכַל הָאָרֶץ לְהָכִיל אֶת־כָּל־

דְּבָרָיו: כִּי־כֹה אָמַר עָמוֹס בַּחֶרֶב יָמוּת יָרָבְעָם וְיִשְׂרָאֵל גָּלֹה יִגְלֶה 11

מֵעַל אַדְמָתוֹ:   וַיֹּאמֶר אֲמַצְיָה אֶל־עָמוֹס חֹזֶה לֵךְ 12

בְּרַח־לְךָ אֶל־אֶרֶץ יְהוּדָה וֶאֱכָל־שָׁם לֶחֶם וְשָׁם תִּנָּבֵא: וּבֵית־אֵל 13

לֹא־תוֹסִיף עוֹד לְהִנָּבֵא כִּי מִקְדַּשׁ־מֶלֶךְ הוּא וּבֵית מַמְלָכָה

הוּא: וַיַּעַן עָמוֹס וַיֹּאמֶר אֶל־אֲמַצְיָה לֹא־נָבִיא אָנֹכִי וְלֹא 14

בֶן־נָבִיא אָנֹכִי כִּי־בוֹקֵר אָנֹכִי וּבוֹלֵס שִׁקְמִים: וַיִּקָּחֵנִי יְהוָה מֵאַחֲרֵי 15

הַצֹּאן וַיֹּאמֶר אֵלַי יְהוָה לֵךְ הִנָּבֵא אֶל־עַמִּי יִשְׂרָאֵל: וְעַתָּה שְׁמַע 16

דְּבַר־יְהוָה אַתָּה אֹמֵר לֹא תִנָּבֵא עַל־יִשְׂרָאֵל וְלֹא תַטִּיף עַל־בֵּית

יִשְׂחָק: לָכֵן כֹּה־אָמַר יְהוָה אִשְׁתְּךָ בָּעִיר תִּזְנֶה וּבָנֶיךָ וּבְנֹתֶיךָ בַּחֶרֶב 17

יִפֹּלוּ וְאַדְמָתְךָ בַּחֶבֶל תְּחֻלָּק וְאַתָּה עַל־אֲדָמָה טְמֵאָה תָּמוּת

וְיִשְׂרָאֵל גָּלֹה יִגְלֶה מֵעַל אַדְמָתוֹ:   כֹּה הִרְאַנִי אֲדֹנָי יְהוִה 8 1

וְהִנֵּה כְּלוּב קָיִץ: וַיֹּאמֶר מָה־אַתָּה רֹאֶה עָמוֹס וָאֹמַר כְּלוּב קָיִץ 2

וַיֹּאמֶר יְהוָה אֵלַי בָּא הַקֵּץ אֶל־עַמִּי יִשְׂרָאֵל לֹא־אוֹסִיף עוֹד עֲבוֹר

לוֹ: וְהֵילִילוּ שִׁירוֹת הֵיכָל בַּיּוֹם הַהוּא נְאֻם אֲדֹנָי יְהוִה רַב הַפֶּגֶר 3

בְּכָל־מָקוֹם הִשְׁלִיךְ הָס:

עַנִיֵּי־ שִׁמְעוּ־זֹאת הַשֹּׁאֲפִים אֶבְיוֹן וְלַשְׁבִּית עֲנִיֵּי־אָרֶץ: לֵאמֹר מָתַי יַעֲבֹר 4 5

הַחֹדֶשׁ וְנַשְׁבִּירָה שֶּׁבֶר וְהַשַּׁבָּת וְנִפְתְּחָה־בָּר לְהַקְטִין אֵיפָה וּלְהַגְדִּיל

שֶׁקֶל וּלְעַוֵּת מֹאזְנֵי מִרְמָה: לִקְנוֹת בַּכֶּסֶף דַּלִּים וְאֶבְיוֹן בַּעֲבוּר 6

נַעֲלָיִם וּמַפַּל בַּר נַשְׁבִּיר: נִשְׁבַּע יְהוָה בִּגְאוֹן יַעֲקֹב אִם־אֶשְׁכַּח לָנֶצַח 7

כָּל־מַעֲשֵׂיהֶם: הַעַל זֹאת לֹא־תִרְגַּז הָאָרֶץ וְאָבַל כָּל־יוֹשֵׁב בָּהּ 8

וְנִשְׁקְעָה וְעָלְתָה כָאֹר כֻּלָּהּ וְנִגְרְשָׁה וְנִשְׁקְעָה כִּיאוֹר מִצְרָיִם: וְהָיָה 9

בַּיּוֹם הַהוּא נְאֻם אֲדֹנָי יְהוִה וְהֵבֵאתִי הַשֶּׁמֶשׁ בַּצָּהֳרָיִם וְהַחֲשַׁכְתִּי

לָאָרֶץ בְּיוֹם אוֹר: וְהָפַכְתִּי חַגֵּיכֶם לְאֵבֶל וְכָל־שִׁירֵיכֶם לְקִינָה 10

mourning, and all your songs into lamentation; and I will bring up sackcloth upon all loins, and baldness upon every head; and I will make it as the mourning of an only *son,* and the end thereof as a bitter day.

11 ¶ Behold, the days come, saith the Lord God, that I will send a famine in the land, not a famine of bread, nor a thirst for water, but of hearing the words of the Lord:

12 And they shall wander from sea to sea, and from the north even to the east, they shall run to and fro to seek the word of the Lord, and shall not find *it.*

13 In that day shall the fair virgins and young men faint for thirst.

14 They that swear by the sin of Samaria, and say, Thy god, O Dan, liveth; and, The manner of Beer-sheba liveth; even they shall fall, and never rise up again.

CHAPTER 9

1 I saw the Lord standing upon the altar: and he said, Smite the lintel of the door, that the posts may shake: and cut them in the head, all of them; and I will slay the last of them with the sword: he that fleeth of them shall not flee away, and he that escapeth of them shall not be delivered.

2 Though they dig into hell, thence shall mine hand take them; though they climb up to heaven, thence will I bring them down:

3 And though they hide themselves in the top of Carmel, I will search and take them out thence; and though they be hid from my sight in the bottom of the sea, thence will I command the serpent, and he shall bite them:

4 And though they go into captivity before their enemies, thence will I command the sword, and it shall slay them: and I will set mine eyes upon them for evil, and not for good.

5 And the Lord God of hosts *is* he that toucheth the land, and it shall melt, and all that dwell therein shall mourn: and it shall rise up wholly like a flood; and shall be drowned, as *by* the flood of Egypt.

6 *It is* he that buildeth his stories in the heaven, and hath founded his troop in the earth; he that calleth for the waters of the sea, and poureth them out upon the face of the earth: The Lord *is* his name.

7 *Are* ye not as children of the Ethiopians unto me, O children of Israel? saith the Lord. Have not I brought up Israel out of the land of Egypt? and the Philistines from Caphtor, and the Syrians from Kir?

8 Behold, the eyes of the Lord God *are* upon the sinful kingdom, and I will destroy it from off the face of the earth; saving that I will not utterly destroy the house of Jacob, saith the Lord.

9 For, lo, I will command, and I will sift the house of Israel among all nations, like as *corn* is sifted in a sieve, yet shall not the least grain fall upon the earth.

10 All the sinners of my people shall die by the sword, which say, The evil shall not overtake nor prevent us.

11 ¶ In that day will I raise up the tabernacle of David that is fallen, and close up the breaches thereof; and I will raise up his ruins, and I will build it as in the days of old:

12 That they may possess the remnant of Edom, and of all the heathen, which are called by my name, saith the Lord that doeth this.

13 Behold, the days come, saith the Lord, that the plowman shall overtake the reaper, and the treader of grapes him that soweth seed; and the mountains shall drop sweet wine, and all the hills shall melt.

14 And I will bring again the captivity of my people of Israel, and they shall build the waste cities, and inhabit *them;* and they shall plant vineyards, and drink the wine thereof; they shall also make gardens, and eat the fruit of them.

15 And I will plant them upon their land, and they shall no more be pulled up out of their land which I have given them, saith the Lord thy God.

וְהַעֲלֵיתִי עַל־כָּל־מָתְנַ֙יִם֙ שָׂ֔ק וְעַל־כָּל־רֹ֖אשׁ קָרְחָ֑ה וְשַׂמְתִּ֙יהָ֙ כְּאֵ֣בֶל

11 יָחִ֔יד וְאַחֲרִיתָ֖הּ כְּי֣וֹם מָֽר׃ הִנֵּ֣ה ׀ יָמִ֣ים בָּאִ֗ים נְאֻם֙ אֲדֹנָ֣י יְהוִ֔ה וְהִשְׁלַחְתִּ֥י רָעָ֖ב בָּאָ֑רֶץ לֹֽא־רָעָ֤ב לַלֶּ֙חֶם֙ וְלֹֽא־צָמָ֣א לַמַּ֔יִם כִּ֣י אִם־

12 לִשְׁמֹ֕עַ אֵ֖ת דִּבְרֵ֥י יְהוָֽה׃ וְנָעוּ֙ מִיָּ֣ם עַד־יָ֔ם וּמִצָּפ֖וֹן וְעַד־מִזְרָ֑ח

13 יְשֽׁוֹטְט֛וּ לְבַקֵּ֥שׁ אֶת־דְּבַר־יְהוָ֖ה וְלֹ֥א יִמְצָֽאוּ׃ בַּיּ֨וֹם הַה֜וּא תִּֽתְעַלַּ֗פְנָה

14 הַבְּתוּלֹ֧ת הַיָּפ֛וֹת וְהַבַּחוּרִ֖ים בַּצָּמָֽא׃ הַנִּשְׁבָּעִים֙ בְּאַשְׁמַ֣ת שֹֽׁמְר֔וֹן וְאָמְר֗וּ חֵ֤י אֱלֹהֶ֙יךָ֙ דָּ֔ן וְחֵ֖י דֶּ֣רֶךְ בְּאֵֽר־שָׁ֑בַע וְנָפְל֖וּ וְלֹא־יָק֥וּמוּ

9 1 עֽוֹד׃ רָאִ֤יתִי אֶת־אֲדֹנָי֙ נִצָּ֣ב עַֽל־הַמִּזְבֵּ֔חַ וַיֹּ֙אמֶר֙ הַ֤ךְ הַכַּפְתּוֹר֙ וְיִרְעֲשׁ֣וּ הַסִּפִּ֔ים וּבְצַ֖עַם בְּרֹ֣אשׁ כֻּלָּ֑ם וְאַחֲרִיתָ֖ם בַּחֶ֣רֶב

2 אֶהֱרֹ֑ג לֹֽא־יָנ֤וּס לָהֶם֙ נָ֔ס וְלֹֽא־יִמָּלֵ֥ט לָהֶ֖ם פָּלִֽיט׃ אִם־יַחְתְּר֣וּ בִשְׁא֔וֹל

3 מִשָּׁ֖ם יָדִ֣י תִקָּחֵ֑ם וְאִם־יַֽעֲלוּ֙ הַשָּׁמַ֔יִם מִשָּׁ֖ם אוֹרִידֵֽם׃ וְאִם־יֵחָ֙בְאוּ֙ בְּרֹ֣אשׁ הַכַּרְמֶ֔ל מִשָּׁ֥ם אֲחַפֵּ֖שׂ וּלְקַחְתִּ֑ים וְאִם־יִסָּתְר֤וּ מִנֶּ֙גֶד֙ עֵינַ֔י

4A 4 בְּקַרְקַ֣ע הַיָּ֔ם מִשָּׁ֛ם אֲצַוֶּ֥ה אֶת־הַנָּחָ֖שׁ וּנְשָׁכָֽם׃ וְאִם־יֵלְכ֤וּ בַשְּׁבִי֙ לִפְנֵ֣י אֹֽיְבֵיהֶ֔ם מִשָּׁ֛ם אֲצַוֶּ֥ה אֶת־הַחֶ֖רֶב וַהֲרָגָ֑תַם וְשַׂמְתִּ֙י עֵינִ֧י עֲלֵיהֶ֛ם

5 לְרָעָ֖ה וְלֹ֥א לְטוֹבָֽה׃ וַאדֹנָ֤י יְהוִה֙ הַצְּבָא֔וֹת הַנּוֹגֵ֤עַ בָּאָ֙רֶץ֙ וַתָּמ֔וֹג וְאָבְל֖וּ כָּל־י֣וֹשְׁבֵי בָ֑הּ וְעָלְתָ֤ה כַיְאֹר֙ כֻּלָּ֔הּ וְשָׁקְעָ֖ה כִּיאֹ֥ר מִצְרָֽיִם׃

6 הַבּוֹנֶ֤ה בַשָּׁמַ֙יִם֙ מַעֲלוֹתָ֔ו וַאֲגֻדָּת֖וֹ עַל־אֶ֣רֶץ יְסָדָ֑הּ הַקֹּרֵ֣א לְמֵֽי־הַיָּ֗ם   מַעֲלוֹתָֽיו

7 וַֽיִּשְׁפְּכֵ֛ם עַל־פְּנֵ֥י הָאָ֖רֶץ יְהוָ֣ה שְׁמֽוֹ׃ הֲל֣וֹא כִבְנֵי֩ כֻשִׁיִּ֨ים אַתֶּ֥ם לִ֛י בְּנֵ֥י יִשְׂרָאֵ֖ל נְאֻם־יְהוָ֑ה הֲל֣וֹא אֶת־יִשְׂרָאֵ֗ל הֶעֱלֵ֙יתִי֙ מֵאֶ֣רֶץ מִצְרַ֔יִם

8 וּפְלִשְׁתִּיִּ֥ים מִכַּפְתּ֖וֹר וַאֲרָ֥ם מִקִּֽיר׃ הִנֵּ֞ה עֵינֵ֣י ׀ אֲדֹנָ֣י יְהוִ֗ה בַּמַּמְלָכָה֙ הַֽחַטָּאָ֔ה וְהִשְׁמַדְתִּ֣י אֹתָ֔הּ מֵעַ֖ל פְּנֵ֣י הָאֲדָמָ֑ה אֶ֗פֶס כִּ֣י לֹ֤א הַשְׁמֵ֣יד

9 אַשְׁמִ֞יד אֶת־בֵּ֤ית יַעֲקֹב֙ נְאֻם־יְהוָֽה׃ כִּֽי־הִנֵּ֤ה אָֽנֹכִי֙ מְצַוֶּ֔ה וַהֲנִע֥וֹתִי בְכָֽל־הַגּוֹיִם֙ אֶת־בֵּ֣ית יִשְׂרָאֵ֔ל כַּאֲשֶׁ֤ר יִנּ֙וֹעַ֙ בַּכְּבָרָ֔ה וְלֹֽא־יִפּ֥וֹל צְר֖וֹר

10 אָֽרֶץ׃ בַּחֶ֣רֶב יָמ֔וּתוּ כֹּ֖ל חַטָּאֵ֣י עַמִּ֑י הָאֹמְרִ֗ים לֹֽא־תַגִּ֧ישׁ וְתַקְדִּ֛ים

11 בַּעֲדֵ֖ינוּ הָרָעָֽה׃ בַּיּ֣וֹם הַה֔וּא אָקִ֛ים אֶת־סֻכַּ֥ת דָּוִ֖יד הַנֹּפֶ֑לֶת וְגָדַרְתִּ֣י

12 אֶת־פִּרְצֵיהֶ֗ן וַהֲרִֽסֹתָיו֙ אָקִ֔ים וּבְנִיתִ֖יהָ כִּימֵ֥י עוֹלָֽם׃ לְמַ֙עַן֙ יִֽירְשׁ֣וּ אֶת־ שְׁאֵרִ֣ית אֱד֔וֹם וְכָל־הַגּוֹיִ֔ם אֲשֶׁר־נִקְרָ֥א שְׁמִ֖י עֲלֵיהֶ֑ם נְאֻם־יְהוָ֖ה עֹ֥שֶׂה זֹּֽאת׃

13 הִנֵּ֙ה יָמִ֤ים בָּאִים֙ נְאֻם־יְהוָ֔ה וְנִגַּ֤שׁ חוֹרֵשׁ֙ בַּקֹּצֵ֔ר וְדֹרֵ֥ךְ עֲנָבִ֖ים בְּמֹשֵׁ֣ךְ

14 הַזָּ֑רַע וְהִטִּ֤יפוּ הֶֽהָרִים֙ עָסִ֔יס וְכָל־הַגְּבָע֖וֹת תִּתְמוֹגַֽגְנָה׃ וְשַׁבְתִּי֙ אֶת־ שְׁב֣וּת עַמִּ֣י יִשְׂרָאֵ֔ל וּבָנ֞וּ עָרִ֤ים נְשַׁמּוֹת֙ וְיָשָׁ֔בוּ וְנָטְע֣וּ כְרָמִ֔ים וְשָׁת֖וּ אֶת־

15 יֵינָ֑ם וְעָשׂ֣וּ גַנּ֔וֹת וְאָכְל֖וּ אֶת־פְּרִיהֶֽם׃ וּנְטַעְתִּ֖ים עַל־אַדְמָתָ֑ם וְלֹ֣א יִנָּתְשׁ֗וּ ע֚וֹד מֵעַ֣ל אַדְמָתָ֔ם אֲשֶׁ֥ר נָתַ֖תִּי לָהֶ֑ם אָמַ֖ר יְהוָ֥ה אֱלֹהֶֽיךָ׃

OBADIAH

1 The vision of Obadiah. Thus saith the Lord God concerning Edom; We have heard a rumour from the Lord, and an ambassador is sent among the heathen, Arise ye, and let us rise up against her in battle.

2 Behold, I have made thee small among the heathen: thou art greatly despised.

3 ¶ The pride of thine heart hath deceived thee, thou that dwellest in the clefts of the rock, whose habitation *is* high; that saith in his heart, Who shall bring me down to the ground?

4 Though thou exalt *thyself* as the eagle, and though thou set thy nest among the stars, thence will I bring thee down, saith the Lord.

5 If thieves came to thee, if robbers by night, (how art thou cut off!) would they not have stolen till they had enough? if the grapegatherers came to thee, would they not leave *some* grapes?

6 How are *the things* of Esau searched out! *how* are his hidden things sought up!

7 All the men of thy confederacy have brought thee *even* to the border: the men that were at peace with thee have deceived thee, *and* prevailed against thee; *they that eat* thy bread have laid a wound under thee: *there is* none understanding in him.

8 Shall I not in that day, saith the Lord, even destroy the wise *men* out of Edom, and understanding out of the mount of Esau?

9 And thy mighty *men,* O Teman, shall be dismayed, to the end that every one of the mount of Esau may be cut off by slaughter.

10 ¶ For *thy* violence against thy brother Jacob shame shall cover thee, and thou shalt be cut off for ever.

11 In the day that thou stoodest on the other side, in the day that the strangers carried away captive his forces, and foreigners entered into his gates, and cast lots upon Jerusalem, even thou *wast* as one of them.

12 But thou shouldest not have looked on the day of thy brother in the day that he became a stranger; neither shouldest thou have rejoiced over the children of Judah in the day of their destruction; neither shouldest thou have spoken proudly in the day of distress.

13 Thou shouldest not have entered into the gate of my people in the day of their calamity; yea, thou shouldest not have looked on their affliction in the day of their calamity, nor have laid *hands* on their substance in the day of their calamity;

14 Neither shouldest thou have stood in the crossway, to cut off those of his that did escape; neither shouldest thou have delivered up those of his that did remain in the day of distress.

15 For the day of the Lord *is* near upon all the heathen: as thou hast done, it shall be done unto thee: thy reward shall return upon thine own head.

16 For as ye have drunk upon my holy mountain, *so* shall all the heathen drink continually, yea, they shall drink, and they shall swallow down, and they shall be as though they had not been.

17 ¶ But upon mount Zion shall be deliverance, and there shall be holiness; and the house of Jacob shall possess their possessions.

18 And the house of Jacob shall be a fire, and the house of Joseph a flame, and the house of Esau for stubble, and they shall kindle in them, and devour them; and there shall not be *any* remaining of the house of Esau; for the Lord hath spoken *it.*

19 And *they of* the south shall possess the mount of Esau; and *they of* the plain the Philistines: and they shall possess the fields of Ephraim, and the fields of Samaria: and Benjamin *shall possess* Gilead.

20 And the captivity of this host of the children of Israel *shall possess* that of the Canaanites, *even* unto Zarephath; and the captivity of Jerusalem, which *is* in Sepharad, shall possess the cities of the south.

21 And saviours shall come up on mount Zion to judge the mount of Esau; and the kingdom shall be the Lord's.

עובדיה

1 חֲזוֹן עֹבַדְיָה כֹּה־אָמַר אֲדֹנָי יְהוִֹה לֶאֱדוֹם שְׁמוּעָה שָׁמַעְנוּ מֵאֵת

2 יְהוָה וְצִיר בַּגּוֹיִם שֻׁלָּח קוּמוּ וְנָקוּמָה עָלֶיהָ לַמִּלְחָמָה: הִנֵּה קָטֹן

3 נְתַתִּיךָ בַּגּוֹיִם בָּזוּי אַתָּה מְאֹד: זְדוֹן לִבְּךָ הִשִּׁיאֶךָ שֹׁכְנִי בְחַגְוֵי־סֶלַע

4 מְרוֹם שִׁבְתּוֹ אֹמֵר בְּלִבּוֹ מִי יוֹרִדֵנִי אָרֶץ: אִם־תַּגְבִּיהַּ כַּנֶּשֶׁר וְאִם־בֵּין

5 כּוֹכָבִים שִׂים קִנֶּךָ מִשָּׁם אוֹרִידְךָ נְאֻם־יְהוָה: אִם־גַּנָּבִים בָּאוּ־לְךָ

אִם־שׁוֹדְדֵי לַיְלָה אֵיךְ נִדְמֵיתָה הֲלוֹא יִגְנְבוּ דַּיָּם אִם־בֹּצְרִים בָּאוּ

6 לָךְ הֲלוֹא יַשְׁאִירוּ עֹלֵלוֹת: אֵיךְ נֶחְפְּשׂוּ עֵשָׂו נִבְעוּ מַצְפֻּנָיו: עַד־

7 הַגְּבוּל שִׁלְּחוּךָ כֹּל אַנְשֵׁי בְרִיתֶךָ הִשִּׁיאוּךָ יָכְלוּ לְךָ אַנְשֵׁי שְׁלֹמֶךָ

8 לַחְמְךָ יָשִׂימוּ מָזוֹר תַּחְתֶּיךָ אֵין תְּבוּנָה בּוֹ: הֲלוֹא בַּיּוֹם הַהוּא נְאֻם־

9 יְהוָה וְהַאֲבַדְתִּי חֲכָמִים מֵאֱדוֹם וּתְבוּנָה מֵהַר עֵשָׂו: וְחַתּוּ גִבּוֹרֶיךָ

10 תֵימָן לְמַעַן יִכָּרֶת־אִישׁ מֵהַר עֵשָׂו מִקָּטֶל: מֵחֲמַס אָחִיךָ יַעֲקֹב

11 תְּכַסְּךָ בוּשָׁה וְנִכְרַתָּ לְעוֹלָם: בְּיוֹם עֲמָדְךָ מִנֶּגֶד בְּיוֹם שְׁבוֹת זָרִים

חֵילוֹ וְנָכְרִים בָּאוּ שְׁעָרָו וְעַל־יְרוּשָׁלַ͏ִם יַדּוּ גוֹרָל גַּם־אַתָּה כְּאַחַד

שְׁעָרָיו

12 מֵהֶם: וְאַל־תֵּרֶא בְיוֹם־אָחִיךָ בְּיוֹם נָכְרוֹ וְאַל־תִּשְׂמַח לִבְנֵי־יְהוּדָה

13 בְּיוֹם אָבְדָם וְאַל־תַּגְדֵּל פִּיךָ בְּיוֹם צָרָה: אַל־תָּבוֹא בְשַׁעַר־עַמִּי בְּיוֹם

אֵידָם אַל־תֵּרֶא גַם־אַתָּה בְּרָעָתוֹ בְּיוֹם אֵידוֹ וְאַל־תִּשְׁלַחְנָה בְחֵילוֹ

14 בְּיוֹם אֵידוֹ: וְאַל־תַּעֲמֹד עַל־הַפֶּרֶק לְהַכְרִית אֶת־פְּלִיטָיו וְאַל־תַּסְגֵּר

15 שְׂרִידָיו בְּיוֹם צָרָה: כִּי־קָרוֹב יוֹם־יְהוָה עַל־כָּל־הַגּוֹיִם כַּאֲשֶׁר עָשִׂיתָ

16 יֵעָשֶׂה לָּךְ גְּמֻלְךָ יָשׁוּב בְּרֹאשֶׁךָ: כִּי כַּאֲשֶׁר שְׁתִיתֶם עַל־הַר קָדְשִׁי

17 יִשְׁתּוּ כָל־הַגּוֹיִם תָּמִיד וְשָׁתוּ וְלָעוּ וְהָיוּ כְּלוֹא הָיוּ: וּבְהַר צִיּוֹן תִּהְיֶה

18 פְלֵיטָה וְהָיָה קֹדֶשׁ וְיָרְשׁוּ בֵּית יַעֲקֹב אֵת מוֹרָשֵׁיהֶם: וְהָיָה בֵית־

יַעֲקֹב אֵשׁ וּבֵית יוֹסֵף לֶהָבָה וּבֵית עֵשָׂו לְקַשׁ וְדָלְקוּ בָהֶם וַאֲכָלוּם

19 וְלֹא־יִהְיֶה שָׂרִיד לְבֵית עֵשָׂו כִּי יְהוָה דִּבֵּר: וְיָרְשׁוּ הַנֶּגֶב אֶת־הַר

עֵשָׂו וְהַשְּׁפֵלָה אֶת־פְּלִשְׁתִּים וְיָרְשׁוּ אֶת־שְׂדֵה אֶפְרַיִם וְאֵת שְׂדֵה

20 שֹׁמְרוֹן וּבִנְיָמִן אֶת־הַגִּלְעָד: וְגָלֻת הַחֵל־הַזֶּה לִבְנֵי יִשְׂרָאֵל אֲשֶׁר־

כְּנַעֲנִים עַד־צָרְפַת וְגָלֻת יְרוּשָׁלַ͏ִם אֲשֶׁר בִּסְפָרַד יִרְשׁוּ אֵת עָרֵי

21 הַנֶּגֶב: וְעָלוּ מוֹשִׁעִים בְּהַר צִיּוֹן לִשְׁפֹּט אֶת־הַר עֵשָׂו וְהָיְתָה לַיהוָה

הַמְּלוּכָה:

JONAH

CHAPTER 1

1 Now the word of the Lord came unto Jonah the son of Amittai, saying,

2 Arise, go to Nineveh, that great city, and cry against it; for their wickedness is come up before me.

3 But Jonah rose up to flee unto Tarshish from the presence of the Lord, and went down to Joppa; and he found a ship going to Tarshish: so he paid the fare thereof, and went down into it, to go with them unto Tarshish from the presence of the Lord.

4 ¶ But the Lord sent out a great wind into the sea, and there was a mighty tempest in the sea, so that the ship was like to be broken.

5 Then the mariners were afraid, and cried every man unto his god, and cast forth the wares that *were* in the ship into the sea, to lighten *it* of them. But Jonah was gone down into the sides of the ship; and he lay, and was fast asleep.

6 So the shipmaster came to him, and said unto him, What meanest thou, O sleeper? arise, call upon thy God, if so be that God will think upon us, that we perish not.

7 And they said every one to his fellow, Come, and let us cast lots, that we may know for whose cause this evil *is* upon us. So they cast lots, and the lot fell upon Jonah.

8 Then said they unto him, Tell us, we pray thee, for whose cause this evil *is* upon us; What *is* thine occupation? and whence comest thou? what *is* thy country? and of what people *art* thou?

9 And he said unto them, I *am* an Hebrew; and I fear the Lord, the God of heaven, which hath made the sea and the dry *land*.

10 Then were the men exceedingly afraid, and said unto him, Why hast thou done this? For the men knew that he fled from the presence of the Lord, because he had told them.

11 ¶ Then said they unto him, What shall we do unto thee, that the sea may be calm unto us? for the sea wrought, and was tempestuous.

12 And he said unto them, Take me up, and cast me forth into the sea; so shall the sea be calm unto you: for I know that for my sake this great tempest *is* upon you.

13 Nevertheless the men rowed hard to bring *it* to the land; but they could not: for the sea wrought, and was tempestuous against them.

14 Wherefore they cried unto the Lord, and said, We beseech thee, O Lord, we beseech thee, let us not perish for this man's life, and lay not upon us innocent blood: for thou, O Lord, hast done as it pleased thee.

15 So they took up Jonah, and cast him forth into the sea: and the sea ceased from her raging.

16 Then the men feared the Lord exceedingly, and offered a sacrifice unto the Lord, and made vows.

17[2:1] ¶ Now the Lord had prepared a great fish to swallow up Jonah. And Jonah was in the belly of the fish three days and three nights.

CHAPTER 2

1[2] Then Jonah prayed unto the Lord his God out of the fish's belly,

2[3] And said, I cried by reason of mine affliction unto the Lord, and he heard me; out of the belly of hell cried I, *and* thou heardest my voice.

3[4] For thou hadst cast me into the deep, in the midst of the seas; and the floods compassed me about: all thy billows and thy waves passed over me.

4[5] Then I said, I am cast out of thy sight; yet I will look again toward thy holy temple.

5[6] The waters compassed me about, *even* to the soul: the depth closed me round about, the weeds were wrapped about my head.

יונה

1 וַיְהִי דְּבַר־יְהוָה אֶל־יוֹנָה בֶן־אֲמִתַּי לֵאמֹר: ק֥וּם לֵ֛ךְ אֶל־נִֽינְוֵ֖ה הָעִ֣יר

2

3 הַגְּדוֹלָ֑ה וּקְרָ֣א עָלֶ֔יהָ כִּֽי־עָלְתָ֥ה רָעָתָ֖ם לְפָנָֽי: וַיָּ֤קָם יוֹנָה֙ לִבְרֹ֣חַ

3A

תַּרְשִׁ֙ישָׁה֙ מִלִּפְנֵ֣י יְהוָ֔ה וַיֵּ֥רֶד יָפ֗וֹ וַיִּמְצָ֤א אֳנִיָּה֙ ׀ בָּאָ֣ה תַרְשִׁ֔ישׁ וַיִּתֵּ֙ן

4 שְׂכָרָ֜הּ וַיֵּ֤רֶד בָּהּ֙ לָב֤וֹא עִמָּהֶם֙ תַּרְשִׁ֔ישָׁה מִלִּפְנֵ֖י יְהוָֽה: וַֽיהוָ֗ה הֵטִ֤יל

רֽוּחַ־גְּדוֹלָה֙ אֶל־הַיָּ֔ם וַיְהִ֥י סַֽעַר־גָּד֖וֹל בַּיָּ֑ם וְהָ֣אֳנִיָּ֔ה חִשְּׁבָ֖ה לְהִשָּׁבֵֽר:

5 וַיִּֽירְא֣וּ הַמַּלָּחִ֗ים וַֽיִּזְעֲקוּ֘ אִ֣ישׁ אֶל־אֱלֹהָיו֒ וַיָּטִ֣לוּ אֶת־הַכֵּלִ֗ים אֲשֶׁ֤ר

בָּֽאֳנִיָּה֙ אֶל־הַיָּ֔ם לְהָקֵ֖ל מֵֽעֲלֵיהֶ֑ם וְיוֹנָ֗ה יָרַד֙ אֶל־יַרְכְּתֵ֣י הַסְּפִינָ֔ה

6 וַיִּשְׁכַּ֖ב וַיֵּֽרָדַֽם: וַיִּקְרַ֤ב אֵלָיו֙ רַ֣ב הַחֹבֵ֔ל וַיֹּ֥אמֶר ל֖וֹ מַה־לְּךָ֣ נִרְדָּ֑ם ק֚וּם

7 קְרָ֣א אֶל־אֱלֹהֶ֔יךָ אוּלַ֞י יִתְעַשֵּׁ֧ת הָאֱלֹהִ֛ים לָ֖נוּ וְלֹ֥א נֹאבֵֽד: וַיֹּאמְר֞וּ

אִ֣ישׁ אֶל־רֵעֵ֗הוּ לְכוּ֙ וְנַפִּ֣ילָה גֽוֹרָל֔וֹת וְנֵ֣דְעָ֔ה בְּשֶׁלְּמִ֛י הָרָעָ֥ה הַזֹּ֖את

8 לָ֑נוּ וַיַּפִּ֙לוּ֙ גּֽוֹרָל֔וֹת וַיִּפֹּ֥ל הַגּוֹרָ֖ל עַל־יוֹנָֽה: וַיֹּאמְר֣וּ אֵלָ֔יו הַגִּֽידָה־נָּ֣א

לָ֔נוּ בַּאֲשֶׁ֛ר לְמִֽי־הָרָעָ֥ה הַזֹּ֖את לָ֑נוּ מַה־מְּלַאכְתְּךָ֙ וּמֵ֣אַ֣יִן תָּב֔וֹא מָ֣ה

9 אַרְצֶ֔ךָ וְאֵֽי־מִזֶּ֥ה עַ֖ם אָֽתָּה: וַיֹּ֥אמֶר אֲלֵיהֶ֖ם עִבְרִ֣י אָנֹ֑כִי וְאֶת־יְהוָ֞ה

10 אֱלֹהֵ֤י הַשָּׁמַ֙יִם֙ אֲנִ֣י יָרֵ֔א אֲשֶׁר־עָשָׂ֥ה אֶת־הַיָּ֖ם וְאֶת־הַיַּבָּשָֽׁה: וַיִּֽירְא֤וּ

הָֽאֲנָשִׁים֙ יִרְאָ֣ה גְדוֹלָ֔ה וַיֹּאמְר֥וּ אֵלָ֖יו מַה־זֹּ֣את עָשִׂ֑יתָ כִּֽי־יָדְע֣וּ

11 הָאֲנָשִׁ֗ים כִּֽי־מִלִּפְנֵ֤י יְהוָה֙ ה֣וּא בֹרֵ֔חַ כִּ֥י הִגִּ֖יד לָהֶֽם: וַיֹּאמְר֤וּ אֵלָיו֙

12 מַה־נַּ֣עֲשֶׂה לָּ֔ךְ וְיִשְׁתֹּ֥ק הַיָּ֖ם מֵֽעָלֵ֑ינוּ כִּ֥י הַיָּ֖ם הוֹלֵ֥ךְ וְסֹעֵֽר: וַיֹּ֣אמֶר

אֲלֵיהֶ֗ם שָׂא֙וּנִי֙ וַהֲטִילֻ֣נִי אֶל־הַיָּ֔ם וְיִשְׁתֹּ֥ק הַיָּ֖ם מֵֽעֲלֵיכֶ֑ם כִּ֚י יוֹדֵ֣עַ אָ֔נִי

13 כִּ֣י בְשֶׁלִּ֔י הַסַּ֧עַר הַגָּד֛וֹל הַזֶּ֖ה עֲלֵיכֶֽם: וַיַּחְתְּר֣וּ הָאֲנָשִׁ֗ים לְהָשִׁ֛יב אֶל־

14 הַיַּבָּשָׁ֖ה וְלֹ֣א יָכֹ֑לוּ כִּ֣י הַיָּ֔ם הוֹלֵ֥ךְ וְסֹעֵ֖ר עֲלֵיהֶֽם: וַיִּקְרְא֨וּ אֶל־יְהוָ֜ה

וַיֹּאמְר֗וּ אָנָּ֤ה יְהוָה֙ אַל־נָ֣א נֹאבְדָ֗ה בְּנֶ֙פֶשׁ֙ הָאִ֣ישׁ הַזֶּ֔ה וְאַל־תִּתֵּ֥ן

15 עָלֵ֖ינוּ דָּ֣ם נָקִ֑יא כִּֽי־אַתָּ֣ה יְהוָ֔ה כַּאֲשֶׁ֥ר חָפַ֖צְתָּ עָשִֽׂיתָ: וַיִּשְׂא֙וּ֙ אֶת־

16 יוֹנָ֔ה וַיְטִלֻ֖הוּ אֶל־הַיָּ֑ם וַיַּעֲמֹ֥ד הַיָּ֖ם מִזַּעְפּֽוֹ: וַיִּֽירְא֧וּ הָאֲנָשִׁ֛ים יִרְאָ֥ה

2 גְדוֹלָ֖ה אֶת־יְהוָ֑ה וַיִּזְבְּחוּ־זֶ֙בַח֙ לַֽיהוָ֔ה וַֽיִּדְּר֖וּ נְדָרִֽים: וַיְמַ֤ן יְהוָה֙ דָּ֣ג

1 גָּד֔וֹל לִבְלֹ֖עַ אֶת־יוֹנָ֑ה וַיְהִ֤י יוֹנָה֙ בִּמְעֵ֣י הַדָּ֔ג שְׁלֹשָׁ֥ה יָמִ֖ים וּשְׁלֹשָׁ֥ה

2 לֵילֽוֹת: וַיִּתְפַּלֵּ֣ל יוֹנָ֔ה אֶל־יְהוָ֖ה אֱלֹהָ֑יו מִמְּעֵ֖י הַדָּגָֽה: וַיֹּ֗אמֶר קָ֠רָ֠אתִי

3

מִצָּ֥רָה לִ֛י אֶל־יְהוָ֖ה וַֽיַּעֲנֵ֑נִי מִבֶּ֧טֶן שְׁא֛וֹל שִׁוַּ֖עְתִּי שָׁמַ֥עְתָּ קוֹלִֽי:

4 וַתַּשְׁלִיכֵ֤נִי מְצוּלָה֙ בִּלְבַ֣ב יַמִּ֔ים וְנָהָ֖ר יְסֹבְבֵ֑נִי כָּל־מִשְׁבָּרֶ֥יךָ וְגַלֶּ֖יךָ עָלַ֥י

5 עָבָֽרוּ: וַאֲנִ֣י אָמַ֔רְתִּי נִגְרַ֖שְׁתִּי מִנֶּ֣גֶד עֵינֶ֑יךָ אַ֚ךְ אוֹסִ֣יף לְהַבִּ֔יט אֶל־

6 הֵיכַ֖ל קָדְשֶֽׁךָ: אֲפָפ֤וּנִי מַ֙יִם֙ עַד־נֶ֔פֶשׁ תְּה֖וֹם יְסֹבְבֵ֑נִי ס֖וּף חָב֥וּשׁ

6[7] I went down to the bottoms of the mountains; the earth with her bars *was* about me for ever: yet hast thou brought up my life from corruption, O LORD my God.

7[8] When my soul fainted within me I remembered the LORD: and my prayer came in unto thee, into thine holy temple.

8[9] They that observe lying vanities forsake their own mercy.

9[10] But I will sacrifice unto thee with the voice of thanksgiving; I will pay *that* that I have vowed. Salvation *is* of the LORD.

10[11] ¶ And the LORD spake unto the fish, and it vomited out Jonah upon the dry *land*.

CHAPTER 3

1 And the word of the LORD came unto Jonah the second time, saying,

2 Arise, go unto Nineveh, that great city, and preach unto it the preaching that I bid thee.

3 So Jonah arose, and went unto Nineveh, according to the word of the LORD. Now Nineveh was an exceeding great city of three days' journey.

4 And Jonah began to enter into the city a day's journey, and he cried, and said, Yet forty days, and Nineveh shall be overthrown.

5 ¶ So the people of Nineveh believed God, and proclaimed a fast, and put on sackcloth, from the greatest of them even to the least of them.

6 For word came unto the king of Nineveh, and he arose from his throne, and he laid his robe from him, and covered *him* with sackcloth, and sat in ashes.

7 And he caused *it* to be proclaimed and published through Nineveh by the decree of the king and his nobles, saying, Let neither man nor beast, herd nor flock, taste any thing: let them not feed, nor drink water:

8 But let man and beast be covered with sackcloth, and cry mightily unto God: yea, let them turn every one from his evil way, and from the violence that *is* in their hands.

9 Who can tell *if* God will turn and repent, and turn away from his fierce anger, that we perish not?

10 ¶ And God saw their works, that they turned from their evil way; and God repented of the evil, that he had said that he would do unto them; and he did *it* not.

CHAPTER 4

1 But it displeased Jonah exceedingly, and he was very angry.

2 And he prayed unto the LORD, and said, I pray thee, O LORD, *was* not this my saying, when I was yet in my country? Therefore I fled before unto Tarshish: for I knew that thou *art* a gracious God, and merciful, slow to anger, and of great kindness, and repentest thee of the evil.

3 Therefore now, O LORD, take, I beseech thee, my life from me; for *it is* better for me to die than to live.

4 ¶ Then said the LORD, Doest thou well to be angry?

5 So Jonah went out of the city, and sat on the east side of the city, and there made him a booth, and sat under it in the shadow, till he might see what would become of the city.

6 And the LORD God prepared a gourd, and made *it* to come up over Jonah, that it might be a shadow over his head, to deliver him from his grief. So Jonah was exceeding glad of the gourd.

7 But God prepared a worm when the morning rose the next day, and it smote the gourd that it withered.

8 And it came to pass, when the sun did arise, that God prepared a vehement east wind; and the sun beat upon the head of Jonah, that he fainted, and wished in himself to die, and said, *It is* better for me to die than to live.

9 And God said to Jonah, Doest thou well to be angry for the gourd? And he said, I do well to be angry, *even* unto death.

10 Then said the LORD, Thou hast had pity on the gourd, for the which thou hast not laboured, neither madest it grow; which came up in a night, and perished in a night:

7 לְרָאשֵׁי: לְקִצְבֵי הָרִים יָרַדְתִּי הָאָרֶץ בְּרִחֶיהָ בַעֲדִי לְעוֹלָם וַתַּעַל

8 מִשַּׁחַת חַיַּי יְהוָה אֱלֹהָי: בְּהִתְעַטֵּף עָלַי נַפְשִׁי אֶת־יְהוָה זָכָרְתִּי

9 וַתָּבוֹא אֵלֶיךָ תְּפִלָּתִי אֶל־הֵיכַל קָדְשֶׁךָ: מְשַׁמְּרִים הַבְלֵי־שָׁוְא חַסְדָּם

10 יַעֲזֹבוּ: וַאֲנִי בְּקוֹל תּוֹדָה אֶזְבְּחָה־לָּךְ אֲשֶׁר נָדַרְתִּי אֲשַׁלֵּמָה יְשׁוּעָתָה

11 לַיהוָה: וַיֹּאמֶר יְהוָה לַדָּג וַיָּקֵא אֶת־יוֹנָה אֶל־
הַיַּבָּשָׁה:

3
1 וַיְהִי דְבַר־יְהוָה אֶל־יוֹנָה שֵׁנִית לֵאמֹר: קוּם לֵךְ אֶל־נִינְוֵה הָעִיר
2A
2 הַגְּדוֹלָה וּקְרָא אֵלֶיהָ אֶת־הַקְּרִיאָה אֲשֶׁר אָנֹכִי דֹּבֵר אֵלֶיךָ: וַיָּקָם

3 יוֹנָה וַיֵּלֶךְ אֶל־נִינְוֵה כִּדְבַר יְהוָה וְנִינְוֵה הָיְתָה עִיר־גְּדוֹלָה לֵאלֹהִים

4 מַהֲלַךְ שְׁלֹשֶׁת יָמִים: וַיָּחֶל יוֹנָה לָבוֹא בָעִיר מַהֲלַךְ יוֹם אֶחָד

5 וַיִּקְרָא וַיֹּאמַר עוֹד אַרְבָּעִים יוֹם וְנִינְוֵה נֶהְפָּכֶת: וַיַּאֲמִינוּ אַנְשֵׁי

6 נִינְוֵה בֵּאלֹהִים וַיִּקְרְאוּ־צוֹם וַיִּלְבְּשׁוּ שַׂקִּים מִגְּדוֹלָם וְעַד־קְטַנָּם:

6 וַיִּגַּע הַדָּבָר אֶל־מֶלֶךְ נִינְוֵה וַיָּקָם מִכִּסְאוֹ וַיַּעֲבֵר אַדַּרְתּוֹ מֵעָלָיו
6A

7 וַיְכַס שַׂק וַיֵּשֶׁב עַל־הָאֵפֶר: וַיַּזְעֵק וַיֹּאמֶר בְּנִינְוֵה מִטַּעַם הַמֶּלֶךְ

8 וּגְדֹלָיו לֵאמֹר הָאָדָם וְהַבְּהֵמָה הַבָּקָר וְהַצֹּאן אַל־יִטְעֲמוּ מְאוּמָה

אַל־יִרְעוּ וּמַיִם אַל־יִשְׁתּוּ: וְיִתְכַּסּוּ שַׂקִּים הָאָדָם וְהַבְּהֵמָה וְיִקְרְאוּ

9 אֶל־אֱלֹהִים בְּחָזְקָה וְיָשֻׁבוּ אִישׁ מִדַּרְכּוֹ הָרָעָה וּמִן־הֶחָמָס אֲשֶׁר

בְּכַפֵּיהֶם: מִי־יוֹדֵעַ יָשׁוּב וְנִחַם הָאֱלֹהִים וְשָׁב מֵחֲרוֹן אַפּוֹ וְלֹא

10 נֹאבֵד: וַיַּרְא הָאֱלֹהִים אֶת־מַעֲשֵׂיהֶם כִּי־שָׁבוּ מִדַּרְכָּם הָרָעָה וַיִּנָּחֶם

4
1 הָאֱלֹהִים עַל־הָרָעָה אֲשֶׁר־דִּבֶּר לַעֲשׂוֹת־לָהֶם וְלֹא עָשָׂה: וַיֵּרַע אֶל־

2 יוֹנָה רָעָה גְדוֹלָה וַיִּחַר לוֹ: וַיִּתְפַּלֵּל אֶל־יְהוָה וַיֹּאמַר אָנָּה יְהוָה

הֲלוֹא־זֶה דְבָרִי עַד־הֱיוֹתִי עַל־אַדְמָתִי עַל־כֵּן קִדַּמְתִּי לִבְרֹחַ

תַּרְשִׁישָׁה כִּי יָדַעְתִּי כִּי אַתָּה אֵל־חַנּוּן וְרַחוּם אֶרֶךְ אַפַּיִם וְרַב־

3 חֶסֶד וְנִחָם עַל־הָרָעָה: וְעַתָּה יְהוָה קַח־נָא אֶת־נַפְשִׁי מִמֶּנִּי כִּי

4 טוֹב מוֹתִי מֵחַיָּי: וַיֹּאמֶר יְהוָה הַהֵיטֵב חָרָה לָךְ:

5 וַיֵּצֵא יוֹנָה מִן־הָעִיר וַיֵּשֶׁב מִקֶּדֶם לָעִיר וַיַּעַשׂ לוֹ שָׁם סֻכָּה וַיֵּשֶׁב

6 תַּחְתֶּיהָ בַּצֵּל עַד אֲשֶׁר יִרְאֶה מַה־יִּהְיֶה בָּעִיר: וַיְמַן יְהוָה־אֱלֹהִים

קִיקָיוֹן וַיַּעַל מֵעַל לְיוֹנָה לִהְיוֹת צֵל עַל־רֹאשׁוֹ לְהַצִּיל לוֹ מֵרָעָתוֹ

7 וַיִּשְׂמַח יוֹנָה עַל־הַקִּיקָיוֹן שִׂמְחָה גְדוֹלָה: וַיְמַן הָאֱלֹהִים תּוֹלַעַת

8 בַּעֲלוֹת הַשַּׁחַר לַמָּחֳרָת וַתַּךְ אֶת־הַקִּיקָיוֹן וַיִּיבָשׁ: וַיְהִי כִּזְרֹחַ

הַשֶּׁמֶשׁ וַיְמַן אֱלֹהִים רוּחַ קָדִים חֲרִישִׁית וַתַּךְ הַשֶּׁמֶשׁ עַל־רֹאשׁ

יוֹנָה וַיִּתְעַלָּף וַיִּשְׁאַל אֶת־נַפְשׁוֹ לָמוּת וַיֹּאמֶר טוֹב מוֹתִי מֵחַיָּי:

9 וַיֹּאמֶר אֱלֹהִים אֶל־יוֹנָה הַהֵיטֵב חָרָה־לְךָ עַל־הַקִּיקָיוֹן וַיֹּאמֶר הֵיטֵב

10 חָרָה־לִי עַד־מָוֶת: וַיֹּאמֶר יְהוָה אַתָּה חַסְתָּ עַל־הַקִּיקָיוֹן אֲשֶׁר לֹא־

11 עָמַלְתָּ בּוֹ וְלֹא גִדַּלְתּוֹ שֶׁבִּן־לַיְלָה הָיָה וּבִן־לַיְלָה אָבָד: וַאֲנִי לֹא

11 And should not I spare Nineveh, that great city, wherein are more than sixscore thousand persons that cannot discern between their right hand and their left hand; and *also* much cattle?

MICAH

CHAPTER 1

1 The word of the Lord that came to Micah the Morasthite in the days of Jotham, Ahaz, *and* Hezekiah, kings of Judah, which he saw concerning Samaria and Jerusalem.

2 Hear, all ye people; hearken, O earth, and all that therein is: and let the Lord God be witness against you, the Lord from his holy temple.

3 For, behold, the Lord cometh forth out of his place, and will come down, and tread upon the high places of the earth.

4 And the mountains shall be molten under him, and the valleys shall be cleft, as wax before the fire, *and* as the waters *that are* poured down a steep place.

5 For the transgression of Jacob *is* all this, and for the sins of the house of Israel. What *is* the transgression of Jacob? *is it* not Samaria? and what *are* the high places of Judah? *are they* not Jerusalem?

6 Therefore I will make Samaria as an heap of the field, *and* as plantings of a vineyard: and I will pour down the stones thereof into the valley, and I will discover the foundations thereof.

7 And all the graven images thereof shall be beaten to pieces, and all the hires thereof shall be burned with the fire, and all the idols thereof will I lay desolate: for she gathered *it* of the hire of an harlot, and they shall return to the hire of an harlot.

8 Therefore I will wail and howl, I will go stripped and naked: I will make a wailing like the dragons, and mourning as the owls.

9 For her wound *is* incurable; for it is come unto Judah; he is come unto the gate of my people, *even* to Jerusalem.

10 ¶ Declare ye *it* not at Gath, weep ye not at all: in the house of Aphrah roll thyself in the dust.

11 Pass ye away, thou inhabitant of Saphir, having thy shame naked: the inhabitant of Zaanan came not forth in the mourning of Beth-ezel; he shall receive of you his standing.

12 For the inhabitant of Maroth waited carefully for good: but evil came down from the Lord unto the gate of Jerusalem.

13 O thou inhabitant of Lachish, bind the chariot to the swift beast: she *is* the beginning of the sin to the daughter of Zion: for the transgressions of Israel were found in thee.

14 Therefore shalt thou give presents to Moresheth-gath: the houses of Achzib *shall be* a lie to the kings of Israel.

15 Yet will I bring an heir unto thee, O inhabitant of Mareshah: he shall come unto Adullam the glory of Israel.

16 Make thee bald, and poll thee for thy delicate children; enlarge thy baldness as the eagle; for they are gone into captivity from thee.

CHAPTER 2

1 Woe to them that devise iniquity, and work evil upon their beds! when the morning is light, they practise it, because it is in the power of their hand.

2 And they covet fields, and take *them* by violence; and houses, and take *them* away: so they oppress a man and his house, even a man and his heritage.

3 Therefore thus saith the Lord; Behold, against this family do I devise an evil, from which ye shall not remove your necks; neither shall ye go haughtily: for this time *is* evil.

4 ¶ In that day shall *one* take up a parable against you, and lament with a doleful lamentation, *and* say, We be utterly

אָח֗וֹס עַל־נִֽינְוֵה֙ הָעִ֣יר הַגְּדוֹלָ֔ה אֲשֶׁ֣ר יֶשׁ־בָּ֗הּ הַרְבֵּה֙ מִשְׁתֵּים־
עֶשְׂרֵ֨ה רִבּ֜וֹ אָדָ֗ם אֲשֶׁ֤ר לֹֽא־יָדַע֙ בֵּין־יְמִינ֣וֹ לִשְׂמֹאל֔וֹ וּבְהֵמָ֖ה רַבָּֽה:

מיכה

1 דְּבַר־יְהוָ֣ה ׀ אֲשֶׁ֣ר הָיָ֗ה אֶל־מִיכָה֙ הַמֹּ֣רַשְׁתִּ֔י בִּימֵ֥י יוֹתָ֛ם אָחָ֥ז יְחִזְקִיָּ֖ה
2 מַלְכֵ֣י יְהוּדָ֑ה אֲשֶׁר־חָזָ֥ה עַל־שֹׁמְר֖וֹן וִירֽוּשָׁלִָֽם: שִׁמְע֤וּ עַמִּים֙ כֻּלָּ֔ם
הַקְשִׁ֣יבִי אֶ֖רֶץ וּמְלֹאָ֑הּ וִיהִי֩ אֲדֹנָ֨י יְהוִ֤ה בָּכֶם֙ לְעֵ֔ד אֲדֹנָ֖י מֵהֵיכַ֥ל
3 קָדְשֽׁוֹ: כִּֽי־הִנֵּ֥ה יְהוָ֖ה יֹצֵ֣א מִמְּקוֹמ֑וֹ וְיָרַ֥ד וְדָרַ֖ךְ עַל־בָּ֥מֳותֵי אָֽרֶץ: בָּמֳתֵי
4 וְנָמַ֤סּוּ הֶֽהָרִים֙ תַּחְתָּ֔יו וְהָעֲמָקִ֖ים יִתְבַּקָּ֑עוּ כַּדּוֹנַג֙ מִפְּנֵ֣י הָאֵ֔שׁ כְּמַ֖יִם
5 מֻגָּרִ֥ים בְּמוֹרָֽד: בְּפֶ֤שַׁע יַֽעֲקֹב֙ כָּל־זֹ֔את וּבְחַטֹּ֖אות בֵּ֣ית יִשְׂרָאֵ֑ל מִֽי־
6 פֶ֣שַׁע יַֽעֲקֹ֗ב הֲלוֹא֙ שֹֽׁמְר֔וֹן וּמִ֖י בָּמ֣וֹת יְהוּדָ֑ה הֲל֖וֹא יְרֽוּשָׁלִָֽם: וְשַׂמְתִּ֤י
שֹֽׁמְרוֹן֙ לְעִ֣י הַשָּׂדֶ֔ה לְמַטָּעֵ֖י כָ֑רֶם וְהִגַּרְתִּ֤י לַגַּי֙ אֲבָנֶ֔יהָ וִיסֹדֶ֖יהָ אֲגַלֶּֽה:
7 וְכָל־פְּסִילֶ֣יהָ יֻכַּ֗תּוּ וְכָל־אֶתְנַנֶּ֙יהָ֙ יִשָּׂרְפ֣וּ בָאֵ֔שׁ וְכָל־עֲצַבֶּ֖יהָ אָשִׂ֣ים
8 שְׁמָמָ֑ה כִּ֣י מֵאֶתְנַ֤ן זוֹנָה֙ קִבָּ֔צָה וְעַד־אֶתְנַ֥ן זוֹנָ֖ה יָשֽׁוּבוּ: עַל־זֹאת֙   שׁוֹלָל
אֶסְפְּדָ֣ה וְאֵילִ֔ילָה אֵֽילְכָ֥ה שׁוֹלָ֖ל וְעָר֑וֹם אֶעֱשֶׂ֤ה מִסְפֵּד֙ כַּתַּנִּ֔ים וְאֵ֖בֶל
9 כִּבְנ֥וֹת יַֽעֲנָֽה: כִּ֥י אֲנוּשָׁ֖ה מַכּוֹתֶ֑יהָ כִּי־בָ֙אָה֙ עַד־יְהוּדָ֔ה נָגַ֛ע עַד־שַׁ֥עַר
10 עַמִּ֖י עַד־יְרֽוּשָׁלִָֽם: בְּגַת֙ אַל־תַּגִּ֔ידוּ בָּכ֖וֹ אַל־תִּבְכּ֑וּ בְּבֵ֣ית לְעַפְרָ֔ה
11 עָפָ֖ר הִתְפַּלָּֽשְׁתִּי: עִבְרִ֥י לָכֶ֛ם יוֹשֶׁ֥בֶת שָׁפִ֖יר עֶרְיָה־בֹ֑שֶׁת לֹ֤א יָֽצְאָה֙   הִתְפַּלָּֽשְׁתִּי
12 יוֹשֶׁ֣בֶת צַֽאֲנָ֔ן מִסְפַּד֙ בֵּ֣ית הָאֵ֔צֶל יִקַּ֥ח מִכֶּ֖ם עֶמְדָּתֽוֹ: כִּֽי־חָ֥לָֽה לְט֖וֹב
13 יוֹשֶׁ֣בֶת מָר֑וֹת כִּֽי־יָ֤רַד רָע֙ מֵאֵ֣ת יְהוָ֔ה לְשַׁ֖עַר יְרֽוּשָׁלִָֽם: רְתֹ֧ם
הַמֶּרְכָּבָ֣ה לָרֶ֗כֶשׁ יוֹשֶׁ֙בֶת֙ לָכִ֔ישׁ רֵאשִׁ֥ית חַטָּ֛את הִ֖יא לְבַת־צִיּ֑וֹן כִּי־בָ֥ךְ
14 נִמְצְא֖וּ פִּשְׁעֵ֥י יִשְׂרָאֵֽל: לָכֵן֙ תִּתְּנִ֣י שִׁלּוּחִ֔ים עַ֖ל מוֹרֶ֣שֶׁת גַּ֑ת בָּתֵּ֤י   14A
15 אַכְזִיב֙ לְאַכְזָ֔ב לְמַלְכֵ֖י יִשְׂרָאֵֽל: עֹ֗ד הַיֹּרֵשׁ֙ אָ֣בִי לָ֔ךְ יוֹשֶׁ֖בֶת מָֽרֵשָׁ֑ה   15A
16 עַד־עֲדֻלָּ֥ם יָב֖וֹא כְּב֣וֹד יִשְׂרָאֵֽל: קָרְחִ֣י וָגֹ֗זִּי עַל־בְּנֵ֣י תַּֽעֲנוּגָ֑יִךְ הַרְחִ֤בִי
2 1 קָרְחָתֵךְ֙ כַּנֶּ֔שֶׁר כִּ֥י גָל֖וּ מִמֵּֽךְ:   ה֧וֹי חֹֽשְׁבֵי־אָ֛וֶן וּפֹ֥עֲלֵי רָ֖ע
2 עַל־מִשְׁכְּבוֹתָ֑ם בְּא֤וֹר הַבֹּ֙קֶר֙ יַֽעֲשׂ֔וּהָ כִּ֥י יֶשׁ־לְאֵ֖ל יָדָֽם: וְחָֽמְד֤וּ שָׂדוֹת֙
וְגָזָ֔לוּ וּבָתִּ֖ים וְנָשָׂ֑אוּ וְעָֽשְׁקוּ֙ גֶּ֣בֶר וּבֵית֔וֹ וְאִ֖ישׁ וְנַֽחֲלָתֽוֹ:
3 לָכֵ֗ן כֹּ֚ה אָמַ֣ר יְהוָ֔ה הִנְנִ֥י חֹשֵׁ֛ב עַל־הַמִּשְׁפָּחָ֥ה הַזֹּ֖את רָעָ֑ה אֲשֶׁ֣ר
לֹֽא־תָמִ֣ישׁוּ מִשָּׁ֗ם צַוְּארֹֽתֵיכֶם֙ וְלֹ֤א תֵֽלְכוּ֙ רוֹמָ֔ה כִּ֛י עֵ֥ת רָעָ֖ה הִֽיא:
4 בַּיּ֣וֹם הַה֡וּא יִשָּׂא֩ עֲלֵיכֶ֨ם מָשָׁ֜ל וְנָהָ֨ה נְהִ֤י נִֽהְיָה֙ אָמַר֙ שָׁד֣וֹד נְשַׁדֻּ֔נוּ

spoiled: he hath changed the portion of my people: how hath he removed *it* from me! turning away he hath divided our fields.

5 Therefore thou shalt have none that shall cast a cord by lot in the congregation of the LORD.

6 Prophesy ye not, *say they to them that* prophesy: they shall not prophesy to them, *that* they shall not take shame.

7 ¶ O *thou that art* named the house of Jacob, is the spirit of the LORD straitened? *are* these his doings? do not my words do good to him that walketh uprightly?

8 Even of late my people is risen up as an enemy: ye pull off the robe with the garment from them that pass by securely as men averse from war.

9 The women of my people have ye cast out from their pleasant houses; from their children have ye taken away my glory for ever.

10 Arise ye, and depart; for this *is* not *your* rest: because it is polluted, it shall destroy *you*, even with a sore destruction.

11 If a man walking in the spirit and falsehood do lie, *saying*, I will prophesy unto thee of wine and of strong drink; he shall even be the prophet of this people.

12 ¶ I will surely assemble, O Jacob, all of thee; I will surely gather the remnant of Israel; I will put them together as the sheep of Bozrah, as the flock in the midst of their fold: they shall make great noise by reason of *the multitude of* men.

13 The breaker is come up before them: they have broken up, and have passed through the gate, and are gone out by it: and their king shall pass before them, and the LORD on the head of them.

CHAPTER 3

1 And I said, Hear, I pray you, O heads of Jacob, and ye princes of the house of Israel; *Is it* not for you to know judgment?

2 Who hate the good, and love the evil; who pluck off their skin from off them, and their flesh from off their bones;

3 Who also eat the flesh of my people, and flay their skin from off them; and they break their bones, and chop them in pieces, as for the pot, and as flesh within the caldron.

4 Then shall they cry unto the LORD, but he will not hear them: he will even hide his face from them at that time, as they have behaved themselves ill in their doings.

5 ¶ Thus saith the LORD concerning the prophets that make my people err, that bite with their teeth, and cry, Peace; and he that putteth not into their mouths, they even prepare war against him.

6 Therefore night *shall be* unto you, that ye shall not have a vision; and it shall be dark unto you, that ye shall not divine; and the sun shall go down over the prophets, and the day shall be dark over them.

7 Then shall the seers be ashamed, and the diviners confounded: yea, they shall all cover their lips; for *there is* no answer of God.

8 ¶ But truly I am full of power by the spirit of the LORD, and of judgment, and of might, to declare unto Jacob his transgression, and to Israel his sin.

9 Hear this, I pray you, ye heads of the house of Jacob, and princes of the house of Israel, that abhor judgment, and pervert all equity.

10 They build up Zion with blood, and Jerusalem with iniquity.

11 The heads thereof judge for reward, and the priests thereof teach for hire, and the prophets thereof divine for money: yet will they lean upon the LORD, and say, *Is* not the LORD among us? none evil can come upon us.

12 Therefore shall Zion for your sake be plowed *as* a field, and Jerusalem shall become heaps, and the mountain of the house as the high places of the forest.

CHAPTER 4

1 But in the last days it shall come to pass, *that* the mountain of the house of the LORD shall be established in the top of the mountains, and it shall be exalted above the hills; and people shall flow unto it.

2 And many nations shall come, and say, Come, and let us go up to the mountain

5 חֵ֣לֶק עַמִּ֣י יָמִ֑יר אֵ֚יךְ יָמִ֣ישׁ לִ֔י לְשׁוֹבֵ֥ב שָׂדֵ֖ינוּ יְחַלֵּֽק: לָכֵן֙ לֹֽא־יִהְיֶ֣ה

6 לְךָ֔ מַשְׁלִ֥יךְ חֶ֖בֶל בְּגוֹרָ֑ל בִּקְהַ֖ל יְהוָֽה: אַל־תַּטִּ֖פוּ יַטִּיפ֑וּן לֹֽא־יַטִּ֣פוּ

7 לָאֵ֔לֶּה לֹ֥א יִסַּ֖ג כְּלִמּֽוֹת: הֶאָמ֣וּר בֵּֽית־יַעֲקֹ֗ב הֲקָצַר֙ ר֣וּחַ יְהוָ֔ה אִם־

8 אֵ֖לֶּה מַעֲלָלָ֑יו הֲל֤וֹא דְבָרַ֙י֙ יֵיטִ֔יבוּ עִ֥ם הַיָּשָׁ֖ר הוֹלֵֽךְ: וְאֶתְמ֗וּל עַמִּ֤י

9 לְאוֹיֵ֣ב יְקוֹמֵ֔ם מִמּ֣וּל שַׂלְמָ֔ה אֶ֖דֶר תַּפְשִׁט֑וּן מֵעֹבְרִ֣ים בֶּ֔טַח שׁוּבֵ֖י

10 מִלְחָמָֽה: נְשֵׁ֤י עַמִּי֙ תְּגָ֣רְשׁ֔וּן מִבֵּ֖ית תַּֽעֲנֻגֶ֑יהָ מֵעַל֙ עֹֽלָלֶ֔יהָ תִּקְח֥וּ הֲדָרִ֖י

11 לְעוֹלָֽם: ק֣וּמוּ וּלְכ֗וּ כִּ֥י לֹא־זֹ֖את הַמְּנוּחָ֑ה בַּעֲב֥וּר טָמְאָ֛ה תְּחַבֵּ֖ל

12 וְחֶ֥בֶל נִמְרָֽץ: לוּ־אִ֞ישׁ הֹלֵ֥ךְ ר֙וּחַ֙ וָשֶׁ֣קֶר כִּזֵּ֔ב אַטִּ֣ף לְךָ֔ לַיַּ֖יִן וְלַשֵּׁכָ֑ר

13 וְהָיָ֥ה מַטִּ֖יף הָעָ֥ם הַזֶּֽה: אָסֹ֨ף אֶאֱסֹ֤ף יַעֲקֹב֙ כֻּלָּ֔ךְ קַבֵּ֥ץ אֲקַבֵּ֖ץ שְׁאֵרִ֣ית
יִשְׂרָאֵל֙ יַ֣חַד אֲשִׂימֶ֔נּוּ כְּצֹ֥אן בָּצְרָ֖ה כְּעֵ֣דֶר בְּת֣וֹךְ הַדָּֽבְר֔וֹ תְּהִימֶ֖נָה
מֵאָדָֽם: עָלָ֤ה הַפֹּרֵץ֙ לִפְנֵיהֶ֔ם פָּֽרְצ֖וּ וַֽיַּעֲבֹ֑רוּ שַׁ֚עַר וַיֵּ֣צְאוּ ב֔וֹ וַֽיַּעֲבֹ֤ר
מַלְכָּם֙ לִפְנֵיהֶ֔ם וַיהוָ֖ה בְּרֹאשָֽׁם:

3 1 וָאֹמַ֗ר שִׁמְעוּ־נָא֙ רָאשֵׁ֣י יַעֲקֹ֔ב וּקְצִינֵ֖י בֵּ֣ית יִשְׂרָאֵ֑ל הֲל֣וֹא לָכֶ֔ם לָדַ֖עַת

2 אֶת־הַמִּשְׁפָּֽט: שֹׂ֥נְאֵי ט֖וֹב וְאֹ֣הֲבֵי רָעָ֑ה גֹּזְלֵ֤י עוֹרָם֙ מֵֽעֲלֵיהֶ֔ם וּשְׁאֵרָ֖ם

רָע 3 מֵעַ֥ל עַצְמוֹתָֽם: וַאֲשֶׁ֣ר אָכְל֞וּ שְׁאֵ֣ר עַמִּ֗י וְעוֹרָם֙ מֵֽעֲלֵיהֶ֣ם הִפְשִׁ֔יטוּ
וְאֶת־עַצְמֹֽתֵיהֶ֖ם פִּצֵּ֑חוּ וּפָרְשׂ֤וּ כַּֽאֲשֶׁר֙ בַּסִּ֔יר וּכְבָשָׂ֖ר בְּת֥וֹךְ קַלָּֽחַת:

4 אָ֤ז יִזְעֲקוּ֙ אֶל־יְהוָ֔ה וְלֹ֥א יַעֲנֶ֖ה אוֹתָ֑ם וְיַסְתֵּ֨ר פָּנָ֤יו מֵהֶם֙ בָּעֵ֣ת הַהִ֔יא
כַּאֲשֶׁ֥ר הֵרֵ֖עוּ מַעַלְלֵיהֶֽם:

5 כֹּ֚ה אָמַ֣ר יְהוָ֔ה עַל־הַנְּבִיאִ֖ים הַמַּתְעִ֣ים אֶת־עַמִּ֑י הַנֹּשְׁכִ֤ים בְּשִׁנֵּיהֶם֙

6 וְקָרְא֣וּ שָׁל֔וֹם וַאֲשֶׁר֙ לֹא־יִתֵּ֣ן עַל־פִּיהֶ֔ם וְקִדְּשׁ֥וּ עָלָ֖יו מִלְחָמָֽה: לָכֵ֞ן
לַ֤יְלָה לָכֶם֙ מֵֽחָז֔וֹן וְחָשְׁכָ֥ה לָכֶ֖ם מִקְּסֹ֑ם וּבָ֤אָה הַשֶּׁ֙מֶשׁ֙ עַל־הַנְּבִיאִ֔ים

7 וְקָדַ֥ר עֲלֵיהֶ֖ם הַיּֽוֹם: וּבֹ֣שׁוּ הַחֹזִ֗ים וְחָֽפְרוּ֙ הַקֹּ֣סְמִ֔ים וְעָט֥וּ עַל־שָׂפָ֖ם

8 כֻּלָּ֑ם כִּ֥י אֵ֖ין מַעֲנֵ֥ה אֱלֹהִֽים: וְאוּלָ֗ם אָנֹכִ֞י מָלֵ֤אתִי כֹ֙חַ֙ אֶת־ר֣וּחַ
יְהוָ֔ה וּמִשְׁפָּ֖ט וּגְבוּרָ֑ה לְהַגִּ֤יד לְיַֽעֲקֹב֙ פִּשְׁע֔וֹ וּלְיִשְׂרָאֵ֖ל

9 חַטָּאתֽוֹ: שִׁמְעוּ־נָ֣א זֹ֗את רָאשֵׁי֙ בֵּ֣ית יַעֲקֹ֔ב וּקְצִינֵ֖י בֵּ֣ית

10 יִשְׂרָאֵ֑ל הַֽמְתַעֲבִ֣ים מִשְׁפָּ֔ט וְאֵ֥ת כָּל־הַיְשָׁרָ֖ה יְעַקֵּֽשׁוּ: בֹּנֶ֥ה צִיּ֖וֹן

11 בְּדָמִ֑ים וִירוּשָׁלַ֖͏ִם בְּעַוְלָֽה: רָאשֶׁ֣יהָ ׀ בְּשֹׁ֣חַד יִשְׁפֹּ֗טוּ וְכֹהֲנֶ֙יהָ֙ בִּמְחִ֣יר
יוֹר֔וּ וּנְבִיאֶ֖יהָ בְּכֶ֣סֶף יִקְסֹ֑מוּ וְעַל־יְהוָה֙ יִשָּׁעֵ֣נוּ לֵאמֹ֔ר הֲל֤וֹא יְהוָה֙

12 בְּקִרְבֵּ֔נוּ לֹֽא־תָב֥וֹא עָלֵ֖ינוּ רָעָֽה: לָכֵן֙ בִּגְלַלְכֶ֔ם צִיּ֖וֹן שָׂדֶ֣ה תֵֽחָרֵ֑שׁ
וִירוּשָׁלַ֙͏ִם֙ עִיִּ֣ין תִּֽהְיֶ֔ה וְהַ֥ר הַבַּ֖יִת לְבָמ֥וֹת יָֽעַר:

4 1 וְהָיָ֣ה ׀ בְּאַחֲרִ֣ית הַיָּמִ֗ים יִהְיֶ֞ה הַ֣ר בֵּית־יְהוָ֗ה נָכוֹן֙ בְּרֹ֣אשׁ הֶֽהָרִ֔ים

2 וְנִשָּׂ֥א ה֖וּא מִגְּבָע֑וֹת וְנָהֲר֥וּ עָלָ֖יו עַמִּֽים: וְֽהָלְכ֞וּ גּוֹיִ֣ם רַבִּ֗ים וְאָֽמְרוּ֙

of the LORD, and to the house of the God of Jacob; and he will teach us of his ways, and we will walk in his paths: for the law shall go forth of Zion, and the word of the LORD from Jerusalem.

3 ¶ And he shall judge among many people, and rebuke strong nations afar off; and they shall beat their swords into plowshares, and their spears into pruninghooks: nation shall not lift up a sword against nation, neither shall they learn war any more.

4 But they shall sit every man under his vine and under his fig tree; and none shall make *them* afraid: for the mouth of the LORD of hosts hath spoken *it*.

5 For all people will walk every one in the name of his god, and we will walk in the name of the LORD our God for ever and ever.

6 In that day, saith the LORD, will I assemble her that halteth, and I will gather her that is driven out, and her that I have afflicted;

7 And I will make her that halted a remnant, and her that was cast far off a strong nation: and the LORD shall reign over them in mount Zion from henceforth, even for ever.

8 ¶ And thou, O tower of the flock, the strong hold of the daughter of Zion, unto thee shall it come, even the first dominion; the kingdom shall come to the daughter of Jerusalem.

9 Now why dost thou cry out aloud? *is there* no king in thee? is thy counsellor perished? for pangs have taken thee as a woman in travail.

10 Be in pain, and labour to bring forth, O daughter of Zion, like a woman in travail: for now shalt thou go forth out of the city, and thou shalt dwell in the field, and thou shalt go *even* to Babylon; there shalt thou be delivered; there the LORD shall redeem thee from the hand of thine enemies.

11 ¶ Now also many nations are gathered against thee, that say, Let her be defiled, and let our eye look upon Zion.

12 But they know not the thoughts of the LORD, neither understand they his counsel: for he shall gather them as the sheaves into the floor.

13 Arise and thresh, O daughter of Zion: for I will make thine horn iron, and I will make thy hoofs brass: and thou shalt beat in pieces many people: and I will consecrate their gain unto the LORD, and their substance unto the Lord of the whole earth.

CHAPTER 5

1[4:14] Now gather thyself in troops, O daughter of troops: he hath laid siege against us: they shall smite the judge of Israel with a rod upon the cheek.

2[1] But thou, Beth-lehem Ephratah, *though* thou be little among the thousands of Judah, *yet* out of thee shall he come forth unto me *that is* to be ruler in Israel; whose goings forth *have been* from of old, from everlasting.

3[2] Therefore will he give them up, until the time *that* she which travaileth hath brought forth: then the remnant of his brethren shall return unto the children of Israel.

4[3] ¶ And he shall stand and feed in the strength of the LORD, in the majesty of the name of the LORD his God; and they shall abide: for now shall he be great unto the ends of the earth.

5[4] And this *man* shall be the peace, when the Assyrian shall come into our land: and when he shall tread in our palaces, then shall we raise against him seven shepherds, and eight principal men.

6[5] And they shall waste the land of Assyria with the sword, and the land of Nimrod in the entrances thereof: thus shall he deliver *us* from the Assyrian, when he cometh into our land, and when he treadeth within our borders.

7[6] And the remnant of Jacob shall be in the midst of many people as a dew from the LORD, as the showers upon the grass, that tarrieth not for man, nor waiteth for the sons of men.

8[7] ¶ And the remnant of Jacob shall be among the Gentiles in the midst of many people as a lion among the beasts of the forest, as a young lion among the

לְכוּ ׀ וְנַעֲלֶה אֶל־הַר־יְהֹוָה וְאֶל־בֵּית אֱלֹהֵי יַעֲקֹב וְיוֹרֵנוּ מִדְּרָכָיו

3 וְנֵלְכָה בְּאֹרְחֹתָיו כִּי מִצִּיּוֹן תֵּצֵא תוֹרָה וּדְבַר־יְהֹוָה מִירוּשָׁלָ͏ִם: וְשָׁפַט
בֵּין עַמִּים רַבִּים וְהוֹכִיחַ לְגוֹיִם עֲצֻמִים עַד־רָחוֹק וְכִתְּתוּ חַרְבֹתֵיהֶם
לְאִתִּים וַחֲנִיתֹתֵיהֶם לְמַזְמֵרוֹת לֹא־יִשְׂאוּ גּוֹי אֶל־גּוֹי חֶרֶב וְלֹא־

4 יִלְמְדוּן עוֹד מִלְחָמָה: וְיָשְׁבוּ אִישׁ תַּחַת גַּפְנוֹ וְתַחַת תְּאֵנָתוֹ וְאֵין

5 מַחֲרִיד כִּי־פִי יְהֹוָה צְבָאוֹת דִּבֵּר: כִּי כָּל־הָעַמִּים יֵלְכוּ אִישׁ בְּשֵׁם
אֱלֹהָיו וַאֲנַחְנוּ נֵלֵךְ בְּשֵׁם־יְהֹוָה אֱלֹהֵינוּ לְעוֹלָם וָעֶד:

6 בַּיּוֹם הַהוּא נְאֻם־יְהֹוָה אֹסְפָה הַצֹּלֵעָה וְהַנִּדָּחָה אֲקַבֵּצָה וַאֲשֶׁר

7 הֲרֵעֹתִי: וְשַׂמְתִּי אֶת־הַצֹּלֵעָה לִשְׁאֵרִית וְהַנַּהֲלָאָה לְגוֹי עָצוּם וּמָלַךְ
יְהֹוָה עֲלֵיהֶם בְּהַר צִיּוֹן מֵעַתָּה וְעַד־עוֹלָם:

8 וְאַתָּה מִגְדַּל־עֵדֶר עֹפֶל בַּת־צִיּוֹן עָדֶיךָ תֵּאתֶה וּבָאָה הַמֶּמְשָׁלָה
9 הָרִאשֹׁנָה מַמְלֶכֶת לְבַת־יְרוּשָׁלָ͏ִם: עַתָּה לָמָּה תָרִיעִי רֵעַ הֲמֶלֶךְ אֵין־

10 בָּךְ אִם־יוֹעֲצֵךְ אָבָד כִּי־הֶחֱזִיקֵךְ חִיל כַּיּוֹלֵדָה: חוּלִי וָגֹחִי בַּת־צִיּוֹן
כַּיּוֹלֵדָה כִּי־עַתָּה תֵצְאִי מִקִּרְיָה וְשָׁכַנְתְּ בַּשָּׂדֶה וּבָאת עַד־בָּבֶל שָׁם

11 תִּנָּצֵלִי שָׁם יִגְאָלֵךְ יְהֹוָה מִכַּף אֹיְבָיִךְ: וְעַתָּה נֶאֶסְפוּ עָלַיִךְ גּוֹיִם

12 רַבִּים הָאֹמְרִים תֶּחֱנָף וְתַחַז בְּצִיּוֹן עֵינֵינוּ: וְהֵמָּה לֹא יָדְעוּ מַחְשְׁבוֹת

13 יְהֹוָה וְלֹא הֵבִינוּ עֲצָתוֹ כִּי קִבְּצָם כֶּעָמִיר גֹּרְנָה: קוּמִי וָדוֹשִׁי בַת־
צִיּוֹן כִּי־קַרְנֵךְ אָשִׂים בַּרְזֶל וּפַרְסֹתַיִךְ אָשִׂים נְחוּשָׁה וַהֲדִקּוֹת עַמִּים

14 רַבִּים וְהַחֲרַמְתִּי לַיהֹוָה בִּצְעָם וְחֵילָם לַאֲדוֹן כָּל־הָאָרֶץ: עַתָּה
תִּתְגֹּדְדִי בַת־גְּדוּד מָצוֹר שָׂם עָלֵינוּ בַּשֵּׁבֶט יַכּוּ עַל־הַלְּחִי אֵת שֹׁפֵט

15 יִשְׂרָאֵל: וְאַתָּה בֵּית־לֶחֶם אֶפְרָתָה צָעִיר לִהְיוֹת בְּאַלְפֵי
יְהוּדָה מִמְּךָ לִי יֵצֵא לִהְיוֹת מוֹשֵׁל בְּיִשְׂרָאֵל וּמוֹצָאֹתָיו מִקֶּדֶם מִימֵי

2 עוֹלָם: לָכֵן יִתְּנֵם עַד־עֵת יוֹלֵדָה יָלָדָה וְיֶתֶר אֶחָיו יְשׁוּבוּן עַל־בְּנֵי

3 יִשְׂרָאֵל: וְעָמַד וְרָעָה בְּעֹז יְהֹוָה בִּגְאוֹן שֵׁם יְהֹוָה אֱלֹהָיו וְיָשָׁבוּ

4 כִּי־עַתָּה יִגְדַּל עַד־אַפְסֵי־אָרֶץ: וְהָיָה זֶה שָׁלוֹם אַשּׁוּר ׀ כִּי־יָבוֹא
בְאַרְצֵנוּ וְכִי יִדְרֹךְ בְּאַרְמְנֹתֵינוּ וַהֲקֵמֹנוּ עָלָיו שִׁבְעָה רֹעִים וּשְׁמֹנָה

5 נְסִיכֵי אָדָם: וְרָעוּ אֶת־אֶרֶץ אַשּׁוּר בַּחֶרֶב וְאֶת־אֶרֶץ נִמְרֹד בִּפְתָחֶיהָ

6 וְהִצִּיל מֵאַשּׁוּר כִּי־יָבוֹא בְאַרְצֵנוּ וְכִי יִדְרֹךְ בִּגְבוּלֵנוּ:   וְהָיָה ׀
שְׁאֵרִית יַעֲקֹב בְּקֶרֶב עַמִּים רַבִּים כְּטַל מֵאֵת יְהֹוָה כִּרְבִיבִים עֲלֵי־

7 עֵשֶׂב אֲשֶׁר לֹא־יְקַוֶּה לְאִישׁ וְלֹא יְיַחֵל לִבְנֵי אָדָם: וְהָיָה שְׁאֵרִית
יַעֲקֹב בַּגּוֹיִם בְּקֶרֶב עַמִּים רַבִּים כְּאַרְיֵה בְּבַהֲמוֹת יַעַר כִּכְפִיר

flocks of sheep: who, if he go through, both treadeth down, and teareth in pieces, and none can deliver.

9[8] Thine hand shall be lifted up upon thine adversaries, and all thine enemies shall be cut off.

10[9] And it shall come to pass in that day, saith the LORD, that I will cut off thy horses out of the midst of thee, and I will destroy thy chariots:

11[10] And I will cut off the cities of thy land, and throw down all thy strong holds:

12[11] And I will cut off witchcrafts out of thine hand; and thou shalt have no *more* soothsayers:

13[12] Thy graven images also will I cut off, and thy standing images out of the midst of thee; and thou shalt no more worship the work of thine hands.

14[13] And I will pluck up thy groves out of the midst of thee: so will I destroy thy cities.

15[14] And I will execute vengeance in anger and fury upon the heathen, such as they have not heard.

CHAPTER 6

1 Hear ye now what the LORD saith; Arise, contend thou before the mountains, and let the hills hear thy voice.

2 Hear ye, O mountains, the LORD's controversy, and ye strong foundations of the earth: for the LORD hath a controversy with his people, and he will plead with Israel.

3 O my people, what have I done unto thee? and wherein have I wearied thee? testify against me.

4 For I brought thee up out of the land of Egypt, and redeemed thee out of the house of servants; and I sent before thee Moses, Aaron, and Miriam.

5 O my people, remember now what Balak king of Moab consulted, and what Balaam the son of Beor answered him from Shittim unto Gilgal; that ye may know the righteousness of the LORD.

6 ¶ Wherewith shall I come before the LORD, *and* bow myself before the high God? shall I come before him with burnt offerings, with calves of a year old?

7 Will the LORD be pleased with thousands of rams, *or* with ten thousands of rivers of oil? shall I give my firstborn *for* my transgression, the fruit of my body *for* the sin of my soul?

8 He hath shewed thee, O man, what *is* good; and what doth the LORD require of thee, but to do justly, and to love mercy, and to walk humbly with thy God?

9 The LORD's voice crieth unto the city, and *the man of* wisdom shall see thy name: hear ye the rod, and who hath appointed it.

10 ¶ Are there yet the treasures of wickedness in the house of the wicked, and the scant measure *that is* abominable?

11 Shall I count *them* pure with the wicked balances, and with the bag of deceitful weights?

12 For the rich men thereof are full of violence, and the inhabitants thereof have spoken lies, and their tongue *is* deceitful in their mouth.

13 Therefore also will I make *thee* sick in smiting thee, in making *thee* desolate because of thy sins.

14 Thou shalt eat, but not be satisfied; and thy casting down *shall be* in the midst of thee; and thou shalt take hold, but shalt not deliver; and *that* which thou deliverest will I give up to the sword.

15 Thou shalt sow, but thou shalt not reap; thou shalt tread the olives, but thou shalt not anoint thee with oil; and sweet wine, but shalt not drink wine.

16 ¶ For the statutes of Omri are kept, and all the works of the house of Ahab, and ye walk in their counsels; that I should make thee a desolation, and the inhabitants thereof an hissing: therefore ye shall bear the reproach of my people.

CHAPTER 7

1 Woe is me! for I am as when they have gathered the summer fruits, as the grapegleanings of the vintage: *there is* no cluster to eat: my soul desired the firstripe fruit.

2 The good *man* is perished out of the earth: and *there is* none upright among

8 בְּעֶדְרֵי־צֹאן אֲשֶׁר אִם עָבַר וְרָמַס וְטָרַף וְאֵין מַצִּיל: תָּרֹם יָדְךָ עַל־
צָרֶיךָ וְכָל־אֹיְבֶיךָ יִכָּרֵתוּ:

9 וְהָיָה בַיּוֹם־הַהוּא נְאֻם־יְהֹוָה וְהִכְרַתִּי סוּסֶיךָ מִקִּרְבֶּךָ וְהַאֲבַדְתִּי
10 מַרְכְּבֹתֶיךָ: וְהִכְרַתִּי עָרֵי אַרְצֶךָ וְהָרַסְתִּי כָּל־מִבְצָרֶיךָ: וְהִכְרַתִּי
11
12 כְשָׁפִים מִיָּדֶךָ וּמְעוֹנְנִים לֹא יִהְיוּ־לָךְ: וְהִכְרַתִּי פְסִילֶיךָ וּמַצֵּבוֹתֶיךָ
13 מִקִּרְבֶּךָ וְלֹא־תִשְׁתַּחֲוֶה עוֹד לְמַעֲשֵׂה יָדֶיךָ: וְנָתַשְׁתִּי אֲשֵׁירֶיךָ
14 מִקִּרְבֶּךָ וְהִשְׁמַדְתִּי עָרֶיךָ: וְעָשִׂיתִי בְּאַף וּבְחֵמָה נָקָם אֶת־הַגּוֹיִם
‏6 אֲשֶׁר לֹא שָׁמֵעוּ:   שִׁמְעוּ־נָא אֵת אֲשֶׁר־יְהֹוָה אֹמֵר קוּם
2 רִיב אֶת־הֶהָרִים וְתִשְׁמַעְנָה הַגְּבָעוֹת קוֹלֶךָ: שִׁמְעוּ הָרִים אֶת־רִיב
יְהֹוָה וְהָאֵתָנִים מֹסְדֵי אָרֶץ כִּי רִיב לַיהֹוָה עִם־עַמּוֹ וְעִם־יִשְׂרָאֵל
3 יִתְוַכָּח: עַמִּי מֶה־עָשִׂיתִי לְךָ וּמָה הֶלְאֵתִיךָ עֲנֵה בִי: כִּי הֶעֱלִתִיךָ
4
מֵאֶרֶץ מִצְרַיִם וּמִבֵּית עֲבָדִים פְּדִיתִיךָ וָאֶשְׁלַח לְפָנֶיךָ אֶת־מֹשֶׁה
5 אַהֲרֹן וּמִרְיָם: עַמִּי זְכָר־נָא מַה־יָּעַץ בָּלָק מֶלֶךְ מוֹאָב וּמֶה־עָנָה
אֹתוֹ בִּלְעָם בֶּן־בְּעוֹר מִן־הַשִּׁטִּים עַד־הַגִּלְגָּל לְמַעַן דַּעַת צִדְקוֹת
6 יְהֹוָה: בַּמָּה אֲקַדֵּם יְהֹוָה אִכַּף לֵאלֹהֵי מָרוֹם הַאֲקַדְּמֶנּוּ בְעוֹלוֹת
7 בַּעֲגָלִים בְּנֵי שָׁנָה: הֲיִרְצֶה יְהֹוָה בְּאַלְפֵי אֵילִים בְּרִבְבוֹת נַחֲלֵי־שָׁמֶן
8 הַאֶתֵּן בְּכוֹרִי פִּשְׁעִי פְּרִי בִטְנִי חַטַּאת נַפְשִׁי: הִגִּיד לְךָ אָדָם מַה־טּוֹב
וּמָה־יְהֹוָה דּוֹרֵשׁ מִמְּךָ כִּי אִם־עֲשׂוֹת מִשְׁפָּט וְאַהֲבַת חֶסֶד וְהַצְנֵעַ
לֶכֶת עִם־אֱלֹהֶיךָ:
9 קוֹל יְהֹוָה לָעִיר יִקְרָא וְתוּשִׁיָּה יִרְאֶה שְׁמֶךָ שִׁמְעוּ מַטֶּה וּמִי יְעָדָהּ:
10 עוֹד הַאִשׁ בֵּית רָשָׁע אֹצְרוֹת רֶשַׁע וְאֵיפַת רָזוֹן זְעוּמָה: הַאֶזְכֶּה
11
12 בְּמֹאזְנֵי רֶשַׁע וּבְכִיס אַבְנֵי מִרְמָה: אֲשֶׁר עֲשִׁירֶיהָ מָלְאוּ חָמָס
13 וְיֹשְׁבֶיהָ דִּבְּרוּ־שָׁקֶר וּלְשׁוֹנָם רְמִיָּה בְּפִיהֶם: וְגַם־אֲנִי הֶחֱלֵיתִי הַכּוֹתֶךָ
14 הַשְׁמֵם עַל־חַטֹּאתֶךָ: אַתָּה תֹאכַל וְלֹא תִשְׂבָּע וְיֶשְׁחֲךָ בְּקִרְבֶּךָ וְתַסֵּג
15 וְלֹא תַפְלִיט וַאֲשֶׁר תְּפַלֵּט לַחֶרֶב אֶתֵּן: אַתָּה תִזְרַע וְלֹא תִקְצוֹר
16 אַתָּה תִדְרֹךְ־זַיִת וְלֹא־תָסוּךְ שֶׁמֶן וְתִירוֹשׁ וְלֹא תִשְׁתֶּה־יָּיִן: וְיִשְׁתַּמֵּר
חֻקּוֹת עָמְרִי וְכֹל מַעֲשֵׂה בֵית־אַחְאָב וַתֵּלְכוּ בְּמֹעֲצוֹתָם לְמַעַן תִּתִּי
אֹתְךָ לְשַׁמָּה וְיֹשְׁבֶיהָ לִשְׁרֵקָה וְחֶרְפַּת עַמִּי תִשָּׂאוּ:
‏7 אַלְלַי לִי כִּי הָיִיתִי כְּאָסְפֵּי־קַיִץ כְּעֹלְלֹת בָּצִיר אֵין־אֶשְׁכּוֹל לֶאֱכוֹל
2 בִּכּוּרָה אִוְּתָה נַפְשִׁי: אָבַד חָסִיד מִן־הָאָרֶץ וְיָשָׁר בָּאָדָם אָיִן כֻּלָּם

men: they all lie in wait for blood; they hunt every man his brother with a net.

3 ¶ That they may do evil with both hands earnestly, the prince asketh, and the judge *asketh* for a reward; and the great *man,* he uttereth his mischievous desire: so they wrap it up.

4 The best of them *is* as a brier: the most upright *is sharper* than a thorn hedge: the day of thy watchmen *and* thy visitation cometh; now shall be their perplexity.

5 ¶ Trust ye not in a friend, put ye not confidence in a guide: keep the doors of thy mouth from her that lieth in thy bosom.

6 For the son dishonoureth the father, the daughter riseth up against her mother, the daughter in law against her mother in law; a man's enemies *are* the men of his own house.

7 Therefore I will look unto the LORD; I will wait for the God of my salvation: my God will hear me.

8 ¶ Rejoice not against me, O mine enemy: when I fall, I shall arise; when I sit in darkness, the LORD *shall be* a light unto me.

9 I will bear the indignation of the LORD, because I have sinned against him, until he plead my cause, and execute judgment for me: he will bring me forth to the light, *and* I shall behold his righteousness.

10 Then *she that is* mine enemy shall see *it,* and shame shall cover her which said unto me, Where is the LORD thy God? mine eyes shall behold her: now shall she be trodden down as the mire of the streets.

11 *In* the day that thy walls are to be built, *in* that day shall the decree be far removed.

12 *In* that day *also* he shall come even to thee from Assyria, and *from* the fortified cities, and from the fortress even to the river, and from sea to sea, and *from* mountain to mountain.

13 Notwithstanding the land shall be desolate because of them that dwell therein, for the fruit of their doings.

14 ¶ Feed thy people with thy rod, the flock of thine heritage, which dwell solitarily *in* the wood, in the midst of Carmel: let them feed *in* Bashan and Gilead, as in the days of old.

15 According to the days of thy coming out of the land of Egypt will I shew unto him marvellous *things.*

16 ¶ The nations shall see and be confounded at all their might: they shall lay *their* hand upon *their* mouth, their ears shall be deaf.

17 They shall lick the dust like a serpent, they shall move out of their holes like worms of the earth: they shall be afraid of the LORD our God, and shall fear because of thee.

18 Who *is* a God like unto thee, that pardoneth iniquity, and passeth by the transgression of the remnant of his heritage? he retaineth not his anger for ever, because he delighteth *in* mercy.

19 He will turn again, he will have compassion upon us; he will subdue our iniquities; and thou wilt cast all their sins into the depths of the sea.

20 Thou wilt perform the truth to Jacob, *and* the mercy to Abraham, which thou hast sworn unto our fathers from the days of old.

NAHUM

CHAPTER 1

1 The burden of Nineveh. The book of the vision of Nahum the Elkoshite.

2 God *is* jealous, and the LORD revengeth; the LORD revengeth, and *is* furious; the LORD will take vengeance on his adversaries, and he reserveth *wrath* for his enemies.

3 The LORD *is* slow to anger, and great in power, and will not at all acquit *the wicked:* the LORD hath his way in the whirlwind and in the storm, and the clouds *are* the dust of his feet.

3 לְדָמִ֔ים יֶאֱרְבוּ אִ֥ישׁ אֶת־אָחִ֖יהוּ יָצ֑וּדוּ חֵ֑רֶם׃ עַל־הָרַ֤ע כַּפַּ֙יִם֙ לְהֵיטִ֔יב
הַשַּׂ֣ר שֹׁאֵ֗ל וְהַשֹּׁפֵ֣ט בַּשִּׁלּ֔וּם וְהַגָּד֗וֹל דֹּבֵ֛ר הַוַּ֥ת נַפְשׁ֖וֹ ה֑וּא וַֽיְעַבְּתֽוּהָ׃

4 טוֹבָ֣ם כְּחֵ֔דֶק יָשָׁ֖ר מִמְּסוּכָ֑ה י֤וֹם מְצַפֶּ֙יךָ֙ פְּקֻדָּתְךָ֣ בָ֔אָה עַתָּ֖ה תִהְיֶ֥ה
5 מְבוּכָתָֽם׃ אַל־תַּאֲמִ֣ינוּ בְרֵ֔עַ אַֽל־תִּבְטְח֖וּ בְּאַלּ֑וּף מִשֹּׁכֶ֣בֶת חֵיקֶ֔ךָ
6 שְׁמֹ֖ר פִּתְחֵי־פִֽיךָ׃ כִּֽי־בֵן֙ מְנַבֵּ֣ל אָ֔ב בַּ֖ת קָמָ֣ה בְאִמָּ֑הּ כַּלָּ֖ה בַּחֲמֹתָ֑הּ
7 אֹיְבֵ֥י אִ֖ישׁ אַנְשֵׁ֣י בֵיתֽוֹ׃ וַאֲנִ֤י בַּֽיהוָה֙ אֲצַפֶּ֔ה אוֹחִ֖ילָה לֵאלֹהֵ֣י יִשְׁעִ֑י
8 יִשְׁמָעֵ֖נִי אֱלֹהָֽי׃ אַל־תִּשְׂמְחִ֤י אֹיַ֙בְתִּי֙ לִ֔י כִּ֣י נָפַ֖לְתִּי קָ֑מְתִּי כִּֽי־אֵשֵׁ֣ב
9 בַּחֹ֔שֶׁךְ יְהוָ֖ה א֥וֹר לִֽי׃   זַ֤עַף יְהוָה֙ אֶשָּׂ֔א כִּ֥י חָטָ֖אתִי ל֑וֹ
עַ֣ד אֲשֶׁ֧ר יָרִ֣יב רִיבִ֗י וְעָשָׂה֙ מִשְׁפָּטִ֔י יוֹצִיאֵ֣נִי לָא֔וֹר אֶרְאֶ֖ה בְּצִדְקָתֽוֹ׃
10 וְתֵ֤רֶא אֹיַ֙בְתִּי֙ וּתְכַסֶּ֣הָ בוּשָׁ֔ה הָאֹמְרָ֣ה אֵלַ֔י אַיּ֖וֹ יְהוָ֣ה אֱלֹהָ֑יִךְ עֵינַ֤י
11 תִּרְאֶ֣ינָה בָּ֔הּ עַתָּ֛ה תִּֽהְיֶ֥ה לְמִרְמָ֖ס כְּטִ֣יט חוּצֽוֹת׃ י֤וֹם לִבְנ֖וֹת גְּדֵרָ֑יִךְ
12 י֥וֹם הַה֖וּא יִרְחַק־חֹֽק׃ י֣וֹם הוּא֩ וְעָדֶ֨יךָ יָב֜וֹא לְמִנִּ֤י אַשּׁוּר֙ וְעָרֵ֣י מָצ֔וֹר
13 וּלְמִנִּ֣י מָצ֗וֹר וְעַד־נָהָ֔ר וְיָ֥ם מִיָּ֖ם וְהַ֣ר הָהָֽר׃ וְהָיְתָ֥ה הָאָ֛רֶץ לִשְׁמָמָ֖ה
14 עַל־יֹשְׁבֶ֑יהָ מִפְּרִ֖י מַעַלְלֵיהֶֽם׃   רְעֵ֤ה עַמְּךָ֙ בְשִׁבְטֶ֔ךָ צֹ֖אן
נַחֲלָתֶ֔ךָ שֹׁכְנִ֣י לְבָדָ֔ד יַ֖עַר בְּת֣וֹךְ כַּרְמֶ֑ל יִרְע֥וּ בָשָׁ֛ן וְגִלְעָ֖ד כִּימֵ֥י עוֹלָֽם׃
15 כִּימֵ֥י צֵאתְךָ֖ מֵאֶ֣רֶץ מִצְרָ֑יִם אַרְאֶ֖נּוּ נִפְלָאֽוֹת׃ יִרְא֤וּ גוֹיִם֙ וְיֵבֹ֔שׁוּ מִכֹּ֖ל
16
17 גְּבֽוּרָתָ֑ם יָשִׂ֤ימוּ יָד֙ עַל־פֶּ֔ה אָזְנֵיהֶ֖ם תֶּחֱרַֽשְׁנָה׃ יְלַחֲכ֤וּ עָפָר֙ כַּנָּחָ֔שׁ
כְּזֹחֲלֵ֣י אֶ֔רֶץ יִרְגְּז֖וּ מִמִּסְגְּרֹֽתֵיהֶ֑ם אֶל־יְהוָ֤ה אֱלֹהֵ֙ינוּ֙ יִפְחָ֔דוּ וְיִֽרְא֖וּ
18 מִמֶּֽךָּ׃ מִי־אֵ֣ל כָּמ֗וֹךָ נֹשֵׂ֤א עָוֹן֙ וְעֹבֵ֣ר עַל־פֶּ֔שַׁע לִשְׁאֵרִ֖ית נַחֲלָת֑וֹ לֹא־
19 הֶחֱזִ֤יק לָעַד֙ אַפּ֔וֹ כִּֽי־חָפֵ֥ץ חֶ֖סֶד הֽוּא׃ יָשׁ֣וּב יְרַחֲמֵ֔נוּ יִכְבֹּ֖שׁ עֲוֺנֹתֵ֑ינוּ
20 וְתַשְׁלִ֥יךְ בִּמְצֻל֖וֹת יָ֑ם כָּל־חַטֹּאותָֽם׃ תִּתֵּ֤ן אֱמֶת֙ לְיַֽעֲקֹ֔ב חֶ֖סֶד
לְאַבְרָהָ֑ם אֲשֶׁר־נִשְׁבַּ֥עְתָּ לַאֲבֹתֵ֖ינוּ מִ֥ימֵי קֶֽדֶם׃

נחום

1 מַשָּׂ֖א נִֽינְוֵ֑ה סֵ֧פֶר חֲז֛וֹן נַח֖וּם הָאֶלְקֹשִֽׁי׃ אֵ֣ל קַנּ֤וֹא וְנֹקֵם֙ יְהוָ֔ה נֹקֵ֥ם
2 יְהוָ֖ה וּבַ֣עַל חֵמָ֑ה נֹקֵ֤ם יְהוָה֙ לְצָרָ֔יו וְנוֹטֵ֥ר ה֖וּא לְאֹיְבָֽיו׃ יְהוָ֗ה אֶ֤רֶךְ
3 אַפַּ֙יִם֙ וּגְדל־כֹּ֔חַ וְנַקֵּ֖ה לֹ֣א יְנַקֶּ֑ה יְהוָ֗ה בְּסוּפָ֤ה וּבִשְׂעָרָה֙ דַּרְכּ֔וֹ וְעָנָ֖ן

4 He rebuketh the sea, and maketh it dry, and drieth up all the rivers: Bashan languisheth, and Carmel, and the flower of Lebanon languisheth.

5 The mountains quake at him, and the hills melt, and the earth is burned at his presence, yea, the world, and all that dwell therein.

6 Who can stand before his indignation? and who can abide in the fierceness of his anger? his fury is poured out like fire, and the rocks are thrown down by him.

7 The LORD *is* good, a strong hold in the day of trouble; and he knoweth them that trust in him.

8 But with an overrunning flood he will make an utter end of the place thereof, and darkness shall pursue his enemies.

9 What do ye imagine against the LORD? he will make an utter end: affliction shall not rise up the second time.

10 For while *they be* folden together *as* thorns, and while they are drunken *as* drunkards, they shall be devoured as stubble fully dry.

11 There is *one* come out of thee, that imagineth evil against the LORD, a wicked counsellor.

12 Thus saith the LORD; Though *they be* quiet, and likewise many, yet thus shall they be cut down, when he shall pass through. Though I have afflicted thee, I will afflict thee no more.

13 For now will I break his yoke from off thee, and will burst thy bonds in sunder.

14 And the LORD hath given a commandment concerning thee, *that* no more of thy name be sown: out of the house of thy gods will I cut off the graven image and the molten image: I will make thy grave; for thou art vile.

15 [2:1] Behold upon the mountains the feet of him that bringeth good tidings, that publisheth peace! O Judah, keep thy solemn feasts, perform thy vows: for the wicked shall no more pass through thee; he is utterly cut off.

CHAPTER 2

1 [2] He that dasheth in pieces is come up before thy face: keep the munition, watch the way, make *thy* loins strong, fortify *thy* power mightily.

2 [3] For the LORD hath turned away the excellency of Jacob, as the excellency of Israel: for the emptiers have emptied them out, and marred their vine branches.

3 [4] The shield of his mighty men is made red, the valiant men *are* in scarlet: the chariots *shall be* with flaming torches in the day of his preparation, and the fir trees shall be terribly shaken.

4 [5] The chariots shall rage in the streets, they shall justle one against another in the broad ways: they shall seem like torches, they shall run like the lightnings.

5 [6] He shall recount his worthies: they shall stumble in their walk; they shall make haste to the wall thereof, and the defence shall be prepared.

6 [7] The gates of the rivers shall be opened, and the palace shall be dissolved.

7 [8] And Huzzab shall be led away captive, she shall be brought up, and her maids shall lead *her* as with the voice of doves, tabering upon their breasts.

8 [9] But Nineveh *is* of old like a pool of water: yet they shall flee away. Stand, stand, *shall they cry;* but none shall look back.

9 [10] Take ye the spoil of silver, take the spoil of gold: for *there is* none end of the store *and* glory out of all the pleasant furniture.

10 [11] She is empty, and void, and waste: and the heart melteth, and the knees smite together, and much pain *is* in all loins, and the faces of them all gather blackness.

11 [12] Where *is* the dwelling of the lions, and the feedingplace of the young lions, where the lion, *even* the old lion, walked, *and* the lion's whelp, and none made *them* afraid?

12 [13] The lion did tear in pieces enough for his whelps, and strangled for his lionesses, and filled his holes with prey, and his dens with ravin.

13 [14] Behold, I *am* against thee, saith the LORD of hosts, and I will burn her chariots in the smoke, and the sword shall devour thy young lions: and I will cut off

4 אֲבַק רַגְלָיו: גּוֹעֵר בַּיָּם וַיַּבְּשֵׁהוּ וְכָל־הַנְּהָרוֹת הֶחֱרִיב אֻמְלַל בָּשָׁן

5 וְכַרְמֶל וּפֶרַח לְבָנוֹן אֻמְלָל: הָרִים רָעֲשׁוּ מִמֶּנּוּ וְהַגְּבָעוֹת הִתְמֹגָגוּ

6 וַתִּשָּׂא הָאָרֶץ מִפָּנָיו וְתֵבֵל וְכָל־יֹשְׁבֵי בָהּ: לִפְנֵי זַעְמוֹ מִי יַעֲמוֹד

7 וּמִי יָקוּם בַּחֲרוֹן אַפּוֹ חֲמָתוֹ נִתְּכָה כָאֵשׁ וְהַצֻּרִים נִתְּצוּ מִמֶּנּוּ: טוֹב

8 יְהוָה לְמָעוֹז בְּיוֹם צָרָה וְיֹדֵעַ חֹסֵי בוֹ: וּבְשֶׁטֶף עֹבֵר כָּלָה יַעֲשֶׂה

9 מְקוֹמָהּ וְאֹיְבָיו יְרַדֶּף־חֹשֶׁךְ: מַה־תְּחַשְּׁבוּן אֶל־יְהוָה כָּלָה הוּא עֹשֶׂה

10 לֹא־תָקוּם פַּעֲמַיִם צָרָה: כִּי עַד־סִירִים סְבֻכִים וּכְסָבְאָם סְבוּאִים

11 אֻכְּלוּ כְּקַשׁ יָבֵשׁ מָלֵא: מִמֵּךְ יָצָא חֹשֵׁב עַל־יְהוָה רָעָה יֹעֵץ

12 בְּלִיָּעַל: כֹּה אָמַר יְהוָה אִם־שְׁלֵמִים וְכֵן רַבִּים וְכֵן נָגֹזּוּ

13 וְעָבָר וְעִנִּתִךְ לֹא אֲעַנֵּךְ עוֹד: וְעַתָּה אֶשְׁבֹּר מֹטֵהוּ מֵעָלָיִךְ

14 וּמוֹסְרֹתַיִךְ אֲנַתֵּק: וְצִוָּה עָלֶיךָ יְהוָה לֹא־יִזָּרַע מִשִּׁמְךָ עוֹד מִבֵּית

אֱלֹהֶיךָ אַכְרִית פֶּסֶל וּמַסֵּכָה אָשִׂים קִבְרֶךָ כִּי קַלּוֹתָ:

2 1 הִנֵּה עַל־הֶהָרִים רַגְלֵי מְבַשֵּׂר מַשְׁמִיעַ שָׁלוֹם חָגִּי יְהוּדָה חַגַּיִךְ שַׁלְּמִי

2 נְדָרָיִךְ כִּי לֹא יוֹסִיף עוֹד לַעֲבוֹר־בָּךְ בְּלִיַּעַל כֻּלֹּה נִכְרָת: עָלָה מֵפִיץ לַעֲבָר־

3 עַל־פָּנַיִךְ נָצוֹר מְצֻרָה צַפֵּה־דֶרֶךְ חַזֵּק מָתְנַיִם אַמֵּץ כֹּחַ מְאֹד: כִּי

שָׁב יְהוָה אֶת־גְּאוֹן יַעֲקֹב כִּגְאוֹן יִשְׂרָאֵל כִּי בְקָקוּם בֹּקְקִים וּזְמֹרֵיהֶם

4 שִׁחֵתוּ: מָגֵן גִּבֹּרֵיהוּ מְאָדָּם אַנְשֵׁי־חַיִל מְתֻלָּעִים בְּאֵשׁ־פְּלָדוֹת הָרֶכֶב

5 בְּיוֹם הֲכִינוֹ וְהַבְּרֹשִׁים הָרְעָלוּ: בַּחוּצוֹת יִתְהוֹלְלוּ הָרֶכֶב יִשְׁתַּקְשְׁקוּן

6 בָּרְחֹבוֹת מַרְאֵיהֶן כַּלַּפִּידִם כַּבְּרָקִים יְרוֹצֵצוּ: יִזְכֹּר אַדִּירָיו יִכָּשְׁלוּ

7 בַהֲלִכוֹתָם יְמַהֲרוּ חוֹמָתָהּ וְהֻכַן הַסֹּכֵךְ: שַׁעֲרֵי הַנְּהָרוֹת נִפְתָּחוּ בַּהֲלִיכָתָם־

8 וְהַהֵיכָל נָמוֹג: וְהֻצַּב גֻּלְּתָה הֹעֲלָתָה וְאַמְהֹתֶיהָ מְנַהֲגוֹת כְּקוֹל יוֹנִים

9 מְתֹפְפֹת עַל־לִבְבֵהֶן: וְנִינְוֵה כִבְרֵכַת־מַיִם מִימֵי הִיא וְהֵמָּה נָסִים

10 עִמְדוּ עֲמֹדוּ וְאֵין מַפְנֶה: בֹּזּוּ כֶסֶף בֹּזּוּ זָהָב וְאֵין קֵצֶה לַתְּכוּנָה

11 כָּבֹד מִכֹּל כְּלִי חֶמְדָּה: בּוּקָה וּמְבוּקָה וּמְבֻלָּקָה וְלֵב נָמֵס וּפִק

12 בִּרְכַּיִם וְחַלְחָלָה בְּכָל־מָתְנַיִם וּפְנֵי כֻלָּם קִבְּצוּ פָארוּר: אַיֵּה מְעוֹן

אֲרָיוֹת וּמִרְעֶה הוּא לַכְּפִרִים אֲשֶׁר הָלַךְ אַרְיֵה לָבִיא שָׁם גּוּר אַרְיֵה

13 וְאֵין מַחֲרִיד: אַרְיֵה טֹרֵף בְּדֵי גֹרוֹתָיו וּמְחַנֵּק לְלִבְאֹתָיו וַיְמַלֵּא־טֶרֶף

14 חֹרָיו וּמְעֹנֹתָיו טְרֵפָה: הִנְנִי אֵלַיִךְ נְאֻם יְהוָה צְבָאוֹת וְהִבְעַרְתִּי

בֶעָשָׁן רִכְבָּהּ וּכְפִירַיִךְ תֹּאכַל חָרֶב וְהִכְרַתִּי מֵאֶרֶץ טַרְפֵּךְ וְלֹא־יִשָּׁמַע

thy prey from the earth, and the voice of thy messengers shall no more be heard.

CHAPTER 3

1 Woe to the bloody city! it *is* all full of lies *and* robbery; the prey departeth not;

2 The noise of a whip, and the noise of the rattling of the wheels, and of the pransing horses, and of the jumping chariots.

3 The horseman lifteth up both the bright sword and the glittering spear: and *there is* a multitude of slain, and a great number of carcases; and *there is* none end of *their* corpses; they stumble upon their corpses:

4 Because of the multitude of the whoredoms of the wellfavoured harlot, the mistress of witchcrafts, that selleth nations through her whoredoms, and families through her witchcrafts.

5 Behold, I *am* against thee, saith the LORD of hosts; and I will discover thy skirts upon thy face, and I will shew the nations thy nakedness, and the kingdoms thy shame.

6 And I will cast abominable filth upon thee, and make thee vile, and will set thee as a gazingstock.

7 And it shall come to pass, *that* all they that look upon thee shall flee from thee, and say, Nineveh is laid waste: who will bemoan her? whence shall I seek comforters for thee?

8 Art thou better than populous No, that was situate among the rivers, *that had* the waters round about it, whose rampart *was* the sea, *and* her wall *was* from the sea?

9 Ethiopia and Egypt *were* her strength, and *it was* infinite; Put and Lubim were thy helpers.

10 Yet *was* she carried away, she went into captivity: her young children also were dashed in pieces at the top of all the streets: and they cast lots for her honourable men, and all her great men were bound in chains.

11 Thou also shalt be drunken: thou shalt be hid, thou also shalt seek strength because of the enemy.

12 All thy strong holds *shall be like* fig trees with the firstripe figs: if they be shaken, they shall even fall into the mouth of the eater.

13 Behold, thy people in the midst of thee *are* women: the gates of thy land shall be set wide open unto thine enemies: the fire shall devour thy bars.

14 Draw thee waters for the siege, fortify thy strong holds: go into clay, and tread the morter, make strong the brickkiln.

15 There shall the fire devour thee; the sword shall cut thee off, it shall eat thee up like the cankerworm: make thyself many as the cankerworm, make thyself many as the locusts.

16 Thou hast multiplied thy merchants above the stars of heaven: the cankerworm spoileth, and flieth away.

17 Thy crowned *are* as the locusts, and thy captains as the great grasshoppers, which camp in the hedges in the cold day, *but* when the sun ariseth they flee away, and their place is not known where they *are*.

18 Thy shepherds slumber, O king of Assyria: thy nobles shall dwell *in the dust*: thy people is scattered upon the mountains, and no man gathereth *them*.

19 *There is* no healing of thy bruise; thy wound is grievous: all that hear the bruit of thee shall clap the hands over thee: for upon whom hath not thy wickedness passed continually?

3 1 עֹ֛וד ק֥וֹל מַלְאָכֵ֖כָה׃ ה֣וֹי עִ֣יר דָּמִ֑ים כֻּלָּ֖הּ כַּ֥חַשׁ פֶּ֑רֶק

2 מְלֵאָ֑ה לֹ֥א יָמִ֖ישׁ טָֽרֶף׃ ק֣וֹל שׁ֗וֹט וְק֙וֹל֙ רַ֣עַשׁ אוֹפָ֔ן וְס֖וּס דֹּהֵ֑ר

3 וּמֶרְכָּבָ֖ה מְרַקֵּדָֽה׃ פָּרָ֣שׁ מַעֲלֶ֗ה וְלַ֤הַב חֶ֙רֶב֙ וּבְרַ֣ק חֲנִ֔ית וְרֹ֖ב חָלָ֑ל

4 וְכֹ֣בֶד פָּ֑גֶר וְאֵ֥ין קֵ֖צֶה לַגְּוִיָּ֑ה יכשלו בִּגְוִיָּתָֽם׃ מֵרֹב֙ זְנוּנֵ֣י זוֹנָ֔ה ט֖וֹבַת וְכָשְׁל֖וּ

5 חֵ֑ן בַּ֣עֲלַת כְּשָׁפִ֑ים הַמֹּכֶ֤רֶת גּוֹיִם֙ בִּזְנוּנֶ֔יהָ וּמִשְׁפָּח֖וֹת בִּכְשָׁפֶֽיהָ׃ הִנְנִ֣י

אֵלַ֗יִךְ נְאֻם֙ יְהֹוָ֣ה צְבָא֔וֹת וְגִלֵּיתִ֥י שׁוּלַ֖יִךְ עַל־פָּנָ֑יִךְ וְהַרְאֵיתִ֥י גוֹיִם֙

6 מַעְרֵ֔ךְ וּמַמְלָכ֖וֹת קְלוֹנֵֽךְ׃ וְהִשְׁלַכְתִּ֤י עָלַ֙יִךְ֙ שִׁקֻּצִ֔ים וְנִבַּלְתִּ֖יךְ וְשַׂמְתִּ֥יךְ

7 כְּרֹֽאִי׃ וְהָיָ֣ה כָל־רֹאַ֗יִךְ יִדּ֤וֹד מִמֵּךְ֙ וְאָמַ֔ר שָׁדְּדָ֣ה נִֽינְוֵ֔ה מִ֖י יָנ֣וּד לָ֑הּ

8 מֵאַ֛יִן אֲבַקֵּ֥שׁ מְנַחֲמִ֖ים לָֽךְ׃ הֲתֵֽיטְבִי֙ מִנֹּ֣א אָמ֔וֹן הַיֹּֽשְׁבָ֖ה בַּיְאֹרִ֑ים

9 מַ֣יִם סָבִ֣יב לָ֑הּ אֲשֶׁר־חֵ֣יל יָ֔ם מִיָּ֖ם חוֹמָתָֽהּ׃ כּ֥וּשׁ עָצְמָ֛ה וּמִצְרַ֖יִם

10 וְאֵ֣ין קֵ֑צֶה פּ֥וּט וְלוּבִ֖ים הָי֥וּ בְּעֶזְרָתֵֽךְ׃ גַּם־הִ֗יא לַגֹּלָה֙ הָֽלְכָ֣ה בַשֶּׁ֔בִי

גַּ֧ם עֹלָלֶ֛יהָ יְרֻטְּשׁ֖וּ בְּרֹ֣אשׁ כָּל־חוּצ֑וֹת וְעַל־נִכְבַּדֶּ֙יהָ֙ יַדּ֣וּ גוֹרָ֔ל וְכָל־

11 גְּדוֹלֶ֖יהָ רֻתְּק֥וּ בַזִּקִּֽים׃ גַּם־אַ֣תְּ תִּשְׁכְּרִ֗י תְּהִ֣י נַעֲלָמָ֑ה גַּם־אַ֛תְּ תְּבַקְשִׁ֥י

12 מָע֖וֹז מֵאוֹיֵֽב׃ כָּל־מִ֨בְצָרַ֔יִךְ תְּאֵנִ֖ים עִם־בִּכּוּרִ֑ים אִם־יִנּ֕וֹעוּ וְנָ֣פְל֔וּ עַל־

13 13A פִּ֥י אוֹכֵֽל׃ הִנֵּ֨ה עַמֵּ֤ךְ נָשִׁים֙ בְּקִרְבֵּ֔ךְ לְאֹ֣יְבַ֔יִךְ פָּת֥וֹחַ נִפְתְּח֖וּ שַׁעֲרֵ֣י

14 אַרְצֵ֑ךְ אָכְלָ֥ה אֵ֖שׁ בְּרִיחָֽיִךְ׃ מֵ֣י מָצוֹר֮ שַֽׁאֲבִי־לָךְ֒ חַזְּקִ֖י מִבְצָרָ֑יִךְ בֹּ֣אִי

15 בַטִּ֗יט וְרִמְסִ֣י בַחֹ֔מֶר הַחֲזִ֖יקִי מַלְבֵּֽן׃ שָׁ֚ם תֹּאכְלֵ֣ךְ אֵ֔שׁ תַּכְרִיתֵ֖ךְ

16 חֶ֑רֶב תֹּֽאכְלֵ֖ךְ כַּיָּ֑לֶק הִתְכַּבֵּ֤ד כַּיֶּ֙לֶק֙ הִתְכַּבְּדִ֣י כָאַרְבֶּ֔ה׃ הִרְבֵּ֕ית

17 רֹכְלַ֖יִךְ מִכּוֹכְבֵ֣י הַשָּׁמָ֑יִם יֶ֧לֶק פָּשַׁ֛ט וַיָּעֹֽף׃ מִנְּזָרַ֙יִךְ֙ כָּֽאַרְבֶּ֔ה וְטַפְסְרַ֖יִךְ

כְּג֣וֹב גֹּבָ֑י הַֽחוֹנִ֤ים בַּגְּדֵרוֹת֙ בְּי֣וֹם קָרָ֔ה שֶׁ֤מֶשׁ זָֽרְחָה֙ וְנוֹדָ֔ד וְלֹֽא־

18 נוֹדַ֥ע מְקוֹמ֖וֹ אַיָּֽם׃ נָמ֤וּ רֹעֶ֙יךָ֙ מֶ֣לֶךְ אַשּׁ֔וּר יִשְׁכְּנ֖וּ אַדִּירֶ֑יךָ נָפֹ֥שׁוּ

19 עַמְּךָ֙ עַל־הֶ֣הָרִ֔ים וְאֵ֖ין מְקַבֵּֽץ׃ אֵין־כֵּהָה֙ לְשִׁבְרֶ֔ךָ נַחְלָ֖ה מַכָּתֶ֑ךָ כֹּ֣ל ׀

שֹׁ֤מְעֵי שִׁמְעֲךָ֙ תָּ֣קְעוּ כַ֔ף עָלֶ֑יךָ כִּ֗י עַל־מִ֛י לֹֽא־עָבְרָ֥ה רָעָתְךָ֖ תָּמִֽיד׃

HABAKKUK

CHAPTER 1

1 The burden which Habakkuk the prophet did see.

2 O LORD, how long shall I cry, and thou wilt not hear! *even* cry out unto thee *of* violence, and thou wilt not save!

3 Why dost thou shew me iniquity, and cause *me* to behold grievance? for spoiling and violence *are* before me: and there are *that* raise up strife and contention.

4 Therefore the law is slacked, and judgment doth never go forth: for the wicked doth compass about the righteous; therefore wrong judgment proceedeth.

5 ¶ Behold ye among the heathen, and regard, and wonder marvellously: for *I* will work a work in your days, *which* ye will not believe, though it be told *you*.

6 For, lo, I raise up the Chaldeans, *that* bitter and hasty nation, which shall march through the breadth of the land, to possess the dwellingplaces *that are* not theirs.

7 They *are* terrible and dreadful: their judgment and their dignity shall proceed of themselves.

8 Their horses also are swifter than the leopards, and are more fierce than the evening wolves: and their horsemen shall spread themselves, and their horsemen shall come from far; they shall fly as the eagle *that* hasteth to eat.

9 They shall come all for violence: their faces shall sup up *as* the east wind, and they shall gather the captivity as the sand.

10 And they shall scoff at the kings, and the princes shall be a scorn unto them: they shall deride every strong hold; for they shall heap dust, and take it.

11 Then shall *his* mind change, and he shall pass over, and offend, *imputing* this his power unto his god.

12 ¶ *Art* thou not from everlasting, O LORD my God, mine Holy One? we shall not die. O LORD, thou hast ordained them for judgment; and, O mighty God, thou hast established them for correction.

13 *Thou art* of purer eyes than to behold evil, and canst not look on iniquity: wherefore lookest thou upon them that deal treacherously, *and* holdest thy tongue when the wicked devoureth *the man that is* more righteous than he?

14 And makest men as the fishes of the sea, as the creeping things, *that have* no ruler over them?

15 They take up all of them with the angle, they catch them in their net, and gather them in their drag: therefore they rejoice and are glad.

16 Therefore they sacrifice unto their net, and burn incense unto their drag; because by them their portion *is* fat, and their meat plenteous.

17 Shall they therefore empty their net, and not spare continually to slay the nations?

CHAPTER 2

1 I will stand upon my watch, and set me upon the tower, and will watch to see what he will say unto me, and what I shall answer when I am reproved.

2 And the LORD answered me, and said, Write the vision, and make *it* plain upon tables, that he may run that readeth it.

3 For the vision *is* yet for an appointed time, but at the end it shall speak, and not lie: though it tarry, wait for it; because it will surely come, it will not tarry.

4 Behold, his soul *which* is lifted up is not upright in him: but the just shall live by his faith.

5 ¶ Yea also, because he transgresseth by wine, *he is* a proud man, neither keepeth at home, who enlargeth his desire as hell, and *is* as death, and cannot be satisfied, but gathereth unto him all nations, and heapeth unto him all people:

6 Shall not all these take up a parable against him, and a taunting proverb against him, and say, Woe to him that increaseth *that which is* not his! how long? and to him that ladeth himself with thick clay!

חבקוק

1 הַמַּשָּׂא אֲשֶׁר חָזָה חֲבַקּוּק הַנָּבִיא: עַד־אָנָה יְהוָה שִׁוַּעְתִּי וְלֹא
2 תִשְׁמָע אֶזְעַק אֵלֶיךָ חָמָס וְלֹא תוֹשִׁיעַ: לָמָּה תַרְאֵנִי אָוֶן וְעָמָל
3 תַּבִּיט וְשֹׁד וְחָמָס לְנֶגְדִּי וַיְהִי רִיב וּמָדוֹן יִשָּׂא: עַל־כֵּן תָּפוּג תּוֹרָה
וְלֹא־יֵצֵא לָנֶצַח מִשְׁפָּט כִּי רָשָׁע מַכְתִּיר אֶת־הַצַּדִּיק עַל־כֵּן יֵצֵא
4 מִשְׁפָּט מְעֻקָּל: רְאוּ בַגּוֹיִם וְהַבִּיטוּ וְהִתַּמְּהוּ תְּמָהוּ כִּי־פֹעַל פֹּעֵל
5 בִּימֵיכֶם לֹא תַאֲמִינוּ כִּי יְסֻפָּר: כִּי־הִנְנִי מֵקִים אֶת־הַכַּשְׂדִּים הַגּוֹי
6 הַמַּר וְהַנִּמְהָר הַהוֹלֵךְ לְמֶרְחֲבֵי־אֶרֶץ לָרֶשֶׁת מִשְׁכָּנוֹת לֹא־לוֹ: אָיֹם
7 וְנוֹרָא הוּא מִמֶּנּוּ מִשְׁפָּטוֹ וּשְׂאֵתוֹ יֵצֵא: וְקַלּוּ מִנְּמֵרִים סוּסָיו וְחַדּוּ
8 מִזְּאֵבֵי עֶרֶב וּפָשׁוּ פָּרָשָׁיו וּפָרָשָׁיו מֵרָחוֹק יָבֹאוּ יָעֻפוּ כְּנֶשֶׁר חָשׁ
9 לֶאֱכוֹל: כֻּלֹּה לְחָמָס יָבוֹא מְגַמַּת פְּנֵיהֶם קָדִימָה וַיֶּאֱסֹף כַּחוֹל שֶׁבִי:
10 וְהוּא בַּמְּלָכִים יִתְקַלָּס וְרֹזְנִים מִשְׂחָק לוֹ הוּא לְכָל־מִבְצָר יִשְׂחָק
11 וַיִּצְבֹּר עָפָר וַיִּלְכְּדָהּ: אָז חָלַף רוּחַ וַיַּעֲבֹר וְאָשֵׁם זוּ כֹחוֹ לֵאלֹהוֹ:
12 הֲלוֹא אַתָּה מִקֶּדֶם יְהוָה אֱלֹהַי קְדֹשִׁי לֹא נָמוּת יְהוָה לְמִשְׁפָּט
13 שַׂמְתּוֹ וְצוּר לְהוֹכִיחַ יְסַדְתּוֹ: טְהוֹר עֵינַיִם מֵרְאוֹת רָע וְהַבִּיט אֶל־
עָמָל לֹא תוּכָל לָמָּה תַבִּיט בּוֹגְדִים תַּחֲרִישׁ בְּבַלַּע רָשָׁע צַדִּיק
14 מִמֶּנּוּ: וַתַּעֲשֶׂה אָדָם כִּדְגֵי הַיָּם כְּרֶמֶשׂ לֹא־מֹשֵׁל בּוֹ: כֻּלֹּה בְּחַכָּה
15 הֵעֲלָה יְגֹרֵהוּ בְחֶרְמוֹ וְיַאַסְפֵהוּ בְּמִכְמַרְתּוֹ עַל־כֵּן יִשְׂמַח וְיָגִיל:
16 עַל־כֵּן יְזַבֵּחַ לְחֶרְמוֹ וִיקַטֵּר לְמִכְמַרְתּוֹ כִּי בָהֵמָּה שָׁמֵן חֶלְקוֹ
17 וּמַאֲכָלוֹ בְּרִאָה: הַעַל כֵּן יָרִיק חֶרְמוֹ וְתָמִיד לַהֲרֹג גּוֹיִם לֹא
2,1 יַחְמוֹל: עַל־מִשְׁמַרְתִּי אֶעֱמֹדָה וְאֶתְיַצְּבָה עַל־מָצוֹר
2 וַאֲצַפֶּה לִרְאוֹת מַה־יְדַבֶּר־בִּי וּמָה אָשִׁיב עַל־תּוֹכַחְתִּי: וַיַּעֲנֵנִי יְהוָה
3 וַיֹּאמֶר כְּתוֹב חָזוֹן וּבָאֵר עַל־הַלֻּחוֹת לְמַעַן יָרוּץ קוֹרֵא בוֹ: כִּי עוֹד
חָזוֹן לַמּוֹעֵד וְיָפֵחַ לַקֵּץ וְלֹא יְכַזֵּב אִם־יִתְמַהְמָהּ חַכֵּה־לוֹ כִּי־בֹא
4 יָבֹא לֹא יְאַחֵר: הִנֵּה עֻפְּלָה לֹא־יָשְׁרָה נַפְשׁוֹ בּוֹ וְצַדִּיק בֶּאֱמוּנָתוֹ
5 יִחְיֶה: וְאַף כִּי־הַיַּיִן בּוֹגֵד גֶּבֶר יָהִיר וְלֹא יִנְוֶה אֲשֶׁר הִרְחִיב כִּשְׁאוֹל
נַפְשׁוֹ וְהוּא כַמָּוֶת וְלֹא יִשְׂבָּע וַיֶּאֱסֹף אֵלָיו כָּל־הַגּוֹיִם וַיִּקְבֹּץ אֵלָיו
6 כָּל־הָעַמִּים: הֲלוֹא־אֵלֶּה כֻלָּם עָלָיו מָשָׁל יִשָּׂאוּ וּמְלִיצָה חִידוֹת לוֹ
7 וְיֹאמַר הוֹי הַמַּרְבֶּה לֹא־לוֹ עַד־מָתַי וּמַכְבִּיד עָלָיו עַבְטִיט: הֲלוֹא

7 Shall they not rise up suddenly that shall bite thee, and awake that shall vex thee, and thou shalt be for booties unto them?

8 Because thou hast spoiled many nations, all the remnant of the people shall spoil thee; because of men's blood, and *for* the violence of the land, of the city, and of all that dwell therein.

9 ¶ Woe to him that coveteth an evil covetousness to his house, that he may set his nest on high, that he may be delivered from the power of evil!

10 Thou hast consulted shame to thy house by cutting off many people, and hast sinned *against* thy soul.

11 For the stone shall cry out of the wall, and the beam out of the timber shall answer it.

12 ¶ Woe to him that buildeth a town with blood, and stablisheth a city by iniquity!

13 Behold, *is it* not of the LORD of hosts that the people shall labour in the very fire, and the people shall weary themselves for very vanity?

14 For the earth shall be filled with the knowledge of the glory of the LORD, as the waters cover the sea.

15 ¶ Woe unto him that giveth his neighbour drink, that puttest thy bottle to *him,* and makest *him* drunken also, that thou mayest look on their nakedness!

16 Thou art filled with shame for glory: drink thou also, and let thy foreskin be uncovered: the cup of the LORD's right hand shall be turned unto thee, and shameful spewing *shall be* on thy glory.

17 For the violence of Lebanon shall cover thee, and the spoil of beasts, *which* made them afraid, because of men's blood, and for the violence of the land, of the city, and of all that dwell therein.

18 ¶ What profiteth the graven image that the maker thereof hath graven it; the molten image, and a teacher of lies, that the maker of his work trusteth therein, to make dumb idols?

19 Woe unto him that saith to the wood, Awake; to the dumb stone, Arise, it shall teach! Behold, it *is* laid over with gold and silver, and *there is* no breath at all in the midst of it.

20 But the LORD *is* in his holy temple: let all the earth keep silence before him.

CHAPTER 3

1 A prayer of Habakkuk the prophet upon Shigionoth.

2 O LORD, I have heard thy speech, *and* was afraid: O LORD, revive thy work in the midst of the years, in the midst of the years make known; in wrath remember mercy.

3 God came from Teman, and the Holy One from mount Paran. Selah. His glory covered the heavens, and the earth was full of his praise.

4 And *his* brightness was as the light; he had horns *coming* out of his hand: and there *was* the hiding of his power.

5 Before him went the pestilence, and burning coals went forth at his feet.

6 He stood, and measured the earth: he beheld, and drove asunder the nations; and the everlasting mountains were scattered, the perpetual hills did bow: his ways *are* everlasting.

7 I saw the tents of Cushan in affliction: *and* the curtains of the land of Midian did tremble.

8 Was the LORD displeased against the rivers? *was* thine anger against the rivers? *was* thy wrath against the sea, that thou didst ride upon thine horses *and* thy chariots of salvation?

9 Thy bow was made quite naked, *according* to the oaths of the tribes, *even thy* word. Selah. Thou didst cleave the earth with rivers.

10 The mountains saw thee, *and* they trembled: the overflowing of the water passed by: the deep uttered his voice, *and* lifted up his hands on high.

11 The sun *and* moon stood still in their habitation: at the light of thine arrows they went, *and* at the shining of thy glittering spear.

12 Thou didst march through the land in indignation, thou didst thresh the heathen in anger.

13 Thou wentest forth for the salvation

8A
8 פֶּ֣תַע יָק֣וּמוּ֮ נֹשְׁכֶ֒יךָ֒ וְיִקְצ֖וּ מְזַעְזְעֶ֑יךָ וְהָיִ֖יתָ לִמְשִׁסּ֥וֹת לָֽמוֹ: כִּֽי־אַתָּ֞ה
שַׁלּ֣וֹתָ גּוֹיִ֣ם רַבִּ֗ים יְשָׁלּ֜וּךָ כׇּל־יֶ֤תֶר עַמִּים֙ מִדְּמֵ֣י אָדָ֔ם וַחֲמַס־אֶ֖רֶץ
קִרְיָ֥ה וְכׇל־יֹ֥שְׁבֵי בָֽהּ:
9 ה֗וֹי בֹּצֵ֛עַ בֶּ֥צַע רָ֖ע לְבֵית֑וֹ לָשׂ֤וּם בַּמָּרוֹם֙ קִנּ֔וֹ לְהִנָּצֵ֖ל מִכַּף־רָֽע: יָעַ֥צְתָּ
10
11 בֹּ֖שֶׁת לְבֵיתֶ֑ךָ קְצוֹת־עַמִּ֥ים רַבִּ֖ים וְחוֹטֵ֥א נַפְשֶֽׁךָ: כִּי־אֶ֖בֶן מִקִּ֣יר תִּזְעָ֑ק
וְכָפִ֖יס מֵעֵ֥ץ יַעֲנֶֽנָּה:
12 ה֗וֹי בֹּנֶ֥ה עִ֛יר בְּדָמִ֖ים וְכוֹנֵ֥ן קִרְיָ֥ה בְּעַוְלָֽה: הֲל֣וֹא הִנֵּ֔ה מֵאֵ֖ת יְהֹוָ֣ה
13
14 צְבָא֑וֹת וְיִֽיגְע֤וּ עַמִּים֙ בְּדֵי־אֵ֔שׁ וּלְאֻמִּ֖ים בְּדֵי־רִ֣יק יִעָ֑פוּ: כִּ֚י תִּמָּלֵ֣א
הָאָ֔רֶץ לָדַ֖עַת אֶת־כְּב֣וֹד יְהֹוָ֑ה כַּמַּ֖יִם יְכַסּ֥וּ עַל־יָֽם: ה֗וֹי
15 מַשְׁקֵ֤ה רֵעֵ֙הוּ֙ מְסַפֵּ֣חַ חֲמָתְךָ֔ וְאַ֖ף שַׁכֵּ֑ר לְמַ֥עַן הַבִּ֖יט עַל־מְעוֹרֵיהֶֽם:
16 שָׂבַ֤עְתָּ קָלוֹן֙ מִכָּב֔וֹד שְׁתֵ֥ה גַם־אַ֖תָּה וְהֵעָרֵ֑ל תִּסּ֣וֹב עָלֶ֗יךָ כּ֚וֹס יְמִ֣ין
17 יְהֹוָ֔ה וְקִיקָל֖וֹן עַל־כְּבוֹדֶֽךָ: כִּ֣י חֲמַ֤ס לְבָנוֹן֙ יְכַסֶּ֔ךָּ וְשֹׁ֥ד בְּהֵמ֖וֹת יְחִיתַ֑ן
18 מִדְּמֵ֤י אָדָם֙ וַחֲמַס־אֶ֔רֶץ קִרְיָ֖ה וְכׇל־יֹ֥שְׁבֵי בָֽהּ:   מָֽה־הוֹעִ֣יל
פֶּ֙סֶל֙ כִּ֣י פְסָל֔וֹ יֹֽצְר֔וֹ מַסֵּכָ֖ה וּמ֣וֹרֶה שָּׁ֑קֶר כִּ֣י בָטַ֞ח יֹצֵ֤ר יִצְרוֹ֙ עָלָ֔יו
19 לַעֲשׂ֖וֹת אֱלִילִ֥ים אִלְּמִֽים: ה֣וֹי אֹמֵ֤ר לָעֵץ֙ הָקִ֔יצָה ע֖וּרִי
לְאֶ֣בֶן דּוּמָ֑ם ה֣וּא יוֹרֶ֗ה הִנֵּה־הוּא֙ תָּפ֣וּשׂ זָהָ֣ב וָכֶ֔סֶף וְכׇל־ר֖וּחַ אֵ֥ין
20 בְּקִרְבּֽוֹ: וַֽיהֹוָ֖ה בְּהֵיכַ֣ל קׇדְשׁ֑וֹ הַ֥ס מִפָּנָ֖יו כׇּל־הָאָֽרֶץ:
3 1 תְּפִלָּ֖ה לַחֲבַקּ֣וּק הַנָּבִ֑יא עַ֖ל שִׁגְיֹנֽוֹת: יְהֹוָ֗ה שָׁמַ֣עְתִּי שִׁמְעֲךָ֮ יָרֵאתִי֒
2
יְהֹוָ֗ה פׇּעׇלְךָ֙ בְּקֶ֤רֶב שָׁנִים֙ חַיֵּ֔יהוּ בְּקֶ֥רֶב שָׁנִ֖ים תּוֹדִ֑יעַ בְּרֹ֖גֶז רַחֵ֥ם
3A
3 תִּזְכּֽוֹר: אֱל֙וֹהַ֙ מִתֵּימָ֣ן יָב֔וֹא וְקָד֥וֹשׁ מֵהַר־פָּארָ֖ן סֶ֑לָה כִּסָּ֤ה שָׁמַ֙יִם֙
4 הוֹד֔וֹ וּתְהִלָּת֖וֹ מָלְאָ֥ה הָאָֽרֶץ: וְנֹ֙גַהּ֙ כָּא֣וֹר תִּֽהְיֶ֔ה קַרְנַ֥יִם מִיָּד֖וֹ ל֑וֹ
5 וְשָׁ֖ם חֶבְי֥וֹן עֻזֹּֽה: לְפָנָ֖יו יֵ֣לֶךְ דָּ֑בֶר וְיֵצֵ֥א רֶ֖שֶׁף לְרַגְלָֽיו: עָמַ֣ד ׀ וַיְמֹ֣דֶד
6
אֶ֗רֶץ רָאָה֙ וַיַּתֵּ֣ר גּוֹיִ֔ם וַיִּתְפֹּֽצְצוּ֙ הַרְרֵי־עַ֔ד שַׁח֖וּ גִּבְע֣וֹת עוֹלָ֑ם הֲלִיכ֥וֹת
7 עוֹלָ֖ם לֽוֹ: תַּ֣חַת אָ֔וֶן רָאִ֖יתִי אׇהֳלֵ֣י כוּשָׁ֑ן יִרְגְּז֕וּן יְרִיע֖וֹת אֶ֥רֶץ
8 מִדְיָֽן: הֲבִנְהָרִים֙ חָרָ֣ה יְהֹוָ֔ה אִ֤ם בַּנְּהָרִים֙ אַפֶּ֔ךָ אִם־בַּיָּ֖ם
9 עֶבְרָתֶ֑ךָ כִּ֤י תִרְכַּב֙ עַל־סוּסֶ֔יךָ מַרְכְּבֹתֶ֖יךָ יְשׁוּעָֽה: עֶרְיָ֤ה תֵעוֹר֙ קַשְׁתֶּ֔ךָ
10 שְׁבֻע֥וֹת מַטּ֖וֹת אֹ֣מֶר סֶ֑לָה נְהָר֖וֹת תְּבַקַּע־אָֽרֶץ: רָא֤וּךָ יָחִ֙ילוּ֙ הָרִ֔ים
11 זֶ֥רֶם מַ֖יִם עָבָ֑ר נָתַ֤ן תְּהוֹם֙ קוֹל֔וֹ ר֖וֹם יָדֵ֥יהוּ נָשָֽׂא: שֶׁ֥מֶשׁ יָרֵ֖חַ עָ֣מַד
12 זְבֻ֑לָה לְא֤וֹר חִצֶּ֙יךָ֙ יְהַלֵּ֔כוּ לְנֹ֖גַהּ בְּרַ֥ק חֲנִיתֶֽךָ: בְּזַ֖עַם תִּצְעַד־אָ֑רֶץ
13 בְּאַ֖ף תָּד֥וּשׁ גּוֹיִֽם: יָצָ֙אתָ֙ לְיֵ֣שַׁע עַמֶּ֔ךָ לְיֵ֖שַׁע אֶת־מְשִׁיחֶ֑ךָ מָחַ֤צְתָּ

of thy people, *even* for salvation with thine anointed; thou woundedst the head out of the house of the wicked, by discovering the foundation unto the neck. Selah.

14 Thou didst strike through with his staves the head of his villages: they came out as a whirlwind to scatter me: their rejoicing *was* as to devour the poor secretly.

15 Thou didst walk through the sea with thine horses, *through* the heap of great waters.

16 When I heard, my belly trembled; my lips quivered at the voice: rottenness entered into my bones, and I trembled in myself, that I might rest in the day of trouble: when he cometh up unto the people, he will invade them with his troops.

17 ¶ Although the fig tree shall not blossom, neither *shall* fruit *be* in the vines; the labour of the olive shall fail, and the fields shall yield no meat; the flock shall be cut off from the fold, and *there shall be* no herd in the stalls:

18 Yet I will rejoice in the LORD, I will joy in the God of my salvation.

19 The LORD God *is* my strength, and he will make my feet like hinds' *feet,* and he will make me to walk upon mine high places. To the chief singer on my stringed instruments.

ZEPHANIAH

CHAPTER 1

1 The word of the LORD which came unto Zephaniah the son of Cushi, the son of Gedaliah, the son of Amariah, the son of Hizkiah, in the days of Josiah the son of Amon, king of Judah.

2 I will utterly consume all *things* from off the land, saith the LORD.

3 I will consume man and beast; I will consume the fowls of the heaven, and the fishes of the sea, and the stumblingblocks with the wicked; and I will cut off man from off the land, saith the LORD.

4 I will also stretch out mine hand upon Judah, and upon all the inhabitants of Jerusalem; and I will cut off the remnant of Baal from this place, *and* the name of the Chemarims with the priests;

5 And them that worship the host of heaven upon the housetops; and them that worship *and* that swear by the LORD, and that swear by Malcham;

6 And them that are turned back from the LORD; and *those* that have not sought the LORD, nor enquired for him.

7 Hold thy peace at the presence of the Lord GOD: for the day of the LORD *is* at hand: for the LORD hath prepared a sacrifice, he hath bid his guests.

8 And it shall come to pass in the day of the LORD's sacrifice, that I will punish the princes, and the king's children, and all such as are clothed with strange apparel.

9 In the same day also will I punish all those that leap on the threshold, which fill their masters' houses with violence and deceit.

10 And it shall come to pass in that day, saith the LORD, *that there shall be* the noise of a cry from the fish gate, and an howling from the second, and a great crashing from the hills.

11 Howl, ye inhabitants of Maktesh, for all the merchant people are cut down; all they that bear silver are cut off.

12 And it shall come to pass at that time, *that* I will search Jerusalem with candles, and punish the men that are settled on their lees: that say in their heart, The LORD will not do good, neither will he do evil.

13 Therefore their goods shall become a booty, and their houses a desolation: they shall also build houses, but not inhabit *them;* and they shall plant vineyards, but not drink the wine thereof.

14 The great day of the LORD *is* near, *it is* near, and hasteth greatly, *even* the voice of the day of the LORD: the mighty man shall cry there bitterly.

15 That day *is* a day of wrath, a day of trouble and distress, a day of wasteness and desolation, a day of darkness and

רֹאשׁ מִבֵּית רָשָׁע עָרוֹת יְסוֹד עַד־צַוָּאר סֶלָה:

פְּרָזָו 14 נָקַבְתָּ בְמַטָּיו רֹאשׁ פְּרָזָו יִסְעֲרוּ לַהֲפִיצֵנִי עֲלִיצֻתָם כְּמוֹ־לֶאֱכֹל עָנִי

15 בַּמִּסְתָּר: דָּרַכְתָּ בַיָּם סוּסֶיךָ חֹמֶר מַיִם רַבִּים: שָׁמַעְתִּי ׀ וַתִּרְגַּז בִּטְנִי
16

לְקוֹל צָלֲלוּ שְׂפָתַי יָבוֹא רָקָב בַּעֲצָמַי וְתַחְתַּי אֶרְגָּז אֲשֶׁר אָנוּחַ לְיוֹם

17 צָרָה לַעֲלוֹת לְעַם יְגוּדֶנּוּ: כִּי־תְאֵנָה לֹא־תִפְרָח וְאֵין יְבוּל בַּגְּפָנִים

כִּחֵשׁ מַעֲשֵׂה־זַיִת וּשְׁדֵמוֹת לֹא־עָשָׂה אֹכֶל גָּזַר מִמִּכְלָה צֹאן וְאֵין

18 בָּקָר בָּרְפָתִים: וַאֲנִי בַּיהוָה אֶעְלוֹזָה אָגִילָה בֵּאלֹהֵי יִשְׁעִי: יְהוָה
19A
19

אֲדֹנָי חֵילִי וַיָּשֶׂם רַגְלַי כָּאַיָּלוֹת וְעַל בָּמוֹתַי יַדְרִכֵנִי לַמְנַצֵּחַ בִּנְגִינוֹתָי:

צפניה

1 דְּבַר־יְהוָה ׀ אֲשֶׁר הָיָה אֶל־צְפַנְיָה בֶּן־כּוּשִׁי בֶן־גְּדַלְיָה בֶּן־אֲמַרְיָה בֶּן־

2 חִזְקִיָּה בִּימֵי יֹאשִׁיָּהוּ בֶן־אָמוֹן מֶלֶךְ יְהוּדָה: אָסֹף אָסֵף כֹּל מֵעַל

3 פְּנֵי הָאֲדָמָה נְאֻם־יְהוָה: אָסֵף אָדָם וּבְהֵמָה אָסֵף עוֹף־הַשָּׁמַיִם וּדְגֵי

הַיָּם וְהַמַּכְשֵׁלוֹת אֶת־הָרְשָׁעִים וְהִכְרַתִּי אֶת־הָאָדָם מֵעַל פְּנֵי

4 הָאֲדָמָה נְאֻם־יְהוָה: וְנָטִיתִי יָדִי עַל־יְהוּדָה וְעַל כָּל־יוֹשְׁבֵי יְרוּשָׁלִָם

וְהִכְרַתִּי מִן־הַמָּקוֹם הַזֶּה אֶת־שְׁאָר הַבַּעַל אֶת־שֵׁם הַכְּמָרִים עִם־

5 הַכֹּהֲנִים: וְאֶת־הַמִּשְׁתַּחֲוִים עַל־הַגַּגּוֹת לִצְבָא הַשָּׁמַיִם וְאֶת־

6 הַמִּשְׁתַּחֲוִים הַנִּשְׁבָּעִים לַיהוָה וְהַנִּשְׁבָּעִים בְּמַלְכָּם: וְאֶת־הַנְּסוֹגִים

7 מֵאַחֲרֵי יְהוָה וַאֲשֶׁר לֹא־בִקְשׁוּ אֶת־יְהוָה וְלֹא דְרָשֻׁהוּ: הַס מִפְּנֵי

אֲדֹנָי יְהוָה כִּי קָרוֹב יוֹם יְהוָה כִּי־הֵכִין יְהוָה זֶבַח הִקְדִּישׁ קְרֻאָיו:

8 וְהָיָה בְּיוֹם זֶבַח יְהוָה וּפָקַדְתִּי עַל־הַשָּׂרִים וְעַל־בְּנֵי הַמֶּלֶךְ וְעַל כָּל־

9 הַלֹּבְשִׁים מַלְבּוּשׁ נָכְרִי: וּפָקַדְתִּי עַל כָּל־הַדּוֹלֵג עַל־הַמִּפְתָּן בַּיּוֹם

10 הַהוּא הַמְמַלְאִים בֵּית אֲדֹנֵיהֶם חָמָס וּמִרְמָה: וְהָיָה בַיּוֹם

הַהוּא נְאֻם־יְהוָה קוֹל צְעָקָה מִשַּׁעַר הַדָּגִים וִילָלָה מִן־הַמִּשְׁנֶה

11 וְשֶׁבֶר גָּדוֹל מֵהַגְּבָעוֹת: הֵילִילוּ יֹשְׁבֵי הַמַּכְתֵּשׁ כִּי נִדְמָה כָּל־עַם

12 כְּנַעַן נִכְרְתוּ כָּל־נְטִילֵי כָסֶף: וְהָיָה בָּעֵת הַהִיא אֲחַפֵּשׂ אֶת־יְרוּשָׁלִַם

בַּנֵּרוֹת וּפָקַדְתִּי עַל־הָאֲנָשִׁים הַקֹּפְאִים עַל־שִׁמְרֵיהֶם הָאֹמְרִים

13 בִּלְבָבָם לֹא־יֵיטִיב יְהוָה וְלֹא יָרֵעַ: וְהָיָה חֵילָם לִמְשִׁסָּה וּבָתֵּיהֶם

לִשְׁמָמָה וּבָנוּ בָתִּים וְלֹא יֵשֵׁבוּ וְנָטְעוּ כְרָמִים וְלֹא יִשְׁתּוּ אֶת־יֵינָם:

14 קָרוֹב יוֹם־יְהוָה הַגָּדוֹל קָרוֹב וּמַהֵר מְאֹד קוֹל יוֹם יְהוָה מַר צֹרֵחַ

15 שָׁם גִּבּוֹר: יוֹם עֶבְרָה הַיּוֹם הַהוּא יוֹם צָרָה וּמְצוּקָה יוֹם שֹׁאָה

gloominess, a day of clouds and thick darkness,

16 A day of the trumpet and alarm against the fenced cities, and against the high towers.

17 And I will bring distress upon men, that they shall walk like blind men, because they have sinned against the LORD: and their blood shall be poured out as dust, and their flesh as the dung.

18 Neither their silver nor their gold shall be able to deliver them in the day of the LORD's wrath; but the whole land shall be devoured by the fire of his jealousy: for he shall make even a speedy riddance of all them that dwell in the land.

CHAPTER 2

1 Gather yourselves together, yea, gather together, O nation not desired;

2 Before the decree bring forth, *before* the day pass as the chaff, before the fierce anger of the LORD come upon you, before the day of the LORD's anger come upon you.

3 Seek ye the LORD, all ye meek of the earth, which have wrought his judgment; seek righteousness, seek meekness: it may be ye shall be hid in the day of the LORD's anger.

4 ¶ For Gaza shall be forsaken, and Ashkelon a desolation: they shall drive out Ashdod at the noon day, and Ekron shall be rooted up.

5 Woe unto the inhabitants of the sea coast, the nation of the Cherethites! the word of the LORD *is* against you; O Canaan, the land of the Philistines, I will even destroy thee, that there shall be no inhabitant.

6 And the sea coast shall be dwellings *and* cottages for shepherds, and folds for flocks.

7 And the coast shall be for the remnant of the house of Judah; they shall feed thereupon: in the houses of Ashkelon shall they lie down in the evening: for the LORD their God shall visit them, and turn away their captivity.

8 ¶ I have heard the reproach of Moab, and the revilings of the children of Am-

mon, whereby they have reproached my people, and magnified *themselves* against their border.

9 Therefore *as* I live, saith the LORD of hosts, the God of Israel, Surely Moab shall be as Sodom, and the children of Ammon as Gomorrah, *even* the breeding of nettles, and saltpits, and a perpetual desolation: the residue of my people shall spoil them, and the remnant of my people shall possess them.

10 This shall they have for their pride, because they have reproached and magnified *themselves* against the people of the LORD of hosts.

11 The LORD *will be* terrible unto them: for he will famish all the gods of the earth; and *men* shall worship him, every one from his place, *even* all the isles of the heathen.

12 ¶ Ye Ethiopians also, ye *shall be* slain by my sword.

13 And he will stretch out his hand against the north, and destroy Assyria; and will make Nineveh a desolation, *and* dry like a wilderness.

14 And flocks shall lie down in the midst of her, all the beasts of the nations: both the cormorant and the bittern shall lodge in the upper lintels of it; *their* voice shall sing in the windows; desolation *shall be* in the thresholds: for he shall uncover the cedar work.

15 This *is* the rejoicing city that dwelt carelessly, that said in her heart, I *am,* and *there is* none beside me: how is she become a desolation, a place for beasts to lie down in! every one that passeth by her shall hiss, *and* wag his hand.

CHAPTER 3

1 Woe to her that is filthy and polluted, to the oppressing city!

2 She obeyed not the voice; she received not correction; she trusted not in the LORD; she drew not near to her God.

3 Her princes within her *are* roaring lions; her judges *are* evening wolves; they gnaw not the bones till the morrow.

4 Her prophets *are* light *and* treacherous persons: her priests have polluted the

16 וּמְשׁוֹאָה יוֹם חֹשֶׁךְ וַאֲפֵלָה יוֹם עָנָן וַעֲרָפֶל: יוֹם שׁוֹפָר וּתְרוּעָה

17 עַל הֶעָרִים הַבְּצֻרוֹת וְעַל הַפִּנּוֹת הַגְּבֹהוֹת: וַהֲצֵרֹתִי לָאָדָם וְהָלְכוּ

18 כַעִוְרִים כִּי לַיהוָה חָטָאוּ וְשֻׁפַּךְ דָּמָם כֶּעָפָר וּלְחֻמָם כַּגְּלָלִים: גַּם־

כַּסְפָּם גַּם־זְהָבָם לֹא־יוּכַל לְהַצִּילָם בְּיוֹם עֶבְרַת יְהוָה וּבְאֵשׁ קִנְאָתוֹ

תֵּאָכֵל כָּל־הָאָרֶץ כִּי־כָלָה אַךְ־נִבְהָלָה יַעֲשֶׂה אֵת כָּל־יֹשְׁבֵי

הָאָרֶץ: 2 הִתְקוֹשְׁשׁוּ וָקוֹשּׁוּ הַגּוֹי לֹא נִכְסָף: בְּטֶרֶם לֶדֶת

2 חֹק כְּמֹץ עָבַר יוֹם בְּטֶרֶם לֹא־יָבוֹא עֲלֵיכֶם חֲרוֹן אַף־יְהוָה בְּטֶרֶם

3 לֹא־יָבוֹא עֲלֵיכֶם יוֹם אַף־יְהוָה: בַּקְּשׁוּ אֶת־יְהוָה כָּל־עַנְוֵי הָאָרֶץ

אֲשֶׁר מִשְׁפָּטוֹ פָּעָלוּ בַּקְּשׁוּ־צֶדֶק בַּקְּשׁוּ עֲנָוָה אוּלַי תִּסָּתְרוּ בְּיוֹם

4 אַף־יְהוָה: כִּי עַזָּה עֲזוּבָה תִהְיֶה וְאַשְׁקְלוֹן לִשְׁמָמָה אַשְׁדּוֹד בַּצָּהֳרַיִם

5 יְגָרְשׁוּהָ וְעֶקְרוֹן תֵּעָקֵר: הוֹי יֹשְׁבֵי חֶבֶל הַיָּם גּוֹי כְּרֵתִים

דְּבַר־יְהוָה עֲלֵיכֶם כְּנַעַן אֶרֶץ פְּלִשְׁתִּים וְהַאֲבַדְתִּיךְ מֵאֵין יוֹשֵׁב:

6 וְהָיְתָה חֶבֶל הַיָּם נְוֹת כְּרֹת רֹעִים וְגִדְרוֹת צֹאן: וְהָיָה חֶבֶל לִשְׁאֵרִית

7 בֵּית יְהוּדָה עֲלֵיהֶם יִרְעוּן בְּבָתֵּי אַשְׁקְלוֹן בָּעֶרֶב יִרְבָּצוּן כִּי יִפְקְדֵם

8 יְהוָה אֱלֹהֵיהֶם וְשָׁב שְׁבוּתָם שְׁבִיתָם

שָׁמַעְתִּי חֶרְפַּת מוֹאָב וְגִדּוּפֵי בְּנֵי עַמּוֹן

9 אֲשֶׁר חֵרְפוּ אֶת־עַמִּי וַיַּגְדִּילוּ עַל־גְּבוּלָם: לָכֵן חַי־אָנִי נְאֻם יְהוָה

צְבָאוֹת אֱלֹהֵי יִשְׂרָאֵל כִּי־מוֹאָב כִּסְדֹם תִּהְיֶה וּבְנֵי עַמּוֹן כַּעֲמֹרָה

מִמְשַׁק חָרוּל וּמִכְרֵה־מֶלַח וּשְׁמָמָה עַד־עוֹלָם שְׁאֵרִית עַמִּי יְבָזּוּם

10 וְיֶתֶר גּוֹי יִנְחָלוּם: זֹאת לָהֶם תַּחַת גְּאוֹנָם כִּי חֵרְפוּ וַיַּגְדִּלוּ עַל־עַם גּוֹיִי

11 יְהוָה צְבָאוֹת: נוֹרָא יְהוָה עֲלֵיהֶם כִּי רָזָה אֵת כָּל־אֱלֹהֵי הָאָרֶץ

12 וְיִשְׁתַּחֲווּ־לוֹ אִישׁ מִמְּקוֹמוֹ כֹּל אִיֵּי הַגּוֹיִם: גַּם־אַתֶּם כּוּשִׁים חַלְלֵי

13 חַרְבִּי הֵמָּה: וְיֵט יָדוֹ עַל־צָפוֹן וִיאַבֵּד אֶת־אַשּׁוּר וְיָשֵׂם אֶת־נִינְוֵה

14 לִשְׁמָמָה צִיָּה כַּמִּדְבָּר: וְרָבְצוּ בְתוֹכָהּ עֲדָרִים כָּל־חַיְתוֹ־גוֹי גַּם־קָאַת

גַּם־קִפֹּד בְּכַפְתֹּרֶיהָ יָלִינוּ קוֹל יְשׁוֹרֵר בַּחַלּוֹן חֹרֶב בַּסַּף כִּי אַרְזָה

15 עֵרָה: זֹאת הָעִיר הָעַלִּיזָה הַיּוֹשֶׁבֶת לָבֶטַח הָאֹמְרָה בִּלְבָבָהּ אֲנִי

וְאַפְסִי עוֹד אֵיךְ הָיְתָה לְשַׁמָּה מַרְבֵּץ לַחַיָּה כֹּל עוֹבֵר עָלֶיהָ יִשְׁרֹק

3 1 יָנִיעַ יָדוֹ: הוֹי מֹרְאָה וְנִגְאָלָה הָעִיר הַיּוֹנָה: לֹא שָׁמְעָה

2 בְּקוֹל לֹא לָקְחָה מוּסָר בַּיהוָה לֹא בָטָחָה אֶל־אֱלֹהֶיהָ לֹא קָרֵבָה:

3 שָׂרֶיהָ בְקִרְבָּהּ אֲרָיוֹת שֹׁאֲגִים שֹׁפְטֶיהָ זְאֵבֵי עֶרֶב לֹא גָרְמוּ לַבֹּקֶר:

4 נְבִיאֶיהָ פֹּחֲזִים אַנְשֵׁי בֹּגְדוֹת כֹּהֲנֶיהָ חִלְּלוּ־קֹדֶשׁ חָמְסוּ תוֹרָה: יְהוָה

5

sanctuary, they have done violence to the law.

5 The just LORD *is* in the midst thereof; he will not do iniquity: every morning doth he bring his judgment to light, he faileth not; but the unjust knoweth no shame.

6 I have cut off the nations: their towers are desolate; I made their streets waste, that none passeth by: their cities are destroyed, so that there is no man, that there is none inhabitant.

7 I said, Surely thou wilt fear me, thou wilt receive instruction; so their dwelling should not be cut off, howsoever I punished them: but they rose early, *and* corrupted all their doings.

8 ¶ Therefore wait ye upon me, saith the LORD, until the day that I rise up to the prey: for my determination *is* to gather the nations, that I may assemble the kingdoms, to pour upon them mine indignation, *even* all my fierce anger: for all the earth shall be devoured with the fire of my jealousy.

9 For then will I turn to the people a pure language, that they may all call upon the name of the LORD, to serve him with one consent.

10 From beyond the rivers of Ethiopia my suppliants, *even* the daughter of my dispersed, shall bring mine offering.

11 In that day shalt thou not be ashamed for all thy doings, wherein thou hast transgressed against me: for then I will take away out of the midst of thee them that rejoice in thy pride, and thou shalt no more be haughty because of my holy mountain.

12 I will also leave in the midst of thee an afflicted and poor people, and they shall trust in the name of the LORD.

13 The remnant of Israel shall not do iniquity, nor speak lies; neither shall a deceitful tongue be found in their mouth: for they shall feed and lie down, and none shall make *them* afraid.

14 ¶ Sing, O daughter of Zion; shout, O Israel; be glad and rejoice with all the heart, O daughter of Jerusalem.

15 The LORD hath taken away thy judgments, he hath cast out thine enemy: the king of Israel, *even* the LORD, *is* in the midst of thee: thou shalt not see evil any more.

16 In that day it shall be said to Jerusalem, Fear thou not: *and to* Zion, Let not thine hands be slack.

17 The LORD thy God in the midst of thee *is* mighty; he will save, he will rejoice over thee with joy; he will rest in his love, he will joy over thee with singing.

18 I will gather *them that are* sorrowful for the solemn assembly, *who* are of thee, *to whom* the reproach of it *was* a burden.

19 Behold, at that time I will undo all that afflict thee: and I will save her that halteth, and gather her that was driven out; and I will get them praise and fame in every land where they have been put to shame.

20 At that time will I bring you *again,* even in the time that I gather you: for I will make you a name and a praise among all people of the earth, when I turn back your captivity before your eyes, saith the LORD.

HAGGAI

CHAPTER 1

1 In the second year of Darius the king, in the sixth month, in the first day of the month, came the word of the LORD by Haggai the prophet unto Zerubbabel the son of Shealtiel, governor of Judah, and to Joshua the son of Josedech, the high priest, saying,

2 Thus speaketh the LORD of hosts, saying, This people say, The time is not come, the time that the LORD's house should be built.

3 Then came the word of the LORD by Haggai the prophet, saying,

4 *Is it* time for you, O ye, to dwell in your cieled houses, and this house *lie* waste?

צַדִּיק בְּקִרְבָּהּ לֹא יַעֲשֶׂה עַוְלָה בַּבֹּקֶר בַּבֹּקֶר מִשְׁפָּטוֹ יִתֵּן לָאוֹר

6 לֹא נֶעְדָּר וְלֹא־יוֹדֵעַ עַוָּל בֹּשֶׁת: הִכְרַתִּי גוֹיִם נָשַׁמּוּ פִּנּוֹתָם הֶחֱרַבְתִּי

7 חוּצוֹתָם מִבְּלִי עוֹבֵר נִצְדּוּ עָרֵיהֶם מִבְּלִי־אִישׁ מֵאֵין יוֹשֵׁב: אָמַרְתִּי אַךְ־תִּירְאִי אוֹתִי תִּקְחִי מוּסָר וְלֹא־יִכָּרֵת מְעוֹנָהּ כֹּל אֲשֶׁר־פָּקַדְתִּי

8 עָלֶיהָ אָכֵן הִשְׁכִּימוּ הִשְׁחִיתוּ כֹּל עֲלִילוֹתָם: לָכֵן חַכּוּ־לִי נְאֻם־יְהוָה לְיוֹם קוּמִי לְעַד כִּי מִשְׁפָּטִי לֶאֱסֹף גּוֹיִם לְקָבְצִי מַמְלָכוֹת לִשְׁפֹּךְ עֲלֵיהֶם זַעְמִי כֹּל חֲרוֹן אַפִּי כִּי בְּאֵשׁ קִנְאָתִי תֵּאָכֵל כָּל־הָאָרֶץ:

9 כִּי־אָז אֶהְפֹּךְ אֶל־עַמִּים שָׂפָה בְרוּרָה לִקְרֹא כֻלָּם בְּשֵׁם יְהוָה לְעָבְדוֹ

10 שְׁכֶם אֶחָד: מֵעֵבֶר לְנַהֲרֵי־כוּשׁ עֲתָרַי בַּת־פּוּצַי יוֹבִלוּן מִנְחָתִי: בַּיּוֹם

11 הַהוּא לֹא תֵבוֹשִׁי מִכֹּל עֲלִילֹתַיִךְ אֲשֶׁר פָּשַׁעַתְּ בִּי כִּי־אָז אָסִיר מִקִּרְבֵּךְ עַלִּיזֵי גַּאֲוָתֵךְ וְלֹא־תוֹסִפִי לְגָבְהָה עוֹד בְּהַר קָדְשִׁי:

12 וְהִשְׁאַרְתִּי בְקִרְבֵּךְ עַם עָנִי וָדָל וְחָסוּ בְּשֵׁם יְהוָה: שְׁאֵרִית יִשְׂרָאֵל

13 לֹא־יַעֲשׂוּ עַוְלָה וְלֹא־יְדַבְּרוּ כָזָב וְלֹא־יִמָּצֵא בְּפִיהֶם לְשׁוֹן תַּרְמִית

14 כִּי־הֵמָּה יִרְעוּ וְרָבְצוּ וְאֵין מַחֲרִיד: רָנִּי בַּת־צִיּוֹן הָרִיעוּ

15 יִשְׂרָאֵל שִׂמְחִי וְעָלְזִי בְּכָל־לֵב בַּת יְרוּשָׁלָ͏ִם: הֵסִיר יְהוָה מִשְׁפָּטַיִךְ

16 פִּנָּה אֹיְבֵךְ מֶלֶךְ יִשְׂרָאֵל ׀ יְהוָה בְּקִרְבֵּךְ לֹא־תִירְאִי רָע עוֹד: בַּיּוֹם

17 הַהוּא יֵאָמֵר לִירוּשָׁלַ͏ִם אַל־תִּירָאִי צִיּוֹן אַל־יִרְפּוּ יָדָיִךְ: יְהוָה אֱלֹהַיִךְ בְּקִרְבֵּךְ גִּבּוֹר יוֹשִׁיעַ יָשִׂישׂ עָלַיִךְ בְּשִׂמְחָה יַחֲרִישׁ בְּאַהֲבָתוֹ יָגִיל

18 עָלַיִךְ בְּרִנָּה: נוּגֵי מִמּוֹעֵד אָסַפְתִּי מִמֵּךְ הָיוּ מַשְׂאֵת עָלֶיהָ חֶרְפָּה:

19 הִנְנִי עֹשֶׂה אֶת־כָּל־מְעַנַּיִךְ בָּעֵת הַהִיא וְהוֹשַׁעְתִּי אֶת־הַצֹּלֵעָה

20 וְהַנִּדָּחָה אֲקַבֵּץ וְשַׂמְתִּים לִתְהִלָּה וּלְשֵׁם בְּכָל־הָאָרֶץ בָּשְׁתָּם: בָּעֵת הַהִיא אָבִיא אֶתְכֶם וּבָעֵת קַבְּצִי אֶתְכֶם כִּי־אֶתֵּן אֶתְכֶם לְשֵׁם וְלִתְהִלָּה בְּכֹל עַמֵּי הָאָרֶץ בְּשׁוּבִי אֶת־שְׁבוּתֵיכֶם לְעֵינֵיכֶם אָמַר יְהוָה:

חגי

1 בִּשְׁנַת שְׁתַּיִם לְדָרְיָוֶשׁ הַמֶּלֶךְ בַּחֹדֶשׁ הַשִּׁשִּׁי בְּיוֹם אֶחָד לַחֹדֶשׁ הָיָה דְבַר־יְהוָה בְּיַד־חַגַּי הַנָּבִיא אֶל־זְרֻבָּבֶל בֶּן־שְׁאַלְתִּיאֵל פַּחַת יְהוּדָה

2 וְאֶל־יְהוֹשֻׁעַ בֶּן־יְהוֹצָדָק הַכֹּהֵן הַגָּדוֹל לֵאמֹר: כֹּה אָמַר יְהוָה צְבָאוֹת לֵאמֹר הָעָם הַזֶּה אָמְרוּ לֹא עֶת־בֹּא עֶת־בֵּית יְהוָה לְהִבָּנוֹת:

3 וַיְהִי דְּבַר־יְהוָה בְּיַד־חַגַּי הַנָּבִיא לֵאמֹר: הַעֵת לָכֶם אַתֶּם לָשֶׁבֶת

4
5 בְּבָתֵּיכֶם סְפוּנִים וְהַבַּיִת הַזֶּה חָרֵב: וְעַתָּה כֹּה אָמַר יְהוָה צְבָאוֹת

5 Now therefore thus saith the Lord of hosts; Consider your ways.

6 Ye have sown much, and bring in little; ye eat, but ye have not enough; ye drink, but ye are not filled with drink; ye clothe you, but there is none warm; and he that earneth wages earneth wages *to put it* into a bag with holes.

7 ¶ Thus saith the Lord of hosts; Consider your ways.

8 Go up to the mountain, and bring wood, and build the house; and I will take pleasure in it, and I will be glorified, saith the Lord.

9 Ye looked for much, and, lo, *it came* to little; and when ye brought *it* home, I did blow upon it. Why? saith the Lord of hosts. Because of mine house that *is* waste, and ye run every man unto his own house.

10 Therefore the heaven over you is stayed from dew, and the earth is stayed *from* her fruit.

11 And I called for a drought upon the land, and upon the mountains, and upon the corn, and upon the new wine, and upon the oil, and upon *that* which the ground bringeth forth, and upon men, and upon cattle, and upon all the labour of the hands.

12 ¶ Then Zerubbabel the son of Shealtiel, and Joshua the son of Josedech, the high priest, with all the remnant of the people, obeyed the voice of the Lord their God, and the words of Haggai the prophet, as the Lord their God had sent him, and the people did fear before the Lord.

13 Then spake Haggai the Lord's messenger in the Lord's message unto the people, saying, I *am* with you, saith the Lord.

14 And the Lord stirred up the spirit of Zerubbabel the son of Shealtiel, governor of Judah, and the spirit of Joshua the son of Josedech, the high priest, and the spirit of all the remnant of the people; and they came and did work in the house of the Lord of hosts, their God,

15 In the four and twentieth day of the sixth month, in the second year of Darius the king.

CHAPTER 2

1 In the seventh *month,* in the one and twentieth *day* of the month, came the word of the Lord by the prophet Haggai, saying,

2 Speak now to Zerubbabel the son of Shealtiel, governor of Judah, and to Joshua the son of Josedech, the high priest, and to the residue of the people, saying,

3 Who *is* left among you that saw this house in her first glory? and how do ye see it now? *is it* not in your eyes in comparison of it as nothing?

4 Yet now be strong, O Zerubbabel, saith the Lord; and be strong, O Joshua, son of Josedech, the high priest; and be strong, all ye people of the land, saith the Lord, and work: for I *am* with you, saith the Lord of hosts:

5 *According to* the word that I covenanted with you when ye came out of Egypt, so my spirit remaineth among you: fear ye not.

6 For thus saith the Lord of hosts; Yet once, it *is* a little while, and I will shake the heavens, and the earth, and the sea, and the dry *land;*

7 And I will shake all nations, and the desire of all nations shall come: and I will fill this house with glory, saith the Lord of hosts.

8 The silver *is* mine, and the gold *is* mine, saith the Lord of hosts.

9 The glory of this latter house shall be greater than of the former, saith the Lord of hosts: and in this place will I give peace, saith the Lord of hosts.

10 ¶ In the four and twentieth *day* of the ninth *month,* in the second year of Darius, came the word of the Lord by Haggai the prophet, saying,

11 Thus saith the Lord of hosts; Ask now the priests *concerning* the law, saying,

12 If one bear holy flesh in the skirt of his garment, and with his skirt do touch bread, or pottage, or wine, or oil, or any

6 שִׂ֥ימוּ לְבַבְכֶ֖ם עַל־דַּרְכֵיכֶֽם׃ זְרַעְתֶּ֨ם הַרְבֵּ֜ה וְהָבֵ֣א מְעָ֗ט אָכ֤וֹל וְאֵין־לְשָׂבְעָה֙ שָׁת֣וֹ וְאֵין־לְשָׁכְרָ֔ה לָב֖וֹשׁ וְאֵין־לְחֹ֣ם ל֑וֹ וְהַ֨מִּשְׂתַּכֵּ֔ר מִשְׂתַּכֵּ֖ר אֶל־צְר֥וֹר נָקֽוּב׃

7 כֹּ֥ה אָמַ֖ר יְהֹוָ֣ה צְבָא֑וֹת שִׂ֥ימוּ לְבַבְכֶ֖ם עַל־דַּרְכֵיכֶֽם׃ עֲל֥וּ הָהָ֛ר
8 וַהֲבֵאתֶ֥ם עֵ֖ץ וּבְנ֣וּ הַבָּ֑יִת וְאֶרְצֶה־בּ֥וֹ ואכבד וְאֶכָּבֵ֖ד אָמַ֥ר יְהֹוָֽה׃ פָּנֹ֣ה אֶל־
9 הַרְבֵּ֗ה וְהִנֵּ֣ה לִמְעָ֔ט וַהֲבֵאתֶ֥ם הַבַּ֖יִת וְנָפַ֣חְתִּי ב֑וֹ יַ֣עַן מֶ֗ה נְאֻם֙ יְהֹוָ֣ה צְבָא֔וֹת יַ֗עַן בֵּיתִי֙ אֲשֶׁר־ה֣וּא חָרֵ֔ב וְאַתֶּ֥ם רָצִ֖ים אִ֣ישׁ לְבֵיתֽוֹ׃ עַל־כֵּ֣ן
10 עֲלֵיכֶ֗ם כָּלְא֛וּ שָׁמַ֖יִם מִטָּ֑ל וְהָאָ֖רֶץ כָּלְאָ֥ה יְבוּלָֽהּ׃ וָאֶקְרָ֨א חֹ֜רֶב עַל־
11 הָאָ֣רֶץ וְעַל־הֶהָרִ֗ים וְעַל־הַדָּגָן֙ וְעַל־הַתִּיר֣וֹשׁ וְעַל־הַיִּצְהָ֔ר וְעַ֖ל אֲשֶׁ֣ר תּוֹצִ֣יא הָאֲדָמָ֑ה וְעַל־הָֽאָדָם֙ וְעַל־הַבְּהֵמָ֔ה וְעַ֖ל כָּל־יְגִ֥יעַ כַּפָּֽיִם׃
12 וַיִּשְׁמַ֣ע זְרֻבָּבֶ֣ל ׀ בֶּֽן־שַׁלְתִּיאֵ֡ל וִיהוֹשֻׁ֣עַ בֶּן־יְהוֹצָדָק֩ הַכֹּהֵ֨ן הַגָּד֜וֹל וְכֹ֣ל ׀ שְׁאֵרִ֣ית הָעָ֗ם בְּקוֹל֙ יְהֹוָ֣ה אֱלֹֽהֵיהֶ֔ם וְעַל־דִּבְרֵי֙ חַגַּ֣י הַנָּבִ֔יא כַּאֲשֶׁ֥ר שְׁלָח֖וֹ יְהֹוָ֣ה אֱלֹהֵיהֶ֑ם וַיִּֽירְא֥וּ הָעָ֖ם מִפְּנֵ֥י יְהֹוָֽה׃
13 וַ֠יֹּאמֶר חַגַּ֞י מַלְאַ֧ךְ יְהֹוָ֛ה בְּמַלְאֲכ֥וּת יְהֹוָ֖ה לָעָ֣ם לֵאמֹ֑ר אֲנִ֥י אִתְּכֶ֖ם
14 נְאֻם־יְהֹוָֽה׃ וַיָּ֣עַר יְהֹוָ֡ה אֶת־רוּחַ֩ זְרֻבָּבֶ֨ל בֶּן־שַׁלְתִּיאֵ֜ל פַּחַ֣ת יְהוּדָ֗ה וְאֶת־ר֨וּחַ֙ יְהוֹשֻׁ֤עַ בֶּן־יְהוֹצָדָק֙ הַכֹּהֵ֣ן הַגָּד֔וֹל וְֽאֶת־ר֔וּחַ כֹּ֖ל שְׁאֵרִ֣ית הָעָ֑ם וַיָּבֹ֨אוּ֙ וַיַּֽעֲשׂ֣וּ מְלָאכָ֔ה בְּבֵית־יְהֹוָ֥ה צְבָא֖וֹת אֱלֹהֵיהֶֽם׃
15 בְּי֨וֹם עֶשְׂרִ֧ים וְאַרְבָּעָ֛ה לַחֹ֖דֶשׁ בַּשִּׁשִּׁ֑י בִּשְׁנַ֥ת שְׁתַּ֖יִם לְדָרְיָ֥וֶשׁ הַמֶּֽלֶךְ׃

2 1 בַּשְּׁבִיעִ֕י בְּעֶשְׂרִ֥ים וְאֶחָ֖ד לַחֹ֑דֶשׁ הָיָה֙ דְּבַר־יְהֹוָ֔ה בְּיַד־חַגַּ֥י הַנָּבִ֖יא
2 לֵאמֹֽר׃ אֱמׇר־נָ֗א אֶל־זְרֻבָּבֶ֤ל בֶּן־שַׁלְתִּיאֵל֙ פַּחַ֣ת יְהוּדָ֔ה וְאֶל־יְהוֹשֻׁ֥עַ
3 בֶּן־יְהוֹצָדָ֖ק הַכֹּהֵ֣ן הַגָּד֑וֹל וְאֶל־שְׁאֵרִ֥ית הָעָ֖ם לֵאמֹֽר׃ מִ֤י בָכֶם֙ הַנִּשְׁאָ֔ר אֲשֶׁ֤ר רָאָה֙ אֶת־הַבַּ֣יִת הַזֶּ֔ה בִּכְבוֹד֖וֹ הָרִאשׁ֑וֹן וּמָ֨ה אַתֶּ֜ם
4 רֹאִ֤ים אֹתוֹ֙ עַ֔תָּה הֲל֥וֹא כָמֹ֛הוּ כְּאַ֖יִן בְּעֵינֵיכֶֽם׃ וְעַתָּ֣ה חֲזַ֣ק זְרֻבָּבֶ֣ל ׀ נְאֻם־יְהֹוָ֡ה וַחֲזַ֣ק יְהוֹשֻׁ֣עַ בֶּן־יְהוֹצָדָק֩ הַכֹּהֵ֨ן הַגָּד֜וֹל וַחֲזַ֨ק כׇּל־עַ֥ם
5 הָאָ֛רֶץ נְאֻם־יְהֹוָ֖ה וַֽעֲשׂ֑וּ כִּֽי־אֲנִ֣י אִתְּכֶ֔ם נְאֻ֖ם יְהֹוָ֣ה צְבָאֽוֹת׃ אֶת־הַדָּבָ֞ר אֲשֶׁר־כָּרַ֤תִּי אִתְּכֶם֙ בְּצֵאתְכֶ֣ם מִמִּצְרַ֔יִם וְרוּחִ֖י עֹמֶ֣דֶת בְּתוֹכְכֶ֑ם
6 אַל־תִּירָֽאוּ׃ כִּ֣י כֹ֤ה אָמַר֙ יְהֹוָ֣ה צְבָא֔וֹת ע֥וֹד אַחַ֖ת מְעַ֣ט הִ֑יא וַאֲנִ֗י מַרְעִישׁ֙ אֶת־הַשָּׁמַ֣יִם וְאֶת־הָאָ֔רֶץ וְאֶת־הַיָּ֖ם וְאֶת־הֶחָרָבָֽה׃
7 וְהִרְעַשְׁתִּי֙ אֶת־כׇּל־הַגּוֹיִ֔ם וּבָ֖אוּ חֶמְדַּ֣ת כׇּל־הַגּוֹיִ֑ם וּמִלֵּאתִ֞י אֶת־הַבַּ֥יִת
8 הַזֶּ֛ה כָּב֖וֹד אָמַ֥ר יְהֹוָ֣ה צְבָאֽוֹת׃ לִ֥י הַכֶּ֖סֶף וְלִ֣י הַזָּהָ֑ב נְאֻ֖ם יְהֹוָ֥ה
9 צְבָאֽוֹת׃ גָּד֣וֹל יִֽהְיֶ֡ה כְּבוֹד֩ הַבַּ֨יִת הַזֶּ֤ה הָאַחֲרוֹן֙ מִן־הָ֣רִאשׁ֔וֹן אָמַ֖ר יְהֹוָ֣ה צְבָא֑וֹת וּבַמָּק֤וֹם הַזֶּה֙ אֶתֵּ֣ן שָׁל֔וֹם נְאֻ֖ם יְהֹוָ֥ה צְבָאֽוֹת׃
10 בְּעֶשְׂרִ֤ים וְאַרְבָּעָה֙ לַתְּשִׁיעִ֔י בִּשְׁנַ֥ת שְׁתַּ֖יִם לְדָרְיָ֑וֶשׁ הָיָה֙ דְּבַר־יְהֹוָ֔ה
11 אֶל־חַגַּ֥י הַנָּבִ֖יא לֵאמֹֽר׃ כֹּ֥ה אָמַ֖ר יְהֹוָ֣ה צְבָא֑וֹת שְׁאַל־נָ֧א אֶת־
12 הַכֹּהֲנִ֛ים תּוֹרָ֖ה לֵאמֹֽר׃ הֵ֣ן ׀ יִשָּׂא־אִ֡ישׁ בְּשַׂר־קֹ֜דֶשׁ בִּכְנַ֣ף בִּגְד֗וֹ וְנָגַ֣ע

meat, shall it be holy? And the priests answered and said, No.

13 Then said Haggai, If *one that is* unclean by a dead body touch any of these, shall it be unclean? And the priests answered and said, It shall be unclean.

14 Then answered Haggai, and said, So *is* this people, and so *is* this nation before me, saith the LORD; and so *is* every work of their hands; and that which they offer there *is* unclean.

15 And now, I pray you, consider from this day and upward, from before a stone was laid upon a stone in the temple of the LORD:

16 Since those *days* were, when *one* came to an heap of twenty *measures,* there were *but* ten: when *one* came to the pressfat for to draw out fifty *vessels* out of the press, there were *but* twenty.

17 I smote you with blasting and with mildew and with hail in all the labours of your hands; yet ye *turned* not to me, saith the LORD.

18 Consider now from this day and upward, from the four and twentieth day of the ninth *month, even* from the day that the foundation of the LORD's temple was laid, consider *it.*

19 Is the seed yet in the barn? yea, as yet the vine, and the fig tree, and the pomegranate, and the olive tree, hath not brought forth: from this day will I bless *you.*

20 ¶ And again the word of the LORD came unto Haggai in the four and twentieth *day* of the month, saying,

21 Speak to Zerubbabel, governor of Judah, saying, I will shake the heavens and the earth;

22 And I will overthrow the throne of kingdoms, and I will destroy the strength of the kingdoms of the heathen; and I will overthrow the chariots, and those that ride in them; and the horses and their riders shall come down, every one by the sword of his brother.

23 In that day, saith the LORD of hosts, will I take thee, O Zerubbabel, my servant, the son of Shealtiel, saith the LORD, and will make thee as a signet: for I have chosen thee, saith the LORD of hosts.

ZECHARIAH

CHAPTER 1

1 In the eighth month, in the second year of Darius, came the word of the LORD unto Zechariah, the son of Berechiah, the son of Iddo the prophet, saying,

2 The LORD hath been sore displeased with your fathers.

3 Therefore say thou unto them, Thus saith the LORD of hosts; Turn ye unto me, saith the LORD of hosts, and I will turn unto you, saith the LORD of hosts.

4 Be ye not as your fathers, unto whom the former prophets have cried, saying, Thus saith the LORD of hosts; Turn ye now from your evil ways, and *from* your evil doings: but they did not hear, nor hearken unto me, saith the LORD.

5 Your fathers, where *are* they? and the prophets, do they live for ever?

6 But my words and my statutes, which I commanded my servants the prophets, did they not take hold of your fathers? and they returned and said, Like as the LORD of hosts thought to do unto us, according to our ways, and according to our doings, so hath he dealt with us.

7 ¶ Upon the four and twentieth day of the eleventh month, which *is* the month Sebat, in the second year of Darius, came the word of the LORD unto Zechariah, the son of Berechiah, the son of Iddo the prophet, saying,

8 I saw by night, and behold a man riding upon a red horse, and he stood among the myrtle trees that *were* in the bottom;

בִּכְנָפוֹ אֶל־הַלֶּחֶם וְאֶל־הַנָּזִיד וְאֶל־הַיַּיִן וְאֶל־שֶׁמֶן וְאֶל־כָּל־מַאֲכָל

13 הֲיִקְדָּשׁ וַיַּעֲנוּ הַכֹּהֲנִים וַיֹּאמְרוּ לֹא: וַיֹּאמֶר חַגַּי אִם־יִגַּע טְמֵא־נֶפֶשׁ

14 בְּכָל־אֵלֶּה הֲיִטְמָא וַיַּעֲנוּ הַכֹּהֲנִים וַיֹּאמְרוּ יִטְמָא: וַיַּעַן חַגַּי וַיֹּאמֶר

15 כֵּן הָעָם־הַזֶּה וְכֵן הַגּוֹי הַזֶּה לְפָנַי נְאֻם־יְהוָה וְכֵן כָּל־מַעֲשֵׂה יְדֵיהֶם

וַאֲשֶׁר יַקְרִיבוּ שָׁם טָמֵא הוּא: וְעַתָּה שִׂימוּ־נָא לְבַבְכֶם מִן־הַיּוֹם

16 הַזֶּה וָמָעְלָה מִטֶּרֶם שׂוּם־אֶבֶן אֶל־אֶבֶן בְּהֵיכַל יְהוָה: מִהְיוֹתָם בָּא

אֶל־עֲרֵמַת עֶשְׂרִים וְהָיְתָה עֲשָׂרָה בָּא אֶל־הַיֶּקֶב לַחְשֹׂף חֲמִשִּׁים

17 פּוּרָה וְהָיְתָה עֶשְׂרִים: הִכֵּיתִי אֶתְכֶם בַּשִּׁדָּפוֹן וּבַיֵּרָקוֹן וּבַבָּרָד אֵת

18 כָּל־מַעֲשֵׂה יְדֵיכֶם וְאֵין־אֶתְכֶם אֵלַי נְאֻם־יְהוָה: שִׂימוּ־נָא לְבַבְכֶם

מִן־הַיּוֹם הַזֶּה וָמָעְלָה מִיּוֹם עֶשְׂרִים וְאַרְבָּעָה לַתְּשִׁיעִי לְמִן־הַיּוֹם

19 אֲשֶׁר־יֻסַּד הֵיכַל־יְהוָה שִׂימוּ לְבַבְכֶם: הַעוֹד הַזֶּרַע בַּמְּגוּרָה וְעַד־

הַגֶּפֶן וְהַתְּאֵנָה וְהָרִמּוֹן וְעֵץ הַזַּיִת לֹא נָשָׂא מִן־הַיּוֹם הַזֶּה

20 אֲבָרֵךְ: וַיְהִי דְבַר־יְהוָה שֵׁנִית אֶל־חַגַּי בְּעֶשְׂרִים וְאַרְבָּעָה

21 לַחֹדֶשׁ לֵאמֹר: אֱמֹר אֶל־זְרֻבָּבֶל פַּחַת־יְהוּדָה לֵאמֹר אֲנִי מַרְעִישׁ

22 אֶת־הַשָּׁמַיִם וְאֶת־הָאָרֶץ: וְהָפַכְתִּי כִּסֵּא מַמְלָכוֹת וְהִשְׁמַדְתִּי חֹזֶק

מַמְלְכוֹת הַגּוֹיִם וְהָפַכְתִּי מֶרְכָּבָה וְרֹכְבֶיהָ וְיָרְדוּ סוּסִים וְרֹכְבֵיהֶם

23 אִישׁ בְּחֶרֶב אָחִיו: בַּיּוֹם הַהוּא נְאֻם־יְהוָה צְבָאוֹת אֶקָּחֲךָ זְרֻבָּבֶל

בֶּן־שְׁאַלְתִּיאֵל עַבְדִּי נְאֻם־יְהוָה וְשַׂמְתִּיךָ כַּחוֹתָם כִּי־בְךָ בָחַרְתִּי נְאֻם

יְהוָה צְבָאוֹת:

זכריה

1 1 בַּחֹדֶשׁ הַשְּׁמִינִי בִּשְׁנַת שְׁתַּיִם לְדָרְיָוֶשׁ הָיָה דְבַר־יְהוָה אֶל־זְכַרְיָה

2 בֶּן־בֶּרֶכְיָה בֶּן־עִדּוֹ הַנָּבִיא לֵאמֹר: קָצַף יְהוָה עַל־אֲבוֹתֵיכֶם קָצֶף:

3 וְאָמַרְתָּ אֲלֵהֶם כֹּה אָמַר יְהוָה צְבָאוֹת שׁוּבוּ אֵלַי נְאֻם יְהוָה צְבָאוֹת

4 וְאָשׁוּב אֲלֵיכֶם אָמַר יְהוָה צְבָאוֹת: אַל־תִּהְיוּ כַאֲבֹתֵיכֶם אֲשֶׁר   4A

קָרְאוּ־אֲלֵיהֶם הַנְּבִיאִים הָרִאשֹׁנִים לֵאמֹר כֹּה אָמַר יְהוָה צְבָאוֹת

שׁוּבוּ נָא מִדַּרְכֵיכֶם הָרָעִים וּמַעֲלֵיכֶם הָרָעִים וְלֹא שָׁמְעוּ וְלֹא־   ומעלליכם

5 הִקְשִׁיבוּ אֵלַי נְאֻם־יְהוָה: אֲבוֹתֵיכֶם אַיֵּה־הֵם וְהַנְּבִאִים הַלְעוֹלָם

6 יִחְיוּ: אַךְ דְּבָרַי וְחֻקַּי אֲשֶׁר צִוִּיתִי אֶת־עֲבָדַי הַנְּבִיאִים הֲלוֹא הִשִּׂיגוּ

אֲבֹתֵיכֶם וַיָּשׁוּבוּ וַיֹּאמְרוּ כַּאֲשֶׁר זָמַם יְהוָה צְבָאוֹת לַעֲשׂוֹת לָנוּ

7 כִּדְרָכֵינוּ וּכְמַעֲלָלֵינוּ כֵּן עָשָׂה אִתָּנוּ: בְּיוֹם עֶשְׂרִים

וְאַרְבָּעָה לְעַשְׁתֵּי־עָשָׂר חֹדֶשׁ הוּא־חֹדֶשׁ שְׁבָט בִּשְׁנַת שְׁתַּיִם לְדָרְיָוֶשׁ

הָיָה דְבַר־יְהוָה אֶל־זְכַרְיָה בֶּן־בֶּרֶכְיָהוּ בֶּן־עִדּוֹא הַנָּבִיא לֵאמֹר:

8 רָאִיתִי הַלַּיְלָה וְהִנֵּה־אִישׁ רֹכֵב עַל־סוּס אָדֹם וְהוּא עֹמֵד בֵּין

הַהֲדַסִּים אֲשֶׁר בַּמְּצֻלָה וְאַחֲרָיו סוּסִים אֲדֻמִּים שְׂרֻקִּים וּלְבָנִים:

and behind him *were there* red horses, speckled, and white.

9 Then said I, O my lord, what *are* these? And the angel that talked with me said unto me, I will shew thee what these *be.*

10 And the man that stood among the myrtle trees answered and said, These *are* they whom the LORD hath sent to walk to and fro through the earth.

11 And they answered the angel of the LORD that stood among the myrtle trees, and said, We have walked to and fro through the earth, and, behold, all the earth sitteth still, and is at rest.

12 ¶ Then the angel of the LORD answered and said, O LORD of hosts, how long wilt thou not have mercy on Jerusalem and on the cities of Judah, against which thou hast had indignation these threescore and ten years?

13 And the LORD answered the angel that talked with me *with* good words *and* comfortable words.

14 So the angel that communed with me said unto me, Cry thou, saying, Thus saith the LORD of hosts; I am jealous for Jerusalem and for Zion with a great jealousy.

15 And I am very sore displeased with the heathen *that are* at ease: for I was but a little displeased, and they helped forward the affliction.

16 Therefore thus saith the LORD; I am returned to Jerusalem with mercies: my house shall be built in it, saith the LORD of hosts, and a line shall be stretched forth upon Jerusalem.

17 Cry yet, saying, Thus saith the LORD of hosts; My cities through prosperity shall yet be spread abroad; and the LORD shall yet comfort Zion, and shall yet choose Jerusalem.

18[2:1] ¶ Then lifted I up mine eyes, and saw, and behold four horns.

19[2:2] And I said unto the angel that talked with me, What *be* these? And he answered me, These *are* the horns which have scattered Judah, Israel, and Jerusalem.

20[2:3] And the LORD shewed me four carpenters.

21[2:4] Then said I, What come these to do? And he spake, saying, These *are* the

horns which have scattered Judah, so that no man did lift up his head: but these are come to fray them, to cast out the horns of the Gentiles, which lifted up *their* horn over the land of Judah to scatter it.

CHAPTER 2

1[5] I lifted up mine eyes again, and looked, and behold a man with a measuring line in his hand.

2[6] Then said I, Whither goest thou? And he said unto me, To measure Jerusalem, to see what *is* the breadth thereof, and what *is* the length thereof.

3[7] And, behold, the angel that talked with me went forth, and another angel went out to meet him,

4[8] And said unto him, Run, speak to this young man, saying, Jerusalem shall be inhabited *as* towns without walls for the multitude of men and cattle therein:

5[9] For I, saith the LORD, will be unto her a wall of fire round about, and will be the glory in the midst of her.

6[10] ¶ Ho, ho, *come forth,* and flee from the land of the north, saith the LORD: for I have spread you abroad as the four winds of the heaven, saith the LORD.

7[11] Deliver thyself, O Zion, that dwellest *with* the daughter of Babylon.

8[12] For thus saith the LORD of hosts; After the glory hath he sent me unto the nations which spoiled you: for he that toucheth you toucheth the apple of his eye.

9[13] For, behold, I will shake mine hand upon them, and they shall be a spoil to their servants: and ye shall know that the LORD of hosts hath sent me.

10[14] ¶ Sing and rejoice, O daughter of Zion: for, lo, I come, and I will dwell in the midst of thee, saith the LORD.

11[15] And many nations shall be joined to the LORD in that day, and shall be my people: and I will dwell in the midst of thee, and thou shalt know that the LORD of hosts hath sent me unto thee.

12[16] And the LORD shall inherit Judah his portion in the holy land, and shall choose Jerusalem again.

13[17] Be silent, O all flesh, before the

9 וָאֹמַ֖ר מָה־אֵ֣לֶּה אֲדֹנִ֑י וַיֹּ֣אמֶר אֵלַ֗י הַמַּלְאָךְ֙ הַדֹּבֵ֣ר בִּ֔י אֲנִ֥י אַרְאֶ֖ךָּ

10A מָה־הֵ֣מָּה אֵ֑לֶּה וַיַּ֗עַן הָאִ֤ישׁ הָעֹמֵד֙ בֵּ֣ין הַהֲדַסִּ֔ים וַיֹּאמַ֕ר אֵ֣לֶּה אֲשֶׁ֣ר

11 שָׁלַ֥ח יְהוָ֖ה לְהִתְהַלֵּ֣ךְ בָּאָ֑רֶץ וַיַּעֲנ֞וּ אֶת־מַלְאַ֣ךְ יְהוָ֗ה הָֽעֹמֵד֙ בֵּ֣ין הַהֲדַסִּ֔ים וַיֹּאמְר֗וּ הִתְהַלַּ֤כְנוּ בָאָ֙רֶץ֙ וְהִנֵּ֥ה כָל־הָאָ֖רֶץ יֹשֶׁ֥בֶת וְשֹׁקָֽטֶת׃

12 וַיַּ֣עַן מַלְאַךְ־יְהוָה֮ וַיֹּאמַר֒ יְהוָ֣ה צְבָא֔וֹת עַד־מָתַ֗י אַתָּה֙ לֹֽא־תְרַחֵ֣ם

13 אֶת־יְרוּשָׁלַ֔͏ִם וְאֵ֖ת עָרֵ֣י יְהוּדָ֑ה אֲשֶׁ֣ר זָעַ֔מְתָּה זֶ֖ה שִׁבְעִ֥ים שָׁנָֽה׃ וַיַּ֣עַן

14 יְהוָ֗ה אֶת־הַמַּלְאָ֛ךְ הַדֹּבֵ֥ר בִּ֖י דְּבָרִ֣ים טוֹבִ֑ים דְּבָרִ֖ים נִחֻמִֽים׃ וַיֹּ֣אמֶר אֵלַ֗י הַמַּלְאָךְ֙ הַדֹּבֵ֣ר בִּ֔י קְרָ֣א לֵאמֹ֔ר כֹּ֤ה אָמַר֙ יְהוָ֣ה צְבָא֔וֹת קִנֵּ֧אתִי

15 לִירוּשָׁלַ֛͏ִם וּלְצִיּ֖וֹן קִנְאָ֥ה גְדוֹלָֽה׃ וְקֶ֤צֶף גָּדוֹל֙ אֲנִ֣י קֹצֵ֔ף עַל־הַגּוֹיִ֖ם

16 הַשַּׁאֲנַנִּ֑ים אֲשֶׁ֤ר אֲנִי֙ קָצַ֣פְתִּי מְּעָ֔ט וְהֵ֖מָּה עָזְר֥וּ לְרָעָֽה׃ לָכֵ֞ן כֹּֽה־אָמַ֣ר יְהוָ֗ה שַׁ֚בְתִּי לִירוּשָׁלַ֙͏ִם֙ בְּֽרַחֲמִ֔ים בֵּיתִי֙ יִבָּ֣נֶה בָּ֔הּ נְאֻ֖ם יְהוָ֣ה צְבָא֑וֹת

17 וקוה יִנָּטֶ֖ה עַל־יְרֽוּשָׁלָֽ͏ִם׃ ע֣וֹד ׀ קְרָ֣א לֵאמֹ֗ר כֹּ֤ה אָמַר֙ יְהוָ֣ה צְבָא֔וֹת ע֛וֹד תְּפוּצֶ֥ינָה עָרַ֖י מִטּ֑וֹב וְנִחַ֨ם יְהוָ֥ה עוֹד֙ אֶת־צִיּ֔וֹן וּבָחַ֥ר ע֖וֹד

2 1 בִּירֽוּשָׁלָֽ͏ִם׃ וָאֶשָּׂ֥א אֶת־עֵינַ֖י וָאֵ֑רֶא וְהִנֵּ֖ה אַרְבַּ֥ע קְרָנֽוֹת׃

2A 2 וָאֹמַ֗ר אֶל־הַמַּלְאָ֛ךְ הַדֹּבֵ֥ר בִּ֖י מָה־אֵ֑לֶּה וַיֹּ֣אמֶר אֵלַ֔י אֵ֖לֶּה הַקְּרָנ֔וֹת

3 אֲשֶׁ֨ר זֵר֧וּ אֶת־יְהוּדָ֛ה אֶת־יִשְׂרָאֵ֖ל וִירֽוּשָׁלָֽ͏ִם׃ וַיַּרְאֵ֣נִי יְהוָ֔ה

4 אַרְבָּעָ֖ה חָרָשִֽׁים׃ וָאֹמַ֕ר מָ֛ה אֵ֥לֶּה בָאִ֖ים לַֽעֲשׂ֑וֹת וַיֹּ֣אמֶר לֵאמֹ֗ר אֵ֣לֶּה הַקְּרָנ֞וֹת אֲשֶׁר־זֵ֣רוּ אֶת־יְהוּדָ֗ה כְּפִי־אִישׁ֙ לֹא־נָשָׂ֣א רֹאשׁ֔וֹ וַיָּבֹ֤אוּ אֵ֙לֶּה֙ לְהַחֲרִ֣יד אֹתָ֔ם לְיַדּ֞וֹת אֶת־קַרְנ֣וֹת הַגּוֹיִ֗ם הַנֹּשְׂאִ֥ים קֶ֛רֶן אֶל־אֶ֥רֶץ

5 יְהוּדָ֖ה לְזָרוֹתָֽהּ׃ וָאֶשָּׂ֥א עֵינַ֖י וָאֵ֑רֶא וְהִנֵּה־אִ֔ישׁ וּבְיָד֖וֹ חֶ֥בֶל

6 מִדָּֽה׃ וָאֹמַ֕ר אָ֖נָה אַתָּ֣ה הֹלֵ֑ךְ וַיֹּ֣אמֶר אֵלַ֗י לָמֹד֙ אֶת־יְר֣וּשָׁלַ֔͏ִם לִרְא֥וֹת

7 כַּמָּה־רָחְבָּ֖הּ וְכַמָּ֥ה אָרְכָּֽהּ׃ וְהִנֵּ֗ה הַמַּלְאָ֛ךְ הַדֹּבֵ֥ר בִּ֖י יֹצֵ֑א וּמַלְאָ֣ךְ

8 אַחֵ֔ר יֹצֵ֖א לִקְרָאתֽוֹ׃ וַיֹּ֣אמֶר אֵלָ֔ו רֻ֗ץ דַּבֵּ֛ר אֶל־הַנַּ֥עַר הַלָּ֖ז לֵאמֹ֑ר

9 פְּרָזוֹת֙ תֵּשֵׁ֣ב יְרוּשָׁלַ֔͏ִם מֵרֹ֥ב אָדָ֛ם וּבְהֵמָ֖ה בְּתוֹכָֽהּ׃ וַאֲנִ֤י אֶֽהְיֶה־לָּהּ֙ נְאֻם־יְהוָ֔ה ח֥וֹמַת אֵ֖שׁ סָבִ֑יב וּלְכָב֖וֹד אֶֽהְיֶ֥ה בְתוֹכָֽהּ׃

10 ה֣וֹי ה֗וֹי וְנֻ֛סוּ מֵאֶ֥רֶץ צָפ֖וֹן נְאֻם־יְהוָ֑ה כִּ֠י כְּאַרְבַּ֞ע רוּח֧וֹת הַשָּׁמַ֛יִם

11 פֵּרַ֥שְׂתִּי אֶתְכֶ֖ם נְאֻם־יְהוָֽה׃ ה֥וֹי צִיּ֖וֹן הִמָּלְטִ֑י יוֹשֶׁ֖בֶת בַּת־

12 בָּבֶֽל׃ כִּ֣י כֹ֣ה אָמַר֮ יְהוָ֣ה צְבָאוֹת֒ אַחַ֣ר כָּב֔וֹד שְׁלָחַ֕נִי אֶל־

13 הַגּוֹיִ֖ם הַשֹּׁלְלִ֣ים אֶתְכֶ֑ם כִּ֚י הַנֹּגֵ֣עַ בָּכֶ֔ם נֹגֵ֖עַ בְּבָבַ֥ת עֵינֽוֹ׃ כִּ֠י הִנְנִ֨י מֵנִ֤יף אֶת־יָדִי֙ עֲלֵיהֶ֔ם וְהָי֥וּ שָׁלָ֖ל לְעַבְדֵיהֶ֑ם וִֽידַעְתֶּ֕ם כִּֽי־יְהוָ֥ה צְבָא֖וֹת

14 שְׁלָחָֽנִי׃ רָנִּ֥י וְשִׂמְחִ֖י בַּת־צִיּ֑וֹן כִּ֧י הִנְנִי־בָ֛א וְשָׁכַנְתִּ֥י בְתוֹכֵ֖ךְ

15 נְאֻם־יְהוָֽה׃ וְנִלְווּ֩ גוֹיִ֨ם רַבִּ֤ים אֶל־יְהוָה֙ בַּיּ֣וֹם הַה֔וּא וְהָ֥יוּ לִ֖י לְעָ֑ם

16 וְשָׁכַנְתִּ֣י בְתוֹכֵ֔ךְ וְיָדַ֕עַתְּ כִּֽי־יְהוָ֥ה צְבָא֖וֹת שְׁלָחַ֣נִי אֵלָ֑יִךְ׃ וְנָחַ֨ל יְהוָ֤ה

17 אֶת־יְהוּדָה֙ חֶלְק֔וֹ עַ֖ל אַדְמַ֣ת הַקֹּ֑דֶשׁ וּבָחַ֥ר ע֖וֹד בִּירוּשָׁלָֽ͏ִם׃ הַ֣ס כָּל־

LORD: for he is raised up out of his holy habitation.

CHAPTER 3

1 And he shewed me Joshua the high priest standing before the angel of the LORD, and Satan standing at his right hand to resist him.

2 And the LORD said unto Satan, The LORD rebuke thee, O Satan; even the LORD that hath chosen Jerusalem rebuke thee: *is* not this a brand plucked out of the fire?

3 Now Joshua was clothed with filthy garments, and stood before the angel.

4 And he answered and spake unto those that stood before him, saying, Take away the filthy garments from him. And unto him he said, Behold, I have caused thine iniquity to pass from thee, and I will clothe thee with change of raiment.

5 And I said, Let them set a fair mitre upon his head. So they set a fair mitre upon his head, and clothed him with garments. And the angel of the LORD stood by.

6 And the angel of the LORD protested unto Joshua, saying,

7 Thus saith the LORD of hosts; If thou wilt walk in my ways, and if thou wilt keep my charge, then thou shalt also judge my house, and shalt also keep my courts, and I will give thee places to walk among these that stand by.

8 Hear now, O Joshua the high priest, thou, and thy fellows that sit before thee: for they *are* men wondered at: for, behold, I will bring forth my servant the BRANCH.

9 For behold the stone that I have laid before Joshua; upon one stone *shall be* seven eyes: behold, I will engrave the graving thereof, saith the LORD of hosts, and I will remove the iniquity of that land in one day.

10 In that day, saith the LORD of hosts, shall ye call every man his neighbour under the vine and under the fig tree.

CHAPTER 4

1 And the angel that talked with me came again, and waked me, as a man that is wakened out of his sleep,

2 And said unto me, What seest thou? And I said, I have looked, and behold a candlestick all *of* gold, with a bowl upon the top of it, and his seven lamps thereon, and seven pipes to the seven lamps, which *are* upon the top thereof:

3 And two olive trees by it, one upon the right *side* of the bowl, and the other upon the left *side* thereof.

4 So I answered and spake to the angel that talked with me, saying, What *are* these, my lord?

5 Then the angel that talked with me answered and said unto me, Knowest thou not what these be? And I said, No, my lord.

6 Then he answered and spake unto me, saying, This *is* the word of the LORD unto Zerubbabel, saying, Not by might, nor by power, but by my spirit, saith the LORD of hosts.

7 Who *art* thou, O great mountain? before Zerubbabel *thou shalt become* a plain: and he shall bring forth the headstone *thereof with* shoutings, *crying,* Grace, grace unto it.

8 Moreover the word of the LORD came unto me, saying,

9 The hands of Zerubbabel have laid the foundation of this house; his hands shall also finish it; and thou shalt know that the LORD of hosts hath sent me unto you.

10 For who hath despised the day of small things? for they shall rejoice, and shall see the plummet in the hand of Zerubbabel *with* those seven; they *are* the eyes of the LORD, which run to and fro through the whole earth.

11 ¶ Then answered I, and said unto him, What *are* these two olive trees upon the right *side* of the candlestick and upon the left *side* thereof?

12 And I answered again, and said unto him, What *be these* two olive branches which through the two golden pipes empty the golden *oil* out of themselves?

13 And he answered me and said, Knowest thou not what these *be?* And I said, No, my lord.

14 Then said he, These *are* the two anointed ones, that stand by the Lord of the whole earth.

3 בָּשֵׂר מִפְּנֵי יְהוָה כִּי נֵעוֹר מִמְּעוֹן קָדְשׁוֹ:   וַיַּרְאֵנִי אֶת־
יְהוֹשֻׁעַ הַכֹּהֵן הַגָּדוֹל עֹמֵד לִפְנֵי מַלְאַךְ יְהוָה וְהַשָּׂטָן עֹמֵד עַל־יְמִינוֹ
2 לְשִׂטְנוֹ: וַיֹּאמֶר יְהוָה אֶל־הַשָּׂטָן יִגְעַר יְהוָה בְּךָ הַשָּׂטָן וְיִגְעַר יְהוָה
3 בְּךָ הַבֹּחֵר בִּירוּשָׁלָ͏ִם הֲלוֹא זֶה אוּד מֻצָּל מֵאֵשׁ: וִיהוֹשֻׁעַ הָיָה לָבֻשׁ
4 בְּגָדִים צוֹאִים וְעֹמֵד לִפְנֵי הַמַּלְאָךְ: וַיַּעַן וַיֹּאמֶר אֶל־הָעֹמְדִים לְפָנָיו
לֵאמֹר הָסִירוּ הַבְּגָדִים הַצֹּאִים מֵעָלָיו וַיֹּאמֶר אֵלָיו רְאֵה הֶעֱבַרְתִּי
5 מֵעָלֶיךָ עֲוֹנֶךָ וְהַלְבֵּשׁ אֹתְךָ מַחֲלָצוֹת: וָאֹמַר יָשִׂימוּ צָנִיף טָהוֹר עַל־
רֹאשׁוֹ וַיָּשִׂימוּ הַצָּנִיף הַטָּהוֹר עַל־רֹאשׁוֹ וַיַּלְבִּשֻׁהוּ בְּגָדִים וּמַלְאַךְ
6 יְהוָה עֹמֵד: וַיָּעַד מַלְאַךְ יְהוָה בִּיהוֹשֻׁעַ לֵאמֹר: כֹּה־אָמַר יְהוָה
7 צְבָאוֹת אִם־בִּדְרָכַי תֵּלֵךְ וְאִם אֶת־מִשְׁמַרְתִּי תִשְׁמֹר וְגַם־אַתָּה תָּדִין
אֶת־בֵּיתִי וְגַם תִּשְׁמֹר אֶת־חֲצֵרָי וְנָתַתִּי לְךָ מַהְלְכִים בֵּין הָעֹמְדִים
8 הָאֵלֶּה: שְׁמַע־נָא יְהוֹשֻׁעַ הַכֹּהֵן הַגָּדוֹל אַתָּה וְרֵעֶיךָ הַיֹּשְׁבִים לְפָנֶיךָ
9 כִּי־אַנְשֵׁי מוֹפֵת הֵמָּה כִּי־הִנְנִי מֵבִיא אֶת־עַבְדִּי צֶמַח: כִּי ׀ הִנֵּה הָאֶבֶן
אֲשֶׁר נָתַתִּי לִפְנֵי יְהוֹשֻׁעַ עַל־אֶבֶן אַחַת שִׁבְעָה עֵינָיִם הִנְנִי מְפַתֵּחַ
פִּתֻּחָהּ נְאֻם יְהוָה צְבָאוֹת וּמַשְׁתִּי אֶת־עֲוֹן הָאָרֶץ־הַהִיא בְּיוֹם אֶחָד:
10 בַּיּוֹם הַהוּא נְאֻם יְהוָה צְבָאוֹת תִּקְרְאוּ אִישׁ לְרֵעֵהוּ אֶל־תַּחַת גֶּפֶן

4 1 וְאֶל־תַּחַת תְּאֵנָה: וַיָּשָׁב הַמַּלְאָךְ הַדֹּבֵר בִּי וַיְעִירֵנִי כְּאִישׁ אֲשֶׁר־יֵעוֹר
2 מִשְּׁנָתוֹ: וַיֹּאמֶר אֵלַי מָה אַתָּה רֹאֶה וַיֹּאמַר רָאִיתִי ׀ וְהִנֵּה מְנוֹרַת   וָאֹמַר
זָהָב כֻּלָּהּ וְגֻלָּהּ עַל־רֹאשָׁהּ וְשִׁבְעָה נֵרֹתֶיהָ עָלֶיהָ שִׁבְעָה וְשִׁבְעָה
3 מוּצָקוֹת לַנֵּרוֹת אֲשֶׁר עַל־רֹאשָׁהּ: וּשְׁנַיִם זֵיתִים עָלֶיהָ אֶחָד מִימִין
4 הַגֻּלָּה וְאֶחָד עַל־שְׂמֹאלָהּ: וָאַעַן וָאֹמַר אֶל־הַמַּלְאָךְ הַדֹּבֵר בִּי לֵאמֹר
5 מָה־אֵלֶּה אֲדֹנִי: וַיַּעַן הַמַּלְאָךְ הַדֹּבֵר בִּי וַיֹּאמֶר אֵלַי הֲלוֹא יָדַעְתָּ
6 מָה־הֵמָּה אֵלֶּה וָאֹמַר לֹא אֲדֹנִי: וַיַּעַן וַיֹּאמֶר אֵלַי לֵאמֹר זֶה דְּבַר־
יְהוָה אֶל־זְרֻבָּבֶל לֵאמֹר לֹא בְחַיִל וְלֹא בְכֹחַ כִּי אִם־בְּרוּחִי אָמַר
7 יְהוָה צְבָאוֹת: מִי־אַתָּה הַר־הַגָּדוֹל לִפְנֵי זְרֻבָּבֶל לְמִישֹׁר וְהוֹצִיא
אֶת־הָאֶבֶן הָרֹאשָׁה תְּשֻׁאוֹת חֵן חֵן לָהּ:
8 9 וַיְהִי דְבַר־יְהוָה אֵלַי לֵאמֹר: יְדֵי זְרֻבָּבֶל יִסְּדוּ הַבַּיִת הַזֶּה וְיָדָיו
10 תְּבַצַּעְנָה וְיָדַעְתָּ כִּי־יְהוָה צְבָאוֹת שְׁלָחַנִי אֲלֵכֶם: כִּי מִי בַז לְיוֹם
קְטַנּוֹת וְשָׂמְחוּ וְרָאוּ אֶת־הָאֶבֶן הַבְּדִיל בְּיַד זְרֻבָּבֶל שִׁבְעָה־אֵלֶּה עֵינֵי
11 יְהוָה הֵמָּה מְשׁוֹטְטִים בְּכָל־הָאָרֶץ: וָאַעַן וָאֹמַר אֵלָיו מַה־שְּׁנֵי   11A
12 הַזֵּיתִים הָאֵלֶּה עַל־יְמִין הַמְּנוֹרָה וְעַל־שְׂמֹאולָהּ: וָאַעַן שֵׁנִית וָאֹמַר
אֵלָיו מַה־שְׁתֵּי שִׁבֲּלֵי הַזֵּיתִים אֲשֶׁר בְּיַד שְׁנֵי צַנְתְּרוֹת הַזָּהָב
13 הַמְרִיקִים מֵעֲלֵיהֶם הַזָּהָב: וַיֹּאמֶר אֵלַי לֵאמֹר הֲלוֹא יָדַעְתָּ מָה־אֵלֶּה
14 וָאֹמַר לֹא אֲדֹנִי: וַיֹּאמֶר אֵלֶּה שְׁנֵי בְנֵי־הַיִּצְהָר הָעֹמְדִים עַל־אֲדוֹן

CHAPTER 5

1 Then I turned, and lifted up mine eyes, and looked, and behold a flying roll.

2 And he said unto me, What seest thou? And I answered, I see a flying roll; the length thereof *is* twenty cubits, and the breadth thereof ten cubits.

3 Then said he unto me, This *is* the curse that goeth forth over the face of the whole earth: for every one that stealeth shall be cut off *as* on this side according to it; and every one that sweareth shall be cut off *as* on that side according to it.

4 I will bring it forth, saith the LORD of hosts, and it shall enter into the house of the thief, and into the house of him that sweareth falsely by my name: and it shall remain in the midst of his house, and shall consume it with the timber thereof and the stones thereof.

5 ¶ Then the angel that talked with me went forth, and said unto me, Lift up now thine eyes, and see what *is* this that goeth forth.

6 And I said, What *is* it? And he said, This *is* an ephah that goeth forth. He said moreover, This *is* their resemblance through all the earth.

7 And, behold, there was lifted up a talent of lead: and this *is* a woman that sitteth in the midst of the ephah.

8 And he said, This *is* wickedness. And he cast it into the midst of the ephah; and he cast the weight of lead upon the mouth thereof.

9 Then lifted I up mine eyes, and looked, and, behold, there came out two women, and the wind *was* in their wings; for they had wings like the wings of a stork: and they lifted up the ephah between the earth and the heaven.

10 Then said I to the angel that talked with me, Whither do these bear the ephah?

11 And he said unto me, To build it an house in the land of Shinar: and it shall be established, and set there upon her own base.

CHAPTER 6

1 And I turned, and lifted up mine eyes, and looked, and, behold, there came four chariots out from between two mountains; and the mountains *were* mountains of brass.

2 In the first chariot *were* red horses; and in the second chariot black horses;

3 And in the third chariot white horses; and in the fourth chariot grisled and bay horses.

4 Then I answered and said unto the angel that talked with me, What *are* these, my lord?

5 And the angel answered and said unto me, These *are* the four spirits of the heavens, which go forth from standing before the Lord of all the earth.

6 The black horses which *are* therein go forth into the north country; and the white go forth after them; and the grisled go forth toward the south country.

7 And the bay went forth, and sought to go that they might walk to and fro through the earth: and he said, Get you hence, walk to and fro through the earth. So they walked to and fro through the earth.

8 Then cried he upon me, and spake unto me, saying, Behold, these that go toward the north country have quieted my spirit in the north country.

9 ¶ And the word of the LORD came unto me, saying,

10 Take of *them of* the captivity, *even of* Heldai, of Tobijah, and of Jedaiah, which are come from Babylon, and come thou the same day, and go into the house of Josiah the son of Zephaniah;

11 Then take silver and gold, and make crowns, and set *them* upon the head of Joshua the son of Josedech, the high priest;

12 And speak unto him, saying, Thus speaketh the LORD of hosts, saying, Behold the man whose name *is* The BRANCH; and he shall grow up out of his place, and he shall build the temple of the LORD:

13 Even he shall build the temple of the

כָּל־הָאָרֶץ: וָאָשׁוּב וָאֶשָּׂא עֵינַי וָאֵרֶא וְהִנֵּה מְגִלָּה עָפָה: וַיֹּאמֶר ‏1‏ ‏5‏
‏2‏
אֵלַי מָה אַתָּה רֹאֶה וָאֹמַר אֲנִי רֹאֶה מְגִלָּה עָפָה אָרְכָּהּ עֶשְׂרִים

בָּאַמָּה וְרָחְבָּהּ עֶשֶׂר בָּאַמָּה: וַיֹּאמֶר אֵלַי זֹאת הָאָלָה הַיּוֹצֵאת עַל־ ‏3‏
פְּנֵי כָל־הָאָרֶץ כִּי כָל־הַגֹּנֵב מִזֶּה כָּמוֹהָ נִקָּה וְכָל־הַנִּשְׁבָּע מִזֶּה כָּמוֹהָ

נִקָּה: הוֹצֵאתִיהָ נְאֻם יְהוָה צְבָאוֹת וּבָאָה אֶל־בֵּית הַגַּנָּב וְאֶל־בֵּית ‏4‏
הַנִּשְׁבָּע בִּשְׁמִי לַשָּׁקֶר וְלָנֶה בְּתוֹךְ בֵּיתוֹ וְכִלַּתּוּ וְאֶת־עֵצָיו וְאֶת־

אֲבָנָיו: וַיֵּצֵא הַמַּלְאָךְ הַדֹּבֵר בִּי וַיֹּאמֶר אֵלַי שָׂא נָא עֵינֶיךָ וּרְאֵה ‏5‏
מָה הַיּוֹצֵאת הַזֹּאת: וָאֹמַר מַה־הִיא וַיֹּאמֶר זֹאת הָאֵיפָה הַיּוֹצֵאת ‏6‏

וַיֹּאמֶר זֹאת עֵינָם בְּכָל־הָאָרֶץ: וְהִנֵּה כִּכַּר עֹפֶרֶת נִשֵּׂאת וְזֹאת אִשָּׁה ‏7‏
אַחַת יוֹשֶׁבֶת בְּתוֹךְ הָאֵיפָה: וַיֹּאמֶר זֹאת הָרִשְׁעָה וַיַּשְׁלֵךְ אֹתָהּ אֶל־ ‏8‏

תּוֹךְ הָאֵיפָה וַיַּשְׁלֵךְ אֶת־אֶבֶן הָעֹפֶרֶת אֶל־פִּיהָ:   וָאֶשָּׂא ‏9‏
עֵינַי וָאֵרֶא וְהִנֵּה שְׁתַּיִם נָשִׁים יוֹצְאוֹת וְרוּחַ בְּכַנְפֵיהֶם וְלָהֵנָּה כְנָפַיִם

כְּכַנְפֵי הַחֲסִידָה וַתִּשֶּׂאנָה אֶת־הָאֵיפָה בֵּין הָאָרֶץ וּבֵין הַשָּׁמָיִם:

וָאֹמַר אֶל־הַמַּלְאָךְ הַדֹּבֵר בִּי אָנָה הֵמָּה מוֹלִכוֹת אֶת־הָאֵיפָה: ‏10‏
וַיֹּאמֶר אֵלַי לִבְנוֹת־לָהּ בַיִת בְּאֶרֶץ שִׁנְעָר וְהוּכַן וְהֻנִּיחָה שָּׁם עַל־ ‏11‏

מְכֻנָתָהּ:   וָאָשֻׁב וָאֶשָּׂא עֵינַי וָאֵרֶא וְהִנֵּה אַרְבַּע מַרְכָּבוֹת ‏1‏ ‏6‏
יֹצְאוֹת מִבֵּין שְׁנֵי הֶהָרִים וְהֶהָרִים הָרֵי נְחֹשֶׁת: בַּמֶּרְכָּבָה הָרִאשֹׁנָה ‏2‏

סוּסִים אֲדֻמִּים וּבַמֶּרְכָּבָה הַשֵּׁנִית סוּסִים שְׁחֹרִים: וּבַמֶּרְכָּבָה ‏3‏
הַשְּׁלִשִׁית סוּסִים לְבָנִים וּבַמֶּרְכָּבָה הָרְבִעִית סוּסִים בְּרֻדִּים אֲמֻצִּים:

וָאַעַן וָאֹמַר אֶל־הַמַּלְאָךְ הַדֹּבֵר בִּי מָה־אֵלֶּה אֲדֹנִי: וַיַּעַן הַמַּלְאָךְ ‏4‏
‏5‏
וַיֹּאמֶר אֵלָי אֵלֶּה אַרְבַּע רֻחוֹת הַשָּׁמַיִם יוֹצְאוֹת מֵהִתְיַצֵּב עַל־אֲדוֹן

כָּל־הָאָרֶץ: אֲשֶׁר־בָּהּ הַסּוּסִים הַשְּׁחֹרִים יֹצְאִים אֶל־אֶרֶץ צָפוֹן ‏6‏
וְהַלְּבָנִים יָצְאוּ אֶל־אַחֲרֵיהֶם וְהַבְּרֻדִּים יָצְאוּ אֶל־אֶרֶץ הַתֵּימָן:

וְהָאֲמֻצִּים יָצְאוּ וַיְבַקְשׁוּ לָלֶכֶת לְהִתְהַלֵּךְ בָּאָרֶץ וַיֹּאמֶר לְכוּ הִתְהַלְּכוּ ‏7A‏ ‏7‏
בָאָרֶץ וַתִּתְהַלַּכְנָה בָּאָרֶץ: וַיַּזְעֵק אֹתִי וַיְדַבֵּר אֵלַי לֵאמֹר רְאֵה ‏8‏

הַיּוֹצְאִים אֶל־אֶרֶץ צָפוֹן הֵנִיחוּ אֶת־רוּחִי בְּאֶרֶץ צָפוֹן: וַיְהִי ‏9‏
דְבַר־יְהוָה אֵלַי לֵאמֹר: לָקוֹחַ מֵאֵת הַגּוֹלָה מֵחֶלְדַּי וּמֵאֵת טוֹבִיָּה ‏10‏

וּמֵאֵת יְדַעְיָה וּבָאתָ אַתָּה בַּיּוֹם הַהוּא וּבָאתָ בֵּית יֹאשִׁיָּה בֶן־צְפַנְיָה

אֲשֶׁר־בָּאוּ מִבָּבֶל: וְלָקַחְתָּ כֶסֶף־וְזָהָב וְעָשִׂיתָ עֲטָרוֹת וְשַׂמְתָּ בְּרֹאשׁ ‏11‏

יְהוֹשֻׁעַ בֶּן־יְהוֹצָדָק הַכֹּהֵן הַגָּדוֹל: וְאָמַרְתָּ אֵלָיו לֵאמֹר כֹּה אָמַר ‏12A‏ ‏12‏
יְהוָה צְבָאוֹת לֵאמֹר הִנֵּה־אִישׁ צֶמַח שְׁמוֹ וּמִתַּחְתָּיו יִצְמָח וּבָנָה

אֶת־הֵיכַל יְהוָה: וְהוּא יִבְנֶה אֶת־הֵיכַל יְהוָה וְהוּא־יִשָּׂא הוֹד וְיָשַׁב ‏13‏

LORD; and he shall bear the glory, and shall sit and rule upon his throne; and he shall be a priest upon his throne: and the counsel of peace shall be between them both.

14 And the crowns shall be to Helem, and to Tobijah, and to Jedaiah, and to Hen the son of Zephaniah, for a memorial in the temple of the LORD.

15 And they *that are* far off shall come and build in the temple of the LORD, and ye shall know that the LORD of hosts hath sent me unto you. And *this* shall come to pass, if ye will diligently obey the voice of the LORD your God.

CHAPTER 7

1 And it came to pass in the fourth year of king Darius, *that* the word of the LORD came unto Zechariah in the fourth *day* of the ninth month, *even* in Chisleu;

2 When they had sent unto the house of God Sherezer and Regem-melech, and their men, to pray before the LORD,

3 *And* to speak unto the priests which *were* in the house of the LORD of hosts, and to the prophets, saying, Should I weep in the fifth month, separating myself, as I have done these so many years?

4 ¶ Then came the word of the LORD of hosts unto me, saying,

5 Speak unto all the people of the land, and to the priests, saying, When ye fasted and mourned in the fifth and seventh *month,* even those seventy years, did ye at all fast unto me, *even* to me?

6 And when ye did eat, and when ye did drink, did not ye eat *for yourselves,* and drink *for yourselves?*

7 *Should ye* not *hear* the words which the LORD hath cried by the former prophets, when Jerusalem was inhabited and in prosperity, and the cities thereof round about her, when *men* inhabited the south and the plain?

8 ¶ And the word of the LORD came unto Zechariah, saying,

9 Thus speaketh the LORD of hosts, saying, Execute true judgment, and shew mercy and compassions every man to his brother:

10 And oppress not the widow, nor the fatherless, the stranger, nor the poor; and let none of you imagine evil against his brother in your heart.

11 But they refused to hearken, and pulled away the shoulder, and stopped their ears, that they should not hear.

12 Yea, they made their hearts *as* an adamant stone, lest they should hear the law, and the words which the LORD of hosts hath sent in his spirit by the former prophets: therefore came a great wrath from the LORD of hosts.

13 Therefore it is come to pass, *that* as he cried, and they would not hear; so they cried, and I would not hear, saith the LORD of hosts:

14 But I scattered them with a whirlwind among all the nations whom they knew not. Thus the land was desolate after them, that no man passed through nor returned: for they laid the pleasant land desolate.

CHAPTER 8

1 Again the word of the LORD of hosts came *to me,* saying,

2 Thus saith the LORD of hosts; I was jealous for Zion with great jealousy, and I was jealous for her with great fury.

3 Thus saith the LORD; I am returned unto Zion, and will dwell in the midst of Jerusalem: and Jerusalem shall be called a city of truth; and the mountain of the LORD of hosts the holy mountain.

4 Thus saith the LORD of hosts; There shall yet old men and old women dwell in the streets of Jerusalem, and every man with his staff in his hand for very age.

5 And the streets of the city shall be full of boys and girls playing in the streets thereof.

6 Thus saith the LORD of hosts; If it be marvellous in the eyes of the remnant of this people in these days, should it also be marvellous in mine eyes? saith the LORD of hosts.

7 Thus saith the LORD of hosts; Behold, I will save my people from the east country, and from the west country;

8 And I will bring them, and they shall

וּמָשַׁל עַל־כִּסְאוֹ וְהָיָה כֹהֵן עַל־כִּסְאוֹ וַעֲצַת שָׁלוֹם תִּהְיֶה בֵּין

שְׁנֵיהֶם: וְהָעֲטָרֹת תִּהְיֶה לְחֵלֶם וּלְטוֹבִיָּה וְלִידַעְיָה וּלְחֵן בֶּן־צְפַנְיָה 14

לְזִכָּרוֹן בְּהֵיכַל יְהֹוָה: וּרְחוֹקִים ׀ יָבֹאוּ וּבָנוּ בְּהֵיכַל יְהֹוָה וִידַעְתֶּם 15

כִּי־יְהֹוָה צְבָאוֹת שְׁלָחַנִי אֲלֵיכֶם וְהָיָה אִם־שָׁמוֹעַ תִּשְׁמְעוּן בְּקוֹל

יְהֹוָה אֱלֹהֵיכֶם: וַיְהִי בִּשְׁנַת אַרְבַּע לְדָרְיָוֶשׁ הַמֶּלֶךְ הָיָה 7 1

דְבַר־יְהֹוָה אֶל־זְכַרְיָה בְּאַרְבָּעָה לַחֹדֶשׁ הַתְּשִׁעִי בְּכִסְלֵו: וַיִּשְׁלַח 2

בֵּית־אֵל שַׂר־אֶצֶר וְרֶגֶם מֶלֶךְ וַאֲנָשָׁיו לְחַלּוֹת אֶת־פְּנֵי יְהֹוָה: לֵאמֹר 3

אֶל־הַכֹּהֲנִים אֲשֶׁר לְבֵית־יְהֹוָה צְבָאוֹת וְאֶל־הַנְּבִיאִים לֵאמֹר הַאֶבְכֶּה

בַּחֹדֶשׁ הַחֲמִשִׁי הִנָּזֵר כַּאֲשֶׁר עָשִׂיתִי זֶה כַּמֶּה שָׁנִים:

וַיְהִי דְּבַר־יְהֹוָה צְבָאוֹת אֵלַי לֵאמֹר: אֱמֹר אֶל־כָּל־עַם הָאָרֶץ וְאֶל־ 4 5

הַכֹּהֲנִים לֵאמֹר כִּי־צַמְתֶּם וְסָפוֹד בַּחֲמִישִׁי וּבַשְּׁבִיעִי וְזֶה שִׁבְעִים

שָׁנָה הֲצוֹם צַמְתֻּנִי אָנִי: וְכִי תֹאכְלוּ וְכִי תִשְׁתּוּ הֲלוֹא אַתֶּם 6

הָאֹכְלִים וְאַתֶּם הַשֹּׁתִים: הֲלוֹא אֶת־הַדְּבָרִים אֲשֶׁר קָרָא יְהֹוָה בְּיַד 7

הַנְּבִיאִים הָרִאשֹׁנִים בִּהְיוֹת יְרוּשָׁלִַם יֹשֶׁבֶת וּשְׁלֵוָה וְעָרֶיהָ סְבִיבֹתֶיהָ

וְהַנֶּגֶב וְהַשְּׁפֵלָה יֹשֵׁב:

וַיְהִי דְּבַר־יְהֹוָה אֶל־זְכַרְיָה לֵאמֹר: כֹּה אָמַר יְהֹוָה צְבָאוֹת לֵאמֹר 8 9

מִשְׁפַּט אֱמֶת שְׁפֹטוּ וְחֶסֶד וְרַחֲמִים עֲשׂוּ אִישׁ אֶת־אָחִיו: וְאַלְמָנָה 10

וְיָתוֹם גֵּר וְעָנִי אַל־תַּעֲשֹׁקוּ וְרָעַת אִישׁ אָחִיו אַל־תַּחְשְׁבוּ בִּלְבַבְכֶם:

וַיְמָאֲנוּ לְהַקְשִׁיב וַיִּתְּנוּ כָתֵף סֹרָרֶת וְאָזְנֵיהֶם הִכְבִּידוּ מִשְּׁמוֹעַ: וְלִבָּם 11 12

שָׂמוּ שָׁמִיר מִשְּׁמוֹעַ אֶת־הַתּוֹרָה וְאֶת־הַדְּבָרִים אֲשֶׁר שָׁלַח יְהֹוָה

צְבָאוֹת בְּרוּחוֹ בְּיַד הַנְּבִיאִים הָרִאשֹׁנִים וַיְהִי קֶצֶף גָּדוֹל מֵאֵת יְהֹוָה

צְבָאוֹת: וַיְהִי כַאֲשֶׁר־קָרָא וְלֹא שָׁמֵעוּ כֵּן יִקְרְאוּ וְלֹא אֶשְׁמָע אָמַר 13

יְהֹוָה צְבָאוֹת: וְאֵסָעֲרֵם עַל כָּל־הַגּוֹיִם אֲשֶׁר לֹא־יְדָעוּם וְהָאָרֶץ נָשַׁמָּה 14

אַחֲרֵיהֶם מֵעֹבֵר וּמִשָּׁב וַיָּשִׂימוּ אֶרֶץ־חֶמְדָּה לְשַׁמָּה:

וַיְהִי דְּבַר־יְהֹוָה צְבָאוֹת לֵאמֹר: כֹּה אָמַר יְהֹוָה צְבָאוֹת קִנֵּאתִי לְצִיּוֹן 8 1 2

קִנְאָה גְדוֹלָה וְחֵמָה גְדוֹלָה קִנֵּאתִי לָהּ: כֹּה אָמַר יְהֹוָה שַׁבְתִּי אֶל־צִיּוֹן 3 3A

וְשָׁכַנְתִּי בְּתוֹךְ יְרוּשָׁלִָם וְנִקְרְאָה יְרוּשָׁלִַם עִיר־הָאֱמֶת וְהַר־יְהֹוָה

צְבָאוֹת הַר הַקֹּדֶשׁ:   כֹּה אָמַר יְהֹוָה צְבָאוֹת עֹד יֵשְׁבוּ זְקֵנִים 4

וּזְקֵנוֹת בִּרְחֹבוֹת יְרוּשָׁלִָם וְאִישׁ מִשְׁעַנְתּוֹ בְּיָדוֹ מֵרֹב יָמִים: וּרְחֹבוֹת 5

הָעִיר יִמָּלְאוּ יְלָדִים וִילָדוֹת מְשַׂחֲקִים בִּרְחֹבֹתֶיהָ:   כֹּה 6

אָמַר יְהֹוָה צְבָאוֹת כִּי יִפָּלֵא בְּעֵינֵי שְׁאֵרִית הָעָם הַזֶּה בַּיָּמִים הָהֵם

גַּם־בְּעֵינַי יִפָּלֵא נְאֻם יְהֹוָה צְבָאוֹת:

כֹּה אָמַר יְהֹוָה צְבָאוֹת הִנְנִי מוֹשִׁיעַ אֶת־עַמִּי מֵאֶרֶץ מִזְרָח וּמֵאֶרֶץ 7

מְבוֹא הַשָּׁמֶשׁ: וְהֵבֵאתִי אֹתָם וְשָׁכְנוּ בְּתוֹךְ יְרוּשָׁלִָם וְהָיוּ־לִי לְעָם 8

dwell in the midst of Jerusalem: and they shall be my people, and I will be their God, in truth and in righteousness.

9 ¶ Thus saith the LORD of hosts; Let your hands be strong, ye that hear in these days these words by the mouth of the prophets, which *were* in the day *that* the foundation of the house of the LORD of hosts was laid, that the temple might be built.

10 For before these days there was no hire for man, nor any hire for beast; neither *was there any* peace to him that went out or came in because of the affliction: for I set all men every one against his neighbour.

11 But now I *will* not *be* unto the residue of this people as in the former days, saith the LORD of hosts.

12 For the seed *shall be* prosperous; the vine shall give her fruit, and the ground shall give her increase, and the heavens shall give their dew; and I will cause the remnant of this people to possess all these *things*.

13 And it shall come to pass, *that* as ye were a curse among the heathen, O house of Judah, and house of Israel; so will I save you, and ye shall be a blessing: fear not, *but* let your hands be strong.

14 For thus saith the LORD of hosts; As I thought to punish you, when your fathers provoked me to wrath, saith the LORD of hosts, and I repented not:

15 So again have I thought in these days to do well unto Jerusalem and to the house of Judah: fear ye not.

16 ¶ These *are* the things that ye shall do; Speak ye every man the truth to his neighbour; execute the judgment of truth and peace in your gates:

17 And let none of you imagine evil in your hearts against his neighbour; and love no false oath: for all these *are things* that I hate, saith the LORD.

18 ¶ And the word of the LORD of hosts came unto me, saying,

19 Thus saith the LORD of hosts; The fast of the fourth *month,* and the fast of the fifth, and the fast of the seventh, and the fast of the tenth, shall be to the house of Judah joy and gladness, and cheerful feasts; therefore love the truth and peace.

20 Thus saith the LORD of hosts; *It shall* yet *come to pass,* that there shall come people, and the inhabitants of many cities:

21 And the inhabitants of one *city* shall go to another, saying, Let us go speedily to pray before the LORD, and to seek the LORD of hosts: I will go also.

22 Yea, many people and strong nations shall come to seek the LORD of hosts in Jerusalem, and to pray before the LORD.

23 Thus saith the LORD of hosts; In those days *it shall come to pass,* that ten men shall take hold out of all languages of the nations, even shall take hold of the skirt of him that is a Jew, saying, We will go with you: for we have heard *that* God *is* with you.

CHAPTER 9

1 The burden of the word of the LORD in the land of Hadrach, and Damascus *shall be* the rest thereof: when the eyes of man, as of all the tribes of Israel, *shall be* toward the LORD.

2 And Hamath also shall border thereby; Tyrus, and Zidon, though it be very wise.

3 And Tyrus did build herself a strong hold, and heaped up silver as the dust, and fine gold as the mire of the streets.

4 Behold, the Lord will cast her out, and he will smite her power in the sea; and she shall be devoured with fire.

5 Ashkelon shall see *it,* and fear; Gaza also *shall see it,* and be very sorrowful, and Ekron; for her expectation shall be ashamed; and the king shall perish from Gaza, and Ashkelon shall not be inhabited.

6 And a bastard shall dwell in Ashdod, and I will cut off the pride of the Philistines.

7 And I will take away his blood out of his mouth, and his abominations from between his teeth: but he that remaineth, even he, *shall be* for our God, and he shall be as a governor in Judah, and Ekron as a Jebusite.

8 And I will encamp about mine house because of the army, because of him that

9 וַאֲנִי אֶהְיֶה לָהֶם לֵאלֹהִים בֶּאֱמֶת וּבִצְדָקָה: כֹּה־אָמַר
יְהוָה צְבָאוֹת תֶּחֱזַקְנָה יְדֵיכֶם הַשֹּׁמְעִים בַּיָּמִים הָאֵלֶּה אֵת הַדְּבָרִים
הָאֵלֶּה מִפִּי הַנְּבִיאִים אֲשֶׁר בְּיוֹם יֻסַּד בֵּית־יְהוָה צְבָאוֹת הַהֵיכָל

10 לְהִבָּנוֹת: כִּי לִפְנֵי הַיָּמִים הָהֵם שְׂכַר הָאָדָם לֹא נִהְיָה וּשְׂכַר
הַבְּהֵמָה אֵינֶנָּה וְלַיּוֹצֵא וְלַבָּא אֵין־שָׁלוֹם מִן־הַצָּר וַאֲשַׁלַּח אֶת־כָּל־

11 הָאָדָם אִישׁ בְּרֵעֵהוּ: וְעַתָּה לֹא כַיָּמִים הָרִאשֹׁנִים אֲנִי לִשְׁאֵרִית

12 הָעָם הַזֶּה נְאֻם יְהוָה צְבָאוֹת: כִּי־זֶרַע הַשָּׁלוֹם הַגֶּפֶן תִּתֵּן פִּרְיָהּ
וְהָאָרֶץ תִּתֵּן אֶת־יְבוּלָהּ וְהַשָּׁמַיִם יִתְּנוּ טַלָּם וְהִנְחַלְתִּי אֶת־שְׁאֵרִית

13 הָעָם הַזֶּה אֶת־כָּל־אֵלֶּה: וְהָיָה כַּאֲשֶׁר הֱיִיתֶם קְלָלָה בַּגּוֹיִם בֵּית
יְהוּדָה וּבֵית יִשְׂרָאֵל כֵּן אוֹשִׁיעַ אֶתְכֶם וִהְיִיתֶם בְּרָכָה אַל־תִּירָאוּ

14A | 14 תֶּחֱזַקְנָה יְדֵיכֶם: כִּי כֹּה אָמַר יְהוָה צְבָאוֹת כַּאֲשֶׁר זָמַמְתִּי
לְהָרַע לָכֶם בְּהַקְצִיף אֲבֹתֵיכֶם אֹתִי אָמַר יְהוָה צְבָאוֹת וְלֹא נִחָמְתִּי:

15 כֵּן שַׁבְתִּי זָמַמְתִּי בַּיָּמִים הָאֵלֶּה לְהֵיטִיב אֶת־יְרוּשָׁלִַם וְאֶת־בֵּית

16 יְהוּדָה אַל־תִּירָאוּ: אֵלֶּה הַדְּבָרִים אֲשֶׁר תַּעֲשׂוּ דַּבְּרוּ אֱמֶת אִישׁ
אֶת־רֵעֵהוּ אֱמֶת וּמִשְׁפַּט שָׁלוֹם שִׁפְטוּ בְּשַׁעֲרֵיכֶם: וְאִישׁ ׀ אֶת־רָעַת

17 רֵעֵהוּ אַל־תַּחְשְׁבוּ בִּלְבַבְכֶם וּשְׁבֻעַת שֶׁקֶר אַל־תֶּאֱהָבוּ כִּי אֶת־כָּל־

18 אֵלֶּה אֲשֶׁר שָׂנֵאתִי נְאֻם־יְהוָה: וַיְהִי דְּבַר־יְהוָה צְבָאוֹת

19 אֵלַי לֵאמֹר: כֹּה־אָמַר יְהוָה צְבָאוֹת צוֹם הָרְבִיעִי וְצוֹם הַחֲמִישִׁי
וְצוֹם הַשְּׁבִיעִי וְצוֹם הָעֲשִׂירִי יִהְיֶה לְבֵית־יְהוּדָה לְשָׂשׂוֹן וּלְשִׂמְחָה
וּלְמֹעֲדִים טוֹבִים וְהָאֱמֶת וְהַשָּׁלוֹם אֱהָבוּ:

20 כֹּה אָמַר יְהוָה צְבָאוֹת עֹד אֲשֶׁר יָבֹאוּ עַמִּים וְיֹשְׁבֵי עָרִים רַבּוֹת:

21 וְהָלְכוּ יֹשְׁבֵי אַחַת אֶל־אַחַת לֵאמֹר נֵלְכָה הָלוֹךְ לְחַלּוֹת אֶת־פְּנֵי
יְהוָה וּלְבַקֵּשׁ אֶת־יְהוָה צְבָאוֹת אֵלְכָה גַּם־אָנִי: וּבָאוּ עַמִּים רַבִּים

22 וְגוֹיִם עֲצוּמִים לְבַקֵּשׁ אֶת־יְהוָה צְבָאוֹת בִּירוּשָׁלִָם וּלְחַלּוֹת אֶת־פְּנֵי

23 יְהוָה: כֹּה־אָמַר יְהוָה צְבָאוֹת בַּיָּמִים הָהֵמָּה אֲשֶׁר יַחֲזִיקוּ
עֲשָׂרָה אֲנָשִׁים מִכֹּל לְשֹׁנוֹת הַגּוֹיִם וְהֶחֱזִיקוּ בִּכְנַף אִישׁ יְהוּדִי לֵאמֹר
נֵלְכָה עִמָּכֶם כִּי שָׁמַעְנוּ אֱלֹהִים עִמָּכֶם:

9 | 1 מַשָּׂא דְבַר־יְהוָה
בְּאֶרֶץ חַדְרָךְ וְדַמֶּשֶׂק מְנֻחָתוֹ כִּי לַיהוָה עֵין אָדָם וְכֹל שִׁבְטֵי

2 | 3 יִשְׂרָאֵל: וְגַם־חֲמָת תִּגְבָּל־בָּהּ צֹר וְצִידוֹן כִּי חָכְמָה מְאֹד: וַתִּבֶן צֹר

4 מָצוֹר לָהּ וַתִּצְבָּר־כֶּסֶף כֶּעָפָר וְחָרוּץ כְּטִיט חוּצוֹת: הִנֵּה אֲדֹנָי

5 יוֹרִשֶׁנָּה וְהִכָּה בַיָּם חֵילָהּ וְהִיא בָּאֵשׁ תֵּאָכֵל: תֵּרֶא אַשְׁקְלוֹן וְתִירָא
וְעַזָּה וְתָחִיל מְאֹד וְעֶקְרוֹן כִּי־הֹבִישׁ מֶבָּטָהּ וְאָבַד מֶלֶךְ מֵעַזָּה

6 וְאַשְׁקְלוֹן לֹא תֵשֵׁב: וְיָשַׁב מַמְזֵר בְּאַשְׁדּוֹד וְהִכְרַתִּי גְּאוֹן פְּלִשְׁתִּים:

7 וַהֲסִרֹתִי דָמָיו מִפִּיו וְשִׁקֻּצָיו מִבֵּין שִׁנָּיו וְנִשְׁאַר גַּם־הוּא לֵאלֹהֵינוּ

8 וְהָיָה כְּאַלֻּף בִּיהוּדָה וְעֶקְרוֹן כִּיבוּסִי: וְחָנִיתִי לְבֵיתִי מִצָּבָה מֵעֹבֵר

passeth by, and because of him that returneth: and no oppressor shall pass through them any more: for now have I seen with mine eyes.

9 ¶ Rejoice greatly, O daughter of Zion; shout, O daughter of Jerusalem: behold, thy King cometh unto thee: he *is* just, and having salvation; lowly, and riding upon an ass, and upon a colt the foal of an ass.

10 And I will cut off the chariot from Ephraim, and the horse from Jerusalem, and the battle bow shall be cut off: and he shall speak peace unto the heathen: and his dominion *shall be* from sea *even* to sea, and from the river *even* to the ends of the earth.

11 As for thee also, by the blood of thy covenant I have sent forth thy prisoners out of the pit wherein *is* no water.

12 ¶ Turn you to the strong hold, ye prisoners of hope: even to day do I declare *that* I will render double unto thee;

13 When I have bent Judah for me, filled the bow with Ephraim, and raised up thy sons, O Zion, against thy sons, O Greece, and made thee as the sword of a mighty man.

14 And the LORD shall be seen over them, and his arrow shall go forth as the lightning: and the Lord GOD shall blow the trumpet, and shall go with whirlwinds of the south.

15 The LORD of hosts shall defend them; and they shall devour, and subdue with sling stones; and they shall drink, *and* make a noise as through wine; and they shall be filled like bowls, *and* as the corners of the altar.

16 And the LORD their God shall save them in that day as the flock of his people: for they *shall be as* the stones of a crown, lifted up as an ensign upon his land.

17 For how great *is* his goodness, and how great *is* his beauty! corn shall make the young men cheerful, and new wine the maids.

CHAPTER 10

1 Ask ye of the LORD rain in the time of the latter rain; *so* the LORD shall make bright clouds, and give them showers of rain, to every one grass in the field.

2 For the idols have spoken vanity, and the diviners have seen a lie, and have told false dreams; they comfort in vain: therefore they went their way as a flock, they were troubled, because *there was* no shepherd.

3 Mine anger was kindled against the shepherds, and I punished the goats: for the LORD of hosts hath visited his flock the house of Judah, and hath made them as his goodly horse in the battle.

4 Out of him came forth the corner, out of him the nail, out of him the battle bow, out of him every oppressor together.

5 ¶ And they shall be as mighty *men,* which tread down *their enemies* in the mire of the streets in the battle: and they shall fight, because the LORD *is* with them, and the riders on horses shall be confounded.

6 And I will strengthen the house of Judah, and I will save the house of Joseph, and I will bring them again to place them; for I have mercy upon them: and they shall be as though I had not cast them off: for I *am* the LORD their God, and will hear them.

7 And *they of* Ephraim shall be like a mighty *man,* and their heart shall rejoice as through wine: yea, their children shall see *it,* and be glad; their heart shall rejoice in the LORD.

8 I will hiss for them, and gather them; for I have redeemed them: and they shall increase as they have increased.

9 And I will sow them among the people: and they shall remember me in far countries; and they shall live with their children, and turn again.

10 I will bring them again also out of the land of Egypt, and gather them out of Assyria; and I will bring them into the land of Gilead and Lebanon; and *place* shall not be found for them.

11 And he shall pass through the sea with affliction, and shall smite the waves in the sea, and all the deeps of the river shall dry up: and the pride of Assyria shall be brought down, and the sceptre of Egypt shall depart away.

וּמָשַׁב וְלֹא־יַעֲבֹר עֲלֵיהֶם עוֹד נֹגֵשׂ כִּי עַתָּה רָאִיתִי

9 בְעֵינָי: גִּילִי מְאֹד בַּת־צִיּוֹן הָרִיעִי בַּת יְרוּשָׁלַ͏ִם הִנֵּה

מַלְכֵּךְ יָבוֹא לָךְ צַדִּיק וְנוֹשָׁע הוּא עָנִי וְרֹכֵב עַל־חֲמוֹר וְעַל־עַיִר

10 בֶּן־אֲתֹנוֹת: וְהִכְרַתִּי־רֶכֶב מֵאֶפְרַיִם וְסוּס מִירוּשָׁלַ͏ִם וְנִכְרְתָה קֶשֶׁת

מִלְחָמָה וְדִבֶּר שָׁלוֹם לַגּוֹיִם וּמָשְׁלוֹ מִיָּם עַד־יָם וּמִנָּהָר עַד־אַפְסֵי

11 אָרֶץ: גַּם־אַתְּ בְּדַם־בְּרִיתֵךְ שִׁלַּחְתִּי אֲסִירַיִךְ מִבּוֹר אֵין מַיִם בּוֹ:

12 שׁוּבוּ לְבִצָּרוֹן אֲסִירֵי הַתִּקְוָה גַּם־הַיּוֹם מַגִּיד מִשְׁנֶה אָשִׁיב לָךְ: כִּי־
13 דָרַכְתִּי לִי יְהוּדָה קֶשֶׁת מִלֵּאתִי אֶפְרַיִם וְעוֹרַרְתִּי בָנַיִךְ צִיּוֹן עַל־בָּנַיִךְ

14 יָוָן וְשַׂמְתִּיךְ כְּחֶרֶב גִּבּוֹר: וַיהוָה עֲלֵיהֶם יֵרָאֶה וְיָצָא כַבָּרָק חִצּוֹ

15 וַאדֹנָי יְהוִה בַּשּׁוֹפָר יִתְקָע וְהָלַךְ בְּסַעֲרוֹת תֵּימָן: יְהוָה צְבָאוֹת יָגֵן

עֲלֵיהֶם וְאָכְלוּ וְכָבְשׁוּ אַבְנֵי־קֶלַע וְשָׁתוּ הָמוּ כְּמוֹ־יָיִן וּמָלְאוּ כַּמִּזְרָק

16 כְּזָוִיּוֹת מִזְבֵּחַ: וְהוֹשִׁיעָם יְהוָה אֱלֹהֵיהֶם בַּיּוֹם הַהוּא כְּצֹאן עַמּוֹ כִּי

17 אַבְנֵי־נֵזֶר מִתְנוֹסְסוֹת עַל־אַדְמָתוֹ: כִּי מַה־טּוּבוֹ וּמַה־יָּפְיוֹ דָּגָן

10 1 בַּחוּרִים וְתִירוֹשׁ יְנוֹבֵב בְּתֻלוֹת: שַׁאֲלוּ מֵיְהוָה מָטָר בְּעֵת מַלְקוֹשׁ

2A יְהוָה עֹשֶׂה חֲזִיזִים וּמְטַר־גֶּשֶׁם יִתֵּן לָהֶם לְאִישׁ עֵשֶׂב בַּשָּׂדֶה: כִּי

2 הַתְּרָפִים דִּבְּרוּ־אָוֶן וְהַקּוֹסְמִים חָזוּ שֶׁקֶר וַחֲלֹמוֹת הַשָּׁוְא יְדַבֵּרוּ הֶבֶל

יְנַחֵמוּן עַל־כֵּן נָסְעוּ כְמוֹ־צֹאן יַעֲנוּ כִּי־אֵין רֹעֶה:

3 עַל־הָרֹעִים חָרָה אַפִּי וְעַל־הָעַתּוּדִים אֶפְקוֹד כִּי־פָקַד יְהוָה צְבָאוֹת

4 אֶת־עֶדְרוֹ אֶת־בֵּית יְהוּדָה וְשָׂם אוֹתָם כְּסוּס הוֹדוֹ בַּמִּלְחָמָה: מִמֶּנּוּ

פִנָּה מִמֶּנּוּ יָתֵד מִמֶּנּוּ קֶשֶׁת מִלְחָמָה מִמֶּנּוּ יֵצֵא כָל־נוֹגֵשׂ יַחְדָּו:

5 וְהָיוּ כְגִבֹּרִים בּוֹסִים בְּטִיט חוּצוֹת בַּמִּלְחָמָה וְנִלְחֲמוּ כִּי יְהוָה עִמָּם

6 וְהֹבִישׁוּ רֹכְבֵי סוּסִים: וְגִבַּרְתִּי אֶת־בֵּית יְהוּדָה וְאֶת־בֵּית יוֹסֵף

אוֹשִׁיעַ וְהוֹשְׁבוֹתִים כִּי רִחַמְתִּים וְהָיוּ כַּאֲשֶׁר לֹא־זְנַחְתִּים כִּי אֲנִי

7 יְהוָה אֱלֹהֵיהֶם וְאֶעֱנֵם: וְהָיוּ כְגִבּוֹר אֶפְרַיִם וְשָׂמַח לִבָּם כְּמוֹ־יָיִן

8 וּבְנֵיהֶם יִרְאוּ וְשָׂמֵחוּ יָגֵל לִבָּם בַּיהוָה: אֶשְׁרְקָה לָהֶם וַאֲקַבְּצֵם כִּי

9 פְדִיתִים וְרָבוּ כְּמוֹ רָבוּ: וְאֶזְרָעֵם בָּעַמִּים וּבַמֶּרְחַקִּים יִזְכְּרוּנִי וְחָיוּ

10 אֶת־בְּנֵיהֶם וָשָׁבוּ: וַהֲשִׁיבוֹתִים מֵאֶרֶץ מִצְרַיִם וּמֵאַשּׁוּר אֲקַבְּצֵם

11 וְאֶל־אֶרֶץ גִּלְעָד וּלְבָנוֹן אֲבִיאֵם וְלֹא יִמָּצֵא לָהֶם: וְעָבַר בַּיָּם צָרָה

וְהִכָּה בַיָּם גַּלִּים וְהֹבִישׁוּ כֹּל מְצוּלוֹת יְאֹר וְהוּרַד גְּאוֹן אַשּׁוּר וְשֵׁבֶט

12 And I will strengthen them in the LORD; and they shall walk up and down in his name, saith the LORD.

CHAPTER 11

1 Open thy doors, O Lebanon, that the fire may devour thy cedars.

2 Howl, fir tree; for the cedar is fallen; because the mighty are spoiled: howl, O ye oaks of Bashan; for the forest of the vintage is come down.

3 ¶ *There is* a voice of the howling of the shepherds; for their glory is spoiled: a voice of the roaring of young lions; for the pride of Jordan is spoiled.

4 Thus saith the LORD my God; Feed the flock of the slaughter;

5 Whose possessors slay them, and hold themselves not guilty: and they that sell them say, Blessed *be* the LORD; for I am rich: and their own shepherds pity them not.

6 For I will no more pity the inhabitants of the land, saith the LORD: but, lo, I will deliver the men every one into his neighbour's hand, and into the hand of his king: and they shall smite the land, and out of their hand I will not deliver *them.*

7 And I will feed the flock of slaughter, *even* you, O poor of the flock. And I took unto me two staves; the one I called Beauty, and the other I called Bands; and I fed the flock.

8 Three shepherds also I cut off in one month; and my soul lothed them, and their soul also abhorred me.

9 Then said I, I will not feed you: that that dieth, let it die; and that that is to be cut off, let it be cut off; and let the rest eat every one the flesh of another.

10 ¶ And I took my staff, *even* Beauty, and cut it asunder, that I might break my covenant which I had made with all the people.

11 And it was broken in that day: and so the poor of the flock that waited upon me knew that it *was* the word of the LORD.

12 And I said unto them, If ye think good, give *me* my price; and if not, forbear. So they weighed for my price thirty *pieces* of silver.

13 And the LORD said unto me, Cast it unto the potter: a goodly price that I was prised at of them. And I took the thirty *pieces* of silver, and cast them to the potter in the house of the LORD.

14 Then I cut asunder mine other staff, *even* Bands, that I might break the brotherhood between Judah and Israel.

15 ¶ And the LORD said unto me, Take unto thee yet the instruments of a foolish shepherd.

16 For, lo, I will raise up a shepherd in the land, *which* shall not visit those that be cut off, neither shall seek the young one, nor heal that that is broken, nor feed that that standeth still: but he shall eat the flesh of the fat, and tear their claws in pieces.

17 Woe to the idol shepherd that leaveth the flock! the sword *shall be* upon his arm, and upon his right eye: his arm shall be clean dried up, and his right eye shall be utterly darkened.

CHAPTER 12

1 The burden of the word of the LORD for Israel, saith the LORD, which stretcheth forth the heavens, and layeth the foundation of the earth, and formeth the spirit of man within him.

2 Behold, I will make Jerusalem a cup of trembling unto all the people round about, when they shall be in the siege both against Judah *and* against Jerusalem.

3 ¶ And in that day will I make Jerusalem a burdensome stone for all people: all that burden themselves with it shall be cut in pieces, though all the people of the earth be gathered together against it.

4 In that day, saith the LORD, I will smite every horse with astonishment, and his rider with madness: and I will open mine eyes upon the house of Judah, and will smite every horse of the people with blindness.

5 And the governors of Judah shall say in their heart, The inhabitants of Jerusalem *shall be* my strength in the LORD of hosts their God.

6 ¶ In that day will I make the governors of Judah like an hearth of fire among the

מִצְרַיִם יָסוּר: וְגִבַּרְתִּים בַּיהוָה וּבִשְׁמוֹ יִתְהַלָּכוּ נְאֻם 12

יְהוָה: פְּתַח לְבָנוֹן דְּלָתֶיךָ וְתֹאכַל אֵשׁ בַּאֲרָזֶיךָ: הֵילֵל 1 11

בְּרוֹשׁ כִּי־נָפַל אֶרֶז אֲשֶׁר אַדִּרִים שֻׁדָּדוּ הֵילִילוּ אַלּוֹנֵי בָשָׁן כִּי יָרַד

יַעַר הַבָּצוּר: קוֹל יִלְלַת הָרֹעִים כִּי שֻׁדְּדָה אַדַּרְתָּם קוֹל שַׁאֲגַת 3 הַבָּצִיר

כְּפִירִים כִּי שֻׁדַּד גְּאוֹן הַיַּרְדֵּן: כֹּה אָמַר יְהוָה אֱלֹהָי רְעֵה 4

אֶת־צֹאן הַהֲרֵגָה: אֲשֶׁר קֹנֵיהֶן יַהֲרֹגֻן וְלֹא יֶאְשָׁמוּ וּמֹכְרֵיהֶן יֹאמַר 5A 5

בָּרוּךְ יְהוָה וַאעְשִׁר וְרֹעֵיהֶם לֹא יַחְמוֹל עֲלֵיהֶן: כִּי לֹא אֶחְמוֹל עוֹד 6

עַל־יֹשְׁבֵי הָאָרֶץ נְאֻם־יְהוָה וְהִנֵּה אָנֹכִי מַמְצִיא אֶת־הָאָדָם אִישׁ

בְּיַד־רֵעֵהוּ וּבְיַד מַלְכּוֹ וְכִתְּתוּ אֶת־הָאָרֶץ וְלֹא אַצִּיל מִיָּדָם: וָאֶרְעֶה 7

אֶת־צֹאן הַהֲרֵגָה לָכֵן עֲנִיֵּי הַצֹּאן וָאֶקַּח־לִי שְׁנֵי מַקְלוֹת לְאַחַד

קָרָאתִי נֹעַם וּלְאַחַד קָרָאתִי חֹבְלִים וָאֶרְעֶה אֶת־הַצֹּאן: וָאַכְחִד אֶת־ 8

שְׁלֹשֶׁת הָרֹעִים בְּיֶרַח אֶחָד וַתִּקְצַר נַפְשִׁי בָּהֶם וְגַם־נַפְשָׁם בָּחֲלָה

בִי: וָאֹמַר לֹא אֶרְעֶה אֶתְכֶם הַמֵּתָה תָמוּת וְהַנִּכְחֶדֶת תִּכָּחֵד 9

וְהַנִּשְׁאָרוֹת תֹּאכַלְנָה אִשָּׁה אֶת־בְּשַׂר רְעוּתָהּ: וָאֶקַּח אֶת־מַקְלִי אֶת־ 10

נֹעַם וָאֶגְדַּע אֹתוֹ לְהָפֵר אֶת־בְּרִיתִי אֲשֶׁר כָּרַתִּי אֶת־כָּל־הָעַמִּים:

וַתֻּפַר בַּיּוֹם הַהוּא וַיֵּדְעוּ כֵן עֲנִיֵּי הַצֹּאן הַשֹּׁמְרִים אֹתִי כִּי דְבַר־יְהוָה 11

הוּא: וָאֹמַר אֲלֵיהֶם אִם־טוֹב בְּעֵינֵיכֶם הָבוּ שְׂכָרִי וְאִם־לֹא חֲדָלוּ 12

וַיִּשְׁקְלוּ אֶת־שְׂכָרִי שְׁלֹשִׁים כָּסֶף: וַיֹּאמֶר יְהוָה אֵלַי הַשְׁלִיכֵהוּ אֶל־ 13

הַיּוֹצֵר אֶדֶר הַיְקָר אֲשֶׁר יָקַרְתִּי מֵעֲלֵיהֶם וָאֶקְחָה שְׁלֹשִׁים הַכֶּסֶף

וָאַשְׁלִיךְ אֹתוֹ בֵּית יְהוָה אֶל־הַיּוֹצֵר: וָאֶגְדַּע אֶת־מַקְלִי הַשֵּׁנִי אֵת 14

הַחֹבְלִים לְהָפֵר אֶת־הָאַחֲוָה בֵּין יְהוּדָה וּבֵין יִשְׂרָאֵל: וַיֹּאמֶר 15

יְהוָה אֵלַי עוֹד קַח־לְךָ כְּלִי רֹעֶה אֱוִלִי: כִּי הִנֵּה־אָנֹכִי מֵקִים 16

רֹעֶה בָּאָרֶץ הַנִּכְחָדוֹת לֹא־יִפְקֹד הַנַּעַר לֹא־יְבַקֵּשׁ וְהַנִּשְׁבֶּרֶת לֹא

יְרַפֵּא הַנִּצָּבָה לֹא יְכַלְכֵּל וּבְשַׂר הַבְּרִיאָה יֹאכַל וּפַרְסֵיהֶן

יְפָרֵק: הוֹי רֹעִי הָאֱלִיל עֹזְבִי הַצֹּאן חֶרֶב עַל־זְרוֹעוֹ וְעַל־עֵין 17

יְמִינוֹ זְרֹעוֹ יָבוֹשׁ תִּיבָשׁ וְעֵין יְמִינוֹ כָּהֹה תִכְהֶה: מַשָּׂא 1 12

דְבַר־יְהוָה עַל־יִשְׂרָאֵל נְאֻם־יְהוָה נֹטֶה שָׁמַיִם וְיֹסֵד אָרֶץ וְיֹצֵר רוּחַ־

אָדָם בְּקִרְבּוֹ:

הִנֵּה אָנֹכִי שָׂם אֶת־יְרוּשָׁלַםִ סַף־רַעַל לְכָל־הָעַמִּים סָבִיב וְגַם עַל־ 2

יְהוּדָה יִהְיֶה בַמָּצוֹר עַל־יְרוּשָׁלָםִ: וְהָיָה בַיּוֹם־הַהוּא אָשִׂים אֶת־ 3

יְרוּשָׁלַםִ אֶבֶן מַעֲמָסָה לְכָל־הָעַמִּים כָּל־עֹמְסֶיהָ שָׂרוֹט יִשָּׂרֵטוּ

וְנֶאֶסְפוּ עָלֶיהָ כֹּל גּוֹיֵי הָאָרֶץ: בַּיּוֹם הַהוּא נְאֻם־יְהוָה אַכֶּה כָל־סוּס 4

בַּתִּמָּהוֹן וְרֹכְבוֹ בַּשִּׁגָּעוֹן וְעַל־בֵּית יְהוּדָה אֶפְקַח אֶת־עֵינַי וְכֹל סוּס

הָעַמִּים אַכֶּה בַּעִוָּרוֹן: וְאָמְרוּ אַלֻּפֵי יְהוּדָה בְּלִבָּם אַמְצָה לִי יֹשְׁבֵי 5

יְרוּשָׁלַםִ בַּיהוָה צְבָאוֹת אֱלֹהֵיהֶם: בַּיּוֹם הַהוּא אָשִׂים אֶת־אַלֻּפֵי 6

wood, and like a torch of fire in a sheaf; and they shall devour all the people round about, on the right hand and on the left: and Jerusalem shall be inhabited again in her own place, *even* in Jerusalem.

7 The LORD also shall save the tents of Judah first, that the glory of the house of David and the glory of the inhabitants of Jerusalem do not magnify *themselves* against Judah.

8 In that day shall the LORD defend the inhabitants of Jerusalem; and he that is feeble among them at that day shall be as David; and the house of David *shall be* as God, as the angel of the LORD before them.

9 ¶ And it shall come to pass in that day, *that* I will seek to destroy all the nations that come against Jerusalem.

10 And I will pour upon the house of David, and upon the inhabitants of Jerusalem, the spirit of grace and of supplications: and they shall look upon me whom they have pierced, and they shall mourn for him, as one mourneth for *his* only *son,* and shall be in bitterness for him, as one that is in bitterness for *his* firstborn.

11 In that day shall there be a great mourning in Jerusalem, as the mourning of Hadadrimmon in the valley of Megiddon.

12 And the land shall mourn, every family apart; the family of the house of David apart, and their wives apart; the family of the house of Nathan apart, and their wives apart;

13 The family of the house of Levi apart, and their wives apart; the family of Shimei apart, and their wives apart;

14 All the families that remain, every family apart, and their wives apart.

CHAPTER 13

1 In that day there shall be a fountain opened to the house of David and to the inhabitants of Jerusalem for sin and for uncleanness.

2 ¶ And it shall come to pass in that day, saith the LORD of hosts, *that* I will cut off the names of the idols out of the land, and

they shall no more be remembered: and also I will cause the prophets and the unclean spirit to pass out of the land.

3 And it shall come to pass, *that* when any shall yet prophesy, then his father and his mother that begat him shall say unto him, Thou shalt not live; for thou speakest lies in the name of the LORD: and his father and his mother that begat him shall thrust him through when he prophesieth.

4 And it shall come to pass in that day, *that* the prophets shall be ashamed every one of his vision, when he hath prophesied; neither shall they wear a rough garment to deceive:

5 But he shall say, I *am* no prophet, I *am* an husbandman; for man taught me to keep cattle from my youth.

6 And *one* shall say unto him, What *are* these wounds in thine hands? Then he shall answer, *Those* with which I was wounded *in* the house of my friends.

7 ¶ Awake, O sword, against my shepherd, and against the man *that is* my fellow, saith the LORD of hosts: smite the shepherd, and the sheep shall be scattered: and I will turn mine hand upon the little ones.

8 And it shall come to pass, *that* in all the land, saith the LORD, two parts therein shall be cut off *and* die; but the third shall be left therein.

9 And I will bring the third part through the fire, and will refine them as silver is refined, and will try them as gold is tried: they shall call on my name, and I will hear them: I will say, It *is* my people: and they shall say, The LORD *is* my God.

CHAPTER 14

1 Behold, the day of the LORD cometh, and thy spoil shall be divided in the midst of thee.

2 For I will gather all nations against Jerusalem to battle; and the city shall be taken, and the houses rifled, and the women ravished; and half of the city shall go forth into captivity, and the residue of the people shall not be cut off from the city.

3 Then shall the LORD go forth, and fight

יְהוּדָ֜ה כְּכִיּ֥וֹר אֵשׁ֙ בְּעֵצִ֔ים וּכְלַפִּ֥יד אֵ֖שׁ בְּעָמִ֑יר וְאָכְל֨וּ עַל־יָמִ֤ין וְעַל־
שְׂמֹאול֙ אֶת־כָּל־הָֽעַמִּ֣ים סָבִ֔יב וְיָשְׁבָ֧ה יְרוּשָׁלַ֛͏ִם ע֖וֹד תַּחְתֶּ֑יהָ
בִּירוּשָׁלָֽ͏ִם:

7 וְהוֹשִׁ֧יעַ יְהוָ֛ה אֶת־אָהֳלֵ֥י יְהוּדָ֖ה בָּרִֽאשֹׁנָ֑ה לְמַ֨עַן לֹא־תִגְדַּ֜ל תִּפְאֶ֤רֶת
8 בֵּית־דָּוִיד֙ וְתִפְאֶ֙רֶת֙ יֹשֵׁ֣ב יְרוּשָׁלַ֔͏ִם עַל־יְהוּדָֽה: בַּיּ֣וֹם הַה֗וּא יָגֵ֤ן יְהוָה֙
בְּעַ֣ד יוֹשֵׁ֣ב יְרוּשָׁלַ֔͏ִם וְהָיָ֨ה הַנִּכְשָׁ֤ל בָּהֶם֙ בַּיּ֣וֹם הַה֔וּא כְּדָוִ֑יד וּבֵ֤ית
9 דָּוִיד֙ כֵּֽאלֹהִ֔ים כְּמַלְאַ֥ךְ יְהוָ֖ה לִפְנֵיהֶֽם: וְהָיָ֖ה בַּיּ֣וֹם הַה֑וּא אֲבַקֵּ֕שׁ
10 לְהַשְׁמִ֕יד אֶת־כָּל־הַגּוֹיִ֖ם הַבָּאִ֣ים עַל־יְרוּשָׁלָֽ͏ִם: וְשָׁפַכְתִּי֩ עַל־בֵּ֨ית
דָּוִ֜יד וְעַ֣ל ׀ יוֹשֵׁ֣ב יְרוּשָׁלַ֗͏ִם ר֤וּחַ חֵן֙ וְתַ֣חֲנוּנִ֔ים וְהִבִּ֥יטוּ אֵלַ֖י אֵ֣ת אֲשֶׁר־
דָּקָ֑רוּ וְסָפְד֣וּ עָלָ֗יו כְּמִסְפֵּד֙ עַל־הַיָּחִ֔יד וְהָמֵ֥ר עָלָ֖יו כְּהָמֵ֥ר עַֽל־
11A 11 הַבְּכֽוֹר: בַּיּ֣וֹם הַה֗וּא יִגְדַּ֤ל הַמִּסְפֵּד֙ בִּיר֣וּשָׁלַ֔͏ִם כְּמִסְפַּ֥ד הֲדַדְרִמּ֖וֹן
12 בְּבִקְעַ֥ת מְגִדּֽוֹן: וְסָפְדָ֣ה הָאָ֔רֶץ מִשְׁפָּח֥וֹת מִשְׁפָּח֖וֹת לְבָ֑ד מִשְׁפַּ֨חַת
בֵּית־דָּוִ֤יד לְבָד֙ וּנְשֵׁיהֶ֣ם לְבָ֔ד מִשְׁפַּ֧חַת בֵּית־נָתָ֛ן לְבָ֖ד וּנְשֵׁיהֶ֥ם לְבָֽד:
13 מִשְׁפַּ֤חַת בֵּית־לֵוִי֙ לְבָ֔ד וּנְשֵׁיהֶ֖ם לְבָ֑ד מִשְׁפַּ֤חַת הַשִּׁמְעִי֙ לְבָ֔ד וּנְשֵׁיהֶ֖ם
14 לְבָֽד: כֹּ֗ל הַמִּשְׁפָּחוֹת֙ הַנִּשְׁאָר֔וֹת מִשְׁפָּחֹ֥ת מִשְׁפָּחֹ֖ת לְבָ֑ד וּנְשֵׁיהֶ֖ם
13 1 לְבָֽד: בַּיּ֣וֹם הַה֗וּא יִהְיֶה֙ מָק֣וֹר נִפְתָּ֔ח לְבֵ֥ית דָּוִ֖יד וּלְיֹשְׁבֵ֣י
2 יְרוּשָׁלָ֑͏ִם לְחַטַּ֖את וּלְנִדָּֽה: וְהָיָה֩ בַיּ֨וֹם הַה֜וּא נְאֻ֣ם ׀ יְהוָ֣ה צְבָא֗וֹת
אַכְרִ֞ית אֶת־שְׁמ֤וֹת הָֽעֲצַבִּים֙ מִן־הָאָ֔רֶץ וְלֹ֥א יִזָּכְר֖וּ ע֑וֹד וְגַ֤ם אֶת־
3 הַנְּבִיאִ֤ים וְאֶת־ר֣וּחַ הַטֻּמְאָ֔ה אַעֲבִ֖יר מִן־הָאָֽרֶץ: וְהָיָ֗ה כִּֽי־יִנָּבֵ֥א אִישׁ֙
ע֔וֹד וְאָמְר֣וּ אֵלָ֗יו אָבִ֤יו וְאִמּוֹ֙ יֹֽלְדָ֔יו לֹ֥א תִֽחְיֶ֖ה כִּ֣י שֶׁ֥קֶר דִּבַּ֖רְתָּ בְּשֵׁ֣ם
4 יְהוָ֑ה וּדְקָרֻ֜הוּ אָבִ֧יהוּ וְאִמּ֛וֹ יֹלְדָ֖יו בְּהִנָּֽבְאֽוֹ: וְהָיָ֣ה ׀ בַּיּ֣וֹם הַה֗וּא יֵבֹ֧שׁוּ
הַנְּבִיאִ֛ים אִ֥ישׁ מֵחֶזְיֹנ֖וֹ בְּהִנָּֽבְאֹת֑וֹ וְלֹ֧א יִלְבְּשׁ֛וּ אַדֶּ֥רֶת שֵׂעָ֖ר לְמַ֥עַן
5 כַּחֵֽשׁ: וְאָמַ֕ר לֹ֥א נָבִ֖יא אָנֹ֑כִי אִישׁ־עֹבֵ֤ד אֲדָמָה֙ אָנֹ֔כִי כִּ֥י אָדָ֖ם הִקְנַ֥נִי
6 מִנְּעוּרָֽי: וְאָמַ֣ר אֵלָ֔יו מָ֥ה הַמַּכּ֛וֹת הָאֵ֖לֶּה בֵּ֣ין יָדֶ֑יךָ וְאָמַ֕ר אֲשֶׁ֥ר
7 הֻכֵּ֖יתִי בֵּ֥ית מְאַהֲבָֽי: חֶ֗רֶב ע֤וּרִי עַל־רֹעִי֙ וְעַל־גֶּ֣בֶר עֲמִיתִ֔י
נְאֻ֖ם יְהוָ֣ה צְבָא֑וֹת הַ֤ךְ אֶת־הָֽרֹעֶה֙ וּתְפוּצֶ֣יןָ הַצֹּ֔אן וַהֲשִׁבֹתִ֥י יָדִ֖י עַל־
8 הַצֹּעֲרִֽים: וְהָיָ֤ה בְכָל־הָאָ֙רֶץ֙ נְאֻם־יְהוָ֔ה פִּֽי־שְׁנַ֣יִם בָּ֔הּ יִכָּרְת֖וּ יִגְוָ֑עוּ
9 וְהַשְּׁלִשִׁ֖ית יִוָּ֥תֶר בָּֽהּ: וְהֵבֵאתִ֤י אֶת־הַשְּׁלִשִׁית֙ בָּאֵ֔שׁ וּצְרַפְתִּים֙ כִּצְרֹ֣ף
אֶת־הַכֶּ֔סֶף וּבְחַנְתִּ֖ים כִּבְחֹ֣ן אֶת־הַזָּהָ֑ב ה֣וּא ׀ יִקְרָ֣א בִשְׁמִ֗י וַאֲנִי֙ אֶֽעֱנֶ֣ה
14 1 אֹת֔וֹ אָמַ֙רְתִּי֙ עַמִּ֣י ה֔וּא וְה֣וּא יֹאמַ֔ר יְהוָ֖ה אֱלֹהָֽי: הִנֵּ֥ה
2 יֽוֹם־בָּ֖א לַֽיהוָ֑ה וְחֻלַּ֥ק שְׁלָלֵ֖ךְ בְּקִרְבֵּֽךְ: וְאָסַפְתִּ֨י אֶת־כָּל־הַגּוֹיִ֥ם ׀ אֶל־
יְרוּשָׁלַ֘͏ִם֮ לַמִּלְחָמָה֒ וְנִלְכְּדָ֣ה הָעִ֗יר וְנָשַׁ֙סּוּ֙ הַבָּ֣תִּ֔ים וְהַנָּשִׁ֖ים תִּשָּׁכַ֑בְנָה תִּשָּׁכַ֑בְנָה
3 וְיָצָ֞א חֲצִ֤י הָעִיר֙ בַּגּוֹלָ֔ה וְיֶ֥תֶר הָעָ֖ם לֹ֣א יִכָּרֵ֣ת מִן־הָעִ֑יר וְיָצָ֣א יְהוָ֗ה

against those nations, as when he fought in the day of battle.

4 ¶ And his feet shall stand in that day upon the mount of Olives, which *is* before Jerusalem on the east, and the mount of Olives shall cleave in the midst thereof toward the east and toward the west, *and there shall be* a very great valley; and half of the mountain shall remove toward the north, and half of it toward the south.

5 And ye shall flee *to* the valley of the mountains; for the valley of the mountains shall reach unto Azal: yea, ye shall flee, like as ye fled from before the earthquake in the days of Uzziah king of Judah: and the LORD my God shall come, *and* all the saints with thee.

6 And it shall come to pass in that day, *that* the light shall not be clear, *nor* dark:

7 But it shall be one day which shall be known to the LORD, not day, nor night: but it shall come to pass, *that* at evening time it shall be light.

8 And it shall be in that day, *that* living waters shall go out from Jerusalem; half of them toward the former sea, and half of them toward the hinder sea: in summer and in winter shall it be.

9 And the LORD shall be king over all the earth: in that day shall there be one LORD, and his name one.

10 All the land shall be turned as a plain from Geba to Rimmon south of Jerusalem: and it shall be lifted up, and inhabited in her place, from Benjamin's gate unto the place of the first gate, unto the corner gate, and *from* the tower of Hananeel unto the king's winepresses.

11 And *men* shall dwell in it, and there shall be no more utter destruction; but Jerusalem shall be safely inhabited.

12 ¶ And this shall be the plague wherewith the LORD will smite all the people that have fought against Jerusalem; Their flesh shall consume away while they stand upon their feet, and their eyes shall consume away in their holes, and their tongue shall consume away in their mouth.

13 And it shall come to pass in that day, *that* a great tumult from the LORD shall be among them; and they shall lay hold every one on the hand of his neighbour, and his hand shall rise up against the hand of his neighbour.

14 And Judah also shall fight at Jerusalem; and the wealth of all the heathen round about shall be gathered together, gold, and silver, and apparel, in great abundance.

15 And so shall be the plague of the horse, of the mule, of the camel, and of the ass, and of all the beasts that shall be in these tents, as this plague.

16 ¶ And it shall come to pass, *that* every one that is left of all the nations which came against Jerusalem shall even go up from year to year to worship the King, the LORD of hosts, and to keep the feast of tabernacles.

17 And it shall be, *that* whoso will not come up of *all* the families of the earth unto Jerusalem to worship the King, the LORD of hosts, even upon them shall be no rain.

18 And if the family of Egypt go not up, and come not, that *have no rain;* there shall be the plague, wherewith the LORD will smite the heathen that come not up to keep the feast of tabernacles.

19 This shall be the punishment of Egypt, and the punishment of all nations that come not up to keep the feast of tabernacles.

20 ¶ In that day shall there be upon the bells of the horses, HOLINESS UNTO THE LORD; and the pots in the LORD's house shall be like the bowls before the altar.

21 Yea, every pot in Jerusalem and in Judah shall be holiness unto the LORD of hosts: and all they that sacrifice shall come and take of them, and seethe therein: and in that day there shall be no more the Canaanite in the house of the LORD of hosts.

וְנִלְחַם בַּגּוֹיִם הָהֵם כְּיוֹם הִלָּחֲמוֹ בְּיוֹם קְרָב: וְעָמְדוּ רַגְלָיו בַּיּוֹם־ 4
הַהוּא עַל־הַר הַזֵּיתִים אֲשֶׁר עַל־פְּנֵי יְרוּשָׁלִַם מִקֶּדֶם וְנִבְקַע הַר
הַזֵּיתִים מֵחֶצְיוֹ מִזְרָחָה וָיָמָּה גֵּיא גְּדוֹלָה מְאֹד וּמָשׁ חֲצִי הָהָר
צָפוֹנָה וְחֶצְיוֹ־נֶגְבָּה: וְנַסְתֶּם גֵּיא־הָרַי כִּי־יַגִּיעַ גֵּי־הָרִים אֶל־אָצַל 5
וְנַסְתֶּם כַּאֲשֶׁר נַסְתֶּם מִפְּנֵי הָרַעַשׁ בִּימֵי עֻזִּיָּה מֶלֶךְ־יְהוּדָה וּבָא
יְהוָה אֱלֹהַי כָּל־קְדֹשִׁים עִמָּךְ: וְהָיָה בַּיּוֹם הַהוּא לֹא־יִהְיֶה אוֹר 6
יְקָרוֹת יְקִפָּאוֹן: וְהָיָה יוֹם־אֶחָד הוּא יִוָּדַע לַיהוָה לֹא־יוֹם וְלֹא־לָיְלָה 7 וְקִפָּאוֹן
וְהָיָה לְעֵת־עֶרֶב יִהְיֶה־אוֹר: וְהָיָה । בַּיּוֹם הַהוּא יֵצְאוּ מַיִם־חַיִּים 8
מִירוּשָׁלִַם חֶצְיָם אֶל־הַיָּם הַקַּדְמוֹנִי וְחֶצְיָם אֶל־הַיָּם הָאַחֲרוֹן בַּקַּיִץ
וּבַחֹרֶף יִהְיֶה: וְהָיָה יְהוָה לְמֶלֶךְ עַל־כָּל־הָאָרֶץ בַּיּוֹם הַהוּא יִהְיֶה 9
יְהוָה אֶחָד וּשְׁמוֹ אֶחָד: יִסּוֹב כָּל־הָאָרֶץ כָּעֲרָבָה מִגֶּבַע לְרִמּוֹן נֶגֶב 10
יְרוּשָׁלִָם וְרָאֲמָה וְיָשְׁבָה תַחְתֶּיהָ לְמִשַּׁעַר בִּנְיָמִן עַד־מְקוֹם שַׁעַר
הָרִאשׁוֹן עַד־שַׁעַר הַפִּנִּים וּמִגְדַּל חֲנַנְאֵל עַד יִקְבֵי הַמֶּלֶךְ: וְיָשְׁבוּ 11
בָהּ וְחֵרֶם לֹא יִהְיֶה־עוֹד וְיָשְׁבָה יְרוּשָׁלִַם לָבֶטַח: וְזֹאת । תִּהְיֶה 12
הַמַּגֵּפָה אֲשֶׁר יִגֹּף יְהוָה אֶת־כָּל־הָעַמִּים אֲשֶׁר צָבְאוּ עַל־יְרוּשָׁלִָם
הָמֵק । בְּשָׂרוֹ וְהוּא עֹמֵד עַל־רַגְלָיו וְעֵינָיו תִּמַּקְנָה בְחֹרֵיהֶן וּלְשׁוֹנוֹ
תִמַּק בְּפִיהֶם: וְהָיָה בַּיּוֹם הַהוּא תִּהְיֶה מְהוּמַת־יְהוָה רַבָּה בָהֶם 13
וְהֶחֱזִיקוּ אִישׁ יַד רֵעֵהוּ וְעָלְתָה יָדוֹ עַל־יַד רֵעֵהוּ: וְגַם־יְהוּדָה תִּלָּחֵם 14
בִּירוּשָׁלִָם וְאֻסַּף חֵיל כָּל־הַגּוֹיִם סָבִיב זָהָב וָכֶסֶף וּבְגָדִים לָרֹב מְאֹד:
וְכֵן תִּהְיֶה מַגֵּפַת הַסּוּס הַפֶּרֶד הַגָּמָל וְהַחֲמוֹר וְכָל־הַבְּהֵמָה אֲשֶׁר 15
יִהְיֶה בַּמַּחֲנוֹת הָהֵמָּה כַּמַּגֵּפָה הַזֹּאת: וְהָיָה כָּל־הַנּוֹתָר מִכָּל־הַגּוֹיִם 16
הַבָּאִים עַל־יְרוּשָׁלִָם וְעָלוּ מִדֵּי שָׁנָה בְשָׁנָה לְהִשְׁתַּחֲוֹת לְמֶלֶךְ יְהוָה
צְבָאוֹת וְלָחֹג אֶת־חַג הַסֻּכּוֹת: וְהָיָה אֲשֶׁר לֹא־יַעֲלֶה מֵאֵת מִשְׁפְּחוֹת 17
הָאָרֶץ אֶל־יְרוּשָׁלִַם לְהִשְׁתַּחֲוֹת לְמֶלֶךְ יְהוָה צְבָאוֹת וְלֹא עֲלֵיהֶם
יִהְיֶה הַגָּשֶׁם: וְאִם־מִשְׁפַּחַת מִצְרַיִם לֹא־תַעֲלֶה וְלֹא בָאָה וְלֹא 18
עֲלֵיהֶם תִּהְיֶה הַמַּגֵּפָה אֲשֶׁר יִגֹּף יְהוָה אֶת־הַגּוֹיִם אֲשֶׁר לֹא יַעֲלוּ
לָחֹג אֶת־חַג הַסֻּכּוֹת: זֹאת תִּהְיֶה חַטַּאת מִצְרָיִם וְחַטַּאת כָּל־הַגּוֹיִם 19
אֲשֶׁר לֹא יַעֲלוּ לָחֹג אֶת־חַג הַסֻּכּוֹת: בַּיּוֹם הַהוּא יִהְיֶה עַל־מְצִלּוֹת 20
הַסּוּס קֹדֶשׁ לַיהוָה וְהָיָה הַסִּירוֹת בְּבֵית יְהוָה כַּמִּזְרָקִים לִפְנֵי
הַמִּזְבֵּחַ: וְהָיָה כָּל־סִיר בִּירוּשָׁלִַם וּבִיהוּדָה קֹדֶשׁ לַיהוָה צְבָאוֹת 21
וּבָאוּ כָּל־הַזֹּבְחִים וְלָקְחוּ מֵהֶם וּבִשְּׁלוּ בָהֶם וְלֹא־יִהְיֶה כְנַעֲנִי עוֹד
בְּבֵית־יְהוָה צְבָאוֹת בַּיּוֹם הַהוּא:

MALACHI

CHAPTER 1

1 The burden of the word of the LORD to Israel by Malachi.

2 I have loved you, saith the LORD. Yet ye say, Wherein hast thou loved us? *Was* not Esau Jacob's brother? saith the LORD: yet I loved Jacob,

3 And I hated Esau, and laid his mountains and his heritage waste for the dragons of the wilderness.

4 Whereas Edom saith, We are impoverished, but we will return and build the desolate places; thus saith the LORD of hosts, They shall build, but I will throw down; and they shall call them, The border of wickedness, and, The people against whom the LORD hath indignation for ever.

5 And your eyes shall see, and ye shall say, The LORD will be magnified from the border of Israel.

6 ¶ A son honoureth *his* father, and a servant his master: if then I *be* a father, where *is* mine honour? and if I *be* a master, where *is* my fear? saith the LORD of hosts unto you, O priests, that despise my name. And ye say, Wherein have we despised thy name?

7 Ye offer polluted bread upon mine altar; and ye say, Wherein have we polluted thee? In that ye say, The table of the LORD *is* contemptible.

8 And if ye offer the blind for sacrifice, *is it* not evil? and if ye offer the lame and sick, *is it* not evil? offer it now unto thy governor; will he be pleased with thee, or accept thy person? saith the LORD of hosts.

9 And now, I pray you, beseech God that he will be gracious unto us: this hath been by your means: will he regard your persons? saith the LORD of hosts.

10 Who *is there* even among you that would shut the doors *for nought*? neither do ye kindle *fire* on mine altar for nought. I have no pleasure in you, saith the LORD of hosts, neither will I accept an offering at your hand.

11 For from the rising of the sun even unto the going down of the same my name *shall be* great among the Gentiles; and in every place incense *shall be* offered unto my name, and a pure offering: for my name *shall be* great among the heathen, saith the LORD of hosts.

12 ¶ But ye have profaned it, in that ye say, The table of the LORD *is* polluted; and the fruit thereof, *even* his meat, *is* contemptible.

13 Ye said also, Behold, what a weariness *is it*! and ye have snuffed at it, saith the LORD of hosts; and ye brought *that which was* torn, and the lame, and the sick; thus ye brought an offering: should I accept this of your hand? saith the LORD.

14 But cursed *be* the deceiver, which hath in his flock a male, and voweth, and sacrificeth unto the Lord a corrupt thing: for I *am* a great King, saith the LORD of hosts, and my name *is* dreadful among the heathen.

CHAPTER 2

1 And now, O ye priests, this commandment *is* for you.

2 If ye will not hear, and if ye will not lay *it* to heart, to give glory unto my name, saith the LORD of hosts, I will even send a curse upon you, and I will curse your blessings: yea, I have cursed them already, because ye do not lay *it* to heart.

3 Behold, I will corrupt your seed, and spread dung upon your faces, *even* the dung of your solemn feasts; and *one* shall take you away with it.

4 And ye shall know that I have sent this commandment unto you, that my covenant might be with Levi, saith the LORD of hosts.

5 My covenant was with him of life and peace; and I gave them to him *for* the fear wherewith he feared me, and was afraid before my name.

6 The law of truth was in his mouth, and iniquity was not found in his lips: he

מלאכי

1 מַשָּׂא דְבַר־יְהוָה אֶל־יִשְׂרָאֵל בְּיַד מַלְאָכִי: אָהַבְתִּי אֶתְכֶם אָמַר
2 יְהוָה וַאֲמַרְתֶּם בַּמָּה אֲהַבְתָּנוּ הֲלוֹא־אָח עֵשָׂו לְיַעֲקֹב נְאֻם־יְהוָה
3 וָאֹהַב אֶת־יַעֲקֹב: וְאֶת־עֵשָׂו שָׂנֵאתִי וָאָשִׂים אֶת־הָרָיו שְׁמָמָה וְאֶת־
4 נַחֲלָתוֹ לְתַנּוֹת מִדְבָּר: כִּי־תֹאמַר אֱדוֹם רֻשַּׁשְׁנוּ וְנָשׁוּב וְנִבְנֶה חֳרָבוֹת
כֹּה אָמַר יְהוָה צְבָאוֹת הֵמָּה יִבְנוּ וַאֲנִי אֶהֱרוֹס וְקָרְאוּ לָהֶם גְּבוּל
5 רִשְׁעָה וְהָעָם אֲשֶׁר־זָעַם יְהוָה עַד־עוֹלָם: וְעֵינֵיכֶם תִּרְאֶינָה וְאַתֶּם
6 תֹּאמְרוּ יִגְדַּל יְהוָה מֵעַל לִגְבוּל יִשְׂרָאֵל: בֵּן יְכַבֵּד אָב וְעֶבֶד אֲדֹנָיו
וְאִם־אָב אָנִי אַיֵּה כְבוֹדִי וְאִם־אֲדוֹנִים אָנִי אַיֵּה מוֹרָאִי אָמַר יְהוָה
צְבָאוֹת לָכֶם הַכֹּהֲנִים בּוֹזֵי שְׁמִי וַאֲמַרְתֶּם בַּמֶּה בָזִינוּ אֶת־שְׁמֶךָ:
7 מַגִּישִׁים עַל־מִזְבְּחִי לֶחֶם מְגֹאָל וַאֲמַרְתֶּם בַּמֶּה גֵאַלְנוּךָ בֶּאֱמָרְכֶם
8 שֻׁלְחַן יְהוָה נִבְזֶה הוּא: וְכִי־תַגִּשׁוּן עִוֵּר לִזְבֹּחַ אֵין רָע וְכִי תַגִּישׁוּ   8A
פִּסֵּחַ וְחֹלֶה אֵין רָע הַקְרִיבֵהוּ נָא לְפֶחָתֶךָ הֲיִרְצְךָ אוֹ הֲיִשָּׂא פָנֶיךָ
9 אָמַר יְהוָה צְבָאוֹת: וְעַתָּה חַלּוּ־נָא פְנֵי־אֵל וִיחָנֵּנוּ מִיֶּדְכֶם הָיְתָה   9A
10 זֹּאת הֲיִשָּׂא מִכֶּם פָּנִים אָמַר יְהוָה צְבָאוֹת: מִי גַם־בָּכֶם וְיִסְגֹּר
דְּלָתַיִם וְלֹא־תָאִירוּ מִזְבְּחִי חִנָּם אֵין־לִי חֵפֶץ בָּכֶם אָמַר יְהוָה
11 צְבָאוֹת וּמִנְחָה לֹא־אֶרְצֶה מִיֶּדְכֶם: כִּי מִמִּזְרַח־שֶׁמֶשׁ וְעַד־מְבוֹאוֹ
גָּדוֹל שְׁמִי בַּגּוֹיִם וּבְכָל־מָקוֹם מֻקְטָר מֻגָּשׁ לִשְׁמִי וּמִנְחָה טְהוֹרָה
12 כִּי־גָדוֹל שְׁמִי בַּגּוֹיִם אָמַר יְהוָה צְבָאוֹת: וְאַתֶּם מְחַלְּלִים אוֹתוֹ
13 בֶּאֱמָרְכֶם שֻׁלְחַן אֲדֹנָי מְגֹאָל הוּא וְנִיבוֹ נִבְזֶה אָכְלוֹ: וַאֲמַרְתֶּם הִנֵּה
מַתְּלָאָה וְהִפַּחְתֶּם אוֹתוֹ אָמַר יְהוָה צְבָאוֹת וַהֲבֵאתֶם גָּזוּל וְאֶת־
הַפִּסֵּחַ וְאֶת־הַחוֹלֶה וַהֲבֵאתֶם אֶת־הַמִּנְחָה הַאֶרְצֶה אוֹתָהּ מִיֶּדְכֶם
14 אָמַר יְהוָה: וְאָרוּר נוֹכֵל וְיֵשׁ בְּעֶדְרוֹ זָכָר וְנֹדֵר וְזֹבֵחַ
מָשְׁחָת לַאדֹנָי כִּי מֶלֶךְ גָּדוֹל אָנִי אָמַר יְהוָה צְבָאוֹת וּשְׁמִי נוֹרָא

2
1 בַּגּוֹיִם: וְעַתָּה אֲלֵיכֶם הַמִּצְוָה הַזֹּאת הַכֹּהֲנִים: אִם־לֹא תִשְׁמְעוּ
2 וְאִם־לֹא תָשִׂימוּ עַל־לֵב לָתֵת כָּבוֹד לִשְׁמִי אָמַר יְהוָה צְבָאוֹת
וְשִׁלַּחְתִּי בָכֶם אֶת־הַמְּאֵרָה וְאָרוֹתִי אֶת־בִּרְכוֹתֵיכֶם וְגַם אָרוֹתִיהָ
3 כִּי אֵינְכֶם שָׂמִים עַל־לֵב: הִנְנִי גֹעֵר לָכֶם אֶת־הַזֶּרַע וְזֵרִיתִי פֶרֶשׁ
4 עַל־פְּנֵיכֶם פֶּרֶשׁ חַגֵּיכֶם וְנָשָׂא אֶתְכֶם אֵלָיו: וִידַעְתֶּם כִּי שִׁלַּחְתִּי
אֲלֵיכֶם אֵת הַמִּצְוָה הַזֹּאת לִהְיוֹת בְּרִיתִי אֶת־לֵוִי אָמַר יְהוָה
5 צְבָאוֹת: בְּרִיתִי הָיְתָה אִתּוֹ הַחַיִּים וְהַשָּׁלוֹם וָאֶתְּנֵם־לוֹ מוֹרָא
6 וַיִּירָאֵנִי וּמִפְּנֵי שְׁמִי נִחַת הוּא: תּוֹרַת אֱמֶת הָיְתָה בְּפִיהוּ וְעַוְלָה
לֹא־נִמְצָא בִשְׂפָתָיו בְּשָׁלוֹם וּבְמִישׁוֹר הָלַךְ אִתִּי וְרַבִּים הֵשִׁיב מֵעָוֹן:

walked with me in peace and equity, and did turn many away from iniquity.

7 For the priest's lips should keep knowledge, and they should seek the law at his mouth: for he *is* the messenger of the LORD of hosts.

8 But ye are departed out of the way; ye have caused many to stumble at the law; ye have corrupted the covenant of Levi, saith the LORD of hosts.

9 Therefore have I also made you contemptible and base before all the people, according as ye have not kept my ways, but have been partial in the law.

10 Have we not all one father? hath not one God created us? why do we deal treacherously every man against his brother, by profaning the covenant of our fathers?

11 ¶ Judah hath dealt treacherously, and an abomination is committed in Israel and in Jerusalem; for Judah hath profaned the holiness of the LORD which he loved, and hath married the daughter of a strange god.

12 The LORD will cut off the man that doeth this, the master and the scholar, out of the tabernacles of Jacob, and him that offereth an offering unto the LORD of hosts.

13 And this have ye done again, covering the altar of the LORD with tears, with weeping, and with crying out, insomuch that he regardeth not the offering any more, or receiveth *it* with good will at your hand.

14 ¶ Yet ye say, Wherefore? Because the LORD hath been witness between thee and the wife of thy youth, against whom thou hast dealt treacherously: yet *is* she thy companion, and the wife of thy covenant.

15 And did not he make one? Yet had he the residue of the spirit. And wherefore one? That he might seek a godly seed. Therefore take heed to your spirit, and let none deal treacherously against the wife of his youth.

16 For the LORD, the God of Israel, saith that he hateth putting away: for *one* covereth violence with his garment, saith the LORD of hosts: therefore take heed to your spirit, that ye deal not treacherously.

17 ¶ Ye have wearied the LORD with your words. Yet ye say, Wherein have we wearied *him?* When ye say, Every one that doeth evil *is* good in the sight of the LORD, and he delighteth in them; or, Where *is* the God of judgment?

CHAPTER 3

1 Behold, I will send my messenger, and he shall prepare the way before me: and the Lord, whom ye seek, shall suddenly come to his temple, even the messenger of the covenant, whom ye delight in: behold, he shall come, saith the LORD of hosts.

2 But who may abide the day of his coming? and who shall stand when he appeareth? for he *is* like a refiner's fire, and like fullers' soap:

3 And he shall sit *as* a refiner and purifier of silver: and he shall purify the sons of Levi, and purge them as gold and silver, that they may offer unto the LORD an offering in righteousness.

4 Then shall the offering of Judah and Jerusalem be pleasant unto the LORD, as in the days of old, and as in former years.

5 And I will come near to you to judgment; and I will be a swift witness against the sorcerers, and against the adulterers, and against false swearers, and against those that oppress the hireling in *his* wages, the widow, and the fatherless, and that turn aside the stranger *from his right,* and fear not me, saith the LORD of hosts.

6 For I *am* the LORD, I change not; therefore ye sons of Jacob are not consumed.

7 ¶ Even from the days of your fathers ye are gone away from mine ordinances, and have not kept *them.* Return unto me, and I will return unto you, saith the LORD of hosts. But ye said, Wherein shall we return?

8 ¶ Will a man rob God? Yet ye have robbed me. But ye say, Wherein have we robbed thee? In tithes and offerings.

9 Ye *are* cursed with a curse: for ye have robbed me, *even* this whole nation.

10 Bring ye all the tithes into the storehouse, that there may be meat in mine house, and prove me now herewith, saith

7 כִּי־שִׂפְתֵ֤י כֹהֵן֙ יִשְׁמְרוּ־דַ֔עַת וְתוֹרָ֖ה יְבַקְשׁ֣וּ מִפִּ֑יהוּ כִּ֛י מַלְאַ֥ךְ יְהֹוָֽה־

8 צְבָא֖וֹת הֽוּא׃ וְאַתֶּם֙ סַרְתֶּ֣ם מִן־הַדֶּ֔רֶךְ הִכְשַׁלְתֶּ֥ם רַבִּ֖ים בַּתּוֹרָ֑ה

9 שִֽׁחַתֶּם֙ בְּרִ֣ית הַלֵּוִ֔י אָמַ֖ר יְהֹוָ֣ה צְבָא֑וֹת׃ וְגַם־אֲנִ֞י נָתַ֧תִּי אֶתְכֶ֛ם נִבְזִ֥ים

וּשְׁפָלִ֖ים לְכׇל־הָעָ֑ם כְּפִ֗י אֲשֶׁ֤ר אֵֽינְכֶם֙ שֹׁמְרִ֣ים אֶת־דְּרָכַ֔י וְנֹשְׂאִ֥ים

פָּנִ֖ים בַּתּוֹרָֽה׃

10A
10 הֲל֨וֹא אָ֤ב אֶחָד֙ לְכֻלָּ֔נוּ הֲל֛וֹא אֵ֥ל אֶחָ֖ד בְּרָאָ֑נוּ מַדּ֗וּעַ נִבְגַּד֙ אִ֣ישׁ

11 בְּאָחִ֔יו לְחַלֵּ֖ל בְּרִ֥ית אֲבֹתֵֽינוּ׃ בָּגְדָ֣ה יְהוּדָ֗ה וְתוֹעֵבָ֛ה נֶעֶשְׂתָ֥ה

בְיִשְׂרָאֵ֖ל וּבִירֽוּשָׁלָ֑͏ִם כִּ֣י ׀ חִלֵּ֣ל יְהוּדָ֗ה קֹ֤דֶשׁ יְהֹוָה֙ אֲשֶׁ֣ר אָהֵ֔ב וּבָעַ֖ל

12 בַּת־אֵ֥ל נֵכָֽר׃ יַכְרֵ֨ת יְהֹוָ֜ה לָאִ֨ישׁ אֲשֶׁ֣ר יַעֲשֶׂ֘נָּה֮ עֵ֣ר וְעֹנֶה֒ מֵאׇהֳלֵ֖י

יַעֲקֹ֑ב וּמַגִּ֣ישׁ מִנְחָ֔ה לַיהֹוָ֖ה צְבָאֽוֹת׃

13 וְזֹאת֙ שֵׁנִ֣ית תַּעֲשׂ֔וּ כַּסּ֤וֹת דִּמְעָה֙ אֶת־מִזְבַּ֣ח יְהֹוָ֔ה בְּכִ֖י וַאֲנָקָ֑ה מֵאֵ֣ין

14 ע֗וֹד פְּנוֹת֙ אֶל־הַמִּנְחָ֔ה וְלָקַ֥חַת רָצ֖וֹן מִיֶּדְכֶֽם׃ וַאֲמַרְתֶּ֖ם עַל־מָ֑ה עַ֡ל

כִּֽי־יְהֹוָה֩ הֵעִ֨יד בֵּֽינְךָ֜ וּבֵ֣ין ׀ אֵ֣שֶׁת נְעוּרֶ֗יךָ אֲשֶׁ֤ר אַתָּה֙ בָּגַ֣דְתָּה בָּ֔הּ

15 וְהִ֥יא חֲבֶרְתְּךָ֖ וְאֵ֣שֶׁת בְּרִיתֶֽךָ׃ וְלֹא־אֶחָ֣ד עָשָׂ֗ה וּשְׁאָ֥ר ר֙וּחַ֙ ל֔וֹ וּמָה֙

הָֽאֶחָ֔ד מְבַקֵּ֖שׁ זֶ֣רַע אֱלֹהִ֑ים וְנִשְׁמַרְתֶּם֙ בְּר֣וּחֲכֶ֔ם וּבְאֵ֥שֶׁת נְעוּרֶ֖יךָ

16 אַל־יִבְגֹּֽד׃ כִּֽי־שָׂנֵ֣א שַׁלַּ֗ח אָמַ֞ר יְהֹוָ֤ה אֱלֹהֵי֙ יִשְׂרָאֵ֔ל וְכִסָּ֤ה חָמָס֙

עַל־לְבוּשׁ֔וֹ אָמַ֖ר יְהֹוָ֣ה צְבָא֑וֹת וְנִשְׁמַרְתֶּ֥ם בְּרוּחֲכֶ֖ם וְלֹ֥א

17A
17 תִבְגֹּֽדוּ׃ הוֹגַעְתֶּ֤ם יְהֹוָה֙ בְּדִבְרֵיכֶ֔ם וַאֲמַרְתֶּ֖ם בַּמָּ֣ה הוֹגָ֑עְנוּ

בֶּאֱמׇרְכֶ֗ם כׇּל־עֹ֤שֵׂה רָע֙ ט֣וֹב ׀ בְּעֵינֵ֣י יְהֹוָ֔ה וּבָהֶ֖ם ה֣וּא חָפֵ֑ץ א֥וֹ אַיֵּ֖ה

1 3 אֱלֹהֵ֥י הַמִּשְׁפָּֽט׃ הִנְנִ֤י שֹׁלֵ֙חַ֙ מַלְאָכִ֔י וּפִנָּה־דֶ֖רֶךְ לְפָנָ֑י וּפִתְאֹם֩ יָב֨וֹא

אֶל־הֵיכָל֜וֹ הָאָד֣וֹן ׀ אֲשֶׁר־אַתֶּ֣ם מְבַקְשִׁ֗ים וּמַלְאַ֤ךְ הַבְּרִית֙ אֲשֶׁר־אַתֶּ֣ם

2 חֲפֵצִ֔ים הִנֵּה־בָ֖א אָמַ֣ר יְהֹוָ֣ה צְבָא֑וֹת וּמִ֤י מְכַלְכֵּל֙ אֶת־י֣וֹם בּוֹא֔וֹ

3 וּמִ֥י הָעֹמֵ֖ד בְּהֵרָֽאוֹת֑וֹ כִּֽי־הוּא֙ כְּאֵ֣שׁ מְצָרֵ֔ף וּכְבֹרִ֖ית מְכַבְּסִֽים׃ וְיָשַׁ֨ב

מְצָרֵ֤ף וּמְטַהֵר֙ כֶּ֔סֶף וְטִהַ֤ר אֶת־בְּנֵֽי־לֵוִי֙ וְזִקַּ֣ק אֹתָ֔ם כַּזָּהָ֖ב וְכַכָּ֑סֶף

4 וְהָיוּ֙ לַֽיהֹוָ֔ה מַגִּישֵׁ֥י מִנְחָ֖ה בִּצְדָקָֽה׃ וְעָֽרְבָה֙ לַֽיהֹוָ֔ה מִנְחַ֖ת יְהוּדָ֥ה

5 וִירוּשָׁלָ֑͏ִם כִּימֵ֣י עוֹלָ֔ם וּכְשָׁנִ֖ים קַדְמֹנִיּֽוֹת׃ וְקָרַבְתִּ֣י אֲלֵיכֶם֮ לַמִּשְׁפָּט֒

וְהָיִ֣יתִי ׀ עֵ֣ד מְמַהֵ֗ר בַּֽמְכַשְּׁפִים֙ וּבַֽמְנָאֲפִ֔ים וּבַנִּשְׁבָּעִ֖ים לַשָּׁ֑קֶר וּבְעֹשְׁקֵ֣י

שְׂכַר־שָׂכִ֞יר אַלְמָנָ֣ה וְיָת֗וֹם וּמַטֵּי־גֵר֙ וְלֹ֣א יְרֵא֔וּנִי אָמַ֖ר יְהֹוָ֥ה צְבָאֽוֹת׃

6
7 כִּ֛י אֲנִ֥י יְהֹוָ֖ה לֹ֣א שָׁנִ֑יתִי וְאַתֶּ֥ם בְּנֵֽי־יַעֲקֹ֖ב לֹ֥א כְלִיתֶֽם׃ לְמִימֵ֨י

אֲבֹתֵיכֶ֜ם סַרְתֶּ֤ם מֵֽחֻקַּי֙ וְלֹ֣א שְׁמַרְתֶּ֔ם שׁ֤וּבוּ אֵלַי֙ וְאָשׁ֣וּבָה אֲלֵיכֶ֔ם

8 אָמַ֖ר יְהֹוָ֣ה צְבָא֑וֹת וַאֲמַרְתֶּ֖ם בַּמֶּ֥ה נָשֽׁוּב׃ הֲיִקְבַּ֨ע אָדָ֜ם אֱלֹהִ֗ים כִּ֤י

אַתֶּם֙ קֹבְעִ֣ים אֹתִ֔י וַאֲמַרְתֶּ֖ם בַּמֶּ֣ה קְבַעֲנ֑וּךָ הַֽמַּעֲשֵׂ֖ר וְהַתְּרוּמָֽה׃

9
10 בַּמְּאֵרָה֙ אַתֶּ֣ם נֵֽאָרִ֔ים וְאֹתִ֖י אַתֶּ֣ם קֹבְעִ֑ים הַגּ֖וֹי כֻּלּֽוֹ׃ הָבִ֨יאוּ אֶת־

כׇּל־הַֽמַּעֲשֵׂ֜ר אֶל־בֵּ֣ית הָאוֹצָ֗ר וִיהִ֥י טֶ֙רֶף֙ בְּבֵיתִ֔י וּבְחָנ֤וּנִי נָא֙ בָּזֹ֔את

אָמַ֖ר יְהֹוָ֣ה צְבָא֑וֹת אִם־לֹ֧א אֶפְתַּ֣ח לָכֶ֗ם אֵ֚ת אֲרֻבּ֣וֹת הַשָּׁמַ֔יִם

the LORD of hosts, if I will not open you the windows of heaven, and pour you out a blessing, that *there shall* not *be room* enough *to receive it.*

11 And I will rebuke the devourer for your sakes, and he shall not destroy the fruits of your ground; neither shall your vine cast her fruit before the time in the field, saith the LORD of hosts.

12 And all nations shall call you blessed: for ye shall be a delightsome land, saith the LORD of hosts.

13 ¶ Your words have been stout against me, saith the LORD. Yet ye say, What have we spoken *so much* against thee?

14 Ye have said, It *is* vain to serve God: and what profit *is it* that we have kept his ordinance, and that we have walked mournfully before the LORD of hosts?

15 And now we call the proud happy; yea, they that work wickedness are set up; yea, *they that* tempt God are even delivered.

16 ¶ Then they that feared the LORD spake often one to another: and the LORD hearkened, and heard *it*, and a book of remembrance was written before him for them that feared the LORD, and that thought upon his name.

17 And they shall be mine, saith the LORD of hosts, in that day when I make up my jewels; and I will spare them, as a man spareth his own son that serveth him.

18 Then shall ye return, and discern between the righteous and the wicked, between him that serveth God and him that serveth him not.

CHAPTER 4

1[3:19] For, behold, the day cometh, that shall burn as an oven; and all the proud, yea, and all that do wickedly, shall be stubble: and the day that cometh shall burn them up, saith the LORD of hosts, that it shall leave them neither root nor branch.

2[3:20] ¶ But unto you that fear my name shall the Sun of righteousness arise with healing in his wings; and ye shall go forth, and grow up as calves of the stall.

3[3:21] And ye shall tread down the wicked; for they shall be ashes under the soles of your feet in the day that I shall do *this*, saith the LORD of hosts.

4[3:22] ¶ Remember ye the law of Moses my servant, which I commanded unto him in Horeb for all Israel, *with* the statutes and judgments.

5[3:23] ¶ Behold, I will send you Elijah the prophet before the coming of the great and dreadful day of the LORD:

6[3:24] And he shall turn the heart of the fathers to the children, and the heart of the children to their fathers, lest I come and smite the earth with a curse.

11 וַהֲרִיקֹתִי לָכֶם בְּרָכָה עַד־בְּלִי־דָי: וְגָעַרְתִּי לָכֶם בָּאֹכֵל וְלֹא־יַשְׁחִת
לָכֶם אֶת־פְּרִי הָאֲדָמָה וְלֹא־תְשַׁכֵּל לָכֶם הַגֶּפֶן בַּשָּׂדֶה אָמַר יְהוָה

12 צְבָאוֹת: וְאִשְּׁרוּ אֶתְכֶם כָּל־הַגּוֹיִם כִּי־תִהְיוּ אַתֶּם אֶרֶץ חֵפֶץ אָמַר

13 יְהוָה צְבָאוֹת: חָזְקוּ עָלַי דִּבְרֵיכֶם אָמַר יְהוָה וַאֲמַרְתֶּם

14 מַה־נִּדְבַּרְנוּ עָלֶיךָ: אֲמַרְתֶּם שָׁוְא עֲבֹד אֱלֹהִים וּמַה־בֶּצַע כִּי שָׁמַרְנוּ

15 מִשְׁמַרְתּוֹ וְכִי הָלַכְנוּ קְדֹרַנִּית מִפְּנֵי יְהוָה צְבָאוֹת: וְעַתָּה אֲנַחְנוּ

16 מְאַשְּׁרִים זֵדִים גַּם־נִבְנוּ עֹשֵׂי רִשְׁעָה גַּם בָּחֲנוּ אֱלֹהִים וַיִּמָּלֵטוּ: אָז
נִדְבְּרוּ יִרְאֵי יְהוָה אִישׁ אֶת־רֵעֵהוּ וַיַּקְשֵׁב יְהוָה וַיִּשְׁמָע וַיִּכָּתֵב סֵפֶר

17 זִכָּרוֹן לְפָנָיו לְיִרְאֵי יְהוָה וּלְחֹשְׁבֵי שְׁמוֹ: וְהָיוּ לִי אָמַר יְהוָה צְבָאוֹת
לַיּוֹם אֲשֶׁר אֲנִי עֹשֶׂה סְגֻלָּה וְחָמַלְתִּי עֲלֵיהֶם כַּאֲשֶׁר יַחְמֹל אִישׁ

18 עַל־בְּנוֹ הָעֹבֵד אֹתוֹ: וְשַׁבְתֶּם וּרְאִיתֶם בֵּין צַדִּיק לְרָשָׁע בֵּין עֹבֵד

19 אֱלֹהִים לַאֲשֶׁר לֹא עֲבָדוֹ: כִּי־הִנֵּה הַיּוֹם בָּא בֹּעֵר כַּתַּנּוּר
וְהָיוּ כָל־זֵדִים וְכָל־עֹשֵׂה רִשְׁעָה קַשׁ וְלִהַט אֹתָם הַיּוֹם הַבָּא אָמַר

20 יְהוָה צְבָאוֹת אֲשֶׁר לֹא־יַעֲזֹב לָהֶם שֹׁרֶשׁ וְעָנָף: וְזָרְחָה לָכֶם יִרְאֵי
שְׁמִי שֶׁמֶשׁ צְדָקָה וּמַרְפֵּא בִּכְנָפֶיהָ וִיצָאתֶם וּפִשְׁתֶּם כְּעֶגְלֵי מַרְבֵּק:

21 וְעַסּוֹתֶם רְשָׁעִים כִּי־יִהְיוּ אֵפֶר תַּחַת כַּפּוֹת רַגְלֵיכֶם בַּיּוֹם אֲשֶׁר אֲנִי
עֹשֶׂה אָמַר יְהוָה צְבָאוֹת:

22 זִכְרוּ תּוֹרַת מֹשֶׁה עַבְדִּי אֲשֶׁר צִוִּיתִי אוֹתוֹ בְחֹרֵב עַל־כָּל־

23 יִשְׂרָאֵל חֻקִּים וּמִשְׁפָּטִים: הִנֵּה אָנֹכִי שֹׁלֵחַ לָכֶם אֵת אֵלִיָּה הַנָּבִיא

24 לִפְנֵי בּוֹא יוֹם יְהוָה הַגָּדוֹל וְהַנּוֹרָא: וְהֵשִׁיב לֵב־אָבוֹת עַל־
בָּנִים וְלֵב בָּנִים עַל־אֲבוֹתָם פֶּן־אָבוֹא וְהִכֵּיתִי אֶת־הָאָרֶץ חֵרֶם:

הנה אנכי שלח לכם
את אליה הנביא
לפני בוא יום יהוה
הגדול והנורא

Appendix: Manuscript Variants

GENESIS		EXODUS			
2:18	אֶעֱשֶׂהֿ	1:3	וּבִנְיָמִן	29:22	הַחֵלֶב (?)(3)
4:18	וּמְחִיָּאֵל	1:15	מֶלֶךְ	29:23	וְחַלַּת
6:16	תְּכַלֶּנָּה	2:10	וַיִּגְדַּל	30:8	הָעַרְבַּיִם
7:23	וַיִּשָּׁאֶר	4:10	דַּבֶּרְךָ	31:15	הַשַּׁבָּת
14:10	הַשִּׂדִים	4:31	וַיִּשְׁתַּחֲווּ	32:17	בַּמַּחֲנֶה
14:17	אַחֲרֵי	6:27	מֶלֶךְֿ	32:19	וַיְשַׁבֵּר
14:17	כְּדָרְלָעֹמֶר	7:4	וְנָתַתִּי (?)	33:10	וְהִשְׁתַּחֲווּ
15:2	וַיֹּאמֶר	7:10	וַיַּעֲשׂוּ	33:16	וְנִפְלֵינוּ (?)
15:10	הַצִּפֹּר	8:3	הַחַרְטֻמִּים	34:19	וָשֶׂה
18:18	וְנִבְרְכוּ	9:11	בַּחַרְטֻמָּם	35:3	הַשַּׁבָּת
18:25	כַּצַּדִּיק	9:22	מֹשֶׁה	35:7	שִׁטִּים
22:3	וַיַּחֲבֹשׁ	10:24	יֵלֵךְ	35:26	טָווּ
22:12	מְאוּמָה	10:28	אַלֿ	35:32	מַחֲשָׁבֹת (?)
24:53	וַיִּתֵּן	11:8	וְהִשְׁתַּחֲווּֿ	38:20	וְכָל
25:6	בְּנֵֿו	11:10	וַיְחַזֵּק	38:21	הַלְוִיִּם
26:1	אֲבִימֶלֶךְ (?)	12:27	וַיִּשְׁתַּחֲווּ	39:20	מִלְמַטָּהֿ
27:29	וְיִשְׁתַּחֲווּ (2)	14:9	וַיַּשִּׂיגוּ	39:20	מֵחֻבְּרֹתֹו
30:19	לְיַעֲקֹב	14:13	הִתְיַצְּבוּ		
30:37	וְעַרְמוֹן	16:9	וַיֹּאמֶר	**LEVITICUS**	
32:18	יִפְגָּשְׁךָ (?)	16:29	הַשַּׁבָּת		
32:18	וּשְׁאֵלְךָ (?)	18:25	וַיִּתֵּן	4:35	חֶלְבָּה
32:24	לֹו	20:2	לֹא	5:7	תַגַּע
34:11	אָבִיהָ		(instead of: לֹאֿ)	5:12	אַזְכָּרָתָהֿ
34:28	חֲמֹרֵיהֶם	20:3	לֹא	6:6	תִכְבֶּה
35:22	רְאוּבֵן		(instead of: לֹאֿ)	7:12	בַּשֶּׁמֶן (3)
36:13	אֵלֶּה	20:3	תְּמוּנָה	8:11	עַל (?)
38:11	בְּנִי		(instead of: תְּמוּנָֿה)	8:16	וְאֵת חֶלְבְּהֶן
38:26	לְדַעְתָּה	20:3	מִמַּעַל	8:23	אַהֲרֹן
39:19	עָשָׂה		(instead of: מִמַּֿעַל)	8:24	וַיִּתֵּן
39:23	הַסֹּהַר	20:4	תִשְׁתַּחֲוֶה	8:29	וַיִּקַּח
40:3	הַטַּבָּחִים	20:7	הַשַּׁבָּת	10:1	וַיִּתְּנוּ
41:7	הַשִּׁבֳּלִים (2)	20:9	אֱלֹהֶיךָ (?)	13:3	הַנֶּגַע (2)
41:12	וַנְּסַפֶּרֿ	20:9	מְלָאכָה	13:26	בַּבֶּהֶרֶת
41:24	הַשִּׁבֳּלִים (1)		(instead of: מְלָאכָֿה)	14:21	בָּלוּל
41:27	הַשִּׁבֳּלִים	20:9	וּבִנְךָֿ	14:25	הַמִּטַּהֵר
41:46	וַיַּעֲבֹר		(instead of: וּבִנְךָֿ)	14:53	הַצִּפֹּר
42:36	אֵינֶנּוּ	20:10	הַשַּׁבָּת	15:8	יָרֹק
43:28	וַיִּשְׁתַּחֲווּ	21:9	לָהּ	24:10	הַיִּשְׂרְאֵלִית
	(= qere וַיִּשְׁתַּחֲווּ)	26:3	תִּהְיֶיןָֿ	25:46	וְהִתְנַחַלְתֶּם
45:6	וְקָצִיר	27:5	כַּרְכֹּב	26:28	חַטֹּאתֵיכֶם
49:8	יִשְׁתַּחֲווּ	27:15	חֲמֵשׁ	26:43	בְּהִשַּׁמָּהֿ
49:26	תִּהְיֶיןָֿ	28:10	הַשִּׁשָּׁה		
50:1	וַיִּפֹּל	28:27	מֵחֻבְּרֹתֹו	**NUMBERS**	
				2:14	וּמַטֵּה
				3:30	אֱלִיצָפָן

4:49	בְּיַד	9:3	וְהַאֲבַדְתָּם	3:23	הָעֲלִיָּה
5:17	הֶעָפָר (?)	10:15	הַזֶּה	4:13	וְאֵת

7:18–83 Only minimal vocalization in this section (primarily in the names of the princes), but all of the accents (טעמים) are indicated

		12:3	מִזְבְּחֹתָם	9:2	עַצְמֵכֶם
		12:31	כָּל־ (?)	9:2	אָנִי
7:59	פְּדָה צוּר (?)	13:15	וְחָקַרְתָּ	11:18	וַיַּחֲנוּן
7:60	בִּנְיָמָן	15:9	עִם	11:20	וַיִּלָּחֶם
7:72	בֶּן	18:14	נָתַן	11:34	בְתֻפִּים
7:85	הָאַחַת (?)	22:16	הַנַּעַר	11:35	פָּצִיתִי־
9:3	הָעַרְבַּיִם	23:12	הַמַּחֲנֶה	11:36	לְךָ
10:9	וַהֲרֵעֹתֶם	23:18	יִשְׂרָאֵל (2)	14:2	לִי
11:24	מֹשֶׁה (p.m.)	24:10	בְרֵעֶךָ	15:14	וּפְלִשְׁתִּים
11:26	וַיִּשָּׁאֲרוּ	25:7	מֵאֵן	15:14	וַיָּמַסּוּ
12:9	וַיִּחַר־אַף	25:18	אַחֲרֶיךָ	16:2	וַהֲרַגְנֻהוּ
16:21	וַאֲכַלֶּה	28:1	תִּשְׁמַע	16:4	אַחֲרֵי כֵן
16:27	קֹרַח	28:11	בְהֶמְתְּךָ (s.m.)	16:23	נֶאֱסְפוּ
17:12	תּוֹךְ	28:51	בְהֶמְתְּךָ (?)	19:4	וַיֶּחֱזַק־
19:21	לָהֶם	29:19	וְרָבְצָה־	19:23	אֶל־בֵּיתִי
22:9	הָאֵלֶּה	29:25	וַיִּשְׁתַּחֲווּ	20:13	בִּנְיָמִן
24:13	מַלְכִּי	31:21	כִּי־ (?)(1)	20:36	אֶשֶׁר
25:2	וַיִּשְׁתַּחֲוּוּ	32:15	אֱלוֹהַ	20:41	וַיִּבָּהֵל
26:7	הָרֶאוּבֵנִי	32:17	אֱלֹהַּ	20:45	וַיְעַלְלֻהוּ (?)
26:60	וַיִּוָּלֵד	33:12	כְּתֵפָיו (?)	20:48	וַיַּכּוּם
34:28	פְּדַהְאֵל			20:48	מְתֹם

DEUTERONOMY

		JOSHUA		**RUTH**	
2:9	אֶל־תָּצַר	2:1	בֵּן	2:2	וַאֲלַקֳטָה
2:20	וְהָעַמֹּנִים (?)	2:8	יִשְׁכָּבוּן (?)	2:2	בַשִּׁבֳּלִים
3:12	לָרֵאוּבֵנִי	3:1	מֵהַשִּׁטִּים	3:9	אַתְּ
3:16	וְלָרֵאוּבֵנִי	5:15	נַעַלְךָ		
4:3	הָרֹאֹת (?)	10:12	יְהוֹשֻׁעַ (?)	**1 SAMUEL**	
4:7	בְּכָל	10:35	וַיַּכּוּהָ		
4:21	הִתְאַנֶּף־	11:16	וַיִּקַּח	5:6	וַיְשִׁמֵּם
4:43	לָרֵאוּבֵנִי	12:6	לָרֵאוּבֵנִי	6:9	וְאִם
5:11	הַשַּׁבָּת	12:24	כָּל־	6:12	וַיִּשַּׁרְנָה
5:12	שָׁמֹר	15:3	הַקַּרְקָעָה	8:19	וַיְמָאֲנוּ (?)
	(instead of: שָׁמֹר)	15:10	מִבַּעֲלָה	9:1	מִבֶּן־יָמִין
5:12	יָמִים	15:47	עַזָּה		(= qere מִבִּנְיָמִין)
	(instead of: יָמִים)	17:8	לִבְנֵי (?)	11:10	לָנוּ
5:13	לַיהוָה	21:41	כָּל־ (?)	13:4	נִבְאַשׁ (?)
	(instead of: לַיהוָה)	22:7	מֵעֵבֶר	14:24	וְלֹא
5:14	הַשַּׁבָּת		(= qere בְעֵבֶר)	14:36	נֵרְדָה (?)
5:16	תִּרְצָח	22:19	אַל־תִּמְרֹדוּ (2)	14:47	וַיִּלָּחֶם
	(instead of: תִּרְצָח)	24:1	וַיֵּאָסֹף	17:5	נְחֹשֶׁת (2)
5:16	תִּנְאָף	24:15	בְּעֵבֶר	17:23	מִמַּעֲרוֹת
	(instead of: תִּנְאָף)		(= qere מֵעֵבֶר)		(= qere מִמַּעַרְכוֹת)
				17:31	וַיִּשָּׁמְעוּ
		JUDGES		17:40	חַלֻּקֵי־
		1:2	וַיֹּאמֶר	18:28	אֲהֵבַתְהוּ (?)

27:10	הַיַּרְחְמְאֵלִי		21:8	הַזְּקֵנִים		16:20	וּמִמַּמְלָכָה
29:5	בְּרִכְבָּתוֹ		22:29	וִיהוֹשָׁפָט		20:4	אַחֲרֵיכֵן
			22:43	לֹא־		27:8	(1) הַחֲמִישִׁי

2 SAMUEL | **2 KINGS** | 27:25 עֻזִיָּהוּ · 29:29 וְהָאַחֲרֹנִים

2:5	(p.m.) בְּרוּכִים		1:2	בַּעֲלִיָּתוֹ			
3:21	וַיִּשְׁלַח		3:9	(1) וּמֶלֶךְ־			**2 CHRONICLES**
3:32	וַיִּשָּׂא		4:36	הַשּׁוּנַמִּית			
4:2	(?) הַבְּאֵרֹתִי		5:27	וּכְזֶרַע		1:11	וַיֹּאמֶר־
6:7	(p.m.) וַיִּחַר־אַף		6:11	מִשֶּׁלָּנוּ		9:29	וְהָאַחֲרוֹנִים
8:1	אַחֲרֵי כֵן		6:17	וַיַּרְא		10:11	בָּעַקְרַבִּים
10:11	יֶחֱזְקוּ		7:7	(?) בַּאֲשֶׁר־		10:14	בָּעַקְרַבִּים
11:1	הַמַּלְאָכִים		8:13	חֲזָהאֵל		12:15	וְהָאַחֲרוֹנִים
11:8	(?) לְאוּרִיָּה		9:2	מִתּוֹךְ		16:4	בֶּן הֲדַד
13:10	הַחֶדֶר		9:17	וְשִׁלַח		20:1	אַחֲרֵי כֵן
13:30	הַמֶּלֶךְ		9:35	וְכַפּוֹת		20:35	וְאַחֲרֵיכֵן
13:33	אִם־		10:33	וְהָראוּבֵנִי		21:4	מַמְלֶכֶת
13:37	,(?) עַמִּיחוּד		11:19	דֶּרֶךְ־		23:4	הַשַּׁבָּת
	(?) עמיחור		14:8	אָז		23:8	הַשַּׁבָּת
14:7	(?) וּנְמִיתֵהוּ		15:10	קָבָל־עָם		23:8	הַשַּׁבָּת
15:21	כִּי אִם		15:13	לְעֻזִיָּה		26:1	עֻזִיָּהוּ
18:20	עַל		15:30	עֻזִיָּה		26:3	עֻזִיָּהוּ
	(עַל כֵּן qere =)		15:32	עֻזִיָּהוּ		26:15	(?) לְמֵרָחוֹק
19:31	(2) הַמֶּלֶךְ		15:34	עֻזִיָּהוּ		26:21	עֻזִיָּהוּ
19:42	(1) הַמֶּלֶךְ		17:21	וְהֶחֱטִיאָם		26:22	וְהָאַחֲרֹנִים
20:8	לְבֻשׁוֹ		18:27	שֵׁינֵיהֶם		27:4	בִּירָנִיּוֹת
21:15	וַיִּלְחֲמוּ		(מֵימֵי רַגְלֵיהֶם qere =)		28:9	בְּזַעַף
23:5	(2) כִּי		19:5	יְשַׁעְיָהוּ		30:11	לִירוּשָׁלַ͏ם
23:27	הָעַנְּתֹתִי		19:9	מֶלֶךְ־		32:8	זְרוֹעַ
24:16	יְרוּשָׁלַ͏ם		19:25	(?) הֲבֵיאתִיהָ		32:12	תִּשְׁתַּחֲווּ
			21:26	וַיִּקָּבֵר		32:15	אֱלֹהַּ
	1 KINGS		22:1	עֲדָיָה		35:9	וּשְׁמַעְיָהוּ
			23:17	הַצִּיּוּן			
1:13	אֲדֹנִיָּהוּ		25:15	(?) הַמִּזְרָקוֹת			**EZRA**
1:15	בַּת־שֶׁבַע						
1:45	הַנָּבִיא			**1 CHRONICLES**		3:5	וְאַחֲרֵי כֵן
2:13	בַּת־שֶׁבַע					5:12	אֲבָהֲתַנָא
2:22	הַשֻּׁנַמִּית		1:53	(3) אַלּוּף		6:2	(?) וְכֵן־
3:14	וְהַאֲרַכְתִּי		2:39	(p.m.) (1) הֹלִיד		6:9	(?) יוֹם
5:30	הַנִּצָּבִים		3:1	דָּוִיד		7:20	(?) יִפַּל
9:9	וַיַּעַבְדֻם		6:39	לְמִשְׁפַּחַת		10:1	וּלְהִתְוַדֹּתוֹ
9:23	הַנִּצָּבִים		10:9	פְּלִשְׁתִּים		10:14	יַעַמְדוּ־
15:27	וַיִּקְשֹׁר		11:13	נֶאֱסְפוּ		10:21	וְעֻזִיָּה
17:13	וְהוֹצֵאת		11:28	הָעַנְתּוֹתִי		10:32	בִּנְיָמִן
18:18	בַּעֲזָבְכֶם		11:44	עֻזִיָּא			
18:44	יַעַצָרְכָה		11:44	הָעֲשְׁתָּרָתִי			**NEHEMIAH**
19:11	הָרוּחַ		12:3	הָעֲנָתֹתִי		1:6	פְּתוּחוֹת
20:1	וַיִּלְחֶם		12:7	וְיִשִׁיָהוּ		2:5	וְאִם
20:13	הָרָאִיתָ					6:19	(?) לְיָרְאֵנִי

7:43	יֵשׁוּעַ	21:25	וְלֹא־	17:14	יִשְׂבְּעוּ
8:6	וַיִּשְׁתַּחֲוֻ	22:21	עִמּוֹ (?)	17:14	לְעוֹלְלֵיהֶם
9:14	הוֹדַעְתָּ	22:28	אֹמֶר	18:10	רַגְלָיו
13:3	מִישָׁאֵל	24:21	רֹעֶה (?)	18:20	בִּי
13:17	הַשַּׁבָּת	27:2	חַי	19:7	מֵחַמָּתוֹ
13:19	הַשַּׁבָּת (1)(?)	28:8	הִדְרִיכֻהוּ	22:30	וַיִּשְׁתַּחֲוּוּ ׀
13:19	הַשַּׁבָּת (3)	29:11	וְעַיִן	24:1	*An open parasha before the* word מִזְמוֹר (?) *(and not after it)*
13:21	בְּשַׁבָּת	29:19	בִּקְצִירִי		
13:22	הַשַּׁבָּת	31:5	רַגְלִי	25:3	קֹוֶיךָ (?)
13:27	הֹזֹּאת	31:7	מְאוּם	25:22	צָרוֹתָיו
		31:33	עֲוֹנִי	26:4	שָׁוְא (?)
ESTHER		32:6	יְשִׁישִׁים	28:7	אֲהוֹדֶנּוּ
2:14	שַׁעֲשְׁגַז	33:12	אֱלוֹהַ	30:4	מִן (?)
3:6	לִשְׁלֹחַ	33:30	הַחַיִּים	31:5	מָעוּזִּי
6:11	וַיִּקַּח	34:19	גְבַּר־	31:7	שָׁוְא
7:6	וַתֹּאמַר־	36:29	סֻכָּתוֹ	31:20	אָדָם
8:9	וַיִּקָּרְאוּ	37:6	לַשֶּׁלֶג ׀	31:24	אֱהָבוּ
9:2	אֲחַשְׁוֵרוֹשׁ	38:12	הֲמִיָּמֶיךָ	32:2	רְמִיָּה
		39:2	וְיָדַעְתָּ	33:12	לוֹ
JOB		39:6	מְלֵחָה	35:22	אַל־תִּרְחַק
1:21	שָׁמָּה	39:13	אֶבְרָה (?)	36:9	יִרְוְיֻן
4:9	אֱלוֹהַ	39:20	הַתַּרְעִישֶׁנּוּ	37:31	אֲשֻׁרָיו
4:17	מֵאֱלוֹהַּ	40:10	גָאוֹן (?)	38:10	אֲדֹנָי
7:1	וְכִימֵי	40:26	לֶחֱיוֹ	38:15	תוֹכֵחוֹת
7:9	יַעֲלֶה	41:25	חָת	39:4	בִּלְשׁוֹנִי
7:21	וְשִׁחֲרְתַּנִי			39:7	יֶהֱמָיוּן
8:1	וַיֹּאמַר	**PSALMS**		44:9	הִלַּלְנוּ
8:7	וְאַחֲרִיתְךָ	5:2	הֲגִיגִי	45:3	בְּשִׂפְתוֹתֶיךָ
9:14	עִמּוֹ (?)	5:10	יַחֲלִיקוּן	46:6	בְּקֶרֶב
9:30	כַּפָּי (?)	6:3	עֲצָמָי	48:7	כַּיּוֹלֵדָה
9:35	אַדַּבְּרָה	7:10	לִבּוֹת	55:14	וּמְיֻדָּעִי
10:1	אֲדַבְּרָה	7:10	צַדִּיק (2)	59:2	מִמִּתְקוֹמְמַי
10:15	עָנְיִי	9:9	בְּמֵישָׁרִים	59:4	עַזִּים
11:3	יַחֲרִישׁוּ	9:13	עֲנִיִּים	59:5	וּרְאֵה
11:6	אֱלוֹהַ		(עֲנָוִים *qere* =)	60:9	מְחֹקְקִי
11:7	אֱלוֹהַ	9:19	עֲנָוִים	62:4	הַדְּחוּיָה
12:3	וְאֵת		(*instead of:* עֲנִיִּים)	66:2	תְהִלָּתוֹ
14:9	מֵרֵיחַ	10:1	בַּצָּרָה	66:7	הַסּוֹרְרִים ׀
15:8	אֱלוֹהַּ	10:10	בַּעֲצוּמָיו (?)	67:1	לַמְנַצֵּחַ
15:34	שֹׁחַד	10:12	עֲנָיִים	67:2	יָאֵר־
16:4	לוּ־		(עֲנָוִים *qere* =)	69:24	וּמָתְנֵיהֶם
16:13	מְרֵרָתִי	11:3	יֵהָרֵסוּן	69:33	לְבַבְכֶם
16:20	אֱלוֹהַ	14:2	אָדָם	71:4	וְחוֹמֵץ
18:4	הֲלְמַעַנְךָ	15:1	יְהֹוָה	71:11	וְתִפְשׂוּהוּ
18:6	אוֹר	15:2	בִּלְבָבוֹ	71:16	יְהֹוָה (?)
19:5	חֶרְפָּתִי (?)	15:3	קָרֹבוֹ	74:17	יְצַרְתָּם
19:16	קָרָאתִי (?)			75:2	הוֹדִינוּ (1)

75:11 צַדִּיק	5:22 עֲווֹנֹתָיו	8:14 הַצַּדִּיקִים
78:1 לְאִמְרֵי	6:18 לָרָעָה	11:6 יוֹדֵעַ
78:13 נֵד	7:13 וְהֶחֱזִיקָה (?)	11:9 וִיטִיבְךָ (?)
78:41 הִתְווּ	7:13 וְנָשְׁקָה־	
79:5 תִּבְעַר (?) , תִּבְעַר (?)	7:22 אֱוִיל	**SONG OF SOLOMON**
79:12 אֲדֹנָי	8:20 אַהַלֵּךְ	2:9 הַחַלֹּנוֹת
81:11 וַאֲמַלְאֵהוּ	8:26 עַפְרוֹת (?)	5:2 קְוֻצּוֹתַי
88:13 וְצִדְקָתְךָ	8:28 תְּהוֹם	5:11 קְוֻצּוֹתָיו
89:25 וֶאֱמוּנָתִי	11:30 נְפָשׁוֹת	6:8 מְלָכוֹת
89:29 לְעוֹלָם	12:9 מִמִּתְכַּבֵּד	8:12 כַּרְמִי
89:41 מְחִתָּה	12:10 אַכְזָרִי	
89:42 לִשְׁכֵנָיו	12:24 וּרְמִיָּה	**ISAIAH**
92:3 חַסְדֶּךָ (?)	13:23 אֹכֶל	2:15 גָּבֹהַּ
95:9 פָּעֳלִי	14:31 עֹשֵׁק־	5:16 וַיִּגְבַּהּ
100:5 אֱמוּנָתוֹ	15:3 וְטוֹבִים	8:6 לְאַט
103:7 עֲלִילוֹתָיו	15:5 יַעְרָם	11:13 אֶפְרַיִם (2)
105:28 דבריו (?)	15:18 וְאֶרֶךְ	11:14 מִשְׁלוֹחַ
106:1 הַלְלוּיָהּ ׀	15:21 יְיַשֶּׁר־	13:7 יִמָּס
106:26 וַיִּשָּׂא	17:26 לֹא־ (?)	13:10 יָגִיהַּ
106:37 לַשֵּׁדִים	18:12 עֲנָוָה	14:27 וּמִי (2)(?)
107:13 יוֹשִׁיעֵם	19:4 מֵרֵעֵהוּ	20:1 בִּשְׁלֹחַ
107:37 תְּבוּאָה	19:27 חֲדַל־	22:21 וּמֶמְשֶׁלְתְּךָ
109:7 וּתְפִלָּתוֹ	20:1 הַיַּיִן	23:8 סֹחֲרֶיהָ
119:34 בְּכָל־ (?)	20:24 מֵיְהוָה	23:8 נִכְבַּדֵּי־
119:69 אֶצֹּר	21:11 בַּעֲנָשׁ־	27:1 בְּחַרְבּוֹ
119:87 פִּקּוּדֶיךָ (?)	22:7 מַלְוֶה	27:8 בְּסַאסְּאָה
119:175 יַעֲזְרֻנִי	23:26 תִּרְצֶנָה	27:13 וְהַנִּדָּחִים
125:3 כִּי ׀ (?)	(*instead of:* תֵּרֹצְנָה)	28:20 וְהַמַּסֵּכָה
125:3 יָנוֹחַ (= יָנוּחַ)	24:15 רִבְצוֹ	28:24 וִישַׂדֵּד
125:3 הַצַּדִּיקִים (2)	24:25 טוֹב	30:25 גָּבֹהַּ
125:5 עַקַלְקַלּוֹתָם	24:32 מוּסָר (?)	32:9 בֹּטְחוֹת
130:7 אֶל־יְהוָה	25:16 וַהֲקֵאתוֹ	32:15 לַכַּרְמֶל (?)
133:3 שֶׁיֹּרֵד (?)	25:19 צָרָה	33:15 בְּרַע
137:7 עַד (?)	25:27 לֹא־	36:4 רַב שָׁקֵה
140:11 בַּל־	28:17 נָפֶשׁ	36:4 הַבִּטָּחוֹן
141:5 וּתְפִלָּתִי	29:13 יְהוָה	36:11 רַב שָׁקֵה
142:6 הַחַיִּים	29:24 נַפְשׁוֹ (?)	36:22 רַב שָׁקֵה
145:13 וּמֶמְשַׁלְתְּךָ	30:5 אִמְרַת (?)	37:20 מִיָּדוֹ
149:1 הַלְלוּיָהּ ׀	31:12 חַיֶּיהָ	37:33 עָלֶיהָ
150:1 הַלְלוּיָהּ ׀	31:28 וַיְהַלְלָהּ	40:9 גָּבֹהַּ
		40:16 וְחַיָּתוֹ
PROVERBS	**ECCLESIASTES**	42:9 אַשְׁמִיעַ
1:17 כָּל־ (?)	2:1 אֲנַסְּכָה (?)	45:14 יִשְׁתַּחֲווּ
2:21 יִשְׁכְּנוּ	5:7 גָּבֹהַּ (2)	46:4 שִׂיבָה
3:17 נְתִיבוֹתֶיהָ (*p.m.*)	5:17 לֶאֱכוֹל־	46:5 תְּדַמְּיוּנִי
5:6 תֵּדַע	6:8 יוֹתֵר (?)	46:6 יִשְׁתַּחֲווּ
5:10 נָכְרִי	7:29 רַבִּים (?)	47:8 בִלְבָבָהּ

49:7	וְיִשְׁתַּחֲווּ	
52:2	מֹסְרֵי	
52:5	מִנְאָץ	
57:9	צִירַיִךְ (p.m.)	
65:15	וְהֵמִיתֶךָ	
66:22	הֶחֳדָשִׁים (?)	

JEREMIAH

3:17	וְנִקֲווּ
3:19	וּמֵאַחֲרַי
3:21	הֶעֱווּ
4:2	בְּמִשְׁפָּט
4:7	מִסָּבְכוֹ (?)
4:28	עַל (1)
5:31	נִבְּאוּ
6:1	בְּנִימִן
6:24	שְׁמַעֲנוּ
7:9	וְנָאֹף (?)
7:30	נְאֻם יְהוָה
8:2	הִשְׁתַּחֲווּ
25:29	אֲשֶׁר
25:30	וּמִמְּעוֹן
28:3	נְבוּכַדְנֶאצַּר
29:27	הַעֲנַּתִּי
31:3	וּבְנִית
32:13	אֵת
37:10	וְנִשְׁאֲרוּ בָם (?)
38:11	וַיִּשְׁלַחֵם (?)
38:13	בֶּחָצֵר
42:9	אֱלֹהֵי
46:26	וְאַחֲרֵי כֵן
47:6	אֶל־
49:16	תַגְבִּיהַּ
50:11	תַעֲלוּ
	(= תַעֲלוֹ qere)
50:11	כְּאַבִּרִים
51:3	בְּסִרְגּוֹ
52:18	הַכַּפּוֹת
52:19	הַמְנַקִּיּוֹת
52:21	אַצְבָּעוֹת

LAMENTATIONS

2:21	הָרַגְתָּ
3:33	מִלִּבּוֹ
	כַּיְעֵנִים (qere)
	מִשְׁלָג (?)

EZEKIEL

1:11	גּוִיֹּתֵיהֶנָה
1:25	בְּעָמְדָּם
2:5	בֵּית
3:20	תִזָּכַרְןָ
7:11	מֵהֲמֵהֶם (?)
10:4	וַיִּמָּלֵא
11:9	וְעָשִׂיתִי (?)
13:17	מִלִּבְּהֶן (?)
14:11	לְמַעַן
14:11	וְהָיוּ
16:8	וָאֶתֵּהִי
16:24	גֶּב
16:37	עַל־
16:45	גָּעֲלוּ (?)
16:47	וּכְתוֹעֲבוֹתֵיהֶן
17:7	שָׁרָשֶׁיהָ (?)
17:22	גְּבֹהָ
17:24	גָּבֹהַּ
18:29	יִתָּכֵנוּ
18:31	פִּשְׁעֵיכֶם
21:15	בָּרָק
21:17	הָיְתָה
21:31	הַגְבֵּהַּ וְהַגְבֵּהַּ
24:17	פְּאֵרְךָ
25:7	וּנְתַתִּיךָ
27:20	בְּבִגְדֵי־
27:29	מֵאֳנִיּוֹתֵיהֶם
28:11	לֵאמֹר
28:16	רְכֻלָּתְךָ
28:16	וָאֲחַלֶּלְךָ (?)
29:8	מִמֵּךְ (?)
37:23	יִטַּמְּאוּ
40:25	כְּהַחֲלֹנוֹת
42:1	וַיְבִאֵנִי
42:5	מֵהֵנָה
43:14	וּמֵהֲעֲזָרָה
43:22	הַמִּזְבֵּחַ
46:12	אֵת (1)
47:3	וַיַּעֲבִרֵנִי

DANIEL

1:4	מְאוּם
2:9	וְאִנְדַּע (?)
2:10	חַרְטֹם
2:17	דָּנִיֵּאל
2:20	אֱלָהָא
2:27	חַרְטֻמִּין
2:33	מִנְּהֵון (qere)
2:33	וּמִנְּהֵון (qere)
2:41	וּמִנְּהֵון (qere)
2:41	דִּי (2)
2:45	וְהַדֶּקֶת (?)
3:15	דִּי (4)
3:27	וְסָרְבָּלֵיהֹון
4:5	בֵּלְטְשַׁאצַּר
4:15	בֵּלְטְשַׁאצַּר
4:16	בֵּלְטְשַׁאצַּר (2)
4:16	וּפִשְׁרָא
5:6	וְרַעְיֹנֹהִי
5:7	יְחַוִּנַּנִי
5:21	שַׁוִּי (= שַׁוִּיו qere)
5:24	שְׁלִיחַ
6:11	דְּנָה
6:22	דָּנִיֵּאל
7:19	דִּי (2)
7:20	וּפֻם
7:25	עֶלְיוֹנִין
8:7	הָאַיִל (1)
9:2	יִרְמְיָה
9:19	לְמַעֲנָךְ
10:8	כֹּחַ
11:45	אָהֳלֵי

HOSEA

2:4	מִפָּנֶיהָ
2:16	עַל
2:17	וְכַיּוֹם
8:3	יִרְדְּפוֹ
9:4	יְטַמְּאוּ
9:7	הַשִׁלֻּם
9:9	הֶעְמִיקוּ (?)
11:7	יְרוֹמֵם
13:14	דְּבָרְךָ
13:15	בֵּן

JOEL

2:12	וּבִבְכִי

AMOS

1:1	עֻזִּיָּה
6:2	פְּלִשְׁתִּים
9:4	אֹיְבֵיהֶם

JONAH

1:3 אָנִיָּה |

3:2 וּקְרָא

3:6 מֶלֶךְ

MICAH

1:14 לְמַלְכֵי

1:15 עֹדָם

7:3 בְּשִׁלֻּם (?)

NAHUM

3:13 בְּרִיחָיִךְ

HABAKKUK

2:8 כִּי

3:3 אֱלוֹהַ

3:19 יְהֹוָה (?)

ZEPHANIAH

3:10 פּוּצַי

3:17 בְּקִרְבֵּךְ

3:20 וּבָעֵת (?)

ZECHARIAH

1:4 וּמַעֲלִילֵיכֶם
(וּמַעֲלָלֵיכֶם *qere* =)

1:10 הַהֲדַסִּים

2:2 וִירוּשָׁלַ͏ִם

4:11 הָאֵלֶּה

6:7 לְהִתְהַלֵּךְ

6:12 יְהֹוָה (2)

8:3 עִיר־

8:14 זָמַמְתִּי

10:2 הַשָּׁוְא

11:5 יַהֲרֹגָן

12:11 הֲדַד־רִמּוֹן

MALACHI

1:8 הֲיֵרְצֵךָ

1:9 וִיחָנֵּנוּ

2:10 אֶחָד (?)

2:17 וַאֲמַרְתֶּם